넥서스

실용 옥편

넥서스

머리말

한자(漢字)는 우리나라에 전래되어 사용된 이래로 우리 문화를 형성하는 데 중요한 역할을 해 왔으며, 세종대왕의 한글 창제(創製) 후에도 여러 영역에서 한글과 더불어 우리의 뜻과 감정을 표현하고 기록하는 중요한 수단으로 사용되었다. 그러나 해방(解放) 이후 한때 한글 전용(專用)이라는 어문(語文) 정책에 의해 한자가 우리 생활 밖으로 밀려났던 적이 있었다. 한자어(漢字語) 역시 순수한 한글이나 외래어와 더불어 우리말의 일부가 분명함에도 불구하고, 한자를 사대주의(事大主義)의 부산물 정도로 치부하는 시각에서 비롯된 이런 정책이 한자 문맹(文盲)을 양산하기도 했었다. 그러나 최근 들어 우리말을 효과적으로 사용하는 데 필수불가결한 요소로서 한자의 중요성이 대두되고, 또한 생활 전반에 걸쳐 그 필요성이 날로 증가되어 오늘날에는 한자 붐이라고 할 정도로 한자에 대한 관심이 높아져 있다. 사실 한자어가 우리말의 60% 이상을 차지한다고 하니 이러한 한자의 필요성은 당연하고 필연적인 현상일 것이다.

한자를 익히고 사용하려는 사람에게 필수적인 도구가 바로 옥편(玉篇) 또는 자전(字典)이라고 불리는 한자 사전이다. 그러나 많은 이들은 옥편을 이용하는 데 어려움을 느끼고 있으며 이것은 한자를 공부할 의욕마저 떨어뜨리는 요인이 되곤 한다. 고문(古文)에서나 등장할 듯한 생소한 표제어와 도저히 해석할 수 없는 길고 어려운 예문과 정체를 알 수 없는 기호들도 사실 나름대로 중요한 요소이기는 하지만, 전공자를 제외한 대부분의 사람들에게 전혀 도움이 되지 않으면서 옥편 이용을 불편하게만 만드는 주범이라고 할 수 있다. 이러한 문제 인식에서 출발하여 누구나 쉽게 애용할 수 있는 친근한 옥편을 새로이 만들게 되었다.

이 책은 오늘날 사용 빈도가 높은 한자와 한자어를 중심으로 구성하였으며 풀이도 최대한 쉽고 간결하게 제시하였다. 또한 실용성이 떨어지는 요소들을 과감하게 생략하고, 그 대신 한자를 이해하고 학습하는 데 도움이 될 만한 사항들을 첨가하였다. 이제 부족하나마 이 옥편이 독자들의 올바른 한자어 사용에 보탬이 되기를 기대하며, 앞으로 더욱 정확하고 실용적인 옥편으로 발전할 수 있도록 독자들의 질정(叱正)을 겸허한 마음으로 받고자 한다.

끝으로 이 옥편을 위해 불철주야로 집필과 교정에 온 힘을 쏟으신 김호기, 박이진, 정광복 선생님과 2년여의 시간을 휴일도 없이 일한 편집부 직원들에게 감사의 마음을 전한다.

넥서스 사전편찬위원회

차례

일러두기

1. 표제자

1-1. 표제자의 수록 범위

－교육부에서 선정한 교육용 기초 한자
－중국과 우리나라의 고전을 해독하기 위해 필요한 한자
－현대의 도서와 정기 간행물을 해독하기 위해 필요한 한자
－우리나라에서 만든 한자와 일본식 한자로서 우리나라에도 통용되는 한자
－그 밖에 비교적 쓰임이 많은 속자(俗字) · 동자(同字) · 본자(本字) · 고자(古字) 등을 포함하여 총 1만 2천여 자를 수록하였다.

1-2. 표제자의 배열

－표제자는 《강희자전(康熙字典)》에 따라 214가지 부수(部首)로 분류하고, 같은 부수에 속한 표제자는 획수(劃數)에 따라 배열하였다. 부수와 획수가 같은 표제자는 다시 자음(字音)의 가나다순으로 배열하였다.

1-3. 표제자의 획수

－해당 부수 안에서의 획수를 ⓪ ①, ②…로 표시하고, 그 옆에 총획수를 '1획', '2획', '3획'…으로 함께 표시하였다.

1-4. 표제자의 훈(訓)과 음(音)

－자음(字音)이 둘 이상이고 자음에 따라 훈(訓)이 달라질 경우에는 ❶, ❷, ❸…으로 구별하였다.
－자음이 둘 이상이라도 훈(訓)에 차이가 없으면 '·'을 써서 함께 표시하였다.
－본음(本音)은 쓰이지 않고 관용음(慣用音)만 쓰일 경우 관용음을 표시하였다.
－두음 법칙(頭音法則) 등의 발음 현상으로 인해 본음(本音)과 다르게 발음되는 경우 괄호로 함께 표시하였다.
㉠ 산 이름 륜(윤)
－우리나라에서 만든 한자에는 훈(訓)과 음(音) 뒤에 (韓)으로 표시하였다.

1-5. 표제자의 일본어 및 중국어 발음

－일본어 발음은 음독(音讀)을 가타카나(カタカナ)로 표기하고, 훈독(訓讀)을 히라가나(ひらがな)로 표기하여 구별하였다.
－중국어 발음은 현재 중국 대륙에서 사용하는 한어병음(漢語拼音)으로 표기하였다.

1-6. 속자 · 동자 · 본자 · 고자

－속자(俗字) · 동자(同字) · 본자(本字) · 고자(古字) 등에는 따로 풀이를 기재하지 않고, 관련 표제자가 있는 면수를 밝혔다.

1-7. 교육용 기초 한자

–교육부에서 선정한 1,800개의 교육용 기초 한자는 특별히 별색으로 표시하였다.

2. 표제자의 풀이

2-1. 필순

–교육부가 지정한 교육용 기초 한자에는 필순(筆順)을 실었다.

㉵ ノ 亻 亻' 亻' 亻' 亻' 亻' 亻' 亻' 假 假

2-2. 자원(字源)

–주요 표제자에는 * 기호와 함께 별색으로 글자의 구성 원리인 육서(六書)를 표시하고, 자원(字源)을 간략히 소개하였다.

㉵ * 형성. 뜻을 나타내는 부수 '辵(쉬엄쉬엄 갈 착)'과 음을 나타내는 '九(아홉 구)'를 합친 글자.

2-3. 자해(字解)

–자해는 풀이로 표시하였으며, 여러 가지 뜻을 가진 경우에는 **1**, **2**, **3**…로 항목을 나누어 풀이하였다.

–자음(字音)이 둘 이상이고 ❶, ❷, ❸…으로 구별된 경우에는 자해(字解)에도 1, 2, 3…으로 표시하였으나, 자해의 항목 번호는 그와 상관없이 이어지게 하였다.

–더 구체적인 설명이 필요한 경우에는 보충 설명을 덧붙였다.

–각 항목의 풀이 끝에 ¶로 해당 표제자가 활용된 어휘를 보여 이해를 돕도록 했다.

㉵ 용량(容量)의 단위. 1홉(合)의 10분의 1. ¶龠合

–우리나라에서만 쓰이는 뜻에는 韓으로 표시하였다.

2-4. 관련자

–표제자와 뜻이 비슷한 한자는 유, 뜻이 반대되는 한자는 반, 모양이 비슷하여 혼동하기 쉬운 한자는 비로 각각 표시하여 해당 표제자와 표제어의 풀이 뒤에 실었다.

㉵ 유 否(아닐 부) 반 上(위 상) 비 亡(망할 망)

3. 표제어

3-1. 표제어의 배열

–먼저 표제자가 맨 첫 글자로 쓰인 어휘를 가나다순으로 배열하고, 그 뒤에 표제자가 뒤에 오는 어휘를 가나다순으로 배열하였다.

3-2. 표제어의 독음

–독음(讀音)이 둘 이상이고 독음에 따라 뜻이 다른 경우에는 1, 2, 3…으로 구별하고 풀이도 해당 번호에 맞추어 1), 2), 3)…으로 배열하였다.

㉵ 一見(1.일견/2.일현) 1)한 번 봄. 언뜻 봄. 2)한 번 나타남.

—독음(讀音)이 둘 이상이지만 뜻에 차이가 없는 경우에는 '/'로 표시하였다.
  예 傞說(사설/새설) 세세한 말.

—본음(本音)은 쓰이지 않고 관용음(慣用音)으로 쓰이는 것은 관용음 뒤에 '←'로 본음을 표기하고, 배열 순서는 관용음을 따랐다.
  예 契丹(거란←결단) 나라 이름.

3-3. 표제어의 풀이

—뜻이 여러 가지인 경우에는 1), 2), 3)…으로 구별하고, 더 세밀한 구분이 필요할 때는 해당 번호 아래에 ㉠, ㉡, ㉢…으로 나누어 풀이하였다.

—서로 동의어 관계인 표제어들에 대해서는 그 중 대표적인 표제어에 풀이를 보이고, 나머지 표제어에는 대표적인 표제어를 표기하여 풀이를 대체하였다. 참고할 만한 동의어나 반의어가 있을 경우에는 풀이 끝에 보였다.
  예 內憂(내우) 나라 안이나 조직 내부의 걱정스러운 사태. 내환(內患). ↔ 외우(外憂).

4. 팁

—주요 고사성어에 대해서는 그 유래와 출전 등을 자세히 풀이한 팁을 실었다.

—한자의 기본적인 구조나 한문의 기초 문법, 주제별 고사성어 모음과 같이 한자를 학습하는 데 도움이 될 만한 내용을 모아 박스 형태로 정리한 팁을 실었다.

5. 색인

5-1. 총획색인(總劃索引)

—모든 표제자를 총획수에 따라 배열하고, 총획이 같은 자는 다시 부수순으로 배열하여 그 옆에 본문의 면수를 밝혔다.

5-2. 자음색인(字音索引)

—모든 표제자를 가나다순으로 배열하고, 음이 같은 자는 다시 부수 · 획수순으로 배열하여 그 옆에 본문의 면수를 밝혔다.

—둘 이상의 음으로 읽히는 표제자는 각 음마다 실었다.

6. 부록

—한국의 한자 지명(地名)

실용옥편 총획색인

넥서스사전편찬위원회 편

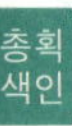

6획

**표는 부수의 변형으로서 별도의 명칭을 가진 글자.

7획

8획

총획 색인

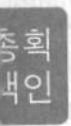

9획

총획
색인

총획
색인

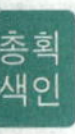
총획
색인

10획

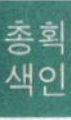

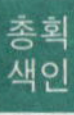

총획
색인

12획

총획
색인

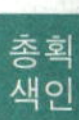
총획
색인

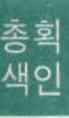

13획

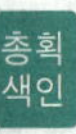

총획
색인

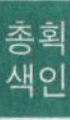
총획
색인

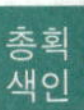
총획
색인

총획
색인

15획

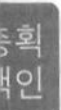

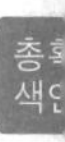

총획
색인

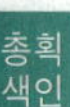

16획

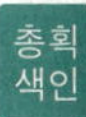
총획
색인

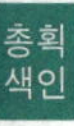

蕁 1187
蕾 1187
薐 1188
薇 1188
薄 1188
薠 1188
薜 1189
蕼 1189
薓 1189
薔 1189
薛 1189
蕭 1189
薪 1189
薆 1190
薏 1190
蕷 1190
薉 1190
薀 1190
薁 1190
薋 1190
蕺 1190
薦 1190
薙 1191
薥 1191
薖 1191
薤 1191
薢 1191
薌 1191
薅 1191
薈 1191
薨 1191
虍 虨 1205
虧 1205
虫 螽 1223
蟈 1223
螳 1223
螺 1223
蟑 1223
[illegible] 1224
蟉 1224
螻 1224
螭 1224
蟆 1224
蟇 1224
蟃 1224
蟒 1224
蟊 1224
[illegible] 1224
螫 1224
蟀 1224
蟋 1224
螯 1224
蟦 1225
蟅 1225
螿 1225
螬 1225
螽 1225
螴 1225
螲 1225
螮 1225
蟄 1225
螵 1225
血 [illegible] 1235
行 衛 1239
衣 褻 1255
襄 1256
褽 1256
褺 1256
褎 1256
襇 1256
襋 1256
襌 1256
襏 1256
襒 1257
襐 1257
襑 1257
襓 1257
襆 1257
襊 1257
襀 1257
見 覯 1267
覬 1267
覭 1267
角 觳 1272
觲 1273
言 謌 1305
講 1305
謇 1305
謙 1306
謟 1306
謄 1306
謎 1306
謐 1306
謗 1306
謝 1307
謆 1307
謏 1307
謖 1307
謍 1307
謠 1307
謜 1307
謚 1307
謘 1308
謓 1308
謅 1308
謈 1308
謞 1308
謑 1308
謊 1308
謋 1308
谷 谿 1319
谿 1319
豁 1319
豆 豏 1321
豕 豳 1324
豲 1324
豯 1324
豰 1325
豸 貔 1327
貕 1327
貝 購 1343
賻 1343
賽 1343
賾 1343
賸 1343
賺 1343
走 趨 1351
足 蹇 1363
蹋 1363
蹈 1363
[illegible] 1363
蹎 1363
蹍 1363
蹏 1363
蹉 1364
蹌 1364
蹐 1364
蹊 1364
車 轂 1382
輿 1382
轀 1383
轅 1383
輾 1383
轃 1383
轄 1383
辵 遽 1417
[illegible] 1417
邁 1417
遾 1417
邀 1417
邅 1417
避 1418
邂 1418
還 1418
邑 鄸 1431
鄹 1431
酉 醢 1439
醘 1439
醬 1439
醞 1439
醡 1439
醝 1439
醜 1439
金 鍳 1464
鍇 1464
鍵 1464
鍥 1464
鍋 1464
鍠 1464
鍧 1464
鍕 1464
鍛 1465
鍍 1465
鍊 1465
錨 1465
鍪 1465
鍻 1465
鍑 1465
鍦 1465
鍤 1465
鍱 1465
鍔 1465
鎯 1466
鍮 1466
鍉 1466

18획

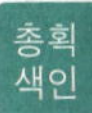
총획
색인

19획

총획
색인

21획

총획
색인

22획

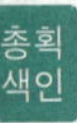

23획

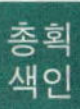

24획

25획

넥서스실용옥편

넥서스사전편찬위원회 편

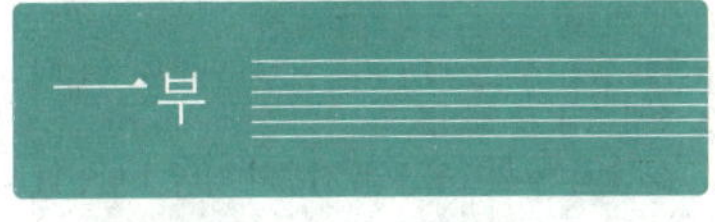

一 한 일 部

'一' 자는 하나의 선으로 표현한 글자로, 숫자의 처음인 '하나' 라는 뜻으로 쓰인다. 그 밖에 일등(一等)처럼 '첫째', 유일(唯一)이나 전일(專一)처럼 '오로지', 일체(一切)에서처럼 '모두' 나 '조금' 의 뜻으로도 쓰인다. 그러나 이 글자를 부수로 갖는 글자의 뜻이나 음에는 영향을 주지 않는다.

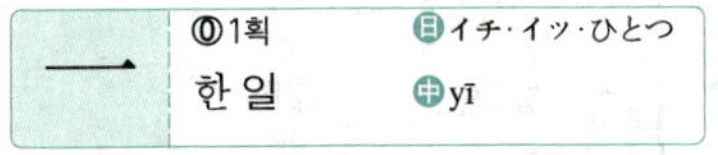

一

* 지사. 한 손가락을 옆으로 펴거나 나무젓가락 하나를 옆으로 뉘어 놓은 모양을 나타낸 글자. '하나' 의 뜻으로 쓰임.

풀이 1. 하나. ¶一說 2. 첫째. 숫자의 처음 또는 일의 처음. 3. 한 번. ¶一回 4. 숫자 1. 5. 같다. 동일하다. ¶均一 6. 온. 모두. 전체. ¶一世 7. 오로지. ¶專一 8. 순수한. ¶純一 9. 어느. 혹시. ¶一旦 10. 조금. ¶一寸

一家(일가) 1)한 집안. 2)성과 본이 같은 사람들. 3)학문 · 예술 등의 영역에서 업적을 쌓거나 실력이 깊어, 하나의 독자적인 체계를 이룬 상태. 대가(大家).

一刻如三秋(일각여삼추) 15분이 3년같이 느껴짐. 즉, 기다리는 마음이 매우 간절함.

一擧手一投足(일거수일투족) 손을 한 번 들고 발을 한 번 내딛는다는 뜻으로, 사소한 하나하나의 동작을 말함.

一擧兩得(일거양득) 한 번의 일로 두 개의 이득을 봄.

一見(1.일견/2.일현) 1)㉠한 번 봄. 언뜻 봄. ㉡처음 만남. 2)한 번 나타남.

一口二言(일구이언) 한 입으로 두 말을 함. 말을 이리저리 번복함. 즉, 약속을 어김.

一念(일념) 1)한결같은 마음이나 생각. 한마음. 2)염불을 하는 일. 3)찰나. 매우 짧은 시간.

一旦(일단) 어느 아침. 하루아침. 어느 날.

一當百(일당백) 한 명이 백 명을 감당함. 매우 용맹함을 이르는 말.

一網打盡(일망타진) 한 번의 그물질로 모두 잡아버린다는 뜻으로, 어떤 무리를 한꺼번에 모조리 잡음을 이르는 말.

⊙一網打盡(일망타진)의 유래

송나라 인종 때는 조정 내부에서 문관들이 두 파로 갈려 격렬히 대립하던 시기였다. 당시 혁신파에 속하던 두연(杜衍)이 재상으로 있을 때, 두연의 사위인 소순흠(蘇舜欽)이 공금을 유용한 사건이 생기자 마침 어사대부로 있던 반대파의 왕공신(王拱辰)은 이 일을 빌미삼아 두연 일파를 모조리 잡아넣고는 '일망타진하였다' 라는 보고를 올렸다. 결국 두연도 이 일에 연루되어 재상이 된 지 겨우 70일 만에 물러나게 되었다. 《송사》 인종기(仁宗紀)

一目瞭然(일목요연) 한 번 보면 바로 알 수 있을 정도로 명백함.

一問一答(일문일답) 한 번의 물음에 한 번씩 대답함.

一絲不亂(일사불란) 질서나 체계가 잘 정돈되어 어지럽지 않음.

一生(일생) 사는 동안. 평생.

一說(1.일설/2.일세) 1)㉠하나의 학설. ㉡다른 학설. 2)한 번 달램.

一世(일세) 1)한평생. 2)한 임금이 왕위에 있는 동안. 3)온 세상. 4)당대. 그 시대.

一新(일신) 아주 새로워짐. 새롭게 함.

一心同體(일심동체) 하나의 마음과 몸. 여러 사람의 뜻이나 행동이 한 명 처럼 움직임.

一躍(일약) 1)한 번 뜀. 2)지위 · 등급 등이 갑자기 뛰어오르는 모양. 비약(飛躍).

一魚濁水(일어탁수) 한 마리의 고기가 물을 흐린다는 뜻으로, 한 사람의 잘못으로 여러 사람이 피해를 입게 됨을 비유하는 말.

一言半句(일언반구) 한 마디의 말. 매우 짧은 말.

一葉知秋(일엽지추) 낙엽 하나에 가을이 왔음을 안다는 뜻으로, 작은 것으로 큰일을 짐작할 수 있음을 이르는 말. 일엽낙지천하추(一葉落知天下秋).

⊙一葉知秋(일엽지추)의 유래

'고기 한 점을 먹으면 냄비 속의 고기 맛을 전부 알고, 깃털과 숯을 매달아 놓으면 방의 공기가 건조한지 습한지를 안다. 이는 작은 것으로 큰 것을 아는 것이다. 낙엽 하나를 보면 한 해가 저무는 것을 알고, 항아리 속의 얼음을 보면 천하가 추워진 것을 안다. 이는 가까운 것으로 먼 것을 아는 것이다.' 《회남자》 설산훈(說山訓)

一元(일원) 1)사물의 근원이 오직 하나임. 같은 본원. 2)수학의 방정식에서 미지수가 단 하나임.

一字千金(일자천금) 한 글자에 천금의 가치가 있다는 뜻으로, 아주 뛰어난 글자나 시문을 이르는 말.

⊙一字千金(일자천금)의 유래

춘추 시대 진(秦)나라의 승상 여불위(呂不韋)는 많은 인재를 끌어모으는 데 주력하여 3천 명의 식객들을 거느렸다. 여불위는 자신의 식객들로 하여금 각기 견문한 바를 기록하고 정리하게 하였다. 이렇게 해서 팔람(八覽) · 육론(六論) · 십이기(十二紀) 등 20만 자가 넘는 방대한 책이 완성되었으며, 여불위는 자기의 성을 따서 《여씨춘추(呂氏春秋)》라고 이름을 붙였다. 여불위는 이 책을 성문 앞에 진열하고, "여기에 한 글자라도 덧붙이거나 뺄 수 있는 사람에게는 천금을 주겠다."라고 써 붙였으나 아무도 손을 대지 못했다고 한다. 《사기(史記)》 여불위열전(呂不韋列傳)

一場春夢(일장춘몽) 한 바탕의 봄 밤의 꿈. 인간

세상의 덧없음을 비유하는 말.

一朝一夕(일조일석) 하루 아침 하루 저녁. 짧은 시간을 이름.

一切(1.일절/2.일체) 1)전혀. 도무지. 2)모든 것. 온갖.

一敗塗地(일패도지) 한 번 패하면 간과 골을 땅바닥에 바르게 된다는 뜻으로, 여지없이 패하여 다시는 일어날 수 없게 됨을 이르는 말.

一敗塗地(일패도지)의 유래

진나라 말에 진승(陳勝)이 반란을 일으키자 패읍(沛邑)의 현령은 진승에게 투항하려고 했다. 이를 위해 다른 고장에 유방을 불러들여 백성들을 위협하려고 했는데, 막상 유방이 수백 명의 무리를 이끌고 돌아오자 도리어 유방을 두려워하여 성문을 닫고 그가 들어오지 못하게 했다. 이에 고을의 장로들은 현령을 죽이고 유방을 맞아들여 현령으로 추대하려 했다. 유방은 "천하가 한창 시끄러워 제후들이 사방에서 함께 일어나고 있는데, 지금 장수를 잘못 두게 되면 일패도지하고 만다."라며 거듭 사양하였으나 결국 패읍의 현령이 되었다. 《사기(史記)》

一片丹心(일편단심) 한 조각의 붉은 마음. 즉, 진정에서 우러나오는 변치 않는 마음.

一品(일품) 1)특히 뛰어난 품질이나 물건. 2)하나의 물건. 3)가장 높은 벼슬.

유 壹(한 일)

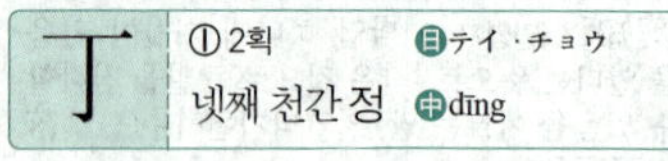

丁 ① 2획 日テイ・チョウ
넷째 천간 정 中dīng

一 丁

*상형. 못의 모양을 본뜬 글자. 이에 못처럼 바로 서 있다는 뜻을 나타내며 다른 것보다 나와 있다 하여 '성하다', '강하다'는 뜻으로 쓰임.

풀이 1. 십간의 네 번째. 오행에서는 불〔火〕. 방위로는 남쪽에 해당함. 2. 장정. 장년(壯年)의 남자. ¶壯丁 3. 남자 일꾼. 인부. 4. 세다. 강하다. 성하다. 5. 간곡히. ¶丁寧 6. 성씨(姓氏). ¶丁若鏞 7. 당하다. ¶丁艱

丁年(정년) 만 20세. 성년.

丁寧(정녕) 1)정중함. 친절함. 2)간곡히 충고함. 3)징·종 등을 이르는 말.

丁力(정력) 장정의 힘.

丁役(정역) 부역을 하는 장정.

丁重(정중) 정중함. 친절함.

兵丁(병정) 군사.

壯丁(장정) 성년에 이른 남자. 성인 남자.

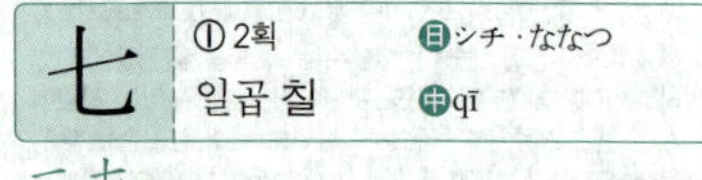

七 ① 2획 日シチ・ななつ
일곱 칠 中qī

一 七

*지사. 다섯 손가락을 위로 펴고 나머지 손의 두 손가락을 옆으로 편 모양을 나타낸 글자. '일곱'의 뜻을 나타냄.

풀이 1. 일곱. ¶七言 2. 일곱 번. 일곱번 째. ¶七回 3. 숫자 7. 4. 문체 이름.

七夕(칠석) 음력 7월 7일. 견우와 직녀가 만난다는 날.

七言(칠언) 한 구가 일곱 자인 한시(漢詩).

七言律詩(칠언율시) 한시 형식의 하나. 일곱 자로 된 시구가 여덟 개인 한시(漢詩).

七言絶句(칠언절구) 한시 형식의 하나. 일곱 자로 된 시구가 네 개인 한시(漢詩).

七絃琴(칠현금) 줄이 일곱 개인 거문고.

비 亡(망할 망) 匕(비수 비)

丌 ② 3획 日キ
대 기 中jī

*상형. 물건을 얹어서 받치는 그릇 받침을 본뜬 글자.

풀이 1. 대(臺). 물건을 받치는 대. 2. 그. 그것. '其(그 기)'의 古字

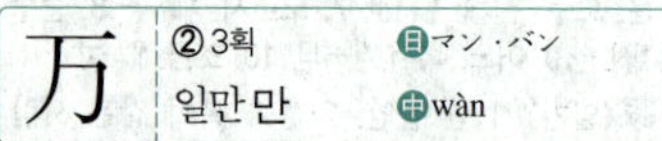

万 ② 3획 日マン・バン
일만 만 中wàn

풀이 1. 일만(10,000). '萬'의 약자로 많이 쓰임. 2. 모든. 전부. ¶万事 3. 여러. 많이.

유 萬(일만 만) 비 方(모 방)

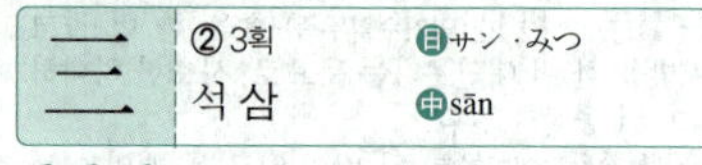

三 ② 3획 日サン・みつ
석 삼 中sān

一 二 三

*지사. 세 손가락을 옆으로 편 모양을 나타내어 '셋'이라는 뜻을 나타냄.

풀이 1. 셋. 세개. ¶三綱五倫 2. 세 번. 세 번째. ¶三顧草廬 3. 숫자 3. 4. 자주. 거듭. ¶再三

三綱(삼강) 유교 도덕에서 기본이 되는 세 가지 강(綱). 곧, 군위신강(君爲臣綱)·부위자강(父爲子綱)·부위부강(夫爲婦綱).

三綱五倫(삼강오륜) 삼강(三綱)과 오륜(五倫). 오륜은 군신유의(君臣有義)·부자유친(父子有親)·부부유별(夫婦有別)·장유유서(長幼有序)·붕우유신(朋友有信)을 말함.

三綱五常(삼강오상) 삼강(三綱)과 오상(五常). 오상은 인(仁)·의(義)·예(禮)·지(智)·신(信)을 말함.

三經(삼경) 세 가지 경전. 즉, 시경(詩經)·서경(書經)·역경(易經).

三顧草廬(삼고초려) 세 차례나 초가집을 방문한

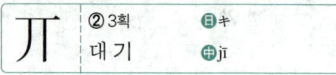

다는 뜻으로, 인재를 맞아들이기 위하여 노력함을 이르는 말.

三顧草廬(삼고초려)의 유래

삼국 시대, 유비(劉備)에게는 군대를 통솔할 만한 군사(軍師)가 없어서 늘 고전을 면치 못했다. 어느날 유비가 사마휘(司馬徽)에게 군사(軍師)를 천거해 달라고 청하자 그는 이렇게 말했다. "복룡(伏龍)이나 봉추(鳳雛) 중 한 사람만 얻으시오." 그러나 사마휘는 복룡과 봉추가 누구인지는 알려 주지 않았다. 나중에 유비는 제갈량(諸葛亮)이 복룡임을 알고 그의 초가집을 찾아갔으나 제갈량은 집에 없었다. 며칠 후 또 찾아갔으나 역시 집에 없었다. 유비를 수행했던 관우와 장비는 두 차례나 헛걸음을 하게 한 제갈량을 괘씸하게 여겨 화를 냈으나 유비는 단념하지 않고 세 번째 방문길에 나섰다. 그 열의에 감동한 제갈량은 마침내 유비의 군사(軍師)가 되어 많은 전공을 세웠다.

三多(삼다) 1)문장을 잘 짓는 방법인 다독(多讀)·다작(多作)·상량다(商量多). 2)제주도에 많은 것 세 가지. 돌·바람·여자.

三昧(삼매) 오직 한 가지 일에만 정신을 집중함. 삼매경(三昧境).

三不去(삼불거) 아내를 쫓아내지 못하는 세 가지 경우. 곧, 돌아가도 의지할 곳이 없을 때, 부모의 삼년상을 함께 치렀을 때, 가난할 때 같이 고생하다가 뒤에 부유하게 된 경우. 삼불귀(三不歸).

三不孝(삼불효) 세 가지의 불효. 곧, 부모를 옳지 못한 길에 빠지게 하는 일, 부모가 늙고 집이 가난해도 벼슬하지 않고 가난하게 지내는 일, 자식이 없어 조상의 제사를 끊어지게 하는 일.

三三五五(삼삼오오) 서너 사람이나 네다섯 사람. 몇 명씩 떼를 지어 다니는 모양.

三聖(삼성) 1)우리나라 상고 시대의 세 성인(聖人). 환인(桓因)·환웅(桓雄)·환검(桓儉). 2)세계적인 세 성인. 석가모니·공자·예수.

三旬九食(삼순구식) 서른 날에 아홉 끼니 먹는다는 뜻으로, 집안이 매우 가난함을 이르는 말.

三神山(삼신산) 신선이 산다는 세 개의 산. 봉래산(蓬萊山)·방장산(方丈山)·영주산(瀛州山)을 이르는 말.

三十六計(삼십육계) 1)손자 병법에 나온 36가지 계략(計略). 2)뺑소니치는 일.

三惡道(삼악도) 악인이 죽어서 간다는 세계. 지옥도(地獄道)·축생도(畜生道)·아귀도(餓鬼道).

三餘(삼여) 공부하기에 좋은 세번의 때 곧, 겨울과 밤, 비 오는 때. 독서삼여(讀書三餘).

三願(삼원) 세 가지 소원. 세상에 있는 좋은 사람들을 모두 알고, 좋은 책을 모두 읽고, 경치 좋은 자연을 두루 보는 일.

三人市虎(삼인시호) 세 사람이 말하면 시장 바닥에 호랑이도 있게 된다는 뜻으로, 근거 없는 낭설도 많은 사람이 진짜인 듯 말하면 믿게 됨을 이르는 말.

三人市虎(삼인시호)의 유래

위나라의 신하 방총(龐升)이 태자와 함께 조나라 수도 한단에 인질로 가게 되었을 때, 혜왕을 만나 말했다. "저자거리에 호랑이가 나타난다는 건 있을 수 없는 일이지만, 세 사람이 똑같은 말을 한다면 없던 호랑이도 있게 됩니다. 한단은 위나라에서 멀리 떨어져 있고, 저에 대해 이러쿵저러쿵 하는 사람이 많을 테니 왕께서는 잘 살피시기 바랍니다." 과연 방총이 떠나자마자 혜왕에게 모함하는 자가 나타났다. 나중에 인질에서 풀려났지만, 태자만 돌아왔을 뿐 방총은 혜왕의 의심을 받아 결국 귀국하지 못했다.

三人行必有我師(삼인행필유아사) 세 사람이 길을 가면 반드시 스승이 있음. 세 사람이 함께 어떤 일을 하면서 좋은 점을 보면 그것을 배우고, 좋지 못한 행실을 보면 반성하듯이 모범이 될 만한 사람이 있다는 뜻.

三日天下(삼일천하) 3일 동안 천하를 얻음. 곧, 지극히 짧은 기간 정권을 잡음.

三日天下(삼일천하)의 유래

조선 시대 인조 때 평안병사 이괄이 반란을 일으켜 서울을 함락한 다음 선조의 왕자 흥안군으로 왕위에 오르게 되어, 이를 축하하기 위해 과거 시험까지 열었다. 그러나 이괄의 군사가 정충신에게 패함으로써 불과 사흘만에 잡혀 대역죄로 사형을 당했다. 이에 사람들은 이괄이 불과 사흘 동안 정권을 잡았던 것을 조롱하여 '삼일천하'라고 불렀다.

三日香(삼일향) 사흘 동안은 향기로움. 신기한 것은 빨리 싫증이 난다는 것을 뜻함.

三藏(삼장) 1)불교에서 경(經)·율(律)·논(論)의 총칭. 2)경·율·논에 통달한 고승.

三才(삼재) 천(天)·지(地)·인(人). 삼재(三材).

三災(삼재) 세 가지 재앙. 수재·화재·풍재. 또는 도병재·기근재·질병재.

三尺童子(삼척동자) 키가 세 척밖에 안 되는 어린아이. 철모르는 어린아이를 이르는 말.

三遷之教(삼천지교) 맹자(孟子)의 어머니가 아들의 교육을 위해 세 번 집을 옮긴 고사에서 나온 말로 어머니의 자녀 교육에 대한 열의나 교육 환경의 중요성을 강조하는 경우에 쓰임.

三七日(삼칠일) 사후(死後), 또는 출생 후 21일째.

유 參(석 삼)

上	② 3획	日 ジョウ·ショウ·うえ
	위 상	中 shàng, shǎng

丨 ⺊ 上

*지사. '一(한 일)' 위에 짧은 '一' 자를 쓰기도 하고, 또는 점(·)을 찍어 어떤 위치보다도 높은 곳인 '위'의 뜻을 나타낸 글자.

풀이 1. 위. 2. 표면. ¶地上 3. 꼭대기. 높은 곳. ¶頂上 4. 임금의 존칭. ¶上監 5. 하늘. ¶上天 6. 부근. 근처. ¶川上 7. 높다. 높이다. 8. 좋은 것. 훌륭한 것.

1 획

¶上品 9. 오르다. 올리다. ¶上京 10. 첫째. 최초. 11. 옛날. ¶上古 12. 윗사람. ¶上命下服

上監(상감) 임금의 높임말.

上客(상객) 1)지위가 높은 손님. 우대하여 제일 윗자리에 모실 만한 손님. 상빈(上賓). 2)혼인 때 가족 중에서 신랑, 신부를 데리고 가는 사람. 중요한 손님.

上代(상대) 1)옛날. 상고 시대. 2)윗대.

上同(상동) 1)위에 기록한 것과 내용이 같음. 2)윗사람에게 아첨하여 의견을 따름.

上禮(상례) 1)최고의 예(禮). 최고의 대우. 2)물건 등을 보내는 예.

上命下服(상명하복) 윗사람은 명령하고 아랫사람은 복종함.

上膊(상박) 어깨에서 팔꿈치까지의 부분.

上書(상서) 1)임금에게 글을 올리는 일. 2)윗사람에게 글을 올림. 또는 그 글.

上瑞(상서) 상서로운 조짐. 하늘이 내리는 길조.

上述(상술) 위에 적거나 말함.

上昇(상승) 위로 올라감. 상승(上升).

上程(상정) 회의에 안건을 내놓음.

上策(상책) 훌륭한 계책이나 계략. 상계(上計).

上品(상품) 1)품질이 가장 좋은 물품. 2)최상의 극락. 고상한 품위. 3)가계(家系)가 좋음.

上行(상행) 1)위쪽으로 향함. 2)윗사람의 행동이나 행위. 3)윗사람이 내리는 분부. 상관의 명령. 4)하급 관리가 상급 관리에게 올리는 공문서.

上弦(상현) 매월 음력 7, 8일쯤 나타나는 달의 모양. 활시위가 위로 휜 형상임. ↔ 하현(下弦).

上皇(상황) 1)태상황(太上皇)의 준말. 자리를 물려주고 생존해 있는 황제를 높여 부르는 말. 2)천제(天帝). 3)상고(上古)의 제왕.

計上(계상) 예산 편성에 넣음.

引上(인상) 1)끌어올림. 2)물건 등의 값을 올림.

頂上(정상) 1)산꼭대기. 2)그 이상 더 없는 것. 최상. 3)최상급의 지도자.

進上(진상) 물건 등을 임금이나 높은 벼슬아치에게 바침. 공상(供上).

向上(향상) 1)위로 향하여 나아감. 2)높아짐. 3)좋아짐.

獻上(헌상) 임금이나 웃어른에게 바쳐 올림.

반 下(아래 하)

② 3획

與(p1126)의 俗字

② 3획 日ジョウ·たけ

어른 장 中zhàng

一 ナ 丈

* 회의. '十(열 십)'과 손을 나타내어 '한 뼘' 또는 '한 자'의 의미를 지닌 '又(또 우)'를 합친 글자. 이에 한 자가 열 개 모인 것을 나타내어 '열 자'라는 뜻으로 쓰임.

풀이 1. 어른. ¶丈夫 2. 길이의 단위. 1척(尺)의 10배. ¶丈尺 3. 지팡이. 4. 재다. ¶丈器

丈器(장기) 측량을 하는 기계.

丈夫(장부) 1)성인 남자. 2)재능이 많은 사람. 3)남편.

丈人(장인) 1)나이 많은 어른. 2)덕행이 높은 장로(長老)나 성인(聖人). 3)아내의 친정 아버지. 4)조부(祖父).

丈丈(장장) 어른을 높여 부르는 말.

丈尺(장척) 길이가 열 자인 장대로 만든 자.

氣高萬丈(기고만장) 기운이 만장이나 뻗침. 일이 뜻대로 되어 씩씩한 기운이 크게 뻗침.

老人丈(노인장) 노인. 어르신.

大丈夫(대장부) 사내답고 씩씩한 남자.

無尊丈(무존장) 어른에게 버릇이 없게 대함.

美丈夫(미장부) 미남.

春府丈(춘부장) 남의 아버지를 높여 부르는 말. 춘부장(椿府丈). 춘장(椿丈).

비 文(글월 문) 才(재주 재) 大(큰 대) 犬(개 견) 太(클 태)

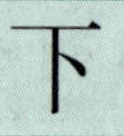

② 3획 日カ·ゲ·した

아래 하 中xià

一 丅 下

* 지사. 어떤 기준선(一) 아래에 있는 것(·)을 나타내어 '아래', '낮은 쪽'을 나타낸 글자.

풀이 1. 아래. ¶下向 2. 바닥. 밑. ¶門下 3. 뒤. 후. 나중. 4. 낮다. 낮추다. ¶格下 5. 하등의 것. 낮은 지위. 비속한 것. 6. 내리다. 내려가다. ¶下降 7. 항복하다. 8. 손대다. 9. 못하다. 무엇에 비해 떨어지다. 10. 없애다. 감하다. 11. 귀인의 거처. 12. 머무르다.

下降(하강) 1)아래로 내려감. 떨어짐. 2)공주가 신하에게 시집가는 일. 하가(下嫁).

下棺(하관) 관(棺)을 무덤 안에 내림.

下敎(하교) 1)임금이 신하에게 내리는 명령. 전교(傳敎). 2)윗사람이 아랫사람을 가르침.

下剋上(하극상) 신분이 낮은 사람이 윗사람을 꺾음.

下女(하녀) 계집종. 여자 하인.

下達(하달) 윗사람의 뜻을 아랫사람에게 전달함.

下落(하락) 아래로 떨어짐.

下命(하명) 명령을 내림.
下問(하문) 아랫사람에게 물음.
下膊(하박) 팔꿈치에서 손목까지의 부분.
下賜(하사) 임금이 신하에게 물건을 내려 줌.
下手(하수) 1)손수 행함. 착수(着手). 2)기술 · 실력이 낮은 사람. 3)바둑 · 장기에서 자신보다 수가 낮음. 또는 그 사람.
下水(하수) 1)새로 만든 배의 진수(進水). 2)배가 물의 흐름을 따라감. 3)물에 들어감. 4)더러운 물. ↔ 상수(上水).
下野(하야) 관직에서 물러남. 사퇴. 은퇴. 야인(野人)으로 돌아감.
下獄(하옥) 감옥에 가두거나 갇힘.
下學上達(하학상달) 1)아래로는 인간의 도리를 배우고 위로는 하늘의 도리에 도달함. 2)쉬운 것에서부터 점차 깊은 학문에 이름.
下弦(하현) 음력 매월 23일 경에 반달 모양으로 되는 달. ↔ 상현(上弦).
下戶(하호) 가난한 백성.
却下(각하) 1)관청이나 공공 단체에서 원서(願書)나 신청을 받지 않고 물리침. 2)민사 소송에서, 형식이 법규에 맞지 않다 하여 소장(訴狀)이나 신청을 물리침.
降下(강하) 1)위에서 아래로 내림. 높은 데서 낮은 데로 내려감. 또는 내려옴. 2)공중에서 아래로 떨어내림.
格下(격하) 자격이나 등급 · 지위 등을 낮춤. ↔ 격상(格上).
貴下(귀하) 상대편을 높여 그 이름 대신 부르는 말. 또는 편지 등에 상대편의 이름 뒤에 쓰는 말.
門下(문하) 1)스승의 밑. 또는 스승의 집. 2)문하생이 드나드는 권세 있는 집.

반 上(위 상)

丐	③ 4획 빌 개	日カイ · こう 中gài

풀이 1. 빌다. 구하다. ¶丐命 2. 주다. 3. 얻다. 취하다. ¶丐頡 4. 걸인. 걸식. ¶丐乞 5. 구하다.
丐乞(개걸) 1)구걸하며 먹음. 2)거지. 걸인.
丐命(개명) 목숨을 빎.
丐子(개자) 거지. 걸인.
丐頡(개힐) 약탈함.

비 丏(가릴 면) 焉(어찌 언)

丏	③ 4획 가릴 면	日メン · ベン 中miǎn

풀이 1. 가리다. 보이지 않다. 2. 흙담.

유 奄(가릴 엄) 비 丐(빌 개)

不	③ 4획 ❶ 아닐 부 · 불 ❷ 클 부	日フ · ブ 中bù, Fōu

一 ア 不 不

*상형. 새가 하늘로 날아 올라가서 내려오지 않음을 본뜬 글자. 후에 '…하지 않다', '…은 아니다'의 뜻으로 쓰임.

풀이 ❶ 1. 아니다. …하지 않다. 부정의 뜻. ¶不正 2. …인가. 반어형 어조사. 3. …마라. 금지의 뜻. ❷ 4. 크다. 5. 꽃받침. 6. 아래 등급. 과거 시험에서 경서(經書)를 외는 성적이 불합격일 때의 등급.

不俱戴天之讐(불구대천지수) 하늘을 함께 일 수 없는 원수. 철천지원수.

○不俱戴天之讐(불구대천지수)의 유래
《예기》의 "아버지의 원수와는 하늘을 함께 이지 않고, 형제의 원수를 보고 무기를 가지러 가면 늦으며, 친구의 원수와는 같은 나라에서 살지 않는다."라는 대목에서 나온 말이다. 아버지와 형제, 친구의 원수는 곧 자신의 원수이며, 특히 아버지의 원수는 같은 하늘 밑에 살아 있는 것조차 용납할 수 없다는 의미이다.

不當(부당) 이치에 맞지 않음.
不德(부덕) 덕이 없음. 어질지 못함.
不得不(부득불) 하는 수 없이. 불가불(不可不).
不在(부재) 1)자리에 있지 않음. 2)그 지위에 오르지 못함. 3)죽고 없음.
不正(부정) 바르지 않음. 옳지 못함.
不淨(부정) 깨끗하지 못함.
不貞(부정) 절개(節槪) · 정조(貞操)를 지키지 않음.
不定(부정) 1)일정하지 않음. 2)정해지지 않음.
不知肉味(부지육미) 고기를 먹고 있으면서 고기의 맛을 모른다는 뜻으로, 한 가지 일에 몰두하며, 다른 일은 건성으로 하고 있음을 비유하는 말.
不進(부진) 앞으로 나아가지 못함.
不可思議(불가사의) 사람의 생각으로는 알 수 없음. 또는 그 일. 전혀 이해할 수 없는 이상한 일을 비유하는 말.
不敢生心(불감생심) 감히 마음도 먹지 못함. 불감생의(不敢生意).
不恭(불공) 공손하지 못함.
不共戴天之讎(불공대천지수) 같은 하늘 아래 함께 지낼 수 없는 원수.
不歸客(불귀객) 돌아오지 않는 나그네. 곧, 죽은 사람.
不及(불급) 미치지 못함.

不潔(불결) 1)깨끗하지 못함. 2)마음이 순수하지 못함.

不老長生(불로장생) 늙지 않고 오래 삶.

不倫(불륜) 인륜에 어긋남.

不利(불리) 1)이롭지 못함. 2)승산이 적음.

不忘(불망) 잊지 않음. 잊지 못함.

不眠不休(불면불휴) 자지도 않고 쉬지도 않음. 곧, 힘써 노력함.

不毛(불모) 곡식 이나 풀이 나지 않음. 또는 그런 땅.

不問曲直(불문곡직) 옳고 그름을 묻지 않음. 곧, 덮어놓고 마구 함. 제멋대로 함.

不敏(불민) 1)민첩하지 못함. 어리석음. 2)자기의 겸칭.

不服(불복) 1)복종하지 않음. 2)불만을 품음.

不備(불비) 1)제대로 갖추지 못함. 준비가 안됨. 2)편지 끝에 낮추어 쓰는 말. 불실(不悉).

不死身(불사신) 1)어떤 고통에도 견뎌 내는 굳센 몸. 2)어떤 곤란을 당해도 의지나 힘을 잃지 않는 사람.

不事二君(불사이군) 두 임금을 섬기지 않음. 충신이 행해야 할 도리의 하나.

不祥事(불상사) 좋지 못한 일. 상서롭지 못한 일.

不世出(불세출) 세상에 나오기 힘듦. 뛰어남. 또는 그런 사람.

不純(불순) 다른 것이 섞여 순수하지 못함.

不識泰山(불식태산) 태산(泰山)을 몰라본다는 뜻으로, 인재를 알아보지 못함을 이르는 말.

不識泰山(불식태산)의 유래

춘추 시대 노(魯)나라의 명장(名匠) 노반(魯班)에게 태산(泰山)이라는 제자가 있었다. 처음 목공을 배우기 시작할 때는 열심히 노력하더니 언제부턴가 게으름을 피우기 시작해서 틈만 나면 근처 대나무 숲에 틀어박히곤 했다. 화가 난 노반은 그를 쫓아내고 말았다. 십여 년 후 노반은 시장에서 아주 정교한 대나무 가구를 발견했는데, 수소문해 본 결과 자기가 쫓아냈던 태산이 만든 것이었다. 알고 보니 태산은 노반의 밑에 있을 때부터 대나무의 유연성에 주목했는데, 스승이 나무만 고집하니 하는 수 없이 대나무 숲에서 혼자 익혔던 것이다. 노반은 부끄러워하며 "나는 눈을 가지고도 태산을 제대로 보지 못했다!"라고 말했고, 후에 태산은 죽공예(竹工藝)의 창시자가 되었다.

不夜城(불야성) 1)등이 환하게 밝혀져 대낮같이 밝은 번화한 거리. 2)중국 한대(漢代)에 밤에도 해가 떴다는 동래군(東萊郡) 불야현(不夜縣)에 있던 성(城) 이름.

不如歸(불여귀) 1)소쩍새. 자규(子規). 두견(杜鵑). 촉혼(蜀魂). 2)소쩍새의 우는 소리.

不義(불의) 의리에 어긋남. 옳지 않은 일.

不忍之心(불인지심) 차마 어떠한 것을 할 수 없는 마음.

不入虎穴不得虎子(불입호혈부득호자) 호랑이 굴에 들어가지 않고는 호랑이 새끼를 못 잡는다는 뜻으로, 모험을 하지 않고는 큰일을 할 수 없음을 비유하는 말.

不入虎穴不得虎子(불입호혈부득호자)의 유래

한나라의 반초가 사신으로 누란(樓蘭)에 갔을 때 누란의 왕은 귀한 손님으로 대접했다. 그러나 한나라와 적대하는 흉노국(匈奴國)의 사신이 누란에 오자 반초에 대한 대접이 형편없어졌다. 반초는 일행을 불러모아서 말했다. "지금 이곳에 흉노의 사신이 와 있다. 누란의 왕은 우리를 다 죽이거나 흉노국의 사신에게 넘겨줄 텐데 어떻게 하면 좋겠나?" 모두들 죽을 각오로 싸우자고 외쳤다. "좋다. 그럼 오늘 밤에 흉노의 숙소로 쳐들어가자. '호랑이 굴에 들어가지 않고는 호랑이 새끼를 못 잡는다'라는 말도 있지 않은가!" 그날 밤 반초 일행은 흉노의 숙소에 불을 지르고 닥치는 대로 죽였다. 이 일을 계기로 누란이 굴복했음은 물론이고 주위의 수많은 나라들도 한나라를 섬기게 되었다. 《후한서(後漢書)》 반초전(班超傳)

不肖(불초) 1)아버지를 닮지 않음. 못난 아들이라는 뜻. 2)자신을 낮추어 하는 말.

不肖(불초)의 유래

《맹자(孟子)》에 나오는 말로, "요임금의 아들 단주는 불초하였고 순임금의 아들 역시 불초하였다. 그러나 순임금이 요임금을 돕고 우임금이 순임금을 도운 일은 비록 세월이 많이 흘렀어도 그 혜택을 백성이 오래 받고 있다."고 한 데서 유래하였다.

不忠(불충) 1)충성스럽지 못함. 2)진심을 다하지 않음.

不治(불치) 1)병이 낫지 않음. 병을 고칠 수 없음. 2)정치가 잘못됨.

不恥下問(불치하문) 아랫사람 또는 자기보다 못한 사람에게 묻는 일을 부끄럽게 여기지 않음.

不快(불쾌) 마음이 유쾌하지 않음. 기분이 좋지 않음.

不偏不黨(불편부당) 어느 편에도 치우치지 않음.

不平(불평) 1)공평하지 않음. 2)마음에 불만이 있어 편하게 여기지 않음. 3)병으로 몸이 편하지 못함.

不寒而慄(불한이율) 춥지 않아도 벌벌 떨 정도로 몹시 두려운 상황을 비유하는 말.

不寒而慄(불한이율)의 유래

한(漢)나라 무제(武帝) 때 의종(義縱)이라는 관리가 정양 태수로 부임한 뒤 그 지방의 호족 세력을 평정하고 2백여 명의 범죄자들을 체포하였다. 동시에 그는 죄인들을 면회한 사람들을 죄수 탈옥 기도죄로 잡아들였다. 의종은 그들이 사형수들을 탈옥시키려 했다고 판결하고 4백여 명을 전부 죽여 버렸다. 그 후 군내의 호족들과 백성들은 춥지 않아도 벌벌 떨었으며, 교활한 자들은 알아서 관리에게 협력하였다고 한다. 《사기(史記)》 혹리(酷吏)

不咸山(불함산) 백두산(白頭山).

不合(불합) 1)합당하지 않음. 불합리(不合理). 2)정의가 서로 맞지 않음. 불화(不和). 3)협력하지 못함.

不幸(불행) 운수가 나쁨. 행복하지 못함.

不許(불허) 허락 또는 허가하지 않음.
不惑(불혹) 1)세상일에 미혹되지 않음. 2)40세의 다른 이름.
不和(불화) 사이가 좋지 못함.
不況(불황) 경제 상황이 좋지 않음.
不孝(불효) 효도를 하지 않음. 자식의 도리를 다하지 못함.

유 否(아닐 부) 반 正(바를 정) 비 丕(클 비)

丑 ③4획 日チュウ·うし
소 축 中chǒu

*상형. 날이 추워서 손(彐)을 묶어(丨) 놓은 듯이 농사일을 하지 못하는 '섣달', 곧 '12월'을 나타낸 글자. 십이지(十二支)의 둘째 글자로 쓰임.

풀이 **1. 소. 십이지의 두 번째.** 오행에서는 흙(土), 방위로는 북동쪽, 시각으로는 24시의 세 번째 시인 오전 1시 30분~2시 30분, 달로는 소의 달인 음력 12월에 해당함. ¶丑方 **2. 처음. 3. 맺다. 4. 수갑(手匣).**

丑方(축방) 24방위의 셋째. 정북으로부터 동쪽으로 30도째의 방위를 중심한 좌우 15도의 방위.
丑時(축시) 오전 1시 30분부터 2시 30분까지.
丑肉(축육) 쇠고기. 우육(牛肉).

유 牛(소 우) 비 五(다섯 오)

丘 ④5획 日キュウ·おか
언덕 구 中qiū

*상형. 봉우리 위의 가운데가 움푹 들어간 산의 모양을 본뜬 글자.

풀이 **1. 언덕. 동산. 작은 산.** ¶丘陵 **2. 무덤. 묘.** ¶丘墓 **3. 마을. 4. 크다. 5. 공허하다.** ¶丘亭 **6. 공자의 이름.** ¶丘軻

丘軻(구가) 공자와 맹자를 함께 부르는 말.
丘陵(구릉) 언덕. 조그만 산.
丘木(구목) 무덤 가에 있는 나무.
丘墓(구묘) 무덤. 분묘(墳墓).
丘阜(구부) 언덕. 구릉(丘陵).
丘墳(구분) 1)무덤. 2)언덕.
丘山(구산) 1)조그만 언덕과 산. 2)조용히 멈춰 있는 모양을 비유하는 말. 3)물건이 많음을 비유하는 말.
丘壻(구서) 죽은 딸의 남편.
丘首(구수) 여우는 죽을 때 머리를 자기가 살던 언덕 쪽으로 향한다는 데서, 근본을 잊지 않음, 또는 고향을 생각함을 뜻함. 수구초심(首丘初心).
丘岳(구악) 언덕과 산.
丘言(구언) 속된 말.
丘隅(구우) 언덕의 모퉁이.
丘亭(구정) 빈 집. 공가(空家).
丘垤(구질) 낮은 언덕.
丘冢(구총) 무덤.
丘壑(구학) 1)언덕과 골짜기. 2)속세를 떠난 곳.
丘墟(구허) 1)황폐한 유적. 폐허(廢墟). 2)언덕.

유 岸(언덕 안)

丙 ④5획 日ヘイ·ひのえ
남녘 병 中bǐng

*상형. 희생물을 얹는 큰 제사상을 본뜬 글자. 천간(天干)의 세 번째 글자로 쓰임.

풀이 **1. 남녘. 십간의 세 번째.** 오행에서는 불(火), 방위로는 남쪽에 해당함. **2. 밝다. 환하다. 3. 강하다. 단단하다.**

丙科(병과) 과거(科擧) 시험 성적에 따라 '甲'·'乙'·'丙'으로 나눈 등급 중의 세 번째 등급.
丙吉牛喘(병길우천) 몽구(蒙求)의 표제. 한(漢)나라의 병길(丙吉)이 소가 기침을 하는 것을 보고 시후(時候)가 조화를 잃은 것을 깨닫고 정치에 더욱 주의한 고사에서 나온 말.
丙部(병부) 중국에서 서적을 경(經)·사(史)·자(子)·집(集)의 사부(四部)로 나눈 것의 하나인 자부(子部)의 다른 이름. 자서(子書).
丙舍(병사) 무덤 가까이에 임시로 지은 작은 집. 묘막(墓幕).
丙夜(병야) 삼경(三更). 저녁 11시부터 그 이튿날 오전 1시 사이.
丙子字(병자자) 조선 중종 11년(1516)에 만든 구리 활자.
丙丁(병정) 불(火). 丙·丁은 오행(五行) 등에서 화(火)에 해당함.
丙辰字(병진자) 조선 세종 18년(1436)에 만든 구리 활자.
丙火(병화) 불빛. 화광(化光).

유 南(남녘 남) 비 內(안 내)

丕 ④5획 日ヒ·おおきい
클 비 中pī

풀이 **1. 크다. 성행하다.** ¶丕業 **2. 받다. 받들다. 3. 처음. 으뜸.** ¶丕子 **4. 엄숙하다.**

丕愆(비건) 큰 잘못. 큰 허물.
丕基(비기) 큰 기초. 큰일을 이루기 위한 초석.

1 획

홍기(鴻基). 대기(大基).
丕圖(비도) 큰 꾀. 원대한 계획.
丕命(비명) 큰 명령. 임금이 내리는 명령.
丕丕(비비) 몹시 큰 모양을 이르는 말.
丕緖(비서) 비적(丕績).
丕承(비승) 훌륭하게 이어받음.
丕揚(비양) 크게 떨침.
丕烈(비열) 큰 공(功). 업적.
丕子(비자) 임금의 적자(嫡子). 태자(太子).
丕績(비적) 큰 공적. 훌륭한 업적.
丕祚(비조) 임금의 지위. 왕위(王位).
丕祉(비지) 큰 복. 큰 은혜.
丕闡(비천) 크게 나타남. 크게 천명함.
丕顯德(비현덕) 1)크게 밝은 덕. 2)덕을 크게 드러냄.
丕訓(비훈) 큰 가르침.
丕休(비휴) 큰 경사(慶事).
丕欽(비흠) 몹시 공경함.
유 巨(클 거) 太(클 태) 大(큰 대) 비 不(아닐 부)

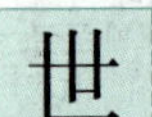
④ 5획 日 セイ・セ・よ
세상 세 中 shì

一 十 廿 廿 世

* 회의. '十(열 십)'을 세 개 이어 쓴 글자. 이에 30년을 나타내며 한 세대를 대략 30년으로 하므로 '세대'의 뜻으로 쓰임.

풀이 1. 세상. 이 세상. 세간. 사람들이 살아가는 곳. ¶現世 2. 대(代). 시대. ¶世傳 3. 사람의 일생. 평생. 한평생. 4. 때. 시절. 시세. 5. 나이. …살. 6. 일세. 세대. 30년이 한 세대. ¶一世 7. 대대로.
世家(세가) 대대로 나라의 중요한 지위에 있어 녹을 받는 집안.
世居(세거) 한 고장에서 대대로 삶.
世卿(세경) 대대로 이어 내려오는 경대부(卿大夫).
世界(세계) 1)이 세상. 세간. 2)이 세상 사람. 3)온 나라. 모든 나라. 4)우주. 천지. 지구. 5)나라. 토지. 6)같은 부류의 사회. 7)범위.
世故(세고) 세상일. 세상의 이런저런 일.
世苦(세고) 세상의 고생.
世功(세공) 조상의 공적.
世交(세교) 대대로 사귀어 온 교분.
世教(세교) 1)세상의 가르침. 세상의 교화. 2)유교(儒教).
世規(세규) 사회의 규율.
世及(세급) 대대로 미침. 세습(世襲).
世紀末(세기말) 어떤 사회가 융성기를 지나서 퇴폐적인 사회 현상을 나타내는 비정상적인 상태나 경향을 뜻함.
世難(세난) 세상의 어려움.
世年(세년) 세월(歲月).
世念(세념) 1)세상의 명예와 이익을 구하는 마음. 속념(俗念). 2)세상살이에 대한 여러 가지 생각.
世德(세덕) 대대로 쌓아 올린 덕.
世途(세도) 세상을 살아가는 길.
世道(세도) 세상을 바르게 다스리는 도리. 살면서 지켜야 하는 도덕.
世論(세론) 세상의 여론. 의론. 물론(物論).
世吏(세리) 대대로 관리가 되어 있는 사람. 세습을 하는 관리.
世變(세변) 세상이 변함. 또는 그런 일.
世譜(세보) 집안의 내력을 모아서 엮은 책.
世父(세부) 큰아버지. 대를 잇는 아버지라는 뜻에서 '世'라고 함. 백부(伯父).
世紛(세분) 세상이 어지러움.
世祀(세사) 대대로 지내는 제사.
世嗣(세사) 1)제후·황제의 후사(後嗣). 2)후손.
世世(세세) 거듭된 세대. 대대(代代).
世俗(세속) 1)세상. 2)세상 풍속. 3)세상 사람.
世守(세수) 여러 대에 걸쳐 지킴.
世襲(세습) 대대로 물려받음.
世諺(세언) 세상에서 널리 쓰는 말. 속담(俗談).
世業(세업) 대대로 물려 받은 가업(家業).
世緣(세연) 속세(俗世)의 인연.
世外(세외) 세상 밖. 속세를 벗어난 곳.
世儒(세유) 1)경박한 세상과 영합하는 속된 선비. 속유(俗儒). 2)세상에서 떠받드는 학자.
世蔭(세음) 좋은 집안. 좋은 문벌.
世議(세의) 세상의 평판·소문.
世醫(세의) 대대로 하는 의원(醫員).
世子(세자) 왕위를 이을 아들. 왕세자(王世子).
世爵(세작) 대대로 전해 내려오는 벼슬.
世箴(세잠) 세상의 훈계. 교훈.
世傳(세전) 1)대대로 전함. 2)물려 내려옴.
世尊(세존) 석가모니를 높여 부르는 말.
世主(세주) 임금. 군주(君主).
世塵(세진) 속세의 더러움. 세상의 먼지.
世態(세태) 세상의 형편.

❖ 세태(世態)에 관한 고사성어

- 桑田碧海(상전벽해) 뽕나무밭이 푸른 바다가 됨.
- 天旋地轉(천선지전) 세상일이 크게 변함.
- 吳越同舟(오월동주) 서로 원수 사이인 오나라 사람과 월나라 사람이 같은 배를 탐.

世統(세통) 대대로 내려오는 혈통. 가통(家統).
유 代(시대 대)

且

④5획
❶또 차 日ショ·かつ
❷도마 저 中qiě, jū

丨 冂 月 目 且

*상형. 고기를 수북이 담아 신에게 바친 그릇 모양을 본뜬 글자. 후에 '또', '가령'이라는 뜻으로 많이 쓰임.

풀이 ❶ 1. 또. 게다가. ¶且夫 2. 잠시. 우선. 3. …조차. …까지. 강조의 뜻. 4. 한편으로는 …하고 다른 한편으로는 …하다. 두 개의 동작을 동시에 할 때. ¶且驚且喜 5. 만일. 설령. 6. 이에. 여기. 이것. 7. 많은 모양. 8. 음력 6월의 다른 이름. 9. 장차. ❷ 10. 도마. 11. 머뭇거리다. 망설이다.

且驚且喜(차경차희) 한편으로는 놀라면서, 한편으로는 기뻐함.

且夫(차부) 그리고 또한.

且月(차월) 음력 6월의 다른 이름.

且戰且走(차전차주) 한편으로는 싸우면서, 한편으로는 달아남.

유 又(또 우) 비 目(눈 목) 旦(아침 단)

両

⑤6획
兩(p99)의 俗字

丞

⑤6획
❶도울 승 日ジョウ·たすける
❷나아갈 증 中chéng

*회의. 밑(一)에서 좌(廾)·우(又)의 손으로 임금을 돕는 사람인 '정승'을 나타낸 글자. 이에 '돕다', '받들다', '나아가다'의 뜻으로 쓰임.

풀이 ❶ 1. 돕다. 도움. 2. 벼슬 이름. ¶丞相 3. 받들다. ❷ 4. 나아가다. ¶丞丞 5. 구제하다. 구하다.

丞史(승사) 승(丞)과 사(史). 둘 다 장관의 아래에 속해 있는 관리.

丞相(승상) 우리나라의 정승에 해당하는 중국의 옛 벼슬 이름. 재상(宰相).

丞掾(승연) 승(丞)과 연(掾). 둘 다 장관의 아래에 속해 있는 관리.

丞丞(증증) 앞으로 나아가는 모양.

유 助(도울 조) 비 承(받들 승)

丟

⑤6획
갈 주 日チュウ·さる 中diū

풀이 1. 가다. 가버리다. 2. 던져 버리다. 3. 잃다.

丟巧針(주교침) 음력 7월 칠석날 저녁에 젊은 여자들이 직녀성에게 바느질을 잘할 수 있게 해 달라고 비는 일.

유 去(갈 거) 行(갈 행) 失(잃을 실) 비 去(갈 거)

並

⑦8획
竝(p991)의 俗字

丨 부

丨 뚫을 곤 部

'丨'자는 수직선 모양을 한 부수(部首)자로 위와 아래가 서로 통한다는 의미를 지닌다. 그러나 '丨'자는 하나의 문자로 역할을 하지 못하고 다른 글자가 구성될 때 필획(筆劃)에 도움을 줄 뿐이다.

丨

⓪1획 日コン
뚫을 곤 中gǔ

풀이 뚫다. 위아래 또는 상하로 통함.

비 亅(갈고리 궐)

个

②3획 日カ·コ
낱 개 中gè

풀이 1. 낱. 낱개. 2. 포함하다. 3. 곁방. 4. 한 사람. 1인.

유 個(낱 개) 비 介(끼일 개)

丫

②3획 日ア·あげまき
가장귀 아 中yā

*상형. 나무 끝이 갈라져 있는 모양을 본뜬 글자.

풀이 1. 가장귀. 두 가닥. 어떤 모양의 끝이 나누어져 튀어나와 있는 것. 2. 총각. 가장귀지게 묶은 머리. ¶丫鬟

丫叉(아차) 1)두 가닥으로 갈라져서 'Y'자 모양으로 된 물건. 과실을 집는 포크. 2)팔짱을 낌.

丫鬟(아환) 1)옛날, 아이들의 머리를 두 가닥으로 빗어 올려 귀 뒤에서 두 개의 뿔처럼 둥글게 묶었던 것. 2)소녀. 또는 계집종.

丰

③4획 日ホウ
예쁠 봉·풍 中fēng

1 획

풀이 1. 예쁘다. 아름다운 모양. ¶丰姿 2. 풀이 무성하게 우거진 모양. ¶丰茸 3. 모습. 풍채. ¶丰姿

丰茸(봉용) 풀이 우거져 무성한 모양.

丰姿(봉자) 모습이 아름다움. 또는 그 모습.

丰采(풍채) 1)아름다운 모습. 2)사람의 겉모양. 풍채(風采).

비 羊(양 양)

1획

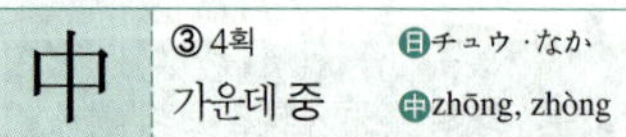

中 ③4획 가운데 중 日チュウ·なか 中zhōng, zhòng

丶 ㅁ 口 中

* 지사. 사물[口]의 한가운데를 꿰뚫는[丨] 모양을 나타낸 글자. 이에 '중심', '중앙'의 뜻으로 쓰임.

풀이 1. 가운데. 속. ¶中央 2. 마음. 3. 치우치지 않다. ¶中庸 4. 중기(中氣). 24절기 가운데 양력으로 달마다 중순부터 드는 절기. 5. 중간. 가운데 규모나 등급. ¶中等 6. 반. 절반. 7. 차다. 8. 곧다. 9. 버금. 10 중매. 11. 일치하다. ¶的中 12. 몸이 상하다. ¶中毒 13. 헐뜯다. ¶中傷謀略 14. 떨어지다. 15. 균등하다.

中間(중간) 1)중간. 사이. 가운데. 2)소개함.

中堅(중견) 1)사회나 단체·회사 등에서 중심이 되는 사람. 2)삼군의 중앙군. 대장군이 있는 진영. 중군(中軍). 3)야구에서 2루에서 뒤쪽.

中徑(중경) 지름. 직경(直徑).

中繼(중계) 1)중간에서 이어 줌. 2)중계방송.

中古(중고) 1)역사상의 시대 구분. 상고(上古)와 근세(近世)사이. 2)중고품.

中年(중년) 1)청년과 노년 사이의 나이. 40~50세 전후. 2)평년(平年). 흉년도 풍년도 아닌 해. 3)한 해를 거름. 격년(隔年).

中斷(중단) 1)중도에서 끊어짐. 또는 끊음. 중절(中絶). 2)중도에서 단절하여 효력을 잃음.

中途(중도) 일이 되어 가는 동안.

中道而廢(중도이폐) 일을 중간에서 그만둠. 반도이폐(半途而廢).

中毒(중독) 1)독성이 있는 물질을 먹거나 접촉하여 목숨이 위험하거나 장애를 일으킴. 2)어떤 사상이나 사물에 깊이 빠져 정상적으로 사물을 판단할 수 없는 상태.

中東(중동) 유럽에서 보아 동쪽 땅 중에서 극동(極東)과 근동(近東)의 중간 지역. 일반적으로 서아시아 일대를 말함.

中等(중등) 가운데 등급.

中立(중립) 1)어느 쪽에도 치우치지 않고 그 중간에 서는 일. 2)국가 간의 분쟁·전쟁에서 어느쪽도 편들지 않음.

中立不倚(중립불의) 가운데서 치우치지 않음. 불편부당(不偏不黨).

中飯(중반) 1)점심. 중식(中食). 2)식사하는 사이. 식사 중(食事中).

中傷謀略(중상모략) 근거 없는 말로 남을 헐뜯거나 해치려고 일을 꾸밈.

中旬(중순) 한 달을 삼등분하여 11일부터 20일까지의 10일간.

中心(중심) 1)마음속. 심중(心中). 2)가운데. 중앙(中央). 3)매우 중요하고 기본이 되는 부분. 4)원주(圓周). 또는 구면(球面) 위의 모든 점에서 같은 거리에 있는 점.

中央(중앙) 1)사방의 중심이 되는 곳. 2)한 가운데.

中夜(중야) 한밤중. 중석(中夕). 중소(中宵).

中庸(중용) 1)어느 쪽으로든지 치우침이 없이 중정(中正)함. 2)유교 경전인 사서(四書)의 하나. 공자의 손자인 자사(子思)가 지었다고 함.

中原(중원) 1)들판. 넓은 들. 2)중국 문화의 발원지인 황하(黃河) 유역. 3)중국(中國), 또는 중앙의 땅을 가리켜 이르는 말.

中止(중지) 일을 중도에서 그만둠.

中天(중천) 하늘의 한가운데. 천심(天心).

中秋(중추) 1)음력 8월 보름. 한가위. 중추(仲秋). 2)가을의 중간.

中樞(중추) 사물의 가장 중심이 되는 중요한 부분이나 자리.

中風(중풍) 몸의 일부나 전체, 또는 팔다리 등이 마비 되는 병.

中華(중화) 세계의 중앙에 있고 빛나는 문화라는 뜻에서, 중국 사람들이 자기 나라를 부르는 말.

中興(중흥) 쇠퇴하던 집안·나라 등이 다시 홍함.

囊中之錐(낭중지추) 주머니 속에 있는 송곳이란 뜻으로, 재능이 아주 뛰어난 사람은 가만히 있어도 저절로 남의 눈에 드러남을 비유하는 말.

途中(도중) 1)길을 가고 있는 동안. 2)일이 미처 끝나지 못한 사이. 곧, 일의 중간.

心中(심중) 마음속.

熱中(열중) 다른 생각을 하지 않고 일에 몰두함.

五里霧中(오리무중) 1)짙은 안개가 5리나 끼어 있다는 뜻으로, 무슨 일에 대하여 방향이나 상황을 알 길이 없음을 이르는 말. 2)일의 갈피를 잡지 못하고 헤맴.

意中(의중) 1)마음속. 심중(心中). 2)뜻. 생각.

在中(재중) 속에 있음.

的中(적중) 목표에 꼭 들어맞음.

集中(집중) 1)어떤 일·현상 등이 한 곳이나 한 대상에 몰리거나 쏠림. 2)어떤 일에 정신을 모아 몰두함. 3)어떤 대상에 시선 등을 향하게 함.

胸中(흉중) 1)가슴속. 2)생각. 마음.

유 央(가운데 앙)

丱
④5획
❶쌍상투 관 日カン
❷광석 광 中guàn

풀이 ❶ 1. 쌍상투. 총각. 두 가닥으로 나누어 묶은 머리. ¶丱童 2. 어리다. ❷ 3. 광석.

丱角(관각) 1)두 가닥으로 나누어 뿔 모양으로 묶은 머리. 총각. 2)어린아이.
丱童(관동) 머리를 두 가닥으로 나누어 뿔 모양으로 묶은 어린아이.
丱齒(관치) 어린 나이.

비 卯(넷째 지지 묘) 卵(알 란) 艸(풀 초)

串
⑥7획
❶익힐 관 日カン・セン
❷꿸 천 中guàn, chuàn
❸곶 곶韓

*상형. 여러 개의 조개를 실에 꿰어 놓은 모양을 본뜬 글자. 이에 '꿰다', '익히다'의 뜻으로 쓰임.

풀이 ❶ 1. 익히다. 익숙해지다. ¶串童 2. 친해지다. 친하다. ¶串狎 ❷ 3. 꿰다. 4. 어음. ¶串票 ❸ 5. 곶. 바다나 호수로 가늘게 뻗어 있는 육지의 끝부분.

串童(관동) 노래와 춤에 익숙한 아이.
串柿(관시) 곶감.
串狎(관압) 흉이나 허물없이 친함.
串夷(관이) 1)일상 생활의 도에 길이 듦. 2)서융(西戎)의 나라 이름.
串戲(관희) 1)가무(歌舞)놀이. 2)배우(俳優).
串票(천표) 관청 등 공공 기관에서 발행하는 세금의 영수증.

유 習(익힐 습) 貫(꿸 관)

丶 부

丶 점 주 部

'丶'자는 '점'이나 '점을 찍다'는 뜻을 나타낸다. 그러나 단독의 문자로 쓰이지 않고 문장의 부호로서 기능을 하며 점(點)의 의미를 부여하여 사물을 분별하거나 강조하는 데 주로 쓰인다.

丶
⓪1획 日テン
점 주 中zhǔ

풀이 점.

丸
②3획 日ガン・まるい
알 환 中wán

丿 九 丸

*지사. '仄(기울 측)'자를 거꾸로 쓴 글자. 이에 언덕에서 굴러 내려 '구르다', '굴러가다' 또는 굴러가는 '둥근 것'을 나타냄.

풀이 1. 구슬. 탄환. ¶砲丸 2. 둥글다. 작고 둥근 것. 3. 구르다. 4. 새 알. 5. 환약. ¶丸藥 6. 곧다. ¶丸丸

丸泥(환니) 한 덩이의 진흙. 진흙 덩어리.
丸丸(환환) 쭉 곧음. 꼿꼿한 모양.
彈丸(탄환) 총포에 재어서 쏘면 폭발하여 그 힘으로 탄알이 튀어 나가게 된 물건. 총알. 탄자(彈子).
砲丸(포환) 1)대포의 탄알. 2)포환던지기에 쓰이는 쇠로 만든 공.

유 卵(알 란) 비 九(아홉 구) 凡(무릇 범)

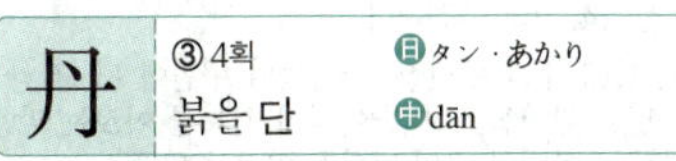
丹
③4획 日タン・あかり
붉을 단 中dān

丿 冂 冃 丹

*지사. 광물을 파내는 우물(井)같은 데서 파낸 돌(丶)을 뜻하는 글자. 그 돌이 붉은 것이라 하여 '붉다'는 의미로 쓰이며, 바뀌어 '변치 않는 마음'의 뜻으로도 쓰임.

풀이 1. 붉다. ¶丹血 2. 주사(朱砂)·진사(辰砂). 수은과 유황의 혼합물. ¶丹砂 3. 붉게 칠하다. 4. 정련된 약. 불로장생약. ¶丹液 5. 정성. ¶丹心

丹書(단서) 1)바위나 돌에 쓴 글씨. 또는 붉게 새겨 쓴 글씨. 2)조서(詔書).
丹石心(단석심) 참마음. 정성 어린 마음.
丹誠(단성) 진정으로 우러나는 정성. 참된 정성. 단심(丹心).
丹脣皓齒(단순호치) 붉은 입술과 하얀 이란 뜻으로, 여자의 아름다운 얼굴을 이르는 말.
丹心(단심) 마음속에서 우러나오는 정성 어린 마음. 단관(丹款).
丹液(단액) 불로불사(不老不死)의 약.
丹若(단약) 석류의 다른 이름.
丹藥(단약) 1)선술(仙術)을 지닌 도사가 만든 신령스러운 약. 2)불로장생의 약.
丹粧(단장) 1)얼굴을 곱게 하고 머리나 옷맵시를 매만져 꾸밈. 2)집·거리 등을 모양을 내어 꾸밈.

1획

丹田(단전) 배꼽에서 한 치쯤 아랫부분.

丹青(단청) 1)붉은 빛과 푸른 빛. 단벽(丹碧). 2)건물에 여러 가지 빛깔로 그림과 무늬를 그림. 3)단서(丹書)와 청사(青史). 곧, 역사서.

丹楓(단풍) 1)단풍나무. 2)늦은 가을에 붉고 누르게 변한 나뭇잎. 단풍잎.

丹血(단혈) 붉은 피.

丹黃(단황) 붉은 빛과 누런 빛.

유 紅(붉을 홍) 朱(붉을 주) 赤(붉을 적) 비 舟(배 주)

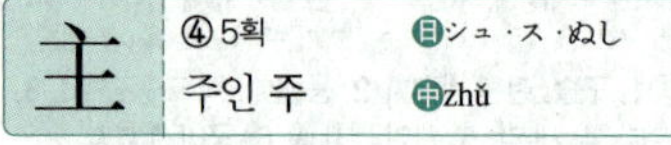

* 상형. 촛대 위에 타고 있는 불꽃의 모양을 본뜬 글자. 이에 등불의 중심이라는 의미에서 '주인', '임금'이라는 뜻으로 쓰임.

풀이 1. 주인. ¶主人 2. 임금. ¶君主 3. 한 집안의 가장. ¶戶主 4. 우두머리. 장(長). ¶盟主 5. 손님을 맞이하는 사람. ¶主客 6. 주체. 자신. ¶主張 7. 기독교의 하나님. ¶天主 8. 주된. 중심이 되다. 근본. 9. 천자의 딸. ¶公主 10. 존중하다. 숭상하다. 11. 오로지. 주로. 12. 신령이 머무는 위패. ¶木主 13. 천성. 본성. 14. 맡다. 관장하다.

主家(주가) 1)주인집. 2)집안의 주인이 됨. 집안일을 맡아봄. 3)벼슬아치가 천자를 이르는 말. 또는 아내가 그의 남편을 이르는 말.

主幹(주간) 어떤 일을 주장하여 처리함. 또는 그 사람.

主客顚倒(주객전도) 1)주인과 손님의 자리가 바뀜. 2)사물의 대소·경중·본말 등이 뒤바뀜.

主觀(주관) 1)대상을 보고 생각하는 주체. 2)물건이나 사물 자체.

主公(주공) 신하나 종이 그의 임금이나 상전을 이르는 말.

主君(주군) 1)임금. 군주(君主). 2)대부(大夫). 3)자기의 주인에 대한 경칭.

主記(주기) 1)기록을 맡음. 2)기록을 맡아보던 벼슬.

主器(주기) 1)종묘(宗廟)의 제기(祭器)를 맡아 관리하는 사람. 2)맏아들. 장자(長子).

主腦(주뇌) 주동이 되어 일하는 사람. 중요 인물.

主謀(주모) 주장하여 일을 꾀함. 또는 그 사람.

主文(주문) 1)과거(科擧)의 시험관. 2)재판의 판결문에서 결론을 보인 부분. 3)문장의 주요 부분.

主壁(주벽) 1)방문에서 정면으로 보이는 벽. 2)사람들을 양쪽에 앉히고 가운데 앉은 주가 되는 자리나 그 사람. 3)사당에 모신 위패 중에서 으뜸되는 위패.

主僕(주복) 주인과 종. 상전과 하인.

主父(주부) 1)한 집안의 어른. 가장. 2)첩이 남편을 이르는 말.

主婦(주부) 한 집안의 주인의 아내.

主上(주상) 임금.

主席(주석) 1)주되는 자리. 윗자리. 2)주인의 자리. 3)많은 사람들로 조직된 단체의 우두머리.

主神(주신) 제단에 모신 신 가운데 으뜸가는 신.

主眼(주안) 1)중요한 목표. 2)요점(要點).

主役(주역) 1)중심 역할. 2)영화와 연극의 주요 인물.

主位(주위) 1)주가 되는 위치. 2)중요한 지위. 3)임금의 지위. 4)주인의 자리.

主恩(주은) 1)군은(君恩). 2)주인의 은혜.

主意(주의) 1)주장이 되는 뜻. 주지(主旨). 2)의견(意見). 3)임금의 생각.

主義(주의) 1)굳게 지키는 일정한 방침이나 주장. 2)체계화된 이론·학설.

主因(주인) 가장 근본이 되는 원인이나 이유.

主者(주자) 1)주장(主掌)하는 사람. 책임자. 2)악당의 우두머리. 두목.

主張(주장) 자기의 의견과 주의. 또는 자기의 의견을 내세움.

主宰(주재) 주장하여 처리함. 또는 그 사람.

主戰(주전) 1)싸우기를 주장함. 2)주력이 되어 싸움.

主政(주정) 1)정권을 잡을 사람. 2)임금의 정치.

主潮(주조) 주된 조류. 주된 사조(思潮).

主從(주종) 1)주장이 되는 사물과 이에 딸린 사물. 2)주인과 종. 주체와 종속.

主旨(주지) 문장이나 담화의 중심 생각. 근본이 되는 취지. 주의(主意).

主唱(주창) 앞장을 서서 부르짖음. 중심이 되어 부르짖음.

主體(주체) 1)사물의 본체. 2)행위나 작용의 근본이 되는 것. 3)제왕의 몸. 천자. 군주(君主).

반 奴(종 노) 客(손님 객) 비 王(임금 왕)

丿 삐침 별 部

'丿'자는 오른쪽 위에서 왼쪽 아래로 삐쳐 내린 모양의 글자. 그러나 단독 문자로서의 역할은 하지 않는다.

丿	⓪1획	日ヘツ
	삐침 별	中piě

풀이 삐침. 오른쪽에서 왼쪽으로 비스듬히 내려쓴 획.

乀	⓪1획	日フツ
	파임 불	中fú

* 지사. 왼쪽 위에서 오른쪽 아래로 그은 획을 나타낸 글자.

풀이 파임. 왼쪽에서 오른쪽으로 비스듬히 내려쓴 획.

乃	①2획	日ダイ·ナイ·すなわち
	이에 내	中nǎi

丿 乃

풀이 1. 이에. 곧. 즉. 앞뒤의 문장을 잇는 접속사. 2. 지난 번. 접때. 3. 이. 이것. ¶乃公 4. 너. 너희들. 2인칭.

乃公(내공) 1)임금이 신하에 대하여 자신을 일컫는 말. 2)아버지가 아들에 대하여 자신을 일컫는 말. 3)그 사람. 저 이.

乃今(내금) 요즈음. 지금.

乃武乃文(내무내문) 문과 무를 모두 갖춘다는 뜻으로, 임금의 덕을 칭송하는 말. 윤문윤무(允文允武).

乃誠(내성) 참마음. 진심(眞心).

乃心(내심) 너의 마음.

乃岳(내악) 아내의 친정 아버지. 장인(丈人).

乃若(내약) 만약. 만일.

乃翁(내옹) 1)아버지가 아들에 대하여 자신을 일컫는 말. 내부(乃父). 2)다른 사람의 아버지를 높여 부르는 말.

乃祖(내조) 너의 할아버지, 또는 너의 선조라는 뜻으로, 할아버지나 선조를 가리킴.

乃至(내지) 1)…에서 …까지. 2)혹은. 또는.

乃何以(내하이) 그런데 어찌하여. 이상히 여겨 다시 물어볼 때 쓰는 말.

乃後(내후) 너의 자손이라는 뜻으로, 후손을 뜻함.

비 及(미칠 급)

乂	①2획	日ガイ·かる
	벨 예	中ài, yì

* 회의. 풀을 좌우로 베는 모양을 나타내어 '丿'과 '乀'을 교차시킨 글자.

풀이 1. 베다. 풀을 깎다. 2. 다스리다. 다스리게 하다. ¶乂安 3. 어질다. 현명하다.

乂安(예안) 평안하게 다스려짐.

유 刈(벨 예) 비 又(또 우) 父(아비 부)

久	②3획	日キュウ·ひさしい
	오랠 구	中jiǔ

ノ ク 久

* 상형. 사람의 뒤 또는 엉덩이에 붙어 잡아 끄는 모양을 나타낸 글자. 이에 사람을 만류하여 오래 머물게 한다는 의미에서 '길다', '오래되다'의 뜻으로 쓰임.

풀이 1. 오래다. 오래되다. ¶久留 2. 시간이 많이 지나다. 3. 변하지 않다. 변함이 없다. ¶恒久

久敬(구경) 오래 사귈수록 더욱 공경함.

久稽(구계) 1)오래 생각함. 2)오래 머무름.

久困(구곤) 오랫동안 고생함.

久久(구구) 오랜 기간. 긴 세월.

久勞(구로) 오랫동안 수고함. 오랫동안 애씀.

久留(구류) 오래 머무름.

久聞(구문) 오랫동안 듣고 있음.

久習(구습) 1)오래 익힘. 2)오랫동안 익힌 관습이나 습관.

久視(구시) 1)오랫동안 바라봄. 2)오래 본다는 뜻으로, 장생·불로를 뜻함.

久延(구연) 오래 이어짐. 오래 끎.

久要(구요) 오래된 약속. 구약(久約).

久雨(구우) 장마.

久怨(구원) 1)오래 묵은 원한(怨恨). 2)오래 원망함.

久逸(구일) 오랫동안 편안히 즐김. 구일(久佚).

久次(구차) 1)오랜 기간 승진하지 못하고 같은 벼슬에 머물러 있음. 2)낡은 순서. 묵은 순서.

久懷(구회) 오랫동안 품은 생각.

耐久(내구) 오래 견딤.

永久(영구) 길고 오램. 오래 계속되어 끊임이 없음. 항구(恒久).

悠久(유구) 아득히 길고 오래됨.

天長地久(천장지구) 1)하늘은 길고 땅은 오래됨. 하늘과 땅은 영원함. 2)사물이 오래오래 지속됨을 이르는 말. 천양무궁(天壤無窮).

恒久(항구) 변함없이 오래됨.

유 舊(예 구) 비 夕(저녁 석)

么	②3획
	幺(p392)의 俗字

乇	②3획	日タク
	부탁할 탁	中tuō, zhè

풀이 부탁하다.
乇羅(탁라) 제주(濟州)의 옛 이름.
유 託(부탁할 탁) 비 毛(터럭 모) 屯(진칠 둔) 七(일곱 칠)

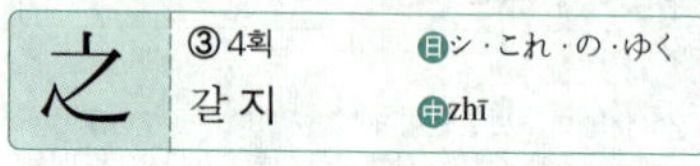

*상형. 땅에서 풀이 자라는 모양을 본뜬 글자. 바뀌어, '간다'는 뜻으로 쓰임.
풀이 1. 가다. 이르다. ¶之東之西 2. 이. 이것. ¶之子 3. …의. 관형격 조사. 4. …에서. 5. …이. …가. 주격 조사.
之東之西(지동지서) 동쪽으로 가고 서쪽으로도 감. 어떤 일에 있어 갈팡질팡함을 이르는 말.
之無(지무) 당(唐)의 백거이(白居易)가 태어난 지 7개월에 '之'·'無'의 두 글자를 익혔다는 고사에서 온 말로 얼마 안 되는 글자를 말함.
之死靡他(지사미타) 죽음에 이르러서도 서로 다른 마음을 품지 않음. 죽어도 마음이 변치 않음.
之子(지자) 이 아이. 이 사람.
之子于歸(지자우귀) 딸이 시집을 감.
유 行(갈 행) 去(갈 거) 往(갈 왕) 반 來(올 래)
비 芝(지초 지)

乍	④5획	
	❶잠깐 사	日サ·たちまち
	❷지을 작	中zhà

풀이 1 1. 잠깐. 2. 갑자기. 문득. ¶乍往 2 3. 짓다.
乍卷(사권) 갑자기 걷힘.
乍往(사왕) 갑자기 감.
乍往乍來(사왕사래) 갑자기 갔다가 갑자기 옴.
乍雨(사우) 갑자기 비가 내림.
乍存乍亡(사존사망) 갑자기 있다가 갑자기 없어짐.
비 作(지을 작)

乏	④5획	日ボウ·とぼしい
	가난할 핍	中fá

*지사. '正'을 반대 방향으로 놓은 형태의 글자. 이에 바르지 않은 것에서 생겨나는 부족함을 뜻함.
풀이 1. 부족하다. 모자라다. 2. 가난하다. ¶乏餒 3. 비어있다. 4. 버리다. 5. 고달프다. 지치다. ¶乏膀
乏困(핍곤) 가난하여 곤궁함. 궁핍하게 삶.
乏餒(핍뇌) 양식이 떨어져 굶주림.
乏頓(핍돈) 지쳐 쓰러짐.
乏厄(핍액) 가난하여 고생함.
乏月(핍월) 음력 4월. 보릿고개가 있는 달.
乏人(핍인) 인재(人材)가 모자람. 핍재(乏材).
乏資(핍자) 자본이 모자람.
乏絶(핍절) 모자라 끊어져 버림. 아주 떨어져 버림.
乏盡(핍진) 모두 없어짐.
缺乏(결핍) 축나서 모자람.
窮乏(궁핍) 가난하고 구차함.
유 貧(가난할 빈) 반 豊(풍성할 풍) 비 芝(지초 지)

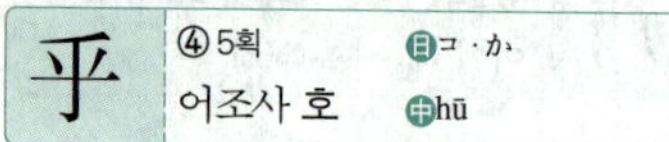

*지사. 목소리를 길게 뽑아 뜻을 다 표현함을 의미하는 '丿'과 '兮(어조사 혜)'를 합친 글자. '부르다'의 뜻으로 쓰임.
풀이 1. …인가. …로다. …구나. 의문·강조·감탄 등을 나타내는 조사. 2. …에서. …보다. 3. 부사를 만드는 어미. ¶確乎 4. 아! 어! 탄식을 나타냄.
비 平(평평할 평)

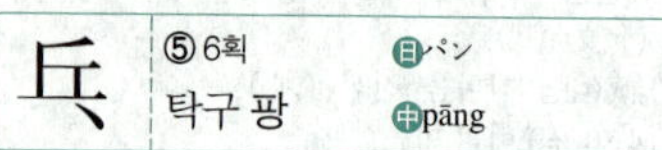

풀이 'ping-pong[탁구(卓球)]'의 'pong'의 음역자.
유 乓(탁구 핑)

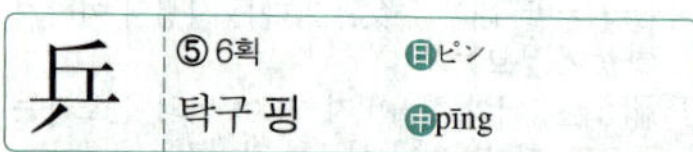

풀이 'ping-pong[탁구(卓球)]'의 'ping'의 음역자.
乓乒(핑팡) 탁구(卓球).
유 乒(탁구 팡)

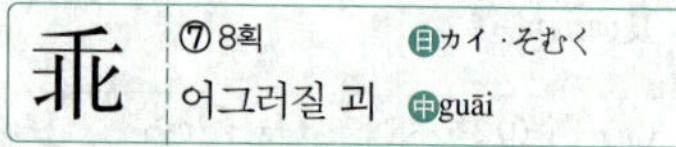

乖
⑦8획
어그러질 괴
日カイ·そむく
中guāi

*회의. 양의 뿔이 좌우로 서로 갈려 있는 모양과 '北(북녘 북)'자를 합친 글자. 이에 서로 등지고 있다 하여 '어그러지다', '배반하다'의 뜻으로 쓰임.
풀이 1. 어그러지다. 맞지 않다. 틀리다. ¶乖離 2. 어기다. 뒤돌다. 거스르다. ¶乖異 3. 떨어지다. 나누다. 4. 까다롭다. ¶乖愎
乖隔(괴격) 멀리 떨어짐. 분리됨.

乖亂(괴란) 이치에 맞지 않고 어지러움.
乖戾(괴려) 사리에 맞지 않음. 괴패(乖悖).
乖離(괴리) 어그러져 동떨어짐.
乖背(괴배) 배반함.
乖僻(괴벽) 성격이 괴팍하고 비뚤어짐.
乖違(괴위) 어그러짐. 틀림.
乖異(괴이) 서로 어긋남. 틀림. 괴위(乖違).
乖絶(괴절) 서로 어긋나 절교함.
乖悖(괴패) 도리에 맞지 않음. 이치에 어그러짐. 괴려(乖戾).
乖愎(괴팍) 다른 사람과 붙임성이 없이 까다롭고 고집이 셈.
乖謔(괴학) 지나치게 심한 장난.

유 壞(무너질 괴) 缺(이지러질 결) 비 乘(탈 승)

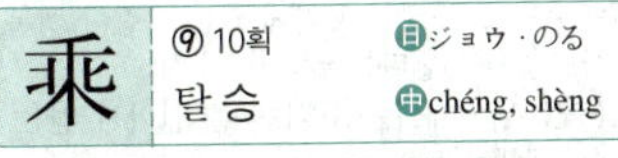

* 회의. 나무(木) 위에 사람이 서서 적의 정세를 보고 있는 모양을 나타낸 글자. 이에 어디 위에 '오르다', '타다' 라는 뜻으로 쓰임.

풀이 1. 타다. 태우다. ¶乘客 2. 오르다. 3. 곱하다. ¶自乘 4. 업신여기다. 5. 헤아리다. 6. 다스리다. 7. 기록. 역사. ¶史乘 8. 탈것. ¶乘輿 9. …대. 차를 세는 단위. 10. 네 개가 한 묶음인 것. 11. 불교의 가르침. ¶大乘

乘客(승객) 차 · 배 등의 교통수단을 타는 손님.
乘嬌(승교) 가마.
乘隙(승극) 틈을 탐. 승간(乘間).
乘龍(승룡) 1)용을 탐. 승천함. 2)용과 같은 훌륭한 사위를 얻음. 동한(東漢)의 태위(太尉) 환언(桓焉)이 황헌(黃憲) · 이응(李膺)의 뛰어난 두 사위를 맞은 고사에서 온 말.
乘馬(승마) 1)말을 탐, 또는 사람을 태우기 위한 말. 2)말을 타고 하는 경기.
乘勢(승세) 기세를 탐. 곧, 유리한 형세를 이용함.
乘勝長驅(승승장구) 기회를 타고 마구 몰아치는 모양.
乘時(승시) 기회를 탐. 기회를 잡음.
乘夜(승야) 밤을 이용함.
乘輿(승여) 1)임금의 수레. 2)탈것의 총칭.
乘用車(승용차) 사람이 타는 자동차.
乘運(승운) 좋은 운수를 탐. 운을 이용함.
乘志(승지) 1)역사를 기록한 책. 사승(史乘). 2)기록.
乘風破浪(승풍파랑) 바람을 타고 파도를 내차며 멀리 감. 뜻이 원대함.
乘合(승합) 여러 사람이 함께 탐. 합승.
乘軒(승헌) 1)대부(大夫)의 수레를 탐. 또는 대부가 됨. 2)수레를 탐.
乘興(승흥) 흥이 나서 마음이 내킴.

乘興(승흥)의 유래

진대(晉代) 왕희지(王羲之)가 눈이 오는 밤에 배를 타고 대규(戴逵)를 찾아갔다가 문간에서 되돌아섰는데, 누가 물으니 흥이 나서 찾아왔다가 흥이 다해서 돌아간다고 대답했다는 고사에서 온 말이다.

自乘(자승) 같은 수를 두 번 곱하는 것. 제곱.
搭乘(탑승) 말이나 수레 · 선박 · 항공기 등의 교통수단에 올라탐.

유 昇(오를 승) 騰(오를 등) 반 降(내릴 강)
비 剩(남을 잉)

乙 새 을 部

'乙' 자는 이른 봄에 초목의 싹이 곧게 돋아나지 못하고 구부러져 있는 모양을 본뜬 글자로, 간지(干支)로 흔히 쓰이며 간지가 방향이나 시간 등을 나타낼 때 자주 사용되듯이 연도(年度)를 나타낼 때 많이 쓰인다. 또한 십간(十干)에서 두 번째 글자에 해당하므로 순서나 차례 등을 나타낼 때 '둘째' 라는 뜻으로 쓰이며, 갑남을녀(甲男乙女)처럼 '아무개' 라는 뜻으로도 쓰인다.

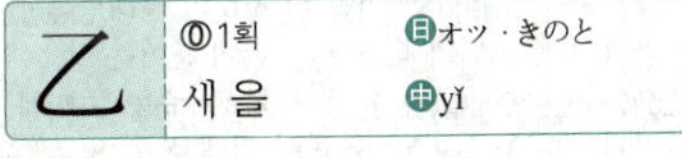

* 상형. 한가운데가 쥐는 곳이며 양쪽이 굽고 뾰족한 작은 칼의 모양 또는 이른 봄에 초목의 싹이 트려고 할 때 추위 때문에 웅크리고 있는 모양을 본뜬 글자. 천간(天干)의 두 번째 글자로 쓰임.

풀이 1. 새. 제비. 2. 십간의 둘째 천간. ¶甲乙 3. 굽다. 4. 아무개. 이름 대신 사용. 5. 표시하다.

乙女(을녀) 소녀. 처녀.
乙覽(을람) 임금의 독서. 을야지람(乙夜之覽).
乙酉字(을유자) 조선 세종 10년에 만든 구리 활자를 이름.
乙乙(을을) 1)골똘히 생각하는 모양. 2)하나하나. 낱낱.
乙亥字(을해자) 조선 세종 원년에 만든 구리 활자 이름.
甲乙(갑을) 1)첫째와 둘째. 2)우열.

1 획

유 鳥(새 조) 비 己(자기 기)

九

① 2획 日キュウ·ク·ここのつ
아홉 구 中jiǔ

丿九

* 지사. 다섯 손가락을 위로 펴고 나머지 손의 네 손가락을 옆으로 편 모양을 나타낸 글자. 이에 '아홉'이라는 뜻으로 쓰임.

풀이 1. 아홉. ¶九穀 2. 아홉 번. 아홉 번째. ¶九死一生 3. 많은 수. 수효의 끝. ¶九折 4. 오래되다. 5. 모으다. 모이다. ¶九合

九經(구경) 중국의 고전인 아홉 가지 경서(經書). 주역·서경·시경·주례(周禮)·의례(儀禮)·예기(禮記)·좌전(左傳)·공양전(公羊傳)·곡량전(穀梁傳). 또는 주역·시경·서경·예기·춘추·효경·논어·맹자·주례.

九曲(구곡) 아홉 굽이. 즉, 굴곡이 많음.

九穀(구곡) 아홉 가지의 곡물. 메기장·찰기장·차조·벼·깨·콩·팥·보리·밀.

九曲肝腸(구곡간장) 1)이리저리 많이 굽어 있는 창자라는 뜻으로, 상심이 쌓인 마음속을 비유하는 말. 2)깊은 마음속.

九官鳥(구관조) 사람의 말이나 다른 동물의 울음소리를 잘 흉내 내는 새.

九尾狐(구미호) 1)꼬리가 아홉 개나 달린 늙은 여우. 2)간사하고 교활한 사람.

九拜(구배) 1)아홉 가지 배례. 곧, 계수(稽首)·돈수(頓首)·공수(空首)·진동(振動)·길배(吉拜)·흉배(凶拜)·기배(奇拜)·포배(褒拜)·숙배(肅拜). 2)여러 번 절하여 상대방에게 공경의 뜻을 나타냄. 3)편지 끝에 붙이는 말.

九死一生(구사일생) 1)여러 차례 죽을 고비를 넘기고 겨우 살아남. 2)몹시 위태로움.

九牛一毛(구우일모) 아홉 마리 소 중에 하나의 털. 즉, 많은 것 중에 아주 적은 부분. 극소수.

九日(구일) 9일. 아흐레.

九折(구절) 1)아주 많이 꺾임. 2)꼬불꼬불한 모양.

九重(구중) 1)아홉 겹. 또는 겹겹이 싸임. 2)하늘. 3)궁궐. 4)천자(天子).

九泉(구천) 1)저승. 황천(黃泉). 2)깊은 땅속.

九伯(구패) 구주(九州)의 우두머리. 오후(五候)와 합하여 천하의 제후를 뜻함.

九夏(구하) 1)여름 90일 동안. 구서(九書). 2)주대(周代)의 음악 9가지.

九合(1.구합/2.규합) 1)아홉 번 회합함. 2)모아 합침. 규합(糾合).

九回腸(구회장) 1)창자가 아홉 번 비틀릴 정도로, 몹시 괴로워함을 나타내는 말. 2)강·언덕 등이 꼬불꼬불한 것을 이르는 말.

비 丸(알 환)

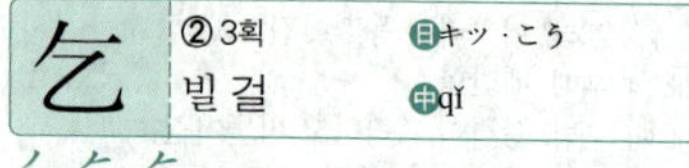

乞

② 3획 日キツ·こう
빌 걸 中qǐ

丿 𠂉 乞

* 가차. '气(기운 기)'의 생략자. '빌다', '원하다'라는 열망의 뜻으로 쓰임.

풀이 1. 빌다. 구걸하다. ¶乞丐 2. 구하다. 청하다. ¶乞命 3. 소원. 요청. ¶乞巧

乞丐(걸개) 1)거지. 걸인. 2)구걸함.

乞巧(걸교) 젊은 여자들이 칠석날 직녀에게 바느질과 길쌈을 잘할 수 있도록 비는 제사.

乞命(걸명) 목숨을 구걸함.

乞人憐天(걸인연천) 거지가 하늘을 불쌍히 여긴다는 뜻으로, 불행한 처지에 있는 사람이 행복한 사람을 동정한다는 말.

求乞(구걸) 남에게 돈·음식 등을 빌어서 얻음. 걸구(乞求).

哀乞伏乞(애걸복걸) 울면서 빌고 엎드려 빎. 애처롭게 하소연하면서 빌고 또 빎.

搖尾乞憐(요미걸련) 꼬리를 흔들며 구걸함. 남의 동정을 받으려고 구걸하는 가련한 모습을 이르는 말.

轉轉乞食(전전걸식) 정처 없이 돌아다니면서 구걸하여 먹음.

虎前乞肉(호전걸육) 범에게 고기 달래기. 무모하게 전혀 가능성이 없는 일을 하려 함을 이르는 말.

유 求(구할 구)

也

② 3획 日ヤ·なり
어조사 야 中yě

𠃌 乜 也

* 상형. 뱀의 모양을 본뜬 글자. 어조사로 많이 쓰임.

풀이 1. …이다. 단정의 어조사. 2. …인가. 의문·반어의 어조사. 3. 또. 또한. 4. 잇달다.

也帶(야대) 과거 급제의 방(榜)이 났을 때 급제한 사람이 매던 띠.

必也(필야) 필연(必然).

或也(혹야) 만일에. 더러. 행여나.

유 于(어조사 우) 兮(어조사 혜) 哉(어조사 재)
비 世(세상 세)

乜

④ 5획 日イ
오랑캐 이름 이 中yí

풀이 오랑캐 이름. 중국 광동(廣東) 지방에 살던 종족.

乫	⑤ 6획 땅 이름 갈韓

풀이 땅 이름. 우리나라의 지명에 사용되는 한자.

비 架(시렁 가)

乬	⑤ 6획 걸 걸韓

풀이 걷다. 점술의 하나.

乩	⑤ 6획 점칠 계	日ケイ · カイ 中jī

풀이 1. 점치다. 2. 생각하다.

유 占(점칠 점) 비 岾(땅이름 점)

乭	⑤ 6획 이름 돌韓

* 회의. 뜻을 나타내는 부수 '乙(새 을)'과 '石(돌 석)'을 합친 글자.

풀이 1. 이름. ¶乭釗 2. 돌.

乱	⑥ 7획 亂(p18)의 俗字

乳	⑦ 8획 젖 유	日ニュウ · ちち 中rǔ

乳

* 회의. 제비를 뜻하는 '乙(새 을)'과 '孚(낳을 부)'를 합친 글자. 옛날에는 제비가 오는 날 아기를 낳을 수 있도록 신에게 빌었기 때문에 '낳아 키운다'는 의미를 나타냄. 바뀌어, '젖'의 뜻으로 쓰임.

풀이 1. 젖. 유방. ¶乳道 2. 젖 같은 액체. ¶乳汁 3. 젖을 먹이다. ¶乳養 4. 기르다. ¶乳雛 5. 낳다. 6. 어머니. 또는 부모.

乳氣(유기) 1)어린 티. 치기(稚氣). 2)젖 같은 것.

乳道(유도) 1)젖이 나오는 분비선. 2)젖이 나는 분량.

乳名(유명) 어릴 때의 이름. 아명(兒名).

乳母(유모) 젖 어머니.

乳房(유방) 젖. 젖퉁이.

乳糜(유미) 1)음식이 위 속에서 소화되어 젖처럼 된 것. 2)젖으로 쑨 죽.

乳鉢(유발) 약을 갈아 가루를 만드는 데 쓰는 그릇.

乳酸(유산) 썩은 젖에서 생기는 산(酸).

乳液(유액) 식물의 관다발이나 조직 중에 함유하고 있는 흰 액체.

乳藥(유약) 1)젖과 비슷한 빛깔의 약. 2)독약(毒藥).

乳養(유양) 젖을 먹여 기름.

乳汁(유즙) 유방에서 분비하는 액체. 젖.

乳臭(유취) 젖에서 나는 냄새. 젖내.

乳抱(유포) 젖을 먹이고 안음. 아이나 새끼를 기름.

乳哺(유포) 아이에게 젖을 먹여 기름.

乳虎(유호) 새끼 가진 호랑이. 이때가 성질이 가장 사납다 하여, 두려운 것을 비유하는 말.

유 孺(젖먹이 유) 비 孔(구멍 공) 亂(어지러울 난)

乶	⑧ 9획 솔 솔韓

풀이 솔. 때 · 먼지를 쓸어 떨어뜨리거나 풀칠하는 데 쓰는 도구.

乼	⑧ 9획 줄 줄韓

풀이 줄. 노끈 · 새끼 등.

乽	⑨ 10획 땅 이름 잘韓

풀이 땅 이름. 지명(地名).

乾	⑩ 11획 마를 건	日カン · かわく 中gān, qián

一 十 𠆢 古 古 吉 直 草 卓 乾 乾

* 형성. 뜻을 나타내는 '乙(새 을)'과 음을 나타내는 부수 이외의 글자를 합친 글자.

풀이 1. 마르다. 말리다. ¶乾果 2. 하늘. ¶乾坤 3. 건괘. 주역의 괘 이름. 순양(純陽)한 것. 4. 건성. ¶乾病 5. 임금. 천자. ¶乾德 6. 서북 방향. ¶乾方

乾價(건가) 일꾼에게 새참 등을 줄 때 술을 먹지 못하는 사람에게는 술 대신 주는 돈.

乾竭(건갈) 다 말라서 없어짐.

乾季(건계) 건조한 계절. 또는 그런 시기.
乾枯(건고) 생물의 물기가 없어짐. 말라 죽음.
乾穀(건곡) 말린 곡식.
乾谷(건곡) 물이 없고 마른 골짜기.
乾坤(건곤) 1)하늘과 땅. 2)주역(周易)의 두 가지 괘명. 건괘와 곤괘. 양(陽)과 음(陰).
乾坤一擲(건곤일척) 하늘과 땅을 걸고 한 번 주사위를 던진다는 뜻으로, 운명과 흥망을 걸고 단판에 승부나 성패를 겨룸을 비유하는 말.

乾坤一擲(건곤일척)의 유래

항우와 유방(劉邦)은 계속되는 공방전 끝에 하남성의 홍구(鴻溝)를 경계로 천하를 둘로 나누고 싸움을 멈췄다. 항우는 팽성을 향해 철군길에 올랐고, 유방도 철군하려 하는데 참모인 장량(張良)과 진평(陳平)이 유방에게 말했다. "한나라는 천하의 태반을 차지하고 제후들도 따르고 있는데 비해, 초나라는 병사들이 지쳐 있고 군량마저 바닥이 났습니다. 이는 초나라를 멸하려는 하늘의 뜻입니다." 이에 유방은 말머리를 돌려 항우를 꺾고 천하를 통일하게 된다. 훗날 당나라의 한유(韓愈)가 홍구를 지나다가 《과홍구(過鴻溝)》라는 시를 지었다. "용은 지치고, 호랑이는 피곤하여 이 강을 가르니, 억만 창생들은 성명(性命)이 있다. 누가 왕을 권하여 말머리를 돌릴 수 있을까? 진정 한 번 던짐을 이루어 건곤을 건다."

乾果(건과) 말린 과실(果實).
乾期(건기) 건조한 시기.
乾達(건달) 하는 일 없이 놀거나 게으름을 피움. 또는 그러한 사람.
乾德(건덕) 천자의 덕.
乾道(건도) 1)하늘의 도. 2)남자의 도리.
乾兩(건량) 꿰미에 백 문마다 짚으로 매듭을 지어놓은 표.
乾糧(건량) 1)옛날 중국에 가는 사신이 지니고 가던 양식. 2)먼 길을 가는 데 지니고 다니기에 간편하게 만든 양식. 3)흉년에 죽 대신 주던 음식.
乾量(건량) 마른 물건의 양.
乾靈(건령) 1)하늘의 신. 2)양의 정기.
乾麥芽(건맥아) 엿기름.
乾木(건목) 마른나무.
乾沒作錢(건몰작전) 말린 물건을 팔아 돈을 만드는 일.
乾飯(건반) 마른밥.
乾方(건방) 1)24방위의 하나로, 서북 방향. 2)팔방의 하나로, 서북 방향.
乾杯(건배) 1)잔을 하나도 남김없이 비움. 2)서로 잔을 들고 행운을 빌며 마심.
乾病(건병) 꾀병.
乾腐病(건부병) 저장 중의 감자 등이 갈색으로 썩어 마르고 쪼그라드는 병.
乾附子(건부자) 말려서 정제한 부자.
乾付種(건부종) 물이 없는 논에 씨를 뿌림.
乾蔘(건삼) 말린 인삼. 잔뿌리와 줄기를 자르고 겉껍질을 벗겨서 말린 인삼.
乾材(건재) 첩약이나 환약을 짓지 않은 그대로의 약재.
乾田(건전) 1)마른논. 2)배수가 잘 되어 쉽게 밭으로 만들 수 있는 논.
乾淨(건정) 1)깨끗하고 말끔함. 2)일 처리를 잘하여 뒤끝이 깨끗함.
乾製(건제) 물기 없이 만듦.
乾製品(건제품) 오래 보관하기 위하여 말린 식료품 등.
乾燥(건조) 습기나 물기가 없어짐.
乾葡萄(건포도) 포도를 말려 단맛과 향기가 있게 만든 것.

유 枯(마를 고) 반 濕(축축할 습) 潤(젖을 윤)
비 朝(아침 조)

⑫ 13획 日ラン・みだれる
어지러울 란(난) 中luàn

* 형성. 뜻을 나타내는 부수 '乙(새 을)'과 음을 나타내는 부수 이외의 글자를 합친 글자. 부수 이외의 글자는 실패에 감긴 실을 손으로 푸는 모양으로 '일이 어지러움'이라는 뜻을 지님. 이에 얽힌 것을 바로잡는 일이라는 의미로 쓰이다가 후에 '어지럽다', '얽히다'는 뜻으로 쓰임

풀이 1. 어지럽다. 난잡하다. ¶亂立 2. 함부로. ¶亂踏 3. 난리. ¶亂餘 4. 다스리다. ¶亂臣 5. 건너다. 6. 풍류.

亂家(난가) 분란이 잦고 화목하지 못한 집.
亂曲(난곡) 가락이 어지럽게 된 노래.
亂攪(난교) 어지러워 시끄러움.
亂軍(난군) 1)반란을 일으킨 군대. 2)적과 한데 뒤섞여 교전함. 3)군율이 서지 않은 군대.
亂群(난군) 질서가 잡히지 않은 무리.
亂踏(난답) 함부로 짓밟음.
亂刀(난도) 칼로 이리저리 함부로 벰. 또는 함부로 쓰는 칼.
亂略(난략) 난폭한 시정(施政).
亂流(난류) 1)물이 불규칙하게 흐름. 2)제멋대로임. 3)강을 건넘.
亂理(난리) 도리를 어지럽힘. 또는 도리에 어긋남.
亂離(난리) 1)전쟁이나 병란(兵亂). 2)분쟁·재해 등으로 세상이 소란하고 질서가 어지러워진 상태. 3)작은 소동.
亂立(난립) 1)질서 없이 여기저기서 나섬. 2) 어지러이 늘어섬.
亂舞(난무) 1)엉킨 듯이 어지럽게 추는 춤. 또는 그렇게 춤을 춤. 2)함부로 나서서 마구 날뜀.
亂民(난민) 무리를 지어 다니며 법과 질서를 어

지럽히는 백성.
亂發(난발) 1)함부로 발행함. 2)함부로 씀.
亂憤(난분) 분별을 잃고 몹시 성을 냄. 몹시 흥분함.
亂射(난사) 활이나 총 등을 특정한 표적이 없이 아무렇게나 쏘아 댐.
亂想(난상) 두서 없는 생각이나 엉뚱한 생각.
亂世(난세) 전쟁이나 무질서한 정치 등으로 인해 어지러워 살기 힘든 세상.
亂俗(난속) 1)풍속을 문란하게 함. 2)문란한 풍속.
亂視(난시) 눈의 굴절 이상으로 물체가 정확하게 보이지 않음. 또는 그런 눈.
亂臣(난신) 1)세상을 어지럽히는 신하. 2)난세에 나라를 잘 다스리는 신하.
亂臣賊子(난신적자) 1)국왕을 해치는 신하와 부모를 해치는 아들. 2)나라를 어지럽히는 불충한 무리.
亂逆(난역) 반역을 꾀함. 모반.
亂刺(난자) 칼이나 창 등의 무기로 마구 찌르거나 벰. 난도(亂刀).
亂賊(난적) 세상을 어지럽히는 무리.
亂政(난정) 어지러운 정치. 정도에서 벗어난 정치.
亂中(난중) 난리가 일어나고 있는 동안.
亂暴(난폭) 행동이 몹시 거칠고 포악함.
亂花(난화) 여기저기 어지러이 피어 있는 꽃.
攪亂(교란) 뒤흔들어 어지럽힘.
內亂(내란) 나라 안에서 정권을 차지하려고 싸움을 벌이는 소동이나 무력 충돌.
動亂(동란) 전쟁 · 반란 · 폭동 등으로 사회가 어지러워짐. 전란(戰亂).
紊亂(문란) 도덕이나 질서, 규칙 등이 어지러움.
叛亂(반란) 정권을 타도하기 위한 조직적인 폭력 활동. 반역하여 난리를 꾸밈.
反亂(반란) 정부나 다스리는 사람에 반발하여 무리지어 일으키는 무력 행동.
變亂(변란) 사변으로 일어난 소란.
兵亂(병란) 1)나라 안에서 싸움질하는 난리. 2)전쟁으로 나라가 어지러워짐.
散亂(산란) 1)흩어져 어지러움. 2)번뇌로 인하여 정신이 어지러움. 3)빛 또는 전자파 등이 매질 중의 원자 · 분자 등에 닿아서 여러 방향으로 진로를 바꾸는 일.
騷亂(소란) 1)야단스럽고 시끄러움. 2)술렁거리어 어수선함.
心亂(심란) 마음이 뒤숭숭함.
搖亂(요란) 시끄럽고 어지러움.
淫亂(음란) 음탕하고 난잡함
一絲不亂(일사불란) 한 오라기의 실도 흐트러지지 않음. 즉, 질서나 체계 등이 잘 잡혀서 흐트러짐이 없음을 말함.
避亂(피난) 1)난리를 피함. 2)난리를 피하여 거처를 옮김.
混亂(혼란) 1)갈피를 잡지 못할 정도로 어지러움. 2)질서가 없이 뒤얽힘.
患亂(환란) 재앙과 병란.

유 紛(어지러워질 분) 반 正(바를 정) 비 乳(젖 유)

亅 갈고리 궐 部

'亅' 자는 위에서 아래로 그려 내린 다음 끝에서 왼쪽 위로 삐쳐 올려, 끝이 구부러진 갈고리 모양을 나타낸 글자. 단독의 문자로 쓰이기보다는 부수로서의 역할만을 하며 다른 글자 구성에 도움을 주는 필획(筆劃)의 역할을 할 뿐이다.

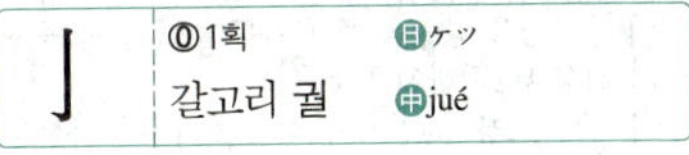

풀이 갈고리.

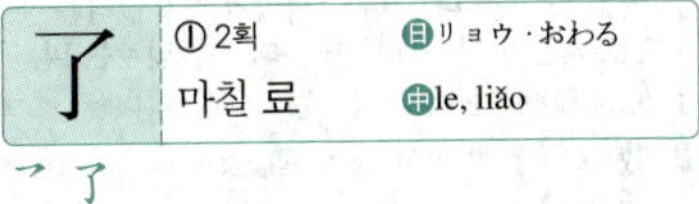

* 상형. 아이[子]가 양손이 없이 다리가 뒤틀어져 쑥쑥 자라지 못하는 모양을 본뜬 글자.

풀이 1. 마치다. 끝내다. ¶終了 2. 깨닫다. 이해하다. ¶了知 3. 드디어. 결국. ¶了了 4. 결정되다. 정해지다. 5. 총명하다. 똑똑하다. 6. 어조사. 확인 · 단정 · 종결의 뜻.

了得(요득) 내용을 이해함. 깨달음.
了了(요료) 1)깨달아 현명한 모양. 밝은 모양. 2)명확한 모양. 분명한 모양. 판연(判然). 3)마침내. 결국.
了事(요사) 1)일의 이치를 깨달음. 2)일을 마침.
了知(요지) 확실히 깨달아 앎.
了解(요해) 분명히 깨달음. 분명히 앎.
滿了(만료) 완전히 끝남.
魅了(매료) 남의 마음을 홀려 사로잡음.
修了(수료) 일정한 학업이나 과정을 다 마침.
完了(완료) 완전하게 끝을 냄.
終了(종료) 일을 마침. 끝냄.

1획

유 終(마칠 종) 반 始(처음 시) 비 子(아들 자)

亇	② 3획 망치 마韓

풀이 1. 망치. 쇠몽둥이. 2. 땅 이름.

비 欠(하품 흠)

予	③ 4획 나 여	日ヨ · われ 中yú, yǔ

* 회의. 천을 짜는 베틀의 씨실을 끼는 북을 오른쪽, 왼쪽으로 보내는 것을 나타낸 글자. 좌우로 건네준다는 데서 '주다'의 뜻으로 쓰임. 바뀌어, '나'라는 뜻으로도 쓰임.

풀이 1. 나. ¶予一人 2. 주다. 건네다. ¶予奪 3. 미리. 앞서. 4. 더불어. 함께. 5. 맡기다. 6. 즐기다. 놀다. 7. 기쁘다. 편안하다.

予寧(여녕) 휴가를 주어 부모의 상(喪)을 치르게 허락함. 한대(漢代)에 관리 또는 박사의 아들이 부모상을 당했을 때 휴가를 주어 집에 돌아가 거상(居喪)하게 하였음.

予小子(여소자) 1)천자가 상중(喪中)에 자신을 부르는 호칭. 선왕(先王)에 대하여 이르는 말. 2)천자가 자신을 부르를 호칭.

予一人(여일인) 나도 다른 사람과 다름없다는 뜻으로 임금이 겸손하게 자기 자신을 낮추는 말.

予奪(여탈) 주는 것과 빼앗는 것. 여탈(與奪).

유 我(나 아) 余(나 여) 與(줄 여) 반 汝(너 여)
비 子(아들 자)

争	⑤ 6획 爭(p819)의 俗字

事	⑦ 8획 일 사	日ジ · シ · こと 中shì

* 상형. 나무 또는 깃대를 나타낸 '十'과 깃발을 나타낸 '口'와 일을 하는 손을 나타낸 '又'를 합친 글자. 깃발을 단 깃대를 손으로 세우고 있다는 데서 '일'이란 뜻으로 쓰임.

풀이 1. 일. ¶事理 2. 일삼다. 종사하다. 3. 섬기다. 모시다. ¶事親 4. 사용하다. 부리다. 5. 다스리다. 경영하다. 6. 찌르다. 꽂다.

事件(사건) 1)벌어진 일. 일거리. 2)뜻밖의 일. 사고(事故).

事故(사고) 1)뜻밖에 일어난 불행한 일. 2)남에게 해를 입히거나 말썽을 일으키는 나쁜 짓. 3)어떤 일이 일어난 까닭.

事君(사군) 임금을 섬김.

事端(사단) 일의 실마리. 또는 사건의 단서.

事大(사대) 약한 자가 강한 자를 섬김.

事例(사례) 어떤 일이 전에 실제로 일어난 예.

事理(사리) 일의 이치.

事務(사무) 1)맡고 있는 직책의 일을 다루고 처리하는 것. 2)관공서 · 기업체 등에서 문서에 관한 일을 다룸.

事無二成(사무이성) 두 가지 일이 모두 이루어질 수는 없음. 즉, 두 가지 중에 한 가지는 실패한다는 뜻.

事物(사물) 모든 일과 물건.

事變(사변) 1)뜻밖의 큰 변고. 2)일의 변화. 3)경찰력으로는 막을 수 없을 만한 난리. 4)선전포고 없이 행해지는 작은 규모의 전쟁.

事本(사본) 일의 근본.

事實(사실) 1)실제로 있은 일. 2)자연계에 나타난 객관적인 현상. 3)법률상의 효과를 나타내는 현상. 일의 진상.

事案(사안) 문제가 되는 일의 안건.

事業(사업) 1)어떤 일을 목적과 계획을 가지고 지속적으로 경영함. 2)하는 일.

事緣(사연) 일이 일어난 사정과 까닭.

事由(사유) 일의 까닭. 이유. 연유(緣由).

事育(사육) 어버이를 섬기고 자식을 기름.

事宜(사의) 일이 형편에 알맞음. 일이 잘됨.

事因(사인) 일이 일어난 근본 원인.

事蹟(사적) 일의 자취. 사실의 형적.

事典(사전) 여러 가지 사항을 모아, 그 하나하나에 해설을 붙인 책. 백과사전(百科事典).

事情(사정) 1)일의 형편. 정황. 2)딱한 처지를 하소연하여 도움을 받는 일.

事蹤(사종) 일의 자취. 사적(事蹟).

事親(사친) 어버이를 섬김.

事態(사태) 일의 상태나 되어 가는 형편.

事必歸正(사필귀정) 모든 일은 반드시 정리(正理)로 돌아감.

事項(사항) 일의 항목이나 내용.

事後承諾(사후승낙) 일을 끝낸 뒤에 받는 승낙.

古事(고사) 옛일.

慶事(경사) 축하할 만한 기쁜 일.

難事(난사) 처리하기 어려운 일이나 사건.

能事(능사) 1)자기의 능력으로 잘해 낼 수 있는 일. 2)잘하는 일.

萬事(만사) 모든 일. 온갖 일.

謀事(모사) 일을 꾀함.
武事(무사) 무예와 싸움에 관한 일.
凡事(범사) 1)모든 일. 2)평범한 일.
兵事(병사) 군대에 관한 일.
虛事(허사) 헛일.
유 仕(일삼을 사)

❖ 한자의 구조

(1) 象形(상형) 사물의 모양을 본떠서 만든 글자.
예 月, 川, 山 등

(2) 指事(지사) 추상적인 상태나 수량을 점 또는 선으로 나타낸 글자.
예 上, 中, 下 등

(3) 會意(회의) 이미 각각 뜻을 가지고 있는 두 글자가 모여 새로운 뜻을 가진 글자로 만들어진 것.
예 信, 明, 林 등

(4) 形聲(형성) 이미 만들어진 두 글자가 하나는 음의 기능을 하고 다른 하나는 뜻의 기능을 하면서 새로운 글자로 만들어진 것.
예 淸, 江, 想 등

(5) 轉注(전주) 이미 만들어진 글자의 본뜻에서 다른 뜻으로 파생, 전용되면서 만들어진 글자.
예 樂, 說, 老 등

(6) 假借(가차) 뜻은 서로 다르지만 음이 유사한 한 글자가 다른 글자를 대신하여 사용하는 것. 주로 외국어를 표기할 때 사용하는 방법임.
예 亞細亞(아시아), 丁丁(나무 찍는 소리) 등

二 두 이 部

'二' 자는 두 개의 평행한 선을 나타낸 글자로, 숫자 '둘'의 뜻으로 쓰인다. 그 밖에 이모작(二毛作)처럼 수량의 의미를 나타내기도 하여 '둘째'의 뜻으로도 쓰인다.

二 ⓪2획 日ニ・ふたつ
두 이 中èr

一 二

*지사. 두 개의 손가락을 펴 놓은 모양 또는 평행한 선을 나타낸 글자. '둘'의 뜻으로 쓰임.

풀이 1. 둘. 두 개. ¶二價 2. 두 번. 두 번째. ¶二次 3. 두 개로 나누다. 다르게 하다. 4. 두 배. 배로 하다. ¶二乘 5. 나란히 하다. 6. 다음. 다음의 것. 7. 두 마음. 8. 의심하다.

二價(이가) 두 종류의 가격이란 뜻으로 에누리를 이르는 말.

二教(이교) 두 개의 큰 가르침. 곧 노자와 석가모니의 가르침을 이름.

二段(이단) 두 갈래.

二世(이세) 1)현세와 내세. 2)2세.

二乘(이승) 1)두 개의 같은 수를 곱함. 제곱. 2)불교의 대승(大乘)과 소승(小乘). 3)두 대의 수레.

二十四節氣(이십사절기) 태양의 황도상의 위치에 따라 정한 일 년의 절기.

二十四節氣(이십사절기)의 명칭

봄 : 입춘(立春) 우수(雨水) 경칩(驚蟄) 춘분(春分) 청명(淸明) 곡우(穀雨)
여름 : 입하(立夏) 소만(小滿) 망종(芒種) 하지(夏至) 소서(小暑) 대서(大暑)
가을 : 입추(立秋) 처서(處暑) 백로(白露) 추분(秋分) 한로(寒露) 상강(霜降)
겨울 : 입동(立冬) 소설(小雪) 대설(大雪) 동지(冬至) 소한(小寒) 대한(大寒)

二人稱(이인칭) 1)제2인칭. 인칭 대명사의 한 구분. 2)말을 듣는 이를 가리키는 대명사.

二重國籍(이중국적) 한 사람이 둘 이상의 국적을 동시에 가지는 일.

二重生活(이중생활) 1)한 사람이 직업이나 생활 환경 등이 다른 두 가지 생활을 병행하는 일. 2)가족의 구성원들이 어떤 사정으로 서로 다른 곳에서 생활하는 일.

二重像(이중상) 1)한 물체를 볼 때 둘로 나타나는 망막의 영상. 2)두 개로 겹쳐 보이는 텔레비전의 화상.

二重人格(이중인격) 1)의식이 통일되지 않고 분열하여 이중적인 의식의 체계를 가진 심리 현상. 2)겉과 속이 같지 않은 사람.

二重唱(이중창) 중창에서 두 사람이 두 개의 성부를 동시에 또는 교대로 부르는 일. 듀엣.

二重窓(이중창) 방한, 방음 등의 목적으로 겹으로 만든 창.

二次(이차) 1)두 번째. 2)근원적인 것에 대하여 부수적 관계나 처지에 있는 것. 3)정식・방정식・대수 곡선 등의 차수(次數)가 2인 것.

二次元(이차원) 차원의 수가 둘인 것. 곧, 길이와 폭이라는 두 방향으로 넓이를 이루어 내는 평면 같은 것.

유 貳(두 이)

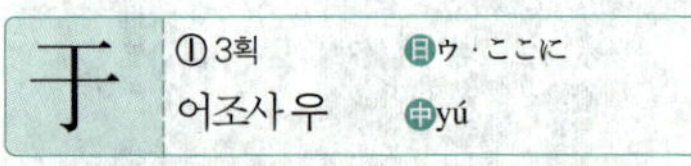

于 ①3획 日ウ・ここに
어조사 우 中yú

一 二 于

*상형. 막대기의 양쪽 끝을 고정시켜 중간을 굽히는 모양을 본뜬 글자. 어조사로 쓰임.

풀이 1. …에. …에서. …까지. 어조사. ¶于今 2. …에서. …부터. 3. …구나. …인가. 아! 의문이나 감탄의 뜻. 4. 향하다. 가다. ¶于歸 5. …되다. …하다. 6. …과. 및. 7. 돕다. 8. 크다. 9. 굽히다. 10. 구하다.

于今(우금) 지금에. 지금까지.

于飛(우비) 부부 사이가 좋음을 비유하는 말. 봉황 한 쌍이 사이좋게 날아간다는 시에서 유래하였음.

于山國(우산국) 울릉도의 옛 이름.

于先(우선) 먼저. 다른 것보다 앞서서.

유 於(어조사 어) 兮(어조사 혜)
비 干(방패 간) 千(일천 천)

亍 ①3획 日ソク
자축거릴 촉 中chù

풀이 1. 자축거리다. 힘없는 다리로 절뚝거리며 걷다. 2. 멈춰 서다.

비 于(어조사 우) 干(방패 간)

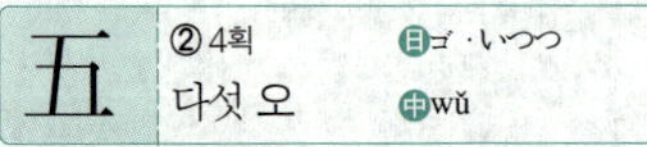

五 ②4획 日ゴ・いつつ
다섯 오 中wǔ

一 丆 五 五

*상형. 본래는 X자로 표시하여 네 끝과 중심이 다섯 점임을 나타낸 글자. 음양이 교차하는 숫자라는 의미를 나타내어 '다

섯'이라는 뜻으로 쓰임.

풀이 1. 다섯. 다섯 개. 5. ¶五感 2. 다섯 번. 다섯 번째. 3. 다섯 배.

五感(오감) 시각 · 후각 · 미각 · 청각 · 촉각의 다섯 가지 감각.

五車書(오거서) 다섯 수레에 실을 만큼 많은 책. 곧 많은 장서를 이름.

五經(오경) 1)유학의 다섯 경서인 역경(易經) · 서경(書經) · 시경(詩經) · 예기(禮記) · 춘추(春秋). 오전(五典). 2)길(吉) · 흉(凶) · 군(軍) · 빈(賓) · 가(嘉)의 다섯 가지 예. 오례(五禮). 3)동양 고대의 다섯 가지 의서(醫書)인 소문(素問) · 영추(靈樞) · 난경(難經) · 금궤요략(金匱要略) · 갑을경(甲乙經).

五穀(오곡) 1)다섯 가지 곡식. 쌀 · 수수 · 보리 · 조 · 콩 또는 쌀 · 보리 · 콩 · 수수 · 기장. 2)중요한 곡식의 총칭.

五里霧中(오리무중) 5리나 되는 안개 속에 있는 것처럼 무슨 일에 대해서 알 길이 없음을 이르는 말.

五里霧中(오리무중)의 유래

후한(後漢)의 장해(張楷)는 뛰어난 학자로 덕행이 높아 그 명성이 자자했지만, 관직에 나가는 걸 싫어해 산속에 은거했다. 당시의 황제인 순제(順帝)가 불렀지만 신병을 이유로 나가지 않았다. 장해는 도술 역시 좋아해 5리나 되는 안개를 일으킬 수 있었다는 데서 나온 말이다.

五味(오미) 신맛 · 쓴맛 · 매운맛 · 단맛 · 짠맛의 다섯 가지 맛.

五福(오복) 유교에서 이르는 다섯 가지 복. 수(壽) · 부(富) · 강녕(康寧) · 유호덕(攸好德) · 고종명(考終命).

五常(오상) 1)오륜(五倫). 사람으로서 지켜야 할 다섯 가지 도리. 2)인(仁) · 의(義) · 예(禮) · 지(智) · 신(信). 3)부 · 모 · 형 · 제 · 자식이 저마다 지켜야 할 도리. 아버지는 의리(義理) · 어머니는 자애(慈愛) · 형은 우애(友愛) · 아우는 공경(恭敬) · 자식은 효(孝).

五色(오색) 1)청(靑) · 황(黃) · 적(赤) · 백(白) · 흑(黑)의 다섯 가지 빛깔. 2)여러 가지 빛깔.

五色無主(오색무주) 공포와 두려움으로 안색이 여러 가지로 변함.

五世其昌(오세기창) 자손이 번창함을 이르는 말. 경중(敬仲), 곧 진(陳)의 공자(公子) 완(完)이 오세(五世) 이후에는 번창할 것이라고 예언한 고사.

五十步百步(오십보백보) 전쟁에서 오십 보 도망간 자가 백 보 도망간 자를 비겁하다고 비웃는다는 뜻으로, 조금의 차는 있으나 일의 본질은 같음을 이르는 말.

五言詩(오언시) 한 구가 다섯 자로 된 한시의 총칭.

五言律詩(오언율시) 한 구가 다섯 자씩 여덟 구로 된 한시.

五言絶句(오언절구) 한 구가 다섯 자씩 네 구로 된 한시.

五音(오음) 궁(宮) · 상(商) · 각(角) · 치(徵) · 우(羽)의 다섯 음률.

五風十雨(오풍십우) 닷새에 한 번씩 바람이 불고 열흘에 한 번씩 비가 온다는 뜻으로, 기후(氣候)가 좋아 풍년이 들어 천하(天下)가 태평한 시절을 이르는 말.

五行(오행) 1)동양 고대 사상 중 만물을 생성하는 다섯 가지 원소. 곧, 금(金) · 목(木) · 수(水) · 화(火) · 토(土). 오행상생(五行相生)과 오행상극(五行相剋)의 이치로 우주 만물을 지배한다고 여김. 2)오상(五常). 3)글의 다섯 줄.

五行相剋(오행상극)과 五行相生(오행상생)

오행상극은 오행(五行)이 서로 이기는 이치, 곧 토극수(土剋水) · 수극화(水剋火) · 화극금(火剋金) · 금극목(金剋木) · 목극토(木剋土)의 이치.

오행상생은 오행(五行)이 서로 순환해서 서로 생성해 주는 이치, 곧 목생화(木生火) · 화생토(火生土) · 토생금(土生金) · 금생수(金生水) · 수생목(水生木)의 이치.

五侯(오후) 공(公) · 후(侯) · 백(伯) · 자(子) · 남(男)의 다섯 등급의 제후.

유 伍(항오 오) 비 丑(소 축)

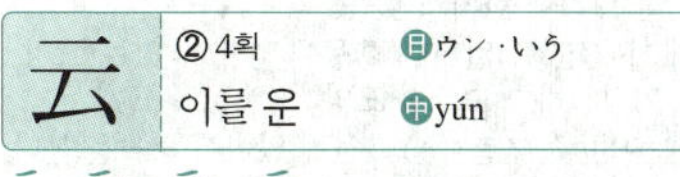

云	② 4획 이를 운	日 ウン · いう 中 yún

一 二 云 云

* 상형. 구름이 뭉게뭉게 피어오르는 모양을 거꾸로 나타낸 글자. '雲(구름 운)'의 원래 글자로, '구름'을 뜻하다가, 바뀌어 '말하다'의 뜻으로 쓰임.

풀이 1. 이르다. 말하다. 다른 사람의 말을 인용할 때 쓰임. ¶云云 2. 돌다. 돌아가다. 3. 성하다. 4. 이에. 5. 구름.

云云(운운) 1)글이나 말을 인용 또는 생략할 때 쓰는 말. 2)말이 많은 모양. 3)왕성한 모양. 4)구름이 뭉게뭉게 이는 모양.

云爲(운위) 1)말과 행동. 언행(言行). 2)세상물정. 세태인정(世態人情).

云爾(운이) 1)'…이다'라는 뜻으로, 문장을 끝마치는 말. 2)위에서 말한 것과 같다는 뜻을 나타내는 말.

云何(운하) 어찌하여. 어떠한가. 여하(如何).

유 謂(이를 위) 曰(이를 왈)

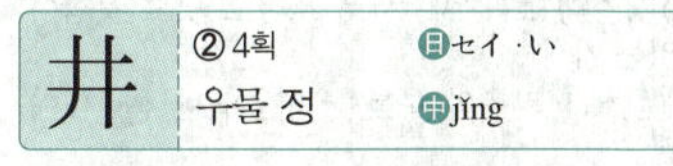

井	② 4획 우물 정	日 セイ · い 中 jǐng

2획

一 二 キ 井

*상형. 우물의 난간을 위에서 본 모양을 본뜬 글자. 이에 '우물'의 뜻으로 쓰임.

풀이 1. 우물. ¶井臼 2. 정자(井字)의 모양. ¶井間 3. 정전. 주대(周代)에 정자형(井字形)으로 사방 1리의 농지를 9등분 한 것. ¶井田 4. 마을. 사람이 모여 사는 곳. ¶市井 5. 별 이름. 6. 조용하다. 정적이다. 7. 장괘. 64괘의 하나로 통용하여 변하지 않는 상(象).

井間(정간) 바둑판과 같이 여러 줄을 그어 정자(井字) 모양으로 된 각각의 칸. 사란(絲欄).

井臼(정구) 우물과 절구.

井臼之役(정구지역) 물을 긷고 절구질을 한다는 뜻으로, 집안일을 부지런히 돌봄을 이르는 말.

井渫不食(정설불식) 맑은 우물물이 먹는 물로 쓰이지 않는다는 뜻으로, 재능이 있으나 세상에 쓰이지 않음을 비유하는 말.

井水(정수) 우물물.

井底蛙(정저와) 우물 안의 개구리란 뜻으로, 소견이 좁은 사람을 비유하는 말. 정와(井蛙).

井田法(정전법) 주대(周代)의 세금법. 사방 일 리(一里), 즉 900묘의 농지를 정자(井字) 모양으로 아홉 등분하여 중앙의 한 구역을 공전(公田), 주위의 여덟 구역을 사전(私田)이라 하여, 공전은 여덟 집이 함께 경작하고, 사전은 여덟 농가가 하나씩 경작하게 하여 그 수확을 나라에 바치게 했음.

井井(정정) 1)일이나 행동에 절도가 있는 모양. 2)정결하고 고요한 모양.

井中觀天(정중관천) 우물에 앉아서 하늘을 본다는 뜻으로, 견문이 매우 좁음을 이르는 말. 좌정관천(坐井觀天).

井桁(정형) 나무를 '井'자 모양으로 짜 올린 우물의 틀. 정간(井幹). 정란(井欄).

井戶(정호) 도회지 한 가운데에 있는 집.

井華水(정화수) 이른 새벽에 길은 우물물.

互	②4획 서로 호	日ゴ·たがい 中hù

一 ㄷ 5 互

*상형. 새끼줄을 감는 도구의 모양을 본뜬 글자. 한가운데를 쥐고 좌우 교대로 감는다는 의미에서 '서로'라는 뜻으로 쓰임.

풀이 1. 서로. ¶相互 2. 번갈아 들다. ¶互生 3. 둘러싸다. 에워싸다. ¶互物 4. 고기 시렁.

互角(호각) 서로 역량이 엇비슷함.

互角之勢(호각지세) 서로 조금도 낫고 못함이 없는 기세.

互跪(호궤) 좌우의 무릎을 번갈아 바닥에 대어 꿇음.

互物(호물) 껍질이 있는 생물, 즉 거북·자라·게·새우·조개 등을 통틀어 이르는 말.

互變(호변) 한 물질이 일정한 온도를 경계로 하여 두 가지의 결정 상태로 바뀌는 현상.

互相(호상) 서로. 상호(相互).

互生(호생) 식물의 잎이나 눈 등이 줄기나 가지의 각 마디에 한 개씩 어긋맞게 남.

互選(호선) 특정한 사람들이 자신들 중에서 서로 뽑음. 또는 그 선거.

互市(호시) 1)국가 간의 물품 거래. 2)악인배(惡人輩)가 서로 결탁하는 일.

互讓(호양) 서로 양보하거나 사양함.

互用(호용) 서로 넘나들며 씀. 이쪽저쪽을 교대로 씀.

互有長短(호유장단) 서로 장점과 단점이 있음.

互助(호조) 서로 도움. 상호부조(相互扶助).

互稱(호칭) 서로 부름. 또는 서로 일컫는 이름.

互惠(호혜) 서로 특별한 편익이나 은혜를 주고받음.

互換(호환) 서로 바꿈.

유 相(서로 상) 비 五(다섯 오) 瓦(기와 와) 亘(건널 긍)

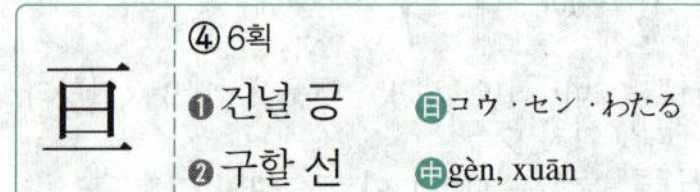

亘	④6획 ❶건널 긍 ❷구할 선	日コウ·セン·わたる 中gèn, xuān

*상형. 하늘(一)에서 땅(一)으로 해(日)나 달(月)의 빛이 뻗치는 것을 본뜬 글자. 이에 '뻗치다', '건너다'의 뜻으로 쓰임.

풀이 1 1. 건너다. 2. 돌다. 돌리다. ¶亘帶 3. 극진하다. 4. 걸치다. 뻗치다. ¶亘古 2 5. 구하다. 요구하다.

亘古(긍고) 옛날까지 걸침. 영원(永遠). 영구(永久).

亘帶(긍대) 널리 둘러쌈.

亘萬古(긍만고) 만고에 걸침.

비 旦(아침 단) 宣(베풀 선)

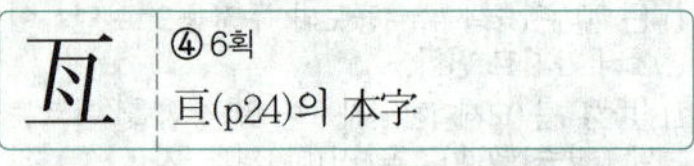

亙	④6획 亘(p24)의 本字

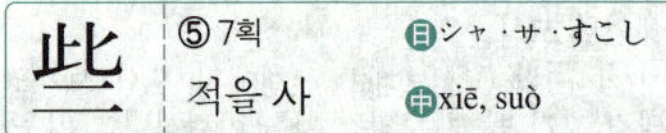

些	⑤7획 적을 사	日シャ·サ·すこし 中xiē, suò

*형성. 뜻을 나타내는 부수 '二(두 이)'와 음을 나타내는 '此(이 차)'를 합친 글자.

풀이 1. 적다. 작다. 조금. ¶些少 2. 어조사. 문장 끝에 놓여 어세(語勢)를 강하게 함.

些事(사사) 사소한 일. 중요하지 않은 일.

些少(사소) 1)약간. 2)하찮은.

亞 ⑥8획
❶버금 아 日ア·つぐ
❷누를 압 中yà

一 丅 丆 亞 亞 亞 亞 亞

풀이 1 1. 버금. 다음. ¶亞流 2. 동서. 자매의 남편. 3. 아세아(亞細亞)의 준말. ¶亞洲 2 4. 누르다.

亞旅(아려) 상대부(上大夫)의 다른 이름.

亞流(아류) 1)서로 비슷한 무리. 동류(同類). 2)으뜸가는 사람을 따라 흉내 낼 뿐 독창성이 없는 것. 또는 그런 사람. 3)어떤 학설이나 주의를 따르는 사람. 유아(流亞).

亞父(아부) 아버지 다음으로 존경하는 사람이란 뜻으로, 초(楚)의 항우(項羽)가 범증(范增)을 존경하여 부른 말.

亞壻(아서) 동서(同壻).

亞聖(아성) 성인(聖人)인 공자(孔子)에 버금가는 사람. 곧 안연(顔淵)·맹자(孟子)를 이르는 말.

亞歲(아세) 동지(冬至)를 달리 이르는 말.

亞細亞(아세아) 아시아의 음역(音譯).

亞熱帶(아열대) 열대와 온대의 중간 기후대. 대체로 남북위가 각각 20~30도 사이인 지대.

亞洲(아주) 아세아주(亞細亞州)의 준말.

亞黃酸(아황산) 이산화황을 물에 녹여서 만든 불안정한 이염기산. 표백제 등으로 쓰임.

유 次(버금 차) 비 惡(악할 악)

亟 ⑦9획
❶빠를 극 日キョク·すみやか
❷자주 기 中jí, qì

풀이 1 1. 빠르다. 신속하다. ¶亟務 2. 바쁘다. ¶亟心 3. 극도에 이르다. 다하다. 2 4. 종종. 자주. ¶亟拜 5. 갑자기.

亟務(극무) 빨리 해야만 하는 일.

亟心(극심) 급한 마음.

亟疾(극질) 급함. 성급함.

亟行(극행) 급히 감.

亟拜(기배) 자주 절함.

유 速(빠를 속) 迅(빠를 신) 반 遲(늦을 지)

비 極(다할 극)

亠 돼지해머리 部

'亥(돼지 해)'의 머리 부분과 비슷하여 '돼지해머리'라 이른다. '亠'자는 단독의 문자로 쓰이지 않고 뜻도 지니지 않으며, '두'라는 음만을 갖고 있다.

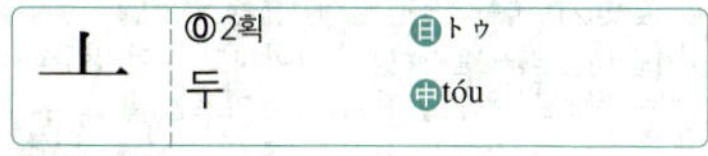

풀이 뜻 없음. 부수 명칭은 '돼지해머리'.

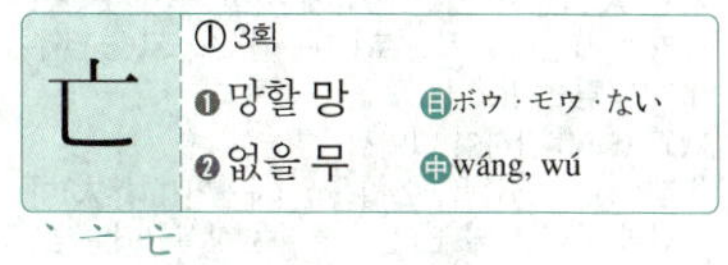

丶 亠 亡

* 회의. 사람(人)이 망하여 도망해 들어와서 숨는다는 뜻을 나타낸 글자. 이에 망하여 없어진다는 의미에서 '없어지다'의 뜻으로 쓰임.

풀이 1 1. 망하다. ¶亡國 2. 잃다. ¶亡羊補牢 3. 죽다. ¶死亡 4. 달아나다. 도망치다. ¶逃亡 2 5. 없다.

亡國(망국) 1)망하여 없어진 나라. 2)나라가 망함.

亡國之音(망국지음) 나라를 망치는 음악. 또는 망한 나라의 음악.

○亡國之音(망국지음)의 유래
옛날 은나라의 악사 사연이 주왕을 위해 '신성백리'라는 음란하고 사치스런 음악을 만들었다. 주왕은 이 음악을 즐겨 들으면서 방탕한 생활을 하다가 결국 주나라 문왕에게 토벌당하고 은나라는 멸망했다. 왕을 잃은 사연은 악기를 가지고 동쪽으로 도망가다 복수에서 투신 자살했다. 사람들은 이를 '나라를 망친 음악'이라고 하며 그 부근을 지날 때는 귀를 틀어막았다고 한다.

亡德(망덕) 자기 자신과 집안을 망칠 못된 짓.

亡靈(망령) 죽은 사람의 영혼. 망혼(亡魂).

亡命(망명) 정치적 탄압을 피하여 자기 나라에 살지 못하고 다른 나라로 몸을 옮김.

亡夫(망부) 죽은 남편.

亡身(망신) 체면이나 명망을 망침.

亡失(망실) 잃어버려 없어짐.

亡羊補牢(망양보뢰) 양을 잃고 우리를 고침. 이미 일이 저질러진 후에 뉘우쳐도 소용없음을 비유하는 말. 소 잃고 외양간 고치기.

亡陽症(망양증) 몸의 양기가 다 빠져 없어지는 병. 허탈증이 생기며, 몸에 땀이 많이 나는 것과 땀이 좀처럼 나지 않는 것의 두 가지가 있음.

2 획

亡羊之歎(망양지탄) 여러 갈래 길에서 양을 잃고 탄식한다는 뜻으로, 학문의 길이 여러 갈래여서 길을 잡기 어려움을 비유하는 말. 다기망양(多岐亡羊).

亡運(망운) 망할 운수.

亡人(망인) 1)외국에 망명한 사람. 2)죽은 사람.

亡日(망일) 죽은 날.

亡逸(망일) 1)달아남. 도망함. 2)흩어져 없어짐.

亡兆(망조) 망할 징조. 망징패조(亡徵敗兆).

亡終(망종) 사람의 목숨이 끊어져 죽는 때.

亡妻(망처) 죽은 아내. 망실(亡室).

共倒同亡(공도동망) 함께 넘어지고 같이 망한다는 뜻으로, 운명을 같이 함을 이르는 말.

逃亡(도망) 피하여 달아남. 쫓겨 달아남. 도주(逃走).

未亡人(미망인) 남편과 함께 아직 죽지 못하고 있는 사람이란 뜻으로, 과부가 스스로를 낮추어 일컫는 말.

滅亡(멸망) 망하여 없어짐.

死亡(사망) 1)죽음. 2)법률상 자연인(自然人)이 인격, 곧 일반적 권리 및 능력을 상실함에 이름.

衰亡(쇠망) 쇠하여 멸망함.

脣亡齒寒(순망치한) 입술이 망하면 이가 시리다는 뜻으로, 가까운 사이의 한쪽이 망하면 다른 한쪽도 그 영향을 받아 온전하기 어려움을 비유하는 말.

祭亡妹歌(제망매가) 신라 35대 경덕왕 때의 중인 월명사(月明師)가 죽은 누이동생을 위하여 재(齋)를 올릴 때에 지은 10구체(句體)로 된 향가(鄕歌).

存亡(존망) 삶과 죽음. 존재와 멸망.

敗亡(패망) 1)싸움에 져서 망함. 2)싸움에 져서 죽음. 패상(敗喪).

敗家亡身(패가망신) 집안의 재산을 탕진하고 몸을 망침.

興亡盛衰(흥망성쇠) 흥하고 망하고 성하고 쇠하는 일.

유 無(없을 무)

亢	② 4획 목 항	日 コウ・たかぶる 中 gāng, kàng

* 상형. '亠'(돼지해 머리)와 사람의 목 모양을 나타낸 '几(안석 궤)'를 합친 글자. 이에 목에서 머리로 '높이' 올라간 것이라는 뜻으로 쓰임.

풀이 1. 목. 목구멍. 목덜미. 2. 올리다. 높아지다. 3. 거만하다. 자만하다. ¶亢直 4. 용마루. 지붕 위의 마루. 5. 극에 달하다. 극하다. ¶亢龍 6. 겨루다. 7. 가리다.

亢羅(항라) 씨를 세 올이나 다섯 올씩 걸러서 한 올씩 비우고 짠 여름 옷감.

亢禮(항례) 대등한 입장에서의 예를 행함.

亢龍(항룡) 막바지에 오른 용. 지극히 존귀한 지위를 상징.

亢龍有悔(항룡유회) 높은 지위에 있는 사람은 항상 그 몸가짐을 조심하지 않으면 실패할 우려가 있다는 말로 역(易)의 상구(上九)를 항룡(亢龍)에 비유하는 말.

亢陽(항양) 1)큰 가뭄. 항한(亢旱). 2)높은 건물. 3)양효(陽爻)로, 높은 위치에 있는 것.

亢傲(항오) 거만을 피움. 오만함.

亢燥(항조) 지대가 높고 건조해 땅이 기름지지 못함. 고조(高燥).

亢直(항직) 강직하여 남에게 굽히지 않음.

亢進(항진) 1)기세가 높아짐. 2)병세가 심해짐.

亢秩(항질) 최고의 품계(品階).

亢扞(항한) 대항하여 방비함.

亢旱(항한) 큰 가뭄. 항양(亢陽).

유 吭(목 항)

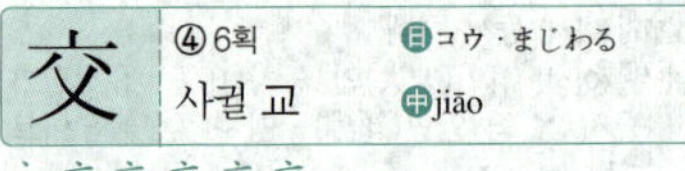

交	④ 6획 사귈 교	日 コウ・まじわる 中 jiāo

丶 亠 亣 六 交 交

* 상형. 사람의 종아리가 교차해 있는 모양을 본뜬 글자.

풀이 1. 사귀다. 絶交 2. 섞다. 섞이다. 3. 합하다. 합동하다. 4. 오고 가다. 주고받다. ¶交通 5. 바꾸다. ¶交代 6. 엇갈리다. 교차하다. 7. 서로. 서로간. ¶交感 8. 옷깃.

交感(교감) 서로 맞대어 느낌.

交代(교대) 서로 번갈아 맡은 일을 대신함.

交刀(교도) 가위.

交頭接耳(교두접이) 머리를 맞대고 입을 귀에 대어 이야기함. 곧, 비밀 이야기를 함.

交龍(교룡) 두 용이 서로 얽힌 그림이나 새김.

交流(교류) 1)서로 뒤섞여 흐름. 2)서로 주고받음.

交隣(교린) 이웃 나라와의 교제.

交拜(교배) 서로 절함. 혼인식에서 신랑·신부가 서로 맞절을 하는 일.

交配(교배) 서로 다른 종류의 암수를 배합시킴. 또는 그 일.

交付(교부) 내어 줌.

交分(교분) 서로 사귄 정분.

交涉(교섭) 1)어떠한 일을 이루기 위하여 서로 의논함. 2)관계를 맺음.

交手(교수) 1)공수(拱手)함. 2)손을 맞잡음. 3)솜씨를 겨룸.

交易(교역) 물품을 서로 교환함. 상품을 거래함.

交友(교우) 친구와 사귐.

交遊(교유) 1)서로 사귀어 왕래함. 교제(交際). 교유(交游). 2)벗. 친구.

交子床(교자상) 장방형으로 된 큰 음식상.

交戰(교전) 서로 싸움.

交戰國(교전국) 서로 전쟁을 하고 있는 나라.

交接(교접) 1)서로 마주 닿아 접촉함. 2)교제. 3)성교(性交).

交際(교제) 1)서로 사귀어 가까이 지냄. 2)어떤 목적을 달성하기 위한 수단으로 남과 가까이 사귐.

交叉(교차) 서로 엇갈림.

交錯(교착) 이리저리 엇갈려 뒤섞임. 혼잡함.

交替(교체) 서로 갈림. 바꿈.

交通(교통) 1)오고 가는 일. 2)사람의 왕복, 화물의 운반, 의사 전달 등의 총칭.

交響曲(교향곡) 관현악곡의 하나. 보통 4악장으로 이루어진 소나타 형식의 곡. 심포니(Symphony).

交換(교환) 1)서로 바꿈. 2)서로 주고 받음.

비 文(무늬 문) 效(본받을 효)

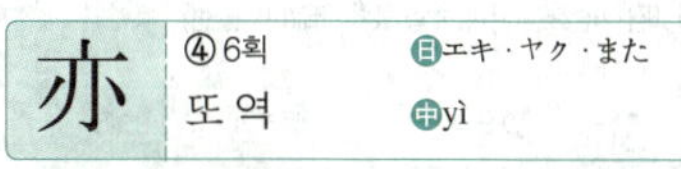

*회의. 사람이 사지를 벌린 '大(큰 대)'에 겨드랑이를 가리키는 기호 '八(여덟 팔)'을 찍어서 만든 글자. 이에 한쪽이 있고 또 다른 한쪽이 있다는 의미에서 '또'의 뜻으로 쓰임.

풀이 1. 또. 또한. ¶亦是 2. 모두. 3. 다만. 4. 다스리다. 5. 쉽다.

亦是(역시) 또한. 마찬가지로 역시나.

亦然(역연) 또한 그러함.

亦參其中(역참기중) 어떤 일에 참여함.

유 又(또 우) 비 赤(붉을 적)

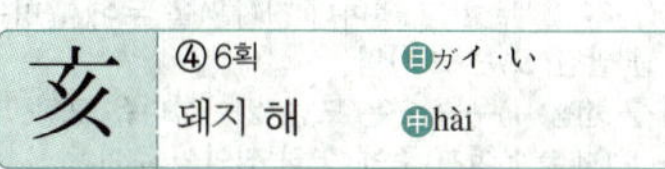

풀이 1. 돼지. 십이지 중 열두 번째. 방위로는 북서쪽. 오행에서는 물(水)에 해당함. ¶亥時 2. 음력 10월.

亥囊(해낭) 정월 첫 번째 해일(亥日)에 임금이 근신들에게 내리던 비단 주머니. 궁낭(宮囊).

亥方(해방) 24방위의 하나. 서북과 정북과의 사이.

亥時(해시) 12지의 열두 번째 시간. 오후 9시부터 11시 사이.

亥市(해시) 하루 걸러 서는 장. 모든 해일(亥日)에 서는 장.

亥月(해월) 월건(月建)이 해(亥)로 되는 달. 음력 10월의 다른 이름.

魯魚亥豕(노어해시) 노(魯)자와 어(魚)자, 해(亥)자와 시(豕)자는 비슷하여 틀리기 쉽다는 데서, 글자를 잘못 쓰기 쉬움을 이르는 말.

上亥日(상해일) 음력 정월의 첫 해일(亥日).

辛亥革命(신해혁명) 중국 청나라의 선통 2년(1911) 우창(武昌)을 중심으로 하여 일어난 중국 최초의 민주 혁명.

유 豕(돼지 시) 豚(돼지 돈) 猪(돼지 저)
비 辵(쉬엄쉬엄갈 착)

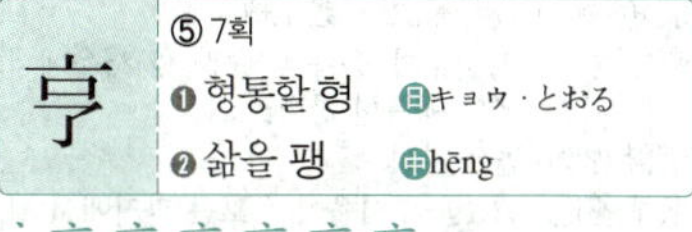

亨
⑤7획
❶형통할 형
日キョウ・とおる
❷삶을 팽
中hēng

*상형. 거리를 둘러싼 성벽 위의 높은 건물을 본뜬 글자. 이에 높은 건물에서 바라보듯이 막힘이 없다는 의미에서 '형통하다'는 뜻으로 쓰임.

풀이 ❶ 1. 형통하다. ¶亨通 2. 통하다. ❷ 3. 삶다.

亨嘉(형가) 좋은 때를 만남.

亨光(형광) 조선 세종 때, 보태평(保太平) 11곡 가운데 넷째 곡 이름.

亨運(형운) 순조로운 운수.

亨通(형통) 1)온갖 일이 뜻과 같이 잘 되어 감. 2)운이 좋아 출세함.

亨熟(팽숙) 삶음. 삶아 익힘.

萬事亨通(만사형통) 모든 일이 뜻한 바대로 잘 이루어짐.

元亨利貞(원형이정) 1)역학(易學)에서 말하는 천도(天道)의 네 원리라는 뜻으로, 사물의 근본 되는 원리. 2)만물이 처음 생겨나서 자라고 삶을 이루고 완성함. 3)인(仁)·의(義)·예(禮)·지(智).

비 京(서울 경) 亭(정자 정) 享(누릴 향)

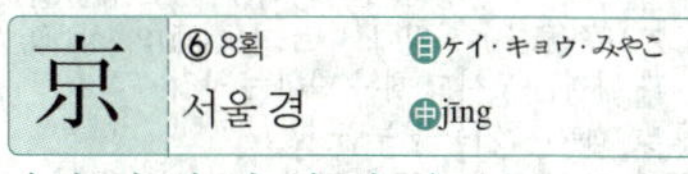

京
⑥8획
日ケイ・キョウ・みやこ
서울 경
中jīng

*상형. 언덕 위에 세워져 있는 집의 모양을 본뜬 글자. 옛날에는 높은 곳에 신전을 모시고 그 주변에 사람들이 모여 살아서 '서울'을 뜻하게 됨.

풀이 1. 서울. 수도. ¶京闕 2. 언덕. 돈대. 조금 높은 평지. 3. 높다. ¶京峙 4. 크다. 5. 경. 백억의 만 배. 또는 조(兆)의 만 배. 6. 창고. 7. 근심하다. ¶京京 8. 고래.

¶京魚

京闕(경궐) 1)서울의 대궐. 2)수도. 서울.

京劇(경극) 베이징(北京)의 극이란 뜻으로, 중국 청대(淸代)의 희극 이름.

京畿(경기) 1)서울 부근. 기내(畿內). 2)서울. 경사(京師).

京山(경산) 서울 부근에 있는 산.

京城(경성) 일제 강점기 때 서울을 부르던 말.

京所(경소) 각 지방의 덕망이 높은 사람을 서울에 불러서 같은 고을 사람끼리 묶게 하여 그 지방의 일을 주선하고 의논하게 하던 장소.

京樣(경양) 우아함. 화려한 모습.

京魚(경어) 1)큰 물고기. 2)고래.

京調(경조) 1)서울의 풍속과 습관. 2)서울에서 부르는 시조의 독특한 창법.

2
획

京峙(경치) 높은 언덕.

京表鄕賦(경표향부) 서울에서 보는 과거에서 서울 선비에게는 표(表)를, 시골 선비에게는 부(賦)를 짓게 하던 일.

京華(경화) 번화한 서울.

京鄕(경향) 서울과 시골.

東京(동경) 일본의 수도인 도쿄.

北京(북경) 중국의 수도인 베이징.

비 亨(형통할 형) 亭(정자 정) 享(누릴 향) 哀(슬플 애)

享	⑥ 8획	日キョウ · うける
	누릴 향	中xiǎng

丶 亠 亣 亩 亯 亯 享 享

* 형성. 아이(子)가 높은(高) 이에게 음식을 드려서 먹인다는 의미를 나타낸 글자. '누리다', '잔치를 벌이다'의 뜻으로 쓰임.

풀이 1. 누리다. 2. 대접하다. 잔치하다. 3. 드리다. 4. 제사 지내다.

享國(향국) 1)왕위를 받음. 나라를 계승하여 그 자리에 있음. 2)임금이 재위하던 연수(年數).

享年(향년) 1)한평생 누린 나이. 왕조(王朝)의 연수에도 쓰임. 2)세상에 존재함.

享堂(향당) 1)선왕(先王)의 위패를 모시는 집. 2)선종(禪宗) 사원에서, 조사(祖師)의 상(像)과 위패를 모시고 제사 지내는 당집.

享樂(향락) 즐거움을 누림.

享禮(향례) 혼례가 끝난 뒤에 서로 예물을 바치는 의식. 향례(饗禮).

享祀(향사) 제사를 지냄. 또는 그 제사.

享受(향수) 1)물건을 받아 누림. 2)예술 작품 등을 감상함.

享壽(향수) 장수를 누림. 장수함.

享御(향어) 임금의 자리를 물려받음.

享宴(향연) 아랫사람에게 내리는 잔치.

享祐(향우) 신의 도움을 받음.

享侑(향유) 술과 음식을 권함. 향우(享右).

享儀(향의) 신에게 제사 지내는 의식.

비 京(서울 경) 亭(정자 정) 亨(형통할 형) 孛(살별 발)

亮	⑦ 9획	日リョウ · あきらか
	밝을 량	中liàng

* 회의. '高(높을 고)'의 생략자와 '儿(어진사람 인)'을 합친 글자. 지혜가 높은(高) 사람(儿)은 '참으로 밝은것'이라는 의미에서 '밝다'의 뜻으로 쓰임. 바뀌어, '돕다'라는 뜻으로도 쓰임.

풀이 1. 밝다. ¶亮月 2. 명랑한 모양. 쾌청한 모양. 3. 참으로. 진실로. 4. 돕다.

亮達(양달) 확실하게 이치에 통달함.

亮拔(양발) 마음이 밝아 남보다 뛰어남.

亮然(양연) 밝은 모양.

亮月(양월) 밝은 달. 명월(明月).

亮節(양절) 맑은 절개. 청조(淸操).

亮許(양허) 허락함. 허용함.

유 昭(밝을 소) 明(밝을 명) 반 暗(어두울 암)

亭	⑦ 9획	日テイ · とどまる
	정자 정	中tíng

丶 亠 亣 亩 亩 亭 亭 亭 亭

* 형성. '高(높을 고)'의 생략자와 음을 나타내는 '丁(멈출 정)'을 합친 글자. 이에 머물러 쉬는 건물, 곧 '정자'의 뜻을 나타냄.

풀이 1. 정자. 2. 여인숙. 주막집. 역참. ¶旅亭 3. 머물다. 4. 이르다. 5. 고르다. 평평하다. 6. 뛰어나다.

亭子(정자) 전망이 좋은 곳에 자연을 유람하기 위해 지은 누각. 정각(亭閣).

亭長(정장) 중국 진한(秦漢) 때 10리마다 일정(一亭)을 두고 각 정마다 장(長)을 두어 관리를 맡김. 또는 그 사람.

亭亭(정정) 1)우뚝 솟은 모양. 2)아름다운 모양.

亭主(정주) 1)여관 주인. 2)한 집안의 주인.

茶亭(다정) 1)음식을 차릴 때 쓰는 기구의 하나. 2)간단한 다방.

都亭驛(도정역) 신라 35대 경덕왕(景德王) 때 종래의 경도역(京都驛)을 고친 이름.

舍亭(사정) 정자(亭子).

山亭(산정) 산 속에 지은 정자.

洗劍亭(세검정) 1)서울 창의문 밖에 있던 정자. 2)관서팔경(關西八景)의 하나.

松亭(송정) 1)솔숲 사이에 지은 정자. 2)정자 나무처럼 생긴 소나무.

料亭(요정) 여러 가지 요리를 만들어 술과 함께 파는 집.

비 京(서울 경) 享(누릴 향) 亨(형통할 형)

亳	⑧ 10획 땅 이름 박	日ハク・バク 中bó

풀이 땅 이름. 은(殷)나라 탕왕(湯王)때의 도시.

亳州(박주) 중국 북주(北周) 때에 안휘성(安徽省) 부양현(阜陽縣)에 설치한 주의 이름.

비 毫(터럭 호)

亮	⑧ 10획 亮(p28)의 俗字

亭	⑧ 10획 亭(p28)의 俗字

亶	⑪ 13획 ❶ 믿을 단 ❷ 오로지할 천	日タン・セン・あつい 中dǎn, dàn

풀이 1 1. 믿다. 믿음. 신의(信義). 2. 도탑다. 도탑게 하다. 3. 진실로. 참으로. 4. 다만. 단지. ¶非亶 5. 풍족하다. 곡식이 넉넉하다. 2 6. 오로지. 7. 마음대로 하다. 8. 머무적거리다.

亶亶(단단) 평평한 모양.

亶翔(단상) 날아오름.

非亶(비단) 주로 부정사 앞에 쓰여 '단지'라는 뜻을 나타내는 말. 비단(非但).

비 宣(베풀 선) 盲(소경 맹)

亹	⑳ 22획 ❶ 힘쓸 미 ❷ 골어귀 문	日ビ・モン 中wěi, mén

풀이 1 1. 힘쓰다. 부지런하다. 근면(勤勉)하다. ¶亹亹 2. 흐르다. 시간이나 물 같은 것이 쉬지 않고 흐르는 모양. 3. 달리다. 2 4. 골어귀. 물문. 물이 산과 산 사이를 흘러 양쪽 언덕이 우뚝 솟아 문처럼 마주 보고 있는 곳.

亹亹(미미) 1)부지런히 힘쓰는 모양. 2)흐르는 모양. 3)달려가는 모양. 4)나아가는 모양.

비 亶(믿을 단)

人 부

人 사람 인 部

'人'자는 서 있는 사람의 옆 모습을 나타낸 글자로 '사람'을 뜻하며, 나(我)와 상대되는 개념으로 '남'이라는 뜻으로도 쓰인다. 또한 위인(爲人)처럼 '인격'과 관계되기도 하고 '사람을 세는 단위'나 경제인(經濟人)처럼 사람의 직업이나 인종을 분류하는 데 접미사로도 흔히 쓰인다. 그리고 '人'이 '仁'자와 같이 한자의 좌측에 사용되는 형태가 '亻'으로, '인변'이라 부른다. 이 둘을 부수로 갖는 글자는 모두 사람과 관련이 있다.

2획

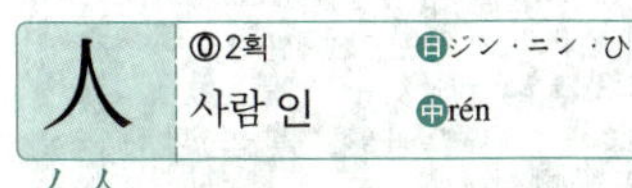

人	⓪ 2획 사람 인	日ジン・ニン・ひと 中rén

ノ 人

* 상형. 사람이 서 있는 것을 옆에서 본 모양을 본뜬 글자.

풀이 1. 사람. 인간. ¶人間 2. 백성. 국민. ¶人民 3. 남. 자기 이외의 사람. ¶他人 4. 뛰어난 사람. 5. 한 사람 한 사람. 6. 인품. 성품. 사람의 성질. ¶爲人 7. 명. 사람을 세는 단위.

人間(인간) 1)사람. 인류. 인물. 2)사람이 모여 사는 세상. 속세(俗世). 3)신 또는 동식물과 대립되는 존재로서의 사람.

人格(인격) 1)사람의 품격. 2)행위를 스스로 책임질 자격을 가진 독립된 개인. 3)법률에 있어 권리·의무의 주체가 되는 자격.

人工(인공) 1)사람이 하는 일. 2)사람이 자연물을 가공하는 일. 인조(人造). 인위(人爲).

人氣(인기) 어떤 사람, 또는 대상에 대한 사람들의 평판.

人道(인도) 1)사람이 다니는 길. 보도(步道). 2)사람이 지켜야 하는 도리. 인륜. 윤리. 3)인간계.

人倫(인륜) 사람으로서 마땅히 지켜야 할 도리.

人倫大事(인륜대사) 사람의 일생에서 겪는 가장 중요한 일. 혼인·상례·제례 등.

人望(인망) 1)사람들이 바라는 것. 2)세상 사람에게서 받는 존경과 신망.

人命(인명) 사람의 목숨.

人命在天(인명재천) 사람의 목숨은 하늘에 달려 있음.

人物(인물) 1)사람의 됨됨이. 인격(人格). 인품(人品). 2)뛰어난 사람. 인재(人才). 3)사람과 물건. 4)사람의 생김새.

人事不省(인사불성) 정신을 잃어 의식이 없음.

人山人海(인산인해) 사람이 산을 이루고 바다를

이룬다는 뜻으로, 산과 바다처럼 많은 사람들이 모여 있음을 이르는 말.

人性(인성) 사람의 성품. 사람 본연의 성품.

人身(인신) 1)사람의 몸. 2)개인의 신분.

人心(인심) 1)사람의 마음. 2)인정. 민심(民心). 여론(輿論). 3)남의 딱한 사정을 헤아려 알아주고 도와주는 마음.

人員(인원) 1)사람의 수효. 2)단체를 이룬 여러 사람.

人爲(인위) 사람의 힘으로 이루어지는 일.

人材(인재) 재주가 뛰어난 사람. 인재(人才).

❖ 인재(人材)에 관한 고사성어

- 群鷄一鶴(군계일학) 닭의 무리 가운데서 한 마리의 학이란 뜻으로, 여럿 가운데에서 가장 뛰어난 사람.
- 棟梁之材(동량지재) 한 집안이나 한 나라의 기둥이 될 만한 훌륭한 인재.
- 鐵中錚錚(철중쟁쟁) 평범한 사람 가운데서 특별히 뛰어난 사람.
- 囊中之錐(낭중지추) 주머니 속의 송곳이란 뜻으로, 재능이 뛰어난 사람은 숨어 있어도 남의 눈에 띄게 됨을 이르는 말.
- 泰斗(태두) 태산과 북두칠성 이란 뜻으로, 남에게 존경받는 뛰어난 사람.

人情(인정) 1)남을 동정하는 따뜻한 마음씨. 2)사람이 본디 지니고 있는 감정. 3)세상 사람의 다사로운 마음. 4)옛날 관리들에게 주던 선물.

人中(인중) 1)코와 윗입술 사이 오목한 곳. 2)사람들 사이.

人中之龍(인중지룡) 용과 같이 비범한 사람을 이르는 말.

⊙人中之龍(인중지룡)의 유래

진나라의 송섬(宋纖)은 원대한 뜻과 지조를 갖춘 인물이었다. 그는 주천(酒泉)의 태수인 마급이 와도 만나기를 거부하고 내다보지 않았다. 이에 마급이 탄식하며, "명성은 들을 수 있어도 몸은 만나볼 수 없고, 덕은 우러러 볼 수 있어도 형체는 볼 수가 없으니, 선생께서 진정 사람 중의 용인 줄 알겠도다!"라고 했다는 데서 유래하였다.

人之常情(인지상정) 사람이면 누구나 가지는 보통 인정.

人波(인파) 사람들이 많이 모여 움직이는 모양을 파도에 비유하는 말.

人和(인화) 여러 사람의 마음이 서로 통하여 화합함.

人形(인형) 사람의 형상.

乞人(걸인) 구걸하는 사람. 거지.

公人(공인) 1)국가 또는 사회를 위하여 일하는 사람. 2)공직에 있는 사람.

盲人(맹인) 눈이 먼 사람. 소경. 맹자. 장님.

未亡人(미망인) 남편이 죽고 홀몸이 된 여자. 과부.

犯人(범인) 죄를 저지른 사람. 범죄인.

成人(성인) 성년이 된 사람. 어른. 대인(大人).

聖人(성인) 1)지식과 행실이 뛰어나 길이 우러러 받들어지고 만인의 스승으로 숭상받을 만한 사람. 2)가톨릭에서, 신앙과 성덕이 특히 뛰어난 사람을 이르는 말.

新人(신인) 어떤 분야에 새로 나서서 활동을 시작한 사람.

野蠻人(야만인) 야만스러운 사람.

戀人(연인) 연애의 상대자. 애인.

行人(행인) 1)길을 가는 사람. 2)불도를 닦는 사람.

비 入(들 입) 八(여덟 팔)

② 4획 日カイ

끼일 개 中jiè

ノ 人 介 介

* 회의. 뜻을 나타내는 부수 '人(사람 인)'과 물건을 나눈다는 뜻으로 쓰인 '八(여덟 팔)'을 합친 글자. 이에 '사람을 나누다', '나누는 사람'이라는 의미에서 '사이에 끼어들어 일을 처리하다', '끼다'라는 뜻으로 쓰임.

풀이 1. 끼다. 사이에 끼다. ¶介在 2. 경계. 근처. 3. 돕다. 도움. ¶介添 4. 의뢰하다. 의지하다. 5. 소개하다. ¶紹介 6. 묵다. 7. 크다. 크게 하다. ¶介福 8. 홀로. 9. 하나. 낱. 낱개. ¶介立 10. 굳다. ¶介潔 11. 격리하다. ¶介特 12. 몸짓. 모양. 13. 갑옷. 갑옷을 입다.

介甲(개갑) 1)갑옷. 2)게·거북 등의 거죽을 싼 단단한 껍데기.

介潔(개결) 성질이 단단하고 깨끗함.

介丘(개구) 1)작은 언덕. 2)태산(泰山). 큰 산.

介立(개립) 1)혼자의 힘으로 처리함. 2)둘 사이에 끼여 섬.

介馬(개마) 갑옷을 입힌 말. 무장한 말.

介僻(개벽) 고집이 매우 세서 남과 어울리지 못하는 성질. 외고집. 견개(狷介).

介福(개복) 큰 행복. 개지(介祉).

介婦(개부) 시중드는 여인.

介儐(개빈) 시중드는 사람. 접대하는 사람.

介士(개사) 1)갑옷을 입은 무인(武人). 갑병(甲兵). 개병(介兵). 2)지조가 굳은 인사(人士).

介石(개석) 절개가 돌같이 단단함. 굳게 절의를 지킴.

介壽(개수) 장수(長壽)를 돕는다는 뜻으로, 남의 장수를 축하할 때 쓰는 말.

介心(개심) 1)굳은 마음. 2)마음에 두고 생각함. 개의(介意).

介然(개연) 1)마음이 꺼림칙한 모양. 2)고립된 모양. 또는 변절하지 않는 모양. 3)잠시 동안.

4)단단한 모양.
介意(개의) 마음에 두고 생각함. 걱정함.
介入(개입) 1)어떠한 사건에 관계 됨. 2)이쪽과 저쪽의 사이에 들어감.
介者(개자) 1)갑옷을 입은 병사. 개사(介士). 2)단단한 껍데기가 있는 것.
介在(개재) 1)이것과 저것의 사이에 끼어 있음. 2)중간에 끼어 있음.
介弟(개제) 남의 아우에 대한 존칭. 대제(大弟).
介冑(개주) 갑옷과 투구. 갑주(甲冑).
介冑之間(개주지간) 1)전쟁하는 동안. 2)싸움터.
介特(개특) 1)도와주는 사람이 없이 고립됨. 또는 그 사람. 2)지조를 지키며 세속에 영합하지 않음. 또는 그 사람.
介懷(개회) 언짢은 일을 마음에 품음.
媒介(매개) 중간에서 서로의 관계를 맺어 주는 일.
紹介(소개) 1)모르는 사이의 사람들을 서로 알고 지내도록 관계를 맺어줌. 2)일이 이루어지도록 주선함. 3)일의 내용을 사람들에게 알리는 일.
仲介(중개) 제3자로서 두 당사자 사이에서 어떤 일을 주선하는 일.

유 甲(갑옷 갑) 비 个(낱 개)

仇	② 4획	日キュウ・あだ
	원수 구	中 chóu, qiú

* 형성. 뜻을 나타내는 부수 '人(사람 인)'과 음을 나타내는 '九(아홉 구)'를 합친 글자.

풀이 1. 원수. ¶仇怨 2. 상대. 적. 3. 짝. ¶仇匹 4. 원망하다. ¶仇剽 5. 거만하다. ¶仇仇 6. 해치다.

仇校(구교) 두 책을 서로 대조하여 잘못된 부분을 바로잡음. 교수(校讐).
仇仇(구구) 매우 거만한 모양.
仇隙(구극) 서로 원수와 같이 틈이 생긴 사이.
仇虜(구로) 원수에게 사로잡힘. 포로(捕虜).
仇視(구시) 원수로 여김.
仇惡(구오) 원수처럼 미워함.
仇偶(구우) 짝. 배우(配偶).
仇怨(구원) 원한. 원수. 구한(仇恨).
仇剽(구표) 미워하고 위협함.
仇匹(구필) 1)비슷한 상대. 동배(同輩). 2)짝.

유 敵(원수 적) 讎(원수 수) 비 仂(나머지 륵)

今	② 4획	日コン・キン・いま
	이제 금	中 jīn

丿 人 亼 今

* 회의. 뜻을 나타내는 부수 '人(사람 인)'과 '亼(합할 합)'을 합친 글자. 세월이 흐르고 쌓인 것이 지금에 이르렀다는 의미에서 '지금', '이제'의 뜻으로 쓰임.

풀이 1. 이제. 지금. 현재. ¶今生 2. 오늘. 이번. ¶今日 3. 곧. 바로. 4. 혹. 혹은. 가정의 접속사. 5. 이에.

今古一般(금고일반) 지금이나 옛날이나 같음.
今旦(금단) 오늘 아침.
今代(금대) 지금의 시대. 현대.
今文(금문) 1)당대(當代)에 통용하던 문자. 2)진(秦)의 시황제(始皇帝)가 정하여 한대(漢代)에 널리 쓰인 예서(隷書).
今方(금방) 이제 곧.
今上(금상) 현재 왕위에 있는 임금.
今生(금생) 1)지금 세상. 이승. 2)살아 있는 동안.
今夕(금석) 오늘 저녁.
今昔之感(금석지감) 현재와 과거를 비교할 때 차이가 너무 심하여 일어나는 느낌.
今是昨非(금시작비) 오늘은 옳고 어제는 그그다는 뜻으로 과거의 잘못을 지금에 와서야 깨달음을 비유하는 말.
今時初聞(금시초문) 지금에서야 처음 듣는 소식.
今吾(금오) 전날의 나에 대하여 오늘의 나를 이르는 말. 지금의 나.
今友(금우) 새로 사귄 친구.
今體詩(금체시) 근체시. 한시(漢詩)에 있어서 율시(律詩)와 절구(絶句)를 이르는 말.
今回(금회) 이번. 차회(此回).
今曉(금효) 오늘 새벽. 오늘 아침. 금조(今朝).
今後(금후) 이제로부터 뒤.
昨今(작금) 1)어제와 오늘. 2)요즈음. 요사이.

반 昨(어제 작) 비 令(명령할 령)

仂	② 4획	日ロク・リョク・つとめる
	❶ 나머지 륵	
	❷ 힘쓸 력	中 lè

풀이 1 1. 나머지. 2. 십분의 일. 또는 삼분의 일. 2 3. 힘쓰다.

유 餘(나머지 여) 비 仇(원수 구)

仆	② 4획	日ボク・フ・たおれる
	엎드릴 부·복	中 pū, pu

풀이 1. 엎드리다. 쓰러지다. ¶仆倒 2. 전복되다. 뒤집어지다. 3. 쓰러져 죽다. ¶仆斃

2획

仆僵(부강) 넘어짐. 쓰러짐.
仆倒(부도) 넘어짐. 서 있던 것이 거꾸러짐.
仆偃(부언) 넘어짐.
仆顚(부전) 엎어짐. 넘어짐.
仆質(부질) 시체.
仆斃(부폐) 죽음. 폐사(斃死).

유 臥(엎드릴 와) 伏(엎드릴 복) 반 立(설 립)

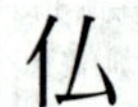
② 4획
佛(p43)의 古字

什
② 4획
❶열 사람 십 日ジュウ
❷세간 집 中shén, shí

풀이 1 1. 열 사람. 2. 열. 3. 열 배. ¶什吏 2 4. 세간. 가재 도구. 가구·식기 등의 일용품. ¶什器 5. 시가(詩歌). 6. 섞다.

什吏(십리) 병졸 열 사람의 우두머리. 십장(什長).
什物(집물) 생활에 쓰이는 가재 도구.
什伯之器(십백지기) 보통 사람보다 열 배 백 배나 뛰어난 기량.
什伍之制(십오지제) 열 집, 또는 다섯 집씩 짝을 지어 서로 잘못을 적발하도록 한 제도.
什二(십이) 10분의 2. 장사해서 얻은 이익.
什器(집기) 살림살이에 쓰는 온갖 기구. 집구(什具).

비 汁(진액 즙)

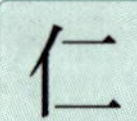
② 4획 日ジン·ニ
어질 인 中rén

ノ イ 仁 仁

*형성. 뜻을 나타내는 부수 '人(사람 인)'과 음을 나타내는 '二(두 이)'를 합친 글자. 두 사람이 친하게 지낸다는 뜻에서 '어질다'는 뜻으로 쓰임.

풀이 1. 어질다. 인자하다. ¶仁君 2. 가엾게 여기다. 동정하다. 3. 최고최대의 도덕. ¶仁德 4. 참다. 5. 사람. 6. 인정이 많은 풍속. 7. 덕이 높은 사람. 어진 사람. ¶仁聖 8. 사람의 마음. ¶仁弱 9. 씨앗. 과실씨의 속 알맹이.

仁君(인군) 1)어진 임금. 성군(聖君). 2)남을 존경하여 부르는 말.
仁德(인덕) 어진 덕. 인정이 깊은 최고의 덕.
仁聖(인성) 1)재덕(才德)이 뛰어난 사람. 2)어질고 사리에 밝음.
仁術(인술) 어진 덕을 베푸는 법. 의술을 이름.
仁心(인심) 어진 마음.
仁愛(인애) 어진 마음으로 사랑함. 또는 그 사랑.
仁勇(인용) 어질고 용감함.
仁柔(인유) 인자하고 상냥함.
仁義(인의) 1)인(仁)과 의(義). 어짐과 의로움. 2)사람이 지켜야 할 도리의 총칭. 도덕(道德).
仁義多責(인의다책) 인의를 행하는 사람은, 많은 사람들이 그의 사랑을 얻고자 하는 반면에 또한 남의 책망도 많이 받게 됨. 유교를 반대한 장자(莊子)의 말.
仁義禮智信(인의예지신) 사람으로서 갖추어야 하는 다섯 가지 도리. 인(仁)·의(義)·예(禮)·지(智)·신(信)의 오상(五常).
仁慈(인자) 마음이 어질고 자애로움.
仁者(인자) 어진 사람. 덕을 갖춘 사람. 인인(仁人).
仁者無敵(인자무적) 어진 사람은 적이 없음. 어진 사람은 모든 사람을 사랑하기 때문에 세상에 그를 적대하는 사람이 없음.
仁者不憂(인자불우) 어진 사람은 도리에 따라 행하므로 마음이 항상 평화로워 근심이 없음.
仁者樂山(인자요산) 1)어진 사람은 산을 좋아함. 2)어진 사람의 행동은 신중하기가 산과 같음.
仁者好生(인자호생) 어진 사람은 만물에 생기있음을 좋아함.
仁賢(인현) 1)어질고 슬기로움. 2)인인(仁人)과 현인(賢人). 어진 사람과 지혜로운 사람.
仁化(인화) 인덕(仁德)의 감화.
仁和(인화) 어질고 온화함.
仁孝(인효) 동정심 많고 효성스러움.
仁厚(인후) 마음이 어질고 무던함.
仁恤(인휼) 인애(仁愛)로 세상이나 인간을 구함.

유 賢(어질 현)

仍
② 4획 日ジョウ·よる
인할 잉 中réng

풀이 1. 인하다. 그대로 따르다. ¶仍用 2. 거듭하다. 거듭. 3. 자주. 4. 곧. 이에. 5. 기대다. 의지하다.

仍舊(잉구) 그전에 의함. 전례를 좇음. 잉관(仍貫). 잉구관(仍舊貫).
仍用(잉용) 이전 것을 그대로 씀.

유 因(인할 인) 비 乃(이에 내)

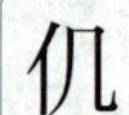
② 4획 日ショウ
성 장 中zhǎng

2 획

풀이 성씨(姓氏). 맹자 어머니 성(姓).

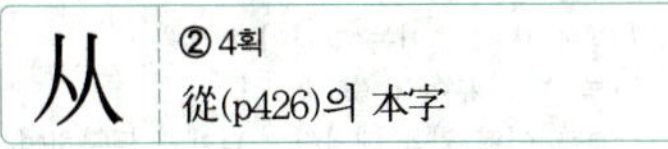

从 ② 4획
從(p426)의 本字

仄 ② 4획 日ソク · ほのか
기울 측 中zè

* 회의. 사람(人)이 벼랑(厂) 밑에 기대어 서 있는 모양. 이에 '기울다', '기울어지다'의 뜻을 나타냄.

풀이 1. 기울다. 기울이다. ¶仄日 2. 어렴풋하다. 희미하다. 3. 저속하다. 미천하다. ¶仄陋 4. 곁. ¶仄室 5. 측성(仄聲). 중국 사성(四聲) 중 하나. ¶仄聲

仄起(측기) 한시(漢詩)의 절구시(絶句詩)에서 기구(起句)의 두 번째 글자에 측자(仄字)를 쓰는 일. ↔ 평기(平起).

仄聞(측문) 1)어렴풋이 들음. 2)전해 들음.

仄微(측미) 1)신분이 낮고 미천함. 또는 미천한 신분. 2)쇠퇴함. 측미(側微).

仄聲(측성) 한자의 상성(上聲) · 거성(去聲) · 입성(入聲)의 삼성(三聲)의 총칭.

仄室(측실) 1)첩(妾). 2)곁에 있는 방. 건넌방.

仄韻(측운) 한자의 사성 중 상성(上聲) · 거성(去聲) · 입성(入聲)의 운(韻). 측성(仄聲).

仄日(측일) 서쪽에 기울어진 해. 저녁 해.

仄字(측자) 한자의 상성(上聲) · 거성(去聲) · 입성(入聲)에 해당하는 글자.

仄行(측행) 1)윗사람에게 경의를 표하여, 옆으로 비켜 걸음. 2)옆으로 걸음. 측행(側行).

유 側(곁 측) 昃(기울 측) 傾(기울 경)

代 ③ 5획 日ダイ · タイ · かわる
대신할 대 中dài

ノ イ 仁 代 代

* 형성. 뜻을 나타내는 부수 '人(사람 인)'과 음을 나타내는 '弋(주살 익)'을 합친 글자. '弋'은 '표적의 말뚝', '명확하게 하다'를 나타냄. 이에 사람이 번갈아든다는 의미에서 '대신하다'라는 뜻으로 쓰임. 또한, 사람이 번갈아드는 세상이라는 의미에서 '세대', '대대로 이어지다', '바꾸다'라는 뜻으로도 쓰임.

풀이 1. 대신하다. ¶交代 2. 번갈아. 교대로. ¶代居 3. 세상. 시세. 시대. 한대(漢代)와 같이 나라 이름으로도 쓰임. 4. 사람의 일생. 5.韓 대금. 값. ¶代價

代價(대가) 대금. 값. 삯.

代耕(대경) 1)관(官)에서 받는 녹미(祿米). 2)벼슬살이를 함. 3)논밭을 대신 경작함.

代金(대금) 물건값.

代立(대립) 1)선왕(先王)에 이어 임금의 자리에 오름. 대위(代位). 2)공역(公役)에 사람을 대신 보내는 일.

代馬依北風(대마의북풍) 대군(大郡)에서 난 말은 북풍(北風)에 의지함. 보잘것없는 동물도 제 고향을 그리워함을 비유하는 말.

代亡(대망) 번갈아 망함.

代拜(대배) 1)대리로 임명을 받음. 2)남을 대신해 신에게 참배함.

代辯人(대변인) 대신 말하는 일을 담당하는 사람. 대변자.

代射(대사) 무과(武科) 시험을 남에게 대신 응하게 하던 일.

代謝(대사) 새 것과 낡은 것이 번갈아듦.

代序(대서) 차례를 바꿈.

代署(대서) 남을 대신하여 서명함.

代身(대신) 1)남을 대리함. 2)새것으로나 다른 것으로 바꾸어 갈아 채움.

代言(대언) 1)남을 대신하여 말함. 2)왕명의 하달을 맡아 오던 벼슬인 승지(承旨).

代役(대역) 연극 등에서 사고로 말미암아 출연하지 못하는 사람의 대신으로 출연하는 일. 또는 그 사람.

代用(대용) 대신하여 씀.

代位(대위) 선왕에 이어서 왕위에 오름. 대립(代立).

代田(대전) 해마다 장소를 바꾸어 경작하는 토지.

代治(대치) 대신하여 다스림.

代置(대치) 어떤 물건을 대신해서 다른 물건을 놓음. 바꾸어 놓음.

代表(대표) 1)전체의 상태나 성질을 어느 하나로 잘 나타내는 일. 2)집단을 대신하는 것. 또는 그 사람.

代筆(대필) 대서(代書). 대신 씀.

代行(대행) 대신하여 행함.

代換(대환) 바꿈. 바뀜.

유 世(대 세) 비 伐(칠 벌) 付(줄 부)

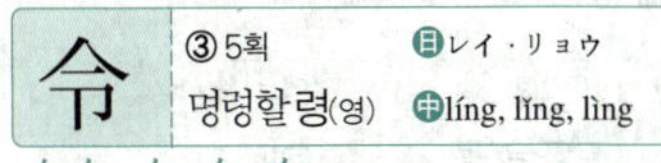

令 ③ 5획 日レイ · リョウ
명령할 령(영) 中líng, lǐng, lìng

ノ 人 스 今 令

* 회의. 신(神)이나 높은 지위에 있는 사람이 다른 모든 사람들을 굴복시킨다는 데서 '명령'의 뜻을 나타냄. 후대에 와서는 명령은 입으로 말하는 것이므로 '口(입 구)'를 더하여 '命(목숨 명)' 자를 만들어 '命令'으로 쓰게 됨.

풀이 1. 명령하다. 포고하다. ¶命令 2. 법령. 법률. ¶法令 3. 우두머리. 장관. ¶令夫人 4. 좋다. 착하다. ¶令名 5. 남의 친족을 부르는 경칭. ¶令息 6. 하여

금. 하게 하다. 부리다. 사역의 뜻. 7. 가령. 만일. 이를테면. 가정의 뜻. ¶假令 8. 방울 소리. ¶令令

令格(영격) 법(法). 규칙(規則).

令器(영기) 1)좋은 그릇. 2)훌륭한 인재(人材).

令旗(영기) 1)군대를 지휘하는 데 쓰는 깃발. 2)지난날, 군대에서 군령을 전하러 가는 사람이 들고 가던 기.

令達(영달) 명령을 전달함. 또는 그 명령.

令堂(영당) 남의 어머니를 높여 이르는 말. 훤당(萱堂). 자당(慈堂).

令德(영덕) 훌륭한 덕. 미덕(美德).

令圖(영도) 훌륭한 계략. 영유(令猷).

令郞(영랑) 남의 아들을 높여 이르는 말. 영식(令息).

令望(영망) 좋은 평판.

令名(영명) 훌륭한 인물이라는 좋은 평판. 영예(令譽).

令聞(영문) 훌륭한 소문. 좋은 평판.

令伯(영백) 백부(伯父)·백모(伯母)의 경칭.

令夫人(영부인) 신분이 높은 사람의 부인을 부르는 경칭. 현재는 최고 지도자의 부인을 가리킴.

令史(영사) 문서를 관장하던 하급 관리.

令色(영색) 남의 비위를 맞추거나 아첨하기 위해 꾸민 얼굴빛.

令書(영서) 왕세자가 왕을 대신하여 정사를 처리할 때 내리던 영지(令旨).

令愛(영애) 남의 딸을 높여 이르는 말.

令嚴(영엄) 1)명령이 엄격함. 2)남의 아버지를 높여 이르는 말. 존부(尊父).

令猷(영유) 좋은 꾀. 영도(令圖).

令胤(영윤) 남의 아들을 높여 이르는 말.

令子(영자) 착한 아들이란 뜻으로, 남의 아들을 높여 이르는 말. 영식(令息).

令箭(영전) 군령(軍令)을 전하기 위해 쏘는 화살.

令慧(영혜) 총명함. 지혜로움.

유 命(목숨 명) 비 今(이제 금)

付	③5획	日フ·つける
	줄 부	中fù

ノ イ 仁 付 付

*회의. '남'의 뜻을 나타내는 부수 '人(사람 인)'과 손에 물건을 든 모양을 나타낸 '寸(마디 촌)'을 합친 글자. 이에 '남에게 물건을 넘겨주다', '주다'라는 뜻으로 쓰임. 바뀌어, '부탁하다', '붙이다'라는 뜻으로도 사용됨.

풀이 1. 주다. 건네다. ¶交付 2. 붙이다. ¶付壁 3. 부탁하다. ¶付託

付過(부과) 줌. 건네줌.

付度(부도) 넘겨 줌.

付壁(부벽) 벽에 붙이는 그림이나 글씨.

付予(부여) 줌. 부여(付與).

付託(부탁) 어떤 일을 해달라고 남에게 당부하여 맡김.

付黃(부황) 임금의 재가(裁可)를 받은 문서의 고칠 곳이나 부정확한 곳에 누런 종이 쪽지를 붙이던 일.

유 授(줄 수) 送(보낼 송) 與(줄 여) 給(줄 급)
반 受(받을 수)

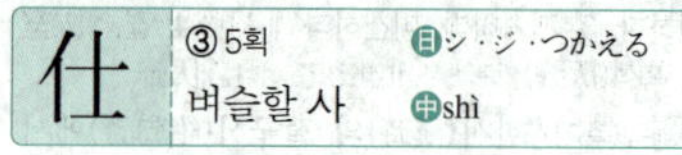

仕	③5획	日シ·ジ·つかえる
	벼슬할 사	中shì

ノ イ 仁 什 仕

*형성. 뜻을 나타내는 부수 '人(사람 인)'과 음을 나타내는 '士(선비 사)'를 합친 글자. 선비[士]가 학문에 힘쓴 후 벼슬에 나아간다는 뜻으로 쓰임.

풀이 1. 벼슬. 벼슬하다. ¶仕路 2. 일하다. 3. 섬기다. 4. 살피다.

仕官(사관) 벼슬을 함.

仕記(사기) 옛날, 관리의 출근을 기록하던 문서. 오늘날의 출근부.

仕途(사도) 관리가 되는 길. 벼슬길. 관도(官途).

仕歷(사력) 관직을 두루 거침.

仕路(사로) 벼슬길. 사도(仕途).

仕進(사진) 관리가 정해진 시간에 출근함.

仕退(사퇴) 관리가 정한 시각에 사무를 마치고 근무지에서 물러나옴. 퇴근.

仕版(사판) 관리의 명부. 직원록(職員錄).

仕學竝長(사학병장) 관리로서의 사무적 재능과 학문이 모두 뛰어남.

유 官(벼슬 관) 寮(벼슬아치 료) 비 任(맡길 임)

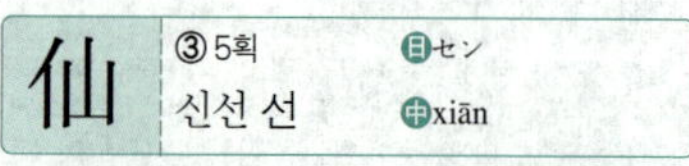

仙	③5획	日セン
	신선 선	中xiān

ノ イ 仃 仙 仙

*회의. 뜻을 나타내는 부수 '人(사람 인)'과 '山(메 산)'을 합친 글자. 산[山]에 사는 사람이라는 의미에서 '신선'의 뜻으로 쓰임.

풀이 1. 신선. ¶仙人 2. 신선이 되는 방법. 도(道). ¶仙術 3. 고상한 사람. 속세를 떠난 사람. 4. 가벼운 모양. 몸이 날 듯한 모양. 5. 도교(道敎)의 다른 이름. ¶仙道 6. 센트(cent). 미국 화폐 단위. 7. 뛰어나다.

仙駕(선가) 임금 또는 신선이 타는 수레.

仙家(선가) 1)신선. 선도를 닦은 사람. 2)신선이 사는 집.
仙客(선객) 1)신선. 2)학(鶴)의 다른 이름. 3)소쩍새의 다른 이름.
仙果(선과) 1)선계에 있는 나무의 열매. 2)복숭아의 다른 이름.
仙禽(선금) 학(鶴)의 다른 이름.
仙丹(선단) 신선이 만들었다는 장생불사의 영약. 선약(仙藥).
仙道(선도) 신선의 도.
仙洞(선동) 신선이 산다는 마을.
仙童(선동) 신선가 함께 사는 아이.
仙佛(선불) 1)신선과 부처. 2)선도(仙道)와 불도(佛道).
仙聖(선성) 신선과 성인(聖人).
仙術(선술) 신선이 행하는 술법.
仙娥(선아) 1)선녀. 2)달의 다른 이름.
仙樂(선악) 신선이 연주하는 음악.
仙鶴(선학) 1)두루미. 2)학.
仙化(선화) 노인이 병이나 고통 없이 곱게 죽음.
詩仙(시선) 시를 아주 잘 짓는 사람. 중국의 이백(李白)을 일컫는 말.
神仙(신선) 산에 살면서 도를 닦은 사람. 선인(仙人).

仚	③ 5획	日 セン · とぶ
	날 선	中 xiān

* 회의. 사람이 산 위에 있는 모양을 본떠 높이 날아 오름을 뜻함.

풀이 1. 날다. 가볍게 날아오르다.

以	③ 5획	日 イ · もって
	써 이	中 yǐ

ㅣ ㄴ ㄴ' 以 以

* 회의. 사람이 연장을 사용하여 밭을 가는 모습을 나타낸 글자. 무엇을 할 수 있다는 의미에서 '…로써'라는 수단, 또는 '까닭'의 뜻으로 쓰임.

풀이 1. …을 가지고. …로써. ¶以心傳心 2. 이유. 까닭. ¶所以 3. …부터. …에서. ¶以下 4. 쓰다. 사용하다. ¶以毒制毒 5. 거느리다. 인솔하다. 6. 그치다. 말다. 7. 닮다. 비슷하다. 8. …하다. …되다. 9. 매우.

以桀攻桀(이걸공걸) 바르지 못한 자가 마찬가지로 바르지 못한 자를 공격함.
以古爲鑑(이고위감) 옛것을 거울로 삼는다는 뜻으로, 성현의 언행을 거울로 삼아 행동함.
以功報功(이공보공) 남의 은공을 은공으로써 갚음.
以管闚天(이관규천) 대롱 속으로 하늘을 엿본다는 뜻으로, 견문(見聞)이 좁음을 비유하는 말.
以郤視文(이극시문) 틈 사이로 글을 봄. 전체를 보지 못하고 단면만 봄을 비유하는 말.
以琴心挑(이금심도) 그리워하는 마음을 거문고 소리에 담아 여자의 마음을 움직임.
以南(이남) 1)어떤 한계로부터의 남쪽. 2)우리나라에서 북위 38도선 또는 휴전선보다 남쪽을 가리키는 말. 남한(南韓).
以內(이내) 일정한 범위의 안.
以短攻短(이단공단) 자신의 결점으로써 남의 단점을 비난함.
以德報怨(이덕보원) 덕으로써 원수에게 보답함. 원수에게 덕을 베푸는 일.
以德服人(이덕복인) 덕으로써 사람을 복종시킴.
以毒攻毒(이독공독) 독으로써 독을 물리친다는 뜻으로, 악을 누르는 데 다른 악을 이용함.
以毒制毒(이독제독) 독을 없애는 데 다른 독을 씀. 악인을 물리치는데 다른 악인을 이용함.
以實直告(이실직고) 사실 그대로 고함.
以心傳心(이심전심) 마음으로써 마음을 전함. 글자나 말을 사용하지 않아도 서로 전달됨.

❖ 이심전심(以心傳心)에 관한 고사성어

- 心心相印(심심상인) 마음과 마음에 서로 새김.
- 不立文字(불립문자) 문자나 말로써 도를 진하지 않음.
- 敎外別傳(교외별전) 석가 일대의 설교 외에 석가가 마음으로써 따로 깊은 뜻을 전함.
- 拈花微笑(염화미소) 이심전심의 경지를 이름.

以影補來(이영보래) '影'(영)자의 'ㆆ'으로써 '來'(래) 자의 'ㄹ'을 돕는다는 뜻, 한자의 'ㄹ' 받침이 있는 글자는 중국에서는 'ㄷ'으로 발음되는 입성(入聲)인데, 이것을 'ㄹ'로 발음하면 입성이 되지 못하므로, 폐쇄음인 'ㆆ'을 'ㄹ'에 병서하여 입성이 되게 하자는 표기법으로 《동국정운》에 규정되어 있음.
以外(이외) 일정한 범위의 밖.
以爲(이위) 생각에. 생각하기를.
以前(이전) 1)오래전. 2)그 전.
以下(이하) 일정 한도의 아래.
以後(이후) 1)일정한 때로부터 그 뒤. 2)이 다음.
攻玉以石(공옥이석) 옥을 가는 데 돌을 사용한다는 뜻으로, 천한 물건이라도 쓸모가 있음을 이르는 말.
博我以文(박아이문) 글로써 내 견식을 넓힘.
報生以死(보생이사) 자신의 삶의 은인인 군사부(君師父)에 대해서 죽음으로써 보답함.
所以(소이) 까닭.

2획

食以爲天(식이위천) 먹는 것을 하늘로 삼는다는 뜻으로, 사람이 살아가는데 먹는 것이 가장 중요함을 이르는 말.

夜以繼晝(야이계주) 밤에 시작하여 낮까지 계속한다는 뜻으로, 어떤 일을 밤낮으로 쉬지 않고 함을 이르는 말.

義以建利(의이건리) 의(義)로써 이(利)의 근본을 삼음.

而今以後(이금이후) 이로부터. 앞으로. 차후.

仞	③5획 길 인	日ジン・ひろ 中rèn

풀이 1. 길. 8척(尺). 높이나 깊이의 단위. 2. 재다. 높이나 깊이를 측정하는 것. 3. 차다. 충분하다. ¶充仞

유 測(잴 측) 비 刃(칼날 인)

仔	③5획 자세할 자	日シ・たえる 中zǎi, zī, zǐ

* 형성. 뜻을 나타내는 부수 '人(사람 인)'과 음을 나타내는 '子(아들 자)'를 합친 글자. 이에 '사람이 아이를 잘 다루다', '자세히 다루다'는 뜻으로 쓰임.

풀이 1. 자세하다. ¶仔詳 2. 견디다. 견뎌 내다. 3. 새끼. 벌레나 물고기의 어린 것. ¶仔蟲

仔詳(자상) 자세하고 상세함.

仔細(자세) 1)아주 작은 부분까지 상세함. 2)자세한 사정.

仔蟲(자충) 새끼 벌레. 애벌레. 유충(幼蟲).

유 詳(자세할 상) 精(자세할 정) 비 仟(일천 천)

仗	③5획 병장기 장	日ジョウ・チョウ 中zhàng

풀이 1. 병장기. 무기. ¶仗器 2. 지팡이. 3. 의지하다. 기대다. ¶倚仗 4. 의장. 의식에 쓰는 무기나 기 등의 기구. ¶儀仗

仗勢(장세) 세력을 믿고 잘난 체함.

仗衛(장위) 병장기를 갖추고 시위(侍衛)함.

仗義(장의) 의리로써 일을 행함.

儀仗隊(의장대) 의식 절차에 의한 예법을 훈련받고 의식 때에만 참렬(參列)하는 군대.

유 杖(지팡이 장) 비 仇(원수 구) 仟(일천 천)

仟	③5획 일천 천	日セン・かしら 中qiān

풀이 1. 일천. '千(일천 천)'과 같은 자. ¶仟伯 2. 천 명의 우두머리. 3. 밭두둑. 4. 무성하다. 초목이 무성한 모양. ¶仟仟

仟眠(천면) 1)풀이나 나무 등이 무성함. 2)광활한 모양.

仟佰(천백) 천 명의 우두머리와 백 명의 우두머리.

仟仟(천천) 초목이 무성한 모양.

유 千(일천 천) 비 任(맡길 임)

他	③5획 다를 타	日タ・ほか 中tā

풀이 1. 다르다. 같지 않다. ¶他家 2. 남. 다른 사람. 3. 그. 그 사람. 저. 저 사람. 4. 딴 일. 5.딴 곳. 6.딴 마음. 7. 간사하다.

他家(타가) 다른 집. 남의 집. 또는 그 사람.

他家受精(타가 수정) 다른 계통이나 다른 개체 간의 수정. ↔ 자가 수정(自家受精).

他見(타견) 1)다른 사람이 보는 관점. 2)남의 의견.

他界(타계) 1)다른 세계. 타인의 세계. 2)인간계를 떠나 다른 세계로 간다는 뜻으로, 사람 특히 귀인의 죽음을 일컫는 말.

他校(타교) 다른 학교.

他國(타국) 다른 나라. 타방(他邦).

他念(타념) 다른 생각.

他動(타동) 1)동작이 다른 데에 미침. 2)다른 사물을 처리하는 동작.

他山之石(타산지석) 다른 산의 돌. 다른 산에서 나는 거칠고 나쁜 돌이라도 자기의 옥을 갈 수가 있으므로, 다른 사람의 하찮은 언행이라도 자기의 덕을 닦는데 도움이 됨을 비유하는 말.

○他山之石(타산지석)의 유래

《시경》에 나오는 시 중에서 '다른 산의 돌로 옥을 갈리라'라는 구절에서 유래한 말이다. 여기에서 돌은 소인에 비유되고 옥은 군자에 비유되는데, 즉 군자도 소인에 의해 학식과 덕망을 쌓아갈 수 있음을 말한 것이다.

他殺(타살) 남에게 목숨을 빼앗김.

他心通(타심통) 남의 마음을 아는 신통력(神通力).

他我(타아) 자아(自我)에 포괄되지만 자아가 아닌 타인의 아(我).

他律(타율) 1)다른 규율. 2)남의 지시에 따라 행동함.

他人(타인) 자기 이외의 사람. 남.

他鄕(타향) 고향이 아닌 지방. 타관. 타지.

비 也(어조사 야)

仡	③5획 ❶날랠 흘 ❷불안할 올	日コチ・キツ・いさましい 中yì, wù

풀이 1 1. 날래다. 용감하다. ¶仡然 2. 높다. 3. 머리를 들다. 2 4. 흔들리다. 불안하다.

仡黨(흘당) 칼 이름. 길이가 짧은 칼.

仡然(흘연) 무척 용감한 모양.

비 乞(빌 걸)

仮	④6획 假(p70)의 俗字

价	④6획 착할 개	日カイ・よい 中jiè

풀이 1. 착하다. 좋다. 2. 중개하다. 3. 크다. 4. 심부름꾼. 4. 갑옷을 입은 사람.

价人(개인) 1)갑옷 입은 사람. 주(周)나라 때 군사(軍事)를 담당한 대관(大官). 2)착한 사람. 훌륭한 사람. 3)덕이 있는 사람. 큰 사람.

유 善(착할 선)

件	④6획 사건 건	日ケン 中jiàn

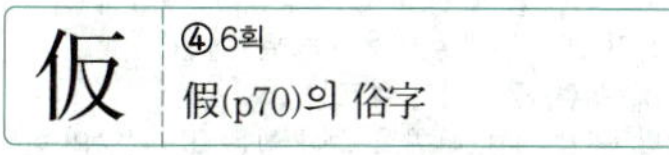

* 형성. 뜻을 나타내는 부수 '人(사람 인)'과 음을 나타내는 '牽(끌 견)'의 생략형을 합친 글자. 이에 '사람이 소를 끌다', '일을 나란히 하다', 곧 '일을 구별하다'라는 뜻으로 쓰임.

풀이 1. 사건. 조건. ¶要件 2. 물건. ¶件名 3. …벌. …가지. …건. 물건이나 일의 가짓수를 세는 단위. 4. 나누다. 구별하다.

件名(건명) 1)일이나 물건의 이름. 2)서류의 제목.

件數(건수) 1)사건의 수. 2)사물의 가짓수.

別件(별건) 1)본건(本件)이 아닌 별개의 사건. 2)보통과 다른 사건이나 물건.

事件(사건) 문제가 되거나 관심을 끌 만한 뜻밖에 벌어진 일.

案件(안건) 토의하거나 조사해 야 할 사실.

條件(조건) 1)일정한 일을 결정하기에 앞서 내놓는 요구나 견해. 2)어떤 일을 이루게 하거나 이루지 못하게 하기 위하여 갖추어야 할 상태나 요소.

비 伴(짝 반)

伋	④6획 속일 급	日キュウ 中jí

풀이 1. 속이다. 거짓. ¶伋伋 2. 생각하다. 3. 사람 이름. 공자의 손자 자사(子思)의 이름. 4. 급하다. 바쁘다.

伋伋(급급) 남을 속이는 모양.

伋然(급연) 변하여 움직이는 모양.

유 詐(속일 사) 비 仍(인할 잉)

企	④6획 꾀할 기	日キ・くわだてる 中qǐ

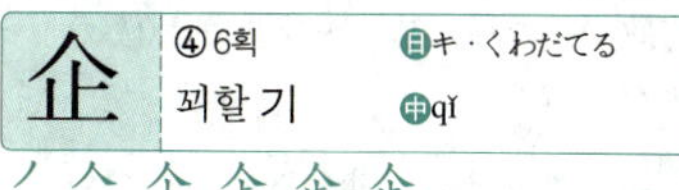

* 회의. 뜻을 나타내는 부수 '人(사람 인)'과 사람의 발 모양을 나타낸 '止(멈출 지)'를 합친 글자. 이에 사람이 발돋움하여 멀리 바라본다는 의미에서 '바라다', '꾀하다'라는 뜻으로 쓰임.

풀이 1. 꾀하다. 도모하다. 계획하다. ¶企及 2. 발돋움하다. ¶企望 3. 잊지 않다. 마음에 두다. ¶企待

企及(기급) 꾀함. 도모하여 이룸.

企待(기대) 어떤 일이 이루어지기를 기다림.

企圖(기도) 일을 꾸며 내려고 꾀함.

企望(기망) 성취되기를 바람. 희망(希望).

企想(기상) 바라보며 생각함. 애타게 그리워함.

企業(기업) 1)사업을 꾀하여 일으킴. 2)영리를 목적으로 생산 요소를 종합하여 계속적으로 경영하는 경제적 사업.

企詠(기영) 문장을 지으려고 생각함.

企佇(기저) 애타게 기다림.

企踵(기종) 발돋움하여 바라봄. 무엇인가를 애타게 바람.

企劃(기획) 일을 계획함.

유 計(꾀 계) 術(꾀 술)

伎	④6획 재주 기	日ギ・キ・わざ 中jì

풀이 1. 재주. 기술. 재능. 2. 광대. 배우. 기녀. 3. 천천히 걷다. ¶伎伎

伎巧(기교) 재주가 아주 공교함. 기교(技巧).

伎伎(기기) 천천히 걷는 모양.

伎倆(기량) 수완. 기교.

伎癢(기양) 기량이 있는 사람이 펼 곳이 없어 안타까워함.

유 才(재주 재) 技(재주 기)

2획

仿

④ 6획 　日 ホウ・まよう
헤맬 방 　中 fǎng

풀이 1. 헤매다. 방황하다. ¶仿佯 2. 모방하다. 본뜨다. ¶仿古 3. 비슷하다. 닮다. ¶仿佛

仿古(방고) 1)옛날 사람들의 작품을 모방함. 2)옛날 방식을 본뜸.
仿佛(방불) 거의 비슷함.
仿佯(방양) 하는 일 없이 이리저리 돌아다니는 모양. 방양(彷徉).
仿造(방조) 모방하여 만듦.
仿效(방효) 그대로 본뜸. 모방함. 방효(倣效).

유 彷(방황할 방)

2 획

伐

④ 6획 　日 バツ・うつ
칠 벌 　中 fá

ノ イ 亻 代 伐 伐

* 회의. 뜻을 나타내는 부수 '人(사람 인)'과 '戈(창 과)'를 합친 글자. 사람의 목을 잘라 죽이는 모양을 나타내어 '죄인을 베다'라는 뜻으로 쓰임. 바뀌어 '치다'라는 뜻이 됨.

풀이 1. 치다. 두드리다. ¶伐謀 2. 벌하다. 3. 베다. ¶伐木 4. 자랑하다. 뽐내다. ¶伐善 5. 공. 훈공. ¶伐閱 6. 방패.

伐柯(벌가) 1)도끼 자루로 쓸 만한 것을 도끼로 벰. 2)진리는 눈앞에 있으므로 먼 곳에서 구할 것이 아님을 비유하는 말. 3)어진 사람을 맞아들이려면 그에 걸맞는 어진 사람이 가야함을 비유하는 말.
伐鼓(벌고) 북을 침.
伐滅(벌멸) 쳐서 멸망시킴. 쳐서 없애 버림.
伐謀(벌모) 적의 계획을 쳐서 깨뜨림.
伐謀先兆(벌모선조) 적의 계략을 깨려면 그 조짐이 싹트기 전에 해야 함.
伐木(벌목) 나무를 벰.
伐冰(벌빙) 강이나 호수에서 얼음장을 떠냄.
伐善(벌선) 자기의 선행이나 장점을 자랑함.
伐閱(벌열) 공로와 경력이 많음. 또는 그런 가문.
伐罪(벌죄) 죄를 물음. 처벌함.
伐採(벌채) 나무를 베어 냄.
伐草(벌초) 조상의 무덤의 잡초를 베는 것.

유 攻(칠 공) 비 代(대신할 대)

伏

④ 6획
❶ 엎드릴 복 　日 フク・ふせる
❷ 안을 부 　中 fú

ノ イ 亻 什 伏 伏

* 회의. 뜻을 나타내는 부수 '人(사람 인)'과 '犬(개 견)'을 합친 글자. 개가 사람 옆에 엎드려 있는 모양을 나타내어, '엎드리다'라는 뜻으로 쓰임. 바뀌어, 숨는 일을 나타냄.

풀이 1 1. 엎드리다. ¶伏乞 2. 감추다. 숨다. ¶伏藏 3. 굴복하다. 복종하다. ¶降伏 4. 삼복. 초복·중복·말복. ¶伏日 5. 기다다. 2 6. 알을 품다. ¶伏卵

伏乞(복걸) 엎드려 구걸함. 간절하게 빎.
伏寇(복구) 숨어 있는 도둑. 또는 적.
伏氣(복기) 1)숨을 죽이고 움츠림. 2)싸움에 짐. 3)진심으로 기뻐함.
伏匿(복닉) 세상을 피해 숨음. 복은(伏隱).
伏龍(복룡) 숨어 살고 있는 용(龍). 세상에 알려지지 않은 인재를 비유하는 말. 잠룡(潛龍).
伏流(복류) 땅속에서 흐르는 물.
伏魔殿(복마전) 마귀가 숨어 있는 곳. 재앙의 근원지. 나쁜 일을 꾀하는 무리들의 근지를 뜻하는 말.
伏望(복망) 웃어른의 처분을 기다림.
伏拜(복배) 엎드려 절함.
伏兵(복병) 적병을 갑자기 공격하기 위하여 군사를 숨겨 둠. 또는 그 군사. 복갑(伏甲).
伏暑(복서) 1)복(伏)더위. 음력 6월의 무더위. 2)더위를 먹음. 음서(飮暑).
伏線(복선) 1)소설이나 희곡 등에서 뒤에 나올 사건을 앞에서 암시하는 것. 2)뒷일의 준비로서 미리 암시해 두는 것.
伏日(복일) 복날. 삼복의 날. 삼복은 초복·중복·말복을 말함.
伏願(복원) 웃어른께 원함.
伏隱(복은) 엎드려 숨음. 잠복함.
伏藏(복장) 1)엎드려 숨음. 2)깊숙히 감춤. 3)불상의 가슴 속에 금·은·칠보 등을 넣는 일.
伏罪(복죄) 1)법의 조처를 받음. 2)아직 발각되지 않은 숨겨진 죄.
伏祝(복축) 삼가 축원함.
伏羲(복희) 중국 상고 시대의 제왕. 삼황(三皇) 중의 한 사람으로서 백성에게 고기잡이·농경 등을 가르쳤다고 전해짐.
伏鷄(부계) 알을 품고 있는 닭.
伏卵(부란) 새가 알을 품음.

유 仆(엎드릴 부) 臥(엎드릴 와) 비 犬(개 견)

仳

④ 6획 　日 ヒ・みにくい
떠날 비 　中 pǐ

풀이 1. 떠나다. ¶仳離 2. 추하다. 추녀. ¶仳倠

仳離(비리) 이별함. 비별(仳別).

仳倠(비휴) 못생긴 여자. 추녀(醜女).

유 離(떠날 리) 비 此(이 차)

份 ④ 6획
❶ 빛날 빈 日 ヒン
❷ 부분 분 中 fèn

풀이 1 1. 빛나다. 彬(빛날 빈)의 古字. 2 2. 부분. 일부.

비 紛(어지러워질 분) 分(나눌 분)

仹 ④ 6획
倅(p66)의 俗字

伈 ④ 6획
두려워할 심·침 日 シン 中 xǐn

풀이 두려워하다. ¶伈伈

伈伈(심심/침침) 두려워하는 모양.

仰 ④ 6획
우러를 앙 日 ギョウ·あおぐ 中 yǎng

丿 亻 亻' 亻ㄈ 亻ㄈ丨 仰

*형성. 뜻을 나타내는 부수 '人(사람 인)'과 음을 나타내는 '卬(나 앙)'을 합친 글자. '人'은 남을 가리키며, '卬'은 무엇을 바라는 것을 뜻함. 이에 남에게 무엇을 바라는 것은 내가 그 사람을 우러러보는 것이라는 의미에서 '상대를 높이다', '우러러보다'의 뜻으로 쓰임.

풀이 1. 우러르다. 사모하다. ¶仰望 2. 높다. 3. 믿다. 따르다. ¶信仰 4. 마시다. ¶仰藥 5. 의뢰하다. 6. 명령. 분부. ¶仰議

仰見(앙견) 우러러 봄. 쳐다봄. 앙관(仰觀). 앙시(仰視).

仰望(앙망) 1)우러러봄. 2)삼가 바람. 앙기(仰企).

仰望不及(앙망불급) 우러러 바라보기만 할 뿐 미치지 못함.

仰慕(앙모) 우러러 사모함.

仰釜日影(앙부일영) 해의 그림자로 시간을 재는 시계. 해시계.

仰俯(앙부) 우러러봄과 굽어봄.

仰不愧於天(앙불괴어천) 하늘에 우러러 부끄럽지 않음. 맹세코 자신의 양심에 거리낌이 없음.

仰成(앙성) 성공을 기다림. 일이 되어 가는 형편을 지켜봄.

仰食(앙식) 남에게 기대어 삶.

仰仰(앙앙) 사기(士氣)가 충만한 모양.

仰臥(앙와) 배와 가슴을 위로 하고 반듯이 누움.

仰泣(앙읍) 쳐다보며 욺.

仰贊(앙찬) 우러러보며 기림.

仰天(앙천) 하늘을 우러러봄.

仰天俯地(앙천부지) 1)하늘을 우러러보고 땅을 굽어봄. 2)마음에 부끄러움이 없음을 이르는 말.

仰天而唾(앙천이타) 하늘을 행해 침을 뱉는다는 뜻으로, 남을 해치려다가 도리어 자기가 해를 당하게 됨을 비유하는 말.

仰天祝壽(앙천축수) 하늘을 우러러보며 장수를 빎.

仰靑雲(앙청운) 푸른 구름을 쳐다본다는 뜻으로, 신선의 도를 닦으려는 뜻을 품고 있음을 이르는 말.

仰祝(앙축) 우러러 축하함.

仰欽(앙흠) 우러러보며 흠모함.

반 俯(굽을 부) 비 抑(누를 억) 迎(맞이할 영)

伃 ④ 6획 日 ヨ
아름다울 여 中 yú

풀이 1. 아름답다. 2. 여자 벼슬. 한(漢)나라의 여관(女官). 3. 크다.

유 麗(고울 려) 美(아름다울 미) 비 仔(자세할 자)

仵 ④ 6획 日 ゴ
짝 오 中 wǔ

풀이 1. 짝. 상대. 2. 거스르다. ¶仵逆 3. 검시(檢屍)하다. 변사자의 시체를 검사함. ¶仵作

仵逆(오역) 거스름. 상충(相衝)함.

仵作(오작) 지난 날, 고을 수령에 딸려 신을 검사하는 일을 맡은 관속(官屬).

유 伴(짝 반) 侶(짝 려) 配(아내 배) 偶(짝 우)

비 件(사건 건)

伍 ④ 6획 日 ゴ·まじわる
항오 오 中 wǔ

*형성. 뜻을 나타내는 부수 '人(사람 인)'과 음을 나타내며 '五(다섯 오)'를 합친 글자. 고대 중국의 군대는 다섯 사람을 단위로 짜여졌기 때문에 '항오(行伍)'라는 뜻으로 쓰임.

풀이 1. 항오(行伍). 군대를 편성한 대열. 2. 다섯. 3. 다섯 사람. 4. 다섯 집. ¶伍長 5. 조. 무리. ¶伍符 6. 섞이다. 섞다.

2획

伍符(오부) 병졸 다섯 명을 한 조로 하여 나누어 주던 부대(部隊)의 증표.
伍列(오열) 오(伍)와 열(列)에 맞추어 짜여진 대열.
伍長(오장) 1)주(周)나라의 제도로서, 군졸 다섯 명의 우두머리. 2)송(宋)나라의 제도로서, 다섯 집의 대표.
隊伍(대오) 편성된 대열.
유 五(다섯 오) 비 任(임)

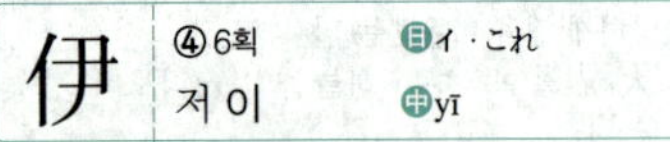
伊 ④6획 저 이 日イ·これ 中yī

풀이 1. 저. 저것. 2. 이. 이것. 3. 인(因)하다. 4. 물 이름. 중국 하남성(河南省) 웅이산(熊耳山)에서 발원하여 낙수(洛水)로 흘러 드는 강.¶伊水 5. 이탈리아의 약칭.
伊霍之勳(이곽지훈) 나라를 위하여 무도한 임금을 쫓아내는 일.
이곽지훈의 유래
은(殷)나라의 재상인 이윤(伊尹)이 태갑(太甲: 제2대 임금인 太宗의 이름)을 동궁(桐宮)으로 쫓아내 악행을 고치게 한 뒤에 다시 제위에 복귀시킨 일과, 한(漢)나라의 곽광(霍光)이 창읍왕(昌邑王) 하(賀)를 폐위시키고 선제(宣帝)를 즉위시킨 고사에서 유래한 말이다.
伊里干(이리간) 고려 시대에 각 지방의 응방(鷹房)에 딸린 촌락.
伊吾(이오) 글 읽는 소리나 말하는 소리 등이 분명하지 않은 모양. 이오(咿唔).
伊優(이우) 말이 분명하지 못한 모양.
伊鬱(이울) 마음이 울적함. 또는 분노함.
伊伊(이이) 벌레 우는 소리.
伊太利(이태리) 이탈리아의 음역.
비 尹(다스릴 윤)

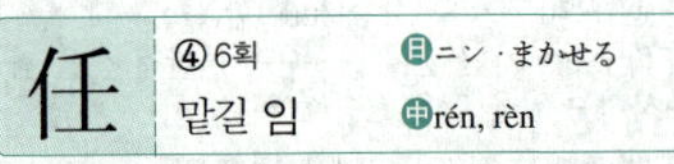
任 ④6획 맡길 임 日ニン·まかせる 中rén, rèn

ノ イ イ' 仁 仟 任

* 형성. 뜻을 나타내는 부수 '人(사람 인)'과 음을 나타내는 '壬(아홉째천간 임)'을 합친 글자. 살기 어려운 북쪽(壬)의 사람(人)은 날 때부터 사는 데 한 짐이 '매겨진' 것이라는 의미에서 '맡다', '버려두다'의 뜻으로 나타냄.

풀이 1. 맡기다. 맡다. ¶任計 2. 당해 내다. 당하다. 3. 견디다. 4. 보증하다. 5. 마음대로 하다. ¶放任 6. 지다. 메다. ¶任負 7. 재능. 8. 임지(任地). 다스리는 지방. ¶任地 9. 짐. 10. 임무. 책임.
任幹(임간) 감당하여 일을 해냄.
任計(임계) 계략에 맡김.
任官(임관) 1)관직에 임명됨. 2)사관 후보생 또는 사관학교 생도가 졸업 후 장교로 임명됨.
任期(임기) 어떤 임무를 맡아보는 일정한 기간.
任氣(임기) 남자다운 용감한 기질. 또는 용기 있게 행동함.
任大責重(임대책중) 임무가 크고 책임이 무거움.
任免(임면) 관직에 임명함과 파면함.
任命(임명) 1)직무를 맡김. 2)운명에 맡김.
任務(임무) 맡은 바의 일.
任負(임부) 1)짊어짐. 책임을 짐. 2)무거운 짐을 실음. 또는 그 사람.
任事(임사) 일을 시킴. 또는 일에 종사함.
任性(임성) 1)맡겨 둠. 2)멋대로 함. 방자함.
任率(임솔) 꾸밈없고 솔직함. 언행이 자연스럽고 조금도 꾸미지 않음.
任心(임심) 마음에 맡김. 생각한 대로 함.
任用(임용) 임무를 부여하여 쓰거나 관리로 등용함.
任員(임원) 어떤 단체의 일을 맡아 처리하는 사람.
任意(임의) 마음대로 함. 생각대로 함.
任縱(임종) 제멋대로 함. 방종(放縱).
任地(임지) 관리가 부임하는 곳.
任職(임직) 임무를 맡김. 벼슬을 맡김.
任置(임치) 남에게 돈이나 물건 등을 맡겨 둠.
任土(임토) 1)토지의 성질에 따라 적당한 농작물을 심거나 하여 토지를 성질에 맞게 이용함. 2)토지의 좋고 나쁨을 고려하여 실정에 맞도록 과세하는 일.
任俠(임협) 1)약자를 돕고 강자를 물리치는 것. 2)체면을 소중히 여기고 신의를 지킴. 또는 그런 사람.
유 司(맡을 사) 비 仕(벼슬할 사)

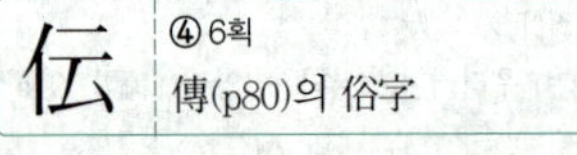
伝 ④6획 傳(p80)의 俗字

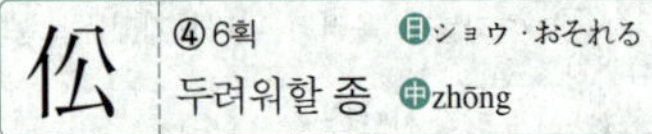
伀 ④6획 두려워할 종 日ショウ·おそれる 中zhōng

풀이 1. 두려워하다. ¶伀矇 2. 공적(公的)이다.
伀矇(종몽) 두려워함.
유 懼(두려워할 종) 恐(두려워할 공) 畏(두려워할 외)

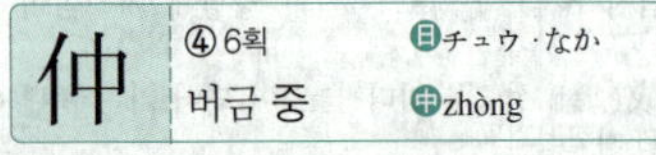
仲 ④6획 버금 중 日チュウ·なか 中zhòng

ノ イ 亻 仲 仲 仲

*형성. 뜻을 나타내는 부수 '人(사람 인)'과 음을 나타내는 '中(가운데 중)'을 합친 글자. 형제들 사이에서 중간, 곧 맏이와 막내 사이에 태어난 아이를 나타냄.

풀이 1. 버금. ¶仲秋 2. 가운데. 두 번째. 3. 사람과 사람 사이.

仲介(중개) 제3자로서 두 당사자 사이에서 일을 주선하는 일. 거간(居間).

仲公(중공) 나이가 든 동생에 대한 경칭.

仲尼(중니) 공자(孔子)의 자(字).

仲呂(중려) 1)중국의 십이음률(十二音律) 중 음(陰)에 속하는 음. 2)음력 4월.

仲媒(중매) 두 집안 사이의 중간에서 혼인이 성사될 수 있게 함. 중신.

仲商(중상) 음력 8월. 중추(仲秋).

仲陽(중양) 음력 2월. 중춘(仲春).

仲子(중자) 둘째 아들. 차남(次男).

仲裁(중재) 제삼자가 다투는 쌍방의 중간에 서서 분쟁을 조정하여 해결하는 일.

仲秋節(중추절) 추석을 명절로 이르는 말. 한가위. 추석(秋夕).

仲春(중춘) 음력 2월.

仲夏(중하) 음력 5월.

유 次(버금 차) 亞(버금 아) 비 伸(펼 신)

伉	④6획	日コウ·たぐい
	짝 항	中kàng

풀이 1. 짝. 배우자. ¶伉儷 2. 맞서다. 상대하다. 겨루다. 3. 바르다. 정직하다. ¶伉直 4. 굳세다. 강하다. ¶伉厲 5. 교만하다. ¶伉行

伉健(항건) 힘이 세고 건강함.

伉厲(항려) 굳세고 엄격함.

伉儷(항려) 남편과 아내. 부부. 배필.

伉禮(항례) 신분의 높고 낮음의 차이를 두지 않음. 대등한 예(禮)로 대함.

伉王(항왕) 훌륭한 임금.

伉直(항직) 성품 등이 곧고 강직함. 강직(剛直).

伉行(항행) 교만하게 뽐내는 행동.

伉俠(항협) 권력에 굴복하지 않음.

유 仵(짝 오) 伴(짝 반) 侶(짝 려) 匹(필 필)
비 沆(넓을 항)

伙	④6획	日カ
	세간 화	中huǒ

풀이 1. 세간. 기구. ¶傢伙 2. 불. ¶伙夫

伙伴(화반) 1)열 명이 한 조(組)가 된 부대. 화반(火伴). 2)동반자.

伙夫(화부) 요리사. 취부(炊夫).

会	④6획
	會(p601)의 俗字

休	④6획	日キュウ·やすむ
	쉴 휴	中xiū

ノ イ 亻 什 什 休

*회의. 사람(亻)이 나무(木) 그늘에서 쉰다는 의미에서 '쉬다'라는 뜻으로 쓰임.

풀이 1. 쉬다. 휴식하다. 한가하게 지내다. ¶休憩 2. 휴가. 휴일. 3. 그치다. 멈추다. ¶休業 4. 기쁘다. ¶休慶 5. 용서하다. 너그럽다. ¶休休 6. 훌륭하다. 좋다. ¶休明 7. 편안하다. 8. 검소하다.

休暇(휴가) 학교·직장 등에서 일정한 기간 쉬는 일.

休刊(휴간) 신문·잡지 등의 정기 간행물의 발행을 한때 쉬는 일. 또는 그 겨를.

休講(휴강) 강의를 한때 쉼.

休憩(휴게) 잠깐 쉼. 휴식(休息).

休憩室(휴게실) 잠깐 동안 머물러 쉴 수 있게 한 방.

休慶(휴경) 기쁜 일. 경사(慶事).

休校(휴교) 학교가 수업을 한동안 쉼.

休光(휴광) 1)훌륭한 공훈. 휴열(休烈). 2)아름다운 빛.

休德(휴덕) 훌륭한 덕. 선덕(善德).

休道(휴도) 말하는 것을 그침. 물위(勿謂).

休眠(휴면) 1)쉬면서 아무것도 하지 않음. 2)동식물이 그 생활 기능을 활발하게 하지 않고 일정 기간을 지내는 일.

休名(휴명) 좋은 평판.

休問(휴문) 좋은 소식.

休兵(휴병) 군사를 쉬게 함.

休書(휴서) 이혼 증서.

休息(휴식) 잠깐 동안 쉼. 휴게(休憩).

休神(휴신) 마음을 편안하게 함. 휴심(休心).

休養(휴양) 1)심신을 쉬며 몸을 보양(保養)함. 2)조세를 경감하여 백성의 재력을 넉넉하게 함. 휴언(休偃).

休業(휴업) 학업이나 영업을 얼마 동안 쉼.

休日(휴일) 하는 일을 중지하고 노는 날.

休戰(휴전) 전쟁을 일시 중지함.

休廷(휴정) 재판 도중에 잠시 쉼.

2 획

休止(휴지) 1)쉼. 2)끝남. 마치게 함. 그만둠.
休紙(휴지) 1)못쓰게 된 종이. 2)밑을 씻거나 코를 푸는 데 쓰는 종이.
休職(휴직) 신분을 유보하면서 일정한 기간 그 직무를 쉬는 일.
休診(휴진) 병원에서 한동안 진료를 중단함.
休澤(휴택) 훌륭한 은혜. 큰 은혜.
休學(휴학) 병이나 기타 원인으로 한동안 학교를 쉼. 학문하는 것을 쉼.
休火山(휴화산) 옛날에 분화하였으나 지금은 분화하지 않는 화산.
休會(휴회) 1)회의 도중에 쉼. 2)국회 · 의회가 일정 기간을 중지하고 쉼.
休休(휴휴) 1)도(道)를 즐기며 마음 편히 지내는 모양. 2)마음이 너그러움.
유 憩(쉴 게) 息(쉴 식) 비 沐(목욕할 목) 体(본 체)

伽	⑤ 7획 절 가	日カ · ガキャ · とぎ 中gā, jiā, qié

풀이 절. 사찰. 범어(梵語) gha(가)의 음역.
伽藍(가람) 승가람마(僧伽藍摩)의 준말. 승려들이 불도를 닦으면서 머무는 절.
伽倻琴(가야금) 신라 진흥왕 때 가야의 우륵(于勒)이 만들었다는, 우리나라 고유의 현악기. 오동나무로 길게 만든 공명관(共鳴管) 위에 열두 줄을 세로로 매어, 각 줄마다 기러기발로 받친 구조임.
楞伽經(능가경) 대승 경전(大乘經典)의 하나. 부처가 능가산(楞伽山)에서 대혜보살을 위하여 말한 가르침을 모은 책.
七堂伽藍(칠당가람) 절로서 갖추어야 할 일곱 당우(堂宇). 또는 그것을 갖춘 절.
유 寺(절 사) 비 加(더할 가)

佉	⑤ 7획 ❶나라 이름 거 ❷사람 이름 가	日キョ · コ 中qū

풀이 ❶ 1. 나라 이름. 지금의 카슈가르 지방에 있던 옛 서역(西域)의 나라 이름. ❷ 2. 사람 이름. 3. 신(神)의 이름. 부처의 이름.
비 怯(겁낼 겁)

估	⑤ 7획 값 고	日コ · あたい 中gū, gù

* 형성. 뜻을 나타내는 '人(사람 인)'과 음을 나타내는 '古(옛 고)'를 합친 글자.
풀이 1. 값. 대금. ¶估價 2. 상인. 3. 매매하다. 팔다. 사다. ¶估客
估價(고가) 1)값. 가격(價格). 2)값을 매김.
估計(고계) 가격 또는 수량을 헤아림.
估券(고권) 1)토지의 소유권을 증명하는 문서. 2)정가표.
估賣(고매) 물건을 팖.
估稅(고세) 물건에 매기는 세금. 상품세.
估衒(고현) 재주를 드러내 보이고 팖.
유 値(값 치) 비 枯(마를 고)

佝	⑤ 7획 꼽추 구	日コウ · ク 中gōu

풀이 1. 꼽추. 곱사등이. ¶佝僂 2. 어리석다. ¶佝瞀 3. 약하다.
佝僂(구루) 1)곱사등이. 2)늙거나 병들어 등이 굽은 모양.
佝瞀(구무) 어리석음.

佞	⑤ 7획 아첨할 녕(영)	日ネイ · ニョウ 中nìng

풀이 1. 아첨하다. 간사하다. ¶佞祿 2. 바르지 못하다. 3. 위선(僞善). 4. 말솜씨가 있다. ¶佞慧 5. 영리하다. 재능이 있다. ¶不佞
佞祿(영록) 아첨하여 얻은 벼슬.
佞辯(영변) 아첨을 잘함. 또는 그런 말. 영구(佞口). 영설(佞舌).
佞人(영인) 간사하고 아첨을 떠는 사람.
佞才(영재) 남에게 아첨하는 재주가 뛰어남.
佞幸(영행) 말재주로 임금의 사랑을 얻음. 영행(佞倖).
佞慧(영혜) 말솜씨가 교묘함.
유 諂(아첨할 첨) 姦(간사할 간) 비 伝(전할 전)

但	⑤ 7획 다만 단	日タン · ただし 中dàn

ノ 亻 亻 仴 伊 但 但

* 형성. 뜻을 나타내는 부수 '人(사람 인)'과 음을 나타내며 해가 뜬 모양을 나타낸 '旦(단)'을 합친 글자. 이에 사람이 옷을 벗어 상반신을 드러냄을 의미했으나 후에 어조사인 '다만'이라는 뜻으로 차용됨.
풀이 1. 다만. 단지. 오로지. 그것만. ¶但只 2. 무릇. 3. 헛되이. 한갓.

但書(단서) 본문 뒤에 '단(但)' 자를 붙여 본문의 설명이나 조건 · 예외 등을 나타내는 글.
但只(단지) 다만. 겨우. 오직.
非但(비단) 부정의 뜻을 가진 문맥 속에서 '다만', '오직'의 뜻을 나타냄.

유 只(다만 지) 비 坦(평평할 탄)

伶	⑤ 7획	日 レイ · わざおぎ
	영리할 령(영)	中 líng

풀이 1. 영리하다. 2. 악공. 음악사(音樂師). ¶伶官 3. 하인. 사환(使喚). 4. 노리개. 5. 외롭다. ¶伶仃

伶官(영관) 음악을 연주하는 관리.
伶優(영우) 배우(俳優).
伶人(영인) 악공과 광대.
伶仃(영정) 홀로 걷는 모양. 외로운 모양.

유 怜(영리할 령) 반 愚(어리석을 우)

伴	⑤ 7획	日 ハン · バン · ともなう
	짝 반	中 bàn

丿 亻 亻' 亻'' 亻' 亻 伴

* 형성. 뜻을 나타내는 부수 '人(사람 인)'과 음을 나타내며 반을 멘다는 의미를 지닌 '半(반 반)'을 합친 글자. 이에 반을 메는 사람, '반려자'의 뜻으로 쓰임. 바뀌어, '동반하다'의 뜻을 나타냄.

풀이 1. 짝. 동무. 반려자. ¶伴侶者 2. 함께하다. 따르다. ¶同伴 3. 모시다. ¶伴食宰相 4. 한가하다. ¶伴奐

伴侶者(반려자) 짝이 되는 사람.
伴食宰相(반식재상) 곁에 모시고 음식 대접을 받는 재상이라는 뜻으로, 무위도식(無爲徒食)으로 자리만 차지하고 있는 무능한 대신(大臣)을 비꼬는 말.
同伴(동반) 1)길을 함께 감. 같이 데리고 감. 또는 그 짝. 2)사물 · 현상이 함께 생김.
隨伴(수반) 1)붙어서 따르는 일. 반수(伴隨) 2)어떤 사물 현상에 따라서 함께 생기는 것.

유 仵(짝 오) 伉(짝 항) 侶(짝 려) 配(아내 배) 偶(짝 우)
비 件(물건 건)

伯	⑤ 7획	
	❶ 맏 백	日 ハク · おさ · おじ
	❷ 길 맥	中 bǎ, bó
	❸ 우두머리 패	

丿 亻 亻' 亻' 伯 伯 伯

* 형성. 뜻을 나타내는 부수 '人(사람 인)'과 음을 나타내며 크다는 뜻을 지닌 '白(흰 백)'을 합친 글자. 이에 '큰 사람', '우두머리'라는 뜻으로 쓰임.

풀이 1 1. 맏. 맏아들. 첫째. ¶伯仲 2. 우두머리. ¶方伯 3. 큰아버지. 아버지의 형. 4. 백작. ¶伯爵 5. 남편. 6. 예능에 뛰어난 사람. ¶畵伯 2 7. 길. 거리. 3 8. 우두머리. 두목.

伯林會議(백림회의) 1849년 독일 각 지방의 대표들이 베를린에 모여 28방의 연합을 이룬 회의 및 베를린에서 열린 여러 국제회의.
伯叔(백숙) 네 형제 가운데 맏이와 셋째.
伯爵(백작) 다섯 등급의 작위 가운데 셋째.
伯祖父(백조부) 큰할아버지.
伯仲(백중) 1)맏이와 둘째. 2)실력 · 기술 등이 서로 비슷하여 낫고 못함이 없음. 백중지간(伯仲之間).
伯仲之間(백중지간) 맏이와 둘째의 사이라는 뜻으로, 실력이 서로 비슷해 우열을 가릴 수 없음을 이르는 말.

○伯仲之間(백중지간)의 유래

백(伯)은 형제 중의 맏이를 가리키고, 중(仲)은 둘째를 가리키는 말이다. 맏이와 둘째는 나이 순서가 다를 뿐 큰 차이가 없다. 위나라 문제(文帝) 조비(曺丕)는 《전론》에서 "문인끼리 서로 경시하는 것은 옛날부터 그러하였다. 부의(傅毅)와 반고(班固)는 서로 백중지간일 뿐이다."라고 하여, 서로 우열을 가리기 힘든 사이를 비유하였다.

方伯(방백) 관찰사(觀察使).
方伯神(방백신) 음양도에서 방위를 다스리는 신. 이 신이 있는 방위는 만사에 불길하다 하여 꺼림.
伯兄(백형) 맏형. 장남.
伯牙絶絃(백아절현) 친한 친구의 죽음을 슬퍼함을 이르는 말.

유 兄(맏 형) 孟(맏 맹) 반 季(끝 계) 비 佰(일백 백)

体	⑤ 7획	
	❶ 용렬할 분	日 タイ · からだ
	❷ 몸 체	中 tī, tǐ

풀이 1 1. 용렬하다. 2. 어리석다. 3. 거칠다. 4. 상여꾼. ¶体夫 2 5. 몸. '體(몸 체)'의 속자.

体夫(분부) 상여꾼.
体漢(분한) 어리석은 사람.

유 體(몸 체) 비 休(쉴 휴)

佛	⑤ 7획	
	❶ 부처 불	日 ブツ · ほとけ
	❷ 도울 필	中 fó, fú

丿 亻 仁 仨 仴 伄 佛

*형성. 뜻을 나타내는 부수 '人(사람 인)'과 음을 나타내는 '弗(아닐 불)'을 합친 글자.

풀이 ❶ 1. 부처. 진리의 체험자라는 뜻. 석가모니. 불상. 불교. ¶佛陀 2. 어그러지다. 어기다. 3. 프랑스의 준말. ¶佛語 4. 침울한 모양. ¶佛鬱 ❷ 5. 돕다.

佛家(불가) 1)절. 2)승려. 3)불교를 믿는 사람. 또는 그 집단.

佛經(불경) 불교의 경전. 불전(佛典).

佛界(불계) 십계(十界)의 하나. 부처가 사는 세계.

佛戒(불계) 불도를 믿는 사람들의 계율.

佛骨(불골) 부처의 유골. 사리.

佛供(불공) 부처 앞에 공양하는 일.

佛敎(불교) B.C.500년 무렵 인도의 석가모니가 세운 종교.

2획

佛堂(불당) 부처를 모시는 대청.

佛力(불력) 부처의 힘.

佛滅(불멸) 부처의 입적(入寂). 석가모니의 죽음.

佛門(불문) 불가(佛家).

佛文學(불문학) 프랑스의 문학.

佛法(불법) 1)석가모니의 가르침. 2)프랑스 법률의 준말.

佛法僧(불법승) 불교에서 말하는 삼보(三寶). 곧 우주의 진리를 깨달은 불타, 불타가 말한 불법, 불법을 따라 수행하는 승려.

佛舍(불사) 불당(佛堂). 부처를 모신 대청.

佛師(불사) 불상이나 부처 앞에 쓰는 제구 등을 를 만드는 사람. 불공(佛工).

佛舍利(불사리) 부처의 유골. 불골.

佛舍利會(불사리회) 불사리를 공양하는 법회.

佛事床(불사상) 무당이 굿할 때에 제석(帝釋)을 위해 차려 놓는 제물상.

佛相(불상) 부처의 얼굴 모습.

佛像(불상) 부처의 모습을 조각이나 그림으로 나타낸 것.

佛生(불생) 석가의 탄생.

佛書(불서) 불경.

佛性(불성) 1)본래 고유한 부처의 성질. 곧 진여(眞如)의 묘리(妙理)를 가리킴. 2)중생이 성불할 수 있는 자비스러운 성질.

佛心(불심) 부처와 같은 자비스러운 마음. 중생이 지닌 부처로서의 본성.

佛語(불어) 1)부처의 말씀. 2)불교의 용어. 3)프랑스어.

佛者(불자) 불교에 귀의한 사람. 승려.

佛葬(불장) 불교식으로 지내는 장사.

佛典(불전) 불경(佛經).

佛弟子(불제자) 부처를 받들고 불교를 믿는 사람. 승려.

佛刹(불찰) 절. 사찰.

佛陀(불타) 깨달은 사람이라는 뜻. 부처.

佛誕日(불탄일) 석가의 탄생일. 곧 음력 4월 8일.

佛塔(불탑) 절의 탑.

佛會(불회) 1)부처나 보살이 모여 있는 곳. 2)법사(法事).

비 佛(비슷할 불) 弗(아닐 불)

伾	⑤ 7획	日 ヒ
	힘셀 비	中 pī

풀이 1. 힘세다. ¶伾伾 2. 많음. 여럿이 떼 지은 모양.

伾伾(비비) 1)강하고 힘센 모양. 2)떼를 지어 가는 모양.

비 丕(클 비)

似	⑤ 7획	日 ジ・にる
	같을 사	中 shì, sì

丿 亻 亻 亻 仏 似

*형성. 뜻을 나타내는 부수 '人(사람 인)'과 음을 나타내며 도구를 사용해 무언가 하다는 뜻을 나타낸 '以(써 이)'를 합친 글자. 이에 '사람이 무엇을 하다'라는 뜻을 나타내다가 후에 '뒤를 잇다', '서로 닮다', 라는 뜻으로 쓰임.

풀이 1. 같다. 닮다. 비슷하다. ¶似而非 2. 흉내 내다. 3. 잇다. 계승하다. ¶似續 4. 보내다.

似夢非夢(사몽비몽) 꿈인지 생시인지 구분을 못함. 비몽사몽(非夢似夢).

似而非(사이비) 비슷해 보이지만 실제로는 전혀 다르다는 의미로, 겉으로는 훌륭해 보여도 실제로는 거짓을 일삼는 무리를 이르는 말.

○似而非(사이비)의 유래

공자는 덕 있는 군자인 체하는 사람을 향원(鄕原)이라 하여 '덕을 훔치는 자'라고 평했다. 공자가 말하길, "비슷하게 보이지만 실제론 잘못된 것(似而非者)을 미워한다. 향원을 미워하는 것은 덕 있는 군자와 혼동할까 걱정해서다."라고 하였다. 성실함이 자기 마음에서 자연스럽게 우러나와 행동하는 것이 아니라, 겉모양만 덕 있는 군자처럼 처세하는 사람을 비판한 것이다.

近似値(근사치) 참값에 가까운 값.

望之不似(망지불사) 남이 보기에 꼴 같지 않음.

貌不似(모불사) 꼴이 꼴 같지 않음. 얼굴 생김이 보잘것없이 흉악한 사람.

倣似(방사) 아주 비슷함.

辨似(변사) 비슷한 것들을 구별함.

不似(불사) 꼴같지 않음.

相似刑(상사형) 서로 같은 둘 이상의 도형. 상사도형.

유 同(한 가지 동) 비 以(써 이)

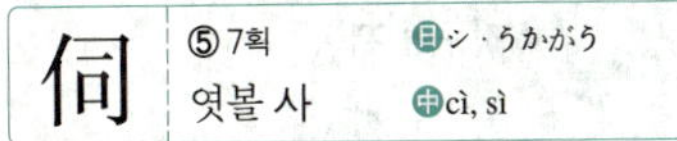

伺 ⑤ 7획 日シ・うかがう
엿볼 사 中cì, sì

풀이 1. 엿보다. ¶伺窺 2. 살피다. 헤아리다. ¶伺望 3. 방문하다. 찾다. ¶伺候

伺窺(사규) 형편을 엿봄.

伺隙(사극) 틈을 엿봄. 기회를 기다림.

伺望(사망) 살펴 봄. 관찰함.

伺察(사찰) 엿보아 살핌.

伺候(사후) 1)동정을 엿봄. 탐색함. 2)웃어른을 뵙고 문안드림.

비 司(맡을 사)

佋 ⑤ 7획 日ショウ・たすける
소목 소 中shào

풀이 1. 소목(昭穆). ¶佋穆 2. 소개하다. 3. 돕다.

佋穆(소목) 조상의 신주를 사당에 모시는 차례. 소목(昭穆).

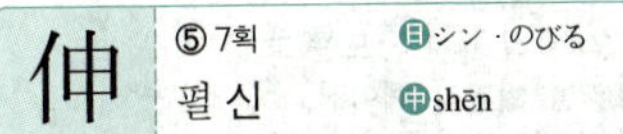

伸 ⑤ 7획 日シン・のびる
펼 신 中shēn

ノ 亻 亻 伂 伯 伯 伸

* 형성. 뜻을 나타내는 부수 '人(사람 인)'과 음을 나타내는 '申(펼 신)'을 합친 글자. 사람이 구부렸다가 펴는 것을 나타내어 '널리 펼친다'는 뜻으로 쓰임.

풀이 1. 펴다. 펼치다. ¶屈伸 2. 넓히다. 늘이다. ¶伸長 3. 일이 잘 되다. 성공 발전하다. 4. 말하다. ¶追伸

伸救(신구) 죄 없는 사람을 사실대로 말해 구해 냄.

伸冤(신원) 가슴속의 원한을 풂. 누명을 벗음.

伸張(신장) 늘여 넓게 폄.

伸長(신장) 잡아 늘임. 늘여 길게 폄.

伸展(신전) 1)늘여 펼침. 2)세력이나 사업이 뻗어나감. 발전함.

伸志(신지) 뜻을 폄.

伸鐵(신철) 강철의 부스러기를 재료로 하여 가열. 압연한 강철.

伸縮(신축) 늘어남과 줄어듦.

屈伸(굴신) 팔 · 다리 등을 굽혔다 폈다 함.

追伸(추신) 뒤에 덧붙여 말한다는 뜻으로, 편지의 끝에 더 쓰고 싶은 것이 있을 때에 그 앞에 쓰는 말.

유 佈(펼 포) 비 仲(버금 중)

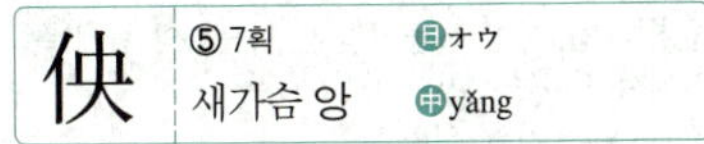

佒 ⑤ 7획 日オウ
새가슴 앙 中yǎng

풀이 1. 새가슴. 2. 몸이 펴지지 않는 모양. 3. 즐기다.

비 央(가운데 앙)

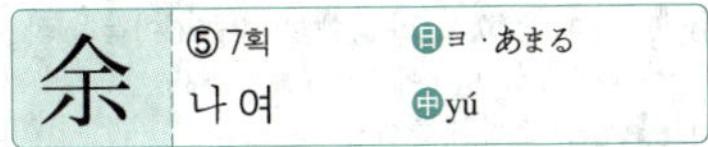

余 ⑤ 7획 日ヨ・あまる
나 여 中yú

ノ 人 亼 亼 全 余 余

* 상형. 여러 사람(人)을 나누는(八) 데에서(于) '남은' 것이 바로 '나'라는 의미에서 1인칭 '나'를 나타냄.

풀이 1. 나. 자신. ¶余等 2. 나머지. 이외. ¶余子 3. 끝에. 후에. ¶刑余 4. 음력 4월의 다른 이름.

余那山(여나산) 신라 때, 어떤 서생이 여나산(余那山)에서 공부하여 과거에 급제하고 출세했다고, 처가에서 기뻐서 불렀다는 노래 이름. 여나산은 경주 계림 경내에 있는 산임.

余等(여등) 우리들.

余輩(여배) 우리. 우리네. 우리들.

余月(여월) 음력 4월.

余子(여자) 장남 이외의 아들. 서자.

유 我(나 아) 予(나 여) 吾(나 오) 반 汝(너 여)

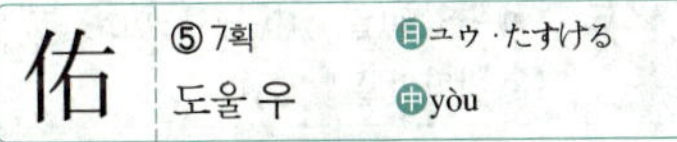

佑 ⑤ 7획 日ユウ・たすける
도울 우 中yòu

* 형성. 뜻을 나타내는 부수 '人(사람 인)'과 음을 나타내며 '돕다'라는 뜻을 지닌 '右(오른 우)'를 합친 글자. 이에 '남을 돕다', '도와주다'라는 뜻으로 쓰임.

풀이 돕다. 도움.

天佑神助(천우신조) 하늘이 돕고 신이 도움.

유 助(도울 조) 佐(도울 좌) 補(기울 보)

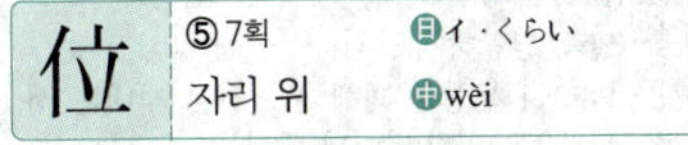

位 ⑤ 7획 日イ・くらい
자리 위 中wèi

ノ 亻 亻 亻 仁 位 位

* 회의. 뜻을 나타내는 부수 '人(사람 인)'과 '立(설 립)'을 합친 글자. 훌륭한 사람이 서 있는 모양이라 해서, 서는 일, 또는 사람이 서는 곳, 즉 '위치', '지위'의 뜻으로 쓰임.

풀이 1. 자리. 지위. 위치. ¶位置 2. 자리하다. 위치하다. 3. 신분. 등급. 차례. ¶位階 4. 분. 사람에 대한 경어. ¶各位 5. 품격. 품위. 6. 방위. ¶無定位

位階(위계) 벼슬의 품계(品階).
位畓(위답) 제향(祭享) 비용을 마련하기 위해 경작하는 논.
位相(위상) 어떤 사물이 다른 사물과의 관계 속에서 지니는 위치나 양상.
位序(위서) 지위. 위치.
位宁(위저) 조정의 벼슬아치.
位置(위치) 1)자리. 사람이나 물건이 있는 곳. 2)지위.
位牌(위패) 단(壇)·절 등에서 신주의 이름을 적어 모셔 두는 나무패.
位品(위품) 관직의 품계.
位號(위호) 작위와 명호.
無位(무위) 일정한 지위나 직위가 없음.
無位眞人(무위진인) 도를 닦는 마음이 뛰어나서 차별이 없는 자리에 있는 진인.
無定位(무정위) 일정한 방위가 없음.
班位(반위) 같은 지위에 있음.
拔位使者(발위사자) 고구려 때 여덟째 관등. 또는 그 벼슬.
方位(방위) 동서남북을 기준으로 정한 방향.
地位(지위) 1)있는 자리. 위치. 2)사회적 신분에 따라 개인이 차지하는 자리나 계급.

유 席(자리 석)

佚 ⑤ 7획
❶편안할 일 日イツ·たのしむ
❷방탕할 질 中yì

풀이 1 1. 편안하다. ¶佚道 2. 놀다. 즐기다. ¶安佚 3. 숨다. ¶佚民 4. 잃다. ¶佚書 5. 달아나다. 6. 아름답다. ¶佚女 2 7. 방탕하다. 8. 번갈아 들다. 갈마들다. ¶佚宕

佚女(일녀) 1)미인(美人). 미녀(美女). 2)음탕한 여자. 음녀(淫女).
佚道(일도) 백성을 편안하게 하는 길.
佚樂(일락) 편안하게 즐김.
佚民(일민) 1)세상을 피해 은거하여 지내는 사람. 은자(隱者). 2)달아난 백성.
佚書(일서) 세상에 전하지 않는 책.
佚欲(일욕) 방탕함. 욕망.
佚忽(일홀) 일을 소홀히 함. 게으름.
佚宕(질탕) 한껏 흐드러져 흥겨움. 또는 그렇게 노는 것.

비 失(잃을 실)

作 ⑤ 7획
❶지을 작 日サク·サ·つくる
❷만들 주 中zuō, zuò
❸저주할 저

丿 亻 亻' 亻𠂉 作 作 作

*형성. 뜻을 나타내는 부수 '人(사람 인)'과 음을 나타내며 도구나 동작을 뜻하는 '乍(일어날 작)'을 합친 글자. 이에 '사람이 동작을 하다', '일이 일어나다', '일으키다'라는 의미에서 '만들다'라는 뜻으로 쓰임.

풀이 1 1. 짓다. 만들다. ¶作名 2. 농사짓다. 경작하다. ¶作況 3. 글을 짓다. 쓰다. ¶作詩 4. 일하다. 일. ¶作業 5. 이루다. 세우다. ¶作黨 6. 일어나다. 일으키다. ¶作亂 7. 변하다. 바꾸다. 8. 작용하다. 작용. 움직이다. 2 9. 만들다. 3 10. 저주하다.

作家(작가) 문예 작품 등을 만드는 사람. 특히 소설가를 일컬음.
作故(작고) 죽음.
作曲(작곡) 악곡을 만듦.
作黨(작당) 무리를 이룸.
作圖(작도) 1)그림·지도·설계도 등을 그림. 2)기하학에서 일정한 기구와 방법으로써 어떤 조건에 알맞는 평면 도형을 그림.
作亂(작란) 1)난리를 일으킴. 2)장난.
作名(작명) 이름을 지음.
作文(작문) 글을 지음. 또는 그 글.
作別(작별) 이별함. 헤어짐.
作詞(작사) 노래의 글귀를 지음.
作成(작성) 만들어 이룸. 만듦.
作詩(작시) 시를 지음.
作心(작심) 마음을 단단히 먹음.
作業(작업) 일터에서 일을 함. 또는 그 일.
作用(작용) 1)움직이게 하는 힘. 2)한 힘이 다른 힘에 미쳐서 영향이 일어나는 일.
作爲(작위) 의식적으로 하는 적극적인 행위.
作者(작자) 1)일을 행하는 사람. 2)소작인. 3)물건을 살 사람.
作戰(작전) 1)싸우는 방법과 계략을 만듦. 2)일정 기간에 행할 군사적 행동을 통틀어 말함.
作定(작정) 일을 결정함.
作弊(작폐) 폐단이 됨. 폐를 끼침.
作品(작품) 1)만들어진 것. 제작품. 2)문학·예술 등의 창작물.
作風(작풍) 작품에 나타난 작가만의 독특한 방법.
作況(작황) 농사일이 잘 되었는지 못 되었는지의 상황.
作戲(작희) 남의 일을 방해함.
佳作(가작) 1)잘된 작품. 2)당선 다음가는 작품.

2획

削磨作用(삭마작용) 바람 · 물 등이 바위를 깎아 닳게 하는 작용. 삭박 작용(削剝作用).
三毛作(삼모작) 한 해 동안에 세 가지의 농작물을 차례로 같은 논밭에 심어 거두는 일.
三部作(삼부작) 삼부로 나뉘면서 주제가 서로 연결을 갖는 하나의 작품.
商品作物(상품작물) 시장에 내다 팔기 위하여 재배하는 농작물.
相互作用(상호작용) 교호작용(交互作用).
유 造(지을 조) 製(지을 제) 비 昨(어제 작)

佇	⑤ 7획	日チョ · たたずむ
	우두커니설 저	中zhù

풀이 1. 우두커니 서다. 멈추어 서다. ¶佇念 2. 기다리다. ¶佇結 3. 머무르다. 멈추다. ¶佇想
佇結(저결) 손꼽아 기다림.
佇眷(저권) 우두커니 서서 뒤돌아봄.
佇念(저념) 우두커니 서서 생각함. 깊이 생각함.
佇獨(저독) 홀로 우두커니 섬.
佇想(저상) 생각을 멈춤.
비 貯(쌓을 저)

低	⑤ 7획	日テイ · ひくい
	낮을 저	中dī

丿 亻 亻 亻 仾 低 低

* 형성. 뜻을 나타내는 부수 '人(사람 인)'과 음을 나타내는 '氐(근본 저)'를 합친 글자. 식물의 뿌리(氐)가 들어간 밑바닥(一)은 사람이 보기에 낮은 곳이라는 의미에서 '낮다'라는 뜻으로 쓰임.

풀이 1. 낮다. 높이 · 가격 · 수준 · 목소리 등이 낮다. ¶低音 2. 숙이다. 구부리다. ¶低頭 3. 머무르다. 자리잡다.
低價(저가) 낮은 값. 싼값.
低空(저공) 고도가 낮음.
低級(저급) 1)낮은 등급. 낮은 계급. 2)질이 낮음. 3)취미가 천함.
低氣壓(저기압) 1)주변 기압에 비해 낮은 기압. 2)사람의 기분이 좋지 못한 상태.
低能(저능) 지능이 보통 사람보다 낮음.
低廉(저렴) 값이 쌈.
低利(저리) 싼 이자.
低俗(저속) 성질이나 취미가 낮고 속됨.
低首下心(저수하심) 머리를 낮추고 마음을 아래로 향한다는 뜻으로, 남에게 머리 숙여 복종하는 것을 이르는 말.

◐低首下心(저수하심)의 유래

당나라의 문장가 한유(韓愈)가 조주자사(潮州刺史)로 좌천되었을 때의 일이다. 그가 임지에 도착하자 백성들이 그들의 문제를 상소하였는데, 그 하나가 악어에 관한 것이었다. 악어가 골짜기에 모여 있다가 가축을 잡아먹고 사람까지 해한다는 것이었다. 이에 한유는《제악어문(祭鰐魚文)》이라는 글을 썼다. "악어들에게 1주일의 여유를 줄 테니 남쪽 바다에 가서 살도록 하라. 만약 어기면 모두 죽여 버리겠다."라는 내용이었다. 이 글 중에 이런 구절이 있다. "내가 비록 미련하고 약하나, 어찌 악어에게 머리를 낮추고 마음을 아래로 향하겠는가?"

低濕(저습) 땅이 낮고 습함.
低音(저음) 1)보통 음률보다 낮은 음. 2)악곡의 최저음부.
低翼(저익) 으뜸 날개가 동체의 아래쪽에 붙은 비행기의 형식.
低日季(저일계) 동지(冬至)를 중심으로 한 그 앞뒤의 기간.
低賃金(저임금) 낮은 임금.
低張(저장) 주로 생물학에서, 한 용액의 삼투압이 딴 용액의 삼투압과 비교하여 낮은 상태(狀態)를 말함.
低調(저조) 1)낮은 가락. 2)능률이 오르지 않음. 능률이 나쁨. 3)활기가 없이 침체됨.
低潮(저조) 기세가 가라앉아 침체된 상태.
低下(저하) 1)내려감. 2)나빠짐. 3)값이 싸짐.
유 底(밑 저) 반 高(높을 고)

佃	⑤ 7획	日デン · つくだ
	밭 갈 전	中diàn, tián

풀이 1. 밭을 갈다. 경작하다. ¶佃具 2. 밭. 3. 소작인. ¶佃戶 4. 수렵하다. 사냥하다. ¶佃漁
佃具(전구) 밭을 갈 때에 쓰는 기구. 농기구.
佃漁(전어) 사냥과 고기잡이.
佃作(전작) 경작함. 농업에 종사함.
佃戶(전호) 다른 사람의 땅을 빌려 농사짓는 농가. 소작인(小作人).
유 耕(밭 갈 경)

佔	⑤ 7획	日テン · みる
	볼 점 · 첨	中zhàn

풀이 1. 보다. 엿보다. ¶佔畢 2. 차지하다. '占(자지할 점)'과 혼용하여 사용. 3. 속삭이다. ¶佔佔
佔佔(점점/첨첨) 속삭이는 모양.
佔畢(점필) 글을 읽기만 하고 그 뜻은 모름.
유 見(볼 견) 觀(볼 관) 覽(볼 람) 視(볼 시)
비 店(가게 점)

2획

佐 ⑤ 7획 도울 좌 日サ·たすける 中zuǒ

* 형성. 뜻을 나타내는 부수 '人(사람 인)'과 음을 나타내며 '돕는다'는 뜻을 지닌 '左(왼쪽 좌)'를 합친 글자. 이에 '돕는 사람', '돕다'라는 뜻으로 쓰임.

풀이 1. 돕다. 도움. ¶佐命 2. 속관(屬官). 3. 부(副). 부차적인 것. 차관(次官). ¶佐車 4. 권하다. ¶佐食 5. 다스리다.

佐車(좌거) 여벌의 수레. 부거(副車).
佐命(좌명) 천명(天命)을 받들어 왕이 될 사람을 보필함.
佐食(좌식) 식사를 권함.
佐平(좌평) 백제 때, 십육품 관등(官等)의 첫째 등급.
大佐(대좌) 2차 대전 때까지의 일본에서의 대령(大領)을 일컬음.
放佐(방좌) 백제 때, 방령을 도와 일보던 지방관.
補佐(보좌) 상관을 도와 일을 처리함.
保佐人(보좌인) 한정치산자를 보호하고 그 능력을 보충해 주는 사람.

유 佑(도울 우) 助(조) 補(보)

2 획

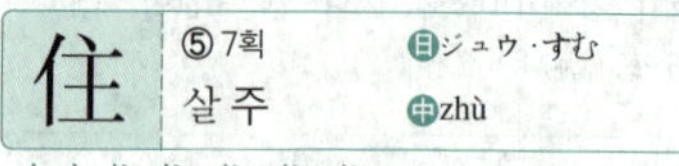
住 ⑤ 7획 살 주 日ジュウ·すむ 中zhù

ノ イ 亻 亻 仁 仹 住

* 형성. 뜻을 나타내는 부수 '人(사람 인)'에 음을 나타내는 '主(주인 주)'를 합친 글자. '主'는 등잔 접시 위에 불이 타고 있는 모양을 나타내어 집안의 중심이란 의미를 지님. 이에 '사람이 일정하게 머무르는 곳', '머무르다'를 의미하여 '살다'라는 뜻으로 쓰임.

풀이 1. 살다. 거처를 정하다. 머물다. ¶住民 2. 살고 있는 사람. 거주자. 3. 거처. 사는 집. ¶住家 4. 멈추다. 중지하다.

住家(주가) 사는 집. 주택(住宅).
住居(주거) 일정한 장소에 자리를 잡고 삶.
住民(주민) 일정한 땅에 머물러 사는 사람.
住所(주소) 1)살고 있는 곳. 2)실제로 생활의 근거를 둔 곳.
住持(주지) 한 절을 주관하는 중.
住宅(주택) 사람이 사는 집.
近住(근주) 집에 있으면서 날마다 팔계(八戒)를 지키고 삼보(三寶)에 가까이함. 또는, 그 사람.
寄住(기주) 한동안 남의 집에 몸을 의지하고 지냄.
內住(내주) 안에 삶.
同住(동주) 같은 곳에 함께 거주함.
燈住(등주) 불의 심지. 등심(燈心).
無住所(무주소) 주소가 일정하지 않음. 또는, 일정한 주소가 없음.

유 居(있을 거) 비 佳(아름다울 가) 往(갈 왕)

仳 ⑤ 7획 작을 차 日シ 中cǐ

풀이 1. 작다. ¶仳仳 2. 작은 것이 늘어서 있는 모양.

仳仳(차차) 1)작은 모양. 2)잇닿아 늘어선 모양.

유 小(작을 소) 반 大(큰 대)

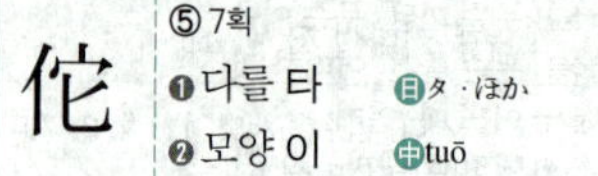
佗 ⑤ 7획 ❶다를 타 ❷모양 이 日タ·ほか 中tuō

풀이 1 1. 다르다. 다른. 2. 끌다. 3. 등에 지다. 등에 지게 하다. ¶佗負 4. 더하다. 5. 풀다. 머리를 풀어헤치다. 2 6. 모양. 사물의 모양.

佗髮(타발) 머리카락을 흐트러뜨림.
佗負(타부) 등에 짊어짐.

유 他(다를 타) 異(다를 이) 반 同(같을 동)

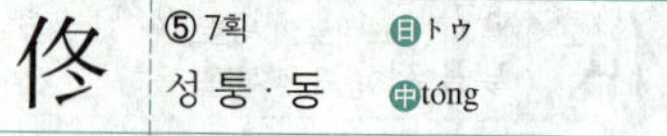
佟 ⑤ 7획 성 퉁·동 日トウ 中tóng

풀이 성씨(姓氏).

伻 ⑤ 7획 부릴 팽 日ホウ·ヒョウ 中bēng

풀이 1. 부리다. 시키다. …하게 하다. 2. 따르다. 좇다. 3. 사자(使者). 심부름꾼.

佈 ⑤ 7획 펼 포 日フ·ホ 中bù

풀이 1. 펴다. 전개하다. 펼치다. 2. 널리 알리다. ¶佈告

佈告(포고) 1)널리 퍼뜨리거나 알림. 2)국가가 국민에게 사실을 선포할 때 쓰는 공문(公文).

유 伸(펼 신) 비 俙(비슷할 희) 依(의지할 의)

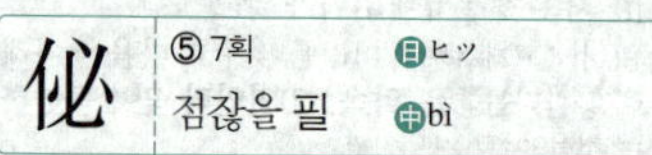
佖 ⑤ 7획 점잖을 필 日ヒツ 中bì

풀이 1. 점잖다. 2. 가득 차다. 3. 견주다.

비 必(반드시 필)

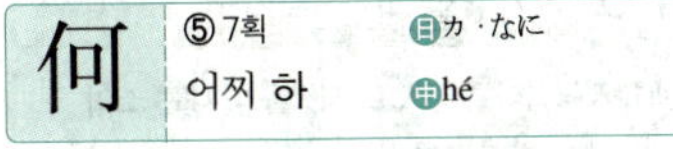

何 ⑤ 7획 어찌 하 日カ·なに 中hé

丿 亻 亻 仃 何 何 何

* 형성. 뜻을 나타내는 부수 '人(사람 인)'과 음을 나타내는 '可(옳을 가)'를 합친 글자. '옳은(可) 사람(亻)이 어찌 아랫사람이 될 수 있을까?' 라는 의미에서, '어찌'와 같은 반어의 뜻으로 쓰임.

풀이 1. 어찌. 어찌 …하랴. 반어의 뜻. 2. 무엇. 어느. 의문사. ¶何人 3. 잠깐. 4. 왜냐하면. 5. 짐. 6. 꾸짖다.

何故(하고) 무슨 까닭. 무슨 이유.
何物(하물) 무슨 물건. 어떠한 것.
何時(하시) 어느 때. 언제.
何如(하여) 어떻게. 어찌.
何如間(하여간) 어쨌든. 하여튼.
何處(하처) 어느 곳.
何必(하필) 다른 방도를 취하지 않고 어찌 반드시. 무슨 필요가 있어서.
何許人(하허인) 어떤 사람. 그 누구.
幾何公理(기하공리) 기하학 이론에 쓰이는 공리.
莫敢誰何(막감수하) 누구도 감히 어찌하지 못함.
無何有之鄕(무하유지향) 장자가 말한, 어떠한 인위도 없는 자연 그대로의 낙토.
無何之症(무하지증) 병의 이름을 몰라서 고칠 수가 없는 병.

비 荷(연 하) 可(옳을 가)

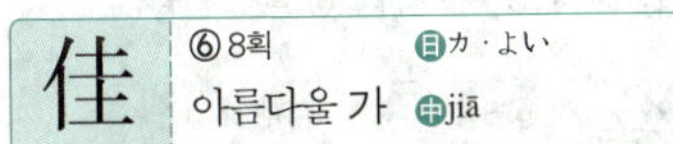

佳 ⑥ 8획 아름다울 가 日カ·よい 中jiā

丿 亻 亻 仁 什 佳 佳 佳

* 형성. 뜻을 나타내는 부수 '人(사람 인)'과 음을 나타내며 아름다운 것을 뜻하는 '圭(홀 규)'를 합친 글자. 이에 '아름다운 사람'이라는 뜻에서 '아름답다'의 뜻을 나타냄.

풀이 1. 아름답다. ¶佳人 2. 좋다. 좋아하다. ¶佳時 3. 훌륭하다. ¶佳言

佳客(가객) 귀한 손님. 반가운 손님. 가빈(佳賓).
佳境(가경) 1)경치가 아름다운 곳. 2)재미있는 구경거리. 3)맛이 좋은 부분.
佳麗(가려) 1)자연·풍경 등이 아름다움. 2)미인(美人).
佳例(가례) 좋은 관례.
佳時(가시) 좋은 때.
佳約(가약) 1)좋은 약속. 2)연인과 만날 약속. 3)결혼 약속.
佳言(가언) 본받을 만한 훌륭한 말.
佳姸(가연) 아름다움.
佳友(가우) 좋은 친구. 익우(益友).
佳音(가음) 1)아름다운 노래. 2)기쁜 소식. 호음(好音).
佳人(가인) 1)아름다운 여자. 혹은 잘생긴 남자. 미인(美人). 미남(美男). 2)임금이 신하를 부르는 말. 3)좋은 친구.
佳人薄命(가인박명) 아름다운 여자는 명이 짧음. 미인박명(美人薄命).

◐佳人薄命(가인박명)의 유래
송나라 때의 명문장가인 소식(蘇軾)은 재능이 뛰어났지만 정치적으로는 적도 많아서 지방 관리로 좌천당하는 고초를 겪기도 했다. 그가 지방에 있을 때 절에서 한 여승을 보고 그녀의 젊은 시절을 유추하면서 지은 시에 "예로부터 아름다운 여인의 운명은 특히 기박하구나(自古佳人多薄命)"라는 구절이 있다. 이는 여승의 기구한 팔자에 빗대어 자신의 운명을 한탄한 것이라고 할 수 있다.

佳日(가일) 1)좋은 날. 경사스러운 날. 2)청명(淸明)한 날.
佳作(가작) 당선작으로 인정하기는 어렵지만 꽤 훌륭한 작품.
佳傳(가전) 다른 사람의 아름다운 선행을 많이 쓴 전기(傳記).
佳節(가절) 좋은 명절. 좋은 시절.
佳辰(가진) 기쁜 일을 맞이한 반가운 날. 꽃다운 좋은 날.
佳肴(가효) 맛이 좋은 안주.

유 美(아름다울 미) 麗(고울 려) 반 醜(추할 추)
비 住(살 주) 往(갈 왕)

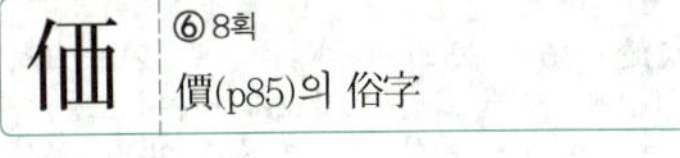

佪 ⑥ 8획 價(p85)의 俗字

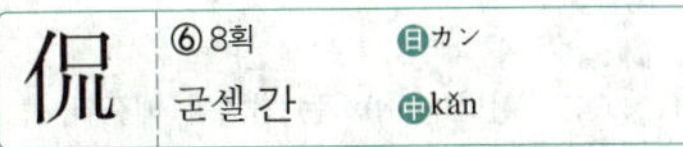

侃 ⑥ 8획 굳셀 간 日カン 中kǎn

풀이 1. 굳세다. 강직하다. ¶侃侃 2. 화락하다. ¶侃然

侃侃(간간) 1)강직한 모양. 성품이나 행실이 강직함. 2)화락한 모양.
侃諤(간악) 성격이 강직하여 굽히지 않고 바른 말을 하는 모양.
侃然(간연) 1)강한 모양. 강직한 모양. 2)화락(和樂)한 모양.
侃直(간직) 강직하고 곧음. 강하고 정직함.

유 强(굳셀 강) 반 弱(약할 약) 비 況(하물며 황)

2획

供

⑥ 8획 日キョウ·そなえる
이바지할 공 中gōng, gòng

丿 亻 亻 什 仳 供 供 供

*형성. 뜻을 나타내는 부수 '人(사람 인)'과 음을 나타내며 물건을 두 손으로 바치는 모양을 나타낸 '共(함께 공)'을 합친 글자. 이에 사람이 신을 모신다는 의미에서 '바치다'의 뜻으로 쓰임.

풀이 1. 이바지하다. 바치다. ¶提供 2. 받들다. 모시다. ¶供養 3. 베풀다. 4. 공손하다. 5. 진술하다. 말하다. ¶口供 6. 갖추어지다. 설비하다. ¶供送 7. 공물. ¶供物

供貢(공공) 공물(貢物)이나 조세(租稅)를 바침.
供具(공구) 잔치에 쓸 휘장 등을 치는 데 쓰는 도구.
供給(공급) 1)수요에 따라 물품을 제공함. 물건을 댐. 2)교환 또는 판매의 목적으로 시장에 상품을 제공함.
供頓(공돈) 1)술을 손님에게 대접함. 2)길가에 임시로 차린 휴게소.
供覽(공람) 여러 사람에게 보임.
供物(공물) 신 앞에 바치는 제물.
供備(공비) 준비함.
供辭(공사) 지난 날, 죄인이 범죄 사실을 진술하는 말. 공초(供招). 초사(招辭).
供送(공송) 갖추어 보냄.
供需(공수) 물품의 공급과 수요.
供侍(공시) 곁에서 시중듦.
供案(공안) 조선 때 죄인을 심문한 내용을 적어 둔 장부.
供養(공양) 1)부모에게 음식을 드림. 2)가묘(家廟)에 음식을 올림. 3)불교에서 부처 또는 죽은 사람에게 음식·꽃·향 등을 바침. 공시(供施).
供御(공어) 임금에게 진상(進上)함.
供餞(공전) 전별(餞別)하는 잔치를 베풀어 줌. 송별연(送別宴)을 열어 줌.
供進(공진) 임금에게 바침.
供饌(공찬) 식사를 제공함.
供出(공출) 국가의 수요에 따라 국민이 농업 생산물이나 기타 물자·기물을 의무적으로 정부에 매도하는 일.
供託(공탁) 1)물건을 제공하고 기탁함. 2)법령의 규정에 따라 금·은 유가증권 또는 다른 물건을 공탁소 또는 일정인에게 기탁하는 일.

비 共(함께 공)

2 획

侉

⑥ 8획 日カ·ほこる
자랑할 과 中kuǎ

풀이 1. 자랑하다. ¶侉大 2. 지쳤을 때 내는 소리.

侉大(과대) 자랑하며 뽐냄.

유 誇(자랑할 과)

侊

⑥ 8획 日コウ
성찬 광 中guāng

풀이 1. 성찬(盛饌). 2. 성한 모양.

侊飯(광반) 잘 차린 음식. 성찬(盛饌).

유 盛(성할 성)

佼

⑥ 8획 日コウキョウ·みめよい
예쁠 교 中jiǎo

풀이 1. 예쁘다. 아름답다. ¶佼佼 2. 사귀다. 3. 어지럽다. 4. 교활하다. 속이다. ¶佼黠

佼佼(교교) 예쁜 모양.
佼麗(교려) 아름다움.
佼反(교반) 기만하여 배반함.
佼人(교인) 아름다운 사람. 가인(佳人).
佼好(교호) 예쁨.
佼黠(교힐) 능글맞고 매우 교활함.

유 娥(예쁠 아) 姚(예쁠 요) 비 效(본받을 효) 校(학교 교)

佹

⑥ 8획 日キ·かさなる
괴이할 궤 中guǐ

풀이 1. 괴이하다. 이상하다. ¶佹辯 2. 어긋나다. 3. 포개다. 4. 의지하다.

佹得佹失(궤득궤실) 우연히 얻었다가 다시 우연히 잃음.
佹辯(궤변) 도리에 맞지 않는 변론. 궤변(詭辯).
佹詩(궤시) 순자(荀子)가 지은 시의 이름. 괴상하고 격절(激切)한 시.

유 怪(기이할 괴) 奇(기이할 기) 비 危(위태할 위)

佶

⑥ 8획 日キッコチ·ただしい
건장할 길 中jí

풀이 1. 건장하다. 헌걸차다. 2. 바르다. 3. 굽다.

佶屈(길굴) 막혀서 답답함.
佶屈聱牙(길굴오아) 문장이 어렵고 읽기 힘듦.

侫 ⑥ 8획
佞(p42)의 俗字

來 ⑥ 8획 日ライ・くる
올 래(내) 中lái

* 상형. 보리의 모양을 나타낸 글자로 가차(假借)하여 '오다'의 뜻으로 쓰임.

풀이 1. 오다. ¶來去 2. 장래. 미래. 후세. ¶來世 3. 부르다. 불러 오다. 4. 부터. ¶以來 5. 어조사. 문장 끝에서 어세(語勢)를 강하게 함. 6. 보리. 7. 위로하다.

來客(내객) 찾아온 손님.
來去(내거) 가고 옴.
來貢(내공) 와서 공물(貢物)을 바침.
來同(내동) 와서 힘을 합함. 또는 와서 합류함.
來歷(내력) 지내온 경력.
來牟(내모) 밀과 보리.
來訪(내방) 찾아와 봄. 찾아 옴.
來報(내보) 와서 보고함. 또는 그 보고.
來賓(내빈) 모임에 초청을 받고 찾아온 손님.
來聘(내빙) 외국 사절이 예물을 갖고 찾아옴.
來生(내생) 내세에 다시 태어날 인생.
來世(내세) 1)후세(後世). 2)불교에서 말하는 삼세(三世)의 하나. 죽은 뒤에 다시 태어난다는 미래의 세상. ↔ 현세(現世).
來孫(내손) 현손(玄孫)의 아들. 곧 5대손.
來如(내여) 옴.
來緣(내연) 내세(來世)에 태어난 인연.
來往(내왕) 오고 감. 왕래.
來意(내의) 방문한 이유. 찾아 온 까닭.
來日(내일) 1)오늘의 바로 다음날. 명일. 2)앞으로 다가올 날. 후일.
來者(내자) 1)앞으로 올 일. 지금 이후의 일. 2)나를 좇아오는 사람. 3)나보다 나중에 태어난 사람. 후생(後生). 후진(後進).
來庭(내정) 제후들이 조정(朝廷)에 와서 임금을 알현함. 귀순함.
來朝(내조) 외국 사신(使臣)이 찾아옴. 또는 제후가 천자를 뵙기 위해 옴.
來學(내학) 스승의 집에 와서 배움.

반 往(갈 왕) 去(갈 거)

例 ⑥ 8획 日レイ・たとえる
법식 례(예) 中lì

* 형성. 뜻을 나타내는 부수 '人(사람 인)'과 물건을 칼로 잘라 벌려 놓음을 나타낸 '列(줄 렬)'을 합친 글자. 이에 사람이 나란히 줄을 지어 서 있는 것을 나타내어 '법식'이라는 뜻으로 쓰임.

풀이 1. 법식. 규정. ¶例外 2. 조목. 조례. 條例 3. 본보기. 보기. 예. 전례. ¶前例 4. 대개. 대부분.

例擧(예거) 예를 듦.
例貢(예공) 법도로서 바치는 공물(貢物).
例規(예규) 관습과 규칙.
例年(예년) 1)해마다. 매년. 2)별일 없이 평범하게 지나간 해.
例文(예문) 예로써 든 글.
例法(예법) 늘 정해진 방법.
例事(예사) 보통으로 있는 일. 예상사(例常事)의 준말.
例示(예시) 본보기를 들어 보임.
例式(예식) 정해져 있는 일정한 법식이나 의식. 예규(例規).
例外(예외) 일반 규칙이나 법식에서 벗어남.
例題(예제) 연습을 하기 위해 예로 내는 문제.
例證(예증) 1)증거가 되는 예. 2)예를 들어 증명함.

유 度(법도 도) 式(법 식)

侖 ⑥ 8획 日ロン
생각할 륜 中lún

풀이 1. 생각하다. 2. 조리를 세우다. 3. 둥글다.

비 倫(인륜 륜)

侔 ⑥ 8획 日ボウム・ひとしい
가지런할 모 中móu

풀이 1. 가지런하다. 균등하다. 균일하다. ¶侔德 2. 힘쓰다. 꾀하다. ¶侔莫 3. 쫓다. 4. 벌레. 벼벌레류.

侔德(모덕) 덕을 가지런하게 함.
侔利(모리) 이익을 얻기 위해 힘씀. 모리(牟利).
侔莫(모막) 부지런히 힘씀. 노력함.
侔迹(모적) 발자취를 따름. 선조들의 행동과 언행을 따라 함.

유 齊(가지런할 제) 비 牽(끌 견)

侎 ⑥8획 日ミ
어루만질 미 中mǐ

풀이 어루만지다. 위로하고 위안하다.

유 撫(어루만질 무)

佰 ⑥8획
❶일백 백 日ハク·ビャク·ひゃく
❷밭두둑 맥 中bǎi

*회의. '人(사람 인)'과 '百(일백 백)'을 합친 글자. 이에 백 사람의 어른이라는 뜻으로 쓰임.

풀이 ❶ 1. 일백. 백. '百(일백 백)'와 같은 자. 2. 백 사람의 어른. 백 명의 우두머리. ❷ 3. 밭두둑. 4. 길. 거리.

유 百(일백 백) 비 伯(맏 백)

⑥8획
倂(p64)의 俗字

使 ⑥8획 日シ·つかう
부릴 사 中shǐ

丿 亻 仁 仁 伂 伂 使 使

*형성. 뜻을 나타내는 부수 '人(사람 인)'과 음을 나타내며 공평하게 공적인 일을 기록하는 사람이라는 의미를 지닌 '吏(벼슬아치 리)'를 합친 글자. 이에 윗사람이 아래 관리에게 일을 시킨다는 의미에서 '부리다'라는 뜻으로 쓰임.

풀이 1. 부리다. 시키다. ¶使能 2. …로 하여금 …하게 하다. 명령하다. 3. 사신. 사신으로 가다. 사신을 보내다. ¶使節 4. 심부름꾼. ¶使者 5. 가령. 만약. 6. 벼슬 이름. 조정에서 파견되어 지방 사무를 보는 벼슬아치.

使價(사가) 심부름 값. 시킨 대가로 주는 돈.

使君(사군) 임금의 명을 받들어 사신으로 가는 사람을 높여 부르는 말. 칙사(勅使).

使能(사능) 재주가 많은 사람을 부림.

使徒(사도) 1) 'Apostles'의 역어. 신의 사명을 사방에 전하는 제자. 곧 예수의 12제자를 말함. 2)신성한 사업을 위하여 헌신적으로 힘쓰는 사람.

使令(사령) 1)명령하여 일을 하게 함. 2)관청에서 심부름하는 사람.

使命(사명) 1)주어진 임무. 심부름하는 사람의 임무. 2)사신으로서 받은 명령.

使無訟(사무송) 정치를 잘 하여 송사 또는 시비가 없도록 함.

使物(사물) 물품을 서로 바꿈.

使聘(사빙) 사신으로 하여금 예물을 가지고 가 안부를 물음. 빙문(聘問).

使孫(사손) 자녀가 없는 사람의 유산을 그의 조카·삼촌·사촌들 중에서 이어받는 사람.

使臣(사신) 임금의 명령을 받들어 외국으로 가는 신하.

使役(사역) 일을 시킴.

使譯(사역) 사신과 통역. 사역(使驛).

使用(사용) 물건을 씀. 또는 사람을 부림.

使者(사자) 1)심부름하는 사람. 사인(使人). 2)불교에서 죽은 사람의 혼을 저승으로 데리고 간다는 차사(差使).

使節(사절) 1)사신이 소지하는 부절(符節). 2)임금의 사자. 사신(使臣). 3)국가를 대표하여 어떤 임무를 띠고 외국에 파견되는 사람.

使嗾(사주) 남에게 나쁜 일을 부추김. 사촉(唆囑).

使喚(사환) 잔심부름을 시키기 위하여 관청이나 가게 등에서 부리는 사람.

비 便(편할 편)

侚 ⑥8획 日ジュン
재빠를 순 中xùn

풀이 1. 재빠르다. 2. 따라 죽다. 순사하다. 3. 주장하다. 외치다.

유 迅(빠를 신) 비 恂(정성 순)

侍 ⑥8획 日ジ·さむらい
모실 시 中shì

丿 亻 仁 什 佳 佳 侍 侍

*형성. 뜻을 나타내는 부수 '人(사람 인)'과 물건을 꼭 간직하고 있다는 의미를 지닌 '寺(절 사)'를 합친 글자. 이에 '꼭 있어야 할 사람', '바로 옆에서 일하는 사람', 또는 '그 일'을 나타냄.

풀이 1. 모시다. 시중들다. 귀인을 곁에서 모시는 것. 또는 그 사람. ¶侍從 2. 기르다. 양육하다. 3. 사용하다.

侍講(시강) 천자 또는 왕세자 앞에서 경전(經典)을 강의함. 또는 그 사람.

侍女(시녀) 1)궁녀. 2)가까이에서 시중드는 여인.

侍僮(시동) 심부름하는 아이.

侍服(시복) 곁에 모심.

侍奉(시봉) 1)곁에서 음식이나 여러 물품을 받들어 권함. 2)부모를 모심.

侍婢(시비) 가까이에서 시중 드는 여자 종.

侍使(시사) 모시며 섬기는 사람. 궁녀(宮女).

侍膳(시선) 어른을 모시고 식사를 함.

侍率(시솔) 위로 어른을 모시고, 아래는 처자식

을 거느림.

侍宿(시숙) 임금 곁에서 숙직함.

侍食(시식) 어른을 모시고 식사를 함. 배식(陪食).

侍臣(시신) 임금을 가까이서 모시는 신하.

侍御(시어) 1)임금을 곁에서 받드는 사람. 시종(侍從). 2)청(淸)나라 때 어사(御史)의 통칭.

侍子(시자) 1)부모를 모시는 아들. 2)제후가 자식을 인질로 보내 천자를 모시게 하던 일. 질자(質子).

侍者(시자) 귀인을 가까이 모시는 사람.

侍長(시장) 주인(主人).

侍坐(시좌) 웃어른을 모시고 앉음.

侍從(시종) 임금의 옆에서 여러 가지 일을 받듦. 또는 그 사람.

侍妾(시첩) 귀인을 모시는 첩.

侍親(시친) 부모님 곁에서 시중을 듦.

侍見(시현) 귀인을 가까이에서 알현함.

비 待(기다릴 대) 持(가질 지)

侁	⑥ 8획	日シン
	걷는 모양 신	中shēn

풀이 1. 걷는 모양. 2. 떼 지어 가다. 많은 말들이 나란히 갈 때 앞을 디투는 모양. 3. 많은 모양. ¶侁侁

侁侁(신신) 1)걷는 모양. 2)많이 모인 모양. 3)왕래가 많은 모양.

비 先(먼저 선)

佯	⑥ 8획	日ヨウ · いつわる
	거짓 양	中yáng

풀이 1. 거짓. 속이다. ¶佯言 2. …한 체하다. ¶佯死 3. 헤매다.

佯狂(양광) 거짓으로 미친 체함.

佯遁(양둔) 거짓으로 도망가는 체함.

佯病(양병) 꾀병.

佯不知(양부지) 거짓으로 모르는 체함.

佯死(양사) 죽은 체함.

佯善(양선) 거짓으로 좋은 관계를 맺음.

佯佯(양양) 1)선명한 모양. 2)깊숙한 모양. 심오한 모양.

佯言(양언) 속여 말함. 또는 그 거짓말. 사언(詐言).

佯愚(양우) 어리석은 체함.

유 僞(거짓 위) 假(거짓 가) 詐(속일 사)

侹	⑥ 8획	日オウ · あしなえ
	절름발이 왕	中kuāng,wāng

풀이 절름발이. 보행이 부자유한 사람.

유 尢(절름발이 왕) 비 個(낱 개)

侑	⑥ 8획	日ユウ · すすむ
	권할 유	中yòu

풀이 1. 권하다. ¶侑觴 2. 돕다. ¶侑歡 3. 갚다. 4. 용서하다. 너그럽다. 5. 나란히 서다.

侑觴(유상) 술잔을 권함.

侑食(유식) 음식을 권함.

侑宴(유연) 융숭히 대접하여 베푸는 주연(酒宴).

侑飮(유음) 술을 권함. 유상(侑觴).

侑幣(유폐) 연회 때 주인이 손님에게 주는 예물.

侑歡(유환) 기쁨을 더하게 함.

유 勸(권할 권) 비 佾(줄춤 일)

依	⑥ 8획	日イ · エ · よる
	의지할 의	中yī

丿 亻 亻 亻 伫 依 依 依

* 형성. 뜻을 나타내는 '人(사람 인)'과 음을 나타내며 달라붙는다는 뜻을 지닌 '衣(옷 의)'를 합친 글자. 이에 '달라붙어 가까이 하다', '의지하다'라는 뜻으로 쓰임.

풀이 1. 의지하다. 기대다. ¶依歸 2. 돕다. 3. 좇다. 따르다. ¶依法 4. 그대로. 전과 같다. ¶依然 5. 편안하다. 6. 비유하다. 7. 머릿병풍. 머리맡에 둔 병풍.

依據(의거) 1)근거로 함. 빙증(憑證). 2)…에 의하면. …에 따라. …에 따르면.

依歸(의귀) 몸과 마음을 의지함.

依戴(의대) 의지하여 섬김.

依例(의례) 전례(前例)에 의함.

依賴(의뢰) 1)남에게 부탁함. 2)남에게 의지함.

依倣(의방) 모방함.

依法(의법) 법에 따름.

依屛(의병) 머릿병풍.

依恃(의시) 남을 믿고 의지함.

依阿(의아) 남에게 아첨함.

依約(의약) 1)약조한 대로 함. 2)결부함. 맺음.

依然(의연) 전과 다름이 없는 모양.

依違(의위) 결정을 내리지 못하고 망설임.

依依(의의) 1)나무가 무성한 모양. 2)안타깝게 사모하는 모양.

2 획

依倚(의의) 남에게 의지함.
依準(의준) 일정한 기준에 의거함.
依他(의타) 남에게 의지함.
依託(의탁) 몸이나 마음을 의지하여 맡김.
依怙(의호) 믿고 의지함. 또는 믿고 의지하는 것.
依懷(의회) 마음에 의지함. 쓸쓸한 마음을 의지해 달램.

유 倚(의지할 의) 비 衣(옷 의)

侇 ⑥8획 무리 이 日イ 中yí

풀이 1. 무리. 같은 또래. 2. 늘어놓다. 죽 줄지어 놓다.

유 徒(무리 도) 群(무리 군) 비 夷(오랑캐 이)

佴 ⑥8획 ❶버금 이 ❷성 내 日ジ·こ 中èr, nài

풀이 ❶ 1. 버금. 2. 나란히 하다. ❷ 3. 성씨(姓氏). 4. 잇다.

유 亞(버금 아) 次(버금 차)

佾 ⑥8획 줄춤 일 日イツ 中yì

풀이 줄춤. 주(周)나라의 무악(舞樂) 제식(制式)으로 가로·세로의 인원이 같은 춤을 말함.

佾舞(일무) 사람을 여러 줄로 세워 놓고 추게 하는 춤.
佾舞生(일무생) 대궐이나 문묘(文廟)에 제사가 있을 때에 춤과 노래를 맡은 사람. 일생(佾生).

유 舞(춤 무) 비 侑(권할 유)

佺 ⑥8획 신선 이름 전 日セン 中quán

풀이 신선 이름.

佻 ⑥8획 방정맞을 조 日チョウ·かる 中tiāo, tiáo, yáo

풀이 1. 방정맞다. 가볍다. 경박하다. ¶佻薄 2. 훔치다. 3. 혼자 걷는 모양. 4. 고달프다. 구차하다.

佻巧(조교) 겉으로 보기 좋으나 실속이 없음.
佻薄(조박) 방정맞고 천박함.
佻佻(조조) 1)홀로 걷는 모양. 2)경박하고 방정맞은 모양. 3)피로하고 고달픈 모양.
佻險(조험) 방정맞고 음험함.

비 逃(달아날 도) 兆(조짐 조)

侏 ⑥8획 난쟁이 주 日シュ 中zhū

풀이 1. 난쟁이. ¶侏儒 2. 광대. 배우. 3. 동자기둥. 들보 위의 짧은 기둥. 4. 어리석다. 5. 거짓말하다.

侏離(주리) 이해하기 힘든 외국어를 낮추어 이르는 말.
侏儒(주유) 1)난쟁이. 2)광대. 배우(俳優).
侏儒參轎子擔(주유참교자담) 난쟁이가 가마를 메는 일에 끼어든다는 뜻으로, 자기 분수에 맞지 않는 일을 함을 이르는 말.

비 珠(구슬 주) 殊(죽일 수)

侜 ⑥8획 속일 주 日チュウ 中zhōu

풀이 속이다. 가려서 보이지 않게 하다.

유 詐(속일 사)

侄 ⑥8획 어리석을 질 日シツ 中zhí

풀이 1. 어리석다. 2. 굳다. 3. 조카.

유 愚(어리석을 우) 비 至(이를 지)

侘 ⑥8획 실망할 차 日タ·ほこる 中chà

풀이 1. 실망하다. 뜻을 잃다. ¶侘傺 2. 자랑하다. 뽐내다.

侘傺(차제) 실의한 모양.

비 宅(집 택)

佽 ⑥8획 도울 차 日シ 中cì

풀이 1. 돕다. ¶佽助 2. 재빠르다. 3. 대신하다. 번갈아. 4. 나란히 하다. 가지런한 모양.

佽助(차조) 도움. 도와줌.

유 助(도울 조) 佑(도울 우) 補(도울 보) 佐(도울 좌)

비 次(버금 차)

⑥ 8획 日シ·おごる
사치할 치 中chǐ

풀이 1. 사치하다. 호사하다. ¶侈端 2. 넓다. 크다. 많다. ¶侈麗 3. 오만하다. 거만하다. 4. 지나치다. 과하다. ¶侈靡 5. 벌리다. 펴서 열다. 6. 난잡하다. 방자하다.

侈口(치구) 큰 입. 거구(巨口).
侈端(치단) 사치의 시작.
侈麗(치려) 크고 아름다움.
侈靡(치미) 무절제한 사치.
侈侈(치치) 성한 모양.

유 奢(사치할 사) 반 儉(검소할 검)

⑥ 8획 日シキ
조심할 칙 中chì

풀이 조심하다. 두려워하다.

비 式(법 식)

侗

⑥ 8획
❶클 통 日トウ·ズ·おろか
❷정성 동 中dòng,tóng, tǒng

풀이 1 1. 크다. 2. 어리석다. 미련하다. 3. 아프다. 2 4. 정성.

侗然(동연) 정성스런 모양. 성실한 모양.

유 大(큰 대) 太(클 태) 泰(클 태) 반 小(작을 소)

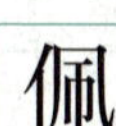

⑥ 8획 日ハイ·おびる
찰 패 中pèi

풀이 1. 차다. 차는 것. ¶佩劍 2. 두르다. 지니다. ¶佩綬 3. 마음에 두다. 잊지 않다. ¶佩服 4. 노리개.

佩劍(패검) 칼을 참. 또는 그 칼.
佩刀(패도) 차는 칼. 패검(佩劍).
佩犢(패독) 칼 대신에 송아지를 산다는 뜻으로, 무기를 버리고 생산에 종사함을 이르는 말.
佩物(패물) 1)사람의 몸에 지니는 장식물. 2)금·은·옥 등으로 만든 여자의 장식물. 노리개.
佩服(패복) 1)몸에 참. 2)마음에 새겨 놓고 잊지 않음. 깊이 감복(感服)함.
佩符(패부) 부신(符信)이나 증표를 지니고 있다는 뜻으로, 수령의 자리에 있음을 이르는 말.
佩綬(패수) 인수(印綬)를 참. 곧 벼슬자리에 있음.
佩韋(패위) 가죽을 참. 성급한 마음을 바로잡음.
佩恩(패은) 은혜를 입음.
佩鐵(패철) 지남철(指南鐵)을 지님. 또는 그 지남철. 찰쇠.
佩瓢(패표) 쪽박을 차고 다닌다는 뜻으로, 가난하여 빌어먹음을 이르는 말.
佩弦(패현) 마음의 긴장을 풀지 않음.

佷

⑥ 8획 日コウ
어길 한 中 hěn, héng

풀이 1. 어기다. 어그러지다. ¶佷子 2. 고을 이름.

佷子(한자) 부모님의 말을 어기는 아들.

비 俍(잘할 량) 恨(한할 한) 限(한계 한)

侅

⑥ 8획 日カイ
이상할 해 中gāi

풀이 1. 이상하다. 기이하다. 2. 목메다.

侐

⑥ 8획 日キョク·ケキ
고요할 혁 中xù

풀이 고요하다.

비 寂(고요할 적) 반 騷(떠들 소)

侀

⑥ 8획 日ケイ
이룰 형 中xíng

풀이 1. 이루다. 2. 거푸집. 3. 형벌.

비 刑(형벌 형)

佸

⑥ 8획 日カツ
이를 활 中huó

풀이 1. 이르다. 닿다. 2. 만나다.

비 活(살 활)

佪

⑥ 8획 日カイ
어정거릴 회 中 huái, huí

풀이 1. 어정거리다. 헤매다. ¶佪翔 2. 어둡다. 어두운 모양. ¶佪佪

佪翔(회상) 하늘을 빙빙 돌면서 날아다님.

佪佪(회회) 어두운 모양. 사리에 밝지 못한 모양.

유 徨(노닐 황) 彷(거닐 방) 비 徊(노닐 회)

侄	⑦ 9획
	徑(p423)과 通字

係	⑦ 9획	日ケイ·かかる
	걸릴 계	中xì

丿 亻 亻 仫 伾 伾 俘 係 係

* 형성. 뜻을 나타내는 부수 '人(사람 인)'과 음을 나타내는 '系(이을 계)'를 합친 글자. 원래 '系'와 같은 글자였으나 후에 '사람이 물건을 걸다' 등으로 사람의 관계를 나타내어 사람을 '속박하다', '얽다'라는 뜻으로 쓰임.

풀이 1. 걸리다. 걸다. ¶係戀 2. 매다. 묶다. 잇다. ¶係累 3. …계. 사무 구분에서 가장 하위 단위. ¶事務係 4. 끌다. 질질끌다.

係戀(계련) 몹시 그리워하며 잊지 못함.
係累(계루) 1)얽매임. 2)한집에 거느린 식구.
係員(계원) 한 계에 소속되어 분담된 어떤 일을 보는 사람.
係長(계장) 관청이나 회사 등의 한 계의 책임자.
關係(관계) 둘 이상이 서로 걸림.
極關係(극관계) 한 점이 한 직선에 극으로 대응하면, 반대로 그 직선은 그 점에 곡선으로 대응하는 관계.
記錄係(기록계) 기록하는 일을 맡아보는 계.
男女關係(남녀관계) 남자와 여자가 이성으로서 맺어지는 관계.

비 系(이을 계)

俇	⑦ 9획	日キョウ·ゴウ
	허둥지둥할 광	中guàng, kuāng

풀이 1. 허둥지둥하다. ¶俇俇 2. 분주하다. 어수선하다. 3. 멀리 가다. 원행(遠行)하다.

俇俇(광광) 허둥지둥하는 모양.

俅	⑦ 9획	日キュウ
	공손할 구	中qiú

풀이 1. 공손하다. 관을 갖춘 모양. ¶俅俅 2. 머리에 얹은 장신구 모양.

俅俅(구구) 1)공손하고 온순한 모양. 2)머리에 임.

유 恭(공손할 공) 비 求(구할 구)

侷	⑦ 9획	日キョク·ゴク
	다그칠 국	中jú

풀이 1. 다그치다. 재촉하다. 2. 몸을 구부리다.

비 局(판 국)

俍	⑦ 9획	日リョウ
	잘할 량	中liáng

풀이 잘하다. 어질다.

비 佷(고을 이름 한)

侶	⑦ 9획	日リョ·とも
	짝 려	中lǚ

* 형성. 뜻을 나타내는 부수 '人(사람 인)'과 음을 나타내며 사람을 모은다는 뜻을 지닌 '呂(음률 려)'를 합친 글자. 이에 사람이 모인 동아리나 한 패라는 뜻을 나타냄.

풀이 1. 짝. 벗. ¶伴侶 2. 동반하다. 함께하다.

유 伴(짝 반) 配(아내 배) 偶(짝 우) 비 呂(음률 려)

俐	⑦ 9획	日リ·かしこい
	똑똑할 리	中lì

풀이 똑똑하다. 영리하다. ¶伶俐

유 怜(영리할 령) 伶(영리할 령) 비 利(날카로울 리)

俚	⑦ 9획	日リ·たのしい
	속될 리(이)	中lǐ

풀이 1. 속되다. 저속하다. 촌스럽다. ¶俚淺 2. 속요. 속된 노래. ¶俚謠 3. 부탁. 의뢰.

俚婦(이부) 1)천한 여자. 2)시골 여자.
俚諺(이언) 항간에 퍼져 통속적으로 쓰이는 속담.
俚謠(이요) 속된 노래. 속요.
俚耳(이이) 속인(俗人)의 귀. 듣고도 뜻을 모르는 사람의 귀. 속이(俗耳).
俚淺(이천) 속되고 천박함.

유 俗(풍속 속) 반 雅(우아할 아) 비 里(마을 리)

俛	⑦ 9획	
	❶ 힘쓸 면	日メン·つとめる
	❷ 숙일 부	中fǔ, miǎn

풀이 ❶ 1. 힘쓰다. ❷ 2. 고개를 숙이다. 구부리다.

俛焉(면언) 부지런히 힘쓰는 모양.

유 勉(힘쓸 면) 務(힘쓸 무)

侮	⑦ 9획	日 ブ · あなどる
	업신여길 모	中 wǔ

丿 亻 亻' 亻' 仛 侮 侮 侮 侮

풀이 1. 업신여기다. 깔보다. 경멸하다. 2. 조롱하다. 능멸하다. 3. 병들다. 아프다.

侮蔑(모멸) 업신여기고 얕잡아 봄.

侮狎(모압) 업신여기고 무시함.

侮辱(모욕) 깔보고 욕되게 함.

受侮(수모) 모욕을 받음. 창피를 당함.

유 蔑(업신여길 멸) 凌(능가할 릉)

비 悔(뉘우칠 회) 梅(매화나무 매)

保	⑦ 9획	日 ホ · たもつ
	보전할 보	中 bǎo

丿 亻 亻 亻' 亻' 亻' 伻 保 保

* 회의. 어른의 뜻을 나타내는 '人(사람 인)'과 아이의 모양을 나타낸 '呆(어리석을 매)'를 합친 글자. 이에 어른이 아이를 '지키고 보살피다', '보전하다'라는 뜻으로 쓰임.

풀이 1. 보전하다. 지키다. ¶保健 2. 책임지다. 맡다. 보증하다. ¶保險 3. 돕다. 4. 기르다. ¶保姆 5. 알다. 6. 편안하다. 7. 믿다. 8. 부리다. 사용하다. 9. 고용인.

保健(보건) 건강을 보전함.

保管(보관) 규정 또는 계약에 의하여 남의 물품 등을 맡아 보존하는 일.

保菌(보균) 몸에 병균을 지니고 있음.

保留(보류) 일을 뒤로 미뤄 둔 채 손대지 않음.

保姆(보모) 1)어린아이를 돌보아 주는 여자. 2)유치원의 여선생.

保釋(보석) 일정한 보증금을 받고 미결 구류 중의 피고인을 석방하는 일.

保稅(보세) 관세의 부과를 미루어 둠.

保守(보수) 1)보호하여 지킴. 2)과거의 풍습·전통 등을 소중히 여겨 그대로 지킴.

保身(보신) 몸을 보호함.

保身命(보신명) 몸을 보전함.

保安(보안) 사회의 안녕 · 질서를 보전함.

保安官(보안관) 미국의 각 고을에서 치안을 맡아보던 민선 관리.

保安燈(보안등) 어두운 곳에 안전을 위하여 다는 등.

保安林(보안림) 풍치를 보전하거나 수해를 막기 위해 조성된 수풀.

保養(보양) 몸을 건강히 보전하고 기름.

保溫(보온) 일정한 온도를 유지함.

保佑(보우) 보살펴 도와줌.

保有(보유) 지니고 있음.

保育(보육) 어린아이를 보호하여 기름.

保障(보장) 보호하여 잘못되는 일이 없도록 함.

保全(보전) 보호하여 완전하게 함.

保存(보존) 잘 지니고 있음.

保證(보증) 1)틀림이 없음을 증명함. 2)채무자가 채무를 이행하지 않을 경우, 대신하여 채무를 이행할 것을 부담함.

保合(보합) 시세가 변동 없이 계속되는 일.

保險(보험) 손해를 물어 주겠다는 보증.

保護(보호) 잘 돌보아 지킴.

留保(유보) 옆에 두고 보류함.

確保(확보) 일이나 물건 등을 확실히 보관함.

유 守(지킬 수)

俌	⑦ 9획	日 ホウ · たすける
	도울 보	中 fǔ

풀이 돕다. 보필하다.

유 助(도울 조) 佑(도울 우) 補(기울 보) 佐(도울 좌)

비 捕(사로잡을 포)

俘	⑦ 9획	日 フ · とりこ
	사로잡을 부	中 fú

풀이 1. 사로잡다. 2. 포로. 사로잡은 적군. ¶俘獲

俘獲(부획) 전쟁 때 적에게 붙잡힌 사람.

유 獲(얻을 획) 捕(사로잡을 포) 반 放(놓을 방)

비 浮(뜰 부)

俜	⑦ 9획	日 ヒョウ · ヘイ
	부릴 빙	中 pīng

풀이 1. 부리다. 사용하다. 2. 호협(豪俠)하다. 협객(俠客). 3. 비틀거리다.

비 聘(찾아갈 빙)

俟	⑦ 9획	日 シ · まつ
	기다릴 사	中 qí, sì

풀이 1. 기다리다. ¶俟命 2. 크다. 성한 모양. ¶俟俟 3.

떼지어 가다.

俟命(사명) 1)명령을 기다림. 2)천명에 맡김.

俟俟(사사) 많은 사람이 떼를 지어 천천히 걷는 모양.

俟河淸(사하청) 누런 황하(黃河)의 물이 맑아지기를 기다린다는 뜻으로, 가능성이 없는 일을 기대함을 비유하는 말.

靜而俟之(정이사지) 가만히 기다리고 있음.

河淸難俟(하청난사) 황하의 물이 맑아지기를 기다리기 어렵다는 뜻으로, 기다릴 수가 없음을 비유하는 말.

유 待(기다릴 대) 비 矣(어조사 의)

俗	⑦9획 풍속 속	日ゾク 中sú

ノ イ イ' イ'' 亻ハ 㑥 俗 俗 俗

* 형성. 뜻을 나타내는 부수 '人(사람 인)'과 음을 나타내는 '谷(골짜기 곡)'을 합친 글자. 사람이 함께 모여 사는 골짜기에서 생긴 풍습이라는 뜻에서 '풍속'의 뜻으로 쓰임.

풀이 1. 풍속. 시대의 풍습. 지방마다의 습관. ¶風俗 2. 속되다. 범속하다. ¶俗漢 3. 속인. 출가한 승려와 반대되는 뜻. ¶俗人 4. 세상. 세간. 인간 세상. 속세. ¶俗說

俗家(속가) 1)불교를 믿지 않는 집안을 불가에서 이르는 말. 2)속세의 사람이 사는 집.

俗談(속담) 1)옛날부터 전해 오는 민간의 격언. 2)속된 이야기.

俗物(속물) 1)배움이 없거나 식견이 좁아, 저속한 사람. 2)속된 물건.

俗說(속설) 1)세간에 전해 오는 통설. 2)속담.

俗習(속습) 세속의 풍습. 속된 습관.

俗樂(속악) 1)통속적인 음악. 일반적으로 유행하는 저속한 음악. 2)고려 때의 동동 · 서경별곡 등의 노래. 속요. 3)판소리 · 잡가 · 민요 등.

俗語(속어) 1)통속적으로 쓰이는 저속한 말. 2)막말. 속언(俗言).

俗謠(속요) 1)세속에 널리 떠돌아 다니는 저속한 노래. 2)지방 노래.

俗人(속인) 1)평범한 사람. 속세의 사람. 2)불도를 아직 깨닫지 못한 사람.

俗字(속자) 세간에서 두루 쓰이는 자획이 올바르지 않은 한자.

俗塵(속진) 세속의 먼지. 세상살이의 번거로움.

俗趣(속취) 세속의 취미.

俗臭(속취) 1)고상하지 못하고 속된 냄새. 2)염증이 날 만한 범속한 기풍.

俗稱(속칭) 세속에서 일컫는 칭호.

俗風(속풍) 세속적인 풍습.

俗筆(속필) 저속한 필적.

俗學(속학) 세속에 젖어 고상하지 않고 천박한 학문.

俗漢(속한) 인격과 성품이 저속하고 보잘것없는 사람.

俗解(속해) 일반 사람들이 쉽게 이해하도록 풂.

俗好(속호) 세속의 기호(嗜好). 유행(流行).

유 俚(속될 리) 비 裕(넉넉할 유)

信	⑦9획 믿을 신	日シン・まこと 中xìn

ノ イ イ' イ'' 亻〻 亻〻 亻〻 信 信

* 회의. 뜻을 나타내는 부수 '人(사람 인)'과 '言(말씀 언)'을 합친 글자. 사람이 하는 말에 거짓이 없어야 한다는 뜻에서 '믿음'. 또는 '성실함'의 뜻으로 쓰임.

풀이 1. 믿다. 신뢰하다. ¶信賴 2. 공경하다. ¶信心 3. 신표. 표지. ¶信符 4. 맡기다. 5. 편지. ¶受信人 6. 펴다. 펼치다. 7. 자신. 자기 몸. 8. 자세히 밝히다. 분명히 하다.

信寬(신관) 신의가 있고 관대함.

信口(신구) 입에 맡김. 곧, 말을 함부로 함.

信念(신념) 굳게 믿어 의심하지 않는 마음.

信徒(신도) 종교를 믿는 사람들. 교도.

信賴(신뢰) 믿고 의지함.

信望(신망) 믿고 바람. 믿음과 덕망.

信奉(신봉) 믿고 받듦.

信憑(신빙) 믿어서 근거나 증거로 삼음.

信賞必罰(신상필벌) 상을 줄 만한 훈공이 있는 자에게 반드시 상을 주고, 벌할 죄과가 있는 자에게는 반드시 벌을 줌. 상벌을 공정하고 엄중히 하는 일.

信實(신실) 믿음성 있고 꾸밈이 없음.

信心(신심) 1)신을 믿는 마음. 2)옳다고 믿는 마음.

信仰(신앙) 1)종교상의 교리를 각 개인이 온 마음을 바쳐 믿고 받듦. 2)타인의 덕 또는 주의를 믿고 받듦.

信約(신약) 믿음으로써 약속함.

信用(신용) 1)약속한 일에 대하여 앞으로 지키리라는 믿음. 2)믿어 의심하지 않음. 확실하다고 믿음.

信義(신의) 1)믿음과 의리. 2)진실하고 올바름.

信任(신임) 믿고 일을 맡김.

信者(신자) 어떤 종교를 믿는 사람.

信條(신조) 1)신앙 개조(箇條). 2)굳게 믿고 있는 생각.

信託(신탁) 1)믿고 위탁함. 2)일정한 목적에 따

라서 재산의 관리 · 처분을 위탁하는 행위.
信號(신호) 서로 떨어져 있는 두 지점 사이에 일정한 부호를 써서 서로 의사를 통하는 방법.
所信(소신) 자신이 확실히 믿는 바.
受信機(수신기) 유선이나 무선의 전신 또는 전화 등에서, 외부로부터의 통신 신호를 받는 장치의 총칭.
修信使(수신사) 조선 말엽에 일본에 보낸 사신.
受信人(수신인) 우편물이나 전신에 관한 통신(通信)을 받는 사람.
手信號(수신호) 손으로 하는 신호.
유 恃(믿을 시)

俄	⑦ 9획	日ガ · にわか
	갑자기 아	中é

풀이 1. 갑자기. 2. 잠시. 잠깐. ¶俄頃 3. 기울다. 4. 러시아의 준말. ¶俄國 5. 높다. 높이다.
俄頃(아경) 잠시. 잠깐.
俄國(아국) 러시아. 아라사(俄羅斯).
俄旋(아선) 잠시 연장됨.
俄然(아연) 1)갑자기. 급히. 2)잠시. 잠깐.
비 我(나 아)

俑	⑦ 9획	日ヨウ · トウ
	인형 용	中yǒng

풀이 인형. 순장(殉葬)하는 사람 대신 쓰는 인형.
비 涌(샘솟을 용)

俁	⑦ 9획	日グ
	얼굴클 우	中yǔ

풀이 얼굴이 크다.
俁俁(우우) 얼굴이 큰 모양.

俋	⑦ 9획	日チュウ
	밭갈 읍	中yì

풀이 1. 밭 갈다. 2. 날쌔고 씩씩한 모양.
俋俋(읍읍) 밭을 가는 모양.
유 耕(밭 갈 경)

俎	⑦ 9획	日ソ · ショ · まないた
	도마 조	中zǔ

풀이 1. 도마. ¶不免鼎俎 2. 적대. 제사 때 공양물을 올려놓는 대. ¶俎豆
俎豆(조두) 1)제사 때 음식을 담는 그릇의 한 가지. 2)제사를 지냄.
俎上肉(조상육) 아무리 애써도 벗어나지 못하고 꼼짝할 수 없는 처지.
不免鼎俎(불면정조) 솥에 삶아지고 도마에 오르는 것을 면치 못함.
비 組(끈 조) 且(또 차) 徂(갈 조)

侳	⑦ 9획	日サ
	욕보일 좌	中cuò, zuò

풀이 1. 욕보이다. 치욕을 주다. 2. 편안하다.
유 辱(욕되게 할 욕) 비 坐(앉을 좌)

俊	⑦ 9획	日シュン · すぐれる
	준걸 준	中jùn

풀이 1. 준걸. 재주와 슬기가 뛰어난 사람. ¶俊傑 2. 걸출하다. 재주와 슬기가 뛰어나다. ¶俊才 3. 크다. 높다. ¶俊德
俊傑(준걸) 재주와 지혜가 뛰어남. 또는 그런 사람.
俊骨(준골) 1)준수하게 생긴 골격. 2)준걸.
俊德(준덕) 큰 덕. 대덕(大德).
俊敏(준민) 재주가 뛰어나고 민첩함.
俊秀(준수) 재주 · 지혜 · 풍채가 뛰어남.
俊才(준재) 뛰어난 재주.
才俊(재준) 재주가 있고 풍채가 뛰어난 사람.
聰俊(총준) 총명하고 준수함.
賢俊(현준) 어질고 훌륭함. 또는 그런 사람.
豪俊(호준) 재주와 지혜가 뛰어난 사람.
유 傑(뛰어날 걸) 비 峻(높을 준)

侲	⑦ 9획	日シン · わらべ
	동자 진	中zhēn, zhèn

풀이 1. 동자(童子). 어린아이. ¶侲子 2. 착하다. 3. 말을 기르는 사람.
侲子(진자) 어린아이. 동자(童子).

俏	⑦ 9획	
	❶닮을 초	日ソョウ · にる
	❷거문고탈소	中qiào

2획

풀이 ❶ 1. 닮다. 비슷하다. 2. 예쁘다. 어여쁘다. ❷ 3. 거문고를 타다.

유 似(같을 사) 비 削(깎을 삭) 消(사라질 소)

促 ⑦9획
❶ 재촉할 촉 日 ソク · うながす
❷ 악착스러울 착 中 cù

* 형성. 뜻을 나타내는 부수 '人(사람 인)'과 음을 나타내며 '만족시키다'는 뜻을 지닌 '足(발 족)'을 합친 글자. 사람(亻)이 무슨 조건을 만족 시키려고(足) 와서 구하는 것이라는 의미에서 '재촉하다'라는 뜻으로 쓰임.

풀이 ❶ 1. 재촉하다. 죄어치다. ¶促求 2. 촉박하다. 다가오다. 3. 급하다. 절박하다. ❷ 4. 악착스럽다.

促求(촉구) 재촉함. 재촉하여 구함.
促急(촉급) 촉박함. 촉박하여 급함.
促迫(촉박) 기일이 바싹 다가옴.
促發(촉발) 재촉하여 떠나게 함.
促成(촉성) 재촉하여 이룸. 빨리 이루어지게 재촉함.
促音(촉음) 음과 음 사이에서 폐쇄되는 음.
促進(촉진) 재촉하여 나아가게 함.
代促(대촉) 한 세대(世代)의 횟수가 짧음.
督促(독촉) 독려하여 재촉함.
繁音促節(번음촉절) 가사가 번잡하고 장단이 빠름.
刺促(자촉) 세상일에 얽매어서 몹시 바쁨.
切促(절촉) 절박(切迫).
催促狀(최촉장) 재촉하는 서장(書狀).

유 催(재촉할 최) 비 捉(잡을 착)

侵 ⑦9획 日 シン · おかす
침노할 침 中 qīn

* 형성. 뜻을 나타내는 부수 '人(사람 인)'과 손에 비를 들고 있는 것을 나타낸 부수 이외의 글자를 합친 글자. 이에 사람이 손에 비를 들고 땅을 쓸어 나가 차츰차츰 남의 땅까지도 쓴다는 데서 '범하다', '침노하다'이라는 뜻으로 쓰임.

풀이 1. 침노하다. 엄습하다. 침범하다. ¶侵奪 2. 차츰 나아가다. 3. 흉년이 들다. 흉년. ¶大侵 4. 키가 작고 못생기다. ¶貌侵

侵攻(침공) 침입하여 공격함.
侵略(침략) 침범하여 약탈함.
侵犯(침범) 남의 권리 · 영토 등을 마음대로 침노하여 범함.
侵蝕(침식) 점점 침범하여 먹어 들어감.
侵入(침입) 침범하여 들어감.
侵奪(침탈) 침노하여 빼앗음.
侵害(침해) 침범하여 해를 입힘.
共侵(공침) 둘 이상의 나라가 함께 침략함.
共侵魚(공침어) 꽁치.
南侵(남침) 북쪽에서 남쪽 지방을 침범함.
來侵(내침) 침략해 옴.
大侵(대침) 대기근(大饑饉).
貌侵(모침) 몸집이 작고 생김.
不可侵(불가침) 침범해서는 안 됨.
不侵(불침) 침략하지 않음.
再侵(재침) 다시 침범함. 다시 침략함.
敵侵(적침) 적의 침입.
被侵(피침) 침략이나 침해를 당함.

비 浸(담글 침)

侻 ⑦9획 日 タツ
가벼울 탈 中 tuì, tuō

풀이 1. 가볍다. 경솔하다. 2. 적합하다. 맞다. 3. 벗다. 벗어나다. 4. 추하다. 못생기다. 보기 흉하다.

유 醜(추할 추) 비 悅(기쁠 열)

便 ⑦9획
❶ 편할 편 日 ベン · たより
❷ 오줌 변 中 biàn, pián

* 형성. 뜻을 나타내는 부수 '人(사람 인)'과 '바로잡다', '바꾸다'의 뜻을 지닌 '更(고칠 경)'을 합친 글자. 사람에게 편리하게 바꾸는 것, 곧 불편한 것을 좋게 고친다는 뜻으로 쓰임.

풀이 ❶ 1. 편하다. 편리하다. 손쉽다. 형편이 좋다. ¶便易 2. 아첨하다. 말을 잘 하다. ¶便辟 3. 소식. 편지. 연락. ¶便紙 4. 익히다. 숙달하다. 5. 쉬다. 편안하다. ❷ 6. 오줌. 오줌을 누다. ¶便器 7. 똥. 8. 곧. 문득.

便器(변기) 대소변을 받아 내는 그릇.
便秘(변비) 똥이 잘 누어지지 않는 병.
便覽(편람) 보기에 편리하게 간단하고 명료하게 만든 책.
便利(편리) 1)편하고 이로움. 2)편하고 쉬움.
便法(편법) 편리한 방법. 손쉬운 방법.
便乘(편승) 1)다른 사람의 가마에 한 자리 얻어 탐. 편의를 얻어 거마를 탐. 2)남의 세력을 이용하여 이익을 거둠.
便安(편안) 편하고 안정됨.
便宜(편의) 1)편리하고 마땅함. 2)형편상. 3)값이 저렴함.

便易(편이) 편리하고 쉬움.
便益(편익) 편리하고 유익함.
便紙(편지) 소식이나 용건을 전하는 글.
相對便(상대편) 서로 상대가 되는 편. 상대방.
隨便(수편) 편한 것을 따름.
順便(순편) 1)돌아오는 인편(人便). 순귀편(順歸便)의 준말. 2)순조롭고 편함.
郵便(우편) 편지나 그 밖의 물품을 보내 주는 통신 제도.
形便(형편) 일이 되어 가는 모양이나 형편.
비 使(부릴 사)

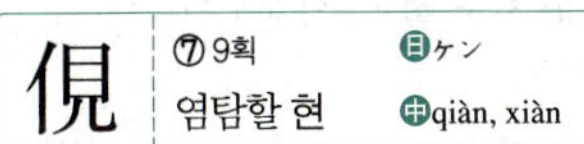

俔	⑦ 9획	日ケン
	염탐할 현	中qiàn, xiàn

풀이 1. 염탐하다. 엿보다. 염탐꾼. 2. 두려워하다. ¶俔俔 3. 풍향계. 바람개비.
俔俔(현현) 두려워하는 모양.
유 偵(염탐할 정) 비 現(나타날 현)

俠	⑦ 9획	日キョウ·おとこだて
	호협할 협	中xiá

* 형성. 뜻을 나타내는 부수 '人(사람 인)'과 음을 나타내는 '夾(낄 협)'을 합친 글자. 의분과 용기를 끼고[夾] 있는 사람[亻]이라는 의미에서 '호협하다', '호협한 사람'의 뜻으로 쓰임.

풀이 1. 호협하다. 의협심이 있다. ¶俠氣 2. 끼다. 곁. 옆. ¶俠侍 3. 젊다. 젊은이. 4. 제멋대로 굴다.
俠客(협객) 의협심이 있는 남자. 협자(俠者).
俠氣(협기) 의협심이 강한 기상.
俠侍(협시) 곁에서 모심.
義俠(의협) 강자를 누르고 약자를 도우려는 마음. 체면을 중하게 알고 의리가 있음.
비 狹(좁을 협) 峽(골짜기 협)

侯	⑦ 9획	日コウ·まと
	제후 후	中hóu, hòu

丿 亻 亻 亻 亻 亻 亻 侯 侯

풀이 1. 제후. ¶侯公 2. 후작. 작위(爵位)의 한 가지. 3. 과녁. ¶近侯 4. 아름답다. 5. 이에. 발어사. 6. 어찌. 어느. 의문사.
侯鵠(후곡) 과녁. 과녁과 과녁의 한가운데의 점.
侯公(후공) 제후(諸侯). 공후(公侯).
侯禳(후양) 복은 맞이하고 재앙은 물리침. 또 그 제사.
侯王(후왕) 한 나라의 군주. 왕후(王侯).
侯爵(후작) 오등작(五等爵)의 둘째.
君侯(군후) 제후(諸侯).
近侯(근후) 무과나 교습에 쓰기 위하여 80보 정도의 거리에 세운 과녁.
萬戶侯(만호후) 일만 호의 백성을 가진 제후. 곧 세력이 큰 제후를 일컬음.
封侯(봉후) 천자에게 조공을 바치는 나라의 임금. 또는 그 제후를 봉함. 제후(諸侯).
射侯(사후) 과녁으로 쓰는 베. 사방 열 자 가량임.
列侯(열후) 제후(諸侯).
王侯領(왕후령) 영국의 식민 통치를 받던 나라에서 지금은 부족의 우두머리가 통치하는 나라. 오만 · 바레인 · 카타르 등.
王侯將相(왕후장상) 제왕(帝王)과 제후(諸侯)와 장군(將軍)과 재상(宰相)을 통틀어 이르는 말.
諸侯(제후) 천자에게 조공을 바치는 나라의 임금들.
비 候(물을 후) 矣(어조사 의) 俟(기다릴 사)

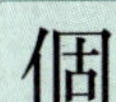

個	⑧ 10획	日コ·カ
	낱 개	中gě, gè

丿 亻 亻 们 们 們 們 個 個 個

* 형성. 뜻을 나타내는 부수 '人(사람 인)'과 음을 나타내는 '固(굳을 고)'를 합친 글자. 이에 사람이 죽어서 해골이 됨을 뜻하였으나, 바뀌어 사람이나 물건을 세는 단위, '낱'이라는 뜻이 됨.

풀이 1. 낱. 하나. 한 명. 2. …개. 낱개로 된 물건의 수수를 세는 단위.
個別(개별) 하나하나. 낱낱이 따로 나눔.
個性(개성) 개인의 특유한 성질. 개체의 특유한 특징이나 성격.
個人(개인) 각자. 자기 혼자. 국가나 사회를 조직하는 하나하나의 사람
個中(개중) 여럿이 있는 그 가운데.
個體(개체) 1)개별적으로 생활을 영위하는 생물의 각각. 2)독립하여 존재하는 낱낱의 물체.
유 个(낱 개) 箇(낱 개)

倨	⑧ 10획	日キョ·おごる
	거만할 거	中jù

풀이 1. 거만하다. 오만하다. ¶倨固 2. 걸터앉다. 무릎을 꿇고 앉다. ¶箕倨 3. 굽다. ¶倨句
倨倨(거거) 1)멍하게 있는 모양. 2)거만한 모양. 거만(倨慢).

2획

倨固(거고) 거만하고 고집이 셈.
倨曲(거곡) 굽음. 구부러짐.
倨句(거구) 1)곧음과 굽음. 직곡(直曲). 2)공손하지 않음과 겸손함.
倨氣(거기) 거만한 기색.
倨慢(거만) 거드럭거리며 남을 업신여김. 겸손하지 않고 뽐냄. 거오(倨傲).
倨色(거색) 거만한 태도. 거드름.
倨視(거시) 거만하게 봄. 남을 멸시함.
倨傲(거오) 거만함. 오만함.
倨傲鮮腆(거오선전) 거만하고 잘난 체함.

유 傲(거만할 오) 비 据(일할 거)

2 획

⑧ 10획
儉(p86)의 俗字

倞
⑧ 10획
❶셀 경 日ケイ·ギョウ·つよ
❷멀 량 中jìng, liàng

풀이 1 1. 세다. 굳세다. 강하다. 2 2. 멀다.

비 凉(서늘할 량)

倥
⑧ 10획
어리석을 공 日コウ·ク·おろか 中kōng, kǒng

풀이 1. 어리석다. 미련하다. ¶倥侗 2. 바쁘다. ¶倥傯 3. 괴롭다. 고생하다.

倥傯(공총) 1)일이 많아서 바쁨. 2)피로워함.
倥侗(공통) 어리석은 모양.

유 愚(어리석을 우)

倌
⑧ 10획
수레몰이 관 日カン 中guān

풀이 1. 수레몰이. 왕이 타는 수레를 맡던 낮은 신분의 신하. ¶倌人 2. 벼슬. 3. 기생.

倌人(관인) 1)수레를 관리하던 관직. 2)기생.

俱
⑧ 10획
함께 구 日ク·ともに 中jū, jù

丿 亻 亻 亻口 亻冂 亻冃 亻目 亻且 俱 俱

* 형성. 뜻을 나타내는 부수 '人(사람 인)'과 음을 나타내며 '모두 갖추어져 있다'는 의미를 지닌 '具(갖출 구)'를 합친 글자. 이에 사람들 '모두'라는 뜻으로 쓰임.

풀이 1. 함께. 모두. 다. 전부. 2. 갖추다. 구비하다. 3. 동반하다. 함께가다. 4. 두루두루.

俱慶(구경) 부모님이 다 생존하시어 경사스러움.
俱發(구발) 1)동시에 일이 일어남. 2)같은 사람에게 여러 가지 죄가 동시에 성립되는 일.
俱備(구비) 모두 갖춤.
俱生神(구생신) 그 사람과 함께 태어나서 항상 그 사람의 양쪽 어깨 위에 있으면서 행위의 선악을 기록한다는 남녀 한 쌍의 신.
俱存(구존) 부모님이 모두 살아 계심.
百骸俱痛(백해구통) 온몸이 모두 아픔.

유 共(함께 공)

⑧ 10획 日クツ·つよい
고집 셀 굴 中jué, juè

풀이 1. 고집이 세다. 고집을 부리다. ¶倔彊 2. 굽다. 3. 일어나다. 몸을 일으키다.

倔彊(굴강) 고집이 세어 굽히지 않음. 굴강(倔强).
倔起(굴기) 몸을 일으킴. 입신출세함.

비 掘(팔 굴)

倦
⑧ 10획 日ケン·つかれる
게으를 권 中juàn

풀이 1. 게으르다. 태만하다. 2. 피로하다. 지치다. ¶倦客 3. 싫증이 나다.

倦客(권객) 피로한 여행객.
倦苦(권고) 싫증나고 괴로움.
倦極(권극) 몹시 피로함.
倦悶(권민) 몹시 피로하며 걱정함.
倦厭(권염) 피로하고 싫증이 남.
倦游(권유) 놀이에 싫증이 남.
倦怠(권태) 어떤 일이나 상태에 시들해져서 생기는 게으름이나 싫증.
倦弊(권폐) 싫증이 나고 피곤함.

유 怠(게으를 태) 반 勤(부지런할 근)

倛
⑧ 10획 日キ
탈 기 中qī

풀이 탈. 가면. 눈이 넷인 귀신이나 도깨비 모양의 가면.

비 期(기약할 기)

倓	⑧ 10획 고요할 담	日タン・しずか 中tán

풀이 1. 고요하다. 조용하다. 2. 재물로써 속죄하다. ¶倓錢 3. 의심하지 않다. 믿는 모양.

倓錢(담전) 살인한 사람이 그 가족들에게 죄를 빌기 위해 주는 돈.

비 炎(불탈 염) 淡(묽을 담)

倘	⑧ 10획 ❶혹시 당 ❷어정거릴 상	日トウ・ショウ 中cháng, tǎng

풀이 1 1. 혹시. 2. 갑자기 멈추는 모양. ¶倘然 2 3. 어정거리다. 어슬렁대다. ¶倘佯

倘然(당연) 갑자기 멈추는 모양.
倘佯(상양) 배회함. 어슬렁거림.

비 尙(오히려 상)

倒	⑧ 10획 넘어질 도	日トウ・たおれる 中dǎo, dào

ノ イ 亻 仁 仨 侄 侄 侄 倒 倒

*형성. 뜻을 나타내는 '人(사람 인)'과 음을 나타내며 '到(넘어질 도)'를 합친 글자. 이에 '사람이 넘어지다', '거꾸로'라는 뜻으로 쓰임.

풀이 1. 넘어지다. 넘어뜨리다. 쓰러지다. ¶倒塌 2. 거꾸로 하다. 거꾸로 되다. 거꾸로. ¶倒見 3. 거슬리다. 마음에 거슬리다. ¶倒道

倒見(도견) 거꾸로 보임.
倒道(도도) 도리를 거스름. 패리(悖理).
倒流(도류) 거꾸로 흐름. 역류함.
倒産(도산) 가산을 탕진함.
倒想(도상) 잘못된 생각.
倒生(도생) 초목(草木). 초목은 머리를 땅에 붙이고 자라기 때문에 이르는 말.
倒垂(도수) 거꾸로 드리워짐.
倒影(도영) 1)그림자가 거꾸로 비침. 거꾸로 비친 그림자. 2)저녁 때의 해. 석양(夕陽).
倒曳(도예) 거꾸로 끎.
倒錯(도착) 상하가 거꾸로 뒤섞임.
倒置(도치) 뒤바뀜. 위치의 전도(顚倒).
倒卓(도탁) 거꾸로 섬.
倒塌(도탑) 넘어짐. 무너짐. 붕괴함.
倒行逆施(도행역시) 차례를 바꾸어 거꾸로 시행함. 상도(常道)를 벗어나서 일을 행함.
倒惑(도혹) 몹시 거꾸로 뒤집힐 정도로 당황함.

비 致(보낼 치)

倮	⑧ 10획 ❶알몸 라(나) ❷좁을 과	日ラ・はだか 中luǒ

풀이 1 1. 알몸. 나체. ¶倮體 2 2. 좁다.

倮國(나국) 나라 이름. 중국의 서쪽에 있었던 나라로, 온 국민이 알몸으로 생활했다고 함.
倮體(나체) 1)아무것도 입지 않은 몸. 맨몸. 나신(裸身). 2)재산이라고는 아무것도 없는 사람을 말함.
倮蟲(나충) 털·날개 등이 없는 동물의 총칭.

비 課(매길 과)

倈	⑧ 10획 徠(p425)와 同字

倆	⑧ 10획 재주 량(양)	日リョウ・たくみ 中liǎ, liǎng

풀이 1. 재주. 솜씨. 기량. 2. 둘. 두 개. 두 쌍.

유 技(재주 기) 才(재주 재) 비 兩(두 량)

倫	⑧ 10획 인륜 륜	日リン 中lún

ノ イ 亻 亽 仒 伱 倫 倫 倫 倫

*형성. 뜻을 나타내는 부수 '人(사람 인)'과 음을 나타내며 '차례로 정하다'는 '侖(둥글 륜)'을 합친 글자. 이에 사람들과의 관계에서 정해진 차례·질서, 즉 '인륜'의 뜻으로 쓰임.

풀이 1. 인륜. 윤리. 도리. ¶倫理 2. 차례. 순서. ¶倫序 3. 무리. 동류. ¶倫比 4. 결. 나뭇결. 5. 선택하다.

倫紀(윤기) 사람이 지켜야 할 도리. 윤리와 기강.
倫理(윤리) 사람이 지켜야 할 도리와 규범.
倫理學(윤리학) 선악의 표준과 행위의 비판을 연구하고, 도덕적 성격을 발달시키려는 원리를 연구하는 학문.
倫比(윤비) 비교하여 같은 또래나 종류.
倫常(윤상) 떳떳한 도리. 인륜의 상도(常道).
倫序(윤서) 순서. 차례.
倫匹(윤필) 1)나이나 신분이 서로 같거나 비슷한 사람. 2)배우자. 아내.
倫次(윤차) 신분의 차례.
明倫堂(명륜당) 조선 때 성균관 안에 설치되어

유학을 강의하던 집.

五倫(오륜) 사람이 지켜야할 다섯 가지의 도리. 군신유의(君臣有義), 부자유친(父子有親), 부부유별(夫婦有別), 붕우유신(朋友有信), 장유유서(長幼有序)를 말함.

人倫(인륜) 사람이 지켜야 할 도리.

비 輪(바퀴 륜)

們	⑧ 10획	日モン・ともがら
	들 문	中mén, men

풀이 1. …들. 인칭 대명사 뒤에 붙어서 복수(複數)를 나타냄. ¶我們 2. 살지다.

倣	⑧ 10획	日ホウ・ならう
	본받을 방	中fǎng

ノ イ 亻 仁 ㄔ 仿 仿 仿 倣 倣

* 형성. 뜻을 나타내는 부수 '人(사람 인)'과 음을 나타내며 '한 줄로 늘어놓는다'는 의미를 지닌 '放(놓을 방)'을 합친 글자. 이에 사람을 나란히 세워 '흉내내다', '모방하다' 라는 뜻으로 쓰임.

풀이 1. 본받다. 본뜨다. 거울삼다. ¶倣古 2. 배우다.

倣古(방고) 옛 것을 본뜸. 고인(古人)의 작품을 본떠서 만듦.

倣倣(방효) 그대로 본뜸. 모방함. 방효(倣效).

유 效(본받을 효) 비 傲(거만할 오) 做(지을 주)

倍	⑧ 10획	日バイ・ます
	곱 배	中bèi

ノ イ 亻 亻 亻 仁 伫 倍 倍 倍

* 형성. 뜻을 나타내는 '人(사람 인)'과 음을 나타내며 '굳게 거절하는 일'을 뜻하는 '咅(부)'를 합친 글자. 이에 사람과 사람이 서로 등지는 일이라는 의미로, 후에 '물건이 나누어지다', '둘로 되다'에서 '곱으로 느는 일'의 뜻으로 쓰임.

풀이 1. 곱. 두 배. 곱절. 2. 곱하다. 3. 더욱. 점점 더. 4. 더하다. ¶倍加 5. 외다. 외우다. 6. 배반하다. ¶倍心

倍加(배가) 곱으로 늘거나 늘림. 점점 더함.

倍達(배달) 배달 나라의 준말. 대종교에서 말하는 상고 시대의 우리나라의 이름.

倍道(배도) 1)이틀 걸릴 길을 하루에 걸음. 2)도리에 어긋남.

倍反(배반) 1)천자에게 등을 돌림. 2)도리에 어긋남.

倍數(배수) 어떤 수의 갑절이 되는 수.

倍心(배심) 배반하려는 마음.

倍約(배약) 약속을 저버림. 배약(背約).

倍律(배율) 음정(音程)에 있어서 원래 음정보다 더 높은 소리를 냄.

倍率(배율) 거울·렌즈·망원경 등으로 물체를 볼 때 실제보다 확대된 비율.

倍義(배의) 정도(正道)에 어긋남.

倍日(배일) 이틀 걸릴 일을 하루에 함.

倍日幷行(배일병행) 밤낮을 가리지 않고 감. 주야겸행(晝夜兼行).

倍情(배정) 1)인정에 어긋남. 2)세속의 정을 더함.

倍增(배증) 갑절을 증가함.

倍徵(배징) 정한 액수의 갑절이나 물려서 받음.

倍招(배초) 반대된 행위로 불러들임.

倍出(배출) 갑절이나 더 남.

倍差(배치) 한 배 반.

倍稱(배칭) 원금(元金)의 두 배.

倍還(배환) 갑절로 하여 돌려줌.

비 部(거느릴 부) 陪(쌓아올릴 배)

俳	⑧ 10획	日ハイ・わざおぎ
	광대 배	中pái

풀이 1. 광대. 배우. ¶俳歌 2. 익살. 장난. ¶俳諧 3. 노닐다. 어정거리다. ¶俳佪 4. 폐지되다.

俳歌(배가) 산악(散樂)의 이름. 광대가 춤추면서 부르는 노래.

俳笑(배소) 광대 등이 희롱하며 웃음.

排優(배우) 1)광대. 2)중국 잡희(雜戱)의 이름. 연희(演戱). 3)연극·영화 속의 인물로 분장하여 연기하는 사람.

俳唱(배창) 광대. 배우.

俳體(배체) 장난에 가까운 시문(詩文).

俳諧(배해) 우스갯소리. 사람들을 웃기기 위한 악의없는 말. 농담(弄談). 희언(戱言).

俳詼(배회) 희롱(戱弄). 실없는 장난.

嘉俳(가배) 신라 유리왕 때, 한가윗날 궁중에서 놀던 놀이.

비 徘(노닐 배)

併	⑧ 10획	日ヘイ・ならぶ
	나란히 할 병	中bìng

* 형성. 뜻을 나타내는 부수 '人(사람 인)'과 음을 나타내는 '幷(어우를 병)'을 합친 글자. 이에 '사람이 아우러지다', '나란하다'는 뜻으로 쓰임.

풀이 1. 나란히 하다. ¶併倨 2. 아우르다. 합하다. ¶合併 3. 다투다. 경쟁하다. 4. 물리치다.

併倨(병거) 1)한 곳에 나란히 앉음. 2)대립함.

併驅(병구) 나란히 달림. 병치(併馳).
併氣(병기) 마음을 하나로 합침.
併記(병기) 함께 합하여 기록함. 나란히 적음.
併力(병력) 힘을 하나로 합침.
併呑(병탄) 남의 물건을 강제로 한데 아울러서 제것으로 만들어 버림. 죄다 삼켜 버림.
併合(병합) 1)둘 이상의 사물을 하나로 합침. 2)어떤 나라가 다른 나라와 결합하여 한 개의 나라를 구성함. 합방(合邦). 합병(合併).
兼併(겸병) 한데 합쳐 가짐.
유 駢(나란히할 변)

俸	⑧ 10획	日ホウ · たまもの
	녹 봉	中fèng

풀이 녹. 봉급. 녹봉.
俸給(봉급) 계속적인 일에 대한 보수.
俸祿(봉록) 관리에게 주던 봉급.
俸銀(봉은) 관리에게 봉급으로 주던 은전.
減俸(감봉) 봉급을 줄임.
年俸(연봉) 1년 단위로 정하여 지급하는 봉급.
祿俸(녹봉) 옛날, 관리들에게 주던 곡식 · 돈 등의 봉급.
號俸(호봉) 직계 · 년수 등을 기초로 하여 정해진, 그 급여 체계 안에서의 등급.
유 祿(녹 록) 비 捧(받들 봉)

俯	⑧ 10획	日フ · ふす
	숙일 부	中fǔ

* 형성. 뜻을 나타내는 부수 '人(사람 인)'과 음을 나타내는 '府(곳집 부)'를 합친 글자.
풀이 1. 숙이다. 구부리다. 고개를 숙이다. ¶俯聆 2. 눕다. 3. 숨다. ¶俯戶
俯瞰(부감) 고개를 숙이고 봄. 높은 곳에서 아래를 내려다봄. 하감(下瞰).
俯傴(부구) 엎드려 굽힘. 절함.
俯窺(부규) 숨어서 엿봄.
俯聆(부령) 고개를 숙이고 들음.
俯擗(부벽) 엎드려 가슴을 치며 통곡함.
俯首聽令(부수청령) 머리를 숙이고 명령을 들음.
俯仰(부앙) 아래를 내려다 봄과 위를 쳐다 봄. 면앙(俛仰).
俯仰無愧(부앙무괴) 하늘을 우러러보고 세상을 굽어 보아도 양심에 부끄러움이 없음.
俯映(부영) 거꾸로 비침.
俯察(부찰) 아랫사람의 형편을 굽어 살핌.
俯蹐(부척) 몸을 숙이고 발끝으로 걸음.
俯聽(부청) 공손한 태도로 들음.
俯項(부항) 고개를 숙임.
俯戶(부호) 문을 닫고 숨음.

俾	⑧ 10획	日ヒ · しぬる
	더할 비	中bǐ, bī

풀이 1. 더하다. 보태다. 더하게 하다. 2. 따르다. 복종하다. 3. 흘겨보다. 째려보다. 흘기다. ¶俾倪
俾倪(비예) 1)곁눈질으로 흘겨봄. 비예(睥睨). 2)수레에 달린 일산(日傘).
俾益(비익) 보탬이 됨. 도움.
비 碑(돌기둥 비)

俷	⑧ 10획	日ヒ · ビ
	등질 비	中fèi

풀이 등지다. 돌아서다. 배반하다.
俷德(비덕) 덕을 등짐. 곧, 덕을 잃음.
비 肥(살찔 비)

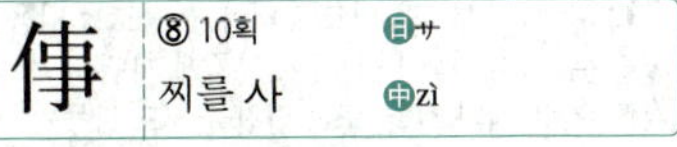

傳	⑧ 10획	日サ
	찌를 사	中zì

풀이 찌르다. 꽂다.
傳刃(사인) 칼로 찌름. 칼을 꽂음.

修	⑧ 10획	日シュウ · おさめる
	닦을 수	中xiū

풀이 1. 닦다. 수련하다. 연마하다. 학업을 쌓다. ¶修己 2. 꾸미다. 갖추다. ¶修飾 3. 고치다. ¶修正 4. 다스리다. 정비하다. 5. 길이. 6. 키. 신장(身長).
修交(수교) 나라와 나라 사이에 국교를 맺음.
修己(수기) 자신의 몸을 닦음. 자기 수양을 함.
修己治人(수기치인) 먼저 자신의 몸을 닦은 후에, 남을 다스림.
修女(수녀) 천주교의 수녀원에서 수도하는 여자.
修能(수능) 수학 능력의 준말.
修德(수덕) 덕을 닦음.
修道(수도) 도를 닦아 수양함.
修得(수득) 도를 닦거나 배워서 터득함.

修羅(수라) 1)불교에서 아수라(阿修羅)의 준말. 2)용감하게 잘 싸운다는 귀신의 이름.
修練(수련) 심신을 닦아 단련함.
修了(수료) 일정한 기간에 정해진 학과를 모두 배워 마침.
修理(수리) 고장난 곳이나 허름한 곳을 손대어 고침.
修士(수사) 독신으로 수도원 곧 수사원에 들어가 수도하는 남자.
修辭(수사) 말이나 문장을 다듬고 꾸며 보다 아름답게 함. 또는 그 기술.
修習(수습) 학업이나 일을 배워 익힘.
修飾(수식) 꾸밈. 장식함.
修身(수신) 심신을 닦아 행실을 바르게 함.
修養(수양) 몸과 마음을 단련하여 품성 · 지혜 · 도덕을 닦음.
修業(수업) 학업을 익혀 닦음.
修藝(수예) 학예(學藝)를 닦음. 학예를 익힘.
修正(수정) 바로잡아서 고침. 잘못된 것을 고침.
修整(수정) 틀린 곳을 정리하여 고침.
修訂(수정) 서적 등의 내용의 잘못을 바로잡음.
修築(수축) 집 · 제방 등을 고쳐 쌓음.
修態(수태) 모습을 아름답게 꾸밈.
修學(수학) 학업을 닦음.
修行(수행) 1)행실을 바르게 닦음. 2)불도를 닦음.
修好(수호) 나라와 나라가 사이좋게 지냄.
監修(감수) 책의 저술, 또는 편찬을 지도 감독함.
練修(연수) 몸과 마음을 닦아 익힘.
履修(이수) 해당 학과를 순서대로 공부하여 마침.

倕	⑧ 10획 무거울 수	日スイ · おもい 中chuí

풀이 1. 무겁다. 2. 가라앉다.

비 垂(드리울 수)

俶	⑧ 10획 ❶비롯할 숙 ❷뛰어날 척	日シュク · よい 中chù, tì

풀이 1 1. 비롯하다. 비로소. 2. 시작하다. 처음 하다. 3. 좋다. 착하다. 4. 정돈하다. 2 5. 뛰어나다. 훌륭하다. ¶俶儻

俶然(숙연) 삼가 공경하는 모양.
俶袵(숙임) 이불과 요를 처음으로 깖.
俶裝(숙장) 몸차림을 함. 채비를 차림.
俶獻(숙헌) 사시(四時)의 진귀한 신물(新物)을 맨 먼저 바침. 또는 그 신물.
俶儻(척당) 뜻이 크고 재주가 뛰어남.

비 叔(아재비 숙)

倏	⑧ 10획 갑자기 숙	日シュク 中shū

풀이 1. 갑자기. ¶倏閃 2. 개가 빨리 달리는 모양.

倏閃(숙섬) 갑자기 번쩍함.
倏倏(숙숙) 빛남. 또는 빛.
倏瞬(숙순) 눈 깜짝하는 극히 짧은 시간.
倏忽(숙홀) 1)갑자기. 재빨리. 2)극히 짧은 시간.

비 條(가지 조)

條	⑧ 10획 倏(p66)의 俗字

倅	⑧ 10획 ❶버금 쉬 ❷백 사람 졸	日サイ · せがれ 中cuì

풀이 1 1. 버금. 다음. 두 번째. ¶倅馬 2 2. 백 사람. 백 명이 한 조를 이룬 병대(兵隊). 3. 돌연. 갑자기.

倅車(쉬거) 임금의 수레에 여벌로 따르는 수레.
倅馬(쉬마) 많이 사용하는 말을 대체하기 위하여 함께 끌고 다니는 말.
倅貳(쉬이) 지휘관을 보좌하는 관리.

비 猝(갑자기 졸)

俺	⑧ 10획 ❶나 암 · 엄 ❷클 엄	日エン · おれおのれ 中ǎn

풀이 1 1. 나. 자기자신. 2 2. 크다.

유 我(나 아) 予(나 여)

俫	⑧ 10획 倈(p72)과 同字

倪	⑧ 10획 어린이 예	日ゲイ · きわ 中ní

풀이 1. 어린이. 유아. 2. 어리다. 3. 끝. 가. 가장자리.

4. 구분하다. 나누다. 5. 흘겨보다. 흘기다.

유 兒(아이 아)

倭	⑧ 10획	日ワ・やまと
	왜국 왜	中wō

*형성. 뜻을 나타내는 부수 '人(사람 인)'과 음을 나타내는 '委(맡길 위)'를 합친 글자.

풀이 1. 왜국. 일본을 낮추어 이르는 말. ¶倭寇 2. 따르다. 순종하다. 유순하다. 3. 삥 돌다. 두르다. ¶倭遲 4. 추하다. ¶倭傀

倭傀(왜괴) 보기 흉한 여자.

倭寇(왜구) 옛날, 우리나라와 중국 연안에서 약탈을 일삼던 일본 해적.

倭國(왜국) 일본을 낮추어 이르는 말.

倭奴(왜노) 옛날, 중국 사람들이 일본 사람을 천시하여 부르던 말. 왜이(倭夷).

倭亂(왜란) 1)일본이 우리나라를 침입하여 일으킨 난리. 2)임진왜란(壬辰倭亂).

倭松(왜송) 몽당솔. 눈잣나무.

倭夷(왜이) 옛날 중국 사람들이 일본 사람들을 부르던 말. 왜노(倭奴).

倭敵(왜적) 적국으로서의 일본이나 일본인.

倭政(왜정) 일본이 우리나라를 침략하여 다스리던 정치. 일정(日政).

倭遲(왜지) 빙 돌아서 먼 모양.

倭患(왜환) 왜구에 의한 환란.

倚	⑧ 10획	
	❶의지할 의	日イ・キ・よる
	❷기이할 기	中yǐ

풀이 ❶ 1. 의지하다. 기대다. ¶倚几 2. 치우치다. 기울다. ¶倚傾 3. 맡기다. 믿다. ¶倚信 4. 인하다. 연유하다. 5. 맞추다. 6. 곁. ❷ 7. 기이하다. ¶倚物 8. 불구.

倚物(기물) 기괴한 물건. 괴상한 물건.

倚人(기인) 병신. 장애인. 기인(畸人).

倚劍(의검) 검에 의지함.

倚官仗勢(의관장세) 관직에 의지해 세력을 부림. 관리가 직권을 남용하여 민폐를 끼침.

倚几(의궤) 1)책상에 기댐. 2)기대는 대(臺). 사방침.

倚待(의대) 서서 기다림.

倚門(의문) 문에 기대어 자식이 돌아오기를 기다림.

倚門而望(의문이망) 문에 기대어 바라본다는 뜻으로, 부모가 자녀가 돌아오기를 몹시 기다리는 것을 이르는 말. 의려지망(倚閭之望).

倚門情(의문정) 자식을 생각하는 어머니의 정.

倚乘(의승) 수레를 타고 서 있음.

倚信(의신) 의지하고 믿음.

倚愛(의애) 의지하고 사랑함.

倚聽(의청) 서서 엿들음.

倚翠(의취) 서로 가까이 있는 두 개의 비취색이란 뜻으로, 미인의 눈썹을 이르는 말.

유 依(의지할 의) 비 岐(갈림길 기)

倧	⑧ 10획	日ソウ
	신인 종	中zōng

풀이 상고(上古) 시대의 신인(神人).

借	⑧ 10획	日シャク・かりる
	빌릴 차	中jiè

ノ亻亻一亻卄亻廾 借 借 借 借 借

*형성. 뜻을 나타내는 부수 '人(사람 인)'과 음을 나타내는 '昔(예 석)'을 합친 글자. '昔'은 날짜가 몇 날이나 겹친다는 의미에서 '옛날'과 같은 시간적 의미로도 쓰이지만, 일시적으로 무엇인가를 한다는 뜻도 있음. 이에 '사람이 임시로 무언가를 하다', 곧 '남의 힘이나 돈을 빌리다'의 뜻으로 쓰임.

풀이 1. 빌리다. 빌려 주다. ¶借款 2. 빌린 것. ¶假借 3. 가령. ¶借問

借家(차가) 세 들어 사는 집. 셋집.

借見(차견) 빌려서 봄.

借鏡(차경) 거울을 빌려 비추어 봄. 타인의 언행을 자신의 경계(警戒)로 삼음. 차감(借鑑).

借款(차관) 외국 정부나 국제 기구에서 자금을 빌려 옴.

借光(차광) 남의 덕을 입음. 도광(叨光).

借寇(차구) 지방관의 유임을 간청함. 후한(後漢)의 구순(寇恂)이 선정을 베풀었으므로, 백성들이 그를 유임시켜 달라고 간청했다는 고사에서 나온 말.

借金(차금) 돈을 빌림. 또는 그 돈.

借貸(차대) 빌려 옴과 꾸어 줌.

借名(차명) 다른 이름을 빌려 씀.

借文(차문) 남에게 시문을 대신 짓게 함. 또는 그 글.

借問(차문) 1)시험 삼아 물음. 2)남에게 물어봄.

借手(차수) 남의 손을 빌려서 일을 함.

借用(차용) 물건이나 돈을 빌려 씀.

借賃(차임) 물건을 빌려 쓰고 치르는 돈.

借入(차입) 물건이나 돈을 꾸어 들임.

借作(차작) 1)글을 대신 지음. 또는 그 글. 2)남의 손을 빌려 물건을 만듦. 또는 그 물건.

借主(차주) 물건이나 돈을 빌려 쓴 사람.

借重(차중) 1)유명한 사람의 이름이나 역량을 빌려 자기의 위세를 더함. 2)의지함.

借地(차지) 남의 토지를 빌려 가짐. 또는 그 토지.

借廳入室(차청입실) 마루를 빌려 쓰다가 방으로 들어온다는 뜻으로, 남에게 의지하였다가 차차 그 권리까지 침범함을 비유하는 말. 차청차규(借廳借閨).

借風使船(차풍사선) 1)바람을 빌려 배를 달림. 2)돈을 빌려 임시변통함.

借銜(차함) 실제로 근무하지 않고 직함(職銜)만을 빌리는 벼슬. 차명(借名).

假借(가차) 임시로 빌리는 것.

비 惜(아낄 석) 措(둘 조)

倉 ⑧ 10획 곳집 창 日ソウ·くら 中cāng

丿 人 𠆢 今 今 今 倉 倉 倉 倉

* 상형. 곡식(食)을 넣는 '口' 자형의 창고 모양을 본뜬 글자.

풀이 1. 곳집. 창고. ¶倉廩 2. 옥(獄). 옥자. 3. 창자. 내장(內臟). 4. 갑자기. ¶倉皇 5. 푸르다. 6. 슬퍼하다.

倉庚(창경) 꾀꼬리. 창경(倉庚).

倉頭(창두) 1)종. 심부름꾼. 노비가 푸른 두건을 머리에 쓴 데서 나온 말. 2)창고지기.

倉龍(창룡) 키가 여덟 자가 넘는 큰 말. 창룡(蒼龍).

倉廩(창름) 1)창고. 2)비장(脾臟)과 위장(胃臟).

倉廩實而囹圄空(창름실이영어공) 창고가 튼실하면, 백성들 중에 죄를 짓는 자가 없어지므로 감옥이 빈다는 말. '倉廩'은 창고, '囹圄'는 감옥.

倉粟(창속) 창고 속의 곡물.

倉氏庫氏(창씨고씨) 어떤 사물이 오래도록 변하지 않음을 이르는 말. 옛날 중국에 창씨(倉氏)성을 가진 사람과 고씨(庫氏)성을 가진 사람이 세습적으로 창고를 맡아 본 데서 온 말.

倉庾(창유) 쌀 곳간.

倉卒(창졸) 1)미처 어찌할 사이도 없이 급작스러움. 2)허둥지둥함.

倉皇(창황) 아주 갑작스러운 모양.

穀倉(곡창) 곡식이 많이 나는 곳.

常平倉(상평창) 고려 때 설치한 물가 조정 기관.

營倉(영창) 법을 어긴 군인을 가두는, 영내에 있는 건물.

彈倉(탄창) 소총·권총 등에서 탄환이 들어가 있는 부분.

유 庫(곳집 고) 비 蒼(푸를 창)

倡 ⑧ 10획 여광대 창 日ショウ 中chāng, chàng

풀이 1. 여광대. 여배우. ¶倡優 2. 기생. 유녀. 3. 미치다. 미치광이. ¶倡狂 4. 번창하다. 성하다. ¶倡倡 5. 부르다. 외치다. ¶倡和

倡狂(창광) 사납게 미침. 미쳐 날뜀.

倡道(창도) 제일 앞에 서서 외침.

倡隨(창수) 남편이 주장하고 아내가 따름. 부부간의 화목.

倡優(창우) 광대. 배우. 창우(娼優).

倡義(창의) 1)의(義)를 외침. 2)의병을 일으킴.

倡倡(창창) 빛깔이 화려한 모양. 성대한 모양.

倡和(창화) 한쪽이 선창하면 다른 쪽이 화답하는 일. 창화(唱和).

비 唱(노래 창)

倀 ⑧ 10획 미칠 창 日チョウ·くるう 中chāng

풀이 1. 미치다. 2. 쓰러지다. 3. 창귀. 귀신 이름. ¶倀鬼 4. 홀로 서다. 5. 길을 잃다. ¶倀倀

倀鬼(창귀) 1)호랑이에게 물려 죽은 사람의 귀신. 호랑이에 붙어 다니며 호랑이의 심부름을 한다고 함. 2)못된 짓을 하게 꼬드기는 사람.

倀倀(창창) 갈 길을 잃고 헤매는 모양.

유 狂(미칠 광)

倜 ⑧ 10획 기개 있을 척 日テキ·ケャク 中tì

풀이 1. 기개가 있다. 대범하다. ¶倜儻 2. 높이 들다. 번쩍 들다. ¶倜然 3. 뛰어나다.

倜儻(척당) 1)다른 사물에 얽매이지 않음. 2)뛰어남. 척당(俶儻).

倜儻不羈(척당불기) 뜻이 크고 기개가 굳세어 남에게 매여 지내지 않음.

倜然(척연) 1)기개가 있는 모양. 2)높은 모양.

倜倜(척척) 1)사물에 얽매이지 않는 모양. 2)척연(倜然).

 ⑧ 10획 ❶ 예쁠 천 ❷ 사위 청 日セン·うつくしい 中qiàn

풀이 ❶ 1. 예쁘다. 아름답다. 특히 입이나 용모가 예쁘게 생긴 것을 가리킴. ¶倩倩 2. 남자의 미칭(美稱). ❷ 3. 사위. 4. 고용하다. ¶倩人

倩粧(천장) 예쁜 단장.
倩倩(천천) 예쁜 모양.
倩工(청공) 일시적인 일꾼. 고용인.
倩人(청인) 남을 씀. 고용함.
倩草(청초) 남을 시켜 글을 쓰게 함.

비 靑(푸를 청) 淸(맑을 청) 情(뜻 정)

俴	⑧ 10획	日セン・うすい
	엷을 천	中jiàn

풀이 1. 엷다. 얕다. 2. 맨몸. 갑옷을 입지 않다.

俴者(천자) 갑옷을 입지 않은 병사.

비 淺(얕을 천) 踐(밟을 천)

倢	⑧ 10획	日ショウ・はやい
	빠를 첩	中jié

풀이 1. 빠르다. 재빠르다. 신속하다. 2. 한대(漢代) 궁녀의 관명. ¶倢伃

유 速(빠를 속) 迅(빠를 신) 비 徒(무리 도)

値	⑧ 10획	日チ・ね・あたい
	값 치	中zhí

丿 亻 仁 什 佔 侑 倩 値 値 値

* 형성. 뜻을 나타내는 부수 '人(사람 인)'과 음을 나타내는 '直(곧을 직)'을 합친 글자. 사람과 사람 사이에서 서로 마주친 것, 곧 '만나다', '당하다'는 뜻을 나타냄. 또는 교역시 물건의 값어치를 나타내기도 함.

풀이 1. 값. 가치. 값어치. 가격. ¶價値 2. 당하다. 만나다. ¶値遇

値遇(치우) 만남. 뜻밖에 만남.
價値(가치) 값어치. 값. 가격.
數値(수치) 계산하여 얻은 값.

비 直(곧을 직)

倬	⑧ 10획	日タク・おおきい
	클 탁	中zhuō

풀이 1. 크다. 2. 밝다. 환하다. 3. 탁월하다. 뛰어나다. 훌륭하다.

비 悼(슬퍼할 도)

俵	⑧ 10획	日ヒョウ・たわら
	나누어 줄 표	中biào

풀이 1. 나누어 주다. 배분하다. ¶俵散 2. 흩다. 흩어지다.

俵散(표산) 나누어 줌.
俵養(표양) 나누어 기름.
俵災(표재) 흉년에 조세를 감함.

倖	⑧ 10획	日コウ・さいわい
	요행 행	中xìng

풀이 1. 요행. 다행. ¶倖進 2. 총애하다. 3. 아첨하다.

倖曲(행곡) 간사하고 사특함.
倖濫(행람) 요행만 바라며 일상의 법도를 벗어남.
倖望(행망) 요행을 바람.
倖門(행문) 요행한 연줄.
倖臣(행신) 총애 받는 또는 총애하는 신하.
倖而得免(행이득면) 다행히 벗어남.
倖進(행진) 요행으로 관직에서 승진함.
倖偸(행투) 요행을 바람.
射倖心(사행심) 요행을 노리는 마음.

倱	⑧ 10획	日コン・ゴン
	흐릿할 혼	中hùn

풀이 1. 흐릿하다. 혼미하다. 2. 어리석다.

倱伅(혼돈) 흐릿한 모양. 섞여 정돈되지 않은 모양. 혼돈(混沌). 혼돈(渾沌).

유 渾(흐릴 혼)

候	⑧ 10획	日コウ・そうろう
	기후 후	中hòu

丿 亻 亻 亻 伫 伫 佇 侯 候 候

* 형성. 뜻을 나타내는 부수 '人(사람 인)'과 음을 나타내는 '侯(제후 후)'를 합친 글자. 옛날에 화살[矢]을 잘 맞추는[工] 사람[人]을 제후(侯)로 임명하였는데, 이 '侯'자 속에 'ㅣ'을 더해서, 활의 표적을 보는 것처럼 농사에 천기를 바라보는 '기후'라는 뜻으로 쓰임.

풀이 1. 기후. 날씨. 2. 시절. 때. 3. 묻다. 문안하다. ¶問候 4. 조짐. 5. 상태. 모양. ¶候鐘 6. 염탐하다. 살피다. 염탐꾼. ¶候官 7. 기다리다. 영접하다. 8. 맞다. 시중들다. ¶候人 9. 점치다. 길흉을 점쳐보다.

候官(후관) 1)정탐하는 일을 하는 벼슬아치. 2)점치는 관인.
候館(후관) 적의 상황을 살피는 곳. 망루.

候騎(후기) 적을 정탐하는 기병.
候邏(후라) 적을 정탐하는 일. 또는 그 사람.
候樓(후루) 적을 살피는 망루(望樓).
候脈(후맥) 진찰함. 진맥(診脈)함.
候兵(후병) 척후병. 적의 상황을 살피는 병사.
候補(후보) 1)어떤 지위나 신분에 나아가기를 바람. 또는 그 사람. 2)장래 어떤 지위에 나아갈 자격이 있음.
候伺(후사) 문안을 드림. 사후(伺候).
候雁(후안) 철을 따라 깃드는 곳을 바꾸는 기러기.
候迎(후영) 찾아오는 이와 마중 나오는 이.
候儀(후의) 천상(天象)을 그린 천문도(天文圖). 혼천의(渾天儀).
候人(후인) 귀한 손님의 접대를 맡은 벼슬아치.
候正(후정) 척후(斥候)를 맡은 벼슬.
候鳥(후조) 계절에 따라서 오고 가는 새. 철새.
候鐘(후종) 때를 알리는 종. 곧 시계를 이름.
候風(후풍) 배가 떠날 때 순풍을 기다림.
候詗(후형) 1)염탐함. 2)군대 안의 척후.
問候(문후) 방문하여 안부를 물음.

假	⑨ 11획 ❶거짓 가 日カ・かり ❷멀 하 中jiǎ, jià ❸이를 격

丿 亻 亻 亻 亻 亻 亻 亻 亻 假 假

풀이 1 1. 거짓. 허위. ¶假笑 2. 가령. 이를테면. 예를 들면. ¶假令 3. 임시. 잠시. ¶假橋 4. 빌리다. 빌려주다. 5. 용서하다. 너그럽다. 6 겨를. 틈. 7. 아름답다. 2 8. 멀다. 3 9. 이르다. 다다르다.

假建物(가건물) 임시로 간단하게 세운 건물.
假橋(가교) 임시로 설치한 다리.
假道(가도) 1)임시 도로. 2)길을 임시로 빌림.
假登記(가등기) 본등기를 할 요건이 갖추어지지 못했을 때, 임시로 해 두는 등기.
假令(가령) 예를 들어. 이를테면
假面(가면) 탈. 얼굴 형상으로 만들어 얼굴 위에 쓰는 것.
假名(가명) 거짓으로 일컫는 이름.
假髮(가발) 머리털로 여러 가지 모양을 만들어 머리에 쓰는 물건.
假分數(가분수) 분자가 분모보다 큰 정수로 된 분수.
假死(가사) 마치 죽은 것 같은 상태.
假山(가산) 정원에 돌을 모아 쌓아서 조그맣게 만든 산.
假想(가상) 사실에 관계없이 가정적(假定的)으로 생각함.
假象(가상) 주관적으로는 인정할 수 있으나 객관적으로는 실재하지 않는 현상.
假設(가설) 임시로 설치함.
假說(가설) 어떤 사실의 원인을 설명하거나 어떤 이론 체계를 연역하기 위하여 가정으로 설정한 이론.
假聲(가성) 일부러 지어 내는 거짓 목소리.
假笑(가소) 거짓 웃음.
假飾(가식) 1)속마음과 달리 언행을 거짓으로 꾸밈. 2)임시로 장식함.
假裝(가장) 임시로 변장함.
假傳體(가전체) 사물을 의인화하여 전기체로 쓴 작품.
假定(가정) 1)임시로 정함. 2)사실이 아니거나, 사실인지 아닌지 분명하지 않은 것을 사실인 것처럼 인정함.
假借(가차) 육서(六書)의 하나. 뜻은 다르나 음이 같은 다른 글자를 빌려 쓰는 법.
假稱(가칭) 거짓으로 또는 임시로 일컬음. 또는 그 칭호.
弄假成眞(농가성진) 장난 삼아 한 것이 진정으로 한 것같이 됨.
以力假仁(이력가인) 부(富)나 위력 등 힘으로 어떤 일을 하면서 어진 마음에서 우러나서 하는 것처럼 본심을 가장함.
眞假(진가) 진짜와 가짜.
虛假(허가) 미더움이 없는 사물.

유 僞(거짓 위)

健	⑨ 11획 日ケン・すこやか 굳셀 건 中jiàn

丿 亻 亻 亻 亻 亻 亻 亻 俳 健 健

* 형성. 뜻을 나타내는 부수 '人(사람 인)'과 음을 나타내며 '굳세다'의 의미를 지닌 '建(세울 건)'을 합친 글자. 이에 사람이 씩씩하고 힘차다는 의미에서 '건강하다', '굳세다'는 뜻으로 쓰임.

풀이 1. 굳세다. 강건하다. 2. 튼튼하다. 건강하다. 3. 군사.

健脚(건각) 튼튼한 다리.
健康(건강) 몸이 튼튼하여 병이 없음.
健剛(건강) 의지가 굳세어 강직함.
健馬(건마) 건장한 말.
健忘症(건망증) 잘 잊어버리는 병적인 증세.
健民(건민) 건전한 국민.
健步(건보) 잘 걷는 걸음.
健夫(건부) 건강한 남자.

健士(건사) 건장하고 힘센 사람. 용감한 사람.
健羨(건선) 탐욕스러움. 샘이 많음.
健食(건식) 음식을 맛있게 많이 먹음.
健實(건실) 건전하고 착실함.
健兒(건아) 혈기가 왕성한 남자. 용감한 청년.
健勇(건용) 굳세고 용맹함.
健胃(건위) 위를 튼튼하게 함.
健在(건재) 아무 탈 없이 잘 있음.
健全(건전) 튼튼하고 병이 없음.
健鬪(건투) 용감하게 잘 싸움.
强健(강건) 몸이 튼튼하고 건강함.
保健(보건) 건강을 지키는 일.
穩健(온건) 생각 · 태도 등이 지나침이나 치우침이 없이 온당하고 건전함.

유 强(굳셀 강) 비 建(세울 건)

偈	⑨ 11획	
	❶쉴 게	日ケツ · ゲ
	❷힘쓸 걸	中jì, jié

풀이 ■1 1. 쉬다. 2. 중의 귀한 글. 부처의 덕을 칭송하는 운문체의 경문(經文). ¶偈頌 ■2 3. 힘쓰다. 애쓰다. 4. 빠르다. 질주하다. ¶偈偈 5. 기세 강한 모양.

偈偈(걸걸) 1)빨리 달리는 모양. 2)굳센 모양.
偈頌(게송) 부처의 공덕을 찬미하는 노래.

비 渴(목마를 갈)

偭	⑨ 11획	日メン · むかう
	향할 면	中miǎn

풀이 1. 향하다. 마주하다. 2. 어긋나다. 위반하다.

유 向(향할 향)

偝	⑨ 11획	日ハイ · すてる
	등질 배	中bèi

풀이 1. 등을 돌리다. 배반하다. ¶偝立 2. 버리다.

偝立(배립) 등지고 섬.

偩	⑨ 11획	日フ
	본뜰 부	中fù

풀이 1. 본뜨다. 모방하다. 2. 자부하다. 뽐내다.

유 摹(베낄 모) 倣(본뜰 방)

偰	⑨ 11획	日セツ · きよし
	맑을 설	中xiè

풀이 1. 맑다. 깨끗하다. 2. 사람 이름. 은(殷)나라의 선조.

유 淸(맑을 청) 비 潔(깨끗할 결)

偲	⑨ 11획	日シ · しのぶ
	굳셀 시	中cāi, sī

풀이 1. 굳세다. 굳건하다. 2. 똑똑하다. 3. 서로 권선하다. 착한 일을 권하다. ¶偲偲 4. 수염이 많은 모양.

偲偲(시시) 서로 착한 일을 권하며 격려하는 모양.

偓	⑨ 11획	日アク
	악착할 악	中wò

풀이 1. 악착같다. 2. 신선 이름.

비 握(쥘 악)

郼	⑨ 11획
	나라이름 야韓

풀이 나라 이름. 옛날 한반도 남부의 가야(伽耶).

偃	⑨ 11획	日エン · ふせる
	쓰러질 언	中yǎn

풀이 1. 쓰러지다. 넘어지다. ¶偃仆 2. 쏠리다. 기울다. 3. 눕다. 눕히다. ¶偃臥 4. 쉬다. 그만두다. 5. 교만하다. 6. 뒷간. 변소. 7. 방죽. 8. 두더지.

偃鼠(언서) 두더지.
偃鼠之望(언서지망) 쥐는 작은 동물이라서 강물을 마신대야 자기 배 하나 가득히 밖에 더 못 마신다는 뜻으로, 자기 정한 분수가 있으니 안분(安分)하라는 말.
偃息(언식) 누워서 편안하게 쉼.
偃臥(언와) 드러누움.
偃月(언월) 1)반달. 또는 반달 같은 모양. 2)이마의 뼈 모양.
偃草(언초) 백성이 교화에 복종하는 일. 풀이 바람에 나부낌과 같음을 이름.
草上之風必偃(초상지풍필언) 풀 위로 바람이 불면 반드시 풀이 쏠린다는 뜻으로, 군자의 덕이 소인을 감화시킴을 비유하는 말.
草偃風從(초언풍종) 풀이 바람이 부는 방향에 따라 쏠린다는 뜻으로, 임금의 덕이 백성을 감화시킴을 이르는 말.

偞	⑨ 11획	日ヨウ・かるい
	가벼울 엽	中yè

풀이 1. 가볍다. 경박하다. 2. 아름답다. 예쁘다.

유 輕(가벼울 경) 비 葉(잎 엽)

偎	⑨ 11획	日カイ
	어렴풋할 외	中wēi

풀이 1. 어렴풋하다. 희미하다. 2. 가까워지다. 가까이하다. 3. 사랑하다.

비 猥(함부로 외)

偠	⑨ 11획	日ヨウ
	날씬할 요	中yǎo

풀이 날씬하다.

비 要(구할 요)

偶	⑨ 11획	日グウ・ひとがた
	짝 우	中ǒu

丿 亻 亻 亻ㄇ 亻ㄇ 𠈇 偶 偶 偶 偶

* 형성. 뜻을 나타내는 부수 '人(사람 인)'과 음을 나타내며 '만나게 하다', '맞도록 하다'의 뜻을 가진 '禺(긴꼬리 원숭이 우)'를 합친 글자. 이에 '사람이 줄을 짓다'라는 뜻으로 쓰임.

풀이 1. 짝. 배필. 배우자. ¶配偶 2. 짝수. 3. 짝을 짓다. ¶偶句 4. 허수아비. 인형. ¶偶人 5. 마침. 때때로. 우연히. ¶偶然 6. 만나다. 마주 대하다.

偶價元素(우가원소) 원자가(原子價)가 짝수인 원소. 이가(二價)인 산소나 아연, 사가(四價)인 규소 등.
偶句(우구) 짝을 이루는 구(句). 대구(對句).
偶對(우대) 1)마주 대함. 2)짝. 대(對). 대구(對句).
偶發(우발) 우연히 일어남.
偶像(우상) 1)목석 또는 쇠 등으로 만든 신불이나 사람의 상. 2)미신 등의 대상이 되는 신.
偶然(우연) 뜻밖에 일어난 일.
偶吟(우음) 우연히 떠오르는 생각을 읊음.
偶人(우인) 허수아비.
對偶(대우) 둘이 서로 짝을 지음.
良偶(양우) 좋은 아내나 남편.
配偶者(배우자) 부부로서 짝이 되는 상대자.
土偶(토우) 흙으로 만든 상.

유 伴(짝 반) 비 遇(만날 우)

偊	⑨ 11획	日ウ
	혼자 걸을 우	中yǔ

풀이 1. 혼자 걷다. ¶偊偊 2. 웅크리다. 몸을 구부리다. ¶偊旅 3. 삼가다.

偊旅(우려) 웅크리고 걷는 모양.
偊偊(우우) 1)혼자 걷는 모양. 2)언동을 삼가는 모양.

偉	⑨ 11획	日イ・えらい
	훌륭할 위	中wěi

丿 亻 亻 亻 亻 亻 亻 偉 偉 偉 偉

* 형성. 뜻을 나타내는 부수 '人(사람 인)'과 음을 나타내며 '예사로운 것이 아니다'라는 뜻을 지닌 '韋(다룸가죽 위)'를 합친 글자. 이에 '보통 사람 이상으로 큰 사람', '뛰어난 인물'이라는 뜻으로 쓰임.

풀이 1. 훌륭하다. 위대하다. ¶偉略 2. 크다. 성대하다. ¶偉力 3. 이상하다. 기이하다.

偉男子(위남자) 인격이 뛰어난 남자.
偉大(위대) 뛰어나고 훌륭함.
偉略(위략) 위대한 책략.
偉力(위력) 큰 힘. 뛰어난 힘.
偉名(위명) 뛰어난 명성. 뛰어난 이름.
偉業(위업) 1)뛰어난 업적. 2)위대한 사업.
偉容(위용) 훌륭하고 빼어난 용모・모양.
偉人(위인) 훌륭한 사람. 뛰어난 사람.
偉才(위재) 훌륭한 재주. 또는, 그런 인물.
偉蹟(위적) 위대한 사업의 발자취.
偉績(위적) 위대한 공적.
偉效(위효) 뛰어난 효험.
秀偉(수위) 뛰어나게 위대함.
英偉(영위) 영걸스럽고 위대함.

비 衛(지킬 위)

偯	⑨ 11획	日イ・なく
	울 의	中yǐ

풀이 1. 울다. 훌쩍거리다. 2. 탄식하다.

유 鳴(울 명) 비 哀(슬플 애)

停	⑨ 11획	日テイ・とどまる
	머무를 정	中tíng

丿 亻 亻 亻 亻 亻 亻 停 停 停 停

2획

* 형성. 뜻을 나타내는 부수 '人(사람 인)'과 음을 나타내는 '亭(정자 정)'을 합친 글자. '亭'은 여행자가 숙소로 삼는 곳으로 '머무르다'는 뜻을 지님. 이에 '사람이 머무르다', '머무르는 곳'이라는 뜻으로 쓰임.

풀이 1. 머무르다. 멈추다. 정지하다. ¶停留 2. 그만두다. 그치다. 중지하다. ¶停戰 3. 정해지다. 4. 지체하다. 막히다. ¶停滯 5. 쉬다.

停車(정거) 가던 차를 멈춤.
停年(정년) 연령 제한에 따라 공직에서 물러나게 되는 나이.
停留(정류) 교통 수단 등이 가다가 머무름. 또는 그 곳.
停電(정전) 송전(送電)이 한때 중지됨.
停戰(정전) 전쟁을 멈춤. 싸움을 중지함.
停止(정지) 1)움직이고 있던 것이 멈춤. 또는 멈추게 함. 2)일을 도중에서 그치거나 머무름.
停職(정직) 관리가 죄를 지었을 때 징계하는 처분 중의 한 가지로, 얼마 동안 그 맡은 바 직권의 행사를 금하는 일.
停車(정차) 차가 정지하는 것. 또는 정지하게 하는 것.
停滯(정체) 머물러 있어 통하지 않음.
停學(정학) 학생의 어떤 잘못에 대한 처벌 방법의 하나로서, 학교가 그의 등교를 얼마 동안 정지시키는 일.
停會(정회) 1)회의를 정지함. 2)국회의 개회 중에 그 활동을 정지함.
十停(십정) 신라 때 지방 아홉 개의 주에 둔 군단.

○十停(십정)의 명칭
음리화정(音里火停), 고량부리정(古梁夫里停), 거사물정(居斯勿停), 삼량화정(參良火停), 소삼정(召參停), 미다부리정(未多夫里停), 남천정(南川停), 골내근정(骨乃斤停), 벌력천정(伐力川停), 이화혜정(伊火兮停)으로 한주(漢州)에는 두 개를 두었다.

調停(조정) 분쟁의 중간에서 서로 다툼을 멈추게 함. 화해시킴. 중재(仲裁).

유 留(머무를 류) 비 亭(정자 정)

偵	⑨ 11획	日テイ・うかがう
	정탐할 정	中zhēn

* 형성. 뜻을 나타내는 부수 '人(사람 인)'과 음을 나타내며 '따져 묻다'의 뜻을 가진 '貞(바를 정)'을 합친 글자. 이에 숨겨진 일을 찾는 사람이라는 의미에서 '살피다'라는 뜻으로 쓰임.

풀이 1. 정탐하다. 염탐하다. 몰래 살피다. ¶偵視 2. 염탐꾼. 간첩.

偵騎(정기) 적을 정탐하는 기병.
偵視(정시) 살펴봄. 엿봄.
偵察(정찰) 살펴서 알아냄.
偵探(정탐) 적의 형편을 몰래 살펴서 알아냄. 척후(斥候). 정후(偵候).
偵候(정후) 몰래 염탐하여 알아냄. 또는 그 일을 하는 사람.

유 諜(염탐할 첩) 비 悼(슬퍼할 도)

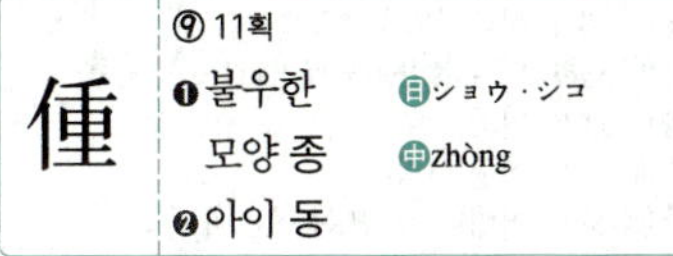

偅	⑨ 11획	
	❶불우한 모양 종	日ショウ・シコ
	❷아이 동	中zhòng

풀이 ❶ 1. 불우(不遇)한 모양. ❷ 2 아이. 미성년자.

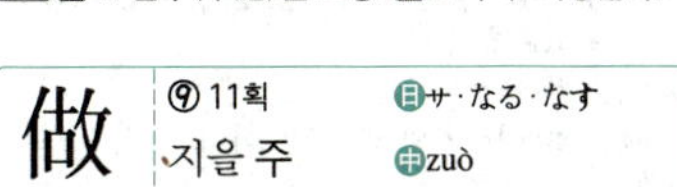

做	⑨ 11획	日サ・なる・なす
	지을 주	中zuò

풀이 1. 짓다. 만들다. ¶做坏 2. 힘쓰다. 애써 해 나가다. ¶做工

做去(주거) 실행하여 감.
做工(주공) 힘써 일함.
做坏(주배) 도자기의 형체를 만드는 일.
做作浮言(주작부언) 터무니없는 말을 만들어 냄.
看做(간주) 그러한 것으로 여김. 그렇다고 침.

유 作(지을 작) 비 倣(본뜰 방)

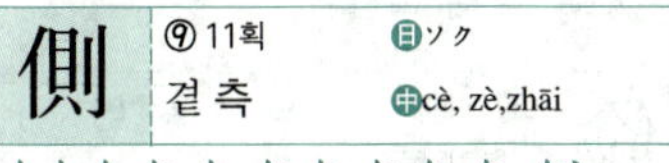

側	⑨ 11획	日ソク
	곁 측	中cè, zè,zhāi

丿 亻 亻 伂 伂 俱 俱 俱 俱 側 側

* 형성. 뜻을 나타내는 부수 '人(사람 인)'과 음을 나타내는 '則(법칙 칙)'을 합친 글자. 높은 사람[人]을 모시는 법[則]은 반드시 곁에 있어야한다는 의미에서 '옆', '곁'의 뜻으로 쓰임.

풀이 1. 곁. 옆. 가. 2. 주변. 근방. ¶側路 3. 기울이다. 기울어지다. 쏠리다. ¶側耳 4. 배반하다. 외면하다. ¶側目 5. 엎드리다. 숨다. 6. 낮다. 7. 어렴풋하다.

側近(측근) 1)곁의 가까운 곳. 부근. 2)항상 가까이 있어 친한 사람.
側頭骨(측두골) 두개골의 측면을 이루는 뼈의 총칭.
側路(측로) 1)옆길. 2)샛길.
側面(측면) 물체의 상하 · 전후 이외의 좌우의 표면.
側目(측목) 1)곁눈질을 함. 2)무섭고 두려워서 바로 보지 못함.
側聞(측문) 1)어렴풋이 들음. 2)곁에서 얻어들음.
側門(측문) 측면으로 낸 문. 옆문.
側傍(측방) 가까운 곁. 바로 옆.

2획

側視(측시) 옆을 봄. 곁눈질함.
側室(측실) 첩(妾).
側耳(측이) 귀를 기울임.
側行(측행) 겸손의 의미로 옆으로 비껴서 걸음.
君側(군측) 임금의 곁.
貴側(귀측) 상대편의 높임말.
南側(남측) 남극(南極)을 가리키는 쪽. 남쪽.
內側(내측) 안쪽.
某側(모측) 어떤 사람.
母側(모측) 어머니 곁. 또는 어머니 슬하.
反側(반측) 1)시름에 잠겨 잠이 오지 않아 누워서 이리저리 몸을 뒤척거림. 2)두 마음을 품고 바른 길로 좇지 않음.
病側(병측) 병석의 곁.
父側(부측) 아버지의 곁. 또는 아버지 편.
北側(북측) 북쪽.
上側(상측) 상부의 곁.
船側(선측) 1)뱃전. 2)배의 곁.
兩側(양측) 양쪽의 옆면.
女側(여측) 첩이나 첩의 집을 대접(待接)하여 일컫는 말.
外側(외측) 바깥쪽.
右側(우측) 오른쪽.
轉轉反側(전전반측) 이리 저리 뒤척이며 잠을 이루지 못함.

비 測(헤아릴 측) 惻(슬퍼할 측)

偸	⑨ 11획	日 トウ · ぬすむ
	훔칠 투	中 tōu

풀이 1. 훔치다. 도둑질하다. ¶偸盜 2. 가볍다. 경박하다. 3. 탐하다. 탐내다. ¶偸安 4. 구차하다.
偸懦(투나) 구차하고도 나약함.
偸盜(투도) 남의 물건을 훔침. 또는 도둑.
偸慢(투만) 게으르고 오만함.
偸賣(투매) 남의 물건을 훔쳐서 팖. 도매(盜賣).
偸免(투면) 구차하게 일시적으로 모면함.
偸生(투생) 구차하게 살기를 탐함. 목숨을 아낌. 구활(苟活).
偸心(투심) 도둑질하려는 마음.
偸安(투안) 눈앞의 안일만을 탐함.
偸長(투장) 도둑의 우두머리.
偸取(투취) 물건을 훔쳐서 취함.
偸香(투향) 향을 훔친다는 뜻으로, 남녀간에 사사롭게 정을 통하는 것을 이르는 말.

偸香(투향)의 유래
진나라 가충의 딸은 한수라는 미남의 마음을 얻기 위해 임금이 가충에게 하사한 향을 훔쳐 주었다. 결국 한수도 마음이 움직여 남몰래 담을 넘어 들어와 가충의 딸과 정을 통했고, 후에 가충은 마침내 딸을 한수에게 시집보냈다고 한다.

忙中偸閑(망중투한) 바쁜 와중에 틈을 내어 즐김.
鼠竊狗偸(서절구투) 쥐와 개처럼 훔친다는 뜻으로, 좀도둑을 이르는 말.
掩耳偸鈴(엄이투령) 귀를 막고 방울을 훔친다는 뜻으로, 얕은 꾀로 다른 사람들을 속이려 하나 소용이 없음을 이르는 말.

유 盜(훔칠 도)

偏	⑨ 11획	日 ヘン · かたよる
	치우칠 편	中 piān

丿 亻 亻 伊 伊 伊 伊 侷 侷 偏 偏

* 형성. 뜻을 나타내는 부수 '人(사람 인)'과 음을 나타내는 '扁(넓적할 편)'을 합친 글자. '扁(편)'은 넓적하다는 뜻 외에 '한쪽 가'라는 뜻을 지님. 이에 사람이 한쪽으로 치우쳐 중정(中正)하지 못하다는 뜻으로 쓰임.

풀이 1. 치우치다. 기울다. 편벽하다. ¶偏見 2. 곁. 가. 3. 한쪽. 한편. ¶偏聽 4. 반. 절반. 5. 남은 유족. ¶偏孤 6. 무리. 50명이 한 조인 무리.
偏見(편견) 한쪽으로 치우친 생각.
偏孤(편고) 아버지를 여윈 아이. 편모슬하의 아이.
偏黨(편당) 한쪽 당파에 치우침.
偏頭痛(편두통) 한쪽 머리가 아픈 병.
偏母(편모) 아버지가 죽고 홀로 있는 어머니.
偏僻(편벽) 1)도심에서 먼 외진 곳. 2)마음이 한쪽으로만 치중됨.
偏私(편사) 어떤 특정한 사람에게만 호의를 보임.
偏西風(편서풍) 중위도의 고기압대와 극지방과의 사이에 부는 서풍.
偏小(편소) 구석지고 작음.
偏食(편식) 어떤 음식만을 즐기거나 가려 먹음.
偏愛(편애) 한쪽에만 치우쳐 사랑함.
偏在(편재) 어느 한곳에만 치우쳐 존재함.
偏重(편중) 1)한쪽으로 치우쳐 무거움. 2)한쪽만을 소중히 여김.
偏執(편집) 자신의 생각만을 고집하고 남의 말을 듣지 않음.
偏差(편차) 1)일정한 기준에서 벗어난 차이. 2)정확하게 조준하여 쏜 탄알의 탄착점과 표적과의 거리.
偏聽(편청) 한쪽의 말만 듣고 치우침.
偏頗(편파) 한쪽으로 치우쳐 공평하지 못함.
偏偏(편편) 가볍게 날리는 모양.
偏向(편향) 1)한쪽으로 치우침. 2)대전 입자의 비행 방향을 전계나 자계를 가하여 변화시킴.
偏狹(편협) 생각이나 도량이 좁고 편벽됨.
偏惑(편혹) 한쪽으로만 치우쳐 미혹됨.

無偏無黨(무편무당) 편도 없고 무리도 없음. 공평함.
不偏不黨(불편부당) 어느 한쪽으로 치우침이 없이 공평함.
비 編(엮을 편) 遍(두루 편)

偪	⑨ 11획	日ヒョウ・ヒキ
	다가올 핍	中bī

풀이 1. 다가오다. 가까이 오다. 닥치다. 2. 행전. 각반.
비 副(버금 부)

偕	⑨ 11획	日カイ・ともに
	함께 해	中xié

풀이 1. 함께. 다 같이. 모두. ¶偕樂 2. 함께가다. 동행하다. 3. 굳세다. 강하다. ¶偕偕 4. 적합하다. 알맞다.
偕樂(해락) 함께 즐거워함.
偕老(해로) 부부가 일생을 함께 살며 함께 늙음.
偕偕(해해) 굳센 모양.
偕行(해행) 1)같이 감. 2)함께 행함.
百年偕老(백년해로) 부부가 서로 사이좋고 화락하게 같이 늙음.
유 共(함께 공) 俱(함께 구)

偟	⑨ 11획	日コウ・さまよう
	노닐 황	中huáng

풀이 1. 노닐다. 2. 겨를. 짬. 사이.
비 惶(두려워할 황)

傢	⑩ 12획	日カ
	가구 가	中jiā

풀이 가구. 집안 살림.
傢伙(가화) 1)가구. 2)형구(刑具). 3)악기.

傑	⑩ 12획	日ケツ・すぐれる
	뛰어날 걸	中jié

丿 亻 亻 亻 亻 亻 亻 亻 亻 傑 傑 傑

* 형성. 뜻을 나타내는 부수 '人(사람 인)'과 음을 나타내며 뛰어나다는 뜻을 지닌 '桀(하왕임금 걸)'을 합친 글자. 이에 사람이 '훌륭하다', '걸출하다'는 뜻으로 쓰임.

풀이 1. 뛰어나다. 빼어나다. 출중하다. ¶傑人 2. 준걸. 출중한 사람. ¶俊傑 3. 크다. ¶傑觀
傑句(걸구) 잘 지어진 글귀.
傑起(걸기) 우뚝 일어섬. 걸립(傑立).
傑物(걸물) 걸출한 인물. 뛰어난 물건.
傑人(걸인) 1)뛰어난 사람. 2)걸출한 사람.
傑作(걸작) 1)뛰어나게 훌륭한 작품. 명작(名作). 2)익살스러운 언행. 또는 그런 언행을 잘 하는 사람.
傑出(걸출) 썩 뛰어남. 또는 그러한 사람.
女傑(여걸) 호걸스러운 여자.
豪傑(호걸) 재주·용기가 뛰어나고 기개가 있는 사람.
유 俊(준걸 준)

傔	⑩ 12획	日ケン・はべる
	시중들 겸	中qiàn

풀이 1. 시중들다. 모시다. 2. 시중드는 사람. 추종인. ¶傔人
傔人(겸인) 1)시중드는 사람. 심부름꾼. 2)청지기.
傔卒(겸졸) 호위하는 군사.
傔從(겸종) 하인. 시중드는 사람.

傀	⑩ 12획	日カイ
	허수아비 괴	中guī, kuǐ

풀이 1. 허수아비. 인형. 꼭두각시. ¶傀儡 2. 크다. 성대하다. ¶傀然 3. 도깨비. 4. 괴이하다. 기괴하다.
傀奇(괴기) 이상하고 기이함.
傀儡(괴뢰) 1)허수아비. 꼭두각시. 2)자신의 확고한 신념이 없이 남의 앞잡이 노릇을 하는 사람.
傀然(괴연) 큰 모양.
비 塊(흙덩이 괴)

傋	⑩ 12획	
	❶어리석을 구	日コウ
	❷아첨하지 않을 항	中gòu, jiǎng

풀이 1 1. 어리석다. 무식하다. ¶傋瞀 2 2. 아첨하지 않다. ¶傋佹
傋瞀(구무) 어리석음. 무식함.
傋佹(항방) 아첨하지 않음.

傍	⑩ 12획	日ボウ・かたわら
	곁 방	中bàng

* 형성. 뜻을 나타내는 부수 '人(사람 인)'과 음을 나타내는 '旁(곁 방)'을 합친 글자. 이에 '사람의 양편', '곁'이라는 뜻으로 쓰임.

풀이 1. 곁. 옆. 2. 기대다. 의하다. 곁에 있다. 3. 모시다. 시중들다. 4. 부득이하다. 마지못하다. ¶傍傍

傍系(방계) 직계에서 나뉜 계통.

傍觀(방관) 1)옆에서 봄. 2)그 일에 관계하지 않고 보고만 있음. 내버려둠.

傍白(방백) 청중들에게만 들리고 무대에서 함께 공연하는 사람에게는 들리지 않는 것으로 하고 혼자 하는 말.

傍生(방생) 불교에서 금수(禽獸)를 이르는 말. 축생(畜生).

傍若無人(방약무인) 주변의 눈을 무시하고 제멋대로 행동함.

傍若無人(방약무인)의 유래

진시황이 막 중국을 통일할 무렵, 그를 암살하려다 실패한 자객으로 유명한 위나라 형가(荊軻)는 평소에 독서와 검술과 술을 좋아했다. 그는 각지에서 현자와 호걸들을 사귀었는데, 연나라에서 축(筑:대나무로 만든 악기)을 잘 연주하는 고점리(高漸離)를 사귀었다. 함께 술을 마시다가 취기가 돌면 고점리는 축을 연주하고 형가는 노래로 화답했다. 그러다가 감정이 극에 달하면 서로 부여잡고 울었는데, 곁에 사람이 없는 듯이 했다. 방약무인은 원래 주변을 의식치 않고 자기 감정에 빠져 있다는 뜻이었는데, 요즘은 남을 무시하고 제멋대로 행동하는 사람이라는 부정적 의미로 쓰인다.

傍倚(방의) 의지함.

傍人(방인) 1)옆 사람. 2)다른 사람.

傍點(방점) 특히 주의를 요하는 글자 곁이나 위에 찍는 점.

傍助(방조) 옆에서 도와줌.

傍證(방증) 간접 증거. 또는 어떤 사실을 간접적으로 증명함.

傍聽(방청) 회의 · 연설 · 공판 같은 것을 직접 관련이 없는 사람이 듣는 일.

유 側(곁 측) 비 旁(두루 방)

傅	⑩ 12획 스승 부	日 フ · もり 中 fù

풀이 1. 스승. 사부. 선생. ¶師傅 2. 펴다. 베풀다. ¶傅納 3. 돕다. 시중들다. 보좌하다. 4. 붙다. 붙이다. 5. 가까이하다. ¶傅著 6. 등록하다. 등기하다.

傅近(부근) 접근함. 부근(附近).

傅納(부납) 임금에게 말을 하여 받아들이게 함. 부납(敷納).

傅別(부별) 1)빌려 주고 빌려 오는 관계를 기록한 문서. 대차 증서. 2)수표(手票).

傅婢(부비) 여종. 시비(侍婢). 시녀(侍女).

傅相(부상) 가까이에서 도와주는 사람.

傅愛(부애) 시중들며 사랑함.

傅御(부어) 가까이에서 임금을 모시는 신하(臣下). 임금을 보좌하는 사람.

傅說(부열) 중국 은(殷)나라 고종(高宗) 때의 어진 재상.

傅著(부착) 붙음. 붙임. 부착(附著).

傅會(부회) 1)이치에 맞지 않는 것을 억지로 붙임. 2)문장의 앞뒤가 서로 연관됨.

爲虎傅翼(위호부익) 범을 위하여 날개를 붙인다는 뜻으로, 권세 있는 나쁜 사람에게 가세하여 더욱 맹위를 떨침을 이르는 말.

師傅(사부) 자기를 가르쳐 주는 사람.

유 師(스승 사) 비 傳(전할 전) 博(넓을 박)

備	⑩ 12획 갖출 비	日 ビ · そなえる 中 bèi

* 형성. 뜻을 나타내는 부수 '人(사람 인)'과 음을 나타내는 부수 이외의 글자를 합친 글자. 부수 이외의 글자는 화살을 넣는 도구를 나타내어 '물건이 가지런하다', '갖추어지다'를 뜻함. 이에 사람이 물건을 갖추어 준비한다, 곧 '갖추다'라는 뜻으로 쓰임.

풀이 1. 갖추다. 갖추어지다. 채우다. ¶備家 2. 준비하다. 준비. 3. 예방하다. 예비. ¶備荒 4. 옷. 의장. 5. 모두. 전부. 6. 비품.

備家(비가) 재산이 갖추어져 있는 부유한 집.

備擧(비거) 1)모두 갖춤. 2)자세하게 예를 듦.

備考(비고) 1)참고하기 위하여 갖춤. 2)첨가하여 본문의 부족한 부분을 보충하는 글.

備忘記(비망기) 임금이 명령을 적어 승지(承旨)에게 전하던 문서.

備忘錄(비망록) 잊어버리지 않기 위하여 기록하는 책.

備邊司(비변사) 조선 때 군국의 사무를 보던 관아.

備三望(비삼망) 관리 한 사람을 뽑을 때에 세 사람의 후보자를 선출하여 왕에게 추천 함.

備數(비수) 일정한 수를 갖춤.

備悉(비실) 충분히 준비함. 비구(備具).

備樂(비악) 선(善)과 미(美)를 다 갖춘 음악.

備員(비원) 정한 인원이 다 갖추어짐.

備位(비위) 자리를 채우고 있다는 뜻으로, 관직에 있음을 겸손하게 이르는 말.

備衛(비위) 뜻하지 않는 일에 대한 준비.

備擬(비의) 대비함.

備蓄(비축) 미리 저축해 둠.

備置(비치) 미리 갖추어 둠.

備品(비품) 비치하는 물품.
備荒(비황) 흉년에 대한 준비. 만일에 대비한 준비.
備厚(비후) 매우 정중함.
具備(구비) 갖추어 둠.
警備(경비) 만일을 염려하여 미리 방비함.

유 具(갖출 구)

傞	⑩ 12획	日サ
	춤출 사	中suō

풀이 춤추다. 술에 취하여 춤추는 모양. 취중무.

傞傞(사사) 1)술에 취하여 비틀거리며 춤추는 모양. 2)계속 춤추는 모양.

비 磋(갈 차)

傘	⑩ 12획	日サン・かさ
	우산 산	中sǎn

*상형. 우산을 편 모양을 본뜬 글자.

풀이 우산. ¶雨傘

傘壽(산수) '傘'자의 '八'과 '十'을 '八十'으로 보아 80살을 나타내는 말.
傘下(산하) 1)중심적 인물이나 세력 밑에 모이는 일. 2)단체·조직에서 아래 부분.
菌傘(균산) 버섯의 갓.
落下傘(낙하산) 창공 중에 항공기로부터 내릴 때에 사용하는 우산같이 생긴 물건.
雨傘(우산) 비에 몸이 맞지 않도록 손에 들고 머리 위에 쓰는 물건.

傃	⑩ 12획	日ソ・むかう
	향할 소	中sù

풀이 향하다. 어떤 방향에 면하다.

유 向(향할 향) 비 俵(흩을 표)

傁	⑩ 12획
	叟(p171)와 同字

傜	⑩ 12획	日ヨウ
	부역 요	中yáo

풀이 부역. 부역하다. 부리다. ¶傜役

傜賦(요부) 군대에서의 부역. 군역(軍役).
傜役(요역) 부역(賦役). 요역(徭役).

傛	⑩ 12획	日ヨウ
	불안할 용	中róng

풀이 1. 불안하다. 근심스럽다. ¶傛傛 2. 한대(漢代) 궁녀의 관명. ¶傛華 3. 익숙하다.

傛傛(용용) 1)불안한 모양. 2)익숙해진 모양.

비 溶(물 흐를 용)

傎	⑩ 12획	日テン
	거꾸로 할 전	中diān

풀이 거꾸로 하다. 뒤바꾸다.

유 逆(거스를 역) 비 塡(메울 전)

傖	⑩ 12획	日ソウ・いやしい
	천할 창	中cāng, chen

풀이 1. 천하다. 비천하다. ¶傖父 2. 문란하다. 어지럽다. ¶傖囊

傖囊(창낭) 이리저리 혼잡하고 어지러운 모양.
傖儜(창녕) 천한 사람들이 떠드는 소리.
傖父(창부) 1)친한 사람. 2)촌뜨기.
傖重(창중) 거칠고 미련함.

유 賤(천할 천) 비 滄(찰 창)

傩	⑩ 12획	日タイ・かたち
	모양 태	中tài

풀이 모양. 상태.

유 樣(모양 양), 態(모양 태) 비 能(능할 능)

傒	⑩ 12획	日ケイ
	묶을 혜	中xī

풀이 묶다. 매다. 가두다.

傒狗(혜구) 남을 욕하는 말. 개새끼.
傒囊(혜낭) 도깨비의 이름.

傚	⑩ 12획	日コウ・ならう
	본받을 효	中xiào

풀이 1. 본받다. 배우다. 모방하다. ¶傚古 2. 가르치

2획

다. 3. 준거로 삼다.

倣古(효고) 옛 것에서 본받음. 의고(擬古).

倣慕(효모) 1)흉내 냄. 2)배워서 본받음.

유 效(본받을 효)

傾	⑪ 13획	日ケイ・かたむく
	기울 경	中qīng

* 형성. 뜻을 나타내는 부수 '人(사람 인)'과 음을 나타내는 '頃(기울 경)'을 합친 글자. 이에 '사람이 기울다', '기울어지다', '뒤집어지다'는 뜻으로 쓰임.

풀이 1. 기울다. 경사지다. ¶傾家 2. 마음이 기울다. 쏠리다. 따르다. ¶傾心 3. 비뚤다. 바르지 않다. ¶傾巧 4. 귀를 기울이다. ¶傾聽 5. 다투다. 겨루다. ¶傾奪 6. 잠깐. 7. 뒤집히다. 번복되다. 8. 눕다. 9. 다치다. 상처 입다. 10. 위태롭다. 위험해지다.

傾家(경가) 집안이 기울어짐. 집안의 재산을 모두 탕진함. 파산(破產).

傾蓋如故(경개여고) 수레를 멈추고 덮개를 기울인다는 뜻으로, 한 번 보고 옛날부터 사귄 친구같이 친해짐을 이르는 말.

傾巧(경교) 마음이 바르지 않고 교묘하게 아첨함.

傾國(경국) 1)나라를 기울게 함. 2)나라를 망하게 할 만한 아름다운 여자. 경국지색(傾國之色). 3)모든 국력(國力)을 기울임.

傾國之色(경국지색) 나라를 위태롭게 할 만한 미모라는 뜻으로, 빼어난 미인을 이르는 말.

○傾國之色(경국지색)의 유래

중국 한문제 때 협률도위(協律都尉)로 있던 이연년(李延年)이 자기 누이동생에 대해 지은 노래에서 비롯되었다. "북쪽에 어여쁜 사람이 있어 세상에서 떨어져 홀로 서 있네. 한 번 돌아보면 성을 위태롭게 하고 두 번 돌아보면 나라를 위태롭게 하네. 어찌 성을 기울게 하고 나라를 위태롭게 함을 모를까마는 아름다운 여인은 두 번 다시 얻기 어렵구나." 무제는 이 노래를 듣고 당장 그녀를 불러들이게 하였고, 그녀의 아름다운 자태와 춤추는 솜씨에 매혹되었다. 이 여인이 무제의 만년에 총애를 독차지하였던 이 부인 이었다.

傾葵(경규) 해를 향해 기울어진 해바라기란 뜻으로 어떤 대상을 마음속 깊이 흠모함을 비유하는 말.

傾困倒廩(경균도름) 1)전 재산을 모두 내놓음. 2)생각을 솔직하게 드러내어 말함.

傾度(경도) 경사도. 기울기.

傾倒(경도) 1)기울어 넘어지는 것. 2)마음을 기울여 열중함. 3)술을 많이 마심. 경사(傾瀉). 4)속에 있는 것을 남김없이 말함.

傾頭(경두) 머리를 기울여 생각함. 생각에 잠김.

傾亂(경란) 혼란에 빠짐.

傾弄(경롱) 마음껏 농락함.

傾盆(경분) 동이를 기울인다는 뜻으로, 동이에서 물이 쏟아지는 것처럼 많은 비가 내림을 이르는 말.

傾斜(경사) 기울어짐. 또는 그 정도.

傾城(경성) 성(城)을 기울게 할 만큼 아름다운 여자.

傾心(경심) 마음을 기울임. 심혈을 기울임. 경의(傾意). 경혼(傾魂).

傾倚(경의) 기댐. 의지함.

傾耳(경이) 귀를 기울임. 귀를 기울여 들음.

傾注(경주) 1)비가 거세게 내림. 2)한 가지 일에 정신을 집중함. 일심불란(一心不亂)이 됨.

傾聽(경청) 귀를 기울여 들음.

傾側(경측) 1)기울어짐. 2)위태로움.

傾河(경하) 해뜰 무렵의 은하. 새벽을 이름.

傾向(경향) 마음이나 형세가 어느 한쪽으로 기울어짐.

傾羲(경희) 기울어지는 해. 저녁해. 석양.

右傾(우경) 우익으로 기울어짐. 또는 그런 경향.

左傾(좌경) 정치 성향 등이 좌익의 경향을 띰.

유 仄(기울 측) 斜(기울 사) 비 頃(기울 경)

傴	⑪ 13획	日ウ・かがむ
	구부릴 구	中yǔ

풀이 1. 구부리다. 2. 곱사등이. 꼽추. ¶傴僂 3. 공경하는 모양. 삼가는 모양. 4. 불쌍히 여기다. ¶傴拊

傴僂(구루) 1)허리를 굽힘. 2)공경하는 모양. 3)꼽추.

傴背(구배) 곱사등이. 구루(傴僂).

傴拊(구부) 불쌍히 여겨 사랑함.

僅	⑪ 13획	日キン・わずか
	겨우 근	中jǐn, jìn

* 형성. 뜻을 나타내는 부수 '人(사람 인)'과 음을 나타내는 '堇(진흙 근)'을 합친 글자.

풀이 1. 겨우. 근근히. ¶僅僅 2. 조금. 적다. ¶僅少 3. 거의. 대부분.

僅僅(근근) 겨우. 간신히.

僅僅圖生(근근도생) 겨우겨우 살기를 꾀함.

僅少(근소) 아주 적음.

유 廑(겨우 근) 비 勤(부지런할 근) 菫(제비꽃 근)

僂	⑪ 13획 구부릴 루(누)	日ル · ロウ · かがめる 中lóu, lǚ

풀이 1. 구부리다. 몸을 굽히다. ¶僂窶 2. 곱사등이. 꼽추. ¶傴僂 3. 민첩하다. ¶僂儸 4. 공경하는 모양.

僂佝(누구) 키가 작고 추한 모양.
僂窶(누구) 등이 굽고 초라함.
僂儸(누라) 1)재빨리 움직임. 2)수완이 있는 사람.
傴僂(구루) 곱사등이. 꼽추. 구루(痀僂). 배루(背僂).

유 㑊(구부릴 구) 비 樓(다락 루)

僇	⑪ 13획 욕보일 륙(육)	日リク · はじ 中lù

풀이 1. 욕보이다. 창피를 주다. ¶僇人 2. 죽이다.

僇辱(육욕) 욕을 보임. 치욕(恥辱).
僇人(육인) 죄를 지은 사람.

유 辱(욕되게 할 욕) 비 膠(아교 교)

僈	⑪ 13획 얕볼 만	日マン 中màn

풀이 1. 얕보다. ¶不僈 2. 게으름을 피우다. 나태하다. 방심하다. 3. 더럽히다.

不僈(불만) 업신여기지 않음.

유 傲(업신여길 오) 비 慢(게으를 만)

偋	⑪ 13획 물리칠 병	日ヘイ · ビョウ 中bǐng, bìng

풀이 1. 물리치다. 2. 초라하다. 궁색한 살림. 3. 벽지(僻地). 사람이 없는 곳.

傻	⑪ 13획 어리석을 사	日サ 中shǎ

풀이 1. 어리석다. 바보스럽다. ¶傻子 2. 약다. 약삭빠르다.

傻子(사자) 바보. 어리석은 사람.

傷	⑪ 13획 상처 상	日ショウ · きず · いたむ 中shāng

丿 亻 亻' 亻ᐟ 作 作 作 作 倬 倬 傷 傷 傷

* 형성. 뜻을 나타내는 부수 '人(사람 인)'과 음을 나타내며 화살의 상처를 뜻하는 부수 이외의 글자를 합친 글자. 이에 사람의 몸에 상처가 난 것을 나타냄.

풀이 1. 상처. 다치다. 상하다. ¶傷魂 2. 해치다. 상하게 하다. 3. 걱정하다. 근심하다. 애태우다. 4. 병을 앓다. 고통을 받다. ¶傷慘 5. 비난하다. 헐뜯다. 6. 조상(弔喪)하다. 죽음을 슬퍼하다. 7. 불쌍히 여기다. ¶傷怛

傷弓之鳥(상궁지조) 화살을 맞아 다친 새란 뜻으로, 어떤 일로 크게 놀란 사람은 하찮은 일에도 두려워함을 이르는 말.

傷弓之鳥(상궁지조)의 유래

전국 시대 말, 여섯 나라가 합종(合縱)하여 강대국 진(秦)나라와 대치하고 있을 때의 일이다. 조(趙)나라 위가(魏加)와 초(楚)나라 승상 춘신군(春申君)과 군사문제에 대한 협의를 하게 했다. 춘신군이 임무군(臨武君)을 총지휘관으로 내정하고 있다는 말에 위가는 말했다. "옛날 위나라에 명궁(明弓)이 어느날 기러기 한 떼가 날아가는 것을 보고는 화살을 메기지 않은 채 시위를 당겼는데 맨 뒤에 날아가던 기러기 한마리가 땅에 떨어졌습니다. 임금이 그 연유를 묻자 명궁의 대답은 이랬습니다. '저 기러기는 전에 제 화살을 맞아 다친 적이 있어 제가 시위를 당기는 소리에도 놀라 떨어진 거죠.' 그러니까 진나라에 혼이 난 적이 있는 임무군을 기용하는 건 적절치 못한 것 같군요." 《전국책(戰國策)》

傷怛(상달) 애닯게 슬퍼함. 몹시 슬퍼함.
傷悲(상비) 마음 아파하고 슬퍼함.
傷心(상심) 마음을 상함. 속을 썩임. 애태움.
傷慘(상참) 고통받고 슬퍼함.
傷惻(상측) 슬퍼함.
傷風(상풍) 미풍양속을 해침.
傷害(상해) 남의 몸에 상처를 내어 해를 입힘.
傷魂(상혼) 몹시 마음 아파함. 상신(傷神).
傷懷(상회) 마음속으로 애통하게 생각함.
傷痕(상흔) 다친 자리. 상처의 흔적. 흉터.
感傷(감상) 작은 사물에도 쉽게 슬픔을 느끼는 마음.
落傷(낙상) 떨어지거나 넘어져 다침. 또는 그 때 난 상처.
凍傷(동상) 심한 추위로 피부가 얼어서 생기는 상처.
負傷(부상) 몸에 상처를 입음.
殺傷(살상) 죽이거나 상처를 입힘.
損傷(손상) 1)깨지거나 상함. 2)명예 · 체면 · 가치 등이 떨어짐.
致命傷(치명상) 목숨이 위험할 정도로 입은 상처.
火傷(화상) 불이나 뜨거운 열 등에 데어서 상함. 그 상처.

유 害(해할 해) 비 像(형상 상)

僊	⑪ 13획	日セン・おどる
	춤출 선	中xiān

풀이 1. 춤추다. 춤추는 모양. ¶僊僊 2. 신선. 선인(仙人). 불로장생(不老長生)하는 사람. ¶神僊

僊僊(선선) 1)춤을 추는 모양. 선선(仙仙). 2)가볍게 올라가는 모양.

神僊(신선) 선도를 닦아 신통력을 얻은 사람. 신선(神仙).

謫僊(적선) 선계에서 벌을 받아 인간계로 귀양 온 신선. 적선(謫仙).

유 舞(춤출 무) 비 躚(춤출 선)

僬	⑪ 13획	日ソウ
	작을 소	中zhào

풀이 1. 작다. ¶僬宇 2. 긴 모양. ¶僬僬

僬僬(소소) 기다란 모양.

僬宇(소우) 작은 집.

僫	⑪ 13획	日エン・ゾョウ
	고을 이름 언	中yàn

풀이 1. 고을 이름. 지금의 중국 하남성(河南省) 자성현(柘城縣). ¶小僫 2. 나라 이름. 지금의 중국 호북성(湖北省) 의성현(宜城縣)에 있던 나라. 3. 에누리. 실제 가격보다 비싸게 부르는 값.

비 焉(어찌 언)

傲	⑪ 13획	日ゴウ・おごる
	거만할 오	中ào

ノ イ 仁 仁 仹 仹 侉 侉 侉 傲 傲 傲 傲

*형성. 뜻을 나타내는 부수 '人(사람 인)'과 음을 나타내는 '敖(놀 오)'를 합친 글자. 사람이 '마음 내키는 대로 논다', '즐기다'는 뜻을 나타내어, '거만하게 굴다'의 뜻으로 쓰임.

풀이 1. 거만하다. 교만하다. ¶傲慢 2. 깔보다. 멸시하다. ¶傲視 3. 제멋대로 하다. 4. 놀다.

傲骨(오골) 거만한 풍채. 거만하여 남에게 굽히지 않는 기개.

傲氣(오기) 힘이 달리면서도 지기 싫어하는 마음.

傲慢(오만) 거만함. 교만함.

傲散(오산) 제멋대로 함. 오만방자함.

傲視(오시) 거만하게 봄. 남을 깔봄.

傲岸(오안) 거만하여 남에게 굴복하지 않음.

傲睨(오예) 1)거만하게 높은 체하면서 바르지 못한 모양. 2)거드름 피우며 깔봄.

傲侈(오치) 거만하게 굶.

傲暴(오포) 거만하고 난폭함.

유 慢(거만할 만) 倨(거만할 거)

傭	⑪ 13획	
	❶품팔이 용	日ヨウ・やとう
	❷고를 총	中yōng

*형성. 뜻을 나타내는 부수 '人(사람 인)'과 음을 나타내는 '庸(쓸 용)'를 합친 글자.

풀이 ❶ 1. 품팔이하다. 고용당하다. ¶傭兵 2. 품팔이꾼. 3. 품삯. 임금. ¶傭賃 ❷ 4. 고르다. 균등하다. 5. 천하다. 비루하다.

傭客(용객) 품삯을 받고 일을 하는 사람. 고용인(雇傭人). 용인(傭人).

傭兵(용병) 고용된 병사.

傭僕(용복) 고용된 하인.

傭聘(용빙) 초빙하여 고용함. 사람을 쓰려고 맞아들임.

傭書(용서) 고용되어 글을 베낌.

傭役(용역) 고용되어 일을 함. 또는 그 사람.

傭賃(용임) 고용된 사람의 임금. 품삯. 용전(傭錢).

傭作(용작) 고용되어 일을 함.

雇傭(고용) 보수를 주고 사람을 부림.

유 雇(품살 고) 비 庸(쓸 용)

傽	⑪ 13획	日ショウ
	놀랄 장	中zhāng

풀이 1. 놀라다. ¶傽偟 2. 시숙(媤叔). 남편의 형을 부르는 호칭.

傽偟(장황) 놀라 두려워하는 모양.

유 驚(놀랄 경) 비 障(가로막을 장)

傳	⑪ 13획	日テン・デン・つたえる
	전할 전	中chuán, zhuàn

ノ イ 仁 仁 伝 佢 佢 伸 俥 俥 僡 傳 傳

*형성. 뜻을 나타내는 부수 '人(사람 인)'과 음을 나타내며 급한 일을 알리는 '使者(사자)'를 뜻하는 '專(오로지 전)'을 합친 글자. 이에 사람이나 사물을 '전하다', '보내다'의 뜻으로 쓰임.

풀이 1. 전하다. 옮기다. 2. 이어지다. 전하여지다. 계속되다. ¶傳家 3. 물려주다. 물려받다. 수여하다. 4. 전기. 한 개인의 일평생의 사적. ¶傳記 5. 책. 고서. 6. 퍼지다. 두루 미치다. ¶傳播 7. 진술하다. 말로 전하다. 여러 사람의 입을 통하여 퍼뜨리다. 7. 역. 역참. 역마을. 9. 주막. 여인숙. 10. 통부(通符). 관(關)을 통과하는 부신.

傳家(전가) 대대로 가문에 전함.

傳家之寶(전가지보) 조상 대대로 전해 내려오는 보물.

傳喝(전갈) 안부를 묻거나 말을 전하는 일.

傳遽之臣(전거지신) 운송에 종사하는 지위가 낮은 관리란 뜻으로, 선비가 자기를 낮추어 부르는 말.

傳教(전교) 1)가르쳐 전함. 2)임금의 명령.

傳國璽(전국새) 대대로 전하는 천자의 옥새. 진시황 때 처음 옥으로 만들었다고 함.

傳奇(전기) 소설의 문체 중의 하나. 기이한 일을 다룬 소설이나 희곡.

傳記(전기) 개인의 일생의 사적인 기록.

傳單(전단) 선전이나 광고 또는 선동하는 글이 담긴 종이쪽. 삐라.

傳達(전달) 전해 도달하게 함.

傳道(전도) 1)도를 전함. 옛날 성현의 교훈을 세상에 전함. 2)종교 특히 기독교를 널리 전파시킴.

傳導(전도) 열 또는 전기 등이 사물의 한 부분에서 점차 다른 부분으로 전달되는 현상.

傳來(전래) 전해 내려옴.

傳令(전령) 명령을 전함. 또는 그 명령.

傳書鳩(전서구) 편지를 전달하는 비둘기. 제 보금자리로 돌아오는 성질을 이용하여 군사 및 통신용으로 쓰임.

傳說(전설) 옛부터 전해 내려오는 이야기.

傳貰(전세) 집주인에게 일정 금액을 맡기고 집을 빌려 지내다가 기간이 되어 내 놓고 나갈 때에 그 돈을 이자 없이 도로 찾는 가옥 대차의 계약.

傳受(전수) 전해 받음.

傳授(전수) 전해 줌.

傳襲(전습) 전하여 그대로 따라 함. 물려받음.

傳承(전승) 전하여 이어받음.

傳信(전신) 소식이나 편지를 전함.

傳染(전염) 1)물들임. 2)병균 같은 것이 남에게서 옮음.

傳統(전통) 1)전해져 내려오는 일정한 계통. 2)후세 사람들이 배우고 존중하는 과거의 풍속·습관·도덕 등.

傳播(전파) 전하여 널리 퍼뜨림. 유도.

傳票(전표) 은행·상점 등에서 돈의 입출액을 적는 작은 쪽지.

急傳(급전) 급히 전함. 또는 급히 전하게 함.

宣傳(선전) 1)주의·주장이나 어떤 사물의 존재 등을 사람들에게 설명하고 널리 알림. 2)과장하여 말을 퍼뜨림.

列傳(열전) 여러 사람의 개별적인 전기를 차례로 벌여 적음.

遺傳(유전) 1)전해져 내려옴. 2)조상 또는 부모의 형질이 자식에게 전해 내려오는 현상.

以心傳心(이심전심) 마음으로써 마음을 전함.

以心傳心(이심전심)의 유래

어느 날 석가 세존(世尊)이 영취산(靈鷲山)에서 설법을 할 때 하늘에서 꽃비가 내렸다. 세존은 손가락으로 연꽃 한 송이를 말없이 집어 들고(拈華) 약간 비틀어 보였다. 제자들은 세존의 그 행동을 알 수 없었다. 그러나 가섭만이 그 뜻을 깨닫고 빙그레 웃었다(微笑). 그제야 세존도 빙그레 웃으며 가섭에게 이렇게 말했다.

"나에게는 정법안장(正法眼藏)과 열반묘심(涅槃妙心), 실상무상(實相無相), 미묘법문(微妙法門), 불립문자 교외별전(不立文字教外別傳)이 있다. 이것을 너에게 주마."

이렇게 하여 불교의 진수는 가섭에게 전해졌다. 이심전심은 말이나 글이 아닌 마음과 마음으로 전하였다고 한데서 유래하였다.

비 傅(스승 부) 博(넓을 박)

債	⑪ 13획	日 サイ·かり
	빚 채	中 zhài

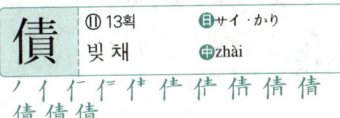

丿 亻 亻 亻 亻 亻 亻 倩 倩 倩 債 債 債

* 형성. 뜻을 나타내는 부수 '人(사람 인)'과 음을 나타내며 '억지로 취한다'라는 뜻을 지닌 '責(꾸짖을 책)'을 합친 글자. 이에 '사람이 억지로 무언가를 취하다', 곧 '남에게 돈을 빌리다'라는 뜻으로 쓰임.

풀이 1. 빚. 빚진 돈. 빚지다. ¶負債 2. 빚으로 준 돈.

債家(채가) 돈을 빌려 준 사람. 채권자.

債券(채권) 국가·공공단체 또는 은행·회사 등이 채무를 증명하기 위해 발행하는 유가 증권.

債權(채권) 빌려 준 자가 빌린 사람에 대하여 가지는 권리. 채무의 청산을 요구할 수 있는 권리.

債務(채무) 빚을 얻어 쓴 사람의 의무. 또는 빚을 갚아야 할 의무.

公債(공채) 국가나 지방 자치 단체가 재정 자금을 마련하기 위하여 임시로 지는 부채.

國債(국채) 세입의 부족을 메우기 위해서 국가가 지는 금전상의 채무. 또는 그것을 나타내는 채권.

負債(부채) 남에게 빚을 짐. 또는 그 부채

私債(사채) 개인 사이에 지는 빚.

비 積(쌓을 적) 責(꾸짖을 책)

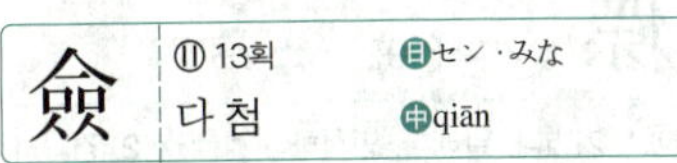

僉	⑪ 13획	日 セン·みな
	다 첨	中 qiān

* 회의. 둘 이상의 사람(人人)과 입들(口口)이 모였다(亼)는

의미에서 '여럿'의 뜻으로 쓰임.

풀이 1. 다. 모두. 여러. ¶僉位 2. 고르다. 가려내다. 가려뽑다. 3. 벼슬 이름. ¶僉院 4. 도리깨. 곡식의 낟알을 떠는 농구.

僉君子(첨군자) 여러 점잖은 사람.
僉授(첨수) 모두 줌. 모두 수여함.
僉押(첨압) 연명(連名)으로 서명함.
僉位(첨위) 여러분. 첨원(僉員).
僉議(첨의) 여러 사람이 모여 하는 의논.
僉尊(첨존) 첨위(僉位)를 높여 이르는 말.

비 簽(농 첨)

傯	⑪ 13획 바쁠 총	日ソウ 中zǒng

풀이 1. 바쁘다. 일이 몰리다. ¶倥傯 2. 괴로워하다. 고민하다.

유 忙(바쁠 망) 비 聰(귀밝을 총) 憁(바쁠 총)

催	⑪ 13획 재촉할 최	日サイ すい 中cuī

丿 亻 亻' 亻'' 亻山 亻屮 亻岸 亻岸 亻峇 亻崔 催 催 催

*형성. 뜻을 나타내는 부수 '人(사람 인)'과 음을 나타내며 '새(隹)가 날아 올라가는 높은 산(山)'의 뜻을 지닌 '崔(높을 최)'를 합친 글자. 이에 사람이 높은 곳에서 재촉한다는 뜻으로 쓰임.

풀이 1. 재촉하다. 독촉하다. ¶催告 2. 닥치다. 닥쳐오다. ¶催科 3. 일어나다. 발생하다. 징조가 보이다. 4. 개최하다. 모임을 열다. ¶開催

催告(최고) 독촉을 알리는 통지.
催科(최과) 1)조세의 납부를 재촉함. 2)세금을 납부할 날이 다가옴.
催淚彈(최루탄) 최루 가스를 넣어 만든 탄환.
催眠(최면) 잠을 오게 함.
催促(최촉) 재촉함.
催花雨(최화우) 봄비. 꽃을 재촉하는 비라는 뜻.
開催(개최) 어떤 모임이나 행사 등을 엶.
主催(주최) 어떤 행사나 회합 등을 주장하여 엶.

비 崔(높을 최)

僄	⑪ 13획 가벼울 표	日ヒョウ 中piào

풀이 1. 가볍다. 날래다. 민첩하다. ¶僄狡 2. 경박하고 사납다. 거칠다. ¶僄變

僄狡(표교) 가볍고 날램.
僄棄(표기) 경박하여 버림.
僄悍(표한) 날래고 사나움.

유 輕(가벼울 경) 반 重(무거울 중) 비 標(우듬지 표)

僪	⑫ 14획 미칠 귤	日キシ 中jué, què

풀이 1. 미치다. 미치광이. 광인. 2. 기괴하다. 기괴한 모양. ¶僪佹

僪佹(귤궤) 기괴한 모양.

유 及(미칠 급)

僑	⑫ 14획 우거할 교	日キョウ 中qiáo

*형성. 뜻을 나타내는 부수 '人(사람 인)'과 음을 나타내는 '喬(높을 교)'를 합친 글자.

풀이 우거하다. 남의 집에 붙어살다. 타향이나 타국에서 임시로 살다. ¶僑居

僑居(교거) 남의 집에서 임시로 삶. 임시로 사는 곳. 우거(寓居).
僑軍(교군) 타지에서 온 군대. 원정군.
僑士(교사) 객지에 나가 사는 사람.
僑人(교인) 타향에 거주하는 사람. 객지에 우거(寓居)하는 사람.
僑胞(교포) 외국에서 사는 동포.
華僑(화교) 해외에서 정주하는 중국인.

비 橋(다리 교)

僒	⑫ 14획 얽매일 군	日キン・ギン 中jǔn

풀이 1. 얽매이다. 사로잡히다. 2. 등이 굽다. 곱사등이.

僛	⑫ 14획 춤출 기	日キ 中qī

풀이 춤추다. 술에 취하여 춤추는 모양.

僛僛(기기) 술에 취하여 춤추는 모양.

유 舞(춤출 무)

僮	⑫ 14획 아이 동	日トウ 中tóng, zhuàng

풀이 1. 아이. 미성년자. 관례(冠禮) 전의 젊은이. ¶僮子

2. 하인. 종. 노복. ¶僮幹 3. 두려워 삼가는 모양. ¶僮僮 4. 어리석다.

僮幹(동간) 하인. 잡일을 하는 사람.
僮僮(동동) 두려워하며 조심하는 모양.
僮御(동어) 종. 사환.
僮子(동자) 나이 어린 사내아이.
僮昏(동혼) 어리석어 이치에 어두움. 또는 그런 사람.
家僮(가동) 집안에서 심부름을 하던 아이. 한 집안의 남자 종을 이르는 말.
侍僮(시동) 지난날, 지체 높은 사람 옆에서 시중을 들던 아이.

유 童(아이 동) 囝(아이 건) 비 憧(그리워할 동)

僚	⑫ 14획	日リョウ・ともがら
	동료 료(요)	中liáo

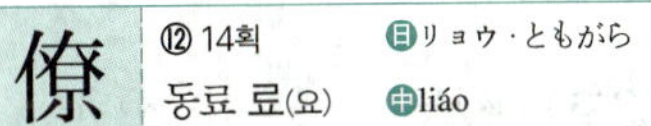

풀이 1. 동료. 동관. ¶僚友 2. 벼슬아치. 관리. ¶官寮 3. 하인. 종. 4. 예쁘다. 아름답다.

僚官(요관) 낮은 관리. 속관(屬官).
僚黨(요당) 동료. 친구.
僚相(요상) 동료 정승. 정승끼리 이름 대신 상대편을 일컫던 말.
僚壻(요서) 동서. 자매의 남편 사이.
僚友(요우) 동료. 같은 일자리에 있는 벗.
僚佐(요좌) 하급 관리. 일을 돕는 관리.
僚寀(요채) 동료. 관리.
官僚(관료) 1)같은 관직에 있는 동료. 2)정부의 관리. 특히 정치적인 영향력을 지닌 관리.
同僚(동료) 같은 일을 하는 사람.
屬僚(속료) 하급 관리. 부하.

僕	⑫ 14획	日ボク・しもべ
	종 복	中pú

풀이 1. 종. 남자 종. 하인. ¶奴僕 2. 마부. ¶僕御 3. 저. 소생. 자기의 겸칭. ¶僕輩 4. 무리. 패거리. ¶僕緣 5. 따르다. ¶僕旅 6. 숨기다. ¶僕區

僕區(복구) 망명한 사람을 숨김.
僕旅(복려) 따르는 무리.
僕虜(복로) 종으로 삼은 포로.
僕遫(복속) 평범하고 아무 재능이 없는 모양. 또는 그런 사람.
僕射(복야) 벼슬 이름. 진(秦)나라 때의 활 쏘는 일을 주관하던 관리.
僕御(복어) 말을 모는 사람. 마부.
僕緣(복연) 떼 지어 모여듦.
僕從(복종) 종. 하인.
僕妾(복첩) 1)남자 종과 여자 종. 2)하인.
奴僕(노복) 종. 하인.
老僕(노복) 나이가 많은 종.

유 奴(종 노) 비 業(업 업)

僰	⑫ 14획	日ボク
	오랑캐이름 북	中bó

풀이 오랑캐 이름. 지금의 중국 운남(雲南)·귀주(貴州)·사천(四川) 등지에 살던 민족.

僨	⑫ 14획	日フン・たおれる
	넘어질 분	中fèn

풀이 1. 넘어지다. 엎어지다. 2. 떨치다. 움직이다. 세찬 모양. ¶僨興 3. 일을 그르치다.

僨驕(분교) 세찬 기세.
僨事(분사) 일을 실패함.
僨興(분흥) 떨쳐 일어남.

유 倒(넘어질 도) 비 墳(무덤 분)

像	⑫ 14획	日ゾウ・かたち
	모양 상	中xiàng

* 형성. 뜻을 나타내는 부수 '人(사람 인)'과 음을 나타내며 서로 닮은 모양을 나타낸 '象(코끼리 상)'을 합친 글자. 이에 사람이나 물건이 닮은 것, '모양', '형상'이라는 뜻으로 쓰임.

풀이 1. 모양. 형상. 2. 상. 사람·부처 등의 형체를 그리거나 조각한 것. ¶肖像 3. 본뜨다. 닮다. ¶像形 4. 법.

像敎(상교) 우상을 만들어 섬기는 종교.
像法(상법) 불상과 경전.
像形(상형) 1)모양을 본뜸. 2)비슷한 형상.
銅像(동상) 구리로 만든 형상.
佛像(불상) 나무·돌 등으로 만든, 부처의 소상이나 화상.
想像(상상) 1)미루어 생각함. 2)아는 사실이나 관념을 재료로 하여 새로운 사실과 관념을 만드는 작용.
映像(영상) 머릿속에 떠오르는 사물의 모습.
偶像(우상) 돌이나 쇠로 만든 신이나 사람의 형상.
坐像(좌상) 앉아 있는 모습을 조각한 형상.
肖像(초상) 사람의 용모나 자태를 그린 화상이

2 획

나 조상(彫像).

虛像(허상) 실제 없는 것이 있는 것처럼 나타나 보이거나 실제와는 다르게 보이는 모습.

現像(현상) 1)형상을 나타냄. 또는 그 형상. 2)촬영한 필름이나 인화지 등을 약품으로 처리하여 영상이 드러나게 함.

유 形(모양 형) 態(모양 태) 비 象(코끼리 상)

僎 ⑫ 14획 ❶갖출 선 ❷준작 준 日セン 中zhuàn, zūn

풀이 1 1. 갖추다. 2. 고르다. 가려 뽑다. 3. 수를 세다. 헤아리다. 4. 가지런히 하다. 2 5. 준작. ¶僎爵

僎爵(준작) 향인(鄕人)이 경대부가 되어 그 시골에 내려와서 향음주례(鄕飮酒禮)를 보살펴 도와주는 사람.

유 具(갖출 구) 비 選(가릴 선)

僧 ⑫ 14획 중 승 日ソウ·ぼうず 中sēng

풀이 중. 승려. 불도(佛道)를 닦는 사람. ¶僧侶

僧伽(승가) 불도를 닦는 사람들의 집단.

僧家(승가) 1)중이 사는 집. 2)중들의 사회.

僧家藍摩(승가람마) 'Sangharama' 의 음역. 중이 지내며 불도를 닦는 곳.

僧伽梨(승가리) 'Sanghati' 의 음역. 가사(袈裟)의 일종. 붉은빛을 띠고 있음.

僧館(승관) 중이 묵는 곳. 절. 사찰(寺刹).

僧官(승관) 중이 하는 벼슬.

僧尼(승니) 중과 여승.

僧堂(승당) 절. 사찰.

僧廬(승려) 중이 사는 거처. 승암(僧庵).

僧舞(승무) 불교적 색채가 짙은 무용으로, 장삼을 걸치고 고깔을 쓰고 두 개의 북채를 쥐고 추는 춤.

僧坊(승방) 중이 지내는 곳.

僧趺(승부) 선종(禪宗)에서 행하는 정좌법(靜坐法). 결가부좌의 하나로 양쪽 다리를 어긋나게 하여 앉음.

僧俗(승속) 스님과 세상 사람.

僧宇(승우) 절. 사원(寺院).

僧正(승정) 중국 청나라 때 중이 하던 관직.

高僧(고승) 학덕과 지위가 높은 중.

道僧(도승) 도를 깨달은 중.

禪僧(선승) 참선하고 있는 중. 선종의 중.

破戒僧(파계승) 계율을 깨뜨린 중.

유 尼(중 니) 비 憎(미워할 증)

僥 ⑫ 14획 요행 요 日ギョウ·ながう 中jiǎo, yáo

풀이 1. 요행. 우연한 복. ¶僥倖 2. 바라다. 구하다. 3. 난쟁이. 키가 3척 가량 되는 종족. ¶僬僥

僥冀(요기) 절실하게 바람.

僥倖(요행) 1)뜻밖에 얻은 행운. 2)늘 이득을 구하는 모양.

비 曉(새벽 효)

僞 ⑫ 14획 거짓 위 日ギ·いつわる 中wěi

* 형성. 뜻을 나타내는 부수 '人(사람 인)' 과 음을 나타내는 '爲(할 위)' 를 합친 글자. 사람이 일부러 한다는 의미에서 '거짓말하다', '속이다' 라는 뜻으로 쓰임.

풀이 1. 거짓. 가짜. 허위. ¶眞僞 2. 속이다. 거짓으로 하다. ¶僞計

僞經(위경) 1)잘못된 경전. 2)가짜 경전.

僞計(위계) 거짓 계략. 속이는 계책.

僞君子(위군자) 세상을 속이며 군자 행세를 하는 사람.

僞妄(위망) 거짓됨과 망령됨.

僞冒(위모) 거짓으로 속임.

僞薄(위박) 언행이 거짓되고 경박함. 겉치레만 하고 경박함.

僞烽(위봉) 적을 속이기 위한 봉화.

僞辭(위사) 거짓말.

僞善(위선) 거짓으로 착한 체함. 본심이 아닌 거짓으로 선한 척함.

僞飾(위식) 거짓으로 꾸밈.

僞讓(위양) 거짓 양보. 겉으로만 양보하는 척함.

僞位(위위) 아무 힘이 없는 형식적인 임금의 자리. 허위(虛位).

僞作(위작) 남의 작품을 흉내 내어 비슷하게 만듦. 또는 그 작품.

僞錢(위전) 위조한 가짜 돈.

僞證(위증) 1)거짓 증명함. 2)증인으로 선서한 후 고의로 허위의 진술을 함.

僞勅(위칙) 거짓 조서.

僞筆(위필) 거짓으로 필체를 본떠 씀.

僞學(위학) 거짓 학문.
詐僞(사위) 거짓.
眞僞(진위) 참과 거짓.
虛僞(허위) 없는 사실을 거짓으로 꾸미는 일.
유 詐(속일 사) 假(거짓 가) 비 爲(할 위)

僝	⑫ 14획	日サン
	욕할 잔	中chán

풀이 1. 욕하다. 나무라다. ¶僝僽 2. 나타내다. 나타내 보이다. ¶僝功 3. 갖추다.
僝功(잔공) 공을 나타냄.
僝僽(잔추) 욕함. 나무람.

僔	⑫ 14획	日ソン・あつまる
	모일 준	中zǔn

풀이 1. 모이다. 모으다. ¶僔沓 2. 많은 모양. ¶僔僔 3. 웅크리다. 쭈그리고 앉다. ¶僔夷 4. 공경하다.
僔沓(준답) 많이 모여서 지껄임.
僔夷(준이) 쭈그림. 준이(蹲夷).
僔僔(준준) 많은 모양.
유 集(모일 집) 叢(모일 총) 비 尊(높을 존)

僭	⑫ 14획	日セン
	참람할 참	中jiàn

풀이 1. 참람하다. 분에 넘치다. ¶僭濫 2. 사치하다. 3. 참소하다. ¶姦僭 4. 어그러지다. 틀리다.
僭濫(참람) 분수에 지나침.
僭禮(참례) 1)예의에 어긋남. 2)분수에 넘친 예.
僭詐(참사) 기만함.
僭賞濫刑(참상남형) 상과 벌을 함부로 줌.
僭越(참월) 지나쳐 넘침. 참람(僭濫).
僭位(참위) 임금의 자리를 침범함.
僭擬(참의) 분수에 넘치게 윗사람과 견줌.
僭竊(참절) 분수에 넘치는 지위에 있음.
僭主(참주) 임금의 자리를 빼앗은 사람.
僭差(참차) 분수에 어긋남.
僭稱(참칭) 1)신분에서 넘어선 칭호를 자칭함. 2)제호(帝號)를 멋대로 붙여 사용함. 또는 그 칭호.
姦僭(간참) 간악하게 참소함.
凌僭(능참) 능멸하며 참소함.
비 潛(자맥질할 잠)

僬	⑫ 14획	日ショウ
	밝게 볼 초	中jiāo

풀이 1. 밝게 보다. 명찰하다. 살피다. ¶僬僬 2. 달리다. 3. 나라 이름. 키가 3척 가량되는 난쟁이들이 사는 나라. ¶僬僥
僬僥(초요) 나라 이름. 난쟁이가 살고 있다고 함.
僬僬(초초) 1)체통 없이 달리는 모양. 2)살피는 모양.

僦	⑫ 14획	日シュウ・シュ
	빌릴 추	中jiù

풀이 1. 빌리다. 세내다. ¶僦舍 2. 임금. 품삯. 3. 모이다. 모여들다.
僦居(추거) 거처할 곳을 빌림. 셋집 살이.
僦舍(추사) 집을 빌림.
僦船(추선) 돈을 주고 배를 빌림.
비 就(이룰 취)

僓	⑫ 14획	日タイ
	우아할 퇴	中tuí, tuǐ

풀이 1. 우아하다. 고상하다. 2. 좇다. 따르다. 순종하다.
유 從(좇을 종) 비 貴(귀할 귀)

僩	⑫ 14획	日ガン
	당당할 한	中xiàn

풀이 1. 풍채가 당당한 모양. ¶僩雅 2. 노하다. 성내는 모양. ¶僩然
僩雅(한아) 풍채가 당당하고 우아함.
僩然(한연) 벌컥 화내는 모양.
비 閒(틈 한)

僖	⑫ 14획	日キ・よろこぶ
	기쁠 희	中xī

풀이 기뻐하다. 즐기다.
유 喜(기쁠 희)

價	⑬ 15획	日カ・あたい
	값 가	中jià, jie

2획

丿 亻 亻 亻 价 価 価 価 価 價 價 價
價 價 價

* 형성. 뜻을 나타내는 부수 '人(사람 인)'과 음을 나타내는 '賈(값 가)'를 합친 글자. '賈'는 물건을 사 놓고 손님을 기다리는 일을 나타냄. 이에 사람이 '물건을 팔기 위해 기다리다', '장사하다'라는 의미에서 '값', '가치'라는 뜻으로 쓰임.

풀이 1. 값. 가격. 값어치. ¶物價 2. 값이 나가다. 값어치가 있다.

價格(가격) 물건이 지니고 있는 가치를 돈으로 나타낸 것. 값.
價額(가액) 값. 가치.
價重(가중) 값어치가 무거움. 곧, 비쌈.
價値(가치) 1)값. 가격. 2)재화의 효용 정도.
同價紅裳(동가홍상) 같은 값이면 다홍치마. 이왕이면 보기 좋은 것을 골라 가진다는 뜻.
物價(물가) 물건 값. 상품의 시장 가격.
市價(시가) 시장에서 물건을 거래할 때의 시세.
廉價(염가) 싼값. 낮은 가격.
眞價(진가) 참된 값어치. 참 가치.
評價(평가) 1)물품의 가격을 매김. 2)선악·미추 등의 가치를 논정함.

유 値(값 치) 비 賈(장사 고)

僵	⑬ 15획 쓰러질 강	日 コウ 中 jiāng

풀이 1. 쓰러지다. 쓰러뜨리다. 넘어지다. ¶僵覆 2. 뻣뻣해지다. 죽어서 굳어지다. ¶僵立

僵竭(강갈) 다해 없어짐.
僵蹶(강궐) 넘어짐.
僵落(강락) 쓰러져 떨어짐.
僵立(강립) 움직이지 않고 빳빳이 섬.
僵拔(강발) 쓰러져 뿌리가 뽑힘.
僵覆(강복) 쓰러져 뒤집힘.
僵尸(강시) 넘어져 있는 시체. 송장.
僵尸蔽地(강시폐지) 버려진 시체가 땅을 덮음.
僵偃(강언) 넘어져 누움.
僵臥(강와) 엎드림. 누움.
僵斃(강폐) 쓰러져 죽음.

유 倒(넘어질 도)

儉	⑬ 15획 검소할 검	日 ケン·つつまやか 中 jiǎn

丿 亻 亻 亻 亼 仱 佥 佥 佥 儉 儉 儉
儉 儉 儉

* 형성. 뜻을 나타내는 부수 '人(사람 인)'과 음을 나타내는 '僉(모두 첨)'을 합친 글자. 여러[僉] 사람[人]이 같이 생활하기 위해 물자를 아껴쓴다는 의미에서 '검소하다'의 뜻으로 쓰임.

풀이 1. 검소하다. ¶儉約 2. 넉넉지 못하다. 적다. 3. 흉년이 들다. 작황이 나쁘다. ¶儉年

儉剋(검극) 1)인색함. 2)검소하고 엄격함.
儉年(검년) 곡식이 잘 익지 않은 해. 흉년.
儉德(검덕) 검소한 행실.
儉吝(검린) 1)검소와 인색. 2)인색함.
儉薄(검박) 검소하여 야박함. 검약(儉約).
儉歲(검세) 곡식이 잘 안된 해. 흉년.
儉素(검소) 사치스럽지 않고 수수함.
儉約(검약) 검소하게 절약하여 사용함.
儉月(검월) 곡식을 추수하기 전 식량이 부족한 때.
儉糶(검조) 1)흉년에 국가가 비축해 놓은 쌀을 방출 함. 2)흉년에 쌀을 팖.
恭儉(공검) 공손하고 검소함.
勤儉(근검) 부지런하고 검소함.
王儉(왕검) 고조선 때 정치의 우두머리.
節儉(절검) 절약하고 검소하게 함.

비 檢(검사할 검) 險(험할 험)

儆	⑬ 15획 경계할 경	日 ケイ·いましめる 中 jǐng

풀이 경계하다.

儆儆(경경) 경계하는 모양.
儆戒(경계) 미리 경계하여 조심함. 경계(警戒).
儆備(경비) 미리 경계하여 준비함. 경비(警備).
申儆(신경) 알아듣도록 타이름. 신칙(申飭).

유 戒(경계할 계) 警(경계할 경) 비 敬(공경할 경)

儌	⑬ 15획 갈 교	日 キョウ 中 jiǎo, jiāo

풀이 1. 가다. 2. 구하다. 바라다. 3. 속이다.

僸	⑬ 15획 우러를 금	日 キン 中 jìn, yǐn

풀이 1. 우러르다. 우러러보다. ¶僸僸 2. 풍류 이름. 중국 북방 이민족의 음악.

僸僸(금금) 우러러보는 모양.

유 仰(우러를 앙) 비 襟(옷깃 금)

儂	⑬ 15획 나 농	日 ドウ·ヌ·われ 中 nóng

2획

풀이 1. 나. 1인칭 대명사. ¶儂家 2. 저. 그. 3인칭 대명사. 3. 너. 당신. 2인칭 대명사.

儂家(농가) 나의 집. 내 집.

儂人(농인) 중국 운남성의 민족 이름.

비 濃(짙을 농)

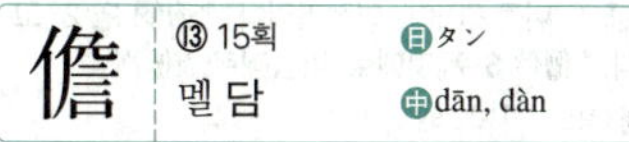

풀이 1. 메다. 지다. 2. 책임지다. 3. 독. 작은 항아리. 4. 두 항아리에 담을 수 있는 부피. ¶儋石

儋石(담석) 아주 적은 분량. 얼마 되지 않는 적은 곡식.

儋石之祿(담석지록) 적은 봉급.

家無擔石(가무담석) 집에 저축이 조금도 없음.

유 擔(멜 담) 반 負(질 부)

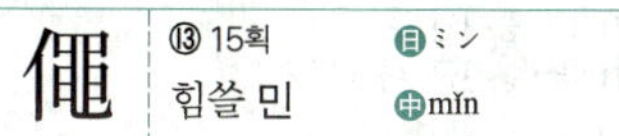

풀이 1. 힘쓰다. 힘써 일하다. ¶僶俛 2. 잠시 동안.

僶俛(민면) 1)힘씀. 민면(僶勉). 2)잠시.

유 勉(힘쓸 면)

僻
⑬ 15획
❶후미질 벽 日へキ・かたよる
❷피할 피 中pì

풀이 1 1. 후미지다. 궁벽하다. ¶僻地 2. 치우치다. 편벽되다. ¶僻見 3. 경박하다. ¶放僻 4. 간사하다. 2 5. 피하다. 멀리하다. 6. 성가퀴.

僻見(벽견) 치우친 견해.

僻界(벽계) 궁벽한 지경. 멀리 후미짐.

僻論(벽론) 한 쪽으로 치우친 논리.

僻陋(벽루) 1)궁벽하고 누추한 곳. 도시에서 떨어진 곳. 2)견문이 좁고 성질이 괴팍함.

僻事(벽사) 바르지 못한 일.

僻書(벽서) 바르지 못하고 사사로운 내용을 기록한 책.

僻說(벽설) 치우쳐 이치에 맞지 않는 말.

僻字(벽자) 자주 쓰이지 않는 글자.

僻材(벽재) 흔히 쓰이지 않는 드문 약재(藥材).

僻地(벽지) 도시에서 떨어진 으슥하고 한적한 곳.

邪僻(사벽) 마음이 삐뚤고 편벽됨.

幽僻(유벽) 한적하고 구석짐.

偏僻(편벽) 마음 등이 한쪽으로 치우침.

유 偏(치우칠 편) 奧(속 오) 비 辟(임금 벽) 避(피할 피)

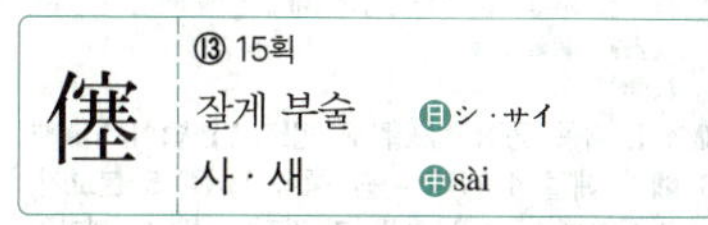

풀이 1. 잘게 부수다. 자질구레하다. ¶僿說 2. 성의 없다.

僿說(사설/새설) 세세한 말. 자질구레한 말.

비 塞(변방 새)

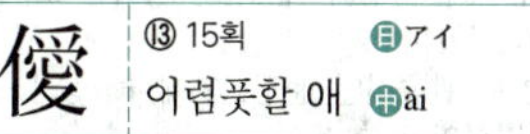

풀이 1. 어렴풋하다. 희미하다. 희미하게 보이다. ¶僾然 2. 흐느껴 울다.

僾然(애연) 분명하지 않고 희미한 모양.

비 愛(사랑 애)

丿 亻 亻' 仁 亻+ 亻÷ 亻立 亻产 倍 倍 偣 偣 億 億 億

* 형성. 뜻을 나타내는 부수 '人(사람 인)'과 음을 나타내는 '意(뜻 의)'를 합친 글자. 사람의 마음이 만족되었다는 의미에서 '물건이 잔뜩 있다'의 뜻을 나타냄.

풀이 1. 억. 만(萬)의 만 배. 많은 수를 나타냄. ¶億萬 2. 헤아리다. 3. 편안하다. 편안하게 지내다. 4. 이바지하다. 5. 가슴. 마음. 6. 내기나 도박에 건 돈. 7. 백성.

億劫(억겁) 무한하게 긴 시간.

億萬(억만) 아주 많은 수효.

億庶(억서) 수많은 백성. 서민(庶民).

億丈之城(억장지성) 억길이나 되는 성. 매우 높은 성.

億逞(억정) 모두 헤아림.

億兆蒼生(억조창생) 무수히 많은 백성.

麗億(여억) 수가 많음.

千億(천억) 매우 많은 수.

비 意(뜻 의) 憶(생각할 억)

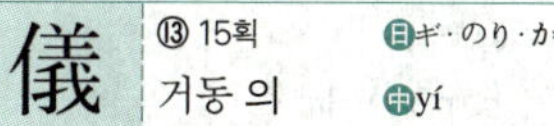

2획

ノ 亻 亻' 亻' 亻' 亻' 亻' 亻' 亻' 亻' 亻' 亻' 儀 儀 儀

*형성. 뜻을 나타내는 부수 '人(사람 인)'과 음을 나타내며 품위 있는 행동의 뜻을 지닌 '義(뜻 의)'를 합친 글자. 이에 사람의 올바른 행동을 나타냄.

풀이 1. 거동. 동작. ¶威儀 2. 법도. 법. 법식. ¶儀軌 3. 예의. 예절. 4. 관례. 관습. 풍속. ¶儀範 5. 본보기. 모범. ¶儀羽 6. 선물. 예물. 7. 짝짓다. 짝. 8. 헤아리다. 9. 천문기계. 10. 마땅하다. 좋다.

儀檢(의검) 예의.
儀觀(의관) 1)엄숙한 몸차림. 2)풍채.
儀軌(의궤) 법도(法度). 관례. 본보기.
儀器(의기) 우주 행성의 이동을 측정하는 기계. 혼천의(渾天儀).
儀文(의문) 1)관습적인 문장. 2)제사 · 향연 등의 예의범절이나 풍속.
儀範(의범) 예의의 본보기.
儀服(의복) 의식에 쓰이는 옷.
儀式(의식) 예의에 따른 법식.
儀容(의용) 1)몸가짐. 2)예의에 맞는 차림새.
儀羽(의우) 본보기로 삼을 만한 훌륭한 자태.
儀衛(의위) 의식을 행하는 호위병.
儀儀(의의) 거동이 예의바른 모양.
儀狀(의장) 훌륭한 자태와 행동거지(行動擧止).
儀典(의전) 예의 규범. 의식(儀式).
儀節(의절) 규범(規範). 예절.
儀則(의칙) 법으로서 지켜야 할 풍속.
儀表(의표) 규범(規範). 본보기. 귀감(龜鑑).
儀刑(의형) 본으로 삼음. 본보기.
儀訓(의훈) 바른 가르침. 좋은 교훈.
公儀(공의) 공적인 의식. 또는 공개적인 의식.
賻儀(부의) 초상집에 부조로 보내는 돈이나 물품.
謝儀(사의) 감사의 뜻을 나타내는 예의. 또는 그 뜻으로 보내는 물품.
昭儀(소의) 조선 때의 내명부(內命婦)의 정2품 품계.
威儀(위의) 위엄이 있는 거동. 예법에 맞는 몸가짐.
葬儀(장의) 장례.
朝儀(조의) 조정(朝廷) 의식.
祝儀(축의) 1)축복이나 축하를 표하는 의사. 2)축하하는 의식.

비 義(뜻 의) 議(의논할 의)

僬 ⑬ 15획
俊(p59)과 同字

⑬ 15획
❶ 머뭇거릴 천 ❷ 고요할 탄 · 단
日 セン · タン
中 chán, tǎn

풀이 ❶ 1. 머뭇거리다. 어정거리다. ¶儃佪 ❷ 2. 고요하다. ¶儃儃 3. 제멋대로. 마음대로. ¶儃漫

儃佪(천회) 거닒. 배회함.
儃漫(탄만) 마음대로 행동함.
儃儃(탄탄) 1)고요한 모양. 2)한가한 모양.

비 擅(멋대로 천) 亶(믿을 단)

⑬ 15획
거간 쾌
日 カイ · なかがい
中 kuài

풀이 1. 거간. 중개인. ¶賈儈 2. 상인. 장사꾼. ¶牙儈

賈儈(고쾌) 중개인.
牙儈(아쾌) 흥정꾼. 아행(牙行).

유 賈(장사꾼 고) 비 會(모일 회)

儇 ⑬ 15획
총명할 현
日 ケン
中 xuān

풀이 1. 총명하다. ¶儇才 2. 빠르다. 민첩하다. ¶儇媚

儇媚(현미) 재빠르게 아첨함.
儇才(현재) 총명하고 재주가 있음.
巧儇(교현) 교묘하고 날쌤.

비 環(고리 환)

⑭ 16획
괴로워할 녕(영)
日 ドウ · ニョウ
中 níng

풀이 1. 괴로워하다. 번민하다. 2. 약하다. 연약하다. ¶儜弱 3. 서로 부르는 소리.

儜弱(영약) 마음이 약함.
儜愚(영우) 마음이 약하고 어리석음.

비 寧(편안할 령)

儓 ⑭ 16획
하인 대
日 タイ
中 tái

풀이 1. 하인. 심부름꾼. ¶輿儓 2. 집사. 가신(家臣). 3. 농부. 농사꾼.

輿儓(여대) 하인.

비 臺(돈대 대)

儛	⑭ 16획	日ムブ・まう
	춤출 무	中wǔ

풀이 춤추다.

유 舞(춤출 무)

儐	⑭ 16획	日ヒン
	인도할 빈	中bīn

풀이 1. 인도하다. 주인을 도와 손님을 안내함. 또는 그 사람. ¶儐者 2. 차려 놓다. 베풀다. 3. 대접하다. 4. 앞으로 나아가다. 5. 물리치다. 6. 찡그리다.

儐笑(빈소) 찡그렸다 웃었다 하는 모양.
儐者(빈자) 손님을 안내하는 사람.

유 導(이끌 도) 비 賓(손 빈)

儒	⑭ 16획	日ジュ
	선비 유	中rú

丿 亻 亻 亻 亻 伒 伒 伒 伒 伒 伒 伒 儒 儒 儒 儒

* 형성. 뜻을 나타내는 부수 '人(사람 인)'과 음을 나타내며 '은덕을 베푼다'는 뜻을 지닌 '需(구할 수)'를 합친 글자. 덕(德)을 가지고 사람에게 은덕을 베푸는 사람, 즉 학자를 뜻함. 후에 특히 '공자의 가르침을 받는 사람'의 뜻으로 쓰임.

풀이 1. 선비. ¶巨儒 2. 유교. 유학. 공자의 학설을 연구하는 학문. ¶儒教 3. 약하다. 나약하다. ¶儒雅 4. 난쟁이. 키가 작다. ¶侏儒

儒家(유가) 유학을 연구하는 사람 또는 학파.
儒冠(유관) 유학자가 쓰는 갓.
儒教(유교) 중국 고대에 인과 의를 근본으로 하는, 공자가 주창한 유학을 받드는 교.
儒道(유도) 유교의 도(道).
儒林(유림) 유학을 연구하는 학자들. 사림(士林).
儒佛仙(유불선) 유교와 불교와 도교.
儒疏(유소) 유학을 공부하는 선비들이 올리는 상소.
儒臣(유신) 유학자(儒學者)인 관리. 홍문관의 관리를 이르는 말.
儒儒(유유) 유약한 모양. 우유부단한 모양.
儒者(유자) 유학을 공부하는 학자.
儒風(유풍) 유학을 하는 사람들의 풍습.
儒學(유학) 유교를 연구하는 학문. 또는 그 학파.
儒鄕(유향) 유학자가 많이 살고 있는 고을.
巨儒(거유) 이름난 유학자. 학식이 많은 선비.
焚書坑儒(분서갱유) 중국 진시황이 민간의 서적을 불태우고 유생을 구덩이에 묻어 죽인 사건.
世儒(세유) 1)세상에 영합하는 속된 유학자. 2)집안 대대로 전통적 학문을 전하는 유학자.
崇儒抑佛(숭유억불) 유학을 숭상하고 불교를 억제함.
雅儒(아유) 바른 도리를 행하는 유학자.

유 士(선비 사) 彦(선비 언) 비 濡(젖을 유)

儗	⑭ 16획	日ギ・うたがう
	의심할 의	中nǐ, yì

풀이 1. 의심하다. 믿지 못하다. ¶儗怍 2. 흉내내다. 따라하다. 3. 견주다. 비교하다.

儗儗(의의) 의심하는 모양.
儗怍(의작) 의심하고 부끄러워함. 의작(疑怍).

유 疑(의심할 의)

儕	⑭ 16획	日サイ
	동배 제	中chái

풀이 1. 동배(同輩). 무리. ¶儕等 2. 함께. 같이. ¶儕居

儕居(제거) 함께 삶. 같이 삶.
儕等(제등) 동료. 동아리. 무리. 제배(儕輩).
吾儕(오제) 1)우리들. 2)나.

유 輩(무리 배)

儔	⑭ 16획	日トウ
	짝 주	中chóu

풀이 1. 짝. 동무. 동배. ¶儔儷 2. 누구. 어느 사람.

儔儷(주려) 짝. 무리. 동무.
儔類(주류) 동배(同輩). 동무.
儔擬(주의) 짝이 되어 한 무리가 됨.
侶儔(여주) 동무. 벗.

유 偶(짝 우)

儘	⑭ 16획	日ジン
	다할 진	中jǐn

풀이 1. 다하다. ¶儘收 2. 멋대로. ¶儘教 3. 조금.

儘教(진교) 멋대로. 어떻든 간에.
儘收(진수) 최대한 조세를 징수함.

유 盡(다할 진)

儡	⑮ 17획	日ライ
	영락할 뢰(뇌)	中lěi

2 획

풀이 1. 영락하다. 망치다. ¶儡身 2. 야위다. 피로하다. ¶儡儡 3. 허수아비. 꼭두각시. ¶傀儡

儡儡(뇌뢰) 1)지친 모양. 2)영락하여 위험한 모양.

儡身(뇌신) 실패하여 추락한 몸.

償

⑮ 17획 日ショウ·つぐなう
갚을 상 中cháng

丿 亻 亻' 亻'' 亻'' 亻'' 伫 伫 俨 偿 偿 償 償 償 償 償 償

＊형성. 뜻을 나타내는 부수 '人(사람 인)'과 음을 나타내는 '賞(상줄 상)'을 합친 글자. 이에 사람이 상을 주다를 의미하다가 받은 상을 돌려 갚는다는 의미로 '되돌리다', '갚다'라는 뜻으로 쓰임.

풀이 1. 갚다. 상환하다. 돌려주다. ¶償債 2. 배상. 보상. 속죄. 대가. ¶無償

償金(상금) 1)빚을 갚는 돈. 2)물어 주는 돈. 배상금(賠償金).

償命(상명) 목숨으로 돌려줌. 목숨을 해친 사람을 죽임.

償復(상복) 다시 갚음. 돌려줌.

償債(상채) 빚을 갚음.

償還(상환) 1)빚 또는 채무를 갚음. 2)다른 것으로 충당함.

求償權(구상권) 남의 빚을 갚아 준 사람이 그 사람에게 반환을 청구할 수 있는 권리.

代償(대상) 1)다른 물건으로 대신 갚음. 2)남을 대신하여 갚아줌.

無償(무상) 아무런 대가나 보상이 없음.

賠償(배상) 1)남에게 입힌 손해를 갚아 줌. 2)남의 권리를 침해한 자가 그 손해를 보상함.

報償(보상) 남에게 진 빚이나 받은 것을 갚음.

有償(유상) 어떤 행위의 결과에 대하여 보상이 있음.

유 報(갚을 보) 酬(갚을 수) 비 賞(상줄 상)

優

⑮ 17획 日ユウ·やさしい·すぐれる
넉넉할 우 中yōu

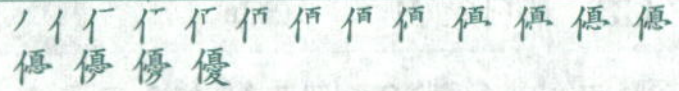

丿 亻 亻' 亻'' 亻'' 偱 偱 偱 偱 優 優 優 優 優 優 優 優

＊형성. 뜻을 나타내는 부수 '人(사람 인)'과 음을 나타내며 가면을 쓴 무인(舞人)의 뜻을 지닌 '憂(근심 우)'를 합친 글자. 이에 가면을 쓴 무인, '배우', '연기자'라는 뜻으로 쓰임.

풀이 1. 넉넉하다. 충분하다. ¶優洽 2. 뛰어나다. 우수하다. ¶優等 3. 광대. 배우. ¶優伶 4. 도탑다. 후하다. ¶優恤 5. 부드럽다. 너그럽다. ¶優毅 6. 놀다. 장난. ¶優逸 7. 망설이다. 결단성이 없다. ¶優柔

優待(우대) 특별히 대우함.

優等(우등) 훌륭하게 뛰어난 등급.

優良(우량) 뛰어나게 좋음.

優麗(우려) 우아하고 아름다움. 우미(優美).

優憐(우련) 매우 불쌍하게 여김. 아주 가엾게 여김.

優伶(우령) 광대. '優'는 배우, '伶'은 악기를 연주하는 사람임.

優禮(우례) 1)예로써 우대함. 2)특별히 면제함.

優孟衣冠(우맹의관) 사람의 겉모양만 같고 그 실상은 다름.

優孟衣冠(우맹의관)의 유래

초(楚)나라의 명배우인 우맹이 죽은 손숙오의 의관(衣冠)을 입고, 손숙오의 아들을 곤궁에서 구해 냈다는 고사에서 온 말이다.

優免(우면) 너그럽게 용서함.

優命(우명) 부드럽게 명함.

優俳(우배) 배우. 광대.

優生(우생) 좋은 유전 형질을 보존하여 자질을 향상시킴.

優勢(우세) 좋은 형세. 남보다 나은 상황.

優秀(우수) 여럿 가운데 아주 뛰어남.

優殊(우수) 특별히 뛰어남.

優勝劣敗(우승열패) 뛰어난 것은 이기고 졸렬한 것은 패함. 생존 경쟁 또는 적자생존의 현상을 이르는 말.

優劣(우열) 우수하고 저열함. 낫고 못남.

優容(우용) 너그럽게 용납함.

優優(우우) 1)너그러운 모양. 2)넉넉한 모양.

優裕(우유) 너그럽고 넉넉함. 여유가 있음.

優柔(우유) 1)유수함. 2)결단성 없음. 3)여유있음.

優遊(우유) 1)편안하게 지내는 모양. 유유자적(悠悠自適)하는 모양. 2)만족해하는 모양.

優遊渡日(우유도일) 한가하게 지내며 세월을 보냄.

優遊不斷(우유부단) 어물어물하고 결단을 하지 못함. 우유부단(優柔不斷).

優毅(우의) 마음이 부드러우면서도 굳셈.

優逸(우일) 편안히 즐김.

優長(우장) 훌륭하고 빼어남. 우등(優等).

優場(우장) 극장. 무대.

優奬(우장) 칭찬하여 권장함.

優詔(우조) 은혜가 두터운 칙령.

優遷(우천) 높은 자리로 옮김. 영전함.

優寵(우총) 유달리 사랑함. 특별한 은총.

優顯(우현) 뛰어나고 두드러짐.

優恤(우휼) 두텁게 하여 구휼함.

優洽(우흡) 넉넉하고 흡족함.

男優(남우) 남자 배우.

俳優(배우) 1)연극이나 영화 속의 인물로 분장하여 연기하는 사람. 2)광대.
聲優(성우) 모습은 나타내지 않으며 목소리만으로 출연하는 배우.
女優(여우) 여자 배우.
비 憂(근심 우)

儥	⑮ 17획	日うる
	팔 육	中yù

풀이 1. 팔다. 2. 사다.
儥慝(육특) 질이 나쁜 물건을 팖.
유 賣(팔 매)

儤	⑮ 17획	日ホウ·ボウ
	번 포	中bào

풀이 1. 번(番). 숙직. 벼슬아치가 계속해서 번을 들다. ¶儤直 2. 가외의 일. 임무 이외의 일.
儤直(포직) 관리가 계속해서 번을 듦. 숙직함.
유 番(갈마들 번) 비 暴(사나울 포)

儦	⑮ 17획	日ヒョウ
	많은 모양 표	中biāo

풀이 많은 모양. 성한 모양.
儦儦(표표) 사람이나 짐승의 수가 많은 모양.

嬝	⑯ 18획	日ジョウ·ニョウ
	예쁠 뇨	中niǎo

풀이 1. 예쁘다. 아름답다. 2. 몸을 굽히다. 3. 날씬한 몸매.
유 娥(예쁠 아) 姚(예쁠 요)

儱	⑯ 18획	
	❶ 미숙한 모양 롱(용)	日ロウ·ル 中lǒng
	❷ 건목 칠 롱	

풀이 ❶ 1. 미숙한 모양. 완전하게 이루어지지 않은 모양. ¶儱侗 2. 잘 걷지 못하다. ¶儱偅 ❷ 3. 건목 치다. 대강 짐작하여 정하는 일. 또는 거칠게 대강 만드는 일.
儱侗(용동) 1)기량이 아직 미숙한 사람. 2)논리가 확실히 정립되지 않은 일.
儱偅(용동) 1)불우한 모양. 2)걸음걸이가 바르지 못한 모양.
비 龍(용 룡)

儲	⑯ 18획	日チョ·たくわえる
	쌓을 저	中chǔ

풀이 1. 쌓다. 마련해 두다. 저축하다. 2. 다음. 버금. 3. 동궁. 태자. 세자. 4. 울타리.
儲駕(저가) 1)예비 수레. 2)동궁의 수레.
儲械(저계) 비축해 둔 무기.
儲君(저군) 다음 임금. 태자.
儲宮(저궁) 세자. 황태자.
儲兩(저량) 1)다음 사람. 대를 이을 사람. 2)다음 것.
儲利(저리) 이윤을 저축함.
儲米(저미) 저축해 놓은 쌀.
儲胥(저서) 종. 하인.
儲書(저서) 원본과 같게 꾸며 둔 서류.
儲位(저위) 태자의 지위.
儲積(저적) 쌓아 둠.
儲蓄(저축) 미리 쌓아둠.
儲峙(저치) 저축하여 둠.
公儲(공저) 공공의 저축. 국가에서 저축한 곡식.
東儲(동저) 동궁(東宮). 황태자.
兵儲(병저) 군량의 비축.
倉儲(창저) 창고에 저장하는 식량.
유 貯(쌓을 저) 蓄(쌓을 축) 積(쌓을 적)

儵	⑰ 19획	日シュク
	빠를 숙	中shū

풀이 1. 빠르다. 재빠르다. ¶儵忽 2. 검다. 검푸른빛. 3. 재앙. 재난.
儵爍(숙삭) 빛이 빠르게 번쩍하는 일. 번갯불.
儵忽(숙홀) 별안간. 매우 짧은 시간.

儳	⑰ 19획	日サン
	어긋날 참	中chán, chàn

풀이 1. 어긋나다. 가지런하지 않다. 2. 빠르다. 3. 참견하다. ¶儳言
儳道(참도) 지름길.
儳言(참언) 남의 말 도중에 참견하는 일.

2획

儺 ⑲ 21획 日ナ
구나 나 中nuó

풀이 1. 구나(驅儺). 구나의 의식을 행하다. 역귀(疫鬼)를 쫓는 의식. ¶追儺 2. 절도 있게 걷다. 점잖게 걷다. 3. 유순(柔順)하다.

追儺(추나) 역귀를 쫓는 행사.

비 難(어려울 난)

儷 ⑲ 21획 日レイ · つれあい
짝 려(여) 中lì

* 형성. 뜻을 나타내는 부수 '人(사람 인)'과 음을 나타내는 '麗(고울 려)'를 합친 글자.

풀이 1. 짝. 한 쌍. 한 벌. ¶伉儷 2. 부부. 배필. 3. 나란히 하다. 서로 견줄만 하다.

儷文(여문) 변려문(騈儷文)의 준말.
儷皮(여피) 한 쌍의 가죽. 선물이나 폐백용.
儷匹(여필) 배필(配匹). 배우자.
儷偕(여해) 함께함. 동반함.

유 配(짝 배) 偶(짝 우) 儔(짝 주)

儹 ⑲ 21획 日サン
모을 찬 中zǎn

풀이 모으다. 모이다.

儹運(찬운) 모아서 실어 나름.

유 輯(모을 집) 비 贊(도울 찬)

儻 ⑳ 22획 日トウ
빼어날 당 中tǎng

풀이 1. 빼어나다. 출중하다. ¶倜儻 2. 갑자기. 별안간에. ¶儻來 3. 만일. 혹시. ¶儻惑 4. 멋대로. 마음대로. 5. 실망하는 모양. 낙심하는 모양. 6. 흐리다. 밝지 않다.

儻儻(당당) 얽매이지 않고 마음대로 하는 모양.
儻朗(당랑) 분명하지 않은 모양. 흐린 모양.
儻來(당래) 생각지도 않았는데 우연히 들어옴.
儻然(당연) 낙심하는 모양.
儻乎(당호) 1)밝지 않은 모양. 2)실망하는 모양.
儻或(당혹) 만일. 만약. 혹시.
倜儻(척당) 재주가 뛰어남. 발군함.
俶儻(척당) 척당(倜儻).

유 秀(빼어날 수) 비 黨(무리 당)

儼 ⑳ 22획 日ゲン · ゴン
의젓할 엄 中yǎn

풀이 1. 의젓하다. 근엄하다. 용모가 단정하고 태도가 정중한 모양. ¶儼然 2. 삼가다. 공손하다. ¶儼恪

儼恪(엄각) 근엄하고 조신함.
儼雅(엄아) 의젓하고 우아함.
儼然(엄연) 엄숙한 모양.
儼乎(엄호) 엄숙한 모양.

비 嚴(엄할 엄)

儽 ㉑ 23획 日ラ
발가숭이 라(나) 中luǒ

풀이 발가숭이. 알몸뚱이. ¶儽儽

儽儽(나라) 본디의 모습 그대로 드러냄.

유 裸(발가숭이 라)

儿 부

儿 어진 사람 인 部

'儿' 자는 사람의 발과 관련된 글자로, 단독으로 쓰이지 않고 다른 글자의 구성에 도움을 준다. 이를 부수로 갖는 글자는 대부분 사람과 관련된 상태나 동작과 관련이 있다.

儿 ⓪ 2획 日
어진 사람 인 中ér

풀이 사람. 우뚝 선 사람이나 걷는 사람의 모습을 나타냄.

兀 ① 3획 日ゴツ
우뚝할 올 中wù

풀이 1. 우뚝하다. 높이 솟는 모양. ¶兀立 2. 무지하다. 무지한 모양. 3. 위태롭다. 불안한 모양. ¶兀兀 4. 발뒤꿈치를 베다. ¶兀者 5. 민둥민둥하다. 산에 나무가 없는 모양. 6. 움직이지 않다. ¶兀然

兀立(올립) 우뚝 섬.
兀臬(올얼) 위태로운 모양.
兀然(올연) 1)움직이지 않는 모양. 2)우뚝 선 모양. 3)위태로운 모양. 4)무지한 모양.
兀傲(올오) 거만함.

兀兀(올올) 위태로운 모양.
兀者(올자) 발뒤꿈치를 베이는 형벌을 받은 사람.
兀坐(올좌) 움직이지 않고 멍하니 앉아 있음.
兀刑(올형) 발뒤꿈치를 베는 형벌. 월형(刖刑).

비 元(으뜸 원)

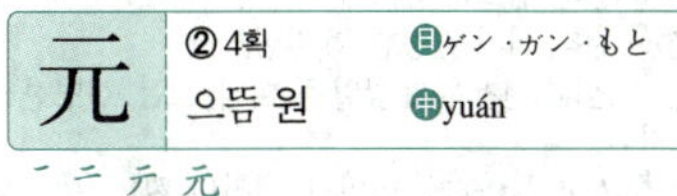
元 ② 4획 으뜸 원 日ゲン・ガン・もと 中yuán

一 二 テ 元

* 회의. 위를 나타내는 '二(두 이)'와 사람을 나타내는 '儿(어진 사람 인)'을 합친 글자. 이에 사람 위에는 머리가 있으므로 '머리'라는 뜻으로 쓰이며, 으뜸되는 사람이라는 의미에서 '으뜸'의 뜻이 됨. 또 으뜸되는 사람은 전체의 근본이라 하여 '처음', '근원'의 뜻을 나타냄.

풀이 1. 으뜸. ¶元帥 2. 근본. 근원. ¶元氣 3. 처음. 시초. ¶元始 4. 머리. 5. 일년의 첫 날. ¶元日 6. 우두머리. ¶元兇 7. 크다. 훌륭하다. 8. 백성. 9. 하늘. 10. 천지의 큰 덕. 11. 원나라. 송(宋)나라 뒤에 세워진 나라로, 도읍을 연경(燕京)으로 하였음. 12. 화폐단위. ㉠청말(淸末)이후 중국의 화폐단위. ㉡대한 제국때의 화례 단위의 하나.

元金(원금) 본전. 밑전.
元氣(원기) 1)근본이 되는 기운. 2)만물의 정기(精氣).
元吉(원길) 1)매우 좋음. 대길(大吉). 2)설날.
元年(원년) 임금이 즉위한 첫 해.
元旦(원단) 1)설날. 2)설날 아침.
元來(원래) 본래. 본디.
元老(원로) 1)덕망이 높은 공신. 2)한 분야에 오랫동안 종사하여 공로가 있는 연로자.
元利金(원리금) 원금과 이자를 합친 돈.
元素(원소) 1)물건을 만들어 내는 근본이 되는 것. 2)두 가지 이상으로 분석할 수 없는 요소. 산소 · 수소 · 질소 등. 3)일반의 수학적 관계.
元首(원수) 한 나라의 최고 통치원을 가진 사람.
元帥(원수) 1)장수의 으뜸. 2)군인의 가장 높은 계급.
元始(원시) 1)사물의 처음. 2)자연 그대로 있어 아직 진보나 변화가 없음.
元日(원일) 정월 초하루. 설날.
元子(원자) 임금의 적자(嫡子).
元祖(원조) 1)어떤 일을 처음으로 시작한 사람. 비조(鼻祖). 2)한 겨레의 맨 처음 조상.
元策(원책) 커다란 계책. 대계(大計).
元兇(원흉) 악인의 우두머리. 못된 짓을 한 사람의 우두머리.

유 覇(으뜸 패) 最(가장 최)

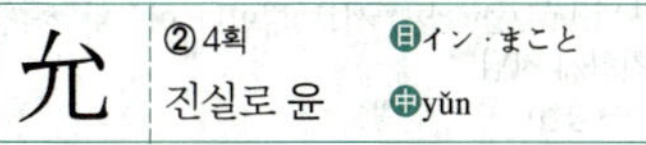
允 ② 4획 진실로 윤 日イン・まこと 中yǔn

* 회의. 어진 사람(儿)을 등용하여(厶) 의심하지 않는다는 뜻으로, 곧 '진실', '참'의 뜻으로 쓰임.

풀이 1. 진실로. 진심으로. ¶允恭 2. 허락하다. 동의하다. 승인하다. ¶允許 3. 마땅하다.

允嘉(윤가) 진심으로 좋음.
允可(윤가) 임금의 허락. 윤허(允許).
允恭(윤공) 진심으로 공경함.
允文允武(윤문윤무) 진실로 문(文)과 무(武)가 있다는 뜻으로, 천자(天子)가 문무(文武)의 덕을 모두 갖추고 있음을 이르는 말.
允塞(윤색) 성실하고 어떠한 거짓도 없음.
允誠(윤성) 진실하고 거짓이 없음.
允若(윤약) 진심으로 복종함.
允臧(윤장) 진실로 좋음.
允許(윤허) 임금이 허가함.

비 充(가득할 충)

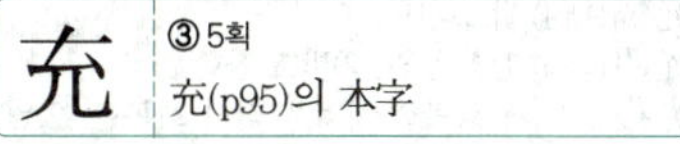
充 ③ 5획 充(p95)의 本字

兄 ③ 5획 ❶맏 형 ❷멍할 황 日ケン・キョウ・あに 中xiōng

丶 口 口 尸 兄

* 회의. 뜻을 나타내는 부수 '儿(어진사람 인)'과 '口(입 구)'를 합친 글자. 입을 쓰는 사람이라는 뜻으로, 형은 아우나 누이를 지도한다는 의미에서 '형'의 뜻으로 쓰임.

풀이 ❶ 1. 형. 맏이. ¶兄嫂 2. 동년배 사이에서 상대를 높여 부르는 말. ¶大兄 3. 친척. 4. 훌륭하다. 뛰어나다. ❷ 5. 멍하다. 6. 두려워하다. 7. 하물며.

兄夫(형부) 언니의 남편.
兄嫂(형수) 형의 아내.
兄丈(형장) 친구 사이에서 자기보다 나이가 많은 상대방을 높여 부르는 말.
兄弟(형제) 형과 동생.
結義兄弟(결의형제) 의리로써 형제 관계를 맺음. 또는 그런 형제.
難兄難弟(난형난제) 형이라 하기 어렵고 아우라 하기 어렵다는 뜻으로, 누가 더 낫다고 할 수 없을 정도로 서로 비슷하거나 사물의 우열을 가리기 힘듦을 이르는 말.
伯兄(백형) 백씨(伯氏). 맏형.

2 획

曰兄曰弟(왈형왈제) 서로 형이니 아우니 하며 친하게 지냄.
長兄(장형) 큰형. 맏형.
從兄(종형) 사촌 형.
仲兄(중형) 둘째 형.

반 弟(아우 제) 비 只(다만 지)

光	④6획 빛 광	日コウ・ひかる 中guāng

丨 丨 亅 业 业 光 光

* 회의. 사람(儿)이 횃불(火)을 들고 밝게 비추고 있다는 뜻에서 '빛'을 나타냄.

풀이 1. 빛. ¶光線 2. 빛나다. 비추다. 3. 광택이 나다. 광택. 윤기. ¶光暉 4. 영화롭다. 영광. 명예. ¶光揚 5. 세월. 시간. ¶光年 6. 경치. 7. 넓다. 크다.

2획

光景(광경) 1)경치. 2)빛.
光慶(광경) 경사(慶事).
光年(광년) 빛 또는 전파가 1년 동안 나아가는 거리.
光爛(광란) 밝고 환함.
光明(광명) 1)밝은 빛. 2)밝고 환함.
光復(광복) 1)쇠락한 사업을 다시 회복함. 2)잃었던 국권(國權)을 다시 찾음.
光線(광선) 빛. 빛줄기.
光愛(광애) 큰 사랑.
光揚(광양) 명예를 떨침.
光焰(광염) 타올라 밝게 빛나는 불꽃.
光榮(광영) 빛나는 영예. 영광.
光陰(광음) 세월. 시간. 때.
光彩(광채) 찬란한 빛.
光宅(광택) 천하를 밝게 다스림.
光澤(광택) 윤기. 빛깔
光波(광파) 빛의 파동.
光風(광풍) 비가 그친 뒤에 부는 맑은 바람.
光學(광학) 빛의 현상을 연구하는 물리학의 한 분야.
光合成(광합성) 녹색 식물이 빛에너지를 이용하여 이산화탄소와 수분으로 화합물을 합성하는 일.
光暉(광휘) 번쩍번쩍 빛남. 광요(光耀).

유 明(밝을 명) 照(비칠 조)

先	④6획 먼저 선	日セン・さき 中xiān

丿 ㅏ ㅏ 屮 生 先 先

* 회의. 가는(之) 사람(儿)은 제자리에 있는 사람보다 앞선다는 것을 나타낸 글자. 이에 시간적으로 앞서는 것을 의미하여, '먼저'의 뜻으로 쓰임.

풀이 1. 먼저. 우선. 2. 처음. 최초. ¶先覺 3. 이전. 옛날. 4. 앞서다. 나아가다. ¶先代 5. 죽은 손윗사람. ¶先祖 6. 선생. ¶先生 7. 선수(先手). 선구(先驅).

先覺(선각) 남보다 앞서서 깨달음.
先決(선결) 먼저 결정함. 해결함.
先見之明(선견지명) 앞일을 미리 보는 현명한 지혜.
先考(선고) 돌아가신 아버지. 선친(先親).
先姑(선고) 돌아가신 시어머니.
先公後私(선공후사) 공적인 일을 먼저 하고 사적인 일을 뒤로 함.
先驅(선구) 어떤 사상이나 일에 있어 다른 사람보다 앞서 나가는 사람.
先金(선금) 치러야 할 돈의 전부 또는 일부를 먼저 주는 돈.
先給(선급) 임금 또는 대금을 먼저 치러 줌.
先達(선달) 조선 때 무과(武科)에 급제하고 벼슬하지 못한 사람.
先年(선년) 지난해. 전년(前年).
先代(선대) 1)앞선 시대. 조상의 대. 2)조상. 선조.
先導者(선도자) 앞서 인도하는 사람.
先輩(선배) 연령 · 학문 등이 자기보다 많거나 앞선 사람.
先鋒(선봉) 1)맨 앞장. 2)맨 앞에 서는 군대.
先山(선산) 조상의 무덤이 있는 곳.
先生(선생) 1)스승. 2)자기보다 학식이나 나이가 많은 사람. 3)상대방을 부르는 칭호.
先手(선수) 먼저 일에 착수함.
先約(선약) 먼저 한 약속.
先嚴(선엄) 돌아가신 아버지.
先烈(선열) 국가를 위해 싸우다가 죽은 열사(烈士).
先塋(선영) 조상의 무덤. 선산(先山).
先入見(선입견) 자신의 견해가 먼저 들어감. 본래부터 마음속에 품고 있던 생각.
先祖(선조) 한 집안의 조상.
先卽制人(선즉제인) 남보다 먼저 하면 능히 남을 지배함.
先知(선지) 1)남보다 먼저 도를 깨침. 또는 그 사람. 2)앞날을 미리 앎.
先進(선진) 1)앞서 나아감. 2)선배. 선각자.
先着(선착) 먼저 도착함.
先着順(선착순) 먼저 도착한 차례.
先唱(선창) 1)먼저 부름. 2)다른 사람보다 먼저 주장함.
先天(선천) 태어나기 전부터 미리 하늘에서 받

은 성품. ↔ 후천(後天).
先取(선취) 남보다 먼저 취함.
先親(선친) 돌아가신 아버지.
先後策(선후책) 먼저 할 것과 나중에 할 것을 연관하여 꾸미는 계책.

유 前(앞 전) 반 後(뒤 후)

兆	④6획	日チョウ·きざす
	조 조	中zhào

丿 丿 丬 兆 兆 兆

*상형. 거북이의 등껍질에 생긴 갈라진 금의 모양을 본뜬 글자. 그 갈라진 금의 모양을 보고 점을 치던 것에서, '점치다' '조짐'의 뜻으로 쓰임. 또 아주 많은 수를 나타낼 때도 쓰임.

풀이 1. 조. 억의 만 배. 2. 조짐. 징조. ¶兆卦 3. 점치다. 점괘. ¶兆占 4. 많다. 수가 많다. 5. 백성. 만민. 6. 묘지. 무덤. ¶兆域 7. 시작하다. 비롯하다.

兆卦(조괘) 괘(卦)에 나타난 조짐.
兆物(조물) 많은 물건.
兆民(조민) 많은 백성. 모든 백성.
兆域(조역) 묘가 있는 지역.
兆占(조점) 점을 침. 또는 그 점괘.
兆朕(조짐) 일이 일어날 기미. 전조. 징후.

비 北(북녘 북)

充	④6획	日ジュウ·あてる
	가득할 충	中chōng

丶 亠 𠫓 𠫓 𠫓 充

*회의. '儿(어진사람 인)'과 '育(기를 육)'의 생략형을 합친 글자. 원래 뜻은 사람이 크다. 곧, 성장이라는 뜻을 나타내다가 바뀌어, '가득 차서 아름답다'는 뜻으로 쓰임.

풀이 1. 가득하다. 차다. 2. 채우다. 충당하다. 3. 갖추다. 4. 살찌다. 5. 두다. 놓다. 6. 대응하다. 해당하다. 7. 막다. 덮다. 8. 크다. 9. 번거롭다.

充當(충당) 모자란 것을 채움.
充滿(충만) 가득 참. 가득 채움.
充分(충분) 부족함이 없음.
充塞(충색) 가득 차서 막힘.
充實(충실) 가득 차고 실속이 있음.
充員(충원) 부족한 인원을 채움.
充耳(충이) 귀를 막음.
充溢(충일) 가득 차 넘침.
充塡(충전) 가득 채움.
充電(충전) 축전지에 전류를 흐르게 하여 전기를 축적함.
充足(충족) 1)일정한 분량에 차거나 채움. 2)모자람이 없음.
充血(충혈) 피가 몸의 어느 한 부분에 몰려 혈액의 양이 많아진 상태.
苟充其數(구충기수) 상태는 돌보지 않고 그 수(數)만을 채움.
補充(보충) 모자람을 보태어 채움.
汗牛充棟(한우충동) 수레에 실어 운반하면 소가 땀을 흘리고, 쌓아올리면 들보에 닿을 정도의 양이라는 뜻으로, 장서(藏書)가 많음을 이르는 말.
擴充(확충) 넓혀 충실하게 채움.
還充(환충) 이전과 같이 다시 채움.

유 滿(찰 만) 비 允(진실로 윤)

兇	④6획	日キョウ·わるい
	흉악할 흉	中xiōng

*회의. '凶(흉할 흉)'과 '儿(어진 사람 인)'을 합친 글자. 이에 '두렵다', '흉악하다'의 뜻으로 쓰임.

풀이 1. 흉악하다. 나쁘다. ¶凶悍 2. 두려워하다. ¶兇懼

兇懼(흉구) 두려워함. 공포(恐怖).
兇變(흉변) 흉악한 변사(變事).
兇邪(흉사) 마음이 흉악하고 사악함. 또는 그런 사람. 흉사(凶邪).
兇威(흉위) 포악한 위세(威勢).
兇賊(흉적) 흉악한 도둑.
兇暴(흉포) 매우 흉악하고 난폭함.
兇漢(흉한) 흉악한 행동을 하는 사람.
兇悍(흉한) 흉악하고 사나움.
兇行(흉행) 흉악한 행동.
兇險(흉험) 1)몹시 위험함. 2)마음이 음흉함.
兇兇(흉흉) 두려워하는 모양.

유 醜(추할 추) 惡(악할 악) 凶(흉할 흉)
반 善(착할 선) 美(아름다울 미) 비 兒(아이 아)

克	⑤7획	日コク·かつ
	이길 극	中kè

一 十 十 古 古 声 克

*상형. 사람이 갑옷을 입은 모양을 본뜬 글자. 갑옷의 무게를 견디다는 뜻에서 '잘하다', '이기다'라는 뜻으로 쓰임.

풀이 1. 이기다. ¶克復 2. 능하다. 잘하다. 3. 이루다. ¶克明 4. 메다.

克家(극가) 집안을 잘 다스림.
克己(극기) 자신의 욕망·감정 등을 이김. 자제함.
克明(극명) 능히 밝혀냄.
克復(극복) 이겨 내어 본래의 상태를 회복함.
克服(극복) 어렵고 힘든 지경을 이겨 냄.

克讓(극양) 자신을 극복하고 사양함.
克慾(극욕) 욕심을 이김.
克從(극종) 능히 복종시킴.
克治(극치) 사리사욕을 이기고 사악함을 다스림.
克孝(극효) 어버이를 잘 섬김.

유 勝(이길 승)

免	⑤ 7획 ❶면할 면 日メン · まぬかれる ❷해산할 문 中miǎn

* 회의. 토끼[兎]가 꼬리[丶]를 감추어 사냥꾼으로부터 잡힘을 면한다는 것에서 '면하다'의 뜻으로 쓰임.

풀이 1 1. 면하다. 벗어나다. ¶免稅 2. 허용하다. 자유롭게 하다. ¶放免 3. 용서하다. 4. 그만두다. 해직하다. ¶免官 5. 벗다. ¶免責 2 6. 해산하다. 아이를 낳다. ¶免身 7. 관을 벗고 머리를 묶다. ¶免冠

免官(면관) 관직에서 물러나게 함.
免冠(면관) 관이나 갓을 벗음.
免無識(면무식) 겨우 무식을 면할 정도의 학식이 있음.
免白頭(면백두) 늙어서 처음으로 벼슬을 하여 백두(白頭)를 면함.
免稅(면세) 세금을 면함.
免疫(면역) 체내에 병원균에 대한 저항력을 길러 전염병에 걸리지 않게 함.
免辱(면욕) 욕을 면함.
免除(면제) 책임이나 의무를 면함.
免罪(면죄) 죄를 면함.
免職(면직) 일하던 자리를 면하거나 물러나가게 함.
免責(면책) 책망이나 책임을 벗어남.
免許(면허) 국가 · 기관에서 특정한 행위나 영업을 할 수 있도록 허락하는 행정 처분.
免鰥(면환) 홀아비로 지내던 사람이 다시 장가를 듦.
減免(감면) 감하여 면제함.
赦免(사면) 죄나 허물을 용서하여 풀어 줌.
罷免(파면) 직무를 그만두게 함.

유 放(놓을 방) 비 兎(토끼 토)

	⑤ 7획 日タイ · かえる 바꿀 태 中duì

* 회의. 부수 '儿(어진 사람 인)'과 '口(입 구)'와 '八(여덟 팔)'을 합친 글자. 이에 사람이 입을 열어 '기뻐 웃는다'는 뜻을 나타냄.

풀이 1. 바꾸다 2. 괘 이름. 8괘의 하나. 3. 기뻐하다. 4. 통하다. 5. 곧다. 똑바르다. 6. 구멍. 7. 모이다.

유 換(바꿀 환) 비 悅(기쁠 열)

兎	⑤ 7획 免(p97)의 俗字

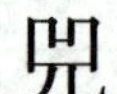	⑥ 8획 日ジ 외뿔소 시 中sì

풀이 1. 외뿔소. 야생소의 일종으로 뿔이 하나이고, 물소만 한 크기의 짐승. ¶兕牛 2. 무소의 암컷.

兕甲(시갑) 외뿔소의 가죽으로 만든 갑옷.
兕觥(시굉) 외뿔소의 뿔로 만든 큰 술잔.
兕牛(시우) 외뿔소와 얼룩소.
兕虎(시호) 외뿔소와 호랑이. 즉, 사나운 사람.

비 兒(아이 아)

	⑥ 8획 ❶아이 아 日ジ · こ ❷연약할 예 中ér, ní

* 회의. 사람의 이를 강조하여 나타난 글자로 '아기'를 뜻함.

풀이 1 1. 아이. 아기. 어린아이. ¶兒童 2. 조사. 작은 물건 등의 이름 뒤에 붙이는 접미사. 3. 아들이 어버이에 대해 말하는 자칭. 2 4. 어리다. 연약하다.

兒女子(아녀자) 1)아이와 여자. 2)여자를 단독으로 나타냄.
兒童(아동) 어린아이.
兒馬(아마) 길들지 않은 어린 말. 망아지.
兒名(아명) 어릴 때 부르던 이름.
兒房(아방) 대궐 안에 장군과 신하가 종종 묵던 곳.
兒役(아역) 흔히 영화 · 연극에서 아이 역할.
兒齒(아치) 빠지고 다시 난 노인의 이.
兒戲(아희) 아이들의 장난이란 뜻으로, 가치가 없는 일을 비유하는 말.
孤兒(고아) 부모없이 홀로 된 아이.
棄兒(기아) 아이를 버리는 일. 또는 버려진 아이.
産兒(산아) 아이를 낳음. 또는 태어난 아이.

유 童(아이 동) 비 兜(투구 두)

兖 ⑥8획
兗(p97)의 俗字

兔 ⑥8획 日ト·うさぎ
토끼 토 中tù

풀이 1. 토끼. ¶守株待兔 2. 달의 다른 이름. ¶兔魄

兔角龜毛(토각귀모) 토끼의 뿔과 거북의 털이라는 뜻으로, 도저히 있을 수 없는 일을 비유하는 말.

兔起鳧擧(토기부거) 토끼가 일어나고 물오리가 오른다는 뜻으로, 몹시 빠름을 비유하는 말.

兔羅雉罹(토라치리) 토끼 그물에 꿩이 걸린다는 뜻으로, 소인(小人)은 계책을 써서 벗어나고 군자가 도리어 화를 입음을 비유하는 말.

兔魄(토백) 달의 다른 이름.

兔死狗烹(토사구팽) 토끼가 죽으면 사냥개를 삶아 먹는다는 뜻으로, 필요할 때는 요긴하게 써먹고 필요 없을 때는 가혹하게 버림을 비유하는 말.

○兔死狗烹(토사구팽)의 유래
초나라의 항우를 무찌르고 천하를 통일한 유방은 공로가 많은 한신을 초왕(楚王)의 자리에 봉했지만, 한신의 힘이 두려워 결국 한신을 제거하려 했다. 그때 마침 항우의 부하이면서 유방을 괴롭혔던 종리매라는 장수가 옛 친구였던 한신에게 의탁하고 있었는데, 이를 빌미로 유방은 한신에게 종리매를 체포해서 들어오라고 명령을 내렸다. 그 후 한신은 종리매의 머리를 들고 유방에게 갔는데, 유방은 곧바로 한신을 포박하여 처형을 시키게 되자 이때 한신이 말했다. "교활한 토끼가 죽으니 좋은 개는 삶겨지고, 높이 날던 새가 사라지니 좋은 활도 저장되고, 적국이 깨어지니 지략 있는 신하도 죽는구나!" 《사기(史記)》 회음후열전

兔死狐悲(토사호비) 토끼가 죽으니 여우가 슬퍼한다는 뜻으로, 같은 무리끼리 서로 동정함을 이르는 말.

兔脣(토순) 윗입술의 모양이 토끼의 입술과 비슷한 입술. 언청이.

兔影(토영) 달의 다른 이름.

兔營三窟(토영삼굴) 토끼는 굴을 세 개 마련해 놓는다는 뜻으로, 자신의 안전을 위하여 미리 몇 가지 술책을 마련함을 이르는 말.

兔烏(토오) 달과 해.

兔月(토월) 달의 다른 이름. 토백(兔魄).

兔走烏飛(토주오비) 토끼는 달리고 새는 난다는 뜻으로, 세월의 빠름을 이르는 말.

兔毫(토호) 토끼의 가는 털. 붓을 달리 부르는 말.

守株待兔(수주대토) 그루터기를 지켜 토끼를 기다린다는 뜻으로, 변통할 줄 모르고 한 가지만을 고집함을 이르는 말.

銀兔(은토) 1)달의 다른 이름. 2)달 속의 흰토끼.

비 免(면할 면)

兎 ⑥8획
兔(p97)와 同字

兗 ⑦9획 日エン
바를 연 中yǎn

풀이 1. 바르다. 단정하다 2. 주(州) 이름. 중국 고대 구주(九州)의 하나. 3. 진실. 참.

유 正(바를 정) 비 充(가득할 충)

党 ⑧10획 日トウ
성 당 中dǎng

풀이 1. 성씨(姓氏). 2. 무리. '黨(무리 당)'의 속자.

비 堂(집 당)

兜 ⑨11획 日トウ·かぶと
투구 두 中dōu

* 상형. 사람이 투구를 쓰고 있는 모양을 본뜬 글자.

풀이 1. 투구. 군인이 전쟁 때 쓰던 모자. ¶兜鍪 2. 쓰개. 두건. 쓰는 것. 3. 헤매다. 갈팡질팡하다.

兜鍪(두무) 투구.

비 皃(아이 아)

兟 ⑩12획 日シン·すすむ
나아갈 신 中shēn

풀이 1. 나아가다. 2. 많다. 많은 모양. ¶兟兟

兟兟(신신) 많은 모양.

유 進(나아갈 진) 비 赫(붉을 혁)

兢 ⑫14획 日キョウ
조심할 긍 中jìng

* 회의. '克(이길 극)'을 두 번 겹쳐 써서, '굳세다'의 뜻을 나타냄.

풀이 1. 조심하다. 삼가다. ¶兢兢 2. 강하다. 굳세다. 3. 떨리다. ¶戀兢

兢恪(긍각) 조심함.

兢懼(긍구) 조심하고 두려워함.

兢兢(긍긍) 1)삼가는 모양. 2)굳센 모양.

2획

兢悚(긍송) 삼가고 두려워하는 모양.
兢畏(긍외) 두려워함.
兢惶(긍황) 조심하고 황공해함.
戰戰兢兢(전전긍긍) 두려워하여 조심하는 모양. 두려워하여 떠는 모양.

戰戰兢兢(전전긍긍)의 유래

겁을 먹고 벌벌 떨며 몸을 움츠린다는 뜻으로, 위기감에 절박해진 심정을 비유한 말이다. '전전(戰戰)'이란 겁을 먹고 떠는 모양을, '긍긍(兢兢)'은 몸을 삼가고 조심하는 것을 말한다. 《시경(詩經)》 소아편.

慫兢(종긍) 놀라 떪. 경악하여 전율함.
유 愼(삼갈 신) 비 競(다툴 경)

2획

入 부

入 들 입 部

'入' 자는 하나의 줄기 밑에 뿌리가 갈라져 땅속으로 뻗어 들어가는 모양을 본뜬 글자로, '들어가다', '들어오다' 라는 뜻으로 쓰인다. 또한 입문(入門)처럼 어떠한 조직이나 기관 등의 구성원이 되는 것을 나타내기도 하고 입관(入棺)에서처럼 '넣다' 나 몰입(沒入)에서와 같이 '빠지다' 는 뜻으로도 사용된다.

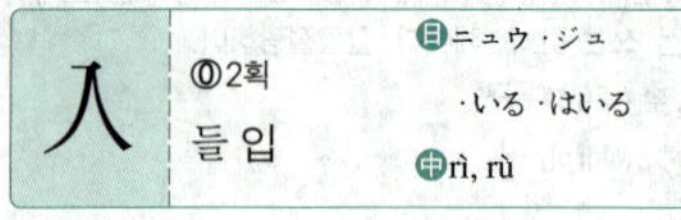

入 ⓪2획 들 입 日ニュウ・ジュ・いる・はいる 中rì, rù

丿 入

풀이 1. 들다. 들어가다. 들어오다. ¶入口 2. 거두다. ¶收入 3. 손에 넣다. 얻다. ¶入手 4. 수입. 소득. ¶稅入

入庫(입고) 물건을 창고에 넣음.
入棺(입관) 시신을 관 속에 넣음.
入敎(입교) 종교를 믿기 시작함.
入口(입구) 들어가는 어귀.
入國(입국) 나라 안에 들어감.
入闕(입궐) 대궐에 들어감.
入金(입금) 은행 등에 돈을 넣음.
入黨(입당) 정당에 가입함.
入隊(입대) 군대에 들어감.
入門(입문) 1)스승의 문하(門下)로 들어간다는 뜻으로, 제자가 됨을 말함. 2)초보자가 공부하기 적당한 책.
入社(입사) 회사의 사원이 됨.
入山(입산) 1)산을 오름. 2)벼슬하지 않고 산에서 은둔함. 3)출가(出家)하여 중이 됨.
入賞(입상) 상을 타게 되는 사람 안에 듦.
入選(입선) 출품한 작품이 심사 기준 내에 들어감. 당선.
入聲(입성) 사성(四聲)의 하나. 높고 촉박하며 끝을 빨리 닫는 소리.
入手(입수) 손에 넣음.
入室(입실) 방에 들어감.
入營(입영) 군인이 되어 병영에 들어감.
入場(입장) 장내로 들어감.
入寂(입적) 열반(涅槃)에 듦. 승려의 죽음을 이르는 말.
入札(입찰) 일의 도급이나 물건의 매매에 있어서, 희망자에게 예정 가격을 써 내어 경쟁하게 하는 계약 체결 방법의 한 가지.
入荷(입하) 물건이 들어옴.
入學(입학) 학교에 들어감. 입교(入校).
入會(입회) 어떤 모임에 가입하여 회원이 됨.
介入(개입) 어떠한 사건에 관계됨.
稅入(세입) 조세의 수입.
收入(수입) 돈・물건 등을 거두어 들임. 또는 그 물품.
輸入(수입) 외국에서 물건을 사들임.
반 出(출) 비 八(여덟 팔)

亾 ①3획 亡(p25)의 本字

內 ②4획 ❶안 내 ❷들일 납 日ナイ・ダイ・うち 中nèi, nà

丨 冂 内 內

*회의. '入(들 입)'과 '冂(멀 경)'을 합친 글자. 덮여(冂) 있는 밖에서 들어간(入) 곳은 '안'이라는 의미에서 '들어간다'는 뜻으로 쓰임.

풀이 ❶ 1. 안. 속. 2. 구역의 안. 나라 안. ¶管內 3. 대궐. 조정. ¶參內 4. 집. 집안. ¶內室 5. 마음. 속내. ¶內面 6. 배. 뱃속. 오장육부. 7. 몰래. 은밀히. ¶內應 8. 중히 여기다. 가까이 하다. ❷ 9. 들이다. 들게 하다.

內剛(내강) 겉과 달리 속이 굳고 단단함.
內顧(내고) 1)뒤를 돌아봄. 2)집안일을 돌봄.
內官(내관) 궁궐의 일을 맡아보던 관리. 환관. 내시.
內君(내군) 상대방의 아내를 높여 부르는 말. 영규(令閨).

內面(내면) 1)안쪽. 2)마음. 정신.
內紛(내분) 내부에서 의견이 맞지 않아 서로 다툼.
內疏外親(내소외친) 속으로는 소원하나 겉으로는 친한 척함.
內侍(내시) 궁궐에서 임금의 시중을 들거나 숙직 등의 일을 보는 관리.
內實(내실) 1)속이 알참. 2)내부의 실정(實情). 내막(內幕).
內憂外患(내우외환) 나라 안의 근심과 나라 밖의 걱정. 내란과 외적의 침입.
內苑(내원) 궁궐의 안뜰. 금원(禁苑).
內柔外剛(내유외강) 속으로는 부드럽지만 겉으로는 강건하게 보임.
內應(내응) 몰래 적과 통함.
內子(내자) 남에게 자신의 부인을 일컫는 말.
內淸外濁(내청외탁) 속은 맑으나 겉으로는 흐린 체함. 난세에 처신하는 방도를 이르는 말.
內患(내환) 내부의 근심. 나라 안의 우환.
管內(관내) 관리하는 구역 안.

반 外(밖 외) 비 丙(남녘 병)

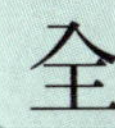

④6획 日ゼン・まったく
온전할 전 中quán

丿 入 亼 仝 仐 全

* 회의. '人(들 입)'과 '王(임금 왕)'을 합친 글자. 임금(王)의 자리에 들어갈(入) 사람은 '완전'해야 한다는 의미로, '온전하다'는 뜻으로 쓰임.

풀이 1. 온전하다. 완전하다. 흠이 없다. ¶完全 2. 완전히. 전부. 모두. ¶全局 3. 보전하다. 온전히 하다. ¶全眞 4. 무사하다. ¶安全

全功(전공) 온전한 공로. 흠이 없는 공훈.
全校(전교) 학교 전체.
全國(전국) 나라 전체.
全局(전국) 전체 판국.
全軍(전군) 한 군대의 전체.
全權(전권) 어떤 일을 처리하는 일체의 권한.
全能(전능) 모든 일을 다 할 수 있는 절대의 능력. 전지전능(全知全能).
全擔(전담) 모두 담당함.
全圖(전도) 전체를 그린 그림이나 지도.
全力(전력) 가지고 있는 모든 힘.
全滅(전멸) 하나도 남지 않고 모두 없어짐.
全貌(전모) 전체의 모양이나 형편.
全無(전무) 전혀 없음.
全文(전문) 글 전체.
全般(전반) 통틀어 전부.
全部(전부) 온통. 모두.
全書(전서) 1)한 작가의 저작물 모두를 모아 한 질(帙)로 만든 책. 2)어떤 종류나 부분에 관한 학설을 전부 모아 망라한 책.
全身(전신) 온 몸. 몸 전체.
全額(전액) 전체 액수.
全然(전연) 아주. 전혀.
全用(전용) 전부 다 사용함.
全員(전원) 전체 인원.
全人(전인) 1)지덕을 온전히 갖춘 사람. 성인(聖人). 2)신체가 완전한 사람.
全一(전일) 완전한 모양. 통일성 있는 모양.
全才(전재) 완벽한 재능.
全載(전재) 글 등의 전부를 한꺼번에 실음.
全知全能(전지전능) 모든 것을 알고 모든 것을 행할 수 있는 능력.
全集(전집) 개인의 저작 또는 같은 종류 · 시대의 저작물을 전부 모은 간행물.
全體(전체) 온통. 전부.
全敗(전패) 모두 짐. 완전히 짐.
全廢(전폐) 아주 없애 버림. 모두 폐지함.
全幅(전폭) 1)한 폭(幅)의 전부. 2)온통.
健全(건전) 건강하고 온전함.
萬全(만전) 완전하여 조금도 허술한 데가 없음.
保全(보전) 보호하여 유지함.
完全(완전) 부족함이나 흠이 없음.

유 完(완전할 완) 囫(온전할 홀)

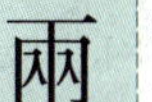

⑥8획 日リョウ
두 량(양) 中liǎng, liàng

一 丅 冂 冂 币 兩 兩 兩

* 상형. 저울추 두 개가 나란히 매달려 있는 모양을 본뜬 글자. 이에 '둘', '한 쌍'의 뜻을 나타냄.

풀이 1. 둘. 두 개. ¶兩家 2. 짝. 필. 쌍. 3. 장식하다. 4. 양. 무게 · 중량의 단위. 5. 승. 수레를 세는 단위. 6. 냥. 화폐 단위. 7. 대(隊). 25명이 1대임. 8. 아울러.

兩可(양가) 둘다 좋음.
兩家(양가) 두 집안.
兩間(양간) 하늘과 땅 사이.
兩肩(양견) 양쪽 어깨. 두 어깨.
兩極(양극) 지구의 양쪽 극. 북극과 남극.
兩端(양단) 1)양 끝. 2)서로 상대되는 두 극단.
兩斷(양단) 하나를 둘로 나눔.
兩立(양립) 두 개의 것이 동시에 지장없이 존립함.
兩面(양면) 앞면과 뒷면. 두 면.
兩班(양반) 1)동반(東班)과 서반(西班). 조선 중기 이후에 상류 계급, 곧 사대부 계층을 이르던 말. 2)여자가 다른 사람에게 자신의 남편을 일컫는 말.
兩分(양분) 둘로 나눔.
兩舌(양설) 두 개의 혀라는 뜻으로, 하나의 일을 두 가지로 말함. 거짓말을 하는 일.
兩性(양성) 1)남성과 여성. 2)서로 다른 두 성질.
兩眼(양안) 두 눈.
兩翼(양익) 새 · 비행기 등의 양쪽 날개.
兩者擇一(양자택일) 둘 가운데서 한 가지를 가려 선택함.
兩親(양친) 아버지와 어머니.
兩虎相鬪(양호상투) 두 마리의 범이 싸운다는 뜻으로, 두 영웅 또는 두 강국(强國)의 싸움을 비유하는 말.
一擧兩得(일거양득) 한 가지 일로써 두 가지 이익을 얻음.

⑦ 9획 日ユ
그러할 유 中yú

* 회의. 비좁은 도랑(巜)에 한번(一) 들어간(人) 배(月, 舟의 변형)는 되돌아 나올 수 없고 반드시 끝까지 통과해야 함을 나타낸 글자. 이에 '통하다'의 뜻으로 쓰이며, 바뀌어 '대답하다'의 뜻으로도 쓰임.

풀이 1. 그러하다. 승낙하는 모양. ¶兪兪 2. 응답하다. 대답하다. ¶兪音 3. 나아가다. 4. 더욱.
兪然(유연) 편안한 모양.
兪兪(유유) 1)편안한 모양. 2)승낙하는 모양.
兪允(유윤) 허락함. 허락.
兪音(유음) 신하의 아뢰는 말에 대하여 내리는 임금의 대답.
유 然(그러할 연)

八 부

八 여덟 팔 部

'八' 자는 '여덟'을 뜻하며 숫자나 횟수를 나타내는 '여덟 번'의 뜻으로도 사용된다. 또한 모양이 어떠한 것을 둘로 나누는 듯하여 '나누다'라는 뜻으로도 사용된다.

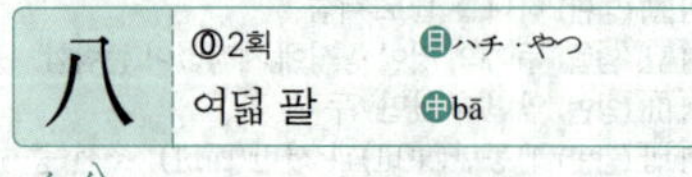
八 ⓪ 2획 日ハチ · やつ
여덟 팔 中bā

丿 八

풀이 1. 여덟. 2. 여덟 번. 3. 여덟 번째. ¶八苦 4. 팔(八)자형. 팔방.
八角(팔각) 여덟 모. 팔모.
八苦(팔고) 인생의 여덟 가지 괴로움. 곧 생고(生苦) · 노고(老苦) · 병고(病苦) · 사고(死苦) · 애별리고(愛別離苦) · 원증회고(怨憎懷古) · 구부득고(求不得苦) · 오음성고(五陰盛苦).
八關會(팔관회) 고려 때 서경과 개경에서 토속신에게 제사를 지내던 의식.
八卦(팔괘) 중국 상고 시대에 복희씨(伏羲氏)가 지은 여덟 가지 괘.
八德(팔덕) 인의예지(仁義禮智) · 충신(忠信) · 효제(孝悌)의 여덟 가지 덕.
八方(팔방) 사방(四方)과 사우(四隅)곧, 동 · 서 · 남 · 북과 동북 · 동남 · 서북 · 서남.
八不出(팔불출) 몹시 어리석은 사람.
八萬大藏經(팔만대장경) 대장경. 대장경에는 8만 4천여의 법문이 있기 때문에 이르는 말.
望八(망팔) 여든을 바라봄.
初八日(초파일←초팔일) 1)한 달의 첫날부터 8일째 되는 날. 초여드레. 2)명절의 하나로 석가모니의 탄생일. 파일(八日).
비 入(들 입) 人(사람 인)

② 4획 日コウ · おおやけ
공변될 공 中gōng

丿 八 公 公

* 회의. 부수 '八(여덟 팔)'과 '厶(사사로울 사)'를 합친 글자. 이에 사사로운 것을 여덟 개로 쪼개어 공동으로 소유하거나 사용한다는 의미에서 '여러', '공공'의 뜻으로 쓰임.

풀이 1. 공변되다. 공평하다. 사사롭지 않고 정당하다. ¶公平 2. 공적인 것. 3. 공동(共同). ¶公私 4. 숨김없이 드러내다. 5. 귀인. 임금. 높은 관리. 6. 상대를 높이는 존칭. 친족의 존칭. 7. 주민.
公開(공개) 여러 사람에게 널리 개방함.
公潔(공결) 사심(私心)이 없고 마음이 맑음.
公告(공고) 널리 세상에 알림.
公共(공공) 1)사회 일반이나 공중(公衆)에 관계되는 일. 2)사회의 여러 사람과 같이 함.
公課金(공과금) 국가나 공공단체가 국민에게 부과하는 조세 및 기타의 공법상의 부담금.
公金(공금) 공공단체나 관청의 돈.
公企業(공기업) 국가 또는 공공단체가 투자하고 경영하는 기업.
公納金(공납금) 1)학생이 학교에 정기적으로 납부하는 돈. 2)관공서에 의무적으로 납부하는 돈.
公德(공덕) 1)여러 사람을 위한 도덕. 2)사심(私

心)이 없는 덕행.
公論(공론) 사회 일반의 공통된 여론.
公利(공리) 일반 공중의 이익.
公立(공립) 공공 단체에서 설립한 기관.
公賣(공매) 압류된 재산·물건을 경매 등을 통해 사람들에게 공개하여 팖.
公明(공명) 사심(私心) 없이 공정하고 명백함.
公募(공모) 널리 공개적으로 모집함.
公務員(공무원) 국가 또는 지방 공공 단체의 사무를 담당하는 사람.
公文(공문) 1)공무원이 직무상 작성한 서류. 2)공무에 관한 모든 문서.
公民(공민) 국가 또는 공공 단체의 공무에 참가할 자격이 있는 국민.
公報(공보) 관청에서 국민에게 널리 알리는 보고.
公僕(공복) 국민에 대한 봉사자라는 뜻으로, 공무원을 일컫는 말.
公服(공복) 옛날 조정 관리들의 제복.
公簿(공부) 관공서가 법령의 규정에 따라 작성하여 비치하는 장부.
公社(공사) 정부 경영의 공공 기업 기관으로서 경제상 독립된 공법상의 법인.
公私(공사) 1)공공의 일과 사사로운 일. 2)정부와 민간.
公算(공산) 어떤 일이 그렇게 되리라는 확실성의 정도.
公設(공설) 관청이나 공공 단체에서 일반 국민을 위해 시설함.
公示(공시) 여러 사람에게 널리 알림.
公約(공약) 1)공법상의 계약. 2)여러 사람에게 약속함.
公演(공연) 여러 사람 앞에서 연극·음악·무용 등을 해 보임.
公用(공용) 1)관청이나 공공 단체의 용무나 비용. 2)공공의 목적으로 사용함.
公園(공원) 공중의 보건·교화·휴양·유락(遊樂) 등의 시설이 되어 있어 누구나 즐길 수 있는 정원이나 유원지.
公益(공익) 공동의 이익. 사회 공중의 이익.
公認(공인) 국가 또는 공공 단체가 어떤 행위나 물건에 대하여 인정함.
公爵(공작) 오등작(五等爵)의 첫째 작위. 오등작은 공(公)·후(後)·백(伯)·자(子)·남(男).
公敵(공적) 국가나 사회를 망치는 적. 공공의 적.
公定(공정) 공적인 논의를 통해 정함. 또는 정한 규칙.
公正(공정) 공평하고 올바름.
公主(공주) 왕후가 낳은 딸.
公衆(공중) 사회의 여러 사람들.
公證(공증) 1)공변된 증거. 2)국가 또는 공공 단체가 직무상 어떤 사실을 증명하는 일. 또는 그 증서.
公債(공채) 국가 또는 지방 공공 단체가 안고 있는 금전적인 채무.
公薦(공천) 정당에서 공식적으로 선거에 출마할 후보자를 내세움.
公牒(공첩) 관청이나 공공 기관에서 보내는 공적인 편지나 서류.
公聽會(공청회) 국가나 공공 단체가 일반 국민에게 큰 영향이 있는 안건을 의결함에 앞서, 일반 국민 또는 학자들을 모셔 그 의견을 듣는 공개 회의.
公判(공판) 공개된 법정에서 피고인의 유죄·무죄를 심리 판결하는 소송 절차.
公平(공평) 치우침이 없이 공정함.
公布(공포) 1)일반에게 널리 알림. 2)확정된 법률·조약·명령·예산 등을 관보에 실어 국민 전체에게 널리 알림.
公表(공표) 공개 발표함.
公海(공해) 어느 나라의 주권에도 속해 있지 않고 세계 각국이 공통적으로 사용할 수 있는 해양.
公休日(공휴일) 여러 관청이나 업체가 같이 쉬기로 정한 날.

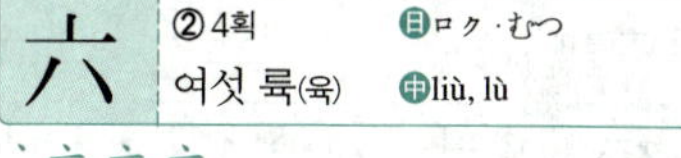
六 ② 4획 여섯 륙(육) 日ロク·むつ 中liù, lù

丶 亠 亣 六

*지사. 두 손의 세 손가락을 아래로 편 모양을 나타낸 글자. 이에 '여섯'이라는 뜻으로 쓰임.

풀이 1. 여섯. ¶六德 2. 여섯 번. 3. 여섯 번째.
六月飛霜(유월비상) 억울한 일을 당한 사람이 있으면 음력 6월의 더운 날씨에도 서리가 내림.
六家(육가) 동양학에서의 여섯 학파. 음양(陰陽)·유(儒)·묵(墨)·명(名)·법(法)·도(道).
六甲(육갑) 육십갑자(六十甲子)의 준말.
六根(육근) 사람을 무언가에 홀리게 만드는 여섯 가지 근원. 눈·귀·코·혀·몸·마음.
六德(육덕) 사람으로서 지켜야 할 여섯 가지 덕. 지(智)·인(仁)·용(勇)·의(義)·충(忠)·화(和).
六禮(육례) 1)사람들의 여섯 가지 중요한 예. 관(冠)·혼(婚)·상(喪)·제(祭)·향음주(鄕飮酒)·상견(相見)의 예법. 2)혼인의 여섯 가지의 의식. 납채(納采)·문명(問名)·납길(納吉)·납징(納徵)·청기(請期)·친영(親迎).
六龍(육룡) 용비어천가에서 조선 태조의 고조인 목조(穆祖)부터 태종(太宗)까지의 6대를 높이

어 이르는 말.
六柄(육병) 여섯 가지 권력. 생(生)·살(殺)·빈(貧)·부(富)·귀(貴)·천(賤)을 좌우할 수 있는 권력.
六書(육서) 1)한자의 구성과 운용에 대한 6가지의 기본 방법. 지사(指事)·상형(象形)·회의(會意)·형성(形聲)·전주(轉注)·가차(假借). 2)한대(漢代)의 여섯 가지 서체(書體). 대전(大篆)·소전(小篆)·예서(隸書)·팔분(八分)·초서(草書)·행서(行書). 또는 고문(古文)·기자(奇字)·전서(篆書)·예서(隸書)·무전(繆篆)·충서(蟲書).
六藝(육예) 고대 중국의 여섯 가지 교과(敎科) 예(禮)·악(樂)·사(射)·어(御)·서(書)·수(數).
六情(육정) 1)사람의 여섯 가지 성정(性情). 곧, 희노(喜怒)·애락(哀樂)·애오(愛惡). 2)시(詩)의 육의(六義). 곧 풍(風)·아(雅)·송(頌)·비(比)·부(賦)·흥(興).
六戚(육척) 1)모든 혈족. 2)부(父)·모(母)·형(兄)·제(弟)·처(妻)·자(子)의 총칭.
六尺之孤(육척지고) 1)부모를 잃은 15세 쯤의 고아. 2)어린 나이에 부왕(父王)의 상중에 있는 임금을 가리키는 말.
六合(육합) 천지 사방. 온 우주.
六合同風(육합동풍) 천하가 통일되어 풍속과 교화(敎化)가 같아짐.

비 大(큰 대)

兮	② 4획	日 ケイ
	어조사 혜	中 xī

丿 八 八 兮

풀이 어조사. 어구의 끝에 붙어 어세를 높임.

유 哉(어조사 재) 于(어조사 우)

共	④ 6획	日 キョウ·とも
	함께 공	中 gòng

一 十 廾 廾 共 共

*회의. 20명(廿)이 서로 손을 잡고(八) 다 같이 일하는 것을 나타낸 글자. 이에 '함께'의 뜻으로 쓰임.

풀이 1. 함께. 함께하다. 2. 같이. 같이하다. ¶共榮 3. 한 가지. 같게 하다. 4. 공경하다. 공손하다. ¶共行 5. 바치다. ¶共奉 6. 향하다. 7. 팔짱을 끼다. ¶共手
共感(공감) 1)남의 의견이나 논설 등에 대하여 자신도 함께 느낌. 2)남의 기쁨과 슬픔에 대하여 같은 감정을 가짐.
共儉(공검) 공손하고 검약함.
共勤(공근) 조심하고 힘씀.
共怒(공노) 함께 분노함.
共同(공동) 여러 사람이 함께 함.
共同體(공동체) 생활과 운명을 같이하는 조직체.
共樂(공락) 함께 즐김. 즐거움을 같이 함.
共鳴(공명) 1)찬성함. 2)같은 음을 내는 두 개의 물체 중 하나가 울리면 다른 하나도 울리는 현상.
共謀(공모) 둘 이상이 같이 일을 꾀함.
共犯(공범) 함께 범죄를 저지름.
共奉(공봉) 바침. 보냄.
共産(공산) 재산을 공동으로 소유함.
共生(공생) 1)같은 운명 아래 함께 삶. 2)동식물 상호간에 영양을 보충하는 생활 현상.
共手(공수) 팔짱을 끼고 가만히 있음. 공수(拱手).
共榮(공영) 함께 번영함.
共用(공용) 공동으로 사용함.
共有(공유) 두 사람 이상이 공동으로 소유함.
共著(공저) 한 책을 몇 사람이 공동으로 저술함.
共定(공정) 함께 정함.
共存(공존) 함께 도우며 살아나감
共座(공좌) 자리를 함께함.
共持(공지) 함께 가짐.
共通(공통) 여럿 사이에서 같은 관계가 있음.
共被(공피) 잠옷을 함께 입을 정도로 형제 사이가 좋음을 이르는 말.
共學(공학) 남자와 여자 또는 다른 민족끼리 같이 함께 섞여 배움.
共行(공행) 공손하게 행함. 공행(恭行).
共和(공화) 국가의 주권이 국민에게 있어 군주를 세우지 않고 대통령를 선출하여 정치를 하는 정치 체제.

유 俱(함께 구) 비 供(이바지할 공)

兴	④ 6획
	興(p1126)의 俗字

兵	⑤ 7획	日 へイ·つわもの
	군사 병	中 bīng

丿 𠂆 𠂇 斤 丘 乒 兵

*회의. 두 손으로 물건을 바치는 모양을 나타낸 '八(여덟 팔)'과 '斤(도끼 근)'을 합친 글자. 도끼를 두 손에 쥐고 있다는 의미에서 '무기를 든 무사', 또는 '전쟁'의 뜻으로 쓰임.

풀이 1. 군사. 군인. 병사. ¶兵士 2. 전쟁. 전쟁을 하다. ¶兵火 3. 싸우다. 적을 치다. 4. 무기. 병기. ¶兵馬 5. 전술.

2획

兵車(병거) 전쟁에 쓰이는 수레.
兵權(병권) 군사를 지휘하는 권리.
兵器(병기) 전쟁에 쓰는 여러 가지 기구. 무기.
兵亂(병란) 전쟁으로 인한 난리.
兵力(병력) 군대의 힘.
兵馬(병마) 병사와 군마. 전쟁 물품.
兵士(병사) 군사. 사병.
兵役(병역) 국민의 의무로서 병사가 되어 군무에 종사함.
兵營(병영) 군인들이 거처하는 건물.
兵威(병위) 군대의 위력.
兵衛(병위) 경비의 임무를 맡은 병사. 경비병.
兵仗器(병장기) 전쟁에 쓰는 기구의 총칭.
兵丁(병정) 병역에 복무하는 젊은 사람.
兵卒(병졸) 군사.
兵站(병참) 후방에 주둔하면서 작전군을 위하여 보충병대, 보급 군수품 전송, 상병자 · 손괴군수품 후송, 후방 연락선 확보 등을 맡아보는 기관을 통틀어 일컬음.
兵火(병화) 전쟁.
騎兵(기병) 말을 타며 전쟁을 하는 병사.
유 卒(군사 졸)

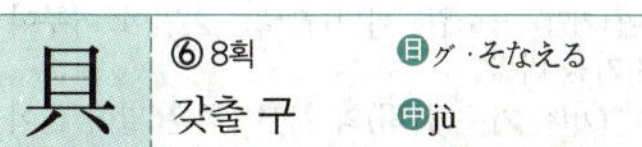
具 ⑥8획 日グ·そなえる
갖출 구 中jù

*회의. 두 손으로 물건을 바치는 모양을 나타낸 '八(여덟 팔)'과 물건을 나타낸 '貝(조개 패)'를 합친 글자. 이에 물건을 들고 있는 것, 곧 '갖추다'의 뜻으로 쓰임.

풀이 1. 갖추다. 갖추어지다. 구비하다. ¶具設 2. 모두. 함께. ¶具瞻 3. 자세히. 일일이. ¶具敍 4. 차림. 5. 설비. 6. 연장. 제구. 그릇. 7. 공물.

具慶(구경) 1)임금을 경축함. 2)양친(兩親)이 다 살아 계심을 이르는 말.
具官(구관) 1)관리의 정원(定員)을 채움. 2)관작을 생략할 경우 그 자리에 대신 적는 말.
具文(구문) 형식을 갖춤.
具象(구상) 개체가 특수한 성질을 갖춤.
具色(구색) 여러 가지를 골고루 갖춤.
具敍(구서) 자세히 서술함.
具設(구설) 갖추어서 베풂.
具申(구신) 일을 자세히 윗사람에게 알림.
具臣(구신) 아무런 구실도 하지 않고 머릿수만 채우고 있는 신하.
具眼(구안) 안목과 식견이 높음.
具然(구연) 만족하는 모양.
具獄(구옥) 판결문이 작성되고 선고문까지 갖추어졌음.
具足(구족) 사물 · 형태 등이 충분하게 갖추어짐.
具瞻(구첨) 여러 사람이 함께 우러러봄.
具體(구체) 뚜렷한 형상이 갖추어짐.
具草(구초) 초고(草稿)를 씀.
具稟(구품) 1)신청함. 2)웃어른께 일의 내용과 사유를 아룀.
具現(구현) 구체적으로 나타냄.
유 備(갖출 비) 비 俱(함께 구)

其 ⑥8획 日キ·その
그 기 中qí, jī

*상형. 벼를 까부르는 키가 책상(丌) 위에 있는 모양을 본뜬 글자. '그것'이라는 뜻으로 많이 쓰임.

풀이 1. 그. 그것. ¶其間 2. 어조사. 말소리를 고르거나 의문의 뜻을 나타냄. 3. …의. 관형격 조사 '之'의 뜻과 같음.

其間(기간) 그 사이.
其歸一也(기귀일야) 그 돌아가는 곳이 같음.
其揆一也(기규일야) 그 말미암은 바가 같음.
其難其愼(기난기신) 그 어려움을 깨닫고 일을 삼감.
其麗不億(기려불억) 그 수가 대단히 많음.
其文炳也(기문병야) 그 글이 밝음.
其勢兩難(기세양난) 그 형세가 매우 어려움.
其誰與歸(기수여귀) 그 누구와 함께 돌아갈까.
其實(기실) 그 사실.
其應如響(기응여향) 그 울림이 소리에 응하듯이 즉시 응함.
其人如玉(기인여옥) 그 사람됨이 구슬과 같다하여 유덕한 현인(賢人)을 가르키는 말.
其他(기타) 그 밖. 그것 외에 또 다른 것.
其後(기후) 그 뒤. 그 후.
비 基(터 기)

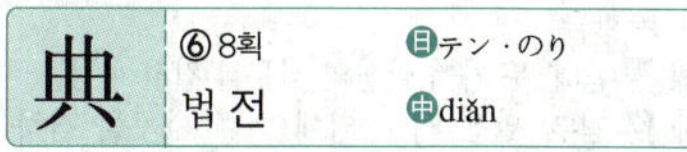
典 ⑥8획 日テン·のり
법 전 中diǎn

*회의. 상(丌) 위에 책(冊)이 올려져 있는 모양을 나타낸 글자. 이에 책의 진리는 만세(萬歲)에 법이 된다 하여 '법'의 뜻으로 쓰임. 또한 법은 모든 것의 기준이 되므로 '모범', '규범'의 뜻으로도 사용됨.

풀이 1. 법전. 경전. 법식. ¶典誥 2. 책. 서적. ¶典籍 3. 벼슬. 4. 예. 의식. ¶典禮 5. 맡다. ¶典獄 6. 바르다. 옳다. ¶典雅 7. 저당 잡히다. ¶典當鋪

典據(전거) 옛날 일의 근거. 출전.
典故(전고) 옛날부터 내려오는 전례.
典誥(전고) 《서경(書經)》의 요전(堯典)·순전(舜典)과 탕고(湯誥)·강고(康誥) 등. 모두 옛 제왕들의 언행을 기록해 놓은 것.
典當鋪(전당포) 토지·가옥 등의 물품을 담보로 돈을 빌려 주는 집.
典禮(전례) 일정한 의식.
典物(전물) 전당 잡힌 물건. 저당물.
典範(전범) 본보기가 될 만한 모범.
典式(전식) 규칙. 법식.
典雅(전아) 바르고 아담하며 품위가 있음.
典獄(전옥) 1)이전에 교도소장을 이르던 말. 2)대한 제국 때, 교도소를 이르던 말.
典律(전율) 법률. 규율.
典章(전장) 1)법. 규칙. 2)한 나라의 제도와 문물.
典籍(전적) 서적. 고서(古書).
典制(전제) 규칙. 전장(典章).
典學(전학) 늘 학문에 종사함.
典刑(전형) 예로부터 내려오던 법전.
典型(전형) 어떤 부류의 특징을 가장 잘 나타내어 본보기로 삼을 만한 것.
典訓(전훈) 사람의 도리에 대한 가르침.

비 曲(굽을 곡)

兼	⑧ 10획 겸할 겸	日ケン·かねる 中jiān

* 회의. '禾(벼 화)'를 두 번 겹쳐 써서 많은 벼를 뜻하고, 여기에 사람의 '손'을 의미하는 '又(또 우)'를 합친 글자. 이에 많은 벼를 손에 쥔다는 의미에서 '한 번에 갖다', '겸하다'의 뜻으로 쓰임.

풀이 1. 겸하다. 아우르다. ¶兼併 2. 합치다. 쌓다. 포개어 놓다. ¶兼幷 3. 한결같게 하다. ¶兼愛 4. 배향(配享)하다.

兼金(겸금) 값이 보통의 두 배나 되는, 정제한 좋은 황금.
兼帶(겸대) 두 가지 이상의 직무를 겸하여 봄.
兼務(겸무) 맡은 사무 외에 다른 사무를 겸하여 봄.
兼幷(겸병) 둘 이상의 것을 한데 합쳐 가짐.
兼備(겸비) 아울러 갖춤.
兼善(겸선) 자신만 아니라 다른 사람도 감화시켜 착하게 함.
兼愛(겸애) 이 세상의 모든 사람을 한결같이 사랑함.
兼容(겸용) 도량이 넓음.
兼用(겸용) 여러 가지를 겸하여 사용함.
兼人(겸인) 남보다 뛰어남.
兼人之勇(겸인지용) 혼자서도 충분히 몇 사람을 당해낼 만한 용기.
兼任(겸임) 한 사람이 두 개 이상의 임무를 맡음.
兼職(겸직) 한 사람이 두 가지 직을 겸함.
兼秋(겸추) 가을 석 달 동안.
兼行(겸행) 1)이틀 동안 갈 길을 하루 만에 감. 2)여러 가지 일을 겸하여 함.

兼	⑩ 12획 兼(p104)의 俗字

冀	⑭ 16획 바랄 기	日キ 中jì

풀이 1. 바라다. 희망하다. ¶希冀 2. 바라건대. 원컨대. 3. 하고자 하다. ¶冀望 4. 기주. 중국 하북성(河北省)의 다른 이름. 또는 중국 구주(九州)의 하나로 하북성(河北省)·산서성(山西省)과 하남성(河南省)의 일부. ¶冀州

冀圖(기도) 바라는 것을 도모함. 계획함.
冀望(기망) 1)소원. 희망(希望). 2)일이 이루어지기를 바람.
冀北(기북) 기주(冀州)의 북부. 좋은 말이 많이 나는 곳이라고 함.
冀州(기주) 현재 중국의 하북성(河北省)·산서성(山西省)·하남성(河南省)의 일부.
幸冀(행기) 요행을 바람.
希冀(희기) 바람. 원함.

유 望(바랄 망) 願(바랄 원) 비 翼(날개 익)

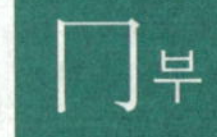

冂 멀 경 部

'冂' 자는 '멀다'는 뜻을 나타내는 부수(部首)자로, 바깥 지역을 나타낸다. 이에 나라의 먼 지방이나 지경을 뜻하고, 속이 비어 있는 듯하여 '비다'의 뜻으로 쓰이기도 한다.

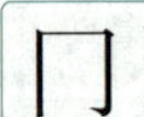	⓪ 2획 멀 경	日ケイ·キョウ 中jiōng, jiǒng

풀이 1. 멀다. 교외(郊外). 2. 비다. 공허하다.

円	② 4획 圓(p236)의 俗字

冄	② 4획 冉(p105)과 同字

冉	③ 5획 日エン 나아갈 염 中rǎn

풀이 1. 나아가다. 2. 위태롭다. 3. 부드럽다. ¶冉弱 4. 침범하다. 5. 풀이 무성한 모양.

冉鎌(염겸) 위태로움.
冉若(염약) 풀이 무성한 모양.
冉弱(염약) 약하고 부드러움.

비 再(두 재)

冊	③ 5획 日サツ・ふみ 책 책 中cè, chǎi

丨 刀 冂 册 冊

* 상형. 대나무의 아래 위를 끈으로 엮는 모양을 본떠 '책'을 뜻함.

풀이 1. 책. 책자. 문서. 서적. 2. 권. 책을 세는 단위. 3. 칙서. 4. 꾀. 계획. 5. 봉하다. 세우다. ¶冊封

冊匣(책갑) 책을 넣어 두는 갑(匣).
冊曆(책력) 천체를 측정하여 해와 달의 돌아감과 절기를 적은 책.
冊立(책립) 조칙으로 태자나 왕후를 봉하여 세움.
冊房(책방) 책을 파는 가게. 서점.
冊封(책봉) 왕세자(王世子)·세손(世孫)·후(后)·비(妃)·빈(嬪) 등의 작위를 수여함.
冊床(책상) 책을 읽거나 글씨를 쓸 때 받치고 쓰는 상.
冊張(책장) 책의 낱낱의 장.
別冊(별책) 따로 결들인 책.
簿冊(부책) 돈이나 물건의 드나듦을 셈하여 적어 두는 책.
置簿冊(치부책) 금전·물품의 드나듦을 적은 책. 치부장(置簿帳).
黑冊(흑책) 고려 때, 아이들의 글씨 연습을 위하여 만든 책.
黑冊公事(흑책공사) 벼슬아치들이 정목을 제멋대로 고치고 지우고 하여 협잡을 일삼던 일을 말함.

유 篇(책 편) 비 朋(벗 붕)

册	③ 5획 冊(p105)의 同字

冎	④ 6획 日カ 발라낼 과 中guǎ

풀이 발라내다. 살을 발라내다.

再	④ 6획 日サイ・ふたたび 다시 재 中zài

一 丆 冂 冃 再 再

* 회의. 나무토막을 쌓아 놓은(冉, 冓의 생략형) 위에 하나씩(一) 더 얹어 놓는 것을 의미한 글자. 이에 '두 번', '다시', '거듭'이라는 뜻으로 쓰임.

풀이 1. 다시. 거듭. ¶再開 2. 두. 두 번. ¶再顧 3. 두 번 하다. 거듭하다.

再嫁(재가) 한 번 결혼한 여자가 다시 다른 남자와 결혼함.
再開(재개) 다시 엶.
再建(재건) 이미 없어졌거나 무너진 것을 다시 일으켜 세움.
再考(재고) 다시 생각함.
再顧(재고) 1)두 번 돌아봄. 2)거듭 정성스럽게 찾음.
再顧傾人國(재고경인국) 다시 돌아보면 나라를 기울게 할 만한 사람이라는 뜻으로, 아주 뛰어난 미인을 이르는 말.
再歸(재귀) 다시 돌아옴.
再起(재기) 힘을 돌이켜 다시 일어남.
再來(재래) 다시 한 번 옴. 두 번째 옴.
再臨(재림) 1)두 번째 옴. 2)기독교에서 때가 이르면 다시 인간을 심판하러 예수가 이 세상에 내려오리라는 일.
再發(재발) 병 등이 다시 발생함.
再拜(재배) 두 번 절함.
再犯(재범) 다시 죄를 저지름.
再逢春(재봉춘) 1)1년에 입춘(立春)이 두 번 오는 일. 2)곤란한 지경에 있던 사람이 다시 행복을 찾음.
再思可(재사가) 생각도 정도에 지나치면 오히려 의혹이 생기므로 재고(再考)함으로써 족함.
再生(재생) 다시 살아남.
再選(재선) 1)두 번 선거함. 2)두 번 뽑힘.
再訴(재소) 소송에 한 번 진 사람이 다시 기소함.
再修(재수) 한 번 배웠던 과정을 다시 배움.

2획

再室(재실) 다시 얻은 아내.
再審(재심) 한 번 확정된 판결을 다시 심리함.
再演(재연) 다시 상연함.
再認(재인) 다시 확인함.
再祚(재조) 다시 임금 자리에 오름.
再從(재종) 육촌 형제.
再請(재청) 1)다시 청함. 2)다른 사람의 의견에 대하여 찬성하는 뜻으로 거듭 청함.
再醮(재초) 재가(再嫁).
再娶(재취) 두 번째 드는 장가. 또는 그 얻은 아내.
再版(재판) 이미 간행된 출판물을 두 번째 출판함.
再現(재현) 1)두 번째 나타남. 다시 나타남. 2)한 번 경험했던 현실이 다시 의식 중에 나타남.
再婚(재혼) 두 번째의 혼인.
再活(재활) 다시 활동함.
再會(재회) 다시 만남.

유 復(다시 부) 更(다시 갱) 비 冉(나아갈 염)

冏	⑤ 7획 빛날 경	日ケイ・キョウ 中jiǒng

풀이 1. 빛나다. ¶冏冏 2. 밝다. ¶冏然
冏冏(경경) 1)빛나는 모양. 2)밝은 모양.
冏命(경명) 서경(書經)・주서(周書)의 편명(篇名).
冏焉(경언) 밝은 모양.
冏然(경연) 밝은 모양.

유 熙(빛날 희) 炯(빛날 형)

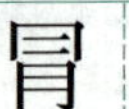

冐	⑥ 8획 冒(p106)의 俗字

冒	⑦ 9획 ❶ 무릅쓸 모 ❷ 선우이름 묵	日ボウ・おかす 中mào

丨 冂 冃 冃 冃 冐 冐 冒 冒

* 회의. 머리에서 눈(目) 위를 덮는(冖) 것을 나타낸 글자. 이에 '가리다' 의 뜻으로 쓰이며, 또 눈이 가려져 잘 보지 못해서 여기저기 부딪친다는 뜻에서 '무릅쓰다' 의 뜻으로도 쓰임.

풀이 ❶ 1. 무릅쓰다. ¶冒險 2. 가리다. 가리개. 3. 쓰개. 두건. 4. 시기하다. ¶冒瀆 5. 거짓으로 쓰다. 6. 범하다. 죄를 짓다. 7. 탐내다. ❷ 8. 선우 이름. 묵돌(冒頓). 한대 초의 흉노족의 임금.
冒瀆(모독) 권위・명예・위신 등을 떨어뜨리거나 깎아내려 욕되게 하는 것.
冒頭(모두) 이야기나 글의 첫머리.
冒沒廉恥(모몰염치) 염치없는 줄 알면서도 이를 무릅쓰고 일을 행함.
冒進(모진) 무턱대고 앞만 보고 전진함.
冒險(모험) 어떤 일을 위험을 무릅쓰고 하는 것 또는 그 일.

비 昌(창성할 창)

冑	⑦ 9획 투구 주	日チュウ・かぶと 中zhòu

풀이 투구.
冑甲(주갑) 투구와 갑옷. 갑주(甲冑).

유 兜(투구 두) 비 胃(밥통 위)

冓	⑧ 10획 짤 구	日コウ 中gòu

풀이 1. 짜다. 2. 방. 궁중에서 궁녀들이 거처하는 곳.

유 織(짤 직)

冔	⑧ 10획 관 후	日ク 中xǔ

풀이 관(冠). 면류관.

冕	⑨ 11획 면류관 면	日ベン・かんむり 中miǎn

풀이 면류관. ¶冕冠
冕冠(면관) 큰 의식이나 제사 때 천자가 쓰는 관. 옥관(玉冠).
冕旒冠(면류관) 옛날 제왕이나 제후들의 정복에 갖추어 쓰는 직사각형의 판에 많은 주옥을 꿰어 늘어뜨린 관.

冖부

冖 민갓머리 部

'冖' 자는 위가 밋밋하고 좌우가 아래로 내려온 모양으로 사물을 덮어 놓은 모양 같다고 하여 '덮다' 라는 뜻으로 쓰인다. 이 글자는 단독의 문자로는 쓰이지 않고 부수로서의 역할만 한다. 또한 이 글자를 부수로 갖는 글자는 무엇을 덮어 가리는 사물이나 상태와 관련이 있다.

2 획

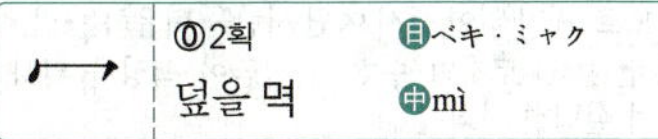

冖 ⓪2획 덮을 멱 日ベキ・ミャク 中mì

풀이 덮다.

冗 ②4획 宂(p322)의 俗字

冘 ②4획 머뭇거릴 유 日ユ・イン 中yóu, yín

풀이 머뭇거리다. 주저하다. ¶冘豫

冘豫(유예) 망설임. 주저함. 유예(猶豫).

유 躊(머뭇거릴 주) 躇(머뭇거릴 저) 비 尤(더욱 우)

写 ③5획 寫(p339)의 俗字

罙 ⑥8획 점점 미 日ミ 中mí

풀이 1. 점점. 2. 여러 곳을 두루 다니다.

비 米(쌀 미)

冠 ⑦9획 갓 관 日カン・かんむり 中guān, guàn

* 회의. 머리(元)에 덮어 쓰는(冖) 법도(寸) 있는 모자를 의미하여 '갓'이라는 뜻으로 쓰임. 또한 머리에 쓰는 것이나 쓰는 일, 또는 그 관을 뜻하기도 함.

풀이 1. 갓. 갓을 쓰다. 2. 닭의 볏. 3. 으뜸. 제일. 4. 어른. 관례를 올린 성인.

冠距(관거) 닭의 볏과 며느리발톱.

冠帶(관대) 1)갓과 띠. 2)관리의 신분.

冠禮(관례) 스무 살이 된 남자가 갓을 쓰고 성인이 되는 예식.

冠冕(관면) 1)갓과 면류관. 2)지난날, 벼슬하는 일을 이르던 말. 3)우두머리.

冠詞(관사) 영어 등에서, 명사 앞에 자리잡아 그 명사의 성질, 즉 정・부정, 단・복수, 남・중・여성 등을 나타낼 때 쓰이는 말

冠纓(관영) 관을 쓸 때 매는 끈. 갓끈.

卷雲冠(권운관) 임금이 쓰던 구름 모양의 관.

極冠(극관) 화성의 양 극지방을 덮고 있는 흰 부분.

金冠(금관) 금으로 만들거나 장식한 관.

錦冠(금관) 비단 바탕에 아름다운 무늬를 수놓은 관.

單冠(단관) 홑으로 되어 있는 닭의 볏.

弱冠(약관) 남자가 스무 살에 관례를 한다는 데서, 남자 나이 스물을 말함.

月桂冠(월계관) 1)월계수의 잎으로 만든 관. 고대 그리스에서 경기의 우승자에게 씌워 주었음. 2)우승의 영예.

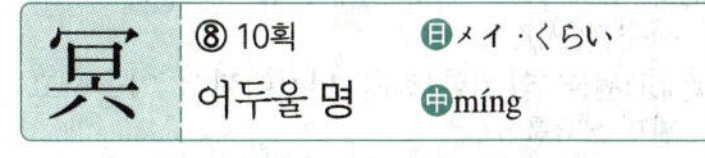

冥 ⑧10획 어두울 명 日メイ・くらい 中míng

* 회의. '日(날 일)'과 '六(여섯 륙)'과 덮는다는 뜻을 지닌 '冖(덮을 멱)'을 합친 글자. '日'과 '六' 자가 합쳐져 음력 16일을 나타내는데 이 때가 되면 만월이 비로소 이지러지기 시작하므로, 다시 그 위를 덮어(冖) 어둡게 됨을 나타내어, '어둡다'의 뜻으로 쓰임.

풀이 1. 어둡다. 밤. ¶冥煩 2. 그윽하다. 깊숙하다. ¶冥冥 3. 하늘. ¶靑冥 4. 바다. ¶北冥 5. 저승. ¶冥福 6. 어리다. 7. 무식하다.

冥鬼(명귀) 저승에 있다는 귀신.

冥器(명기) 장례 때 쓰거나 무덤에 함께 묻는 물건.

冥途(명도) 영혼의 세계. 저승길. 황천(黃泉).

冥冥(명명) 1)깊숙하고 어두운 모양. 2)먼 하늘.

冥伯(명백) 죽은 사람.

冥報(명보) 죽은 뒤의 업보.

冥福(명복) 죽은 뒤에 저승에서 받는 복(福). 죽은 뒤의 행복.

冥府(명부) 저승. 죽어서 심판을 받는다는 곳.

冥想(명상) 고요히 눈을 감고 생각함.

冥行擿埴(명행적식) 어두운 길을 가면서 땅을 더듬어 간다는 뜻으로, 학문을 함에 있어 방법을 모름을 이르는 말.

冥護(명호) 사람이 모르는 사이에 신불(神佛)이 보호함.

冥昏(명혼) 어두움. 또는 어둠. 명회(冥晦).

幽冥(유명) 그윽하고 어두운 저승.

유 暗(어두울 암) 반 明(밝을 명)

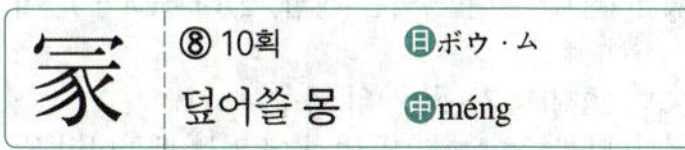

冡 ⑧10획 덮어쓸 몽 日ボウ・ム 中méng

2획

풀이 1. 덮어쓰다. 2. 어둡다.

비 蒙(입을 몽) 家(집 가)

冤	⑧ 10획 원통할 원	日 エン・ぬれぎぬ 中 yuān

*회의. 토끼[兔]가 망[冖]을 쓰고 있어서 움직이지 못하는 모양을 나타낸 글자. 이에 '원통하다'라는 뜻으로 쓰임.

풀이 1. 원통하다. ¶冤家 2. 억울한 죄. ¶冤枉 3. 원한. 4. 굽다. ¶冤屈

冤結(원결) 원통하게 마음이 맺혀 속상함.

冤繫(원계) 원통하게 잡혀 갇힘. 또는 그 사람. 원수(冤囚).

冤屈(원굴) 억울한 죄를 뒤집어써서 억울하고 원망스러움.

冤淚(원루) 원통하여 흘리는 눈물.

冤憤(원분) 원통하고 분함.

冤傷(원상) 원통한 일을 당한 사람을 불쌍히 여겨 슬퍼함.

冤訴(원소) 죄 없음을 호소함. 억울함을 하소연함.

冤囚(원수) 원통하게 갇힌 죄수(罪囚).

冤枉(원왕) 무고한 죄로 누명을 씀. 원죄(冤罪).

冤罪(원죄) 억울하게 뒤집어쓴 죄.

冤痛(원통) 1)억울한 죄를 뒤집어쓴 한(恨). 2)몹시 원망스러움.

冤刑(원형) 억울하게 받은 형벌.

冤魂(원혼) 원통하게 죽은 혼.

유 怨(원망할 원) 恨(한할 한) 비 免(면할 면)

冢	⑧ 10획 무덤 총	日 チョウ・つか 中 zhǒng

풀이 1. 무덤. ¶冢壙 2. 언덕. 3. 사직단. 제단. 땅을 봉하여 지신에게 제사 지내는 제단. ¶冢土 4. 크다. ¶冢卿

冢卿(총경) 최고의 신하. 중신(重臣).

冢壙(총광) 무덤. 시신을 묻은 곳.

冢君(총군) 군장(君長). 대군(大君). 제후(諸侯)를 높여 부르는 말.

冢婦(총부) 맏며느리.

冢祀(총사) 조상의 제사. 또는 사직을 위해 지내는 제사.

冢社(총사) 토지나 강에 제사 지내는 사당.

冢胤(총윤) 대를 잇는 아들. 후사(後嗣).

冢子(총자) 1)대를 잇는 장남. 2)태자(太子). 세자(世子).

冢弟(총제) 천자(天子)의 아우.

冢中枯骨(총중고골) 무덤 속에 있는 백골이란 뜻으로, 핏기 없이 몹시 여윈 사람을 비유하는 말.

冢土(총토) 토지의 수호신. 임금이 백성을 위하여 설립한 사직단.

冢弼(총필) 태자(太子)를 보필(輔弼)하는 사람. 대신(大臣).

유 塚(무덤 총) 墳(무덤 분) 비 冡(덮어쓸 몽)

冪	⑭ 16획 덮을 멱	日 ベキ・おおう 中 mì

풀이 1. 덮다. 덮어 쓰다. ¶冪冪 2. 장막. 보자기. 천으로 만들어 둘러치는 물건.

冪䍦(멱리) 머리를 덮을 때 쓰는 천으로 만든 물건. 두건.

冪冪(멱멱) 구름 등이 덮여 있는 모양.

유 幎(덮을 멱) 蓋(덮을 개)

冫 이수변 部

'冫'자는 '얼음'을 뜻하는 글자로, 이 글자를 부수로 갖는 글자는 차거나 추운 것과 관련이 있다.

冫	⓪ 2획 얼음 빙	日 ヒョウ 中 bīng

풀이 얼음.

冬	③ 5획 겨울 동	日 トウ・ふゆ 中 dōng

ノ ク 夂 冬 冬

*회의. 늦게 오는 것을 나타내는 '夂(뒤처져 올 치)'와 물이 얼어 있는 것을 뜻하는 '冫(얼음 빙)'을 합친 글자. 이에 일년 사계절 중 가장 늦게 오고 물이 어는 계절, 곧 '겨울'의 뜻을 나타냄.

풀이 1. 겨울. ¶冬天 2. 겨울을 지내다. ¶越冬

冬季(동계) 겨울철. 동절(冬節).

冬期(동기) 겨울 동안의 기간.

冬眠(동면) 양서류·파충류 등의 동물이 겨울 동안 활동을 멈추고 땅속이나 물속에서 수면 상태로 있는 현상.

冬服(동복) 겨울철에 입는 옷.

冬溫夏凊(동온하정) 겨울에는 따뜻하게 하고 여름에는 시원하게 한다는 뜻으로, 자식된 자로서 부모를 잘 섬기려 효도함.
冬至(동지) 24절기의 하나. 밤이 가장 길고 낮이 가장 짧은 날. 양력 12월 22, 23일경.
冬天(동천) 겨울 하늘.
冬寒(동한) 겨울의 추위.
孟冬(맹동) 1)초겨울. 2)음력 10월.
嚴冬(엄동) 혹독하게 추운 겨울.
越冬(월동) 겨울을 넘김.
入冬(입동) 24절기의 하나. 양력 11월 7, 8일경.
夏爐冬扇(하로동선) 여름의 화로와 겨울의 부채라는 뜻으로, 철에 맞지 않거나 쓸모없는 사물을 이르는 말.
夏扇冬曆(하선동력) 1)여름의 부채와 겨울의 책력이라는 뜻으로, 시기에 맞거나 요긴한 것을 이르는 말. 2)철에 맞는 선물.

決	④6획 決(p705)의 俗字

冰	④6획 氷(p700)의 本字

冲	④6획 沖(p708)과 同字

冱	④6획 찰 호	日ゴ 中hù

풀이 1. 차다. 추위. ¶冱寒 2. 얼다. 얼음. ¶冱涸 3. 막다. 폐쇄하다. 4. 물가가 마르다. 5. 굳다.
冱寒(호한) 심한 추위. 혹한(酷寒).
冱涸(호호) 추위 얼어붙음.
유 冷(찰 랭)

冷	⑤7획 찰 랭(냉)	日レイ・つめたい 中lěng

丶 冫 冫 冫 冷 冷 冷

* 형성. 뜻을 나타내는 부수 '冫(얼음 빙)'과 음을 나타내는 '令(영 령)'을 합친 글자. 이에 얼음이 명령하는 것은 차가워지게 하는 것이라는 의미에서 '차갑다'는 뜻으로 쓰임.

풀이 1. 차다. 춥다. ¶冷氣 2. 식히다. 3. 얼다. ¶冷凍 4. 맑다. 5. 쓸쓸하다. ¶冷燈

冷却(냉각) 식어서 차갑게 됨.
冷氣(냉기) 찬 기운.
冷待(냉대) 푸대접.
冷凍(냉동) 인공적으로 얼게 함.
冷笑(냉소) 냉정하게 비웃음.
冷溫(냉온) 차고 따뜻함.
冷藏(냉장) 음식물 등을 상하지 않게 차게 하여 저장함.
冷靜(냉정) 감정에 흔들리지 않고 차분함.
冷徹(냉철) 침착하고 사리가 밝음.
高冷地(고랭지) 표고(標高)가 높은 한랭한 곳.
微冷(미랭) 조금 참.
生冷之物(생랭지물) 날것과 찬 것.
水冷式(수랭식) 물로 식히는 방식.
濕冷(습랭) 습기로 인해 허리 아래가 차지는 병.
유 冱(찰 호) 반 溫(따뜻할 온)

泮	⑤7획 녹을 반	日ハン・とける 中pàn

풀이 녹다. 얼음이 녹다.

冶	⑤7획 대장간 야	日ヤ・いる 中yě

* 형성. 뜻을 나타내는 부수 '冫(얼음 빙)'과 음을 나타내며 '녹다'의 의미를 지닌 '台(나 이)'를 합친 글자. 쇠를 얼음(冫)처럼 녹이(台)는 '풀무'를 의미하는 글자. 쇠를 녹여 물건을 만드는 의미를 포함하여 인격을 '단련하다'는 뜻으로 쓰임.

풀이 1. 대장간. 2. 대장장이. 3. 불리다. 주물. 쇠를 녹여 성질을 변화시킴. ¶陶冶 4. 요염하다. 예쁘다. ¶冶容

冶工(야공) 대장장이.
冶金(야금) 광석에서 쇠붙이를 골라 내거나 합금을 만드는 일.
冶容(야용) 얼굴을 곱게 단장함.
鍛冶研磨(단야연마) 꾸준히 단련하여 갈고 닦음.
陶冶(도야) 1)질그릇을 만드는 일과 주물(鑄物)을 만드는 일. 2)심신을 갈고 닦음.
비 治(다스릴 치)

冽	⑥8획 찰 렬(열)	日レツ・レチ 中liè

풀이 1. 차다. 춥다. 2. 차가운 바람. ¶冽風
冽冽(열렬) 1)매우 추운 모양. 2)차가운 바람이 매섭게 부는 모양.
冽風(열풍) 찬 바람. 한풍(寒風).

2획

유 冷(찰 랭) 冱(찰 호) 비 例(법식 례)

洛	⑥ 8획 얼 학	日かく 中hè

풀이 얼다. 얼음이 언 모양.

洛澤(학탁) 언 모양.

유 凍(얼 동) 涸(얼 고)

涸	⑧ 10획 얼 고	日コ・ク 中gù

풀이 얼다. 얼음이 얼다.

유 凍(얼 동)

凍	⑧ 10획 얼 동	日トウ・こおる 中dòng

丶 冫 冫 冫 冫 冫 冫 凍 凍 凍

풀이 1. 얼다. 얼음. ¶凍死 2. 춥다. ¶凍餓

凍僵(동강) 몸이 얼어 쓰러짐.

凍噤(동금) 몸이 얼어 입이 열리지 않음.

凍裂(동렬) 얼어서 피부 등이 갈라짐. 터짐.

凍簾(동렴) 무덤 속의 시체가 얼어서 오래도록 썩지 않음.

凍梨(동리) 1)언 배. 2)노인. 또는 90세의 노인. 늙어서 얼굴에 반점이 생긴 것이 꼭 언 배의 껍질과 같아서로 일컫는 말.

凍氷寒雪(동빙한설) 얼음이 얼고 눈보라가 치는 추위.

凍死(동사) 얼어 죽음.

凍傷(동상) 얼어서 피부 등이 터짐. 또는 그 상처.

凍餓(동아) 춥고 배고픔.

凍雨(동우) 겨울에 내리는 비. 진눈깨비.

凍雲(동운) 눈이 내릴 것 같은 날씨의 구름.

凍足放尿(동족방뇨) 언 발에 오줌 누기. 잠시 도움이 될 뿐, 곧 효력을 상실해 더 나쁘게 될 일을 함을 이르는 말. 임시방편.

凍青(동청) 사철나무. 동청(冬青).

凍太(동태) 겨울에 잡아 얼린 명태.

凍解冰釋(동해빙석) 얼음이 녹듯이 일이 해결됨.

冷凍(냉동) 차게 해서 얼게 함.

解凍(해동) 얼었던 것이 녹음.

유 涸(얼 고) 洛(얼 학)

凉	⑧ 10획 涼(p734)의 俗字

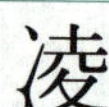	⑧ 10획 능가할 릉(능)	日リョウ・しのぐ 中líng

풀이 1. 능가하다. ¶凌風翔 2. 업신여기다. 얕보다. ¶凌侮 3. 범하다. ¶凌犯 4. 얼음. 얼음 곳간. ¶凌人 5. 떨다. 6. 건너다. 지나다.

凌駕(능가) 다른 것과 비교하여 훨씬 뛰어남.

凌遽(능거) 두려워하여 떪. 전율함.

凌亂(능란) 순서가 뒤섞여 어지러움. 능란(陵亂).

凌侮(능모) 남을 업신여겨 깔봄. 능멸함.

凌犯(능범) 1)남의 권리를 침범함. 2) 업신여김.

凌辱(능욕) 깔보며 욕을 보임.

凌雨(능우) 세차게 내리는 비. 폭우(暴雨).

凌挫(능좌) 거칠게 꺾음.

凌遲(능지) 고대의 형벌 중의 하나로, 사지를 찢은 후 목을 베던 극형(極刑). 능지(陵遲).

凌波(능파) 파도 위를 지나는 것 같다는 뜻으로, 걸음걸이가 가볍고 아름다운 여자를 이르는 말.

凌風翔(능풍상) 바람을 능가하여 오른다는 뜻으로, 천하에 높이 날려는 마음을 이르는 말.

凌虐(능학) 침범하여 학대함. 침학(侵虐).

비 陵(언덕 릉)

凇	⑧ 10획 상고대 송	日ショウ・シュ 中sōng

풀이 상고대. 서리가 나무에 내려 눈같이 된 것.

凊	⑧ 10획 서늘할 정	日セイ・ショウ 中qiàn, qìng

풀이 서늘하다.

冬溫夏凊(동온하정) 부모님께 효성이 지극함.

유 凉(서늘할 량) 비 情(뜻 정)

凋	⑧ 10획 시들 조	日チョウ・しぼむ 中diāo

풀이 1. 시들다. ¶凋枯 2. 쇠하다. 건강이나 기세가 약해짐. ¶凋兵 3. 슬퍼하다.

凋枯(조고) 풀 등이 시들고 마름.

凋寡(조과) 시들어 줄어듦.

凋落(조락) 1)시들어 떨어짐. 2)형편없이 망함. 3)죽음.
凋兵(조병) 지친 병사.
凋冰畫脂(조빙화지) 얼음에 새기고 기름에 그린다는 뜻으로, 쓸데없는 곳에 힘을 씀을 비유하는 말.
凋散(조산) 시들어 흩어짐.
凋傷(조상) 시들어 상함. 약해짐.
凋殘(조잔) 시들어 쇠잔함.
凋瘵(조채) 1)약해지고 병듦. 2)지친 백성.
凋歇(조헐) 초목이 시들어 버림.
枯凋(고조) 1)마르고 시듦. 2)사물이 쇠퇴함.
後凋節(후조절) 겨울에 모든 초목이 시들어 떨어져도 오직 송백(松柏)만은 그 빛깔을 잃지 않고 푸르게 서 있음을 꿋꿋한 절조나 의기(意氣)에 비유한 말.

⑧ 10획 日ジュン·なぞらえる
승인할 준 中zhǔn

풀이 1. 승인하다. 허가하다. ¶准奏 2. 견주다. 3. 따르다. 모범으로 삼다. 4. 평평하다.

准奏(준주) 말한 것을 승인함.
准行(준행) 허가함.
批准(비준) 1)신하가 임금에게 말씀을 올리고 임금이 그것을 허가함. 2)조약의 체결에 대하여, 국가가 최종적으로 확인하고 동의함.
認准(인준) 고위 공무원 임명에 대한 국회의 승인.

유 認(인정할 인)

⑧ 10획 日セイ·すさじい
쓸쓸할 처 中qī

풀이 1. 쓸쓸하다. ¶凄其 2. 차다. 싸늘하다. ¶凄急

凄急(처급) 바람이 차고 급함.
凄其(처기) 서늘함. 한랭함.
凄涼(처량) 쓸쓸하고 슬픔.
凄淚(처루) 추운 모양.
凄凜(처름) 매우 추움.
凄爽(처상) 매우 상쾌함.
凄辰(처신) 가을.
凄雨(처우) 쓸쓸히 내리는 비.
凄日(처일) 서늘한 가을날.
凄切(처절) 몹시 처량함.
凄凄(처처) 1)싸늘한 바람. 2)음산하게 차고 쓸쓸한 모양.
凄風(처풍) 1)쓸쓸히 부는 바람. 2)몹시 차가운 바람.
凄恨(처한) 큰 슬픔.

비 悽(슬퍼할 처)

涬
⑧ 10획 日キョウ·ケイ
찰 행 中xìng

풀이 1. 차다. 2. 춥다. 서늘하다. ¶涬冷

涬冷(행랭) 추움.
涬涬(행행) 추운 모양.

유 冷(찰 랭) 冱(찰 호) 冽(찰 렬)

凓
⑩ 12획 日リツ
찰 률(율) 中lì

풀이 차다. 대단히 춥다. ¶凓冽

凓冽(율렬) 매우 추운 모양.

유 冷(찰 랭) 冱(찰 호) 冽(찰 렬) 비 慄(두려워할 률)

溰
⑩ 12획 日ガイ
눈서리 쌓일 의·애 中ái

풀이 눈이나 서리가 쌓여 흰 모양.

凖
⑩ 12획
準(p758)의 俗字

滄
⑩ 12획 日ソウ·ショウ
찰 창 中chuàng

풀이 1. 차다. 2. 차가운 모양. 냉랭한 모양.

滄熱(창열) 추위와 더위. 한열(寒熱).
滄滄(창창) 차가운 모양. 냉랭한 모양.

漼
⑪ 13획 日サイ
쌓일 최 中cuī

풀이 쌓이다. 눈이나 서리가 쌓여 흰 모양.

漼溰(최의/최애) 눈이나 서리가 쌓여 흰 모양.

유 積(쌓을 적) 비 催(재촉할 최)

滭
⑪ 13획 日ヒツ
찰 필 中bì

풀이 차다. 바람이 차다.
滭冹(필발) 바람이 차가움.
유 冷(찰 랭) 冱(찰 호) 冽(찰 렬) 涬(찰 행)

凘	⑫ 14획 석얼음 시	日シ 中sī

풀이 석얼음. 유빙(流氷). 물 위에 떠 있는 얼음조각.
斷凘(단시) 녹아서 여러 조각이 난 석얼음.
流凘(유시) 얼음이 녹아 흐름.

凚	⑬ 15획 추울 금	日キン 中jìn

풀이 춥다. 추워서 떠는 모양.
凚瘁(금췌) 몹시 추워 몸이 떨리고 초췌한 모양.
유 冷(찰 랭) 冽(찰 렬)

凜	⑬ 15획 찰 름(늠)	日リン 中lǐn

풀이 1. 차다. 춥다. ¶凜兢 2. 늠름한 모양. 꿋꿋하고 위풍이 있는 모양. ¶凜凜 3. 두려워하다.
凜兢(늠긍) 추워서 떪.
凜冽(늠렬) 추위가 매서운 모양.
凜慄(늠률) 1)추워서 떠는 모양. 2)두려워하는 모양.
凜凜(늠름) 1)추위가 살을 엘 듯한 모양. 2)꿋꿋하고 위풍이 있는 모양.
凜嚴(늠엄) 추위나 위풍이 매우 엄함.
凜然(늠연) 1)추위가 매서운 모양. 늠렬(凜冽). 2)위풍당당한 모양.
慘凜(참름) 1)추위가 심함. 2)몹시 참혹함.
凄凜(처름) 대단히 추움.

凙	⑬ 15획 고드름 탁	日タク 中duó

풀이 1. 고드름. 2. 얼어붙다.
비 澤(못 택)

凝	⑭ 16획 엉길 응	日キョウ·こる 中níng

(필순) 凝 凝 凝

* 형성. 뜻을 나타내는 부수 '冫(얼음 빙)'과 음을 나타내는 '疑(의심할 의)'를 합친 글자. 언(冫) 것으로 의심(疑)할 만큼 액체가 고체로 변해 있음을 뜻하는 글자. 이에 '엉기다'라는 뜻으로 쓰임.

풀이 1. 엉기다. ¶凝固 2. 얼다. 3. 굳어지다. 4. 모으다. 모이다. 집중하다. ¶凝雨 5. 얼음. 6. 정하다. 결정하다. 7. 막다. 막히다. 8. 엄하다. 심하다. ¶凝寒 9. 바르다. 단정하다. ¶凝重 10. 춥다. 차갑다.
凝結(응결) 1)엉김. 2)기체가 액체로 변하는 현상.
凝固(응고) 엉겨 굳어짐.
凝湛(응담) 머물러 있는 물이 맑다는 뜻으로, 맑고 고요한 마음을 이르는 말.
凝水(응수) 고여 있는 물. 지수(止水).
凝愁(응수) 수심에 잠김.
凝視(응시) 뚫어지게 자세히 바라봄.
凝然(응연) 1)마음이 한 곳에 집중하여 꼼짝하지 않는 모양. 2)단정하고 점잖은 모양.
凝雨(응우) 눈[雪].
凝意(응의) 마음을 집중함.
凝佇(응저) 꼼짝하지 않고 멈추어 섬.
凝峻(응준) 높고 험준함.
凝重(응중) 바르고 무거움.
凝集(응집) 한 군데에 엉겨서 모임.
凝滯(응체) 1)일이 진행되지 않고 막힘. 2)얽매임. 집착함.
凝縮(응축) 1)한 군데로 엉겨 굳어짐. 2)기체가 액체로 변함.
凝合(응합) 엉겨 붙음. 응고(凝固).
凝血(응혈) 뭉친 피.
凝冱(응호) 얼어붙음.
氷凝(빙응) 얼어서 굳음.
비 疑(의심할 의)

凞	⑭ 16획 화할 희	日キ 中xī

풀이 화하다. 누그러지다.

几부

几 안석 궤 部

'几'자는 사람들이 자리를 잡고 앉을 때 몸을 기대는 도구인 '안석'이라는 뜻을 지닌다. 또한, 제사나 제향(祭享)을 드릴 때 희생물을 얹는 기구를 나타내기도 하며, 일반적으로 '책상'의 뜻을 지닌다.

几	⓪2획 안석 궤	日キ 中jī, jǐ

풀이 1. 안석. 앉을 때 몸을 기대는 기구. ¶几席 2. 책상. ¶几案 3. 제사에 쓰는 기구의 하나. ¶几筵 4. 왕성한 모양. 5. 함께 하는 모양.

几席(궤석) 안석과 돗자리.
几案(궤안) 1)책상. 2)공무(公務).
几筵(궤연) 1)안석과 자리. 2)제사 때 쓰는 기구와 자리.
几杖座(궤장좌) 나이 많은 이를 위하여 특별히 마련한 자리.
几下(궤하) 편지의 겉봉에 상대편의 이름 밑에 붙여 쓰는 존칭.

비 凡(무릇 범)

凡	①3획 무릇 범	日ボン・およそ 中fán

丿 几 凡

* 회의. 두(二) 사람(儿)이 결합하는 것에는 무릇 인생의 원리가 들어 있음을 나타낸 글자. 이에 '무릇', '모두'라는 뜻으로 쓰임.

풀이 1. 무릇. 대개. 2. 대강. 개요. 3. 모두. 합계. ¶凡物 4. 범상하다. 평범하다. 보통이다. ¶凡人

凡格(범격) 평범한 품격. 평범한 사람.
凡例(범례) 책머리에 그 책의 내용이나 읽는 방법 등에 관한 참고 사항 등을 적어 놓은 글. 일러두기.
凡物(범물) 모든 물건. 만물.
凡夫(범부) 1)평범한 사람. 2)번뇌에 얽매어 생사(生死)를 초월하지 못하는 사람.
凡事(범사) 1)평범한 일. 예삿일. 2)모든 일.
凡常(범상) 대수롭지 않고 평범함.
凡書(범서) 평범한 책.
凡俗(범속) 평범하고 속됨.
凡失(범실) 운동 경기 등에서, 보통 저지르는 평범한 실책.
凡弱(범약) 평범하고 나약함.
凡庸(범용) 평범하고 범상함.
凡人(범인) 평범한 사람.
凡節(범절) 법도에 맞는 모든 질서와 절차.
凡策(범책) 평범한 계책.
凡打(범타) 야구에서, 안타가 되지 못하고 상대방의 수비에 걸려 타자가 죽게 되는 평범한 타격.
非凡(비범) 보통이 아니고 아주 뛰어남.
平凡(평범) 뛰어난 점이 없이 보통임.

비 几(안석 궤)

凣	①3획 凡(p113)의 俗字

凭	⑥8획 기댈 빙	日ヒョウ・よる 中píng

풀이 기대다. 의지하다.

凭欄(빙란) 난간에 기댐.

凰	⑨11획 봉황새 황	日オウ・おおとり 中huáng

풀이 봉황새. 암컷 봉황새.

鳳凰(봉황) 고대 중국에서 상서로운 것으로 여기던 상상의 새. 봉조(鳳鳥).

유 鳳(봉황새 봉)

凱	⑩12획 즐길 개	日ガイ 中kǎi

* 형성. 뜻을 나타내는 부수 '几(안석 궤)'과 음을 나타내는 '豈(개가 개)'를 합친 글자. 전쟁에 이기고 어찌(豈) 가만히 상(几)에 앉아만 있을 수 있나는 의미로, 승리한 기분, 곧 경축하는 것을 나타낸 글자.

풀이 1. 즐기다. 즐겨하다. 좋아하다. ¶凱康 2. 개가(凱歌). 승전했을 때 울리는 음악. ¶凱歌 3. 이기다. 승리하다. ¶凱捷 4. 착하다. 온화하다. ¶凱澤

凱康(개강) 화목하고 편안함.
凱歌(개가) 전쟁에 이기고 부르는 노래. 개선가(凱旋歌).
凱復(개복) 싸움에 이기고 원상을 회복함.
凱旋(개선) 싸움에 이기고 노래를 부르며 돌아옴.
凱樂(개악) 전쟁에 이기고 돌아올 때 연주하는 음악.
凱易(개이) 화락하고 편안함.
凱陣(개진) 싸움에 이기고 자기 진영으로 돌아옴.
凱捷(개첩) 전쟁에 승리함.
凱澤(개택) 온화한 은혜. 큰 은혜.

비 豈(어찌 기)

凳	⑫14획 걸상 등	日トウ 中dèng

풀이 걸상. 등받이 없는 의자.

凳床(등상) 나무로 만든 세간의 한 가지. 발판으로도 쓰고 의자로도 쓰임.

凵 위 튼 입구 部

'凵' 자는 '입벌리다' 라는 뜻을 지닌 부수(部首)자로, '입을 벌리거나 위가 터진 그릇' 이라는 뜻을 나타내고 단독의 문자로는 쓰이지 않는다.

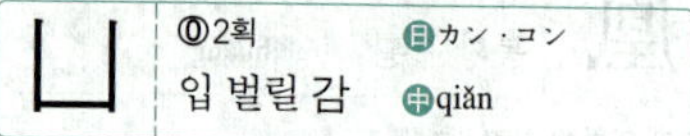

풀이 1. 입을 벌리다. 2. 위가 터진 그릇.

ノ メ 㐅 凶

* 지사. 땅을 파서 만든 함정의 모양을 나타낸 글자. 이에 함정의 갈라진 틈새로 빠져 '운수가 나쁘다', '흉하다' 의 뜻으로 쓰임.

풀이 1. 흉하다. 불길하다. 운수가 나쁘다. ¶吉凶 2. 해치다. ¶凶器 3. 흉년. ¶豊凶 4. 재앙. 5. 요절하다. 젊어서 죽다. 6. 흉악하다. 사납다. 7. 부정(不正)하다. 8. 두려워하다.

凶家(흉가) 그 집에 사는 사람에게 흉한 일이 생긴다는 불길한 집.
凶桀(흉걸) 흉악하고 포악함.
凶計(흉계) 흉악한 꾀.
凶寇(흉구) 흉악한 도적. 악당.
凶饉(흉근) 흉년으로 기근이 듦.
凶器(흉기) 사람을 다치게 하는 기구.
凶年(흉년) 농작물이 잘 되지 않는 해. 흉세(凶歲).
凶黨(흉당) 흉악한 무리. 건달패.
凶德(흉덕) 흉악한 심술 또는 행실.
凶徒(흉도) 흉악한 무리.
凶毒(흉독) 맹렬한 독.
凶禮(흉례) 초상 때 행하는 예절. 상례(喪禮).
凶夢(흉몽) 불길한 꿈. 언짢은 꿈.
凶聞(흉문) 불길한 소식. 사망의 통지. 부고(訃告).
凶物(흉물) 성질이 흉악한 사람.
凶變(흉변) 불길하고 갑작스러운 일.
凶報(흉보) 1)불길한 소식. 2)사망의 통지. 흉음(凶音).
凶事(흉사) 1)사람이 죽은 일. 2)불길한 일.
凶邪(흉사) 흉측하고 간사함.
凶相(흉상) 보기 흉한 외모.
凶星(흉성) 불길한 조짐이 있는 별.
凶歲(흉세) 흉년(凶年).
凶手(흉수) 흉악한 짓을 하는 사람.
凶心(흉심) 흉악한 마음.
凶惡(흉악) 1)성질이 못됨. 2)대단히 악함. 3)재앙. 재화.
凶穰(흉양) 흉년과 풍년.
凶漁(흉어) 물고기가 적게 잡힘.
凶逆(흉역) 흉악하여 도리에 거슬림. 또는 그 사람.
凶音(흉음) 사망을 알리는 소식.
凶日(흉일) 불길한 날. 언짢은 날.
凶作(흉작) 농사가 잘 되지 못함.
凶賊(흉적) 악한 행동을 하는 도적.
凶兆(흉조) 불길한 조짐.
凶則吉(흉즉길) 흉한 것이 오히려 좋은 일을 가져올 때를 이르는 말.
凶地(흉지) 풍속이 나쁜 땅.
凶札(흉찰) 기근이나 역병이 유행하는 해.
凶測(흉측) 더할 수 없이 몹시 흉악함.
凶慝(흉특) 성질이 흉악하고 사특함.
凶暴(흉포) 흉악하고 포악함.
凶風(흉풍) 1)몹시 사나운 바람. 2)음흉스러운 기풍. 또는 풍조.
凶旱(흉한) 가뭄.
凶害(흉해) 흉악하고 끔직한 짓으로 사람을 해침.
凶禍(흉화) 1)흉악한 재화. 2)부모의 상사(喪事).
凶患(흉환) 재앙.
凶荒(흉황) 기근(饑饉).
凶凶(흉흉) 1)시끄럽게 떠드는 소리. 2)두려워하는 소리.
吉凶(길흉) 좋고 나쁨. 좋은 일과 나쁜 일.
豊凶(풍흉) 풍년과 흉년.

유 醜(추할 추) 반 吉(길할 길) 비 囚(가둘 수)

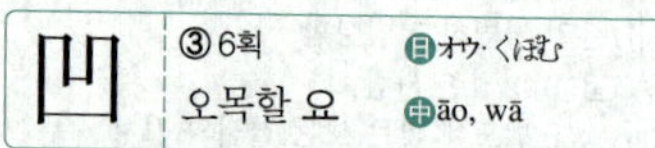

* 상형. 중앙이 오목하게 들어간 모양을 본뜬 글자. 이에 요철의 들어간 부분을 말함.

풀이 오목하다. ¶凹鏡

凹鏡(요경) 오목거울.
凹面(요면) 가운데가 오목하게 들어간 면.

凹凸(요철) 오목하게 들어감과 볼록하게 나온 모양.

凹版(요판) 인쇄되는 부분이 다른 부분보다 낮은 인쇄판의 한 가지.

凹陷(요함) 오목하게 꺼져 들어감.

반 凸(볼록할 철)

凸 ③5획 볼록할 철 日トツ·でこ·なかだか 中tū

* 상형. 중앙이 볼록하게 나온 모양을 본뜬 글자. 이에 요철의 튀어나온 부분을 말함.

풀이 볼록하다. ¶凸鏡

凸鏡(철경) 볼록거울.

凸花(철화) 가득히 솟아오른 꽃.

반 凹(오목할 요)

③5획 날 출 日シュツ·でる·だす 中chū

丨 屮 屮 出 出

* 상형. 식물의 싹이 땅위로 돋아나는 모양을 본뜬 글자. 이에 '나다', '나오다' 라는 뜻으로 쓰임.

풀이 1. 나다. 2. 나오다. 3. 나가다. ¶出家 4. 낳다. 태어나다. ¶出產 5. 시집가다. 출가하다. ¶出嫁 6. 떠나다. ¶出鄕 7. 뛰어나다. 出衆 8. 드러내다. 내놓다. 9. 내세우다. ¶提出 10. 자손. 자식. 11. 처남.

出家(출가) 1)집을 나감. 2)집을 나와 절에 들어감.

出嫁(출가) 시집을 감.

出刊(출간) 간행물을 냄. 출판(出版).

出監(출감) 감옥에서 나옴.

出擊(출격) 적을 공격하러 나감.

出庫(출고) 창고에서 물품을 꺼냄.

出口(출구) 나가는 어귀.

出勤(출근) 일터로 근무하러 나감.

出金(출금) 돈을 내놓음.

出納(출납) 금전을 내어 주거나 받아들임.

出頭(출두) 어느 장소에 나옴.

出藍(출람) 푸른색은 쪽풀에서 나오나 쪽풀보다 푸르다는 뜻으로, 제자가 스승보다 나은 경우를 이르는 말. 청출어람(青出於藍).

出馬(출마) 1)말을 타고 나아감. 2)선거에 나감.

出仕(출사) 관직·벼슬에 나아감.

出生(출생) 사람이 태어남. 아이를 낳음.

出張(출장) 직무를 띠고 다른 곳으로 나감.

出將入相(출장입상) 나가면 장군이 되고 들어오면 재상이 된다는 뜻으로, 문무를 겸비한 뛰어난 인재를 이르는 말.

貸出(대출) 금전·물품 등을 빌려 줌.

突出(돌출) 갑자기 튀어나옴.

輩出(배출) 1)인재가 연달아 많이 나옴. 2)무리를 지어 나옴.

排出(배출) 불필요한 것을 밖으로 보냄.

搬出(반출) 운반하여 냄.

算出(산출) 어떤 수치를 계산하여 냄.

產出(산출) 1)천연적 또는 인공적으로 물건(物件)이 생산되어 나옴. 2)물자를 생산함.

選出(선출) 많은 사람 가운데서 뽑음.

歲出(세출) 국가나 지방 자치 단체가 한 회계 연도 동안에 모든 수요에 충당하기 위하여 지출하는 일체의 경비.

續出(속출) 잇달아 나옴.

支出(지출) 금전을 지불함.

呼出(호출) 불러 냄.

유 發(쏠 발) 반 入(들 입)

⑥8획 쌀 함 日カン·はこ 中hán

* 상형. 활시위를 넣어 두는 용기를 본뜬 글자. 이에 '상자' 의 뜻으로 쓰이며, 활시위를 상자 또는 용기 속에 넣는다는 의미에서 '집어넣다' 의 뜻으로도 쓰임.

풀이 1. 싸다. 넣다. 2. 휩싸다. 3. 품다. 포함하다. 4. 함. 상자. 갑. ¶郵便函 5. 갑옷. 6. 글월. 편지. ¶惠函

函蓋相應(함개상응) 상자와 뚜껑이 잘 맞는다는 뜻으로, 양자가 서로 잘 맞아서 동일체가 됨을 비유하는 말.

函谷鷄鳴(함곡계명) 함곡관의 닭 울음소리라는 뜻으로, 천한 기능 또는 천한 기능을 가진 사람도 때로는 도움이 됨을 이르는 말.

○函谷鷄鳴(함곡계명)의 유래

제(齊)나라의 맹상공이 진나라에서 도망칠 때, 따르는 자에게 닭 우는 소리를 내게 하니 문지기가 새벽 닭 소리인 줄 알고 관문을 열어 주었다. 그 덕분에 맹상공은 무사히 진나라에서 도망칠 수 있었다고 한다.

函封(함봉) 상자에 넣어 봉함.

函使(함사) 편지 등의 글을 전하는 하인.

函數(함수) 한 변수의 값에 따라 결정되는 다른 변수를 앞의 것에 대해 일컫는 말.

函丈(함장) 스승과 자기의 사이를 1장(一丈)의 간격으로 하는 것. 바뀌어, 선생이나 윗어른에게 편지를 올릴 때 받는 사람의 이름 밑에 써서 존경의 뜻을 나타냄.

函夏(함하) 중국의 다른 이름.

函和(함화) 온화함. 따뜻함.

郵便函(우편함) 벽에 걸어 두고 편지를 넣는 작은 함.

유 箱(상자 상) 包(쌀 포)

刀부

刀 칼 도 部

'刀' 자는 날이 굽은 칼의 모양을 나타낸 글자로, '칼' 이라는 뜻으로 쓰인다. '刀' 자가 한자의 우측에 쓰이는 것은 '刂' 로 '선칼도' 라고 부른다. 이 둘은 모두 칼과 관련된 뜻이나 칼 모양의 거룻배와 비슷하여 '거룻배' 를 뜻하기도 하고, 칼 모양의 '돈' 을 나타내기도 한다.

2획

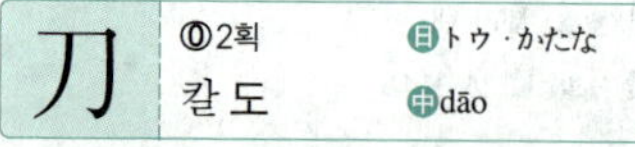

刀

⓪2획 칼 도 日トウ · かたな 中dāo

ㄱ 刀

*상형. 칼의 모양을 본뜬 글자.

풀이 1. 칼. ¶刀劍 2. 작은 배. 거룻배. 3. 칼 모양의 돈.

刀鋸(도거) 칼과 톱. 옛날에 칼은 궁형(생식기를 자르는 형벌)에 쓰고 톱은 월형(발뒤꿈치를 베는 형벌)에 썼으므로, 바뀌어 형벌의 뜻으로 쓰임.

刀劍(도검) 칼이나 검을 통틀어 이르는 말.

刀戟(도극) 칼과 끝이 갈라진 창.

刀刃(도인) 칼날.

刀子(도자) 작은 칼. 손칼.

刀俎(도조) 칼과 도마.

刀槍(도창) 칼과 창.

刀尺(도척) 1)가위와 자. 2)사람의 재능을 헤아려 나아가거나 물러남.

刀痕(도흔) 칼로 생긴 흔적.

軍刀(군도) 군인이 차는 칼.

大刀(대도) 옛날 무사가 허리에 차던 두 자루의 칼 중 큰 것.

面刀(면도) 얼굴에 있는 털이나 수염을 깎음.

木刀(목도) 나무 칼.

寶刀(보도) 보검(寶劍).

銀粧刀(은장도) 은으로 장식한 작은 칼. 과거에 부녀자들이 노리개로 지니고 다님.

竹刀(죽도) 1)대나무로 만든 칼. 2)검도 연습에 쓰는 기구의 한 가지. 길고 굵은 네 개의 대쪽을 묶어서 만듦.

비 力(힘 력) 刁(바라 조) 刃(칼날 인)

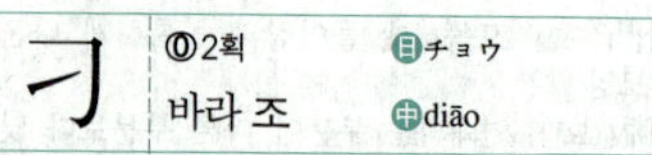

刁

⓪2획 바라 조 日チョウ 中diāo

풀이 1. 바라. 징의 한 가지. 2. 속이다. 3. 머리카락이 헝클어진 모양. 4. 흔들려 움직이는 모양. ¶刁刁

刁姦(조간) 1)여자를 속여 간통함. 2)교활함.

刁騷(조소) 머리가 헝클어진 모양.

刁刁(조조) 바람이 살랑살랑 부는 모양. 또는 가볍게 흔들리는 모양.

비 刀(칼 도)

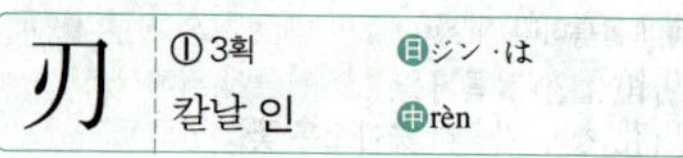

刃

① 3획 칼날 인 日ジン · は 中rèn

*지사. 칼(刀)에 점(丶)을 찍어 날이 있는 곳을 가리키는 글자. 이에 '칼날' 의 뜻을 나타냄.

풀이 1. 칼날. 칼. ¶白刃 2. 무기. 병기(兵器)의 총칭.

刃傷(인상) 칼로 사람을 상하게 함.

刃創(인창) 칼날에 다친 흉터.

刀刃(도인) 1)칼날. 2)칼의 총칭.

兵不血刃(병불혈인) 병사가 칼에 피를 묻히지 않았다는 뜻으로, 싸움에서 쉽게 이김을 이르는 말.

兵刃(병인) 칼이나 창처럼 날이 서 있는 병기.

白刃(백인) 서슬이 시퍼런 칼.

銳刃(예인) 날카로운 칼날.

凶刃(흉인) 사람을 해치려는 칼날.

유 刀(칼 도)

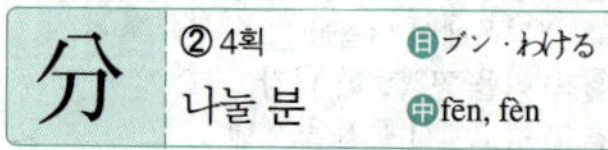

分

② 4획 나눌 분 日ブン · わける 中fēn, fèn

ノ 八 分 分

*회의. 칼(刀)로 쪼개(八)서 나누는 것을 나타낸 글자. 이에 '나누다' 라는 뜻을 나타냄.

풀이 1. 나누다. 2. 나누어 주다. 3. 나누어지다. ¶分配 4. 분별하다. 5. …분. 시간 · 길이 · 무게 · 각도 · 화폐 등을 세는 단위. 6. 신분. 직분. ¶職分 7. 분수. 8. 헤어지다. 이별하다. ¶分散 9. 춘분. 추분.

分家(분가) 큰 집에서 나와 딴 살림을 차림. 또는 그 집.

分揀(분간) 1)나누어 헤아림. 2)범죄를 저지른 정도를 헤아려 용서함.

分功(분공) 공을 나눔.

分科(분과) 따로 갈라놓은 학과.

分館(분관) 본관(本館)에서 갈라져 나간 건물.
分校(분교) 한 학교의 일부 학생을 수용하기 위하여 따로 세운 학교.
分權(분권) 권력을 나눔.
分岐點(분기점) 여러 갈래로 갈라져 나가기 시작한 지점.
分團(분단) 1)한 단체를 나눈 그 부분. 2)한 학급을 몇으로 나눈 그 하나.
分擔(분담) 일을 나누어 맡음.
分黨(분당) 1)패를 가름. 2)갈라진 패.
分隊(분대) 군대의 편성 단위의 하나. 본대(本隊)에서 갈라져 나온 대.
分量(분량) 부피나 수효의 많고 적은 정도.
分類(분류) 사물을 일정한 기준에 의해서 나눔.
分離(분리) 갈라서 떼어 놓음. 또는 서로 떨어짐.
分立(분립) 갈라져서 따로 세움.
分娩(분만) 산모가 아기를 낳음.
分明(분명) 똑똑하게 앎. 명료함.
分配(분배) 1)고르게 나눠 줌. 2)개개인의 생산물을 사회적 법칙에 의거하여 나눔.
分別(분별) 1)사물을 나눔. 2)어떤 일을 사리에 맞게 판단함. 3)변별함. 분별함.
分福(분복) 타고난 복.
分封(분봉) 토지를 나누어 제후를 봉하던 일.
分付(분부) 윗사람의 당부나 명령을 높여 이르는 말.
分分(분분) 1)뒤숭숭하고 시끄러움. 2)의견이 각각이어서 갈피를 잡을 수 없음. 분분(紛紛).
分崩離析(분붕이석) 조각조각 깨지고 뿔뿔이 흩어짐.
分泌(분비) 선(腺)의 작용으로 인하여 특유한 성분의 액즙을 만들어 내보내는 기능.
分散(분산) 이리저리 흩어짐. 나누어 흩어지게 함.
分析(분석) 1)나누어 가름. 2)개념을 그 속성으로 분해함.
分數(분수) 1)정수를 다른 정수로 나눈 결과. 2)자신의 처지에 마땅한 한도.
分水嶺(분수령) 1)물이 두 갈래로 갈라져 경계를 이룬 산마루. 2)일이 어떻게 될 것인가가 결정되는 중요한 고비.
分身(분신) 1)몸을 나눔. 2)부처가 중생을 구하기 위해 여러 형태의 몸으로 변하여 나타나는 모양.
分野(분야) 사물을 어떤 기준에 의하여 구분한 영역.
分業(분업) 1)일을 나누어서 함. 2)하나의 제품을 생산할 때 각자의 장점에 따라 분담하여 완성하는 작업.
分列(분열) 따로따로 나뉘어 늘어섬.
分裂(분열) 하나가 여러 갈래로 찢어짐.
分院(분원) 병원이나 학원 등의 본원(本院) 외에 따로 세운 시설.
分陰(분음) 매우 짧은 시간. 촌음(寸陰).
分作(분작) 한 논밭을 나누어서 농사를 지음.
分掌(분장) 일을 나누어 맡음.
分冊(분책) 한 권의 책을 여러 권으로 나눔.
分綴(분철) 서류 등을 나누어 묶음.
分針(분침) 시계의 분을 가리키는 바늘.
分派(분파) 1)나뉘어 갈라짐. 2)중심에서 갈라져 한 파를 이룸.
分布(분포) 흩어져 퍼져 있음.
分限(분한) 1)한계. 한도. 정도. 2)상하존비(上下尊卑)의 차별.
分割(분할) 나눔. 나누어 가짐.
分解(분해) 1)풀어 나눔. 2)합성물이 분리하여 두 가지 이상의 물질로 되는 것. 분화(分化).
分會(분회) 한 회의 하부 조직체.
分曉(분효) 1)새벽. 동틀 무렵. 2)상쾌하고 밝음.
名分(명분) 반드시 지켜야 할 도리나 분수.
持分(지분) 개인이 재산이나 권리 등에 대해 일정한 비율로 가지고 있는 부분.
處分(처분) 처리하여 다룸.
春分(춘분) 24절기의 넷째. 3월 21일경. 주야의 길이가 같음.

유 剖(쪼갤 부)

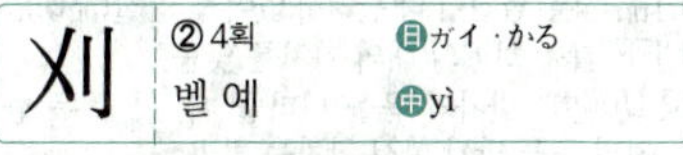

풀이 1. 베다. 자르다. ¶乂穫 2. 낫. ¶乂刀
刈刀(예도) 낫.
刈穫(예확) 농작물을 베어 거두어들임.

切
② 4획
❶ 끊을 절
❷ 모두 체
日セツ・きる
中qiē, qiè

一 七 切 切

* 형성. 뜻을 나타내는 부수 '刀(칼 도)'과 음을 나타내는 '七(일곱 칠)'을 합친 글자. 칼(刀)로 일곱(七)조각을 낸다는 의미를 지닌 글자. 이에 '끊는다'는 뜻을 나타냄.

풀이 ❶ 1. 끊다. 베다. 자르다. ¶切斷 2. 갈다. 문지르다. ¶切齒腐心 3. 정성스럽다. 친절하다. ¶親切 4. 적절하다. 잘 맞다. ¶切言 5. 떨어지다. 없어지다. ¶切品 ❷ 6. 모두. 일체. ¶一切 7. 온통. 대개. 8. 많다.
切感(절감) 절실하게 느낌.

2획

切開(절개) 치료하기 위하여 피부나 근육을 잘라 젖히거나 또는 뼈를 잘라 치료함.
切己(절기) 친한 사람. 또는 자신과 절실한 관계가 있음. 지기(知己).
切斷(절단) 끊어 냄. 끊어짐.
切論(절론) 논의함.
切望(절망) 간절히 희망함.
切脈(절맥) 맥을 짚어 진찰함.
切迫(절박) 시기나 기한이 아주 가까이 닥침.
切實(절실) 1)실제에 꼭 맞음. 2)아주 다급함.
切愛(절애) 매우 사랑함. 매우 귀여워함.
切言(절언) 간절한 말. 통절(痛切)한 말.
切要(절요) 매우 긴요함.
切切(절절) 1)매우 정중한 모양. 2)근신하여 생각하는 모양. 3)소곤거리는 모양. 4)매우 간절히 생각하는 모양.
切磋琢磨(절차탁마) 뼈와 상아는 칼로 자르고 갈며 옥과 돌은 망치로 쪼고 간다는 뜻으로, 학문과 덕행을 배우고 닦음을 비유하는 말.

●切磋琢磨(절차탁마)의 유래
《시경(詩經)》에 나오는 "저 기수(淇水) 물가를 보니 푸른 대나무가 무성하구나. 빛이 나는 군자여, 마치 끊는 듯이 하고 닦는 듯이 하며 쪼는 듯이 하고 가는 듯이 하는구나."라는 시에서 유래한 말로, 물가에 무성한 푸른 대나무처럼 군자는 늘 덕과 학문을 갈고 닦아야 함을 이르는 성어이다.

切責(절책) 몹시 꾸짖음. 심책(深責).
切齒腐心(절치부심) 매우 원통하고 분하여 이를 갈고 속을 썩임.
切品(절품) 물건이 다 팔려서 없어짐. 품절(品切).
切下(절하) 화폐의 대외 가치를 낮춤.
反切(반절) 한자의 음을 나타낼 때, 다른 두 한자의 음을 반씩 따서 합치는 방법.
哀切(애절) 애처롭고 슬픔.
유 斷(끊을 단) 絶(끊을 절)

2
획

刅	② 4획	日ソウ
	해칠 창	中chuāng

풀이 해치다. 다치게 하다.

刊	③ 5획	日カン・きざむ
	책 펴낼 간	中kān

一 二 千 刊 刊
* 형성. 뜻을 나타내는 부수 '刂(칼 도)'와 음을 나타내며 '길이가 긴 것'을 뜻하는 '干(방패 간)'을 합친 글자. 이에 긴 줄로 쓴 글을 목판에다 칼로 새김으로써 책을 출판하는 것을 나타냄.
풀이 1. 책을 펴내다. 출판하다. ¶刊行 2. 새기다. 조각하다. 3. 베다. 자르다. ¶刊木

刊木(간목) 벌목(伐木).
刊誤(간오) 틀린 글자 등을 깎아 내어 바로잡음.
刊印(간인) 인쇄물을 인쇄함.
刊行(간행) 출판물을 인쇄하여 세상에 내놓음. 출판함.
刊行物(간행물) 인쇄하여 펴낸 도서.
萬世不刊(만세불간) 만세에도 지워지지 않는다는 뜻으로, 영원히 전함을 이르는 말.
夕刊(석간) 저녁에 발행된 신문.
新刊(신간) 출판물을 새로 인쇄하여 내놓음. 책을 새로 간행함.
月刊(월간) 매달 한 차례씩 인쇄물을 발행함. 또는 그 간행물.
日刊(일간) 날마다 간행함.
週刊(주간) 한 주마다 간행함.
出刊(출간) 책을 만들어서 세상에 내놓음. 간행(刊行).
休刊(휴간) 신문·잡지 등 정기 간행물의 발행을 한때 쉼.
비 刑(형벌 형)

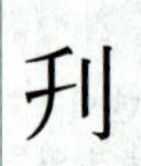

刋	③ 5획	
	❶ 끊을 천	日カン・セン
	❷ 새길 간	中qiàn

풀이 1 1. 끊다. 자르다. 2 2. 새기다.
유 切(끊을 절) 비 判(판가름할 판)

刌	③ 5획	日ソン
	저밀 촌	中cǔn

풀이 1. 저미다. 잘게 썰다. 2. 자르다. 절단하다.
비 寸(마디 촌)

刔	④ 6획	日ケツ
	도려낼 결	中jué

풀이 도려내다. 후비다.
비 決(터질 결)

刉	④ 6획	日キ・ケ
	벨 기	中jī

풀이 베다. 절단하다.
刉珥(기이) 희생을 잡음.
유 刈(벨 예)

列	④6획	日レツ・ならべる
	벌릴 렬(열)	中liè

一 厂 歹 歹 列 列

* 회의. 고기를 칼로 베어(刀)서 뼈를 발라(歹) 벌려 놓는다는 의미를 나타낸 글자. 이에 '벌려 놓다', '나란히 있다'는 뜻을 나타냄.

풀이 1. 벌리다. 분리하다. ¶列曜 2. 줄짓다. 나란히 서다. ¶列眉 3. 늘어 놓다. ¶分列 4. 순서를 매기다. ¶列敍 5. 진열하다. 베풀다. 6. 차례. 등급. 7. 반열. 석차. 8. 줄. 행렬. ¶列立 9. 여러. 다수. ¶列侯

列强(열강) 많은 강대한 나라들.
列擧(열거) 모조리 들어 말함.
列缺(열결) 하늘이 나누어져 이지러진다는 뜻으로, 번개를 말함. 전광(電光).
列國(열국) 1)제후의 대국. 2)여러 나라.
列女(열녀) 정조가 있는 여자. 열녀(烈女).
列島(열도) 연달아 줄을 지어 있는 섬.
列列(열렬) 1)줄지어 차례대로 가는 모양. 2)높은 모양. 3)바람이 부는 모양.
列眉(열미) 나란히 있는 눈썹.
列士(열사) 확고한 지조가 있는 사람이나 훌륭한 사람. 열사(烈士).
列敍(열서) 차례대로 서술함.
列曜(열요) 늘어서서 빛남.
列位(열위) 1)차례. 서열(序列). 2)관직에 오름.
列傳(열전) 많은 사람의 개별적인 전기를 차례로 서술한 책.
列座(열좌) 나란히 앉음.
列次(열차) 차례. 순서.
列車(열차) 기관차에 객차·화차를 연결한 차량.
列侯(열후) 제후(諸侯).
系列(계열) 관련이 있거나 유사한 점에서 한 갈래로 이어지는 계통.
配列(배열) 일정한 차례로 벌여 놓음.
序列(서열) 순서에 따라 늘어섬.

비 例(법식 예)

刘	④6획
	劉(p134)의 俗字

刕	④6획	日リ・レイ
	가를 리·례	中lí

풀이 가르다. 분할하다.

비 劦(힘 합할 협)

刎	④6획	日フン・くびはねる
	목벨 문	中wěn

풀이 1. 목을 베다. ¶刎頸 2. 자르다.

刎頸(문경) 목을 벰.
刎頸之交(문경지교) 중국 전국 시대 염파와 인상여의 고사에서 나온 말. 목이 베어져도 후회하지 않을 만큼 친한 사귐. 또는 그러한 벗.
刎首決腹(문수결복) 목을 베고 배를 가름.

유 剄(목 벨 경) 비 勿(말 물)

刓	④6획	日ガン
	깎을 완	中wán, yuán

풀이 1. 깎다. ¶刓削 2. 닳아 없어지다.

刓缺(완결) 닳아서 없어짐.
刓困(완곤) 점점 없어져 곤궁해짐.
刓削(완삭) 깎음. 깎아서 둥글게 함.
刓琢(완탁) 깎고 갈아 다듬음. 연마(硏磨).
刓敝(완폐) 닳아 없어짐.

유 削(깎을 삭)

刖	④6획	日ゲツ・ガツ
	벨 월	中yuè

풀이 베다. 자르다. ¶刖刑

刖脚(월각) 벌로 발뒤꿈치를 자름. 또는 그 형벌을 받은 사람. 월족(刖足).
刖趾適屨(월지적구) 발뒤꿈치를 베어 신발에 맞춘다는 뜻으로, 본말(本末)이나 주객(主客)이 뒤바뀜을 비유하는 말.
刖刑(월형) 발뒤꿈치를 베는 형벌.

유 刈(벨 예)

刑	④6획	日ケイ・ギョウ
	형벌 형	中xíng

一 二 于 开 刑 刑

* 형성. 뜻을 나타내는 부수 '刀(칼 도)'와 음을 나타내며 정해진 질서나 규칙을 의미하는 '井(우물 정)'을 합친 글자. 이에 사회 질서를 위해 칼로 재단하는 것, 곧 '처단하다'라는 뜻으로 쓰임.

풀이 1. 형벌. 형벌하다. 벌하다. ¶刑科 2. 목을 베다. 죽이다. 3. 법. 본보기. ¶刑法 4. 본받다. 5. 이루어지다. 성취되다. 6. 제어하다. 다스리다.

刑科(형과) 1)형벌의 조목·조항. 2)청(淸)나라 때, 형부(刑部)에 있던 부서·관청.

2획

刑敎(형교) 형벌과 교육.
刑徒(형도) 죄수. 형을 받은 자.
刑戮(형륙) 형법에 의하여 죄인을 벌함.
刑務所(형무소) 교도소의 옛 이름.
刑罰(형벌) 국가가 범죄를 저지른 사람에게 주는 벌.
刑法(형법) 육법(六法)의 하나. 범죄와 형벌에 관한 법률.
刑柄(형병) 형벌을 심판하는 권력.
刑事(형사) 형법의 적용을 받는 사건.
刑賞(형상) 형벌과 포상.
刑訊(형신) 형구(刑具)로 고문하며 심문함. 형문(刑問). 형추(刑推).
刑餘(형여) 형벌을 받은 경험이 있는 사람.
刑獄(형옥) 형벌. 감옥.
刑場(형장) 사형을 집행하는 장소.
刑措(형조) 형법이 있어도 쓰지 않음. 천하가 태평하여 죄인이 없음을 이르는 말. 형조(刑錯).
刑罪(형죄) 형벌과 죄.
求刑(구형) 검사가 판사에게 피고에 대한 형벌을 요구함.
受刑(수형) 형벌을 받음.
實刑(실형) 실제로 받는 형벌.

유 罰(죄 벌) 비 刊(책펴낼 간)

刦	⑤ 7획 겁탈할 겁	日キョウ 中jié

풀이 1. 겁탈하다. 2. 위협하다. 으르다.
刦掠(겁략) 협박하여 빼앗음.

비 劫(위협할 겁)

利	⑤ 7획 이로울리(이)	日り・きく 中lì

* 회의. 벼(禾)를 베는 칼(刂)을 나타낸 글자. 벼를 베는 칼은 날카로워야 하기 때문에 '날카롭다'라는 뜻으로 쓰임.

풀이 1. 이롭다. 유익하다. 2. 이롭게 하다. ¶利交 3. 날카롭다. ¶利刀 4. 날래다. 민첩하다. 5. 편리하다. ¶利器 6. 통하다. 7.이기다. 8. 탐하다. 9. 이자. ¶利率 10. 이익. ¶利益 11. 승전. 12. 권력. 힘.
利交(이교) 유익한 교제.
利巧(이교) 잔꾀가 많음.
利權(이권) 이익을 얻는 권리. 이익과 실권.
利器(이기) 1)아주 날카로운 연장. 예리한 무기. 2)실제로 쓰기에 편리한 기계.
利己的(이기적) 자기의 이익만을 추구하는 것.
利刀(이도) 날카로운 칼. 잘 드는 칼.
利鈍(이둔) 1)날카로움과 무딤. 2)머리가 똑똑함과 어리석음. 3)이익과 손해.
利得(이득) 이익을 얻음.
利病(이병) 병에 이로움. 병에 효과가 있음.
利用厚生(이용후생) 기계의 사용을 이롭게 하고, 재물을 두텁게 하여 백성의 생활을 윤택하게 함.
利潤(이윤) 1)장사하여 남은 돈. 이익. 2)한 기업체의 순수익.
利率(이율) 원금에 대한 이자의 비율.
利益(이익) 이득. 유익한 것.
利子(이자) 저축의 보수로 지불되는 일정한 비율의 공전.
利點(이점) 이로운 점. 이익이 되는 점.
利他(이타) 자기가 희생하여 남을 이롭게 함.
利害(이해) 이익과 손해. 득실.
權利(권리) 1)권세와 이익. 2)자신의 이익을 주장할 수 있는 법률상의 힘.
金利(금리) 빌려 준 돈의 이자.
銳利(예리) 날이 서 있거나 뾰족함.
營利(영리) 재산상의 이익을 얻기 위해 활동함.

別	⑤ 7획 다를 별	日べツ・わかれる 中bié, biè

* 회의. 칼(刀)로 나누어(另) 서로 다른 것이 되었다는 의미를 지닌 글자. 이에 '다르다', '헤어지다'의 뜻으로 쓰임.

풀이 1. 다르다. 다른. ¶別稱 2. 나누다. 분리하다. ¶辨別 3. 헤어지다. 이별하다. ¶離別 4. 차별. 구별. ¶差別 5. 각각. 6. 특히. 특별히. ¶別貢 7. 갈래. 분류.
別居(별거) 부부나 가족이 서로 떨어져 삶.
別故(별고) 1)뜻밖의 사고. 2)다른 까닭.
別庫(별고) 소중한 물건을 특별히 넣어 두는 곳.
別曲(별곡) 우리나라의 독특한 윤율을 지닌 가사의 한 가지로 관동별곡・청산별곡・한림별곡 등이 있음.
別貢(별공) 특별히 나라에 바치던 물건.
別科(별과) 본과 외에 따로 둔 과.
別館(별관) 본관 외에 따로 지은 집.
別軍(별군) 본대 밖에 따로 독립하여 조직된 군대.
別宮(별궁) 임금・왕세자(王世子)의 가례(嘉禮) 때 빈(嬪)을 맞아들이던 궁 이름.
別堂(별당) 따로 지은 집.
別淚(별루) 이별의 눈물.
別離(별리) 헤어져 떠나감. 이별.

別名(별명) 본명 밖에 그 사람의 생김새나 버릇 등을 바탕으로 지어 부르는 다른 이름.
別味(별미) 1)특별한 맛. 2)특별히 만든 음식.
別別(별별) 별의별. 온갖.
別世(별세) 이 세상을 떠남. 죽음.
別試(별시) 나라에 경사가 있을 때 또는 병년(丙年)마다 시행하던 문과 · 무과의 과거.
別食(별식) 항상 먹던 것이 아닌 특별한 음식.
別室(별실) 1)따로 있는 방. 2)첩.
別酒(별주) 1)이별의 술. 2)특별한 방법으로 빚은 술.
別稱(별칭) 달리 부르는 이름.
別表(별표) 따로 붙인 도표 또는 표시.
別號(별호) 본 이름 이외에 따로 지어 부르는 이름. 호(號) 또는 별자(別字)라고도 함.
各別(각별) 특별함. 남다름.
奇別(기별) 소식을 전하여 알려줌.
辨別(변별) 다른 점을 구별함. 분별함.
離別(이별) 헤어짐.
유 分(나눌 분) 區(나눌 구)

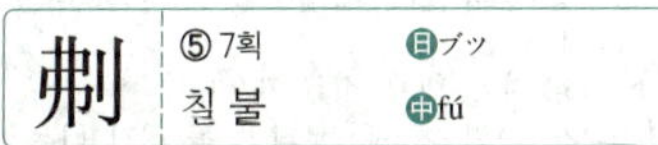

풀이 1. 치다. 제거하다. 2. 쪼개다. 가르다.

비 弗(아닐 불)

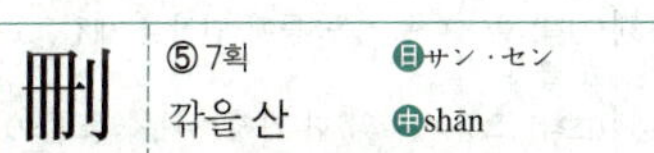

풀이 1. 깎다. ¶删省 2. 삭제하다. 버리다. ¶删削
删改(산개) 글의 잘못된 곳을 고쳐서 바로잡음.
删略(산략) 깎아서 줄임. 산생(删省).
删削(산삭) 필요 없는 글자나 어구를 삭제함.
删省(산생) 깎아서 줄임.
删潤(산윤) 1)문장이나 어구를 꾸밈. 2)윤택하게 함.
유 削(깎을 삭) 刓(깎을 완) 비 冊(책 책)

初
⑤ 7획
처음 초
日ショ · はじめ
中chū

` ㇇ 礻 礻 衤 衤 初

*회의. '衣(옷 의)'와 '刀(칼 도)'를 합친 글자. 재단을 하는 것은 의류를 만드는 시초가 되는 일이라는 의미에서 '처음'의 뜻으로 쓰임.

풀이 1. 처음. 시작. 2. 처음의. 처음으로. ¶始初 3. 이전(以前). 지난번. 4. 근본.
初期(초기) 처음 시기.
初年(초년) 중년 이전의 시대. 어린 시기.
初代(초대) 어떠한 계통의 첫머리.
初頭(초두) 일의 첫머리.
初面(초면) 처음으로 만남.
初犯(초범) 맨 처음으로 저지른 범죄. 또는 그 사람.
初步(초보) 1)걷기 시작한 첫걸음. 2)가장 쉬운 단계.
初伏(초복) 삼복 중의 하나. 하지가 지난 뒤의 셋째 경일(庚日).
初產(초산) 첫 아이를 낳음.
初喪(초상) 사람이 죽어서 장사 지낼 때까지의 동안.
初喪錄(초상록) 초상을 치르는 모든 일을 적어 두는 기록.
初生(초생) 처음 생겨남.
初生兒(초생아) 배꼽이 아직 떨어지지 않은 갓난 아이. 신생아(新生兒).
初聲(초성) 한 음절에서 처음으로 나는 소리.
初旬(초순) 초하룻날부터 열흘날까지의 동안.
初試(초시) 과거의 맨 처음 시험.
初心(초심) 1)맨 처음 먹은 마음. 2)순진한 마음. 3)일에 익숙하지 않은 사람. 초심자(初心者).
初入(초입) 1)처음 들어섬. 2)처음 들어가는 입구.
初場(초장) 1)일의 첫머리판. 2)장사를 시작한 처음. 3)첫날의 시험장.
初志一貫(초지일관) 처음 생각으로 하나를 끝까지 밀고 나감.
初創期(초창기) 일을 처음 시작할 때.
初行(초행) 처음으로 감. 또는 그 길.
初獻(초헌) 제사 또는 빈객을 접대할 때에 처음 잔을 올리는 일.
初婚(초혼) 첫 혼인.
始初(시초) 시작한 처음 무렵.
自初至終(자초지종) 처음부터 끝까지의 과정.
正初(정초) 정월 초순. 그 해의 처음.
泰初(태초) 천지가 열린 처음. 태초(太初).
유 始(처음 시)

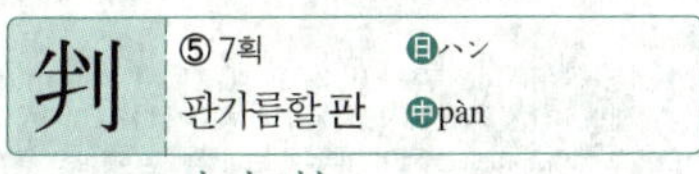

丶 丷 ㇀ 兰 半 判 判

*형성. 뜻을 나타내는 부수 '刀(칼 도)'와 음을 나타내는 '半(반 반)'을 합친 글자. 칼로 물건을 잘라 나누는 것을 나타냄.

풀이 1. 판가름하다. 판단하다. ¶裁判 2. 판결하다.

판결. 3. 가르다. 나누다. 구분하다. ¶判別 4. 한쪽. 반쪽. 5. 겸직하다. 높은 관리가 낮은 관직을 겸함.
判決(판결) 법률을 적용하여 소송 사건을 판단하여 결정함.
判斷(판단) 시비 · 선악 · 길흉 등을 판가름하여 정함.
判讀(판독) 뜻을 판단하면서 읽음.
判例(판례) 판결한 선례(先例).
判明(판명) 명확히 밝혀짐.
判別(판별) 나눔. 가려냄. 구별함.
判事(판사) 법원에서 범죄나 소송 사건의 재판을 맡아보는 법관.
判書(판서) 조선 때 육조의 최고 관직.
判然(판연) 1)아주 환하게 판명된 모양. 2)확실함. 명확함.
判異(판이) 아주 분명하게 다름.
判定(판정) 옳고 그름을 바르게 가름. 판가름.
公判(공판) 법원이 공개된 법정에서 피고인의 죄를 판결하는 일. 재판.
批判(비판) 비평하여 판정함.
司法裁判(사법재판) 민사 및 형사 재판의 총칭.
私審判(사심판) 사사로이 받는 심판.
審判(심판) 소송 사건을 심리하여 판단 또는 판결함.
誤判(오판) 잘못된 판단.
裁判(재판) 소송 사건의 해결을 위해 법원 또는 법관이 행하는 법률 행위로서의 판결.
評判(평판) 1)세간의 비평. 2)비평하여 시비를 판정함.
유 剬(판가름할 단) 비 刊(책펴낼 간)

刨	⑤ 7획	日ホウ
	깎을 포	中bào, páo

풀이 1. 깎다. 떼어 내다. 2. 파다. 새기다.
유 削(깎을 삭) 刓(깎을 완)

刻	⑥ 8획	日コク · きざむ
	새길 각	中kè

丶 亠 亠 方 亥 亥 亥 刻

* 형성. 뜻을 나타내는 부수 '刂(칼 도)'에 음을 나타내는 '亥(돼지 해)'를 합친 글자. 해시(亥時)에서 하루가 다 가고 자시(子時)로 넘어가 새로운 날이 시작되니, 이를 분명히 하기 위해 새겨서(刂) 날짜를 구분하는 것에서 '구분하다'라는 뜻으로 쓰임. 그 밖에 '시각'을 나타낼 때도 쓰임.

풀이 1. 새기다. 조각하다. ¶刻骨 2. 깎다. 깎아내다. 3. 각박하다. 모질다. 심하다. ¶刻急 4. 시간. 시각. ¶時刻 5. 시일을 정하다.
刻苦(각고) 마음에 새기고 고생을 이겨 냄.
刻骨難忘(각골난망) 뼈에 새겨 잊혀지지 않는다는 뜻으로, 남의 은혜를 잊지 않고 간직함을 이르는 말.
刻急(각급) 심함. 엄중함.
刻肌(각기) 1)피부에 새김. 2)스스로 매우 경계함.
刻銘(각명) 쇠와 돌에 명(銘)을 새김.
刻薄(각박) 모질고 박정함.
刻剝(각박) 사람을 학대함.
刻本(각본) 새긴 판목(版木)으로 인쇄한 책.
刻削(각삭) 새겨 깎음.
刻石(각석) 1)글자 · 무늬 등을 돌에 새김. 2)석상(石像)을 조각함.
刻印(각인) 도장을 새김.
刻舟求劍(각주구검) 배에 새겨 놓고 검을 찾는다는 뜻으로, 세상 물정에 어두움을 이르는 말.

◐刻舟求劍(각주구검)의 유래
한 초나라 사람이 배를 타고 양자강을 건너다가 실수로 검을 강물에 빠뜨렸다. 그러자 그 사람은 그 검을 떨어뜨린 뱃전에 칼로 표시를 해놓고, 배가 건너편 나루터에 닿자 표시를 한 뱃전 밑으로 뛰어들어 검을 찾으려고 했으나 찾을 수 없었다고 한다.

刻下(각하) 지금. 현재. 각금(刻今).
木刻(목각) 그림 · 글씨 · 무늬 등을 새긴 나무. 또는 나무에 새김.
時刻(시각) 시간의 어느 한 시점.
深刻(심각) 마음에 깊이 새김.
篆刻(전각) 돌 · 나무 · 옥 등에 인장을 새김. 또는 그 글자.
彫刻(조각) 조형 미술의 한 가지. 나무 · 돌 등에 새기거나 빚는 일.
비 核(씨 핵) 該(그 해)

剖	⑥ 8획	日カツ · ぬく
	벗길 갈	中qià

풀이 벗기다.

刳	⑥ 8획	日コ · くる · えぐる
	가를 고	中kū

풀이 1. 가르다. 쪼개다. 2. 파다. 속을 파내다.
刳木(고목) 나무를 파냄.
刳剝(고박) 짐승의 가죽을 벗기고 살을 바름.
刳腹(고복) 배를 가름. 할복(割腹).
刳舟剡楫(고주염즙) 나무를 파서 만든 배와, 나무로 만든 노(櫓).

2획

刳剔(고척) 잘라 냄. 도려냄.
刳割(고할) 짐승의 고기를 가름.

刮	⑥ 8획 깎을 괄	日カツ · こする 中guā

풀이 1. 깎다. 도려내다. 삭제하다. ¶刮削 2. 비비다. ¶刮目 3. 닦다.

刮垢摩光(괄구마광) 때를 닦고 벗겨 빛을 낸다는 뜻으로, 부족한 점을 없애 버리고 장점을 발휘하여 인재를 만듦을 이르는 말.
刮摩(괄마) 1)갈고 닦아서 광을 냄. 괄마(刮磨). 2)열심히 학문을 함.
刮目相對(괄목상대) 눈을 비비고 상대를 본다는 뜻으로, 학식이나 재주가 갑자기 향상됨을 놀라워하다는 뜻으로 쓰는 말.

◐刮目相對(괄목상대)의 유래
삼국 시대 오나라의 장수 여몽(呂蒙)이 한 말에서 유래되었다. 무예를 닦아 장수가 된 여몽은 손권으로부터 책을 읽어 학식을 쌓으라는 말을 듣고, 전쟁터에서까지 책을 손에서 떼지 않을 정도로 열심히 하였다. 그런 그의 풍부한 학식에 사람들이 놀라워하자 "무릇 선비라면 헤어졌다가 사흘이 지나서 만났을 땐, 눈을 비비고 상대를 봐야 하오."라고 말하였다고 한다.

刮削(괄삭) 깎아냄.
刮眼(괄안) 눈을 크게 뜸. 괄목(刮目).
刮肉(괄육) 1)살을 깎음. 2)손해를 무릅쓰고 다른 사람에게 줌.
刮腸洗胃(괄장세위) 칼로 창자를 도려내고 위를 씻어 낸다는 뜻으로, 마음을 고쳐먹고 새 사람이 됨을 이르는 말.

유 削(깎을 삭) 刓(깎을 완)

券	⑥ 8획 문서 권	日ケン 中quàn, xuàn

丶 丷 ⺍ 䒑 兰 类 券 券

풀이 1. 문서. 계약서. 증서. ¶券約 2. 어음 쪽. 어음을 쪼갠 한쪽. ¶券契 3. 약속하다.

券契(권계) 어음. 증서.
券書(권서) 약속한 증서.
券約(권약) 문서에 의한 약속. 계약(契約).
發券(발권) 채권 · 승차권 등을 발행함.
福券(복권) 공공 기관 등에서 어떤 사업 자금을 조성하기 위해 널리 파는, 당첨금이 따르는 표.
旅券(여권) 외국에 여행하는 것을 승인하는 증서.
證券(증권) 1)증거가 되는 문권. 2)재산상의 권리 · 의무를 기재한 문서.

유 狀(문서 장) 비 卷(쇠뇌 권)

刲	⑥ 8획 찌를 규	日ケ · ケイ 中kuī

풀이 1. 찌르다. 2. 베다.

刲刳(규고) 소나 양의 배를 찔러 가름.
刲刺(규자) 찌름.
刲宰(규재) 요리함.

유 刺(찌를 자) 비 圭(홀 규)

到	⑥ 8획 이를 도	日トウ · いたる 中dào

一 工 厶 즈 至 至 到 到

* 형성. 뜻을 나타내며 동시에 음을 나타내는 부수 '刀(칼 도)'와 '至(이를 지)'를 합친 글자. 다른 사람이 이른(至) 길과는 관계를 끊고(刀) 목적지에 도착하는 것을 의미하는 글자. 이에 '이르다'를 나타냄.

풀이 1. 이르다. 다다르다. 도달하다. ¶到達 2. 오다. 가다. ¶到處 3. 속이다. 4. 세밀하다. 주밀하다. ¶周到

到達(도달) 목적한 곳에 이름.
到來(도래) 와서 닿음. 닥쳐옴. 이름.
到配(도배) 죄인이 유배지에 도착함.
到付(도부) 공문 등이 도달함.
到底(도저) 1)다다르는 곳. 2)드디어. 필경(畢竟). 결국. 3)끝까지. 철저히. 4)아무리 하여도. 끝끝내.
到着(도착) 목적지에 다다름.
到處(도처) 가는 곳. 이른 곳.
讀書三到(독서삼도) 글의 참뜻을 알기 위해서는 마음〔心到〕과 눈〔眼到〕과 입〔口到〕을 오로지 글 읽기에 집중해야 함.

비 倒(넘어질 도)

刷	⑥ 8획 쓸 쇄	日サツ · する 中shuā, shuà

丿 尸 尸 尸 吊 吊 刷 刷

* 형성. 집(尸)에서 칼(刀)로 헝겊(巾)을 잘라 더러움을 닦는 것을 나타낸 글자. 이에 주로 '문지르다', '인쇄'의 뜻으로 쓰임.

풀이 1. 쓸다. 쓸어내다. 2. 솔질하다. 3. 인쇄하다. 4. 씻다. ¶刷恥 5. 정돈하다. 청소하다.

刷膩(쇄니) 손때가 묻음.
刷洗(쇄세) 씻어서 새롭게 함.
刷掃(쇄소) 소제함. 청소함.
刷新(쇄신) 묵은 것의 폐단을 줄이고 새롭게 함.
刷恥(쇄치) 치욕을 씻음. 설치(雪恥).

刷逋(쇄포) 개인이 사용한 공적인 돈을 보충함.
別刷(별쇄) 책이나 논문 등을 별도로 인쇄함.
印刷(인쇄) 글이나 그림 등을 판에 박아내는 일.
縮刷版(축쇄판) 본 크기보다 작게 인쇄한 출판물.

刵	⑥8획	日イ
	귀 벨 이	中èr

풀이 귀를 베다. 귀를 베는 형벌.
刵刑(이형) 귀를 베는 형벌.

刺	⑥8획	
	❶찌를 자	日シ・さす
	❷정탐할 척	中cī, cì

*형성. 뜻을 나타내는 부수 '刀(칼 도)'와 음을 나타내는 '朿(가시 자)'를 합친 글자. 가시(朿)같이 생긴 칼(刀)로 찌르는 것을 함. 이에 '찌르다' 또는 '가시'의 뜻을 나타냄.

풀이 ❶ 1. 찌르다. ¶刺客 2. 가시. 바늘. 3. 책망하다. 나무라다. ¶刺怨 4. 명함. ¶刺字 5. 헐뜯다. 6. 깍아 버리다. ¶刺痛 ❷ 7. 정탐하다. 살피다. ¶刺探 8. 찌르다. 상처 입히다. 9. 말이 많은 모양.
刺客(자객) 사람을 몰래 찔러 죽이거나 다치게 하는 사람. 암살자(暗殺者).
刺擊(자격) 찔러 공격함.
刺戟(자극) 1)외부에서 작용을 주어 감각이나 마음에 반응을 일으킴. 2)흥분시킴.
刺傷(자상) 칼 같은 물건에 찔린 상처.
刺殺(자살/척살) 칼 등으로 찔러 죽임.
刺繡(자수) 수를 놓음. 또는 수를 놓은 것.
刺怨(자원) 원망하며 비방함.
刺斫(자작) 찌르고 벰.
刺靑(자청) 바늘과 같이 뾰족한 것으로 찔러 먹물 등을 넣은 무늬. 또는 그렇게 만든 몸. 문신.
刺痛(자통) 찔린 듯이 따끔하게 아픔.
刺口(척구) 잔소리함. 또는 수다쟁이.
刺船(척선) 배를 저음. 척주(刺舟).
刺刺(척척) 잔소리가 많은 모양.
刺探(척탐) 적의 형세를 살핌. 정탐함.
諷刺(풍자) 사회나 인간의 비리 등을 빗대어 재치 있게 깨우쳐 비판함.

유 刲(찌를 규) 衝(찌를 충) 비 剌(어그러질 랄)

制	⑥8획	日セイ
	마를 제	中zhì

*회의. 나뭇가지(未)를 칼(刀)로 잘라 생활에 필요한 도구를 만든다는 것을 나타낸 글자. 이에 '만들다'는 뜻으로 쓰임. 또한 '강제로 하다', '억제하다'는 뜻으로도 쓰임.

풀이 1. 마르다. 마름질하다. 2. 만들다. 짓다. 3. 억제하다. 누르다. ¶制慾 4. 금하다. 5. 바로잡다. 다스리다. 6. 법도. 규정. 7. 천자(天子)의 말. 칙서. ¶制詔
制可(제가) 임금의 허락. 윤허(允許).
制誥(제고) 임금이 내리던 사령(辭令).
制度(제도) 1)국가의 법률과 명령으로 만든 법칙. 2)사회 생활을 하는데 필요한 법칙.
制毒(제독) 독을 다스림.
制令(제령) 제도와 법령. 법도(法度).
制服(제복) 어떤 단체나 기관에서 일정하게 제정한 옷차림.
制勝(제승) 승리함.
制壓(제압) 세력이나 기세를 위력이나 위엄으로 눌러 통제함.
制約(제약) 1)어떤 사물의 성립에 반드시 있어야 할 조건이나 규정. 2)어떤 현상에 조건을 붙여 제한함.
制御(제어) 절제하여 억제함.
制慾(제욕) 욕심을 억누름.
制裁(제재) 잘못한 것에 대하여 나무라거나 처벌함.
制節(제절) 잘 마름질하여 쓰기에 알맞게 함.
制定(제정) 제도를 만들어 정함.
制止(제지) 못하게 함. 금함.
制勅(제칙) 임금의 명령. 제조(制詔).
制覇(제패) 패권을 잡아서 마음대로 휘두르고 누름.
制限(제한) 1)일정한 한도. 2)어느 한도를 넘지 못하게 함.
制憲(제헌) 헌법의 제정.
强制(강제) 위력을 써서 개인의 의사를 누르고 무리하게 행함.
牽制(견제) 1)지나친 세력으로 자유로운 행동을 하지 못하게 억누름. 2)전쟁에서 자기편에 유리하게 적을 이끌어 적의 활동을 방해함.
規制(규제) 규정에 따른 통제.
稅制(세제) 세무에 관한 제도.
統制(통제) 일정한 방침에 따라 여러 부분으로 나누어진 것을 제한하거나 지도함.

유 抑(누를 억)

刹	⑥8획	日サツ・セン
	절 찰	中chà, shā

풀이 1. 절. 사찰. ¶寺刹 2. 찰나. 짧은 시간. ¶刹那 3. 기둥. 탑(塔). 4. 깃대.

刹竿(찰간) 큰 절 앞에 세우는 나무나 쇠로 만든 깃대 비슷한 물건. 당간(幢竿).

刹鬼(찰귀) 귀신. 악마(惡魔).

刹那(찰나) 아주 짧은 시간. 순간.

刹利(찰리) 인도(印度)의 사성(四姓) 가운데 바라문(婆羅門)의 다음가는, 왕이나 무사의 족칭(族稱).

刹土(찰토) 불교에서 국토를 이르는 말.

古刹(고찰) 오래된 절.

寺刹(사찰) 절. 사원.

유 寺(절 사) 비 殺(죽일 살)

刜	⑥ 8획 創(p130)의 古字

剁	⑥ 8획 자를 타	日 タ 中 duò

풀이 1. 자르다. ¶剁下 2. 꺾다. 무너뜨리다.

剁肉(타육) 고기를 저밈.

剁下(타하) 잘라냄.

剄	⑦ 9획 목벨 경	日 ケイ 中 jǐng

풀이 목을 베다.

剄殺(경살) 목을 베어 죽임.

유 刎(목벨 문) 비 勁(굳셀 경)

剋	⑦ 9획 이길 극	日 コク 中 kè

풀이 1. 이기다. 승리하다. ¶剋己 2. 정하다. 약속하다. 굳은 약속. ¶剋期 3. 엄하다. 근엄하다. 4. 급하다.

剋己(극기) 자기를 눌러 이김.

剋期(극기) 기한을 정함.

剋勉(극면) 욕심을 이겨내고 근면함.

剋扞(극한) 막아냄. 이겨냄.

相剋(상극) 1)서로 화합하지 못하고 충돌함. 2)오행설(五行說)에서, 금(金)은 목(木)을, 목(木)은 토(土)를, 토(土)는 수(水)를, 수(水)는 화(火)를, 화(火)는 금(金)을 이김을 말함.

水火相剋(수화상극) 물과 불은 서로 용납하지 않는다는 뜻으로, 서로 원수같이 대함.

下剋上(하극상) 계급이나 신분이 낮은 사람이 윗사람을 꺾고 오름.

유 勝(이길 승)

剌	⑦ 9획 어그러질 랄(날)	日 ラツ・もとる 中 lá, là

＊회의. '刀(칼 도)'와 다발을 나타내는 '束(묶을 속)'을 합친 글자. 이에 다발을 잘라낸다는 의미에서, '어그러지다', '떨어져 나가다'의 뜻으로 쓰임.

풀이 1. 어그러지다. 어긋나다. 2. 물고기가 뛰는 소리. ¶潑剌 3. 바람이 부는 소리.

剌剌(날랄) 1)바람이 부는 소리. 2)어그러진 모양.

潑剌(발랄) 1)활발하게 약동하는 모양. 2)물고기가 뛰는 모양. 3)활을 당긴 모양.

비 刺(찌를 자)

削	⑦ 9획 ❶ 깎을 삭 ❷ 칼집 초	日 サク・けずる 中 xiāo, xuē

丨 ⺌ ⺌ 𠂆 𠂇 肖 肖 肖 削

＊형성. 뜻을 나타내는 부수 '刂(칼 도)'와 음을 나타내는 '肖(닮을 초)'를 합친 글자. 칼(刀)을 넣을 수 있는 칼집 속 칼의 외형과 닮은(肖) 꼴이므로 '칼집'의 뜻으로 쓰임. 또한 이것이 겉과 속이 모두 같도록 만든다는 뜻에서 '깎다'라는 뜻으로도 쓰임.

풀이 ❶ 1. 깎다. 깎아 내다. ¶削去 2. 삭제하다. 3. 분할하다. 4. 삭감되다. 깎이다. 5. 약탈하다. 빼앗다. 침범하다. 6. 작다. 약소하다. 7. 모질다. ❷ 8. 칼집.

削減(삭감) 깎아서 줄이거나 덞. 감삭(減削). 극감(剋減).

削去(삭거) 깎아 버림. 삭제해 버림.

削科(삭과) 과거를 볼 때 규칙을 위반한 사람의 급제를 취소해 버림.

削刀(삭도) 스님들이 머리털을 깎는데 쓰는 칼.

削磨(삭마) 1)깎고 갊. 2)바람과 온도의 변화나 물의 작용으로 인하여 암석이 부서지고 침식됨.

削毛(삭모) 털을 깎음.

削髮(삭발) 1)머리털을 깎음. 2)중이 됨.

削伐(삭벌) 1)나무를 밑까지 자름. 2)어떤 범위 안의 나무를 남김 없이 모조리 벰.

削壁(삭벽) 비바람에 깎여 우뚝 솟은 암벽.

削跡(삭적) 발자취를 없앰.

削地(삭지) 1)땅을 줄임. 2)삭감을 당한 땅.

削奪(삭탈) 빼앗아 버림.

切削(절삭) 잘라 끊거나 깎음.

添削(첨삭) 더하고 뺌. 첨가와 삭제.

유 刓(깎을 완) 반 添(더할 첨)

前	⑦ 9획	日 ゼン・まえ
	앞 전	中 qián, jiǎn

丶 丷 䒑 䒒 䒓 䒔 前 前 前

풀이 1. 앞. ¶前列 2. 앞서다. 3. 먼저. 우선. 4. 나아가다. ¶前進 5. 인도하다. ¶前導者

前車可鑑(전거가감) 앞 수레는 뒤 수레의 거울이 될 수 있다는 뜻으로, 전인의 실패를 보고 후인은 이를 경계로 삼아야 함을 이르는 말.

前車可鑑(전거가감)의 유래

한나라 문제(文帝) 때 안으로는 제후들의 반란이 끊이지 않았고, 밖으로는 흉노의 침입이 잦았다. 이 일로 항상 고심하던 문제는 가의(賈誼)에게 좋은 방책이 없는지 물었고, 가의는 다음과 같은 상소를 올렸다. "속담에 '누가 관리가 되어야 마땅할지는 모르지만, 그가 일을 처리하는 것을 보면 알 수 있고, 또한 앞의 수레가 뒤집힌 것은 뒤 수레의 거울이 된다' 라고 하였습니다. 하·은·주가 오래 지속될 수 있었던 것은 망국의 전례를 따르지 않았기 때문입니다."

前倨後恭(전거후공) 이전에는 거만하다가 나중에는 공손하다는 뜻으로, 상대편의 입지에 따라 대하는 태도가 상반되는 것을 이르는 말.

前倨後恭(전거후공)의 유래

춘추 전국 시대의 소진은 북쪽으로 조나라 왕에게 일의 경과를 보고하러 가는 길에 낙양을 지나게 되었는데, 당시 주나라 현왕(顯王)이 소진이 지나가는 길을 쓸도록 하고 교외까지 사람을 보내 맞아 위로하도록 하였다. 예전에 소진을 무시하던 형제와 형수가 곁눈으로 볼 뿐 감히 쳐다보지를 못하니 소진이 웃으면서 형수에게 "어찌하여 이전에는 오만하더니 지금은 공손합니까?" 라고 말하였다. 《사기(史記)》

前科(전과) 이전에 범한 죄과.

前導者(전도자) 앞서 인도하는 사람. 선도자(先導者).

前列(전렬) 앞줄.

前例(전례) 이미 있었던 사례.

前路(전로) 앞길.

前勞(전로) 이전에 세운 공.

前輪(전륜) 자동차나 자전거 등의 앞바퀴.

前面(전면) 앞쪽.

前文(전문) 1)앞에 쓴 글. 2)법령의 조항 앞에 붙어 그 법령의 목적이나 기본 원칙을 선언하는 글.

前門拒虎後門進狼(전문거호후문진랑) 앞문의 호랑이를 막으니 뒷문의 이리가 들어온다 뜻으로, 하나의 재난을 피하자 또 다른 재난이 이어 나타나는 것을 비유하는 말.

前門拒虎後門進狼(전문거호후문진랑)의 유래

후한(後漢)의 장제(章帝)가 죽자 열 살의 어린 나이로 제위에 오른 화제(和帝)는 명목상의 임금에 불과했다. 실제 정권은 장제의 황후였던 두태후(竇太后)와 그녀의 오빠 두헌(竇玄)이 잡게 되었다. 두헌은 자신이 직접 제위에 오르기 위해 음모를 꾸미기 시작하나 화제에 의해 발각되어 자살을 한다. 두씨 일족의 횡포가 없어지자 환관 정중이 권력을 쥐고 정사에 관여하기 시작한 것이다. 이로 인해 후한은 결국 자멸하게 된다. 명나라 때 조설항(趙雪航)은 다음과 같이 비유하고 있다. "두씨가 제거되자 환관의 세력이 일어나게 되었다. '앞문의 호랑이를 막으니 뒷문의 이리가 들어온다' 는 속담은 바로 이것을 두고 한 말인 것 같다" 《조설항평사(趙雪航評史)》

前方(전방) 중심의 앞부분.

前輩(전배) 1)학문·연령 등이 자기보다 앞선 사람. 2)학교나 직장을 먼저 거친 사람. 선배(先輩).

前番(전번) 지난번.

前生(전생) 현세에 태어나기 전의 세상.

前述(전술) 이미 앞에서 진술 또는 논술함. 또는 그 진술 및 논술.

前夜(전야) 1)전날 밤. 어젯밤. 2)바로 그 앞의 시기나 단계.

前衛(전위) 1)앞장 서 나가는 호위. 2)예술 운동 등에서 가장 선구적인 집단.

前任(전임) 전에 맡았던 일.

前績(전적) 이전에 이룬 치적(治績).

前提(전제) 1)어떠한 사물을 논의할 때 맨 먼저 내세우는 기본이 되는 것. 2)추리를 할 때의 결론의 기초가 되는 명제.

前兆(전조) 미리 나타나 보이는 조짐.

前奏(전주) 악곡(樂曲)의 주요부 앞의 도입 부분.

前進(전진) 앞으로 나아감.

前轍(전철) 앞서 지나간 수레바퀴의 자국이라는 뜻으로, 앞사람의 실패의 경험을 비유하는 말.

前後(전후) 1)앞뒤. 2)처음과 마지막. 3)먼저와 나중.

如前(여전) 전과 같음.

午前(오전) 자정부터 낮 열두 시까지 사이.

直前(직전) 1)바로 앞. 2)일이 생기기 바로 전.

유 先(먼저 선) 반 後(뒤 후)

剉	⑦ 9획	日 ザ
	꺾을 좌	中 cuò

풀이 1. 꺾다. ¶剉折 2. 부수다. 자르다. 3. 깎다. 모서리를 없애다.

剉折(좌절) 뜻이나 기운 등이 꺾임. 좌절(挫折).

유 折(꺾을 절) 비 坐(앉을 좌)

則	⑦ 9획 ❶ 법 칙 日ソク·すなわち·のり ❷ 곧 즉 中zé

丨 冂 冃 月 目 貝 貝 則 則

* 회의. 재물(貝)을 나누는(刀) 데에는 반드시 일정한 원칙이 필요하다는 의미를 지닌 글자. 이에 '법칙', '원칙'의 뜻으로 쓰임.

풀이 1 1. 법. 준칙. ¶法則 2. 이치. 도리. 3. 본받다. 본보기로 삼다. ¶則效 2 4. 곧. 다시 말해 . ¶滿則溢

則道(칙도) 법칙. 법도.

則效(칙효) 본받음. 본보기로 삼음.

滿則溢(만즉일) 차면 넘친다는 뜻으로, 모든 것이 오래 가면 쇠함을 이르는 말.

物久則神(물구즉신) 물건이 오래 묵으면 조화를 부림.

規則(규칙) 여러 사람이 다 같이 지키기로 정한 법칙.

反則(반칙) 법칙 · 규칙 등을 어김.

法則(법칙) 1)법식과 규칙. 2)모든 현실들의 원인과 결과 사이에 내재하는 보편적 · 필연적 관계.

變則(변칙) 어떤 원칙이나 법칙에서 벗어나 달라진 법칙.

附則(부칙) 법령의 주된 조항을 보충하기 위해 뒤에 덧붙인 조항.

原則(원칙) 1)근본이 되는 법칙. 2)일반의 경우에 적용되는 법칙.

유 典(법 전) 비 側(곁 측)

剃	⑦ 9획 日テイ·そる 머리 깎을 체 中tì

풀이 머리를 깎다. ¶剃度

剃刀(체도) 면도칼.

剃度(체도) 머리를 깎고 절로 들어감.

비 弟(아우 제)

剛	⑧ 10획 日ゴウ·つよい 굳셀 강 中gāng

丨 冂 冂 冂 冈 冈 岡 岡 岡 剛

* 형성. 뜻을 나타내는 부수 '刂(칼 도)'와 음을 나타내는 '岡(언덕 강)'을 합친 글자. 이에 쉽게 굽거나 부러지지 않는 단단한 칼이라는 의미에서, '강하다'의 뜻으로 쓰임.

풀이 1. 굳세다. 억세다. 강하다. ¶剛介 2. 굳다. 변하지 않다. ¶剛性 3. 바야흐로. 지금.

剛介(강개) 굳세게 절개를 지킴.

剛蹇(강건) 성품이 꿋꿋하여 굽히지 않음.

剛健(강건) 1)마음이 곧고 뜻이 굳세며 건전함. 2)필력(筆力)이나 문세(文勢)가 강하고 씩씩함.

剛決(강결) 의지가 확고하고 결단력이 있음.

剛梗(강경) 성품이 꿋꿋하고 단단함.

剛克(강극) 굳은 의지로 욕심을 이김.

剛氣(강기) 힘차고 굳센 기상.

剛斷(강단) 일을 딱 잘라서 결단하는 힘.

剛烈(강렬) 강하고 세참.

剛猛(강맹) 굳세고 사나움.

剛木水生(강목수생) 마른 나무에서 물이 나오게 함이란 뜻으로, 무리하게 무엇인가를 요구함을 말함.

剛武(강무) 강하고 씩씩함.

剛性(강성) 1)단단한 성질. 2)압력을 가하여도 모양이 바뀌지 않는 성질.

剛柔(강유) 굳셈과 부드러움.

剛腸(강장) 굳센 마음.

剛直(강직) 굳세고 곧음.

剛愎(강퍅) 성미가 깔깔하고 고집이 세며 까다로움.

剛暴(강포) 사납고 포악함.

剛悍(강한) 성질이 딱딱하고 사나움.

堅剛(견강) 성질이 야무지고 단단함.

金剛山(금강산) 강원도 고성군에 있는 이름난 산. 봄에는 금강산(金剛山), 여름에는 봉래산(蓬萊山), 가을에는 풍악산(楓嶽山), 겨울에는 개골산(皆骨山)이라 함.

外柔內剛(외유내강) 겉으로는 부드럽고 약하게 보이지만, 속으로는 강직하고 굳셈.

유 強(굳셀 강) 勁(굳셀 경) 반 弱(약할 약) 輕(가벼울 경)

剠	⑧ 10획 ❶ 黥(p1649)과 同字 ❷ 掠(p519)의 通字

剿	⑧ 10획 日カ 쪼갤 과 中guǒ

풀이 쪼개다. 가르다.

剾	⑧ 10획 劚(p132)과 同字

2획

剞	⑧ 10획 새김칼 기	日キ 中jī

풀이 새김칼. 조각칼.

剞劂(기궐) 조각칼. 새김칼.

유 劂(새김칼 궐)

剝	⑧ 10획 벗길 박	日ハク·はぐ 中bāo, bō

풀이 1. 벗기다. 벗겨지다. ¶剝面皮 2. 깎다. ¶剝削 3. 다치다. 상하다. 4. 두드리다. ¶剝啄 5. 떨어뜨리다. 6. 찢다. 7. 박괘. 64괘 중의 하나로, 소인은 장(壯)하고 군자는 앓는 상(象) ¶剝復

剝缺(박결) 벗겨지고 이지러짐.

剝面皮(박면피) 1)낯가죽을 벗김. 2)염치가 없는 자를 욕보임.

剝民(박민) 과중한 조세와 부역 등으로 백성들을 괴롭힘.

剝膚(박부) 1)가죽을 벗김. 2)재앙이 가까이 닥침을 이르는 말.

剝削(박삭) 벗기고 깎음.

剝喪(박상) 벗겨져 없어짐.

剝製(박제) 동물의 가죽을 벗겨 내고 살을 발라 그 속을 솜 등으로 메워서 꿰매고, 방부제를 발라서 살아 있는 것 같은 모양으로 만드는 일. 또는 그 물건. 표본(標本)으로 씀.

剝職(박직) 관직을 빼앗음.

剝啄(박탁) 1)발소리나 문을 두드리는 소리. 2)바둑을 두는 소리.

剝奪(박탈) 재물·권리 등을 강제로 빼앗음.

剝剽(박표) 협박하여 빼앗음.

剝皮(박피) 껍질 또는 거죽을 벗김.

剖	⑧ 10획 쪼갤 부	日ボウ·わける 中pōu

풀이 1. 쪼개다. 가르다. ¶剖棺斬屍 2. 다스리다.

剖決(부결) 좋고 나쁨을 가림. 판단함.

剖棺斬屍(부관참시) 죽은 사람의 큰 죄가 드러났을 때 그 관을 쪼개 다시 목을 베는 극형을 시행하던 일.

剖腹藏珠(부복장주) 재물을 소중히 여겨 자신을 망침을 비유하는 말.

剖符(부부) 부표(符票)를 나눔. 부표를 둘로 나누어 증표로 삼던 일.

剖析(부석) 쪼개어 가름.

剖心(부심) 자신의 속마음을 드러냄.

剖截(부절) 쪼개어 나눔.

剖破(부파) 쪼개져 부수어짐.

剖判(부판) 둘로 갈라서 나눔.

剖割(부할) 나눔. 가름.

解剖(해부) 생물체나 시체 등의 내부의 구조나 상태를 치료·연구하기 위해 칼 등으로 자르는 일.

유 分(나눌 분) 비 部(거느릴 부)

剕	⑧ 10획 발 벨 비	日ヒ 中fèi

풀이 발을 베다. ¶剕辟

剕辟(비벽) 고대 형벌의 한 가지로, 종지뼈를 베는 형벌.

剻	⑧ 10획 깎을 비	日ヘイ·ハイ 中bèi, pī

풀이 깎다.

유 削(깎을 삭) 刓(깎을 완)

剚	⑧ 10획 찌를 사	日シ 中zì

풀이 찌르다.

유 刺(찌를 자) 刲(찌를 규) 衝(찌를 충)

剡	⑧ 10획 ❶ 땅 이름 섬 ❷ 날카로울 염	日エン·セン 中shàn, yǎn

풀이 1 1. 땅 이름. 진한(秦漢) 때 회계군(會稽郡)에 속한 한 현(縣). 2 2. 날카롭다. 예리하다. 3. 번쩍이는 모양. ¶剡剡 4. 베다. 깎다.

剡牘(섬독) 공문서를 뜻하는 말. 공독(公牘).

剡削(염삭) 깎음.

剡手(염수) 민첩한 손놀림. 일의 처리가 빠름.

剡然(염연) 침범하여 들어가는 모양.

剡剡(염염) 빛나는 모양. 광채가 일어나는 모양.

剜	⑧ 10획 깎을 완	日ワン 中wān

풀이 깎다. 도려내다.

2획

剜肉醫瘡(완육의창) 자기의 살을 깎아 다친 데를 치료한다는 뜻으로, 결과를 생각하지 않고 눈앞의 문제를 해결하는 데만 급급함을 이르는 말.

⑧ 10획 日ザン
깎을 잔·전 中chǎn, chàn

풀이 1. 깎다. 베다. ¶剗削 2. 제거하다.

剗削(전삭) 깎아 냄.

剗除(전제) 깎아 없앰. 베어 버림.

剤
⑧ 10획
劑(p134)의 俗字

剒
⑧ 10획 日サク
벨 착 中cuò

풀이 1. 베다. 2. 갈고 닦다.

剙
⑧ 10획
刱(p125)의 俗字

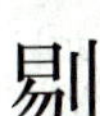
⑧ 10획
❶바를 척 日テキ·たちれる
❷깎을 체 中tī

풀이 ❶ 1. 바르다. 살을 가르고 뼈를 발라 냄. ¶剔抉 2. 베다. 제거하다. ❷ 3. 깎다. ¶剔翦

剔去(척거) 없애 버림. 제거함.

剔抉(척결) 깎아 파냄. 후벼냄.

剔燈(척등) 등불의 심지를 곧게 세움.

剔翦(척전) 자름. 끊음.

剔除(척제) 제거함.

剔出(척출) 도려 내거나 후벼 냄.

剔齒籤(척치첨) 이쑤시개.

비 易(쉬울 이)

剟
⑧ 10획 日テツ
깎을 철 中duō

풀이 1. 깎다. 삭제하다. ¶剟定 2. 찌르다. ¶剟刺

剟刺(철자) 찌름.

剟定(철정) 깎고 고쳐서 바르게 정함.

유 削(깎을 삭) 刓(깎을 완)

㓞
⑨ 11획 日ケ·シ
새길 결 中qiè

풀이 새기다. 조각하다.

剮
⑨ 11획 日カケ
바를 과 中guǎ

풀이 바르다. 살을 발라 내다.

剬
⑨ 11획 日タン
판가름할 단 中duān

풀이 1. 판가름하다. 2. 가지런하다. 단정하다. 3. 다스리다. 제어하다. 4. 끊다. 칼을 떨어뜨리듯이 베다.

副
⑨ 11획
❶버금 부 日フク·そう
❷쪼갤 복 中fù

풀이 ❶ 1. 버금. 다음. 둘째. ¶副主 2. 머리 꾸미개. 장신구. ¶副笄 3. 돕다. 보좌하다. ¶副介 4. 알맞다. 5. 곁들이다. 따라붙다. ¶副賞 ❷ 6. 쪼개다.

副介(부개) 도와줌. 또는 그 사람. 보좌역.

副啓(부계) 편지에서, 본문 뒤에 덧붙이는 글의 첫머리에 쓰는 말.

副官(부관) 군대에서 각 단장·대장에 직속되어 제반 사무·서무·비서 등의 일을 보는 장교.

副君(부군) 임금의 후계자. 태자(太子).

副本(부본) 원본과 동일하게 기재한 문서.

副詞(부사) 동사·형용사 앞이나 다른 부사 앞에 놓여 그 뜻을 수식하는 품사.

副産物(부산물) 1)주요 물품을 생산하는 데에 더불어 생기는 물건. 2)어떤 일을 행할 때 기본적인 일 외에 부수적으로 일어나는 사물.

副賞(부상) 상장과 상품 외에 따로 덧붙여 주는 상품.

副收入(부수입) 1)목적한 수입 외에 따로 생기는 수입. 2)부업 등으로 얻어지는 수입.

副食物(부식물) 주식(主食)에 딸려 먹게 되는 음식물.

副業(부업) 본업 외에 갖는 직업.

副應(부응) 좇아서 응함.

副作用(부작용) 약의 본래의 효과 외에 생기는

2획

작용.

副葬品(부장품) 장사 지낼 때에 함께 묻는 죽은 이의 소지품.

副題(부제) 서적이나 글의 제목 밑에 따로 덧붙이는 작은 제목.

유 次(버금 차) 仲(버금 중) 비 偪(다가올 핍)

⑨ 11획
❶목 벨 옥 日オク
❷죄 줄 악 中wū

풀이 ❶ 1. 목을 베다. ❷ 2. 죄 주다. 형벌을 가하다.

유 剄(목벨 경) 刎(목벨 문) 비 屋(집 옥)

剪

⑨ 11획
翦(p1080)의 俗字

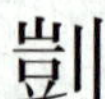

⑩ 12획 日カイ
알맞을 개 中kǎi

풀이 1. 알맞다. 적절하다. 맞다. ¶剴備 2. 큰 낫. 3. 베다.

剴備(개비) 알맞게 갖춤.

剴切(개절) 아주 적절함.

⑩ 12획 日トウ · かぎ
낫 답 中zhā

풀이 낫. 갈고리.

⑩ 12획 日ジョウ · あまる
남을 잉 中shèng

* 형성. 뜻을 나타내는 부수 '刀(칼 도)'와 음을 나타내는 '乘(오를 승)'을 합친 글자. 이에 사람이 나무 위에 올라가(乘) 칼로 나뭇가지를 자르고(刀) 남은 것을 의미하여, '남아 있는 것' 또는 '나머지'라는 뜻으로 쓰임.

풀이 1. 남다. 나머지. ¶剩餘 2. 그 위에. 더하여.

剩過(잉과) 넘쳐서 남음. 많아서 남음.

剩金(잉금) 남은 돈. 잉여금.

剩哀(잉애) 뒤에 남는 슬픔.

剩額(잉액) 남은 액수.

剩語(잉어) 쓸데없는 말. 군소리.

剩餘(잉여) 쓰고 난 나머지.

剩員(잉원) 남은 인원.

유 殘(남을 잔) 비 乘(탈 승)

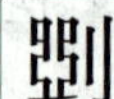

⑩ 12획
鏟(p569)과 同字

⑩ 12획 日ソウ · はじめる
비롯할 창 中chuàng, chuàng

풀이 1. 비롯하다. 시작하다. ¶創始 2. 만들다. 짓다. 3. 징계하다. 4. 상처를 입히다. 상처. ¶創毒

創刊(창간) 정기 간행물인 신문 · 잡지 등을 처음 간행함. 발간(發刊).

創鉅(창거) 큰 상처란 뜻으로, 부모님의 상을 당한 비통(悲痛)을 비유하는 말.

創見(창견) 1)처음으로 발견함. 신발견(新發見). 2)독창적인 의견.

創毒(창독) 상처를 입음.

創立(창립) 처음으로 세움. 설립함.

創傷(창상) 날이 있는 물건에 다친 상처.

創世(창세) 세상을 처음으로 만듦. 또는 세상의 시초.

創始(창시) 처음 시작함.

創氏改名(창씨개명) 일제 강점기에 우리의 성(姓)과 이름을 일본식으로 고치던 일.

創案(창안) 처음으로 생각해 냄. 또는 그 고안.

創業(창업) 1)사업을 처음 시작함. 2)나라의 기초를 세움.

創業垂統(창업수통) 나라를 세우고 그 통치를 자손에게 계승함.

創業易守成難(창업이수성난) 일을 일으키기는 쉽고 그것을 보존하기는 어려움.

◐創業易守成難(창업이수성난)의 유래

당나라 태종이 대신들에게 제왕의 일로 창업과 수성 중에서 어느 것이 더 어렵냐고 묻자, 방현령은 창업이, 위징은 수성이 더 어렵다고 대답했다. 이에 태종이 두 신하의 말을 듣고 "창업의 힘든 일은 이미 과거의 일이 되었다. 지금부터는 그대들과 더불어 수성의 어려운 일을 감당하며 될 것이다."고 매듭지었다. 여기서 '창업'이란 일을 시작하여 일으키는 뜻이고, '수성'이란 이룩한 사업을 잘 지켜 보존한다는 뜻이다. 《정관정요》

創乂(창예) 조심하고 경계함. 창애(創艾).

創意(창의) 새로운 생각. 새로운 고안.

創夷(창이) 무기에 베인 상처. 창이(創痍).

創作(창작) 자기의 생각으로 처음 만들어 냄.

創殘(창잔) 상처를 입고 살아 남은 사람.

創製(창제) 처음으로 만듦.

創造(창조) 1)처음으로 생각해 내어 만듦. 2)조

물주가 처음으로 우주를 만듦.

創初(창초) 1)사물이 생겨난 맨 처음. 2)태초(太初).

創出(창출) 처음으로 생겨남.

獨創(독창) 모방하지 않고 자기 혼자 힘으로 만들어 냄.

法古創新(법고창신) 옛것을 본받아 새 것을 창조함.

유 始(비로소 시) 비 倉(곳집 창)

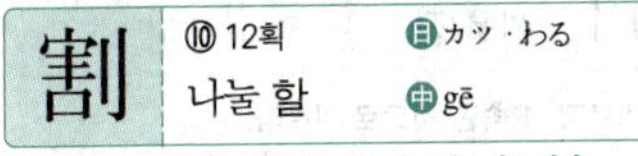

* 형성. 뜻을 나타내는 부수 '刂(칼 도)'와 음으로 나타내며 '일이 잘 되지 않도록 방해하다'를 의미하는 '害(해할 해)'를 합친 글자. 이에 칼로 방해하는 것, 곧 '상처를 내다'라는 뜻을 나타냄.

풀이 1. 나누다. 가르다. ¶割據 2. 구분하다. 3. 베다. 자르다. ¶割截 4. 빼앗다. ¶割去 5. 해치다. ¶割名 6. 재앙. 7. 할. 10분의 1. ¶割引

割去(할거) 나누어 버림. 빼앗아 버림.

割據(할거) 땅을 분할하여 차지하고 지배함.

割耕(할경) 남의 논밭을 빼앗아 경작함.

割鷄焉用牛刀(할계언용우도) 닭 잡는데 어찌 소 잡는 칼을 쓰겠는가라는 뜻으로, 작은 일을 처리하는데 큰 힘을 빌릴 필요가 없음을 비유하는 말.

○割鷄焉用牛刀(할계언용우도)의 유래

공자(孔子)의 제자 자유(子由)는 노나라의 작은 읍 무성을 다스리고 있었다. 그는 이곳에서 공자에게서 받은 예악(禮樂)에 의해 백성들을 교화하는 데 힘을 다했다. 하루는 공자가 자유를 찾아왔다. 그때 마을 곳곳에서 거문고 소리에 맞추어 노래하는 소리가 들렸다. 공자는 빙그레 웃으며 말했다. "닭을 잡는 데 어찌 소 잡는 칼을 쓰겠는가?" 공자의 이 말은 자유가 나라를 다스릴 만한 인재인데도 이런 작은 읍에서 성실하게 하는 것이 보기 좋다는 뜻으로 한 말이었으나, 요즘은 그 의미가 바뀌어 작은 일을 처리하는데 큰 힘을 빌릴 필요가 없다는 뜻으로 쓰인다. 《논어(論語)》 양화(陽貨)

割股(할고) 1)자신의 다리 살을 벰. 2)부모의 병을 치료하기 위해 자신의 허벅지 살을 베어 내어 먹인다는 뜻으로, 효행을 비유하는 말.

割當(할당) 분배함. 몫으로 나눔. 또는 그 분량.

割禮(할례) 남자가 태어난 지 8일 만에 생식기 끝의 껍질을 조금 끊어 내는 종교적 관습. 유태교도 · 회교도가 행하는 관례적인 의식.

割名(할명) 1)명예를 더럽힘. 2)명단에서 뺌.

割腹(할복) 배를 가름.

割符(할부) 나무나 종이에 글자를 적고 증인(證印)을 찍은 후에, 이를 둘로 갈라 각각 보관하였다가 훗날 증거로 삼게 한 물건. 부절(符節).

割賦(할부) 여러 번으로 나누어 냄.

割席(할석) 자리를 나눔. 함께 자리에 앉지 않음.

割愛(할애) 소중히 여기는 것을 선뜻 내어줌.

割讓(할양) 1)물건의 일부를 떼어서 줌. 2)국토의 일부를 타국에 떼어 줌.

割移(할이) 나누어 옮김.

割引(할인) 1)일정한 가격에서 얼마를 덜어 냄. 2)어음 할인. 3)나누어 줌.

割截(할절) 자름. 절단함.

割制(할제) 나누어 정함.

割增(할증) 일정한 액수에 얼마를 더함.

均割(균할) 균등하게 나눔.

役割(역할) 자기가 맡아서 해야 할 일. 어떤 일에 있어 갖는 자격이나 의무.

유 分(나눌 분)

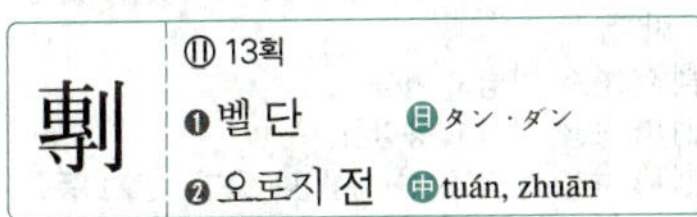

剸
⑪ 13획
❶벨 단
日 タン · ダン
❷오로지 전
中 tuán, zhuān

풀이 ❶ 1. 베다. ¶剸剡 2. 가르다. 3. 절단하다. ¶斷剸 ❷ 4. 오로지. 오직. 5. 마음대로. 멋대로. ¶剸行

剸剡(단염) 베어 예리하게 다듬음.

斷剸(단단) 칼로 끊음. 절단함.

剸決(전결) 자기 마음대로 일을 결정함. 전결(專決). 전단(專斷).

剸行(전행) 자기 마음대로 일을 처리함. 전행(專行).

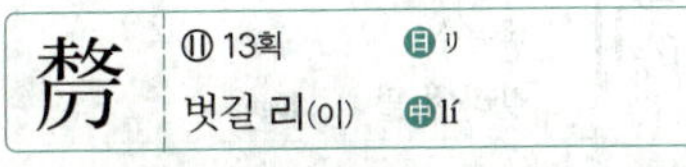

풀이 1. 벗기다. 2. 베다. 긋다. ¶剺面

剺櫟(이력) 분별과 절제가 있음.

剺面(이면) 칼로 얼굴을 벰.

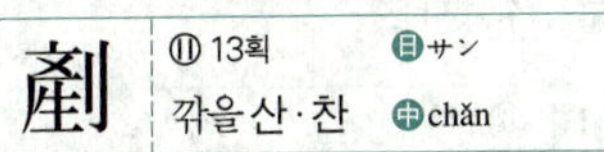

풀이 깎다. 깎아 평평하게 하다.

剷刈(산예) 풀 · 나무 등을 벰.

剷薙(산치) 베어 없앰.

2 획

비 產(낳을 산)

剽 ⑪ 13획 빠를 표 日ヒョウ 中piāo

풀이 1. 빠르다. 날래다. ¶剽輕 2. 사납다. 거칠다. ¶剽攻 3. 위협하다. 협박하다. ¶剽掠 4. 빼앗다. ¶剽竊 5. 끝. 말단.

剽劫(표겁) 위협함.
剽輕(표경) 1)빠름. 날램. 2)거칠고 경박함.
剽攻(표공) 사납게 공격함.
剽狡(표교) 사납고 교활함. 또는 그런 사람. 교활(狡猾).
剽急(표급) 빠름.
剽盜(표도) 위협하여 노략질함. 표략(剽掠).
剽掠(표략) 위협하여 약탈함. 표도(剽盜). 표탈(剽奪).
剽剝(표박) 1)공격함. 협박함. 2)빼앗음. 3)탈락함.
剽遬(표속) 가볍고 빠름.
剽勇(표용) 사납고 용감함.
剽竊(표절) 남의 시가(詩歌)나 문장(文章) 등을 훔쳐 자기것처럼 발표함.
剽疾(표질) 빠름.
剽疾輕悍(표질경한) 재빠르고 강함.
剽楚(표초) 고통을 줌. 해치고 아프게 함.
剽悍(표한) 사납고 날쌤.
剛剽(강표) 굳세고 날램.
攻剽(공표) 위협하여 물건을 약탈함.

비 剩(저밀 속)

劀 ⑫ 14획 궂은살 잘라낼 괄 日カツ・ケチ 中guā

풀이 1. 궂은살을 잘라 내다. 2. 고름을 짜고 망울을 뽑아 내다. 3. 깎다. ¶劀拭

劀殺(괄살) 고름을 짜고, 곪아 단단하게 된 망울을 없앰.
劀拭(괄식) 깎고 닦음.

劂 ⑫ 14획 새김칼 궐 日ケツ・カチ 中jué

풀이 새김칼. 조각칼.

剞劂(기궐) 조각하는 칼. 새김칼.

유 剞(새김칼 기) 비 厥(그 궐)

풀이 저미다. 잘게 썰다.

비 剽(빠를 표)

풀이 찌르다. 뾰족한 것으로 찌르다.

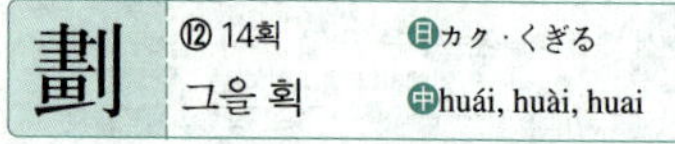

* 형성. 뜻을 나타내는 부수 '刀(칼 도)'와 음을 나타내며 '구분한다'는 의미를 지닌 '畫(그을 획)'을 합친 글자. 이에 '칼로 구분하다', '쪼개다'의 뜻으로 쓰임.

풀이 1. 긋다. 획을 긋다. 2. 나누다. 쪼개다. 3.구별하다.

劃然(획연) 칼로 나눈 것과 같이 분명한 모양.
劃一(획일) 모두 한결같이 함. 획일(畫一).
劃定(획정) 획을 그어 정함.
計劃(계획) 앞으로 할 일의 절차·규모·내용 등을 미리 정함.
區劃(구획) 경계를 갈라 정함.
企劃(기획) 일을 도모함. 꾀함.

비 畫(그림 화) 晝(낮 주)

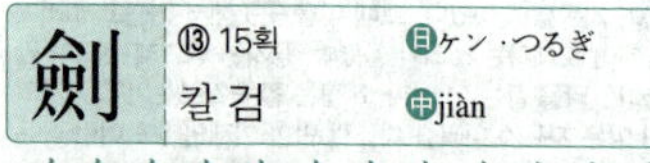

* 형성. 뜻을 나타내는 부수 '刀(칼 도)'와 음을 나타내는 '僉(여러 첨)'을 합친 글자. 여럿(僉)을 치는 칼(刀)이라는 의미를 지닌 글자. 이에 주로 병기로 쓰는 '큰 칼'의 뜻으로 쓰임.

풀이 1. 칼. 검. 양쪽 모두 칼날이 있는 긴 칼. ¶劍匣 2. 검법. 칼 쓰는 법. ¶劍一人敵 3. 찌르다. 베다.

劍閣(검각) 지명 이름. 대검(大劍)·소검(小劍) 두 산의 요해(要害).
劍匣(검갑) 칼을 보관하는 상자.
劍光如電(검광여전) 칼빛이 번개처럼 날카로움.
劍戟(검극) 1)칼과 창. 2)무기(武器).
劍器(검기) 향악(鄕樂)의 칼춤에 쓰는 칼.
劍難(검난) 칼[刀]로 인한 재난.

劍頭(검두) 칼끝. 검망(劍鋩).

劍頭一吷(검두일혈) 칼자루 끝에서 나는 미세한 소리라는 뜻으로, 들을 만한 가치가 없는 소리를 이르는 말.

劍撥(검발) 칼과 큰 방패.

劍璽(검새) 황제가 가진 칼과 옥새.

劍首(검수) 칼자루의 머리.

劍楯(검순) 칼과 방패.

劍術(검술) 칼 쓰는 법.

劍鐔(검심) 칼코등이.

劍一人敵(검일인적) 검술은 겨우 한 사람만을 상대하는 데 그치는 기술이므로 배울 것이 못됨.

劍把(검파) 칼자루.

劍花(검화) 칼날이 서로 부딪쳐 나는 불꽃.

刻舟求劍(각주구검) 칼을 물에 빠뜨리고 그 위치를 배에 표시하여 칼을 찾으려 한다는 뜻으로, 시대의 변천을 모르고 낡은 관념에 사로잡혀 융통성이 없고 세상 일에 어두움을 이르는 말.

見蚊拔劍(견문발검) 모기를 보고 칼을 뽑는다는 뜻으로, 조그만 일에 너무 거창하게 대응함을 이르는 말.

季札繫劍(계찰계검) 계찰이 검을 걸다라는 뜻으로, 신의를 중히 여김을 이르는 말.

季札繫劍(계찰계검)의 유래

오(吳)나라 왕 수몽(壽夢)에게는 네 아들이 있었는데, 그 중 막내 아들이 계찰(季札)이다. 계찰이 처음 사신으로 길을 떠났을 때, 오(吳)나라의 북쪽으로 가는 도중에 서(徐)나라에 들러 서왕(徐王)을 알현하게 되었다. 서왕은 평소 계찰의 보검을 갖고 싶었으나 감히 말하지 않았다. 계찰 역시 속으로는 서왕이 자신의 보검을 원한다는 것을 알고 있었으나, 사신으로 중원(中原) 각 나라를 돌아다녀야 하였기 때문에 바치지 않았다. 각 나라 방문을 마치고 돌아오는 길에 서(徐)나라에 도착해 보니 서왕은 이미 죽고 없었다. 이에 계찰은 보검을 풀어 서왕 무덤의 나무에 걸어 놓고 떠났다(於是乃解其寶劍繫之徐君家樹而去). 그의 종자(從子)가 물었다. "서왕은 이미 죽었는데 또 누구에게 주는 것입니까?" 라고 하자, 계찰이 말하기를 "그런 것이 아니다. 나는 처음에 마음 속으로 그에게 주기로 결정하였는데, 그가 죽었다고 해서 내가 어찌 나의 뜻을 바꿀 수 있겠는가?" 라고 하였다. '계찰계검'은 이 글을 요약한 말이며, 중국의 유서(類書)인 《몽구(蒙求)》의 표제어에는 '계찰괘검(季札掛劍)'으로 적고 있다.

口蜜腹劍(구밀복검) 입으로는 달콤한 말을 하면서 뱃속에는 칼을 품는다는 뜻으로, 겉으로는 달갑게 하나 속으로는 해칠 생각이 있음을 비유하는 말.

帶劍(대검) 1)칼을 참. 또는 그 칼. 2)소총의 총신 끝에 꽂는 칼.

手裏劍(수리검) 손에 쥐었다가 적에게 던지는 작은 칼.

懷劍(회검) 품고 다니는 작은 칼.

비 儉(검소할 검) 檢(단속할 검) 險(험할 험)

劒	⑬ 15획 劍(p132)과 同字

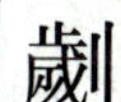	⑬ 15획 日ケイ·ケ 상처 입힐 귀 中guì

풀이 1. 상처 입히다. ¶劌目鉥心 2. 가시. 침.

劌目鉥心(귀목술심) 눈에 상처를 입히고 심장을 찌른다는 뜻으로, 사람을 놀라게 함을 이르는 말.

	⑬ 15획 日ゲキ·はげしい 심할 극 中jù

풀이 1. 심하다. 혹독하다. ¶劇寇 2. 번거롭다. ¶劇役 3. 연극. ¶喜劇 4. 빠르다. 신속하다. ¶劇務 5. 장난하다. 희롱하다. ¶寸劇 6. 어렵다. 7. 많다.

劇寇(극구) 포악한 도둑.

劇團(극단) 연극을 연구 · 상연하기 위하여 짜여진 단체.

劇談(극담) 1)빠르게 말함. 2)연극에 관한 말.

劇盜(극도) 흉포한 도둑.

劇虜(극로) 힘이 왕성한 오랑캐.

劇務(극무) 바쁜 일. 바쁜 사무.

劇問(극문) 급하게 물음.

劇繁(극번) 매우 번거로움. 바쁨.

劇變(극변) 심한 변화. 심하게 변화함.

劇甚(극심) 몹시 지독함. 심함.

劇語(극어) 심한 말.

劇役(극역) 매우 힘든 일.

劇熱(극열) 1)심한 열. 2)매우 뜨거움.

劇雨(극우) 세차게 많이 내리는 비.

劇月(극월) 바쁜 달.

劇易(극이) 어려움과 쉬움.

劇作(극작) 희곡이나 각본을 창작하는 일.

劇場(극장) 연극을 상연하거나 영화를 상영하는 곳.

劇爭(극쟁) 심하게 다툼.

劇敵(극적) 포악한 적.

劇戰(극전) 1)심하게 싸움. 2)격렬한 싸움.

劇症(극증) 급한 병.

劇地(극지) 중요한 땅.

劇職(극직) 바쁜 직무. 고된 직책.

劇震(극진) 큰 지진.

歌劇(가극) 가수의 가창(歌唱)을 중심으로 전개하는 연극. 오페라.

悲劇(비극) 1)비참한 세상이나 인생을 소재로 하여 죽음 · 패배 등 불행한 내용으로 된 연극. 2)인생에서 일어나는 비참한 사건.

史劇(사극) 역사극(歷史劇).

歷史劇(역사극) 역사상의 사실을 주제로 하여 만든 연극이나 영화.

演劇(연극) 배우가 연출자의 지도 하에 각본에 의하여 상연하는 극.

要劇(요극) 중요하고 분주한 직책.

寸劇(촌극) 1)아주 짧은 단편적인 연극. 2)사람들의 이목을 끄는 우발적이고도 우스꽝스러운 일을 이르는 말.

유 甚(심할 심)

劉	⑬ 15획	日 リュウ
	죽일 류(유)	中 liú

풀이 1. 죽이다. 2. 벌여 놓다. 3. 이기다. 이겨 내다. 4. 여기저기 보다. 여기저기 들르다. ¶劉覽 5. 도끼.

劉覽(유람) 여기저기 둘러 봄.

劉邦(유방) 전한(前漢)의 고조(高祖). 자(字)는 계(季). 지금의 강소성(江省蘇) 패현(沛縣) 사람. 항우(項羽)와의 싸움에서 이기고 제위에 올라 국호를 한(漢)이라 하고, 장안(長安)에 도읍하였음.

劉備(유비) 중국 삼국 시대 촉한(蜀漢)의 시조(始祖). 자는 현덕(玄德), 묘호(廟號)는 소열황제(昭烈皇帝).

劉項(유항) 유방(劉邦)과 항우(項羽).

유 殺(죽일 살)

劈	⑬ 15획	日 セキ
	쪼갤 벽	中 pī, pǐ

풀이 1. 쪼개다. 가르다. ¶劈破 2. 천둥소리.

劈開(벽개) 1)쪼개어 엶. 2)광물이 쪼개지는 일. 또는 그 성질.

劈頭(벽두) 1)글 첫머리. 2)일의 시작. 맨 처음.

劈歷(벽력) 벼락. 천둥소리. 벽력(霹靂).

劈碎(벽쇄) 쪼개어 부숨.

劈破(벽파) 쪼개어 깨뜨림.

劈破門閥(벽파문벌) 가문을 가리지 않고 인재를 등용함.

斧劈(부벽) 산악(山岳) 또는 암석을 그릴 때 도끼로 쪼갠 금처럼 그리는 화법.

유 剖(쪼갤 부) 비 壁(벽 벽)

剿	⑬ 15획	日 ショウ
	끊을 초	中 jiǎo

풀이 1. 끊다. 베다. 없애다. ¶剿絶 2. 일찍 죽다.

剿絶(초절) 베어 없앰.

유 切(끊을 절)

劊	⑬ 15획	日 カイ · きる
	끊을 회	中 guì, kuài

풀이 끊다. 절단하다.

劊手(회수) 사형 집행을 담당하는 사람. 회자(劊子). 회자수(劊子手).

비 創(비롯할 창)

劎	⑭ 16획
	劍(p132)의 本字

劓	⑭ 16획	日 ギ · はなきる
	코 벨 의	中 yì

풀이 1. 코 베다. 고대에 코를 베던 형벌. ¶劓罰 2. 쪼개다. 가르다. ¶劓割

劓馘(의괵) 고대에 코와 귀를 베는 형벌의 한 가지.

劓罰(의벌) 코를 베는 형벌.

劓割(의할) 쪼갬. 분할함.

비 鼻(코 비)

劑	⑭ 16획	
	❶ 약 지을 제	日 ザイ · まぜる
	❷ 자를 자	中 jì

풀이 1 1. 약을 짓다. 조제하다. 조제한 약. ¶藥劑 2. 가지런히 자르다. 2 3. 자르다. 절단하다. ¶劑刀

劑刀(자도) 잘라내는 칼. 가위.

劑信(자신) 잘라낸 부분으로 증거를 삼음. 또는 그 일.

劑熟(제숙) 잘 조합함.

强心劑(강심제) 심장기능이 쇠약해졌을 때 그 기능을 강하게 하는데 쓰이는 약제.

起爆劑(기폭제) 어떤 일이 일어나는 계기가 되

는 것.

洗劑(세제) 물에 타 몸이나 의류·가구 등의 표면에 붙은 이물질을 씻는 데 쓰는 물질.

睡眠劑(수면제) 불면증을 진정시켜 잠이 들게 하는 약.

藥劑(약제) 의료용으로 조제한 약.

錠劑(정제) 알약.

調劑(조제) 여러 가지 약을 적절히 조합하여 한 가지 약제를 만듦.

清涼劑(청량제) 복용하면 기분이 상쾌하고 산뜻해지는 약제.

下劑(하제) 설사를 하게 하는 약. 사제(瀉劑).

비 齊(가지런할 제) 齋(재계할 재)

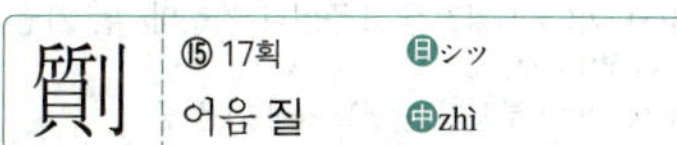

劕 ⑮ 17획 日シツ
어음 질 中zhì

풀이 어음.

劕劑(질자) 어음.

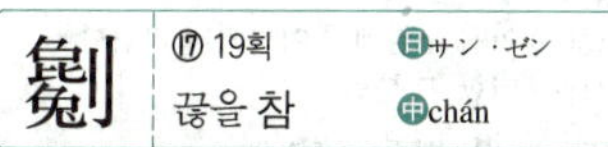

劖 ⑰ 19획 日サン·ゼン
끊을 참 中chán

풀이 끊다. 자르다. 베다.

劖刀(참도) 뽕나무 가지를 치는데 쓰는 칼.

劘 ⑲ 21획 日マ·バ
깎을 마 中mó

풀이 1. 깎다. 베다. ¶劘劂 2. 닦다. 갈다. 힘쓰다.

劘劂(마궐) 깎고 자름.

유 劗(깎을 전)

劗 ⑲ 21획 日ゼン
깎을 전 中zuān

풀이 깎다. ¶劗髮

劗髮(전발) 머리를 깎음.

유 劘(깎을 마)

劙 ㉑ 23획 日リ·きる
가를 리(이) 中lí

풀이 가르다. 분할하다. 쪼개다.

劙刀(이도) 황무지를 개간할 때에 쓰는 농기구.

力부

力 힘 력 部

'力'은 팔에 힘을 주었을 때 근육이 불거진 모양을 나타낸 글자로, '힘'이라는 뜻을 지닌다. 또한 '힘쓰다', '힘을 다하다'는 뜻으로도 쓰인다. 따라서 '力'을 부수로 삼는 글자는 무엇인가 힘들여 행한다는 뜻과 관련이 있다.

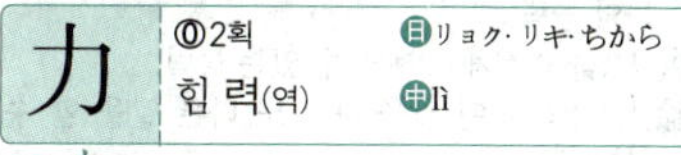

力 ⓪ 2획 日リョク·リキ·ちから
힘 력(역) 中lì

フ力

풀이 1. 힘. 힘을 쓰다. ¶國力 2. 애써. 힘써. 노력하여. ¶力索 3. 일꾼. ¶力人 4. 병사.

力諫(역간) 힘써 간함.

力量(역량) 일을 해낼 수 있는 능력. 또는 그 능력의 정도.

力士(역사) 힘이 센 사람.

力索(역색) 1)힘써 찾음. 깊이 생각함. 2)힘이 다함.

力說(역설) 힘주어 말함. 강하게 주장함.

力作(역작) 1)힘써 일함. 2)애써서 만듦. 또는 그 제작품.

力點(역점) 1)지레나 지레를 응용한 도구에서 물체를 움직일 때 힘이 모이는 점. 2)힘을 가장 많이 들이는 주안점.

力走(역주) 힘써 달림.

力學(역학) 1)물체의 운동과 물체 사이에 작용하는 힘의 원리 등에 관한 학문. 2)서로 관계되는 세력·영향력·권력 등의 힘. 3)힘써 공부함.

力行(역행) 힘써 행함. 온 힘을 다해 함.

光力(광력) 빛의 강도. 등불의 밝기.

權力(권력) 남을 지배하여 강제로 복종시키는 힘.

筋力(근력) 1)근육의 힘 또는 그 지속성. 체력. 2)기력(氣力).

氣力(기력) 1)일을 감당할 수 있는 정신과 육체의 힘. 근력. 2)압착한 공기의 힘.

努力(노력) 힘써 애씀. 또는 그 힘.

勞力(노력) 힘을 들여 일함.

動力(동력) 1)기계를 움직이는 힘. 2)활동의 근원이 되는 힘. 원동력.

馬力(마력) 동력을 재는 단위의 한 가지. 1초 동안에 75kg의 물체를 1m 움직이는 힘.

魅力(매력) 남의 마음을 사로잡는 힘.

武力(무력) 군사상의 위력.

無力(무력) 1)힘 또는 세력이 없음. 2)능력이나 활동력이 없음.

迫力(박력) 1)강하게 밀고 나가는 힘. 2)상대방의 마음을 강하게 사로잡는 긴박감.

不可抗力(불가항력) 사람의 힘으로는 어찌할 수 없는 힘이나 형세.

死力(사력) 죽을 힘.

水力(수력) 1)물의 힘. 2)물이 가지고 있는 운동 에너지와 위치 에너지를 변환시킨 동력.

視力(시력) 사물의 존재나 모양 등을 분간하는 눈의 능력.

實力(실력) 실제로 해낼 수 있는 능력.

餘力(여력) 어떤 일을 하고 또 다른 일을 할 수 있는 힘.

腕力(완력) 1)주먹심. 2)육체적으로 상대를 제압하는 힘.

有力(유력) 1)가능성이 많음. 2)힘이 있음. 세력이 있음.

人力(인력) 1)사람의 힘이나 능력. 2)노동력. 3)전문적인 지식이나 기술 등을 가진 자원으로서의 인간.

入力(입력) 1)어떤 장치나 기계 등의 정상적인 움직임을 위해 필요한 동력이나 신호를 보내는 일. 2)컴퓨터에서 문자 · 숫자 등 정보를 기억하게 하는 일.

磁力(자력) 자석의 힘. 자기력.

財力(재력) 1)재물의 힘. 2)재산상의 세력. 부력(富力).

底力(저력) 평소에는 잘 드러나지 않다가 중요한 순간에 발휘되는 강한 힘.

精力(정력) 심신의 활동력.

重力(중력) 지상의 물체를 지구의 중심 방향으로 끌어당기는 힘.

體力(체력) 몸의 힘이나 능력.

暴力(폭력) 1)난폭한 힘. 2)신체의 손상과 더불어 정신적 압박을 주는 물리적 강제력.

協力(협력) 서로 돕는 마음으로 힘을 모음.

活力(활력) 1)살아 움직이는 힘. 2)생명 또는 생활의 힘.

效力(효력) 1)효과나 효험을 나타내는 힘. 2)법률이나 규칙 등의 작용.

유 劤(힘 근) 비 刀(칼 도)

加 ③5획 더할 가 日カ · くわえる 中jiā

ㄱ カ 力 加 加

* 회의. 말(口)에 더욱 힘(力)을 쓴다는 의미를 지닌 글자. 이에 '더하다', '더욱'의 뜻으로 쓰임.

풀이 1. 더하다. 가하다. 보태다. ¶加減 2. 더욱. 한층 더. 3. 들다. 4. 입다. 착용하다. 5. 치다. 공격하다. 6. 있다. 처하다. 7. 미치다. 이르다. 8. 가법. 덧셈.

加減(가감) 1)더하기와 빼기. 2)더하거나 빼어 알맞게 조절함.

加工(가공) 자연물이나 덜 된 물건에 인공(人工)을 더함.

加擔(가담) 같은 편이 되어 도움.

加盟(가맹) 동맹이나 연맹에 가입함.

加味(가미) 음식에 다른 식품이나 양념 등을 넣어 더 맛이 나게 함.

加勢(가세) 힘을 보탬. 원조함.

加熱(가열) 물체에 열을 더해 줌.

加外(가외) 1)일정한 표준이나 기준의 밖. 2)생각 밖의 것.

加被(가피) 부처가 중생들에게 힘을 줌.

加筆(가필) 붓을 대어 글씨를 고치거나 글을 첨삭함.

加害(가해) 남에게 해를 끼침.

附加(부가) 덧붙임. 보탬.

參加(참가) 어떤 모임에 참여하거나 가입함.

添加(첨가) 더함. 덧붙임.

유 添(더할 첨) 增(더할 증) 益(더할 익)

功 ③5획 공 공 日コウ · ク · いさお 中gōng

一 丅 工 玎 功

* 형성. 뜻을 나타내는 부수 '力(힘 력)'과 음을 나타내며 '도구를 갖고 일하다'는 뜻하는 '工(장인 공)'을 합친 글자. 이에 힘써서 더욱 일을 한 결과 생긴 '공로'의 뜻으로 쓰임.

풀이 1. 공. 공적. ¶功過 2. 효험. 보람. 3. 공치사하다. 남을 도와주고 스스로 자랑함. 4. 상복. ¶功服

功過(공과) 공로와 허물.

功德(공덕) 1)공로와 은덕. 2)불교에서, 현재 또는 미래에 행복을 가져올 선행을 이르는 말.

功勞(공로) 어떤 목적을 이루는 데에 힘쓴 노력이나 수고.

功利(공리) 공명과 이익.

功名(공명) 1)공을 세워 이름을 떨침. 2)공적과 명예. 3)공을 세운 이름.

功夫(공부) 학문과 기술을 닦는 일.

功臣(공신) 나라에 공을 많이 세운 신하.

功績(공적) 1)쌓은 공로. 2)애쓴 보람.

成功(성공) 1)뜻한 것이 이루어짐. 2)사회적 지위를 얻음.

偉功(위공) 뛰어난 큰 공훈. 훌륭한 업적.

戰功(전공) 싸움에 이겨서 세운 공로.
螢雪之功(형설지공) 반딧불과 눈에 비춰 공부하여 쌓은 공이라는 뜻으로, 고생을 무릅쓰고 꾸준히 학문을 닦은 보람을 이르는 말.
유 勳(공 훈) 비 攻(칠 공)

劥	④ 6획	日キ
	피곤할 귀	中guì

풀이 피곤하다.

劤	④ 6획	日キン
	힘 근	中jìn

풀이 힘. 힘이 세다.
유 力(힘 력)

劣	④ 6획	日レツ·おとる
	못할 렬(열)	中liè

丨 亅 小 少 劣 劣

* 회의. 힘(力)이 적다(少)는 뜻을 지닌 글자. 이에 '약하다', 무잇보다 '못하다'는 뜻으로 쓰임.

풀이 1. 못하다. 못나다. ¶優劣 2. 졸렬하다. 어리다. 어리석다. ¶庸劣 3. 모자라다. 약하다. ¶劣弱 4. 겨우. 간신히.

劣等(열등) 등급이 보통보다 낮음. 낮은 등급.
劣馬(열마) 둔한 말.
劣薄(열박) 재주가 열등하고 경박함.
劣相(열상) 1)여위어 있는 모습. 2)못생긴 얼굴.
劣性(열성) 잡종의 생물로서 한쪽 어버이에게 받은 형질을 나타내지 않는 유전질을 말함.
劣惡(열악) 뒤떨어지고 나쁨.
劣弱(열약) 약함. 열등함.
劣情(열정) 야비한 생각.
庸劣(용렬) 못생기고 재주가 남만 못하며 어리석음.
拙劣(졸렬) 서투르고 보잘것 없음.
유 拙(졸할 졸) 비 省(살필 성)

劦	④ 6획	日ギョウ
	힘 합할 협	中xié

풀이 힘을 합하다. 힘을 모으다. 협력하다.
유 協(도울 협)

劫	⑤ 7획	日キョウ·コウ
	겁탈할 겁	中jié

* 회의. 가려고(去) 하는 것을 힘(力)으로 위협하여 못 가게 함을 나타낸 글자.

풀이 1. 겁탈하다. 빼앗다. ¶劫奪 2. 위협하다. 으르다. ¶劫姦 3. 강도. 4. 겁. 오랜 세월. 가장 긴 시간. ¶永劫 5. 부지런하다. 6. 패. 바둑에서의 '패(霸)' 7. 대궐 층계. 계단.

劫姦(겁간) 위협하여 간음함.
劫年(겁년) 액운이 돌아온 해.
劫盜(겁도) 위협하여 빼앗음. 강도.
劫掠(겁략) 협박하여 남의 것을 노략질함.
劫縛(겁박) 협박하여 포박함.
劫煞(겁살) 점술가가 말하는 삼살(三煞)의 하나. 독한 음기(陰氣)의 살(煞)이 있는 방위를 범하면 살해(殺害)가 있다고 함.
劫奪(겁탈) 1)폭력을 써서 빼앗음. 2)겁간(劫姦).
四劫(사겁) 불교에서의 우주가 성립하여 멸망하기까지의 네 시기로서 성겁(成劫)·주겁(住劫)·괴겁(壞劫)·공겁(空劫)을 말함.
永劫(영겁) 영원한 세월. 광겁(曠劫). 백겁(百劫).
비 怯(겁낼 겁)

劬	⑤ 7획	日ク
	수고로울 구	中qú

풀이 1. 수고롭다. ¶劬劬 2. 자주 하다. 바쁘게 일하다.

劬儉(구검) 애써 절약함.
劬劬(구구) 1)수고하는 모양. 2)매우 바쁜 모양.
劬劇(구극) 바쁘게 힘씀.
劬勤(구근) 부지런히 일함.
劬勞(구로) 힘써 일해 피곤함.
劬錄(구록) 노력함.

努	⑤ 7획	日ド·つとめる
	힘쓸 노	中nǔ

㇛ 𡿨 女 奴 奴 努 努

* 형성. 뜻을 나타내는 부수 '力(힘 력)'과 음을 나타내는 '奴(종 노)'를 합친 글자. 이에 종이나 노비가 힘써 열심히 일한다는 의미에서 '힘쓰다', '노력하다'의 뜻으로 쓰임.

풀이 힘쓰다. 있는 힘을 다하다. 노력하다. ¶努力

努力(노력) 1)힘을 다함. 2)어떤 일을 이루기 위해 어려움이나 괴로움 등을 이겨 내면서 애쓰는 것.

❖ 노력(努力)에 관한 고사성어

• 粉骨碎身(분골쇄신) : 뼈가 가루가 되고 몸이 부서지도록 노력함.

• 跛鼈千里(파별천리) : 엉금엉금 기어가는 자라도 천 리를 갈 수 있음.

• 懸頭刺股(현두자고) : 머리를 끈으로 묶고 높이 걸어 잠을 쫓고, 허벅다리를 찔러 잠을 쫓으며 애써 학업에 힘씀.

奮鬪努力(분투노력) 힘을 다하여 노력함.

유 劭(힘쓸 소) 勉(힘쓸 면) 勵(힘쓸 려)

劭	⑤ 7획 힘쓸 소	日ショウ 中shào

풀이 1. 힘쓰다. 열심히 일하다. 2. 권장하다. ¶劭農

劭農(소농) 농사를 권장함.

劭令(소령) 덕행이 아름답고 착함.

유 努(힘쓸 노) 勉(힘쓸 면) 勵(힘쓸 려)

助	⑤ 7획 도울 조	日ジョ · たすける 中zhù

丨 冂 冃 冃 且 盯 助

* 형성. 뜻을 나타내는 부수 '力(힘 력)'과 음을 나타내며 '겹치다'의 뜻을 지닌 '且(또 차)'를 합친 글자. 남의 일에 또한[且] 힘[力] 써 도움. 즉, '돕다'의 뜻을 나타냄.

풀이 1. 돕다. 도움. 2. 구조. 구제. ¶助成 3. 이루다. 완성하다. 4. 기리다. 5. 문체의 하나.

助教授(조교수) 대학 교수 직책의 하나. 부교수 밑의 직함.

助力(조력) 힘을 보탬.

助詞(조사) 명사나 부사 등의 뒤에 붙어서 다른 말과의 관계 또는 그 말의 뜻을 도와주는 품사.

助産(조산) 출산을 도움.

助成(조성) 도와서 완성하게 함.

助手(조수) 주장이 되는 사람의 일을 도와주는 사람.

助言(조언) 옆에서 남의 말을 거들어 도와줌. 또는 도와주는 말.

助演(조연) 연극에서 주연의 연기를 돕는 사람. 또는 그런 역을 맡은 사람.

助長(조장) 바람직하지 못한 일을 부추김.

○助長(조장)의 유래

송나라 사람 중에 자기가 심은 싹이 빨리 자라지 않는다고 그 싹을 뽑아 올린 이가 있었다. 자기 생각으로는 빨리 자라게 도와주려 했다지만, 다음날 싹은 모두 말라죽어 있었다고 한다. 맹자는 이 이야기를 예로 들어, "천하 사람 중에 싹이 자라는 것을 돕지 않는 자가 별로 없다. 이익이 없다고 생각해 싹을 방치하는 자는 김을 매지 않는 자이다. 하지만 싹이 자라도록 돕는 자는 무리하게 이익이 없을 뿐 아니라 그 싹을 해치는 자이다."라고 말했다.

助婚(조혼) 1)혼인할 때 비용을 도와줌. 2)혼인할 때에 신부집이 가난한 경우에 신랑집에서 돈을 보태줌.

共助(공조) 어떤 일을 하기 위해 서로 도움.

內助(내조) 아내가 남편을 도움.

幇助(방조) 어떠한 일을 거들어서 도와줌.

補助(보조) 보태어 도움을 줌.

相扶相助(상부상조) 서로서로 도움.

援助(원조) 도와줌.

協助(협조) 힘을 보태 서로 도움.

유 俌(도울 보) 佑(도울 우) 佐(도울 좌)

劻	⑥ 8획 급할 광	日コウ · キョウ 中kuāng

풀이 급하다. 바쁜 모양. ¶劻勷

劻勷(광양) 급한 모양.

劵	⑥ 8획 倦(p62)의 本字

劼	⑥ 8획 삼갈 할	日カツ · ケチ 中jié

풀이 1. 삼가다. ¶劼毖 2. 노력하다.

劼毖(할비) 힘써 삼감. 근신함.

유 愼(삼갈 신)

劾	⑥ 8획 캐물을 핵	日ガイ · きわめる 中hé

풀이 1. 캐묻다. 신문하다. ¶劾詆 2. 신문 조서. 조사받은 자의 진술 내용을 적은 문서. ¶劾狀 3. 힘쓰다. 노력하다.

劾狀(핵장) 신문 조서를 작성하여 처벌을 요구하는 문서. 탄핵하는 글.

劾詆(핵저) 죄를 캐물어 상관에게 보고하는 일.

劾情(핵정) 사정을 조사하여 따짐.

劾奏(핵주) 죄과를 조사하여 임금에게 아룀.

彈劾(탄핵) 죄를 조사하여 꾸짖음.

비 核(씨 핵)

劾 ⑥ 8획
效(p557)의 俗字

勁 ⑦ 9획 日ケイ·つよい
강할 경 中jìng

* 형성. 뜻을 나타내는 부수 '力(힘 력)'과 음을 나타내는 '巠(물줄기 경)'을 합친 글자. 이에 물줄기(巠)의 힘(力)이 세진다 하여 '굳세다'의 뜻을 나타냄.

풀이 1. 강하다. 굳세다. ¶勁健 2. 굳세고 강한 힘. 3. 예리하다. ¶勁兵

勁健(경건) 1)굳세고 튼튼함. 2)그림이나 글씨의 필세(筆勢)가 굳세고 힘참.
勁力(경력) 강한 힘.
勁木(경목) 단단하고 잘 꺾이지 않는 나무.
勁勇(경용) 강하고 용감함.
剛勁(강경) 성품이 단단하고 꿋꿋함.
強勁(강경) 타협하거나 굽힘이 없이 힘차고 굳셈.
疾風勁草(질풍경초) 모진 바람에도 꺾이지 않는 강한 풀이라는 뜻으로, 아무리 어려운 처지라도 뜻을 꺾거나 굽히지 않는 절개가 강한 사람을 이르는 말.

유 强(굳셀 강)

勉 ⑦ 9획 日ベン·つとめる
힘쓸 면 中miǎn

* 형성. 뜻을 나타내는 부수 '力(힘 력)'과 음을 나타내는 '免(면할 면)'을 합친 글자. 무엇인가를 면(免)하려고 힘(力)을 쓰는 것을 나타낸 글자. 이에 '힘쓰다' 또는 '권면하다'의 뜻을 나타냄.

풀이 1. 힘쓰다. 노력하다. ¶勉學 2. 부지런히 일하다. 근면하다. ¶勉行 3. 권면하다. 격려하다.

勉强(면강) 힘써 부지런히 함.
勉功郎(면공랑) 조선 때 정8품의 문관 잡직 품계.
勉勵(면려) 1)힘씀. 2)남을 힘쓰도록 고무함.
勉力(면력) 힘써 부지런히 함.
勉從(면종) 마지못해 복종함.
勉學(면학) 학문에 힘써 공부함.
勉行(면행) 부지런히 행함.
刻苦勉勵(각고면려) 심신을 괴롭히고 노력함. 매우 고생하여 힘써 노력함.
勤勉(근면) 부지런히 노력함.
忍勉(인면) 참고 힘씀.

유 努(힘쓸 노) 勵(힘쓸 려)

勃 ⑦ 9획 日ボッ·にわか
우쩍 일어날 발 中bó

풀이 1. 우쩍 일어나다. ¶勃滃 2. 갑작스럽다. ¶勃啓 3. 성하다. ¶勃勃 4. 발끈하다. 화를 내는 모양. ¶勃起 5. 밀치다. 6. 다투다. ¶勃豀 7. 바다 이름. ¶勃海

勃啓(발계) 갑자기 성해짐.
勃起(발기) 발끈하여 일어남. 갑작스럽게 일어남.
勃勃(발발) 사물이 한창 일어나는 모양.
勃發(발발) 전쟁이나 사건 등이 갑자기 일어남.
勃滃(발옹) 우쩍 일어나는 모양.
勃興(발흥) 갑자기 일어남. 갑자기 흥함.
王勃(왕발) 중국 당나라 초기의 시인. 자(字)는 자안(子安). 특히 오언절구에 뛰어났음.

勇 ⑦ 9획 日ユウ·いさましい
용감할 용 中yǒng

* 형성. 뜻을 나타내는 부수 '力(힘 력)'과 음을 나타내며 '솟아오르다'는 뜻을 지닌 '甬(길 용)'을 합친 글자. 힘(力)이 솟아남(甬)을 나타낸 글자로 '용감하다'의 뜻을 나타냄.

풀이 1. 용감하다. 용감. ¶勇士 2. 날래다. ¶勇壯 3. 과감하다. ¶勇斷 4. 결단력이 있다.

勇敢(용감) 씩씩하고 겁이 없으며 기운참.
勇氣(용기) 씩씩하고 굳센 기운.
勇斷(용단) 과감하게 결단함.
勇猛(용맹) 날래고 사나움. 매우 용감한 모양.
勇士(용사) 1)용기가 있는 남자. 2)용감한 군인.
勇姿(용자) 용감스러운 자태.
勇壯(용장) 용감하고 씩씩함.
勇戰(용전) 용감하게 싸움.
勇智(용지) 용기와 지혜. 지용(智勇).
勇退(용퇴) 1)조금도 꺼리지 않고 용기 있게 물러남. 2)후진(後進)에게 길을 열어 주기 위하여 스스로 관직에서 물러남.
勇退高踏(용퇴고답) 관직을 그만두고 속세를 떠나서 생활함.
勇鬪(용투) 용감하게 싸움. 용전(勇戰).
漁夫之勇(어부지용) 어부는 물속에서 무서워하지 않는다는 뜻으로, 오랜 체험에서 얻은 용기를 이르는 말.
英勇(영용) 영특하고 용감함.

반 怯(겁낼 겁)

勅

⑦ 9획 日チョウ·みことのり
조서 칙 中chì

* 형성. 뜻을 나타내는 부수 '力(힘 력)'과 음을 나타내며 '훈계한다'는 뜻을 지닌 '朿(묶을 속)'을 합친 글자. 이에 '훈계함에 힘쓰다', '훈계하는 말'이라는 뜻으로도 쓰임.

풀이 1. 조서. 왕의 명령을 백성들에게 알릴 목적으로 적은 문서. ¶勅答 2. 타이르다. ¶勞謙謹勅 3. 조심하다.

勅教(칙교) 임금이 몸소 타이르는 말. 표고문.
勅答(칙답) 임금이 조서로 답을 내림.
勅令(칙령) 임금의 명령.
勅命(칙명) 임금이 내린 명령. 칙령(勅令).
勅問(칙문) 천자의 물음. 하문(下問).
勅使(칙사) 임금의 명령으로 가는 사신.
勅書(칙서) 칙명을 기록한 글.
勅選(칙선) 칙명으로 뽑음.
勅諭(칙유) 칙교.
勅筆(칙필) 임금이 직접 쓴 글.
勅行(칙행) 칙사의 일행 또는 행차.
勅許(칙허) 임금의 허락.
勞謙謹勅(노겸근칙) 부지런히 일하고 겸손하며 삼가고 신칙함.

勍

⑧ 10획 日ケイ·ギョウ
셀 경 中qíng

풀이 세다. 강하다. ¶勍敵

勍敵(경적) 센 적(敵). 힘이 센 상대. 강적.

유 勁(굳셀 경) 비 就(이룰 취)

勌

⑧ 10획 日ケン
게으를 권 中juàn

풀이 1. 게으르다. ¶勌怠 2. 싫증나다.

勌懣(권만) 일에 싫증이 나서 가슴이 답답함.
勌怠(권태) 게으르고 나태함. 권태(倦怠).

유 惰(게으를 타) 慢(게으를 만) 怠(게으를 태)

勑

⑧ 10획
❶위로할 래 日ライ·チョク
❷조서 칙 中lài

풀이 ❶ 1. 위로하다. 위안하다. ❷ 2. 조서. 임금의 명령을 백성들에게 알릴 목적으로 적은 문서.

勘

⑨ 11획 日カン·かんがえる
헤아릴 감 中kān

풀이 1. 헤아리다. 깊이 생각하다. ¶勘檢 2. 문초하다. 신문하다. ¶勘斷 3. 조사하다. ¶勘校

勘檢(감검) 헤아려 조사함.
勘考(감고) 깊이 생각함.
勘校(감교) 조사하여 잘못을 바로잡음.
勘斷(감단) 문초하여 단죄함.
勘當(감당) 죄를 조사함.
勘查(감사) 조사함.
勘案(감안) 참고하여 생각함.
勘誤(감오) 문자나 문장의 잘못을 교정함. 정오(正誤).
勘定(감정) 생각하여 정함.
輕勘(경감) 죄인을 가볍게 처분함.

유 測(헤아릴 측) 量(헤아릴 량) 비 甚(심할 심)

動

⑨ 11획 日ドウ·うごく
움직일 동 中dòng

* 형성. 뜻을 나타내는 부수 '力(힘 력)'과 음을 나타내며 물건을 들어올리거나 움직일 때의 무게를 나타낸 '重(무거울 중)'을 합친 글자. 이에 힘써 무엇을 '움직이다'라는 뜻을 나타냄.

풀이 1. 움직이다. 움직이게 하다. ¶動駕 2. 옮기다. 이동하다. 3. 흔들리다. 요동하다. 4. 느끼다. 감응하다. 5. 일하다. 6. 변하다. 7. 일어나다. 시작하다. 8. 나오다. 나타나다. 9. 어지럽다. 10. 자칫. 걸핏하면.

動駕(동가) 임금이 탄 수레가 대궐 밖으로 나감.
動悸(동계) 두려워 가슴이 울렁거림.
動機(동기) 1)의사를 결정하는 원인. 2)행위를 결정하는 목적. 3)행동의 직접 원인. 모티브(motive).
動亂(동란) 난리가 일어남. 전쟁.
動力(동력) 열·물·바람·전기 등의 힘을 이용하여 기계를 움직이는 원동력.
動脈(동맥) 심장에서 나오는 피를 몸 안의 모든 기관에 보내는 맥관(脈管) 계통.
動物(동물) 스스로 움직일 수 있으며 지각·생장·생식의 기능을 가진 생물의 한 가지.
動兵(동병) 군사를 움직임.
動詞(동사) 사물의 동작·작용을 나타내는 품사.
動產(동산) 금전이나 가구 등과 같이 옮길 수 있는 재물.
動色(동색) 얼굴빛이 변함.
動心(동심) 마음이 움직임.

動搖(동요) 마음이 움직이고 흔들림.
動員(동원) 1)전쟁 때 국력을 최대한 발휘하기 위해 나라 안의 모든 자원을 통제하고 운용함. 2)어떤 일을 위하여 사람들을 한데 모음.
動作(동작) 1)움직이는 행동. 2)의식적인 행위.
動靜(동정) 1)행동의 상황. 2)동물과 식물. 3)사정. 소식. 안부.
動天(동천) 1)하늘을 감동시킴. 2)세력이 매우 성하여 하늘을 움직임.
動態(동태) 일이 움직이는 상태. 동정(動靜).
稼動(가동) 1)일함. 2)기계를 움직여 일함.
亂動(난동) 질서를 어지럽히며 마구 행동함.
大陸移動說(대륙이동설) 대륙이 수평으로 이동한다는 생각에 기초를 두고 지각(地殼)의 성립을 설명하려는 학설.

大陸移動說(대륙이동설)의 내용
1912년에 독일의 기상 · 지구 물리학자인 베게너가 제창하였다. 아이소스타시의 원리에 의해서 육지는 가벼운 시알(Sial)로 되어 있어 무거운 시마(Sima)로 된 바다위에 떠 있는데, 지질 시대에 단 하나의 큰 땅덩어리였던 것이 백악기(白堊紀) 이후의 시대에 어떤 작용으로 분열하기 시작하여 그 중 몇 부분이 차차 서쪽으로 이동해서 오늘날 같은 대륙 분포를 보게 되었다는 가설이다.

微動(미동) 조금 움직임.
發動(발동) 움직이기 시작함.
浮動性(부동성) 자리가 잡히지 않아 바뀔 수 있는 성질.
煽動(선동) 남을 부추겨 일을 일으키게 함.
流動(유동) 1)액체 등이 흘러 움직임. 2)이리저리 옮겨 다님.
律動(율동) 1)규칙적인 운동. 2)음률의 곡조 · 리듬. 3)음악에 맞추어 추는 춤.
靜中動(정중동) 조용히 있는 가운데 어떤 움직임이 있음.
制動(제동) 1)속력을 떨어뜨림. 2)운동을 제지함.
震動(진동) 몹시 흔들리거나 떨림.

비 重(무거울 중)

勒 ⑨ 11획　굴레 륵(늑)　日 ロク · くつわ　中 lè, lēi

풀이 1. 굴레. 재갈. 말이나 소의 머리에 씌워 고삐에 걸쳐 매는 줄. 2. 다스리다. ¶勒兵 3. 억지로 하다. ¶勒定 4. 억누르다. 5. 묶다. ¶勒痕 6. 새기다. ¶勒銘

勒銘(늑명) 돌이나 쇠에 글자를 새김.
勒文(늑문) 문장을 돌에 새김.
勒縛(늑박) 결박함.
勒碑(늑비) 비석에 새김.
勒石(늑석) 돌에 글자를 새김.
勒葬(늑장) 남의 땅에 억지로 매장함.
勒定(늑정) 강제로 정함.
勒奪(늑탈) 강제로 빼앗음. 강탈함.
鉤勒(구륵) 동양 화법의 하나. 쌍선으로 윤곽을 그리고 그 사이를 채색하는 법. 구륵법. 쌍구(雙鉤).
彌勒(미륵) 1)미륵보살의 준말. 2)돌부처.

勔 ⑨ 11획　힘쓸 면　日 メン · ベン　中 miǎn

풀이 1. 힘쓰다. 노력하다. 2. 권장하다. 권하다.

유 努(힘쓸 노) 勉(힘쓸 면) 勵(힘쓸 려)

務 ⑨ 11획　❶ 힘쓸 무　❷ 업신여길 모　日 ム · つとめる　中 wù, wǔ

풀이 ❶ 1. 힘쓰다. 애쓰다. ¶務本 2. 일. 직무. ¶國務 ❷ 3.업신여기다.

務官(무관) 담당 관원.
務勸(무권) 힘씀.
務本(무본) 근본에 힘씀.
務實(무실) 실제에 힘씀.
務實力行(무실역행) 참되고 실속 있게 힘써 실행함.
務職(무직) 직분에 힘을 다함.
公務員(공무원) 국가 또는 지방 공공 단체의 사무를 담당하는 사람.
國務(국무) 나라의 정사에 관한 일.
勤務(근무) 직무에 종사하는 것.
法務(법무) 법률에 관한 모든 사무.
服務(복무) 직무나 임무를 맡아 봄.
實務(실무) 실제로 취급하는 사무.
任務(임무) 어떤 사람이 책임을 지고 맡은 일.
義務(의무) 일정한 사람에게 부과되어 반드시 해야 할 일.
財務(재무) 재정에 관한 사무.
債務(채무) 빌린 것을 다시 갚아야 하는 의무.

유 勞(일할 로)

勖

⑨ 11획 힘쓸 욱 日キョク·ユク 中xù

풀이 1. 힘쓰다. 노력하다. 2. 권장하다. 권면하다.

비 帽(모자 모)

勞

⑩ 12획 수고로울 로(노) 日ロウ·つかれる 中láo

* 회의. 뜻을 나타내는 부수 '力(힘 력)'과 熒(등불 형)'을 합친 글자. 이에 등불을 비추면서까지 일에 힘쓰는 것은 피곤한 것이라는 의미에서, '수고롭다', '피곤하다'라는 뜻으로 쓰임.

풀이 1. 수고롭다. 힘들이다. 노력하다. ¶勞務 2. 일하다. 일. ¶勞歌 3. 지치다. ¶勞困 4. 근심하다. 괴롭히다. 5. 위로하다. 6. 공훈. 노고를 치하하고 위로하다. ¶勞遣 7. 돕다. 8. 병이 나다. 앓다. 9. 병명.

勞歌(노가) 일하면서 부르는 노래.
勞遣(노견) 1)사람을 보내 위로함. 2)위로하여 보냄.
勞結(노결) 근심이 맺혀 마음이 답답함. 우울함.
勞謙(노겸) 1)공훈이 있으면서 겸손함. 2)노고와 겸양.
勞苦(노고) 수고스럽게 애씀.
勞困(노곤) 지치고 피곤함.
勞疚(노구) 지쳐서 병이 듦.
勞倦(노권) 지치고 싫증이 남.
勞農(노농) 노동자와 농민.
勞動(노동) 정신이나 힘을 써서 일함. 또는 그 일.
勞力(노력) 1)힘써 일함. 2)힘을 들임.
勞勉(노면) 위로하고 격려함.
勞務(노무) 1)임금을 벌기 위해 일함. 2)회사에서 직원들의 작업 분위기나 후생 등에 관한 사무.
勞問(노문) 임금이 신하를 위문함.
勞生(노생) 1)근근이 삶. 2)노고가 많은 인생.
勞心(노심) 1)마음을 수고롭게 함. 정신적으로 애씀. 2)근심. 걱정.
勞心焦思(노심초사) 몹시 애쓰고 속을 태움.
勞役(노역) 힘든 육체 노동.
勞賃(노임) 노동에 대한 보수. 품삯.
勞作(노작) 1)힘써 만듦. 또는 그 작품. 2)힘써 일함. 작업함.
勞績(노적) 힘써 세운 공적.
勞慘(노참) 지치고 상심함.
勞懈(노해) 지쳐 게으름을 피움.
勤勞(근로) 부지런히 일함.

유 努(힘쓸 노)

勝

⑩ 12획 이길 승 日ショウ·かつ 中shèng

풀이 1. 이기다. 승리하다. 승리. ¶勝負 2. 훌륭하다. 뛰어나다. ¶勝事 3. 견디다. 감당하다. 4. 경치가 좋다. ¶勝地 5. 지나치다. 능가하다.

勝氣(승기) 훌륭한 기상.
勝流(승류) 뛰어난 신분.
勝負(승부) 이김과 짐. 승패(勝敗).
勝事(승사) 훌륭한 일이나 사적(史蹟).
勝算(승산) 승리할 가망성. 이길 모책(謀策).
勝商(승상) 부유한 상인.
勝常(승상) 몸 상태가 평소보다 좋다는 뜻으로, 안부 또는 건강을 묻는 말.
勝訴(승소) 소송에서 이김.
勝於父(승어부) 아버지보다 나음.
勝彦(승언) 기량이 뛰어난 인물.
勝友(승우) 1)뛰어난 친구. 좋은 벗. 2)소나무.
勝引(승인) 나를 발전하게 하는 벗.
勝因(승인) 1)좋은 인연. 뛰어난 인연. 2)이긴 이유·까닭.
勝日(승일) 오행설(五行說)에서 목극토(木剋土)·토극수(土剋水)·수극화(水剋火)·화극금(火剋金)·금극목(金剋木)의 오일(五日)을 말함.
勝殘(승잔) 포악한 사람을 착하게 교화시켜 악을 행하지 않게 함.
勝蹟(승적) 훌륭한 고적(古跡). 유물·유적.
勝戰(승전) 싸움에 이김.
勝戰鼓(승전고) 싸움에 이겼을 때 치는 북.
勝情(승정) 아름다운 풍경을 감상하고 즐기는 마음.
勝地(승지) 1)경치가 좋은 곳. 승경(勝境). 승소(勝所). 2)지형이 뛰어난 곳.
勝趣(승취) 훌륭한 흥취(興趣).
勝敗(승패) 이기고 짐. 승부(勝負).
勝會(승회) 성대한 연회(宴會). 성회(盛會).

반 負(질 부) 비 騰(오를 등) 膝(무릎 슬)

勛

⑩ 12획 勳(p145)의 古字

勤 ⑪ 13획 日キン・つとめる
부지런할 근 中qín

풀이 1. 부지런하다. 부지런히 일하다. ¶勤介 2. 일. 직책. ¶內勤 3. 근심하다. 걱정하다. 4. 위로하다. 5. 지치다. 피곤해 하다. 피로를 느끼다. 6. 괴로워하다.

勤恪(근각) 근면하고 조심함. 각근(恪勤).
勤介(근개) 부지런하고 절개가 있음.
勤儉節約(근검절약) 부지런하고 검소하며 절약함.
勤苦(근고) 힘써 부지런히 일함.
勤求(근구) 부지런히 수행 하며 도(道)를 구함.
勤劇(근극) 일이 매우 바쁨.
勤勤(근근) 부지런히 일하는 모양.
勤勤孜孜(근근자자) 부지런하고 정성스러움.
勤念(근념) 마음으로 정성껏 돌보아 줌.
勤能(근능) 부지런하고 재능이 뛰어남. 또는 뛰어난 노력가.
勤勵(근려) 부지런히 애씀. 또는 격려함.
勤力(근력) 부지런히 애씀.
勤勞(근로) 부지런함.
勤勉(근면) 부지런히 힘씀.
勤務(근무) 1)일에 종사함. 2)종사하는 일.
勤民(근민) 1)부지런한 백성. 2)근로 생활을 하는 민중.
勤仕(근사) 자신의 일을 부지런히 함.
勤思(근사) 열심히 생각함.
勤戍(근수) 힘써 지킴.
勤實(근실) 부지런하고 건실함.
勤王(근왕) 임금에게 충성을 다함.
勤止(근지) 부지런히 힘씀.
勤怠(근태) 1)부지런함과 나태함. 2)출근과 결근.
勤學(근학) 부지런히 학문에 힘씀.
勤行(근행) 부처 앞에서 시간을 정하여 독경·예배·소향 등을 하는 의식.
勤恤(근휼) 부지런히 일하고 어려운 백성을 돌보아 줌.
皆勤(개근) 휴일을 제외하고는 하루도 빠짐없이 출석하거나 출근함.
內勤(내근) 밖으로 다니면서 하지 않고, 주로 안에서 하는 근무.
常勤(상근) 매일 일정 시간을 근무함.
轉勤(전근) 근무지를 옮김.
精勤(정근) 게으름을 피우지 않고 일이나 학업에 힘씀.
忠勤(충근) 충성스럽고 성실함.

유 勞(일할 로) 勉(힘쓸 면) 비 動(움직일 동)

勠 ⑪ 13획 日ロク
합할 륙(육) 中lù

풀이 합하다. 힘을 합치다. ¶勠力

勠力(육력) 서로 힘을 합침. 육력(戮力).

募 ⑪ 13획 日ボ・つのる
모을 모 中mù

*형성. 뜻을 나타내는 부수 '力(힘 력)'과 음을 나타내는 '某(아무 모)'를 합친 글자. 이에 무엇을 모으는 데에 힘씀을 의미하여, '널리 구한다'는 뜻을 나타냄.

풀이 1. 모으다. 불러 모으다. 2. 축적하다. ¶急募 3. 부르다. 뽑다. 모집하다.

募兵(모병) 병사를 모집함. 또는 그 병사.
募選(모선) 모아서 선발함.
募役法(모역법) 송대(宋代) 왕안석(王安石)이 제정한 법의 하나. 민가(民家)에서 인부를 뽑는 대신에 돈을 징수하여, 그 돈으로 정부가 실업자를 싼 임금에 고용하던 법.
募緣(모연) 중이 재물을 절에 기부하여 연(緣)을 맺음.
募集(모집) 불러 모음.
募債(모채) 공채 또는 사채 등의 채권을 모음.
公募(공모) 일반에게 공개하여 모집함.
召募(소모) 의병이나 지원병 등을 불러 모음.
應募(응모) 모집에 응함. 지원함.
徵募(징모) 장정이나 군인들을 불러 모음. 징집(徵集).

유 集(모일 집) 비 慕(사모할 모) 幕(장막 막) 墓(무덤 묘)

勢 ⑪ 13획 日セイ・いきおい
기세 세 中shì

*형성. 뜻을 나타내는 부수 '力(힘 력)'과 음을 나타내는 '埶(권세 세)'를 합친 글자.

풀이 1. 기세. 2. 위세. 권세. ¶勢權 3. 세력. 4. 위력. 5. 활동력. 6. 권위. 7. 형세. 8. 기회. 9. 되어가는 형편. 상태. ¶事勢 10. 무리. 11. 불알.

勢家(세가) 위세가 있는 집안. 권력 있는 집안.
勢窮力盡(세궁역진) 기세가 다하고 힘이 빠짐.
勢權(세권) 권세(權勢).

2획

勢力(세력) 1)일에 필요한 힘. 에너지. 2)권세.
勢利之交(세리지교) 세력과 이윤을 목적으로 하여 맺는 교제.
勢望(세망) 권세와 인망.
勢名(세명) 권세와 명성.
勢不兩立(세불양립) 세력이 있는 두 사람이 함께 설 수 없음.
勢如破竹(세여파죽) 기세가 대나무를 쪼개는 것과 같음. 기세가 맹렬하여 대적할 상대가 없음. 파죽지세(破竹之勢).
勢列(세열) 권세가 있는 지위.
勢焰(세염) 불꽃같이 맹렬한 세력.
勢要(세요) 세력이 있는 중요한 직무. 또는 그 자리에 있는 사람.
勢援(세원) 후원자. 배후의 유력자.
勢威(세위) 떨치는 기세와 위엄.
勢子(세자) 바둑에서 네 귀와 천원(天元)에 놓은 돌.
勢至菩薩(세지보살) 지혜로 중생을 보살펴 삼악도에서 벗어나게 한다는 보살.
加勢(가세) 힘을 보탬. 거듦.
攻勢(공세) 공격하는 세력이나 태세.
權勢(권세) 권력과 세력.
事勢(사세) 일이 되어 가는 형편.
餘勢(여세) 어떤 일을 해낸 뒤에 또 다른 일도 할 수 있는 남은 기세 또는 세력.
情勢(정세) 일이 되어 가는 정황.
破竹之勢(파죽지세) 대나무를 쪼갤 때의 맹렬한 기세라는 뜻으로, 세력이 강대해 감히 대적할 상대가 없음을 이르는 말.
形勢(형세) 어떤 형편이나 상태.

破竹之勢(파죽지세)의 유래

진나라의 진남대장군(鎭南大將軍) 두예가 진무제로부터 출병 명령을 받아 20만 대군을 거느리고 오(吳)나라를 쳐서 삼국 시대의 막을 내리고 천하통일을 이룰 때의 일이다. 출병한 이듬해 음력 2월, 무창(武昌)을 점령한 두예는 휘하 장수들과 오나라를 일격에 공략할 마지막 작전회의를 열었다. 이때 한 장수가 '곧 강물이 범람할 시기가 다가오고, 또 언제 전염병이 발생할지 모르니 일단 후퇴했다가 겨울에 다시 공격하는 것이 어떻겠느냐' 고 했다. 그러자 두예는 단호히 명령조로 대답했다. "지금 우리 군사들의 사기는 하늘을 찌를 듯이 높다. 그것은 마치 '대나무를 쪼갤 때의 맹렬한 기세(破竹之勢)' 와 같다. 대나무란 일단 쪼개지기만 하면 그 다음부터는 칼날을 대기만 해도 저절로 쪼개지는 법인데, 어찌 이런 절호의 기회를 놓칠 수 있단 말인가." 두예는 곧바로 군사를 재정비하여 오나라의 도읍인 건업(建業)으로 진격하여 그야말로 파죽지세처럼 몰아쳐 단숨에 건업을 함락시켰다.

虛勢(허세) 실상이 없는 기세. 허위(虛威).

비 熱(더울 열)

勣 ⑪ 13획 공 적 日セキ·シャク 中jī

풀이 공. 업적.

유 績(실적 적) 勳(공 훈)

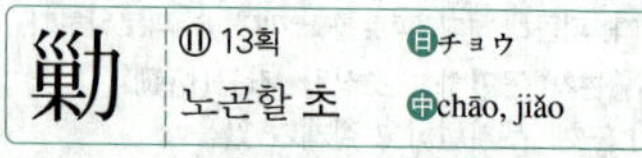

勦 ⑪ 13획 노곤할 초 日チョウ 中chāo, jiǎo

풀이 1. 노곤하다. 피곤하다. ¶勦民 2. 공격하다. ¶勦滅 3. 강탈하다. 빼앗다. ¶勦說 4. 날래다. 재빠르다. ¶勦剛 5. 끊다. 절단하다. ¶勦絶

勦剛(초강) 재빠르고 굳셈.
勦滅(초멸) 적을 공격하여 무찌름. 잡아 죽임. 초진(勦殄).
勦民(초민) 백성을 수고롭게 함.
勦說(초설) 남의 이론을 빼앗아 자신의 이론으로 삼음.
勦襲(초습) 1)남의 것을 제 것으로 만듦. 2)남의 이론·문장 등을 배껴 제 것으로 삼음. 초설(勦說).
勦絶(초절) 절멸(絶滅)시킴. 없어짐.
勦討(초토) 쳐서 멸망시킴. 초멸(勦滅).

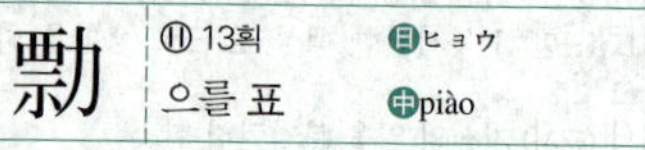

勡 ⑪ 13획 으를 표 日ヒョウ 中piào

풀이 1. 으르다. 위협하다. ¶勡劫 2. 겁탈하다.

勡劫(표겁) 위협함.

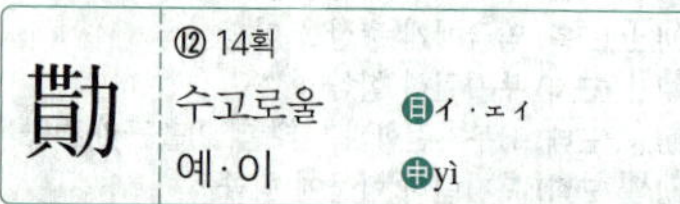

勩 ⑫ 14획 수고로울 예·이 日イ·エイ 中yì

풀이 1. 수고롭다. 수고롭게 하다. 2. 괴롭다. 고통스럽다.

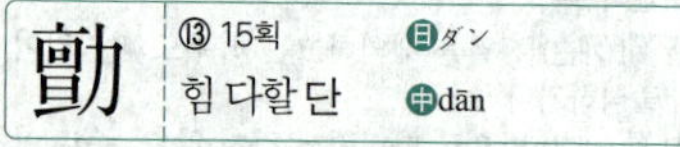

勯 ⑬ 15획 힘 다할 단 日ダン 中dān

풀이 힘이 다하다. 힘이 빠지다.

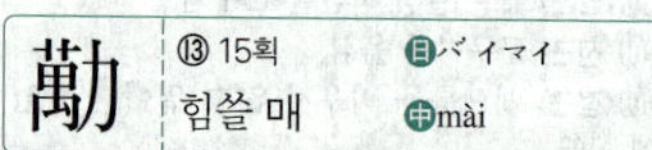

勱 ⑬ 15획 힘쓸 매 日バイ·マイ 中mài

풀이 힘쓰다. 부지런히 일하다. ¶勱相

2획

勱相(매상) 1)힘써 도움. 2)힘써 다스림.
유 勔(힘쓸 면) 努(힘쓸 노) 勉(힘쓸 면) 勵(힘쓸 려)

勰	⑬ 15획 뜻 맞을 협	日キョウ 中xié

풀이 뜻이 맞다. 생각이 같다.

勲	⑬ 15획 勳(p145)의 俗字

勳	⑭ 16획 공훈	日クン·いさお 中xūn

* 형성. 뜻을 나타내는 부수 '力(힘 력)'과 음을 나타내며 검은 연기가 사방으로 퍼지는 것을 뜻하는 '熏(연기낄 훈)'을 합친 글자. 이에 힘써 만든 것이 널리 퍼진다는 의미이며 그렇게 널리 알려진 것은 칭찬할 만하다 하여 '공', '공적'의 뜻으로 쓰임.

풀이 공. 공적. 공훈. 왕이나 나라를 위해 세운 공적. ¶勳功

勳階(훈계) 업적의 등급. 훈등(勳等).
勳功(훈공) 국가나 왕을 위해 세운 공적.
勳舊(훈구) 훈공이 있는 집안. 또는 누대의 공로자.
勳貴(훈귀) 공이 있는 귀족.
勳勤(훈근) 공훈. 공적.
勳記(훈기) 훈장과 더불어 내리는 문서·증서.
勳德(훈덕) 공과 덕망.
勳勞(훈로) 나라에 공을 세움.
勳望(훈망) 훈공과 명망.
勳門(훈문) 공을 세운 가문. 훈벌(勳閥).
勳書(훈서) 공을 적은 문서.
勳緖(훈서) 공훈. 업적.
勳烈(훈열) 큰 공훈.
勳位(훈위) 공훈에 따른 순서. 위계(位階). 훈급(勳級).
勳蔭(훈음) 조상의 업적에 따라 그 자손들이 받는 관직.
勳籍(훈적) 공이 있는 사람의 업적을 적은 기록.
勳戚(훈척) 공을 세운 왕실의 친족.
勳寵(훈총) 공으로 임금의 총애를 받음.
勳華(훈화) 요(堯)임금과 순(舜)임금.
功勳(공훈) 드러나게 세운 공로.
武勳(무훈) 전쟁에서 세운 공로. 무공(武功).
敍勳(서훈) 훈등(勳等)과 훈장을 내림.
首勳(수훈) 으뜸가는 큰 공훈.
殊勳(수훈) 빼어난 공훈. 수공(殊功).
樹勳(수훈) 공을 세움.
元勳(원훈) 1)나라를 위한 제일 큰 공훈. 2)나라에 큰 공이 있어 임금이 믿고 가까이하던 늙은 신하.
忠勳(충훈) 충의를 다하여 세운 훈공.
유 功(공 공) 勣(공 적)

勵	⑮ 17획 힘쓸 려(여)	日レイ·はげむ 中lì

丿 厂 厂 厈 厈 厈 厉 厉 厉 厲 厲 厲 厲 厲 厲 勵 勵

풀이 1. 힘쓰다. 노력하다. 애쓰다. ¶精勵 2. 권장하다. 장려하다. ¶勵志

勵短(여단) 힘써 단점을 고침.
勵聲(여성) 목소리를 높임. 여성(厲聲).
勵翼(여익) 힘써 도움. 여익(厲翼).
勵節(여절) 절개를 권장함.
勵志(여지) 격려하여 뜻을 굳게 함.
勵行(여행) 힘써 실행함.
刻勵(각려) 고생을 무릅쓰고 부지런히 힘씀.
激勵(격려) 다른 사람을 북돋우어 힘을 내게 함.
剋勵(극려) 개인의 욕심을 버리고 부지런히 일함.
勉勵(면려) 1)스스로 힘써 함. 2)격려하여 힘쓰게 함.
精勵(정려) 정신을 집중하여 힘씀.
유 勔(힘쓸 면) 努(힘쓸 노) 勉(힘쓸 면)

勷	⑰ 19획 달릴 양	日ジョウ·ニョウ 中ráng, xiāng

풀이 1. 달리다. 2. 바쁘다. 급하다. 갑작스러운 모양.

유 走(달릴 주) 비 襄(도울 양)

勸	⑱ 20획 권할 권	日カン·すすめる 中quàn

풀이 1. 권하다. 권장하다. 장려하다. ¶勸善 2. 힘쓰다. 애쓰다. ¶勸功 3. 인도하다. 가르치다. 지도하다. 4. 복종하다. 따르다.

勸駕(권가) 덕망 있는 사람에게 수레를 보내 서울로 부름.
勸諫(권간) 권장하고 충고함.
勸講(권강) 1)강의를 권함. 2)임금에게 경연을 펼침.

2 획

勸戒(권계) 선을 권장하고 악을 경계함.
勸告(권고) 타이르며 권함.
勸禁(권금) 권장하는 일과 금지하는 일.
勸農綸音(권농윤음) 농사를 권장하는 임금의 교서(教書).
勸導(권도) 타일러서 이끌어 줌.
勸督(권독) 타일러 가며 감독함.
勸勵(권려) 권하고 격려함. 권장함.
勸勉(권면) 어떤 일을 권하고 격려하여 힘쓰게 함.
勸分(권분) 1)나누기를 권함. 2)고을 원이 관내의 부자들에게 가난한 백성을 구제하기를 권함.
勸穡(권색) 농사를 권장함.
勸善(권선) 1)선행을 권함. 2)불가에서 신도들에게 시주하기를 권하는 일.
勸善懲惡(권선징악) 선행을 장려하고 악행을 징계함. 권징(勸懲).

○勸善懲惡(권선징악)의 유래
권선징악이라는 말은 《춘추좌씨전(春秋左氏傳)》에 나오는 다음 글에서 유래되었다. '춘추(春秋)시대의 말은 알기 어려운 것 같으면서도 알기 쉽고, 쉬운 것 같으면서도 뜻이 깊고, 완곡하면서도 정돈되어 있고, 노골적인 표현을 쓰지만 품위가 없지 않으며, 악행을 징계하고 선행은 권한다. 성인이 아니고서야 누가 이렇게 지을 수 있겠는가(春秋之稱微而顯志而晦婉而成章盡而不汚懲惡而勸善非聖人誰能修之).'

勸率(권솔) 권하여 거느림.
勸言(권언) 권하는 말. 권고의 말.
勸業(권업) 산업을 장려함.
勸誘(권유) 어떤 일을 하도록 권함.
勸引(권인) 권하여 이끎. 권유(勸誘).
勸奬(권장) 권하고 장려함.
勸酒(권주) 술을 권함.
勸止(권지) 그만두도록 권함.
勸學(권학) 학문을 권장함.
勸誨(권회) 권장하고 가르침.
強勸(강권) 억지로 권함.
教勸(교권) 가르쳐 권함.

비 權(권세 권) 勤(부지런할 근)

勹 쌀 포 部

'勹' 자는 '包(쌀 포)' 자에서 유래한 것으로, 사람이 몸을 앞으로 구부려 물건을 감싸 안고 있는 모양을 본떠 '싸다'라는 뜻을 나타낸 글자다. 단독으로는 쓰이지 않고 부수의 역할만 하며, 부수 명칭은 '쌀포몸'이다.

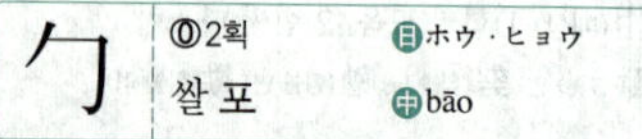

풀이 싸다. 물건 등을 감싸다. '包(쌀 포)'의 본자(本字).

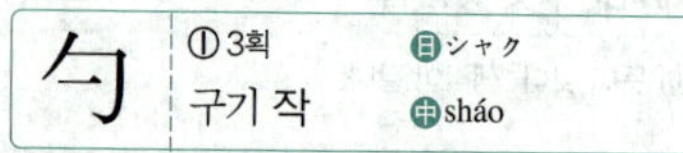

* 상형. 손잡이가 있는 국자의 모양을 본뜬 글자.

풀이 1. 구기. 국자. 술이나 국 등을 뜰 때 쓰는 기구. ¶勺觶 2. 잔질하다. 푸다. 3. 작. 용량의 단위. 홉(合)의 10분의 1에 해당됨. 4. 적은 양. 소량. ¶勺飮 5. 풍류 이름. 주공(周公)이 정한 악장(樂章)의 이름.

勺水不入(작수불입) 한 모금의 물도 마시지 못한다는 뜻으로, 음식을 전혀 먹지 못함을 이르는 말.
勺飮(작음) 1)소량의 마실 것. 2)국자로 떠서 마심.
勺觶(작치) 구기와 술잔.

비 勹(쌀 포) 匀(적을 균)

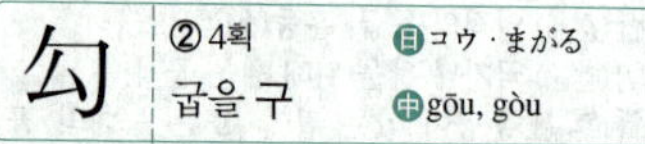

풀이 1. 굽다. 구부러지다. ¶勾喙 2. 갈고리. 3. 구절(句節). 4. 표하다. 5. 붙잡다. ¶勾檢

勾檢(구검) 잡아 검사함.
勾當(구당) 일을 맡음. 담당함.
勾配(구배) 1)지붕 등의 비탈진 정도. 물매. 2)기울기.
勾喚(구환) 소환함.
勾喙(구훼) 굽은 부리.

유 曲(굽을 곡)

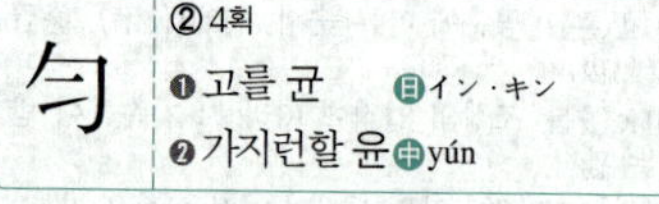

풀이 ❶ 1. 고르다. 같다. 균등하다. '均(고를 균)'의 동자(同字). ¶匀匀 ❷ 2. 가지런하다. 3. 두루 미치다.

匀匀(균균) 고른 모양.
匀面(균면) 얼굴을 단정하게 함.
匀圓(균원) 아주 둥근 모양.
匀旨(균지) 의정부(議政府) 등의 관부에서 보내는 명령이나 의견.

비 勿(말 물) 勺(구기 작)

勿

②4획
❶말 물 日モチ·ブツ·なかれ
❷털 몰 中wù

丿 勹 勿 勿

*상형. 장대 끝에 세 개의 기가 달려 있는 모양을 본뜬 글자. 이 깃발을 들면 사람들이 일을 멈추고 비상사태를 기다렸다는 의미에서 '하지 마라' 라는 뜻으로 쓰임.

풀이 1 1. 말다. …마라. 금지의 조사. ¶勿驚 2. …아니다. 부정의 조사. ¶勿施 3. 없다. ¶勿論 2 4. 털다. 먼지 등을 털다.

勿驚(물경) 놀라지 말라.
勿禁(물금) 관청에서 금지한 일을 특별히 허락하여 줌.
勿論(물론) 말할 필요가 없음.
勿罔(물망) 넓고 가득한 모양.
勿勿(물물) 근심 걱정하는 모양.
勿施(물시) 1)하려던 일을 그만둠. 2)해 오던 일을 중도에 멈춤.
勿照之明(물조지명) 비추지 않아도 밝음.
勿出朝報(물출조보) 조정(朝廷)의 중요한 일을 보도하지 않음.
勿侵(물침) 1)침범하지 못함. 2)건드리지 못하게 함.

유 毋(말 무) 비 勻(적을 균)

匃

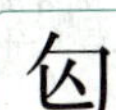

③5획 日カイ·カン
빌 개·갈 中gài

풀이 빌다. 구하다. 구걸하다.

비 包(쌀 포) 匈(오랑캐 흉)

匆

③5획
悤(p449)의 俗字

包

③5획 日ホウ·つつむ
쌀 포 中bāo

丿 勹 匀 匀 包

*회의. 뜻을 나타내는 부수 '勹(쌀 포)' 와 뱃속의 아이를 나타낸 '巳(자식 사)' 를 합친 글자. 이에 뱃속의 아이를 싸고 있음을 의미하여 '싸다', '품다' 의 뜻으로 쓰임.

풀이 1. 싸다. 감싸다. ¶包括 2. 둘러싸다. 3. 꾸러미. 보따리. 4. 깊이 간직하다. 숨기다. 5. 받아들이다. 6. 초목이 우거지다. 7. 푸줏간.

包括(포괄) 하나로 싸 묶음. 총괄함.
包攝(포섭) 1)받아들임. 가담시킴. 2)어떤 개념이 다른 일반적인 개념에 속하는 종속 관계를 말함.
包容(포용) 1)싸서 받아들임. 2)마음씨가 너그러워 남의 잘못을 감싸 줌.
包圍(포위) 주위를 에워쌈. 둘러쌈.
包藏(포장) 1)겉으로 보이지 않게 쌈. 2)마음에 깊이 간직함.
包裝(포장) 물건을 쌈.
包作(포작) 공포.
包含(포함) 어떤 사물이나 현상 가운데 함께 들어 있거나 함께 넣음.
包涵(포함) 널리 모아 쌈.
懷包(회포) 마음속에 품은 생각.

유 含(머금을 함)

匈

④6획 日キョウ·むね
오랑캐 흉 中xiōng

풀이 1. 오랑캐. ¶匈奴 2. 가슴. 3. 떠들썩하다. 4. 인심이 흉흉하다. ¶匈匈

匈奴(흉노) B.C. 3세기부터 약 3백 년간 지금의 몽골 지방에서 유목하던 민족.
匈匈(흉흉) 1)세상이 떠들석한 모양. 2)인심이 흉흉한 모양.

유 夷(오랑캐 이) 비 匃(빌 개)

匉

⑤7획 日ホウ
큰소리 평 中pēng

풀이 큰소리. 요란한 물소리.

匊

⑥8획 日キク
움켜 뜰 국 中jū

풀이 1. 움켜 뜨다. 쌀을 양손으로 뜨다. 2. 두 손을 합한 손바닥 안. 손바닥. 3. 분량의 단위.

비 匈(오랑캐 흉) 菊(국화 국)

匌

⑥8획 日ユウ
돌 합 中kē

풀이 1. 돌다. ¶匌匝 2. 만나다. 우연히 만나다. 3. 기운이 막히다.

匌匝(합잡) 돌고 돌아서 우연히 만남.

유 旋(돌 선) 回(돌 회)

2획

匍	⑦ 9획 길 포	日ホ・ブ 中pú

풀이 1. 기다. 기어가다. ¶匍匐 2. 힘을 다하다.

匍匐(포복) 1)기어감. 2)힘을 다해 급히 감.
匍匐救之(포복구지) 급히 서둘러 구한다는 뜻으로, 남의 힘든 일에 힘을 다하여 도움을 말함.
韓信匍匐(한신포복) 한신이 엎드려 기었다는 뜻으로, 큰 포부를 가진 사람은 눈앞의 부끄러움도 참고 이겨 낼 줄 안다는 것을 이르는 말.

匐	⑨ 11획 길 복	日ホク・はらばう 中fú

2 획

풀이 1. 기다. 엎드려서 엉금엉금 기어가다. 2. 엎드리다.

匐枝(복지) 새 뿌리를 곳곳에 뻗어 가며 자라는 줄기.

匏	⑨ 11획 박 포	日ホウ・ふくべ 中páo

풀이 1. 박. 바가지. ¶匏蘆 2. 팔음의 하나. 악기의 일종으로 생황(笙簧) 등을 이름. ¶匏竹 3. 별 이름. ¶匏瓜

匏瓜(포과) 1)박. 바가지. 2)별 이름.
匏蘆(포로) 조롱박.
匏竹(포죽) 피리.
匏粥(포죽) 박의 속을 넣고 끓인 죽.

匕 비수 비 部

'匕' 자는 끝이 뾰족한 숟가락 모양을 본떠 '숟가락'을 나타내는 글자이다.

匕	⓪ 2획 비수 비	日ヒ・さじ 中bǐ

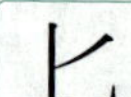

* 상형. 끝이 뾰족한 숟가락 모양을 본뜬 글자.

풀이 1. 비수. ¶匕首 2. 숟가락. ¶匕箸 3. 화살촉.

匕首(비수) 날카로운 칼. 단도(短刀).
匕箸(비저) 숟가락과 젓가락.

化	② 4획 될 화	日カ・ケ・ばける 中huà

ノ亻亻' 化

* 회의. 사람(人)이 모양을 바꿔 다른 사람(匕)이 된다는 뜻에서 '바뀌다' 라는 뜻을 나타냄.

풀이 1. 되다. 화하다. 원래의 상태에서 다른 상태로, 또는 전혀 다른 물질로 변함. 2. 교화하다. ¶化正 3. 고쳐지다. 4. 변하다. 변천하다. ¶化遷 5. 풍속. 6. 가르침. 은혜. ¶化民成俗 7. 성장. 발육. 8. 죽음. 9. 집. 도사(道士)의 거실.

化感(화감) 덕으로써 감화시킴.
化導(화도) 덕으로써 이끌어 변하게 함.
化民成俗(화민성속) 백성을 가르쳐 좋은 풍속을 이룸.
化生(화생) 1)새로운 것이 남. 2)불교에서 말하는 사생(四生)의 하나로, 부모의 뱃속이나 알 같은 데서 생기지 않고 어디서 홀연히 생겨나는 것. 귀신이나 요괴·지옥·천계·사람의 사후 등.
化石(화석) 충적세(沖積世)에 살던 생물의 유체가 암석 속에 남아 있는 것.
化成(화성) 1)모양이 바뀌어 다른 물체가 됨. 2)덕으로써 선해짐.
化聲(화성) 소리가 사물에 따라 변함.
化身(화신) 삼불(三佛)의 하나. 부처가 중생을 바르게 이끌기 위하여 적절한 모습으로 바꾸어 이 세상에 나타남.
化若偃草(화약언초) 풀이 눕는 것과 같다는 뜻으로, 백성이 군주의 가르침을 따름.
化育(화육) 자연이 만물을 생성하고 자라게 함.
化人(화인) 부처나 보살이 그 형체를 바꾸어 사람이 됨, 또는 사람의 형체로 만든 것.
化日(화일) 해. 해는 모든 사물을 생겨나게 하므로 이르는 말.
化粧(화장) 1)분·연지 등으로 꾸밈. 2)머리·옷을 매만지고 꾸밈.
化正(화정) 교화하여 바르게 됨.
化遷(화천) 변천함.
化治(화치) 1)교화하여 다스림. 2)만들어 다스림.
化學(화학) 물질의 조성·성질 및 화합·분해 등 물질간의 변화의 법칙 현상을 연구하는 자연 과학의 한 부분.
化合(화합) 두 가지 이상의 물질이 화학 변화로 인하여 새 물질이 되는 현상.
化向(화향) 덕화되어 귀순해 옴.
感化(감화) 덕으로써 변하게 함.

北 ③ 5획
❶ 북녘 북 日ホク · きた
❷ 달아날 배 中běi, bèi

丨 ㅓ ㅕ 㐅 北

* 상형. 사람이 서로 등지고 있는 모양을 본뜬 글자. 이에 '등지다', '배반하다'의 뜻으로 쓰임. 또한 적에게 등을 보이고 달아남을 뜻하여 '달아나다'는 뜻으로도 쓰임.

풀이 ❶ 1. 북녘. 북쪽. ¶北端 ❷ 2. 달아나다. 도망치다. ¶敗北 3. 배반하다. 등지다.

北京(북경) 중국의 수도. 베이징.
北歐(북구) 북유럽. 곧 아이슬란드 · 스웨덴 · 덴마크 · 노르웨이 등의 나라.
北極(북극) 1)북쪽 끝. 2)자침이 가리키는 북쪽 끝. 3)지구의 자전축을 연장할 때 천구와 마주치는 북쪽 점.
北極星(북극성) 작은곰자리의 주성(主星).
北端(북단) 북쪽 끝.
北路(북로) 1)북쪽으로 가는 길. 2)서울에서 북쪽으로 통하는 길.
北邙山(북망산) 1)중국 낙양(洛陽) 북쪽의 망산(邙山). 한(漢)나라 이래로 유명한 묘지임. 2)사람이 죽어서 가는 곳.
北溟(북명) 북쪽에 있는 큰 바다.
北半球(북반구) 지구의 적도 북쪽 부분.
北方(북방) 북녘. 북쪽 지방.
北伐(북벌) 북쪽을 토벌함.
北部(북부) 북쪽 부분.
北上(북상) 북쪽으로 올라감.
北魚(북어) 마른 명태.
北緯(북위) 적도 이북의 위도.
北進(북진) 북쪽으로 나아감.
北漆(북칠) 돌에 글자를 새길 때, 글씨를 쓴 종이에 밀을 칠하여 뒤쪽에 비치는 글자 테두리를 그려 돌에 붙이고 문질러서 글씨 자국을 내려 앉히는 일.
南枝落北枝開(남지락북지개) 매화의 남쪽 가지에서는 꽃이 떨어지고 북쪽 가지에서는 꽃이 핀다는 뜻으로, 춥고 따뜻함의 차이를 이르는 말.
白首北面(백수북면) 재주와 덕이 없는 사람은 나이를 먹어도 스승 앞에서 북향(北向)하고 앉아서 가르침을 받아야 한다는 뜻으로, 학문은 나이의 제한이 없이 백발노인이라도 배운다는 뜻.
泰山北斗(태산북두) 중국(中國) 제일의 명산인 태산(泰山)과 북두성(北斗星)이라는 뜻으로, 학문 · 예술 분야의 대가(大家), 또는 남에게 존경받는 뛰어난 존재를 말함.

비 兆(조짐 조)

匙 ⑨ 11획 日シ · さじ
숟가락 시 中chí, shi

풀이 1. 숟가락. ¶匙箸 2. 열쇠. ¶匙匣

匙箸(시저) 은으로 만든 숟가락과 젓가락.
匙楪(시접) 수저를 담는 대접 비슷한 그릇.
十匙一飯(십시일반) 열 명이 밥을 한 숟가락씩만 보태도 한 사람의 몫을 이룬다는 뜻으로, 여러 사람이 힘을 모으면 한 사람 정도는 구제하기 쉬움을 이르는 말.

비 題(표제 제)

匚 상자 방 部

匚 자는 네모난 형태의 상자를 옆에서 본 모양을 나타낸 글자로 '상자'라는 뜻을 지닌다. 단독의 문자보다는 부수(部首)자로서의 역할만 하며 이 글자를 부수로 갖는 글자는 일반적으로 물건을 담아 두는 기구나 사물을 담는다는 의미와 관련이 있다.

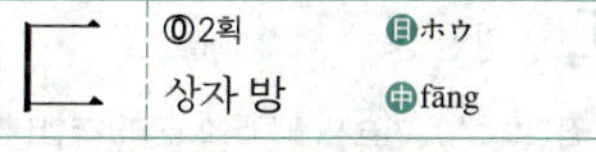

匚 ⓪ 2획 日ホウ
상자 방 中fāng

풀이 상자. 네모난 상자 모양의 용기(容器).

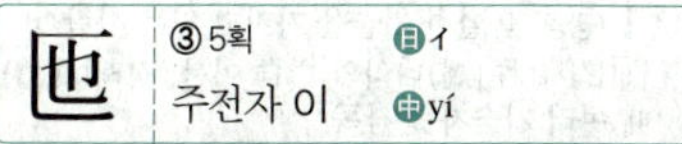

匜 ③ 5획 日イ
주전자 이 中yí

풀이 주전자. 자루가 달린 술그릇.

비 匡(바를 광)

匝 ③ 5획 日ソウ · めぐる
돌 잡 中zā

풀이 1. 돌다. 둘레. 2. 두루. 널리. ¶匝洽

匝旬(잡순) 10일간. 열흘 동안.
匝洽(잡흡) 두루 윤택함.

비 巾(수건 건)

匡

④ 6획 日キョウ·ただす

바를 광 中kuāng, kuàng

* 형성. 뜻을 나타내는 부수 '匚(상자 방)'과 음을 나타내는 '王(임금 왕)'을 합친 글자. 임금(王)이 한 나라의 구역(匚)을 다스려 굽어진 백성들을 바르게 하는 것을 나타내어, '바로잡다'는 뜻으로 쓰임.

풀이 1. 바르다. 2. 바로잡다. ¶匡矯 3. 구원하다. 구제하다. ¶匡困 4. 돕다. ¶匡補 5. 비뚤다. 휘다. 6. 두려워하다. ¶匡懼 7. 눈자위.

匡諫(광간) 바로잡아 간언을 함.
匡困(광곤) 곤궁한 사람을 구제함.
匡矯(광교) 바르게 고침. 광정(匡正).
匡救(광구) 잘못을 바로잡고 흐트러진 세상을 구제함.
匡懼(광구) 두려워함.
匡勵(광려) 바로잡고 격려함.
匡補(광보) 부족한 것을 도와 채움.
匡復(광복) 바로잡아 회복함.
匡牀(광상) 편한 평상. 침대.
匡時(광시) 폐단을 바로잡음.
匡益(광익) 정당한 이익.
匡正(광정) 바르게 고침. 교정(矯正).
匡坐(광좌) 바르게 앉음. 정좌(正坐).
匡弼(광필) 임금을 바르게 도움.
匡護(광호) 도와서 지킴. 원호(援護).

匠

④ 6획 日ショウ·たくみ

장인 장 中jiàng

풀이 1. 장인(匠人). 기술자. ¶工匠 2. 궁리. 고안(考案). ¶意匠 3. 가르침. 교시(教示). 4.우두머리. ¶宗匠

匠工(장공) 특별한 기술을 가지고 있는 사람.
匠師(장사) 주(周)나라의 벼슬 이름. 장례(葬禮) 때 여러 기술자를 감독.
匠石運斤(장석운근) 고대의 뛰어난 장인인 장석(匠石)이 도끼를 운용하듯이 한다는 뜻으로, 기술이 최고의 경지에 다다름을 이르는 말.
匠意(장의) 만들고자 하는 생각. 고안(考案).
匠人(장인) 물건을 만드는 일을 업으로 삼은 사람.
匠宰(장재) 재상(宰相).
匠戶(장호) 국가의 여러 잡직에 종사하는 각종 장인들의 호적.
巨匠(거장) 위대한 예술가.
工匠(공장) 물건을 만드는 것을 직업으로 삼는 사람의 총칭.
金匠(금장) 쇠붙이에 세공을 하는 사람.

유 工(장인 공)

⑤ 7획 日コウ·はこ

갑 갑 中xiá

* 형성. 뜻을 나타내는 '匚(상자 방)'과 음을 나타내는 '甲(첫째 천간 갑)'을 합친 글자. 이에 '상자', '궤'의 뜻으로 쓰임.

풀이 1. 갑. 궤. 작은 상자. ¶文匣 2. 갑. 갑이나 상자로 된 것을 세는 단위.

匣匳(갑렴) 빗을 넣어 두는 작은 상자.
匣中(갑중) 갑(匣)의 안. 상 안이나 궤의 속.
手匣(수갑) 죄인이나 피의자의 동작이 자유롭지 못하게 두 손목에 채우는 형구.
掌匣(장갑) 손에 낄 수 있도록 천·털실이나 가죽 등으로 손의 모양과 비슷하게 만든 물건.
紙匣(지갑) 가죽이나 헝겊 등으로 쌈지처럼 만든 물건.

유 匭(상자 궤)

匪

⑧ 10획

❶ 대상자 비 日ヒ·フン

❷ 나눌 분 中fěi

풀이 1 1. 대상자. 대나무 상자. 2. 비적. 도적. ¶匪徒 3. 문채. 채색. ¶匪匪 4. 담다. 넣다. 5. 빛나다. 2 6. 나누다. 나누어 주다. ¶匪頒

匪魁(비괴) 비적(匪賊)의 두목.
匪躬之節(비궁지절) 자신의 이익을 생각하지 않고 오로지 국가의 일에 충성을 다함.
匪徒(비도) 비적(匪賊)의 무리. 비류(匪類).
匪匪(비비) 색이 곱거나 문채가 아름다움.
匪石之心(비석지심) 돌과 같이 구르지 않는 마음이라는 뜻으로, 심지가 굳어서 흔들리지 않는 마음을 비유하는 말.
匪兕匪虎(비시비호) 외뿔소도 범도 아닌데 광야에서 쫓기고 있다는 뜻으로, 어진 사람이 재난을 만나 한탄함을 이르는 말.
匪夷所思(비이소사) 보통 사람은 하지 못할 평범하지 않은 생각.
匪賊(비적) 떼를 지어 다니며 재물을 빼앗는 도적. 또는 도적의 무리.

⑨ 11획 日キ

상자 궤 中guǐ

풀이 1. 상자. 2. 동여매다. 매다.

유 箱(상자 상)

匯	⑪ 13획	日カイ
	물돌 회	中huì

풀이 1. 물이 돌다. 물이 빙빙 돌아 흐르다. 2. 어음. 환.

匱	⑫ 14획	日キ
	함 궤	中guì, kuì

풀이 1. 함. 궤. 갑. ¶匱櫝 2. 삼태기. 흙을 담는 그릇. 3. 다하다. ¶匱竭 4. 우리. 짐승을 가두고 기르는 시설.

匱竭(궤갈) 다 고갈됨.
匱窮(궤궁) 곤궁함.
匱櫝(궤독) 상자.
匱乏(궤핍) 다 없어져 모자람.
金匱(금궤) 1)금으로 만든 궤. 2)철궤(鐵櫃).

유 函(함 함)

匰	⑫ 14획	日タン
	주독 단	中dān

풀이 주독(主櫝). 신주(神主)를 넣어 두는 궤.

匲	⑫ 14획
	匳(p151)과 同字

匳	⑬ 15획	日レン
	경대 렴(염)	中lián

풀이 1. 경대. 거울을 넣어두는 상자. ¶鏡匳 2. 향 그릇. 향을 담아두는 상자. ¶香匳

匳幣(염폐) 시집갈 때 가지고 가는 물품. 혼수.
鏡匳(경렴) 거울을 넣는 상자. 경갑(鏡匣).
香匳(향렴) 향을 담는 그릇.

匴	⑭ 16획	日サン
	관 상자 산	中suǎn

풀이 관 상자. 관(冠)을 넣는 상자.

匵	⑮ 17획	日トク
	궤 독	中dú

풀이 1. 궤. 상자. 2. 관.

유 匭(상자 궤)

匶	⑱ 20획	日キュウ・グ
	널 구	中jiù

풀이 널. ¶匶路

匶路(구로) 널을 싣는 수레.
匶諡(구시) 널과 시호(諡號).

유 版(널 판)

匸 감출 혜 部

'匸'자는 '감추다'는 뜻을 지니며, 문자로서의 역할보다는 부수(部首)자로서의 역할만 한다.

匸	⓪ 2획	日ケイ・かくす
	감출 혜	中fāng, xì

풀이 감추다. 덮어 가리다.

区	② 4획
	區(p152)의 略字

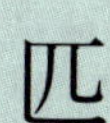

匹	② 4획	
	❶ 필 필	日ヒツ・たぐい
	❷ 집오리 목	中pǐ

一 匚 匹 匹

풀이 ■1 1. 필. 말이나 소를 세는 단위. 또는 옷감의 길이 단위. ¶匹練 2. 짝. 한 쌍을 이루는 것. 또는 한 쌍 중의 하나. 3. 짝짓다. 4. 상대. 적수. ¶匹敵 ■2 5. 집오리.

匹群(필군) 동료.
匹練(필련) 한 필의 비단.
匹馬單鎗(필마단창) 말 한 필과 창 한 자루. 혼자 간단한 무장을 하고 말을 타고 감.
匹婦(필부) 1)한 사람의 여자. 2)신분이 낮은 여자.
匹夫(필부) 1)한 사람의 남자. 2)신분이 낮은 남자.
匹夫無罪(필부무죄) 보통 사람은 죄가 없다는 뜻으로, 착한 사람일지라도 그 신분에 어울리지 않는 물건을 갖고 있으면 재앙을 부르게 된다는 것을 이르는 말.

○匹夫無罪(필부무죄)의 유래

춘추 시대 우나라를 다스리던 우공은 동생 우숙이 가지고 있는 명옥(名玉)을 몹시 탐냈다. 우숙은 처음에는 아까워서 주고 싶지 않았지만 곧 다음과 같이 말하며 형에게 구슬을 바쳤다. "주나라의 속담에 '보통사람은 죄가 없어도 구슬을 가지고 있으면 그것이 곧 죄가 된다'고 했습니다. 내가 이것을 가져서 스스로 화를 불러들일 이유는 없습니다." 얼마 후, 우공은 또 우숙에게 보검을 달라고 했다. 그러자 우숙은 형은 만족을 모르는 사람으로 나중에는 내 목숨까지 달라고 할지도 모른다고 생각하여 우공을 들어 홍지로 집어던졌다. 《춘추좌씨전》

匹夫之勇(필부지용) 보통 사람의 용기라는 뜻으로, 하찮은 용기를 이르는 말.

○匹夫之勇(필부지용)의 유래

제나라 선왕이 맹자에게 "과인이 병통이 있으니, 과인은 용기를 좋아합니다."라고 말하자 맹자가 제나라 선왕에게 "왕께서는 소용(小勇)을 좋아해서는 안됩니다. 칼을 어루만지고 눈을 부라려, 너 같은 자는 나의 적수가 아니라고 하는 것은 '필부의 용기'로 기껏해야 한 사람을 상대하는 것밖에 안됩니다. 청컨대 왕은 부디 좀더 큰 용기를 가지십시오." 라고 말했다. 《맹자(孟子)》

匹似(필사) 같은 것. 비슷한 것. 필여(匹如).
匹庶(필서) 백성.
匹如身(필여신) 돈이 한 푼도 없음.
匹敵(필적) 1)엇비슷함. 어깨를 견줌. 2)짝. 배우자. 남편과 아내.
匹儕(필제) 친구.
匹鳥(필조) 원앙(鴛鴦).
匹儔(필주) 1)무리. 2)필적하는 상대.
匹馳(필치) 말을 타고 나란히 달림.
配匹(배필) 배우자. 부부로서의 짝.

비 四(넉 사)

医 | ⑤ 7획 | 醫(p1440)의 略字

⑥ 8획 日アン·オン
아첨할 암 中ǎn

풀이 1. 아첨하다. 아부하다. 2. 두르다. 감다. ¶匼匝 3. 일종의 두건(頭巾).

匼匝(암잡) 빙 두르고 있는 모양.

⑦ 9획 日エン·みぞ
엎드릴 언 中yǎn, yàn

풀이 1. 엎드리다. 2. 도랑. 방죽.

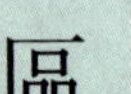
⑨ 11획
❶구역 구 日ク·さかい
❷숨길 우 中qū, ōu

一 丅 丆 戸 戸 戸 戸 品 區 區 區

＊회의. '감춘다'는 뜻으로 쓰인 '匚(감출 혜)'와 물건이나 사람이 많음, 즉 '무리'를 의미하는 '品(물건 품)'을 합친 글자. 여러 가지를 나누고 감추어 둔 '구역'을 나타냄.

풀이 ❶ 1. 구역. 지역. ¶區內 2. 행정구획. ¶區廳 3. 거처. ¶區處 4. 방위. 5. 나누다. 구별하다. ¶區分 6. 작다. 자질구레하다. ¶區區 ❷ 7. 숨기다. ¶區蓋

區間(구간) 어떤 지역과 다른 지역과의 사이.
區內(구내) 구역의 안.
區別(구별) 종류에 따라 나누어 놓음.
區分(구분) 나누어 구별함.
區域(구역) 갈라놓은 지역.
區宇(구우) 구역.
區處(구처) 1)구분하여 처리함. 2)거처.
區處無路(구처무로) 처리할 방도가 없음.
區處之道(구처지도) 변통하여 처리할 방법.
區廳(구청) 구의 행정 사무를 맡아보는 관청.
區劃(구획) 경계를 갈라 정함. 또는 그 구역.
軍區(군구) 군사상의 필요로 갈라놓은 구역.

비 品(물건 품)

匿 | ⑨ 11획 日トク·かくす
숨을 닉(익) 中nì

풀이 1. 숨다. 숨기다. ¶匿名 2. 숨은 죄.

匿名(익명) 이름을 숨김.
匿伏(익복) 숨어 엎드림.
匿跡(익적) 행방을 숨김.
隱匿(은닉) 숨김. 감춤.

유 隱(숨길 은)

十 열 십 部

'十'자는 충족된 수 '열'을 뜻하여 완전하거나 부족함이 없다는 뜻을 지닌다. 또한 의미가 확대되어 '열 번'이나 '열 배', 또는 많은 수를 지칭하여 '많다'나 '전부'를 나타내기도 한다. 그러나 이 글자를 부수로 갖는 글자는 이러한 의미와는 관계가 없다.

十 ⓪2획 日ジュウ・とお
열 십 中shí

一 十

* 지사. 두 손을 엇갈리게 하여 합친 모양을 나타낸 글자. 이에 '열' 이라는 뜻으로 쓰임.

풀이 1. 열. 10. ¶十中八九 2. 열 개. 3. 열 번. 4. 열배하다.

十干(십간) 천간(天干)인 갑(甲)·을(乙)·병(丙)·정(丁)·무(戊)·기(己)·경(庚)·신(辛)·임(壬)·계(癸)의 총칭.

十戒(십계) 불교에서 사미(沙彌)와 보살이 지켜야 할 10가지 계율.

十誡命(십계명) 구약 성서에 나오는 것으로 유대교와 크리스트교의 근본 계율.

十分(십분) 1)한 시간의 6분의 1. 2)충분히.

十三經(십삼경) 유교의 열세 가지 경서(經書).

○十三經(십삼경)의 명칭

각각 《역경(易經)》·《서경(書經)》·《시경(詩經)》·《춘추좌씨전(春秋左氏傳)》·《춘추공양전(春秋公羊傳)》·《춘추곡량전(春秋穀梁傳)》·《주례(周禮)》·《의례(儀禮)》·《예기(禮記)》·《효경(孝經)》·《논어(論語)》·《맹자(孟子)》·《이아(爾雅)》를 가리킴.

十羊九牧(십양구목) 양은 열 마리인데 양치기는 아홉 명이라는 뜻으로, 백성은 적고 벼슬아치는 많음을 비유하는 말.

十二支(십이지) 지지(地支)인 자(子)·축(丑)·인(寅)·묘(卯)·진(辰)·사(巳)·오(午)·미(未)·신(申)·유(酉)·술(戌)·해(亥)의 총칭.

十人十色(십인십색) 생각이나 취향이 사람에 따라 다름을 이르는 말. 각인각색(各人各色).

十一租(십일조) 기독교에서 교인이 교회에 자기 수입의 10분의 1을 헌납하는 일.

十字架(십자가) 1)고대 유럽에서 쓰던 '十' 자 모양의 형틀. 2)기독교의 상징으로 쓰는 '十' 자 모양의 표지.

十字軍(십자군) 11세기 말부터 13세기 말까지 일곱 번에 걸쳐서 유럽 각지의 기독교도가 예루살렘의 성지를 마호메트 교도의 손으로부터 탈환하기 위하여 일으켰던 원정군.

十長生(십장생) 죽지 않고 오래 산다는 열 가지의 물건. 해·산·물·돌·구름·소나무·불로초·거북·학·사슴.

十中八九(십중팔구) 열의 아홉. 거의.

十進法(십진법) 기수법의 한 가지. 수를 셀 때 열씩 모일 때마다 한 자리씩 올려 세는 방법.

유 什(열 사람 십)

卄 ①3획
廿(p406)의 俗字

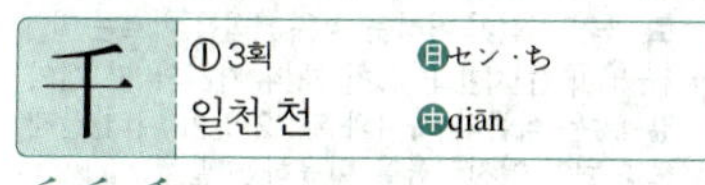

千 ①3획 日セン・ち
일천 천 中qiān

丿 二 千

풀이 1. 일천. 1000. 2. 천 개. 3. 천 번. 4. 많다. 많은 모양. ¶千軍萬馬 5. 초목이 우거진 모양. 6. 길. 밭두둑.

千劫(천겁) 오랜 시간. 영겁(永劫).

千古(천고) 1)아주 먼 옛날. 2)먼 훗날. 2)영원.

千苦萬難(천고만난) 천 번의 고생, 만 번의 어려움.

千軍萬馬(천군만마) 매우 많은 군사와 군마.

千金(천금) 1)돈 천 냥이라는 뜻으로, 많은 돈을 이르는 말. 2)남의 딸을 높여 부르는 말.

千年一淸(천년일청) 중국 황하(黃河)의 흐린 물이 천 년 만에 한 번 맑아진다는 뜻으로, 가능성이 없는 것을 헛되이 기다림을 이르는 말.

千慮一得(천려일득) 천 번 생각해 한 번 얻음. 어리석은 사람이라도 많은 생각 속에는 가끔 얻을 만한 것이 있다는 말.

千慮一失(천려일실) 천 가지 생각에도 하나의 잘못이 있다는 뜻으로, 지혜로운 사람도 많은 생각을 하다 보면 실수하게 마련임을 이르는 말.

○千慮一失(천려일실)의 유래

이좌거(李左車)는 조나라 왕의 뛰어난 참모였지만, 조왕이 그의 계책을 따르지 않아 한신에게 대패하고 사로잡혔다. 그러나 한신은 그를 죽이지 않고 연나라와 제나라를 공격할 계책을 물었다. 그는 패배한 장수는 병법을 논하지 않는다며 사양했지만, 한신의 거듭된 청에 말하기를, "지혜로운 사람도 많은 생각을 하다 보면 반드시 하나의 실수가 있게 마련이고, 어리석은 사람이라도 많은 생각을 하다 보면 반드시 하나의 터득함이 있다고 했으니, 제 말이 모두 옳지는 않겠지만 그래도 쓸 만한 것이 하나라도 있으면 다행입니다." 하고 한신의 참모가 되어 큰 공을 세웠다.

千里(천리) 1)십 리의 백 배. 2)아주 먼 거리.

千里馬(천리마) 1)하루에 천 리를 달릴 수 있는 뛰어난 말. 2)재주가 뛰어난 사람을 비유하는 말.

千里眼(천리안) 천 리 밖의 일을 볼 수 있는 안력(眼力). 먼 곳의 일을 알아맞히는 능력.

千不當萬不當(천부당만부당) 매우 부당함. 전혀 가당치 않음.

千分率(천분율) 전체 양을 1000으로 했을 때 비교되는 양의 비율로 기호는 ‰. 천분비.

千思萬慮(천사만려) 여러 가지로 생각함. 여러 가지 방책을 생각함.

千愁(천수) 온갖 걱정. 천우(千憂).

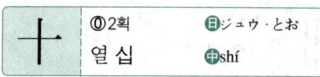

千辛萬苦(천신만고) 아주 많은 고생을 함. 천만 가지의 고생.

千言萬語(천언만어) 수없이 많은 말.

千載一遇(천재일우) 천 년에 한 번 만난다는 뜻으로, 좀처럼 얻기 어려운 좋은 기회를 이르는 말.

千枝萬葉(천지만엽) 1)천 개의 가지와 만 개의 잎. 많은 식물의 가지와 잎. 2)일이 여러 갈래로 나뉘어 어지러움을 비유하는 말.

千差萬別(천차만별) 여러 가지 사물은 모두 차이와 구별이 있음.

千秋(천추) 먼 세월. 긴 세월.

千態萬象(천태만상) 천 가지 만 가지의 상태. 다양한 모양.

千波萬波(천파만파) 1)한없이 많은 물결. 2)어떤 일이 걷잡을 수 없이 어지러운 사태를 일으키는 현상을 비유하는 말.

千篇一律(천편일률) 1)문장의 글귀가 거의 비슷하여 같음. 2)여러 사물이 판에 박힌 듯 모두 비슷함.

萬古千秋(만고천추) 천만 년의 오랜 세월이나 영원한 세월.

萬壑千峰(만학천봉) 많은 골짜기와 산봉우리.

不遠千里(불원천리) 천리 길도 멀다 하지 않는다는 뜻으로, 먼 길임에도 불구하고 열심히 달려감을 이르는 말.

三千甲子(삼천갑자) 꼭두각시 놀음에 나오는 검은머리의 늙은이.

愚者千慮(우자천려) 어리석은 자의 많은 생각.

危險千萬(위험천만) 몹시 위험함.

一刻千金(일각천금) 매우 짧은 시간도 천금에 해당할 만큼 가치가 높다는 뜻으로, 즐거운 때나 중요한 때가 금방 지나감.

一騎當千(일기당천) 1)한 기병이 천 명의 적을 당해 낸다는 뜻으로, 무술이 매우 뛰어남을 이르는 말. 2)남달리 뛰어난 기술이나 경험이 있음을 비유하는 말.

一瀉千里(일사천리) 1)한 번에 쏟아져 천리를 간다는 뜻으로, 거침없이 빨리 진행됨. 2)문장이나 글이 명쾌함.

一字千金(일자천금) 한 글자의 값어치가 천금이라는 뜻으로, 지극히 가치 있는 문장을 이르는 말.

一攫千金(일확천금) 한꺼번에 많은 돈을 얻음. 노력 없이 벼락부자가 되는 것을 이르는 말.

丈夫一言重千金(장부일언중천금) 장부의 말 한 마디는 천금보다 무겁다는 뜻으로, 그 말의 가치가 매우 귀함을 이르는 말. 남아일언중천금(男兒一言重千金).

비 于(어조사 우)

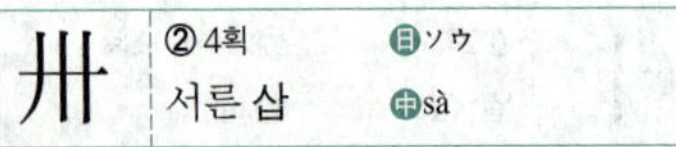

풀이 서른. 삼십.

비 冊(책 책)

升 ② 4획 되 승 日 ショウ · ます 中 shēng

풀이 1. 되. 곡식 · 액체의 양을 헤아리는 단위. ¶升斗 2. 올리다. 오르다. ¶升堂 3. 바치다. 드리다. 4. 이루어지다. 5. 새. 피륙의 날을 세는 단위. 6. 성하다. 번성하다. 7. 익다. 여물다. 8. 승괘. 64괘 중의 하나로, 전진향상의 상(象).

升鑑(승감) 편지 겉 봉투에 받을 사람을 높여 그의 이름 밑에 쓰는 존칭어. 승계(升啓).

升階(승계) 계단을 오른다는 뜻으로, 단계를 밟으며 나아감을 이르는 말.

升膽(승담) 담력이 큼. 또는 그런 사람.

升堂入室(승당입실) 마루에 올라 방에 들어간다는 뜻으로, 학문이나 재주 등이 경지에 이름을 비유한 말.

升斗(승두) 1)되와 말. 2)아주 적은 녹봉.

升龍降龍(승룡강룡) 하늘로 올라가는 용과 내려오는 용. 깃발 등의 무늬로 사용됨.

升聞(승문) 윗사람에게 알려짐.

升揚(승양) 1)떨쳐 오름. 2)관직이 높아짐.

升引(승인) 1)당겨 올림. 2)뽑아 등용함.

升天(승천) 1)하늘로 올라감. 2)기독교에서 죽음을 이름. 승천(昇天).

升遐(승하) 1)임금이 세상을 떠남. 2)하늘로 오름.

升華(승화) 영화로운 지위에 올라감.

비 廿(스물 입)

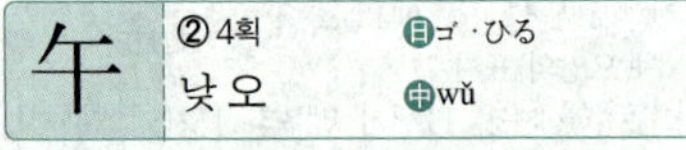

＊상형. 똑바로 세운 절굿공이의 모양을 본뜬 글자. 이에 절굿공이 같은 막대를 꽂아 정오(正午)임을 알았다는 데서 '낮'의 뜻으로 쓰임.

풀이 1. 낮. ¶午睡 2. 일곱째 지지(地支). 시간으로는 정오, 방위로는 정남쪽에 해당함. 3. 거스르다. 어기다. 4. 교차하다. ¶午道 5. 어수선하다. ¶午午

午道(오도) 가로 · 세로로 모두 통하는 길. 네거리.

午夢(오몽) 낮잠을 자다 꾼 꿈.

午上(오상) 오전(午前).

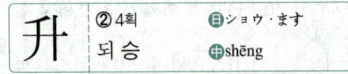

午睡(오수) 낮잠.
午時(오시) 오전 11시에서 오후 1시 사이.
午食(오식) 점심. 오반(午飯).
午夜(오야) 자정. 밤 12시.
午午(오오) 붐비는 모양. 혼잡한 모양.
午溽(오욕) 한낮에 찾아오는 무더위.
午月(오월) 음력 5월의 다른 이름.
午日(오일) 단오. 음력 5월 5일.
午前(오전) 새벽 0시부터 낮 12시까지의 사이.
午餐(오찬) 점심. 주찬(晝饌).
午天(오천) 한낮. 정오(正午).
午風(오풍) 1)점심때 쯤 부는 바람. 2)남풍(南風)의 다른 이름. 마파람.
午餉(오향) 점심. 오찬(午饌).
午後(오후) 정오 이후. 낮 12시부터 새벽 0시까지의 사이.
正午(정오) 낮 12시.

유 晝(낮 주) 비 牛(소 우)

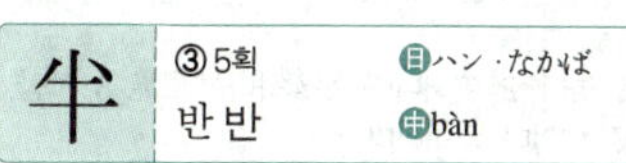

* 회의. 덩치 큰 소(牛)를 나누는(八) 일을 나타낸 글자. 이에 '나누다' 의 뜻으로 쓰이며, 또한 둘로 나눈 것의 하나인 '반쪽'이라는 뜻으로도 쓰임.

풀이 1. 반. 절반. 2. 가운데. 중앙. ¶半月 3. 조각. 4. 한창. 절정. 5. 반쪽을 내다. 반으로 나누다. ¶半分

半減(반감) 반으로 덞. 절반으로 줆.
半空(반공) 하늘의 한가운데. 중천(中天).
半球(반구) 1)구의 절반. 2)지구면을 두 쪽으로 나눈 반쪽.
半期(반기) 한 시기의 절반.
半島(반도) 삼면이 바다로 둘러싸인 땅.
半白(반백) 흰 머리카락과 검은 머리카락이 반씩 섞임.
半步(반보) 한 걸음의 반. 반걸음.
半分(반분) 1)절반의 분량. 2)절반으로 나눔.
半死(반사) 반죽음. 거의 죽을 지경에 이른 상태.
半晌(반상) 반나절.
半熟(반숙) 반만 익힘.
半信半疑(반신반의) 반은 믿고 반은 의심함. 한편으로는 믿으면서 다른 한편으로는 의심함.
半額(반액) 정가의 절반 값.
半圓(반원) 원을 둘로 나눈 한 부분.
半月(반월) 반달.
半切(반절) 1)반으로 자름. 2)전지를 절반으로 자른 것.
半醉(반취) 술에 반쯤 취함.
半破(반파) 반쯤 부서짐.
半漢(반한) 준마가 힘이 남아돌아 못 견뎌 하는 모양.
一言半辭(일언반사) 단 한 마디의 말이라는 뜻으로, 말이 극히 적음을 뜻함.
一資半級(일자반급) 대수롭지 않은 낮은 벼슬자리.
一知半解(일지반해) 하나쯤 알고 반쯤 깨달음이라는 뜻으로, 곧 지식이 매우 적음을 이르는 말.
殆半(태반) 거의 절반.

비 伴(짝 반)

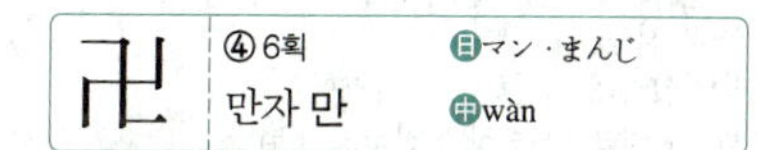

* 상형. 인도 신의 가슴 선모(旋毛)의 모양을 본뜬 글자.

풀이 만자(卍字).

卍字(만자) 1)불심에 나타나는 길상만덕(吉祥萬德). 2)만(卍)과 같은 형상의 무늬.

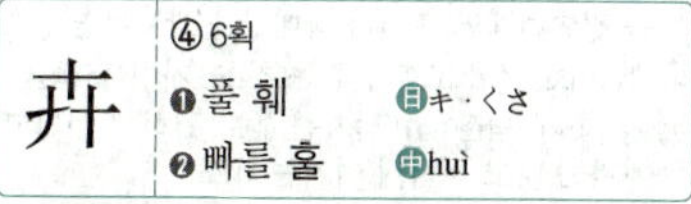

풀이 1 1. 풀. 초목. ¶卉木 2 2. 빠르다. ¶卉汨

卉汨(훌율) 빠름. 빠른 모양.
卉犬(훼견) 풀(草)로 만든 개.
卉木(훼목) 풀과 나무.
卉服(훼복) 풀로 지은 옷. 훼상(卉裳).

비 奔(달릴 분)

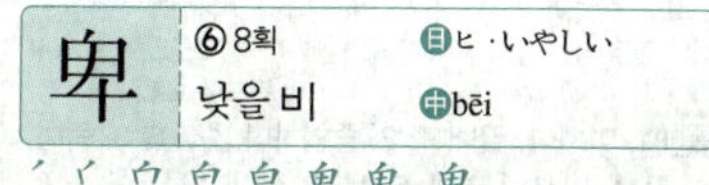

卑
⑥ 8획
낮을 비
日ヒ・いやしい
中bēi

풀이 1. 낮다. 낮은 곳. 2. 천하다. 신분·지위가 낮다. 낮은 사람. ¶男尊女卑 3. 비루하다. 저열하다. ¶卑屈 4. 깔보다. 천하게 여기다. 5. 겸손하다. 자신을 낮추다. 6. 하여금.

卑脚(비각) 짧은 다리.
卑怯(비겁) 용기가 없음. 정정당당하지 못하고 야비함.
卑見(비견) 못난 의견. 자신의 견해를 겸손하게 이르는 말.
卑官(비관) 낮은 관직.

2획

卑屈(비굴) 하는 짓이 비겁하고 천함.
卑近(비근) 흔하고 알기 쉽고 실생활에 가까움.
卑陋(비루) 1)낮고 더러움. 2)하는 행동이 야비함.
卑末(비말) 낮은 말단의 지위.
卑微(비미) 1)쇠약해짐.2)작음. 낮음. 또는 천한 신분.
卑辭(비사) 1)자기의 말을 겸손하게 이르는 말. 2)낮고 천한 말.
卑辭厚幣(비사후폐) 말을 낮추고 폐백을 두텁게 한다는 뜻에서, 어진 사람을 초빙하거나 섬기는 예(禮)를 말함.
卑小(비소) 보잘것없이 작음.
卑俗(비속) 1)속됨. 2)비천한 풍속.
卑屬(비속) 친족 관계에서 항렬이 자기보다 낮은 사람.
卑弱(비약) 비천하고도 나약함.
卑劣(비열) 하는 짓이 천하고 못남.
卑汚(비오) 경멸함. 업신여김.
卑意(비의) 낮은 생각이라는 뜻에서, 자기의 생각을 겸손하게 이르는 말.
卑賤(비천) 지위나 신분이 낮고 천함.
卑下(비하) 1)땅이 낮음. 2)지위가 낮음. 3)자기를 겸손하게 낮추거나 상대방을 깔보아 낮춤.
卑號(비호) 스스로를 일컫는 칭호. 자칭(自稱).
男尊女卑(남존여비) 남자는 높고 귀하게 여기고 여자는 낮고 천하게 여기는 태도.
野卑(야비) 성질이나 행동이 야하고 비루함.
유 淺(얕을 천) 底(밑 저)

卒	⑥8획	日ソツ・おわる
	마칠 졸	中cù, zú

* 회의. 표시(十)를 한 옷(衣) 열(十)벌을 병졸에게 나누어 준다는 뜻을 가진 글자. 이에 '병졸'을 나타냄. 또한 병졸은 싸우다가 죽는다고 해서 '마치다', '죽다'의 뜻으로 쓰임.

풀이 1. 마치다. 끝내다. 2. 졸업하다. ¶卒業 3. 죽다. 4. 군사. 병사. ¶卒兵 5. 무리. 집단. ¶烏合之卒 6. 백 사람. 7. 마침내. 별안간. 갑자기. ¶卒遽

卒遽(졸거) 갑작스러움.
卒哭(졸곡) 삼우제(三虞祭)를 지낸 뒤에 석달만에 지내는 제사.
卒倒(졸도) 심한 충격이나 피로로 정신을 잃음.
卒徒(졸도) 부하 군사.
卒迫(졸박) 갑자기 닥쳐옴.
卒歲(졸세) 1)일 년 중에. 2)한해를 마침. 한해의 끝. 연말(年末).
卒壽(졸수) 졸자의 약자[卆] 모양에서 99세를 이름.
卒乘(졸승) 보병 · 기병.
卒業(졸업) 규정한 교육 과정을 마침.
卒然(졸연) 갑자기.
卒伍(졸오) 1)주대(周代)에 있던 백성들의 편제. 2)병졸들의 대오.
卒篇(졸편) 시문의 전체를 모두 외우거나 끝맺음.
烏合之卒(오합지졸) 까마귀가 모인 것처럼 질서 없이 몰려 있는 무리. 또는 그런 군사.
捕卒(포졸) 옛날에 포도청에 소속되어 있던 병졸.
유 兵(군사 병)

卓	⑥8획	日タク・つくえ
	높을 탁	中zhuó

* 회의. 사람을 뜻하는 '匕(비수 비)'와 새벽녘을 뜻하는 '早(아침 조)'를 합친 글자. 사람이 새벽녘의 태양보다 높은 모양에서 '높다'의 뜻을 나타냄.

풀이 1. 높다. 2. 뛰어나다. 우월하다. ¶卓見 3. 책상. ¶卓案 4. 멀다. 차이나다.

卓鑒(탁감) 높은 식견.
卓見(탁견) 뛰어난 의견이나 생각.
卓球(탁구) 높은 상 위에 네트를 치고 공을 마주 치는 실내 운동의 한 가지.
卓犖(탁락) 1)남보다 훨씬 뛰어남. 탁월함. 2)지혜가 있고 재주가 많음.
卓論(탁론) 뛰어난 의견.
卓拔(탁발) 무리 중에서 뛰어남.
卓說(탁설) 탁월한 논리.
卓殊(탁수) 남보다 뛰어남.
卓識(탁식) 뛰어난 생각. 탁견(卓見).
卓案(탁안) 책상. 탁자(卓子).
卓越(탁월) 월등하게 뛰어남.
卓異(탁이) 남보다 뛰어나게 다름.
卓逸(탁일) 뛰어나고 빼어남. 탁월(卓越).
卓子(탁자) 책상. 테이블.
卓節(탁절) 높은 절개. 지조.
卓筆(탁필) 뛰어난 필적이나 문장.
食卓(식탁) 식사용 탁자.

協	⑥8획	日キョウ・かなう
	도울 협	中xié

* 회의. '十(열 십)'에 '힘쓰다', '애써 일하다'는 의미를 가진 '力(힘 력)'을 세 번 겹쳐 써서, '서로 애써 돕다', '협력하다'라는 뜻으로 쓰임.

풀이 1. 돕다. ¶協佐 2. 화합하다. 합하다. 협력하다. ¶協契 3. 복종하다. 따르다.

協契(협계) 협력하여 약속함.

協同(협동) 마음을 같이 하여 힘을 합함.

協力(협력) 1)힘을 합하여 서로 도움. 2)한 가지 일을 이루기 위하여 여러 사람이 공동으로 노력함.

協律(협률) 1)음을 고름. 2)규칙에 맞음.

協睦(협목) 마음이 맞고 화목함.

協扶(협부) 힘을 합하여 도와줌.

協商(협상) 협의함.

協心(협심) 여러 사람이 마음을 하나로 모음.

協愛(협애) 마음을 합하여 사랑함.

協約(협약) 협의하여 약속함. 또는 그 약속.

協演(협연) 음악에서, 한 독주자가 다른 독주자나 악단 등과 함께 하는 연주하는 것.

協韻(협운) 같은 운(韻)에 속하지 않는 글자를 같은 운으로 통하여 사용함. 또는 그 글자.

協定(협정) 협의하여 결정함. 또는 그 결정.

協調(협조) 힘을 모아서 서로 조화를 이룸. 협동조화(協同調和).

協助(협조) 힘을 보태어 서로 도움.

協佐(협좌) 도움을 줌.

協奏(협주) 둘 이상의 악기를 동시에 연주함.

協贊(협찬) 찬동하여 도와 줌.

協判(협판) 서로 의논하여 정함.

協會(협회) 어떤 목적을 위하여 회원이 상호 협력하여 설립하는 단체.

妥協(타협) 쌍방이 서로 좋도록 양보하여 협의함. 또는 그 협의.

南 ⑦ 9획 남녘 남 日ナン·みなみ 中nā, nán

一 十 𠂇 冂 冂 冇 冇 南 南

* 회의. 울타리를 치고 많은 양을 기르는 곳을 나타내는 글자. 주로 남쪽이 풀도 잘 자란다고 하여 '남쪽'의 뜻으로 쓰임.

풀이 1. 남녘. 남쪽. 남향. ¶南端 2. 풍류 이름. 남쪽 나라의 민요. 3. 임금. 왕. ¶南面 4. 남쪽으로 가다. ¶南下

南柯一夢(남가일몽) 덧없는 한때의 부귀영화.

○南柯一夢(남가일몽)의 유래

당나라 때 순우분(淳于棼)이란 사람이 술에 취해 집 앞의 큰 홰나무 밑에서 잠이 들었다. 꿈속에서 그는 괴안국왕(槐安國王)의 부마(駙馬)가 되어 궁궐에서 영화를 누리다가 남가(南柯) 태수로 부임하여 20년 동안 남가군을 다스린 뒤 재상의 자리에까지 올랐다. 얼마 후 국왕은 "천도(遷都)해야 할 조짐이 보인다."며 순우분을 고향으로 돌려보냈다. 잠에서 깨어난 순우분이 홰나무 뿌리 부분을 살펴보니 과연 구멍이 있었고 그 구멍속에 수많은 개미의 무리가 있었다. 또 거기서 남쪽으로 뻗은 가지(南柯)가 바로 남가군이었다. 그날 밤에 큰비가 내렸고 이튿날 구멍을 살펴보았으나 개미는 흔적도 없이 사라졌다. '천도해야 할 조짐'이란 바로 이 일이었던 것이다. 《남가기(南柯記)》

南郊(남교) 1)남쪽 교외. 2)서울 남대문 밖.

南國(남국) 남쪽에 위치한 나라.

南軍(남군) 남쪽의 군대.

南橘北枳(남귤북지) 남쪽의 귤나무를 북쪽에 심으면 탱자나무가 된다는 뜻으로, 사람도 주위 환경에 따라 선하게도 되고 악하게도 됨을 이르는 말.

南極(남극) 1)지축의 남쪽 끝. 2)남극 가까이 있어 수명을 맡아본다는 별.

南端(남단) 남쪽 끝.

南大門(남대문) 숭례문(崇禮門)의 속칭.

南蠻(남만) 남쪽 오랑캐. 곧 옛날에 중국 사람이 자기 나라 남쪽에 사는 미개민을 얕잡아 일컫던 말.

南面(남면) 1)남쪽을 향함. 2)임금의 지위.

南無(남무/나무) 부처나 경문 이름 앞에 붙여 믿음의 굳건함을 나타내는 말.

南方(남방) 남녘.

南部(남부) 남쪽 부분.

南北(남북) 남쪽과 북쪽.

南北朝時代(남북조시대) 1)남쪽의 신라와 북쪽의 발해가 대립하던 시대. 2)중국 진나라와 수나라의 중간 시대로 남조(南朝)와 북조(北朝)가 대립하던 시대.

南洋(남양) 태평양의 적도 부근에 널리 흩어져 있는 많은 섬들을 포함한 넓은 바다.

南魚座(남어좌) 10월 중순 저녁 남쪽 하늘에 낮게 나타나는 별자리의 하나.

南溫帶(남온대) 남반구에 있는 온대. 곧 남회귀선과 남극권 사이의 지역.

南轅北轍(남원북철) 수레의 긴 채는 남쪽으로 가고 바퀴는 북쪽으로 간다는 뜻으로, 행동이 마음과 일치하지 않음을 이르는 말.

○南轅北轍(남원북철)의 유래

전국 시대 위나라 왕이 조나라의 수도 한단을 공격하려 하자 계량이 말했다. "길에서 어떤 사람이 북쪽을 향해 가는 마차를 보았습니다. 어디로 가느냐고 물으니 초나라로 간다고 했습니다. '초나라는 남쪽인데 왜 북쪽으로 갑니까?' 라고 묻자, '나는 여비가 넉넉하고, 마부의 기술도 훌륭하니 걱정 없습니다.' 라고 대답했습니다. 생각해 보십시오. 그 사람은 초나라에서 더 멀어지지 않겠습니까? 왕께서는 늘 패왕이 되어 천하가 복종하도록 하겠다는 하셨는데, 지금 한단을 공격한다면 목표에서 멀어지게 됩니다. 이것은

2획

초나라로 간다면서 마차를 북쪽으로 모는 사람과 마찬가지입니다." 계량은 무력이 아니고 인덕으로 천하를 제패할 것을 말한 것이다.

南窓(남창) 햇빛이 잘 들어오도록 남쪽을 향하여 낸 창문.

南村(남촌) 1)남쪽에 있는 마을. 2)서울 안의 남쪽에 있는 동네들.

南下(남하) 남쪽을 향하여 내려감.

南向(남향) 남쪽을 향함.

江南(강남) 1)강의 남쪽. 2)따뜻한 남쪽 나라. 3)중국 양자강의 남쪽 중국.

窮南(궁남) 남쪽의 맨 끝. 극남(極南).

三南(삼남) 충청 · 전라 · 경상도의 총칭.

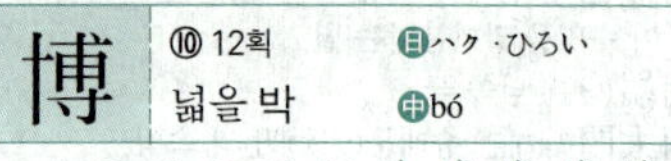

2획

博 ⑩ 12획 日ハク · ひろい 넓을 박 中bó

풀이 1. 넓다. 넓히다. ¶博大 2. 넓이. 3. 많다. ¶該博 4. 노름. 도박. ¶賭博

博大(박대) 넓고 큼.

博覽(박람) 1)사물을 널리 보고 들음. 2)많은 책을 읽음.

博覽會(박람회) 농업 · 공업 · 상업에 관한 온갖 물건을 모아 벌려 놓고 여러 사람들에게 일정 기간 관람시키며 생산물의 개량 발전 및 산업의 진흥을 도모하기 위해 개최하는 회.

博文(박문) 학문을 널리 닦음.

博物(박물) 1)여러 사물에 대해 많이 앎. 2)여러 가지 사물과 그에 관한 참고가 될 것.

博物館(박물관) 자연물 · 생산품 · 역사 자료 등을 널리 모아 진열하여 보이는 곳.

博士(박사) 1)성균관(成均館) · 홍문관(弘文館)에 있던 정7품 벼슬. 2)전문 학술에 관하여 일정한 과정을 마치고 논문 심사 등에 합격한 사람에게 대학이 주는 학위. 또는 그 사람.

博涉(박섭) 널리 사물을 보고 들음.

博習(박습) 널리 배워 익힘.

博施(박시) 여러 사람에게 널리 사랑을 베풂.

博識(박식) 보고 들은 것이 많아 아는 것도 많음.

博愛(박애) 모든 사람들을 차별 없이 사랑함.

博藝(박예) 기예에 통달함.

博濟(박제) 널리 구제함.

博採(박채) 널리 의견을 찾아 모음.

博學(박학) 1)아는 것이 많음. 2)널리 배움.

博學多聞(박학다문) 학식과 견문이 매우 넓음.

賭博(도박) 화투 · 카드 놀이 등과 같이 요행을 바라고 돈을 걸어 다투는 일. 노름.

卜부

卜 점 복 部

'卜'자는 '점'과 관련된 뜻으로, 옛 사람들은 뒷일의 좋고 나쁨을 알기 위해 거북의 등껍질이나 소의 뼈에 홈을 파고 불로 지져 나타난 파열 무늬로 길흉의 조짐을 추측하였는데, 그런 파열 무늬를 나타낸 글자이다. 이에 '점' 또는 '점치다'라는 뜻으로 쓰인다.

卜 ⓪ 2획 日ボク · うらなう 점 복 中bo, bǔ

* 상형. 거북의 등껍질에 갈라진 금 자국을 본뜬 글자.

풀이 1. 점. 점치다. 길흉의 조짐을 판단함. ¶卜日 2. 점을 쳐서 정하다. 3. 주다. 4. 생각하다.

卜居(복거) 거처할 만한 곳을 점침.

卜吉(복길) 좋은 날을 점쳐서 받음.

卜隣(복린) 거처할 만한 곳을 정하기 위해 이웃의 좋고 나쁨을 점침.

卜術(복술) 점을 치는 술법.

卜役(복역) 백성에게 지우던 부역이나 병역.

卜日(복일) 좋은 날을 점침.

卜債(복채) 점을 쳐 준 대가로 점쟁이에게 내는 돈.

卜宅(복택) 1)살 곳을 점침. 2)묘 자리를 가려서 정함.

賣卜(매복) 돈을 받고 점을 쳐줌.

占卜(점복) 점. 복점(卜占).

유 占(점칠 점)

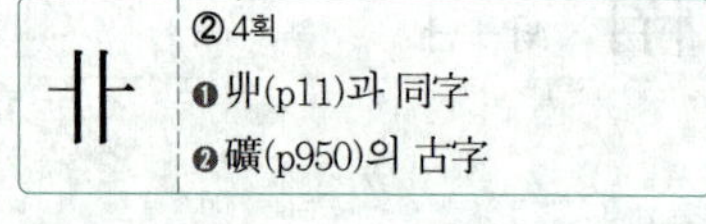

卝 ② 4획 ❶丱(p11)과 同字 ❷礦(p950)의 古字

卞 ② 4획 日ベン 조급할 변 中biàn

* 지사. 점(卜)쳐서 나온 으뜸(亠)인 '법'을 나타낸 글자.

풀이 1. 조급하다. 성미가 급하다. ¶卞急 2. 법. 3. 고깔. ¶卞射 4. 성씨(姓氏). 5. 분별하다. ¶卞正

卞急(변급) 조급함.

卞射(변사) 맨손으로 치는 일과 활을 쏘는 일.

卞正(변정) 옳고 그름을 분별하여 바로잡음. 변정(辨正).

비 下(아래 하)

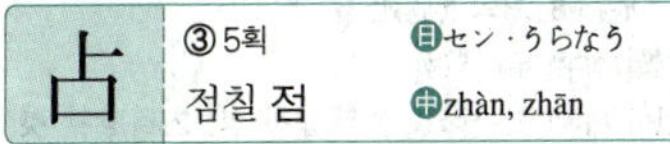

占 ③5획 日セン・うらなう
점칠 점 中zhàn, zhān

丨 卜 ⺊ 占 占

*회의. 점칠 때 갈라진 금을 나타내는 '卜(점 복)'과 '口(입 구)'를 합친 글자. 이에 '점괘', '길흉을 판단하다'의 뜻을 나타냄.

풀이 1. 점치다. 점을 보다. 점. ¶占卦 2. 차지하다. 점령하다. ¶占得 3. 자세히 살피다. 4. 묻다. 문의하다. 5. 헤아리다. ¶占數

占據(점거) 일정한 곳을 차지하여 자리 잡음.
占卦(점괘) 점칠 때 나오는 괘.
占得(점득) 차지하여 얻음.
占領(점령) 1)일정한 지역을 차지하여 자기것으로 삼음. 2)자신이 물건을 소유하고 다른 사람에게 허락하지 않음.
占辭(점사) 점괘에 드러난 말. 또는 점을 풀이하여 좋고 나쁨을 보이는 말.
占筮(점서) 길흉을 점침.
占書(점서) 점괘를 기록한 책.
占星術(점성술) 국가의 안위 · 인간사의 길흉화복 · 천지의 재앙 등을 별의 빛깔 · 위치 등을 보고 판단하는 술법.
占術(점술) 점치는 술법.
占有(점유) 자기의 소유로 함. 자기의 영유(領有)로 함.
占兆(점조) 길흉(吉凶)에 관한 조짐. 징조.
占奪(점탈) 빼앗아서 점유함.
占便(점편) 편한 방법을 점쳐 가림.
破字占(파자점) 파자(破字)로 길흉을 점침. 또는 그 점.
筆占(필점) 필력(筆力)과 필세(筆勢)에 의하여 길흉을 점침.
行年占(행년점) 그 해 신수의 길흉을 알기 위해 치는 점.
凶占(흉점) 나쁜 일에 관한 점.

유 卜(점 복) 비 点(점 점)

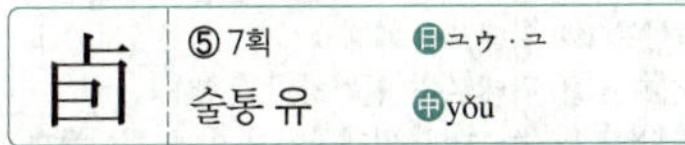

卣 ⑤7획 日ユウ・ユ
술통 유 中yǒu

풀이 술통. 고대에 술을 담는 데 쓰던, 중간 크기의 그릇.

卦 ⑥8획 日ケ・うらかた
점괘 괘 中guà

풀이 1. 점괘. 괘. 2. 점치다. ¶卦筮 3. 걸다. ¶卦鐘 4. 변하다.

卦辭(괘사) 괘(卦)의 뜻 풀이를 해 놓은 글.
卦象(괘상) 괘(卦)에 있어서의 여러 가지 상(象).
卦筮(괘서) 점을 침. 점괘(占卦).
卦兆(괘조) 점을 칠 때 나타나는 조짐.
卦鐘(괘종) 벽 같은 곳에 걸어 놓는 시계.

비 掛(걸 괘)

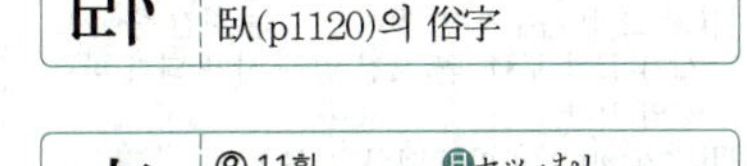

卧 ⑥8획
臥(p1120)의 俗字

2획

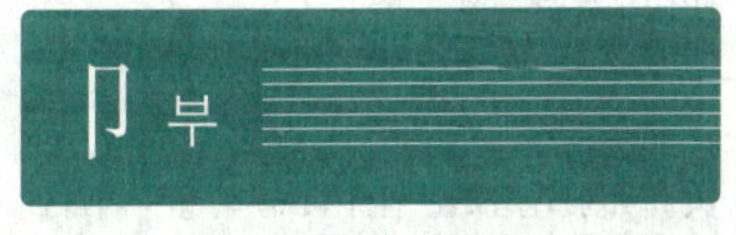

卨 ⑨11획 日セツ・むし
벌레 설 中xiè

풀이 1. 벌레. 2. 사람 이름.

유 蟲(벌레 충)

卩 부

卩 병부 절 部

'卩'자는 임금이 군사를 일으킬 때 사용하던 동글납작한 신표(信標)를 말하는 '병부'를 뜻한다. 그러나 '卩'자는 병부보다는 '사람'과 관련이 있다.

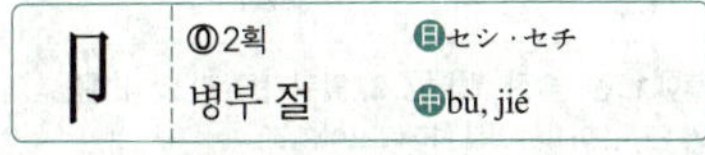

卩 ⓪2획 日セシ・セチ
병부 절 中bù, jié

풀이 병부. '節(마디 절)'의 고자.

卬 ②4획 日ゴウ・ギョウ・われ
나 앙 中áng, yǎng

풀이 1. 나. 자신. 2. 오르다. 3. 격하다. 격발하다. ¶激卬 4. 우러러 보다. 5. 기다리다. 6. 성한 모양. ¶卬卬

卬鼻(앙비) 들창코.
卬卬(앙앙) 1)성한 모양. 2)임금의 덕이 미쳐 위

엄 있는 모양.

유 我(나 아) 비 仰(우러를 앙)

卯 ③5획 토끼 묘 日ボウ・ミョウ 中mǎo

*상형. '戶(지게문 호)' 자 둘을 서로 등지게 써서 양쪽 문짝을 열어 놓은 것을 본뜬 글자. 십이지(十二支)의 네 째로 쓰임.

풀이 1. 토끼. 십이지의 네 번째. 오행에서는 나무[木], 방위로는 동쪽, 달로는 음력 2월에 해당함. ¶卯月 2. 무성하다. 우거지다.

卯年(묘년) 지지가 '묘'로 된 해. 계묘년·신묘년 등.

卯末(묘말) 하루를 열 두시로 나눈 시간 중에 묘시가 끝날 무렵. 곧 오전 일곱 시가 되기 바로 전의 시간.

卯方(묘방) 24방위의 하나. 동쪽.

卯生(묘생) 사람이 묘년, 곧 토끼해에 태어남. 토끼띠.

卯時(묘시) 하루를 열 두시로 나눈 때의 넷째 시. 오전 다섯 시부터 일곱 시까지의 동안.

卯月(묘월) 음력 2월.

卯酉(묘유) 동쪽과 서쪽.

卯酒(묘주) 아침 또는 아침 식사 전에 마시는 술.

辛卯(신묘) 육십갑자의 스물여덟째.

乙卯(을묘) 육십갑자의 쉰 둘째.

寅葬卯發(인장묘발) 인시(寅時)에 장사 지내고 묘시(卯時)에 발한다는 뜻으로, 장사 지낸 뒤에 곧 복(福)을 받음을 이르는 말.

유 兎(토끼 토) 비 卵(알 란)

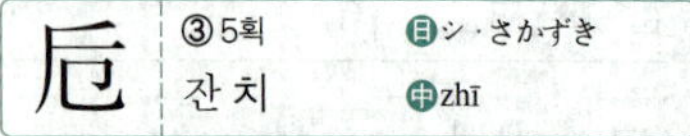
卮 ③5획 잔 치 日シ・さかずき 中zhī

풀이 1. 잔. 술잔. ¶玉卮 2. 앞뒤가 맞지 않다. ¶卮言 3. 연지. 여자의 얼굴 화장에 쓰이던 것.

卮言(치언) 1)임시방편으로 남에게 듣기 좋은 말만 함. 2)앞뒤가 맞지 않게 횡설수설함.

卮酒(치주) 잔에 따라 놓은 술. 배주(杯酒).

유 盃(잔 배) 비 后(임금 후)

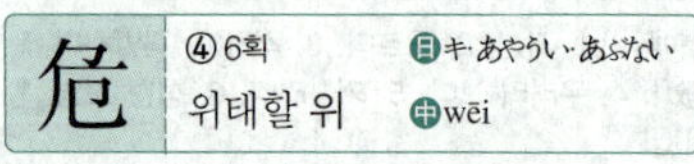
危 ④6획 위태할 위 日キ・あやうい・あぶない 中wēi

*회의. 사람이 갈라지는 바위덤위[厄] 위에 있는 것을 나타낸 글자. 이에 그 위치가 '위태롭다'는 뜻으로 쓰임.

풀이 1. 위태롭다. 위태롭게 하다. 위험하다. ¶危急 2. 두려워하다. 불안해하다. ¶危懼 3. 높다. 4. 곧다. 바르다. 5. 마룻대. 6. 병환이 깊다. ¶危重 7. 별 이름. ¶危宿 8. 거의. ¶危死

危懼(위구) 두려워함.

危國(위국) 1)나라를 위태롭게 함. 2)멸망할 것 같은 나라.

危急(위급) 위태하고 급함.

危急存亡之秋(위급존망지추) 국가의 위급과 존망이 걸려있는 중대한 시기.

危機(위기) 위험한 경우. 위험한 때.

❖ 위기(危機)에 관한 고사성어

- 風前燈火(풍전등화) 바람 앞의 등불. 사물이 매우 위태로운 처지에 놓여 있음을 이르는 말.
- 焦眉之急(초미지급) 눈썹이 타면 끄지 않을 수 없다는 뜻으로, 매우 다급함을 이르는 말.
- 危機一髮(위기일발) 위급함이 매우 절박한 순간. 거의 여유가 없는 위급한 순간.
- 累卵之勢(누란지세) 새알을 쌓아놓은 듯한 위태로운 형세.
- 百尺竿頭(백척간두) 백척 높이의 장대 위에 올라섰다는 뜻으로, 매우 위태롭고 어려운 지경에 빠짐.
- 如履薄氷(여리박빙) 얇은 얼음을 밟는 것 같다는 뜻으로 몹시 위험하여 조심함을 이르는 말.
- 四面楚歌(사면초가) 사방에서 초나라 노랫소리가 들려옴. 사면이 모두 적에게 포위되어 고립된 상태.
- 一觸卽發(일촉즉발) 조금만 닿아도 곧 폭발할 것 같은 모양. 막 일이 일어날 듯하여 위험한 지경.

危機一髮(위기일발) 한 올의 머리털로 무거운 무게의 물건을 끌어당긴다는 뜻으로, 당장 끊어질 것 같은 위급한 순간을 비유하는 말.

危難(위난) 위급함과 어려운 경우.

危道(위도) 1)위험한 길. 2)위험한 방법.

危篤(위독) 병세가 아주 위험함.

危亂(위란) 위태롭고 어지러움.

危微(위미) 위태롭고 미약함.

危民(위민) 위태로운 백성. 생활이 힘든 백성.

危死(위사) 죽을 지경에 이름.

危語(위어) 격한 말.

危重(위중) 병세가 위험함.

危地(위지) 1)위험한 곳. 2)위험한 경지.

危殆(위태) 형세가 매우 어렵고 안전하지 못함.

危害(위해) 위태로운 재해.

危險(위험) 위태로움. 안전하지 못함.

累卵之危(누란지위) 위태롭기가 알을 쌓아둠과 같다는 뜻으로, 몹시 위태함을 비유하는 말.

유 殆(위태할 태) 반 安(편안할 안) 비 厄(재앙 액)

印	④6획	日イン·しるし
	도장 인	中yìn

´ 丆 F E E𠃌 印

* 회의. 뜻을 나타내는 부수 '卩(병부 절)'과 '爪(손톱 조)'를 합친 글자. 손가락 끝의 신표라는 의미에서 '손도장'의 뜻으로 쓰이며, 이에 '도장을 찍다', '표시를 하다'의 뜻으로 쓰임.

풀이 1. 도장. ¶印文 2. 끝. 3. 찍다. 찍히다. ¶印刷 4. 관직. 벼슬. 5. 인상(印相). 열 손가락으로 여러 모양을 만들어 부처와 보살의 내증(內證)의 덕을 나타낸 것.

印刻(인각) 나무나 그밖의 물건에 글자 등을 새기는 것.
印鑑(인감) 자신의 도장임을 증명할 수 있게 관공서에 등록해 둔 도장의 인영(印影).
印檢(인검) 도장을 찍어 봉해 놓음
印鈕(인뉴) 도장을 손으로 쥐는 부분.
印堂(인당) 양쪽 눈썹 사이.
印度(인도) 인도 반도의 농업국. 인디아(India).
印烙(인락) 불로 달구어 찍는 쇠도장.
印墨(인묵) 인쇄용으로 쓰는 먹.
印文(인문) 1)도장에 새긴 글자. 2)찍어 놓은 도장의 흔적.
印封(인봉) 1)물건에 도장을 찍어 봉함. 2)일이 끝난 뒤에 관인을 봉하여 둠.
印象(인상) 1)모양을 도장 찍은 듯이 뚜렷하게 나타냄. 2)사물 현상 등과 접촉하였을 때에 머릿속에 새겨지는 흔적이나 작용.
印相(인상) 열 손가락으로 여러 모양을 만들어 부처와 보살의 내증(內證)의 덕을 나타냄.
印璽(인새) 임금의 도장.
印刷(인쇄) 판에 판 글자 · 그림 등을 찍는 일.
印刷物(인쇄물) 신문 · 서책 · 광고 등의 인쇄물건.
印影(인영) 도장이 찍힌 흔적.
印章(인장) 도장.
印朱(인주) 도장에 묻혀서 찍는 붉은색이 나는 물건.
印紙(인지) 세금 · 수수료 등을 징수하기 위하여 정부에서 발행하는 증표.
印盒(인합) 옛날에 관아에서 쓰던 도장을 보관하던 궤. 인궤(印櫃).
印畵(인화) 필름을 감광지(感光紙) 위에 올려 놓고 비추어 화상(畵像)이 나타나게 함.
刻印(각인) 1)도장을 새김. 2)머리에 확실히 새겨 놓음.

비 卯(토끼 묘)

却	⑤7획	日キャク·しりぞく
	물리칠 각	中què

一 十 土 去 去 去𠃌 却

* 형성. 뜻을 나타내며 무릎을 꿇고 앉은 사람을 나타낸 '卩(병부절)'과 음을 나타내는 '去(갈 거)'를 합친 글자. 이에 '삼가 물러나다'라는 뜻으로 쓰임.

풀이 1. 물리치다. 쫓아 버리다. ¶却下 2. 없애다. 제거하다. ¶滅却 3. 물러나다. ¶却立 4. 그만두다. 멈추다. 5. 피하다. 6. 오히려. 도리어. ¶却是

却說(각설) 화제를 바꾸어 다른 말을 할 때 말머리에 쓰는 말.
却月(각월) 초생달.
却下(각하) 물리침. 각퇴(却退).
棄却(기각) 1)버림. 물리침. 배척함. 2)소송을 처리한 법원이 내용을 심사하여 부적합한 것으로 판단하여 배척하는 판결.
冷却(냉각) 식어서 차가워짐. 차갑게 식힘.
忘却(망각) 잊어버림.
賣却(매각) 물건을 내어 놓아 팔아 치움.
滅却(멸각) 모두 없애 버림.

반 退(물러날 퇴) 비 刻(새길 각)

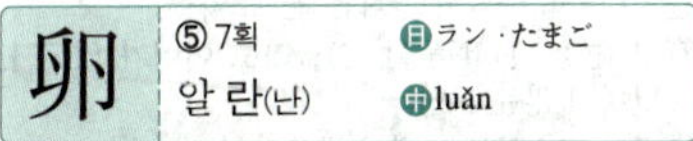

卵	⑤7획	日ラン·たまご
	알 란(난)	中luǎn

´ 𠂆 𠃊 卯 卯 卵 卵

* 상형. 벌레가 알을 배서 배가 불룩하게 나온 모양을 본뜬 글자.

풀이 1. 알. ¶卵白 2. 기르다. ¶卵育 3. 크다. 굵다. ¶卵鹽

卵白(난백) 달걀의 흰자위.
卵生(난생) 수정한 알이 어미의 몸 밖에서 부화되는 일.
卵巢(난소) 난자를 만들어 내며 또한 특수한 분비물을 분비하는 여자의 생식기의 한 부분.
卵翼(난익) 새가 알을 품는 것처럼 안아서 기름.
卵圓形(난원형) 달걀처럼 한 쪽이 갸름하고 둥글게 생긴 모양.
卵形(난형) 달갈의 형상.
卵黃(난황) 1)달갈의 노른자. 2)누른빛의 양분.
鷄卵有骨(계란유골) 계란에 뼈가 있다는 뜻으로, 일이 안 되는 사람은 모처럼 기회가 와도 일을 이루지 못함을 비유하는 말.
排卵(배란) 성숙된 포유류의 암컷 난소에서 난자가 배출됨.
産卵(산란) 알을 낳음.
受精卵(수정란) 정자와 결합하여 수정을 한 난자.

유 丸(알 환) 비 卯(토끼 묘)

2획

卲 ⑤ 7획 日ショウ·たかい
높을 소 中shào

풀이 1. 높다. 2. 뛰어나다. 훌륭하다.

유 高(높을 고) 반 低(밑 저) 비 昭(밝을 소)

卷 ⑥ 8획 日カン·まく
책 권 中juǎn, juàn

풀이 1. 책. 두루마리. ¶卷帙 2. 권. 책을 세는 단위. 3. 말다. 4. 굽다. 구부리다. ¶卷曲 5. 과거 시험용 종이. ¶試卷 6. 아름답다. ¶卷然 7. 삼가다.

卷甲(권갑) 갑옷을 거둠. 즉, 전쟁을 멈춤.
卷經(권경) 경서(經書)를 말아 놓음.
卷曲(권곡) 휘어짐. 굽음.
卷頭言(권두언) 책의 머리말.
卷簾(권렴) 발〔簾〕을 말아서 올림.
卷髮(권발) 1)머리카락을 맒. 2)고수머리.
卷舒(권서) 1)말고 폄. 2)재주와 덕을 숨김과 나타냄.
卷石(권석) 주먹만한 작은 돌. 조약돌.
卷舌(권설) 1)혀를 맒. 2)놀라고 어이가 없어서 말하지 않는 모양.
卷束(권속) 책을 포개어 묶음.
卷首(권수) 여러 권으로 된 책의 첫째.
卷數(권수) 책의 수효.
卷然(권연) 아름다운 모양. 아름다운 자태.
卷子(권자) 두루마리.
卷雲(권운) 높이 뜨는 구름의 한 가지. 가는 실낱·머리털·실털 모양으로 보임.
卷積雲(권적운) 조그마한 여러 조각으로 된 구름.
卷帙(권질) 1)책. 2)책의 권수와 부수.
卷置(권치) 말아서 보관함.
卷土重來(권토중래) 흙먼지를 일으키며 다시 온다는 뜻으로, 한 번 패한 자가 세력을 복구하여 다시 쳐들어옴, 또는 어떤 일에 한 번 실패한 자가 다시 힘을 내어 나아감을 이르는 말.

유 冊(책 책) 비 券(문서 권)

卸 ⑥ 8획 日シャ·おろす
풀 사 中xiè

풀이 1. 풀다. 벗다. 옷을 벗거나 짐을 내려놓거나 수레에 묶인 말을 풂. ¶卸甲 2. 내리다. 떨어지다. ¶卸擔

卸甲(사갑) 갑옷을 벗음. 즉, 전장에서 돌아옴.
卸肩(사견) 아내를 맞아 화장을 시키고 예쁘게 꾸며 주는 일.
卸冠(사관) 갓을 풂.
卸擔(사담) 짊어진 짐을 내려놓음.
卸任(사임) 사직함. 해임함.

유 釋(풀 석) 비 御(어거할 어)

卹 ⑥ 8획 日ジュツ·うれえる
가엾이 여길 휼 中xù

풀이 1. 가엾이 여기다. 가엽다. ¶卹匱 2. 삼가다. 3. 놀라 두려워 하다. ¶卹而

卹匱(휼궤) 가엾게 여겨 도움.
卹金(휼금) 이재민을 위해 정부에서 지출하는 돈.
卹削(휼삭) 단정한 모양. 의복이 정돈되어 격식에 맞음.
卹賞(휼상) 나라에서 벼슬하던 사람이 죽었을 때, 그 장례 비용을 내려주는 일.
卹養(휼양) 가엾게 여겨 먹여 살림. 휼양(恤養).
卹而(휼이) 놀라 두려워하는 모양.
卹典(휼전) 나라에서 재해를 입은 백성을 구제하는 은전.
卹荒(휼황) 곤궁함을 구제함. 구황(救荒).

유 矜(불쌍히 여길 긍)

卻 ⑦ 9획
却(p161)의 本字

卼 ⑦ 9획 日ゴツ·あやうい
위태할 올 中wù

풀이 위태하다. 불안하다

유 危(위태할 위) 殆(위태할 태)

即 ⑦ 9획 日ソク·すなわち
곧 즉 中jí

* 회의. 먹을 것이 가득 들어 있는 그릇 앞(皀)에 사람이 무릎 꿇고 있음을 나타낸 글자. 먹을 것이 있는 자리로 나아간다고 해서 '나아가다'의 뜻으로 쓰이며, 바짝 달라붙어 앉는다는 의미에서 '바로'라는 뜻으로도 쓰임.

풀이 1. 곧. 바로. 다시 말하면. ¶立即 2. 자리에 나아가다. ¶即位 3. 만약. 설령. 4. 가까이 하다. 가깝다. 5. 따르다. 6. 불똥. 촛불이 탈 때 생긴 덩이.

即刻(즉각) 바로 그 시각. 즉시.

2획

卽決(즉결) 일을 그 자리에서 바로 결정함.
卽答(즉답) 즉시 대답함.
卽死(즉사) 그 자리에서 바로 죽음.
卽席(즉석) 1)일이 진행되는 바로 그 자리. 2)바로 그 자리에서 무언가를 하거나 만듦.
卽時(즉시) 바로 그때. 당장에.
卽位(즉위) 임금의 자리에 오름.
卽日(즉일) 그 날. 바로 당일.
卽效(즉효) 약같은 것이 즉시에 나타나는 효험. 곧 드러나는 보람.
卽興(즉흥) 즉석에서 일어난 홍취.
刻卽(각즉) 즉각.
逢人卽說(봉인즉설) 사람을 만나는 족족 이야기하여 세상에 널리 퍼뜨림. 봉인첩설(逢人輒說).
生卽無生(생즉무생) 태어난다고 생각하는 그 사실로, 실은 인연(因緣)에 의한 가생이며, 이는 곧, 무생(無生)이라고 하는 뜻.
立卽(입즉) 곧. 바로.
유 則(곧 즉) 비 卿(벼슬 경) 郞(사나이 랑)

卿	⑩ 12획	日ケイ・キョウ
	벼슬 경	中qīng

＊회의. 두 사람이 음식(食)을 사이에 두고 마주 보고 앉은 모양을 나타낸 글자. 이에 향응하다의 뜻으로 쓰이다가, 후에 임금이 신하를 부르는 칭호로 쓰임.

풀이 1. 벼슬. 정치를 담당하는 최고위급의 관직. 또는 그 사람. ¶六卿 2. 경. 임금이 신하를 부르거나 관직이 비슷한 사람들끼리 부르는 존칭.

卿卿(경경) 아내가 남편을 부르는 칭호. 당신.
卿大夫(경대부) 1)경(卿)과 대부(大夫). 2)정치를 직접 담당하는 고위 관리.
卿老(경로) 벼슬에서 물러나도 공경(公卿)의 대우를 받음.
卿輔(경보) 삼정승(三政丞)과 육판서(六判書). 경상(卿相)
卿士(경사) 경(卿)·대부(大夫)·사(士)의 총칭.
卿相(경상) 1)재상. 임금을 도와 정사를 돌보는 대신. 2)대신(大臣).
卿雲(경운) 상서로운 구름. 서운(瑞雲).
卿尹(경윤) 왕을 옆에서 돌보면서 모든 관리를 통솔하는 지위에 있는 정삼품 이상 벼슬의 총칭. 재상(宰相).
卿子(경자) 남을 높여 이르는 말.
卿曹(경조) 대신(大臣).
客卿(객경) 다른 나라에서 와서 재상의 자리에 앉은 사람.
公卿(공경) 영의정·우의정·좌의정의 3공신과 여러 대신들을 아울러 부르는 총칭.
유 仕(벼슬할 사) 吏(벼슬아치 리) 寮(벼슬아치 료)
비 鄕(시골 향)

斘	⑪ 13획
	땅 이름 산(韓)

풀이 땅 이름. 진신안(搢紳案)에 '斘洞萬戶'가 나옴.

厂 민엄호 部

'厂' 자는 언덕의 바위가 약간 돌출되고 비탈진 모양을 나타낸 글자로, '굴바위'를 뜻하며 그 뜻은 '언덕' 또는 '낭떠러지'와 관련이 있다.

厂	⓪ 2획	日カン
	언덕 한	中ān, chǎng

풀이 1. 언덕. 낭떠러지. 2. 석굴.

厄	② 4획	日ヤク
	액 액	中è

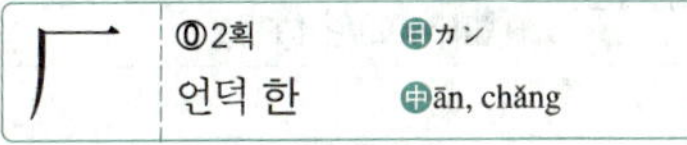

＊회의. 바위가 있는 언덕을 나타낸 '厂(언덕 한)'와 갈라진 돌 조각을 나타낸 '㔾(병부 절)'을 합친 글자. 이에 돌 조각이 떨어지면 '재앙'이 된다는 의미에서 '재앙', '불행'이라는 뜻으로 쓰임.

풀이 1. 액. 재앙. ¶厄勤 2. 운이 나쁘다. ¶厄年

厄勤(액근) 재앙으로 고생함.
厄難(액난) 재앙과 어려움.
厄年(액년) 운수가 사나운 해. 또는 그 연령.
厄塞(액색) 재앙을 만남.
厄運(액운) 사나운 운수. 악운(惡運).
厄閏(액윤) 사람이 어려운 경우에 처함.
厄禍(액화) 사나운 운수로 입는 재앙.
厄會(액회) 재앙이 닥치는 사나운 시기.
유 殃(재앙 앙) 비 危(위태할 위)

厎	⑤ 7획	日シ・といし
	숫돌 지	中dǐ, zhǐ

2획

풀이 1. 숫돌. ¶厎石 2. 갈다. ¶厎厲 3. 이르다. ¶厎止

厎厲(지려) 1)칼 같은 연장을 숫돌에 갊. 2)지조를 굳게 함.

厎石(지석) 숫돌.

厎止(지지) 도착함. 목적한 곳에 이르러 그침.

厎至(지지) 매우 아름다운 경지에 이름.

유 砥(숫돌 지) 비 底(밑 저)

厓 ⑥ 8획 언덕 애 日ガイ·きし 中yá

풀이 1. 언덕. 낭떠러지. ¶斷厓 2. 물가. ¶水厓 3. 끝. 가. 한계. 4. 눈을 흘기다. 째려보다. ¶厓眥

厓略(애략) 대략(大略). 대강.

厓眥(애자) 눈을 흘겨 봄.

유 岸(언덕 안) 丘(언덕 구) 비 涯(물가 애)

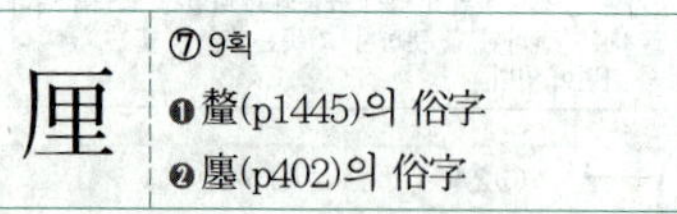

厘 ⑦ 9획

❶ 釐(p1445)의 俗字

❷ 廛(p402)의 俗字

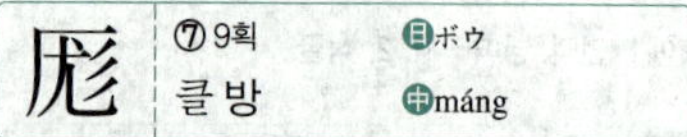

厖 ⑦ 9획 클 방 日ボウ 中máng

풀이 1. 크다. ¶厖洪 2. 풍요롭다. 넉넉하다. 3. 두텁다. 4. 섞이다. 어지럽다. ¶厖眉

厖眉(방미) 눈썹에 흰 털이 섞였다는 뜻으로, 노인(老人)을 이르는 말.

厖洪(방홍) 크고 넓은 모양.

유 太(클 태)

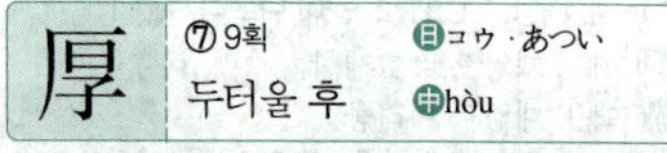

厚 ⑦ 9획 두터울 후 日コウ·あつい 中hòu

* 회의. 제사를 지내는 사당을 뜻하는 '厂(언덕 한)'과 제주(祭酒)를 올리는 형상을 뜻하는 '𣆪'를 합친 글자로, 신에게 제사를 올린다는 데에서 '후하다'의 뜻을 나타냄.

풀이 1. 두텁다. 후하다. ¶厚絹 2. 크다. 많다. 3. 무겁다. ¶厚利 4. 두께. 5. 짙다. ¶濃厚 6. 지극하다.

厚價(후가) 후하게 셈한 값. 중가(重價).

厚絹(후견) 두꺼운 비단.

厚待(후대) 두텁게 대접함.

厚德(후덕) 두터운 덕행. 또는 은덕.

厚料(후료) 후한 급료.

厚利(후리) 큰 이익.

厚問(후문) 경조사에 부조를 후하게 함.

厚味(후미) 1)진한 맛. 2)맛깔스러운 음식.

厚朴(후박) 1)정이 두텁고 거짓이 없음. 2)후박나무의 껍질.

厚薄(후박) 1)두텁게 대하는 일과 박하게 대하는 일. 2)두꺼움과 얇음.

厚報(후보) 후한 보답.

厚賜(후사) 물건·상품 등을 후하게 줌. 또는 그 물건.

厚謝(후사) 후하게 사례함. 또는 정중히 사죄함.

厚生(후생) 1)백성들의 살림살이를 풍요롭게 함. 2)몸을 건강하게 유지함.

厚酬(후수) 후한 보수.

厚顔(후안) 두꺼운 얼굴가죽. 철면피(鐵面皮).

厚遇(후우) 후하게 대우함. 후대함.

厚恩(후은) 두터운 은혜.

厚意(후의) 후한 마음. 정성스러운 마음.

厚葬(후장) 후하게 장례를 치름.

厚志(후지) 두터운 지조. 또는 그 마음.

厚幣(후폐) 두텁고 정중한 예물.

厚風(후풍) 풍속이 순후함.

溫厚(온후) 성품이 온화하고 후덕함.

肉厚(육후) 살이 두툼함.

仁厚(인후) 어질고 후덕함.

忠厚(충후) 충직하고 순후(淳厚)함.

豊厚(풍후) 1)살쪄서 두툼함. 2)매우 넉넉함.

下厚上薄(하후상박) 아랫사람에게는 후하고 윗사람에게는 박함.

何厚何薄(하후하박) 누구는 후하게 하고 누구는 박하게 함. 즉, 사람에 따라 차별을 두어 대함.

유 篤(도타울 독) 반 薄(엷을 박)

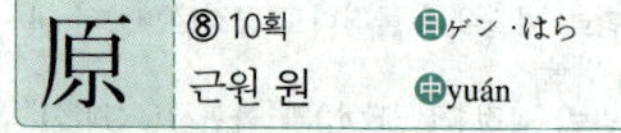

原 ⑧ 10획 근원 원 日ゲン·はら 中yuán

* 회의. '厂(언덕 한)'와 '泉(샘 천)'을 합친 글자. 이에 계곡의 맑은 물이 솟아나기 시작하는 샘을 뜻하여 '근원'의 뜻을 나타내며, 후에 '들판'이라는 뜻으로도 쓰임.

풀이 1. 근원. 근본. ¶原流 2. 원래. 3. 벌판. 들판. 땅이 평평한 곳. ¶原頭 4. 기인하다. 5. 근본을 찾다. 6. 거듭. 재차. 7. 용서하다. ¶原宥 8. 삼가다. 9. 문체(文體)의 하나. 근원을 거슬러 올라가 논하는 것.

原稿(원고) 인쇄하기 위해 쓴 초고(草稿).

原告(원고) 소송을 제기하여 재판을 청구한 사람.

原頭(원두) 벌판. 들판.

原料(원료) 물건을 만드는 재료.

原流(원류) 1)사물의 근원. 2)물이 흐르는 근원.
原理(원리) 1)모든 사물에 기본이 되는 이치. 2)설명 또는 판단의 바탕이 되는 근거나 보편적 진리.
原盤(원반) 원반던지기를 할 때 쓰는 운동 기구의 하나.
原本(원본) 1)사물의 근원. 2)등사나 초록(抄錄)·개정·번역 등을 하기 전의 본디의 책.
原産地(원산지) 원료 또는 물건의 생산지.
原色(원색) 모든 색의 바탕이 되는 색. 즉, 빨강·노랑·파랑 등을 이름.
原塞(원색) 근원을 막음.
原恕(원서) 형편을 딱하게 여겨 용서함.
原始(원시) 1)처음. 시작. 2)자연 그대로.
原始林(원시림) 자연 그대로의 무성한 숲.
原油(원유) 땅 속에서 천연으로 산출된 그대로의 광유(鑛油). 이것을 증류하여 휘발유·등유·중유 등을 얻음.
原意(원의) 본래 처음의 뜻.
原義(원의) 본디의 뜻. 원의(原意).
原人(원인) 원시 시대 사람. 인류의 시조.
原因(원인) 사물의 근본이 되는 까닭·이유.
原子(원자) 물질을 점점 작게 나눌 때, 어떠한 물리적, 화학적 방법에 의해서도 더 이상 나눌 수 없다고 생각되는 극히 미세한 입자.
原作(원작) 본디의 저작. 원저작.
原田(원전) 언덕에 있는 밭.
原點(원점) 1)사물이 시작되는 점. 기준점. 2)거리나 그 밖의 여러 가지 양을 측정하는 기준이 되는 점.
原罪(원죄) 1)죄를 용서하고 형벌을 가하지 않음. 2)기독교에서 인류의 조상인 아담과 이브가 금단의 열매를 따 먹은 결과로 인간이 태어날 때부터 가지고 있다는 죄.
原住民(원주민) 본디부터 살고 있던 사람들.
原泉(원천) 1)물이 솟아나는 근원. 2)사물의 근원.
原則(원칙) 많은 현상에 공통되는 규칙.
原形(원형) 본디의 형상.
原型(원형) 제작물의 근본이 되는 본보기.
原形質(원형질) 생물체의 기초 물질로, 세포질과 핵을 이루고 있는 물질.
草原(초원) 풀이 난 들판.
유 本(근본 본), 根(뿌리 근) 비 源(근원 원)

厝	⑧ 10획	
	❶숫돌 착	日サク·と·といし
	❷둘 조	中cuò

풀이 1 1. 숫돌. 2. 섞다. 2 3. 두다. ¶厝火積薪
厝火積薪(조화적신) 장작더미 아래에 불을 둔다는 뜻으로, 겉으로 아직 드러나지 않은 재해를 이르는 말.
비 昔(예 석)

厥	⑩ 12획	日ケツ·ほる·その
	그 궐	中jué

丿 厂 厂 厂 严 厈 厈 厥 厥 厥 厥 厥

풀이 1. 그. 그것. ¶厥者 2. 짧다. ¶厥尾 3. 파다. 발굴하다. 4. 숙이다. 조아리다. ¶厥角 5. 상기. 심기(心氣)가 역상하는 병. ¶厥冷 6. 오랑캐 이름. 돌궐(突厥).
厥角(궐각) 머리를 조아려 절함.
厥冷(궐랭) 몸이 찰 때 생기는 모든 증상.
厥明(궐명) 1)날이 밝을 무렵. 2)이튿날.
厥尾(궐미) 짧은 꼬리. 또는 꼬리가 짧은 동물.
厥弛(궐이) 동요하는 모양. 흔들리는 모양.
厥者(궐자) 그 사람.
厥終(궐종) 다함. 끝.
厥初(궐초) 시작. 최초
厥後(궐후) 그 후.
유 彼(저 피)

厤	⑩ 12획	日レキ·おさめる
	다스릴 력(역)	中lì

풀이 1. 다스리다. 2. 책력. '曆(책력 력)'의 古字.
유 治(다스릴 치) 비 曆(책력 력) 麻(삼 마)

厨	⑩ 12획
	廚(p402)의 俗字

厜	⑩ 12획
	嵯(p368)와 同字

厦	⑩ 12획
	廈(p400)의 俗字

厪	⑪ 13획	日キン·わずか
	겨우 근	中qín

풀이 1. 겨우. 2. 적다. 3. 작은 집.

厭	⑫ 14획 ❶ 싫을 염 日エン · あきる ❷ 누를 엽 中yā, yàn ❸ 빠질 암

풀이 1 1. 싫다. 꺼리다. ¶厭苦 2. 싫증나다. 물리다. 3. 더하다. 보태다. ¶厭飫 4. 차다. 가득차다. 5. 만족하다. 6. 극도에 달하다. 끝까지 다하다. 7. 멎다. 멈추다. 8.막다. 틀어막다. ¶厭塞 9. 조용히 인정하다. 2 10. 누르다. 억누르다. 11. 압박하다. 12. 다가서다. 13. 맞다. 들어맞다. 14. 합당하다. 적합하다. 15. 파손하다. 망가뜨리다. 16. 진압하다. 가라앉히다. ¶鎭厭 17. 엄습하다. 불의에 덮치다. 18. 숙이다. 엎드리다. ¶厭然 3 19. 빠지다. 20. 미명(未明). 어둑어둑하다. 21. 숨기다.

厭旦(암단) 해 뜨기 전의 어두울 때. 미명(未明).
厭苦(염고) 싫어하며 고달파함.
厭倦(염권) 싫증이 남.
厭忌(염기) 싫어하고 꺼림.
厭離(염리) 이 세상의 괴로움을 싫어하여 떠남. 속세를 떠남.
厭離穢土(염리예토) 사바 세계의 더러움과 고통을 싫어해 떠남.
厭夢(염몽) 악몽으로 두려워함.
厭薄(염박) 싫어하고 미워서 냉대함.
厭服(염복) 만족하여 복종함.
厭副(염부) 마음에 흡족함.
厭塞(염색) 채움. 충족시킴.
厭世(염세) 세상을 싫어함. 세상을 비관함.
厭飫(염어) 1)만족함. 2)지긋지긋함. 싫증이 남.
厭厭(염염) 1)편하고 조용한 모양. 2)무성하게 자라는 모양. 3)어두운 모양. 4)힘없는 모양.
厭惡(염오) 싫어하고 미워함. 혐오(嫌惡).
厭症(염증) 싫증남.
厭飽(염포) 물려서 싫증 남.
厭避(염피) 싫어서 피함.
厭冠(엽관) 상(喪)을 치를 때 쓰는 관.
厭躡(엽섭) 겹겹이 쌓여 누름.
厭勝(엽승) 주술(呪術)로 사람을 복종시킴.
厭然(1.엽연/2.염연) 1)순순히 따르며 순종하는 모양. 2)편안한 모양. 또는 아름다운 모양.
厭翟(엽적) 황후가 타는 꿩의 깃으로 꾸민 수레.
鎭厭(진엽) 진정시키고 위압함. 진압(鎭壓).
疲厭(피염) 피로하여 싫증이 남. 피권(疲倦).

유 惡(싫어할 오) 비 壓(누를 압)

厲	⑬ 15획 ❶ 갈 려(여) 日レイ · ラ · とぐ ❷ 문둥병 라 中lì

풀이 1 1. 갈다. 날카롭게 갈다. 닳아 없어지도록 갈다. 문지르다. ¶厲利 2. 숫돌. 3. 화(禍). 재앙. ¶厲階 4. 괴롭다. 괴롭히다. ¶厲民 5. 힘쓰다. 격려하다. ¶厲世 6. 귀신. 악귀. 7. 높다. 높이. 8. 떨치다. 떨치고 일어나다. 분발하다. 9. 엄하다. 사납다. ¶厲色 10. 바르다. 지조를 지키다. 11. 경계(境界). 12. 물가. 낭떠러지. 바다나 강의 가장자리. 13. 병. 역병. 역병에 걸려 죽다. 14. 위태롭다. ¶厲虐 2 15. 문둥병.

厲揭(여게) 물이 깊은 곳에서는 허리 위까지, 물이 얕은 곳에서는 무릎 위까지 걷고 건넌다는 뜻으로, 임기 응변으로 세상을 살아감을 말함.
厲階(여계) 화가 일어난 빌미. 화단(禍端).
厲禁(여금) 엄하게 금함.
厲厲(여려) 법을 어기고 나쁜 짓을 하는 모양.
厲利(여리) 갈아서 날카롭게 함.
厲撫(여무) 격려하고 어루만짐.
厲民(여민) 백성을 몹시 괴롭힘.
厲色(여색) 얼굴빛을 매섭게 함. 핏대를 세움.
厲聲(여성) 매우 화가 나서 꾸짖음. 핏대를 올림.
厲莊(여장) 엄숙함.
勵精(여정) 부지런히 함. 마음을 가다듬어 힘씀.
厲疾(여질) 1)매우 빠름. 2)문둥병.
厲風(여풍) 1)매서운 바람. 2)서북풍.
厲虐(여학) 학대함.
苛厲(가려) 가혹하고 엄함.
矜厲(긍려) 신중하고 엄함.
瘴厲(장려) 습하고 더운 땅에서 생기는 독기로 인해 걸리는 병.
災厲(재려) 천재(天災)와 재이(災異).

유 癘(문둥병 라) 비 萬(일만 만) 勵(힘쓸 려)

厶 부

厶 마늘모 部

'厶' 자는 마늘 모양을 닮았다고 하여 '마늘모'라는 부수명칭으로 쓰이나, 개인적인 성질의 의미를 담아 '사사롭다'는 뜻을 가진다.

2획

厶	⓪2획	日シ
	사사 사	中mǒu

풀이 사사롭다. '私(사사로울 사)'의 고자.

厷	②4획	日コウ·かいな
	팔뚝 굉	中gōng

풀이 1. 팔뚝. 팔. 2. 둥글다.

유 腕(팔 완) 비 友(벗 우)

厹	②4획	日ジュウ
	세모창 구	中qiú, róu

풀이 1. 세모창. 날이 세모진 창. ¶厹矛 2. 기승을 부리다.

厹矛(구모) 세모창. 날이 세모진 창.
厹由(구유) 고대 중국에 있던 나라.

去	③5획	日キョ·コ·さる
	갈 거	中qù

一 十 土 去 去

풀이 1. 가다. 2. 지나가다. 3. 떠나다. ¶去就 4. 떨어지다. 시간적·공간적으로 거리가 있음. 5. 버리다. 6. 덜다. 7. 없애다. ¶除去 8. 물리치다. 추방하다. 9. 지난 시간. 지나간 세월. 과거. ¶去年 10. 거두어들이다. 11. 거성(去聲). 사성(四聲)의 하나.

去去年(거거년) 재작년.
去去番(거거번) 지지난번.
去去月(거거월) 지지난달.
去去益甚(거거익심) 갈수록 더욱 심함.
去年(거년) 지난해. 작년.
去年今年(거년금년) 작년과 올해.
去來(거래) 돈이나 물건을 서로 주고받음.
去聲(거성) 중국어의 사성(四聲)의 하나로 발음이 처음에는 높고 끝은 낮아지는 음.
去勢(거세) 1)세력을 제거함. 2)수컷의 불알이나 암컷의 난소를 제거하는 것.
去就(거취) 물러남과 나감. 주로 관직의 진퇴를 말할 때 쓰임.
消去(소거) 사라지게 함. 지워 없앰.
除去(제거) 사물이나 현상을 없애 버림.

유 行(갈 행) 往(갈 왕) 반 來(올 래) 止(머물 지)
비 怯(겁낼 겁)

参	⑥8획
	參(p167)의 俗字

參	⑨11획	
	❶참여할 참	日サン·まいる
	❷석 삼	中cān, cēn, shēn

厶 厶 厶 厶 厽 厽 㕘 㕘 參 參 參

*지사. 개인을 뜻하는 '厶(마늘 모)'와 '人(사람 인)', 다양한 모양을 나타낸 '彡(터럭 삼)'을 합친 글자. 이에 사람들이 각양각색으로 있다는 의미에서 '참여하다'의 뜻으로 쓰임.

풀이 ❶ 1. 참여하다. 간여하다. ¶參加 2. 뵈다. 알현하다. ¶參謁 3. 나란하다. 가지런하다. 4. 층이 나다. 불규칙한 모양. ¶參差 5. 헤아리다. 6. 섞이다. ¶參伍 7. 무리. 같은 동아리. ❷ 8. 석. 셋. '三(석 삼)'과 같은 자. 9. 별 이름. ¶參宿 10. 인삼. 11. 빽빽이 들어서다.

參加(참가) 어떠한 모임·단체 등에 참여함.
參見(참견) 남의 일에 끼어듦.
參考(참고) 1)살펴 생각함. 2)살펴 도움이 되는 재료로 삼음.
參觀(참관) 1)참여하여 봄. 2)참고로 봄.
參謀(참모) 1)도모하는 일에 참여함. 또는 그 중심 인물. 2)작전·용병 등의 계획과 지도를 맡아 보는 장교.
參拜(참배) 신에게 배례(拜禮)함.
參席(참석) 자리에 참여함. 어떤 일에 참여함.
參禪(참선) 좌선하여 선(禪)을 닦음.
參與(참여) 참가하여 함께 더불어 함.
參酌(참작) 서로 비교하고 참고하여 알맞은 방법을 가림.
參戰(참전) 전쟁에 참여함.
參照(참조) 참고로 대조하여 봄.
參差(참치) 들쭉날쭉하여 가지런하지 않은 모양.
參互(참호) 여러 가지를 섞음.
古參(고참) 오래 전부터 그 일에 참여하던 사람.
觀參(관참) 참석하여 관람함. 참관(參觀).
堂參(당참) 수령(守令)이 새로 부임하거나 또는 다른 고을로 옮길 때, 의정부(議政府)에 가서 신고하는 일. 당참채(堂參債).
代參(대참) 부처가 중생(衆生)을 구원하고자 하는 서원(誓願).
同參(동참) 함께 참여함.
得參(득참) 참여할 기회를 얻음.
望參(망참) 보름날 사당에 절하고 뵙는 일.
面壁參禪(면벽참선) 벽을 향해 앉아 참선하는 일.
無事不參(무사불참) 어떤 일이든 참여하지 않는 일이 없음.

傍參(방참) 방청하기 위해 참가함.

유 三(석 삼)

㕙 ⑬ 15획 토끼 준 日ジュン 中jùn

풀이 토끼. 교활한 토끼의 이름.

유 兔(토끼 토)

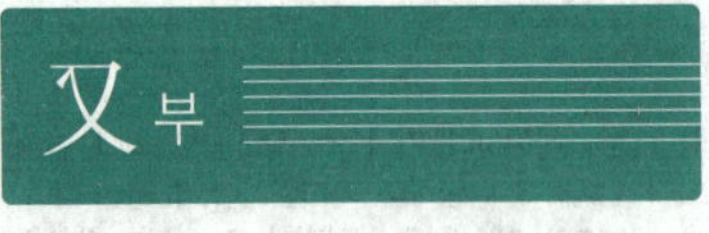

又 부

2획

又 또 우 部

'又' 자는 오른손을 뜻하는 글자인데, 오른손은 모든 활동의 중심이 되는 손이므로 반복의 의미가 더해져 '또'의 뜻으로 쓰인다.

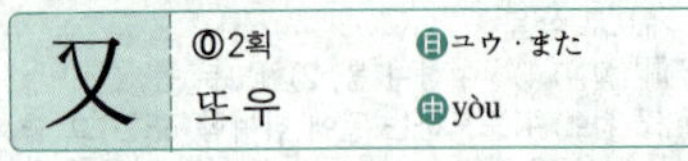

又 ⓪2획 또 우 日ユウ・また 中yòu

フ 又

*상형. 오른손을 본뜬 글자. 원래는 '오른쪽', '가지다', '돕다', '권하다'의 뜻으로 쓰이다가, 바뀌어 '또'의 뜻으로 쓰이게 됨.

풀이 1. 또. 게다가. 2. 다시. 거듭. ¶又賴 3. 오른손. 4. 돕다. 5. 용서하다.

又賴(우뢰) 다시 의뢰함.

又重之(우중지) 더욱이.

又況(우황) 하물며.

유 且(또 차) 再(두 재) 비 夂(치) 叉(깍지낄 차)

叉 ①3획 깍지낄 차 日サ・シャ 中chā, chǎ, chà

*지사. 손(又)이 서로 교차해 있는 것을 점(丶)으로 표시한 것으로 '엇갈리다', '끼우다'는 뜻으로 쓰임.

풀이 1. 깍지끼다. 2. 엇갈리다. ¶交叉 3. 가닥. 갈래. ¶叉竿 4. 찌르다. 5. 작살. 물고기를 잡을 때 찌르는 도구.

叉竿(차간) 끝이 둘로 갈라진 장대.

叉路(차로) 갈림길.

叉手(차수) 1)두 손을 어긋나게 마주 잡음. 2)팔짱을 낀다는 뜻으로, 관여하지 않음을 이르는 말.

叉牙(차아) 이가 갈래로 갈라져 나옴.

交叉(교차) 1)2개 이상의 것이 한 곳에서 마주침. 2)서로 엇갈림.

交叉路(교차로) 교차된 길.

비 又(또 우)

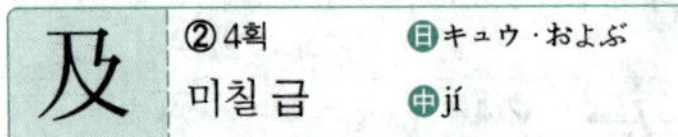

及 ②4획 미칠 급 日キュウ・およぶ 中jí

ノ 乃 乃 及

*회의. 사람(人)을 뒤따라가 손(又)으로 붙잡는 것을 나타낸 글자. 이에 '따라붙다', '미치다'라는 뜻으로 쓰임.

풀이 1. 미치다. 이르다. ¶及門 2. 더불어. 더불다. 함께. 3. 및. 접속사.

及瓜(급과) 공직의 임기가 다함. 만기(滿期).

及其時(급기시) 그때에 이르러.

及其也(급기야) 필경에는.

及落(급락) 급제와 낙제.

及門(급문) 문하에 들어감. 문하생·제자가 됨.

及第(급제) 과거 시험에 합격됨.

及逮(급체) 1)다다름. 2)쫓아가 잡음.

유 扱(미칠 급) 至(이를 지) 비 乃(이에 내)

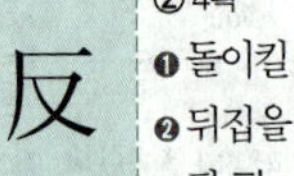

反 ②4획 ❶돌이킬 반 ❷뒤집을 번 ❸팔 판 日ハン・かえる 中fǎn

一 厂 万 反

*회의. 손(又)으로 바위(厂)를 뒤집는다는 의미를 나타낸 글자. 이에 '뒤엎는다', '반대'라는 뜻으로 쓰임. 또한 손바닥을 뒤집는 것 같다고 해서 '배반하다'라는 뜻으로도 쓰임.

풀이 ❶ 1. 돌이키다. 되돌리다. 2. 반복하다. 되돌아보다. ¶反顧 3. 대답하다. 4. 바꾸다. 뒤집다. ¶反轉 5. 어기다. ¶反則 6. 옳지 않다. 7. 배반하다. 모반하다. ¶反逆 8. 반대하다. ¶反戰 9. 휘다. ❷ 10. 뒤집다. 뒤엎다. ❸ 11. 팔다.

反感(반감) 반대의 뜻을 가진 감정.

反顧(반고) 1)돌이켜 봄. 2)고향을 생각함.

反骨(반골) 뼈가 거꾸로 솟아 있다는 뜻으로, 권세나 권위에 타협하지 않고 저항하는 기골을 이르는 말.

○反骨(반골)의 유래

삼국시대 촉(蜀)나라의 장수 위연(魏然)은 용맹하고 지략이 뛰어난 인물이었지만, 자기 재주를 과신하고 남을 업신여기는 단점이 있었다. 제갈량(諸葛亮)은 그의 목덜미에 이상한 뼈가 거꾸로 솟은 것을 보고 장래에 모반할 인물임을 짐작하고 대비하였다. 어느 날 위연은 자기 머리에 두 개의 뿔이 거꾸로 나 있는 꿈을 꾸었다. 조직(趙直)에게 물어보니 "뿔은 기린이나 청룡의 머리에 있는 것이니, 이는 천하에 보기 드문 길몽입니다."라고 말했고 위연은 이 말을 믿고 모반을 꾀하려고 했다. 사실 위연의 꿈에 나오는 뿔〔角〕은 칼〔刀〕을 사용한다〔用〕는 뜻이므로 위연의 몸이 잘린다는 나쁜 꿈이었다. 결국 위연은 제갈량의 계략에 걸려 목이 잘리고 삼족이 멸해졌다.

反裘負薪(반구부신) 갖옷을 뒤집어 입고 나무를 짊어짐. 털을 아끼려다 가죽이 찢어지는 것을 생각하지 못한다는 뜻으로, 하나만 알고 둘을 모르는 사람을 이르는 말.

反旗(반기) 1)반란을 일으킨 사람이 드는 기. 2)반대 의사를 나타내는 행동.

反對(반대) 1)어떤 사물과 대립되는 관계에 있는 일. 2)남의 말에 맞서 거스름.

反動(반동) 1)어떤 작용에 대하여 반대로 일어나는 작용. 2)역사의 흐름에 역행하는 보수적인 운동 · 세력.

反亂(반란) 나라에 반대하여 일으킨 난리.

反戾(반려) 사리나 도리에 위배됨.

反論(반론) 다른 사람의 의견에 대해 반대 의견을 말함.

反面(반면) 어떤 사실과 반대되거나 다른 방면.

反目(반목) 서로 미워함. 사이가 좋지 않음.

反問(반문) 질문에 답하지 않고 도리어 물음.

反駁(반박) 다른 사람의 의견에 반대하여 논박함.

反撥(반발) 남의 행동 · 의견 등에 반함.

反覆(반복) 언행이나 생각을 이랬다 저랬다 함.

反復(반복) 한 가지 일을 되풀이함.

反比例(반비례) 어떠한 양이 다른 양의 역수에 비례되는 관계.

反射(반사) 1)일정한 방향으로 나아가는 빛 등이 물체에 부딪쳐 되돌아오는 현상. 2)자극에 대하여 의지와는 관계없이 일어나는 반응.

反省(반성) 스스로 돌이켜 살핌.

反水不收(반수불수) 엎어진 물은 다시 거둘 수 없다는 뜻으로, 일단 한 일은 후회해도 소용없음을 이르는 말.

反語(반어) 1)원래 하고자 하는 말을 반대로 표현하는 말. 2)표면적 뜻과 반대되는 뜻의 말.

反逆(반역) 거역함. 배반함.

反映(반영) 1)빛 등이 반사하여 되비침. 2)어떤 힘이나 요구가 다른 사물의 영향을 받아 나타남.

反胃(반위/번위) 구역질을 하여 위에 들어갔던 음식이 다시 올라오는 증세의 병.

反應(반응) 1)어떠한 작용에 반응해 일어나는 변화 현상. 2)자극에 대한 모든 신체 운동과 의식 작용.

反意(반의) 1)모반. 2)뜻에 반함.

反作用(반작용) 1)어떤 사물이 다른 사물에 힘을 가했을 때, 동시에 같은 크기의 힘이 가해져 옴. 2)어떤 힘에 대해 반대의 힘이 생겨나는 일.

反轉(반전) 일의 형세가 뒤바뀜.

反戰(반전) 전쟁에 반대함.

反正(반정) 1)정도(正道)로 돌아감. 2)정도(正道)에 어긋남. 3)정(正)과 부정(不正)

反證(반증) 사실과 반대되는 증거.

反芻(반추) 소와 염소 등이 음식물을 일단 삼켰다가 되새기는 새김질.

反側(반측) 1)어떤 생각에 잠겨 잠을 이루지 못하고 누운 채로 몸을 이리저리 뒤척임. 2)올바르지 않은 길로 나아감. 법도에 어긋남.

反則(반칙) 법칙이나 규정에 위반됨.

反託(반탁) 신탁 통치를 반대함.

反哺(반포) 까마귀가 커서 늙은 어미에게 먹을 것을 물어다 준다는 뜻으로, 자식이 부모의 은혜를 잊지 않고 갚음을 이르는 말.

反抗(반항) 순종하지 않고 대듦. 반대하여 저항함.

反響(반향) 1)음파가 무언가에 부딪쳐 반사되어 다시 같은 음성이 들리는 것. 산울림. 2)어떤 언동이 사회에 미친 영향.

如反掌(여반장) 손바닥을 뒤집는 것처럼 매우 쉬움.

双 ② 4획
雙(p1514)의 俗字

収 ② 4획
收(p554)의 俗字

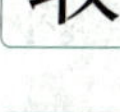

友 ② 4획 日ユウ · とも
벗 우 中yǒu

一 ナ 方 友

*형성. 뜻을 나타내며 동시에 음을 나타내는 부수 '又(또 우)'를 상하로 두 번 겹쳐 쓴 글자. 손에 손을 잡은 '벗'의 뜻을 나타냄. 또한 벗은 서로 돕는다고 하여 '우애'의 뜻을 나타내기도 함.

풀이 1. 벗. 친구. ¶朋友 2. 벗하다. 3. 우애가 있다. 형제간의 우애. ¶友睦 4. 친하게 지내다. ¶友樂 5. 따르다. 6. 무리. 동무.

友道(우도) 친구를 사귀는 방법 · 도리.

友樂(우락) 친하게 즐김.

友睦(우목) 형제 간에 우애 있음.

友善(우선) 친구와 사이가 좋음. 친함.

友愛(우애) 형제 사이의 정과 친구 사이의 정분.

友于(우우) 형제 간에 사이가 좋음.

2획

友誼(우의) 벗 사이의 정.
友情(우정) 우의(友誼).

❖ 우정(友情)에 관한 고사성어

- 管鮑之交(관포지교) 관중과 포숙아의 사귐. 아주 친밀한 사귐.
- 水魚之交(수어지교) 물과 고기의 관계처럼 뗄 수 없는 사이.
- 竹馬故友(죽마고우) 어릴 때부터의 친한 벗.
- 莫逆之友(막역지우) 아주 허물 없는 벗.
- 金石之交(금석지교) 쇠와 돌처럼 굳은 사귐.
- 肝膽相照(간담상조) 간과 쓸개가 가까이 서로 보여주듯이 서로 마음을 터놓고 사귐.
- 刎頸之交(문경지교) 죽고 살기를 같이 할 만한 친한 사이나 벗.
- 金蘭之交(금란지교) 쇠처럼 날카롭고 난초처럼 향기 나는 친구 사이.
- 芝蘭之交(지란지교) 영지와 난초의 향기로운 향기 같은 벗 사이의 교제.
- 斷金之交(단금지교) 정이 매우 두터운 사이의 교제.
- 交友以信(교우이신) 친구를 믿음으로써 사귐.
- 朋友有信(붕우유신) 친구 사이에 신의가 있음.
- 布衣之交(포의지교) 곤경한 상황에서 사귄 친구.
- 知音(지음) 소리를 듣고 나를 인정해 주는 친구.

友弟(우제) 형제간의 우애.
友風子雨(우풍자우) 바람을 친구로 삼고 비를 아들로 삼는다는 뜻으로, 구름을 말함.
友行(우행) 어진 이를 가까이에서 공경하는 행실.
友好(우호) 서로 사이가 좋음.
校友(교우) 같은 학교에서 배우는 친구.
舊友(구우) 사귄 지 오래된 친구.
博友(박우) 늘 어울려 노름하는 친구.
朋友(붕우) 벗.

유 朋(벗 붕) 비 宏(클 굉)

受	⑥8획	日ジュ・うける
	받을 수	中shòu

* 형성. 손가락(爫)으로 손(又) 위에 무엇을 덮어주는(冖) 모양을 나타낸 글자. 이에 손에서 손으로 주고받는 모양이었으나, 후에 '주다(授)'와 '받다(受)'가 나뉘게 되어 '받다'의 뜻을 나타냄.

풀이 1. 받다. 받아들이다. ¶受講 2. 얻다. ¶受益 3. 응하다. 접수하다. 시험치다. ¶受驗 4. 이루다. 5. 주다. ¶受任

受講(수강) 강습이나 강의를 받음.
受檢(수검) 검사나 검정을 받음.
受戒(수계) 훈계를 받음.
受教(수교) 가르침을 받음. 수업(受業).
受難(수난) 어려운 일을 당함.
受納(수납) 받아서 넣음.
受動(수동) 남에게 작용 · 동작을 받음.
受動的(수동적) 자율적이지 못하고 남이 시키는 대로만 하는 태도.
受諾(수락) 승낙.
受賂(수뢰) 뇌물을 받음.
受理(수리) 받아서 처리함.
受命(수명) 1)명령을 받음. 2)가르침을 받음.
受侮(수모) 모욕을 당함.
受賞(수상) 상을 받음.
受禪(수선) 임금의 자리를 물려받음.
受信(수신) 편지 · 전보 등의 통신을 받음.
受業(수업) 가르침을 받음. 지식을 전해 받음.
受容(수용) 받아들임.
受任(수임) 임무를 받거나 줌.
受精(수정) 암컷의 난자가 수컷의 정자와 결합하여 새로운 개체를 이루는 생식 작용.
受取(수취) 받아서 취함.
受胎(수태) 아이를 뱀.
受學(수학) 공부를 배움.
受驗(수험) 시험을 치름.
受刑(수형) 형의 집행을 받음.
受話(수화) 전화를 받음.
受禧(수희) 복을 받음.
收受(수수) 거두어서 받음.
領受(영수) 돈 · 물건 등을 받아들임.
接受(접수) 문서 등을 처리하기 위해 받아들임.

반 授(줄 수) 비 愛(사랑 애)

叔	⑥8획	日シュク・おじ
	아재비 숙	中shū

풀이 1. 아재비. 숙부. 아버지의 동생. ¶叔伯 2. 형제 중의 셋째. 3. 시동생. 4. 어리다. 젊다. 5. 끝. ¶叔世 6. 줍다. 흩어져 있는 열매 등을 손으로 집음. 7. 콩. ¶叔粟

叔季(숙계) 1)막내 동생. 말제(末弟). 2)말세(末世).
叔舅(숙구) 외숙.
叔妹(숙매) 시누이.
叔母(숙모) 숙부의 아내.
叔伯(숙백) 1)숙부와 백부. 2)형제.

叔父(숙부) 아버지의 남동생.
叔世(숙세) 풍속 등이 망해 가는 시대. 말세(末世).
叔粟(숙속) 콩과 조.
叔氏(숙씨) 셋째 아우의 존칭.
叔姪(숙질) 아저씨와 조카.

비 淑(맑을 숙)

取	⑥ 8획	日シュ・とる
	취할 취	中qǔ

一 丅 F F E 耳 耵 取

* 회의. 손(又)으로 귀(耳)를 떼는 것을 나타낸 글자. 옛날에는 전쟁에서 적을 잡으면 증거물로 그 왼쪽 귀를 잘라내어 가져 왔다는 데서 '취하다'의 뜻으로 쓰임.

풀이 1. 취하다. 가지다. 손에 넣다. ¶取去 2. 얻다. 받다. 3. 다스리다. 4. 멸망시키다. 5. 장가들다. 6. 돕다. 7. 뽑다. 가리다. ¶取人 8. 구하다. 찾다.

取去(취거) 가지고 떠남.
取扱(취급) 1)사물을 다룸. 2)일을 처리함.
取其所長(취기소장) 좋은 바를 취함. 즉 남의 좋은 점을 자기의 것으로 함.
取得(취득) 손에 넣음.
取利(취리) 1)이익을 취함. 2)돈놀이.
取捨(취사) 취함과 버림.
取善輔仁(취선보인) 다른 사람의 착한 점을 취하여 자신의 인을 돕는다는 뜻으로, 친구의 유익함을 이르는 말.
取消(취소) 1)글로 적은 것이나 또는 진술한 사실을 없앰. 2)법률 행위의 효력을 소급하여 소멸시키는 행위.
取予(취여) 취함과 줌.
取人(취인) 인재를 골라 씀.
取調(취조) 범죄 사실을 속속들이 조사함.
取次(취차) 1)한때. 한동안. 2)차차. 차츰.
取筆(취필) 글씨 잘 쓰는 사람을 뽑음.
收取(수취) 거두어들여 가짐.
進取(진취) 적극적으로 나아가서 일을 이룸.
搾取(착취) 1)꼭 누르거나 비틀어서 즙을 짬. 2)지배 계층이 피지배 계층에 대하여 노동량에 비해 저임금을 주고 그 이익의 대부분을 강제로 차지함.

유 得(얻을 득) 撮(취할 촬) 반 捨(버릴 사)

叛	⑦ 9획	日ハン・そむく
	배반할 반	中pàn

丶 丷 䒑 ⺶ 半 半' 叛 叛 叛

* 형성. 음을 나타내며 '둘로 나뉘다'의 뜻을 지닌 '半(반 반)'과 '거스르다'의 뜻을 지닌 '反(되돌릴 반)'을 합친 글자. 이에 '배반하여 떠나다'의 뜻으로 쓰임.

풀이 1. 배반하다. 모반하다. 정도(正道)를 어지럽히다. ¶叛旗 2. 달아나다. 도망가다. 3. 어긋나다. 4. 떨어지다. 둘로 나뉘다.

叛骨(반골) 1)쉽게 사람을 따르지 않는 기질. 2)권력에 타협하지 않고 저항하는 사람.
叛軍(반군) 반란군.
叛旗(반기) 반대의 뜻으로 드는 기. 반란의 표시.
叛奴(반노) 주인을 배반한 종.
叛徒(반도) 반란을 도모하는 무리.
叛逆(반역) 배반하고 역모를 함.
叛意(반의) 저버리려는 마음. 배심(背心).
叛將(반장) 반란을 일으킨 장수.
叛跡(반적) 모반을 꾀한 흔적.
叛賊(반적) 제 나라를 배반한 역적.
謀叛(모반) 제 나라를 배반하고 남의 나라를 좇기를 꾀함.
背叛(배반) 신의를 저버리고 등짐.

비 判(판가름할 판) 版(널 판)

⑦ 9획
敍(p558)의 俗字

⑧ 10획 日ソウ・おきな
늙은이 수 中sǒu, sōu, xiāo

풀이 1. 늙은이. 2. 쌀 씻는 소리. ¶叟叟

叟叟(수수) 쌀을 씻는 소리.
叟傖(수창) 시골 영감.

유 翁(늙은이 옹)

⑭ 16획 日エイ・さとい
밝을 예 中ruì

풀이 1. 밝다. 사리에 통하다. 정통하다. ¶叡聖 2. 임금. 천자의 언행에 붙이는 말. ¶叡覽

叡覽(예람) 임금이 봄.
叡明(예명) 임금이 현명함.
叡敏(예민) 통달하고 민첩함.
叡算(예산) 임금의 수명(壽命).
叡聖(예성) 지혜가 뛰어나 사리에 통달함.
叡旨(예지) 지혜가 뛰어남. 또는 그런 사람.
叡智(예지) 1)사물의 본질을 꿰뚫는 현명한 지혜. 2)이성(理性).

2획

叡哲(예철) 명철하고 사리에 밝음.
名叡(명예) 총명함.
聰叡(총예) 총명예지(聰明叡智)의 준말로, 임금의 슬기를 칭송하는 말.

유 哲(밝을 철) 昭(밝을 소) 明(밝을 명) 반 暗(어두울 암)

叢	⑯ 18획	日ソウ · くさむら
	모일 총	中cóng

* 형성. 풀이 떼 지어 나 있는 모양을 나타내는 윗부분과 '取(가질 취)'를 합친 글자. 이에 '풀숲', '떼 지어 모이다'의 뜻으로 쓰임.

풀이 1. 모이다. 모으다. ¶叢書 2. 떨기. 풀이나 나무 등의 무더기. ¶竹叢 3. 많다. 번잡하다. ¶叢莽 4. 잘다. 번거롭다. ¶叢劇

叢輕折軸(총경절축) 가벼운 것도 많이 모이면 수레의 차축(車軸)을 부러뜨린다는 뜻으로, 작은 힘이라도 모이면 큰 힘이 됨을 말함.
叢棘(총극) 많이 모여 있는 가시. 가시덤불.
叢劇(총극) 사무가 번거로워 대단히 바쁨.
叢莽(총망) 번잡하게 모인 풀숲.
叢芳(총방) 꽃 무더기.
叢煩(총번) 사물이 많고 번잡함.
叢祠(총사) 나무 숲에 있는 사당.
叢語(총어) 무수한 낱말을 모아 묶어 놓은 책.
叢翳(총예) 초목이 우거져 그늘짐.
叢穢(총예) 초목이 우거져 지저분함.
叢雲(총운) 모여 있는 구름.
叢至(총지) 모여서 옴.
叢叢(총총) 많이 모여 있는 모양.
淵叢(연총) 사물이 모이는 곳. 연수(淵藪).
竹叢(죽총) 작은 대숲.

유 集(모일 집) 반 散(흩을 산) 비 業(업 업)

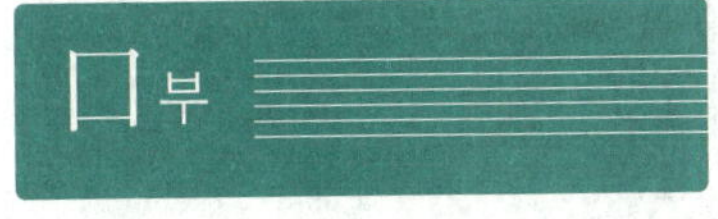

口 입 구 部

'口'자는 사람의 입 모양을 본뜬 글자로, '입'이라는 뜻을 가지며 사람은 모두 입을 갖고 있다고 하여 '인구'를 나타내기도 한다. 또한 입 모양이 네모와 비슷하여 '네모난 것'이나 '구멍', '어귀'의 뜻으로도 쓰이며, 입으로 말한다 하여 구변(口辯)에서처럼 '말하다'의 뜻을 나타낸다. 이 글자를 부수로 갖는 글자는 일반적으로 입의 기관이나 그 활동과 관련이 있다.

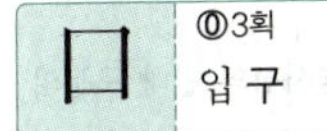

口 ⓪3획 日コウ·くち
입 구 中kǒu

丨 ㄇ 口

* 상형. 입 모양을 본뜬 글자.

풀이 1. 입. 주둥이. ¶口腔 2. 어귀. ¶浦口 3. 구멍. 4. 인구. ¶人口 5. 말하다. ¶口述 6. 식구. ¶食口

口角(구각) 말로 심하게 논쟁함.

口腔(구강) 입 안의 빈 곳.

口講指畫(구강지화) 입으로 설명하고 손으로 가리키며 그림을 그림. 친절하게 가르쳐 줌.

口蓋(구개) 입천장.

口訣(구결) 한문 구절 끝에 다는 토를 약호로 나타낸 것.

口訥(구눌) 말을 어눌하게 함. 말을 더듬음.

口頭(구두) 마주 보며 직접 입으로 하는 말.

口令(구령) 어떠한 행동을 일제히 하도록 부르는 호령.

口吻(구문) 입술.

口味(구미) 1)음식을 눈으로 보거나 맛을 보았을 때 느끼게 되는 충동. 2)어떤 일에 대한 의욕이나 흥미나 취향. 입맛.

口蜜腹劍(구밀복검) 입에는 꿀이 있지만 뱃속에는 칼이 있다는 뜻으로, 달콤한 말과는 달리 속으로는 음흉한 생각을 품고 있음을 이르는 말.

◎口蜜腹劍(구밀복검)의 유래

당나라 현종 때의 재상 이임보를 가리켜 《십팔사략》에서 평하기를, '이임보는 현명하고 재능 있는 사람을 질투하고, 자기보다 나은 사람을 억누르고 배척했다. 성격이 음험해 사람들이 입에는 꿀이 있지만, 뱃속에 칼이 있다고 말했다.' 라고 한 데서 유래한 말이다.

口腹之計(구복지계) 생계를 살아 가는 계책.

口辯(구변) 입으로 하는 말. 또는 그 솜씨.

口分(구분) 사람 수에 따라 균등하게 나누어 줌.

口分田(구분전) 고려 때, 관원 또는 전사한 군인의 아내에게 품등에 따라 나누어 주던 논밭.

口碑(구비) 대대로 입으로 전해 내려온 말.

口碑文學(구비문학) 대대로 입에서 입으로 전해 내려 온 문학. 민요 · 무속요 등.

口尙乳臭(구상유취) 입에서 아직 젖내가 난다는 뜻으로, 언행이 유치함을 이르는 말.

口舌(구설) 시비하고 비방하는 말.

口述(구술) 말. 말로써 진술함.

口實(구실) 1)핑계 삼을 밑천. 2)화제(話題).

口語(구어) 일상의 회화로 사용하는 말.

口演(구연) 글이 아니라 입으로 사연을 말함.

口才(구재) 말재주가 좋음. 언변이 좋음. 또는 그런 사람.

口傳(구전) 말로 전함.

口中荊棘(구중형극) 입 속에 가시가 있음. 남을 헐뜯는 말.

口臭(구취) 입에서 나는 나쁜 냄새.

口號(구호) 연설이 끝났을 때나, 시위 행진을 할 때에 외치는 간결한 문구. 슬로건(slogan).

口呼(구호) 외침. 말로 부름.

經口投藥(경구투약) 입으로 약을 투여함.

極口(극구) 1)온갖 말을 다하여. 2)태도가 매우 완강하거나 열렬함을 나타냄.

大口(대구) 생선의 일종.

食口(식구) 같은 집에 살며 끼니를 함께 하는 사람. 식솔(食率).

有口無言(유구무언) 입은 있으나 할 말이 없음. 변명할 말이 없음.

異口同聲(이구동성) 여러 사람의 말이 한결같음. 입은 다르지만 하는 말은 같음.

一口二言(일구이언) 한 입으로 두 말을 한다는 뜻으로, 말을 이랬다저랬다함.

窓口(창구) 1)역(驛)이나 영화관, 기타 관람 시설 등의 매표소에서, 돈을 받고 표를 내주기 위해 창 아래쪽을 반원형으로 뚫어 놓은 구멍. 2)창을 통해 사람과 응대하고 돈의 출납 등 사무를 보는 곳. 3)외부와 어떤 일을 교섭하고 절충하는 곳.

浦口(포구) 배가 드나드는 어귀. 작은 항구.

緘口無言(함구무언) 입을 다물고 말이 없음.

戶口(호구) 호적상의 집과 사람의 수효.

糊口之策(호구지책) 입에 풀칠한다는 뜻으로, 하루하루 겨우 먹고 살아가는 방책.

膾炙人口(회자인구) 맛있는 음식처럼 시문 등이 사람들의 입에 많이 오르내리고 찬양을 받는 것. '膾'는 날고기, '炙'는 구운 고기.

黃口添丁(황구첨정) 젖먹이 어린아이를 군적에 올려 군포를 징수 받던 일.

비 囗(큰 입 구)

可

②5획
❶옳을가 日カ·よい·べし
❷오랑캐 임금 中kě, kè
이름극

一 丁 丅 可 可

*회의. 말(口)을 사리에 맞게(丁)한다는 의미를 지닌 한자. 이에 '옳다' 의 뜻을 나타냄.

풀이 ❶ 1. 옳다. 2. 가능하다. 가히. ¶可決 3. 허락하다. 4. 쯤. 정도. 5. 듣다. 6. 좋은 점. 장점. 7. 견디다. ¶可當 ❷ 8. 오랑캐 임금의 이름. 군주 이름. ¶可汗

可居處(가거처) 살고 있는 곳.
可居之地(가거지지) 살 만한 곳.
可檢物(가검물) 병균의 유무를 검사하기 위해 거두는 환자의 배설물.
可決(가결) 좋다고 인정하여 결정함.
可驚(가경) 놀랄 만함.
可耕地(가경지) 경작할 수 있는 토지.
可考文獻(가고문헌) 참고하거나 생각해 볼 만한 책이나 글.
可恐(가공) 두려워할 만함.
可觀(가관) 1)볼 만함. 2)꼴불견임.
可及的(가급적) 되도록. 가능한 한. 형편이 허락하는 대로.
可能(가능) 1)할 수 있음. 2)될 수 있음.
可當(가당) 감당할 수 있음.
可動性(가동성) 움직일 수 있는 성질.
可憐(가련) 신세가 딱하고 가엾음.
可望(가망) 될 만한 희망.
可變(가변) 변하게 할 수 있음. 또는 변할 수 있음.
可否(가부) 1)옳고 그름. 2)가결(可決)과 부결(否決).
可分(가분) 나눌 수 있음.
可塑性(가소성) 압력을 가하면 부서지지 않고 모양이 변하고, 그 압력을 제거하여도 원래의 모양으로 돌아가지 않고 그대로 있는 성질.
可燃性(가연성) 잘 타는 성질.
可謂(가위) 가히 말하자면.
可憎(가증) 얄미움.
可知(가지) 알 만함. 알 수 있음.
可汗(극한) 몽고어로 왕의 뜻.
認可(인가) 인정하여 허락함.
裁可(재가) 결재하여 허가함.
許可(허가) 1)허락. 2)법으로 금지하던 일을 특정한 경우에 허락해 주는 일.

비 何(어찌 하)

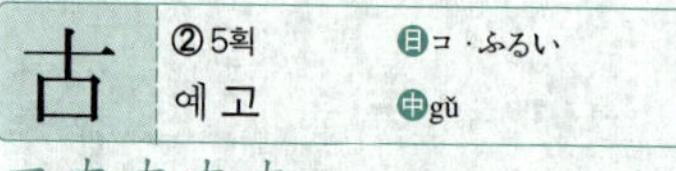

古

②5획 日コ·ふるい
예고 中gǔ

一 十 十 古 古

*회의. 여러(十) 대에 걸쳐 입(口)으로 전해오는 것을 나타낸 글자. 이에 '옛날' 이라는 뜻을 나타냄.

풀이 1. 예. 예전. 옛날. ¶古今 2. 오래다. 오래되다. ¶古木 3. 선조(先祖). 조상. 4. 묵다. 5. 예스럽다. 고풍스럽다. ¶好古家 6. 옛날의 법(法).

古家(고가) 오래된 집. 낡은 집.
古宮(고궁) 옛 궁궐.
古今(고금) 옛날과 지금.
古記(고기) 옛날 기록.
古談(고담) 옛 이야기. 고대 소설.
古代(고대) 1)옛 시대. 2)역사상의 연대 구분의 하나.
古來(고래) 옛날부터 지금까지.
古木(고목) 오래된 나무.
古文(고문) 옛 글 또는 문장.
古物(고물) 오래된 물건.
古墳(고분) 옛 무덤.
古事(고사) 옛 일.
古史(고사) 옛 역사.
古寺(고사) 옛 절.
古色(고색) 오랜 세월을 지닌 모습.
古生代(고생대) 지질 시대 중, 원생대(原生代) 다음가는 시대.
古雅(고아) 우아하고 예스러움.
古語(고어) 옛 말.
古人(고인) 옛날 사람.
古典(고전) 1)고대의 전적(典籍). 2)옛날의 의식이나 법식. 3)시대를 대표하는 것으로서 후세에 남을 가치가 있는 작품.
古典美(고전미) 고전적인 아름다움.
古刹(고찰) 옛 절.
古參(고참) 오래 전부터 그 일에 종사하던 사람.
古塔(고탑) 옛 탑.
古風(고풍) 1)옛 풍속. 오래동안 내려 온 모습. 2)한시(漢詩)의 한 체(體).
古稀(고희) 70세를 일컬음. 사람이 일흔 살까지 살기란 예로부터 드문 일이라는 데에서 나온 말. '인생칠십고래희(人生七十古來稀)' 에서 온 말.
考古(고고) 유물 · 유적에 관한 옛 일을 연구함.
蒙古(몽고) 몽골 · 유라시아 대륙 중앙부에 있는 인민 공화국.
千古(천고) 1)아주 먼 옛날. 2)오랜 세월.
最古(최고) 가장 오래 됨.

太古(태고) 아주 오랜 옛날.
懷古(회고) 옛 자취를 돌이켜 생각함.

유 昔(옛 석)

	② 5획	日 コウ · たたく
	두드릴 고	中 kòu

풀이 1. 두드리다. 치다. ¶叩門 2. 조아리다. ¶叩頭 3. 잡아당기다. 4. 묻다. 질문하다. 5. 정성스러운 모양.

叩頭(고두) 경의를 표하기 위해 머리를 조아림.
叩頭謝罪(고두사죄) 머리를 조아려 사죄함.
叩門(고문) 문을 두드림.

비 卬(나 앙)

	② 5획	日 ク · くぎり
	구절 구	中 jù, gōu, gòu

* 회의. 문장에서 한 말(口)을 가지고 포함하고 (勹) 있다는 뜻이거나 또는 글을 한 입(口)으로 읽을 만큼 하나로 싸고(勹) 있다는 뜻을 지닌 한자. 이에 '구절', '글귀'의 뜻을 나타냄.

풀이 1. 구절. 글귀. ¶句文 2. 굽다. ¶句戟 3. 맡다. 담당하다. ¶句檢 4. 당기다. ¶句引 5. 세다. 숫자를 세다. 6. 막다.

句讀(구두) 글을 읽기 편하게 하기 위하여 단어·구절 등에 점이나 부호 등으로 표시하는 방법.
句文(구문) 글귀.
句法(구법) 시나 문장의 구절을 만드는 방법.
句引(구인) 잡아당김. 꾀어냄.
句節(구절) 한 토막의 말이나 글.
佳句(가구) 아름다운 글귀.
警句(경구) 어떤 사상이나 진리를 간결하고 날카롭게 표현한 경계할 만한 글귀.
驚句(경구) 사람을 놀라게 할 만큼 뛰어나게 잘 지은 시구.
對句(대구) 대를 맞춘 시의 글귀. 나란히 짝을 맞춰 표현한 어격이나 의미가 상대되는 둘 이상의 글귀.
名句(명구) 뛰어난 글귀. 유명한 문구.
美辭麗句(미사여구) 아름다운 말과 글귀라는 뜻으로, 아름다운 문장 또는 아름다운 말로 꾸민 듣기 좋은 글귀를 말함.
字句(자구) 글자와 글귀.
章句(장구) 1)글의 장(章)과 구(句). 2)문장의 단락.
章句之學(장구지학) 장(章)과 구(句)의 해석에만 치우쳐 전체의 대의에는 통하지 않는 학문.
絶句(절구) 한시(漢詩)의 근체시(近體詩)의 하나. 기(起)·승(承)·전(轉)·결(結)의 네 구로 되어 있음.

유 章(글 장)

	② 5획	日 キュウ
	소리 높일 구	中 qiù

풀이 소리를 높이다.

叫	② 5획	日 キュウ
	부르짖을 규	中 jiào

풀이 1. 부르짖다. 부르다. ¶叫呼 2. 울다.

叫叫(규규) 1)큰 소리로 부르짖음. 2)소리가 멀리까지 퍼짐.
叫買(규매) 소리를 질러 물건을 판매함.
叫聲(규성) 외치는 소리.
叫騷(규소) 부르짖으며 떠듦.
叫吟(규음) 소리 높여 욺.
叫天子(규천자) 종달새.
叫彈(규탄) 잘못을 꼬집어 말함.
叫呼(규호) 1)부르짖음. 2)비웃음.
叫號(규호) 큰 소리로 부름.
叫喚(규환) 큰 소리로 부르짖음.
阿鼻叫喚(아비규환) 아비(阿鼻)지옥과 규환(叫喚)지옥. 여러 사람이 비참한 지경에 처하여 살려달라고 비명을 지르며 몸부림침.
絶叫(절규) 있는 힘을 다해 부르짖음.

	② 5획	日 トウ
	탐낼 도	中 dāo, dáo, tāo

풀이 1. 탐내다. ¶叨沓 2. 함부로. 외람되게. 3. 진실로. ¶叨叨

叨沓(도답) 틈틈이 게으름을 피움.
叨冒(도모) 욕심이 많음. 탐욕스러움.
叨竊(도절) 1)부당하게 자리를 차지함. 2)분에 넘치는 자리를 차지했음을 겸양하여 하는 말.
叨懥(도치) 멋대로 화를 내며 도리에 어긋남.
叨貪(도탐) 욕심이 많고 탐욕스러움. 도모(叨冒).

另	② 5획	日 レイ · わかれる
	헤어질 령(영)	中 lìng

풀이 1. 헤어지다. 이별하다. 별거(別居). ¶另居 2. 따로. 각자. ¶另念

3획

另開便門(영개편문) 중국 청나라 때, 각 관청에 둔 민간인이 출입하던 작은 문.
另居(영거) 따로 거처함. 별거(別居).
另念(영념) 호의로 마음을 씀.
另眼相看(영안상간) 특별히 우대함.
另派(영파) 따로 파견함.
另函(영함) 따로 봉함. 별봉(別封)의 편지.

司	② 5획	日シ·つかさどる
	맡을 사	中sī, sì

ㄱ ㅋ 司 司 司

* 회의. '后(임금 후)' 자를 뒤집어 놓은 모양을 나타낸 글자. 임금이 관리들에게 직책을 주어 맡긴다는 의미에서 '맡다', 또는 '벼슬'의 뜻을 나타냄.

풀이 1. 맡다. ¶司令官 2. 엿보다. 3. 관아. ¶三司 4. 벼슬. 관리. 5. 지키다.

司諫院(사간원) 조선 때, 삼사(三司)의 하나로 임금에게 주로 간언하는 일을 맡아 보던 관청.
司令(사령) 군대를 통솔하는 직책 중의 하나.
司令官(사령관) 사령의 직책을 맡은 무관.
司令塔(사령탑) 1)사령관이 지휘하기에 편리하도록 만든 탑. 2)지시 등의 중추적인 역할을 하는 부문.
司法(사법) 법률을 실제의 사실에 적용하는 국가 작용.
司書(사서) 책을 맡아 관리하는 일.
司譯院(사역원) 조선 때, 번역이나 통역에 관한 일을 담당하던 관청.
司祭(사제) 1)천주교의 사교(司教) 다음가는 교직(教職). 신부. 2)그리스 정교의 주교 다음가는 교직.
司會(사회) 1)회의나 예식 등의 진행을 맡아보는 사람. 또는 그 일. 2)고대 중국에서 회계(會計)를 맡아보던 부서.

유 任(맡길 임)

史	② 5획	日シ·ふみ·れきし
	역사 사	中shǐ

丶 口 口 史 史

* 회의. '中(가운데 중)'과 '又(또 우)'를 합친 글자. 중심(中)을 잡고(又) 기록을 하는 '사관', 또는 바르게(中) 붓을 잡고(又) 기록한다는 데서, '역사'의 뜻으로 쓰임.

풀이 1. 역사. 사기. ¶史記 2. 사관(史官). 벼슬이름. ¶史官 3. 문인. 서화가. 문필에 종사하는 사람. 4. 장식이 있어 아름답다.

史家(사가) 역사를 기록하는 사람. 역사가(歷史家).
史庫(사고) 조선 때, 사기(史記)와 중요한 서적을 보관해 두던 정부의 곳집.
史官(사관) 1)역사를 기록하던 관리. 2)역사를 편찬하던 관리.
史觀(사관) 역사를 보는 관점. 역사적 사건을 해석하는 관점.
史劇(사극) 역사적 사실을 바탕으로 만든 연극. 또는 희곡.
史記(사기) 1)중국 한(漢)나라 사마천(司馬遷)이 지은 역사책. 2)사관이 쓴 기록.
史談(사담) 역사에 관한 이야기.
史略(사략) 대략적인 역사를 적은 것. 또는 그 책.
史料(사료) 역사의 연구나 편찬에 필요한 자료.
史書(사서) 역사적 일을 기록한 책.
史實(사실) 실제로 역사에 있었던 일.
史獄(사옥) 역사적인 중대 사건이나 그 사건을 다스리는 일.
史蹟(사적) 역사적으로 보존할 만한 가치가 있는 자취.
史草(사초) 사관이 기록한 역사서의 초고(草稿).
史學(사학) 역사를 연구하는 학문. 역사학(歷史學).
國史(국사) 1)한 나라의 역사. 2)우리나라의 역사.
女史(여사) 1)결혼한 여자를 높여 이르는 말 2)사회적으로 저명한 여자를 높여 이르는 말.
歷史(역사) 인류의 변천과 흥망의 기록.
戰勝史(전승사) 싸움에 이긴 역사.
現代史(현대사) 일반적으로 제2차 세계 대전 이후부터의 역사.
畫史(화사) 조선(朝鮮) 때, 도화서(圖畫署)의 잡직 종8품(從八品)의 벼슬.
花史(화사) 조선(朝鮮) 선조 때, 임제(林悌)가 지은 가전체(假傳體) 한문 소설.

유 曆(책력 력) 비 吏(벼슬아치 리)

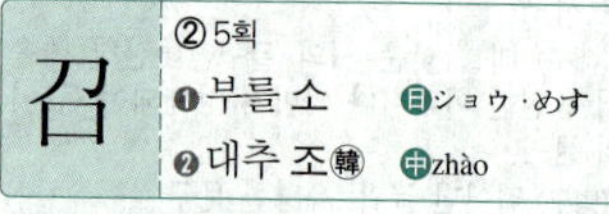

召	② 5획	
	❶ 부를 소	日ショウ·めす
	❷ 대추 조 韓	中zhào

ㄱ 刀 刀 召 召

* 형성. 뜻을 나타내는 부수 '口(입 구)'와 음을 나타내는 '刀(칼 도)'를 합친 글자. 입(口)으로 명령하여 부르는 것이 무력(刀)과 같은 힘이 있다고 하여, '부르다'의 뜻을 나타냄.

풀이 ❶ 1. 부르다. 초청하다. ¶召接 2. 초래하다. 어떤 결과를 가져오게 하다. ¶遠禍召福 3. 땅 이름. ❷ 4. 대추.

召命(소명) 명을 내려 신하를 부름.
召按(소안) 불러 조사함.

3획

召接(소접) 불러서 만남.
召集(소집) 불러 모음.
召集令(소집령) 소집하는 명령.
召請(소청) 초대함.
召喚(소환) 사법 기관이 특정의 개인을 일정한 장소로 오도록 부르는 일.
召還(소환) 불러들임. 돌아오도록 부르는 것.
召還狀(소환장) 외국에 파견된 외교 사절이나 영사를 귀환케 하는 명령서.
承召(승소) 임금의 명을 받듦.
承召奉命(승소봉명) 임금의 부름을 받아 그 명령을 받듦.

유 招(부를 초) 呼(부를 호)

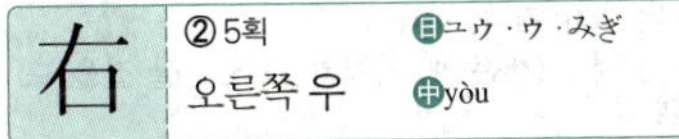
右 ②5획 日ユウ・ウ・みぎ
오른쪽 우 中yòu

ノ ナ オ 右 右

* 회의. 식사할 때 밥을 먹는[口] 손[又]이라는 뜻을 지닌 글자. 이에 '오른쪽'의 뜻을 나타냄.

풀이 1. 오른쪽. ¶右側 2. 오른쪽으로 향하다. 오른쪽으로 가다. 3. 위. 위쪽. 4. 서쪽. 5. 존경하다. 숭상하다. ¶右文 6. 강하다. 7. 돕다.

右心房(우심방) 염통 안의 오른쪽 윗부분. 온 몸의 정맥에서 나오는 피를 받아 우심실로 보내는 구실을 함.
右往左往(우왕좌왕) 이리저리 갈피를 잡지 못함.
右翼(우익) 1)새의 오른쪽 날개. 2)대열의 오른쪽. 3)보수파·국수주의파의 정당·단체.
右者(우자) 오른쪽에 적혀 있는 내용 또는 사람.
右側(우측) 오른쪽의 옆.
右派(우파) 온건주의적(穩健主義的) 색채를 지닌 파.
極右(극우) 극단적인 우익 사상이나 당파.
左右(좌우) 1)왼쪽과 오른쪽. 2)존장(尊丈)에 대한 경칭. 3)좌지우지. 4)옆. 측근. 5)좌익과 우익. 좌파와 우파.
左衝右突(좌충우돌) 1)이리저리 닥치는 대로 부딪침. 2)아무 사람이나 구분하지 않고 함부로 맞닥뜨림.
前左右(전좌우) 앞쪽과 좌우 양쪽.
前後左右(전후좌우) 앞뒤와 좌우 양쪽. 즉, 사방.

반 左(왼쪽 좌)

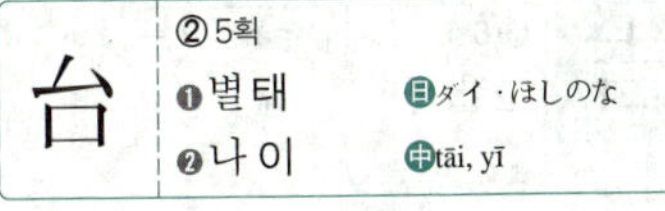
台 ②5획
❶별 태 日ダイ・ほしのな
❷나 이 中tāi, yī

풀이 ■1 1. 별. 별이름. 별의 뜻은 삼공(三公)이나 그와 비슷한 지위의 뜻으로 쓰임. ¶台輔 ■2 2. 나. 자신. 3. 기뻐하다. ¶台台

台台(이이) 마음이 평안하고 기쁜 모양.
台鑑(태감) 편지나 보고서 등의 겉봉투에 상대를 높이는 뜻으로 쓰는 말.
台輔(태보) 재상.

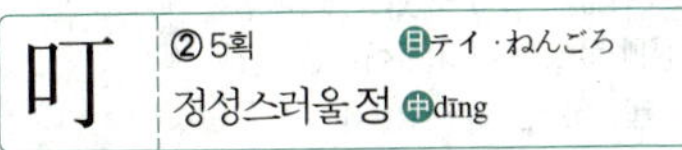
叮 ②5획 日テイ・ねんごろ
정성스러울 정 中dīng

풀이 1. 정성스럽다. ¶叮寧 2. 비파 소리.

叮寧(정녕) 1)정성스럽게 일을 다함. 일을 치밀하게 함. 2)친절하고 공손함. 3)틀림없이. 꼭. 정녕(丁寧).
叮囑(정촉) 정성스럽게 부탁함.

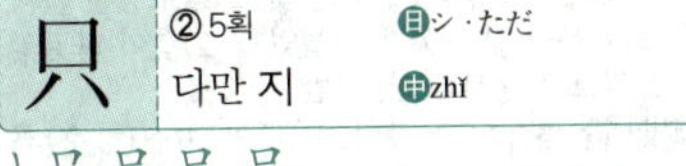
只 ②5획 日シ・ただ
다만 지 中zhǐ

丶 口 口 尸 只

* 회의. '口(입 구)'와 나눈다는 뜻을 지닌 '八(여덟 팔)'을 합친 글자. 이에 말끝에 여운이 있음을 나타내며 또 '다만'이란 뜻으로도 쓰임.

풀이 1. 다만. 단지. ¶但只 2. 뿐. 3. 이것. 4. 짧은 거리. 가까운 거리.

只今(지금) 1)이제. 곧. 2)이 시간.
狗逐鷄屋只(구축계옥지) 닭 쫓던 개 지붕만 쳐다본다는 속담의 한역으로, 일에 실패하고 낙심만 한다는 말.
但只(단지) 다만. 겨우. 오직.

유 但(다만 단)

叱 ②5획 日シツ・しかる
꾸짖을 질 中chì

풀이 1. 꾸짖다. 책망하다. ¶叱正 2. 욕하다. 3. 성내다. 화내는 소리. ¶叱咤

叱正(질정) 꾸짖어 바로잡음. 글 등을 남에게 보여 첨삭(添削)을 요구할 때 겸손하게 하는 말.
叱責(질책) 꾸짖어 나무람.
叱咤(질타) 성내며 크게 꾸짖음.
叱咤激勵(질타격려) 큰소리로 꾸짖기도 하고, 격려하며 분발하게 함.
虎叱(호질) 연암 박지원의 《열하일기》에 수록되어 있는 소설.

유 吒(꾸짖을 타) 반 讚(칭찬할 찬)

叵	② 5획 어려울 파	日ハ·むずかしい 中pǒ

풀이 1. 어렵다. 불가능하다. ¶叵奈 2. 드디어. 마침내. 3. 매우.

叵奈(파내) 어찌할 수 없음.
叵耐(파내) 참기 어려움.
叵信(파신) 믿기 어려움.
叵測(파측) 헤아리기 어려움.

유 難(어려울 난) 비 回(돌 회)

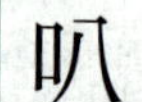

叭	② 5획 입벌릴 팔	日ハツ 中pā, bā

풀이 1. 입을 벌리다. 2. 나팔.

喇叭(나팔) 1) 금속으로 만든 관악기의 한 가지. 군대에서 행군할 때 부는 것으로, 모양은 몸체를 꼬부려 감아 짧게 만들었음. 2)끝이 나팔꽃 모양으로 생긴 악기. 나발.

喇叭管(나팔관) 1)중이(中耳)의 고실(鼓室)과 인두(咽頭)를 연결하는 나팔처럼 생긴 관. 2) 난소에서 생긴 난자를 자궁으로 보내는 자궁 아래 좌우 양쪽에 있는 나팔 모양의 관. 난관. 알관.

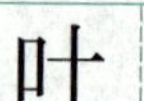

叶	② 5획 화합할 협	日キョウ·あわせる 中xié

풀이 화합하다. 합하다.

叶韻(협운) 어떤 운(韻)의 한자가 합해져 다른 운에도 통용됨.

유 協(도울 협) 和(화할 화)

号	② 5획	號(p1205)의 俗字

各	③ 6획 각각 각	日カク·おのおの 中gè

ノ ク 夂 夂 各 各

* 회의. '夂(뒤처져 올 치)'와 '口(입 구)'를 합친 글자. 뒤처져 온 사람의 말(口)은 먼저 온 사람의 말과 다르다 하여 '각각'의 뜻을 나타냄.

풀이 1. 각각. 제각기. 따로따로. ¶各各 2. 여러. ¶各色

各各(각각) 따로따로.
各界(각계) 사회의 여러 방면.
各國(각국) 여러 나라.
各其(각기) 각각. 저마다.
各岐(각기) 관리 중에서 문·무관·음서 출신 이외에 재주가 뛰어나 임명된 각가지 출신.
各論(각론) 논설문이나 책 등의 각 세목에 대한 논설.
各立(각립) 따로 갈라섬.
各色(각색) 1)여러 가지 빛깔. 2)여러 가지. 3) 각 관아의 빛.
各樣(각양) 여러 가지 모양. 각각 다른 모양.
各人自掃門前雪(각인자소문전설) 각각의 사람들이 스스로 문 앞의 눈을 청소한다는 뜻으로, '자신의 일을 스스로 하고, 남의 일에 간여하지 않음'을 비유하는 말.
各自(각자) 각각. 제각기.
各自圖生(각자도생) 각자가 스스로 살 길을 도모함.
各自爲政(각자위정) 여러 사람이 각자 제멋대로 행동하며 전체와의 조화나 협력을 고려하지 않음을 이르는 말.

각自爲政(각자위정)의 유래

송나라의 대장 화원(華元)은 결전 전날 밤에 장졸들의 사기를 돋우기 위해 특별히 양고기를 지급했으나 마차부 양짐에게는 전쟁과는 아무 관계가 없는 사람이라고 하며 양고기를 주지 않았다. 이튿날 치열하게 싸우는 와중에 화원이 양짐에게 명령했다. "마차를 적의 병력이 허술한 오른쪽으로 돌려라." 그러나 양짐은 반대로 정나라 군사가 밀집해 있는 왼쪽으로 마차를 몰면서 이렇게 말했다. "어제의 양고기는 당신의 뜻이며, 오늘의 이 일은 나의 생각이오." 결국 화원은 붙잡히고 말았고, 대장이 포로가 된 것을 본 송나라는 전의를 상실하여 대패하게 되었다. 《춘추좌씨전(春秋左氏傳)》 평전(評傳)

各種(각종) 여러 가지. 갖가지.
各從其類(각종기류) 만물은 그 동류(同類)끼리 서로 따름.
各從其志(각종기지) 각자 자신의 뜻을 따름. 각자 좋아하는 대로 함.
各從本法(각종본법) 공범일 경우 그 주종(主從)에 따라 각각 그 죄를 다르게 처단(處斷)함.
各地(각지) 각 지방. 또는 각 지점.
各處(각처) 여러 곳.
各出(각출) 각각 내놓음.
各出斂(각출렴) 각 사람에게서 금품을 거둠. 각추렴. 각수렴(各收斂).

비 名(이름 명)

吉	③ 6획 길할 길	日キツ·キチ·よい 中jí

一 十 士 士 吉 吉

* 회의. 선비(士)가 하는 말(口)은 허튼 것이 없다고 하여 '좋다', '길하다'는 뜻을 나타냄.

풀이 1. 길하다. 좋다. 2. 복. 행운. 3. 착하다. ¶吉人 4. 혼인. 결혼. 5. 제사. 제향. ¶吉禮 6. 음력 초하루. ¶正月之吉

吉慶(길경) 길하고 경사스러운 일.
吉期(길기) 좋은 날. 혼인날.
吉年(길년) 혼인을 하는데 그 당사자의 나이에 대하여 좋은 연운(年運).
吉禮(길례) 1)제사의 예. 2)좋은 예식.
吉夢(길몽) 좋은 꿈.
吉報(길보) 좋은 소식.
吉服(길복) 1)경사스런 일에 입는 옷. 혼인 때에 신랑 신부가 입는 옷. 2)삼년상(三年喪)을 마친 뒤에 입는 보통 옷.
吉士(길사) 1)착한 사람. 2)운이 좋은 사람.
吉祥(길상) 운이 좋은 조짐. 상서로운 조짐.
吉瑞(길서) 길조(吉兆).
吉辰(길신) 좋은 날.
吉運(길운) 좋은 운수.
吉月(길월) 좋은 달.
吉人(길인) 1)착한 사람. 2)복이 많은 사람.
吉人天相(길인천상) 착한 사람은 하늘이 도와준다는 뜻으로, 다른 사람의 불행을 위로할 때 하는 말.
吉日(길일) 길한 날. 좋은 날.
吉祭(길제) 사망한 후 27개월 만에 지내는 제사.
吉鳥(길조) 좋은 일이 생길 때, 사람에게 미리 알려 준다고 하는 새.
吉兆(길조) 좋은 일이 생길 조짐.
吉行(길행) 좋은 일을 축하하기 위한 여행.
吉凶(길흉) 1)좋은 일과 언짢은 일. 행복과 재앙. 2)혼례와 장례.
不吉(불길) 운이 좋지 않거나 일이 상서롭지 못함. 길하지 않음.

반 凶(흉할 흉)

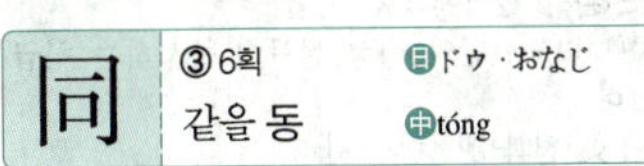

同	③ 6획 같을 동	日 ドウ · おなじ 中 tóng

丨 冂 冂 同 同 同

* 회의. 여러 사람의 말(口)이 하나(一)로 모인다(冂)는 뜻을 지닌 한자. 이에 '같다'라는 뜻을 나타냄.

풀이 1. 한가지. 같다. 동일하다. ¶同一 2. 같이 하다. 서로 같게 하다. ¶同志 3. 화합하다. ¶大同團結 4. 모이다. 회동하다. 5. 무리.

同價(동가) 같은 값. 같은 가격.
同價紅裳(동가홍상) 같은 값이면 다홍치마라는 뜻으로, 이왕이면 더 좋고 마음에 드는 것을 고름.
同感(동감) 느낌이 같음. 남과 같이 느낌.
同甲(동갑) 같은 나이.
同居(동거) 한 집에서 같이 거주함.
同格(동격) 1)한 문장에서 어떤 성분을 가진 단어나 구절이 다른 단어나 구절과 같은 자격으로 같은 기능을 하는 일. 2)동일한 자격. 신분.
同苦同樂(동고동락) 함께 괴로워하고 함께 즐거워함. 고락을 같이함.
同級生(동급생) 같은 학년의 학생.
同期(동기) 1)같은 시기. 2)동창.
同氣(동기) 1)형제 자매. 2)같은 기질.
同年輩(동년배) 나이가 같은 사이. 같은 나이의 또래.
同等(동등) 같은 등급.
同僚(동료) 같은 곳에서 같은 일을 하는 사람.
同類(동류) 1)같은 무리. 2)같은 종류.
同盟(동맹) 개인 · 단체 및 국가가 서로 공통의 목적을 이루기 위하여 동일한 행동을 취할 것을 맹세하여 맺는 약속이나 언약.
同名(동명) 이름이 같음.
同門(동문) 1)같은 문. 2)같은 학교 또는 같은 선생에게 배우는 일. 또는 그런 사람. 3)같은 문중이나 종파.
同伴(동반) 데리고 함께 다님. 길을 같이 감.
同病相憐(동병상련) 같은 병을 앓는 사람끼리 서로 불쌍히 여긴다는 뜻으로, 처지가 같은 사람끼리 서로 도움을 이르는 말.

同病相憐(동병상련)의 유래

초나라의 비무기(費無忌)의 참언으로 아버지와 형을 잃은 오나라 대부 오자서가 백희(伯喜)를 등용할 때 백희가 자신을 어떻게 믿냐고 묻자, "같은 병을 앓는 사람끼리 서로 불쌍히 여기고, 같은 근심을 가진 사람끼리 서로 돌보아 주는 것이네."라고 대답한 것에서 유래된 말이다. 백희 역시 비무기의 참언으로 아버지가 살해당한 처지였다.

同牀異夢(동상이몽) 같은 잠자리에서 다른 꿈을 꾼다는 뜻으로, 일을 함께 하거나 같은 행동을 하면서 속으로는 다른 생각을 함. 동상각몽(同床各夢).
同色(동색) 1)같은 빛깔. 2)같은 파벌(派閥).
同生(동생) 자기보다 나이가 적은 형제. 아우나 손아래 누이.
同壻(동서) 자매의 남편끼리 서로를 일컫는 말.
同席(동석) 같은 자리. 같이 앉음.
同姓(동성) 같은 성씨.
同性(동성) 1)같은 성질. 2)성별이 같음.
同性愛(동성애) 동성인 사람끼리의 사랑.
同宿(동숙) 1)한 방에서 함께 잠. 2)여관이나 호텔 또는 하숙집에서 함께 묵음.

3획

同時(동시) 같은 때.
同室(동실) 같은 방을 씀. 부부(夫婦). 일가(一家).
同心(동심) 마음을 같이함. 또는 같은 마음.
同業(동업) 1)같은 일. 2)같은 장사를 함께 영업함.
同義(동의) 같은 뜻.
同意(동의) 찬성함. 의견을 같이 가짐.
同仁(동인) 차별 없이 널리 모든 사람들에게 사랑을 베푸는 일. 동애(同愛).
同寅(동인) 1)신하(臣下)가 서로 삼가며 공적인 일에 힘씀. 2)일을 같이하는 사람. 동료(同僚).
同一(동일) 꼭 같음. 차별 없이 서로 같음.
同一視(동일시) 똑 같은 것으로 봄.
同情(동정) 1)어려움을 생각하여 줌. 2)같은 느낌.
同調(동조) 1)가락이 같음. 또는 같은 가락. 2)보조를 같이함.
同族(동족) 같은 겨레붙이.
同種(동종) 같은 종류.
同志(동지) 뜻이 같음. 또는 그 사람.
同質(동질) 같은 성질.
同窓(동창) 같은 학교나 같은 스승에게 수업함. 수학(修學)을 같이 함.
同窓生(동창생) 같은 학교를 졸업한 사람. 같은 학교에서 같은 기에 졸업한 사람. 동문(同門).
同胞(동포) 1)같은 어머니로부터 태어난 형제자매. 2)한 나라 한 민족에 속하는 사람.
同行(1.동항/2.동행) 1)항렬이 같음. 2)길을 함께 감.
同穴(동혈) 1)같은 구멍. 2)부부가 죽은 뒤에 같은 무덤에 묻힌다는 뜻으로, 부부 사이가 매우 좋음을 이르는 말.
同好人(동호인) 취미 등을 같이 하는 사람.
同化(동화) 1)남을 감화시켜 자기와 같이 하는 것. 2)뜻을 이해하여 자기의 지식으로 삼는 것. 3)생물이 외부로부터 섭취한 물질을 자기의 몸을 구성하는 성분과 같은 것으로 변화시키는 현상.
同和(동화) 1)같이 화합(和合)함. 일치(一致)함. 2)풀림. 3)화합이나 화락(和樂)의 정도가 일치함.
共同(공동) 여러 사람이 함께 일을 함.
大同法(대동법) 전에 물품으로 바치던 공물을 쌀로 환산하여 거두어들이는 법.
相同(상동) 서로 같음.
贊同(찬동) 찬성하여 동의함.
合同(합동) 모아서 하나로 함.

유 似(같을 사) 비 洞(골 동)

吋	③6획	
	❶꾸짖을 두	日トウ・しかる
	❷인치 촌	中dòu, cùn

풀이 ❶ 1. 꾸짖다. 혼내다. ❷ 2. 인치. 길이의 단위임.

吏	③6획	日リ・つかさ
	벼슬아치 리(이) 中lì	

一 ㄷ ㅁ ㅁ 吏 吏

*회의. '한 가지, 오로지'를 나타내는 '一(한 일)'과 '史(사관 사)'를 합친 글자. 공적인 기록을 적는 사람이라는 데에서 '벼슬아치', '관리'의 뜻을 나타냄.

풀이 1. 벼슬아치. 관리. ¶官吏 2. 벼슬을 살다. 벼슬살이를 하다. 3.韓 아전.

吏幹(이간) 관리(官吏)로서의 재주. 이재(吏才).
吏課(이과) 관리의 공과(功課).
吏能(이능) 관리로서의 능력.
吏讀(이두) 신라 때 한자의 음과 뜻을 빌어 우리말을 표기하는데 쓰이던 문자.
吏民(이민) 관리와 서민.
吏房(이방) 1)조선시대 승정원(承政院) 문방(文房)의 하나. 승지(承旨) 아래 딸려 인사(人事)·비서(秘書) 기타의 사무를 맡아보았음. 2)지방 관청 중, 6방의 하나.
吏士(이사) 벼슬아치. 관리.
吏事(이사) 관리의 사무.
吏屬(이속) 아전의 무리.
吏術(이술) 관리로서 일을 하는 방법.
吏隱(이은) 낮은 관직에 숨음. 오랜 세월 낮은 관직에 머무름.
吏才(이재) 관리로서 일을 처리하는 재주.
吏職(이직) 관리의 직무.
吏鄕(이향) 시골의 아전과 향임(鄕任).
吏戶(이호) 지방 관청의 이방(吏房)과 호장(戶長).
官吏(관리) 관직에 있는 사람.
胥吏(서리) 말단의 행정 실무에 종사하는 하급 관리.
淸白吏(청백리) 청렴한 관리.

유 官(벼슬 관) 寮(벼슬아치 료) 爵(벼슬 작)
비 曳(끌 예) 更(고칠 경)

名	③6획	日メイ・ミョウ・な
	이름 명	中míng

丿 ク タ タ 名 名

*회의. '夕(저녁 석)'과 '口(입 구)'를 합친 글자. 이에 저녁

(夕)이 되어 어두워지면 자기 이름을 말(口)해서 적이 아님을 알려야 했기 때문에 '이름', '호칭'이라는 뜻으로 쓰임.

풀이 1. 이름. 2. 이름나다. 유명해지다. ¶名物 3. 이름을 짓다. ¶名官 4. 공적. 5. 명. 사람의 수를 세는 단위. ¶六七名 6. 글자. 문자(文字).

名家(명가) 1)훌륭한 집안. 이름 난 가문. 명문(名門). 2)한 분야에서 이름이 난 사람. 3)중국 전국시대의 제자백가(諸子百家)의 하나.

名君(명군) 훌륭한 임금. 현군(賢君).

名弓(명궁) 1)활을 잘 쏘는 것으로 이름난 사람. 2)이름난 아주 좋은 활.

名貫(명관) 이름과 본관(本貫).

名官(명관) 이름난 관리.

名教(명교) 인륜의 명분을 밝히는 가르침.

名器(명기) 1)귀한 그릇. 2)이름난 물건.

名單(명단) 관련된 사람의 이름을 적은 것.

名堂(명당) 1)임금이 조회를 받는 궁전. 2)풍수에서, 후에 좋은 일이 많이 생기게 된다는 묏자리나 집터.

名利(명리) 명예와 이익.

名望(명망) 명예와 인망(人望).

名目(명목) 1)사물의 이름. 2)표면상의 이름.

名物(명물) 1)그 지방의 이름난 물건. 2)특징이 있어 인기 있는 사람.

名寶(명보) 유명한 보물. 훌륭한 보물.

名簿(명부) 관련된 사람의 이름을 기록한 책.

名分(명분) 신분에 의하여 반드시 지켜야 할 도의상의 본분.

名不虛傳(명불허전) 이름이 쓸데없이 전하여진 것이 아니라는 뜻으로, 이름을 날릴 만한 실제가 있음을 말함.

名士(명사) 명성이 높은 사람.

名詞(명사) 사물의 이름을 나타내는 품사.

名師(명사) 1)이름난 선생. 2)우수한 군대.

名聲(명성) 세상에 떨친 이름. 명예.

名所(명소) 유명한 장소.

名僧(명승) 학식과 덕이 높은 중.

名勝地(명승지) 경치 좋기로 이름난 곳.

名實(명실) 1)표면상의 명성과 실제. 2)명예와 실리.

名言(명언) 훌륭한 말. 뛰어난 말.

名譽(명예) 1)자랑스러운 평판. 2)존경이나 공적을 기리기 위하여 붙이는 호칭.

名人(명인) 1)명성 있는 사람. 뛰어난 사람. 2)전문 분야에서 재주가 뛰어나 이름난 사람. 명수(名手).

名作(명작) 뛰어난 작품.

名將(명장) 이름난 장수.

名宰(명재) 유명한 재상. 훌륭한 재상.

名著(명저) 훌륭한 저술.

名節(명절) 1)명예와 절조. 2)해마다 일정하게 지켜 민속적으로 즐기는 날. 명일(名日).

名唱(명창) 노래를 잘 부름. 또는 노래를 잘 부르는 사람.

名稱(명칭) 사물의 이름. 호칭(呼稱).

名筆(명필) 글씨를 잘 쓰는 사람. 또는 그 글씨.

名銜(명함) 자기의 성명 · 주소 · 직업 · 신분 등을 적은 종이쪽.

名畫(명화) 1)잘 그린 그림. 2)잘 제작된 영화.

改名(개명) 이름을 고침.

陋名(누명) 1)지저분한 평판에 오르내리는 이름. 2)억울하게 뒤집어 쓴 불명예.

匿名(익명) 어떤 일을 하면서 자기 신분을 드러내지 않고 이름을 밝히지 않음.

有名(유명) 이름이 세상에 널리 알려짐.

비 各(각각 각)

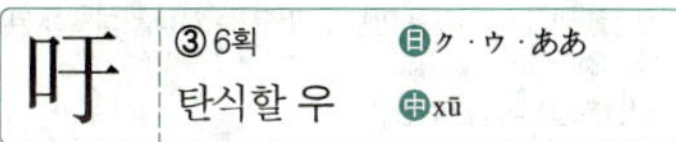

吁 ③6획 탄식할 우 日ク · ウ · ああ 中xū

풀이 1. 탄식하다. ¶吁嗟 2. 내불다. 3. 아! 탄식 · 근심하는 소리.

吁嗟(우차) 탄식. 탄식하는 모양.

유 嘆(탄식할 탄) 비 于(어조사 우)

吊 ③6획 弔(p409)의 俗字

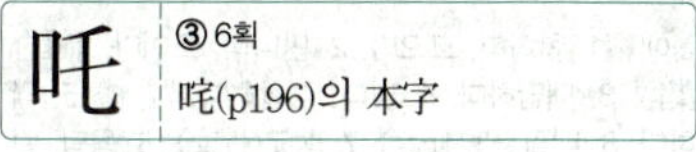

吒 ③6획 咤(p196)의 本字

吐 ③6획 토할 토 日ト · はく 中tǔ

ㅣ ㅁ ㅁ ㅁ- 마 吐

*형성. 뜻을 나타내는 부수 '口(입 구)'와 음을 나타내며 '나오다'의 뜻을 지닌 '土(흙 토)'를 합친 글자. 이에 입에서 나오다. 곧 '토하다'는 뜻으로 쓰임.

풀이 1. 토하다. 뱉다. 2. 게운 것. 토사물. ¶吐絲 3. 말하다. 털어놓다. ¶吐說 4. 드러내다.

吐剛茹柔(토강여유) 딱딱한 것은 토해 버리고 부드러운 것은 먹는다는 뜻으로, 강한 것은 두려워하고 약한 것은 업신여김을 말함.

吐氣(토기) 1)기를 토함. 2)억눌린 정황을 폄.

吐棄(토기) 1)음식물을 토함. 2)사물을 버림.
吐納(토납) 금전·물품 등을 내주고 받아들임. 또는 그 직위. 출납(出納).
吐露(토로) 속 마음을 털어놓고 말함.
吐絲(토사) 누에고치가 실을 토해 냄.
吐說(토설) 사실을 털어놓고 말함.
吐實(토실) 사실대로 말함.
吐握之勞(토악지로) 어진 선비를 얻으려고 애씀. 토포악발(吐哺握髮).
吐情(토정) 실정을 다 털어놓음.
吐破(토파) 마음 속에 있는 생각을 다 털어놓음.
吐哺握髮(토포악발) 밥을 먹거나 머리를 감을 때에 손님이 오면 먹던 밥은 뱉고 감던 머리는 쥐고 바로 나가 마중함.

○吐哺握髮(토포악발)의 유래
주공은 아들 백금이 노나라 땅에 봉해져 떠나게 되자, "나는 한 번 씻을 때 세 번 머리를 쥐고, 한 번 먹을 때 세 번 음식을 뱉으면서, 천하의 현명한 사람들을 놓치지 않으려고 했다."라는 말을 해주었다. 이는 주공이 어진 선비를 우대했음을 말하며, 나라의 일꾼을 위해서는 정성을 다해야 된다는 것이다.

3획

吐血(토혈) 피를 토함.
甘呑苦吐(감탄고토) 달면 삼키고 쓰면 뱉음. 자기 비위에 맞으면 취하고 싫으면 버림.
嘔吐(구토) 음식물을 토함.
懸吐(현토) 한문에 토를 다는 일.

合

③6획
❶합할 합 日ゴウ·あう
❷홉 홉韓 中hè

ノ 人 亼 今 合 合

풀이 1 1. 합하다. 모으다. 2. 만나다. 모이다. ¶離合集散 3. 대답하다. 4. 맞다. 적합하다. ¶合禮 5. 짝하다. 6. 배필. 짝. ¶配合 7. 성교(性交). 8. 응당. 반드시. 9. 합. 그릇. ¶鉀合 2 10. 홉. 양을 되는 단위. 11. 겹치다. ¶合沓 12. 싸우다. 겨루다.

合格(합격) 1)어떤 조건이나 격식에 적합함. 2)시험에 통과함. 또는 그 일.
合計(합계) 한데 모아 계산함. 또는 그 수.
合宮(합궁) 1)궁(宮) 이름. 황제가 집정함. 2)부부 사이의 성교.
合金(합금) 두 가지 이상의 금속을 녹여 혼화시킨 쇠붙이.
合當(합당) 꼭 맞음.
合黨(합당) 1)한 무리가 됨. 2)두 개 이상의 정당이 하나로 합침.
合同(합동) 여럿이 모여 하나가 되어 함께 합.
合禮(합례) 예절에 합당함.
合流(합류) 1)냇물 같은 것이 합쳐져 흐름. 2)단결을 위하여 한데로 모임.
合理(합리) 이치에 합당함.
合邦(합방) 두 나라를 한 나라로 합침.
合法性(합법성) 1)법률에 합당함. 2)자연 또는 사회의 현상이 일정한 인과율에 따르는 일.
合四柱(합사주) 혼인하기 전에, 신랑·신부의 사주를 맞추어 봄.
合算(합산) 합하여 셈함.
合線(합선) 양전기·음전기의 두 선이 어떤 원인으로 한데 붙는 일.
合成(합성) 두 가지 이상의 것이 결합하여 한 개로 됨.
合性(합성) 성질이 서로 맞는 일. 또는 그 성질.
合宿(합숙) 한 곳에 숙박함.
合乘(합승) 함께 탐.
合心(합심) 많은 사람이 마음을 합함.
合緣奇緣(합연기연) 기이하게 결합하는 인연이란 뜻으로, 부부가 될 인연을 이르는 말.
合意(합의) 1)서로 뜻이 맞음. 2)당자사간의 뜻이 합치함.
合議(합의) 몇 사람이 모여 의논함.
合一(합일) 합쳐서 하나가 됨.
合資(합자) 자본을 합함.
合作(합작) 1)힘을 합하여 만듦. 2)작품을 두 사람 이상이 서로 의논하여 지음.
合掌(합장) 두 손바닥을 마주 합침.
合葬(합장) 한 무덤에 함께 묻음.
合戰(합전) 어울려 싸움. 접전(接戰).
合從連衡(합종연횡) 전국 시대 군사 동맹의 형태로, 소진(蘇秦)의 합종설(合從說)과 장의(張儀)의 연횡설(連衡說).
合奏(합주) 두 개 이상의 악기로 동시에 연주하는 것.
合竹扇(합죽선) 부챗살 양쪽에 종이를 붙인 부채.
合衆國(합중국) 여러 나라가 연합하여 공동의 정부를 조직하고 완전한 외교권을 갖는 국가.
合唱(합창) 여러 사람이 소리를 맞추어 노래함.
合體(합체) 1)많은 사람이 마음을 모아 한 덩어리가 됨. 2)합쳐져 하나가 됨.
合致(합치) 서로 합하여 일치함.
合歡酒(합환주) 혼인 때, 신랑과 신부가 서로 잔을 바꾸어 마시는 술.
競合(경합) 서로 맞서 실력이나 승부를 겨루는 것.
符合(부합) 서로 꼭 들어맞음.
聯合(연합) 공동의 목적으로 둘 이상의 단체나 조직체가 하나를 이룸.
組合(조합) 두 사람 이상이 출자하여 공동의 사업을 경영하는 단체.

集合(집합) 한 군데로 모음.
混合(혼합) 뒤섞어서 한데 합함.

비 含(머금을 함)

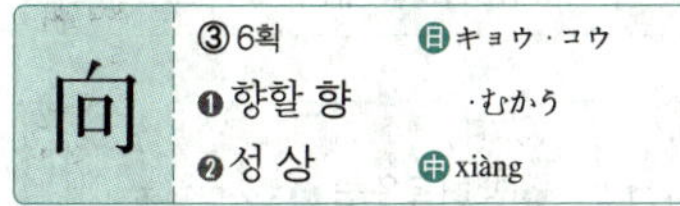
向 ③6획 日キョウ·コウ·むかう
❶향할 향 ❷성 상 中xiàng

* 회의. 건물을 뜻하는 '宀(집 면)'과 창문이 있는 모양을 나타낸 '口(입 구)'를 합친 글자. 이에 바람이 들어오는 북쪽의 창문을 뜻하여, 창문 쪽을 바라보다, 곧 '향하다'는 뜻으로 쓰임.

풀이 ❶ 1. 향하다. 나아가다. ¶向南 2. 이전. 접때. ¶向者 3. 북쪽으로 난 창. 북창. 4. 향하는 곳. ❷ 5. 성씨(姓氏). 6. 땅 이름. 중국 하남성(河南省) 유천현(洧川縣)의 땅.

向南(향남) 남쪽을 향함.
向來(향래) 이제까지. 종래(從來).
向路(향로) 향해 가는 길. 갈 길.
向發(향발) 갈 곳을 향하여 출발함.
向方(향방) 향하는 곳.
向背(향배) 앞과 뒤. 복종과 배반.
向上(향상) 1)위로 향하여 나아가는 일. 진보. 2)현재의 상태에 만족하지 않고 다시 발전하려고 노력하는 일.
向時(향시) 지난번.
向隅(향우) 구석을 향한다는 뜻으로, 동등한 대우를 받지 못하고, 따돌림을 당하여 슬퍼함을 이름.
向日(향일) 1)전날. 지난번. 2)태양을 향함.
向日花(향일화) 태양을 향해 피어 있는 꽃. 해바라기.
向者(향자) 지난번.
向學(향학) 학문에 뜻을 두고 나아감.
向後(향후) 이 다음. 이 뒤.
傾向(경향) 마음이나 형세가 어느 한쪽으로 향하여 기울어짐.
性向(성향) 성질상의 경향. 기질.
指向(지향) 뜻하여 나아감. 또는 그 방향.
志向(지향) 뜻이 쏠리는 방향.
趣向(취향) 하고 싶은 마음이 쏠리는 방향.
偏向(편향) 한쪽으로 치우침.

后 ③6획 日コウ·きさき
임금 후 中hòu

* 형성. 한(一) 입(口)으로 천하를 호령하는 사람(人)이라는 뜻을 지닌 글자. 이에 '제후', '임금'의 뜻을 나타냄.

풀이 1. 임금. ¶后王 2. 황후. 3. 신령. 신명. ¶后祇 4. 뒤. ¶后宮

后宮(후궁) 궁중의 여관(女官)이 있는 곳. 후궁(後宮).
后祇(후기) 토지신.
后輔(후보) 임금의 보좌.
后蜂(후봉) 여왕벌.
后妃(후비) 임금의 정실(正室). 황후(皇后).
后王(후왕) 임금. 천자(天子).
后帝(후제) 천제(天帝). 하느님.
后稷(후직) 순(舜) 임금 때에 농사일을 맡아보던 벼슬.

유 王(임금 왕) 君(임금 군)

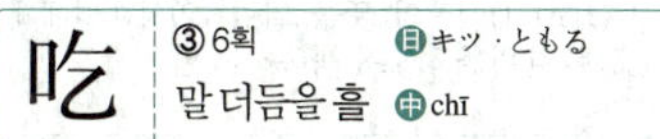
吃 ③6획 日キツ·どもる
말더듬을 흘 中chī

풀이 1. 말을 더듬다. ¶吃人 2. 웃는 소리. ¶吃吃 3. 머뭇거리다. 4. 먹다.

吃驚(흘경) 깜짝 놀람. 또는 그 일.
吃人(흘인) 말을 더듬는 사람.
吃吃(흘흘) 1)웃는 모양. 2)웃는 소리.

유 吶(말 더듬을 눌)

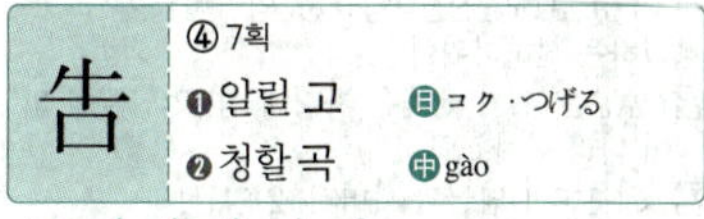
告 ④7획
❶알릴 고 日コク·つげる
❷청할 곡 中gào

* 회의. 소(牛)를 제물로 바치고 신에게 소원을 말한다는(口) 뜻을 지닌 글자. 이에 '알리다'라는 뜻을 나타냄.

풀이 ❶ 1. 알리다. 아뢰다. 고하다. ¶告訃 2. 여쭈다. 묻다. 3. 고발하다. 하소연하다. ❷ 4. 청하다. ¶出必告 反必面

告發(고발) 범죄에 직접 관계가 없는 제삼자가 수사 기관에 범죄 사실을 신고하는 행위.
告白(고백) 숨김없이 사실대로 말함.
告別(고별) 이별을 알림.
告訴(고소) 피해자 또는 고소권자가 범죄 사실을 수사 기관에게 신고하여 범인의 소추를 구하는 행위.
告示(고시) 1)널리 고하여 알림. 2)관청에서 여러 사람에게 널리 알리는 문서.
告知(고지) 통지하여 알림.
告解(고해) 자신의 죄를 용서받는 성사(聖事).
警告(경고) 1)미리 알려 조심하도록 함. 2)운동 경기나 사회 생활에서 규칙을 어겼을 때 주는 법칙의 한 가지.

公告(공고) 공공기관 등에서 공적으로 알림.

共同被告(공동피고) 공동(共同) 소송(訴訟)에 관계된 피고(被告).

空中廣告(공중광고) 기구(氣球)·비행기 등을 이용하는 광고.

廣告(광고) 1)세상에 널리 알림. 2)상품·서비스 등을 매체를 통하여 소비자에게 알리는 행위.

原告(원고) 법원에 소송을 제기한 사람.

通告(통고) 문서나 말로 어떤 사실을 전하여 알림.

被告(피고) 민사 소송에서 소송을 당한 측의 당사자.

被告人(피고인) 형사 소송에서 형사 소추를 받은 당사자.

催告(최고) 1)재촉의 뜻을 알림. 2)상대편에게 일정한 행위를 하도록 독촉하는 일.

④ 7획 日クン·きみ

임금 군 中jūn

풀이 1. 임금. 천자(天子). 주권자. 세자. ¶君王 2. 왕비. 3. 남편. 아내. 4. 조상. 5. 부모. 6. 어진이. 현자(賢者). ¶君子 7. 그대. 자네. 남의 존칭. 8. 우두머리.

君君臣臣(군군신신) 임금은 임금다워야 하고, 신하는 신하다워야 함.

君臨(군림) 1)가장 높은 자리에 섬. 2)임금이 되어 나라를 다스림.

君父(군부) 1)임금과 아버지. 2)임금.

君師父(군사부) 임금과 스승과 아버지.

君賜之物(군사지물) 임금이 백성에게 내려 준 물건.

君臣(군신) 임금과 신하.

君臣大義(군신대의) 임금과 신하 사이에 지켜야 할 의리.

君臣有義(군신유의) 오륜(五倫)의 하나. 임금과 신하 사이에 의리가 있어야 함.

君王(군왕) 임금.

君子(군자) 1)학식과 덕이 높은 사람. 2)관직이 높은 사람. 3)남편을 가리키는 말. 4)대나무의 다른 이름.

君子歌(군자가) 조선(朝鮮) 중종 때 주세붕(周世鵬)이 군자의 도리를 읊은 시조.

君長(군장) 군주. 부락의 우두머리.

君主(군주) 임금.

檀君(단군) 우리나라의 시조라 불리우는 고대 황제.

暴君(폭군) 포악한 임금.

유 王(임금 왕) 后(임금 후)

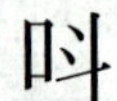

④ 7획

叫(p175)의 俗字

④ 7획

❶ 말더듬을 눌 日トツ·どもる

❷ 말 느리게 할 납 中nà, nè

풀이 ❶ 1. 말을 더듬다. ¶吶吶 ❷ 2. 말을 느리게 하다.

吶喊(납함) 큰소리로 외침.

吶吶(눌눌) 말을 더듬음.

吶吃(눌흘) 1)말을 더듬거림. 2)일의 진행이 더디고 잘 안 됨.

유 吃(말 더듬을 흘)

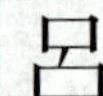

④ 7획 日リョ·ロ·せぼね

음률 려(여) 中lǚ

* 상형. 사람의 등뼈가 이어져 있는 모양을 본뜬 글자. 이에 등뼈에는 마디가 있기 때문에 음성에 마디가 있는 '음률'이란 뜻으로 쓰임.

풀이 1. 음률. ¶律呂 2. 나라 이름.

律呂(율려) 음악이나 음성의 가락.

비 侶(짝 려)

④ 7획 日リン·おしむ

아낄 린(인) 中lìn

풀이 1. 아끼다. 2. 인색하다. ¶吝嗇 3. 주저하다. 4. 부끄러워하다.

吝嗇(인색) 재물을 아낌.

吝惜(인석) 재물을 매우 아낌.

吝愛(인애) 매우 아껴 사랑함.

改過不吝(개과불린) 자신의 잘못을 고침에 주저하지 않음.

유 惜(아낄 석)

④ 7획

❶ 어리석을 매 日ボウ·おろか

❷ 지킬 보 中bǎo, dāi

풀이 ❶ 1. 어리석다. 미련하다. ¶癡呆 ❷ 2. 지키다.

지켜내다.

유 保(지킬 보)

吻 ④ 7획 입술 문 日フン・くちびる 中wěn

풀이 1. 입술. ¶吻合 2. 입 끝. 입가. 3. 사물의 뾰쪽하게 튀어나온 끝.

吻士(문사) 토론을 좋아하는 사람.

吻合(문합) 입술의 위아래 맞는 것처럼 사물이 맞는 것을 뜻함.

口吻生花(구문생화) 훌륭한 말을 하거나 시가(詩歌)를 읊음.

接吻(접문) 입술을 댐. 입맞춤. 키스.

유 脣(입술 순) 비 勿(말 물)

否 ④ 7획 ❶아닐 부 ❷막힐 비 日フ・ヒ・いな 中fǒu, pǐ

一 ア 不 不 不 否 否

* 형성. 뜻을 나타내는 부수 '口(입 구)'와 음을 나타내는 '不(아닐 부)'를 합친 글자. 입(口)으로 직접 아니다(不)라고 말하는 것. 이에, '…이 아니다, …하지 않다'는 부정의 뜻으로 쓰임.

풀이 1 1. 아니다. 부정하다. ¶否決 2. 없다. 3. 그렇지 않으면. 4. …않은가. 2 5. 막히다. ¶否隔 6. 나쁘다. 좋지 않다.

否決(부결) 의안의 성립되지 않음.

否認(부인) 동의하지 않음.

否定(부정) 그렇지 않다고 인정함.

否定語(부정어) '아니', '못', '아니다' 등과 같이 부정의 뜻을 가진 말.

否隔(비격) 막혀 통하지 않음.

否德(비덕) 좋지 않은 덕. 부덕(不德).

否塞(비색) 운수가 막힘.

否運(비운) 운수가 꽉 막힘.

拒否(거부) 받아들이지 않음. 승낙하지 않고 물리침.

安否(안부) 평안함과 그러하지 않음.

與否(여부) 그러함과 그러하지 않음.

適否(적부) 적당함과 부적당함.

유 不(아닐 부) 未(아닐 미) 반 正(바를 정)

비 丕(클 비)

吩 ④ 7획 뿜을 분 日フン・いいつけ 中fēn

풀이 1. 뿜다. 2. 명령하다.

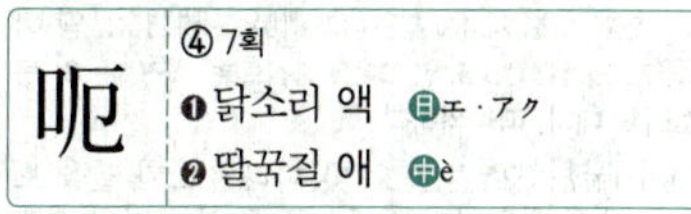

풀이 1 1. 닭소리. 2 2. 딸꾹질. 딸꾹질하는 소리.

풀이 빨다. 핥다.

吮疽之仁(연저지인) 상사가 부하의 종기를 입으로 빨아 줄 정도로 극진히 아낌.

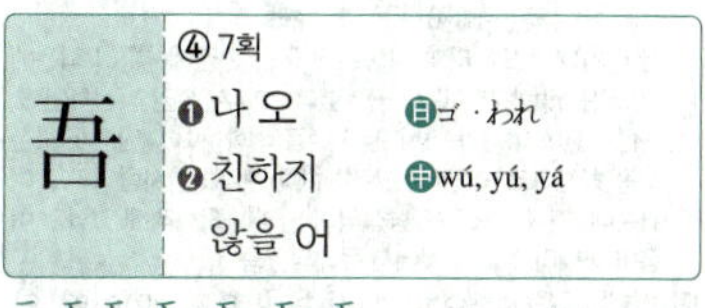

一 丆 五 五 五 吾 吾

풀이 1 1. 나. 자신. 본인. ¶吾不關焉 2. 우리. ¶吾等 3. 당신. 상대방을 친근하게 부르는 말. 4. 글 읽는 소리. ¶吾伊 2 5. 친하지 않다. 친하려고 하지 않다. 소원하다.

吾東(오동) 옛날에 동쪽에 있다는 뜻으로 우리나라를 가리키는 말.

吾等(오등) 우리들.

吾門(오문) 우리 가문. 문중.

吾輩(오배) 우리 무리.

吾不關焉(오불관언) 나는 그 일에 상관하지 않음.

吾鼻三尺(오비삼척) 내 코가 석 자. 즉, 내 사정이 급하여 남을 돌볼 겨를이 없음.

吾心卽汝心(오심즉여심) 내 마음이 곧 네 마음이라는 뜻으로, 천도교(天道敎)의 교조 최제우가 한울님과의 대화에서 인간은 근본이 같다고 한 말.

吾亦不知(오역부지) 나 또한 모름.

吾兄(오형) 나의 형이라는 뜻으로 친구 사이의 편지에서 상대를 부르는 말.

유 我(나 아) 余(나 여) 予(나 여)

반 汝(너 여) 他(다를 타)

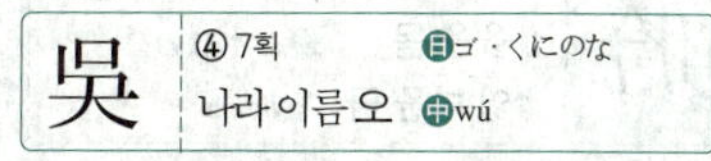

1. 나라 이름. ㉠춘추 시대에 태백(太伯)이 강소성(江蘇省)에 세운 나라. ㉡삼국 시대 손권(孫權)이 강소(江蘇)·절강(浙江)·안휘(安徽) 지역에 세운 나라. ¶吳牛喘月 2. 땅 이름. 강소성(江蘇省) 오현(吳縣)을 중심으로 한 군(郡). 3. 큰 소리를 내다. 떠들썩하다.

吳牛喘月(오우천월) 오(吳)나라의 소가 달을 보고 숨을 헐떡인다는 뜻으로, 공연한 일에 지레 겁먹고 두려워하는 사람을 이르는 말.

吳越同舟(오월동주) 오나라 사람과 월나라 사람이 한 배를 타고 있다는 뜻으로, 원수라도 같은 처지에 있게 되면 협력하게 됨을 이르는 말.

吳越之爭(오월지쟁) 오나라와 월나라의 다툼이라는 뜻으로, 서로 화해할 수 없는 끈질긴 싸움을 이르는 말.

吳下阿蒙(오하아몽) 오나라의 여몽과 같은 사람. 즉, 학문과 수양이 부족한 사람.

⊙吳下阿蒙(오하아몽)의 유래

삼국 시대에 오나라의 여몽은 주군인 손권(孫權)이 학문에 힘쓰라는 말에 부지런히 공부했다. 그 후, 손권의 신하인 노숙(魯肅)이 여몽과 다시 만나 여몽의 학문이 대단히 진보한 것을 칭찬하고, 이전에는 무략(武略)만 있는 사람이라고 여겼는데, 지금은 학문도 향상되어 일찍이 오나라에 있었던 여몽이 아니라고 말한 것에서 유래되었음.

陳勝吳廣(진승오광) 1)진승과 오광. 2)어떤 일에 앞장서거나 맨 처음 주창하는 사람.

吪	④ 7획 움직일 와	日ワ・うごく 中é

풀이 1. 움직이다. 2. 변하다. 3. 잘못된 말. 사투리.

유 動(움직일 동) 비 叱(꾸짖을 질)

吽	④ 7획 ❶물어뜯을 우 ❷짖을 후 ❸범어 흠	日イン・ほえる 中ōu, hǒu, hōng

풀이 1 1. 물어뜯다. 2 2. 짖다. 울부짖다. 포효하다. 3 3. 범어(梵語).

听	④ 7획 웃을 은	日ギン・わらう 中yǐn, tīng

풀이 웃다.

吟	④ 7획 ❶읊을 음 ❷입 다물 금	日イン・よむ 中yín, jìn

丨 ㅁ ㅁ ㅁ丿 ㅁ人 ㅁ스 吟

* 형성. 뜻을 나타내는 부수 '口(입 구)'와 음을 나타내는 '今(이제 금)'을 합친 글자.

풀이 1 1. 읊다. 노래하다. ¶吟詠 2. 끙끙 앓다. ¶呻吟 3. 말을 더듬다. 4. 울다. 5. 한탄하다. 2 6. 입을 다물다.

吟味(음미) 1)시나 시조를 지어 그 뜻을 새김. 2)사물의 의미를 깊이 새겨 연구함.

吟詠(음영) 시나 시조를 읊조림.

吟風弄月(음풍농월) 바람을 쐬며 시를 읊고 밝은 달을 즐김. 즉, 자연을 만끽하며 시를 짓거나 읊조림.

微吟(미음) 작은 소리로 읊음.

悲吟(비음) 슬프게 읊음.

秀吟(수음) 훌륭한 시가(詩歌).

詩吟(시음) 시를 읊음.

微吟緩步(미음완보) 작은 소리로 읊조리며 천천히 거닒.

愛吟(애음) 즐겨 읊음.

哀吟(애음) 슬피 읊음. 또는 슬피 읊은 시가.

詠吟(영음) 읊음.

龍吟(용음) 1)용이 소리를 길게 뺌. 2)무악(舞樂)의 하나. 3)금곡(琴曲)의 이름. 4)피리나 거문고의 음향.

유 詠(읊을 영) 비 昑(밝을 금)

呈	④ 7획 드릴 정	日テイ・あらわす 中chéng, chěng

* 형성. 뜻을 나타내는 부수 '口(입 구)'와 음을 나타내는 '壬(줄기 정)'을 합친 글자. 착한(壬) 말(口)로써 그 의견을 '보이는 것', 또는 '드린다'는 뜻으로 쓰임.

풀이 1. 드리다. 바치다. ¶呈上 2. 나타나다. 나타내다. ¶露呈 3. 상쾌하다. 4. 한도.

呈上(정상) 물건을 올려 드림. 헌상함.

露呈(노정) 예상치 못하거나 원치 않은 사실을 드러냄.

贈呈(증정) 남에게 물건을 줌.

獻呈(헌정) 물건을 바쳐 올림.

吹	④ 7획 불 취	日スイ・ふく 中chuī, chuì

丨 ㅁ ㅁ ㅁ丿 ㅁ𠂊 ㅁ𠂊 吹

* 회의. 뜻을 나타내는 부수 '口(입 구)'와 '欠(하품 흠)'을 합친 글자. 입으로 크게 숨을 내쉼의 뜻으로 쓰임.

풀이 1. (악기 등을) 불다. ¶吹奏 2. 바람이 불다. 3. 충동하다. 부추기다. 4. 관악. 취주 악기. ¶吹打

吹奏(취주) 관악기를 불어 연주함.

吹打(취타) 군대 안에서 나팔 · 소라 · 대각 등을 불고 바라 · 징 · 북 등을 치던 군악.

鼓吹(고취) 1)북을 치고 피리를 붊. 2)용기를 북돋움.

軍中吹打(군중취타) 대취타의 호적 가락을 2율 높여 조 옮김한 곡으로 본디 군중에서 연주하던 음악이었음. 거문고의 7괘 연주법과 4괘 연주법 등이 있음.

內吹(내취) 조선(朝鮮) 때, 궁중에서 군악을 연주하던 악대. 또는 군악을 연주하던 사람.

大吹打(대취타) 취타(吹打)와 세악(細樂)을 갖춘 군악(軍樂).

大吹打(대취타)의 편성

최대의 편성으로는 각 하나씩의 징수 · 나수와 여기에 대각수(大角手) · 나각수(螺角手) · 나발수 · 호적수(號笛手) · 바라수 · 고수(鼓手) · 장고수(杖鼓手) · 적수(笛手) · 관수(管手) · 해금수(奚琴手) 각 다섯씩 총 52명으로 함이 보통이었으나, 징수와 나수 각 하나, 나발수와 호적수 각 여덟, 고수 일곱, 관수 여섯, 대각수와 바라수 각 넷, 장고수 · 해금수 · 적수 각 셋, 점자수(點子手) 둘의 도합 쉰 사람으로 하는 경우도 있음. 주장(主將)이 좌기(坐起)할 때, 진문(陣門)을 크게 여닫을 때, 또는 능행(陵幸)에 임금이 성문을 나갈 때 연주함. 어전(御前)의 겸내취(兼內吹)를 비롯하여 서울의 오영문(五營門)과 지방(地方)의 각 감영(監營) · 병영(兵營) · 수영(水營)에 있었음.

霧吹器(무취기) 물이나 약품을 담아서 안개와 같이 뿜어 내는 기구. 분무기(噴霧器).

三吹(삼취) 군대가 출발할 때, 나팔을 세 번 불던 일.

小吹打(소취타) 세악(細樂)이 들지 않는 약식(略式)의 취타(吹打). 매일 진영이 문을 여닫는 새벽과 밤에 울렸음.

洋吹燈(양취등) 서로 비벼서 불을 일으키는 도구의 한 가지. 나뭇개비 등의 끝에 적린 · 염소산칼륨 · 이산화망간 · 과산화연 · 유황 · 파라핀 등을 바르고, 갑에는 유리 가루 · 규사 등을 발라서 만듦.

御前吹打(어전취타) 임금이 탄 수레 앞에서 연주하던 취타.

力吹(역취) 입김을 세게 넣어 관악기를 붊.

비 次(버금 차)

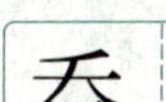

④ 7획 日ドン · のむ

삼킬 탄 中tūn

풀이 1. 삼키다. ¶倂呑 2. 덮어싸다. 싸서 감추다. 3. 가로채다. 제 것으로 만들다. 4. 경시하다.

呑刀刮腸(탄도괄장) 칼을 삼켜 창자를 잘라낸다는 뜻으로, 나쁜 마음을 없애고 새로운 사람이 됨을 뜻함.

呑聲(탄성) 소리를 삼킨다는 뜻으로, 슬픔을 이기지 못해 소리를 내지 못하며 울먹임.

呑舟之魚(탄주지어) 배를 삼킬 만한 장대한 기상.

呑舟之魚不遊支流(탄주지어불유지류) 큰 고기는 지류에서 놀지 않는다는 뜻으로, 현자(賢者)는 항상 고상한 뜻을 지님을 비유하는 말.

甘呑苦吐(감탄고토) 달면 삼키고 쓰면 뱉는다는 뜻으로, 사리에 옳고 그름을 돌보지 않고, 자기 비위에 맞으면 취하고 싫으면 버린다는 뜻.

網漏呑舟(망루탄주) 그물이 새면 배도 그 사이로 지나갈 수 있다는 뜻으로, 법이 너그러워 큰 죄를 짓고도 피할 수 있게 됨을 비유하는 말.

生呑活剝(생탄활박) 산 채로 삼키고 산 채로 껍질을 벗긴다는 뜻으로, 남의 시문을 통째로 인용함을 말함.

清濁併呑(청탁병탄) 맑은 것과 탁한 것을 함께 삼킨다는 뜻으로, 선과 악을 구분하지 않고, 있는 그대로 받아들임. 또는 도량이 큼.

漆身呑炭(칠신탄탄) 몸에 옻칠을 하고 숯불을 삼킨다는 뜻으로, 복수를 위해 자기의 몸을 괴롭힘.

④ 7획 日ハイ · ほえる

짖을 폐 中fèi

* 회의. '口(입 구)'와 '犬(개 견)'을 합친 글자. 이에 개가 '짖는다'는 뜻으로 나타냄.

풀이 개가 짖다. 개 짖는 모양.

家狗向裏吠(가구향리폐) 집에서 기르는 개가 안쪽을 향해 짖는다는 뜻으로, 은혜를 원수로 갚음을 이르는 말.

桀犬吠堯(걸견폐요) 폭군 걸왕(桀王)의 개도 성왕(聖王) 요(堯)임금을 보고 짖는다는 뜻으로, 윗사람이 교만한 마음을 버리고 아랫사람을 진심과 믿음으로 대하면 아랫사람은 자기 상관에게 충성을 다하게 된다는 것을 뜻함.

犬吠(견폐) 1)개가 짖음. 2)여러 사람이 떠드는 소리를 비유하는 말.

鷄鳴狗吠(계명구폐) 닭이 울고 개가 짖는다는 뜻으로, 인가(人家)나 촌락(村落)이 있음을 뜻함.

鷄鳴狗吠相聞(계명구폐상문) 닭 울음소리와 개 짖는 소리가 서로 들린다는 뜻으로, 땅이 활짝 트여 있고, 이웃 지방이 잘 보여 인가가 서로 이어져 있음을 뜻함.

狗吠(구폐) 개가 짖음.

堂狗三年吠風月(당구삼년폐풍월) 서당개 삼 년이면 풍월을 읊는다는 우리말 속담의 한역으로, 무식한 사람도 유식한 사람과 함께 있으면 감화를 받는다는 말.

越犬吠雪(월견폐설) 월나라 개가 눈을 보고 짖

는다는 뜻으로, 따뜻한 월나라에는 눈이 내리지 않으므로 눈을 처음 본 월나라의 개가 두려워 짖는 데서 '어리석고 식견이 좁은 사람이 평범한 일에 의심을 품거나 크게 놀람'을 뜻함.

邑犬群吠(읍견군폐) 고을 개가 무리지어 짖는다는 뜻으로, 소인들이 남을 헐뜯음을 비유하는 말.

蜀犬吠日(촉견폐일) 촉(蜀)나라의 개는 해를 흔히 볼 수 없기 때문에 해만 보면 짖는다는 뜻으로, 식견이 좁아서 보통의 사물을 보고도 놀람을 비유하는 말.

유 號(부르짖을 호)

呀 ④ 7획 입벌릴 하 日カ 中xiā, yā

풀이 1. 입을 벌리다. ¶呀呀 2. 휑하다. 속이 텅 빈 모양.

呀呀(하하) 1)입을 벌리고 있는 모양. 2)맹수가 입을 벌리고 이빨을 드러내는 모양.

呀喙(하훼) 입을 딱 벌림.

비 牙(어금니 아)

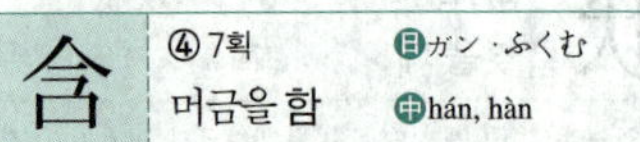

含 ④ 7획 머금을 함 日ガン·ふくむ 中hán, hàn

ノ 人 亼 今 今 含 含

* 형성. 뜻을 나타내는 부수 '口(입 구)'와 숨다의 뜻을 지닌 '今(이제 금)'을 합친 글자. 이에 지금(今) 입(口)에 무엇을 '머금고' 있다는 뜻을 나타냄.

풀이 1. 머금다. 2. 품다. 3. 거두다. 넣다. ¶含氣 4. 드러나지 않다. 숨겨지다. ¶含蓄

含垢(함구) 욕된 일을 참고 견딤.

含氣(함기) 기를 머금음. 즉 기운이 있는 생물.

含量(함량) 들어 있는 분량.

含默(함묵) 입을 다물고 조용히 있음.

含有(함유) 섞여 있거나 머금고 있음.

含忍(함인) 마음속에 넣어 두고 참음.

含蓄(함축) 1)깊이 간직하여 드러내지 않음. 2)깊은 뜻을 간직함.

含蓄美(함축미) 겉으로 드러내지 않고 안으로 지니고 있는 아름다움.

含浸(함침) 가스 상태의 물질이나 액체로 된 물질을 될 수 있는 대로 완전하게 물체 안에 침투시켜 그 물체의 특성을 사용 목적에 따라 개선하는 일.

含炭(함탄) 석탄이 들어 있음.

含吐(함토) 머금음과 뱉음.

含哺鼓腹(함포고부) 배불리 먹고 배를 두드림.

비 含(합할 합)

吭 ④ 7획 목 항 日コウ·のど 中háng

풀이 1. 목. 목구멍. 후두. 2. 목소리를 내다. 발언하다.

④ 7획 ❶작은 소리 혈 ❷마실 철 日ケツ·のむ 中xuè, chuò

풀이 ❶ 1 작은 소리. ❷ 2. 마시다. 삼키다.

吼 ④ 7획 울 후 日コウ·ほえる 中hǒu

풀이 1. 울다. 2. 아우성치다. ¶吼號 3. 대단히 화난 소리.

吼號(후호) 큰 소리로 부름.

獅子吼(사자후) 1)석가모니의 목소리를 비유하는 말. 2)사자의 울부짖음. 3)크게 열변을 토함. 4)샘이 많은 여자가 남편에게 암팡스럽게 대드는 것.

一牛吼地(일우후지) 소의 울음소리가 들릴 정도의 거리라는 뜻으로, 매우 가까운 거리를 이르는 말.

유 泣(울 읍) 비 孔(구멍 공)

④ 7획 숨들이쉴 흡 日キュウ·すう 中xī

丨 ㄇ 口 口丿 叨 吸 吸

풀이 1. 숨을 들이쉬다. 숨쉬다. ¶吸氣 2. 마시다. 빨다. ¶吸收 3. 불다. 피리를 불다.

吸氣(흡기) 1)숨을 들여마시는 기운. 2)들이마시는 숨.

吸力(흡력) 1)빨아들이는 힘. 2)담배를 피움.

吸墨紙(흡묵지) 압지(壓紙).

吸上(흡상) 빨아 올림.

吸收(흡수) 1)빨아들임. 2)액체나 고체가 기체를 빨아들여 용해(溶解)하는 현상.

吸煙(흡연) 담배를 피움.

吸引(흡인) 숨을 빨아들임.

吸入(흡입) 빨아들임.

吸出(흡출) 빨아냄.

吸血(흡혈) 피를 빨아들임.
吸血鬼(흡혈귀) 1)밤중에 무덤에서 나와 사람의 피를 빨아 먹는다는 귀신. 2)사람의 고혈(膏血)을 착취하는 인간을 비유하는 말.
吸吸(흡흡) 바람이나 구름이 움직이는 모양.
呼吸色素(호흡색소) 동물의 핏속에서 산소를 나르는 구실을 하는 헤모글로빈 · 헤모시아닌 등의 색소 화합물.
呼吸式(호흡식) 숨을 쉬는 방식. 흉식 · 복식 및 흉복식이 있음.
呼吸促迫(호흡촉박) 숨쉬기가 곤란하여 숨이 차고 호흡이 매우 잦아지는 일.
비 汲(물길을 급)

呵	⑤8획 ❶꾸짖을 가 日カ · しかる ❷어조사 아 中hē, ā

* 형성. 뜻을 나타내는 부수 '口(입 구)'와 음을 나타내는 '可(옳을 가)'를 합친 글자. 이에 옳은 것을 말함, 곧 '꾸짖다'는 뜻을 나타냄.

풀이 ❶ 1. 꾸짖다. 호통치다. ¶呵呵 2. 불다. 입김을 불다. ¶呵手 ❷ 3. 어조사. 감탄 · 경악을 나타냄.
呵呵(가가) 웃는 모양. 가연(呵然).
呵呵大笑(가가대소) 큰소리로 웃음.
呵喝(가갈) 큰소리로 잘못을 꾸짖음.
呵凍(가동) 입김을 불어 붓을 녹임. 곧, 추위 속에서 시문을 지음.
呵手(가수) 입김을 불어서 손을 녹임.
呵止(가지) 꾸짖어 일을 못하게 함.
呵叱(가질) 큰소리로 꾸짖음.
呵責(가책) 엄하게 꾸짖음. 가책(苛責).
呵噓(가허) 입김을 붊.
呵護(가호) 지켜 보호함.
유 叱(꾸짖을 질) 吒(꾸짖을 타) 비 可(옳을 가)

咖	⑤8획 日コヒ · カ 커피 가 中kā

풀이 커피.
咖啡(가비) 커피. coffee의 음역.

呿	⑤8획 日キョ · カ · くちあく 입 벌릴 거 中qù

풀이 입을 벌리다. ¶呿吟
呿吟(거음) 입을 벌렸다가 다시 다무는 것.

呱	⑤8획 日コ · なく 울 고 中gū

풀이 울다.
呱呱(고고) 1)울음소리. 2)아이가 처음 태어날 때 우는 소리.
유 泣(울 읍) 吼(울 후)

咎	⑤8획 ❶허물 구 日キュウ · とがめる ❷성 고 中jiù, gāo

풀이 ❶ 1. 허물. 잘못. ¶咎譽 2. 재앙. ¶咎徵 3. 꾸짖다. 책망하다. ¶咎悔 4. 미워하다. 미움. ❷ 5. 성씨(姓氏).
咎殃(구앙) 재앙(災殃).
咎譽(구예) 허물과 명예.
咎徵(구징) 재앙이 있을 징조.
咎悔(구회) 책망과 후회.
誰怨誰咎(수원수구) 남을 원망하거나 책망할 것이 없음.
灰滅之咎(회멸지구) 멸족(滅族) 당하는 재난. 멸문지환(滅門之患).

呴	⑤8획 ❶숨 내쉴 구 日ク · グ ❷울부짖을 후 中xǔ, hōu, hǒu, gòu

풀이 ❶ 1. 숨을 내쉬다. 숨쉬다. ¶呴噓 2. 입김을 불어 따뜻하게 하다. 3. 꾸짖다. 4. 기뻐하다. ❷ 5. 울부짖다. 울다. 6. 목이 쉰 소리.
呴呴(구구) 1)닭이 우는 소리. 2)말이 부드러운 모양.
呴兪(구유) 말과 표정이 부드러움. 구유(呴喩).
呴諭(구유) 따뜻하게 은혜를 베풂.
呴濡(구유) 1)물에서 건져 올린 물고기가 거품을 뿜으며 서로 몸을 적셔 주는 일. 2)험한 세상에서 모질게 살아감을 비유하는 말.
呴籍(구적) 함부로 외침. 아우성 침.
呴噓(구허) 숨을 내쉼.
반 吸(숨들이쉴 흡) 비 句(구절 구)

呶	⑤8획 日ド · やかましい 지껄일 노 中náo

풀이 지껄이다. 수다떨다.

3 획

呶呶(노노) 떠드는 모양. 지껄임.

呢	⑤ 8획 소곤거릴 니(이)	日 ニ・ジ・ささやく 中 ní

풀이 1. 소곤거리다. 2. 제비의 지저귀는 소리. ¶呢喃

呢喃(이남) 1)작은 소리로 말을 많이 함. 2)제비가 지저귀는 소리.

유 呫(소곤거릴 첩) 囁(소곤거릴 섭)

咀	⑤ 8획 서로 꾸짖을 달	日 タツ・しかる 中 dá, tǎ

풀이 1. 서로 꾸짖다. 질책하다. 2. 말이 올바르지 않다.

咀嗟(달달) 말이 올바르지 않음.

咄	⑤ 8획 꾸짖을 돌	日 トツ・しかる 中 duō

3획

풀이 1. 꾸짖다. 질책하다. ¶咄嗟 2. 괴이하여 놀라는 소리. ¶咄咄

咄呵(돌가) 혀를 참.

咄咄(돌돌) 놀라 소리를 지름.

咄咄怪事(돌돌괴사) 깜짝 놀랄 만한 기괴한 일. 전연 뜻밖의 일.

咄咄逼人(돌돌핍인) 글과 그림의 훌륭함을 경탄하는 말.

咄嗟(돌차) 1)꾸짖음. 혼냄. 2)놀람. 탄식(歎息)함. 3)순식간. 당장.

命	⑤ 8획 목숨 명	日 メイ・ミョウ・いのち 中 mìng

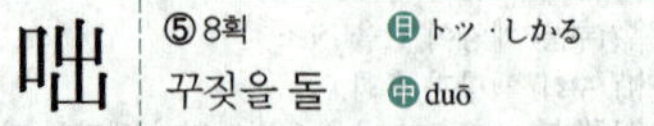

* 형성. 뜻을 나타내는 부수 '口(입 구)'와 신이나 높은 사람이 명령을 내려 그것에 복종시키는 일을 뜻하는 '令(영 령)'을 합친 글자. 말(口)로써 시킨(令) 일을 목숨을 걸고 지킨다는 데에서 '목숨'의 뜻을 나타냄.

풀이 1. 목숨. 생명. ¶命脈 2. 운수. 운명. ¶運命 3. 명하다. 명령하다. 명령. ¶命令 4. 이름을 짓다. 작명하다. ¶命名 5. 표적. 목표. ¶命中 6. 가르침. 가르치다. 7. 성질. 8. 하늘의 뜻.

命駕(명가) 1)수레를 준비시킴. 2)다른 사람의 방문을 높여 이르는 말.

命車(명거) 1)초헌(軺軒). 2)임금의 허락을 받고 타는 수레.

命宮(명궁) 1)사람의 생년월일시(生年月日時)의 방위(方位). 2)관상학(觀相學)에서 양쪽 눈썹 사이를 이르는 말.

命途(명도) 운명(運命).

命令(명령) 1)분부. 지휘. 2)행정 기관이 제정하는 법규. 3)재판장 및 수명법관(受命法官), 수탁판사(受託判事)가 그 권한에 속하는 사항에 관하여 행하는 재판.

命理(명리) 타고난 성품과 자연의 법칙.

命脈(명맥) 1)생명과 혈맥. 2)살아가는 데 중요한 것. 중요한 사물을 이르는 말.

命名(명명) 사람이나 물건의 이름을 지음.

命門(명문) 1)사람의 정기(精氣)가 모이는 곳. 2)명치.

命服(명복) 신분에 알맞은 관복.

命世(명세) 세상에서 저명한 사람.

命數(명수) 1)하늘이 준 운명. 2)목숨.

命運(명운) 운명(運命).

命意(명의) 여러 가지로 궁리함. 또는 그 궁리.

命在頃刻(명재경각) 금방이라도 숨이 끊어질 지경에 이름. 거의 죽게 됨.

命題(명제) 글 등에 제목을 붙이는 일. 또는 그 제목.

命中(명중) 겨냥한 곳을 바로 맞힘. 적중(的中).

유 壽(목숨 수)

味	⑤ 8획 맛 미	日 ミ・あじ 中 wèi

* 형성. 뜻을 나타내는 부수 '口(입 구)'와 음을 나타내며 나무에 열린 과일을 뜻하는 '未(아닐 미)'를 합친 글자. 이에 과일을 입에 넣어 먹어보다, 곧 '맛보다'는 뜻을 나타냄.

풀이 1. 맛. 맛보다. 맛들이다. ¶味覺 2. 뜻. 의미. ¶意味 3. 빛깔.

味覺(미각) 맛을 느끼는 감각. 미감(味感).

味感(미감) 맛을 느끼는 감각.

味道(미도) 도를 체득함.

味讀(미독) 책을 읽으면서 음미함.

味覽(미람) 맛을 봄.

味如嚼蠟(미여작랍) 맛이 양초를 씹는 것과 같다는 뜻으로 아무 맛이 없음을 이르는 말.

味塵(미진) 육진(六塵)의 하나. 음식의 다섯 가지 맛이 본 성질을 더럽히기 때문에 진(塵)이라 함.

膏粱珍味(고량진미) 기름지고 맛있는 음식. 산해진미(山海珍味). 주지육림(酒池肉林).

비 末(끝 말) 未(아닐 미) 昧(어두울 매)

咐	⑤ 8획	日フ · いいつけ
	분부할 부	中fù

풀이 1. 분부하다. 명령하다. ¶吩咐 2. 불다. 숨을 내쉬다.

비 附(붙을 부)

咈	⑤ 8획	日ブツ · そむく
	어길 불	中fú

풀이 1. 어기다. 2. 아니다.

유 違(어길 위) 반 從(좇을 종)

咋	⑤ 8획	日サク · シャク
	❶ 깨물 색	· しばらく
	❷ 잠깐 사	中zé, zhà

풀이 1 1. 깨물다. ¶咋舌 2. 큰 소리. ¶咋咋 2 3. 잠깐. 잠시.

咋咋(색색) 큰 소리.

咋舌(색설) 혀를 깨묾.

咋唶(색책) 시골풍의 노래. 민요(民謠).

비 作(지을 작)

呻	⑤ 8획	日シン · うめく
	끙끙거릴 신	中shēn

풀이 끙끙거리다. 앓다. ¶呻吟

呻吟(신음) 1)병이나 고통으로 끙끙 앓음. 2)시가를 읊음. 영송(詠誦).

呻畢(신필) 글의 뜻과 내용은 모르고 단지 글자만을 읽음.

呻呼(신호) 끙끙거리며 소리를 지름.

呃	⑤ 8획	日アクアク · なく
	울 액	中è

풀이 1. 울다. 우는 소리. ¶呃呃 2. 딸꾹질. ¶呃逆

呃呃(액액) 1)새소리. 2)웃음소리.

呃逆(액역) 딸꾹질.

유 泣(울 읍) 吼(울 후) 鳴(울 명)

咏	⑤ 8획
	詠(p1282)과 同字

呭	⑤ 8획	
	❶ 수다떨 예	日セツ · しゃべる
	❷ 즐길 설	中yì

풀이 1 1. 수다떨다. 수다스럽게 지껄이다. ¶呭呭 2 2. 즐기다.

呭呭(예예) 수다스러운 모양.

呦	⑤ 8획	日ユウ · しかのなきごえ
	울 유	中yōu

풀이 울다. 목이 메다. ¶呦嚶

呦嚶(유앵) 새 또는 짐승이 우는 소리.

呦咽(유열) 1)흐느낌. 2)시냇물이 흐르는 소리.

呦呦(유유) 1)사슴이 슬피 우는 소리. 2)슬피 우는 소리.

유 泣(울 읍) 吼(울 후) 鳴(울 명) 비 幼(어릴 유)

呰	⑤ 8획	日サ · とがめる
	꾸짖을 자	中zǐ, jī

풀이 1. 꾸짖다. 책망하다. 2. 헐뜯다. 흠을 잡다. 3. 흠. ¶呰災 4. 약하다. 게으르다. ¶呰窳

呰窳(자유) 1)나약함. 2)게으름.

呰災(자재) 화. 재앙.

유 叱(꾸짖을 질) 吒(꾸짖을 타)

咀	⑤ 8획	日ショ · ソ · かむ
	씹을 저	中jǔ

풀이 1. 씹다. 씹어 맛을 보다. ¶咀啖 2. 저주하다.

咀啖(저담) 씹어서 먹음.

咀英嚼華(저영작화) 꽃을 씹어 맛보듯이 문장을 음미하며 그 참뜻을 맛봄.

咀嚼(저작) 1)음식물을 씹음. 2)글의 뜻을 잘 연구하여 감상함.

咀呪(저주) 남이 못 되기를 빌고 바람. 또는 남의 미움을 받아 당하는 불행한 일이나 재앙.

咀嚼(저초) 1)잘 씹음. 2)글의 뜻을 잘 연구하여 완미(玩味)함. 저작(咀嚼).

유 嚼(씹을 작) 비 且(또 차)

呪	⑤ 8획	日ジュ · のろう
	빌 주	中zhòu

풀이 1. 빌다. 기도하다. 바라다. ¶呪延 2. 저주. ¶呪詛 3. 주술.

呪罵(주매) 저주하며 꾸짖음.

呪文(주문) 기이한 재주를 부리거나 귀신을 쫓으려 할 때에 외는 글.

呪術(주술) 신의 힘이나 기이한 힘으로 재앙을 물리치거나 복을 달라고 비는 술법(術法).

呪延(주연) 오래살기를 빎.

呪詛(주저) 1)주술(呪術). 2)저주(咀呪).

유 祈(빌 기)

周	⑤ 8획	日シュウ·めぐる
	두루 주	中zhōu

丿 冂 冂 円 冂 周 周 周

풀이 1. 두루. 골고루. 2. 두루 미치다. ¶周給 3. 둘레. 주변. 4. 일정한 기간을 돌다. ¶周年 5. 나라이름. 주나라. 6. 찬찬하다. 면밀하다. ¶周密 7. 지극하다. ¶周親 8. 신의가 있다. 9. 두르다. 10. 모퉁이.

周公(주공) 주(周)나라 문왕(文王)의 아들.

周公三笞(주공삼태) 주공의 세 차례 매질이라는 뜻으로, 자식을 엄하게 교육시킴을 이르는 말.

○周公三笞(주공삼태)의 유래

백금과 강숙봉이 주공을 세 차례 만날 때마다 심한 매질을 당했다. 둘이 상자(商子)를 찾아가 매질을 당한 까닭을 물으니, 상자가 처음에는 남산 남쪽에 가서 교(橋)라는 나무와 남산 북쪽에 있는 재(梓)라는 나무를 보고 오라고 하였는데, 재라는 나무는 낮고 낮아 아래쪽으로 향하고 있었다. 이에 상자가 말하였다. "재라는 것은 자식의 도리입니다." 다음날 두 사람은 주공을 찾아가 문을 들어서서는 삼가며 보폭을 줄여 걷고 마루에 올라 꿇었다. 주공은 그들의 머리를 쓰다듬고 음식을 주었다는데서 유래하는 고사로 교는 아버지의 도리이고, 재는 자식의 도리를 뜻한다.

周給(주급) 1)두루 나누어 줌. 2)빠짐없이 나누어 줌.

周年(주년) 한 해 단위로 돌아오는 해.

周到(주도) 두루 주의를 기울여 실수가 없음.

周覽(주람) 두루 봄. 두루 살핌.

周流(주류) 1)두루 퍼짐. 2)천하를 돌아다님.

周利(주리) 이익을 두루 꾀함.

周密(주밀) 꼼꼼히 하며 자세함.

周邊(주변) 주위. 변두리.

周旋(주선) 1)돌아다님. 2)일이 잘 되도록 보살펴 줌.

周愼(주신) 1)두루 삼감. 2)두루 미침.

周遊(주유) 두루 돌아다니며 유람함.

周圍(주위) 1)주변. 환경. 2)바깥 둘레.

周全(주전) 1)빠짐 없이 완전함. 2)두루 구제함.

周知(주지) 여러 사람이 두루 앎.

周察(주찰) 두루 살핌.

周行(주행) 1)여러 곳을 다님. 2)순환하여 계속 돎.

周還(주환) 1)일주하고 돌아옴. 2)행동거지(行動擧止). 주선(周旋).

周回(주회) 1)둘러쌈. 2)둘레.

유 遍(두루 편) 반 偏(치우칠 편)

呫	⑤ 8획	日セツ
	소곤거릴 첩	中chè

풀이 소곤거리다. 말을 많이 지껄이다. ¶呫囁

呫囁(첩섭) 소곤거림. 수다스럽게 말함.

呫嚅(첩유) 귀에 대고 소곤거림.

呫呫(첩첩) 1)소곤거리는 모양. 2)말이 많은 모양.

유 呢(소곤거릴 니)

咆	⑤ 8획	日ホウ·ほえる
	으르렁거릴 포	中páo

풀이 1. 으르렁거리다. 2. 성을 내다. 불끈 화를 내다. ¶咆哮

咆虎陷浦(포호함포) 1)으르렁거리기만 하는 호랑이가 포구에 빠짐. 2)큰소리만 치는 사람은 일을 성공하지 못하고 도리어 실패함을 비유하는 말.

咆哮(포효) 1)사나운 짐승이 으르렁거림. 2)화를 내어 고함을 지름.

咇	⑤ 8획	
	❶ 향기로울 필	日ヒツ·ヒ
	❷ 슬피 울 비	中bì

풀이 ❶ 1. 향기롭다. ¶咇茀 2. 말을 많이 하다. 수다스러운 모양. ¶咇喞 ❷ 3. 울다. 엉엉 울다. ¶咇咇

咇茀(필불) 향기로운 모양.

咇喞(필즐) 1)말을 하는 모양. 2)말을 많이 함. 수다스러운 모양.

咇咇(비비/필필) 슬피 욺.

비 必(반드시 필)

呷	⑤ 8획	日コウ·すう
	마실 합	中xiā, gā

풀이 1. 마시다. 2. 비웃다. ¶呷啜 3. 울다. 오리가 우는 소리.

呷啜(합철) 마심.
呷呷(합합) 1)오리의 우는 소리. 2)여럿이 우는 소리.

咍	⑤8획 웃을 해	日コウ·すう 中hāi, tāi

풀이 1. 웃다. ¶咍笑 2. 기뻐하다. 좋아하다. ¶咍咍
咍臺(해대) 코를 고는 모양.
咍笑(해소) 비웃음.
咍咍(해해) 기뻐서 웃는 모양. 즐겁게 웃는 모양.
유 笑(웃을 소)

呟	⑤8획 소리 현	日ケン·おと 中juǎn

풀이 소리.
유 音(소리 음)

	⑤8획 부를 호	日コ·よぶ 中hū

＊형성. 뜻을 나타내는 부수 '口(입 구)'와 음을 나타내는 '乎(어조사 호)'를 합친 글자. 입[口]으로 호[乎]하고 불면 숨을 내쉬는 것이라 하여, '숨쉬다'의 뜻으로 쓰임. 또한 소리를 내서 부르는 것을 의미해 '부르다'는 뜻을 나타냄.

풀이 1. 부르다. 호명하다. ¶呼名 2. 숨을 내쉬다. ¶呼氣 3. 호통을 치다. 큰 소리를 내다. ¶呼喝 4. 아! 탄식소리.
呼價(호가) 1)값을 부름. 2)부르는 값.
呼喝(호갈) 1)큰 소리로 꾸짖음. 2)귀한 사람이 길을 갈 때 하인이 앞에서 외치는 소리.
呼叫(호규) 부르짖음.
呼氣(호기) 날숨. 숨을 내뿜는 기운.
呼名(호명) 이름을 부름.
呼不給吸(호불급흡) 너무 놀라 숨을 내쉬고 들이쉬지 못한다는 뜻으로, 사물의 진행이 너무 빨라 대응할 시간이 없음을 비유하는 말.
呼訴(호소) 남에게 사정을 하소연함.
呼牛呼馬(호우호마) 남이 나를 소나 말이라고 부름. 남들이 자신을 무어라 비판해도 개의하지 않음.
呼應(호응) 1)한 쪽이 부르면 다른 쪽이 이에 응답함. 2)글의 앞뒤가 서로 맞아 어울림.
呼噪(호조) 큰 소리로 떠듦.
呼叱(호질) 꾸짖음.
呼戚(호척) 서로 척분(戚分)을 대서 항렬을 찾아 부름.
呼出(호출) 불러 냄.
呼稱(호칭) 이름 지어 부름. 또는 그 이름.
呼風喚雨(호풍환우) 바람을 부르고 비를 부름. 전설에서, 술법으로 바람을 불게 하고 비를 오게 함.
呼喚(호환) 큰 소리로 부름.
呼吸(호흡) 생물이 산소를 체내에 들이마시고 이산화탄소를 내보내는 작용. 숨쉬기.
歡呼(환호) 기뻐 외침.

和	⑤8획 화목할 화	日カ·ワ·やわらぐ 中hé, hè, huó, huō

＊형성. 뜻을 나타내는 부수 '口(입 구)'와 음을 나타내는 '禾(벼 화)'를 합친 글자. 수확한 벼[禾]를 여럿이 나누어 먹는다[口]는 데에서 '화목하다'의 뜻을 나타냄.

풀이 1. 화목하다. 사이가 좋다. ¶和同 2. 순하다. 온화하다. ¶和氣 3. 화해하다. 4. 화평하다. 평온하다. 5. 화답하다. ¶和談 6. 합치다. 합계. 합. 7. 모이다. 8. 소리를 맞추다. 화음. ¶和音 9. 조합하다. 섞다. 10. 일본의 다른 이름.
和姦(화간) 합의상의 간통.
和氣(화기) 1)따뜻한 기운. 2)온화한 기색.
和暖(화난) 화창하고 따뜻함.
和談(화담) 화해하는 말. 정답게 주고받는 말.
和答(화답) 시가(詩歌)에 응하여 서로 답함.
和同(화동) 1)화목하게 합함. 화합함. 2)조화를 이룸.
和樂(화락) 1)화평하게 즐김. 2)음악의 가락을 즐김.
和鳴(화명) 1)새들이 욺. 2)악기들이 조화되어 울림.
和睦(화목) 뜻이 맞고 정다움.
和穆(화목) 온화하고 정다움.
和白(화백) 신라 때, 진골 이상의 신분을 가진 사람들이 모여서 국가의 큰 일을 의논하던 회의.
和尙(화상) 스승의 존칭.
和順(화순) 1)온화하고 순함. 또는 그런 성질. 2)기후가 따뜻하고 고름.
和氏之璧(화씨지벽) 화씨의 구슬이라는 뜻으로, 어떤 난관도 참고 견디면서 자신의 의지를 관철시킴을 비유하는 말.

○和氏之璧(화씨지벽)의 유래
전국 시대, 초나라의 화씨가 산속에서 옥의 원석을 발견하자 곧바로 여왕에게 바쳤다. 여왕이 보석 세공인에게 감정시켜 보니 보통 돌이라고 한다. 화가 난 여왕은 화씨의 왼쪽 발을 잘랐다. 여왕이 죽은 뒤 화씨는 그 옥돌을 무왕에게 바쳤으나 이번에는 오른쪽 발을 잘렸다. 무왕에 이어 문왕이 즉위하자 화씨는 그 옥돌을 끌어안고 사흘 밤낮을 울었고, 문왕이 그 까닭을 묻고 옥돌을 세공인에게 맡겨 옥을 다듬어 훌륭한 보배를 얻었다. 《한비자》 변화(卞和)

和約(화약) 사이좋게 지내자는 약속.

和韻(화운) 1)한시(漢詩)의 한 체(體). 2)다른 사람이 지은 시의 운자(韻字)를 써서 화답하는 시를 지음.

和柔(화유) 온화하고 부드러움.

和音(화음) 높낮이가 다른 둘 이상의 소리가 함께 어우러지는 소리.

和議(화의) 1)화해하고자 하는 의논. 2)채무자에게 파산의 원인이 있어 파산 선고를 받아야 할 상태에 있을 때, 그 선고를 예방하기 위한 강제 계약.

和而不同(화이부동) 조화롭지만 똑같지는 않다는 뜻으로, 군자는 남과의 관계에서 항상 조화로움을 꾀하지만 영합하지는 않음을 이르는 말.

和而不同(화이부동)의 유래

공자가 "군자는 조화를 꾀하지만 영합하지는 않는다. 그러나 소인은 영합할 뿐이지, 조화를 꾀하지는 않는다."라고 말한 데서 유래하였다.

和戰(화전) 화친과 전쟁.

和暢(화창) 날씨나 마음이 온화하고 맑음.

和親(화친) 화목(和睦).

和平(화평) 온화하고 태평함. 싸움이 없이 평화로움.

和合(화합) 1)서로 어울리게 함. 2)정답게 함. 3)섞어서 합함. 4)남녀를 결혼시킴. 혼례 때에 제사하는 신의 이름.

和解(화해) 1)다툼을 서로 풂. 2)소송 당사자가 서로 양보하여 분쟁을 하지 않기로 약속하는 계약.

和諧(화해) 1)서로 친해짐. 2)조화.

和協(화협) 1)서로 협력함. 2)화음(和音).

共和(공화) 공동으로 화합한 일을 행함.

調和(조화) 서로 잘하여 사이가 좋음. 잘 어울림.

中和(중화) 치우침이 없이 중용을 잃지 않은 상태.

平和(평화) 평온하고 화목함.

飽和(포화) 일반적으로 가장 큰 한도까지 가득 차 있는 상태.

유 穆(화목할 목)

咊	⑤ 8획 화할 화	日 カ・ワ 中 hé

풀이 1. 화하다. '和(화할 화)'의 고자. 2. 韓 기장.

비 和(화목할 화)

呬	⑤ 8획 숨쉴 희	日 ヒ 中 xì

풀이 숨을 쉬다. 숨.

呬度(희도) 중국 북쪽의 나라들이 인도(印度)를 이르던 이름.

咯	⑥ 9획 토할 각	日 カク・はく 中 kǎ, gē, luò

풀이 1. 토하다. 뱉어내다. ¶咯血 2. 꿩의 울음소리.

咯血(각혈) 피를 토함. 허파나 기관지 등에서 피를 토하는 일. 또는 그 피.

유 吐(토할 토)

咬	⑥ 9획 새소리 교	日 コウ・かむ 中 jiāo, yǎo

풀이 1. 새소리. ¶咬咬 2. 깨물다. 씹다.

咬咬(교교) 새가 지저귀는 소리.

咬傷(교상) 짐승·독사·독충 등에 물린 상처.

咬裂(교열) 물어뜯어 찢음.

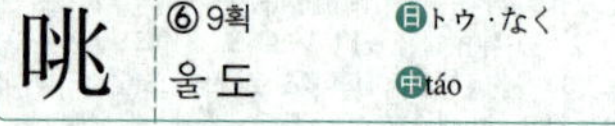

咷	⑥ 9획 울 도	日 トウ・なく 中 táo

풀이 울다.

비 兆(조짐 조)

咩	⑥ 9획 양 울 미	日 ミ・なく 中 miē

풀이 양이 울다. 양이 우는 소리.

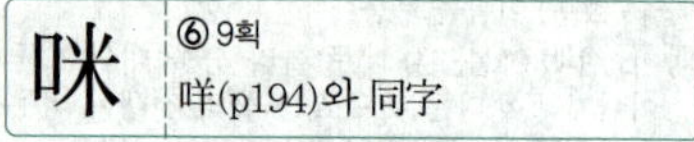

咪	⑥ 9획 咩(p194)와 同字

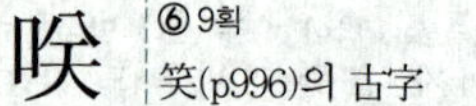

咲	⑥ 9획 笑(p996)의 古字

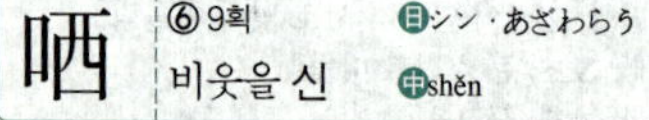

哂	⑥ 9획 비웃을 신	日 シン・あざわらう 中 shěn

풀이 비웃다. 조롱하다. 조소하다. ¶哂笑

哂笑(신소) 비웃음. 조소함.

哂歎(신탄) 웃음과 탄식.

비 呬(쉴 희)

咢

⑥9획 놀랄 악 日アク·おどろく 中è

풀이 1. 놀라다. 경악하다. ¶驚咢 2. 바른 말을 하다. 직언하다. 3. 노래 부르다. 4. 칼끝.

驚咢(경악) 놀람.

유 驚(놀랄 경)

哀

⑥9획 슬플 애 日アイ·あわれむ 中āi

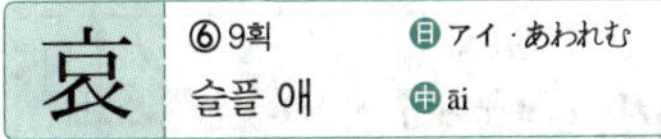

* 형성. 뜻을 나타내는 '口(입 구)'와 음을 나타내는 '衣(옷 의)'를 합친 글자. 옷(衣)이 떨어져서 구멍(口)이 나는 것을 슬퍼한다는 데서 '슬프다'의 뜻을 나타냄.

풀이 1. 슬프다. 슬퍼하다. 슬픔. ¶哀愁 2. 불쌍히 여기다. 안쓰러워하다. ¶哀矜 3. 민망하게 여기다. 4. 상중(喪中). ¶哀詔

哀歌(애가) 1)슬픔을 읊조린 노래. 2)사람의 죽음을 슬퍼하는 노래.

哀乞(애걸) 슬프게 구걸함. 하소연하며 빎.

哀乞伏乞(애걸복걸) 애처롭게 하소연하면서 빌고 또 빎.

哀慶(애경) 슬픈 일과 경사스러운 일.

哀啓(애계) 사람의 죽음을 알리는 말이나 글.

哀苦(애고) 슬픔과 괴로움.

哀哭(애곡) 슬프게 소리내어 욺.

哀曲(애곡) 슬픈 곡조의 노래.

哀叫(애규) 슬프게 부르짖음.

哀矜(애긍) 불쌍히 여김.

哀念(애념) 슬픈 생각.

哀悼(애도) 사람의 죽음을 슬퍼함.

哀樂(애락) 슬픔과 즐거움.

哀憐(애련) 남의 불행을 불쌍히 여김.

哀戀(애련) 서로 사랑하면서 헤어진 슬픈 연애.

哀慕(애모) 죽은 사람을 슬퍼하고 사모함.

哀別(애별) 슬프게 이별함.

哀史(애사) 슬픈 역사.

哀思(애사) 슬픈 생각. 애념(哀念).

哀詞(애사) 죽음을 슬퍼하며 지은 글.

哀喪(애상) 상을 당하여 슬퍼함.

哀想(애상) 슬픈 감상 · 생각.

哀傷(애상) 슬픔으로 인한 마음의 상처.

哀惜(애석) 1)슬프고 아까움. 2)매우 안타깝게 여김.

哀訴(애소) 슬프게 하소연함.

哀愁(애수) 슬픈 근심.

哀詩(애시) 슬픈 정경을 읊은 시. 또는 분위기가 슬픈 시.

哀哀(애애) 구슬픔.

哀韻(애운) 말 · 노래 등의 슬픈 가락.

哀吟(애음) 슬피 읊음. 또는 슬피 읊은 시가.

哀音(애음) 슬픈 소리.

哀泣(애읍) 슬프게 욺.

哀願(애원) 슬픈 소리로 간절히 바람.

哀怨聲(애원성) 1)슬프게 원망하는 소리. 2)북간도로 떠나는 유랑민들의 슬픔을 내용으로 한 함경도 민요의 하나.

哀子(애자) 1)부모님이 돌아가셨을 때, 상중에 있는 자식. 2)어머니는 없고 아버지만 있는 사람.

哀哉(애재) 슬프도다!

哀情(애정) 불쌍하게 여기는 마음.

哀切(애절) 매우 애처롭고 슬픔.

哀絶(애절) 애가 타도록 견디기 힘듦.

哀調(애조) 슬픈 곡조.

哀痛(애통) 슬프고 아픔. 몹시 슬퍼함.

哀恨(애한) 슬퍼하고 원망함.

悲哀(비애) 슬픔과 설움.

유 悲(슬플 비) 비 衷(속마음 충) 衰(쇠할 쇠)

哇

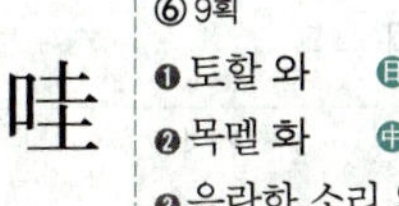

⑥9획 ❶토할 와 ❷목멜 화 ❸음란한 소리 왜 日アイ·ワ 中wā, wa

풀이 ❶ 1. 토하다. 먹은 것을 게우다. 2. 웃는 소리. ❷ 3. 목이 메다. ❸ 4. 음란한 소리.

哇哇(와와) 1)웃음소리. 2)아이들의 떠드는 소리. 3)아첨하는 소리.

咼

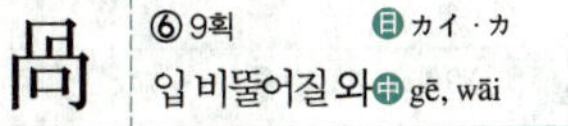

⑥9획 입 비뚤어질 와 日カイ·カ 中gē, wāi

풀이 입이 비뚤어지다.

咿

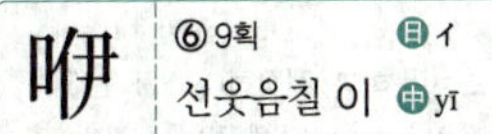

⑥9획 선웃음칠 이 日イ 中yī

3획

풀이 1. 선웃음치다. 거짓웃음을 치다. 2. 글 읽는 소리.

咿啞(이아) 1)아이가 말을 배우는 소리. 2)노를 저을 때 나는 소리.

咿唔(이오) 글 읽는 소리. 이오(伊吾).

咡 ⑥ 9획 日イ・くち
입 이 中èr

풀이 1. 입. 2. 입가.

咡絲(이사) 누에가 입에서 실을 뽑는 일.

유 口(입 구)

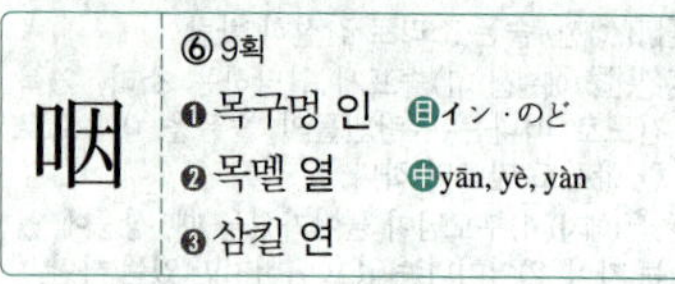
咽 ⑥ 9획
❶ 목구멍 인 日イン・のど
❷ 목멜 열 中yān, yè, yàn
❸ 삼킬 연

풀이 ❶ 1. 목구멍. 후두. ¶咽喉 2. 목. 3. 북을 치다. ¶咽咽 ❷ 4. 목이 메이다. ¶嗚咽 5. 숨이 막히다. ❸ 6. 삼키다. 넘기다.

咽頭炎(인두염) 목구멍의 점막이 붓고 헐어 목이 쉬는 병.

咽咽(인인) 크고 작은 북소리가 울리는 모양.

咽喉(인후) 목구멍.

嗚咽(오열) 흐느끼거나 목메어 욺.

耳鼻咽喉科(이비인후과) 귀·코·목구멍·기관지·식도 등의 질환에 대한 치료를 전문으로 하는 의학의 한 분과.

유 喉(목구멍 후) 비 因(인할 인)

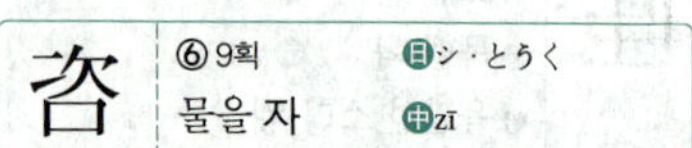
咨 ⑥ 9획 日シ・とうく
물을 자 中zī

풀이 1. 묻다. 자문을 구하다. ¶咨問 2. 탄식하다. ¶咨咨 3. 이. 이것.

咨咨(자자) 탄식하는 모양.

咨嗟(자차) 애석하게 여겨 탄식함.

유 問(물을 문) 비 姿(모양 자)

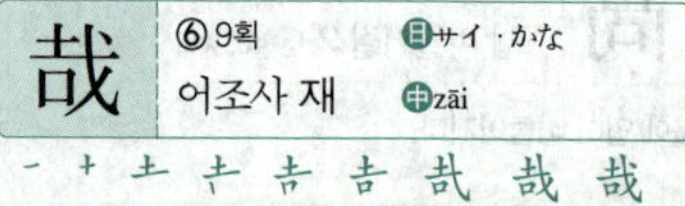
哉 ⑥ 9획 日サイ・かな
어조사 재 中zāi

풀이 1. 어조사. …하오리까, …아니한가와 같은 뜻을 나타냄. ¶嗚呼痛哉 2. 비롯하다. 시작하다. ¶哉生明

哉生明(재생명) 처음으로 달에 빛이 생김. 곧, 음력 초사흘을 말함.

可然哉(가연재) 그렇게 하오리까.

康哉之歌(강재지가) 온 천하의 태평함을 칭송한 노래.

孰哉(숙재) 누구이겠느냐?

嗚呼痛哉(오호통재) 아아! 슬프고 원통하도다.

矣哉(의재) …인가.

快哉(쾌재) 마음먹은 대로 되어 통쾌함. 또는 그런 일.

殆哉(태재) 몹시 위태로운 일.

乎哉(호재) 감탄을 표시하는 말. …런가. …로다.

유 于(어조사 우) 於(어조사 어)

비 載(실을 재) 裁(마름 재)

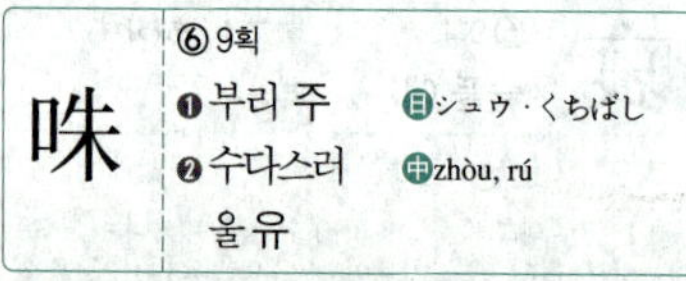
咮 ⑥ 9획
❶ 부리 주 日シュウ・くちばし
❷ 수다스러울 유 中zhòu, rú

풀이 ❶ 1. 부리. 주둥이. 2. 별 이름. 이십팔수(二十八宿)의 하나인 유(柳)의 다른 이름. ❷ 3. 수다스럽다.

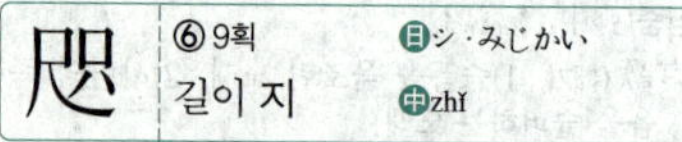
咫 ⑥ 9획 日シ・みじかい
길이 지 中zhǐ

풀이 1. 길이. 2. 짧은 거리. 짧다. 3. 적은 분량.

咫步(지보) 짧은 거리의 걸음. 조금의 행보.

咫顔(지안) 임금을 만나뵘.

咫尺(지척) 1)매우 가까운 거리. '咫'는 8촌, '尺'은 10촌을 말함. 2)짧음. 간단한 것.

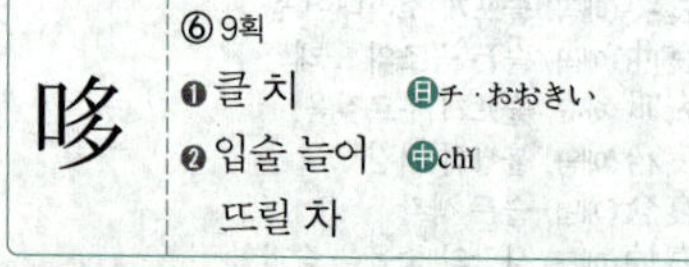
哆 ⑥ 9획
❶ 클 치 日チ・おおきい
❷ 입술 늘어뜨릴 차 中chǐ

풀이 ❶ 1. 크다. 2. 크고 너그러운 모양. ¶哆然 ❷ 3. 입을 벌리다. 4. 입술을 늘어뜨리다.

哆然(치연) 너그러운 모양.

비 侈(사치할 치)

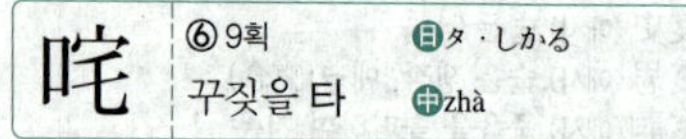
咤 ⑥ 9획 日タ・しかる
꾸짖을 타 中zhà

풀이 1. 꾸짖다. 타박하다. ¶叱咤 2. 혀를 차다. 질책하는 소리. ¶咤食 3. 슬퍼하다. 4. 입맛을 다시다.

咤食(타식) 혀를 차며 먹음.
叱咤(질타) 성내어 크게 꾸짖음.
叱咤激勵(질타격려) 큰소리로 꾸짖기도 하고, 격려도 하며 분발하게 함.

유 叱(꾸짖을 질) 吒(꾸짖을 타)

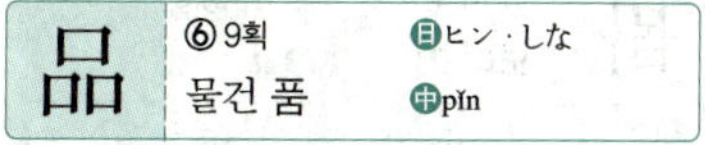

* 회의. 여러 사람이 모여서 의견을(口) 주고받으니 좋은 물건이 나타난다 하여 '물건'의 뜻으로 쓰임.

풀이 1. 물건. ¶品類 2. 등급. ¶品等 3. 품격. ¶品格 4. 품수. 품계. 벼슬의 차례. ¶品官 5. 온갖. 6. 품평하다. ¶品評 7. 가지런히 하다. 8. 같다.

品格(품격) 사람된 품성과 타고난 성질.
品階(품계) 벼슬의 등급.
品官(품관) 품위로서 나눈 관리의 등급.
品等(품등) 1)품위와 등급. 2)품위의 등급.
品類(품류) 물건의 종류.
品名(품명) 품종의 명칭.
品物(품물) 온갖 물건.
品目(품목) 물품의 이름. 물품의 목록.
品詞(품사) 단어를 문법상 의미 · 형태 · 기능에 따라 분류한 종별.
品石(품석) 대궐 안 정전(正殿) 앞뜰에 세웠던 품계를 기록한 돌. 정일품(正一品), 종일품(從一品)의 차례로 백관이 늘어 섰음.
品性(품성) 1)품격과 성질. 사람됨. 2)윤리학에서 성격을 도덕적 가치로 볼 때의 용어.
品位(품위) 1)물품의 등급. 2)직품(職品)과 지위. 3)인간이 가지는 절대적 가치로서 존경을 받을 위엄 · 존엄.
品切(품절) 물품이 끊김. 물품이 다 팔리고 없음.
品種(품종) 1)물품의 종류. 2)같은 종류에 속하는 농작물이나 가축 등에 있어서 유전 형질을 같이하는 최소의 분류 단위.
品質(품질) 물건의 성질과 바탕.
品評(품평) 물품의 좋고 나쁨과 가치를 평가함.
品行(품행) 품성과 행실.
補給品(보급품) 모자라는 것을 대어 준 물품.
服飾品(복식품) 핸드백이나 장갑처럼 옷차림이나 매무새를 돋보이게 하는 물품.
福者品(복자품) 신앙 때문에 순교하였거나, 성인으로 인정하기 전에 공식적으로 공경할 수 있다고 교회가 인정하는 지위.
複製品(복제품) 그대로 본떠서 만든 물품.
複合品詞(복합품사) 복합사(複合詞) 두 개 이상의 품사로 이루어진 복합어의 품사.
附屬品(부속품) 1)어떠한 물건에 딸려있는 없어서는 아니 될 물건. 2)남이 시키는 대로 행동하는 사람.
副食品(부식품) 주식에 곁들여 먹는 음식. 부식물(副食物).
部品(부품) 기계의 어떠한 부분에 쓰이는 물품.
賞品(상품) 상으로 받은 물건.

비 晶(밝을 정)

풀이 1. 다. ¶咸告 2. 모두. ¶咸集 3. 두루 미치다. 4. 차다. 5. 같다.

咸告(함고) 모두 말함. 빼지 않고 모두 고함.
咸寧節(함녕절) 고려(高麗) 숙종, 예종, 원종 때 임금의 생일을 기념하던 명절.
咸寧之曲(함녕지곡) 영산회상의 다섯째 곡인 삼현도드이의 다른 이름.
咸氏(함씨) 남의 조카의 존칭.
咸營(함영) 함경도의 감영.
咸有一德(함유일덕) 임금과 신하가 모두 한 가지 덕이 있음.
咸池(함지) 해가 질 때 태양이 들어간다고 하는 서쪽에 있는 큰 못.
咸集(함집) 모두 모임.
咸察(함찰) 함경남도의 관찰사.
咸興差使(함흥차사) 1)심부름꾼이 가서 소식이 없거나, 또는 회답이 더딜 때의 비유. 2)한번 간 사람이 돌아오지 않거나 소식이 없음.

비 成(이룰 성) 威(위엄 위)

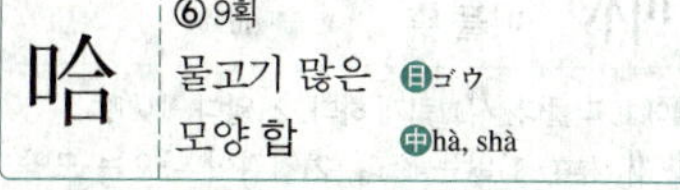

풀이 1. 많은 모양. 물고기가 많은 모양. 2. 물고기가 입을 오물거리는 모양.

哈爾濱(합이빈) 하얼빈. 중국 흑룡강성(黑龍江省)의 도시로 상업 · 교통의 요지.

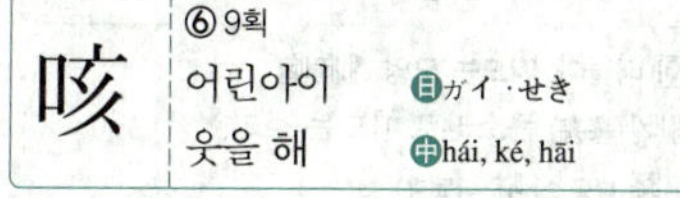

3획

풀이 1. 어린아이가 웃다. 방긋 웃다. 2. 포괄하다. 다 포함하다. 3. 기침을 하다. 기침.

咳嗽(해수) 기침. 기침을 함.

咳喘(해천) 기침과 천식(喘息).

咳唾(해타) 1)기침과 침. 2)침을 뱉음. 3)어른의 말씀.

咳唾成珠(해타성주) 1)기침과 침이 구슬이 된다는 뜻으로, 권세가를 비유하는 말. 2)말 한마디 한마디가 모두 소중함. 3)시문을 짓는 재주가 뛰어남을 비유하는 말.

百日咳(백일해) 백일해균에 의한 어린아이의 기침병.

哄	⑥ 9획	
	❶ 떠들썩할 홍	日 コウ·どよめく
	❷ 속일 공	中 hòng, hǒng

풀이 1 1. 떠들썩하다. ¶哄動 2. 노랫소리. 3. 고무하다. 사기를 북돋다. 2 4. 속이다. ¶哄誘

哄誘(공유) 꾐. 유혹함.

哄動(홍동) 떠들썩함.

哄笑(홍소) 입을 벌리고 웃음.

哄然大笑(홍연대소) 큰소리로 껄껄 웃음.

유 騷(떠들 소) 興(일어날 흥)

咺	⑥ 9획	日 ガン
	의젓할 훤	中 xuān, xuǎn

풀이 1. 의젓하다. 어른스럽다 2. 무서워하다. 두려워하다.

유 喧(의젓할 훤)

咻	⑥ 9획	日 キュウ·やむ
	떠들 휴	中 xiū

풀이 1. 떠들다. 시끄럽게 하다. 2. 앓다. ¶咻咻

咻咻(휴휴) 1)앓는 소리. 2)입김이 나오는 모양. 숨쉬는 모양.

유 騷(떠들 소)

哅	⑥ 9획	日 コウ·さわぐ
	떠들 흉	中 xiōng

풀이 떠들다. 떠드는 모양. ¶哅哅

哅哅(흉흉) 큰소리로 떠드는 소리.

유 騷(떠들 소) 咻(떠들 휴)

哿	⑦ 10획	日 カ·あに·うた
	좋을 가	中 gě

풀이 1. 좋다. 예쁘다. 2. 부인의 머리꾸미개. 장신구.

哥	⑦ 10획	日 カ·あに
	노래 가	中 gē

* 회의. 입김이 펴진다는 뜻을 가진 '可(옳을 가)'를 포개어 '노랫소리의 상태'를 나타낸 글자. 이에 '노래'의 뜻을 나타냄.

풀이 1. 노래. 노래를 부르다. 2. 사람을 부르는 말.

哥哥(가가) 1)형이나 남을 부르는 경어. 2)아들에 대한 아버지의 호칭.

哥薩克(가살극) 코작(cossack)의 음역. 말을 잘 타는, 시베리아에 사는 종족 이름.

유 歌(노래 가)

哽	⑦ 10획	日 コウ·むせぶ
	목멜 경	中 gěng

풀이 1. 목메다. ¶哽結 2. 막히다. ¶哽塞 3. 더듬거리다. ¶哽哽

哽結(경결) 슬픔에 목이 멤.

哽哽(경경) 슬퍼 더듬거리며 말하는 모양.

哽塞(경색) 지나치게 울어 목이 메임.

哽咽(경열) 목메어 욺.

비 更(고칠 경)

哭	⑦ 10획	日 コク·なく
	울 곡	中 kū

丨 ㄇ 口 口丨 吅 吅 吅 哭 哭 哭

* 회의. '口(입 구)'를 겹쳐 써서 외친다는 뜻을 가진 '吅'과 '犬(개 견)'을 합친 글자. 이에 '개가 짖듯이 외친다', '울부짖다'는 데에서 '울다'의 뜻을 나타냄.

풀이 1. 울다. 2. 곡하다. 곡성. ¶哭聲 3. 노래하다.

哭岐泣練(곡기읍련) 양자(楊子)는 갈림길에서 울고, 묵자(墨子)는 흰 실을 보고 울었다는 고사에서 나온 말로 갈림길은 어디로든 갈 수 있고, 흰 실은 어떤 색으로도 물들일 수 있다는 뜻으로, 근본은 같지만 환경에 따라 여러 가지로 달라짐을 탄식함.

哭臨(곡림) 임금이 죽은 신하를 직접 조문함.

哭婢(곡비) 양반의 장례 때, 곡을 하며 앞에 가던 여자종.

哭聲(곡성) 곡하는 소리.

哭泣(곡읍) 소리 내어 욺.

3획

哭歎(곡탄) 통곡하며 탄식함.
痛哭(통곡) 목 놓아 슬피 욺.
유 泣(울 읍) 吼(울 후) 鳴(울 명)

哪	⑦ 10획	日な
	역귀 쫓는 소리 나	中nuó, na, nǎ

풀이 역귀를 쫓는 소리.
哪哪(나나) 나례(儺禮) 때에 지르는 소리.

唐	⑦ 10획	日トウ・から
	당나라 당	中táng

丶 广 广 庐 庐 庐 唐 唐 唐 唐

* 형성. 뜻을 나타내는 부수 '口(입 구)'와 음을 나타내며 '크다'는 뜻을 지닌 '庚(고칠 경)'의 변형형을 합친 글자.

풀이 1. 당나라. 이연(李淵)이 천하를 통일한 나라. ¶唐樂 2. 길. 3. 둑. 제방. 4. 텅비다. 공허하다. 5. 황당하다. ¶唐慌 6. 크다. 넓다. ¶唐唐 7. 저촉하다. 위반하다. ¶唐突
唐唐(당당) 넓고 큰 모양.
唐突(당돌) 1)조금도 꺼리거나 어려워하는 마음이 없음. 2)저촉됨. 부딪침.
唐四柱(당사주) 중국에서 유래한 그림으로 사주를 보는 법. 또는 그 책.
唐三絶(당삼절) 당(唐)나라 때 재주가 뛰어난 세 사람. 곧, 시부(詩賦)에 이백(李白), 검(劍舞)에 배민(裴旻), 초서(草書)에 장욱(張旭).
唐詩(당시) 당대(唐代)의 시. 중국 역사에서 당대는 시가(詩歌)가 가장 융성했던 시대임.
唐樂(당악) 당대(唐代)의 음악.
唐雁(당안) 거위.
唐虞(당우) 도당(陶唐)과 유우(有虞). 요(堯)와 순(舜)의 시대.
唐園(당원) 채소밭.
唐瘡(당창) 매독(梅毒).
唐草紋(당초문) 덩굴풀이 뻗어 나가는 모양의 무늬.
唐楸子(당추자) 호두.
唐紙(당지) 중국에서 만들어진 종이의 한 가지.
唐筆(당필) 중국에서 들어온 붓.
唐鞋(당혜) 앞뒤에 고추 모양을 그린 가죽신의 한 가지.
唐花(당화) 온실에 핀 꽃. 즉, 제철이 아닌 때에 핀 꽃.
唐慌(당황) 놀라서 어쩔 줄을 모름.

哢	⑦ 10획	日ノウ
	지저귈 롱(농)	中lòng

풀이 새가 지저귀다. ¶哢吭
哢咿(농이) 1)웃음 소리. 2)억지로 웃음.
哢吭(농항) 지저귐.

哩	⑦ 10획	日リ・マイル
	어조사 리	中lì, lǐ

풀이 1. 어조사. 2. 마일(mile). 거리의 단위.

哱	⑦ 10획	日ハツ・みだれる
	어지러울 발	中bō

풀이 1. 어지럽다. 2. 군대에서 쓰는 취주 악기(吹奏樂器). ¶哱囉
哱囉(바라→발라) 군대에서 쓰는 입으로 부는 악기의 한 종류. 나발・소라 등의 관악기.

哤	⑦ 10획	日ホウ・らんざつ
	난잡할 방	中máng

풀이 말이 난잡하다.

唆	⑦ 10획	日サ・そそのかす
	부추길 사	中suō

풀이 부추기다. 꾀다. ¶唆使
唆使(사사) 남을 부추겨 시킴.
唆嗾(사주) 남을 부추김. 사촉(唆囑).
教唆(교사) 남을 부추겨 나쁜 짓을 시킴.
비 悛(고칠 전)

哦	⑦ 10획	日ガ・よむ
	읊을 아	中é, ó

풀이 읊다. 읊조리다.
유 詠(읊을 영) 吟(읊을 음)

唉	⑦ 10획	日アイ
	대답할 애	中āi, ài

풀이 1. 대답하다. 2. 묻다. 3. 한탄하여 지르는 소리.
비 矣(어조사 의)

唁 ⑦ 10획 日ゲン・たずねる
위문할 언 中yàn

풀이 위문하다.
唁勞(언로) 문상(問喪)함. 조상(弔喪).

唔 ⑦ 10획 日ゴ・よみごえ
글 읽는소리 오 中wú

풀이 글을 읽는 소리.
唔咿(오이) 글 읽는 소리.
비 俉(맞이할 오)

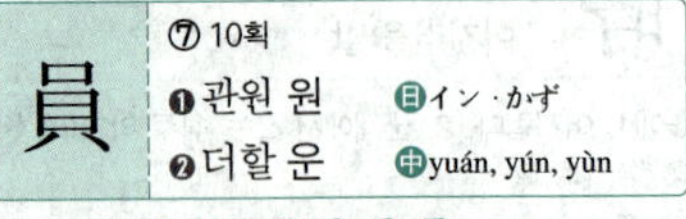

員
⑦ 10획
❶관원 원 日イン・かず
❷더할 운 中yuán, yún, yùn

丨 ㅁ ㅁ 尸 昌 昌 員 員 員 員

* 회의. 입(口)을 재물(貝)로 해서 자기의 존재를 알리는 것을 나타낸 글자. 이에 '사람의 수효'의 뜻을 나타냄.

풀이 ❶ 1. 관원. 벼슬아치. 2. 사람. 인원. ¶滿員 3. 둥글다. 동그라미. ¶員石 ❷ 4. 더하다. 5. 늘이다. 6. 많다. ¶員員
員缺(원결) 결원이 생김.
員丘(원구) 신선(神仙)이 산다고 전해지는 언덕.
員內(원내) 일정한 수의 안.
員石(원석) 둥근 돌. 원석(圓石).
員數(원수) 인원수.
員水(원수) 한강의 옛날 이름.
員外(원외) 정원 밖의 수.
員銀(원은) 1원(圓)짜리 은화.
員程(원정) 일정한 공정(工程).
員次(원차) 맡은 바의 일에 따라 결정된 관원의 석차.
員柵(원책) 빙둘러 쳐진 울타리.
員品(원품) 관리의 품계(品階).
減員(감원) 인원을 줄임.
教員(교원) 가르치는 일에 종사하는 사람.
滿員(만원) 인원이 가득참.
成員(성원) 어떤 단체를 이루는 사람.
任員(임원) 어떤 단체의 운영·감독하는 일을 맡아 처리하는 사람.
委員(위원) 국가 또는 지방 자치 단체, 기타의 일반 단체 등에서 특정한 사항의 처리를 위임 받은 자로서 임명 또는 선거된 사람.
會員(회원) 어떤 모임을 구성하고 있는 사람.

唈 ⑦ 10획 日ユウ
슬퍼할 읍 中yì

풀이 슬퍼하다. 슬퍼 흐느껴 울다.
唈僾(읍애) 슬퍼함. 목메어 욺.

哫 ⑦ 10획 日ソク・おべっか
아첨할 족 中zú

풀이 아첨하다. 아부하다. ¶哫訾
哫訾(족자) 아첨함.
유 諂(아첨할 첨)

唇 ⑦ 10획 日チン・おどろく
놀랄 진 中zhēn, zhèn

풀이 놀라다. 놀라는 소리.
유 驚(놀랄 경) 비 脣(입술 순)

哳 ⑦ 10획 日サツ
지저귈 찰 中zhā

풀이 새가 지저귀다.
비 折(꺾을 절)

哲 ⑦ 10획 日テツ・あきらか
밝을 철 中zhé

一 十 才 扌 扩 扩 折 折 哲 哲

* 형성. 뜻을 나타내는 부수 '口(입 구)'와 음을 나타내는 '折(꺾을 절)'을 합친 글자. 말(口)을 꺾어(折) 진리를 철저하게 깨우친다는 의미에서, '밝히다, 슬기롭다'는 뜻을 나타냄.

풀이 1. 밝다. 도리나 사리에 밝다. 총명하다. ¶哲命 2. 알다. 깨닫다.
哲理(철리) 1)철학의 이치. 2)오묘하고 깊은 이치.
哲命(철명) 밝은 가르침.
哲辟(철벽) 어진 임금. 성군.
哲夫(철부) 지혜와 덕이 밝은 남자.
哲婦(철부) 영리한 여자. 어질고 현명한 부인.
哲聖(철성) 1)천자. 2)재주와 덕을 겸비한 성인.
哲人(철인) 도리와 사리에 밝은 사람.
哲匠(철장) 현명하고 기예가 있는 사람.
哲學(철학) 인생의 의의, 세계의 본체 등 궁극의 근본 원리를 연구하는 학문.
聖哲(성철) 성인(聖人)과 철인(哲人).
유 晳(밝을 석)

3획

哨	⑦ 10획	日ショウ·みはり
	망볼 초	中shào, xiāo

풀이 1. 망보다. 보초를 서다. ¶哨兵 2. 작다. 잘다. 3. 날카롭다. 4. 호각을 불어 경계하다.

哨戒(초계) 적의 공격에 대비하여 경계하는 일.
哨兵(초병) 보초를 서는 군사.
哨堡(초보) 적의 동태를 살피기 위하여 쌓은 보루(堡壘). 망보는 보루.
哨所(초소) 보초병이 서서 망보는 곳.

唄	⑦ 10획	日バイ·うた
	찬불 패	中bài

풀이 찬불(讚佛). 부처의 공덕을 찬양하는 노래. ¶唄讚

唄多羅(패다라) 인도에서 종이 대신 경문(經文)을 쓰던 나무.
唄聲(패성) 경전을 읽는 소리.
唄讚(패찬) 부처의 덕을 찬양하는 노래. 범패(梵唄).

비 貝(조개 패)

哺	⑦ 10획	日ホ·くらう
	먹을 포	中bǔ

풀이 1. 먹다. 물다. 2. 먹이다. 기르다. ¶哺乳 3. 어린아이의 병명(病名).

哺養(포양) 먹여 기름. 양육함.
哺乳(포유) 젖을 먹임.
哺育(포육) 먹여 기름.
哺啜(포철) 먹음. 식사를 함.

비 俌(도울 보)

唅	⑦ 10획	日カン
	입 벌릴 함	中hán

풀이 1. 입을 벌리다. ¶唅呀 2. 머금다. 3. 반함(飯含). 염습할 때 죽은 사람의 입 안에 구슬과 쌀을 물리는 것.

唅襚(함수) 반함(飯含)과 수의(襚衣).
唅呀(함하) 1)입을 크게 벌린 모양. 2)골짜기나 동굴이 트인 모양. 함하(谽谺).

哮	⑦ 10획	日コウ·ほえる
	으르렁거릴 효	中xiào

풀이 으르렁거리다. 큰소리를 내다. ¶哮吼

哮噬(효서) 1)으르렁거리며 사납게 묾. 2)적의 사나운 기세를 비유하는 말.
哮闞(효함) 울부짖음. 또는 성난 모양.
哮吼(효후) 사납게 울부짖음.
咆哮(포효) 울부짖음.

유 咆(으르렁거릴 포)

唏	⑦ 10획	日ヒ·かなしい
	슬피 울 희	中xī

풀이 1. 슬피 울다. 슬퍼하여 울다. 2. 한탄하다.

반 悅(기쁠 열) 비 稀(드물 희)

啓	⑧ 11획	日ケイ·ひらく
	열 계	中qǐ

丶 ㇇ ㇇ 户 户 户 戶 攴 攴 啓 啓

* 형성. 뜻을 나타내는 부수 '口(입 구)'와 음을 나타내며 '문을 손으로 연다'는 뜻을 지닌 부수 이외의 글자를 합친 글자. 입으로 사람을 가르쳐 깨우친다는 뜻으로 쓰임.

풀이 1. 열다. 열리다. ¶啓開 2. 일깨워주다. ¶啓導 3. 여쭈다. ¶謹啓 4. 꿇어앉다. ¶啓居 5. 안내하다.

啓告(계고) 일에 대한 경위나 의견을 윗사람에게 말이나 글로 여쭘.
啓開(계개) 엶.
啓達(계달) 임금에게 여쭘.
啓導(계도) 깨우쳐 지도함.
啓明(계명) 1)샛별. 2)예민하고 사리에 밝은 것.
啓蒙(계몽) 1)어리석은 사람을 깨우쳐 지식을 넓혀 줌. 2)일반 대중의 편견을 없애고 합리적인 생각을 하게 함.
啓發(계발) 깨우쳐 열어 줌. 지식을 넓힘. 사물의 이치에 밝아짐.
啓示(계시) 1)가르쳐 보여 줌. 타일러 가르침. 2)신이 인심(人心)의 무지를 열어 진리를 교시(教示)함.
啓程(계정) 길을 떠남.
啓請(계청) 임금께 아뢰어 청함. 주청(奏請).
啓蟄(계칩) 1)겨울잠을 자던 벌레가 봄철을 맞아서 나와 움직임. 2)24절기(節氣)의 하나. 3월 6일 무렵. 경칩(驚蟄).
啓寵(계총) 총애함.
啓土(계토) 황무지를 일구어 땅을 넓힘.
啓下罪人(계하죄인) 임금으로부터 재가(裁可)를 얻은 죄인.
啓行(계행) 1)앞장서서 인도함. 2)여정에 오름.
狀啓(장계) 임금께 아뢰는 문서.

유 開(열 개)

唫	⑧ 11획	
	❶ 입다물 금	日キン・イン
	❷ 읊을 음	中jìn, yín

풀이 1 1. 입 다물다. 2. 말을 더듬다. 말이 막히다. 3. 들이마시다. 2 4. 읊다. 5. 험준하다.

啗	⑧ 11획	日ダン・だまる
	먹을 담	中dàn

풀이 1. 먹다. 2. 먹이다. 3. 머금다. 4. 속이다.

유 哺(먹을 포)

唳	⑧ 11획	
	❶ 울 려	日レイ・なく
	❷ 새 소리 렬	中lì

풀이 1 1. 울다. 2 2. 새소리. 새가 울다.

問	⑧ 11획	日モン・とう
	물을 문	中wèn

丨 Ｐ 戶 戶 門 門 門 門 門 問 問

풀이 1. 묻다. 질문하다. ¶問答 2. 물음. 질문. 3. 문초하다. 4. 방문하다. 찾다. ¶訪問 5. 알리다. 6. 부르다. 7. 소식.

問難(문난) 일의 잘잘못을 물어 봄.
問答(문답) 1)묻고 답함. 2)한쪽에서는 묻고 다른 한쪽에서는 대답함.
問禮(문례) 예절을 물음.
問名(문명) 1)이름을 물음. 2)혼례에 관한 예절의 하나로 주인이 심부름꾼으로 하여금 신부 생모의 성씨를 물어보는 것.
問喪(문상) 상사(喪事)를 위문함.
問省(문성) 부모님께 문안 인사를 드림.
問安(문안) 아랫사람이 웃어른에게 안부의 말을 여쭘.
問議(문의) 물어보고 의논함.
問題(문제) 1)대답을 얻기 위한 물음. 2)당면한 연구 사항. 3)논쟁이 될 만한 일.
問弔(문조) 상주 된 사람을 위문함.
問罪(문죄) 죄를 물어 밝힘. 죄를 책망함.
問責(문책) 잘못을 물어 책망함.
問招(문초) 죄인을 신문(訊問)함.
問標(문표) 물음표. '?'
問項(문항) 묻는 항목.
家宅訪問(가택방문) 가정 방문.
敢問(감문) 감히 물음.
講問(강문) 따져 물음.
更問(갱문) 다시 물음.
檢問(검문) 수상한 사람을 검사하고 심문(審問)함.
慶弔相問(경조상문) 서로 경사를 축하하고 흉사를 위문함.
拷問(고문) 죄를 진 혐의가 있는 사람에게 자백을 강요하기 위해 견디기 어려운 육체적 고통을 주며 신문(訊問)함.
顧問(고문) 어떤 분야에 대하여 전문적인 지식과 풍부한 경험을 가지고 자문에 응하여 의견을 제시하는 직책. 또는 그 사람.
曲直不問(곡직불문) 옳고 그름을 묻지 않음.
廣問(광문) 널리 물음.
口頭試問(구두시문) 구두시험.
句問(구문) 죄인을 끌고와 심문하는 일.
舊學問(구학문) 한학에 바탕을 둔 재래의 학문(學問).
鞫問(국문) 죄가 무거운 사람을 신문(訊問)함.
窮問(궁문) 엄중히 신문(訊問)·조사(調査)함.
奇問(기문) 기발한 질문.
難問(난문) 대답하기 어려운 질문.
答問(답문) 물음에 대답함.

반 答(대답할 답)

啡	⑧ 11획	
	❶ 코 고는 소리 배	日ハイ・いびき
	❷ 커피 비	中pēi, fēi

풀이 1 1. 코 고는 소리. 2 2. 커피.

唪	⑧ 11획	日ボウ・わらう
	껄껄 웃을 봉	中běng

풀이 1. 껄껄 웃다. 2. 큰소리. 크게 지르는 소리.

啤	⑧ 11획	日ビ・ビール
	맥주 비	中pí

풀이 맥주.

啤酒(비주) 맥주(麥酒).

3획

啚 ⑧ 11획
❶ 鄙(p1429)와 通字
❷ 圖(p237)의 俗字

唼 ⑧ 11획
❶ 쪼아 먹을 삽 日 サッ · つつく
❷ 헐뜯을 첩 中 shà, qiè

풀이 1 1. 쪼아먹다. 쪼다. 2. 훌쩍 마시다. ¶唼血 2 3. 헐뜯다. ¶唼佞 4. 수다스럽다.
唼血(삽혈) 피를 마심. 맹세함.
唼佞(첩녕) 헐뜯는 말. 또는 그 사람.

商 ⑧ 11획 日 ショウ · あきない
장사 상 中 shāng

풀이 1. 장사. 장사하다. ¶行商 2. 장수. 상인. ¶士農工商 3. 헤아리다. 생각하다. ¶商量 4. 오음(五音)의 하나. 오행설(五行說)에서 계절로는 '가을' 방위로는 '서쪽'을 뜻함.
商街(상가) 상점이 많이 모인 거리.
商家(상가) 장사를 직업으로 삼는 집.
商計(상계) 1)생각하여 헤아림. 2)상업상 계책. 상략(商略).
商工業(상공업) 상업과 공업.
商科(상과) 상업에 관한 교과목.
商慣習(상관습) 상사(商事)에 관한 관행.
商權(상권) 상업에 관계된 권리.
商量(상량) 헤아려 생각함.
商法(상법) 1)장사하는 방법. 2)상업상의 이권(利權) 관계의 법률.
商社(상사) 1)상업상의 조합. 상업상의 결사. 2)상사회사(商事會社)의 준말.
商山四皓(상산사호) 중국 진나라 말기에 혼탁한 세상을 피해 상산에 은거한 네 명의 선비. 동국공 · 하왕공 · 녹거선생 · 기리계.
商船(상선) 상업용 선박.
商術(상술) 장사할 솜씨.
商羊(상양) 상상의 새. 이 새가 날아다니면 큰 비가 내린다는 전설이 있음. 바뀌어 홍수 · 수재의 예보의 뜻으로 쓰임.
商業(상업) 장사하는 업.
商人(상인) 장사꾼.
商程(상정) 정도를 헤아림.
商定(상정) 헤아려 결정함.
商標(상표) 다른 사람의 제품과 구별하기 위하여 자기의 제품에 붙인 문자 · 도형 · 기호 등의 일정한 표시.
商品(상품) 팔고 사는 물건.
商號(상호) 상인이 영업상으로 자기를 나타내는 데 쓰는 이름.
商會(상회) 1)상점에 쓰는 칭호. 2)상업상의 조합.
巨商(거상) 매우 큰 상인.
行商(행상) 길을 다니며 물건을 파는 상인.
비 南(남녘 남)

售 ⑧ 11획 日 シュウ · うる
팔 수 中 shòu

풀이 팔다. 판매하다.
유 賣(팔 매)

啞 ⑧ 11획
❶ 벙어리 아 日 ア · おし
❷ 웃을 액 中 yǎ, yā, è

풀이 1 1. 벙어리. ¶盲啞 2. 까마귀 우는 소리. ¶啞啞 3. 놀라다. 놀라 소리를 지르다. ¶啞然 2 4. 웃다. 웃음소리.
啞羊(아양) 말을 못하는 양이라는 뜻으로, 매우 어리석은 사람을 비유하는 말.
啞然(아연) 놀라 입을 벌리고 있는 모양.
啞子(아자) 벙어리.
聾啞(농아) 듣지 못하고 말하지 못함. 또는, 그런 사람.
盲啞(맹아) 장님과 벙어리.

唲 ⑧ 11획 日 ア · はずれる
거짓웃음칠 아 中 ér, wā

풀이 거짓웃음치다. 선웃음치다.

唵 ⑧ 11획 日 アン · オン
머금을 암 中 ǎn

풀이 1. 머금다. 2. 범어 'om'의 음역자.

啀 ⑧ 11획 日 アイ · かみつく
물어뜯을 애 中 ái

풀이 1. 물어뜯다. 2. 개가 으르렁거리다.

3획

啎 ⑧ 11획 日ゴ · あう
만날 오 中wǔ

풀이 1. 만나다. 상봉하다. 2. 거스르다. 거역하다.

비 俉(맞이할 오)

唯 ⑧ 11획 日ユイ ただ
오직 유 中wéi, wěi

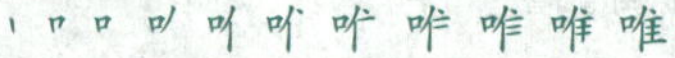

풀이 1. 오직. 유독. 오로지. 2. 유일하다. ¶唯獨 3. 대답하다. ¶唯唯 4. 비록.

唯今(유금) 지금.

唯物論(유물론) 물질만이 궁극의 실재이며, 정신상의 현상은 모두 물질의 작용에 불과하다는 학설.

唯識(유식) 삼라만상은 실존하는 것이 아니기 때문에 우주는 다만 마음의 결과라는 이론.

唯心論(유심론) 천지 간의 모든 현상은 모두 정신의 발현이니 정신이 궁극의 실재라고 생각하는 학설.

唯我論(유아론) 실재하는 것은 나만의 자아이며, 자기 이외의 모든 것은 오직 자기의 개념 또는 현상에 지나지 않는다는 이론.

唯唯(유유) 1)공손한 대답. 승낙하는 말. 2)시키는대로 따르는 모양.

唯有一乘法(유유일승법) 부처의 가르침은 오직 일승진실(一乘眞實)의 가르침뿐이라는 뜻으로, 법화경(法華經)에서 설파하는 말.

唯有一實相(유유일실상) 오직 존재하는 것은 진여실상(眞如實相)뿐이라는 뜻으로, 우주만물의 모든 법은 진여실상 외에 아무 것도 아니라는 말.

唯理論(유이론) 진리는 이성으로만 얻을 수 있다는 주장.

唯一(유일) 오직 하나밖에 없음.

呰 ⑧ 11획 日サ · よわい
약할 자 中zǐ, cī

풀이 1. 약하다. 2. 짧다. 3. 허물. 잘못.

啇 ⑧ 11획
❶밑동 적 日テキ · セキ
❷화할 석 中dì, shì

풀이 ❶ 1 밑동. 뿌리. 근본. 2. 물방울. ❷ 3. 화하다. 누그러지다.

비 商(장사 상)

啁 ⑧ 11획
❶비웃을 조 日チョウ · さえずる
❷우는 소리 주 中tiáo, zhōu

풀이 ❶ 1. 비웃다. 조소하다. 2. 시끄럽게 떠들다. ❷ 3. 벌레 등이 우는 소리. 지저귀는 새소리. ¶啁喞

啁喞(주즉) 벌레 등이 우는 소리.

啁噍(주초) 1)새가 지저귀는 소리. 2)굴뚝새. 초료(鷦鷯).

啁啾(주추) 1)악기 소리가 뒤섞여 들림. 2)새가 지저귐. 또는 그 소리.

유 嘲(비웃을 조)

唱 ⑧ 11획 日ショウ · となえる
부를 창 中chàng

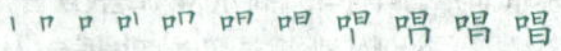

* 형성. 뜻을 나타내는 부수 '口(입 구)'와 음을 나타내며 성함을 나타내는 '昌(창성할 창)'을 합친 글자. 이에 입(口)으로 '성하게 부른다'는 뜻을 나타냄.

풀이 1. 부르다. 외치다. 2. 노래하다. 노래. ¶歌唱

唱歌(창가) 곡조에 맞추어 노래를 부름. 또는 그 노래.

唱劇(창극) 판소리에서 발전하여 두 사람 이상의 배우가 등장하여 창(唱)과 백(白)으로 춘향전 · 심청전 등을 엮어 나가는 연극.

唱導(창도) 1)교의(敎義)를 제창하여 사람들을 인도함. 이끎. 2)솔선수범하여 부르짖음.

唱名(창명) 1)이름을 부름. 호명(呼名). 2)부처의 명호(名號)를 부름. 나무아미타불을 부름.

歌唱(가창) 노래를 부름.

京唱(경창) 서울에서 불리던 노래 곡조.

階名唱法(계명창법) 계이름 부르기.

鷄唱(계창) 닭 울음.

高唱(고창) 1)높은 소리로 노래함. 2)세상을 향하여 강력하게 주장함.

國唱(국창) 나라에서 손꼽히는 명창.

及唱(급창) 군아(郡衙)에서 부리는 사내종.

南道唱(남도창) 남도소리. '판소리'의 다른 이름.

導唱(도창) 노래를 바르게 이끌어 나가는 일을 맡은 악인(樂人). 도창악사(導唱樂師).

獨唱(독창) 혼자서 노래함.

萬古絶唱(만고절창) 만고에 비할 데가 없는 뛰어난 명창.
名唱(명창) 뛰어나게 잘 부르는 노래. 또는 사람.
模唱(모창) 남의 노래를 흉내내는 일.
竝唱(병창) 악기를 타면서 그에 맞추어 부르는 노래.
複音合唱(복음합창) 두 성부 이상이 모여 부르는 합창.
復唱(복창) 명령이나 지시하는 말을 그 자리에서 그대로 되풀이함.
奉唱(봉창) 경건하게 노래 부름.
夫唱婦隨(부창부수) 남편이 주장하고 아내가 이에 따른다는 뜻으로, 가정에서의 부부(夫婦) 화합의 도리를 이르는 말.
山歌野唱(산가야창) 시골에서 부르는 소박한 노래.
三重唱(삼중창) 소리를 세 가지 성부로 나누어 부르는 중창.
三唱(삼창) 세 번 부름.
上唱(상창) 높은 소리로 부르는 노래 소리.
敍唱(서창) 가사를 말의 악센트에 따라 이야기하듯이 노래함. 오페라 또는 오라토리오의 아리아에서 많이 쓰임.
先唱(선창) 1)맨 먼저 주창함. 2)노래를 맨 먼저 부름.
誦唱(송창) 소리 높여 욈.
首唱(수창) 1)우두머리가 되어 주창함. 2)좌중(座中)에서 맨 처음으로 시를 지어 읊음.
酬唱(수창) 시가나 문장 등을 서로 주고받고 함.
重唱(중창) 여러 성부의 사람이 함께 노래를 부름.

유 呼(부를 호) 비 晶(밝을 정)

啧	⑧ 11획	
	❶ 부르짖을 책	日セキ · わめく
	❷ 탄식할 차	中zé, jiè

풀이 1 1. 부르짖다. 2. 새의 지저귀는 소리. ¶啧啧 2 3. 탄식하다. 감탄하다. ¶啧唧

啧惋(차완) 한탄함. 애석하게 여기며 탄식함.
啧唧(차즉) 탄식함. 또는 그 소리.
啧啧(책책) 1)새가 지저귀는 소리. 2)부르짖는 모양. 외치는 모양.

啜	⑧ 11획	日テツ · すする
	마실 철	中chuò

풀이 1. 마시다. 먹다. ¶啜茗 2. 울다. ¶啜泣

啜泣(철읍) 소리를 내지 않고 욺.
啜汁(철즙) 국물을 마심.

유 飮(마실 음)

啐	⑧ 11획	
	❶ 놀랄 쵀	日サツ · さわぐ
	❷ 떠들 줄	中chì, zá

풀이 1 1. 놀라다. 2. 맛보다. ¶啐飮 3. 부르다. 4. 꾸짖다. 2 5. 떠들다. ¶啐啄

啐啄(줄탁) 놓쳐서는 안 될 좋은 시기를 비유하는 말.
啐飮(쵀음) 제사를 지낸 뒤, 제사에 사용한 술을 마시는 일.

유 味(맛 미)

唾	⑧ 11획	日タ · つば
	침 타	中tuò

풀이 1. 침. 2. 침을 뱉다. ¶唾棄

唾具(타구) 침 등을 뱉는 그릇.
唾棄(타기) 침을 뱉음. 즉, 업신여겨 돌보지 않음.
唾面自乾(타면자건) 얼굴에 침을 뱉으면 저절로 마를 때까지 기다린다는 뜻으로, 세상을 사는 데에는 인내가 필요함을 이르는 말.
唾手可決(타수가결) 손에 침을 뱉어 결정함. 즉, 일을 시작하거나 쉽게 승부를 냄을 뜻함.
唾液(타액) 침.
仰天而唾(앙천이타) 하늘을 바라보고 침을 뱉는다는 뜻으로, 남을 해치려다가 도리어 자기가 해를 입음.
咳唾成珠(해타성주) 1)기침과 침이 다 구슬이 된다는 뜻으로, 권세가를 비유하는 말. 2)일언일구(一言一句)가 다 귀중함. 3)시문을 짓는 재주가 뛰어 남을 비유하는 말.

啄	⑧ 11획	
	❶ 쪼을 탁	日タク · ついばむ
	❷ 부리 주	中zhuó, zhòu

풀이 1 1. 쪼으다. 쪼다. ¶啄木 2. 똑똑 두드리다. 2 3. 부리. 주둥이.

啄木(탁목) 딱따구리. 뇌공(雷公).
啄啄(탁탁) 1)새가 나무 등을 쪼는 소리. 2)문을 두드리는 소리. 3)닭이 쪼는 소리.

유 刻(새길 각)

3 획

啣	⑧ 11획 銜(p1457)의 俗字

唬	⑧ 11획 ❶ 범의 울음 효 日ヒョウ・ホ ❷ 외칠 호 中xiāo, xià

풀이 ❶ 1. 범의 울음소리. 포효하는 소리. ❷ 2. 외치다. 3. 놀라다.

비 虎(범 호)

喝	⑨ 12획 ❶ 꾸짖을 갈 日カツ・しかる ❷ 목멜 애 中hè, yè

풀이 ❶ 1. 꾸짖다. 고함치다. 소리치다. ¶喝道 ❷ 2. 목메다. 목이 막히다.

喝道(갈도) 귀인의 행차 때, 앞서가는 하인이 소리를 질러 행인의 통행을 금하던 일. 벽제(辟除).

喝食(갈식) 대중에게 식사 때를 알린다는 뜻으로, 절에서 식사 심부름을 하는 아이를 말함.

喝采(갈채) 소리를 치며 칭찬함.

喝破(갈파) 1)큰소리로 꾸짖음. 2)다른 사람의 학설을 설교함. 3)잘못을 바로잡고 진실을 말하여 밝힘.

恐喝(공갈) 무섭게 으르고 협박함.

大喝(대갈) 크게 꾸짖음.

유 叱(꾸짖을 질) 吒(꾸짖을 타) 咤(꾸짖을 타)

喈	⑨ 12획 日カイ 새소리 개 中jiē

풀이 1. 새소리. 봉황새의 울음소리. ¶喈喈 2. 부드러운 소리. 3. 빠르다.

喈喈(개개) 1)봉황새의 울음소리. 2)새의 울음소리. 3)피리·종·북·방울 등의 소리. 4)백성의 마음이 누그러져 복종하는 모양.

비 皆(다 개)

喀	⑨ 12획 日カク・はく 토할 객 中kā

풀이 토하다. 토하는 소리. ¶喀血

喀痰(객담) 담을 토함.

喀血(객혈) 피를 토함. 각혈(咯血).

유 吐(토할 토)

喬	⑨ 12획 日キョウ・たかい 높을 교 中qiáo, jiǎo

* 형성. 뜻을 나타내는 부수 '口(입 구)', '高(높을 고)'의 생략형과 음을 나타내며 '꼬부라지다'의 뜻을 가진 '夭(어릴 요)'를 합친 글자. 꼭대기가 구부러진 높은 곳이라는 뜻에서 '높다'라는 뜻을 나타냄.

풀이 1. 높다. ¶喬木 2. 창. 3. 교만하다. ¶喬才 4. 뛰어나다. ¶喬桀

喬柯(교가) 큰 나무의 가지.

喬幹(교간) 큰 나무의 줄기.

喬桀(교걸) 준수하고 훌륭한 사람.

喬林(교림) 키가 큰 나무의 숲.

喬木(교목) 키가 큰 나무.

喬木世家(교목세가) 문벌이 높고 나라와 운명을 함께 하는 집안.

喬木世臣(교목세신) 여러 대에 걸쳐 높은 지위에 있어 국가의 운명과 자기의 운명을 함께 하는 신하.

喬竦(교송) 우뚝 솟음.

喬松(교송) 키 큰 소나무.

喬松之壽(교송지수) 장수(長壽).

喬嶽(교악) 1)높은 산. 2)태산(泰山).

喬遷(교천) 1)높은 곳으로 옮김. 승진함. 2)남의 이사(移徙)·사관(仕官)·영전를 축하하는 말.

喬詰(교힐) 마음이 편안하지 않음.

유 高(높을 고) 반 低(낮을 저)

喫	⑨ 12획 日キツ・のむ 마실 끽 中chī

* 형성. 뜻을 나타내는 부수 '口(입 구)'와 '契(맺을 계)'를 합친 글자. 입[口]을 합해서[契] 맛보는 것을 나타내어 씹는 것이 아니라 주로 '마시다'는 뜻으로 쓰임.

풀이 1. 마시다. ¶喫水 2. 먹다. ¶喫飯 3. 피우다. 담배를 피우다. ¶喫煙

喫驚(끽경) 깜짝 놀람.

喫拳(끽권) 주먹으로 맞음.

喫緊(끽긴) 매우 요긴함.

喫茶(끽다) 차를 마심.

喫飯(끽반) 1)밥을 먹음. 2)겨우 생활함.

喫水(끽수) 물을 마심.

喫煙(끽연) 담배를 피움.

喫酒(끽주) 술을 마심.

喫着(끽착) 먹을 것과 입을 것.

喫破(끽파) 다 먹어서 없앰.
喫虧(끽휴) 손해를 입음. 결손이 남.
滿喫(만끽) 1)마음껏 먹고 마시는 것. 2)마음껏 즐김.

유 飮(마실 음)

喃	⑨ 12획 수다할 남	日ナン・しゃべる 中nán

풀이 1. 수다하다. 재잘거리다. 2. 글 읽는 소리. ¶喃喃
喃喃(남남) 1)수다스럽게 말함. 2)글 읽는 소리.

單	⑨ 12획 ❶홑 단 ❷오랑캐 이름 선	日タン・ひとつ 中dān, chán, shàn

* 회의. 식구들을 먹여(口) 살리기 위해 많은 날을(十) 밭(田)에 나가 홀로 열심히 일한다는 데서 '홑'의 뜻을 나타냄.

풀이 ❶ 1. 홑. 한 겹. 2. 홀로. 혼자. 단독으로. ¶單卷 3. 오직. 단지. 4. 외롭다. ¶孤單 5. 한 벌의 옷. 한 겹의 옷. ¶單襦 6. 단순하다. 복잡하지 않다. ¶單純 7. 다하다. 나머지가 없다. 8. 얇다. 9. 적다. ❷ 10. 오랑캐 이름. 오랑캐 임금의 이름. ¶單于 11. 고을 이름.
單價(단가) 단위의 가격.
單家(단가) 가난하고 힘없이 홀로 지내는 사람.
單間(단간) 단 한 간(間).
單竭(단갈) 다함. 바닥이 남.
單軍(단군) 적은 군사. 원군(援軍)이 없는 고립된 군대. 고군(孤軍).
單刀(단도) 한 자루의 칼.
單刀直入(단도직입) 1)오직 한 자루의 칼만을 몸에 품고 적진에 쳐들어 감. 2)여러 말을 늘어놓지 않고 요점이나 본론을 곧바로 말함.
單獨(단독) 혼자. 단 하나.
單門(단문) 친척이 없거나 외로운 집안. 또는 가난한 집.
單番(단번) 단 한 번. 한 차례.
單兵(단병) 원군이 없는 군사. 적은 병력.
單辭(단사) 한쪽으로 치우친 말.
單色(단색) 1)한 가지 빛깔. 2)단조로운 색.
單數(단수) 단일한 수. 홑 수.
單純(단순) 1)간단하고 복잡하지 않음. 2)조건이나 제한이 없음.
單身(단신) 홑몸.
單心(단심) 마음을 다함. 진실된 마음.
單語(단어) 뜻을 나타내는 말의 최소 단위. 낱말.
單元(단원) 어떤 주제를 중심으로 편의상 하나로 묶은 학습의 단위.
單位(단위) 1)양을 헤아리는 기준. 2)모든 사물의 비교·계산의 기본이 되는 것. 3)조직을 구성하는 기본 집단.
單襦(단유) 짧은 홑옷.
單子(단자) 사주나 부조 등 다른 사람에게 보내는 물건의 수량과 이름을 적은 종이.
單傳(단전) 1)오직 한 스승의 가르침만을 전수하고 다른 학파를 섞지 않음. 2)단 한 사람에게만 전하거나 전해지는 일.
單調(단조) 변화가 없이 단순한 가락.
單帖(단첩) 한 장으로 된 접지 않은 명함.
單寒(단한) 1)친척이 없고 고독하며 가난함. 2)가난하고 보잘 것 없는 사람. 3)의지할 곳 없고 추위에 떪.
單獻(단헌) 제사 때 삼헌(三獻)할 술잔을 한 번만 함.
單行(단행) 1)혼자 길을 감. 독행(獨行). 2)단독으로 행함.
單行本(단행본) 어떤 한 가지만을 한 책으로 출판한 책.
單于(선우) 흉노의 군장.
名單(명단) 이름이 적혀 있는 단자.

유 獨(홀로 독)

啿	⑨ 12획 많을 담	日ダン 中dàn

풀이 넉넉하다. 풍족하다.
啿啿(담담) 풍부한 모양.

喇	⑨ 12획 나팔 라(나)	日ラッ・らっぱ 中lǎ

풀이 1. 나팔. ¶喇叭 2. 승려. ¶喇嘛
喇叭(나팔) 금속으로 만든 관악기의 한 가지.
喇嘛(라마) 1)라마(Lama). 2)라마교의 중.
喇嘛教(라마교) 불교에서 파생된 티베트의 종교. 교주를 달라이 라마, 부주(副主)를 판첸 라마라고 함.

비 刺(찌를 자)

喨	⑨ 12획 맑은 소리 량	日リョウ 中liàng

풀이 맑은 소리.

⑨ 12획 日ソウ·も·うしなう
잃을 상 中sāng, sàng

* 회의. 없어진(亡) 사람에 대해서 우는(哭) 것을 나타내어, 죽은 사람을 슬퍼하는 것을 뜻하는 한자. 사람이 죽어 없어지다의 뜻에서 물건을 '잃다'라는 뜻으로도 쓰임.

풀이 1. 잃다. 상실하다. ¶喪失 2. 죽다. 3. 상을 당하다. ¶喪故 4. 망하다. ¶喪國 5. 상복을 입다. 상복. ¶年喪 6. 상제 노릇을 하다. 7. 널. 관.

喪家之狗(상가지구) 1)상갓집 개. 주인없는 개. 2)매우 여윈 사람.
喪國(상국) 나라를 잃음. 또는 망한 나라.
喪期(상기) 상복을 입는 동안.
喪氣(상기) 기운을 잃음. 낙심함.
喪膽(상담) 간담이 서늘해짐. 두려워함.
喪禮(상례) 상중에 행하는 모든 예절.
喪亡(상망) 잃음. 또는 망함.
喪明(상명) 1)밝음을 잃음. 눈이 멂. 2)자식을 잃음. 공자의 제자인 자하(子夏)가 그의 아들을 잃고 장님이 되었다는 고사에서 온 말.
喪服(상복) 상중에 입는 예복.
喪事(상사) 초상(初喪).
喪性(상성) 본래의 성품을 잃음.
喪神(상신) 정신을 잃음. 실신(失神).
喪失(상실) 잃어버림.
喪心(상심) 본심을 잃음. 마음이 흐트러져 무언가에 홀림.
喪輿(상여) 시체를 운반하는 기구.
喪杖(상장) 상제가 짚는 지팡이. 부친상에는 대나무, 모친상에는 오동나무를 씀.
喪葬(상장) 장사를 비롯한 상중에 하는 모든 예식.
喪制(상제) 1)부모나 이미 아버지가 세상을 뜬 뒤에 조부모의 상중에 있는 사람. 2)상중에 입는 예복 제도.
喪主(상주) 주장이 되는 상제.
喪中(상중) 상제의 몸으로 있는 동안.
喪妻(상처) 아내가 죽음.
喪布(상포) 초상 때에 쓰는 포목.
居喪(거상) 부모의 상중에 있음.
問喪(문상) 남의 상사에 대하여 슬픈 뜻을 나타내어 방문함.
弔喪(조상) 상사에 대하여 애도의 뜻을 표함.
初喪(초상) 사람이 죽어서 장사 지낼 때까지의 일.
護喪(호상) 초상에 관한 일을 주장하여 보살핌.

유 死(죽을 사)

𠶷
⑨ 12획
喪(p208)의 本字

善
⑨ 12획 日ゼン·よい
착할 선 中shàn

* 회의. 양(羊)처럼 순하고 온순하며 부드럽게 말(口)하는 사람을 나타낸 글자. 이에 '착하다'라는 뜻으로 쓰임. 후에 훌륭한 말, 곧 '좋다'는 뜻을 나타냄.

풀이 1. 착하다. 선하다. ¶善良 2. 훌륭하다. 좋다. ¶善德 3. 잘하다. ¶善待 4. 옳다고 생각하다. 5. 친하다. 사이가 좋다.

善價(선가) 높은 값. 좋은 값.
善果(선과) 착한 행실에 의해 받는 좋은 결과.
善男善女(선남선녀) 착한 남자와 착한 여자. 즉, 착하고 어진 사람들.
善德(선덕) 훌륭한 덕.
善道(선도) 바른 길. 정도(正道).
善導(선도) 바른 길로 인도함.
善良(선량) 착하고 어짊.
善隣(선린) 이웃과 화친함. 이웃 나라와 사이좋게 지내는 것.
善謀(선모) 좋은 계책.
善美(선미) 착하고 아름다움.
善防(선방) 잘 막아 냄.
善事(선사) 1)좋은 일. 길사(吉事). 2)자선 사업.
善祥(선상) 좋은 징조. 길상(吉祥).
善心(선심) 1)착한 마음. 2)남을 도와주는 마음.
善惡(선악) 착함과 악함.
善用(선용) 알맞게 잘 씀.
善于(선우) 흉노의 군장. 선우(單于).
善游(선유) 1)헤엄을 잘 침. 2)여러 곳을 두루 돌아다님.
善應(선응) 잘 응함.
善意(선의) 호의(好意). 좋은 뜻.
善人(선인) 1)착한 사람. 어진 사람. 2)보통 신분의 사람.
善政(선정) 훌륭한 정치. 또는 바르고 착하게 정치를 함.
善終(선종) 1)끝을 잘 마무리 함. 2)하늘이 내려준 생명을 다함.
善策(선책) 뛰어난 꾀나 방법.
善處(선처) 1)적절히 처리함. 2)좋은 지위.
善敗(선패) 성공과 실패.
善行(선행) 착한 행실.

3획

獨善(독선) 자기 혼자만이 옳다고 생각되는 바를 행하는 일.
僞善(위선) 본심에서가 아니라 겉으로만 하는 착한 일.
積善(적선) 착한 일을 많이 함.
次善(차선) 최선의 다음 정도.
最善(최선) 가장 좋은.
유 良(좋을 량) 반 惡(악할 악)

啻	⑨ 12획	日シ・だけ
	뿐 시	中chì

풀이 뿐. 만. …뿐만 아니라.

喔	⑨ 12획	日アク
	닭소리 악	中wō, wū

풀이 1. 닭소리. ¶喔喔 2. 억지로 웃는 모양. ¶喔咿
喔喔(악악) 닭이 우는 소리.
喔嚅(악유) 시끄럽게 떠듦.
喔咿(악이) 1)억지로 웃는 얼굴을 함. 2)비웃는 모양.

喭	⑨ 12획	
	❶ 거칠 안	日アン・くやみ
	❷ 조상할 언	中yàn

풀이 ❶ 1. 거칠다. 조악하다. 2. 굳세다. ¶喭喭 ❷ 3. 조상(弔喪)하다. 4. 망국(亡國)을 애도하다.
喭喭(안안) 자신의 의지를 꺾지 않는 일. 간간(侃侃).

喑	⑨ 12획	日ガン・つぐみ
	잠꼬대 암	中án, ān

풀이 1. 잠꼬대. 2. 코 고는 소리. ¶喑默 3. 입을 다물다.
喑默(암묵) 입을 다물고 말을 하지 않음.
喑囈(암예) 잠꼬대.
유 謊(잠꼬대 황) 讆(잠꼬대 위)

喏	⑨ 12획	日ヤ
	예 야	中rě, nuò

풀이 1. 예. 대답하는 말. 2. 경례. 인사말과 함께하는 읍(揖).

営	⑨ 12획
	營(p815)의 俗字

喁	⑨ 12획	日ギョウ・よびあう
	숨쉴 옹·우	中yóng, yú

풀이 1. 숨쉬다. 2. 우러르다.
喁喁(옹옹) 1)물고기가 입을 물 위로 내밀고 숨쉬는 모양. 2)입을 위로 들고 몹시 기다리는 모양. 3)여러 사람이 우러러 따르는 모양.
비 隅(모퉁이 우)

喎	⑨ 12획
	咼(p195)와 同字

喓	⑨ 12획	日よ
	벌레 소리 요	中yāo

풀이 벌레 소리.

喟	⑨ 12획	日キ・ためいき
	한숨 쉴 위	中kuì

풀이 한숨을 쉬다. 한숨. ¶喟然
喟然(위연) 한숨 쉬는 모양.
喟然歎息(위연탄식) 한숨을 쉬며 탄식함.
비 謂(이를 위)

喩	⑨ 12획	日ユ・さとす
	깨달을 유	中yù, yú, shù

* 형성. 뜻을 나타내는 부수 '口(입 구)'와 음을 나타내며 '옮기다'라는 뜻을 지닌 '俞(점점 유)'를 합친 글자. 이에 다른 말[口]로 옮겨 알기 쉽게 말하다 즉, '깨닫다'의 뜻으로 쓰임.
풀이 1. 깨닫다. 깨우치다. 2. 깨우쳐 주다. ¶喩教 3. 비유하다. 비유. 4. 좋아하다. 기뻐하다. ¶喩喩
喩教(유교) 깨우쳐 주고 가르침. 유교(諭教).
喩勸(유권) 깨우쳐 주고 권함.
喩喩(유유) 기뻐하는 모양.
유 悟(깨달을 오)

喑	⑨ 12획	日イン・おし
	벙어리 음	中yīn, yìn

3획

풀이 1. 벙어리. ¶喑啞 2. 입을 다물다. 3. 외치다. 소리지르다. ¶喑噁

喑啞(음아) 1)벙어리. 2)입을 다묾.
喑噁(음오) 화난 기색을 띠고 소리지름.
喑喑(음음) 말을 못하는 모양.

유 啞(벙어리 아)

啼	⑨ 12획	日 テイ·なく
	울 제	中 tí

풀이 울다. 울부짖다.

啼饑(제기) 굶주려 욺.
啼眉(제미) 울며 눈썹을 찌푸림.
啼珠(제주) 눈물 방울.
啼血(제혈) 울며 피를 토함. 또는 울면서 토한 피. 두견새의 슬픈 울음소리를 이르는 말.
啼痕(제흔) 운 자국.

유 泣(울 읍) 吼(울 후) 鳴(울 명) 哭(울 곡)

喞	⑨ 12획	日 ソク·すだく
	벌레 소리 즉	中 jī

풀이 1. 새·벌레·쥐 등의 벌레 소리. 2. 두런거리다. 두런두런하다. ¶喞喞 3. 탄식하는 소리. ¶喞喞

喞喞(즉즉) 1)두런거리는 소리. 2)벌레 소리. 2)작은 소리. 3)탄식하는 소리.
喞筒(즉통) 물딱총. 펌프.

喘	⑨ 12획	日 ゼン·あえぐ
	헐떡거릴 천	中 chuǎn

풀이 1. 헐떡이다. ¶喘喘 2. 기침을 하다. 기침 소리. 3. 속삭이다. 소곤거리다.

喘急(천급) 심한 천식.
喘氣(천기) 1)가벼운 천식. 2)숨이 참.
喘喘(천천) 숨을 헐떡이는 모양.
喘汗(천한) 숨이 참.

喆	⑨ 12획
	哲(p200)과 同字

喋	⑨ 12획	
	❶재잘거릴 첩	日 チョウ·しゃべる
	❷쪼을 잡	中 dié, zhá

풀이 ❶ 1. 재잘거리다. ¶喋喋 2. 밟다. 3. 피가 흐르다. ❷ 4. 쪼으다. 쪼다. ¶喋呷

喋呷(잡합) 오리나 기러기 등이 먹이를 쪼아 먹음.
喋囁(첩섭) 소곤거림.
喋喋(첩첩) 재잘거리는 모양. 말이 많음.
喋血(첩혈) 피를 흘림. 유혈이 낭자한 모양.

啾	⑨ 12획	日 スイ·ツイ
	소리 추	中 jiū

풀이 1. 소리. 여럿이 내는 시끄러운 소리. 2. 웅얼거리는 소리. ¶啾啾 3. 새·벌레 등이 우는 소리.

啾嘈(추조) 시끄러운 소리.
啾喞(추즉) 1)새 등이 우는 소리. 2)시끄럽게 떠드는 모양.
啾啾(추추) 1)새·벌레·말 등이 우는 소리. 2)피리 소리.
啾號(추호) 울부짖음.

喊	⑨ 12획	日 カン·さけぶ
	소리칠 함	中 hǎn, jiān

풀이 1. 소리치다. 고함지르다. 함성을 지르다. ¶鼓喊 2. 입을 다물다. 함구하다.

喊聲(함성) 여러 사람이 고함를 지르는 소리.
高喊(고함) 크게 외치는 소리.
鼓喊(고함) 북을 치고 일제히 소리를 지름.

喚	⑨ 12획	日 カン·よぶ
	부를 환	中 huàn

* 형성. 뜻을 나타내는 부수 '口(입 구)'에 음을 나타내며 시끄럽게 떠드는 소리를 나타낸 '奐(빛날 환)'을 합친 글자. 이에 '큰 소리로 부르다', '외치다'의 뜻을 나타냄.

풀이 1. 부르다. 외치다. ¶喚問 2. 환기시키다. 불러일으키다.

喚起(환기) 되살려 불러 일으킴.
喚叫(환규) 울부짖음. 소리 높여 부름.
喚問(환문) 불러내어 물음.
喚想(환상) 옛일을 다시 떠올림.
喚醒(환성) 잠자는 사람을 깨움.
喚聲(환성) 1)부르는 소리. 2)고함 소리.
喚呼(환호) 소리 높여 부름.
阿鼻叫喚(아비규환) 지옥같은 고통에 못이겨 구원을 부르짖는 소리. 수라도(修羅圖). 축생도(畜生圖).

召喚(소환) 불러들임.

유 呼(부를 호)

喤	⑨ 12획	
	어린아이 울음 황	日コウ・おおい 中huáng

풀이 1. 어린아이의 울음소리. ¶喤喤 2. 많다. 3. 떠들썩하다. ¶喤呷

喤呷(황합) 1)많음. 여럿. 2)시끄러움. 떠들썩함.

喤喤(황황) 1)어린아이의 울음소리. 2)떠들썩한 모양.

喉	⑨ 12획	日コウ・のど
	목구멍 후	中hóu

* 형성. 뜻을 나타내는 부수 '口(입 구)'와 음을 나타내며 공기가 드나드는 구멍의 뜻을 가진 '侯(제후 후)'를 합친 글자. 이에 입[口]속에 공기를 호흡하는 '목구멍', 곧 '인후'라는 뜻을 나타냄.

풀이 목구멍. 목. ¶喉門

喉衿(후금) 목구멍과 옷깃. 즉, 중요한 곳.

喉頭(후두) 목구멍에 이어지는 호흡기의 한 부분.

喉門(후문) 목구멍.

喉吻(후문) 1)목구멍과 입술. 2)중요한 곳.

喉舌(후설) 1)목구멍과 혀. 2)중요한 곳. 3)말[言].

喉舌之臣(후설지신) 조선 시대에 주로 왕명출납(王命出納)과 중대한 언론을 맡았던 승지(承旨)를 뜻함.

喉院(후원) 승정원(承政院)의 다른 이름.

喉音(후음) 내쉬는 숨으로 목청을 마찰하여 내는 소리.

喉咽(후인) 1)목구멍. 2)중요한 곳.

유 咽(목구멍 인)

煦	⑨ 12획	日フウ
	불 후	中xù

풀이 1. 불다. ¶煦噓 2. 보호하다. 3. 거짓 웃음을 치다. 선웃음을 짓다.

煦嫗(후구) 1)따뜻이 보호함. 2)어미가 자식을 곱게 기름.

煦噓(후허) 몸 속의 공기를 뱉고 새로운 공기를 들여마시는 일. 호흡(呼吸).

煦煦(후후) 아첨하여 웃는 모양.

유 吹(불 취)

喧	⑨ 12획	日ケン・かまびすしい
	떠들썩할 훤	中xuān, xuǎn

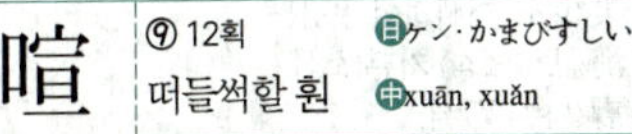

풀이 떠들썩하다. 시끌벅적하다.

喧聒(훤괄) 소란함. 떠들썩함.

喧轟(훤굉) 시끄러움. 요란하게 울림.

喧鬧(훤뇨) 시끄럽게 떠듦.

喧騰(훤등) 소문이 떠들썩함.

喧繁(훤번) 시끄럽고 번거로움.

喧騷(훤소) 시끄럽고 소란스러움.

喧擾(훤요) 시끄럽게 떠듦.

喧傳(훤전) 시끄럽게 말을 퍼뜨림. 여러 사람의 입에 오르내림.

喧嘩(훤화) 시끄러움. 또는 시끄럽게 떠듦.

喧囂(훤효) 시끄럽게 떠듦.

유 騷(떠들 소) 반 靜(고요할 정)

喙	⑨ 12획	日カイ・くちばし
	부리 훼	中huì

풀이 부리. 주둥이. ¶喙長三尺

喙長三尺(훼장삼척) 부리의 길이가 석 자라는 뜻으로, 말을 매우 잘함을 뜻함.

喙呀(훼하) 입을 벌림.

喜	⑨ 12획	日キ・よろこぶ
	기쁠 희	中xǐ

풀이 1. 기쁘다. 즐겁다. 2. 기쁨. ¶喜慶 3. 좋아하다.

喜見天(희견천) 33천의 지거천(地居天) 위에 있는 하늘의 별자리.

喜劇(희극) 익살과 풍자로 사람을 즐겁게 하는 연극.

喜氣(희기) 즐거운 기분.

喜怒哀樂(희노애락) 사람의 여러 감정인 기쁨과 노여움과 슬픔과 즐거움.

喜樂(희락) 기뻐하고 즐거워함.

喜報(희보) 기쁜 소식.

喜悲(희비) 기쁨과 슬픔.

喜捨(희사) 기꺼이 재물을 버린다는 뜻으로, 남에게 흔쾌히 재물을 주거나 신불(神佛)의 일로 재물을 기부하는 일.

喜事(희사) 기쁜 일.

喜賞怒刑(희상노형) 기쁠 때에 상을 주고 화날 때에 벌을 내림. 상벌(賞罰)을 멋대로 내림.

喜色(희색) 기뻐하는 얼굴빛.

3획

喜笑(희소) 기뻐하여 웃음.
喜消息(희소식) 기쁜 소식.
喜壽(희수) 77세.
喜信(희신) 1)경사스러운 서신. 2)좋은 소식.
喜躍(희약) 기뻐서 펄쩍펄쩍 뜀.
喜懌(희역) 희열(喜悅).
喜悅(희열) 기뻐함.
喜慍(희온) 기쁨과 성냄.
喜雨(희우) 가뭄 때 오는 반가운 비. 단비.
喜子(희자) 거미의 다른 이름. 거미가 내려오면 기다리는 사람이 온다는 데서 나온 말.
喜鵲(희작) 까치의 다른 이름. 까치가 울면 기쁜 일이 있다는 데서 나온 말.
喜幸(희행) 기쁘고 다행함.
歡喜(환희) 기쁨.
유 悅(기쁠 열) 반 悲(슬플 비) 哀(슬플 애)

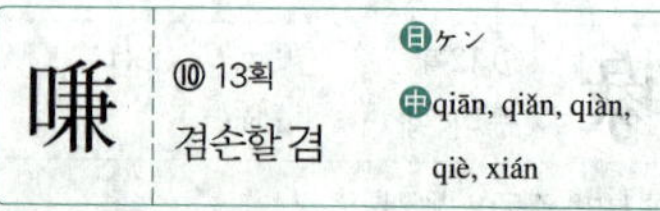

풀이 1. 겸손하다. 공손하다. ¶謙讓 2. 모자라다. 3. 흉년들다. 4. 싫어하다.
嗛嗛(겸겸) 작은 모양. 부족한 모양.
嗛閃(겸섬) 작은 일에 겁을 냄.
謙退(겸퇴) 겸손하게 물러남.
饑嗛(기겸) 먹을 것에 굶주림.
유 謙(겸손할 겸)

嗜 ⑩ 13획 즐길 기 日シ·たしなむ 中shì

풀이 즐기다. 좋아하다.
嗜眠(기면) 자는 것을 즐김.
嗜僻(기벽) 한쪽에 치우쳐 즐기는 버릇.
嗜愛(기애) 즐기고 좋아함. 기호(嗜好).
嗜玩(기완) 즐겨 가지고 놂.
嗜慾(기욕) 즐기고 좋아하는 욕심(慾心).
嗜好(기호) 즐기고 좋아함.
愛嗜(애기) 기호(嗜好).
貪嗜(탐기) 탐내어 즐김.
유 好(좋을 호)

嗎 ⑩ 13획 아편 마 日バ·ののしる 中mà, ma

풀이 1. 아편. 2. 꾸짖다. '罵(욕할 매)'의 속자.

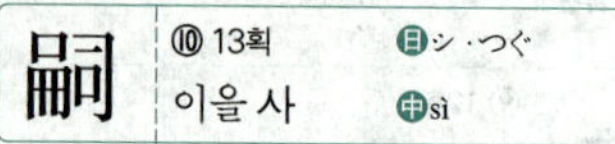

풀이 1. 잇다. 계속하다. ¶嗣事 2. 계승하다. 3. 상속자. 임금의 자리나 가계(家系)를 잇는 사람. 4. 후임자. ¶嗣適 5. 다음의. 뒤의. ¶嗣歲 6. 연습하다. 익히다. ¶嗣音
嗣君(사군) 왕위를 계승할 임금.
嗣法(사법) 법사(法師)로 부터 법통(法統)을 이어 받음.
嗣奉(사봉) 이어 받음.
嗣事(사사) 일을 이음. 이어서 일을 처리함.
嗣歲(사세) 해를 이음. 새해.
嗣續(사속) 대를 이음.
嗣孫(사손) 대를 이을 손자.
嗣守(사수) 이어받아 지킴.
嗣音(사음) 1)소식이 끊어지지 않음. 2)음악을 익힘.
嗣適(사적) 후계자. 적자.
嗣纂(사찬) 계승함. 이어 받음.
嗣響(사향) 계속 일어나는 소리라는 뜻으로, 전대의 일을 계속함.
嗣興(사흥) 계속하여 흥함.
繼嗣(계사) 양자(養子)를 들여 뒤를 이음.
法嗣(법사) 법통(法統)을 이어받은 후계자. 불법상의 제자.
令嗣(영사) 남을 높여 그의 '상속자'를 일컫는 말.
儲嗣(저사) 왕세자.
嫡嗣(적사) 적출(嫡出)의 후계자.
血嗣(혈사) 혈통을 이어 가는 자손. 혈손(血孫).
後嗣(후사) 대를 잇는 아들.
유 承(이을 승) 繼(이을 계) 續(이을 속)

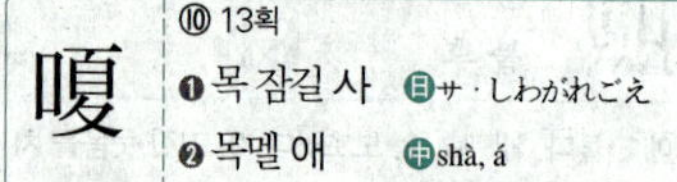

풀이 ❶ 1. 목이 잠기다. 목이 갈리다. ❷ 2. 목메다. 목이 막히다.

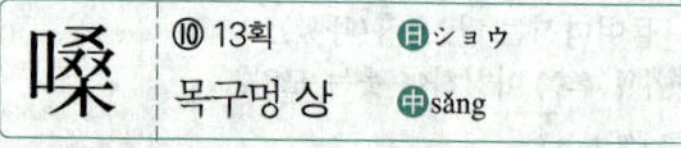

풀이 목구멍.

嗇	⑩ 13획	日ショク·おしむ
	아낄 색	中sè

풀이 1. 아끼다. 소중히 여기다. 2. 인색하다. 3. 탐내다. 4. 거두다. 거두어들이다. 5. 절약하다.

嗇夫(색부) 1)농민. 2)벼슬이름. 3)낮은 벼슬.

비 墻(담 장)

嗉	⑩ 13획	日ソ·えぶくろ
	모이주머니 소	中sù

풀이 모이주머니. 멀떠구니. 날짐승의 식도(食道)의 한 부분. ¶嗉囊

嗉囊(소낭) 모이주머니.

喿	⑩ 13획	日ソ·さわぐ
	떠들 소	中zào

풀이 1. 떠들썩하다. 소란스럽다. 2. 울다. 새가 무리를 지어 울다.

유 騷(떠들썩할 소) 泣(울 읍) 鳴(울 명) 哭(울 곡)

嗚	⑩ 13획	日オ·ああ
	탄식할 오	中wū, wù

丨 ㄇ 口 口' 口' 口' 口' 口' 嗚 嗚 嗚 嗚 嗚

* 형성. 뜻을 나타내는 부수 '口(입 구)'와 음을 나타내며 새소리의 의미를 가진 '烏(까마귀 오)'를 합친 글자. 까마귀가 울듯이 탄식한다는 뜻에서 '탄식하다'의 뜻을 나타냄.

풀이 1. 탄식하다. 탄식하는 소리. ¶嗚呼 2. 흐느껴 울다. 목메어 울다. ¶嗚唈 3. 새소리.

嗚軋(오알) 뿔피리를 부는 소리.

嗚啞(오액) 웃는 모양.

嗚咽(오열) 목메어 욺.

嗚嗚(오오) 1)노래를 부르는 소리. 2)슬픈 소리의 형용.

嗚唈(오읍) 흐느껴 욺.

嗚呼(오호) 슬프거나 탄식하는 모양.

噫嗚(희오) 탄식하는 모양.

유 嘆(탄식할 탄) 비 鳴(울 명)

嗢	⑩ 13획	日オツ·むせぶ
	목멜 올	中wà

풀이 1. 목메다. 목이 막히다. ¶嗢噦 2. 웃다. 크게 웃다. ¶嗢噱

嗢噱(올갹) 1)크게 웃음. 2)몹시 즐거움.

嗢噦(올얼) 1)숨을 가다듬음. 2)목멘 소리.

嗢咽(올열) 목이 멤.

비 溫(따뜻할 온) 瑥(사람이름 온) 慍(성낼 온)

嗌	⑩ 13획	
	❶ 목구멍 익	日イ·ノド
	❷ 웃는 모양 악	·しわがれごえ
	❸ 목멜 애	中yì, wò, ài

풀이 ❶ 1. 목구멍. ¶嗌疾 ❷ 2. 웃는 모양. ¶嗌嗌 ❸ 3. 목메다. ¶嗌嘔

嗌喔(악악) 거짓 웃음을 지어 아첨하는 소리.

嗌嗌(악악) 억지로 웃는 모양.

嗌嘔(애구) 목이 메어 토함.

嗌不容粒(애불용립) 목이 메어 쌀알이 넘어가지 않음.

嗌疾(익질) 목구멍에 생긴 병.

비 溢(넘칠 일) 益(더할 익)

嗁	⑩ 13획	日サイ·なく
	울 제	中tí

풀이 울다. 애도하여 슬피우는 소리. ¶嗁嗁

嗁粧(제장) 화장의 한 방법. 눈 아래를 엷게 화장하는 방법.

嗁嗁(제제) 우는 모양.

嗁呼(제호) 울부짖음.

유 鳴(울 명) 哭(울 곡) 泣(울 읍) 吼(울 후)

嗔	⑩ 13획	
	❶ 성낼 진	日シン·おこる
	❷ 기력 성할 전	中chēn, tián

풀이 ❶ 1. 성내다. 화내다. ¶嗔怒 ❷ 2. 기력이 성한 모양.

嗔喝(진갈) 성내며 꾸짖음.

嗔詬(진구) 성내며 욕을 함.

嗔怒(진노) 성냄.

嗔色(진색) 성난 얼굴빛.

嗔心(진심) 성내는 마음.

嗔恚(진에) 성냄.

嗔怨(진원) 성내며 원망함.

嗔責(진책) 성내며 꾸짖음.

유 怒(성낼 노) 憤(성낼 분) 비 愼(삼갈 신)

嗟	⑩ 13획	日サ・なげく
	탄식할 차	中jiē

풀이 1. 탄식하다. 탄식. ¶嗟悼 2. 감탄하다. 감탄. ¶嗟稱 3. 아! 탄식하거나 감탄할 때 내는 소리. ¶于嗟

嗟悼(차도) 탄식하며 슬퍼함.
嗟來之食(차래지식) 경멸하는 태도로 주는 음식.
嗟伏(차복) 복종함. 차복(嗟服).
嗟憤(차분) 탄식하며 분개함.
嗟惜(차석) 탄식하며 아까워함.
嗟咨(차자) 한탄함.
嗟重(차중) 감탄하며 중히 여김.
嗟嗟(차차) 1)탄식하는 소리. 2)감탄하는 소리.
嗟稱(차칭) 감탄하여 칭찬함.
嗟歎(차탄) 탄식함. 한탄함.
嗟乎(차호) 탄식하는 소리.
嗟呼(차호) 차호(嗟乎)
悲嗟(비차) 슬퍼하며 탄식함. 비탄(悲嘆).
傷嗟(상차) 슬퍼하고 탄식함.
于嗟(우차) 아! 소리내며 탄식함.
長嗟(장차) 길게 한숨을 쉼.
呼嗟(호차) 한탄하는 소리.

유 歎(탄식할 탄) 嘆(탄식할 탄) 嗚(탄식할 오)

嗤	⑩ 13획	日チ・あざわらう
	웃을 치	中chī

풀이 1. 웃다. 2. 비웃다. 쌀쌀한 태도로 비웃는 모양. ¶笑嗤 3. 웃음거리.

嗤罵(치매) 비웃으며 꾸짖음.
嗤侮(치모) 비웃으며 멸시함.
嗤笑(치소) 비웃음.
嗤詆(치저) 비웃으며 욕함.
嗤點(치점) 비웃어 손가락질함.
笑嗤(소치) 비웃음.

유 笑(웃을 소) 嘲(비웃을 조)

嗒	⑩ 13획	日トウ・うっとりする
	멍할 탑	中tà, dā

풀이 멍하다. 멍한 모양. 멍한 상태에 있는 모양. ¶嗒焉

嗒焉(탑언) 멍한 모양. 탑연(嗒然).
嗒然(탑연) 탑언(嗒焉).

비 答(대답할 답)

嗃	⑩ 13획	
	❶엄할 학	日カク・きびしい
	❷피리 소리 효	中hè, xiāo

풀이 ❶ 1. 엄하다. 냉엄하다. 엄한 모양. ¶嗃嗃 ❷ 2. 피리 소리.

嗃嗃(1.학학/2.효효) 1)준엄한 모양. 2)큰 소리로 울부짖는 소리.

비 嚆(울릴 효)

嗀	⑩ 13획	日カク・はく
	토할 학	中hù

풀이 토하다. 구역질나다.

嗑	⑩ 13획	日ガイ・ケイ
	말 많을 합	中kè, xiá

풀이 1. 말이 많다. 시끄럽게 떠들다. ¶嗑嗑 2. 입을 다물다. 3. 웃음소리. ¶嗑嗑

嗑嗑(합합) 1)수다스러운 모양. 2)웃는 모양.

嗋	⑩ 13획	日ギョウ・すう
	숨쉴 협	中xié

풀이 1. 숨쉬다. 숨을 들이마시다. ¶嗋嚇 2. 협박하다. ¶嗋呷

嗋呷(협하) 협박함. 위협함.
嗋嚇(협합) 숨을 쉼.

嗥	⑩ 13획
	嘷(p220)의 本字

嗊	⑩ 13획	日コウ・うた
	노래 홍	中hǒng

풀이 노래. 가곡(歌曲).

嗊嗃惑(홍효혹) 도술(道術)이라고 속이고 진실은 없는 것.

유 歌(노래 가) 曲(노래 곡) 謠(노래 요) 비 貢(바칠 공)

3획

嗅	⑩ 13획 맡을 후	日キュウ·かぐ 中xiù

풀이 냄새를 맡다. ¶嗅覺

嗅覺(후각) 냄새를 맡는 감각.

嗅感(후감) 후각(嗅覺).

嗅官(후관) 코. 냄새를 맡는 기관.

유 臭(냄새 취)

嘉	⑪ 14획 아름다울 가	日カ·よい 中jiā

풀이 1. 아름답다. 예쁘다. ¶嘉姻 2. 뛰어나다. 훌륭하다. ¶嘉績 3. 기쁘다. 경사스럽다. ¶嘉日 4. 칭찬하다. ¶嘉辭 5. 즐기다. 좋아하다. ¶嘉會 6. 가례(嘉禮). 오례(五禮)의 하나. ¶嘉禮

嘉客(가객) 좋은 손님. 반가운 손님.

嘉慶(가경) 즐겁고 경사스러움.

嘉穀(가곡) 좋은 곡식. 오곡.

嘉禽(가금) 아름다운 새.

嘉納(가납) 물건을 고맙게 생각하며 받아들임.

嘉德(가덕) 훌륭한 덕.

嘉遯(가둔) 자신의 뜻을 굽히지 않기 위하여 숨어 삶.

嘉良(가량) 좋음. 경사스러움.

嘉禮(가례) 1)길(吉)·흉(凶)·군(軍)·빈(賓)·가(嘉)의 오례(五禮)의 하나. 음식(飮食)·관혼(冠婚)·빈사(賓射)·향연(饗燕)·진번(脤膰)·하경(賀慶)의 여러 예를 이름. 2)경사스러운 예식.

嘉名(가명) 훌륭한 이름. 좋은 평판.

嘉聞(가문) 좋은 소문.

嘉賓(가빈) 좋은 손님. 경사스러운 손님.

嘉辭(가사) 좋은 말. 칭찬하는 말.

嘉生(가생) 1)훌륭한 것. 2)좋은 곡식.

嘉瑞(가서) 좋은 징조. 길조(吉兆).

嘉善(가선) 기쁜 일을 함.

嘉羞(가수) 맛있는 음식.

嘉淑(가숙) 좋음. 또는 좋은 물건.

嘉樂(1.가악/2.가락) 1)뛰어난 음악. 훌륭한 음악. 2)기뻐하며 즐김.

嘉愛(가애) 가상히 여겨 사랑함.

嘉祐(가우) 행복. 행운.

嘉月(가월) 음력 3월의 다른 이름.

嘉姻(가인) 아름다운 인연. 혼인을 아름답게 일컫는 말.

嘉日(가일) 경사스러운 날.

嘉績(가적) 뛰어난 공적.

嘉節(가절) 좋은 시절.

嘉靖(가정) 나라를 잘 다스려 편안하게 함.

嘉兆(가조) 경사스러운 징조.

嘉澍(가주) 때맞춰 오는 반가운 비.

嘉祉(가지) 행복(幸福). 가복(嘉福).

嘉薦(가천) 잘 차린 제물.

嘉招(가초) 다른 사람의 초청을 높여서 이르는 말.

嘉稱(가칭) 좋은 이름. 명예.

嘉平(가평) 음력 섣달의 다른 이름. 납월(臘月). 극월(極月).

嘉好(가호) 우의 또는 친분을 두껍게 하기 위한 모임.

嘉貺(가황) 좋은 선물. 남을 높여 그에게서 받은 선물을 이르는 말.

嘉會(가회) 1)좋아하는 모임. 2)경사스러운 만남.

嘉肴(가효) 맛있는 안주.

嘉卉(가훼) 아름다운 화초.

靖嘉(정가) 편안하고 화락함.

靜嘉(정가) 깨끗하고 아름다움.

珍嘉(진가) 진귀하고 아름다움.

歎嘉(탄가) 감탄하여 가상히 여김.

休嘉(휴가) 1)경사스러움. 2)경사스러운 일. 경사(慶事).

유 美(아름다울 미)

嘅	⑪ 14획 탄식할 개	日カイ 中kǎi

풀이 탄식하다. 탄식.

유 嘆(탄식할 탄) 嗚(탄식할 오)

嘂	⑪ 14획 큰소리로 부르짖을 교	日キョウ 中jiào

풀이 1. 큰소리로 부르짖다. '叫(부르짖을 규)'의 고자. 2. 높이 외치는 소리.

嘔	⑪ 14획 노래할 구	日オウ·はく 中ōu, ǒu, xū

풀이 1. 노래하다. ¶歌嘔 2. 게우다. 토하다. ¶嘔心 3. 즐거워하는 모양. 마음이 편안하여 기쁜 모양. ¶嘔嘔 4. 어린아이의 말소리나 노랫소리. ¶嘔啞

嘔嘔(구구) 1)즐거워하는 모양. 2)어린아이의

3 획

노랫소리.
嘔氣(구기) 1)토할 것 같은 기분. 토기(吐氣). 2) 기분이 울적함.
嘔心(구심) 심혈(心血)을 토함. 깊이 생각함.
嘔啞(구아) 1)어린이의 말소리. 2)새가 지저귀는 소리.
嘔軋(구알) 삐걱거리는 소리. 이알(咿軋).
嘔喩(구유) 마음이 편안하여 즐거워하는 모양.
嘔吐(구토) 먹은 음식을 토함.
歌嘔(가구) 노래를 부름. 또는 노래.
啞嘔(아구) 1)어린아이의 겨우 한 두마디 지껄이는 혀가 잘 안 돌아가는 말. 2)노 젓는 소리.
哾嘔(애구) 어린아이가 더듬거리며 말하는 모양.
유 歌(노래 가) 비 歐(토할 구)

嗚	⑪ 14획 叫(p175)와 同字

嘍	⑪ 14획	日ル
	시끄러울 루(누)	中lǒu, lóu, lou

풀이 1. 시끄럽다. 수다스럽다. 2. 도둑. 3. 새소리. ¶嘍唳
嘍囉(누라) 어린아이의 어눌한 말.
嘍唳(누려) 새소리.
유 嗷(시끄러울 오) 嘈(시끄러울 조)

嘛	⑪ 14획	日マ
	나마 마	中má, ma

풀이 나마. 티베트 · 몽고 등지에서 승려(僧侶)를 이르는 말. ¶喇嘛

嘗	⑪ 14획	日ショウ · なめる
	맛볼 상	中cháng

* 형성. '旨(뜻 지)'와 음을 나타내는 '尙(숭상할 상)'을 합친 글자. 맛(旨)을 숭상(尙)하여 맛보는 것을 나타낸 글자. 이에 '맛보다'는 뜻으로 쓰임. 또한, 맛본 것은 지난 때라 하여 '일찍이'란 뜻을 나타내기도 함.

풀이 1. 맛보다. ¶嘗膽 2. 경험하다. 체험하다. 3. 시험하다. ¶嘗試 4. 일찍이. 일찍. 5. 가을의 제사. 햇곡식을 신에게 올리는 제사. ¶奉嘗
嘗膽(상담) 쓸개를 맛봄. 원수를 갚기 위해 고생을 참음.
嘗糞(상분) 1)지극한 효성. 중국의 유금루(庾黔婁)가 아버지의 병을 살피기 위하여 그 대변의 맛을 본 일. 2)지나친 아첨. 월왕 구천이 오왕 부차의 대변을 맛보고, 부차의 병이 나을 것을 예언하였다는 고사에서 온 말.
嘗試(상시) 1)시험해 봄. 2)시험 삼아 하는 계획.
嘗新(상신) 햇곡식을 맛보는 일.
嘗禾(상화) 햇곡식으로 제사지냄. 또는 그 제사.
啖嘗(담상) 맛봄.
奉嘗(봉상) 1)제사지냄. 2)제사.
新嘗(신상) 1)가을에 햇곡식으로 제수를 차려 제사지냄. 2)천자가 햇곡식을 먹음.

嗽	⑪ 14획	
	❶기침할 수	日ソウ · せき
	❷빨 삭	中sòu

풀이 1 1. 기침하다. 기침. ¶咳嗽 2. 양치질하다. 입을 가시다. ¶含嗽 2 3. 빨아들이다. ¶嗽吮
嗽吮(삭연) 빨아 마심.
嗽藥(수약) 입을 가시는 약
嗽咳(수해) 기침. 기침을 함.
含嗽(함수) 양치질. 양치질을 함.
欬嗽(해수) 기침.

嗾	⑪ 14획	
	부추길	日ソウ · けしかける
	수 · 주 · 족	中sǒu

풀이 1. 부추기다. 선동하다. 2. 개를 부르는 소리.

嘎	⑪ 14획	日カツ
	새소리 알	中gā

풀이 1. 새소리. ¶嘎嘎 2. 웃는 소리.
嘎嘎(알알) 1)새가 우는 소리. 2)웃음소리.

嗎	⑪ 14획	日エン · たのしむ
	즐거워할 언	中xiān

풀이 1. 즐거워하다. 즐기다. 2. 기뻐하다. 3. 웃는 모양.
비 焉(어찌 언)

嗷	⑪ 14획	日コ · さわがしい
	시끄러울 오	中áo

풀이 시끄럽다. 떠들썩하다. ¶嗷嘲

嗷嗷(오오) 1)시끄럽게 부르는 소리. 2)여러 사람이 근심하는 소리. 3)여러 사람이 꾸짖고 비난하는 소리.

嗷嘲(오조) 시끄러움. 떠들썩함.

哀嗷(애오) 대성통곡함.

유 嘈(시끄러울 조)

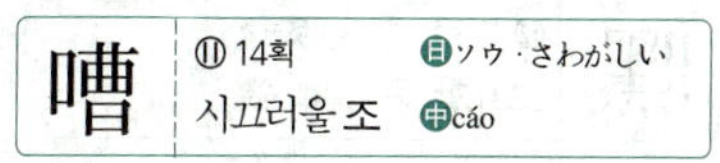
嘈 ⑪ 14획 시끄러울 조 日ソウ・さわがしい 中cáo

풀이 1. 시끄럽다. 떠들썩하다. 2. 여러 가지 사물의 소리. ¶嘈嘈

嘈雜(조잡) 떠들썩함. 시끄러움.

嘈嘈(조조) 시끄러운 소리.

嘈礸(조찰) 1)시끄러운 모양. 2)북소리.

유 騷(떠들 소) 嗷(시끄러울 오)

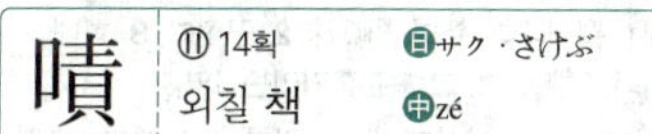
嘖 ⑪ 14획 외칠 책 日サク・さけぶ 中zé

풀이 1. 외치다. 부르짖다. ¶嘖嘖 2. 새소리. 3. 처음. 으뜸. 시초. 4. 말다툼하다. ¶嘖室 5. 심히. 지극히.

嘖室(책실) 말다툼을 하며 논의하는 곳.

嘖嘖(책책) 1)시끄럽게 외치는 모양. 말다툼하는 모양. 2)새가 우는 소리.

嚄嘖(획책) 1)큰 소리로 외침. 2)말이 많은 모양. 수다스러운 모양.

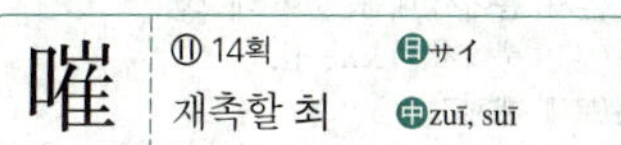
嗺 ⑪ 14획 재촉할 최 日サイ 中zuī, suī

풀이 1. 재촉하다. 권하다. ¶嗺酒 2. 사람을 떠나보내는 노래.

嗺酒(최주) 술 마시기를 재촉하는 노래.

유 催(재촉할 최)

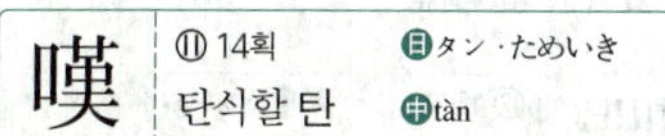
嘆 ⑪ 14획 탄식할 탄 日タン・ためいき 中tàn

풀이 탄식하다. 한숨 쉬다.

유 歎(탄식할 탄) 嗚(탄식할 오) 嘅(탄식할 개)

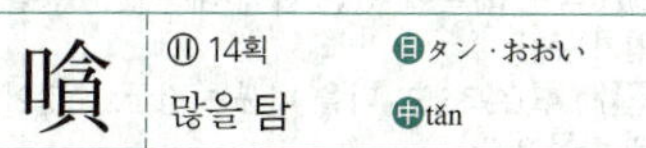
嗿 ⑪ 14획 많을 탐 日タン・おおい 中tǎn

풀이 많다. 많은 모양.

비 貪(탐할 탐)

嘌 ⑪ 14획 빠를 표 日ヒョウ・はやい 中piāo

풀이 1. 빠르다. 2. 흔들리다. 3. 어지럽다. 절도(節度)가 없다. ¶嘌嘌

嘌唱(표창) 절도가 없이 음란한 노래.

嘌嘌(표표) 절도가 없는 모양.

유 剽(빠를 표)

嘏 ⑪ 14획 클 하 日カ・おおきい 中gǔ

풀이 1. 크다. 원대(遠大)하다. ¶嘏命 2. 복(福). 복을 받다.

嘏命(하명) 큰 명령.

비 假(거짓 가)

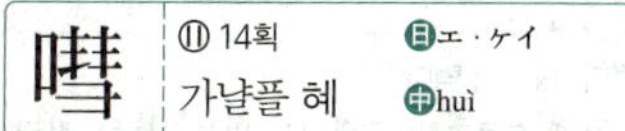
嘒 ⑪ 14획 가냘플 혜 日エ・ケイ 中huì

풀이 1. 가냘프다. 2. 소리가 부드럽고 가락에 맞아 듣기 좋은 모양. ¶嘒嘒 3. 희미하다. 작다. ¶嘒彼小星

嘒彼小星(혜피소성) 희미하게 빛나는 작은 별.

嘒嘒(혜혜) 소리가 부드럽고 가락에 맞아 듣기 좋은 모양.

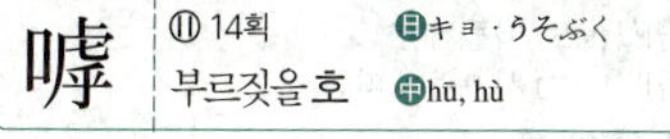
嘑 ⑪ 14획 부르짖을 호 日キョ・うそぶく 中hū, hù

풀이 1. 부르짖다. 외치다. ¶嘑哭 2. 거칠게 말하다. 성을 내며 말하다. ¶嘑爾

嘑哭(호곡) 크게 부르짖으며 욺.

嘑爾(호이) 성을 내며 소리 지르는 모양.

嘂嘑(규호) 부르짖음.

유 號(부르짖을 호) 비 噓(불 허)

嘐 ⑪ 14획 ❶ 큰소리칠 효 ❷ 소리 교 日コウ・おおきい 中xiāo, jiāo

풀이 1 1. 큰소리치다. 과장해서 말하다. 2. 크다. 2 3. 닭 우는 소리. 새 지저귀는 소리. ¶嘐憂

3 획

嘐嘐(1.효효/2.교교) 1)뜻이 크고 큰소리치는 모양. 2)㉠닭 · 새소리. ㉡쥐가 물건을 갉는 소리.
嘐戛(교알) 새가 지저귀는 소리.

비 膠(아교 교)

嘰	⑫ 15획	日 イ
	쪽잘댈 기	中 jī

풀이 1. 쪽잘대다. 음식물을 조금씩 먹다. 2. 탄식하다. 한숨을 쉬다.

비 幾(기미 기)

嘾	⑫ 15획	日 ダン
	가득 삼킬 담	中 dàn

풀이 가득 삼키다. 꿀꺽 삼키다.

비 潭(깊을 담)

噇	⑫ 15획	日 トウ
	먹을 당	中 chuáng

풀이 먹다. 탐내어 먹다.

噇酒糟漢(당주조한) 술찌끼를 먹는 사람. 진리를 깨닫지 못한 사람을 낮추어 이르는 말.

비 瞳(눈동자 동)

嘮	⑫ 15획	日 ロウ
	떠들썩할 로(노)	中 láo, chāo

풀이 떠들썩하다. 시끄럽게 떠들다. ¶嘮叨

嘮呶(노노) 떠들썩함.
嘮叨(노도) 시끄럽게 떠듬.

비 勞(힘쓸 로)

嘹	⑫ 15획	日 リョウ
	울 료(요)	中 liáo

풀이 1. 울다. 새가 울다. ¶嘹唳 2. 멀리까지 들리는 소리. ¶嘹亮 3. 피리 소리. ¶嘹嘈 4. 맑은 소리. 영롱한 소리. ¶嘹喨

嘹亮(요량) 1)새들이 욺. 2)소리가 멀리까지 들림.
嘹喨(요량) 맑은 소리.
嘹唳(요려) 새가 우는 소리.
嘹嘈(요조) 피리 소리.

유 泣(울 읍) 吼(울 후) 鳴(울 명) 哭(울 곡)
비 瞭(밝을 료)

嘸	⑫ 15획	日 ム
	불분명할 무	中 fǔ

풀이 불분명하다. 모호하다. ¶嘸然

嘸然(무연) 분명하지 않은 모양. 모호한 모양.

비 無(없을 무)

嘿	⑫ 15획	日 モク
	고요할 묵	中 mò

풀이 1. 고요하다. 잠잠하다. 2. 입을 다물다. 묵묵히 있다.

유 禪(고요할 선) 靜(고요할 정) 寂(고요할 적)

噴	⑫ 15획	日 フン · ふく
	뿜어 낼 분	中 pēn

풀이 1. 뿜어내다. 뿜다. ¶噴沫 2. 꾸짖다. 3. 화내다. 노하다. ¶噴噴 4. 코를 흥흥거리는 소리.

噴激(분격) 1)세차게 뿜음. 2)매우 분개함. 분격(憤激).
噴騰(분등) 물 등을 내뿜어 올림.
噴沫(분말) 1)물을 내뿜음. 또는 그 물방울. 2)물이 세차게 흐르는 모양.
噴薄(분박) 세차게 내뿜음. 용솟음침.
噴飯(분반) 밥을 내뿜음. 우스워 참을 수가 없음.
噴噴(분분) 화내는 모양.
噴射(분사) 뿜어서 내쏨. 뿜어 내보냄.
噴泉(분천) 뿜어져 나오는 샘.
噴嚏(분체) 재채기.
噴火(분화) 1)불을 내뿜음. 2)화산(火山)이 터져 불을 내뿜는 현상.
飯噴(반분) 식사 중에 저절로 웃음이 나와 입안의 밥을 뱉는 일. 폭소를 터트림.
嚏噴(체분) 재채기.

비 賁(클 분) 墳(무덤 분)

噀	⑫ 15획	日 セン · ふく
	물 뿜을 손	中 xùn

풀이 물을 뿜다.

噀飯(손반) 입 속에 있던 밥을 내뿜음. 웃음을 참지 못함.
噀墨將軍(손묵장군) 먹을 내뿜는 장군. 오징어의 다른 이름.

嘶	⑫ 15획	日セイ・いななく
	울 시	中sī

풀이 1. 울다. 애처롭게 울다. ¶嘶號 2. 흐느끼다. ¶嘶酸 3. 목이 쉬다. ¶嘶嗺

嘶酸(시산) 흐느낌.
嘶嗺(시애) 목이 쉰 소리.
嘶噪(시조) 시끄럽게 욺.
嘶醜(시추) 목소리가 나쁨.
嘶號(시호) 욺.
長嘶(장시) 소리를 길게 내어 욺.

유 泣(울 읍) 吼(울 후) 鳴(울 명) 哭(울 곡)

噎	⑫ 15획	日イツ・エツ・むせぶ
	목멜 열	中yē

풀이 목메다. 목이 막히다. ¶塞噎

噎膈(열격) 위암(胃癌).
噎嘔(열구) 1)목이 메어 토함. 2)웃으며 떠드는 소리.
噎下(열하) 가려서 막음.
塞噎(색열) 목멤.
噫噎(애열) 목멤.

유 咽(목멜 인)

噁	⑫ 15획	
	❶성낼 오	日オ・おこる
	❷새소리 악	中wù, wò

풀이 ❶ 1. 성내다. 화내는 모양. ❷ 2. 새소리. 새가 지저귀는 소리.

유 忿(성낼 분) 怒(성낼 노)

喟	⑫ 15획	日イ
	탄식할 위	中kuì

풀이 1. 탄식하다. 한숨을 쉬다. ¶喟然. 2. 불쌍히 여기다. 가엽게 여기다.

喟然(위연) 탄식하는 모양.

유 嘆(탄식할 탄) 嗚(탄식할 오) 嘅(탄식할 개)

嘲	⑫ 15획	日チョウ・あざける
	비웃을 조	中cháo, zhāo

풀이 1. 비웃다. 2. 조롱하다. 희롱하다. ¶嘲笑

嘲轟(조굉) 시끄럽게 꾸짖음.
嘲詈(조리) 조롱하고 욕함. 조매(嘲罵).
嘲罵(조매) 비웃으며 꾸짖음.
嘲侮(조모) 비웃으며 모욕함.
嘲薄(조박) 비웃으며 경멸함.
嘲笑(조소) 비웃음.
嘲啁(조조) 비웃으며 흉을 봄.
嘲哳(조찰) 1)시끄러운 말소리. 2)새가 지저귀는 소리.
嘲風(조풍) 장난으로 지은 시문을 조롱하는 말.
嘲哮(조효) 사납게 울부짖음.
嘲詬(조후) 꾸짖고 비웃음.
嘲戱(조희) 조롱함. 희롱함. 조학(嘲謔).
譏嘲(기조) 나무라고 비웃음. 비난하며 조소함.
謗嘲(방조) 헐뜯고 비웃음.
笑嘲(소조) 비웃음.
自嘲(자조) 자신을 비웃음.
解嘲(해조) 남의 비웃음에 대하여 변명함.

비 朝(아침 조)

噂	⑫ 15획	日ソン
	이야기할 준	中zǔn

풀이 여럿이 모여 이야기하다. 수군거리다. ¶噂沓

噂沓(준답) 여러 명이 모여 수군거리는 모양.
噂沓背憎(준답배증) 앞에서는 좋은 말로 아첨하고 돌아서면 욕함.
噂噆(준참) 말이 명료하지 않음.

비 遵(좇을 준)

噆	⑫ 15획	日サン・かむ
	깨물 참	中cǎn

풀이 1. 깨물다. 입에 넣어 씹다. 2. 입술을 깨물다. ¶噆食

噆膚(참부) 벌레가 피부를 깨묾.
噆食(참식) 씹어 먹음.

비 潛(자맥질할 잠)

噌	⑫ 15획	
	❶소리 청	日セイ・おと
	❷시끄러울 증	中chēng, cēng

풀이 ❶ 1. 소리. 소리가 나다. ¶噌吰 ❷ 2. 시끄럽다. 떠들썩하다.

噌吰(청횡) 1)상인들이 시끄럽게 떠드는 소리.

3획

2)종소리 또는 북소리.

유 音(소리 음) 비 憎(미워할 증)

噍	⑫ 15획	日ショウ·かむ
	씹을 초	中jiào, jiū, jiāo

풀이 1. 씹다. 물다. ¶噍食 2. 씹어 먹다. ¶噍類 3. 새가 지저귀는 소리. ¶噍噍

噍類(초류) 음식을 씹어 먹는 무리. 특히 사람을 이름.

噍殺(초쇄) 가락이 빠르고 낮음.

噍食(초식) 음식을 씹음. 또는 씹어 먹음.

噍讓(초양) 꾸짖음.

噍噍(초초) 새의 지저귀는 소리.

咀噍(저초) 1)음식을 입에 넣고 씹음. 2)글의 뜻을 깊이 파고들어가 음미함.

啁噍(주초) 새가 지저귀는 소리.

비 礁(암초 초) 焦(그을릴 초)

嘬	⑫ 15획	日サイ·かむ
	깨물 최	中chuài

풀이 1. 깨물다. 물다. 2. 한 입에 먹다. ¶嘬炙 3. 탐하다. ¶嘬兵

嘬兵(최병) 군대를 일으켜 탐욕을 부림.

嘬炙(최적) 구운 고기를 한 입에 다 먹음.

嘴	⑫ 15획	日シ·くちばし
	부리 취	中zuǐ

풀이 1. 부리. 주둥이. ¶嘴子 2. 사물의 뾰족한 끝.

嘴子(취자) 부리.

嘴尖(취첨) 주둥이가 뾰족하다는 뜻으로, 잘 말함을 이르는 말.

嘽	⑫ 15획	
	❶ 헐떡일 탄	日タン·セン·あえぐ
	❷ 두려울 천	中tān, chān

풀이 ❶ 1. 헐떡이다. 숨이 차다. ¶嘽嘽 2. 많다. 많은 모양. 3. 기뻐하다. 4. 성한 모양. ❷ 5. 두렵다. 6. 느릿하고 태연한 모양. ¶嘽咺

嘽緩(천완) 가락이 느긋하고 한가로움.

嘽咺(천원) 1)느릿하고 태연한 모양. 2)두려워 소리없이 욺.

嘽嘽(탄탄) 1)숨을 헐떡이는 모양. 2)왕성한 모양. 3)기뻐하며 즐기는 모양.

비 單(홑 단)

噓	⑫ 15획	日コ·キョ
	불 허	中xū

풀이 1. 불다. 숨을 내쉬다. ¶噓呵 2. 울다. 흐느껴 울다. ¶噓唏

噓呵(허가) 숨을 내쉼.

噓噓(허허) 1)숨을 밖으로 내쉬는 모양. 2)코고는 소리.

噓吸(허흡) 1)숨을 쉼. 2)흐느껴 욺.

噓唏(허희) 흐느껴 욺. 탄식함.

呵噓(가허) 입김을 붊.

呴噓(구허) 숨을 내쉼.

유 吹(불 취)

嘷	⑫ 15획	日コウ
	짖을 호	中háo

풀이 1. 짖다. 짐승이 으르렁거리다. ¶吠嘷 2. 외치다. 울부짖다.

吠嘷(폐호) 짖음.

嘩	⑫ 15획
	譁(p1312)와 同字

嘵	⑫ 15획	日ヒョウ
	두려워할 효	中xiāo

풀이 1. 두려워하다. 2. 두려워서 지르는 소리. ¶嘵嘵

嘵哮(효효) 두려워서 욺.

嘵嘵(효효) 두려워하는 모양.

유 恐(두려울 공) 비 曉(새벽 효)

噏	⑫ 15획	日すう
	숨 들이쉴 흡	中xī

풀이 1. 숨을 들이쉬다. 2. 거두다. 거두어들이다.

噏習(흡습) 가볍게 흐르는 모양.

噏呷(흡합) 1)옷이 가볍게 날리는 모양. 2)옷자락이 스치는 소리.

嘻	⑫ 15획	日キ·たのしむ
	웃을 희	中xī

3획

풀이 1. 웃다. 웃는 소리 또는 모양. ¶嘻笑 2. 화평하고 즐겁다. ¶嘻嘻 3. 한숨 쉬다.

嘻笑(희소) 억지로 웃음. 아첨하기 위해 웃음.
嘻嘻(희희) 1)스스로 만족하는 모양. 2)즐거워 웃는 소리.
噫嘻(희희) 찬미하거나 탄식하는 소리 또는 애통해 하는 소리.

유 喜(기쁠 희)

噭	⑬ 16획	
	❶주둥이 교	日キョウ
	❷격할 격	中jiào

풀이 1 1. 주둥이. 동물의 입. 2. 부르짖다. 외치다. ¶噭哮 3. 울다. 큰 소리로 우는 소리. ¶噭咷 2 4. 격하다. 소리가 거칠고 세차다.

噭噭(교교) 1)곡을 하며 큰소리로 슬프게 우는 소리. 2)원숭이가 우는 소리.
噭咷(교도) 울음을 그치지 않음.
噭然(교연) 큰소리로 우는 모양.
噭應(교응) 큰소리로 대답함.
噭誂(교조) 소리가 부드럽고 맑은 모양.
噭譟(교조) 소리가 뒤섞여 시끄러움.
噭哮(교효) 외침. 부르짖음.

비 激(물 부딪혀 흐를 격)

噤	⑬ 16획	日キン・つぐむ
	입 다물 금	中jìn

풀이 입을 다물다. 말을 하지 않는다. ¶噤吟

噤齘(금계) 화가 나 이를 악묾.
噤凍(금동) 추위로 입을 다묾 .
噤吟(금음) 1)말을 하지 않고 끙끙거림. 2)턱을 끄덕이는 모양.
噤戰(금전) 입을 다물고 두려워움에 떪.
噤閉(금폐) 입을 다묾.
鉗噤(겸금) 입을 다묾. 말을 하지 않음.

器	⑬ 16획	日キ・うつわ
	그릇 기	中qì

丨 口 口 口口 口口 口口 罒 哭 哭 哭 哭 哭 器 器 器

* 회의. 개(犬)고기를 네 개의 접시(口)에 쌓은 모습을 나타낸 글자. 이에 먹을 것을 제각기 덜어 먹는 접시, 곧 '그릇'의 뜻으로 쓰임.

풀이 1. 그릇. 접시. ¶器具 2. 도구. 기구. ¶器用 3. 그릇으로 쓰다. 적재 적소에 쓰다. ¶器使 4 그릇으로 여기다. 중히 여기다. ¶器重 5. 기관(器官). 생물체의 기관.

器幹(기간) 일을 처리해내는 능력. 재능.
器敬(기경) 재능 있는 사람을 존경함.
器觀(기관) 인품.
器局(기국) 재능과 도량.
器度(기도) 사람의 성품이 넓고 너그러움. 도량(度量).
器量(기량) 1)재주와 덕. 2)재능.
器望(기망) 재주가 뛰어나다는 명망.
器使(기사) 사람을 재능에 맞게 씀.
器識(기식) 기량과 식견.
器愛(기애) 재능을 인정하고 사랑함 또는 중히 여기고 사랑함.
器用(기용) 1)쓸모 있는 도구. 2)쓸만한 사람을 비유하는 말.
器宇(기우) 재능을 인정하여 정중히 대우함.
器異(기이) 무리에서 뛰어남.
器任(기임) 재주가 그 임무를 감당할 만함.
器重(기중) 재주를 인정하여 중히 여김.
器質(기질) 기량과 재질.
器彩(기채) 뛰어난 재능.
佳器(가기) 1)좋은 그릇. 2)훌륭한 인재.
計器(계기) 길이 · 면적 · 무게 · 양 등이나 온도 · 속도 · 시간 · 강도 등을 재는 기계나 기구를 통틀어 이르는 말.
公器(공기) 1)공공의 물건. 2)사회 개개인 모두에게 영향을 미치는 공공 기관.
茶器(다기) 차를 달여 마시는 데 쓰이는 여러 가지 기구.
大器晩成(대기만성) 큰 그릇은 늦게 이루어진다는 말로 큰 사람이 되기 위해서는 많은 노력과 시간이 필요하다는 뜻임.

○大器晩成(대기만성)의 유래

중국 위(魏)나라에 최염(崔琰)이라는 이름난 장군이 있었다. 그에게는 최림(崔林)이라는 사촌동생이 있었는데, 외모도 빈약하고 출세가 늦어 친척들로부터 멸시를 당하였다. 하지만 최염만은 그의 재능을 꿰뚫어 보고 이렇게 말하였다. "큰 종이나 큰 솥은 그렇게 쉽게 만들어지는 것이 아니다.그와 마찬가지로 큰 인물도 성공하기까지는 오랜 시간이 걸리는 법이다. 내가 보기에 너도 그처럼 대기만성형이다. 좌절하지 말고 열심히 노력해라. 그러면 틀림없이 네가 큰 인물이 될 것이다." 과연 그의 말대로 최림은 후일 천자를 보좌하는 삼공(三公)에 이르게 되었다. 오늘날에는 나이 들어 성공한 사람을 가리키는 말로 흔히 사용되고 있다.

鈍器(둔기) 1)날이 무딘 무기. 2)날이 없는, 사람을 상해하기 위해 사용하는 몽둥이나 벽돌 등의 도구.
武器(무기) 1)적을 치거나 막는 데 쓰이는 온갖

도구. 2)어떤 일을 하는 데 효과적인 수단이 되는 것을 비유하는 말.
兵器(병기) 전투에 쓰는 여러 가지 기구를 통틀어 이르는 말. 병구(兵具).
石器(석기) 여러 가지 돌로 만든 기구. 특히, 석기 시대의 유물을 이름.
祭器(제기) 제사 때 쓰는 그릇.
유 皿(그릇 명) 비 哭(울 곡)

噥	⑬ 16획 소곤거릴 농	日ノウ 中nóng

풀이 소곤거리다. 소곤거리는 모양.
유 呢(소곤거릴 니) 呫(소곤거릴 첩)

噠	⑬ 16획 오랑캐 이름 달	日タツ 中dā

풀이 오랑캐 이름. 서이(西夷)의 한 종족.

噬	⑬ 16획 씹을 서	日ゼイ·かむ 中shì

풀이 씹다. 물어뜯다. 깨물다. ¶噬齧
噬犬不露齒(서견불로치) 사람을 무는 개는 이를 드러내지 않는다는 뜻으로, 남에게 해를 입히고자 하는 사람은 먼저 부드러운 태도로 상대를 속임을 비유하는 말.
噬啖(서담) 씹어 먹음.
噬齧(서설) 깨묾.
噬臍莫及(서제막급) 사향노루가 자기의 배꼽의 향 때문에 붙잡힌 줄 알고 물어뜯으려 하나 입이 닿지 않는다는 데서, 일이 잘못된 뒤에는 후회해도 소용없음을 비유한 말.
噬呑(서탄) 씹어 삼킴.
毒噬(독서) 독충에게 물림.
反噬(반서) 은혜를 잊고 주인을 묾. 은인을 배반하여 해침.
유 咀(씹을 저) 嚼(씹을 작)

嘯	⑬ 16획 ❶ 휘파람 불 소 ❷ 꾸짖을 질	日ショウ 中xiào, chì

풀이 1 1 휘파람 불다. ¶嘯傲 2. 읊다. 읊조리다. ¶長嘯 3. 울부짖다. 소리를 길게 내어 울다. ¶朗嘯 2 4. 꾸짖다. 질타하다. 책망하다. ¶嘯咤
嘯歌(소가) 노래를 읊조림. 소영(嘯詠).
嘯詠(소영) 시가(詩歌) 등을 읊조림.
嘯傲(소오) 휘파람 불며 자유롭게 지냄.
嘯集(소집) 불러 모음.
嘯嘯(질질) 크게 꾸짖음.
嘯咤(질타) 꾸짖음.
朗嘯(낭소) 명랑하게 소리를 길게 내어 읊조림.
長嘯(장소) 소리를 길게 내어 읊조림.
淸嘯(청소) 맑은 소리로 시를 읊음.
海嘯(해소) 1)조수(潮水)가 바닷물과 충돌하여 거센 물결을 일으킬 때의 소리. 2)해일(海溢).
비 肅(엄숙할 숙)

噩	⑬ 16획 놀랄 악	日ガク·おどろく 中è

풀이 1. 놀라다. ¶噩夢 2. 엄숙한 모양. ¶噩噩
噩耗(악모) 상을 알림. 부고(訃告).
噩夢(악몽) 놀라 꾸는 꿈.
噩噩(악악) 엄숙한 모양.
噩電(악전) 죽음을 알리는 전보. 사망 전보(死亡電報).

噯	⑬ 16획 숨 애	日アイ 中ǎi, ài

풀이 1. 숨. 내쉬는 기운. 2. 트림. ¶噯氣 3. 어머나! 감탄사.
噯氣(애기) 1)트림. 2)숨.
비 曖(가릴 애)

噞	⑬ 16획 입 벌름거릴 엄	日ゲン 中yǎn

풀이 입을 벌름거리다. 물고기가 물 위로 주둥이를 내밀고 호흡하다. ¶噞喁
噞喁(엄옹) 물고기가 물 위로 입을 내밀고 호흡하는 모양.
비 僉(다 첨)

噳	⑬ 16획 웃을 우	日ウ 中yǔ

풀이 1 웃다. 웃는 모양. 2. 떼를 지은 모양.
噳噳(우우) 웃는 모양.
비 嘘(불 허)

噢	⑬ 16획 ❶슬퍼할 욱 日イク・かなしむ ❷가엾이 여길 우 中yuè

풀이 1 1. 슬퍼하다. 가슴아파 하다. ¶噢咿 2 2. 가엾이 여기다.

噢咿(욱이) 슬퍼함. 탄식함.

유 悲(슬플 비) 哀(슬플 애) 비 奧(속 오)

噪	⑬ 16획 日ソウ・さわぐ 떠들썩할 조 中zào

풀이 떠들썩하다. 시끄럽다. 떠들다. ¶噪聒

噪聒(조괄) 시끄러움. 시끄럽게 떠듦.

噪急(조급) 성미가 급함.

噪蟬(조선) 시끄럽게 우는 매미.

噪音(조음) 진동이 빠르고 불규칙하여 불쾌한 느낌을 주는 잡음.

유 喧(떠들썩할 훤) 騷(떠들 소) 咻(떠들 휴)

噣	⑬ 16획 ❶부리 주 日タク・スウ ❷쪼을 탁 中zhòu, zhuó

풀이 1 1 부리. 주둥이. ¶噣鳥 2. 별이름. 유성(柳星). 2 3. 쪼다. 쪼아 먹다.

噣鳥(주조) 부리의 모양이 갈고리같이 큰 새.

비 蜀(나라이름 촉)

噡	⑬ 16획 日セン 말 많을 첨 中zhān

풀이 말이 많다.

비 擔(멜 담)

噲	⑬ 16획 日カイ・のど 목구멍 쾌 中kuài, kuò

풀이 1. 목구멍. 2. 시원하다. 상쾌하다. ¶噲噲 3. 밝다. 환하다.

噲伍(쾌오) 1)평범한 인물. 2)한나라의 대장군 한신(韓信)이 번쾌(樊噲)와 같은 사람과 어깨를 나란히 하게 됨을 부끄러워 한 데서 온 말로 친구로 사귀는 것을 부끄러워함.

噲噲(쾌쾌) 밝은 모양. 상쾌한 모양.

유 喉(목구멍 후) 咽(목구멍 인)

噫	⑬ 16획 ❶탄식할 희・억 日イ・ああ ❷트림 애 中yī, ǎi, yì

풀이 1 1. 탄식하다. 아! 감탄. 탄식. 한탄의 소리. ¶噫嗚 2 2. 트림. ¶噫氣 3. 하품.

噫氣(애기) 1)하품. 2)트림.

噫噎(애열) 목멤. 숨이 막힘.

噫嗚(희오) 슬퍼 탄식하는 모양.

噫瘖(희음) 명확하게 소리를 내지 못하고 말을 더듬는 모양.

噫噫(희희) 탄식 또는 감탄, 한탄하는 소리.

유 嘆(탄식할 탄) 嗚(탄식할 오) 嘅(탄식할 개)

嚀	⑭ 17획 日レイ 간절할 녕 中níng

풀이 간절하다. 간곡하다. ¶叮嚀

叮嚀(정녕) 일에 정성을 들임.

嚂	⑭ 17획 ❶먹을 람 日ラン・くう ❷소리지를 함 中làn, hǎn

풀이 1 1. 먹다. 2. 탐내다. 욕심을 부리다. 2 3. 소리를 지르다.

비 監(볼 감)

嚊	⑭ 17획 日ビ 헐떡거릴 비 中pì

풀이 헐떡거리다. 헐떡이는 소리.

嶷	⑭ 17획 ❶영리할 억 日オク・ギ ❷어리석을 의 中yì

풀이 1 1. 영리하다. 총명하다. 2 2. 어리석다. 무지하다.

비 疑(의심할 의)

嶫	⑭ 17획 오랑캐 이름 엽	日ヨウ 中yè

풀이 오랑캐 이름. 서이(西夷)의 하나.

嶫噠(엽달) 중국 남북조(南北朝) 시대에 있던 나라로 돌궐(突厥)에 의해 함락되었음. 읍달(挹怛).

嚅	⑭ 17획 선웃음칠 유	日ジュ·つぐむ 中rú

풀이 1. 선웃음치다. 아첨하여 웃다. ¶嚅啞 2. 입을 다물다. 3. 떠들썩하다. ¶嚅囁 4. 머뭇거리다.

嚅囁(유섭) 1)떠들썩함. 2)말이 많음.
嚅啞(유아) 1)아첨하여 웃음. 2)남에게 복종함.
囁嚅(섭유) 1)겁이 나서 머뭇거리는 모양. 2)수다스러운 모양.
喔嚅(악유) 1)수다스럽게 지껄임. 2)시끄럽게 욺.

비 儒(선비 유)

3획

嚁	⑭ 17획 소리 적	日セキ 中dí

풀이 소리. 휘파람 소리.

비 曜(빛날 요)

嚌	⑭ 17획 ❶ 맛볼 제 ❷ 뭇소리 개	日サイ·あじわう 中jì, jiē

풀이 1 1. 맛보다. 음식 맛을 보다. 2 2. 뭇소리. 여러 사람의 소리.

嚔	⑭ 17획 재채기 체	日サイ 中tì

풀이 재채기. 재채기하다. ¶嚔噴

嚔噴(체분) 재채기.
噴嚔(분체) 재채기. 채분(嚔噴).

嚃	⑭ 17획 훌짝훌짝 마실 탑	日タツ 中tà

풀이 훌짝훌짝 마시다.

嚇	⑭ 17획 ❶ 껄껄 웃을 하 ❷ 성낼 혁	日ハ·わらう 中xià, hè

풀이 1 1. 껄껄 웃다. 웃음소리. ¶嚇嚇 2. 위협하다. 협박하다. ¶威嚇 3. 입을 열다. 2 4. 성내다. 화를 내다. ¶嚇怒

嚇嚇(하하) 웃는 소리.
嚇怒(혁노) 크게 화냄.
威嚇(위하) 으름. 협박함.

비 赫(붉을 혁)

嚄	⑭ 17획 외칠 획	日かく 中huò

풀이 1. 부르짖다. 큰소리로 외치다. ¶嚄嘖 2. 말이 많다. 시끄럽다. ¶嚄唶 3. 아! 깜짝 놀라 지르는 소리.

嚄唶(획책) 말이 많은 모양.
嚄嘖(획책) 1)부르짖음. 2)말이 많아 시끄러운 모양.

비 獲(얻을 획)

嚆	⑭ 17획 울릴 효	日コウ·なく 中hāo

풀이 1. 울리다. 소리가 나다. ¶嚆矢 2. 외치다. 소리를 지르다.

嚆矢(효시) 1)우는 화살. 2)일의 시작. 최초의 선례. 단서(端緖). 남상(濫觴).

嚆矢(효시)의 유래
옛날 중국에서 우는 화살을 쏘아 전쟁의 시작을 알렸다는 데서 비롯된 말이다. 효시에 대한 가장 오래된 기록은 장자의 《재유》편에 "증삼과 사추가 걸왕과 도척의 효시가 된 것이 아닌지 어찌 알겠는가? 그래서 성인을 근절하고 지혜를 버리면 천하가 잘 다스려진다."라는 구절에 나온다. 《장자》 재유(在宥)

유 響(울릴 향)

嚙	⑮ 18획 깨물 교	日ギョウ·かみつく 中yǎo, niè

풀이 깨물다. 씹다.

嚙鞭之馬(교편지마) 말이 자기 고삐를 씹는다는 뜻으로, 남을 헐뜯으면 결국 자기에게 피해가 돌아옴을 이르는 말.

비 齒(이 치)

嚕	⑮ 18획	
	아까워할	日ロウ·がたる
	로(노)	中lǔ

풀이 1. 아까워하다. 애석하게 생각하다. 2. 아첨하다. 알랑거리다.

嚠	⑮ 18획
	瀏(p786)와 同字

嚜	⑮ 18획	日モク·たまる
	거짓말할 묵	中mèi

풀이 1. 속이다. 거짓말하다. 2. 불만의 모양. 스스로 만족하지 않는 모양. ¶嚜嚜

嚜嚜(묵묵) 마음에 흡족하지 않는 모양. 불만인 모양.

유 假(거짓 가) 僞(거짓 위)

嚗	⑮ 18획	
	❶화낼 박	日バク·おこる
	❷소리 포	中bó, bào

풀이 1 1. 화를 내다. 역정을 내다. 2 2. 소리. 여러 가지 소리.

嚗然(포연) 1)지팡이를 던지는 소리. 2)터져 갈라지는 소리.

비 暴(사나울 포) 懪(답답할 박)

嚘	⑮ 18획	日ウ
	탄식할 우	中yōu

풀이 1. 탄식하다. 한탄하다. ¶咿嚘 2. 말을 더듬다. 3. 목이 메다.

嚘嗚(우오) 탄식함.

유 嘆(탄식할 탄) 嗚(탄식할 오) 嘅(탄식할 개) 喟(탄식할 위)

嚚	⑮ 18획	日イン
	어리석을 은	中yín

풀이 1. 어리석다. ¶嚚頑 2. 진실되지 못하다. ¶嚚訟 3. 말을 못하다. 벙어리.

嚚訟(은송) 말에 진실이 없고 말다툼을 좋아함.

嚚頑(은완) 어리석고 완고함. 또는 그런 사람.

嚚瘖(은음) 말을 못함. 또는 그 사람.

유 愚(어리석을 우)

嚙	⑮ 18획	日クシ
	소리날 즐	中zhì

풀이 소리가 나다. 소리가 요란한 모양.

嚛	⑮ 18획	日ガク·からい
	매울 학	中hù

풀이 1. 음식 맛이 맵다. 매운 음식. 2. 먹다. 3. 마시다.

유 辛(매울 신) 비 樂(풍류 악)

噉	⑯ 19획	日ダン·たべる
	먹을 담	中dàn

풀이 먹다. 먹이다.

嚨	⑯ 19획	日ロウ·のど
	목구멍 롱(농)	中lóng

풀이 목구멍. 후두. ¶嚨胡

嚨胡(농호) 목구멍. 인후.

유 喉(목구멍 후) 咽(목구멍 인)

嚭	⑯ 19획	日ヒ·おおきい
	클 비	中pǐ

풀이 1. 크다. 큰 모양. 2. 기뻐하다.

유 丕(클 비)

嚬	⑯ 19획	日ヒン·しかめる
	찡그릴 빈	中pín

풀이 찡그리다. 눈살을 찌푸리다. ¶嚬蹙

嚬笑(빈소) 얼굴을 찡그리는 일과 웃는 일.

嚬呻(빈신) 1)얼굴을 찡그리며 신음함. 2)얼굴에 괴로움이 가득 찬 모양.

嚬蹙(빈축) 얼굴을 찡그림.

유 顰(찡그릴 빈)

嚥	⑯ 19획	日エン·のむ
	삼킬 연	中yàn

풀이 삼키다. 꿀꺽 삼키다. ¶嚥下

3획

嚥日(연일) 햇빛을 보며 정기를 마시는 도교의 수련법 중 하나.
嚥下(연하) 꿀꺽 삼킴.
유 呑(삼킬 탄) 비 燕(제비 연)

嚫	⑯ 19획 베풀 친	日シン 中chèn

풀이 베풀다. ¶嚫物
嚫物(친물) 시주한 물건. 또는 베풀어 준 재물.
유 宣(베풀 선) 비 親(친할 친)

嚮	⑯ 19획 향할 향	日キョウ·むかう 中xiàng, xiǎng

풀이 1. 향하다. 대하다. ¶嚮背 2. 접때. 지난번. ¶嚮者 3. 누리다. 대접을 받다. ¶嚮往 4. 메아리. 메아리치다.
嚮道(향도) 1)이끎. 인도함. 향도(嚮導). 2)행군할 때 통로의 쉬움과 험난함을 정찰하는 사람.
嚮導(향도) 길을 인도함. 또는 그 사람.
嚮明(향명) 태양을 향함. 즉, 새벽.
嚮背(향배) 좇음과 배반함.
嚮往(향왕) 향해 간다는 뜻으로, 높이 받들어 모심을 이르는 말.
嚮邇(향이) 향해서 다가감.
嚮日(향일) 1)해를 향함. 2)접때. 지난날.
嚮者(향자) 접때. 지난번.
嚮晦(향회) 해가 질 무렵.
유 向(향할 향) 비 響(울릴 향)

嚳	⑰ 20획 고할 곡	日コク·つげる 中kù

풀이 1. 고하다. 아뢰다. 2. 고대 중국의 제왕(帝王) 이름. ¶帝嚳
유 告(알릴 고)

嚶	⑰ 20획 새소리 앵	日アン 中yīng

풀이 1. 새소리. 새가 장단을 맞추듯 서로 지저귀는 소리. ¶嚶喔 2. 방울 소리.
嚶鳴(앵명) 새가 서로 정답게 욺.
嚶喔(앵악) 새가 서로 지저귀는 소리.
嚶嚶(앵앵) 1)새가 서로 사이좋게 우는 모양. 2)서로 뜻이 맞아 학문과 덕행을 닦는 일.
鳴嚶(명앵) 새가 욺.
塞嚶(새앵) 목메어 욺.
咿嚶(이앵) 어린아이가 말을 배우는 소리.

嚷	⑰ 20획 외칠 양	日ヨウ·さけぶ 中rǎng

풀이 외치다. 소리를 지르다.
유 叫(부르짖을 규) 비 壤(흙 양)

嚴	⑰ 20획 엄할 엄	日ゲン·ゴン·きびしい 中yán

풀이 1. 엄하다. 엄격하다. 2. 엄숙하다. 위엄이 있다. ¶嚴刻 3. 혹독하다. ¶嚴冬 4. 굳세다. 5. 존경하다. 숭배하다. 6. 삼가다. 경계하다. ¶嚴密 7. 치장하다. 차려 입다. ¶嚴具 8. 아버지. ¶嚴君 9. 가파르다. 험하다.
嚴刻(엄각) 엄격하고 각박함.
嚴恪(엄각) 엄숙하고 조심함.
嚴科(엄과) 엄격한 법 조목.
嚴具(엄구) 치장하는 도구.
嚴君(엄군) 아버지를 높이는 말.
嚴棘(엄극) 감옥. 교도소. 감옥을 가시로 둘러싸 도망을 막았다는 데서 온 말.
嚴冬(엄동) 매우 추운 한겨울.
嚴冷(엄랭) 몹시 추움.
嚴令(엄령) 엄격한 명령.
嚴明(엄명) 엄하고 명백함. 또는 상과 벌을 엄격하게 분별함.
嚴命(엄명) 엄격한 명령. 엄중한 명령.
嚴密(엄밀) 1)비밀리에 함. 2)경계하여 빈틈이 없음.
嚴查(엄사) 엄격하게 조사함.
嚴師(엄사) 엄격한 스승.
嚴色(엄색) 위엄있는 안색. 엄숙한 표정.
嚴守(엄수) 반드시 꼭 지킴.
嚴嚴(엄엄) 엄숙한 모양. 위엄있는 모양.
嚴威(엄위) 엄격하고 위엄이 있음.
嚴壯(엄장) 위엄있고 장대함.
嚴切(엄절) 위엄이 있고 절도가 있음.
嚴正(엄정) 엄격하고 올바름.
嚴程(엄정) 엄격한 여정. 하루에 갈 길을 정해 놓고 하는 여행.

3획

嚴朝(엄조) 엄숙한 조정.
嚴誅(엄주) 위엄있게 벌을 줌.
嚴峻(엄준) 엄숙하고 준엄함.
嚴重(엄중) 위엄있고 무거움.
嚴旨(엄지) 임금의 위엄있는 교지(敎旨).
嚴責(엄책) 위엄있게 꾸짖음. 엄격한 꾸중.
嚴處(엄처) 엄중하게 처단함.
嚴敕(엄칙) 엄격한 칙령.
嚴飭(엄칙) 엄하게 훈계함.
嚴憚(엄탄) 두려워하여 꺼림.
嚴辦(엄판) 엄중하게 판단하여 처분함.
嚴覈(엄핵) 엄하게 따져 물음.
嚴酷(엄혹) 엄격하고 혹독함.
嚴訓(엄훈) 위엄있는 가르침.
苛嚴(가엄) 가혹하고 엄격함.
家嚴(가엄) 남에게 자신의 아버지를 일컫는 말. 가부(家父).
戒嚴(계엄) 전쟁이나 비상 사태가 발생하였을 때, 군대로써 어떤 지역을 경계하며, 그 지역의 사법권과 행정권을 계엄 사령관이 관할하는 일.
謹嚴(근엄) 매우 점잖고 엄함.
森嚴(삼엄) 분위기가 매우 엄숙함.
崇嚴(숭엄) 숭고하고 엄숙함.
威嚴(위엄) 의젓하고 엄숙함. 또는 그러한 태도나 기세.
莊嚴(장엄) 엄숙하고 위엄 있음.
尊嚴(존엄) 1)높고 엄숙함. 2)지위나 인품이 높아서 범할 수 없음.
華嚴(화엄) 불교에서, 여러 가지 수행을 하고 만덕을 쌓아 덕과(德果)를 장엄하게 하는 일.
비 儼(의젓할 엄)

嚵	⑰ 20획 / 부리 참	日 サン / 中 chán

풀이 1. 부리. 새의 주둥이. 2. 마시다. 먹다. 맛보다.

嚲	⑰ 20획 / 늘어질 타	日 タ / 中 duǒ

풀이 늘어지다. 축축 드리우다. ¶嚲鞚
嚲鞚(타공) 굴레를 드리움. 굴레를 씌움.

嚱	⑰ 20획 / 놀랄 희	日 ギ / 中 xì

풀이 놀라다. 아! 경탄하는 소리.
噓嚱(허희) 감탄하는 소리.
비 戲(놀 희)

囁	⑱ 21획 / 소곤거릴 섭	日 セツ / 中 niè, zhé

풀이 1 소곤거리다. 속삭이다. ¶呫囁 2. 머뭇거리다. 우물거리다. ¶囁嚅 3. 말이 많다. ¶囁嚅
囁嚅(섭유) 1)머뭇거리며 분명하게 말하지 못하는 모양. 2)말이 많음.
呫囁(첩섭) 귀에 대고 속삭임.
유 呢(소곤거릴 니) 呫(소곤거릴 첩)

	⑱ 21획 / ❶씹을 작 / ❷깨물 초	日 シャク・かむ / 中 jué

풀이 ❶ 1. 씹다. ¶咀嚼 2. 맛보다. 먹어 보다. ¶嚼味 3. 침식(浸蝕)하다. 4. 술을 권하다. ¶嚼復嚼 ❷ 5. 깨물다.
嚼口(작구) 재갈. 말 등의 입에 물게 하는 것.
嚼蠟(작랍) 밀랍을 씹는다는 뜻으로, 맛이 없음. 또는 그런 물건.
嚼味(작미) 씹어 맛을 봄.
嚼復嚼(작부작) 권하고 다시 권함. 계속해서 술을 권하는 말.
嚼咀(작저) 씹음.
啗嚼(담작) 1)씹어 먹음. 2)서로 공격함.
咀嚼(저작) 1)음식을 입에 넣고 씹음. 2)글의 뜻을 깊이 파고 들어가 완미(玩味)함.
呑嚼(탄작) 1)씹어 삼킴. 2)다른 나라를 병합함.
含嚼(함작) 음식을 머금고 씹음.
유 咀(씹을 저) 비 爵(잔 작)

囀	⑱ 21획 / 지저귈 전	日 セン / 中 zhuàn

풀이 1. 지저귀다. 새가 울다. 2. 울림. 가락.
비 轉(구를 전)

囂	⑱ 21획 / ❶부를 환 / ❷들릴 훤	日 カン / 中 huān

풀이 ❶ 1. 부르다. 오라고 부르다. ❷ 2. 시끄럽다. 떠

3 획

들썩하다. ¶嚾嚾

嚾呼(환호) 시끄럽게 오라고 부름.

嚾嚾(훤훤) 시끄러운 모양. 떠들썩한 모양.

비 權(저울추 권) 勸(권할 권)

囂 ⑱ 21획
❶떠들 효 日ゴウ·キョウ
❷많을 오 中xiāo, áo

풀이 ❶ 1. 떠들다. 떠들썩하다. ¶囂風 2. 목소리. 3. 저자. 거리. 4. 한가한 모양. 고요하다. 5. 공허하다. 허무하다. ¶囂囂 6. 걱정하는 모양. 근심하는 모양. 7. 남의 말을 듣지 않는 모양. ❷ 8. 많다. 9. 짐승이나 새이름.

囂煩(효번) 왁자지껄하고 번거로움.

囂埃(효애) 시끄러운 세상. 세속(世俗).

囂然(효연) 시끄러운 모양.

囂塵(효진) 1)시끄럽고 먼지가 많은 모양. 2)번거로운 속세를 이르는 말.

囂風(효풍) 시끄럽고 떠들썩한 풍습.

囂譁(효화) 떠들썩함. 부끄러움.

囂囂(효효) 1)시끄러운 모양. 2)공허한 모양. 3)욕심이 없는 모양.

囂諠(효훤) 시끄러움.

叫囂(규효) 시끄럽게 외침.

煩囂(번효) 번잡하고 시끄러움.

紛囂(분효) 어지럽고 시끄러움.

囊 ⑲ 22획 日ノウ·ふくろ
주머니 낭 中náng

풀이 1. 주머니. 호주머니. 지갑. ¶囊橐 2. 주머니에 넣다. 싸서 묶다. ¶囊括

囊空(낭공) 주머니가 비어 있음. 즉, 돈이 없음.

囊括(낭괄) 1)자루 윗부분을 맴. 2)모두 싸서 가짐.

囊刀(낭도) 주머니칼.

囊砂之計(낭사지계) 주머니에 모래를 담은 계책. 한신(韓信)이 모래 자루로 강물을 막았다가 적군이 강을 건널 때 건너는 틈을 타서 이를 한꺼번에 터놓아 많은 적을 익사하게 한 계략.

囊中之錐(낭중지추) 주머니 속의 송곳이라는 뜻으로, 걸출한 인재는 반드시 드러나기 마련임을 이르는 말.

⊙囊中之錐(낭중지추)의 유래

조나라 공자 평원군에게는 식객이 많았는데, 진나라가 조나라의 수도를 포위하자 조나라에서 초나라와 동맹을 맺기 위해 용기와 재주가 있는 식객을 뽑아 보내려 하였다. 이때 마지막 한 명을 뽑지 못해 망설이고 있는데, 모수(毛遂)라는 사람이 나서서 자원했다. 평원군이 의아해 "무릇 뛰어난 사람은 주머니 속의 송곳처럼 그 재주가 드러나는 법인데, 그대가 우리 집에 온 지 3년이 지나도록 그 이름을 들어본 적이 없다"고 하자, "그건 오늘 처음 주머니에 넣어달라고 원했기 때문입니다."하였다. 결국 모수는 초나라에 가 그 용기와 재능으로 협상을 성공시키게 되었다.

囊橐(낭탁) 자루. 전대.

囊螢(낭형) 1)반딧불이를 주머니에 넣음. 2)어려운 형편 속에서도 학문을 닦음. 진(晉)의 차윤(車胤)이 반딧불이를 주머니에 넣고 그 빛으로 공부를 했다는 고사에서 온 말.

背囊(배낭) 물건을 넣어 등에 질 수 있도록 천이나 가죽으로 주머니처럼 만든 것.

浮囊(부낭) 1)사람의 몸이 물에 떠 있게 하는 기구. 2)물고기의 뱃속에 있는 공기주머니.

氷囊(빙낭) 얼음찜질에 쓰이는 얼음주머니.

水囊(수낭) 물주머니.

心囊(심낭) 심장의 바깥을 주머니처럼 덮어 싸고 있는 얇은 막. 염통주머니.

藥囊(약낭) 약을 넣어서 휴대하는 작은 주머니.

衣囊(의낭) 호주머니.

智囊(지낭) 지혜 주머니. 지혜가 많은 사람을 비유하는 말.

行囊(행낭) 우편물이나 외교 문서 등을 넣어 보내는 주머니.

香囊(향낭) 1)사향노루 수컷의 하복부에 달린 특수한 분비샘. 사향낭(麝香囊). 2)향을 넣어서 차고 다니는 주머니.

비 裏(속 리)

囉 ⑲ 22획 日ラ
소리 얽힐 라 中luó, luō

풀이 1 소리가 얽히다. 더듬거리다. 버벅거리다. 2. 소리가 섞이다. 3. 지껄이다. 수다스럽다.

囈 ⑲ 22획 日ケイ
잠꼬대 예 中yì

풀이 1. 잠꼬대. 2. 허황된 말. ¶囈語

囈語(예어) 1)잠꼬대. 2)허황된 소리.

유 謊(잠꼬대 황) 讆(잠꼬대 위)

 ⑲ 22획
❶기릴 찬 日サン·たたえる
❷지껄일 찰 中zàn, zá

3 획

풀이 ❶ 1. 기리다. 2. 돕다. ❷ 3. 지껄이다. 시끄럽게 떠들다. 말이 많다.

유 讚(기릴 찬)

囅	⑲ 22획 웃을 천	日セン 中chǎn

풀이 웃다. 웃는 모양. 빙그레 웃는 모양.

비 戰(싸울 전)

㘙	⑳ 23획 신음할 암	日アン 中yán

풀이 신음하다. 끙끙거리다.

囐	⑳ 23획 소리 잘	日サツ·おと 中zá, niè, yàn

풀이 1. 소리. 북소리. 2. 나라 이름. 남북조(南北朝) 시대에 서역(西域)에 있었던 나라.

囓	㉑ 24획 齧(p1664)과 同字

囑	㉑ 24획 부탁할 촉	日ショク·たのむ 中zhǔ

풀이 부탁하다. 맡기다. 위촉하다. ¶委囑

囑付(촉부) 부탁함.

囑言(촉언) 1)말을 전함. 2)뒷일을 남에게 부탁함. 또는 그 말.

囑託(촉탁) 부탁하여 맡김.

委囑(위촉) 맡김. 맡겨 부탁함.

請囑(청촉) 청하여 부탁함.

유 託(부탁할 탁) 請(청할 청) 비 屬(엮을 속)

囗 큰입구 部

'囗' 자는 사방을 에워싼 모양을 본뜬 글자로 '에우다'는 뜻으로 쓰인다. '口(입 구)'와 모양은 같고 크기는 그보다 크기 때문에 부수 명칭은 '큰입구'라고 한다.

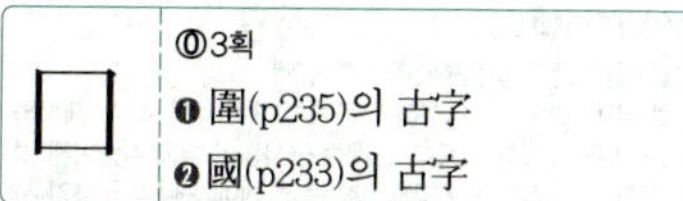

囗	⓪ 3획 ❶ 圍(p235)의 古字 ❷ 國(p233)의 古字

풀이 1. 圍의 古字. 2. 國의 古字.

四	② 5획 넉 사	日シ·よつ 中sì

丨 冂 冖 四 四

*지사. 코로 숨을 내쉬는 모양을 본뜬 글자. 이에 '숨'의 뜻으로 쓰이다가 후에 가차(假借)되어 수의 '넷'의 뜻으로 쓰임.

풀이 1. 넉. 넷. 2. 네 번. 3. 사방(四方).

四角(사각) 네모. 네 개의 모서리. 네 구석에 각이 있는 모양.

四角巾(사각건) 상제가 소렴(小殮) 때부터 성복(成服) 때까지 쓰던 위를 막지 않은 두건.

四角形(사각형) 4개의 직선으로 둘러싸인 평면형.

四更(사경) 밤을 오경(五更)으로 나눈 그 넷째. 새벽 1시~3시. 정야(丁夜).

四境(사경) 사방의 경계. 사방의 국경.

四季(사계) 봄·여름·가을·겨울의 총칭. 사시(四時).

四計(사계) 사람의 생활에 있어서의 네 가지 계획. 하루의 계획은 새벽에, 한 해의 계획은 봄에, 일생의 계획은 부지런함에, 한 집안의 계획은 화목함에 있다는 말.

四苦(사고) 인생의 네 가지 괴로움. 곧, 생로병사(生老病死).

四科(사과) 공자가 제자들에게 가르친 네 종류의 과목. 덕행(德行)·언어(言語)·정사(政事)·문학(文學).

四君子(사군자) 기개가 있는 군자와 같다는 네 가지 식물. 곧 매화·난초·국화·대나무.

四窮(사궁) 늙은 홀아비, 홀어미, 부모 없는 아이, 자식 없는 늙은이의 네 가지 불행.

四端(사단) 인의예지(仁義禮智)의 본성에서 나타나는 네 가지 마음씨. 곧 측은지심(惻隱之心)·수오지심(羞惡之心)·사양지심(辭讓之心)·시비지심(是非之心).

四禮(사례) 인간사의 중요한 네 가지 예절. 관례·혼례·제례·상례.

四孟(사맹) 사시(四時)의 첫달. 맹춘(孟春)·맹하(孟夏)·맹추(孟秋)·맹동(孟冬). 곧 음력 정월·4월·7월·10월.

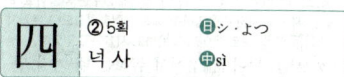

四面楚歌(사면초가) 사방에서 들리는 초나라 노래라는 뜻으로, 사방이 적으로 둘러싸여 돕는 사람이 없는 고립된 상태를 이르는 말. 무소도

야(無所禱也).

◐四面楚歌(사면초가)의 유래

초나라의 항우와 한나라의 유방이 해하(垓下)에서 대치하고 있을 때였다. 항우의 군대는 군사들이 적고 식량마저 떨어진 채 겹겹이 포위당해 있었는데, 밤에 한나라 군대가 사방에서 초나라 노래를 부르니 항우가 깜짝 놀라서 말했다. "한나라 군대가 벌써 초나라를 다 점령했단 말인가? 어째서 초나라 사람이 저리 많을까?" 그 후 항우는 외톨이로 고립된 자신의 처지에 절망하며 해하를 탈출하였으나 본거지인 강동(江東)으로 돌아가지 못하고 자살하고 말았다.

四勿(사물) 논어(論語)에서 금하는 네 가지 일. 비례물시(非禮勿視)·비례물청(非禮勿聽)·비례물언(非禮勿言)·비례물동(非禮勿動).

四民(사민) 백성의 네 계급. 사농공상(士農工商).

四分五裂(사분오열) 네 개로 나뉘고 다섯 개로 찢어짐. 이리저리 흩어짐.

四象(사상) 주역(周易)에서 말하는 네 가지 성질. 태양(太陽)·소양(少陽)·태음(太陰)·소음(少陰).

四書(사서) 유교의 경전인 논어(論語)·맹자(孟子)·중용(中庸)·대학 (大學).

四聖(사성) 네 명의 성인. 공자·석가·예수·소크라테스.

3 획

四聲(사성) 한자가 갖는 고저장단 네 종류의 음. 평성(平聲)·상성(上聲)·거성(去聲)·입성(入聲).

四旬祭(사순제) 예수가 광야에서 40일간 단식 수행한 것을 기념하기 위해 부활제 전 40일 동안에 걸쳐서 단식 등 속죄를 행하도록 규정한 기간.

四時(사시) 1)사철. 사계절. 2)한 달 중의 네 때. 곧 회(晦)·삭(朔)·현(弦)·망(望). 3)하루의 네 때. 곧, 단(旦)·주(晝)·모(暮)·야(夜).

四食(사식) 몸을 보양하는 데 필요한 네 가지 음식. 곧, 단식(段食)·촉식(觸食)·사식(思食)·독식(讀食).

四神(사신) 사방에 있는 신. 곧 동쪽의 청룡(靑龍), 서쪽의 백호(白虎), 남쪽의 주작(朱雀), 북쪽의 현무(玄武).

四友(사우) 1)눈 속에서 피는 네 가지 꽃. 옥매(玉梅)·납매(臘梅)·수선(水仙)·산다화(山茶花). 2)네 가지 문방구. 지필묵연(紙筆墨硯).

四維(사유) 나라를 다스림에 필요한 네 가지 수칙(守則). 예의염치(禮義廉恥).

四夷(사이) 1)중국 사방의 이민족. 동이(東夷)·서융(西戎)·남만(南蠻)·북적(北狄). 2)야만인의 총칭.

四戰之國(사전지국) 지형상 사방 어느 곳에서도 적의 침입이 가능한 나라.

四鳥之別(사조지별) 환산(桓山)에 사는 새가 새끼 네 마리를 다 키워서 사방으로 날려 보낼 때 슬피 운다는 뜻으로, 모자(母子)의 이별을 비유하는 말.

四足(사족) 짐승의 네 발. 또는 그 짐승.

四天王(사천왕) 동서남북의 사방을 지키는 제석천(帝釋天)의 네 부하. 곧 동쪽의 지국천왕(指國天王), 서쪽의 광목천왕(廣目天王), 남쪽의 증장천왕(增長天王), 북쪽의 다문천왕(多聞天王).

四柱(사주) 점술가가 말하는, 사람이 태어난 연·월·일·시의 네 간지(干支). 또는 그에 의하여 운수를 점치는 일.

四寸(사촌) 아버지의 친형제의 자녀.

四則(사칙) 가감승제(加減乘除)의 네 가지 계산법.

四通八達(사통팔달) 길이 사방팔방으로 통해 있음.

四海(사해) 1)사방의 바다. 2)온 세상. 천하.

비 西(서녘 서)

囚	② 5획 가둘 수	日 シュウ·とらえる 中 qiú

丨 冂 冂 冈 囚

* 회의. 부수 '囗(에울 위)'와 '人(사람 인)'을 합친 글자. 이에 사람이 울타리 안에 갇혀 있다 하여 '갇히다', '가두다'의 뜻을 나타냄.

풀이 1. 가두다. 갇히다. 감금하다. ¶囚禁 2. 죄수. 죄인. ¶囚人 3. 포로. 인질.

囚車(수거) 죄인을 호송하는 수레.

囚禁(수금) 죄인을 가둠.

囚役(수역) 죄수에게 일을 시킴.

囚人(수인) 옥에 갇힌 사람.

囚籍(수적) 죄수의 이름을 기록하는 장부.

不待時囚(부대시수) 조선 때, 사형 집행 때를 가리지 않고 판결이 내린 후 바로 집행 하도록 되어 있던 죄수.

服役囚(복역수) 징역의 형을 받고 그 구실을 치르는 사람.

死刑囚(사형수) 사형의 판결을 받은 죄수.

비 因(인할 인) 困(곤할 곤)

囝	③ 6획 아이 건	日 ケン·ケツ 中 jiǎn

풀이 아이. 어린아이를 부르는 호칭.

유 童(아이 동)

団 ③6획
團(p237)의 俗字

囟 ③6획 日シン・ひよめき
정수리 신 中xìn

풀이 정수리. 정문(頂門).

비 凶(흉할 흉)

因 ③6획 日イン・よる
인할 인 中yīn

丨 冂 冃 冃 因 因

* 회의. 사방을 둘러싼(囗) 가운데에 사람이 팔 벌리고(大) 있는 모양을 나타낸 글자. 이에 에워싼 영토를 넓히려고 하는 데에는 반드시 이유가 있다는 데에서 '인하다', '원인', '이유'의 뜻으로 쓰임.

풀이 1. 인하다. 말미암다. 2. 원인. 까닭. ¶因果 3. 의지하다. 4. 부탁하다. 5. 잇닿다. 연이어지다. 6. 이어받다. ¶因襲 7. 인연. ¶因緣 8. …에서. …부터.

因果(인과) 원인과 결과.
因果律(인과율) 자연계에서 어떤 현상이 일어나는 데는 반드시 그 원인이 되는 것이 있다는 법칙.
因果應報(인과응보) 원인과 결과는 서로 상응함. 좋은 원인에는 좋은 결과가, 나쁜 원인에는 나쁜 결과가 나오는 것처럼, 자기가 한 일의 원인에 대하여 반드시 거기에 상응하는 결과가 있다는 말.
因明(인명) 고대 인도의 논리학.
因母(인모) 친어머니.
因事(인사) 1)일을 핑계 삼음. 2)일에 의거함.
因山(인산) 태상황(太上皇)과 그 비(妃), 국왕과 그 비, 황태자와 그 비 등의 장례. 국장(國葬).
因循(인순) 1)옛것을 이어받아 따름. 2)우물쭈물함. 머뭇거림.
因習(인습) 이전부터 전하여 내려오는 몸에 젖은 습관.
因襲(인습) 재래의 습관과 예절을 그대로 좇아 고치지 않음.
因是(인시) 자연의 이치에 따라 유래함.
因業(인업) 전세의 인연에 의하여 현세의 과보(果報)를 맺는 운명.
因緣(인연) 1)연분. 연줄. 2)지금 일어나고 있는 것에 대한 이전의 관계.
因應(인응) 사심(私心)을 품지 않고 자연 그대로 맡기는 일.
因人成事(인인성사) 남의 힘으로 일을 이룸.
因諸(인제) 감옥.
因革(인혁) 옛 관습을 따름과 그것을 새롭게 고침.
原因(원인) 어떤 사물 · 현상을 일으키는 근본이 되는 일 또는 사건.
敗因(패인) 패한 이유.

비 囚(가둘 수) 困(곤할 곤)

回 ③6획 日カイ・めぐる
돌 회 中huí

丨 冂 冂 冋 回 回

* 상형. 물이 일정한 곳을 중심으로 빙빙 도는 모양을 본뜬 글자. 이에 '돌다', '돌아오다'의 뜻으로 쓰임.

풀이 1. 돌다. ¶回轉 2. 돌리다. 돌이키다. 3. 돌아오다. 4. 둘레. ¶周回 5. 간사하다. ¶回邪 6. 피하다. ¶回忌 7. 어기다. 8. 굽히다. 9. …회. …번. ¶六回

回甲(회갑) 61세를 가리키는 말. 환갑(還甲).
回改(회개) 돌이켜 잘못을 고침.
回顧(회고) 지나간 세월을 되돌아봄.
回顧錄(회고록) 지난 일을 회고하며 적은 기록.
回曲(회곡) 1)어긋나고 굽음. 2)간사하고 비뚤어짐.
回教(회교) 이슬람교. 회회교(回回教).
回軍(회군) 군대를 돌림. 환군(還軍).
回歸(회귀) 한 바퀴 돌아서 제자리로 돌아옴.
回歸線(회귀선) 지구 적도에서 남북으로 23.27도에 해당하는 곳을 지나는 위선(緯線).
回忌(회기) 1)꺼려서 피함. 2)사람이 죽은 후 매년 돌아오는 기일(忌日). 연기(年忌).
回納(회납) 1)돌려줌. 2)답장 편지의 겉봉에 수신인 성명 밑에 쓰는 말.
回答(회답) 물음에 대답함. 또는 그 일.
回曆(회력) 달력이 돈다는 뜻으로, 해가 바뀜을 이르는 말.
回復(회부) 이전의 상태와 같이 돌이킴.
回想(회상) 지나간 일을 돌이켜 생각함. 또는 그 생각.
回生(회생) 소생(蘇生).
回旋(회선) 빙빙 돌리거나 돎.
回心(회심) 1)나쁜 마음을 착하게 고침. 개심(改心). 2)옛날의 감정을 되찾음.
回送(회송) 돌려 보냄. 환송(還送).
回收(회수) 도로 거두어들임.
回信(회신) 편지 · 전신의 회답.
回心(회심) 마음을 돌려 먹음. 마음을 고침.
回雁(회안) 돌아가는 기러기.
回轉(회전) 빙빙 돌아서 구름. 또는 굴림.

回從(회종) 아첨하여 따름. 아부(阿附).
回診(회진) 병원에서 의사가 환자의 병실을 돌아다니며 하는 진찰.
回天(회천) 하늘을 돌림. 천하의 판세를 바꾸어 놓음.
回春(회춘) 1)봄이 다시 돌아옴. 2)중한 병에서 다시 건강을 회복함. 3)다시 젊어짐.
回避(회피) 꺼려서 피함.
回風(회풍) 회오리바람. 선풍(旋風).
回婚(회혼) 부부가 혼인한 지 60주년이 되는 해. 또는 그날.
유 巡(돌 순)

④ 7획
冏(p106)과 同字

④ 7획 日コン·こまる
괴로울 곤 中kùn

丨 冂 冂 円 冃 困 困

* 회의. 나무(木)가 우리(囗) 안에 갇혀서 자라지 못하고 난처하게 된 모양을 나타낸 글자. 이에 '곤란하다'의 뜻으로 쓰임.

풀이 1. 괴롭다. ¶困勞 2. 어렵다. 곤란하다. ¶困難 3. 곤하다. 지치다. ¶困馬 4. 가난하다. ¶貧困

困境(곤경) 곤란한 처지.
困窮(곤궁) 몹시 곤란함.
困惱(곤뇌) 곤궁하고 번뇌함.
困難(곤란) 어려움.
困勞(곤로) 괴로움.
困迫(곤박) 일이 곤궁하고 급함.
困憊(곤비) 고달파 힘이 없음. 곤핍(困乏).
困塞(곤색) 운수가 막혀 지내기가 어려움.
困睡(곤수) 곤히 잠.
困厄(곤액) 곤란과 재앙.
困臥(곤와) 고단하여 깊이 잠이 듦.
困辱(곤욕) 괴로움과 모욕을 당함.
困而得之(곤이득지) 고생한 끝에 이루어 냄.
困而知之(곤이지지) 고생한 끝에 알아냄.
困學(곤학) 괴로움을 참고 학문을 연구함.
貧困(빈곤) 가난하고 곤궁함.
疲困(피곤) 지쳐 곤함.
유 苦(쓸 고) 비 囚(가둘 수) 因(인할 인)

④ 7획
圖(p237)의 俗字

④ 7획 日トン·あつまる
곳집 돈 中dùn, tún

풀이 1. 곳집. 창고. 2. 소쿠리. 3. 모으다.

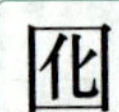
④ 7획 日ワ·かわる
후림새 와·유 中é

풀이 1. 후림새. 다른 새를 꾀기 위해 매어 둔 새. 2. 바뀌다. 화(化)하다.

④ 7획
圍(p235)의 俗字

④ 7획 日てんちょう
천창 창 中cōng

풀이 천창(天窓). 지붕에 낸 창.
비 凶(흉할 흉) 囟(정수리 신)

④ 7획 日コツ
온전할 홀 中hú

풀이 온전하다.
囫圇(홀륜) 온전한 덩어리.
유 全(완전할 전) 비 囫(옛그릇 홀)

⑤ 8획 日コ·かたい
굳을 고 中gù

丨 冂 冂 円 冃 冋 固 固

* 형성. 뜻을 나타내는 부수 '囗(에울 위)'와 음을 나타내며 오래되어 굳어진다는 의미를 지닌 '古(예 고)'를 합친 글자. 이에 성벽을 둘러싸서 굳게 지킨다는 뜻에서 '굳다'라는 뜻으로 쓰이고, '굳어져 융통성이 없다'의 뜻으로도 쓰임.

풀이 1. 굳다. 단단하다. ¶固拒 2. 완고하다. ¶固陋 3. 우기다. ¶固執 4. 굳이. 5. 항상. 6. 진실로. 참으로. ¶固所願 7. 이미. ¶固有 8. 고질병. ¶固疾 9. 확고히. 10. 가두다. 진압하다. 11. 독점하다.

固諫(고간) 간절히 간함.
固拒(고거) 굳게 항거함. 단단히 막음.
固結(고결) 굳게 단결함.
固嘔(고구) 겉으로만 순한 모양.
固窮(고궁) 1)말할 필요도 없이 곤란한 지경에 빠짐. 2)곤궁한 경우를 천명으로 받아들여 잘

3획

견뎌 냄.

固牢(고뢰) 1)우리를 굳게 함. 2)견고함.

固陋(고루) 완고하여 견식이 좁음. 고집스럽고 비루함.

固塞(고새) 견고한 요새.

固所願(고소원) 진실로 바라던 바임.

固守(고수) 굳게 지킴.

固有(고유) 본디부터 있음. 본디부터 자연히 갖추어져 있음.

固陰(고음) 응고(凝固)한 음기(陰氣). 겨울의 몹시 추울 때를 이르는 말.

固意(고의) 뜻을 굳게 함.

固定(고정) 일정한 곳에 있어 움직이지 않음.

固存(고존) 나라를 보호하여 안정시킴.

固疾(고질) 오랫동안 낫지 않는 병.

固執(고집) 자신의 의견을 굳게 내세워 우김.

固着(고착) 단단히 붙음.

固體(고체) 굳게 뭉쳐 일정한 형상을 가진 물체.

固寵(고총) 변함이 없는 총애. 더욱더 총애를 받도록 함.

堅固(견고) 굳고 튼튼함.

凝固(응고) 엉겨 뭉쳐 딱딱하게 됨.

유 硬(굳을 경)

⑤ 8획

國(p233)의 俗字

⑤ 8획 日キン・こめぐら

곳집 균 中qūn

풀이 곳집. 원통 모양의 곡물 창고. ¶囷倉

囷京(균경) 곡물 창고.

囷囷(균균) 꼬불꼬불 구부러져 있는 모양.

囷鹿(균록) 곡물 창고.

囷倉(균창) 균록(囷鹿).

유 囤(곳집 돈)

⑤ 8획 日レイ・ひとや

옥 령(영) 中líng

풀이 옥. ¶囹圄

囹圄(영어) 감옥. 영어(囹圉).

囹圄生草(영어생초) 감옥에 풀이 자람. 감옥에 죄인이 없다는 뜻.

유 獄(옥 옥)

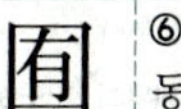

⑥ 9획 日ユウ・その

동산 유 中yòu

풀이 1. 동산. ¶囿苑 2. 얽매이다. 3. 구역.

囿苑(유원) 새나 짐승을 기르는 동산.

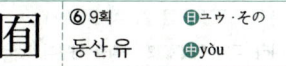

유 園(동산 원)

⑦ 10획 日ゴ・ギョ・ひとや

옥 어 中yǔ

풀이 1. 옥(獄). 감옥. ¶圄囹 2. 가두다. 3. 지키다.

圄空(어공) 감옥이 비어 있다는 뜻으로, 나라가 잘 다스려져 죄수가 없음을 이르는 말.

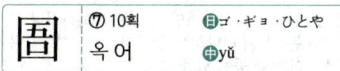

圄囹(어령) 옥. 감옥. 영어(囹圄).

圄犴(어안) 옥. 감옥.

유 獄(옥 옥) 囚(가둘 수)

⑦ 10획 日ホ・はたけ

밭 포 中pǔ

풀이 1. 밭. 남새밭. ¶圃田 2. 넓다. 크다. 3. 농사일을 하는 사람. ¶圃師 4. 들. 들일. 5. 정원.

圃彊(포강) 채마밭.

圃師(포사) 농사일을 하는 사람. 밭을 가꾸는 사람.

圃田(포전) 1)평평하고 넓은 들. 2)채소·과실나무를 심어 가꾸는 밭.

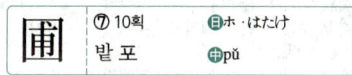

유 田(밭 전)

⑦ 10획 日ハコ

함 함 中hán

풀이 함. 상자. '函(함 함)'의 본자.

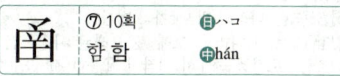

유 函(함 함) 箱(상자 상)

⑦ 10획

❶뒷간 혼 日コン・かわや

❷가축 환 中hùn, huàn

풀이 ❶ 1. 뒷간. 2. 돼지우리. ❷ 3. 가축. ¶圂腴

圂腴(환유) 가축의 내장(內臟).

國

⑧ 11획 日コク・くに

나라 국 中guó

3 획

丨 冂 冂 冂 冋 冋 冋 囻 國 國 國

풀이 1. 나라. 국가. ¶國家 2. 나라를 세우다. 건국하다. 3. 서울. 수도. 4. 고향. 5. 고장. 지방.

國家(국가) 나라.

國歌(국가) 국민의 이상과 정신을 고취하는 의식 등에서 부르기 위해 정한 노래.

國境(국경) 나라와 나라 사이의 경계.

國慶日(국경일) 국가적인 경사를 축하하거나 기념하는 날. 우리나라는 삼일절 · 제헌절 · 광복절 · 개천절 등이 있음.

國庫(국고) 1)국가 소유에 속하는 현금을 다루고 또 수입과 지출을 맡아보는 기관. 2)국가의 재정 상태.

國交(국교) 국가 사이의 교제.

國敎(국교) 국가에서 정한 종교.

國舅(국구) 임금의 장인.

國權(국권) 나라의 권력.

國忌(국기) 임금이나 왕후의 제삿날.

國基(국기) 나라가 세워진 본바탕. 또는 유지하는 바탕.

國旗(국기) 나라의 표지로서 정해진 기.

國難(국난) 국가가 당면한 중대한 위기.

國道(국도) 나라에서 행정상 필요로 하여 국비로 만들고 관리하는 도로.

國力(국력) 한 나라가 가진 힘. 나라의 힘.

國論(국론) 국민의 일반적인 의견.

國利(국리) 나라를 위한 이익. 나라의 이익.

國利民福(국리민복) 나라의 이익과 국민의 행복.

國務(국무) 나라의 정사에 관한 일.

國防(국방) 국가의 외적에 대한 방어.

國法(국법) 나라의 법. 국가의 법률.

國寶(국보) 1)나라의 보배. 2)오래된 사찰 · 건조물 · 소장품 중에서 제작이 훌륭한 것, 또는 특별한 유서가 있는 것 등 나라의 보배로서 정부가 보호하고 있는 것. 3)그 나라의 유일무이한 학자나 기술자 등.

國富(국부) 한 나라의 부. 국민과 국가가 가지고 있는 재화의 총량을 화폐의 단위로써 평가한 총액.

國費(국비) 나라의 경비.

國賓(국빈) 1)임금이 빈객으로 대우하는 노신(老臣)이나 제후 등. 2)나라의 손님으로서 국가로부터 특별한 대우를 받는 외국의 손님.

國史(국사) 1)한 나라의 역사. 2)한국의 역사.

國事犯(국사범) 나라의 정치상 질서를 문란하게 한 범죄. 또는 그 범인.

國産(국산) 그 나라에서 나는 생산물.

國璽(국새) 1)국가의 표지로서 사용하는 관인. 2)임금의 도장.

國稅(국세) 나라에서 경비를 쓰기 위해 받는 세금.

國手(국수) 1)훌륭한 의사. 2)바둑 등의 기술이 그 나라에서 으뜸가는 사람

國是(국시) 온 나라 국민이 옳다고 지지하는 정치 방침.

國樂(국악) 1)그 나라의 고유한 음악. 2)우리나라 고유의 음악.

國語(국어) 1)국민 전체가 쓰는 그 나라 말. 2)우리나라 고유의 말.

國譯(국역) 외국어로 된 것을 자기 나라 말로 옮김.

國運(국운) 나라의 운명.

國威(국위) 나라의 위력. 국가의 세력.

國有(국유) 국가의 소유.

國子監(국자감) 고려 때, 유학을 가르치던 최고 교육 기관.

國葬(국장) 국가에 특별한 공훈이 있는 사람이 죽었을 때 국가의 비용으로 치르는 장례.

國籍(국적) 그 나라 국민임을 표시하는 장적.

國展(국전) 1)정부가 주최하는 전람회. 2)대한민국 미술 전람회의 약칭.

國定(국정) 나라에서 정함. 또는 나라에서 제정한 것.

國情(국정) 나라의 사정.

國政(국정) 나라의 정치.

國際(국제) 1)나라와 나라 사이의 교제 또는 그 관계. 2)세계 각국에 관한 일.

國債(국채) 국가의 빚.

國策(국책) 국가의 정책. 나라의 정치상의 방침.

國恥(국치) 나라의 수치.

國土(국토) 나라에 속해 있는 땅.

國學(국학) 1)한 나라 고유의 학문. 2)우리 나라 전장문물(典章文物)을 연구하는 학문.

國漢文(국한문) 1)국어와 한문. 2)국문에 한문이 섞인 글.

國花(국화) 국가의 상징으로 삼는 동시에 국민이 가장 사랑하고 중히 여기는 꽃.

國會(국회) 입헌 국가에서 국민의 뜻을 대표하는 기관.

國諱(국휘) 임금의 이름.

家國(가국) 1)자기(自己)의 집안과 나라. 2)고국. 3)고향.

各國(각국) 각 나라.

幹國之器(간국지기) 국가를 다스릴만한 역량이 있음.

竭忠報國(갈충보국) 충성을 다하여 나라의 은혜를 갚음.

監國(감국) 옛날 중국에서 왕이 국외로 나갔을

때 서울에 남은 태자를 일컫던 말. 천자가 일시적으로 권한을 대행시키던 기관.

監修國史(감수국사) 고려 때, 춘추관(春秋館) 사관의 으뜸 벼슬. 시중이 겸임하였음.

强國(강국) 강한 나라. 센 나라.

强大國(강대국) 세계 여러 나라 가운데서 국력이 센 나라.

開國(개국) 1)새로 나라를 세움. 건국(建國). 2)외국과의 교제를 처음으로 시작함.

開發途上國(개발도상국) 산업의 근대화와 경제개발이 한창 진행되고 있는 나라.

擧國(거국) 온 나라 모두. 국민 전부.

建國(건국) 나라를 세움.

決死報國(결사보국) 죽을 각오를 하고 나라의 은혜에 보답함.

結合國(결합국) 둘 이상의 나라가 서로 결합하여 같은 최고 권력 아래 놓인 나라.

兼任國(겸임국) 한 외교관이 겸하여 맡는 나라.

經國(경국) 나라를 다스림.

傾國(경국) 1)나라를 위태롭게 함. 2)나라의 힘을 다 기울임.

傾國之色(경국지색) 나라를 위태롭게 할 만한 여자라는 뜻으로, 임금이 국정을 소홀히 할 만큼 매우 아름다운 여자를 이르는 말.

亡國(망국) 1)망해 없어진 나라. 2)나라를 망침.

愛國(애국) 자기 나라를 사랑함.

帝國(제국) 황제가 다스리는 나라.

他國(타국) 다른 나라.

유 邦(나라 방)

圈	⑧ 11획	日ケン・おり
	우리 권	中juān, juàn, quān

풀이 1. 우리. ¶圈外 2. 바리. 나무를 구부려 만든 그릇. 3. 동그라미. ¶圈点

圈域(권역) 어떤 특정한 범위 안의 지역이나 영역.

圈外(권외) 우리 밖. 범위 밖.

大氣圈(대기권) 지구 둘레를 싸고 있는 대기의 층.

北極圈(북극권) 지구상에서 북위 66.5도의 지점을 둘러싼 둘레. 또는 그 북쪽 지방.

上位圈(상위권) 윗자리에 속하는 범위의 안.

首都圈(수도권) 서울을 중심으로 이루어지는 대도시권.

巖石圈(암석권) 지구의 가장 바깥쪽 층. 지각과 맨틀 상부를 합한 것으로, 단단하고 굳셈.

野圈(야권) 야당권. 야당에 속하는 정치가의 범위.

與圈(여권) 여당권. 여당에 속하는 정치가의 범위.

制度圈(제도권) 기존의 사회 제도를 벗어나지 않는 영역이나 범위.

下位圈(하위권) 하위에 속하는 범위.

유 限(한계 한)

圇	⑧ 11획	日リン
	완전할 륜	中lún

풀이 완전하다. 온전하다.

유 完(완전할 완) 全(완전할 전) 비 侖(둥글 륜)

圉	⑧ 11획	日ギョ・うまかい
	마부 어	中yǔ

풀이 1. 마부. 말을 기르는 사람. 2. 마구간. 3. 말을 기르다. 가축을 기르다. 4. 막다. ¶圉禁 5. 감옥. 6. 국경.

圉禁(어금) 막아서 지킴.

圉絆(어반) 감옥에 가둠. 또는 갇힘.

圊	⑧ 11획	日セイ・かわや
	뒷간 청	中qīng

풀이 뒷간. 변소. ¶圊溷

圊桶(청통) 오줌통.

圊溷(청혼) 뒷간.

유 圂(뒷간 혼)

圎	⑨ 12획
	圓(p236)의 俗字

圍	⑨ 12획	日イ・かこむ
	둘레 위	中wéi

丨 冂 冂 冋 冎 冎 冏 周 周 圍 圍 圍

* 형성. 뜻을 나타내는 부수 '口(에울 위)'와 음을 나타내는 '韋(다룸가죽 위)'를 합친 글자. 이에 바깥과 등지게 둘러싼 것을 나타냄.

풀이 1. 둘레. ¶圍徑 2. 둘러싸다. 에워싸다. 포위하다. ¶圍擊 3. 경계(境界). 4. 아름. 양팔을 벌려 껴안은 둘레의 길이.

圍擊(위격) 위공(圍攻).

圍徑(위경) 둘레와 지름.

圍攻(위공) 포위하여 공격함.

圍棘(위극) 위리(圍籬).

3획

圍籬(위리) 1)울타리를 침. 2)귀양 간 사람의 거처에 가시로 울타리를 치던 일.
圍擁(위옹) 끌어안음.
圍場(위장) 사냥터.
圍塹(위참) 빙 두른 참호.
圍護(위호) 둘러싸고 지킴.
비 園(동산 원)

⑩ 13획 日エン・まるい
둥글 원 中yuán

* 형성. 뜻을 나타내는 부수 '口(에울 위)'와 음을 나타내는 '員(수효 원)'을 합친 글자. '員'은 둥글다는 뜻으로 둥근 물건이나 사람을 세는 말로 쓰이는데, 이 글자를 '口'로 둘러싸 수를 세는 말로 쓰임.

풀이 1. 둥글다. 2. 원형. 동그라미. ¶圓鏡 3. 둘레. 4. 원만하다. 모나지 않다. ¶圓滿 5. 알. 새알. 6. 하늘. 상공. 7. 원. 화폐의 단위. 1전(錢)의 백배.

圓覺(원각) 부처의 깨달음.
圓鏡(원경) 둥근 거울.
圓孔方木(원공방목) 둥근 구멍에 네모 모양의 나무를 맞춘다는 뜻으로, 서로 맞지 않음을 이르는 말.
圓光(원광) 1)달이나 해의 빛. 2)불상(佛像) 위에 나타나는 둥근 빛.
圓丘(원구) 1)둥근 언덕. 임금이 동짓날에 하늘에 제사를 지내던 둥근 모양의 단(壇). 천단(天壇). 2)약초가 나고 선인(仙人)이 산다는 언덕.
圓頓(원돈) 원만하여 신속하게 불법(佛法)을 이루는 방법이라는 뜻으로, 법화(法華)의 묘법(妙法)을 이르는 말.
圓顱(원로) 둥근 머리. 원정(圓頂).
圓滿(원만) 1)일의 진행이 순조로움. 2)성격이 모나지 않고 온화함. 3)사이가 좋음.
圓木警枕(원목경침) 둥근 목침. 베개가 굴러 잠에서 깨도록 만든 것으로, 노력하여 공부함을 이르는 말.
圓夢(원몽) 해몽(解夢).
圓方(원방) 1)원과 모남. 천지(天地)를 이르는 말. 2)둥근 그릇과 네모난 그릇.
圓影(원영) 달의 다른 이름.
圓悟(원오) 사물의 이치를 깨달음.
圓融(원융) 1)널리 베풂. 2)원만하여 막힘이 없음.
圓音(원음) 부처의 말씀.
圓寂(원적) 승려의 죽음.
圓頂(원정) 1)둥근 머리. 2)머리를 박박 깎은 중.
圓通(원통) 이치에 다다름. 두루 총괄함.
圓通大士(원통대사) 관세음보살(觀世音菩薩)의 다른 이름.
圓活(원활) 1)원만하여 막힌 데가 없음. 2)부드럽고 생기가 있음.
大團圓(대단원) 1)맨 끝. 대미(大尾). 2)영화나 연극 등에서, 사건의 얽힌 실마리를 풀어 결말을 짓는 마지막 장면.
大圓(대원) 1)큰 원. 2)수학에서, 공의 중심을 통과하도록 자른 평면의 원. 대권(大圈).
同心圓(동심원) 중심을 같이하나 반지름이 다른 두 개 이상의 원.
方圓(방원) 모난 것과 둥근 것.
一圓(일원) 어떤 지역의 전부. 일대(一帶).
유 丸(알 환) 円(둥글 엔) 團(둥글 단) 비 員(인원 원)

園
⑩ 13획 日エン・その
동산 원 中yuán

* 형성. 뜻을 나타내는 부수 '口(에울 위)'와 음을 나타내며 여유 있는 모양을 뜻하는 '袁(옷길 원)'을 합친 글자. 이에 '과수원', 또는 '채마밭'의 뜻으로 쓰임.

풀이 1. 동산. 정원. 과수원. ¶竹園 2. 울타리. 3. 능(陵). 원소(園所). 능은 임금·왕후의 무덤. 원소는 왕세자·왕세자빈과 종친의 무덤. ¶園令 4. 묘소의 길.

園監(원감) 정원을 돌보는 사람.
園令(원령) 무덤을 지키는 관리.
園陵(원릉) 임금의 능.
園林(원림) 1)집터에 딸린 수풀. 2)정원숲.
園囿(원유) 꽃과 나무 등을 심고 짐승을 기르는 동산.
園苑(원원) 정원. 뜰.
園邑(원읍) 능 주위에 있는 마을.
園亭(원정) 뜰 안의 정자.
園庭(원정) 정원. 뜰.
園池(원지) 1)동산과 못. 2)정원 안에 있는 못.
園寢(원침) 능 곁에 지워두고 제사 때에 쓰던 건물. 원묘(園廟).
園圃(원포) 과실나무나 채소 등을 심는 밭.
園戶(원호) 차 재배를 직업으로 하는 백성. 원민(園民).
開園(개원) 1)학원·병원 등을 새로 설립하여 처음으로 업무를 시작함. 2)국회 등에서 회기를 맞아 회의를 엶.
故園(고원) 고향.
樂園(낙원) 1)아무 근심 걱정 없이, 즐거움이 넘쳐흐르는 곳. 안락하게 살 수 있는 곳. 이상향(理想鄕). 2)죽은 뒤의 세계.

農園(농원) 채소 · 화초 · 과수 등을 심어 가꾸는 농장.
莊園(장원) 서양의 중세 봉건 사회에서, 귀족이나 승려, 교회 등에 의해 이루어졌던 토지 소유의 한 형태.
田園(전원) 1)논밭과 동산. 2)시골. 도시의 교외.
造園(조원) 정원 · 공원 · 유원지 등을 만듦.
竹園(죽원) 대나무 동산.
菜園(채원) 규모가 큰 남새밭. 채포(菜圃).
鄕園(향원) 고향의 전원(田園).

비 圍(주위 위)

⑪ 14획 日ダン · あつまり
둥글 단 中tuán

* 형성. 뜻을 나타내는 부수 '囗(에울 위)'와 음을 나타내며 둥글게 뭉친 모양을 뜻하는 '專(오로지 전)'을 합친 글자. 이에 '둥글게 뭉치다', 곧 '둥근 모양'의 뜻으로 으로 쓰임.

풀이 1. 둥글다. ¶團圓 2. 모이다. 모여들다. ¶團聚 3. 덩어리. 둥글게 뭉친 것. ¶氣團 4. 모임. 집단. 원래는 군대 조직의 하나. 바뀌어 일반적인 단체에도 쓰임. ¶星團 5. 통치하다. 지배하다. 6. 구르다. 뒹굴다. 7. 가게. 점포.

團團(단단) 1)둥근 모양. 2)이슬이 뭉쳐 맺혀 있는 모양.
團飯(단반) 주먹밥.
團匪(단비) 1)굳게 모인 도적. 2)1900년 의화단사건(義和團事件)을 일으킨 중국의 단체.
團扇(단선) 둥글게 만든 부채. 둥글부채.
團圓(단원) 1)둥긂. 2)원만하게 해결함. 3)연극에서의 마지막 장. 대단원(大團圓).
團月(단월) 둥근 달. 만월(滿月).
團坐(단좌) 빙 둘러앉음.
團聚(단취) 1)한데 모임. 2)단결함.
結團(결단) 단체를 결성함.
公團(공단) 일정한 국가적 사업을 수행하기 위해 설립한 특수 법인.
氣團(기단) 기온과 습도 등의 대기 상태가 거의 같은 성질을 가지고 수평 방향으로 넓은 범위에 걸쳐 퍼져 있는 공기 덩어리. 기괴(氣塊).
社團(사단) 일정한 목적을 위하여 조직된 단체로서, 그 단체 자체가 사회에서 하나의 단일체로서 활동하는 것.
星團(성단) 천구(天球) 위에 군데군데 모여 있는 항성의 집단.
一團(일단) 1)한 덩어리. 2)하나의 집단. 한 무리.
集團(집단) 많은 사람이나 동물, 또는 물건이 모여서 무리를 이룬 상태.
退團(퇴단) 소속 단체에서 물러남. ↔ 입단(入團).

유 丸(알 환) 円(둥글 엔) 圓(둥글 원) 集(모을 집)

⑪ 14획 日ツ · ト · え · はかる
그림 도 中tú

* 회의. 일정한 구역(囗)에서 농토를 나누어 그린 모양(啚)에서, 구획 짓기 어려운 것은 그림을 그려 쉽게 나타냄을 뜻하는 글자. 이에 '그리다', '그림'의 뜻으로 쓰임.

풀이 1. 그림. 도표. 지도. ¶圖書 2. 꾀하다. 계획하다. ¶圖利 3. 그리다. 베끼다. ¶縮圖 4. 책. 서적. 5. 도장. 인(印). 6. 법(法). 규칙. 7. 세다. 계산하다. 8. 얻다. 꾀하여 손에 넣다.

圖經(도경) 1)서적과 경전(經典). 2)산수(山水)의 지세를 그린 책.
圖窮匕首見(도궁비수현) 지도와 비수가 드러남. 계획이나 비밀이 탄로남을 이르는 말.

圖窮匕首見(도궁비수현)의 유래
연(燕)의 태자 단(丹)의 자객인 형가(荊軻)가 독항(督亢)의 지도를 바치는 기회에 진왕(秦王)을 척살하려고 하였으나, 지도를 다 펼치고 나자 그 속에 숨겨 두었던 비수가 드러나 일이 실패로 돌아간 고사에서 유래된 말.

圖南(도남) 붕새가 날개를 펴고 남명(南冥)으로 날아가려고 한다는 뜻으로, 큰 사업(事業)을 계획하고 있음을 이르는 말.
圖賴(도뢰) 자신의 잘못을 남에게 씌우려고 하는 일.
圖利(도리) 이익을 꾀함.
圖免(도면) 책임을 면하기 위해 꾀함.
圖寫(도사) 본떠 그림. 묘사함.
圖象(도상) 모양을 그림.
圖生(도생) 살기를 꾀함.
圖籍(도적) 그림과 서적. 도서(圖書).
圖讚(도찬) 그림을 그리고 난 여백에 곁들여 써 넣은 평어(評語)나 시가.
圖讖(도참) 미래를 예언하는 술법. 또는 그러한 내용이 적혀 있는 책.
系圖(계도) 대대의 계통을 나타낸 도표.
期圖(기도) 기약하여 꾀함.
浮圖(부도) 1)부처. 2)고승의 사리나 유골을 넣고 쌓은 둥근 돌탑.
略圖(약도) 요소들을 간략하게 나타낸 그림.
英圖(영도) 뛰어난 계획. 영략(英略).
雄圖(웅도) 웅대한 계획.
原圖(원도) 모사(模寫)나 복제 등의 바탕이 되는 그림. 본그림.
製圖(제도) 도면이나 도안을 그려 만듦.
縮圖(축도) 모양을 줄여서 그림. 또는 그 그림이

나 도면.

版圖(판도) 1)한 나라의 영토. 2)어떤 세력이 미치는 영역이나 범위.

유 謀(꾀할 모) 畵(그림 화)

圜	⑬ 16획	
	❶ 두를 환	日カン·めぐる
	❷ 둥글 원	中huán, yuán

풀이 1 1. 두르다. 둘러싸다. ¶圜繞 2 2. 둥글다. ¶圜冠 3. 돌다. 회전하다. ¶圜流 4. 하늘. ¶圜則 5. 감옥. ¶圜土

圜冠(원관) 둥근 갓. 유자(儒者)의 갓.

圜丘(원구) 1)하늘의 모양을 본뜬 둥근 제단. 임금이 동지(冬至)에 하늘에 제사를 지내던 곳. 2)신선이 사는 곳.

圜扉(원비) 감옥의 문. 곧 감옥을 이름.

圜視(1.원시/2.환시) 1)놀라 눈을 둥글게 뜨고 봄. 2)휘둘러 봄.

3 획

圜牆(원장) 감옥. 원토(圜土).

圜陣(원진) 둥글게 친 진. 원진(圓陣).

圜則(원칙) 하늘의 도리는 뜻으로, 하늘을 이르는 말.

圜土(원토) 감옥. 원장(圜牆).

圜流(환류) 돌아 흐름. 환류(還流).

圜繞(환요) 에워 두름.

유 丸(알 환) 円(둥글 엔) 團(둥글 단) 圓(둥글 원)

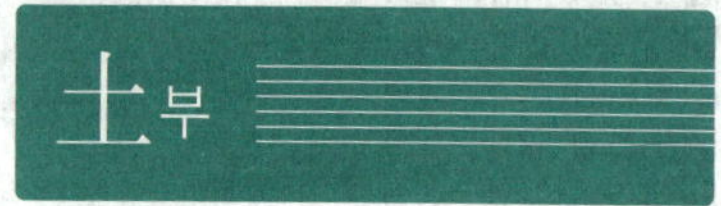

土 흙 토 部

'土' 자는 '흙'을 뜻하는 글자로, 국토(國土)나 영토(領土)에서처럼 일정한 '장소'나 '지방'을 나타낸다. 또한 농촌과 관련된 뜻으로 많이 쓰이고 사람이 흙을 토대로 살아가기 때문에 '살다'는 뜻을 나타내기도 한다. 따라서 이 글자를 부수로 갖는 글자는 땅의 성질이나 상태, 또는 지역이나 지형과 관련이 있다.

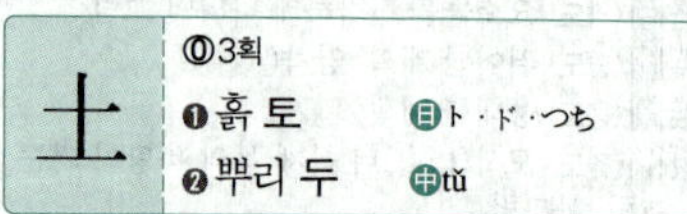

土	⓪3획	
	❶ 흙 토	日ト·ド·つち
	❷ 뿌리 두	中tǔ

一 十 土

*상형. 초목의 싹이 흙덩이를 뚫고 땅 위로 돋아나는 모양을 본뜬 글자. '흙'이라는 뜻으로 쓰임.

풀이 1 1. 흙. ¶土砂 2. 땅. 논밭. 영토. ¶領土 3. 지방. ¶土豪 4. 오행의 하나. 십간(十干)으로는 무(戊)와 기(己), 방위로는 중앙, 색깔로는 황색, 별로는 토성에 해당됨. 5. 재다. 측량하다. 6. 자리잡고 살다. 7. 흙일을 하다. ¶土木工事 2 8. 뿌리. ¶土苴

土疆(토강) 영토(領土).

土貢(토공) 국가에 바치는 지방의 토산물.

土窟(토굴) 흙을 파낸 큰 구덩이. 땅속에 뚫린 굴.

土器(토기) 진흙으로 만들어 잿물을 올리지 않고 구운 그릇.

土臺(토대) 1)흙만 가지고 높게 쌓아 올린 대. 2)집의 맨 아랫부분이 되는 바탕. 3)사물이나 사업의 기초.

土卵(토란) 다년생 풀. 밭에 심는데 땅 속에 감자 모양으로 구경(球莖)이 있어서 잎꼭지와 함께 먹음.

土龍(토룡) 1)흙으로 만든 용. 옛날, 기우제(祈雨祭)를 지내는 데 사용하였음. 2)지렁이 또는 두더지의 다른 이름.

土幕(토막) 움막. 움집.

土木工事(토목공사) 목재·철재(鐵材)·토석(土石) 등을 사용하여 도로·제방·교량·항만·철도·상하수도 등을 건설·유지하는 공사의 총칭.

土房(토방) 1)흙과 집이라는 뜻으로, 국가를 이르는 말. 2)진흙으로 지은 집. 3)마루를 놓을 수 있는 처마 밑의 땅. 흙마루.

土蕃(토번) 변방에서 붙박이로 사는 야만인.

土砂(토사) 흙과 모래.

土產品(토산품) 그 지방 특유의 물건.

土城(토성) 흙으로 쌓아올린 성루.

土星(토성) 태양계 가운데서 목성(木星) 다음가는 큰 유성(遊星).

土俗(토속) 그 지방 특유의 풍속.

土壤(토양) 1)흙. 2)곡물 등이 생장할 수 있는 흙. 3)활동·현상이 생성되고 발전할 수 있는 기반을 비유하는 말.

土域(토역) 1)나라 안. 2)토지.

土屋(토옥) 1)토담집. 흙으로 지은 집. 2)본토박이의 집.

土偶(토우) 흙으로 만든 허수아비. 흙으로 만든 인형. 토경(土梗).

土人(토인) 1)그 지방에 대대로 토착해 사는 사람. 2)미개인. 3)흑인.

土着(토착) 대를 이어 그 지방에서 살고 있음.

土着民(토착민) 대대로 그 땅에서 살고 있는 백성.

土種(토종) 본래 그 지방에서 나는 종자(種子).

土地(토지) 1)땅. 2)논밭이나 집터. 3)토질. 토양. 4)영토.
土質(토질) 흙의 성질.
土豪(토호) 지방에 웅거하여 세력을 떨치는 호족(豪族).
土化(토화) 1)썩어서 흙이 됨. 2)토질(土質)에 맞게 거름 등을 주어 농작물을 가꿈.
捲土重來(권토중래) 1)흙먼지를 날리며 다시 온다는 뜻으로, 한 번 실패에 굴하지 않고 몇 번이고 다시 일어남. 2)패한 자가 세력을 되찾아 다시 쳐들어옴.
東土(동토) 1)동쪽의 땅. 2)동방에 있는 나라.
身土不二(신토불이) 몸과 태어난 땅은 하나라는 뜻으로, 자기가 사는 땅에서 산출된 것이 체질에 잘 맞는다는 말.
淨土(정토) 번뇌의 속박을 벗어난, 서편에 있다는 극락세계. 아주 깨끗한 세상.
風土(풍토) 1)기후와 토지의 상태. 2)자연 환경과 거의 같은 뜻으로 쓰이는데, 인간 생활 그 자체를 포함하며 자연과 밀접한 관계를 가진 생활 전체를 말할 때도 있음.
鄕土(향토) 태어난 곳. 또는 시골.
유 壤(흙 양) 비 士(선비 사)

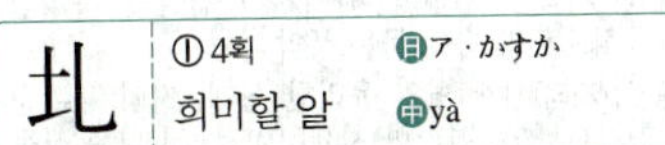
圠 ① 4획 희미할 알 日ア・かすか 中yà

풀이 1. 희미하다. 2. 산굽이. 산모퉁이. 3. 흙이 굳어지다.
비 北(북녘 북)

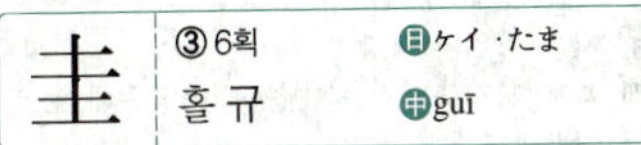
圭 ③ 6획 홀 규 日ケイ・たま 中guī

풀이 1. 홀. 천자가 제후를 봉할 때 하사하는, 옥으로 만든 진표. ¶圭璧 2. 용량 단위. 기장알 64개의 용량으로, 바뀌어 소량의 뜻으로 쓰임. 3. 모서리. ¶圭角
圭角(규각) 1)홀의 모서리. 2)말과 행동에 흠이 있어 남과 잘 어울리지 못함.
圭竇(규두) 쪽문. 문 옆에 있는 작은 창.
圭璧(규벽) 1)규(圭)와 벽(璧). 제후나 높은 관리들이 임금을 알현할 때나 제사 때 지니던 옥. 2)인품이 뛰어남.
圭復(규복) 편지를 몇 번이고 되풀이하여 읽는 일.
圭臬(규얼) 해시계.
圭勺(규작) 황제가 작위(爵位)가 있는 사람에게 내리던, 옥으로 만든 잔. 바뀌어 영예(榮譽)를 뜻함.
圭璋(규장) 예식 때 장식으로 쓰는 구슬. 바뀌어, 인품이 높음을 비유하는 말.
圭田(규전) 옛날, 임금이 경대부(卿大夫)에게 준 밭. 또는 벼슬아치가 받는 밭. 사전(仕田).
圭撮(규촬) 적은 분량. 조금.
圭表(규표) 해의 그림자를 재는 기구.
비 奎(별 이름 규)

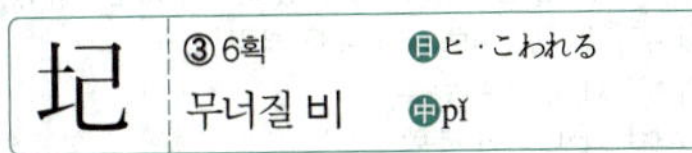
圮 ③ 6획 무너질 비 日ヒ・こわれる 中pǐ

풀이 무너지다. 붕괴되다. ¶圮溺
圮缺(비결) 무너져 이지러짐.
圮裂(비열) 허물어지고 갈라짐.
圮溺(비익) 땅이 물에 잠겨 무너지는 일.
圮絶(비절) 허물어져 끊어짐. 단절(斷絶).
유 坍(무너질 담) 崩(무너질 붕) 壞(무너질 괴)

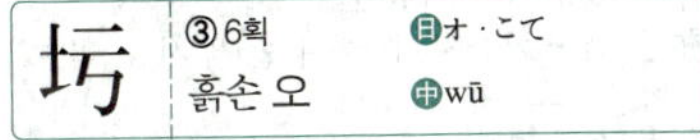
圬 ③ 6획 흙손 오 日オ・こて 中wū

풀이 흙손. ¶圬墁
圬墁(오만) 흙손으로 벽을 바르는 일. 공사판에서의 미장일.
圬人(오인) 미장이.
비 圩(오목할 우)

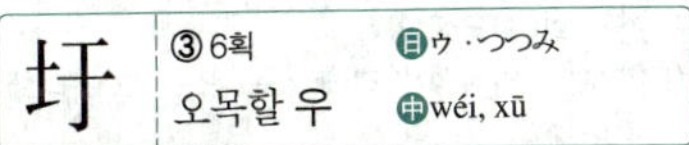
圩 ③ 6획 오목할 우 日ウ・つつみ 中wéi, xū

풀이 1. 오목하다. ¶圩頂 2. 방죽. 둑. 3. 염전(鹽田).
圩頂(우정) 오목하게 들어간 정수리.
유 凹(오목할 요) 반 凸(볼록할 철)

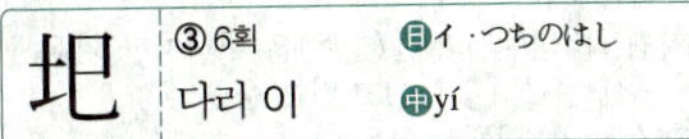
圯 ③ 6획 다리 이 日イ・つちのはし 中yí

풀이 다리. 흙다리.
圯橋(이교) 1)흙다리. 2)중국 강소성(江蘇省) 하비(下邳)에 있는 다리 이름.
圯橋書(이교서) 한나라의 장량(張良)이 황석공(黃石公)으로부터 이교(圯橋) 위에서 받았다는 태공망(太公望)의 병서(兵書).
圯上老人(이상노인) 이교 위의 노인. 황석공(黃石公)을 일컬음.
비 圮(무너질 비)

3획

在	③6획	日ザイ・ある
	있을 재	中zài

一ナ十在在在

* 형성. 뜻을 나타내는 부수 '土(흙 토)'와 음을 나타내며 풀의 싹을 뜻하는 '才(재주 재)'의 변형자를 합친 글자. 이에 흙에 풀이 나 있다는 의미에서 '있다', '존재하다'는 뜻으로 쓰임.

풀이 1. 있다. 존재하다. 살아 있다. ¶在家 2. 찾다. 살피다. 3. 제멋대로 하다. 4. 거처. 사는 곳.

在家(재가) 집에 있음.
在假(재가) 휴가 중임.
在告(재고) 관리가 조정에 알리고 휴가를 얻음.
在庫品(재고품) 팔고 남아서 창고에 쌓여 있는 물품.
在公(재공) 공적인 일에 종사함.
在來(재래) 그전부터 있어 옴.
在理(재리) 1)이치를 앎. 도리를 규명함. 2)재판을 받음.
在美(재미) 미국에 머무르고 있음.
在三(재삼) 가장 존경받아야 할 세 사람. 곧 어버이와 스승과 임금.
在昔(재석) 옛날.
在世(재세) 세상에 있음. 또는 세상에 살아 있는 동안. 생존(生存). 존명(存命).
在室(재실) 방 안에 있다는 뜻으로, 처녀를 이르는 말.
在野(재야) 초야(草野)에 있음. 벼슬길에 나아가지 않고 시골에 머무름.
在外(재외) 외국에 있음.
在位(재위) 임금의 자리에 있음. 또는 그 자리에 있는 동안.
在在(재재) 곳곳. 도처(到處).
在籍(재적) 학적·호적 등과 같이 어떤 집단에 적(籍)을 두고 있음.
在職(재직) 직장에 근무하고 있음. 관직에 있음.
在學(재학) 학교에 적을 두고 공부함.
內在律(내재율) 정형(定型)은 아니지만 자유시 속에 은근히 깃들이고 있는 운율.
實在(실재) 실제로 있음.
存在(존재) 있음.

유 存(있을 존) 有(있을 유) 비 左(왼 좌)

地	③6획	日チ・ジ・つち
	땅 지	中de, dì

一十土圠地地

* 회의. 온 누리(也)에 잇달아 흙(土)이 깔려 있다는 뜻을 나타낸 글자. 이에 '땅'의 뜻으로 쓰임.

풀이 1. 땅. 논밭. 영토. ¶地角 2. 곳. 장소. 3. 처지. 입장. 4. 바탕. 기본. 5. 지신. 토지의 신(神). 6. 신분. 지위. ¶地位 7. 자리잡고 살다. 거주하다. 8. ...의. 주로 시에서 쓰이는 어조사.

地角(지각) 땅의 한 모퉁이.
地殼(지각) 지구의 외각. 바위로 복잡하게 이루어진 지구의 거죽.
地境(지경) 1)땅과 땅의 경계. 2)어떠한 처지. 경우. 형편.
地區(지구) 땅의 한 구역.
地球(지구) 우리 인류가 살고 있는 천체.
地球儀(지구의) 둥근 모양으로서, 지구를 만든 작은 모형.
地氣(지기) 땅의 기운.
地德(지덕) 대지가 만물을 생산하고 육성하는 것을 이름.
地道(지도) 1)땅의 길. 2)땅속에 굴을 파서 만든 길. 갱도(坑道).
地圖(지도) 지구 표면의 일부 또는 전부를 일정한 축척(縮尺)에 의해 평면상에 나타낸 그림.
地動說(지동설) 지구가 다른 행성과 같이 태양의 둘레를 돌고 있다고 하는 학설. 코페르니쿠스에 의하여 주장되어 현재 확정적인 설이 됨.
地雷(지뢰) 적을 살상시키거나 건물을 파괴할 목적으로 땅속에 묻는 폭약.
地利(지리) 1)지형의 유리한 상태. 지키기 쉬운 지세(地勢). 편리한 지세. 2)땅에서 나는 산물에 의한 이익.
地理(지리) 1)땅·산·강·바다 등의 상태. 또는 그것들에 대하여 쓴 것. 2)지구 상의 물·육지·기후·생물·인구·도시·산업·교통·정치 등의 상태.
地望(지망) 지위와 명망.
地脈(지맥) 1)지층의 맥락(脈絡). 2)땅속에 흐르는 물의 통로.
地面(지면) 땅의 표면.
地名(지명) 땅의 이름.
地目(지목) 지세를 징수하기 위하여 구별한 토지의 종목.
地盤(지반) 1)땅의 표면. 2)건물 등의 토대로 되어 있는 땅.
地方(지방) 1)어느 한 방면의 땅. 2)서울 이외의 곳.
地變(지변) 1)땅의 이변(異變). 2)지각의 운동.
地分(지분) 1)지위(地位). 2)땅이 나뉨.
地上(지상) 땅의 위.
地勢(지세) 산·평야의 생김새 등 토지의 형세.
地稅(지세) 토지에 대한 조세.
地水火風(지수화풍) 우주를 구성하는 가장 기초

3획

적인 땅 · 물 · 불 · 바람.
地神(지신) 땅을 맡아 다스리는 신령.
地域(지역) 땅의 구역. 땅의 경계 또는 그 안의 땅.
地熱(지열) 1)땅의 온도가 높음. 지면이 뜨거움. 2)지구 내부의 고유한 열.
地獄(지옥) 1)생전의 죄로 말미암아 사후에 죄를 받는 곳. 2)어둡고 더럽고 처참한 곳을 비유하는 말.
地位(지위) 신분. 직위.
地籍(지적) 1)땅의 장적. 2)땅에 대한 여러 가지 사항을 적은 기록.
地點(지점) 어디라고 지정한 그 곳.
地政學(지정학) 정치 현상과 지리 조건과의 관계를 연구하는 학문. 정치에 관한 지리학.
地主(지주) 땅 주인. 토지 소유자.
地支(지지) 육십갑자(六十甲子)의 아래 단위를 이루는 요소. 자축인묘진사오미신유술해(子丑寅卯辰巳午未申酉戌亥).
地誌(지지) 지역의 산천 · 기후 · 풍속 · 산물 등을 기록한 책. 지리서(地理書).
地震(지진) 땅이 흔들려 움직이는 일. 지각의 한 부분이 급격한 변화로 지반이 진동하는 현상.
地質(지질) 땅의 성질. 지층의 상태.
地軸(지축) 1)지구 자전의 회전축. 2)대지를 지탱한다고 상상되는 축.
地嘴(지취) 땅 모양이 가늘고도 뾰족하게 부리가 져서 바다로 쑥 내민 곳.
地層(지층) 물 · 바람 · 눈 등의 작용으로 분해한 사력(砂礫) · 점토(粘土) 등이 흘러내려 낮은 곳에 층으로 되어 침적한 것.
地平線(지평선) 대지와 하늘이 서로 접하는 것처럼 보이는 수평선.
地表(지표) 지구의 표면.
地下(지하) 1)땅속. 2)구천(九泉). 황천(黃泉). 3)정치 · 사회 운동의 비합법적인 면.
地學(지학) 지구에 관한 자연과학의 총칭.
地形(지형) 땅의 생긴 모양이나 형세.
유 坤(땅 곤)

坎	④ 7획	日カン · あな
	구덩이 감	中kǎn

풀이 1. 구덩이. ¶坎壇 2. 험하다. ¶坎坷 3. 북 치는 소리. 또는 나무를 베는 소리. ¶坎坎 4. 묻다. 묻히다.
坎坷(감가) 1)길이 험하여 걷기에 힘듦. 2)때를 만나지 못함. 또는 뜻을 이루지 못함.
坎壇(감단) 제사 지내기 위해 판 구덩이와 땅에 쌓은 단.
坎壈(감람) 뜻을 얻지 못해 불우한 모양. 실의(失意).
유 坑(구덩이 갱) 비 吹(불 취)

坑	④ 7획	日コウ · あな
	구덩이 갱	中kēng

* 형성. 뜻을 나타내는 부수 '土(흙 토)'와 음을 나타내며 텅 빈 곳의 뜻을 지닌 '亢(목 항)'을 합친 글자. 이에 땅 위에 난 큰 구덩이라는 뜻이 됨.

풀이 1. 구덩이. ¶坑內 2. 구덩이에 묻다.
坑口(갱구) 굴의 입구.
坑內(갱내) 구덩이의 안. 땅속의 굴 안.
坑道(갱도) 땅속의 굴. 갱내의 통로.
坑木(갱목) 갱도나 갱내에 버티어 대는 데 쓰는 나무.
坑夫(갱부) 광산 · 탄광 등에서 채광(採鑛)하는 노동자.
焚書坑儒(분서갱유) 중국의 진시황(秦始皇)이 학자들의 정치 비평을 금하기 위하여 경서(經書)를 태우고 수많은 유생(儒生)들을 구덩이에 생매장한 일.
유 坎(구덩이 감) 비 抗(겨룰 항)

 均	④ 7획	日キン · ひとしい
	고를 균	中jūn, yùn

一 十 土 圴 均 均 均

풀이 1. 고르다. 공평하다. 고르게 하다. ¶均排 2. 같다. 균일하다. ¶均服 3. 녹로(轆轤). 오지그릇 등을 만들 때 쓰는 회전대. 4. 두루. ¶均浹 5. 현악기의 음률을 조절하는 조율기(調律器).
均等(균등) 가지런히 고르게 함.
均排(균배) 고르게 나눔. 균분(均分).
均賦(균부) 세금을 고르게 함.
均分(균분) 고르게 나눔.
均輸法(균수법) 중국 한무제가 정한 징세법의 일종. 물가 조절이 목적임.
均一(균일) 한결같이 고름. 차이가 없음. 똑같음.
均田(균전) 1)밭을 고르게 하는 일. 2)국민에게 평등하게 토지를 나누어 주는 일. 또는 그 토지.
均霑(균점) 남과 같이 이익을 받음.
均齊(균제) 고르고 가지런함.
均質(균질) 1)성질이 같음. 2)하나의 물체 가운데 어느 부분을 취하여도 성분이나 성질이 일정함.
均衡(균형) 어느 한쪽으로 치우침이 없이 쪽 고름.
平均(평균) 높낮이를 고르게 함. 또는 그 수치.

유 平(평평할 평)

坅 ④ 7획 구덩이 금 日キン・あな 中qǐn

풀이 구덩이. 땅이 움푹하게 패인 곳.

유 坑(구덩이 갱) 坎(구덩이 감)

圾 ④ 7획 위태할 급 日キュウ・あぶない 中jí

풀이 위태롭다. 위협하다. ¶圾圾

圾圾(급급) 위태로운 모양.

유 危(위태할 위) 殆(위태할 태)

圻 ④ 7획 ❶서울지경 기 ❷끝 은 日キ・さかい 中qí, yín

풀이 ❶ 1. 경기(京畿). 서울을 중심으로 사방 천리(千里)의 땅. ❷ 2. 끝. 지경.

유 畿(경기 기) 비 圻(서로 근)

坉 ④ 7획 막힐 둔 日ドン・ふさがる 中tún

풀이 1. 막히다. 막다. 2. 밭이랑.

유 滯(막힐 체) 鬱(막힐 울)

坊 ④ 7획 동네 방 日ボウ・まち・ちまた 中fāng, fáng

* 형성. 뜻을 나타내는 부수 '土(흙 토)'와 음을 나타내며 '네모짐'을 뜻하는 '方(모 방)'을 합친 글자. 이에 네모지게 구획된 토지(土地), 곧 '마을'의 뜻으로 쓰임. 또한 마을에 사람들이 산다는 의미에서 '거처'의 뜻으로도 쓰임.

풀이 1. 동네. 마을. ¶坊坊曲曲 2. 저자. 가게. 3. 방. 거처하는 방・집. ¶別坊 4. 관청. 관아. 5. 절. ¶坊舍 6. 둑. 제방. 7. 막다.

坊間(방간) 마을의 안. 동네.

坊閭(방려) 1)동네의 문. 2)동네. 마을.

坊坊曲曲(방방곡곡) 어느 한 군데도 빠놓지 않은 모든 곳.

新羅坊(신라방) 통일 신라 시대 중국 연안 지대에 있었던, 신라의 상인들과 유학승(遊學僧)들의 집단 거주지.

草坊院碑(초방원비) 수풀이 깊이 우거지고 남이 잘 돌보지 않는 외딴 마을에 서 있는 비.

비 枋(다목 방)

坏 ④ 7획 언덕 배 日ハイ 中huài, guài, pī

풀이 1. 언덕. 2. 날기와. 아직 굽지 않은 기와 도기. 3. 깔보다. 4. 뒷담. 벽(壁). 5. 막다. 바르다. 흙으로 담의 갈라진 틈을 메움. 6. 움켜 뜨다.

유 丘(언덕 구) 岸(언덕 안)

坌 ④ 7획 먼지 분 日ブン・ほこり 中bèn

풀이 1. 먼지. 티끌. 2. 뿌리다. 가루를 뿌리다. 3. 둑. 제방.

유 塵(티끌 진) 비 盆(동이 분)

坐 ④ 7획 앉을 좌 日ザ・すわる 中zuò

丿 人 从 从 丛 坐 坐

* 회의. 머무는 곳을 뜻하는 '土(흙 토)'와 마주 앉은 사람을 나타내는 '从(따를 종)'을 합친 글자. 이에 사람이 마주 보고 있다는 뜻에서 '앉아 있다', '앉은 채로 있다'라는 뜻으로 쓰임.

풀이 1. 앉다. 앉아 있다. ¶正坐 2. 자리. 좌석. ¶同坐 3. 무릎을 꿇다. 4. 대질하다. 5. 연루되다. ¶連坐 6. 지키다.

坐骨(좌골) 엉덩이뼈.

坐起(좌기) 앉음과 일어섬.

坐立(좌립) 앉음과 섬.

坐不安席(좌불안석) 마음이 불안하여 앉아서 편하게 오래 있지 못함.

坐席(좌석) 1)앉는 자리. 2)사람들이 모인 자리.

坐禪(좌선) 앉아서 도를 구함. 참선함.

坐視(좌시) 간섭하지 않고 가만히 두고 보기만 하는 것.

坐藥(좌약) 요도・항문・질에 넣는 약.

坐臥(좌와) 앉음과 누움.

坐向(좌향) 묘지나 집터 등의 등진 방위에서 정면으로 바라보이는 방향.

團坐(단좌) 여러 사람이 둥글게 모여 앉음.

端坐(단좌) 단정하게 앉음.

獨坐(독좌) 홀로 앉음.

同坐(동좌) 자리를 같이 하여 앉음.

連坐(연좌) 1)같은 자리에 잇대어 앉음. 2)다른 사람의 범죄에 대해서 특정한 범위의 몇 사람이 함께 책임을 짐.

비 座(자리 좌)

址 ④7획 터 지 日シ・もとい 中zhǐ

* 형성. 뜻을 나타내는 부수 '土(흙 토)'와 음을 나타내는 '止(멈출 지)'를 합친 글자. 이에 이용하지 않고 그쳐(止) 있는 땅(土)이라는 뜻에서 '빈터', '터'의 뜻으로 쓰임.

풀이 터. 지반.

유 基(터 기)

坂 ④7획 비탈 판 日ハン・さか 中bǎn

풀이 1. 비탈. 고개. 2. 둑. 제방.

유 阪(비탈 판) 비 板(널빤지 판)

坷 ⑤8획 평탄하지 않을 가 日カ・けわしい 中kē, kě

풀이 평탄하지 않다. 고르지 않다.

坩 ⑤8획 도가니 감 日カン・るつぼ 中gān

풀이 도가니. ¶坩堝

坩堝(감과) 도가니.

비 柑(감자나무 감)

坰 ⑤8획 들 경 日ケイ・まちはずれ 中jiōng

풀이 들. 교외.

坤 ⑤8획 땅 곤 日コン・つち 中kūn

一 十 土 扣 扣 坦 坦 坤

* 회의. 뜻을 나타내는 부수 '土(흙 토)'와 늘리다는 뜻을 가진 '申(펼 신)'을 합친 글자. 이에 대지(土)는 만물을 자라게 한다는 의미에서 '땅', '대지'라는 뜻으로 쓰임.

풀이 1. 땅. ¶坤德 2. 곤괘. ㉠ 8괘의 하나로 땅을 상징하며, 방위로는 서남쪽에 해당함. ㉡ 64괘의 하나로 유순함용(柔順含容)의 상(象). 3. 왕후. 왕비. ¶坤極

坤宮(곤궁) 황후. 또는 황후의 처소.

坤極(곤극) 황후의 자리. 또는 그 신분.

坤德(곤덕) 1)땅의 덕. 대지가 만물을 나아 기르는 힘. 2)부덕(婦德). 황후의 덕.

坤道(곤도) 땅의 도. 부녀자가 지켜야 할 도덕.

坤靈(곤령) 땅의 신. 지기(地祇).

坤母(곤모) 1)어머니. 또는 땅. 2)불〔火〕의 다른 이름.

坤方(곤방) 24방위의 하나. 서남쪽.

坤輿(곤여) 땅. 대지. 수레의 짐을 싣는 것처럼 만물을 싣고 있는 땅을 비유하는 말.

坤倪(곤예) 대지의 끝.

坤元(곤원) 1)땅. 2)땅의 덕.

坤位(곤위) 죽은 여자의 신주.

坤育(곤육) 땅이 만물을 키움과 같이, 귀여워하며 기르는 일. 즉 황후의 은혜를 이르는 말.

坤殿(곤전) 황후. 중궁전(中宮殿).

坤軸(곤축) 땅의 추축(樞軸). 지축(地軸).

坤后(곤후) 대지. 땅.

유 地(땅 지)

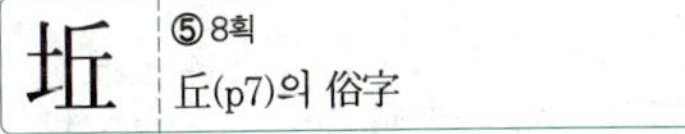

坵 ⑤8획 丘(p7)의 俗字

坭 ⑤8획 泥(p710)와 同字

垈 ⑤8획 터 대 韓

풀이 터. 집터. ¶垈田

垈田(대전) 1)텃밭. 2)집터와 밭.

垈地(대지) 집터.

유 基(터 기)

坺 ⑤8획 일굴 발 日バツ・ほりおこす 中bá

풀이 일구다. 갈다. 흙을 파서 뒤집음. 또는 그 흙덩이.

坯 ⑤8획 坏(p242)와 同字

3 획

坿	⑤ 8획	日フ · つける
	붙일 부	中fù

풀이 1. 붙이다. 2. 석영(石英).

유 附(붙을 부)

坌	⑤ 8획	日ブン
	쓸 분	中fèn

풀이 쓸다.

坲	⑤ 8획	日ブツ
	자옥이 일 불	中fó

풀이 자옥이 일다. 티끌이 일다.

비 佛(부처 불)

垂	⑤ 8획	日スイ · たれる
	드리울 수	中chuí

* 형성. 뜻을 나타내는 부수 '土(흙 토)'와 음을 나타내는 부수 이외의 글자를 합친 글자. 이에 흙(土) 위로 초목의 꽃이나 잎이 늘어진 모양을 나타내어 '늘어지다', '드리우다'라는 뜻으로 쓰임.

풀이 1. 드리우다. 늘어지다. ¶垂頭 2. 베풀다. 3. 후세에 전하다. 물려주다. 4. 가. 끝. 5. 변방. 6. 거의. ¶垂及

垂顧(수고) 돌봄. 은혜를 베풂.

垂教(수교) 가르침을 베풂. 좋은 가르침을 남김.

垂救(수구) 은혜를 베풂.

垂眷(수권) 은혜를 베풂. 수고(垂顧).

垂及(수급) 거의 다다름.

垂頭(수두) 고개를 숙임.

垂簾聽政(수렴청정) 황제의 나이가 어려서 태황(太皇)·태후(太后)·황태후(皇太后) 등이 정사를 돌보는 일. 수렴지정(垂簾之政).

垂老(수로) 70이 가까운 노인.

垂暮(수모) 1)어둠이 드리움. 2)만년(晩年)에 가까워짐. 나이가 많음을 이름.

垂髮(수발) 뒤로 길게 드리워진 머리.

垂範(수범) 남의 모범이 됨.

垂成(수성) 거의 이루어지려 함. 거의 성취되려고 함.

垂心(수심) 마음을 씀.

垂楊(수양) 수양버들.

垂直(수직) 1)똑바로 드리움. 또는 그 상태. 2)하나의 평면 또는 직선에 대하여 90도의 각도를 이루는 상태.

垂直線(수직선) 다른 직선이나 평면과 직각으로 마주치는 선. 지평면이나 수평면과 직각을 이루는 선.

垂青(수청) 푸른 눈으로 본다는 뜻으로, 호의를 가지고 봄, 또는 사랑하고 돌보아 줌을 이르는 말.

垂聽(수청) 경청함.

垂訓(수훈) 후세에 전해지는 교훈.

비 乘(탈 승)

坱	⑤ 8획	日アン · ちり
	먼지 앙	中yǎng

풀이 1. 먼지. 2. 평평하지 않은 모양. ¶坱圠 3. 끝이 없는 모양.

坱圠(앙알) 1)끝이 없는 모양. 아득한 모양. 2)평평하지 않은 모양.

유 塵(티끌 진) 坌(먼지 분)

坳	⑤ 8획	日オウ · くぼみ
	팬 곳 요	中ào

팬 곳. 움푹한 곳. ¶坳泓

坳堂(요당) 우묵하게 팬 땅.

坳塘(요당) 작은 연못.

坳窪(요와) 움푹 패임. 또는 그 곳.

坳泓(요홍) 움푹 패여 물이 고인 곳.

비 拗(꺾을 요)

垚	⑤ 8획
	堯(p253)의 俗字

坫	⑤ 8획	日テン · うてな
	경계 점	中diàn

풀이 1. 경계. 구역. 2. 대(臺). 술잔 등을 올려 놓는, 흙으로 만든 대.

유 境(경계 경)

坐	⑤ 8획
	坐(p242)와 同字

坻 ⑤8획 日ジ·とめる
모래섬 지 中chí, dǐ, zhǐ

풀이 1. 모래섬. ¶坻石 2. 물가. 수애. ¶坻岸 3. 토대. 4. 머무르다.

坻京(지경) 물 속의 높은 땅과 언덕이란 뜻으로, 수확물이 풍부함을 비유하는 말.
坻石(지석) 모래섬과 돌.
坻岸(지안) 물가의 언덕.

坧 ⑤8획 日タク·セキ
토대 척 中zhí

풀이 토대. 터.
비 拓(주울 척)

坨 ⑤8획
❶비탈질 타 日タ·イ·さか
❷땅 이름 이 中tuó

풀이 ❶1. 비탈지다. 2. 소금 노적장. ❷3. 땅 이름. 중국 하북성(河北省) 방산현(房山縣)의 서북쪽에 있는 땅 이름.

坼 ⑤8획 日タク·さける
터질 탁 中chè

1. 터지다. 갈라지다. ¶坼裂 2. 싹트다. 3. 금. 거북 등 껍데기를 불에 태워서 터진 금.

坼裂(탁렬) 터져 갈라짐.
坼封(탁봉) 봉한 것을 뜯음.
坼副(탁부) 1)갈라짐. 2)난산(難產).

坦 ⑤8획 日タン·たいらか
평평할 탄 中tǎn

풀이 1. 평평하다. 평탄하다. ¶坦道 2. 너그럽다. ¶坦率 3. 평온하다. 편하다. ¶坦然 4. 크다. 5. 드러나다.

坦道(탄도) 평평한 길.
坦步(탄보) 편하게 걸음.
坦腹(탄복) 배를 깔고 엎드림. 엎드려 뒹구는 일.
坦率(탄솔) 성품이 너그러워 사소한 것에 구애되지 않음.
坦然(탄연) 평온한 모양.
坦夷(탄이) 평평함.
坦坦大路(탄탄대로) 평평하고 넓은 큰 길.
坦蕩(탄탕) 평평하고 넓은 모양.
坦平(탄평) 평평함.
坦懷(탄회) 편안한 마음에 거리낌이 없음.
유 坪(평평할 평) 비 但(다만 단)

坡 ⑤8획 日ハ·さか
고개 파 中pō

풀이 1. 고개. 언덕. 비탈. ¶坡塘 2. 둑. ¶坡岸

坡塘(파당) 둑. 제방.
坡岸(파안) 강가의 둔덕.
坡陀(파타) 경사지고 평탄하지 않은 모양.
비 破(깨뜨릴 파)

坪 ⑤8획 日ヘイ·たいらか
평평할 평 中píng

* 형성. 뜻을 나타내는 부수 '土(흙 토)'와 음을 나타내며 '평탄하다'는 뜻을 지닌 '平(평평할 평)'을 합친 글자. 이에 평탄한 땅, 곧 '들판'의 뜻으로 쓰임.

풀이 1. 평평하다. 고르다. 2.韓 …평. 지적(地積)의 단위. 여섯 자 평방.

유 坦(평평할 탄)

3획

垢 ⑥9획 日コウ·ク·あか
때 구 中gòu

풀이 1. 때. 몸이나 옷에 묻은 더러운 것. ¶垢故 2. 수치. 치욕. 3. 때묻다. 더럽다. ¶純眞無垢

垢故(구고) 때가 끼고 오래됨.
垢面(구면) 때가 낀 얼굴.
垢穢(구예) 더러움.
垢弊(구폐) 더럽고 해짐.
刮垢磨光(괄구마광) 때를 벗기고 닦아 광채를 냄. 즉, 사람의 결점을 고치고 장점을 발휘하게 함.
蓬頭垢面(봉두구면) 쑥처럼 흐트러진 머리에 더러운 얼굴.
純眞無垢(순진무구) 마음과 몸이 아주 깨끗하여 조금도 더러운 때가 없음.
骸垢想浴(해구상욕) 몸에 때가 끼면 목욕하기를 생각함.
비 后(임금 후)

垝 ⑥9획 日キ·くずれる
무너질 궤 中guǐ

풀이 1. 무너지다. 허물어지다. 2. 무너진 담.

垌	⑥9획 항아리 동	日ドウ·かめ·つぼ 中dòng, tóng

풀이 1. 항아리. 동이. 2.韓 동막이. 물을 막기 위해 둑을 쌓는 일.

垌畓(동답) 바닷가에 둑을 쌓고 바닷물을 퍼내어 일군 논.

유 瓨(항아리 강) 甀(항아리 추) 罃(항아리 앵)

垡	⑥9획 일굴 벌	日バツ 中fá

풀이 일구다. 땅을 갈다.

垘	⑥9획 보 막을 복	日ボク·ながれる 中fú

풀이 1. 보를 막다. 2 무너지다. 붕괴하다.

城	⑥9획 성 성	日ジョウ·しろ 中chéng

一 十 土 圹 圻 城 城 城 城

*형성. 뜻을 나타내는 부수 '土(흙 토)'와 음을 나타내는 '成(이룰 성)'을 합친 글자. 이에 '흙(土)을 높이 쌓다', 곧 '성벽을 쌓아 백성을 지키다'의 뜻을 나타냄.

풀이 1. 성. 도시 둘레에 높이 쌓은 큰 담장. ¶城郭 2. 성으로 둘러싼 도시. 나라. 3. 성을 쌓다.

城郭(성곽) 내성(內城)과 외성(外城).

城闕(성궐) 1)성을 출입하는 문. 2)도성(都城). 도시 전체. 3)궁궐.

城旦(성단) 고대 형벌의 종류. 매일 성을 쌓는 일에 복역하는 형벌.

城壘(성루) 본성에서 떨어진 중요한 곳에 쌓은 작은 성. 성채(城砦).

城門(성문) 성을 출입하는 문.

城壁(성벽) 성곽의 벽. 성의 담.

城堡(성보) 성. 성채(城砦).

城肆(성사) 성이 있는 도시.

城市(성시) 성이 있는 도시. 시가(市街).

城邑(성읍) 도성(都城)과 읍리(邑里).

城主(성주) 성의 주인. 성을 지키는 장수의 우두머리.

城池(성지) 1)성 둘레에 판 못. 해자(垓字). 2)성벽과 성을 둘러싼 해자.

城柵(성책) 성에 둘러친 목책.

城狐社鼠(성호사서) 성(城)에 사는 여우와 사직(社稷)에 사는 쥐. 안전한 곳에 몸을 두고 나쁜 짓을 하는 사람. 즉, 임금 곁에 있는 간신.

城隍(성황) 1)성을 지키기 위해 성 둘레에 파 놓은 마른 해자(垓子). 2)도성(都城)의 수호신. 성황신(城隍神).

비 成(이룰 성) 誠(정성 성)

垣	⑥9획 담 원	日エン·かき 中yuán

풀이 1. 담. 낮은 담장. ¶垣牆 2. 별 이름.

垣衣(원의) 담쟁이. 이끼.

垣牆(원장) 담.

屬耳垣牆(속이원장) 담장에도 귀가 있음. 경솔하게 말하는 것을 조심하라는 뜻. 원유이(垣有耳).

墻垣(장원) 담.

비 咺(울 훤)

垠	⑥9획 끝 은	日ギン·はて 中yín

풀이 1. 끝. 땅의 가장자리. 2. 벼랑. 낭떠러지. 3. 모양. 형상. 4. 높이 솟은 모양.

垗	⑥9획 묏자리 조	日チョウ·はか 中zhào

풀이 1. 묏자리. 산소자리. 2. 주위에 둑을 두른 제터. 또는 거기에서 제사를 올리는 일.

비 兆(조짐 조)

垤	⑥9획 개밋둑 질	日チツ·ありづか 中dié

풀이 1. 개밋둑. ¶垤嵲 2. 언덕. 구릉.

垤嵲(질얼) 1)개밋둑. 2)작은 산.

비 桎(족쇄 질)

垓	⑥9획 지경 해	日ガイ·さかい 中gāi

풀이 1. 지경. 경계. 2.국토의 끝. 땅의 가장자리. 3. 층계. 4. 해(垓). 경(京)의 만 배.

垓字(해자) 1)능(陵)이나 묘의 경계. 2)성(城) 주위에 둘러 판 못.

垓坫(해점) 지경. 경계.

3획

유 畍(지경 계)

型	⑥ 9획	日ケイ · かた
	거푸집 형	中xíng

* 형성. 뜻을 나타내는 부수 '土(흙 토)'와 음을 나타내는 '刑(형벌 형)'을 합친 글자. '刑'은 모양, 형태를 나타내는 '形(모양 형)'자와 뜻이 통함. 이에 흙(土)으로 만든 거푸집, 곧 '틀'을 나타냄.

풀이 1. 거푸집. 2. 본보기. 모범. ¶型紙

型蠟(형랍) 조각할 때에 먼저 그 형상을 본뜨는 데 사용되는 재료. 송진 · 밀랍 등.

型紙(형지) 본보기로 오려 만든 종이.

原型(원형) 같은 것을 여러 개가 만들어진 본바탕.

血液型(혈액형) 적혈구와 혈청의 응집 반응을 기초로 한 혈액 분류형.

비 形(모양 형) 刑(형벌 형)

垕	⑥ 9획
	厚(p164)의 古字

埆	⑦ 10획	日カク · けわしい
	메마를 각	中què

풀이 1. 메마르다. 척박하다. 2. 험하다. 3. 모자라다.

埒	⑦ 10획	日ラツ · かこい
	담 날	中liè

풀이 1. 담. 낮은 담. 2. 둑. 3. 같다. 동등하다. 4. 경계. ¶埒丘

埒丘(날구) 경계가 있는 언덕이란 뜻으로, 사방 주위에 물이 있는 작은 산을 이르는 말.

埒略(날략) 요지를 따서 말함.

유 垣(담 원)

埓	⑦ 10획
	埒(p247)의 俗字

埌	⑦ 10획	日リョウ · はか
	무덤 량	中làng

풀이 1. 무덤. 2. 끝없이 넓은 모양. 들이 아득히 넓은 모양.

유 冢(무덤 총) 墳(무덤 분)

埋	⑦ 10획	日マイ · うめる
	묻을 매	中mái, mán

一 十 土 圠 圢 坦 垾 坦 埋 埋

* 형성. 뜻을 나타내는 부수 '土(흙 토)'와 음을 나타내며 '묻다'라는 뜻을 지닌 '貍(너구리 리)'의 생략형을 합친 글자.

풀이 1. 묻다. 묻히다. 시체를 묻다. ¶埋卻 2. 숨기다. 감추다. ¶埋湮 3. 저물다. 영락하다. ¶埋暮

埋卻(매각) 묻어 버림.

埋根(매근) 뿌리를 땅에 묻음. 곧, 굳건하게 서서 물러나지 않음을 이르는 말.

埋立(매립) 땅을 메워 돋움.

埋暮(매모) 1)해질녘. 2)사람이 나이를 먹는 일.

埋沒(매몰) 파묻음.

埋伏(매복) 몰래 공격하기 위해 적당한 곳에 숨어 엎드림.

埋瘞(매예) 시체를 땅속에 묻음.

埋玉(매옥) 옥을 파묻음. 즉, 재주 있는 사람이나 미인이 죽어 묻힘.

埋幽(매유) 땅에 묻음.

埋湮(매인) 숨겨져 보이지 않음. 매몰(埋沒)됨.

埋葬(매장) 1)시체를 땅속에 묻음. 2)나쁜 짓을 한 사람을 사회적으로 낯을 못 들게 함.

埋藏(매장) 1)묻혀 있음. 2)묻어 버림.

埋窆(매폄) 관을 땅속에 묻음.

埋香(매향) 향(香)을 묻음. 곧, 미인을 매장함.

埋魂(매혼) 혼백을 파묻음.

비 理(다스릴 리)

垺	⑦ 10획	日フ · おおきい
	나성 부	中fú, póu

풀이 1. 나성(羅城). 2. 크다. 커다랗다.

埀	⑦ 10획
	垂(p244)의 俗字

埃	⑦ 10획	日アイ · ほこり · ごみ
	티끌 애	中āi

풀이 1. 티끌. 먼지. ¶埃煤 2. 인간 세상. 세속(世俗). ¶埃氣 3. 이집트의 약칭.

埃及(애급) 이집트.

埃氣(애기) 세속적인 기분.

埃煤(애매) 티끌과 그을음.

3 획

埃滅(애멸) 티끌처럼 망함.
埃墨(애묵) 검은 티끌.
埃氛(애분) 1)먼지가 많은 대기(大氣). 2)더러운 속세를 이르는 말.
埃壒(애애) 먼지. 티끌.
埃靄(애애) 먼지가 많이 일어서 안개처럼 보이는 것.
埃塵(애진) 1)티끌. 2)더러움.
埃風(애풍) 티끌 등을 불어 올리는 바람. 회오리바람과 같은 바람.
유 塵(티끌 진)

埏	⑦ 10획 ❶ 땅의 끝 연 ❷ 이길 선	日エン・セン・はて 中yán

풀이 1 1. 땅의 끝. 팔의 가장자리. 2. 무덤 속으로 통하는 길. ¶埏隧 2 3. 이기다. 흙을 반죽하다.
埏埴(선식) 진흙을 이김.
埏隧(연수) 땅을 파서 무덤 속으로 통하는 길.

3 획

垸	⑦ 10획 바를 완 · 환	日ガン・ただしい 中yuàn

풀이 1. 바르다. 옻에 재를 섞어 바르다. 2. 그르다. 3. 무게의 단위. 4. 둑.
비 琓(옥 이름 완)

埇	⑦ 10획 길 돋울 용	日ヨウ 中yǒng

풀이 길을 돋우다. 길게 흙을 덮어 돋우다.
비 踊(뛸 용)

垽	⑦ 10획 앙금 은	日イン・かす 中yìn

풀이 앙금. 찌끼.

埈	⑦ 10획 陖(p1496)과 同字

埍	⑦ 10획 壛(p268)의 本字

堈	⑧ 11획 언덕 강	日カン・あな 中gāng

* 형성. 뜻을 나타내는 부수 '土(흙 토)'와 음을 나타내는 '岡(강)'을 합친 글자.

풀이 1. 언덕. 2. 독. 항아리.
유 丘(언덕 구) 岸(언덕 안) 坏(언덕 배) 坵(언덕 구)

堅	⑧ 11획 굳을 견	日ケン・かたい 中jiān

一 ㄱ ㅋ ㅋ ㅋ 臣 臤 臤 堅 堅 堅

* 형성. 뜻을 나타내는 부수 '土(흙 토)'와 신하(臣)가 손(又)으로 굳게 잡은 모양을 나타낸 '臤'을 합친 글자. 이에 흙이 '굳은' 것을 나타내며, 굳은 것은 강하다 하여 '강하다'는 뜻으로도 쓰임.

풀이 1. 굳다. 견고하다. 단단하다. ¶堅忍 2. 굳어지다. 3. 굳세다. 강하다. 4. 갑주. 갑옷과 투구.
堅強(견강) 굳세고 강함.
堅固(견고) 굳고 튼튼함.
堅實(견실) 확실하고 틀림이 없음.
堅巖(견암) 단단한 바윗돌. 접촉변질을 받아 굳어진 점판암의 한 가지.
堅如盤石(견여반석) 튼튼하기가 반석과 같음.
堅鹽(견염) 굳어 덩어리진 소금.
堅忍(견인) 굳게 참음.
堅忍持久(견인지구) 끝까지 참고 견딤.
堅持(견지) 굳게 지님.
剛堅(강견) 성질이 굳세고 단단함.
中堅(중견) 1)중군(中軍). 2)단체나 사회에서 중심이 되는 사람.
비 豎(세울 수)

堌	⑧ 11획 방죽 고	日コ・はか 中gù

풀이 1. 방죽. 둑. 2. 오래된 무덤. 고총(古冢).

堁	⑧ 11획 먼지 과	日カ・ほこり 中kè

풀이 먼지. 티끌.
유 塵(티끌 진) 坌(먼지 분)

堀	⑧ 11획 굴 굴	日クツ・ほり 中kū

풀이 1. 굴. 2. 파다. 굴을 파다. 3. 바람이 불어 먼지가 이는 모양.

비 堀(팔 굴)

埢	⑧ 11획	日ケン · まわる
	둥글 권	中quán

풀이 1. 둥글다. 2. 둥근 담. 3. 흙더미.

유 丸(알 환) 円(둥글 엔) 團(둥글 단) 圓(둥글 원)

堇	⑧ 11획	日キン · ねばつち
	진흙 근	中jǐn

풀이 1. 진흙. 점토. ¶堇塊 2. 때. 시기. 3. 겨우. 조금. 약간. ¶堇堇

堇塊(근괴) 진흙. 점토(粘土).
堇堇(근근) 근소한 모양.

비 泥(진흙 니)

埼	⑧ 11획	日キ · みさき
	갑 기	中qí

풀이 갑. 곶. 바다로 뻗어나온 육지의 끝 부분.

基	⑧ 11획	日キ · もとい
	터 기	中jī

一 十 廾 甘 甘 苴 其 其 基 基 基

풀이 1. 터. 2. 근본. 바탕. ¶基本 3. 사업. 4. 자리를 잡다. 터를 잡다. 5. 기인하다.

基幹(기간) 바탕이 되는 줄기. 어떤 조직이나 체계를 이룬 것 가운데 중심이 되는 것.
基幹產業(기간산업) 일반 산업의 성쇠(盛衰)에 중대한 관련을 갖는 중요 산업.
基金(기금) 1)밑천. 기본금. 2)어떤 목적을 위하여 준비해 놓은 자금.
基壇(기단) 건물 · 비석 등의 밑에 받치는 돌.
基督教(기독교) 유일신을 믿고 박애주의를 이념으로 하는 종교. 크리스트교.
基盤(기반) 터전. 가장 기본이 되는 자리.
基本(기본) 사물의 근본.
基數(기수) 수를 나타내는 기본이 되는 수. 십진법(十進法)에서는 0에서 9까지의 정수(整數).
基因(기인) 기본이 되는 원인.
基底(기저) 기초가 되는 밑바닥.
基點(기점) 기준이 되는 점.
基調(기조) 1)주조음(主調音). 2)사상의 근저(根底).
基礎(기초) 건물의 주춧돌. 또는 토대. 사물의 밑자리.
基層(기층) 바탕을 이루는 층.
基下(기하) 발해의 상류 계급에서 임금을 부르던 칭호.
基形(기형) 본디 모양. 기본 형태.
基準(기준) 기본이 되는 표준.

유 址(터 지) 垈(터 대) 비 其(그 기)

堂	⑧ 11획	日ドウ · おもてざしき
	집 당	中táng

丨 丬 丷 ⺌ 尚 尚 尚 尚 堂 堂 堂

* 형성. 뜻을 나타내는 부수 '土(흙 토)'와 음을 나타내며 높은 곳을 뜻하는 '尙(오히려 상)'을 합친 글자. 이에 흙(土)을 높이 쌓아올린 위에 세운 '높은 건물'의 뜻으로 쓰임.

풀이 1. 집. ¶堂宇 2. 대청. 마루 ¶堂前 3. 사촌 형제나 오촌 숙질 관계의 친족. ¶堂叔 4. 남의 어머니. ¶堂老 5. 당당하다. 의젓하다. ¶堂堂

堂規(당규) 한 집안의 법규.
堂堂(당당) 1)위엄 있고 훌륭한 모양. 위의가 번듯한 모양. 2)용기가 있는 모양.
堂山(당산) 토지나 마을의 수호신이 있다고 이르는 산이나 언덕.
堂上(당상) 1)마루 위. 대청 위. 2)부모를 일컬음. 마루 위에 계시므로 이와 같이 말함. 3)조선시대 정3품 상(上) 이상의 품계에 해당하는 벼슬을 통틀어 이름.
堂叔(당숙) 종숙(從叔)을 친근히 부르는 말.
堂神(당신) 신당(神堂)에 모신 신령.
堂室(당실) 사랑채와 안채.
堂宇(당우) 큰 집과 작은 집.
堂長(당장) 서원(書院)에 속해 있는 하인.
堂前(당전) 대청의 앞.
堂主(당주) 나라의 기도를 맡아보던 소경.
堂姪(당질) 종질(從姪).
堂姪女(당질녀) 종질녀(從姪女).
堂兄弟(당형제) 사촌 형제. 종형제(從兄弟).
明堂(명당) 1)임금이 신하의 알현을 받던 정전(正殿). 2)풍수상 좋은 자리.
佛堂(불당) 부처님을 모신 집.
食堂(식당) 밥을 먹는 집.
神堂(신당) 신을 모신 집.

유 家(집 가) 屋(집 옥) 宇(집 우) 宅(집 택) 室(집 실)
비 當(당할 당)

培

⑧ 11획
❶ 북돋울 배 日バイ·つちかう
❷ 언덕 부 中péi

一 十 土 扌 圹 垃 垃 垃 培 培 培

* 형성. 뜻을 나타내는 부수 '土(흙 토)'와 음을 나타내며 '덧붙인다'는 뜻을 가진 '咅'를 합친 글자. 이에 흙에 묻힌 뿌리를 북돋우는 일, 곧 '가꾸다', '기르다'라는 뜻을 나타냄.

풀이 1 1. 북돋우다. 식물의 뿌리에 북을 주다. ¶培植 2. 다스리다. 3. 담. 2 4. 언덕. ¶培堆 5. 무덤. ¶培塿 6. 밭두둑. 논두렁.

培植(배식) 북돋아 심음.
培養(배양) 1)북돋아 기름. 2)사람을 가르쳐 기르거나 실력을 기름.
培塿(부루) 작은 무덤.
培堆(부퇴) 언덕처럼 높이 쌓음.

비 倍(곱 배)

埠

⑧ 11획
부두 부 日フ·はとば 中bù

풀이 부두. 선창.

埠頭(부두) 항구에서 배를 대고 여객이나 짐을 싣고 내리는 곳.

堋

⑧ 11획
묻을 붕 日ホウ·ともだち 中péng

풀이 1. 묻다. 관을 묻다. 2. 벗. 친구. 3. 보. 4. 활터. 살받이터.

埤

⑧ 11획
❶ 더할 비 日ヒ·ひくい
❷ 성가퀴 폐 中pí, pì

풀이 1 1. 더하다. 2. 낮은 담. 3. 낮다. ¶埤下 4. 습한 땅. ¶埤薄 2 5. 성가퀴.

埤薄(비박) 습기가 많고 마른 땅.
埤濕(비습) 낮고 축축한 땅. 비습(卑濕).
埤下(비하) 낮음. 또는 낮은 곳.

유 加(더할 가) 비 裨(도울 비)

埽

⑧ 11획
쓸 소 日ソウ·はく 中sǎo, sào

풀이 쓸다. 청소하다. 쓸어내다.

埴

⑧ 11획
찰흙 식·치 日ショク·ねばつち 中zhí

풀이 찰흙. 진흙.

비 植(심을 식)

堊

⑧ 11획
백토 악 日ア·アク·しろつち 中è

풀이 1. 백토. 흰 흙. 2. 진흙. 색흙. 고운 빛의 흙. 3. 희게 칠하다. 백토를 바르다. ¶堊車

堊車(악거) 하얀 흙을 칠한 수레.
堊慢(악만) 백토를 바름.
堊壁(악벽) 흰 벽.
白堊館(백악관) 미국 워싱턴에 있는 미국 대통령의 관저. 미국 정부를 지칭하기도 함.
白堊紀(백악기) 중생대 최후의 기. 동물은 유공충·암모나이트·공룡, 식물은 양치류·속씨식물이 번성하였음.

비 惡(악할 악)

埜

⑧ 11획
野(p1444)의 古字

域

⑧ 11획
지경 역 日イキ·さかい 中yù

一 十 土 圹 圹 垣 垣 垣 域 域 域

* 형성. 뜻을 나타내는 부수 '土(흙 토)'와 음을 나타내며 '지역·나라'라는 뜻을 지닌 '或(혹시 혹)'을 합친 글자. 이에 토지의 넓이, 곧 '지경'이라는 뜻으로 쓰임.

풀이 1. 지경(地境). 경계. ¶地域 2. 나라. 국토. ¶異域 3. 묘지. 4. 보전하다. 5. 살다.

域內(역내) 구역의 안쪽.
域中(역중) 구역 또는 지역의 안.
槿域(근역) 무궁화 동산. 우리나라를 이르는 말.
地域(지역) 땅의 경계.

유 界(지경 계) 境(지경 경)

埸

⑧ 11획
밭두둑 역 日エキ 中yì

풀이 1. 밭두둑. 2. 국경. 변방.

비 場(마당 장)

埶	⑧ 11획 ❶ 蓺(p1196)의 同字 ❷ 勢(p143)와 同字

埦	⑧ 11획	日エイ · ケイ
	성가퀴 예	中nì

풀이 성가퀴. 성 위에 낮게 쌓은 담.

비 倪(어린이 예)

堉	⑧ 11획	日リク · よくち
	기름진 땅 육	中yù

풀이 기름진 땅. 비옥한 땅. 옥토(沃土).

유 肥(살찔 비) 비 育(기를 육)

埻	⑧ 11획	日ジュン · てき
	과녁 준	中zhǔn

풀이 1. 과녁. 2. 법칙. 기준. 3. 쌓은 흙.

유 的(과녁 적)

執	⑧ 11획	日シツ · シュウ · とる
	잡을 집	中zhí

一 十 土 圭 击 坴 坴 幸 幸 執 執

풀이 1. 잡다. 쥐다. ¶執權 2. 맡다. 관장하다. ¶執政 3. 고집하다. 견지하다. ¶執念 4. 두려워하다. 5. 벗. 동지. ¶朋執

執權(집권) 정권을 잡음. 권력을 가짐.
執念(집념) 마음에 깊이 새김.
執達吏(집달리) 지방 법원에 배치되어 송달 및 강제 집행에 관한 처분을 행하는 공무원.
執刀(집도) 1)칼을 잡음. 2)외과 수술에서, 해부를 위하여 칼을 손에 쥠.
執務(집무) 사무를 봄.
執事(집사) 1)일을 실행함. 2)부유한 사람의 집 안에서 일을 돌봐 주는 사람. 3)크리스트교에서 교회 일을 맡아보는 직분. 또는 그 사람.
執拗(집요) 꽉 잡은 마음이 질기고도 끈기가 있음.
執牛耳(집우이) 동맹의 주도권을 잡음. 또는 단체 등에서 지배적 위치에 있음. 춘추전국 시대에 제후들이 맹약을 맺을 때 맹주가 소의 귀를 쥐고 베어 그 피를 마시고 서약한 고사에서 나온 말.
執政(집정) 정치를 맡아서 행함. 또는 그 사람.
執着(집착) 마음이 한 곳에 달라붙어 다른 생각을 하지 않음.
執筆(집필) 붓을 쥐고 글 또는 글씨를 씀.
執行(집행) 1)실제로 일을 잡아서 실행함. 2)관리가 직권으로써 법률에 정한 바의 내용을 실행함.
執刑(집형) 형을 집행함.
據執(거집) 거짓 문서를 내세워 남의 것을 차지하여 돌려보내지 않음.
堅執(견집) 굳게 잡음.
見執(견집) 붙잡힘.
固執(고집) 자기의 의견만 굳게 내세움.
都執(도집) 조선 시대 후기에, 상품을 매점 · 독점하는 도고(都賈) 행위. 도취(都聚).
妄執(망집) 망상을 버리지 못하고 고집하는 일. 망녕된 집념.
無執(무집) 집착이 없음. 무착(無着).
父執尊長(부집존장) 아버지의 벗으로 나이가 아버지와 비슷한 어른.
分執(분집) 종 · 땅 · 집 등을 나누어 가짐.
朋執(붕집) 벗.
常執(상집) 상임 집행 위원.
我執(아집) 자신에 집착함. 자기의 뜻을 내세워 버팀.
愛執(애집) 욕망에 사로잡혀 헤어나오지 못함.
兩手執餠(양수집병) 양손에 떡을 쥐었다는 뜻으로, 가지기도 어렵고 버리기도 어려운 경우를 이르는 말.
壅固執(옹고집) 억지가 아주 심한 고집.
外執(외집) 남의 물건을 몰래 다른 데 옮겨 감추어 두는 일.
意執(의집) 어떤 일을 마음속에 깊이 새겨 두고 동요없이 고집함. 또는, 그것을 고집하는 마음.
子膜執中(자막집중) 융통성이 없고 임기응변할 줄 모르는 사람.
爭執(쟁집) 서로 옥신각신 다툼.
專執(전집) 어떤 일을 오로지 주장하여 잡음.

유 捉(잡을 착)

埰	⑧ 11획	日サイ · りょうち
	채지 채	中cài

풀이 1. 채지(采地). 식읍(食邑). 2. 무덤.

비 採(캘 채)

埵

⑧ 11획 日タ・さか
언덕 타 中duǒ

풀이 1. 언덕. 2. 둑. 방죽. 3. 단단한 흙.

유 丘(언덕 구) 岸(언덕 안) 坏(언덕 배) 坵(언덕 구)

堆

⑧ 11획 日タイ・うずだかい
흙무더기 퇴 中duī, zuī

풀이 1. 흙무더기. 언덕. ¶沙堆 2. 쌓다. 쌓이다. ¶堆積物 3. 놓다. 4. 그만두다.

堆金積玉(퇴금적옥) 금과 옥을 산처럼 쌓음.
堆肥(퇴비) 두엄.
堆積(퇴적) 많이 쌓아 놓음.
堆土(퇴토) 퇴적한 흙.
沙堆(사퇴) 모래 언덕.

비 椎(쇠몽둥이 추) 推(밀 추)

堪

⑨ 12획 日カン・たえる
견딜 감 中kān

* 형성. 뜻을 나타내는 부수 '土(흙 토)'와 음을 나타내는 '甚(심할 심)'을 합친 글자. 원래 '봉긋하게 높은 흙'을 뜻한다고 하나, 매우(甚) 많고도 커다란 만물을 적재하고 있는 대지(土)처럼 능히 '견디는' 것을 뜻함.

풀이 1. 견디다. 이겨 내다. ¶堪耐 2. 뛰어나다. 3. 하늘. ¶堪輿 4. 할 수 있다.

堪耐(감내) 참고 견딤.
堪能(감능) 일을 훌륭하게 참고 견딜 수 있는 능력. 또는 그 능력이 있음.
堪當(감당) 1)일을 맡아서 해낼 수 있음. 2)잘 참아 견뎌 냄.
堪勝(감승) 잘 견딤.
堪輿(감여) 1)하늘과 땅. 2)천지의 신(神).

유 耐(견딜 내) 忍(참을 인)

堺

⑨ 12획
界(p876)와 同字

堦

⑨ 12획
階(p1501)와 同字

堝

⑨ 12획 日カ・るつぼ
도가니 과 中guō

풀이 도가니. 쇠붙이를 녹이는 그릇.

유 坩(도가니 감)

堩

⑨ 12획 日ギン・みち
길 긍 中gèng

풀이 길. 도로.

堵

⑨ 12획 日ト・かき
담 도 中dǔ

풀이 1. 담. ¶堵牆 2. 거처. 담의 안쪽. 3. 막다.

堵塞(도색) 막음.
堵牆(도장) 담. 울타리.

유 壁(벽 벽) 垣(담 원)

堗

⑨ 12획 日トツ・えんとつ
굴뚝 돌 中tū

풀이 굴뚝.

堥

⑨ 12획 日ム・さか
언덕 무 中móu

언덕. 앞쪽이 높고 뒤쪽이 낮은 언덕.

堥敦(무돈) 낮은 언덕.

유 丘(언덕 구) 岸(언덕 안) 坏(언덕 배) 坵(언덕 구)

堳

⑨ 12획 日ビ・かき
담 미 中méi

풀이 담. 단(壇) 주위에 쌓은 낮은 담.

堳埒(미날) 단(壇)의 주위에 친 낮은 담.

유 壁(벽 벽) 垣(담 원)

堡

⑨ 12획 日ホウ・とりで
작은 성 보 中bǎo, bǔ, pǔ

* 형성. 뜻을 나타내는 부수 '土(흙 토)'와 음을 나타내며 '막다'라는 뜻을 가진 '保(지킬 보)'를 합친 글자. '흙(土)을 쌓아 지키는 것', '적으로부터 보호하는 것'이라는 뜻으로 쓰임.

풀이 1. 작은 성. ¶堡臺 2. 둑. 제방.

堡臺(보대) 작은 성.
堡壘(보루) 1)적을 막기 위해 쌓은 진지. 2)가장 튼튼한 발판.
堡壁(보벽) 보루(堡壘).

堡砦(보채) 보루(堡壘).
堡聚(보취) 사람을 모아 보루(堡壘)를 지킴.

報 ⑨ 12획 日ホウ·むくいる
갚을 보 中bào

一 十 土 士 去 幸 幸 幸 幸 郣 報 報

풀이 1. 갚다. 보답하다. ¶報恩 2. 알리다. 여쭈다. ¶報道 3. 알림. 통지. 4. 대답하다. ¶報章 5. 죄를 심판하다. 죄인을 처벌하다. ¶報囚 6. 간통하다.

報告(보고) 어떤 임무를 띤 사람이 그 일의 내용이나 결과를 글 또는 말로 알림.
報功(보공) 은공을 보답함.
報仇(보구) 원수를 갚음.
報國(보국) 나라의 은혜를 갚음. 나라에 충성을 다함.
報答(보답) 호의나 은혜 등을 갚음.
報德(보덕) 은덕을 갚음.
報道(보도) 1)신문 등의 뉴스. 2)일을 전하여 알림.
報命(보명) 명령받은 일의 결과를 보고함.
報復(보복) 원수를 갚음.
報服(보복) 항렬이 높은 사람이 항렬이 낮은 사람의 상을 당하여 입는 상복.
報償(보상) 남에게 진 빚이나 받은 물건을 갚음.
報雪(보설) 보복하여 치욕을 씻음.
報酬(보수) 1)사례(謝禮). 2)일한 것에 대하여 금품을 주는 일. 또는 그 금품.
報囚(보수) 죄인에게 벌을 부과하는 일. 죄를 논하여 결정함.
報施(보시) 은혜를 갚아 베풂.
報衙(보아) 관아에서, 업무의 시작을 알리는 북.
報營(보영) 지방의 수령이 감영(監營)에 보고하는 일.
報恩(보은) 은혜를 갚음.
報應(보응) 인업(因業)에 따른 결과.
報章(보장) 회답의 편지.
公報(공보) 관청에서 국민에게 보내는 보고.
日報(일보) 1)나날의 보고. 2)일간 신문.
因果應報(인과응보) 원인과 결과는 서로 물림.
電報(전보) 전신으로 보내는 소식.
弘報(홍보) 널리 알리는 것.

유 償(갚을 상) 酬(갚을 수)

 ⑨ 12획
塍(p256)과 同字

 ⑨ 12획
❶먼지 애 日アイ·ちり
❷보 알 中ài, è

풀이 ❶1. 먼지. 2. 벽의 틈. ❷3. 보. 제방.

유 塵(티끌 진) 坌(먼지 분)

埜 ⑨ 12획
野(p1444)와 同字

堰 ⑨ 12획 日エン·せき
방죽 언 中yàn

풀이 1. 방죽. ¶堰堤 2. 막다. 물을 막다.

堰堤(언제) 댐(dam). 둑.
堰埭(언태) 1)선박의 통행세를 받기 위하여 물을 막고 쌓은 둑. 2)밭에 물을 대기 위해 쌓은 방죽.

堯 ⑨ 12획 日ギョウ·たかい
요임금 요 中yáo

* 형성. '垚(높은 모양 요)'와 '兀(우뚝할 올)'을 합친 글자. 오뚝한(兀) 것 위에 또 더 높게(垚) 흙을 쌓은 것을 뜻하여 '높다'는 뜻을 나타냄.

풀이 1. 요임금. 중국 전설에 나오는 고대의 성군(聖君). ¶堯舜 2. 높다.

堯桀(요걸) 요임금과 걸임금. 즉, 성군과 폭군.
堯年(요년) 요임금이 재위한 기간. 즉, 태평세대(太平世代)를 이르는 말.
堯舜(요순) 1)요임금과 순임금. 2)성군(聖君).
堯天(요천) 요임금과 같은 위대한 임금.
堯風舜雨(요풍순우) 요임금과 순임금의 어진 덕이 널리 천하에 베풀어짐을 바람과 비의 혜택에 견준 말로 태평성대를 이르는 말.

堣 ⑨ 12획 日ウ·すみ
모퉁이 우 中yú

풀이 모퉁이.

유 隅(모퉁이 우) 비 偶(짝 우)

堙 ⑨ 12획 日イン·ふさぐ
막을 인 中yīn

풀이 1. 막다. 가로막다. ¶堙塞 2. 묻다. ¶堙圮 3. 사다리. 4. 흙을 쌓다.

堙陵(인릉) 점차 쇠약해짐.
堙圮(인비) 묻혀 무너짐.
堙塞(인색) 막힘.
堙窒(인질) 막혀 통하지 않음.
堙替(인체) 묻혀 사용하지 못함.
堙廢(인폐) 묻혀 쇠퇴함.

유 塞(막힐 색)

場 ⑨ 12획 마당 장 日ジョウ·ば 中cháng, chǎng

* 형성. 뜻을 나타내는 부수 '土(흙 토)'와 음을 나타내며 신에게 제사 지내던 곳의 모양을 나타낸 '昜(볕 양)'을 합친 글자. 이에 땅[土] 위의 제사를 지내는 넓은 마당이라는 의미에서 '장소'라는 뜻으로 쓰임.

풀이 1. 마당. 정원. ¶場師 2. 구획. 단락. 3. 때. 시기. 4. 곳. 장소. ¶場所 5. 무대. 6. 과거 시험장.

場期(장기) 과거(科擧) 시험을 보는 날.
場埒(장날) 말을 타며 활을 쏘는 곳.
場內(장내) 장소의 안. 회장의 내부.
場面(장면) 어떠한 장소의 겉에 드러난 면. 또는 그 광경.
場師(장사) 집의 정원을 돌보는 사람. 정원사.
場所(장소) 1)처소. 2)자리. 좌석.
場屋(장옥) 관리를 선출하는 장소.
場外(장외) 어떠한 처소의 바깥.
場囿(장유) 장소. 자리.
場中(장중) 1)과거 시험장의 안. 과거를 보는 마당 안. 2)밭 가운데.
場圃(장포) 밭. 집 근처에 있는 채소밭.
立場(입장) 당면하고 있는 상황.

유 所(바 소) 비 埸(밭두둑 역)

堤 ⑨ 12획 ❶방죽 제 ❷대개 시 日テイ·つつみ 中dī

* 형성. 뜻을 나타내는 부수 '土(흙 토)'와 음을 나타내는 '是(이 시)'를 합친 글자. '是'는 요긴한 곳을 뜻하며, 여기서 요긴한 곳은 물을 막는 둑을 나타냄. 이에 흙[土]을 쌓아 막다, 곧 '방죽'의 뜻으로 쓰임.

풀이 ❶ 1. 방죽. ¶堤防 ❷ 2. 대개. 보통. ¶堤封

堤塘(제당) 제방.
堤防(제방) 둑. 제방.
堤堰(제언) 물을 막아 놓기 위해 강이나 바다를 가로질러 쌓은 둑.
堤封(시봉) 대개. 대략.

비 提(끌 제)

堲 ⑨ 12획 ❶미워할 즉 ❷불똥 즐 日ソク·にくむ 中jí

풀이 ❶ 1. 미워하다. 싫어하다. ❷ 2. 불똥. 타다 남은 심지 끝. 3. 벽돌.

堲周(즉주) 관(棺)을 사용하지 않고, 흙으로 만든 벽돌로 무덤 안을 빙 두르는 방법.

유 憎(미워할 증)

堞 ⑨ 12획 성가퀴 첩 日チョウ·ひめがき 中dié

풀이 성가퀴. 성벽 위에 낮게 쌓은 담.

비 葉(잎 엽) 諜(염탐할 첩)

堶 ⑨ 12획 돌팔매 타 日タ 中tuó

풀이 돌팔매. 옛날, 돌팔매질하여 겨루던 놀이.

비 椭(길쭉할 타)

堭 ⑨ 12획 당집 황 日コウ 中huáng

풀이 1. 당집. 2. 전각(殿閣). 벽이 없는 집. 3. 바깥 해자(垓字).

堠 ⑨ 12획 봉화대 후 日コウ·つか 中hòu

풀이 1. 봉화대. 망대(望臺). 2. 이정표. ¶堠子

堠鼓(후고) 침범하는 도둑을 경계하기 위해 초소에 비치한 북.
堠槐(후괴) 이정(里程)을 표시하기 위해 심은 홰나무.
堠臺(후대) 망루.
堠吏(후리) 망을 보는 일을 맡은 벼슬아치.
堠子(후자) 이정표.
堠程(후정) 여행의 노정. 여정(旅程).

塙	⑩ 13획 ❶ 단단할 각 日カク・かたい ❷ 자갈땅 교 中què

풀이 1 1. 단단하다. 땅이 굳고 단단하다. 2 2. 자갈땅. 돌이 많은 메마른 땅.

塏	⑩ 13획 日ガイ・たかだい 높고건조할 개 中kǎi

풀이 높고 건조하다. 높고 건조한 땅.

塏塏(개개) 언덕 등이 높은 모양.

塊	⑩ 13획 日カイ・かたまり 흙덩이 괴 中kuài

一 十 土 圤 圤 圵 坾 坤 坤 坤 塊 塊 塊

* 형성. 뜻을 나타내는 부수 '土(흙 토)'와 음을 나타내며 덩어리를 뜻하는 '鬼(귀신 귀)'를 합친 글자. 이에 '흙덩이', 곧 모든 물건의 '덩어리'라는 뜻으로 쓰임.

풀이 1. 흙덩이. 흙. 2. 덩어리. 덩이. ¶塊根 3. 홀로 있는 모양.

塊莖(괴경) 덩이줄기.

塊根(괴근) 덩이뿌리.

塊金(괴금) 금덩이.

塊獨(괴독) 혼자.

塊石(괴석) 돌멩이.

塊然(괴연) 홀로 있는 모양.

塊炭(괴탄) 덩어리로 된 석탄.

金塊(금괴) 금덩이.

團塊(단괴) 퇴적암 내에서 주위와는 다른 성분으로 단단한 덩어리를 이룬 부분.

大塊(대괴) 1)큰 덩어리. 2)지구(地球).

氷塊(빙괴) 얼음 덩이.

血塊(혈괴) 1)한방에서, 아랫배에 피가 몰려 덩어리가 생긴 병. 2)몸 안에서 피가 혈관 밖으로 나와서 응고한 덩어리.

유 壤(흙 양) 비 鬼(귀신 귀) 魂(넋 혼) 愧(부끄러워할 괴)

塘	⑩ 13획 日トウ・いけ 못 당 中táng

풀이 1. 못. 연못. 저수지. ¶蓮塘 2. 둑. 제방. ¶塘池 3. 망(望). 척후.

塘報(당보) 적의 형세를 정탐하는 병사가 적의 정세를 살피어 알림.

塘池(당지) 둑을 쌓아 물을 모이게 한 못. 저수지. 용수지(用水池).

蓮塘(연당) 연못.

池塘(지당) 넓고 깊게 팬 땅에 늘 물이 괴어 있는 곳. 못.

유 池(못 지) 澤(못 택)

塗	⑩ 13획 日ト・ぬる 진흙 도 中tú

丶 冫 氵 氵 氵 氵 氵 氵 泠 涂 涂 涂 塗 塗

* 형성. 뜻을 나타내는 부수 '土(흙 토)'와 음을 나타내는 '涂(길 도)'를 합친 글자. 흙(土)에 물이 들어가서(涂) 이겨진 것을 물체에 바르는 것을 의미하여, '칠하다', '바르다'는 뜻으로 쓰임.

풀이 1. 진흙. 진흙탕. 2. 칠하다. 바르다. 흙을 바르거나, 도료(塗料)등을 칠함. ¶塗料. 3. 길. 도로. ¶道聽塗說 4. 더럽히다. 더러워지다. 5. 두껍다. 두텁고 많다. ¶塗塗 6. 지우다. 지워서 고치다. ¶塗乙

塗歌里抃(도가이변) 길 가는 사람이 노래 부르고 마을 사람은 장단을 맞춘다는 뜻으로, 백성들 모두 편안함을 누림을 비유하는 말.

塗塗(도도) 두터운 모양.

塗料(도료) 물건의 겉에 칠하여 채색하거나 썩지 않게 하는 물질.

塗抹詩書(도말시서) 책에 마구 칠을 한다는 뜻으로, 어린아이를 이르는 말.

塗附(도부) 진흙 위에 다시 진흙을 칠함.

塗說(도설) 길에서 듣고 길에서 말함. 경솔하게 듣고 말함.

塗鴉(도아) 1)손가락으로 그린 까마귀처럼 보이는 글자. 서투른 글씨. 2)종이를 새까맣게 칠함.

塗乙(도을) 도자(塗字)와 을자(乙字). 문장에서 글자를 지우는 일과 탈자를 넣는 일.

塗裝(도장) 도료를 칠하거나 바름.

塗擦(도찰) 바르고 문지름.

塗轍(도철) 1)길과 수레바퀴 자국. 2)사물의 조리(條理)가 있음을 이르는 말.

塗炭(도탄) 진흙탕과 숯불이란 뜻으로, 거기 빠져 있는 듯한 격심한 고통을 이르는 말.

◐塗炭(도탄)의 유래

하나라 걸왕을 공격해 혁명에 성공한 은나라 탕왕은 과거 요순 임금이 스스로 왕위를 양보한 데 반해, 자신은 무력으로 왕위를 얻은 것을 부끄러워했다. 이에 신하인 중훼(仲虺)가 위로하며 상소를 올려, 하늘은 덕이 없어 백성을 진흙탕과 숯불에 빠뜨린 하나라 걸왕을 물리칠 지혜를 탕왕에게 내린 것이니 이제 요순 임금이 실천한 전범을 따르고 천명을 받들어야 한다고 했던 것에서 유래된 말이다. 《서경(書經)》

塗巷(도항) 길. 거리.

廣塗(광도) 넓은 길.

岐塗(기도) 갈림길. 기로(岐路). 2)불분명한 조리(條理).

當塗(당도) 1)도로 가운데의 요지(要地)에 있음. 2)중요한 지위에 있음. 3)때를 만남. 출세함.

道聽塗說(도청도설) 길에서 듣고 길에서 말함. 즉, 무슨 말을 들으면 깊이 생각하지 않고 다시 옮기는 경박한 태도를 비유하는 말.

道聽塗說(도청도설)의 유래
공자의 《논어(論語)》〈양화편(陽貨篇)〉에 나오는 말로 "길에서 듣고 길에서 이야기하는 것은 덕을 버리는 짓이다(道聽而塗說德之棄也)" 에서 비롯된 말이다.

유 泥(진흙 니) 道(길 도)

塜	⑩ 13획	日ボウ
	먼지 일 봉	中péng

풀이 먼지 일다. 먼지가 나다.

비 塚(무덤 총)

塞	⑩ 13획	
	❶변방 새	日サイ・ふさぐ
	❷막힐 색	中sāi, sài, sè

* 형성. 뜻을 나타내는 부수 '土(흙 토)'와 음을 나타내는 부수 이외의 글자를 합친 글자. 부수 이외의 글자는 벽돌을 양손으로 쌓아 집의 벽을 막는 모양을 나타냄. 이에 흙(土)으로 집의 벽을 '막는다' 는 뜻으로 쓰임.

풀이 ❶ 1. 변방. 국경. ¶邊塞 2. 거리를 두다. 3. 성채(城砦). 요새. 외적을 막기 위해 변경에 설치하는 작은 성. ¶要塞 4. 요해처. 지형이 험준해서 적을 막기 좋은 곳. 5. 굿을 하다. 굿. 6. 주사위. ❷ 7. 막히다. 막다. 8. 가로막다. 차단하다. ¶塞性 9. 가득 채우다. 보충하다. 10. 가리다. 은폐하다. 11. 당하다. 감당하다. ¶塞責 12. 끊다. 근절하다. 13. 차다. 충만하다. 14. 편안하지 못한 모양. ¶塞塞

塞關(새관) 국경의 관문.

塞雁(새안) 변방의 기러기.

塞翁之馬(새옹지마) 변방 늙은이의 말이라는 뜻으로, 인생의 길흉화복은 예측할 수 없음을 이르는 말.

塞翁之馬(새옹지마)의 유래
변방에 한 늙은이가 살았는데, 그 노인의 말이 오랑캐 땅으로 달아났다. 사람들이 위로하자 노인은 "이 일이 어찌 복으로 바뀌지 않는다고 할 수 있는가?" 라고 하였다. 과연 몇 달 후 그 말이 오랑캐의 말들을 끌고 돌아오니 사람들이 축하했는데, 노인은 "이 일이 어찌 재앙이 되지 않는다고 할 수 있는가?" 라고 하였다. 그러다 노인의 아들이 말에서 떨어져 다리가 부러져 절름발이가 되니 노인이 "이 일이 어찌 복이 되지 않는다고 하겠는가?" 라고 하였다. 1년 후 전쟁이 나자 젊은이들은 모두 전쟁터에 나가 싸우게 되었는데 노인의 아들은 불구라서 무사할 수 있었다고 한다.

塞外(새외) 국경의 밖.

塞徼(새요) 국경에 있는 요새.

塞圍(새위) 변방에 있는 보루(堡壘).

塞斥(새척) 변경의 성채가 있는 불모지를 개척하는 일.

塞性(색성) 본연의 성품을 막음.

塞心(색심) 마음이 막힘.

塞淵(색연) 생각이 깊고 착실함.

塞職(색직) 일에 성실하지 않음.

塞責(색책) 일의 책임을 다함.

塞賢(색현) 어진 사람을 등용하지 않음.

堅塞(견새) 방비가 튼튼한 요새.

窮塞(궁색) 1)말의 이유나 근거 등이 부족함. 2)아주 가난함.

邊塞(변새) 1)나라와 나라의 경계가 되는 변두리 지역. 변경(邊境). 2)변경에 있는 요새.

城塞(성새) 성과 요새. 성채(城砦).

要塞(요새) 1)국방상 중요한 지점에 마련해 놓은 군사적 방어 시설. 2)차지하기 어렵게 되어 있는 대상이나 목표.

防塞(방색) 막아 들어오지 못하게 함.

유 邊(가 변) 비 寒(찰 한)

塑	⑩ 13획	日ソ・でく
	토우 소	中sù

풀이 1. 토우(土偶). 흙으로 만든 인형. ¶塑像 2. 흙으로 물건의 형체를 빚다.

塑像(소상) 찰흙으로 만든 형상. 찰흙에 짚 등을 섞어 만든 조상(彫像)

塑偶(소우) 흙으로 만든 인형.

彫塑(조소) 1)조각과 소상(塑像). 2)조각의 원형이 되는 소상을 만듦. 또는 그 소상.

비 朔(초하루 삭)

塍	⑩ 13획	日ショウ・うね
	밭두둑 승	中chéng

풀이 밭두둑.

塍陌(승맥) 밭두둑. 밭과 밭 사이의 길.

비 勝(이길 승)

塒	⑩ 13획	日シ・ジ・ねぐら
	홰 시	中shí

풀이 1. 홰. 새장 · 닭장에 새 · 닭이 올라앉도록 가로지른 나무 막대. 2. 깃. 보금자리. 새가 깃드는 곳.

塩	⑩ 13획
	鹽(p1636)의 俗字

塋	⑩ 13획	日エイ · はか
	무덤 영	中yíng

풀이 1. 무덤. 분묘. ¶塋墓 2. 경영하다. 계획하다.

塋記(영기) 묘지(墓誌).
塋墓(영묘) 무덤. 분묘(墳墓).
塋樹(영수) 묘지에 심은 나무.
塋域(영역) 묘지.
塋田(영전) 묘지. 영역(塋域).
先塋(선영) 조상의 무덤. 또는 무덤이 있는 곳. 선산(先山).

유 墳(무덤 분) 墓(무덤 묘) 冢(무덤 총) 비 瑩(밝을 영)

塢	⑩ 13획	日オ · どて
	둑 오	中wù

풀이 1. 둑. 제방. ¶村塢 2. 보루. 성채. ¶塢壁 3. 마을. 촌락.

塢壁(오벽) 흙으로 쌓아 만든 보루.
村塢(촌오) 1)시골의 둑. 2)마을. 촌락(村落).

塕	⑩ 13획	日オウ · ちり
	티끌 옹	中wěng

풀이 1. 티끌. 먼지. 2. 바람이 불어 먼지가 이는 모양. ¶塕然 3. 초목이 무성한 모양.

塕然(옹연) 바람이 불어 먼지가 이는 모양.

유 塵(티끌 진) 埃(티끌 애)

塡	⑩ 13획	
	❶메울 전	日テン · うずめる
	❷누를 진	中tián

풀이 1 1. 메우다. 채우다. 가득 차다. ¶塡補 2. 따르다. 순종하다. 3. 북소리. 4. 만족스런 모양. ¶塡塡 2 5. 누르다. 진정시키다. ¶塡撫 6. 다하다.

塡補(전보) 채워 메움.
塡詞(전사) 한시(漢詩)의 한 격식. 악부의 운에 맞추어 자구(字句)를 채워 넣은 것.
塡塞(전색) 메움. 또는 메워짐.
塡然(전연) 북소리가 시끄러운 모양.
塡咽(전열) 많은 물건과 사람들로 가득 참.
塡委(전위) 갖가지 일들이 가득 차 쌓임.
塡溢(전일) 가득 차 넘침.
塡塡(전전) 1)만족한 모양. 2)수레와 말의 수가 많은 모양. 3)천둥이 울리는 소리. 4)북소리가 크게 울리는 모양.
塡足(전족) 부족한 것을 메워 채움.
塡湊(전주) 많이 모임.
塡充(전충) 메워 채움.
塡撫(진무) 백성을 평안하게 진정시키고 어루만져 달램. 수습함.
塡星(진성) 토성(土星)의 다른 이름. 진성(鎭星).
補塡(보전) 부족을 보충하여 채움. 결손을 메움. 보충. 전보(塡補).
充塡(충전) 빈 곳이나 공간을 메워서 채움.

유 鎭(진압할 진) 비 鎭(누를 진)

塔	⑩ 13획	日トウ · そとば
	탑 탑	中tǎ

一 十 土 圹 圹 圹' 圹'' 圹 坎 㙮 㙮 塔 塔

* 형성. 뜻을 나타내는 부수 '土(흙 토)'와 음을 나타내는 '荅(팥 답)'을 합친 글자. 흙(土)을 쌓은(荅) 모양을 나타내어 '탑'이라는 뜻으로 쓰임.

풀이 1. 탑. 흙 또는 돌로 쌓아 올려 속에 사리(舍利)를 넣게 만든 일종의 묘표(墓標). ¶塔碑 2. 절. 불당(佛堂).

塔頭(탑두) 1)탑이 있는 윗부분. 2)큰 절의 안에 있는 작은 암자들. 3)탑의 꼭대기. 탑첨(塔尖).
塔畔(탑반) 탑의 근처. 탑이 있는 언저리.
塔碑(탑비) 탑과 비석.
塔尖(탑첨) 탑끝의 뾰족한 곳.
塔婆(탑파) 탑. 범어 'stupa'의 음역.
經塔(경탑) 1)불경을 넣고 쌓은 탑. 2)경문을 새긴 탑.
金子塔(금자탑) 1)피라미드. 2)후세에까지 빛날 훌륭한 업적.
堂塔(당탑) 당과 탑. 전당(殿堂)과 탑묘(塔廟).
燈塔(등탑) 조명등이나 안전 신호등 등을 높이 단 탑.
寶塔(보탑) 1)귀한 보옥으로 장식한 탑. 2)탑을 아름답게 이르는 말.
象牙塔(상아탑) 1)속세를 떠나 조용히 예술을 사랑하는 태도나 현실 도피적인 학구 태도를 이르는 말. 2)대학. 또는 대학의 연구실.

비 搭(탈 탑)

塌	⑩ 13획	日トウ・おちる
	떨어질 탑	中tā

풀이 1. 떨어지다. 떨어뜨리다. ¶塌颯 2. 늘어지다. 처지다. 3. 넘어지다. 무너지다.

塌颯(탑삽) 뜻대로 되지 않음. 실의(失意).

유 落(떨어질 락)

塤	⑩ 13획
	壎(p267)과 同字

墈	⑪ 14획	日ガン・あな
	언덕 감	中kàn

풀이 1. 언덕. 낭떠러지. 험한 언덕. 2. 구덩이.

유 丘(언덕 구) 岸(언덕 안) 坏(언덕 배) 坵(언덕 구)

境	⑪ 14획	日キョウ・さかい
	지경 경	中jìng

* 형성. 뜻을 나타내는 부수 '土(흙 토)'와 음을 나타내는 '竟(마칠 경)'을 합친 글자. 땅(土)이 마치는(竟) 곳이 곧 '지경'이고 지경은 땅을 구분짓는 것이라는 뜻에서 '경계'란 뜻으로 쓰임.

풀이 1. 지경. 경계. ¶境涯 2. 경우. 형편. ¶境遇 3. 곳. 장소. ¶秘境

境界(경계) 일이나 물건이 어떤 표준 밑에 서로 맞닿은 자리.

境內(경내) 경계나 영역의 안.

境物(경물) 지경 안의 물건.

境上斬(경상참) 옛날, 두 나라 사이에 관계 있는 죄인을 국경에서 처형하던 일.

境涯(경애) 1)경계. 한계. 2)환경과 생애.

境域(경역) 1)지경. 2)경내(境內)의 땅.

境宇(경우) 경계.

境遇(경우) 부닥친 형편이나 사정.

苦境(고경) 괴로운 처지. ↔ 낙경(樂境).

國境(국경) 나라와 나라 사이의 경계.

窮境(궁경) 살아갈 길이 막연하거나, 매우 어려운 일을 당한 처지. 궁지(窮地).

妙境(묘경) 1)절묘한 경지. 2)경치가 아주 뛰어난 곳.

邊境(변경) 나라와 나라의 경계가 되는 변두리 지역.

秘境(비경) 1)신비스러운 곳. 2)사람이 가 본 적이 거의 없는, 알려지지 않은 지역. 3)경치가 빼어나게 아름다운 곳.

順境(순경) 모든 일이 순조로운 환경. ↔ 역경(逆境).

心境(심경) 마음의 상태, 또는 경지(境地).

絶境(절경) 멀리 떨어져 있는 곳. 절역(絶域).

環境(환경) 1)생활체를 둘러싸고 직간접적으로 영향을 주는 자연, 또는 사회의 조건이나 형편. 외계. 외위(外圍). 2)주위의 사물이나 사정.

漸入佳境(점입가경) 점점 더 아름다운 경지로 들어감.

유 界(지경 계) 비 意(뜻 의)

墐	⑪ 14획	日キン・ぬる
	매흙질할 근	中jǐn, jìn

풀이 1. 매흙질하다. 벽에 흙을 바르다. ¶墐戶 2. 묻다. 파묻다.

墐戶(근호) 문을 흙으로 발라 막음.

비 槿(무궁화나무 근)

塈	⑪ 14획	日キ・ぬる
	맥질할 기	中jì

풀이 1. 맥질하다. 벽에 흙을 바르다. 2. 취하다. 가지다. 3. 쉬다. 휴식하다.

비 旣(이미 기)

塿	⑪ 14획	日ル・さか
	언덕 루	中lóu, lǒu

풀이 1. 언덕. 자그마한 언덕. ¶培塿 2. 마르고 거친 흙.

培塿(부루) 작은 언덕.

유 丘(언덕 구) 岸(언덕 안) 坏(언덕 배) 坵(언덕 구)

墁	⑪ 14획	日マン・ぬる
	흙손 만	中màn

풀이 흙손.

墓	⑪ 14획	日ボ・はか
	무덤 묘	中mù

* 형성. 뜻을 나타내는 부수 '土(흙 토)'와 음을 나타내는 '莫(없을 막)'을 합친 글자. '莫'은 풀 저쪽으로 해가 지는 것으로, '사라짐'을 의미함. 이에 흙(土)으로 사라진다는 데에서, 죽은 사람을 묻음을 나타냄.

3획

풀이 무덤. 분묘. 묘지.

墓碣(묘갈) 무덤 앞에 세우는 묘지의 한 가지.

墓幕(묘막) 묘지기가 사는 작은 집.

墓木已拱(묘목이공) 무덤가에 심은 나무가 이미 한 아름이 되었다는 뜻으로, 사람이 죽은 뒤 시간이 많이 흘렀음을 비유하는 말.

墓門(묘문) 무덤의 입구에 세운 문.

墓碑(묘비) 죽은 사람의 사적(事蹟)·업적 등을 기록하여 무덤 앞에 세우는 비석.

墓隧(묘수) 무덤으로 통하는 길.

墓田(묘전) 묘지로 쓸 땅. 묘지(墓地).

墓誌(묘지) 죽은 사람의 본적·성명·사적(事蹟) 등을 돌에 새기거나 또는 도자기 등에 구워서 무덤 앞에 묻는 것.

墓誌銘(묘지명) 묘지(墓誌)의 글에 운문(韻文)으로 된 명(銘)을 붙이는 글. 또는 그 문체.

墓表(묘표) 문체의 한 종류. 죽은 사람의 관직·명호(名號)를 전면에 새기고 후면에 사적(事蹟)을 적은 글.

墓標(묘표) 무덤 앞에 세우는 돌이나 푯말. 묘비.

墓穴(묘혈) 관을 묻는 구덩이. 광혈(壙穴).

古墓(고묘) 옛 무덤.

丘墓(구묘) 무덤.

封墓(봉묘) 무덤 위에 흙을 더 얹음. 또는 흙을 더 얹은 그 무덤.

省墓(성묘) 조상의 산소에 가서 인사를 드리고 산소를 살피는 일. 간산(看山). 참묘(參墓). 성추(省楸).

유 冢(무덤 총) 墳(무덤 분)

비 暮(저물 모) 幕(장막 막) 慕(사모할 모) 募(모을 모)

塽　⑪ 14획　日ショウ
높고 밝은 땅 상　中shuǎng

풀이 높고 밝은 땅. ¶塽塏

墅　⑪ 14획
❶ 농막 서　日ショ·なや
❷ 들 야　中shù

풀이 ❶ 1. 농막. 논밭 근처에 간단하게 지은 집. ¶墅扉. 2. 별장(別莊). ¶山墅 ❷ 3. 들. 교외(郊外).

墅扉(서비) 농막의 문.

墅舍(서사) 별장.

山墅(산서) 1)산에 있는 별장. 산장(山莊). 2)산에 오른 사람이 쉬거나 묵을 수 있도록 산속에 베푼 시설.

비 野(들 야)

塾　⑪ 14획　日ジュク·まなびや
글방 숙　中shú

풀이 1. 글방. 서당. ¶塾生 2. 문 옆방. 문 좌우에 있는 방. ¶東塾 3. 과녁.

塾堂(숙당) 글을 읽는 곳. 서당.

塾舍(숙사) 교실과 기숙사를 겸한 사설 서당.

塾生(숙생) 글방의 생도.

家塾(가숙) 개인이 사사로이 설립하여 경영하는 글방. 사숙(私塾).

義塾(의숙) 공익을 위해 의연금(義捐金)으로 세운 교육 기관.

鄕塾(향숙) 시골의 서당.

비 熟(익을 숙)

墉　⑪ 14획　日ヨウ·かき
담 용　中yōng

풀이 1. 담. 2. 성벽. 보루.

유 墻(담 장)

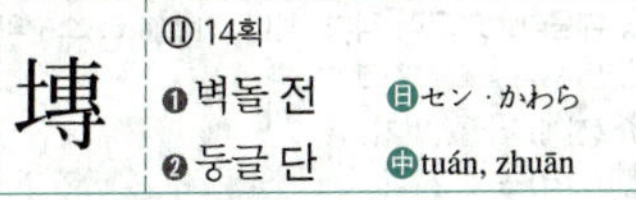

塼　⑪ 14획
❶ 벽돌 전　日セン·かわら
❷ 둥글 단　中tuán, zhuān

풀이 ❶ 1. 벽돌. ¶塼甓 ❷ 2. 둥글다. 둥글게 뭉친 모양.

塼甓(전벽) 벽돌.

비 轉(구를 전)

墆　⑪ 14획　日セツ·つむ
쌓을 절　中dì, dié

풀이 쌓다. 쌓아서 모으다. ¶墆財

墆財(절재) 재물을 쌓음.

유 築(쌓을 축) 積(쌓을 적) 畜(쌓을 축) 비 滯(막힐 체)

墊　⑪ 14획　日テン·おぼれる
빠질 점　中diàn

풀이 1. 빠지다. 물에 잠기다. ¶墊溺 2. 파다. 3. 땅이 낮다. 하습(下濕)하다. ¶墊隘

墊溺(점닉) 물에 빠짐.

3획

塹沒(점몰) 잠겨 가라앉음.
塹隘(점애) 땅이 낮아 습하고 좁다는 뜻으로, 피곤하여 괴로움을 이르는 말.

유 沈(잠길 침) 비 塾(글방 숙)

塜	⑪ 14획	日ソウ・きのこ
	버섯 종	中zōng

풀이 버섯. 땅에서 자라는 버섯의 한 가지.

유 菌(버섯 균)

墀	⑪ 14획	日ジ
	섬돌 위뜰 지	中chí

풀이 섬돌 위의 뜰. 섬돌.

塵	⑪ 14획	日ジン・ちり
	티끌 진	中chén

* 회의. 땅(土) 위로 사슴이(鹿) 떼 지어 달려가는 모양을 나타낸 글자. 이에 달릴 때 흙먼지가 일어난다 하여, '먼지'라는 뜻으로 쓰임.

풀이 1. 티끌. 먼지. ¶塵土 2. 속세(俗世). 인간 세상. ¶塵事 3. 대(代). 도가(道家)에서 쓰는 말. ¶塵塵 4. 더럽다. 때묻다. 5. 오래 되다. 묵다. ¶塵劫 6. 소수의 단위. 사(沙)의 십분의 일. 곧, 10^{-9}

塵芥(진개) 티끌. 먼지.
塵劫(진겁) 오랜 시간.
塵垢(진구) 1)먼지와 때. 2)세상의 더러움. 3)번뇌.
塵襟(진금) 속세의 생각.
塵勞(진로) 1)속세의 괴로움. 2)미세한 것. 또는, 덧없는 것.
塵累(진루) 1)세속의 번잡함. 2)번뇌.
塵網(진망) 속세의 그물이라는 뜻으로, 해탈하지 못한 세계를 이르는 말.
塵務(진무) 속세의 사무.
塵凡(진범) 1)더러움. 또는 속세. 2)평민.
塵氛(진분) 속세의 기(氣). 더러운 기(氣).
塵事(진사) 세속의 일.
塵想(진상) 속세의 생각.
塵心(진심) 속세의 더러운 마음.
塵鞅(진앙) 세속의 일로 말미암은 속박.
塵涓(진연) 한 가닥의 먼지와 한 방울의 물. 즉, 극히 작은 것. 또는 자기가 한 일의 겸칭.
塵烟(진연) 연기처럼 일어나는 먼지.
塵緣(진연) 1)세속의 귀찮은 인연. 속연(俗緣). 2)육진(六塵). 육진은 색(色)·성(聲)·향(香)·미(味)·촉(觸)·법(法)을 이름.
塵外孤標(진외고표) 속세 밖에서 홀로 빼어남.
塵塵刹土(진진찰토) 헤아릴 수 없이 많은 국토.
塵合泰山(진합태산) 티끌 모아 태산.
微塵(미진) 1)아주 작은 티끌이나 먼지. 2)아주 작고 변변치 못한 물건.
拜塵(배진) 윗사람이나 권력가에게 아첨함.
粉塵(분진) 티끌.
俗塵(속진) 속세의 티끌. 곧, 세상의 번거로운 일.
餘塵(여진) 1)수레 등이 지나간 뒤에 일어나는 흙먼지. 2)옛사람의 유풍(遺風)이나 발자취.
積塵成山(적진성산) 티끌 모아 태산.
出塵(출진) 번뇌의 진구(塵垢)를 벗어남. 중이 됨.
紅塵(홍진) 1)붉게 일어나는 먼지. 2)번거로운 세상.

유 埃(티끌 애) 垵(티끌 애) 비 盡(다될 진)

墋	⑪ 14획	日ザン・ほり
	모래땅 참	中chěn

풀이 1. 모래땅. 모래흙. 2. 흐리다. 혼탁하다.

유 砂(모래 사) 비 慘(참혹할 참)

塹	⑪ 14획	日ザン・ほり
	구덩이 참	中qiàn

풀이 1. 구덩이. 해자. 참호. ¶塹壕 2. 땅을 파다. 구덩이를 파다.

塹壘(참루) 참호와 성루(城壘).
塹刺(참척) 문신(文身).
塹壕(참호) 성(城) 둘레에 적의 공격을 피하기 위하여 파 놓은 구덩이
坑塹(갱참) 깊고 길게 판 구덩이.

유 坑(구덩이 갱) 비 塹(빠질 점)

墄	⑪ 14획	日タク・かいだん
	계단 척	中cè

풀이 계단. 층계.

유 階(섬돌 계)

墩	⑫ 15획	日トン・おか
	돈대 돈	中dūn

풀이 돈대. 흙더미. ¶墩臺

墩臺(돈대) 평지보다 좀 높게 만든 곳.

墱	⑫ 15획	日トウ
	자드락길 등	中dèng

풀이 1. 자드락길. 비탈길. 또는 산기슭의 돌계단. ¶墱道 2. 잔도(棧道). 3. 물이 갈려 흐르는 곳. ¶墱流

墱道(등도) 1)자드락길. 비탈길. 2)잔도(棧道). 각도(閣道).

墱流(등류) 물이 갈려 흐르는 곳.

비 橙(등자나무 등)

壒	⑫ 15획	日リュウ·おわん
	뚝배기 류	中liù

풀이 뚝배기. 공기. 보시기. 밥을 담는 질그릇.

墲	⑫ 15획	日ム·はか
	묏자리 무	中wǔ

풀이 1. 묏자리. 산소자리. 2. 산소를 잡다.

비 撫(어루만질 무)

墨	⑫ 15획	日ボク·すみ
	먹 묵	中mò

丶 冂 冂 冋 罒 罒 罒 里 里 黒 黑 黑 黑 墨 墨

*회의. '土(흙 토)'와 '黑(검을 흑)'을 합친 글자. 옛날에는 토석(土石) 중에 흑질(黑質)을 먹으로 사용했기 때문에 '먹'이라는 뜻으로 쓰임.

풀이 1. 먹. 먹물. ¶硯墨 2. 검다. 검어지다. ¶貪墨 3. 먹줄. 나무에 검은 줄을 곧게 치는 데 쓰는 줄. ¶繩墨 4. 척도(尺度)의 이름. 5자의 길이. 5. 묵가(墨家). 묵자(墨子)의 학파. ¶墨家 6. 형벌 이름. 오형(五刑)의 하나로 자자(刺字)하는 형벌. ¶墨刑 7. 말이 없다. 묵묵하다.

墨家(묵가) 겸애(兼愛) 사상을 주장한 묵적(墨翟)의 학파. 또는 그 학파를 연구하는 사람.

墨客(묵객) 문장·그림에 능한 사람.

墨車(묵거) 검게 칠한 수레.

墨黥(묵경) 묵형(墨刑)에 처함.

墨卷(묵권) 과거 시험의 원래 답안지. 원래 답안지는 먹으로 썼기 때문에 이르게 된 말.

墨涅(묵녈) 문신(文身).

墨斗(묵두) 목수가 토목 공사를 할 때 먹줄을 놓을 때 쓰는 도구. 먹통.

墨吏(묵리) 탐욕한 관리. 탐관오리.

墨林(묵림) 서화가(書畫家)의 모임.

墨煤(묵매) 매연.

墨辟(묵벽) 자자(刺字)하는 형벌.

墨削(묵삭) 먹으로 글씨를 지움.

墨色淋漓(묵색임리) 먹이 윤이 남. 잘 쓴 글씨나 잘 그린 그림.

墨選(묵선) 명청(明淸) 때 과거에서 채용된 답안지 중에 모범이 될 만한 것을 뽑은 것.

墨綬(묵수) 검정색의 인수(印綬).

墨水(묵수) 1)먹물. 2)학문.

墨守(묵수) 자기의 의견이나 주장을 지킴. 묵적지수(墨翟之守).

○墨守(묵수)의 유래

초(楚)나라의 공수반(公輸盤)이 성을 공격할 때 쓰는 사다리인 운제(雲梯)를 만들어 송나라로 쳐들러 가려고 하였다. 묵자(墨子)가 이 소식을 듣고 초나라 왕에게 말했다. "새 수레를 가진 사람이 이웃의 헌 수레를 훔치려 하고 비단옷을 입은 사람이 이웃의 남루한 옷을 훔치려 한다면 이를 어떻게 생각하십니까?" "그건 도벽 때문일 것이오" "그럼 사방 5천리의 대국이 사방 5백리도 안되는 나라를 치려는 것과 무엇이 다르겠습니까?" 말문이 막힌 초나라 왕은 "나는 그저 공수반의 재주를 시험해 보려고 했을 뿐이오."라고 둘러댔다. 그러자 묵자는 공수반의 재주와 겨뤄 보겠다면서 모형으로 성을 만들고 성벽을 쌓았다. 공수반도 모형 운제로 여러 차례 성을 공격했지만 묵자는 전부 막아냈고, 결국 초나라 왕은 송나라를 공격하지 않겠다는 약속을 했다. 여기서 묵자가 지킨다는 뜻인 묵수란 말이 생겼고, 훗날 주장을 굽히지 않는다는 뜻으로 바뀌었다. 《묵자(墨子)》

墨瀋(묵심) 먹물. 묵즙(墨汁).

墨鴉(묵아) 서투른 글씨.

墨魚(묵어) 오징어.

墨義(묵의) 과거 시험. 경의(經義)에 대한 필기 시험.

墨子泣絲(묵자읍사) 묵자가 실이 누른빛으로도 검은빛으로도 물들 수 있음을 알고 울었다는 고사. 사람은 습관에 따라 그 성품이 선하게도 되고 악하게도 됨을 비유하는 말.

墨丈(묵장) 얼마 안 되는 거리.

墨莊(묵장) 책이 많음.

墨粧(묵장) 화장을 하지 않은 채 원래 얼굴대로 검게 있는 일.

墨豬(묵저) 먹으로 그린 멧돼지. 즉, 글씨에 뼈대가 없음을 비유하는 말.

墨翟之守(묵적지수) 자기의 의견이나 주장을 굳게 지킴. 묵수(墨守).

○墨翟之守(묵적지수)의 유래

춘추 시대 초(楚)가 송(宋)을 치려고 할 때, 묵적이 이를 제지하러 초에 가서 초의 군사(軍師)인 공수반(公輸般)과 좌상(座上)에서 공수(攻守)의 기술을 논쟁(論爭)하였는데, 공수반이 갖가지 묘책을 썼으나 결국 묵적의 방비를 깨뜨리지 못했다는 고사에서 온 말. 줄여서 '墨守(묵수)'라고도 함.

墨詔(묵조) 임금이 쓴 조서(詔書).

墨罪(묵죄) 옛날 오형(五刑)의 하나. 이마에 먹물로 새기는 형벌.
墨勅(묵칙) 임금의 친필 조서. 궁중에서 바로 내는 칙서.
墨敗(묵패) 뇌물로 벼슬을 더럽힘.
墨海(묵해) 벼루.
墨畫(묵화) 먹으로 그린 그림.
古墨(고묵) 1)오래된 먹. 2)옛날 먹.
近墨者黑(근묵자흑) 먹을 가까이하는 사람은 검어짐. 즉 나쁜 사람과 사귀면 그 버릇에 물들기 쉬움.
唐墨(당묵) 중국에서 만든 먹.
文墨(문묵) 시문을 짓거나, 서화를 쓰거나 그리는 일.
芳墨(방묵) 1)향기가 좋은 먹. 2)남의 편지나 글을 높여 이르는 말.
白墨(백묵) 소석고(燒石膏)를 반죽하여 막대 모양으로 굳혀 만든 것. 분필(粉筆).
水墨(수묵) 빛이 엷은 먹물.
遺墨(유묵) 죽은 이가 남긴 글씨나 그림.
紙筆硯墨(지필연묵) 문방사우(文房四友). 종이 · 붓 · 벼루 · 먹을 이르는 말.
貪墨(탐묵) 욕심이 많고 마음이 검음.
翰墨(한묵) 문한(文翰)과 필묵(筆墨). 문필(文筆).

비 黑(검을 흑)

3획

墦	⑫ 15획	日ハン · はか
	무덤 번	中fán

풀이 무덤. 산소.

墦間酒肉(번간주육) 묘사(墓祀)에 쓰고 남은 술과 고기.

유 冢(무덤 총) 墳(무덤 분) 비 幡(기 번)

墳	⑫ 15획	日フン · はか
	무덤 분	中fén

* 형성. 뜻을 나타내는 부수 '土(흙 토)'와 음을 나타내며 부풀어 오른다는 뜻을 가진 '賁(클 분)'을 합친 글자. 이에 흙[土]을 모아서 꾸민[賁] '무덤'의 뜻으로 쓰임.

풀이 1. 무덤. 분묘. ¶墳塋 2. 언덕. 둑. 제방. 3. 섬. 4. 물가. 5. 크다. 커다랗다. ¶墳燭 6. 옛날의 책 이름. 원래는 고대 중국의 삼황(三皇)의 사적을 적은 책인 '삼분(三墳)'의 준말. 바뀌어, 《고서(古書)》를 뜻함. ¶墳史 7. 나누다. 8. 땅속에 있다는 괴물 이름. ¶墳羊

墳壚(분로) 부풀어 오른 검은 석비레. 질이 좋지 않은 토양.
墳墓(분묘) 무덤.
墳墓之地(분묘지지) 조상의 무덤이 있는 곳. 곧, 고향.
墳史(분사) 고서와 역사서.
墳寺(분사) 선조들의 위패를 모신 절.
墳羊(분양) 땅속에 있다는 괴물 이름.
墳塋(분영) 1)무덤. 묘지. 2)고향.
墳倉(분창) 곡물을 언덕처럼 쌓은 창고.
墳燭(분촉) 크고 밝은 불. 대촉(大燭).

유 冢(무덤 총) 墓(무덤 묘)

墡	⑫ 15획	日ゼン
	흰 흙 선	中shàn

풀이 흰 흙. 백토.

墠	⑫ 15획	日セン
	제터 선	中shàn

풀이 제터. 제사 터. 제사를 올리기 위해 깨끗이 손질한 교외(郊外)의 땅.

墝	⑫ 15획	日コウ · やせち
	메마른 땅 요	中qiāo

풀이 1. 메마른 땅. 척박한 땅. ¶墝埆 2. 평평하지 않다. 땅이 고르지 않다. ¶墝下

墝埆(요각) 1)메마른 땅. 척박한 땅. 2)지세가 험한 곳.
墝垤(요질) 땅이 조금 높은 곳.
墝下(요하) 평평하지 않은 땅.

비 燒(불사를 소)

增	⑫ 15획	日ゾウ · ます
	더할 증	中zēng

* 형성. 뜻을 나타내는 부수 '土(흙 토)'와 음을 나타내는 '曾(일찍 증)'을 합친 글자. '曾'은 창문을 열고 말을 하는 모양으로 '가세하다'는 뜻을 나타냄. 이에 흙(土)을 겹쳐 쌓아 더욱 높이다, 곧 '더하다'라는 뜻으로 쓰임.

풀이 1. 더하다. 많아지다. 늘다. 늘리다. ¶增減 2. 거듭하다. 겹치다. ¶增城 3. 더욱. 한층 더.

增刊(증간) 정기 이외에 더하는 간행. 또는 그 간행물.

增口(증구) 인구가 증가함.
增募(증모) 사람을 더 모집함.
增刪(증산) 시문 같은 것을 다듬느라고 더 보태거나 깎아냄.
增設(증설) 시설을 늘림.
增城(증성) 여러 겹의 성.
增修(증수) 책 등을 증보 · 수정함.
增演(증연) 지식을 더 넓힘.
增韻(증운) 운서(韻書)에 더 보태서 넣은 운자(韻字).
增援(증원) 1)인원을 늘려 도와줌. 2)원조액을 늘림.
增糴(증적) 예년보다 쌀을 더 많이 팔아 들임.
增秩(증질) 녹봉을 늘림. 증봉(增俸).
增幅(증폭) 사물의 범위가 늘어나 커짐. 또는 사물의 범위를 넓혀서 크게 함.
增戶(증호) 더 늘어난 호수(戶數).
加增(가증) 더 보탬. 더 보태어짐.
激增(격증) 갑자기 많아지거나 불어남.
急增(급증) 갑자기 늘어남.
累增(누증) 수량 등이 늚. 또는 늘림.
微增(미증) 조금 불어남. 미미하게 늘어남.
割增(할증) 일정한 금액에 얼마를 더 얹음.
유 加(더할 가) 반 消(사라질 소) 衰(쇠할 쇠) 減(덜 감)

墜	⑫ 15획	日ツイ · おちる
	떨어질 추	中zhuì

풀이 1. 떨어지다. 떨어뜨리다. ¶墜落 2. 드리우다. 늘어뜨리다. 3. 잃다. ¶失墜 4. 무너지다. 붕괴하다. ¶崩墜
墜錦(추금) 떨어지는 비단. 떨어져 이리저리 날리는 단풍을 비유하는 말.
墜落(추락) 떨어짐. 낙하함.
墜露(추로) 떨어지는 이슬.
墜岸(추안) 깎아지른 듯한 해안.
墜茵落溷(추인낙혼) 바람에 날려 요 위에 떨어지기도 하고 혹은 뒷간에 떨어지기도 함. 사람에게는 때를 만남과 만나지 못함이 있음을 비유하는 말.
墜典(추전) 퇴폐한 제도나 의식.
墜地(추지) 땅에 떨어짐.
墜廢(추폐) 퇴폐함.
墜陷(추함) 함락됨. 빠짐.
失墜(실추) 명예나 위신을 떨어뜨리거나 잃음.
顚墜(전추) 굴러 떨어짐. 전락(轉落).
유 落(떨어질 락) 墮(떨어질 타)

墮	⑫ 15획	日ダ · おちる
	떨어질 타 · 휴	中duò

* 형성. 뜻을 나타내는 부수 '土(흙 토)'와 음을 나타내는 '隋(수나라 수)'를 합친 글자. '隋'는 힘없이 왼쪽(左) 수족(月(肉))이 높은 언덕(阝)에서 떨어지는 모양을 나타냄. 이에 땅(土)으로 '떨어지다'라는 뜻으로 쓰임.

풀이 1. 떨어지다. 떨어뜨리다. ¶墮落 2. 무너지다. 무너뜨리다. 3. 부서지다. 깨뜨리다. 훼손하다. ¶墮損 4. 빠지다. 탈락하다. 5. 게으르다. ¶墮懈 6. 보내다. 실어 보내다.
墮壞(타괴) 깨뜨림.
墮落(타락) 떨어짐. 품행이 나빠서 못된 구렁에 빠짐.
墮弱(타약) 기력이 약해짐.
墮顚(타전) 머리털이 빠짐.
墮甑不顧(타증불고) 깨진 시루는 돌아보지 않는다는 뜻으로, 깨끗이 포기함을 비유하는 말.
墮替(타체) 1)쓸모없게 됨. 2)게을리함.
墮胎(타태) 인공적인 방법으로 유산시킴.
墮懈(타해) 싫증남.
墮突(휴돌) 격파함.
墮損(휴손) 부서짐. 망가뜨림.
墮祭(휴제) 곡식과 소 · 양 · 돼지 등의 제물을 바쳐 신주(神主)를 모시는 제사.
유 墜(떨어질 추)

墟	⑫ 15획	日キョ · あと
	언덕 허	中xū

* 형성. 뜻을 나타내는 부수 '土(흙 토)'와 음을 나타내며 '허무하다'는 의미를 지닌 '虛(빌 허)'를 합친 글자. 이에 허무한 흔적, 곧 '매우 황폐해진 곳'의 뜻으로 쓰임.

풀이 1. 언덕. ¶墟曲 2. 옛터. 황폐해진 터. ¶墟域 3. 시장. 저자. ¶墟市 4. 산기슭.
墟曲(허곡) 황폐해진 언덕.
墟落(허락) 황폐해진 마을.
墟墓(허묘) 풀에 파묻혀 황폐해진 무덤.
墟墳(허분) 황폐한 옛 무덤.
墟市(허시) 임시 장.
墟域(허역) 성터 · 도읍터 등의 경내(境內).
墟巷(허항) 황폐한 거리.
殷墟(은허) 중국 은나라의 옛터. 갑골문자가 처음 출토된 곳.
廢墟(폐허) 건물 · 시가지 등의 황폐해진 터.
유 丘(언덕 구) 岸(언덕 안) 坏(언덕 배) 坵(언덕 구)

3 획

墾

⑬ 16획 日コン·ひらく

개간할 간 中kěn

* 형성. 뜻을 나타내는 부수 '土(흙 토)'와 음을 나타내며 산돼지가 땅을 뒤지는 것을 나타내는 '貇(정성스러울 간)'을 합친 글자. 이에 땅을 뒤져서 밭을 만들다, 곧 '개간하다'라는 뜻으로 쓰임.

풀이 1. 개간하다. ¶墾耕 2. 다스리다. 3. 힘쓰다. 힘써 일하다. 4. 파손되다. 손상되다.

墾耕(간경) 개간하여 경작함.
墾發(간발) 개간하여 넓힘.
墾闢(간벽) 황무지를 힘써 개간함.
墾殖(간식) 땅을 개간하여 농작물을 심음.
墾藝(간예) 땅을 개간하여 작물을 기름.
墾田(간전) 밭을 개간함. 또는 개간한 밭.
墾鑿(간착) 땅을 개간함.
墾荒(간황) 황무지를 개간함.
開墾(개간) 버려 둔 땅을 새로 일구어 논밭으로 만듦. 기간(起墾).
耕墾(경간) 땅을 일구어 농사를 지음.
新墾(신간) 땅을 새로 일구는 일.

비 懇(정성 간)

3획

壈

⑬ 16획 日カン

평평하지 않을 감 中kǎn

풀이 평평하지 않다. 땅이 고르지 않다.

墼

⑬ 16획 日カク

날벽돌 격 中jī

풀이 날벽돌. 굽지 않은 벽돌.

墽

⑬ 16획 日キョウ

메마른 땅 교 中qiāo

풀이 메마른 땅. 척박하고 돌이 많은 땅.

壇

⑬ 16획 日ダン·たかだい

단 단 中tán

一 十 土 圹 圹 坾 坾 垧 壇 壇 壇 壇 壇 壇

풀이 1. 단. 제단. 흙 등을 높게 쌓아 만들어놓은 자리. ¶壇墠 2. 당(堂). 대청. 3. 뜰. 마당. ¶荒壇 4. 곳. 장소. ¶論壇 5. 평평하다. ¶壇曼

壇曼(단만) 평평하고 넓음.
壇墠(단선) 흙을 쌓아 올린 제단.
壇宇(단우) 1)제단과 궁실. 2)법칙. 규칙.
壇位(단위) 흙을 쌓아 올려 만든 제단. 제사를 지내는 곳.
壇場(단장) 1)제사를 지내기 위하여 흙을 쌓아 올린 곳. 2)설법하는 곳.
壇坫(단점) 1)제후들이 맹세를 하는 곳. 2)외교장(外交場).
壇兆(단조) 단장(壇場).
歌壇(가단) 가인(歌人)들의 사회. 또는 그 모임.
降壇(강단) 단에서 내려옴. 하단(下壇). ↔ 등단(登壇).
戒壇(계단) 중이 계를 받는 단.
論壇(논단) 1)토론을 하는 곳. 2)평론가·비평가들의 사회. 언단(言壇).
登壇(등단) 1)연단이나 교단 등에 오름. 2)문단(文壇) 등의 특수한 사회 분야에 처음으로 나타남. 3)대장 벼슬에 오름.
佛壇(불단) 부처를 모셔 놓은 단. 수미단(須彌壇).
詞壇(사단) 문인들의 사회. 문단.
野壇法席(야단법석) 떠들썩하고 시끄러운 모습.

野壇法席(야단법석)의 유래
'야단(野壇)'은 '야외에 세운 단', '법석(法席)'은 '불법을 펴는 자리'라는 뜻이다. 석가가 야외에 단을 세워 설법을 할 때 최대 규모의 사람이 모인 것은 영취산에서 법화경을 설법했을 때로 무려 3백만 명이나 모였다고 한다. 사람이 많이 모이다 보니 질서가 없고 시끌벅적하게 되므로 경황이 없고 시끌벅적한 상태를 가리켜 비유적으로 쓰이게 되었다.

演壇(연단) 연설이나 강연을 하기 위하여, 청중석 앞에 한층 높게 마련한 단. 연대(演臺).
靈壇(영단) 1)신을 제사 지내는 단. 2)기우제를 지내는 단. 3)불교에서 영혼의 위패를 두는 단.
祭壇(제단) 1)제사를 지내는 단. 2)가톨릭에서 미사를 드리는 단.
畵壇(화단) 화가의 사회.
荒壇(황단) 거칠어진 뜰.

비 亶(믿음 단) 垣(담 원)

壈

⑬ 16획 日ラン

불우할 람(남) 中lǎn

풀이 불우(不遇)하다. 뜻을 이루지 못하다. ¶壈坎

壈坎(남감) 뜻을 얻지 못해 불우한 모양.

壁

⑬ 16획 日ヘキ·かべ

벽 벽 中bì

* 형성. 뜻을 나타내는 부수 '土(흙 토)'와 음을 나타내는 '辟(임금 벽)'을 합친 글자. 풍한(風寒)을 막기(辟) 위해 흙(土)으로 만든 방의 '벽'을 나타낸 글자.

풀이 1. 벽. 바람벽. ¶壁書 2. 보루. 성채. ¶壁隝 3. 절벽. 낭떠러지. ¶絶壁

壁經(벽경) 서경(書經). 공자의 옛집 벽속에서 발견되었기 대문에 생긴 말. 벽중서(壁中書).

壁光(벽광) 노력하여 학문에 힘씀. 한(漢)의 광형(匡衡)이란 사람이 가난하여 등불을 켤 기름조차 없자, 벽을 뚫고 이웃집의 불빛으로 공부했다는 고사에서 온 말.

壁記(벽기) 문장을 돌에 새겨서 벽에 끼운 것.

壁壘(벽루) 적을 막기 위하여 흙·돌 등으로 쌓은 성채.

壁立(벽립) 1)바람벽처럼 우뚝 섬. 2)다른 세간은 없고 벽만 있는 가난한 모양.

壁上觀(벽상관) 참가하지 않고 구경만 함.

壁書(벽서) 벽에 쓴 글.

壁隝(벽오) 성채(城砦).

壁有耳(벽유이) 벽에 귀가 있다는 뜻으로, 비밀이 새어 나가기 쉬움을 경계한 속담.

壁欌(벽장) 벽을 뚫어 만든 장.

壁中書(벽중서) 벽경(壁經).

壁畫(벽화) 벽에 그린 그림.

面壁(면벽) 벽을 마주하고 앉아 참선하는 일.

防壁(방벽) 1)외적을 막기 위해 쌓은 담벽. 2)어떤 것을 지키는 구실을 하는 것.

腹壁(복벽) 복강을 둘러싸고 있는 안쪽 바닥.

氷壁(빙벽) 눈이나 얼음으로 덮인 암벽.

岸壁(안벽) 1)깎아지른 듯한 낭떠러지로 된 바닷가나 강가. 2)큰 배를 대기 위하여 항구나 강가에 콘크리트나 돌로 쌓아서 만든 축대.

絶壁(절벽) 1)바위 같은 것들이 깎아 세운 것처럼 솟았거나 내리박힌 험한 벼랑. 2)아주 귀가 먹었거나 사리에 어두운 사람을 비유하는 말.

主壁(주벽) 1)방문에서 마주 보이는 벽. 2)여러 사람이 양쪽으로 앉은 한가운데의 자리. 또는 거기에 앉은 사람.

비 璧(둥근옥 벽)

墺 ⑬ 16획 日オウ·イク·きし
물가 오·욱 中ào

풀이 물가. 육지쪽으로 들어간 후미진 물가.

墺地利(오지리) 오스트리아의 음역. 오태리(墺太利).

유 涯(물가 애)

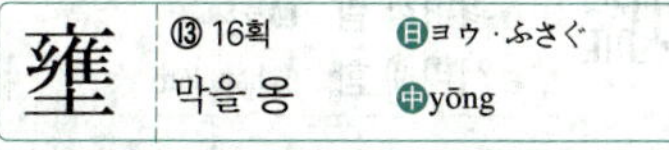

壅 ⑬ 16획 日ヨウ·ふさぐ
막을 옹 中yōng

풀이 1. 막다. 막히다. 통하지 못하게 하다. ¶壅滯 2. 북돋우다. 배토(培土)하다. ¶培壅 3. 구석지고 으슥한 곳.

壅劫(옹겁) 막아서 누름.

壅隔(옹격) 막혀 벌어짐.

壅塞(옹색) 막음. 또는 막힘.

壅堨(옹알) 둑. 보(洑).

壅阻(옹조) 가로막음.

壅土(옹토) 물의 흐름을 막고 있는 흙.

壅滯(옹체) 막혀 걸림.

壅蔽(옹폐) 막고 덮음.

유 護(보호할 호) 비 甕(독 옹)

墻 ⑬ 16획 日ショウ·かき
담 장 中qiáng

풀이 1. 담. 담장. 벽. 2. 경계.

墻內(장내) 담장 안.

墻籬(장리) 울타리. 울짱.

墻面(장면) 담을 향하여 서면 앞이 내다보이지 않음. 무식하여 도리에 어두움의 비유.

墻壁(장벽) 담과 벽.

墻藩(장번) 담. 울타리.

墻屋(장옥) 담.

墻外漢(장외한) 담 밖의 사나이. 국외자(局外者).

墻垣(장원) 담.

墻有耳(장유이) 담에 귀가 있음. 비밀이 새어 나가기 쉬움을 비유하는 말.

墻衣(장의) 담에 낀 이끼.

築墻(축장) 담을 쌓음.

板墻(판장) 널빤지를 대어 만든 울타리.

유 垣(담 원)

壔 ⑭ 17획 日トウ·とりで
성채 도 中dǎo

풀이 1. 성채. 보루. 2. 돈대. 언덕. 3. 제방. 둑. 4. 기둥. 기둥 모양.

유 城(성 성)

3획

壏

⑭ 17획

❶ 평평할 람 日ラン

❷ 석비례 함 中hǎn, làn

풀이 1 1. 평평하다. 땅이 평평하고 널따랗다. 2 2. 석비례. 단단한 땅.

유 平(평평할 평) 비 濫(퍼질 람)

壓

⑭ 17획

❶ 누를 압 日アツ·おさえる

❷ 싫을 염 中yā, yà

丿 厂 厂 厂 厂 厂 厂 厂 厂 厂 厂 厂 厭 厭 厭 壓 壓

* 형성. 뜻을 나타내는 부수 '土(흙 토)'와 음을 나타내는 '厭(싫을 염)'을 합친 글자. 흙(土)이 무너져(厭) 누르는 것을 나타내어, '누르다', '무너뜨리다'라는 뜻으로 쓰임.

풀이 1 1 누르다. 진압하다. 평정하다. ¶壓倒 2. 막다. 가로막다. 3. 붕괴하다. 무너지다. 4. 항복을 받다. 5. 죄어들다. 6. 죽이다. 2 7. 싫다. 싫증나다. 염증나다.

壓驚(압경) 놀란 마음을 진정함.

壓氣(압기) 기세에 눌림.

壓倒(압도) 1)눌러 거꾸러뜨림. 굴복시킴. 2) 남을 능가할 만큼 뛰어남.

壓良爲賤(압량위천) 양민(良民)의 자녀를 사서 종으로 삼음.

壓力(압력) 1)물체가 다른 물체를 누르는 힘. 2) 남이 자기 뜻을 따르도록 압박하는 힘.

壓尾(압미) 맨 끝. 최종(最終).

壓迫(압박) 1)내리누름. 2)심리적 · 정신적으로 상대편에게 겁을 줌

壓伏(압복) 눌러 복종시킴.

壓膝(압슬) 죄인을 심문할 때 널빤지나 무거운 돌 등으로 무릎을 누르던 일.

壓神(압신) 외계의 작용이 피부에 닿아서 일으키는 감각.

壓搾(압착) 눌러서 짜냄.

壓出(압출) 눌러서 밀어냄.

强壓(강압) 강한 힘으로 내리누름.

高壓(고압) 1)강한 압력. 2)높은 전압.

氣壓(기압) 대기 압력. 단위는 밀리바(mb).

變壓(변압) 압력이 변함. 전압이 바뀜.

水壓(수압) 다른 물체에 물이 미치는 압력.

抑壓(억압) 1)억지로 누름. 2)자신의 요구가 외부의 힘에 의하여 저지되는 일.

威壓(위압) 위력으로 억누르거나 위엄으로 누름. 또는 그 압력.

外壓(외압) 어떤 일을 하도록 외부로부터 받는 강제적인 압력.

電壓(전압) 전장이나 도체 내에 있는 두 점 사이의 전위의 차.

制壓(제압) 제어하여 억누름.

鎭壓(진압) 억눌러 가라앉힘.

彈壓(탄압) 어떤 행위나 사회적 활동을 권력이나 무력 등으로 억눌러 꼼짝 못하게 함.

血壓(혈압) 염통의 수축과 핏줄벽의 저항으로 생기는 핏줄 안에 있어서의 피의 누르는 힘.

유 抑(누를 억) 비 厭(싫을 염)

壒

⑭ 17획 日ガイ·ちり

티끌 애 中ài

풀이 1. 티끌. 먼지. 2. 먼지가 일다.

유 塵(티끌 진) 埃(티끌 애) 비 襤(누더기 람)

壖

⑭ 17획 日エン

빈터 연 中ruán

풀이 1. 빈터. 공터. 빈 땅. ¶壖地 2. 물가에 붙어있는 토지.

壖垣(연원) 궁궐이나 성곽의 안쪽 담 밖의 빈 땅을 둘러싼 바깥 담.

壖地(연지) 빈 땅.

유 墟(빌, 공터 허)

壑

⑭ 17획 日ガク·たに

골 학 中hè

풀이 1. 골. 골짜기. ¶幽壑 2. 도랑. 개천. 해자. 3. 구렁. 굴. 석굴. ¶溝壑

壑谷(학곡) 석굴. 지하실.

丘壑(구학) 언덕과 골짜기.

溝壑(구학) 구렁.

洞壑(동학) 산과 개울이 둘러 있어 경치가 좋은 곳. 동천(洞天).

萬壑(만학) 첩첩이 겹쳐진 많은 골짜기.

幽壑(유학) 깊숙한 골짜기.

유 谷(골짜기 곡)

⑭ 17획 日ホ·ほり

해자 호 中háo

3획

풀이 해자. 도랑. 성(城) 둘레에 파 놓은 도랑.

壕塹(호참) 성 둘레에 판 도랑.

待避壕(대피호) 적의 공습 때, 폭탄의 파편이나 그 밖의 화력을 피하기 위해 땅속에 파 놓은 구덩이.

防空壕(방공호) 공습 때에 대피하기 위하여 땅속에 마련한 시설.

塹壕(참호) 1)성 둘레의 구덩이. 2)적의 공격에 대비하기 위한 시설.

비 豪(호걸 호)

壎	⑭ 17획	日ケン · つちぶえ
	질나팔 훈	中xūn

풀이 질나팔. 흙을 구워서 만든 악기의 하나로, 6개 또는 8개의 구멍이 뚫려 있는 취주 악기. ¶壎篪

壎篪(훈지) 훈과 지. 훈은 흙을 구워서 만든 악기이고, 지는 피리의 한 가지.

壎篪相和(훈지상화) 훈과 지의 음률이 서로 조화를 이룸. 형제가 화합함을 이르는 말.

비 燻(연기낄 훈)

壙	⑮ 18획	日コウ · あな
	광 광	中kuàng

풀이 1. 광. 시체를 묻기 위해서 판 구덩이. ¶壙穴 2. 들. 벌판. ¶壙埌 3. 널찍하다.

壙埌(광랑) 들이 넓은 모양.

壙僚(광료) 벼슬을 하지 않음.

壙中(광중) 무덤 속.

壙穴(광혈) 시체를 묻는 구덩이.

비 廣(넓을 광)

壘	⑮ 18획	
	❶ 진 루(누)	日ルイ · とりで
	❷ 끌밋할 뢰	中lěi, lǜ
	❸ 귀신 률	

풀이 1 1. 진. 작은 성. 보루. ¶壘壁 2. 포개다. 쌓다. ¶壘塊 3. 잇다. 연이어지다. ¶壘壘 2 4. 끌밋하다. 씩씩하다. 3 5. 귀신 이름.

壘空(누공) 작은 구멍.

壘塊(누괴) 마음속에 맺힌 감정.

壘壘(누루) 연이은 모양.

壘門(누문) 진영(陣營)의 문.

壘壁(누벽) 보루(堡壘).

壘堡(누보) 작은 보루.

壘舍(누사) 진영과 병사.

壘石(누석) 쌓인 돌.

壘尉(누위) 진지의 관리.

壘嶂(누장) 겹겹이 우뚝 솟은 산.

壘和(누화) 성채의 정문.

堅壘(견루) 견고하여 쳐부수기 어려운 보루.

孤壘(고루) 따로 떨어져 있는 보루.

壁壘(벽루) 성벽으로 둘러싸인 성채.

堡壘(보루) 1)돌 · 흙 · 콘크리트 등으로 튼튼하게 쌓은 진지. 2)어떤 일을 하기 위한 튼튼한 발판을 비유하는 말.

殘壘(잔루) 1)남아 있는 보루(堡壘). 2)야구에서, 그 회의 공격이 끝나 교체할 때, 주자가 누상(壘上)에 남아 있는 일.

비 疊(겹쳐질 첩) 晶(밝을 정)

壞	⑯ 19획	
	❶ 무너질 괴	日カイ · こわす
	❷ 앓을 회	中guài, huài

一 十 土 圹 圹 圹 垆 垆 垆 垆 垆 垆 垆 垆 垆 壊 壊 壞 壞

* 형성. 뜻을 나타내는 부수 '土(흙 토)'와 음을 나타내는 '褱(품을 회)'를 합친 글자. 이에 흙을(土) 품에 안으면(褱) 부서진다, 곧 '무너지다'의 뜻으로 쓰임.

풀이 1 1. 무너지다. 허물어지다. 파괴되다. ¶壞裂 2 2. 앓다. ¶壞木

壞劫(괴겁) 사겁(四劫)의 하나. 세계가 파괴되는 기간.

壞決(괴결) 허물어짐.

壞苦(괴고) 삼고(三苦)의 하나. 매우 사랑하던 것이 없어질 때의 고통.

壞潰(괴궤) 무너짐.

壞爛(괴란) 썩어 허물어짐. 산산이 부서짐.

壞俗(괴속) 1)풍속이 유지될 수 없게 어지러움. 2)문란해진 풍속.

壞壓(괴압) 눌러 무너뜨림.

壞裂(괴열) 무너지고 갈라짐.

壞墻(괴장) 허물어진 담.

壞坐(괴좌) 고쳐서 편하게 함.

壞舛(괴천) 부서져 흩어짐.

壞敗(괴패) 부숨. 또는 부서짐.

壞血病(괴혈병) 비타민 C의 부족으로 잇몸 등에 피가 나고 악화되면 빈혈, 심장 쇠약 등을 일으켜 죽는 병.

金剛不壞(금강불괴) 금강석처럼 단단하여 절대로 부서지지 않음.

3획

崩壞(붕괴) 1)허물어져 무너짐. 2)방사선 원소가 방사선을 내며 다른 원소로 바뀌는 현상.

破壞(파괴) 건물이나 기물 · 조직 등을 부수거나 무너뜨림.

天崩地壞(천붕지괴) 하늘과 땅이 무너짐.

壞木(회목) 병든 나무. 곧, 썩은 나무.

유 坍(무너질 담) 崩(무너질 붕) 壞(무너질 괴)
비 壤(흙 양) 懷(품을 회)

壜	⑯ 19획	日タン · さけかめ
	술병 담	中tán

풀이 술병. 술독.

壚	⑯ 19획	日ロ · くろつち
	흑토 로(노)	中lú

풀이 1. 흑토(黑土). 검은 흙. ¶壚埴 2. 화로. 향로. ¶茶壚 3. 주점. 술집. ¶壚邸

壚邸(노저) 술을 파는 집.

壚埴(노치) 검은 흙.

茶壚(다로) 차를 달이는 데 쓰는 화로.

비 爐(화로 로)

壟	⑯ 19획	日ロウ · うね
	언덕 롱(농)	中lǒng

풀이 1. 언덕. 작은 구릉. 돈대. ¶壟斷 2. 밭두둑. ¶壟苗 3. 무덤 뫼. ¶丘壟

壟斷(농단) 작은 언덕에 올라간다는 뜻으로, 시장에서 가장 유리한 곳을 차지해 이익을 독점함을 이르는 말.

○壟斷(농단)의 유래

한 교활한 남자가 진귀한 물건을 많이 가지고 시장에 와서 먼저 작은 언덕에 올라가 주변을 살펴보았다. 그리곤 많이 팔릴 듯한 장소로 가서 시장의 이익을 혼자 독점했다. 사람들이 모두 그 남자를 미워해 그에게 세금을 물렸다. 그리하여 상인에게 세금을 물리는 관행이 이때부터 시작되었다고 한다. 《맹자》

壟苗(농묘) 밭두둑. 시골.

壟畔(농반) 1)밭이랑. 2)밭두둑.

壟塋(농영) 흙으로 쌓아올린 무덤.

丘壟(구롱) 1)산언덕. 2)조상의 무덤.

유 丘(언덕 구) 岸(언덕 안) 坏(언덕 배) 坵(언덕 구)

壛	⑯ 19획	日エン · みち
	거리 염	中yán

풀이 1. 거리. 2. 마을.

유 街(거리 가)

壝	⑯ 19획	日イ · かき
	제단 유	中wěi

풀이 제단. 제단을 둘러싼 토담. ¶壝壇

壝宮(유궁) 흙담에 둘러싸인 궁궐.

壝壇(유단) 제단(祭壇).

壣	⑰ 20획	日リン
	남새밭 린	中lín

풀이 남새밭. 채소밭.

壤	⑰ 20획	日ジョウ · つち
	흙 양	中rǎng

* 형성. 농사를 짓는 데 적당할 만큼 성숙된(襄) 흙(土)으로, 부드러운 흙, 곧 '양토'의 뜻으로 쓰임.

풀이 1. 흙. 부드럽고 비옥한 흙. 2. 땅. 토지. ¶壤界 3. 어지럽다. 어수선한 모양. 4. 곡식이 익다. 풍년이 들다. 5. 살찌다. 살이 오르다. ¶壤子

壤界(양계) 땅의 경계.

壤墳(양분) 1)농사짓는 데 적합한 비옥한 땅. 2)무덤.

壤子(양자) 1)살찐 아들. 2)토지를 여러 아들에게 나누어 줌.

壤奠(양전) 곡식을 제사상에 올림.

壤地(양지) 토지. 국토.

壤土(양토) 1)땅. 2)경작에 알맞은 땅.

膏壤(고양) 기름진 땅.

霄壤(소양) 높은 하늘과 넓은 땅. 천지(天地).

天壤(천양) 하늘과 땅. 천지(天地).

天壤之差(천양지차) 하늘과 땅만큼 많은 차이. 천양지간(天壤之間).

土壤(토양) 1)흙. 2)식물, 특히 농작물을 자라게 하는 흙.

유 土(흙 토) 비 壞(무너질 괴)

壩	㉑ 24획	日ハ · つつみ
	방죽 파	中bà

풀이 방죽. 제방.

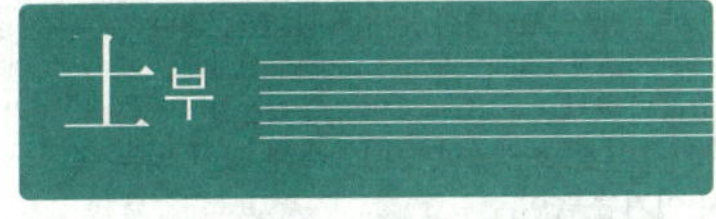

士 선비 사 部

'士' 자는 '선비'를 뜻하는 글자로, 기사(騎士)에서처럼 '사람'의 뜻으로도 쓰인다. 또한 전사(戰士)나 사관(史官)에서처럼 '무사'나 '관리', '지식인'의 뜻으로 쓰이며, 장성한 남자를 나타낼 때에도 쓰인다.

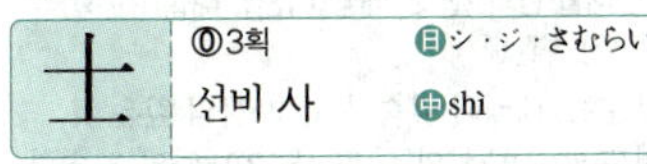

一 十 士

*회의. 하나(一)를 배우면 열(十)을 깨우치는 사람을 나타낸 글자. 이에 '선비'라는 뜻으로 쓰임.

풀이 1. 선비. 학식과 덕이 있는 사람. ¶士民 2. 남자. 사나이. ¶才士 3. 벼슬. 벼슬아치. ¶士庶人 4. 군인. 병사. ¶士卒 5. 칭호나 직업에 붙이는 말. ¶辯護士 6. 일하다. 종사하다.

士官(사관) 1)병사를 지휘하는 무관. 2)장교의 총칭. 3)구세군에서 교역자를 일컫는 말.
士氣(사기) 1)병사의 씩씩한 기운. 2)일반 사람의 기세.
士大夫(사대부) 1)문벌이 높은 사람. 2)양반.
士林(사림) 유학을 숭상하는 학자들. 유림(儒林).
士民(사민) 1)선비. 2)선비와 백성.
士兵(사병) 1)장교가 아닌 모든 졸병. 2)하사관이 아닌 병사.
士庶人(사서인) 사대부(士大夫)와 서인(庶人).
士節(사절) 선비의 절개.
士卒(사졸) 병사.
士禍(사화) 학벌 · 파벌 등의 다툼으로 선비들이 화를 입은 사건.
國士無雙(국사무쌍) 그 나라에서 가장 뛰어난 인물은 둘도 없다는 뜻으로, 매우 뛰어난 인재를 이르는 말.
紳士(신사) 품행이 바르고 학덕과 기품을 갖춘 사람.
才士(재사) 재주가 많은 남자.
處士(처사) 1)조용히 초야에 묻혀 사는 선비. 2)거사(居士).

유 儒(선비 유) 彦(선비 언) 비 土(흙 토)

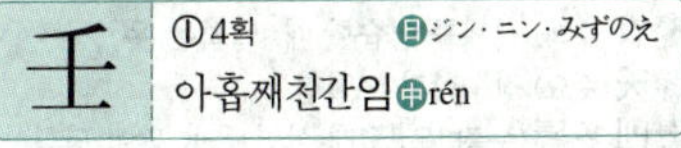

壬
①4획 日ジン・ニン・みずのえ
아홉째천간임 中rén

丿 二 千 壬

*상형. '工(장인 공)'과 '丿(삐침 별)'을 합쳐 실을 감는 막대기의 모양을 나타낸 글자. 후에 가차하여 '간사하다'는 뜻으로 쓰이게 되었으며 천간(天干)의 아홉째 글자로도 쓰임.

풀이 1. 아홉째 천간(天干). 오행으로는 물(水), 방위로는 북쪽에 해당함. 2. 간사하다. 아첨하다. ¶壬佞

壬公(임공) 물의 다른 이름. 또는 물의 신.
壬佞(임녕) 간사함. 아첨함.
壬夫(임부) 물의 신. 임공(壬公).
壬人(임인) 간사한 사람. 아첨을 잘하는 사람.
壬公(임공) 물의 다른 이름.
壬方(임방) 24방위의 하나. 정북쪽에서 서쪽으로 15도째의 방위를 중심으로 한 15도의 각도 안.
壬坐(임좌) 묏자리나 집터가 임방(壬方)을 등진 좌향.

비 王(임금 왕) 玉(구슬 옥)

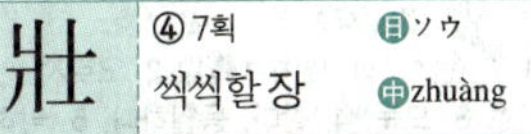

丨 丬 丬 爿 爿一 壯 壯

*형성. 뜻을 나타내는 부수 '士(선비 사)'와 음을 나타내는 '爿(나무조각 장)'을 합친 글자. 이에 병사가 무기를 가지고 있음, 곧 '굳세다', '장하다'라는 뜻으로 쓰임. 또는 그러한 병사를 의미하여 '장정'이라는 뜻으로도 쓰임.

풀이 1. 씩씩하다. 굳세다. 건장하다. ¶壯烈 2. 번성하다. 장대하다. ¶壯觀 3. 장하다. 훌륭하다. ¶壯志 4. 음력 8월. ¶壯月 5. 젊다. 한창나이. 특히 남자 나이 30세를 지칭.

壯觀(장관) 웅장하고 볼만한 광경.
壯途(장도) 큰일을 이루기 위해 떠나는 장대한 길.
壯麗(장려) 웅장하고 화려함.
壯烈(장렬) 씩씩하고 세참.
壯美(장미) 장엄하고 아름다움.
壯夫(장부) 장년의 남자.
壯悲(장비) 슬프면서도 마음을 억눌러 씩씩함.
壯士(장사) 1)장정(壯丁). 2)혈기 넘치는 용감한 남자.
壯丁(장정) 기운이 좋은 젊은 사나이.
健壯(건장) 몸이 크고 굳셈.
年壯(연장) 젊고 왕성함.
臥龍壯字(와룡장자) 누워 있는 용과 같이 힘있는 글씨.

雄壯(웅장) 으리으리하게 크고 장대함.
勇壯(용장) 용감하고 씩씩함.

비 狀(형상 상)

壻	⑨ 12획 사위 서	日セイ·むこ 中xù

* 형성. 뜻을 나타내는 부수 '士(선비 사)'와 음을 나타내는 '胥(서로 서)'를 합친 글자. '胥'는 짝(疋)이 되는 몸(月)을 나타냄. 이에 짝이 있는 선비(士)라는 뜻에서 '사위'의 뜻으로 쓰임.

풀이 1. 사위. ¶壻甥 2. 남편. 3. 동서(同壻).

壻甥(서생) 사위.
同壻(동서) 자매의 남편끼리나 형제의 아내끼리 서로를 지칭하는 말.

유 婿(사위 서)

壹	⑨ 12획 한 일	日イチ·ひとつ 中yī

* 형성. '壺(병 호)'와 '吉(길할 길)'을 합친 글자. 이에 병 속에 길한 것을 넣어 둔 모양을 나타내어 오직 길한 마음을 품고 있다는 뜻에서 '오직', '오로지'의 뜻으로 쓰임.

풀이 1. 하나. '一(한 일)'의 갖은자. ¶壹槩 2. 오로지. 한결같이. ¶壹意 3. 모두. 4. 같다. 동일하다. 5. 막히다. 막다. ¶壹鬱

壹槩(일개) 일괄(一括)하여.
壹鬱(일울) 기운이 막힘.
壹意(일의) 오로지 하나의 일에 뜻을 쏟음.
壹倡三歎(일창삼탄) 종묘악(宗廟樂)에서, 한 사람이 선창을 하면 세 사람이 이에 맞추어 노래를 함.

유 一(한 일) 비 壺(병 호)

壺	⑨ 12획 병 호	日コ·つぼ 中hú

풀이 1. 병. 항아리. ¶壺漿 2. 박. 3. 투호(投壺). 병에 화살을 던져 넣는 놀이.

壺蓋(호개) 항아리의 뚜껑.
壺狀(호상) 병처럼 아가리가 벌어진 모양.
壺飧(호손) 단지에 담은 밥.
壺漿(호장) 병에 담은 음료.
壺中物(호중물) 병 속의 물건. 즉, 술.
壺中天(호중천) 병 속의 하늘. 즉, 별천지. 선경(仙境)을 이름.

⊙壺中天(호중천)의 유래
한나라의 호공(壺公)은 약을 팔다가 장이 끝나면 매달아 놓은 호리병 속으로 들어갔는데, 비장방(費長房)이라는 사람이 이를 보고 따라 들어가니 화려한 건물에 술과 안주가 가득 차려진 별천지였다는 고사에서 유래된 말이다.

投壺(투호) 화살을 던져 병 속에 많이 넣는 쪽이 이기는 놀이.

비 壹(한 일)

壼	⑩ 13획 대궐 안길 곤	日コン·おくみち 中kùn

풀이 1. 대궐 안의 길. 2. 내궁(內宮). 내실(內室). 부녀자를 뜻함. ¶壼訓

壼奧(곤오) 대궐의 깊숙한 곳. 사물의 깊은 곳.
壼闈(곤위) 1)대궐의 작은 문. 2)대궐의 깊숙한 곳. 3)부녀자가 기거하는 내실.
壼政(곤정) 1) 궁중의 정치. 2)내전(內殿)의 일.
壼訓(곤훈) 부녀자의 가르침.

비 壺(병 호)

壽	⑪ 14획 목숨 수	日ジュ·ことぶき 中shòu

풀이 1. 목숨. 수명. ¶壽命 2. 장수하다. 오래 살다. ¶壽夭 3. 늙은이. 4. 장수를 기원하다. 5. 보전하다.

壽豈(수개) 장수를 즐김.
壽客(수객) 1)연세가 많은 손님. 2)국화(菊花)의 다른 이름.
壽國(수국) 나라를 잘 다스려 오래 지속되도록 함.
壽宮(수궁) 1)침실. 2)생전에 미리 만들어 놓은 묘. 수혈(壽穴).
壽器(수기) 관(棺)의 다른 이름.
壽禮(수례) 오래 사는 것을 축하하는 예. 또는 그 선물.
壽命(수명) 사람의 목숨.
壽民(수민) 1)정치를 잘해 백성을 오래 살도록 함. 2)장수하는 사람.
壽福康寧(수복강녕) 오래 살고 복되며, 건강하고 평안함.
壽詞(수사) 술을 권하면서 장수를 축하하는 말.
壽序(수서) 장수를 기원하는 글.
壽域(수역) 잘 다스려진 세상이란 뜻으로, 장수하는 사람이 많은 지역.
壽衣(수의) 시체를 염습할 때 입히는 옷.
壽夭(수요) 장수함과 요절함.
壽則多辱(수즉다욕) 오래 살면 욕을 많이 당함.

곧, 오래 살수록 그만큼 고생이나 망신이 많음.

壽祉(수지) 오래 살고 복이 많음.

壽冢(수총) 생전에 미리 만드는 무덤.

壽限(수한) 수명.

高壽(고수) 나이가 많음. 많은 나이. 고령(高齡). 퇴령(頹齡).

老壽(노수) 오래 삶. 장수함.

萬壽(만수) 오래오래 삶.

無量壽(무량수) 1)셀 수 없는 수명. 무량상수(無量上壽). 2)아미타불과 그 국토의 백성들의 수명이 한량이 없는 일. 3)불가사의(不可思議)의 1만 배가 되는 수. 곧, 10^{68}

仁壽(인수) 인덕(仁德)이 있고 장수함.

유 命(목숨 명)

❖ 사람의 나이를 나타내는 한자어

- 弄璋(농장)-출생 : 득남했을 때 구슬 장난감을 주는 데서 유래.
- 志學(지학)-15세 : 공자가 15세에 학문에 뜻을 두었다는 데서 유래.
- 弱冠(약관)-20세 : 20세를 전후한 남자는 성례(성인식) 때 관을 쓴 데서 유래.
- 而立(이립)-30세 : 공자가 30세에 자립한다는 데서 유래.
- 不惑(불혹)-40세 : 공자가 40세에는 모든 것에 미혹되지 않는다는 데서 유래.
- 知命(지명) 또는 知天命(지천명)-50세 : 공자가 50세에는 천명을 알았다는 데서 유래.
- 耳順(이순)-60세 : 공자가 60세가 되어 어떤 말에 대해서도 순화시켜 받아들인다는 데서 유래.
- 還甲(환갑) 또는 回甲(회갑)-61세 : 태어난 해의 간지가 되돌아간다는 의미. 즉 60년이 지나 다시 본래 자신의 출생년의 간지로 되돌아가는 것.
- 從心(종심)-70세 : 공자가 70세에는 마음먹은 대로 행동해도 법도에 어긋나지 않는 데서 유래
- 古稀(고희)-70세 : 두보의 시 '곡강'에서 유래.
- 喜壽(희수)-77세 : '喜' 자를 초서로 쓸 때 '七十七(칠십칠)' 처럼 쓰는 데서 유래.
- 傘壽(산수)-80세 : '傘'의 약자가 '八(팔)'을 쓰고 '十(십)'을 밑에 쓰는 것에서 유래.
- 米壽(미수)-88세 : '米' 자를 풀면 '八十八(팔십팔)'이 되는 데서 유래.
- 卒壽(졸수)-90세 : '卒'의 약자가 '九(구)'를 쓰고 '十(십)'을 밑에 쓰는 것에서 유래.
- 白壽(백수)-99세 : '百'에서 '一(일)'을 빼면 '白' 자가 되므로 99세를 나타냄.
- 上壽(상수)-100세 : 나이 100세 또는 100세 이상을 이름.

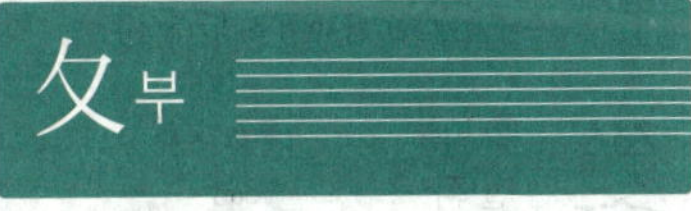

夂부

夂 뒤져 올 치 部

'夂' 자는 사람의 발 모양을 나타내는 '止(그칠 지)'가 변형된 글자로, 발이 앞을 향하지 않고 뒤를 향해 있다고 하여 '뒤져서 오다'는 뜻을 나타낸다. 부수로 쓰일 때는 주로 글자의 윗부분에 온다.

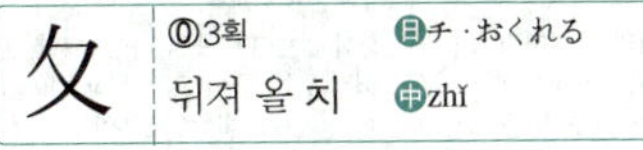

夂 ⓪3획 뒤져 올 치 日チ·おくれる 中zhǐ

풀이 뒤져서 오다. 뒤떨어져 오다.

夅 ③6획 學(p320)과 同字

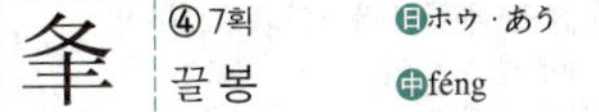

夆 ④7획 끌 봉 日ホウ·あう 中féng

풀이 1. 끌다. 끌어 당기다. 2. 만나다.

비 峰(봉우리 봉)

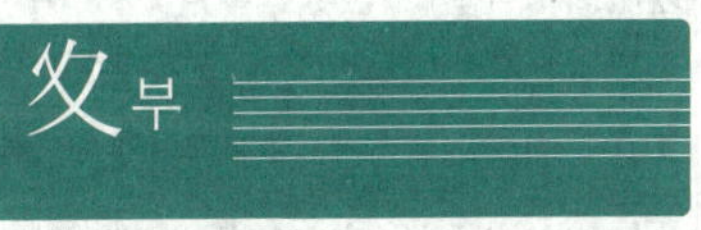

夊부

夊 천천히 걸을 쇠 部

'夊' 자는 '夂' 자처럼 사람의 발 모양을 나타내는 '止(그칠 지)'가 변형된 모양으로, 발을 끌 듯 천천히 걷는 모양을 나타낸 글자이다. 이에 '천천히 걷다'의 뜻으로 쓰인다. 부수로 쓰일 때는 주로 글자의 아랫부분에 온다.

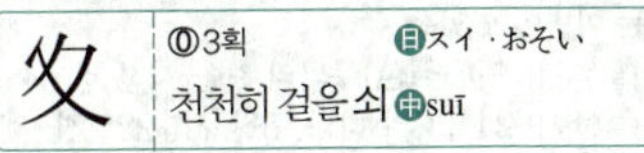

夊 ⓪3획 천천히 걸을 쇠 日スイ·おそい 中suī

풀이 천천히 걷다.

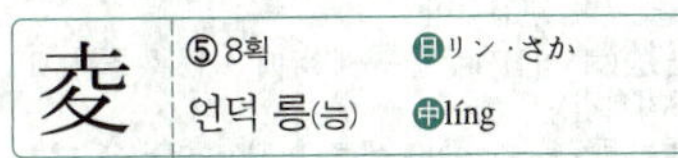

夌 ⑤8획 언덕 릉(능) 日リン·さか 中líng

풀이 언덕.

3획

유 丘(언덕 구) 岸(언덕 안) 坏(언덕 배) 坵(언덕 구)

夎	⑦ 10획	日サ·てら
	절 좌	中cuò

풀이 절. 무릎이 땅에 닿지 않아 예의에 어긋나는 절.

夏	⑦ 10획	日カ·なつ
	여름 하	中xià

一 丆 丆 万 百 百 百 頁 夏 夏

*회의. '頁(머리 혈)'과 천천히 걷는다는 뜻을 가진 '夊(천천히 걸을 쇠)'를 합친 글자. 머리(頁)를 떨구고 천천히 걸어가는(夊) 때는 더운 여름이라 하여, '여름'의 뜻으로 쓰임.

풀이 1. 여름. ¶夏服 2. 중국. 3. 하나라. 우왕(禹王)이 만든 중국 고대 왕조. ¶夏禹 4. 크다. 또는 큰 건물. 5. 회초리. ¶夏楚 6. 오색무늬. ¶夏翟

夏家(하가) 우(禹)가 세운 국가 이름.

夏殼(하각) 여름 조개. 살이 적은 데서 몸을 온전히 함을 비유하는 말.

夏桀(하걸) 하나라 말기의 폭군. 은(殷)나라의 주왕(紂王)과 함께 폭군의 뜻으로 쓰임.

夏臘(하랍) 중의 나이.

夏令(하령) 여름철.

夏爐冬扇(하로동선) 여름의 난로와 겨울의 부채라는 뜻으로, 쓸모없는 말이나 재주를 비유하는 말.

夏服(하복) 여름에 입는 옷. 여름옷.

夏扇冬曆(하선동력) 여름의 부채와 겨울의 달력. 곧, 때에 맞게 선물함을 비유하는 말.

夏安居(하안거) 장마 때, 방에 모여서 수도하는 것.

夏屋(하옥) 1)음식을 차리고 예물을 갖춤. 2)넓고 큰 집.

夏禹氏(하우씨) 하나라의 시조. 우(禹) 임금의 다른 이름.

夏月飛霜(하월비상) 여름에 서리가 날림. 하(夏)나라의 걸왕(桀王)과 주(周)나라의 유왕(幽王) 등이 포악하여 여름철에 서리가 내리는 이변이 있었음.

夏翟(하적) 오색(五色)무늬의 깃을 지진 꿩.

夏至(하지) 24절기의 하나. 6월 21, 22일경. 해가 가장 긴 날.

夏之日冬之夜(하지일동지야) 추운 밤이나 더운 낮이나. 한결같이.

夏楚(하초) 1)학생을 훈계할 때 쓰는 회초리. 2)가르침.

夏蟲疑冰(하충의빙) 여름 벌레는 얼음을 믿지 않는다는 뜻으로, 견문이 좁은 사람이 사물을 의심함을 비유하는 말.

夏畦(하휴) 여름 무더운 날씨에 밭을 갊. 노동(勞動)·신고(辛苦)를 이르는 말.

敻	⑪ 14획	日ケイ·はるか
	멀 형	中xiòng

풀이 멀다. 거리가 아득히 멀다. ¶敻絶

敻絶(형절) 멀리 떨어짐.

敻敻(형형) 멀리 바라보는 모양.

비 負(질 부)

夔	⑰ 20획	日キ
	조심할 기	中kuí

풀이 1. 조심하다. 삼가다. ¶夔夔 2. 짐승 이름. 발이 하나 달렸다는 짐승.

夔鼓(기고) 기(夔)라는 짐승의 가죽으로 만들었다는 북. 그 소리가 먼 데까지 잘 들림을 이르는 말.

夔夔(기기) 조심하고 두려워하는 모양.

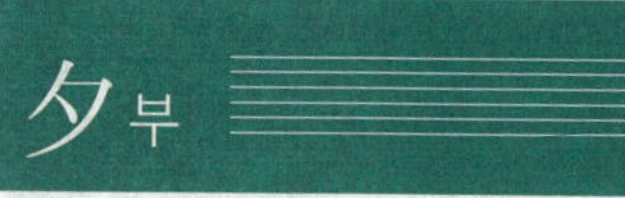

夕 부

夕 저녁 석 部

'夕' 자는 '月(달 월)'에서 1획을 뺀 글자로, 해가 지고 달이 반쯤 뜬 때, 곧 '황혼', '저녁'이란 뜻으로 쓴다. 그리고 이 뜻이 확대되어 한 달의 마지막, 한 해의 마지막과 같이 하나의 주기(週期)가 끝나는 것을 뜻하기도 한다. 이 글자를 부수로 갖는 글자는 '저녁'과 관련이 있다.

夕	⓪ 3획	日セキ·ゆう
	저녁 석	中xī

ノ ク 夕

*상형. 달(月)에서 한 획을 뺀 글자.

풀이 1. 저녁. 밤. ¶夕餐 2. 쏠리다. 기울다. ¶夕室 3. 저녁에 임금을 알현하다. 4. 끝. 한 해 또는 한 달의 마지막. ¶除夕

夕刊新聞(석간신문) 매일 저녁 때에 발행하는 신문. 석간지.

夕景(석경) 1)저녁 경치. 2)저녁 때.

夕飯(석반) 저녁밥.

夕室(석실) 1)묘지를 이름. 2)한쪽으로 기울어

3 획

진 방.

夕陽(석양) 1)저녁 때. 2)산의 서쪽. 3)저녁나절의 해.

夕月(석월) 1)저녁에 뜨는 달. 2)황제가 달에 절하던 예(禮).

夕陰(석음) 해진 뒤의 어스레할 때.

夕照(석조) 저녁 햇빛. 사조(斜照). 사양(斜陽).

夕餐(석찬) 저녁밥. 늦은 밥.

旦夕(단석) 아침과 저녁. 위급한 시기나 상태가 절박한 모양

元夕(원석) 음력 정월 보름날 밤.

月夕(월석) 달 밝은 밤. 음력 팔월 보름날 밤.

除夕(제석) 섣달그믐날 밤. 음력 12월 말일.

朝令夕改(조령석개) 아침에 명령을 내리고 저녁에 바꾼다는 뜻으로, 법령의 개정이 너무 빈번하여 믿을 수가 없음을 이르는 말.

朝夕(조석) 아침과 저녁.

秋夕(추석) 우리나라 명절의 하나. 음력 8월 보름. 중추절. 한가위.

花朝月夕(화조월석) 1)꽃이 핀 아침과 달 밝은 저녁이란 뜻으로, 경치가 가장 좋은 때를 이르는 말. 2)음력 2월 보름과 8월 보름 밤.

유 夜(밤 야) 반 朝(아침 조)

外	② 5획	日ガイ・そと・ほか
	밖 외	中wài

ノ ク タ 夕丨 外

* 형성. 뜻을 나타내는 부수 '夕(저녁 석)'과 음을 나타내는 '卜(점 복)'을 합친 글자. 점〔卜〕을 아침이 아닌 저녁〔夕〕에 보는 것은 관례에 어긋난다는 뜻에서 '벗어나다', '밖'의 뜻으로 쓰임.

풀이 1. 바깥. 밖. ¶外廓 2. 외국. ¶外交 3. 겉모습. 생김새나 언행. 4. 남. 타인. 5. 외가. 처가. ¶外家 6. 지방. 외지. 타향. 7. 멀리하다. 제외하다.

外家(외가) 어머니의 친정. 외가집.

外見(외견) 겉보기. 외관(外觀).

外界(외계) 어떤 것의 주위. 바깥.

外觀(외관) 겉으로 본 모양. 겉보기. 겉모양.

外廓(외곽) 1)성 밖으로 둘러 쌓은 성. 2)바깥 테두리.

外交(외교) 1)외국과의 교제. 2)외부와의 교제.

外國(외국) 자기 나라 밖의 다른 나라.

外勤(외근) 밖에 나가서 하는 근무.

外道(외도) 1)불교 이외의 다른 종교. 2)바르지 않은 길·노릇. 3)오입(誤入).

外燈(외등) 집 바깥에 단 등.

外來(외래) 1)밖에서 옴. 2)외국에서 옴.

外面(외면) 1)겉면. 2)밖으로 나타난 모양. 겉모양. 3)대면하기를 꺼려 얼굴을 다른 쪽으로 돌려 버림.

外貌(외모) 겉으로 본 모습. 겉모양.

外務(외무) 1)외국에 관한 정무(政務). 2)집 밖에 다니며 보는 사무.

外物(외물) 자기 이외의 온갖 사물.

外泊(외박) 자기 집이나 정해 둔 숙소가 아닌 곳에 나가서 자는 일.

外部(외부) 1)바깥. 2)그 조직에 속하지 않는 범위.

外傷(외상) 살 거죽의 상처.

外勢(외세) 1)바깥의 형세. 2)외부의 세력.

外孫(외손) 출가한 딸이 낳은 아이.

外野手(외야수) 야구에서 외야를 맡아 지키는 선수. 곧 좌·우익수와 중견수.

外延(외연) 개념이 적용될 수 있는 사물의 범위.

外憂(외우) 1)아버지나 친할아버지의 상사(喪事). 2)외적이 침입해 오는 걱정.

外遊(외유) 1)외국을 여행함. 2)해외로 유학감.

外人(외인) 1)같은 무리가 아닌 사람. 2)남. 3)외국 사람.

外資(외자) 외국 사람의 자본.

外敵(외적) 1)외국으로부터 쳐들어오는 적. 2)몸을 해치는 다른 동물.

外傳(외전) 1)본문 밖에 더 붙인 기록. 2)정사(正史) 이외의 전기. 본전(本傳)에 빠진 부분을 따로 기록한 전기.

外債(외채) 국가가 외국에 대해서 지는 채무.

外出(외출) 밖에 잠시 나감.

外套(외투) 겨울에 추위 등을 막기 위해서 의복 위에 덮어 입는 옷.

外風(외풍) 1)밖에서 들어오는 바람. 2)외국에서 들어오는 풍속.

外向性(외향성) 정신 작용이 외부에 관심이 많고 객관적인 사고를 하며 자기를 외부에 나타내고 남도 자기와 같이 행동하기를 바라는 등의 성질.

外貨(외화) 외국의 화폐.

外患(외환) 밖에서 오는 근심. 외국에 대한 근심.

外換(외환) 외국환(外國換)의 준말.

반 內(안 내)

	③ 6획	日タ・おおい
	많을 다	中duō

3 획

ノ ク タ 多 多 多

*회의. 하루가 지나 저녁(夕)이 되고 또 하루가 가서 저녁(夕)이 된다는 의미로, 저녁이 '많음'을 나타낸 글자. 이에 '많다', '과하다'는 뜻으로 쓰임.

풀이 1. 많다. 많게 하다. ¶多感 2. 전공(戰功). 3. 낫다. 뛰어나다. 4. 아름답게 여기다. 소중히 여기다. 5. 마침. 우연히.

多角(다각) 1)여러 모. 2)여러 방면.

多角形(다각형) 많은 모로 된 모양.

多感(다감) 감정이 많음.

多故(다고) 탈이 자주 남. 사고가 많음.

多孔(다공) 구멍이 많음.

多寡(다과) 많고 적음. 다소(多少).

多口(다구) 말이 많음. 수다스러움.

多岐亡羊(다기망양) 갈림길이 많아 양을 잃고 말았다는 고사에서, 학문의 길이 너무 다양하여 진리를 찾기 어려움을 비유하는 말.

多岐亡羊(다기망양)의 유래

전국 시대의 사상가인 양자(楊子)의 일화이다. 그의 이웃집 양 한 마리가 달아나서 많은 사람들이 양을 찾아 나섰는데 결국 찾지 못했다. 양이 달아난 쪽은 갈림길이 많아 양이 어디로 달아났는지 알 길이 없었기 때문이었다. 이 일을 전해들은 양자가 몹시 우울해했다. 그는 "갈림길이 하도 많기 때문에 양을 잃어버리고, 학자는 다방면(多方面)으로 배우기 때문에 본성을 잃는다. 학문이란 원래 근본은 하나였는데 그 끝에 와서 이처럼 달라지고 말았다. 그러므로 하나인 근본으로 되돌아가면 얻는 것도 잃는 것도 없다."라고 생각하고 그렇지 못한 현실을 안타까워한 것이다. 《열자(列子)》 설부편(說符篇)

多難(다난) 어려움이 많음. 많은 재난.

多年間(다년간) 여러 해 동안.

多年生(다년생) 뿌리가 남아 있어서 해마다 살아나는 식물의 기능. 여러해 살이.

多多益善(다다익선) 많으면 많을수록 좋음.

多多益善(다다익선)의 유래

한나라의 고조 유방이 초나라의 항우를 꺾고 천하를 통일한 후에 한신(韓信)을 숙청하기 위해 공격하여 포로로 잡았다. 유방이 한신에게 "나는 군대를 얼마나 거느릴 수 있겠소?"라고 묻자 10만 정도라고 대답하였다. 이에 "그럼 그대는 어느 정도인가?" 하고 묻자, "저는 많으면 많을수록 좋습니다."라고 대답하였다. "그대가 나보다 더 많은 군대를 거느릴 능력이 있는데 어째서 나에게 잡혔소?"고 묻자 한신은 "폐하는 병졸들은 잘 거느리지 못하지만 장군들을 잘 다스리니 제가 잡힌 것입니다."라고 대답했다고 한다.

多端(다단) 할 일이 많음.

多大(다대) 많고 큼.

多量(다량) 많은 분량.

多忙(다망) 일이 많아 매우 바쁨.

多面(다면) 다양한 면. 많은 면.

多面體(다면체) 여러 개의 평면 다각형에 둘러싸인 입체.

多聞(다문) 많이 들음. 또는 견문이 많은 사람.

多方面(다방면) 여러 방면. 많은 곳.

多辯(다변) 말이 많음.

多病(다병) 병이 많음. 자주 앓음.

多寶塔(다보탑) 1)다보여래의 사리를 공양하는 불탑의 양식의 하나. 2)경주 불국사에 있는 석탑. 다보탑 양식 중에 그 예술적 가치로 보아 가장 높이 평가됨.

多福(다복) 복이 많음.

多分(다분) 많은 분량.

多事多難(다사다난) 일도 많고 어려움도 많음.

多産(다산) 아이 또는 새끼를 많이 낳음. 산물이 풍부함.

多少(다소) 1)많음과 적음. 2)많음. 3)약간. 어느 정도.

多少不計(다소불계) 많고 적음을 헤아리지 않음.

多數(다수) 수효가 많음. 많은 수효.

多數決(다수결) 회의 구성원 중 많은 사람의 의견을 따라 결정함.

多神敎(다신교) 여러 신의 존재를 인정하고 숭배하는 종교.

多心(다심) 1)의심이 많음. 2)여기저기 마음이 끌림.

多額(다액) 많은 액수.

多樣(다양) 1)여러 가지 모양이나 모습. 2)많은 모양.

多用途(다용도) 여러 가지 쓰임새.

多元論(다원론) 다수의 본원적인 독립된 실재를 인정하고 세계의 본원은 이 다수의 실재에 있다고 하는 세계관.

多作(다작) 1)작품이나 글을 많이 지음. 2)농산물이나 물품을 많이 만듦.

多才多能(다재다능) 재주가 많고 능력이 풍부함.

多情(다정) 1)정이 많음. 애정이 깊음. 2)교분이 두터움. 3)사물에 대한 애틋한 정.

多情多感(다정다감) 생각과 느낌이 풍부함.

多種(다종) 여러 가지 종류.

多恨(다한) 1)원한이 많음. 2)섭섭하여 잊지 못하는 마음이 많음.

多幸(다행) 1)운수가 좋음. 일이 좋게 됨. 2)우연하게 잘 됨.

多血質(다혈질) 감각이 빠르고 외물의 자극을 쉽게 받으며 그러나 오래 지니지 못하는 기질.

博學多識(박학다식) 학식이 넓고 아는 것이 많음.

一夫多妻(일부다처) 한 남자가 여러 아내를 맞는 혼인 형태.

3획

유 大(큰 대) 반 少(적을 소) 小(작을 소)
비 夕(저녁 석)

夙 ③6획 일찍 숙 日シュク・はやい 中sù

풀이 1. 일찍. 아침 일찍. ¶夙起 2. 옛날. 예전부터. ¶夙夕 3. 삼가다.

夙起(숙기) 아침 일찍부터 일어남.
夙暮(숙모) 아침과 저녁. 조석(朝夕).
夙敏(숙민) 어려서부터 영리함.
夙昔(숙석) 옛날.
夙成(숙성) 나이에 비해 성숙함.
夙世(숙세) 예전부터의 여러 세대.
夙心(숙심) 옛날부터의 마음.
夙夜(숙야) 1)아침 일찍부터 깊은 밤까지. 2)조조(早朝). 새벽.
夙悟(숙오) 1)일찍 깨달음. 2)어리고 민첩함.
夙儒(숙유) 학식과 명망이 높은 선비. 숙유(宿儒).
夙意(숙의) 전부터의 의견. 숙지(夙志).
夙志(숙지) 일찍부터 품고 있던 뜻.
夙就(숙취) 일찍 이룸.
夙慧(숙혜) 어려서부터 지혜가 뛰어남.
夙興夜寐(숙흥야매) 아침에 일찍 일어나고 저녁 늦게 잠. 아침저녁으로 일에 힘씀을 이르는 말.

유 早(새벽 조) 비 風(바람 풍)

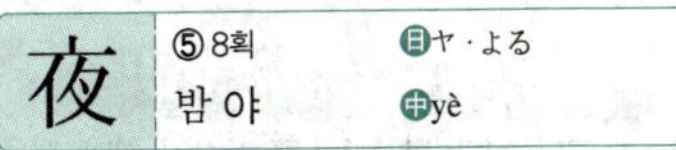

夜 ⑤8획 밤 야 日ヤ・よる 中yè

丶 亠 广 广 疒 疒 夜 夜

* 형성. 뜻을 나타내는 부수 '夕(저녁 석)'과 음을 나타내는 '亦(또 역)'의 생략자를 합친 글자. 저녁(夕) 후에 또(亦) 오는 시간을 나타내어, '밤'의 뜻으로 쓰임.

풀이 1. 밤. 깊은 밤. ¶夜景 2. 침실. 3. 성씨(姓氏).

夜間(야간) 밤. 밤 사이.
夜客(야객) 밤손님. 도둑.
夜景(야경) 밤의 경치.
夜攻(야공) 밤에 공격함. 밤을 이용하여 공격함. 야습(夜襲).
夜光(야광) 1)밤에 빛남. 2)밤에 빛나는 빛.
夜勤(야근) 밤에 근무함.
夜尿症(야뇨증) 밤에 자면서 오줌을 싸는 증세.
夜半(야반) 한밤중. 밤 12시.
夜事(야사) 밤일.
夜思(야사) 밤에 하는 생각. 밤에 여러 가지로 궁리함.
夜色(야색) 밤의 경치. 야경(夜景).
夜雪(야설) 밤에 내리는 눈.
夜誦(야송) 밤에 책을 읽음. 야독(夜讀).
夜襲(야습) 적을 밤에 습격함.
夜市(야시) 밤에 열리는 시장.
夜食(야식) 밤에 음식을 먹음. 또는 밤에 먹는 음식.
夜深(야심) 밤이 깊음.
夜宴(야연) 밤에 베푸는 잔치.
夜雨(야우) 밤비. 밤에 내리는 비.
夜遊(야유) 밤에 놂. 밤에 노는 일.
夜陰(야음) 밤의 어두운 때. 밤중.
夜戰(야전) 밤에 하는 싸움.
夜叉(야차) 1)두억시니. 2)염라국의 옥졸. 3)모양이 기이하고 힘이 센 귀신으로 사람을 해치나 바른 불법(佛法)을 수호한다는 악귀.
夜學(야학) 밤에 배우는 공부.
夜行(야행) 밤길을 걸음. 밤에 길을 감.
夜話(야화) 밤에 하는 이야기. 야담(夜談).
夜會(야회) 1)밤에 만남. 2)밤에 열리는 연회나 유흥을 위한 모임.
深夜(심야) 깊은 밤.
前夜(전야) 어젯밤. 그 전날 밤.
初夜(초야) 1)첫날밤. 2)초저녁.

유 夕(저녁 석) 비 友(벗 우)

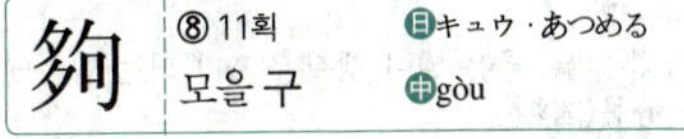

夠 ⑧11획 모을 구 日キュウ・あつめる 中gòu

풀이 1. 모으다. 2. 많다. 넉넉하다.

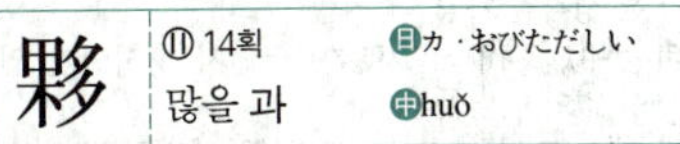

夥 ⑪14획 많을 과 日カ・おびただしい 中huǒ

풀이 1. 많다. 넉넉하다. ¶夥多 2. 동아리. 한패.

夥計(과계) 함께 투자하여 영업함.
夥多(과다) 많음.
夥伴(과반) 한패. 동아리.

유 多(많을 다)

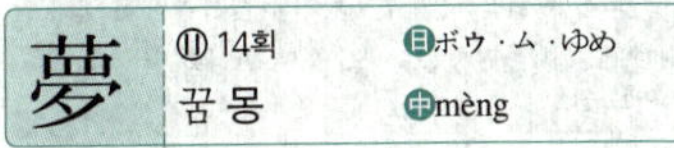

夢 ⑪14획 꿈 몽 日ボウ・ム・ゆめ 中mèng

* 형성. 뜻을 나타내는 부수 '夕(저녁 석)'과 음을 나타내는

3획

'瞢(어두울 몽)'의 생략형을 합친 글자. 어두운 저녁에 꿈을 꾸듯 몽롱하다하여, '꿈꾸다, 몽롱하다'는 뜻으로 쓰임.

풀이 1. 꿈. 꿈을 꾸다. ¶夢寐 2. 공상. 환상(幻像). ¶夢幻 3. 덧없다. ¶夢死 4. 어둡다. 흐릿하다. 똑똑하지 않다. ¶夢夢

夢覺(몽각) 꿈에서 깸.

夢寐(몽매) 잠에서 꿈을 꾸고 있는 동안.

夢夢(몽몽) 1)흐릿한 모양. 2)어지러워진 모양.

夢卜(몽복) 1)꿈과 점. 2)꿈으로 길흉을 점침. 또는 그 점.

夢死(몽사) 헛된 죽음. 덧없이 일생을 보냄.

夢想(몽상) 1)꿈에서 생각함. 또는 그 생각. 2)가능성이 없는 일을 생각함.

夢魘(몽염) 잠을 잘 때의 가위눌림.

夢囈(몽예) 잠꼬대.

夢遊(몽유) 꿈에서 노닒.

夢一場(몽일장) 한바탕의 꿈. 인생의 덧없음을 비유하는 말.

夢佇(몽저) 꿈에서조차 간절하게 기다림. 사람을 기다리는 정이 간절함.

夢精(몽정) 성적인 꿈을 꾸고 사정(射精)함.

夢中夢(몽중몽) 꿈속의 꿈. 인생의 덧없음을 비유하는 말.

夢中相尋(몽중상심) 꿈속에서 서로 꿈을 꿈. 매우 친밀한 사이를 비유하는 말.

夢枕(몽침) 1)베고 자면 꿈을 꿀 수 있다는 베개. 2)꿈꾸고 있는 머리맡.

夢幻(몽환) 꿈과 환상. 사물의 덧없음을 비유하는 말.

吉夢(길몽) 좋은 일이 생길 징조가 되는 꿈. ↔ 흉몽(凶夢).

同床異夢(동상이몽) 같은 잠자리에서 다른 꿈을 꿈. 곧 겉으로는 같이 행동하면서 속으로는 다른 생각을 가짐.

非夢似夢間(비몽사몽간) 꿈인지 생시인지 알 수 없이 어렴풋함.

惡夢(악몽) 꿈자리가 사나운 꿈. 불길한 꿈.

靈夢(영몽) 신의 계시가 있는 신령스러운 꿈.

春夢(춘몽) 봄날에 낮잠을 자며 꾸는 꿈이란 뜻으로, 덧없는 인생을 비유하는 말.

❖ 춘몽(春夢)에 관한 고사성어

- 南柯一夢(남가일몽) 꿈과 같이 헛된 한 때의 꿈.
- 一場春夢(일장춘몽) 한바탕의 봄꿈처럼 헛된 영화.
- 邯鄲之夢(한단지몽) 세상의 부귀영화가 허황됨을 이르는 말.

鄕夢(향몽) 고향의 꿈.

凶夢(흉몽) 불길한 꿈. ↔ 길몽(吉夢).

비 蒙(입을 몽)

夤	⑪ 14획	日 イン · つつしむ
	조심할 인	中 yín

풀이 1. 조심하다. 삼가다. ¶夤亮 2. 잇닿다. 연속하다. 3. 연관되다. 연줄을 대다. ¶夤緣 4. 끝. 지경. 한계.

夤亮(인량) 삼가고 진실됨.

夤夜(인야) 깊은 밤. 심야(深夜).

夤緣(인연) 1)덩굴진 풀이 무성함. 덩굴이 기어오름. 2)연줄로 출세하려고 함.

夤畏(인외) 삼가고 두려워함.

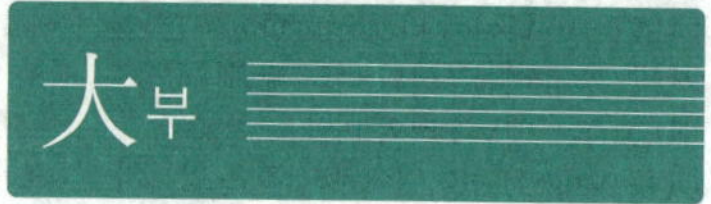

大 큰 대 部

'大'자는 사람이 정면으로 서서 두 팔과 두 다리를 벌리고 있는 모양을 나타낸 글자로, '크다'라는 뜻으로 쓰인다. 그 밖에 길이나 넓이, 규모나 범위, 또는 힘이나 세력, 도량이 큼을 나타낼 때에도 쓰이고, 수량이 많음을 나타내기도 한다. 또한 대학자(大學者)에서처럼 지위나 업적이 높거나 훌륭한 사람이나 대왕(大王)처럼 존경이나 찬미의 뜻을 나타낼 때에도 쓰인다. 이 글자를 부수로 갖는 글자는 모두 '크다'는 뜻과 관련이 있다.

大	⓪ 3획	日 タイ · ダイ · おおきい
	큰 대	中 dà, dài

一 ナ 大

* 상형. 팔다리를 벌리고 서 있는 사람을 본뜬 모양.

풀이 1. 크다. 넓다. 많다. ¶大家 2. 대강. 대개. ¶大蓋 3. 대단하다. 훌륭하다. 존귀하다. ¶大敎 4. 크게 여기다. 중히 여기다. 높이 사다. 5. 늙다. 나이 들다. 6. 모두. 다.

大家(대가) 1)큰 집. 2)부잣집. 권세가 높은 집. 신분이 높은 집. 3)학문이나 기예가 뛰어난 사람. 4)여러 사람.

大家族(대가족) 1)식구가 많은 가족. 2)씨족 사회에서 소가족의 형성에 이르기까지의 과도적 혈통 단체.

大監(대감) 1)정이품 이상의 벼슬아치를 높여 부르던 말. 2)신을 일컫는 무당의 말.

大綱(대강) 1)대체로 추리는 정도. 대충. 2)일의 가장 중요한 줄거리. 근본(根本).

大蓋(대개) 1)대략. 대강. 2)비단으로 만든 큰 우산.

大概(대개) 1)대체의 뜻. 대체의 줄거리. 2)대강.

大驚失色(대경실색) 몹시 놀라 얼굴빛이 변함.

大計(대계) 1)큰 계획. 2)회계의 총계정(總計定). 3)3년마다 관리의 성적을 고과(考課)하는 일.

大敎(대교) 1)훌륭한 가르침. 2)부처의 가르침. 3)유교 · 불교 · 도교의 총칭.

大局(대국) 1)큰 판국. 2)사건의 큰 판세.

大國(대국) 넓고 강한 나라.

大君(대군) 1)임금. 2)다른 사람의 아버지에 대한 경칭. 3)옛날에 중전(中殿)이 낳은 왕자.

大軍(대군) 수가 아주 많은 군사.

大權(대권) 1)국가의 원수가 국가를 다스리는 헌법상의 권한. 2)임금의 권력.

大闕(대궐) 궁궐.

大規模(대규모) 일의 범위가 넓어 아주 큰 규모.

大器晩成(대기만성) 큰 그릇은 늦게 이루어진다는 뜻으로, 크게 될 인물은 오랜 기간을 거쳐 늦게 이루어짐을 이르는 말.

大器晩成(대기만성)의 유래

《노자(老子)》에서 도(道)에 대해 설명한 구절에서 유래된 말이다. "밝은 도는 어두운 것 같고, 앞으로 나아가는 도는 물러나는 것 같고, 평탄한 도는 험난한 것 같다. 빼어난 덕은 오히려 골짜기처럼 낮은 것 같고, 너무 흰 것은 오히려 더러운 것 같고, 넓은 덕은 오히려 부족한 것 같고, 건전한 덕은 오히려 나약한 것 같고, 변함없는 덕은 변하는 것 같다. 큰 사각형은 그 각이 없고, 큰 그릇은 늦게야 이루어지며, 큰 소리는 그 소리가 미미한 것 같고, 큰 형상은 형태가 없다."

大吉(대길) 매우 길함. 매우 좋음.

大多數(대다수) 1)많고 큰 수효. 2)거의 모두.

大團圓(대단원) 1)맨 끝. 2)연극 같은 데서 사건의 엉킨 실마리를 풀어 결말을 짓는 결정적인 고비.

大膽(대담) 담력이 큼.

大大的(대대적) 규모가 큼직한 것.

大道(대도) 큰 길. 사람이 지켜야 할 큰 도리.

大同團結(대동단결) 서로 다른 계파가 같은 목적을 이루기 위하여 뭉쳐서 하나가 됨.

大動脈(대동맥) 1)심장 좌심실에서 세 갈래로 나와 순환되는 동맥의 으뜸 줄기. 2)한 나라의 큰 간선(幹線).

大同法(대동법) 조선 시대 때 각 지방의 특산물을 바치던 것을 쌀로 통일하여 조세를 거두어 들이던 조세법.

大略(대략) 1)대강. 대충. 2)큰 모략. 3)대강으로.

大量(대량) 1)큰 도량. 2)많은 분량.

大領(대령) 육 · 해 · 공군에서 영관(領官) 최상급의 무관. 준장(准將)의 아래, 중령(中領)의 위임.

大陸(대륙) 광대한 육지.

大望(대망) 큰 희망. 큰 바램.

大門(대문) 집의 정문.

大文字(대문자) 1)웅대한 글. 2)서양 글자의 큰 체로 된 글자.

大別(대별) 크게 구분함.

大夫(대부) 1)중국 주대(周代)의 벼슬 이름. 경(卿)의 아래, 사(士)의 위에 위치함. 2)벼슬자리에 있는 사람. 3)소나무의 다른 이름.

大部分(대부분) 반이 넘는 수효나 분량. 거의 모두.

大使(대사) 1)임금을 대신하는 최고의 사자(使者). 2)절도사(節度使). 3)원 · 명 시대에 장관(長官) 밑에서 사무를 관리하던 벼슬. 4)한 나라를 대표하여 외국에 주재하는 외교관.

大師(대사) 1)조정에서 덕이 높은 중에게 내리는 존호(尊號). 2)중을 높여서 부르는 말.

大赦(대사) 1)천자가 흉악범 이외의 죄수를 풀어주는 일. 2)일반 사면(一般赦免).

大事(대사) 1)큰 일. 큰 사업. 큰 사건. 2)상사(喪事).

大使館(대사관) 대사가 주재하고 있는 나라에서 공무를 보는 관저.

大雪(대설) 1)24절기의 하나. 양력 12월 7,8일경. 2)큰 눈.

大成(대성) 1)일이 완전히 이루어짐. 훌륭하게 이룸. 2)크게 공을 이루어 태평을 가져옴.

大勢(대세) 1)세상의 돌아가는 형편. 2)세력 있는 높은 지위.

大笑(대소) 소리 내어 크게 웃음.

大乘(대승) 소승(小乘)과 더불어 불교의 두 가지 큰 파의 하나. 소승이 개인적 해탈을 위하는 것인데 반해, 대승은 널리 대중의 전반적 구제를 목표로 한 교리임.

大勝(대승) 크게 이김. 대첩(大捷).

大洋(대양) 큰 바다.

大業(대업) 1)큰 사업. 2)위업(偉業). 제왕의 업(業). 3)심오한 학업.

大逆(대역) 사람의 도리를 벗어난 죄악. 임금 · 부모를 죽이는 등의 죄.

大悟(대오) 진리를 깨달음.

大王(대왕) 1)왕의 존칭. 2)선왕의 존칭.

大要(대요) 1)내용의 대강. 2)대체로 중요하게 보는 것.

大儒(대유) 뛰어난 유학자. 학문이 깊은 학자.

大義(대의) 1)사람으로서 꼭 지켜야 할 도리. 2)경서(經書)의 요의(要義). 3)대강의 뜻. 대강의 줄거리.

大義名分(대의명분) 1)사람이 마땅히 지켜야 할

도리나 본분. 2)어떤 일을 하는데 내세우는 마땅한 구실이나 이유.

大義滅親(대의멸친) 대의를 위해서는 친족도 멸한다는 뜻으로, 국가나 사회를 위해서는 혈육의 정도 돌보지 않음을 이르는 말.

大義滅親(대의멸친)의 유래

춘추시대 위(衛)나라의 주우(州吁)가 환공(桓公)을 시해하고 스스로 군후의 자리에 올랐다. 대부 석작(石碏)은 일찍이 주우에게 역심(逆心)이 있음을 알고 아들 석후(石厚)에게 주우와 절교하라고 했으나 듣지 않았다. 반역은 일단 성공했으나 백성들의 반응이 좋지 않자 석후는 아버지 석작에게 조언을 구했다. 석작은 주왕실을 예방하여 천자를 알현하고 승인을 받는 것이 좋으며, 이를 위해 먼저 진나라 진공(陳公)을 통해서 청원하도록 하라고 조언했다. 그리고 주우와 석후가 진나라로 떠나자 석작은 진공에게 "주군(主君)을 시해한 주우와 석후를 잡아 죽여 대의를 바로잡아 주십시오."라는 밀서를 보냈고 진나라에서는 그들을 잡아 처형했다. 《춘추좌씨전(春秋左氏傳)》

大作(대작) 많은 저서. 큰 작품. 훌륭한 제작을 함. 또는 그 작품. 걸작(傑作).

大將(대장) 1)군을 지휘 통솔하는 사람. 2)한 무리의 수장(首將).

大腸(대장) 소장(小腸)의 주위를 돌아서 항문에 이르는 창자.

大丈夫(대장부) 의지가 강하여 늠름하고 씩씩한 남자. ↔ 졸장부.

大抵(대저) 대체로 보아. 무릇.

大殿(대전) 1)임금이 거처하는 궁전. 2)임금을 높여 부르는 말.

大典(대전) 국가의 큰 예식.

大戰(대전) 큰 싸움. 큰 전쟁.

大提學(대제학) 홍문관(弘文館), 예문관(藝文館)의 정이품의 으뜸 벼슬.

大宗敎(대종교) 한국 고유의 민속신앙적 신교(神敎). 환인(桓因)·환웅(桓雄)·환검(桓儉:檀君)을 숭봉함.

大罪(대죄) 큰 죄. 아주 중한 죄.

大衆(대중) 여러 사람.

大地(대지) 넓고 큰 땅. 하늘에 대하여 땅을 일컬음.

大捷(대첩) 크게 이김. 대승(大勝).

大廳(대청) 집채 가운데 있는 마루.

大體(대체) 1)사물의 전체에서 요점만 딴 줄거리. 2)마음.

大吹打(대취타) 취타(吹打)와 세악(細樂)을 갖춘 군악.

大澤(대택) 1)큰 못. 큰 늪. 2)큰 은혜. 천자의 은혜를 이르는 말.

大宅(대택) 1)큰 집. 2)천지(天地).

大通(대통) 1)대도(大道). 2)크게 통함. 막힌 것을 통하게 함. 3)언행이 남의 눈에 뜨이지 않으면서 막힘이 없음. 또는 그 사람.

大統(대통) 1)천자의 자리. 2)국가 통일의 대업.

大統領(대통령) 공화국의 원수. 국민에 의하여 직접 또는 간접으로 선출되어 일정한 임기 동안 그 나라의 전반에 걸친 행정을 통할하여 국가를 대표함.

大腿(대퇴) 넓적다리.

大破(대파) 1)심한 파손. 2)많이 깨짐. 3)적을 크게 부숨.

大便(대변) 사람의 똥.

大砲(대포) 화약의 힘으로 포탄을 멀리 내쏘는 화기.

大幅(대폭) 넓은 범위.

大河(대하) 큰 강.

大學(대학) 1)고등 교육의 중심을 이루는 학교. 학문의 이론과 응용을 연구하고 가르침. 2)사서(四書)의 하나.

大漢(대한) 1)한대(漢代) 사람이 자기 나라를 스스로 높여 이르던 말. 2)몸집이 큰 사나이. 거한(巨漢).

大海(대해) 넓은 바다.

大害(대해) 큰 손해. 큰 재해.

大賢(대현) 뛰어나게 어질고 지혜로운 사람.

大兄(대형) 1)맏형. 2)형에 대한 존칭. 3)친구를 높여 부르는 말.

大型(대형) 같은 종류의 물건 중에서 규모가 큰 것.

大形(대형) 큰 형태. 자연물의 큰 형체에 씀.

大凶(대흉) 1)아주 흉악함. 2)심한 흉년. 대황(大荒).

强大(강대) 강하고 큼.

巨大(거대) 매우 큼.

莫大(막대) 더할 수 없이 큼.

重大(중대) 무겁고 큼. 또는 그러한 일.

最大(최대) 가장 큼.

유 太(클 태) 巨(클 거) 반 小(작을 소) 少(적을 소)
비 丈(어른 장) 犬(개 견)

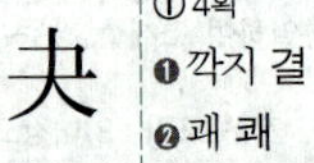

夬	① 4획	
	❶ 깍지 결	日 カイ・わける
	❷ 쾌 쾌	中 jué, guài

풀이 1 1. 깍지. 활시위를 당길 때 엄지손가락에 끼는 뿔로 된 기구. 2 2. 쾌괘. 64괘 중의 하나. 3. 나누다. 4. 정하다. ¶夬夬

夬夬(쾌쾌) 결단하는 모양. 결단하여 의심하지 않는 모양.

夫	① 4획 사내 부	日 フ · おっと 中 fū, fú

一 二 夫 夫

* 회의. 상투를 뜻하는 '一(한 일)'과 어른 또는 훌륭한 사람을 뜻하는 '大(큰 대)'를 합친 글자. 이에 상투를 튼 어엿한 어른을 의미하여 '장부'라는 뜻으로 쓰임.

풀이 1. 사내. 성인 남자. ¶夫子 2. 남편. 지아비. ¶夫壻 3. 하인. 일꾼. 4. 그. 저. 인칭. 지시 대명사. 5. 군사. 병사. 6. 부역. ¶夫役 7. 백 묘(百畝)의 밭. ¶夫家之征 8. 대저. 발어사. 9. …구나. …인저. …인가? 감탄 · 의문의 어조사.

夫課(부과) 부역. 노역.

夫君(부군) 1)임금. 2)친구. 3)남편.

夫權(부권) 아내에 대하여 남편이 가지고 있는 신분 및 재산상의 권리.

夫貴妻榮(부귀처영) 남편의 지위가 높아지면 아내는 영광을 입게 됨.

夫黨(부당) 남편의 친족.

夫里之布(부리지포) 부포(夫布)와 이포(里布). '부포(夫布)'는 직업이 없는 사람에게 부과하던 세금, '이포(里布)'는 뽕나무와 삼을 심지 않은 사람에게 부과하던 세금.

夫婦(부부) 남편과 아내.

❖ 부부(夫婦)에 관한 고사성어

- 琴瑟之樂(금슬지락) 거문고와 비파. 사이 좋은 부부 간의 애정.
- 夫唱婦隨(부창부수) 부부의 화합을 이르는 말로, 예로부터 남편이 부르면 부인이 따른다는 뜻임.
- 百年佳約(백년가약) 남녀가 부부가 되어 평생을 함께 하겠다는 아름다운 언약.
- 偕老同穴(해로동혈) 부부가 되어 함께 늙고 같이 묻힘.

夫婦有別(부부유별) 부부 사이에는 각자 일정한 역할이 있어 서로 범하지 못할 나눔이 있음.

夫壻(부서) 남편.

夫役(부역) 국가나 공공 단체가 국민에게 의무적으로 책임지우는 노역(勞役).

夫人(부인) 남의 아내에 대한 높임말로서, 특정인을 지칭할 때에 씀.

夫子(부자) 1)남자를 칭하는 말. 2)춘추 시대에, 태자(太子) · 대부(大夫) · 선생 · 장자(長者) 등을 부르는 말이었으나 후에, 공자의 제자들이 공자를 부르는 말로 쓰이자, 후세에 스승의 칭호로만 쓰게 되었음.

夫唱婦隨(부창부수) 남편이 먼저 선창하면 아내가 따름. 남편이 주장하고 아내가 이를 따름.

農夫(농부) 농사를 업으로 하는 사람.

漁夫(어부) 고기잡이를 업으로 하는 사람.

유 男(사내 남) 반 婦(며느리 부)

夭	① 4획 어릴 요	日 ヨウ · ヨク · ヤ 中 yāo

* 상형. '大(큰 대)'의 모양에 가까우면서 그 머리가 오른쪽으로 구부러져 있는 모습을 나타낸 글자. 이에 제대로 쑥쑥 자라지 못하고 '일찍 죽는다'는 뜻으로 쓰임.

풀이 1. 어리다. 젊고 예쁘다. ¶夭姣 2. 얼굴빛이 화평하다. ¶夭夭 3. 젊어서 죽다. ¶夭折 4. 굽히다. 꺾이다. ¶夭英 5. 재난. ¶夭妖 6. 그르다. ¶夭斜

夭姣(요교) 젊고 예쁜 모양.

夭英(요영) 꽃을 꺾음.

夭夭(요요) 1)젊고 용모가 아름다움. 2)얼굴에 화색이 도는 모양.

夭妖(요요) 1)재난. 재앙. 2)아직 자라지 않은 것을 살상하는 일.

夭折(요절) 젊은 나이에 죽음.

夭斜(요사) 바르지 못함.

비 矢(화살 시) 失(잃을 실)

天	① 4획 하늘 천	日 テン · あめ · そら 中 tiān

一 二 チ 天

* 회의. 사람이 서 있는 모양(大)과 그 위로 끝없이 펼쳐져 있는 하늘(一)의 뜻을 합친 글자. 이에 '하늘'의 뜻으로 쓰임.

풀이 1. 하늘. ¶天蓋 2. 우주. 세상. 3. 천체. ¶天體 4. 천연. 자연. ¶天然 5. 임금. 왕. ¶天子 6. 날씨. 기후. ¶天氣 7. 천성. 운명. 8. 하느님. ¶天帝 9. 크다.

天干(천간) 갑(甲) · 을(乙) · 병(丙) · 정(丁) · 무(戊) · 기(己) · 경(庚) · 신(辛) · 임(壬) · 계(癸)의 열 가지를 이름. 십간(十干).

天蓋(천개) 1)하늘. 2)관을 덮는 뚜껑.

天空(천공) 무한한 하늘.

天球(천구) 지구상의 관측자를 중심으로 하여 천체를 구형으로 간주한 것.

天球儀(천구의) 천체의 분포, 운행을 보이기 위하여 공모양으로 만든 모형.

天國(천국) 하늘나라. 기독교에서 죄를 벗은 사람의 영혼이 죽은 뒤에 간다는 천상계.

天機(천기) 1)하늘의 기밀. 2)저절로 갖추어진 기관. 마음 · 소질 · 능력 등. 3)임금의 지위. 4)국가의 정치.

天氣(천기) 하늘의 기운. 날씨.

天道(천도) 1)자연의 도리. 2)천지를 다스리는 신. 3)천체의 운행.

天桃(천도) 선가(仙家)에서, 하늘나라에서 난다고 여기는 복숭아.
天道教(천도교) 수운(水雲) 최제우(崔濟愚)를 교조로 하는 종교. 인내천(人乃天), 곧 천인합일(天人合一)의 지경에 이름을 목적으로 함.
天道是非(천도시비) 천도는 맞는 것인가 틀린 것인가라는 뜻으로, 옳은 사람이 고난을 겪고 그른 자가 벌을 받지 않는 것을 보면서 얄궂은 운명을 한탄하는 말.

⊙天道是非(천도시비)의 유래
사마천은 친구 이능의 억울함을 변호하다가 궁형을 당하는 치욕을 겪었다. 이에 그는 《사기(史記)》에서 억울하게 궁형을 당한 울분을 호소해 놓았다. 《사기》 중 백이숙제열전에서 처음에 백이와 숙제, 공자 등 억울하게 죽어간 사람들의 이야기를 하고 나서 끝에 "과연 천도(天道)는 시(是)인가, 비(非)인가?"라는 마지막 질문을 남긴다. 《사기(史記)》 백이열전

天倫(천륜) 1)부자·형제 사이의 변하지 않는 떳떳한 도리. 2)하늘의 도리. 천리(天理)
天理(천리) 천지 만물에 통하는 변하지 않는 도리.
天幕(천막) 노천에 치는 장막. 텐트.
天命(천명) 1)하늘의 명령. 하늘로부터 받은 운명. 또는 하늘이 준 사명. 2)하늘이 준 목숨. 수명(壽命). 3)본성(本性).
天文臺(천문대) 하늘을 관측하기 위하여 설치한 누대.
天罰(천벌) 하늘이 내리는 형벌.
天賦(천부) 하늘이 줌. 선천적으로 타고남.
天符印(천부인) 고조선의 건국 신화에 나오는 하늘이 내려준 부명.
天分(천분) 하늘이 내린 직분.
天崩地坼(천붕지탁) 하늘이 무너지고 땅이 갈라짐.
天使(천사) 1)천제(天帝)의 사자(使者). 2)천자의 사자. 황제의 사자. 3)자연의 마음. 4)예수교에서 신의 뜻을 인간에게 전하고 인간의 기원을 신에게 전하는 사자.
天上(천상) 1)하늘 위. 2)천국. 천당.
天生(천생) 1)태어날 때부터 타고남. 2)저절로 이루어짐.
天性(천성) 본래 타고난 성품.
天壽(천수) 본래 타고난 수명. 천명.
天時(천시) 1)하늘의 도움을 받을 수 있는 시기. 2)주야(晝夜)·한서(寒暑) 등 때에 따라 돌아가는 자연의 현상.
天神(천신) 하늘의 신령.
天心(천심) 1)천제(天帝)의 마음. 2)하늘의 한가운데.
天眼通(천안통) 중생의 생사 고락과 세상의 모든 일을 자유자재로 뚫어볼 수 있는 신통력.
天殃(천앙) 하늘에서 내리는 재앙.
天涯(천애) 하늘의 끝.
天壤(천양) 하늘과 땅.
天然(천연) 자연 그대로. 타고난 그대로.
天然痘(천연두) 열과 두통이 나며, 온몸에 발진이 생겨 잘못하면 얼굴이 얽게 되는 전염병.
天然色(천연색) 1)만물이 자연히 갖추고 있는 빛깔. 2)자연의 빛깔을 본뜬 빛깔.
天佑神助(천우신조) 하늘과 신령의 도움.
天運(천운) 1)매우 다행스러운 운수. 2)천체의 운행. 3)하늘이 정한 운수.
天恩(천은) 1)하늘의 은혜. 2)임금의 은덕.
天衣無縫(천의무봉) 하늘의 옷은 꿰맨 자국이 없다는 뜻으로, 문학 작품이나 예술 작품 중에서 손댈 것 없는 걸작을 이르는 말.

⊙天衣無縫(천의무봉)의 유래
곽한이 어느 날 뜰에서 낮잠을 자다 꿈에서 하늘에서 내려온 아름다운 여인을 만났다. 곽한이 다가가 자세히 살펴보니 그녀의 옷에는 꿰맨 자국이 전혀 없었다. 의아하게 생각한 곽한은 그녀에게 "어찌하여 당신의 옷에는 바늘 자국이 전혀 없습니까?" 하고 물었다. 이에 천녀는 "저희들이 입은 천의(天衣)는 원래 실이나 바늘을 사용하지 않아 전혀 꿰맨 자국이 없습니다(天衣無縫)" 하고 대답했다. 이때부터 '하늘나라 사람의 옷은 바느질 한 흔적이 없다'는 뜻으로, '시가나 문장 등이 자연스럽고 흠이 없다'는 뜻으로 쓰이기 시작했다. 《태평광기(太平廣記)》

天人共怒(천인공노) 하늘과 사람이 함께 노함. 누구나 분노를 참을 수 없을 만큼 몹시 증오스러움.
天子(천자) 천제(天帝)의 명을 받아서 천하를 다스리는 사람.
天長地久(천장지구) 하늘과 땅은 영원함. 매우 장구(長久)함을 이르는 말.
天災(천재) 자연의 변화로 일어나는 재앙.
天頂(천정) 맨 꼭대기.
天帝(천제) 조물주. 하늘을 다스리는 신.
天主(천주) 1)신의 이름. 2)기독교의 천국의 주인. 천주교의 만선만덕(萬善萬德)을 갖춘 신.
天中節(천중절) 단오(端午). 음력 5월 5일.
天池(천지) 1)바다. 2)백두산에 있는 호수 이름.
天知神知我知子知(천지신지아지자지) 하늘이 알고 귀신이 알며 내가 알고 그대가 안다는 뜻으로, 온 세상의 모든 사람이 아는 공공연한 비밀을 뜻하는 말.

⊙天知神知我知子知(천지신지아지자지)의 유래
후한 때 양진(楊震)이 창읍에서 하룻밤을 묶게 되었다. 예전에 양진의 천거로 벼슬을 한 그 곳의 현령 왕밀이 밤이 깊어 황금 한 꾸러미를 들고 양진의 숙소를 찾아와 내밀자 양진은 화를 버럭 내며 당장 가져가라고 호통을 쳤다. 그러

자 왕밀이 "한밤중이라 아무도 알지 못할 것입니다."라고 하자, 이 말에 양진이 꾸짖으며 "하늘이 알고 귀신이 알고 내가 알고 그대가 아는데 어찌하여 알지 못한다고 말하는가?" 이 말에 왕밀은 황금을 안고 사라졌다.

天地人(천지인) 삼재(三才)를 이루는 하늘과 땅과 사람.

天職(천직) 하늘이 내린 직분. 그 사람의 몸에 저절로 갖추어진 직분.

天眞(천진) 타고난 그대로이며 꾸밈이 없음.

天窓(천창) 방을 밝게 하고 또 방에 낀 연기를 내보내기 위하여 천장에 낸 창.

天體(천체) 우주간에 있는 온갖 물체. 해와 달, 별 등의 총칭.

天竺(천축) 인도(印度)의 옛 이름.

天稟(천품) 천성(天性).

天下(천하) 1)하늘 아래의 온 세상. 2)한 나라 전체.

天下無雙(천하무쌍) 세상에서 견줄 사람이 없음. 천하제일(天下第一).

天漢(천한) 은하수(銀河水).

天幸(천행) 하늘이 준 행운.

天險(천험) 천연으로 험난한 곳. 자연의 요해지(要害地).

天刑(천형) 천벌(天罰).

天惠(천혜) 1)하늘의 은혜. 곧 인간이 받은 은혜. 2)천주(天主)의 은혜.

天皇(천황) 1)임금. 2)천제(天帝). 3)상고(上古) 삼황(三皇)의 하나.

天候(천후) 날씨. 기후.

유 空(빌 공)

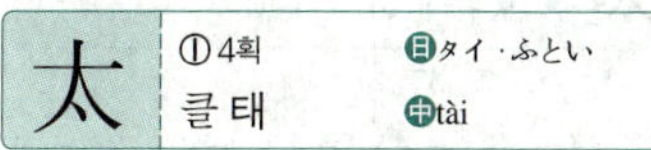

一ナ大太

* 지사. 크다는 의미의 '大(큰 대)'에 점을 찍어, 더 크다는 것을 강조한 글자.

풀이 1. 크다. ¶太倉 2. 심하다. 심히. 몹시. ¶太甚 3. 첫째. 처음. ¶太祖 4. 콩. ¶豆太 5. 통하다. 순조롭다.

太高(태고) 1)조상. 2)몹시 높음.

太古(태고) 아주 오랜 옛날.

太公(태공) 1)아버지. 2)남을 높여 그 사람의 아버지를 이르는 말. 3)나이가 많은 사람을 높여 부르는 말.

太公望(태공망) 1)주(周) 문왕(文王)의 스승 여상(呂尙)의 호(號). 2)낚시 잘하는 사람.

太極(태극) 천지가 개벽하기 전의 혼돈의 상태.

太極旗(태극기) 대한민국의 국기. 흰 바탕의 한가운데 태극을 양(陽)은 진홍빛, 음(陰)은 푸른빛으로 하고 건(乾)·곤(坤)·감(坎)·리(離)의 네 괘(卦)는 네 귀에 검은빛으로 함.

太廟(태묘) 종묘(宗廟). 역대 왕의 신위를 모신 사당.

太半(태반) 절반 이상. 반수가 넘음.

太上王(태상왕) 자리를 물려 준 임금.

太甚(태심) 매우 심함.

太陽(태양) 천체의 하나인 해[日].

太陽年(태양년) 태양이 춘분점(春分點)을 지나서 다시 춘분점으로 돌아오는 시간. 곧 양력 12달을 합한 동안. 평균 태양일로 계산하면 365.2422일에 해당함.

太陰(태음) 1)음기(陰氣)뿐이고 양기(陽氣)가 없는 상태. 2)달을 이름.

太陰曆(태음력) 달의 차고 이지러짐에 기초를 둔 역법(曆法).

太子(태자) 임금의 자리를 이을 왕자.

太祖(태조) 1)나라를 창업한 임금의 묘호(廟號). 2)시조(始祖). 3)일의 맨 처음.

太初(태초) 천지가 열리기 전. 상고(上古). 태일(太一).

太平(태평) 1)세상이 매우 화평함. 세상이 잘 다스려짐. 2)근심 걱정이 전혀 없음.

太平聖代(태평성대) 어질고 착한 임금이 잘 다스리는 태평한 세상.

太平簫(태평소) 우리 관악기의 한 가지. 나무로 지은 관대에 여덟 구멍을 파고 그 아랫도리에 나팔 형상의 동판을 붙이고 위는 갈대로 작은 혀를 끼워서 붊. 날라리.

太學(태학) 1)옛날 임금이 세운 학교. 2)성균관(成均館)의 다른 이름.

太后(태후) 임금의 어머니.

반 小(작을 소) 비 犬(개 견) 大(큰 대) 丈(어른 장)

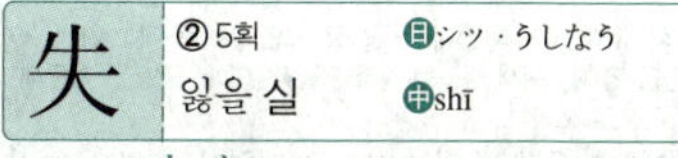

' 𠂉 二 生 失

* 지사. '矢(화살 시)'에서 화살촉이 위로 나갔으니 이미 화살을 쏘아서 '잃은' 것을 뜻하는 글자.

풀이 1. 잃다. 놓치다. ¶失格 2. 그르치다. 잘못하다. 착오(錯誤). ¶失手 3. 놓다. 풀어주다. 4. 달아나다.

失脚(실각) 1)발을 헛디딤. 2)지위·자격을 잃음.

失格(실격) 자격을 잃음.

失機(실기) 기회를 잃음.

失期(실기) 정해진 때를 놓침.

失望(실망) 희망을 잃음.

3획

失明(실명) 시력을 잃음. 장님이 됨.
失名(실명) 이름이 드러나지 않아 전하지 않음.
失色(실색) 놀라서 얼굴빛이 변함.
失勢(실세) 세력을 잃어버림.
失手(실수) 무슨 일에서 잘못함. 또는 그러한 일.
失神(실신) 본 정신을 잃음.
失心(실심) 1)근심으로 마음이 산란해짐. 2)미침. 정신 이상이 됨.
失語症(실어증) 뇌의 언어 중추에 병이 생겨서 말을 잘 못함.
失言(실언) 실수로 말을 잘못함. 또는 그 말.
失業(실업) 일자리를 잃음.
失政(실정) 정치를 잘못함. 잘못된 정치.
失足(실족) 1)발을 잘못 디딤. 2)사람을 멸망으로 이끄는 원인.
失踪(실종) 종적을 잃어서 있는 곳이나 생사를 알 수 없게 됨.
失職(실직) 실업(失業).
失策(실책) 잘못된 계책. 실계(失計).
失敗(실패) 일이 목적과는 반대로 헛되게 됨. 일을 잘못하여 그르침.
失效(실효) 효력을 잃음.
得失(득실) 1)얻음과 잃음. 2)이익과 손해.
損失(손실) 1)축이 나서 없어짐 2)손해를 봄.
誰得誰失(수득수실) 얻고 잃음이 확실하지 못한 형편.
遺失(유실) 잘 간수하지 못해서 잃어버림.

유 亡(망할 망) 비 矢(화살 시) 夭(일찍죽을 요)

②5획 가운데 앙 日オウ・なかば 中yāng

丶 口 口 央 央

＊회의. 다섯 개의 선이 한곳으로 모인 '大(큰 대)' 위에 '冖(덮을 멱)'을 써서 중심을 나타낸 글자. 이에 '중앙', '가운데'의 뜻으로 쓰임.

풀이 1. 가운데. 중앙. ¶中央 2. 다하다. 그치다. 없어지다. 3. 오래다. 멀다. 4. 넓다. 5. 요구하다. 바라다. ¶央求

央求(앙구) 원함. 요구함.
央亡(앙망) 교활함.
央央(앙앙) 넓은 모양. 부드러운 모양.
中央(중앙) 사방의 중심이 되는 곳. 가운데.
震央(진앙) 지진 진원(震源)의 바로 위의 지점. 곧, 진원과 지심(地心)을 맺는 직선이 지구의 표면과 교차하는 점.

유 中(가운데 중)

夯 ②5획 멜 항 日コ・おごる 中bèn, hāng

풀이 1. 메다.어깨에 매다. 2. 달구질하다. 땅을 두드려 다지다.

夯硪(항아) 달구질로 땅을 다지는 일.

夸 ③6획 자랑할 과 日カ・ほこる 中kuā

풀이 1. 자랑하다. 뽐내다. ¶夸矜 2. 사치하다. ¶夸淫 3. 뻗다. 4. 과장하다. 5. 공허하다. ¶夸詐 6. 아름답다. 7. 약하다. 연약하다.

夸矜(과긍) 자랑함.
夸論(과론) 사실에 맞지 않는 과장된 논설.
夸謾(과만) 뽐내며 남을 얕봄.
夸父追日影(과보추일영) 과보가 해를 좇음. 과보(夸父)가 자기의 능력을 알지 못하고 태양과 경주하다 마침내 목말라 죽었다는 이야기에서, 자기의 힘을 헤아리지 아니하고 큰 일을 계획함을 비유한 말.
夸毗(과비) 비굴하게 굽실거림.
夸詐(과사) 공허하게 자랑하며 속임.
夸燿(과요) 자랑하고 빛냄.
夸淫(과음) 사치하고 방탕함.

유 誇(자랑할 과)

夷 ③6획 오랑캐 이 日イ・えびす 中yí

一 ㇆ 㢆 弓 弟 夷

＊회의. 큰(大) 활(弓)을 가진 동쪽 사람의 뜻으로 쓰임. 또한 활로 짐승을 잡아서 세상을 평정한다는 의미에서 '평평하다, 평탄하다'는 뜻으로도 쓰임.

풀이 1. 오랑캐. 중국 동쪽에 사는 이민족 바뀌어 중국 주위의 모든 이민족을 통칭하기도 함. 2. 상하다. 3. 죽이다. 멸하다. ¶夷族 4. 평평하다. 평탄하다. ¶夷博 5. 깎다. 베어 내다. 6. 온화하다. 안온하다. 7. 크다. 8. 늘어놓다. 베풀다. 9. 기뻐하다. ¶夷悅

夷考(이고) 공평하게 생각함.
夷隆(이륭) 낮음과 높음. 성함과 쇠해짐.
夷漫(이만) 1)평정하여 멸망시킴. 2)닳아져 평평해짐.
夷蠻戎狄(이만융적) 주위 사방의 야만국. 동이·서융·남만·북적을 이르는 말.
夷博(이박) 평평하고 넓음.
夷羊(이양) 어진 사람.

夷延(이연) 평평하고 넓음.
夷悅(이열) 즐거워함. 기뻐함.
夷遠(이원) 자연스럽고 고상함.
夷易(이이) 평범하고 쉬움.
夷翦(이전) 삼족(三族)을 멸함.
夷齊(이제) 중국의 충신인 백이(伯夷)와 숙제(叔齊).
夷族(이족) 일족을 멸망시키는 형벌.
夷則(이칙) 1)음악의 십이율(十二律)의 하나. 양률(陽律)에 속함. 2)음력 7월의 다른 이름.
夷坦(이탄) 마음이 편하고 고요함. 평탄(平坦).
尊王攘夷(존왕양이) 왕실을 높이고 오랑캐를 물리침.

③ 6획
대구 화韓

풀이 대구(大口). 바닷물고기의 일종.

夾
④ 7획 日キョウ·はさむ
낄 협 中gá, jiā, jiá

풀이 1. 끼다. 끼워 넣다. ¶夾持 2 좁다. ¶夾路 3. 가깝다. 4. 부축하다. 곁에서 돕다. ¶夾扶
夾擊(협격) 적을 양쪽에서 침. 협공(夾攻).
夾路(협로) 좁은 길.
夾門(협문) 1)정문 옆에 따로 붙은 작은 문. 2)삼문(三門) 좌우에 붙은 작은 문.
夾輔(협보) 곁에서 도움.
夾扶(협부) 곁에서 부축함.
夾侍(협시) 곁에서 모심.
夾雜(협잡) 섞임. 혼합함.
夾鐘(협종) 1)십이율(十二律)의 하나. 2)음력 2월의 다른 이름.
夾持(협지) 겨드랑이에 숨겨 가짐. 또는 그 물건.
路夾槐卿(노협괴경) 길에 고관의 마차가 줄지어 궁전으로 들어가는 모습.

비 狹(좁을 협) 來(올 래)

奇
⑤ 8획 日キ·めずらしい
기이할 기 中qí, jī

一 ナ 大 太 츠 奇 奇 奇

* 형성. 뜻을 나타내는 부수 '大(큰 대)'와 음을 나타내는 '可(옳을 가)'를 합친 글자. 크게(大) 옳은(可)것을 뜻함. 또한 특기할 만큼 옳은 것은 기이한 것이라 하여 '기이하다', '기특하다'는 뜻이 됨.

풀이 1. 기이하다. 괴상하다. ¶奇事 2. 홀수. 기수. ¶奇數 3. 빼어나다. 범상 하지 않다. 4. 불우하다. 운이 좋지 않다. ¶奇薄 5. 거짓. 속임수. 6. 나머지. 남은 수. 7. 갑자기. ¶奇襲
奇傑(기걸) 뛰어난 호걸.
奇計(기계) 기발한 꾀. 기발한 계책.
奇古(기고) 기이하고 고아함.
奇骨(기골) 뛰어난 골격. 뛰어난 기풍.
奇功(기공) 기이한 공로.
奇觀(기관) 기이한 광경.
奇怪(기괴) 기이함. 이상야릇함.
奇巧(기교) 기이하고 교묘함.
奇窮(기궁) 몹시 곤궁함.
奇技(기기) 뛰어난 솜씨.
奇男子(기남자) 재주가 뛰어난 남자.
奇譚(기담) 기이하고 재미있는 이야기.
奇童(기동) 꾀와 재주가 많은 아이.
奇論(기론) 1)기괴한 논리. 2)신기한 이론.
奇妙(기묘) 기이하고 묘함.
奇文(기문) 기이하고 교묘한 글.
奇聞(기문) 진기한 소문.
奇薄(기박) 운수가 불길함. 팔자가 사나움
奇拔(기발) 1)아주 빼어남. 매우 뛰어남. 2)남이 생각지 못하는 색다른 것.
奇僻(기벽) 괴팍한 버릇. 편벽(偏僻).
奇變(기변) 1)뜻밖의 변고. 2)기이한 변화.
奇兵(기병) 기습하는 군대.
奇峰(기봉) 기이한 봉우리.
奇士(기사) 1)기이한 언행이 있는 사람. 2)빼어난 사람.
奇事(기사) 기이한 일
奇書(기서) 기이한 내용의 책.
奇聲(기성) 기묘한 소리. 익숙하지 못한 이상한 소리.
奇數(기수) 둘로 나누어지지 않는 수. 홀수.
奇術(기술) 기묘한 술법.
奇襲(기습) 기묘한 꾀를 써서 갑자기 습격함.
奇習(기습) 기이한 풍습.
奇勝(기승) 1)뛰어난 경치. 또는 그 장소. 2)기묘한 꾀를 써서 이김.
奇巖怪石(기암괴석) 기이하고 괴상한 바위와 돌.
奇語(기어) 기이한 말.
奇言(기언) 기이한 말.
奇緣(기연) 기이한 인연.
奇遇(기우) 기이한 만남. 뜻밖의 상봉.
奇異(기이) 이상함.
奇人(기인) 성질이나 행동이 기이한 사람.

奇日(기일) 짝이 맞지 않는 수의 날.
奇才(기재) 뛰어난 재주. 또는 그 재주를 가진 사람.
奇蹟(기적) 사람의 생각과 힘으로는 할 수 없는 기이한 일.
奇絶(기절) 비할 데 없이 기묘함
奇蹄類(기제류) 발 하나에 굽을 하나씩 가진 포유동물. 우제류(偶蹄類)의 반대.
奇峻(기준) 산이 기이하고 높음.
奇智(기지) 기발한 지혜.
奇地(기지) 신비한 땅.
奇疾(기질) 이상한 병.
奇策(기책) 뛰어난 계책.
奇捷(기첩) 뜻하지 않은 승리.
奇特(기특) 특이함.
奇品(기품) 진기한 물품.
奇行(기행) 기이한 행동.
奇禍(기화) 뜻밖의 재난.
奇花(기화) 신기한 꽃.
奇貨(기화) 1)진기한 재물이나 보배. 2)뜻밖의 기회.
奇幻(기환) 기이한 환술(幻術).
奇效(기효) 신기한 효험.

유 怪(기이할 괴)

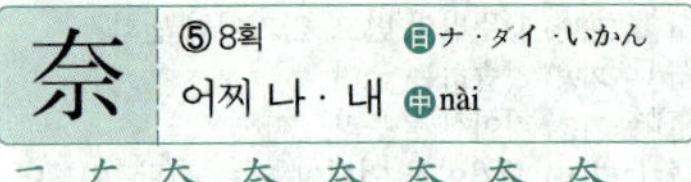
奈 ⑤8획 어찌 나·내 日ナ·ダイ·いかん 中nài

* 형성. 뜻을 나타내는 부수 '大(큰 대)'와 음을 나타내는 '示(보일 시→나)'를 합친 글자. 본래는 사과나무의 일종을 나타낸 글자였으나, 나중에 가차하여 의문사로 쓰임.

풀이 1. 어찌. ¶奈何 2. 나락. ¶奈落

奈落(나락) 범어 'Naraka'의 음역. 지옥.
奈何(내하) 어떻게. 어찌하여.

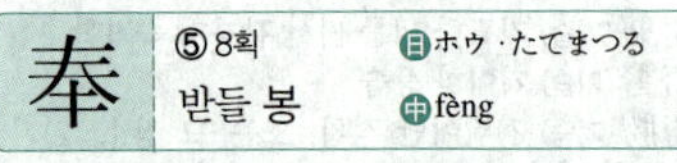
奉 ⑤8획 받들 봉 日ホウ·たてまつる 中fèng

* 형성. 왕성하게 많은 것을 나타낸 '丰(예쁠 봉)'과 '手(손 수)' 자를 합친 글자. 이에 양쪽 손에 가득 무엇을 들고 있는 것을 나타냄. 곧 윗사람에게 무엇을 받들어 드리는 것이라 하여 '받들다', '드리다'는 뜻으로 쓰임.

풀이 1. 받들다. 받들어 모시다. 섬기다. ¶奉養 2. 바치다. 바치는 물건. 공물(貢物). ¶奉獻 3. 녹봉. 봉록. 녹(祿). ¶奉祿 4. 씀씀이. 5. 돕다. 편들다.

奉公(봉공) 국가나 사회를 위하여 몸과 마음을 다함. 봉직(奉職).
奉讀(봉독) 남의 글을 받들어 읽음.
奉祿(봉록) 제후가 받는 녹봉.
奉命(봉명) 임금의 명령을 받듦.
奉別(봉별) 윗사람과 이별함.
奉仕(봉사) 1)남을 위하여 일함. 2)남을 받들어 섬김.
奉祀(봉사) 조상의 제사를 받듦.
奉使(봉사) 사명(使命)을 받들고 감.
奉粟(봉속) 녹으로 받는 쌀. 녹미(祿米).
奉送(봉송) 높은 분을 배웅함.
奉承(봉승) 1)웃어른의 뜻을 받듦. 높은 사람의 뜻을 받듦. 2)섬김. 시중듦.
奉養(봉양) 어버이나 조부모를 받들어 모심.
奉呈(봉정) 삼가 받들어 드림.
奉職(봉직) 공무에 종사함. 봉공(奉公).
奉天(봉천) 천명을 따름.
奉祝(봉축) 공경하는 마음으로 축하함.
奉親(봉친) 부모를 받들어 모심.
奉行(봉행) 명령을 받들어 시행함.
奉憲(봉헌) 법을 좇고 따름.
奉獻(봉헌) 삼가 바침.
奉還(봉환) 받들어 돌려 드림.

비 奏(아뢸 주)

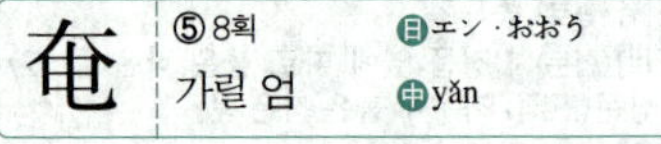
奄 ⑤8획 가릴 엄 日エン·おおう 中yǎn

* 회의. '大(큰 대)'와 '伸(펼 신)'의 생략형을 합친 글자. 이에 크게 펴다, 곧 '넓게 펴지다', '덮어지다'는 뜻으로 쓰임.

풀이 1. 가리다. 덮다. 2. 갑자기. 문득. ¶奄忽 3. 내시. ¶奄人 4. 오래다. 오래. ¶奄虞 5. 숨이 끊어질 듯 약한 모양.

奄息(엄식) 쉼. 휴식함.
奄奄(엄엄) 1)숨이 끊어질 듯한 모양. 2)어두운 모양.
奄然(엄연) 1)부합하는 모양. 2)가려지는 모양. 3)갑작스러운 모양. 돌연한 모양. 4)숨이 끊어질 듯한 모양.
奄冉(엄염) 1)머뭇거림. 2)세월이 빨리 지나감.
奄虞(엄우) 크게 즐김. 오래 즐김.
奄有(엄유) 토지를 모두 차지함.
奄尹(엄윤) 환관의 우두머리.
奄人(엄인) 환관(宦官). 내시.
奄遲(엄지) 적이 다가와도 움직이지 않음.
奄忽(엄홀) 갑자기. 홀연.
奄欻(엄홀) 갑자기. 변화가 빠른 모양.

유 蔽(덮을 폐)

奌	⑤8획 點(p1648)의 俗字

奅	⑤8획 돌쇠뇌 포	日ホウ 中pào

풀이 돌쇠뇌.

㚣	⑤8획 분개없을 혈	日ケツ 中xǐ, xié

풀이 분개(分概)없다. 지조 또는 식견이 없다. ¶㚣詬

㚣詬(혈후) 지조가 없음.

契	⑥9획 ❶맺을 계 ❷새길 결 ❸종족이름글 ❹사람이름설	日ケイ·キツ·かきつけ 中qì, qiè, xiè

*형성. 하나의 조각을 나타낸 '大(큰 대)'에 세 개의 사선(彡)을 긋고 그 중간을 선(丨)으로 쪼갠(刀) 모양을 나타낸 글자를 합친 글자. 하나의 조각을 둘이 하나씩 가진다는 의미로, '계약한 표', '신표' 또는 '신용 부적'의 뜻으로 쓰임.

풀이 1 1. 맺다. 인연을 맺다. ¶契機 2. 약속. 서약. 계약. ¶契約 3.㊕ 계. 계약서. ¶契主 4. 약속하다. 계약하다. 5. 정리. 두터운 정. 6. 들어맞다. 합치하다. 2 7. 새기다. 조각하다. 8. 소원(疏遠)하다. 3 9. 종족 이름. ¶契丹 4 10. 사람 이름. 은(殷)나라의 시조.

契丹(거란←글단) 5세기 이래 내몽골 지방에서 유목하던 부족. 뒤에 나라를 세워 요(遼)라 하였는데 금(金)에게 멸망당함.

契機(계기) 어떠한 일이 일어나거나 맺는 근거나 기회.

契約(계약) 1)사람과 사람 사이의 약속. 2)일정한 법률적 발생을 목적으로 하는 두 개 이상의 의사 표시의 합치에 의해서 성립하는 법률 행위.

契員(계원) 같은 계를 하는 사람.

契長(계장) 계의 사무를 맡아보는 책임자.

契主(계주) 계를 모으고 그 책임을 맡은 사람.

契合(계합) 부절을 맞추듯이 꼭 맞음.

契會(계회) 1)계의 모임. 2)약속하여 만남.

大同契(대동계) 조선 선조(宣祖) 22년(1589)에 정여립(鄭汝立)이 만든 모반 단체.

大宗契(대종계) 온 문중의 각 종파 사람들이 모여서 맺는 계.

同甲契(동갑계) 나이가 같은 사람끼리 친목을 도모하기 위하여 맺는 계. 동경계(同庚契).

洞契(동계) 동네의 일을 위하여 동민(洞民)이 모으는 계. 동리계(洞里契).

燈燭契(등촉계) 부처 앞에서 등촉(燈燭)을 켜기 위하여 모으는 계.

유 結(맺을 결) 合(합할 합)

奎	⑥9획 별 이름 규	日ケイ·ほしのな 中kuí, kuǐ

풀이 별 이름. 28수(宿)의 하나. 문장(文章)을 관장함.

奎文(규문) 학문과 문물.

奎章(규장) 임금의 글씨.

奎章閣(규장각) 조선 때 역대 임금의 글·글씨·고명(顧名)·유교(遺敎)·보감(寶鑑) 등과 정조(正祖)의 어진(御眞)을 보관하던 관청.

任奎(임규) 고려 인종 때의 문인으로 인종의 처남이기도 함. 벼슬이 정2품인 평장사(平章事)에 이름

비 圭(홀 규)

奔	⑥9획 달릴 분	日ホン·はしる 中bēn, bèn

*회의. 사람을 뜻하는 '大(큰 대)'와 '賁(날랠 분)'의 생략자를 합친 글자. 사람이 날래게 어딘가로 달려감을 나타내어, '달리다', '달아나다' 라는 뜻으로 쓰임.

풀이 1. 달리다. 급히 가다. ¶東奔西走 2. 패하여 달아나다. 도망가다. ¶奔衄 3. 빨리. 빠르다. ¶奔馬 4. 야합(野合)하다. ¶奔女 5. 별똥. 유성(流星). ¶奔星

奔競(분경) 다투어 앞을 달림. 다투어 이익을 구함.

奔女(분녀) 정식 예를 갖추지 않고 함께 사는 여자.

奔衄(분뉵) 패하여 달아남.

奔流(분류) 힘차게 빨리 흐름. 또는 그 물줄기. 급류(急流).

奔馬(분마) 빨리 달리는 말.

奔忙(분망) 몹시 바쁨.

奔星(분성) 유성. 별똥.

奔走(분주) 1)몹시 바쁨. 2)진력(盡力)함.
狂奔(광분) 미친 듯이 달림.
無事奔走(무사분주) 하는 일 없이 공연히 바쁨.

유 逃(달아날 도)

奏	⑥ 9획	日ソウ·もうす
	아뢸 주	中zòu

一 二 三 夫 夫 夫 夫 奏 奏

* 회의. 초목이 싹튼 것을 두 손으로 받쳐 들고 앞으로 나아감을 나타낸 글자. 이에 '바치다', '아뢰다'는 뜻으로 쓰임.

풀이 1. 아뢰다. 여쭈다. ¶奏請 2. 모이다. 3. 연주하다. ¶前奏曲 4. 상소. ¶上奏 5. 곡조.

奏啓(주계) 임금에게 올리는 장계. 상소문.
奏疏(주소) 1)임금에게 올리는 상소문. 2)문체의 이름.
奏申(주신) 임금에게 알림.
奏樂(주악) 음악을 연주함. 또는 그 음악.
奏請(주청) 임금에게 올려 재가(裁可)를 청함.
奏效(주효) 1)효력이 나타남. 2)일이 성취됨.
演奏(연주) 여러 사람 앞에서 악기를 다루어 음악을 들려 줌.
演奏會(연주회) 음악을 연주하여 청중에게 들려주는 모임. 콘서트.
前奏曲(전주곡) 1)무도곡의 최초의 곡. 2)즉흥적인 환상곡. 또는 자유로운 양식의 소기악곡. 3)오페라의 서곡. 4)어떤 일이 본격화하기 전에 그 암시가 되는 일.
節奏(절주) 가락.
欣奏累遣(흔주루견) 기쁨은 아뢰고 더러움은 보냄.

유 告(알릴 고) 비 奉(받들 봉)

奓	⑥ 9획	
	❶ 벌릴 차	日シャ·おごる
	❷ 사치할 치	中chǐ, shē, zhā, zhà

풀이 ❶ 1. 벌리다. 열다. 2. 오만하다. 거만하게 굴다. ❷ 3. 사치하다. ¶奓心

奓戶(차호) 문을 엶.
奓心(치심) 사치하는 마음.

유 奢(사치할 사)

奕	⑥ 9획	日エキ·ヤク·うつくしい
	클 혁	中yì

풀이 1. 크다. ¶奕奕 2. 아름답다. 3. 겹치다. 중첩하다. ¶奕世 4. 바둑. ¶奕棋 5. 근심하다. 6. 차례.

奕棋(혁기) 바둑.
奕世(혁세) 여러 대.
奕奕(혁혁) 사물이 큰 모양.
博奕(박혁) 장기와 바둑.

비 变(변할 변)

奐	⑥ 9획	日カン·あきらか
	빛날 환	中huàn

풀이 1. 빛나다. ¶奐奐 2. 성하다. 성대하다. ¶奐爛

奐爛(환란) 많은 모양. 무성한 모양.
奐衍(환연) 성대한 모양. 많은 모양.
奐奐(환환) 빛나는 모양. 빛이 밝은 모양.

유 昱(빛날 욱) 光(빛 광) 炯(빛날 형)

奘	⑦ 10획	日ソウ·おおきい
	클 장	中zàng, zhuǎng

풀이 1. 크다. 체구가 크다. 2. 튼튼하다. 건장하다. 3. 성하다.

套	⑦ 10획	日トウ·ふた
	덮개 투	中tào

* 회의. '大(큰 대)'와 '長(긴 장)'을 합친 글자. 이에 '크고 길다'라는 뜻으로 쓰임.

풀이 1. 덮개. 씌우개. 2. 일정한 말이나 방식. 3. 겹치다. 4. 강·산의 굽이. 5. 우리. 짐승의 우리. 6. 벌. 세트. 조(組).

套頭(투두) 올가미. 멍에.
套習(투습) 본을 떠서 함.
套語(투어) 틀에 박힌 말. 상투어(常套語).
常套的(상투적) 버릇이 되어 늘 쓰는 것.
外套(외투) 추위·눈비를 막기 위해 겉옷 위에 입는 옷. 오버코트.

유 蓋(덮을 개)

奚	⑦ 10획	日ケイ·なんぞ
	어찌 해	中xī

* 상형. 엎은 손을 나타낸 '爫(손톱 조)'와 '奚(고을 이름 혜)'를 합친 글자. 이에 비록 작은 고을(奚)이라도 손(爫)으로 어찌 덮을 수 있을까 하는 의미에서, '어찌'라는 뜻으로 쓰임.

풀이 1. 어찌. 어느. 어느 곳. 2. 종. 여자 종. 3. 종족 이름.

奚囊(해낭) 따르는 사람에게 들게하여, 명승지를 찾아다니며 읊은 시가를 넣는 주머니. 바뀌어, 시문(詩文)을 넣어 두는 주머니. 시낭(詩囊).
奚奴(해노) 하인. 종.
奚童(해동) 아이 종.
奚隷(해례) 남녀의 종. 노비(奴婢).
奚兒(해아) 호인(胡人). 호아(胡兒).
奚若(해약) 어찌. 어떻게. 하여(何如).
유 何(어찌 하) 비 溪(시내 계)

⑨ 12획
缺(p1064)과 同字

奢
⑨ 12획 日シャ・おごる
사치할 사 中shē

* 형성. 뜻을 나타내는 부수 '大(큰 대)'와 음을 나타내는 '者(놈 자)'를 합친 글자. 이에 작은 사람이 큰(大) 사람(者)과 같이 고급으로 노는 것처럼 분에 넘치는 일, 즉 '사치하다'라는 뜻으로 쓰임.

풀이 1. 사치하다. 사치. ¶奢麗 2. 오만하다. 자랑하다. 3. 넉넉하다. 4. 과분하다. 지나치다.
奢麗(사려) 사치하여 아름답게 꾸밈.
奢靡(사미) 분수에 넘친 사치.
奢肆(사사) 사치하고 방자함.
奢欲(사욕) 사치하고자 하는 욕심.
奢佚(사일) 사치하고 자랑함.
奢恣(사자) 사치하고 방자함.
奢僭(사참) 사치하며 뽐냄.
奢侈(사치) 제 분수에 지나치게 치레함. 분수없이 호사함.
奢侈品(사치품) 사치스러운 물건.
奢泰(사태) 사치가 지나침.
奢華(사화) 사치스럽고 호화스러움.
豪奢(호사) 매우 사치스러움.
유 爹(사치할 치)

⑨ 12획 日コ
오만할 오 中ào

풀이 1. 오만하다. 거만하게 굴다. 2. 힘이 세다. 힘차다.
유 傲(거만할 오)

奠
⑨ 12획 日テン・さだめる
제사 지낼 전 中diàn

* 회의. 오래된 술(酋)을 상(丌) 위에 올려 신에게 제물로 드리는 것을 나타낸 글자. 이에 '바치다', '올리다', 또는 '제사 지내다'는 뜻으로 쓰임.

풀이 1. 제사 지내다. 2. 제수(祭需). 3. 드리다. 4. 결정하다.
奠居(전거) 거처할 곳을 정함. 전접(奠接).
奠都(전도) 도읍을 정함.
奠物(전물) 부처나 신에게 올리는 물건.
奠鴈(전안) 1)옛날 경(卿)·대부(大夫) 등이 임금을 알현하면서 예물로 기러기를 바치던 일. 2)혼인식 때 신랑이 기러기를 신부집에 가서 상 위에 놓고 절하는 예(禮).
奠儀(전의) 죽은 사람의 영전에 바치는 의례품.
奠接(전접) 살 곳을 정함.
奠枕(전침) 베개를 정한다는 뜻으로, 정착함.
비 尊(높을 존)

⑩ 13획
❶아랫목 오 日オウ・おく
❷따뜻할 욱 中ào

* 형성. '宀(집 면)'과 '釆(나눌 변)'과 '大(큰 대)'를 합친 글자. 집(宀) 내부를 나눠서(釆) 만든 방 중에서 큰(大) 안방이라는 뜻에서 '깊숙한 곳'을 나타냄.

풀이 1 1. 아랫목. 2. 속. 깊숙한 곳. 가장 안쪽. ¶奧主 3. 그윽하다. 깊숙하다. ¶奧妙 4. 쌓다. 2 5. 따뜻하다. 6. 굽이.
奧境(오경) 깊고 오묘한 경지. 오지(奧旨).
奧區(오구) 깊숙한 안쪽. 나라의 중심이 되는 곳.
奧妙(오묘) 심오하고 오묘함.
奧如(오여) 깊숙한 모양.
奧衍(오연) 문장의 의미가 심오함.
奧窔(오요) 방의 깊숙한 안쪽.
奧藏(오장) 깊숙이 숨은 곳.
奧主(오주) 1)생각이 깊고 총명한 임금. 2)깊은 방에 거처하는 주인. 3)나라 안에 있는 주인.
奧旨(오지) 학예 등의 깊은 뜻.
深奧(심오) 사물의 뜻이 매우 깊고 오묘함.
蘊奧(온오) 학문이나 기예 등의 심오한 이치.
玄奧(현오) 학문이나 기예 등이 헤아릴 수 없이 깊음.

⑪ 14획 日レン・かがみ
화장상자 렴(염) 中lián

풀이 1. 화장 상자. 화장 용구를 담는 상자. ¶奩幣 2. 함. 상자.

3획

奩幣(염폐) 시집갈 때 가져가는 화장 상자와 지참금(持參金).

奬	⑪ 14획	日ショウ·すすめる
	권면할 장	中jiǎng

丨 丬 丬 丬 丬 丬 丬 丬 丬 將 將 將 奬 奬

풀이 1. 권면하다. 권장하다. 장려하다. ¶奬勵 2. 돕다. 도움. 3. 칭찬하다. 표창하다. ¶奬率 4. 이루다. 성취하다.

奬導(장도) 권면하여 인도함.
奬勵(장려) 권하여 힘씀.
奬拔(장발) 좋은 점을 추려 장려하여 뽑아 씀.
奬率(장솔) 격려하며 이끎.
奬順(장순) 권하여 따라 행함.
奬進(장진) 장려하여 나아가게 함.
奬擢(장탁) 장려하여 발탁함.
奬學金(장학금) 학업을 장려하기 위한 목적으로 주는 돈.
奬訓(장훈) 권장하여 가르침.
勸奬(권장) 권하면서 장려함.
推奬(추장) 어떤 사람이나 물건 등의 뛰어난 점을 말하고 추천함.

비 醬(간장 장) 裝(꾸밀 장)

奪	⑪ 14획	日ダツ·うばう
	빼앗을 탈	中duó

一 ナ 大 大 大 大 大 奆 奆 奆 奞 奞 奪 奪

* 회의. 손목(寸) 위에 있던 새(隹)가 날개를 크게(大) 펼치고 날아가 버려 잃어버렸음을 나타낸 글자. 이에 '뺏기다', '잃다'는 뜻으로 쓰임.

풀이 1. 빼앗다. 약탈하다. ¶掠奪 2. 징수하다. 징발하다. 3. 박탈하다. 4. 빼앗기다. ¶奪目 5. 없어지다. 떠나가다. ¶奪氣 6. 널리 떨치다. 7. 어지러워지다. 혼란해지다. 8. 잘못하다. 틀리다.

奪氣(탈기) 1)기운이 빠짐. 2)몹시 지쳐 기운이 다함.
奪目(탈목) 강렬한 빛 때문에 시력을 잃음.
奪衣婆(탈의파) 옷을 빼앗는 노파. 죽어 지옥으로 가는 도중 삼도(三途)의 냇가에서 죽은 사람의 옷을 빼앗는다는 귀신 할미.
奪嫡(탈적) 서자(庶子)가 적자(嫡子)의 자리를 뺏음.
奪情(탈정) 부모의 상을 당한 사람에게 벼슬길에 나올 것을 명하는 일. 상복을 입는 효심을 빼앗는다는 뜻.
奪志(탈지) 강제로 지조를 굽히게 함.
奪胎(탈태) 옛사람의 작품을 바탕으로 말을 만듦. 탈태환골(奪胎換骨).
强奪(강탈) 남의 것을 강제로 빼앗음. 강취(强取). 늑탈(勒奪). 박탈(剝奪).
削奪官職(삭탈관직) 죄를 지은 사람의 벼슬과 품계를 뺏음.
掠奪(약탈) 폭력으로 빼앗음.
爭奪(쟁탈) 서로 다투어 빼앗음, 또는 그 다툼.
侵奪(침탈) 침범하여 빼앗음.
換骨奪胎(환골탈태) 1)얼굴이 이전보다 더 아름다워짐. 2)남의 글을 본떴으나 형식을 바꿈.

유 掠(노략질할 략) 略(빼앗을 략) 비 奮(떨칠 분)

奭	⑫ 15획	
	❶클 석	日セキ·さかん
	❷붉을 혁	中shì

* 형성. 뜻을 나타내는 부수 '大(큰 대)'와 음을 나타내는 '百(일백 백)'을 두 개 합쳐 많은 수를 나타낸 글자. 크고 또 많다는 의미에서 '크다', '왕성하다'는 뜻으로 쓰임.

풀이 ❶ 1 크다. 2 성하다. 성행하다. ❷ 3. 붉다. 붉은 빛. 4. 성내는 모양.

奫	⑫ 15획	日リン·えん
	물깊고넓을 윤	中yūn

풀이 1. 물 깊고 넓다. 물이 깊고 넓은 모양. ¶奫奫 2. 물이 소용돌이치는 모양.

奫淪(윤륜) 물이 소용돌이치는 곳. 또는 그 모양.
奫奫(윤윤) 물이 깊고 넓은 모양.

奮	⑬ 16획	日フン·ふるう
	떨칠 분	中fèn

一 ナ 大 大 大 大 大 大 大 大 奞 奞 奮 奮 奮 奮

* 회의. 사람이 가면 밭(田)에 있던 새(隹)가 날개를 크게(大) 펼쳐서 날아가 버리는 모양을 나타낸 글자. 이에 전력을 다해서 '힘쓰다', '떨치다'는 뜻으로 쓰임.

풀이 1. 떨치다. 위세를 떨치다. 용맹을 드날리다. ¶奮激 2. 흔들리다. 진동하다. 3. 성내다. ¶奮努 4. 휘두르다. ¶奮臂

奮激(분격) 마음을 떨쳐 일으킴.
奮擊(분격) 분발하여 적을 공격함.
奮勁(분경) 용맹을 떨치고 굳셈.

3획

奮怒(분노) 몹시 성냄. 분노(忿怒).
奮勵(분려) 위세를 떨쳐 힘씀.
奮力(분력) 분발함.
奮飛(분비) 새가 날개를 펴고 높이 날아오르는 모양.
奮臂(분비) 팔뚝을 흔듦. 용기를 냄.
奮辭(분사) 큰소리.
奮躍(분약) 분발하며 일어남.
奮揚(분양) 드날림.
奮戰(분전) 분발하여 싸움.
奮討(분토) 위세 · 용맹 등을 떨쳐 적을 토벌함.
奮效(분효) 분기하여 힘씀.
孤軍奮鬪(고군분투) 1)후원이 없는 외로운 군대가 힘에 벅찬 적군과 맞서 온힘을 다하여 싸움. 2)적은 인원이나 약한 힘으로 남의 힘을 받지 않고 힘에 벅찬 일을 해 냄.
發奮(발분) 마음을 굳게 먹고 힘을 냄. 분발.
興奮(흥분) 1)감정이 북받치거나 흥분함. 또는 그 감정. 2)자극 때문에 생물체의 활동 상태가 고조되는 변화.

비 奪(빼앗을 탈)

⑮ 18획 日ヒ · おこる
성낼 비 中bì

풀이 성내다. ¶奰逆
奰逆(비역) 성을 내며 반역을 일으킴.

奲

㉑ 24획
❶관대할 차 日サ · タ
❷풍부할 타 中chě

풀이 1 1. 관대하다. 2 2. 풍부하다. 넉넉하다.

유 寬(너그러울 관)

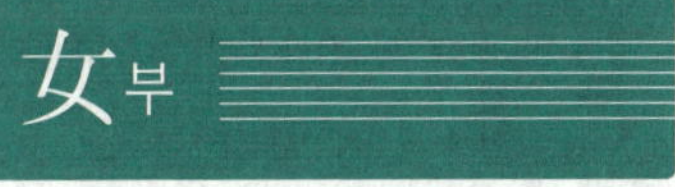

女 계집 녀 部

'女' 자는 여자가 손을 앞으로 모으고 무릎을 꿇고 유순하게 앉아 있는 모양을 나타내어, '여자' 라는 뜻으로 쓰인다. 또한 의미가 축소되어 '딸' 을 뜻하기도 하고, '시집보내다' 나 '섬기다' 를 나타낸다. 그리고 여자의 신체적 특성에서 작고 연약한 것을 비유할 때에도 쓰인다. 이 글자를 부수로 갖는 글자는 모두 '여자' 와 관련이 있다.

女

⓪3획 日ジョ, おんな
여자 녀(여) 中nǚ, rǚ

く 夊 女

*상형. 여자[女]가 손을 앞으로 모으고 무릎을 꿇고 앉아 있는 모양을 본뜬 글자.

풀이 1. 여자. 계집. 음양에서는 음(陰), 역(易)에서는 곤(坤) · 태(兌) · 손(巽) · 리(離) 등에 해당함. 작고 연약한 것의 비유로도 쓰임. ¶女流 2. 딸. 여식. 처녀. ¶女息 3. 너. 4. 시집보내다. 짝 짓다. 5. 별 이름. 28수(宿)의 하나.
女傑(여걸) 여장부. 호걸스러운 여자.
女系(여계) 어머니 쪽의 핏줄 계통.
女權(여권) 여자가 누릴 권리.
女國(여국) 여자들만이 산다는 나라. 여자만 사는 곳.
女給(여급) 음식점 등에서 손님의 시중을 드는 여자.
女難(여난) 여화(女禍).
女娘(여낭) 묘령의 여자. 아가씨.
女德(여덕) 여자로서 갖춰야 할 덕. 부덕(婦德).
女郞(여랑) 소녀(少女).
女流(여류) 어떤 전문 분야에 능숙한 여성을 이르는 말.
女巫(여무) 여자. 무당.
女士(여사) 학식과 덕이 있는 여자.
女史(여사) 시집간 여자나 사회적으로 이름이 있는 여자에 대한 경칭.
女色(여색) 1)여자와의 육적인 관계. 2)여자의 용모. 3)미녀.
女壻(여서) 사위. 딸의 남편.
女性(여성) 1)여자. 2)여자의 성질. 3)문법에서 낱말을 성에 따라 구별하는 말.
女僧(여승) 여자 중. 비구니(比丘尼).
女息(여식) 딸.
女王(여왕) 1)여자 임금. 2)꿀벌 · 개미 등의 암놈.
女優(여우) 여자 배우.
女賊(여적) 1)남자의 본래의 착한 마음을 어지럽히는 여색. 2)여자 도둑.
女眞(여진) 만주(滿洲)의 동북쪽에 살던 종족 이름.
女必從夫(여필종부) 아내는 반드시 남편을 따라야 함.
女戶(여호) 과부의 집. 남자가 없어 여자가 호주가 된 집안.
女禍(여화) 여색으로 인해 일어나는 재난.
女將軍(여장군) 1)여자 장군. 2)몸집이 크고 힘이 센 여자를 놀리는 말.

3 획

美女(미녀) 생김새가 아름다운 여자.
少女(소녀) 아직 성숙하지 않은 여자 아이.
下女(하녀) 여자 하인.

반 男(사내 남)

奶

②5획 젖 내 日ナイ・ダイ・うば 中nǎi

풀이 1. 젖. 2. 유모. 젖어미. 어머니. ¶奶奶

奶奶(내내) 1)하인이 젊은 주부를 부르는 말. 2)손자가 할머니를 부르는 말.

奴

②5획 종 노 日ド・やっこ 中nú

* 회의. '女(계집 녀)'와 일하는 손을 나타내는 '又(또 우)'를 합친 글자. 이에 노동에 종사하는 여자(女)라는 뜻으로, '종'의 뜻으로 쓰임.

풀이 1. 종. 사내 종. 노예. ¶奴僕 2. 놈. 남을 낮추어 부르는 말. 3. 자기를 낮추어 부르는 말. ¶奴才

奴僕(노복) 남자 종.
奴婢(노비) 남자 종과 여자 종의 총칭. 종.
奴屬(노속) 여러 종들을 일컫는 말.
奴視(노시) 종 보듯이 함. 종 대하듯 멸시함.
奴隷(노예) 1)종. 2)자유를 구속당하고 남에게 부림을 당하는 사람. 3)권력이나 돈, 명예 때문에 자유를 잃은 사람.
內奴(내노) 내노비. 조선 때 내수사에 딸린 노비.
農奴(농노) 중세유럽에 있었던 봉건영주에게 종처럼 매인 농민.
守錢奴(수전노) 돈을 모을 줄만 알고 쓸줄은 모르는 인색한 사람.

비 如(같을 여)

奸

③6획 간사할 간 日カン・よこしま 中jiān

풀이 1. 간사하다. 간악하다. ¶奸巧 2. 간음하다. 간통하다. ¶奸婦 3. 범하다. 어지럽히다. 4. 요구하다.

奸計(간계) 간사한 꾀. 좋지 못한 계략.
奸巧(간교) 간사하고 교묘함.
奸佞(간녕) 마음이 간사하고 비뚤어짐. 또는 그 사람.
奸黨(간당) 간사한 무리. 나쁜 무리.
奸毒(간독) 간사하고 표독스러움.
奸婦(간부) 간사한 여자.
奸詐(간사) 간사하게 남을 속이고 해를 끼치려는 마음.
奸邪(간사) 성품과 바탕이 간악하고 올바르지 못함.
奸細(간세) 간사한 행동을 하는 사람.
奸臣(간신) 간사스러운 신하.
奸惡(간악) 간사하고 악독함.
奸雄(간웅) 간사한 지혜가 빼어난 영웅.
奸才(간재) 간사한 재주.
奸賊(간적) 간사한 도적.
奸猾(간활) 간사하고 교활함. 또는 그러한 사람.
奸譎(간휼) 간사하고 음침함.
奸凶(간흉) 간악하고 흉악함.
奸黠(간힐) 간사하고 꾀바름.

妄

③6획 허망할 망 日ボウ・みだり 中wàng

* 형성. 뜻을 나타내는 부수 '女(계집 녀)'와 음을 나타내며 어둡다는 의미를 지닌 '亡(없을 망)'을 합친 글자. 이에 여자(女)가 사리에 어둡다(亡)는 의미에서, '도리·이치에 어둡다', '망령되다'의 뜻으로 쓰임.

풀이 1. 허망하다. ¶妄想 2. 망령되다. ¶妄計 3. 무릇. 대개. 4. 거짓. ¶妄謬

妄計(망계) 허망한 계획.
妄念(망념) 이치에 맞지 않는 망령된 생각. 망상(妄想).
妄斷(망단) 자기 마음대로 판단함. 잘못된 판단.
妄動(망동) 분별없이 행동함.
妄謬(망류) 거짓과 오류.
妄發(망발) 1)자기 또는 자기 조상에게 욕이 되게 말을 함. 2)망령된 말. 망언.
妄想(망상) 망념(妄念).
妄信(망신) 함부로 믿음.
妄心(망심) 망령된 마음. 미혹된 마음.
妄言(망언) 망령된 말. 사리에 맞지 않는 말. 떳떳하지 못한 말.
妄人(망인) 일의 이치를 모르고 되는대로 하는 사람.
妄認(망인) 잘못 앎. 오인(誤認).
妄自尊大(망자존대) 망령되게 자기만 잘난 체하고 남을 경시함.
妄執(망집) 1)망령된 고집. 2)망상을 고치지 못하고 집착하는 일.
妄誕(망탄) 허망한 거짓말.
妄悖(망패) 망령되고 도리에 맞지 않음.

妖妄(요망) 요사스럽고 망령됨.
虛妄(허망) 1)거짓되고 망령됨. 2)어이없고 허무함.
비 妾(첩 첩)

妃
③6획
❶왕비 비　日ヒ · きさき
❷짝 배　中fēi

* 형성. 뜻을 나타내는 부수 '女(계집 녀)'와 음을 나타내는 '己(몸 기)'를 합친 글자. '己'는 '巴'의 약자로 코끼리도 잡아먹는 큰 뱀을 나타냄. 이에 그렇게 비대한 여자(女)라는 의미에서 '왕비'의 뜻으로 쓰임.

풀이 ❶ 1. 왕비. 왕 · 황태자의 정실부인. 또는 황후 다음으로 높은, 황제의 첩실. ¶妃嬪 2. 여신(女神). ❷ 3. 짝. 짝을 짓다. ¶妃合

妃嬪(비빈) 왕비(王妃)와 빈(嬪). 임금의 정실(正室)과 소실(小室).
妃色(비색) 여색(女色).
妃耦(비우) 배필. 결혼할 여자.
妃妾(비첩) 첩. 소실(小室).
妃合(비합) 배필. 배우자.
大妃(대비) 생존한 선왕의 비.
王妃(왕비) 왕의 아내.
유 后(임금 후)

如
③6획　日ジョ · ごとし
같을 여　中rú

* 형성. 뜻을 나타내는 부수 '女(계집 녀)'와 '음을 나타내며 '말'을 의미하는 '口(입 구)'를 합친 글자. 이에 여자(女)가 남의 말(口)에 잘 따른다는 뜻에서 '같다'의 뜻으로 쓰임.

풀이 1. 같다. 같게 하다. ¶如是 2. 미치다. 이르다. 3. 좇다. 따르다. 4. 가다. 5. 만일. 만약. ¶如或 6. 어찌. 어찌 …하랴. ¶如何 7. 막 …하려 하다. 8. …보다 더. 9. 그리하여. 그리고. 그러나. '而(말이을 이)'와 같은 역할을 하는 접속사.

如干(여간) 얼마. 약간.
如鼓琴瑟(여고금슬) 거문고와 비파를 타는 것과 같음. 즉 부부 사이가 화목함.
如今(여금) 방금(方今).
如來(여래) 1)석가모니(釋迦牟尼)의 존칭. 2)중생의 번뇌 속에 숨겨져 있는 청정한 절대적인 불변의 본성.
如律令(여률령) 법령대로 집행함. 한대(漢代)에 공문서 끝에 썼던 문구.
如反掌(여반장) 손바닥을 거꾸로 하는 것과 같음. 매우 쉬운 일을 뜻함. 식은 죽 먹기.
如臂使指(여비사지) 팔이 손가락을 마음대로 시키는 것과 같다는 뜻으로, 자신의 마음대로 사람을 부림을 이르는 말.
如是(여시) 이와 같음. 당연함.
如實(여실) 사실과 같음. 실제와 같아 틀림이 없음.
如意(여의) 1)자신의 뜻과 같음. 일이 뜻대로 됨. 2)중이 독경 · 설법할 때 가지는 기물.
如意珠(여의주) 용의 턱 아래에 있다는 구슬. 원하는 대로 뜻이 이루어진다는 구슬.
如一(여일) 한결같음.
如前(여전) 전과 같음.
如足如手(여족여수) 발과 같고 손과 같다는 뜻으로, 형제는 떨어질 수 없는 깊은 사이임을 비유하는 말.
如此(여차) 이러함. 이와 같음. 약시(若是).
如出一口(여출일구) 하나의 입에서 나오는 것처럼 말이 같음.
如厠二心(여측이심) 화장실에 갈 때의 마음 다르고, 올 때의 마음 다르다는 뜻으로, 다급한 일이 끝나면 마음이 변함을 비유하는 말.
如何(여하) 어찌하여. 어떠한가.
如何間(여하간) 어떻게 해서라도. 어떻든 간에.
如合符節(여합부절) 사물이 꼭 들어맞음.
如或(여혹) 만일. 혹시.
유 似(같을 사) 비 奴(종 노)

妜
③6획　日にょうぼう
궁녀 익　中yì

풀이 궁녀.

妁
③6획　日サク · なかがい
중매 작　中shuò

풀이 중매. 중매를 서다.
유 媒(중매 매)

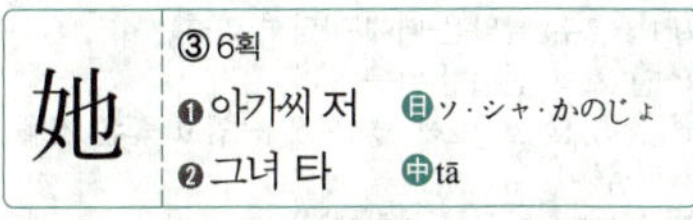
她
③6획
❶아가씨 저　日ソ · シャ · かのじょ
❷그녀 타　中tā

풀이 ❶ 1. 아가씨. ❷ 2. 그녀. 여성에 대한 제3인칭 대명사.
비 他(다를 타)

3획

奼 ③6획 自랑할 타 日タ·ほこる 中chà

풀이 1. 자랑하다. 뽐내다. 2. 소녀.

유 誇(자랑할 과)

好 ③6획 ❶좋을 호 日コウ·このむ 中hǎo, hào

* 회의. 여자(女)가 아들(子)을 안고 좋아함을 나타낸 글자. 이에 '좋아하다'의 뜻으로 쓰임.

풀이 1. 좋다. 훌륭하다. ¶好歌 2. 사이가 좋다. 의가 좋다. 3. 우의. 정. 4. 아름답다. ¶好女 5. 좋아하다. 사랑하다. ¶好色 6. 구멍. 7. 자주. 즐겨. ¶好鬪 8. 기뻐하다. ¶好好 9. 끝나다. 마치다.

好感(호감) 좋은 감정.
好景氣(호경기) 좋은 경기.
好仇(호구) 좋은 배필.
好氣(호기) 1)좋아하는 기분. 2)아름다운 기운. 3)좋은 향기.
好機(호기) 좋은 기회.
好奇心(호기심) 신기한 것을 좋아하거나 모르는 일을 알고 싶어하는 마음.
好名(호명) 1)명예·명분을 좋아함. 2)좋은 평판(評判).
好辭(호사) 1)좋은 말. 아름다운 말. 2)문체의 한 종류인 사(辭)를 좋아함.
好事多魔(호사다마) 좋은 일에는 항상 안 좋은 일이 많이 따름.
好事家(호사가) 일을 벌이기를 좋아하는 사람.
好喪(호상) 많은 나이에 복을 많이 누리다가 죽은 사람의 상사(喪事).
好色(호색) 여색을 좋아함.
好生之德(호생지덕) 생명을 소중히 여기는 덕.
好手(호수) 손재주가 좋은 사람.
好時節(호시절) 좋은 시절.
好言(호언) 훌륭한 말.
好惡(호오) 좋아함과 미워함.
好雨(호우) 알맞은 때에 적당히 내리는 비.
好意(호의) 친절한 마음.
好衣好食(호의호식) 좋은 옷을 입고 좋은 것을 먹음.
好人(호인) 마음이 착한 사람.
好轉(호전) 1)잘 되지 않던 일이 잘 되어 감. 2)병 증세가 점점 나아짐.
好戰(호전) 싸움을 좋아함.
好鬪(호투) 잘 싸움.
好評(호평) 좋은 평판. 평판이 좋음.
好學(호학) 학문을 좋아함.
嗜好(기호) 즐기고 좋아함.
良好(양호) 아주 좋음.
絶好(절호) 더할 수 없이 좋음.

유 良(좋을 량) 반 厭(싫을 염) 憎(미워할 증)

妗 ④7획 외숙모 금 日キン 中jìn, xiān

풀이 외숙모.

妓 ④7획 기생 기 日キ·あそびめ 中jì

풀이 1. 기생. 창녀. ¶妓女 2. 미녀. 아름다운 여자.

妓女(기녀) 기생.
妓樓(기루) 기생과 노는 집.
妓舞(기무) 기생이 추는 춤.
妓夫(기부) 기둥서방.
妓生(기생) 노래나 춤 등을 배워, 술자리에서 흥을 돋는 것을 직업으로 삼는 여자. 기녀(妓女).
官妓(관기) 옛날에 관청에 딸렸던 기생.
名妓(명기) 이름난 기생.

유 娼(창기 창)

妠 ④7획 장가들 납 日ナツ·ふとる 中nà

풀이 장가들다.

妙 ④7획 묘할 묘 日ミョウ·たえ 中miào

* 형성. 뜻을 나타내는 부수 '女(계집 녀)'와 음을 나타내는 '少(작을 소)'를 합친 글자. 이에 여자(女)가 오밀조밀하다(少)는 의미에서, '예쁨'의 뜻으로 쓰임. 또, 그러한 분위기의 여자를 의미하여 '묘하다'는 뜻으로도 쓰임.

풀이 1. 묘하다. 기이하고 뛰어나다. ¶妙手 2. 예쁘다. 아름답다. ¶妙譽 3. 젊다. ¶妙齡

妙境(묘경) 1)말로 모두 말할 수 없는 예술의 극치. 2)매우 뛰어난 경치.
妙計(묘계) 묘한 꾀.
妙妓(묘기) 아름다운 기생.

妙技(묘기) 뛰어난 기술.
妙齡(묘령) 젊은 여자의 꽃다운 나이. 곧 20세 전후의 여자 나이.
妙理(묘리) 묘한 이치.
妙味(묘미) 뛰어난 맛. 묘한 맛.
妙手(묘수) 1)뛰어난 수. 2)솜씨가 뛰어난 사람.
妙術(묘술) 교묘한 꾀. 기묘한 술법.
妙示(묘시) 교묘하게 보임.
妙案(묘안) 매우 잘된 생각. 뛰어난 고안(考案).
妙藥(묘약) 신통하게 잘 듣는 약.
妙譽(묘예) 아름다운 명예.
妙悟(묘오) 깨달음.
妙音(묘음) 1)아름다운 소리. 2)훌륭한 음성.
妙音鳥(묘음조) 사람의 머리에 새의 몸을 하고 있으며 소리가 썩 아름답다고 하는 상상의 새.
妙策(묘책) 매우 교묘한 꾀.
奇妙(기묘) 기이하고 묘함.
神妙(신묘) 신비스럽고 묘함.

비 玅(땅이름 묘)

妨	④ 7획	日ボウ・さまたげる
	방해할 방	中fáng

*형성. 뜻을 나타내는 부수 '女(계집 녀)'와 음을 나타내는 '方(모 방)'을 합친 글자. 이에 여자[女]가 일에 모가 지게[方] 한다는 의미로, '방해한다'는 뜻으로 쓰임.

풀이 1. 방해하다. ¶妨電 2. 해치다. 해를 끼치다. 3. 거리끼다.

妨礙(방애) 일이 순조롭게 진행되지 못하도록 막거나 헤살을 놓음.
妨電(방전) 전파를 방해함.
妨害(방해) 해를 끼침.
相妨(상방) 서로 방해함.
無妨(무방) 해로울 것 없음.

비 坊(동네 방)

妢	④ 7획	日ブン
	분나라 분	中fén

풀이 분나라. 옛날, 초(楚)나라 근처에 있던 나라 이름.

비 粉(가루 분)

妣	④ 7획	日ヒ・なきはは
	죽은 어미 비	中bǐ

풀이 1. 죽은 어미. 돌아가신 어머니. 2. 어미. 어머니.

妤	④ 7획	日ヨ・にょうぼう
	궁녀 여	中yú

풀이 1. 궁녀. 첩여(婕妤). 한대(漢代)의 여관(女官). 2. 아름답다.

유 㚤(궁녀 익)

妖	④ 7획	日ヨウ・なまめかしい
	아리따울 요	中yāo

풀이 1. 아리땁다. 아름답다. 요염하다. ¶妖艶 2. 요괴. ¶妖怪 3. 괴이하다. ¶妖妄 4. 재앙.

妖怪(요괴) 도깨비. 괴이한 괴물.
妖鬼(요귀) 괴이한 귀신.
妖女(요녀) 1)아름다운 여자. 2)요망하고 악한 여자.
妖童(요동) 용모가 예쁜 소년.
妖魔(요마) 괴상한 마귀.
妖妄(요망) 1)요사스럽고 망령됨. 2)언행이 방정맞고 가벼움.
妖魅(요매) 괴이한 도깨비.
妖物(요물) 1)요상한 물건. 2)말과 행동이 간악한 사람을 가리키는 말.
妖婦(요부) 요사스러운 계집.
妖邪(요사) 요사스럽고 간사함.
妖術(요술) 사람의 눈을 현혹되게 하는 괴상한 술법.
妖僧(요승) 요사스러운 중.
妖艶(요염) 사람을 홀릴 만큼 얼굴이 아리따움. 또는 그런 사람.
妖由人興(요유인흥) 요사스러움은 사람이 양심을 잃었을 때에 일어남.
妖精(요정) 요사스러운 정령(精靈).
妖花(요화) 요사스럽게 아름다운 꽃. 요염한 여자를 이르는 말.
妖姬(요희) 요녀(妖女).

유 美(아름다울 미)

妘	④ 7획	日ウン・せい
	성 운	中yún

풀이 1. 성씨(姓氏). 2. 여자의 자(字).

妊	④ 7획	日ニン・はらむ
	아이 밸 임	中rèn

*형성. 뜻을 나타내는 부수 '女(계집 녀)'와 음을 나타내며

'애배다' 는 뜻을 가진 '壬(천간 임)' 을 합친 글자. 이에 말 그대로 아이를 밴다는 의미로, '임신' 의 뜻으로 쓰임.

풀이 아이 배다. 임신하다. 회임하다.

妊婦(임부) 아이 밴 부녀.
妊産婦(임산부) 임부(妊婦)와 산부(産婦).
妊娠(임신) 아이를 뱀.
不妊(불임) 임신하지 못하는 것.

비 任(맡길 임)

妝	④ 7획 꾸밀 장	日 ジョウ · かざる 中 zhuāng

풀이 1. 꾸미다. 치장하다. ¶妝扮 2. 화장하다.

妝匣(장갑) 화장 도구를 담는 상자.
妝扮(장분) 치장하는 일.

妐	④ 7획 시아버지 종	日 ソウ · おばあさん 中 zhōng

풀이 1. 시아버지. 2. 시아주버니. 3. 손위 시누이.

妥	④ 7획 온당할 타	日 ダ · おだやか 中 tuǒ

* 형성. 여자(女)를 손(爪)으로 앉혀서 편하게 함. 또는 여자(女)의 연약한 손(爪) 모양을 나타낸 글자. 이에 '온화하다', '편안하다' 는 뜻으로 쓰임.

풀이 1. 온당하다. 타당하다. 마땅하다. ¶妥當 2. 평온하다. 무사하다. ¶妥安 3. 떨어지다.

妥結(타결) 두 편이 서로 협의 · 절충하여 일을 마무리 지음. 또는, 그 일.
妥當(타당) 1)사리에 마땅하고 온당함. 2)사물의 판단이 인식상의 가치를 가지고 있음.
妥安(타안) 평안함.
妥議(타의) 서로 타협적으로 의논하는 일.
妥定(타정) 합당하게 정함.
妥協(타협) 두 편이 서로 좋도록 협의함.

비 采(캘 채)

妒	④ 7획 妬(p297)와 同字

妎	④ 7획 시기할 해	日 カイ · ねたみ 中 xì

풀이 1. 시기하다. 질투하다. 2. 덮다. 덮어 가리다.

유 妬(강샘할 투)

姑	⑤ 8획 시어미 고	日 コ · しゅうとめ 中 gū

* 형성. 뜻을 나타내는 부수 '女(계집 녀)' 와 음을 나타내는 '古(예 고)' 를 합친 글자. 이에 여자(女)를 맞이한 오래된 사람, 곧 '시어머니' 의 뜻으로 쓰임. 또는 아비의 여동생을 나타내는 '고모' 의 뜻으로도 쓰임.

풀이 1. 시어미. ¶姑婦 2. 고모. ¶姑從 3. 시누이. 4. 잠깐. 일시.

姑舅(고구) 1)시부모. 시어머니와 시아버지. 2)사촌 동생.
姑母(고모) 아버지의 누이.
姑母夫(고모부) 고모의 남편.
姑婦(고부) 시어머니와 며느리.
姑壻(고서) 고모부.
姑洗(고선) 1)고대 12율(律)의 하나. 2)음력 3월의 다른 이름.
姑息(고식) 임시로 그 상황을 모면을 함.
姑姊(고자) 큰고모. 아버지의 누나.
姑嫜(고장) 시부모님.
姑從(고종) 고모의 자녀. 고종 사촌.
姑妐(고종) 시아버지와 시어머니. 시부모.
姑姪(고질) 고모와 조카딸.
姑且(고차) 잠시.

반 婦(며느리 부)

娸	⑤ 8획 비역 기	日 キ 中 jī

풀이 비역. 남색(男色). 남자끼리 성교하는 것.

비 異(다를 이)

姊	⑤ 8획 孎(p312)와 同字

妮	⑤ 8획 계집종 니	日 ニ · めしつかい 中 nī

풀이 계집종. 하녀.

유 娭(계집종 애)

妲 ⑤8획 日ダツ 여자 이름 달 中dá

풀이 여자 이름.

妲己(달기) 중국 고대 은(殷)나라 주왕(紂王)의 비(妃). 주왕(紂王)과 함께 포악한 일을 많이 저질렀음.

姍 ⑤8획 日タン·ばば 할미 담 中mán

풀이 할미. 할머니.

姈 ⑤8획 日レイ 여자 이름 령 中líng

풀이 1. 여자 이름. 2. 영리하다. 약삭빠르다.

비 玲(옥소리 령)

妺 ⑤8획 日マツ 여자 이름 말 中mò

풀이 여자 이름.

妺喜(말희) 중국 하(夏)나라 걸왕(桀王)의 비(妃).

妹 ⑤8획 日マイ·いもうと 누이 매 中mèi

*형성. 뜻을 나타내는 부수 '女(계집 녀)'와 음을 나타내며 나무 맨 끝의 작은 가지를 뜻하는 '未(아닐 미)'를 합친 글자. 이에 여자(女) 중에 맨 끝을 의미하여, '누이동생'의 뜻으로 쓰임.

풀이 1. 누이동생. 손아래 누이. ¶姊妹 2. 소녀.

妹妹(매매) 1)며느리. 2)손아래 누이.

妹夫(매부) 손아래 누이의 남편.

妹弟(매제) 손아래 누이의 남편.

반 姉(손윗누이 자) 비 妺(여자의 자 말)

姆 ⑤8획 日ボ·うば 여스승 모 中mǔ

풀이 1. 여스승. 2. 유모. 젖어미. ¶保姆 3. 손위 동서. ¶姆姆

姆教(모교) 여스승의 교육.

姆姆(모모) 손아래 동서가 손위 동서를 부르는 말.

姆傅(모부) 부녀자의 도를 가르치는 부인.

保姆(보모) 1)왕세자를 가르치고 기르던 여자. 2)보육원 등에서 아이를 돌보는 여자.

姅 ⑤8획 日ハン·メンス 경도 반 中bàn

풀이 경도. 월경(月經).

姒 ⑤8획 日ジ·あによめ 동서 사 中sì

풀이 1. 동서. 형제의 아내끼리의 호칭. ¶姒婦 2. 언니.

姒婦(사부) 손아래 동서가 손위 동서를 부르는 말.

姒娣(사제) 손위 동서와 손아래 동서.

유 婭(동서 아)

姍 ⑤8획 日サン·そしる 헐뜯을 산 中shān

풀이 헐뜯다. 욕하다. ¶姍笑

姍笑(산소) 비방하고 비웃음. 조소(嘲笑).

姓 ⑤8획 日セイ·うじ 성씨 성 中xìng

*형성. 뜻을 나타내는 부수 '女(계집 녀)'와 음을 나타내는 '生(날 생)'을 합친 글자. 이에 어떤 집 여자(女)로부터 태어난(生) 같은 혈족을 의미하여, 한 집안의 혈족을 나타내는 '성'이라는 뜻으로 쓰임.

풀이 1. 성씨. ¶姓系 2. 일가. 씨족. 겨레. 3. 아들. 4. 백성.

姓系(성계) 성씨의 계통.

姓名(성명) 성과 이름.

姓氏(성씨) 성의 존칭.

姓銜(성함) 성명의 존칭.

姓鄕(성향) 성씨가 시작된 땅. 본(本). 본관(本貫). 관적(貫籍).

비 牲(희생 생) 性(성품 성)

始 ⑤8획 日シ·はじめ 비로소 시 中shǐ

3획

* 형성. 뜻을 나타내는 부수 '女(계집 녀)'와 음을 나타내며 '台(나 이)'를 합친 글자. 이에 여자(女)의 뱃속에 아이(台)가 생기는 일을 나타내어, '처음', '비로소'의 뜻으로 쓰임.

풀이 1. 비로소. 비롯하다. 2. 처음. 처음으로 하다. ¶始祖 3. 근본. 시초. 근원. ¶始元 4. 초하루. 5. 아침.

始覺(시각) 불법(佛法)을 듣고 차츰 깨달음.
始末書(시말서) 잘못하여 일을 저지른 사람이 일의 전말을 자세히 적는 문서.
始務式(시무식) 1)일을 시작하는 의식. 2)학교에서 학업을 시작하는 학기 초에 학생 및 교사 전원이 모여 하는 식.
始元(시원) 시초. 기원(起源).
始作(시작) 1)처음으로 함. 2)처음.
始祖(시조) 한 족속의 맨 우두머리.
始終(시종) 처음과 끝.
始終一貫(시종일관) 처음부터 끝까지 한결같음.
始創(시창) 처음으로 만듦. 창시(創始).

유 初(처음 초) 반 末(끝 말) 終(끝날 종) 비 殆(위태할 태)

婀	⑤ 8획 아리따울 아	日ア 中ē

풀이 1. 아리땁다. 여자가 아름답다. 2. 여자 이름.

委	⑤ 8획 맡길 위	日イ・ゆだねる 中wēi, wěi,

* 회의. 여자(女)에게 곡식(禾) 창고를 맡긴다는 의미를 나타낸 글자. 이에 '맡기다'는 뜻으로 쓰임.

풀이 1. 맡기다. 위임하다. 위탁하다. ¶委寄 2. 버리다. ¶委棄 3. 자세하다. 4. 쌓다. 쌓이다. 비축하다. ¶委結 5. 끝. 결말. 6. 따르다. 순종하다. 7. 굽히다. ¶委屈 8. 구불구불하다. 9. 마음이 평온한 모양.

委去(위거) 버리고 떠남.
委結(위결) 비축하여 하나로 맺음.
委曲(위곡) 편안하고 자상함.
委屈(위굴) 굽혀 남에게 굴복함.
委寄(위기) 맡김. 위탁함.
委棄(위기) 버림.
委吏(위리) 곡식을 맡던 관리.
委叛(위반) 신의를 저버리고 돌아섬.
委付(위부) 맡겨 부탁함.
委順(위순) 자연의 순리에 맡김. 곧 죽음을 이르는 말.
委員(위원) 1)일반 단체에 있어서 지명 또는 선거에 의하여 특정한 사무를 위임받은 사람. 2)위원회 또는 심의회 등의 구성원.
委咽(위열) 흐느낌.
委任(위임) 남에게 일의 처리를 맡김.
委遲(위지) 길이 막히는 모양. 길이 먼 모양.
委巷(위항) 꼬불꼬불한 거리.
委形(위형) 하늘이 내려준 신체.
委和(위화) 음양에 맡기고 화합함.
委化(위화) 사물의 조화에 맡김.

유 任(맡길 임) 託(부탁할 탁) 비 季(계절 계)

姊	⑤ 8획 姉(p296)의 本字

姉	⑤ 8획 누이 자	日シ・あね 中zǐ

풀이 1. 손위 누이. 누나. 언니. 여자를 친근하게 또는 공경하는 뜻에서 부를 때도 쓰임. ¶姉兄 2. 어머니.

姉妹(자매) 여자 형제.
姉夫(자부) 손위 누이의 남편.
姉姉(자자) 1)유모. 2)손위 누이.
姉兄(자형) 손위 누이의 남편. 손위의 매부.

반 妹(누이 매)

姐	⑤ 8획 누이 저	日シャ・あね 中jiě

풀이 1. 손위 누이. 누나. 언니. 2. 여자의 통칭. 3. 교만하다.

姃	⑤ 8획 단정할 정	日セイ 中zhēng

풀이 1. 단정하다. 여자의 자태가 단정함. 2. 여자 이름.

유 端(바를 단)

姓	⑤ 8획 여자 이름 주	日シュ 中tǒu

풀이 1. 여자 이름. 2. 아름답다. 예쁘다.

姝	⑤ 8획 姪(p300)과 同字

3획

妻

⑤8획 日サイ·つま
아내 처 中qī, qì

一 ㄱ 亖 亖 妻 妻 妻 妻

*회의. '疌(베틀디딜판 섭)'에서 디디는 발(疋)을 생략한 글자와 '女(계집 녀)'를 합친 글자. 이에 가정에서 의복과 음식을 만드는 여자, 곧 '아내'의 뜻으로 쓰임.

풀이 1. 아내. 첩(妾)이 아닌 정실 부인. ¶妻女 2. 시집보내다.

妻家(처가) 아내의 집. 친정.
妻公(처공) 아내의 아버님. 장인.
妻男(처남) 아내의 남자 형제.
妻女(처녀) 아내. 또는 아내와 딸.
妻德(처덕) 아내의 덕.
妻三寸(처삼촌) 아내의 삼촌.
妻嫂(처수) 아내와 형수.
妻子(처자) 아내와 자식. 처자식.
妻弟(처제) 아내의 손아래 여동생.
妻祖父(처조부) 아내의 친정 할아버지.
妻妾(처첩) 아내와 첩.
妻娶(처취) 장가 듦. 아내를 얻음.
妻兄(처형) 아내의 언니.

유 婦(며느리 부)

妾

⑤8획 日ショウ·めかけ
첩 첩 中qiè

丶 亠 亠 亣 立 妾 妾 妾

풀이 1. 첩. 여자의 겸칭. ¶妾婦 2. 계집아이. 계집종. ¶妾侍

妾婦(첩부) 첩.
妾侍(첩시) 시녀.
妾媵(첩잉) 신부(新婦)를 따라 신랑의 집에 가서 첩이 되는 여자.
小妾(소첩) 1)젊은 첩. 2)부인이 남편에게 자신을 낮추어 부르는 말.
臣妾(신첩) 여자가 임금에게 자신을 낮추어 부르는 말.
惡妾(악첩) 마음이 바르지 못하고 행실이 단정하지 못한 첩.
愛妾(애첩) 총애하는 첩.

비 接(사귈 접)

妯

⑤8획 日チク·あによめ
동서 축 中zhóu

풀이 동서. 형제의 아내끼리의 호칭.

유 娅(동서 아) 姒(동서 사)

妬

⑤8획 日ト·ねたむ
투기할 투 中dù

풀이 투기하다. 시기하다. ¶妬忌

妬忌(투기) 질투. 강샘.
妬心(투심) 투기하는 마음.
妬妻(투처) 질투가 심한 아내.
妬賢(투현) 어진 사람을 질투함.
嫉妬(질투) 1)강샘. 2)다른 사람이 잘되는 것을 시기하여 미워하고 깎아내리려 함.

유 嫉(미워할 질)

姁

⑤8획 日ク·ばば
할미 후 中xǔ

풀이 1. 할미. 노파. 2. 예쁘다. ¶姁媮 3. 즐거워하다. 화락하다. ¶姁姁

姁媮(후유) 1)예쁨. 2)즐거워함.
姁姁(후후) 즐거워함.

姦

⑥9획 日カン·みだら
간사할 간 中jiān

ㄑ 女 女 女 女 女 姦 姦 姦

*형성. 여자(女)가 많이 모인 모양으로 '음란하다', '간사하다.'라는 뜻을 나타낸 글자.

풀이 1. 간사하다. 간특하다. ¶姦邪 2. 간음하다. 간통하다. ¶姦淫 3. 속이다. 4. 훔치다. 5. 어기다. 범하다.

姦計(간계) 간사한 꾀.
姦夫(간부) 간통한 남자.
姦婦(간부) 간통한 여자.
姦詐(간사) 간교하게 남을 속이며 해를 입히는 마음씨.
姦邪(간사) 간악함. 또는 그런 사람.
姦惡(간악) 간사하고 악함.
姦雄(간웅) 간사한 꾀가 많은 사람.
姦淫(간음) 부부 아닌 남녀가 성적 관계를 맺음.
姦罪(간죄) 간음죄(姦淫罪).
姦通(간통) 남녀 사이의 불의의 밀통. 배우자 있는 사람이 배우자 이외의 사람과 성적 관계를 맺음.
姦慝(간특) 간사하고 마음속이 나쁨.
姦凶(간흉) 간사하고 흉악함. 또는 그러한 사람.
相姦(상간) 남녀가 서로 간통을 함.
獸姦(수간) 개 등의 짐승을 상대로 하여 성욕을

3획

만족시키는 행위.

유 邪(간사할 사)

姜 ⑥9획 성 강 日キョウ·うじのな 中jiāng

* 형성. 양(羊)처럼 순한 여자(女)로 아름다운 '미녀'를 뜻하였다가, 성씨(姓氏)로 사용됨.

풀이 1. 성씨(姓氏). ¶姜太公 2. 굳세다.

姜太公(강태공) 중국 주(周)나라 초기의 정치가. 본명은 여상(呂尙).

비 美(아름다울 미)

姱 ⑥9획 아름다울 과 日カ·うつくしい 中kuā

풀이 1. 아름답다. 2. 사치하다.

 ⑥9획 ❶예쁠 교 ❷음란할 효 日コウ·うつくしい 中jiāo

풀이 1 1. 예쁘다. ¶姣好 2. 교태를 부리다. 요염하다. 2 3. 음란하다.

姣麗(교려) 아름다움. 예쁘고 화려함.

姣美(교미) 예쁨. 아름다움.

姣好(교호) 얼굴이 예쁘게 생김.

비 嬌(아리따울 교)

姤 ⑥9획 만날 구 日コウ·あう 中gòu

풀이 1. 만나다. 2. 예쁘다. 용모가 아름답다. 3. 추하다. 4. 괘 이름. 64괘의 하나.

유 逢(만날 봉) 비 后(임금 후)

姞 ⑥9획 성 길 日キツ 中jí

풀이 1. 성씨(姓氏). 2. 삼가다.

姥 ⑥9획 할미 모 日モ·ばば·つま 中lǎo, mǔ

풀이 1. 할미. 노파. 2. 늙은 어머니. 시어머니. 장모. 3. 유모(乳母). 4. 아내. 처.

유 姁(할미 후)

娍 ⑥9획 아름다울 성 日セイ 中chéng, shèng

풀이 1. 아름답다. 날씬하고 보기 좋다. 2. 여자 이름.

姶 ⑥9획 예쁠 압 日アイ·きれい 中è

풀이 1. 예쁘다. 아름답다. 2. 여자 이름.

유 姣(예쁠 교)

姸 ⑥9획 고울 연 日ケン·うつくしい 中yán

풀이 1. 곱다. 예쁘다. 아름답다. ¶姸麗 2. 총명하다. 3. 갈다. 연마하다.

姸麗(연려) 예쁨. 고움.

姸艶(연염) 매우 아름다움.

姸粧(연장) 곱게 꾸밈.

姸蚩(연치) 아름다움과 추함. 미추(美醜).

姽 ⑥9획 예쁠 와 日ワ·きれい 中nuǒ

풀이 1. 예쁘다. 2. 약하다. 작다.

娃 ⑥9획 예쁠 왜·와 日ワ·うつくしい 中wá

풀이 1. 예쁘다. 2. 미녀. 예쁜 여자.

姚 ⑥9획 예쁠 요 日ヨウ·みめよい 中yáo

풀이 1. 예쁘다. 아리땁다. ¶姚姚 2. 날래다. 3. 멀리.

姚冶(요야) 요염함.

姚姚(요요) 예쁘고 아리따움.

유 姣(예쁠 교)

威 ⑥9획 위엄 위 日イ·たけしい 中wēi

一 厂 厂 厅 厈 反 威 威 威

* 형성. 뜻을 나타내는 부수 '女(계집 녀)'와 음을 나타내는

3획

'戌(개 술)'를 합친 글자. 원래는 한 집안의 권력을 잡고 있는 여자(女)인 시어머니를 나타내다가, 후에 시어머니는 위세가 있다고 하여 '위엄', '세력'의 뜻으로 쓰임.

풀이 1. 위엄. 위세. ¶威光 2. 의용(儀容). 예의 있는 거동. ¶威儀 3. 협박하다. 으르다. ¶威脅 4. 두려워하다. 무서워하다.

威光(위광) 감히 범할 수 없는 위엄과 권위.
威力(위력) 1)위엄이 있는 힘. 2)큰 권세.
威名(위명) 위엄이 있는 명성.
威武(위무) 1)위엄과 무력. 2)위엄 있고 씩씩함.
威勢(위세) 1)사람을 두렵게 하여 복종시키는 힘. 2)위엄 있는 기세. 맹렬한 기세.
威信(위신) 위엄과 믿음.
威壓(위압) 1)위엄이나 위력으로 압박함. 2)주위 환경이 개인의 의식과 행동을 억압하여 강제로 복종하게 함.
威容(위용) 위엄에 찬 모습.
威儀(위의) 1)위엄이 있는 거동. 2)규율에 맞는 동작.
威風(위풍) 위엄이 있는 기세.
威脅(위협) 위력으로 으르고 협박함.
霜威(상위) 서리가 내려 찬 기운이 심함.
暑威(서위) 여름철의 몹시 심한 더위.
聖威(성위) 천자의 위광(威光).
勢威(세위) 기세와 위엄.
示威(시위) 위력이나 기세를 떨쳐 보임.

비 咸(다 함)

娀	⑥ 9획	日ヨウ
	나라 이름 융	中sōng

풀이 1. 나라 이름. 2. 성씨(姓氏). 3. 여자 이름.

姨	⑥ 9획	日イ・おば
	이모 이	中yí

풀이 1. 이모. 어머니의 자매. ¶姨母 2. 처형. 처제. 처의 자매.

姨母(이모) 어머니의 자매.
姨從四寸(이종사촌) 이모의 아들딸.

姻	⑥ 9획	日イン・えんぐみ
	혼인 인	中yīn

〈 夂 女 如 奴 如 姻 姻 姻

* 형성. 뜻을 나타내는 부수 '女(계집 녀)'와 음을 나타내는 '因(인할 인)'을 합친 글자. 여자(女)가 인하는(因) 것, 곧 의지하는 것이 신랑의 집이라 하여, '결혼'의 뜻으로 쓰임.

풀이 1. 혼인. 결혼. 혼인하다. ¶姻嫁 2. 인척. 혼인으로 맺어진 친족. ¶姻族 3. 인연.

姻嫁(인가) 혼인함. 시집감.
姻弟(인제) 처남・매부 사이에 자기를 낮추어 부르는 말.
姻族(인족) 인척(姻戚).
姻姪(인질) 고모부에 대해 자신을 부르는 말.
姻戚(인척) 혈연 관계가 없이 혼인으로 맺어진 친족.
姻親(인친) 사돈.
姻兄(인형) 처남 매부 사이에 서로 높여 부르는 말. 매형(妹兄).
連姻(연인) 혼인으로 친척이 됨.
外姻(외인) 외척(外戚).
婚姻(혼인) 남자와 여자가 부부가 되는 일.

유 婚(혼인할 혼)

姙	⑥ 9획
	妊(p293)과 同字

姿	⑥ 9획	日シ・すがた
	맵시 자	中zī

丶 冫 冫 次 次 次 姿 姿 姿

* 형성. 뜻을 나타내는 부수 '女(계집 녀)'와 음을 나타내며 여러 가지를 모아 갖춘 것을 뜻하는 '次(버금 차)'를 합친 글자. 이에 여자(女)의 여러 가지 갖추어진 모습이라는 뜻에서, '자태', '맵시가 있다'의 뜻으로 쓰임.

풀이 1. 맵시. 자태. 모양. ¶姿態 2. 풍취. 3. 모양내다. 꾸미다. 4. 자질. 바탕.

姿容(자용) 용모. 모습.
姿色(자색) 여자의 예쁜 얼굴.
姿勢(자세) 몸을 가누거나 움직이는 모양.
姿縱(자종) 마음대로 함. 제멋대로 함.
姿態(자태) 몸가짐과 맵시.
芳姿(방자) 꽃다운 모습과 몸가짐.
鳳姿(봉자) 봉황의 모습이라는 뜻으로, 훌륭한 풍채를 이르는 말.
仙姿(선자) 1)신선과 같은 자태. 2)속세를 떠난 모습을 비유.
聖姿(성자) 1)성스러운 자태. 2)임금의 모습을 높여 부르는 말.
淑姿(숙자) 숙녀의 얌전하고 덕스러운 자태.
示姿法(시자법) 수사법 중에서 비유법의 일종.
野姿(야자) 시골사람의 촌스러운 모양이나 태도.

비 恣(방자할 자)

姼 ⑥ 9획 예쁠 제 日ダイ·うつくしい 中shí

풀이 예쁘다. 아름답다. 아름다운 여자.

姝 ⑥ 9획 예쁠 주 日ジュ·うつくしい 中shū

풀이 1. 예쁘다. ¶姝麗 2. 연약하다. 3. 순순히 따르다. 순종하다.

姝麗(주려) 예쁘고 고움.

姝好(주호) 얼굴이 아름다움.

姝嬉(주희) 예쁜 여자. 미녀(美女).

姫 ⑥ 9획 삼갈 진 日キ·イ·ひめ 中jī, zhěn

풀이 1. 삼가다. 2. '姬(아씨 희)'의 속자.

3획

姪 ⑥ 9획 조카 질 日チツ·おい 中zhí

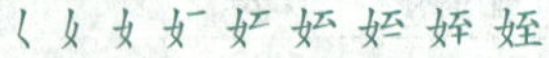

풀이 1. 조카. 조카딸. ¶姪女 2. 늙은이.

姪女(질녀) 조카딸.

유 侄(조카 질)

姹 ⑥ 9획 소녀 차 日タ·おとめ 中chà

풀이 1. 소녀. ¶姹女 2. 미인. 예쁜 여자. 3. 자랑하다.

姹女(차녀) 1)소녀. 2)예쁜 여자.

姮 ⑥ 9획 항아 이름 항 日コウ·つき 中héng

풀이 항아. ¶姮娥

姮宮(항궁) 항아가 사는 궁궐. 즉, 달을 이르는 말.

姮娥(항아) 달에 산다고 전해지는 선녀.

姡 ⑥ 9획 교활할 활 日カツ·ずるい 中huó

풀이 교활하다. 간교하다.

유 狡(교활할 교)

姬 ⑥ 9획 아씨 희 日キ·ひめ 中jī

풀이 1. 아씨. 여자의 미칭. ¶越女齊姬 2. 황후. 3. 첩(妾). ¶姬妾 4. 자국. 자취.

姬姜(희강) 공주 또는 궁궐의 부녀자. 희(姬).

姬妾(희첩) 첩.

越女齊姬(월녀제희) 월나라와 제나라의 여자. 월(越)나라와 제(齊)나라에서 미인이 많다는 데서 미인을 이르는 말.

娜 ⑦ 10획 아리따울 나 日ダ·ナ·うつくしい 中nà, nuó

풀이 1. 아리땁다. 2. 천천히 흔들리는 모양. 휘청거리는 모양.

娜娜(나나) 1)예쁘게 생긴 모양. 2)천천히 흔들리는 모양.

유 姚(예쁠 요)

娚 ⑦ 10획 말소리 남 日ナン·あに 中nán

풀이 1. 말소리. 2. 韓 오라비. 오빠.

娘 ⑦ 10획 아가씨 낭 日ジョウ·むすめ 中niáng

풀이 1. 아가씨. 낭자. ¶娘子 2. 어머니. ¶娘家

娘家(낭가) 어머니의 집. 친정.

娘娘(낭낭) 1)아가씨. 2)어머니. 3)황후(皇后).

娘子(낭자) 1)처녀. 아가씨. 2)어머니.

娘子軍(낭자군) 1)여자들로 이루어진 부대. 2)부녀자의 집단.

娌 ⑦ 10획 동서 리(이) 日リ·あによめ 中lǐ

풀이 동서. 형제의 아내들 사이에 서로 부르는 호칭.

비 狸(삵 리)

娩 ⑦ 10획 해산할 만 日ベン·うむ 中miǎn, wǎn

* 형성. 뜻을 나타내는 부수 '女(계집 녀)'와 음을 나타내는

'免(면할 면)'을 합친 글자. 이에 여자(女)가 무엇인가로부터 면하여진다(免)는 의미에서 '몸을 풀다', '해산하다'의 뜻으로 쓰임.

풀이 1. 해산하다. ¶分娩 2. 순박하다. 유순하다. ¶娩順 3. 애교를 부리다. 교태를 떨다.

娩順(만순) 순박함.

娩澤(만택) 아름답고 혈색이 좋음.

娩痛(만통) 아이를 낳을 때의 통증.

分娩(분만) 아이를 낳음. 해산(解産).

娓 ⑦ 10획 예쁠 미 日ビ 中wěi

풀이 1. 예쁘다. 2. 장황하다. ¶娓娓 3. 힘쓰다. 노력하다.

娓娓(미미) 장황하게 늘어놓는 모양.

娉 ⑦ 10획 ❶장가들 빙 ❷예쁠 병 日ビン·きれい 中pīng

풀이 ❶1. 장가들다. 혼례를 올리다. ¶娉命 ❷2. 예쁘다. ¶娉婷

娉婷(병정) 예쁜 모양. 또는 그런 사람.

娉命(빙명) 장가가기로 한 약속. 결혼 약속.

娉財(빙재) 신랑이 신부의 집에 주던 결혼 예물. 납폐(納幣).

유 姻(혼인 인)

娑 ⑦ 10획 춤출 사 日シャ·サ 中suō

풀이 1. 춤추다. 2. 옷자락이 너풀거리는 모양. ¶娑娑 3. 범어 'Sa'의 음역자. ¶娑婆

娑婆(사파/사바) 1)춤추는 모양. 2)범어 'sahā'의 음역. 인간이 여러 가지 고통을 견디고 있는 곳. 이 세상.

娑娑(사사) 1)옷이 너풀거리는 모양. 2)흔들리는 모양.

유 舞(춤출 무) 비 沙(모래 사)

娠 ⑦ 10획 애 밸 신 日シン·はらむ 中shēn

풀이 애를 배다. 임신하다.

유 妊(아이밸 임)

娣 ⑦ 10획 娠(p301)과 同字

娥 ⑦ 10획 예쁠 아 日ガ·みめよい 中é

풀이 1. 예쁘다. ¶娥媌 2. 항아(姮娥). 달에 사는 선녀의 이름. 바뀌어, 달(月)의 다른 이름. 3. 미인. 미녀. ¶娥影

娥媌(아모) 예쁘고 아름다움.

娥英(아영) 1)순(舜)임금의 비였던 아황(娥皇)과 여영(女英). 2)궁궐에 있는 여자 관리.

娥影(아영) 1)달빛. 2)아름다운 여자의 모습을 달에 사는 항아(嫦娥)에 비유하는 말.

유 姚(예쁠 요)

娟 ⑦ 10획 예쁠 연 日エン·うつくしい 中juān

풀이 1. 예쁘다. 2. 춤추는 모양. 가볍게 나는 모양. ¶娟娟

娟娟(연연) 1)예쁜 모양. 2)달빛이 밝은 모양. 3)가볍게 나는 모양.

娛 ⑦ 10획 즐거워할 오 日ゴ·たのしむ 中yú

*형성. 뜻을 나타내는 부수 '女(계집 녀)'와 음을 나타내는 '吳(오나라 오)'를 합친 글자. '吳'는 사람들이 노래를 듣고 즐기며 떠들썩한 것을 나타냄. 이에 여자(女)와 같이 즐기고 노는 것(吳)이 기쁘고 즐겁다 하여 '즐겁다', '기쁘다'는 뜻으로 쓰임.

풀이 1. 즐거워하다. 즐기다. ¶娛樂 2. 안정되다. 3. 장난치다. 희롱하다.

娛樂(오락) 즐거워함. 즐김. 환락(歡樂).

娛遊(오유) 1)즐거워하며 노님. 2)오락과 유희.

娛嬉(오희) 기뻐함.

歡娛(환오) 기뻐하고 즐거워함.

유 快(즐거울 쾌) 樂(즐거워할 락)

娣 ⑦ 10획 여동생 제 日テイ·いもうと 中dì

풀이 1 여동생. 2 손아래 동서를 부르는 말. ¶娣姒

娣婦(제부) 시동생의 아내. 손아래 동서.

娣姒(제사) 1)자매. 2)손아래 동서와 손위 동서.

3획

유 妹(누이 매) 반 弟(아우 제)

娖	⑦ 10획	日サク · つつしむ
	삼갈 착	中chuò

풀이 1. 삼가다. 근신하다. ¶娖娖 2. 정돈하다. 3. 재촉하다.

娖娖(착착) 행동을 조심하는 모양.

娙	⑦ 10획	
	❶여관이름 형	日ケイ · みめよい
	❷날씬할 경	中xíng

풀이 1 1. 여관(女官) 이름. 중국 한(漢)나라의 관직명. 2 2. 날씬하다. 몸매가 늘씬하고 예쁘다. ¶娙娥

娙娥(1.경아/2.형아) 1)예쁨. 2)중국 한나라 때 궁궐에 있던 여자 관리.

3획

娭	⑦ 10획	
	❶놀 희	日アイ · もてあそぶ
	❷계집종 애	中āi, xī

풀이 1 1. 놀다. 장난치다. 2 2. 계집종.

유 妮(계집종 니)

婟	⑧ 11획	日コ · れんぼする
	연모할 고	中hù

풀이 연모(戀慕)하다. 사모하다. 그리워하다.

유 慕(그리워할 모)

婘	⑧ 11획	日ケン · みうち
	살붙이 권	中juàn

풀이 살붙이. 가족.

婪	⑧ 11획	日ラン · むさぼる
	탐할 람(남)	中lán

풀이 탐하다. 욕심이 많다. ¶婪酣

婪酣(남감) 재물이나 음식 등을 탐함.

婪沓(남답) 물건에 대한 욕심이 심함.

婪尾酒(남미주) 잔치 때 손님에게 골고루 돌아가는 술.

유 貪(탐할 탐) 비 楚(모형 초)

婁	⑧ 11획	日ル · ロウ
	끌 루(누)	中lóu, lǘ, lǚ

풀이 1. 끌다. 당기다. 2. 속이 비다. 성기다. 3. 거두다. ¶婁驕 4. 아로새기다. 5. 별 이름. ¶婁宿 6. 자주.

婁驕(누교) 교만한 행동을 그만둠.

婁星(누성) 별 이름. 28수(宿)의 열여섯째.

비 數(셀 수)

婦	⑧ 11획	日フ · よめ · おんな
	아내 부	中fù

* 회의. 빗자루(帚)를 가지고 청소하는 여자(女)를 나타내는 글자. 이에 '며느리', 또는 '아내'의 뜻으로 쓰임.

풀이 1. 아내. 지어미. 부인. ¶婦家 2. 며느리. 3. 여자. 계집. ¶婦道 4. 예쁘다.

婦功(부공) 부녀자의 일. 여자가 해야 할 여러 가지 일.

婦女(부녀) 부인. 여자.

婦德(부덕) 여자가 닦아야 할 덕행. 부용(婦容). 부공(婦工) · 부언(婦言)과 더불어 4덕의 하나임.

婦道(부도) 여자가 지켜야 할 마땅한 도리.

婦翁(부옹) 장인.

婦謠(부요) 주로 부녀자들이 짓고 부르는 민요.

婦容(부용) 여자의 용모.

婦人(부인) 결혼한 여자의 총칭.

婦人科(부인과) 부인병을 진찰 · 치료하는 의학의 한 분야.

寡婦(과부) 남편이 죽고 홀로 된 여자.

夫婦(부부) 남편과 아내.

유 妻(아내 처) 반 夫(지아비 부)

婓	⑧ 11획	日ヒ
	오락가락할 비	中fēi

풀이 1. 오락가락하다. 2. 강비(江婓). 여신의 이름.

婢	⑧ 11획	日ヒ · はしため
	여자종 비	中bì

* 형성. 뜻을 나타내는 부수 '女(계집 녀)'와 음을 나타내며 신분이 천하다는 의미를 지닌 '卑(낮을 비)'를 합친 글자. 이에 '신분이 천한 여자', '계집종'의 뜻으로 쓰임.

풀이 1. 여자 종. 하녀. ¶婢僕 2. 소첩. 여자가 자신을 낮추어 부르는 말. 3. 첩(妾).
婢僕(비복) 여자 종과 남자 종.
婢妾(비첩) 여자 종과 첩.
官婢(관비) 죄로 말미암아 관아의 노예가 된 여자. 여자 종
單婢(단비) 단 한 사람의 여자 종.
飯婢(반비) 밥 짓는 일을 하는 여자 종.
유 妮(계집종 니) 娭(계집종 애)

婀	⑧ 11획	日ア・しなやか
	아리따울 아	中ē

풀이 1. 아리땁다. 날씬하고 예쁘다. ¶婀娜 2. 머뭇거리다.
婀娜(아나) 아리따운 모양.

婭	⑧ 11획	日ア・おによめ
	동서 아	中yà

풀이 1. 동서. 자매의 남편끼리의 호칭. 2. 아리땁다. 요염하다.
유 姒(동서 사)

婗	⑧ 11획	日ケイ
	갓난아이 예	中ní

풀이 1. 갓난아이. 2. 교태를 떨다. 애교를 부리다

婐	⑧ 11획	日カ・こしもと
	날씬할 와	中wǒ

풀이 날씬하다. 몸이 날씬하고 예쁘다.

婉	⑧ 11획	日エン・しなやか
	순할 완	中wǎn

풀이 1. 순하다. 온순하다. 2. 예쁘다. 아름답다. ¶婉麗 3. 완곡하다. ¶婉曲 4 간략하다. 5 사랑하다. 가까이하다.
婉曲(완곡) 말투가 모나지 않고 부드러움.
婉麗(완려) 완미(婉美).
婉孌(완련) 젊고 아름다움. 젊고 사랑스러움.
婉美(완미) 예쁘고 아름다움.
婉嬋(완선) 아름다운 모양.
婉豔(완염) 부드럽고 아름다움.
婉容(완용) 아름다운 모습.
婉轉(완전) 노랫소리 등이 아름다움.
婉奕(완혁) 매우 아름다움.
유 順(순할 순)

婬	⑧ 11획	日イン・みだら
	음탕할 음	中yín

풀이 음탕하다. 음란하다. 음탕.
婬俗(음속) 음탕한 풍속. 음속(淫俗).
婬欲(음욕) 음탕한 욕구.
婬火(음화) 음탕한 짓을 하고 싶은 열정.
유 淫(음란할 음)

婥	⑧ 11획	日タク・きれい
	예쁠 작	中chuò

풀이 예쁘다. 아리땁다.

婧	⑧ 11획	日セイ
	날씬할 정·청	中jìng

풀이 1. 날씬하다. 가냘프다. 허리가 가는 모양. 2. 아름답다.
비 請(청할 청)

娼	⑧ 11획	日ショウ・あそびめ
	몸 파는 여자 창	中chāng

풀이 몸 파는 여자. 창녀. ¶娼女
娼家(창가) 창녀의 집.
娼妓(창기) 몸을 파는 천한 기생.
娼女(창녀) 몸을 파는 여자.
娼婦(창부) 창기(娼妓). 창녀(娼女).
유 妓(기생 기)

婕	⑧ 11획	日サイ・にょうぼう
	궁녀 첩	中jié

풀이 1. 궁녀. 첩여(婕妤). 한대(漢代)의 여관(女官). 2. 예쁘다. 아름답다.

娵	⑧ 11획	日スイ・びじん
	미녀 추	中jū

3 획

풀이 1. 미녀. 아름다운 여자. 2. 별 이름.

유 美(아름다울 미)

娶	⑧ 11획	日 シュ・めとる
	장가들 취	中 qǔ

풀이 장가들다. 아내를 맞다. ¶娶嫁

娶嫁(취가) 장가들고 시집감. 혼인.

娶妻(취처) 아내를 맞이함. 장가듦.

비 聚(모일 취)

婆	⑧ 11획	日 バ・ばば
	할미 파	中 pó

풀이 1. 할미. 노파. 늙은 여자. ¶老婆 2. 사물의 형용. ¶婆娑 3. 범어 'Bha' 의 음역자. ¶婆羅門

婆娑(파사) 1)춤추는 모양. 옷자락이 너울거리는 모양. 2)시들어 처진 모양.

婆心(파심) 늙은 여자의 친절한 마음.

老婆(노파) 늙은 여자. 할머니.

産婆(산파) 1)아이를 낳을 때, 아이를 받고 산모를 도와주는 여자. 2)어떤 일을 이루어 내기 위해 주선하는 사람.

産婆法(산파법) 질문을 거듭함으로써 상대자가 스스로 알아내도록 하는 교수 방식의 하나. 소크라테스가 쓴 방법의 한 가지.

유 媼(할미 온) 嫗(할미 구)

婞	⑧ 11획	日 ギョウ
	강직할 행	中 xìng

풀이 1. 강직하다. 곧다. 2. 성품이 거칠고 비꼬여 있다.

婚	⑧ 11획	日 コン・えんぐみ
	혼인할 혼	中 hūn

* 형성. 뜻을 나타내는 부수 '女(계집 녀)' 와 음을 나타내는 '昏(저녁 혼)' 을 합친 글자. 여자가 시집갈 때에 해질녘부터 식이 시작되었으므로 '시집간다' 는 뜻으로 쓰임.

풀이 1. 혼인하다. 결혼하다. ¶結婚 2. 처가. 아내의 친정. ¶婚屬

婚家(혼가) 혼인를 치르는 집.

婚談(혼담) 혼인에 대하여 오고 가는 말.

婚禮(혼례) 혼인 때 행하는 예식.

婚配(혼배) 혼인하여 서로 짝이 됨.

婚費(혼비) 혼인에 드는 비용.

婚事(혼사) 혼인에 관한 일.

婚書(혼서) 혼인을 알리는 글. 혼인 때에 신랑집에서 신부집으로 보내는 글.

婚需(혼수) 혼인에 드는 물품이나 비용. 혼비(婚費).

婚約(혼약) 혼인을 맺겠다는 약속. 약혼.

婚姻(혼인) 장가들고 시집가는 일. 결혼.

婚處(혼처) 혼인하기에 알맞은 상대방.

結婚(결혼) 혼인으로 부부의 연을 맺음.

未婚(미혼) 아직 결혼하지 않음.

事實婚(사실혼) 사실상 부부이면서도 혼인 신고를 하지 않아 법률상의 부부로는 인정할 수 없는 상태.

破婚(파혼) 약혼을 깨뜨림.

華婚(화혼) 남의 결혼을 높여 이르는 말.

유 姻(혼인 인)

媒	⑨ 12획	日 バイ・なかがい
	중매 매	中 méi

* 형성. 뜻을 나타내는 부수 '女(계집 녀)' 와 음을 나타내는 '某(아무 모)' 를 합친 글자. 어떤(某) 여자(女)를 어떤 남자에게 결혼시킬 때 중개하는 것을 나타낸 글자. 양자 사이에서 일어나는 '중개' 의 뜻으로 쓰임.

풀이 1. 중매. 중매서다. 중매쟁이. ¶媒婆 2. 매개하다. 이어주다. ¶媒介 3. 술밑. 누룩. 4. 미끼. ¶媒鳥 5. 어둡다. 밝지 않다. ¶媒媒

媒介(매개) 중간에서 이어줌. 중개함.

媒嫗(매구) 중매하는 노파.

媒妁(매작) 중매쟁이. 중매를 하는 사람.

媒鳥(매조) 다른 새를 잡기 위하여 미끼로 기르는 새.

媒婆(매파) 중매하는 노파.

媒合(매합) 혼사를 중매함.

仲媒(중매) 결혼이 이루어지도록 중간에서 소개하는 일.

유 妁(중매 작)

媔	⑨ 12획	日 メン・やきもち
	눈매 예쁠 면	中 mián

풀이 1. 눈매가 예쁘다. 2. 투기하다. 질투하다.

媢	⑨ 12획	日 ボウ・ねたむ
	강샘할 모	中 mào

풀이 1. 강샘하다. 투기하다. ¶媢怨 2. 노려보다.
媢怨(모원) 시기하고 원망함.
媢疾(모질) 시기하며 싫어함.
유 嫉(미워할 질) 妬(강샘할 투)

媌	⑨ 12획	日 ボウ · きれい
	예쁠 모	中 miáo

풀이 1. 예쁘다. 아름답다. 2. 눈매가 예쁘다.

嵍	⑨ 12획	日 ム · したがわない
	별 이름 무	中 wù

풀이 1. 별 이름. 무녀(嵍女)는 28수(宿)의 하나인 여수(女宿)의 다른 이름임. 2. 고을 이름.

媚	⑨ 12획	日 ビ · こびる
	아첨할 미	中 mèi

풀이 1. 아첨하다. 2. 사랑하다. ¶媚子 3. 곱다. 아름답다. 4. 아양을 떨다. 애교를 부리다. 아양. ¶媚嫵 5. 따르다. 좇다.
媚客(미객) 아름다운 손님. 장미를 이르는 말.
媚嫵(미무) 아양을 부림. 애교를 부림.
媚附(미부) 아첨함.
媚藥(미약) 색정을 일으키게 하는 약.
媚子(미자) 사랑하는 사람.
媚好(미호) 아름다움.
유 諂(아첨할 첨) 佞(아첨할 녕) 비 嵋(산 이름 미)

媍	⑨ 12획
	婦(p302)와 同字

婿	⑨ 12획
	壻(p270)와 同字

媟	⑨ 12획	日 セツ
	깔볼 설	中 xiè

풀이 1. 깔보다. 2. 무람없다. 친근하여 버릇이 없다. ¶媟近 3. 더러워지다. 문란해지다. ¶媟瀆
媟近(설근) 너무 친하여 서로간의 격이 없음. 또는 그러한 사람.
媟瀆(설독) 남녀의 사이가 문란해짐.
媟嫚(설만) 친하여 서로 간에 격이 없음.

嫂	⑨ 12획
	嫂(p307)와 同字

媤	⑨ 12획
	시집 시 韓

풀이 시집. 남편의 집. 남편쪽 집안. ¶媤家
媤家(시가) 남편의 집안.
媤姑母(시고모) 남편의 고모.
媤宅(시댁) 시가를 높여 부르는 말.
媤同生(시동생) 남편의 동생.
媤母(시모) 시어머니.
媤父(시부) 시아버지.

媕	⑨ 12획	日 エン · まごまごする
	머뭇거릴 암	中 ān

풀이 1. 머뭇거리다. 주저하다. 2. 아름답다.
媕娿(암아) 머뭇거리며 결정을 내리지 못함.
媕媕(암암) 1)연모하며 따르는 모양. 2)마음을 정하지 못해 머뭇거리는 모양.

媆	⑨ 12획	日 エン · きれい
	예쁠 연	中 ruǎn

풀이 예쁘다. 아름답다.

媪	⑨ 12획
	媼(p308)의 俗字

媧	⑨ 12획	日 カ · ワ
	여와 와 · 과	中 wā

풀이 여와(女媧). 중국 신화에서, 인류를 창조했다는 여신.

媛	⑨ 12획	日 エン · みめよい
	미인 원	中 yuán, yuàn

풀이 1. 미인. 미녀. 2. 궁녀. 여관(女官). 3. 끌다. 잡아당기다. 4. 예쁘다. 아름답다.
媛女(원녀) 예쁜 여자. 미인.
유 娵(미녀 추) 반 醜(추할 추)

3획

娟 ⑨ 12획 日イ・いもうと
손아래 누이 위 中wèi

풀이 손아래 누이. 여동생.

유 娣(여동생 제)

婷 ⑨ 12획 日テイ・みめよい
예쁠 정 中tíng

풀이 예쁘다. 아리땁다. ¶婷婷

婷婷(정정) 1)예쁜 모양. 2)꽃이 아름다운 모양.
婷婷嫋嫋(정정요뇨) 아름답고 가냘픈 모양.

婼 ⑨ 12획
❶거스를 착 日ヤ・チャク
❷나라이름 야 中chuò, ruò

풀이 ❶ 1. 거스르다. 거역하다. ❷ 2. 나라 이름. 한대(漢代)에 서역(西域)에 있던 나라.

3획

媠 ⑨ 12획 日タ
게으를 타 中duò, tuǒ

풀이 1. 게으르다. ¶媠嫚 2. 곱다. 예쁘다. ¶媠服

媠嫚(타만) 게으름. 게으르고 오만함.
媠服(타복) 예쁜 옷.

유 懶(게으를 나) 怠(게으를 태)

媮 ⑨ 12획
❶훔칠 투 日ユ・ぬすむ
❷즐거워할 유 中tōu, yú

풀이 ❶ 1. 훔치다. 도둑질하다. ¶媮食 2. 얼버무리다. 3. 구차하다. ¶媮生 4. 경박하다. ¶媮薄 ❷ 5. 즐기다.

媮樂(1.투락/2.유락) 1)쾌락을 탐함. 투락(偸樂). 2)즐김.
媮薄(투박) 말과 행동이 천박함.
媮生(1. 투생/2.유생) 1)구차하게 살아감. 2)생(生)을 즐김.
媮食(투식) 1)일시적인 즐거움만을 위하여 살아감. 투안(偸安). 2)나라의 공금이나 곡식을 훔쳐 먹음. 투식(偸食).
媮惰(투타) 한때의 편안함만을 꾀함.

유 盜(훔칠 도)

媥 ⑨ 12획 日ヘン・かるい
가벼울 편 中piān

풀이 1. 가볍다. 발걸음이 가볍다. 2 옷자락이 펄럭이다.

유 輕(가벼울 경)

媓 ⑨ 12획 日ノウ・はは
어머니 황 中huáng

풀이 어머니.

嫁 ⑩ 13획 日カ・とつぐ
시집갈 가 中jià

* 형성. 뜻을 나타내는 부수 '女(계집 녀)'와 음을 나타내는 '家(집 가)'를 합친 글자. 이에 여자(女)를 집(家)으로 들인다는 의미에서, '시집가다' 또는 '시집온 여자'의 뜻으로 쓰임.

풀이 1. 시집가다. 시집보내다. ¶出嫁. 2. 떠넘기다. 전가하다. ¶轉嫁 3. 가다. 향하다.

嫁期(가기) 시집갈 시기. 또는 그러한 나이.
嫁女(가녀) 딸을 시집보냄.
嫁母(가모) 개가한 어머니.
嫁殤(가상) 결혼하지 못하고 죽은 여자의 넋을 정혼자에게 시집보냄.
嫁資(가자) 시집갈 때 가지고 가는 재물.
嫁裝(가장) 시집갈 때 여자가 가지고 온 물건.
嫁娶(가취) 결혼.
降嫁(강가) 지체 높은 집의 처녀가 지위가 낮은 남자에게 시집감.
改嫁(개가) 시집갔던 여자가, 남편이 죽거나 이혼하여 다른 남자에게 다시 시집가는 일. 재가.
轉嫁(전가) 자기의 허물이나 책임 등을 남에게 덮어씌움.
出嫁(출가) 처녀가 시집을 감.
下嫁(하가) 왕족의 여식이 신하의 집안으로 시집감.

반 娶(장가들 취)

媿 ⑩ 13획 日キ・はじる
부끄러워할 괴 中kuì

풀이 1. 부끄럽다. 부끄러워하다. ¶媿恥 2. 창피를 주다. 욕보이다. ¶媿辱

媿屈(괴굴) 부끄러워하며 굴복함.
媿辱(괴욕) 1)부끄러움. 2)창피를 주어 욕되게

함.

媿切(괴절) 대단히 욕보임.

媿恥(괴치) 부끄러움.

유 恥(부끄러워할 치)

媾	⑩ 13획	日コウ
	화친할 구	中gòu

풀이 1. 화친하다. 화해하다. ¶媾和 2. 겹사돈을 맺다. 결혼인하다. 3. 성교하다. 교접하다. ¶媾合 4. 총애하다. 사랑하다.

媾合(구합) 남녀가 육체적인 관계를 맺음. 성교(性交).

媾和(구화) 화친을 의논함. 화해함.

交媾(교구) 구합(媾合).

嫐	⑩ 13획	日ジョウ
	희롱할 뇨	中niǎo

풀이 희롱하다. 시시덕거리다.

유 戲(희롱할 희)

嫋	⑩ 13획	日ジョウ · しなやか
	예쁠 뇨(요)	中niǎo

풀이 1. 예쁘다. 가냘프고 아름답다. ¶嫋娜 2. 살랑거리며 흔들리는 모양. ¶嫋嫋 3. 소리가 가늘고 길게 이어지는 모양.

嫋娜(요나) 1)아름다움. 2)부드러운 모양.

嫋嫋(요뇨) 1)바람에 살랑거리며 흔들리는 모양. 2)아름다운 모양.

유 娥(예쁠 아) 姚(예쁠 요)

媽	⑩ 13획	日ボ · はは
	어미 마	中mā

풀이 1. 어미. 어머니. 2. 할머니. ¶媽媽 3. 여자 종. 4. 암말. 말의 암컷.

媽媽(마마) 1)어머니. 2)할머니. 노파.

유 母(어미 모)

嫇	⑩ 13획	日ミョウ
	새색시 명	中méng

풀이 1. 새색시. 젊은 부인. 2. 조심조심하다. 소심한 모양. 수줍어하는 모양.

媺	⑩ 13획	日ビ · うつくしい
	아름다울 미	中měi

풀이 아름답다. 좋다. 착하다. ¶媺惡

媺惡(미악) 선함과 악함.

媻	⑩ 13획	日ハン · よろめく
	비틀거릴 반	中pán

풀이 1. 비틀거리는 모양. 절뚝거리는 모양. ¶媻跚 2. 왕래하는 모양. ¶媻媻 3. 첩. 소실.

媻媻(반반) 서로 왕래함.

媻跚(반산) 절뚝거리며 걸음.

媲	⑩ 13획	日ビ
	짝 비	中pì

풀이 짝. 짝을 이루다.

媲偶(비우) 늘어섬. 나란히 섬.

유 配(짝 배)

嫂	⑩ 13획	日ソウ · あによめ
	형수 수	中sǎo

풀이 1. 형수. ¶嫂叔 2. 노부인.

嫂叔(수숙) 형수와 시동생.

季嫂(계수) 동생의 아내. 제수(弟嫂).

兄嫂(형수) 형의 아내.

유 嫍(형수 수)

媳	⑩ 13획	日セキ · よめ
	며느리 식	中xí

풀이 며느리. ¶媳婦

媳婦(식부) 아들의 아내. 며느리.

유 婦(며느리 부) 반 壻(사위 서)

嫈	⑩ 13획	日エン
	예쁠 앵	中yīng

풀이 1. 예쁘다. 아름답다. ¶嫈嫈 2. 새색시. 나이 어린 부인. 3. 추하다. 보기 흉하다. ¶嫈嫇 4. 소심한 모양. 수줍어하는 모양.

嫈嫇(앵명) 1)추함. 보기 흉함. 2)새색시. 3)소심한 모양.

3획

嫈嫈(앵앵) 예쁜 모양.

유 娥(예쁠 아) 姚(예쁠 요)

媼	⑩ 13획	日オウ·おうな
	할미 온	中ǎo

풀이 1. 할미. 할머니. 늙은 여자. ¶媼嫗 2. 어머니. 늙은 어머니. 3. 토지의 신(神). ¶媼神.

媼嫗(온구) 늙은 여자.

媼神(온신) 토지 신(神).

媱	⑩ 13획	日ヨウ
	예쁠 요	中yáo

풀이 1. 예쁘다. 아리땁다. ¶媱冶 2. 춤추는 모양.

媱冶(요야) 예쁘고 요염함.

유 娥(예쁠 아) 姚(예쁠 요)

嫄	⑩ 13획	日ゲン
	사람 이름 원	中yuán

풀이 사람 이름. 주(周)나라 선조인 후직(后稷)의 어머니 자(字).

媵	⑩ 13획	日ヨウ·こしもと
	보낼 잉	中yìng

풀이 1. 보내다. 전송하다. 2. 건네주다. 3. 몸종. 잉첩. 옛날 시집갈 때 데리고 간 여자. ¶媵母

媵母(잉모) 어머니가 시집올 때 데리고 온 몸종.

媵婢(잉비) 잉첩(媵妾).

媵侍(잉시) 신부를 따라다니며 수발을 들던 하인.

媵臣(잉신) 신분이 높은 집안의 여자가 시집갈 때 데리고 가던 남자 종.

媵妾(잉첩) 신분이 높은 집안의 여자가 시집갈 때 데리고 가던 여자 종. 잉비(媵婢). 잉어(媵御).

嫉	⑩ 13획	日シツ·ねたむ
	시기할 질	中jí

풀이 1. 시기하다. 질투하다. ¶嫉妬. 2. 미워하다. 싫어하다. ¶嫉害

嫉視(질시) 시기하는 눈빛으로 쳐다봄.

嫉心(질심) 시기심.

嫉惡(질오) 질투하며 몹시 미워함.

嫉妬(질투) 시기하고 증오함. 또는 그러한 행위. 질투(嫉妒).

嫉害(질해) 미워하여 해침.

유 妬(시기할 투)

媰	⑩ 13획	日スイ·やもめ
	애 밸 추	中chú

풀이 1. 애를 배다. 임신하다. ¶媰婦 2. 예쁘다. 3. 과부. 홀어미. ¶媰孀

媰婦(추부) 임신한 여자.

媰孀(추상) 과부. 홀어미.

유 孕(아이 밸 잉) 비 芻(꼴 추)

媸	⑩ 13획	日チ·みにくい
	추할 치	中chī

풀이 1. 추하다. 못생기다. 보기 흉하다. ¶媸姸 2. 얕보다. 경시하다.

媸姸(치연) 보기 흉한 일과 아름다운 일.

유 醜(추할 추)

嫌	⑩ 13획	日ケン·きらう
	싫어할 혐	中xián

풀이 1. 싫어하다. 미워하다. ¶嫌忌 2. 의심하다. 의심스럽다. ¶嫌疑 3. 불만스럽다. 불평을 품다. ¶嫌家 4. 닮다. 혼동하기 쉽다. 가깝다.

嫌家(혐가) 서로 불만을 품은 집안.

嫌隙(혐극) 서로 미워하여 사이가 나쁨.

嫌忌(혐기) 미워하고 싫어함.

嫌文(혐문) 신분상 또는 남녀 사이에 쓰일 수 없는 말을 잘못 쓴 글.

嫌忿(혐분) 싫어하고 성을 냄. 싫어서 화를 냄.

嫌猜(혐시) 싫어하고 의심함. 미워하고 시기함.

嫌惡(혐오) 싫어하고 미워함.

嫌疑(혐의) 1)꺼리고 싫어함. 2)의심스러움. 3)범죄를 저지른 사실이 있을 것이라고 의심.

嫌避(혐피) 꺼리고 피함.

유 惡(싫어할 오)

嫗	⑪ 14획	日ウ·おうな
	할미 구	中yù

풀이 1. 할미. 할머니. ¶老嫗 2. 여자. 3. 따뜻하게 하

다. 따뜻하게 보살펴 기르다. ¶嫗煦
嫗伏(구부) 새가 알을 품어 따뜻하게 함.
嫗育(구육) 잘 보살펴 기름.
嫗煦(구후) 부모가 자식을 기르는 것과 같이 잘 보살펴 기름.
老嫗(노구) 할멈.
翁嫗(옹구) 늙은 남자와 늙은 여자.
유 媼(할미 온)

嫤	⑪ 14획	日キン・うつくしい
	여자 이름 근	中jǐn

풀이 1. 여자 이름. 2. 아름답다. 예쁘다.

嫩	⑪ 14획	日ドン・やわらか
	어릴 눈	中nèn

풀이 1. 어리다. 어리고 연약하다. ¶嫩芽 2. 예쁘다. 아리답다. 3. 약간. 조금.
嫩綠(눈록) 새로 난 잎의 초록빛.
嫩碧(눈벽) 새로 나온 잎의 초록빛. 신록(新綠).
嫩芽(눈아) 새로 나온 싹. 새싹.
嫩晴(눈청) 비가 오다가 갬.
嫩草(눈초) 새로 난 풀.
嫩寒(눈한) 약간 추움. 경한(輕寒).

嫪	⑪ 14획	日ロ・やきもち
	사모할 로	中lào

풀이 1. 사모하다. 그리워하다. 2. 시기하다. 시샘하다.

嫠	⑪ 14획	日リ・やもめ
	과부 리(이)	中lí

풀이 과부. 미망인. ¶嫠獨
嫠獨(이독) 과부와 홀아비.
嫠婦(이부) 과부. 남편을 잃은 여자.
嫠媼(이온) 늙은 과부.
嫠節(이절) 과부의 절개.

嫚	⑪ 14획	日マン・あなどる
	업신여길 만	中màn

풀이 1. 업신여기다. 멸시하다. ¶嫚罵 2 게을리하다. 3. 음란하게 굴다.
嫚罵(만매) 업신여기고 마구 욕함.
嫚侮(만모) 얕봄. 소홀히 함.
嫚言(만언) 교만한 말.
유 慢(업신여길 만) 傲(업신여길 오) 侮(업신여길 모)

嫫	⑪ 14획	日モウ
	추녀 모	中mó

풀이 추녀(醜女). 못생긴 여자.
반 媛(미인 원)

嫙	⑪ 14획	日セン・きれい
	예쁠 선	中xuán

풀이 예쁘다.
유 娥(예쁠 아) 姚(예쁠 요)

嫣	⑪ 14획	日エン・にこやか
	상긋 웃을 언	中yān

풀이 1. 상긋 웃는 모양. 예쁘게 웃는 모양. ¶嫣然 2. 예쁜 모양. 아리따운 모양. ¶嫣紅
嫣然(언연) 예쁘게 미소 짓는 모양.
嫣紅(언홍) 예쁜 붉은색.

嫛	⑪ 14획	日エイ・あかご
	갓난아이 예	中yī

풀이 1. 갓난아이. 젖먹이. ¶嫛婗 2. 유순하다. 순박하다.
嫛婗(예예) 갓난아이. 영아(嬰兒).

嫕	⑪ 14획	日エイ・あかご
	유순할 예	中yì

풀이 유순하다. 순박하다.
유 嫛(유순할 예)

嫜	⑪ 14획	日チョウ・きゅうこ
	시부모 장	中zhāng

풀이 1. 시부모. 남편의 부모. 2. 시아주버니. 남편의 형.

嫡	⑪ 14획	日テキ・チャク・よつぎ
	정실 적	中dí

풀이 1. 정실(正室). 본처. ¶嫡女 2. 적자. 본처가 낳은 아들. 그 중에서도 대를 이을 맏아들만을 가리키기도 함. ¶嫡庶

嫡女(적녀) 본처가 낳은 맏딸.
嫡母(적모) 서자(庶子)가 아버지의 정실을 일컫는 말. 큰어머니.
嫡庶(적서) 적자(嫡子)와 서자(庶子).
嫡子(적자) 정실의 몸에서 태어난 아들.
嫡長(적장) 정실의 몸에서 태어난 맏아들.
嫡傳(적전) 대를 적자에서 전함.
嫡妻(적처) 정실로 맞은 아내.
嫡出(적출) 정실의 소생. ↔ 서출(庶出).
嫡派(적파) 정실이 낳은 자식의 계통.

반 妾(첩 첩) 비 摘(딸 적)

嫖	⑪ 14획	日ヒョウ · かるい
	날랠 표	中piáo

풀이 1. 날래다. 재빠르다. ¶嫖姚 2. 음탕하다. 음란하다. ¶嫖客

嫖客(표객) 음탕한 남자. 오입쟁이.
嫖妓(표기) 매음부. 창기.
嫖姚(표요) 빠르고 굳센 모양.
嫖子(표자) 기녀. 창기.
嫖蕩(표탕) 헤매어 떠돎. 방랑함.

비 僄(날랠 표)

嫦	⑪ 14획	日ショウ · ぞうげ
	항아 항 · 상	中cháng

풀이 항아(姮娥). 상아. ¶嫦娥

嫦宮(항궁) 달[月]을 달리 이르는 말.
嫦娥(항아/상아) 달[月]을 달리 이르는 말. 또는 달에 산다는 선녀의 이름.

嫦娥(항아=상아)에 관한 전설

《회남자(淮南子)》에는 서왕모(西王母)로부터 불사약을 구해 온 예(羿)에게서, 그의 아내인 항아가 그 불사약을 훔쳐 달로 달아나 두꺼비가 되었다는 이야기가 있다. 《초사(楚辭)》 등에는 두꺼비가 아니고 토끼가 되었다고 쓰고 있다. 이 상아 설화는 점차 발전하여 달 속에 계수나무가 있고 토끼가 떡방아를 찧는다는 등, 여러 모양으로 변천하였다. 이것은 다시 발전하여 많은 신선 사상을 낳게 되었고, 그 사상이 도교(道敎)에 받아들여져 굳혀지기에 이르러, 중국 미술에서도 큰 비중을 차지하게 되었다.

嫭	⑪ 14획	日コ · うるわしい
	아름다울 호	中hù

풀이 1. 아름답다. 아름다운 여자. 2. 시기하다. 질투하다.

유 美(아름다울 미)

嫴	⑫ 15획	日コウ · はかない
	잠시 고	中gū

풀이 1. 잠시. 짧은 순간. 2. 덧없다. 구차하다. ¶嫴媮 3. 독차지하다. 독점하다. ¶嫴榷 4. 맡기다.

嫴榷(고각) 모두. 다. 합계.
嫴媮(고투) 덧없음. 구차함. 고투(姑偸).

유 姑(잠시 고)

嬌	⑫ 15획	日キョウ · なまめかしい
	아리따울 교	中jiāo

* 형성. 뜻을 나타내는 부수 '女(계집 녀)'와 음을 나타내는 '喬(높을 교)'를 합친 글자. 이에 여자[女]의 미모가 뛰어나다[喬]는 의미에서, '아름답다' 또는 '아름다운 여자'의 뜻으로 쓰임.

풀이 1. 아리땁다. 요염하다. 아름답다. ¶嬌嬌 2. 미녀. 미인. ¶嬌面 3. 사랑하다. ¶嬌兒 4. 딸. 계집애. ¶令嬌 5. 자랑하다. 뽐내다.

嬌歌(교가) 아름다운 노래.
嬌客(교객) 신랑을 달리 이르는 말.
嬌嬌(교교) 아름다운 모양. 예쁜 모양.
嬌娘(교낭) 귀엽고 사랑스러운 여자 아이.
嬌童(교동) 예쁜 아이. 미소년(美少年).
嬌面(교면) 아름다운 미인의 얼굴.
嬌顰(교빈) 예쁘게 눈살을 찌푸림. 수심에 잠긴 미인의 모습을 이르는 말.
嬌聲(교성) 요염한 소리.
嬌笑(교소) 여인의 요염한 웃음.
嬌羞(교수) 귀엽게 부끄러워함.
嬌兒(교아) 1)사랑스러운 아이. 2)사랑하는 아들.
嬌娥(교아) 예쁜 여자.
嬌顔(교안) 아름다운 얼굴.
嬌愛(교애) 예쁘고 사랑스러움.
嬌靨(교엽) 예쁜 보조개.
嬌嬈(교요) 예쁨. 요염함. 또는 그런 여자.
嬌逸(교일) 뛰어난 미모.
嬌姿(교자) 아름답고 요염한 자태.
嬌稚(교치) 예쁘고 어림.
嬌妒(교투) 예쁘지만 시기가 많음.
愛嬌(애교) 남에게 호감을 주는 상냥스러운 말씨나 행동.
令嬌(영교) 남의 딸을 높여 부르는 말.

3획

嬀	⑫ 15획 성씨 규	日キュウ 中guī

풀이 1. 성씨(姓氏). 2. 강 이름. 중국 산서성(山西省)에 있는 강. ¶嬀汭

嬈	⑫ 15획 ❶번거로울 뇨(요) ❷예쁠 요	日ヨウ・きれい 中ráo, rǎo

풀이 ■1 1. 번거롭다. 수고롭다. 괴로워하다. ¶嬈惱 2. 희롱하다. 놀리다. 3. 연약하다. 가냘프다. ■2 4. 예쁘다. 아리땁다. ¶嬈嬈

嬈惱(요뇌) 몹시 심난하여 괴로워함.
嬈嬈(요뇨) 아름다운 모양.
嬌嬈(교요) 예쁨. 아름다움.

嫽	⑫ 15획 ❶외조모 로(노) ❷예쁠 료(요)	日リョウ・がいそぼ 中 liáo

풀이 ■1 1. 외조모. 외할머니. ¶嫽嫽 ■2 2. 예쁘다. 아름답다. ¶嫽妙 3. 희롱하다. 장난치다.

嫽嫽(노로) 외조모(外祖母)
嫽妙(요묘) 아름다운 모양.

嫵	⑫ 15획 아리따울 무	日ム 中wǔ

풀이 1. 아리땁다. 2. 교태를 부리다. 아양을 떨다. ¶嫵媚

嫵媚(무미) 1)애교를 부림. 2)예쁜 모습.

유 嬌아리따울 교

嫳	⑫ 15획 발끈할 별	日ベツ・いきどめる 中piè

풀이 1. 발끈하다. 벌컥 화를 내다. 2. 옷자락이 펄럭이다. 3. 끌어당기다.

비 弊(해질 폐)

嬋	⑫ 15획 고울 선	日セン・うるわしい 中chán

풀이 1. 곱다. 예쁘다. 아름답다. ¶嬋娟 2. 잇닿다. 끊이지 않다. ¶嬋聯

嬋聯(선련) 사물이 잇닿아 있는 모양.
嬋娟(선연) 예쁘고 고운 모양.
嬋妍(선연) 용모나 자태가 아름답고 고운 모양.
嬋媛(선원) 1)끌어당기는 모양. 늘어져서 땅 위에 끌리는 모양. 2)겨레붙이. 일가.

유 麗(고울 려)

嬃	⑫ 15획 누이 수	日あね 中xū

풀이 1. 누이. 손위 누이. 언니. 2. 여자 이름.

嫶	⑫ 15획 야윌 초	日ショウ・やつれる 中qiáo

풀이 야위다. 초췌해지다. 수척해지다.

유 悴(파리할 췌)

嫻	⑫ 15획 우아할 한	日カン・しとやか 中xián

풀이 1. 우아하다. 고상하다. ¶嫻麗 2. 익숙하다. 익숙하게 되다. ¶嫻熟

嫻都(한도) 우아하고 품위가 있음. 한아(嫻雅).
嫻麗(한려) 우아하고 아름다움.
嫻熟(한숙) 익숙함. 손에 익음.
嫻雅(한아) 우아함. 고상함.

유 雅(우아할 아)

嫿	⑫ 15획 여자 이름 화	日カ・はで 中huà

풀이 1. 여자 이름. 2. 여자의 모습이 아름답다.

嫿	⑫ 15획 정숙할 획	日カク・たのしむ 中huà

풀이 1. 정숙하다. 얌전하다. 2. 아름답다. 아리땁다. 3. 자랑하다. 뽐내다. 4. 달리다.

嬉	⑫ 15획 즐길 희	日キ・たのしい 中xī

풀이 1. 즐기다. 기뻐하다. ¶嬉樂 2. 놀다. 장난하다.

3획

¶嬉笑
嬉樂(희락) 즐거워함.
嬉笑(희소) 기뻐하며 웃음. 장난치며 웃음.
嬉娛(희오) 즐거워함.
嬉遊(희유) 즐겁게 놂.
嬉怡(희이) 즐거워하며 기뻐함.
嬉嬉(희희) 즐겁게 놂.
嬉戲(희희) 즐겁게 장난을 함.
유 喜(기쁠 희)

嬗	⑬ 16획	日セン・きれい
	물려줄 선	中shàn

풀이 1. 물려주다. 전하다. 2. 이어지다. 3. 바뀌다. 달라지다. 4. 아름답다.

嬐	⑬ 16획	日ケン・はやい
	빠를 섬	中 yǐn

풀이 1. 빠르다. 날래다. 2. 조심하다. 3. 정돈되다.
비 僉(다 첨)

嬴	⑬ 16획	日エイ・みちる
	찰 영	中yíng

풀이 1. 차다. 가득하다. ¶嬴縮 2. 남다. 넘치다. ¶嬴餘 3. 나타나다. 앞으로 나오다. 4. 펴다. 늘리다. ¶嬴絀 5. 끝. 가. 가장자리. 6. 풀다. 7. 이기다. 8. 바구니. ¶嬴蓋
嬴蓋(영개) 바구니와 덮개. 가난하고 신분이 낮은 사람이 여행하는 모습.
嬴餘(영여) 나머지. 남은 것.
嬴縮(영축) 가득 참과 줄어듦.
嬴絀(영출) 늘림과 오그림.
유 滿(찰 만)

嫱	⑬ 16획	日ソウ・にょうぼう
	궁녀 장	中qiáng

풀이 궁녀. 여관(女官).
嫱媛(장원) 여관(女官). 궁녀(宮女).

嬖	⑬ 16획	日ヘイ・かわいがる
	사랑할 폐	中bì

풀이 1. 사랑하다. 총애하다. ¶嬖近 2. 총애받는 사람. 남녀 구별 없이 쓰임. ¶嬖人
嬖近(폐근) 가까이에서 총애함. 또는 가까이에서 시중드는 사람.
嬖女(폐녀) 총애 받는 여자.
嬖色(폐색) 1)총애받는 여자. 2)여색을 가까이함.
嬖習(폐습) 임금의 총애를 받는 측근의 신하.
嬖御(폐어) 임금의 사랑을 받음. 또는 그런 첩.
嬖艶(폐염) 임금이 총애하는 아름다운 여인. 사랑하는 미녀(美女).
嬖人(폐인) 임금에게 사랑을 받는 여자.
嬖寵(폐총) 총애를 받음.
嬖奚(폐해) 총애를 받는 종.
內嬖(내폐) 임금의 총애를 받는 궁녀. 또는 그 총애. 내총(內寵).

嬛	⑬ 16획	
	❶산뜻할 현	日カン・ひとり
	❷홀로 경	中huán, qióng, xuān

풀이 1 1. 산뜻하다. 단아하다. 얌전하고 아름답다. ¶嬛嬛 2. 날렵하다. 몸이 가볍다. 2 3. 홀로. 외톨이. 외로운 모양. ¶嬛身
嬛佞(현녕) 경박하고 교묘히 아첨함.
嬛嬛(1.현현/2.경경) 1)정숙한 모양. 2)혼자 의지할 곳 없는 모양. 경경(煢煢)
嬛孤(경고) 고아(孤兒).
嬛身(경신) 의지할 데 없는 외로운 몸.
비 環(고리 환)

嬭	⑭ 17획	日イ・かう
	젖 내	中nǎi

풀이 1. 젖. 2. 낮잠. 3. 젖어미. 어미. ¶嬭媪
嬭嬭(내내) 부인(婦人).
嬭媪(내온) 1)젖을 주는 여자. 유모. 2)어머니.
嬭婆(내파) 젖을 주는 여자. 유모.

嬲	⑭ 17획	日ニョウ・からかう
	희롱할 뇨	中niǎo

풀이 1. 희롱하다. 지분거리다. 2. 어지럽히다.
유 弄(희롱할 롱)

嬷	⑭ 17획	日マ・はは
	엄마 마	中mó

3
획

풀이 1. 엄마. 어머니의 속칭. 2. 할머니. 늙은 부인.

유 母(어미 모)

嬪	⑭ 17획 아내 빈	日ヒン・ひめ 中pín

*형성. 뜻을 나타내는 부수 '女(계집 녀)'와 음을 나타내며 복종하다는 뜻을 지닌 '賓(손 빈)'을 합친 글자. 이에 곁에서 복종하는(賓) 여자(女), 곧 '궁녀', 또는 '아내'라는 뜻으로 쓰임.

풀이 1. 아내. ¶嬪儷 2. 여관(女官). 궁녀. 3. 임금의 소실. ¶妃嬪 4. 부인(婦人)의 미칭 또는 통칭. ¶嬪物 5. 시집가다. 6. 많은 모양. ¶嬪然

嬪儷(빈려) 아내와 남편.
嬪物(빈물) 아내가 만든 물건.
嬪婦(빈부) 1)여관(女官). 2)부녀자.
嬪然(빈연) 많은 모양.
嬪嬙(빈장) 궁녀(宮女).
嬪從(빈종) 궁에서 일하는 궁녀.
嬪妾(빈첩) 임금의 첩. 빈잉(嬪媵).
妃嬪(비빈) 비(妃)와 빈(嬪).

유 妻(아내 처) 婦(아내 부)

嬰	⑭ 17획 갓난아이 영	日エイ・あかご 中yīng

풀이 1. 갓난아이. 영아. ¶嬰孺 2. 두르다. 에워싸다. ¶嬰城 3. 목에 걸다. 4. 잇다. 꿰다. 5. 지니다. 가지다. 6. 더하다. 보태다. 7. 닿다. 접촉하다. ¶嬰鱗 8. 끌어 안다. 9. 목걸이. 여자의 목에 거는 장식. 10. 병에 걸리다. 11. 연약하다. ¶嬰弱

嬰累(영루) 1)재난을 만남. 또는 몸에 붙어 다니는 재앙. 2)연약함.
嬰罹(영리) 걸림. 입음.
嬰鱗(영린) 용(龍)의 목 밑에 있는 비늘을 건드림. 신하가 임금에게 간언을 하여 노여움을 삼.
嬰飛禍(영비화) 뜻밖에 재화를 입음.
嬰城(영성) 성을 둘러싸고 굳게 지킴.
嬰守(영수) 성을 굳게 지킴.
嬰弱(영약) 1)연약함. 2)유아(幼兒)와 소년.
嬰孺(영유) 갓난아이.
退嬰(퇴영) 뒤로 물러가 틀어박힘. 퇴보함.

유 幼(어릴 유) 倪(어린이 예)

嬬	⑭ 17획 아내 유	日ジュ・つま 中rú

풀이 1. 아내. 부인. 2. 첩. 소실.

유 嬪(아내 빈)

嬻	⑮ 18획 더럽힐 독	日トク・きたない 中dú

풀이 더럽히다. 욕되게 하다.

유 瀆(더러워질 독) 汚(더러울 오)

嬸	⑮ 18획 숙모 심	日シン・おば 中shěn

풀이 1. 숙모. 작은어머니. 2. 손아래 동서. 여자가 시동생의 아내를 부르는 말.

嬾	⑯ 19획 게으를 란(난)	日ラン・あきる 中lǎn

풀이 1. 게으르다. 나태하다. ¶嬾慢 2. 나른하다. ¶嬾困 3. 엎드리다. 눕다. ¶嬾架

嬾架(난가) 책을 놓고 엎드려 보는 시렁.
嬾困(난곤) 나른함.
嬾慢(난만) 게으르고 멋대로 굶.
嬾癖(난벽) 게으른 습관.
嬾婦(난부) 1)게으른 여자. 2)귀뚜라미.
嬾腰(난요) 축 늘어뜨려 앉음. 단정치 못한 앉음새.
嬾拙(난졸) 피곤하여 모든 일이 짜증남.

嬿	⑯ 19획 아름다울 연	日エン・うつくしい 中yàn

풀이 아름답다. 얌전하고 아리땁다. ¶嬿嬿

嬿服(연복) 아름다운 옷.
嬿私(연사) 아름다워 몰래 사랑함.
嬿婉(연완) 곱고 아름다움.
嬿嬿(연연) 아름다운 모양.

孀	⑰ 20획 과부 상	日ソウ・やもめ 中shuāng

풀이 과부. 미망인. ¶孀老

孀閨(상규) 과부가 거처하는 규방.
孀單(상단) 과부 생활.
孀老(상로) 늙은 과부.
孀婦(상부) 홀어미.
孀娥(상아) 과부. 홀어미.

3 획

孀雌(상자) 과부 생활.
靑孀寡婦(청상과부) 젊은 과부.
유 嫠(과부 리)

孅	⑰ 20획	日セン・かよわい
	가늘 섬	中xiān

풀이 1. 가늘다. 가냘프다. ¶孅弱 2. 자질구레하다. 작다.
孅介(섬개) 매우 가늚.
孅嗇(섬색) 자질구레한 것을 아낌.
孅阿(섬아) 아름다운 여자의 얼굴.
孅弱(섬약) 1)가냘프고 약함. 2)글씨체가 가늘고 약함.
孅趨(섬추) 아첨하며 나아감.
유 纖(가늘 섬) 細(가늘 세)

孃	⑰ 20획	日ジョウ・むすめ
	계집애 양	中niáng

* 형성. 뜻을 나타내는 부수 '女(계집 녀)'와 음으로 나타내며 성숙한 모양을 뜻하는 '襄(도울 양)'을 합친 글자. 원래 '어머니'란 뜻으로 썼으나, 지금은 '소녀'라는 뜻으로 쓰임.

풀이 1. 계집애. 아가씨. 소녀. 2 어머니. ¶孃孃
孃孃(양양) 1)천자가 어머니를 일컫는 말. 2)며느리가 시어머니를 이르는 말.

孌	⑲ 22획	日レン・きれい
	아름다울 련(연)	中luán

풀이 1. 아름답다. 예쁘다. ¶孌童 2. 따르다. 순종하다.
孌童(연동) 아름다운 아이.

孋	⑲ 22획	日リ・れい
	나라 이름 리	中lí

풀이 1. 나라 이름. 2. 여자 이름.

子 부

子 아들 자 部

'子'자는 강보에 싸인 어린아이의 모양을 본뜬 글자였으나, 의미가 축소되어 남자아이, '아들'의 뜻으로 쓰인다. 그리고 손자(孫子)에서처럼 '자손'이나 '사람'의 뜻으로도 쓰이고, 공자(孔子)나 맹자(孟子)처럼 남자에 대한 존칭이나 미칭(美稱)을 나타내는 '접미사'로도 쓰인다. 또한 식물의 씨나 열매, 혹은 동물의 알이나 새끼를 나타내기도 하고, 어린 아이가 작다는 의미에서 '작다'를 뜻하기도 한다. 이 글자를 부수로 갖는 글자는 대부분 아이의 행동이나 상태 등과 관련이 있다.

子	⓪ 3획	日シ・ス・こ
	아들 자	中zǐ, zi

ㄱ 了 子

* 상형. 강보에 싸인 어린아이가 두 팔을 벌리고 있는 모양을 본뜬 글자. 십이지(十二支)의 첫째 글자로 쓰임.

풀이 1. 아들. 자식. ¶長子 2. 동물의 알. 새끼. 3. 씨. 열매. ¶種子 4. 십이지의 첫째. 오행에서는 물(水), 방위로는 북쪽, 시각으로는 밤 11시~새벽 1시, 동물로는 쥐에 해당함. ¶子正 5. 사람. 젊은이. ¶女子 6. 남자에 대한 경칭. 7. 당신. 너. 8. 작위 이름. 오등작(五等爵)의 넷째. ¶子爵 9. 접미사. ¶卓子
子規(자규) 두견새. 소쩍새.
子囊(자낭) 씨주머니. 포자(胞子)가 들어 있는 주머니.
子女(자녀) 아들과 딸.
子婦(자부) 1)며느리. 2)아들과 며느리.
子壻(자서) 사위.
子孫(자손) 1)아들과 손자. 2)여러 대의 후손.
子孫萬代(자손만대) 자자손손(子子孫孫).
子時(자시) 밤 11시부터 새벽 1시까지의 시간.
子息(자식) 1)아들과 딸. 2)남자를 낮추어 부르는 욕설.
子愛(자애) 1)자식을 사랑함. 2)자애(慈愛).
子午線(자오선) 1)천구의 양극과 천정점(天頂點)을 지나는 가상의 곡선. 2)경선(經線).
子爲父隱(자위부은) 자식은 부모의 옳지 못한 일은 숨겨야 함.
子音(자음) 날숨이 입이나 코로 나오는 길에 여러 가지의 막음을 입어서 거칠게 나는 소리.
子子孫孫(자자손손) 1)자손의 여러 대. 2)자손의 끝까지.
子正(자정) 자시(子時)의 한가운데. 곧, 밤 12시.
子弟(자제) 1)아들과 아우. 2)젊은 사람. 3)남의 아들을 높여 부르는 말.
반 女(여자 녀) 비 孑(외로울 혈) 予(나 여)

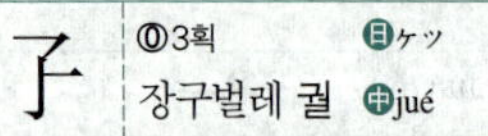

孓	⓪ 3획	日ケツ
	장구벌레 궐	中jué

풀이 1. 장구벌레. 2. 짧다.

孑

⓪3획 日ケツ
외로울 혈 中jié

풀이 1. 외롭다. 혼자. 홀로. ¶孑立 2. 남다. ¶孑遺 3. 짧다. 작다. ¶孑孑 4. 장구벌레.

孑孓(혈궐) 1)장구벌레. 2)짧음. 작음.
孑立(혈립) 홀로 섬.
孑遺(혈유) 하나 남은 것. 적게 남은 분량.
孑義(혈의) 작은 의(義).
孑孑(혈혈) 1)외롭게 홀로 선 모양. 2)작은 모양.
孑孑單身(혈혈단신) 의지할 곳이 하나도 없는 외톨이.
孤孑單身(고혈단신) 혈육이 없는 외로운 홀몸.

비 子(아들 자)

孔

①4획 日コウ·あな
구멍 공 中kǒng

ㄱ 了 子 孔

* 회의. 어린아이[子]가 젖을 빠는 모양을 나타낸 글자. 이에 젖이 나오는 '구멍'의 뜻으로 쓰임.

풀이 1. 구멍. ¶孔穴 2. 공자(孔子). ¶孔孟 4. 깊다. 5. 매우. 심히. ¶孔棘 6. 크다. 성대하다. ¶孔道

孔棘(공극) 매우 급함.
孔隙(공극) 1)구멍. 2)빈틈.
孔道(공도) 1)큰길. 2)터널. 구멍난 길. 3)공자(孔子)가 제자들에게 설파한 도.
孔明(공명) 1)매우 밝음. 2)제갈량(諸葛亮)의 자(字).
孔孟(공맹) 공자와 맹자.
孔門十哲(공문십철) 공자의 제자 중에 실력이 가장 빼어난 열 사람을 일컫는 말. 곧, 덕행에 안연(顔淵)·민자건(閔子騫)·염백우(冉伯牛)·중궁(仲弓), 언어에 재아(宰我)·자공(子貢), 정치에 염유(冉有)·계로(季路), 문학에 자유(子游)·자하(子夏).
孔父(공보) 공자.
孔聖(공성) 1)매우 뛰어난 성인. 대성(大聖). 2)공자를 높여 부르는 말.
孔昭(공소) 매우 밝음.
孔憂(공우) 깊은 근심.
孔子(공자) 세계 4대 성인 중의 한 명. 이름은 구(丘), 자는 중니(仲尼).
孔穴(공혈) 1)구멍. 2)사람의 몸에 있는 혈도(穴道).
毛孔(모공) 털구멍.
穿孔(천공) 1)구멍을 뚫음. 2)위벽·복막 등에 구멍이 생김.

유 穴(구멍 혈)

孕

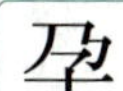

②5획 日ヨウ·はらむ
아이 밸 잉 中yùn

풀이 아이 배다. 임신하다. ¶孕胎

孕別(잉별) 아이를 낳음. 분만(分娩).
孕婦(잉부) 아이를 밴 여자.
孕胎(잉태) 아이를 뱀.

유 妊(아이 밸 임) 娠(아이 밸 신)

字

③6획 日ジ·もじ
글자 자 中zì

丶 丶 宀 宀 字 字

* 형성. 뜻을 나타내는 부수 '子(아들 자)'와 음을 나타내는 '宀(집 면)'를 합친 글자. 아이[子]가 집[宀] 안에 있는 모습을 나타낸 글자. 원뜻은 집안에서 자식을 낳아 젖을 먹여 기른다는 뜻이었으나, 아이가 불어 자손이 이어지듯이 계속 형태가 생기는 것을 의미하게 됨. 따라서 그러한 '문자', '글자'라는 뜻으로 쓰임.

풀이 1. 글자. ¶字句 2. 자. 본이름 외에 부르는 이름. 3. 아이를 배다. 4. 낳다. 기르다. ¶字育 5. 사랑하다. ¶字恤 6. 정혼하다. 7. 암컷. ¶字牝

字句(자구) 글자와 어구.
字幕(자막) 영화에서 표제·배역·설명 등을 글자로 나타낸 것.
字愛(자애) 아랫사람을 사랑함.
字母(자모) 1)음절의 근본이 되는 글자. 2)납을 부어 활자를 만드는 판.
字書(자서) 글자를 모아서 정리해 놓은 책. 자전(字典).
字源(자원) 글자가 생긴 근본 원리.
字乳(자유) 젖을 먹여 양육함. 포육(哺育).
字義(자의) 글자의 뜻.
字典(자전) 한자를 수집 배열하여 각 글자의 뜻을 해석한 책.
字學(자학) 문자에 관해 연구하는 학문.
字解(자해) 글자의 풀이.
字形(자형) 글자의 모양.
字號(자호) 1)문자의 크기를 나타내는 수. 2)자(字)와 호(號).
字劃(자획) 글자를 구성하는 점이나 획.
字訓(자훈) 글자의 우리말 새김. ↔ 자음(字音).
字恤(자휼) 불쌍히 여겨 사랑함.
文字(문자) 말의 음과 뜻을 나타내는 시각적 기호. 글자.

3 획

活字(활자) 활판 인쇄에 쓰이는 자형(字型).

유 書(글 서) 비 宇(집 우)

孖 ③ 6획 日シ・ふたご
쌍둥이 자 中mā, zī

풀이 둥이.

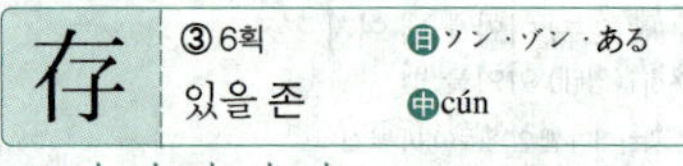

存 ③ 6획 日ソン・ゾン・ある
있을 존 中cún

一 ナ オ 𡗗 存 存

＊회의. '在(있을 재)'의 생략형과 '子(아들 자)'를 합친 글자. 이에 어린이[子]를 평안하게 있게[在] 한다는 뜻으로, 잘 있느냐 어떠냐를 물어본다는 것이 원뜻임.

풀이 1. 있다. 존재하다. 살아 있다. ¶存在 2. 문안하다. 안부를 묻다. ¶存問 3. 보존하다. ¶存想 4. 살피다. 가엾게 여기다. 5. 편안하다. ¶存撫 6. 생각하다. 그리워하다.

存念(존념) 생각함.
存錄(존록) 기록하여 잊지 않고 생각함.
存立(존립) 생존하여 자립함.
存亡(존망) 삶과 죽음. 존재와 멸망.
存亡之機(존망지기) 생과 사의 중대한 시기. 존망지추(存亡之秋).
存命(존명) 살아 있음.
存問(존문) 1)편안한지 물음. 2)고을의 수령이 백성의 생활을 살피기 위하여 순시함.
存想(존상) 깊이 생각함.
存續(존속) 그대로 지속함.
存心(존심) 본심을 잃지 않고 지킴.
存案(존안) 1)서류에 기록함. 2)보존해 두는 안건.
存養(존양) 처음의 마음을 잃지 않고 타고난 선한 성품을 기름.
存潤(존윤) 불쌍히 여겨 은혜를 베풂.
存在(존재) 1)실제로 있음. 또 그 대상. 2)의식으로부터 독립하여 객관적으로 외계에 실재하는 것.
存廢(존폐) 남아 있는 것과 없어짐.
存活(존활) 살아감. 생존함.
存候(존후) 위문함.

유 存(있을 존) 有(있을 유) 在(있을 재)

孚 ④ 7획 日フ・まこと
미쁠 부 中fū, fú

풀이 1. 미쁘다. 미덥다. 성실하다. ¶孚佑 2. 기르다. ¶孚育 3. 알을 까다. 부화하다. 4. 껍질. ¶孚甲

孚甲(부갑) 씨앗의 껍질.
孚佑(부우) 성심을 다하여 도움.
孚乳(부유) 새가 알을 부화시킴.
孚育(부육) 보호하여 길러 냄.
孚尹(부윤) 옥이 빛나는 모양.

비 浮(뜰 부)

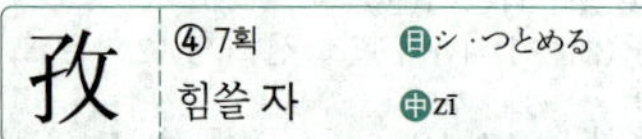

孜 ④ 7획 日シ・つとめる
힘쓸 자 中zī

풀이 힘쓰다. 부지런히 힘쓰다. ¶孜孜

孜孜(자자) 힘쓰는 모양.

유 努(힘쓸 노)

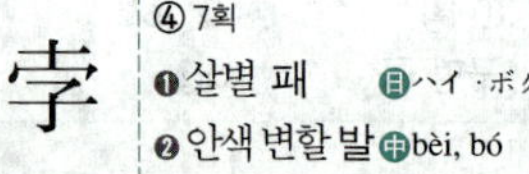

孛 ④ 7획
❶ 살별 패 日ハイ・ボク
❷ 안색 변할 발 中bèi, bó

풀이 1 1. 살별. 혜성. ¶孛彗 2. 환히 빛나는 모양. ¶孛然 2 3. 안색(顏色)이 변하는 모양. 얼굴빛이 달라지는 모양.

孛然(발연) 1)어두운 모양. 2)얼굴빛이 달라지는 모양.
孛彗(패혜) 혜성.

孝 ④ 7획 日コウ
효도 효 中xiào

一 十 土 耂 孝 孝 孝

＊회의. '老(노인 로)'와 '子(아들 자)'를 합친 글자. 아들이 노인을 잘 봉양한다는 뜻으로 '부모나 조상을 잘 섬김'의 뜻으로 쓰임.

풀이 1. 효도. 효도를 하다. ¶孝道 2. 상복. 상복을 입다. 부모의 상중에 있다. ¶孝服

孝感(효감) 효성에 감동함.
孝巾(효건) 상중(喪中)에 쓰는 건.
孝經(효경) 공자가 효도에 관하여 한 말을 기록한 책. 경서(經書).
孝敬(효경) 부모에게 효도하고 어른을 공경함.
孝女(효녀) 효심이 지극한 딸.
孝道(효도) 부모를 잘 섬기는 도리.
孝廬(효려) 상중에 상주가 거처하는 곳.
孝廉(효렴) 효심이 지극한 사람과 청렴한 사람.
孝慕(효모) 효성이 지극하여 부모를 늘 사모함.
孝服(효복) 상복을 입음. 또는 상복.

孝婦(효부) 1)효성스러운 며느리. 2)효심이 지극한 부인. 3)부모의 상중에 있는 부인.
孝誠(효성) 마음을 다하여 부모를 섬기는 정성.
孝孫(효손) 1)효성스런 손자. 2)조상의 제사에 손자가 자신을 일컫는 말.
孝順(효순) 효심이 있고 부모에게 순종함.
孝心(효심) 효도하는 마음.
孝養(효양) 효로써 부모를 봉양함.
孝烈(효열) 1)효성을 다하는 마음이 강함. 2)어버이를 잘 섬김과 절개를 지킴. 3)효자와 열녀.
孝友(효우) 부모에게 효성스럽고 형제간에 우애가 있음.
孝子(효자) 1)부모를 잘 섬기는 자식. 2)부모 제사 때에 자기를 일컫는 말.
孝慈(효자) 부모를 잘 섬기고 자식을 사랑함.
孝悌(효제) 부모와 연장자를 잘 섬김.
孝鳥(효조) 까마귀. 까마귀는 성장한 후 어미에게 먹이를 물어 주어 보은한다는 데서 온 말.
孝中(효중) 다른 사람의 상중(喪中)을 높여 일컫는 말.
孝親(효친) 어버이에게 효도함.
孝行(효행) 부모를 정성으로 섬기는 행실.
孝享(효향) 조상의 제사를 정성껏 지냄.
大孝(대효) 1)지극한 효도 또는 지극한 효자. 2)부상(父喪)에 있는 사람에게 편지할 때에 높여서 이르는 말.
不忠不孝(불충불효) 충효를 다하지 않음.
不孝子(불효자) 어버이를 잘 섬기지 않는 자식.
三孝(삼효) 세 가지의 효행. 제일 큰 효도는 어버이를 우러러 받드는 일이고, 그 다음의 효도는 어버이를 욕보이지 않는 일이며, 마지막의 효도는 어버이를 잘 봉양하는 일임.
純孝(순효) 순수한 효심.
榮孝(영효) 부모를 영화롭게 하는 효도.
忠孝(충효) 충성과 효도.

❖ 효(孝)에 관한 고사성어

- 事親以孝(사친이효) 효로써 부모를 섬김. 세속오계의 하나.
- 父子有親(부자유친) 부모와 자식 사이에는 친함이 있음. 오륜의 하나.
- 父爲子綱(부위자강) 부모와 자식 사이에 지킬 떳떳한 도리.
- 昏定晨省(혼정신성) 아침저녁으로 부모를 섬김.
- 反哺之孝(반포지효) 자식이 자라서 어버이의 은혜에 보답하는 효성.
- 風樹之嘆(풍수지탄) 효도하고자 할 때에 이미 부모는 돌아가셔서 효를 다하지 못하는 슬픔.
- 出告反面(출곡반면) 밖에 나갈 때는 가는 곳을 반드시 알리고 되돌아와서는 반드시 얼굴을 보여 드림.
- 昊天罔極(호천망극) 끝없는 하늘과 같이 부모의 은혜가 크다는 것을 말함.
- 望雲之情(망운지정) 객지에서 부모를 생각하는 마음.
- 白雲孤飛(백운고비) 멀리 떠나는 자식이 부모를 그리워 함.
- 冬溫夏凊(동온하정) 겨울에는 따뜻하게 하고 여름에는 시원하게 해 드림.
- 白兪之孝(백유지효) 백유라는 사람이 효성이 지극하여 어머니로부터 종아리를 맞아도 아프지 않다하여 어머니의 노쇠함을 탄식함.

季	⑤ 8획	日キ·すえ
	계절 계	中jì

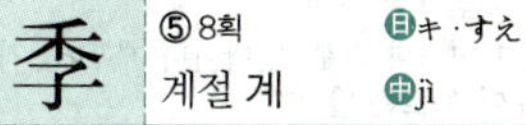

*회의. 벼 · 보리 등의 곡식을 뜻하는 '禾(벼 화)'와 아이를 뜻하는 '子(아들 자)'를 합친 글자. 이에 볍씨(禾子)를 나타내면서, 볍씨는 벼의 끝에 있기 때문에 '막내'를 의미하다가, 바뀌어 '계절'이라는 뜻으로 쓰임.

풀이 1. 계절. 철. ¶季節 2. 끝. 말년(末年). ¶季世 3. 막내. ¶季父 4. 어리다. 젊다.

季刊(계간) 계절마다 한 번씩, 즉 1년에 네 번 간행함. 또는 그런 잡지.
季冬(계동) 1)음력 섣달. 2)늦겨울.
季方(계방) 남의 막내 동생.
季父(계부) 아버지의 막내 동생. 막내 삼촌. ↔ 백부(伯父).
季世(계세) 정치 · 도덕 · 풍속 등이 어지러운 시대. 말세.
季嫂(계수) 아우의 아내. 제수(弟嫂).
季月(계월) 각 계절의 끝 달. 곧, 음력 3월 · 6월 · 9월 · 12월.
季節(계절) 철.
季指(계지) 새끼손가락이나 새끼발가락.
季札挂劍(계찰괘검) 계찰이 검을 건다는 뜻으로, 약속을 소중하게 여김을 비유하는 말.

◎季札槃劍(계찰괘검)의 유래

오(吳)나라의 계찰(季札)이 사신(使臣)으로 가는 길에 서국(徐國)을 들르게 되었다. 그때 서국의 군주(君主)가 자기의 칼을 얻었으면 하고 있음을 알고 그에게 줄 것을 마음을 먹었다. 돌아오는 길에 서국에 들렀더니 군주는 이미 죽은 뒤였지만 그 칼을 그의 묘소에 걸어 놓고 돌아왔다는 이야기이다. 《史記》

季秋(계추) 가을의 끝 달인 음력 9월. 늦가을.
季春(계춘) 음력 3월. 늦은 봄.
季夏(계하) 음력 6월. 늦은 여름.

비 李(자두 리) 秀(빼어날 수)

孤	⑤ 8획	日コ·みなしご
	외로울 고	中gū

* 형성. 뜻을 나타내는 부수 '子(아들 자)'와 음을 나타내는 '瓜(오이 과)'를 합친 글자. 오이(瓜)처럼 땅에 버려져서 돌봐 주는 부모가 없는 아이(子)라는 의미를 나타내어, '외롭다'의 뜻으로 쓰임.

풀이 1. 외롭다. 고독하다. ¶孤老 2. 홀로. 단독. ¶孤高 3. 고아. 4. 저버리다. 배신하다. ¶孤負 5. 나. 임금이나 제후가 자신을 낮추어 부르는 말. 6. 멀다. 떨어지다. 7. 어리석다. 무지하다.

孤高(고고) 홀로 높은 모양.
孤寡(고과) 1)고아와 과부. 2)왕이나 제후가 자기를 낮추어 부르는 말.
孤軍(고군) 고립된 군사.
孤老(고로) 외로운 늙은이.
孤獨(고독) 1)외로움. 2)홀몸.
孤陋(고루) 세상 물정에 어둡고 고집이 셈.
孤立(고립) 의지할 데가 없이 외톨이가 됨.
孤立無依(고립무의) 홀로 되어 의지할 곳이 없음.
孤傷(고상) 1)혼자서 슬퍼하고 가슴 아파함. 2)어린 나이에 양친을 잃음.
孤城(고성) 외딴 성. 고립되어 있는 성.
孤愁(고수) 외롭게 근심을 함.
孤臣(고신) 임금에게 버림받은 신하.
孤兒(고아) 부모가 없는 아이.
孤掌難鳴(고장난명) 손바닥 하나로는 소리를 내기 어렵다는 뜻으로, 혼자서는 일을 이루지 못함을 이르는 말.
孤寂(고적) 외롭고 쓸쓸함.
孤節(고절) 홀로 지키는 절개.
孤主(고주) 1)힘이 없는 임금. 2)임금을 고립시킴.
孤竹(고죽) 대나무의 한 종류.
孤疾(고질) 고아와 병든 사람.
孤孑單身(고혈단신) 혈육이 없는 홀몸. 고혈(孤孑).
孤魂(고혼) 떠돌아다니는 외로운 넋.

비 狐(여우 호)

孥	⑤ 8획	日ノウ·しそく
	자식 노	中nú

풀이 1. 자식. ¶孥稚 2. 처자식. 아내와 자식. ¶孥戮 3. 종

孥戮(노륙) 처자식까지 함께 형벌을 주는 일.
孥稚(노치) 어린 자식.

孟	⑤ 8획	日モウ·かしら
	맏 맹	中mèng

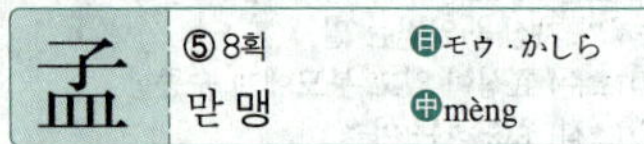

* 형성. 아이(子)의 뚜껑(皿)을 연 첫째라는 의미를 나타낸 글자. 이에 '맏이', '첫'의 뜻으로 쓰임.

풀이 1. 맏. 맏이. 2. 첫. 첫째. 각 계절의 첫 달. ¶孟冬 3. 우두머리. ¶孟侯 4. 맹랑하다. 믿을수 없다. ¶孟浪 5. 사납다. 용맹하다. 6. 힘쓰다. ¶孟晉 7. 맹자. ¶孟子

孟冬(맹동) 1)겨울의 처음. 2)음력 10월.
孟浪(맹랑) 1)거짓이 많아서 믿을 수 없음. 2)생각보다 똑똑하거나 까다로워 가벼이 대할 수 없음.
孟母斷機(맹모단기) 맹자가 중도에 학업을 그만두고 돌아왔을 때, 맹자의 어머니가 짜던 베를 칼로 끊어 훈계하여 학업을 완성하게 했다는 고사.
孟母三遷(맹모삼천) 맹자의 어머니가 아들의 교육을 위해 세 번 이사를 함.

孟母三遷(멩모삼천)의 유래

맹자의 어머니가 처음에 공동 묘지 가까이 살았는데, 맹자가 항상 장사 지내는 흉내만 내었다. 그래서 시장 가까이로 이사를 갔더니 맹자가 이번에는 물건 파는 흉내만 냈다고 한다. 이에 서당 있는 곳으로 옮겼더니, 그제야 공부를 열심히 하였다는 고사에서 온 말이다.

孟陽(맹양) 음력 정월.
孟月(맹월) 계절이 처음 시작되는 달. 곧, 음력 1월·4월·7월·10월.
孟子(맹자) 1)중국 전국 시대 때 추(鄒)나라 사람(B.C.372~B.C.289). 이름은 가(軻), 자는 자여(子輿). 공자의 계통을 이어 왕도(王道) 정치와 인의(仁義)를 주창하였음. 2)맹자의 제자들이 맹자의 언행을 모아 기록한 책.
孟仲叔季(맹중숙계) 맏이와 둘째와 셋째와 넷째. 형제자매의 차례.
孟晉(맹진) 힘써 나아감.
孟陬(맹추) 음력 정월.
孟春(맹춘) 1)음력 정월. 2)초봄. 봄 석 달 중의 처음 달.
孟夏(맹하) 1)음력 4월. 2)초여름. 여름 석 달 중의 처음 달.
孟行(맹행) 법도에 어긋난 행위.
孟侯(맹후) 제후(諸侯)의 우두머리.

유 兄(맏 형)

3 획

学	⑤ 8획 學(p320)의 俗字

孩	⑥ 9획 日カイ・こども 어린아이 해 中hái

풀이 1. 어린아이. ¶孩提 2. 어리다.

孩嬰(해영) 갓난아이. 유자(幼子).
孩乳(해유) 젖먹이.
孩提(해제) 어린아이.

유 倪(어린이 예)

挽	⑦ 10획 日バン・さんけする 해산할 만·면 中miǎn

풀이 해산하다. 몸을 풀다. 아이를 낳다. ¶挽乳

挽身(만신) 아이를 출산함.
挽乳(만유) 아이를 낳음.

유 娩 해산할 만

孫	⑦ 10획 日ソン・まご 손자 손 中sun

* 회의. 아들(子)이 계속 이어짐(系)을 나타낸 글자. 이에 자식에서 자식에게로 이어지는 것을 나타내어 '손자'의 뜻으로 쓰임.

풀이 1. 손자(孫子). ¶孫婦 2. 자손. 3. 달아나다. 4. 겸손하다. 공손하다. ¶孫接

孫康映雪(손강영설) 중국 진나라의 손강(孫康)의 집안이 가난하여 기름을 구할 수 없자 겨울 밤에 눈빛을 이용하여 책을 읽었다는 고사.
孫女(손녀) 아들의 딸.
孫謀(손모) 자손을 위한 도모.
孫婦(손부) 손자의 아내.
孫辭(손사) 공손한 말씨.
孫壻(손서) 손녀의 남편.
孫子(손자) 아들의 아들.
孫接(손접) 공손하게 접대함.
孫枝(손지) 가지에서 뻗어나간 가지.

반 祖(조상 조)

孰	⑧ 11획 日ジュク・いずれ 누구 숙 中shú

풀이 1. 누구. ¶孰能 2. 무엇. 어느. ¶孰若 3. 익다.

孰能禦之(숙능어지) 누가 막을 수 있겠는가?
孰是孰非(숙시숙비) 누가 옳고 그른지 알기 어려움. 옳고 그름이 분명하지 않음.
孰哉(숙재) 누구인가?.
孰知(숙지) 누가 알 것인가.
未知孰是(미지숙시) 누가 옳은지 모름.
誰怨孰尤(수원숙우) 누구를 원망하고 누구를 탓하리오.

유 誰 누구 수

孱	⑨ 12획 日セン・よわい 잔약할 잔 中chán, zhàn

풀이 1. 잔약하다. 허약하다. ¶孱羸 2. 조심하다. 삼가다. 3. 산이 높고 험하다. ¶孱顔

孱羸(잔리) 몸이 허약함.
孱微(잔미) 낮고 미천함.
孱瑣(잔쇄) 신분이 낮고 능력이 부족한 사람.
孱顔(잔안) 산세가 높고 험한 모양.
孱弱(잔약) 늙거나 병들거나 시들어서 아주 약함.
孱愚(잔우) 나약하고 어리석음.

㝅	⑩ 13획 日ノウ・かう 기를 누 中gòu, nòu

풀이 1. 기르다. 젖을 먹여 키우다. 2. 새끼.

孴	⑩ 13획 ❶ 성할 의 日ギ・さかん ❷ 우물우물 할 읍 中nì, yì

풀이 1 1. 성하다. 번성하다. 2. 많은 모양. 2 3. 우물우물하다. ¶孴孴 4. 모이다.

孴孴(읍읍) 많은 모양. 우물거리는 모양.

孳	⑩ 13획 日サ・うむ 부지런할 자 中zī

풀이 1. 부지런하다. 힘쓰다. ¶孳孳 2. 늘리다. 불어나다. ¶孳蔓 3. 낳다. 새끼를 치다. ¶孳育 4. 교미하다. ¶孳尾

3획

孳蔓(자만) 불어나 늘어 감.
孳尾(자미) 교미하여 새끼를 낳음.
孳息(자식) 번식함.
孳育(자육) 새끼를 낳아 기름.
孳孕(자잉) 새끼를 낳음.

유 勤(부지런할 근)

孵	⑪ 14획	日ブ·かう
	알 깔 부	中fū

풀이 1. 알을 까다. 부화하다. ¶孵卵 2. 자라다. 기르다.

孵卵(부란) 알을 깜. 부화.
孵化(부화) 알을 깜. 알을 깸.

비 卵(알 란)

學	⑬ 16획	日ガク·まなぶ
	배울 학	中xué

＊회의. 아직은 덮여진(冖) 환경에서 어린아이(子)가 두 손(臼)에 좋은 것을 받아들임(爻)을 나타낸 글자. 이에 가르침을 '배우다'라는 뜻으로 쓰임.

풀이 1. 배우다. ¶學古 2. 학문. 학설. 학파(學派). ¶學府 3. 학자. 배우는 사람. 4. 학교. 5. 가르침. 가르치다. 6. 본받다.

學古(학고) 옛 것을 배움.
學貫天人(학관천인) 배워 하늘과 사람의 도리를 꿰뚫음.
學究(학구) 배우고 깊이 연구함.
學窮(학궁) 1)학문만 하여 세상일에 어두운 사람. 2)곤궁한 사람. 가난한 학자.
學堂(학당) 1)글방. 2)예전에, 학교를 이르던 말.
學德(학덕) 학식과 덕행.
學等(학등) 재능에 따라 등급을 나누어 가르치는 일.
學侶(학려) 같이 학문을 하는 벗. 학우(學友).
學理(학리) 학문상 이론.
學林(학림) 1)학문과 연구가 활발한 곳. 2)학교에 있는 숲.
學問(학문) 어떤 분야에 대하여 배우고 익힘.

❖ 학문(學問)에 관한 고사성어

- 溫故知新(온고지신) 옛 것을 익혀서 그것으로 미루어 새 것을 개달음.
- 稽古(계고) 옛일을 생각한다는 뜻으로, 학문을 닦는 것을 일컬음.
- 螢雪之功(형설지공) 고생을 하면서도 꾸준히 학문을 닦은 보람.
- 日就月將(일취월장) 학문이 날로 달로 나아감.
- 教學相長(교학상장) 가르치는 사람과 배우는 사람이 서로의 학업을 향상시킴.
- 讀書三到(독서삼도) 독서하는 데는 눈으로 보고, 입으로 읽고, 마음으로 깨우쳐야 함.
- 亡羊之歎(망양지탄) 갈림길이 많아 양을 잃고 탄식한다는 뜻으로, 학문의 길이 여러 갈래여서 진리를 찾기 어렵다는 뜻.
- 不恥下問(불치하문) 자기보다 아래 사람에게 배우는 것을 부끄럽게 여기지 않음.
- 青出於藍(청출어람) 제자나 후배가 스승이나 선배보다 낫다는 말.
- 後生可畏(후생가외) 후배들이 선배들보다 훌륭하게 될 수 있는 가능성이 있기 때문에 두려운 존재가 될 수 있다는 말.
- 孟母三遷(맹모삼천) 맹자의 어머니가 맹자의 교육을 위해 세 번 이사를 감.
- 曲學阿世(곡학아세) 올바른 학문을 굽혀, 속된 세상에 아첨함.
- 換骨奪胎(환골탈태) 뼈를 바꾸고 태를 빼앗았다는 뜻으로, 옛사람이나 타인의 글에서 그 뜻을 취하거나 모방하여 자기의 작품인 것처럼 꾸미는 일.
- 刮目相對(괄목상대) 눈을 비비고 상대방을 대함. 중국 오나라의 노숙과 여몽 사이의 고사.

學步邯鄲(학보한단) 한단의 걸음을 배움. 자기의 것을 버리고 남의 것을 맹목적으로 따라 하다가는 도리어 모두 다 잃게 됨을 비유하는 말. 한단학보(邯鄲學步).
學府(학부) 1)학문의 중심이 되는 곳. 2)학문에 해박함을 비유하는 말.
學不可已(학불가이) 학문은 그쳐서는 안 됨.
學事(학사) 1)학문에 관한 일. 또는 학교의 행정 등에 관한 일. 2)스승으로 섬김.
學生(학생) 1)학문에 힘쓰는 사람. 학교 등의 교육기관에서 공부하는 사람. 2)벼슬길에 나아가지 못한 사람의 신주(神主)에 쓰는 존칭.
學修(학수) 학문을 닦음.
學僧(학승) 1)학문에 조예가 깊은 중. 2)학문을 닦는 중.
學如不及(학여불급) 학문은 늘 미치지 못하는 것과 같이 끝이 없으므로 항상 분발하고 노력해야 함.
學藝(학예) 학문과 기예.
學而時習(학이시습) 배우고 때때로 그것을 익힘. 언제나 연습함.
學而知之(학이지지) 배워서 그것을 앎.
學者三多(학자삼다) 학문을 하는 사람은 독서

(讀書)·지론(持論)·저술(著述)의 세 가지가 많아야 함.

學者如登山(학자여등산) 배우는 것은 산에 오르는 것과 같음. 즉, 배우면 배울수록 더욱 배울 것이 많음을 깨닫게 됨.

學箴(학잠) 학문하는 사람이 지켜야 할 경계(警戒).

學則(학칙) 학교의 규칙.

學派(학파) 학문상의 유파(流派).

學海(학해) 1)냇물이 쉬지 않고 바다로 흘러가듯 학문에 꾸준히 힘써 성취함을 이르는 말. 2)학문의 분야와 범위가 바다처럼 넓고 끝이 없음을 비유하는 말.

學行(학행) 학문과 품행. 학덕(學德).

講學(강학) 사제나 동배들이 모여 학문을 닦고 연구함.

苦學(고학) 스스로 고생하며 배움.

敎學相長(교학상장) 가르치고 배우면서 서로 성장함.

勉學(면학) 학문에 힘씀.

先學(선학) 그 사람보다 먼저 그 학문을 연구한 사람. 선배. ↔ 후학(後學).

夜學(야학) 1)밤에 공부함. 2)야간에 학업을 이수하는 과정. 또는 그 교육 기관.

向學(향학) 배움의 길로 나아감.

玄學(현학) 1)이론이 심오하고 깨우치기 어려운 학문. 2)노자(老子)와 장자(莊子)의 학문.

반 敎(가르칠 교)

孺	⑭ 17획	日ジュ·うむ
	젖먹이 유	中rú

풀이 1. 젖먹이. 어린아이. ¶孺嬰 2. 낳다. 3. 사모하다. ¶孺慕 4. 딸리다. 종속되다. 주로 '남편에게 딸린 사람'이라는 의미에서 '아내'를 가리킴. ¶孺人

孺慕(유모) 젖먹이가 부모를 그리워하듯 돌아가신 부모를 그리워함.

孺嬰(유영) 젖먹이. 갓난아이.

孺人(유인) 1)대부(大夫)의 아내. 2)조선 시대, 구품 문무관의 아내에게 주던 품계. 3)벼슬을 하지 않은 사람의 아내의 신주(神主)에 쓰는 존칭.

孺孩(유해) 어린아이.

유 嬰(갓난아이 영) 孩(어린아이 해)

孼	⑯ 19획	日しょし
	서자 얼	中niè

풀이 1. 서자. ¶孼孫 2. 치장하다. 화려하게 꾸미다. ¶孼孼 3. 재앙. 4. 해를 끼치다. 괴롭히다. 5. 비천하다. 신분이 낮다. ¶孼妾 6. 사악하다. 불길하다.

孼星(얼성) 재앙을 가져온다는 불길한 별.

孼孫(얼손) 서자의 자손.

孼臣(얼신) 사악한 신하. 간신(奸臣).

孼牙(얼아) 1)싹이 남. 2)단서(端緖).

孼孼(얼얼) 화려하게 치장한 모양.

孼子(얼자) 첩이 낳은 아들. 서자(庶子).

孼妾(얼첩) 신분이 낮은 첩.

庶孼(서얼) 서자와 그 자손.

遺孼(유얼) 1)죽은 뒤에 남은 서얼(庶孼). 2)뒤에 남은 나쁜 사물.

孿	⑲ 22획	日サン·れん
	쌍둥이 산·련	中luán

풀이 쌍둥이. ¶孿子

孿子(산자) 쌍둥이.

宀부

宀 갓머리 部

'宀' 자는 지붕으로 덮여 있는 집 모양을 나타내어 '집 면'이라 불리나, '갓머리'라는 부수 명칭으로 더 많이 쓰인다. 이 글자를 부수로 갖는 글자 역시 집의 상태나 집과 관계된 활동 등과 관련이 있다.

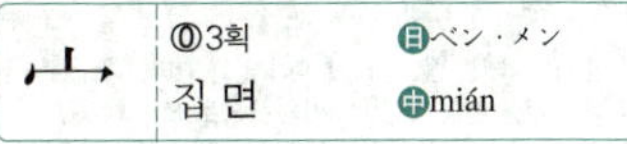

宀	⓪ 3획	日ベン·メン
	집 면	中mián

풀이 집.

宄	② 5획	日キ·よこしま
	도둑 귀	中guǐ

풀이 1. 도둑. 2. 간악하다. 바르지 않다.

비 穴(구멍 혈)

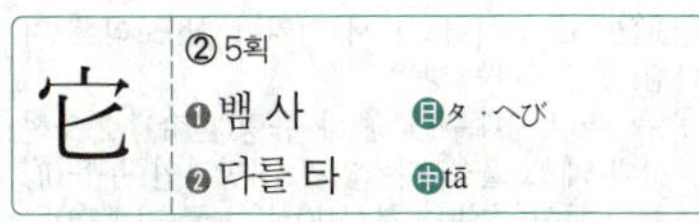

它	② 5획	
	❶ 뱀 사	日タ·へび
	❷ 다를 타	中tā

풀이 1 1. 뱀. '蛇(뱀 사)'의 고자(古字). 2 2. 다른. 딴.

3획

¶它故

它故(타고) 다른 까닭. 다른 사정.

유 蛇(뱀 사)

宂	② 5획 쓸데없을 용	日 ジョウ · むだ 中 rǒng

풀이 1. 쓸데없다. 불필요하다. 군더더기다. ¶宂費 2. 한가하다. 하는 일이 없다. 3. 섞다. 뒤섞이다. ¶宂雜 4. 번잡하다. 5. 떠다니다. 유랑(流浪)하다. 6. 흐트러지다.

宂官(용관) 특별한 직책을 맡지 않은 관리. 또는 한가한 벼슬.

宂費(용비) 쓸데없이 지출하는 비용.

宂員(용원) 쓸데없는 인원. 남는 인원.

宂雜(용잡) 뒤섞여 잡다함. 혼잡(混雜).

비 穴(구멍 혈)

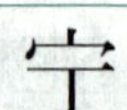	② 5획 쌓을 저	日 チョ · たたずむ 中 níng, nìng

풀이 1. 쌓다. 비축하다. 저장하다. 2. 우두커니 서다. 잠시 멈추어 서다. ¶宁立

宁立(저립) 우두커니 섬.

유 築(쌓을 축) 積(쌓을 적) 畜(쌓을 축)

守	③ 6획 지킬 수	日 シュ · まもる · もり 中 shǒu

丶 丷 宀 宀 守 守

* 회의. 관청(宀)에서 법도(寸)에 따라 일을 한다는 뜻을 지닌 글자. 이에 직무를 지킴, '지키다' 라는 뜻으로 쓰임.

풀이 1. 지키다. 수비하다. 보존하다. ¶守株 2. 절개. 정조. 3. 지방장관. ¶守令 4. 직무. 관직. 5. 구하다. 요청하다. 6. 임시. 대리. 일시적으로 남을 대신하여 맡은 직책. ¶守相

守兼(수겸) 본래의 일 이외의 다른 일을 겸함. 또는 그 일.

守口(수구) 1)입을 다묾. 말을 삼감. 2)관문 등을 지킴.

守舊(수구) 오래된 관습을 따름. 옛 것을 지킴.

守道(수도) 1)사람으로서 지켜야 할 도리를 지킴. 2)수비하는 방법.

守令(수령) 1)태수(太守)와 읍령(邑令). 2)조선 시대 때 고을을 다스리던 지방관인 부윤(府尹) · 목사(牧使) · 부사(府使) · 군수(郡守) · 현감(縣監) · 현령(縣令)의 총칭.

守門(수문) 문을 지킴.

守備(수비) 힘써 지킴.

守死(수사) 1)목숨을 걸고 지킴. 2)반드시. 꼭.

守常(수상) 항상 지켜야 할 올바른 도리를 행함.

守成(수성) 조상들이 이룬 업적을 이어서 지킴.

守歲(수세) 섣달 그믐날 밤에 잠을 자지 않고 날을 새움.

守身(수신) 자신의 본분을 지켜 불의에 빠지지 않도록 함.

守義(수의) 1)신하로서의 도리를 지킴. 2)절조 · 지조를 지킴. 수절(守節).

守戰(수전) 적을 막아서 싸움.

守錢奴(수전노) 돈을 지나치게 아껴 모을 줄만 알고 쓸 줄은 모르는 사람.

守節(수절) 1)절개를 지킴. 2)과부가 재혼하지 않음.

守貞(수정) 1)정조를 지킴. 수절(守節). 2)여자가 뜻을 지켜 결혼하지 않음.

守精(수정) 눈동자.

守株待兎(수주대토) 그루터기를 지키며 토끼를 기다림. 어리석게 고집하여 지키기만 함. 옛 습관에만 젖어 시대의 변천을 모름. 주수(株守).

守株待兎(수주대토)의 유래

송(宋)나라의 한 농부가 밭일을 하다가 우연히 나무 그루에 토끼가 부딪쳐 죽은 것을 보았다. 그 후, 또 그와 같이 토끼를 잡을까 하여 일도 하지 않고 나무 그루만 지켜보고 있었다고 한다.

守廳(수청) 1)높은 벼슬아치 밑에서 심부름을 하던 일. 2)청지기. 3)높은 벼슬아치에게 아녀자나 기생이 몸을 바쳐 시중을 드는 일.

守護(수호) 지켜 보존함.

유 保(지킬 보)

安	③ 6획 편안할 안	日 アン · やすい 中 ān

丶 丷 宀 安 安 安

* 회의. 여자(女)가 집(宀) 안에 있는 모습을 나타낸 글자. 이에 여자가 집에 있으면 집안이 평온하다 하여, '편안함' 의 뜻으로 쓰임.

풀이 1. 편안하다. 안전하다. ¶安居 2. 안정시키다. 편안하게 하다. 3. 즐기다. 좋아하다. 4. 어찌. 5. 어디에. 6. 이에.

安居(안거) 1)마음 편히 생활함. 2)승려가 날을 정하여 일정한 곳에 들어앉아 수행하는 일.

安寧(안녕) 1)몸과 마음이 편안함. 2)겨울.

安堵(안도) 1)자기가 있는 곳에서 편안히 삶. 2)마음을 놓음.

安樂(안락) 근심 걱정없이 편안하고 즐거움.

安撫(안무) 백성의 사정을 살펴서 어루만져 위로함.
安排(안배) 알맞게 배치함.
安否(안부) 1)편안함과 편안하지 않음. 2)편안을 묻는 인사나 소식.
安分(안분) 마음을 편하게 하고 분수를 지킴.
安貧樂道(안빈낙도) 가난한 생활을 편안히 여기며 도(道)를 즐김.
安息(안식) 1)편안하게 쉼. 2)고대 서역 페르시아 지방의 왕국.
安心(안심) 1)편안하게 마음을 놓음. 2)신앙에 의하여 흔들리지 않는 경지에 마음을 머무르게 함.
安慰(안위) 몸을 편하게 하고 마음을 위로함.
安逸(안일) 편하고 한가함. 편하게 놀고 지냄.
安全(안전) 온전하여 걱정이 없음. 탈이 없음.
安定(안정) 1)안전하게 자리잡음. 2)중심이 물체의 밑면의 중심에 있어 극히 작은 자극을 주었을 때 원래의 상태로 돌아가려는 성질. 3)화합물이 쉽게 분해되지 않는 상태.
安靜(안정) 정신과 마음이 고요하고 편안함.
安存(안존) 1)성품이 평온하고 얌전함. 2)아무 탈 없이 오래도록 남아 있음.
安着(안착) 아무 탈 없이 도착함.
安置(안치) 1)일정한 곳에 안전하게 둠. 2)잠자리에 듦.
安打(안타) 야구 용어. 타자가 진루할 수 있도록 공을 확실하게 받아치는 일.
安宅(안택) 편히 지낼 만한 곳. 안전하고 걱정이 없는 곳.
安土(안토) 1)국토를 편안히 다스림. 2)일정한 땅에 자리잡고 편안히 삶.
安行(안행) 1)안심하고 행동함. 2)조용히 감.

유 寧(편안할 녕)

宇	③6획 집 우	日ウ·いえ·のき 中yǔ

丶 丷 宀 宀 宁 宇

*형성. 뜻을 나타내는 부수 '宀(집 면)'과 음을 나타내는 '于(어조사 우)'를 합친 글자. '于'는 큰 소리를 내어 우는 것에서 '크다'는 뜻을 나타냄. 이에 크게(于) 퍼지는 집(宀)을 의미하여 '우주', '천하'라는 뜻으로 쓰임.

풀이 1. 집. ¶宇室 2. 하늘. 우주. 천하. ¶宇宙 3. 도량. 기량. ¶宇量 4. 지붕. 처마. ¶宇下 5. 덮다. 6. 끝. 경계. 7. 국토. 나라.

宇內(우내) 온 세계.
宇量(우량) 기우(器宇)와 도량(度量). 기량(器量).
宇室(우실) 집.
宇域(우역) 하늘 아래. 천하(天下).
宇蔭(우음) 지위가 높은 사람의 거처.
宇宙(우주) 천지 사방. 온 세계를 둘러싸고 있는 공간.
宇下(우하) 1)처마 밑. 가까운 거리를 비유하는 말. 2)부하(部下).

유 家(집 가) 屋(집 옥) 堂(집 당) 비 字(글자 자)

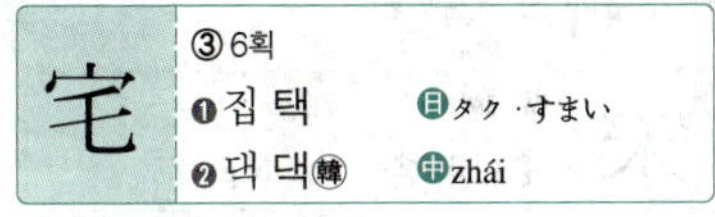

丶 丷 宀 宀 宅 宅

*형성. 남의 집(宀)에 뿌리를 박고 잎을 피운 아름다운 풀의 모양(乇)을 나타낸 글자. 이에 '집'의 뜻으로 쓰임. 바뀌어, 남의 집에 대한 존칭이나 미칭으로 쓰이기도 함.

풀이 1 1. 집. ¶宅宇 2. 산소. 무덤. ¶宅兆 3. 살다. 자리잡다. ¶宅人 4. 정하다. 2 5. 댁. 남의 집 또는 부인을 이르는 말.

宅居(택거) 집에 거처함.
宅眷(택권) 가족.
宅內(1.택내/2.댁내) 1)집안. 2)남의 집안의 존칭.
宅道(택도) 임금이 사는 곳.
宅里(택리) 마을. 촌락.
宅上(택상) 집 가까운 곳.
宅神(택신) 집을 지키는 신. 또는 부엌을 다스리는 신.
宅心(택심) 마음에 새겨 둠.
宅宇(택우) 1)집. 2)처마.
宅憂(택우) 상중(喪中)에 있음.
宅人(택인) 거처하고 있는 사람.
宅者(택자) 벼슬에서 물러나 집에 머무르는 사람.
宅兆(택조) 무덤. 묘지.
宅地(택지) 집터.
宅土(택토) 있어야 할 땅.
宅號(택호) 관직명이나 처가(妻家)가 있는 곳의 이름을 붙여 그 사람의 집을 부르는 이름.

유 家(집 가) 屋(집 옥) 堂(집 당) 宇(집 우)

宏	④7획 클 굉	日コウ·ひろい 中hóng

*형성. 뜻을 나타내는 부수 '宀(집 면)'과 음을 나타내는 '肱(팔뚝 굉)'의 생략형을 합친 글자. 팔뚝(肱)을 뽐내듯 집(宀)을 크게 지어 자랑한다 하여, '크다', '넓다'는 뜻으로 쓰임.

풀이 1. 크다. 넓다. ¶宏傑 2. 두루. ¶宏覽 3. 감싸다.

3획

포용하다.

宏傑(굉걸) 굉장하고 웅대함.

宏規(굉규) 1)큰 계획. 2)모범이 될 만한 사람.

宏器(굉기) 큰 그릇. 큰 도량.

宏大(굉대) 굉장히 큼. 또는 매우 크게 함.

宏麗(굉려) 크고 아름다움.

宏議(굉의) 크고 바른 의견.

宏闊(굉활) 크고 넓음.

유 丕(클 비) 비 穴(구멍 혈)

宋	④ 7획	日ソウ
	송나라 송	中sòng

* 회의. 원래 나무(木)로 지은 집(宀)을 나타낸 글자였으나, 후에 '송나라'의 뜻으로 쓰임.

풀이 송나라. ㉠주나라의 제후국으로 춘추 시대 12열국 중 하나. ㉡남북조 시대 남조(南朝)의 왕조 중 하나(420~479). ㉢조광윤(趙光胤)이 후주(後周)의 선위를 받아 세운 왕조(960~1279).

宋襄之仁(송양지인) 송(宋)나라 양공(襄公)의 어짊이라는 뜻으로, 쓸데없이 남에게 베푸는 인정을 이르는 말.

○宋襄之仁(송양지인)의 유래

춘추 시대, 송(宋)나라의 양공(襄公)이 초(楚)나라와 싸울 때 공자 목이(目夷)가 적이 포진하기 전에 공격하자고 진언하였다. 그러나 양공은 군자는 남이 곤궁에 빠져 있을 때 괴롭혀서는 안 된다면서 적이 진을 칠 때까지 기다려 주었고, 결국 초나라에게 패망당했다.

宋學(송학) 송대(宋代)의 유학(儒學). 곧 성리학. 주자학.

完	④ 7획	日カン・まったい
	완전할 완	中wán

丶 ⺍ 宀 宀 宀 宇 完

* 형성. 뜻을 나타내는 부수 '宀(집 면)'과 부수 이외의 글자를 합친 글자. 집(宀) 안에 두(二) 사람(儿)이 배필이 되었으니 가정이 완전해졌다는 의미를 나타낸 글자. 이에 '완전하다', '일이 끝나다'의 뜻으로 쓰임.

풀이 1. 완전하다. 온전하다. 2.보전하다. 완전하게 하다. ¶完身 3. 끝내다. 마치다. ¶完了 4. 수리하다. 5. 견고하다.

完結(완결) 완전히 끝맺음.

完了(완료) 완전히 마침.

完璧(완벽) 흠 없는 구슬. 사물의 완전함.

完備(완비) 빠짐없이 모두 갖춤.

完成(완성) 완전히 다 이룸.

完遂(완수) 뜻한 바를 모두 이룸.

完熟(완숙) 완전히 익음.

完譯(완역) 완전하게 번역함.

完全(완전) 1)부족함이 없음. 2)흠이 없음.

完整(완정) 완전하게 정돈함.

完除(완제) 나눗셈에서, 몫이 정수로만 되고 나머지가 없게 되는 일

完濟(완제) 1)빚을 다 갚음. 2)끝마침.

完製品(완제품) 완전히 만들어진 물품.

完調(완조) 호남 지방에서 특별히 부르는 시조의 창법. 완제(完制).

完治(완치) 완전히 치료함.

完快(완쾌) 병이 완전히 나음.

未完(미완) 끝을 맺지 못함.

補完(보완) 모자란 점을 보충하여 완전하게 함.

유 全(완전할 전)

宎	④ 7획	日ヨウ
	구석 요	中yǎo

풀이 1 구석. 방의 동남쪽 구석. 2. 깊숙하다. 깊숙한 곳. 3. 굴 속에 부는 바람 소리.

官	⑤ 8획	日カン・つかさ
	벼슬 관	中guān

丶 ⺍ 宀 宀 宀 官 官 官

* 회의. '宀(집 면)'과 언덕의 모양을 나타내는 부수 이외의 글자를 합친 글자. 이에 언덕 위에 있는 집(宀)은 높은 '관청'이라 하여, 관청에서 일하는 '관리', '벼슬'의 뜻으로 쓰임.

풀이 1. 벼슬. 2. 관리. ¶官界 3. 관청. ¶官權 4. 관리하다. 담당하다. 5. 일. 직책. 6. 벼슬살이하다. 7. 임명하다. 벼슬을 주다. 8. 본받다. 9. 기관(器官). 관능(官能). 눈·코·입·귀 등의 기관과 그 기능.

官家(관가) 1)나랏일을 보던 집. 2)관리들이 모여 정사를 보는 집. 정부(政府).

官階(관계) 관직의 품계. 관등(官等).

官界(관계) 관리의 사회.

官權(관권) 1)정부가 행할 권한. 2)관청의 권력.

官能(관능) 생물의 생명을 영위하는 여러 기관의 기능.

官等(관등) 관직의 등급. 관계(官階)

官祿(관록) 관리에게 주는 녹봉.

官僚(관료) 1)같은 관직의 동료. 2)관리들.

官報(관보) 1)정부가 국민에게 공지할 사항을 실어서 발간하는 인쇄물. 2)관청 또는 관리가 내는 공용 전보.

官府(관부) 조정(朝廷). 관청(官廳).

官婢(관비) 관아에 속해 있는 여자 노비.

官舍(관사) 1)정부에서 관리가 지내도록 지어

주는 주택. 2)관청.

官衙(관아) 관리들이 모여 정사를 논의하던 곳. 관청. 관서(官署).

官營(관영) 정부에서 직접 경영함. 또는 그 곳.

官運(관운) 1)정부가 운반함. 2)벼슬을 할 운수.

官員(관원) 나라의 일을 담당하는 사람.

官人(관인) 관직에 있는 사람. 벼슬아치. 관리(官吏).

官印(관인) 정부의 인장(印章).

官認(관인) 관청의 인가.

官長(관장) 1)관리의 우두머리. 2)수령을 높여 이르는 말

官制(관제) 국가 행정기관의 조직·권한·명칭·설치 등을 정한 규칙.

官尊民卑(관존민비) 관리는 높고 귀하며 백성은 낮고 천함.

官職(관직) 관리의 직무 또는 직위.

官廳(관청) 국가 사무에 대하여 국가의 의사를 결정하고 이것을 표시하는 권능이 주어진 국가 기관.

官治(관치) 국가의 행정기관에 의해 행정이 직접 이루어지게 하는 일. ↔ 자치(自治).

官許(관허) 관청의 허가. 또는 관청의 허가를 받음.

官憲(관헌) 1)국가의 규칙. 2)관리(官吏).

유 仕(벼슬할 사) 吏(벼슬아치 리)

宝	⑤ 8획 寶(p341)의 俗字

	⑤ 8획 ❶ 성 복 日ビツ·ミツ ❷ 편안할 밀 中fú, mì

풀이 1 1. 성씨(姓氏). 2 2. 편안하다. 3. 비밀스럽다.

비 蜜(꿀 밀)

実	⑤ 8획 實(p337)의 俗字

实	⑤ 8획 實(p337)의 俗字

宛	⑤ 8획 ❶ 굽을 완 日エン·あたかも ❷ 나라 이름 원 中wān, wǎn

풀이 1 1. 굽다. ¶宛延 2. 흡사. 3. 움푹 패다. ¶宛邱 4. 쌓다. 5. 따르다. 6. 뒹굴다. 7. 작다. 2 8. 나라 이름. 한나라 때 서역에 있던 나라.

宛邱(완구) 주변이 높고 가운데가 낮은 언덕.

宛似(완사) 닮은 모양.

宛延(완연) 구불구불한 모양.

宛然(완연) 1)뚜렷한 모양. 분명한 모양. 2)서로 비슷한 모양.

宛輭(완연) 순하고 부드러운 모양.

유 曲(굽을 곡) 반 直(곧을 직)

	⑤ 8획 日ギ·よろしい 마땅할 의 中yí

* 회의. '宀(집 면)'과 고기를 담은 그릇 모양의 '俎(조)'의 생략형을 합친 글자. 이에 집에 고기가 쌓여 있으면 좋다고 하여 '화목하다', '마땅하다'라는 뜻으로 쓰임.

풀이 1. 마땅하다. 이치에 맞다. 알맞다. ¶宜當 2. 마땅히 …해야 한다. 당연히 …여야 한다. 3. 화목하다. ¶宜家 4. 형편이 좋다. ¶便宜 5. 아름답다. ¶宜笑 6. 과연. 7. 제사 이름. 출진하기 전에 사당에 지내는 제사. 8. 거의.

宜家(의가) 식구들이 화목하게 지냄.

宜君(의군) 군주(君主)가 되기에 마땅함.

宜男(의남) 사내아이를 낳은 부인.

宜當(의당) 마땅히 그러함.

宜稻(의도) 벼를 심기에 알맞음.

宜笑(의소) 아름답게 웃음.

宜子(의자) 아이를 잘 낳는 여자.

宜稱(의칭) 1)좋은 이름. 2)마땅함.

便宜(편의) 형편이나 조건 등이 편하고 좋음.

비 宣(베풀 선)

宜	⑤ 8획 宜(p325)와 同字

	⑤ 8획 日テイ·さだめる 정할 정 中dìng

3 획

*형성. 뜻을 나타내는 부수 '宀(집 면)'과 음을 나타내는 '正(바를 정)'의 고자(古字)를 합친 글자. 사당이나 집안의 물건을 정돈하여 넣기 위해 자리를 정한다는 의미에서 '정하다'의 뜻으로 쓰임.

풀이 1. 정하다. 결정하다. ¶定規 2. 안정시키다. 평정하다. ¶定省 3. 정정하다. 바로잡다. 4. 정해지다. 안정되다. 5. 머무르다. 그치다. 6. 반드시. 7. 별 이름. 8. 이마. 9. 자다.

定價(정가) 1)정해진 가격. 2)값을 정함.
定計(정계) 계책을 세움.
定界碑(정계비) 우리 나라와 중국과의 국경을 정하기 위하여 백두산(白頭山) 분수령 위에 세운 석비(石碑).
定款(정관) 법인의 목적·조직·활동 등에 관한 근본 원칙. 또는 그것을 기재한 문서.
定規(정규) 1)정해진 규칙·규약. 2)제도에 쓰는 도구.
定期(정기) 일정한 기간 또는 시기.
定量(정량) 일정한 분량.
定例(정례) 일정한 규칙이나 관례.
定論(정론) 일정한 결론에 이르러 바뀔 수 없는 이론. 정설(定說).
定律(정률) 1)정해진 법률이나 법칙. 2)규칙을 정함.
定理(정리) 이미 진리라고 증명된 원리.
定命(정명) 1)이미 정해진 선천적으로 타고난 운명. 2)전세(前世)의 인연에 따라 타고난 수명.
定本(정본) 고전의 이본(異本)을 비교·교정하여 원본에 가깝게 복원한 표준이 되는 책.
定石(정석) 1)바둑에 있어서 역대의 명인들이 생각해 낸 공격과 수비에 정형화된 가장 좋은 방법. 2)일 처리에서 정해진 방식.
定說(정설) 확정된 설. 결정적인 것으로 인정된 설.
定省(정성) 혼정신성(昏定晨省)의 준말. 밤에는 부모님의 잠자리를 깔아 편안히 쉬게 하고, 아침에는 안부를 살핀다는 뜻으로, 자식이 아침저녁으로 부모를 잘 섬김을 이르는 말.
定數(정수) 1)수를 정함. 2)정해진 운명.
定時(정시) 1)정해진 시각. 2)일정한 시기.
定式(정식) 일정한 방식이나 격식.
定額(정액) 정해진 금액.
定言(정언) 확정하여 말함.
定員(정원) 정해진 인원.
定義(정의) 한 사물에 관하여 의미를 밝혀 개념을 명확하게 한정하는 일. 또는 그 설명.
定足數(정족수) 의사(議事) 결정에 있어 필요하다고 규정된 의원의 수.
定住(정주) 일정한 곳에 거주함. 또는 정해진 주소.
定處(정처) 정한 곳. 일정한 곳.
定礎(정초) 주춧돌을 놓음.
定則(정칙) 일정한 규칙·법칙
定評(정평) 모든 사람이 다 같이 옳다고 하는 비평 또는 평판.
定限(정한) 1)일정한 기한. 2)기한을 정함.
定形(정형) 일정한 형식. 정해진 꼴.
定型(정형) 일정한 형틀이나 형식. 정해진 유형.
固定(고정) 1)정한 대로 바꾸지 않음. 2)정한 곳에서 움직이지 않음.
安定(안정) 안전하게 자리잡음.

유 決(결정할 결)

宗	⑤8획	日ソウ·シュウ·むね
	마루 종	中zōng

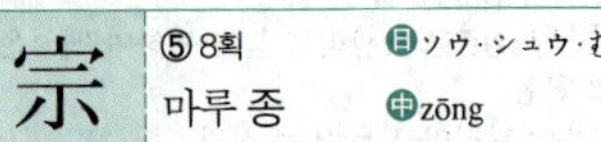

*회의. 신주(示)를 모시는 집(宀)를 나타내는 글자. 이에 '종묘', '사당'의 뜻으로 쓰이며, 그 사당을 모시는 '종가'의 뜻으로도 쓰임.

풀이 1. 마루. 으뜸. 근본. ¶宗主 2. 일족(一族). ¶宗親 3. 갈래. 종파. ¶禪宗 4. 종묘. 사당. ¶宗廟 5. 높이다. 존중하다. 존중하는 사람. ¶宗臣 6. 천자를 알현하다. 7. 조상. 8. 종손. 적장자(嫡長子). ¶宗家

宗家(종가) 한 문중의 본가.
宗系(종계) 본가. 근본.
宗教(종교) 무한·절대의 초인간적인 신(神)을 숭배하고 신앙하여 인간 생활의 고뇌를 해결하고 삶의 의미를 추구하는 영적인 문화 체계.
宗器(종기) 종묘(宗廟)에서 쓰는 기구. 제기(祭器)와 악기(樂器).
宗老(종로) 1)문중에서 나이가 많은 사람. 2)가신(家臣) 중에 예악(禮樂)을 관리하던 사람.
宗廟(종묘) 1)임금·제후(諸侯)의 조상을 모시는 사당. 2)국가. 사직(社稷).
宗法(종법) 같은 겨레끼리 정한 종중(宗中)에 관계되는 규약.
宗婦(종부) 종가집의 맏며느리.
宗祀(종사) 종(宗)으로 받들어 제사 지냄.
宗山(종산) 1)종중(宗中)의 산. 2)묏자리의 혈(穴)에서 가깝고 높은 용의 봉우리.
宗孫(종손) 종가의 손자.
宗臣(종신) 1)나라에 큰 공을 세워 사람들의 추앙을 받고 있는 신하. 중신(重臣). 2)왕족으로서 관직에 있는 사람.
宗英(종영) 친족 중에서 뛰어난 인물.
宗主(종주) 1)으뜸. 근본(根本). 2)적실(嫡室)에

서 난 후손의 맏아들과 맏손자. 적장자(嫡長子). 3)종묘의 위패.

宗中(종중) 한 문중(門中). 한 족속.

宗旨(종지) 1)한 종교나 종파의 중심되는 가르침. 2)가장 옳은 것으로 믿고 받드는 주의 · 주장 등을 비유하는 말.

宗支(종지) 종파(宗派)와 지파(支派).

宗親(종친) 1)임금의 친족. 2)친족.

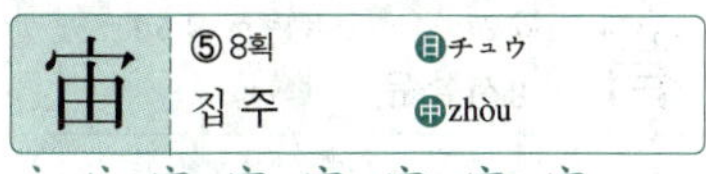

宙 ⑤8획 집 주 日チュウ 中zhòu

* 형성. 뜻을 나타내는 부수 '宀(집 면)'과 음을 나타내는 '由(말미암을 유)'를 합친 글자. 세계를 하나의 집(宀)으로 보고 그로 말미암아(由) 있는 것을 나타내어 '하늘', '무한한 시간'의 뜻으로 쓰임.

풀이 1. 집. 2. 하늘. 우주. ¶宙表 3. 동량. 마룻대와 들보. 4. 때. 무한한 시간. ¶宙宇

宙然(주연) 드넓은 모양.

宙宇(주우) 시간과 공간. 천지의 사이. 우주(宇宙).

宙表(주표) 하늘 밖. 천외(天外).

유 家(집 가) 屋(집 옥) 堂(집 당) 宇(집 우) 宅(집 택)

宔 ⑤8획 신주 주 日シュ 中zhǔ

신주(神主).

宕 ⑤8획 방탕할 탕 日トウ · ほしいまま 中dàng

풀이 1. 방탕하다. 제 멋대로 굴다. 2. 어둡다. 어리석다. 3. 넓다. 크다. 4. 석굴. 5. 거칠다. 호탕하다.

豪宕(호탕) 호기롭고 대범함.

客 ⑥9획 손님 객 日キャク · まろうど 中kè

* 형성. 뜻을 나타내는 부수 '宀(집 면)'과 음을 나타내는 '各(각 각)'을 합친 글자. 집 안(宀)의 각자(各) 다른 사람이라는 의미에서 '손님'이라는 뜻으로 쓰임.

풀이 1. 손님. 손. ¶客席 2. 나그네. 과객. 3. 사람. 4. 지나간. ¶客年 5. 의탁하다. 부치다. 6. 쓸데없다. ¶客氣 7. 예우하다.

客觀(객관) 자기 이외의 모든 것. 자기 의식의 목적 또는 대상이 되는 일체의 현상.

客軍(객군) 다른 곳에서 임시로 와 있는 군대.

客鬼(객귀) 1)객사한 사람의 넋. 2)잡귀(雜鬼).

客氣(객기) 쓸데없이 부리는 혈기.

客談(객담) 그 일에 직접 필요 없는 이야기.

客舍(객사) 1)객지의 숙소. 2)임금의 명을 받아 지방에 내려오는 벼슬아치를 접대하고 묵게 하던 숙소.

客死(객사) 타향에서 죽음. 여행지에서 죽음.

客席(객석) 손님이 앉는 자리.

客愁(객수) 객지에서 흔히 느끼게 되는 쓸쓸한 느낌.

客員(객원) 1)예정 밖의 인원. 2)어떤 기관에서 손으로 특히 대접을 받는 사람.

客店(객점) 지난날, 손이 음식을 사 먹고 쉬거나 묵어가던 주막. 여관.

客主(객주) 조선 시대, 도매업 · 창고업 · 위탁판매업을 하였으며, 또는 상품의 운송을 맡고 여관업 · 금융업까지도 대행했던 일종의 상업 기관.

客地(객지) 자신의 집을 떠나 임시로 가 있는 곳.

客體(객체) 1)객지에 있는 몸. 2)의사와 행위의 목적물.

유 旅(나그네 려)

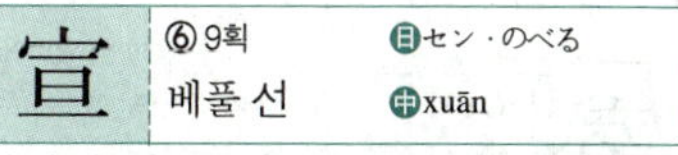

宣 ⑥9획 베풀 선 日セン · のべる 中xuān

* 형성. 뜻을 나타내는 부수 '宀(집 면)'과 음을 나타내며 하늘에서 땅으로 햇빛이 펴져 나가는 것을 나타내는 '亘(펼 선)'을 합친 글자. 집의 위신을 펼치는 것을 나타내어, '베풀다', '펴다'는 뜻으로 쓰임.

풀이 1. 베풀다. 널리 펴다. ¶宣飯 2. 머리가 희끗희끗 세다. ¶宣髮 3. 밝히다. 드러내다. ¶宣明 4. 임금의 명령. 조칙. ¶宣旨 5. 널리 알리다. 퍼뜨리다. 6. 통하다. 통하게 하다.

宣告(선고) 1)선언하여 알림. 2)판사가 법정에서 재판의 판결을 공표함.

宣敎(선교) 1)가르침을 넓힘. 2)종교를 널리 전도함.

宣力(선력) 힘써 주선함.

宣麻(선마) 임금이 늙은 신하에게 궤장을 하사할 때에 함께 내리던 글.

宣明(선명) 일정한 사실을 분명하게 널리 말하여 밝힘.

宣撫(선무) 정부의 뜻을 알려 민생을 어루만지고 안정시킴.

宣武功臣(선무공신) 조선 선조 임진왜란 때에 큰 공을 세운 18사람에게 내린 공신의 칭호.

宣飯(선반) 관아(官衙)에서 벼슬아치들에게 베풀던 식사.
宣誓(선서) 성실함을 확실히 보증하기 위하여 맹세함.
宣示(선시) 널리 선포하여 알림.
宣揚(선양) 널리 떨치게 함.
宣言(선언) 자기의 의견을 널리 말함. 공공연하게 세상 사람들에게 밝힘.
宣諭(선유) 임금의 훈유(訓諭)를 백성에게 널리 공포함.
宣傳(선전) 1)백성에게 명령을 전하는 것. 2)어떤 사물이나 사상·주의 등을 사람들에게 설명하고 이해와 공명을 얻기 위해 널리 알림.
宣戰(선전) 상대국에게 전쟁 개시를 선언함.
宣旨(선지) 임금의 명령을 널리 선포함.
宣布(선포) 세상에 널리 알림.
宣惠廳(선혜청) 조선 때 대동미(大同米)·대동목(大同木) 등의 출납을 맡아보던 관청.

유 施(베풀 시) 비 宜(마땅할 의)

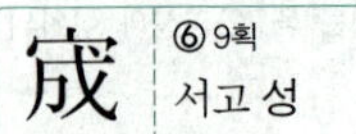

宬 ⑥9획 日セイ
서고 성 中chéng

풀이 서고(書庫).

室 ⑥9획 日シツ·むろ
집 실 中shì

* 회의. 사람이 이르러(至) 사는 집(宀)이라는 의미로, '집'의 뜻으로 쓰임.

풀이 1. 집. 가옥. ¶宮室 2. 방. ¶室外 3. 무덤. 시체를 묻는 구덩이. 4. 아내. ¶室婦 5. 가족. 집안. ¶室人 6. 칼집.

室家(실가) 집. 가정.
室內(실내) 1)방의 안. 2)남의 아내를 일컬음.
室外(실외) 방의 바깥.
室戶(실호) 방문. 방의 출입구.
宮室(궁실) 1)집. 2)궁전. 3)아내와 자식. 4)묘(廟)와 침실(寢室).
密室(밀실) 다른 사람의 출입을 허락하지 않는 비밀스러운 방.
病室(병실) 병을 치료하기 위하여 환자를 따로 거처하게 하는 방.
秘書室(비서실) 비서가 사무를 보는 방.
事務室(사무실) 사무를 보는 방.
產室(산실) 1)아이를 낳는 방. 2)어떤 일을 꾸미거나 이루는 곳.
正室(정실) 1)집의 몸채. 2)본처.
皇室(황실) 황제의 집안.

유 家(집 가) 屋(집 옥) 堂(집 당) 宇(집 우) 宅(집 택)

宎 ⑥9획
宎(p324)와 同字

宥 ⑥9획 日ユウ·ゆるす
용서할 유 中yòu

* 형성. 뜻을 나타내는 부수 '宀(집 면)'과 음을 나타내는 '有(있을 유)'를 합친 글자. 제 자신의 집(宀)에 있도록(有) 죄를 용서해 주는 것을 나타낸 글자. 이에 '용서하다', '돕다'는 뜻으로 쓰임.

풀이 1. 용서하다. ¶宥免 2. 넓고 깊다. 너그럽다. 3. 돕다. 보좌하다. 4. 권하다. 음식을 권하다.

宥過(유과) 잘못·허물을 용서함.
宥免(유면) 잘못을 용서하여 놓아줌. 유서(宥恕).
宥恕(유서) 너그럽게 용서함.
宥罪(유죄) 죄를 너그럽게 용서함.
宥和(유화) 너그러운 태도로 사이좋게 지냄.
恕宥(서유) 잘못을 너그럽게 용서함.

유 恕(용서할 서)

宧 ⑥9획 日イ
구석 이 中yí

풀이 1. 구석. 방의 동북쪽 구석. 2. 기르다. 양육하다.

宦 ⑥9획 日カン·つかえる
벼슬 환 中huàn

* 회의. 관가(宀)에서 일하는 신하(臣)를 나타낸 글자. 이에 '벼슬'의 뜻으로 쓰임.

풀이 1. 벼슬. 관직. 벼슬하다. 2. 관리. 벼슬살이. ¶宦達 3. 내시. 환관. ¶宦官 4. 배우다. 벼슬아치의 일을 배우다. ¶宦學

宦官(환관) 내시. 내관.
宦女(환녀) 1)궁중에서 일을 보던 여자. 2)관가(官家)에 딸렸던 여자 종.
宦達(환달) 관리로 출세함.
宦事(환사) 벼슬살이함.
宦成(환성) 벼슬하여 출세함.
宦族(환족) 대대로 벼슬을 해 온 집안.
宦學(환학) 관리가 되기 위해 학문을 닦음.

유 官(벼슬 관)

家

⑦ 10획

❶ 집 가 日カ・ケ・いえ

❷ 마님 고 中gū, jiā, jie

* 회의. 지붕이 덮여 있는 곳(宀) 안에 돼지(豕)를 기른다는 뜻을 나타낸 글자. 옛날에는 가축을 집에서 많이 길렀던 데에서 '집'의 뜻으로 쓰임.

풀이 ❶ 1. 집. 집안. 가족. 가문. ¶家系 2. 남편. 3. 아내. 4. 가산(家產). 자산(資產). 5. 살다. 거주하다. 6. 전문가. 학문 · 기예에 정통한 사람. ¶藝術家 7. 학자. 학파. ¶百家爭鳴 ❷ 8. 마님. 여자의 존칭.

家家戶戶(가가호호) 집집마다.
家系(가계) 한 집안의 계통.
家計(가계) 한 집안의 생계.
家計簿(가계부) 한 가정의 살림살이를 적어 두는 장부.
家鷄野雉(가계야치) 집의 닭을 싫어하고 들의 꿩을 좋아한다는 뜻으로 본처를 싫어하고 첩을 좋아함을 이르는 말.
家具(가구) 집의 도구.
家君(가군) 남에게 대하여 자기의 아버지를 일컫는 말.
家規(가규) 한 집안의 규율.
家禽(가금) 집에서 기르는 닭 · 오리 · 거위 등의 날짐승.
家內(가내) 집 안.
家道(가도) 1)집안의 도덕과 규율. 2)살림살이. 가계(家計).
家豚(가돈) 남에게 대하여 자기의 아들을 낮추어 부르는 말.
家禮(가례) 한 집안의 예법.
家廟(가묘) 한 집안의 사당.
家門(가문) 1)가옥의 문. 2)집. 가정. 3)대부(大夫)의 일가. 4)가족. 일족.
家法(가법) 1)한 집안이 전해지는 법도와 법식. 2)집안 또는 문파에서 대대로 내려오는 비법.
家寶(가보) 한 집안에 대대로 내려오는 보물.
家譜(가보) 한 집안의 혈통을 적은 책.
家父(가부) 남에게 대하여 자기의 아버지를 일컫는 말.
家貧(가빈) 살림이 가난함.
家事(가사) 1)집안 살림에 관한 일. 2)한 집안의 사사로운 일.
家產(가산) 한 집안의 재산.
家勢(가세) 집안 형세.
家臣(가신) 옛날 정승의 집에 딸려 그 집 일을 맡아보던 사람.
家業(가업) 1)집안의 생업. 2)한 집안의 재산과 문벌.
家屋(가옥) 사람이 사는 집.
家運(가운) 집안의 운수.
家人(가인) 1)집안의 사람. 가족(家族). 2)종. 하인(下人).
家長(가장) 한 집안의 주인.
家財(가재) 한 집안의 재산 또는 생활용구.
家庭(가정) 1)한 가족이 사는 집안. 2)집안의 뜰. 3)부부를 중심으로 한 가족의 생활체.
家族(가족) 집안 사람. 한 가정에 사는 집안 사람 전부.
家畜(가축) 가정에서 기르는 짐승.
家親(가친) 남에게 대하여 자기 아버지를 일컫는 말.
家風(가풍) 한 집안의 법도와 풍습. 각 가정의 고유한 생활 형식.
家學(가학) 그 집안에 대대로 내려오는 학문.
家兄(가형) 자기의 형을 높여 일컫는 말.
家患(가환) 집안의 걱정거리.
家訓(가훈) 가정의 교훈. 선조의 유훈(遺訓).

유 屋(집 옥) 堂(집 당) 宇(집 우) 宅(집 택) 室(집 실)

宮

⑦ 10획 日キュウ・みや

궁궐 궁 中gōng

풀이 1. 궁궐. 궁전. ¶宮殿 2. 집. 가옥. ¶宮室 3. 담. 4. 오음(五音)의 첫째음. ¶宮商角徵羽 5. 궁형. 생식기를 없애는 형벌. ¶宮刑 6. 마음. 7. 두르다. 둘러싸다. 8. 절. 9. 임금의 후비(后妃). ¶後宮

宮監(궁감) 1)궁중의 일을 맡은 관리. 2)궁궐 안.
宮官(궁관) 동궁(東宮)에 소속되어 있던 관리.
宮闕(궁궐) 임금이 거처하는 집. 대궐.
宮內(궁내) 궁궐의 안.
宮內府(궁내부) 조선 시대 왕실에 관한 모든 일을 맡아보던 관청.
宮女(궁녀) 궁중에서 대전(大殿) · 내전(內殿)을 가까이 모시던 내명부(內命婦)의 총칭.
宮房(궁방) 궁중의 여자들이 거처하던 방.
宮事(궁사) 1)여자들이 하는 일로 가장 중요한 누에치는 일. 2)궁중의 모든 일.
宮商角徵羽(궁상각치우) 음악의 다섯 가지 기본 음(音).
宮城(궁성) 1)궁궐을 싸고 있는 성벽. 2)궁정(宮廷).
宮室(궁실) 1)궁전. 2)집. 가옥.

3 획

宮媛(궁원) 궁녀.
宮人(궁인) 궁궐에서 대전 · 내전을 가까이 모시던 내명부를 통틀어 일컫는 말.
宮墻(궁장) 궁성.
宮殿(궁전) 궁궐.
宮庭(궁정) 대궐 안의 마당.
宮中(궁중) 대궐 안.
宮體(궁체) 조선 때, 궁녀들이 쓰던 부드럽고 단정한 한글 글씨체.
宮合(궁합) 혼인할 신랑 · 신부의 사주를 오행에 맞추어 보아서 길흉을 점치는 방술.
宮刑(궁형) 오형(五刑)의 하나. 생식기를 없애는 형벌.
유 家(집 가) 屋(집 옥) 堂(집 당) 宇(집 우) 室(집 실)

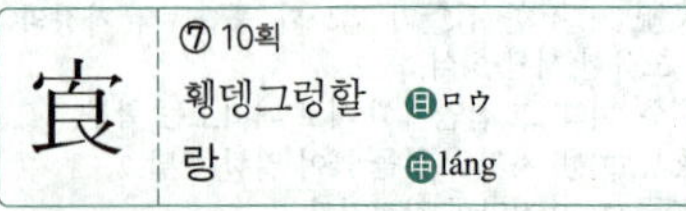
㝗 ⑦ 10획 휑뎅그렁할 랑 日ロウ 中láng

풀이 휑뎅그렁하다.

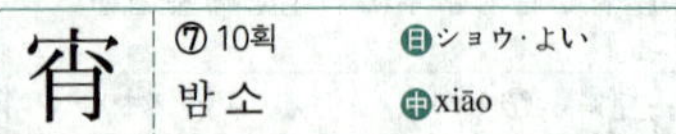
宵 ⑦ 10획 밤 소 日ショウ·よい 中xiāo

풀이 1. 밤. ¶宵明 2. 작다. ¶宵人 3. 깁. 생명주. ¶宵衣 4. 비슷하다. 닮다.
宵明(소명) 1)밤이 밝음. 2)밤에 빛을 낸다는 풀.
宵分(소분) 밤중.
宵小(소소) 도둑놈.
宵晨(소신) 밤과 새벽. 밤과 아침.
宵餘(소여) 밤의 여유로운 시간.
宵宴(소연) 밤에 여는 잔치.
宵月(소월) 초저녁 달.
宵人(소인) 음흉한 사람.
宵中(소중) 1)밤의 가운데. 한밤중. 2)밤낮의 길이가 같음.
宵燭(소촉) 개똥벌레. 소습(宵熠).
宵寢(소침) 밤 늦게 잠.
宵行(소행) 1)밤길을 감. 2)개똥벌레.
元宵(원소) 음력 정월 보름날 밤.
유 夜(밤 야)

宸 ⑦ 10획 집 신 日シン 中chén

풀이 1. 집. ¶宸家 2. 궁궐. 대궐. ¶宸掖 3. 하늘.
宸居(신거) 임금이 거처하는 곳.
宸眷(신권) 임금의 은혜.
宸斷(신단) 임금의 결단.
宸謀(신모) 임금의 계책.
宸算(신산) 임금의 계책.
宸掖(신액) 대궐. 궁궐.
宸宇(신우) 처마. 지붕.
宸威(신위) 임금의 위엄.
宸扆(신의) 1)임금의 자리 뒤에 세우는 병풍. 2)궁전(宮殿). 어전(御殿).
宸儀(신의) 임금의 규범. 임금의 행실.
宸旨(신지) 임금의 뜻.
宸筆(신필) 임금의 친필.

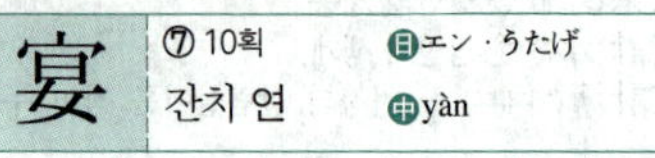
宴 ⑦ 10획 잔치 연 日エン·うたげ 中yàn

丶 丷 宀 宀 宀 宀 宁 宴 宴 宴

* 형성. 집(宀)에서 사람을 모아 편하게(妟) 놀도록 잔치하는 것을 나타낸 글자. 이에 '잔치' 또는 '편안함' 이라는 뜻으로 쓰임.

풀이 1. 잔치. 연회. 잔치를 열다. ¶宴酣 2. 즐기다. ¶宴娭 3. 편안하다. ¶宴坐
宴歌(연가) 1)잔치를 베풀고 노래함. 2)연회 때 부르는 노래.
宴酣(연감) 잔치가 한창 무르익음.
宴居(연거) 집에서 한가롭게 지냄.
宴樂(1.연락/2.연악) 잔치를 베풀고 즐기는 일. 또는 그 잔치.
宴醑(연서) 잔치.
宴需(연수) 잔치에 쓰이는 물건과 비용.
宴安(연안) 몸과 마음이 한가롭고 편안함.
宴語(연어) 즐겁게 말함.
宴飮(연음) 술잔치.
宴坐(연좌) 한가하게 쉼. 좌선(坐禪).
宴集(연집) 모여 잔치를 엶. 연회(宴會).
宴處(연처) 편안하게 거처함.
宴享(연향) 지난날, 국빈을 대접하던 일.
宴好(연호) 잔치를 베풀고 선물을 줌.
宴會(연회) 주연(酒宴). 여러 사람이 모여 베푸는 잔치.
宴娭(연희) 즐겁게 놂.

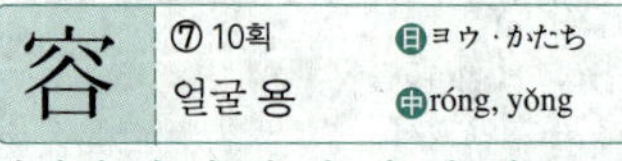
容 ⑦ 10획 얼굴 용 日ヨウ·かたち 中róng, yǒng

丶 丷 宀 宀 宀 穴 穴 灾 容 容

* 회의. 골짜기(谷)같이 넓은 집(宀)은 여러 물건을 받아들인

다'는 뜻을 나타내며, 그러한 집은 하나의 '형태'를 갖고 있다 하여 '모습'을 의미하기도 하고, '얼굴'의 뜻으로도 쓰임.

풀이 1. 얼굴. 용모. 모양. ¶容觀 2. 넣다. 담다. ¶容器 3. 쉽다. ¶容易 4. 꾸미다. 치장하다. ¶容飾 5. 용납하다. 받아들이다. ¶收容 6. 용서하다. ¶容恕 7. 조용하다. ¶從容 8. 혹은. 혹시. ¶容或 9. 날아오르는 모양. ¶容容

容共(용공) 공산주의나 그 정책을 용인하는 일.
容觀(용관) 용모와 태도. 의용(儀容).
容光(용광) 1)틈새로 들어오는 빛. 2)모습.
容器(용기) 물건을 담아두는 그릇.
容納(용납) 너그러운 마음으로 받아 줌.
容量(용량) 1)그릇에 물건이 담기는 분량. 2)일정한 상태에 있어서의 물질이 지닐 수 있는 열이나 전기.
容貌(용모) 사람의 얼굴.
容赦(용사) 용서하여 풀어 줌.
容狀(용상) 용모(容貌).
容恕(용서) 잘못이나 죄를 나무라거나 벌하지 않고 덮어 줌.
容受(용수) 받아들임.
容飾(용식) 모양을 가꾸고 꾸밈.
容悅(용열) 아첨함.
容儀(용의) 몸가짐. 행동거지.
容疑者(용의자) 범죄의 혐의를 받고 있는 사람.
容易(용이) 쉬움.
容認(용인) 용납하여 인정함.
容忍(용인) 용서해 주고 참음.
容姿(용자) 용모와 모습.
容積(용적) 1)물건을 담을 수 있는 부피. 2)입방체가 차지하고 있는 공간의 부분.
容態(용태) 1)얼굴 모양과 몸맵시. 2)병의 상태나 증세.
容華(용화) 예쁜 얼굴.

유 顔(얼굴 안)

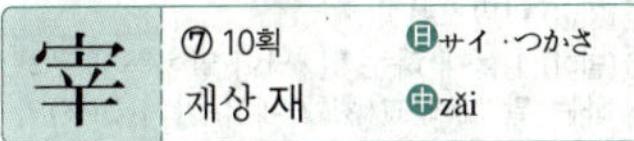

宰 ⑦ 10획 재상 재 日サイ·つかさ 中zǎi

* 회의. 죄인(辛)을 다스리는 관청(宀)이란 뜻에서 그를 주재하는 '정승'의 뜻으로 쓰임.

풀이 1. 재상. ¶宰柄 2. 장(長). 우두머리. 3. 주관하다. ¶主宰 4. 무덤. ¶宰木 5. 고기를 저미다. 고기를 썰다. 6. 관가의 요리를 맡은 요리사. 7. 도살하다.

宰官(재관) 관리.
宰老(재로) 나라를 다스리는 늙은 신하.
宰木(재목) 무덤가에 심은 나무.
宰牧(재목) 한 나라의 재상과 장관.
宰物(재물) 사물을 다스림.
宰柄(재병) 재상의 권력.
宰府(재부) 재상이 직무를 보던 관청.
宰殺(재살) 짐승을 잡아 죽임.
宰相(재상) 임금을 돕고 모든 관리를 지휘·감독하는 제일 높은 관직.
宰匠(재장) 1)천하를 다스리는 사람. 재상. 2)통솔함.
宰制(재제) 모든 권한을 잡고 처리함. 이리저리 요리함.
宰執(재집) 권력을 쥐고 있는 재상.
宰衡(재형) 재상(宰相).

비 幸(다행 행)

害 ⑦ 10획 ❶해로울 해 ❷어느 할 日ガイ·そこなう 中hài

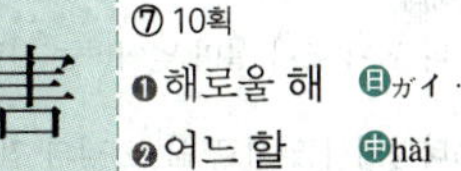

* 회의. 집(宀)을 산란(丯)하게 만드는 말(口)은 자신을 해롭게 한다는 의미를 나타낸 글자. 이에 '해치다', '방해하다'는 뜻으로 쓰임.

풀이 ❶ 1. 해롭다. 해를 끼치다. ¶害惡 2. 죽이다. 살상하다. 3. 방해하다. 훼방하다. 4. 시기하다. 5. 재앙. 해. 6. 요해처. 요충지. ¶要害地 ❷ 7. 어찌. ¶時日害喪 8. 어찌 …하지 않는가?

害覺(해각) 남에게 해를 끼치고자 하는 마음.
害咎(해구) 재난. 재앙.
害毒(해독) 해를 끼치고 독을 끼침.
害惡(해악) 남을 해치는 나쁜 일.
害政(해정) 정치를 방해함.
害蟲(해충) 사람이나 농작물에 대하여 해를 끼치는 벌레의 총칭.
害虐(해학) 해치고 학대함.

유 惡(악할 악) 반 利(이로울 리)

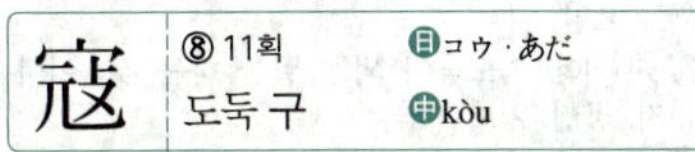

寇 ⑧ 11획 도둑 구 日コウ·あだ 中kòu

풀이 1. 도둑. ¶寇盜 2. 노략질하다. 해치다. 쳐들어오다. ¶寇亂 3. 원수. ¶寇讎 4. 난리. 외침(外侵).

寇警(구경) 외적의 침입을 알리는 경고.
寇難(구난) 외적이 일으킨 난.
寇盜(구도) 남의 나라를 침입하여 도둑질함. 또는 그 도둑.

寇亂(구란) 외적의 침입과 내란(內亂).
寇掠(구략) 남의 나라에서 노략질을 함.
寇賊(구적) 국경을 쳐들어온 외적.
寇偸(구투) 구도(寇盜).

유 賊(도둑 적)

寄	⑧ 11획	日キ·よる
	부칠 기	中jì

丶 丷 宀 宀 宊 宊 宎 宎 宑 寄 寄

* 형성. 뜻을 나타내는 부수 '宀(집 면)'과 음을 나타내는 '奇(기이할 기)'를 합친 글자. 이에 남의 집(宀)에 기이한(奇) 것을 보냄을 의미하여, '부치다', '맡기다'는 뜻으로 쓰임.

풀이 1. 부치다. 전하다. ¶寄書 2. 의뢰하다. 맡기다. 위임하다. ¶寄託 3. 우거하다. 임시로 거처하다. 4. 의탁하다. 의지하다.

寄客(기객) 남의 집에 붙어 살며 얻어먹는 사람. 식객(食客).
寄居(기거) 1)타향에서 임시로 삶. 2)남의 집에 몸을 의지함.
寄稿(기고) 원고를 신문사나 잡지사 등에 보냄.
寄公(기공) 나라를 잃고 몸을 남의 나라에 의탁한 임금.
寄留(기류) 1)한때 타향 또는 남의 집에서 몸을 붙여 삶. 2)90일 이상 본적지가 아닌 일정한 곳에 주소 또는 거소를 가짐.
寄別(기별) 소식을 전함.
寄附(기부) 자기 재산을 공공사업이나 자선 사업에 내줌.
寄生(기생) 1)남에게 붙어 삶. 2)다른 동식물의 몸이나 체내에 부착하여 영양을 섭취하며 생활함.
寄書(기서) 1)편지를 부침. 2)기고(寄稿).
寄送(기송) 물건을 보냄.
寄宿(기숙) 남의 집에 몸을 붙여 숙식함.
寄食(기식) 남의 집에 얹혀 밥을 먹음.
寄言(기언) 1)말을 전함. 2)시어(詩語)로 쓰일 때에는 말 한 마디를 보내 각성시킨다는 뜻으로 쓰임.
寄與(기여) 1)도움이 되는 일을 하는 것. 이바지. 공헌. 2)보내 줌.
寄寓(기우) 임시로 거처함. 우거함. 또 그 집.
寄位(기위) 교리의 깊고 얕음에 따라 수행의 위계에 차별을 둠.
寄主(기주) 기생 생물에게 장소와 양분을 주는 생물.
寄住(기주) 남의 집에 몸을 의지하고 지냄.
寄贈(기증) 물건을 보냄. 증정.
寄託(기탁) 1)의탁함. 의뢰함. 부탁하여 맡겨 둠. 2)몸을 맡김. 3)당사자의 일방이 상대방에게 받은 것을 보관하는 계약.
寄港(기항) 항해 중의 배가 항구에 잠시 머무는 것.

유 付(줄 부)

密	⑧ 11획	日ミツ·ひそか
	빽빽할 밀	中mì

丶 丷 宀 宀 宂 宓 宓 宓 宓 密 密

* 형성. 뜻을 나타내는 '山(산 산)'과 음을 나타내는 '宓(편안할 밀)'을 합친 글자. 이에 조용한 산을 나타내어 '조용하다', '은밀하다'는 뜻으로 쓰임.

풀이 1. 빽빽하다. 밀집하다. ¶密集 2. 비밀로 하다. 숨기다. 은밀하다. ¶密使 3. 가깝다. 친하다. ¶密友 4. 꼼꼼하다. 빈틈없다. 5. 조용하다.

密去來(밀거래) 법을 어기고 몰래 하는 거래.
密契(밀계) 남몰래 맺는 계약.
密計(밀계) 비밀 계략.
密告(밀고) 남몰래 넌지시 일러바침.
密敎(밀교) 1)해석이나 풀이를 할 수 없는 경전·주문 등 2)7세기 후반기에 일어났던 불교의 한 파.
密記(밀기) 남몰래 적은 기록.
密談(밀담) 남몰래 하는 이야기.
密度(밀도) 1)빽빽이 들어선 정도. 2)일정한 물질의 어느 온도에 있어서의 단위 체적의 질량. 3)내용이 충실한 정도.
密獵(밀렵) 허가를 받지 않고 몰래 하는 사냥.
密令(밀령) 남모르게 내리는 명령.
密林(밀림) 나무들이 빽빽하게 들어선 깊은 숲.
密賣(밀매) 몰래 팖.
密使(밀사) 비밀히 보내는 사자(使者).
密輸(밀수) 나라가 금한 법규를 어기며 외국과 상품을 거래함.
密室(밀실) 비밀스런 방.
密語(밀어) 1)몰래 하는 말. 남이 알아듣지 못하게 하는 말. 2)밀교(密敎)에서 여래(如來)의 교의를 설법하는 말.
密入國(밀입국) 절차를 밟지 않고 몰래 국경을 넘어 남의 나라에 들어감.
密接(밀접) 1)아주 가까운 관계가 있음. 2)썩 가깝게 맞닿음.
密酒(밀주) 국가의 허가 없이 몰래 빚은 술.
密集(밀집) 빽빽이 모임.
密着(밀착) 1)빈틈없이 단단하게 붙음. 2)사진을 현상된 필름 그대로의 크기로 인화지에 구워 올림.

密通(밀통) 1)부부가 아닌 남녀가 비밀히 정을 통함. 2)형편을 몰래 알려 줌.
密航(밀항) 여권 없이 또는 요금을 지불하지 않고 몰래 배를 타고 외국으로 감.
密會(밀회) 1)몰래 모임. 2)남녀가 비밀히 만남.
過密(과밀) 너무 밀집해 있음.
緊密(긴밀) 관계가 매우 가까워 틈이 없음.
內密(내밀) 마음속에 품고 있는 비밀.
濃密(농밀) 1)진하고 빽빽함. 2)정이 두텁고 가까움.
綿密(면밀) 자세하고도 빈틈이 없음.
精密(정밀) 자세하고 치밀함.

유 稠 빽빽할 조

宿	⑧ 11획	
	❶잘 숙	日シュク・やどる
	❷성수 수	中sù, xiǔ, xiù

풀이 1 1. 자다. 묵다. 숙박하다. ¶宿食 2. 멈추다. 머물다. ¶宿所 3. 주막. 여관. 4. 오래되다. 묵다.¶宿年 5. 숙직. 당직. ¶宿直 2 6. 성수. 별자리.

宿客(숙객) 머무르는 나그네.
宿工(숙공) 오래 익숙해서 숙달된 일.
宿館(숙관) 머무르는 곳. 여관.
宿根(숙근) 겨울에 줄기는 말라 죽고 뿌리만 살았다가 이듬해 봄에 다시 새싹을 돋게하는 묵은 뿌리.
宿諾(숙낙) 승낙만 하고 실행하지 않음.
宿念(숙념) 오랫동안 품어 온 염원. 숙원(宿願).
宿德(숙덕) 1)오래된 덕망. 2)전생에 쌓은 복덕(福德). 3)학덕이 높은 노인.
宿老(숙로) 경험이 많고 사물을 잘 헤아리는 노인.
宿料(숙료) 숙박료.
宿留(숙류) 1)한곳에 머물러 있음. 정체(停滯)함. 2)마음에 두고 잊지 않음.
宿望(숙망) 1)오래 품은 소망. 2)전부터 전해지는 명망(名望).
宿命(숙명) 날 때부터 정해진 운명.
宿泊(숙박) 여관이나 어떤 곳에서 잠을 자고 머무름.
宿舍(숙사) 숙박하는 집.
宿所(숙소) 머물러 묵는 곳.
宿食(숙식) 자고 먹음. 침식(寢食).
宿案(숙안) 미리부터 생각하여 놓은 안.
宿業(숙업) 전세에 지은 선악의 업보.
宿怨(숙원) 오래된 원한.
宿願(숙원) 오래전부터 품은 소망.
宿敵(숙적) 오래된 적.
宿題(숙제) 1)학교에서 배운 것을 예습·복습하기 위해 내주는 과제. 2)두고 생각할 문제.
宿主(숙주) 기생한 동식물에게 양분을 주는 동식물.
宿直(숙직) 직장에서 잠을 자며 지키는 일. 또는 그 사람.
宿醉(숙취) 이튿날까지 깨지 않고 취함.
宿患(숙환) 오래된 병.
寄宿舍(기숙사) 주로 학교 등에서 여러 사람을 기숙시키는 집. 학생이나 공원의 합숙 시설.
露宿(노숙) 비바람 등을 가릴 수 없는 집 밖의 장소에서 잠을 자는 것. 한뎃잠.
東家食西家宿(동가식서가숙) 먹을 곳 잘 곳이 없어 떠돌아다니며 지내는 일. 또는 그러한 사람.
名宿(명숙) 학식과 덕행이 뛰어난 선비.
棲宿(서숙) 동물이 어떤 곳에 깃들여 사는 것.
星宿(성수) 모든 별자리의 별들. 진수(辰宿).
投宿(투숙) 여관 등에 들어서 묵음.
合宿(합숙) 여럿이 한곳에 묵음.

유 寐 (잠잘 매) 寢(잠잘 침)

寃	⑧ 11획
	冤(p108)의 俗字

寅	⑧ 11획	日イン・とら
	셋째 지지 인	中yín

풀이 1. 셋째 지지. 오행에서는 나무〔木〕. 동물로는 호랑이, 방위로는 동북동쪽, 시각으로는 오전 3시~5시, 달로는 음력 정월에 해당함. ¶寅時 2. 공경하다. 삼가다. ¶寅虔 3. 크다. ¶寅丘 4. 동료. ¶寅誼

寅虔(인건) 삼가하며 공경함.
寅丘(인구) 큰 언덕.
寅年(인년) 간지(干支)가 인(寅)으로 된 해. 갑인(甲寅)·병인(丙寅) 등.
寅念(인념) 삼가하며 생각함.
寅亮(인량) 삼가 정성을 다함.
寅方(인방) 24방위의 하나. 동북동쪽.
寅賓(인빈) 삼가 인도함.
寅時(인시) 새벽 3시부터 5시까지의 시간.
寅畏(인외) 삼가하며 두려워함.
寅誼(인의) 동료간의 정.

3획

寅正(인정) 새벽 4시 정각.

寁	⑧ 11획	日サン・はやい
	빠를 잠·첩	中zǎn

풀이 빠르다. 재빠르다.

유 倢(빠를 첩)

寂	⑧ 11획	日セキ·ジャク·さびしい
	고요할 적	中jì

丶 丶' 宀 宀 宀 宀 宇 宋 宋 宗 寂

*형성. 시동생(叔)이 집(宀)에 있음을 나타낸 글자. 이에 '고요하다', '쓸쓸함'의 뜻으로 쓰임.

풀이 1. 고요하다. 적막하다. ¶寂寞 2. 평온하다. 3. 죽다. 열반하다. ¶圓寂

寂光土(적광토) 사토(四土)의 하나. 법신불(法身佛)이 사는 정토(淨土).
寂寥(적료) 적막함.
寂寞(적막) 고요하고 쓸쓸함.
寂滅(적멸) 1)사라져 없어짐. 2)번뇌의 경지를 떠남. 죽음. 열반(涅槃).
寂寂(적적) 외롭고 쓸쓸함.
消寂(소적) 심심풀이로 일을 함.
圓寂(원적) 중의 죽음.
幽寂(유적) 깊숙하고 고요함.
閑寂(한적) 한가하고 조용함.

유 禪(고요할 선) 靜(고요할 정)

寀	⑧ 11획	日サイ·ほうろく
	채지 채	中cǎi, cài, shěn

풀이 1. 채지(采地). 경대부(卿大夫)에게 식읍(食邑)으로 내린 땅. 2. 벼슬.

寐	⑨ 12획	日ビ·ねる
	잘 매	中mèi

풀이 1. 자다. 잠을 자다. ¶寐語 2. 죽다.

寐息(매식) 잠자는 중의 호흡.
寐語(매어) 잠꼬대.
假寐(가매) 1)잠시 동안 잠을 잠. 2)가짜로 자는 체함. 가수(假睡). 3)낮잠.
夢寐(몽매) 잠을 자며 꿈을 꿈.
寤寐(오매) 깨어 있을 때나 자고 있을 때. 자나 깨나.
坐寐(좌매) 앉아서 잠을 잠. 졺.

3획

유 宿(잠잘 숙)

寎	⑨ 12획	日ヘイ·おどろく
	놀랄 병	中bìng

풀이 1. 놀라다. 잠을 자다가 깜짝깜짝 놀라다. 2. 잠들다. 3. 음력 3월.

富	⑨ 12획	日フ·とむ
	부유할 부	中fù

丶 丶' 宀 宀 宀 宁 宫 官 宫 富 富 富

*형성. 집(宀)과 밭(田)이 있는데 식구(口)는 하나(一)뿐임을 나타낸 글자. 이에 '부유하다'는 뜻으로 쓰임.

풀이 1. 부유하다. 2. 풍성하다. 넉넉하다. ¶富歲 3. 나이가 젊다. 4. 넉넉하게 하다. 부유하게 하다. ¶富民 5. 부. 부자. ¶甲富 6. 행복.

富康(부강) 부유하고 평안함.
富驕(부교) 부유함을 믿고 교만함.
富國(부국) 1)나라를 부유하게 함. 2)경제력이 넉넉한 나라.
富貴(부귀) 재산이 많고 귀함.
富祿(부록) 녹봉을 많이 줌.
富民(부민) 생활이 넉넉한 국민.
富不如貧(부불여빈) 부유한 것은 가난한 것만 못함.
富商(부상) 부유한 상인.
富庶(부서) 1)많은 백성이 부유함. 2)부유한 백성.
富歲(부세) 풍년(豐年).
富安(부안) 재산이 풍족하고 편안함.
富裕(부유) 재물이 넉넉함.
富潤(부윤) 부유하고 생활이 윤택함.
富益富(부익부) 부자일수록 더욱 부자가 됨.
富逸(부일) 1)경제적 여유가 있고 편안함. 2)글재주가 풍부함.
富者(부자) 재물이 많아 부유한 사람.
富寵(부총) 살림이 풍족하여 행복함.
富豪(부호) 재산이 많고 권력이 있는 사람.
甲富(갑부) 으뜸가는 부자.
豊富(풍부) 양이 많고 넉넉함.

반 貧(가난할 빈)

寔	⑨ 12획	日ショク·ジキ
	이 식	中shí

풀이 1. 이. 이것. 2. 참으로. 정말.

寓	⑨ 12획	日 グウ · よせる
	붙어 살 우	中 yù

* 형성. 뜻을 나타내는 부수 '宀(집 면)'과 음을 나타내며 꼬리 긴 원숭이를 뜻하는 '禺(긴 꼬리 원숭이 우)'를 합친 글자. 이에 집(宀)에 원숭이(禺)가 붙어서 사는 것처럼 '임시로 붙어 사는 집'의 뜻으로 쓰임.

풀이 1. 붙어살다. 얹혀 살다. ¶寓生 2. 머무르다. 우거하다. 3. 숙소. 4. 부치다. 전하다. ¶寓書 5. 맡기다. 부탁하다. 6. 가탁(假託)하다. 핑계를 대다. ¶寓話

寓居(우거) 1)임시로 몸을 붙여 삶. 또는 그 집. 2)남에게 자기 주거를 낮추어 일컫는 말.
寓公(우공) 나라를 잃고 남의 나라에 가서 사는 군주나 제후.
寓命(우명) 운명(運命).
寓目(우목) 살펴봄.
寓生(우생) 남에게 얹혀 삶.
寓書(우서) 편지를 부침. 기서(寄書).
寓宿(우숙) 1)남의 집에 묵음. 2)객지에서 묵음. 숙박함.
寓乘(우승) 남이 탄 수레에 함께 탐.
寓食(우식) 남의 집에 살며 밥을 먹음.
寓言(우언) 다른 사물에 비유하여 의견이나 교훈을 나타냄.
寓意(우의) 자기의 생각을 다른 사물에 비유해서 은근히 나타냄.
寓人(우인) 장례 때 쓰이는, 사람의 형상을 한 조각상.
寓錢(우전) 흙이나 종이로 만든 가짜 돈.
寓話(우화) 다른 사물에 빗대어 교훈·풍자 등을 은연중에 나타내는 이야기.
寓懷(우회) 1)생각을 빗대어 말함. 2)뜻을 둠.
寄寓(기우) 한때 남에게 몸을 의지하여 지냄.
旅寓(여우) 객지에 머물러 있음.
流寓(유우) 방랑하다가 타향에서 잠시 머무는 것.
漂寓(표우) 정처 없이 떠돌아다니며 지냄.

寑	⑨ 12획	日 シン · ねる
	잠잘 침	中 qǐn

풀이 1. 잠자다. 2. 잠자는 곳. 침실.

유 宿(잠잘 숙)

寒	⑨ 12획	日 カン · さむい
	찰 한	中 hán

丶 丷 宀 宀 宀 宀 宑 宑 寒 寒 寒 寒

* 회의. 사람(人)이 집(宀) 안에서도 풀을 깔고(茻) 잘 만큼 얼음(冫)이 있음을 나타낸 글자. 이에 '춥다'는 뜻으로 쓰임.

풀이 1. 차다. 춥다. ¶寒風 2. 얼다. 차갑게 식다. 3. 차게 하다. 식히다. 4. 추위. 5. 괴롭다. 6. 가난하다. 곤궁하다. ¶寒賤 7. 오싹하다. 전율하다. ¶寒慄 8. 그만두다. 중지하다.

寒家(한가) 1)신분이 낮은 집안. 2)자기의 집을 이르는 말.
寒客(한객) 1)빈민. 2)추위에 떠는 사람.
寒苦(한고) 추위로 말미암아 겪는 괴로움.
寒空(한공) 겨울 추운 하늘.
寒瓜(한과) 수박의 다른 이름.
寒官(한관) 낮은 벼슬.
寒菊(한국) 겨울에 피는 국화.
寒閨(한규) 추운 방.
寒氣(한기) 1)추위. 2)병적으로 느끼는 으스스한 기운.
寒暖(한난) 추위와 따뜻함.
寒女(한녀) 가난한 집의 여자.
寒餒(한뇌) 추위와 굶주림.
寒帶(한대) 남북 양반구의 위도 66.5도에서 양극까지의 지대.
寒突(한돌) 차가운 굴뚝. 아궁이에 불을 때지 못하는 가난한 집을 이르는 말.
寒燈(한등) 1)쓸쓸하게 비치는 등불. 2)추운 밤의 등불.
寒冷(한랭) 춥고 차가움.
寒露(한로) 1)24절기의 하나. 양력 10월 8일경. 2)찬 이슬.
寒陋(한루) 가난하고 누추함.
寒流(한류) 1)겨울 냇물. 찬 냇물. 2)온도가 낮은 해류.
寒門(한문) 가난하고 신분이 낮은 집안.
寒士(한사) 가난한 선비.
寒色(한색) 1)쓸쓸한 경치. 2)차가운 느낌을 주는 색.
寒暑(한서) 1)추위와 더위. 2)겨울과 여름.
寒水(한수) 1)찬물. 2)얼음.
寒食(한식) 명절 이름. 동지로부터 105일째 되는 날.
寒心(한심) 안타깝고 기가 막힘.
寒烈(한열) 심한 추위.
寒熱(한열) 몹시 앓을 때의 한기와 열기.
寒溫(한온) 차고 따뜻함.
寒雨(한우) 찬 비. 겨울에 내리는 비.
寒慄(한율) 추위에 몸을 떪.
寒意(한의) 싸늘한 정취.

3획

寒人(한인) 가난한 사람.
寒族(한족) 신분이 낮은 집안.
寒疾(한질) 감기.
寒窓(한창) 객지(客地).
寒天(한천) 1)추운 겨울 하늘. 겨울 하늘. 2)우뭇가사리를 끓여 식혀서 굳힌 반투명한 음식.
寒賤(한천) 가난하고 천함.
寒村(한촌) 가난한 마을. 외진 마을.
寒波(한파) 기온이 갑자기 내려서 심한 한기가 오는 현상.
寒風(한풍) 찬바람.
寒害(한해) 겨울에 심한 추위로 말미암아 곡식이 입는 피해.
寒鄕(한향) 1)추운 곳. 2)가난하고 쓸쓸한 곳.
寒花(한화) 늦가을이나 겨울에 피는 꽃.
寒灰(한회) 불이 꺼져 식은 재.
寒暄(한훤) 추위와 더위. 기후.
孤寒(고한) 신분이 가난하고 미천함.
飢寒(기한) 굶주림과 추위.
大寒(대한) 1)극심한 추위. 2)24절기의 하나. 양력 1월 21일경.
微寒(미한) 약한 추위.
貧寒(빈한) 살림이 가난하여 쓸쓸함.
小寒(소한) 24절기의 하나. 양력 1월 6일경.
脣亡齒寒(순망치한) 입술이 없으면 이가 시리다는 뜻으로, 이해 관계가 서로 밀접하여 한쪽이 망하면 다른 한쪽도 보전하기 어려움을 비유하는 말.
嚴寒(엄한) 심한 추위.
凝寒(응한) 음기(陰氣)가 엉겨 추위가 심함.
凄寒(처한) 몹시 추움.
避寒(피한) 추위를 피함.
酷寒(혹한) 몹시 심한 추위.

유 冷(찰 랭) 반 熱(더울 열) 비 塞(변방 새)

寛	⑩ 13획 寬(p339)의 俗字

寘	⑩ 13획	日シ・おく
	둘 치	中tián, zhì

풀이 1. 두다. 놓아 두다. ¶寘懷 2. 채우다. 가득 차다. ¶寘酒

寘耳(치이) 남의 말을 귀담아 들음.
寘酒(치주) 술잔에 술을 채움.
寘懷(치회) 마음에 둠. 잊지 못함.

寖	⑩ 13획	日シン
	잠길 침	中jìn

풀이 1. 잠기다. 적시다. 2. 점차. 차츰. ¶寖盛

寖廣(침광) 점점 넓어짐.
寖壞(침괴) 차츰 무너짐.
寖盛(침성) 점점 성대해짐.
寖潤(침윤) 물기에 젖음.
寖淫(침음) 어떤 풍습에 차츰 젖어듦.

康	⑪ 14획	日コウ
	빌 강	中kāng, kǎng

풀이 비다. 휑뎅그렁하다. ¶康宦

寡	⑪ 14획	日カ・すくない
	적을 과	中guǎ

丶 丶 宀 宀 宀 宀 宀 宀 宀 宣 宣 寘 寡 寡

풀이 1. 적다. ¶寡德 2. 홀어미. 과부. 과부가 되다. ¶寡女 3. 나. 과인. 임금이 스스로를 칭하는 말. ¶寡人 4. 홀아비.

寡君(과군) 덕이 부족한 임금의 뜻으로, 임금이 자신을 낮추어 이르는 말.
寡女(과녀) 홀어미.
寡德(과덕) 덕이 부족함.
寡廉鮮恥(과렴선치) 염치가 적고 부끄러움을 모름. 후안무치(厚顔無恥).
寡陋(과루) 견문이 부족하고 고루함.
寡聞(과문) 들은 것이 적음.
寡慾(과욕) 욕심이 적음.
寡人(과인) 덕이 없는 사람이란 뜻으로, 임금이 자신을 겸손하게 이르는 말
寡妻(과처) 1)정실부인. 2)과부.
寡處(과처) 과부 생활.
寡特(과특) 홀로 지냄. 또는 그런 사람.
衆寡不敵(중과부적) 적은 수로 많은 수를 대적하지 못함.

비 裏(속 리)

寠	⑪ 14획	
	❶가난할 구	日ク・ル・やつねる
	❷좁은 땅 루	中jù, lóu

풀이 1 1. 가난하다. 빈곤하다. 2. 작다. ¶寠藪 2 3.

3획

좁고 비탈진 언덕.

寠藪(구수) 돌아다니며 장사하는 사람들이 물건을 머리에 일 때 머리 위에 얹는 또아리.

寧 ⑪ 14획 日ネイ·むしろ·やすい
편안할 녕(영) 中níng, nìng

* 회의. 집(宀) 안의 상(丁) 위에 그릇(皿)이 잘 놓여 있어 마음(心)이 평안함을 나타낸 글자. 이에 '편안하다'의 뜻으로 쓰이며, '차라리', '어찌'라는 부사의 뜻으로도 쓰임.

풀이 1. 편안하다. 안녕하다. 편안히 하다. ¶寧靜 2. 문안하다. 근친하다. 친정 부모를 찾아뵙다. 3. 차라리. 오히려. 4. 어찌. ¶寧渠 5. 일찍이. 6. 거상하다. 복을 입다.

寧家(영가) 집안을 편안하게 함.
寧嘉(영가) 편안하게 즐김.
寧康(영강) 마음이 편안하고 건강함.
寧居(영거) 편안히 지냄.
寧渠(영거) 어찌. 어찌하여.
寧儉(영검) 편안하고 검소함.
寧極(영극) 도(道)를 지켜 편안히 지냄.
寧近(영근) 가까이에 있는 사람을 편안하게 해 줌.
寧吉(영길) 편안하고 좋음.
寧樂(영락) 편안하고 즐거움.
寧邊(영변) 변방을 편안하게 함.
寧歲(영세) 평화로운 해. 풍년.
寧所(영소) 편한 곳.
寧肅(영숙) 편안하고 조용함.
寧順(영순) 편안하게 따름.
寧息(영식) 편안히 쉼.
寧神(영신) 마음을 편하게 함. 안심함.
寧業(영업) 편안히 일에 종사함.
寧王(영왕) 천하를 편안하게 하는 임금.
寧宇(영우) 집에 편안히 머무름. 또는 편안한 집.
寧爲鷄口勿爲牛後(영위계구 물위우후) 닭의 부리는 될지언정 소의 꼬리는 되지 말라는 뜻으로 큰 것의 뒤가 되기보다는 작은 것의 머리가 되는 것이 나음을 이르는 말.
寧靜(영정) 편안하고 고요함.
寧濟(영제) 구제하여 평안하게 함.
寧處(영처) 사는 곳에서 평안히 지냄.
寧親(영친) 부모를 편안하게 함.
寧泰(영태) 평온하게 다스려짐.
寧和(영화) 평온하게 다스려짐.

유 安(편안할 안)

⑪ 14획 日リョウ·さびしい
쓸쓸할 료(요) 中liáo

풀이 1. 쓸쓸하다. 적막하다. ¶寥闃 2. 텅 비다. 휑하다. ¶寥廓 3. 하늘.

寥闃(요격) 쓸쓸하고 조용함.
寥落(요락) 1)별 등이 드문드문 있는 모양. 2)쓸쓸함. 거칠고 황량함.
寥亮(요량) 소리 높이 맑게 울려 퍼짐.
寥戾(요려) 소리가 맑고 깨끗하여 멀리까지 들림.
寥廓(요확) 1)텅 비고 드넓은 모양. 2)넓은 하늘.
寥闊(요활) 쓸쓸하고 넓은 모양.

⑪ 14획 日バク·マク·さびしい
쓸쓸할 막 中mò

풀이 쓸쓸하다. 적막하다. ¶寞寞

寞寞(막막) 쓸쓸하고 적막한 모양.
寞天寂地(막천적지) 1)매우 쓸쓸함. 2)어사(御使)가 근무지를 떠나는 것을 이르는 말.

유 廖(쓸쓸할 료)

⑪ 14획 日シツ·み·みのる
열매 실 中shí

* 회의. 집(宀)안에 꿴(毌) 재물(貝)이 가득 찬 것을 나타낸 글자. 속이 꽉 차 '열매'가 여무는 뜻으로도 쓰임.

풀이 1. 열매. 2. 씨. 3. 속. 내용. ¶有名無實 4. 재물. 5. 꽉 차다. 가득 채우다. 6. 여물다. 열매가 익다. 7. 참. 사실. ¶實記 8. 실천하다. 실제로 행하다. 9. 밝히다. 증명하다. 10. 행적. 자취. 11. 이. '是'와 같은 뜻의 발어사.

實感(실감) 실제의 체험을 통해 느낀 감정.
實敎(실교) 실제로 도움이 되는 가르침.
實記(실기) 사실의 기록.
實年(실년) 실제 나이.
實談(실담) 실제로 있었던 이야기.
實錄(실록) 임금의 재위 기간에 있던 사실을 있는 그대로 적은 역사.
實名(실명) 진짜 이름. 본명(本名).
實福(실복) 참된 행복.
實封(실봉) 1)제후(諸侯)가 가지고 있는 논밭. 2)실제로 받는 봉록.
實査(실사) 실제상의 조사.

實寫(실사) 실재하는 물건 · 경치 · 상황 등을 그리거나 찍는 것.
實事(실사) 실제로 있는 일. 실제의 일.
實事求是(실사구시) 사실에 입각해서 진리를 구한다는 뜻으로, 학문을 하는 자세를 이르는 말.

實事求是(실사구시)의 유래

한나라 무제 때의 사람인 유덕(劉德)은 학문이 뛰어났다. 《한서》를 지은 반고(班固)는 그의 학문에 대해 "학문을 닦고 옛것을 좋아하였는데, 사실에 입각하여 올바름을 구하였다."라고 평하였다. 이 실사구시라는 말에 대해 당나라의 안사고(顔師古)는 "사실에 입각하는 것으로서 매양 참되고 올바름을 구하는 것"이라 주석을 달고 있다.

實相(실상) 실제 있는 그대로의 형편.
實心(실심) 참된 마음.
實語(실어) 참된 말.
實用(실용) 실제로 쓰임. 실제로 사용됨.
實意(실의) 참된 뜻. 진실한 뜻.
實在(실재) 실제로 존재함. 현실에 존재함.
實績(실적) 실제의 업적.
實戰(실전) 실제의 싸움.
實情(실정) 1)실제의 사정. 2)참된 마음.
實存(실존) 1)실제로 존재함. 사물이 존재하는 그 자체. 2)실존 철학에서, 개별자로서 자기의 존재를 스스로 깨달아 인식하는 인간의 주체적인 상태.
實證(실증) 1)확실한 증거. 2)사실을 바탕으로 증명함.
實質(실질) 실제로 있는 본바탕.
實踐(실천) 생각한 것을 실제로 행함.
實體(실체) 1)외형에 대한 실상. 2)변함없이 일정하게 지속하면서 사물의 근원을 이루는 것.
實態(실태) 있는 그대로의 상태.
實學(실학) 1)실제로 소용되는 학문. 2)조선 시대에 실용적인 학문을 목표로 한 새로운 학풍. 실사구시(實事求是)와 이용후생(利用厚生), 기술의 존중과 경제 생활의 향상에 대하여 연구하였음.
實行(실행) 생각한 바를 직접 행동으로 옮김.
實驗(실험) 1)실제로 해 봄. 2)이론이나 현상을 관찰하고 측정하는 과학의 활동. 3)새로운 방법을 적용하여 시행해 봄.
實效(실효) 실제로 나타나는 효과.
健實(건실) 씩씩하고 착실함.
堅實(견실) 굳건하고 확실함.
結實(결실) 1)열매를 맺거나 열매가 익음. 2)일의 성과나 결과가 잘 맺어짐.
果實(과실) 과일. 열매.
口實(구실) 핑계로 삼을 만한 재료.
內實(내실) 1)내부의 실제 사정. 2)내적인 가치나 충실성.

3획

名實(명실) 겉으로 드러난 이름이나 상태와 속으로 지니고 있는 실상.
誠實(성실) 정성스럽고 참됨.
眞實(진실) 거짓이 없이 참됨.
現實(현실) 실제로 존재하는 사실이나 상태.
確實(확실) 틀림없음. 사실과 정확히 일치함.
유 果(실과 과)

寤	⑪ 14획	日ゴ · さめる
	깰 오	中wù

풀이 1. 깨다. 잠이 깨다. 2. 깨닫다. 3. 꿈.

察	⑪ 14획	日サツ · みる
	살필 찰	中chá

察 察

* 형성. 뜻을 나타내는 부수 '宀(집 면)'과 음을 나타내는 '祭(제사 제)'를 합친 글자. 제사(祭)를 지내기 위해서 집(宀)에서 빠짐없이 준비함, 곧 생각하여 살핌을 나타내어, '살피다'라는 뜻으로 쓰임.

풀이 1. 살피다. 관찰하다. 조사하다. ¶觀察 2. 드러나다. 3. 자세하다. 세밀하다. ¶察察 4. 깨끗하다. 5. 알다. 이해하다.

察納(찰납) 잘 살펴본 후에 받아들임.
察覽(찰람) 꿰뚫어 봄.
察言觀色(찰언관색) 남의 말과 안색을 살펴서 그 뜻을 헤아림.
察察(찰찰) 1)세밀하고 까다로운 모양. 2)결백한 모양.
觀察(관찰) 사물을 주의 깊게 살펴봄.
巡察(순찰) 돌아다니면서 사정을 살핌.
診察(진찰) 의사가 병의 유무나 상태 등을 살핌.
洞察(통찰) 전체를 환히 내다봄.
유 省(살필 성)

寨	⑪ 14획	日サイ · とりで
	울짱 채	中zhài

풀이 1. 울짱. 목책(木柵). 나무우리. 2. 성채. 작은 성.

비 寒(찰 한)

寢	⑪ 14획	日シン · ねる
	잠잘 침	中qǐn

풀이 1. 잠자다. 수면을 취하다. ¶寢睡 2. 눕다. 앓아 눕다. ¶寢疾 3. 방. 침실 또는 거실. ¶寢室 4. 쉬다. 멈추다. 그치다. ¶寢兵 5. 사당. 능침. ¶寢廟 6. 못생기다. ¶寢陋

寢戈(침과) 잠자는 곳 옆에 둔 무기. 침실에 비치해 둔 무기.
寢具(침구) 잠자는 데 필요한 물건. 즉, 이부자리와 베개.
寢臺(침대) 누워서 잠을 잘 수 있도록 만든 가구. 주로 서양식의 침상.
寢陋(침루) 풍채가 보잘것없음.
寢廟(침묘) 사당.
寢牀(침상) 잠을 자거나 걸터앉게 만든 가구. 침대(寢臺).
寢所(침소) 잠자는 곳.
寢食(침식) 잠자는 일과 먹는 일.
寢息(침식) 소란이 진정되어 그침.
寢室(침실) 잠을 자는 방.
寢衣(침의) 잠옷.
寢殿(침전) 1)임금의 침실이 있는 집. 2)정자각(丁字閣).
同寢(동침) 1)같은 이부자리에서 잠. 2)남녀가 잠자리를 같이함.
午寢(오침) 낮잠.
就寢(취침) 잠자리에 누워 잠을 청함.

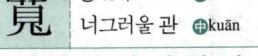

寬	⑫ 15획	日カン·ひろい
	너그러울 관	中kuān

* 형성. 집(宀)을 아이(卄)의 눈으로 보면(見) 넓다는 의미를 나타낸 글자. 이에 '넓다' 또는 '온화하다'는 뜻으로 쓰임.

풀이 1. 너그럽다. 관대하다. ¶寬待 2. 넓다. 크다. ¶寬闊 3. 느슨하다. 늦추다. ¶寬靜 4. 용서하다. 5. 느긋하다. 여유롭다. ¶寬暇 6. 사랑하다. 아끼다.

寬暇(관가) 1)여유가 있음. 2)재물이 풍족함.
寬簡(관간) 마음이 너그러움.
寬農(관농) 정치를 관대하게 하여 농사 시기를 빼앗지 않는 일.
寬大(관대) 마음이 너그럽고 큼.
寬樂(관락) 여유롭게 즐김.
寬令(관령) 관대한 법.
寬網(관망) 법을 너그럽게 함.
寬猛(관맹) 너그러움과 엄격함.
寬免(관면) 조세(租稅)를 너그럽게 함.
寬博(관박) 1)마음이 넓음. 2)큰 옷.
寬恕(관서) 너그럽게 용서함.
寬疏(관소) 법이 너그럽고 엉성함.
寬順(관순) 너그럽고 순함.
寬嚴(관엄) 너그러우면서도 엄격함.
寬緩(관완) 느슨함. 느긋함.
寬容(관용) 남의 잘못을 너그럽게 받아들이거나 용서함.
寬裕(관유) 마음이 넓고 너그러움.
寬易(관이) 느긋하고 편함.
寬而栗(관이율) 너그럽고 한편으로는 엄격함.
寬仁(관인) 마음이 너그럽고 어짊.
寬政(관정) 너그럽게 하는 정치. 관대한 정치.
寬靜(관정) 느슨하고 조용함.
寬窄(관착) 1)넓음과 좁음. 2)편안함과 답답함.
寬敞(관창) 텅비어 넓음.
寬平(관평) 너그럽고 공평함.
寬限(관한) 기한을 넉넉하게 함.
寬刑(관형) 관대한 형벌.
寬弘(관홍) 마음이 넓고 도량이 큼.
寬闊(관활) 매우 넓음.
寬厚(관후) 마음이 너그럽고 온후함.

寮	⑫ 15획	日リョウ
	벼슬아치 료(요)	中liáo

풀이 1. 벼슬아치. 관리. ¶百寮 2. 동료. ¶下僚 3. 작은 집. 특히 중이 거처하는 집. ¶寮舍 4. 창(窓). 작은 창.

寮舍(요사) 중이 거처하는 곳.
寮佐(요좌) 상사를 돕는 관리.
寮寀(요채) 관직. 관청.
同僚(동료) 같은 일자리에 있는 사람.
百寮(백료) 백관(百官).
下僚(하료) 1)아래 직위에 있는 동료. 2)지위가 낮은 관리.
學寮(학료) 학교의 기숙사.

유 吏(벼슬아치 리) 官(벼슬 관)

窿	⑫ 15획	日リュウ·まるい
	둥글 륭	中lóng

풀이 둥글다. 하늘이 활처럼 둥글게 휘어진 모양.

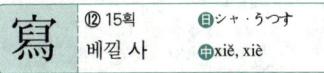

寫	⑫ 15획	日シャ·うつす
	베낄 사	中xiě, xiè

3획

* 형성. 집(宀)에서 신발(舄)을 신고 땅 위를 걸으면 신발 자국이 베껴지듯 나타난다는 의미를 지닌 글자. 이에 '베끼다'의 뜻으로 쓰이며, '글씨를 쓰다'는 뜻으로도 쓰임.

풀이 1. 베끼다. 복사하다. ¶傳寫 2. 그리다. 본떠 그리다. ¶模寫 3. 부리다. 짐을 풀다. 4. 주조하다. 거푸집에 부어 만들다. 5. 덜어 없애다. 제거하다. ¶寫憂 6. 쏟다. 붓다. ¶寫水 7. 옮겨 놓다.

寫本(사본) 원본을 옮겨 베낌. 또는 그 베껴 놓은 문서나 책.
寫生(사생) 실물이나 경치를 있는 그대로 그리는 일.
寫水(사수) 물을 부음.
寫實(사실) 사물을 있는 그대로 그려냄.
寫憂(사우) 근심을 제거함.
寫意(사의) 1)마음을 다함. 2)그림에서, 사물의 형태보다는 그 내용과 정신을 그려내는데 치중하는 화법.
寫字(사자) 글자를 베껴 씀.
寫照(사조) 1)실제의 모습을 그대로 찍어 냄. 2)초상화 또는 사진.
寫眞(사진) 사진기로 찍어낸 형상.
模寫(모사) 1)무엇을 흉내 내어 그대로 본뜸. 2)어떤 그림을 보고 그대로 본떠서 그림.
描寫(묘사) 눈으로 보거나 마음으로 느낀 것 등을 그림을 그리듯이 표현함.
複寫(복사) 1)사진 · 문서 등을 원본과 똑같이 찍어 내는 일. 2)같은 문서를 한꺼번에 여러 개 만드는 일.
映寫(영사) 영화 필름이나 슬라이드 등을 영사막에 비춤.
轉寫(전사) 1) 글씨 · 글 · 그림 등을 옮겨 베끼거나 촬영하거나 복사함. 2) 전사지(轉寫紙)에 그린 잉크 화상(畵像)을 평판 판재면(版材面)에 옮기는 일.
縮寫(축사) 1) 원형보다 작게 줄여 베낌. 2) 사진을 줄여서 다시 찍음.
筆寫(필사) 붓으로 베껴 씀.

유 倣(본뜰 방)

3획

審	⑫ 15획	日シン · つまびらか
	살필 심	中shěn

* 회의. 물건을 잘게 나눔을 뜻하는 '番(갈마들 번)'과 '宀(집 면)'을 합친 글자. 이에 덮여서(宀) 분명하지 않은 것을 '자세히 살핀다'는 뜻으로 쓰임.

풀이 1. 살피다. 관찰하다. 자세히 밝히다. ¶審克 2. 자세하다. 자세히. ¶不審 3. 깨닫다. 환히 알다. 4. 참되다. 참으로. 5. 만일.

審交(심교) 사람의 성품을 살핀 후에 교제함.
審克(심극) 철저하게 조사함.
審期(심기) 1)정해진 기일. 2)조사하는 날.
審斷(심단) 자세하고 바름.
審理(심리) 1)사실을 자세히 조사하여 처리함. 2)재판의 기초가 되는 사실 관계나 법률 관계를 명확히 하기 위하여 법원이 증거를 심사하는 행위.
審問(심문) 자세하게 따져 물음.
審別(심별) 명확히 구별함.
審分(심분) 1)본분이나 직분을 분명하게 함. 2)신분을 잘 생각함.
審査(심사) 자세하게 조사하여 등급을 매기거나 당락 여부를 결정함.
審喩(심유) 자세하게 타이름.
審察(심찰) 자세히 살펴 조사함.
審聽(심청) 빠짐없이 모두 들음.
審判(심판) 1)문제가 되는 안건을 심의하여 판결을 내림. 2)심리(審理)와 재판(裁判). 3)경기나 게임에서 공정한 규칙을 적용하거나 승부를 판정함. 또는 그런 일이나 사람.
審行(심행) 1)행위를 자세히 살핌. 2)행할 것을 깊이 생각함.
詳審(상심) 자세하게 살핌.
豫審(예심) 본심사에 앞서 미리 하는 심사.
誤審(오심) 잘못 심판함. 또는 그 심판.

유 察(살필 찰) 비 番(차례 번)

寪	⑫ 15획	日イ
	성 위	中wěi

풀이 성씨(姓氏).

寭	⑫ 15획	日ケイ · ケ
	살필 혜	中huì

풀이 살피다. 자세히 보다.

비 惠(은혜 혜)

寰	⑬ 16획	日カン · ゲン
	기내 환	中huán

풀이 1. 기내(畿內). 봉건 시대에 천자(天子)가 직접 관리하던 영지(領地). ¶寰內 2. 천하(天下). 세계. ¶寰宇 3.

속세. 인간 세상.

寰內(환내) 1)천자가 다스리는 모든 영토. 2)천하. 세계.

寰海(환해) 바다와 육지.

寱	⑭ 17획	日ゲイ
	잠꼬대 예	中yì

풀이 1. 잠꼬대. 2. 깜짝 놀라다.

寵	⑯ 19획	日チョウ·めぐむ
	괼 총	中chǒng

풀이 1. 괴다. 사랑하다. 총애하다. 총애. ¶寵愛 2. 은혜. ¶恩寵 3. 임금의 총애를 받는 사람. 임금의 첩. ¶內寵 4. 영화. 영예. 5. 수상하다. 높이 받들다. 6. 교만하다.

寵嘉(총가) 사랑하고 좋아함.

寵顧(총고) 귀여워하여 돌봄.

寵光(총광) 1)은총을 받는 영광. 2)임금의 총애.

寵靈(총령) 은총과 행복을 내림.

寵祿(총록) 총애하여 녹봉을 내림.

寵利(총리) 특별한 총애.

寵命(총명) 임금의 은총 있는 명령.

寵媚(총미) 아첨하여 총애를 받음.

寵賜(총사) 총애하여 물건을 줌. 또는 그 물건.

寵賞(총상) 총애하여 주는 상.

寵臣(총신) 임금의 총애를 받는 신하.

寵兒(총아) 1)많은 사람에게 특별한 사랑을 받는 사람. 2)시운을 타고 출세한 사람.

寵愛(총애) 남달리 귀엽게 여겨 사랑함.

寵辱(총욕) 명예와 치욕.

寵任(총임) 총애하여 벼슬에 임명함.

寵擢(총탁) 특별히 대우하여 뽑음.

寵惠(총혜) 1)은혜를 베풂. 2)총애와 혜택.

寵厚(총후) 두터이 총애하며 대함.

寵姬(총희) 특별한 귀여움과 사랑을 받는 여자.

內寵(내총) 임금의 총애를 받는 궁녀. 또는 그 총애.

盛寵(성총) 크나큰 총애.

恩寵(은총) 높은 사람이나 신(神)에게서 받는 총애.

天寵(천총) 임금의 총애.

寶	⑰ 20획	日ホウ·たから
	보배 보	中bǎo

* 형성. 집(宀)안에 진귀한 옥(玉)과 화폐로 쓰이는 조개(貝)가 있는 모양을 나타낸 글자. 후에 음을 나타내는 '缶(장군 부)'가 덧붙어 지금의 형태가 되었음. 이에 '보배'·'재물'의 뜻으로 쓰임.

풀이 1. 보배. 보물. ¶國寶 2. 보배로 여기다. 소중히 하다. 3. 옥새. 천자의 도장. ¶寶璽 4. 높임말. 임금과 관계된 일, 불교·도교와 관계된 일, 또는 상대방을 높일 때 쓰는 접두어. 5. 도리. 미덕.

寶駕(보가) 임금이 타는 수레.

寶鑑(보감) 1)좋은 거울. 2)삶의 좌우명. 또는 모범이 되는 책.

寶劍(보검) 1)보배로운 칼. 아주 예리하여 몹시 잘 드는 칼. 2)나라의 행사에 쓰이는 칼.

寶鏡(보경) 1)좋은 거울. 2)해와 달을 비유하는 말.

寶冠(보관) 보배로 꾸민 관(冠).

寶弓(보궁) 임금의 활.

寶眷(보권) 1)임금의 은혜. 총애. 2)남의 가족을 높여 부르는 말.

寶齡(보령) 임금의 나이를 높여 이르는 말.

寶命(보명) 임금의 명령.

寶墨(보묵) 보배로운 필적. 다른 사람의 필적을 높여 일컫는 말.

寶物(보물) 귀한 가치가 있는 보배로운 물건.

寶帛(보백) 보배와 비단.

寶思(보사) 1)임금의 마음. 2)선한 생각.

寶璽(보새) 임금의 도장. 옥새.

寶書(보서) 1)대대손손 경계로 삼아야 할 보배로운 책이라는 뜻에서, 역사서를 비유하는 말. 2)임금의 옥새가 찍힌 문서.

寶石(보석) 빛깔·광택이 특별히 아름답고 희귀한 광물.

寶勝(보승) 아름다운 목걸이.

寶意(보의) 임금의 마음. 뛰어난 생각.

寶章(보장) 1)훌륭한 필적(筆跡). 2)남의 문장을 높여 이르는 말.

寶藏(보장) 1)아주 소중하게 간직함. 2)귀중품을 간직하는 창고.

寶胄(보주) 뛰어난 자손(子孫).

寶重(보중) 보물과 같이 소중히 함. 또는 귀한 보물.

寶蓄(보축) 소중히 보존함.

寶貝(보패) 1)진귀한 재물. 2)보배. 보물.

寶篋(보협) 귀한 물건을 보관하는 상자.

家寶(가보) 한 집안의 보물.

3획

國寶(국보) 나라의 보배. 특히, 가치가 높은 것으로 평가되어 국가가 보호·관리하는 문화재.

秘寶(비보) 비밀히 간직하는 보배.

財寶(재보) 1)보배로운 재물. 2)재화와 보물.

至寶(지보) 더없이 귀한 보배.

珍寶(진보) 아주 진귀한 보물.

通寶(통보) 조선 시대에 통용되던 화폐의 명칭.

유 珍(보배 진)

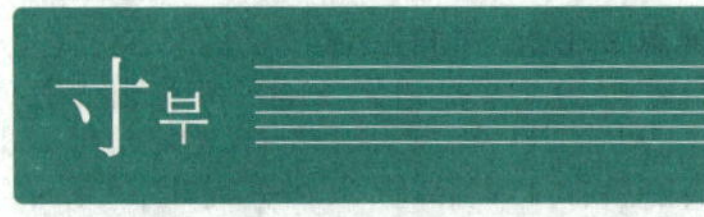

寸 마디 촌 部

'寸' 자는 사람의 몸 가운데 손을 이용하여 길이를 나타낸 글자로 '마디'를 뜻한다. 그러나 여기서의 마디는 손가락 한 마디보다 손가락 하나의 폭을 나타내어, '1촌의 길이'나 '한 마디', '한 치'를 뜻한다. 또한 일정한 길이를 헤아린다고 하여 일정한 '법도'나 '규칙'을 나타내기도 하고, 아주 짧은 길이를 의미하여 '약간', '조금'의 뜻으로도 쓰이며, 삼촌(三寸)이나 사촌(四寸)에서처럼 '촌수'를 나타낼 때에도 쓰인다. 이 글자를 부수로 갖는 글자는 일반적으로 손과 관련이 있다.

3 획

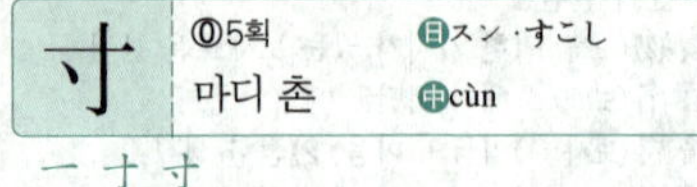

一 十 寸

* 지사. 손목의 맥을 짚는 자리를 나타내어, 손목에서 맥 짚는 곳까지의 길이를 뜻하는 글자.

풀이 1. 마디. 손가락 하나의 폭. ¶寸寸 2. 치. 길이의 단위. 1자의 1/10. ¶尺寸 3. 약간의. 아주 작거나 짧은. ¶寸意 4. 촌맥(寸脈). 손목의 맥을 짚는 자리. 5.韓 촌수. 혈족의 관계를 나타내는 단위.

寸刻(촌각) 매우 짧은 시각.

寸功(촌공) 보잘것없는 작은 공로.

寸劇(촌극) 1)아주 짧은 연극. 토막극. 2)사람들의 이목을 끄는 우스꽝스러운 일.

寸祿(촌록) 아주 적은 봉급.

寸數(촌수) 친족 간의 멀고 가까운 정도를 나타내는 숫자 체계. 즉, 친족 간의 관계를 말함.

寸心(촌심) 작은 뜻. 촌지(寸志).

寸陰(촌음) 아주 짧은 시간.

寸志(촌지) 1)작은 뜻. 촌심(寸心). 2)성의가 담긴 작은 선물.

寸地(촌지) 약간의 토지.

寸鐵(촌철) 작은 칼. 작은 무기.

寸鐵殺人(촌철살인) 한 치의 쇠로 사람을 죽인다는 뜻으로, 날카로운 말 한 마디로 상대의 허점을 찌른다는 말.

○寸鐵殺人(촌철살인)의 유래

대혜선사(大慧禪師)가 선에 대해 이렇게 말했다. "비유하자면, 사람이 한 수레의 병기를 싣고 와서 그 병기를 하나씩 꺼내 휘두르지만, 이는 사람을 죽이는 수단이 못 된다. 나라면 한 치밖에 안 되는 쇠로도 사람을 죽일 수 있다." 여기서 '사람을 죽이는 수단'은 마음속의 온갖 망상과 분별을 끊는 수단을 뜻한다. 사람들은 수많은 병기를 사용하듯 온갖 말을 쓰고 있지만, 그 정도로는 망상을 끊고 깨달음에 이를 수 없으며, 자기라면 단 한 마디의 핵심적인 경구만으로도 망상을 끊어낼 수 있다는 뜻이다.

寸草心(촌초심) 보잘것없는 마음. 부모의 은혜에 보답하려는 마음을 이르는 말.

寸寸(촌촌) 1)마디마디. 2)갈가리. 3)조금씩.

寸蟲(촌충) 촌충류에 속하는 기생충의 총칭. 길이는 1cm~10m이며, 척추동물의 창자에 기생하여 양분을 체벽(體壁)으로부터 섭취함. 조충(條蟲).

寸土(촌토) 퍽 좁은 논밭. 척토(尺土).

寸評(촌평) 매우 짧게 비평함. 또는 그 비평.

一寸光陰不可輕(일촌광음불가경) 아주 짧은 시간이라도 헛되이 보내지 말라는 뜻.

尺寸(척촌) 1)자와 치. 촌척(寸尺). 2)얼마 안 되는 작은 것.

유 節(마디 절)

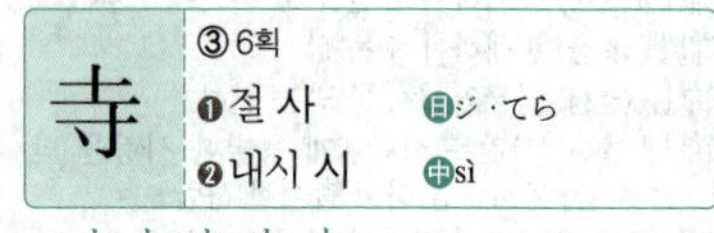

一 十 土 土 寺 寺

* 회의. 일정한 법도(寸)에 따라 토지(土)를 관리하는 곳을 나타낸 글자. 이에, '절', '관청'의 뜻으로 쓰임.

풀이 ❶ 1. 절. 사찰. ¶寺刹 ❷ 2. 내시. ¶寺人 3. 관청. ¶寺門

寺觀(사관) 불사(佛寺)와 도관(道觀). 중이 사는 절과 도사가 사는 도장을 아울러 이르는 말.

寺畓(사답) 절에 딸린 전답.

寺門(1.사문/2.시문) 1)절의 문. 산문(山門). 2)관청의 문.

寺舍(1.사사/2.시사) 1)중이 거처하는 곳. 2)관사(官舍).

寺院(사원) 절. 사찰(寺刹).

寺跡碑(사적비) 절의 역사를 기록한 비석.

寺田(사전) 절에 속해 있는 논밭.

寺址(사지) 절터.

寺刹(사찰) 절.

寺塔(사탑) 절의 탑.
寺人(시인) 임금의 옆에서 모시는 신하.
유 剎(절 찰) 비 侍(모실 시)

対	④ 7획 對(p346)의 俗字

寿	④ 7획 壽(p270)의 俗字

尀	⑤ 8획 叵(p178)와 同字

封	⑥ 9획 日フウ·ホウ·とじる 봉할 봉 中fēng

* 형성. 천자가 제후에게 영토(土)를 주면서 그에게(之) 법도(寸) 있게 다스리라 하였음을 나타낸 글자. 이에 '봉하다'의 뜻으로 쓰임.

풀이 1. 봉하다. 왕이 토지를 내려 제후로 삼음. 또는 작위 등을 내려 줌. ¶封爵 2. 봉지(封地). 왕이 제후에게 내린 토지. ¶封域 3. 봉하다. 아가리를 붙이다. ¶封蠟 4. 흙으로 제단을 쌓다. 5. 북돋우다. 배양하다. 6. 크다. 7. 지경. 경계. 8. 봉사(封祀). 흙으로 제단을 쌓고 하늘에 올리는 제사. 9. 무덤. 봉분. ¶封墳 10. 편지. 11. 부자. 부유하다.

封建(봉건) 천자가 사방 천 리의 직할지 이외의 토지를 나누어 주고 제후를 세워 다스리게 하던 제도.
封君(봉군) 1)대군(大君)이나 군(君)으로 봉함. 2)부인으로서 군호(君號)에 봉해진 사람.
封蠟(봉랍) 편지·포장물·병 등을 봉하는 데 쓰는 밀이나 초 등.
封物(봉물) 봉하여 보내는 선물. 대개는 시골에서 서울에 있는 관리들에게 보내는 물건에 대하여 쓰이던 말.
封墳(봉분) 흙을 올려 무덤을 만듦. 또는 그 무덤.
封禪(봉선) 고대 중국에서, 흙을 높이 쌓아서 제단을 만들어 하늘과 산천에 제사를 지내던 일.
封送(봉송) 물건을 싸서 보냄. 또는 그 선물.
封鎖(봉쇄) 1)봉하여 꼭 잠금. 2)병력으로 적을 포위하고 외부와의 교통을 끊음.
封臣(봉신) 봉토를 받은 신하. 곧 제후.
封餘(봉여) 임금에게 바친 것 가운데에서 바치고 남아서 벼슬아치들이 나누어 가지는 물건.
封域(봉역) 1)흙을 쌓아 만든 경계. 2)봉토의 지경.
封邑(봉읍) 제후를 봉하여 준 땅.
封印(봉인) 봉하여 붙인 자리에 도장을 찍음.
封土(봉토) 1)흙을 높이 쌓아 제단을 만듦. 2)제후를 봉한 땅.
封套(봉투) 편지를 써서 넣고 봉하는 봉지.
封緘(봉함) 편지를 봉투에 넣고 봉함.
封合(봉합) 봉하여 붙임.

尅	⑦ 10획 剋(p125)의 俗字

尃	⑦ 10획 ❶ 펼 부 日ブ·のばす ❷ 퍼질 포 中fū[1], bù[2]

풀이 1 1. 펴다. 펴지다. 깔다. 2 2.퍼지다. 널리 미치다.
유 伸(펼 신) 비 專(오로지 전)

射	⑦ 10획 ❶ 쏠 사 日シャ·いる ❷ 벼슬 이름 야 中shè ❸ 맞힐 석 ❹ 싫어할 역

* 회의. 자신(身)이 화살(矢)을 쏘는 데는 반드시 법도(寸)가 있어야만 함을 나타낸 글자. 이에 '쏘다', '맞히다' 라는 뜻으로 쓰임.

풀이 1 1. 쏘다. 활·총을 쏘다. ¶射擊 2. 궁술. ¶射御 2 3. 벼슬 이름. ¶僕射 3 4. 맞히다. 적중하다. 4 5. 싫어하다. 6. 음률 이름. 12율의 하나.

射擊(사격) 총 등을 쏘아서 목적물을 맞히거나 공격함.
射界(사계) 사격할 수 있는 경계.
射機(사기) 화살이나 돌 등을 쏘는 기계.
射殺(사살) 활이나 총으로 쏴 죽임.
射手(사수) 활·총 등을 쏘는 사람.
射術(사술) 활 쏘는 재주
射御(사어) 활쏘기와 말타기.
射藝(사예) 활 쏘는 재주.
射的(사적) 과녁. 활을 쏠 때 목표가 되는 것.

射精(사정) 정액(精液)을 쏘아 내보냄.
射程(사정) 총구로부터 탄환이 도달할 수 있는 지점까지의 수평 거리.
射出(사출) 쏘아 내보냄.
射倖心(사행심) 요행을 바라는 마음.
射官(석관) 벼슬아치가 됨.
射利(석리) 이익만 노림.
射覆(석부) 물건을 그릇으로 덮어 놓고 무엇인지를 맞히는 놀이.
射中(석중) 쏘아 적중함.
反射(반사) 1)한 방향으로 나가던 파동이 물체의 표면에 부딪쳐서 방향을 바꾸는 것. 2)자극에 대하여 일어나는 반응.
注射(주사) 약액을 물체의 조직 또는 혈액 속에 직접 주사기로 주입함.

将 ⑦ 10획
將(p344)과 同字

尉 ⑧ 11획 日イ・やすんじる
벼슬 이름 위 中wèi, yù

풀이 1. 벼슬 이름. 무관(武官)의 벼슬 이름에 쓰임. 2. 위로하다. 위문하다.

유 吏(벼슬아치 리) 官(벼슬 관) 寮(벼슬아치 료)

將 ⑧ 11획 日ショウ・まさに・ひきいる
장수 장 中jiāng, jiàng, qiāng

* 형성. 무기(爿)와 식량(月)을 손(寸)에 들고 싸움에 나아가는 '장수'를 나타낸 글자.

풀이 1. 장수. 장군. ¶將士 2. 거느리다. 3. 장차. 앞으로. ¶將次 4. 무릇. 혹은. 전환하는 의미로 쓰임. 5. 또. 한편. 6. …로써. 7. 청컨대. 원하건대. 8. 옆. 곁. 9. 나아가다. 진보하다. 10. 기르다. 양육하다. 봉양하다. 11. 돕다. 12. 가지다. 13. 함께 하다. 동반하다. 14. 행하다. 시행하다. 15. 이(此).

將校(장교) 1)육·해·공군의 소위 이상의 무관. 2)군대의 지휘관.
將軍(장군) 1)장관(將官) 자리의 사람. 즉, 준장(准將) 이상의 무관. 2)군의 지휘자. 총대장.
將來(장래) 1)앞날. 앞으로 닥쳐 올 때. 2)가지고 옴. 가지고 오게 함.
將兵(장병) 장수와 병사.
將士(장사) 장수와 병졸. 장졸(將卒).
將相(장상) 장수와 재상.
將星(장성) 장군을 높여 부르는 말.
將帥(장수) 군대를 거느리는 장군. 군(軍)의 우두머리. 대장(大將). 장령(將領).
將卒(장졸) 장군과 사졸(士卒). 장교와 병졸.
將次(장차) 차차. 앞으로.
船將(선장) 군함(軍艦)의 지휘자.
守門將(수문장) 1)대궐이나 성의 문을 지키던 무관의 벼슬. 2)대문을 맡아 지키는 신장의 하나.
日就月將(일취월장) 나날이, 다달이 발전함.

반 卒(군사 졸) 兵(군사 병)

專 ⑧ 11획 日セン・もっぱら
오로지 전 中zhuān

* 형성. 손(寸)으로 물레가 멈추지 않도록 계속 돌리는 것을 나타낸 글자. 이에 '오로지'라는 뜻으로 쓰임.

풀이 1. 오로지. 오직. ¶專念 2. 마음대로 하다. ¶專決 3. 전일하다. 섞이지 않다. ¶專一 4. 독차지하다. 독점하다. ¶專利 5. 사사로이. 6. 다스리다. 7. 홑겹. 8. 차다. 가득 차다.

專決(전결) 오로지 자기 마음대로 결정함.
專攻(전공) 한 가지를 전문적으로 연구함.
專管(전관) 오로지 그 일만을 관리함.
專權(전권) 권리를 마음대로 휘두름.
專念(전념) 오로지 그 일에만 마음을 씀.
專擔(전담) 1)혼자 담당함. 2)전문적으로 어떤 일의 전부를 담당함.
專力(전력) 오로지 한 일에만 힘을 씀.
專利(전리) 1)이익을 독차지함. 2)한결같고 날카로움.
專賣(전매) 1)전매권에 의하여 일정한 물건을 독점하여 판매함. 2)국고 수입의 확보를 꾀하여 담배·소금 등을 정부가 독점하여 사업함.
專門家(전문가) 어떤 특정한 학과나 일을 오로지 연구하여 그에 관한 지식·경험이 풍부한 사람.
專美(전미) 아름다운 명성을 혼자 차지함.
專屬(전속) 오로지 한 곳에 속함.
專習(전습) 오로지 한 가지 일만을 익힘. 전문적으로 배움. 전공(專攻).
專心(전심) 마음을 한 가지에만 기울임.
專用(전용) 1)어떤 사람만이 혼자 씀. 2)오로지 그것만을 씀.
專有物(전유물) 공동 소유물이 아닌 개인의 소

유물.
專意(전의) 뜻을 한 곳에만 기울임.
專一(전일) 1)한결같이 한 가지에 몰두하여 다른 것을 돌보지 않음. 2)한결같아 변화가 없음.
專任(전임) 한 가지 일만을 오로지 맡거나 맡김.
專制(전제) 다른 사람의 의사를 존중함이 없이 마음대로 일을 결정함. 2)국가의 권력이 군주 등에게 집중되어 국민의 의사와 상관없이 운용되는 정치. 전제 정치.
專橫(전횡) 권세를 독차지하여 마음대로 행함.

비 尃(펼 부)

尋	⑨ 12획 찾을 심	日シン·たずねる 中xún

* 회의. '左(왼 좌)'의 생략형과 '右(오른 우)'의 생략형과 '寸(마디 촌)'을 합친 글자. 이에 좌우 손을 쭉 펴서 치수(寸)를 재다는 뜻에서 '찾다', '묻다'의 뜻으로 쓰임.

풀이 1. 찾다. 방문하다. ¶尋求 2. 묻다. 물어보다. ¶尋究 3. 쓰다. 4. 길. 발. 두 팔을 벌린 길이. ¶千尋 5. 보통. 평소. ¶尋常 6. 오래지 않아. 얼마 안 되어. 7. 자(尺). ¶尋引 8. 생각하다. 숙고하다. ¶尋思

尋求(심구) 찾음.
尋究(심구) 물어서 탐구함.
尋矩(심구) 규칙. 법칙.
尋盟(심맹) 맹세를 새로이 함.
尋問(심문) 캐물음. 밝혀 물음.
尋味(심미) 깊은 뜻을 찾음.
尋訪(심방) 사람을 방문함.
尋思(심사) 깊이 생각함. 사색함.
尋常(심상) 1)대수롭지 않음. 2)얼마 안 되는 거리나 넓이.
尋繹(심역) 1)되풀이해서 행함. 복습함. 2)일의 이치를 연구함.
尋人(심인) 사람을 찾음.
尋章(심장) 장(章)마다 파고듦.
尋討(심토) 살피어 찾음.
千尋(천심) 매우 깊거나 높음.
推尋(추심) 1)챙겨서 찾아 가지거나 받아 냄. 2)은행이 소지인의 의뢰를 받아 수표나 어음을 지급인에게 제시하여 지급하게 함.

유 訪(찾을 방)

尌	⑨ 12획 尌(p344)와 同字

尊	⑨ 12획 ❶높을 존 ❷술그릇 준	日ソン·たっとぶ 中zūn

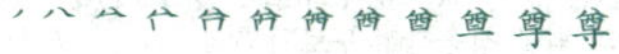

* 회의. 술병(酋)을 손(寸)에 공손히 들어서 바치는 모양을 나타낸 글자. 이에 존경의 뜻을 나타내어 '높이다'의 뜻으로 쓰임.

풀이 ❶ 1. 높다. 존귀하다. 2. 우러러보다. 존경하다. ¶尊貴 3. 중히 여기다. ¶尊寵 4. 어른. 높은 사람. 임금·아버지 등을 이르는 말. ¶尊者 5. 관리(官吏). 벼슬아치. 6. 좌(座). 불상 등을 세는 단위. ❷ 7. 술그릇. 술통. 8. 따르다. 좇다.

尊敬(존경) 높여 공경함.
尊貴(존귀) 신분이 높고 귀함.
尊堂(존당) 남의 어머니를 높여 이르는 말.
尊大(존대) 1)교만하게 뽐냄. 2)벼슬이 높고 큼.
尊待(존대) 높여 대접함.
尊命(존명) 존귀한 명령. 임금의 명령.
尊名(존명) 1)훌륭한 명성. 2)이름을 높임. 3)귀한 이름. 남의 이름을 높여 이르는 말.
尊問(존문) 남의 물음을 높여 이르는 말.
尊卑(존비) 높고 낮음.
尊師(존사) 1)스승을 우러러봄. 2)도사(道士)를 높여 이르는 말.
尊屬(존속) 부모와 같은 항렬 이상의 친족.
尊崇(존숭) 높여 숭배함.
尊信(존신) 존중하고 신뢰함.
尊仰(존앙) 높여 추앙함.
尊嚴(존엄) 1)귀하고 엄숙함. 2)임금의 지위.
尊影(존영) 남의 초상이나 사진 등을 높여 이르는 말.
尊王攘夷(존왕양이) 왕실을 높이고 오랑캐를 배척함.
尊意(존의) 남의 생각을 높이는 말.
尊異(존이) 우러러보며 특별히 대우함.
尊者(존자) 1)웃어른. 2)학문과 덕행이 높은 부처의 제자의 경칭.
尊爵(존작) 귀한 자리. 높은 관직.
尊長(존장) 웃어른.
尊重(존중) 1)높이고 소중하게 여김. 2)지위가 높고 권세가 많음.
尊戚(존척) 지위가 높은 친척.
尊寵(존총) 1)존중하여 총애함. 2)남의 총애를 높여 이르는 말.
尊稱(존칭) 공경하며 칭찬함.
尊翰(존한) 편지의 존칭.
尊銜(존함) 상대자의 이름을 높이는 말.

3획

尊賢(존현) 1)현인(賢人)을 존경함. 2)존귀하고 현명함. 또는 그 사람.

尊顯(존현) 신분이 높고 이름이 드러남. 또는 그 사람.

尊號(존호) 1)남을 높여 부르는 칭호. 2)왕 · 왕비의 덕을 칭송하여 부르던 칭호.

達尊(달존) 세상 사람이 모두 우러러 받들 만한 사람.

本尊(본존) 1)절의 중앙에 안치되어 신앙의 중심이 되는 부처. 주불(主佛). 2)석가모니를 이르는 말.

三尊(삼존) 1)받들어 모셔야 할 세 분. 곧, 임금과 아버지와 스승. 2)불교에서, 본존(本尊)과 그 좌우의 두 협시(脇侍)를 이르는 말.

自尊(자존) 1)스스로 잘난 체하며 자기를 높임. 2)자신의 인격을 존중하며, 긍지를 가지고 스스로의 품위를 지킴. 자경(自敬).

至尊(지존) 임금을 높여 이르는 말.

推尊(추존) 높여 우러르며 공경함.

비 奠(드릴 전)

尌

⑨ 12획 日シュウ·めしつかい
세울 주 中shù

풀이 1. 세우다. 2. 종. 하인. ¶尌子

尌子(주자) 종. 나이 어린 종.

비 樹(나무 수)

對

⑪ 14획 日タイ·こたえる
대답할 대 中duì

* 회의. 땅(土) 위에 떨기처럼 난 초목에 사람이 손(寸)을 대고 서 있는 모양을 나타낸 글자. 초목을 앞에 두고 있다는 의미에서 '상대하다', '마주 보다'의 뜻으로 쓰임.

풀이 1. 대답하다. 답하다. ¶對答 2. 대하다. 상대하다. ¶對面 3. 같다. 동일하다. 4. 이루다. 성하게 되다. 대성하다. 5. 다스리다. 6. 짝. 배필. 7. 쌍. 둘씩 짝을 지은 것.

對客(대객) 1)손님의 질문에 대답함. 2)손님을 대함.

對待(대대) 서로 마주 대함.

對頭(대두) 적. 대적(對敵).

對等(대등) 1)서로 견주어 우열이 없음. 2)서로 대하는 데 어떤 차별이 없음.

對聯(대련) 한시에서 서로 대(對)가 되는 연.

對壘(대루) 적을 상대하기 위하여 흙으로 쌓은 누대.

對辯(대변) 대답하여 말함. 답변.

對食(대식) 마주 앉아 먹음.

對岸(대안) 마주 대하는 언덕.

對偶(대우) 1)짝. 2)한시에서의 대구.

對應(대응) 1)서로 마주 대함. 2)상대에 따라 응함. 3)쌍방이 서로 같음.

對匹(대필) 배우자(配偶者). 배필(配匹).

對向(대향) 두 사람이 마주 대함.

反對(반대) 1)사물의 위치 · 방향 · 순서 등이 정상이 아니고 거꾸로 됨. 또는 그러한 상태. 2)어떤 의견이나 제안 등에 찬성하지 않음.

相對(상대) 서로 마주 대함. 또는 그 대상.

應對(응대) 상대가 되어 이야기를 나누거나 물음에 답하거나 함.

敵對(적대) 적과 맞섬.

絶對(절대) 대립되거나 비교될 것이 없는 상태. 또는 구속이나 제약을 받지 않고 그 자체로서 존재하는 것.

接對(접대) 찾아온 이를 맞이하여 대면함.

正反對(정반대) 완전히 반대되는 일.

유 答(대답할 답) 반 問(물을 문)

導

⑬ 16획 日トウ·みちいる
이끌 도 中dǎo

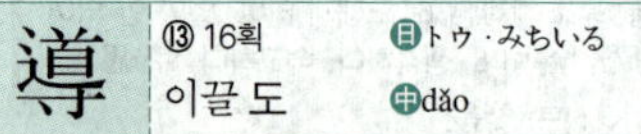

* 형성. 길에 도와준다는 뜻을 나타내는 부수 '寸(마디 촌)'과 음을 나타내는 '道(길 도)'를 합친 글자. 이에 길에서 남을 도와서 목적지로 '인도하다'의 뜻으로 쓰임.

풀이 1. 이끌다. 인도하다. ¶導達 2. 충고하다. 3. 소통시키다. 통하게 하다. 4. 계몽하다. 깨우치다. ¶開導 5. 이루다. 달성하다. 6. 다스리다. 7. 고르다. 선별하다.

導呵(도가) 충고하여 이끎.

導達(도달) 1)이끌어 이르게 함. 2)윗사람이 알지 못하는 사정을 아랫사람이 넌지시 알려 줌.

導師(도사) 중생을 불도로 이끄는 중.

導言(도언) 중매하는 말.

導迎(도영) 이끌어 맞이함.

導誘(도유) 유혹하여 이끎.

導引(도인) 인도함.

導入(도입) 끌어들임.

導從(도종) 앞뒤에서 따르는 사람.

導體(도체) 열 · 전기의 전도율이 큰 물체.

導火(도화) 1)화약을 터뜨리기 위해 붙이는 불. 2)사건이 발생하는 원인.

導訓(도훈) 이끌어 가르침.

教導(교도) 1)가르쳐 지도함. 2)학생의 생활을

지도함.
先導(선도) 앞장서 이끎.
誘導(유도) 1)물리학에서, 전기나 자기가 자계(磁界)·전계(電界) 속에 있는 어떤 물체에 미치는 작용. 감응. 2)생물에서, 동물의 배(胚)의 일부가 다른 부분의 분화를 일으키는 작용.
引導(인도) 1)가르쳐 일깨움. 2)길을 안내함. 3)불교에서, 사람을 불도로 이끄는 일.
指導(지도) 어떤 목적이나 방향에 따라 가르쳐 이끎. 가르침.
唱導(창도) 1)주장을 내세워 앞장서 이끎. 2)불도(佛道)로 인도함.
嚮導(향도) 길을 인도함. 또는 그 사람.
비 道(길 도)

小 작을 소 部

'小' 자는 빗방울이나 모래알처럼 작은 모양을 본뜬 글자로, '작다' 라는 뜻을 지닌다. 그 의미가 확대되어 '조금' 이라는 뜻으로도 쓰이고, 소곡(小曲)에서처럼 '짧다', 소아(小兒)나 소생(小生)처럼 '어리다' 라는 뜻이나 자기의 겸칭을 나타내어 겸양의 접두어로 쓰이기도 한다. 이 글자를 부수로 갖는 글자는 대부분 '작다' 와 관련이 있다.

小	⓪3획	日ショウ·ちいさい
	작을 소	中xiǎo

*상형. 빗방울이나 모래알처럼 작은 모양을 본뜬 글자.

풀이 1. 작다. 자잘하다. 시간이 짧거나, 지위가 낮거나, 나이가 어리거나, 도량 등이 좁은 것을 나타내기도 하며, 자신을 겸손하게 낮추는 의미로 붙이는 접두사로 쓰이기도 함. ¶大小 2. 소인. 나이가 어리거나, 도량이 작거나, 신분이 낮은 사람. ¶小人 3. 경시하다. 작게 여기다. 4. 적다. 많지 않다. ¶小食 5. 조금. 약간. 6. 작은달. 음력으로 30일이 못 되는 달. 7. 첩.

小簡(소간) 1)작은 대나무 조각. 2)짤막한 편지.
小康(소강) 1)소란하던 상태가 조금 잠잠한 상태. 2)정치 등이 잘 행해져 세상이 태평함.
小計(소계) 한 부분의 합계.
小鼓(소고) 악기의 이름. 작은 북.
小曲(소곡) 1)조금 굽음. 2)저속한 노래. 3)짧은 곡조.
小科(소과) 생원과 진사를 뽑던 과거.
小括弧(소괄호) 작은 괄호.
小國(소국) 작은 나라.
小君(소군) 1)제후의 처. 2)처의 통칭. 3)고려 때, 천첩(賤妾)의 소생으로 중이 된 왕자.
小女(소녀) 1)성숙하지 않은 어린 여자. 2)웃어른에 대하여 여자가 자기를 겸손하게 이르는 말.
小農(소농) 작은 농토를 가지고 한 가족만이 경작을 하고 남을 쓰지 않는 농부 또는 농가.
小隊(소대) 중대를 셋 또는 넷으로 나눈 편제의 하나.
小童(소동) 1)아이들. 2)제후의 처가 스스로 낮추어 일컫던 말. 3)상을 입고 있을 때에 임금이 스스로 일컫는 말.
小豆(소두) 오곡의 하나. 팥.
小殮(소렴) 시신을 옷과 이불로 쌈.
小路(소로) 작은 길.
小利(소리) 작은 이익.
小賣(소매) 물건을 도매상에게서 사서 중간 이익을 얻고 소비자에게 파는 장사.
小麥粉(소맥분) 밀가루.
小盤(소반) 음식을 놓고 먹는 상.
小便(소변) 오줌.
小婦(소부) 첩을 이르는 말.
小說(소설) 상상력과 사실의 통일적 표현으로 인생과 미를 문장으로 나타낸 예술.
小小(소소) 1)극히 작음. 2)나이가 어림. 젊음.
小市民(소시민) 소상인·수공업자·하급 봉급 생활자 등.
小食(소식) 음식을 조금만 먹음.
小心(소심) 1)삼가하여 조심하는 마음. 2)마음이 너그럽지 못함. 도량이 좁음. 3)마음이 대범하지 못함.
小兒(소아) 1)어린아이. 2)자기 아들의 겸칭.
小宇宙(소우주) 우주의 한 부분으로서 우주를 대표하고 있는 소규모의 우주라는 뜻으로 특히 인간 또는 인간의 혼을 가리킴.
小人(소인) 1)일반 민간인. 서민(庶民). 2)덕이 없는 사람. 수양이 부족한 사람. 3)자기 자신을 낮추어 이르는 말. 4)몸집이 작은 사람.
小子(소자) 1)아이. 동자(童子). 2)자식이 부모에 대하여 자신을 이르는 말. 3)스승이나 어른이 제자나 손아랫사람을 부르는 말.
小作(소작) 남의 전답을 빌어서 경작함.
小壯(소장) 나이가 젊고 혈기가 왕성한 장년.
小腸(소장) 창자의 일부. 십이지장에서 시작되어 구불구불 대장에 통하는 관상(管狀)의 소화관.

小姐(소저) 1)나이 어린 딸. 2)아가씨. 처녀.
小節(소절) 1)세소(細小)한 예절. 2)조그마한 의리·절조. 3)노래·음악 등의 작은 마디.
小冊子(소책자) 작은 책.
小妾(소첩) 여자가 자신을 이르는 말.
小貪大失(소탐대실) 작은 것을 탐하다가 큰 것을 잃음. 탐소실대(貪小失大).
小荷物(소하물) 기차편에 부칠 수 있는 대하물 이외의 일반 유임하물(有賃荷物).
小學(소학) 1)옛날에 태자(太子)·왕자(王子)·제후의 아들 및 대부(大夫)의 자식들을 가르치던 학교. 2)글자의 형상(形象)·음운(音韻) 등을 연구하는 학문.
小型(소형) 작은 형태.
小形(소형) 물건의 형체가 작은 것.

유 少(적을 소) 반 大(큰 대) 多(많을 다)

① 4획 적을 소 日ショウ·すくない 中shǎo, shào

丿 小 小 少

*상형. 부피가 작은(小)것이 연속되어(丿) '수량이 적다' 라는 뜻을 나타내는 글자. 또한 '나이가 젊다' 의 뜻으로도 쓰임.

풀이 1. 적다. 양이 적다. ¶少言 2. 젊다. 어리다. 젊은이. ¶少子 3. 잠시. 잠깐. ¶少頃 4. 약간. 조금. ¶少得 5. 가치·능력·수량 등이 뒤떨어지다. 모자라다. ¶少半 6. 경시하다. 적게 여기다. 7. 버금. 8. 작다.

少憩(소게) 잠시 쉼.
少頃(소경) 잠시 동안.
少孤(소고) 나이 어린 고아.
少君(소군) 1)제후의 아내를 이르는 말. 소군(小君). 2)어린 임금.
少女(소녀) 어린 여자 아이. 동녀(童女).
少年(소년) 나이가 어린 사내아이.
少得(소득) 적은 이득.
少數(소수) 적은 수.
少時(소시) 1)젊을 때. 2)잠깐.
少陽(소양) 1)동방(東方)을 이르는 말 2)동궁(東宮)을 달리 이르는 말.
少言(소언) 말이 적음. 과묵(寡默).
少陰(소음) 한의학에서 인체 경맥의 신경(腎經)을 이름.
少日(소일) 짧은 날. 며칠.
少子(소자) 막내 자식.
少長(소장) 아이와 어른. 아동과 연장자.
少妻(소처) 첩. 소처(小妻).
少許(소허) 조금. 얼마 안 되는 양.

유 小(작을 소) 반 大(큰 대) 多(많을 다)

② 5획 너 이 日ジ 中ěr

풀이 너. 그대. 당신. 2인칭 대명사.

③ 6획
❶ 菽(p1162)과 同字
❷ 叔(p170)과 通字

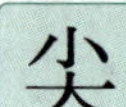

③ 6획 뾰족할 첨 日セン·とがる 中jiān

丨 小 小 尖 尖 尖

*회의. '小(작을 소)' 와 '大(큰 대)' 를 합친 글자. 물건이 아래는 큰데 위로 갈수록 작아지는 모양을 나타내어 '뾰족하다' 는 뜻으로 쓰임.

풀이 1. 뾰족하다. 날카롭다. ¶尖利 2. 작다. 3. 거칠다. ¶尖叉 4. 끝. 꼭대기. 뾰족한 산봉우리나 손가락 끝을 나타내기도 함.

尖端(첨단) 1)뾰족한 끝부분. 2)학문·사조·유행 등의 맨 앞.
尖利(첨리) 뾰족하고 날카로움.
尖尾(첨미) 뾰족한 끝.
尖纖(첨섬) 뾰족하고 가늚.
尖叉(첨차) 시에서의 까다로운 운자(韻字).
尖尖(첨첨) 끝이 뾰족한 모양.

⑤ 8획 오히려 상 日ショウ·なお 中shàng

丨 丿 小 ⺌ 尙 尙 尙 尙

풀이 1. 오히려. 2. 숭상하다. ¶尙武 3. 흠모하다. 사모하다. 4. 좋아하다. 5. 받들다. 6. 높다. 높이다. ¶尙優 7. 자랑하다. ¶尙功 8. 주관하다. 9. 공주(公主)와 결혼하다. 10. 짝하다. 부부로 맺어지다. 11. 꾸미다. 12. 더하다. 보태다. 13. 바라다. 14. 높이는 말에 붙이는 접두어. ¶尙父

尙古(상고) 오래된 문물을 소중히 여김.
尙功(상공) 공을 자랑함.
尙論(상론) 옛 사람의 언행 등을 논함.
尙武(상무) 무를 숭상함.
尙文(상문) 문을 숭상함.
尙父(상보) 아버지와 같이 높여 모심. 또는 그런 사람.

尙書(상서) 《서경(書經)》을 달리 이르는 말. .
尙優(상우) 매우 뛰어남.
尙友(상우) 어진 사람을 벗으로 삼음.
尙義(상의) 의(義)를 높임.
尙早(상조) 아직 이름.
尙存(상존) 아직 존재함.
尙志(상지) 뜻을 높임.
尙齒(상치) 나이 많은 사람을 존경함.
尙賢(상현) 어진 사람을 높임.
高尙(고상) 인품 · 예술 등이 품위 있고 훌륭함.
崇尙(숭상) 높여 존경함.
和尙(화상) 1)수행을 많이 한 중. 2)중을 높여 이르는 말.

尠	⑩ 13획	日セン · すくない
	적을 선	中xiǎn

풀이 적다. 많지 않다. 드물다. ¶尠少

尠少(선소) 적음.
尠疇(선주) 같은 부류가 적음.

유 鮮(적을 소)

尢 부

尢 절름발이 왕 部

'尢' 자는 '大' 자를 변형시킨 모양으로, 다리 하나는 곧고 하나는 굽은 모양을 나타낸 글자로, '절름발이' 라는 뜻으로 쓰인다. 따라서 등이 굽고 키가 작은 사람인 '곱사등이' 를 나타내기도 하고, '약하다' 의 뜻으로 쓰이기도 한다. 이 글자를 부수로 갖는 글자는 '굽다' 와 관련이 있다.

尢	⓪3획	日オウ · せむし
	절름발이 왕	中wāng

풀이 절름발이. 한쪽 다리가 굽은 사람.

尤	① 4획	日ユウ · もっとも
	더욱 우	中yóu

一 ナ 九 尤

*상형. 개(犬)가 다리를 굽힌 모양을 나타낸 글자. 개가 다리를 굽히고 앉아서 사람을 보면 더욱 짖는다는 의미에서 '더욱'의 뜻으로 쓰임.

풀이 1. 더욱. 가장. ¶尤極 2. 허물. 결점. 3. 탓하다. 원망하다. 4. 심하다. 5. 가장 뛰어난 사람이나 사물. ¶尤物 6. 주저하다. 머뭇거리다. 7. 가까이하다. 친하게 지내다.

尤詬(우구) 꾸짖어 치욕을 줌.
尤極(우극) 더욱.
尤隙(우극) 말다툼.
尤妙(우묘) 더욱 기묘함.
尤物(우물) 1)가장 좋은 물건. 2)용모가 아름다운 여자.
尤異(우이) 가장 뛰어남.
尤著(우저) 가장 두드러짐.
尤最(우최) 가장 뛰어남.
尤悔(우회) 허물과 뉘우침.

尬	④ 7획	日カイ · よろめく
	절름발이 개	中gà

풀이 1. 절름발이. 2. 절뚝거리다.

尨	④ 7획	日ボウ · むくいぬ
	삽살개 방	中máng, méng

*회의. '犬(개 견)' 과 '彡(털 삼)' 를 합친 글자. 이에 털이 많은 개, 곧 '삽살개' 의 뜻으로 쓰임.

풀이 1. 삽살개. ¶尨犬 2. 여러 색이 섞이다. 얼룩얼룩하다. ¶尨服 3. 크다. ¶尨大

尨犬(방견) 털이 많은 개. 삽살개.
尨大(방대) 크거나 많음.
尨服(방복) 여러 색이 섞인 옷.
尨雜(방잡) 어지럽게 뒤섞임. 혼잡함.

유 尤(더욱 우)

尪	④ 8획	日オウ · びっこ
	절름발이 왕	中wāng

풀이 1. 절름발이. 2. 절뚝거리다. 3. 곱사등이. ¶尪蹇 4. 약하다. ¶尪病

尪蹇(왕건) 곱사등이와 절름발이.
尪陋(왕루) 약하고 누추함.
尪羸(왕리) 약해서 고단함.
尪病(왕병) 약하여 병에 잘 걸림.
尪弱(왕약) 약함. 허약함.
尪弊(왕폐) 약하여 퇴폐해짐.

유 尬(절름발이 개)

尰	⑨ 12획	日ショウ · はれる
	수중다리 종	中zhǒng

3획

풀이 1. 수중다리. 다리가 퉁퉁 붓는 병. 2. 다리가 퉁퉁 붓다.

就 ⑨ 12획 日シュウ·つく
이룰 취 中jiù

丶 亠 亣 亩 亩 亨 京 京 京 就 就 就

* 회의. '京(서울 경)' 과 '尤(더욱 우)' 를 합친 글자. 이에 더욱(尤) 좋은 서울(京)로 나아가는 것을 나타내어 '나아가다', '이루다' 는 뜻으로 쓰임.

풀이 1. 이루다. 이루어지다. ¶成就 2. 나아가다. ¶就任 3. 따르다. 좇다. 4. 마치다. ¶就世 5. 곧. 바로. 6. 가령. 만약. 7. 능히. 잘.

就眠(취면) 잠을 잠. 취침(就寢).
就木(취목) 관(棺) 속에 들어감. 죽음.
就縛(취박) 잡힘. 체포됨.
就世(취세) 1)죽음. 2)세상에 나아감.
就養(취양) 부모를 봉양함.
就業(취업) 1)업무에 종사함. 2)취직.
就任(취임) 맡은 자리에 나아감.
就籍(취적) 호적(戶籍)에서 빠졌던 사람을 호적에 등록함.
就正(취정) 1)도를 닦은 사람에게 나아가 자신의 잘못을 바로잡음. 2)바른 일을 좇아 나아감.
就地(취지) 현지에서. 그 자리에서.
就職(취직) 직업을 얻음. 취업(就業).
就寢(취침) 잠자리에 듦. 잠을 잠.
就學(취학) 학교에 들어가서 공부함. 스승에게 나아가서 학문을 배움.
就航(취항) 배나 비행기가 항로에 오름.
去就(거취) 1)사람이 어딘가로 나아가는 움직임. 2)어떤 직무나 직위에 머무를 것인가, 떠날 것인가에 관하여 자기의 처지를 정하는 태도.
成就(성취) 목적한 바를 이룸.

유 成(이룰 성) 비 孰(누구 숙)

尲 ⑩ 13획 日カン
절뚝거릴 감 中gān

풀이 1. 절뚝거리다. 비틀거리다. ¶尲尬 2. 어그러지다. 엇갈리다.

尲尬(감개) 1)절뚝거림. 비틀거림. 2)입장이 난처함.

檇 ⑫ 15획 日タイ
말 병들 퇴 中tuí

풀이 말이 병들다. 말이 병으로 여위고 쇠약해지다.

尸 주검 시 部

'尸' 자는 사람이 무릎을 구부리고 앉은 형태를 나타낸 글자로, 죽은 사람의 몸인 '주검' 의 뜻으로 쓰인다. 그리고 제사를 지낼 때 신위(神位)에 앉히던 어린아이인 '시동(尸童)' 을 나타내다가, 의미가 확대되어 '위패' 나 '신주' 의 뜻으로도 쓰인다. 이 글자를 부수로 갖는 글자는 사람의 몸 또는 집과 관련이 있다.

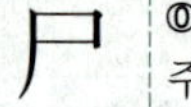

尸 ⓪3획 日シ·しかばね
주검 시 中shī

풀이 1. 주검. 시체. ¶尸諫 2. 신주. 위패. ¶尸祝 3. 시동. 제사 때 신위를 대신하는 아이. ¶尸童 4. 진을 치다. 주둔하다. ¶莉尸 5. 주장하다. ¶尸盟

尸諫(시간) 죽은 다음에 임금에게 간함.
尸官(시관) 다만 관직에 있을 뿐 그 직무를 완수하지 못하는 일.
尸童(시동) 제사를 지낼 때 신위(神位) 대신에 앉히던 어린아이.
尸利(시리) 이익만을 꾀함.
尸盟(시맹) 동맹을 주관함. 또는 그 사람.
尸位素餐(시위소찬) 자리에 있을 뿐, 직무를 다하지 않고 녹봉만 먹는 일.
尸祝(시축) 신주(神主)와 제문(祭文).
行尸走肉(행시주육) 걸어가는 송장과 달리는 고깃덩이라는 뜻으로, 배운 것이 없어서 쓸모가 없는 사람을 이르는 말.

비 戶(지게 호)

尹 ① 4획 日イン·おさ
다스릴 윤 中yǐn

* 회의. 손(⺕)을 내려서(丿) 사업을 시작하는 것을 나타낸 글자. 이에 사업 중 가장 큰 사업이 사람을 다스리는 것이라 하여 '다스리다', 또는 그러한 '벼슬' 의 뜻으로 쓰임.

풀이 1. 다스리다. 다스려 바로잡다. 2. 벼슬. 벼슬 이름. ¶尹司 3. 미쁘다. 믿음이 있다. 4. 포. 건육(乾肉). 5. 윤기. 광택.

尹孚(윤부) 맑고 윤기 있는 옥 빛깔.
尹司(윤사) 관리.
尹祭(윤제) 종묘의 제사 때 쓰는 포(脯).
卿尹(경윤) 재상.

유 治(다스릴 치)

3획

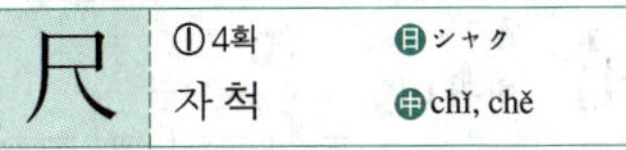

ㄱ ㅋ 尸 尺

*상형. 손목의 금 모양을 나타내는 '尸(주검 시)'와 팔이 접히는 부분의 모양인 '乀(파임 불)'을 합친 글자. 이에 손목 금에서 동맥까지는 한 치(寸)이고, 팔을 접는 데까지는 열 치, 즉 한 자이므로, '한 자', 또는 '길이를 재는 자'의 뜻으로 쓰임.

풀이 1. 자. ㉠길이를 재는 도구. ㉡길이의 단위. 10치. ¶曲尺 2. 길이. 3. 짧다. 작다. ¶尺鐵 4. 법. 기준. 척도. ¶尺度 5. 편지. ¶尺書

尺貫法(척관법) 길이의 단위를 척(尺), 양의 단위를 관(貫)으로 하는 도량형법.
尺口(척구) 나이가 두 살 반 정도 되는 어린아이.
尺度(척도) 1)물건을 재는 자. 2)평가나 판단의 기준.
尺牘(척독) 편지.
尺兵(척병) 짧은 무기.
尺書(척서) 1)편지. 2)책.
尺雪(척설) 한 자나 쌓인 눈. 큰 눈.
尺素(척소) 편지.
尺水(척수) 얼마 안 되는 물.
尺刃(척인) 한 자 길이 되는 칼.
尺楮(척저) 편지. 척서(尺書).
尺地(척지) 좁은 땅.
尺鐵(척철) 짧은 무기. 촌철(寸鐵).
尺寸(척촌) 1)자와 치. 촌척(寸尺). 2)한 자 한 치라는 뜻으로, 얼마 안 되는 것을 이르는 말.
尺宅(척택) 얼굴. 눈·입·코 등이 사방 한 자 안에 있으므로 이르는 말.
尺土(척토) 얼마 안 되는 땅.

비 尸(주검 시)

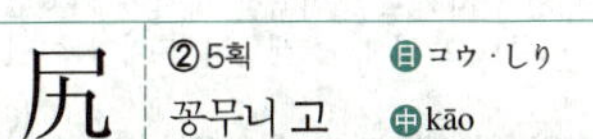

풀이 1. 꽁무니. 2. 자리를 잡다. 엉덩이를 땅에 대고 앉다.

유 尾(꼬리 미)

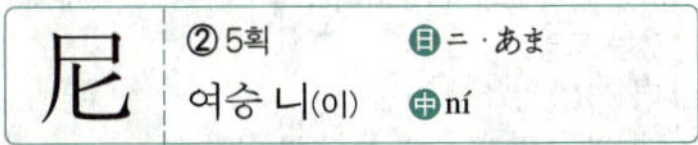

풀이 1. 여승(女僧). 비구니(比丘尼). ¶尼僧 2. 정지시키다. 3. 가깝다.

尼房(이방) 비구니가 거처하는 곳.
尼師今(이사금) 신라 때 왕의 칭호의 하나. 제3대 유리왕 때부터 제18대 실성왕 때까지 사용함.
尼僧(이승) 여자 중. 여승(女僧). 비구니.
尼院(이원) 여승이 있는 절.
比丘尼(비구니) 출가하여 불문에 들어 구족계를 받은 여승.
印尼(인니) 인도네시아의 한자 이름.

유 僧(중 승)

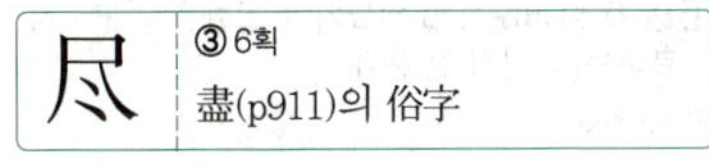

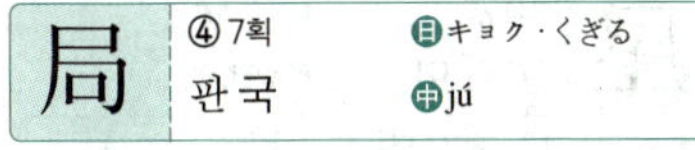

ㄱ ㅋ 尸 月 局 局 局

풀이 1. 판. 장기판·바둑판 등. 또는 장기·바둑 등의 승부. ¶對局 2. 판국. 형세. 국면. ¶政局 3. 관청. 관아. 4. 부서. 부처. 5. 구획. 구획된 방. ¶局部 6. 재능. 기량. ¶局量 7. 굽히다. 움츠리다. 8. 말리다. 실 등이 감기다.

局量(국량) 1)도량과 재주. 2)자로 재거나 되로 되는 것. 3)너그러운 마음과 깊은 생각.
局面(국면) 1)일이 진행되는 상태. 2)승패를 겨루는 장기, 바둑판의 형세.
局部(국부) 1)신체 가운데의 일부분. 2)음부(陰部).
局外者(국외자) 그 일과 관련 없는 사람. 테두리 밖의 사람.
局長(국장) 국의 총책임자.
局地(국지) 한정된 구역의 땅.
局限(국한) 어떤 부분에 한정됨.
難局(난국) 어려운 고비.
內局(내국) 장관·차관의 감독을 직접 받는 중앙 관청의 국(局).

비 房(방 방)

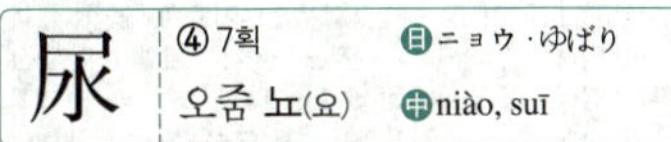

풀이 오줌. 소변. ¶尿道

尿道(요도) 오줌이 방광에서 몸 밖으로 나오는 구실을 하는 관. 오줌길.
尿毒症(요독증) 오줌이 잘 나오지 못하여 해로운 물질이 혈액 중에 섞여 생기는 병.

3획

尿素(요소) 주정(酒精)에 잘 녹는 무색 주상(柱狀)의 결정.
糖尿(당뇨) 포도당이 많이 섞여 나오는 병적인 오줌.
凍足放尿(동족방뇨) 언 발에 오줌 누기라는 뜻으로, 임시방편으로 잠시의 효력이 있을 뿐, 결국 더 나쁘게 될 일을 함.
糞尿(분뇨) 똥과 오줌.
利尿(이뇨) 오줌이 잘 나오게 하는 일.
泌尿器科(비뇨기과) 비뇨기의 질환을 연구·치료하는, 의학의 한 분과.

유 便(오줌 변)

尾	④ 7획	日 ビ・お
	꼬리 미	中 wěi, yǐ

ㄱ ㅋ 尸 尸 尸 屃 尾

* 회의. 펼쳐 있는 꼬리 모양을 나타낸 '尸'와 털이 많이 있음을 나타낸 '毛(터럭 모)'를 합친 글자. 이에 짐승의 '꼬리'의 뜻으로 쓰임.

풀이 1. 꼬리. ¶尾大 2. 끝. ¶尾末 3. 뒤. 뒤쪽. 4. 교미하다. 5. 마리. 물고기를 세는 단위. 6. 미행하다. 뒤를 밟다.

尾鑛(미광) 원석에서 쓸모 있는 광석을 골라 내고 남은 찌꺼기.
尾局(미국) 군대의 행렬에서 그 부대의 뒤 부분.
尾大(미대) 1)꼬리가 큼. 2)신하의 세력이 큼을 비유하는 말.
尾燈(미등) 자동차 등의 뒤에 붙은 등.
尾輪(미륜) 비행기의 동체 끝머리 부분에 달린 바퀴.
尾末(미말) 끄트머리.
尾毛(미모) 눈썹.
尾絲(미사) 곤충 등의 꼬리에 실 모양으로 돋아난 것.
尾生之信(미생지신) 한 번 약속을 하면 어떤 일이 있어도 굳게 지킴. 또는 고지식하고 융통성이 없음.

尾生之信(미생지신)의 유래

미생(尾生)은 여자와 다리 밑에서 만나기로 약속을 했다. 하지만 약속 시간이 되어도 여자는 나타나지 않았다. 마침 강물이 불어나 몸이 물에 잠겼지만, 그래도 그는 떠나지 않고 계속 기다렸다. 물이 자기 키를 넘자, 그는 기둥을 잡고 버티다가 끝내 익사하고 말았다고 한다. 《사기》 소진열전.

尾狀(미상) 꼬리 모양.
尾羽(미우) 매 또는 그 밖의 새의 꽁지 깃.
尾行(미행) 몰래 뒤를 밟음.

유 尻(꽁무니 고)

屁	④ 7획	日 ヒ・へ
	방귀 비	中 pì

풀이 방귀.

居	⑤ 8획	
	❶ 살 거	日 キョ・いる
	❷ 어조사 기	中 jū

ㄱ ㅋ 尸 尸 尸 屄 居 居

* 형성. 뜻을 나타내는 부수 '尸(주검 시)'와 음을 나타내는 '古(예 고)'를 합친 글자. 지붕(尸) 아래서 옛날(古)부터 살고 있다는 데에서, '살다', '있다'의 뜻으로 쓰임.

풀이 ❶ 1. 살다. 있다. ¶居室 2. 앉다. 3. 머물다. 멈추다. 4. 곳. 거처. 집. 5. 무덤. 6. 차지하다. 7. 평상시. 일상. ¶居常 8. 쌓다. 쌓은 것. 9. 어조사. 지정하여 부르거나 영탄·강세를 나타냄. ❷ 10. 어조사. 의문을 나타냄.

居間(거간) 사이에서 흥정을 붙임. 또는 그런 사람.
居甲(거갑) 가장 으뜸이 되는 자리를 차지함. 우두머리가 됨.
居官(거관) 벼슬살이를 함.
居奇(거기) 좋은 물건을 보관해 두고 값이 오르기를 기다림.
居留(거류) 1)잠시 머무름. 2)외국에 머물러 삶.
居民(거민) 그 땅에 사는 백성.
居士(거사) 1)학식을 갖추었으나 벼슬을 하지 않는 선비. 처사(處士). 2)출가하지 않고 불도(佛道)를 믿는 사람.
居常(거상) 1)도를 지켜 변하지 않음. 2)항상.
居喪(거상) 부모상을 당함.
居所(거소) 일시적으로 어떠한 목적을 가지고 계속 머무르고 있으나, 생활의 본거가 아닌 곳.
居室(거실) 1)거처하는 방. 2)가족이 평소 모여서 생활하는 서양식 방.
居心(거심) 1)평온한 마음. 2)항상 생각하고 잊지 않음. 항상 마음에 둠.
居然(거연) 1)그대로. 2)편안한 모양. 안연(安然). 3)사물에 동요되지 않는 모양. 꼼짝하지 않는 모양.
居貞(거정) 정조를 지킴.
居住(거주) 머물러 삶. 또는 그 집.
居中(거중) 중간에 있음. 가운데에 있어 치우치지 않음.
居之半(거지반) 거의. 절반 이상.
居處(거처) 한 군데를 정하여 두고 늘 기거함.

3획

또는 그 곳.

居鄕(거향) 시골에서 삶.

유 住(살 주)

屆 ⑤8획 이를 계 日カイ・とどける 中jiè

풀이 1. 이르다. 다다르다. ¶屆期 2. 다하다. 3. 차례. 4.韓 관청에 신고하다.

屆期(계기) 때가 이름. 정한 시간에 다다름.

屆滿(계만) 기한이 다다름. 만기가 됨.

屆出(계출) 어떤 일을 관청에 신고함.

届 ⑤8획 屆(p353)의 俗字

屈 ⑤8획 굽을 굴 日クツ・かがむ 中qū

㇇ ㇇ 尸 尸 屈 屈 屈 屈

풀이 1. 굽다. 구부리다. ¶屈首 2. 다하다. 없어지다. 3. 쇠하다. 4. 굳세다. 강하다. ¶屈強 5. 다스리다. 제압하다. 6. 뒤섞다. 섞이다. 7. 이상하다. 기이하다.

屈強(굴강) 성품이 강인해 다른 사람에게 굽히지 않음.

屈巾(굴건) 상제가 쓰는 두건.

屈曲(굴곡) 이리저리 좌우로 꺾임.

屈己(굴기) 개인의 욕심 등을 억누름. 또 자기의 주장을 꺾음.

屈起(굴기) 일어섬.

屈伏(굴복) 머리를 숙이고 꿇어 엎드림.

屈服(굴복) 힘이 미치지 못하여 복종함. 힘이 다하여 복종함.

屈性(굴성) 여러 가지 자극으로 부분의 성장에 차이를 가져오게 되어 식물체에 일어나는, 굽어지는 성질.

屈首(굴수) 고개를 숙임. 머리를 숙임.

屈膝(굴슬) 무릎을 구부림. 무릎을 꿇고 항복함.

屈身(굴신) 1)몸을 굽힘. 2)겸손하게 처신함.

屈伸(굴신) 몸의 굽힘과 폄.

屈心(굴심) 마음을 굽힘.

屈抑(굴억) 억누름.

屈枉(굴왕) 휘어져 굽음.

屈辱(굴욕) 남에게 억눌려 업신여김을 받음.

屈折(굴절) 빛이나 소리가 밀도가 다른 물체에 투사될 때 방향이 변함.

屈節(굴절) 절개를 굽힘.

屈從(굴종) 굽혀 복종함.

屈致(굴치) 복종시켜서 이르게 함.

유 宛(굽을 완) 曲(굽을 곡)

屄 ⑤8획 보지 비 日ヒ 中bī

풀이 보지.

屏 ⑥9획 屛(p354)의 俗字

屎 ⑥9획 ❶똥 시 ❷끙끙거릴 히 日シ・くそ 中shǐ

풀이 ❶ 1. 똥. 대변. ❷ 2. 끙끙거리다. 신음 소리를 내며 앓다.

屍 ⑥9획 주검 시 日シ・かばね 中shī

풀이 주검. 시체. 송장. ¶屍身

屍諫(시간) 1)죽음을 무릅쓰고 임금에게 간언함. 2)죽은 후에 임금에게 간언함.

屍軀(시구) 사람의 죽은 몸. 시체.

屍身(시신) 송장. 시체.

屍體(시체) 주검. 송장.

유 尸(주검 시)

屋 ⑥9획 집 옥 日オク・いえ・や 中wū

㇇ ㇇ 尸 尸 层 层 层 屋 屋

*회의. 사람(尸)이 이르러(至) 머물 수 있는 곳을 나타낸 글자. 이에 '집'의 뜻으로 쓰임.

풀이 1. 집. 가옥. ¶屋舍 2. 수레의 덮개. 3. 지붕. ¶屋漏 4. 중벌을 내리다.

屋內(옥내) 집 안. 실내(室內).

屋漏(옥루) 1)지붕이 샘. 2)사람이 잘 보이지 않는 구석진 곳.

屋壁(옥벽) 집의 벽.

屋舍(옥사) 집.

屋上(옥상) 지붕 위.

屋上加屋(옥상가옥) 지붕 위에 거듭 집을 세움. 물건이나 일을 부질없이 거듭함을 비유하는 말.
屋身石(옥신석) 탑의 몸통 부분을 이루는 돌. 탑신석(塔身石).
屋外(옥외) 집 밖. 한데.
洋屋(양옥) 서양식으로 지은 집.
유 家(집 가) 堂(집 당) 宇(집 우) 宅(집 택) 室(집 실)

昼 ⑥ 9획
晝(p586)의 俗字

屐 ⑦ 10획 日ゲキ·げた
나막신 극 中jī

풀이 나막신. ¶屐子
屐履間(극리간) 걸어다니는 동안. 작은 일을 비유하는 말.
屐子(극자) 나막신.
屐齒(극치) 나막신의 굽.

屖 ⑦ 10획 日セイ·やすみ
굳을 서 中xī

풀이 1. 굳다. 단단하다. 2. 쉬다.
유 休(쉴 휴)

屑 ⑦ 10획 日セツ·くず
가루 설 中xiè

풀이 1. 가루. ¶屑塵 2. 가루로 만들다. 부수다. 3. 업신여기다. 깔보다. 4. 달갑게 여기다. 5. 수고하다. 애쓰다. ¶屑屑 6. 마음에 두다. 7. 잡다하다. 자잘하고 많다.
屑金(설금) 별의 다른 이름.
屑然(설연) 1)수가 많은 모양. 2)갑자기. 3)소리가 희미한 모양.
屑意(설의) 마음에 두고 생각함.
屑塵(설진) 티끌.
유 粉(가루 분)

展 ⑦ 10획 日テン·のばす
펼 전 中zhǎn

풀이 1. 펴다. 늘이다. 베풀다. 벌이다. ¶展開 2. 살피다. ¶展墓 3. 나아가다. 전진하다. ¶發展 4. 기록하다. 적다. 5. 정성. 참으로. 진실로. 6. 가지런히 하다.
展開(전개) 1)눈앞에 펼쳐짐. 2)시작하여 벌임. 3)소설 · 영화 등에서 주제를 여러 각도에서 변화시킴.
展技(전기) 재주를 발휘함.
展讀(전독) 펴서 읽음.
展覽會(전람회) 물건 등을 벌여 놓고 여러 사람에게 보이는 모임.
展望(전망) 멀리 바라봄. 멀리 내다봄.
展墓(전묘) 산소를 살핌.
展眉(전미) 눈살을 폄. 걱정이 사라짐.
展拜(전배) 공손하게 절함.
展謝(전사) 진심으로 잘못을 사과함.
展敍(전서) 진술함.
展示(전시) 여러 가지 물건을 벌여 놓고 보임.
展轉(전전) 1)누워서 이리저리 뒤척임. 전전(輾轉). 2)되풀이함.
展志(전지) 뜻을 펼침.
展縮(전축) 펼치고 움츠림.
展限(전한) 기한을 연기함.
展效(전효) 있는 힘을 다함.
發展(발전) 1)더 좋은 상태로 나아감. 2)일이 어떤 방향으로 전개됨.
進展(진전) 진보하고 발전함.
유 開(열 개) 伸(펼 신) 비 殿(큰 집 전)

屛 ⑧ 11획 日ヘイ·びょうぶ
병풍 병 中bīng, bǐng, píng

* 형성. 뜻을 나타내는 '尸(집 호)'와 음을 나타내는 '幷(어우를 병)'을 합친 글자. 문(戶)으로 들어오는 바람을 막기 위해서 문과 나란하게(幷) 치는 것을 나타낸 글자. 이에 '병풍'의 뜻으로 쓰임.

풀이 1. 병풍. ¶屛帳 2. 울타리. 담. 3. 숨다. 물러나다. 4. 두려워하다. 5. 가리다. 막다. 6. 물리치다. ¶屛人 7. 숨을 죽이다. ¶屛息
屛居(병거) 세상을 등지고 숨어 지냄. 은거함.
屛門(병문) 골목 어귀의 길가.
屛息(병식) 두려움에 숨을 죽임.
屛巖(병암) 병풍을 친 것처럼 늘어선 바위.
屛人(병인) 좌우의 사람을 물러가게 함.
屛帳(병장) 병풍과 장막.
屛風(병풍) 바람을 막거나 가리기 위하여 방에 치는 물건.
金日月屛(금일월병) 금으로 해와 달을 그린 병풍. 임금이 앉는 자리에 쳤음.

비 屝(짚신 비)

屝	⑧ 11획	日ヒ・ぞうり
	짚신 비	中fèi

풀이 짚신. ¶屝屨

屝屨(비구) 짚신.

屙	⑧ 11획	日ギョク
	뒷간에 갈 아	中ē

풀이 뒷간에 가다. 변소에 가다. 대소변을 보다.

屜	⑧ 11획	日サイ
	언치 체	中tì

풀이 1. 언치. 안장 밑에 까는 담요나 방석. 2. 신창. 갈창. 3. 서랍.

屠	⑨ 12획	日ト・ころす
	죽일 도	中tú

풀이 1. 죽이다. 무찌르다. ¶屠戮 2. 가축을 잡다. 3. 백정. 가축을 잡는 일을 직업으로 삼는 사람. ¶屠家 4. 앓다.

屠家(도가) 백정.

屠沽(도고) 가축을 잡거나 술을 팖. 즉, 천한 일에 종사하는 사람.

屠耆(도기) 현자(賢者). 흉노족의 사투리로 어진 사람을 뜻하는 말.

屠毒筆墨(도독필묵) 읽어서 해가 되는 서적.

屠龍之技(도룡지기) 용을 잡는 기술이라는 뜻으로, 뛰어나긴 해도 실제 가치가 없는 기술을 이르는 말.

屠戮(도륙) 모두 잡아 죽임. 도살(屠殺).

屠腹(도복) 배를 갈라 자살함. 할복함.

屠肆(도사) 정육점.

屠殺(도살) 1)마구 죽임. 2)가축을 잡아 죽임.

屠城(도성) 성이 함락됨.

屠身(도신) 몸을 망침.

屠宰(도재) 도살함. 요리함.

浮屠(부도) 1)부처. 2)고승(高僧)의 사리나 유골을 넣고 쌓은 둥근 돌탑. 3)중. 승려.

유 殺(죽일 살)

屡	⑨ 12획
	屢(p355)의 俗字

屬	⑨ 12획
	屬(p356)의 俗字

屢	⑪ 14획	日ル・しばしば
	여러 루(누)	中lǚ

* 형성. 집(尸) 속이 비면(婁) 자주 물건을 구해야 한다는 뜻을 나타낸 글자. 이에 '자주'라는 뜻으로 쓰임. 또 자주 하면 번거롭다 하여 '번거롭다'는 뜻으로도 쓰임.

풀이 1. 여러. 여러 번. 자주. ¶屢月 2. 늘. 항상. 3. 번거롭다. 번잡하다. 4. 빠르다. 빠르게.

屢空(누공) 늘 비어있음. 늘 가난함.

屢月(누월) 여러 달.

屣	⑪ 14획	日シ・くつ
	신 사・시	中xǐ

풀이 1. 신. 짚신. 2. 신을 끌다. ¶屣履

屣履(사리) 신을 제대로 신지 못하고 질질 끌면서 급히 나간다는 뜻으로, 손님을 반갑게 맞이함을 이르는 말.

유 履(신 리)

履	⑫ 15획	日リ・はく
	신 리(이)	中lǚ

* 회의. 발(尸)을 편하게(夂) 넣어서 가는(彳) 배(舟)와 같은 것을 나타낸 글자. 이에 '신발'의 뜻으로 쓰임.

풀이 1. 신. 신발. 2. 신다. 신발을 신다. ¶履屐 3. 밟다. 밟는 땅. 영토(領土). ¶履泚 4. 지위에 오르다. 자리에 나아가다. ¶履祚 5. 행하는 바. 행동. ¶履踐 6. 복.

履勘(이감) 실제로 검사함.

履端(이단) 1)정월 초하루. 또는 새해. 2)임금이 즉위 한 후에 개원(改元)하는 일.

履歷(이력) 지금까지 거쳐온 학업·직업 등의 경력.

履氷(이빙) 얼음을 밟는 것처럼 아주 위험함.

履舄(이석) 신.

履新(이신) 새것을 밟는다는 뜻으로, 새해를 이르는 말.

履祚(이조) 왕위(王位)에 오름.

履蹤(이종) 발자취. 발자국.

履踐(이천) 행함.
疏履(소리) 내간상(內艱喪)에 상제(喪制)가 신는 엄짚신.
踐履(천리) 몸소 실천함.
草履(초리) 짚신.
유 屣(신 사)

屧 ⑫ 15획 日セッ・げた
나막신 섭 中xiè

풀이 1. 나막신. 2. 신창. 깔창

層 ⑫ 15획 日ソウ・かさなる
층 층 中céng

* 형성. 지붕 위에 지붕이 겹친 높은 건물을 나타낸 글자. 이에 '지붕이 겹쳐있는 것' 의 뜻으로 쓰임.

풀이 1. 층. 겹. ¶層阿 2. 계단. 층계. ¶層階 3. 층집. 이층 이상으로 지은 집. ¶層構 4. 높다. ¶層空

層階(층계) 걸어서 층 사이를 오르내릴 수 있도록 턱이 지게 만들어 놓은 것. 계단(階段).
層空(층공) 높은 하늘.
層觀(층관) 여러 층의 높은 집.
層構(층구) 여러 층으로 지은 집.
層濤(층도) 여러 층으로 밀려오는 파도.
層輪塔(층륜탑) 층으로 둥글게 쌓은 탑.
層榭(층사) 여러 층으로 지은 망루.
層宵(층소) 높은 하늘.
層深(층심) 바다 속 혼합층의 두께와 깊이.
層阿(층아) 겹쳐진 산. 겹산.
層崖(층애) 겹겹이 쌓인 언덕.
層嶂(층장) 겹겹이 쌓인 봉우리.
高層(고층) 1)여러 층으로 높이 겹쳐 있는 것. 2)상공(上空)의 높은 곳.
單層(단층) 단 하나의 층. 또는 하나의 층으로 된 사물.
斷層(단층) 지각 변동으로 생긴 지각의 틈을 따라 지층이 아래위로 어그러져 층을 이룬 현상. 또는 그러한 현상으로 나타난 서로 어그러진 지층.
一層(일층) 한결. 더욱.
中層(중층) 1)중간에 있는 층. 2)중류(中流).
地層(지층) 자갈 · 모래 · 진흙 · 생물체 등이 물 밑이나 지표에 퇴적하여 이룬 층.
下層(하층) 1)아랫부분. 아래층. 2)등급이 아래인 계층. 하급.

屨 ⑭ 17획 日ク・くつ
신 구 中jù

풀이 1. 신. 가죽신 · 짚신 · 미투리 등. ¶屨賤踊貴 2. 신을 신다. 3. 밟다.

屨賤踊貴(구천용귀) 보통 신 값은 싸고 발을 잘린 죄인이 신는 신발의 값은 비싸다는 뜻으로, 죄를 저지른 사람이 많음을 비유하는 말.
유 履(신 리)

屩 ⑮ 18획 日キャク・くつ
신 갹·교 中juē

풀이 신. 짚신 · 미투리 등.

屬 ⑱ 21획 日ゾク・ショク・つづく
❶무리 속 ❷이을 촉 中shǔ, zhǔ

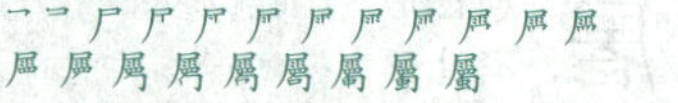

* 형성. 뜻을 나타내는 부수 '尸(주검 시)'와 음을 나타내며 벌레가 잎에 딱 붙어 있음을 의미하는 '蜀(나라 이름 촉)'을 합친 글자. 이에 딱 붙어 있으니 '부속된 것', 또는 '이어진 것'이라는 뜻으로 쓰임.

풀이 ❶ 1. 무리. 패거리. 2. 살붙이. 혈족. 친족. ¶眷屬 3. 따르다. 복종하다. ¶屬國 4. 엮다. 글을 짓다. ¶屬文 5. 수행하다. 뒤따르다. ¶屬車 ❷ 6. 잇다. 연속하다. ¶屬聯 7. 붙다. 부착하다. ¶屬意 8. 맡기다. 부탁하다. 9. 모이다. 모으다. 10. 만족하다.

屬車(속거) 임금이 거둥할 때 따라가는 수레. 부거(副車).
屬觀(속관) 눈여겨 주목함.
屬累(속루) 구실로 삼음.
屬籍(속적) 한 집안의 호적.
屬佐(속좌) 하급 관리.
屬客(촉객) 객에게 권함.
屬纊(촉광/속광) 임종(臨終). 솜을 대어 호흡을 알아본 데에서 생긴 말.
屬聯(촉련) 이어짐.
屬令(촉령) 훈계하여 명함.
屬望(촉망) 희망을 걺. 기대함.
屬目(촉목/속목) 주의하여 봄.
屬心(촉심) 마음을 둠.
屬厭(촉염) 싫증이 남.
屬怨(촉원) 원한을 품음.
屬意(촉의/속의) 희망을 걺.

屬耳(촉이) 귀를 기울임.
屬者(1.촉자 2.속자) 1)요즈음. 근래. 2)소속되어 있는 사람.
屬酒(촉주) 술을 권함.
屬草(촉초) 초고(草稿)를 잡음.
屬統(촉통) 혈통을 이음.
家屬(가속) 1)가족. 2)아내의 낮춤말.
軍屬(군속) 군무원(軍務員).
無所屬(무소속) 어느 단체나 당파에도 소속된 바가 없음. 또는 그 사람.
服屬(복속) 복종하여 따름.
附屬(부속) 주된 것에 딸려 있음.
卑屬(비속) 혈연 관계에서, 자기의 아들과 같거나 그 이하의 항렬에 있는 친족.
所屬(소속) 어떤 기관이나 조직에 딸림. 또는 그 딸린 사람이나 물건.
隷屬(예속) 남의 지배 아래 매임.
尊屬(존속) 부모와 그 항렬 이상의 친족.
親屬(친속) 친족(親族).

유 徒(무리 도) 衆(무리 중)

㉑ 24획 日キ・ひいき
힘쓸 희 中xì

풀이 힘쓰는 모양. 힘이 있는 모양.

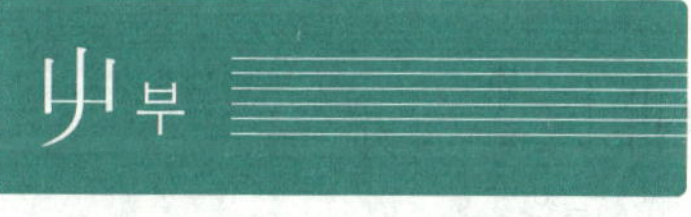

屮 왼손 좌 部

'屮' 자는 왼손 모양을 나타낸 글자로 '왼손'이라는 뜻을 지닌다.

⓪3획 日
왼손 좌 中zuǒ

풀이 왼손.

屮

⓪3획
❶싹 철 日ソウ・くさ
❷풀 초 中cǎo, chè

풀이 ❶ 1. 싹. 싹이 트다. ¶屮茅 ❷ 2. 풀. ¶屮蹻
屮藁(초고) 처음 쓴 원고. 초고(草稿).
屮蹻(초교) 풀로 만든 신. 초갹(草屩).
屮茅(초모) 1)싹. 2)백성.

① 4획
❶진칠 둔 日トン・たむろ
❷어려울 준 中tún, zhūn

一 ㄷ 口 屯

* 회의. 땅을 나타내는 '一(한 일)'과 싹을 의미하는 '屮(왼손 좌)'를 합친 글자. 이에 싹이 지면에 아직 완전히 나타나지 않고 나오려고 애쓰는 모양을 나타내어 '어렵다'는 뜻으로 쓰임.

풀이 ❶ 1. 진을 치다. ¶屯據 2. 진. 진영. 3. 언덕. ❷ 4. 어렵다. ¶屯困 5. 견고하다. ¶屯險 6. 많이 모이다. 7. 준괘. 64괘 중의 하나로 험난하여 앞으로 나아가는 데 고생하는 상(象).

屯墾(둔간) 군대가 주둔하여 황무지를 개간함. 둔전(屯田).
屯據(둔거) 진을 치고 막음.
屯防(둔방) 진을 치고 방어함.
屯兵(둔병) 주둔해 있는 군사.
屯戍(둔수) 진을 치고 변방을 지킴. 둔수(屯守). 둔위(屯衛).
屯禦(둔어) 진을 치고 방어함.
屯營(둔영) 주둔하고 있는 진영.
屯長(둔장) 주둔한 진영의 우두머리.
屯田(둔전) 1)주둔한 군대의 군량을 확보하기 위해 경작하는 토지. 2)궁궐이나 관아에 속한 토지.
屯駐(둔주) 군대가 주둔함. 주둔(駐屯).
屯土(둔토) 둔전(屯田)과 둔답(屯畓).
屯膏(준고) 은혜를 베풀지 않음.
屯困(준곤) 어려움. 괴로워함.
屯險(준험) 험하여 나아가기 어려움.

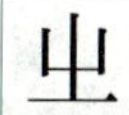

① 4획
之(p14)의 本字

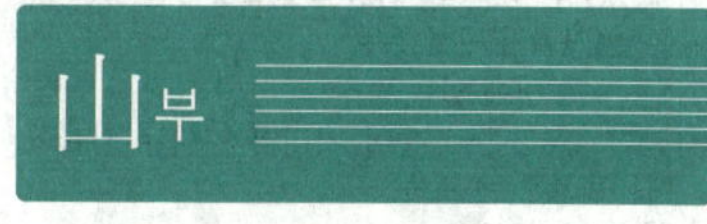

山 뫼 산 部

'山' 자는 산 모양에서 만들어진 글자로, '산'이라는 넓은 의미 외에 '산신'의 뜻으로도 쓰인다. 그리고 산에 절을 많이 지었다고 하여 '절'이나 '무덤'을 나타내기도 한다. 이 글자를 부수로 갖는 글자는 모두 산과 관련이 있다.

3획

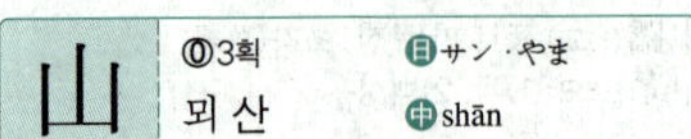
山 ⓪3획 日サン·やま
뫼 산 中shān

丨 山 山

* 상형. 뾰족뾰족하게 이어지는 산봉우리 모양을 본뜬 글자.

풀이 1. 뫼. 산. ¶山林 2. 산신령. 산신. 3. 능. 무덤. 4. 절. 사찰. ¶山門

山間(산간) 산골. 산과 산 사이.
山居(산거) 산에 기거함.
山景(산경) 산의 경치. 산광(山光).
山高水長(산고수장) 산은 높고 물은 긺. 인품(人品)과 절개가 높고 맑음을 비유한 말.
山谷(산곡) 산골짜기.
山麓(산록) 산기슭.
山林(산림) 산과 숲. 산에 있는 숲.
山幕(산막) 사냥이나 약을 캐는 사람이 산속에 임시로 지어 거주하는 집.
山脈(산맥) 일정한 방향으로 한 줄 또는 여러 줄기로 뻗어 나간 산악의 줄기.
山鳴谷應(산명곡응) 산이 울고 골짜기가 응함. 곧, 소리가 널리 울려 퍼짐.
山門(산문) 1)절. 2)절의 바깥 문. 3)산의 어귀.
山房(산방) 산장(山莊).
山寺(산사) 산 속에 있는 절.
山蔘(산삼) 깊은 산 속에 저절로 나서 자란 삼.
山城(산성) 산 위에 쌓은 성.
山勢(산세) 산의 형세.
山所(산소) 1)무덤을 높여 이르는 말. 2)무덤이 있는 곳.
山水(산수) 1)산과 물. 자연. 2)산에 흐르는 물.
山水畵(산수화) 동양화에서, 자연의 경치를 그린 그림.
山僧(산승) 산사(山寺)에 있는 중.
山神靈(산신령) 산을 수호한다는 신령.
山嶽(산악) 높고 험한 산의 집합체.
山野(산야) 산과 들.
山影(산영) 산 그림자.
山紫水明(산자수명) 1)산은 보랏빛이요 물은 맑음. 2)경치가 아름다움.
山莊(산장) 산에 있는 별장.
山賊(산적) 산속에 숨어 지내며 지나는 사람의 재물을 빼앗는 도둑.
山頂(산정) 산꼭대기.
山靜日長(산정일장) 산속에서 사는 고요한 정취를 이름.
山中豪傑(산중호걸) 산속의 호걸이라는 뜻으로, 호랑이를 이르는 말.
山盡水窮(산진수궁) 산이 막히고 물이 다한다는 뜻으로, 막다른 곳에 이르러 빠져나갈 수 없게 된 경우를 이르는 말.
山窓(산창) 산속에 있는 집의 창문.
山菜(산채) 산나물.
山川(산천) 산과 내. 자연.
山村(산촌) 산속에 있는 마을.
山澤(산택) 산과 못.
山葡萄(산포도) 머루.
山河(산하) 1)산과 강. 2)자연. 산천.
山海珍味(산해진미) 산과 바다의 진귀한 음식. 곧, 온갖 진귀한 재료로 만든 음식들.
山行(산행) 1)산길을 감. 2)산놀이.
山穴(산혈) 1)산의 정기가 모였다는 묏자리. 2)산에 패인 구멍.
山峽(산협) 산속의 골짜기.
山形(산형) 산의 생김새. 산의 형상.
山肴(산효) 산나물.

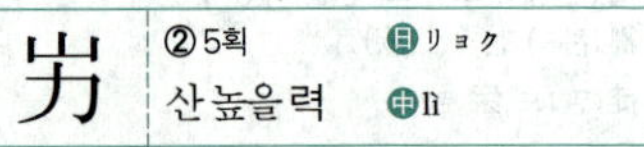
屴 ②5획 日リョク
산 높을 력 中lì

풀이 산이 높다. 산이 높이 치솟다.

屳 ②5획
仙(p34)과 同字

屺 ③6획 日キ·はげやま
민둥산 기 中qǐ

풀이 민둥산.

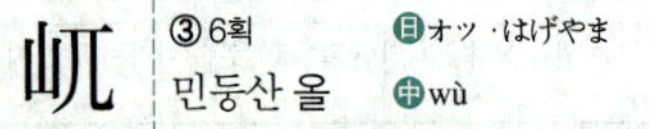
屼 ③6획 日オツ·はげやま
민둥산 올 中wù

풀이 1. 민둥산. 2. 산이 우뚝 솟은 모양.
屼屼(올올) 산이 우뚝 솟은 모양.

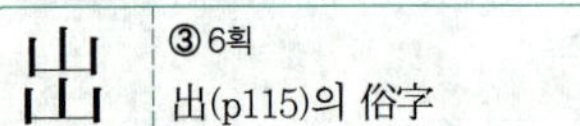
屮 ③6획
出(p115)의 俗字

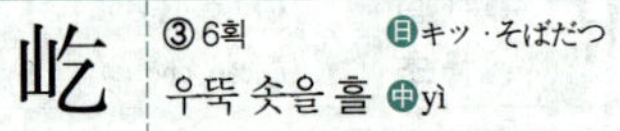
屹 ③6획 日キツ·そばだつ
우뚝 솟을 흘 中yì

* 형성. 뜻을 나타내는 부수 '山(뫼 산)'과 음을 나타내는 '乞(빌 걸→을)'을 합친 글자.

3획

풀이 우뚝 솟다. 산이 높이 솟다.

屹立(흘립) 우뚝 솟아 있음.
屹然(흘연) 1)흘흘(屹屹). 2)홀로 우뚝 서 있는 모양. 의연(毅然).
屹屼(흘올) 민둥산이 높은 모양.
屹屹(흘흘) 산이 높이 솟은 모양.

岍	④ 7획 岍(p361)의 俗字

岌	④ 7획	日キュウ·たかい
	높을 급	中jí

풀이 1. 높다. 높이 솟은 모양. ¶岌岌 2. 위태로운 모양. 3. 급한 모양. 빠른 모양.

岌岌(급급) 1)높은 모양. 2)위태로운 모양.
岌峨(급아) 산이 높은 모양.
岌嶪(급업) 산이 높고 급한 모양.

비 及(미칠 급)

岐	④ 7획	日キ·きろ
	갈림길 기	中qí

* 형성. 뜻을 나타내는 부수 '山(뫼 산)'과 음을 나타내는 '支(지탱할 지)'를 합친 글자. 원래 산의 이름이었으나, 바뀌어 '갈라지다'의 뜻으로 쓰임.

풀이 1. 갈림길. 갈래지다. ¶岐路 2. 산 이름. 중국 섬서성(陝西省)에 있는 산. 3. 험하다. 울퉁불퉁하다. 4. 어려서부터 총명한 모양. 자라는 모양.

岐路(기로) 1)갈림길. 2)미래(未來)의 향방이 상반되게 갈라지는 지점.
多岐亡羊(다기망양) 양을 찾다가 여러 갈래 길에 이르러 길을 잃었다는 뜻으로, 학문의 길이 여러 갈래로 나뉘어져 있어 진리를 찾기 어려움을 비유하는 말.
分岐(분기) 나뉘어 갈라짐. 또는 그 갈래.

비 伎(재주 기)

岋	④ 7획	日アツ·ふれる
	흔들릴 압	中è

풀이 흔들리다. 요동하다.

岏	④ 7획	日ガン·たかい
	가파를 완	中wán

풀이 1. 가파르다. 산이 뾰족하고 험준하다. 2. 높다.

岑	④ 7획	日ザン·みね
	봉우리 잠	中cén

풀이 1. 봉우리. 산봉우리. 2. 낭떠러지. 언덕. 3. 높다. ¶岑嵒 4. 산세가 험준하다.

岑嵒(잠암) 높고 험한 모양.
岑岑(잠잠) 머리가 아픈 모양.
岑寂(잠적) 1)고요함. 2)홀로 높이 솟은 모양.
寸木岑樓(촌목잠루) 차이가 매우 심함.

유 岣(산꼭대기 구)

岊	④ 7획	日セツ·たかい
	산모롱이 절	中jié

풀이 1. 산모롱이. 산모퉁이. 2. 산이 높은 모양.

岔	④ 7획	日フン·タ
	갈림길 차	中chà

풀이 1. 갈림길. 2. 어긋나다.

岬	⑤ 8획	日みさき
	산허리 갑	中jiǎ

풀이 1. 산허리. ¶岬岫 2. 산골짜기. 3. 연속되는 모양. 잇닿은 모양. ¶岬嵑 4. 곶. 바다로 가늘게 뻗어 있는 육지의 끝부분.

岬角(갑각) 바다에 뻗어 나간 산줄기.
岬嵑(갑갈) 줄지어 잇닿은 모양.
岬岫(갑수) 1)산허리. 2)산에 있는 동굴.

岡	⑤ 8획	日コウ·おか
	언덕 강	中gāng

풀이 1. 언덕. 고개. ¶岡曲 2. 산등성이. 3. 산봉우리.

岡曲(강곡) 언덕 모퉁이.
岡陵(강릉) 언덕. 고개.
岡巒(강만) 언덕.
岡阜(강부) 작은 언덕.

유 丘(언덕 구) 岸(언덕 안) 坏(언덕 배) 坵(언덕 구)

岠	⑤ 8획	日キョウ·いたる
	큰 산 거	中jù

풀이 1. 큰 산. 2. 이르다. 도달하다. 3. 떠나다.

岣	⑤ 8획 日ク·みね 봉우리 이름 구 中gǒu

풀이 봉우리 이름. ¶岣嶁
岣嶁(구루) 중국 형산(衡山)의 봉우리 이름.

岱	⑤ 8획 日ダイ·おおきい 대산 대 中dài

풀이 1. 대산(岱山). 중국 태산(泰山)의 다른 이름. 2. 크다. ¶岱駕
岱駕(대가) 크고 좋은 수레.
岱宗(대종) 중국 태산(泰山)의 다른 이름.

岭	⑤ 8획 日レイ 산이름 령(영) 中líng, lǐng

풀이 1. 산 이름. 2. 산이 깊고 으슥하다. ¶岭嶝
岭嶙(영린) 돌 소리.
岭嶝(영영) 산이 깊고 끝없는 모양.

岷	⑤ 8획 日ミン 산 이름 민 中mín

풀이 1. 산 이름. 중국 사천성(四川省)에 있는 산. 2. 강 이름. 중국 사천성에 있는 강.

岪	⑤ 8획 日ブツ 산길 불 中fú

풀이 1. 산길. 2. 첩첩하다. 산이 여러 겹으로 둘러싸고 있다. ¶岪鬱
岪岪(불불) 일어나는 모양. 홍기하는 모양.
岪蔚(불울) 산이 우뚝 솟은 모양.
岪鬱(불울) 산이 여러 겹으로 겹친 모양.

岫	⑤ 8획 日スウ·みね 산굴 수 中xiù

풀이 1. 산굴. 산속의 동굴. 2. 산봉우리.

岳	⑤ 8획 日ガク·たけ 큰 산 악 中yuè

丿 𠂆 𠂇 𠂈 丘 乒 岳 岳

* 회의. 산(山) 위에 또 언덕(丘)이 있음을 나타냄. 곧 '높은 산', '큰 산'을 나타냄.

풀이 1. 큰 산. 2. 장인. 장모.
岳家(악가) 아내의 친정.
岳母(악모) 장모.
岳伯(악백) 1)사악(四岳)과 방백(方伯). 2)국경을 지키는 관리(官吏).
岳父(악부) 아내의 아버지. 장인(丈人).
岳翁(악옹) 장인(丈人).
岳丈(악장) 장인(丈人).
山岳(산악) 높고 험한 산들.
비 兵(군사 병)

岸	⑤ 8획 日ガン·きし 언덕 안 中àn

' 山 山 屵 屵 岸 岸 岸

* 형성. 뜻을 나타내는 부수 '山(뫼 산)'과 음을 나타내는 '厂(언덕 엄)'과 깎는다는 뜻을 지닌 '干(방패 간)'을 합친 글자. 산의 돌벽을 깎은 듯한 모양의 '벼랑'의 뜻으로 쓰임.

풀이 1. 언덕. 낭떠러지. ¶岸垂 2. 바다·강의 기슭. 3. 감옥. 역참에 있는 것. ¶岸獄 4. 층계. 계단. 5. 뛰어나다. 6. 높다. 높은 지위.
岸傑(안걸) 신체가 크고 뛰어남.
岸曲(안곡) 물가의 굽어진 곳. 후미.
岸頭(안두) 안반(岸畔).
岸畔(안반) 물가.
岸壁(안벽) 1)해안 등에 배를 댈 수 있게 쌓은 벽. 2)깎은 듯한 언덕.
岸垂(안수) 언덕의 가.
岸獄(안옥) 죄인을 가두는 감옥.
岸幘(안책) 1)두건을 젖혀 머리를 드러냄. 2)예의에 구애되지 않고 친하게 대함.
岸忽(안홀) 뽐내며 남을 홀대함.
유 丘(언덕 구) 坏(언덕 배) 坵(언덕 구)

岩	⑤ 8획 ❶ 巖(p372)의 俗字 ❷ 嵒(p367)의 俗字

岟	⑤ 8획 日ジョウ·ふもと 후미질 앙 中yǎng

풀이 1. 후미지다. 산길 등이 깊이 굽어 들어가다. 2. 산기슭.

비 峽(골짜기 협)

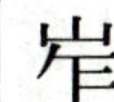

⑤ 8획 | 日 サク
산 높을 작 | 中 zuò

풀이 산이 높다. 산이 높고 험한 모양.

岾

⑤ 8획
❶ 고개 재(韓)
❷ 절이름 점(韓)

풀이 ❶ 1 고개. 재. ❷ 2. 절이름.

岨

⑤ 8획 | 日 ソ
돌산 저 | 中 jū, jǔ

풀이 1. 돌산. 2. 험하다. ¶岨崄 3. 울퉁불퉁하다. ¶岨峿 4. 서로 어긋나다. 맞지 않다.

岨峿(저어) 1)산의 모양. 2)서로 어긋난 모양.
岨峻(저준) 산이 험하고 높음.
岨崄(저험) 산이 높고 험함.

岧

⑤ 8획 | 日 ショウ
산 높을 초 | 中 tiáo

풀이 산이 높다.

岧嶢(초요) 산이 높은 모양.
岧岧(초초) 산이 높은 모양.

비 岌(높을 급)

⑤ 8획 | 日 タ・さかみち
비탈 타 | 中 tuó

풀이 1. 비탈. 비탈지다. 2. 무너지는 모양.

유 坂(비탈 판)

岥

⑤ 8획 | 日 ハ・さかみち
비탈 파 | 中 pō

풀이 1. 비탈. 비탈지다. 2. 고개. 3. 무너지는 모양.

유 坂(비탈 판) 岮(비탈 타)

岤

⑤ 8획 | 日 ケツ
산굴 혈 | 中 xué

풀이 산굴. 산속의 동굴.

岵

⑤ 8획 | 日 コ・やま
산 호 | 中 hù

풀이 산. 초목이 많은 산.

유 山(산 산)

岍

⑥ 9획 | 日 ケン
산 이름 견 | 中 qiān

풀이 산 이름. 중국 섬서성(陝西省)에 있는 산.

峒

⑥ 9획 | 日 トウ
산 이름 동 | 中 dòng, tóng

풀이 1. 산 이름. 공동산(崆峒山). 중국 감숙성(甘肅省)에 있는 산. 2. 산굴. 산속의 동굴. 3. 종족 이름. 중국 서남부에 살던 소수 민족.

峛

⑥ 9획 | 日 リ・さか
고개 리(이) | 中 lǐ

풀이 1. 고개. 고갯길. 비탈길. 2. 낮은 산이 길게 잇닿아 있는 모양.

峛崺(이이) 1)낮은 산이 길게 잇닿은 모양. 2)고개. 비탈길.

峋

⑥ 9획 | 日 ジュン
깊숙할 순 | 中 xún

풀이 깊숙하다. 산이 첩첩이 에워싸여 깊다.

비 恂(정성 순)

峉

⑥ 9획 | 日 ガク
웅장할 액 | 中 è

풀이 1. 산이 웅장한 모양. 산이 높고 큰 모양. 2. 산의 높낮이가 일정하지 않은 모양.

비 岩(바위 암)

峗

⑥ 9획 | 日 イ・たかい
산 이름 위 | 中 wéi, wěi

풀이 1. 산 이름. 삼위산(三危山). 중국 감숙성(甘肅省)에 있는 산. 2. 높고 험하다.

峎 ⑥ 9획 日ギン
산이름 은 中ěn

풀이 1. 산 이름. 2. 산모퉁이.
峎崿(은악) 산기슭.
비 昆(형 곤)

峌 ⑥ 9획 日シツ·たかい
높을 질 中dié

풀이 높다. 우뚝 솟다.

峙 ⑥ 9획 日そばだつ
우뚝 솟을 치 中shì, zhì

* 형성. 뜻을 나타내는 부수 '山(뫼 산)'과 음을 나타내는 '寺(절 사→치)'를 합친 글자.
풀이 1. 우뚝 솟다. ¶峙立 2. 언덕. 3. 쌓다. 비축하다. ¶峙積 4. 머물다. 5. 서다.
峙立(치립) 우뚝 섬.
峙積(치적) 높이 쌓음. 모아 쌓음.
비 時(때 시)

3획

峐 ⑥ 9획 日カイ·はげやま
민둥산 해·개 中gāi

풀이 민둥산.
비 咳(어린아이 웃을 해)

峡 ⑥ 9획
峽(p363)의 俗字

峱 ⑦ 10획 日ノ·いぬ
산이름 노 中náo

풀이 1. 산 이름. 중국 산동성(山東省)에 있는 산. 2. 개〔犬〕.
峱陽(노양) 노산(峱山)의 남쪽.

島 ⑦ 10획 日トウ·しま
섬 도 中dǎo

' 亻 户 户 户 自 鳥 島 島 島

* 형성. 뜻을 나타내는 부수 '山(뫼 산)'과 음을 나타내는 '鳥(새 조)'를 합친 글자. 바다에서 새가 쉬는 산이 섬이기 때문에 '섬'이라는 뜻으로 쓰임.
풀이 섬.
島監(도감) 울릉도를 다스리던 벼슬.
島配(도배) 죄인을 섬으로 유배시킨 일.
島嶼(도서) 섬.
島夷(도이) 섬에 사는 오랑캐.
島渚(도저) 섬. 큰 섬과 작은 섬.
비 鳥(새 조) 烏(까마귀 오)

峯 ⑦ 10획 日ホウ·みね
봉우리 봉 中fēng

' 山 山 屶 岁 岌 峑 峯 峯 峯

* 형성. 뜻을 나타내는 부수 '山(뫼 산)'과 음을 나타내며 위로 우뚝 솟아오른 모양을 의미하는 '夆(가릴 봉)'을 합친 글자. 이에 산이 솟아오른 '봉우리'의 뜻으로 쓰임.
풀이 1. 봉우리. ¶峯疊 2. 산. ¶峯頭 3. 봉우리처럼 생긴 것.
峯岠(봉거) 봉우리가 뾰족하고 큰 산.
峯頭(봉두) 산꼭대기.
峯巒(봉만) 날카로운 봉우리.
峯勢(봉세) 산봉우리가 높은 모양.
峯崖(봉애) 산봉우리의 벼랑.
峯嶂(봉장) 험한 산봉우리.
峯尖(봉첨) 봉우리의 꼭대기.
峯疊(봉첩) 봉우리가 겹침.
유 岑(봉우리 잠)

峰 ⑦ 10획
峯(p362)과 同字

峷 ⑦ 10획 日シン
짐승 이름 신 中shēn

풀이 짐승 이름. 개와 비슷하게 생겼다는 전설상의 짐승.

峨 ⑦ 10획 日ガ·たかい
높을 아 中é

풀이 1. 높다. ¶峨冠 2. 높은 산. 3. 위엄이 있다. 4. 산 이름. 아미산(峨眉山). 중국 사천성(四川省)에 있는 산.
峨冠(아관) 높은 관(冠).
峨峨(아아) 1)산세가 험한 모양. 2)엄숙하고 위엄이 있는 모양.
유 高(높을 고) 비 娥(예쁠 아)

峩	⑦ 10획 峨(p362)와 同字

峿	⑦ 10획 日ゴ・でこぼこ 울퉁불퉁할 어 中wú, yū

풀이 1. 울퉁불퉁하다. 산의 높낮이가 일정하지 않다. 2. 어긋나다. 맞지 않다.

峪	⑦ 10획 日ヨク・ユウ・たに 산골짜기 욕 中yù

풀이 산골짜기.

유 谷(골 곡)

峾	⑦ 10획 日ギン・うずまく 소용돌이칠 은 中yín

풀이 소용돌이치는 모양.

峾淪(은륜) 물이 소용돌이치는 모양.

峻	⑦ 10획 日シュン・たかい 높을 준 中jùn

풀이 1. 높다. 험하다. ¶峻岸 2. 크다. 높고 크다. ¶峻德 3. 길다. 4. 엄하다. 엄격하다. ¶峻嚴 5. 아름답다. 훌륭하다.

峻拒(준거) 엄하게 거절함.
峻潔(준결) 엄하고 결백함.
峻德(준덕) 높은 덕. 큰 덕.
峻論(준론) 엄하고 날카로운 논설.
峻密(준밀) 엄하고 세밀함.
峻法(준법) 엄격한 법.
峻嶽(준악) 높고 험한 산.
峻岸(준안) 가파른 절벽.
峻隘(준애) 1)산이 높고 험함. 2)마음이 너그럽지 못함.
峻嚴(준엄) 1)엄숙함. 2)험하고 높음.
峻邸(준저) 높은 저택(邸宅).
峻節(준절) 고상하고 높은 절개.
峻責(준책) 엄하게 꾸짖음.
峻峙(준치) 우뚝 솟아 서로 맞대함.
峻筆(준필) 엄격하고 매서운 문장.
峻刑(준형) 엄한 형벌.

유 高(높을 고) 비 俊(준걸 준)

峭	⑦ 10획 日ショウ・きびしい 가파를 초 中qiào

풀이 1. 가파르다. 험하다. ¶峭崖 2. 엄격하다. 준엄하다. 3. 산뜻한 모양. ¶峭麗

峭刻(초각) 엄격하고 각박함. 인정이 없음.
峭鯁(초경) 엄하고 강직(剛直)함.
峭急(초급) 엄하고 급함.
峭麗(초려) 산뜻하며 아름다움.
峭法(초법) 엄격한 법률.
峭壁(초벽) 험하게 솟은 절벽.
峭崖(초애) 가파른 절벽.
峭嚴(초엄) 지극히 엄함. 준엄(峻嚴).
峭然(초연) 엄한 모양.
峭絶(초절) 산이 깎은 듯이 높은 모양. 험절(險絶).
峭正(초정) 엄격하고 바름.
峭峻(초준) 1)산이 높은 모양. 2)엄한 모양.
峭直(초직) 마음이 엄하고 바름.
峭寒(초한) 몹시 추움. 매우 참.
峭刑(초형) 엄한 형벌. 준형(峻刑).

비 哨(망볼 초)

峴	⑦ 10획 日ケン、みね 재 현 中xiàn

* 형성. 뜻을 나타내는 부수 '山(뫼 산)'과 음을 나타내는 '見(볼 견)'을 합친 글자. 이에 산(山)에서 앞뒤로 볼(見) 수 있는 곳, 곧 '고개', '재'의 뜻으로 쓰임.

풀이 1. 재. 고개. 2. 산 이름. 중국 호북성(湖北省)에 있는 산.

峽	⑦ 10획 日キョウ 골짜기 협 中xiá

* 형성. 뜻을 나타내는 부수 '山(뫼 산)'과 음을 나타내는 '夾(낄 협)'을 합친 글자. 이에 두 산(山) 사이에 끼인(夾) 곳, 곧 '골짜기'의 뜻으로 쓰임.

풀이 1. 골짜기. ¶峽谷 2. 좁다. 3. 땅 이름. 중국 양자강에 있는 삼협(三峽)의 약칭.

峽谷(협곡) 골짜기. 계곡.
峽路(협로) 산길.
峽氓(협맹) 산골에 사는 농사꾼.
峽崥(협비) 산기슭.
峽水(협수) 골짜기를 흐르는 물.
峽雨(협우) 골짜기에 내리는 비.

유 谷(골 곡) 비 陜(좁을 협)

崗 ⑧ 11획
岡(p359)의 俗字

崌 ⑧ 11획 日キョ
산이름 거 中jū

풀이 산 이름. 중국 사천성(四川省)에 있는 산.

崓 ⑧ 11획 日コ·しま
섬 고 中gù

풀이 1. 섬. 2. 산 이름.

崑 ⑧ 11획 日コン
산이름 곤 中kūn

풀이 산 이름. 곤륜산(崑崙山). 서왕모(西王母)가 산다는 신화 속의 산.

비 昆(형 곤)

崆 ⑧ 11획 日クウ·コウ
산이름 공 中kōng

풀이 1. 산 이름. 공동산(崆峒山). 중국 감숙성(甘肅省)에 있는 산. 2. 산이 높은 모양. 산이 높고 험한 모양.

崛 ⑧ 11획 日クツ
우뚝 솟을 굴 中jué

풀이 우뚝 솟다. 산이 높이 솟다.

崛起(굴기) 우뚝 일어섬. 우뚝 솟음.
崛崎(굴기) 산이 험한 모양.
崛屴(굴물) 산이 험준한 모양.
崛出(굴출) 우뚝 일어나 나옴.

유 峙(우뚝 솟을 치)

崎 ⑧ 11획 日キ
험할 기 中qí

풀이 1. 험하다. ¶崎嶇 2. 갑. 곶.

崎嶇(기구) 1)산이 가파르고 험함. 2)일이 순조롭지 못하고 온갖 어려움을 겪는 상태. 또는 그런 삶.

유 崚(험준할 릉)

崍 ⑧ 11획 日ライ
산이름 래 中lá

풀이 산 이름. 중국 사천성(四川省)에 있는 산.

비 峽(골짜기 협)

崘 ⑧ 11획 日リン
산이름 륜(윤) 中lún

풀이 1. 산 이름. 곤륜산(崑崘山). 서왕모(西王母)가 산다는 신화 속의 산. 2. 산이 험한 모양.

崘菌(윤균) 산이 높고 험한 모양.

비 侖(둥글 륜)

崚 ⑧ 11획 日リョウ
험준할 릉(능) 中líng

풀이 험준한 모양. 산이 첩첩이 겹쳐 있는 모양.

崚嶒(능증) 산이 험준하며 첩첩이 겹쳐 있는 모양.
崚層(능층) 산이 겹쳐 있는 모양.

유 崎(험할 기)

崩 ⑧ 11획 日ホウ·くずれる
무너질 붕 中bēng

丨 ㅛ 山 屵 屵 岸 肖 岸 崩 崩 崩

*형성. 뜻을 나타내는 부수 '山(뫼 산)'과 음을 나타내는 '朋(벗 붕)'을 합친 글자. 이에 산(山)이 떼지어(朋) 있어 '무너지다'의 뜻으로 쓰임.

풀이 1. 무너지다. 붕괴되다. 무너뜨리다. ¶崩壞 2. 흩어지다. 3. 앓다. 4. 죽다. 임금이 죽다. ¶崩御

崩壞(붕괴) 1)허물어져 무너짐. 2)방사성 원자핵이 방사선을 내며 다른 종의 원자로 변화함.
崩落(붕락) 무너져 떨어짐.
崩御(붕어) 임금의 죽음. 임금의 죽음은 하늘이 무너짐과 같다는 뜻.
崩頹(붕퇴) 무너짐. 허물어짐.
山崩(산붕) 산이 무너짐. 산사태(山沙汰).
天崩地壞(천붕지괴) 하늘이 무너지고 땅이 꺼짐.
土崩(토붕) 흙이 무너지듯이 사물이 점차 무너져 어찌할 수 없이 됨.

유 坍(무너질 담) 壞(무너질 괴)

崥 ⑧ 11획 日ビ·ふもと
산기슭 비 中bǐ, pí

풀이 1. 산기슭. 2. 지세가 점점 평탄해지다.

崧	⑧ 11획	日 カサ
	우뚝 솟을 숭	中 sōng

풀이 1. 우뚝 솟다. 산이 높다. 2. 산 이름. 중국 하남성(河南省)에 있는 숭산(嵩山)의 다른 이름.

崧高(숭고) 산이 높고 웅장한 모양.

崇	⑧ 11획	日 スウ · あかめる
	높을 숭	中 chóng

* 형성. 뜻을 나타내는 부수 '山(뫼 산)'과 음을 나타내는 '宗(마루 종)'을 합친 글자. 산(山)이 높고 크다는(宗) 뜻에서 '높고 큰 산' 또는 '존경하여 우러러보다'의 뜻으로 쓰임.

풀이 1. 높다. 높이다. ¶崇位 2. 존경하다. 우러러보다. 높이 떠받들다. ¶崇拜 3. 모이다. 4. 가득 차다. 채우다. 5. 마치다. 다하다.

崇敬(숭경) 거룩하게 공경하여 높임.
崇高(숭고) 뜻이 높고 고상함.
崇禮門(숭례문) 서울 4대문의 하나. 남쪽에 있는 정문(正門)의 이름. 남대문(南大門).
崇文(숭문) 글을 숭상함. 또는 문학을 숭상함.
崇拜(숭배) 우러러 공경함.
崇尙(숭상) 높여 소중히 여김.
崇巖(숭암) 높은 바위.
崇仰(숭앙) 높여 우러러봄.
崇嚴(숭엄) 숭고하고 존엄함.
崇外(숭외) 다른 나라를 우러러봄.
崇位(숭위) 높은 지위.
崇儒(숭유) 유교를 숭상함.
崇情(숭정) 품위 있는 고상한 마음.
崇政大夫(숭정대부) 조선 때 종1품 이하의 문무관(文武官) 품계(品階).

유 尊(높을 존)

崖	⑧ 11획	日 ガイ · がけ
	벼랑 애	中 yá

* 형성. 뜻을 나타내는 부수 '山(뫼 산)'과 음을 나타내며 '낭떠러지'의 뜻을 지닌 '厓(언덕 애)'를 합친 글자. 이에 산의 '낭떠러지'라는 뜻으로 쓰임.

풀이 1. 벼랑. 언덕 ¶崖壁 2. 모나다. 3. 기슭. 4. 경계.

崖檢(애검) 언행을 조심함.
崖略(애략) 대개. 대략.
崖壁(애벽) 낭떠러지. 단애(斷崖).
崖岸(애안) 1)물가의 낭떠러지. 2)모가 나서 남과 어울리지 않음.
崖崟(애음) 높고 험한 산.
斷崖(단애) 낭떠러지.

비 厓(언덕 애)

崦	⑧ 11획	日 アン
	산이름 엄	中 yān

풀이 산 이름. 엄자산(崦嵫山). 중국 감숙성(甘肅省)에 있는 산.

비 俺(나 엄)

崟	⑧ 11획	日 キン · けわしい
	험준할 음	中 yín

풀이 1. 험준하다. 산이 높고 험하다 2. 무성한 모양. 많은 모양.

유 崚(험준할 릉)

崢	⑧ 11획	日 ソウ
	가파를 쟁	中 zhēng

풀이 1. 가파르다. 험준하다. 2. 추위가 매우 심한 모양.

崢嶸(쟁영) 1)산이 가파른 모양. 2)깊고 험한 모양. 3)추위가 심한 모양.

崝	⑧ 11획
	崢(p365)과 同字

崒	⑧ 11획	日 ソツ
	험할 줄	中 cuì, zú

풀이 1. 험하다. 산이 험준하다. ¶崒兀 2. 무너지다. ¶崒崩

崒硉(줄률) 산이 험한 모양.
崒崩(줄붕) 산 등이 무너짐.
崒兀(줄올) 험하고 높은 모양.
崒崒(줄줄) 1)산이 험한 모양. 2)물건이 스치는 소리.

崨	⑧ 11획	日 サイ
	산 높을 첩	中 jié

풀이 산이 높다. 높고 험준하다.

3 획

嵽嶪(첩업) 산이 높이 솟은 모양.

崔	⑧ 11획 높을 최	日サイ・たかい 中cuī

* 형성. 뜻을 나타내는 부수 '山(뫼 산)'과 음을 나타내는 '隹(새 추)'를 합친 글자.

풀이 1. 높다. 크다. ¶崔崒 2. 뒤섞이다. ¶崔錯

崔嵬(최외) 1)맨 위가 흙으로 덮인 돌산. 2)꼭대기에 돌이 있는 흙산. 3)산꼭대기. 4)산이 높고 험한 모양.

崔崒(최줄) 산이 높고 험준한 모양.

崔錯(최착) 서로 섞임. 섞여 얽힘.

崔崔(최최) 산이 우뚝하게 선 모양.

유 崇(높을 숭) 비 催(재촉할 최)

崋	⑧ 11획 산 이름 화	日カ 中huà

풀이 산 이름. 중국 섬서성(陝西省)에 있는 산.

崤	⑧ 11획 산 이름 효	日ヒョウ 中xiáo

풀이 산 이름. 중국 섬서성(河南省)에 있는 산.

嵑	⑨ 12획 산 높을 갈	日カツ 中jié

풀이 1. 산이 높다. 높이 솟다. 2. 비. 비석.

비 喝(꾸짖을 갈)

嵁	⑨ 12획 험준할 감	日ガン・けわしい 中kān

풀이 험준하다. 산이 높고 험하다.

嵁崿(감악) 산이 험준한 모양.

嵁巖(감암) 1)산이 험준한 모양. 2)골짜기가 깊고 험한 모양.

유 崚(험준할 릉)

嵌	⑨ 12획 새겨 넣을 감	日ガン 中qiàn

풀이 1. 새겨 넣다. 끼워 넣다. ¶象嵌 2. 산이 깊다. 산이 험하다. ¶嵌巉 3. 골짜기. 4. 굴. ¶嵌空

嵌谷(감곡) 깊은 골짜기.

嵌空(감공) 1)굴. 동굴. 2)영롱(玲瓏)함.

嵌巖(감암) 구멍이 뚫린 바위.

嵌巉(감참) 산이 깊은 모양.

象嵌(상감) 금속이나 도자기 표면에 무늬를 파고 그 속에 금·은 등을 넣어 채우는 기술.

嵐	⑨ 12획 남기 람(남)	日ラン 中lán

풀이 1. 남기(嵐氣). 이내. 산속에 생기는 아지랑이 같은 기운. ¶嵐氣 2. 산바람. 3. 강풍. 거센 바람.

嵐徑(남경) 아지랑이가 서린 작은 길.

嵐光(남광) 빛나는 아지랑이.

嵐氣(남기) 산에 가득 찬 기운.

嵐煙(남연) 푸른빛을 띤 아지랑이.

靑嵐(청람) 푸른 산의 이내.

晴嵐(청람) 화창한 날에 아른거리는 아지랑이.

翠嵐(취람) 먼 산에 끼어 푸르게 보이는 이내.

嵂	⑨ 12획 가파를 률	日リツ 中lǜ

풀이 산이 가파르다. 산이 높고 험준하다.

嵂崒(율줄) 산이 높고 험한 모양.

비 崔(높을 최)

嵄	⑨ 12획 산 미	日ビ・やま 中měi

풀이 산.

嵋	⑨ 12획 산 이름 미	日ミ 中méi

풀이 산 이름. 아미산(峨嵋山). 중국 사천성(四川省)에 있는 산.

崶	⑨ 12획 산 이름 봉	日ホウ 中fēng

풀이 산 이름. 중국 광동성(廣東省)에 있는 용문산(龍門山)의 다른 이름.

崿	⑨ 12획 낭떠러지 악	日アク・だんがい 中è

풀이 1. 낭떠러지. 벼랑. 2. 산이 높고 험하다.

嵒	⑨ 12획	日アン・いわ
	바위 암	中yán

풀이 1. 바위. ¶嵒崿 2. 가파르다. 험준하다. ¶嵒峻

嵒崿(암악) 1)바위가 연이어진 언덕. 2)산세(山勢)가 고르지 않은 모양. 3)가파른 산.

嵒嵒(암암) 위엄 있게 솟아 있는 모양.

嵒峻(암준) 높고 가파른 모양.

嵒險(암험) 가파르고 험함.

유 岩(바위 암) 巖(바위 암)

嵓	⑨ 12획
	嵒(p367)과 同字

嵃	⑨ 12획	日ゲン
	가파를 언	中yǎn

풀이 가파르다. 산이 험준하다.

유 崢(가파를 쟁)

嵔	⑨ 12획	日ガイ
	구불구불할 외	中wèi

풀이 구불구불하다. ¶嵔廆

嵔廆(외외) 산이 높고 구불구불한 모양.

崴	⑨ 12획	日イ・たかい
	높을 외	中wǎi, wēi

풀이 1. 높다. 높고 험한 모양. 2. 평탄하지 않다.

崴巍(외외) 산이 험준한 모양.

崴嵬(외외) 1)높고 험한 모양. 2)울퉁불퉁하여 평탄하지 않은 모양.

崴磈(외외) 산세가 높고 길게 잇닿은 모양.

嵎	⑨ 12획	日ウ
	산모롱이 우	中yú

풀이 1. 산모롱이. 산굽이. 2. 구석. 3. 산이 높고 험한 모양. ¶嵎嵎

嵎嵎(우우) 산이 높고 험한 모양.

嵎夷(우이) 1)해가 뜨는 곳. 2)중국 산동성(山東省) 등주(登州)의 옛 이름.

비 隅(모퉁이 우)

崳	⑨ 12획	日ユウ
	산 이름 유	中yú

풀이 1. 산 이름. 중국 산서성(山西省)에 있는 산. 2. 섬 이름. 중국 복건성(福建省)에 있는 섬.

嵕	⑨ 12획	日イ
	산 낮고 길 이	中yǐ

풀이 산이 낮고 길게 이어진 모양. ¶峛嵕

崱	⑨ 12획	日ソク
	잇닿을 즉	中zè

풀이 1. 잇닿다. 산이 연이어진 모양. 2. 산이 높고 험한 모양. ¶崱屴 3. 가지런하지 않다.

崱屴(즉력) 산이 높게 솟은 모양.

崷	⑨ 12획	日スイ
	산 높을 추	中qiú

풀이 산이 높은 모양.

嵇	⑨ 12획	日ケイ
	산 이름 혜	中jī

풀이 산 이름. 중국 하남성(河南省)에 있는 산.

嵆	⑨ 12획
	嵇(p367)와 同字

嵥	⑩ 13획	日ケツ
	높을 걸	中jié

풀이 높다. 높이 솟은 모양.

嵥豎(걸수) 우뚝 서 있는 모양.

嵥峙(걸치) 높이 솟음.

비 傑(뛰어날 걸)

嵤	⑩ 13획	日ミョウ
	산 높을 명	中mǐng

풀이 산이 높은 모양.

嵩 | ⑩ 13획 | 日シュウ·スウ·かさ
높을 숭 | 中sōng

*회의. 산(山)이 높은(高) 것을 나타내어, '높다', '크다'의 뜻으로 쓰임.

풀이 1. 높다. 산이 높고 크다. ¶崇高 2. 산 이름. 중국 하남성(河南省)에 있는 산.

嵩高(숭고) 1)높은 산. 2)산이 높은 모양.
嵩崖(숭애) 높은 낭떠러지.
嵩峻(숭준) 높고 험준함.
嵩呼(숭호) 백성들이 임금을 위해 만세를 부르는 일. 한나라 때 무제가 숭산에서 세 차례의 만세 소리를 들었다는 고사에서 나온 말.

유 崇(높을 숭)

 | ⑩ 13획 | 日ソウ
산 이름 승 | 中shèng

풀이 산 이름. 중국 절강성(浙江省)에 있는 산.

嵬 | ⑩ 13획 | 日カイ·ガイ·たかい
높을 외 | 中wéi

풀이 1. 높다. 산이 높고 험준하다. 2. 평탄하지 않은 모양.

嵬崛(외굴) 높고 험한 모양.
嵬纍(외루) 산이 평평하지 않은 모양.
嵬瑣(외쇄) 자질구레하여 쓸데없음.
嵬峨(외아) 1)높고 큰 모양. 2)소리가 높고 큰 모양.
嵬嶷(외억) 높고 험준한 모양.

嵱 | ⑩ 13획 | 日ヨウ
산 이름 용 | 中yǒng

풀이 1. 산 이름. 중국 광서성(廣西省)에 있는 산. 2. 산봉우리의 높낮이가 고르지 않은 모양. 산봉우리가 높고 낮게 솟은 모양. ¶嵱嵷

嵱嵷(용송) 봉우리들이 높고 낮게 솟은 모양.

嵫 | ⑩ 13획 | 日サ
산 이름 자 | 中zī

풀이 1. 산 이름. 엄자산(崦嵫山). 중국 감숙성(甘肅省)에 있는 산. ¶嵫景 2. 산이 높고 험하다.

嵫景(자경) 1)엄자산(崦嵫山)의 풍경. 2)나이가 많음을 이르는 말.

嵯 | ⑩ 13획
❶우뚝 솟을 차 | 日サ·シ
❷울쑥불쑥한 치 | 中cuó, cī

풀이 ❶ 1. 우뚝 솟다. 산이 높고 험준하다. ❷ 2. 울쑥불쑥하다. 산의 높낮이가 고르지 않은 모양.

嵯峨(차아) 1)산이 높고 험준한 모양. 2)산 이름.

유 峙(우뚝 솟을 치)

嶇 | ⑪ 14획 | 日ク·けわしい
험할 구 | 中qū

풀이 1. 험하다. 산세가 가파르다. ¶嶇岑 2. 산길이 고르지 않다.

嶇岑(구잠) 산이 험한 모양.
崎嶇(기구) 1)산길이 험함. 2)세상살이가 순탄하지 못하고 운수가 사나움.

 | ⑪ 14획 | 日リョウ
우뚝 솟을 료 | 中liáo

풀이 1. 우뚝 솟다. 산이 높고 험준한 모양. ¶嵺廓 2. 골짜기가 깊숙한 모양. ¶嵺愀 3. 넓고 멀다. 높다. 4 쓸쓸하다. 텅 비고 고요하다.

嵺愀(요초) 텅 비고 조용한 모양.
嵺廓(요확) 1)넓고 먼 모양. 2)쓸쓸함. 3)골짜기가 깊숙한 모양.

 | ⑪ 14획 | 日リョウ
가파를 료(요) | 中láo

풀이 1. 가파르다. 산이 가파른 모양. 2. 산골짜기가 휑한 모양.

嶛嶆(요조) 1)산이 가파른 모양. 2)산골짜기가 휑한 모양.

 | ⑪ 14획 | 日ロウ·ル
봉우리이름 루 | 中lǒu

풀이 1. 봉우리이름. 구루(岣嶁). 형산(衡山)의 주봉(主峯). 2. 산꼭대기.

 | ⑪ 14획 | 日サン
산 굽이질 산 | 中chǎn

풀이 산이 굽이진 모양. 산이 구불구불 뻗은 모양.

嶂	⑪ 14획 높고 가파른 산 장	日ショウ·みね 中zhàng

풀이 높고 가파른 산. 병풍처럼 높이 솟은 봉우리.

嶈	⑪ 14획 산 높을 장	日ジイウ 中qiāng

풀이 1. 산이 높은 모양. 2. 물살이 바위에 부딪치는 소리.

嶆	⑪ 14획 깊을 조	日チョウ·ふかい 中cáo

풀이 깊다. 산이 깊은 모양. 산골짜기가 휑한 모양.

嵷	⑪ 14획 산 홀로 우뚝할 종	日ソウ 中sǒng

풀이 1. 산이 홀로 우뚝하다. 산이 외롭게 서 있는 모양. 2. 높고 험하다.

嵷森(종삼) 산이 우뚝 솟고 초목이 무성한 모양.

嵽	⑪ 14획 ❶ 높을 질 ❷ 멀리 잇닿을 체	日シツ·サイ 中dié

풀이 ❶ 1. 높다. 산이 높고 험준하다. ¶嵽嵲 ❷ 2. 멀리 잇닿은 모양. 먼 모양.

嵽嵲(질얼) 1)산이 높은 모양. 2)작은 것이 높아 불안정한 모양.

嵽嵲(질예) 산이 높은 모양.

비 滯(막힐 체)

嵾	⑪ 14획 울쑥불쑥할 참	日シン 中cēn

풀이 울쑥불쑥하다. 산의 높낮이가 들쑥날쑥하여 고르지 않은 모양. ¶嵾嵯

비 嵺(우뚝 솟을 료)

嶃	⑪ 14획 높을 참	日サン·ザン·たかい 中chán, zhǎn

풀이 1. 높다. 산이 높고 가파르다. 2. 빼어나다. 3. 파내다. 뚫다.

嶃嵌(참감) 가파르고 깊숙함.

嶃壁(참벽) 가파른 낭떠러지.

嶃新(참신) 취향이 매우 새로움.

嶃巖(참암) 산이 가파르고 험한 모양.

嶃崒(참줄) 산이 높고 험함.

嶃鑿(참착) 팜. 도려냄.

嶠	⑫ 15획 뾰족하고 높을 교	日キョウ·やまみち 中jiào, qiáo

풀이 1. 뾰족하고 높다. 뾰족하게 솟은 높은 산. ¶嶠嶽 2. 산길. ¶嶠道 3. 고개. 산마루.

嶠道(교도) 산마루의 길. 산길.

嶠霧(교무) 높은 산에 낀 안개.

嶠嶽(교악) 뾰족하게 우뚝 솟은 큰 산.

비 僑(높을 교)

嶡	⑫ 15획 우뚝 솟을 귀	日キ 中guì, jué

풀이 우뚝 솟다. 산이 불끈 솟은 모양.

嶔	⑫ 15획 높고 험할 금	日キン·そびえる 中qīn

풀이 높고 험하다. 산이 험준한 모양.

嶔嶇(금구) 산이 높고 험한 모양.

嶔崎(금기) 1)산이 높고 험악한 모양. 2)속세를 벗어나 고결함.

嶔巖(금암) 험준하게 생긴 바위.

嶔崟(금음) 산이 우뚝 솟은 모양.

嶔岑(금잠) 1)산이 높고 험한 모양. 2)생활이 험난함.

嶥	⑫ 15획 외딴 산 단	日ダン 中dān

풀이 외딴 산. 외롭게 솟은 산.

비 禪(봉선 선)

3획

嶝	⑫ 15획	日ドウ
	민둥산 동	中tóng

풀이 민둥산. 초목이 자라지 않은 산.

嶝	⑫ 15획	日トウ·さかみち
	고개 등	中dèng

풀이 고개. 고갯길. 비탈길.

嶚	⑫ 15획	日リョウ
	높을 료	中liáo

풀이 높다. 산이 높은 모양.

비 寮(벼슬아치 료)

嶙	⑫ 15획	日リン
	가파를 린(인)	中lín

풀이 가파르다. 산이 높이 솟은 모양.

嶙嶙(인린) 산이 평평하지 않은 모양.

嶙峋(인순) 1)산이 겹겹이 싸여 깊숙한 모양. 2) 층계 모양으로 높이 솟은 모양.

비 隣(이웃 린)

嶢	⑫ 15획	日ギョウ
	높을 요	中yáo

풀이 1. 높다. ¶嶢屼 2. 불안한 모양. 위태로운 모양. ¶嶢嵲 3. 관(關) 이름. 4. 척박하다. 메마르다.

嶢闕(요궐) 높아 보이는 문. 궁궐의 문.

嶢崎(요기) 1)산이 구불구불한 모양. 2)일이 평탄하게 진행되지 않음.

嶢榭(요사) 높은 정자.

嶢嵲(요얼) 위태로운 모양.

嶢屼(요올) 산이 높고 험한 모양.

嶢嶢(요요) 1)위태한 모양. 2)산이 높은 모양.

嶢崢(요쟁) 높은 모양.

비 曉(새벽 효)

嶟	⑫ 15획	日ジュン
	가파를 준	中zūn

풀이 가파르다. 산이 뾰족하게 높이 솟은 모양.

嶟嶟(준준) 산이 뾰족하게 높이 솟은 모양.

嶒	⑫ 15획	日ソウ
	산높고험할증	中céng

풀이 험하다. 산이 높고 험한 모양.

嶒崚(증릉) 산이 매우 높고 험한 모양.

嶕	⑫ 15획	日ショウ
	높을 초	中jiāo

풀이 1. 높다. 산이 높고 험한 모양. ¶嶕嶢 2. 산꼭대기.

嶕嶢(초요) 산이 높고 험한 모양.

嶜	⑫ 15획	日シン
	가파를 침	中jīn

풀이 가파르다. 산이 높고 뾰족한 모양.

嶜崟(침음) 산봉우리가 뾰족하게 솟아 험한 모양.

嶜岑(침잠) 산봉우리가 뾰족하고 험준한 모양.

유 峻(가파를 준) 嶙(가파를 린)

嶞	⑫ 15획	日タ
	산 높을 타	中duò

풀이 1. 산이 높다. 2. 산이 좁고 길게 뻗다. ¶嶞山

嶞山(타산) 좁고 길게 뻗은 산.

嶱	⑬ 16획	日カツ
	산 험할 갈	中kě

풀이 산이 험하다. 산의 바위가 높고 험한 모양.

嶱嶱(갈갈) 산의 바위가 높고 험한 모양.

嶭	⑬ 16획	日アツ
	높을 알	中niè

풀이 높다. 산이 높고 험하다.

嶪	⑬ 16획	日ギョウ
	높고 험할 업	中yè

풀이 높고 험하다. 산이 높고 웅장한 모양.

嶪岌(업급) 1)산이 높고 험한 모양. 2)뜻이 왕성한 모양.

嶪嶪(업업) 산이 험준한 모양.

비 業(업 업)

⑬ 16획 日ぎ
산 높을 의 中yǐ

풀이 산이 높다. 산이 높고 험한 모양.

巇峨(의아) 산이 높고 험한 모양.

비 議(의논할 의)

嶨

⑬ 16획 日ガク
돌산 학 中xué

풀이 돌산. 큰 돌이 많은 산.

嶰

⑬ 16획 日カイ·たにあい
골짜기 해 中xiè

풀이 1. 골짜기. 산골짜기. 2. 산골짜기 이름. ¶嶰谷

嶰澗(해간) 물이 흐르는 산골짜기.
嶰谷(해곡) 곤륜(崑崙)의 북쪽 골짜기.

유 峽(골짜기 협)

嶺

⑭ 17획 日レイ·リョウ·みね
재 령(영) 中lǐng

* 형성. 뜻을 나타내는 부수 '山(뫼 산)'과 음을 나타내는 '領(거느릴 령)'를 합친 글자. 옷깃(領)이 어깨로 올라가는 것처럼 산(山)으로 올라가는 고갯길을 나타내어, '재', '고개'의 뜻으로 쓰임.

풀이 1. 재. 고개. 2. 산봉우리. ¶嶺岑 3. 연산(連山). 연속된 산줄기. 4. 산맥. 5. 오령(五嶺)의 약칭.

嶺氣(영기) 산기운.
嶺竇(영두) 산봉우리와 계곡.
嶺樹(영수) 산꼭대기에서 자라는 나무.
嶺雲(영운) 산봉우리에 걸린 구름.
嶺岑(영잠) 높은 산봉우리.
嶺嶂(영장) 높고 험한 산봉우리.
嶺下(영하) 산기슭.
嶺湖(영호) 산 정상의 호수(湖水).
峻嶺(준령) 높고 가파른 고개.

嶼

⑭ 17획 日セイ
섬 서 中yǔ

풀이 섬. 작은 섬.

嶽

⑭ 17획 日ガク·たけ
큰 산 악 中yuè

* 형성. 뜻을 나타내는 부수 '山(뫼 산)'과 음을 나타내는 '獄(감옥 옥→악)'을 합친 글자. 이에 '큰 산'의 뜻으로 쓰임.

풀이 1. 큰 산. 높은 산. 2. 오악(五嶽)의 총칭. ¶五嶽 3. 우뚝 솟다.

嶽降(악강) 산신(山神)이 기(氣)를 내주어 고귀한 사람을 낳게 하였다는 데서, 다른 사람이 아들을 낳음을 축하하는 말.
嶽公(악공) 장인(丈人).
嶽祇(악기) 산의 신(神).
嶽蓮(악련) 1)화산(華山)에 있는 연꽃. 2)중국 화산(華山)의 다른 이름.
嶽牧(악목) 사악(四嶽)과 십이목(十二牧).
嶽嶽(악악) 1)위엄이 있는 모양. 2)우뚝 솟은 모양.
五嶽(오악) 1)우리나라의 이름난 다섯 산. 곧, 금강산·지리산·묘향산·백두산·삼각산. 2)중국의 다섯 영산(靈山). 곧, 태산(泰山)·화산(華山)·형산(衡山)·항산(恒山)·숭산(嵩山). 3)관상학에서, 사람의 이마·코·턱·좌우.

유 嶺(재 령)

⑭ 17획 日エイ
가파를 영 中róng

풀이 가파르다. 높고 험하다.

嶾

⑭ 17획 日イン
산 높을 은 中yǐn

풀이 산이 높다. 산이 높이 솟은 모양.

비 隱(숨길 은)

嶷

⑭ 17획
❶산 이름 의 日ギ·ギョウ
❷높을 억 中yí

풀이 ■1 1. 산 이름. 구의산(九嶷山). 중국 호남성(湖南省)에 있는 산. ■2 2. 높다. ¶嶷然 3. 어리지만 총명하다. 어린애가 영리하다. ¶嶷嶷

嶷嶷(억억) 1)덕이 높은 모양. 2)어린애가 영리한 모양.
嶷然(억연) 높이 빼어난 모양.
嵬嶷(외억) 높고 큼.

3획

巃 ⑯ 19획 日ロウ·けわしい
가파를 롱 中lóng

풀이 1. 가파르다. 산이 높고 험준한 모양. 2. 자욱하다. 짙게 일다. 구름·산기(山氣) 등이 자욱이 낀 모양.

비 寵(괼 총)

巋 ⑰ 20획 日キ·たかい
가파를 귀 中kuī

풀이 1. 가파르다. 높고 험준한 모양. 2. 홀로 우뚝 선 모양.

巋崎(귀기) 산이 험준하게 멀리 뻗어 있는 모양.
巋焉(귀언) 1)우뚝 서 있는 모양. 2)높고 큰 모양.
巋然(귀연) 우뚝 선 모양.

巊 ⑰ 20획 日エイ·くらい
어두울 영 中yǐng

풀이 어둡다. 안개 등이 짙게 끼어 어두운 모양.

비 纓(갓끈 영)

巉 ⑰ 20획 日ザン·サン
가파를 참 中chán

풀이 가파르다. 산·바위가 높고 험하다.

巉巖(참암) 산과 바위가 높고 험한 모양.
巉峭(참초) 산이 깎아지른 듯이 험준한 모양.
巉嶮(참험) 깎아지른 듯한 가파름.

巍 ⑱ 21획 日ギ·たかい
높을 외 中wēi

풀이 높다. 높고 큰 모양.

巍巍(외외) 높고 큼.

巒 ⑲ 22획 日ラン·みね
뫼 만 中luán

풀이 뫼. 산. 산등성이.

巒岡(만강) 산봉우리.
岡巒(강만) 언덕과 산. 구산(丘山).
峯巒(봉만) 산꼭대기의 뾰족뾰족한 봉우리.
衆巒(중만) 많은 산봉우리.
層巒(층만) 여러 층이 진 멧부리.

유 山(산 산)

巕 ⑲ 22획 日ミ
산 이름 미 中mǐ

풀이 1. 산 이름. 2. 산이 험준한 모양.

巔 ⑲ 22획 日テン·いただき
산꼭대기 전 中diān

풀이 1. 산꼭대기. 산마루. ¶山巔 2. 머리. ¶巔疾 3. 떨어지다. 떨어뜨리다. ¶巔越 4. 오직. 오로지. ¶巔一

巔根(전근) 산 꼭대기에서 뻗은 뿌리.
巔靈(전령) 사람의 죽음.
巔越(전월) 떨어짐.
巔一(전일) 늘 한결같은 모양.
巔巔(전전) 1)한결같은 모양. 2)걱정하는 모양.
巔疾(전질) 머리의 병이란 뜻으로, 신경성 질환 등을 이르는 말.
山巔(산전) 산정(山頂).

비 嶺(재 령)

巑 ⑲ 22획 日サン
높이 솟을 찬 中cuán

풀이 높이 솟다. 산이 뾰족하게 높이 솟은 모양. 높이 뾰족하게 솟아 있는 모양.

巖 ⑳ 23획 日ガン·いわお
바위 암 中yán

* 형성. 뜻을 나타내는 부수 '山(뫼 산)'과 음을 나타내며 험하다는 의미를 지닌 '嚴(엄할 엄)'을 합친 글자. 이에 산을 험하게 하는 것, '바위'나 '언덕'의 뜻으로 쓰임.

풀이 1. 바위. ¶巖溜 2. 험준하다. ¶巖阻 3. 석굴. 굴. ¶巖居 4. 언덕. 낭떠러지.

巖居(암거) 굴에서 거주한다는 뜻으로, 속세를 떠나 산에 은거함을 이르는 말.
巖窟(암굴) 바위굴. 석굴(石窟).
巖竇(암두) 바위 구멍.
巖廊(암랑) 궁궐 옆에 있는 행랑(行廊). 즉, 조정(朝廷)을 이르는 말.
巖溜(암류) 바위에서 떨어지는 물방울.
巖盤(암반) 땅속에 있는 큰 암석층이나 그런 지

3획

반(地盤).
巖扉(암비) 굴의 문.
巖石(암석) 바윗돌.
巖岫(암수) 바위 동굴.
巖巖(암암) 1)높이 쌓인 모양. 2)산이 높고 험한 모양.
巖狖(암유) 바위 틈에 사는 원숭이.
巖幽(암유) 바위가 있는 조용한 곳.
巖邑(암읍) 사방이 산으로 둘러싸인 험한 마을.
巖嶂(암장) 바위로 이루어진 험한 산봉우리.
巖牆之下(암장지하) 1)무너질 듯한 돌담 아래. 2)위험한 곳.
巖阻(암조) 험한 곳.
巖泉(암천) 바위 틈에서 나오는 샘.
巖築(암축) 1)담장 · 성벽(城壁) 등을 쌓는 공사. 2)은거하는 곳.
巖陛(암폐) 궁전(宮殿)의 섬돌.
巖壑(암학) 1)바위와 석굴. 2)바위에 뚫린 굴.
巖穴之士(암혈지사) 속세를 떠나 산속에서 지내는 선비. 은사(隱士).

유 岩(바위 암)

⑳ 23획 日ゲン · けわしい
봉우리 헌 中yǎn

풀이 1. 봉우리. 산봉우리. ¶巘路 2. 절벽. 낭떠러지. ¶巘崿
巘路(헌로) 산봉우리에 난 길.
巘崿(헌악) 언덕. 벼랑.
巘巘(헌헌) 산이 높고 험한 모양.

유 峰(봉우리 봉) 峯(봉우리 봉) 岑(봉우리 잠)

巛부

巛 개미허리 部

'巛' 자는 모양이 개미허리처럼 구부러져 있어 '개미허리' 라 불리우나 단독의 문자로 사용되지 않고 그 변형자인 '川' 자가 주로 쓰인다. '川' 자는 흐르는 냇물의 모양을 나타내어 '내 천' 이라 부른다. 이 둘은 모두 물이 흐르는 '내' 와 관련이 있고 의미가 확대되어 '들판' 이나 '물의 신', 또는 '물귀신' 과 관련이 있다.

⓪3획
川(p373)의 本字

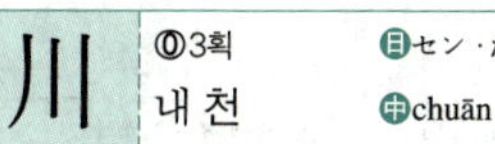
⓪3획 日セン · かわ
내 천 中chuān

丿 川 川

* 상형. 양쪽 언덕 사이로 물이 흐르고 있는 모양을 본뜬 글자. 이에 '시내', '강' 의 뜻으로 쓰임.

풀이 1. 내. 하천. ¶川界 2. 느린 모양. 3. 물귀신. 물의 신. 4. 들. 벌판.
川界(천계) 냇가.
川谷(천곡) 시내와 계곡.
川流(천류) 1)하천이 흐름. 2)혜택이 미침.
川防(천방) 시내의 제방.
川邊(천변) 냇가.
川上之嘆(천상지탄) 시내 위에서의 탄식. 공자가 물가에 서서 물을 바라보며, 만물의 변화를 탄식하였다는 고사에서 유래함.
川魚(천어) 냇물에 사는 물고기.
川源(천원) 내와 언덕.
川澤(천택) 내와 못.
川澤納汙(천택납오) 시내나 연못은 더러운 물을 받아들인다는 뜻으로, 집단의 우두머리 노릇을 하는 사람은 여러 종류의 사람을 널리 포용함을 비유하는 말.
川平(천평) 냇물의 흐름이 평안함.
川后(천후) 수신(水神). 하백(河伯).

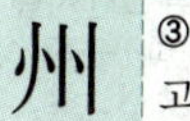
③6획 日シュウ · くに
고을 주 中zhōu

丶 丿 小 州 州 州

* 상형. 물(川) 가운데 있는 땅을 본뜬 글자. 이에 '섬', '고을' 의 뜻으로 쓰임.

풀이 1. 고을. 고대 중국의 지방 행정 구역. 2. 모래톱. 섬. 3. 마을. ¶州曲 4. 모이다. ¶州處
州曲(주곡) 고을.
州郡(주군) 1)옛날의 지방 행정 구역인 주(州)와 군(郡). 2)지방.
州閭(주려) 마을. 향당(鄕黨). 촌락(村落).
州廩(주름) 주(州)의 식량을 보관하는 창고.
州里(주리) 주와 리. 마을.
州牧(주목) 주(州)를 맡아 다스리던 목사(牧使).
州伯(주백) 중국 주대(周代)의 주(州)를 관리하는 수령.
州宰(주재) 주(州)의 우두머리.
州處(주처) 여러 사람이 모여 사는 곳.
州學(주학) 주(州)에 설치한 학교.
州縣(주현) 1)주(州)와 현(縣). 2)지방.

비 洲(섬 주)

巠	④ 7획	日ケイ · ちかすい
	지하수 경	中jīng

풀이 1. 지하수(地下水). 2. 물이 광대한 모양.

巡	④ 7획	日ジュン · めぐる
	돌 순	中xún

巛 巛 巛 巛 巛 巡 巡

풀이 1. 돌다. 돌아보다. 순시하다. ¶巡回 2. 어루만지다. 위무하다.

巡講(순강) 여러 곳을 돌아다니면서 하는 강의나 강연.

巡檢(순검) 밤마다 순장(巡將)과 감군(監軍)이 맡은 구역을 이경(二更) 이후 오경(五更)까지 순행하여 감독하던 일.

巡見(순견) 돌아다니며 봄.

巡警(순경) 1)돌아다니며 경계함. 2)9급 경찰 공무원(警察公務員).

巡境碑(순경비) 임금이 변경을 두루 다니며 살핀 기념으로 세운 비. 순수비(巡狩碑).

巡邏(순라) 순찰하여 경계함. 또는 그러한 군졸.

巡狩(순수) 제후의 나라를 임금이 두루 다니며 살핌.

巡視(순시) 돌아다니며 시찰함. 또는 그런 사람.

巡洋艦(순양함) 군함의 하나. 전함과 구축함의 중간 함종임.

巡遊(순유) 여러 곳을 돌아다니며 노닒.

巡察(순찰) 순행(巡行)하며 살핌.

巡航(순항) 배를 타고 두루 다님.

巡行(순행) 여러 곳을 돌아다님.

巡化(순화) 중이 각지를 돌아다니며 수행하는 일. 순석(巡錫).

巡廻(순회) 여러 곳으로 돌아다님.

유 回(돌 회)

巢	⑧ 11획	日ソウ · す
	집 소	中cháo

*상형. 나무(木) 둥지(臼) 위에 새(巛)가 있는 모양을 본뜬 글자. 이에 '새 집'의 뜻으로 쓰임.

풀이 1. 집. 새집. 2. 깃들다. 살다. 보금자리 3. 큰 피리. 4. 망루.

巢窟(소굴) 나쁜 짓을 하는 사람들이 활동의 근거지로 삼고 있는 곳. 굴혈(窟穴). 소혈(巢穴). 와굴(窩窟).

巢林一枝(소림일지) 새가 둥지를 틀 때에 쓰는 것은 숲 속의 많은 나무 중 단 한 가지뿐이라는 뜻으로, 작은 집에 살아도 만족함을 이르는 말.

卵巢(난소) 동물의 암컷의 생식 기관. 알을 만들고 여성 호르몬을 분비함. 알집.

烏鵲通巢(오작통소) 까마귀와 까치가 둥지를 같이 쓴다는 뜻으로, 서로 다른 무리가 함께 동거함을 이르는 말.

工 장인 공 部

'工'자는 사람이 사용하는 물건을 만들기 위한 공구(工具)와 관련된 글자로, 그러한 공구를 만지는 사람이라 하여 '장인'을 뜻한다. 그리고 공구를 가지고 일한다는 의미에서 '일'이나 '만들다', 또는 공교(工巧)에서처럼 '교묘하다'라는 뜻으로도 쓰인다. 또한 악공(樂工)처럼 어떤 일에 숙달된 사람을 나타내기도 한다.

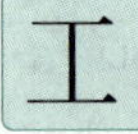 工	⓪ 3획	日コウ · ク · たくみ
	장인 공	中gōng

一 丅 工

*상형. 하늘(一)과 땅(一) 사이에 사람이 서 있는(丨) 것을 나타낸 글자. 이에 하늘과 땅 사이에 있는 무엇인가를 만드는 사람, 곧 '장인'을 뜻하게 됨.

풀이 1. 장인(匠人). 2. 공업. ¶工業 3. 관리. 벼슬아치. 4. 악관(樂官). 음악을 연주하는 사람. 5. 교묘하다. ¶工巧 6. 일. 기능.

工巧(공교) 1)솜씨가 좋음. 2)뜻밖에 장애가 생겨 일이 순조롭지 않음. 3)우연하고 기이하게 발생한 일.

工具(공구) 공작에 쓰이는 작은 기구의 총칭

工力(공력) 생각 · 사고와 역량(力量).

工夫(공부) 학문 또는 기술 등을 익히고 연마함.

工事(공사) 공장이나 토목 · 건축 등에 관한 일

工業(공업) 자연물이나 물품에 인공을 가하여 유용한 물품을 만드는 생산업.

工藝(공예) 물건을 만드는 재주와 기술.

工人(공인) 1)노동자. 공장(工匠) 2)악생(樂生)과 악공(樂工).

工作(공작) 1)토목 · 건축 · 제조 등의 일. 2)어떤 목적을 위하여 일을 꾸밈.

工場(공장) 다수의 노동자가 일을 하면서 물건을 만들거나 가공하는 곳.

工匠(공장) 물건을 만드는 것을 업으로 삼는 사

3 획

람의 총칭.

工程(공정) 작업의 과정. 일의 분량.

工拙(공졸) 일의 능란함과 서투름. 교졸(巧拙).

工學(공학) 공업에 관한 이론 및 실제에 필요한 사항을 연구하는 학문.

職工(직공) 1)물건을 제작함을 직업으로 하는 사람. 2)공장 노동에 종사하는 사람.

着工(착공) 토목이나 건축 등의 공사를 시작함.

巨 ②5획 큰 거 日キョ·おおきい 中jù

一 𠂆 𠃏 𠃏 巨

*상형. 손잡이가 달린 큰 자의 모습을 나타낸 글자.

풀이 1. 크다. ¶巨軀 2. 많다. ¶巨金 3. 어찌. 4. 곱자. 곡척(曲尺). 5. 거칠다. 조잡하다.

巨軀(거구) 큰 몸.

巨金(거금) 거액의 돈. 많은 돈.

巨大(거대) 매우 큼.

巨萬(거만) 매우 많음. 많은 수.

巨物(거물) 1)학문이나 세력 같은 것이 뛰어난 인물. 2)큰 물건.

巨富(거부) 매우 큰 부자.

巨事(거사) 매우 거창한 일. 큰일.

巨視的(거시적) 1)감각으로 직접 식별할 수 있는 정도의 크기인 것. 2)대상을 전체적으로 파악하는 것. 대국적인 관점에서 이해하는 것.

巨儒(거유) 학식이 뛰어난 선비. 학자.

巨人(거인) 몸이 큰 사람.

巨作(거작) 위대한 작품. 걸작.

巨匠(거장) 위대한 예술가. 대가(大家).

巨財(거재) 많은 재산(財產).

巨材(거재) 큰 재목.

巨跡(거적) 훌륭한 사람의 발자취.

巨族(거족) 문벌이 좋고 대대로 번창하는 집안. 거가대족(巨家大族)의 준말.

巨足(거족) 1)큰 발걸음. 2)진보나 발전이 썩 빨리 되어 감.

巨罪(거죄) 큰 죄.

巨砲(거포) 큰 대포.

巨漢(거한) 몸집이 큰 사나이.

巨艦(거함) 매우 큰 군함.

유 丕(클 비) 碩(클 석)

巧 ②5획 공교할 교 日コウ·たくみ 中qiǎo

一 丅 工 工一 巧

*형성. 뜻을 나타내는 부수 '工(장인 공)'과 음을 나타내는 부수 이외의 글자가 합쳐진 글자. 부수 이외의 글자는 기운이 구부러져서 위로 올라가지 못하고 덮여 있는 것을 나타냄. 곧 물건을 만듦에 잘 다듬어 만든다는 뜻을 나타내어, 공교한 재주나 능력을 뜻하게 됨.

풀이 1. 공교하다. 솜씨가 좋다. 잘하다. ¶巧妙 2. 예쁘다. 아름답다. 3. 거짓으로 꾸미다. 겉치레하다. 4. 재주. 솜씨. ¶巧智 5. 꾀. 책략.

巧故(교고) 교묘한 거짓.

巧構(교구) 교묘하게 지음.

巧技(교기) 교묘한 재주.

巧妙(교묘) 기이하고 묘함.

巧密(교밀) 교묘하고 정밀함.

巧辯(교변) 재치 있는 말.

巧婦(교부) 손재주와 기교가 있는 부인.

巧詐(교사) 교묘한 말로 사람을 속임.

巧舌(교설) 기교 있는 말. 재치 있는 말.

巧笑(교소) 사랑스러운 웃음. 아양을 떠는 웃음.

巧言(교언) 교묘하게 꾸며 대는 말.

巧言令色(교언영색) 남의 환심을 사기 위해 교묘한 말과 그럴싸한 표정을 짓는다는 말.

○巧言令色(교언영색)의 유래

공자는 말재주만 부리는 것과 상대의 기분을 맞춰 아첨하는 것을 싫어했다. 차라리 어눌하더라도 강직한 사람을 좋아했다. "교묘한 말과 아첨하는 표정을 짓는 사람치고 어진 이가 거의 없다(巧言令色鮮矣仁)"라는 말은 공자의 이런 생각을 표현한 말이다.

巧拙(교졸) 1)교묘함과 졸렬함. 2)능숙함과 서투름. 공졸(工拙).

巧遲(교지) 교묘하기는 하나 느림.

巧智(교지) 약삭빠른 슬기.

巧緻(교치) 교묘하고 치밀함.

巧態(교태) 아름답게 기교를 부리는 모양.

巧慧(교혜) 공교롭고 슬기가 있음.

技巧(기교) 솜씨가 아주 묘함. 또는 그 솜씨.

精巧(정교) 정밀하고 교묘함.

비 切(끊을 절) 攻(칠 공)

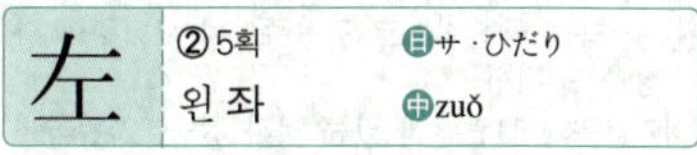

左 ②5획 왼 좌 日サ·ひだり 中zuǒ

一 ナ 𠂇 左 左

*회의. 오른손이 일하는(工)데 왼손(𠂇)이 도와줌을 나타낸 글자. 바뀌어 '왼쪽'의 뜻으로 쓰임.

풀이 1. 왼. 왼쪽. ¶左傾 2. 증거. 증명하다. 3. 아래. 낮은 자리. 4. 낮추다. 내리다. 5. 내치다. 멀리하다. 6. 그르다. 옳지 못하다. 7. 돕다.

左傾(좌경) 1)왼편으로 기욺. 2)급진적으로 과

3획

격한 사상에 기욺. 3)공산주의 또는 사회주의 사상을 신봉하는 경향.

左計(좌계) 잘못 꾀함.

左顧(좌고) 1)왼쪽으로 돌아봄. 2)윗사람이 아랫사람을 봄.

左顧右眄(좌고우면) 왼쪽을 봤다 오른쪽을 봤다 한다는 뜻으로, 좌우를 바라보는 자신만만한 모습. 또는 눈치를 살피며 결정을 못 내림을 이르는 말.

○左顧右眄(좌고우면)의 유래

조식이 임치(臨淄) 땅의 제후가 되었을 때, 오계중(吳季重)을 칭송하여 보낸 편지 내용에 '그대는 마치 독수리처럼 몸을 일으켜 봉황이 살피고 호랑이가 보듯 합니다. 그와 같은 모습은 유방의 명신인 소하나 조삼도 미치지 못하고, 흉노를 무찌른 곽거병이나 위청도 따르지 못합니다. 그대가 좌우를 살펴보는 모습은 마치 앞에 사람이 없는 듯하니, 이 어찌 군자의 장한 뜻이 아니겠습니까?' 라고 적은 데서 유래하였다.

左道(좌도) 옳지 않은 도.

左邊(좌변) 왼편 가장자리.

左相(좌상) 좌의정(左議政)의 다른 이름.

左手(좌수) 왼손.

3획

左言(좌언) 1)이치에 어긋나는 말. 2)이민족의 언어. 외국어.

左右(좌우) 1)왼쪽과 오른쪽. 2)좌지우지의 준말. 제멋대로 처리함. 남을 멋대로 휘두름. 3)측근.

左右間(좌우간) 이렇든 저렇든 간에.

左議政(좌의정) 조선 시대 의정부(議政府)의 정1품 벼슬. 우의정(右議政)의 위이며 영의정(領議政)의 아래임. 좌상(左相).

左翼(좌익) 1)왼쪽 날개. 2)군대의 왼쪽 진영. 3)급진적이며 과격한 당파.

左翼手(좌익수) 야구 경기에 있어서 좌익을 맡아 지키는 선수.

左之右之(좌지우지) 왼쪽으로 돌렸다 오른쪽으로 돌렸다 한다는 뜻으로, 어떤 일이나 대상을 마음대로 처리하거나 다루는 것을 이르는 말.

左遷(좌천) 높은 지위에서 낮은 지위로 떨어짐. 중앙에서 지방으로 전근됨.

左側(좌측) 왼쪽 옆.

極左(극좌) 극단적으로 공산주의나 사회주의 사상을 띤 경향.

同左(동좌) 1)왼편에 있는 것과 같음. 2)왼쪽에 기록된 것과 같음.

반 右(오른 우) 비 佐(도울 좌)

③6획
사람 이름 걱 韓

풀이 사람 이름. 우리말의 '걱'을 표기하기 위해 만든 글자임.

④7획 日フ·ブ·みこ
무당 무 中wū

＊상형. 무당이 춤출 때 입고 있는 옷의 소매 모양을 본뜬 글자.

풀이 1. 무당. 무녀. 2. 망녕되다. 이치에 어긋나다.

巫覡(무격) 여자 무당과 남자 무당.

巫卜(무복) 무당과 점을 치는 사람.

巫山之夢(무산지몽) 무산(巫山)의 꿈이라는 뜻으로, 남녀 간의 밀회(密會)나 정교(情交)를 이르는 말.

○巫山之夢(무산지몽)의 유래

전국 시대, 초나라 양왕(襄王)이 어느 날 고당관(高唐館)에서 놀다가 피곤하여 낮잠을 잤다. 꿈속에서 무산(巫山)에 산다는 아름다운 여인이 나타나 정을 나누었고, 여인은 이별을 고하면서 이렇게 말했다. "소첩은 앞으로도 무산 남쪽의 한 봉우리에 살며, 아침에는 구름이 되고 저녁에는 비가 되어 양대(陽臺) 아래 머물러 있을 것이옵니다." 왕이 꿈에서 깨어나 무산을 바라보니 과연 높은 봉우리에는 아침 햇살에 빛나는 아름다운 구름이 걸려 있었다. 왕은 그곳에 사당을 세우고 조운묘(朝雲廟)라고 이름지었다. 《문선(文選)》

巫俗(무속) 무당들의 풍속.

⑦10획 日サ·シ·たがう
❶어긋날 차 中chā, chà, chāi, cī
❷들쑥날쑥할 치

＊형성. 뜻을 나타내는 '左(왼 좌)'와 음을 나타내며 곡식 이삭이 늘어진 모양을 의미하는 '垂(드리울 수)'를 합친 글자. 왼손[左]을 아래로 드리우니[垂] 좌우가 같지 않다고 해서, '어긋나다'라는 뜻으로 쓰임.

풀이 ❶ 1. 어긋나다. 엇갈리다. 2. 잘못하다. 틀리다. ¶差異 3. 비뚤어지다. 4. 나머지. 어떤 수량에서 일부를 빼고 남은 수량. 5. 차별. 차이. ¶差別 6. 가리다. 선택하다. 7. 지나치다. 8. 병이 낫다. 9. 조금. 10. 보내다. 파견하다. 11. 부리다. 남에게 시키다. ❷ 12. 들쑥날쑥하다. 가지런하지 않다. ¶差池 13. 등급을 매기다.

差拘(차구) 관원을 파견하여 잡음.

差劇(차극) 병이 나아지는 정도. 차도(差度).

差度(1.차도/2.차탁) 1)병이 나아지는 일. 2)비교하여 헤아림.

差等(차등) 등급의 차이.

差別(차별) 차등이 있게 나눔.

差備(차비) 1)갖추어 차림. 채비. 2)특별한 사무

를 맡기려고 임시로 임명함.

差使(차사) 1)중요한 임무를 수행하기 위해 파견하는 임시 관리. 2)고을 수령이 죄인을 잡기 위해 보내던 관리.

差押(차압) 채무자의 특정 재산에 대한 처분권을 제한시키는 강제 집행. 압류(押留).

差額(차액) 1)틀린 액수. 2)전체에서 일정 액수를 뺀 나머지 액수.

差訛(차와) 잘못. 어긋남.

差異(차이) 서로 같지 않고 다름. 또는 그런 정도나 상태.

差益(차익) 1)비용을 뺀 이익. 2)가격의 변경 등으로 생기는 이익.

差人(차인) 1)관청의 말단 관원. 2)심부름꾼.

差任(차임) 맡겨짐. 위임(委任).

差入(차입) 1)물건을 넣어 줌. 2)미결수에게 음식이나 물건을 넣어 줌.

差池(1.차지 2.치지) 1)서로 어긋난 모양. 2)들쑥날쑥한 모양.

差錯(차착) 순서와 앞뒤가 서로 맞지 않음.

差出(차출) 빼어서 냄.

差下(차하) 파견되어 내려옴.

差回(차회) 임무를 마치고 돌아감.

유 違(어길 위)

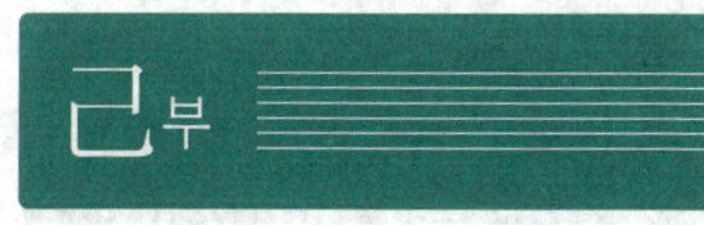

己 몸 기 部

'己' 자는 '몸'을 뜻하는 글자로, 주로 자기 자신의 몸이나 자기 자신을 나타낸다. 그리고 천간(天干)의 여섯 번째로 쓰이나, 다른 글자에는 영향을 주지 않는다.

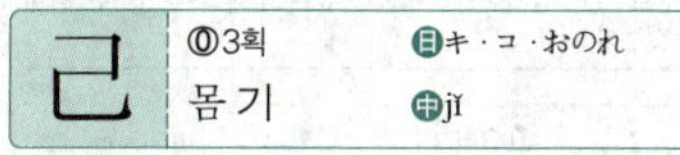

ㄱ ㄱ 己

*상형. 본래 구불거리는 긴 끈의 모양을 본뜬 글자. '육체'라는 의미보다 '나'라는 의미로 주로 쓰임.

풀이 1. 몸. 제 몸. 자기. ¶己身 2. 사욕. 사적인 감정·욕심. ¶克己 3. 여섯째 천간. 오행에서는 흙[土], 방위로는 중앙에 해당함. ¶己卯字 4. 다스리다.

己卯字(기묘자) 조선 중종 14년에 만든 활자.

己物(기물) 자기의 물건.

己生(기생) 자신이 낳은 아이.

己身(기신) 자기. 제 몸.

己心(기심) 자기 마음.

己有(기유) 자기의 소유(所有).

己出(기출) 자기가 낳은 자식.

克己(극기) 자기 감정·욕심을 이성으로 눌러 이김.

利己心(이기심) 자기의 이익만을 꾀하고 남을 돌보지 않는 마음. 애기심(愛己心).

自己(자기) 1)제 몸. 자기 자신. 나. 2)막연하게 사람을 가리키는 말.

비 巳(여섯째 지지 사) 已(이미 이)

ㄱ ㄱ 巳

*상형. 뱀이 몸을 사리고 꼬리를 드리우고 있는 모양을 본뜬 글자. 십이지(十二支)의 여섯째 글자로 쓰임.

풀이 1. 여섯째 지지. 오행에서는 불[火], 동물로는 뱀, 방위로는 동남쪽, 시각으로는 오전 9~11시, 달로는 음력 4월에 해당함. ¶巳時 2. 삼짇날. 3. 자식. 태아.

巳年(사년) 태세(太歲)의 지지(地支)가 사(巳)로 된 해.

巳方(사방) 24방위의 하나. 정남에서 동으로 30도 됨.

巳時(사시) 오전 9시부터 11시까지의 동안.

巳坐(사좌) 집터나 묏자리 등이 사방(巳方)을 등진 좌향(坐向).

巳初(사초) 사시(巳時)의 첫 시각. 곧 9시경.

上巳(상사) 삼짇날. 음력 3월 3일.

비 已(이미 이) 己(몸 기)

ㄱ ㄱ 已

풀이 1. 이미. 벌써. 이전에. ¶已決 2. 너무. 매우. 3. 뿐. 따름. 단정·한정의 어조사. 4. 얼마 안 되어. ¶已後 5. 버리다. 6. 병이 낫다. 7. 그치다. 그만두다. ¶不得已 8. 감탄사.

已降(이강) 이후.

已決(이결) 이미 결정함.

已過之事(이과지사) 이미 지난 일. 이왕지사(已往之事).

已久(이구) 이미 오램.

已今當(이금당) 과거·현재·미래.

已成(이성) 이미 이루어짐.

已甚(이심) 매우 심함.

3 획

已然之事(이연지사) 이미 그렇게 된 일.
已往(이왕) 1)오래전. 2)이전.
已知(이지) 이미 알고 있음.
已後(이후) 그보다 뒤.
不得已(부득이) 마지못하여. 하는 수 없이.
유 旣(이미 기) 비 己(몸 기) 巳(여섯째 지지 사)

巴	① 4획	日ハ・へび
	땅 이름 파	中bā

*상형. 본래 뱀이 또아리를 틀고 있는 모양을 본뜬 글자로, '소용돌이' 라는 뜻으로 쓰임.

풀이 1. 땅 이름. 중국 사천성(四川省) 중경(重庆)일대의 옛 지명. 2. 뱀. 코끼리를 잡아먹는다는 큰 뱀(大蛇). 3. 속요. 속된 가락.

巴豆霜(파두상) 약재의 하나. 기름을 뺀 파두씨의 가루.
巴籬(파리) 울타리.
巴蜀(파촉) 중국 사천성(四川省)지역의 다른 이름.
巴巴(파파) 1)매우. 심히. 2)노인.
비 円(둥글 엔)

3획

巵	④ 7획
	卮(p160)의 俗字

巻	⑥ 9획
	卷(p162)의 俗字

巹	⑥ 9획	日キン・さかずき
	술잔 근	中jǐn

풀이 술잔. 혼례 때 합환주를 따라 마시는 잔.

巹禮(근례) 혼인 때 서로 합환주를 마시던 예식. 혼례(婚禮).

巷	⑥ 9획	日コウ・ちまた
	거리 항	中hàng, xiàng

一 十 卄 廾 共 共 巷 巷 巷

*형성. 뜻을 나타내는 '邑(고을 읍)' 의 생략형과 음을 나타내는 '共(함께 공)' 을 합친 글자. 읍내(邑內) 사람이 다 같이(共) 다니는 '거리' 를 나타내어, '마을' 또는 '거리' 를 나타냄.

풀이 1. 거리. 골목. ¶巷說 2. 궁궐 안의 복도. 3. 마을. ¶街巷 4. 집.

巷間(항간) 일반 사람들 사이.
巷說(항설) 거리의 소문. 세상에 떠도는 소문.
巷謠(항요) 거리에서 불리우는 속된 노래.
巷處(항처) 벼슬을 그만두고 초야에 묻혀 삶.
街巷(가항) 거리. 마을길.
窮巷(궁항) 좁고 으슥한 뒷골목.
陋巷(누항) 1)좁고 누추한 거리. 2)자기가 사는 동네를 겸손하게 일컫는 말.
小巷(소항) 작고 누추한 마을 또는 거리.
市巷(시항) 저잣거리.
幽巷(유항) 깊숙이 들어간 통로.
유 街(거리 가) 市(시장 시) 비 港(항구 항)

巽	⑨ 12획	日ソン・ゆずる
	부드러울 손	中xùn

풀이 1. 부드럽다. 순하다. 2. 사양하다. 3. 괘 이름. ㉠8괘의 하나. 사물을 받아들이는 덕을 나타내는 상. ㉡64괘의 하나. 4. 동남쪽.

巽令(손령) 황제의 명령.
巽方(손방) 24방위(方位)의 하나. 동남쪽.
巽時(손시) 오전 8시 반부터 9시 반까지의 시간.
巽羽(손우) 닭.
비 選(가릴 선)

巾 수건 건 部

'巾' 자는 수건 모양을 나타내어 '수건' 을 뜻하는 글자이다. 천의 조각이라는 의미에서 '헝겊' 이라는 뜻으로도 쓰이고, 망건(網巾)에서처럼 '두건' 을 나타내기도 한다. 이 글자를 부수로 갖는 글자는 베나 천과 같은 방직물에 관련된 의미를 갖는다.

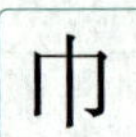

巾	⓪ 3획	日ケン
	수건 건	中jīn

*상형. 줄에 걸린 천 또는 수건의 모양을 본뜬 글자. 후에 두건의 뜻으로도 쓰임.

풀이 1. 수건. 행주. ¶手巾 2. 천. 헝겊. ¶頭巾 3. 쓰개. 두건. 4. 덮다. 씌우다. 5. 책 상자. ¶巾卷

巾車(건거) 베나 비단 등으로 막(幕)을 쳐서 꾸민 수레.
巾卷(건권) 상자와 책. 또는 상자에 넣은 책.
巾笥(건사) 비단으로 만든 조그마한 책 상자.

巾箱(건상) 자리 옆에 두고 책을 넣은, 베로 만든 작은 상자.
巾衣(건의) 두건(頭巾)을 쓰고 옷을 입음.
頭巾(두건) 남자 상제(喪制)가 상중에 쓰는 베로 만든 쓰개.
手巾(수건) 얼굴이나 손이나 몸을 씻은 뒤에 물기를 닦기 위해 사용하는, 면 등의 천으로 만든 물건.
宕巾(탕건) 예전에 벼슬아치가 갓 아래, 망건 위에 쓰던, 말총으로 만든 관(冠).
黃巾賊(황건적) 중국 후한(後漢) 때, 장각(張角)을 우두머리로 하여 일어났던, 머리에 누런 수건을 두른 도적.

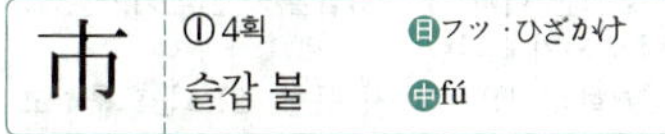
巿 ① 4획 日フツ·ひざかけ
슬갑 불 中fú

풀이 슬갑(膝甲). 무릎 덮개.

비 市(시장 시)

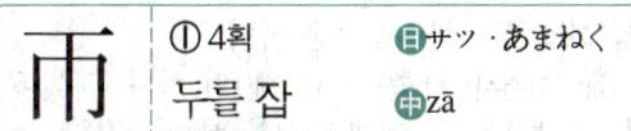
帀 ① 4획 日サツ·あまねく
두를 잡 中zā

풀이 1. 두르다. 빙 돌다. 2. 가득하다. 두루 미치다.
帀旬(잡순) 열흘을 한 번 돈다는 뜻으로, 10일을 이르는 말. 일순(一旬).
帀筵(잡연) 가득 찬 자리.
帀洽(잡흡) 널리 은혜를 줌.

비 巾(수건 건)

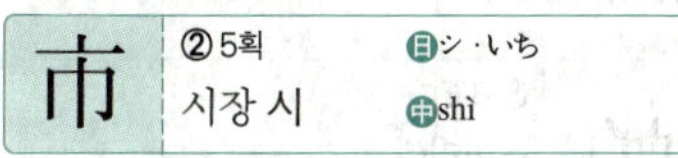
市 ② 5획 日シ·いち
시장 시 中shì

丶 亠 广 市 市

* 회의. 옷(巾)을 차려 입고 장을 보러 간다는(之) 뜻에서, '시장'을 나타냄.

풀이 1. 시장. 저자. ¶市場 2. 사고팔다. 장사하다. ¶市利 3. 시가. 도시. ¶市街 4. 행정 구획의 단위. ¶市立
市街(시가) 도시의 큰 거리. 상점이 죽 늘어서 있는 거리.
市價(시가) 상품이 시장에서 매매되는 값.
市內(시내) 도시의 안쪽.
市利(시리) 시장에서 얻는 이익. 장사의 이익.
市立(시립) 시에서 설립하여 유지함.
市民(시민) 도시에 사는 사람.
市勢(시세) 1)행정 구역상 시의 종합적인 상태. 2)수요와 공급의 관계가 원활한 정도.
市外(시외) 도시의 밖.
市恩(시은) 남에게 은혜를 베풀고 자기가 이익을 얻고자 하는 것.
市場(시장) 1)매일 또는 정기적으로 사람들이 모여 여러 가지 상품을 사고파는 장소. 2)상품이 거래되는 범위.
市長(시장) 시(市)의 우두머리.
市井(시정) 1)사람들이 모여 지내는 곳. 2)거리의 장사치. 시정아치.
市中(시중) 도시의 안.
市廳(시청) 행정 구역상의 하나인 시의 행정 사무를 맡아보는 곳.
市虎(시호) 근거 없는 말이라도 여러 사람이 똑같이 말하면 속아서 믿게 됨. 시내에 호랑이가 있을 리 없지만, 이 말을 하는 사람이 세 사람이 되면, 믿게 된다는 것에서 온 말.
市況(시황) 시장의 매매 · 거래의 상황.
都市(도시) 정치 · 경제 · 문화의 중심지로 사람들이 많이 모여 사는 지역.
城市(성시) 성이 있는 시가(市街).
夜市(야시) 밤에 벌이는 시장. 야시장.

비 巿(슬갑 불)

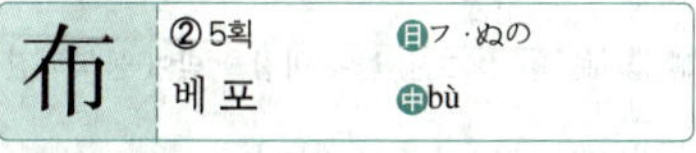
布 ② 5획 日フ·ぬの
베 포 中bù

一 ナ 才 右 布

* 형성. 뜻을 나타내는 부수 '巾(수건 건)'과 음을 나타내는 '父(아비 부)'를 합친 글자. 아직 조각 베(巾)로 가르지 않은(父) 것을 의미하여, '포목'이라는 뜻을 나타냄.

풀이 1. 베. 천. ¶布木 2. 돈. 화폐. 3. 베풀다. ¶布德 4. 벌이다. 5. 펴다. 넓게 펼치다. ¶分布 6. 널리 알리는 글. 포고문. ¶布告
布告(포고) 1)고시(告示)하여 널리 일반에게 알림. 2)국가의 결정적 의사를 공식으로 일반에게 알리는 것.
布教(포교) 1)가르침을 널리 폄. 2)종교를 널리 펼침.
布袋(포대) 포목으로 만든 자루.
布德(포덕) 1)천도교(天道教) · 시천교(侍天教) 등에서 한울님의 덕을 이 세상에 편다는 뜻. 2)천도교나 시천교의 전도(傳道).
布笠(포립) 대로 만든 외부에 베 · 모시 등으로 겉을 싼 갓.
布木(포목) 베와 무명.
布帛(포백) 베와 비단.
布石(포석) 1)바둑 둘 때 처음에 돌을 놓는 것. 2)미래를 준비함.

布施(1.포시/2.보시) 1)남에게 물품을 베풂. 2)불교에서, 탐욕이 없는 깨끗한 마음으로 가난한 사람에게 재물을 베풂. 또는 그런 재물이나 돈.

布衣(포의) 1)베로 만든 옷. 2)관직이 없는 평범한 사람.

布置(포치) 분배하여 벌여 놓음.

分布(분포) 나뉘어 퍼져 있음.

散布(산포) 흩어져 퍼지거나 퍼트림.

上告下布(상고하포) 나라에 중대한 일이 있을 때에 위로는 종묘(宗廟)에 제(祭)를 지내어 고하고, 아래로는 백성에게 공포(公布)하던 일.

流布(유포) 세상에 널리 퍼뜨림.

瀑布(폭포) 낭떠러지에서 흘러 떨어지는 물.

비 市(시장 시)

帆 ③6획 돛 범 日ハン·ほ 中fān

*형성. 뜻을 나타내는 부수 '巾(수건 건)'과 음을 나타내는 '凡(무릇 범)'을 합친 글자. 이에 바람을 받기 위한 천, 즉 '돛'의 뜻으로 쓰임.

풀이 1. 돛. 돛대에 달아 바람을 받게 하는 천. 2. 돛단배.

帆竿(범간) 돛대.

帆腹飽滿(범복포만) 돛이 바람을 받아 불룩해진 모양.

帆席(범석) 자리 등으로 만든 돛.

帆弱(범약) 돛의 힘이 약함. 배의 나아감이 느림.

帆影(범영) 멀리 보이는 돛의 모습. 또는 돛단배.

帆海(범해) 돛단배로 바다를 건넘.

비 汎(뜰 범)

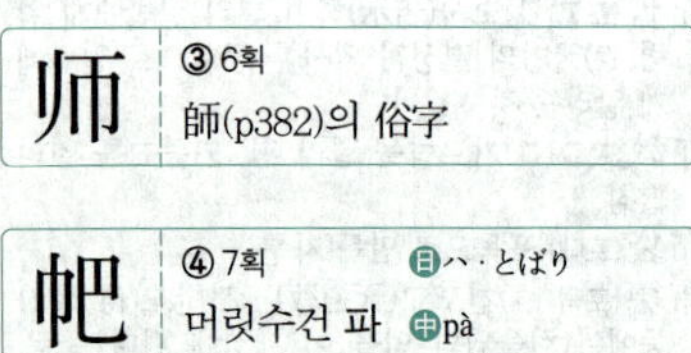

师 ③6획 師(p382)의 俗字

帊 ④7획 머릿수건 파 日ハ·とばり 中pà

풀이 1. 머릿수건. 두건. 2. 장막. 휘장. 3. 비단 두 폭.

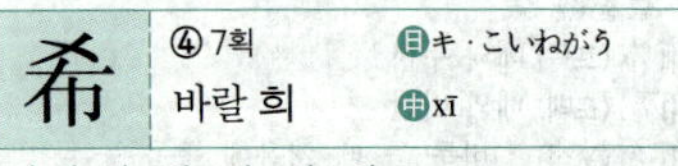

希 ④7획 바랄 희 日キ·こいねがう 中xī

*회의. 부수 '巾(수건 건)'과 여러 선이 교차되어 있는 모양의 '爻(효 효)'를 합친 글자. 원래는 실을 섞어 짠 옷감이나 천을 의미했으나, 후에 '드물다', '바라다'의 뜻으로 쓰임.

풀이 1. 바라다. 희망하다. ¶希求 2. 드물다. 적다. ¶希世 3. 성기다. 드문드문하다.

希求(희구) 바라고 요구함.

希念(희념) 바라고 염원함.

希代(희대) 세상에 드물게 있는 존재. 희대(稀代).

希臘(희랍) 그리스의 음역. 유럽의 동남부 발칸반도 남단에 있는 공화국.

希望(희망) 1)앞일에 대하여 기대를 가지고 바람. 2)좋은 결과를 기대하는 마음. 또는 밝은 전망.

希慕(희모) 덕이 있는 사람을 사모하며 자기도 그렇게 되기를 바람.

希微(희미) 1)뚜렷하지 못함. 2)드문드문하고 작음.

希聖(희성) 성인이 되기를 희망함.

希世(희세) 세상에 드묾. 또는 그런 일.

希願(희원) 앞일에 대한 바람.

希夷(희이) 심오한 도. 깊은 이치.

希天施(희천시) 팔종시(八種施)의 하나. 하늘에 나기를 바라고 남에게 물건을 베푸는 것임.

유 望(바랄 망)

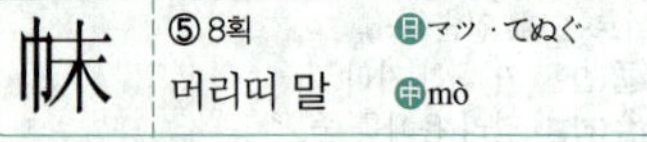

帓 ⑤8획 머리띠 말 日マツ·てぬぐ 中mò

풀이 1. 머리띠. 띠. 2. 수건. 3. 버선.

帓首(말수) 머리띠.

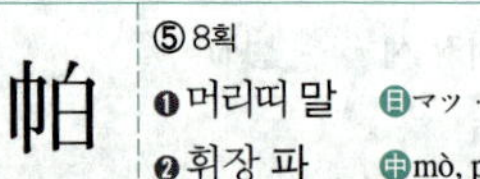

帕 ⑤8획 ❶머리띠 말 ❷휘장 파 日マツ·とばり 中mò, pà

풀이 1 1. 머리띠. 2. 싸매다. 두르다. ¶帕首 2 3. 휘장. 4. 보자기. 물건을 싸는 헝겊. ¶帕腹

帕首(말수) 머리를 싸매는 수건.

帕額(말액) 머리를 싸매는 수건. 또는 장식품.

帕腹(파복) 배를 감는 헝겊. 배띠.

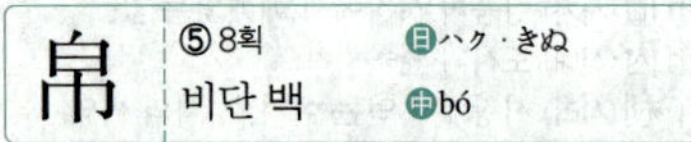

帛 ⑤8획 비단 백 日ハク·きぬ 中bó

*형성. 뜻을 나타내는 부수 '巾(수건 건)'과 음을 나타내며 '희다'는 뜻을 지닌 '白(흰 백)'을 합친 글자. 이에 '흰 명주'의 뜻으로 쓰임.

3획

풀이 비단. 명주.

帛巾(백건) 비단 헝겊. 견직물(絹織物).

帛書(백서) 비단에 쓴 글자. 또는 그 비단.

유 幣(비단 폐)

帗	⑤ 8획	日 ブツ・けおり
	모직 불	中 fú

풀이 1. 모직(毛織). 2. 앞치마. 무릎덮개. 3. 춤출 때 손에 드는, 오색 비단으로 된 기.

帗帶(불대) 앞치마에 두른 띠.

帗縷(불루) 모직으로 만든 물건.

帗舞(불무) 춤출 때 손에 드는, 오색(五色) 비단으로 된 기. 또는 그 기를 들고 추는 춤.

帙	⑤ 8획	日 チツ・ふみつづみ
	책갑 질	中 zhì

풀이 1. 책갑. 책의(冊衣). 책을 넣거나 싸는 물건. 2. 질. 여러 권으로 된 책 한 벌을 세는 단위. 3. 책. 서적.

帖	⑤ 8획	
	❶ 휘장 첩	日 チョウ・かきもの
	❷ 체지 체 韓	中 tiē, tiě, tiè

* 형성. 뜻을 나타내는 부수 '巾(수건 건)'과 음을 나타내는 '占(점 점)'을 합친 글자. 명주에 점을 찍듯 글자를 써넣은 것을 나타냄.

풀이 ❶ 1. 휘장. 2. 법첩(法帖). 고인 필적으로 본을 받을 만한 것을 모아 만든 서첩. 3. 명함. 4. 표제. 비단에 적은 제목. 5. 편지. 서한. 6. 쪽지. 7. 문서. 장부. 8. 패(牌). 방(榜). 포고하는 문서. 9. 어음. 10. 주련. 대련. 기둥 등에 장식으로 써서 붙이는 한시. 11. 과녁. 과녁으로 쓰는 헝겊. 12. 늘어뜨리다. 드리우다. 13. 편안하다. 평정하다. 14. 첩. 약의 뭉치를 세는 단위. ❷ 15. 체지(帖紙). 관청에서 아전을 임명할 때 쓰던 임명장.

帖經(첩경) 중국 당대(唐代)에 시행하던 과거 시험의 방법.

帖木兒(첩목아) 1)몽고(蒙古)를 이르는 말. 2)티무르(Timur)의 음역.

帖伏(첩복) 1)순순히 복종함. 첩복(帖服). 2)가라앉음.

帖服(첩복) 순하게 복종함. 첩복(帖伏).

帖息(첩식) 마음을 놓음.

帖然(첩연) 만족하는 모양.

帖耳(첩이) 귀를 드리움. 아첨하는 모양을 이르는 말.

帖子詞(첩자사) 송대(宋代), 명절 때 궁중의 연회 석상에서 선비들이 지은 문장.

帖著(첩착) 붙어 떨어지지 않게 함.

帖帖(첩첩) 1)침착한 모양. 2)붙어서 떨어지지 않는 모양. 3)드리워진 모양.

帖妥(첩타) 편안함. 조용함.

帖學(첩학) 서예에서, 법첩(法帖)을 모범으로 삼는 한 파(派).

帖黃(첩황) 당대(唐代) 임금의 칙서(勅書)에 고칠 부분이 있을 경우, 누런 종이를 붙이고 항목을 적어 봉투의 겉에 나타내던 일.

手帖(수첩) 가지고 다니며 기록하는 작은 공책.

비 呫(소곤거릴 첩)

帚	⑤ 8획	日 スイ・はく
	비 추	中 zhǒu

풀이 1. 비. 빗자루. 2. 비로 쓸다.

帚拂(추불) 쓸고 텲.

帚星(추성) 혜성(慧星).

帑	⑤ 8획	
	❶ 나라금고 탕	日 ド
	❷ 처자 노	中 nú, tǎng

풀이 ❶ 1. 나라 금고. 국가의 재화를 보관하는 창고. ¶帑庫 ❷ 2. 처자. 3. 새꼬리. 4. 포로. 5. 수컷.

帑庫(탕고) 재물을 보관하는 창고.

帑廥(탕괴) 곳간.

帑廩(탕름) 금고와 창고.

帑藏(탕장) 재물을 간직하는 창고.

비 帤(걸레 녀)

帔	⑤ 8획	日 ヒ
	치마 피	中 pèi

풀이 1. 치마. 2. 배자. 소매가 없는 옷.

帔子(피자) 저고리 위에 입는 소매가 없는 옷. 배자(褙子).

비 彼(저 피)

帢	⑥ 9획	日 コウ・ぼうし
	모자 갑	中 qià

풀이 모자. 위(魏) 태조(太祖)가 고안했다는 간편한 모자.

유 帽(모자 모)

3획

帣 ⑥ 9획 자루 권 日ケン·ふくろ 中juǎn, juàn

풀이 자루. 30말들이 자루.

帤 ⑥ 9획 걸레 녀(여) 日ぞうきん 中rú

풀이 걸레.

帥 ⑥ 9획 ❶장수 수 ❷거느릴 솔 日スイ·ひきいる 中shuài

*형성. 뜻을 나타내는 부수 '巾(수건 건)'과 물건이 쌓인 모양을 나타내는 부수 이외의 글자를 합친 글자. 머리에 쓰는 모자(巾)가 쌓인 것, 곧 많은 사람들을 '거느림'을 뜻하게 됨.

풀이 ❶ 1. 장수. 장군. ¶帥長 ❷ 2. 거느리다. 인솔하다. 앞장서다. ¶帥先 3. 본보기. 모범. ¶帥導 4. 좇다.

帥先(솔선) 앞장서 인도함.
帥乘(수승) 장수와 병졸.
帥臣(수신) 병마절도사(兵馬節度使)와 수군절도사(水軍節度使).
帥長(수장) 군대의 우두머리.
元帥(원수) 1)장수(將帥)의 으뜸. 2)군대에서 가장 높은 계급.
將帥(장수) 군사를 거느리는 우두머리.
總帥(총수) 전군을 지휘하는 사람.
統帥(통수) 모두 몰아서 거느림.

비 師(스승 사)

帟 ⑥ 9획 장막 역 日エキ·まく 中yì

풀이 장막. 먼지를 막기 위해 위에 치는 작은 장막.

비 亦(또 역)

帠 ⑥ 9획 법 예 日エイ·ほそく 中yì

풀이 법. 법칙.

帝 ⑥ 9획 임금 제 日テイ·みかど 中dì

*상형. 모자(巾)를 덮어쓰고(冖) 만백성의 위에 높이 서(立) 있는 사람, 곧 '임금'을 나타냄.

풀이 1. 임금. 제왕. 황제. ¶帝國 2. 하느님.

帝國(제국) 황제가 다스리는 나라.
帝命(제명) 황제의 명령. 천자의 명령.
帝釋天(제석천) 천축(天竺)의 신. 수미산(須彌山) 꼭대기에 있는 도리천의 중앙 희견성(喜見城)에 있어 33천(三十三天)을 통솔함.
帝業(제업) 황제의 사업. 제왕이 나라를 다스리는 일.
帝王(제왕) 1)군주국의 원수. 2)황제 또는 국왕의 총칭.
帝位(제위) 제왕의 자리.
帝政(제정) 1)임금의 정치. 2)제국주의의 정치.
帝號(제호) 제왕의 칭호.
先皇帝(선황제) 선대(先代)의 황제.
女帝(여제) 여자 황제.
炎帝(염제) 중국 고대의 불의 신. 여름을 주관하는 신. 때로는 태양신이라 하여 신농과 동일시하기도 하였음.
五帝(오제) 1)고대 중국의 다섯 성군. ㉠소호·전욱·제곡·요·순. ㉡황제·전욱·제곡·요·순. ㉢복희·신농·황제·소호·전욱. 2)무당이 섬기는, 방위를 지키는 다섯 신. 동쪽의 청제(青帝), 서쪽의 백제(白帝), 남쪽의 적제(赤帝), 북쪽의 흑제(黑帝), 중앙(中央)의 황제(黃帝).
玉皇上帝(옥황상제) 도가에서 하느님을 일컫는 말.
皇帝(황제) 제국의 임금.

유 后(임금 후) 王(임금 왕) 비 常(항상 상)

帬 ⑦ 10획 치마 군 日クン·ちま 中qún

풀이 치마.

유 裙(치마 군)

帰 ⑦ 10획 歸(p682)의 俗字

帞 ⑦ 10획 굴건 문 日メン·べんかん 中wèn

풀이 굴건. 상주(喪主)가 두건 위에 덧쓰는 건.

3획

帮 ⑦ 10획
幫(p389)의 俗字

師 ⑦ 10획 日シ
스승 사 中shī

＊회의. '帀(두를 잡)'은 무엇을 둘러싸고 있는 모양이고, 나머지 부분은 물건을 쌓은 모양을 나타냄. 군대에서 대장을 중심으로 군중이 많이 둘러싸고 있는 것을 나타내어 '군사'의 뜻으로 쓰이며, 또는 군중이 둘러싸고 있는 '대장'이나 '스승'의 뜻으로도 쓰임.

풀이 1. 스승. 선생. ¶師父 2. 스승으로 삼다. 본받다. 3. 전문가. 전문적인 기예를 닦은 사람. 4. 군대. 군사. ¶師團 5. 벼슬. 관리. 6. 신령. 신(神). 7. 사자. 8. 많은 사람. 9. 괘 이름. 64괘의 하나.

師君(사군) 스승을 높여 부르는 말.
師團(사단) 군대 편성의 한 단위. 사령부를 가지며 독립적인 작전을 수행할 수 있는 전략 병단.
師徒(사도) 1)군대(軍隊). 2)스승과 제자.
師旅(사려) 1)군대. 사(師)는 5려(旅), 1려는 군사 500명임. 2)전쟁.
師母(사모) 스승의 부인.
師範(사범) 1)모범. 본보기. 2)학문·무술 등을 가르치는 사람.
師父(사부) 1)스승에 대한 존칭. 2)승려·도사에 대한 존칭. 3)스승과 아버지.
師事(사사) 스승으로 섬김. 스승으로 섬겨 가르침을 받음.
師承(사승) 스승의 가르침을 받음.
師役(사역) 전쟁.
師友(사우) 1)스승으로 삼을 만한 친구. 2)스승과 친구.
師律(사율) 군대의 규율. 군율(軍律).
師資(사자) 1)스승. 선생. 2)스승과 제자.
師子(사자) 스승과 제자.
師子吼(사자후) 1)부처의 설법에 악마들이 굴복하여 귀의함. 2)큰소리로 부르짖어 열변을 토함.
師長(사장) 스승과 손위의 사람.
師匠(사장) 1)훌륭한 스승. 2)본보기가 될 만한 사람. 모범이 되는 사람.
師弟(사제) 1)스승과 제자. 2)자기보다 나이가 어린 중. 3)동문(同門)의 후배.
師親會(사친회) 그 학교의 교사와 학부형들이 협의하여 자녀 교육의 효과를 높이기 위한 후원 단체.
師表(사표) 학식과 인격이 높아 남의 모범이 될 만한 사람.
師行(사행) 1)군대의 행진(行進). 행군(行軍). 2)많은 사람이 감.
師兄(사형) 나이와 학덕이 자기보다 높은 사람에 대한 존칭.

비 帥(장수 수)

席 ⑦ 10획 日セキ·しく
자리 석 中xí

＊형성. 뜻을 나타내는 부수 '巾(수건 건)'과 음을 나타내는 '庶(여러 서)'를 합친 글자. 여러 사람이 모여 앉는 자리를 나타내어, '자리' 또는 '자리를 깔다'라는 뜻으로 쓰임.

풀이 1. 자리. 좌석. 2. 깔개. 돗자리. ¶席門 3. 모임. 술자리. ¶席上 4. 지위. 위치. 5. 깔다. 6. 베풀다. 진열하다. 벌여 놓다. 7. 의뢰하다. 의지하다. ¶席寵

席藁待罪(석고대죄) 자리를 깔고 벌을 기다림. 죄에 대한 처분을 기다림.
席卷(석권) 자리를 만다는 뜻으로, 영토를 차지하는 것을 이르는 말.

席卷(석권)의 유래
위표(魏豹)는 위나라를 평정하고 항우로부터 위왕에 봉해졌다. 그러나 유방이 황하를 건너오자 한나라에 붙어 초나라를 쳤다. 후에 유방이 패하자 다시 초나라에 붙은 그는 결국 한나라 장군 한신에게 죽임을 당했다. 팽월(彭越)은 유방에 의해 양왕에 봉해져 군사를 출병하여 항우를 격파했다. 나중에 그는 반란 평정을 위한 유방의 요청에 응하지 않아 죽임을 당했다. 사마천은 《사기(史記)》에서 이 두 사람을 평하면서, '위표와 팽월은 비천한 집안 출신으로 천 리의 땅을 석권했다.'라는 표현을 썼는데, '석권'은 여기서 유래한 말이다.

席門(석문) 멍석으로 만든 문이라는 뜻으로, 가난한 집을 이르는 말.
席不暇暖(석불가난) 자리가 따뜻해질 겨를이 없을 정도로 바쁘게 돌아다님.
席上(석상) 어떤 모임의 자리.
席上才子(석상재자) 즉석에서 시 등을 짓는, 글재주가 뛰어난 사람.
席上珍(석상진) 자리 위의 보배라는 뜻으로, 선비의 학식을 비유하는 말.
席勝(석승) 승전(勝戰)을 밟.
席次(석차) 1)자리의 차례. 2)성적의 순서.
席寵(석총) 남의 총애에 의지함.
缺席(결석) 출석하지 않음.

유 座(자리 좌)

帨 ⑦ 10획 日セイ·てぬぐ
수건 세 中shuì

풀이 1. 수건. 2. 닦다. 수건으로 손을 닦다.

3획

幝	⑦ 10획	日チョウ・えり
	깃 첩	中zhé

풀이 깃. 옷깃의 끝 부분.

帶	⑧ 11획	日タイ・おび
	띠 대	中dài

一 十 卄 卅 卌 卌 卌 卌 卌 帶 帶

* 상형. 옛날 지위 높은 사람이 매던 허리띠의 모양을 본뜬 글자.

풀이 1. 띠. 띠를 두르다. ¶帶鉤 2. 차다. 두르다. 3. 데리고 있다. 데리고 다니다. 4. 근처. 지역. ¶亞熱帶

帶甲(대갑) 갑옷을 입은 병사.

帶鉤(대구) 허리띠의 두 끝을 서로 끼워 맞추는 자물 단추.

帶同(대동) 사람과 함께 데려감.

帶狀(대상) 띠처럼 좁고 긴 모양.

帶妻僧(대처승) 살림을 차리며 처와 가족을 거느린 중.

帶下症(대하증) 여자의 음부로부터 희거나 붉은 분비액이 흐르는 병.

連帶(연대) 1)두 명 이상이 공동으로 책임짐. 2)서로 연결함.

地帶(지대) 자연적 · 인위적으로 한정된 일정한 구역.

革帶(혁대) 가죽으로 만든 허리띠.

비 滯(막힐 체)

帲	⑧ 11획	日へイ・まく
	장막 병	中píng

풀이 장막. 휘장. 위에 쳐서 가리는 막.

帲幪(병몽) 장막.

常	⑧ 11획	日ジョウ・つね
	항상 상	中cháng

丨 丨丨 丷 ⺌ 尚 尚 常 常 常 常 常

* 형성. 뜻을 나타내는 부수 '巾(수건 건)'과 음을 나타내는 '尙(높을 상)'을 합친 글자. 수건(巾)은 머리 위에(尙) 항상 두르는 것이라 하여, '항상', '늘'의 뜻으로 쓰임.

풀이 1. 항상. 늘. ¶常客 2. 항구하다. 고정불변이다. 3. 평상시. 보통 때. 4. 범상하다. 예사롭다. 5. 떳떳하다. 당당하다. ¶常理 6. 법도. 도리. 7. 일찍이. 8. 길이의 단위. 심(尋)의 2배. 즉 16척(尺).

常客(상객) 늘 찾아오는 손님.

常軌(상궤) 항상 떳떳하고 당당한 길.

常規(상규) 1)보통의 일반적인 규정 또는 규칙 2)늘 변하지 않는 규칙. 상칙(常則).

常談(상담) 1)보통으로 쓰는 평범한 말. 2)상스러운 말.

常道(상도) 사람이 항상 지켜야 할 변하지 않는 도리.

常樂(상락) 언제나 즐거움.

常例(상례) 흔히 있는 일. 보통 있는 일.

常禮(상례) 정해진 예식. 보통의 예법.

常綠樹(상록수) 나뭇잎이 4계절 언제나 푸른 나무.

常理(상리) 떳떳한 도리. 당연한 도리.

常務(상무) 날마다 보는 업무.

常民(상민) 상인(常人).

常班(상반) 평민과 양반.

常服(상복) 늘 입는 보통의 옷.

常備(상비) 항상 준비해 둠.

常設(상설) 항상 설치해 둠.

常數(상수) 1)정해진 수. 일정한 수. 2)자연적으로 정해진 운명. 3)일정한 상태에 있어서 물질의 성질에 관계된 양을 나타낸 수.

常習(상습) 늘 하는 버릇.

常識(상식) 보통 사람이 지니거나 또는 지녀야 할 보통의 지식. 판단력 · 이해력

常用(상용) 일상 생활에 흔히 쓰임. 또는 그런 것.

常任(상임) 일정한 직무를 늘 계속해 맡음.

常情(상정) 사람에게 공통적으로 가지고 있는 인정. 일상의 정의(情誼).

常存(상존) 언제나 존재함.

常住(상주) 항상 거주함. 늘 머무름.

常春(상춘) 기후가 언제나 봄임.

常態(상태) 보통 때의 모양이나 형편. 정상적인 상태.

常套(상투) 보통으로 늘 하는 버릇. 예사의 버릇.

經常(경상) 계속하여 그치거나 변하지 않음.

怪常(괴상) 괴이하고 이상함.

德無常師(덕무상사) 덕을 닦는 데는 일정한 스승이 없음.

萬古常靑(만고상청) 오래도록 항상 푸르다는 뜻으로, 언제나 변함이 없음.

無常(무상) 상주하는 것이 없다는 뜻으로, 나고 죽으며 흥하고 망하는 것이 덧없음. 또는 모든 것이 늘 변함을 이르는 말.

日常(일상) 1)매일 반복되는 생활. 2)늘. 날마다.

正常(정상) 탈이나 변동이 없이 정상적인 상태.

비 堂(집 당) 党(무리 당)

3획

帷 ⑧ 11획 日ユウ・とばり
휘장 유 中wéi

* 형성. 뜻을 나타내는 부수 '巾(수건 건)'과 음을 나타내는 '隹(새 추)'를 합친 글자.

풀이 휘장. 장막. 씌우개.

帷蓋(유개) 1)휘장과 덮개. 2)덮어 씌움.
帷簾(유렴) 휘장과 발.
帷幕(유막) 1)휘장과 천막. 2)비밀을 논의하는 곳. 작전을 짜는 곳.
帷薄(유박) 1)휘장과 발. 2)부인이 거처하는 방. 규방(閨房).
帷帳(유장) 1)휘장. 장막. 2)작전 계획을 하는 곳.

유 帳(휘장 장)

帳 ⑧ 11획 日チョウ・とばり
휘장 장 中zhàng

丨 冂 巾 巾 巾 巾 巾 帳 帳 帳 帳

* 형성. 뜻을 나타내는 부수 '巾(수건 건)'과 음을 나타내는 '長(긴 장)'을 합친 글자. 길게 늘어뜨린 천, 곧 '장막'을 나타냄.

풀이 1. 휘장. 장막. ¶帳幕 2. 천막. 3. 장부. 장부책. ¶帳簿

帳幕(장막) 천막 또는 둘러친 막.
帳面(장면) 온갖 일을 치부하는 책. 지난날의 거래를 적은 책.
帳簿(장부) 금품의 수입 및 지출을 기록하는 책.
帳中(장중) 장막의 안.
帳幅(장폭) 휘장.
記帳(기장) 장부에 기록함. 또는 그 장부.
寶帳(보장) 화려한 장막.
署名帳(서명장) 사인첩.
設布帳(설포장) 집 밖에 치기 위하여 베, 또는 무명 등으로 만든 천막.
揮帳(휘장) 여러 폭의 천을 이어 만든, 둘러치는 장막.

유 帷(휘장 유)

幝 ⑨ 12획
褌(p1252)과 同字

帾 ⑨ 12획 日ト・はた
기 도 中dǔ

풀이 1. 기(旗). 깃발. 2. 기에 새긴 표시.

帽 ⑨ 12획 日モウ・ぼうし
모자 모 中mào

* 형성. 뜻을 나타내는 부수 '巾(수건 건)'과 음을 나타내는 '冒(무릅쓸 모)'를 합친 글자. 베(巾)로 만들어 머리에 덮어 쓰는(冒) '모자'의 뜻으로 쓰임.

풀이 모자. 두건.

帽帶(모대) 모자와 띠.
帽羅(모라) 모자의 겉을 싸는 얇은 비단.
帽憑(모빙) 충분히 생각을 함.
帽簷(모첨) 모자의 차양.
角帽(각모) 1)각이 진 모자. 2)사각모.
官帽(관모) 관리가 쓰는 모자.
紗帽(사모) 지난날 관원이 관복을 입을 때 쓰던, 검은 비단으로 만든 모자.
禮帽(예모) 예복 차림을 할 때 갖추어 쓰는 모자.
制帽(제모) 학교 · 관청 · 회사 등에서, 규정에 따라 정한 모자.
着帽(착모) 모자를 씀.
脫帽(탈모) 모자를 벗음.
學帽(학모) 학교에서 정한 모자. 교모(校帽). 학생모.

비 冒(무릅쓸 모)

幇 ⑨ 12획
幫(p389)과 同字

幄 ⑨ 12획 日アク・とばり
휘장 악 中wò

* 형성. 뜻을 나타내는 부수 '巾(수건 건)'과 음을 나타내는 '屋(집 옥→악)'을 합친 글자.

풀이 1. 휘장. 2. 천막.

幄幕(악막) 군대의 진중(陣中)에 친 막.
幄手(악수) 소렴(小殮) 때 시신의 손을 싸는 헝겊.
幄帳(악장) 휘장. 장막.
幄座(악좌) 휘장을 친 자리.
帷幄(유악) 1)유막(帷幕). 2)참모(參謀).

유 帳(휘장 장)

幃 ⑨ 12획 日イ・とばり
휘장 위 中wéi

풀이 1. 휘장. 장막. 2. 향낭(香囊). 향주머니.

幃幔(위만) 휘장(揮帳).
幃幄(위악) 1)휘장. 2)작전을 세우는 곳.
幃帟(위역) 1)안방에 친 휘장. 2)작전 계획을 세우는 곳.
幃幌(위황) 휘장.
羅幃(나위) 비단 포장.
유 帳(휘장 장) 帷(휘장 유)

幀	⑨ 12획	日テイ
	그림 족자 정	中zhēn

풀이 1. 그림 족자. 비단 위에 그린 그림. 2. 그림틀. 수틀. 그림을 그리거나 수를 놓기 위해 비단을 고정시키는 나무틀. 3. 책의 겉장.
裝幀(장정) 1)제본에서, 책을 매어 표지를 붙임. 2)책의 모양새 전반에 걸친 의장(意匠)을 함. 또는 그 의장. 책치레.
비 偵(정탐할 정)

幅	⑨ 12획	
	❶폭 폭	日フク·はば
	❷행전 핍	中fú

丨 冂 巾 巾 巾 巾 巾 帄 帞 幅 幅 幅

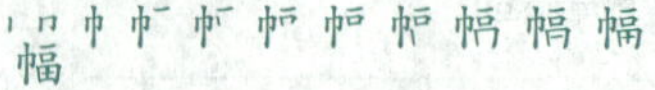

* 형성. 뜻을 나타내는 부수 '巾(수건 건)'과 음을 나타내는 부수 이외의 글자가 합쳐진 글자. 부수 이외의 부분은 물건이 쌓여 있는 높이를 나타내어, 옷감의 '폭', '너비'의 뜻으로 쓰임.

풀이 ❶ 1. 폭. 너비. 넓이. ¶幅尺 2. 폭. 종이·직물·그림을 세는 단위. 3. 가장자리. 4. 포백(布帛). 직물. 천. ¶畵幅 5. 족자. ❷ 6. 행전(行纏). 무릎 아래에 감싸는 물건.
幅巾(폭건) 한 폭 정도의 천으로 만든 은사가 쓰는 두건.
幅利(폭리) 이익을 제한함.
幅員(폭원) 넓이.
幅尺(폭척) 한 폭의 길이.
大幅(대폭) 1)큰 폭. 2)넓은 범위. 3)폭이 크게. 매우 많이.
邊幅(변폭) 올이 풀리지 않게 짠, 피륙의 가장자리 부분.
書幅(서폭) 글씨를 써서 만든 족자.
全幅(전폭) 1)한 폭의 전부. 온 너비. 2)일정한 범위의 전체.
畵幅(화폭) 그림을 그리는 천이나 종이 등을 두루 이르는 말.
비 副(버금 부)

帿	⑨ 12획	日コウ·てき
	과녁 후	中hóu

풀이 과녁. 과녁판.
유 的(과녁 적)

幏	⑩ 13획	日カ
	세포 가	中jià

풀이 세포(稅布). 중국 서남쪽의 이민족이 조공으로 바치던 베.

幎	⑩ 13획	日ベキ·とばり
	덮을 멱	中mì

풀이 1. 덮다. 가리다. 2. 가리개. 보자기. 물건을 덮는 헝겊.
幎歷(멱력) 보였다 안 보였다 하는 모양.
幎冒(멱모) 명주로 얼굴을 가림.
幎目(멱목) 소렴(小殮) 때 시신의 얼굴을 싸는 가리개.
비 暝(어두울 명)

幋	⑩ 13획	日ハン
	횃댓보 반	中pán

풀이 횃댓보. 횃대에 걸린 옷을 덮는 보자기.

幌	⑩ 13획	日コウ·ほろ
	휘장 황	中huǎng

풀이 1. 휘장. 2. 수레의 포장. 3. 주기(酒旗). 술집에 간판 대신 세운 깃발.
유 帳(휘장 장) 帷(휘장 유) 幃(휘장 위)

幗	⑪ 14획	日カク
	머리 장식 괵	中guó

풀이 머리 장식. 부인들이 머리를 장식하던 헝겊.

幕	⑪ 14획	日マク·バク
	막 막	中mù

丶 丷 艹 艹 芇 芇 苩 苩 莫 莫 莫 莫 幕 幕

* 형성. 뜻을 나타내는 부수 '巾(수건 건)'과 음을 나타내는

'莫(없을 막)'을 합친 글자. 천(巾)을 위로 덮어서 없는(莫) 것처럼 가리는 '장막'을 나타냄.

풀이 1. 막. 장막. 천막. ¶開幕 2. 막부. 장군이 군무를 처리하는 군막. 3. 덮다. 가리다. 4. 사막. 5. 팔뚝 싸개. 정강이 싸개.

幕南(막남) 사막의 남쪽.
幕絡(막락) 덮고 두름.
幕僚(막료) 중요한 계획의 입안이나 시행 등의 일을 보좌하는 간부.
幕幕(막막) 1)어두운 모양. 2)성대한 모양.
幕府(막부) 대장군의 본영(本營).
幕北(막북) 막삭(幕朔).
幕賓(막빈) 비밀 회의에 참여하여 귀한 손님으로 대접을 받는 사람.
幕朔(막삭) 고비 사막 이북의 땅.
幕友(막우) 막료(幕僚).
幕天席地(막천석지) 1)하늘을 덮개로 삼고 땅을 깔개로 한다는 뜻으로, 기운이 호방(豪放)함을 이르는 말. 2)한데서 잠.
幕下(막하) 지휘관이 거느리고 있는 사람.
幕後(막후) 드러나지 않은 뒷면. 특히 정치적인 면에서 감추어진 이면의 상황.
開幕(개막) 1)막을 열거나 올림. 2)회의나 행사 등을 시작함.
軍幕(군막) 진중(陣中)에 치는 장막.
序幕(서막) 1)연극의 시작이 되는 첫 막. 2)무슨 일의 시작.
煙幕(연막) 적으로부터 자기 편의 행동을 숨기기 위하여 공중이나 지상에 치는 인공의 연기.
銀幕(은막) 1)영상을 비추는 흰색의 막. 2)영화계.
字幕(자막) 영화·텔레비전 등에서, 제목·배역·해설 등을 글자로 나타낸 화면.
除幕(제막) 막을 걷어 냄.
天幕(천막) 비바람 등을 막기 위해 치는 서양식 장막. 텐트. 차일(遮日).
閉幕(폐막) 1)연극을 다 끝내고 막을 내림. 2)어떤 행사가 끝남. ↔ 개막(開幕)
黑幕(흑막) 1)검은 장막. 2)겉으로 드러나지 않은 음흉한 내막.

비 墓(무덤 묘) 暮(저물 모) 募(모을 모) 慕(사모할 모)

幔	⑪ 14획	日 マン·まく
	장막 만	中 màn

풀이 장막. 천막. 휘장.

幔幕(만막) 빙 둘러친 휘장.
幔城(만성) 장막으로 둘러싸인 임시의 성.
幔帷(만유) 장막. 휘장.

비 慢(게으를 만)

幓	⑪ 14획	
	❶ 수레 휘장 삼	日 サン·かぶりもの
	❷ 머리띠 조	中 shān

풀이 ❶ 1. 수레 휘장. 수레 장식이 늘어진 모양. 2. 깃발. 기폭. ❷ 3. 머리띠. 머리를 묶는 건.

幓頭(조두) 머리가 흐트러지지 않도록 묶는 머리띠.

幘	⑪ 14획	日 サク·かぶりもの
	머리싸개 책	中 zé

풀이 1. 머리싸개. 망건. 2. 볏. 계관(雞冠).

徽	⑪ 14획	日 キ·ギ
	표기 휘	中 huī

풀이 표기. 표지가 있는 깃발.

비 徵(부를 징)

幜	⑫ 15획	日 ケイ
	비단 경	中 jǐng

풀이 1. 비단. 2. 너울. 장옷. 옷 위에 걸치는 옷.

유 帛(비단 백)

幢	⑫ 15획	日 トウ·はた
	기 당	中 chuáng, zhuàng

* 형성. 뜻을 나타내는 부수 '巾(수건 건)'과 음을 나타내는 '童(아이 동)'을 합친 글자. 이에 지휘용으로 쓰는 '기'의 뜻으로 쓰임.

풀이 1. 기. 의장용 또는 지휘용으로 쓰는 기. 2. 휘장. 막. 덮개. 3. 군대 편제의 단위. 1당은 군사 100명임.

幢竿(당간) 기를 세우는 대.
幢棨(당계) 기(旗)를 단 창(槍).
幢戟(당극) 당계(幢棨)
幢牙(당아) 대장기.

幠	⑫ 15획	日 ム·おおう
	덮을 무	中 hū

풀이 1. 덮다. 가리다. 2. 업신여기다. 깔보다. 3. 크다.

3획

幠帾(무도) 시신과 관(棺)을 덮는 보.

幡	⑫ 15획 기 번	日ハン・はた 中fān

풀이 1. 기. 표기. 표지를 한 깃발. ¶幡幟 2. 펄럭이다. 나부끼다. 3. 먹걸레. 4. 마음을 돌리다. 마음을 바꾸다.

幡旗(번기) 표지가 있는 기.
幡幡(번번) 1)경솔한 모양. 2)흔들리는 모양.
幡然(번연) 선뜻 마음을 바꾸는 모양.
幡紙(번지) 글자를 쓰는 데 사용한 비단.
幡幟(번치) 표지(標識)의 기.
유 帾(기 도)

幞	⑫ 15획 건 복	日ボク・ずきん 中fú

풀이 건. 두건.

幝	⑫ 15획 수레 휘장 해질 천	日セン 中chǎn

풀이 해진 모양. 수레휘장이 해져서 너풀거리는 모양.

幝幝(천천) 수레휘장이 해져 너풀거리는 모양.

幟	⑫ 15획 기 치	日シ・のぼり 中zhì

풀이 1. 기. 표기. 표지가 있는 기. 2. 표지.

旗幟(기치) 1)군대 안에서 쓰는 기(旗). 2)어떤 일에 대한 분명한 태도 또는 주장.
標幟(표치) 표지.
유 帾(기 도) 幡(기 번)

幣	⑫ 15획 비단 폐	日ハイ・ぬさ・ぜに 中bì

* 형성. 뜻을 나타내는 부수 '巾(수건 건)'과 음을 나타내는 '敝(해질 폐)'를 합친 글자. 한 폭(敝)의 베 조각(巾)을 나타내어 '비단'의 뜻으로 쓰임. 또한 비단은 돈의 대용으로 쓰였기에 '화폐'라는 뜻으로도 쓰임.

풀이 1. 비단. ¶幣帛 2. 예물. 폐백. ¶納幣 3. 화폐. 돈. ¶造幣 4. 재화. 재물.

幣貢(폐공) 조정에 바치던 공물(貢物).
幣器(폐기) 장례(葬禮) 때 조의를 표하는 부의(賻儀)와 명기(明器).
幣物(폐물) 바치는 물건.
幣帛(폐백) 1)신에게 바치는 비단. 2)임금에게 바치는 예물. 3)예의를 갖추어 보내는 물건. 4)신부가 처음 시부모를 뵐 때 올리는 물건.
幣聘(폐빙) 예물을 보내서 초대함.
幣制(폐제) 국가의 화폐 제도.
納幣(납폐) 혼인 때, 신랑 집에서 신부 집으로 예물을 보내는 일. 또는 그 예물.
造幣(조폐) 화폐를 만듦.
紙幣(지폐) 종이에 돈의 가치를 박아 만든 화폐. 지전(紙錢).
貨幣(화폐) 상품 교환의 매개체로서, 지불의 수단, 가치의 척도 또는 축적의 목적물로서 사회에 유통되는 금화·은화·동화·지폐 등. 돈.

幦	⑬ 16획 수레 뚜껑 멱	日ミャク 中mì

풀이 수레 뚜껑. 수레 덮개. 먼지를 막기 위해 수레에 덮는 천.

幩	⑬ 16획 재갈 장식 분	日フン 中fén

풀이 재갈 장식. 말의 재갈에 감는 장식용 천. 바람을 일으켜 말의 땀을 식히는 역할도 함.

幧	⑬ 16획 머리띠 조	日チョウ 中qiāo

풀이 머리띠. 머리에 두르는 헝겊.

幨	⑬ 16획 수레 휘장 첨	日セン・たれぎぬ 中chān

풀이 1. 수레 휘장. 2. 끊다. 단절하다. 3. 옷깃.

幨車(첨거) 천으로 덮은 부인들이 타는 수레.
幨帷(첨유) 1)수레에 친 장막. 2)수레에 탄 사람을 높여 이르는 말.

幪	⑭ 17획 덮을 몽	日ボウ・モウ・おおう 中méng, měng

풀이 1. 덮다. 덮어씌우다. 2. 두건. 3. 무성하다. 초목이 무성한 모양.

幪巾(몽건) 옛날 죄인에게 씌운 건.
幪幪(몽몽) 무성한 모양.
유 幠(덮을 무) 幎(덮을 멱)

幫	⑭ 17획	日ホウ · たすけ
	도울 방	中bāng

풀이 1. 돕다. 보좌하다. ¶幫助 2. 무리. 패거리. 3. 단체. 조합. 특히 동업자나 동향인의 단체.

幫間(방간) 1)중개자(仲介者). 2)잔치에서 흥을 돋우는 사람.
幫助(방조) 1)거들어 도와줌. 2)남의 범행에 도움을 주는 일.

幬	⑭ 17획	
	❶휘장 주	日チュウ · トウ · とばり
	❷덮을 도	中chóu, dào

풀이 ❶ 1. 휘장. 장막. 포장. ¶幬尉 2. 수레바퀴를 싼 가죽. ❷ 3. 덮다. 씌우다.

幬尉(주위) 그물과 같은 휘장.
幬帳(주장) 모기장.
비 壽(목숨 수)

幭	⑮ 18획	日ベツ · おおい
	수레덮개 멱·멸	中miè

풀이 1. 수레의 덮개. 수레 뚜껑. 2. 덮개. 물건을 덮는 것의 총칭.
유 幦(수레 덮개 멱)

幮	⑮ 18획	日チュウ · とばり
	휘장 주	中chú

풀이 휘장. 장막.

幰	⑯ 19획	日ケン · ほろ
	수레 휘장 헌	中xiǎn

풀이 수레 휘장. 수레에 치는 포장.

幱	⑰ 20획	日ラン
	내리닫이 란	中lán

풀이 내리닫이. 상의(上衣)와 하의(下衣)가 모두 이어진 옷.

干 방패 간 部

'干' 자는 '방패'를 뜻하는 글자로, 방패로 적의 공격을 막는다 하여 '막다', 또는 방패는 무기의 일종으로 적을 공격할 수 있다고 하여 '범하다'를 뜻한다. 여기서 의미가 확대되어 간여(干與)에서처럼 '간섭하다', 또는 간구(干求)에서처럼 '구하다'는 뜻을 나타내기도 한다. 또한 십간(十干)에 쓰여 연도나 날짜 등을 나타내기도 한다.

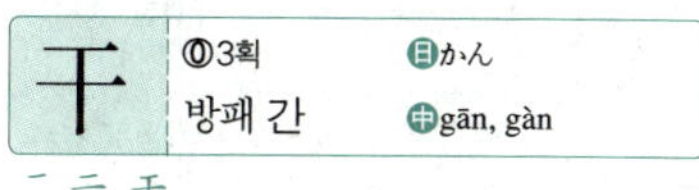

干	⓪3획	日かん
	방패 간	中gān, gàn

一 二 干

* 상형. 자루가 달린 방패의 모양을 본뜬 글자.

풀이 1. 방패. ¶干戈 2. 막다. 막아 내다. 3. 범하다. 어기다. 저촉되다. 4. 간여하다. 참견하다. 5. 구하다. ¶干澤 6. 말리다. 건조시키다. 7. 개(箇). 물건을 셀 때 숫자에 붙이는 말. ¶若干 8. 천간(天干). 십간(十干). ¶干支 9. 물가. 10. 계곡. 시내. 11. 교외.

干戈(간과) 1)창과 방패. 2)무기. 3)전쟁.
干祿(간록) 1)녹봉을 구함. 2)하늘의 도움을 바람.
干滿(간만) 썰물과 밀물. 간조와 만조.
干涉(간섭) 1)남의 일에 참견함. 2)둘 이상의 같은 종류의 파동이 동일 지점에서 만났을 때 서로 겹쳐서 파동을 강화하거나 약화하는 일.
干城(간성) 1)방패와 성(城). 2)군인.
干城之材(간성지재) 방패와 성의 구실을 하는 인재. 나라를 지키는 믿음직한 인재.
干世(간세) 세속에 영합함.
干潮(간조) 썰물.
干支(간지) 십간과 십이지.
干進(간진) 벼슬을 바람. 관리가 되기를 바람.
干戚(간척) 1)방패와 큰 도끼. 무기. 간과(干戈). 2)무무(武舞)에 쓰는 도끼. 또는 무무.
干拓(간척) 호수나 바닷가에 제방을 만들어 그 안의 물을 빼고 육지나 경작지를 만듦.
干囑(간촉) 부탁함. 의뢰함.
干掫(간추) 밤에 경비를 도는 사람.
干澤(간택) 은택(恩澤)을 바람. 녹(祿)을 바람. 간록(干祿).
欄干(난간) 누각(樓閣)이나 층계나 다리 등에서 떨어지지 않도록 가장자리를 막은 부분.
麻立干(마립간) 신라 때 임금의 칭호. 눌지왕·

3획

자비왕 · 소지왕 · 지증왕의 네 임금이 이 칭호를 썼음.

天干(천간) 60갑자의 윗단위를 이루는 요소. 갑(甲) · 을(乙) · 병(丙) · 정(丁) · 무(戊) · 기(己) · 경(庚) · 신(辛) · 임(壬) · 계(癸)의 총칭. 십간(十干).

비 千(일천 천) 天(하늘 천) 유 于(어조사 우)

平	② 5획	日 へイ · ビョ · たいら
	평평할 평	中 píng

一 厂 八 匸 平

* 형성. 뜻을 나타내는 부수 '干(방패 간)'과 음을 나타내는 '八(여덟 팔)'을 합친 글자. '干' 모양의 저울 양쪽에 같은 거리에 같은(八) 중량을 놓아 균형이 되게 해서 평평하게 하는 것을 나타냄. 이에 '평평하다', 또 '고르게 다스리다'의 뜻으로 쓰임.

풀이 1. 평평하다. ¶平遠 2. 고르다. 균등하다. 3. 바르다. 바로잡다. 4. 다스리다. 5. 평정하다. 정벌하다. ¶平定 6. 화평하다. 화목하다. ¶平安 7. 쉽다. 평이하다. 8. 평상. 평소. 9. 들판. 평지. 10. 평안하다. 안정되다. 11. 평성(平聲). 중국어의 사성(四聲) 중 하나.

平康(평강) 평안함.

平明(평명) 동이 틀 때. 새벽녘.

平常時(평상시) 특별한 일이 없는 보통 때.

平聲(평성) 중국어의 사성(四聲)의 하나. 평평한 소리.

平時(평시) 평상시(平常時). 평소.

平時調(평시조) 1)목소리를 순평(順平)하게 내어 부르는 시조 창법(唱法)의 한 가지. 2)시조의 한 가지. 초장(初章)이 3 · 4 · 3(4) · 4, 중장(中章)이 3 · 4 · 4(3) · 4, 종장(終章)이 3 · 5 · 4 · 3으로 글자 총수가 45자 안팎의 가장 기본적이고 대표적인 시조 형식.

平心(평심) 평안한 마음.

平遠(평원) 평평하고 넓은 들판.

平易(평이) 별로 까다롭지 않고 쉬움.

平定(평정) 난을 평안하게 진정시킴.

平地波瀾(평지파란) 평평한 땅에 파도가 일어난다는 뜻으로, 잘되던 일을 일부러 어렵게 만들거나 분쟁을 일으키기를 즐겨할 때 쓰는 말.

平地波瀾(평지파란)의 유래

중당의 대표적 시인 유우석이 지은 《죽지사(竹枝詞)》에서 나온 말이다. '구당은 시끄럽게 열두 여울인데, 사람들은 말하기를 길이 예로부터 힘들다고 한다. 사람들 마음이 물과 같지 않음을 길게 한탄하여, 한가히 평지에서 파란을 일으킨다.'

平衡(평형) 한쪽으로 치우치지 않음.

公平(공평) 치우치지 않고 공정함.

水平(수평) 기울지 않고 평평한 상태.

天下泰平(천하태평) 1)온 세상이 태평함. 2)근심 걱정이 없거나 성질이 느긋하여 세상 근심을 모르고 편안함. 또는 그런 사람.

유 坦(평평할 탄) 비 乎(어조사 호)

幵	③ 6획	日 ケン · たいら
	평평할 견	中 jiān

풀이 1. 평평하다. 평탄하다. 2. 종족 이름. 강족(羌族)의 한 갈래.

年	③ 6획	日 ネン · とし
	해 년(연)	中 nián

丿 𠂉 𠂉 𠂉 𠂉 年

* 형성. 원래는 많은(千) 벼(禾)가 익을 때라는 의미였으나 후에 '午(남쪽 오)' 자에 '一(한 일)'로 동서를 표시하고, 북동의 중간에 '丶(점 주)'로 입춘점을 표시하여 새해라는 뜻을 나타냄.

풀이 1. 해. 년. ¶年賀 2. 나이. ¶年紀 3. 시대. 때. 시절. 4. 곡식이 익다. 풍년이 들다. 5. 새해. 신년.

年庚(연경) 1)생년월일 및 그 간지(干支). 2)나이. 연령(年齡).

年穀(연곡) 곡물.

年光(연광) 1)세월(歲月). 2)젊은 나이.

年紀(연기) 1)나이. 2)연수(年數). 연대(年代). 3)연호(年號).

年期(연기) 1)만 1년. 2)1년을 단위로 정한 기간. 연한(年限).

年頭月尾(연두월미) 1)일년 내내. 2)관리가 과거를 볼 때, 경전의 큰 뜻은 묻지 않고 지엽적인 자구(字句)만을 묻는 것을 비방하는 말.

年貌(연모) 나이와 용모.

年物(연물) 새해의 선물.

年歲(연세) 1)나이. 연령(年齡). 2)해. 세월(歲月). 3)곡물(穀物).

年深(연심) 1)세월이 오래됨. 또는 오랜 세월. 2)해마다 깊어짐.

年夜(연야) 음력 섣달 그믐날 밤과 그 전날 밤.

年載(연재) 나이. 연세.

年尊(연존) 나이가 많음.

年豊(연풍) 풍년이 듦.

年賀(연하) 1)새해의 기쁨. 새해를 축하함. 2)노인의 장수(長壽)를 축하하는 일.

유 歲(해 세)

3획

并

③ 6획

幷(p391)의 俗字

幷

⑤ 8획 日ヘイ · あわせる

아우를 병 中bīng, bìng

풀이 1. 아우르다. 한데 합치다. ¶幷有 2. 어울리다. 함께하다. 3. 물리치다. 내버리다. 4. 주(州)이름.

幷介(병개) 천하를 이롭게 하고 스스로 만족함.

幷容(병용) 오는 사람을 막지 않고 모두 받아들임.

幷有(병유) 아울러 지님. 병유(倂有).

幷日(병일) 날을 아우름.

幷州之情(병주지정) 오래 살던 곳을 제2의 고향으로 그리워하는 마음.

幷州之情(병주지정)의 유래

당나라의 시인 가도(賈島)는 병주(幷州)에 오래 살았는데, 후에 그곳을 떠나며 병주를 고향처럼 그리워하는 시를 지었다는 고사에서 유래되었다.

幷呑(병탄) 아울러 삼킴.

幸

⑤ 8획 日コウ · さいわい

다행 행 中xìng

＊회의. '夭(일찍 죽을 요)'와 책받침부를 뺀 '逆(거스를 역)'을 합친 글자. 일찍 죽는 것을 거스르는 것은 다행이라 하여, '다행'이라는 뜻이 됨.

풀이 1. 다행. 행복. ¶多幸 2. 요행. 뜻밖의 행운. ¶幸位 3. 다행하다. 다행히. 4. 바라다. ¶幸冀 5. 거둥. 임금의 행차. 6. 총애하다. ¶幸臣 7. 은총. 총애. 8. 기뻐하다.

幸冀(행기) 원하고 바람. 또는 소원(所願).

幸媚(행미) 총애함. 사랑함.

幸反爲禍(행반위화) 행운이 반대로 화(禍)가 됨.

幸生(행생) 살기를 원함. .

幸臣(행신) 총애받는 신하. 총신(寵臣).

幸御(행어) 1)임금의 행차. 2)침소 시중을 들게 함.

幸位(행위) 요행으로 얻은 지위.

幸酒(행주) 술을 좋아함.

幸倡(행창) 왕의 총애를 받은 광대.

幸學(행학) 임금이 학교에 행차함.

幸姬(행희) 1)마음에 드는 여자. 2)군주(君主)의 첩(妾).

비 辛(매울 신)

幹

⑩ 13획

❶줄기 간 日カン · みき

❷주관할 관 中gàn

＊형성. '干(방패 간)'은 나무(木)의 모양을 나타내고 그 외의 부분은 해가 빛나는 모양을 나타냄. 햇빛을 향해 뻗어 있는 '나무줄기'를 나타내었으나, 후에 줄기가 되는 '몸' 또는 '등뼈'라는 뜻이 됨.

풀이 ❶ 1. 줄기. ¶支幹 2. 몸. 뼈대. 3. 근본. 주체. ¶本幹 4. 기둥. 담 양쪽에 세운 나무 기둥. 5. 재능. 기량. 6. 재료. 바탕. 7. 맡다. 담당하다. 8. 일. 사무. 9. 우물의 난간. 10. 천간(天干). 십간(十干). ❷ 11. 주관하다.

幹蠱(간고) 1)부모의 잘못을 아들이 바로잡음. 아버지가 못다 이룬 사업을 아들이 이어받아 완성함. 2)일을 맡아 처리함.

幹略(간략) 재주과 모략(謀略).

幹了(간료) 일을 마침. 일을 성취함.

幹吏(간리) 1)주요한 관리. 2)노련한 관리.

幹部(간부) 단체의 수뇌부에 있는 사람들.

幹事(간사) 주가 되어 일을 처리함. 또는 그런 사람.

幹才(간재) 일을 잘 처리하는 재주.

幹濟(간제) 1)맡아 성취함. 2)잘 처리함.

幹止(간지) 일에 힘쓰며 고향에 머무름.

骨幹(골간) 1)뼈대. 골격. 2)사물의 중심 부분.

根幹(근간) 1) 뿌리와 줄기. 2) 사물의 바탕이나 가장 중심이 되는 부분.

基幹(기간) 어떤 조직이나 체계를 이룬 것 가운데 중심이 되는 것.

語幹(어간) 용언의 활용에서 변하지 않는 부분의 형태소.

才幹(재간) 일을 적절하게 잘 처리하는 능력. 재능(才能).

主幹(주간) 1) 어떤 일을 주장하여 맡아 처리함. 또는 그 사람. 2) 원줄기.

비 斡(구를 알)

幺 부

幺 작을 요 部

'幺'자는 실과 관련된 글자로 '糸(실 사)'자의 윗부분만 따서 작은 실의 모양을 나타내다가 '작다'를 뜻하게 되었다.

여기서 의미가 확대되어 '나이가 어리다'나 작은 개념의 수를 나타내기도 한다.

幺	⓪3획 작을 요	日ヨウ·ちいさい 中yāo

풀이 1. 작다. ¶幺微 2. 어리다. 나이가 어리다. ¶幺弱

幺麼(요마) 1)작음. 2)변변치 못함. 또는 그런 사람.
幺微(요미) 아주 작음.
幺弱(요약) 어리고 약함. 유약(幼弱).
유 小(작을 소) 비 玄(검을 현)

幻	①4획 변할 환	日ゲン·カン·まぼろし 中huàn

* 상형. 가지 끝에 걸린 실타래 모양을 본뜬 글자. 실을 염색하면 색깔이 바뀌므로 '변하다'의 뜻으로 쓰임.

풀이 1. 변하다. ¶幻形 2. 미혹(迷惑)하다. 현혹시키다. 3. 요술. ¶幻人 4. 환상. 허깨비.

幻境(환경) 미혹한 세계.
幻沫(환말) 허깨비와 거품이란 뜻으로, 사라지기 쉬운 허무한 것을 이르는 말.
幻滅(환멸) 환상(幻想)에서 깨어나 현실로 돌아감.
幻夢(환몽) 허망한 꿈.
幻想(환상) 현실에 있을 수 없는 일을 있는 것처럼 상상하는 일.
幻生(환생) 1)환상처럼 나타남. 2)형체를 바꾸어 다시 태어남.
幻世(환세) 1)허무한 세상. 2)현재.
幻術(환술) 요술(妖術).
幻心(환심) 사람의 마음. 자주 변하는 마음.
幻人(환인) 요술사. 마술사.
幻塵(환진) 속세의 일.
幻出(환출) 환상과 같이 나타남.
幻泡(환포) 환심과 물거품이란 뜻으로, 덧없는 세상사를 비유하는 말.
幻形(환형) 모양이 변함.
幻惑(환혹) 사람의 눈을 현혹시키고 정신을 미혹하게 함. 현혹(眩惑).
幻化(환화) 우주 만물이 변화하는 일.
유 變(변할 변) 비 幼(어릴 유)

幼	②5획 어릴 유	日ヨウ·おさない 中yòu

丿 幺 幺 幻 幼

* 회의. 어린아이는 아직 힘(力)이 작다는(幺)데서 '어리다'의 뜻으로 쓰임.

풀이 1. 어리다. 유치하다. ¶幼年 2. 깊다. 그윽하다. 오묘하다. 3. 사랑하다. 어린아이를 사랑하다. 4. 작다. 어린아이.

幼年(유년) 1)어린 나이. 2)어린아이.
幼少年(유소년) 어린아이와 소년.
幼時(유시) 나이 어릴 때.
幼芽(유아) 씨의 배(胚)의 일부분에서 발아하여 줄기·잎이 되는 부분.
幼兒(유아) 어린아이.
幼弱(유약) 나약하고 어림. 또는 그런 사람.
幼稚(유치) 1)나이가 어림. 연소(年少). 2)저속함.
비 幻(변할 환)

幽	⑥9획 그윽할 유	日ユウ·かすか 中yōu

丨 ㇗ 幺 幺 幺幺 幺幺 幺幺 幽 幽

* 형성. 작고(幺) 작은(幺) 것이 산(山)속에 끼여 보이지 않는 것을 의미하여, 어두움을 나타냄. 어두운 세상을 의미하여 '저세상', '그윽하다'이라는 뜻으로도 쓰임.

풀이 1. 그윽하다. 깊다. 심원하다. ¶幽玄 2. 어둡다. 검다. ¶幽夜 3. 숨다. 4. 가두다. 감금하다. 5. 조용하다. 6. 귀신. ¶幽靈 7. 저승. 황천.

幽居(유거) 1)세상을 피해 은둔 생활을 함. 2)쓸쓸하고 궁벽한 곳에 있는 집.
幽界(유계) 저승.
幽谷(유곡) 그윽하고 깊은 산골. 조용한 골짜기.
幽靈(유령) 귀신. 죽은 사람의 혼.
幽明(유명) 어두움과 밝음. 낮과 밤.
幽囚(유수) 감옥에 갇힘.
幽室(유실) 1)조용하고 깊은 곳에 있는 방. 2)깊숙하여 조용한 방.
幽深(유심) 1)고요하고 아늑함. 깊숙하고 그윽함. 2)고상하고 의미가 깊음.
幽厄(유액) 몸이 갇히는 액운.
幽夜(유야) 어둡고 쓸쓸한 밤.
幽言(유언) 깊고 오묘한 말. 귀신·도깨비의 말.
幽然(유연) 깊고 조용한 모양.
幽燕老將(유연로장) 전투에 경험이 많고 노련한 장수.
幽憂(유우) 남모르게 깊이 간직한 걱정.
幽韻(유운) 아련한 울림.
幽園(유원) 깊고 그윽한 동산.
幽幽(유유) 1)깊고 그윽함. 2)어두운 모양. 3)고

3획

요한 모양.

幽宅(유택) 무덤을 달리 이르는 말.

幽閉(유폐) 1)방안 깊이 가둠. 2)외출을 하지 않고 깊이 들어박히는 일. 3)마음이 답답하게 막힘. 4)여자들을 감금하던 형벌.

幽玄(유현) 이치가 오묘해 알기 어려움.

幾	⑨ 12획	日キ·いく
	몇 기	中jī, jǐ

* 형성. 작고(幺) 작은(幺) 기미를 지켜보는(戍) 것을 나타냄. 또한 그 미세한 기미가 몇이나 되는지 살펴본다는 의미에서 '몇', '얼마' 라는 뜻으로 쓰임.

풀이 1. 몇. 얼마. ¶幾何 2. 기미. 조짐. ¶幾微 3. 기틀. 요령. 4. 거의. 5. 위태롭다. 6. 가깝다. 가까워지다. 7. 바라다. 바라건대. 8. 살펴보다. 9. 시기. 때. 10. 시작하다. 11. 헌걸차다. 12. 가장자리. 언저리. 13. 자주. 때때로. 14. 어찌. 어떻게.

幾諫(기간) 조용히 간언(諫言)함.

幾度(기도) 몇 번. 자주.

幾望(기망) 음력 14일 밤. 또는 그날 밤의 달.

幾微(기미) 낌새. 조짐.

幾事(기사) 비밀스런 일.

幾運(기운) 기회와 행운.

幾次(기차) 몇 번. 자주.

幾殆(기태) 위급함.

幾何(기하) 얼마. 기허(幾許).

幾何學(기하학) 공간에 관한 수학. 곧 물건의 형상 · 대소 · 위치에 관한 진리를 연구하는 학문.

幾許(기허) 얼마. 약간. 기하(幾何).

비 機(틀 기)

广 엄호 部

'广' 자는 집 모양을 나타내어 '집' 을 뜻하는 글자로, '엄호' 라는 부수 명칭으로 많이 쓰인다. 이 글자를 부수로 하는 글자는 주로 작고 허름한 집의 뜻과 관련이 있고, '마룻대' 의 뜻을 나타내기도 한다.

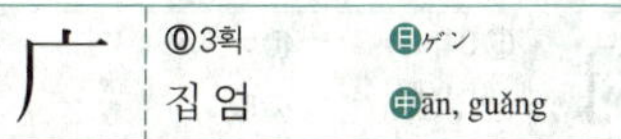

广	⓪3획	日ゲン
	집 엄	中ān, guǎng

풀이 집.

広	② 5획
	廣(p401)의 俗字

庀	② 5획	日ヒ·おさめる
	갖출 비	中pǐ

풀이 1. 갖추다. 구비하다. 2 다스리다.

유 具(갖출 구)

庁	② 5획
	廳(p404)의 俗字

庂	② 5획	日ソク
	돈 이름 측	中zè

풀이 돈 이름. 적측(赤仄). 한나라 때의 화폐.

庄	③ 6획	
	❶ 전장 장	日ショウ·ホウ
	❷ 평평할 팽	中zhuāng

풀이 1 1. 전장. '莊(풀 성할 장)' 의 속자. ¶庄土 2 2. 평평하다.

庄土(장토) 개인이 소유한 논밭. 전장(田庄).

庋	④ 7획	日キ·たな
	시렁 기	中guǐ

풀이 1. 시렁. 선반. 2. 갈무리하다. 시렁에 올려놓다.

유 架(시렁 가)

庉	④ 7획	日ドン·くら
	곳간 돈	中tún

풀이 1. 곳간. 2. 담장. 울타리. 3. 불이 활활 타는 모양.

유 庫(곳집 고)

庇	④ 7획	日ヒ
	덮을 비	中bì

3획

풀이 1. 덮다. 가리다. 2. 감싸다. 보호하다. ¶庇護 3. 그늘. 도움. 보호. 4. 의지하다.

庇賴(비뢰) 1)의지하고 부탁함. 2)옹호함.
庇蔭(비음) 1)차양막의 그늘. 2)감싸고 옹호함.
庇護(비호) 편들어 감싸 주고 보호함.

床	④7획 평상 상	日ショウ·とこ·ゆか 中chuáng

丶 亠 广 户 庄 床 床

* 형성. 나무(木) 평판(爿)에 네 발을 단 것이 평상이라 하여, '침상', '평상'을 나타냄. 원래 '牀'자형이었고 '床'은 약자임.

풀이 1. 평상. '牀(평상 상)'의 속자. ¶起床 2.韓 상. 밥상. ¶盤床 3.韓 못자리. 4.韓 하천의 바닥.

床蓋(상개) 뚜껑.
床石(상석) 무덤 앞에 제물을 차려놓는 상처럼 만든 돌.
起床(기상) 잠에서 깨어 일어남.
墨床(묵상) 먹을 올려놓는 받침. 먹받침.
望床(망상) 큰 잔치 때 탐스럽게 하려고 과실(果實)·떡·어육 등의 음식을 높이 괴어 놓은 상.
苗床(묘상) 나물·꽃·나무 등의 모종을 키우는 자리. 못자리.
飯床(반상) 격식을 갖추어 차린 밥상과 그에 쓰이는 그릇. 반상기(飯床器).
盤床(반상) 자그마한 밥상. 소반(小盤).
溫床(온상) 인공적으로 열을 가하여 식물을 재배하는 장치를 한 묘상.

비 庠(학교 상)

序	④7획 차례 서	日ジョ 中xù

丶 亠 广 户 庐 庐 序

* 형성. 뜻을 나타내는 부수 '广(집 엄)'과 음을 나타내며 가르쳐 주는 일을 의미하는 '予(나 여)'를 합친 글자. 가르쳐 주는(予) 집(广)이라는 뜻에서 '학교'를 나타냄. 또한 교육을 함에 차례가 있다고 하여 '차례', '질서'를 뜻하게 됨.

풀이 1. 차례. 순서. 차례를 매기다. ¶序列 2. 학교. 3. 담. 4. 실마리. 단서. 5. 서술하다. 진술하다. 6. 머리말. 들어가는 말. 서론. ¶序論

序曲(서곡) 가극(歌劇)이나 성극(聖劇) 등의 주요한 부분을 시작하기 전에 연주하는 기악곡. 2)관현악의 처음 부분. 전주곡(前奏曲).
序論(서론) 머리말의 논설. 본론의 단서가 되는 논문.
序幕(서막) 1)연극 등에서 처음 여는 막. 2)일의 처음 시작.
序文(서문) 머리말. 서언(序言).
序說(서설) 서론(序論).
序數詞(서수사) 첫째·둘째·셋째 등과 같이 사물의 차례를 나타내는 수사.
序詩(서시) 1)책 첫머리에 서문 대신으로 쓰는 시. 2)장시(長詩)에서 서문 비슷하게 첫머리에 딴 장을 마련하여 쓴 시.
序列(서열) 차례대로 늘어섬. 순서(順序).
賦序(부서) 부에 붙이는 서시.
四序(사서) 사철.
秩序(질서) 체계를 이루어 혼란을 일으키지 않도록 하기 위한 사물의 순서와 차례.

유 秩(차례 질)

庌	④7획 집 아	日ア·いえ 中yǎ

풀이 1. 집. 2. 차양.

庚	⑤8획 일곱째 천간 경	日コウ·かのえ 中gēng

丶 亠 广 户 户 庐 庚 庚

풀이 1. 일곱째 천간. 오행에서 쇠(金), 방위로는 서쪽에 해당함. 2. 도리. 3. 나이. 4. 길. 도로. 5. 고치다. 6. 갚다. 배상하다. 7. 단단하다. 딱딱하다.

庚癸(경계) 진지 안에서 양식과 물을 요구할 때 쓰는 은어(隱語).
庚方(경방) 24방위의 하나. 정서(正西)로부터 남쪽으로 15도 되는 방위를 중심으로 한 15도 각도 안.
庚伏(경복) 삼복(三伏). 하지 후의 세째 경일(庚日)에 무더위가 시작하기 때문에 이르는 말.
庚炎(경염) 불꽃과 같은 삼복(三伏) 중의 더위.
庚帖(경첩) 혼인을 약속하였을 때 양가의 성명·연령·적관(籍貫) 등을 써서 서로 교환하는 문서.

비 康(편안할 강)

庙	⑤8획 廟(p401)의 俗字

府	⑤8획 관청 부	日フ·くら 中fǔ

丶 亠 广 广 庁 庁 府 府

* 형성. 뜻을 나타내는 부수 '广(집 엄)'과 음을 나타내는 '付(줄 부)'를 합친 글자. 사람에게 내어 줄(付) 수 있도록 물건을 보관하는 곳(广)을 나타냄. 후에 그러한 일을 할 수 있는 '관청'의 뜻으로 쓰임.

풀이 1. 관청. ¶府庭 2. 곳집. 창고. ¶府庫 3. 도읍. 도시. 4. 행정 구역 이름. 5. 창자. 6. 구부리다. 7. 사물이 모이는 곳.

府庫(부고) 문서나 재물을 넣어 두는 창고.
府君(부군) 1)중국 한대(漢代) 부(府)의 태수의 존칭. 2)죽은 조상에 대한 존칭.
府兵(부병) 궁궐에 직속된 병사.
府史(부사) 관청의 서기(書記).
府寺(부시) 관청.
府院君(부원군) 왕비의 친아버지나 정일품 공신(功臣)의 작호(爵號).
府人(부인) 곳집을 맡은 벼슬아치. 고지기.
府庭(부정) 관아. 또는 관아의 뜰.
府第(부제) 관아.
府朝(부조) 1)관아. 2)관아에서 정무(政務)를 봄.
府中(부중) 1)대장군(大將軍)의 막부(幕府). 2)정승이 집무하는 관아.

유 里(마을 리) 비 附(붙을 부)

庛 ⑤8획 日サ
쟁깃술 자 中cì

풀이 쟁깃술. 쟁기의 몸체 아래 보습 위에 댄 나무.

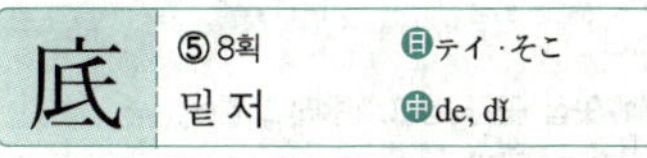

底 ⑤8획 日テイ·そこ
밑 저 中de, dǐ

丶 亠 广 广 庀 庀 底 底

* 형성. 뜻을 나타내는 부수 '广(집 엄)'과 음을 나타내는 '氐(근본 저)'를 합친 글자. 높은 집(广)에서 뿌리(氐)가 들어간 것 같은 '아래', '밑바닥'을 나타내어, '밑', '속'의 뜻으로 쓰임.

풀이 1. 밑. 바닥. ¶底蘊 2. 속. 내부. ¶底意 3. 초고. ¶底稿 4. 이르다. 다다르다. 5. 그치다. 멈추다. 6. 어찌. 어째서. 의문사. 7. 어조사. '的'와 같은 뜻으로 쓰임. 8. 숫돌. 9. 이루다. 되게 하다.

底稿(저고) 원고(原稿).
底極(저극) 1)마지막에 이름. 끝남. 2)끝.
底厲(저려) 1)숫돌. 거친 숫돌. 2)다듬음.
底力(저력) 속에 간직한 끈기 있는 힘.
底流(저류) 바다와 강의 바닥의 흐름.
底邊(저변) 삼각형의 정점에 대한 변. 밑변.
底豫(저예) 즐김.
底蘊(저온) 깊숙한 곳.
底意(저의) 속마음.
底定(저정) 조용히 가라앉음.
底下(저하) 1)낮음. 낮아짐. 2)비열함.
底貨(저화) 팔거나 쓰다 남은 물품.

유 低(밑 저)

店 ⑤8획 日テン·みせ
가게 점 中diàn

丶 亠 广 广 庐 庐 店 店

* 형성. 뜻을 나타내는 부수 '广(집 엄)'과 음을 나타내는 '占(점 점)'을 합친 글자. 상품을 벌여 놓고 손님 오기를 점(占)치며 기다리는 집(广)이라는 의미에서, '가게'를 나타냄.

풀이 1. 가게. 점포. 상가. ¶店房 2. 여관.

店頭(점두) 가게의 앞.
店幕(점막) 음식을 팔거나 나그네를 묵게 하는 것으로 업을 삼는 집.
店房(점방) 가겟방.
店肆(점사) 점포(店鋪). 상점(商店).
店員(점원) 남의 상점에서 매매 등의 일을 봐주고 보수를 받는 사람.
店主(점주) 가게의 주인.
店鋪(점포) 1)집. 벙. 2)가게. 상점(商店).
商店(상점) 물건을 파는 가게.

비 占(차지할 점)

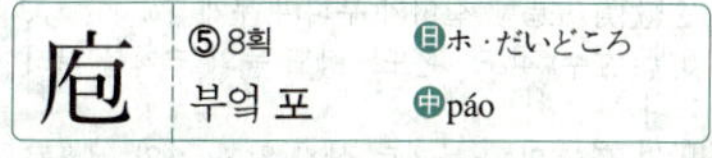

庖 ⑤8획 日ホ·だいどころ
부엌 포 中páo

* 형성. 뜻을 나타내는 부수 '广(집 엄)'과 음을 나타내는 '包(안을 포)'를 합친 글자.

풀이 1. 부엌. ¶庖廩 2. 요리사. ¶庖宰 3. 요리. 음식. 4. 복희씨(伏羲氏)의 준말.

庖廩(포름) 부엌과 창고.
庖人(포인) 1)중국 주대(周代)의 요리를 맡아보던 벼슬. 2)요리사.
庖宰(포재) 요리사.
庖丁(포정) 1)옛날의 이름난 요리사. 소의 살을 발라내는 데 솜씨가 뛰어남. 2)요리사. 3)백장. 백정.
庖丁解牛(포정해우) 포정(庖丁)이 소의 살을 발라낸다는 뜻으로, 기술이 뛰어남을 칭찬하는 말.

○庖丁解牛(포정해우)의 유래

포정은 소를 잡을 때 능수능란하게 살과 뼈를 가르던 사람의 이름이다. 포정이 문혜군(文惠君)을 위해 소를 잡은 일

3 획

이 있었다. 그가 소에 손을 대고 어깨를 기울이고, 발로 짓누르고, 무릎을 구부려 칼을 움직이는 동작이 모두 음률에 맞았다. 문혜군은 "어찌하면 기술이 이런 경지에 이를 수가 있느냐?"라고 묻자 포정이 그 기술을 설명해 주었고, 그 설명을 들은 문혜군이 "훌륭하구나. 나는 포정의 말을 듣고 양생(養生)의 도를 터득했다."라고 말했다. 《장자》 양생주편(養生主篇)

庖廚(포주) 부엌. 주방.

庖羲(포희) 중국 전설에 나오는 최초의 제왕. 복희(伏羲).

유 廚(부엌 주)

度	⑥ 9획	
	❶ 법도 도	日 ド·たび
	❷ 헤아릴 탁	中 dù, duó

丶 亠 广 户 庐 庐 庐 度 度

*형성. 뜻을 나타내는 '又(또 우)'와 음을 나타내는 '庶(여러 서)'의 생략형을 합친 글자. 한 집(广)안에 이십(廿) 개의 손(又)은 열 명의 가족을 나타내고, 가족간에는 서로 법도가 있다 하여, '법도', '정도'를 뜻하게 됨.

풀이 ❶ 1. 법도. 규범. ¶法度 2. 자(尺). ¶度量 3. 정도. 4. 기량. 5. 도. 온도·습도·각도·경도·위도 등의 단위. 6. 번. 횟수. 7. 모습. 풍채. 8. 물을 건너다. 9. 지나다. 통과하다. ¶度日 ❷ 10. 헤아리다. 짐작하다. ¶度計 11. 재다. 측량하다. 12. 던지다. 13. 세다. 셈하다.

度量(도량) 1)자(尺)와 말(斗). 2)마음이 너그러워 모두 포용하는 품성.

度量衡(도량형) 길이와 부피와 무게.

度數(도수) 각도·온도·광도 등의 크기를 나타내는 수.

度外視(도외시) 문제로 삼지 않고 가외 것으로 보아 넘김.

度日(도일) 세월을 보냄. 날을 보냄.

度牒(도첩) 중이 되었을 때 국가에서 주던 허가증.

度計(탁계) 물건을 측량함.

度支(탁지) 국가의 재정관·회계관. 또는 재정.

度地(탁지) 땅을 측량함.

民度(민도) 백성의 문화 생활의 정도.

密度(밀도) 1)빽빽이 들어선 정도. 2)어떤 물체의 단위 체적 안에 들어 있는 질량. 3)내용·충실의 정도.

溫度(온도) 따뜻함과 차가움의 정도. 또는 그 수치(數値).

制度(제도) 관습·도덕·법률 등의 규범이나 사회의 구조적인 체계.

유 準(법도 준)

庠	⑥ 9획	日 ショウ·がっこう
	학교 상	中 xiáng

풀이 학교. 고대 중국의 지방 학교.

유 校(학교 교)

庣	⑥ 9획	日 チョウ
	차지 않을 조	中 tiāo

풀이 차지 않다. 그릇이 다 차지 않다.

庢	⑥ 9획	日 シツ·そこ
	막을 질	中 zhì

풀이 1. 막다. 저지하다. 2. 물굽이.

庥	⑥ 9획	日 キュウ·かげ
	나무 그늘 휴	中 xiū

풀이 1. 나무 그늘. 2. 쉬다. 휴식하다. 3. 감싸다. 비호하다.

비 休(쉴 휴)

庫	⑦ 10획	日 コ·サ·くら
	곳집 고	中 kù

丶 亠 广 广 庐 庐 庐 庐 直 庫

*회의. '广(집 엄)'과 '車(수레 거)'를 합친 글자. 무기나 수레를 넣어 두는 곳으로, 후에 책이나 보물을 넣는 '창고'로도 쓰임.

풀이 1. 곳집. 곳간. 창고. ¶庫間 2. 감옥.

庫間(고간) 곳집.

庫廐(고구) 창고와 마구간.

庫裏(고리) 절의 부엌.

庫門(고문) 1)궁궐의 문 중의 하나. 치문(雉門) 밖에 있는 문. 2)창고의 문.

庫直(고직) 창고를 지키는 사람. 고지기.

庫帑(고탕) 관청의 창고에 들어 있는 물건.

庫平(고평) 청대(淸代), 관청에서 만든 표준 저울.

유 庉(곳간 돈)

庪	⑦ 10획	日 キ·やままつり
	산신제 기	中 guǐ

풀이 산신제(山神祭). 산의 신령에게 지내는 제사.

3획

庪縣(기현) 산신제(山神祭).

庬	⑦ 10획	
	❶클 방	日ボウ・おおきい
	❷흐릿할 몽	中máng

* 형성. 뜻을 나타내는 부수 '广(집 엄)'과 음을 나타내는 '尨(삽살개 방)'을 합친 글자.

풀이 ❶ 1. 크다. 두텁다. ❷ 2. 흐릿하다. 불분명하다.

庬鴻(몽홍) 어렴풋한 모양.

庬洪(방홍) 큼. 크고 두터움.

庮	⑦ 10획	日ユウ
	썩은 나무 유	中yǒu

풀이 1. 썩은 나무. 2. 썩은 나무 냄새가 나다.

庭	⑦ 10획	日テイ
	뜰 정	中tíng

丶 亠 广 广 庀 庄 庄 庭 庭 庭

* 형성. 뜻을 나타내는 부수 '广(집 엄)'과 음을 나타내는 '廷(정)'을 합친 글자. 온 가족이 모이는 곳이라는 데서 '가정'이란 뜻이 됨.

풀이 1. 뜰. 마당. ¶庭園 2. 집안. 3. 대청. 마루. 4. 조정(朝廷). ¶庭詰 5. 관청. 6. 궁중(宮中). 7. 곳. 장소. 8. 곧다. 바르다. 9. 사이가 멀다. 동떨어지다.

庭柯(정가) 마당에 심은 나무.

庭決(정결) 법정(法廷)의 판결.

庭階(정계) 뜰과 계단. 즉, 집안.

庭誥(정고) 가정에서의 가르침.

庭敎(정교) 집에서 친히 가르침.

庭球(정구) 테니스(tennis). 코트에 네트를 치고 양쪽에서 라켓으로 고무공을 받고 치고 하는 운동 경기.

庭鞫(정국) 왕명(王命)에 의해 의금부(義禁府)·사헌부(司憲府)에서 죄인을 심문하던 일.

庭燎(정료) 옛날 나라에 큰 일이 있을 때 밤중에 대궐의 뜰에 피우던 화톳불. 입궐하는 신하를 위하여 피웠음.

庭辱(정욕) 공중(公衆) 앞에서 욕을 보임.

庭園(정원) 뜰. 집안의 동산.

庭闈(정위) 1)부모가 거처하는 방. 2)부모 또는 가정.

庭爭(정쟁) 1)조정에서 임금에게 간(諫)함. 2)신하끼리 다툼.

庭除(정제) 뜰. 마당.

庭享(정향) 공이 있는 신하가 죽은 뒤에 종묘(宗廟) 제사에 부제하는 일.

庭戶(정호) 1)뜰에 있는 문. 2)실마리. 단서.

庭訓(정훈) 가정에서의 가르침.

庭詰(정힐) 조정에서 꾸짖음.

비 廷(조정 정)

座	⑦ 10획	日ザ・せき
	자리 좌	中zuò

丶 亠 广 广 庀 庂 広 座 座 座

* 형성. 뜻을 나타내는 부수 '广(집 엄)'과 음을 나타내는 '坐(앉을 좌)'를 합친 글자. 집(广)에서 앉는(坐) 곳, '자리'를 나타냄.

풀이 1. 자리. 좌석. ¶座中 2. 지위. 위치. 3. 별자리. 4. 대(臺). 받침대. 기물을 받쳐서 얹어 놓는 대. 5. 좌. 산·건물·불상 등을 세는 단위.

座客(좌객) 자리에 앉은 손님.

座鼓(좌고) 틀에 달아 놓고 치는 북.

座談(좌담) 자리에 앉아서 틀에 얽매이지 않고 이야기를 나눔. 또는 그 이야기.

座師(좌사) 중국 명대(明代)에 과거(科擧)에 급제한 사람이 그 시험관을 높여 부르던 말.

座席(좌석) 앉는 자리.

座右銘(좌우명) 늘 자리 옆에 놓고 자기 반성의 계기로 삼는 격언.

座長(좌장) 집회·모임 등에서 그 자리를 이끄는 사람. 석장(席長).

座中(좌중) 여러 사람이 모인 자리.

座標(좌표) 어떤 위치나 점의 자리를 나타내는 데에 표준이 되는 요소. 곧 한 점의 위치를 나타내기 위하여 어떤 일정한 위치와 관계를 나타내는 표.

유 席(자리 석) 비 坐(앉을 좌)

康	⑧ 11획	日コウ
	편안할 강	中kāng

丶 亠 广 户 庐 庐 唐 唐 康 康 康

* 회의. '广(집 엄)'과 '米(쌀 미)'와 '庚(일곱째천간 경)'을 합친 글자. '庚'은 곡식이 익음을 나타내고 '米'는 곡식의 낟알을 나타내어, 결실된(庚) 곡식(米)을 먹고 몸이 편안한 것을 나타냄. 이에 '편안하다', '온화하다'라는 뜻으로 쓰임.

풀이 1. 편안하다. 편안히 하다. ¶康樂 2. 즐겁다. 즐거워하다. 3. 비다. 4. 풍년이 들다. ¶康年 5. 기리다. 칭송하다. 6. 오거리. 다섯 방향으로 통하는 큰 길.

康健(강건) 기력이 튼튼하고 건강함.

康國(강국) 나라를 편안하게 함.

康逵(강규) 큰 길.
康年(강년) 풍년이 든 해.
康寧(강녕) 몸이 건강하고 마음이 편안함.
康樂(강락) 평안히 즐김.
康梁(강량) 쾌락에 빠짐. 탐락(耽樂).
康保(강보) 편안하게 보호함.
康阜(강부) 편안하고 풍족함.
康平(강평) 잘 다스려져 태평함.
萬康(만강) 아주 평안함.
小康(소강) 1)병이 조금 나음. 2)소란하던 세상이 조금 안정됨.
安康(안강) 평안하고 건강함.

유 安(편안할 안)

庱	⑧ 11획	
	정자 이름	日リョウ
	릉	中lǐng

풀이 정자 이름.

庶	⑧ 11획	日ジョ
	여러 서	中shù

丶 亠 广 户 庐 庐 庐 庶 庶 庶 庶

* 회의. 집(广)에 이십(廿)명의 사람들이 불(灬)을 쬐고 있으니 '여러 무리'가 있는 것을 나타냄. 여러 무리인 '서민'이라는 뜻으로도 쓰임.

풀이 1. 여러. 온갖. ¶庶物 2. 무리. 백성. 3. 많다. 4. 첩의 자식. 서자. ¶庶子 5. 가깝다. 차이가 없다. 6. 바라다. 바라건대.

庶幾(서기) 거의. 가까움.
庶母(서모) 아버지의 첩.
庶務(서무) 특별한 명목이 없는 일반 사무.
庶物(서물) 온갖 물건.
庶民(서민) 평민. 백성.
庶方(서방) 모든 나라.
庶三寸(서삼촌) 할아버지의 서자. 서숙(庶叔).
庶生(서생) 첩의 소생. 서출(庶出).
庶孫(서손) 서자(庶子)의 아들.
庶神(서신) 여러 가지 신(神).
庶孼(서얼) 첩의 자식. 서자와 그 자손.
庶人(서인) 일반 시민. 보통의 사람.
庶子(서자) 첩의 몸에서 난 자식.
庶政(서정) 모든 정치.
庶弟(서제) 서모(庶母)에게서 태어난 아우.
庶出(서출) 첩의 소생.
庶彙(서휘) 1)온갖 사물. 2)백성.

비 遮(막을 차)

庵	⑧ 11획	日アン・いおり
	암자 암	中ān

* 형성. 뜻을 나타내는 부수 '广(집 엄)'과 음을 나타내는 '奄(가릴 엄)'을 합친 글자. 언덕(广)으로 가린(奄) 암자를 나타내어, '초막', '암자'의 뜻으로 쓰임.

풀이 1. 암자. ¶庵閭 2. 초막(草幕). 작은 초가집. ¶庵室

庵閭(암려) 암자(庵子).
庵室(암실) 중이나 은자(隱者)가 사는 초막.
庵主(암주) 1)암자를 가진 중. 2)여승(女僧).
石窟庵(석굴암) 경주(慶州) 불국사(佛國寺) 뒤 토함산에 있는 석굴사원. 신라(新羅) 경덕왕(景德王) 때 김대성(金大城)의 발원으로 기공하여 혜공왕(惠恭王) 때 완성하였음.

庸	⑧ 11획	日ヨウ・つね
	쓸 용	中yōng

丶 广 广 户 庐 庐 肩 肩 肩 庸

* 형성. 뜻을 나타내는 '庚(일곱째 천간 경)'과 음을 나타내는 '用(쓸 용)'을 합친 글자. '庚'은 오행으로 '金'을 뜻하고 또 건강(康)을 뜻하니 쓸(用)만한 것이라 하여, '쓰다'의 뜻으로 쓰임.

풀이 1. 쓰다. 채용하다. 임용하다. 2. 어리석다. ¶庸劣 3. 평범하다. ¶庸德 4. 평소. 항상. 5. 공로. 공로가 있는 사람. 6. 수고. 노력. 7. 고용하다. 8. 어찌. 어떻게. 9. 이에. 곧.

庸君(용군) 어리석어 잘 다스릴 자격이 없는 임금.
庸德(용덕) 평범한 덕행. 변하지 않는 덕행.
庸劣(용렬) 재주가 남만 못하고 어리석음.
庸音(용음) 평범한 소리. 평범한 문장. 평범한 작품.
庸醫(용의) 평범한 의사.
庸人(용인) 평범한 사람. 범인(凡人). 속인(俗人).
庸才(용재) 평범한 재주.
庸租(용조) 부역과 조세.
庸拙(용졸) 용렬하고 졸렬함.
庸品(용품) 1)품질이 낮은 물건. 2)낮은 품계(品階).
庸行(용행) 중용(中庸)을 지키는 행위.
凡庸(범용) 평범하고 변변치 못한 사람. 평범하고 어리석어 변변하지 못함.
附庸(부용) 1)작은 나라가 큰 나라에 딸려 붙음. 2)남의 힘에 기대어 따로 서지 못함.

비 康(편안할 강)

3획

庴 ⑧ 11획
❶현 이름 적 日セキ·あなぐら
❷움집 움韓 中jí

풀이 1 1. 현 이름. 중국 하남성(河南省)에 있는 현(縣). 2 2. 움집.

庴幕(움막) 땅을 파고, 위에 거적 등을 얹고 흙을 덮어 지은 집. 움막집.

庿 ⑨ 12획
廟(p401)의 俗字

廂 ⑨ 12획 日ソウ
곁채 상 中xiāng

* 형성. 뜻을 나타내는 부수 '广(집 엄)'과 음을 나타내는 '相(서로 상)'을 합친 글자. 이에 집 대문 옆에 있는 '곁채', '행랑'의 뜻으로 쓰임.

풀이 1. 곁채. 곁방. 몸채 양쪽에 딸린 건물. 2. 행랑.

廂軍(상군) 상병(廂兵).
廂廊(상랑) 몸채 주위에 딸린 작은 방.
廂兵(상병) 송대(宋代), 각 주(州)의 병사 중에서 정예를 뽑아서 서울의 금군(禁軍)에 보내고, 나머지는 본성(本城)에 둔 군대.

유 廊(행랑 랑)

庾 ⑨ 12획 日ユウ·くら
곳집 유 中yǔ

풀이 1. 곳집. 곡물. 창고. ¶庾廩 2. 노적가리. 한데 쌓아 둔 곡식 더미. 3. 용량의 단위. 16말(斗). 또는 2말 4되(升).

庾廩(유름) 쌀을 보관하는 창고.
庾積(유적) 길에 쌓아 둔 곡식.

유 庫(곳집 고)

廁 ⑨ 12획 日ソク·はばかり·わき
뒷간 측 中cè

풀이 1. 뒷간. 변소. ¶廁溷 2. 돼지 우리. 3 섞다. 섞이다. 4. 곁. 옆. 5. 기울이다.

廁竇(측두) 1)화장실의 똥을 퍼내는 구멍. 2)뒷간.
廁鼠(측서) 변소의 쥐라는 뜻으로, 신분이 낮은 사람을 낮추어 이르는 말.
廁足(측족) 발돋움함.
廁牏(측투) 1)변소의 담. 2)속옷.
廁溷(측혼) 뒷간. 변소.

廃 ⑨ 12획
廢(p402)의 俗字

廊 ⑩ 13획 日ロウ
행랑 랑(낭) 中láng

丶 亠 广 广 庐 庐 庐 庐 庐 庐 廊 廊 廊

* 형성. 뜻을 나타내는 부수 '广(집 엄)'과 음을 나타내는 '郎(랑)'을 합친 글자.

풀이 1. 행랑. 곁채. ¶廊底 2. 복도.

廊廟(낭묘) 1)정전(正殿). 정치를 보는 곳. 2)조정(朝廷).
廊廟器(낭묘기) 정사를 맡을 만한 재능을 가진 사람.
廊廡(낭무) 정전(正殿)에 속해 있는 건물.
廊腰(낭요) 복도의 구부러진 곳.
廊底(낭저) 행랑(行廊).
守廊(수랑) 행랑에서 조금 떨어져 있는, 집주인이 지내는 객실.
柱廊(주랑) 여러 개의 기둥만 나란히 서 있고 벽이 없는 복도.
畫廊(화랑) 1)그림 등 미술품을 전시하는 시설. 2)화상(畫商)이 경영하는 전시장.
回廊(회랑) 1)정당(正堂)의 양 옆에 있는 긴 집채. 행각(行閣). 2)양옥의 어떤 방을 둘러싸고 있는 마루.

유 廂(행랑 상)

廉 ⑩ 13획 日レン·いさぎよい
청렴할 렴(염) 中lián

丶 亠 广 广 庐 庐 庐 庐 庐 廉 廉 廉 廉

* 형성. 뜻을 나타내는 부수 '广(집 엄)'과 음을 나타내는 '兼(겸할 겸)'을 합친 글자. 창고(广)에 곡식이 겹쳐서(兼) 있으니 값이 싸지는 것을 뜻함.

풀이 1. 청렴하다. 결백하다. ¶廉潔 2. 검소하다. 3. 곧다. 바르다. 4. 살피다. 살펴보다. 5. 모서리. 모퉁이. 구석. ¶廉隅 6. 날카롭다. 예리하다. 7. 값이 싸다. ¶低廉 8. 모가 나다.

廉價(염가) 저렴한 값. 싼값.
廉介(염개) 청렴하고 바름.
廉倨(염거) 성격이 모나고 오만함.

廉潔(염결) 청렴하고 결백함. 마음이 깨끗하고 탐욕이 없음.
廉勁(염경) 마음이 깨끗하고 강직함.
廉公(염공) 청렴하고 공평함.
廉愧(염괴) 마음이 깨끗하고, 사사로운 욕심을 부끄러워함.
廉能(염능) 마음이 깨끗하고 능력이 있음.
廉利(염리) 모가 나 날카로움.
廉明(염명) 청렴하고 밝음.
廉問(염문) 물어 따짐.
廉白(염백) 청렴결백함.
廉愼(염신) 청렴하고 신중함.
廉約(염약) 청렴하고 검소함.
廉隅(염우) 물건의 모서리.
廉毅(염의) 청렴하고 강직함.
廉貞(염정) 결백하고 바름.
廉察(염찰) 자세히 살핌. 자세히 살펴서 고침.
廉平(염평) 마음이 결백하고 공평함.
廉恥(염치) 청렴하여 부끄러움을 아는 마음.
低廉(저렴) 값이 쌈.
清廉(청렴) 마음이 고결하고 재물 욕심이 없음.
孝廉(효렴) 효도하는 사람과 청렴한 사람.

비 庸(떳떳할 용)

廇	⑩ 13획	日リュウ
	중정 류	中liù

풀이 중정(中庭). 집의 건물과 건물 가운데 있는 뜰.

廋	⑩ 13획	日ソウ・かくす
	숨길 수	中sōu

풀이 1. 숨기다. ¶廋伏 2. 찾다. 뒤지다. 3. 산굽이. 산모롱이.

廋伏(수복) 요긴한 곳에 숨겨 둔 군사.
廋辭(수사) 은어(隱語).

廆	⑩ 13획	日ガイ
	담 외	中huì, guī, wěi

풀이 1. 담. 벽. 2. 산 이름. 중국 하남성(河南省)에 있는 산. 3. 사람 이름.

廈	⑩ 13획	日カ・ガ
	큰 집 하	中shà, xià

풀이 큰 집. 규모가 큰 집.

廈屋(하옥) 규모가 큰 집.
廈氈(하전) 임금이 거처하는 곳.
大廈(대하) 큰 집.
崇廈(숭하) 높고 큰 집.

廓	⑪ 14획	
	❶ 외성 곽	日カク
	❷ 넓을 확	中kuò

* 형성. 뜻을 나타내는 부수 '广(집 엄)'과 크다는 뜻을 지닌 '郭(성곽 곽)'을 합친 글자. 이에 넓고 큰(郭) 집(广)을 나타내며, 바뀌어, '크다'라는 뜻이 됨.

풀이 ❶ 1. 외성(外城). 성이나 요새를 두른 울타리. ¶城廓 2. 둘레. 테두리. ¶外廓 ❷ 3. 넓다. 크다. 4. 넓히다. 확장하다. ¶廓開 5. 텅 비다. 휑하다.

廓開(확개) 넓힘. 확장함.
廓寧(확녕) 사는 곳을 넓혀 편안하게 함.
廓落(확락) 큰 모양.
廓如(확여) 텅 빈 모양. 활짝 열린 모양.
廓清(확청) 세상의 혼란을 완전히 소탕함.
廓廓(확확) 공허한 모양.
城廓(성곽) 1)성. 또는 성의 둘레. 2)내성(內城)과 외성(外城)을 아울러 이르는 말.
外廓(외곽) 1)성 밖으로 다시 둘러쌓은 성. 외성(外城). 2)바깥 테두리. ↔ 내곽(內廓).
遊廓(유곽) 창녀가 모여서 몸을 팔던 집이나 그 구역.
恢廓(회확) 사업의 범위나 규모를 넓힘.

유 城(성 성)

廏	⑪ 14획	日キュウ・うまや
	마구간 구	中jiù

풀이 마구간.

廏舍(구사) 마구간.
廏卒(구졸) 마구간을 관장하던 병사.
廏騶(구추) 말을 관리하던 기사(騎士).
廏置(구치) 통행 중에 말을 갈아타는 곳.
廏閑(구한) 마구간. 구사(廏舍).
馬廏(마구) 마구간.

廑	⑪ 14획	日キン・わずか
	겨우 근	中jǐn, qín

풀이 1. 겨우. 조금. 2. 부지런하다. 힘쓰다. ¶廑身 3. 작은 집.

廑身(근신) 자신의 몸을 닦기에 노력함.

3획

廑注(근주) 정성을 다해 애씀.

廖	⑪ 14획	日リョウ
	공허할 료	中liào

풀이 공허하다. 속이 텅 비다.

廔	⑪ 14획	日ロウ·まど
	창 루	中lóu

풀이 1. 창. 채광을 위한 창문. 2. 씨를 뿌리는 수레.

廒	⑪ 14획	日ゴ
	곳간 오	中áo

풀이 곳간. 곡식 창고.

廕	⑪ 14획	日イン·オン·おおう
	덮을 음	中yìn

* 형성. 뜻을 나타내는 부수 '广(집 엄)'과 음을 나타내며 그늘이라는 뜻을 지닌 '蔭(그늘 음)'을 합친 글자.

풀이 1. 덮다. 감싸다. ¶廕庇 2. 그늘.

廕補(음보) 조상의 은덕으로 벼슬을 함. 음제(廕除).
廕庇(음비) 덮어서 감쌈. 보호함.
廕生(음생) 조상의 공으로 벼슬을 얻거나, 국자감(國子監)의 학생이 된 사람.
廕除(음제) 조상들의 은덕으로 벼슬을 받음.
庇廕(비음) 1)차양의 그늘. 2)두둔하여 보살펴 줌.

廣	⑫ 15획	日コウ·ひろい
	넓을 광	中guǎng

丶 亠 广 户 庐 庐 庐 庐 庐 庐 庿 庿 廣 廣 廣

* 형성. 뜻을 나타내는 부수 '广(집 엄)'과 음을 나타내는 '黃(누를 황)'을 합친 글자. '黃'은 노란빛이 빛살처럼 퍼지는 것을 의미함. 이에 높은 집(广)의 넓게 퍼진(黃) 곳을 나타내어 '넓다'의 뜻으로 쓰임.

풀이 1. 넓다. 넓어지다. ¶廣居 2. 넓히다. 확대하다. 3. 넓이. 폭. 4. 비다. 공허하다. ¶廣虛 5. 느슨하다. 해이하다. 6. 15승(乘)의 병거(兵車).

廣居(광거) 넓은 곳.
廣己(광기) 자신의 덕을 훌륭하게 함.
廣大(광대) 넓고 큼.
廣德(광덕) 큰 덕.
廣遼(광료) 넓고 아득함.
廣輪(광륜) 넓이.
廣謀從衆(광모종중) 많은 사람들과 논의하고 다수의 의견을 따름.
廣文(광문) 풍부한 문덕(文德).
廣博(광박) 넓음. 특히 학식 등이 넓음.
廣肆(광사) 1)넓은 가게. 2)자기 마음대로 함.
廣宵(광소) 묘혈(墓穴).
廣野(광야) 아득하게 넓은 들판.
廣言(광언) 큰소리.
廣淵(광연) 넓고 깊음. 광대하고 심원함.
廣饒(광요) 땅이 넓고 산물(產物)이 많음.
廣耀(광요) 널리 빛남.
廣運(광운) 1)널리 퍼짐. 2)넓이.
廣圓(광원) 둘레.
廣長舌(광장설) 1)혀가 넓고 길고 부드러워 이것을 내밀면 얼굴 전체를 덮고 이마 위까지 올라가는 상(相). 2)쓸데없이 긴 말.
廣濟(광제) 널리 세상 사람을 구제함.
廣座(광좌) 1)여러 사람이 앉는 자리. 2)넓은 좌석.
廣斥(광척) 넓은 간석지(干潟地).
廣布(광포) 1)널리 폄. 널리 알림. 2)폭이 넓은 마포(麻布).
廣寒宮(광한궁) 달 속에 있다고 전해 지는 궁전 이름.
廣虛(광허) 1)넓고 텅 빈 곳. 2)넓은 하늘.
廣闊(광활) 넓고 탁 트임.

유 擴(넓힐 확) 반 狹(좁을 협)

廟	⑫ 15획	日ミョウ·たまや
	사당 묘	中miào

丶 亠 广 广 庐 庐 庐 庐 庐 庐 庐 庿 庿 廟 廟 廟

* 형성. 뜻을 나타내는 부수 '广(집 엄)'과 음을 나타내며 조상의 모습이란 뜻을 가진 '朝(아침 조)'를 합친 글자. 집(广) 안에 조상을 닮은 것(朝)을 편안하게 모셔 두는 곳을 나타냄.

풀이 1. 사당. 조상의 신주를 모신 곳. 또는 신을 제사 지내는 곳. ¶家廟 2. 위패(位牌). 3. 빈궁(殯宮). 임금의 시신을 매장하기 전에 안치하는 곳. 4. 정전(正殿). 나라의 정사를 처리하는 곳. 임금·조정을 상징함. 5. 절.

廟啓(묘계) 조정에서 임금에게 올리는 장계.
廟堂(묘당) 1)선대 임금의 영(靈)을 모신 곳. 2)종묘(宗廟)와 명당(明堂).
廟略(묘략) 조정의 책략.
廟社(묘사) 1)사당에서 제사 지냄. 2)선조를 모신 사당. 3)종묘(宗廟)와 사직(社稷).

廟牲(묘생) 1)사당의 제사에 쓰이는 살아 있는 제물. 2)높은 자리에 있으나 몸이 위태로운 사람.
廟勝(묘승) 직접 싸우지 않고 조정에서 세운 계책으로 승리하는 일.
廟食(묘식) 사당에 모심.
廟院(묘원) 1)한 집안의 사당. 2)절. 사원(寺院).
廟議(묘의) 조정(朝廷)의 논의.
廟庭配享(묘정배향) 공이 있는 신하를 죽은 뒤에 종묘(宗廟)에 부제(祔祭)하는 일.
廟主(묘주) 사당에 모신 신주(神主).
廟寢(묘침) 종묘(宗廟).
廟塔(묘탑) 불상을 모시는 곳.
廟學(묘학) 사당의 경내에 있는 학교.
廟諱(묘휘) 종묘에 모신 임금의 휘(諱). 또는 임금의 이름을 죽은 뒤 이르는 말.
家廟(가묘) 한 집안의 사당.
大廟(대묘) 종묘(宗廟).
祖廟(조묘) 선조의 사당.
宗廟(종묘) 조선 시대에, 역대 임금과 왕비의 위패를 모시던 왕실의 사당.

3획

廡	⑫ 15획	日ブ・ひさし
	곁채 무	中wǔ

풀이 1. 곁채. 2. 집. 큰 건물. 3. 처마. 지붕. 4. 무성하다. 우거지다.

유 茂(우거질 무)

廝	⑫ 15획	日シ・こもの
	하인 시	中sī

풀이 1. 하인. 종. 노비. 2. 천하다. 비천하다. 3. 나누다. 가르다. 4. 서로.
廝咬(시교) 서로 서로 물어뜯음.
廝臺(시대) 신분이 천한 사람. 하인.
廝徒(시도) 1)하인. 머슴. 2)군졸(軍卒).
廝豎(시수) 머슴. 하인.
廝養卒(시양졸) 1)군졸(軍卒). 2)나무를 하고 말을 먹이는 일을 하는 천한 사람.

廛	⑫ 15획	日テン・みせ
	가게 전	中chán

*회의. '广(집 엄)'과 '田(밭 전)', 그리고 '坴(땅 륙)'을 합친 글자. 흙(坴)과 밭(田)이 있는 집(广), 곧 '집 터'를 나타냄.

풀이 1. 가게. 점포. ¶市廛 2. 터. 집터. 2.5묘(畝)의 집터. 3. 밭. 100묘 넓이의 밭.
廛肆(전사) 가게. 상점.
廛野(전야) 도시와 시골.
廛布(전포) 관청의 창고에 보관한 물건에 부과하는 세(稅).
廛閈(전한) 1)일반 백성이 사는 마을의 입구에 세운 문. 2)거리의 점포.
市廛(시전) 시장 거리에 있는 가게. 시중의 상점. 시사(市肆).

유 店(가게 점)

廚	⑫ 15획	日シュウ・だいどころ
	부엌 주	中chú

풀이 1. 부엌. 취사장. ¶廚子 2. 요리사. 3. 상자. 함.
廚房(주방) 부엌.
廚子(주자) 요리사.
廚宰(주재) 음식 만드는 일을 관장하는 사람.
廚傳(주전) 음식과 여관.
廚庖(주포) 1)주방(廚房). 2)요리(料理).
廚下(주하) 부엌.
御廚(어주) 수라간. 임금의 음식을 만들던 곳.
庖廚(포주) 소・돼지 등의 고기를 파는 가게. '푸주'의 본딧말.
行廚(행주) 1)음식을 다른 곳으로 옮김. 2)임금의 거둥 때에 음식을 마련하던 임시 주방.

유 庖(부엌 포)

廠	⑫ 15획	日ソウ
	헛간 창	中chǎng

풀이 1. 헛간. 벽이 없는 건물. 2. 공장. ¶廠房 3. 넓다. 탁 트이다.
廠房(창방) 공장.
廠獄(창옥) 중국 명대(明代)에 임금의 명에 의하여 체포한 죄인을 가두던 감옥.
工廠(공창) 1)철공 제품을 만드는 공장. 2)무기・탄약 등의 군수품을 만드는 공장.
兵器廠(병기창) 병기를 만들거나 수리하는 공장. 조병창(造兵廠).
被服廠(피복창) 공공 기관이나 단체의 제복을 만드는 공장.

廢	⑫ 15획	日ハイ・すたれる
	폐할 폐	中fèi

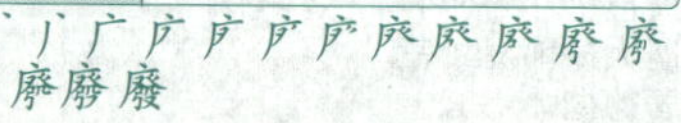

丶 亠 广 广 庀 庀 庐 庐 庐 庐 庐 庐 廢 廢 廢

* 형성. 뜻을 나타내는 부수 '广(집 엄)'과 '깨어지다', '찢어지다'의 뜻을 가지는 '發(쏠 발)'을 합친 글자. 집[广]이 부서지고 무너짐[發]은 곧 폐허를 나타내어, '폐하다'는 뜻이 됨.

풀이 1. 폐하다. 없애다. ¶廢典 2. 중지하다. 그만두다. 3. 부서지다. 못 쓰게 되다. ¶廢絶 4. 해이해지다. 게을리 하다. ¶廢務 5. 기울어지다. 집이 한쪽으로 쏠리다. 6. 떨어지다. 7. 행해지지 않다. 8. 쇠퇴하다. 쇠미하다. 9. 엎드리다. 10. 폐질. 고질병.

廢居(폐거) 1)물건을 간직해 두고 값이 오르기를 기다리는 일. 2)사람이 살지 않는 집.
廢擧(폐거) 물건의 값이 비쌀 때는 팔고, 쌀 때는 사들이는 장사법.
廢缺(폐결) 이지러져 못쓰게 됨.
廢國(폐국) 1)망한 나라. 2)나라에 해를 끼치는 일.
廢道(폐도) 천한 일을 하는 사람.
廢禮(폐례) 예절을 어김.
廢慢(폐만) 대수롭지 않게 여겨 없앰.
廢務(폐무) 1)일을 게을리 함. 2)폐조(廢朝) 등의 이유로 신하가 정무를 보지 않음.
廢放(폐방) 관직을 빼앗고 추방함. 버리고 등용하지 않음.
廢失(폐실) 쓸모없게 됨.
廢苑(폐원) 황폐한 동산.
廢位(폐위) 임금의 자리를 폐(廢)함.
廢弛(폐이) 마음이나 법칙이 피폐하고 느슨해짐.
廢殘(폐잔) 병을 앓는 사람이나 불구자(不具者).
廢嫡(폐적) 상속인(相續人)으로서의 신분 등을 폐함.
廢典(폐전) 폐지된 의식.
廢絶(폐절) 허물어져 없어짐.
廢疾(폐질) 1)고치기 힘든 병. 2)불구자.
廢徹(폐철) 걷어치움. 종래의 제도나 관습을 거둠.
廢置(폐치) 1)폐지함과 그대로 둠. 2)면직과 등용.
廢退(폐퇴) 벼슬에서 물러남.
廢品(폐품) 쓸 수 없게 된 물건.
廢興(폐흥) 쇠함과 홍함.
改廢(개폐) 고치는 일과 없애는 일.
老廢(노폐) 오래되거나 낡아서 쓸모가 없음.
病廢(병폐) 병으로 말미암아 몸을 잘 쓰지 못하게 됨.
全廢(전폐) 아주 없애 버림. 모두 폐지함.
存廢(존폐) 남겨 두는 일과 없애는 일.
撤廢(철폐) 어떤 제도나 규정 등을 폐지함. 철파(撤罷).
頹廢(퇴폐) 1)쇠약해짐. 2)문란해짐.
荒廢(황폐) 집이나 땅이 그냥 방치되어 거칠고 못 쓰게 됨.

廞	⑫ 15획 막힐 흠	日キン·ギン·ふさがる 中xīn

풀이 1. 막히다. 진흙이 쌓여서 막히다. ¶廞淤 2. 진열하다. 벌여 놓다. 3. 일으키다. 만들다. 4. 노하다. 화내다.

廞飾(흠식) 수레와 의복을 뜰에 진열하여 꾸미는 일.
廞淤(흠어) 진흙으로 인해 막힘.
廞衛(흠위) 임금의 장례 때에 쓰던 기구.

廥	⑬ 16획 곳간 괴	日カイ·くさや 中kuài

풀이 1. 곳간. 창고. 2. 여물을 저장하는 창고.

廥廩(괴름) 여물 창고와 곡식 창고.

廩	⑬ 16획 곳집 름(늠)	日リン·くら 中lǐn

풀이 1. 곳집. 쌀 창고. ¶廩庫 2. 저장하다. 쌓다. 모으다. ¶廩蓄 3. 공급하다. 식량 등을 나누어주다. 4. 녹미(祿米). 녹봉으로 주던 쌀. 5. 늠름하다.

廩庫(늠고) 쌀 곳간. 쌀 창고.
廩囷(늠균) 쌀 창고.
廩廩(늠름) 1)모습이 바름. 풍채(風采)가 있음. 2)위태로운 모양.
廩膳(늠선) 1)끼니 음식. 2)관(官)에서 지급하는 음식.
廩食(늠식) 나라에서 주는 곡식.
廩庾(늠유) 쌀 창고.
廩入(늠입) 녹봉으로서 받는 쌀의 수입.
廩振(늠진) 관에서 창고를 열어 백성을 구제함. 어려운 백성에게 쌀을 배급함.
廩秋(늠추) 추위가 느껴지는 가을.
廩蓄(늠축) 쌀을 보관함.
米廩(미름) 쌀 창고.
月廩(월름) 지난날, 월급으로 주던 곡식.
倉廩(창름) 곳집.

비 廥(곳간 괴)

廧	⑬ 16획 담 장	日ショウ·かき 中qiáng

풀이 담. 벽. 담벼락.

3획

유 垣(담 원)

廨	⑬ 16획	日カイ・やくしょ
	관아 해	中xiè

풀이 관아. 관청.

廨舍(해사) 관청의 건물.

廨署(해서) 관청. 해우(廨宇).

廬	⑯ 19획	
	❶ 오두막집 려(여)	日リョ・ロ・いおり
	❷ 창자루 로	中lú

*형성. 뜻을 나타내는 부수 '广(집 엄)'과 음을 나타내는 '盧(밥그릇 로)'를 합친 글자. 이에 '오두막집'의 뜻으로 쓰임.

풀이 ❶ 1. 오두막집. ¶廬舍 2. 농막. 3. 주막. 여인숙. 4. 숙직실. 5. 살다. 거처하다. ❷ 6. 창자루.

廬落(여락) 1)촌락(村落). 2)담. 담장.

廬廡(여무) 집.

廬舍(여사) 1)밭 가운데에 세운 식사와 휴식용의 집. 2)무덤 옆에 세운, 상주가 거처하는 초막.

廬寺(여사) 오두막집과 사찰(寺刹).

廬兒(여아) 심부름꾼. 하인.

廬庵(여암) 암자(庵子).

廬帳(여장) 장막으로 된 집.

居廬(거려) 지난날, 상제(喪制)가 여막(廬幕)에서 거처하던 일.

蝸廬(와려) 달팽이집의 껍데기처럼 좁고 초라한 집. 자기 집을 겸손하게 이르는 말. 와옥(蝸屋).

草廬(초려) 1)초가(草家). 2)자기의 집을 낮추어 이르는 말.

비 慮(생각할 려)

廱	⑱ 21획	日ヨウ・やわらぐ
	화락할 옹	中yōng

풀이 1. 화락하다. 화평하고 즐겁다. 2. 막다. 막히다. 3. 벽옹(辟廱). 천자의 학교.

廱偃(옹언) 세력을 뻗치지 못하도록 막음.

廱廱(옹옹) 화평한 모양.

廱和(옹화) 평화롭게 다스려짐.

廳	㉒ 25획	日チョウ
	관청 청	中tīng

*형성. 뜻을 나타내는 부수 '广(집 엄)'과 음을 나타내는 '聽(들을 청)'을 합친 글자. 이에 백성의 소리를 듣는[聽] 집[广], 곧 '관청'이라는 뜻이 됨.

풀이 1. 관청. 관아. ¶官廳 2. 마루. 대청. ¶客廳

客廳(객청) 제사 때, 손님이 거처하도록 마련해 놓은 대청이나 방.

公廳(공청) 공무(公務)를 보는 집. 즉, 관청.

官廳(관청) 1)법률로 정해진 국가적인 사무를 취급하는 국가 기관. 2)국가 기관의 사무를 실제로 맡아보는 곳.

郡廳(군청) 군의 행정 사무를 맡아보는 관청.

道廳(도청) 도(道)의 행정 사무를 맡아보는 관청.

登廳(등청) 관청에 출근함.

市廳(시청) 시의 행정 사무를 맡아보는 관청.

支廳(지청) 본청에서 갈라져 나와 그 지역의 업무를 맡아보는 관청.

退廳(퇴청) 관청에서 일을 마치고 나옴.

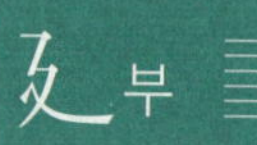

廴 부

廴 민책받침 部

'廴'자는 사람의 보행(步行)과 관련되어 '길게 걸을 인'으로 불리다가, 辶자에서 윗부분의 점이 없어진 모양과 같다고 해서 '민책받침'이라는 부수 명칭으로 쓰인다.

廴	⓪ 3획	日
	길게 걸을 인	中yǐn

풀이 길게 걷다. 발걸음을 길게 떼어 놓다.

延	④ 7획	日エン・のばす
	끌 연	中yán

*형성. 그쳐[止]있는 것을 한쪽으로 펴서[丿] 길게 끄는[廴] 것을 나타내어, '연기하다', '끌다'라는 뜻으로 쓰임.

풀이 1. 끌다. 늘이다. 연장하다. ¶延命 2. 미루다. 지연하다. ¶延期 3. 끌어들이다. 불러들이다. 4. 인도하다. 5. 널리 퍼지다. 6. 미치다. 이르다. 7. 길다. 오래다.

延閣(연각) 길게 이어진 전각.

延去來(연거래) 장래의 어느 날 물품을 건네주기로 정하고 사고 파는 실물 거래.

延見(연견) 불러들여 만나봄.
延給(연급) 제때에 치르지 않고 늦추어 치름.
延期(연기) 정한 기한을 늘임.
延命(연명) 겨우 목숨을 이어 살아감.
延音(연음) 1)한 개의 음이 길게 뻗어 두 개의 음으로 되는 일. 2)한 음을 규정된 박자 이상으로 길게 연장하는 일.
延長(연장) 시간 · 길이 등을 길게 늘임. 또는 그 길이.
延祚(연조) 오랫동안 복을 받음.
延着(연착) 정해진 시간보다 늦게 도착함.
延滯(연체) 기한 안에 이행하여야 할 채무나 세금을 지체함.

비 廷(조정 정)

④ 7획 日テイ · やくしょ
조정 정 中tíng

* 형성. 뜻을 나타내는 부수 '廴(끌 연)'와 음을 나타내는 '壬(착할 정)'을 합친 글자. 착한(壬) 방향으로 백성을 이끄는(廴) 장소인 '조정'을 나타냄.

풀이 1. 조정. ¶王廷 2. 관아. 3. 공변되다. 공정하다.

廷論(정론) 조정에서 논의하는 일. 또는 그 논의.
廷辯(정변) 조정에서 변론하는 것.
廷爭(정쟁) 조정에서 임금의 잘못을 간하고 다툼.
廷諍(정쟁) 정쟁(廷爭).
宮廷(궁정) 궁궐.
內廷(내정) 조정의 내부.
法廷(법정) 법원이 소송 절차에 따라 송사를 심리 · 판결하는 곳.
王廷(왕정) 임금이 있는 조정.
朝廷(조정) 임금이 나랏일을 논의하고 집행하는 곳.

비 延(끌 연)

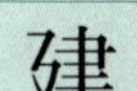

⑥ 9획 日ケン · コン · たてる
세울 건 中jiàn

* 회의. 붓(聿)을 끌어서(廴) 계획을 세우는 것을 나타내어, '세우다'라는 뜻으로 쓰임.

풀이 1. 세우다. 이룩하다. 건설하다. ¶建功 2. 건의하다. 의견을 고하다. ¶建議 3. 열쇠(鍵).

建功(건공) 나라를 위해 공을 세움.
建具(건구) 온갖 창과 지게문을 통틀어 이르는 말. 창호(窓戶).
建國(건국) 나라를 세움.
建軍(건군) 군대를 창설함.
建極(건극) 한 국가의 시조가 근본 법칙을 세워 천하를 다스림.
建都(건도) 수도(首都)를 설립함. 정도(定都).
建立(건립) 절 · 탑 · 동상 등을 세우거나 이룩함.
建物(건물) 땅 위에 세운 집 등.
建白書(건백서) 윗사람에게 자기 의견을 적은 글.
建碑(건비) 비를 세움.
建設(건설) 세워 만듦.
建安七子(건안칠자) 후한 때 문장으로 유명한 일곱 사람. 공융(孔融) · 진임(陳琳) · 왕찬(王粲) · 유정(劉楨) · 서간(徐幹) · 응창(應瑒) · 완우(阮瑀)의 일곱 명.
建玉(건옥) 증권 거래소에 기장되어 있는 매매 약정(約定)으로 결재가 아직 끝나지 않은 것.
建元(건원) 나라의 연호를 세움.
建議(건의) 1)의견을 말함. 2)개인이나 단체가 정부에 희망을 고함.
建材(건재) 건축하는 데 쓰이는 갖가지 재료.
建造(건조) 건축물을 세움.
建策(건책) 계책을 세움.
建築(건축) 흙 · 나무 · 쇠 등을 써서 가옥 · 창고 · 다리 등의 축조물을 세우는 일.
建坪(건평) 건축물이 차지한 평 단위의 넓이.
建艦(건함) 군함을 만듦.
改建(개건) 고쳐 세우거나 지음.

비 健(건강할 건)

⑥ 9획 日カイ · めぐる
돌 회 中huí

* 형성. 뜻을 나타내는 부수 '廴(끌 연)'과 음을 나타내는 '回(돌 회)'를 합친 글자. 끌어서(廴) 돌리는(回) 것을 나타내어, '돌다', '돌리다'의 뜻을 나타냄.

풀이 1. 돌다. 돌리다. ¶廻轉 2. 피하다. 회피하다. 멀리하다.

廻廊(회랑) 정당(正堂)의 양 옆에 있는 행랑.
廻轉(회전) 1)어떤 축을 중심으로 하여 그 주위를 도는 것. 2)어떤 생각을 하거나 계책을 짜느라 머리를 쓰는 것. 3)상품이 팔려서 투자와 자금의 회수를 되풀이함.
廻天之力(회천지력) 1)하늘을 돌릴 만한 큰 힘. 2)천자의 마음을 돌리게 하는 힘.
上廻(상회) 웃돎. 어떤 수량보다 많아짐.
巡廻(순회) 여러 곳을 돌아다니는 것.
迂廻(우회) 곧바로 가지 않고 돌아감.

3획

輪廻(윤회) 1)차례로 돌아감. 2)중생(衆生)이 해탈(解脫)을 얻을 때까지 그의 영혼이 육체와 함께 다른 생(生)을 받아 생사를 반복함.

下廻(하회) 어떤 수량이나 기준보다 밑돎.

유 回(돌 회) 巡(돌 순)

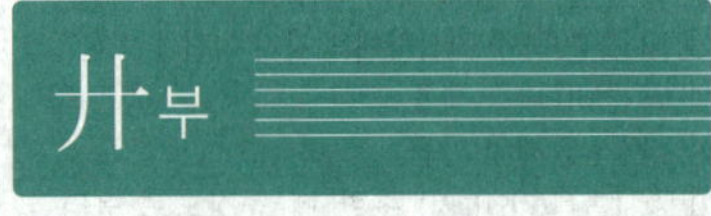

廾 부

廾 밑스물입 部

'廾' 자는 왼손과 오른손을 맞잡아 받들고 있는 모양을 나타낸 글자이다. 이에 '받들 공'이라 하여 '들다'를 뜻하다가, '밑스물 입'이라는 부수 명칭으로 쓰이게 되었다. 단독의 문자보다는 부수자로 많이 쓰이며, 이 글자를 부수로 삼는 글자는 두 손의 동작과 관련이 있다.

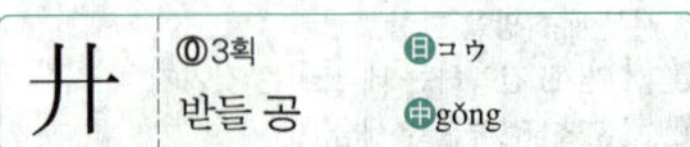

廾 ⓪3획 받들 공 日コウ 中gǒng

풀이 받들다. 두 손으로 받들다.

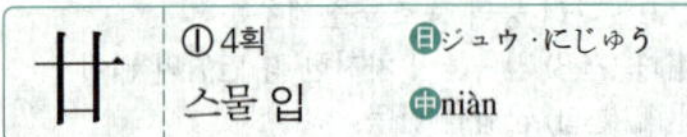

廿 ①4획 스물 입 日ジュウ·にじゅう 中niàn

풀이 스물. 이십.

비 甘(달 감)

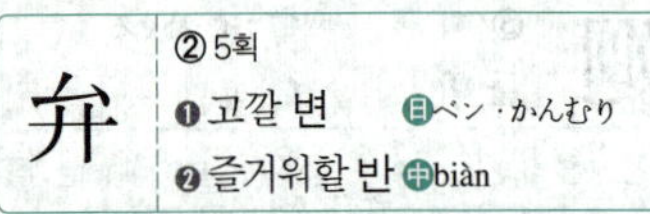

弁 ②5획 ❶고깔 변 ❷즐거워할 반 日ベン·かんむり 中biàn

풀이 ❶ 1. 고깔. 관(冠). 2. 급하다. 서두르다. 3. 두려워서 떨다. 4. 손으로 치다. ❷ 5. 즐거워하다.

弁髦(변모) 쓸모없는 물건.

弁言(변언) 머리말. 서언(序言).

弁行(변행) 서둘러 감. 급하게 감.

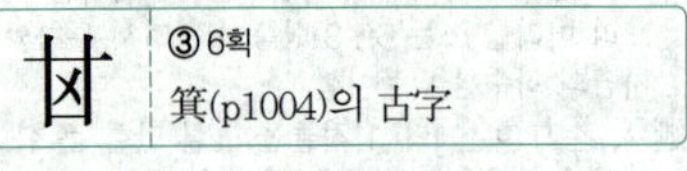

𢍍 ③6획 箕(p1004)의 古字

异 ③6획 그만둘 이 日イ·ああ·ちがう 中yì

풀이 1. 그만두다. 그치다. 2. 다르다.

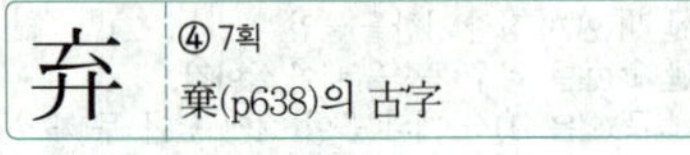

弃 ④7획 棄(p638)의 古字

弄 ④7획 희롱할 롱(농) 日ロウ·もてあそぶ 中lòng, nòng

一 二 千 王 王 弄 弄

* 회의. 두 손(廾)으로 구슬(玉)을 가지고 즐기는 것을 나타내어, '즐기다', '희롱하다'는 뜻으로 쓰임.

풀이 1. 희롱하다. 놀리다. ¶戲弄 2. 놀다. 가지고 놀다. 3. 즐기다. 좋아하다. ¶弄月 4. 연주하다. 악기를 타다. 5. 멋대로 쓰다. 6. 업신여기다. 7. 곡조.

弄奸(농간) 남을 희롱하는 간사한 짓.

弄權(농권) 사사롭게 권력을 마음대로 씀.

弄談(농담) 장난으로 하는 말.

弄舌(농설) 쓸데없이 지껄임. 연이어 지껄임.

弄瓦(농와) 딸을 낳음.

弄月(농월) 달을 보며 즐김.

弄璋(농장) 사내아이를 낳음.

弄調(농조) 희롱하는 어조. 농담조.

侮弄(모롱) 업신여겨 조롱함.

舞弄(무롱) 1)자기 마음대로 법을 남용하여 이유를 붙임. 2)남을 우롱함. 무문농필(舞文弄筆)의 준말.

愚弄(우롱) 사람을 바보로 만들어 놀림.

吟風弄月(음풍농월) 바람을 읊조리고 달을 보고 시를 짓는다는 뜻으로, 시를 짓고 흥취를 자아내며 즐김.

才弄(재롱) 어린아이의 슬기로운 말과 귀여운 짓.

平弄(평롱) 우리나라 재래 음악인 가곡의 하나.

戲弄(희롱) 말이나 행동으로 실없이 놀리는 짓.

유 戲(놀 희)

弅 ④7획 봉긋할 분 日フン·おか 中fěn

풀이 봉긋한 모양. 언덕이 높이 솟은 모양.

弆 ⑤8획 감출 거 日キョ·しまいこむ 中jǔ

풀이 감추다. 숨기다.

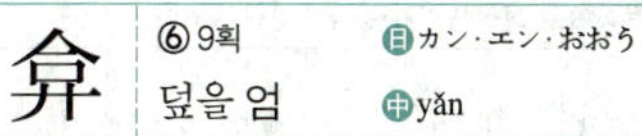

弇 ⑥9획 日カン·エン·おおう
덮을 엄 中yǎn

풀이 1. 덮다. 2. 깊다. 깊숙하다. 3. 뒤따르다. 잇다. 4. 안으로 향하다. 5. 좁은 길.

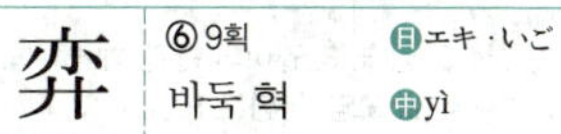

弈 ⑥9획 日エキ·いご
바둑 혁 中yì

풀이 1. 바둑. 바둑을 두다. 2. 노름. 도박. 3. 휘장. 장막.

弈楸(혁추) 바둑판.

弊 ⑫15획 日ヘイ·やぶれる
해질 폐 中bì

* 형성. 뜻을 나타내는 부수 '廾(받들 공)'과 음을 나타내는 '敝(낡을 폐)'를 합친 글자. 두 손(廾)으로 해진(敝) 것을 꿰매는 것을 나타내어, '해지다'라는 뜻으로 쓰임. 또한 그러한 행동이 폐해가 된다 하여 '나쁘다'의 뜻으로도 쓰임.

풀이 1. 해지다. 낡다. ¶弊履 2. 나쁘다. 좋지 않다. 3. 폐단. 4. 곤하다. 지치다. ¶弊困 5. 자기의 사물에 대한 겸칭. ¶弊國 6. 비단. 7. 다하다. 없어지다. 8. 가리다. 숨다.

弊困(폐곤) 피로하여 곤궁해짐.
弊國(폐국) 자기 나라를 낮추어 이르는 말.
弊竇(폐두) 폐단과 손해가 있는 곳.
弊履(폐리) 해진 신.
弊幽(폐유) 곤궁해져 숨어 지냄. 또는 그 사람.
弊邑(폐읍) 1)피폐한 마을. 2)자기 나라를 낮추어 이르는 말.
弊絶風淸(폐절풍청) 1)나쁜 폐단이 없어지고, 풍속이 맑음. 2)나라가 잘 다스려짐.
痼弊(고폐) 오래되어 바로잡기 어려운 폐단.
舊弊(구폐) 이전부터 내려온 폐단. 오래된 폐단.
衰弊(쇠폐) 쇠하고 피폐해짐.
時弊(시폐) 그 시대의 사회적 폐단. 그 당시의 나쁜 풍습.
惡弊(악폐) 나쁜 풍습. 나쁜 폐단.
語弊(어폐) 적절하지 않은 용어를 씀으로써 일어나는 오해나 폐해(弊害).
積弊(적폐) 오랫동안 쌓여 온 폐단.
通弊(통폐) 일반에 두루 퍼져 있는 폐단.
疲弊(피폐) 지치고 쇠약해짐.

비 幣(비단 폐) 蔽(가릴 폐)

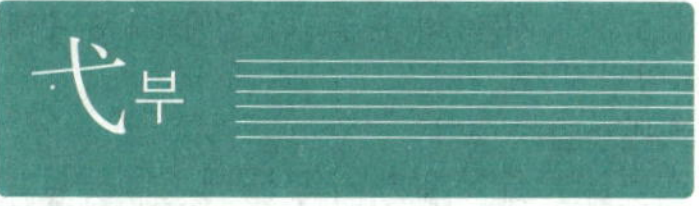

弋부

弋 주살 익 部

'弋'자는 '주살'이라는 뜻으로, 줄을 매달아 쏘는 화살을 말한다. 이 화살은 새나 짐승을 잡는 데 사용되므로 '잡다'나 '취하다'는 뜻으로 쓰이기도 하고, 또한 '말뚝'을 나타내기도 한다.

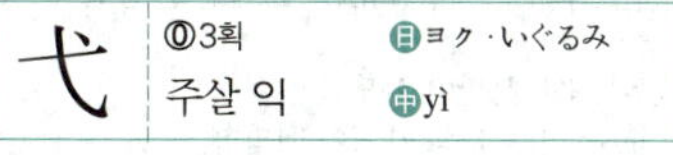

弋 ⓪3획 日ヨク·いぐるみ
주살 익 中yì

풀이 1. 주살. 줄에 매달아 쏘는 화살. ¶弋羅 2. 주살로 새를 잡다. 3. 검다. 검은빛. ¶弋綈 4. 말뚝. 5. 빼앗다. 취하다.

弋羅(익라) 주살과 그물.
弋獵(익렵) 주살로 사냥을 함.
弋繳(익작) 주살.
弋綈(익제) 검은색의 명주.
弋釣(익조) 주살로 새를 잡고 낚시로 고기를 잡는다는 뜻으로, 한가롭게 유유자적한 생활을 이르는 말.
弋取(익취) 주살로 새를 잡음.
弋獲(익획) 주살로 새를 잡음.

비 戈(창 과)

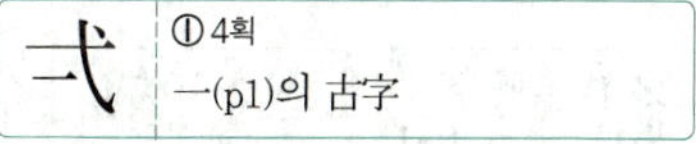

弌 ①4획
一(p1)의 古字

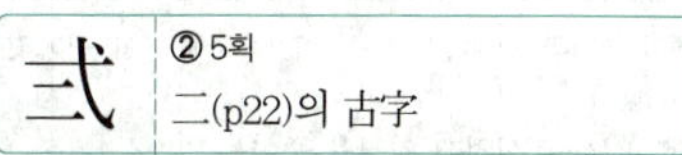

弍 ②5획
二(p22)의 古字

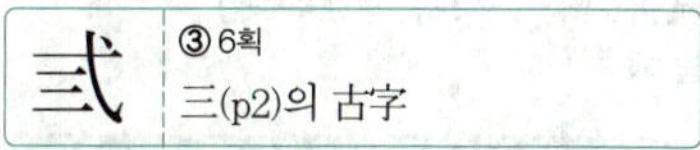

弎 ③6획
三(p2)의 古字

式 ③6획 日シキ·のり
법 식 中shì

* 형성. 주살(弋)을 만드는(工) 것을 나타냄. 주살을 만드는 데에는 일정한 방법이 있어 '법식', '형식'의 뜻이 됨.

풀이 1. 법. 제도. 규격. 2. 의식. 전례. ¶式順 3. 절도. 적당한 정도. 4. 방식. 형식. 5. 본뜨다. 본받다. ¶式

監 6. 쓰다. 사용하다. 7. 절하다. 경례하다. 8. 수레 앞의 가로나무.

式監(식감) 본보기.
式車(식거) 수레 앞의 가로나무에 손을 올리고 예의를 나타냄.
式敬(식경) 존경함.
式年(식년) 과거를 보기로 정한 정한 해.
式年科(식년과) 식년(式年)에 보던 과거.
式閭(식려) 어진 사람이 있는 마을을 지날 때, 경의를 표하는 일.
式禮(식례) 1)예법(禮法). 2)예법을 본받아 좇음.
式望(식망) 본받아 사모함.
式微(식미) 나라의 세력이 쇠퇴함.
式盤(식반) 나침반.
式法(식법) 옛날부터 전해오는 양식.
式辭(식사) 식장에서 그 식에 대하여 인사로 하는 말이나 글.
式順(식순) 의식을 진행하는 순서.
式式(식식) 공경하는 모양.
式場(식장) 의식을 거행하는 장소.
式典(식전) 옛 법을 모범으로 삼음.
公式(공식) 1)공적인 방식. 2)계산 법칙을 수학적으로 나타낸 식.
禮式(예식) 예의에 따른 격식.
形式(형식) 1)겉으로 나타나 보이는 사물의 모양. 2)일정한 절차 · 양식 · 방법.

유 度(법도 도) 典(법 전) 法(법 법)

⑩ 13획 日シ · ころす
죽일 시 中shì

풀이 죽이다. 자식이 부모를, 신하가 임금을, 아랫사람이 윗사람을 죽임.

弑逆(시역) 신하가 임금을 죽이는 일.
弑害(시해) 부모 또는 임금을 죽임.

유 殺(죽일 살)

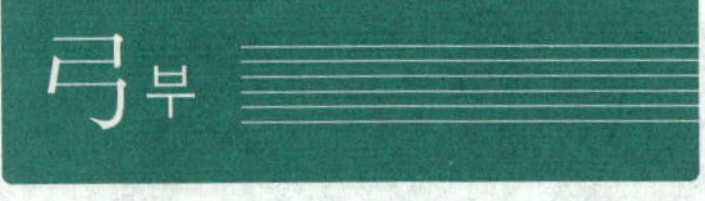

弓 활 궁 部

'弓' 자는 활의 모양을 나타내어 '활'을 나타낸 글자로, 활을 쏘는 방법인 '궁술'을 뜻하기도 하고, 활의 길이를 토대로 길이의 단위로도 쓰인다. 이 글자를 부수로 갖는 글자는 대부분 활 또는 화살을 쏘는 동작과 관련이 있다.

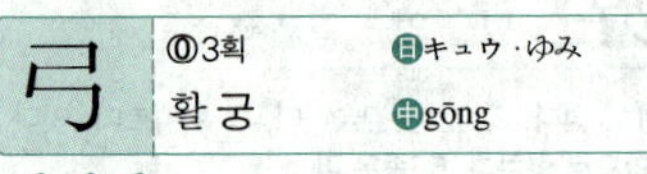

ㄱ ㄱ 弓

* 상형. 화살을 꽂지 않은 활의 모양을 본뜬 글자.

풀이 1. 활. ¶弓馬 2. 궁술. 3. 길이의 단위. 과녁까지의 거리. 8자 또는 6자. 4. 활 모양. 궁형(弓形).

弓馬(궁마) 1)활과 말. 2)궁술과 마술. 3)무예(武藝) 또는 무사(武士).
弓弩(궁노) 활과 쇠뇌.
弓袋(궁대) 활을 넣는 자루.
弓勢(궁세) 1)활의 모양. 2)활이 나가는 힘.
弓手(궁수) 활을 쏘는 사람.
弓術(궁술) 활을 쏘는 온갖 기술.
弓矢(궁시) 활과 화살.
弓室(궁실) 활집.
弓腰(궁요) 활처럼 휘는 허리. 춤출 때의 허리 놀림을 이르는 말.
弓折刀盡(궁절도진) 활이 꺾어지고 검이 다함. 즉, 무기가 떨어져 더 이상 싸울 수 없게 됨.
弓弦(궁현) 1)활시위. 2)곧은 모양. 또는 길 등이 곧게 나 있어 가까움. 궁현(弓絃). ↔ 궁배(弓背).
弓形(궁형) 활의 모양.
弓弧(궁호) 활.
國弓(국궁) 우리나라 고유의 활. 또는 그 활을 쏘는 기술.
洋弓(양궁) 서양 활. 또는 그 활로 겨루는 경기.
天弓(천궁) 무지개.

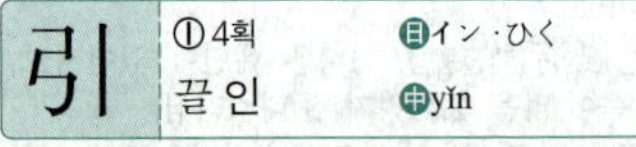

ㄱ ㄱ 弓 引

* 회의. 활(弓)에 화살(丨)을 대고 끌어 당기는 것을 나타내어, '끌다', '당기다'의 뜻으로 쓰임.

풀이 1. 끌다. 당기다. ¶引率 2. 이끌다. 인도하다. ¶引渡 3. 인용하다. 끌어 대다. 4. 바로잡다. 바르게 하다. 5. 추천하다. 6. 등용하다. 7. 늘이다. 8. 맡다. 떠맡다. 9. 다투다. 10. 자살하다. 11. 물러나다. 물리치다. 12. 길이의 단위. 10장(丈). 13. 노래 곡조. 악곡(樂曲). 14. 가슴걸이. 말 가슴에 걸어 안장에 매는 끈. 15. 상엿줄.

引喝(인갈) 소리를 길게 외침.
引決(인결) 스스로 책임을 지고 결정함.

引繼(인계) 하던 일을 넘겨줌.
引過(인과) 잘못의 책임을 짐.
引渡(인도) 물건 · 권리 · 사람 등을 넘겨줌.
引導(인도) 가르쳐 바로잡아 이끎. 안내함.
引頭(인두) 1)목을 길게 뺌. 2)법회(法會) 때 승려를 이끄는 중.
引力(인력) 공간적으로 떨어진 물체끼리 서로 끌어당기는 힘.
引路(인로) 1)길을 인도함. 2)출발함.
引上(인상) 1)끌어올림. 2)물건 값 · 요금 · 봉급 등을 올림.
引稅(인세) 염세(鹽稅).
引率(인솔) 사람을 이끌고 감.
引受(인수) 물건이나 권리 등을 넘겨받음.
引伸(인신) 1)잡아 늘임. 2) 응용(應用)함.
引鹽(인염) 정부에서 매매하는 소금.
引用(인용) 1)남의 글 또는 말을 자신의 글이나 말 가운데 끌어 씀. 2)남을 채용함.
引誘(인유) 꾐. 꾀어 냄. 유인(誘引).
引證(인증) 다른 예를 들어서 자기가 주장하는 논리의 근거로 함.
引致(인치) 1)가까이 불러들임. 데리고 다님. 2) 사람을 강제로 끌어가거나 끌어옴.
引避(인피) 1)꺼려 피함. 회피함. 2)은퇴(隱退)함. 물러남.
引火(인화) 불이 옮겨 붙음. 불을 옮겨 붙임.

弔 ① 4획
❶ 조상할 조 日チョウ · くやみ
❷ 이를 적 中diào

ㄱ ㄱ 弓 弔

* 회의. '弓(활 궁)'과 '人(사람 인)'을 합친 글자. 사람이 활을 쥐고 있는 것을 나타냄. 옛날에 조상할 때에는 짐승을 막기 위하여 활을 가지고 갔다고 하여, '조상한다'는 뜻으로 사용됨.

풀이 ❶ 1. 조상하다. 조의를 표하다. ¶弔文 2. 위문하다. 문안하다. 3. 불쌍히 여기다. ¶弔恤 4. 슬퍼하다. 마음 아파하다. 5.매달다. 매어달다. ❷ 6. 이르다. 다다르다.

弔客(조객) 조문하러 온 손님.
弔古(조고) 옛일을 생각하며 슬퍼함.
弔禮(조례) 조문하는 예절. 다른 사람의 상(喪)에 대해 슬픈 뜻을 표함.
弔臨(조림) 상가(喪家)에 가서 조문함.
弔勉(조면) 상제를 위로하고 격려함.
弔文(조문) 죽은 사람을 조상하고, 슬픈 마음을 적은 글.
弔問(조문) 죽은 사람을 슬퍼함. 상제를 위문함.
弔民伐罪(조민벌죄) 백성을 불쌍히 여겨 죄인을 침. 폭군을 토벌하여 백성을 구제함.
弔死(조사) 1)다른 사람의 죽음을 애도함. 2)목을 매어 자살함. 또는 그 사람.
弔喪(조상) 사람의 죽음에 대하여 슬퍼하는 뜻을 표함.
弔唁(조언) 조상함.
弔意(조의) 죽은 이를 슬퍼하며 조상하는 마음. 애도의 마음.
弔電(조전) 조상(弔喪)의 뜻으로 보내는 전보.
弔鐘(조종) 1)죽은 사람에 대해 슬퍼하는 뜻으로 치는 종. 2)성하였던 제도나 세력 등이 완전히 무너져 종말을 고하는 소리를 비유하는 말.
弔砲(조포) 나라에 공로가 있는 사람의 장례 때에 조의(弔意)를 표하기 위하여 쓰는 예포(禮砲).
弔鶴(조학) 조객(弔客).
弔恤(조휼) 마음 아파하고 불쌍히 여김.

비 弓(활 궁) 弗(아닐 불)

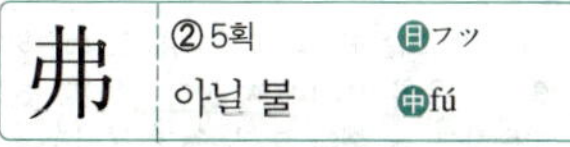

弗 ② 5획 日フツ
아닐 불 中fú

* 회의. '弓(활 궁)' 자형의 곡선을 직선인 두 선으로써 지웠으니, 굽은 것을 바른 것으로 지워서, '아니다'라는 뜻으로 쓰임.

풀이 1. 아니다. 부정의 뜻. ¶弗乎 2. 떨쳐 버리다. 3. 근심하다. 4. 달러(dollar). ¶美弗

弗素(불소) 할로겐 원소의 하나. 엷은 황록색 기체(氣體)로 질소 이외의 모든 기체와 화합함.
弗豫(불예) 즐거워하지 않음.
弗鬱(불울) 근심으로 즐거워하지 않음.
弗乎(불호) 부정하는 말.
弗貨(불화) 달러(dollar)를 본위로 하는 화폐.
美弗(미불) 미국 달러. 미화(美貨).

유 不(아닐 불)

弘 ② 5획 日コウ · ひろい
넓을 홍 中hóng

ㄱ ㄱ 弓 弘 弘

* 형성. 뜻을 나타내는 부수 '弓(활 궁)'과 음을 나타내는 '厶(사사 사)'을 합친 글자. 활(弓)을 매서 당기면 오른팔이 구부러지면서(厶) 활이 넓어진다는 데서, '크다', '넓히다'라는 뜻으로 쓰임.

풀이 1. 넓다. 크다. ¶弘教 2. 넓히다. ¶弘化 3. 활 소리.

弘敎(홍교) 큰 가르침.
弘大(홍대) 넓고 큼.
弘道(홍도) 도를 널리 폄.
弘法(홍법) 부처의 도를 폄.
弘宣(홍선) 불도를 설법(說法)하여 널리 폄.
弘遠(홍원) 넓고 멈.
弘願(홍원) 넓고 큰 서원.
弘益(홍익) 1)큰 이익. 2)널리 이롭게 함.
弘益人間(홍익인간) 널리 인간을 이롭게 함.
弘濟(홍제) 널리 구제함.
弘敞(홍창) 넓고 높음.
弘化(홍화) 덕이 널리 미치도록 함.
유 廣(넓을 광)

弛	③ 6획 ❶ 늦출 이 ❷ 떨어질 치	日 イ·チ 中 chí

* 형성. 뜻을 나타내는 부수 '弓(활 궁)'과 음을 나타내며 구부러진 모양을 뜻하는 '也(어조사 야)'를 합친 글자. 활(弓) 줄이 힘없이(也) 늘어지는 것을 나타내어, '늦추다', '느슨하다'는 뜻이 됨.

풀이 ❶ 1. 늦추다. 느슨하게 하다. ¶弛解 2. 느슨하다. ¶弛紊 3. 활시위를 벗기다. 4. 풀다. 없애다. 5. 게으르다. 방종하다. 6. 쉬다. 7. 부수다. 부서지다. 파괴하다. ❷ 8. 떨어지다. 떨어뜨리다.

弛壞(이괴) 부서져 무너짐.
弛紊(이문) 느슨하여 어지러움.
弛馭(이어) 1)말을 느슨하게 몲. 2)정치를 게을리 함.
弛然(이연) 여유 있는 모양.
弛緩(이완) 근육·긴장 등이 풀려 느슨해짐.
弛張(이장) 이완(弛緩)과 긴장(緊張).
弛縱(이종) 느슨해지고 풀어짐.
弛墜(이추) 느슨해져서 떨어짐. 느슨해져 멸망함.
弛廢(이폐) 쇠퇴하여 행해지지 않음.
弛解(이해) 늦추어 풂. 느슨해져서 풀림.

弜	③ 6획 彈(p414)과 同字

弞	④ 7획 웃을 신	日 シン 中 shěn

풀이 웃다. 미소를 띠다.

弟	④ 7획 아우 제	日 テイ·おとうと 中 dì

* 상형. 활(弓)을 메고 화살(丨)을 찬 아이(丫)의 모양을 본뜬 글자.

풀이 1. 아우. 동생. ¶亡弟 2. 제자. 3. 자기를 겸손하게 일컫는 말. 4. 공경하다. 받들어 섬기다. 5. 다만. 단지. 6. 차례. 순서.

弟昆(제곤) 아우와 형. 형제.
弟妹(제매) 아우와 누이동생. 손아래의 형제.
弟嫂(제수) 아우의 아내.
弟氏(제씨) 남의 남동생에 대한 높임말. 계씨(季氏).
弟子(제자) 1)가르침을 받는 사람. 2)나이 어린 사람. 연소자.
弟兄(제형) 형제.
亡弟(망제) 죽은 동생.
子弟(자제) 1)남의 아들에 대한 높임말. 2)남의 집에 있는 젊은이.
兄弟(형제) 형과 아우.
반 兄(맏 형)

弝	④ 7획 줌통 파	日 ハ 中 bà

풀이 1. 줌통. 활의 손잡이 부분. 2. 칼자루.
유 弣(줌통 부)

弩	⑤ 8획 쇠뇌 노	日 ノウ 中 nǔ

* 형성. 뜻을 나타내는 부수 '弓(활 궁)'과 음을 나타내는 '奴(종 노)'를 합친 글자.

풀이 쇠뇌. 여러 개의 화살이나 돌을 연달아 쏘도록 만든 큰 활.

弩弓(노궁) 쇠뇌.
弩幢(노당) 1)신라 병부의 벼슬. 2)신라 때 쇠뇌를 쏘던 병부의 벼슬.
弩臺(노대) 쇠뇌를 설치하여 적에게 쏘는 누대.
弩士(노사) 쇠뇌를 쏘는 병사.
弩牙(노아) 쇠뇌의 시위를 매어 두는 곳.
弩砲(노포) 쇠뇌.

弢	⑤ 8획 활집 도	日 ド 中 tāo

풀이 1. 활집. 2. 정낭(旌囊). 기(旗)를 넣어 두는 주머니.

弥 ⑤ 8획
彌(p414)와 同字

弣 ⑤ 8획 日フ
줌통 부 中fǔ

풀이 줌통. 활의 손잡이 부분.

유 弝(줌통 파)

弛 ⑤ 8획
弛(p410)와 同字

弤 ⑤ 8획 日ゆみ
활 저 中dǐ

풀이 활. 붉게 칠한 활.

유 弴(활 돈)

弨 ⑤ 8획 日ショウ
시위 느슨할 초 中chāo

풀이 시위가 느슨하다.

弦 ⑤ 8획 日ケン·ゆみづる
시위 현 中xián

* 형성. 뜻을 나타내는 부수 '弓(활 궁)'과 음을 나타내는 '玄(검을 현)'을 합친 글자. '玄'은 '糸(실 사)'의 변형이므로, 활(弓)의 줄〔糸〕인 '활시위'의 뜻으로 쓰임.

풀이 1. 시위. 활시위. ¶弦韋 2. 현악기의 줄. 또는 현악기. ¶弦索 3. 현악기를 타다. 4. 반달. 5. 현. ㉠직각삼각형의 빗변. ㉡호(弧)의 두 끝을 잇는 선분. 6. 엄하다.

弦管(현관) 현악기와 관악기. 거문고와 피리.
弦琴(현금) 거문고를 연주함.
弦脈(현맥) 맥박이 빠름.
弦索(현삭) 1)악기의 줄. 2)현(絃)으로 소리를 내는 악기.
弦上箭(현상전) 1)활시위 위의 화살이라는 뜻으로, 신속함을 비유하는 말. 2)한 번 가서 돌아오지 않음을 비유하는 말.
弦誦(현송) 거문고를 연주하며 노래함. 또는 거문고를 타면서 낭송(朗誦)함.
弦影(현영) 반달의 모양. 또는 그 빛.
弦韋(현위) 활시위와 가죽이라는 뜻으로, 완급(緩急)을 이르는 말.
弦吹(현취) 현악기와 관악기.

弧 ⑤ 8획 日コ·ゆみ
활 호 中hú

풀이 1. 활. ¶弧弓 2. 깃발을 펴는 활. 3. 호. 원둘레의 일부로서, 활처럼 휜 곡선. 4. 별 이름.

弧弓(호궁) 1)나무로 만든 활. 2)나무로 만든 활과 뿔로 만든 활.
弧剌(호랄) 활이 비뚤어짐.
弧矢(호시) 1)나무로 만든 활과 화살. 2)별 이름.
弧張(호장) 날짐승을 잡으려고 쳐 놓은 그물.
弧旌(호정) 기(旗)가 팽팽하게 하는 활 모양의 대오리.

유 弓(활 궁)

弮 ⑥ 9획 日ケン
쇠뇌 권 中quān

풀이 쇠뇌. 여러 개의 화살이나 돌을 연달아 쏘도록 만든 큰 활.

弭 ⑥ 9획 日ミ
활고자 미 中mǐ

풀이 1. 활고자. 시위를 메는 활의 양 끝. 2. 각궁(角弓). 뿔이나 뼈로 꾸민 활. 3. 그만두다. 중지하다. 4. 잊다. 5. 편안히 하다. 6. 따르다. 좇다.

弭口(미구) 말을 멈춤.
弭忘(미망) 잊어버림.
弭兵(미병) 전쟁을 그만둠.
弭息(미식) 중지함. 그치게 함.

弰 ⑦ 10획 日ショウ
활고자 소 中shāo

풀이 활고자. 시위를 메는 활의 양 끝.

유 弭(활고자 미)

弱 ⑦ 10획 日ジャク·よわい
약할 약 中ruò

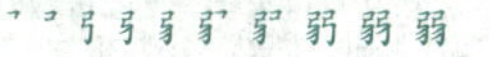

3획

* 회의. '弓(활 궁)' 은 굽어진 모양을 나타내고, '彡(터럭 삼)' 은 털이 부드럽게 휘어진 것을 나타냄. 이에 쉽게 굽어질 정도로 '약하다' 의 뜻으로 쓰임.

풀이 1. 약하다. 약한 사람. ¶弱骨 2. 약해지다. 3. 쇠하다. 쇠미하다. 4. 젊다. 어리다. ¶弱年 5. 가냘프다. 연약하다. 6. 잃다. 상실하다. 7. 패하다. 8. 침노하다. 9. 모자라다.

弱骨(약골) 약한 체격. 몸이 약한 사람.

弱冠(약관) 남자 나이 20세를 이르는 말.

弱冠(약관)의 유래

사람이 태어나서 처음 10년은 아직 어리고(幼) 배우는 시기이며, 20세는 유약하다가(弱) 성인이 되어 갓(冠)을 쓰게 되며, 30세는 건장하여(壯)으로 아내를 두게 된다는 말에서 유래하였다.

弱年(약년) 나이가 젊음. 또는 스무 살.

弱齡(약령) 젊음. 젊은이.

弱喪(약상) 젊을 때부터 다른 지방으로 떠돌아다님.

弱勢(약세) 약한 세력. 세력이 약함.

弱小(약소) 약하고 작음. 나이가 어림.

弱孫(약손) 나이 어린 손자.

弱視(약시) 시력이 약함.

弱息(약식) 자기의 아들을 낮추어 부르는 말.

弱顔(약안) 부끄럼을 잘 탐.

弱肉强食(약육강식) 약한 것은 강한 것의 먹이가 된다는 뜻으로, 강한 자가 약한 자를 공격하여 지배함을 이르는 말.

弱者(약자) 약한 사람. 힘이 없는 사람.

弱敵(약적) 약한 적.

弱點(약점) 1)모자라는 점. 결점. 2)깨끗하지 못한 이면.

弱弟(약제) 어린 동생.

弱主(약주) 1)나이 어린 임금. 2)힘이 없는 임금.

弱志(약지) 1)약한 의지. 2)욕심을 적게 함.

弱質(약질) 약한 체질. 또는 그런 사람.

弱翰(약한) 붓을 달리 부르는 말.

弱行(약행) 1)실행력이 약함. 일에 의지가 없음. 2)절름거림.

弱化(약화) 세력이 약해짐.

반 強(강할 강)

強	⑧ 11획	日キョウ·つよい
	강할 강	中jiàng, qiáng, qiǎng

* 형성. 뜻을 나타내는 '虫(벌레 훼)' 와 음을 나타내는 '弘(넓을 홍)' 을 합친 글자. '弘' 은 '彊(굳셀 강)' 의 변형으로, 이에 딱딱한(彊) 벌레(虫)인 '바구미' 의 뜻으로 쓰이다가, 후에 가차되어 '굳세다' 의 뜻으로 쓰이게 됨.

풀이 1. 강하다. 굳세다. ¶強國 2. 강하게 하다. 3. 강한 자. 힘이 있는 자. 4. 힘쓰다. 노력하다. ¶強敎 5. 무리하게. 억지로. 6. 억지로 시키다. 강요하다. 7. 40세. 8. 남다. 우수리가 있어 실제로는 표기한 숫자보다 큼을 나타냄. 9. 포대기.

強姦(강간) 부녀자를 강제로 간음함.

強健(강건) 튼튼하고 건강함.

強骨(강골) 1)단단한 기질. 2)굽히지 않는 굳센 기질을 가진 사람. ↔ 약골(弱骨).

強國(강국) 강한 나라. 센 나라.

強勸(강권) 강제로 권함. 억지로 권함.

強權(강권) 강한 권력. 강제적인 권리.

強大(강대) 힘이 세고 큼.

強盜(강도) 폭행 · 협박 등의 수단을 써서 남의 재물을 빼앗는 도둑. 또는 그러한 행위.

強力(강력) 힘이 셈. 강한 힘.

強烈(강렬) 세차고 맹렬함.

強迫(강박) 1)강제로 핍박함. 협박하여 강제로 자기의 의사를 따르게 함. 2)심한 협박.

強辯(강변) 강제로 주장하는 말. 무리한 주장.

強兵(강병) 1)강한 병사. 2)군대를 강하게 하는 일.

強酸(강산) 전리도가 크고 많은 수소 이온을 내는 산. 염산 · 질산 등.

強性(강성) 물질의 강한 성질.

強盛(강성) 세력이 힘차고 왕성함.

強勢(강세) 1)강한 형세. 2)한 낱말의 다른 음절에, 또는 한 문구 안의 다른 낱말에 사용된 힘의 상대적 양.

強速球(강속구) 야구에서, 투수가 던지는 속도가 빠른 공.

強壓(강압) 강한 힘으로 누름.

強弱(강약) 강함과 약함. 강자와 약자.

強要(강요) 무리하게 요구함. 억지로 요구함.

強靭(강인) 강하고 질김.

強者(강자) 힘이나 세력이 강한 자.

強壯(강장) 몸이 강하고 혈기가 왕성함.

強敵(강적) 강한 적.

強點(강점) 유리하고 강력한 점.

強制(강제) 위력으로 남의 자유 의사를 억제함.

強直(강직) 1)마음이 강하고 정직함. 2)근육을 어떤 빈도(頻度) 이상으로 자극할 때 이것이 지속적으로 크게 수축되는 상태.

強打(강타) 1)강하게 때림. 세게 침. 2)치명적인 타격을 가함.

強奪(강탈) 억지로 빼앗음.

強暴(강포) 완강하고 포악함. 우악스럽고 사나

움. 또는 그러한 사람.

強風(강풍) 1)강한 바람. 2) 풍속이 1초에 13.9~17.1미터가 되는 바람.

強行(강행) 1)어려움을 무릅쓰고 행함. 2)강제로 시행함.

強豪(강호) 1)세력이 강하여 대들기 어려운 상대. 2)아주 강한 팀.

유 健(튼튼할 건) 반 弱(약할 약)

弴	⑧ 11획 활 돈	日ドン·ゆみ 中dūn

풀이 활.

弸	⑧ 11획 ❶화살 소리 붕 ❷찰 팽	日ホウ 中péng

풀이 ❶ 1. 화살 소리. 화살을 쏠 때 나는 소리. 2. 활시위. ❷ 3. 차다. 꾯다.

張	⑧ 11획 베풀 장	日チョウ·はる 中zhāng

＊형성. 뜻을 나타내는 부수 '弓(활 궁)'에 음을 나타내는 '長(길 장)'을 합친 글자. 활(弓)을 길게(長) 당기는 것을 나타내어, '벌이다', '베풀다'는 뜻이 됨.

풀이 1. 베풀다. 차리다. 2. 활시위를 메다. 거문고에 현을 걸다. 3. 활을 당기다. 4. 장막을 치다. 그물을 치다. 5. 속이다. 6. 어그러지다. 7. 벌리다. 넓히다. ¶張大 8. 떠벌리다.

張大(장대) 벌려서 크게 함. 확대함.

張燈(장등) 등불을 킴.

張目(장목) 눈을 부릅뜸.

張本(장본) 1)일의 발단이 되는 근원. 2)글의 머리말.

張本人(장본인) 어떤 일을 일으킨 당사자.

張皇(장황) 1)당황함. 2)길고 번거로움.

緊張(긴장) 1)마음을 단단히 하여 특히 조심함. 2)팽팽하게 당김.

落張(낙장) 1)책의 빠진 장. 2)화투·투전·트럼프 등을 할 때, 이미 판에 내어 놓은 패.

白紙張(백지장) 흰 종이의 낱장.

別張(별장) 책의 본문 종이와 다른 용지를 써서 끼워 넣는 책장. 표제지·표제 그림·지도 등.

유 施(베풀 시) 宣(베풀 선)

强	⑨ 12획 強(p412)의 俗字

弽	⑨ 12획 깍지 섭	日セツ 中shè

풀이 깍지. 활시위를 당길 때 엄지손가락에 끼는 뿔로 된 기구.

弲	⑨ 12획 활짱 휜곳 연	日エン 中yuān

풀이 활짱 휜 곳. 활고자와 줌통 사이의 구부러진 부분.

弼	⑨ 12획 도울 필	日ヒツ·たすける 中bì

＊형성. '弜(강할 강)' 속에 '百(일백 백)'를 합친 글자. 백성을 다스리는 통치자를 백 배 더 강하도록 도와주는 것을 나타냄. 곧 '보필하다', '돕다'라는 뜻으로 쓰임.

풀이 1. 돕다. 보좌하다. 보좌하는 사람. ¶弼導 2. 어그러지다. 어긋나다. 3. 도지개. 틈이 가거나 뒤틀린 활을 바로잡는 틀.

弼匡(필광) 도와 바로잡음.

弼寧(필녕) 도와 평안하게 함.

弼導(필도) 도와서 이끎.

弼亮(필량) 도와줌.

弼違(필위) 잘못된 것을 바로잡음.

弼佐(필좌) 도움. 또는 돕는 사람.

弼諧(필해) 도와 알맞게 함.

輔弼(보필) 임금의 정사(政事)를 도움.

유 助(도울 조) 幇(도울 방)

弻	⑨ 12획 弼(p413)과 同字

彀	⑩ 13획 당길 구	日ク 中gòu

풀이 1. 당기다. 활시위를 당기다. 2. 활을 쏘다. 3. 활시위를 당기는 정도.

彀騎(구기) 말을 타며 활을 쏘는 병사.

彀率(구율) 활시위를 잡아당기는 정도.

彀中(구중) 1)화살이 닿는 거리. 2)다른 사람을 함정에 빠뜨리거나 농락함.

3획

彄	⑪ 14획	日ク
	활고자 구	中kōu

풀이 1. 활고자. 시위를 메는 활의 두 끝. 2. 고리.

彃	⑪ 14획	日ヒツ
	쏠 필	中bì

풀이 1. 쏘다. 활을 쏘다. 2. 활시위.

유 射(쏠 사)

彆	⑫ 15획	日ベツ
	활 뒤틀릴 별	中biè

풀이 활이 뒤틀리다.

彈	⑫ 15획	日タン·たま
	탄알 탄	中dàn, tán

3획

* 형성. 뜻을 나타내는 부수 '弓(활 궁)'과 음을 나타내는 '單(홑 단)'을 합친 글자. 활(弓)의 기능 중 하나(單)가 화살을 튕겨서 쏘는 것이라 하여, '쏘다', '튀기다', 또는 쏘는 '탄알'을 나타냄.

풀이 1. 탄알. ¶彈弓 2. 탄궁. 탄알을 쏘는 활. 3. 쏘다. 활·총을 쏘다. 4. 튀기다. ¶彈指 5. 열매. 과실. 6. 타다. 연주하다. ¶彈琴 7. 치다. 두드리다. 8. 따지다. 탄핵하다.

彈界(탄계) 탄환이 미치는 한계.
彈冠(탄관) 1)관의 먼지를 턴다는 뜻으로, 세속의 먼지를 떨어 버림을 이르는 말. 2)갓의 먼지를 떨고 임금의 명을 기다림.
彈弓(탄궁) 탄환을 쏘는 활.
彈糾(탄규) 죄를 밝힘. 잘못을 따져 밝힘.
彈琴(탄금) 거문고를 연주함.
彈綿(탄면) 솜을 탐.
彈墨(탄묵) 1)탄핵하는 글. 2)건물을 지을 때 목수가 나무에 먹줄을 튕김.
彈拍(탄박) 현악기를 탐.
彈事(탄사) 사람을 탄핵하는 일.
彈絲吹竹(탄사취죽) 현악기를 연주하고 관악기를 붊. 음악을 연주하는 일.
彈子(탄자) 1)배를 끄는 밧줄. 2)탄알.
彈章(탄장) 사람을 탄핵하는 글.
彈正(탄정) 나쁜 일을 바로잡음.
彈奏(탄주) 1)잘못을 밝혀 탄핵함. 2)현악기를 탐.
彈指(탄지) 1)손으로 튕김. 2)매우 짧은 시간.
彈治(탄치) 잘못된 습관을 바로잡아 잘 다스림.
彈弦(탄현) 현악기를 연주함.
彈花(탄화) 솜을 탐.
彈徽(탄휘) 현악기를 탐.
彈詰(탄힐) 죄를 따져 밝힘.
防彈(방탄) 탄알을 막음.
實彈(실탄) 총 또는 대포에서 실제로 쏘아 효과를 낼 수 있는 탄알.
連彈(연탄) 한 대의 피아노를 두 사람이 연주하는 일.
流彈(유탄) 빗나간 탄알.
肉彈(육탄) 육체를 탄환 삼아 적진에 돌입하는 일. 또는 그 몸.
指彈(지탄) 잘못을 꼬집어 나무람. 지목하여 비방함.
銃彈(총탄) 총알. 총환.
砲彈(포탄) 대포의 탄환.
爆彈(폭탄) 폭발탄의 준말.
凶彈(흉탄) 흉한(凶漢)이 쏜 총탄.

彉	⑫ 15획	日カク·はる
	당길 확	中guō

풀이 당기다. 활시위를 당기다.

유 彍(당길 확)

彊	⑬ 16획	日コウ·つよい
	굳셀 강	中jiàng, qiáng, qiǎng

풀이 1. 굳세다. 강하다. ¶彊悍 2. 힘쓰다. 3. 억지로. 강제로. ¶彊食自愛 4. 굳다. 굳어지다. 5. 강한 활.

彊弩(강노) 강한 쇠뇌.
彊食自愛(강식자애) 억지로라도 음식을 먹어 자신을 아낌.
彊悍(강한) 힘이 세고 사나움.

유 強(강할 강)

彋	⑬ 16획	日キョウ·ゴウ
	활시위 소리 횡	中hóng

풀이 1. 활시위 소리. 2. 휘장이 펄럭이는 소리.

彌	⑭ 17획	日ビ·ミ·いよいよ
	두루 미	中mí

* 형성. 뜻을 나타내는 부수 '弓(활 궁)'과 음을 나타내는 '爾(너 이)'를 합친 글자. 활(弓) 줄을 늦춘 것을 뜻하여 '늦추다',

또는 더욱 멀어짐을 나타냄.

풀이 1. 두루. 널리. ¶彌亘 2. 더욱. 점점 더. 3. 가득 차다. 4. 중지하다. 5. 수선하다. ¶彌縫 6. 거두다. 7. 오래되다. 8. 늘어뜨리다. 9. 시간이 걸리다.

彌亘(미긍) 널리 걸침. 두루 퍼짐.
彌龍(미룡) 용의 머리 모양으로 새긴 수레의 장식.
彌留(미류) 병이 낫지 않음. 병이 중함.
彌綸(미륜) 두루 다스림.
彌望(미망) 멀리 바라봄.
彌縫(미봉) 1)해진 곳을 꿰맴. 2)자신의 결점을 눈가림으로 넘김.

○彌縫(미봉)의 유래
주(周)나라의 환왕(桓王)은 정나라의 장공(莊公)이 조공을 중단하자, 이를 빌미로 정나라를 정벌하려 했다. 장공이 쳐들어오는 환왕을 맞아 쓴 진법이 어려지진(魚麗之陣)이었는데, 이는 물고기가 늘어서듯 전차와 보병이 일렬로 서는 진법이다. 먼저 전차를 앞세우고 뒤에다가 보병의 대오를 세워 전차의 사이를 마치 실로 꿰매듯 이어준 것이다. 이렇듯 미봉은 부족한 점을 일시적으로 보완하는 긍정적인 임기응변책을 의미했다. 하지만 나중에는 자신의 잘못을 눈가림하여 넘긴다는 부정적인 의미로도 쓰이게 되었다.

彌甥(미생) 외손자.
彌旬(미순) 열흘 동안.
彌月(미월) 1)달을 넘김. 여러 달. 2)생후 만 1개월.
彌日(미일) 여러 날. 날짜를 거듭함.
彌天(미천) 1)하늘에 가득 참. 2)뜻이 원대함.
沙彌(사미) 1)불도를 닦는 20세 미만의 남자. 2)불문에 든 지 얼마 안 되어 불법에 미숙한 어린 남자 수행자. 사미승(沙彌僧).

彍	⑮ 18획	日 カク·はる
	당길 확	中 kuò

풀이 당기다. 시위를 당기다.

彍弩(확노) 쇠뇌를 당김.

유 彉(당길 확)

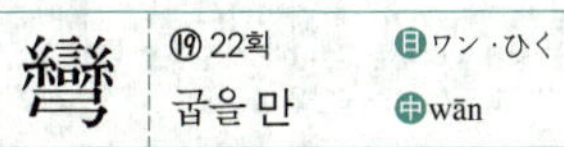

彎	⑲ 22획	日 ワン·ひく
	굽을 만	中 wān

풀이 1. 굽다. 구부러지다. 휘다. ¶彎曲 2. 당기다. 활에 화살을 메워서 당기다. ¶彎弓

彎曲(만곡) 활처럼 휘어 굽음.
彎弓(만궁) 화살을 쏘려고 시위를 잡아당김.
彎蛾(만아) 눈썹.
彎月(만월) 이지러진 달. 초승달.
灣入(만입) 강이나 바다의 물이 육지 쪽으로 활처럼 들어감. 또는 그 곳.

彏	⑳ 23획	日 カク·はる
	당길 확	中 jué

풀이 당기다. 급하게 활시위를 당기다.

彐부

彐 튼가로왈 部

'彐' 자는 돼지 머리의 모양을 나타내어 '돼지 머리 계'로 불리다가, '曰(가로 왈)' 자의 왼쪽 획이 없는 모양과 같다 하여 '튼가로왈'이라는 부수 명칭으로 쓰인다.

彐	⓪ 3획	日
	돼지머리 계	中 jì

풀이 돼지머리.

夛	③ 6획
	多(p273)의 俗字

当	③ 6획
	當(p882)의 俗字

彔	⑤ 8획	日 ロク·きざむ
	새길 록	中 lù

풀이 새기다.

彖	⑥ 9획	日 タン
	단 단	中 tuàn

풀이 1. 판단하다. 점을 치다. 2. 단사(彖辭). 주역(周易)의 각 괘의 뜻을 풀이한 총론.

彗	⑧ 11획	日 ケイ·ほうき
	비 혜	中 huì

* 회의. '彐' 자는 손을 나타내는 '又(또 우)'의 변형임. 손(彐)으로 나뭇가지(丰)를 모아 비로 쓰는 것을 나타내어, 비로 '쓸다'라는 뜻이 됨.

풀이 1. 비. 빗자루. ¶彗掃 2. 쓸다. ¶彗雲 3. 살별.

3 획

꼬리별. 4. 밝다. 총명하다.

彗星(혜성) 1)빛나는 긴 꼬리를 끌고 해 주위를 포물선 또는 타원을 그리며 지나가는 별. 살별. 2)어떤 분야에 갑자기 등장하여 두각을 나타내기 시작함. 또는 그런 인물.

彗掃(혜소) 비로 쓸어 깨끗하게 함.

彗雲(혜운) 구름을 쓸어 버림.

彗孛(혜패) 살별. 혜성(彗星).

彘	⑨ 12획	日テイ·いのこ
	돼지 체	中zhì

풀이 돼지.

유 亥(돼지 해) 豚(돼지 돈)

彙	⑩ 13획	日イ·キ·はりねずみ
	무리 휘	中huì

풀이 1. 무리. 동류(同類) ¶彙類 2. 모으다. 같은 종류끼리 모으다. ¶彙進 3. 번성하다. 많아지다. 4. 고슴도치.

彙交(휘교) 모아서 한꺼번에 줌.

彙繳(휘교) 물건을 바침.

彙單(휘단) 문서를 모음.

彙類(휘류) 같은 종류끼리 모음.

彙征(휘정) 함께 감.

彙進(휘진) 모여 나아감. 뜻을 같이하는 사람끼리 모여 나아감.

彙集(휘집) 같은 종류의 물건을 모음.

彙纂(휘찬) 여러 가지 자료를 모아, 그 종류별로 편찬함.

辭彙(사휘) 어휘(語彙).

語彙(어휘) 1)한 언어에서 사용되는 단어의 전체. 2)어떤 사람 또는 어느 부문에서 사용되었거나 사용되고 있는 단어의 전체. 사휘(辭彙).

유 徒(무리 도) 衆(무리 중) 屬(무리 속)

彝	⑮ 18획	日イ·つね
	떳떳할 이	中yí

풀이 1. 떳떳하다. 항상 변치 않다. ¶彝典 2. 항상. 변치 않는 도(道). 법칙. ¶彝則 3. 술그릇. 종묘에서 쓰는 제기(祭器)의 하나.

彝器(이기) 종묘에서 제사 때 쓰는 제기(祭器).

彝倫(이륜) 마땅히 지켜야 할 변치 않는 도리.

彝典(이전) 상도(常道). 변치 않는 도.

彝鼎(이정) 종묘(宗廟)에서 신주(神酒)를 따르는 세 발 달린 솥.

彝樽(이준) 술두루미.

彝則(이칙) 항상 지켜야 할 떳떳한 법칙.

彝憲(이헌) 영원히 변하지 않는 도리.

彝訓(이훈) 사람이 반드시 지켜야 할 교훈.

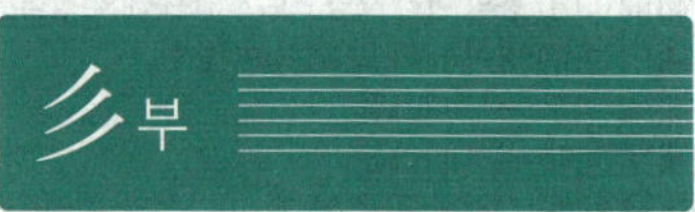

彡 터럭 삼 部

'彡' 자는 털이 가지런히 나 있는 모양을 나타내어 '터럭 삼'이라고 하고, '三' 자의 변형된 모양이라 하여 '삐친 석삼'이라고도 한다. 뜻은 주로 '터럭'이나 '머리털'을 나타내어, 이 글자를 부수로 갖는 글자는 털, 색깔, 또는 이것으로 아름답게 장식한다는 뜻과 관련이 있다.

	⓪3획	日サン·セン
	터럭 삼	中shān

풀이 터럭. 긴 머리털.

彤	④ 7획	日ドウ·あかい
	붉을 동	中tóng

풀이 1. 붉다. 2. 붉은 칠을 하다.

彤管(동관) 붉은 칠을 한 붓.

彤雲(동운) 붉은 빛을 띠는 구름.

유 赤(붉을 적)

形	④ 7획	日ケイ·かたち
	형상 형	中xíng

一 二 チ 开 开' 形 形

* 형성. 뜻을 나타내는 부수 '彡(터럭 삼)'과 음을 나타내는 질서정연한 모양을 나타내는 부수 이외의 글자를 합친 글자. 색채(彡)를 가지고 질서 있는 모양을 나타내며 '얼굴', '형태'의 뜻으로 쓰임.

풀이 1. 형상. 모양. 생김새. ¶形狀 2. 몸. 육체. 3. 형세. 상태. ¶形勢 4. 나타나다. 나타내다. 5. 형상화하다. 6. 그릇.

形局(형국) 일이 벌어진 형편·국면.

形名(형명) 모양과 이름.

形貌(형모) 생긴 모양.

形魄(형백) 육체와 정신. 몸.

形狀(형상) 1)생김새. 모양. 2)형편.

形相(형상) 1)얼굴 모양. 2)형상을 보고 미루어 생각함.
形象(형상) 생긴 모양.
形成(형성) 1)어떤 모양을 이룸. 2)일이 진척됨.
形聲(형성) 육서(六書)의 하나. 두 문자를 결합하여 새 문자를 만들며, 일부는 음을, 일부는 뜻을 나타냄.
形勢(형세) 1)산의 모양과 땅의 지세(地勢). 2)정세(情勢). 3)살림살이의 형편.
形式(형식) 1)겉모습. 2)일정한 절차 · 양식 · 방법.
形言(형언) 형용하여 말함.
形影(형영) 1)형체와 그림자. 2)언제나 서로 떨어져 있지 않음.
形容(형용) 1)용모. 얼굴 모양. 생긴 모양. 2)어떤 사물을 다른 것에 빗대어 나타냄.
形而上(형이상) 형식을 떠난 것. 무형의 것. 정신적인 것.
形迹(형적) 뒤에 남는 흔적.
形質(형질) 형체와 성질.
形體(형체) 1)물건의 생김새와 바탕이 되는 몸. 2)생김새. 물건의 외형.
形態(형태) 사물의 모양.
形便(형편) 1)일이 되어 가는 모양. 2)살림살이의 형세.
形骸(형해) 1)사람의 몸과 뼈. 2)구조물의 기초를 이루는 부분.
變形(변형) 형태가 바뀜. 모습을 바꿈.

유 狀(형상 상) 비 刑(형벌 형)

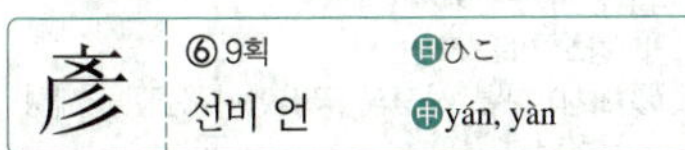
彥 ⑥9획 선비 언 日ひこ 中yán, yàn

* 형성. 문(文)과 집(厂)을 빛나게(彡) 한다는 의미에서, 그러한 착한 사람, 곧 '선비'를 나타냄.

풀이 선비. 재주와 덕이 뛰어난 남자.

彥士(언사) 재주와 덕이 뛰어난 선비.
彥聖(언성) 뛰어나고 어진 인물.
彥會(언회) 영재(英才)들이 한자리에 모임.

유 士(선비 사) 儒(선비 유)

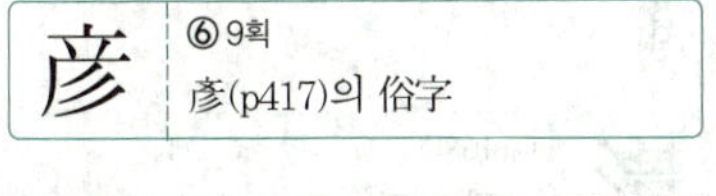
彦 ⑥9획 彥(p417)의 俗字

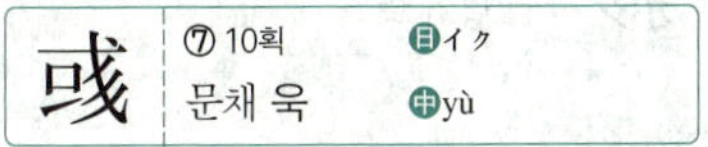
彧 ⑦10획 문채 욱 日イク 中yù

풀이 1. 문채. 무늬. 문채가 있다. 2. 초목이 무성한 모양.

彧彧(욱욱) 1)초목이 무성한 모양. 2)문채가 빛나는 모양.

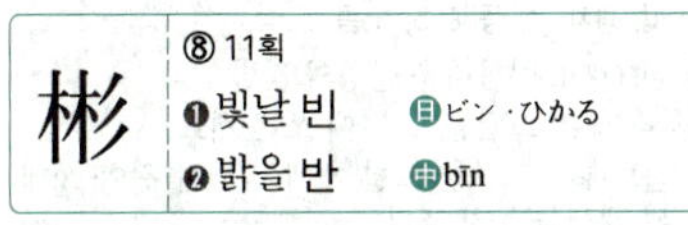
彬 ⑧11획 ❶빛날 빈 ❷밝을 반 日ビン · ひかる 中bīn

* 형성. 뜻을 나타내는 부수 '彡(터럭 삼)'과 음을 나타내는 '林(수풀 림)'을 합친 글자. 숲(林) 속에서 나뭇가지들이 무늬(彡)처럼 빛나는 것을 나타내어, '빛나다'는 뜻으로 쓰임.

풀이 ■1 1. 빛나다. 문(文)과 질(質)을 겸비하다. ■2 2. 밝다. 문채가 밝고 선명하다. ¶彬蔚

彬彬(빈빈) 글의 형식과 내용이 잘 갖추어져 있는 모양.
彬蔚(반울) 문채가 화려한 모양.

유 昱(빛날 욱) 光(빛 광) 炯(빛날 형) 奐(빛날 환)

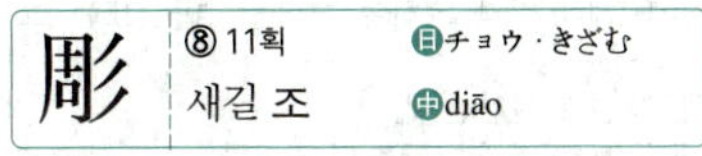
彫 ⑧11획 새길 조 日チョウ · きざむ 中diāo

* 형성. 뜻을 나타내는 부수 '彡(터럭 삼)'과 음을 나타내는 '周(두루 주)'를 합친 글자. 문채(彡)를 두루(周) 새기는 것을 나타내어, '새기다', '조각'을 뜻함.

풀이 1. 새기다. 아로새기다. 조각하다. ¶彫弓 2. 꾸미다. 장식하다. ¶彫飾 3. 시들다. 4. 쪼다. 부리로 쪼다.

彫刻(조각) 조형 미술의 한 가지. 나무 · 돌 · 흙 · 쇠붙이 등을 깎고 새겨서 입체적인 형상을 만듦. 또는 그렇게 새긴 것.
彫困(조곤) 영락(零落)하여 궁해짐. 또는 그런 사람.
彫弓(조궁) 조각을 새긴 활.
彫落(조락) 1)풀 · 나무 등의 잎이 시들어 떨어짐. 2)쇠퇴함. 쇠락함.
彫喪(조상) 1)쇠퇴하여 망함. 2)의기소침함.
彫塑(조소) 소상(塑像)과 조각.
彫飾(조식) 조각하여 장식함.
彫心鏤骨(조심누골) 마음에 새기고 뼈에 사무친다는 뜻으로, 매우 고심함, 또는 고심하여 글을 지음을 이르는 말.
彫琢(조탁) 보석 등을 새기거나 쪼는 일.

비 周(두루 주)

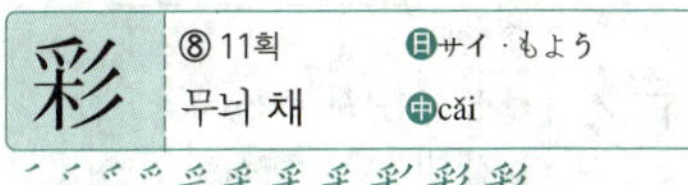
彩 ⑧11획 무늬 채 日サイ · もよう 中cǎi

＊형성. 뜻을 나타내는 부수 '彡(터럭 삼)'과 음을 나타내며 채색한다는 의미를 지닌 '采(캘 채)'를 합친 글자. 이에 빛나는(彡) 채색(采), 곧 '무늬', '광채'의 뜻으로 쓰임.

풀이 1. 무늬. 문양. ¶彩絢 2. 채색. 채색하다. ¶彩色 3. 빛. 광채. 4. 풍채. 5. 노름. 도박.

彩旗(채기) 아름다운 문양의 깃발.
彩料(채료) 그림을 그릴 때 쓰는 재료.
彩墨(채묵) 그림을 그릴 때에 먹처럼 갈아 쓰게 된 채색을 뭉친 조각.
彩色(채색) 1)그림에 색을 칠함. 2)여러 가지의 고운 빛깔.
彩飾(채식) 아름다운 색으로 꾸밈.
彩雲(채운) 여러 빛깔의 고운 구름.
彩衣(채의) 무늬가 있고 채색이 고운 옷.
彩蝶(채접) 아름다운 빛을 지닌 나비.
彩霞(채하) 아름다운 노을.
彩虹(채홍) 고운 빛깔의 무지개.
彩畵(채화) 채색을 하여 그린 그림.
彩繪(채회) 채색을 하여 그림을 그림. 또는 그 그림.
光彩(광채) 찬란한 빛.
補彩(보채) 바랜 빛깔을 다시 칠함.
粉彩(분채) 도자기에 그린 그림의 연하고 고운 빛깔.
三彩(삼채) 녹(綠)·황(黃)·백(白)의 세 가지 잿물을 발라 구워 낸 도자기.
生彩(생채) 생생한 빛이나 기운.

유 文(무늬 문)

彪 ⑧ 11획 日ヒョウ·もよう
범 표 中biāo

＊회의. 호랑이(虎)의 무늬(彡)를 나타낸 글자로, 이에 '호랑이', '무늬'의 뜻으로 쓰임.

풀이 1. 범. 호랑이. 2. 무늬. 호랑이 가죽 무늬. ¶彪炳 3. 빛나다. 문채가 나다. ¶彪乎

彪炳(표병) 호랑이 가죽처럼 무늬가 빛나고 아름다움.
彪乎(표호) 밝게 빛남.
彪煥(표환) 무늬가 빛나는 모양. 광채가 나는 모양.
彪休(표휴) 화내는 모양.

유 彩(무늬 채) 文(무늬 문)

彭 ⑨ 12획
❶땅 이름 팽 日ホウ
❷곁 방 中péng

풀이 ❶ 1. 땅 이름. 2. 나라 이름. 3. 띵띵하다. 부풀어 오르다. ❷ 4. 곁. 옆. 5. 많다. 성하다. ¶彭濞 6. 북치는 소리. 타작하는 소리.

彭亨(방형) 1)스스로 건강하다고 자만함. 2)부풀어 오름. 팽창(膨脹).
彭湃(팽배) 물결이 부딪쳐 솟구친다는 뜻에서, 기세나 문장의 사조 등이 성하게 일어남을 이르는 말.
彭排(팽배) 1)방패. 2)방패를 무기로 쓰던 병종.
彭濞(팽비) 모여 쌓이는 모양.
彭殤(팽상) 700여 년을 장수했다는 팽조(彭祖)와 스무 살 미만에 죽은 사람. 장수(長壽)와 단명(短命)을 이르는 말.

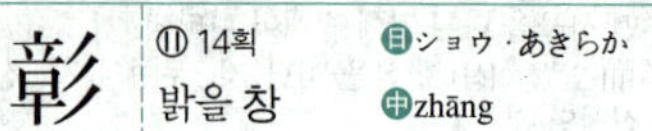
彰 ⑪ 14획 日ショウ·あきらか
밝을 창 中zhāng

＊형성. 뜻을 나타내는 부수 '彡(터럭 삼)'과 음을 나타내는 '章(글 장)'을 합친 글자. 외부로 빛나게(章) 나타내서(彡) 드러내는 것을 나타내어, '밝다', '나타내다'는 뜻이 됨.

풀이 1. 밝다. 뚜렷하다. ¶彰德 2. 드러나다. 드러내다. 나타내다. ¶顯彰 3. 무늬. 문채.

彰德(창덕) 사람의 선행이나 덕 등을 세상에 밝게 드러냄.
彰明(창명) 밝게 드러냄.
彰往察來(창왕찰래) 과거를 밝혀 미래를 살핌.
彰著(창저) 밝게 드러남. 눈에 잘 보임.
彰彰(창창) 밝은 모양. 뚜렷한 모양.
彰顯(창현) 뚜렷하게 나타냄.
彰乎(창호) 밝은 모양.
表彰(표창) 다른 사람의 공적이나 선행을 세상에 드러내어 밝힘.
顯彰(현창) 공적 등을 뚜렷이 나타냄. 또는 그렇게 드러남.

유 明(밝을 명)

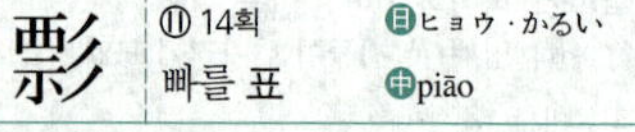
彯 ⑪ 14획 日ヒョウ·かるい
빠를 표 中piāo

풀이 1. 빠르다. 날래다. 2. 가볍게 날리는 모양. 3. 버리다.

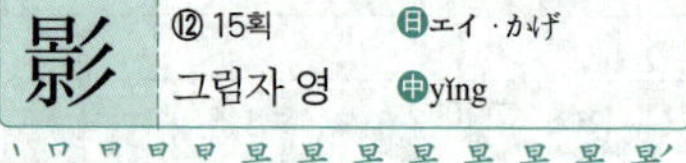
影 ⑫ 15획 日エイ·かげ
그림자 영 中yǐng

＊형성. 뜻을 나타내는 부수 '彡(터럭 삼)'과 음을 나타내는

'景(볕 경)'을 합친 글자. 햇볕(景)이 밝은 데서 생기는 무늬(彡)인 '그림자'를 뜻함.

풀이 1. 그림자. ¶影子 2. 형상. 모습. 3. 화상. 초상(肖像). ¶遺影 4. 빛. 5. 햇살. 일영(日影). 6. 도움. 음덕.

影國(영국) 속국(屬國).
影堂(영당) 1)조상의 신위를 모신 곳. 2)이름난 사람의 영정을 모신 사당.
影本(영본) 1)쇠나 돌에 새긴 글씨나 그림을 그대로 박아 냄. 또는 박은 종이. 2)영인본(影印本).
影庇(영비) 덮어 주며 보호함.
影射(영사) 1)몸을 숨김. 2)속임. 상대편을 현혹시킴.
影印(영인) 책 등을 사진으로 찍어 인쇄함.
影子(영자) 그림자.
影殿(영전) 1)임금의 모습을 모신 전각. 2)유명한 사람의 영정을 모신 사당.
影幀(영정) 화상을 그린 족자.
影柱(영주) 해의 그림자를 측정하는 기둥.
影向(영향) 부처가 세상에 몸을 드러내는 일.
影響(영향) 하나의 작용이 다른 사물에 미치는 현상.
影戱(영희) 1)물건·인형 등의 그림자를 비추며 노는 놀이. 2)영화(映畵).
孤影(고영) 외롭고 쓸쓸한 그림자, 또는 그러한 모습.
倒影(도영) 1)거꾸로 비친 그림자. 2)해질 무렵의 그림자.
反影(반영) 반사하여 비친 그림자.
寫影(사영) 물체의 형상을 비치어 나타냄, 또는 그 그림자.
遺影(유영) 죽은 사람의 영정이나 초상화.
陰影(음영) 1)그림자. 2)그늘. 3)미묘한 변화나 차이.
尊影(존영) 남의 사진이나 화상을 높여 이르는 말.
投影(투영) 1)(지면이나 수면 따위에) 어떤 물체의 그림자를 비춤, 또는 그 비친 그림자. 2)어떤 물체에 평행 광선을 비추어 그 그림자가 평면 위에 비치게 함, 또는 그 그림자의 그림.
幻影(환영) 1)환상(幻像). 2)시각의 착오로, 사실이 아닌 것을 사실로 보는 일.

유 晷(그림자 구)

彲 ⑲ 22획  日 リ
이무기 리 中 chī

풀이 이무기. 용이 되지 못하고 물속에 산다는 큰 구렁이.

彳 부

彳 두인변 部

'彳' 자는 '行(다닐 행)'의 왼쪽 부분으로, 절뚝거리며 걷는다는 뜻의 '자축거리다'라는 뜻을 나타낸다. 그러나 단독의 문자보다는 주로 부수로 쓰이는데, 부수 명칭은 '두인변'이다. 이 글자를 부수로 갖는 글자는 대부분 거리와 관련된 동작을 나타낸다.

彳 ⓪ 3획 日 テキ·たたずむ
조금 걸을 척 中 chì

풀이 조금 걷다. 걷다가 자꾸 멈춰서다.

彳亍(척촉) 조금 걷다가 자꾸 멈춰섬.

彳丁 ② 5획 日 テイ
홀로 걸을 정 中 dīng

풀이 홀로 걷다.

비 行(갈 행)

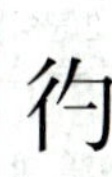

彴 ③ 6획
❶ 별똥 박 日 ハク·サク
❷ 외나무 다리 작 中 bó, zhuó

풀이 ❶ 1. 별똥. 유성. ❷ 2. 외나무다리.

彴約(박약) 별똥. 유성(流星).
彴橋(작교) 외나무다리.

彷 ④ 7획 日 ホウ·ぶらつく
배회할 방 中 fǎng, páng

* 형성. 뜻을 나타내는 부수 '彳(조금 걸을 척)'과 음을 나타내는 '方(모 방)'을 합친 글자.

풀이 1. 배회하다. 헤매다. 2. 비슷하다. 3. 벌레 이름.

彷彿(방불) 1)비슷함. 2)흐릿하고 어렴풋함.
彷徨(방황) 일정한 방향이나 목적이 없이 헤맴.

유 徨(노닐 황)

彸 ④ 7획 日 ソン
두려워할 송 中 zhōng

3 획

풀이 두려워하다. 두려워서 당황하다.

役 ④7획 日エキ·やく
부릴 역 中yì

丿 彡 彳 彳 彵 彸 役

*회의. 부수 '彳(조금 걸을 척)'과 무기나 대나무 몽둥이를 손에 든 모양을 나타내는 '殳(창 수)'를 합친 글자. 이에 무기를 들고(殳) 변방을 지키러 돌아다니는(彳) 것, 곧 '수자리'의 뜻으로 쓰이며, '부역', '역할'의 뜻으로도 쓰임.

풀이 1. 부리다. 일을 시키다. 2. 일. 노동. ¶役夫 3. 부역(賦役). 요역(徭役). 4. 종. 일꾼. 5. 수자리. 국경을 지키는 일. 또는 그런 병사. 6. 일하다. 애쓰다. 7. 줄짓다. 늘어서다. 8. 싸움. 전쟁.

役軍(역군) 1)수자리를 하는 병사. 2)일꾼.
役夫(역부) 일을 하는 사람. 일꾼.
役使(역사) 1)불러 일을 시킴. 2)심부름꾼.
役事(역사) 토목이나 건축 등의 공사.
役丁(역정) 허드렛일을 하는 사람. 인부.
役割(역할) 소임. 구실.
役刑(역형) 형무소 안에 가두어 노역을 시키는 형벌.
勞役(노역) 아주 힘든 육체 노동.
賦役(부역) 나라에서 백성에게 의무적으로 지우는 노역.
使役(사역) 1)다른 사람에게 일을 시킴. 2)군영에서 본래의 임무와는 별도로, 임시로 하는 잡무. 3)심부름꾼. 사환(使喚).
主役(주역) 1)주장되는 역할. 또는 그 역할을 맡은 사람. 2)영화 등에서 주연을 맡은 배우.

유 使(하여금 사)

径 ⑤8획
徑(p423)의 俗字

彾 ⑤8획 日レイ
홀로걸을 령(영) 中líng

풀이 홀로 걷는 모양.

彾行(영정) 홀로 걷는 모양.

彿 ⑤8획 日フツ
비슷할 불 中fú

풀이 비슷하다. 닮다. ¶彷彿

비 佛(부처 불)

往 ⑤8획 日オウ·いく
갈 왕 中wǎng

丿 彡 彳 彳 彳 彳 往 往

*형성. 뜻을 나타내는 부수 '彳(조금 걸을 척)'과 음을 나타내는 '主(주인 주)'를 합친 글자. 걷는 것을(彳) 주로(主) 함을 나타내어, '가다'의 뜻으로 쓰임.

풀이 1. 가다. 떠나가다. ¶往來 2. 보내다. 3. 옛날. 과거. ¶往古 4. 가끔. ¶往往 5. 뒤. 후에. 6. 방문하다. 왕래하다.

往鑒(왕감) 귀감(龜鑑)이 될 만한 사적(事蹟).
往古(왕고) 옛날. 과거.
往年(왕년) 지나간 해. 옛날.
往答(왕답) 상대의 예(禮)에 답함.
往來(왕래) 오고 가고 함.
往路(왕로) 가는 길.
往返(왕반) 갔다가 돌아옴.
往復(왕복) 1)갔다가 돌아옴. 2)문서나 편지의 왕래.
往生(왕생) 이 세상의 목숨이 다하여 다른 세상에서 다시 태어남.
往往(왕왕) 이따금. 때때로.
往而不來(왕이불래) 1)한 번 가면 다시는 돌아오지 않음. 세월 등을 이르는 말. 2)답례하러 오지 않음.
往診(왕진) 의사가 병자가 있는 곳으로 직접 가서 진찰함.
往行(왕행) 1)옛사람의 덕행. 2)과거의 행위.
往誨(왕회) 옛부터 전해오는 교훈.
往悔(왕회) 지난날에 대한 후회. 또는 후회되는 일.

반 來(올 래) 비 佳(아름다울 가) 住(살 주)

徃 ⑤8획
往(p420)의 俗字

彽 ⑤8획 日テイ·ぶらつく
거닐 저 中dī

풀이 거닐다. 배회하다.

彽徊(저회) 이리저리 왔다 갔다 함. 배회(徘徊).

비 低(밑 저)

征 ⑤8획 日セイ
칠 정 中zhēng

*형성. 뜻을 나타내는 부수 '彳(조금 걸을 척)'과 음을 나타내는 '正(바를 정)'을 합친 글자. 무도한 자를 바르게(正) 하기 위해 가서(彳) 치는 것을 나타내어, '정벌하다'의 뜻으로 쓰임.

풀이 1. 치다. 정벌하다. ¶征伐 2. 가다. ¶征夫 3. 취하다. 4. 세금. 세금을 받다.

征客(정객) 1)여행하는 사람. 2)정벌하는 사람.
征念(정념) 나그네의 근심. 여정(旅情).
征途(정도) 1)전쟁에 참여하는 길. 2)여행길.
征輪(정륜) 멀리 가는 수레.
征利(정리) 이익을 취함.
征馬(정마) 1)전쟁터에서 타는 말. 2)여행갈 때 타는 말.
征伐(정벌) 적이나 무도한 무리를 군대로 침.
征服(정복) 1)정벌하여 복종시킴. 2)어려운 일을 겪어 이겨 냄.
征夫(정부) 1)전쟁에 나아가는 사람. 2)먼 길을 가는 사람. 나그네.
征稅(정세) 세금을 거둠.
征旅(정려) 1)정벌하러 가는 군대. 2)나그네.
征役(정역) 조세(租稅)와 부역(賦役).
征人(정인) 1)여행하는 사람. 2)전쟁에 참가한 사람.
征戰(정전) 1)전쟁. 2)전쟁에 나아감.
征行(정행) 1)정벌하러 떠남. 출정(出征). 2)여행을 떠남.

유 打(칠 타)

徂
⑤ 8획 日 ソ·いく
갈 조 中 cú

풀이 1. 가다. 떠나가다. 향해가다. ¶徂來 2. 주다. 3. 비로소. 4. 나라 이름. 중국 주대(周代)의 나라.

徂來(조래) 가고 옴. 왕래.
徂旅(조려) 진격하는 군대.
徂師(조사) 정벌하러 가는 군대.
徂謝(조사) 1)죽어 하직함. 2)쇠약해짐.
徂逝(조서) 1)감. 2)죽음.
徂暑(조서) 1)물러가는 더위. 2)음력 6월의 다른 이름.
徂玆(조자) 옛날. 과거.
徂征(조정) 1)정벌(征伐)함. 2)감.

彼
⑤ 8획 日 ヒ·あれ·かれ
저 피 中 bǐ

*형성. 뜻을 나타내는 부수 '彳(자축거릴 척)'과 음을 나타내며 갈라진 길을 의미하는 '皮(가죽 피)'를 합친 글자. 원줄기에서 갈라져(皮) 간다는(彳) 뜻에서, 먼 곳의 물건이나 사람을 나타냄. '저', '저편', 또는 '그'라는 뜻으로 쓰임.

풀이 1. 저. 저곳. 저사람. ¶彼此 2. 그. 나 자신이 아닌 남을 지칭함. ¶彼己

彼己(피기) 그. 그 사람.
彼黍離離(피서이리) 나라가 멸망하여 기장만이 무성하게 덮여 있음.
彼我(피아) 그와 나. 남과 자기.
彼岸(피안) 1)저쪽 물가 언덕. 2)속세의 번뇌를 해탈하여 열반의 세계에 도달함. 또는 그 경지.
彼一時此一時(피일시차일시) 그때는 그때, 지금은 지금. 일의 사정에 따라 그때그때 다름.
彼此(피차) 이것과 저것. 서로.

비 佊(간사할 피)

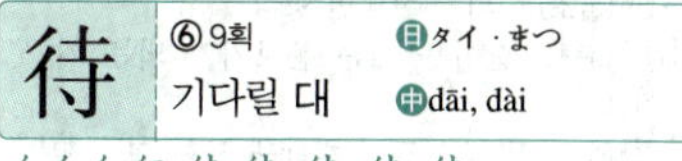
待
⑥ 9획 日 タイ·まつ
기다릴 대 中 dāi, dài

*형성. 뜻을 나타내는 부수 '彳(조금 걸을 척)'과 음을 나타내며 손에 물건을 가진 것을 의미하는 '寺(절 사)'를 합친 글자. 무엇인가 행동하기 위하여 준비를 갖추고 시기가 오기를 기다리고 있음을 나타내어, '기다리다'의 뜻으로 쓰임.

풀이 1. 기다리다. 기다리는 곳. ¶待機室 2. 대접하다. 대우하다. ¶待遇 3. 용서하다.

待價(대가) 값이 오르기를 기다림.
待期(대기) 약속을 기다림.
待機(대기) 1)기회나 때를 기다림. 2)임지(任地)나 업무에 대한 명령을 기다림.
待年(대년) 약혼한 뒤에 결혼할 해를 기다림.
待令(대령) 명령을 기다림.
待望(대망) 바라고 기다림. 기대함.
待遇(대우) 신분에 맞게 대접함.
待人(대인) 사람을 기다림.
待接(대접) 1)손님을 맞음. 2)음식을 차려서 손님을 접대함.
待避(대피) 위험·난을 일시적으로 피함.

비 侍(모실 시)

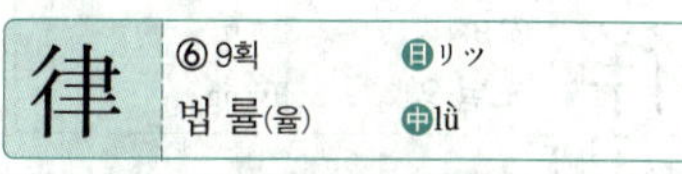
律
⑥ 9획 日 リツ
법 률(율) 中 lǜ

*형성. 뜻을 나타내는 부수 '彳(조금 걸을 척)'과 음을 나타

3 획

내는 '聿(붓 율)'을 합친 글자. 붓(聿)으로 구획을 긋는다는 의미에서 기록을 잘 하는 일을 나타냄. 후에 '법률'이라든가 '음률'의 뜻이 됨.

풀이 1. 법. 규칙. ¶律法 2. 자리. 지위. 3. 한도. 정도. 4. 음률. 가락. ¶律呂 5. 본뜨다. 본받다. 6. 음계를 정하는 피리. 7. 빗질하다. 8. 율시(律詩).

律格(율격) 1)격식. 2)문자를 써서 음악적으로 배열하는 시의 형식.

律動(율동) 규칙에 따라 주기적으로 움직이는 일.

律呂(율려) 1)육률(六律)과 육려(六呂). 2)음악. 또는 그 가락.

律令(율령) 1)법률. 2)법률과 명령.

律法(율법) 1)법도. 법률. 2)종교적 · 도덕적 · 사회적 생활에 관하여 신의 이름으로 규정된 규범.

律詩(율시) 한시(漢詩)의 한 체. 8구로 되어 있으며, 1구가 5자인 것을 오언 율시, 7자인 것을 칠언율시라 함.

律調(율조) 시의 음성적인 형식.

律尺(율척) 길이를 재는 본보기가 되는 기구. 자.

律學(율학) 법을 가르치는 학문. 또는 그 학교.

規律(규율) 1)질서나 제도의 유지를 위해 만들어 놓은 행동의 준칙이 되는 본보기. 2)질서나 차례.

法律(법률) 법규. 법도.

유 法(법 법) 模(법 모)

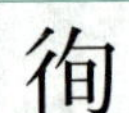

徇 ⑥ 9획 日 シュン · まわる
돌 순 中 xùn

풀이 1. 돌다. 순행하다. 2. 좇다. 따르다. ¶徇國 3. 두르다. 4. 경영하다. 5. 부리다. 6. 빠르다. 7. 두루. 골고루.

徇國(순국) 나라를 지키기 위해 죽음.

徇難(순난) 어려움을 이기기 위해 목숨을 바침.

徇通(순통) 두루 통함.

因徇姑息(인순고식) 오래된 습관을 고치지 않고 임시방편의 편안함만 취함.

유 回(돌 회) 巡(돌 순)

徉 ⑥ 9획 日 ヨウ
노닐 양 中 yáng

풀이 노닐다. 배회하다.

비 洋(바다 양)

徊 ⑥ 9획 日 カイ
노닐 회 中 huái, huí

풀이 노닐다. 배회하다.

徊徨(회황) 배회함.

徘徊(배회) 목적 없이 거닒.

俯仰低徊(부앙저회) 감개무량해서 올려다보았다 내려다보았다 하면서 어정거림.

유 徉(노닐 양)

後 ⑥ 9획 日 コ · コウ · あと
뒤 후 中 hòu

* 회의. 작은(幺) 아기가 걸어가(彳) 늦게 이르니(夂) 어른의 뒤에 선 것임을 나타냄. 이에 '뒤', '나중'이라는 뜻으로 쓰임.

풀이 1. 뒤. 위치상의 뒤. 또는 시간상의 나중. ¶後代 2. 뒤떨어지다. 뒤지다. ¶後進國 3. 뒤로 하다. 뒤로 미루다. 4. 후손. 후계자.

後見(후견) 법률상으로 무능력한 자를 감독 교육하며 그의 재산을 관리하여 그의 법률 행위를 대신하는 직무.

後繼(후계) 뒤를 이음.

後顧(후고) 1)뒤를 돌아다봄. 2)지난 일을 생각함.

後光(후광) 부처의 몸 뒤에서 비추는 광명. 또는 이것을 상징하여 어떤 일을 더욱 빛나게 하는 배경.

後宮(후궁) 1)주되는 궁전의 뒷쪽에 있는 궁전. 후비(后妃)가 거처함. 2)후비. 후정(後庭).

後期(후기) 1)뒤의 시기. 2)후반기(後半期).

後年(후년) 1)다음해의 다음해. 2)몇 해 뒤.

後代(후대) 뒤의 세대. 장래의 세상.

後頭(후두) 뒤통수.

後樂(후락) 천하의 즐거움을 남보다 늦게 즐긴다는 뜻으로, 항상 천하의 일을 근심하기 때문에 천하가 잘 다스려져 백성들이 즐거워한 뒤에야 비로소 즐거워함을 이르는 말.

後面(후면) 뒤쪽. 뒤편.

後門(후문) 뒷문.

後聞(후문) 뒷소문.

後尾(후미) 끝. 꽁무니.

後半(후반) 절반으로 나눈 뒷부분.

後方(후방) 뒤쪽.

後輩(후배) 1)나이 · 경험 · 학문 등이 자기보다 뒤쳐진 무리. 2)같은 학교나 직장 등에 나중에 들어온 사람. ↔ 선배(先輩).

後拂(후불) 나중에 값을 지불함.
後事(후사) 1)장래의 일. 뒷일. 2)죽은 뒤의 일.
後嗣(후사) 대를 이을 자식.
後生可畏(후생가외) 후배들은 젊고 발전 가능성이 더욱 커서, 선배나 스승을 능가하는 경지에 이를 수 있음.

✪後生可畏(후생가외)의 유래
공자(孔子)가 한 말로, "뒤에 난 사람이 두렵구나. 뒤에 오는 후배들이 우리만 못하다고 어찌 알겠는가? 사십, 오십이 되어도 그 명성이 들리지 않는다면 이러한 자는 두려워할 만한 사람이 되지 못한다."고 하였다는 데서 생긴 말이다.

後世(후세) 1)다음에 올 세상. 2)다음 세대의 사람들.
後孫(후손) 자손(子孫).
後身(후신) 1)윤회(輪回)설에 의하여 다시 태어난 몸. 2)어떤 물체·단체가 변한 뒤의 실체.
後室(후실) 1)남의 후처(後妻)에 대한 경칭. 2)뒷방.
後夜(후야) 오전 4시. 오경(五更).
後裔(후예) 후손(後孫).
後援(후원) 1)뒤에 있는 원병(援兵). 2)뒤에서 남몰래 도와줌.
後園(후원) 집 뒤에 있는 작은 동산.
後衛(후위) 뒤를 방위하는 군사. 후군(後軍).
後人(후인) 후세의 사람.
後日(후일) 뒷날. 훗날. 타일(他日).
後任(후임) 전임자(前任者)를 이어 맡아보는 임무. 또는 그 사람.
後者(후자) 두 가지 가운데 뒤의 것.
後進(후진) 1)자기보다 나중에 나옴. 또 그 사람. 후배(後輩). 2)뒤로 감. 퇴보함.
後妻(후처) 전처(前妻)와 사별(死別) 또는 이혼한 후에 장가간 사람의 아내. 후부(後婦). 후실(後室).
後天(후천) 태어난 후에 갖춤. 이 세상에 난 뒤에 앎. 태어난 후에 얻은 지식·습관 등.
後娶(후취) 후처(後妻)를 맞아들이는 장가. 또 그 아내.
後退(후퇴) 뒤로 물러감.
後篇(후편) 두 편으로 나뉜 책이나 영화에서 뒤의 편.
後學(후학) 1)후진(後進)의 학생. 후배(後輩). 2)학자(學者)의 겸칭. 3)후일을 위한 학문.
後患(후환) 뒷날의 근심.
後悔(후회) 이전의 잘못을 뉘우침.
今後(금후) 이제부터 뒤.
落後(낙후) 문화나 기술 또는 생활(生活) 등의 수준이 뒤떨어지는 것.
老後(노후) 늙은 뒤.
讀後感(독후감) 책을 읽고 난 감상을 적은 글.
幕後(막후) 막의 뒤. 어떤 일에 겉으로 드러나지 않는 뒤편. 배후(背後).
背後(배후) 1)등 뒤. 2)어떤 일에 겉으로 드러나지 않는 뒤편.
日後(일후) 뒷날.
반 前(앞 전) 先(먼저 선)

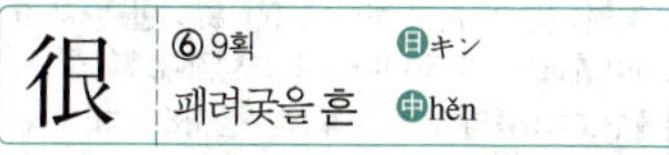

很	⑥ 9획	日キン
	패려궂을 흔	中hěn

풀이 1. 패려궂다. 언행이 거칠고 꼬여 있다. 2. 어기다. 거역하다. ¶很忤 3. 다투다. 4. 아주. 매우.
很戾(흔려) 1)마음이 심술궂고 꼬여 있음. 2)도리(道里)에 어긋남.
很忤(흔오) 말을 듣지 않음.
很子(흔자) 부모의 말을 듣지 않는 아들.
很愎(흔퍅) 1)심술궂고 꼬여 있음. 2)남의 말을 듣지 않음.

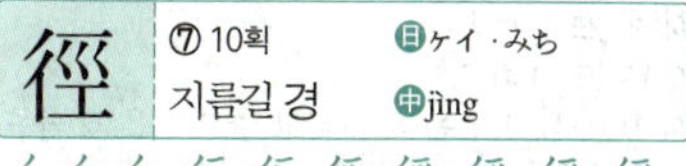

徑	⑦ 10획	日ケイ·みち
	지름길 경	中jìng

* 형성. 뜻을 나타내는 부수 '彳(조금 걸을 척)'과 음을 나타내며 물줄기를 의미하는 '巠(지하수 경)'을 합친 글자. 물줄기(巠)의 흐름(彳)은 지름길 같다고 하여, '지름길'의 뜻으로 쓰임.

풀이 1. 지름길. ¶徑道 2. 길. 오솔길. 3. 지름. 직경. ¶徑輪 4. 간사하다. 5. 빠르다. 6. 곧다. 정직하다. 7. 곧바로. ¶徑爲 8. 지나다. 건너다. 9. 기인하다. 10. 가다. 달리다. 11. 세로.
徑道(경도) 1)오솔길. 2)지름길.
徑到(경도) 곧바로 이름.
徑路(경로) 1)지름길. 2)오솔길.
徑輪(경륜) 지름과 둘레.
徑爲(경위) 바로 함. 직접 함.
徑庭(경정) 1)좁은 길과 뜰. 두 개의 넓이의 차가 심한데서 차이가 심함을 이르는 말. 2)뜰을 가로지름.
徑情(경정) 멋대로 행하고 절제함이 없음.
徑寸(경촌) 한 치의 지름. 경척(徑尺).
徑出(경출) 바로 나옴.
徑行(경행) 생각한 바 대로 행함.

徒	⑦ 10획	日ト·ただ
	무리 도	中tú

3획

* 형성. 뜻을 나타내는 '辵(쉬엄쉬엄 갈 착)'과 음을 나타내는 '土(흙 토)'를 합친 글자. 말이나 수레를 타지 않고 흙[土]을 밟으며 가는[辵] 것을 나타내어 '걷다'의 뜻으로 쓰이며, 수레 없이 걸어다니는 아랫사람을 나타내어 '하인', '인부' 또는 '제자' 등의 뜻으로도 쓰임.

풀이 1. 무리. 패거리. ¶徒黨 2. 제자. 학생. ¶徒弟 3. 종. 하인. 4. 일꾼. 인부. 5. 맨손. 맨발. ¶徒手 6. 징역. 징역 사는 죄수. 7. 보병(步兵). 8. 다만. 단지. 9. 헛되이. ¶徒死 10. 걸어다니다. 보행하다. ¶徒行

徒歌(도가) 음악 없이 노래를 부름. 또는 그 노래.
徒黨(도당) 무리.
徒勞(도로) 헛수고.
徒伴(도반) 함께 걷는 친구. 길동무.
徒輩(도배) 같은 무리.
徒法(도법) 헛된 법. 있으나 마나 한 법.
徒步(도보) 걸어감.
徒費(도비) 헛되이 낭비함.
徒死(도사) 헛된 죽음.
徒涉(도섭) 걸어 물을 건넘.
徒手(도수) 맨손.
徒囚(도수) 죄수.
徒食(도식) 1)일은 하지 않고 놀고 먹음. 2)육류의 반찬 없이 밥을 먹음.
徒言(도언) 실속 없는 말.
徒然(도연) 부질없이. 헛되이.
徒爾(도이) 헛됨.
徒弟(도제) 1)제자. 2)직업에 필요한 지식·기능을 습득하기 위하여 남의 밑에서 노무에 종사하는 직공.
徒取(도취) 힘들이지 않고 가짐.
徒行(도행) 걸어서 감.
徒刑(도형) 오형(五刑)의 하나. 일을 시키는 형벌(刑罰).

유 衆(무리 중) 屬(무리 속) 비 徙(옮길 사)

徐 ⑦ 10획 천천할 서 日 ジョ 中 xú

* 형성. 뜻을 나타내는 부수 '彳(조금 걸을 척)'과 음을 나타내는 '余(나 여)'를 합친 글자. '余'는 '餘(남을 여)'의 약자로 여유 있게[余] 가는[彳] 것을 나타내어, '천천히 가다'라는 뜻으로 쓰임.

풀이 1. 천천히 하다. 천천히. ¶徐來 2. 평온하다. ¶徐徐 3. 모두. 4. 고을 이름. 중국 고대 행정구역인 9주(州)의 하나.

徐看(서간) 천천히 바라봄.
徐軌(서궤) 천천히 진행시킴.
徐羅伐(서라벌) 신라 또는 경주(慶州)의 옛 이름.
徐來(서래) 천천히 옴.
徐步(서보) 천천히 걸음.
徐徐(서서) 1)평온한 모양. 2)잠을 자고 있는 모양. 3)천천히.
徐緩(서완) 천천히 함.
徐行(서행) 천천히 감. 조용히 걸음.

従 ⑦ 10획 從(p426)의 俗字

得 ⑧ 11획 얻을 득 日 トク·える 中 dé, de, děi

* 회의. '彳(조금 걸을 척)'과 '貝(조개 패)'와 '寸(마디 촌)'을 합쳐, 돈[貝]이나 물품을 손[寸]에 넣어 갖고 있는 데에서 '얻다'를 나타냄.

풀이 1. 얻다. 가지다. ¶得道 2. 만족하다. 3. 알다. 깨닫다. ¶得法 4. 이득. 5. 사로잡다. 체포하다. 6. 이루다. 성공하다. 7. 탐내다. 8. 덕(德).

得男(득남) 아들을 낳음.
得女(득녀) 딸을 낳음.
得達(득달) 목적을 이룸.
得謗(득담) 남에게 비방을 들음.
得道(득도) 바른 길을 얻음. 도를 깨달음.
得隴望蜀(득롱망촉) 농 땅을 얻자 촉을 바라봄. 즉, 사람의 욕심은 끝이 없음.

得隴望蜀(득롱망촉)의 유래

후한을 세운 광무제 유수(劉秀) 때 중국 각지에는 유분자(劉盆子), 유영(劉永), 이헌(李憲), 공손술(公孫述) 등이 각자 한 지역씩 차지하고 있었으나, 곧 농서의 외효와 촉(蜀)의 공손술을 제외하고는 모두 광무제에게 토벌되었다. 시간이 흘러 외효가 병으로 죽자 그의 아들 외구순(隗寇恂)이 항복하여 농서마저 광무제의 손에 들어왔다. 이때 광무제는 이렇게 말했다. "인간은 만족할 줄 모른다더니 '농을 얻고도 다시 촉을 바라는구나." 그로부터 4년 후, 광무제는 대군을 이끌고 촉을 격파하고 천하 평정의 숙원을 이루었다.

得物(득물) 1)물건을 얻음. 2)사냥하여 얻은 새나 짐승 등. 3)손에 익은 무기.
得民(득민) 백성들의 마음을 얻음. 정치를 잘 하여 백성이 진심으로 따름.
得配(득배) 아내를 얻음.
得法(득법) 1)불법의 진리를 깨우침. 대오(大悟)하는 일. 2)심오한 이치를 터득함.
得病(득병) 병을 얻음. 병에 걸림.

得報(득보) 몸으로 받는 과보(果報).

得分(득분) 얻은 부분.

得不補失(득불보실) 얻은 것으로는 그 잃은 것을 채우지 못함. 곧, 손(損)이 됨.

得喪(득상) 얻음과 잃음. 성공과 실패.

得勢(득세) 1)세력을 얻음. 2)시세가 좋게 됨.

得失(득실) 얻음과 잃음. 이익과 손해. 장점과 단점.

得魚忘筌(득어망전) 고기를 잡으면 통발은 잊는다는 뜻으로, 목적을 달성하고 나면 사용한 수단은 잊어버림을 이르는 말.

得魚忘筌(득어망전)의 유래

《장자(莊子)》 외물편에 나오는 말이다. 통발이 고기를 잡기 위한 수단인 것처럼 말은 뜻을 나타내기 위한 수단이다. 말을 버리고 뜻을 이해한 사람은 더 이상 말에 구애받지 않는다. 말에 구애받지 않는 사람은 선악이나 시비를 벗어난 절대의 경지에 있는 사람이라고 할 수 있다. 이처럼 장자는 '득어망전'을 좋은 의미로 썼는데, 지금은 남의 도움으로 목적을 이룬 후에 그 고마움을 잊어버리는 인간의 본성을 지적하는 말로 흔히 쓰인다.

得音(득음) 풍악·노래 등의 곡조가 아름다운 지경에 이름.

得意(득의) 생각한 대로 되어 만족함. 바라던 일이 이루어짐.

得人(득인) 쓸모 있는 사람을 얻음.

得點(득점) 어떠한 시험이나 경기 같은 데서 점수를 얻음. 또는 얻은 점수.

得罪(득죄) 남에게 큰 잘못을 하여 죄를 얻음.

得行(득행) 임금의 총애를 얻음.

旣得(기득) 이미 얻어서 차지함.

納得(납득) 1)사리를 분별하여 해석함. 2)깨달아 앎. 3)남의 말이나 행동을 잘 알아차려 이해함.

利得(이득) 이익을 얻음. 또는 그 이익.

유 獲(얻을 획) 반 失(잃을 실)

徠	⑧ 11획	日ライ·きる
	올 래	中lái, lài

풀이 1. 오다. 오게 하다. 2. 위로하다.

유 來(올 래)

徘	⑧ 11획	日ハイ
	노닐 배	中pái

풀이 노닐다. 배회하다.

徘徊(배회) 목적 없이 어떤 곳을 중심으로 이리저리 거닒.

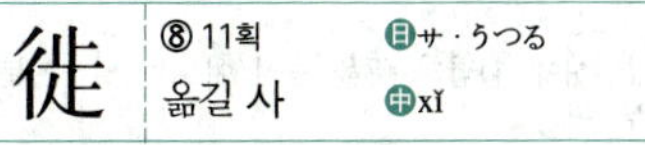

徙	⑧ 11획	日サ·うつる
	옮길 사	中xǐ

풀이 1. 옮기다. 이동하다. ¶徙居 2. 넘기다. 지나다. ¶徙月 3. 귀양을 보내다. ¶徙邊 4. 빼앗다. 탈취하다. 5. 서성이다.

徙家忘妻(사가망처) 이사하면서 아내를 잊어버림. 건망증이 심한 사람이나 의리를 분별하지 못하는 어리석은 사람을 이르는 말.

徙居(사거) 거처를 옮김.

徙木之信(사목지신) 백성을 다스리는 자는 백성과의 약속을 지켜야 함을 이르는 말.

徙邊(사변) 외딴 곳으로 귀양 보냄.

徙月(사월) 달을 넘김.

移徙(이사) 집을 옮김.

비 徒(무리 도)

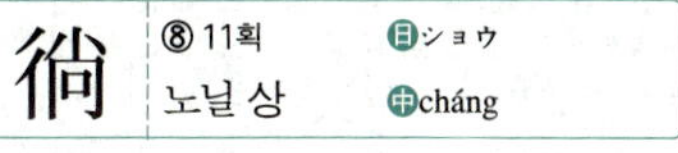

徜	⑧ 11획	日ショウ
	노닐 상	中cháng

풀이 노닐다. 배회하다. ¶徜徉

유 徘(노닐 배)

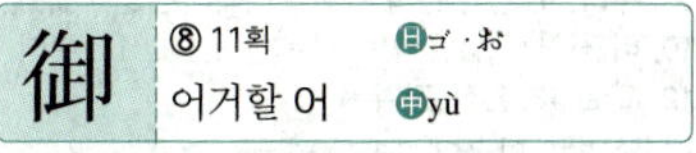

御	⑧ 11획	日ゴ·お
	어거할 어	中yù

* 회의. 뜻을 나타내는 부수 '彳(조금 걸을 척)'과 '卸(풀 사)'를 합친 글자. 마차를 몰고 가거나[彳] 마차를 세우고 말을 푸는[卸] 것을 나타내어 '말을 몰다', '마부'의 뜻으로 쓰임.

풀이 1. 어거하다. 말을 몰다. 2. 마부. 3. 거느리다. 다스리다. ¶御人 4. 모시다. 시중들다. 5. 드리다. 6. 임금에 관한 일에 붙이는 높임말. 7. 후궁. 궁녀. 8. 아내. 9. 막다.

御駕(어가) 임금이 타고 다니는 수레.

御冬(어동) 추위를 막음.

御覽(어람) 1)임금이 봄. 2)임금이 보는 글이나 그림.

御路(어로) 임금이 다니는 길.

御命(어명) 임금의 명령. 어령(御令).

御名(어명) 임금의 이름.

御物(어물) 임금이 사용하는 물건.

御寶(어보) 옥새.

御書(어서) 1)임금에게 올린 글. 2)임금이 쓴 글.

御用(어용) 1)임금이 씀. 또는 그 물건. 2)권력에 영합하여 줏대 없이 행동하는 짓을 낮잡아

3획

이르는 말.
御意(어의) 1)남의 뜻을 높여 이르는 말. 2)분부. 명령.
御醫(어의) 대궐 안의 임금을 모시는 의관.
御衣(어의) 임금이 입는 옷.
御印(어인) 국새(國璽)의 높임말.
御人(어인) 사람을 거느림.
御製(어제) 1)임금이 지음. 2)임금이 지은 문장이나 음악.
御筆(어필) 임금의 글씨.
御患(어환) 임금의 병.
崩御(붕어) 임금이 죽음.

從	⑧ 11획 좇을 종	日ジュ・したがう 中cóng

丿 彡 彳 彳 彳 彳 彳 䘖 䘖 從 從

* 형성. 뜻을 나타내는 '辵(쉬엄쉬엄 갈 착)'과 음을 나타내는 '从(좇을 종)'를 합친 글자. 본래는 '从'만으로도 한 사람(人)에 또 다른 사람(人)이 따르는 것을 나타내었는데, 후에 '辵'을 덧붙여 '따라가다', '좇다'의 뜻으로 쓰임.

풀이 1. 좇다. 따르다. ¶從駕 2. 쫓아가다. 3. 일하다. 종사하다. 4. 여유롭다. 느릿하다. 5. 모시다. 수행하다. ¶從官 6. 하인. 시중드는 사람. 7. 방종하다. 8. 놓아주다. 9. 친족 간의 관계를 나타내는 말. ¶從親 10. 버금. 품계(品階)는 같으나 등급이 낮은 것. 11. 부터. 12. 세로. 13. 흔적. 자취.

從駕(종가) 임금의 수레를 따름.
從價稅(종가세) 물건의 값에 따라 세율을 정하는 관세(關稅).
從姑母(종고모) 아버지의 4촌 자매.
從官(종관) 임금을 모시는 관리.
從軍(종군) 군대를 따라 전쟁터로 감.
從來(종래) 이전까지. 이전부터 최근까지.
從量制(종량제) 요금·세금 등이 사용량이나 배출량에 따라 매겨지는 제도.
從流(종류) 흐름을 따름.
從妹(종매) 손아래의 4촌 누이.
從物(종물) 주된 물건에 딸려서 간접적으로 효용이 있는 사물.
從法(종법) 주법(主法)을 실행할 때 방법을 규정한 법률.
從僕(종복) 사내 종.
從臣(종신) 늘 따르며 모시는 신하.
從心(종심) 1)70세의 다른 이름. 2)마음을 좇아 행동함.
從業員(종업원) 어떤 업무에 종사하는 사람.
從容(종용) 1)자연스럽고 태연한 모양. 2)유유히 지냄. 3)오래.
從者(종자) 데리고 다니는 사람.
從姪(종질) 사촌 형제의 아들.
從兄(종형) 1)형을 따름. 2)사촌 형.
從橫(종횡) 1)세로와 가로. 2)마음대로임. 자유자재임.
病從口入(병종구입) 병은 음식을 조심하지 않는 데에서 생김.
不服從(불복종) 복종하지 아니함.

復	⑨ 12획 ❶다시 부 ❷돌아올 복	日フク・かえる 中fù

丿 彡 彳 彳 彳 彳 彳 復 復 復 復 復

* 형성. 뜻을 나타내는 부수 '彳(조금 걸을 척)'과 음을 나타내는 '复(돌아갈 복)'을 합친 글자. 갔다가(彳) 다시 오니(复) '돌아오다', '다시'라는 뜻으로 쓰임.

풀이 ❶ 1. 다시. 또. 거듭. ¶復興 2. 다시 하다. ❷ 3. 돌아오다. 돌려보내다. 4. 회복하다. 본래대로 돌아가다. ¶復姓 5. 뒤집다. 6. 되풀이하다. 반복하다. ¶復用 7. 대답하다. 8. 말씀드리다. 9. 갚다. 10. 덜다. 없애다. 11. 면하다. 면제하다. 12. 겹치다. 13. 괘 이름. 64괘 중의 하나.

復古(복고) 옛날로 돌아감.
復校(복교) 정학 또는 휴학하였던 학생이 다시 등교하게 됨.
復舊(복구) 이전으로 회복함.
復權(복권) 형의 언도에 의하여 일정한 자격이나 권리를 상실하였거나 또는 정지된 사람에 대해서 그 자격 또는 권리를 회복시킴.
復歸(복귀) 본디의 상태로 돌아감.
復禮(복례) 예에 돌아감.
復命(복명) 사명을 띤 사람이 그 일을 마치고 돌아와 아룀.
復姓(복성) 다시 본래의 성으로 돌아감.
復讐(복수) 원수를 갚음.
復習(복습) 한 번 배운 것을 다시 익힘.
復飾(복식) 한 번 중이 되었던 사람이 다시 속세의 사람이 됨. 환속(還俗).
復言(복언) 말한 것을 실행함.
復逆(복역) 천자에게 상주(上奏)하고 명을 받듦.
復用(복용) 두 번 씀.
復元(복원) 원래대로 다시 회복함.
復圓(복원) 일식, 또는 월식이 끝나고 해나 달이 다시 둥근 모양으로 회복되는 일.
復位(복위) 1)물러났던 임금 등이 그 자리로 오름. 2)본래의 자리에 돌아감.

3획

復除(복제) 부역을 면제함.
復職(복직) 물러났던 관직이나 직업에 다시 오름.
復土(복토) 무덤에 관을 내리고 흙을 덮음.
復生(부생) 소생(蘇生)함. 또는 재생(再生).
復興(부흥) 1)일을 다시 일으킴. 2)쇠약했던 것이 전과 같이 다시 흥함.

循	⑨ 12획	日ジュン·おう
	좇을 순	中xún

풀이 1. 좇다. 따르다. ¶循俗 2. 돌다. 순환하다. 3. 돌아다니다. ¶循行 4. 주저하다. 5. 어루만지다. 위로하다. 6. 정연하다. 차례가 바르다.

循良(순량) 법을 잘 따르며 선량함. 또는 그런 사람.
循吏(순리) 법을 지키며 근무하는 관리.
循俗(순속) 풍속을 좇음.
循守(순수) 규칙이나 법 등을 좇아서 지킴.
循轉(순전) 빙빙 돎.
循行(순행) 1)여러 곳을 돌아다님. 2)법을 좇아 행함.
循環(순환) 1)쉬지 않고 돎. 2)원인과 결과가 서로 쉬지 않고 돎. 3)생물이 영양물을 몸의 각 부분에 운반함.

유 從(좇을 종)

 偏	⑨ 12획	日ヘン
	두루 편	中biàn

풀이 1. 두루. 골고루. 2. 두루 미치다. ¶偏周 3. 돌아다니다. 두루 다니다. 4. 치우치다. 기울다.

偏報(편보) 두루 은혜를 갚음.
偏賜(편사) 두루 미치게 줌.
偏搜(편수) 널리 찾음.
偏循(편순) 두루 따름.
偏照(편조) 모두 비춤.
偏周(편주) 두루 미침.
偏地(편지) 온 땅에.

비 編(엮을 편) 偏(치우칠 편)

徨	⑨ 12획	日ノウ
	배회할 황	中huáng

풀이 배회하다. 방황하다. ¶彷徨

유 彷(배회할 방)

微	⑩ 13획	日ビ·み·かすか
	작을 미	中wēi

* 형성. 원래는 '豈(어찌 기)'와 '攵(칠 복)'을 합친 글자로, 어찌(豈) 매를 칠(攵) 수 있을까 할 만큼 극히 작은 것을 나타냄. 여기에 '彳(조금 걸을 척)'을 덧붙여서 치러 갈(彳) 것도 없을 만큼 아주 미세한 것을 뜻하게 됨. 이에 '작다', '몰래'라는 뜻으로 쓰임.

풀이 1. 작다. 미세하다. ¶微感 2. 정묘하다. 미묘하다. ¶微旨 3. 숨다. 숨기다. 4. 몰래. 은밀히. ¶微知 5. 어렴풋하다. 희미하다. ¶稀微 6. 쇠퇴하다. 쇠미하다. 7. 어둡다. 8. 천하다. 미천하다. ¶寒微 9. 적다. 조금. 10. 살피다. 엿보다. 11. 아니다. 12. 없다.

微感(미감) 미세한 감동(感動).
微戒(미계) 은밀히 훈계함.
微攻(미공) 몰래 공격함.
微瀾(미란) 작은 파도.
微祿(미록) 적은 봉급.
微末(미말) 신분이 천한 사람.
微茫(미망) 흐릿한 모양. 어렴풋한 모양.
微昧(미매) 또렷하지 않아 알기 어려움.
微蔑(미멸) 신분이 미천함. 또는 그런 사람.
微明(미명) 희미하게 밝음.
微物(미물) 자그마하고 변변찮은 물건. 하찮은 벌레나 동물.
微微(미미) 보잘것없고 작은 모양.
微薄(미박) 주는 물품이나 인정 등이 야박함.
微芳(미방) 미세한 꽃내음. 그윽한 향기.
微白(미백) 1)날이 샘. 2)부유스름하게 흰 빛깔.
微辭(미사) 1)마음속에 숨기고 은근히 말함. 2)몇 마디 되지 않는 말.
微瑣(미쇄) 재능이 보잘것없음.
微時(미시) 미천(微賤)하고 보잘것없던 시기.
微言(미언) 참뜻은 말하지 않고 다른 것에 빗대어 말함.
微雨(미우) 이슬비. 작게 내리는 비
微陰(미음) 엷게 구름이 낀 흐린 날씨.
微意(미의) 조그만 성의라는 뜻으로, 자기의 성의를 겸손하게 이르는 말.
微旨(미지) 깊고 미묘한 뜻.
微志(미지) 작은 뜻.
微知(미지) 몰래 살펴 앎. 탐지함.
微喘(미천) 가는 숨이라는 뜻으로, 얼마 남지 않은 여생을 이르는 말.
微忠(미충) 작은 충성이라는 뜻으로, 자신의 충

심을 낮추어 이르는 말.
微行(미행) 1)임금이나 고관들이 남이 알아차리지 못하도록 천한 복장을 하고 몰래 다님. 2) 좁은 길.
輕微(경미) 정도가 가벼움. 아주 작음.
幾微(기미) 1)낌새. 눈치. 2)어떤 일이 일어날 조짐.
精微(정미) 자세하고 치밀함.
寒微(한미) 가난하고 문벌이 변변하지 못함.
비 薇(고비 미)

徬	⑩ 13획	日ボウ・そこ
	곁 방	中páng

풀이 1. 곁. 옆. 2. 헤매다. 3. 곁에 따라다니다.
徬徨(방황) 1)이리저리 돌아다님. 2) 목적을 정하지 못하고 이리저리 헤맴.
비 傍(곁 방)

3획

徆	⑩ 13획	日セツ
	너울거릴 설	中xiè

풀이 너울거리다. 옷자락이 휘날리는 모양.
微徆(미설) 작게 너울거리며 흔들리는 모양.

傜	⑩ 13획	日ヨウ・りくつ
	구실 요	中yáo

* 형성. 뜻을 나타내는 부수 '彳(조금 걸을 척)'과 음을 나타내는 '䍃(요)'를 합친 글자.
풀이 부역(賦役). 역사(役事). 나라에서 의무적으로 시키는 노동.
傜賦(요부) 부역을 부과함.
傜稅(요세) 부역과 세금.
傜戍(요수) 국경을 지키는 병사. 수자리.
傜役(요역) 국가에서 세금을 대신하여 시키던 노동.
비 搖(흔들릴 요)

徯	⑩ 13획	日ケイ
	샛길 혜	中xī

풀이 1. 샛길. 소로(小路). ¶徯徑 2. 기다리다.
徯徑(혜경) 샛길. 소로(小路).
徯志(혜지) 뜻한 바를 기다림.
徯醯(혜혜) 위태로움.

유 徑(지름길 경) 비 溪(시내 계)

徆	⑪ 14획	日シツ
	흔들릴 실	中xiè

풀이 흔들리다.
徆徆(실설) 흔들림.
비 泆(귀뚜라미 실)

德	⑫ 15획	日トク
	덕 덕	中dé

' 彳 彳 彳 彳 彳 彳 徳 徳 徳 徳 徳 德 德 德

* 형성. 뜻을 나타내는 부수 '彳(조금 걸을 척)'과 음을 나타내는 '直(곧을 직)'을 합친 글자. 곧은(直) 마음(心)이니 매우 넓어서 좋은 '덕'을 뜻함.
풀이 1. 덕. 인품. 도덕. ¶德教 2. 덕분. 은혜. ¶德惠 3. 행위. 절조(節操). 4. 능력. 작용. 5. 교화(教化). 가르침. 6. 덕을 베풀다. 7. 덕으로 여기다. 감사하다. 8. 복(福). 행복. 9. 별 이름. ¶德星
德廣(덕광) 덕이 널리 행해짐.
德教(덕교) 덕으로써 사람을 가르침.
德器(덕기) 인덕과 기량. 큰 도덕과 재주를 가진 사람.
德門(덕문) 덕망(德望)이 높은 가문.
德法(덕법) 덕과 법.
德士(덕사) 덕망이 있는 선비.
德色(덕색) 덕을 베푼 것을 자랑하는 기색.
德星(덕성) 덕행이 있는 사람.
德友(덕우) 착한 마음으로 사귀는 벗.
德育(덕육) 인덕을 기름.
德潤身(덕윤신) 덕은 몸을 윤택하게 함. 즉 덕은 바깥으로 반드시 드러남.
德音無良(덕음무량) 말에 진실함이 없음. 믿을 만한 내용이 없는 일.
德義(덕의) 덕과 의리. 마땅히 지켜야 할 도덕상의 덕목.
德政(덕정) 덕으로 다스리는 정치.
德治主義(덕치주의) 덕으로써 나라를 바르게 다스린다는 사상. 덕치 사상(德治思想). 왕도 정치(王道政治).
德風(덕풍) 도덕의 교화(教化).
德惠(덕혜) 은혜.
德化(덕화) 덕으로 백성을 교화함.
道德(도덕) 인륜의 큰 도, 사람으로서 마땅히 지켜야 할 도리 및 그것을 자각하며 실천하는 행위의 총체.

美德(미덕) 아름다운 덕. 도덕적인 선행.
聖德(성덕) 1)성인(聖人)의 덕. 2)임금의 덕.
才德(재덕) 재주와 덕.
厚德(후덕) 덕행이 두터움.

彆 ⑫ 15획 日ベツ
너울거릴 별 中bié

풀이 너울거리다. 옷자락이 휘날리는 모양.
彆䙝(별설) 옷자락이 휘날리는 모양.

徵 ⑫ 15획
❶ 부를 징 日チョウ·しるし
❷ 음률 이름 치 中zhēng, zhǐ

* 회의. '微(작을 미)'의 생략형과 '壬(착할 정)'을 합친 글자. 미세하게[微] 공부하여 학문에 통달한 사람[壬]을 거두어들이는 것을 나타냄. 이에 '부르다', '거두다'는 뜻으로 쓰임.

풀이 1 1. 부르다. 불러들이다. ¶徵兵 2. 구하다. 요구하다. 3. 거두다. 거둬들이다. ¶徵收 4. 캐묻다. 5. 증거. 증명하다 6. 효험. 보람. 7. 조짐. 징조. ¶徵兆 8. 밝히다. 명백하게 하다. 9. 이루다. 성취하다. 10. 징계하다. 2 11. 음률 이름. 오음(五音)의 하나. 오행에서는 불[火], 십이지로는 오(午), 계절로는 여름에 해당함.

徵納(징납) 세금을 거두어 들임.
徵斂(징렴) 세금을 거둠.
徵令(징령) 병사를 징병하는 명령.
徵發(징발) 1)물건을 강제로 거둠. 2)국가가 노역에 동원하기 위해 사람을 불러 씀.
徵辟(징벽) 임금이 벼슬하지 않는 사람을 불러 벼슬을 시킴.
徵兵(징병) 법에 의거하여 해당자를 군대에 복무시키기 위하여 모음.
徵聘(징빙) 예의를 갖추어 인재를 부름.
徵士(징사) 임금이 부르나 벼슬하지 않는 사람.
徵祥(징상) 상서로운 조짐.
徵瑞(징서) 상서로운 조짐.
徵收(징수) 나라에서 세금이나 그 밖의 돈·물건을 거둠.
徵用(징용) 거두어 사용함. 징발하여 사용함.
徵入(징입) 사람을 부름.
徵兆(징조) 어떤 일이 있을 조짐.
徵招(징초) 재야에 있는 사람을 부름.
徵表(징표) 일정한 사물이 공통으로 지니는 필연적인 성질. 하나의 사물을 다른 사물과 구별하는 표시가 됨.
徵還(징환) 불러들임.
徵會(징회) 불러서 모음.
徵候(징후) 좋거나 언짢은 조짐.
課徵金(과징금) 정부나 지방 자치 단체 등이 규의 위반에 대한 제재로 부과하여 징수하는 금액.
明徵(명징) 명백하게 증명함. 또는 명백한 증거.
象徵(상징) 어떠한 사상이나 개념 등에 대하여, 그것을 상기시키거나 연상시키는 구체적인 사물이나 감각적인 말로 바꾸어 나타내는 일. 또는 그 사물이나 말.
追徵(추징) 나중에 추가로 거둠.
特徵(특징) 특별히 눈에 띄는 점.

비 懲(혼날 징)

徹 ⑫ 15획 日テツ
통할 철 中chè

* 회의. '彳(조금 걸을 척)'과 '育(기를 육)'과 '攵(칠 복)'을 합친 글자. 매질하여[攵] 양육해[育] 나가서[彳] 목적지까지 이르는 것을 의미하며, 장애물을 뚫고 나간다는 뜻에서 '뚫다', 또는 '통하다'는 뜻으로 쓰임.

풀이 1. 통하다. 트이다. ¶徹上徹下 2. 뚫다. 관통하다. 구멍을 내다. ¶徹悟 3. 밝다. 분명하다. 4. 부수다. 5. 다스리다. 6. 껍질을 벗기다. 7. 치우다. 거두다. 없애다.

徹上徹下(철상철하) 위와 아래 모두 통함.
徹夜(철야) 밤을 새워 가며 일함.
徹悟(철오) 꿰뚫어 깨달음.
徹底(철저) 속속들이 꿰뚫거나 미치어 부족함이 나 빈틈이 없음.
撤饌(철찬) 제사 음식을 치움.
徹天之寃(철천지원) 하늘을 뚫을 만한 원한.
徹透(철투) 사리에 밝고 확실함. 훤히 꿰뚫음.
徹頭徹尾(철두철미) 머리에서 꼬리까지 통한다는 뜻으로, 처음부터 끝까지 바꾸지 않고 생각을 철저히 관철함을 이르는 말.
貫徹(관철) 자신의 주의·주장 등의 방침을 처음부터 끝까지 밀고 나감.
冷徹(냉철) 생각이나 판단이 감정에 치우치지 않고 이성적으로 철저함.
透徹(투철) 정신이나 사상 등이 마음속이나 머리속에 철저하게 자리잡은 상태에 있음.

유 貫(꿸 관)

⑬ 16획 日ヨウ
구할 요 中jiǎo, jiào, yāo

美德(미덕) 아름다운 덕. 도덕적인 선행.
聖德(성덕) 1)성인(聖人)의 덕. 2)임금의 덕.
才德(재덕) 재주와 덕.
厚德(후덕) 덕행이 두터움.

徶	⑫ 15획	日ベツ
	너울거릴 별	中bié

풀이 너울거리다. 옷자락이 휘날리는 모양.

徶㣯(별설) 옷자락이 휘날리는 모양.

徵	⑫ 15획	
	❶부를 징	日チョウ · しるし
	❷음률 이름 치	中zhēng, zhǐ

＊회의. '微(작을 미)'의 생략형과 '王(착할 정)'을 합친 글자. 미세하게〔微〕 공부하여 학문에 통달한 사람〔王〕을 거두어들이는 것을 나타냄. 이에 '부르다', '거두다'는 뜻으로 쓰임.

풀이 ❶ 1. 부르다. 불러들이다. ¶徵兵 2. 구하다. 요구하다. 3. 거두다. 거둬들이다. ¶徵收 4. 캐묻다. 5. 증거. 증명하다 6. 효험. 보람. 7. 조짐. 징조. ¶徵兆 8. 밝히다. 명백하게 하다. 9. 이루다. 성취하다. 10. 징계하다. ❷ 11. 음률 이름. 오음(五音)의 하나. 오행에서는 불〔火〕, 십이지로는 오(午), 계절로는 여름에 해당함.

徵納(징납) 세금을 거두어 들임.
徵斂(징렴) 세금을 거둠.
徵令(징령) 병사를 징병하는 명령.
徵發(징발) 1)물건을 강제로 거둠. 2)국가가 노역에 동원하기 위해 사람을 불러 씀.
徵辟(징벽) 임금이 벼슬하지 않는 사람을 불러 벼슬을 시킴.
徵兵(징병) 법에 의거하여 해당자를 군대에 복무시키기 위하여 모음.
徵聘(징빙) 예의를 갖추어 인재를 부름.
徵士(징사) 임금이 부르나 벼슬하지 않는 사람.
徵祥(징상) 상서로운 조짐.
徵瑞(징서) 상서로운 조짐.
徵收(징수) 나라에서 세금이나 그 밖의 돈 · 물건을 거둠.
徵用(징용) 거두어 사용함. 징발하여 사용함.
徵入(징입) 사람을 부름.
徵兆(징조) 어떤 일이 있을 조짐.
徵招(징초) 재야에 있는 사람을 부름.
徵表(징표) 일정한 사물이 공통으로 지니는 필연적인 성징. 하나의 사물을 다른 사물과 구별하는 표시가 됨.
徵還(징환) 불러들임.
徵會(징회) 불러서 모음.
徵候(징후) 좋거나 언짢은 조짐.
課徵金(과징금) 정부나 지방 자치 단체 등이 법규의 위반에 대한 제재로 부과하여 징수하는 금액.
明徵(명징) 명백하게 증명함. 또는 명백한 증거.
象徵(상징) 어떠한 사상이나 개념 등에 대하여, 그것을 상기시키거나 연상시키는 구체적인 사물이나 감각적인 말로 바꾸어 나타내는 일. 또는 그 사물이나 말.
追徵(추징) 나중에 추가로 거둠.
特徵(특징) 특별히 눈에 띄는 점.

비 懲(혼날 징)

徹	⑫ 15획	日テツ
	통할 철	中chè

＊회의. '彳(조금 걸을 척)'과 '育(기를 육)'과 '攵(칠 복)'을 합친 글자. 매질하여〔攵〕 양육해〔育〕 나가서〔彳〕 목적지까지 이르는 것을 의미하며, 장애물을 뚫고 나간다는 뜻에서 '뚫다', 또는 '통하다'는 뜻으로 쓰임.

풀이 1. 통하다. 트이다. ¶徹上徹下 2. 뚫다. 관통하다. 구멍을 내다. ¶徹悟 3. 밝다. 분명하다. 4. 부수다. 5. 다스리다. 6. 껍질을 벗기다. 7. 치우다. 거두다. 없애다.

徹上徹下(철상철하) 위와 아래 모두 통함.
徹夜(철야) 밤을 새워 가며 일함.
徹悟(철오) 꿰뚫어 깨달음.
徹底(철저) 속속들이 꿰뚫거나 미치어 부족함이 나 빈틈이 없음
撤饌(철찬) 제사 음식을 치움.
徹天之冤(철천지원) 하늘을 뚫을 만한 원한.
徹透(철투) 사리에 밝고 확실함. 훤히 꿰뚫음.
徹頭徹尾(철두철미) 머리에서 꼬리까지 통한다는 뜻으로, 처음부터 끝까지 바꾸지 않고 생각을 철저히 관철함을 이르는 말.
貫徹(관철) 자신의 주의 · 주장 등의 방침을 처음부터 끝까지 밀고 나감.
冷徹(냉철) 생각이나 판단이 감정에 치우치지 않고 이성적으로 철저함.
透徹(투철) 정신이나 사상 등이 마음속이나 머리속에 철저하게 자리잡은 상태에 있음.

유 貫(꿸 관)

徼	⑬ 16획	日ヨウ
	구할 요	中jiǎo, jiào, yāo

풀이 1. 구하다. 바라다. ¶徼功 2. 훔치다. 3. 순찰하다. 순행(巡行)하다. ¶徼道 4. 순찰하는 사람. 5. 가로막다. 차단하다. 6. 길. 샛길. 7. 변방. 국경.

徼擊(요격) 기다리다 공격함.
徼功(요공) 공을 바람. 공을 세우고자 함.
徼冀(요기) 바람.
徼道(요도) 순찰을 도는 길. 순찰하기 위하여 도는 길.
徼外(요외) 변방의 밖. 나라 밖.

유 求(구할 구) 비 邀(맞을 요)

徽	⑭ 17획	日キ・イ
	아름다울 휘	中huī

풀이 1. 아름답다. 훌륭하다. 아름답게 하다. ¶徽言 2. 표기(標旗). 표지(標識). ¶徽幟 3. 기러기발. 4. 줄. 끈. ¶徽索 5. 연주하다. 악기를 타다. 6. 빛. 광휘. 7. 안휘성(安徽省)의 약칭.

徽索(휘삭) 줄. 끈.
徽言(휘언) 훌륭한 말. 아름다운 말.
徽音(휘음) 아름다운 소리. 칭찬하는 소리.
徽章(휘장) 직무나 신분·명예 등을 나타내기 위하여 옷이나 모자 등에 붙이는 표시.
徽幟(휘치) 표지로 세운 기(旗).
徽赫(휘혁) 밝게 빛남.
徽號(휘호) 임금의 공덕을 칭송하기 위해 지은 호.

비 微(작을 미)

3획

❖ 한자어의 짜임

한자가 서로 결합하여 한자어가 만들어지는데 성분에 따라 다음과 같은 여러 가지 관계가 형성된다.

(1) 주술(主述) 관계
〈주어+서술어〉의 형태로 'A가 B하다' 또는 'A는 B이다'로 풀이되는 한자어.
예 春來, 花發, 年少

(2) 술목(述目) 관계
〈서술어+목적어〉의 형태로 'B를 A하다'로 풀이되는 한자어.
예 讀書, 成功, 知新

(3) 술보(述補) 관계
〈서술어+보어〉의 형태로 'B에(로) A하다' 또는 'B와 A하다'로 풀이되는 한자어. 우리말 어순과 정반대가 된다.
예 登山, 歸家, 有利

(4) 수식(修飾) 관계
〈수식어+피수식어〉의 형태로 'A한 B', 'A의 B', 'A하게 B하다'로 풀이되는 한자어.
① 형용사+명사 예 淸風, 白衣
② 부사+형용사 예 至高, 極甚
③ 부사+동사 예 力走, 高飛

(5) 병렬(竝列) 관계
서로 관계가 있는 것이나 같은 성분끼리 결합된 형태로 'A와 B' 또는 'A하고 B하다'로 풀이되는 한자어.
① 대립 관계
뜻이 서로 대립되는 글자가 모인 구조.
예 出人, 喜悲, 乾坤
② 대등 관계
뜻이 서로 대등한 글자가 모인 구조.
예 富貴, 仁義, 占卜
③ 유사 관계
뜻이 서로 유사한 글자가 모인 구조.
예 朋友, 存在, 過失

(6) 기타
① 첩어 관계
대부분 의성어나 의태어.
예 默默, 悠悠
② 허실 관계
〈허사+실사〉의 관계.
예 影子, 未知, 未完, 不良

心 마음 심 部

'心' 자는 사람의 심장 모양을 나타내어 '마음'을 뜻하는 글자로, 글자의 좌측에 忄와 같은 모양으로 쓰여 '심방변'이라는 명칭으로 쓰이기도 한다. '마음'이나 가장 중요한 부분, 한가운데라는 '중심'의 뜻으로도 사용되며 '사상'이나 '감정'과 관련된 글자에 주로 쓰인다.

心
⓪4획 日シン·こころ
마음 심 中xīn

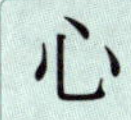

* 상형. 사람의 심장의 모양을 본뜬 글자로, 심장·마음·물건의 중심을 나타냄.

풀이 1. 심장. 2. 가슴. ¶心肝. 3 생각. 마음. ¶心慮 4. 근본. 근원. 5. 중심. 한 가운데. ¶中心 6. 심지.

心肝(심간) 1)심장과 간. 2)참된 마음. 마음속.
心境(심경) 마음의 상태. 마음가짐.
心悸(심계) 가슴이 두근거림. 심장의 고동.
心筋(심근) 횡문근(橫紋筋)·활평근(滑平筋)과 같이 근육 조직의 한 가지로 심장에만 있는 특이한 근육.
心氣(심기) 마음으로 느끼는 기분.
心機(심기) 마음의 기능이나 활동.
心念(심념) 1)마음속. 심중(心中). 2)깊이 생각함.
心得(심득) 1)사물의 이치를 터득함. 2)마음 깊이 깨달아 얻음. 또는 그러한 일.
心亂(심란) 마음이 뒤숭숭함.
心慮(심려) 근심. 걱정.
心靈(심령) 1)정신. 혼. 2)정신과학으로는 설명할 수 없는 신비스러운 심적 현상. 3)육체와 따로 존재한다고 생각되는 마음의 주체. 혼령(魂靈).
心理(심리) 정신 상태. 마음의 움직임.
心理學(심리학) 생물의 의식 활동 또는 의식과 행동과의 관계에 관하여 연구하는 학문.
心腹(심복) 1)마음과 배. 2)매우 친밀한 사람 또는 마음 놓고 믿을 수 있는 둘도 없는 부하를 비유하는 말. 심복지인(心腹之人).
心服(심복) 충심으로 기뻐하며 성심껏 순종함. 또는 그런 사람.
心思(심사) 마음. 생각.
心事(심사) 마음에 생각하는 일.
心想(심상) 마음속의 생각.
心狀(심상) 마음의 상태.
心性(심성) 1)본래부터 타고난 마음씨. 2)참된 본성. 3)지능적 소질·습관·신념 등의 정신적 특성.
心術(심술) 짓궂게 남을 괴롭히거나 시기하는 못된 마음.
心身(심신) 마음과 몸. 정신과 신체.
心室(심실) 심장 가운데에 있는 근육질의 벽을 가지고, 그 수축에 의하여 혈액을 몸으로 유출시키는 기관.
心心相印(심심상인) 마음과 마음으로 서로 전함.
心眼(심안) 1)마음과 눈. 2)사물을 관찰하고 구별하는 마음의 작용.
心弱(심약) 마음이 연약함.
心熱(심열) 1)정성을 기울임. 또는 마음속의 열망. 2)울화로 일어나는 열.
心臟(심장) 혈액의 순환 작용을 맡고 있는 혈관 계통의 중추기관(中樞機關).
心情(심정) 1)마음과 정. 2)가슴 속.
心中(심중) 마음의 속. 의중(意中).
心證(심증) 1)마음에 받은 인상. 2)재판의 심리(審理)에서 변론이나 증거 등으로 심중에 가지게 된 재판관의 인식 또는 확신.
心志(심지) 마음속에 무엇을 하려는 의지.
心地(심지) 마음의 본바탕. 마음자리.
心痛(심통) 마음이 아픔. 또는 그 고통.
心血(심혈) 1)모든 노력. 정신력과 육체의 모든 것. 2)있는 대로의 힘. 최대의 정성과 정력.
苦心(고심) 깊이 생각함. 몹시 애씀.
童心(동심) 아이의 순수한 마음.

必
①5획 日ヒツ·かならす
반드시 필 中bì

* 회의. '心(마음 심)' 자에서 '丿(삐침 별)' 자를 붙여, 마음(心)이 서로 통함(丿)을 나타냄. 마음이 통하듯 서로 연관되어 반드시 온다는 뜻에서 '반드시'를 뜻하게 됨.

풀이 1. 반드시. 틀림없이. 꼭. ¶必要 2. 기필코 해내다. 이루어내다. ¶必然 3. 오로지.

必讀(필독) 꼭 읽어야 함.
必死(필사) 1)반드시 죽음. 죽기를 결심함. 2)죽도록 힘을 씀. 목숨을 걸고 행함.
必須(필수) 반드시 없어서는 안 됨.
必需(필수) 1)꼭 있어야 함. 2)반드시 쓰임.
必勝(필승) 반드시 이김.
必然(필연) 반드시 그렇게 됨.
必要(필요) 꼭 소용이 됨. 반드시 없어서는 안 됨.

비 心(마음 심)

忉	② 5획	日 ト・しんぱい
	근심할 도	中 dāo

풀이 근심하다. 걱정하다.

忉怛(도달) 걱정하며 슬퍼함.

忉忉(도도) 걱정하는 모양.

유 憂(근심할 우)

	② 6획	日 アイ
	징계할 애	中 ài

풀이 징계하다. 형벌을 주다.

유 刑(형벌 형)

忌	③ 7획	日 キ・いむ
	꺼릴 기	中 jí, jì

* 형성. 뜻을 나타내는 부수 '心(마음 심)'에 두려워한다는 음을 나타내는 '己(몸 기)'가 합해진 글자. 마음속으로 두려워하여 멀리한다는 데에서 '꺼리다'라는 뜻을 나타냄.

풀이 1. 꺼리다. 멀리하다. 피하다. 경계하다. ¶禁忌 2. 질투하다. 미워하다. 증오하다. ¶忌憎 3. 원망하다. 4. 공경하다. 5. 기일. 제삿날. 조상이 죽은 날. ¶忌故

忌故(기고) 기제(忌祭)를 지냄. 또는 그 제사.

忌克(기극) 타인의 재능을 시기하여 그보다 나으려고 함.

忌月(기월) 1)어버이가 죽은 달. 2)일을 하는 데 꺼려 피하여야 할 달.

忌日(기일) 1)사람이 죽은 날. 또는 어버이가 죽은 날. 제삿날. 2)불길한 날.

忌祭(기제) 해마다 죽은 날에 지내는 제사.

忌中(기중) 상을 당해 언행 범절을 삼가는 기간.

忌憎(기증) 꺼리고 미워함.

忌憚(기탄) 두렵거나 어려워서 꺼림.

忌妬(기투) 시기함. 질투함.

忌避(기피) 꺼려 피함.

忌諱(기휘) 꺼려 싫어함.

유 憚(꺼릴 탄)

忙	③ 6획	日 ボウ・いそがしい
	바쁠 망	中 máng

* 형성. 뜻을 나타내는 부수 '忄(심방 변)'에 음을 나타내는 '亡(없을 망)'이 합해진 글자. 마음[忄]에 생각할 겨를이 없는[亡] 것이라 '바쁜 것'을 나타냄.

풀이 1. 바쁘다. 급하다. ¶忙中閑 2. 애타다. 초조하다. 3. 두려워하다.

忙工(망공) 바쁜 일. 또는 그러한 시기에 고용되는 인부.

忙劇(망극) 몹시 바쁨.

忙裡偸閑(망리투한) 바쁜 가운데 틈을 봐서 놂.

忙忙(망망) 바쁜 모양.

忙迫(망박) 일에 몰려서 몹시 바쁨.

忙食噎喉(망식열후) 바쁘게 먹은 밥에 목이 메인다는 뜻으로, 급히 서두르면 실패하기 쉬움을 비유하는 말.

忙月(망월) 1년 중 가장 바쁜 달.

忙中閑(망중한) 바쁜 와중에 한가한 짬.

유 偬(바쁠 총) 비 汒(황급할 망)

忘	③ 7획	日 ボウ・わすれる
	잊을 망	中 wáng, wàng

* 형성. 뜻을 나타내는 부수 '心(마음 심)'에 음을 나타내는 '亡(없을 망)'이 더하여져, 마음(心)에서 없어짐(亡), 곧 '잊음'을 나타냄.

풀이 1. 잊다. 잊어버리다. ¶忘年 2. 건망증.

忘却(망각) 기억이 희미해져 잊어버림.

忘年(망년) 1)나이를 잊음. 2)한 해의 안 좋은 일을 잊음.

忘年會(망년회) 가는 한 해의 모든 괴로움을 잊자는 뜻으로 연말에 베푸는 모임 또는 그 연회.

忘失(망실) 1)생각을 잊어버림. 2)잊어버려서 없어짐.

忘我(망아) 어떤 일에 열중하여 자신도 잊어버림.

忘吾(망오) 자기 자신을 잊음.

忘憂(망우) 근심을 잊는 일. 망우물(忘憂物).

忘恩(망은) 은혜를 잊음.

忘恩背義(망은배의) 은혜를 잊고 의리를 배반함.

忘八(망팔) 여덟 가지 유교의 덕목을 잊어버렸다는 뜻에서, 무뢰한을 말함.

応	③ 7획
	應(p480)의 俗字

忍	③ 7획	日 イン・たえる
	참을 인	中 rěn

* 형성. 뜻을 나타내는 부수 '心(마음 심)'에 음을 나타내는 '刃(칼날 인)'이 합쳐진 글자. 마음(心)속에 칼날(刃)을 품으

며 '참는' 것을 나타냄.

풀이 1. 참다. 인내하다. ¶忍耐 2. 이겨내다. ¶忍苦 3. 잔인하다. ¶忍人 4. 용서하다. 5. 차마 못하다. ¶不忍

忍苦(인고) 고통을 참음. 괴로움을 참고 이겨냄.

忍耐(인내) 괴로움이나 노여움 등을 참고 견딤.

忍羞(인수) 부끄러움을 참음.

忍辱(인욕) 욕되는 것을 참음.

忍人(인인) 잔인한 사람.

忍從(인종) 참고 복종함.

不忍(불인) 차마 참기가 어려움.

유 耐(견딜 내)

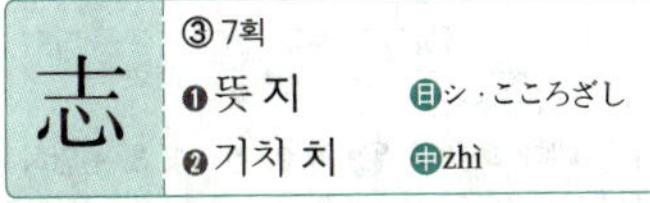

志 ③ 7획
❶ 뜻 지 日シ・こころざし
❷ 기치 치 中zhì

一 十 士 志 志 志 志

* 회의. 선비(士)의 마음(心)은 즉 높은 '뜻'이 된다 하여 '뜻'을 나타냄.

풀이 1 1. 뜻. 생각. 각오. 의지. ¶志氣 2. 기록하다. 3. 기억하다. 2 4. 기치. 군중에서 쓰는 기.

志氣(지기) 어떤 일을 이루려고 하는 의지와 기개.

志望(지망) 뜻하여 바람. 소망.

志士(지사) 절의(節義)가 있는 선비. 나라에 목숨을 바쳐 충성을 다하는 사람.

志願(지원) 바라고 원함. 뜻하여 바람.

志節(지절) 굳은 의지와 절개. 굳게 지켜 변함없는 지조.

志操(지조) 굳은 절개. 굳은 뜻.

志趣(지취) 의지와 취향. 의향(意向).

志學(지학) 1)학문에 뜻을 둠. 2)15세 정도의 나이를 말함.

志向(지향) 뜻이 쏠리는 방향. 또는 그 방향으로 나감.

民志(민지) 백성(百姓)이 지향하는 바의 뜻.

薄志(박지) 박약한 의지(意志).

芳志(방지) 꽃답고 애틋한 마음.

本志(본지) 본래의 의향.

유 意(뜻 의)

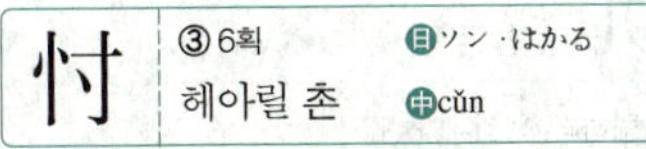

忖 ③ 6획 日ソン・はかる
헤아릴 촌 中cǔn

풀이 헤아리다. 생각하다. ¶忖度

忖度(촌탁) 남의 마음을 헤아림.

유 測(헤아릴 측) 量(헤아릴 량) 勘(헤아릴 감)

비 村(마을 촌)

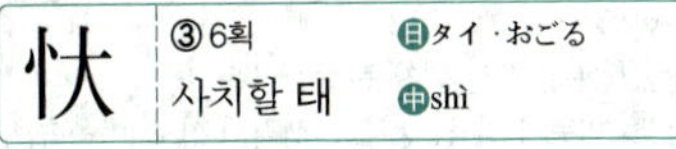

忕 ③ 6획 日タイ・おごる
사치할 태 中shì

풀이 1. 사치하다. 넘치다. ¶忕侈 2. 익히다. 익숙해지다.

忕侈(태치) 사치함.

유 奓(사치할 치) 奢(사치할 사) 비 伏(엎드릴 복)

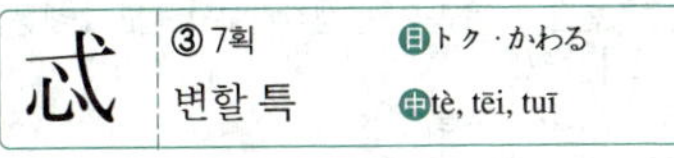

忒 ③ 7획 日トク・かわる
변할 특 中tè, tēi, tuī

풀이 1. 변하다. 바뀌다. 2. 어긋나다. 틀리다. 3. 의심하다.

忼 ④ 7획 日コウ
강개할 강 中kāng

풀이 강개하다. 의기가 북받치어 원통하고 슬프다.

忼慨(강개) 불의나 불법을 보고 의가 북받쳐 분개하고 한탄함. 강개(慷慨).

비 抗(막을 항)

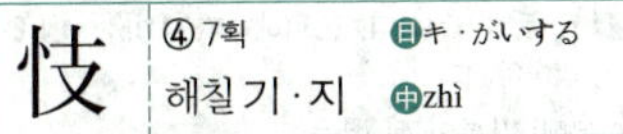

忮 ④ 7획 日キ・がいする
해칠 기・지 中zhì

풀이 1. 해치다. 질투하여 해치다. ¶忮求 2. 거스르다. 거역하다. ¶忮辯 3. 원망하다. 원한을 품다. 4. 뜻이 굳다.

忮求(기구) 해치고 욕심을 부림.

忮辯(기변) 거역하는 말.

忮心(기심) 싫어하고 거역하는 마음.

忮害(기해) 사람에게 해를 끼침.

비 岐(갈림길 기) 肢(사지 지)

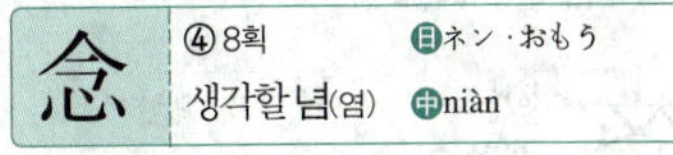

念 ④ 8획 日ネン・おもう
생각할 념(염) 中niàn

丿 人 𠆢 今 今 念 念 念

* 형성. 뜻을 나타내는 부수 '心(마음 심)'에 음을 나타내는 '今(이제 금→념)'이 합쳐진 글자. 언제나 지금(今) 마음(心)에 있는 것을 나타내어, '생각하다'는 뜻이 됨.

풀이 1. 생각하다. 생각. ¶念頭 2. 외다. 암송하다. ¶念佛 3. 스물. 이십. ¶念日 4. 잠깐. 5. 삼가다. 6. 읽다. ¶念書

4 획

念經(염경) 기도문을 욈.
念念(염념) 1)항상 마음에 둠. 유의함. 2)생각 마다.
念讀(염독) 정신을 집중하고 읽음.
念頭(염두) 1)마음. 생각. 2)생각의 시초. 마음속.
念慮(염려) 마음을 놓지 못함. 걱정하는 마음.
念力(염력) 정성을 다하는 마음.
念佛(염불) 1)마음속으로 불경을 외는 일. 2)같은 내용의 말을 계속 반복함.
念書(염서) 책을 생각하며 읽음.
念願(염원) 마음속으로 생각하고 바람. 오랫동안의 소원.
念日(염일) 스무날. 20일.
念前(염전) 스무날이 되기 전.
念珠(염주) 여러 개의 보리자(菩提子)를 실에 꿰어서 염불할 때에 쓰는 물건.
念後(염후) 그 달의 20일 후.

유 想(생각할 상) 考(상고할 고)

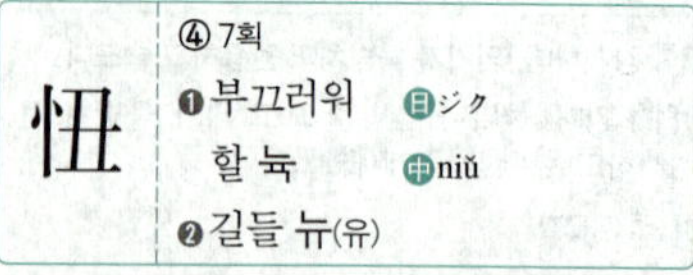

忸 ④ 7획
❶ 부끄러워할 뉵 日ジク 中niǔ
❷ 길들 뉴(유)

풀이 1 1. 부끄러워하다. 창피해하다. ¶忸行 2 2. 길들다. 익숙해지다.
忸行(유행) 버릇이 된 행동.

유 恥(부끄러워할 치)

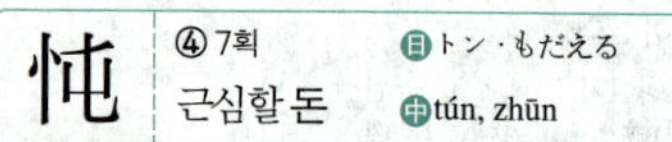

忳 ④ 7획
근심할 돈 日トン·もだえる 中tún, zhūn

풀이 1. 근심하다. 걱정하다. 2. 어리석다. 어리석은 모양.
忳忳(돈돈) 근심하는 모양.

유 憂(근심할 우) 忉(근심할 도)

忞 ④ 8획
힘쓸 민 日ビン·つとめる 中mín

풀이 1. 힘쓰다. 애쓰다. 2. 어둡다. 3. 어지럽다. 어지럽히다. ¶忞忞
忞忞(민민) 1)잘 이해되지 않는 모양. 2)어지러운 모양.

유 努(힘쓸 노)

忟 ④ 7획
忞(p434)과 同字

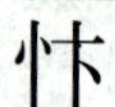

忭 ④ 7획
기뻐할 변 日ヘン·うれしい 中biàn

풀이 기뻐하다. 좋아하다.

유 喜(기쁠 희)

忿 ④ 8획
성낼 분 日ブン·おこる 中fèn

* 형성. 뜻을 나타내는 부수 '心(마음 심)'과 음을 나타내는 '分(나눌 분)'이 합쳐진 글자.

풀이 1. 성내다. 화내다. ¶忿爭 2. 분. 화. 3. 원망하다. ¶忿憤
忿憾(분감) 성을 내며 원망함.
忿氣(분기) 분한 마음. 원통한 마음.
忿戾(분려) 화내며 다툼.
忿罵(분매) 화를 내며 꾸짖음.
忿發(분발) 성을 냄.
忿忿(분분) 화내는 모양.
忿憤(분분) 분하여 원통하게 여김.
忿怨(분원) 성내고 원망함.
忿爭(분쟁) 서로 화가 나서 다툼.
忿疾(분질) 성내어 꾸짖음.

유 怒(성낼 노)

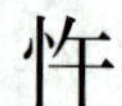

忤 ④ 7획
거스를 오 日ゴ·ごう 中wǔ

풀이 1. 거스르다. 어기다. ¶忤逆 2. 어지럽다.
忤物(오물) 남과 어울리지 않음.
忤色(오색) 마음에 거슬리는 낯빛.
忤逆(오역) 거스름. 배반함.
忤恨(오한) 거슬려 한을 품음.

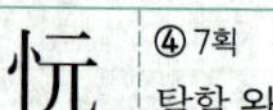

忨 ④ 7획
탐할 완 日ガン·むさぼる 中wàn

풀이 탐하다. 욕심내다.
忨日(완일) 게을러서 날짜를 헛되이 보냄.
忨愾(완조) 탐을 냄. 과분하게 욕심을 부림.

유 貪(탐할 탐)

忝	④ 8획 더럽힐 첨	日セン·けがす 中tiǎn

풀이 1. 더럽히다. 2. 욕. 욕하다.

비 添(더할 첨)

	④ 8획 悤(p449)의 俗字

忡	④ 7획 근심할 충	日チュウ·ざんねんする 中chōng

풀이 근심하다. 걱정하다.

忠	④ 8획 충성 충	日チュウ 中zhōng

丶 口 口 中 中 忠 忠 忠

* 형성. 음을 나타내는 '中(가운데 중→ 충)'에 뜻을 나타내는 '心(마음 심)'이 합해져서, 마음(心)속 중심(中)에서 우러나오는 참된 뜻, 곧 '충성스러운' 뜻을 나타냄.

풀이 1. 충성. 충성하다. ¶忠君 2. 삼가다. 3. 정성을 다하다. 정성. 진심. ¶忠計 4. 맞다. 적중하다. 5. 헤아리다. 6. 공평하다.

忠諫(충간) 충성스러운 마음으로 윗사람의 잘못을 충고함.
忠計(충계) 정성을 다하여 꾸민 계략.
忠告(충고) 진심으로 남의 허물을 타이름.
忠君(충군) 임금에게 충성을 다함.
忠烈(충렬) 충의의 마음이 두텁고 강함.
忠僕(충복) 충심으로 주인을 섬기는 종.
忠恕(충서) 1)충성과 용서. 2)정성을 다하며 충실하고 동정심이 많음.
忠誠(충성) 참 마음에서 우러나는 충의의 정성.
忠信(충신) 1)충성과 신의. 2)진심을 다하며 진실함.
忠臣(충신) 충성스러운 신하.
忠實(충실) 1)맡은 일을 열심히 하여 정성스러움. 2)충성스럽고 성실함.
忠心(충심) 충성스러운 마음.
忠愛(충애) 진심을 다해 사랑함.
忠言(충언) 1)진심에서 나오는 말. 2)바르게 타이르는 말.
忠言逆耳(충언역이) 옳은 말은 귀에 거슬림.
忠義(충의) 임금과 나라에 대한 충성된 의리.
忠節(충절) 충성스런 절개. 굳게 충의를 지키는 지조.
忠貞(충정) 충성스럽고 지조가 굳음.
忠情(충정) 충성스럽고 두터운 정.
忠志(충지) 충성스러운 뜻.
忠直(충직) 성실하고 정직함.
忠孝(충효) 충의와 효행. 임금과 어버이를 잘 섬기는 일.
忠魂(충혼) 1)충의에 넘치는 정신. 충성된 마음. 2)충의를 위하여 목숨을 버린 사람의 넋.

忱	④ 7획 정성 침	日シン·まごころ 中chén

풀이 정성. 정성스럽다.

유 誠(정성 성) 비 沈(가라앉을 침)

快	④ 7획 즐거울 쾌	日カイ·うれしい 中kuài

丨 丨 忄 忄 忄 快 快

풀이 1. 즐겁다. 유쾌하다. ¶快感 2. 시원하다. 쾌청하다. 3. 병이 낫다. ¶快癒 4. 빠르다. 신속하다. 5. 방종하다. 멋대로 하다.

快感(쾌감) 상쾌하고 즐거운 느낌.
快擧(쾌거) 시원스럽게 하는 일.
快樂(쾌락) 1)기분이 좋고 즐거움. 2)욕망의 충족에서 오는 유쾌한 감정.
快心(쾌심) 마음이 즐거움.
快癒(쾌유) 병이 완전히 나음. 쾌차(快差).
快意(쾌의) 시원스러운 마음. 좋은 기분.
快哉(쾌재) 뜻대로 잘 되어 매우 흡족하게 여김.
快適(쾌적) 알맞게 기분이 매우 좋음.
快擲(쾌척) 재물 등을 시원스럽게 내어 줌.
快晴(쾌청) 하늘이 시원스럽게 갬.
快快(쾌쾌) 씩씩하고 시원스러움.
快投(쾌투) 야구에서, 투수가 멋지게 공을 던지는 일.
快漢(쾌한) 기상이 용맹한 남자. 쾌남자.
快許(쾌허) 선선히 허락함.
快活(쾌활) 마음씨나 성질(性質) 또는 행동(行動)이 씩씩하고 활발함.
完快(완쾌) 병이 완전히 나음.

비 決(결단할 결)

忲	④ 7획 忕(p433)와 同字

4획

忺	④ 7획	日ケン·たのむ
	바랄 험	中qiàn, xiān

풀이 바라다. 원하다.

유 希(바랄 희)

忽	④ 8획	日おろそか
	소홀히 할 홀	中hū

*형성. 뜻을 나타내는 '心(마음 심)'과 음을 나타내는 '勿(없을 물)'이 합쳐진 글자. 마음(心)먹을 사이도 없는(勿) 때를 나타내어, '순간'을 뜻함.

풀이 1. 소홀히 하다. ¶忽易 2. 갑자기. 홀연히. ¶忽遽 3. 다하다. 멸하다. 4. 손쉽다. 5. 어두운 모양. 6. 작은 수의 단위. 올. 누에 입에서 나오는 한 올의 실. 7. 잊다. 망각하다.

忽遽(홀거) 갑자기.
忽微(홀미) 아주 작음.
忽似(홀사) 어두운 모양.
忽焉(홀언) 갑자기. 홀연(忽然).
忽如過隙(홀여과극) 갑자기 틈을 지나감과 같다는 뜻으로, 세월이 매우 빠르게 지나감을 비유하는 말.
忽然(홀연) 갑자기.
忽易(홀이) 소홀함.
忽諸(홀저) 소홀히 함. 홀략(忽略).
忽地(홀지) 문득. 홀연.
忽忽(홀홀) 1)문득. 갑자기. 2)황홀한 모양. 3)소홀해서 일을 돌보지 않는 모양.

비 怱(바쁠 총)

忻	④ 7획	日うれしい
	기뻐할 흔	中xīn

풀이 1. 기뻐하다. 쾌하다. 2. 열다. 마음이 열리다.

忻忻(흔흔) 기뻐함. 기쁘고 흡족함.

유 喜(기쁠 희) 비 快(쾌할 쾌)

怯	⑤ 8획	日キョウ·おそれる
	겁낼 겁	中qiè

*회의. 마음(心)에서 두려움을 느껴 간다(去)는 뜻으로 '겁, 피하다' 등의 뜻을 나타냄.

풀이 1. 겁내다. 두려워하다. ¶怯心 2. 겁이 많다. 무서움을 잘 타다. ¶怯懦 3. 피하다. 4. 겁쟁이.

怯劣(겁렬) 겁을 내고 용렬함.
怯懾(겁섭) 겁냄.
怯心(겁심) 겁내거나 두려워하는 마음.
怯疑(겁의) 두려워서 어찌할 바를 모름.
怯惰(겁타) 겁이 많고 게으름.
驚怯(경겁) 놀라 두려워함.
虛怯症(허겁증) 몸이 몹시 허약하여 까닭없이 무서움을 타는 증세.

怪	⑤ 8획	日カイ·ケ·あやしい
	기이할 괴	中guài

*형성. 뜻을 나타내는 '心(마음 심)'에 '圣(힘쓸 골)'자가 합해진 글자. 손(又)으로 흙(土)을 파는 농사는 육체로 하는 것인데 마음(心)만으로 한다면 그것은 사리에 어긋난 것이라는 뜻으로 '기이하다' 또는 '의심하다'는 뜻이 됨.

풀이 1. 기이하다. 괴상하다. ¶奇怪 2. 의심스럽다. 의심하다. 3. 유령. 도깨비. ¶怪鬼

怪傑(괴걸) 기이한 재주와 힘이 있는 뛰어난 인물.
怪怪(괴괴) 몹시 기이함. 이상 야릇함.
怪巧(괴교) 기이하고 교묘함.
怪詭(괴궤) 괴상하고 기이함.
怪鬼(괴귀) 도깨비.
怪奇(괴기) 괴상하고 기이함.
怪談(괴담) 기이하고 이상한 이야기.
怪力(괴력) 초인적일 만큼 뛰어난 힘.
怪聞(괴문) 괴상한 소문.
怪物(괴물) 1)괴상하게 생긴 물건. 2)행동이나 생김새가 괴상한 인물.
怪癖(괴벽) 괴이한 버릇.
怪變(괴변) 괴상한 변고(變故).
怪石(괴석) 1)이상하게 생긴 돌. 2)예쁜 돌.
怪說(괴설) 기괴한 이야기. 이상한 소문.
怪惡(괴악) 언행이 이상하고 악함.
怪鳥(괴조) 이상하게 생긴 새. 보기 드문 새.
怪歎(괴탄) 이상하게 여겨 탄식함.
怪特(괴특) 괴상하고 특이함.

유 奇(기이할 기)

怐	⑤ 8획	日ク·おろかだ
	어리석을 구	中kòu

풀이 어리석다. 무지하다.

怐愗(구무) 어리석은 모양.

유 愚(어리석을 우)

急 ⑤9획 日キュウ
급할 급 中jí

*형성. 뜻을 나타내는 부수 '心(마음 심)'에 음을 나타내는 '及(미칠 급)'의 생략형이 합해져, 마음(心)만 먼저 이르(及)고자 하니 급하다는 뜻이 되어. '조급하다', '서두르다'는 뜻으로 사용됨.

풀이 1. 급하다. 급히. 급하게. ¶急擊 2. 서두르다. 재촉하다. 3. 중요하다. ¶急所 4. 켕기다. 일에 대해 겁나거나 꺼리는 것이 있다.

急減(급감) 급히 감소함. 갑자기 줄임.
急降下(급강하) 급속하게 아래로 내려감.
急激(급격) 급하고 격렬함.
急擊(급격) 급히 공격함.
急救(급구) 급히 구원함.
急劇(급극) 매우 급함.
急急(급급) 매우 급한 모양.
急湍(급단) 물살이 매우 빠른 시내 또는 여울.
急騰(급등) 갑자기 오름.
急流(급류) 급히 흐르는 물.
急務(급무) 급히 해야 하는 일.
急迫(급박) 조금의 여유도 없이 절박함.
急變(급변) 1)갑작스럽게 변함. 2)급히 일어난 변고.
急報(급보) 1)급한 보고. 2)급히 아뢺.
急死(급사) 갑자기 죽음.
急煞(급살) 운수가 아주 나쁜 일.
急先務(급선무) 가장 급하게 먼저 보아야 할 일.
急所(급소) 1)사물의 가장 중요한 곳. 2)몸 가운데 해롭게 하면 목숨이 위험한 자리.
急燒火藥(급소화약) 빠르게 타들어가는 화약.
急速(급속) 아주 빠름.
急送(급송) 급히 보냄.
急襲(급습) 1)단시간 내에 공격을 실행함. 2)갑자기 습격함.
急岸(급안) 바다나 강의 가파른 기슭.
急熱(급열) 급히 가열함.
急緩(급완) 1)요긴함과 덜 요긴함. 2)경사 등이 급함과 완만함. 3)빠름과 느림.
急用(급용) 1)아주 급하게 해야 할 일. 2)급히 써야 할 일.
急雨(급우) 갑작스럽게 쏟아지는 비.
急人之風(급인지풍) 남의 위급함을 도와주는 의로운 태도 또는 기풍.
急錢(급전) 급히 쓸 돈. 급한 데 필요한 돈.
急增(급증) 갑자기 증가함.
急進(급진) 1)급히 진행함. 2)급속히 이상을 실현하려는 일.
急派(급파) 급히 파견함.
急行(급행) 1)급히 감. 2)급행 열차의 약어.

忯 ⑤8획
산 이름 기(韓)

풀이 산 이름.

恼 ⑤8획 日ノウ
어지러울 노 中náo

풀이 어지럽다.

怒 ⑤9획 日ノウ·おこる
성낼 노 中nù

*형성. 뜻을 나타내는 부수 '心(마음 심)'과 음을 나타내는 '奴(종 노)'가 합쳐진 글자.

풀이 1. 성내다. 화내다. 노여움. ¶怒氣 2. 곤두서다. ¶怒髮 3. 세차다. ¶怒濤 4. 기세. 5. 떨쳐 일어나다. 분기하다.

怒氣(노기) 노여운 기색.
怒濤(노도) 세차게 밀려오는 큰 파도. 성난 파도.
怒浪(노랑) 성난 물결. 세찬 파도.
怒雷(노뢰) 세찬 천둥.
怒馬(노마) 성난 말.
怒髮(노발) 몹시 화가 나 일어선 머리카락.
怒發大聲(노발대성) 매우 성이 나서 외치는 큰 목소리.
怒色(노색) 성이 난 얼굴빛.
怒聲(노성) 성난 소리.
怒視(노시) 성난 눈으로 봄.
怒言(노언) 화가 나서 하는 말.

유 忿(성낼 분) 비 恕(용서할 서)

怩 ⑤8획
부끄러워할 니 日ニ·はずかしい 中ní

풀이 부끄러워하다. 수치스러워하다.

怛 ⑤8획 日タツ·かなしい
슬플 달 中dá

4획

풀이 1. 슬프다. 애달프다. ¶怛悼 2. 놀라다. 경악하다. ¶怛然 3. 두려워하다. ¶怛惕

怛怛(달달) 근심함. 슬퍼서 근심함.
怛悼(달도) 슬퍼함. 애도함.
怛傷(달상) 슬퍼서 마음이 상함.
怛然(달연) 놀라는 모양. 악연(愕然).
怛惕(달척) 슬퍼하고 두려워함.

유 悲(슬플 비) 비 但(다만 단)

怢	⑤8획 잊을 돌	日トツ・わすれる 中tū

풀이 잊다. 잊어버리다.

유 忘(잊을 망)

怜	⑤8획 ❶영리할 령(영) ❷불쌍히 여길 련(연)	日レイ 中lián, líng

* 형성. 뜻을 나타내는 '心(마음 심)'과 음을 나타내는 '令(부릴 령)'이 합쳐진 글자.

풀이 1 1. 영리하다. 지혜롭다. 똑똑하다. ¶怜悧 2 2. 불쌍히 여기다. 가엾게 여기다. ¶怜殺

怜殺(연살) 불쌍히 여김.
怜悧(영리) 영리하고 민첩함. 영리(伶俐).

유 譞(영리할 현) 비 伶(영리할 령)

怲	⑤8획 근심할 병	日ヘイ・ひょう 中bǐng

풀이 근심하다. 고민하다.

怲怲(병병) 근심으로 마음을 애태우는 모양.

유 患(근심 환)

怤	⑤9획 생각할 부	日フ・おもう 中fū

풀이 1. 생각하다. 2. 기뻐하다.

怫	⑤8획 답답할 불	日ヒ・フツ・いかる 中fèi, fú

풀이 1. 답답하다. ¶怫鬱 2. 어그러지다. ¶怫異 3. 마음이 불안한 모양. 4. 화를 내다. 발끈하다. ¶怫恚

怫戾(불려) 도리에 어긋남.
怫恚(불에) 발끈하여 성냄.
怫然(불연) 불끈 화내는 모양.
怫悅(불열) 생각이 잘 안 나 답답한 모양.
怫鬱(불울) 마음이 답답함. 울적함. 울불(鬱怫).
怫異(불이) 도리에 어긋남.

비 佛(부처 불)

思	⑤9획 ❶생각할 사 ❷수염 많을 새	日シ・おもう 中sāi, sī, sì

丨 ㅁ ㅁ 田 田 田 思 思 思

* 회의. 囟(뇌 전)과 '心(마음 심)'이 합쳐진 글자. 두뇌(囟)에서 작용하는 마음(心)은 '생각하는' 것임을 나타냄.

풀이 1 1. 생각하다. ¶思考 2. 그리워하다. 사모하다. ¶思慕 3. 슬퍼하다. 4. 바라다. 원하다. 5. 생각. 뜻. 마음. 2 6. 수염이 많다.

思考(사고) 1)생각. 궁리. 2)해결의 수단을 찾아가는 정신적인 작용.
思過半(사과반) 생각하여 얻는 바가 많음.
思念(사념) 마음속으로 깊이 생각함.
思慮(사려) 1)깊이 생각함. 2)여러 가지 일에 대한 생각과 근심.
思料(사료) 생각하여 헤아림. 깊이 생각함.
思慕(사모) 1)그리워함. 2)마음으로 우러러 받들어 따름.
思無邪(사무사) 생각에 간사함이 전혀 없음. 마음에 조금도 나쁜 일을 생각함이 없음.
思想(사상) 1)생각. 2)사고 작용을 거쳐 생긴 체계적 의식 내용. 3)사회 및 인생에 대한 견해.
思索(사색) 사물의 이치를 따져서 깊이 생각함.
思惟(사유) 1)생각함. 2)철학에서 분석·추리·판단 등의 정신적인 인식 작용.
思潮(사조) 한 시대 사람들의 일반적인 사상적인 경향. 사상의 흐름.
思春期(사춘기) 이성에 대해 관심을 갖게 되고 춘정(春情)을 느낄 만한 나이.
思親(사친) 부모를 생각함.
思度(사탁) 생각하고 헤아림.

유 念(생각할 념) 想(생각할 상) 考(상고할 고)
비 惠(은혜 혜)

性	⑤8획 성품 성	日セイ・シュウ・たち 中xìng

4획

丨 忄 忄 忄 忄 忄 性 性

* 형성. 뜻을 나타내는 '忄(心;마음 심)'과 음을 나타내는 '生(날 생)'이 합쳐진 글자. 타고난(生) 마음(心) 그대로라는 의미에서, 바탕이 되는 '성품', 또는 '성별'의 뜻을 나타냄.

풀이 1. 성품. ¶性品 2. 성질. 3. 바탕. 근본. ¶性情 4. 목숨. 생명. ¶性命 5. 성별. ¶性徵 6. 모습. 모양. ¶性狀 7. 마음. 생각.

性格(성격) 각 사람에게 특유한 성질. 인품.

性急(성급) 성격이 몹시 급함.

性能(성능) 1)성질과 능력. 2)기계 등이 일을 해낼 수 있는 능력.

性靈(성령) 영혼. 정신.

性理(성리) 1)인성(人性)과 천리(天理). 2)본성.

性理學(성리학) 성리(性理)를 논한 유교 철학. 송(宋)의 주돈이(周敦頤)·정이(程頤)·주희(朱熹) 등이 제창한 학설.

性命(성명) 1)인성(人性)과 천명(天命). 2)생명. 수명.

性味(성미) 성질과 취미.

性癖(성벽) 1)성격과 버릇. 2)오래된 나쁜 버릇.

性別(성별) 남성·여성의 구별.

性病(성병) 옳지 못한 성교로 인해 주로 생식기를 통하여 전염되는 병. 임질·매독 등의 질병.

性分(성분) 본디부터 가지고 있는 고유한 특성이나 특질(特質).

性狀(성상) 1)사람의 성질과 행실. 2)사물의 됨됨이나 모양새.

性善說(성선설) 맹자(孟子)가 제창한 사람의 본성은 선하지만, 욕심 때문에 불의(不義)가 생긴다는 설.

性惡說(성악설) 순자(荀子)가 제창한 사람의 본성은 악하며, 착한 행위는 후천적인 작위(作爲)에 의해 이루어진다는 설.

性情(성정) 타고난 성품. 본성.

性質(성질) 1)타고난 기질. 고유의 성격. 2)그것만이 가지고 있는 바탕. 특성. 특질.

性徵(성징) 남녀, 자웅(雌雄)의 성(性)의 특이한 형질. 성적 특성.

性稟(성품) 사람이 본디 가지고 있는 성질.

性品(성품) 성격과 품행. 성질과 됨됨이.

性行(성행) 성격과 행동.

性向(성향) 성질의 경향.

비 姓(성 성)

怏	⑤8획	日アン·うらみ
	원망할 앙	中yàng

풀이 1. 원망하다. 앙심을 품다. ¶怏心 2. 불만스럽다. ¶怏然

怏心(앙심) 원한을 품은 마음. 앙갚음하기를 벼르는 마음.

怏怏(앙앙) 불만이 있어 못마땅한 모양.

怏然(앙연) 불만스런 마음을 품은 모양.

怏鬱(앙울) 불만을 품고 우울함.

怏悒(앙읍) 불만스러워하고 근심함.

怏意(앙의) 마음이 좋지 않은 일.

유 怨(원망할 원) 비 殃(재앙 앙)

怨	⑤9획	日エン·うらみ
	원망할 원	中yuàn

丿 ク タ 夕 夗 夗 怨 怨 怨

풀이 1. 원망하다. ¶怨聲 2. 미워하다. ¶怨望 3. 원수. ¶怨讐 4. 한탄하다. 슬퍼하다.

怨結(원결) 원한이 맺혀 있음.

怨念(원념) 원망을 품은 생각.

怨望(원망) 마음에 불평을 품고 미워함.

怨聲(원성) 원망하는 소리.

怨讐(원수) 자기 또는 자기 나라에 참을 수 없는 해(害)를 끼친 사람.

❖ 원수(怨讐)에 관한 고사성어

- 氷炭不相容(빙탄불상용) 얼음과 숯불은 서로 용납되지 않음.
- 氷炭之間(빙탄지간) 얼음과 숯불의 사이.
- 不俱戴天之讎(불구대천지수) 함께 하늘을 이고 살아갈 수 없는 원수.

怨罪(원죄) 원한을 품고 저지른 죄.

怨慝(원특) 원한을 품어 요사스럽고 악함.

怨恨(원한) 원통하고 한스럽게 여기는 생각.

報怨(보원) 남이 나에게 해를 주었을 때에, 그에게 해를 주는 일. 앙갚음.

私怨(사원) 개인적인 원한.

愁怨(수원) 근심하고 원망함.

誰怨孰尤(수원숙우) 누구를 원망하고 탓할 수가 없다는 뜻.

宿怨(숙원) 묵은 원한(怨恨).

深怨(심원) 1)깊이 원망함. 2)깊은 원망.

哀怨聲(애원성) 슬프게 원망하는 소리.

유 怏(원망할 앙)

怮	⑤8획	日ユ·しんぱいする
	근심할 유	中yōu

풀이 1. 근심하다. 2. 부루퉁하다. 화가 나서 말을 하지

않음.

怞	⑤ 8획 근심할 유	日 ユウ · しんぱいする 中 yóu

풀이 근심하다. 수심에 빠지다.

怡	⑤ 8획 기쁠 이	日 イ · うれしい 中 yí

풀이 기쁘다. ¶怡怡

怡色(이색) 기쁜 기색을 띤 얼굴.
怡聲(이성) 기쁜 말소리.
怡神(이신) 마음이 즐거움.
怡顔(이안) 기뻐 얼굴에 화색이 생김.
怡悅(이열) 기쁘고 즐거움. 이역(怡懌).
怡豫(이예) 기뻐하고 즐거워함.
怡愉(이유) 즐겁고 기쁨.
怡怡(이이) 기뻐하는 모양. 이연(怡然).

유 喜(기쁠 희)

怍	⑤ 8획 부끄러워할 작	日 サク · はずかしい 中 zuò

풀이 1. 부끄러워하다. 수치스러워하다. ¶怍色 2. 안색을 바꾸다.

怍色(작색) 부끄러워하는 낯빛.
怍慍(작온) 부끄러워하며 화를 냄.

유 恥(부끄러워할 치) 忸(부끄러워할 뉵)

怚	⑤ 8획 ❶ 교만할 저 ❷ 거칠 조	日 ソウ 中 cū, jù

풀이 ❶ 1. 교만하다. 뽐내다. ❷ 2. 성품이나 물건 등이 거칠다. 조악하다.

유 驕(부교만할 교) 비 阻(험할 조)

怔	⑤ 8획 두려워할 정	日 セイ · ショウ 中 zhēng, zhèng

풀이 1. 두려워하다. 무서워하다. ¶怔忪 2. 신경 쇠약증. ¶怔忡症

怔營(정영) 두려워서 어찌할 바를 모름. 당황하여 불안해함.
怔怔(정정) 1)빤히 쳐다보는 모양. 2)하염없이.
怔忪(정종) 두려워하는 모양.
怔忡症(정충증) 한방에서, 이유 없이 가슴이 두근거리고 불안해하는 증세.

유 恐(두려울 공)

怎	⑤ 9획 어찌 즘	日 シン · いかに 中 zěn

풀이 어찌. 어찌하여.

怗	⑤ 8획 ❶ 고요할 첩 ❷ 막힐 첨	日 セツ 中 tiē

풀이 ❶ 1. 고요하다. 조용하다. ¶怗怗 2. 따르다. 좇다. ¶怗服 ❷ 3. 막히다.

怗服(첩복) 따르며 순종함.
怗怗(첩첩) 고요한 모양.

유 靜(고요할 정)

怊	⑤ 8획 슬퍼할 초	日 ショウ · かなしい 中 chāo

풀이 1. 슬퍼하다. 2. 실의에 빠지다. ¶怊悵

怊悵(초창) 1)슬퍼하는 모양. 2)실의(失意)에 빠진 모양.
怊乎(초호) 슬퍼하는 모양.

유 怛(슬플 달) 悲(슬플 비)

怱	⑤ 9획 悤(p449)의 俗字

怠	⑤ 9획 게으를 태	日 タイ · たいだ 中 dài

ㄥ ㄙ 厶 台 台 台 怠 怠 怠

* 형성. 뜻을 나타내는 부수 '心(마음 심)'과 음을 나타내는 '台(별 태)'로 이루어진 글자. 마음(心)만 높아(台)져 일은 하지 않고 '게으른' 것을 나타냄.

풀이 1. 게으르다. 나태하다. 태만하다. ¶怠慢 2. 게으름. 태만. 나태. ¶怠慢 3. 경멸하다. 업신여기다. ¶怠傲

怠棄(태기) 태만하여 일을 그대로 내버려 둠.
怠慢(태만) 게으름. 느림.

4획

怠業(태업) 1)게으름을 피우는 일. 2)노동쟁의(勞動爭議)의 한 가지. 일을 다 끝내기도 전에 걷어치우거나 능률을 늦추거나 하여, 기업주에 대해 손해를 끼침으로써 분쟁의 해결을 꾀하는 일.

怠傲(태오) 거만하여 업신여김.

怠惰(태타) 게으름.

過怠(과태) 나무람을 받을 만한 태만.

過怠料(과태료) 공법상의 의무(義務) 이행을 태만히 한 사람에게 벌로 물게 하는 돈.

倦怠(권태) 어떤 일이나 상태에 시들해져서 생기는 게으름이나 싫증.

勤怠(근태) 1)부지런함과 게으름. 2)출근(出勤)과 결근(缺勤).

懶怠(나태) 게으르고 느림.

懈怠(해태) 1)몹시 게으름. 2)어떤 법률 행위(法律行爲)를 해야 할 기일을 이유 없이 넘겨 책임을 다하지 않는 일.

유 惰(게으를 타) 倦(게으를 권) 慢(게으를 만)
반 勤(부지런할 근)

⑤ 8획
❶ 두려워할 파 日ハ・ハク
❷ 고요할 박 中pà

풀이 1 1. 두려워하다. ¶怕懼 2. 아마. 아마도. 3. 부끄러워하다. ¶怕羞 2 4. 고요하다. 인적이 없다. ¶怕乎

怕乎(박호) 하는 일이 없이 고요한 모양.

怕懼(파구) 두려워함.

怕羞(파수) 부끄러워함. 수줍어함.

유 恐(두려울 공) 怔(두려워할 정) 비 泊(배댈 박)

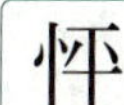

⑤ 8획 日ヒョウ
조급할 평 中pēng

풀이 1. 조급하다. 서둘다. 2. 성실하게 일을 하는 모양.

怖

⑤ 8획 日ホウ・こわがる
두려워할 포 中bù

풀이 1. 두려워하다. ¶怖懼 2. 협박하다. 3. 공포에 떨다. 두려워 전율하다.

怖遽(포거) 두려워서 허둥거림.

怖悸(포계) 두려워서 두근거림.

怖懼(포구) 두려워함.

怖慄(포률) 두려워서 떪.

怖覆(포복) 놀라서 넘어짐.

怖畏(포외) 무섭고 두려움.

恐怖(공포) 두려워함.

유 恐(두려울 공) 怔(두려워할 정)

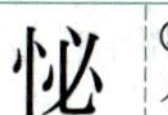

⑤ 8획 日ヒツ
설만할 필 中bì

풀이 행동이 거만하고 무례하다.

怭怭(필필) 예의가 없고 방자한 모양.

怙

⑤ 8획 日コ
믿을 호 中hù

풀이 믿다.

怙氣(호기) 기운 · 용기 등을 믿음.

怙亂(호란) 남의 혼란한 틈을 타 쳐들어감.

怙恃(호시) 믿고 의지한다는 뜻으로, 부모님을 이르는 말.

유 信(믿을 신)

怳

⑤ 8획 日キョウ
멍할 황 中huǎng

풀이 1. 멍하다. 2. 놀라서 바라보다. 3. 황홀하다. ¶怳惚 4. 어슴푸레하다. 흐릿하다. ¶怳然 5. 잠시.

怳然(황연) 1)놀라 보는 모양. 2)정신이 흐릿한 모양.

怳惚(황홀) 1)눈이 부셔 화려함. 2)아주 짧은 시간을 이름. 황홀(慌惚).

비 況(하물며 황)

恪

⑥ 9획 日カク・つつしむ
삼갈 각 中kè

풀이 삼가다. 근신하다.

恪虔(각건) 삼감.

恪勤(각근) 정성을 다하여 부지런히 일함.

恪敏(각민) 삼가고 민첩함.

유 愼(삼갈 신)

恳

⑥ 10획
懇(p478)의 俗字

4 획

恝

⑥ 10획
❶ 근심 없을 개 日ケイ
❷ 여유 없는 괄 中jiá

풀이 1 1. 근심이 없다. 2 2. 여유가 없다. 3.韓 소홀히 하다. ¶恝視

恝然(1.개연/2.괄연) 1)무심히. 2)소홀하게 여기는 태도.
恝置(개치) 방치(放置)해 둠.
恝視(괄시) 소홀히 대함.

반 愁(근심할 수)

恐

⑥ 10획 日キョウ·おそれる
두려울 공 中kǒng

一 丁 工 巩 巩 巩 巩 恐 恐 恐

* 형성. 뜻을 나타내는 '心(마음 심)'에 부수 이외의 글자로 이루어진 글자. 겁을 먹은 마음(心)이라는 뜻에서, '두렵다'라는 뜻이 됨.

풀이 1. 두려워하다. 무서워하다. 두려움. ¶恐懼 2. 공갈치다. 협박하다. ¶恐喝 3. 아마도. 아마.

恐喝(공갈) 무섭게 으르고 협박함.
恐悸(공계) 두려워 가슴이 두근거림.
恐懼(공구) 심히 두려워함.
恐動(공동) 위험한 말로 사람을 두렵게 함.
恐慄(공률) 두려워서 몸을 떪.
恐竦(공송) 두려워 몸을 움츠림.
恐水病(공수병) 개가 미쳐서 죽을 뿐 아니라 이 병에 걸린 개에게 물리면 사람에게도 전염함. 광견병(狂犬病).
恐愼(공신) 두려워하여 삼감.
恐諛(공유) 두려워하여 아첨함.
恐妻(공처) 남편이 아내에게 눌려 지냄.
恐怖(공포) 두려워함. 무서워함.
恐脅(공협) 무섭게 협박함.
恐惑(공혹) 두려워하여 미혹함.
恐惶(공황) 두려워 어찌할 바를 모름.
恐慌(공황) 물자의 생산과 소비가 균형이 잡히지 않고 가격의 격변, 실업의 증대 등을 야기시켜 경제가 불안과 혼란에 빠지는 상태.

유 怔(두려워할 정) 怖(두려워할 포) 惶(두려워할 황)
비 怒(성낼 노)

恭

⑥ 10획 日キョウ·うやうやしい
공손할 공 中gōng

一 十 廾 丗 共 共 共 恭 恭 恭

* 형성. 뜻을 나타내는 心(마음 심)의 변형된 형태인 '밑 마음 심' 부수에 음을 나타내며 두 손을 마주잡다라는 뜻을 가진 共(함께 공)이 합하여 이루어진 글자. 두 손을 마주잡음은 공손한 것을 나타내어, '공손한 마음가짐'이라는 뜻이 됨.

풀이 1. 공손하다. 공경하다. ¶恭遜 2. 삼가다. ¶恭敬 3. 받들다. 4. 겸손하다. ¶恭儉 5. 본받다. 6. 조심하다. 7. 직분을 다하다.

恭虔(공건) 공손하고 삼감. 공근(恭謹).
恭儉(공검) 겸손하고 검소함.
恭謙(공겸) 겸손함.
恭敬(공경) 삼가하며 예를 차려 높임. 공손히 근신함. '恭'은 몸을 삼가는 것이고, '敬'은 마음을 삼가는 것임.
恭勤(공근) 공손하고 부지런함.
恭待(공대) 1)공손히 대접함. 2)경어(敬語)를 씀.
恭敏(공민) 겸손하고 민첩함. 각민(恪敏).
恭默(공묵) 겸손하고 조용함.
恭肆(공사) 공손함과 자유로움.
恭士(공사) 겸손한 선비.
恭遜(공손) 공경하고 겸손함.
恭順(공순) 공경하고 고분고분함.
恭肅(공숙) 몹시 삼감.
恭畏(공외) 공손하고 조심스러움.
恭惟(공유) 삼가 생각함.
恭賀(공하) 삼가 축하함.

유 遜(겸손할 손)

恭

⑥ 10획
恭(p442)의 俗字

恇

⑥ 9획 日コウ·おそれる
겁낼 광 中kuāng

풀이 겁내다. 두려워하다. ¶恇怯

恇怯(광겁) 두려워함. 무서워함.
恇恇(광광) 무서워하는 모양.
恇懼(광구) 두려워함.
恇擾(광요) 두려워서 술렁임.
恇駭(광해) 겁내고 두려워함.

유 怯(겁낼 겁)

恔

⑥ 9획 日コウ·ゆかいする
쾌할 교 中xiào

풀이 쾌하다. 유쾌하다.

유 快(쾌할 쾌)

4획

恬 ⑥ 9획 日ネン
편안할 념(염) 中tián

풀이 1. 편안하다. ¶恬淡 2. 조용하다. 고요하다.
恬淡(염담) 욕심이 없어 마음이 편안함.
恬不爲愧(염불위괴) 올바르지 못한 일을 하고도 조금도 부끄러워하지 않음.
恬安(염안) 조용함.
비 活(살 활)

恧 ⑥ 10획 日リク・はずかしい
부끄러울 뉵(육) 中nǜ

풀이 부끄럽다. ¶恧焉
恧焉(육언) 부끄러워함.
恧縮(육축) 부끄러워서 움츠림.

恋 ⑥ 10획
戀(p485)의 俗字

恅 ⑥ 9획 日ロウ
심란할 로 中lǎo

풀이 심란하다. 불안하다.

恡 ⑥ 9획
❶吝(p184)과 同字
❷悋(p447)과 同字

恈 ⑥ 9획 日モウ
탐할 모 中móu

풀이 탐하다. 탐내다. 탐내는 모양.

恕 ⑥ 10획 日ジョ・ゆるす
용서할 서 中shù

* 형성. 뜻을 나타내는 '心(마음 심)'에 음을 나타내는 '如(같을 여→서)'가 합해져 다른 사람을 내 마음(心)과 같이(如) 생각해서 '용서하는' 것, 즉 자기의 마음을 미루어 남의 마음을 이해해 주는 것을 나타냄.

풀이 1. 용서하다. ¶恕諒 2. 동정하다. 연민을 갖다. ¶恕思 3. 깨닫다.
恕諒(서량) 사정을 헤아려 용서함.
恕免(서면) 죄를 용서하여 죄를 묻지 않음.
恕思(서사) 남의 형편을 헤아려 동정함. 또는 동정.
恕宥(서유) 죄를 관대하게 용서함.
恕而行之(서이행지) 남의 형편을 깊이 헤아려 동정하여 일을 행함.
恕直(서직) 관대하고 정직함.
유 寬(너그러울 관) 비 怒(성낼 노)

恂 ⑥ 9획 日シュン・ジュン・まこと
❶정성 순
❷갑자기 준 中xún

* 형성. 뜻을 나타내는 '心(마음 심)'과 음을 나타내는 '旬(열흘 순)'이 합쳐진 글자.

풀이 ❶ 1. 정성. 2. 미쁘다. 믿음성이 있다. 3. 두려워하다. ❷ 4. 갑자기. 5. 엄하다. 6. 눈을 끔벅거리다.
恂懼(순구) 두려워함.
恂目(순목) 눈을 깜짝거림.
恂恂(순순) 두려워 근심하는 모양.
恂然(순연) 1)별안간. 2)두려워하는 모양.
恂慄(순율) 두려워 떪. 전률(戰慄).

恃 ⑥ 9획 日シ・さむらい
믿을 시 中shì

풀이 1. 믿다. 의지하다. ¶恃賴 2. 어미.
恃德者昌(시덕자창) 모든 일에 덕을 믿고 행하는 사람은 번창함.
恃賴(시뢰) 믿고 의지함.
恃而不恐(시이불공) 믿어 두려워하지 않음.
恃才傲物(시재오물) 제 재능을 믿고 거드름을 피움.
負恃(부시) 의지하고 믿음.
유 信(믿을 신)

息 ⑥ 10획 日ソク・いき・むすこ
숨쉴 식 中xī

* 회의. 코를 뜻하는 '自(스스로 자)'와 마음을 뜻하는 '心(마음 심)'이 합쳐진 글자. 코(自)로 마음(心)에 공기를 넣어가는 뜻에서 '숨쉬다'를 뜻함.

풀이 1. 숨쉬다. 2. 쉬다. 휴식하다. 3. 호흡하다. 호흡. ¶安息 4. 살다. 생존하다. 5. 그치다. 멈추다. ¶息交

6. 번식하다. 7. 자식. 아들 딸. ¶令息 8. 자라다. 생장하다. 9. 이자. ¶息錢 10. 나라 이름. 주대(周代)의 나라. 초나라에 멸망당했음. 11. 편안하게 하다. 12. 위로하다. 13. 없어지다.

息肩(식견) 1)다하다. 짐을 내려 어깨를 쉰다는 뜻으로, 무거운 책임에서 벗어남을 말함. 2)일을 쉼. 휴양함.
息交(식교) 세상과의 교제를 끊음.
息男(식남) 아들.
息女(식녀) 1)딸. 2)남의 딸에 대한 경칭.
息怒(식노) 노여움을 가라앉힘.
息脈(식맥) 맥박.
息兵(식병) 전쟁을 그만둠. 휴전(休戰).
息婦(식부) 며느리.
息影(식영) 그림자를 쉬게 함. 즉, 활동을 멈추고 휴식함.
息肉(식육) 군더더기 살. 군살.
息子(식자) 자기 아들.
息錢(식전) 이자.
息喘(식천) 숨이 가빠서 헐떡임.
息土(식토) 기름진 땅. 비옥한 땅.
息化(식화) 교화(敎化)하는 일을 멈춤.
安息(안식) 편하게 쉼.
令息(영식) 다른 사람의 아들을 높여 이르는 말.
喘息(천식) 기관지에 경련이 일어나는 병.

유 吸(숨 들이쉴 흡)

4획

恙	⑥ 10획	日ヨウ・つつか
	근심 양	中yàng

풀이 1. 근심. 2. 병(病). 3. 진드기의 유충.

恚	⑥ 10획	日エ・おこる
	성낼 에	中huì

풀이 성내다. 화내다. ¶恚恨

恚憾(에감) 성을 내며 한을 품음.
恚憤(에분) 성내며 분노함.
恚汗(에한) 화가 나서 땀이 남. 또는 성이 나서 난 땀.
恚恨(에한) 성을 내며 한을 품음.

유 怒(성낼 노)

恩	⑥ 10획	日オン・めぐみ
	은혜 은	中ēn

丨 冂 冃 冄 冈 因 因 恩 恩 恩

* 형성. 음을 나타내는 '因(인할 인)'과 뜻을 나타내는 '心(마음 심)'이 합쳐진 글자. 사람의 착한 마음(心)으로 인(因)해서 '돌봐주는' 것을 나타냄. 그러한 마음을 받아들인다는 뜻에서 '은혜'를 뜻하게 됨.

풀이 1. 은혜. 혜택. ¶恩功 2. 인정. 정. ¶恩愛 3. 사랑하다. ¶恩勤 4. 측은하게 여기다.

恩功(은공) 은혜와 공로.
恩勤(은근) 사랑하고 위로함.
恩德(은덕) 은혜와 덕. 은혜로 입은 신세.
恩師(은사) 많은 은혜를 베풀어 준 스승.
恩赦(은사) 1)임금이 죄인을 특사(特赦)함. 2)행정권으로 형벌을 용서하거나 적게 하는 처분.
恩賜(은사) 임금이 은혜로써 내려 줌. 또는 그 물건.
恩讎(은수) 은혜와 원수.
恩愛(은애) 1)은혜와 사랑. 2)어버이와 자식, 또는 부부 사이의 은정(恩情).
恩榮(은영) 은혜로운 영광. 임금의 은혜를 입는 영광.
恩遇(은우) 사랑으로 대우함. 또는 그런 대우.
恩宥(은유) 은혜를 베풂. 관대하게 다룸. 은사(恩赦).
恩蔭(은음) 덕택. 혜택.
恩意(은의) 은혜를 베풀고자 하는 뜻.
恩人(은인) 은혜를 베풀어 준 사람. 신세를 진 사람.
恩寵(은총) 1)높은 이로부터 받는 특별한 은혜와 사랑. 2)기독교에서 하나님의 인류에 대한 사랑.
恩澤(은택) 은혜로운 덕택.
恩惠(은혜) 은혜로운 혜택. 고마움. 신세.
恩化(은화) 은혜로 교화시킴. 또는 그 교화.

유 惠(은혜 혜)

恁	⑥ 10획	日イン
	생각할 임	中nèn, nín

풀이 1. 생각하다. 2. 이러하다. 이같은. 이같이.

恁麽(임마) 1)이와 같은. 2)어떻게.
恁地(임지) 이와 같은. 이와 같이.

유 念(생각할 념) 想(생각할 상) 思(생각할 사)

恣	⑥ 10획	日シ
	방자할 자	中zì

丶 冫 冫 冫 次 次 次 恣 恣 恣

* 형성. 뜻을 나타내는 부수 '心(마음 심)'과 음을 나타내는 '次(차례 차)'를 합친 글자. 계속(次)해서 마음(心)이 변화한

다에서 '마음대로'를 나타냄. '멋대로 하는 마음'이라는 뜻에서 '방자함'을 뜻하기도 함.

풀이 방자하다. 방종하다. ¶恣意

恣樂(자락) 아무 꺼리낌 없이 방자하게 즐김.
恣肆(자사) 방자하게 자기 마음대로 함.
恣意(자의) 제멋대로의 마음. 방자한 생각.
恣縱(자종) 제멋대로 행동함.
恣聽(자청) 마음대로 시킴.
恣暴(자포) 제멋대로 날뜀.
恣行(자행) 방자하게 행동함. 또는 그 행동.
放恣(방자) 어려워하거나 삼가는 태도가 없이 건방짐.

비 姿(모양 자)

恌	⑥ 9획 ❶ 성의 없을 조 ❷ 근심할 요	日ソウ 中tiāo

풀이 ❶ 1. 성의가 없다. 경박하다. ❷ 2. 근심하다. 걱정하다.

	⑥ 10획 부끄러워할 치	日チ・はずかしい 中chǐ

*형성. 뜻을 나타내는 부수 '心(마음 심)'과 음을 나타내는 '耳(귀 이)'를 합친 글자. 자기의 과실을 듣고(耳), 마음으로(心) '부끄러운' 것을 안다고 하여, '부끄럽다'는 뜻으로 쓰임.

풀이 1. 부끄러워하다. 2. 부끄럼. 창피. ¶國恥 3. 욕보이다. 치욕스럽다. ¶恥辱

恥慨(치개) 개탄하며 부끄러워함.
恥格(치격) 부끄러워하며 바로잡음.
恥骨(치골) 골반의 앞쪽 아랫부분의 뼈.
恥愧(치괴) 부끄러워함.
恥心(치심) 부끄러운 마음.
恥辱(치욕) 부끄러움과 욕됨. 수치와 모욕.
恥歎(치탄) 부끄러워하며 탄식함.
國恥(국치) 나라의 부끄러움.
無恥(무치) 염치가 없음.
廉恥(염치) 부끄러움을 아는 마음.

유 忸(부끄러워할 뉵)

	⑥ 9획 믿을 치	日チ・しんじる 中shì

풀이 믿다. 의지하다.

비 侈(사치할 치)

恜	⑥ 9획 조심할 칙	日シク 中chì

풀이 조심하다. 삼가다.

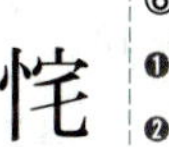	⑥ 9획 ❶ 헤아릴 탁 ❷ 정하지 못할 차	日タク 中chà

풀이 ❶ 1. 헤아리다. 깊이 생각하다. ❷ 2. 정하지 못하다. 3. 실의(失意)한 모양.

유 測(헤아릴 측) 量(헤아릴 량)

	⑥ 9획 ❶ 상심할 통 ❷ 뜻을 얻지 못할 동	日トウ・ドウ・いたむ 中dòng, tōng

풀이 ❶ 1. 상심하다. 실망하다. ¶恫怨 2. 두려워하다. ¶恫疑 3. 으르다. 공갈하다. ¶恫喝 ❷ 4. 뜻을 얻지 못하다.

恫喝(통갈) 1)허세를 부리며 공갈함. 2)마음속으로는 두려워하면서 위협함.
恫恐(통공) 두려워함.
恫矜(통긍) 상심함.
恫怨(통원) 상심하며 원망함.
恫疑(통의) 1)두려워하여 머뭇거림. 2)허세를 부리며 공갈함.

	⑥ 9획 한할 한	日コン・うらむ 中hèn

*형성. 뜻을 나타내는 부수 '心(마음 심)'과 음을 나타내는 '艮(어긋날 간)'을 합친 글자. 이에 무슨 소원을 얻지 못해서 마음(忄)에 뿌리박혀(艮) 있는 것을 나타내어, '한', '원한'을 뜻하게 됨.

풀이 1. 한하다. 원통하다. ¶餘恨 2. 뉘우치다. ¶恨歎 3. 원한. 유감. ¶恨鬼 4. 억울하다. ¶恨死

恨鬼(한귀) 원한을 품은 귀신.
恨望(한망) 원한과 원망.
恨死(한사) 원한을 품고 죽음. 억울하게 죽음.
恨歎(한탄) 원통한 일이나 뉘우침이 있을 때 한숨 쉬며 탄식함.
恨海(한해) 1)한이 바다와 같음. 원한이 깊음.

4획

2)깊은 원한.
餘恨(여한) 남은 한.
怨恨(원한) 미워하고 원망함.
유 怨(원망할 원) 비 限(한정할 한)

恒	⑥ 9획	
	❶항상 항	日コウ・つね
	❷반달 긍	中héng

丨 忄 忄 忄 恒 恒 恒 恒 恒

* 형성. 마음(忄)이 한결같이 뻗쳐(亘) 나간다 하여, '언제나'라는 뜻이 됨.

풀이 ❶ 1. 항상. 늘. 언제나. ¶恒常 2. 항괘. 64괘의 하나. 항구 불변의 상(象). 3. 늘 그렇게 하다. ¶恒德 4. 항구히. ❷ 5. 반달. 6. 두루 미치다. 7. 뻗치다. 걸치다.

恒久(항구) 변하지 않고 오래 감.
恒教(항교) 영원한 가르침.
恒德(항덕) 변함없이 한결같은 덕.
恒產(항산) 생활을 영위할 수 있는 일정한 재산. 또는 일정한 생업.
恒常(항상) 늘. 언제나.
恒時(항시) 늘. 언제나.
恒心(항심) 일정 불변한 마음. 사람이 항상 지니고 있는 착한 마음.
恒溫(항온) 일정한 온도.
恒儀(항의) 항상 행하는 의식.
恒風(항풍) 1)항상 계속하여 부는 바람. 2)항상 일정한 방향으로 부는 바람.
恒河沙(항하사) 인도 갠지스 강의 모래알을 말하며 헤아릴 수 없을 만큼 많은 수량을 비유하는 말.
유 常(항상 상)

協	⑥ 9획
	協(p156)과 同字

恍	⑥ 9획	日コウ・こうこつ
	황홀할 황	中huǎng

풀이 1. 황홀하다. 황홀감. ¶恍遊 2. 멍하다. ¶恍惚 3. 희미하다. ¶恍然

恍然(황연) 어슴푸레하여 확실하지 않음.
恍遊(황유) 황홀한 기분으로 즐김.
恍惚(황홀) 1)빛이 어른거려 눈부심. 2)어떤 사물에 마음을 빼앗겨 멍한 모양.
유 惚(황홀할 홀)

恢	⑥ 9획	日カイ・ひろい
	넓을 회	中huī

풀이 1. 넓다. ¶恢宏 2. 넓히다. 3. 갖추다.

恢郭(회곽) 큰 바깥 성(城).
恢宏(회굉) 넓음.
恢詭(회궤) 몹시 이상함. 해괴(駭怪).
恢大(회대) 넓고 큼.
恢復(회복) 1)일 · 건강 등을 나빠진 상태에서 다시 좋은 상태로 되돌리는 것. 2)다시 되찾거나 원 상태로 되돌리는 것.
恢遠(회원) 넓고도 아득히 먼 모양.
恢闡(회천) 넓힘. 확장(擴張)함.
恢弘(회홍) 1)넓고 큼. 광대함. 2)널리 폄.

恛	⑥ 9획	日カイ
	혼란할 회	中huí

풀이 혼란하다. 어지러운 모양.

恤	⑥ 9획	日ケツ
	구휼할 휼	中xù

* 형성. 뜻을 나타내는 '忄(心;마음 심)'에 음을 나타내는 '血(피 혈→휼)'이 합쳐진 글자.

풀이 1. 구휼하다. 돕다. ¶救恤 2. 근심하다. 3. 사랑하다. 친애하다.

恤金(휼금) 정부가 이재민에게 내어주는 돈.
恤米(휼미) 정부가 이재민에게 내어주는 쌀.
恤民(휼민) 이재민을 구제함.
恤兵(휼병) 위문품을 보내 병사를 위로함.
恤典(휼전) 정부가 이재민을 구제하기 위하여 베푸는 특별한 조치.
救恤(구휼) 빈민이나 이재민 등에게 금품을 주어 구조함.
矜恤(긍휼) 가엾게 여겨 돕는 것.

恄	⑥ 9획	
	❶미칠 휼	日ケツ・くるう
	❷화낼 결	中xù

풀이 ❶ 1. 미치다. ❷ 2. 화내다. 성내다.

恟	⑥ 9획	日キョウ
	두려워할 흉	中xiōng

풀이 두려워하다. 무서워서 어수선하다.

悩懼(흉구) 두려워함. 떨면서 두려워함.
恟駭(흉해) 두려워함.
恟恟(흉흉) 두려워 술렁거리는 모양.

유 恐(두려울 공) 怔(두려워할 정) 怖(두려워할 포)

恰	⑥ 9획	日 コウ · まるで
	마치 흡	中 qià

풀이 1. 마치. 꼭. 2. 새 우는 소리의 형용.

恰似(흡사) 1)거의 같음. 비슷함. 2)마치.
恰恰(흡흡) 1)때마침. 2)새의 울음소리.

悃	⑦ 10획	日 コン
	정성 곤	中 kǔn

풀이 정성. 정성스러움.

悃懇(곤간) 정성스럽고 자상함. 친절.
悃悃(곤곤) 정성스러운 모양. 늘 한결같이 생각하는 모양.
悃款(곤관) 정성스러운 모양.
悃望(곤망) 정성껏 바람.
悃誠(곤성) 정성.
悃愚(곤우) 성실(誠實)하지만 어리석음. 고지식함.
悃願(곤원) 간절하게 원함. 간원(懇願).

비 咽(목구멍 인)

悇	⑦ 10획	日 ヨ
	근심할 도	中 tú

풀이 근심하다. 걱정하다.

悇憛(도담) 1)마음속으로 근심하는 모양. 2)화복이 아직 정하여지지 않은 모양.

비 除(섬돌 제)

悢	⑦ 10획	日 リョウ
	슬퍼할 량(양)	中 lǎng, liàng

풀이 1. 슬퍼하다. 애석해하다. 2. 돌보다.

悢悢(양량) 1)슬퍼하고 애석해하는 모양. 2)불쌍히 여겨 돌보는 모양.

유 怛(슬플 달) 悲(슬플 비)

悧	⑦ 10획
	俐(p56)의 同字

悋	⑦ 10획	日 リン
	아낄 린	中 lìn

풀이 아끼다. 인색하다.

悋想(인상) 아끼는 생각.
悋惜(인석) 재물을 아낌.

恾	⑦ 10획	日 ボウ · おそれる
	두려워할 망	中 máng

풀이 1. 두려워하다. 겁내다. 2. 바쁘다. 3. 방법이 없다. 4. 근심하다.

유 恐(두려울 공) 怖(두려워할 포)

悗	⑦ 10획	日 モン · わすれる
	잊어버릴 문	中 mán, mèn

풀이 1. 잊다. 잊어버리다. 2. 정직하다.

悗密(문밀) 정직하여 거역하지 않음.

유 忘(잊을 망) 비 逸(달아날 일)

悚	⑦ 10획	日 ソウ
	두려워할 송	中 sǒng

풀이 두려워하다. ¶悚懼

悚懼(송구) 두려워서 마음이 거북함.
悚慄(송률) 두려워하며 부들부들 떪.
悚息(송식) 두려워 숨을 헐떡임.
悚怍(송작) 당황하고 부끄러워함.

유 恐(두려울 공) 恾(두려워할 망) 怖(두려워할 포)

悉	⑦ 11획	日 シツ
	갖출 실	中 xī

* 형성. 뜻을 나타내는 '心(마음 심)'에 '자세하다'의 음을 나타내는 '審(살필 심)'의 생략형으로 이루어진 글자. 마음(心)으로 살피다, '자세히 알다'를 뜻함. 또한 마음으로 아는 것은 전부 아는 것이라 하여 '모두'라는 뜻으로도 쓰임.

풀이 1. 갖추다. 구비하다. 2. 다 알다. 전부 알다. 3. 모두 내다. 4. 모두. 다. 전부. ¶悉心

悉甲(실갑) 병사(兵士)를 모두 내보냄.
悉皆(실개) 모두. 남김없이.
悉數(실수) 낱낱이 자세하게 설명함.
悉心(실심) 마음을 다함.
悉銳(실예) 정예(精銳) 병사를 모두 동원함.
悉盡(실진) 모두. 빠짐없이.

究悉(구실) 조사하여 밝힘.
詳悉(상실) 내용을 자세하게 아는 것.

悪 ⑦ 11획
惡(p453)의 俗字

悆 ⑦ 11획 日ヨ
잊을 여 中yù

풀이 1. 잊다. 2. 기뻐하다. 3. 근심하다.

유 忘(잊을 망) 悗(잊을 문)

悁 ⑦ 10획 日ゲン・おこる
성낼 연 中juàn, yuān

풀이 1. 성내다. ¶悁急 2. 근심하다. ¶悁憂 3. 초조하다.

悁急(연급) 성미가 조급함.
悁勞(연로) 근심이 지나쳐 지침.
悁想(연상) 근심스런 생각을 함.
悁悁(연연) 1)근심하는 모양. 2)성내는 모양.
悁憂(연우) 걱정함. 근심함.
悁悒(연읍) 성을 내면서 걱정함.

4획

悅 ⑦ 10획 日エツ・よろこぶ
기쁠 열 中yuè

丨 忄 忄 忄 忄 忄 忄 怡 悅 悅

*형성. 뜻을 나타내는 '忄(심방변)'에 음을 나타내는 '兌(기쁠 태)'가 합해진 글자로, 마음(忄)이 항상 기쁨(兌)을 나타내어, '기뻐하다'의 뜻으로 쓰임.

풀이 기쁘다. 기뻐하다. 기쁨

悅康(열강) 기뻐하며 즐거워함.
悅口之物(열구지물) 입을 기쁘게 하는 물건. 즉, 입에 맞는 맛있는 음식.
悅樂(열락) 기뻐하고 즐거워함.
悅慕(열모) 기뻐하고 그리워함.
悅目(열목) 눈이 즐거움. 보고 즐김.
悅服(열복) 기꺼이 복종함. 기뻐하며 진심으로 따름.
悅愛(열애) 기쁜 마음으로 사랑함.
悅澤(열택) 얼굴에 화색이 돌고 피부에 윤기가 흐름.
悅好(열호) 기쁘고 좋아함.
悅喜(열희) 기뻐함. 또는 큰 기쁨.

유 喜(기쁠 희) 說(기쁠 열)

悟 ⑦ 10획 日ゴ・さとる
깨달을 오 中wù

丨 忄 忄 忄 忄 忄 悟 悟 悟 悟

*형성. 뜻을 나타내는 '忄(心;마음 심)'에 음을 나타내는 '吾(나 오)'로 이루어진 글자. 진정한 나(吾)를 마음(心)에 깨치는 것을 나타내어, '깨닫다'는 뜻으로 쓰임.

풀이 1. 깨닫다. 깨달음. 2. 슬기롭다. 3. 깨우치다. 깨우침.

悟覺(오각) 깨달음.
悟空(오공) 허무의 도리를 깨우침.
悟道(오도) 불도(佛道)에서 진리의 깨달음의 길.
悟禪(오선) 불심(佛心)을 깨달음.
悟性(오성) 영리한 천성. 합리적인 생각을 하는 능력. 이성과 감성 사이의 중간에 위치한 논리적 사유의 능력.
悟悅(오열) 깨달아 기뻐함.
悟入(오입) 깨달음의 도에 들어감.
悟悔(오회) 잘못을 깨닫고 뉘우침.

유 覺(깨달을 각)

悞 ⑦ 10획 日ゴ・あやまる
그릇할 오 中wù

풀이 1. 그르치다. 잘못되다. ¶悞事 2. 속이다.

悞蹈(오도) 헛디딤.
悞事(오사) 일을 그르침.

유 誤(그릇할 오)

悀 ⑦ 10획 日ヨウ
찰 용 中yǒng

풀이 1. 가득 차다. 2. 성내다.

悀愊(용폭) 가득 참. 용핍(悀偪).

悠 ⑦ 11획 日ユウ・とおい
멀 유 中yōu

丿 亻 亻 仆 攸 攸 攸 攸 悠 悠 悠

*형성. 뜻을 나타내는 '心(마음 심)'과 음을 나타내는 '攸(아득할 유)'가 합쳐진 글자. '攸'자는 달아나는 모양을 나타내어, 달아나는(攸) 마음(心)은 멀리 가는 것이라 하여 '멀다'의 뜻으로 쓰임.

풀이 1. 멀다. 아득하다. ¶悠久 2. 근심하다. 3. 한가하다. ¶悠忽 4. 생각하다.

悠隔(유격) 멀리 떨어짐.
悠曠(유광) 아득하게 멂.

悠久(유구) 아득하고 오래 됨.
悠然(유연) 침착하고 여유가 있음.
悠遠(유원) 1)아주 멂. 2)아주 오래 됨.
悠悠(유유) 1)아득하게 먼 모양. 2)침착하고 여유가 있는 모양. 3)한가한 모양. 4)많은 모양.
悠悠自適(유유자적) 1)여유가 있어 한가롭고 걱정이 없는 모양. 2)속박됨이 없이 자기가 하고 싶은 대로 마음 편히 지냄.
悠長(유장) 1)길고 오램. 2)침착하여 마음에 여유가 있음.
悠忽(유홀) 한가하게 세월을 보냄.
유 遠(멀 원) 반 近(가까울 근)

悒	⑦ 10획	日ユウ
	근심할 읍	中yì

풀이 1. 근심하다. 2. 마음이 자유롭지 않은 모양.
悒怏(읍앙) 마음이 답답하고 근심하는 모양.
悒鬱(읍울) 근심스러워 마음이 답답해짐.
悒悒(읍읍) 1)마음이 자유롭지 않은 모양. 2)맺힌 듯이 불편함.

悛	⑦ 10획	日シュン·あらためる
	고칠 전	中quān

* 형성. 뜻을 나타내는 '心(마음 심)'과 음을 나타내는 '夋(준)'이 합쳐진 글자.
풀이 1. 고치다. 개선하다. ¶悛改 2. 중지하다. 3. 깨닫다. ¶悛志 4. 잇다. 5. 공경하다.
悛心(전심) 나쁜 마음을 고침.
悛容(전용) 1)얼굴빛을 고침. 2)잘못을 뉘우치는 모양.
悛志(전지) 마음에 깨닫는 바가 있음.
悛革(전혁) 고침.
비 唆(부추길 사) 俊(준걸 준)

悌	⑦ 10획	日サイ
	공경할 제	中tì

* 형성. 뜻을 나타내는 '忄(心:마음 심)'과 음을 나타내는 '弟(아우 제)'가 합쳐진 글자. 아우(弟)가 형을 대하는 마음(心)은 공경함이라 하여, '공경하다'의 뜻으로 쓰임.
풀이 1. 공경하다. ¶孝悌 2. 사이가 좋다. 화락하다. ¶悌友
悌友(제우) 형제나 어른과의 관계가 화목함.
悌弟(제제) 형을 공경하는 동생.
유 敬(공경할 경)

悊	⑦ 11획
	惕(p455)과 同字

悊	⑦ 11획	日テツ
	공경할 철	中zhé

풀이 1. 공경하다. 2. 알다. 깨닫다. 3. 명철하다. 총명하고 사리에 밝다.
유 敬(공경할 경) 悌(공경할 제)

悄	⑦ 10획	日ショウ
	근심할 초	中qiāo, qiǎo

풀이 1. 근심하다. ¶悄然 2. 고요하다. 쓸쓸하다. ¶悄悄 3. 엄하다. 엄중하다.
悄然(초연) 1)쓸쓸한 모양. 2)근심하는 모양. 초초(悄悄).
悄切(초절) 매우 근심함.
悄愴(초창) 근심스럽고 슬픔.
悄悄(초초) 1)근심하여 풀이 죽은 모양. 2)고요한 모양.
悄乎(초호) 과격하고 엄한 모양.
유 憂(근심할 우) 愁(근심할 수)

悤	⑦ 11획	日ソウ
	바쁠 총	中cōng

풀이 1. 바쁘다. 급하다. ¶悤遽 2. 밝다. 현명하다. ¶悤明
悤遽(총거) 1)바쁜 모양. 급한 모양. 2)급하게 설침.
悤明(총명) 밝음.
유 忙(바쁠 망) 비 忽(소홀히할 홀)

悖	⑦ 10획	
	❶어그러질 패	日ハイ·はずす
	❷일어날 발	中bèi, bó

풀이 1 1. 어그러지다. 일그러지다. ¶悖德 2 2. 일어나다. 왕성하다.
悖談(패담) 도리에 어긋나는 말.
悖德(패덕) 1)도덕과 의리에 어긋남. 2)정도(正道)에서 벗어난 행위.
悖亂(패란) 1)정도(正道)를 어지럽힘. 2)모반(謀叛)을 일으킴.

4획

悖禮(패례) 예의(禮儀)에 어긋남. 또는 그러한 예의.
悖謬(패류) 도리에 어긋나 오류를 범함.
悖倫(패륜) 인륜에 어그러짐.
悖理(패리) 예의에 어긋남.
悖逆(패역) 1)도리에 어긋남. 2)모반(謀叛)함. 모반.

悍 ⑦ 10획 사나울 한 日ガン・あらい 中hàn

*형성. 뜻을 나타내는 '心(마음 심)'과 음을 나타내는 '旱(가물 한)'이 합쳐진 글자.

풀이 1. 사납다. ¶悍婦 2. 성급하다. 조급하다. 3. 세차다. 4. 눈을 부릅뜨다. 5. 날카롭다.

悍梗(한경) 사납고 굳셈.
悍驕(한교) 사납고 교만함.
悍忌(한기) 사납고 시기심이 많음.
悍戾(한려) 사납고 모짊.
悍馬(한마) 사나운 말.
悍婦(한부) 거칠고 사나운 여자.
悍藥(한약) 매우 독하여 사람이나 동물에게 해를 줄 수 있는 약. 극약(劇藥).
悍驁(한오) 사납고 거만함.
悍勇(한용) 사납고 용맹스러움.
悍將(한장) 용맹스럽고 날랜 장수. 맹장(猛將).

유 暴(사나울 폭)

患 ⑦ 11획 근심 환 日カン・うれえる 中huàn

[illegible] 串 患 患 患

*형성. 뜻을 나타내는 부수 '心(마음 심)'과 음을 나타내는 '串(꿸 관)'을 합친 글자. 마음(心)을 뚫어(串) 찌르듯 고민하는 '걱정'을 나타내어, '근심' 또는 '병'의 뜻으로 쓰임.

풀이 1. 근심. 근심하다. ¶患累 2. 병. 병들다. ¶患者 3. 미워하다. 4. 고통. 5. 재앙.

患苦(환고) 걱정 때문에 생기는 고통.
患咎(환구) 재앙. 재난.
患難(환난) 근심과 재난.
患毒(환독) 근심이 되어 괴롭게 여김.
患亂(환란) 재앙.
患累(환루) 재앙. 근심. 걱정.
患部(환부) 병이나 상처가 난 자리.
患者(환자) 병을 앓는 사람.
患悔(환회) 근심하고 뉘우침.

유 愁(근심할 수)

悝 ⑦ 10획 ❶농할 회 ❷근심할 리 日カイ・リ 中kuī

풀이 ❶ 1. 농하다. 우스갯소리. 2. 사람 이름. ❷ 3. 근심하다.

悔 ⑦ 10획 뉘우칠 회 日カイ・くいる 中huǐ

丨 忄 忄 忄 忙 忙 恠 悔 悔 悔

*형성. 뜻을 나타내는 '心(마음 심)'과 음을 나타내는 '每(매양 매)'가 합쳐진 글자. 매일(每) 마음(心)으로 잘못을 '뉘우치는' 것을 나타냄.

풀이 1. 뉘우치다. 잘못을 깨닫다. ¶悔改 2. 애석하게도. 유감스럽게도. 3. 후회. 뉘우침. ¶悔戾

悔改(회개) 잘못을 뉘우치고 고침.
悔愆(회건) 잘못을 뉘우침. 건회(愆悔).
悔過(회과) 잘못을 후회하고 뉘우침.
悔戾(회려) 죄 또는 잘못을 뉘우침. 후회.
悔吝(회린) 1)후회하고 한탄함. 2)조그마한 과실.
悔心(회심) 잘못을 뉘우치는 마음.
悔悟(회오) 잘못을 뉘우치고 깨달음.
悔尤(회우) 잘못을 뉘우침.
悔罪(회죄) 죄를 뉘우침.
悔恥(회치) 뉘우치고 부끄럽게 여김.
悔恨(회한) 뉘우치고 한탄함.

비 侮(업신여길 모)

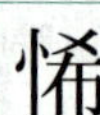 ⑦ 10획 슬퍼할 희 日キ・ねがう 中xī

풀이 슬퍼하다.

유 怛(슬플 달) 悲(슬플 비)

悸 ⑧ 11획 두근거릴 계 日キ・おそれる 中jì

*형성. 뜻을 나타내는 '心(마음 심)'과 음을 나타내는 '季(철 계)'가 합쳐진 글자.

풀이 1. 두근거리다. ¶悸悸 2. 가슴이 두근거리는 병. ¶悸病 3. 두려워하다. ¶悸慄 4. 노하다.

悸悸(계계) 놀라고 두려워서 가슴이 두근거리는 모양.
悸病(계병) 가슴이 두근거리는 병.
悸慄(계율) 두려워하며 부들부들 떪.

悾	⑧ 11획 정성 공	日コウ・まごころ 中kōng

풀이 정성. 정성을 다하는 모양. ¶悾款

悾款(공관) 정성. 진심.

悾憁(공총) 일이 많아서 몹시 바쁜 모양. 공총(倥傯).

悹	⑧ 12획 근심할 관	日カン 中guàn

풀이 근심하다. 고민하다.

유 憂(근심할 우) 愁(근심할 수)

惧	⑧ 11획 懼(p485)의 俗字

惓	⑧ 11획 삼갈 권	日ケン 中quán

풀이 1. 삼가다. 2. 정성스럽다.

惎	⑧ 12획 해칠 기	日キ・そこなう 中jì

풀이 1. 해치다. 해를 가하다. 2. 미워하다.

惎間(기간) 남을 미워하고 이간함.

유 害(해칠 해)

惒	⑧ 12획 怛(p437)의 同字

惔	⑧ 11획 태우다 담	日タン 中dàn, tán

풀이 1. 태우다. ¶惔焚 2. 편안하다.

惔焚(담분) 타는 듯한 극심한 가뭄.

비 淡(묽을 담)

悳	⑧ 12획 덕 덕	日トク 中dé

풀이 덕.

유 德(덕 덕)

悳	⑧ 12획 悳(p451)과 同字

悼	⑧ 11획 슬퍼할 도	日トウ・あわれむ 中dào

* 형성. 뜻을 나타내는 '心(마음 심)'과 음을 나타내는 '卓(높을 탁→도)'을 합친 글자.

풀이 1. 슬퍼하다. 애도하다. ¶悼歌 2. 떨다. 전율하다. 3. 어린이.

悼歌(도가) 죽음을 슬퍼하며 부르는 노래.

悼痛(도통) 남의 죽음이나 불행을 슬퍼하고 마음이 아픔.

哀悼(애도) 사람의 죽음을 슬퍼함.

追悼(추도) 죽은 사람을 생각하며 슬퍼함.

유 悲(슬플 비) 哀(슬플 애)

惇	⑧ 11획 도타울 돈	日ドン 中dūn

풀이 1. 도탑다. 돈독하다. ¶惇謹 2. 힘쓰다.

惇謹(돈근) 도탑고 신중함.

惇大(돈대) 덕이 높은 사람을 돈독하게 대함.

惇惇(돈돈) 도타운 모양.

惇信(돈신) 도탑게 믿음.

惇愼(돈신) 도탑고 삼가하는 일.

惇惠(돈혜) 도탑고 은혜로움.

惇厚(돈후) 인정이 많고 도타움.

유 篤(도타울 독) 敦(도타울 돈)

惏	⑧ 11획 ❶차가울 림 ❷탐할 람	日リン 中lán, lín

풀이 1 1. 차갑다. ¶惏慄 2. 슬퍼서 마음 아파하는 모양. ¶惏悷 2 3. 탐하다. 탐내다.

惏悷(임려) 슬퍼서 마음 아파하는 모양.

惏慄(임률) 추워서 몸을 떪.

비 淋(물뿌릴 림)

悷	⑧ 11획 서러워할 려	日かなしむ 中lì

4획

풀이 서러워하다. 서러워 울다.

惘	⑧ 11획	日モウ
	멍할 망	中wǎng

풀이 멍하다. 망연 자실하다.

惘惘(망망) 1)멍한 모양. 2)당황하는 모양.

悶	⑧ 12획	日ミン
	번민할 민	中mēn, mèn

* 형성. 뜻을 나타내는 '心(마음 심)'에 음을 나타내는 '門(문 문)' 자가 합쳐진 글자로, 문(門)을 닫고 있으니 마음(心)이 답답하다 하여, '번민하다'의 뜻으로 쓰임.

풀이 1. 고민하다. 2. 번민. 고뇌. ¶苦悶 3. 어둡다. ¶悶悶 4. 깨닫지 못하다.

悶沓(민답) 안타깝고 답답함.
悶懣(민만) 고민함.
悶默(민묵) 번민으로 말이 없음.
悶悶(민민) 1)어두운 모양. 2)사리에 어두운 모양. 3)속이 답답한 모양.
悶死(민사) 몹시 고민하다가 죽음.
悶癢(민양) 답답하고 가려움.
悶懷(민회) 마음속에 두고 고민함. 고민하는 생각.
遣悶(견민) 답답한 속을 풂.
苦悶(고민) 괴로워서 속을 태움.

유 煩(괴로워할 번) 비 閑(막을 한) 間(틈 한)

4획

閊	⑧ 12획
	悶(p452)과 同字

悱	⑧ 11획	日ビ·はい
	표현 못할 비	中fěi

풀이 표현을 못하다. ¶悱悱

悱憤(비분) 입으로 표현하지 못하는 분개. 말 못하는 분한(憤恨).
悱悱(비비) 말로써 드러내지 못하는 모양.

悲	⑧ 12획	日ヒ·かなしむ
	슬플 비	中bēi

丿 ㇐ ㇕ ㇐ 非 非 非 非 悲 悲 悲 悲

* 형성. 음을 나타내는 '非(아닐 비)'와 뜻을 나타내는 '心(마음 심)'이 합하여, 좋지 않은 마음(心)은 곧 슬프다 하여, '슬픔'을 나타냄.

풀이 1. 슬프다. 서럽다. ¶悲劇 2. 슬픔. 비애. 3. 슬퍼하다. 4. 동정.

悲歌(비가) 슬픈 노래.
悲憾(비감) 슬퍼하고 원망함.
悲感(비감) 슬픈 느낌. 또는 슬프게 느낌.
悲苦(비고) 슬퍼하고 괴로워함.
悲觀(비관) 1)사물을 슬프게만 봄. 2)일생을 슬프고 괴롭게만 생각함.
悲劇(비극) 1)슬픈 결말의 극. 2)인생에 일어나는 비참한 사건.
悲悼(비도) 죽음을 슬퍼함.
悲涼(비량) 슬퍼함.
悲戀(비련) 1)슬퍼 사모함. 2)슬프게 끝나는 연애.
悲鳴(비명) 놀라거나 급할 때 지르는 소리.
悲報(비보) 슬픈 소식.
悲憤(비분) 슬프고 분함.
悲傷(비상) 슬퍼서 마음이 아픔.
悲愁(비수) 1)슬픔과 근심. 2)슬퍼하고 근심함.
悲哀(비애) 슬픔과 설움.
悲泣(비읍) 소리 없이 슬프게 욺.
悲壯(비장) 슬픔 속에서도 의기를 잃지 않고 꿋꿋함.
悲慘(비참) 슬프고 처참함.
悲愴(비창) 마음이 상하고 슬픔.
悲悵(비창) 슬퍼하고 원망함.
悲戚(비척) 슬퍼하고 근심함.
悲歎(비탄) 슬퍼 탄식함.
悲痛(비통) 몹시 슬프고 마음이 아픔.
悲恨(비한) 슬퍼하고 한탄함.
悲懷(비회) 슬픈 생각.

유 哀(슬플 애) 悼(슬퍼할 도)

惜	⑧ 11획	日セキ·おしむ
	아낄 석	中xī

丨 忄 忄 忄 忄 忄 惜 惜 惜 惜 惜

* 형성. 뜻을 나타내는 '心(마음 심)'에 음을 나타내는 '昔(예 석)'이 더하여 합쳐진 글자. 옛 일(昔)을 생각하는 마음(忄)으로, '아까워하는' 것을 나타냄.

풀이 1. 아끼다. 2. 아까워하다. ¶惜吝 3. 가엾게 생각하다. 애석해하다. ¶哀惜

惜吝(석린) 아까워함.
惜賣(석매) 장사꾼이 값이 오르기를 바라고 물건을 팔지 않음.
惜別(석별) 서로 헤어지기를 아쉬워함.
惜福(석복) 검소하게 생활해 복을 길이 누림.
惜身命(석신명) 몸을 조심하여 위험을 피함.

惜陰(석음) 시간을 아낌.
惜敗(석패) 아깝게 짐.
비 借(빌 차)

惁	⑧ 12획 근심할 석	日セキ 中xī

풀이 1. 근심하다. 2. 공경하다.

유 憂(근심할 우) 愁(근심할 수)

惡	⑧ 12획 ❶악할 악 ❷미워할 오	日アク·オ ·わるい·にくむ 中ě, è, wū, wù

一 丅 丌 ⺬ 亞 亞 亞 亞 亞 惡 惡 惡

* 형성. 뜻을 나타내는 부수 '心(마음 심)'과 음을 나타내는 '亞(버금 아)'를 합친 글자. 亞(버금 아)는 보기 추한 것을 나타냄. 추한(亞) 마음(心)은 '나쁜' 것이라 하여, '나쁘다', 또는 나쁜 것을 '미워하다'는 뜻이 됨. 또한 추한 마음은 부끄러운 것이라 하여 '부끄러워하다'는 뜻으로도 쓰임.

풀이 ❶ 1. 악하다. 나쁘다. ¶善惡 2. 더럽다. 더러움. ¶惡名 3. 추하다. 흉하다. 못생기다. 4. 불길하다. 5. 흉년이 들다. 흉작(凶作). 6. 잘못하다. 잘못. 과오. ¶惡用 7. 재난. 8. 악인(惡人). ❷ 9. 미워하다. ¶憎惡 10. 헐뜯다. 11. 부끄러워하다. 12. 두려워하다. 13. 싫어하다. ¶惡寒 14. 어찌. 반어사(反語辭). 15. 허! 아! '嗚呼'와 같은 탄식하는 소리.

惡感情(악감정) 좋지 않은 감정. 분하고 원통한 감정.
惡果(악과) 나쁜 일에 대한 갚음. 나쁜 업보.
惡鬼(악귀) 악한 귀신. 나쁜 짓을 하는 귀신.
惡氣(악기) 1)사람에게 해를 주는 기운. 2)고약한 냄새. 악취(惡臭). 3)악의(惡意).
惡女(악녀) 성질이 나쁜 여자. 악독한 여자.
惡念(악념) 나쁜 마음. 나쁜 생각.
惡談(악담) 1)남이 잘되지 못하도록 저주하는 말. 2)남의 일을 나쁘게 말하는 것.
惡黨(악당) 악한 도당. 나쁜 무리.
惡德(악덕) 도리에 벗어나는 나쁜 일. 나쁜 행위.
惡道(악도) 1)다니기 나쁜 길. 2)불교에서, 나쁜 짓을 한 사람이 죽어서 간다는 고뇌의 세계.
惡靈(악령) 원한을 품고 재앙을 내린다는 죽은 사람의 혼.
惡魔(악마) 사람을 악하게 만드는 마귀.
惡名(악명) 1)추악한 이름. 2)나쁜 평판.
惡夢(악몽) 흉악한 내용의 꿈. 앞으로 좋지 못한 일이 닥칠 것을 알리는 듯한 꿈.
惡法(악법) 사회에 좋지 않은 영향을 끼치는 법률.
惡事(악사) 나쁜 일.
惡說(악설) 나쁘게 욕하는 말. 남을 해치려고 하는 모진 말.
惡聲(악성) 1)듣기 싫은 소리. 2)악평(惡評).
惡性(악성) 모질고 악독한 성질.
惡俗(악속) 나쁜 풍속.
惡循環(악순환) 1)나쁜 현상이 자꾸 되풀이되는 일. 2)두 가지의 일이 서로 나쁜 영향을 주고받으며 계속 악화되는 것.
惡心(1.악심/2.오심) 1)악한 마음. 남을 해치고자 하는 마음. 2)속이 나쁨. 또는 그런 기분.
惡業(악업) 불교에서, 고과(苦果)를 가져 오는 원인이 되는 나쁜 소행(所行).
惡緣(악연) 맺어서 좋지 않은 인연. 불행한 인연.
惡影響(악영향) 나쁜 영향.
惡用(악용) 1)잘못 씀. 2)나쁜 일에 사용함.
惡因(악인) 나쁜 결과를 가져오는 원인.
惡人(악인) 악한 사람. 행실이 착하지 못한 사람.
惡戰(악전) 고된 싸움. 또는 몹시 싸움.
惡政(악정) 나쁜 정치. 국민을 괴롭히고 나라를 그르치는 정치.
惡條件(악조건) 나쁜 조건.
惡疾(악질) 고치기 어려운 병.
惡質(악질) 못되고 나쁜 성질.
惡瘡(악창) 고치기 힘든 부스럼.
惡妻(악처) 악한 아내.
惡天候(악천후) 비·바람 등이 심한 사나운 날씨.
惡草(악초) 1)나쁜 풀. 2)물풀의 다른 이름.
惡臭(악취) 불쾌한 냄새. 나쁜 냄새.
惡趣味(악취미) 좋지 못한 취미. 괴벽한 취미.
惡評(악평) 나쁘게 말하는 비평. 좋지 않은 평판.
惡風(악풍) 1)모진 바람. 폭풍(暴風). 2)나쁜 풍습이나 풍조.
惡筆(악필) 1)잘 쓰지 못한 글씨. 2)나쁜 붓. 글씨가 잘 써지지 않는 붓.
惡漢(악한) 나쁜 놈. 몹시 악독한 사람.
惡行(악행) 악한 행실.
惡刑(악형) 가혹한 형벌.
惡化(악화) 어떤 상태나 일이 나쁘게 됨.
惡寒(오한) 1)추위를 싫어함. 2)몸이 오슬오슬 추워지는 증상.

반 善(착할 선) 良(좋을 량)

惢	⑧ 12획 ❶蕊(p1185)와 同字 ❷蘂(p1197)와 同字

4획

惋	⑧ 11획	日 ワン · なげく
	한탄할 완	中 wǎn

풀이 한탄하다. 탄식하다. ¶惋恨

惋怛(완달) 깜짝 놀라 한탄하며 슬퍼함.
惋懣(완만) 한탄하며 고민함.
惋傷(완상) 한탄하며 마음이 상함.
惋惜(완석) 한탄하며 아까워함.
惋愕(완악) 깜짝 놀람. 경악(驚愕).
惋愴(완창) 한탄하며 슬퍼함.
惋恨(완한) 슬퍼하며 한탄함.

惟	⑧ 11획	日 タダ · おもう
	생각할 유	中 wéi

丨 忄 忄 忄 忄 忙 忙 怍 怍 惟 惟

* 형성. 뜻을 나타내는 '心(마음 심)'과 음을 나타내는 '隹(새 추→유)'가 합쳐진 글자. 새(隹)가 생각(心)하는 것은 '오직' 먹이 뿐이라 하여, '오직'을 나타냄. 어조사로도 쓰임.

풀이 1. 생각하다. 사유하다. 2. 오직. 다만. ¶惟一 3. 생각건대.

惟獨(유독) 오직. 홀로.
惟房(유방) 규방(閨房).
惟一(유일) 오직 하나.
惟日不足(유일부족) 분주하고 다사(多事)하여 날짜가 모자람.
惟精(유정) 사욕을 물리치고 마음을 정하게 가짐.
思惟(사유) 1)생각함. 2)사고(思考)·판단·추리 등을 행하는 인간의 정신 작용. 3)불교에서 대상(對象)을 분별하는 일. 4)정토(淨土)의 장엄을 관찰하는 일. 선정(禪定)에 들어가기 전의 일심(一心).

유 念(생각할 념) 想(생각할 상) 考(상고할 고) 思(생각할 사)
비 推(밀 추)

4획

倎	⑧ 11획	日 ゼン · はず
	부끄러워할 전	中 tiǎn

풀이 부끄러워하다. ¶倎墨

倎墨(전묵) 부끄러워서 얼굴이 흑빛으로 됨.

情	⑧ 11획	日 セイ · ジョウ · なさけ
	뜻 정	中 qíng

丨 忄 忄 忄 忄 忄 情 情 情 情

* 형성. 뜻을 나타내는 '心(마음 심)'과 음을 나타내는 '青(푸를 청→정)'을 합친 글자. 마음(心)이 젊어(青) 생기는 '사랑'을 나타내어, '정, 사랑'을 뜻함. 또한 그러한 마음을 강조하여 '정성', 또는 '감정'을 나타냄.

풀이 1. 뜻. ¶情恨 2. 사랑. 정. 3. 인정. ¶人情 4. 사정. 일의 정황. ¶事情 5. 멋. 정취. ¶情趣 6. 실정. 실상. ¶實情 7. 욕망. 욕정. ¶情慾 8. 이치. 9. 정성. 성심.

情歌(정가) 남녀간의 사랑을 읊은 노래.
情感(정감) 느낌.
情景(정경) 1)상황. 광경. 2)정취와 경치.
情款(정관) 진실된 교제. 두터운 정의(情誼).
情交(정교) 친하게 사귐. 또는 그런 관계.
情念(정념) 마음에서 우러나오는 생각.
情談(정담) 다정하게 나누는 이야기.
情讀(정독) 마음의 감정을 붙여 읽음.
情露(정로) 감정을 숨기는 바가 없이 모두 드러냄.
情累(정루) 인정에 끌림.
情理(정리) 인정과 도리.
情貌(정모) 감정과 용모.
情報(정보) 정황의 보고. 사건의 실정 보고.
情婦(정부) 아내가 있는 남자가 정을 두고 지내는 여자.
情分(정분) 사귀어 정이 든 정도.
情事(정사) 1)남녀간의 애정에 관한 일. 2)부부가 아닌 남녀 사이의 성교.
情狀(정상) 1)감정과 상태. 2)정황(情況).
情緖(정서) 어떤 일을 경험하거나 생각함에 따라 일어나는 감정.
情勢(정세) 일의 되어 가는 사정과 형세.
情熟(정숙) 정분이 있고 친숙함.
情實(정실) 1)사정(私情)에 얽힌 사실. 2)진실한 마음. 3)있는 대로의 사실. 일의 진상.
情熱(정열) 격렬하게 일어나는 감정.
情炎(정염) 격렬한 욕정.
情慾(정욕) 색정(色情)에 대한 욕심.
情操(정조) 높은 정신 활동에 따라 일어나는 감정. 정서보다 지적 관념이 더하여 안정감이 있으며, 대상에 따라 지적·도덕적·미적·종교적 정조로 나눔.
情趣(정취) 정감을 불러 일으키는 흥취.
情態(정태) 1)아첨하는 사람의 태도와 그 마음씨. 2)사정과 상태.
情恨(정한) 1)정과 한. 2)마음에 품은 원한.
情況(정황) 상황. 형편.
私情(사정) 1)개인적인 정. 사사로운 개인의 정. 2)자기만의 편의를 위한 마음.
事情(사정) 1)일의 형편이나 까닭. 2)어떤 일의 형편이나 까닭을 남에게 말하고 도움을 바라는 일.
寫情(사정) 보거나 느낀 실정을 그려 냄.
傷情(상정) 정분(情分)이 상함.

敍情(서정) 사물을 보고 자기가 느낀 감정을 나타냄.

유 意(뜻 의) 志(뜻 지) 비 淸(맑을 청)

悰 ⑧ 11획 日ソウ
즐길 종 中cóng

풀이 1. 즐기다. 즐거워하다. 2. 생각. 마음.

惨 ⑧ 11획
慘(p473)의 俗字

惝 ⑧ 11획 日ショウ
멍할 창 中chǎng

풀이 1. 멍하다. ¶惝惘 2. 놀라는 모양. 3. 실망하는 모양. ¶惝怳

惝惘(창망) 멍한 모양.
惝然(창연) 1)멍한 모양. 2)실망하는 모양.
惝惝(창창) 멍하게 있는 모양.
惝怳(창황) 1)실망하는 모양. 2)마음이 편안하지 않은 모양.

유 惘(멍할 망)

悵 ⑧ 11획 日チョウ
슬퍼할 창 中chàng

풀이 1. 슬퍼하다. ¶悵望 2. 원망하다. 한탄하다.

悵望(창망) 슬퍼하며 바라봄. 한탄하며 바라봄.
悵惘(창망) 슬픔과 걱정으로 다른 생각할 마음의 여유가 없음.

유 悼(슬퍼할 도) 悲(슬플 비)

悽 ⑧ 11획 日サイ·かなしい
슬퍼할 처 中qī

* 형성. 뜻을 나타내는 '心(마음 심)'과 음을 나타내는 '妻(아내 처)'를 합친 글자. 아내[妻]를 생각하는 마음(忄)으로, 안쓰러워하다는 뜻에서 '슬퍼하다' 또는 '아위다'는 뜻이 됨.

풀이 1. 슬퍼하다. ¶悽然 2. 차갑다. 3. 은혜를 갚고자 하는 모양. 4. 굶주려 괴로워하는 모양. 5. 마음의 안정을 잃은 모양.

悽苦(처고) 슬퍼하며 괴로워함.
悽然(처연) 마음이 슬픈 모양.
悽絶(처절) 더할 나위 없이 애처로움.
悽慘(처참) 슬프고 참혹함.
悽惻(처측) 슬퍼하며 한탄함.

유 怛(슬플 달) 悲(슬플 비) 悵(슬퍼할 창)

惕 ⑧ 11획 日セキ
두려워할 척 中tì

풀이 1. 두려워하다. ¶惕懼 2. 놀라다. 3. 근심하다. ¶惕若 4. 빠르다. 신속하다. 5. 사랑하는 모양. ¶惕惕

惕懼(척구) 두려워함.
惕兢(척긍) 두려워함.
惕若(척약) 근심함.
惕惕(척척) 1)두려워하는 모양. 2)놀라는 모양. 3)사랑하는 모양.
惕喘(척천) 두려워서 숨이 가빠짐.
惕墜(척추) 두려워서 기가 꺾임.

유 恐(두려울 공) 怔(두려워할 정) 怖(두려워할 포)

惙 ⑧ 11획 日テツ
근심할 철 中chuò

풀이 1. 근심하다. ¶惙怛 2. 고달프다. 3. 그치다. 4. 마음의 안정(安定)을 잃다. ¶惙惙

惙怛(철달) 근심하고 슬퍼함.
惙惙(철철) 1)근심하는 모양. 2)근심하여 마음이 안정되지 못한 모양.

유 憂(근심할 우) 愁(근심할 수)

惉 ⑧ 12획 日テン·なぐりつける
팰 첨 中zhān

풀이 목이 메어 음조가 고르지 않다.

惉懘(첨체) 목이 쉬어 음의 조화가 깨어짐.

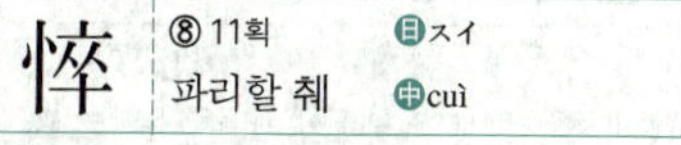

悴 ⑧ 11획 日スイ
파리할 췌 中cuì

풀이 1. 파리하다. 초췌하다. ¶悴顔 2. 근심하다.

悴薄(췌박) 파리함.
悴顔(췌안) 초췌한 얼굴.
悴容(췌용) 파리한 얼굴 모습.
悴賤(췌천) 용모가 파리하고 천함.

유 剿(노곤할 초) 憔(수척할 초)

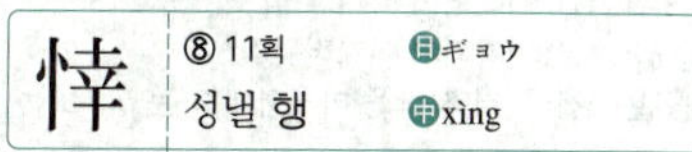

悻 ⑧ 11획 日ギョウ
성낼 행 中xìng

풀이 발끈 성내다.

惠 ⑧ 12획 日ケイ·エ·めぐむ
은혜 혜 中huì

풀이 1. 은혜. ¶惠澤 2. 인자하다. 3. 주다. 베풀다. ¶惠養 4. 꾸미다. 5. 유순하다. 6. 슬기롭다. 7. 세모창. 날의 모양이 세모인 창.

惠肯(혜긍) 다른 사람의 방문을 높여 이르는 말.
惠念(혜념) 돌보아 주는 생각.
惠撫(혜무) 은혜를 베풀어 주고 어루만짐.
惠賜(혜사) 은혜를 베풀어 금품을 내림.
惠書(혜서) 남이 보낸 편지를 높여 부르는 말. 혜음(惠音).
惠施(혜시) 은혜로써 베풀어 줌.
惠養(혜양) 은혜를 베풀어 기름.
惠雨(혜우) 1)자혜스러운 비. 2)임금의 은혜.
惠育(혜육) 은혜로써 기름.
惠政(혜정) 은혜로 백성들에게 시행하는 정치.
惠澤(혜택) 은혜와 덕택.
惠風(혜풍) 1)화창한 봄바람. 2)음력 3월의 다른 이름. 3)임금의 은혜.
惠和(혜화) 온화함.
惠化(혜화) 은혜를 베풀어 남과 교화함.
惠化門(혜화문) 서울 동소문(東小門)의 정식 이름. 원 이름은 홍화문(弘化門).
惠訓(혜훈) 은혜로써 가르침.
惠恤(혜휼) 자비로 은혜를 베풀어 구휼함.

유 恩(은혜 은) 비 思(생각할 사)

惑 ⑧ 12획 日ワク·まどう
미혹할 혹 中huò

*형성. 뜻을 나타내는 '心(마음 심)'과 음을 나타내는 '或(혹시 혹)'이 합쳐진 글자. 이것일까 혹은(或) 저것일까 하는 마음(心)으로 결단하지 못하는 것을 나타내어, '미혹하다'는 뜻이 됨.

풀이 1. 미혹하다. 무언가에 홀리다. 정신이 헷갈려 헤매다. 2. 미혹되게 하다. ¶惑說 3. 의심하다. ¶疑惑 4. 미혹. 의혹.

惑惱(혹뇌) 미혹되어 고민함.
惑溺(혹닉) 미혹되어 빠져 버림.
惑亂(혹란) 미혹되어 어지러워짐.
惑說(혹설) 여러 사람을 미혹하게 하는 말. 또는 주장.
惑星(혹성) 유성(遊星). 행성(行星).
惑世(혹세) 1)어지러운 세상. 2)세상을 어지럽게 함.
惑術(혹술) 사람을 미혹시키는 술책.
惑心(혹심) 1)의심함. 2)마음을 미혹시킴. 또는 미혹한 마음.
惑志(혹지) 미혹된 마음.

유 迷(미혹할 미) 비 感(느낄 감)

⑧ 11획
❶어리석을 혼 日コン·ミン
❷번민할 민 中hūn

*형성. 뜻을 나타내는 '心(마음 심)'과 음을 나타내는 '昏(어두울 혼)'이 합쳐진 글자. 마음(心)이 답답하여 어둡다(昏)라는 뜻에서 '어리석다', '혼미하다'라는 뜻을 나타냄.

풀이 ❶ 1. 어리석다. ¶惛呶 2. 혼미하다. 정신이 흐릿한 모양. ¶惛然 3. 어지럽다. 어수선하다. ❷ 4. 번민하다. 고민하다.

惛呶(혼노) 매우 시끄럽고 어지러움.
惛耄(혼모) 늙어서 정신이 흐리고 기력이 쇠함.
惛然(혼연) 마음이 산란한 모양.
惛怳(혼황) 흐리멍덩함. 어리석음.

비 昏(어두울 혼)

惚 ⑧ 11획 日コツ
황홀할 홀 中hū

풀이 황홀하다.

惚惚(홀홀) 모호한 모양. 흐릿한 모양.
惚怳(홀황) 1)황홀한 모양. 2)멍하니 있는 모양.

유 恍(황홀할 황) 비 怱(소홀히할 홀)

⑨ 13획 日カン
느낄 감 中gǎn

*형성. 뜻을 나타내는 '心(마음 심)'과 음을 나타내는 '咸(다 함)'을 합친 글자. 무엇이나 다(咸) 접하면 마음(心)에 느껴진다하여, '느끼다'라는 뜻으로 쓰임.

풀이 1. 느끼다. ¶感覺 2. 마음이 움직여 감동하다. ¶感動 3. 닿다. ¶感觸 4. 생각하다. 5. 병에 걸리다. ¶感染

感覺(감각) 신체적·정신적 자극에 의해 일어나는 반응이나 느낌.
感慨(감개) 마음속에 사무치는 느낌.
感慨無量(감개무량) 너무 감격하여 마음속의 느

낌을 다 헤아릴 수 없음.
感激(감격) 1)매우 감동함. 2)고마움을 마음속 깊이 느낌.
感官(감관) 외부로부터의 자극을 뇌에 전달하는 기관. 감각 기관.
感愧(감괴) 다른 사람의 덕에 감동하고, 자기의 덕이 미치지 못함을 부끄럽게 느낌.
感動(감동) 깊이 느껴 마음이 움직임.
感銘(감명) 마음에 깊이 느껴 새김.
感慕(감모) 마음으로 사모함.
感服(감복) 마음으로 느껴 따름.
感謝(감사) 고맙게 여김.
感傷(감상) 1)마음으로 슬퍼함. 2)하찮은 일에 마음을 상함.
感想(감상) 마음으로 느껴 생각함.
感賞(감상) 마음으로 좋다고 여김.
感性(감성) 느낌을 받아들이는 성질.
感受(감수) 외부의 자극을 감각을 통해 받아들임.
感心(감심) 마음에 깊이 느낌.
感悅(감열) 감동하여 기뻐함.
感染(감염) 1)병에 옮음. 2)나쁜 버릇이나 풍습에 물듦.
感恩(감은) 은혜에 감사함.
感應(감응) 1)사물을 대하고 마음이 감동함. 2)두 가지 물건이 서로 반응함.
感電(감전) 전기에 감전됨.
感情(감정) 외부의 자극으로부터 느끼는 심리적 반응.
感慙(감참) 마음에 느껴 부끄러워함.
感觸(감촉) 1)외부로부터의 자극이 피부에 닿아 일어나는 반응. 2)손으로 만질 때의 느낌.
感歎(감탄) 마음 깊이 느껴 탄복함.
感佩(감패) 기리는 마음을 갖고 잊지 않음.
感荷(감하) 은혜를 감사하게 생각함.
感化(감화) 감동시켜 변화함.
感悔(감회) 마음으로 느껴 후회함.
感懷(감회) 마음에 오래 남아 있는 감정.
感興(감흥) 마음에 느껴 일어나는 홍취.
共感(공감) 남의 생각이나 감정에 자기도 그러하다고 느낌. 또는 그런 감정.
交感(교감) 서로 접촉하여 감응함.
同感(동감) 남과 같게 생각하거나 느낌. 또는 그런 생각이나 느낌.
萬感(만감) 온갖 생각.
敏感(민감) 감각이 예민함.
反感(반감) 상대방의 말이나 행동에 대해 불쾌하게 생각하거나 반발·반항하는 감정.
豫感(예감) 무슨 일이 일어날 것 같은 사전의 느낌.
肉感(육감) 1)신체상의 감각. 2)신체에서 풍기는 성적인 느낌.
情感(정감) 사람의 마음을 감동시킬 만한 느낌.
直感(직감) 사물의 진상(眞相)을 순간적으로 감지함. 또는 그런 느낌.
快感(쾌감) 상쾌하고 좋은 느낌.
痛感(통감) 마음속으로 절실하게 느낌.
好感(호감) 좋은 느낌.

愆	⑨ 13획 허물 건	日ケン·あやまる 中qiān

풀이 1. 허물. 잘못. 2. 잘못하다. 3. 어기다. 4. 잃다.
愆過(건과) 실수. 잘못. 건우(愆尤).
愆期(건기) 정해놓은 기일을 어김.
愆納(건납) 기한 내에 세금을 내지 못함. 체납(滯納).
愆戾(건려) 잘못. 과오.
愆尤(건우) 과실. 실수.
愆義(건의) 정도(正道)를 어김.
愆滯(건체) 정한 기한의 약속을 지키기 못하고 지체함.
愆悔(건회) 허물. 잘못.

愒	⑨ 12획 쉴 게	日ケイ·やすむ 中hè, kài, qì

풀이 쉬다. 휴식을 취하다.
유 休(쉴 휴)

愅	⑨ 12획 변할 격	日カク·かわる 中gé

풀이 1. 변하다. 바뀌다. ¶愅詭 2. 꾸미다. 3. 삼가다.
愅詭(격궤) 변하여 달라진 것에 놀람.

惸	⑨ 12획 근심할 경	日ケイ·ひとり 中qióng

풀이 1. 근심하다. ¶惸惸 2. 외로운 몸. ¶惸獨
惸惸(경경) 근심하는 모양.
惸獨(경독) 의지할 곳이 없는 외로운 사람.
惸嫠(경리) 의지할 곳 없는 과부.
惸鰥(경환) 의지할 곳 없는 외로운 홀아비.
유 憂(근심할 우) 愁(근심할 수)

愜 ⑨ 12획 日キョク
경망할 극 中jí

풀이 경망하다. 언행이 가볍고 행동이 방정맞음.

비 極(다할 극)

惱 ⑨ 12획 日ノウ·なやむ
괴로워할 뇌 中nǎo

* 형성. 뜻을 나타내는 '心(마음 심)'과 음을 나타내는 부수 이외의 글자를 합친 글자. 머리(囟)위에 털(巛)이 나서 산란한 것처럼 마음(忄)이 '산란한' 것을 나타내어, '괴로움'을 뜻하게 됨.

풀이 1. 괴로워하다. 고뇌하다. 2. 괴롭히다. 3. 괴로움.

惱苦(뇌고) 몹시 괴로워함.
惱亂(뇌란) 괴로워하여 마음이 어지러움.
惱悶(뇌민) 괴로워 고민함. 괴로운 고민.
惱殺(뇌쇄) 애가 타도록 몹시 괴로워함. 또는 괴롭게 함.
惱神(뇌신) 정신을 어지럽히고 괴롭힘.

유 煩(괴로워할 번) 慇(괴로워할 은)

惇 ⑨ 12획
惇(p451)의 俗字

想 ⑨ 13획 日ソウ·ソ·おもう
생각할 상 中xiǎng

* 형성. 뜻을 나타내는 부수 '心(마음 심)'과 음을 나타내는 '相(서로 상)'을 합친 글자. 상대를 그리워한다는 뜻이 되어, 상대를 '서로 바라다', '서로 생각하다'의 뜻으로 쓰임.

풀이 1. 잊고 있었던 일을 생각하다. 2. 생각.

想起(상기) 지나간 일을 생각함.
想念(상념) 마음속에 떠오르는 생각.
想像(상상) 어떤 가상적인 상황이나 사물을 머리에 그려봄.
想憶(상억) 생각함. 또는 생각.
假想(가상) 가정하여 생각함.
感想(감상) 마음으로부터 일어나는 생각.
空想(공상) 실행되기 어려운 헛된 생각.
妄想(망상) 있지도 않은 일을 상상하여 마치 사실인 것처럼 믿는 일. 또는 그런 생각.
夢想(몽상) 1)꿈 속의 생각. 2)실현성이 없는 허황된 생각.
豫想(예상) 미리 어림잡아 하는 생각함. 또는 그런 생각.
理想(이상) 1)이성적으로 생각할 수 있는 사물의 가장 완전한 상태나 모습. 2)마음속으로 추구하는 최고의 목표.
着想(착상) 어떤 일이나 계획 등에 대해 새로운 생각이나 구상이 마음에 떠오름.
追想(추상) 지나간 일을 생각하며 그리워함.
幻想(환상) 1)현실로는 있을 수 없는 일을 있는 것처럼 상상하는 일. 2)종잡을 수 없는 생각.
回想(회상) 지나간 일을 다시 생각함.

惰 ⑨ 12획 日セイ·ちえ
지혜 서 中xū

풀이 지혜. 지혜로움.

비 壻(사위 서)

惺 ⑨ 12획 日セイ·さとる
깨달을 성 中xīng

풀이 1. 깨닫다. ¶惺悟 2. 조용하다. 고요하다. 3. 영리하다. ¶惺惺

惺惺(성성) 영리하고 슬기로운 모양.
惺悟(성오) 깨달음.
惺忪(성종) 깨어 정신이 듦.

유 覺(깨달을 각) 悟(깨달을 오)

惛 ⑨ 12획
惺(p458)과 同字

愁 ⑨ 13획 日シコウ·うれえる
근심할 수 中chóu

풀이 1. 근심하다. 근심. 시름. ¶愁悶 2. 슬퍼하다. ¶愁緖滿懷 3. 원망하다. ¶愁怨

愁看(수간) 근심스러워하며 바라봄.
愁感(수감) 근심 걱정을 함.
愁困(수곤) 근심 걱정으로 고생함.
愁勤(수근) 근심하고 수고함.
愁襟(수금) 근심하는 마음. 수고로운 마음.
愁淚(수루) 근심하며 흘리는 눈물.
愁眠(수면) 1)근심하며 잠을 잠. 2)여수(旅愁)로 인하여 깊이 잠들지 못함.

愁悶(수민) 근심하고 걱정함.
愁殺(수살/수쇄) 몹시 슬프게 함.
愁色(수색) 근심하는 기색.
愁緖滿懷(수서만회) 시름이 마음에 가득함.
愁訴(수소) 애처롭게 호소함.
愁心(수심) 몹시 근심함. 또는 그런 마음.
愁容(수용) 근심 어린 얼굴.
愁雲(수운) 1)슬픔을 느끼게 하는 구름. 2)근심스러운 기색.
愁怨(수원) 근심하고 원망함.
愁腸(수장) 근심 걱정하는 마음.
愁慘(수참) 매우 비참함.
愁歎(수탄) 근심하여 탄식함.
愁痛(수통) 근심하여 마음 아파함.
愁怖(수포) 근심하여 두려워함.
客愁(객수) 객지에서 느끼는 쓸쓸한 느낌.
哀愁(애수) 마음속에 스며드는 슬픈 시름.
旅愁(여수) 여행지에서 느끼는 시름. 나그네의 시름.
憂愁(우수) 근심과 걱정.
春愁(춘수) 봄에 느끼는 시름.
鄕愁(향수) 고향을 그리워하는 마음.

惾	⑨ 12획	日シュウ
	냄새코찌를 수	中zōng

풀이 냄새가 코를 찌르다.

愖	⑨ 12획	日ジン・まこと
	정성 심	中chén, dān, xìn

풀이 1. 정성. 성심. 2. 머뭇거리다. 주저하다.

유 懇(정성 간) 誠(정성 성) 款(정성 관) 恂(정성 순)

愕	⑨ 12획	日アク・おどろく
	놀랄 악	中è

풀이 1. 깜짝 놀라다. ¶愕驚 2. 직언(直言)하다. ¶愕愕

愕驚(악경) 깜짝 놀람.
愕立(악립) 놀라 일어섬.
愕視(악시) 놀라 바라봄.
愕愕(악악) 기탄 없이 직언을 함.
愕眙(악치) 놀라서 봄.
驚愕(경악) 몹시 놀람.

유 驚(놀랄 경)

愛	⑨ 13획	日アイ・あいする
	사랑 애	中ài

* 형성. 뜻을 나타내는 '心(마음 심)'에 '夊(천천히 걸을 쇠)'와 '旡(줄 수)' 자를 더하여, 천천히(夊) 마음(心)을 주는 것(旡), 곧 '아끼고', '사랑'하는 것을 뜻함.

풀이 1. 사랑. 자애. 2. 사랑하다. ¶戀愛 3. 그리워하다. 사모하다. 4. 즐기다. 좋아하다. ¶愛酒 5. 가엾게 여기다. 6. 연인. 사랑하는 대상. ¶愛人 7. 몽롱하다. 어렴풋하다. 8. 아끼다. 탐내다.

愛顧(애고) 아랫사람을 아끼고 돌봐 줌.
愛國愛族(애국애족) 나라와 겨레를 사랑함.
愛嗜(애기) 사랑하고 좋아함. 기호(嗜好).
愛戴(애대) 소중히 하여 받듦.
愛讀(애독) 즐겨 읽음.
愛慕(애모) 사랑하고 그리워함.
愛撫(애무) 사랑하여 어루만지며 귀여워함.
愛物(애물) 1)물건을 사랑함. 2)아끼는 물건.
愛別(애별) 이별을 아쉬워함. 석별(惜別).
愛賞(애상) 즐겨 감상하며 칭찬함.
愛視(애시) 1)사랑하며 눈여겨 봄. 돌봐줌. 2)눈으로 보는 것을 사랑함.
愛狎(애압) 친근함.
愛養(애양) 사랑하여 봉양함.
愛緣(애연) 사랑해서 생기는 사람과의 인연.
愛悅(애열) 사랑하고 기뻐함.
愛玉(애옥) 남의 딸을 높여 이르는 말.
愛玩(애완) 작은 동물이나 공예품 등을 가까이 두고 구경하며 즐김.
愛育(애육) 사랑하여 기름. 귀여워하여 소중히 기름.
愛人(애인) 사랑하는 사람. 연인(戀人).
愛日(애일) 1)사랑스러운 해. 2)겨울 날에 따스한 해를 좋아함. 3)날을 아낌. 4)효도하여 봉양함. 시간을 아끼어 잠시도 효도하여 봉양하는 것을 게을리 하지 않음.
愛情(애정) 1)사랑하고 귀여워하는 마음. 2)이성을 그리워하여 끌리는 마음. 사랑.
愛酒家(애주가) 술을 좋아하는 사람.
愛之重之(애지중지) 사랑하고 소중히 여김.
愛執(애집) 1)자신이 바라는 것에 대해 지나치게 집착함을 말함. 애염(愛染). 애착(愛着). 2)불교에서, 욕망에 사로잡혀 헤어나지 못하는 일.
愛親(애친) 부모를 사랑으로 섬김.
愛幸(애행) 총애함. 귀여워함.
愛惠(애혜) 1)은혜를 베풂. 2)은혜를 베풀기를 좋아함.

4획

愛好(애호) 어떤 사물을 사랑하고 좋아함.
愛護(애호) 가엾게 여겨 사랑하고 보호함.
愛恤(애휼) 가엾게 여겨 사랑으로 구휼함.
愛姬(애희) 총애하는 여자. 애총(愛寵).
嘉愛(가애) 가상히 여겨 사랑함.
兼愛(겸애) 모든 사람을 하나같이 두루 사랑함.
求愛(구애) 이성에게 자기의 사랑을 고백하여 자기를 사랑해 주기를 바라는 일.
博愛(박애) 뭇사람을 차별 없이 두루 사랑함.
相愛(상애) 서로 사랑함.
性愛(성애) 남녀간의 성적인 애정. 본능적인 애욕.
戀愛(연애) 어떤 이성에 특별한 애정을 느껴 그리워하는 일. 또는 그런 상태.
恩愛(은애) 1)은혜와 애정. 2)부모 자식 사이나 부부 사이의 사랑하는 정.
自愛(자애) 자기 자신을 스스로 아끼고 사랑함. 애기(愛己).
鍾愛(종애) 사랑을 한 곳으로 모음. 몹시 사랑함. 종정(鍾情).
寵愛(총애) 남달리 귀여워하고 사랑함.
忠愛(충애) 1)충성과 사랑. 2)정성을 다해 사랑함.
貪愛(탐애) 1)남의 물건을 탐내고 제 것을 몹시 아낌. 2)불교에서, 색(色)·성(聲)·향(香)·미(味)·촉(觸)의 오진(五塵)을 탐하여 집착함.

반 憎(미워할 증)

4획

惹	⑨ 13획 이끌 야	日ヤ·ひく 中rě

풀이 이끌다. 일으키다. ¶惹起
惹起(야기) 무슨 일이나 사건 등을 일으킴. 야료(惹鬧)
惹鬧(야료) 1)까닭없이 트집을 부리고 일을 일으킴. 2)화나게 함.

유 引(끌 인) 비 匿(숨길 닉)

惼	⑨ 12획 惱(p465)의 俗字

愚	⑨ 13획 어리석을 우	日グ·おろか 中yú

丨 口 日 日 月 月 禺 禺 禺 禺 愚 愚 愚

* 형성. 뜻을 나타내는 부수 '心(마음 심)'과 음을 나타내는 '禺(긴 꼬리원숭이 우)'를 합친 글자. '禺'자는 꼬리가 긴 원숭이를 나타냄. 곧 꼬리 긴 원숭이(禺)의 마음(心)에는 지혜가 없다 하여 '어리석음'을 뜻함.

풀이 1. 어리석다. 우매하다. ¶愚問 2. 고지식하다. 3 자신을 낮추어 부르는 말. ¶愚忠
愚固(우고) 어리석고 고집이 셈.
愚瞽(우고) 어리석고 몽매한 사람.
愚公移山(우공이산) 불가능해 보이는 목표라도 끊임없이 노력하면 성취할 수 있음.

愚公移山(우공이산)의 유래
옛날 우공(愚公)이라는 90세 먹은 노인이 있었는데, 그의 집 앞에는 태항산(太行山)과 왕옥산(王屋山)이 가로막고 있어서 다니기가 불편했다. 노인은 가족들에게 산을 깎아 남쪽으로 길을 트자고 제안했다. 그리하여 우공은 아들, 손자와 함께 돌과 흙을 파서 삼태기로 먼 발해 땅에다 갖다 버렸는데, 한 번 갔다 오는 데 꼬박 일 년이 걸렸다. 어떤 사람이 어느 세월에 산을 옮기겠냐며 비웃자 우공은 말했다. "내 아들과 손자들이 대대로 이어서 일을 한다면 언젠가는 반드시 저 산이 평평해질 날이 있을 것이오." 나중에 우공의 진심에 감동한 옥황상제가 두 산을 옮기도록 명했다고 한다.

愚狂(우광) 어리석고 미침. 또는 그런 사람.
愚短(우단) 어리석고 재기가 부족함.
愚鈍(우둔) 어리석고 둔함.
愚陋(우루) 어리석고 더러움.
愚氓(우맹) 어리석은 백성. 우민(愚民).
愚問(우문) 어리석은 물음.
愚民(우민) 1)어리석은 백성. 2)국민이 통치자에게 자신을 낮추어 일컫는 말.
愚夫愚婦(우부우부) 어리석은 백성들.
愚鄙(우비) 1)어리석고 비루함. 2)자신의 재능을 겸손하여 이르는 말.
愚士繫俗(우사계속) 어리석은 선비는 속세에 매임.
愚息(우식) 자기 자식을 낮추어 이르는 말.
愚案(우안) 어리석은 생각. 자신의 생각이나 의견을 겸손하게 일컫는 말.
愚暗(우암) 어리석어 사리에 어두움.
愚騃(우애) 어리석고 지혜가 없는 사람.
愚拙(우졸) 어리석고 졸렬함.
愚智(우지) 어리석음과 슬기로움. 또는 그런 사람.
愚淺(우천) 어리석고 천박함.
愚忠(우충) 자기의 충성(忠誠)을 겸손하게 이르는 말.
愚癡(우치) 어리석고 못남. 또는 그런 사람.
愚蔽(우폐) 어리석고 어두움.
萬愚節(만우절) 서양 풍속에서 전래된 것으로 양력 4월 1일에 가벼운 거짓말로 서로 속이면서 즐기는 날.
凡愚(범우) 평범하고 어리석은 사람.
上愚(상우) 바보는 아니면서도 편벽된 의견을 가진 사람.
暗愚(암우) 사리에 어둡고 어리석음. 또는 그런

사람.
庸愚(용우) 못나고 옹졸하며 어리석음.
衆愚(중우) 많은 어리석은 사람들.
유 懞(어두울 몽)

惲	⑨ 12획	日ウン
	도타울 운	中yùn

풀이 1. 도탑다. 2. 꾀하다.
비 揮(휘두를 휘)

愇	⑨ 12획	日イ
	원망할 위	中wěi

풀이 원망하다.

愈	⑨ 13획	日ユウ
	나을 유	中yù

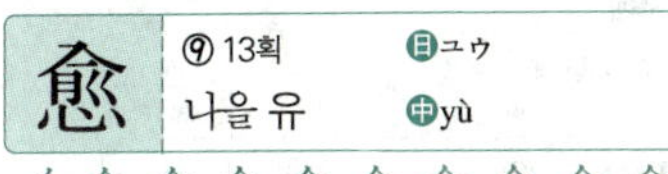

* 형성. 뜻을 나타내는 '心(마음 심)'에 음을 나타내는 '兪(점점 유)'가 합쳐진 글자로, 마음(心)으로 점점(兪) 통하니 더욱 '나아지는' 것, 곧 '더하다', '낫다'를 뜻하게 됨.

풀이 1. 낫다. 뛰어나다. 2. 병을 고치다. 치유하다. ¶快愈 3. 더욱. 점점. 4. 근심하다. 근심하는 모양. ¶愈愈 5. 즐기다. 6. 자꾸 더해지다.

愈愚(유우) 어리석은 마음을 고침.
愈愈(유유) 걱정하는 모양.
愈出愈怪(유출유괴) 점점 더 괴이해짐.
快愈(쾌유) 병이 깨끗이 다 나음. 쾌차(快差).
비 兪(점점 유) 俞(점점 유)

愉	⑨ 12획	
	❶ 즐거울 유	日ユ・よろこぶ
	❷ 구차할 투	中yú

* 형성. 뜻을 나타내는 '心(마음 심)'과 음을 나타내는 '兪(점점 유)'를 합친 글자. 마음(忄)이 편하게 점점 통하는(兪) 것은 기쁜 일이라 하여, '기뻐하다'는 뜻이 됨.

풀이 ❶ 1. 즐겁다. ¶愉樂 2. 기뻐하다. ¶愉色 3. 누그러지다. 4. 노래. 5. 게으르다. ❷ 6. 구차하다.

愉樂(유락) 즐김. 유환(愉歡).
愉色(유색) 기뻐하는 얼굴빛. 밝고 온화하게 짓는 얼굴빛.
愉心(유심) 기쁜 마음.
愉悅(유열) 유쾌하고 기쁨. 즐거움.
愉愉(유유) 얼굴이 부드럽고 기뻐하는 모양.
愉逸(유일) 즐겁고 마음이 편함.
愉快(유쾌) 마음이 즐겁고 상쾌함.
유 快(쾌할 쾌) 樂(즐길 락)

愔	⑨ 12획	日イン
	화평할 음	中yīn

풀이 1. 화평하다. 평화롭다. 2. 조용하다.

愔翳(음예) 겨우 목숨이 붙어 있을 정도로 가늘게 숨쉬고 있는 모양.
愔愔(음음) 1)평화로운 모양. 2)조용한 모양. 침묵을 지키는 조약.
유 和(화할 화)

意	⑨ 13획	日イ
	뜻 의	中yì,

* 회의. 마음(心)의 생각들이 말소리(音)를 통해 표시되는 '뜻'이라 하여, '뜻, 생각'을 나타냄.

풀이 1. 뜻. 마음. 2. 의미. 의의. ¶意味 3. 생각하다. 생각. 4. 헤아리다. 추측하다. ¶意想 5. 의심하다. 6. 정취. 풍정. 7. 대저. 무릇.

意見(의견) 어떤 일에 대한 생각.
意氣(의기) 1)적극적으로 무엇을 하려는 마음. 기개(氣槪). 2)장한 마음.
意氣衝天(의기충천) 뜻과 기개가 하늘을 찌를 듯이 솟아오름.
意望(의망) 바라는 마음. 소망.
意想(의상) 마음속의 생각.
意識(의식) 1)사물을 총괄하여 판단·분별하는 마음의 작용. 2)사회·역사적인 영향을 받아서 형성되는 감정·견해 등을 이르는 말. 3)어떤 일을 마음에 둠. 자각함.
意慾(의욕) 1)무엇을 하고자 하는 마음. 2)선택한 목표에 의지가 적극적으로 활동함.
意在言外(의재언외) 뜻이 말 밖에 있음.
意適(의적) 뜻에 적합함.
意中之人(의중지인) 마음속에 있는 사람.
意志(의지) 1)뜻. 의욕(意慾). 2)사물을 깊이 생각하고 선택하고 결심하여 실행하는 능력.
意趣(의취) 의지와 취향. 의향과 취미.
意表(의표) 뜻밖. 생각 밖.
介意(개의) 마음에 두어 생각함.
決意(결의) 뜻을 정하여 굳게 가짐. 또는 그 뜻. 결심(決心).
高意(고의) 높은 뜻. 상대방의 뜻을 이르는 말.

達意(달의) 자기의 의사를 남이 잘 알 수 있도록 나타내는 일. 또는 자기의 의사가 남에게 잘 통하는 일.
微意(미의) 자기의 마음이나 성의를 겸손하게 이르는 말.
發意(발의) 계획이나 구상 등을 생각해 냄.
謝意(사의) 감사히 여기는 뜻.
辭意(사의) 사임할 뜻, 사직할 뜻.
素意(소의) 1)평소의 뜻. 2)평소부터 품고 있는 생각. 소지(素志).
用意(용의) 1)어떤 일을 할 마음을 먹음. 또는 그 마음. 2)마음의 준비를 함.
專意(전의) 오로지 한 곳에만 뜻을 기울임.
趣意(취의) 어떤 일의 근본 목적이나 의도. 취지(趣旨).
厚意(후의) 남을 위해 베푸는 두터운 마음씨. 후정(厚情).

유 志(뜻 지) 비 境(경계 경)

慈	⑨ 13획 사랑 자	日ジ·いつくしむ 中cí

慈 慈 慈

* 형성. 뜻을 나타내는 '心(마음 심)'과 음을 나타내는 '玆(이자)'를 합친 글자. 모든 생물이 다 가지고 있는 이(玆) 마음(心)은 자식에 대한 '사랑'이라는 뜻에서, '사랑', 또는 그러한 마음을 갖고 있는 '어머니'라는 뜻을 나타냄.

풀이 1. 사랑하다. 사랑. 자애. ¶慈愛. 2. 인정. 동정. ¶仁慈 3. 어머니. ¶慈親 4. 측은히 여기다.

慈儉(자검) 사랑하고 검소함. 또는 자애와 검소.
慈壼(자곤) 어머니.
慈淚(자루) 인자한 마음에서 불쌍히 여겨 흘리는 눈물.
慈臨(자림) 자애로운 마음으로 임함.
慈母(자모) 1)자애로운 어머니. 2)죽은 어머니 대신 자신을 길러준 어머니.
慈武(자무) 자애로우면서도 용맹스러움.
慈撫(자무) 사랑하여 어루만짐.
慈愍(자민) 사랑하여 어여삐 여김.
慈善(자선) 불행한 처지에 있는 사람을 딱히 여겨 도와주는 일. 특히, 가난한 사람들을 물질적으로 원조하는 일.
慈膝(자슬) 자애 깊은 무릎이란 뜻으로 부모의 슬슬하를 일컫는 말.
慈愛(자애) 자식에 대한 어버이의 사랑과 같은 깊은 사랑.
慈雨(자우) 1)식물이 자라기 알맞게 내리는 비. 2)오래도록 가물다가 내리는 비.
慈育(자육) 사랑으로 기름.
慈意(자의) 자비심.
慈仁(자인) 자애롭고 인자함.
慈寵(자총) 진심으로 사랑함.
慈誨(자회) 자애로운 가르침.
慈孝(자효) 어버이의 자애와 자식의 효도.
慈訓(자훈) 어머니의 가르침. 모훈(母訓).
家慈(가자) 남 앞에서 자기의 어머니를 일컫는 말. 자친(慈親).
大慈(대자) 1)큰 자비가 있음. 또는 그런 마음. 2)부처가 중생을 사랑하는 마음이 큼.
父慈子孝(부자자효) 부모는 자식을 사랑하고 자식은 부모에게 효도함.
仁慈(인자) 마음이 어질고 자애스러움.
至慈(지자) 더없이 자비로움.
孝慈(효자) 어버이에 대한 효도와 자식에 대한 자애.

유 愛(사랑 애)

惵	⑨ 12획 두려워할 접	日セツ 中dié

풀이 두려워하다. ¶惵懼

惵懼(접구) 두려워함.
惵息(접식) 두려워서 숨을 죽임.
惵惵(접접) 두려워하는 모양.

유 恐(두려울 공) 怔(두려워할 정) 怖(두려워할 포)

惷	⑨ 13획 어수선할 준	日ジュン 中chǔn

풀이 1. 어수선하다. ¶惷惷 2. 꿈틀거리다. 3. 어리석다. 우매하다. ¶惷愚

惷愚(준우) 굼뜨고 어리석음.
惷惷(준준) 1)꿈틀거리는 모양. 2)어수선한 모양. 준준(惷惷).
惷窒(준질) 어리석어 사리 분간을 못함.

愀	⑨ 12획 ❶근심할 초 ❷쓸쓸할 추	日チュウ 中qiǎo

풀이 ❶ 1. 근심하다. 2. 정색하다. 얼굴빛을 바꾸다. ¶愀然 3. 삼가다. ¶愀如 ❷ 4. 쓸쓸하다. 외롭다.

愀如(초여) 삼가는 모양.
愀然(초연) 1)안색이 변하는 모양. 2)근심하는

모양.

惚	⑨ 12획 惚(p473)의 俗字

惴	⑨ 12획 日サイ・こわがる 두려워할 췌 中zhuì

풀이 두려워하다. ¶惴恐

惴恐(췌공) 두려워함.

惴耎(췌연) 발 없는 벌레.

惴慄(췌율) 두려움에 벌벌 떪.

惴惕(췌척) 근심함.

惴惴(췌췌) 두려워서 벌벌 떠는 모양.

유 恐(두려울 공) 怖(두려워할 포)

惻	⑨ 12획 日ソク・かなしい 슬퍼할 측 中cè

풀이 슬퍼하다. 측은하다. ¶惻惻

惻怛(측달) 측은하게 여겨 몹시 슬퍼함.

惻憫(측민) 가엾게 여겨 걱정함.

惻隱(측은) 가엾고 불쌍하게 여김.

惻切(측절) 매우 가엾고 간절함.

惻愴(측창) 가엾고 슬픔.

惻楚(측초) 가엾워 괴로워함.

惻惻(측측) 1)가엾게 여기는 모양. 2)간절한 모양.

惻痛(측통) 몹시 슬퍼함.

유 怛(슬플 달) 悲(슬플 비) 비 測(헤아릴 측) 側(곁 측)

惰	⑨ 12획 日タ・ダ・おこたる 게으를 타 中duò

풀이 1. 게으르다. 게으름. ¶惰性 2. 소홀히 하다. 3. 삼가지 않다. 단정하지 않다.

惰氣(타기) 게으른 마음. 나태한 기분.

惰力(타력) 1)타성(惰性)의 힘. 2)습관의 힘. 2) 물리학에서, 관성(慣性)을 일으키는 힘.

惰慢(타만) 게으르고 거만함.

惰肆(타사) 게으름.

惰性(타성) 1)오래되어 굳어진 버릇. 2)물체가 외부의 힘을 받지 않는 한 현재의 상태를 지속하려는 성질.

惰傲(타오) 게으르고 거만함.

惰游(타유) 게으름을 피우며 노님.

惰卒(타졸) 게으른 병졸. 나태한 병사.

惰怠(타태) 거으르고 느림. 태만(怠慢).

惰廢(타폐) 게을러서 일을 하지 않고 방치함.

유 惰(게으를 타) 倦(게으를 권) 慢(게으를 만)

반 勤(부지런할 근)

惾	⑨ 12획 度(p396)의 俗字

愓	⑨ 12획 ❶ 방자할 탕 日トウ・ほしいまま ❷ 빠를 상 中dàng, shāng

풀이 1 1. 방자하다. ¶愓悍 2. 평평하다. 2 3. 빠르다.

愓愓(상상) 빠른 모양.

愓暢(탕창) 태평스럽고 느긋한 일.

愓悍(탕한) 방탕하고 성질이 거침.

비 湯(넘어질 탕)

愎	⑨ 12획 日フク・もとる 괴팍할 팍 中bì

풀이 1. 괴팍하다. 너그럽지 못하다. ¶愎諫 2. 어긋나다. 3. 남의 말을 듣지 않다. ¶剛愎

愎諫(팍간) 간언을 들어주지 않거나 받아들이지 않음.

愎性(팍성) 까다롭고 걸핏하면 화를 내는 성질.

剛愎(강팍) 고집이 세며 까다로움.

비 復(다시 부)

惼	⑨ 12획 日ヘン・せまい 편협할 편 中biǎn

풀이 편협하다. 마음이 좁고 조급하다.

惼心(편심) 마음이 좁음. 또는 좁은 마음.

惼狹(편협) 생각이나 도량이 좁음. 편굴(偏屈).

유 狹(좁을 협) 반 廣(넓을 광)

愊	⑨ 12획 ❶ 정성 픽 日フク・まこと ❷ 답답할 핍 中bì

풀이 1 1. 정성. 성의. 2 2. 답답하다. ¶愊怛 3. 성

4획

내다. ¶愊抑
愊怛(핍달) 1)답답함. 2)급함.
愊抑(핍억) 슬퍼하고 화를 냄.
愊憶(핍억) 마음이 답답한 모양.
유 懇(정성 간) 誠(정성 성) 款(정성 관) 恂(정성 순)

愜	⑨ 12획 / 쾌할 협	日キョウ / 中qiè

풀이 1. 쾌하다. 상쾌하다. ¶愜志 2. 차다. 흡족하다. ¶愜心 3. 두려워하는 모양. ¶愜愜
愜當(협당) 분수에 맞음. 도리에 잘 맞음.
愜心(협심) 마음에 참.
愜志(협지) 1)뜻한 바를 만족시킴. 2)만족한 마음.
愜愜(협협) 두려워하는 모양.

惽	⑨ 12획 / 惛(p456)의 同字

惶	⑨ 12획 / 두려워할 황	日コウ·おそれる / 中huáng

* 형성. 뜻을 나타내는 부수 '心(마음 심)'과 음을 나타내는 '皇(임금 황)'이 합쳐진 글자. 황제(皇)는 마음(心)속으로도 두려운 존재라는 데에서 '두려워하다'는 뜻을 나타냄.
풀이 1. 두려워하다. ¶惶恐 2. 당황하다. ¶唐惶
惶遽(황거) 당황하여 두려워함.
惶悸(황계) 두려워 가슴이 두근거림.
惶恐(황공) 위엄이나 지위에 눌려 두려워함.
惶愧(황괴) 황공하고 부끄러움.
惶迫(황박) 두려워서 움츠림.
惶悚(황송) 높은 자리에 눌려 두려움.
惶惕(황척) 두려워하여 근심함.
惶汗(황한) 두려워서 땀을 흘림.
惶駭(황해) 두려워서 놀램.
惶惑(황혹) 두려워하여 미혹함.
惶惶(황황) 두려워하는 모양.
驚惶罔措(경황망조) 놀라고 두려워서 어찌할 줄을 모름.
恐惶(공황) 놀랍고 두려워서 어찌할 바를 모름.
유 恐(두려울 공) 怔(두려워할 정) 怖(두려워할 포)

愃	⑨ 12획 / ❶너그러울 훤 / ❷상쾌할 선	日ガン·セン / 中xuān, xuǎn

풀이 ❶ 1. 너그럽다. ❷ 2. 상쾌하다. 시원하다.
유 寬(너그러울 관) 비 煊(따뜻할 훤)

愨	⑩ 14획 / 삼갈 각	日カク / 中què

풀이 1. 삼가다. 조심하다. ¶愨謹 2. 바르다. ¶愨善 3. 성실하다. 4. 순박하다. 질박하다. ¶愨素
愨謹(각근) 성실하고 삼감.
愨善(각선) 착하고 성실함.
愨素(각소) 바르고 순수함.
비 懿(아름다울 의)

愷	⑩ 13획 / 즐거울 개	日カイ·たのしむ / 中kǎi

* 형성. 뜻을 나타내는 부수 '心(마음 심)'과 음을 나타내는 '豈(즐길 개)'가 합쳐진 글자.
풀이 1. 즐겁다. ¶愷歌 2. 마음이 편안해지다. 3. 전쟁에서 이기고 돌아올 때 음악. ¶愷樂 4. 열리다. 개명하다. 5. 크다. 장대하다.
愷歌(개가) 승전가(勝戰歌). 개가(凱歌).
愷樂(1.개악/2.개락) 1)전쟁에 승리했을 때 연주하는 음악. 개선 음악. 2)즐김.
愷悌(개제) 1)용모와 기상이 평안하고 단아함. 2)마음이 편안해짐.
愷風(개풍) 남쪽 바람. 개풍(凱風).
유 嬉(즐길 희) 비 豈(어찌 개)

愾	⑩ 13획 / ❶성낼 개 / ❷한숨쉴 희 / ❸이를 흘	日キ·ガイ / 中kài

풀이 ❶ 1. 성내다. 분개하다. ¶敵愾心 2. 차다. 가득하다. ❷ 3. 한숨을 쉬다. 한탄하다. ¶愾然 ❸ 4. 이르다. 도달하다.
愾憤(개분) 성을 냄.
愾然(희연) 한탄하는 모양.
敵愾心(적개심) 적에 대하여 화를 내는 마음.
비 氣(기운 기)

慊	⑩ 13획 / ❶미덥지 않을 겸 / ❷의심할 혐	日ケン / 中qiǎn, qiè

풀이 ❶ 1 미덥지 않다. 마음에 흐뭇하지 않다. ¶慊慊 2. 흡족하다. 3. 좋다. 훌륭하다. 4. 성의. 정성. 5. 원망하다. ❷ 6. 의심하다.

慊慊(겸겸) 만족하지 못한 모양. 흡족하지 못한 모양. 겸연(慊然).
慊吝(겸린) 아낌.
慊如(겸여) 마음에 차지 않는 모양.
慊然(겸연) 미안하여 면목이 없는 모양.

愲	⑩ 13획	日コツ
	심란할 골	中gǔ

풀이 심란하다. 마음이 뒤숭숭하다.

愧	⑩ 13획	日キ・はじる
	부끄러워할 괴	中kuì

丨 忄 忄 忄' 忄' 忄ſ 忄白 忄由 忄鬼 忄鬼 愧 愧 愧

* 형성. 뜻을 나타내는 부수 '心(마음 심)'에 음을 나타내는 '鬼(귀신 귀)'를 합친 글자. 귀신(鬼)에 홀린 것처럼 괴로운 마음(忄)을 나타내어, '부끄러운' 것을 뜻하게 됨.

풀이 1. 부끄러워하다. 부끄러움. ¶自愧之心 2. 창피를 주다. 3. 탓하다. 책망하다.

愧懼(괴구) 부끄러우며 두려워함.
愧赧(괴난) 부끄러워 얼굴을 붉힘.
愧服(괴복) 수치스러워 복종함. 무안하여 복종함.
愧負(괴부) 부끄러워 함.
愧死(괴사) 1)부끄러움에 죽음. 2)죽을 정도로 몹시 부끄러움.
愧慚(괴참) 부끄러워함.
愧縮(괴축) 부끄러워 몸을 움츠림.
愧恥(괴치) 부끄러움.
愧恨(괴한) 한스럽고 부끄러움. 부끄러워 원망함. 창피하여 원망함.
憤愧(분괴) 1)분해하며 부끄러워함. 2)마음에 뉘우침.
自愧之心(자괴지심) 스스로 부끄러워하는 마음.
慚愧(참괴) 부끄러워 괴로워함.

유 恥(부끄러워할 치) 忸(부끄러워할 뉵) 비 鬼(귀신 귀)

愵	⑩ 13획	日ニク・しんぱいする
	근심할 닉	中nì

풀이 근심하다. 우려하는 모양.

유 憂(근심할 우) 愁(근심할 수) 비 溺(빠질 닉)

慆	⑩ 13획	日ト・うれしい
	기뻐할 도	中tāo

풀이 1. 기뻐하다. 2. 방자하다. ¶慆慢 3. 지나가다. 경과하다. 4. 감추다. 숨기다. 5. 오래다. ¶慆慆 6. 의심하다. 어긋나다.

慆慆(도도) 1)오랜 모양. 2)어긋난 모양.
慆慢(도만) 방자하게 굶.
慆淫(도음) 방자하고 음란함.

慄	⑩ 13획	日リツ・おののく
	두려워할 률	中lì

* 형성. 뜻을 나타내는 부수 '心(마음 심)'과 음을 나타내는 '栗(밤나무 율)'를 합친 글자.

풀이 1. 두려워하다. 2. 벌벌 떨다. ¶戰慄. 3. 오싹하다. 소름이 끼치다. ¶慄慄 4. 슬퍼하다. 비통해하다.

慄烈(율렬) 추위가 심한 모양.
慄慄(율률) 1)두려워 떠는 모양. 2)소름이 끼치는 모양.
慄然(율연) 두려운 모양.
戰慄(전율) 심한 두려움이나 분노 등으로 몸을 떪. 전전율률(戰戰慄慄).

유 恐(두려울 공) 怖(두려워할 포) 惶(두려워할 황)

愬	⑩ 14획	
	❶ 하소연할 소	日ソ・サク
	❷ 두려워할 색	中sù

풀이 ❶ 1. 하소연하다. 하소연. 2. 일러바치다. 헐뜯다. 3. 향하다. 거슬러 맞서다. ¶愬風 ❷ 4. 두려워하다. ¶愬愬 5. 놀라다. 경악하다.

愬愬(색색) 두려워하는 모양.
愬風(소풍) 바람을 향함.

비 朔(초하루 삭) 塑(토우 소)

愫	⑩ 13획	日ソウ
	정성 소	中sù

풀이 정성. 참된 마음. 진정.

유 懇(정성 간) 誠(정성 성) 款(정성 관) 恂(정성 순)

慅	⑩ 13획	
	❶ 소동할 소	日ソ
	❷ 고달플 초	中sāo

4획

풀이 1 1. 소동하다. 떠들썩하다. ¶慅慅 2 2. 고달프다. 고달픈 모양.

慅慅(1.소소/2.초초) 1)소동스런 모양. 2)㉠고달픈 모양. ㉡근심스러운 모양.

愻	⑩ 14획	日ソン
	따를 손	中xùn

풀이 따르다. 공손하게 순종하다.

愼	⑩ 13획	日シン·つつしむ
	삼갈 신	中shèn

丨 忄 忄 忄 忙 忙 忙 怗 悄 愼 愼 愼 愼

* 형성. 뜻을 나타내는 부수 '心(마음 심)'에 음을 나타내는 '眞(참 진→신)'이 더하여져, 마음(心)이 참됨, 곧 '진실', '삼가다'의 뜻으로 쓰임.

풀이 1. 삼가다. 조심하다. ¶愼謹 2. 진실로. 참으로. 3. 이루다. 4. 고요하다. 조용하다. 5. 생각하다. 6. 두려워하다. 7. 훈계하다. 경계하다. 8. 따르다. 순종하다. 9. 뉘우치다. 후회하다.

愼謹(신근) 삼가고 조심함.

愼機(신기) 기회를 신중하게 취함.

愼獨(신독) 홀로 있을 때도 도리에 어긋나지 않도록 몸가짐을 삼감.

愼慮(신려) 신중히 생각함.

愼密(신밀) 조심하여 빈틈이 없음.

愼思(신사) 삼가 생각함.

愼色(신색) 여색을 삼감.

愼日(신일) 1)근신하여 경거망동을 삼가는 날. 2)설날.

愼終(신종) 1)끝을 신중히 함. 2)부모의 장사(葬事)나 제사(祭事) 등을 정중히 함.

愼候(신후) 병중에 있는 웃어른의 안부.

謹愼(근신) 1)삼가고 조심함. 2)학교나 직장에서, 잘못에 대하여 뉘우치고 몸가짐을 삼가라는 뜻에서, 일정 기간 동안 등교를 금하거나 행동을 제약하는 일.

審愼(심신) 언행을 조심하고 삼감.

畏愼(외신) 두려워하여 언행을 삼감.

유 謹(삼갈 근) 비 眞(참 진)

慍	⑩ 13획	日オン·おこる
	성낼 온	中yùn

풀이 1 성내다. 화를 내다. 2. 성. 화. 노여움. ¶慍怒 3. 원망하다. ¶慍懟 4. 괴로워하다. ¶慍愉

慍見(온견) 성난 얼굴로 사람을 만남.

慍怒(온노) 성을 벌컥 냄.

慍懟(온대) 원망하며 성냄.

慍憤(온분) 분노함. 성냄.

慍色(온색) 성난 얼굴빛.

慍然(온연) 성난 모양.

慍容(온용) 화난 얼굴.

慍愉(온유) 마음이 괴롭고 심란함.

비 溫(따뜻할 온)

愮	⑩ 13획	日ヨウ
	두려워할 요	中yáo

풀이 1. 두려워하다. 2. 근심하는 모양. 근심스러우나 의지할 곳 없는 모양.

유 怔(두려워할 정) 怖(두려워할 포) 惶(두려워할 황)

愪	⑩ 13획	日イン
	근심할 운	中yún

풀이 근심하다. 걱정하는 모양.

유 憂(근심할 우) 愁(근심할 수)

愿	⑩ 14획	日ケン
	성실할 원	中yuàn

* 형성. 뜻을 나타내는 '心(마음 심)'과 음을 나타내는 '原(근원 원)'이 합쳐진 글자.

풀이 1. 성실하다. ¶愿謹 2. 삼가다. 정중하다. ¶愿慤 3. 바라다. ¶愿心

愿慤(원각) 삼가고 성의가 있음.

愿恭(원공) 성실하고 공손함.

愿款(원관) 삼가고 성의가 있음.

愿謹(원근) 성실하고 삼감.

愿心(원심) 바람. 소원(所願).

慇	⑩ 14획	日イン
	괴로워할 은	中yīn

풀이 1. 괴로워하다. 애태우다. ¶慇懃 2. 은근하다. 친절하다.

慇懃(은근) 1)겸손하고 정중함. 2)마음속으로 생각하는 정이 깊음. 3)드러나지 않음.

慇憂(은우) 매우 근심함. 또는 깊은 근심.

慇慇(은은) 매우 근심하는 모양.

유 煩(괴로워할 번) 惱(괴로워할 뇌)

愴	⑩ 13획 슬퍼할 창	日ソウ·かなしい 中chuàng

*형성. 뜻을 나타내는 부수 '心(마음 심)'과 음을 나타내는 '倉(푸를 창)'이 합쳐진 글자.

풀이 1. 슬퍼하다. 마음 아파하다. ¶愴恨 2. 차다. 차갑다. 3. 어지럽다. ¶愴囊 4. 실의에 빠지다. 의욕을 잃다.

愴囊(창낭) 어지러운 모양.
愴愴(창창) 슬퍼하는 모양.
愴恨(창한) 슬퍼하고 한스러움.
愴況(창황) 1)마음 아파하는 모양. 2)슬퍼하는 모양.
悲愴(비창) 마음이 몹시 슬픔.
悽愴(처창) 몹시 구슬프고 애달픔.

유 慼(슬플 척) 怛(슬플 달) 悲(슬플 비)

態	⑩ 14획 모양 태	日タイ·ありさま 中tài

*회의. 능히(能) 일을 할 수 있는 자신에 찬 생각(心)이 얼굴에 나타난다는 데서 '모양', '태도'를 나타냄.

풀이 1. 모양. 형상. ¶態度 2. 자태. 몸짓. 3. 형편.

態度(태도) 1)몸을 가지는 모양. 2)어떤 사물에 대한 감정이나 생각이 겉으로 나타난 모습. 3)정취(情趣).
態勢(태세) 사물에 대한 몸가짐. 준비 상태.
態臣(태신) 총애를 얻는 신하.
態樣(태양) 생긴 모양 또는 형태.
嬌態(교태) 여자의 요염한 자태(姿態).
奇態(기태) 기이한 모양. 괴상한 형태.
動態(동태) 움직이는 상태. 변해 가는 상태.
萬態(만태) 여러 가지 형태. 온갖 형태.
媚態(미태) 아양을 떠는 태도.
百態(백태) 여러 가지 자태. 온갖 자태.
本態(본태) 1)본래의 모습. 2)실제 모습.
狀態(상태) 사물이나 현상이 처해 있는 현재의 모양 또는 형편.
艶態(염태) 아리땁고 고운 태도.
擬態(의태) 1)어떤 모양이나 움직임을 흉내내어 그와 비슷하게 꾸미는 일. 2)동물이 자기의 몸을 다른 생물체나 무생물과 비슷하게 하는 짓.
姿態(자태) 1)몸가짐과 맵시. 2)모양이나 모습.
重態(중태) 병이 위중한 상태.
醉態(취태) 술에 취한 모양이나 태도.
形態(형태) 1)사물의 생긴 모양. 생김새. 2)심리학에서 부분의 집합체로서가 아닌, 그 전체를 하나의 통합된 유기체로 본 것.

유 象(형상 상) 形(모양 형) 비 熊(곰 웅)

慴	⑩ 13획 으를 협	日キョウ 中xié

풀이 으르다. 협박하다.

비 協(맞을 협)

慌	⑩ 13획 어렴풋할 황	日コウ·うっとりする 中huāng, huǎng

*형성. 뜻을 나타내는 '心(마음 심)'과 음을 나타내는 '荒(거친 황)'을 합친 글자. 마음(忄)이 개간되지 않은 황무지(荒)같다는 데에서 '어렴풋하다', '희미하다' 라는 뜻을 나타냄.

풀이 1. 어렴풋하다. 희미한 모양. ¶慌惘 2. 황홀하다. 3. 다급하다. ¶慌罔. 4. 잃다. 잃어버리다.

慌罔(황망) 다급하여 허둥지둥함.
慌惘(황망) 1)어렴풋한 모양. 2)바빠서 어리둥절함.

비 荒(거칠 황)

愰	⑩ 13획 밝을 황	日コウ 中huǎng

풀이 1. 밝다. 환하다. 2. 들뜨다. ¶愰懩

愰懩(황양) 마음이 들뜸.

유 明(밝을 명)

慉	⑩ 13획 ❶ 맺힐 축 ❷ 기를 휵	日チク·キク·やしなう 中xù

*형성. 뜻을 나타내는 부수 '心(마음 심)'과 음을 나타내는 '畜(기를 축)'이 합쳐진 글자. '畜'은 '기르다' 라는 뜻으로 쓰일 때는 '휵'이라고 읽음.

풀이 ❶ 1. 맺히다. 원망하다. ¶慉結 ❷ 2. 기르다. 양육하다. 3. 쌓다. 축적하다. 4. 일으키다. 일으켜 세우다.

慉結(축결) 마음이 우울해짐.

유 畜(기를 축)

慁	⑩ 14획 근심할 혼	日コン 中hùn

풀이 1. 근심하다. 마음에 걸리다. ¶慁慁 2. 더럽히

다. 예를 손상시키다. 3. 어지럽히다. 번거롭게 하다.

慁慁(혼혼) 1)근심하는 모양. 2)근심으로 마음이 어지러워 헤매는 모양.

비 悤(바쁠 총)

慳	⑪ 14획	日カン・おしむ
	아낄 간	中qiān

풀이 아끼다. 쩨쩨하게 굴다. ¶慳嗇

慳吝(간린) 욕심이 많고 몹시 인색함.

慳嗇(간색) 인색함. 아낌.

慳人(간인) 인색한 사람.

慳藏(간장) 아껴 감춤.

慳貪(간탐) 탐하고 인색함.

유 吝(인색할 린) 惜(아낄 석)

慷	⑪ 14획	日コウ
	강개할 강	中kāng

풀이 강개하다. 분개하다. ¶慷慨

慷慨(강개) 의분(義憤)에 북받쳐 슬퍼하고 한탄함. 또는 그 마음.

慷喟(강위) 격분하여 개탄함.

悲憤慷慨(비분강개) 슬프고 분한 마음이 마음속에 가득 차 있음.

유 慨(분개할 개)

慨	⑪ 14획	日カイ・なげく
	분개할 개	中kǎi

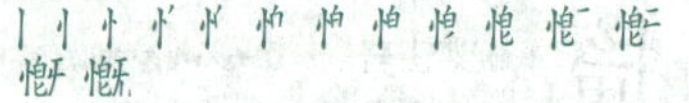

*형성. 뜻을 나타내는 '忄(心;마음 심)'에 음을 나타내는 '旣(이미 기)'가 합해진 글자로, '旣'는 여기서 한숨을 쉼을 나타냄. 한숨(旣)을 터뜨리는 마음(忄)을 나타내어, '탄식한다'는 뜻이 됨.

풀이 1. 분개하다. 분노하다. ¶憤慨 2. 슬퍼하다. 비탄하다. ¶慨恨

慨慷(개강) 의롭지 못한 것을 보고 정의로운 마음에 북받쳐 슬퍼하고 한탄함. 강개(慷慨).

慨慨(개개) 1)분개하는 모양. 2)한탄하는 모양.

慨憤(개분) 매우 분하게 여김. 분개(憤慨).

慨世(개세) 세상이 염려되어 근심하고 탄식함.

慨息(개식) 한숨을 쉬며 탄식함.

慨焉(개언) 1)슬퍼 탄식하는 모양. 2)지친 모양. 피로한 모양.

慨然(개연) 1)분노하는 모양. 2)몹시 슬퍼서 탄식하는 모양. 개언(慨焉).

慨嘆(개탄) 분하게 여겨 탄식함. 또는 그 소리.

慨恨(개한) 탄식하고 원망함.

感慨(감개) 1)마음속에 사무치는 깊은 느낌. 2)매우 감격하여 마음속 깊이 느끼어 탄식함.

慷慨(강개) 의기가 북받쳐 원통해하며 탄식함. 또는 그 마음.

憤慨(분개) 매우 분하게 여김. 분탄(憤歎).

慙慨(참개) 몹시 부끄러워서 개탄함.

유 慷(강개할 강) 비 槪(대개 개)

慶	⑪ 15획	日ケイ・キョウ・めでたい
	경사 경	中qìng

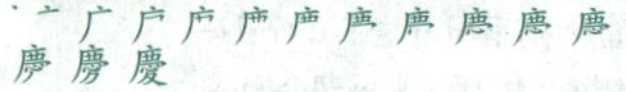

*회의. 남 좋은 일에 사슴(鹿)을 선물로 가지고 축하하는 마음(心)으로 간다(夊)는 데서, '경사'를 나타냄.

풀이 1. 경사. 축하할 일. 2. 축하하다. ¶慶事 3. 상(賞). ¶慶賜 4. 착한 일. 선행(善行). 5. 복. 다행한 일. ¶慶福 6. 성씨(姓氏).

慶科(경과) 경사(慶事)가 있을 때 임시로 행하던 과거.

慶禮(경례) 기쁜 일에 행하는 예식.

慶抃(경변) 손뼉을 치며 축하함.

慶福(경복) 경사스럽고 복됨. 또는 그런 일.

慶賜(경사) 경사로 상을 줌.

慶事(경사) 경사스러운 일. 기쁜 일.

慶善(경선) 축하할 만한 좋은 일.

慶仰(경앙) 기뻐하며 우러러봄.

慶宴(경연) 경사스러운 잔치.

慶雲(경운) 좋은 일이 생길 조짐이 되는 구름.

慶運宮(경운궁) 서울에 있는 덕수궁의 전(殿) 이름.

慶宥(경유) 나라의 경사 때 죄인을 사면함.

慶弔(경조) 1)경사스러운 일과 불행한 일. 2)경축(慶祝)과 조문(弔問).

慶幸(경행) 경사. 행복.

慶喜(경희) 경사스럽고 기쁨.

俱慶(구경) 부모가 모두 살아 있음.

吉慶(길경) 아주 경사스러운 일.

弄瓦之慶(농와지경) 딸을 낳은 기쁨.

弄璋之慶(농장지경) 아들을 낳은 기쁨.

同慶(동경) 함께 경축함.

餘慶(여경) 착한 일을 많이 한 복으로 그 자손이 누리는 경사(慶事).

積慶(적경) 거듭 생기는 경사스러운 일.

유 賀(하례 하)

4획

慣	⑪ 14획	日カン·なれる
	버릇 관	中guàn

* 형성. 뜻을 나타내는 '忄(心;마음 심)'에 '貫(꿸 관)'이 합쳐진 글자. 貫(관)은 꿰뚫는 일을 나타내어, 일관(一貫)된 마음(忄)으로 행동을 반복해서 '익숙해진' 것, 곧 '버릇'을 뜻함.

풀이 1. 버릇. 익숙해진 것. 관례. ¶慣例 2. 버릇이 되다. 익숙해지다.

慣例(관례) 버릇이 된 전례(前例).
慣面(관면) 익숙한 얼굴.
慣性(관성) 물체가 외력의 작용을 받지 않는 한 정지 혹은 운동의 상태를 언제까지나 지속하려고 하는 성질.
慣熟(관숙) 1)익숙함. 2)친밀해짐.
慣習(관습) 일정한 사회에서 오랫동안 지켜 내려와 일반적으로 인정되고 습관화된 질서나 규칙.
慣狎(관압) 익숙하여 친근함. 친압함.
慣用(관용) 1)늘 씀. 항상 씀. 2)습관이 되어 자주 사용함.
慣行(관행) 예전처럼 관례가 되어 행해짐.
舊慣(구관) 옛 관례(慣例).
習慣(습관) 버릇.

비 貫(꿸 관)

慬	⑪ 14획	日キン
	근심할 근	中jìn

풀이 1. 근심하다. 걱정하다. ¶慬然 2. 용기가 있다. 3. 겨우. ¶慬慬

慬然(근연) 근심하는 모양.

유 憂(근심할 우) 愁(근심할 수)

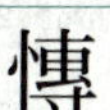

慱	⑪ 14획	日セン
	근심할 단	中tuán

풀이 1. 근심하다. 근심하는 모양. 2. 둥글다. 단(團).

慱慱(단단) 근심하여 야윈 모양.

유 憂(근심할 우) 愁(근심할 수) 慬(근심할 근)

慮	⑪ 15획	
	❶ 생각할 려(여)	日リョ·おもんぱかる / 中lǜ
	❷ 사실할 록(녹)	

* 형성. 뜻을 나타내는 '心(마음 심)'에 음을 나타내며 빙빙 돈다는 뜻을 가진 '盧(밥그릇 로)'의 생략형으로 이루어진 글자. 마음(心)으로 두루 생각한다는 뜻.

풀이 ❶ 1. 생각하다. 생각. ¶考慮 2. 꾀하다. 꾀. 3. 근심하다. 걱정하다. 근심. 걱정. 염려. ¶念慮 4. 대략. 대개. ❷ 5. 조사하다.

慮囚(녹수) 범인의 죄를 조사함.
慮嗛(여겸) 부족할 때의 일을 생각함.
慮無(여무) 없는 것을 생각함.
慮患(여환) 근심을 걱정함.
慮後(여후) 장래의 일을 염려함.
計慮(계려) 헤아려 생각함.
考慮(고려) 생각하여 헤아림.
短慮(단려) 짧은 생각. 좁은 소견.
無慮(무려) 1)자그마치. 엄청나게도. 2)염려할 것이 없음.
配慮(배려) 보살펴 주려고 이리저리 마음을 써 줌.
思慮(사려) 여러 가지로 신중하게 생각함. 또는 그 생각. 사념(思念).
熟慮(숙려) 깊이 생각함.
心慮(심려) 마음속으로 생각함. 또는 마음속의 근심.
念慮(염려) 마음을 놓지 못하고 걱정함.
千慮一得(천려일득) 어리석은 사람도 한 가지쯤은 좋은 생각이 있음.
千慮一失(천려일실) 여러 번 생각하여 신중하고 조심스럽게 한 일에도 때로는 실수가 있음.

유 念(생각할 념) 想(생각할 상) 思(생각할 사)
비 廬(오두막집 려)

憀	⑪ 14획	日リョウ
	의지할 료(요)	中liáo

풀이 1. 의지하다. 2. 쓸쓸하다. 서글퍼하다. ¶憀慄 3. 소리가 맑고 낭랑하다. ¶憀亮

憀亮(요량) 소리가 맑고 낭랑한 모양.
憀慄(요율) 서글퍼서 마음 아파함.

유 賴(힘입을, 의뢰할 뢰) 비 翏(높이 날 료)

慺	⑪ 14획	日ル
	정성스러울 루	中lóu

풀이 1. 정성스럽다. 정성스러운 모양. ¶慺慺 2. 공손한 모양. 공손하고 삼가는 모양.

4획

慺慺(누루) 1)정성스러운 모양. 2)공손하고 삼가는 모양.

慢 ⑪ 14획 日リョ・おもんばかる
게으를 만 中màn

* 형성. 뜻을 나타내는 부수 '忄(心;마음 심)'에 음을 나타내며 완만하다는 뜻을 가진 '曼(끌 만)'으로 이루어진 글자. 길다란(曼) 마음(忄) 즉 '거만한 것'을 나타냄. 또는 거만한 자는 반드시 게으르다 하여 '게을리하다' 라는 뜻으로도 쓰임.

풀이 1. 게으르다. 게으름을 피우다. ¶慢棄 2. 거만하다. 오만하다. 3. 업신여기다. ¶慢侮 4. 느리다. 더디다. ¶慢舞 5. 느슨하다. 해이하다. 6. 거칠다. 간략하다.

慢舸(만가) 느린 배.
慢棄(만기) 게으름을 피며 사용하지 않음.
慢罵(만매) 업신여기며 꾸짖음.
慢侮(만모) 거만한 태도로 업신여김. 깔봄.
慢舞(만무) 동작을 느리게 추는 춤.
慢心(만심) 1)남을 업신여기는 마음. 2)불교에서, 자신을 지나치게 믿고 자랑하며 남을 업신여기는 마음을 이르는 말.
慢狎(만압) 업신여겨 함부로 행동을 함.
慢言(만언) 1)깊이 생각하지 않고 함부로 하는 말. 2)거만한 말.
慢然(만연) 1)거만하여 의기양양한 모양. 2)막연한 모양. 분명하지 않은 모양.
慢遊(만유) 여러 곳을 마음대로 한가로이 돌아다니며 놂. 만유(漫遊).
慢易(만이) 업신여김. 여지없이 깔봄.
慢藏(만장) 문 단속을 게을리함.
慢調(만조) 악곡의 연주에서 가장 느린 빠르기.
倨慢(거만) 잘난 체하며 남을 업신여김. 교만. 오만(傲慢).
放慢(방만) 하는 일이나 생각이 야무지지 못하고 엉성함.
傲慢(오만) 1)태도가 거만함. 2)잘난 체하고 남을 업신여기며 건방짐.
自慢(자만) 자기에게 관계되는 일을 남 앞에서 뽐내고 자랑하며 오만하게 행동함.
怠慢(태만) 게으르고 느림. 과태(過怠).

유 惰(게으를 타) 倦(게으를 권)
반 勤(부지런할 근)

4획

慕 ⑪ 15획 日ボ
그리워할 모 中mù

* 형성. 뜻을 나타내는 부수 '心(마음 심)'의 변형형과 음을 나타내며 '모양'의 뜻을 지닌 '莫(없을 막)'을 합친 글자. 마음(心)으로 모습을 생각한다는 뜻에서, '그리워함'을 나타냄.

풀이 1. 그리워하다. 사모하다. ¶思慕 2. 뒤를 따르다. 3. 바라다. 원하다. 4. 우러러 받들다. ¶慕效

慕藺(모린) 현자(賢者)를 그리워함.
慕心(모심) 그리워하는 마음.
慕愛(모애) 그리워하고 사랑함.
慕悅(모열) 사모하며 기쁨.
慕化(모화) 덕을 사모하여 교화(敎化)됨.
慕華(모화) 중국이나 중국 것을 섬김.
慕效(모효) 그리워하여 본받음.
感慕(감모) 마음에 느끼어 사모함.
敬慕(경모) 공경하며 그리워함.
思慕(사모) 1)마음에 두고 몹시 그리워함. 2)우러러 받들며 마음으로 따름.
愛慕(애모) 사랑하고 사모함.
戀慕(연모) 이성을 사랑하여 그리워함.
追慕(추모) 죽은 이를 생각하고 그리워함.
懷慕(회모) 마음속 깊이 사모함.
欽慕(흠모) 기쁜 마음으로 사모함.

비 募(모을 모) 幕(장막 막) 墓(무덤 묘) 暮(저물 모)

慜 ⑪ 15획 日ミン
총명할 민 中mǐn

풀이 총명하다. 영리하다.

慴 ⑪ 14획 日シュク
두려워할 습 中shè

풀이 1. 두려워하다. 두려워서 벌벌 떨다. ¶慴悸 2. 협박하다.

慴悸(습계) 두려워 떪.
慴伏(습복) 세력에 눌려서 복종함.
慴服(습복) 두려워서 복종함. 습복(慴伏).
慴惴(습췌) 두려워서 벌벌 떪.
慴憚(습탄) 두려워 꺼림.

유 畏(두려워할 외) 恐(두려울 공) 怖(두려워할 포)

慠 ⑪ 14획 日ゴウ
오만할 오 中ào

풀이 오만하다. 잘난 체하며 날뛰다.

傲慢(오만) 거만함.
傲邁(오매) 잘난 체하며 교만을 떪.
傲然(오연) 거만을 떠는 모양. 오만스러움.
傲誕(오탄) 태도가 거만하며 허풍을 떪.

유 慢(거만할 만) 驕(교만할 교) 倨(거만할 거)

⑪ 15획 日ヨク · よくしん
욕심낼 욕 中yù

*회의. '欲(하고자 할 욕)'은 빈(欠) 골(谷)을 채우기 위해 물건을 갖고 싶어한다는 뜻으로, 여기에 '心(마음 심)'을 더하여, '하고 싶어 하는 마음'을 뜻함.

풀이 1. 욕심을 내다. 욕심. 욕정(欲情). ¶慾心 2. 탐내다.

慾念(욕념) 탐내는 생각. 욕심(慾心).
慾望(욕망) 무엇을 하거나 가지고자 함. 또는 그 마음.
慾心(욕심) 하고자 하거나 가지고 싶어 하는 마음.
慾海(욕해) 욕심이 넓고 깊은 바다처럼 한도 끝도 없음.
慾火(욕화) 불이 피어오르듯 강렬한 욕망.
過慾(과욕) 욕심이 지나침. 또는 지나친 욕심.
寡慾(과욕) 욕심이 적음. 또는 적은 욕심.
大慾(대욕) 큰 욕망이나 욕심.
私慾(사욕) 사사로운 욕심.
色慾(색욕) 성적인 욕망. 성욕(性慾).
食慾(식욕) 음식을 먹고 싶어 하는 욕구. 밥맛.
意慾(의욕) 무엇인가를 하고자 하는 욕구.
情慾(정욕) 이성(異性)에 대한 성적인 욕망. 색정(色情). 욕정(欲情). 정욕(情欲).
貪慾(탐욕) 1)탐내는 욕심. 2)삼독(三毒)의 하나. 자기 뜻에 맞는 사물에 애착하여 만족할 줄 모르는 일.

유 欲(하고자할 욕) 비 欲(하고자할 욕)

○사람의 7가지 정서 – 7情(정)

喜(희) – 기뻐함
怒(노) – 화를 냄
愛(애) – 사랑함
樂(락) – 즐거워함
哀(애) – 슬퍼함
惡(오) – 미워함
慾(욕) – 욕심

* 때에 따라서는 慾(욕) 대신에 懼(두려워할 구)를 넣기도 함.

慵

⑪ 14획 日ヨウ
게으를 용 中yōng

풀이 게으르다. 게으름을 피우다. ¶慵惰

慵起(용기) 게을러 아침에 일어날 마음이 내키지 않음.
慵懶(용라) 게으름.
慵媒(용매) 일을 하기 싫어하는 원인.
慵惰(용타) 게으름.

비 傭(품팔이 용)

⑪ 15획
❶천치 용 日ヨウ
❷어리석을 창 中chōng

풀이 1 1. 천치. 연령에 비해 지능이 낮은 사람. 어리석어 사리에 어두운 사람. ¶惷騃 2 2. 어리석다. ¶惷乎

惷騃(용애) 어리석어 물건을 구별하지 못하는 사람.
惷樸(창박) 어리석어 거짓이나 꾸밈이 없음.
惷乎(창호) 어리석은 모양.

⑪ 15획 日ユウ · うれえる
근심할 우 中yōu

풀이 1. 근심하다. 걱정하다. 2. 근심. 걱정. 괴로움. 3. 괴로워하다. 4. 고생하다. ¶憂樂 5. 가엾게 여기다. 6. 상(喪). 상중(喪中). 7. 병. ¶憂鬱症 8. 막히다. 지체(遲滯)하다. ¶憂結 9. 두려워하다. 두려움. 10. 앓다.

憂慨(우개) 근심하고 한탄함.
憂結(우결) 근심으로 속이 답답함.
憂悸(우계) 걱정이 되어 두근거림.
憂苦(우고) 1)근심하고 괴로워함. 2)근심과 괴로움.
憂懼(우구) 근심하며 두려워함.
憂憒(우궤) 근심하여 심란함.
憂惱(우뇌) 근심하고 고민함.
憂樂(우락) 근심스러운 일과 즐거운 일.
憂來無方(우래무방) 근심은 언제 어디서 올지 정해져 있지 않음.
憂勞(우로) 근심하며 애씀.
憂悶(우민) 걱정하고 괴로워함.
憂憤(우분) 근심이 되어 화를 냄.
憂傷(우상) 근심하여 마음 아파함.
憂世(우세) 세상 일을 근심함.
憂愁(우수) 걱정과 근심.

4획

憂心(우심) 근심하는 마음.
憂恚(우에) 근심하고 성냄.
憂慍(우온) 걱정하고 화를 냄.
憂鬱症(우울증) 마음이 어둡고 가슴이 답답한 상태인 증세.
憂慘(우참) 근심하며 슬퍼함.
憂惕(우척) 근심하여 두려워함.
憂憚(우탄) 걱정하고 꺼림.
憂怖(우포) 근심하고 두려워함.
憂惑(우혹) 근심하며 미혹함.
憂懷(우회) 근심하는 마음. 걱정하는 마음.
憂恤(우휼) 근심하여 은혜를 베풀어 도움.
憂喜(우희) 근심과 기쁨.
杞憂(기우) 기나라 사람이 하늘이 무너질까 근심했다는 고사에서 온 말로 쓸데없는 군걱정을 말함.

杞憂(기우)의 유래

옛날 중국의 기국에 하늘이 무너지면 몸둘 바가 없을 것이라 걱정하여 침식을 전폐한 사람이 있었는데 이 소리를 들은 어떤 사람이 그를 딱하게 여겨 일부러 그 사람에게 가서 깨우쳐 말하되 "하늘은 기운이 가득 차서 이루어진 것이니 어찌 무너져서 떨어지리오?" 그 사람이 말하되 "하늘이 과연 기운이 쌓여 이루어졌다면 해와 달과 별은 마땅히 떨어지지 않으리오." 일깨워 주는 사람이 말하되 "해와 달과 별도 또한 기운이 쌓여 있는 가운데 빛이 있는 것이라. 비록 떨어지더라도 또한 능히 맞아서 상하는 바가 없느리라." 그 사람이 말하되 "땅 또한 기운이 뭉쳐서 이루어진 것이니 어찌 그 무너지는 것을 근심하리요?" 그 사람이 근심을 풀고서 크게 기뻐하였다.

內憂(내우) 나라 안이나 조직 내부의 걱정스러운 사태. 내환(內患).
大憂(대우) 1)큰 근심. 2)부모의 상(喪).
百憂(백우) 여러 가지 근심. 백리(百罹).
先憂後樂(선우후락) 먼저 근심하고 나중에 즐거워함.
心憂(심우) 마음으로 근심함.
隱憂(은우) 남 모르게 혼자 하는 근심.
丁憂(정우) 부모상(父母喪)을 당함.
解憂所(해우소) 근심이 풀리는 곳, 즉 화장실을 가리키는 말.

유 愁(근심할 수) 懃(근심할 근) 비 優(넉넉할 우)

慰	⑪ 15획	日イ・なぐさめる
	위로할 위	中wèi

一 ㄱ 尸 尸 尸 尸 尸 尸 尉 尉 尉 尉 慰 慰 慰

*형성. 뜻을 나타내는 '心(마음 심)'과 음을 나타내는 '尉(다림질할 위)'를 합친 글자. 尉자는 원래 불[火]을 담아 손[又]으로 눌여 쭈그려진 것을 펴는 '다리미'인데, '心' 자를 덧붙여 마음[心]의 구김살을 다리미[尉]질을 하여 펴는 것을 나타냄. 곧 '위로하는' 것을 나타냄.

풀이 1. 위로하다. 위로. ¶慰勞 2. 마음을 달래다.
慰答(위답) 위로하여 답함.
慰靈祭(위령제) 죽은 이의 영혼을 위로하기 위하여 행하는 제사.
慰勞(위로) 1)고달픔을 달래어 따뜻하게 대하여 줌. 2)괴로움이나 슬픔을 잊게 함.
慰勉(위면) 위로하고 힘씀.
慰撫(위무) 위로하고 어루만져 달램.
慰愍(위민) 위로하고 가엾게 여김.
慰釋(위석) 마음을 위로하여 근심을 없앰.
慰諭(위유) 위로하고 타이름. 위효(慰曉)
慰誨(위회) 위로하며 가르침.
慰懷(위회) 마음을 위로함.
慰恤(위휼) 위로하고 도와줌.
撫慰(무위) 어루만져 위로함.
安慰(안위) 1)위로하여 마음을 편안하게 함. 2)안정되어 편히 지냄.
自慰(자위) 1)스스로 자신을 위로함. 스스로 자기 마음을 달램. 2)수음(手淫).
弔慰(조위) 죽은 이를 조상(弔喪)하고 유족을 위문함.
招慰(초위) 1)불러서 위로함. 2)달래어 귀순시킴.

유 撫(어루만질 무)

慥	⑪ 14획	日ソウ
	착실할 조	中zào

풀이 1. 착실하다. 착실한 모양. ¶慥慥 2. 성급한 모양. 성급히 서두는 모양.
慥慥(조조) 독실한 모양. 성의 있는 모양.

慫	⑪ 15획	日ソウ
	놀란 종	中sǒng

풀이 1. 놀라다. 놀라 두려워하다. ¶慫兢 2. 권하다. ¶慫慂
慫兢(종긍) 두려워서 마음이 불편함. 놀라서 두려워함.
慫慂(종용) 달래어 권함. 꾀어서 하게 함.

유 勸(권할 권)

慹	⑪ 15획	
	❶ 두려워할 집	日シツ
	❷ 꼼짝하지 않을 접	中zhé

4획

풀이 ❶ 1. 두려워하다. ¶慹服 ❷ 2. 움직이지 않다. 꼼짝도 하지 않는 모양. ¶慹然

慹服(집복) 두려워서 복종함.

慹然(접연) 움직이지 않는 모양.

유 怔(두려워할 정) 怖(두려워할 포) 惶(두려워할 황)

慘	⑪ 14획	日サン・むごい
	참혹할 참	中cǎn

* 형성. 뜻을 나타내는 부수 '心(마음 심)'과 음을 나타내며 '침범당하다'의 뜻을 지닌 '參(참여할 참)'을 합친 글자. 이에 마음(忄)이 침범당하다(參) 하여 마음이 '아프다'의 뜻을 나타냄.

풀이 1. 참혹하다. 무자비하다. ¶慘酷 2. 비참하다. 애처롭다. ¶慘憺 3. 아프다. 통증을 느끼다. 4. 상하게 하다. 5. 근심하다. 걱정하다. 6. 춥다. 7. 어둡다. 캄캄하다. 8. 상중(喪中).

慘刻(참각) 참혹하게 학대함. 또는 그런 일.

慘苦(참고) 참혹한 고통.

慘怛(참달) 아프고 슬픔.

慘憺(참담) 1)가슴이 아플 정도로 비참함. 2)괴롭고 슬픈 모양. 3)참혹하고 암담함. 4)우울하고 쓸쓸함.

慘毒(참독) 참혹하게 해롭게 함.

慘烈(참렬) 매우 끔찍함.

慘凜(참름) 추위가 매우 심함.

慘事(참사) 참혹한 일 또는 사건

慘殺(참살) 끔찍하게 죽임.

慘傷(참상) 슬퍼하며 마음 아파함.

慘狀(참상) 참혹한 모양이나 상태.

慘咽(참열) 슬퍼서 목이 메도록 욺.

慘獄(참옥) 참혹한 옥사(獄事). 많은 사람을 죽이는 옥사.

慘嗟(참차) 슬퍼하고 비통해함.

慘慘(참참) 1)비통한 모양. 걱정하는 모양. 2)어두운 모양.

慘愴(참창) 슬퍼함. 몹시 비통함.

慘惻(참측) 매우 슬픔.

慘刑(참형) 참혹한 형벌.

慘火(참화) 참혹하게 큰 화재.

慘禍(참화) 참옥한 재앙이나 불행.

慘酷(참혹) 비참하고 끔찍함. 혹독하고 잔인함.

悲慘(비참) 차마 눈 뜨고 볼 수 없을 만큼 슬프고 참혹함.

悽慘(처참) 슬프고 참혹함.

비 參(석, 참가할 삼)

慙	⑪ 15획	日サン・はずかしい
	부끄러워할 참	中cán

* 형성. 뜻을 나타내는 부수 '心(마음 심)'과 음을 나타내는 '斬(벨 참)'이 합쳐친 글자. 마음(心)을 베는(斬) 것과 같다는 데에서 '부끄러움'을 나타냄.

풀이 부끄러워하다. 부끄러움. ¶慙愧

慙慨(참개) 부끄러워하며 개탄함.

慙愧(참괴) 부끄럽게 여김. 또는 부끄러움.

慙懼(참구) 부끄러워하며 두려워함.

慙德(참덕) 임금 자신의 덕이 보잘것없어 부끄러워함.

慙服(참복) 부끄러워하며 복종함.

慙死(참사) 부끄러러워 죽을 지경에 이름.

慙色(참색) 부끄러워하는 안색.

慙羞(참수) 부끄러워함.

慙恥(참치) 부끄러워함.

慙悔(참회) 부끄러워하여 뉘우침.

유 恥(부끄러워할 치) 忸(부끄러워할 뉵)

慼	⑪ 15획	日セキ
	근심할 척	中qī

풀이 1. 근심하다. 근심. ¶慼貌 2. 슬퍼하다.

慼貌(척모) 근심하는 모습.

慼容(척용) 얼굴이 근심에 싸인 모습.

慼慼(척척) 근심에 싸여 있는 모양.

유 憂(근심할 우) 愁(근심할 수) 慬(근심할 근)

憁	⑪ 14획	日ソウ
	바쁠 총	中còng

풀이 바쁘다. ¶憁恫

憁恫(총통) 1)바쁜 모양. 2)뜻을 얻지 못한 모양.

유 悤(바쁠 총)

慟	⑪ 14획	日トウ
	서럽게 울 통	中tòng

풀이 서럽게 울다. 울면서 슬퍼하다. ¶慟哭

慟哭(통곡) 큰 소리로 서럽게 욺.

慟絶(통절) 서럽게 울다가 정신을 잃음.

慟懷(통회) 큰 소리로 울면서 생각함.

비 慟(일할 동)

慝	⑪ 15획	日トク
	간사할 특	中tè

* 회의. 마음(心)과 숨기다(匿) 라는 뜻의 글자가 합쳐짐. 마음(心)속으로 무엇인가를 숨긴(匿)다는 데에서 '간사하다, 속이다' 등의 뜻을 나타냄.

풀이 1. 간사하다. ¶慝邪 2. 악하다. 악한 일. ¶慝姦 3. 재앙. 재해. 4. 사투리. 방언(方言). 5. 더럽혀지다. 6. 숨기다. 속이다. ¶慝名

慝姦(특간) 사악한 사람. 악인(惡人).
慝禮(특례) 나쁜 예(禮).
慝名(특명) 이름을 숨김. 익명(匿名).
慝邪(특사) 간사함.
奸慝(간특) 간사하고 사특함.
怨慝(원특) 원한을 품어 요사스럽고 악함.
陰慝(음특) 음흉하고 간사함.
凶慝(흉특) 성질이 간사하고 음흉함.

비 匿(숨길 닉)

慓	⑪ 14획	日ヒョウ
	날랠 표	中piào

풀이 1. 날래다. 빠르다. ¶慓悍 2. 가볍다. 경박하다.

慓毒(표독) 성질이 사납고 독살스러움.
慓悍(표한) 날쌔고 사나움.

유 勇(날쌜 용)

慧	⑪ 15획	日ケイ・かしこい
	슬기로울 혜	中huì

一 = 三 丰 丰 丰 丰 丰 丰 彗 彗 彗 彗 慧 慧

* 형성. 뜻을 나타내는 부수 '心(마음 심)'과 음을 나타내는 '彗(비 혜)'가 합쳐진 글자. 깨끗하게 쓴(彗) 것처럼 밝은 마음(心)에서 나오는 '지혜'를 나타냄.

풀이 1. 슬기롭다. 총명하다. 슬기. ¶慧眼 2. 교활하다. 간교하다. ¶慧黠

慧性(혜성) 슬기로운 성질. 사리에 밝은 성품.
慧聖(혜성) 매우 총명함. 또는 그러한 사람.
慧心(혜심) 사리에 밝은 마음. 슬기로운 마음.
慧眼(혜안) 날카로운 눈. 사물의 본질이나 이면을 꿰뚫어보는 눈.
慧日(혜일) 보살(菩薩)의 지혜를 해에 빗대어 이르는 말.
慧典(혜전) 깨달음을 주는 책. 즉 불서(佛書)를 말함.
慧黠(혜힐) 간교함. 교활한 꾀가 많음.
敏慧(민혜) 재빠르고 슬기로움.
淨慧(정혜) 맑고 깨끗한 지혜. 밝은 지혜.
智慧(지혜) 1)사물의 도리나 선악 등을 잘 분별하는 마음의 작용. 슬기. 2)미혹(迷惑)을 끊고 부처의 진정한 깨달음을 얻는 힘.
聰慧(총혜) 총명하고 슬기로움.

유 智(지혜 지)

憨	⑫ 16획	日カン
	어리석을 감	中hān

풀이 1. 어리석다. 무매하다. ¶憨笑 2. 해치다. ¶憨害

憨笑(감소) 바보같이 웃음. 또는 어리석은 웃음.
憨寢(감침) 깊이 잠듦. 푹 잠.
憨害(감해) 해를 가함.

반 慧(슬기로울 혜)

憩	⑫ 16획	日ケイ・いこう
	쉴 게	中qì

* 회의. 혀(舌)로 음식의 맛도 보고 남과 얘기도 하면서 쉬는(息) 것을 나타내어, '쉬다', '휴식하다'는 뜻을 나타냄.

풀이 쉬다. 휴식하다. ¶休憩

憩止(게지) 하던 것을 멈추고 쉼.
憩歇(게헐) 쉼.
休憩(휴게) 일을 하거나 길을 가다가 잠깐 쉬는 일. 휴식.

유 休(쉴 휴)

憬	⑫ 15획	日ケイ・さとる
	깨달을 경	中jǐng

풀이 1. 깨닫다. 알아차리다. ¶憬悟 2. 그리워하다. ¶憧憬 3. 멀다. 요원하다.

憬悟(경오) 깨달음.
憧憬(동경) 마음에 두고 애틋하게 생각하며 그리워함.

유 覺(깨달을 각) 悟(깨달을 오) 惺(깨달을 성)

憍	⑫ 15획	日キョウ
	교만할 교	中jiāo

풀이 교만하다. 방자하다. ¶憍慢

憍蹇(교건) 거만함.
憍憍(교교) 1)제멋대로 행동함. 2)교만을 떠는 모양.

4획

憍慢(교만) 잘난 체하며 뽐내고 버릇이 없음.
憍奢(교사) 사람됨이 교만하고 사치스러움. 교사(驕奢).
憍逸(교일) 마음대로 행동함. 교만 방자함
유 驕(교만할 교) 怚(교만할 저)

憒
⑫ 15획 日ケイ
심란할 궤 中kuì

풀이 1. 심란하다. 마음이 어지럽다. ¶憒亂 2. 어둡다. ¶憒憒
憒憒(궤궤) 1)어두운 모양. 2)어지러운 모양.
憒亂(궤란) 마음이 산란함. 궤궤(憒憒).
憒眊(궤모) 마음이 어지럽고 어두움.
憒辱(궤욕) 어지럽고 더러워짐.
비 慣(버릇 관)

憛
⑫ 15획
❶ 염려할 담 日タン・エン
❷ 수심에 잠길 염 中tán
❸ 당황할 탐

풀이 ❶ 1. 염려하다. 걱정하다. ❷ 2.수심에 잠기다. ¶憛悆 ❸ 3. 당황하다. 4. 갈팡질팡하다. 어찌할 바를 모르다. 5. 근심스럽다. 걱정스럽다.
憛悆(염도) 근심에 잠김. 근심으로 마음 아파함.

⑫ 16획 日ダイ
원망할 대 中duì

풀이 1. 원망하다. 원한을 품다. 2. 악인. 모진 사람.
유 懟(원망할 대)

憧
⑫ 15획 日ドウ・あこがれる
그리워할 동 中chōng

* 형성. 뜻을 나타내는 '心(마음 심)'과 음을 나타내는 '童(아이 동)'이 합쳐져 '그리워하다'라는 뜻을 나타냄.

풀이 1. 그리워하다. 동경하다. ¶憧憬 2. 뜻을 정하지 못하다. 3. 둔하다. ¶憧愚 4. 왕래가 끊이지 않는 모양.
憧憬(동경) 그리워 애틋하게 생각함.
憧憧(동동) 걱정스러운 일로 마음이 들뜸.
憧愚(동우) 둔한 모양. 또는 어리석은 모양.
유 戀(사모할, 그리워할 련)

⑫ 15획
불쌍히 여길 련(연) 日リン・あわれ 中lián

풀이 1. 불쌍히 여기다. 가엾게 생각하다. ¶憐憫 2. 애틋하게 여기다. ¶哀憐
憐悼(연도) 1)죽은 사람을 가엾게 여김. 2)가련하게 여겨 슬퍼함.
憐憫(연민) 불쌍하게 여김.
憐惜(연석) 딱하고 애석하게 여김.
可憐(가련) 1)가엾고 불쌍함. 2)저절로 동정심이 갈 만큼 애틋함.
矜憐(긍련) 가엾고 불쌍함. 긍측(矜惻).
同病相憐(동병상련) 같은 병을 앓고 있는 사람끼리 서로 불쌍히 여긴다는 뜻으로 서로 같은 처지에 있는 사람을 위로함을 이르는 말.
哀憐(애련) 애처롭고 가엾게 여김. 애긍(哀矜).
비 隣(이웃 린)

⑫ 15획 日リョウ
총명할 료(요) 中liáo, liǎo

풀이 1. 총명하다. 사리에 밝다. 2. 애처로워하다. 서글픈 생각이 들다. ¶憭慄
憭慄(요율) 몹시 구슬픔.
비 僚(동료 료)

憮
⑫ 15획
❶ 어루만질 무 日ム・なでる
❷ 아리따울 후 中wǔ
❸ 클 호

풀이 ❶ 1. 어루만지다. 2. 멍한 모양. ¶憮然 3. 놀라다. ❷ 4. 아리땁다. 예쁘다. ❸ 5. 크다. 커지다. 6. 오만하다. 거만하다.
憮然(무연) 1)몹시 놀라는 모양. 2)크게 낙담하는 모양.

⑫ 15획 日ミン
근심할 민 中mǐn

4획

* 형성. 뜻을 나타내는 부수 '忄(心;마음 심)'과 음을 나타내며 가엾이 여긴다는 뜻을 지닌 '閔(위문할 민)'을 합친 글자. 진심(忄)으로 '가엾게 여기다', 또는 '마음을 다해 고민함'을 뜻하게 됨.

풀이 1. 근심하다. 우려하다. 2. 불쌍히 여기다. 가엾게 생각하다. ¶憐憫

憫悼(민도) 딱한 사정을 애석하고 서글프게 여김.
憫惘(민망) 보기에 답답하고 딱하여 안타까움.
憫憫(민민) 몹시 딱하여 안쓰러움.
憫然(민연) 딱한 모양. 가엾게 여기는 모양.
憫察(민찰) 1)가엾이 여겨 보살펴 줌. 2)윗사람이 아랫사람을 헤아려 동정함.
憫恤(민휼) 불쌍한 사람을 도와줌.
不憫(불민) 딱하고 가여움.
憐憫(연민) 불쌍히 여기는 모양.

유 憂(근심할 우) 愁(근심할 수) 懂(근심할 근)

憋	⑫ 16획	日ベイ·わるい
	모질 별	中biē

풀이 1. 모질다. 악하다. ¶憋腸 2. 성급하다. 조급하다. ¶憋忕

憋忕(별부) 성급함.
憋腸(별장) 나쁜 마음. 악한 마음.

憤	⑫ 15획	日フン·いきどおる
	성낼 분	中fèn

丨 忄 忄 忄 忄 忄 忄 忄 忄 憤 憤 憤 憤 憤 憤

* 형성. 뜻을 나타내는 '忄(心;마음 심)'과 음을 나타내며 솟아오른다는 뜻을 가진 '賁(클 분)'이 합쳐진 글자. 마음(忄) 속에 뭉쳐 있는 것이 솟아오름(賁)을 나타내어, '분출하다'는 뜻이 됨.

풀이 1. 성내다. 분노하다. ¶憤慨 2. 괴로워하다. 번민하다. ¶憤憤 3. 흥분하다. ¶興憤 4. 떨쳐 일어서다. 5. 원망하다. 6. 괴로워하다. 7. 가득 차다. 8. 쌓다. 쌓이다. ¶積憤 9. 흐트러지다.

憤慨(분개) 분하게 여김. 몹시 화를 냄. 분개(憤愾). 분탄(憤嘆).
憤激(분격) 매우 분하여 크게 성을 냄.
憤氣衝天(분기충천) 분한 기운이 하늘을 찌름.
憤懣(1.분만/2.분문) 1)화가 치밀어 고민함. 2)흥분을 억누를 수가 없음.
憤憤(분분) 1)번민하는 모양. 2)분개하는 모양.
憤恚(분에) 분개하여 성냄.
憤慍(분온) 분개하여 기분 나빠함.
憤惋(분완) 성내며 한탄함.
憤鬱(분울) 분을 삭이지 못하여 가슴이 답답함.
憤怨(분원) 분하게 여기며 원망함. 또는 그 원망.
感憤(감분) 분함을 느낌.
公憤(공분) 1)공적인 일로 느끼는 분노. 2)공중(公衆)의 분노.
內憤(내분) 마음속에 품은 분기.
發憤(발분) 마음을 굳게 먹고 힘을 냄. 분발함.
悲憤(비분) 슬프고 분함.
悲憤慷慨(비분강개) 슬프고 분한 느낌이 마음속에 가득 차 있음.
鬱憤(울분) 분한 마음이 가슴에 가득함. 또는 그 마음.
積憤(적분) 쌓이고 쌓인 분한 마음.

비 噴(뿜을 분) 墳(무덤 분)

憊	⑫ 16획	日ヒ·つらい
	고달플 비	中bèi

풀이 1. 고달프다. 지치다. ¶憊色 2. 앓다. 병나다.

憊懣(비만) 피곤하고 답답함.
憊色(비색) 피로한 얼굴빛.
憊臥(비와) 피곤하여 누움.
憊喘(비천) 고달파서 헐떡거림.
困憊(곤비) 괴롭고 지침. 곤궁하고 피로함.

유 疲(피로 피)

憑	⑫ 16획	日ビン·よる
	기댈 빙	中píng

* 형성. 뜻을 나타내는 부수 '心(마음 심)'과 음을 나타내는 '馮(도섭할 빙)'을 합친 글자. '馮'자는 말(馬)에 얼어(冫) 붙듯이 의지하는 것을 나타냄. 이에 '마음의 지주로 삼다' 또는 '의지하다'의 뜻을 나타냄.

풀이 1. 기대다. 의지하다. ¶憑依 2. 의거하다. 근거를 들다. 3. 귀신이 들리다. 4. 의탁하다. 맡기다. 5. 증거. ¶證憑 6. 대단하다. 크다. ¶憑怒 7. 가득 차다. 8. 건너다. 걸어서 건너다.

憑肩(빙견) 의지하고 어깨에 기댐.
憑怒(빙노) 몹시 화냄.
憑憑(빙빙) 왕성한 모양.
憑信(빙신) 남을 믿고 의지함.
憑妖(빙요) 요망한 것에 마음이 빼겨 주장함.
憑依(빙의) 1)남의 힘에 의지함. 2)귀신이 달라붙음. 의빙(依憑).
憑藉(빙자) 1)남의 힘을 빌려서 의지함. 2)핑계를 대어 말을 막음.
憑仗(빙장) 의지함. 기댐.
憑弔(빙조) 고적(古跡) 같은 데에 들러서 조문함.

文憑(문빙) 증거가 될 만한 문서. 증빙 서류.
信憑(신빙) 믿어서 증거나 근거로 삼음.
證憑(증빙) 증거로 삼음. 또는 증거로 삼는 근거.
유 依(의지할 의)

慭 ⑫ 16획 억지로 은 日イン 中yìn

풀이 1. 억지로. 무리하게. 2. 바라건대. 될 수 있다면. 3. 모자라다. 4. 근심하다. 마음 아파하다. 5. 삼가다.
慭慭(은은) 1)공경하는 모양. 2)교만을 떨며 자기를 낮추지 않은 모양.

憎 ⑫ 15획 미워할 증 日ゾウ·にくむ 中zēng

*형성. 뜻을 나타내는 부수 '心(마음 심)'에 음을 나타내는 '曾(거듭할 증)'이 합쳐진 글자. 마음(忄)에 부담을 더욱(曾) 더하니, '미워하는' 것을 나타냄.
풀이 미워하다. 증오하다. 미움. 증오. ¶愛憎
憎忌(증기) 미워하여 꺼림.
憎毒(증독) 미워하여 해침.
憎憐(증련) 미워함과 어여삐 여김. 증애(憎愛).
憎惡(증오) 몹시 미워함.
憎怨(증원) 미워하고 원망함.
憎嫉(증질) 미워하고 질투함.
可憎(가증) 괘씸하고 얄미움. 밉살스러움.
愛憎(애증) 사랑과 미움. 증애(憎愛).
유 惡(미워할 오) 厭(싫을 염) 반 好(좋을 호)

憯 ⑫ 15획 슬퍼할 참 日サン 中cǎn

풀이 1. 슬퍼하다. 비통해하다. ¶憯怛 2. 참혹하다. 무자비하다. 3. 날카롭다. 예리하다. 4. 일찍이. 앞서.
憯怛(참달) 슬퍼함. 비통함.
憯憯(참참) 근심하는 모양.
憯悵(참창) 가슴 아프고 슬픔.
憯慟(참통) 마음이 아픔. 매우 슬픔.
유 慘(참혹할 참) 悲(슬플 비)

憔 ⑫ 15획 수척할 초 日チョウ·やつれる 中qiáo

풀이 1. 수척하다. 야위어지다. ¶憔悴 2. 애태우다. 3. 시달리다. 괴로움을 당하다.
憔慮(초려) 수심에 잠겨 애태움.
憔瘦(초수) 수척하여 여윔.
憔悴(초췌) 야위어 쇠약해진 모양.
유 悴(파리할 췌)

憱 ⑫ 15획 슬퍼할 추 日シュウ·かなしい 中cù

풀이 슬퍼하다.
유 怛(슬플 달) 悲(슬플 비) 憯(슬퍼할 참)

憚 ⑫ 15획 ❶꺼릴 탄 ❷깔볼 천 日タン·いむ 中dàn

*형성. 뜻을 나타내는 부수 '心(마음 심)'과 음을 나타내는 '單(홑 단)'을 합친 글자. 곤란에 반발하여 꺼려 싫어하는 뜻을 나타냄.
풀이 ❶ 1. 꺼리다. 피하다. ¶憚改 2. 괴로워하다. 3. 존경하다. 4. 고생하다. 고달프다. 5. 미워하다. 6. 화내다. 성내다. 7. 협박하다. 8. 두려워하다. 9. 탐하다. ❷ 10. 깔보다. 얕보다.
憚改(탄개) 고치기를 꺼림.
憚服(탄복) 꺼리고 복종함.
憚畏(탄외) 꺼리고 두려워함.
憚憚(1.탄탄/2.천천) 1)근심에 싸여 두려워함. 염려하는 모양. 2)변하지 않는 모양.
忌憚(기탄) 어렵게 여겨 꺼림.
畏憚(외탄) 두려워하고 꺼림. 외기(畏忌).
유 忌(꺼릴 기)

憪 ⑫ 15획 즐길 한 日ハン 中xián, xiàn

풀이 1 즐기다. ¶憪然 2. 평온하다. 편안하고 조용하다. 3. 불안하다. 4. 노하여 오만을 부리는 모양.
憪然(한연) 1)마음이 불안한 모양. 2)몹시 노하여 오만한 모양.

憲 ⑫ 16획 법 헌 日ケン·のり 中xiàn, xiǎn

*회의. 국가에 해(害)가 되는 것을 버리고 감시하는 눈(目)과

4획

마음(心)으로서 만든 최고의 기본이 되는 것이라는 뜻에서 '법'을 나타냄. 또는 해로운(害) 일을 하지 못하도록 밝은 눈(目)과 마음(心)으로 감시하도록 만들었다는 데서 '법'을 나타내기도 함.

풀이 1. 법. 법규. 규정. ¶憲法 2. 모범. 본보기. 3. 본받다. 4. 가르침. 깨우침. 5. 관청. 관리. 상관(上官). ¶大司憲 6. 명령. 7. 고시(告示)하다. 8. 높다. 높이다. 9. 시호. 10. 성하다. 성하게 일어나는 모양.

憲綱(헌강) 1)으뜸이 되는 법률. 또는 법의 조문. 2)관직의 질서.
憲矩(헌구) 법. 법칙(法則).
憲禁(헌금) 법. 법도(法度).
憲度(헌도) 법칙. 법도.
憲令(헌령) 나라의 법. 법칙. 법령.
憲方(헌방) 법칙. 법도.
憲法(헌법) 한 나라의 통치 체제의 기본 원칙을 정하는 법.
憲部(헌부) 사헌부(司憲府)의 준말.
憲臣(헌신) 법을 다루는 신하.
憲章(헌장) 1)이상(理想)으로서 규정한 원칙적인 규범. 2)헌법의 전장(典章). 3)법적으로 규정한 규범.
憲典(헌전) 나라의 법칙.
憲憲(헌헌) 1)성하게 일어나는 모양. 2)기뻐하는 모양.
家憲(가헌) 한 집안의 법도. 가령(家令). 가법(家法).
改憲(개헌) 헌법을 고침.
官憲(관헌) 1)정부나 관의 법규. 2)지난날, '관청'을 이르던 말. 3)관리.
違憲(위헌) 어떤 법률이나 명령 등의 내용이나 절차 등이 헌법 규정에 어긋남.
制憲(제헌) 헌법을 제정함.

유 法(법 법) 規(법 규) 範(법 범) 律(법 률) 典(법 전)

憓	⑫ 15획 사랑할 혜	日ケイ 中huì

풀이 1. 사랑하다. 2. 순하다. 순종하다.

憢	⑫ 15획 두려워할 효	日ヒョウ 中xiāo

풀이 1. 두려워하다. ¶憢憢 2. 속이다. 거짓말하다. 3. 날래다. ¶憢悍

憢悍(효한) 날쌔고 사나움. 효한(驍悍).
憢憢(효효) 두려워하는 모양. 효효(嘵嘵).

유 怖(두려워할 포) 惶(두려워할 황)

憙	⑫ 16획 기뻐할 희	日キ・うれしい 中xǐ

풀이 1. 기뻐하다. 2 좋아하다. 즐기다. 3 허허! 탄식하는 소리.

비 嬉(즐길 희)

懇	⑬ 17획 정성 간	日カン・まこと 中kěn

* 형성. 뜻을 나타내는 부수 '心(마음 심)'과 음을 나타내는 '貇(정성스러울 간)'을 합친 글자. 힘을 써서(豸) 간절(艮)하게 일한다는 것으로 정성스러운 마음, 곧 '정성'을 나타냄.

풀이 1. 정성. 성심. 2. 간절하다. ¶懇求 3. 힘쓰다. 노력하다. ¶勤懇

懇悃(간곤) 정성스러움.
懇款(간관) 간곤(懇悃).
懇求(간구) 간절히 요구함.
懇談(간담) 1)간곡하게 이야기를 나눔. 2)간곡한 이야기.
懇篤(간독) 정성스럽고 정이 도타움.
懇望(간망) 간절히 바람. 간원(懇願).
懇謝(간사) 정성스럽게 사례함.
懇誠(간성) 간곡하고 정성스러움.
懇惻(간측) 1)간절하고 정성스러움. 2)몹시 측은함.
勤懇(근간) 부지런하고 재간이 있음.

유 誠(정성 성) 款(정성 관) 恂(정성 순)

憾	⑬ 16획 ❶한할 감 ❷근심할 담	日カン 中hàn

* 형성. 뜻을 나타내는 부수 '心(마음 심)'과 음을 나타내는 '感(감동할 감)'이 합쳐진 글자.

풀이 ❶ 1. 한하다. 2. 서운해하다. 섭섭해하다. ¶私憾 3. 원한. ❷ 4. 근심하다. 마음이 불안하다.

憾恚(감에) 서운해하며 성을 냄.
憾怨(감원) 서운한 마음으로 인해 원망함.
憾情(감정) 원망하거나 성내는 마음.
憾悔(감회) 잘못을 한탄하고 뉘우침. 회한(悔恨).
私憾(사감) 사사로운 일로 품은 유감(遺憾).
遺憾(유감) 1)마음에 남아 있는 섭섭한 느낌. 2)언짢은 마음.

유 恨(한할 한)

懅	⑬ 16획	日キョ·はず
	부끄러울 거	中jù

풀이 1. 부끄럽다. 부끄러워하다. 2. 서두르다. 조급하게 굴다. 3. 두려워하다.

비 據(의거할 거)

慜	⑬ 17획	日ケイ
	공경할 경	中jǐng

풀이 공경하다.

유 敬(공경할 경)

懃	⑬ 17획	日キン
	은근할 근	中qín

풀이 1. 은근하다. 친절한 모양. ¶懃懃 2. 일에 힘쓰다. 부지런히 일하다. ¶懃勞

懃懇(근간) 은근함. 친절함.
懃懃(근근) 은근한 모양. 친절한 모양.
懃勞(근로) 꾸준하고 부지런히 일함.

유 慇(은근할 은)

憹	⑬ 16획	日ノウ·なやむ
	괴로워할 뇌	中náo, nóng

풀이 괴로워하다. 뉘우치며 한하다.

유 煩(괴로워할 번) 慇(괴로워할 은) 惱(괴로워할 뇌)

憺	⑬ 16획	日タン·やすい
	편안할 담	中dàn

풀이 1 편안하다. 평온하다. ¶憺憺 2. 결정되다. 정하다. 3. 고요하다. 조용하다. ¶憺怕 4. 두려워하다.

憺憺(담담) 1)편안한 모양. 2)조용한 모양.
憺怕(담박) 욕심이 없고 깨끗한 모양. 고요하고 맑음.
憺然(담연) 편안한 모양.
憺畏(담외) 두려워함. 탄외(憚畏).

유 寧(편안할 령) 安(편안할 안) 비 擔(멜 담)

憧	⑬ 16획	日ドウ
	심란할 동	中dǒng

풀이 1. 심란하다. 마음이 어수선하다. 2. 어리석다. 정신이 흐릿하다. 3. 알다. 이해하다.

懍	⑬ 16획	日あぶない
	위태할 름	中lǐn

풀이 1. 위태하다. 위태로운 모양. ¶懍懍 2. 삼가다. 조심하다. 3. 벌벌 떨다. 두려워하다.

懍懍(늠름) 1)두려워하는 모양. 2)위엄이 있는 모양. 3)삼가고 조심하는 모양.

유 危(위태할 위) 殆(위태할 태)

懋	⑬ 17획	日ム·せいだす
	힘쓸 무	中mào

풀이 1. 힘쓰다. ¶懋力 2. 성하다. 성대하다. ¶懋典 3. 아름답다. 4. 기뻐하다. 5. 바꾸다. 옮기다. ¶懋遷

懋戒(무계) 힘써 경계함.
懋力(무력) 힘씀.
懋績(무적) 1)공적에 힘씀. 2)뛰어난 공적(功績). 뛰어난 공훈(功勳).
懋典(무전) 성대하게 치른 의식(儀式).
懋遷(무천) 1)무역에 힘씀. 2)교역을 함.

유 務(힘쓸 무) 비 愁(근심 수)

憸	⑬ 16획	日ケン
	간사할 섬	中xiān

풀이 1. 간사하다. ¶憸巧 2. 생각함이 많다.

憸巧(섬교) 간사하여 아첨함.
憸佞(섬녕) 알랑거리며 아첨함. 또는 그런 사람.
憸民(섬민) 약삭빠른 백성.
憸細(섬세) 약삭빠르고 가느다람. 또, 그러한 사람.
憸諛(섬유) 간사하고 아첨함.
憸凶(섬흉) 간사하고 흉악함.

憶	⑬ 16획	日オク·おもう
	생각할 억	中yì

丨 忄 忄 忄 忄 忄 忄 忄 忄 憶 憶 憶 憶 憶 憶 憶

* 형성. 뜻을 나타내는 부수 '心(마음 심)'에 음을 나타내는 '意(뜻 의)'을 합친 글자. 항상 뜻[意]을 생각하는 마음[忄]이란 데에서, '생각하다' 또는 '기억하다'는 뜻이 됨.

풀이 1. 생각하다. 생각. ¶記憶 2. 추억하다. 추억. 3. 우울해지다. 울적해지다.

憶念(억념) 잊지 않고 생각함. 사념(思念).

4 획

憶昔(억석) 지난 일을 생각함.
記憶(기억) 지난 일을 잊지 않고 마음속에 간직해 둠. 또는 그 내용.
追憶(추억) 지난 일을 돌이켜 생각함. 또는 그 생각. 추상(追想). 추회(追懷).

유 念(생각할 념) 想(생각할 상) 思(생각할 사)
비 億(억 억)

懌	⑬ 16획	日エキ · うれしい
	기뻐할 역	中yì

풀이 기뻐하다. 좋아하다. ¶懌說
懌說(역열) 기뻐함. 좋아함.
懌懷(역회) 마음을 즐겁게 함.

비 擇(가릴 택)

懊	⑬ 16획	日オウ · なやむ
	한할 오	中ào

* 형성. 뜻을 나타내는 부수 '心(마음 심)'과 음을 나타내는 '奧(아랫목 오)'가 합쳐진 글자. 이에 마음(忄)이 깊숙이(奧) 떨어진다 하여 '괴로워하다'의 뜻으로 쓰임.

풀이 1. 한하다. 뉘우치다. ¶懊惱 2. 뱃노래. 3. 아끼다. 탐내다.
懊惱(오뇌) 한탄하고 괴로워함. 오뇌(懊憹).
懊譪(오애) 고기를 잡으면서 부르는 노래. 어부가(漁夫歌).
懊嘆(오탄) 원망하고 한탄함.
懊恨(오한) 뉘우치고 한탄함. 회한(悔恨).
懊悔(오회) 잘못을 깨닫고 뉘우침. 회한(悔恨).

儌	⑬ 16획	
	❶ 요행 요	日ヨウ · けき
	❷ 빠를 격	中jī

풀이 ❶ 1. 요행. 요행을 바라다. ¶儌幸 2. 성의 있다. 성의있게 아뢰다. ¶儌憭 ❷ 3. 빠르다. ¶儌耀
儌憭(요료) 성의있게 아룀.
儌耀(격적) 빠른 모양.

應	⑬ 17획	日おう · あたえる
	응할 응	中yīng, yìng

丶 亠 广 广 庁 疒 庍 府 府 府 㢑 廧 雁 雁 應 應 應

* 형성. 집(广)에서 사람(亻)이 기르는 새(隹)인 '매'를 뜻함. 매를 먹이는 마음(心)은 응당 꿩을 잡기 위해서라고 하여 '응당'이라는 뜻으로 쓰임. 전하여, '대답한다'는 뜻으로도 쓰임.

풀이 1. 응하다. 대답하다. ¶對應 2. 감당하다. 3. 응당. 당연히. 마땅히. 4. 승낙하다. 허락하다. 5. 서로 어울려서 움직이다. 화동(和同)하다. 멀어졌던 사이였으나 다시 어울림. ¶呼應
應急(응급) 급한 일에 우선 대등함.
應機(응기) 기회에 응함.
應答(응답) 부름이나 물음에 대답함.
應對(응대) 부름이나 물음 · 요구 등에 응하고 대함.
應命(응명) 명령에 응함.
應病與藥(응병여약) 병에 따라 약을 준다는 뜻으로, 상대방의 지식 정도에 따라 가르침을 달리함을 말함.
應付(응부) 요구에 응하여 줌.
應射(응사) 한 편의 사격에 대응하여 사격을 함.
應瑞(응서) 사람의 선악에 따라 하늘이 내리는 징조. 또는 상서로운 징조에 응함.
應訟(응송) 원고의 소송에 피고도 맞서서 소송 행위를 함. 응소(應訴).
應試(응시) 시험을 치름.
應援(응원) 1)곁에서 성원함. 2)호응하여 도움.
應制(응제) 임금의 명에 따라 시문(詩文)을 지음.
應從(응종) 받아들여 그대로 따름.
應札(응찰) 입찰에 응함.
應驗(응험) 1)경험에 대하여 드러난 표시. 2)징조가 나타나 맞음. 또는 그런 징조.
應和(응화) 서로 응하여 대답함.
感應(감응) 1)마음으로 느껴 반응함. 2)신심(信心)이 부처나 신령에게 통함. 3)유도(誘導).
內應(내응) 내부에서 몰래 외부와 통함. 내통(內通). 내부(內附).
對應(대응) 1)알맞게 응함. 2)어떤 두 대상이 주어진 관계에 의하여 서로 짝을 이루는 일. 3)합동이나 닮은 꼴인 두 도형의 같은 자리에서 짝을 이루는 요소끼리의 관계.
反應(반응) 1)자극이나 작용에 대응하여 일어남. 2)화학에서, 물질과 물질이 서로 작용하여 화학 변화를 일으키는 일.
相應(상응) 1)서로 응함. 2)서로 맞음. 알맞음. 3)서로 기맥이 통함.
順應(순응) 1)부드럽게 대응함. 2)외계에 적응하여 변화함.
因果應報(인과응보) 원인과 결과는 서로 물고 물린다는 뜻으로, 과거 또는 선악의 인연에 따라서 뒷날 길흉화복의 갚음을 받게 됨을 말함.
適應(적응) 1)맞아서 서로 어울림. 2)개인이 어떠한 경우에 순응하기에 이르는 과정. 3)약이 병에 맞아서 잘 들음.

4획

呼應(호응) 어떤 요구나 호소 같은 것에 응하여 따름.

유 答(대답할 답)

懆	⑬ 16획	日ソウ・うれえる
	근심할 조	中cǎo

풀이 근심하다. 불안해하다. ¶懆懆

懆懆(조조) 근심하여 불안한 모양.

유 憂(근심할 우) 愁(근심할 수) 慬(근심할 근)

懈	⑬ 16획	日カイ
	게으를 해	中xiè

* 형성. 뜻을 나타내는 '心(마음 심)'과 음을 나타내는 '解(풀 해)'가 합쳐진 글자. 마음(忄)의 긴장이 풀린다(解) 하여 '게을리 하다'의 뜻으로 쓰임.

풀이 1. 게으르다. 게으름을 피우다. 2. 느슨하게 풀어지다. ¶懈怠

懈倦(해권) 게으름을 피움.

懈慢(해만) 게으르고 느림.

懈弛(해이) 마음이나 규율이 풀려 느슨해짐.

懈怠(해태) 게으름. 마음이 해이해져 일을 소홀히 함. 해타(懈惰).

유 惰(게으를 타) 倦(게으를 권) 慢(게으를 만)

반 勤(부지런할 근)

懁	⑬ 16획	
	❶성급할 환	日カン・けん
	❷격렬할 견	中xuān

풀이 1 1. 성급하다. 조급하다. ¶懁急 2 2. 격렬하다. 세차다.

懁急(환급/견급) 매우 급함.

懁促(환촉) 성급함.

憎	⑬ 16획	日カイ・にくむ
	미워할 회	中zēng

풀이 1. 미워하다. 증오하다. 2. 고민하다. ¶憎憎

憎憎(회회) 고민하는 모양.

유 憎(미워할 증)

懦	⑭ 17획	日ジュ・ナ
	나약할 나 · 유	中nuò

풀이 1. 나약하다. 무기력하다. 2. 겁쟁이.

懦怯(나겁) 마음이 여리고 겁이 많음.

懦薄(나박) 의지가 약하고 덕이 없음.

懦夫(나부) 1)겁이 많은 사내. 2)게으른 사람.

懦劣(나열) 1)나약하고 졸렬함. 2)무기력함.

懦者(나자) 1)무기력한 사람. 2)비겁한 사람.

비 儒(선비 유)

懟	⑭ 18획	日タイ
	원망할 대	中duì

풀이 원망하다. 원한을 품다. ¶懟憾

懟憾(대감) 원망함.

懟怒(대노) 원망하며 화를 냄.

懟怨(대원) 원망함.

懟險(대험) 도리에 어긋나 옳지 않음.

怨懟(원대) 억울하게 여겨 탓하거나 분하게 여겨 미워함. 원망(怨望).

懡	⑭ 17획	日マ・はず
	부끄러울 마	中mǒ

풀이 1. 부끄럽다. 부끄러워하다. 2. 적적하다. 쓸쓸하다. 3. 엉성하다. 성기다.

懡㦬(마라) 1)부끄러워함. 2)성김. 드문드문한 모양.

懣	⑭ 18획	
	❶번민할 만	日マン・モン
	❷번거로울 문	中mèn

풀이 1 1. 번민하다. 가슴이 답답하다. ¶懣然 2. 화내다. 분하게 여기다. 2 3. 번거롭다. 수고롭다.

懣懣(만만) 고민하는 모양.

懣然(만연) 고민하는 모양.

憤懣(분만) 분하고 답답함. 분울함.

懞	⑭ 17획	日モウ・くらい
	흐리멍텅할 몽	中méng

* 형성. 뜻을 나타내는 부수 '心(마음 심)'과 음을 나타내는 '蒙(덮을 몽)'이 합쳐진 글자. 마음(忄)이 흐릿하다(蒙)하는 데에서 '어리석다'는 뜻으로 쓰임.

4 획

풀이 1. 흐리멍텅하다. 어리석다. ¶懞懂 2. 돈후하다.
懞懂(몽근) 물정에 어둡고 어리석음.
懞懂(몽동) 흐리멍텅한 모양. 어둡고 밝지 않은 모양.
懞漢(몽한) 어리석은 사람. 지식이 없이 무지한 사람.
유 昏(어두울 혼) 暗(어두울 암) 비 蒙(입을 몽)

懙	⑭ 18획	日 ヨ
	공경할 여	中 yú

풀이 1. 공경하다. 공손히 섬기다. 2. 느리다.
懙懙(여여) 1)편하고 느긋하게 걷는 모양. 2)공손한 자세로 걷는 모양.

懕	⑭ 18획	日 エン
	편안할 염	中 yān

풀이 1. 편안하다. 편안한 모양. ¶懕懕 2. 앓는 모양.
懕懕(염염) 1)편안한 모양. 2)병을 앓는 모양.
유 寧(편안할 령) 安(편안할 안)

懠	⑭ 17획	日 サイ
	성낼 제	中 jì, qí

풀이 성내다. 화내다.
유 怒(성낼 노)

懤	⑭ 17획	日 ジュ
	근심할 주	中 chóu

풀이 근심하다. 근심에 잠겨 괴로워하다. ¶懤懤
懤懤(주주) 시름에 잠겨 괴로워하는 모양.
유 憂(근심할 우) 愁(근심할 수) 慬(근심할 근)

懘	⑭ 18획	
	가락 맞지	日 サイ
	않을 체	中 chì

풀이 가락이 맞지 않다. 음악이 조화를 잃은 모양.

懥	⑭ 17획	日 チ・おこる
	성낼 치	中 zhì

풀이 1. 성내다. 화내다. 2. 원망하다.

懭	⑮ 18획	日 コウ
	뜻얻지못할 광	中 kuàng

풀이 뜻을 얻지 못하다. 마음먹은 대로 되지 않다. ¶懭悢
懭悢(광랑) 뜻을 펴지 못함.

懬	⑮ 19획	日 コウ
	너그러울 광	中 kuàng

풀이 1. 너그럽다. 넓다. 2. 비다. 공허하다.

懰	⑮ 18획	日 リュウ
	근심할 류	中 liú, liǔ

풀이 1. 근심하다. 걱정하는 모양. ¶懰慄 2. 머무르다. 3. 아름답다.
懰慄(유율) 근심하는 모양. 괴로워하는 모양.
유 愁(근심할 수) 慬(근심할 근) 懤(근심할 주)

懱	⑮ 18획	日 メツ
	업신여길 멸	中 miè

풀이 1. 업신여기다. 2. 망하다. 멸망하다.
유 侮(업신여길 모)

懩	⑮ 18획	日 ヨウ・たのむ
	바랄 양	中 yǎng

풀이 1. 바라다. 원하다. 2. 가렵다.
비 養(기를 양)

懮	⑮ 18획	日 ウ
	느릿할 우	中 yōu, yǒu

풀이 1. 느릿하다. 천천히 하다. 2. 근심하다. ¶懮懮
懮懮(우우) 근심하는 모양.
비 優(넉넉할 우)

懲	⑮ 19획	日 チョウ
	벌줄 징	中 chéng

* 형성. 뜻을 나타내는 부수 '心(마음 심)'과 음을 나타내는

4획

'徵(부를 징)'를 합친 글자. 상대자의 양심(心)을 강제로 불러(徵) '주의시키는' 것을 나타내어, '징계하다'를 나타냄.

풀이 1. 혼내 주다. 벌하다. ¶懲罰 2. 그치다. 그만두다. ¶懲止 3. 경계하다.

懲改(징개) 스스로 고침.

懲羹吹虀(징갱취제) 뜨거운 국에 입을 데어 놀란 나머지 차가운 나물 냉채까지 불어 먹는다는 뜻으로, 한 번의 실패로 모든 일에 지나치게 조심함을 비유하는 말.

◐懲羹吹虀(징갱취제)의 유래

전국 시대 말 초나라는 제나라와 합종책을 맺어 북쪽에 위치한 진나라에 대항하였으나, 관리들 중 진나라와 손잡는 것을 주장하는 자도 적지 않았다. 그 당시 제나라 회왕은 이들의 말에 솔깃하여 제나라와의 동맹 관계를 깼지만, 그 결과 진나라에 붙잡혀 죽는 처지가 되고 말았다. 이에 당시 초나라를 걱정하던 굴원의 초사에 나오는 시구를 보면 '뜨거운 국에 데어서 냉채까지 부는데, 어찌 이런 생각을 바꾸지 못하는가'에서 유래한 고사이다.

懲戒(징계) 1)허물을 뉘우치도록 주의를 주고 나무람. 2)부정이나 부당한 행위를 되풀이하지 못하도록 제재를 가함.

懲勸(징권) 나쁜 것을 징계하고 좋은 것을 권장함. 권선징악(勸善懲惡).

懲罰(징벌) 1)장래를 경계하는 목적으로 벌을 줌. 2)부정이나 부당한 행위에 대해 응징하는 뜻으로 주는 벌.

懲毖(징비) 지난 잘못을 뉘우쳐 삼감.

懲惡(징악) 나쁜 마음이나 행동을 징벌함.

懲艾(징애) 징계(懲戒)함.

懲禦(징어) 외적을 경계하여 침입을 막음.

懲一勵百(징일여백) 한 사람을 벌줌으로써 여러 사람을 격려함. 일벌백계(一罰百戒).

懲止(징지) 혼내주어 그치게 함.

懲治(징치) 징계하여 다스림. 제재를 가하여 선도함.

懲貶(징폄) 징벌하기 위하여 관직을 낮춤.

嚴懲(엄징) 엄중하게 징벌함.

刑懲(형징) 형벌을 과하여 징계함.

반 讚(기릴 찬)

懫
⑮ 18획 日シツ
성낼 치 中zhì

풀이 1. 성내다. 화내다. 2. 어그러지다. 남의 말을 듣지 않다.

懻
⑯ 19획 日キ
사나울 기 中jì

풀이 1. 사납다. 포악하다. 2. 강직하다. 성품이 곧고 바른 모양. ¶懻忮

懻忮(기기) 사납고 억세다.

懶
⑯ 19획
❶ 게으를 라(나) 日ラ・たいだ
❷ 미워할 뢰 中lài, lǎn

풀이 ❶ 1. 게으르다. 의욕이 없다. ¶懶眠 2. 나른하다. ❷ 3. 미워하다. 혐오하다.

懶架(나가) 책을 올려 놓고 보는 시렁.

懶眠(나면) 게을러 잠자는 일.

懶惰(나타) 나른하고 게을러짐. 게으르고 느림.

懜
⑯ 19획 日モウ
어리석을 몽 中měng

풀이 1. 어리석다. 무지한 모양. ¶懜懜 2. 부끄러워하다. 3. 어둡다. 흐릿한 모양. ¶懜憒

懜憒(몽궤) 마음이 흐트러져 있음.

懜懂(몽동) 1)사리에 어두운 모양. 몽동(懜憧). 2)흐릿한 모양. 분명하지 않은 모양.

유 曚(어두울 몽)

⑯ 20획 日ケン・かける
매달 현 中xuán

* 형성. 뜻을 나타내는 부수 '心(마음 심)'과 음을 나타내며 '매달다'라는 뜻을 가지는 '縣(매달 현)'으로 이루어진 글자. 마음(心)에 달다(縣)의 뜻에서 '걸다', '달다'는 뜻이 됨.

풀이 1. 매달다. 달아매다. ¶懸橋 2. 매달리다. 3. 걸다. ¶懸鈴 4. 현상금을 걸다. ¶懸賞金 5. 동떨어지다. 6. 멀리. 멀다. ¶懸溜 7. 헛되이.

懸車(현거) 수레를 매닮. 즉, 관직(官職)을 그만둠.

懸橋(현교) 매단 다리. 조교(弔橋).

懸念(현념) 마음에 항상 두고 생각함.

懸斷(현단) 아무 근거 없이 억측함.

懸頭刺股(현두자고) 머리를 매어 달고 넓적다리를 찌른다는 뜻으로, 공부를 아주 열심히 하는 것을 이르는 말.

◐懸頭刺股(현두자고)의 유래

초나라의 손경(孫敬)과 전국 시대 때의 소진(蘇秦)의 이야기에서 유래한 말이다. 손경은 공부를 하다가 졸리면 머리채를 천장 대들보에 끈으로 매달아 놓고 책을 보았다고 하고, 소진은 졸리면 자신의 넓적다리를 송곳으로 찔러 가며 공부를 하였다고 한다.

4획

懸燈(현등) 1)등불을 높이 매닮. 2)지난밤, 밤에 행군할 때 깃대에 매달던 등.
懸鈴(현령) 기둥 같은 데 달아 사람을 부를 때에 줄을 당겨서 울리는 방울. 초인종(招人鐘).
懸溜(현류) 1)폭포. 2)떨어지는 물방울.
懸邈(현막) 매우 떨어짐. 동떨어져서 멂.
懸命(현명) 어떤 일에 목숨을 내겲.
懸氷(현빙) 매달린 고드름.
懸賞金(현상금) 현상으로 내건 상금.
懸垂幕(현수막) 선전문 · 구호문 등을 적어 세로나 가로로 길게 매단 천.
懸鶉(현순) 너덜너덜한 것이 메추리의 꽁지깃과 같다는 뜻으로, 해진 옷을 가르킴.
懸案(현안) 해결되지 않은 안건.
懸崖(현애) 깎아지른 듯한 절벽.
懸魚(현어) 생선을 매닮. 뇌물로 주는 물건을 매달아 거절함.
懸腕直筆(현완직필) 팔을 바닥에 대지 않고 붓을 곧게 세워 글을 쓰는 서예법.
懸題(현제) 과거(科擧) 시험을 볼 때에 문제를 내걸던 일.
懸榻(현탑) 1)손님을 후하게 대접함. 2)귀한 손님.
懸板(현판) 글씨나 그림 등을 새겨서 문 위나 벽에 거는 판자.
懸圃(현포) 신선(神仙)이 산다는 곳.
懸瀑(현폭) 아주 높은 곳에서 떨어지는 폭포.
懸河(현하) 1)경사가 급하여 물의 흐름이 빠른 하천. 급류(急流). 2)현하지변(懸河之辯)의 준말.
懸河之辯(현하지변) 흐르는 강과 같이 아주 말을 잘함. 또는 잘하는 말. 현하(懸河).
懸弧(현호) 사내아이의 출생. 사내아이가 태어나면 활을 문 왼편에 걸어서 앞길을 축하한 관습에서 온 말.
猫項懸鈴(묘항현령) 고양이 목에 방울 달기. 실행하지 못할 일을 공연히 의논만 함을 비유하는 말.

○猫項懸鈴(묘항현령)의 유래

쥐떼들이 모여서 이야기하기를, "노적가리를 뚫고 쌀광 속에 깃들면 살아가기가 퍽 윤택할 것 같은데, 다만 두려운 것은 오직 고양이일 뿐이다." 라고 하니, 어떤 한 마리 쥐가 말하기를, "고양이 목에 만일 방울을 달면 그 소리를 듣고서 죽음을 피할 수 있을 것이다." 라고 하자, 쥐떼들이 기뻐 날뛰면서 말하기를, "자네 말이 옳다. 우리가 무엇을 두려워하겠는가?" 라고 하였다. 어떤 큰 쥐가 천천히 말을 하였다. "옳기는 옳으나, 누가 우리를 위하여 고양이 목에 방울을 달 수 있겠는가?" 하니 쥐들이 모두 놀라 얼굴만 바라보았다.

유 縣(매달 현)

4 획

懷 ⑯ 19획 日カイ · なつく
품을 회 中huái

* 형성. 뜻을 나타내는 부수 '心(마음 심)'과 음을 나타내는 '褱(그리워할 회)'를 합친 글자. 옷 속에 물건을 품은[褱] 것처럼 마음[忄]속에 '그리워하는' 것을 나타내어, '생각하다', '품다'는 뜻을 나타냄.

풀이 1. 품다. 품에 안다. ¶所懷 2. 가슴. 마음. 생각. ¶懷人 3. 따르다. 4. 편안하다. 편안히 하다. 5. 싸다. 6. 위로하다. 달래다. ¶懷柔 7. 따르게 하다. 길들이다.

懷古(회고) 지난 일을 돌이켜 생각함.
懷襟(회금) 가슴. 품.
懷金垂紫(회금수자) 황금을 품고 인끈을 늘어뜨린다는 뜻으로 높은 벼슬에 오름을 말함.
懷德(회덕) 덕을 흠모함. 또는 덕을 항상 생각함.
懷慕(회모) 마음속 깊이 사모함.
懷憮(회무) 달래어 안심시킴. 달램.
懷玉(회옥) 옥을 품는다는 뜻으로, 좋은 성질을 지니고 있음을 비유하는 말.
懷柔(회유) 어루만져 달램.
懷疑(회의) 마음속으로 의심을 품음.
懷人(회인) 사람을 생각함.
懷衽(회임) 가슴. 품.
懷藏(회장) 마음속 깊이 간직함.
懷抱(회포) 1)가슴에 품음. 2)마음속에 품은 생각.
懷鄕(회향) 고향을 그리워함.
感懷(감회) 마음에서 느껴 일어나는 회포.
舊懷(구회) 지난 일을 그리는 마음. 지난날의 회포.
本懷(본회) 본디부터 품고 있는 생각 또는 소망.
所懷(소회) 마음에 품은 생각.
深懷(심회) 깊이 생각함.
陸績懷橘(육적회귤) 지극한 효성을 이르는 말.

○陸績懷橘(육적회귤)의 유래

동한 때의 대학자이며 24 효자 중의 한 사람인 육적이 6세에 구강에 사는 원술을 찾아갔을 때의 일이다. 원술은 반가이 맞으면서 귤을 내었고 육적은 귤을 먹는 체하면서 슬그머니 귤 세 개를 품속에 감추었는데 잠시 이야기하다가 집으로 돌아가려고 인사드리는 순간 품안에 감추었던 귤이 떨어졌다. 육적은 당황하여 어쩔 줄 몰라했다. 원술이 "너는 손님으로 우리 집에 왔는데 귤을 품 속에 숨긴 까닭이 무었이냐?" 하고 묻자, 육적은 "저희 어머니가 귤을 좋아하셔서 갖다 드리려고 했습니다."라고 용서를 빌었다. 이 말을 들은 원술은 그 효성을 매우 기특하게 여겼다.

情懷(정회) 마음속에 품고 있는 정. 또는 그런 생각.
追懷(추회) 지나간 일을 그리워함.

懺 ⑰ 20획 日ザン
뉘우칠 참 中chàn

풀이 뉘우치다. ¶懺禮

懺禮(참례) 부처에게 뉘우치고 예배하여 복을 빎.
懺洗(참세) 뉘우치고 마음을 깨끗이 함.
懺悔(참회) 과거의 죄를 뉘우쳐 고백함.

비 讖(참서 참)

懼 ⑱ 21획 日ク・おそれ
두려워할 구 中jù

풀이 1. 두려워하다. 겁이 나다. 두려움. ¶恐懼 2. 근심. 걱정. 3. 조심하다. 4. 위태로워하다. 위태롭게 여기다. ¶危懼 5. 협박하다.

懼懣(구만) 두려워하며 고민함.
懼震(구진) 두려워서 떪.
懼惕(구척) 두려워함.
懼喘(구천) 두려움에 숨을 가쁘게 쉼.
懼怕(구파) 두려워함. 파구(怕懼).
恐懼(공구) 심히 두려움.
畏懼(외구) 삼가고 두려워함.
危懼(위구) 염려하고 두려워함. 또는 그러한 느낌.
憂懼(우구) 걱정하고 두려워함.
疑懼(의구) 의심하며 두려워함.
喜懼之心(희구지심) 한편으로는 즐거워하고 한편으로는 두려워함.

유 恐(두려울 공) 怖(두려워할 포) 惶(두려워할 황)

懾 ⑱ 21획 日セツ
두려워할 섭 中shè

풀이 1. 두려워하다. 겁내다. ¶懾怖 2. 협박하다. 으르다.

懾服(섭복) 두려워서 복종함.
懾畏(섭외) 두려워함.
懾處(섭처) 두려워서 가만히 있음.
懾憚(섭탄) 두려워하고 꺼림.
懾怖(섭포) 두려워함.

유 怖(두려워할 포) 惶(두려워할 황) 懼(두려워할 구)

懿 ⑱ 22획 日イ
아름다울 의 中yì

풀이 1. 아름답다. 훌륭하다. ¶懿德 2. 기리다. 칭찬하다. 3. 깊다. ¶懿親 4. 아! 감탄하는 소리.

懿軌(의궤) 아름다운 표본. 훌륭한 본보기.
懿德(의덕) 아름다운 덕. 훌륭한 덕행.
懿文(의문) 아름다운 문장. 기리는 문장.
懿範(의범) 아름다운 모범(模範).
懿業(의업) 위대한 사업.
懿懿(의의) 아름답고 뛰어난 모양.
懿績(의적) 훌륭한 공적.
懿旨(의지) 1)황후의 분부. 2)왕세손(王世孫)의 명령.
懿戚(의척) 왕실과 가까운 외척(外戚).
懿親(의친) 친족간의 관계가 깊음.
懿訓(의훈) 훌륭한 가르침.

懽 ⑱ 21획 日カン
기뻐할 환 中huān

풀이 1. 기뻐하다. ¶懽然 2. 알맞다. 합당하다.

懽心(환심) 기뻐하는 마음.
懽顔(환안) 기뻐하는 소리. 즐거워하는 얼굴.
懽然(환연) 기뻐하는 모양.
懽娛(환오) 기뻐하며 즐김. 환오(歡娛).
懽暢(환창) 기뻐하여 마음이 화창함.

유 歡(기뻐할 환)

戁 ⑲ 23획 日ナン
두려워할 난 中nǎn

풀이 1. 두려워하다. 무서워하다. 2. 공경하다. 삼가다. 3. 부끄러워하다. 얼굴을 붉히다.

유 怖(두려워할 포) 惶(두려워할 황) 懼(두려워할 구)

㦬 ⑲ 22획 日ラ
부끄러워할라 中luǒ

풀이 1. 부끄러워하다. 2. 적다. 성긴 모양.

유 恥(부끄러워할 치) 忸(부끄러워할 뉵)

戀 ⑲ 23획 日レン
사모할련(연) 中liàn

* 형성. 말[言]이 오고가며 얽매인[䜌] 마음[心]을 나타내어, 서로 '생각하는' 것, 곧 '그리워함'을 나타냄.

4획

풀이 사모하다. 그리워하다. 그리움. 사랑의 정. 연애. 사랑하는 대상. ¶戀歌

戀歌(연가) 사랑하는 사람을 그리워하여 부르는 노래.
戀結(연결) 이성을 사모하여 정이 맺어짐.
戀戀(연련) 사모하여 잊지 못하는 모양.
戀慕(연모) 1)사랑하여 그리워함. 2)공경하여 사모함.
戀班(연반) 반열에 오를 것을 원함.
戀賞(연상) 사모하여 칭찬함.
戀愛(연애) 남녀의 애틋한 사랑.
戀泣(연읍) 그리워하여 욺.
狂戀(광련) 미친 듯이 하는 연애. 지나치게 격렬한 연애.
悲戀(비련) 이루어지지 못하고 비극으로 끝나는 연애.
思戀(사련) 이성을 그리워함. 그립게 여김.
愛戀(애련) 사랑하고 그리워함.
耽戀(탐련) 1)깊이 그리워함. 2)연애에 온 정신이 팔려 몹시 생각하거나 그리워함.

유 慕(그리워할 모)

戄	⑳ 23획	日 カク · おどろく
	놀랄 확	中 jué

4 획

풀이 놀라다. 놀라서 당황하다. ¶戄然

戄然(확연) 당황하는 모양.

유 驚(놀랄 경)

	㉔ 28획	日 トウ · おろか
	어리석을 당	中 gàng, zhuàng

풀이 1. 어리석다. ¶戇冥 2. 외고집인 성질. ¶戇人

戇冥(당명) 어리석고 우매함.
戇朴(당박) 고지식하고 순박함.
戇窩(당와) 우직한 사람이 사는 별장.
戇愚(당우) 정직하나 어리석음.
戇人(당인) 고지식한 사람.
戇直(당직) 고지식하고 정직함.

戈부

戈 창 과 部

'戈' 자는 전쟁에서 중요하게 쓰였던 무기인 창을 나타내어 '창' 의 뜻을 나타내고 '전쟁' 이라는 뜻으로도 쓰인다. 이 글자를 부수로 갖는 글자는 대부분 무기나 전쟁 등과 관련이 있다.

	⓪ 4획	日 カ · ほこ
	창 과	中 gē

* 상형. 나무로 된 자루에 끝이 뾰족한 쇠붙이를 달고, 손잡이가 달려 있는 모양을 본뜬 글자.

풀이 1. 창. 무기. ¶戈甲 2. 전쟁. 싸움. ¶戈兵

戈甲(과갑) 창과 갑옷.
戈劍(과검) 창과 칼.
戈棘(과극) 창.
戈矛(과모) 창.
戈兵(과병) 1)병기(兵器). 무기. 2)전쟁.
戈鋒(과봉) 창끝.
戈船(과선) 1)배 밑면 외부에 창을 장치한 배. 2)창을 싣고 적을 막는 배.
戈盾(과순) 창과 방패.
干戈(간과) 1)창과 방패. 2)전쟁.

	① 5획	日 ボウ · つちのえ
	다섯째 천간 무	中 wù

丿 厂 戊 戊 戊

* 상형. 초목이 무성한 모양을 본뜬 글자로, '무성함' 을 나타냄. 天干(천간)의 다섯째 글자로 쓰임.

풀이 다섯째 천간. 방향으로는 중앙. 시각으로는 오전 4시 전후의 시간. 오행으로는 토(土)에 해당. ¶戊午

戊戌糖(무술당) 누른 수캐의 고기를 삶아서 짠 즙에 계피 · 후추 등을 넣고 버무린 수수엿.
戊戌酒(무술주) 누른 수캐의 고기를 삶아서 찹쌀과 함께 쪄서 빚은 술.
戊夜(무야) 오경, 곧 오전 3시에서 5시 사이.
戊辰(무진) 육십갑자의 다섯째.

비 戍(수자리 수) 戌(개 술)

	① 5획	日 エツ · まさかり
	도끼 월	中 yuè

풀이 도끼.

成	② 6획	日 セイ · なる
	이룰 성	中 chéng

丿 厂 万 成 成 成

* 형성. 뜻을 나타내는 부수 '戈(창 과)' 에 음을 나타내는 '丁

(천간 정)'이 더하여짐. 丁(정)은 當(마땅 당)과 같이 '당도하다'는 뜻을 나타내어, 창(戈)이 완전한 형태에 당도한 것이니, 곧 '이루어진 것'을 뜻함.

풀이 1. 이루다. 완성하다. ¶成功 2. 성숙하다. ¶成熟 3. 고르게 하다. 공평하다. ¶成層圈 4. 살찌다. 5. 무성하다. 우거지다. 6. 가지런하다. 7. 성인. 어른. ¶成年 8. 끝나다. 완료하다. 9. 다스리다. 평정하다. 10. 갖추다.

成家(성가) 1)한 집을 이룸. 2)학문이나 기술로 한 체계를 이룸.
成功(성공) 1)목적한 바를 이룸. 2)사업을 완수함. 또는 완수하는 것.
成均館(성균관) 조선 때 국립 대학.
成年(성년) 1)성인이 되는 연령. 만 20세 이상. 2)어른. 성인.
成德(성덕) 덕을 닦아 큰 인격을 이룸. 또는 그런 사람.
成立(성립) 사물이 이루어짐.
成文(성문) 문서나 문장으로 써서 나타냄. 또는 그 문서나 조문.
成服(성복) 초상이 나서 사흘이나 닷새 후에 상복을 처음 입는 일.
成分(성분) 1)한 물체를 이룬 바탕이 되는 물질. 2)문장을 이루는 각 부분.
成佛(성불) 모든 번뇌에서 해탈하여 불과(佛果)를 얻음. 곧, 부처가 됨.
成不成(성불성) 일의 되고 안 되는 것.
成事(성사) 일을 이룸.
成熟(성숙) 1)곡식과 과실이 잘 익음. 2)생물이 완전히 발육함. 3)일에 익숙하여 잘 됨. 4)사물이 완성 단계에 이름.
成業(성업) 학업 · 사업 등을 이룸.
成員(성원) 1) 어떠한 조직을 구성하고 있는 인원. 2)회의를 성립시키는 데 필요한 정해진 수효의 인원.
成育(성육) 태어나 자람. 또는 잘 자라서 기름.
成人(성인) 이미 성인이 된 사람. 어른. 대인(大人).
成因(성인) 어떠한 사물이 이루어지는 원인.
成仁(성인) 인(仁)을 이룸. 덕을 갖춤.
成長(성장) 자라서 커짐. 발전하여 규모나 세력이 점점 커짐.
成績(성적) 1)결과 · 공적 · 사업 등의 이루어 놓은 성과. 2)학생 · 생도의 학업의 결과.
成就(성취) 어떤 일이나 생각을 이룸.
成層圈(성층권) 기권(氣圈) 중에 기온이 거의 일정한 대기층. 지상에서 평균 11km, 극지방에서는 약 7km, 적도 지방에서는 약 17km임.
成敗(성패) 1) 일의 됨과 안 됨. 성공과 실패. 2) 이기는 일과 지는 일.
成形(성형) 그릇의 형체를 만듦.
成婚(성혼) 결혼이 성립됨. 결혼함.
續成(속성) 계속하여 이룸.
速成(속성) 빨리 이루어지거나 이룸.

비 城(성 성)

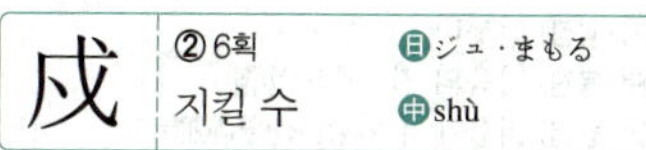

戍	② 6획	日 ジュ · まもる
	지킬 수	中 shù

풀이 1. 지키다. 수호하다. ¶戍甲 2. 진영. 병사(兵舍). 3. 수자리. 변방에서 국경을 지키는 일. ¶戍兵

戍甲(수갑) 국경을 지키는 병사. 수자리.
戍鼓(수고) 변방을 수비하는 전영에서 치는 북.
戍旗(수기) 변방을 지키는 군사가 거는 기.
戍樓(수루) 적의 동정을 살피기 위하여 지은 망루(望樓).
戍兵(수병) 수자리 사는 병사.
戍死(수사) 국경을 지키다가 전사함.
戍人(수인) 수자리 사는 사람.
衛戍地(위수지) 군대를 주둔시켜 두는 일정한 곳.

비 戌(개 술) 戊(다섯째천간 무)

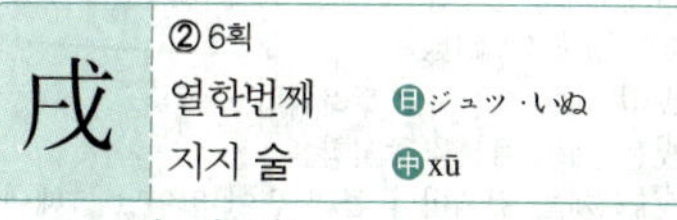

戌	② 6획	
	열한번째	日 ジュツ · いぬ
	지지 술	中 xū

丿 厂 𠂇 戊 戌 戌

풀이 열한번 째 지지. 십이지(十二支)의 하나로, 시각으로는 오후 7~9시까지이고 달로는 음력 9월 방위로는 서북쪽, 띠로는 개임. ¶戌時

戌年(술년) 태세(太歲)의 지지(地支)가 술(戌)로 된 해. 갑술(甲戌) · 병술(丙戌) · 무술(戊戌) 등.
戌時(술시) 19~21시까지의 시간.

비 戍(수자리 수) 戊(다섯째천간 무)

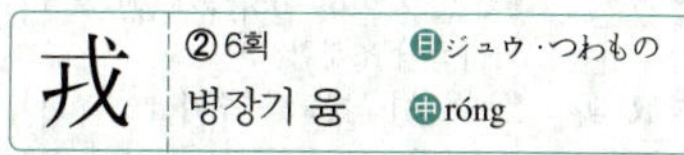

戎	② 6획	日 ジュウ · つわもの
	병장기 융	中 róng

*회의. 열(十)개나 되는 창(戈)으로 무장하는 것을 나타냄. 옛날 전쟁을 좋아하는 '서쪽 오랑캐'를 뜻함.

풀이 1. 병장기. 병기. ¶戎馬 2. 싸움 수레. 병거(兵車). 전쟁에 쓰는 수레. 3. 군사. 군졸. ¶戎兵 4 싸움. ¶戎陣 5. 오랑캐. 자미. 서방의 민족, 바뀌어 널리 민족을 이름. ¶戎華 6. 크다. 거대하다. ¶戎功 7. 돕다. 도움. 8. 너.

4획

戎功(융공) 큰 공.

戎馬(융마) 1)싸움에 쓰이는 말. 군마(軍馬). 2)병기와 군마. 3)전쟁. 군사(軍事).

戎兵(융병) 1)병기. 무기. 2)군사. 병사.

戎士(융사) 병사.

戎夷(융이) 오랑캐라는 뜻으로, 옛날에 중국에서 서쪽과 동쪽의 이민족을 얕잡아 이르는 말.

戎場(융장) 전쟁터.

戎陣(융진) 싸움의 진. 군진(軍陣).

戎捷(융첩) 싸움에서 이김. 전승(戰勝).

戎行(융행) 1)군대의 행렬. 2)행군함.

戎華(융화) 오랑캐와 문화가 발달한 중화(中華).

비 戒(경계할 계)

戒	③ 7획	日カイ·いましめる
	경계할 계	中jiè

一 二 于 开 戒 戒 戒

* 회의. '戈(창 과)'에 두 손으로 그것을 잡고[廾] 서 있는 모양을 나타냄. 창을 들고 대비하는 모습이라 하여, '경계하다'라는 뜻이 됨.

풀이 1. 경계하다. 지키다. ¶戒飮 2. 주의하다. 삼가다. ¶戒色 3. 타이르다. ¶訓戒 4. 알리다. 고하다. 5. 재계하다. 몸과 마음을 깨끗이 하고 부정을 멀리 함. 6. 지경. 경계. ¶戒嚴地區

戒懼(계구) 조심하고 두려워함.

戒色(계색) 여색을 주의함.

戒嚴(계엄) 전쟁이나 큰 사변이 일어났을 때에 군대로써 어떤 지역을 경계하며, 그 지역의 사법권과 행정권을 군 사령관이 관할하는 일.

戒律(계율) 승려가 지켜야 할 불교의 교훈과 규칙. 계(戒)와 율(律).

戒飮(계음) 술 마시기를 삼가고 경계함.

戒足(계족) 불도에 나아가는 데 가장 중요한 것이라는 뜻으로서, 계(戒)를 사람 몸의 발에 비유하는 말.

戒責(계책) 1)경계하여 꾸짖음. 2)과오가 다시 없도록 경계하여 각성하도록 함.

警戒(경계) 좋지 않은 일이 일어나지 않도록 미리 마음을 가다듬어 조심함.

懲戒(징계) 잘못을 뉘우치도록 주의를 주고 나무람.

訓戒(훈계) 타일러 경계함.

비 戎(병기 융)

③ 7획

成(p486)의 本字

我	③ 7획	日ガ·われ·わ
	나 아	中wǒ

´ 二 于 手 我 我 我

* 상형. 본래 톱니 모양의 날이 있는 창을 나타냈으나 후에 가차(假借)하여 '나, 자기'의 뜻으로 쓰임.

풀이 1. 나. 자기. 본인. ¶無我 2. 우리. 우리편. ¶我軍 3. 고집을 부리다. ¶我執

我田引水(아전인수) 자기 논에 물 대기라는 뜻으로 자기에게만 이롭게 되도록 생각하거나 행동함을 말함.

我執(아집) 1)자기의 심신 중에 사물을 주재할 수 있는 상주불멸(常住不滅)의 실체가 있다고 고집하는 것. 2)자기 중심의 좁은 의견이나 생각, 또는 거기에 사로잡힌 고집.

沒我(몰아) 스스로를 잊고 있음.

無我(무아) 일체의 존재는 다 무상한 것이므로 '나'라는 존재를 부정하는 생각 · 인무아(人無我) · 법무아(法無我)의 둘로 나눔.

無我境(무아경) 정신이 한 곳에 통일되어 나를 잊고 있는 경지. 무아몽(無我夢).

無我愛(무아애) 스스로의 이해 관계를 생각지 않는 참되고 순결한 사랑.

無我主義(무아주의) 다른 사람의 행복과 이익을 자기 행위의 목적으로 삼는 주의. 이타주의(利他主義).

物我一體(물아일체) 객관적 외물과 주관적 자아가 한 덩어리가 됨.

유 余(나 여) 予(나 여) 吾(나 오) 俺(나 엄) 반 汝(너 여)

戕	④ 8획	日ショウ·ころす
	죽일 장	中qiāng

풀이 1.죽이다. ¶戕殺 2. 상하게 하다. 상해하다.

戕戮(장륙) 죽임. 살육.

戕殺(장살) 무찔러서 죽임.

戕虐(장학) 남을 해치고 잔학한 짓을 함.

戕害(장해) 참혹하게 상처를 내어 해침. 죽임. 살해함.

유 殺(죽일 살) 비 將(장차 장)

戔	④ 8획	日セン
	적을 전	中cán, jiān

풀이 1. 적다. 작다. ¶戔戔 2. 쌓이다. 가득 쌓인 모양. 수효가 많은 모양.

戔戔(전전) 적은 모양. 얼마 되지 않은 모양.

비 箋(찌지 전)

④ 8획 日ワク · あるいは
혹 혹 中huò

* 회의. 원래는 창(戈)을 가지고 국토(一)를 위해 국경(口)을 지키는 글자였으나, 영토(一)를 지키면서 혹시 적이 침입해 오지 않을까 걱정한다고 하여, '혹', '혹시'를 뜻하게 됨.

풀이 1. 혹시. 혹은. 설사. ¶或者 2. 괴이쩍어하다. 이상하게 여기다. 3. 존재하다. 있다. 4. 늘. 항상. 5. 헤매다.

或問(혹문) 불특정한 어떤 사람에게 물어봄.
或是(혹시) 어떠한 경우에.
或曰(혹왈) 어떤 사람이 말하기를.
或者(혹자) 1)혹시. 2)어떤 사람.

비 成(이룰 성)

⑦ 11획 日カツ · ほこ
창 알 中gā, jiá

풀이 1. 창. 긴 창. 2. 예법. 법. 3. 두드리다. 쇠나 돌이 부딪치는 소리. ¶戛然 4. 어긋나다. ¶戛戛

戛戛(알알) 1)사물이 어긋난 모양. 2)물건이 서로 부딪치는 소리.
戛然(알연) 쇠나 돌이 부딪치는 소리.

비 夏(여름 하)

⑦ 11획
❶ 겨레 척 日セキ · みうち
❷ 재촉할 촉 中qī

* 형성. 뜻을 나타내는 부수 '戈(창 과)'에 음을 나타내며 콩 열매를 나타내는 '尗(콩 숙)'의 생략형으로 이루어진 글자. 콩(尗)열매가 한 껍질 속에 여러 개 들어 있는 것처럼 한 핏줄에서 난 여러 '겨레'를 뜻함.

풀이 1 1. 겨레. 친족. ¶戚屬 2. 슬프다. 서럽다. ¶哀戚 3. 근심하다. 4. 친하다. 5. 괴롭히다. 6. 성내다. 화내다. 7. 도끼. 무악 · 의식 등에 쓰이는 도끼. 2 8. 재촉하다.

戚黨(척당) 척속(戚屬). 친척이 되는 겨레붙이.
戚屬(척속) 친족이 아닌 겨레붙이.
戚臣(척신) 임금과 외척 관계가 있는 신하.
戚室(척실) 임금과 외가쪽 친척.
戚族(척족) 척속(戚屬).
戚姪(척질) 조카뻘이 되는 외척.
哀戚(애척) 사람의 죽음을 슬퍼함. 애도(哀悼).
緣戚(연척) 혼인에 의하여 맺어진 친척. 연척(連戚).
六戚(육척) 부모 · 형제 · 처자의 총칭. 육친(六親). 모든 혈족(血族).
姻戚間(인척간) 인척 사이. 인척이 되는 관계.
一家親戚(일가친척) 동성과 이성의 모든 겨레붙이.

비 叔(아재비 숙)

⑧ 12획 日ゲキ · ほこ
갈래진 창 극 中jǐ

* 회의. '戈(창 과)'와 '幹(줄기 간)'이 합쳐져 여러 개의 갈래가 있는 창을 나타냄.

풀이 1. 갈래진 창. ¶戟盾 2. 찌르다.

戟架(극가) 창을 거는 곳.
戟鋩(극망) 창의 끝.
戟槊(극삭) 창.
戟手(극수) 손을 창 모양으로 하여 사람을 침.
戟盾(극순) 창과 방패.
戟戶(극호) 창으로 지은 집. 즉, 군대의 진영(陣營)을 비유하는 말.

비 乾(하늘 건)

⑧ 12획
戛(p489)의 俗字

戡

⑨ 13획 日カン · かつ
이길 감 中kān

풀이 1. 이기다. 승리하다. ¶戡定 2. 적을 쳐 부수다. 3. 죽이다. ¶戡殄 4. 평정하다. ¶戡夷

戡難(감난) 어려움을 평정함.
戡亂(감란) 난리를 평정함.
戡夷(감이) 적을 물리치고 난리를 평정함.
戡定(감정) 전쟁에 이겨 난리를 평정함.
戡殄(감진) 적을 모조리 죽여 멸망시킴.

유 勝(이길 승) 비 勘(헤아릴 감)

戣

⑨ 13획 日キュウ · ほこ
창 규 中kuí

풀이 창. 창 끝이 세모 모양으로 된 무기.

유 矛(창 모), 戈(창 과)

4획

戢	⑨ 13획	日 シュウ · おさめる
	거둘 즙	中 jí

풀이 1. 거두다. 거두어들이다. ¶戢干戈 2. 그치다. 그만두다. ¶戢翼 3. 집중시키다. ¶戢戢

戢干戈(즙간과) 창과 방패를 거둠. 즉, 싸움을 끝냄.

戢櫜(즙고) 무기를 거두어 치움. 즉, 전쟁을 그만둠.

戢兵(즙병) 군대를 거두어들임. 즉, 전쟁을 그만둠.

戢翼(즙익) 새가 날개를 거둠. 즉, 벼슬을 그만두고 은거하는 일.

戢戢(즙즙) 모여드는 모양.

戩	⑩ 14획	日 セン
	멸할 전	中 jiǎn

풀이 1. 멸하다. 멸망시키다. 2. 모두. 다. 3. 행복. ¶戩穀

戩穀(전곡) 1)선행을 다함. 2)행복.

截	⑩ 14획	日 セツ · きる
	끊을 절	中 qāng, jié

풀이 1. 끊다. 절단하다. ¶截長補短 2. 말을 잘 하는 모양. 3. 다스리다.

截髮易酒(절발역주) 머리털을 잘라 술과 바꾸어 내놓을 정도로 손님을 환대(歡待)함.

截長補短(절장보단) 1)긴 것을 절단해 짧은 것에 보탬. 2)장점으로 단점을 보충함.

截截(절절) 매우 성대한 모양.

截破(절파) 절단하여 깨뜨림.

斷截(단절) 자름. 끊음. 절단(切斷).

直截(직절) 1)직감적으로 분별하여 앎. 2)거추장스럽지 않고 간략함.

橫截(횡절) 가로 자름.

유 絶(끊을 절) 切(끊을 절)

戧	⑩ 14획	日 ソウ · ほこ
	다칠 창	中 qiàng

풀이 1. 다치다. 2. 칠기(漆器). 겉면에 금은 가루로 그림을 그려 넣음. ¶戧金

戧金(창금) 칠기 등의 겉면에 금세공(金細工)으로 그림 · 무늬 등을 새겨 넣음.

비 創(비롯할 창)

戮	⑪ 15획	日 リク · ころす
	죽일 륙(육)	中 lù

* 형성. 뜻을 나타내는 부수 '戈(창 과)'와 음을 나타내는 '翏(높이알 료)'가 합쳐진 글자.

풀이 1. 죽이다. 살해하다. ¶殺戮 2. 사형에 처하다. 육시하다. 죽은 사람에게 형벌을 가하여 목을 베다. ¶刑戮 3. 형벌. 4. 치욕을 당하다. ¶戮辱 5. 합하다. ¶戮力

戮力(육력) 서로 힘을 합침. 협력(協力).

戮笑(육소) 욕을 당해 웃음거리가 됨.

戮辱(육욕) 1)치욕. 2)부끄러움. 3)형벌을 받음.

誅戮(주륙) 죄를 물어 죽임. 법으로 다스려 죽임.

斬戮(참륙) 칼로 베어 죽이는 것.

刑戮(형륙) 형벌을 가하여 죽임.

유 殺(죽일 살) 戕(죽일 장)

戭	⑪ 15획	日 エン
	창 인	中 yǎn

풀이 창. 긴 창.

戰	⑫ 16획	日 セン · たたかう
	싸울 전	中 zhàn

* 형성. 뜻을 나타내는 부수 '戈(창 과)'에 음을 나타내는 '單(홑 단)'을 합친 글자. 단 하나(單)의 무기(戈)만 가지고 싸우는 싸움을 뜻함. 바뀌어 '전쟁'이라는 뜻이 됨.

풀이 1. 싸우다. 전쟁을 하다. 싸움. 전쟁. ¶戰死 2. 겨루다. 경쟁하다. 3. 두려워하다. 떨다. ¶戰悸 4. 흔들리다. 요동하다.

戰悸(전계) 두려워 떪.

戰鼓(전고) 전쟁 때 치는 북.

戰懼(전구) 두려워서 떪.

戰國(전국) 1)전쟁을 하고 있는 당사국. 2)전쟁 중인 세상. 난세(亂世).

戰國時代(전국시대) 주(周)나라 때부터 진(秦)나라 시황제(始黃帝)가 천하를 통일하기까지의 동란기.

戰騎(전기) 기병. 말을 타고 싸우는 병사.

戰機(전기) 1)전쟁이 일어날 기미. 2)전쟁을 하기에 좋은 시기.

戰圖(전도) 전쟁의 그림.

戰馬(전마) 싸움에 쓰는 말. 군마(軍馬).

戰鋒(전봉) 전쟁의 기세.

戰備(전비) 1)전쟁 준비. 2)전쟁에 대한 대비.

戰死(전사) 싸움에서 죽음.

戰術(전술) 작전의 수행 방법이나 기술.
戰慄(전율) 두려움이나 분노로 인해 몸을 떪.
戰爭(전쟁) 국가와 국가 사이의 무력에 의한 투쟁.
戰戰兢兢(전전긍긍) 몹시 두려워하며 조심함.

○戰戰兢兢(전전긍긍)의 유래

'전전(戰戰)'은 겁을 먹고 두려워하는 모양, '긍긍(兢兢)'은 몸을 삼가고 조심하는 모양이다. 이는 《시경》 소아(小雅)에 나오는 시의 한 구절이다. '두려워 조심조심하며[戰戰兢兢] 깊은 못에 이른 듯이[如臨深淵], 얇은 얼음을 밟듯이 한다[如履薄氷]'라는 말로, 폭정 아래에서 항상 두려움에 떨며 조심조심해야 하는 모습을 표현하였다.

戰鬪(전투) 전쟁에서 이기기 위해 병기를 써서 직접 맞붙어 싸움. 또는 그러한 행동.
戰汗(전한) 두려워서 나는 식은땀.
戰況(전황) 전쟁의 상황.
激戰(격전) 격렬하게 싸움. 또는 그런 전투.
亂戰(난전) 두 편이 뒤섞여서 어지럽게 싸움. 또는 그러한 싸움.
反戰(반전) 전쟁을 반대함.
白戰(백전) 1)맨손으로 하는 싸움. 2)문인(文人)들이 글재주를 겨루는 일.
舌戰(설전) 말다툼.
市街戰(시가전) 시가지에서 벌이는 전투.
歷戰(역전) 여러 차례의 싸움터에서 전투를 겪음.
臨戰無退(임전무퇴) 싸움에 나가서는 절대 물러나지 말라는 뜻으로, 세속오계 중의 하나임.
主戰(주전) 1)전쟁하기를 주장함. 2)주력이 되어 싸움.
敗戰(패전) 전쟁에 짐. 전패(戰敗).
抗戰(항전) 적에 대항하여 싸움.
休戰(휴전) 전쟁을 얼마 동안 쉼.

유 爭(다툴 쟁)

戴	⑬ 17획	日タイ・いただく
	일 대	中dài

＊형성. 뜻을 나타내는 '異(다를 이)'와 음을 나타내는 나머지 부분을 합친 글자. '異'는 귀신탈을 머리 위에 인 모양을 본뜬 글자로, '머리에 이다', '받들다'라는 뜻을 나타냄.

풀이 1. 이다. 머리에 얹다. ¶男負女戴 2. 받들다. 공경하여 모시다. ¶推戴 3. 생각하다. 4. 탄식하다. 슬퍼하다.

戴冠式(대관식) 제왕이 왕관을 쓰고 왕위에 올랐음을 널리 공표하는 의식.
戴白(대백) 흰 머리털이 많이 남. 또는 그런 노인(老人).
戴盆望天(대분망천) 동이를 이고 하늘을 볼 수 없듯 동시에 두 가지 일을 병행할 수 없음을 이르는 말.
戴天(대천) 하늘을 머리에 인다는 뜻으로, 이 세상에 생활함을 이르는 말.
男負女戴(남부여대) 남자는 지고 여자는 머리에 인다는 뜻으로, 가난한 사람이나 재난을 당한 사람이 떠돌아다니는 모습을 이르는 말.
奉戴(봉대) 받들어 모심.
推戴(추대) 어떤 사람을 높은 직책으로 오르게 하여 받듦.

비 載(실을 재)

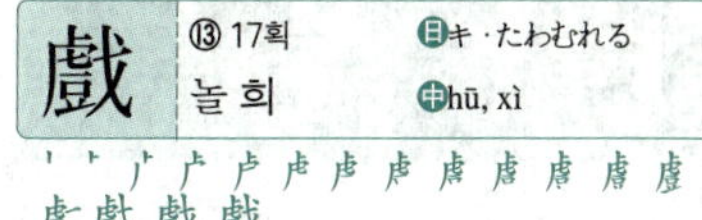

戲	⑬ 17획	日キ・たわむれる
	놀 희	中hū, xì

풀이 1. 놀다. ¶戲豫 2. 놀이. 장난. 3. 연극·가무(歌舞)·잡기(雜技) 등. ¶戲曲 4. 희롱하다. 놀리다. ¶戲弄 5. 힘을 겨루다.

戲曲(희곡) 연극의 대본.
戲談(희담) 1)실없이 웃기는 말. 2)익살로 하는 말.
戲弄(희롱) 1)장난하며 놂. 2)장난삼아 놀림.
戲文(희문) 1)중국 원나라 때의 가극 형식의 희곡의 한 체(體). 2)장난삼아 쓴 글.
戲媟(희설) 여자를 희롱하며 놂.
戲言(희언) 익살로 하는 말. 농담.
戲豫(희예) 놀며 즐김.
戲玩(희완) 희롱하며 놂.
戲綵娛親(희채오친) 부모의 마음을 즐겁게 하는 일. 노래자(老萊子)가 일흔 살에 색동옷을 입고 어버이를 즐겁게 하였다는 고사에서 온 말.
戲稱(희칭) 희롱으로 일컫는 이름.
戲謔(희학) 실없는 농지거리.
戲畫化(희화화) 익살스럽게 묘사함.
脚戲(각희) 1)서로 상대편의 다리를 한 발로 차서 넘어뜨리는 경기. 태껸. 2)씨름.
斑衣戲(반의희) 색동옷을 입고 놂.

○斑衣戲(반의희) = 戲綵娛親(희채오친)

중국 노(魯)나라에 효심이 지극한 노래자(老萊子)가 있었다. 그는 70세의 백발 노인이 되어서도 행여나 부모가 자신이 늙었다는 사실을 알지 못하게 하기 위해 늘 알록달록한 색동옷을 입고 어린아이처럼 재롱을 피우기도 하였다. 이런 아들의 재롱을 보면서 어린아이처럼 지내니 부모는 자신의 나이를 알려고 하지 않고 잊고 지냈다. 노래자는 하루 세 끼니의 부모님 진지를 늘 손수 갖다 드렸고, 부모님이 진지를 모두 마칠 때까지 마루에 엎드려 있었다. 때로는 물을 들고 마루로 올라가다가 일부러 자빠져 마룻바닥에 뒹굴면서 앙앙 우는 모습을 보여 드려 부모님이 아들의 아기 때의 모습을 연상케 하여 즐겁도록 하였다. 하루도 빠지지 않은 노래자의 극진한 효성에 주위의 칭찬이 자자하였다.

百戲(백희) 온갖 연희(演戲).

遊戲(유희) 즐겁게 놂. 또는 놀이.
作戲(작희) 남의 일에 훼방을 놓음.
유 遊(놀 유) 비 獻(바칠 헌)

戳	⑱ 22획	日 ク·ほこ
	창 구	中 qú

풀이 창.

戶 부

戶 지게 호 部

'戶' 자는 '지게'를 나타내는 글자로, 지게란 마루에서 방으로 드나드는 곳에 외부 사람의 시선을 막고 실내를 보호하기 위해 만들어 놓은 외문을 말한다. 따라서 문 한 짝의 모양을 나타낸 것이라고 하나, '출입구'나 출입구를 막는 기능에서 '막다'라는 뜻으로도 쓰인다. 그리고 문이 달린 '집'을 칭하기도 하는데, 이 글자를 부수로 갖는 글자는 대부분 문과 관련된 뜻을 나타낸다.

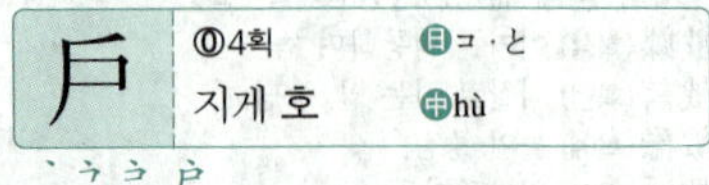

戶	⓪ 4획	日 コ·と
	지게 호	中 hù

4획

＊상형. '門(문 문)'의 반쪽을 본뜬 글자로, '외쪽 문'의 뜻을 나타냄.

풀이 1. 지게. 지게문. 즉, 마루와 방 사이의 문 또는 부엌의 바깥문. 2. 집. 3. 방. ¶戶說 4. 구멍. 5. 주량. ¶戶大 6. 막다. 7. 지키다. ¶戶者 8. 출입구.

戶口(호구) 집의 호수와 인구의 수.
戶辯(호변) 집집마다 설명함.
戶扇(호선) 문짝. 문선(門扇).
戶說(호설) 집마다 설명함.
戶者(호자) 문을 지키는 사람.
戶長(호장) 왕조 때, 고을 아전의 맨 윗자리. 또는 그 사람.
戶籍(호적) 1)호수·식구를 기록한 장부. 2)한 집안의 가족 관계 및 각 가족의 성명·생년월일 등을 기록한 국가의 공인 문서.
戶主(호주) 1)한 집안의 주장이 되는 사람. 2)호주권의 주체가 되는 사람. 한 집의 가장으로서 가족을 통솔하고 부양하는 의무를 가진 사람.
戶布(호포) 고려, 조선 시대 때, 집집마다 봄 가을에 무명이나 모시로 징수하던 세금.
戶闔(호합) 1)문짝. 문선. 2) 문이 닫힘.

비 尸(주검 시)

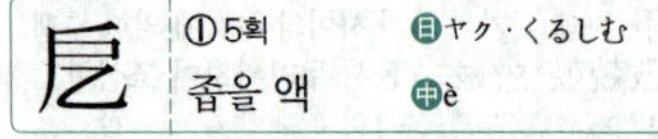

戹	① 5획	日 ヤク·くるしむ
	좁을 액	中 è

풀이 1. 좁다. 구멍이 작다. 2. 괴로워하다. 고생하다. 3. 재난. 위난(危難).

비 房(방 방)

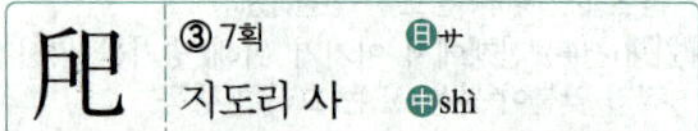

戺	③ 7획	日 シ
	지도리 사	中 shì

풀이 1. 지도리. '돌쩌귀'나 '문장부' 등을 통틀어 이르는 말. 문지도리. 문짝을 여닫을 때 문짝이 달려 있도록 하는 물건. 2. 집의 모퉁이. 3. 계단 양쪽에 박아 놓은 돌.

비 所(바 소)

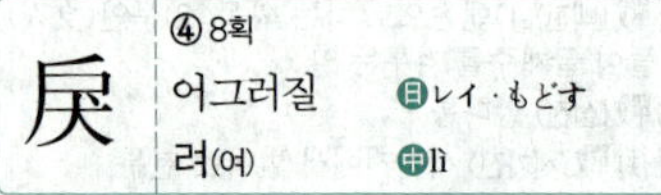

戾	④ 8획	
	어그러질	日 レイ·もどす
	려(여)	中 lì

＊회의. '戶(지게 호)'와 '犬(개 견)'을 합친 글자. 문(戶) 아래에서 개(犬)가 외부인이 오면 사납게 짖으면서 '돌아다니는' 것을 나타냄.

풀이 1. 어그러지다. ¶悖戾 2. 이르다. 도착하다. ¶戾天 3. 사납다. 4. 안정하다. 안정되다. 5. 거세다. 세차다. 6. 허물. 잘못. 죄.

戾道(여도) 되돌아오는 길. 귀로(歸路).
戾稅(여세) 관세를 내고 수입한 화물을 재료로 하여 제조한 화물, 또는 내국의 소비세를 바친 화물 등을 수출하거나 특정 공업에 제공한 때에 이미 낸 세금을 되돌려 받는 일.
戾天(여천) 높이 낢. 날아 하늘에 이름.
戾還(여환) 받은 것을 되돌려 보냄.
悖戾(패려) 도리에 거슬림. 성질이 참되지 못하고 비꼬임.

비 淚(눈물 누)

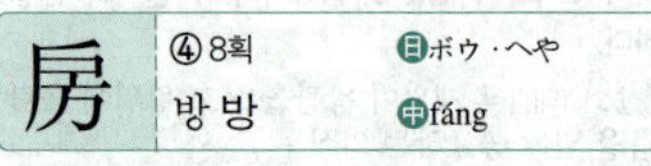

房	④ 8획	日 ボウ·へや
	방 방	中 fáng

＊형성. 뜻을 나타내는 부수 '戶(지게 호)'에 음을 나타내며 구석의 뜻을 가진 '方(모 방)'으로 이루어진 글자. 문(戶)으로 들어가는 구석(方)에 있는 작은 '방'을 나타냄.

풀이 1. 방. 곁방. 안방 또는 주가되는 방에 딸린 방. ¶房內

2. 집. 가옥. 3. 방성. 별이름. 이십팔수의 하나. 동쪽의 넷째 별자리. 4. 전동. 화살을 넣는 통. 5. 송이. 열매 · 꽃 등의 한 덩이. 6. 아내. ¶閨房

房內(방내) 방의 안.

房闥(방달) 궁중(宮中)의 방.

房牖(방유) 방의 창(窓).

房子(방자) 조선 시대 때 지방 관아에 소속되어 있던 남자 하인.

房中(방중) 1)방 안. 2)절간 안.

洞房(동방) 1)잠자는 방. 침실. 2)신랑이 신부의 방에서 첫날 밤을 지내는 의식.

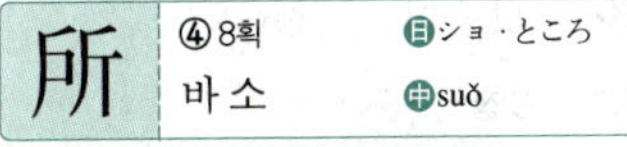

所 ④8획 日ショ · ところ 바 소 中suǒ

* 회의. '戶(지게 호)'와 도끼를 나타내는 '斤(도끼 근)'이 합쳐져, 도끼로 찍은 곳(戶)이라는 뜻이 되어 '장소', '곳'을 나타냄.

풀이 1. 바. ¶所感 2. 것. ¶所思 3. 곳. 장소. 처소. ¶場所 4. 쯤. 얼마. 5. 지위. 위치. 6. ~을 당하다. 수동의 뜻을 나타냄.

所感(소감) 마음으로 느낀 바.

所見(소견) 사물을 살펴보고 헤아리는 생각. 인식하는 생각.

所管(소관) 관리하는 일. 맡아 다스리는 것. 또는 그 범위.

所期(소기) 마음속으로 그렇게 되기를 바라고 기다리는 일. 기대하는 바. 예기(豫期).

所得(소득) 1)얻은 바의 것. 2)수입. 이익.

所領(소령) 1)점령하고 있는 땅. 영지(領地). 2)자기의 영유(領有)한 바.

所望(소망) 바라는 바.

所聞(소문) 널리 들리는 말.

所思(소사) 1)생각하는 것. 2)생각. 3)사모(思慕)하는 사람.

所產(소산) 생겨나는 바. 이루어진 바.

所生(소생) 자기가 낳은 자식을 이르는 말.

所屬(소속) 딸림. 어떠한 기관이나 단체에 딸림. 또는 그 사람이나 물건.

所率(소솔) 딸린 식솔. 권솔(眷率).

所信(소신) 자기가 믿고 생각하는 바.

所用(소용) 쓸 데. 쓰이는 바.

所願(소원) 원하는 일. 무슨 일이 이루어지기를 원함.

所謂(소위) 이른 바.

所爲(소위) 하는 일. 해 놓은 것. 소행(所行).

所由(소유) 1)말미암은 바. 까닭. 2)사헌부(司憲府)의 구실. 또는 그 사람.

所有(소유) 가지고 있음. 또는 그 물건.

所有慾(소유욕) 소유하고 싶어하는 욕망.

所以(소이) 어떤 행위를 하게 된 까닭.

所任(소임) 맡은 바 직책.

所長(소장) 소(所)자가 붙는 기관이나 직장의 사무를 통괄하는 책임자.

所藏(소장) 자기의 것으로서 간직하고 있는 물건. 간직하여 둔 물건.

所在(소재) 있는 바. 있는 곳.

所從來(소종래) 지내온 내력.

所志(소지) 청원이 있을 때에 관청에 내는 서면. 소장(訴狀).

所知(소지) 1)학문으로 안 도리. 2)알고 있는 사람.

所持(소지) 가지고 있음.

所請(소청) 남에게 무슨 일을 청함.

所出(소출) 논이나 밭에서 거둔 곡식.

所致(소치) 어떤 까닭으로 빚어진 일.

所轄(소할) 어떤 일이나 땅을 관할함. 또는 그 범위나 사항. 소관(所管).

所行(소행) 행한 바. 행한 일.

名所(명소) 이름난 곳.

便所(변소) 대소변을 볼 수 있게 만들어 놓은 곳.

場所(장소) 1)무엇이 있거나 무슨 일이 벌어지거나 하는 곳. 2)지금 있는 곳.

住所(주소) 1)사람이 자리를 잡아 살고 있는 곳. 2)실질적인 생활의 근거가 되는 곳.

유 場(마당 장)

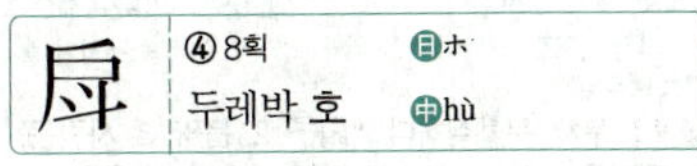

扈 ④8획 日ホ 두레박 호 中hù

풀이 1. 두레박. 2. 퍼내다.

扈斗(호두) 1)배에 스며든 물을 퍼내는 기구. 2)농부가 물을 푸는 기구.

扃 ⑤9획 日ケイ 빗장 경 中jiōng, jiǒng

풀이 1. 빗장. 문을 닫을 때 가로지르는 나무 막대기. ¶扃鍵 2. 출입구. 문. ¶扃扉 3. 닫다. 4. 횡나무. 전차나 수레에 거는 나무.

扃鍵(경건) 빗장과 열쇠. 바꿔어 문단속.

扃關(경관) 문빗장.

扃堂(경당) 고구려가 평양으로 도읍을 옮긴 뒤 각 지방에 둔 사학(私學).

4획

扃扉(경비) 1)문. 2)문을 잠금.
扃鎖(경쇄) 자물쇠.
비 局(판 국)

扂	⑤9획 빗장 점	日テン·とざし 中diàn

풀이 빗장. 문빗장.
유 扃(빗장 경)

扁	⑤9획 넓적할 편	日ヘン·ひらたい 中biǎn, piān

* 회의. 문(戶)벽에 글을 써 붙인 책(冊)을 나타내어, '현판'을 뜻함.

풀이 1. 넓적하다. 2. 낮다. 낮고 얇은 모양. 3. 현판. 글씨나 그림을 새기거나 써서 문 위의 벽 같은 곳에 다는 널조각. 4. 치우치다. 5. 엮다. 6. 거룻배. ¶扁舟 7. 두루. ¶扁然
扁桃腺(편도선) 후두부의 좌우에 있는 복숭아처럼 생긴 모양의 임파선.
扁然(편연) 두루 생겨나는 모양.
扁舟(편주) 조각배. 거룻배.
扁扁(편편) 기뻐하는 모양.
유 平(평평할 평) 비 遍(두루 편)

4 획

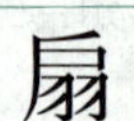	⑥10획 부채 선	日セン·うちわ 中shān, shàn

* 회의. 뜻을 나타내는 '戶(지게 호)'에 '날개'의 뜻인 '羽(깃우)'가 합하여져, 문짝이 문의 양쪽에 있어, 새의 날개처럼 열림을 나타냄.

풀이 1. 부채. 부채질하다. ¶扇子 2. 문짝. 3. 사립문. 4. 햇빛을 가리는 의장기(儀仗旗)인 단선(團扇). 5. 행주. 수건. 6. 부추기다. 선동하다. ¶扇惑 7. 성하다. 세차다.
扇骨(선골) 부챗살.
扇馬(선마) 거세(去勢)한 말.
扇翣(선삽) 의식에 쓰는 자루가 긴 둥근 부채.
扇狀(선상) 부채꼴의 모양.
扇揚(선양) 대중의 감정을 부추기어 움직이게 함. 선동(煽動). 선양(煽揚).
扇子(선자) 부채.
扇枕溫被(선침온피) 여름에 베개에 부채질을 하여 시원하게 하고, 겨울에 제 몸으로 잠자리를 따뜻하게 한다는 뜻으로, 효자의 행실을 말함.
扇貂(선초) 부채의 손잡이 부분에 매달아 놓은 장식. 선추(扇錘).
扇赫(선혁) 불길이 거센 모양.
扇形(선형) 부채꼴.
扇惑(선혹) 사람을 부추겨 미혹하게 함.

	⑥10획 병풍 의	日イ·ついたて 中yǐ

풀이 1. 병풍. ¶扆座 2. 가리다. 숨다.
扆座(의좌) 임금의 자리.

	⑥10획 빗장 이	日イ·とざし 中yí

풀이 빗장. 문빗장.
유 扃(빗장 경) 扂(빗장 점)

	⑦11획 뒤따를 호	日コ·したがう 中hù

풀이 1. 뒤따르다. 따르다. ¶扈從 2. 넓다. ¶扈扈 3. 입다. 4. 막다. ¶扈衛
扈駕(호가) 임금이 타는 수레를 모시고 뒤따름.
扈衛(호위) 궁성을 경호함.
扈從(호종) 임금을 뒤따름. 또는 그 사람.
扈扈(호호) 넓은 모양.
跋扈(발호) 함부로 세력을 휘두르거나 제멋대로 날뛰어 사회에 해를 끼침.
유 從(좇을 종)

扉	⑧12획 문짝 비	日ヒ·とびら 中fēi

* 형성. 뜻을 나타내는 부수 '戶(지게 호)'에 음을 나타내는 '非(아닐 비)'가 합하여 이루어진 글자. 양쪽(非)으로 열리는 문(戶)인 '사립문'을 나타냄.

풀이 1. 문짝. 문. ¶扉戶 2. 가옥. 집.
扉戶(비호) 문짝과 문.
비 扇(사립문 선)

扊	⑧12획 빗장 염	日エン·とざし 中yǎn

풀이 빗장. ¶扊扅
扊扅(염이) 문빗장.
扊扅佳人(염이가인) 집이 가난한 사람의 아내. 집이 가난해 문의 빗장마저도 땔나무로 쓴다는 데서 유래된 말.

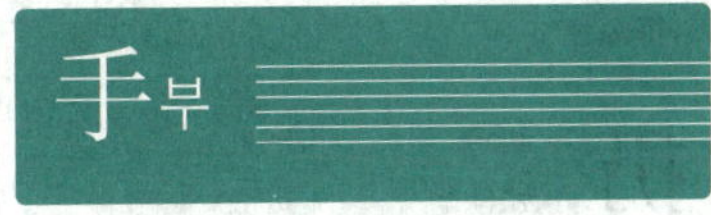

手 손 수 部

'手' 자는 손과 관련된 글자로, 이 글자가 투(投)처럼 글자의 왼쪽에 '扌'의 모양으로 쓰여 이를 '재방변'이라 한다. '手' 자는 손목에서 손가락 끝, 손바닥이나 팔·어깨 등을 모두 가리키고, 가수(歌手)나 투수(投手)에서처럼 '사람', 또는 '전문가'의 뜻으로 쓰이기도 한다. 이 글자를 부수로 갖는 글자는 대부분 손이나 손의 동작과 관련이 있다.

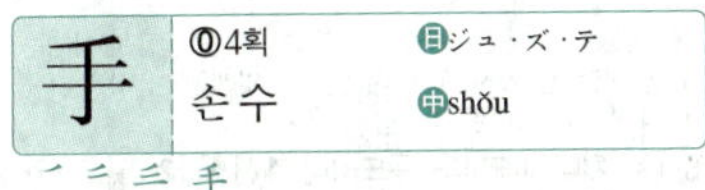

一 二 三 手

*상형. 다섯 손가락을 편 모양을 본뜬 글자.

풀이 1. 손. ¶手匣 2. 재주. 솜씨. 수단. ¶手技 3. 사람. ¶歌手 4. 쥐다. 잡다. ¶手顫症 5. 힘. 도움. 6. 필적. 손수 쓴 글씨나 그림의 행적. 7. 손수. 스스로. 직접. ¶手記 8. 손바닥으로 치다.

手匣(수갑) 죄인의 두 손을 채우는 자물쇠.

手巾(수건) 얼굴이나 몸을 닦기 위하여 만든 베 조각.

手決(수결) 도장 대신에 자기 성명이나 직책 아래에 쓰는 일정한 자형(字形).

手工(수공) 손으로 직접 만드는 공예.

手技(수기) 손재주. 손으로 물건을 만드는 기술.

手記(수기) 체험을 손수 적음. 또는 그 글.

手段(수단) 일을 꾸미거나 처리하기 위하여 묘안을 만들어내는 솜씨.

手當(수당) 일정한 급료 외에 주는 보수.

手搏(수박) 1)손으로 침. 맨손으로 싸워 잡음. 2)주로 손을 사용하는 우리나라의 전통 무예.

手法(수법) 1)어떤 일을 꾸미는 데 있어서의 솜씨. 2)수단. 방법.

手不釋卷(수불석권) 손에서 책을 놓지 않는다는 뜻으로, 독서에 몰입해 있거나 부지런히 학문에 힘쓰는 것을 말함.

手術(수술) 상처 부위를 절개(切開), 또는 절단(切斷)하는 외과적(外科的)인 방법에 의한 치료법.

手腕(수완) 1)팔. 손목. 2)일을 꾸미거나 치러나가는 재간.

手淫(수음) 자기의 생식기를 손이나 기구 등으로 문질러서 성적 쾌감을 느끼는 짓. 자위(自慰).

手印(수인) 1)손바닥으로 누른 도장. 손도장. 2)자필의 서명.

手才(수재) 손재주. 솜씨.

手顫症(수전증) 물건을 잡을 때마다 자꾸 손이 떨리는 병.

手製品(수제품) 손으로 만든 물건.

手爪(수조) 손톱.

手足(수족) 1)손과 발. 2)손이나 발과 같이 요긴하게 부리는 사람. 3)형제를 비유하는 말.

手中(수중) 1)손 안. 2)자기가 부릴 수 있는 세력 범위.

手指(수지) 손가락.

手織(수직) 손으로 짬. 피륙을 짬. 또는 그 천.

手帖(수첩) 몸에 지니고 다니는 간단한 기록을 적는 작은 공책.

手標(수표) 돈·물건을 부칠 때 주고받는 증서.

手票(수표) 은행과 당좌 계약(當座契約)을 체결하여 발행하는 금액의 쪽지 표.

반 足(발 족)

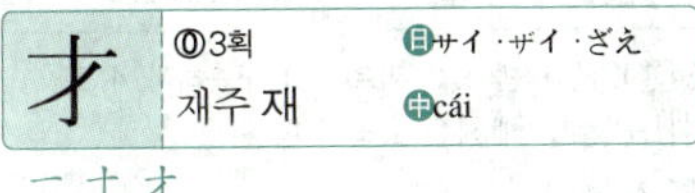

一 十 才

*상형. 초목이 땅에서 돋아나는 모양을 나타낸 글자로, 초목의 싹이 자라나듯 사람의 재주도 클 수 있다는 데서 '재주'라는 뜻을 나타냄.

풀이 1. 재주. 재능. 2. 재능이 있는 사람. ¶人才 3. 겨우. 4. 기본. 바탕.

才幹(재간) 일을 잘 처리하는 재주와 능력.

才格(재격) 재주와 품격.

才氣(재기) 재능이 있는 기질.

才器(재기) 1)재주와 기량. 2)재주가 뛰어난 사람.

才能(재능) 재주와 능력.

才談(재담) 익살을 섞어가며 재치있게 하는 재미있는 말.

才德(재덕) 재주와 덕.

才度(재도) 재능과 도량(度量).

才略(재략) 재주와 꾀. 재수(才數).

才量(재량) 재주와 도량. 재국(才局).

才力(재력) 1)재주와 능력. 2)생각하는 능력. 지혜의 운용(運用).

才弄(재롱) 어린아이의 영민(英敏)한 언행. 슬기로운 말과 귀여운 짓.

才辯(재변) 재치 있게 잘 하는 말.

才術(재술) 재주와 기술.

才勝德(재승덕) 재주가 덕보다 나음. 재주는 있으나 덕이 따르지 않음.

才識(재식) 재주와 식견.

才人(재인) 1)지혜가 있는 사람. 재주가 뛰어난 사람. 2)지난날, 재주를 부리거나 풍악을 치던 광대를 이르던 말.

才子(재자) 재주가 있는 젊은 남자. 재인(才人).

才子佳人(재자가인) 재주 있는 남자와 아름다운 여인을 이르는 말.

才智(재지) 재주와 지혜. 재주와 슬기.

才質(재질) 재주와 기질.

才捷(재첩) 재주가 있고 민첩함.

才筆(재필) 재치있게 쓴 글씨나 문장, 또는 글씨나 글을 재치 있게 쓰는 사람.

才學(재학) 재주와 학식.

才慧(재혜) 재능과 지혜. 또는 재능 있고 슬기로움.

유 伎(재주 기) 技(재주 기) 비 寸(마디 촌)

扎 ① 4획 빼 찰 日サツ・ぬく 中zā, zhā, zhá

풀이 1. 빼다. 뽑다. 2. 찌르다. 3. 구축하다. 4. 표.

扎扎(찰찰) 베 짜는 소리의 형용.

비 札(패 찰)

扐 ② 5획 손가락 사이에 낄 륵 日ロク 中lè

풀이 손가락 사이. 손가락 사이에 끼다.

扒 ② 5획 ❶ 뺄 배 ❷ 깨뜨릴 팔 ❸ 중재할 별 日ハイ・ぬく 中bā, pá

풀이 1 1. 빼다. 뽑다. 2 2. 깨뜨리다. 쳐부수다. 3. 치다. 3 4. 중재하다.

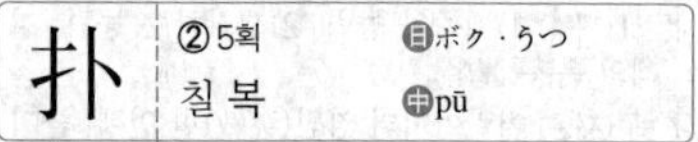
扑 ② 5획 칠 복 日ボク・うつ 中pū

* 형성. 뜻을 나타내는 부수 '扌(手;손 수)'와 음을 나타내는 '卜(점 복)'을 합친 글자.

풀이 1. 치다. 때리다. ¶扑撻 2. 매. 종아리채.

扑撻(복달) 종아리를 때림. 편달(鞭撻).

扑滅(복멸) 쳐서 멸함.

扑牛(복우) 소를 때려 죽임.

유 征(칠 정)

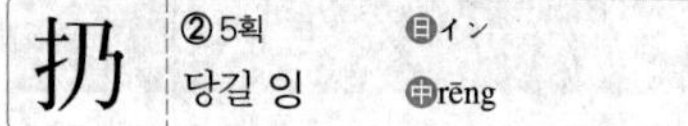
扔 ② 5획 당길 잉 日イン 中rēng

풀이 당기다. 끌어당기다.

유 引(끌 인)

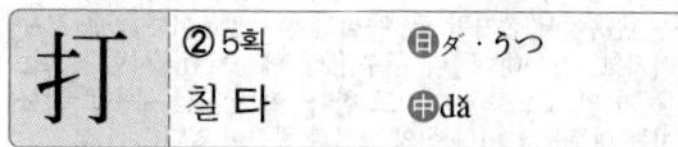
打 ② 5획 칠 타 日ダ・うつ 中dǎ

一 † 扌 扌 打

* 형성. 뜻을 나타내는 부수 '扌(手;손 수)'에 음을 나타내는 '丁(천간 정)'을 합친 글자. 손(扌)으로 맞게(丁) '치는' 것을 나타내어, '치다'라는 뜻이 됨.

풀이 1. 치다. 때리다. 두드리다. ¶打擊 2. 및. ~와(과) 3. 동사 앞에 쓰이는 접두사. 4. 타. 다스 12개를 묶음으로 하는 것을 세는 단위.

打開(타개) 1)헤쳐서 엶. 길을 엶. 2)얽히고 막힌 문제에 대하여 해결의 방향을 찾아 냄.

打擊(타격) 1)때려서 침. 때림. 2)나쁜 영향이나 어떤 영향을 받아 기운이 크게 꺾임.

打倒(타도) 쳐서 거꾸러뜨림. 때려 부숨.

打撲傷(타박상) 때려서 다친 상처. 또는 물체에 부딪쳐서 생긴 상처.

打算(타산) 계산함. 이득과 손실을 헤아려 봄.

打殺(타살) 때려서 죽임.

打鴨驚鴛鴦(타압경원앙) 오리를 매질하여 원앙을 놀라게 한다는 뜻으로, 한 사람을 벌주어 다른 많은 사람들을 놀라게 함을 이르는 말.

○打鴨驚鴛鴦(타압경원앙)의 유래
송나라의 여사룡은 관기를 매질하기 좋아했는데, 한번은 한 관기를 매질하려 하자 관기가 "감히 따르지 못하겠습니다. 항주의 관기들이 편안할 수 있겠습니까?"라고 말을 하자 여사룡이 들었던 채찍을 버렸다. 이 이야기를 들은 북송의 시인 매성유가 《타압(打鴨)》이라는 시를 지었는데 다음과 같다. '오리를 때려 원앙을 놀라게 하지 마라. 원앙은 막 연못 속으로 내려앉았으니 외로운 섬의 늙은 대주리와 비하지 못한다.'

打者(타자) 야구에서 배트로 공을 치는 사람.

打作(타작) 1)곡식의 이삭을 털어서 그 알을 거두는 일. 마당질. 2)소작 제도의 하나. 지주와 소작인이 거둔 곡식을 일정한 비율로 나누는 제도.

打電(타전) 전보를 침.

打鐘(타종) 종을 침.

打草驚蛇(타초경사) 풀을 쳐서 뱀을 놀라게 한다는 뜻으로, 생각 없이 한 일이 뜻밖의 결과를 낳거나 또는 한쪽을 징벌해서 다른 쪽을 경계함을 이르는 말.

◐打草驚蛇(타초경사)의 유래
왕노라는 사람이 현관으로 있을 때 왕의 명령을 어기고 많은 재물을 횡령한 일이 있었는데, 하루는 백성의 공소장을 읽다가 그의 측근 주부가 남의 재물을 횡령한 사실이 있다는 것을 알게 되었다. 그러나 주부의 횡령 역시 그 대부분에 왕노 자신이 연루되어 있자, 왕노가 주부를 불러 "너는 비록 숲을 건드렸지만 나는 이미 놀란 뱀이 되어 버렸다." 라고 말했다.

打破(타파) 규율이나 관례를 깨뜨려 버림.
亂打(난타) 1)마구 침. 2)야구에서 여러 타자가 상대방 투수의 공을 연달아 침.
連打(연타) 연이어 침.
場打令(장타령) 장판이나 길거리로 돌아다니면서 동냥하는 사람이 부르는 속요의 한 가지.
適時打(적시타) 제때의 안타.
正打(정타) 똑바로 침. 정통으로 침.

유 征(칠 정) 扑(칠 복)

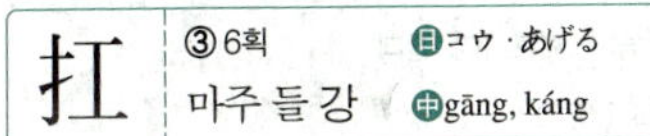

풀이 마주 들다. 메다. ¶扛擧
扛擧(강거) 마주 들어 올림.
扛轎夫(강교부) 가마를 드는 사람.
扛鼎(강정) 1)솥을 들어 올림. 2)힘이 무척 셈.

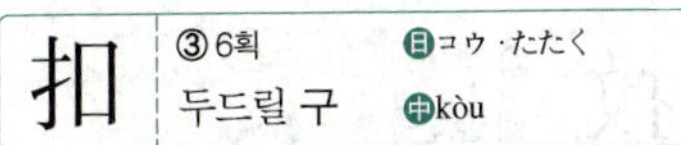

풀이 1. 두드리다. ¶扣舷 2. 붙잡다. 당기다. ¶扣制 3. 덜다. 빼다. ¶扣除 4. 묻다. ¶扣問 5. 굽히다.
扣問(구문) 물음. 질문(質問).
扣除(구제) 덞. 뺌.
扣制(구제) 붙잡아 못하게 함.
扣舷(구현) 뱃전을 두드림. 또는 그 소리.

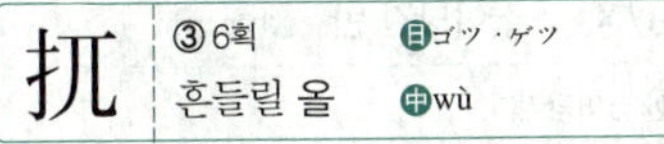

풀이 1. 흔들리다. 움직이다. 2. 불안하다. 위태롭다.

유 搖(흔들릴 요)

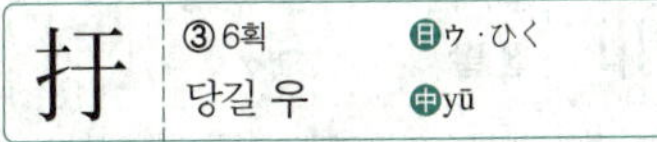

풀이 1. 당기다. 2. 가지다. 손에 쥐다. 3. 지휘하다.

유 扔(당길 잉)

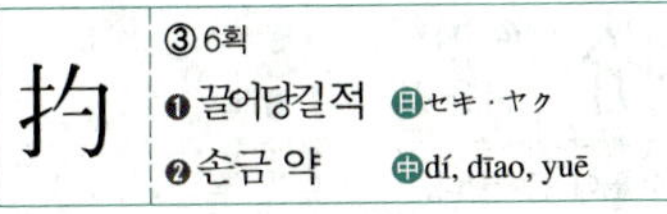

풀이 ■1 1. 끌어당기다. 당기다. 2. 치다. 공격하다. ■2 3. 손금.

풀이 1. 집다. 2. 작살.

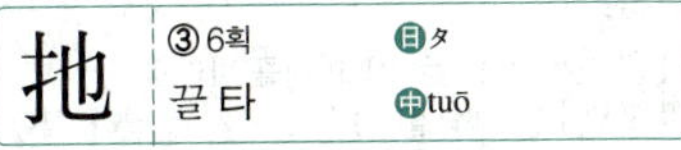

풀이 끌다.

유 引(끌 인)

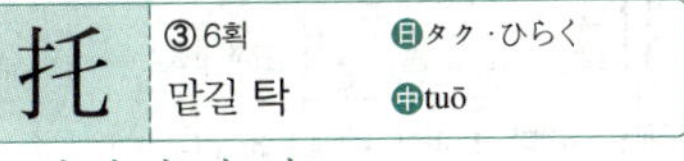

一 亅 扌 扌 扌 托

풀이 1. 의지하다. 2. 받치다. 받침. ¶托子 3. 손으로 밀어서 열다. 4. 맡기다. ¶托處
托故(탁고) 사고를 내세워 핑계함.
托鉢(탁발) 1)중이 불경을 외면서 돌아다니며 동냥하는 일. 2)절에서 식사 때 바리를 가지고 승당(僧堂)으로 나가는 일.
托生(탁생) 세상에 태어나 의탁하여 살아감.
托子(탁자) 잔을 받치는 받침.
托處(탁처) 몸을 의탁(依託)함. 탁처(託處).

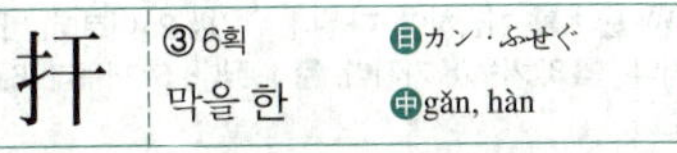

풀이 1. 막다. 지키다. ¶扞格 2. 덮다. 덮개. ¶扞蔽 3. 침범하다. 4. 거부하다. 5. 사납다. 거칠다. ¶扞馬 6. 활 시위 등을 당기다.
扞格(한격) 막고 들이지 않음. 거부하여 가까이 하지 못하게 함.
扞馬(한마) 사나운 말.
扞禦(한어) 막아 지킴. 방어(防禦).
扞衛(한위) 막아 지킴.
扞蔽(한폐) 1)방어하여 덮음. 2)덮개.

유 塞(막힐 색)

扴 ④ 7획 긁을 갈 日カツ 中jiá

풀이 긁다. 문지르다.

유 搔(긁을 소)

抉 ④ 7획 도려낼 결 日ケツ·えぐる 中jué

풀이 1. 도려내다. ¶剔抉 2. 파헤치다. 폭로하다. ¶抉摘 3. 구멍을 파다. 4. 깍지.

抉摘(결적) 숨겨진 것을 찾아냄. 자세한 뜻을 찾아냄.

抉剔(결척) 살을 긁어내고 뼈를 발라냄.

爬羅剔抉(파라척결) 1)숨은 인재를 널리 찾아내어 등용함. 2)남이 숨기고 있는 비밀이나 결점을 파헤침.

抇 ④ 7획 굴릴 골 日コツ 中hú, gǔ

풀이 1. 굴리다. 2. 파다. 파내다. 3. 뚫다.

비 拍(칠 박)

扱 ④ 7획 ❶취급할 급 ❷거두어 가질 흡 ❸짚을 삽 日ソウ·キュウ·あつかう 中chā, xī

* 형성. 뜻을 나타내는 부수 '扌(手;손 수)'와 음을 나타내는 '及(미칠 급)'을 합친 글자.

풀이 ❶ 1.韓 취급하다. 다루다. ¶取扱 2. 이르다. 미치다. ❷ 3. 거두어 가지다. ❸ 4. 짚다. 5. 끼우다. 6. 걷다.

取扱(취급) 1)사물을 다룸. 2)다루어 처리함.

技 ④ 7획 재주 기 日ギ·わざ 中jì

一 扌 扌 扌 扌 技 技

* 형성. 뜻을 나타내는 부수 '扌(手;손 수)'에 음을 나타내는 '支(지탱할 지)'를 합친 글자. '支'는 자잘하게 나누어지는 일을 뜻하여, 잔손(扌)이 많이 가는 일을 나타냄. 바뀌어, '재주' 등을 뜻하게 됨.

풀이 1. 재주. 재능. ¶技倆 2. 재주가 있는 사람. 공인(工人). 장인(匠人). ¶技師 3. 기술. ¶技術

技巧(기교) 1)손재주가 아주 교묘함. 2)예술의 창작. 또는 표현상의 솜씨나 수단.

技能(기능) 사람의 기술에 관한 능력이나 재능.

技倆(기량) 기능. 수완. 재주.

技法(기법) 기교와 방법.

技師(기사) 전문 지식이나 기술에 관한 일을 맡아보는 직책의 사람.

技術(기술) 1)재주. 2)이론을 실제에 응용하는 재주. 3)자연을 인간 생활에 편리하게 고쳐서 가공하는 일.

技藝(기예) 기술상의 재주. 예능.

유 伎(재주 기) 才(재주 재)

扭 ④ 7획 묶을 뉴 日ニュウ 中niǔ

풀이 묶다. 체포하다. 잡다.

유 括(묶을 괄)

抖 ④ 7획 떨 두 日ト·トウ 中dǒu

풀이 떨다.

抆 ④ 7획 닦을 문 日モン·みがく 中wěn

풀이 닦다. 문지르다.

抆淚(문루) 눈물을 닦음.

抆拭(문식) 닦고 문지름.

유 修(닦을 수)

扳 ④ 7획 끌어당길 반 日ハン 中bān, pān

풀이 끌어당기다.

扳價(반가) 값을 올림.

扳連(반련) 견제(牽制)함.

抪 ④ 7획 칠 발 日バツ·うつ 中pō

풀이 1. 치다. 때리다. 2. 제멋대로 행동하다. ¶抪掘

抪掘(발호) 1)멋대로 행동함. 2)순리(順理)에 맞지 않음.

抃 ④ 7획 손뼉 칠 변 日ベン · うつ 中biàn

풀이 손뼉 치다.

抃手(변수) 손뼉을 침.

유 抵(손뼉 칠 지)

扶 ④ 7획 ❶도울 부 ❷길 포 日フ · ホ · たすける 中fú

* 형성. 뜻을 나타내는 부수 '扌(手;손 수)'와 음을 나타내는 '夫(지아비 부)'를 합친 글자. 손(手)으로 사람(夫)을 부축하는 모습을 나타내어, '부축하다', '돕다'의 뜻으로 쓰임.

풀이 ❶ 1. 돕다. 도움. ¶扶養 2. 의지하다. 3. 붙들다. 부축하다. ¶扶老 4. 곁. 5. 일어나다. ❷ 6. 길.

扶起(부기) 도와서 일으킴.

扶老(부로) 1)노인을 부축함. 2)노인의 지팡이.

扶桑(부상) 옛날 중국에서 동쪽 바다 속에 있다고 일컬어진 신목(神木).

扶疏(부소) 1)나무의 가지가 자라서 무성한 모양. 2)본서(本書)를 이해하는 데 도움이 되는 주석서.

扶植(부식) 1)뿌리를 박아서 심음. 2)어떠한 곳에 영향력이나 힘의 기틀을 마련함.

扶養(부양) 도와서 기름.

扶助(부조) 1)남을 거들어 도와줌. 2)잔칫집이나 상가(喪家) 등에 물건이나 돈을 보냄. 또는 그 물건이나 돈.

유 助(도울 조)

抔 ④ 7획 움킬 부 日ホウ · すくう 中póu

풀이 1. 움키다. 움켜잡다. 2. 움큼.

비 杯(잔 배)

扮 ④ 7획 꾸밀 분 日フン · まぜる 中bàn

풀이 1. 꾸미다. ㉠잘 차려입고 단장함. ㉡변장함. ¶扮裝 2. 아우르다. 합하다.

扮裝(분장) 1)몸을 꾸밈. 2)배우가 등장인물에 어울리도록 얼굴 · 몸 · 옷 등을 꾸미는 일.

유 裝(꾸밀 장)

批 ④ 7획 비평할 비 日ヒ · うつ 中pī, pí

* 형성. 뜻을 나타내는 부수 '扌(手;손 수)'와 음을 나타내는 '比(견줄 비)'를 합친 글자. 손(扌)으로 무엇을 가져다가 비교(比)해서 가치를 판단하는 것을 나타냄. 곧 '비평하다', 또 '비준하다'는 뜻으로 쓰임.

풀이 1. 비평하다. 평하다. ¶批判 2. 답하다. 상소에 대한 임금의 대답. 3. 손으로 치다. 4. 바로잡다. 5. 밀다. 6. 굴리다. 7. 깎다. 8. 비파(琵琶).

批難(비난) 남의 잘못이나 좋지 못한 점을 들어 꾸짖음. 비난(非難).

批答(비답) 상소에 대하여 임금이 내리는 답.

批點(비점) 과거(科擧) 등에서, 시관(試官)이 응시자가 지은 시나 문장을 평가할 때 잘 지은 대목에 찍던 둥근 점.

批准(비준) 1)신하의 상주를 임금이 재가함. 2)조약의 체결에 대하여 국가 원수 또는 그 밖의 국내법상 정하여진 기관이 확인하는 절차.

批旨(비지) 상소에 대하여 임금이 내리는 하답(下答).

批判(비판) 1)사물의 옳고 그름을 판정함. 2)비평하여 판단함.

批評(비평) 사물의 선악(善惡) · 시비(是非) · 미추(美醜)를 평가하여 논하는 일.

유 評(품평할 평)

抒 ④ 7획 풀 서 日ジョ · のべる 中shū

풀이 1. 푸다. 떠내다. ¶抒臼 2. 쏟다. 쏟아 놓다. 3. 제거하다. 덜다. 4. 펴다. 토로하다. ¶抒情

抒臼(서구) 절구에서 찧은 곡물을 퍼냄.

抒情(서정) 자기의 감정을 말이나 글로 나타냄.

抒情文(서정문) 자기의 감정 · 정서를 나타낸 글.

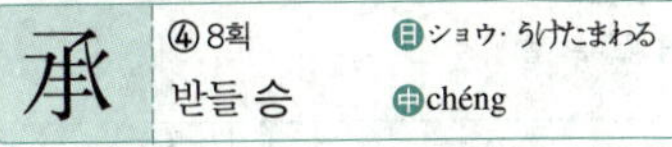

承 ④ 8획 받들 승 日ショウ · うけたまわる 中chéng

* 회의. 몸을 구부린 사람(卩)을 좌(屮) 우(又)의 손으로 받치고 있는 모습을 나타내어 '받들다'의 뜻으로 쓰임.

풀이 1. 받들다. ㉠밑을 받쳐 올림. ㉡공손히 받들어 모심. ¶承服 2. 받다. 3. 잇다. 계승하다. ¶承繼 4. 장가들다. 5. 돕다. 도움. 6. 차례. 순차. 7. 후계.

承繼(승계) 1)받아서 이음. 뒤를 이어받음. 2)

4획

남의 아들을 자기의 아들로 삼는 일. 또는 남에게로 가서 그의 양자가 되는 일.

承教(승교) 가르침을 이음.

承諾(승낙) 청하는 말을 들어주는 것.

承服(승복) 1)납득하여 복종함. 승복(承伏). 2)죄를 스스로 자백함.

承嗣(승사) 1)이어받음. 2)대를 이을 아들. 사자(嗣子).

承業(승업) 업을 이어받음.

承恩(승은) 1)신하가 임금으로부터 특별한 은혜를 받음. 2)여자가 임금에게 사랑을 받아 밤에 모심.

承意(승의) 1)뜻을 계승함. 2)남의 마음에 들도록 비위를 맞춤.

承認(승인) 1)옳다고 인정하여 승낙함. 2)동의함. 들어줌.

承傳(승전) 1)이어받아 전함. 2)임금의 뜻을 전함.

承志(승지) 1)뜻을 이어받음. 2)남의 마음에 들도록 비위를 맞춤.

承旨(승지) 임금의 명을 받들어 모심. 또는 그러한 관직의 명칭.

承澤(승택) 임금의 은혜를 받음.

承乏(승핍) 인재가 없어서 부족한 자기가 잠시 벼슬을 잇는다는 뜻으로 출사(出仕)하는 사람이 겸손하게 스스로를 낮추는 말.

承歡(승환) 1)남의 마음에 들도록 아첨함. 2) 임금 또는 부모의 마음이 기쁘도록 함.

承候(승후) 웃어른에게 문안을 드림.

扼	④ 7획 누를 액	日アク·ヤク·おさえる 中è

풀이 1. 누르다. 진압하다. 2. 멍에. '어떤 처지나 형편에서 쉽게 벗어나지 못하도록 얽어매거나 억누르는 것'을 비유하는 말. 3. 움켜쥐다. 가지다. 잡다. ¶扼腕

扼據(액거) 매우 중요한 곳을 차지하여 굳게 지킴.

扼腕(액완) 화가 나서 주먹을 쥐거나 팔을 걷어 올림.

유 壓(누를 압)

抑	④ 7획 누를 억	日ヨク·おさえる 中yì

一 丨 扌 扌 扌 扌 抑

*회의. '扌(手;손 수)'에 '印(도장 인)'을 뒤집어 도장을 누름을 뜻하는 부수 이외의 글자가 합친 글자. 도장을 찍듯 '누름'을 나타냄.

풀이 1. 누르다. 억누르다. 억제하다. ¶抑壓 2. 굽히다. 3. 문득. 갑자기. 4. 또한.

抑留(억류) 억지로 머물게 함. 자유를 구속함.

抑壓(억압) 억지로 누름. 압제함.

抑揚(억양) 1)음성의 높낮이. 2)누르다 올리다 함. 3)문장의 흐름에 있어서의 기복.

抑鬱(억울) 1)눌려 마음이 활발하지 못함. 2)공평하지 못한 일을 당해서 원통하고 답답함.

抑制(억제) 억눌러 못하게 함.

抑奪(억탈) 강제로 빼앗음.

抑退(억퇴) 억눌러 물리침.

抑何心情(억하심정) 대체 무슨 생각으로 그런 짓을 하는지 마음을 알 수 없다는 뜻.

抑或(억혹) 가정해서 말하여.

유 壓(누를 압) 扼(누를 액) 비 仰(우러를 앙)

抏	④ 7획 꺾을 완	日ガン·する 中wán, wàn

풀이 1. 꺾다. 2. 줄어들다. 쇠하다. ¶抏弊 3. 주무르다. 4. 가지고 놀다.

抏弊(완폐) 1)줄어들어 지치고 쇠약해짐. 2)해져 떨어짐.

유 折(꺾을 절)

抎	④ 7획 잃을 운	日ウン·イン 中yǔn

풀이 1. 잃다. 잃어버리다. 2. 떨어지다.

유 失(잃을 실)

抈	④ 7획 꺾을 월	日ケツ 中yuè

풀이 1. 꺾다. 2. 흔들리다.

折	④ 7획 ❶꺾을 절 ❷천천히 할 제	日セツ·おる 中tí, zhé

一 丨 扌 扌 扌 扩 折

*회의. '扌(手;손 수)'에 '斤(도끼 근)'을 합친 글자. 손(扌)으로 도끼(斤)를 들고 나무를 쳐서 꺾는 것을 나타내어, '꺾다'를 뜻함.

풀이 ❶ 1. 꺾다. 꺾이다. 2. 좌절하다. ¶折枝 3. 타협하다. ¶折衷 4. 요절하다. 일찍 죽다. ¶折傷 5. 꾸짖다. ¶面折 6. 결단하다. 결정하다. 7. 깎다. ❷ 8. 천천히 하다.

折角(절각) 뿔을 부러뜨린다는 뜻으로, 기세를 누르거나 콧대를 납작하게 만드는 것을 이르는 말.

○折角(절각)의 유래

한나라 원제가 양구하(梁丘賀)가 세운 양구역(梁丘易)이라는 학설이 얼마나 뛰어난지 알고 싶어, 양구역의 대가로 언변이 좋은 오록충종에게 다른 학파와 공개 논쟁을 하도록 하였다. 그러다가 주운이라는 자와 대결을 하게 되었는데, 두 학자의 논쟁은 원제와 많은 학자들의 앞에서 진행되었다. 이 논쟁은 주운의 승리로 돌아갔고, 그 결과 박사로 임명되는 영예를 얻었다. 이에 학자들은 이 논쟁을 "오록이 드세고 뿔이 길지만 주운이 그 뿔을 부러뜨렸구나."라고 말했다고 한다. 《한서》 주운전(朱雲傳)

折骨(절골) 뼈가 부러짐.

折半(절반) 둘로 나눔. 이등분.

折傷(절상) 1)뼈가 부러져 다침. 2)일찍 죽음.

折箭(절전) 화살을 부러뜨린다는 뜻으로, 힘을 한 군데로 모아 서로 협력함을 비유하는 말.

○折箭(절전)의 유래

토곡혼(吐谷渾)의 왕 아시(阿豺)에게는 아들이 20명이 있었다. 하루는 아시가 아들들을 모아 놓고 이렇게 말하였다. "너희는 각기 화살 하나씩을 가지고 부러뜨려 보거라." 아들들은 모두 쉽게 부러뜨렸다. 아시는 또 이렇게 말하였다. "이번에는 화살 열아홉 개를 쥐고 한 번에 부러뜨려 보거라." 아들들은 모두 젖 먹던 힘까지 다해 보았지만, 부러뜨리지 못하였다. 이때 아시가 "알겠느냐? 하나는 쉽게 부러뜨리지만, 많은 것은 그렇게 하기 어렵다. 힘을 하나로 합치면 국가는 견고해지는 것이다." 라고 말했다. 《북사(北史)》 토곡혼전(吐谷渾傳)

折枝(절지) 나뭇가지를 꺾음.

折草(절초) 풀이나 나무를 벰.

折衝(절충) 1)외교상의 교섭(交涉) 또는 담판(談判). 2)적이 쳐들어 오는 것을 막음.

折衷(절충) 상반된 의견의 중간쯤을 취해서 그 중간의 의견을 조정하는 일.

折檻(절함) 난간을 부러뜨린다는 뜻으로, 간곡하게 충언함을 이르는 말.

○折檻(절함)의 유래

한나라 성제(成帝) 때 주운(朱雲)이란 사람이 간신 장우(張禹)를 베어야 한다고 하자 성제는 자신의 스승을 간사한 신하로 폄하한 주운을 당장 끌어내라고 소리쳤다. 그러나 주운은 굽히지 않고 난간에 매달려 장우의 목을 베어야 한다는 말만 계속하였다. 결국 무관과 주운이 밀고 당기다가 그만 난간이 부러지고 말았다. 이 일이 있은 후 성제는 "새로운 것으로 바꾸지 말고 부서진 것을 붙이도록 해라. 직언을 한 신하의 충성의 징표로 삼겠다."라고 말했다. 《한서》 주운전(朱雲傳)

面折(면절) 면대하여 몹시 꾸짖음.

半折(반절) 절반(折半).

方長不折(방장부절) 한창 자라는 나무는 꺾지 않는다는 뜻으로, 앞길이 창창한 사람을 방해하지 말라, 또는 잘 되어 가는 일을 방해하지 말라는 의미임.

百折(백절) 여러 번 꺾임.

비 析(쪼갤 석)

抓

④ 7획 | 日ソウ·つまむ
긁을 조 | 中zhuā

풀이 1. 긁다. 2. 움켜 쥐다.

유 搔(긁을 소)

拼

④ 7획 | 日ソウ
들 증·승 | 中zhěng

풀이 1. 들어올리다. 2. 구휼(救恤)하다. 빈민이나 이재민 등을 돕고 보살핌.

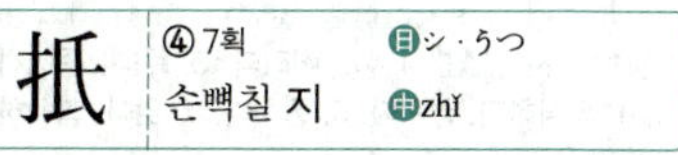

抵

④ 7획 | 日シ·うつ
손뼉칠 지 | 中zhǐ

풀이 1. 손뼉을 치다. 2. 쳐부수다. 3. 근심하다.

유 抃(손뼉칠 변)

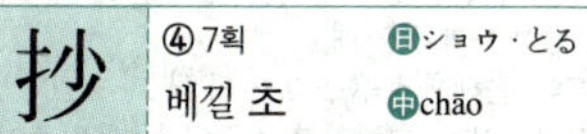

抄

④ 7획 | 日ショウ·とる
베낄 초 | 中chāo

一 丁 扌 扌 扌 扌 抄

*형성. 뜻을 나타내는 부수 '扌(手;손 수)'와 음을 나타내는 '少(적을 소)'를 합친 글자. 많은 것 중에서 필요한 것만 조금(少) 손(扌)으로 뽑아 '쓰는' 것을 나타냄.

풀이 1. 베끼다. 가려베끼다. ¶抄譯 2. 초(抄). 발록(拔錄). ¶詩抄 3. 약탈하다. 노략질하다. 4. 거르다. 액체 등을 체에 거름. 5. 숟가락으로 뜨다. 6. 만들다.

抄錄(초록) 필요한 것만 뽑아서 적음.

抄本(초본) 원본의 일부만을 뽑아서 베껴낸 문서.

抄筆(초필) 잔글씨를 쓰는 가느다란 붓.

三別抄(삼별초) 고려(高麗) 최씨 집권 시대에 특수하게 조직된 군대. 처음 최우가 도둑을 막기 위하여 설치한 야별초에서 시작된 것으로, 뒤에 그 수효가 불어 좌별초(左別抄), 우별초(右別抄)로 나뉘고, 여기에 원(元)의 고려 침입 때에 포로로 잡혀갔다가 도망 온 자들로 구성된 신의군을 합한 세 조직체의 총칭임.

手抄(수초) 손수 추리어 씀.

詩抄(시초) 시를 추려 내어 적은 책.

夜別抄(야별초) 고려(高麗) 고종(高宗) 때 도적을 막기 위하여 밤마다 순행하던 군대.

自傳抄(자전초) 자서전(自敍傳)이 될 대목만을

간단히 추려서 적은 기록.

雜抄(잡초) 여러 가지 것을 추려 씀. 또는 그 책.

유 寫(베낄 사)

抌	④ 7획	日シン
	떠밀 침	中shèn

풀이 떠밀다. 밀치다.

비 沈(가라앉을 침)

投	④ 7획	日トウ · なげる
	던질 투	中tóu, dòu

一 十 扌 扌 扨 投 投

* 형성. 뜻을 나타내는 부수 '扌(手;손 수)'와 음을 나타내는 '殳(모둥이 수)'를 합친 글자. '殳'자는 던져서 찌르는 긴 창을 나타냄. 여기에 '扌'의 뜻이 더해져 '던지는' 것을 나타내게 됨.

풀이 1. 던지다. ¶投下 2. 버리다. 3. 주다. 증여하다. 4. 의탁하다. 맡기다. 5. 떨치다. 6. 맞다. 합치하다. ¶投合

投稿(투고) 신문 · 잡지사 등에 원고를 보냄.

投機(투기) 1)기회를 엿보아 큰 이익을 보려는 짓. 2)시가 변동을 예상하고, 그 차익을 얻기 위해 행하는 매매 거래.

投賣(투매) 손해를 무릅쓰고 싸게 팖.

投射(투사) 1)빛 · 그림자를 스크린 등에 비추어 나타냄. 2) 소리 또는 빛의 파동이 한 물질 내부를 통과하여 다른 물질과의 경계면에 도달하는 일.

投書(투서) 1)문장을 적은 서장(書狀)을 몰래 던짐. 2)신문 · 잡지에 실리기 위하여 초고를 보냄. 3)드러나지 않은 사실이나 남의 비행(非行)을 적어서 넌지시 보냄.

投石(투석) 돌을 던짐.

投宿(투숙) 숙소에 머무름. 여관에서 잠.

投身(투신) 1)몸을 물에 던짐. 2)어떤 일에 몸을 던져 관계함.

投影(투영) 1)물체가 비치는 그림자. 2)물체를 어떤 지점에서 본 형상의 평면도.

投獄(투옥) 감옥에 집어넣음.

投入(투입) 던져 넣음. 들여놓음.

投資(투자) 자본을 투입함.

投槍(투창) 창을 던지는 운동 경기의 하나.

投擲(투척) 던짐.

投砲丸(투포환) 일정한 무게의 쇠공을 지정된 둘레 안에서 한 손으로 던져 그 도달 거리에 따라 승부를 겨루는 운동 경기의 하나.

投票(투표) 선거 또는 어떤 사항을 체결할 때 자격이 있는 사람이 자기의 의사를 표지(票紙)에 표시하여 일정한 장소에 넣는 일.

投下(투하) 아래로 내 던짐.

投壺(투호) 화살을 병에 던져 넣어 승부를 겨루던 놀이.

全力投球(전력투구) 1)어떤 일에 모든 힘을 다 기울임. 2)야구에서, 투수가 타자를 상대로 모든 힘을 기울여 공을 던지는 것.

情意投合(정의투합) 1)따뜻한 정과 뜻이 서로 잘 맞음. 2)남녀 사이에 어떤 관계가 이루어짐.

반 收(거둘 수)

把	④ 7획	日ハ · とる
	잡을 파	中bǎ, bà

一 十 扌 扌 扌 扣 把

풀이 1. 잡다. 2. 쥐다. 파악하다. ¶把握 3. 손잡이. 4. 한움큼. 5. 자루. 연장의 손잡이. 도끼자루, 호미자루 등. 6. 묶음. 묶어 놓은 단 · 다발 등.

把守(파수) 경계하여 지키는 것. 또는 그 사람.

把握(파악) 1)꽉 잡아 쥠. 2)어떠한 일을 잘 이해하여 확실하게 앎.

유 握(쥘 악)

抗	④ 7획	日コウ · あたる
	막을 항	中káng, kàng

一 十 扌 扌 扩 扩 抗

* 형성. 뜻을 나타내는 부수 '扌(手;손 수)'에 높다의 뜻을 가지는 '亢(목 항)'을 합친 글자. 높은(亢) 세력의 압박에 대해서 손(扌)으로 '반발'하는 것이라 하여, '대항하다', '저항하다', '막다'를 나타냄.

풀이 1. 막다. 대항하다. 2. 들다. 들어 올리다. 3. 겨루다. 4. 높다.

抗拒(항거) 순종하지 않고 맞서서 대항함.

抗告(항고) 법원의 판결에 불복하고 다시 상급 재판소에 불복 상소(不服上訴)하는 일.

抗辯(항변) 1)서로 항거하며 변론함. 2)민사 소송법상 상대방의 신청 또는 주장을 이유없는 것으로 만들기 위한 주장.

抗原(항원) 혈액 가운데에서 항체를 만들게 하는 원인이 되는 것.

抗議(항의) 반대의 의견을 주장함.

抗日(항일) 일본에 대한 항거.

抗爭(항쟁) 대항하여 다툼.

抗戰(항전) 적과 대항하여 싸움.

抗體(항체) 혈액 속에 항원이 들어간 경우, 그 해독 작용을 막기 위하여 혈장(血漿) 가운데 생기는 항원의 기운을 없게 만드는 물질. 항체가 생긴 경우 면역이 되었다고 함.

抵抗感(저항감) 1)육체적 또는 정신적으로 몸에 받는 느낌. 2)반항하고 싶은 기분.

電氣抵抗(전기저항) 도체가 전류를 통하지 않으려는 작용. 전압을 전류로 나눈 값으로 나타냄.

비 坑(구덩이 갱)

拒	⑤ 8획	日キョク·こばむ
	막을 거	中jù, jǔ

一 十 扌 扌 扩 折 拒 拒

* 형성. 뜻을 나타내는 부수 '扌(手;손 수)'에 음을 나타내는 '巨(막을 거)'그 합친 글자. 이에 손(扌)으로 막다, 곧 '거절하다'라는 뜻을 나타냄.

풀이 1. 막다. 방어하다. ¶拒門木 2. 거절하다. 거부하다. 거절. 거부. ¶拒否 3. 어기다. ¶拒逆 4. 겨루다. 5 방진(方陣). 먼지가 들어오는 것을 막음.

拒却(거각) 거절함.

拒門木(거문목) 문을 막는 나무. 즉 대문의 빗장을 이름.

拒否(거부) 승낙하지 않고 물리침.

拒逆(거역) 윗사람의 뜻이나 명령을 거절함. 거스름.

拒絶(거절) 응낙하지 않고 물리침. 거부하여 끊어버림.

유 抗(막을 항)

抛	⑤ 8획
	據(p542)의 俗字

拑	⑤ 8획	日ケン·カン·つぐむ
	입 다물 겸	中qián

풀이 입 다물다. 재갈을 물리다.

拑口(겸구) 1)입을 다묾. 입에 재갈을 물림. 2)언론의 자유를 막음.

拑勒(겸륵) 말에 재갈을 물림.

拑馬(겸마) 말의 입에 재갈을 물림.

拑者(겸자) 입을 다물고 말하지 않는 사람.

拑制(겸제) 자유를 억누름. 겸제(鉗制).

拐	⑤ 8획	日カイ·たます
	속일 괴	中guǎi

풀이 1. 속이다. 거짓말하다. ¶拐子 2. 지팡이.

拐帶(괴대) 속여서 물건을 빼앗아 달아남.

拐子(괴자) 사람을 속여 유괴하거나 물건을 가지고 달아나는 사람. 괴아(拐兒).

유 詐(속일 사)

拘	⑤ 8획	日ク·コウ·とらえる
	잡을 구	中gōu, jū

一 十 扌 扌 扚 扚 拘 拘

* 형성. 뜻을 나타내는 부수 '扌(手;손 수)'에 음을 나타내는 '句(글귀 구)'를 합친 글자로, '句'는 구부러진 갈래의 형상을 나타내어 손(扌)을 구부려서(句) '걸어 잡는' 것을 나타냄.

풀이 1. 잡다. 잡히다. ¶拘禁 2. 굽다. 굽히다. ¶拘拘 3. 껴안다 4. 취하다. 가지다. 5. 거리끼다. ¶拘碍 6. 바로잡다. ¶拘檢

拘檢(구검) 1)언행을 바로 잡음. 2)언행을 바로 잡기 위해 단속함.

拘拘(구구) 1)굽혀 펴지지 않는 모양. 2)사물에 거리낌을 갖은 모양.

拘禁(구금) 신체를 구속하여 감금함.

拘拿(구나) 죄인을 잡음.

拘留(구류) 1)붙잡아 머물러 둠. 2)법원이 피의자(被疑者) 또는 피고인(被告人)을 구금하는 강제 처분.

拘士(구사) 융통성이 없는 선비.

拘世(구세) 세속(世俗)에 구속됨.

拘束(구속) 1)체포하여 속박함. 2)관직·도의에 얽매여 자유롭지 못함. 3)행동이나 의사의 자유를 빼앗음.

拘俗(구속) 속세에 얽매임.

拘碍(구애) 얽매이고 장애가 됨. 거리낌. 구애(拘礙).

拘引(구인) 1)체포하여 데리고 감. 2)법원이 어떤 사람을 심문하기 위하여 강제적으로 일정한 장소에 출두시키는 일.

拘執(구집) 1)잡아 포박함. 또는 체포됨. 2)고집(固執)함.

拘置(구치) 1)붙잡아 둠. 2)형사 피고인을 구속하여 일정한 장소에 머물러 있게 함.

비 抱(안을 포)

拏	⑤ 9획	日ナ·ひく·とる
	붙잡을 나	中ná

풀이 1. 붙잡다. 체포하다. ¶拏捕 2. 맞당기다.

拏捕(나포) 잡아 가둠.

拏攫(나확) 사로잡음.

龍拏虎擲(용나호척) 용과 범이 맞붙어 싸운다

4획

는 뜻으로, 영웅들이 서로 싸우는 것을 비유하는 말.

拈	⑤ 8획 집을 념·점	日ネン·ひねる 中niān

풀이 집다. 잡다

拈出(염출) 1)끄집어 냄. 2)자구(字句) 등을 애써 생각해 냄.

拈香(염향) 향을 집어 피움. 소향(燒香).

拈華微笑(염화미소) 말로 하지 않고 마음에서 마음으로 전하는 일을 뜻하는 말.

担	⑤ 8획 ❶멜 담 ❷올릴 걸 ❸떨칠 단	日タン·ケツ·になう 中dān, dǎn, dàn

풀이 1 1. 메다. 2. 담당하다. 맡다. 2 3. 들어 올리다. ¶担撟 3 4. 떨치다. 5. 치다. 때리다.

担撟(걸교) 의기를 떨침. 헌거(軒擧).

비 拍(손뼉칠 박)

拉	⑤ 8획 끌 랍	日ラツ·ロウ·くだく 中lā, lǎ, là

풀이 1. 끌다. 데려가다. ¶拉致 2. 꺾다. 부러뜨리다. ¶拉朽

拉殺(납살) 손으로 목을 꺾어 죽임.

拉致(납치) 강제로 끌고 감.

拉朽(납후) 썩은 나무를 꺾음. 일이 매우 쉬움을 비유하는 말. 납고(拉枯).

抹	⑤ 8획 바를 말	日マツ·する 中mǒ

* 형성. 뜻을 나타내는 부수 '扌(手:손 수)'와 음을 나타내는 '末(끝 말)'을 합친 글자. '末'이 잘다 라는 뜻을 나타내어 손(扌)으로 잘게(末) 만들다의 뜻을 나타냄.

풀이 1. 바르다. 붙이다. 2. 가루. 분말. ¶抹茶 3. 지우다. ¶抹殺 4. 단장하다. 화장하다. 5. 쓰다듬다. 문지르다.

抹殺(말살) 1)지워서 없앰. 2)사실·존재 등을 부인하여 없애는 일.

抹消(말소) 기록되어 있는 것을 지워서 없앰.

抹茶(말차) 차나무의 어린 순을 말려 가루로 만든 차.

抹香(말향) 가루 향(香).

拇	⑤ 8획 엄지손가락 무	日ム·おやゆび 中mǔ

풀이 엄지손가락.

拇印(무인) 손도장.

拇指(무지) 엄지손가락.

抿	⑤ 8획 어루만질 민	日ミン 中mǐn

풀이 1. 어루만지다. 위로하다. 2. 닦다. 3. 입을 오므리다.

유 撫(어루만질 무)

拍	⑤ 8획 손뼉칠 박	日ハク·たたく 中pāi, bó

一 丨 扌 扌' 扚 拍 拍 拍

* 형성. 뜻을 나타내는 부수 '扌(手:손 수)'에 음을 나타내는 '白(흰 백)'을 합친 글자. 맨(白) 손(扌)으로 '치는' 것을 나타냄. 또는 사람이 흥이 나면 노래하고 노래하면 손벽을 치니 노래의 장단을 맞추는 '박자'를 나타내기도 함.

풀이 1. 손뼉치다. 치다. ¶拍手 2. 박자. ¶拍子 3. 어깨죽지. 어깨.

拍髀(박비) 기뻐하며 넓적다리를 두드리는 모양.

拍手(박수) 두 손뼉을 마주 두드림.

拍子(박자) 악곡의 리듬의 근본이 되는 주기적인 시간의 기본 단위.

拍掌(박장) 손뼉을 침.

비 栢(잣나무 백)

拌	⑤ 8획 버릴 반	日ハン·バン 中bàn

풀이 1. 버리다. 내버리다. 2. 섞다. 3. 쪼개다. 가르다. ¶拌蚌

拌蚌(반방) 대합 조개를 갈라 진주를 취함.

유 捨(버릴 사)

拔	⑤ 8획 뺄 발	日バツ·ハイ·ぬく 中bá

一 丨 扌 扌 扩 扐 抜 拔

* 형성. 여럿 중에서 무엇을 손(扌)으로 집어내는(犮) 것, 즉 '빼는' 것을 나타냄. '빼다', '뽑다'는 뜻이 됨.

풀이 1. 빼다. 뽑다. ¶拔擧 2. 공략하다. 3. 빼어나다. 뛰어나다. ¶拔群 4. 덜어버리다. 제거하다. 5. 가리다. 선발하다. 7. 빼앗다. 8. 오늬. 화살의 시위에 끼우게 된 부분.

拔擧(발거) 뽑아 올림. 또는 뽑아 씀.
拔劍(발검) 칼집에서 칼을 뺌.
拔群(발군) 여럿 가운데서 특별히 뛰어남.
拔來報往(발래보왕) 빨리 왔다가 빨리 감.
拔本塞源(발본색원) 나무의 뿌리를 뽑고 물의 원천을 막아 버린다는 뜻으로, 근본적인 처방을 이르는 말.

○拔本塞源(발본색원)의 유래
발본색원은 원래 나무를 잘 자라게 하고 물을 잘 흐르게 하는, 요컨대 생명 현상을 북돋는 긍정적인 뜻이 아니라, 오히려 그것을 거부하는 부정적 의미였다. 이것이 오늘날에는 부정적 요소를 뿌리뽑는 근본 처방이라는 긍정적 의미로 바뀌어 쓰이고 있다.

拔貧(발빈) 가난에서 벗어남. 가난을 뿌리뽑음.
拔山蓋世(발산개세) 기력은 산을 뽑을 정도이고, 의기는 세상을 뒤덮을 만큼 크고 웅대함을 말함.
拔出(발출) 1)빼어남. 발군(拔群). 2)역발산기개세의 준말.
拔萃(발췌) 1)여럿 속에서 매우 뛰어남. 2)책이나 글 속에서 중요한 것을 뽑아 냄.
拔齒(발치) 이를 뽑아 냄.
拔擢(발탁) 사람을 뽑아 올려 씀.
拔河(발하) 줄다리기.

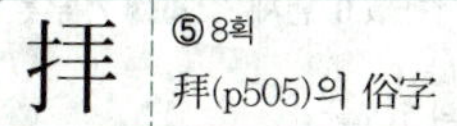

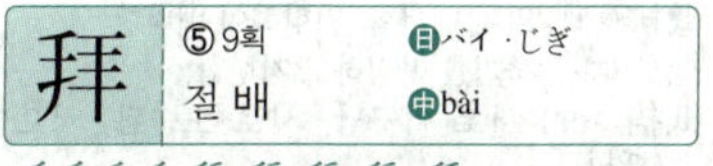

* 회의. 왼손(手)과 오른손(手)을 땅에 내리고(下) 몸을 구부리면서 '절'하는 것. 자기를 낮추고 남을 높이는 인사를 나타냄.

풀이 1. 절. 절하다. ¶禮拜 2. 공경하다. 삼가다. ¶拜聞 3. 벼슬을 주다. 4. 받다. 5. 굽히다.

拜納(배납) 물건을 받침. 봉납(奉納).
拜壇(배단) 제례 때, 절을 하기 위해 신위 앞에 만들어 놓은 단.
拜讀(배독) 남의 편지 등을 존경하는 마음으로 읽음.
拜面(배면) 존경하는 사람을 만나 뵘. 배안(拜顔).
拜命(배명) 1)명령을 삼가 받음. 2)임관됨.
拜墓(배묘) 조상의 산소를 살펴봄.
拜聞(배문) 공경하는 마음으로 삼가 들음.
拜眉(배미) 삼가 얼굴을 뵘.
拜上(배상) 삼가 올림. 편지 밑에 자기 이름 아래 쓰는 말.
禮拜(예배) 공손한 마음으로 예를 갖추어 절하는 일.
參拜(참배) 1)신에게 절하고 빎. 2)무덤이나 기념탑 등의 앞에서 절하고 기림.

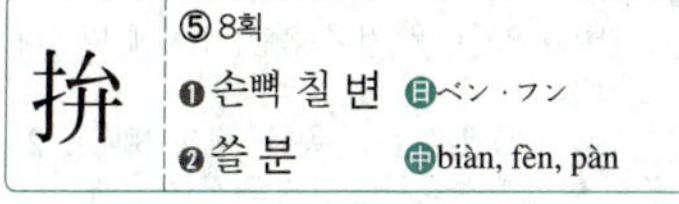

풀이 ❶ 1. 손뼉 치다. ¶拚飛 ❷ 2. 쓸다. 쓸어내다.

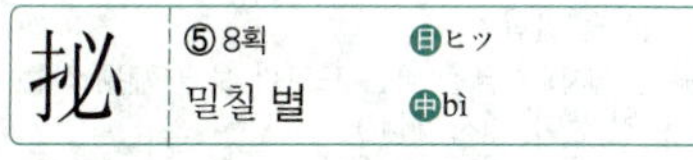

풀이 1. 밀치다. 2. 잡아 비틀다.

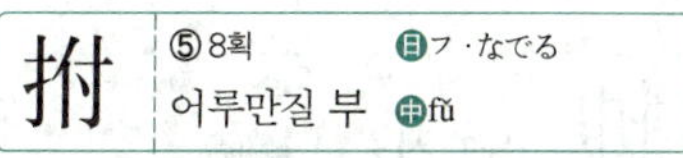

풀이 1. 어루만지다. 위로하다. ¶拊循 2. 치다. ¶拊髀 3. 잡다. 쥐다. 4. 손잡이. 5. 악기 이름. 북과 비슷한 악기로 목에 걸고 양손으로 치는 것. ¶拊絃 4획

拊拂(부불) 두드려 털어냄.
拊髀(부비) 기쁨이나 울분의 감정이 격앙되어 자신의 넓적다리를 치는 모양.
拊循(부순) 어루만져 위무(慰撫)함.
拊心(부심) 가슴을 치며 슬퍼하거나 분개하는 모양.
拊膺(부응) 1)가슴을 어루만짐. 2)분개하거나 슬퍼하는 모양.
拊絃(부현) 비파 등의 현악기를 탐.
유 撫(어루만질 무)

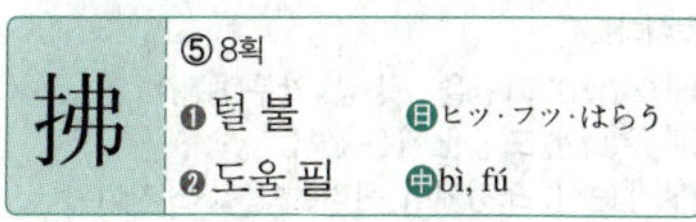

* 형성. 손(手)으로 아닌(弗)것을 '털어 버리는' 것을 나타냄. 먼지를 털어 깨끗하게 한다는 데에서 돈을 주고 '청산한다'는 뜻을 나타냄.

풀이 ❶ 1. 털다. 먼지를 털다. 2. 먼지떨이. ¶拂子 3.

떨치다. 4. 거스르다. 어기다. ¶拂奪 5. 닦다. 씻다. 6. 덮어 가리다. 7. 멸시하다. ❷ 8. 돕다. 도와주다. ¶拂士

拂去(불거) 1)털어 버림. 2)뿌리치고 감.

拂亂(불란) 어그러져서 어지러워짐.

拂戾(불려) 어그러짐. 어긋남.

拂鬚(불수) 남의 수염을 털어 준다는 뜻으로, 윗사람에게 아첨함을 말함.

拂拭(불식) 말끔하게 씻어 없앰.

拂衣(불의) 옷자락을 걷어 올림. 힘차게 일어나는 모양.

拂子(불자) 1)먼지떨이. 총채. 불진(拂塵). 2)중이 번뇌를 물리치는 표지로 쓰는 총채.

拂塵(불진) 1)먼지를 털음. 2)먼지떨이.

拂天(불천) 하늘을 텖. 하늘을 찌를 정도로 몹시 높음을 말함.

拂士(필사) 임금을 바른 도로써 보필(輔弼)하는 어진 선비. 필사(弼士).

拂汨(필율) 흔들리는 모양.

비 佛(비슷할 불)

抻	⑤8획 늘일 신	日シン · のばす 中chēn

풀이 늘이다. 뻗다.

유 伸(펼 신)

押	⑤8획 ❶수결 압 ❷단속할 갑	日オウ · コウ · おす 中yā

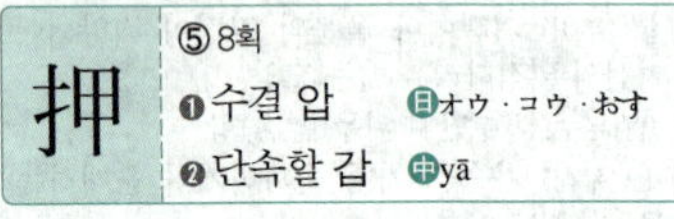

풀이 ❶ 1. 수결. 도장. 지난날, 자기 성명이나 직함 아래에 도장 대신 쓰던 일정한 자형. 2. 도장을 찍다. ¶押署 3. 누르다. 4. 주관하다. 5. 운자를 맞추다. 운을 달다. 6. 억지로. 7. 잡다. 체포하다. ❷ 8. 단속하다. 9. 겹치다.

押交(압교) 죄인을 수송함. 압부(押附).

押券(압권) 도장을 찍은 문서.

押班(압반) 조정에서 관리들이 앉는 자리의 순서를 주관함.

押署(압서) 도장을 찍고 서명을 날인함.

押送(압송) 죄인을 다른 곳으로 보냄.

押韻(압운) 한시(漢詩)를 지을 때 일정한 위치에 운자(韻字)를 달아 시를 짓는 일.

扼	⑤8획 扼(p500)과 同字

拗	⑤8획 ❶꺾을 요 ❷누를 욱	日ヨウ · オウ · ねじける 中ǎo, ào, niù

풀이 ❶ 1. 꺾다. 부러뜨리다. ¶拗矢 2. 비뚤다. 마음이 비꼬이다. ¶拗强 ❷ 3. 억누르다. ¶拗怒

拗强(요강) 성질이 비뚤어지고 고집이 셈.

拗矢(요시) 화살을 꺾음. 또는 그런 화살.

拗體(요체) 한시(漢詩)의 한 형식. 일정한 평측(平仄)의 규칙을 따르지 않는 근체시(近體詩). 절구(絶句)와 율시(律詩)의 변격(變格).

拗怒(욱노) 분노를 누름.

유 折(꺾을 절)

抵	⑤8획 거스를 저	日テイ · あたる 中dǐ

一 丨 扌 扌 扌 扌 抵 抵

* 형성. 뜻을 나타내는 부수 '扌(手;손 수)'와 음을 나타내는 '氐(근본 저)'가 합친 글자. 손(扌)이 밑바닥(氐)까지 '다다른' 것을 나타내어, '다다르다', 또는 '이르다'는 뜻으로 쓰임.

풀이 1. 거스르다. 어기다. ¶抵冒 2. 막다. 막아내다. ¶抵抗 3. 해당하다. 4. 이르다. 다다르다. ¶抵死 5. 겨루다. 대항하다. ¶抵敵 6. 던지다. ¶抵擲 7. 무릇. 대저. ¶大抵

抵當(저당) 채무의 담보물.

抵冒(저모) 거슬러 어김. 죄를 지음.

抵排(저배) 밀어 배척함. 저항하여 배척함.

抵死(저사) 죽기를 작정하고 저항함.

抵捂(저오) 서로 어긋남. 서로 모순됨. 저오(抵捂).

抵敵(저적) 적과 맞서서 겨룸. 대적(對敵).

抵罪(저죄) 죄의 경중(輕重)에 따라 형벌을 줌.

抵擲(저척) 내던짐. 투척(投擲).

抵觸(저촉) 1)부딪침. 충돌함. 2)서로 모순됨.

抵抗(저항) 1)대항함. 반항함. 2)어떤 힘에 대하여 그것과는 반대의 방향으로 작용하는 힘.

大抵(대저) 대체로. 무릇.

유 逆(거스를 역) 반 順(순할 순)

拙	⑤8획 졸할 졸	日セツ · つたない 中zhuō

4획

一 扌 扌 扌 扌 抖 拙 拙

* 형성. 뜻을 나타내는 부수 '扌(手;손 수)'와 음을 나타내는 '出(날 출)'을 합친 글자. 손(扌)이 나가(出)고 없으니 일할 능력이 없으므로 '졸렬한' 것을 나타냄.

풀이 1. 졸하다. 옹졸하다. 졸렬하다. 2. 서툴다. ¶拙手 3. 쓸모 없다. 4. 자신의 것을 낮추어 이르는 말. ¶拙作

拙稿(졸고) 자신의 원고에 대한 겸양의 표현.
拙鳩(졸구) 비둘기의 다른 이름. 비둘기는 집을 짓는 것이 서툴러서 생긴 말.
拙衲(졸납) 중이 자신을 낮추어 하는 말. 졸승(拙僧).
拙訥(졸눌) 재주가 부족하고 더듬거림.
拙論(졸론) 보잘것없는 언론.
拙樸(졸박) 옹졸하고 순박함.
拙手(졸수) 서투르고 보잘것없는 솜씨.
拙愚(졸우) 재주가 부족하고 어리석음.
拙吟(졸음) 서투른 시가.
拙醫(졸의) 돌팔이 의원.
拙作(졸작) 보잘것없는 작품. 자기의 작품에 대한 겸양의 표현.
拙著(졸저) 졸렬한 작품. 자신의 저술에 대한 겸양의 표현.
拙妻(졸처) 남에게 자기의 아내를 겸손하게 낮추어 일컫는 말.

拄 ⑤8획 日チュウ
버틸 주 中zhǔ

풀이 1. 버티다. 지탱하다. ¶拄杖 2. 손가락질하다. 비방하다. 3. 막다. 거절하다.

拄杖(주장) 받치는 막대기. 지팡이.

抮 ⑤8획 日ケン
휘어잡을 진 中zhěn

풀이 1. 휘어잡다. 거머 쥐다. 2. 껴안다.

비 診(볼 진)

抶 ⑤8획 日テツ·むちうつ
매질할 질 中chì

풀이 매질하다. 종아리를 치다.

拃 ⑤8획
拶(p513)의 俗字

拓 ⑤8획
❶넓힐 척 日セキ·ひらく·ひらう
❷박을 탁 中tà, tuò

一 扌 扌 扌 扩 扩 拓 拓

* 형성. 뜻을 나타내는 부수 '扌(手;손 수)'와 음을 나타내는 '石(돌 석)'을 합친 글자. 손(扌)으로 돌(石)을 치워 버리고 밭을 '개간'하는 것을 나타냄.

풀이 ❶ 1. 넓히다. 확장하다. 2. 개척하다. ¶拓地 3. 줍다. 4. 꺾다. 5. 크다. 6. 어려움을 겪다. 불행해지다. ¶拓落 ❷ 7. 새기다. 박다. 비문 등을 종이를 대고 박아 냄. ¶拓本 8. 밀다. 밀치다.

拓落(척락) 역경에 빠짐. 낙척(落拓).
拓地(척지) 1)땅을 개척함. 2)땅의 경계를 넓힘.
拓本(탁본) 쇠와 돌에 새긴 글씨나 그림을 그대로 박아 냄. 또는 그 박은 종이. 탑본(搨本).
開拓(개척) 1)거친 땅을 일구어 논밭을 만듦. 2)아무도 손 대지 않은 새로운 분야를 열어 그 부문의 길을 닦음.

招 ⑤8획
❶부를 초 日ショウ·まねく
❷지적할 교 中zhāo
❸별 이름 소

一 扌 扌 扌 扣 扣 招 招

* 형성. 뜻을 나타내는 부수 '扌(手;손 수)'와 음을 나타내는 '召(소)'를 합친 글자. 손(扌)으로 '부르는(召)' 것, 손짓으로 사람을 불러 오게 하는 일을 나타냄.

풀이 ❶ 1. 부르다. 초대하다. ¶招待 2. 초래하다. 맞아들이다. 3. 과녁. 4. 추구하다. 요구하다. 5. 묶다. 얽어매다. 6. 자백하다. 7. 사귀다. ❷ 8. 지적하다. 9. 걸다. 게시하다. ❸ 10. 별 이름. 북두칠성의 일곱번째 별. ¶招搖

招過(교과) 잘못을 하나하나 듦.
招待(초대) 남을 불러서 대접함.
招來(초래) 어떤 결과가 오게 함.
招聘(초빙) 예를 갖추어 맞이함.
招壻(초서) 1)사위를 얻음. 2)데릴사위.
招尋(초심) 1)부름. 2)방문함.
招延(초연) 불러 들임. 모집함.
招慰(초위) 불러서 위로함.
招諭(초유) 불러서 타이름.
招引(초인) 1)사건의 관계인을 부름. 2)죄인이 남을 끌어들임.
招入(초입) 불러들임.
招災(초재) 스스로 재앙을 초래함.

4획

招請(초청) 청하여 부름.
招致(초치) 불러서 이름.
招魂(초혼) 죽은 사람의 혼을 불러오는 것.
招喚(초환) 불러 돌아오게 함.
問招(문초) 죄인을 불러다 놓고 물어보며 조사하는 일.

유 召(부를 소)

抽	⑤ 8획	日 チュウ · ぬく
	뺄 추	中 chōu

一 ㅓ 扌 扌 扣 扣 抽 抽

* 형성. 뜻을 나타내는 부수 '扌(手;손 수)'에 음을 나타내는 '由(말미암을 유)'를 합친 글자. 들어 있는 데서 말미암아(由) 손(扌)으로 '빼내는' 것을 나타냄.

풀이 1. 빼다. 뽑다. ¶抽拔 2. 당기다. 3. 거두다. 4. 싹트다. ¶抽芽

抽讀(추독) 많은 책 중에서 빼내서 읽음.
抽拔(추발) 골라 뽑음. 발탁(拔擢)함.
抽象(추상) 사물 또는 개념들 중에 공통되는 특성이나 속성 등을 추출하여 일반적인 개념으로 파악하는 정신의 작용.
抽身(추신) 몸을 빼어 떠남.
抽芽(추아) 싹이 틈. 또는 싹튼 눈.
抽奬(추장) 여럿 속에서 가려내 칭찬함.
抽籤(추첨) 제비를 뽑음.
抽出(추출) 빼냄. 뽑아냄.
抽擢(추탁) 뽑아 씀.

拖	⑤ 8획	日 タ · ひく
	끌 타	中 tuō

풀이 1. 끌다. 끌어당기다. ¶拖延 2. 내버려두다. 풀어 놓다. 3. 빼앗다. 4. 던지다.

拖延(타연) 시간을 끎. 유예(猶豫)함.
拖紫(타자) 자주색 인끈을 한다는 뜻으로 높은 관리가 됨을 말함. 출세함.
拖杷(타파) 보리를 모으는 데 쓰는 농기구 이름.

유 引(끌 인)

拕	⑤ 8획
	拖(p508)과 同字

拆	⑤ 8획	日 タク · つぶす
	터질 탁	中 cā, chāi

풀이 1. 터지다. 갈라지다. ¶拆開 2. 부수다. 분해하다.

拆開(탁개) 터져 열림.
拆裂(탁렬) 터져 갈라짐.
拆封(탁봉) 봉한 것을 뜯음. 개봉(開封).

유 決(터질 결)

抬	⑤ 8획
	❶ 笞(p999)와 同字
	❷ 擡(p547)의 俗字

抨	⑤ 8획	日 ヒョウ · はじく
	탄핵할 평	中 pēng, bēng

풀이 1. 탄핵하다. 질책하다. 2. 시키다. 하게 하다.

抨劾(평핵) 죄를 들추어내어 책망함.

抱	⑤ 8획	日 ホウ · いだく
	안을 포	中 bào, pāo

一 ㅓ 扌 扌 扚 扚 拘 抱

* 형성. 뜻을 나타내는 부수 '扌(手;손 수)'와 음을 나타내는 '包(쌀 포)'를 합친 글자. 두 손(扌)으로 무엇을 안(包)는 것, 곧 '안다', '품다'는 뜻.

풀이 1. 안다. 품다. ¶抱腹 2. 지키다. 3. 가지다. 4. 갖추다. 구비하다. 5. 둘러싸다. 에워싸다. 6. 가슴. 마음. ¶抱懷 7. 던지다. 8. 아름. 팔을 벌려서 껴안은 둘레.

抱病(포병) 몸에 병이 있음. 또는 그 병.
抱負(포부) 마음속에 품은 미래에 대한 훌륭한 계획이나 희망.
抱薪救火(포신구화) 섶을 안고 불을 진압한다는 뜻으로, 오히려 더 큰 위난(危難)을 초래함을 말함.
抱擁(포옹) 품에 껴안음.
抱一(포일) 하나를 지킴. 도(道)를 지킴.
抱柱(포주) 약속을 지킴.
抱志(포지) 뜻을 품음.
抱合(포합) 1)서로 끌어안음. 2)서로 다른 물질이 변화가 없이 결합하는 일.
抱懷(포회) 마음에 품고 있는 생각.

비 拘(잡을 구)

抪	⑤ 8획	日 ホウ · しく
	퍼질 포	中 pū

풀이 퍼지다. ¶抪覆

4획

捬覆(포부) 널리 퍼져 덮임.

유 濫(퍼질 람)

抛	⑤8획	日ホウ · なげうつ
	던질 포	中pāo

풀이 1. 던지다. ¶抛物 2. 버리다. ¶抛棄 3. 싸움 수레. 전거(戰車).

抛車(포거) 옛날, 전쟁 때 적진으로 돌이나 기름 항아리 등을 나르는 데에 사용한 수레. 벽력거(霹靂車).

抛棄(포기) 1)하던 일을 도중에 그만둠. 2)자기의 권리나 자격을 버림.

抛物(포물) 물건을 던짐.

抛擲(포척) 1)내던짐. 던져 버림. 2)상관하지 않음. 방척(放擲).

유 投(던질 투)

披	⑤8획	日ヒ · ひらく
	헤칠 피	中pī

* 형성. 뜻을 나타내는 부수 '扌(手;손 수)'와 음을 나타내는 '皮(가죽 피)'를 합친 글자. 손(扌)으로 가죽(皮)을 친다 라는 뜻에서 '펴다', '찢다' 등의 뜻을 나타냄.

풀이 1. 헤치다. 들춰내다. 2. 펴다. 열다. ¶披肝 3. 나누다. 4. 옷을 입다. 5. 찢어지다. 찢다. ¶披離 6. 쓰러지다. 7. 폭로하다.

披肝(피간) 마음을 엶. 마음속을 털어놓음.

披見(피견) 펴서 봄. 피람(披覽).

披抉(피결) 감춘 것을 들추어냄.

披襟(피금) 1)옷깃을 엶. 2)마음을 털어놓음.

披瀝(피력) 마음속의 생각을 숨김없이 털어놓음.

披露(피로) 1)문서 등을 펴 보임. 2)일반에게 널리 알림. 공표(公表)함.

披離(피리) 찢어져 사방으로 흩어짐.

披腹(피복) 속마음을 엶.

披攘(피양) 미개척지를 개척함.

披閱(피열) 열어 조사함.

披懷(피회) 마음속을 털어놓음.

유 害(해칠 해) 비 被(이불 피)

拡	⑤8획
	擴(p550)의 俗字

挌	⑥9획	日カク · うつ
	칠 격	中gé

풀이 치다. ¶挌殺

挌殺(격살) 쳐 죽임.

유 打(칠 타)

拷	⑥9획	日ユウ · うつ
	칠 고	中kǎo

풀이 치다. 죄상을 자백 받기 위해 매질함.

拷掠(고략) 1)고문(拷問). 2)빼앗음.

拷問(고문) 죄인의 몸에 고통을 주어 죄상을 심문함.

拷訊(고신) 고문(拷問).

挎	⑥9획	日コウ
	가질 고	中kuà

풀이 1. 가지다. 2. 도려내다.

拱	⑥9획	日キョウ · かかえ
	두손 마주잡을 공	中gǒng

풀이 1. 두 손을 마주 잡다. 공수. ¶拱手侍立 2. 팔짱을 끼다. 3. 껴안다. 4. 아름. 두 손을 벌려서 껴안은 둘레. ¶拱木 5. 옥(玉).

拱木(공목) 아름드리 나무.

拱手(공수) 왼손을 오른손 위에 놓고 두 손을 마주 잡아, 공경의 뜻을 나타내는 예.

墓木已拱(묘목이공) 무덤에 심은 나무가 아름드리 나무가 될 정도로 사람이 죽어서 이미 오랜 세월이 흘렀음을 말함.

括	⑥9획	日カツ · くくる
	묶을 괄	中guà, kuò

* 형성. 뜻을 나타내는 부수 '扌(手;손 수)'에 음을 나타내는 '舌(혀 설)'을 합친 글자. 손으로 입을 막다, 곧 '잡아매다', 또는 '묶다'는 뜻이 됨.

풀이 1. 묶다. 묶음. ¶一括 2. 싸다. 담다. 3. 이르다. 다다르다. 4. 모이다. 모으다. ¶總括 5. 궁구하다. 구명하다.

括約筋(괄약근) 요도 · 항문 등이 수축하면 고리 모양의 기관이 좁아지거나 아주 닫히는 작용을 하는 근육.

括弧(괄호) 말이나 글 또는 숫자 등을 한데 묶기 위하여 사용하는 부호. ( ), { }, 〔 〕 등.

概括(개괄) 1)대충 추려 한데 뭉뚱그림. 2)어떤 개념의 외연으로 확대하여 보다 많은 사물을 포괄하는 개념을 만드는 일.

一括(일괄) 한데 묶음. 한데 아우르는 일.
總括(총괄) 여러 가지를 한데 모아서 아우름.
包括(포괄) 있는 대로 온통 휩쓸어 쌈.
유 束(묶을 속) 비 栝(노송나무 괄)

挂	⑥ 9획	日ケイ·カイ·かかる
	걸 괘	中guà

풀이 걸다. ¶挂冠
挂冠(괘관) 의관을 벗어 걸어 놓는다는 뜻으로, 관직을 그만둠을 말함.
挂榜(괘방) 명단 등을 걸어 놓은 방.
挂帆(괘범) 돛을 닮음.

挍	⑥ 9획	日コウ
	견줄 교	中jiāo

풀이 1. 견주다. 비교하다. 2. 갚다.

拳	⑥ 10획	日ケン·こぶし
	주먹 권	中quán

丶 丷 ⺌ 㐅 𠂔 失 关 类 叁 拳

*형성. 뜻을 나타내는 부수 '手(손 수)'에 음을 나타내는 '卷(두루마리 권)'을 합친 글자. 책(卷)을 말듯이 손(手)을 쥔다는 뜻에서 '주먹'을 나타냄.

풀이 1. 주먹. 주먹을 쥐다. ¶拳鬪 2. 권법. 수박(手搏)과 같은 중국 고유 무예의 한 가지. ¶拳法 3. 힘. 힘쓰다. 4. 근심하다. 5. 정성껏 지키다. ¶拳拳 6. 충실하다.
拳踢(권국) 허리 · 등이 굽어 자유롭지 못한 모양.
拳拳(권권) 1)진심으로 정성껏 지키는 모양. 2)공경하며 삼가는 모양.
拳攣(권련) 사랑하고 연모함.
拳法(권법) 주먹을 휘두르며 격투하는 무예.
拳術(권술) 맨손으로 상대를 넘어뜨리는 무술. 중국 국기(國技)의 하나.
拳握(권악) 주먹.
拳勇(권용) 권술(拳術)에 능하고 용감함. 또는 그런 사람.
拳銃(권총) 한 손으로 다룰 수 있는 작은 총기.
拳打(권타) 주먹으로 때림.
拳鬪(권투) 주먹으로 서로 때려서 승패를 결정하는 운동 경기의 하나. 복싱(boxing).
空拳(공권) 맨주먹. 빈주먹.
鐵拳(철권) 쇠뭉치 같은 주먹이라는 뜻으로, 굳센 주먹을 이르는 말.
비 券(문서 권)

拮	⑥ 9획	日キッ·はたらく
	일할 길	中jié

풀이 일하다. ¶拮据
拮据(길거) 쉴 새 없이 일하는 모양.
비 桔(도라지 길)

拿	⑥ 10획	日ナ·つかむ
	붙잡을 나	中ná

풀이 붙잡다.
拿鞫(나국) 죄인을 잡아 심문함.
拿捕(나포) 죄인이나 배 같은 것을 붙잡음.
유 拏(붙잡을 나)

挐	⑥ 10획	
	❶붙잡을 나	日ダ·ジョ
	❷끌 녀	中ráo, rú

풀이 1 1. 붙잡다. 잡다. 2 2. 끌다. 3. 뒤섞다. 4. 어지럽다. 흐트러지다.
挐莖(여경) 어지럽게 얽힌 나무나 풀의 줄기.
挐首(여수) 헝클어진 머리.
유 拿(붙잡을 나)

挑	⑥ 9획	
	❶돋울 도	日チョウ·トウ·いどむ
	❷멜 조	中tiāo, tiǎo

一 扌 扌 扌 扌 扌 挑 挑 挑

*형성. 뜻을 나타내는 부수 '扌(手;손 수)'에 음을 나타내며 많은 수를 뜻하는 '兆(조짐 조)'를 합친 글자. 여러(兆) 손(手)이 강한 힘으로 남과 싸우려고 '뽐내는' 것을 나타냄.

풀이 1 1. 돋우다. 심지 등을 올리다. 2. 자극하다. 싸움을 걸다. ¶挑戰 3. 뛰다. 도약하다. 도약. 4. 유인하다. 꾀다. 2 5. 메다. 6. 가리다. 선택하다. 7. 치다. 준설하다. 8. 후비다.
挑燈(도등) 등잔의 심지를 돋워 불을 밝게 함.
挑發(도발) 1)전쟁 · 분쟁 등을 일으키기 위해 상대를 자극함. 2)욕정 등을 부추겨 불러일으키는 것.
挑選(도선) 인물을 선택함.
挑戰(도전) 1)싸움을 걺. 2)어려운 사업이나 기록 경신에 맞섬.
挑禍(도화) 화를 일으킴.
以琴心挑(이금심도) 그리워하는 마음을 거문고

4획

소리에 나타내어 여자의 마음을 움직임.

유 培(북돋을 배) 비 桃(복숭아나무 도)

挏 ⑥ 9획
밀었다 당겼다 할 동 日トウ 中dòng

풀이 밀었다 당겼다 하다.

挈 ⑥ 10획
❶손에 들 설 日ケツ·ケイ·ひっさぐ
❷끊을 계 中qiè

풀이 ❶ 1. 손에 들다. 2. 거느리다. 다스리다. 3. 이루다. 4. 나타내 보이다. 5. 절박하다. 급하다. 6. 돕다. ❷ 7. 끊다. 단절하다. 8. 새기다. 9. 문서. ¶挈令

挈令(계령) 명령 등을 판자에 새겨 놓은 법령.
挈然(계연) 아는 모양. 똑똑한 모양.
挈挈(설설) 급한 모양.

비 契(맺을 계)

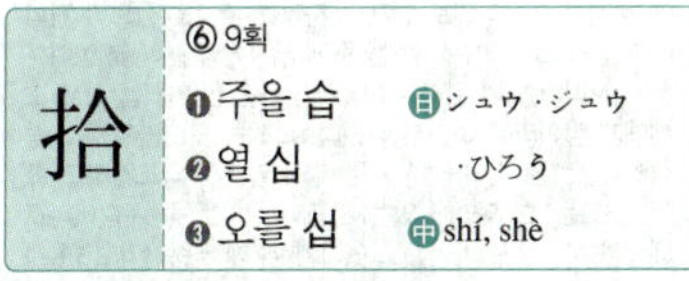

拾 ⑥ 9획
❶주울 습 日シュウ·ジュウ·ひろう
❷열 십
❸오를 섭 中shí, shè

一 丨 扌 扌 扒 拎 拎 拾 拾

* 형성. 뜻을 나타내는 부수 '扌(手;손 수)'와 음을 나타내는 '合(합할 합→습)'을 합친 글자. '合'은 모은다는 뜻, 전하여 손으로 '모으다'라는 뜻에서 '줍다'를 나타냄.

풀이 ❶ 1. 줍다. 습득하다. 2. 팔찌. 활을 쏠 때 왼쪽 팔소매를 걷어 매는 띠. ❷ 3. 열. 십. 갖은자로 '十'을 나타낼 때 쓰임. ❸ 4. 오르다. 상승하다.

拾骨(습골) 뼈를 수습함.
拾級(습급) 계급이나 직위(職位)가 한 등급 오름.
拾得(습득) 물건을 주움.
拾遺(습유) 어떤 책에 실리지 않은 빠진 작품이나 글을 모음. 또는 그것을 모아 엮은 책.
拾集(습집) 주워서 모음.
道不拾遺(도불습유) 길에 떨어진 것을 줍지 않는다는 뜻으로, 풍속이 아름답거나 법 질서가 잘 잡혀서 백성들이 교화될 정도로 나라가 잘 다스려짐을 말함.
收拾(수습) 1)어수선한 사태를 거두어 바로잡음. 2)산란한 정신을 가라앉히어 바로잡음. 3)어수선하게 흩어진 물건을 다시 정돈함.

비 捨(버릴 사)

拭 ⑥ 9획
닦을 식 日シキ·みがく 中shì

풀이 닦다. 깨끗하게 씻다. ¶拭目

拭目(식목) 눈을 닦고 자세히 봄.
膏脣拭舌(고순식설) 입술에 기름을 바르고 혀를 닦는다는 뜻으로, 타인을 비방할 준비를 하고 있음을 말함.
拂拭(불식) 말끔하게 치워 없앰.

유 修(닦을 수) 비 式(법 식)

按 ⑥ 9획
❶누를 안 日アン·おさえる
❷막을 알 中àn

* 형성. 손(扌)으로서 요소를 편안(安)하게 '누르는' 것으로, '요점'을 나타냄. 또한 어루만져 살핀다는 뜻에서 '살피다'는 뜻으로 쓰임.

풀이 ❶ 1. 누르다. ¶按摩 2. 어루만지다. 3. 끌어 당기다. 4. 생각하다. 5. 살피다. 순찰하다. ❷ 6. 막다. 가로 막다.

按檢(안검) 조사하여 검사함.
按摩(안마) 손으로 몸의 근육을 두드리거나 주무르거나 하여 혈액 순환을 좋게 하고 피로가 풀리게 하는 일.
按舞(안무) 가곡·가요에 수반하는 동작을 연구하여 창안함. 또는 그 연기자에게 가르치는 일. 또는 그 사람.
按撫(안무) 민정(民情)을 잘 보살피고 어루만져 위로함.
按排(안배) 알맞게 배치하거나 조절함.
按配(안배) 알맞게 잘 배치하거나 처분함.
按分(안분) 안분비례(按分比例)의 약칭. 주어진 수량을 주어진 비율에 비례하도록 고르게 분배하는 산법(算法).
按手(안수) 예수교에서 기도 받는 사람의 머리 위에 손을 얹고 기도하는 일.
按酒(안주) 술을 마실 때 곁들여 먹는 지짐이나 고기 등의 음식.
按察(안찰) 자세히 조사하여 바로잡음.

유 接(사귈 접)

拽 ⑥ 9획
끌 예 日エイ·ひく 中yè, zhuāi, zhuài

풀이 끌다.

4획

拽白(예백) 흰 것을 끌어들임. 즉, 흐린 물이 지나간 뒤 막 그 물이 맑아지려고 하는 곳을 말함.

拽身(예신) 심신이 고단하여 몸을 끌다시피하여 걸어감.

비 曳(끌 예)

拴	⑥ 9획	日セン・くくる
	맬 전	中shuān

풀이 매다. 묶다.

拯	⑥ 9획	日ジョウ
	건질 증	中zhěng

풀이 1. 건지다. 들어 올리다. ¶拯救 2. 구원하다. 돕다. ¶拯恤

拯救(증구) 건져 구함. 구원함. 구휼(救恤).

拯溺(증닉) 물에 빠진 사람을 건져 구함.

拯撫(증무) 구원하여 위로함. 위무(慰撫).

拯恤(증휼) 도와줌. 구휼(救恤).

攬髮而拯(남발이증) 물에 빠진 사람은 머리털을 잡아당겨 건진다는 뜻으로, 위급할 때에는 사소한 예의를 차리지 않음을 말함.

유 撜(건질 증)

持	⑥ 9획	日ジ・チ・もつ
	가질 지	中chí

一 † 扌 扌 扌 扌 挂 持 持

* 형성. 뜻을 나타내는 부수 '扌(手;손 수)'와 음을 나타내는 '寺(절 사)'를 합친 글자.

풀이 1. 가지다. 2. 지니다. ¶持參 3. 유지하다. 지키다. 4. 잡다. 손에 넣다. 5. 돕다. 6. 믿다. 의지하다. 7. 버티다. 견디다.

持久(지구) 꾸준히 버티어가면서 견딤.

持論(지론) 늘 가지고 있는 의견.

持滿(지만) 항상 충만한 마음을 지님.

持病(지병) 오랫동안 낫지 않는 병.

持續(지속) 계속하여 지녀 나감. 같은 상태가 오래 지속됨.

持參(지참) 물건을 가지고 참석함.

保持(보지) 간직하고 있음. 보유(保有).

不持(부지) 가지고 있지 않음.

扶持(부지) 고생이나 어려움을 견뎌 나감.

비 待(기다릴 대) 指(가리킬 지)

	⑥ 9획	日シ・ゆび・さす
	손가락 지	中zhǐ

一 † 扌 扌 扌 扌 指 指 指

* 형성. 뜻을 나타내는 부수 '扌(手;손 수)'와 음을 나타내는 '旨(맛 지)'를 합친 글자. '旨'는 아름답다, 맛있다는 뜻을 포함하고 있어, 손(扌)이 아름다운(旨) 이유가 '손가락'이 있기 때문이라는 데서, '손가락'을 나타냄.

풀이 1. 가리키다. 지시하다. ¶指令 2. 손·발가락. ¶指紋 3. 아름답다. 4. 곤두서다. 5. 뜻.

指貫(지관) 바느질할 때 바늘을 누르기 위하여 헝겊 등으로 만들어 손가락에 끼워 쓰는 물건. 골무.

指南鐵(지남철) 철을 끌어당기는 성질이 있는 물체. 자석.

指導(지도) 가르쳐 인도함.

指頭(지두) 손가락 끝.

指令(지령) 지시하는 명령.

指鹿爲馬(지록위마) 사슴을 가리켜 말이라고 한다는 뜻으로, 윗사람을 농락하여 마음대로 권력을 휘두름을 이르는 말.

○指鹿爲馬(지록위마)의 유래

진나라의 환관 출신 조고는 진시황이 죽은 후 천하가 대란에 빠지자 이때야말로 황제의 자리를 빼앗을 절호의 기회라고 생각했다. 그는 신하들 중에서 자신의 편이 몇 명이나 될지 시험해 보기 위하여 어느 날, 사슴 한 마리를 황제 호해에게 말이라고 하면서 바쳤다. 호해는 웃으면서, "조 승상이 잘못 본 것이오. 사슴을 일러 말이라 하오?"라고 했다. 조고는 그 자리에 있는 시종과 신하들 중 사슴이라고 대답한 사람들을 기억해 두었다가, 후에 사슴이라고 한 사람을 모두 죽였다. 그 이후에 조고의 말에 이의를 제기하는 사람을 찾아볼 수 없었다.

指目(지목) 1)남들이 손가락질하며 봄. 남의 주의를 끎. 2)사람이나 사물이 어떠하다고 가리켜 정함.

指紋(지문) 손가락 안쪽에 있는 피부의 주름. 또는 그것이 어떤 물건에 남긴 흔적. 인장 대용으로도 사용함.

指事(지사) 한자의 육서(六書)의 하나. 글자의 모양이 직접 어떤 사물의 위치 또는 수량을 가리키는 것.

指數(지수) 1)어떤 수 또는 문자의 오른쪽 위에 부기(附記)하여 그것의 승멱(乘冪) 또는 승근(乘根)을 표시하는 숫자 또는 문자. 2)물가·노동·생산·지능 등의 시기적 변동을 일정한 때를 100으로 하여 비교하는 숫자.

指示(지시) 1)가리켜 보임. 일러 가르침. 2)지휘함. 명령함.

指壓(지압) 손가락 끝이나 물체를 이용하여 누르거나 두드림.

指章(지장) 손도장. 지문(指紋)을 찍는 일.

指摘(지적) 1)손가락질하여 가리킴. 2)잘못을 지시하여 적발함.
指定(지정) 1)이것이라고 가리켜 정함. 2)많은 가운데서 하나만을 가려 내어 정함.
指針(지침) 1)지시 장치에 붙어 있는 바늘. 시계 · 나침반의 바늘 같은 것. 2)생활이나 행동의 방법 · 방향 등을 가리키는 길잡이.
指彈(지탄) 비난함. 지목하여 비방함.
指標(지표) 1)방향을 가리키는 표지. 목적이 되는 표지. 지시의 표지. 2)상용대수의 정수 부분.
指向(지향) 목표로 정한 방향, 또는 그 방향으로 나감.
指環(지환) 가락지. 장식용으로 여자의 손가락에 끼는 금 · 은 · 주옥(珠玉)으로 만든 고리.
指揮(지휘) 지시하여 시킴.
多指症(다지증) 손가락이나 발가락의 수효가 정상보다 많은 기형증(畸形症). 우성 유전함.
斷指(단지) 1)부모나 남편의 병이 위중한 때에 제 손가락을 잘라서 그 피를 먹게 하는 일. 2)어떠한 굳은 맹세의 표시로 손가락을 자르는 일.
大指(대지) 말이나 글의 대강의 요지. 대체의 취지. 대의(大意).

挋	⑥ 9획	日シン
	닦을 진	中zhèn

풀이 1. 닦다. 씻다. 2. 먼지를 털다.

拶	⑥ 9획	日サツ · せまる
	핍박할 찰	中zā, zǎn

풀이 1. 핍박하다. 구박하다. 2. 형구(刑具) 중의 하나. 다섯 개의 나무 토막을 엮어 손가락 사이에 끼우고 죄는 고문.
拶次(찰차) 움직이는 것이 서로 조금씩 어긋남.
拶逼(찰핍) 바싹 가까이 다가가 붙음.
유 逼(닥칠 핍)

拸	⑥ 9획	日チ
	쪼갤 치	中chǐ

풀이 1. 쪼개다. 가르다. 2. 치다. 때리다. 3. 끌다. 당기다. 4. 버리다. 멀리하다.

拫	⑥ 9획	日コン
	당길 흔	中hén

풀이 1. 당기다. 2. 물리치다. 배격하다.
비 根(뿌리 근)

捆	⑦ 10획	日コン · うつ
	두드릴 곤	中kǔn

풀이 1. 두드리다. 치다. ¶捆屨 2. 묶다.
捆屨(곤구) 짚신을 죄고 두드려 단단하게 함.
捆致(곤치) 우의를 맺어 사이좋게 지냄.
유 叩(두드릴 고)

捁	⑦ 10획	日コウ · キョウ
	어지럽힐 교	中jiǎo

풀이 어지럽히다. 교란시키다.

捄	⑦ 10획	日キュウ · すくう
	담을 구	中 jiù

풀이 1. 담다. 넣다. 2. 길다. 가늘고 긴 모양. 3. 숭이. 4. 구원하다. 건지다.
捄弊(구폐) 폐해를 올바르게 잡음.
捄弊生弊(구폐생폐) 폐해를 바로잡으려다가 도리어 폐단을 일으킴.
비 球(공 구)

挶	⑦ 10획	日キョク
	들것 국	中jū

풀이 들것. 흙 등을 나르는 기구.

捃	⑦ 10획	日クン · ひろう
	주울 군	中jùn

풀이 줍다. 습득하다.
捃拾(군습) 주음. 주워서 모음.
捃採(군채) 1)주워서 가짐. 2)책에서 요긴한 곳을 빼어내어 모음.
捃摭(군척) 군채(捃採).

挪	⑦ 10획	日ダ · もむ
	옮길 나	中nuó

풀이 1. 옮기다. 2. 비비다. 문지르다. 3. 유용(流用)하다.

유 移(옮길 이)

揑	⑦ 10획	日ネツ·こねる
	반죽할 날	中niē

풀이 1. 반죽하다. ¶揑造 2. 꿰어맞추다. 근거 없는 일을 지어내다. ¶揑詞

揑詞(날사) 전연 근거 없는 말.

揑造(날조) 1)흙을 반죽하여 물건의 모양을 만들어 냄. 2)사실이 아닌 것을 사실인 양 거짓으로 꾸밈.

捏	⑦ 10획
	揑(p514)의 譌字

挼	⑦ 10획	
	❶비빌 뇌	日スイ
	❷제사지낼 휴	中ruó, suī

풀이 ❶ 1. 비비다. 문지르다. 2. 누르다. ❷ 3. 제사지내다.

挼挐(뇌나) 눌러 붙잡음.

挼祭(휴제) 신에게 올리기 전에 미리 그 제수에 대해 지내는 제사.

유 祭(제사 제)

捋	⑦ 10획	日ラツ·とる
	집어 딸 랄	中lǚ, luō

풀이 1. 집어 따다. 취하다. 얻다. 2. 만지다. 쓰다듬다.

挵	⑦ 10획
	弄(p406)과 同字

挽	⑦ 10획	日バン·ひく
	당길 만	中wǎn

풀이 1. 당기다. ¶挽引 2. 끌다. 3. 말리다. ¶挽留

挽歌(만가) 1)장례식 때 관을 실은 수레를 끄는 사람들이 부르는 노래. 2)죽은 사람을 애도(哀悼)하는 시나 노래. 만사(輓詞).

挽留(만류) 붙잡고 말림.

挽詩(만시) 죽은 사람을 슬퍼하며 지은 시.

挽引(만인) 끌어당김.

유 彍(당길 확) 扔(당길 잉) 비 晩(저물 만)

拚	⑦ 10획
	拌(p504)의 俗字

捗	⑦ 10획	
	❶칠 척	日チョク·ホ
	❷거둘 보	中zhì, bù

풀이 ❶ 1. 치다. 때리다. ❷ 2. 거두다. 수령하다.

비 步(걸음 보)

捊	⑦ 10획	日フ
	밭 갈 부	中fū, pōu, póu

풀이 1. 논밭을 갈다. 2. 거두다. 거두어들이다. 3. 움켜쥐다.

挿	⑦ 10획
	插(p526)의 俗字

捥	⑦ 10획
	旋(p572)의 俗字

捎	⑦ 10획	日ショウ
	덜 소	中shāo, shǎo

풀이 1. 덜다. 제거하다. ¶捎殺 2. 베다. 3. 높다. ¶捎雲 4. 스치다. 5. 치다. 때리다.

捎殺(소살) 죽여 없앰.

捎雲(소운) 높이 뜬 구름. 소운(梢雲).

유 挨(칠 애) 비 消(사라질 소)

挨	⑦ 10획	日アイ·ひらく
	밀칠 애	中āi

풀이 1. 밀치다. ¶挨拶 2. 다가오다. 좁히다. 3. 차례차례. 4. 견디다. 버티다. 5. 치다. 때리다.

挨拶(애찰) 1)밀치고 나아감. 2)문하의 중을 여러 모로 문답하여, 진리의 깨달음을 시험함. 3)소식의 왕래.

挨枕(애침) 밀어젖힘.

4획

유 捎(칠 소)

挪	⑦ 10획	日ヤ
	농지거리할 야	中yé, yú

풀이 농지거리를 하다. 희롱하다. 빈정거리다.

挪揄(야유) 놀림. 또는 그런 말이나 짓.

挻	⑦ 10획	日セン
	늘일 연	中shān

풀이 1. 늘이다. 2. 당기다. 3. 늦추다. 4. 달아나다. 도망가다. 5. 취하다. 빼앗다. 6. 오래도록. 장구하게.

유 抻(늘일 신)

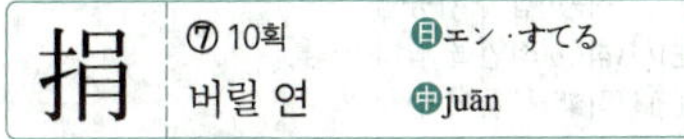

捐	⑦ 10획	日エン · すてる
	버릴 연	中juān

풀이 1. 버리다. 없애다. ¶捐館 2.주다. 내 놓다. 3. 기부. 헌납. ¶義捐金

捐館(연관) 집을 버린다는 뜻으로, 죽음을 말함.

捐軀(연구) 제 몸을 버린다는 뜻으로 의를 위하여 죽음을 말함.

捐棄(연기) 버림.

捐納(연납) 돈 등을 바쳐 벼슬을 얻는 일.

捐背(연배) 버리고 배반함.

捐生(연생) 목숨을 버림. 사망(死亡)의 높임말.

捐世(연세) 세상을 버림. 기세(棄世).

棄捐(기연) 1)버림. 쓰지 않음. 2)사재(私財)를 내놓아 남을 도와 줌.

捐助(연조) 금품으로 남을 도와줌.

義捐金(의연금) 자선이나 공익을 위해 내는 돈.

비 損(덜 손)

捂	⑦ 10획	日ゴ · ふれる
	닿을 오	中wú, wǔ

풀이 1. 닿다. 접촉하다. 2. 거스르다. 거역하다. 3. 향하다. 4. 버티다.

유 觸(닿을 촉)

捖	⑦ 10획	日カン
	깎을 완	中wán

풀이 1. 깎다. 깎아내다. 2. 문지르다. 갈다.

挹	⑦ 10획	日ユウ · くむ
	뜰 읍	中yì

풀이 1. 뜨다. 2. 끌다. 당기다. 3. 누르다. 겸양하다. ¶挹損 4. 읍하다. 절하다. 인사하는 예의 한 가지. 두 손을 맞잡아 얼굴 앞으로 들고 허리를 공손히 구부렸다가 펴면서 두 손을 내림.

挹損(읍손) 1)감정을 누르고 물러섬. 2)곡수(穀數)를 덜어 줌.

挹注(읍주) 1)물을 퍼다 부음. 2)부족한 것을 채움.

挹退(읍퇴) 겸손하게 사양함.

捗	⑦ 10획	日テキ
	덜 척	中chì

풀이 1. 덜다. 덜어내다. 2. 땅을 파헤치다. 3. 찢다.

유 損(덜 손)

挺	⑦ 10획	日テイ · ぬく
	빼 정	中tǐng

풀이 1. 빼다. 뽑다. ¶挺身 2. 벗어나다. 3. 솟다. 돋다. 4. 특출나다. 빼어나다. ¶挺然 5. 곧다. 6. 달리다. 7. 너그럽다. 관대하다.

挺傑(정걸) 남달리 썩 잘함. 또는 그런 사람.

挺立(정립) 1)높이 솟음. 2)뛰어남.

挺秀(정수) 뛰어남. 정발(挺拔).

挺身(정신) 어떤 일에 남보다 앞장서서 나아감.

挺然(정연) 남들보다 빼어난 모양.

挺爭(정쟁) 앞질러 나와서 싸움. 앞장서서 다툼.

挺戰(정전) 스스로 앞장서서 싸움.

挺節(정절) 절개를 굳게 지킴.

挺挺(정정) 바른 모양.

挺出(정출) 1)쑥 빼어져 나옴. 2)남보다 뛰어남. 걸출(傑出).

비 挻(늘일 연)

挫	⑦ 10획	日サ · ザ · くじく
	꺾을 좌	中cuò

* 형성. 뜻을 나타내는 부수 '扌(手:손 수)'와 음을 나타내는 '坐(앉을 좌)'를 합친 글자.

풀이 1. 꺾다. 꺾이다. ¶挫北 2. 창피를 주다. 3. 결박하다. 4. 문지르다.

挫北(좌배) 꺾이어 달아남.

挫鋒(좌봉) 창을 꺾는다는 뜻으로, 적군의 기세

4 획

를 겪음을 말함.

挫傷(좌상) 1)기세가 꺾이어 마음이 상함. 2)피하조직이나 근육에 입은 상처.

挫辱(좌욕) 1)기세가 꺾여 항복함. 2)기세를 꺾어 창피를 줌.

挫折(좌절) 1)눌러서 꺾음. 2)실패함.

유 折(꺾을 절) 拉(꺾을 납)

挼	⑦ 10획	日シュン · おす
	밀칠 준	中zùn

풀이 밀치다. 떠밀다.

振	⑦ 10획	日シン · ふる
	떨칠 진	中zhèn

* 형성. 뜻을 나타내는 부수 '扌(手;손 수)'와 음을 나타내는 '辰(떨칠 진)'을 합친 글자. 손(扌)으로 무엇을 움직이도록 동하게 하는 것, 곧 '떨치다'는 뜻이 됨.

풀이 1. 떨치다. 떨쳐 일어나다. ¶振起 2. 떨다. 진동하다. 흔들리다. ¶振動 3. 건지다 구원하다. ¶振施 4. 거두다. 받아들이다. 5. 열다. 6. 정돈하다. 7. 뽑다. 빼내다. 8. 무던하다. 너그럽다. 9. 홑겹. 한 겹.

振驚(진경) 놀라 떪. 깜짝 놀람.

振古(진고) 옛날부터. 태고(太古).

振窮(진궁) 가난한 사람을 도와줌.

振起(진기) 떨쳐 일어남. 분발함. 진작(振作).

振動(진동) 1)흔들리어 움직임. 2)물체가 하나의 중심 주위를 주기적으로 흔들어 움직임.

振肅(진숙) 1)무서워서 떨며 조심함. 2)쇠한 것을 북돋우고 느즈러진 것을 바짝 단속함.

振施(진시) 구제함.

振揚(진양) 떨쳐 드날림. 널리 떨침.

振子(진자) 중력의 작용으로 좌우로 일정한 운동을 되풀이하도록 만든 장치.

振作(진작) 기세를 떨쳐 일어남. 북돋음.

振張(진장) 떨쳐 펼치는 모양. 위력(威力)을 떨치는 모양.

振天(진천) 1)소리가 하늘에 떨쳐 울림. 2)무명(武名)을 천하에 떨침을 비유하는 말.

振鐸(진탁) 방울을 울림.

振怖(진포) 떨며 두려워함.

振幅(진폭) 진동하는 물체의 정지 위치로부터 진동의 오른편 또는 왼편의 극점까지의 거리.

振興(진흥) 침체된 것을 떨쳐 일으킴.

4획

捉	⑦ 10획	日サク · とらえる
	잡을 착	中zhuō

* 형성. 뜻을 나타내는 부수 '扌(手;손 수)'와 음을 나타내는 '足(발 족)'을 합친 글자. 달아나는 사람을 손(手)으로 '잡는' 것을 나타냄.

풀이 1. 잡다. 손에 쥐다. 2. 붙잡다. 체포하다.

捉去(착거) 사람을 붙잡아 감.

捉搦(착닉) 잡아 묶음.

捉刀(착도) 1)칼을 잡음. 2)남을 대신함. 또는 대필함.

捉來(착래) 사람을 붙잡아 옴.

捉迷藏(착미장) 헝겊으로 눈을 가리고 사람을 잡는 놀이. 술래잡기. 착희(捉戲).

捉髮(착발) 1)머리를 잡음. 2)일을 서두름.

捉送(착송) 잡아 압송함.

捉囚(착수) 죄인을 잡아 가둠.

捉撮(착촬) 붙들어 쥠.

捉捕(착포) 붙잡음. 포착(捕捉).

유 執(잡을 집) 비 促(재촉할 촉)

捅	⑦ 10획	日トウ
	나아갈 통	中tǒng

풀이 나아가다.

유 進(나아갈 진)

捌	⑦ 10획	日ハッ · さばく
	깨뜨릴 팔	中bā, bié

풀이 1. 깨뜨리다. 쳐부수다. 2. 고무래. 곡식을 끌어 모으거나 펴거나 또는 논밭의 흙을 고르거나 아궁이의 재를 긁어내는 데 쓰는 나무로 만든 기구. 3. 여덟.

捕	⑦ 10획	日ホ · ブ · とらえる
	사로잡을 포	中bǔ

* 형성. 뜻을 나타내는 부수 '扌(手;손 수)'와 음을 나타내는 '甫(클 보→포)'를 합친 글자. 뒤따라가서 손(扌)을 넓게 펼쳐(甫) '잡는' 것을 의미하여, '잡다'라는 뜻이 됨.

풀이 사로잡다. 생포하다. ¶捕繫

捕鯨(포경) 고래를 잡음.

捕繫(포계) 사로잡아 감옥에 가둠.

捕告(포고) 죄인을 신고함.

捕盜(포도) 도둑을 잡음.

捕盜廳(포도청) 조선 중기(中期) 이후 도적과 그 밖의 범죄자를 잡기 위하여 설치한 관청.
捕虜(포로) 전투에서 사로잡힌 적의 군사.
捕亡(포망) 도망간 사람을 잡음.
捕縛(포박) 붙잡아서 결박함.
捕繩(포승) 죄인을 결박하는 노끈.
捕影(포영) 1)그림자를 잡음. 2)쓸데없는 짓을 함. 포풍(捕風).
捕捉(포착) 1)꼭 붙잡음. 2)요점이나 요령을 얻음.
捕治(포치) 죄인을 잡아 다스림.
捕獲(포획) 1)적병을 사로잡음. 2)짐승이나 물고기를 잡음. 3)국제법상, 전시(戰時)에 적선(賊船) 또는 중립 위반의 중립국(中立國) 선박을 잡는 일.

유 虜(포로 로)

捍 ⑦ 10획 日カン・ふせぐ
막을 한 中hàn, xiàn

풀이 1. 막다. 지키다. ¶捍邊 2. 팔찌. 활을 쏠 때 왼팔의 소매로 걷어 매는 띠. 3. 사납다.

捍撥(한발) 비파 등의 채 끝에 붙이는 금·은 장식 채가 상하는 것을 막음.
捍邊(한변) 변방을 지킴.

挾 ⑦ 10획 日キョウ・はさむ
낄 협 中jiā, xié

풀이 1. 끼다. 끼우다. ¶挾持 2. 젓가락. 3. 두루 미치다. 4. 가지다. 소지하다. 5. 생각을 품다. ¶挾詐 6. 믿고 뽐내다. 믿고 의지하다. ¶挾勢 7. 해지다. 8. 볼. 뺨. 9. 지키다.

挾憾(협감) 원한을 가짐. 함감(含憾).
挾纊(협광) 1)솜을 지님. 2)몸이 따뜻함.
挾貴(협귀) 부귀를 믿고 남들에게 뽐냄.
挾輔(협보) 곁에서 보좌함.
挾私(협사) 사사로운 정을 둠.
挾邪(협사) 사특한 마음을 품음.
挾詐(협사) 간사한 생각을 품음.
挾勢(협세) 남의 힘을 믿고 의지함.
挾術(협술) 계책을 마음속에 품음.
挾持(협지) 1)끼고 지님. 2)마음에 품음.

유 夾(낄 협)

掆 ⑧ 11획 日コウ
들어 올릴 강 中gāng, gàng

풀이 1. 들어 올리다. 2. 어깨에 메다.

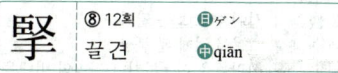

据 ⑧ 11획 日キョ・すえる
일할 거 中jū, jù

풀이 1. 일하다. 일하는 모양. 2. 의거하다.

유 勞(일할 로) 働(일할 동)

掔 ⑧ 12획 日ケン
끌 견 中qiān

풀이 1. 끌다. ¶掔羊 2. 단단하다. 튼튼하다. ¶掔掔

掔掔(견견) 튼튼한 모양. 단단한 모양.
掔羊(견양) 양을 끎.

掐 ⑧ 11획 日キョク
딸 겹 中qiā

풀이 1. 따다. ¶掐摘 2. 할퀴다. ¶掐鼻 3. 두드리다. ¶掐膺 4. 손을 꼽다. ¶掐指

掐鼻(겹비) 코를 할큄.
掐膺(겹응) 가슴을 두드림. 즉, 근심이 있는 모양.
掐摘(겹적) 잎 등을 땀.
掐指(겹지) 손가락을 꼽음.

유 摘(딸 적)

4 획

控 ⑧ 11획
❶당길 공 日コウ・ひかえる
❷칠 강 中kòng

풀이 ❶ 1. 당기다. 끌어 당기다. ¶控弦 2. 던지다. 투척하다. 3. 고하다. 알리다. ❷ 4. 치다. 때리다. ¶控捲

控捲(강권) 주먹으로 침.
控訴(공소) 다시 심의를 청구하는 일.
控壓(공압) 제어하여 누름.
控制(공제) 1)눌러 제압함. 2)자유를 억누름.
控弦(공현) 1)활시위를 당김. 2)궁수(弓手).

비 腔(빈속 강)

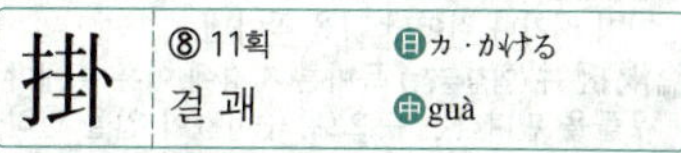
掛 ⑧ 11획 日カ・かける
걸 괘 中guà

* 형성. 음을 나타내는 '卦(점괘 괘)'는 점[卜]치는 표[圭]로, 운수를 걸어서 표시하는 것을 뜻하고 여기에 뜻을 나타내는 부

수 '扌(手;손 수)'가 더해져 물건을 손으로 걸어 표시함을 나타냄. 곧 '걸다'는 뜻이 됨.

풀이 1. 걸다. 걸쳐 놓다. ¶掛鐘 2. 마음에 걸리다. 신경쓰이다. ¶掛意

掛冠(괘관) 관(冠)을 걸어 둔다는 뜻으로, 벼슬에서 물러남을 말함. 사직(辭職)함.

掛念(괘념) 마음에 두고 잊지 않음.

掛圖(괘도) 걸어 놓고 보는 학습용의 그림이나 지도.

掛曆(괘력) 걸어 놓고 보는 달력.

掛佛(괘불) 그려서 걸게 된 불상.

掛書(괘서) 사람들을 선동하거나 관리의 비행을 폭로할 목적으로 작성자의 이름을 숨기고 붙이는 벽보.

掛意(괘의) 마음에 두고 있음.

掛軸(괘축) 걸어 놓는 서화축.

유 卦(걸 괘)

掬	⑧ 11획	日 キク·すくう
	움킬 국	中 jū

풀이 1. 움키다. 움켜쥐다. ¶掬飮 2. 손바닥. 3. 용량 단위. 한 움큼의 양에 해당하는 5홉의 양.

掬弄(국롱) 물을 움켜 장난함.

掬飮(국음) 물을 두 손으로 움켜 마심.

掘	⑧ 11획	
	❶ 팔 굴	日 クツ·ほる
	❷ 뚫을 궐	中 jué

* 형성. 뜻을 나타내는 부수 '扌(手;손 수)'와 음을 나타내는 '屈(굽을 굴)'을 합친 글자. 허리를 구부려(屈) 손(扌)으로 땅을 파다의 뜻을 나타냄.

풀이 ❶ 1. 파다. 파내다. 2. 다하다. 3. 우뚝 솟다. 4. 굴. 암굴. ❷ 5. 뚫다. 6. 구멍

掘移(굴이) 무덤을 파 옮김. 이장(移葬)함.

掘鑿(굴착) 땅이나 암석을 파서 뚫음.

掘鑿機(굴착기) 땅이나 바위를 파내거나 부수는 건설 기계의 총칭.

盜掘(도굴) 1)광업권이나 광주(鑛主)의 승낙 없이 광물을 몰래 채굴하는 일. 2)무덤 등을 허가 없이 몰래 파내는 일.

發掘(발굴) 1)땅 속에 묻힌 물건을 파냄. 2)알려지지 않거나 뛰어난 것을 찾아냄.

臨渴掘井(임갈굴정) 목마른 지경에 이른 후에야 우물을 판다라는 뜻으로, 준비없이 일을 당하여 허둥지둥하는 것을 비유하는 말.

採掘(채굴) 땅을 파서 광석 등을 캐냄.

4획

捲	⑧ 11획	日 ケン
	말 권	中 juǎn

풀이 1. 말다. ¶捲土 2. 주먹. ¶捲手 3. 힘쓰다.

捲捲(권권) 힘쓰는 모양.

捲手(권수) 주먹.

捲握(권악) 1)주먹을 말음. 2)세력 등을 쥠.

捲土(권토) 흙먼지를 일으킬 정도로 대단한 기세를 말함.

捲土重來(권토중래) 흙먼지를 날리며 다시 온다는 뜻으로, 한 번 실패한 일에 의욕적으로 다시 도전함을 이르는 말.

捲土重來(권토중래)의 유래

해하(垓下)에서 유방에게 패한 항우는 오강으로 도망갔을 때, 정장(亭長)은 항우에게 강동(江東)으로 돌아가 재기하라고 권유했다. 그러나 항우는 "8년 전 강동의 8천여 자제(子弟)와 함께 떠난 내가 무슨 면목으로 혼자 강동으로 돌아가 부형들을 대할 것인가?"라며 자결하고 말았다. 훗날 당나라의 시인 두목(杜牧)은 항우를 기리며 《제오강정(題烏江亭)》이라는 시를 읊었다. "승패는 병가도 기약할 수 없으니, 수치를 싸고 부끄러움을 참음이 남아로다. 강동의 자제 중에는 준재가 많으니 권토중래는 아직 알 수 없네."

掎	⑧ 11획	日 キ·ひく
	끌 기	中 jǐ

풀이 1. 끌다. 끌어당기다. ¶掎摭 2. 쏘다. 시위를 당기다. ¶掎擊 3. 뽑다.

掎角(기각) 앞뒤에서 적을 공격함.

掎擊(기격) 등 뒤에서 공격함.

掎止(기지) 뒤에서 가지 못하게 함.

掎摭(기척) 끌어당겨 거두어 가짐.

捺	⑧ 11획	日 ナツ·おす
	누를 날	中 nà

* 형성. 뜻을 나타내는 부수 '扌(手;손 수)'와 음을 나타내는 '奈(어찌 나)'를 합친 글자. 어떤 의사를 표시하기 위해서 손(扌)으로 '누르는' 것을 뜻함.

풀이 1. 누르다. 찍다. ¶捺印 2. 삐침. 서법(書法)의 하나.

捺印(날인) 도장을 찍음.

捻	⑧ 11획	日 ネン·ねじる
	비틀 념	中 niǎn, niē

풀이 1. 비틀다. 꼬다. 2. 붙잡다. 집다.

유 撚(비틀 념)

捼 ⑧ 11획 日ナイ・もむ
비빌 뇌 中ruó

풀이 비비다. 문지르다.

掉 ⑧ 11획 日トウ・ふるう
흔들 도 中diào

풀이 1. 흔들다. 흔들리다. ¶掉尾 2. 정돈하다. 바로잡다. 3. 삿대. 상앗대.

掉尾(도미) 꼬리를 세차게 흔든다는 뜻으로, 끝판에 두드러지게 활약함을 비유하는 말.

尾大不掉(미대불도) 꼬리가 커서 흔들기 어렵다는 뜻으로, 신하의 세력이 강하여 군주가 자유로이 제어할 수 없음을 말함.

유 搖(흔들릴 요) 비 棹(노 도)

掏 ⑧ 11획 日トウ・すくう
가릴 도 中tāo

풀이 1. 가리다. 선택하다. 2. 소매치기하다. ¶掏摸 3. 꺼내다. 퍼내다.

掏摸(도모) 손으로 더듬어 물건을 훔침. 또는 그 도둑. 소매치기.

비 陶(질그릇 도)

掠 ⑧ 11획
노략질할 략(약) 日リャク・かすめる 中lüè

一 亅 扌 扌 扩 扩 拧 拧 掠 掠 掠

풀이 1. 노략질하다. 약탈하다. ¶擄掠 2. 매질하다. 볼기를 치다. ¶掠治

掠盜(약도) 탈취하여 도둑질함.

掠治(약치) 죄인을 심문할 때 볼기를 침.

掠奪(약탈) 폭력을 써서 억지로 빼앗음.

驅掠(구략) 몰아 재물을 빼앗음.

擄掠(노략) 떼를 지어 다니며 재물을 빼앗아 감.

殺掠(살략) 목숨이나 재물을 빼앗음.

유 鈔(노략질할 초)

捩 ⑧ 11획
❶술대 려 日レイ・レツ
❷비틀 렬 中lì, liè

풀이 ❶ 1. 술대. 비파를 타는 도구 ❷ 2. 비틀다. 꼬다.

掄 ⑧ 11획 日ロン・リン
가릴 론·륜 中lún

풀이 가리다. 가려 뽑다. 선택하다. ¶掄材

掄材(논재) 1)재목을 가려서 취함. 2)인재를 가림. 논재(掄才).

掄擇(논택) 가려 뽑음. 선택(選擇).

비 論(말할 론)

捫 ⑧ 11획 日モン・なでる
어루만질 문 中mén

풀이 1. 어루만지다. 쓰다듬다. ¶捫心 2. 붙잡다. ¶捫摸 3. 더듬다. 찾다. 4. 비틀다.

捫摸(문모) 1)붙잡음. 2)더듬어 찾음.

捫腹(문복) 배를 쓰다듬음.

捫舌(문설) 말을 못하게 함.

捫心(문심) 가슴을 어루만짐.

유 閔(위문할 민)

排 ⑧ 11획 日ハイ・おしひらく
물리칠 배 中pái, pǎi

一 亅 扌 扌 扌 扌 扌 扌 排 排 排

* 형성. 뜻을 나타내는 부수 '扌(手;손 수)'와 음을 나타내는 '非(아닐 비)'를 합친 글자. 아니(非)라고 손(扌)으로 '밀어내는' 것을 나타내어, '밀치다'를 나타냄.

풀이 1. 물리치다. 배척하다. ¶排斥 2. 밀다. 밀어내다. ¶排出 3. 줄. 열. 4. 늘어서다. 차례로 서다. 5. 풀무. 불을 피울 때 바람을 일으키는 도구.

排擊(배격) 밀치고 공격함.

排球(배구) 경기장의 중앙에 네트를 두고 두 팀으로 나누어 공을 손으로 쳐서 넘기는 운동 경기의 한 가지.

排氣(배기) 공기나 가스·증기를 밖으로 뽑아냄.

排泄(배설) 1)안에서 밖으로 새어나가게 함. 2)생물이 영위하는 물질 대사의 결과로 생기는 쓸데없는 물질을 몸 밖으로 내보내는 작용. 배출(排出). 배출(輩出).

排水(배수) 불필요한 물을 밖으로 빼냄.

排水量(배수량) 1)배가 물에 떠서 갈 적에 그 무게로 말미암아 밀려 나가는 물의 분량. 2)펌프가 뽑아내는 물의 분량.

排煙(배연) 들어 찬 연기를 뽑아 냄.

排列(배열) 질서 있게 늘어놓음. 죽 벌려서 열을 지음.

排外(배외) 외국의 문물 · 사상 같은 것을 배척함.
排月(배월) 한 달에 얼마씩으로 몇 달에 걸쳐 나누어 줌. 배삭(排朔).
排律(배율) 한시의 한 체(體). 오언(五言) 또는 칠언(七言)으로 열 두 짝, 곧 여섯 구 이상이 되는 율시(律詩).
排定(배정) 알맞게 갈라서 벌여 놓음.
排除(배제) 밀어내 제거함.
排斥(배척) 밀어내어 물리침.
排出(배출) 밖으로 밀어냄.
排置(배치) 분배(分排)하여 벌여 놓음.
排他(배타) 남을 배척함.
유 斥(물리칠 척)

捧	⑧ 11획	日ホウ · ささげる
	받들 봉	中pěng

풀이 1. 받들다. 들다. 2. 들어 올리다. 3. 안다. 감싸다. ¶捧腹絶倒
捧腹絶倒(봉복절도) 배를 안고 넘어진다는 뜻으로, 몹시 우스워서 몸을 가누지 못할 만큼 웃음.
捧負(봉부) 안거나 업는다는 뜻으로 도와줌을 뜻함.
捧指(봉지) 공경하여 두 손으로 받듦.
유 奉(받들 봉)

4 획

掊	⑧ 11획	日ホウ
	모을 부	中póu, pǒu, fù, péi

풀이 1. 모으다. 취하다. 2. 헤치다. 헤쳐서 드러나게 하다. 3. 가르다. 쪼개다. 4. 치다. 공격하다. ¶掊擊 5. 넘어뜨리다.
掊擊(부격) 공격함. 타격(打擊).
掊克(부극) 권세를 믿고 함부로 금품을 거두어 들임.
유 輯(모을 집) 비 培(북돋울 배)

掤	⑧ 11획	日ホウ
	전동 뚜껑 붕	中bīng

풀이 전동 뚜껑. 화살을 넣는 통의 뚜껑.

捨	⑧ 11획	日シャ · すてる
	버릴 사	中shě

* 형성. 뜻을 나타내는 부수 '扌(手;손 수)'와 음을 나타내는 '舍(집 사)'를 합친 글자. '舍'는 버리는 일로, 손(扌)에서 물건을 떼어 버리는 일을 나타냄.
풀이 1. 버리다. 내버리다. ¶捨家 2. 베풀다. 3. 돌보지 않다. 방치하다.
捨家(사가) 집을 버림. 중이 되는 일. 출가(出家).
捨象(사상) 많은 대상들에서 현상의 특성, 공통성 이외의 요소를 제외시킴.
捨身(사신) 수행(修行) · 보은(報恩)을 위하여 자신의 생명이나 속루(俗累)를 끊는 등 몸을 돌보지 않고 불문(佛門)에 들어감.
取捨(취사) 취하고 버림.
비 拾(주울 습)

捿	⑧ 11획
	❶ 栖(p629)와 同字
	❷ 棲(p640)와 同字

掃	⑧ 11획	日ソウ · はく
	쓸 소	中sǎo

* 형성. 뜻을 나타내는 부수 '扌(手;손 수)'와 음을 나타내는 '帚(비 추)'를 합친 글자. 손(扌)에 빗자루(帚)를 잡고 '쓰는' 것을 나타내어, '청소'를 뜻함.
풀이 1. 쓸다. 쓸어내다. 청소하다. 먼지나 더러운 것 등을 쓸고 닦아서 깨끗이 함. ¶掃地 2. 버리다. 제거하다. ¶掃滅 3. 칠하다. 바르다. 4. 멸망시키다. ¶掃蕩 5. 거절하다.
掃去(소거) 쓸어버림.
掃萬(소만) 모든 일을 다 제쳐 놓음.
掃滅(소멸) 제거하여 없애버림. 쓸어서 싹 없앰. 소진(掃殄).
掃墳(소분) 경사로운 일이 있을 때, 조상의 산소에 가서 무덤을 깨끗이 하고 제사 지내는 일.
掃射(소사) 기관총 등으로 비질하듯이 잇달아 쏨.
掃灑(소쇄) 비로 쓸고 물을 뿌림.
掃除(소제) 쓸고 닦아서 깨끗하게 함. 청소.
掃地(소지) 땅을 쓺.
掃蕩(소탕) 모조리 제거하여 평정함.
掃海(소해) 항해의 안전을 확보하기 위하여 바다 속에 부설한 지뢰 등의 위험물을 제거하는 일.

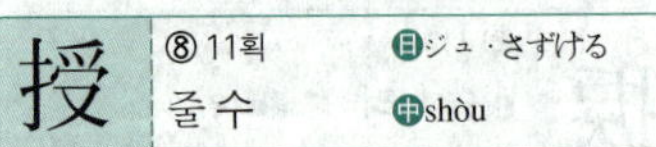

授	⑧ 11획	日ジュ · さずける
	줄 수	中shòu

* 형성. 나타내는 부수 '扌(手;손 수)'와 음을 나타내는 '受(받을 수)'를 합친 글자. 이에 받은 것을 다시 '주다'라는 뜻을 나타냄.

풀이 1. 주다. 수여하다. ¶授受 2. 전수하다. 가르치다. ¶傳授 3. 임명하다.

授受(수수) 주고 받음. 주는 일과 받는 일.
授業(수업) 학업이나 기술 등을 가르쳐 줌.
授與(수여) 증서 · 상장 · 상품 또는 훈장 같은 것을 줌.
授乳(수유) 어린아이에게 젖을 먹임.
教授(교수) 가르침을 줌.
傳授(전수) 전해 줌.

반 收(거둘 수) 비 援(구원할 원)

捱	⑧ 11획	日アイ・ふさぐ
	막을 애	中ái

풀이 1. 막다. 항거하다. 2. 늘어지다.

비 涯(물가 애)

掖	⑧ 11획	日アク・わき
	겨드랑 액	中yē, yè

풀이 1. 겨드랑이. ¶扶掖 2. 끼다. 3. 부축하다. 도와주다. ¶掖誘 4. 후궁. 5. 곁채. 곁문. 중심 건물 곁에 있는 채나 문.

掖門(액문) 정문 좌우에 있는 작은 문.
掖垣(액원) 궁중의 정전(正殿) 옆의 담.
掖誘(액유) 도와서 이끎.
扶掖(부액) 겨드랑이를 붙들어 걸음을 도움.

掩	⑧ 11획	日エン・おおう
	가릴 엄	中yǎn

* 형성. 뜻을 나타내는 부수 '扌(手;손 수)'와 음을 나타내는 동시에 '어둡다'의 뜻을 나타내는 '奄(가릴 엄)'을 합친 글자.

풀이 1. 가리다. 2. 숨기다. ¶掩口 3. 닫다. ¶掩蓋 4. 엄습하다. ¶掩殺 5. 비호하다. 감싸 보호하다. ¶掩護

掩蓋(엄개) 1)덮음. 또는 덮어 감춤. 2)참호나 방공호 등의 덮개.
掩口(엄구) 1)손으로 입을 가림. 2)숨을 죽이고 말을 하지 않음. 3)입을 가리고 웃음.
掩卷(엄권) 책을 덮음. 책 읽기를 그만둠.
掩殺(엄살) 엄습하여 죽임.
掩襲(엄습) 불시에 습격함.
掩身(엄신) 1)몸을 가림. 2)가난하여 겨우 몸을 가릴 정도로 허름하게 옷을 입음.
掩掩(엄엄) 향기가 매우 짙은 모양.
掩泣(엄읍) 얼굴을 숨기고 욺.
掩耳盜鈴(엄이도령) 엄이도종(掩耳盜鐘)
掩耳盜鐘(엄이도종) 귀를 막고 종을 훔친다 라는 뜻으로, 자기만 듣지 않으면 남도 듣지 못한다고 생각하는 어리석은 행동, 또는 결코 넘어가지 않을 얕은 수로 남을 속이려 한다는 말.
掩障(엄장) 가리어 막음.
掩涕(엄체) 얼굴을 가리고 욺.
掩土(엄토) 흙으로 덮어서 겨우 장사(葬事) 지냄.
掩蔽(엄폐) 가려서 숨김.
掩護(엄호) 적의 공격이나 화력(火力)으로부터 자기 편의 행동이나 시설 등을 보호함. 엄색(掩塞).

유 閉(닫을 폐)

掞	⑧ 11획	
	❶빛낼 염	日エン・セン
	❷펼 섬	中shàn[2]

풀이 1 1. 빛나다. 2. 날카롭다. 2 3. 펴다. 펴지다.

捥	⑧ 11획	日ワン・うで
	팔 완	中wàn

풀이 팔.

掌	⑧ 12획	日ショウ・てのひら
	손바닥 장	中zhǎng

* 형성. 뜻을 나타내는 부수 '手(手;손 수)'와 음을 나타내는 '尙(높을 상)'을 합친 글자. 손(手)에서 귀중(尙)한 곳이 손바닥이라 하여, '손바닥'을 나타냄.

풀이 1. 손바닥. 발바닥. ¶掌紋 2. 맡다. 주관하다. ¶掌管 3. 주장하다. 4. 솜씨. 수단. 5. 손바닥을 치다.

掌匣(장갑) 손에 끼는 물건.
掌管(장관) 맡아서 주관함.
掌理(장리) 일을 맡아서 처리함.
掌紋(장문) 손금. 손바닥의 무늬.
掌握(장악) 손에 쥠. 손에 넣음.
掌典(장전) 맡음. 관장(管掌)함.
掌中寶玉(장중보옥) 1)손 안에 든 보옥. 2)가장 소중하고 사랑스러운 사람이나 물건.
掌中珠(장중주) 손 안의 구슬이란 뜻으로, 사랑하는 처자식을 이름. 장중보옥.
孤掌難鳴(고장난명) 외손뼉은 울리기 어려움. 혼자서는 일을 이루지 못함.

管掌(관장) 일을 맡아서 주관함.

비 賞(상줄 상)

掙	⑧ 11획	日ソウ・さす
	찌를 쟁	中zhēng

풀이 1. 찌르다. 2. 참다. 견디다. 3. 열심히 일하다. 4. 떨쳐 버리다.

振	⑧ 11획	日ソウ・つく
	닿을 쟁	中chéng

풀이 닿다. 접촉하다.

振觸(쟁촉) 닿음. 접촉함.

捵	⑧ 11획	日テン・のばす
	펼 전	中tiǎn, niǎn

풀이 펴다. 늘이다.

掂	⑧ 11획	日テン
	손대중할 점	中diān

풀이 손대중하다. 손으로 물건의 무게를 헤아리다.

接	⑧ 11획	日セツ・つきあう
	접할 접	中jiē

一 丨 扌 扌 扌' 扌' 扌' 拦 接 接 接

* 형성. 뜻을 나타내는 부수 '扌(手;손 수)'와 음을 나타내는 '妾(첩 첩)'을 합친 글자. 손(扌)으로 아내(妾)를 '맞이하는' 것을 나타내어, '맞이하다', 맞이하여 '접대하다'는 뜻이 됨. '사귀다'는 의미로도 쓰임.

풀이 1. 접하다. 인접하다. ¶接戰 2. 대접하다. 접대하다. ¶接客 3. 모이다. 모으다. 4. 사귀다. 교제하다. 5. 잇다. 붙이다. ¶接續 6. 가까이하다.

接客(접객) 손님을 대접함.
接境(접경) 두 지역이 맞닿은 경계.
接近(접근) 1)가까이 함. 2)거리가 가까워짐.
接待(접대) 손님을 맞이하여 음식을 차려 올림.
接木(접목) 나무를 접(接)붙임. 또는 그 나무.
接續(접속) 맞닿게 하여 이음. 연속함.
接受(접수) 관청·회사 등에서 서류를 받아 들이는 일.
接戰(접전) 1)서로 맞붙어 싸움. 2)서로 힘이 비슷해서 승부가 쉽게 나지 않는 싸움.
接觸(접촉) 1)맞붙어서 닿음. 2)더불어 교섭함.
直接(직접) 중간에 매개를 통하지 않고 바로 접촉하는 관계.

비 妾(첩 첩)

措	⑧ 11획	
	❶둘 조	日ソ・おく
	❷잡을 책	中cuò[1], zé[2]
	❸섞을 착	

* 형성. 뜻을 나타내는 '扌(手;손 수)'와 '昔(예 석)'을 합친 글자. 옛(昔) 것을 그냥 두는 것은 손(扌)으로 놓아버리는 것이라 하여, '손 놓다', 그대로 '놔두다'라는 뜻이 됨.

풀이 1 1. 두다. 놓다. 2. 그만두다. 3. 조치하다. 처리하다. ¶措置 4. 베풀다. 5. 쓰다. 6. 행동거지. ¶擧措 2 7. 잡다. 붙잡다. 3 8. 섞다.

措辭(조사) 시가를 지을 때 말을 다루어 쓰는 일.
措處(조처) 일을 정돈하여 처리함.
措置(조치) 일을 잘 정돈하여 처리함.
擧措(거조) 행동거지.
蒼黃罔措(창황망조) 너무 급하여 어찌할 바를 모름.

유 置(둘 치) 비 借(빌 차)

捽	⑧ 11획	日ソツ・つかむ
	잡을 졸	中zuó

풀이 1. 잡다. ¶捽搏 2. 잡아 뽑다. 3. 대항하다. 겨루다. 4. 다투다. 싸우다.

捽搏(졸박) 머리카락을 잡고 때림.
捽髮(졸발) 머리채를 잡음.
捽引(졸인) 머리채를 잡고 끌어당김.

유 捉(잡을 착) 비 椊(도끼자루 졸)

採	⑧ 11획	日サイ・とる
	캘 채	中cǎi

一 丨 扌 扌' 扌' 扌' 扌' 抨 抨 挌 採

* 형성. '采(캘 채)'자는 나무(木) 위에 있는 무엇을 손(爫)으로 '따는' 것을 뜻함. 여기에 '扌(手;손 수)'의 뜻이 합하여져 손에 '취하다', '따다'는 뜻을 나타냄.

풀이 1. 캐다. 채집하다. ¶採掘 2. 가려내다. 골라내다. ¶採擇 3. 나무꾼.

採決(채결) 의안의 채택 여부를 물어 결정함.
採掘(채굴) 땅을 파서 광석 등을 캐어 냄.
採鑛(채광) 광물을 캐어 냄
採光(채광) 광선을 받아들임.

4획

採根(채근) 1)식물의 뿌리를 캐어 냄. 2)일의 근원을 캐어 냄. 2)어떤 일을 따지고 독촉함.
採錄(채록) 채집하여 기록함.
採伐(채벌) 재목을 베어 냄.
採算(채산) 장사나 사업의 수입 · 지출을 셈해 보는 일.
採石(채석) 석재를 캠.
採用(채용) 채택하여 사람을 씀.
採點(채점) 학과나 경기의 성적을 점수로 매김.
採集(채집) 식물 · 동물 등의 종류를 찾아서 모음. 표본을 찾아 모음.
採取(채취) 1)땅에서 캐어 냄. 2)풀 · 나무 등을 베거나 캐어 내는 일.
採炭(채탄) 석탄을 캐어 냄.
採擇(채택) 골라서 택하여 씀.
採捕(채포) 채취하고 포획함.
採血(채혈) 진단 · 수혈 등을 위해, 정맥이나 피부로부터 혈액을 채취함.
반 植(심을 식) 비 埰(영지 채)

掇	⑧ 11획	日タツ · テツ · とる
	주울 철	中duō

풀이 1. 줍다. 취하다. ¶掇拾 2. 노략질하다. 약탈하다. 3. 가리다. 선택하다. 4. 깎다. 삭제하다. 5. 그만두다. 중지하다.
掇拾(철습) 주워 모음.
掇遺(철유) 선인(先人)이 남긴 유산을 주워 모음.
유 拾(주울 습)

掣	⑧ 11획	日セイ · ひく
	끌 체	中chè

풀이 1. 끌다. ¶掣曳 2. 억눌리다. 3. 뽑다. 잡아당기다. 4. 바람에 쏠리는 모양.
掣曳(체예) 끌어당김. 말림.
掣搖(체요) 끌어당겨 흔듦.
掣電(체전) 번쩍이는 번개라는 뜻으로, 짧은 시간을 비유하는 말.
掣肘(체주) 팔꿈치를 붙잡아 끈다는 뜻으로, 남의 일을 방해하여 저지함을 말함. 체비(掣臂).
掣掣(체체) 바람에 쏠리는 모양.
비 製(지을 제)

捷	⑧ 11획	日ショウ · かつ
	이길 첩	中jié

* 형성. 뜻을 나타내는 '扌(手;손 수)'와 음을 나타내며 '베틀을 디디다'는 뜻을 가진 '疌(빠를 첩)'을 합친 글자. 이에 발로 밟고(疌) 손(扌)으로 북을 넣어 베를 짜는 것처럼 빠르게 승리하는 것을 나타냄.

풀이 1. 이기다. 승리하다. ¶大捷 2. 민첩하다. 빠르다. 3. 지름길로 가다. ¶捷徑 4. 노획품.
捷徑(첩경) 1)지름길. 2)쉽고 빠른 방법(方法).

○捷徑(첩경)의 유래

당나라 때 노장용이라는 선비는 관리가 되고자 했으나, 자신의 능력으로는 대과까지 치러가며 관직에 오른다는 것이 쉽지 않음을 깨닫고 일부러 장안 부근에 있는 종남산으로 가서 은둔하면서 기회를 엿보았다. 이렇게 은둔하다 보니 어느덧 주위 사람들의 주목을 받아 좌습유로 임명되었다. 그 후 사마승정이라는 사람이 또 종남산에 은둔했다가 조정으로부터 부름을 받게 되었다. 그러나 그는 관직에 뜻이 없었기에 다시 은둔하려고 생각하였다. 그때 그를 성 밖까지 전송한 사람은 노장용이었다. 그는 종남산을 가리키며 사마승정에게 말했다. "참 좋은 산이지요." 이에 사마승정이 "내가 보기에는 관리가 되는 첩경일 따름이지요." 라고 대답했다.

捷巧(첩교) 빠르고 교묘함.
捷利(첩리) 재빠름.
捷敏(첩민) 재빠름. 민첩함.
捷報(첩보) 싸움에 이겼다는 보고나 소식.
捷捷(첩첩) 1)민첩한 모양. 2)말을 많이 하는 소리.
大捷(대첩) 크게 이김. 큰 승리.
敏捷(민첩) 재빠르고 날램.
비 棲(살 서)

捶	⑧ 11획	
	❶종아리칠 추	日スイ · タ · むちうつ
	❷불릴 타	中chuí

풀이 ❶ 1. 종아리치다. ¶捶擊 2. 채찍질하다. 채찍. 3. 찧다. 4. 망치. ❷ 5. 불리다. 단련하다.
捶擊(추격) 회초리로 종아리를 때림.
捶殺(추살) 때려 죽임.
捶楚(추초) 죄인을 문초함.
捶打(추타) 매질함. 추달(捶撻).

掫	⑧ 11획	日スイ · しば
	지킬 추	中zōu

풀이 지키다. 야간 순찰을 돌다.

推	⑧ 11획	
	❶옮길 추	日スイ · タイ · おす
	❷밀 퇴	中tuī

4획

一 † 扌 扌 扌 扌 扌 扌 推 推 推

* 형성. 뜻을 나타내는 '扌(手;손 수)'와 음을 나타내는 '隹(새 추)'을 합친 글자. '隹'자는 '雀(참새 작)'자의 약자. 참새가 뛰어가는 것처럼 손(扌)으로 '미는' 것을 나타내어, '밀다', 또 '옮기다'를 뜻함.

풀이 ❶ 1. 옮기다. 이동하다. ¶推移 2. 천거하다. 추천하다. 인재를 어떤 자리에 쓰도록 추천함. 3. 밀다. ¶推薦 4. 헤아리다. 추측하다. ¶推測 5. 넓히다. 6. 높이 받들다. ❷ 7. 밀다. 밀어젖히다. 8. 제거하다. 떨쳐버리다.

推計(추계) 추정(推定)하여 계산함.

推考(추고) 1)사정을 미루어 생각함. 2)벼슬아치의 허물을 추문(推問)하여 알아냄.

推故(추고) 거짓으로 핑계함.

推究(추구) 이치로 미루어 생각하여 끝까지 규명해 냄.

推及(추급) 영향 등이 점차 다른 부분에까지 고루 미침.

推給(추급) 찾아서 내줌.

推己及人(추기급인) 자신의 처지를 미루어 다른 사람의 형편을 헤아림.

推己及人(추기급인)의 유래

춘추 시대 제나라에 사흘 밤낮을 쉬지 않고 큰 눈이 내렸다. 제나라의 경공(景公)은 따뜻한 방 안에서 여우털로 만든 옷을 입고 설경의 아름다움에 푹 취해 있었다. 경공이 "올해 날씨는 이상하군. 사흘 동안이나 눈이 내려 땅을 뒤덮었건만 마치 봄날처럼 따뜻하구나." 라고 말하자, 이에 안자가 "옛날의 현명한 군주들은 자기가 배불리 먹으면 누군가가 굶주리지 않을까를 생각하고, 자기가 따뜻한 옷을 입으면 누군가가 얼어 죽지 않을까를 걱정했으며, 자기의 몸이 편안하면 또 누군가가 피로해하지 않을까를 늘 염려했다고 합니다. 그런데 경공께서는 전혀 다른 사람을 배려하지 않으시는군요."라고 말하자 경공이 부끄러워하며 아무 말도 하지 못했다.

推納(추납) 찾아서 바침.

推斷(추단) 1)사물을 추측하여 판단함. 또는 그 판단. 2)죄상을 심문하여 처단함.

推論(추론) 도리를 좇아 어떤 일을 미루어 논함.

推理(추리) 밝혀지지 않을 일을 미루어 생각함.

推算(추산) 대체의 수량을 어림으로 계산함.

推想(추상) 앞으로 닥쳐올 일을 미루어 생각함. 또는 그 생각.

推仰(추앙) 높이 받들어서 사모함.

推移(추이) 차차 변하여 옮아감.

推定(추정) 추측하여 결정함. 미루어 단정함.

推進(추진) 앞으로 밀고 나아감.

推薦(추천) 1)밀어 나아가게 함. 2)사람을 관청·회사 등에 천거함.

推測(추측) 미루어 생각하여 헤아림.

推敲(퇴고/추고) 시문을 지을 때 글자나 구를 정성껏 다듬고 고침.

推敲(퇴고)의 유래

당나라 시인 가도가 나귀를 타고 가다 '새는 못가 나무에 자고 중은 달 아래 문을 민다'라는 시를 지었는데, 문을 '밀다'와 '두드린다' 중에서 어느 표현이 좋을까 생각하며 걷다가 한유와 마주치게 되었다. 이에 한유 앞에 불려간 가도가 사실대로 이야기하자 한유가 '퇴(推)보다는 두들긴다는 고(敲)가 좋겠다'고 하며 가도와 나란히 행차를 계속했고, 그 뒤로 두 사람은 친구가 되었다. 《당시기사(唐詩紀事)》

考推(고추) 살피어 짐작함.

邪推(사추) 나쁘게 추측함. 못된 의심을 품고 짐작함.

類推(유추) 미루어 짐작함. 서로 비슷한 점을 비교하여 하나의 사물에서 다른 사물로 추리를 해 나가는 일.

비 惟(생각할 유) 堆(쌓을 퇴) 椎(쇠몽둥이 추)

探	⑧ 11획	日 タン·さぐる
	찾을 탐	中 tàn

一 † 扌 扌 扌 扌 扌 扌 扌 探 探

* 형성. 뜻을 나타내는 부수 '扌(手;손 수)'와 부수 이외의 글자가 합쳐져 이루어진 글자. 부수 이외의 글자는 '사람이 들어가는 모양'을 나타냄. 깊이 들어가 손(扌)으로 무엇을 찾는다는 뜻.

풀이 1. 찾다. 찾아다니다. ¶探索 2. 더듬다. 추측해 알다. ¶探査 3. 탐정. ¶探偵 4. 깊이 연구하다. ¶探究

探檢(탐검) 탐색하여 검사함.

探求(탐구) 더듬어 찾아 구함. 탐색(探索).

探究(탐구) 진리나 학문이나 원리 등을 파고들어 깊이 연구하는 것.

探問(탐문) 더듬어 찾아서 물음. 캐어 물음.

探聞(탐문) 수소문하여 찾아서 들음.

探訪(탐방) 더듬어 찾아감.

探查(탐사) 더듬어 살펴 조사함.

探索(탐색) 실상을 더듬어서 찾음.

探偵(탐정) 몰래 남의 비밀이나 행동을 탐지함. 또는 그 일을 하는 사람.

探照(탐조) 멀리 살피기 위하여 빛을 내비춤.

探知(탐지) 비밀을 탐사하여 앎. 더듬어 살펴 알아냄.

探險(탐험) 어떤 발견을 하기 위하여 위험을 무릅쓰고 험난한 곳을 찾는 일.

探候(탐후) 남의 안부를 물음.

內探(내탐) 남의 사정이나 비밀 등을 몰래 탐색함.

密探(밀탐) 남의 사정이나 비밀(秘密) 등을 은밀히 정탐함.

詳探(상탐) 자세하게 속속들이 찾아 봄.

試探(시탐) 시험 삼아 찾아 봄.

廉探(염탐) 남의 사정이나 비밀(秘密) 등을 몰래 조사함.
豫探(예탐) 미리 알아 봄.
偵探(정탐) 다른 나라나 적의 상황 · 동태 등을 몰래 살펴서 알아내는 것. 탐정(探偵). 채탐(採探). 채방(採訪).
유 尋(찾을 심) 비 深(깊을 심)

捭	⑧ 11획	日ハイ
	칠 패	中bǎi

풀이 1. 치다. 두 손으로 치다. 2. 열다.

掝	⑧ 11획	日くらい
	어두울 혹	中huò

풀이 어둡다. 흐리다.
유 懞(어두울 몽)

掍	⑧ 11획
	混(p742)과 同字

揀	⑨ 12획	日カン · ケン · えらぶ
	가릴 간 · 련	中jiǎn

풀이 1. 가리다. 가려서 뽑다. 2. 구별하다. 분간하다.
비 練(익힐 련)

揩	⑨ 12획	日カイ · ぬぐう
	문지를 개	中kāi, jiá

풀이 1. 문지르다. 닦다. 2. 악기 이름. 북의 한 가지. ¶揩鼓
揩鼓(개고) 악기 이름. 손으로 쳐서 소리를 내는 북.
揩痒(개양) 가려운 곳을 긁음.

揵	⑨ 12획	日ケン · たてる
	멜 건	中jiàn, qián

풀이 1. 메다. 메어 들다. 2. 들다. 들어 올리다. 3. 세우다. 4. 경계하다. 5. 빗장. 6. 둑.
揵然(건연) 위로 올라간 모양.
비 健(튼튼할 건)

揭	⑨ 12획	日ケイ · ケツ · かかげる
	들 게	中jiē

* 형성. 뜻을 나타내는 부수 '扌(手;손 수)'와 음을 나타내며 '들어올리다'의 뜻을 지닌 '曷(어찌 갈)'을 합친 글자. 손(扌)으로 높이 머물(曷)도록 '매다'는 것을 나타냄.

풀이 1. 들다. 2. 걸다. 게시하다. ¶揭示 3. 등에 지다. 4. 이름을 걸다. 5. 걷다. 소매 등을 추어 올림.
揭開(게개) 봉한 것을 엶.
揭牓(게방) 1)간판을 내걺. 2)방문(榜文)을 내걸어 붙임. 게방(揭榜).
揭示(게시) 여러 사람에게 알리기 위해 내붙이거나 내걸어 두루 보게 함.
揭載(게재) 신문 · 잡지 등에 기사나 광고 등을 실음.
揭板(게판) 누각에 걸어두는 시문(詩文)을 새긴 나무판.
비 謁(아뢸 알)

揆	⑨ 12획	日キ · ギ · はかる
	헤아릴 규	中kuí

풀이 1. 헤아리다. ¶揆敍 2. 법도. 도(道). 3. 꾀. 간계. 4. 벼슬아치. 관리.
揆敍(규서) 헤아려 차례를 정함.
揆一(규일) 천하의 도(道)는 동일함.
揆策(규책) 계책을 헤아림.
揆度(규탁) 헤아림. 헤아려 생각함.
유 察(살필 찰)

揬	⑨ 12획	日トツ
	문지를 돌	中tú

풀이 1. 문지르다. 2. 닿다. 부딪히다.

描	⑨ 12획	日ビョウ · えがく
	그릴 묘	中miáo

* 형성. 뜻을 나타내는 부수 '扌(手;손 수)'와 음을 나타내는 '苗(싹 묘)'를 합친 글자. 큰 물체를 작은 싹(苗)처럼 축소시켜 손(扌)으로 '그리는' 것을 나타냄.

풀이 그리다. 묘사하다.
描摸(묘모) 본떠 그림. 묘모(描摹).
描寫(묘사) 어떤 대상을 보고 느낀 대로 함.
描畫(묘화) 그림을 그림.
유 畫(그림 화)

揞 ⑨ 12획 日ミン 어루만질 민 中mín, wěn

풀이 어루만지다. 문지르다.

揙 ⑨ 12획 揙(p535)의 俗字

揱 ⑨ 13획 日サツ 날씬할 삭 中shuò

풀이 1. 날씬하다. 2. 뾰족하게 깎인 모양.

揱爾(삭이) 가늘고 뾰족하게 깎인 모양.

插 ⑨ 12획 日ソウ·さす 꽂을 삽 中chā

풀이 1. 꽂다. 삽입하다. ¶插抹 2. 가래. 농기구의 한 가지.

插架(삽가) 책을 꽂는 시렁. 서가.

插抹(삽말) 말뚝을 꽂음.

插木(삽목) 식물의 가지 등을 꽂아서 뿌리가 내리게 하는 일. 꺾꽂이.

插秧(삽앙) 모를 논에 꽂음.

插入(삽입) 사이에 끼워 넣음.

插畫(삽화) 서적·잡지·신문 등에서 내용이나 기사의 이해를 돕도록 끼워 넣는 그림.

揷 ⑨ 12획 插(p526)의 俗字

揎 ⑨ 12획 日セン 걷을 선 中xuān

풀이 걷다. 소매 등을 걷어 올리다.

揳 ⑨ 12획 日セツ 닦을 설 中xiē

풀이 1. 닦다. 2. 막히다. 3. 바르지 않다.

비 契(맺을 계)

揲 ⑨ 12획 日セツ·チョウ 셀 설 中dié, shé

풀이 1. 세다. 셈하다. 2. 맥을 짚다.

비 諜(염탐할 첩)

揔 ⑨ 12획 搜(p532)와 同字

握 ⑨ 12획 日アク·にぎる 쥘 악 中wò

* 형성. 뜻을 나타내는 부수 '扌(手;손 수)'와 음을 나타내는 '屋(집 옥→악)'으로 이루어진 글자.

풀이 1. 쥐다. 손에 쥐다. ¶握管 2. 주먹. 3. 손아귀. 수중. 4. 장막. 휘장. 5. 줌. 주먹으로 쥘 만한 분량. 또는 크기. 6. 악수하다. 악수. ¶握手

握管(악관) 1)붓을 손에 쥠. 2)붓을 잡는 법의 한 가지로, 팔을 바닥에 대지 않고 붓을 곧게 세우는 자세를 말함.

握髮(악발) 어진 사람을 얻으려고 애씀. 주공(周公)이 한 번 머리를 씻을 동안 여러 번 머리카락을 잡은 채 방문한 인사를 바로 만난 이야기에서 유래한 말. 악목(握沐).

握手(악수) 친애·축하·환영 등의 뜻을 나타내기 위해 서로 손을 마주 잡음.

把握(파악) 1)잡아 쥠. 2)어떤 일을 잘 이해하여 확실하게 앎.

유 捉(잡을 착)

揠 ⑨ 12획 日アツ·ぬく 뽑을 알 中yà

풀이 뽑다. 당겨 뽑다.

揠苗(알묘) 곡식을 빨리 자라게 하려고 그 고갱이를 뽑아 올린다는 뜻으로, 서두르다가 도리어 해를 당함을 이르는 말.

유 拔(뺄 발)

揶 ⑨ 12획 揶(p515)와 同字

揚 ⑨ 12획 日ヨウ·あげる 오를 양 中yáng

一 扌 扌 扌' 扌" 扌" 押 捍 捍 揚 揚 揚

* 형성. 뜻을 나타내는 부수 '扌(手;손 수)'와 음을 나타내는 '昜(양기 양)'을 합친 글자. '昜'자는 '陽(볕 양)'의 원래 형태로, 손[扌]으로 태양[陽]을 향해서 '치켜올리는' 것을 나타냄.

풀이 1. 오르다. 올리다. ¶揭揚 2. 날리다. 날다. 바람에 휼날리다. 3. 칭찬하다. ¶讚揚 4. 위로 번쩍 쳐들다. 5. 도끼. 6. 나타나다. 드러나다. 현저하다. 7. 밝히다.

揚歌(양가) 소리 높여 노래를 부름.
揚烈(양렬) 공을 세상에 떨침.
揚名(양명) 이름을 높이 드날림.
揚眉(양미) 1)눈썹을 치켜 올림. 2)의기가 왕성한 모양.
揚水(양수) 물을 위로 퍼올림.
揚揚(양양) 의기가 왕성하여 외모와 행동에 빛이 나는 모양.
揚言(양언) 1)목청을 높여 들으라는 듯이 말함. 2)공공연하게 말함.
揚擲(양척) 들어 던짐.
揚鞭(양편) 채찍을 듦.
宣揚(선양) 널리 떨침.
浮揚(부양) 가라앉은 것이 떠오름. 또는 떠오르게 함.
高揚(고양) 정신 · 기분 등을 드높임.
止揚(지양) 1)어떤 사물에 관한 모순이나 대립을 부정하면서 도리어 한층 더 높은 단계에서 이것을 긍정하여 살려 가는 일. 2)더 나은 단계로 가기 위하여 어떠한 것을 하지 않음.
讚揚(찬양) 칭찬하여 드러냄.

유 上(위 상) 昇(오를 승) 반 降(내릴 강)

揜	⑨ 12획	日エン · おおう
	가릴 엄	中yǎn

풀이 1. 가리다. 감추다. ¶揜耳盜鈴 2. 붙잡다. 덮쳐 빼앗다. 3. 빠르다. 4. 이어받다. 계승하다. 5. 절박하다. 고생하다.

揜耳盜鈴(엄이도령) 자신의 귀를 가리고 방울을 훔침. 얕은 꾀로 남을 속이려 하는 어리석음을 비유하는 말.
揜取(엄취) 덮쳐 취함. 엄취(掩取).
揜乎(엄호) 빠른 모양.

유 掩(가릴 엄)

掾	⑨ 12획	日エン · たすける
	도울 연	中yuàn

풀이 1. 돕다. 도움. 2. 아전. 조선 시대에 지방 관아에 딸렸던 하급 관원. ¶掾吏

掾吏(연리) 아전.
掾史(연사) 하급 관리.

비 緣(가 연)

揅	⑨ 12획	日エン · ひたす
	적실 연	中ruán

풀이 적시다. 담그다.

援	⑨ 12획	日エン · たすける
	도울 원	中yuán, huàn

一 † 扌 扌 扌 扌 扌 扌 扌 扌 援 援

* 형성. 뜻을 나타내는 부수 '扌(手;손 수)'와 음을 나타내는 '爰(당길 원)'을 합친 글자. 어려움에 빠진 생명을 손(扌)으로 끌어(爰)내 '건져주는' 것이라는 뜻에서, '구원하다'는 의미가 됨. '爰'자는 여기서 '끌어내다'는 뜻으로 쓰임.

풀이 1. 돕다. 도움. 2. 구원하다. 구원. ¶援救 3. 당기다. ¶援引 4. 뽑다. 발취하다. 5. 붙잡다. 매달리다. ¶援筆 6. 취하다. 얻다.

援救(원구) 도와줌. 구원(救援).
援軍(원군) 구원하는 군대.
援手(원수) 손을 잡아 구제함.
援引(원인) 서로 끌어당김.
援筆(원필) 붓을 잡음. 글을 씀.
援助(원조) 도와줌.
援護(원호) 도와주고 보호함.
救援(구원) 곤란을 면하도록 도와줌.
應援(응원) 편들어 격려하거나 도움.
支援(지원) 지지하여 도움.
後援(후원) 뒤에서 도와줌.

유 掾(도울 연) 助(도울 조) 비 授(줄 수)

揄	⑨ 12획	
	❶끌 유	日ヨウ · ユウ
	❷요적옷 요	中yú

풀이 1 1. 끌다. 끌어내다. 2. 끌어올리다. 찬양하다. ¶揄揚 3. 빈정대다. 조롱하다. 4. 퍼내다. 5. 모직물(毛織物). 2 6. 요적(揄狄)옷. 꿩을 수놓은 옛날 귀부인의 옷.

揄揚(유양) 끌어올림. 칭찬함.
揄墮(유타) 벗어 버림.
揄鋪(요포) 새나 짐승의 털로 짠 모직물.

揉	⑨ 12획	日ユウ
	주무를 유	中róu

* 형성. 뜻을 나타내는 부수 '扌(手;손 수)'와 음을 나타내는

4 획

'柔(부드러울 유)'를 합친 글자. 손(扌)으로 부드럽게(柔) 한다는 데에서 '주무르다'라는 뜻을 나타냄.

풀이 1. 주무르다. 2. 부드럽게 하다. 3. 섞다. 4. 휘다. 구부러지게 하다. ¶揉輪

揉輪(유륜) 나무를 구부정하게 휘어 수레바퀴를 만듦.

揖	⑨ 12획	
	❶읍할 읍	日ユウ・シュウ
	❷모일 집	中yī

풀이 ❶ 1. 읍하다. 읍. 인사하는 예의 한 가지. 두 손을 맞잡아 얼굴 앞으로 들고 허리를 굽혀 인사함. ¶揖遜 2. 사양하다. 사퇴하다. ¶揖讓 3. 밀다. 4. 끼우다. 사이에 끼우다. ❷ 5. 모이다. 모으다. 6. 합하다.

揖遜(읍손) 공손함.

揖讓(읍양) 1)예를 다해 사양함. 2)명령하거나 강요하지 않는, 겸허하고 온화한 동작. 3)어진 사람에게 임금의 자리를 양위(讓位)하는 일. 선양(禪讓).

揖揖(집집) 많이 모여 있는 모양.

揃	⑨ 12획	日セン・きる
	자를 전	中jiǎn

풀이 1. 자르다. ¶揃剽 2. 나누다. 3. 뽑다. ¶揃搣 4. 적다. 표시하다. 5. 가지런히 하다.

揃落(전락) 멸망시킴. 망쳐 버림.

揃搣(전멸) 뽑아 가지런하게 함.

揃剽(전표) 찢어 나눔. 쪼개 가름.

提	⑨ 12획	
	❶끌 제	日ダイ・シ・さげる
	❷떼지어 날시	中dī, tí

一 丨 扌 扌 扣 扣 扣 捍 捍 捍 提 提

* 형성. 뜻을 나타내는 부수 '扌(手;손 수)'와 음을 나타내는 '是(이 시)'를 합친 글자. '是'는 물건을 나르는 모양을 나타낸다 하여, 물건을 손(扌)으로 나르다, '끌다'는 뜻을 나타냄.

풀이 ❶ 1. 끌다. 2. 거느리다. 통솔하다. ¶提携 3. 들다. 4. 걸다. 게시하다. 5. 끊다. 6. 던지다. ❷ 7. 떼지어 날다.

提綱(제강) 사물의 요점을 제시함. 또는 그 요강.

提擊(제격) 내던져 침.

提供(제공) 받쳐서 이바지함. 갖다 줌. 내놓음.

提起(제기) 1)의견을 붙여 의논할 것을 내어 놓음. 2)드러내어 문제를 던짐.

提挈(제설) 1)거느림. 인솔함. 2)처리함. 3)서로 도움.

提訴(제소) 소송(訴訟)을 제기함.

提示(제시) 어떤 의사를 글이나 말로써 드러내어 보임.

提握(제악) 손을 꼭 쥠.

提案(제안) 1)서면으로 의안을 의회에 제출함. 제출된 의안. 2)자기 생각을 말하거나 상대방의 의견을 물음.

提調(제조) 단속함. 관리함.

提唱(제창) 어떤 의견을 주장함.

提請(제청) 제출하여 임명을 청함.

提出(제출) 문안·건의·법안 등을 내 놓음.

提携(제휴) 공동의 목적을 위하여 서로 도움. 또는 공동으로 일을 함.

揔	⑨ 12획
	撰(p541)의 本字

揥	⑨ 12획	日テイ
	빗치개 체	中tì

풀이 1. 빗치개. 가리마를 타는 도구. 2. 내버리다.

揔	⑨ 12획	
	❶통합할 총	日ソウ
	❷보낼 송	中zǒng

풀이 ❶ 1. 통합하다. 합치다. 2. 모두. 3. 거느리다. 통솔하다. 4. 바쁘다. 5. 괴로워하다. ❷ 6. 보내다.

유 摠(모두 총)

揪	⑨ 12획
	揫(p528)와 同字

揫	⑨ 13획	日シュウ・あつめる
	모을 추	中jiū

풀이 1. 모으다. ¶揫斂 2. 쥐다. 잡다.

揣	⑨ 12획	日シ・スイ・タ
	❶잴 췌	中chuāi chuái
	❷둥글게 할단	chuǎi chuài

풀이 ❶ 1. 재다. 측량하다. 2. 헤아리다. ¶揣知 3. 시험해 보다. 4. 불리다. 단련하다. ❷ 5. 둥글게 하다.

揣摩(췌마) 남의 마음을 헤아림. 추측함.

揣知(췌지) 헤아려 앎.

揣度(췌탁) 생각함. 생각하여 헤아림.

유 測(잴 측)

揕	⑨ 12획	日シン · さす
	찌를 침	中zhèn

풀이 1. 찌르다. 2. 치다.

유 刺(찌를 척) 비 諶(참 심)

換	⑨ 12획	日カン · かえる
	바꿀 환	中huàn

一 十 扌 扌 扌 扚 拚 拚 換 換 換 換

* 형성. 뜻을 나타내는 부수 '扌(手;손 수)'와 음을 나타내는 '奐(빛날 환)'을 합친 글자. 손(扌)으로 명백하게(奐) 주고받음을 나타냄. 이에 '바꾸다'는 뜻이 됨.

풀이 1. 바꾸다. 교환하다. 2. 바뀌다. 교체하다. 3. 고치다. 4. 제멋대로 하다.

換價(환가) 값을 매김.

換穀(환곡) 곡식을 서로 바꿈.

換骨奪胎(환골탈태) 뼈를 바꾸고 태(胎)를 빼앗는다는 뜻으로 옛 사람의 문장을 살리되, 자기 나름의 새로움을 보태 자기 작품으로 삼는 일.

○換骨奪胎(환골탈태)의 유래

환골탈태는 원래 도교에서 연단(煉丹)을 통해 신선이 되는 것을 뜻하는 말이었다. 후에 황정견(黃庭堅)이 이 말을 빌려 옛 사람의 시구를 본뜨는 것을 환골(換骨), 그 시의 어구를 고쳐서 표현한 것을 탈태(脫胎)라고 표현하면서, 시나 문장이 다른 사람의 손을 거쳐 완전히 새로운 의미와 아름다움을 지니게 된 것을 가리키게 되었다. 또 통상 용모나 차림새가 몰라보게 좋아졌을 때 쓰는 표현이기도 하다.

換氣(환기) 공기를 바꿈.

換名(환명) 남의 성명으로 거짓 행세를 함.

換算(환산) 어떤 단위를 다른 단위로 계산하여 고침.

換歲(환세) 해가 바뀜. 설을 쇰. 개세(改歲).

換言(환언) 말을 바꿈. 바꾸어서 말함.

換用(환용) 바꾸어 씀.

換率(환율) 두 나라 사이의 통화의 교환율. 환시세.

換衣(환의) 옷을 갈아입음.

換節期(환절기) 계절이 바뀌는 시기.

換土(환토) 토지를 서로 바꿈. 또는 그 바꾼 땅. 대토(代土).

換形(환형) 모양이 전과 다름.

유 變(변할 변)

揘	⑨ 12획	日オウ · うつ
	칠 황	中huáng

풀이 치다. 때리다.

揘畢(황필) 치고 찌름. 때리고 찌름.

揮	⑨ 12획	日キ · ふるう
	휘두를 휘	中huī, hún

一 十 扌 扌 扌 扌 揮 揮 揮 揮 揮

* 형성. 뜻을 나타내는 부수 '扌(手;손 수)'와 음을 나타내는 '軍(군대 군)'을 합친 글자. 손(扌)으로 군대(軍)를 지휘한다는 데에서 '휘두르다, 지휘하다'를 뜻함.

풀이 1. 휘두르다. ¶揮劍 2. 지휘하다. 지휘. ¶指揮 3. 뿌리다. 흩어지다. ¶揮汗 4. 대장기. 지휘 깃발. 5. 옮기다. 6. 움직이다. ¶揮霍 7. 빛나다.

揮却(휘각) 물리쳐 버리고 돌아보지 않음.

揮喝(휘갈) 큰 소리로 지휘함.

揮劍(휘검) 칼을 휘두름.

揮霍(휘곽) 상하로 움직이는 모양. 빠른 모양.

揮掉(휘도) 떨쳐 일어남. 분기함.

揮淚(휘루) 눈물을 뿌림.

揮發(휘발) 액체가 보통의 온도에도 저절로 기체로 변하여 공중으로 날아가는 작용.

揮掃(휘소) 쓸어 버림. 적을 소탕함.

揮灑(휘쇄) 물에 흔들어 깨끗이 빪.

揮手(휘수) 1)손짓하여 거절의 뜻을 나타냄. 2)손짓하여 어떤 낌새를 채게 함.

揮揚(휘양) 휘둘러 일으킴.

揮帳(휘장) 둘러치는 장막.

揮斥(휘척) 힘차게 떨침.

揮汗(휘한) 흐르는 땀을 쥐어 뿌림.

揮翰(휘한) 붓을 휘두름. 곧, 글을 짓는 일.

揮毫(휘호) 붓을 휘두름. 붓글씨를 쓰거나 그림을 그림.

發揮(발휘) 재능이나 역량 등을 떨쳐 드러냄.

指揮(지휘) 명령하여 사람들을 움직임.

비 輝(빛날 휘)

搉	⑩ 13획	
	❶칠 각	日カク · たたく
	❷손뒤집을 확	中què

풀이 ❶ 1. 치다. 때리다. 2. 끌어 쓰다. 3. 독차지하다. ¶搉利 4. 헤아리다. 생각하다. 5. 대략. 개요.

4획

¶搉揚 ②6. 손을 뒤집다.
搉巧(각교) 기술을 독차지함. 그 방면에 정통함.
搉利(각리) 정부가 물품을 전매하여 그 이익을 독차지하는 일.
搉揚(각양) 대략(大略).
搉場(각장) 거래를 감독하는 곳.

搴	⑩ 14획 빼낼 건	日ケン・ぬく 中qiān

풀이 1. 빼내다. 뽑아내다. ¶搴旗 2. 들어올리다. 걷어올리다.
搴旗(건기) 적의 기를 빼앗음.
搴出(건출) 뽑아냄.
搴　(건힐) 뽑아냄.
유 拔(뺄 발)

搹	⑩ 13획 쥘 격	日カク・にぎる 中gé

풀이 쥐다. 잡아 쥐다.
유 握(쥘 악) 비 隔(사이뜰 격)

搰	⑩ 13획 팔 골	日コツ 中hú

풀이 1. 파다. 파내다. 2. 흐리게 하다. 혼탁하게 하다. 3. 부지런히 일하는 모양. ¶搰搰
搰搰(골골) 부지런히 힘쓰는 모양.
유 掘(팔 굴)

搆	⑩ 13획 끌 구	日コウ 中gòu

풀이 1. 끌다. 끌어당기다. 2. 일으키다. ¶搆難 3. 차리다. 꾸미다. ¶搆離 4. 깨닫지 못하다. ¶搆揄
搆難(구난) 난을 일으킴. 서로 다투며 싸움.
搆離(구리) 꾸며 이간질함. 서로 화목하지 못하도록 꾸밈. 구리(構離).
搆兵(구병) 군대를 출동시킴. 군대를 전쟁을 하기 위한 태세로 배치함.
搆成(구성) 몇 개의 부분이나 요소를 얽어서 하나로 만드는 일.
搆揄(구유) 사리(事理)를 깨닫지 못함.
비 構(얽을 구)

搦	⑩ 13획 잡을 닉	日ジャク・ニャク 中nì, nuò

풀이 1. 잡다. 쥐다. 2. 묶다. 3. 억누르다. 4. 닦다. 갈다.
비 溺(빠질 닉)

搪	⑩ 13획 막을 당	日トウ 中táng

풀이 1. 막다. 통하지 못하게 하다. 2. 부딪치다. 충돌하다. 3. 뻗다. 뻗치다. 4. 모면하다. ¶搪塞
搪塞(당색) 1)통하지 못하게 막음. 2)아무렇게나 해 둠. 얼버무려 당장을 모면함.

搯	⑩ 13획 꺼낼 도	日トウ・とりだす 中tāo

풀이 1. 꺼내다. 펴내다. ¶搯擢 2. 치다. 두드리다. ¶搯膺
搯膺(도응) 가슴을 때림. 가슴을 침.
搯擢(도탁) 꺼냄.

搗	⑩ 13획 찧을 도	日トウ・つく 中dǎo

* 형성. 뜻을 나타내는 부수 '扌(手;손 수)'와 음을 나타내는 '島(섬 도)'를 합친 글자.

풀이 1. 찧다. ¶搗精 2. 두드리다. 다듬이질하다. ¶搗衣 3. 고치다.
搗衣(도의) 옷을 다듬이질함. 도의(擣衣).
搗精(도정) 곡식을 찧거나 쓿는 일.
搗砧(도침) 피륙·종이 등을 다듬이질하여 반듯하게 하는 일.
유 擣(찧을 도)

搣	⑩ 13획 비빌 멸	日メツ 中miè

풀이 1. 비비다. 주무르다. 2. 붙잡다. 움켜쥐다. 3. 뽑아내다. 뽑다.

搏	⑩ 13획 칠 박	日ハク・うつ 中bó

풀이 1. 치다. 때리다. ¶搏殺 2. 두드리다. 장단에 맞

추어 치다. 3. 쥐다. 4. 가지다. 취하다. 5. 잡다. 사로잡다. ¶搏執

搏動(박동) 맥박이 뛰는 것.

搏拊(박부) 1)손을 듦. 손을 들어 올림. 2)현악기를 탐.

搏殺(박살) 손으로 때려 죽임.

搏影(박영) 그림자를 때린다는 뜻으로, 불가능한 일을 비유하는 말.

搏戰(박전) 심하게 치고 싸움. 격투(格鬪).

搏執(박집) 포박(捕縛)함. 사로잡음.

搏鬪(박투) 치고 때리며 싸움.

搏虎(박호) 호랑이를 때려 잡는다는 뜻으로 무모한 용기를 비유하는 말.

脈搏(맥박) 심장의 박동에 따라 일어나는 동맥벽(動脈壁)의 주기적인 파동. 맥(脈).

龍虎相搏(용호상박) 용과 호랑이가 서로 다툰다는 말로 두 강자가 서로 승패를 다툼.

유 打(칠 타)

搬 ⑩ 13획 日ハン·はこぶ
옮길 반 中bān

풀이 1. 옮기다. 나르다. 운반하다. 2. 이사하다.

搬運(반운) 물건을 옮겨 나름.

搬移(반이) 운반하여 옮김. 세간을 싣고 이사함.

搬出(반출) 꺼내 옮김.

運搬(운반) 옮겨서 나름.

유 移(옮길 이)

槃 ⑩ 14획 日ハン
덜 반 中bān, pó

풀이 1. 덜다. 없애다. 2. 옮기다.

유 損(덜 손) 비 槃(쟁반 반)

搒 ⑩ 13획 日ホウ
배 저을 방 中bàng, pǎng, péng

풀이 1. 배를 젓다. ¶搒人 2. 매질하다. 볼기를 치다. ¶搒掠

搒掠(방략) 매질하여 죄를 캐물음.

搒人(방인) 뱃사공. 방인(榜人).

搒捶(방태) 죄인의 볼기를 침.

搒笞(방태) 볼기를 침. 방추(搒捶).

비 接(사귈 접)

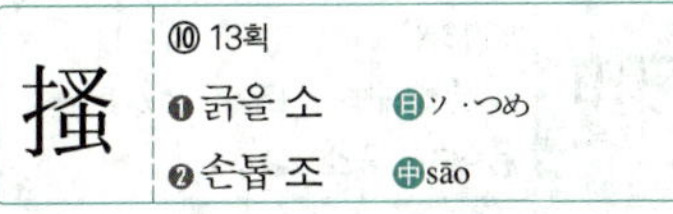

풀이 1 1. 긁다. ¶搔首 2. 떠들다. ¶搔擾 3. 마음이 움직이다. ¶搔法 2 4. 손톱. 손톱을 깎다.

搔頭(소두) 1)머리를 긁음. 2)비녀의 다른 이름.

搔首(소수) 머리를 긁음. 근심이 있을 때의 동작.

搔癢(소양) 가려운 곳을 긁는 일.

搔擾(소요) 여럿이 들고 일어나 요란하게 떠듦.

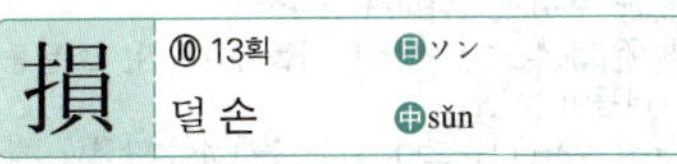

* 형성. 뜻을 나타내는 부수 '扌(手;손 수)'와 음을 나타내는 '員(인원 원)'를 합친 글자. '員'은 물잔의 수 또는 둥근 것을 나타내나 여기에서는 '隕(떨어질 운)' 등과 관련된 뜻으로 손(扌)에서 떨어지다(隕) 하여 '덜다', '손상하다'의 뜻을 나타냄.

풀이 1. 덜다. 줄이다. 2. 줄다. 감소하다. ¶損減 3. 잃다. 손해보다. ¶損失 4. 상하다. 해치다. ¶損傷 5. 낮추다. 겸손하다. ¶損弟 6. 손괘. 64괘 중 하나. 아래를 감소하여 위를 증가하는 상.

損減(손감) 줄임. 삭감(削減)함.

損氣(손기) 심한 충격 등으로 기가 상하거나 꺾임.

損福(손복) 복을 잃음.

損傷(손상) 떨어지고 상함.

損失(손실) 1)축나서 없어짐. 2)밑짐. 또는 그 일.

損抑(손억) 자신을 억제하여 양보함. 억손(抑損).

損子三友(손자삼우) 사귀면 손해를 보는 세 가지 유형의 벗. 편벽진 벗, 착하기만 하고 줏대가 없는 벗, 말만 잘하고 성실하지 못한 벗 등을 말함.

損益(손익) 손해와 이익.

損弟(손제) 친구끼리 편지를 할 때 자기를 낮추는 칭호.

損瘦(손척) 수척함.

損害(손해) 해를 입음.

減損(감손) 줄어짐. 줄임.

缺損(결손) 모자람. 한 부분이 없어서 불완전함.

汚損(오손) 더럽히고 손상함.

破損(파손) 깨어져 못 쓰게 됨. 또는 깨뜨려 못 쓰게 함.

비 捐(버릴 연)

搜 ⑩ 13획
❶찾을 수 日ソウ・さがす
❷어지러울소 中sōu

풀이 ❶ 1. 찾다. 살피다. ¶搜索 2. 밝혀내다. 3. 가리다. 고르다. ❷ 4. 어지럽다. 흐트러지다.

搜求(수구) 찾아 구함.
搜得(수득) 찾아내 얻음.
搜訪(수방) 찾아 방문함. 심방(尋訪).
搜査(수사) 찾아다니며 조사함.
搜所聞(수소문) 세상에 떠돌아 다니는 소문을 더듬어 찾음.
搜索(수색) 더듬으며 찾음. 수사하여 탐색함. 찾아 구함.
搜集(수집) 찾아서 모음.
搜採(수채) 인재를 찾아 씀.
搜探(수탐) 찾고 탐지함.

유 索(찾을 색)

搤 ⑩ 13획 日アク・とる
잡을 액 中è

풀이 1. 잡다. 쥐다. ¶搤劍 2. 조르다. 목을 조르다. ¶搤亢 3. 막다.

搤劍(액검) 검을 잡음.
搤殺(액살) 손으로 목을 조름. 액살(扼殺).
搤腕(액완) 분하거나 원통해서 자기도 모르게 자기 팔을 꽉 쥠.
搤亢(액항) 1)목을 조름. 급소(急所)를 누름. 2)요충(要衝)을 제압함.

비 益(더할 익)

搵 ⑩ 13획 日オン
잠길 온 中wèn

풀이 1. 잠기다. 흠뻑 젖다. 2. 담그다. 적시다. 물들이다. ¶搵染 3. 누르다. 억압하다.

搵死(온사) 물에 빠져 죽음.
搵染(온염) 물들임.

비 溫(따뜻할 온)

搖 ⑩ 13획 日ヨウ・ゆれる
흔들릴 요 中yáo

*형성. 뜻을 나타내는 부수 '扌(手; 손 수)'와 음을 나타내며 고기 담는 질그릇(缶)의 뜻을 가진 부수 이외의 글자를 합친 글자. 손(扌)으로 그릇을 잡아 '움직이게 하다'의 뜻을 나타냄.

풀이 1. 흔들리다. 흔들다. 요동하다. ¶搖動 2. 움직이다. 3. 오르다. 올라가다. 4. 머리 장식품.

搖撼(요감) 흔듦. 흔들리게 함.
搖動(요동) 1)흔들려 움직임. 2)흔들어 움직이게 함.
搖頭顚目(요두전목) 머리를 흔들고 눈을 굴린다는 뜻으로, 행동이 침착하지 못함을 비유함.
搖籃(요람) 1)유아를 눕히거나 앉히고 흔들어서 즐겁게 하거나 잠 재우는 채롱. 2)사물이 발달하는 처음. 3)어린 시절.
搖鈴(요령) 손에 쥐고 흔들어 소리내는 방울 모양의 작은 종. 솔 발.
搖舌(요설) 말을 함.
搖漾(요양) 1)흔들려 움직임. 2)물 위에 떠돎. 3)날아다니는 모양. 또는 낢.
搖曳(요예) 1)흔들려 나부낌. 흔들리는 모양. 2)한가한 모양.
搖搖(요요) 잇달아 자꾸 흔들리는 모양.
搖蕩(요탕) 흔들려 움직임. 요탕(搖盪).
動搖(동요) 1)움직이고 흔들림. 2)불안한 상태에 빠짐.

유 震(떨 진)

搷 ⑩ 13획 日テン
칠 전 中tián

풀이 1. 치다. 때리다. 2. 올리다. 높이 올리다. 3. 끌어당기다. 4. 이름 등을 날리다.

비 塡(메울 전)

搌 ⑩ 13획 日テン・のばす
펼 전 中zhǎn

풀이 1. 펴다. 활짝 펴다. 2. 묶다. 동여매다. 3. 닦다. 씻다. 4. 말아 올리다.

유 伸(펼 신)

搘 ⑩ 13획 日シ・ささえる
버틸 지 中zhī

풀이 버티다. 지탱하다.

搘梧(지오) 버팀.

4획

유 支(지탱할 지)

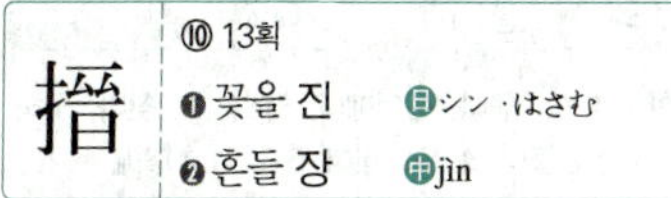
搢 ⑩ 13획
❶꽂을 진 日シン・はさむ
❷흔들 장 中jìn

풀이 ❶ 1. 꽂다. 사이에 끼워 넣다. ¶搢笏 ❷ 2. 흔들다. 떨치다. ¶搢鐸

搢鐸(장탁) 목탁을 흔듦.

搢紳(진신) 1)벼슬아치를 통틀어 이르는 말. 2)지위가 높고 행동이 점잖은 사람.

搢笏(진홀) 홀(笏)을 꽂음.

搓 ⑩ 13획 日サ・よる
비빌 차 中cuō

풀이 1. 비비다. 문지르다. 2. 끊다. 자르다.

유 搣(비빌 멸)

搽 ⑩ 13획 日サ
칠할 차 中chá

풀이 칠하다. 바르다.

搽粉(차분) 분을 칠함.

유 塗(진흙 도)

搾 ⑩ 13획 日サク・しぼる
짤 착 中zhà

풀이 짜다. 짜내다.

搾乳(착유) 젖을 짬.

搾取(착취) 1)꽉 누르거나 비틀어서 즙을 짜냄. 2)자본가(資本家)가 노동자(勞動者)를 부려서 그 성과로 얻은 이익을 무상으로 취득함.

搶 ⑩ 13획 日ソウ・ショウレ
닿을 창 中qiāng, qiǎng

풀이 1. 닿다. 부딪치다. ¶搶地 2. 모이다. 모여들다. 3. 빼앗다. ¶搶奪 4. 거부하다. 거절하다. 5. 돛을 올리다. 6. 어지럽다. 산란하다. ¶搶攘

搶攘(창양) 어지러운 모양. 문란함.

搶地(창지) 머리를 숙여 땅에 닿음.

搶奪(창탈) 억지로 빼앗음. 약탈(掠奪)

搋 ⑩ 13획
❶가를 체 日サイ・サ
❷때릴 차 中chuāi

풀이 ❶ 1. 가르다. 쪼개다. 2. 끌다. 끌어당기다. ❷ 3. 때리다. 치다.

搊 ⑩ 13획 日スウ
탈 추 中chōu

풀이 1. 타다. 연주하다. 2. 동여매다. 붙들어 매다.

유 搭(탈 탑)

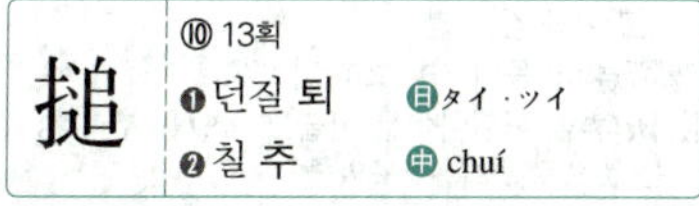
搥 ⑩ 13획
❶던질 퇴 日タイ・ツイ
❷칠 추 中chuí

풀이 ❶ 1. 던지다. 투척하다. ¶搥提 ❷ 2. 치다. 때리다. ¶搥鼓

搥鼓(추고) 북을 침.

搥牀(추상) 손으로 자리를 두드림.

搥提(퇴제) 던져 버림.

搭 ⑩ 13획 日タツ・のる
탈 탑 中dā

* 형성. 뜻을 나타내는 부수 '扌(手;손 수)'와 음을 나타내는 '荅(답할 답)'을 합친 글자.

풀이 1. 타다. 탑승하다. ¶搭乘 2. 싣다. ¶搭載 3. 치다. 때리다. 4. 걸다. 매달다. 걸쳐 놓다. 5. 섞다. 6. 베끼다.

搭鉤(탑구) 갈퀴. 갈퀴처럼 생긴 옛날 무기의 한 종류.

搭寫(탑사) 베낌. 베껴 씀.

搭乘(탑승) 배 · 수레 등에 탐.

搭載(탑재) 배 · 수레 등에 물건을 실음.

搭住(탑주) 걸리어 머무름.

유 乘(탈 승) 搊(탈 추)

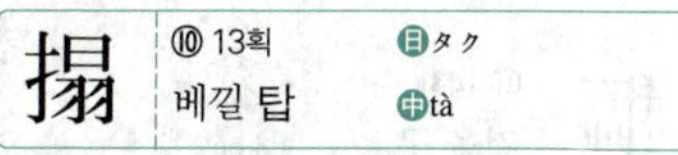
搨 ⑩ 13획 日タク
베낄 탑 中tà

풀이 1. 베끼다. ¶搨影 2. 박다. 금석문(金石文) 위에 종이를 대어 박아내다. ¶搨本

搨本(탑본) 쇠와 돌에 새긴 글씨나 그림을 그대로 박아 냄. 또는 박아 낸 그 종이.

搨寫(탑사) 베낌.
搨影(탑영) 본래의 형상을 베껴 그림. 또는 그 그림.

携	⑩ 13획	日ケイ·たずさえる
	끌 휴	中xié

一 丨 扌 扌 扌 扌 扌 扌 扌 扌 携 携

* 형성. 뜻을 나타내는 부수 '扌(手:손 수)'와 음을 나타내며 동시에 동여매다의 뜻을 나타내기 위한 부수 이외의 글자들이 합쳐진 글자. 이에 '손을 잡다'의 뜻을 나타냄.

풀이 1. 끌다. 이끌다. ¶携扶 2. 들다. 손에 가지다. ¶携帶 3. 이어지다. 4. 떨어지다. 떼어놓다.

携笻(휴공) 길을 걸을 때 지팡이를 짚음. 또는 지팡이를 짚고 감.
携帶(휴대) 몸에 지니고 다님.
携扶(휴부) 어린아이를 이끌고 노인을 부축한다는 뜻으로, 이끌어 도와줌.
携手(휴수) 함께 감. 데리고 감.
携貳(휴이) 두 마음을 가짐. 딴 마음을 지님.
提携(제휴) 1)서로 붙잡아 끌어 줌. 2)서로 도움. 또는 공동으로 일함.

摡	⑪ 14획	日カイ
	씻을 개	中gài

풀이 씻다. 닦다.

비 槪(평미레 개)

摜	⑪ 14획	日カン·なれる
	익숙해질 관	中guàn

풀이 1. 익숙해지다. 익히다. 2. 던지다. 내던지다.

유 慣(버릇 관)

摑	⑪ 14획	日コク·うつ
	칠 괵	中guāi, guó

풀이 치다. 후려갈기다.

摳	⑪ 14획	日ク
	걷을 구	中kōu

풀이 1. 걷다. 추어올리다. ¶摳衣 2. 던지다. 투척하다. 3. 조숙하다. 4. 더듬다.

摳衣(구의) 옷을 걷어올림.

摎	⑪ 14획	日キュウ
	맬 규	中jiū

풀이 1. 매다. 묶다. 동여매다. ¶摎結 2. 찾다. 구하다. 3. 엉겨붙다. 4. 뒤얽히다. 5. 돌다. ¶摎流

摎結(규결) 1)매어 묶음. 2)하나로 묶은 것처럼 뭉침.
摎流(규류) 빙 돌아서 흐름.

摫	⑪ 14획	日キュウ
	마를 규	中guī

풀이 마르다. 재단하다.

摶	⑪ 14획	
	❶ 뭉칠 단	日タン·セン
	❷ 오로지 전	中tuán, zhuān

풀이 ❶ 1. 뭉치다. ¶摶飯 2. 맺히다. 3. 모이다. ¶摶摶 4. 치다. 쳐서 다듬다. ¶摶埴 5. 둥글다. 둥글게 하다. 6. 꾀꼬리. 7. 늘어지다. 축 늘어진 모양. ❷ 8. 오로지. 오직. 9. 마음대로 하다. 제멋대로 하다. 10. 묶다. 다발을 짓다. 묶음.

摶摶(단단) 1)모이는 모양. 2)축 처진 모양. 늘어진 모양.
摶飯(단반) 밥을 뭉침. 또는 주먹밥.
摶沙(단사) 모래를 뭉친다는 의미로 단결이 잘 되지 않음을 말함.
摶黍(단서) 꾀꼬리.
摶埴(단치) 진흙을 침. 또는 그런 사람.

유 專(오로지 전) 비 塼(벽돌 전)

摞	⑪ 14획	日ルイ·おさめる
	정돈할 라	中luò

풀이 1. 정돈하다. 정리하다. 2. 쌓아 올리다.

유 整(가지런할 정)

擥	⑪ 15획	日リャク
	노략질할 략	中lüè

풀이 노략질하다. 탈취하다.

유 掠(노략질할 략)

摙 Ⓘ 14획 日レン・になう
멜 련 中liǎn

풀이 메다. 지다.

유 擔(멜 담)

摝 Ⓘ 14획 日ロク
흔들 록 中lù

풀이 흔들다. 진동시키다.

摟 Ⓘ 14획 日ル
끌어 모을 루 中lōu, lǒu

풀이 1. 끌어 모으다. 잡아끌다. 2. 꾀어 끌어들이다. 유인하다.

비 樓(나락 루)

摛 Ⓘ 14획 日リ・ひろげる
퍼질 리 中chī

풀이 1. 퍼지다. 널리 알려지다. ¶摛藻 2. 표현하다. 글을 짓다. ¶摛翰

摛藻(이조) 1)글을 지음. 2)널리 알려진 문장.

摛翰(이한) 글을 지음.

비 璃(유리 리)

摩 Ⓘ 15획 日マ・する
갈 마 中mā, mó

* 형성. 뜻을 나타내는 부수 '手(손 수)'와 음을 나타내는 '麻(삼 마)'를 합친 글자. '麻'는 삼껍질은 물에 담가두면 문드러지는 모양을 보고 '뭉개다'라는 뜻을 나타내는데 이에 손(手)으로 비벼 '으깨다'라는 뜻을 나타냄.

풀이 1. 갈다. 연마하다. ¶摩切 2. 문지르다. 비비다. ¶按摩 3. 쓰다듬다. 어루만지다. ¶摩撫 4. 닿다. ¶摩擦 5. 접근하다. 가까이 하다. 6. 고치다. 새롭게 하다. 7. 헤아리다. 짐작하다.

摩撫(마무) 1)문지름. 2)달래어 어루만짐.

摩挲(마사) 손으로 문지름.

摩切(마절) 1)갈고 닦음. 2)사람이 인격을 도야(陶冶)하는 일.

摩擦(마찰) 물건과 물건이 서로 닿아서 비빔.

摩天樓(마천루) 하늘에 닿을 듯이 아주 높게 지은 고층 건물.

按摩(안마) 손으로 몸의 근육을 두드리거나 주무르거나 하여 혈액 순환을 좋게 하고 피로가 풀리게 하는 일.

유 硏(갈 연)

摹 Ⓘ 15획 日モ・ならう
베낄 모 中mó

풀이 1. 베끼다. ¶摹本 2. 본뜨다. 3. 본받다. 따라하다. 보고 익히다. 4. 본보기. 본.

摹本(모본) 1)베껴 쓴 책. 사본(寫本). 2)글씨의 본보기 책.

摹寫(모사) 베낌.

유 寫(베낄 사)

摸 Ⓘ 14획 日バク・マク・モ
찾을 모 中mō, mó

* 형성. 뜻을 나타내는 부수 '扌(手;손 수)'와 음을 나타내는 '莫(없을 막)'을 합친 글자로, 손(扌)으로 있는지 없는(莫)지를 '더듬어 찾는' 것을 나타냄.

풀이 1. 더듬어 찾다. ¶摸索 2. 잡다. 가지다. 3. 본뜨다. ¶摸繪

摸稜(모릉) 명확히 결정을 짓지 못함.

摸倣(모방) 흉내를 냄. 본을 뜸.

摸寫(모사) 본떠서 그림.

摸索(모색) 더듬어 찾음. 모착(摸捉).

摸擬(모의) 실제의 것을 그대로 모방함. 본떠서 흉내냄. 모의(模擬).

摸搨(모탑) 쇠와 돌에 새겨진 문자를 그대로 본뜸.

摸繪(모회) 본떠 그림.

暗中摸索(암중모색) 어둠 속에서 손을 더듬어 찾는다는 뜻으로 어림짐작으로 사물을 알아내려고 함.

유 探(찾을 탐)

摒 Ⓘ 14획 日ビョウ
정돈할 병 中bǐng

풀이 정돈하다. 처리하다.

摒擋(병당) 정돈함. 처리함.

摓 Ⓘ 14획 日ボウ
꿰맬 봉 中féng

풀이 1. 꿰매다. 재봉하다. 2. 크다. 3. 받들다.

비 熢(연기 자욱할 봉)

4획

摣 Ⓘ 14획 日サ
잡을 사 中zhā

풀이 잡다. 움켜쥐다.

摌 Ⓘ 14획 日サン
흔들 산 中chǎn

풀이 1. 흔들다. 2. 고르다. 가려내다.

摋 Ⓘ 14획 日サツ・うつ
칠 살 中sà, shā

풀이 1. 치다. 손바닥으로 후려 갈리다. 2. 지우다. 지워 없애다. 말살하다. 3. 뒤섞이다.

摻 Ⓘ 14획
❶잡을 삼 日サン・セン
❷가늘 섬 中càn, chān, shǎn
❸칠 참

풀이 1 1. 잡다. 쥐다. 2. 가지다. 취하다. ¶摻執 2 3. 가늘다. 가냘프다. ¶摻摻 3 4. 치다. 북을 쳐서 연주하다.
摻落(삼락) 무더기로 많이 나 있는 모양.
摻執(삼집) 잡음. 쥠.
摻搓(삼차) 잡아 가짐.
摻摻(섬섬) 여리고 가냘픈 손의 모양.
비 慘(참혹할 참)

摵 Ⓘ 14획 日サク
털어낼 색 中shè

풀이 1. 털어내다. 제거하다. 2. 잎이 떨어진 나무의 앙상한 모양. 3. 잎이 우수수 지는 소리.

摔 Ⓘ 14획 日ソツ
땅에 버릴 솔 中shuāi

풀이 1. 땅에 버리다. 내던지다. 2. 떨어지다. 떨어져서 깨어지다.

摍 Ⓘ 14획 日シュク
뽑을 숙 中sù

풀이 뽑다. 빼내다.

硏 Ⓘ 15획 日エン・とぐ
갈 연 中yán

풀이 1. 갈다. 문지르다. 2. 수련하다. 연구하다.
유 硏(갈 연)

摮 Ⓘ 15획 日オ・うつ
칠 오 中áo

풀이 치다. 때리다.
摮殺(오살) 때려 죽임.

摏 Ⓘ 14획 日ヨウ
찌를 용 中chōng

풀이 1. 찌르다. 2. 치다. 두드리다.

摴 Ⓘ 14획 日テイ
노름 저 中chū

풀이 노름. 도박.

摘 Ⓘ 14획 日テキ・つむ
딸 적 中zhāi

一 丁 扌 扌 扩 扩 扩 扩 拍 捎 摘 摘 摘 摘

* 형성. 뜻을 나타내는 부수 '扌(手;손 수)'와 음을 나타내며 엄지와 인지가 마주 닿는다는 뜻을 지닌 '啇(밑동 적)'을 합친 글자. 하나(啇)씩 하나씩 손(扌)으로 '따는' 것을 나타내어, '따다', '손가락질하다'는 뜻이 됨.

풀이 1. 따다. 2. 남의 글을 요점만 베껴 쓰다. 3. 악기를 타다. 연주하다. 4. 들추어내다. ¶摘發 5. 손가락질하다. 손가락으로 가리키다. ¶指摘 6. 움직이다.
摘抉(적결) 들추어 파냄. 폭로함.
摘句(적구) 중요한 구절을 뽑아냄.
摘錄(적록) 요점만을 적음. 또는 그 기록. 적기(摘記).
摘發(적발) 숨어 드러나지 않는 것을 들추어냄.
摘擗(적벽) 1)몸을 굽히는 모양. 2)예절 바른 모양.
摘示(적시) 지적하여 제시함.
指摘(지적) 손가락으로 가리킴.
비 敵(원수 적)

4획

摺 ⑪ 14획 日セツ
꺾을 접 中zhé

풀이 1. 접다. 꺾어서 겹치다. ¶摺扇 2. 주름.

摺本(접본) 책장을 접어 책처럼 만든 것. 접책(摺冊).

摺扇(접선) 접는 부채. 쥘부채.

摺奏(접주) 임금에게 직접 올리는 문서.

摺疊(접첩) 접어서 갬. 개킴.

摺枕(접침) 1)다리를 접었다 폈다 하도록 만든 목침. 2)베개의 한 가지.

유 拉(꺾을 납)

摯 ⑪ 15획 日シ·にぎる
잡을 지 中zhì

* 형성. 뜻을 나타내는 부수 '手(손 수)' 음을 나타내는 '執(잡을 집)'을 합친 글자. 손(手)으로 끌어잡는(執) 것, 곧 '잡다'는 뜻이 됨.

풀이 1. 잡다. 손에 쥐다. 2. 이르다. 오다. 3. 돈독하다. 극진하다. 4. 권하다. 진언하다. 5. 사납다. ¶摯獸 6. 치다. 때리다. 7. 폐백. 8. 꺾다. 꺾이다.

摯見(지견) 혼례식 때, 신랑이 기러기를 가지고 신부를 만나는 일.

摯獸(지수) 사나운 짐승.

유 執(잡을 집) 비 擊(부딪힐 격)

槧 ⑪ 15획 日サン
벨 참 中cán

풀이 베다. 베어내다.

유 斬(벨 참) 비 擊(부딪힐 격)

撕 ⑪ 14획 日サン
벨 참 中shàn, zhàn

풀이 1. 베다. 2. 제거하다. 없애다. 3. 던지다. 4. 막다. 저지하다.

摐 ⑪ 14획 日ソウ
칠 창 中chuāng

풀이 1. 치다. 두드리다. 2. 뒤섞이다. 어지럽다.

摐摐(창창) 1)소리가 크고 명랑한 모양. 2)어지러운 모양.

유 摽(칠 표)

摭 ⑪ 14획 日セツ
주울 척 中zhí

풀이 줍다. 주워 모으다.

摭拾(척습) 주움. 척채(摭採)

유 拾(주울 습)

摠 ⑪ 14획 日ソウ
모두 총 中zǒng

풀이 모두.

유 諸(모든 제)

摧 ⑪ 14획
❶꺾을 최 日サイ·くだく
❷물러날 취 中cuī
❸꼴 좌

* 형성. 뜻을 나타내는 부수 '扌(手;손 수)'와 음을 나타내는 '崔(높을 최)'를 합친 글자.

풀이 1 1. 꺾다. 부러뜨리다. ¶摧感 2. 누르다. 억압하다. 3. 막다. 저지하다. 4. 배제하다. 5. 멸망하다. 쇠퇴하다. ¶摧殄 6. 이르다. 오다. 7. 깊이 연구하다. 8. 슬퍼하다. 한탄하다. 2 9. 물러나다. 3 10. 꼴을 베다. 꼴. 마소에게 먹이는 풀.

摧感(최감) 기가 꺾이고 슬픔.

摧枯拉朽(최고납후) 마른 나무와 썩은 나무 부러뜨리기란 뜻으로 매우 쉬운 일을 비유하는 말.

摧拉(최랍) 꺾음.

摧北(최배) 패하여 달아남.

摧謝(최사) 깊이 사죄함.

摧碎(최쇄) 쳐서 부숨.

摧抑(최억) 1)꺾어 누름. 2)슬픈 마음을 억누름.

摧殘(최잔) 꺾이어 쇠해짐. 또는 꺾어 손상을 입힘.

摧殄(최진) 꺾여 멸망됨.

摽 ⑪ 14획 日ヒョウ·うつ
칠 표 中biāo, biào

풀이 1 치다. 두드리다. ¶摽擊 2. 떨어지다. 낙하하다. ¶摽落 3. 손짓하다. 손짓하여 부르다. 4. 버리다. 내던지다. ¶摽劍 5. 펴다. 6. 높이 오르다. ¶摽然 7. 끝. 칼끝. ¶摽末

標劍(표검) 칼을 내던짐.
標擊(표격) 침. 두드림.
標落(표락) 떨어짐.
標末(표말) 1)칼끝. 2)매우 적음.
標搒(표방) 남의 선행(善行)을 알리기 위하여 그 사실을 패에 적어 내걺. 표방(標榜).
標拂(표불) 널리 미치게 폄.
標然(표연) 높이 오르는 모양.
비 標(우듬지 표)

摢	⑪ 14획	
	❶버틸 호	日ホウ·テイ
	❷노름 저	中hù

풀이 1 1. 버티다. 막아내다. 2 2. 노름. 도박.

摢	⑪ 14획	日ホ
	순조롭지않을호	中hù

풀이 1. 순조롭지 않다. 원활하지 않다. 2. 베풀다. 펴다.

撟	⑫ 15획	日キョウ·あげる
	들 교	中jiǎo

풀이 1. 들다. 위로 들다. ¶撟首 2. 안마를 하다. 3. 굴복시키다. ¶撟君 4. 바로잡다. 고치다. ¶撟邪 5. 핑계를 대다. 6. 속이다. ¶撟誣 7. 굳세다. 강하다.
撟撟(교교) 굳센 모양. 용감한 모양.
撟君(교군) 임금의 행동을 바로잡음.
撟誣(교무) 남을 속임.
撟邪(교사) 나쁜 것을 바로잡음.
撟舌(교설) 놀라서 말을 하지 못함.
撟首(교수) 머리를 듦.
撟言(교언) 도리에 어긋난 말.
撟制(교제) 임금의 명이라 칭하고 일을 행함. 교조(撟詔).
撟掇(교철) 습득(拾得)함.
비 橋(다리 교)

撅	⑫ 15획	
	❶칠 궐	日ケツ·ケイ·ほる
	❷걷을 궤	中juē, guì
	❸뽑힐 결	

* 형성. 뜻을 나타내는 부수 '扌(手:손 수)'와 음을 나타내는 '厥(그 궐)'을 합친 글자.
풀이 1 1. 치다. 공격하다. 2. 파다. 파내다. 3. 꺾다. 4. 쪼개다. 2 5. 추다. 추어올리다. 걷어올리다. 3 6. 뽑히다. 뽑아내다.

撠	⑫ 15획	日キョク·うつ
	칠 극	中jǐ

풀이 1. 치다. 때리다. 2. 가지다. 소지하다.
유 摽(칠 표)

撚	⑫ 15획	日ネン·ひねる
	비틀 년(연)	中niǎn

풀이 1. 비틀다. 꼬다. ¶撚斷 2. 반죽하다. 3. 밟다. 짓밟다. 4. 따르다. 쫓다. 5. 비파 등을 연주하다.
撚斷(연단) 비틀어 끊음.
撚撥(연발) 비파를 탐.
撚絲(연사) 두 가닥 이상의 실을 꼬아 놓은 실. 치사(緻絲).
撚紙(연지) 종이로 꼰 노끈. 지노.
비 燃(불사를 연)

撓	⑫ 15획	
	❶어지러운 뇨(요)	日ドウ·コウ·たわめる
	❷돌 효	中náo

풀이 1 1. 어지럽다. 어지럽게 하다. ¶撓亂 2. 휘다. 구부리다. 구부러지게 하다. ¶撓折 3. 마음이 바르지 않다. 정당치 못하다. 4. 약하게 하다. 줄이다. 5. 꺾이다. ¶撓敗 2 6. 돌다. 순환하다.
撓改(요개) 구부려 고침.
撓屈(요굴) 1)휘어 굽힘. 2)주저함.
撓撓(요뇨) 어지러운 모양.
撓亂(요란) 어지러움.
撓法(요법) 법을 어지럽힘. 또는 법을 남용함.
撓擾(요요) 어지럽히고 괴롭힘.
撓折(요절) 구부러져 꺾음.
撓敗(요패) 용기가 꺾여 패함.

撞	⑫ 15획	日トウ·ドウ·つく
	칠 당	中zhuàng

풀이 1. 치다. 두드리다. 2. 부딪히다. ¶撞突 3. 돌진하다. 뚫고 나아가다. ¶撞入

撞車(당거) 성을 지키는 무기의 한 가지로 수레 위에 당목(撞木)을 매달아 어느 방향으로도 쏠 수 있게 만든 기구.
撞球(당구) 공을 가지고 하는 경기의 하나.
撞突(당돌) 부딪침. 충돌(衝突).
撞入(당입) 돌진하여 들어감.
撞地(당지) 땅을 다져서 단단하게 함.
自家撞着(자가당착) 자신의 언행이 모순되어 일치되지 않음.

유 摮(칠 오) 打(칠 타)

撈	⑫ 15획	日ロウ
	잡을 로(노)	中lāo

풀이 1. 잡다. 건져내다. ¶撈魚 2. 끙게. 농기구의 하나로 씨를 뿌린 뒤 씨앗이 흙에 덮이게 하는 기구.

撈救(노구) 물에 빠진 것을 구함.
撈魚(노어) 물고기를 잡음.
撈採(노채) 물 속에 들어가 채취함.

撩	⑫ 15획	日リョウ
	다스릴 료(요)	中liāo, liáo, liào

풀이 1. 다스리다. 처리하다. ¶撩理 2. 돋우다. 자극하다. ¶撩戰 3. 취하다. 잡다. ¶撩摘 4. 어지럽다. 산란하다. ¶撩亂

撩罟(요고) 물고기를 잡는 그물.
撩亂(요란) 어지러움. 산란함.
撩理(요리) 난리를 다스림.
撩摘(요적) 잡아 땀.
撩戰(요전) 전쟁을 걸어 옴.

유 治(다스릴 치) 비 僚(동료 료)

撫	⑫ 15획	日フ・ブ・なでる
	어루만질 무	中fǔ

* 형성. 뜻을 나타내는 부수 '扌(手;손 수)'와 음을 나타내며 덮어씌우다는 의미를 가진 '無(없을 무)'를 합친 글자. 이에 손(扌)으로 쓰다듬어주다(無)라 하여 곧 '어루만지다'를 나타냄.

풀이 1. 어루만지다. 쓰다듬다. 2. 달래다. 위로하다. ¶撫心 3. 누르다. 4. 손에 쥐다. 5. 사랑하다. ¶撫有 6. 좇다. 따르다. 7. 치다. 두드리다. ¶撫掌 8. 돌다. 순찰하다. 9. 덮다. ¶撫世

撫結(무결) 친하여 관계를 맺음.
撫勞(무로) 어루만져 위로함. 무위(撫慰).
撫摩(무마) 위로하여 달램.
撫世(무세) 1)세상을 어루만져 편안하게 함. 2)세상을 덮음.
撫綏(무수) 어루만져 편안하게 함.
撫心(무심) 어루만져 마음을 편안하게 함.
撫養(무양) 잘 보살펴 기름. 무육(撫育).
撫慰(무위) 어루만져 위로함.
撫有(무유) 사랑하여 소유함.
撫柔(무유) 어루만져 부드럽게 함.
撫育(무육) 잘 보살펴 기름.
撫掌(무장) 손바닥을 침. 즐겁게 웃으며 이야기하는 모양.
撫情(무정) 감정을 가라앉힘. 감정을 추스름.
撫存(무존) 어루만지고 위로하며 물어 봄.
撫恤(무휼) 불쌍히 여겨 위로하고 물질적으로 도와줌.
群盲撫象(군맹무상) 여러 맹인들이 코끼리를 더듬는다는 뜻으로, 즉 자기의 좁은 소견과 주관으로 사물을 그릇 판단함을 이르는 말.
宣撫(선무) 국민이나 점령지 주민에게 정부 또는 본국의 시책을 이해시켜 민심을 안정시키는 일.
按撫(안무) 백성들을 잘 보살피어 나라의 시책에 따르게 함.
愛撫(애무) 이성을 사랑하여 어루만짐.
鎭撫(진무) 난리를 일으킨 백성들을 진정시키고 어루만져 달램.
懷撫(회무) 달래어 안심시킴.

비 舞(춤출 무)

撲	⑫ 15획	日ボク・ハク・ホク・うつ
	❶ 칠 박	
	❷ 종아리채 복	中pū

* 형성. 뜻을 나타내는 부수 '扌(手;손 수)'와 음을 나타내는 부수 이외의 글자로 이루어짐. 손으로 '때리다'의 뜻을 나타냄.

풀이 ❶ 1. 치다. 때리다. ¶撲殺 2. 넘어지다. 엎드러지다. 3. 가지다. 소유하다. 4. 모두. 다하다. 5. 누에섶. 누에가 올라가 고치를 짓도록 마련한 짚이나 잎나무. ❷ 6. 종아리채. 7. 길들이지 않다. ¶撲馬

撲落(박락) 어지럽게 흩어지는 모양.
撲滿(박만) 푼돈을 모아 넣어 두는 작은 저금통. 벙어리 저금통.
撲滅(박멸) 모조리 잡아 없애 버림.
撲殺(박살) 때려서 죽임.
撲地(박지) 1)갑자기. 2)지상에 가득 참. 3)땅에 다 내어던짐.
撲筆(박필) 붓을 내던짐.
撲馬(복마) 길들이지 않은 말.

유 打(칠 타) 拍(칠 박)

撥	⑫ 15획	日ハツ・おさめる
	다스릴 발	中bō, fá

풀이 1 다스리다. 2. 없애다. 제거하다. ¶撥去 3. 휘다. 굽히다. 4. 퉁기다. 반발하다. ¶反撥 5. 타다. 연주하다. 6. 채. 현악기의 줄을 퉁기는 도구. 7. 치켜들다. 8. 파다. 파내다. ¶撥土 9. 일으키다. 시작하다. 10. 일어나다. 생기다. 11. 빚다. 술이 익다. 12. 배. 13. 배를 젓다. 14. 상엿줄. 상여를 끄는 줄. 15. 끊다. 16. 뒤섞다. 휘젓다.

撥去(발거) 떨어서 없앰.
撥弓(발궁) 휘어져 곧지 않은 활.
撥剌(발랄) 1)활을 당기는 모양. 2)바르지 않음. 3)활발하게 약동하는 모양.
撥木(발목) 비파(琵琶)를 연주하는 데에 쓰는 나무로 만든 물건. 술대.
撥無(발무) 거절하여 돌보지 않음.
撥憫(발민) 고민을 제거함.
撥土(발토) 흙을 파헤침.
反撥(반발) 1)되받아 퉁겨짐. 2)상대에 대하여 언짢게 여겨 그에 반항하는 태도를 나타내는 일.

撇	⑫ 15획	日ベツ
	칠 별	中biē

풀이 1. 치다. 때리다. ¶撇派 2. 닦다. 훔치다. ¶撇涕 3. 삐침. 서법(書法)의 한 가지. 4. 흔들다. 휘두르다.

撇涕(별체) 눈물을 닦음.
撇派(별파) 물결을 침. 물결을 헤쳐서 나아감.

撒	⑫ 15획	日サツ・まく
	뿌릴 살	中sā, sǎ

풀이 1. 뿌리다. ¶撒砂 2. 놓다. 놓다주다. ¶撒手 3. 흩어지게 하다.

撒袋(살대) 활과 화살을 넣어 가지고 다니는 주머니. 전동(箭筒).
撒砂(살사) 모래를 뿌림.
撒扇(살선) 접어 쓰는 부채. 쥘부채.
撒手(살수) 손을 놓음. 일에서 손을 뗌.
撒菽(살숙) 콩을 뿌리듯이 굵은 비가 쏟아지는 모양을 말함.
撒布(살포) 뿌려서 퍼트림.

비 徹(관철할 철)

撕	⑫ 15획	
	❶찢을 시	日セイ
	❷훈계할 쟁	中xī, sī,

풀이 ❶ 1. 찢다. 잡아당겨 찢다. ❷ 2. 훈계하다.

유 訓(가르칠 훈)

撋	⑫ 15획	日エン
	비빌 연	中ruó, ruí

풀이 1. 비비다. 문지르다. 2. 적시다. 담그다.

撎	⑫ 15획	日ユウ
	읍 예	中yì

풀이 읍(揖). 꿇어앉아서 고개를 들고, 손은 아래로 드리운 자세로 공손히 하는 절.

撏	⑫ 15획	日セン
	딸 잠	中xián

풀이 1. 따다. ¶撏撦 2. 뽑다. 뽑아내다.

撏撦(잠차) 이것저것 여러 가지를 땀.

撙	⑫ 15획	日ソン・くじく
	누를 준	中zǔn

풀이 1. 누르다. 억제하다. 2. 모이다. 3. 겸손하다. 4. 꺾다. 부러뜨리다. 5. 절약하다. 검약하다. ¶撙節

撙詘(준굴) 절제하여 겸손함.
撙節(준절) 씀씀이를 아낌.

비 燇(불 존)

撜	⑫ 15획	
	❶건질 증	日ソウ
	❷닿을 쟁	中chéng, zhěng

풀이 ❶ 1. 건지다. 건져 올리다. ❷ 2. 닿다. 접촉하다.

비 證(증거 증)

撦	⑫ 15획	日サ
	찢을 차	中chě

풀이 찢다. 조각내다.

撦裂(차열) 손으로 여러 조각으로 찢음.

撰	⑫ 15획 ❶지을 찬 ㊐セン·サン·あつめる ❷가질 선 ㊥zhuàn

* 형성. 뜻을 나타내는 부수 '扌(手;손 수)'와 음을 나타내며 '갖추어 놓다'는 뜻을 지닌 '巽(손괘 손)'을 합친 글자. 이에 손(扌)으로 갖추는(巽) 것, 곧 글을 짓는 것을 나타냄.

풀이 ❶ 1. 짓다. 시문(詩文)을 짓다. 2. 적다. 기록하다. 3. 저술. ¶撰錄 4. 가지다. 품다. 5. 갖추어진 내용이나 방법. 6. 세다. 헤아리다. 7. 법. 규칙. ❷ 8. 가지다. 쥐다. 9. 가리다. 선택하다.

撰錄(찬록) 글을 지어 기록함. 또는 그 기록.
撰文(찬문) 글을 지음. 또는 그 글.
撰述(찬술) 책을 지음. 저술(著述).
撰定(찬정) 문서를 작성하여 정함.
撰集(찬집) 시문 등을 가려 엮은 책.
撰次(찬차) 책을 순서에 따라 정해 편집함.
改撰(개찬) 책이나 글을 고쳐서 다시 엮거나 지음.
官撰(관찬) 정부에서 편찬(編纂)함. 또는 편찬한 그 책.
杜撰(두찬) 1)전거(典據)·출처(出處)가 없는 문자를 억지로 쓰는 일. 또는 그러한 저작. 2) 틀린 곳이 많은 저술.
私撰(사찬) 개인이 편찬함. 또는 그 편찬물.
自撰(자찬) 책 등을 손수 편찬함.
制撰(제찬) 임금의 말씀이나 명령의 내용을 신하가 대신 지음. 대찬(代撰).

유 製(지을 제) 作(지을 작)

撤	⑫ 15획 ㊐テツ 거둘 철 ㊥chè

풀이 1. 거두다. 걷어 없애다. 2. 그만두다. ¶撤市

撤去(철거) 거두어 치움.
撤兵(철병) 군대를 철수함.
撤收(철수) 거두어 들임.
撤市(철시) 시장, 가게 등의 문을 닫음.
撤饌(철찬) 제사 지내고 그 음식을 거두어 치움.
撤退(철퇴) 거두어 가지고 물러감.
撤廢(철폐) 어떤 제도나 규정을 폐지함. 거두어 치워 그만둠.
撤回(철회) 일단 제출했던 것을 다시 거두어 들임.
不撤晝夜(불철주야) 밤낮을 가리지 않는다는 뜻으로 매우 열심히 노력함을 나타내는 말.

유 收(거둘 수)

撮	⑫ 15획 ㊐サツ·つまむ 집을 촬 ㊥cuō, zuǒ

풀이 1. 집다. 2. 모으다. ¶撮徒 3. 찍다. 촬영하다. ¶撮影 4. 용량 단위. 1승(升)의 10000분의 1. 또는 60속(粟). 5. 자밤. 네 손가락 끝으로 집을 만한 분량.

撮徒(촬도) 무리를 끌어 모음.
撮影(촬영) 사진·영화를 찍음.
撮要(촬요) 요점만을 취함.
撮土(촬토) 한 밤의 흙.

유 取(취할 취)

擂	⑫ 15획 ❶당길 추 ㊐スウ·リュウ ❷평평하게 할 류(유) ㊥chōu, liù

풀이 ❶ 1. 당기다. 잡아당기다. ❷ 2. 평평하게 하다. 흙을 발라 다듬다.

擂土(유토) 담을 쌓고 흙을 발라 울퉁불퉁하지 않게 고름.

撱	⑫ 15획 ㊐タ 길쭉할 타 ㊥dǎn, shàn

풀이 길쭉하다.

撱圓(타원) 길쭉한 원형(圓形).

撣	⑫ 15획 ❶손에 들 탄 ㊐タン·セン ❷당길 선 ㊥tān, chán

풀이 ❶ 1. 손에 들다. 가지다. 2. 닿다. 접하다. ❷ 3. 당기다. 끌어당기다. ¶撣援

撣援(선원) 끌어당김
撣繫(탄계) 접촉하여 걸려듦.
撣撣(탄탄) 공경하는 모양.

撢	⑫ 15획 ㊐タン 더듬을 탐 ㊥dǎn, tàn

풀이 1. 더듬다. 더듬어 찾다. 2. 당기다. 끌어 당기다. 3. 털다. 붙어 있던 것을 떨어버리다.

撢掞(탐염) 이익을 구함.

비 譚(이야기 담)

撐	⑫ 15획	日トウ·ひかえばしら
	버틸 탱	中chēng

풀이 1. 버티다. 지탱하다. ¶支撐 2. 버팀목. 3. 배를 저어 나아가다. ¶撐船

撐船(탱선) 배를 저어 나아감.
撐腸(탱장) 배가 부름. 실컷 먹음.
撐柱(탱주) 넘어지지 않게 버티는 기둥.
撐刺(탱척) 배를 저음.
支撐(지탱) 오래 버티거나 배겨 냄.

播	⑫ 15획	日ハ·まく
	뿌릴 파	中bō

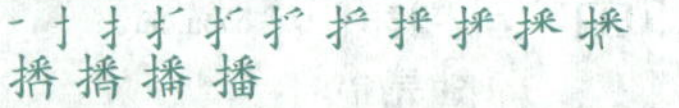

* 형성. 뜻을 나타내는 부수 '扌(手;손 수)'와 음을 나타내는 '番(갈마들 번)'을 합친 글자. '番'이 밭에 씨를 뿌리는 모양을 나타낸다하여, 손(扌)에 씨를 들고 '뿌리다', '파종하다'는 뜻으로 됨.

풀이 1. 뿌리다. 씨뿌리다. ¶播植 2. 퍼뜨리다. ¶播告 3. 베풀다. 시행하다. 4. 달아나다. 도망가다. 5. 나뉘다. 나누어지다. 6. 옮기다. ¶播遷 7. 키질을 하다. 8. 버리다. 9. 움직이다. 움직이게 하다. ¶播越 10. 울타리.

播告(파고) 퍼뜨려 고함. 포고(布告).
播弄(파롱) 희롱함.
播植(파식) 씨를 뿌려 심음. 파종.
播揚(파양) 펴서 넓힘.
播越(파월) 임금이 난을 피해 도성을 떠남.
播遷(파천) 임금이 도성을 떠나 먼 곳으로 피함. 파월(播越).
傳播(전파) 전하여 널리 퍼뜨림. 전포(傳布). 파전.

유 撒(뿌릴 살)

撊	⑫ 15획	日ハン
	성낼 한	中xiàn

풀이 1. 성내다. 화내다. ¶撊然 2. 사납다. 혹독하다. ¶撊瀆 3. 막다. 저지하다.

撊瀆(한독) 혹독하게 수사하여 잡음.
撊然(한연) 버럭 화내는 모양.

유 怒(성낼 노)

撝	⑫ 15획	
	❶찢을 휘	日イ
	❷도울 위	中huī

풀이 ■1 1. 찢다. 2. 가리키다. 휘두르다. ■2 3. 돕다. 도움.

撝謙(휘겸) 1)손을 올려 겸손의 뜻을 나타냄. 2) 겸양의 뜻을 널리 베풀어 펼침.
撝戈(휘과) 창을 휘둘러 지휘함.
撝讓(휘양) 겸손하여 사양함.
撝挹(휘읍) 겸양하여 물러남.

擖	⑬ 16획	日カツ
	깎을 갈	中yè

풀이 깎다. 다듬다.

撼	⑬ 16획	日カン·うごかす
	흔들 감	中hàn

풀이 흔들다. 흔들리다.

撼頓(감돈) 흔들리다가 넘어짐.
撼動(감동) 흔들어 움직임. 요동시킴.

據	⑬ 16획	日キョ·コ·よる
	의거할 거	中jù

* 형성. 뜻을 나타내는 부수 '扌(手;손 수)'와 음을 나타내는 '豦(원숭이 거)'를 합친 글자. '豦'는 짐승이 뒤엉켜 있다는 뜻도 가지고 있어, 손(扌)으로 얽히게(豦) 하다. 즉, '의지하다', '기대다'의 뜻으로 쓰임.

풀이 1. 의거하다. 근거하다. 증거로 삼다. ¶依據 2. 누르다. 억누르다. 3. 웅거하다. 어떤 지역에 자리잡고 굳게 막아지킴. 4. 살다. 터전으로 삼다. 5. 의탁하다. 6. 기댈 곳. 의지할 데. 7. 근원. 증거. 근거. ¶證據 8. 붙잡다.

據德(거덕) 덕을 지킴.
據守(거수) 웅거하여 지킴.
據軾(거식) 수레 앞의 가로대에 몸을 기댐.
據實(거실) 일정한 사실에 근거를 둠.
據掌(거장) 왼손으로 오른손을 누르고 어루만짐.
據點(거점) 의지하여 지키는 곳. 활동의 근거지.
據火(거화) 개똥벌레의 다른 이름.
考據(고거) 참고하여 근거로 삼음.
根據(근거) 1)어떠한 행동을 하는 데 터가 되는

곳. 2)어떤 의견이나 의론 등의 이유 또는 바탕이 됨. 또는 그런 것.

論據(논거) 의론이나 논설이 성립하는 근거가 되는 것.

本據(본거) 생활이나 활동의 중심이 되는 곳. 본거지.

依據(의거) 1)어떠한 사실을 근거로 함. 2)어떤 곳에 자리잡고 머무름. 3)남의 힘을 빌려 의지함. 의빙(依憑).

典據(전거) 말·문장 등의 근거로 삼는 문헌상의 출처.

遵據(준거) 전례나 명령 등에 의거함.

證據(증거) 증명할 만한 근거.

撿	⑬ 16획	日 ケン
	단속할 검	中 jiǎn

풀이 1. 단속하다. 순찰하다. 2. 조사하다. 살펴서 맞추어 보다.

비 檢(봉함 검) 儉(검소할 검)

擊	⑬ 17획	日 ゲキ·うつ
	칠 격	中 jī, jì

* 형성. 뜻을 나타내는 부수 '扌(手;손 수)'와 음을 나타내는 '毄(부딪치는 소리 격)'을 합친 글자. 차(車)가 서로 부딪친(毄) 것처럼 서로 손(手)으로 '치는' 것을 나타냄.

풀이 1. 치다. 때리다. 두드리다. 2. 공격하다. 습격하다. ¶攻擊 3. 싸우다. 다투다. 4. 쳐서 죽이다. 5. 쳐서 물리치다. ¶擊退 6. 보다. ¶目擊 7. 부딪치다. 충돌하다.

擊劍(격검) 긴 칼을 쓰는 법을 익히는 일.

擊毬(격구) 옛날 무신(武臣)들이 말을 타고 달리며 막대기로 공을 쳐 승패를 겨루던 놀이.

擊搏(격박) 침. 때림.

擊掊(격부) 쳐서 부러뜨림.

擊刺(격자) 1)칼이나 창 등으로 치거나 찌르거나 함. 2)검으로 사람을 찔러 죽임.

擊退(격퇴) 쳐서 물리침.

擊破(격파) 쳐서 부숨.

攻擊(공격) 1)나아가 적을 침. 2)말로 상대편을 논박하거나 비난함. 3)운동 경기 등에서, 상대편을 수세에 몰아넣고 강하게 밀어붙임.

突擊(돌격) 1)뜻하지 않은 때에 습격함. 2)적진을 향하여 거침없이 나아가 침.

目擊(목격) 눈으로 직접 봄.

反擊(반격) 쳐들어오는 적의 공격을 막아서 되잡아 공격함.

射擊(사격) 총이나 대포·활 등을 쏨.

打擊(타격) 1)세게 때려 침. 2)손해·손실을 봄. 3)기세나 의기가 꺾이는 일. 4)야구에서, 투수가 던지는 공을 타자가 배트로 치는 일. 배팅. 타봉(打棒).

爆擊(폭격) 군용 비행기가 폭탄·소이탄 등을 떨어뜨려 적의 군대나 시설 등을 파괴하는 일.

유 打(칠 타) 拍(칠 박) 撲(칠 박)

擏	⑬ 16획	日 ケイ
	도지개 경	中 qíng

풀이 도지개. 틈이 가거나 뒤틀린 활을 바로잡는 틀.

擎	⑬ 17획	日 ケイ
	들 경	中 qíng

풀이 1. 들다. 높이 들어 올리다. ¶擎劍 2. 높다. 높이 솟다. 3. 떠받치다. ¶擎天

擎劍(경검) 검을 높이 듦.

擎天(경천) 하늘을 떠받친다는 뜻으로, 나무가 하늘을 향해 높이 솟음을 비유하는 말.

擓	⑬ 16획	日 カ·うつ
	칠 과	中 zhuā

* 형성. 뜻을 나타내는 부수 '扌(手;손 수)'와 음을 나타내는 '過(넘을 과)'를 합친 글자. '過'는 '나무라다'는 뜻도 있어 잘못을 책하여 손(扌)으로 때린다(過)는 뜻을 나타냄.

풀이 1. 치다. 때리다. ¶擓殺 2. 북채. 술대. 거문고를 타는 데 쓰는, 대로 만들어 끝을 뾰족하게 한 채.

擓鼓(과고) 북을 침.

擓撻(과달) 회초리로 때림.

擓殺(과살) 때려 죽임.

撽	⑬ 16획	日 キョウ
	칠 교	中 qiào

풀이 치다. 때리다.

撽遂(교수) 하늘이 모든 사물을 매질하여 성장 발달시킴.

비 激(물결 부딪혀 흐를 격)

擒	⑬ 16획	日 キン
	사로잡을 금	中 qín

4획

* 형성. 뜻을 나타내는 부수 '扌(手;손 수)'와 음을 나타내는 '禽(짐승 금)'을 합친 글자. 손(扌)으로 짐승(禽)을 잡는다고 하여 '사로잡다'라는 뜻을 나타냄.

풀이 사로잡다. 붙잡다. ¶擒生

擒縛(금박) 사로잡아 묶음.

擒生(금생) 살아 있는 채로 잡음.

擒縱(금종) 사로잡음과 놓아줌.

擒捉(금착) 사로잡음.

擒斬(금참) 사로잡는 일과 목을 베어 죽이는 일.

七縱七擒(칠종칠금) 7번 풀어줬다 7번 사로잡음. 즉 상대를 마음대로 다룸을 비유하거나 인내를 가지고 상대가 숙여 들어오기를 기다린다는 말.

유 捕(사로잡을 포) 비 檎(능금나무 금)

撻 ⑬ 16획 매질할 달 日タツ 中tà

풀이 1. 매질하다. 2. 빠르다.

撻脛(달경) 정강이를 매질함.

撻罰(달벌) 매질하여 벌을 줌. 또는 그 형벌.

撻辱(달욕) 매질하여 욕보임.

撻楚(달초) 회초리로 볼기나 종아리를 때림.

撻笞(달태) 매질함.

鞭撻(편달) 1)채찍으로 때림. 2)일깨워주고 격려함.

비 達(통달할 달)

擔 ⑬ 16획 멜 담 日タン·になう 中dān, dàn

* 형성. 뜻을 나타내는 부수 '扌(手;손 수)'와 음을 나타내는 '詹(이를 첨)'을 합친 글자. '詹'은 여기서 높게 들다는 뜻을 나타내어, 물건을 손(扌)으로 높게 들어(詹) '지는' 것, 곧 '짐'이란 뜻을 나타냄.

풀이 1. 메다. ¶擔夫 2. 맡다. 떠맡다. ¶擔當 3. 들다. 4. 짐. 맡은 일. ¶負擔 5. 화물. ¶擔荷

擔架(담가) 들 것.

擔具(담구) 물건을 매어 옮기는 데 쓰는 기구.

擔當(담당) 어떤 일을 맡음.

擔保(담보) 1)맡아서 보증함. 2)채권을 보전하기 위하여 제공된 보증.

擔夫(담부) 짐꾼.

擔任(담임) 책을 지고 일을 맡아 봄.

擔荷(담하) 짐을 짐. 또는 그 짐.

加擔(가담) 일·책임 등을 떠맡음. 또는 떠맡게 된 일·책임 등.

負擔(부담) 한편이 되어 힘을 보탬.

分擔(분담) 일·책임 등을 나누어 맡음.

荷擔(하담) 어깨에 짐을 짐.

유 負(질 부)

擋 ⑬ 16획 막을 당 日トウ 中dǎng, dàng

풀이 1. 막다. 방해하다. 2. 숨기다. 피하다.

擄 ⑬ 16획 사로잡을 로 日ロ 中lǔ

풀이 1. 사로잡다. 2. 약탈하다. ¶擄掠

擄掠(노략) 떼를 지어 돌아다니면서 사람과 재물을 빼앗음.

유 捕(사로잡을 포)

擂 ⑬ 16획 칠 뢰 日ライ·うつ 中léi, lèi

풀이 1. 치다. 2. 돌을 내려 굴리다. 3. 갈다. 문지르다.

擂石車(뇌석거) 돌을 굴려 성을 공격하는 데 쓰이던 전차(戰車).

擗 ⑬ 16획 가슴칠 벽 日ヘキ 中pǐ

풀이 1. 가슴을 치다. 슬퍼하다. ¶擗踊 2. 열다. 3. 엄지손가락.

擗開(벽개) 부시고 엶.

擗踊(벽용) 슬퍼서 가슴을 치며 통곡함.

비 僻(후미질 벽)

擘 ⑬ 17획 엄지손가락 벽 日ヘキ 中bò

풀이 1. 엄지손가락. 2. 쪼개다. 찢다. 가르다. ¶擘肌

擘窠(벽과) 1)큰 글자를 쓰는 서법. 2)전각(篆刻)에 쓰는 서체.

擘肌(벽기) 살가죽을 찢음.

擘畫(벽획) 처리함. 결단함.

巨擘(거벽) 학식이나 전문 기술 등이 매우 뛰어난 사람.

비 壁(벽 벽)

擁	⑬ 16획	日ヨウ·いだく
	안을 옹	中yōng

*형성. 뜻을 나타내는 부수 '扌(手;손 수)'와 음을 나타내는 '雍(화목할 옹)'을 합친 글자로, 마음이 화합(雍)해서 손(扌)으로 끌어 가슴에 '품는' 것을 나타냄. 곧, '안다' 또는 품에 '끼다'는 뜻을 나타냄.

풀이 1. 안다. 끌어안다. ¶抱擁 2. 가지다. 소유하다. ¶擁書 3. 들다. 손에 쥐다. 4. 보호하다. 지키다. 5. 가리다. 막다. 6. 거느리다. 복종시키다. 7. 비축하다. 점유하다. 8. 혼잡하다.

擁衾(옹금) 이불로 덮음.
擁戴(옹대) 옹위하여 두목으로 추대함.
擁立(옹립) 임금의 자리에 모셔 세움.
擁書(옹서) 서적을 겨드랑이에 낌. 서적을 가짐.
擁佑(옹우) 옹호하고 도와줌.
擁衛(옹위) 부축하여 호위함.
擁蔽(옹폐) 덮어 가림.
擁抱(옹포) 품에 안음. 포옹(抱擁).
擁彗(옹혜) 비를 손에 들고 깨끗이 청소하여 손을 맞이함.
擁護(옹호) 1)부축하여 보호함. 2)편을 들어 지킴.
抱擁(포옹) 품에 껴안음.

유 抱(안을 포)

操	⑬ 16획	日ソウ·もつ·とる
	잡을 조	中cāo

*형성. 뜻을 나타내는 부수 '扌(手;손 수)'와 음을 나타내는 '喿(새 떼지어 울 소)'를 합친 글자. '喿'는 새가 둥지를 틀다는 뜻을 나타내어 새가 둥지를 틀 듯 손을 교묘하게 '놀리다', '조종하다'는 뜻을 나타냄.

풀이 1. 잡다. 가지다. ¶操筆 2. 부리다. 조종하다. ¶操柁 3. 다가서다. 닥쳐오다. 4. 운동하다. ¶體操 5. 절개. 절조. ¶節操 6. 운치. 풍치. 7. 곡조. 금곡(琴曲)의 이름.

操檢(조검) 굳게 지키는 절개.
操舍(조사) 굳게 지킴과 버림.
操守(조수) 정조나 지조 등을 지킴.
操心(조심) 실수가 없도록 마음을 삼가서 경계함.
操業(조업) 공장 등에서 기계를 움직여 작업을 실시함.
操舟(조주) 배를 조종함.
操柁(조타) 배의 키를 조종함.
操筆(조필) 붓을 잡음. 글을 씀.
操行(조행) 행실(行實). 품행(品行).
德操(덕조) 변함이 없는 꿋꿋한 절조.
松柏之操(송백지조) 한겨울에도 시들지 않는 소나무와 잣나무의 지조라는 뜻으로, 굳은 절개를 비유하는 말.
節操(절조) 절개와 지조.
貞操(정조) 1)여자의 곧고 깨끗한 절개. 2)성적(性的) 관계의 순결.
志操(지조) 높은 뜻과 절개.
體操(체조) 신체 각 부위의 고른 발육·건강의 증진·체력의 단련을 목적으로 하는 일정한 규칙에 따른 운동.

유 執(잡을 집) 비 燥(마를 조)

擉	⑬ 16획	日サク
	찌를 착	中chuō

풀이 1. 찌르다. 찔러 잡다. ¶擉鼈 2. 작살. ¶擉刃

擉鼈(착별) 자라를 찔러 잡음.
擉刃(착인) 작살.

擅	⑬ 16획	日セン
	제멋대로 천	中shàn

풀이 1. 제멋대로. 마음대로. ¶擅斷 2. 차지하다. ¶擅利 3. 물려주다.

擅斷(천단) 혼자서 일을 제멋대로 처리함.
擅利(천리) 이익을 차지함.
擅赦(천사) 마음대로 용서함.
擅讓(천양) 자리를 양위함.
擅議(천의) 마음대로 의논하여 정함.
擅恣(천자) 제 마음대로 하여 거리낌이 없음.
擅朝(천조) 조정을 마음대로 흔듦.
擅許(천허) 제 마음대로 허가함.
擅橫(천횡) 아무 거리낌없이 마음대로 행함.
專擅(전천) 제 마음대로 결단하여 실행함. 천행(擅行). 전행(專行).

擇	⑬ 16획	日タク·えらぶ
	가릴 택	中zé, zhái

*회의. 뜻을 나타내는 '扌(手;손 수)'와 음을 나타내는 '睪

(엿볼 역)'을 합친 글자. 손으로 뽑는다는 데서 '고르다'라는 뜻을 나타냄.

풀이 1. 가리다. 고르다. ¶擇日 2. 구분하다. 분간하다. ¶擇行

擇交(택교) 친구를 골라 사귐.

擇良(택량) 보다 좋은 것을 택함.

擇里志(택리지) 조선 후기 실학자 이중환이 현지 답사를 통해 지은 지리서.

擇鄰(택린) 이웃을 고름.

擇善(택선) 1)선(善)을 택함. 2)착한 사람을 고름.

擇言(택언) 1)도리에 맞는 말만 함. 2)선악을 가려 말함.

擇日(택일) 좋은 날짜를 고름.

擇一(택일) 여럿 가운데 하나를 고름.

擇定(택정) 골라 정함. 선정(選定).

擇出(택출) 골라냄. 뽑음.

擇行(택행) 선행과 악행을 분간해야 할 행동.

揀擇(간택) 1)여럿 중에서 분간하여 고름. 2)왕이나 왕자, 왕녀의 배우자를 고르는 일.

簡擇(간택) 여럿 중에서 골라냄.

選擇(선택) 둘 이상의 것에서 마음에 드는 것을 골라 뽑음.

採擇(채택) 골라서 씀. 채용(採用).

取捨選擇(취사선택) 취할 것은 취하고, 버릴 것은 버려서 골라잡음.

유 選(가릴 선) 비 澤(못 택)

4획

擐	⑬ 16획	日 カン
	입을 환	中 huàn, xuān

풀이 입다. 옷 등을 몸에 걸치다. ¶擐衣

擐甲(환갑) 투구·갑옷 등을 입음.

擐衣(환의) 옷을 입음.

유 着(붙을 착) 비 環(고리 환)

擱	⑭ 17획	日 カク
	놓을 각	中 gē, gé

풀이 1. 놓다. 잡고 있던 것을 놓다. ¶擱筆 2. 암초에 걸리다. ¶擱坐

擱坐(각좌) 배가 암초에 걸려 좌초(坐礁)함.

擱筆(각필) 쓰고 있던 글을 멈추고 붓을 놓음.

유 放(놓을 방)

擧	⑭ 18획	日 キョ·あげる
	들 거	中 jǔ

*형성. 뜻을 나타내는 부수 '手(손 수)'와 음을 나타내는 '舆(더불 여)'를 합친 글자. 두 손(手)이 서로 더불어(舆) '물건을 들어 올리는' 것을 나타내어, '들다'라는 뜻이 됨. 들어 올리는 것은 몸을 움직이는 것이라 '거동'이라는 뜻으로도 쓰임.

풀이 1. 들다. 들어 올리다. 2. 손에 들다. ¶擧手 3. 일으키다. 세우다. ¶擧事 4. 등용하다. 가려뽑다. 5. 말하다. 6. 기르다. 키우다. 7. 움직이다. 8. 행동거지. 거동. ¶擧動 9. 내세우다. 10. 시험. 과거. ¶科擧 11. 모두. 다. ¶擧族

擧擧(거거) 행동거지가 단정하고 우아함.

擧功(거공) 공이 있는 사람을 등용함.

擧國(거국) 온 나라. 국민 전부.

擧動(거동) 일에 나서서 움직이는 태도.

擧頭(거두) 1)머리를 듦. 2)굽죄임이 없이 머리를 들고 태연히 남을 대함.

擧論(거론) 어떤 일을 들어 의논하는 주제로 삼음.

擧名(거명) 어떤 사람의 이름을 들어 말함.

擧兵(거병) 군사를 일으킴.

擧事(거사) 큰일을 일으킴.

擧手(거수) 손을 들음.

擧案齊眉(거안제미) 밥상을 눈썹과 가지런하도록 공손히 들어 남편 앞에 가지고 간다는 뜻으로, 남편을 깍듯이 공경함을 이르는 말.

擧案齊眉(거안제미)의 유래

가난하지만 절개가 곧은 양홍(梁鴻)이란 학자는 얼굴이 못생긴 맹광(孟光)과 결혼했다. 결혼 후에도 아내와 잠자리를 갖지 않자 아내가 그 이유를 물었다. 양홍이 대답하기를, "내가 원했던 부인은 비단옷 입고 진한 화장을 한 여자가 아니라 누더기 옷을 입고 깊은 산속에 들어가서라도 살 수 있는 여자였소." 하자, 아내는 산골 농부의 차림으로 생활을 했다. 양홍은 아내와 함께 산속에 들어가 살았는데, 후에 왕실을 비방하는 시를 지어 쫓기자 오(吳)나라로 도망쳐서 살았다. 양홍이 일을 마치고 돌아오면 그 아내는 밥상을 눈썹 위까지 들어올려 남편에게 공손하게 바쳤다고 한다. 《후한서(後漢書)》 일민전(逸民傳)

擧業(거업) 과거 시험을 보는 일.

擧逸(거일) 은둔하고 있는 선비를 등용함.

擧子(거자) 과거 시험에 응시하는 사람. 거인(擧人).

擧場(거장) 과거를 보는 장소.

擧措(거조) 행동거지(行動擧止).

擧族(거족) 온 겨레. 민족 전체.

擧證(거증) 증거를 듦. 입증(立證).

擧止(거지) 행동거지의 준말. 거조(擧措).

擧劾(거핵) 죄 있는 사람을 탄핵함.

擧行(거행) 1)행사나 의식을 정한 대로 행함. 2)명령에 따라 시행함.

擧火(거화) 1)횃불을 켬. 2)난리를 빨리 알리기

위하여 밤에 산 위에 올라가 횃불을 올림.
輕擧(경거) 경솔하게 행동함. 또는 경솔한 행동.
貢擧(공거) 제후나 지방 장관이 그 지방의 유능한 인재를 뽑아 천자에게 추천함.
科擧(과거) 벼슬아치를 뽑기 위하여 보던 시험. 과시(科試). 과제(科第).
選擧(선거) 일정한 조직이나 집단에서 그 대표자나 임원을 투표 등의 방법으로 뽑음.
列擧(열거) 여러 가지를 하나씩 들어 말함.
一擧兩得(일거양득) 한 가지 일로써 두 가지 이익을 얻음.
壯擧(장거) 장하고 큰 계획이나 일. 성거(盛擧).
快擧(쾌거) 가슴이 후련할 정도로 장한 일.

비 譽(명예 예) 學(배울 학)

擰
⑭ 17획 어지러워질 녕 日レイ 中níng, nǐng, nìng

풀이 1. 어지러워지다. 어지럽다. 2. 비틀다. 3. 잘못되다.

擡
⑭ 17획 들 대 日タイ 中tái

* 형성. 뜻을 나타내는 부수 '扌(手;손 수)'와 음을 나타내는 '臺(대 대)'를 합친 글자. 손(扌)으로서 무엇을 높은 대(臺)에 '들어올리는' 것을 나타냄.

풀이 1. 들다. 들어 올리다. 2. 치켜들다. ¶擡擧 3. 두 사람이 메다.
擡擧(대거) 들어 올림.
擡頭(대두) 1)어떤 현상이 머리를 들고 일어남. 2)경의를 표하기 위하여 글을 쓸 때 줄을 바꾸고 문장을 들여 쓰는 일.

擣
⑭ 17획 ❶찧을 도 ❷모일 주 日トウ·つく 中dǎo

풀이 1 1. 찧다. 빻다. ¶擣剉 2. 찌르다. 공격하다. ¶擣虛 3. 두드리다. 다듬이질하다. ¶擣衣 4. 닿다. 접하다. 5. 괴로워하다. 2 6. 모이다.
擣肉(도육) 고기를 두드려 다짐.
擣衣(도의) 다듬이질함.
擣剉(도좌) 짓찧음.
擣虛(도허) 적의 허점을 노려 공격함.

유 搗(찧을 도)

擯
⑭ 17획 물리칠 빈 日ヒン 中bìn

풀이 1. 물리치다. 뿌리치다. 2. 인도하다.
擯介(빈개) 주인과 손님 사이에서 주선하여 주는 사람.
擯棄(빈기) 물리쳐 버림.
擯斥(빈척) 반대하여 물리침. 배척(排斥).

⑭ 18획 누를 엽 日アツ 中yè

풀이 누르다. 손가락으로 누르다.
擪息(엽식) 손가락으로 누름.
擪籥(엽약) 손가락으로 피리의 구멍을 누름.

유 壓(누를 압)

擩
⑭ 17획 적실 유 日ユウ 中rǔ

풀이 1. 담그다. 적시다. ¶擩祭 2. 가지다. 쥐다. ¶擩嚌
擩祭(유제) 음식을 먹기 전 간과 폐를 소금에 적셔 신에게 먼저 음식을 올리던 고대의 의식.
擩嚌(유제) 손에 쥐고 입으로 맛본다는 뜻으로, 어떤 일에 깊이 몰입함을 비유하는 말.

비 儒(선비 유)

擬
⑭ 17획 헤아릴 의 日ギ·はかる 中nǐ

* 형성. 뜻을 나타내는 부수 '扌(手;손 수)'와 음을 나타내는 '疑(의심할 의)'를 합친 글자. 손(扌)으로 진짜로 의심할(疑) 정도로 비슷하게 만드는 것이라 하여 '흉내내다', '본뜨다'의 뜻으로 쓰임.

풀이 1. 헤아리다. 2. 비교하다. 견주다. 3. 본뜨다. 흉내내다. ¶擬作 4. 의심하다. 의심스럽다.
擬經(의경) 경서(經書)를 본뜸. 또는 그 경서.
擬古(의고) 1)옛것을 본뜸. 2)글과 시 등을 옛 형식에 맞추어 지음.
擬似(의사) 실제와 비슷함.
擬人(의인) 1)사람이 아닌 것을 사람인 양 나타내는 일. 2)자연인이 아닌 것에 법률상 인격을 부여하는 일.
擬作(의작) 본떠 만듦.
模擬(모의) 실제와 비슷한 형식과 내용으로 연습삼아 해 봄.

유 量(헤아릴 량) 비 疑(의심할 의)

4 획

擠	⑭ 17획	日サイ
	밀 제	中jǐ

풀이 1. 밀다. 밀치다. ¶排擠 2. 배척하다. ¶擠害 3. 꺾다. 기세를 꺾다. 4. 해악을 끼치다.

擠陷(제함) 사람을 모함하여 힘든 상황에 빠뜨림.

擠害(제해) 배제하여 해침.

排擠(배제) 떠밀어 물리침.

擦	⑭ 17획	日サツ · こする
	비빌 찰	中cā, cá

풀이 비비다. 문지르다. ¶摩擦

擦傷(찰상) 무엇에 쓸리거나 긁혀서 생긴 상처. 찰과상(擦過傷).

摩擦(마찰) 1)서로 맞대어 비빔. 2)뜻이 맞지 않아서 옥신각신함.

유 摩(갈 마)

擢	⑭ 17획	日タク
	뽑을 탁	中zhuó

* 형성. 뜻을 나타내는 부수 '扌(手:손 수)' 와 음을 나타내며 꿩의 깃 모양을 나타내는 '翟(꿩 적)' 을 합친 글자. 꿩 깃처럼 기다란(翟) 손(扌)으로 무엇인가를 뽑아 올리는 것을 나타냄. 또는 꿩의 깃이 아름답다 하여, 손(扌)으로 아름다운(翟) 사람을 '뽑는' 것을 의미하기도 함.

4 획

풀이 1. 뽑다. 뽑아내다. 2. 발탁하다. ¶拔擢 3. 빼어나다. 뛰어나다. ¶擢秀 4. 버리다. 제거하다. 5. 길다.

擢擧(탁거) 발탁하여 중용(重用)함.

擢登(탁등) 뽑아 벼슬을 올려줌.

擢髮(탁발) 머리카락을 뽑음.

擢髮難數(탁발난수) 헤아리기 어려운 머리카락이라는 뜻으로 매우 많음을 비유하는 말.

擢賞(탁상) 뽑아 내어 상을 줌.

擢秀(탁수) 무리에서 빼어남. 또는 그 사람.

擢第(탁제) 시험에 뽑힘. 급제(及第).

簡擢(간탁) 여러 사람 중에서 선발하여 씀. 간발(簡拔).

拔擢(발탁) 사람을 뽑아 씀.

비 耀(빛날 요)

擤	⑭ 17획	日キョウ · はなかむ
	코풀 형	中xǐng

풀이 코를 풀다.

擭	⑭ 17획	日カク
	잡을 획	中huò, wò

풀이 잡다. 쥐다. 붙잡다. 가지다.

유 執(잡을 집), 操(잡을 조)

擽	⑮ 18획	
	❶칠 략	日ラク · レキ
	❷굳은 모양 락	中lì, lüè

풀이 ❶ 1. 치다. 때리다. 2. 스치다. 부딪치다. ❷ 3. 굳은 모양. 단단한 모양. ¶擽然

擽然(낙연) 굳은 모양. 확고하게.

擸	⑮ 18획	
	❶가질 렵	日リョウ · ラツ
	❷꺾을 랍	中là, liè

풀이 ❶ 1 가지다. ¶擸持 2. 섞다. 섞이다. ❷ 3. 꺾다. 부러뜨리다. 4. 부서지는 소리.

擸持(엽지) 가짐.

비 獵(사냥 렵)

攀	⑮ 19획	日ハン
	잡고 오를 반	中pān

풀이 1. 잡고 오르다. 더위잡고 기어오르다. ¶攀登 2. 매달리다. 달라붙다. ¶攀戀 3. 의지하다. ¶攀慕

攀桂(반계) 계수나무를 기어오른다는 뜻으로, 과거에 급제함을 이르는 말.

攀登(반등) 더위잡고 오름. 기어오름.

攀戀(반련) 수레를 붙들어 잡고 연모한다는 뜻으로, 어진 지방 수령이 떠날 때, 백성들이 이별을 아쉬워함을 말함.

攀慕(반모) 의지하고 사모함.

攀緣(반연) 1)더위잡고 기어오름. 반원(攀援). 2)권력 있는 사람에게 의지하여 출세함. 3)속된 인연에 끌림.

登攀(등반) 매우 높거나 험한 산 등을 기어오름. 반등(攀登).

擻	⑮ 18획	日スウ
	버릴 수	中sǒu, sòu

풀이1. 버리다. 털어 버리다 2. 들다. 3. 떨다. 진동하다.

유 捨(버릴 사)

擙	⑮ 18획	
	❶무찌를 오	日オ・ブ
	❷잡을 부	中āo, póu

풀이 ❶ 1. 무찌르다. 몰살하다. ❷ 2. 잡다. 끌어당기다.

擾	⑮ 18획	日ヨウ
	어지러울 요	中rǎo

풀이 1. 어지럽다. 난잡하다. 2. 흐려지다. 탁해지다. ¶擾亂 3. 순하다. 유순하다. ¶擾順 4. 길들이다. ¶擾畜 5. 대접을 받다. 6. 편안히 하다. 7. 가축(家畜).

擾亂(요란) 소란함. 또는 어지러움.
擾民(요민) 백성을 성가시게 함.
擾順(요순) 유순함.
擾擾(요요) 주위가 정돈되지 않고 어수선함.
擾柔(요유) 순하고 부드러움.
擾奪(요탈) 어지럽혀 빼앗음.
軍擾(군요) 군대가 일으키는 난리. 군란(軍亂).
騷擾(소요) 여러 사람이 떠들썩하게 들고 일어남.
侵擾(침요) 침노하여 소요를 일으킴.

유 亂(어지러울 란) 비 優(넉넉할 우)

擿	⑮ 18획	
	❶들출 적	日テキ・なげうつ
	❷던질 척	中tī, zhì

* 형성. 뜻을 나타내는 부수 '扌(手:손 수)'와 음을 나타내는 '適(맞을 적)'을 합친 글자.

풀이 ❶ 1. 들추다. ¶擿抉 2. 치다. 때리다. ¶擿鼓 3. 열리다. 열다. 4. 뒤지다. 더듬어 찾다. ❷ 5. 던지다. 내던지다. 6. 비녀. 7. 긁다.

擿抉(적결) 들추어 파헤침.
擿發(적발) 비밀 또는 좋지 못한 사실을 들추어 냄.
擿伏(적복) 숨겨 놓은 나쁜 일을 들추어 냄.
擿盡(적진) 들추어 냄.
指擿(지적) 1)어떤 사물을 꼭 집어서 가리킴. 2)허물 등을 들추어 가려냄.

攃	⑮ 18획	日サツ
	뿌릴 찰	中cā

풀이 1. 뿌리다. 던져 헤뜨리다. 2. 비비다. 문지르다.

비 擦(비빌 찰)

擲	⑮ 18획	日セキ
	던질 척	中zhì

풀이 1. 던지다. 내버리다. ¶投擲 2. 노름을 하다. 도박을 하다. 3. 버리다. 방기하다.

擲去(척거) 던져 버림.
擲柶(척사) 윷놀이.
擲殺(척살) 메어쳐서 죽임.
擲錢(척전) 동전을 던져서 드러나는 앞뒤쪽을 보고 길흉을 점치는 일.
乾坤一擲(건곤일척) 하늘이냐 땅이냐를 한 번 던져서 결정한다는 뜻으로, 운명과 흥망을 걸고 단판으로 승부나 성패를 겨룸.
放擲(방척) 내던져 버림. 내버려 둠.
快擲(쾌척) 돈이나 금품 등을 흔쾌히 내놓음.
投擲(투척) 물건을 던짐.

攄	⑮ 18획	日チョ・のべる
	펼 터	中shū

풀이 1. 펴다. 늘어놓다. 벌리다. ¶攄破 2. 오르다. 높이 뛰어오르다.

攄得(터득) 스스로 생각하거나 연구하여 알아냄.
攄破(터파) 자기의 속마음을 터놓고 이야기함으로써 의혹을 깸.
攄抱(터포) 마음속의 생각을 터놓고 이야기함.

擺	⑮ 18획	日ハ
	열릴 파	中bǎi

풀이 1. 열리다. 열려지다. 2. 벌여 놓다. 배열하다. ¶擺列 3. 털다. 털어 버리다. ¶擺落 4. 흔들리다. 요동하다. ¶擺動

擺動(파동) 흔들어 움직임. 또, 흔들려 움직임.
擺落(파락) 털어 버림.
擺弄(파롱) 흔들어 가지고 놂.
擺撥(파발) 1)뿌리쳐 버림. 2)조선 때, 공문을 급히 보내기 위하여 지방에 둔 역참(驛站).
擺列(파열) 벌여 놓음. 진열(陳列).
擺脫(파탈) 1)구속이나 예절 등으로부터 벗어남. 2)제거(除去)함.

유 開(열 개)

4획

擴	⑮ 18획	日 カ・ひろめる
	넓힐 확	中 kuò

一 † 扌 扌 扩 扩 扩 扩 护 挤 挤 擴 擴 擴 擴 擴 擴

* 형성. 뜻을 나타내는 부수 '扌(手;손 수)'와 음을 나타내는 '廣(넓을 광)'을 합친 글자. 손(扌)으로 무엇을 '넓히는(廣)' 것을 뜻함.

풀이 넓히다. 확장하다.

擴大(확대) 늘여서 크게 함.
擴張(확장) 늘여서 넓게 함.
擴充(확충) 넓혀서 충실하게 함.

유 廣(넓을 광)

擷	⑮ 18획	日 ヒツ
	딸 힐	中 xié

풀이 1. 따다. 붙어 있는 것을 떼내다. 2. 캐다. 손 등으로 뽑아내다.

擷芳(힐방) 향긋한 풀을 캠.

攐	⑯ 19획	日 ケン
	추어올릴 건	中 qiān

풀이 추어올리다. 걷어올리다.

攏	⑯ 19획	日 ロウ
	누를 롱	中 lóng, lǒng

풀이 1. 누르다. 2. 묶다. 합하다. 3. 머물게 하다. 배를 정박시키다. 4. 빗다. 머리를 빗다.

擭	⑯ 19획	
	❶ 손뒤집을 확	日 カク
	❷ 독점할 각	中 huō

풀이 ❶ 1. 손 뒤집다. 2. 반죽하다. 3. 견주다. 비교하다. ¶擭較 ❷ 4. 독점하다. 5. 거칠다.

擭較(확교) 견줌. 비교함.

攌	⑯ 19획	日 カン
	울짱 환	中 huǎn

풀이 1. 울짱. 목책(木柵). 나무 울타리. 말뚝 등을 잇달아 박아서 만든 울타리. 또는 그 말뚝. 2. 체포하여 감옥에 가두다.

攓	⑰ 20획	日 ケン
	걷을 건	中 qiān

풀이 1. 걷다. 걷어 올리다. ¶攓撅 2. 뽑아 쥐다. 3. 업신여기다. 낮추다.

攓撅(건궤) 옷자락・소매 등을 걷어 올림.

攔	⑰ 20획	日 ラン
	막을 란(난)	中 lán

풀이 1. 막다. 차단하다. ¶攔街 2. 칸막이.

攔街(난가) 길을 막음. 도로를 차단함.
攔告(난고) 고소(告訴)를 막음. 소송 제기를 막음.

비 欄(난간 란)

攘	⑰ 20획	
	❶ 물리칠 양	日 ヨウ
	❷ 어지럽힐 녕(영)	中 rǎng

* 형성. 뜻을 나타내는 부수 '扌(手;손 수)'와 음을 나타내는 '襄(도울 양)'을 합친 글자.

풀이 ❶ 1. 물리치다. 쫓다. ¶攘伐 2. 훔치다. 도둑질하다. ¶攘羊 3. 제거하다. 덜다. 4. 걷다. 걷어 올리다. ¶攘袂 5. 사양하다. 물러나다. 6. 겸손하다 ❷ 7. 어지럽히다. 어지러워지다. ¶攘攘

攘袂(양메) 소매를 걷음.
攘伐(양벌) 쳐서 물리침.
攘夷(양이) 오랑캐를 쫓음.
攘竊(양절) 훔침.
攘除(양제) 물리쳐 없앰.
攘斥(양척) 물리쳐 쫓아 버림.
攘擇(양택) 불길한 일은 털어내고, 좋은 일은 가려서 취함.
攘辟(양피) 사양하여 물러나 피함.
攘攘(영녕) 1)수선스럽고 요란스러운 모양. 2) 많은 모양.

비 讓(사양할 양)

攖	⑰ 20획	日 エン
	다가설 영	中 yīng

풀이 1. 가까이 다가서다. 접근하다. 2. 매다. 묶다. 3. 어지럽히다. 혼란스럽다.

4 획

攙	⑰ 20획	日 サン
	찌를 참	中 chān

풀이 1. 찌르다. ¶攙捔 2. 혼합하다. 뒤섞다. 3. 돕다. ¶攙扶 4. 날카롭다. ¶攙叉

攙捔(참각) 찔러서 꿰맴.
攙扶(참부) 도움.
攙叉(참차) 날카로운 창이나 작살.
攙奪(참탈) 옆에서 불쑥 나와 빼앗음.

攝	⑱ 21획	
	❶ 당길 섭	日 セツ·ひく·とる
	❷ 고요할 녑	中 shè

* 형성. 여러 귀(聶)를 한 손(扌)으로 잡고 말해주는 것은 즉 '끼어드는' 것이라 하여, '겸하다', 또는 '대신하다'는 뜻이 됨.

풀이 ❶ 1. 당기다. 끌어당기다. ¶包攝 2. 잡다. 쥐다. 3. 가지다. 소유하다. 4. 걷다. 걷어 올리다. 5. 거느리다. 관할하다. 6. 다스리다. 조절하다. ¶攝生 7. 겸하다. 8. 화내다. 9. 빌다. 빌리다. 10. 끼이다. 사이에 끼이다. 11 잡아매다. 12. 추모하다. 따라가잡다. 13. 두려워하다. 무서워하다. 14. 대신하다. 15. 위협하다. 으르다. ¶攝威 ❷ 16. 고요하다. 조용하다. ¶攝然

攝固(섭고) 굳게 지킴. 굳게 유지함.
攝理(섭리) 1)병을 조리함. 2)일을 대신하여 처리함. 3)자연계를 지배하고 있는 이법(理法).
攝生(섭생) 건강을 유지하도록 꾀함.
攝威(섭위) 협박함.
攝衣(섭의) 1)옷을 단정하게 입음. 2)옷을 추어올림.
攝政(섭정) 임금을 대신하여 정치를 함.
攝衆(섭중) 불교에서 중생을 거두어 보호하는 일.
攝進(섭진) 어디를 향하여 나아감.
攝取(섭취) 영양분을 빨아들임.
攝然(엽연) 편안한 모양.
調攝(조섭) 몸을 보살피고 병을 다스림. 조리(調理). 조양(調養). 조치(調治).
包攝(포섭) 1)상대를 자기편으로 끌어넣음. 2)어떤 개념이 보다 일반적인 개념에 포괄되는 종속 관계.

摻	⑱ 21획	日 ソウ
	잡을 송	中 sǒng

풀이 1. 잡다. 쥐다. 2. 밀다. 밀치다. 3. 움츠리다. 한쪽으로 기울이다.

摻摻(송송) 잡는 모양.

攛	⑱ 21획	日 サン
	던질 찬	中 cuān

풀이 1. 던지다. 내던지다. ¶攛去 2. 권하다. 종용하다. 부추기다. ¶攛掇 3. 일을 다그치다.

攛去(찬거) 던져 버림.
攛梭(찬사) 계속 왔다 갔다 하는 베틀의 북처럼 왕래가 잦음.
攛掇(찬철) 부추김. 꼬드김. 교사함.

유 投(던질 투)

攟	⑲ 22획	日 クン
	주울 군	中 jùn

풀이 줍다.

유 拾(주울 습) 반 捨(버릴 사)

攦	⑲ 22획	日 リョウ
	꺾을 려	中 lì

풀이 꺾다. 부러뜨리다.

攣	⑲ 23획	日 レン
	걸릴 련	中 luán

풀이 1. 걸리다. 연관되다. ¶攣拘 2. 손발이 오그라지다. 쥐가 나다. 3. 그리워하다. 사모하다.

攣拘(연구) 묶임. 걸림.
攣拳(연권) 굽음. 펴지 못함.
攣踠(연원) 손발이 오그라드는 병.

攡	⑲ 22획	
	❶ 베풀 리	日 リ·チ
	❷ 펼 치	中 chī

풀이 ❶ 1. 베풀다. 물건을 차려 놓다. ❷ 2. 펴다.

攢	⑲ 22획	日 サン
	모일 찬	中 cuán, zǎn

풀이 1. 모이다. 모으다. ¶攢叢 2. 뚫다. 구멍을 내다.

4획

攢擊(찬격) 집중 공격함.
攢宮(찬궁) 천자의 시체를 안치하는 곳.
攢羅(찬라) 모여서 늘어섬.
攢立(찬립) 모여 섬.
攢眉(찬미) 눈살을 찌푸림.
攢峰(찬봉) 겹겹의 산봉우리.
攢生(찬생) 무더기로 자람.
攢攢(찬찬) 모여 있는 모양.
攢蹙(찬축) 펴졌던 것이 오므라듦.
攢聚(찬취) 빽빽이 모임.
유 纂(모을 찬) 集(모일 집)

攤 ⑲ 22획 日タン
펼 탄 中tān

풀이 1. 펴다. 펼치다. ¶攤書 2. 배당하다. 3. 노름. 도박. ¶攤賭 4. 노점(露店).
攤賭(탄도) 도박.
攤書(탄서) 책을 펼침.
攤場(탄장) 도박장.
攤戲(탄희) 도박.
비 灘(여울 탄)

攪 ⑳ 23획 日キョウ
어지러울 교 中jiǎo

풀이 1. 어지럽다. 어지럽게 하다. 2. 뒤섞다. ¶攪水 3. 물소리.
攪攪(교교) 섞여 어지러운 모양.
攪水(교수) 물을 저어 뒤섞음.
攪搜(교수) 1)어지러워짐. 2)물소리를 이르는 말.
유 亂(어지러울 란)

攩 ⑳ 23획 日トウ
무리 당 中dāng, dǎng

* 형성. 뜻을 나타내는 부수 '扌(手;손 수)'와 음을 나타내는 '黨(무리 당)'을 합친 글자.
풀이 1. 무리. 또래. 2. 치다. 때리다. 3. 가로막다.
유 黨(무리 당) 徒(무리 도) 衆(무리 중) 屬(무리 속)

攥 ⑳ 23획 日サツ
잡을 찰 中zuàn

풀이 잡다. 잡아 쥐다.
유 攬(잡을 람)

攫 ⑳ 23획 日カク
붙잡을 확 中jué

풀이 붙잡다. 쥐다. 움켜쥐다.
攫金者不見人(확금자불견인) 돈을 움켜쥐려는 자에게는 돈 외에는 아무것도 보이지 않는다는 뜻으로, 물욕에 눈이 멀면 의리나 염치를 모름을 이르는 말.

○攫金者不見人(확금자불견인)의 유래
제나라에 어느 한 사람이 금에 너무 욕심이 나서 시장에 가서 금을 훔쳤다. 관리가 그를 체포한 후 "사람들이 모두 있는데도 남의 금을 훔친 것은 어째서인가?"라고 묻자 "금을 가지고 갈 적에는 사람은 보이지 않고 금만이 보였습니다."라고 대답했다.

攫拏(확나) 움켜쥐고 끌어당김.
攫裂(확렬) 움켜쥐고 찢음.
攫攘(확양) 주먹을 쥐고 소매를 걷어 올림.
攫鳥(확조) 다른 동물을 죽이는 사나운 날짐승.
一攫(일확) 1)한 움큼. 2)힘들이지 않고 손쉽게 얻음.

攭 ㉑ 24획 日ラ
벌거숭이 라 中lì, luǒ

풀이 벌거숭이. 깃이나 털이 없는 모양.
攭攭(나라) 털이 없는 모양.

攬 ㉑ 24획 日ラン
잡을 람 中lǎn

풀이 1. 잡다. 손에 쥐다. ¶攬筆 2. 주관하다. 맡아 보다.
攬轡(남비) 고삐를 잡음.
攬要(남요) 요점을 잘 잡음.
攬筆(남필) 붓을 잡음.
總攬(총람) 1)권력 등을 한 손에 잡고 다스림. 총집(總執). 2)모든 사무를 통괄하여 관할함.
유 攥(잡을 찰)

支 가지 지 部

'支'자는 나뭇가지를 손에 쥐고 무엇인가에 버티고 있다는 모양을 나타내어 '지탱하다'는 뜻을 지닌다. 그리고 지탱하고 있는 '가지'를 뜻하기도 하고, '가르다', '흩어지다'라는 뜻을 나타내기도 한다. 또한 지불(支拂)에서처럼 무엇인가를 '지급하다', '지출하다'는 뜻으로도 쓰인다.

支	⓪4획 지탱할 지	日シ·ささえる 中zhī

一 十 ㄅ 支

풀이 1. 지탱하다. 유지하다. 버티다. ¶支持 2. 가지. 나뭇가지. 3. 지파. 종파에서 갈려나온 것. ¶支派 4. 팔다리. 사지. ¶支體 5. 가르다. 갈리다. ¶支分 6. 지불하다. 지출하다. ¶支出 7. 지급. 급여. 8. 헤아리다. 계산하다. 9. 지지(地支). 십이지(十二支).

支干(지간) 간지(干支). 12지와 10간.
支徑(지경) 갈림길. 지로(支路).
支局(지국) 본사나 본국(本局)에서 갈라져 나와 지방 등에 있으면서 그 사무를 맡아보는 곳.
支給(지급) 어떠한 특정 조건을 갖춘 사람에게 물건이나 돈을 치뤄 줌.
支那(지나) 중국(中國). 중국의 통일왕조인 진(秦)이 와전된 명칭.
支流(지류) 1)원줄기로부터 갈려 흐르는 물줄기. 2)지파(支派).
支配(지배) 1)거느리어 모든 일을 처리함. 2)어떤 사람이 힘으로 타인의 생각과 행동을 규제함.
支部(지부) 본부의 관리에 속하면서 본부와 분리되어 나와 그 지방의 사무를 맡아보는 곳.
支分(지분) 잘게 나눔. 잘게 가름.
支拂(지불) 1)돈을 내어 줌. 2)물건 값을 치름.
支所(지소) 본소(本所)에 딸려 그 곳의 일을 맡은 곳.
支援(지원) 지지하여 응원함.
支頤(지이) 턱을 받침.
支障(지장) 일을 하는 데 거치장스러워 방해가 됨.
支節(지절) 팔·다리의 뼈마디. 지절(肢節).
支柱(지주) 버티게 하는 기둥. 지탱하기 위하여 세우는 기둥. 받침대.
支持(지지) 1)붙들어서 버팀. 2)어떤 사람이나 단체의 정책·의견 등에 찬성하여 원조함.
支體(지체) 팔과 몸. 지체(肢體).
支出(지출) 1)어떤 목적을 위해 금전을 내어 줌. 2)국가 또는 공공 단체가 그 직능의 수행을 위해 지불하는 경비.
支撐(지탱) 오래 버티어 나감. 오래 배겨 나감.
支派(지파) 근본이 되는 파에서 갈라져 나간 파.
支抗(지항) 항거하여 버팀.
依支(의지) 1)몸을 기댐. 또는 기댈 대상. 2)마음을 붙여 도움을 받음.

비 攴(칠 복)

𢻫	⑥10획 攲(p553)와 同字

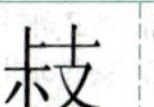

𢻱	⑥10획 메주 시	日シ 中shì

풀이 메주. 된장.

攲	⑧12획 기울 기	日キ·そばだつ 中qī

풀이 1. 기울다. 경사지다. ¶攲器 2. 높이 솟다. ¶攲攲

攲攲(기기) 높이 솟은 모양.
攲器(기기) 기울어진 그릇. 평소에 기울어져 있다가 약8할 정도의 물을 담으면 똑바로 서도록 만든 그릇으로 중용(中庸)을 지키게 하기 위해 만들어짐.

𢻸	⑫16획 길 심	日シン·ながい 中xún

풀이 길다. 길이가 길다.

攴부

攴 등글월문 部

'攴'자는 손에 나뭇가지를 들고 가볍게 치는 모양을 나타내어 '치다'는 뜻을 지닌다. 또한 그 변형인 '攵'자는 '文'자의 맨 위의 획이 등지고 있는 듯하다고 해서 '등글월문'이라는 명칭으로 쓰인다. 그러나 이 글자를 부수로 갖는 글자는 '치다'나 '채찍질하다'처럼 대부분 사람의 동작이나 행위에 강제적인 힘이 가해지는 것과 관련된 뜻으로 쓰인다.

攴	⓪4획 칠 복	日ホク·うつ 中pū

풀이 1. 치다. 2. 등글월문. 한자의 부수 명칭.

비 支(지탱할 지)

攷	②6획 考(p1083)의 古字

4획

收	② 6획 거둘 수	日シュウ·おさめる 中shōu

丨 丩 屮 屮 屮 收 收

풀이 1. 거두다. 수확하다. ¶收穫 2. 잡다. 체포하다. ¶收監 3. 쇠하다. 시들다. 4. 그치다. 5. 등용하다. 6. 정제하다. 7. 익다. 여물다. 8. 가지다. 소지하다. 9. 물을 긷다.

收監(수감) 잡아서 옥에 감금함.
收金(수금) 돈을 거두어들임.
收納(수납) 거두어들임.
收得(수득) 거두어들임. 수확(收獲).
收斂(수렴) 1)세금을 받아들임. 2)곡물·과실 등을 거둠. 수확(收穫).
收殮(수렴) 시체를 관(棺)에 넣음.
收錄(수록) 모아서 기록함.
收買(수매) 물건을 거두어 사들임.
收稅(수세) 세금을 거두어들임.
收受(수수) 거두어서 받음.
收拾(수습) 1)흩어진 물건을 거두어 정리함. 2)어수선한 마음·사태를 바로잡음.
收養(수양) 남의 자식을 맡아서 기름.
收用(수용) 1)거두어 들여서 씀. 2)공공의 이익을 위하여 본인의 의사를 묻지 않고 강제적으로 재산권을 취득하여 국가나 제3자의 소유로 옮김.
收容(수용) 사람이나 물건을 일정한 장소에 넣어둠.
收益(수익) 이익을 거두어들임.
收入(수입) 1)금품이나 곡물 같은 것을 거두어 들임. 2)소득.
收藏(수장) 물건 등을 거두어서 깊이 간직함. 저장하여 둠.
收支(수지) 수입과 지출.
收集(수집) 거두어 모음.
收縮(수축) 오그라듦.
收奪(수탈) 재물 등을 빼앗음.
收合(수합) 거두어 모음.
收穫(수확) 금품이나 곡식을 거두어들임. 또는 그 곡식.
沒收(몰수) 부당하게 얻은 것을 법에 의하여 강제로 거두어들임.
徵收(징수) 세금·수수료 등을 법에 의하여 강제로 거두어들임.
秋收(추수) 가을걷이.

유 穫(거둘 확)

4획

改	③ 7획 고칠 개	日カイ·あらためる 中gǎi

㇆ ㇆ 己 己' 己' 改 改

* 형성. 뜻을 나타내는 부수 '攵(등글월문)'과 음을 나타내는 '己(몸 기)'를 합친 글자. 자기(己) 잘못을 매로 쳐서(攵) '고치는' 것을 나타냄.

풀이 1. 고치다. ¶改名 2. 고쳐지다. 3. 개선하다. 개선. ¶改良

改嫁(개가) 시집갔던 여자가 다시 다른 남자에게 시집감.
改過(개과) 잘못을 고침.
改過遷善(개과천선) 잘못을 바로 고치고 착하게 됨.
改量(개량) 다시 측정하는 것.
改良(개량) 좋게 고침. 개선(改善).
改名(개명) 이름을 고침.
改善(개선) 좋게 고침.
改易(개역) 고치어 바꿈.
改悟(개오) 잘못을 뉘우쳐 깨달음.
改作(개작) 다시 고쳐 지음. 또는 그것.
改葬(개장) 이장(移葬)하여 장사를 다시 지냄.
改悛(개전) 잘못을 뉘우치고 마음을 바르게 고쳐 먹음.
改定(개정) 고쳐 다시 정함.
改正(개정) 틀린 데를 바르게 고침.
改訂(개정) 잘못된 점을 고쳐 바로잡음.
改訂版(개정판) 내용의 일부 또는 전부를 고쳐 바르게 하여 출판한 책.
改造(개조) 다시 고쳐 만듦.
改宗(개종) 1)과거에 믿던 종교를 버리고 다른 종교를 믿음. 2)사상과 태도를 고침.
改進(개진) 1)낡은 관습을 고쳐 진보를 꾀함. 2)문화가 진보함.
改札(개찰) 차표 등을 입구에서 확인함.
改築(개축) 다시 고쳐 건축함.
改編(개편) 1)고쳐 다시 엮음. 2)단체의 조직을 다시 편성함.
改廢(개폐) 고치거나 아주 없앰.
改憲(개헌) 헌법의 전부 또는 일부를 개정함.
改革(개혁) 새롭게 뜯어고침.

유 更(고칠 경)

攻	③ 7획 칠 공	日コウ·せめる 中gōng

一 丅 工 工' 工ㄏ 玫 攻

* 형성. 뜻을 나타내는 부수 '攵(등글월문)'과 음을 나타내는 '工(장인 공)'을 합친 글자. 원래 매로 쳐서(攵) 만드는(工) 것을 나타내며 또, '치다'라는 뜻으로도 쓰임.

풀이 1. 치다. 공격하다. ¶攻擊 2. 책망하다. ¶攻駁 3. 다스리다. 정돈하다. 4. 병을 다스리다. 5. 닦다. ㉠학문을 연구하다. ㉡문질러 윤기를 내다. ¶攻玉 6. 거세하다. 7. 굳다. 견고하다. 8. 짓다. 만들다.

攻擊(공격) 적을 침.
攻略(공략) 남의 땅을 쳐서 빼앗음.
攻駁(공박) 남의 잘못한 것을 논박하며 공격함.
攻防(공방) 공격과 방어.
攻勢(공세) 공격하는 태세나 그 세력.
攻守(공수) 공격과 수비.
攻玉(공옥) 1)옥을 갊. 2)학덕(學德)을 닦음.
攻戰(공전) 공격하여 싸움. 또는 그런 전투.
攻破(공파) 공격하여 쳐부숨.
攻陷(공함) 쳐서 함락시킴.
速攻(속공) 재빨리 공격함.
專攻(전공) 전문적으로 연구함.
侵攻(침공) 남의 나라에 쳐들어감.

비 切(끊을 절) 巧(공교로울 교)

攸 ③7획 바 유 日ユウ・ところ 中yōu

풀이 1. 바. 어조사로서 '所'와 뜻이 같음. 2. 곳. 장소. 3. 위태롭다. ¶攸乎 4. 달리다. 5. 아득하다. ¶攸攸

攸攸(유유) 아득한 모양.
攸乎(유호) 위태롭게 걸려 있는 모양.

비 修(닦을 수)

攽 ④8획 나눌 반 日ハン・わける 中bān

풀이 나누다. 가르다. 구분하다.

유 班(나눌 반)

放 ④8획 놓을 방 日ホウ・はなす 中fàng, fǎng, fāng

丶 亠 亠 方 方' 方ㄏ 放 放

* 형성. 뜻을 나타내는 부수 '攵(등글월문)'과 음을 나타내는 '方(모 방)'을 합친 글자. 물의 표면을 돌로 치면(攵) 사방(方)으로 그 파문이 나가는 것처럼 '내쳐 가는' 것을 나타냄.

풀이 1. 놓다. 두다. 2. 내놓다. 방사하다. ¶放牧 3. 내쫓다. 추방하다. ¶追放 4. 버리다. ¶放棄 5. 내걸다. 게시하다. ¶放榜 6. 방자하다. 멋대로 하다. ¶放恣 7. 내버려두다. 방임하다. ¶放任 8. 꽃이 피다. 9. 달아나다. 떠나가다. 10. 본받다. 모방하다. 11. 준하다. 의거하다. 12. 이르다. 다다르다. 13. 성씨(姓氏).

放暇(방가) 휴가(休暇).
放遣(방견) 용서하여 돌려 보냄.
放棄(방기) 1)내버림. 돌보지 않음. 2)내버려 둠.
放尿(방뇨) 오줌을 눔.
放談(방담) 생각나는 대로 거침없이 말함.
放濫(방람) 제멋대로 굶. 방자함.
放浪(방랑) 정처 없이 떠돌아다님.
放流(방류) 1)가두어 놓은 물을 터서 흘려 보냄. 2)어린 물고기를 물에 놓아 주는 일.
放免(방면) 형기를 마친 죄인을 내보냄.
放牧(방목) 소・말・양 등을 놓아 먹임.
放肆(방사) 거리낌없이 멋대로 행동함. 방자함.
放射(방사) 1)중심에서 사방으로 내뿜음. 2)물체가 빛이나 열 같은 에너지를 밖으로 내뿜음.
放散(방산) 널리 흩어짐. 또는 흩뜨림.
放生(방생) 불교에서 공덕(功德)을 쌓기 위하여 물고기와 짐승 등을 놓아줌.
放送(방송) 라디오・텔레비전을 통해서 뉴스・강연・연예 프로그램 등을 내 보냄.
放心(방심) 1)정신을 집중하지 않음. 2)마음이 미혹되어 그 본체를 잃어버림.
放逸(방일) 마음대로 거리낌없이 놂.
放任(방임) 간섭하지 않고 내버려 둠.
放恣(방자) 꺼리거나 삼가는 태도가 없이 교만함.

❖ 방자(放恣)에 관한 고사성어

- 傍若無人(방약무인) 곁에 사람이 없는 것 같다는 뜻으로 거리낌없이 함부로 행동함.
- 眼下無人(안하무인) 방자하고 교만하여 사람을 모두 얕잡아 보는 것.
- 厚顔無恥(후안무치) 뻔뻔스러워 부끄러워할 줄 모름.
- 破廉恥(파렴치) 염치를 모르는 뻔뻔한 사람.
- 天方地軸(천방지축) 함부로 날뛰는 모양.

放縱(방종) 멋대로 행동함.
放逐(방축) 그 자리에서 쫓아 냄.
放出(방출) 한꺼번에 내어 놓음.
放置(방치) 내버려 둠.
放蕩(방탕) 1)방자(放恣). 2)주색에 빠져 행실이 추저분함.

放學(방학) 학교에서 일정한 기간 동안 학교 생활을 쉬는 것.

放火(방화) 일부러 불을 지름.

釋放(석방) 잡혀 있는 사람을 용서하여 놓아줌.

追放(추방) 쫓아냄.

解放(해방) 풀어놓아 자유롭게 함.

비 旅(군사 려)

故	⑤ 9획	日 コ · ゆえ
	옛 고	中 gù

* 형성. 뜻을 나타내는 부수 '攵(등글월문)'과 음을 나타내는 '古(오랠 고)'를 합친 글자. 옛(古) 것으로 치는(攵) 것, 곧 '옛날'을 의하며 바뀌어 '그러므로'라는 까닭의 뜻으로도 많이 쓰임.

풀이 1. 옛날. 과거. ¶故鄕 2. 일. 사건. ¶事故 3. 까닭. 연유. 이유. ¶無故 4. 죽다. ¶故人 5. 원래. 본래. 6. 옛 친구. 예부터 친숙한 벗. 7. 그러므로. 그런 까닭에. 8. 일부러. 고의로. ¶故意

故國(고국) 조상이 살던 고향인 나라.

故事(고사) 예로부터 전해 내려오는 유래 있는 일.

故意(고의) 일부러 하는 생각이나 태도.

故人(고인) 1)죽은 사람. 2)벗. 친구.

故障(고장) 기계가 부서져서 제 기능을 잃음.

故參(고참) 오래 전부터 그 일에 종사한 사람.

故鄕(고향) 나서 자란 옛 고장.

無故(무고) 1)아무런 까닭이 없음. 2)아무 사고 없이 편안함.

變故(변고) 재변이나 사고.

事故(사고) 뜻밖에 일어난 사건.

緣故(연고) 1)까닭. 이유. 2)혈연·정분 등에 의한 특별한 관계.

敃	⑤ 9획	日 ビン · つとめる
	강할 민	中 mǐn, fēn

풀이 1. 강하다. 굳세다. 2. 힘쓰다.

비 敐(가늘 민)

政	⑤ 9획	日 セイ · まつりごと
	정사 정	中 zhèng

* 형성. 뜻을 나타내는 부수 '攵(등글월문)'과 음을 나타내는 '正(바를 정)'을 합친 글자. '正'은 '征(칠 정)'과 통하여 '적을 치는 일', '무력으로 상대방을 지배하는 일'을 나타냄. 후에 부정(不正)한 것을 바로잡는 일이라고 생각하여 '정치'라는 뜻으로 쓰임.

풀이 1. 정사(政事). 정치. 다스림. ¶政事 2. 법. 법규. 3. 부역. 국가나 공공단체가 국민에게 의무적으로 지우는 노역. 4. 벼슬아치의 직무나 관직. 5. 바로잡다. 6. 가르침. 7. 구실. 조세.

政綱(정강) 정치 강령(綱領).

政客(정객) 정치계에서 활동하는 사람.

政見(정견) 정치상의 의견이나 식견.

政敎(정교) 1)정치와 종교. 2)정치와 교육.

政局(정국) 정계의 판국.

政權(정권) 정치를 행하는 권력. 정치상의 권리.

政黨(정당) 정치상으로 정견이 같은 사람들이 그들의 정책을 실현하기 위하여 모인 단체.

政道(정도) 정치의 방침. 시정(施政) 방침.

政略(정략) 정치상의 책략.

政論(정론) 정치상의 언론. 그 시대의 정치에 관한 논의.

政務(정무) 정치상의 사무.

政法(정법) 1)정치의 방법. 2)정치와 법률.

政變(정변) 정치상의 큰 변동. 내각 또는 정권이 변동되는 것.

政府(정부) 1)국가 통치권을 행사하는 기관의 총칭. 2)내각에 의하여 통합되는 국가 기관. 행정부.

政事(정사) 1)정치에 관계되는 일. 행정에 관한 일. 2)벼슬아치의 임면(任免).

政要(정요) 정치의 주안점. 시정(施政)의 주안(主眼)점.

政爭(정쟁) 정치계의 다툼.

政典(정전) 정치에 관한 법도와 규칙.

政條(정조) 정령(政令)이나 법률.

政策(정책) 정치에 관한 방침이나 그것을 이루기 위한 수단.

政治(정치) 국가의 주권자가 그 영토와 국민을 다스림.

政況(정황) 정치계의 상황.

敁	⑤ 9획	日 セン
	헤아릴 첨	中 diān

풀이 헤아리다. 손대중하다. 짐작하다.

유 量(헤아릴 량)

敉	⑥ 10획	日ビ・やすんずる
	어루만질 미	中mǐ

풀이 1. 어루만지다. 2. 편안하게 하다.

敉功(미공) 천하를 편안하게 한 공덕.

敉寧(미녕) 무마하여 편안하게 함.

비 粉(가루 분)

效	⑥ 10획	日コウ・ならう
	본받을 효	中xiào

丶 亠 ナ 六 方 交 交 效 效 效

* 형성. 타이르고 가르친다는 뜻을 나타내는 부수 '攵(등글월 문)'과 음을 나타내는 '交(사귈 교)'를 합친 글자. 좋은 것을 배우도록 한다, 곧 '본받다'라는 뜻으로 쓰임.

풀이 1. 본받다. ¶效則 2. 힘쓰다. 노력하다. ¶效用 3. 드리다. 바치다. 제출하다. 4. 보람. 5. 공적. 공. 6. 드러내다. 7. 아뢰다. 밝히다. 8. 조사하다.

效功(효공) 1)공을 세움. 위업을 이룸. 2)일의 많고 적음을 조사함.

效果(효과) 1)보람. 2)좋은 결과. 성과(成果).

效能(효능) 효험을 나타내는 성능.

效力(효력) 1)효과나 효험을 나타내는 힘. 2)법률이나 규칙 등의 작용.

效顰(효빈) 좋고 나쁨 혹은 옳고 그름을 생각지 않고 남의 흉내만 냄을 이르는 말.

效顰(효빈)의 유래

옛날 월나라의 미녀 서시(西施)는 가슴을 앓아서 늘 얼굴을 찡그리고 다녔다. 같은 마을에 사는 추녀는 자기도 찡그리고 다니면 서시처럼 아름답게 보일 거라고 생각해 한 손으로 가슴을 받치고 얼굴을 찡그리면서 마을을 돌아다녔다. 마을 사람들은 그 모습을 보고 문을 닫고 나오지 않았으며, 길에서 마주치면 도망가기 바빴다고 한다.

效用(효용) 1)효험. 보람. 2)어떤 물건의 사용 방법. 용도.

效績(효적) 공(功)을 세움. 또는 그 공.

效徵(효징) 징후를 나타냄.

效忠(효충) 충성을 다함.

效則(효칙) 본받아서 법으로 삼음.

效驗(효험) 일의 좋은 보람. 효용(效用).

藥效(약효) 약의 효력.

特效(특효) 특별한 효험이나 효과.

유 倣(본받을 방)

敎	⑦ 11획	日キョウ・おしえる
	가르칠 교	中jiāo, jiào

ノ メ ㄨ 㐅 孝 孝 孝 孝 孝 敎 敎

* 회의. '爻(효 효)'는 본받다는 뜻의 '效(본받을 효)'자의 변형으로, '爻'자에 아이를 뜻하는 '子'자가 합쳐지고, 여기에 '攵(칠 복)'이 합쳐진 글자. 아이(子)로 하여금 본받도록(效) 매로 때리는(攵) 것, 즉 '가르치는' 것을 나타냄.

풀이 1. 가르치다. ¶敎師 2. 가르침. 3. 종교. ¶敎會 4. 교훈. 교령. 임금의 명령. ¶敎訓 5. 시키다. 하게 하다.

敎科(교과) 학교에서 가르치는 과목.

敎勸(교권) 가르쳐 권함.

敎權(교권) 1)스승으로서의 권위. 2)종교상의 권력.

敎壇(교단) 교실에서 교사가 강의할 때 서는 단.

敎團(교단) 종교 단체.

敎道(교도) 1)가르쳐 인도함. 2)종교적인 도리.

敎導(교도) 1)가르쳐 지도함. 2)학생의 생활 문제를 지도함.

敎鍊(교련) 가르쳐 단련함.

敎唆(교사) 나쁜 짓을 하도록 남을 꾀거나 부추겨 세움.

敎師(교사) 학문・기예를 가르치는 사람.

敎授(교수) 학문 또는 기예를 가르침.

敎習(교습) 가르쳐 익힘.

敎案(교안) 가르칠 내용・목표・순서・방법 등을 가르치기 위하여 미리 짠 안.

敎養(교양) 지식을 넓히고 정서를 풍부하게 하며 인격을 닦음.

敎友(교우) 1)가르치고 이끌어 주는 벗. 2)같은 종교를 믿는 친구.

敎誘(교유) 달래어 가르침.

敎育(교육) 가르쳐 지식을 주고 기름.

敎材(교재) 가르치는 데 쓰이는 재료.

敎鞭(교편) 가르칠 때 교사가 가지는 회초리.

敎化(교화) 가르쳐 착한 길로 인도함.

敎會(교회) 1)같은 종교인의 조직체. 2)크리스트교 교도가 모이거나 예배를 보는 장소.

敎訓(교훈) 가르치고 깨우침.

반 學(배울 학) 習(익힐 습)

救	⑦ 11획	日キュウ・すくう
	구원할 구	中jiù

一 十 才 才 求 求 求 求 求 救 救

* 형성. 뜻을 나타내는 부수 '攵(칠 복)'과 음을 나타내는 '求(구할 구)'를 합친 글자. 여기서 '求'자는 분산되어 있던 것을 모으다 라는 뜻을 나타내어, 흩어져 있던 것을 다스려 '수습하다', '구하다'의 뜻으로 쓰임.

풀이 1. 구원하다. 구원. ¶救援 2. 돕다. 도움. 3. 막

4 획

다. 방어하다.

救國(구국) 나라를 위기에서 건짐.

救急(구급) 위급한 사건이나 병 같은 것을 구원함.

救難(구난) 어려움에서 구해 줌.

救命(구명) 사람의 목숨을 구함.

救貧(구빈) 가난한 사람을 구제함.

救世主(구세주) 인류를 구원할 사람.

救援(구원) 위험이나 곤란에 빠진 사람을 구해 줌.

救濟(구제) 어려운 형편에 있는 사람을 도와줌.

救助(구조) 구원하고 도와줌.

救出(구출) 어렵거나 위험한 상태에 놓인 사람을 도와서 빠져나오게 함.

救荒(구황) 흉년에 사람들을 굶주림에서 벗어나도록 도와줌.

救恤(구휼) 물품을 베풀어 곤궁한 사람들이나 이재민을 도와줌.

유 求(구할 구)

⑦ 11획 日ビン・すばやい
민첩할 민 中mǐn

* 형성. 뜻을 나타내는 부수 '攴(칠 복)'과 음을 나타내는 '每(매양 매)'를 합친 글자. 이에 매번(每) 매로 치니(攴) 일을 '빠르게' 하는 것을 나타냄.

4 획

풀이 1. 민첩하다. 재빠르다. ¶敏捷 2. 공손하다. 3. 힘쓰다. 4. 엄지발가락.

敏感(민감) 감각이 예민함.

敏達(민달) 눈치가 빠르고 민첩하여 모든 일을 통달함.

敏速(민속) 날쌔고 재빠름.

敏銳(민예) 날카로움.

敏腕(민완) 일을 빠르고 재치있게 잘 처리하는 수단 솜씨.

敏智(민지) 재빠른 슬기.

敏捷(민첩) 활동하는 힘이 재빠름.

敏活(민활) 날쌔고 활발함.

過敏(과민) 지나치게 예민함.

機敏性(기민성) 재빠르게 행동하는 것.

明敏(명민) 총명하고 민첩함.

銳敏(예민) 감각이 날카롭고 빠름.

유 倢(빠를 첩)

敎 ⑦ 11획
勃(p139)과 同字

敍 ⑦ 11획 日ジョ・のべる
차례 서 中xù

* 형성. 뜻을 나타내는 부수 '攴(칠 복)'과 음을 나타내는 '余(나 여)'를 합친 글자. 남는(余) 것을 잘 쳐서(攴) '베푸는' 것을 나타내어, '베풀다', '주다'의 뜻으로 쓰임.

풀이 1. 차례. 순서. ¶敍說 2. 서문. 머리말. 3. 차례를 매기다. 순번을 정하다. 4. 늘어서다. 차례를 서다. 5. 베풀다. 6. 쓰다. ¶敍事 7. 진술하다. ¶敍述

敍景(서경) 자연 풍경을 글로 나타냄.

敍論(서론) 1)순서에 따라 논함. 또는 그 논설. 2)본론의 머리말이 되는 논설. 서론(序論).

敍事(서사) 사실이나 사건 등을 있는 그대로 적음.

敍上(서상) 위에서 서술한 것.

敍說(서설) 차례를 따라 차근차근 설명함.

敍述(서술) 차례에 따라 말하거나 적음.

敍情(서정) 자기의 정서를 그려 냄.

敍勳(서훈) 훈공의 차례대로 훈장을 내림.

유 秩(차례 질)

敘 ⑦ 11획
敍(p558)의 俗字

敔 ⑦ 11획 日キョ・とめる
막을 어 中yǔ

풀이 막다. 금하다.

유 防(막을 방)

敖 ⑦ 11획 日ゴウ・おごる
거만할 오 中áo, ào

풀이 1. 거만하다. 오만하다. ¶敖慢 2. 놀다. 희롱하다. ¶敖民 3. 시끄럽다.

敖慢(오만) 태도가 거만함. 잘난 체하고 남을 업신여기며 건방짐.

敖民(오민) 아무 일도 않고 노는 백성.

敖遊(오유) 1)놀며 지냄. 혹은 희롱하며 놂. 2)이곳저곳을 돌아다님.

유 傲(거만할 오)

⑦ 11획
勅(p140)과 同字

敓	⑦ 11획	日タツ
	빼앗을 탈	中duó

풀이 빼앗다. 탈취하다.

敗	⑦ 11획	日ハイ・やぶれる
	패할 패	中bài

丨 冂 月 月 目 貝 貝 貝' 貝' 敗 敗

* 형성. 뜻을 나타내는 부수 '攵(칠 복)'과 음을 나타내는 '貝(조개 패)'를 합친 글자. 싸움에서 짐, 즉 '패하다'의 뜻을 나타내며, 또한 '법칙을 깨뜨리다', '사물을 못 쓰게 만들다'라는 뜻으로 쓰임.

풀이 1. 패하다. 지다. ¶敗戰 2. 무너지다. 부서지다. 3. 썩다. 부패하다. ¶腐敗 4. 무너뜨리다. 손상시키다. 5. 떨어지다. 해지다. 6. 기근. 흉년으로 식량이 모자라서 굶주리는 상태. 7. 재앙.

敗家(패가) 가산을 다 써 없앰.
敗軍(패군) 싸움에 진 군대.
敗軍將不可以言勇(패군장불가이언용) 패배한 군대의 장수는 무용에 대해서 말할 수 없음.

⊙敗軍將不可以言勇(패군장불가이언용)의 유래
한신이 조나라를 쳐서 이긴 뒤 조나라의 뛰어난 모사였던 이좌거를 스승으로 모시고 그에게 앞으로 취해야 할 방법을 가르쳐 달라고 하자, 이좌거는 이를 사양하며 이렇게 말했다. "나는 싸움에 패한 장수는 용맹을 말해서는 안 되며, 나라를 망친 대신은 나라를 보존하는 일을 꾀해서는 안 된다고 들었습니다. 지금 나는 싸움에 패하고 나라를 망하게 한 포로가 아닙니까. 어떻게 나 같은 사람이 큰일을 꾀할 수 있겠습니까?"라고 말하였다. 《사기(史記)》

敗德(패덕) 도덕과 의리를 그르침.
敗亂(패란) 패하여 어지러움.
敗亡(패망) 패하여 망함.
敗北(패배) 싸움에 져서 달아남.
敗訴(패소) 재판에서 짐.
敗戰(패전) 싸움에서 패함.
敗走(패주) 싸움에 지고 도망함.
敗退(패퇴) 싸움에 지고 물러섬.
敗頹(패퇴) 어느 세력이나 풍속 같은 것이 점점 쇠퇴하여 세력을 잃거나 몰락함.
傾敗(경패) 형세가 기울어져 패함.
大敗(대패) 1)일의 큰 실패. 2)싸움에 크게 짐.
沒敗(몰패) 여지없이 패함. 여럿이 다 패함.
無敗(무패) 싸움에 한 번도 지지 않음.
逢敗(봉패) 실패를 당함.
腐敗(부패) 1)부패균에 의해 단백질 및 유기물이 유독한 물질과 악취를 발생하게 되는 변화. 2)법규(法規)·제도(制度) 등이 문란해 바르지 못함. 3)정신이 타락함.
憤敗(분패) 1)일을 그르쳐 패함. 2)분하게 짐.
不敗(불패) 1)지지 않음. 2)실패하지 않음.
惜敗(석패) 경기나 시합에서 약간의 점수 차이로 애석하게 짐.
成敗(성패) 성공과 실패.
失敗(실패) 일이 뜻한 바 대로 되지 못함. 뜻을 이루지 못함.
連敗(연패) 운동 경기 등에서 싸울 때마다 짐.

유 北(달아날 배) 반 勝(이길 승)

敢	⑧ 12획	日カン・あえて
	감히 감	中gǎn

一 エ 工 于 干 干 干 舌 舌 耳' 耳' 耶 敢

풀이 1. 감히. 함부로. ¶焉敢 2. 굳세다. 용맹스럽다. 3. 결단성 있다.

敢決(감결) 과감하게 결단함.
敢斷(감단) 과감하게 결단함.
敢死(감사) 충(忠)이나 의(義)를 의하여 두려움 없이 기꺼이 죽음.
敢然(감연) 과단성 있고 용감함.
敢毅(감의) 용감하고 굳셈.
敢爭(감쟁) 용감하게 싸움.
敢戰(감전) 과감히 싸움. 싸움. 감투.
敢鬪(감투) 용감하게 싸움.
敢行(감행) 어려움을 무릅쓰고 용감하게 행함.
果敢(과감) 일을 딱 잘라서 결정하여 용감함.
勇敢(용감) 씩씩하고 두려움이 없어며 기운참.
焉敢(언감) 어찌 감히.

敜	⑧ 12획	日ネン
	막을 녑	中niè

풀이 막다. 틀어막다.

敦	⑧ 12획	
	❶도타울 돈	日トン・あつい
	❷다스릴 퇴	中duì, dūn
	❸제기 대	
	❹모일 단	
	❺아로새길 조	
	❻덮을 도	

丶 亠 亠 亡 亨 亨 享 享 享 享 敦 敦

*형성. 뜻을 나타내는 부수 '攵(칠 복)'과 음을 나타내는 '享(누릴 향)'을 합친 글자. 매를[攵] 맞는[享] 것. 남에게 잘못을 지적을 받으면 처음에는 기분 나쁘지만 차차 깨달아 고쳐지니 관계가 좋아진다는 뜻에서 '돈독함'을 뜻하게 됨.

풀이 ❶ 1. 도탑다. ¶敦篤 2. 힘쓰다. 노력하다. 3. 진을 치다. 4. 감독하다. 단속하다. 5. 곧게 세우다. 6. 정성. ¶敦敏 ❷ 7. 다스리다. 8. 던지다. 9. 베다. 10. 가리다. 선택하다. 11. 원망하다. ❸ 12. 제기(祭器). 제사 때 쓰는 그릇. 13. 쟁반. ❹ 14. 모이다. 15. 열매가 주렁주렁 열리다. ❺ 16. 아로새기다. ❻ 17. 덮다.

敦篤(돈독) 인정이 도타움.
敦穆(돈목) 정이 도탑고 화목함.
敦睦(돈목) 사이가 도탑고 서로 화목함.
敦敏(돈민) 행동에 정성스럽고 총명함.
敦實(돈실) 도탑고 진실함.
敦雅(돈아) 돈후하고 우아함.
敦愿(돈원) 인정이 많고 순박함.
敦忠(돈충) 돈후하고 충성스러움.
敦學(돈학) 학문에 집중함.
敦化(돈화) 두터운 교화.
敦厚(돈후) 인정이 두터움. 돈독(敦篤). 독후(篤厚).
敦惡(1.퇴오/2.돈오) 1)서로 원망하며 미워함. 2)매우 미워함.
敦琢(1.퇴탁/2.조탁) 1)가림. 선택함. 2)새기거나 쫌.

유 篤(도타울 독)

散	⑧ 12획	日サン·ちる
	흩어질 산	中sǎn, sàn

一 十 艹 丗 丗 昔 昔 昔 昔 背 散 散

풀이 1. 흩어지다. ¶散亂 2. 한가롭다. 한산하다. ¶閑散 3. 겨를. 한가. 4. 헤어지다. 나누어지다. 5. 내치다. 추방하다. 6. 쓸모없다. 7. 가루약. ¶散藥 8. 거문고의 가락. 9. 문체의 이름. 운도 밟지 않고 대구도 쓰지 않는 글. ¶散文 10. 절룩거리다.

散光(산광) 거친 면에서 빛이 사방으로 불규칙하게 반사하는 현상. 또는 그 광선.
散畓(산답) 한 사람의 소유로서 여기저기 흩어져 있는 논.
散亂(산란) 1)흩어져 어지러움. 2)번뇌로 인하여 정신이 어지러움. 3)파동·입자선 등을 바꾸어 불규칙하게 흩어져가는 현상.
散漫(산만) 어수선하게 흩어져 있음.
散亡(산망) 1)흩어져 없어짐. 2)흩어져 달아남.
散文(산문) 글자의 수나 운율의 제한 없이 자유롭게 쓴 문장. ↔ 운문(韻文).
散髮(산발) 머리카락을 풀어 헤침. 또는 그 머리.
散步(산보) 바람을 쐬기 위하여 이리저리 거닒.
散藥(산약) 가루약. ↔ 환약(丸藥).
散佚(산일) 한데 모은 책이나 서류 등에서 흩어져 일부가 빠짐.
散在(산재) 여기저기 흩어져 있음.
散炙(산적) 쇠고기 등을 길쭉하게 썰어 여러 가지 양념을 하여 꼬챙이에 꿰어서 구운 음식.
散卒(산졸) 흩어지는 병사. 또는 도망친 군졸.
散策(산책) 이리저리 거닒.
散花(산화) 꽃이 져서 흩어짐. 또는 그 꽃.
散華(산화) 1)산화(散花). 2)전쟁 중에 죽음. 3)부처를 공양하기 위해 그 앞에 꽃을 뿌림.
分散(분산) 갈라져 흩어짐. 또는 흩어지게 함.
閑散(한산) 1)한가하고 쓸쓸함. 2)일이 없어 한가함.

반 集(모일 집)

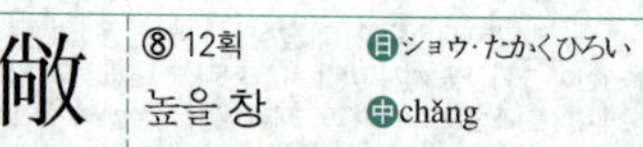

풀이 1. 높다. ¶敞罔 2. 드러나다. 3. 널찍한 모양. 광대한 모양.

敞麗(창려) 광대하고 아름다움.
敞罔(창망) 1)높거나 넓은 모양. 2)자신을 잃고 멍한 모양. 또는 뜻을 얻지 못한 모양.
敞豁(창활) 앞이 트여 시원스러운 모양.
高敞(고창) 지세가 높고 평평하여 앞이 탁 트임.

유 高(높을 고)

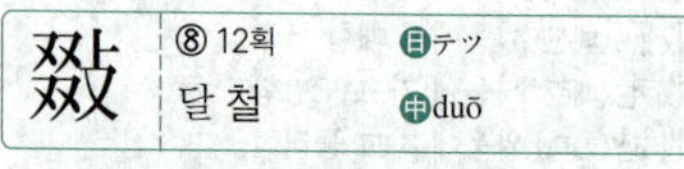

풀이 달다. 매달다. 손으로 무게를 달다.

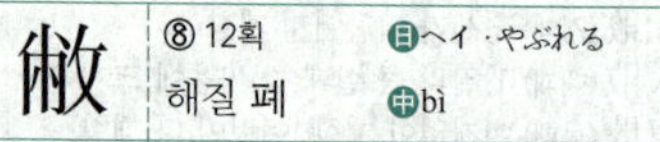

풀이 1. 해지다. 낡다. 2. 피폐하다. ¶敝甲 3. 피폐하게 하다. 쇠하게 하다. 4. 깨지다. 깨뜨리다. 5. 지다. 패배하다. 6. 버리다. 7. 저. 자기를 낮추는 겸양의 접두어. ¶敝居 8. 덮다. 덮어 가리다. ¶敝虧 9. 줌통. 활 가운데에 손으로 잡는 곳.

敝甲(폐갑) 해진 갑옷. 폐갑(敝甲).

敝蓋(폐개) 해진 수레의 덮개.

敝居(폐거) 자신의 집을 겸손하게 이르는 말.

敝裘(폐구) 낡아서 해진 갖옷.

敝屨(폐극) 다 해져 못 신게 된 나막신.

敝廬(폐려) 1)초라한 집. 2)자기 집을 겸손하게 이르는 말.

敝惡(폐악) 낡고 나쁨.

敝衣(폐의) 해진 옷.

敝人(폐인) 1)천한 사람. 2)피폐한 병졸(兵卒).

敝族(폐족) 1)쇠락한 집안. 2)자기의 집안을 겸손하게 이르는 말.

敝虧(폐휴) 덮어서 가림.

유 弊(해질 폐)

敬	⑨ 13획 공경할 경	日ケイ · うやまう 中jìng

* 회의. '진실로', 또는 '만약' 이라는 뜻을 가진 '苟(만일 구)'와 '두드리다', '치다' 는 뜻의 부수 '攵(칠 복)' 이 합하여져, 만약(苟) 잘못하면 매를 친다(攵)고 하여 '삼가함' 을 나타냄.

풀이 1. 공경하다. 존경하다. ¶尊敬 2. 공손하다. 예의 바르다. ¶不敬 3. 삼가다. 절제하다. 4. 예(禮). 감사하는 마음.

敬戒(경계) 삼가고 경계함.

敬虔(경건) 공경하는 마음으로 삼가며 조심성이 있음.

敬恭(경공) 공손함. 공손히 섬김. 공경(恭敬).

敬勤(경근) 삼가며 공경하고 근면함.

敬謹(경근) 공경하여 삼감.

敬諾(경낙) 삼가 승낙함.

敬覽(경람) 정중히 봄.

敬禮(경례) 공경의 뜻을 나타내는 일. 또는 그 동작.

敬敏(경민) 공손하고 총명함.

敬服(경복) 감복하여 마음으로부터 존경함.

敬事(경사) 1)일을 삼가 행함. 2)삼가 섬김.

敬遜(경손) 공경하고 겸손함.

敬順(경순) 공경하여 거스르지 않고 따름.

敬神(경신) 신을 공경함.

敬仰(경앙) 존경하여 우러러봄.

敬憶(경억) 받들어 생각함.

敬畏(경외) 공경하고 어려워함. 경구(敬懼).

敬遠(경원) 존경하나 가까이하지 않음.

敬遠(경원)의 유래

공자는 괴상한 것(怪), 쓸데없는 무력(力), 혼란스러운 것(亂), 귀신(神)에 대해서는 말하지 않았는데, 특히 귀신에 관한 태도는 제자 번지(樊遲)와의 문답에 잘 드러나 있다. 번지가 안다는(知) 것에 대해 묻자 공자가 답하기를, "백성의 정의에 힘쓰고, 귀신을 공경하면서도 멀리 한다면(敬遠), 안다고 말할 수 있다."라고 하였다. 《논어(論語)》 옹야편(雍也篇)

敬弔(경조) 삼가 조상함.

敬從(경종) 공경하여 복종함.

敬職(경직) 맡은 일을 소중히 함.

敬聽(경청) 남의 말을 공경한 태도로 들음.

敬忠(경충) 공경하고 충성을 다함.

敬憚(경탄) 공경하며 어려워함.

敬歎(경탄) 공경하고 감탄함.

敬賀(경하) 공경하여 축하함.

恭敬(공경) 몸가짐을 공손히하고 존경함.

不敬(불경) 마땅히 경의를 표해야 할 사람에게 예의가 없음.

尊敬(존경) 남의 훌륭한 행위나 인격 등을 높여 공경함.

유 恭(공경할 공)

	⑩ 14획 두드릴 고	日コウ · たたく 中qiāo

* 형성. 뜻을 나타내는 부수 '攵(칠 복)' 과 음을 나타내는 '高(높을 고)' 를 합친 글자.

풀이 1. 두드리다. 치다. ¶敲門 2. 매. 회초리. ¶敲榜

敲門(고문) 문을 두드려 사람을 찾음.

敲榜(고방) 매질함.

敲折(고절) 쳐 꺾음.

推敲(퇴고) 시문을 지을 때, 자구(字句)를 여러 번 생각하여 고침.

推敲(퇴고)의 유래

당(唐)나라의 시인 가도(賈島)가 나귀를 타고 가다 시 한 수가 떠올랐다. 그것은 "조숙지변수 승퇴월하문(鳥宿池邊樹僧推月下門: 새는 연못 가 나무에 자고 중은 달 아래 문을 민다.)"라는 것이었는데, 달 아래 문을 민다보다는 두드린다(敲)고 하는 것이 어떨까 하고 골똘히 생각하다 그만 경조윤(京兆尹: 首都의 市長) 한유(韓愈)의 행차 길을 침범하였다. 한유 앞으로 끌려간 그가 사실대로 이야기하자 한유는 노여운 기색도 없이 한참 생각하더니 "역시 민다는 퇴(推)보다는 두드린다는 고(敲)가 좋겠군" 하며 가도와 행차를 나란히 하였다(《唐詩紀事》)는 고사(故事)에서 생겨난 말로 이때부터 퇴고란 말이 쓰이게 되었다.

유 叩(두드릴 고)

	⑪ 15획 가릴 료	日リョウ 中liáo

풀이 가리다. 고르다. 선택하다.

敷	⑪ 15획	日フ·しく
	펼 부	中fū

* 형성. 뜻을 나타내는 부수 '攵(칠 복)'과 음을 나타내며 '敷(펼 부)'의 변형인 '尃'를 합친 글자. '尃'는 볏모를 깔다 라는 뜻으로 이에 '攵'가 합쳐져 '펴다', '깔다'의 뜻을 분명히 나타냄.

풀이 1. 펴다. 넓게 깔다. 2. 베풀다. 3. 나누다. 분할하다. 4. 퍼지다. 흩어지다. 5. 다스리다. 6. 두루. 널리. 7. 무성하다. 8. 이어지다.

敷告(부고) 널리 알림. 포고(布告).

敷廣(부광) 퍼짐. 또 퍼지게 함.

敷求(부구) 두루 구함.

敷設(부설) 철도 등을 설치함.

敷揚(부양) 널리 세상에 나타냄.

敷衍(부연) 1)덧붙여 알기 쉽게 자세히 설명을 늘어놓음. 또는 그 설명. 2)널리 퍼지게 함.

敷贊(부찬) 널리 펴서 도움.

敷土(부토) 흙이나 모래를 펴서 깖. 또는 그 흙.

敷化(부화) 널리 교화(敎化)를 베풂. 포화(布化).

유 伸(펼 신)

4획

數	⑪ 15획	
	❶셀 수	日スウ·ス·かず
	❷자주 삭	·かぞえる
	❸빠를 속	中shǔ, shù, shuò
	❹촘촘할 촉	

풀이 1 1. 세다. 셈하다. ¶算數 2. 숫자. 수량. 수효. ¶倍數 3. 운수. 운명. ¶命數 4. 꾀. 책략. 5. 헤아리다. 생각하다. 6. 책망하다. 7. 규칙. 예법(禮法). 8. 이치. 도리. 9. 약간의. 두어. 서너너덧. 대여섯. 10. 등급. 구분. 11. 살피다. 조사하다. 12. 정세. 형편. 일이 되어가는 사정과 형세. 13. 기술. 재주. 솜씨. 14. 수단. 방법. 2 15. 자주. 여러 번. 16. 자주하다. 되풀이하다. ¶數飛 17. 빨리하다. 급히 서두르다. 황급하다. ¶數目 3 18. 빠르다. 4 19. 촘촘하다. 빽빽하다. ¶數罟

數飛(삭비) 새 새끼가 자꾸 날아서 점점 잘 날 수 있게 되듯이 학문이나 기예(技藝)를 꾸준히 익혀야 한다는 말.

數數(삭삭) 1)자주. 여러 번. 2)바쁜 모양. 황급히 구하는 모양.

數刻(수각) 몇 시. 서너 시간.

數窮(1.수궁/2.삭궁) 1)운수가 막혀 있음. 2)종종 곤란을 당함.

數目(1.수목/2.속목) 1)낱낱의 수효. 2)빨리 봄.

數罪(수죄) 죄를 일일이 들어서 책함.

數次(수차) 두서너 차례. 몇 차례.

數行(1.수행/2.수항) 1)글의 두서너 줄. 2)두서너 줄기.

數爻(수효) 사물의 낱낱의 수.

數罟(촉고) 눈을 촘촘하게 떠서 만든 그물.

過數(과수) 일정한 수를 넘음.

段數(단수) 1)여러 단으로 나뉜 단위(段位)의 수. 2)술수를 쓰는 재간의 정도

度數(도수) 1)거듭된 번수나 횟수. 2)크기를 나타낸 수치의 정도. 3)어떠한 정도.

命數(명수) 1)타고난 수명(壽命). 2)운수와 재수. 명도(命途).

倍數(배수) 어떤 수의 곱절이 되는 수.

變數(변수) 1)수식 등에서, 일정한 범위 안에서 여러 가지 수치로 변할 수 있는 수. 2)어떤 정세나 상황 등의 변화 요인.

指數(지수) 1)어떤 수나 문자의 오른쪽 위에 덧붙여 그 거듭제곱을 나타내는 숫자나 문자. 멱지수(冪指數). 2)물가나 임금 등의 변동을 알기 쉽게 나타내기 위하여 일정한 때를 100으로 기준하여 비교하는 숫자.

敵	⑪ 15획	日テキ·あだ
	원수 적	中dí

* 형성. 적의 근거지를 친다는 뜻을 나타내는 부수 '攵(등글월문)'과 음을 나타내는 '啇(나무뿌리 적)'을 합친 글자. '대적하다'는 의미를 나타내며 '상대방', '원수'라는 뜻으로 쓰임.

풀이 1. 원수. ¶敵讎 2. 상대방. ¶敵手 3. 대등하다. 맞서다. ¶匹敵 4. 겨루다. 맞서다. 5. 대항하다. 거역하다. 6. 갚다. 보답하다.

敵愾心(적개심) 의분을 느껴 적과 싸우고자 하는 화난 마음.

敵國(적국) 1)나에게 해를 가하는 나라. 적대 관계에 있는 나라. 2)국력이 엇비슷한 나라. 대등한 제후(諸侯)의 나라. 3)세력이 대단한 사람. 또는 강대하여 하나의 국가에 필적할 만한 사람.

敵禮(적례) 평등한 예.

敵虜(적로) 오랑캐들. 원수들.

敵讎(적수) 원수.

敵手(적수) 1)힘이 비슷한 상대. 2)적의 손길.
敵戰(적전) 적대하여 싸움.
敵情(적정) 적군의 사정이나 형편.
敵衆(적중) 1)많은 사람에게 필적(匹敵)함. 2)적의 인원수.
敵陣(적진) 적군의 진영.
公敵(공적) 국가나 사회 또는 공공 대중의 적.
仇敵(구적) 원수(怨讐).
難敵(난적) 맞서 싸우기에 까다로운 적수.
對敵(대적) 적과 마주 대함.
無敵(무적) 겨룰 만한 상대가 없음.
宿敵(숙적) 오래 전부터의 원수 또는 적수(敵手).
外敵(외적) 외국으로부터 쳐들어오는 적. 외구(外寇).
衆寡不敵(중과부적) 적은 수로 많은 상대를 대적하지 못함.
匹敵(필적) 재주나 힘 등이 엇비슷하여 서로 견줄 만함. 필대(匹對).

敶	⑪ 15획	日シン
	벌여 놓을 진	中zhèn

풀이 벌여 놓다. 늘어놓다.

敿	⑫ 16획	日コウ
	맬 교	中jiǎo

풀이 매다. 잡아 매다.
비 敲(두드릴 고)

整	⑫ 16획	日セイ·ととのえる
	가지런할 정	中zhěng

* 형성. 뜻을 나타내는 부수 '攵(칠 복)'과 음을 나타내는 '正(바를 정)'을 합친 글자. 치거나(攵) 묶어서(束)바르게(正) 정돈하다는 뜻을 나타냄.

풀이 1. 가지런하다. 가지런해지다. ¶整列 2. 정돈하다. 정돈되다. ¶整頓

整軍(정군) 군대를 정비하고 군기를 바로잡음.
整頓(정돈) 가지런히 바로잡음.
整厲(정려) 자세를 바로 하고 기운을 차림.
整列(정렬) 가지런히 벌여 섬.
整理(정리) 어수선하고 어지러운 것을 바로잡음.
整備(정비) 흩어진 것을 가다듬어 바로 갖춤.
整秀(정수) 단정하고 빼어남.
整肅(정숙) 잘 정돈되고 엄숙함.
整然(정연) 가지런한 모양.
整整(정정) 단정히 갖추어진 모양.
整齊(정제) 바로잡아 가지런히 함.
端整(단정) 1)깔끔하고 가지런함. 2)반듯하고 아름다움.
調整(조정) 고르지 못한 것이나 과부족(過不足)이 있는 것 등을 알맞게 조절하여 정상 상태가 되게 함.
유 齊(가지런할 제)

斂	⑬ 17획	日レン·おさめる
	거둘 렴(염)	中liǎn

풀이 1. 거두다. 모으다. 2. 제자리로 되돌리다. ¶苛斂 3. 감추다. 숨기다. ¶斂死 4. 저장하다. 5. 염하다. 죽은 이의 몸을 씻긴 다음에 수의를 입히고, 염포로 묶는 일. 6. 장사지내다. 7. 단속하다. 8. 거의. 대략. 대충. 9. 최소한.

斂去(염거) 하던 일을 그만두고 물러남.
斂髮(염발) 머리를 쪽찌거나 틀어 올림.
斂死(염사) 죽은 자를 장사 지냄.
斂手(염수) 1)손을 오므림. 2)서서 두 손을 공손히 모아 잡음.
斂膝(염슬) 무릎을 가지런히 하고 경의를 표함.
斂翼(염익) 날개를 접고 나는 것을 멈춘다는 뜻으로, 보금자리로 들어감을 말함.
斂藏(염장) 거두어 모음.
斂迹(염적) 자취를 감춤.
斂錢(염전) 돈을 거두어 모음.
斂聚(염취) 거두어 모음.
斂昏(염혼) 황혼(黃昏).
斂穫(염확) 곡물이나 조세 등을 거두어 들임.
苛斂(가렴) 조세 등을 가혹하게 거두어 들임.
苛斂誅求(가렴주구) 가혹하게 세금을 거두거나 마음대로 백성의 재산을 빼앗음.
後斂(후렴) 둘 이상의 절(節)로 이루어진 시나 가사에서, 반복되어 나타나는 각 절의 마지막 부분. 후념(後念).
厚斂(후렴) 조세를 몹시 무겁게 거둠.

斁	⑬ 17획	
	❶ 싫어할 역	日エキ·ト·やぶれる
	❷ 바를 도	中yì

풀이 ❶ 1. 싫어하다. 물리다. 싫증나다. 2. 번성하다. 성한 모양. 3. 가리다. 선택하다. ❷ 4. 바르다. 칠하다.

斀	⑬ 17획 형벌 탁	日タク 中zhuó

풀이 궁형. 형벌의 한 가지로서 불알을 까는 형벌.

유 刑(형벌 형)

戳	⑭ 18획 줄 탁	日タク 中chuō, zhuó

풀이 1. 주다. 2. 찌르다. 3. 아프다. 4. 방아를 찧다. 5. 쌓다.

斃	⑭ 18획 넘어질 폐	日ヘイ・たおれる 中bì

* 형성. 뜻을 나타내는 동시에 음을 나타내는 敝(폐)와 死(사)가 합쳐진 글자.

풀이 1. 넘어지다. 쓰러지다. ¶斃踣 2. 넘어뜨리다. 3. 쓰러져 죽다.

斃踣(폐복/폐부) 넘어짐. 엎어짐.

斃死(폐사) 쓰러져 죽음.

疲斃(피폐) 지치고 쇠약해짐. 죽음.

비 弊(해질 폐)

4획

斅	⑯ 20획 가르칠 효	日コウ・おしえる 中xiào, xué

풀이 가르치다. 교육하다.

斅學半(효학반) 남을 가르치면서 자신도 공부가 되므로 반은 자기의 학문을 닦는 결과가 됨을 이르는 말.

斅學相長(효학상장) 가르치고 배우면서 서로 성장함. 교학상장(教學相長).

유 學(배울 학) 教(가르칠 교)

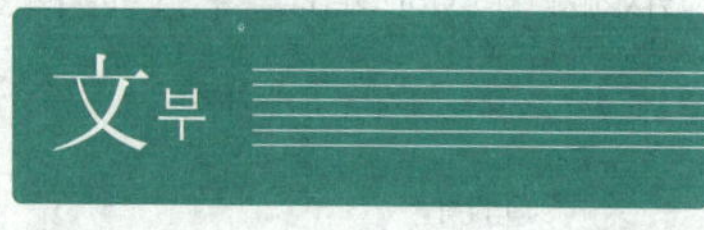

文 부

文 글월 문 部

'文'자는 '문신'을 나타내다가 후에 '글월'이라는 뜻이 된 글자이다. 또한, '무늬'나 '문체'라는 뜻으로 확대되어 쓰인다. 또한 뜻이 변해 '문자'나 '문장', '책'이라는 뜻으로 사용되면서 무사(武士)의 상대적 개념인 '문인(文人)'을 나타내기도 한다.

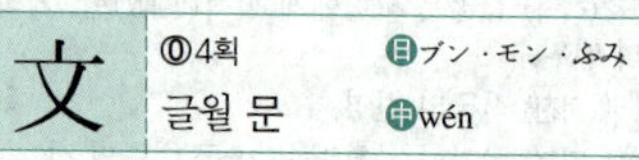

文	⓪4획 글월 문	日ブン・モン・ふみ 中wén

丶 亠 ナ 文

풀이 1. 글월. 문장. ¶文章 2. 글자. 3. 문서. ¶文書 4. 서적. 책. 5. 학문. 예술. ¶文人 6. 무늬. ¶文繡 7. 채색. 8. 결. 나무나 피부 등의 결. 9. 법률. 법문. ¶文法 10. 새기다. 11. 문신하다. ¶文身 12. 꾸미다. 13. 문관. 14. 돈의 한 가지 또는 그 돈을 세는 단위. 중앙에 네모진 구멍이 나 있는 엽전을 말함. 15. 아름답다. ¶文曜 16. 빛나다. 17. 문. 신발 치수의 단위를 말하며, 1문은 2.4cm임. 18. 꾸미다.

文匣(문갑) 문서나 문구를 넣어 두는 긴 궤. 사람이 여러 개 있거나 문이 달려 있음.

文格(문격) 1)글을 짓는 격식. 2)문장의 품격.

文庫(문고) 1)서책을 모아 둔 곳. 2)문서·문방구 등을 담는 상자. 3)출판물의 한 형태. 보급을 목적으로 하여 만든 염가(廉價)·소형(小型)의 책.

文句(문구) 글의 구절. 글귀.

文壇(문단) 문학인들의 사회. 문학계.

文理(문리) 1)문장의 조리. 2)사물을 깨달아 아는 힘.

文盲(문맹) 문자를 읽지 못하는 것. 또 그 사람.

文明(문명) 1)사람의 지혜가 열리고 정신적·물질적 생활이 풍부해진 상태. 2)문채(文彩)가 있고 빛남.

文廟(문묘) 공자(孔子)의 위패를 모신 사당.

文物(문물) 문화의 산물. 학문·예술·교육·제도 등 문명의 발달에 의하여 만들어진 것.

文房(문방) 독서하는 방. 서재.

文房具(문방구) 문방 제구(諸具). 글과 글씨에 관한 모든 기구.

文房四寶(문방사보) 종이·붓·벼루·먹 등 네 가지를 아울러 이르는 말.

文法(문법) 1)법. 법률. 2)문장의 구성에 관한 법칙.

文思(문사) 문장에 담긴 사상.

文士(문사) 문인(文人).

文書(문서) 글로써 어떤 내용을 적어 표시한 모든 것.

文身(문신) 살갗에 바늘로 찔러서 먹물 등을 들인 글씨·그림·무늬. 또는 그렇게 만든 몸.

文案(문안) 1)문서와 장부. 2)문장의 초고.

文語(문어) 글로만 쓰는 말. 글말.

文藝(문예) 말이나 글 등으로 표현한 시 · 소설 등의 예술.

文友(문우) 글로 사귄 벗. 글벗.

文人(문인) 1)문덕(文德)이 있는 사람. 2)문학에 능한 사람. 문장을 잘 쓰는 사람. 3)문학에 종사하는 사람. 시문 · 서화 등에 종사하는 사람.

文字(문자) 1)말의 음과 뜻을 표시하는 시각적 기호. 글자. 2)말. 문구.

文章(문장) 글자로 어떤 뜻을 조리 있게 적어 나타낸 것.

文才(문재) 글재주. 글재간.

文集(문집) 1)한 사람의 글을 모아서 만든 책. 2)시문을 모은 책.

文體(문체) 1)문장의 체제. 문장 표현의 특색. 2)문장의 양식. 3)한문의 형식. 곧 논(論) · 서(序) · 주(奏) · 서(書) · 지(誌) 등.

文治(문치) 학문 · 예술 등에 의한 교화와 법률 등으로 평화스럽게 다스림.

文筆(문필) 1)시 · 가(歌) · 문장 등을 씀. 또는 그 기술. 2)글과 글씨.

文學(문학) 1)자연과학 · 정치학 · 법률학 · 경제학 등의 학문 이외의 학문을 통틀어 이르는 말. 순문학. 사학 · 철학 · 언어학 등. 2)사상 · 감정을 언어나 문자에 의하여 창작하는 예술. 시 · 소설 · 희곡 등.

文獻(문헌) 1)옛날의 제도 · 문물을 알 수 있는 증거가 되는 기록. 2)학문 연구에 참고가 될 만한 기록이나 책.

文豪(문호) 문장이 매우 능한 사람. 문필로 이름난 사람. 문학의 대가.

文化(문화) 1)자연을 이용하여 인류의 이상을 실현하여 나아가는 정신 활동. 2)문덕(文德)으로써 백성을 교화함.

文化財(문화재) 1)문화의 발전 과정에서 산출된 것. 2)문화재 보호법에 의하여 보호되는 유형 · 무형의 민속적 · 역사적 · 천연적 기념물의 총칭.

④ 8획
齊(p1659)의 俗字

斑
⑧ 12획 日ハン · まだら
얼룩 반 中bān

풀이 얼룩. 반점. ¶斑點

斑鳩(반구) 산비둘기.

斑禿(반독) 머리가 군데군데 조금씩 벗겨짐.

斑斕(반란) 얼룩무늬가 알록달록하면서 화려함.

斑文(반문) 얼룩무늬. 반문(斑紋).

斑駁(반박) 여러 빛깔이 섞여 아롱진 모양.

斑然(반연) 얼룩얼룩한 모양.

斑衣之戲(반의지희) 효도하며 봉양하는 것. 노래자(老萊子)가 일흔 살에 알록달록한 옷을 입고 늙은 부모에게 어리광을 부려 부모의 늙음을 잊게 했다는 고사에서 온 말.

斑點(반점) 얼룩덜룩한 점.

斑竹(반죽) 줄기에 검은 반점이 있는 대나무.

⑧ 12획 日ヒ · あや
아름다울 비 中fěi

* 형성. 뜻을 나타내는 부수 '文(글월 문)'과 음을 나타내는 '非(아닐 비)'를 합친 글자. 여기서 '非'는 '賁(꾸밀 비)'와 통하여 '꾸밈'을 나타내고 '文'은 무늬를 나타내어 '문채'의 뜻을 나타냄.

풀이 1. 문채가 있어 화려하다. 2. 아름답다. ¶斐文 3. 가벼운 모양. 밝은 모양. ¶斐斐

斐文(비문) 아름다운 무늬가 있는 장식.

斐斐(비비) 1)가벼운 모양. 2)무늬가 화려한 모양.

斐然(비연) 1)문채(文彩)가 아름다운 모양. 2)쏠려 향하는 모양.

유 美(아름다울 미)

⑧ 12획 日ヒン · うるわしい
빛날 빈 中bīn

풀이 빛나다.

斌斌(빈빈) 겉과 속이 잘 조화되어 섞여 있는 모양.

유 昱(빛날 욱) 炯(빛날 형) 奐(빛날 환)

斒
⑨ 13획 日ハン · まだら
얼룩얼룩할 반 中bān

풀이 얼룩얼룩하다. 얼룩진 빛깔의 아름다운 모양.

斒斕(반란) 1)얼룩진 빛깔이 아름다움. 난반(斕斑). 반란(斑斕). 2)문장(文章).

유 斑(얼룩 반)

斕
⑰ 21획 日ラン · あや
문채 란(난) 中lán

풀이 문채. 문채가 있는 모양.

斕斑(난반) 문채 있는 모양. 반란(斑斕).

斗부

斗 말 두 部

'斗' 자는 '말'을 뜻하는 글자로, 말은 곡식이나 액체 등의 용량을 재는 단위의 양을 말하며, 그에 맞도록 만든 그릇을 가리키기도 한다. 이 글자를 부수로 갖는 글자는 일반적으로 양을 재는 도구 등과 관련이 있다.

斗
⓪4획 말 두 日トウ·ます 中dǒu, dòu

丶 ⺀ 斗

* 상형. 물건의 양을 재는 자루가 달린 국자 모양을 본뜬 글자.

풀이 1. 말. 용량 단위. ¶斗升 2. 별 이름. 북두(北斗)·남두(南斗)·소두(小斗)의 세 별자리의 총칭임. ¶北斗七星 3. 갑자기. 홀연히. ¶斗覺 4. 구기. 술 등을 푸는 자루가 긴 기구. 5. 적은 양. 작은 크기.

斗覺(두각) 갑자기 깨달음.
斗極(두극) 북두칠성과 북극성. 또는 북두칠성.
斗南(두남) 1)북두칠성의 남쪽 천지. 2)천하(天下). 온 세상.
斗量(두량) 1)말로 곡식을 됨. 또는 그 분량. 2)일을 두루 헤아려 처리함.
斗升(두승) 1)말과 되. 2)극히 적은 양(量).
斗室(두실) 매우 작은 방.
斗然(두연) 1)우뚝 솟아 있는 모양. 2)문득. 갑자기.
斗屋(두옥) 매우 작은 집. 아주 작은 방.
斗牛(두우) 북두성(北斗星)과 견우성(牽牛星).
斗宇(두우) 온 세상.
斗儲(두저) 얼마 안 되는 저축(貯蓄).
斗酒不辭(두주불사) 말술도 사양하지 않을 정도로 주량이 매우 큼을 이르는 말.

斗酒不辭(두주불사)의 유래
유방(劉邦)과 항우(項羽)가 홍문(鴻門)에서 만났을 때, 항우의 신하 범증(范增)은 이를 좋은 기회로 삼아 유방의 목숨을 노렸다. 이를 알게 된 유방의 심복 번쾌가 방패와 칼을 든 채 연회장에 뛰어들었다. 항우가 그의 기세에 놀라 술을 내리니 단숨에 들이켰고, 다시 생돼지고기를 내리니 방패 위에 놓고 썰어 먹었다. 이를 본 천하의 항우도 간담이 서늘해졌다. 술을 더 마시겠느냐고 항우가 묻자 번쾌는 이렇게 대답했다. "죽음도 사양하지 않는 제가 어찌 술 몇 말을 사양하겠습니까?" 그리하여 번쾌는 유방을 구해낼 수 있었다. 《사기(史記)》

料
⑥10획 헤아릴 료(요) 日リョウ·はかる 中liào

丶 丷 䒑 半 米 米 米 米' 料

* 회의. 말(斗)로 재는 쌀(米)이란 뜻에서 '재다', '헤아리다'를 뜻함. 후에 쌀에 한하지 않고 물건의 '양을 재는 것'이나 물건의 '부피'를 나타냄.

풀이 1. 헤아리다. 요량하다. 2. 수를 세다. 셈하다. 3. 생각하다. 추측하다. ¶思料 4. 되질하다. 곡식 등을 되로 되는 일. ¶料量 5. 거리. 감. 6. 급여. 삯. ¶給料 7. 값. 가격. ¶無料 8. 잡아당기다. 9. 다스리다.

料簡(요간) 헤아려 뽑음.
料金(요금) 남에게 수고를 끼쳤거나 사물을 사용·관람한 대가로 지불하는 금전을 통틀어 일컫는 말.
料得(요득) 헤아려 얻음. 상상하여 앎.
料量(요량) 앞 일에 대하여 잘 생각함.
料理(요리) 1)음식물을 조리함. 또는 그 음식. 2)어떤 일을 맡아 처리함.
給料(급료) 일을 한 보수로서 주어지는 돈. 월급.
無料(무료) 값을 받지 않음.
思料(사료) 생각하여 헤아림.
原料(원료) 물건을 만드는 데 바탕이 되는 재료.

유 量(헤아릴 량) 비 科(과정 과)

斛
⑦11획 휘 곡 日コク·こくます 中hú

풀이 휘. 열 말의 용량. 또는 그 용량을 되는 기구.

斜
⑦11획 ❶비낄 사 ❷골짜기 이름 야 日シャ·ななめ 中xié

丿 人 亼 亼 今 余 余 余 余 余' 斜

* 형성. 뜻을 나타내는 부수 '斗(말 두)'와 '余(나 여)'를 합친 글자. 말(斗)에 곡물이 남으면(余) '기울여서' 버린다 하여, '기울다', '비끼다'는 뜻으로 쓰임.

풀이 ❶ 1. 비끼다. 비스듬하다. 2. 경사지다. 경사. ¶斜面 3. 기울다. 해·달 등이 지다. ❷ 4. 골짜기 이름. 섬서성(陝西省)에 있는 골짜기 이름.

斜路(사로) 큰길에서 갈라져 나간 비탈길.
斜立(사립) 비스듬히 기울어져서 섬.
斜面(사면) 1)비스듬한 바닥. 2)하나의 평면에 대하여 직각 이외의 각을 이룬 평면. 3)고개나 산록(山麓)과 같이 비스듬하게 생긴 지면.

4획

斜線(사선) 비스듬하게 그은 줄.

斜視(사시) 1)눈을 흘겨 봄. 2)사팔눈으로 봄. 또는 사팔눈.

斜陽(사양) 서쪽으로 기울어진 해. 저녁 해.

斜塔(사탑) 비스듬하게 기울어진 탑.

斝	⑧ 12획	日カ
	술잔 가	中jiǎ

풀이 술잔. 헌수(獻酬)의 예(禮)에 쓰는, 옥으로 만든 잔.

斝歷(가력) 옥 잔에 남은 술.

斝耳(가이) 옥으로 만든 잔.

斝彝(가이) 벼무늬를 새긴 잔. 제기(祭器)의 하나임.

斞	⑨ 13획	日ユウ
	용량 단위 유	中yǔ

풀이 용량 단위. 용적(容積)은 확실하지 않으나, '庾'와 같은 용량으로 6곡(斛) 4두(斗)라는 설이 있음.

斟	⑨ 13획	日シン·くむ
	술 따를 짐	中zhēn

풀이 1. 술을 따르다. 술잔을 주고받다. ¶斟酒 2. 짐작하다. 헤아리다. ¶斟酌 3. 마실 것. 마시는 음식. 4. 주저하다. 머뭇거리다. ¶斟愖 5. 처분하다.

斟問(짐문) 물어봄. 알아봄.

斟愖(짐심) 주저함.

斟酌(짐작) 어림짐작으로 헤아림. 겉가량으로 헤아림.

斟酒(짐주) 술을 따름.

비 甚(심할 심)

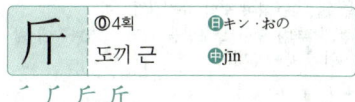

斡	⑩ 14획	日アツ·カン·めぐる
	관리할 알	中guǎn

풀이 1. 관리하다. 돌봐 주다. ¶斡旋 2 돌다. 빙빙 돌다. ¶斡流

斡棄(알기) 버림.

斡流(알류) 물이 돌아 흐름.

斡旋(알선) 양편의 사이에 들어서 일이 잘 되도록 돌보아 줌.

斡遷(알천) 돌아 옮김.

비 幹(줄기 간)

斢	⑬ 17획	日ク
	뜰 구	中jū

풀이 뜨다. 푸다. 퍼내다.

斤 도끼 근 部

'斤'자는 나무로 된 자루에 돌이나 청동을 끈으로 묶어 놓은 도끼 모양을 나타내어 '도끼'를 뜻하는 글자로, 무게를 다는 단위를 나타내기도 한다. 이 글자를 부수로 갖는 글자는 일반적으로 도끼와 관련이 있다.

斤	⓪ 4획	日キン·おの
	도끼 근	中jīn

풀이 1. 도끼. ¶斧斤 2. 무게. 근. 중량 단위. ¶斤數 3. 살피다. ¶斤斤 4. 베다. 5. 삼가다. 조심하다.

斤斤(근근) 1)살피는 모양. 2)불쌍히 여기는 모양.

斤兩(근량) 무게. 중량(重量).

斤量(근량) 1)무게. 중량(重量). 2)저울로 무게를 닮.

斤秤(근칭) 100근까지 달 수 있는 큰 저울.

유 斧(도끼 부) 비 斥(무리칠 척)

斥	① 5획	日セキ·しりぞける
	물리칠 척	中chì

풀이 1. 물리치다. 내쫓다. ¶斥退 2. 엿보다. 염탐하다. ¶斥候 3. 가리키다. 4. 나타나다. 5. 넓히다. 개척하다. 6. 간석지(干潟地). 7. 갯벌. 8. 늪. 물가.

斥譴(척견) 꾸짖고 물리침.

斥邪(척사) 1)요사스러운 것을 물리침. 2)사교(邪敎)를 물리침.

斥地(척지) 땅을 개척함.

斥逐(척축) 쫓아 냄.

斥退(척퇴) 물리쳐 내쫓음.

斥和(척화) 화의(和議)를 배척함.

斥候(척후) 적군이 형편 또는 지형 등을 엿보아 정찰하고 수색함.

4획

排斥(배척) 반대하여 물리침.
비 斤(도끼 근)

斧	④ 8획 도끼 부	日フ · おの 中fǔ

풀이 1. 도끼. ¶斧斨 2. 찍다. 베다. ¶斧木
斧柯(부가) 1)도끼 자루. 또는 도끼. 2)정권(政權)을 이르는 말.
斧斤(부근) 큰 도끼와 작은 도끼. 도끼.
斧木(부목) 도기로 베어서 깎기만 한 나무.
斧鉞(부월) 옛날 중국에서, 천자가 제후에게 생살권(生殺權)의 상징으로, 또는 출정하는 장군에게 통솔권의 상징으로 주던 작은 도끼와 큰 도끼.
斧斨(부장) 도끼.
斧藻(부조) 깎아 꾸밈. 수식(修飾)함.
斧鑊(부확) 도끼로 사람을 찍거나 가마솥에 삶아 죽이는 형벌.
유 斤(도끼 근)

斨	④ 8획 도끼 장	日ソウ · おの 中qiāng

풀이 도끼. 자루를 박는 구멍이 네모진 도끼.

4획

斪	⑤ 9획 괭이 구	日ク · くわ 中qú

풀이 괭이. 가래. 쟁기. 흙을 헤치는 농기구.

斫	⑤ 9획 벨 작	日シャク · きる 中zhuó

풀이 1. 베다. 쪼개다. ¶斫斷 2. 쪼개어 놓은 땔나무. ¶長斫
斫斷(작단) 벰. 자름.
斫撻(작달) 베거나 찍은 일.
斫刀(작도) 작두. 한약재나 짚 · 콩깍지 등의 사료를 써는 연장.
長斫(장작) 통나무를 길쭉길쭉하게 잘라서 쪼갠 땔나무.

斬	⑦ 11획 벨 참	日ザン · きる 中zhǎn

* 회의. '車(수레 거)'와 '斤(도끼 근)'을 합친 글자. 도끼(斤)로 '목을 베는' 것을 나타내어, '베다'는 의 뜻으로 쓰임.

풀이 1. 베다. 참수하다. ¶斬首 2. 끊어지다. 없어지다. 3. 도련하지 않은 상복. 자락의 끝 둘레를 접어 꿰매지 않은 상복. 4. 매우. 가장. ¶斬新
斬決(참결) 베어 끊음. 베어 깨뜨림.
斬級(참급) 적의 목을 침.
斬伐(참벌) 1)나무를 찍어 벰. 2)죄인의 목을 벰.
斬殺(참살) 칼로 목 등을 베어 죽임.
斬首(참수) 목을 베어 죽임.
斬新(참신) 지극히 새로움. 진부(陳腐)하지 않음.
陵遲處斬(능지처참) 머리 · 몸 · 손 · 발을 자르는 극형.
비 漸(점점 점) 暫(잠시 잠)

斯	⑧ 12획 이 사	日シ · この 中sī

一 十 廾 廾 甘 其 其 其 其' 斯 斯 斯

* 형성. 뜻을 나타내는 '斤(도끼 근)'과 '其(그 기)'을 합친 글자. 그(其)와 합쳐 있는 것을 도끼(斤)로 끊어 오니, 그것과 다른 '이것'이라고 부른 데서 '이, 이것'이라는 뜻이 됨.

풀이 1. 이. 이것. ¶斯世 2. 어조사. 곧. 이에. 또는 강조를 나타냄. 3. 떠나다. 떨어지다. 4. 찍다. 찍어 쪼개다. 5. 희다. 6. 천하다. 7. 다하다. 8. 모두. 죄다.
斯道(사도) 1)유교의 가르침. 유도(儒道). 2)이 분야. 이 방면. 이 길.
斯盧(사로) 신라(新羅)의 다른 이름. 서라벌(徐羅伐).
斯文(사문) 1)유교의 학문 · 도의. 2)유학자(儒學者)를 높여 이르는 말.
斯文亂賊(사문난적) 유교의 논리에 어긋나는 언행을 하는 사람.
斯民(사민) 이 백성.
斯世(사세) 이 세상.
斯須(사수) 잠시. 잠깐.
斯學(사학) 이 학문.
비 欺(속일 기)

斮	⑧ 12획 벨 착	日チャク 中zhuó

풀이 베다. 치다. 깎다.
유 斬(벨 참)

新	⑨ 13획 새 신	日シン · あたらしい 中xīn

*형성. 뜻을 나타내는 부수 '斤(도끼 근)'과 '木(나무 목)', 그리고 음을 나타내며 '베다'의 뜻을 가진 '辛(매울 신)'을 합친 글자. 이에 나무(木)를 도끼(斤)로 베어(辛) 땔감으로 쓴다는 뜻에서 그 땔감이 '새로운' 재목이 된다고 하여, '새로움'을 나타냄.

풀이 1. 새롭다. ¶新學 2. 새로. 새롭게. 3. 새롭게하다. 혁신하다. 4. 새로움. 새 것. ¶新奇 5. 새로워지다. 개선되다. 6. 새해. 신년. ¶新元 7. 친하다. 친하게 지내다. 8. 나라 이름. 왕망(王莽)이 한(漢)나라를 찬탈하여 세운 왕조로 16년 만에 멸망하였음.

新嫁(신가) 새로 시집온 색시.
新刊(신간) 책이 새로 간행됨. 또는 그 책.
新開(신개) 새로 개간함. 또는 새로 엶.
新傾向(신경향) 사상 · 풍속 등이 구태를 벗어나려고 하는 경향.
新舊(신구) 새 것과 헌 것.
新規(신규) 1)새로 제정한 규정. 2)새롭게 어떤 일을 함.
新奇(신기) 새롭고 기이함. 새롭고 별남.
新畓(신답) 새로 개간하거나 새로 산 논.
新羅(신라) 우리나라 경상도 지방에 건국되었던 고대 국가 중의 하나.
新曆(신력) 1)새해의 책력. 2)태양력을 태음력에 대하여 이르는 말.
新聞(신문) 사회에서 일어난 새로운 사건이나 화제 등을 빨리 보도 · 해설하는 정기 간행물
新婦(신부) 갓 결혼한 여자.
新山(신산) 새로 쓴 산소(山所).
新嘗(신상) 1)햇곡식으로 제사지냄. 2)임금이 햇곡식을 맛봄.
新壻(신서) 새로 맞은 사위.
新釋(신석) 새로운 풀이. 또는 새롭게 해석함.
新星(신성) 1)갑자기 강한 빛을 내다가 바로 없어지는 별. 2)어떤 사회, 특히 예능계에 나타나서 갑자기 인기를 모은 사람.
新歲(신세) 새해. 신년(新年).
新習(신습) 1)새로 익힘. 2)새로운 풍습.
新陽(신양) 신춘(新春).
新銳(신예) 그 분야에 새로 나타난 실력자.
新元(신원) 새해. 설날.
新月(신월) 1)초승달. 2)음력 초하루에 보이는 달.
新意(신의) 새마음. 새 뜻.
新義(신의) 새로운 뜻. 새로운 설(說).
新異(신이) 새롭고 기이함.
新人(신인) 어떤 분야에 새로 참여한 사람.
新參(신참) 1)새로 들어온 사람. ↔ 고참(古參) 2)새로 벼슬한 사람이 처음으로 관청에 들어감.
新體(신체) 새로운 체재. 또는 형식.
新春(신춘) 새봄. 새해. 개춘(開春). 신양(新陽).
新學(신학) 개화기에 서양에서 들어온 새로운 학문. 신학문.
改新(개신) 제도 · 관습 등을 고치어 새롭게 함.
更新(1.갱신/2.경신) 1)㉠다시 새로워짐. 또는 다시 새롭게 함. ㉡법률에서, 계약 기간이 만료되었을 때, 그 기간을 연장하는 일. 2)고쳐서 새롭게 함.
謹賀新年(근하신년) 삼가 새해를 축하한다는 인사말.
日新(일신) 나날이 새로워짐, 또는 새롭게 함.
斬新(참신) 면모가 바뀌거나 처음으로 이루어져 매우 새로움.
最新(최신) 가장 새로움.
革新(혁신) 제도나 방법, 조직이나 풍습 등을 고치거나 버리고 새롭게 함.

반 舊(예 구) 古(옛 고) 비 親(친할 친)

斲	⑩ 14획	日 タク · きる
	깎을 착	中 zhuó

풀이 1. 깎다. 깎아 내다. 2. 베다. ¶斲木 3. 새겨넣다. 아로새기다. ¶斲琱

斲礱(착롱) 깎고 갊.
斲木(착목) 1)나무를 벰. 2)딱따구리.
斲削(착삭) 깎아냄.
斲琱(착조) 아로새긴 무늬나 문양을 깎아 없앰.
斲雕(착조) 1)문양을 깎아냄. 2)퇴락한 풍속을 바로잡음.

斷	⑭ 18획	日 ダン · たつ · ことわる
	끊을 단	中 duàn

*회의. 뜻을 나타내는 부수 '斤(도끼 근)'과 실이 계속 이어짐을 나타내는 부수 이외의 글자를 합친 글자. 이에, 이어진 것을 도끼(斤)로 '끊는' 것을 나타냄.

풀이 1. 끊다. 절단하다. ¶斷腸 2. 그만두다. 3. 거절하다. 4. 끊어지다. 계속되지 않다. 5. 쪼개다. 나누다. 6. 근절시키다. 없애다. 7. 단념하다. ¶斷念 8. 조각. 단편. ¶斷簡 9. 결단하다. 10. 판가름하다. ¶決斷 11. 단연. 단연히.

斷簡(단간) 떨어지거나 빠져서 완전하지 못한 편지나 책.
斷金(단금) 1)쇠를 끊음. 2)서로의 우정이 매우 두터움. 또는 그런 우정.
斷念(단념) 품었던 생각을 끊어 버림.

4획

斷剸(단단) 칼로 끊음. 절단함.
斷斷(단단) 1)오랫동안 변하지 않는 모양. 2)결정하여 반드시 틀림이 없는 일.
斷想(단상) 때때로 떠오르는 단편적인 생각.
斷續(단속) 끊겼다 이어졌다를 계속함.
斷岸(단안) 깎아지는 듯한 벼랑.
斷崖(단애) 깎아지는 듯한 낭떠러지.
斷煙(단연) 담배를 끊음. 금연.
斷熱材(단열재) 열을 쉽게 전달하지 못하는 재료.
斷獄(단옥) 죄를 판가름함. 단죄(斷罪)
斷雲(단운) 조각 구름.
斷音(단음) 음을 끊음. 내던 소리를 끊음.
斷腸(단장) 창자가 끊어진다는 뜻으로, 극심한 슬픔을 이르는 말.

◐斷腸(단장)의 유래
환온(桓溫)이 촉나라로 향해 배를 타고 가던 중, 같이 가던 사람 하나가 새끼 원숭이를 잡았다. 그러자 어미 원숭이가 슬피 울면서 강변을 따라 백여 리를 달리다가 마침내 배에 뛰어들었는데 바로 숨이 끊어지고 말았다. 사람들이 원숭이의 배를 갈라보니 창자가 마디마디 끊어져 있었다고 한다.

斷章取義(단장취의) 문장을 끊고 그 뜻을 취함. 남의 시나 문장의 일부만을 인용하여 자기대로 해석하여 빌려 씀.
斷定(단정) 결단하여 정함.
斷絃(단현) 1)현악기의 줄이 끊어짐. 또는 끊어진 줄. 2)아내의 죽음을 비유하는 말.
間斷(간단) 계속되던 것이 한동안 끊김. 잠시 끊기는 동안.
剛斷(강단) 1)강기 있게 결단하는 힘. 2)어려움을 꿋꿋이 견디어 나가는 힘.
決斷(결단) 딱 잘라 결정하거나 단안을 내림. 또는 그 결정이나 단안.
論斷(논단) 의론하여 판단을 내림. 논하여 단정함.
獨斷(독단) 1)자기 혼자의 생각만으로 결정함. 또는 그런 일. 2)철학에서, 객관적 자료에 따른 논증도 없이 주관적 인식만으로 판단하는 일.
明斷(명단) 분명하게 판단을 내림. 또는 그 판단. 명결(明決).
速斷(속단) 성급하게 판단함. 또는 그러한 판단.
處斷(처단) 결단하여 처리함. 또는 그러한 처분.
判斷(판단) 전후 사정을 종합하여 사물에 대한 자기의 생각을 마음속으로 정함. 또는 그렇게 정한 내용.

유 絶(끊을 절) 반 續(이을 속)

斸	㉑ 25획	日ソク
	괭이 촉	中zhǔ

풀이 1. 괭이. 농구의 한 가지. 2. 베다. 찍다.

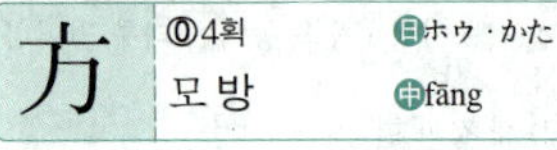

方 부

方 모 방 部

'方' 자는 '모', '모서리'를 뜻하는 글자로, 구석이나 모퉁이 또는 모난 곳을 나타낸다. 그리고 사각의 모진 것이 일정하다하여 '바르다'나 일정한 '방향'이나 '방법'을 나타내기도 한다. 이 글자를 부수로 갖는 글자는 대부분 깃발과 관련이 있다.

方	⓪4획	日ホウ · かた
	모 방	中fāng

丶 亠 方 方

* 상형. 양쪽에 손잡이가 달린 쟁기의 모양을 본뜬 글자. 두 사람이 가지고 논·밭을 갈기 때문에 '좌우', '한 줄로 늘어놓다', '비교하다'의 뜻을 나타내며, 또 '방향', '방위', '방법' 등 여러 가지 뜻을 나타냄.

풀이 1. 모. 네모. ¶方形 2. 방위. 방향. ¶四方 3. 방법. 방도. 4. 술법. 복술·둔갑술·축지법 등의 방법이나 그 기술. ¶方案 5. 이제. 지금. 6. 바야흐로. 이제 막. ¶方將 7. 가지다. 소유하다. 8. 견주다. 비교하다. 9. 나누다. 구별하다. 10. 나란히 하다. ¶方舟 11. 바르다. 곧다. 12. 널조각. 조각. 13. 장소. 곳. ¶近方 14. 향하다. 마주 대하다. 15. 당하다. 때를 만나다. 16. 무리. 또래. 17. 거스르다. 거역하다. 18. 의술(醫術).

方計(방계) 수단. 방책.
方今(방금) 바로 지금. 이제.
方略(방략) 무슨 일을 이루기 위하여 세운 방법과 계략. 방책(方策).
方物(방물) 지난 날, 감사나 수령이 임금에게 바치던 그 지방의 특산물.
方法(방법) 목적을 이루기 위한 수단.
方式(방식) 일정한 방법. 일정한 형식.
方案(방안) 계획. 방법에 관한 고안(考案).
方眼紙(방안지) 세로줄과 가로줄이 일정한 간격으로 그어져 있는 종이. 모눈용지.
方藥(방약) 1)약을 짓는 일. 2)처방에 따라 지은 약.
方言(방언) 한 지방에서만 쓰는 말. 사투리.
方圓(방원) 네모난 것과 둥근 것.
方位(방위) 공간의 어떤 점이나 방향이 기준 방향에 대하여 어느 쪽으로 향하는가를 나타낸 말.
方將(방장) 바야흐로. 곧. 장차.
方正(방정) 1)곧고 올바름. 또는 그러한 사람.

2)네모지고 반듯함.

方程式(방정식) 식 가운데의 문자에 특정한 값을 줄 때만 성립되는 등식.

方舟(방주) 1)네모진 모양의 배. 2)구약 성서 창세기에, 노아와 그 가족들이 홍수를 피하기 위해 만들었다는 상자 모양의 배.

方策(방책) 방법과 계책.

方寸(방촌) 1)사방 한 치의 넓이. 얼마 안 되는 땅. 2)마음. 흉중(胸中).

方錐(방추) 네모지게 날을 세운 송곳.

方針(방침) 1)일을 처리할 방향과 계획. 2)방위를 가리키는 지남철.

方便(방편) 1)기회. 2)중생을 건지기 위하여 세운 수단 방법. 3)수단. 4)좋은 형편. 알맞은 형편.

方向(방향) 향하는 쪽.

方形(방형) 네모 반듯한 형상.

近方(근방) 가까운 곳.

四方(사방) 동 · 서 · 남 · 북의 네 방향.

於	④ 8획 ❶ 어조사 어 日オ · おいて ❷ 감탄사 오 中wū, yū, yú

丶 亠 方 方 方 於 於 於

* 상형. 원래 까마귀의 모양을 본뜬 글자. 전하여, 장소를 나타내는 어조사로 많이 쓰임.

풀이 1 1. …에서. 이에. 어조사로서 전후 자구(字句)의 관계를 나타냄. ¶於是乎 2. 있다. 3. 기대다. 의지하다. 2 4. 아아! 감탄사. ¶於乎 5. 탄식하다. 6. 까마귀. 7. 지명(地名).

於是乎(어시호) 이에 있어서. 이제야.

於心(어심) 마음속.

於焉間(어언간) 어느덧. 알지 못하는 사이에.

於于(어우) 1)자랑하는 모양. 2)은혜를 베푸는 모양.

於邑(어읍) 번민으로 슬퍼하며 우울해짐.

於此於彼(어차어피) 이렇게 하든지 저렇게 하든지. 이러거나 저러거나.

於中間(어중간) 거의 중간이 되는 곳.

於乎(오호) 감탄문의 처음에 쓰임.

於菟(오도) 범의 다른 이름.

유 于(어조사 우) 兮(어조사 혜) 哉(어조사 재)

施	⑤ 9획 ❶ 베풀 시 日シ · セ · ほどこす ❷ 옮을 이 中shī

丶 亠 方 方 方 方 方 施 施

풀이 1 1. 베풀다. 2. 시행하다. ¶施行 3. 전하다. 전달하다. 4. 쓰다. 사용하다. 5. 주다. ¶施賞 6. 늦추다. 7. 곱사등이. 곱추. 8. 은혜. 9. 공로. 10. 기뻐하다. 좋아하는 모양. ¶施施 11. 자랑하다. 12. 버리다. 유기하다. 2 13. 옮다. 14. 미치다. 이르게 하다. 15. 기울다. 경사지다.

施工(시공) 공사를 시행함.

施賞(시상) 상품 또는 상금을 줌.

施設(시설) 베풀어 설비함. 또는 베풀어 놓은 설비.

施術(시술) 1)술법을 베풂. 2)수술을 함.

施恩(시은) 1)은혜를 베풂. 2)불교에서, 시주(施主)에게서 받은 은혜.

施政(시정) 정무(政務)를 시행함. 정치를 함.

施主(시주) 중이나 절에 물건을 바치는 사람. 또는 그 일. 단월(檀越). 시조(施助).

施策(시책) 책략을 베풂. 또는 그 책략.

施行(시행) 1)실제로 행함. 2)법령이 실제로 그 효력을 발생함.

施惠(시혜) 은혜를 베풂. 또는 그 은혜.

비 旋(돌 선)

	⑤ 9획 日ユウ 깃발 유 中yóu

풀이 1. 깃발. 2. 놀다.

斿旐(유조) 깃술이 달린 기.

斿旆(유패) 깃발.

유 旗(기 기)

旂	⑥ 10획 日キ 기 기 中qí

풀이 기. 교룡(交龍)을 그리고 방울을 단 붉은 기.

旂頭(기두) 병졸(兵卒)의 대장.

旂鈴(기령) 깃대에 다는 방울.

旂旐(기조) 기.

旅	⑥ 10획 日リョ · たび 나그네 려(여) 中lǚ

丶 亠 方 方 方 方 方 方 旅 旅

* 회의. 깃발[方]앞에 많은 사람[人] 들이 모여 든다 하여 군기(軍旗) 앞에 모이는 '군대'의 뜻을 나타내며, 또한 군대가

집단적으로 이동하는 데에서 '여행'의 뜻으로도 쓰임.

풀이 1. 나그네. 여행객. 객인. 2. 여행(旅行)하다. ¶旅行 3. 군대. 군사. ¶旅團 4. 무리. 5. 많은. 6. 함께. 7. 여괘. 64괘 중 하나. 주역에서, 팔괘를 두 괘씩 겹쳐 얻은 64개의 괘. 8. 벌여놓다. 늘어서다. 9. 길. 10. 등뼈. 11. 산신제를 지내다. 상제(上帝)·천신(天神)·산천(山川) 등에 제사를 올림.

旅客(여객) 여행하는 손님. 나그네.
旅館(여관) 나그네를 묵게 하는 집.
旅券(여권) 해외 여행 때 허가하여 주는 문서. 여행권.
旅團(여단) 육군 편성의 한 단위. 사단(師團) 보다는 작은 규모로 보통 2개 연대로 편성됨.
旅路(여로) 나그네의 길.
旅費(여비) 여행 비용. 노잣돈.
旅舍(여사) 여관(旅館).
旅愁(여수) 여행에서 느끼는 근심이나 쓸쓸함.
旅心(여심) 여행 중에 마음에서 나오는 심정. 나그네의 심정. 여정(旅情).
旅寓(여우) 객지에 머물러 있음. 객지에서 삶.
旅人(여인) 여행하는 사람. 나그네.
旅裝(여장) 길 떠날 차림. 여행의 몸차림.
旅情(여정) 여행지에서 느끼는 외로움이나 시름 등의 미묘한 심정. 나그네의 심정. 여포(旅抱). 여심(旅心).
旅程(여정) 여행하는 일수나 거리나 길의 차례.
旅行(여행) 먼 길을 가는 일.

旄	⑥ 10획 깃대 장식 모	日モ 中máo, mào

풀이 1. 깃대 장식. 깃대의 꼭대기에 깃털 등을 단 장식. 2. 긴 털을 가진 소. 3. 늙은이. ¶旄期

旄丘(모구) 앞은 높고 뒤는 낮은 언덕.
旄旗(모기) 이우(犛牛)의 꼬리를 단 기.
旄倪(모예) 늙은이와 어린이.
旄鉞(모월) 황제의 명(命)과 함께 장수가 하사받는 지휘봉과 큰 도끼.

旁	⑥ 10획 ❶곁 방 ❷달릴 팽	日ホウ·かたわら 中bàng, páng

* 형성. 뜻을 나타내는 동시에 음을 나타내는 부수 '方(모방)'과 '立(설 립)'과 '冖(덮을 멱)'을 합친 글자. 세워져 있는(立) 깃발(方)의 전체를 덮은(冖) 것을 나타내어, 그만큼 '넓은' 것을 뜻함.

풀이 ❶ 1. 곁. 옆. ¶旁側 2. 널리. 두루. ¶旁觀 3. 방. 한자의 오른쪽. 4. 기대다. 의지하다. ¶旁辟 ❷ 5. 달리다.

旁格(방격) 두루 미침. 널리 궁구함.
旁觀(방관) 관여하지 않고 곁에서 보고만 있음.
旁國(방국) 이웃 나라.
旁魄(방박) 널리 퍼짐.
旁舍(방사) 곁에 있는 작은 집.
旁死魄(방사백) 음력 초이튿날. 사백(死魄)은 초하룻날.
旁生(방생) 1)두루 생김. 만물이 생겨남. 2)온갖 짐승. 축생(畜生).
旁引(방인) 상세히 고증(考證)함. 박인(博引). 방수(旁搜).
旁尊(방존) 가까운 친척.
旁側(방측) 1)곁. 옆. 2)가까이에서 모시는 사람. 근시(近侍).
旁行(방행) 1)널리 돌아다님. 2)글씨를 옆으로 씀. 3)걸음이 정확하지 못함.

비 妾(첩 첩)

旃	⑥ 10획 기 전	日セン 中zhān

풀이 1. 기. 비단으로 만든 깃발과 기드림이 달린 무늬 없는 붉은 기. ¶旃旌 2. 장막. 3. 모직물(毛織物). ¶旃茵

旃裘(전구) 털로 짠 옷. 털옷.
旃茵(전인) 털 담요.
旃旌(전정) 깃발.

旆	⑥ 10획 기 패	日ハイ 中pèi

풀이 1. 기. 깃발. ¶旆旌 2. 깃발이 날리다. 깃발이 펄럭이다. 3. 앞장서다.

旆旌(패정) 기(旗).
旆旆(패패) 1)기가 드리워진 모양. 또는 깃발이 날리는 모양. 2)긴 모양.

旊	⑦ 11획 옹기장 방	日ホウ 中fǎng

풀이 옹기장이. 옹기 그릇을 만드는 사람.

旋	⑦ 11획 돌 선	日セン·めぐる 中xuán, xuàn

丶 亠 方 方 方' 方' 方゛ 於 旃 旋 旋

* 회의. 깃발(㫃)을 든 사람이 여기저기 돌아다니는 발자국(疋)을 나타냄. 곧, '돌아다니다'를 뜻함.

풀이 1. 돌다. 돌아오다. ¶旋歸 2. 빠르다. 3. 오줌. 4. 조금. 5. 두르다. 빙 두르다.

旋歸(선귀) 가다가 도로 돌아옴.

旋盤(선반) 각종 금속 소재를 회전 운동을 시켜서 갈거나 파내거나 도려 내는 데 쓰는 금속 공작 기계. 갈이 기계.

旋師(선사) 전쟁에서 이기고 군사를 돌려 돌아옴.

旋律(선율) 음악의 고저·장단의 변화가 일정한 리듬으로써 연속적으로 울려 나오는 것. 멜로디.

旋風(선풍) 1)회오리바람. 2)갑자기 큰 영향력을 일으키는 것.

旋回(선회) 1)둘레로 빙빙 돌아감. 2)항공기가 그 진로를 변경함.

유 回(돌 회) 巡(돌 순) 비 施(베풀 시)

旌	⑦ 11획	日 テイ
	기 정	中 jīng

풀이 1. 기. 깃발. 2. 나타내다. 표시하다.

旌鼓(정고) 기와 북.

旌閭(정려) 충신·효자·열녀 등에 대하여 그들이 살던 동네에 정문(旌門)을 세워 기리던 일.

旌旄(정모) 기의 총칭.

旌門(정문) 충신·효자·열녀 등 사회에 귀감이 될 만한 사람을 기리기 위하여 그 집 앞이나 마을 앞에 세우던 붉은 색의 문. 잡설(綽楔).

旌別(정별) 선과 악을 구별함. 또는 선인과 악인을 구별함.

旌敍(정서) 세상에 표창하여 천거함.

旌揚(정양) 나타내어 칭찬함. 칭양(稱揚).

旌節(정절) 사신이 들고 가는 기(旗).

旌表(정표) 어진 행실을 칭찬하여 여러 사람에게 널리 알림.

節孝旌門(절효정문) 충신·효자·열녀 등을 기리기 위하여 세운 문.

旃	⑦ 11획
	❶ 旌(p573)와 同字
	❷ 旃(p571)와 同字

族	⑦ 11획	
	❶ 겨레 족	日 ゾク·みうち·やから
	❷ 풍류가락 주	中 zú, zòu

丶 亠 方 方 方' 方' 方゛ 方ᐟ 於 族 族

* 회의. 전쟁이 나면 한 깃발(㫃)을 들고 사람들이 활(矢)을 들고 많이 모임. 이에 많은 무리가 한 덩어리로 뭉쳐 있다는 뜻이며, '겨레', '민족'을 나타냄.

풀이 ❶ 1. 겨레. 민족. 2. 일가. 친족. ¶民族 3. 무리. 4. 떼짓다. 모이다. ¶族屬 5. 씨족을 멸하다. ❷ 6. 풍류 가락. 음률.

族黨(족당) 일족(一族)과 가신(家臣)의 총칭.

族類(족류) 1)일가붙이. 2)같은 동아리.

族閥(족벌) 큰 세력을 가진 문벌의 일족(一族).

族譜(족보) 씨족의 계보.

族屬(족속) 1)같은 종족에 속하는 사람들. 2)얕잡아보는 뜻으로, 같은 동아리.

族孫(족손) 동성의 유복친(有服親) 이외의 손자 항렬이 되는 사람.

族叔(족숙) 아버지와 같은 항렬이며 아버지보다 나이가 적은 동족의 남자.

族長(족장) 일족(一族) 가운데 제일 어른.

族祖父(족조부) 조부의 종형제. 재종조부.

族兄弟(족형제) 삼종형제.

家族(가족) 한 집안의 친족. 호주의 친족 및 그 배우자들.

擧族(거족) 온 겨레.

系族(계족) 혈통의 관계(關係)가 있는 겨레붙이.

孤族(고족) 일가 친척이 적어서 외로운 집안.

高族(고족) 지체 높은 집안.

公族(공족) 왕공의 겨레붙이.

冠族(관족) 지체가 훌륭한 집안.

民族(민족) 같은 지역에서 오랫동안 공동 생활을 함으로써 언어나 풍습 등 문화 내용을 함께 하는 인간 집단. 겨레.

유 戚(겨레 척)

旐	⑧ 12획	日 チョウ
	기 조	中 zhào

풀이 1. 기. 깃발. 2. 운구(運柩) 때 앞세우는 기.

유 旌(기 정)

旒	⑨ 13획	日 リュウ·はたあし
	깃발 류	中 liú

4획

풀이 1. 깃발. ¶旒綴 2. 면류관의 앞뒤에 드리운 주옥(珠玉)을 꿴 술. 천자(天子)는 12줄, 제후(諸侯)는 9줄을 드리움.

旒旗(유기) 기각(旗脚)이 달린 기.
旒冕(유면) 구슬을 꿰어 앞뒤로 늘어뜨린 귀한 사람의 관(冠).
旒旌(유정) 기각(旗脚)이 열두 줄인 기.
旒綴(유철) 깃발. 기각(旗脚).
冕旒冠(면류관) 임금이 정복(正服)에 갖추어 쓰던 관.

旓	⑨ 13획	日 ショウ·はたあし
	깃발 소	中 shāo

풀이 깃발. 기각(旗脚).

旗	⑩ 14획	日 キ·はた
	기 기	中 qí

丶 亠 方 方 方 扩 斿 斿 旃 旃 旗 旗 旗 旗

* 형성. 깃발의 모양을 나타내는 '方(모 방)'과 음을 나타내는 '其(그 기)'를 합친 글자. 깃발이 날리는 모양을 나타내어 '깃발'이라는 뜻으로 쓰임.

풀이 1. 기. 깃발. ¶旗章. 2. 군대. 청대에는 기의 색깔로 군대를 구분함. 3. 표. 표지. ¶旗號. 4. 별 이름.

旗脚(기각) 1)기의 깃대에 매다는 부분. 2)깃대에 매지 않는 쪽의 기폭 귀에 붙인 긴 오리. 깃발.
旗鼓(기고) 1)전쟁에서 쓰는 군기(軍旗)와 북. 2)군대의 명령.
旗手(기수) 1)행렬 등의 앞에서 기를 드는 사람. 2)단체 활동의 대표로서 앞장서는 사람.
旗章(기장) 국기·군기·교기 등을 통틀어 이르는 말.
旗幟(기치) 1)군대 내에서 쓰던 기(旗). 2)어떤 일에 대해 분명하게 표명하는 태도나 주장.
旗標(기표) 1)깃발 아래. 2)대장(大將)이 있는 본진(本陣). 또는 그 부하. 막하(幕下).
旗艦(기함) 함대 사령관이 타고 있는 군함.
旗號(기호) 기의 표지(標識).
校旗(교기) 학교를 상징하는 기.
萬國旗(만국기) 세계 각 나라의 국기.
反旗(반기) 1)어떤 체제를 쓰러뜨리기 위하여 행동하려 할 때 그 집단의 표시로 내세운 기. 2)반대의 뜻이나 기세를 나타내는 표시.
半旗(반기) 조의(弔意)를 나타내기 위하여 깃대 끝에서 기폭만큼 내려다는 국기. 조기(弔旗).
手旗(수기) 1)지난날, 행군할 때 장수가 들던 기. 2)신호용으로 쓰이는 작은 기. 3)손에 쥐고 흔들 수 있는 작은 기.
弔旗(조기) 1)반기(半旗). 2)조의(弔意)를 나타내기 위하여 검은 선(線)으로 일정한 표시를 한 기. 흔히 행상(行喪)에 들고 감.
太極旗(태극기) 우리나라의 국기.
유 斿(깃발 유) 旆(기 패)

旖	⑩ 14획	日 イ
	깃발 펄럭이는 모양 의	中 yǐ

풀이 깃발이 펄럭이는 모양. 깃발이 나부끼는 모양.

旖旎(의니) 1)깃발이 바람에 펄럭이는 모양. 2)구름이 피어오르는 모양. 3)성대한 모양.

旛	⑭ 18획	日 ハン·はた
	기 번	中 fān

풀이 1. 기. 기의 총칭. 2. 구름이 피어오르는 모양. 3. 성한 모양.

旛旂(번기) 기(旗).
旛旛(번번) 깃발 등이 바람에 펄럭이는 모양.
旛幟(번치) 기의 표지(標識). 표지(標識)를 한 기.

旝	⑮ 19획	日 カイ
	기 괴	中 kuài

풀이 1. 기. 대장이 지휘할 때 쓰는 붉은색 바탕의 기. 2. 돌쇠뇌. 돌을 쏘도록 만든 쇠뇌.

旞	⑮ 19획	日 スウ
	기 수	中 suì

풀이 기. 깃대의 꼭대기에 오색(五色)의 새의 깃털을 붙여서 장식한 기.

旟	⑯ 20획	日 ヨ·はた
	기 여	中 yú

풀이 1. 기. 붉은 비단에 송골매를 그려 넣은 기. ¶旟旝 2. 휘날리다. 펄럭거리다.

旟旝(여괴) 기(旗).
旟旆成陰(여패성음) 기가 그늘을 이룰 정도로

4획

많음.

无 부

无 없을 무 部

'无' 자는 '無' 자의 옛날자(古字)로 '없다'를 뜻하나, 단독의 문자보다는 주로 부수(部首)로서의 역할을 한다.

无	⓪4획	日ム·なし
	없을 무	中wú

풀이 1. 없다. ¶无垢 2. 부수 명칭. 한문 자전에서 글자를 찾는 데 편리하도록 분류하며 나타낸 자획.

无垢(무구) 심신에 세속적(世俗的)인 때가 없어 깨끗함. 무구(無垢).

无妄之災(무망지재) 뜻밖의 재앙. 무망(无妄).

유 無(없을 무) 비 尤(더욱 우) 旡(목멜 기)

旡	⓪4획	日キ·ケ
	목멜 기	中jì

풀이 목이 메다.

반 无(없을 무)

既	⑤9획
	旣(p575)의 俗字

旣	⑦11획	
	❶이미 기	日キ·すでに
	❷쌀 희	中jì, xì

*회의. 껍질이나 겨 등을 벗긴 곡식(皀)을 '이미' 배가 다 차도록 먹었다는 데에서 '이미'의 뜻으로 쓰임.

풀이 ❶ 1. 이미. 벌써. 예전에. ¶旣婚 2. 원래. 본래. 3. 다하다. 마치다. 다 없어지다. ❷ 4. 쌀. 녹미. 녹봉으로 주는 쌀.

旣決(기결) 이미 결정됨. 재판 판결이 이미 결정됨.

旣得(기득) 권리나 재산상의 이익 등을 이미 얻은 것. 이미 자기 소유가 된 것.

旣望(기망) 음력 16일날 밤. 또는 그 밤의 달.

旣成(기성) 어떤 사물이 이미 되어 있거나 만들어져 있음.

旣成服(기성복) 맞춤 양복이 아니라 미리 만들어 놓고 파는 양복.

旣約(기약) 분수 또는 분수식이 약분된 것.

旣往(기왕) 이미. 현재보다 이전. 과거.

旣有(기유) 이미 있음.

旣定(기정) 이미 정해짐.

旣存(기존) 이전부터 있음.

旣知(기지) 이미 앎.

旣婚(기혼) 이미 결혼함.

유 已(이미 이)

日 부

日 날 일 部

'日' 자는 해를 나타내어 '해'나 '날'을 뜻하는 글자로, 하루 동안이나 하루 종일을 나타내는 시간을 나타내기도 한다. 그리고 해가 떠 있는 시간이 낮이라 '낮'을 나타내며, 하루의 시간을 세는 단위로 '매일'이라는 뜻으로도 사용된다. 이 글자를 부수로 갖는 글자는 일반적으로 해나 그와 관련된 현상과 관련이 있다.

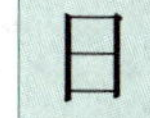

日	⓪4획	日ジツ·ニチ·ひ·か
	날 일	中rì

*상형. 해의 모양을 본뜬 글자.

풀이 1. 날. 날짜. 2. 하루. ¶日程 3. 낮. ¶日夕 4. 해. 햇볕. 햇살. ¶日域 5. 매일. 날마다. ¶日用 6. 접때. 지난번. ¶向日 7. 달력. ¶日曆

日脚(일각) 햇살. 햇발.

日課(일과) 날마다 일정하게 하는 일 또는 과정.

日光(햇빛) 햇빛.

日軌(일궤) 태양의 궤도. 황도(黃道).

日氣(일기) 날씨.

日曆(일력) 1)그날 그날의 일을 기록한 책. 2)날짜·요일 등을 적어 매일 한 장씩 보도록 만든 달력.

日暮道遠(일모도원) 해는 저물고 길은 멀다는 뜻으로, 할 일은 많은데 시간이 없음을 이르는 말.

⊙日暮道遠(일모도원)의 유래

초나라 오자서(伍子胥)는 아버지와 형이 비무기(費無忌)의 모함을 받아 죽자 오나라로 도망쳤다. 훗날 그는 오왕 합려를 설득해 초나라를 공격하여 수도를 함락시켰지만, 원수인 평왕과 비무기는 이미 죽고 없었다. 그러자 오자서

4획

는 평왕의 무덤을 파헤치고 그 시신에 채찍질을 가하여 한을 풀었다. 그의 친구였던 신포서(申包胥)가 "일찍이 평왕의 신하로서 왕을 섬겼던 그대가 지금 그 시신을 욕되게 하였으니, 이보다 더 천리(天理)에 어긋난 일이 또 있겠는가?"라고 지적하였다. 이에 오자서는 "해는 지고 갈 길은 멀어, 도리에 어긋난 일을 할 수밖에 없었다."라고 대답했다. 즉 자신은 점점 늙어 가고 할 일은 많으니 일일이 이치를 따질 겨를이 없다는 뜻이었다. 《사기(史記)》 오자서열전(伍子胥列傳)

日常(일상) 1)태양은 항상 같다는 뜻으로, 영원히 변하지 않음을 비유하는 말. 2)평소에. 날마다.

日夕(일석) 1)낮과 밤. 2)저물 무렵. 저녁.

日辰(1.일신/2.일진) 1)해와 별. 2)날의 간지(干支) 또는 운세.

日新(일신) 날로 새로워짐.

日用(일용) 매일 씀. 또는 날마다의 쓰임.

日月(일월) 1)해와 달. 2)세월(歲月).

日程(일정) 그 날에 할 일. 또는 그 차례.

日就月將(일취월장) 나날이 발전함. 일장월취(日將月就).

向日(향일) 1)지난번. 향자(向者). 2)햇볕을 향하여 봄.

비 曰(가로 왈)

①5획

❶舊(p1127)의 俗子

❷臼(p1125)의 俗子

❸舅(p1126)의 俗子

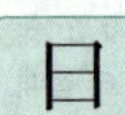

①5획 日タン·あさ

아침 단 中dàn

丨 冂 日 日 旦

*지사. 해(日)가 지평선(一) 위로 솟은 모양을 나타내어, '아침'의 뜻으로 쓰임.

풀이 1. 아침. ¶旦暮 2. 밤을 새우다. 3. 환한 모양.

旦暮(단모) 1)아침과 저녁. 2)늘. 언제나.

旦夕(단석) 1)아침과 저녁. 2)시기나 상태(狀態) 등이 위급하여 절박한 모양.

旦日(단일) 아침 해.

今旦(금단) 오늘 아침.

明旦(명단) 내일 아침.

晨旦(신단) 아침.

一旦(일단) 1)한번. 2)일조(一朝). 3)우선 잠깐.

元旦(원단) 1)설날. 2)설날 아침.

月旦(월단) 매달의 첫날.

유 朝(아침 조) 반 夕(저녁 석) 夜(밤 야) 비 且(또 차)

②6획 日ジュン·とおか

열흘 순 中xún

丿 勹 勺 旬 旬 旬

*회의. '日(날 일)'과 '勹(쌀 포)'를 합친 글자. 날(日)을 한 바퀴 싼다(勹)는 뜻에서 '열흘'을 나타냄.

풀이 1. 열흘. 십 일. ¶旬餘 2. 열 번. 3. 십 년. ¶七旬 4. 두루 미치다. ¶旬宣 5. 꽉 차다. 6. 돌다. 한 번 돌다. 7. 고르다. 균일하다.

旬望(순망) 음력 초 열흘과 보름.

旬報(순보) 열흘에 한 번 발간하는 신문.

旬朔(순삭) 초열흘과 초하루.

旬宣(순선) 사방을 두루 돌며 폄.

旬歲(순세) 만 일 년간.

旬液(순액) 열흘에 한 번 오는 비.

旬餘(순여) 열흘 남짓. 10여 일.

旬月(순월) 1)열 달. 2)열흘이나 달포 가량.

旬日(순일) 1)열흘 동안. 열흘간. 2)음력 열흘.

旬葬(순장) 죽은 지 열흘 만에 지내는 장사(葬事).

七旬(칠순) 70세.

비 句(글귀 구)

旭

②6획 日あさひ

아침 해 욱 中xù

풀이 1. 아침 해. ¶旭日 2. 해가 뜨다. ¶旭旦 3. 의기양양한 모양. ¶旭旭 4. 아름답다.

旭光(욱광) 아침 햇빛. 욱휘(旭暉).

旭旦(욱단) 아침. 해뜰녘.

旭旭(욱욱) 1)아침 해가 떠오르는 모양. 2)기세가 좋은 모양. 3)득의한 모양.

旭日(욱일) 아침 해.

早

②6획 日ソウ·はやい

일찍 조 中zǎo

丨 冂 日 日 旦 早

*회의. 해(日)가 머리 위(十)에 떠 올랐다고 하여 '일찍', '새벽'을 뜻함.

풀이 1. 일찍. ¶早退 2. 이르다. ¶早期 3. 새벽. 이른 아침. ¶早曉 4. 서두르다. ¶早急

早孤(조고) 어려서 고아가 됨.

早期(조기) 이른 시기.

早旦(조단) 이른 아침. 조조(早朝).

早達(조달) 1)일찍 영달(榮達)함. 2)나이보다 성숙해 보임.
早老(조로) 빨리 늙음. 겉늙음.
早晩(조만) 1)이름과 늦음. 2)아침과 저녁. 3)곧. 머지 않아. 4)요즈음.
早歲(조세) 젊은 나이. 조년(早年).
早食(조식) 아침밥을 먹음. 또는 아침밥.
早晨(조신) 이른 새벽.
早朝(조조) 이른 아침. 새벽.
早天(조천) 새벽. 이른 아침.
早秋(조추) 초가을. 초추(初秋).
早退(조퇴) 정해진 시간보다 일찍 돌아감.
早曉(조효) 새벽.
반 遲(늦을 지) 비 旱(가물 한)

旨 ② 6획 日シ·むね·うまい
맛있을 지 中zhǐ

풀이 1. 맛있다. ¶旨酒 2. 맛있는 음식. ¶旨甘 3. 아름답다. 4. 뜻. ¶趣旨 5. 의향. ¶旨意
旨甘(지감) 맛좋은 음식.
旨意(지의) 뜻. 생각. 취지(趣旨). 지의(旨義)
旨義(지의) 뜻. 의미. 취지(趣旨).
旨酒(지주) 맛있는 술.
旨蓄(지축) 저장했다가 겨울에 먹는 음식.
論旨(논지) 의론의 요지.
要旨(요지) 말·글 등의 중요한 뜻.
趣旨(취지) 근본이 되는 뜻.
유 味(맛 미)

旰 ③ 7획 日カン·くれる
해질 간·한 中gàn, hàn

풀이 1. 해가 지다. 2. 빛나는 모양.
旰旰(간간) 빛나는 모양.
비 旴(클 우)

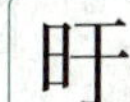
旴 ③ 7획 日ク·あさひ
클 우 中xū

풀이 1. 크다. 2. 해가 뜨다. 해가 돋다.
비 旰(해질 간)

旱 ③ 7획 日カン·ひでり
가물 한 中hàn

* 형성. 뜻을 나타내는 부수 '日(날 일)'과 음을 나타내며 '마르다'는 뜻을 지닌 '干(방패 간)'을 합친 글자. '干'은 '마르다'는 뜻을 나타내어 해(日)의 빛이 초목을 마르게(干) 한다 하여, '가뭄'의 뜻을 나타냄.
풀이 1. 가물다. 가뭄. ¶旱害 2. 육지. ¶旱荒
旱穀(한곡) 가뭄에 견디는 곡식(穀食).
旱氣(한기) 오래도록 계속하여 비가 오지 않는 날씨. 가물.
旱稻(한도) 밭벼.
旱魃(한발) 1)가뭄. 2)가뭄을 맡아 한해를 일으킨다는 귀신.
旱害(한해) 가뭄의 피해.
旱荒(한황) 가뭄으로 땅이 거칠어짐.
水旱(수한) 수재(水災)와 한재(旱災). 장마와 가뭄을 함께 이르는 말.
炎旱(염한) 더운 여름에 드는 가뭄.
長旱(장한) 오래 가뭄.
春旱(춘한) 봄철의 가뭄. 봄가물.
비 早(일찍 조)

昆 ④ 8획 日コン
형 곤 中kūn

* 회의. '日(날 일)'과 比'(견줄 비)'를 합친 글자. 햇빛(日)에 만물이 즐비(比)해 있는 것을 나타내어, '많다'는 뜻으로 쓰임.
풀이 1. 형. ¶昆弟 2. 자손. 3. 많다. 4. 같다. 5. 뒤. 나중. 6. 벌레. 7. 산 이름. 곤산(昆山). 중국 강소성(江蘇省)에 있는 산.
昆季(곤계) 형과 막내 동생. 형제를 이름.
昆侖(곤륜) 1)물건에 구별이 없어 혼동되는 모양. 혼돈(渾沌). 2)산 이름.
昆孫(곤손) 1)현손(玄孫)의 손자. 또는 내손(來孫)의 아들. 육대손(六代孫). 2)먼 손자들.
昆弟(곤제) 형과 아우. 형제.
昆布(곤포) 다시마. 미역의 한 종류.

昑 ④ 8획 日キン·あかるい
밝을 금 中qǐn

풀이 밝다.

旽 ④ 8획 日トン
밝을 돈 中tūn, zhùn

풀이 밝다.

4획

明

④8획 밝을 명 日メイ·ミョウ·あきらか 中míng

丨 冂 日 日 明 明 明 明

* 회의. 해(日)와 달(月)은 '밝은' 것이라, '밝다'는 뜻이 됨. 또는 달(月)과 해(日)가 창에 비추니 밝다고 하여 '밝음'을 뜻하기도 함.

풀이 1. 밝다. 환하다. ¶明朗 2. 밝히다. ¶明道 3. 빛. 광채. 4. 밝게. 환하게. 5. 똑똑하다. 명석하다. ¶明哲 6. 날이 새다. 날이 밝다. 7. 새벽. 8. 낮. 9. 시력(視力). ¶失明 10. 이승. 현세. 11. 일월. 해와 달. 12. 나타나다. 명료하다. 13. 희다. 하얗다. 14. 확실하다. 명백하다. 15. 깨끗하다. 결백하다. 16. 맹세하다. 17. 신령. 귀신. 18. 명나라. 주원장(朱元璋)이 원(元)나라에 이어 세운 왕조.

明鏡(명경) 맑은 거울.

明鏡止水(명경지수) 맑은 거울과 잠잠한 물이란 뜻으로, 사심(邪心)이 없는 맑고 깨끗한 마음을 말함.

明氣(명기) 1)맑고 아름다운 기운. 밝은 기운. 2)상쾌하고 명랑한 얼굴빛.

明年(명년) 다음해. 내년(來年).

明達(명달) 사리에 통달함.

明堂(명당) 1)왕자의 묘로 정교(政敎)를 행하는 집. 2)풍수설(風水說)에서, 후대에 좋은 일이 많이 생기게 된다는 좋은 터.

明德(명덕) 밝은 덕(德). 곧 인의예지(仁義禮智)의 덕.

明道(명도) 1)밝은 도리. 2)도리를 분명히 밝힘.

明度(명도) 1)밝은 도량. 2)색의 밝고 어두운 정도. 광도(光度).

明朗(명랑) 밝고 명랑함.

明瞭(명료) 분명함.

明明白白(명명백백) 조금도 의심할 여지가 없이 아주 명백함.

明文(명문) 1)법에 분명히 기록되어 있는 문구. 2)증서. 3)훌륭한 문장.

明分(명분) 1)분수를 밝힘. 2)명백한 직분(職分).

明晳(명석) 분명하고 똑똑함.

明視(명시) 1)물건을 똑똑히 봄. 2)똑똑히 보임.

明暗(명암) 밝음과 어두움.

明月(명월) 1)밝은 달. 2)보름달.

明日(명일) 내일.

明旨(명지) 분명한 뜻.

明察(명찰) 환히 살핌.

明哲保身(명철보신) 사리를 잘 알아 처신을 잘하는 것을 이르는 말.

○明哲保身(명철보신)의 유래

주나라 선왕 때의 명재상 중산보(仲山甫)는 지혜로운 데다 사리에 밝아서 처신을 잘하고 임금을 잘 섬겼던 것으로 유명했다. 그처럼 지혜와 덕이 있는 사람은 세상 돌아가는 이치를 훤히 알아, 나아갈 때 나아가고 물러날 때 물러나는 지혜로운 처신을 한다는 데서 생긴 말이다. 그러나 후대에는 '명철보신'이 자기 몸의 안전을 위해 요령 있게 처신한다는 뜻으로 쓰였다.

明澄(명징) 깨끗하고 맑음.

明確(명확) 분명하고 확실함.

分明(분명) 1)흐리지 않고 또렷함. 2)틀림없이 확실하게.

說明(설명) 내용 · 이유 등을 알기 쉽게 말하여 밝힘.

失明(실명) 시력(視力)을 잃음.

證明(증명) 증거로써 밝힘.

聰明(총명) 영리하고 재주가 있음.

유 叡(밝을 예) 昭(밝을 소) 晶(밝을 정)

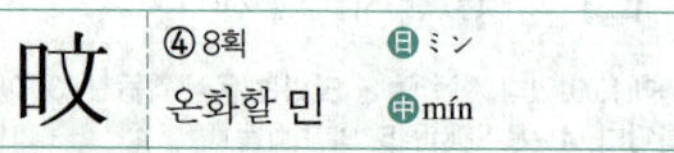

旼

④8획 온화할 민 日ミン 中mín

풀이 온화하다.

유 穩(평온할 온)

旻

④8획 하늘 민 日ミン·あきぞら 中mín

풀이 하늘. 청공.

旻天(민천) 1)가을 하늘. 2)뭇사람을 사랑으로 돌보아 주는 어진 하늘.

유 天(하늘 천)

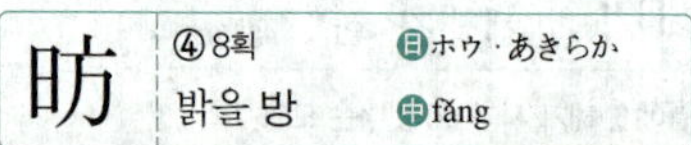

昉

④8획 밝을 방 日ホウ·あきらか 中fǎng

풀이 1. 밝다. 환하다. 2. 비로소. 3. 마침. 때마침.

昔

④8획 옛 석 日セキ·シャク·むかし 中xī, cuò

一 十 艹 廾 廾 昔 昔 昔

* 회의. '艹(풀 초)'는 포개 놓은 고기를 나타내어 햇볕(日)에 말린고기(昔)란 뜻으로 원래 '말린 고기'란 뜻이 있으나 후에 '옛'의 의미로 발전됨.

풀이 1. 옛. 옛날. ¶昔在 2. 오래되다. 3. 접때. 4. 어제. ¶昔者 5. 저녁. 밤. ¶昔昔

昔年(석년) 여러 해.

昔昔(석석) 매일 밤.
昔歲(석세) 작년.
昔愁(석수) 옛날의 근심.
昔時(석시) 옛날. 옛적.
昔人(석인) 옛 사람.
昔者(석자) 1)예전. 2)어제. 또는 사오일 전.
昔在(석재) 옛날. 옛적.
유 古(옛 고) 반 今(이제 금)

昇 ④8획 日ショウ・のぼる
오를 승 中shēng

*형성. 뜻을 나타내는 부수 '日(날 일)'과 음을 나타내는 '升(되 승)'을 합친 글자. 해[日]가 떠오르는[升] 것을 나타내어 '오르다', '올리다'의 뜻으로 쓰임.

풀이 1. 오르다. ¶昇進 2. 올리다. 3. 죽다. 승천하다. ¶昇遐

昇降(승강) 오름과 내림.
昇格(승격) 격을 올림. 격이 높아짐.
昇級(승급) 1)등급이 오름. 2)학년이 오름.
昇躋(승제) 높은 데에 오름.
昇進(승진) 직위가 오름.
昇陟(승척) 오름.
昇天入地(승천입지) 하늘에 오르고 땅에 들어감. 사라져 자취를 감춤.
昇沈(승침) 1)뜨고 잠김. 2)인생의 홍망성쇠.
昇平(승평) 세상이 잘 다스려짐. 나라가 태평함.
昇遐(승하) 임금이 세상을 떠남. 붕어(崩御).
昇華(승화) 1)고체에 열을 가하면 액체가 되는 과정을 거치지 않고 직접 기체로 되는 현상. 2)영화로운 지위에 오름.
上昇(상승) 위로 올라감.
유 昂 오를 앙 반 降(내릴 강)

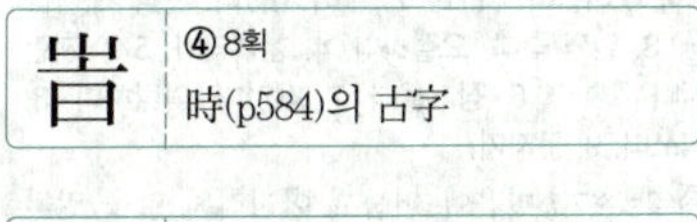

昍 ④8획
時(p584)의 古字

昂 ④8획 日コウ・あがる
오를 앙 中áng, yàng

풀이 1. 오르다. ¶昂貴 2. 머리를 들다. 3. 높다. 4. 밝다. 환하다. 5. 말이 저벅저벅 걷다. 말이 기운차게 달리는 모양.

昂貴(앙귀) 물가가 오름. 등귀(騰貴).
昂騰(앙등) 물품 값이 뛰어오름.
昂昂(앙앙) 1)말이 달리는 모양. 2)임금의 덕이 높은 모양.
昂然(앙연) 교만해지는 모양.
昂聳(앙용) 높이 솟음.
激昂(격앙) 감정이 격해짐. 몹시 흥분함.
유 昇(오를 승)

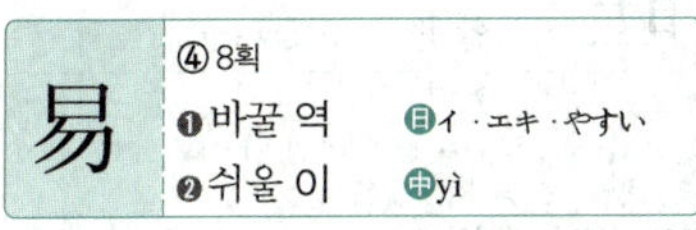

易 ④8획
❶바꿀 역 日イ・エキ・やすい
❷쉬울 이 中yì

*상형. 도마뱀의 머리와 다리 4개를 형상화한 것으로 도마뱀이 광선에 따라 색이 변한다 하여 '변하다'의 뜻을 나타냄.

풀이 ❶ 1. 바꾸다. 교환하다. ¶交易 2. 고치다. 변혁하다. ¶變易 3. 바뀌다. 달라지다. 4. 다르다. 5. 어기다. 배반하다. 6. 주역. 역학. 7. 점. 괘효(卦爻)의 변화에 따라 미래의 길흉화복을 알아보는 일. 8. 도마뱀. 9. 만상(萬象)의 변화. ❷ 10. 쉽다. 손쉽다. ¶容易 11. 경시하다. 소홀히 하다. ¶易慢 12. 생략하다. 간략하게 하다. 13. 편하다. 편안하다. 14. 평평하다. 평탄하다. 15. 다스리다.

易理(1.역리/2.이리) 1)역(易)의 법칙. 2)다스리기 쉬움.
易象(역상) 점괘에 나타난 현상.
易筮(역서) 길흉(吉凶)을 점침.
易聖(역성) 주역에 밝은 사람.
易姓(역성) 왕조가 바뀜. 혁세(革世).
易心(역심) 생각이 달라짐.
易田(역전) 땅이 메말라서 매년 경작하지 못하고 한 해 걸러 짓는 논밭.
易占(역점) 육십사괘(六十四卦)에 의해서 자연·인사(人事) 그 밖의 모든 일의 길흉(吉凶)을 판단하는 일.
易地思之(역지사지) 처지를 바꾸어 생각함.
易置(역치) 바꾸어 놓음.
易學(역학) 주역에 관한 학문.
易簡(이간) 쉽고 간단함. 손쉬움.
易慢(이만) 깔보고 업신여김.
交易(교역) 서로 물건을 사고 팔고 하여 바꿈.
貿易(무역) 외국과 물건을 팔고 사거나 교환하는 상행위.
簡易(간이) 간단하고 쉬움.
安易(안이) 1)손쉬움. 어렵지 않음. 2)적당히 처리하는 태도가 있음.
容易(용이) 아주 쉬움. 수월함.
유 貿(바꿀 무)

旿 ④8획 밝을 오 日ゴ 中wǔ

풀이 밝다.

旺 ④8획 성할 왕 日オウ 中wàng

* 형성. 뜻을 나타내는 부수 '日(날 일)'과 음을 나타내는 '王(임금 왕)'을 합친 글자. 날(日)이 감에 따라서 초목이 '왕성(王)'해 지는 것, 곧 '성함'을 뜻함.

풀이 성하다. 왕성하다.

旺氣(왕기) 1)행복하게 될 징조. 2)왕성한 기운.

旺盛(왕성) 사물이 한창 성(盛)함.

昌 ④8획 창성할 창 日ソウ・さかん 中chāng

* 회의. '日(날 일)'이 둘 겹쳐서, 햇빛이 밝게 빛남을 나타냄. 전하여, 널리 사물이 '창성한다'는 뜻이 됨.

풀이 1. 창성하다. 성하다. ¶繁昌 2. 착하다. 3. 아름답다. 4. 물건. 5. 창포. ¶昌本 6. 기쁨. ¶昌慶 7. 훌륭하다.

昌慶(창경) 기뻐함.

昌樂(창락) 창성하여 즐김.

昌本(창본) 창포의 뿌리.

昌陽(창양) 창포의 다른 이름. 장수를 위하여 약으로 씀.

昌言(창언) 훌륭한 말. 또는 도움이 되는 좋은 말.

昌運(창운) 탁 트인 좋은 운수.

昌朝(창조) 1)훌륭한 조정. 2)현재의 조정.

昌平(창평) 나라가 창성하고 세상이 태평함.

昌披(창피) 옷을 입고 허리띠를 매지 않은 모양. 단정치 않은 모양. 창피(猖披).

繁昌(번창) 한창 잘되어 성함.

비 唱(노래 창)

旾 ④8획 春(p583)의 古字

昃 ④8획 기울 측 日ソク 中zè

풀이 1. 기울다. 한쪽으로 쏠리다. 2. 오후.

昃晷(측구) 해가 기욺.

유 傾(기울 경)

昄 ④8획 클 판 日ハン 中bǎn

풀이 1. 크다. 2. 판자. 널빤지.

昄章(판장) 크게 밝음.

昊 ④8획 하늘 호 日コウ・なつぞら 中hào

* 형성. 뜻을 나타내는 부수 '日(날 일)'과 음을 나타내는 '天(하늘 천)'을 합친 글자. 태양(日)이 있는 밝은 하늘(天)을 나타냄.

풀이 1. 하늘. 여름 하늘. 2. 성한 모양.

昊蒼(호창) 하늘.

昊天(호천) 1)하늘. 2)봄. 또는 여름의 하늘. 3)동쪽 하늘. 또는 서쪽 하늘.

昊天罔極(호천망극) 하늘이 크며 끝이 없음과 같이 부모의 은혜는 크고 다함이 없음.

昊昊(호호) 크고 성한 모양.

유 天(하늘 천) 旻(하늘 민)

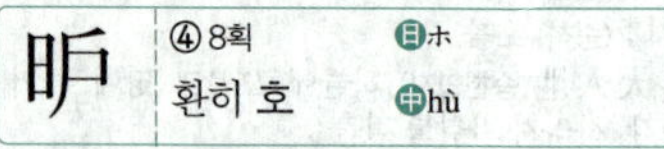

昈 ④8획 환히 호 日ホ 中hù

풀이 1. 환히. 환하게. 2. 붉은 무늬가 있는 모양.

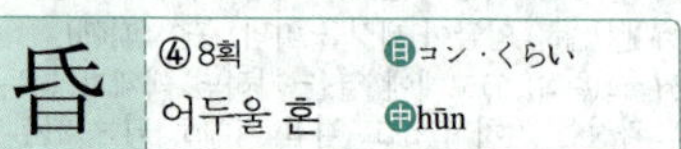

昏 ④8획 어두울 혼 日コン・くらい 中hūn

* 회의. 해(日)가 아래(氏)에 있어서 어두움, 또는 밑(氐)으로 해(日)가 들어가니 '어두운' 것을 나타냄.

풀이 1. 어둡다. ¶昏盲 2. 날이 저물다. 저녁 때. ¶昏暮 3. 일찍 죽다. 요절하다. 4. 현혹되다. 5. 어지럽히다. ¶昏惑 6. 장가들다. 7. 빼앗다. 약탈하다. 8. 힘쓰다. 9. 문지기.

昏棄(혼기) 마음이 어둡고 어지러워 일을 밀쳐 둠.

昏忘(혼망) 정신이 흐려 잘 잊어버림.

昏盲(혼맹) 어두움. 사리에 어두움.

昏眸(혼모) 흐린 눈동자.

昏暮(혼모) 해질녘. 저물녘.

昏蒙(혼몽) 정신이 가물가물함.

昏迷(혼미) 1)사리에 어둡고 흐리멍텅함. 2)마음이 어지러워 희미함.

昏睡(혼수) 1)정신없이 잠이 듦. 2)의식을 잃음.
昏晨(혼신) 아침 저녁. 혼효(昏曉).
昏愚(혼우) 이치에 어둡고 어리석음.
昏定晨省(혼정신성) 저녁에는 잠자리를 펴드리고, 아침에는 문안을 드림. 부모에게 효도하는 것을 말함.
昏醉(혼취) 술에 취해 정신을 차리지 못함.
昏惰(혼타) 어리석고 게으름.
昏暴(혼포) 어둡고 성질이 거침.
昏眩(혼현) 현기증이 남.
昏惑(혼혹) 사리에 어두워 미혹함.

昒	④8획 새벽 홀	日コツ·よあけ 中hū

풀이 1. 새벽. ¶昒爽 2. 어둑어둑하다.
昒爽(홀상) 새벽. 새벽녘.
昒昕(홀흔) 어둑새벽.

曶	④8획 昒(p581)과 同字

昕	④8획 아침 흔	日キン·あさ 中xīn

풀이 1. 아침. 새벽. 2. 밝은 모양. ¶昕昕
昕昕(흔흔) 밝은 모양. 환히 아는 모양.
유 朝(아침 조)

昤	⑤9획 햇빛 령	日レイ 中líng

풀이 햇빛. 햇살. 일광.

昧	⑤9획 어둑어둑할 말	日バツ 中mò

풀이 1. 어둑어둑하다. 어둠침침하다. 2. 하늘의 별.
비 昧(맛 미)

昧	⑤9획 어두울 매	日マイ·バイ·くらい 中mèi

* 형성. 뜻을 나타내는 부수 '日(날 일)'과 음을 나타내는 '未(아직 미)'를 합친 글자. 해(日)가 아직(未) 나오지 않아 '어둡다'의 뜻을 나타냄.

풀이 1. 어둡다. ¶昧事 2. 새벽. 날이 샐 무렵. ¶昧爽 3. 어리석다. 사리에 밝지 않다. 4. 탐하다. 5. 무릅쓰다. 6. 별 이름. 북두칠성의 맨 끝 별.
昧事(매사) 사리에 어두움.
昧爽(매상) 먼동이 틀 무렵.
昧者(매자) 어리석고 둔한 사람.
讀書三昧(독서삼매) 1)아무 생각 없이 오직 책 읽기에만 골몰하고 있는 상태(狀態). 2)한 곳에 정신을 집중하는 것.
無知蒙昧(무지몽매) 아는 것이 없이 어리석음.
三昧境(삼매경) 오직 한 가지 일에만 마음을 집중시키는 경지.
曖昧(애매) 희미하여 분명하지 않음.
曖昧模糊(애매모호) 사물의 이치가 희미하고 분명치 않음.
愚昧(우매) 어리석고 몽매함.
유 矇(어두울 몽) 懞(어두울 몽)
비 未(아닐 미) 末(끝 말) 味(맛 미)

昴	⑤9획 별자리 이름 묘	日ボウ·すばる 中mǎo

풀이 별자리 이름.

昪	⑤9획 기뻐할 변	日ヘン 中biàn

풀이 1. 기뻐하다. 2. 햇빛. 일광(日光). 3. 환하다. 빛나다.
유 喜(기쁠 희)

昞	⑤9획 밝을 병	日ビョウ·あかるい 中bǐng

풀이 밝다. 빛나다. 환하다.
유 明(밝을 명)

昢	⑤9획 새벽 불	日ホツ 中pò

풀이 새벽. 해뜰 무렵.
유 昒(새벽 홀)

昲	⑤9획 말릴 비	日ヒ 中fèi

4획

풀이 말리다. 별에 쪼이다.

星	⑤ 9획 별 성	日セイ·ショウ·ほし 中xīng

丶口日日尸旦早星星

*형성. 뜻을 나타내는 부수 '日(해 일)'과 음을 나타내는 '生(날 생)'을 합친 글자.

풀이 1. 별. 천체. ¶星辰 2. 세월. 시간. ¶星霜 3. 별 이름. 이십팔수(二十八宿)의 하나. 4. 희뜩희뜩하다. 백발이 희뜩희뜩한 모양.

星霜(성상) 1)별과 서리. 2)세월.
星宿(성수) 별자리의 별들.
星辰(성신) 1)별. 2)성좌(星座).
星位(성위) 1)하늘에 있어서의 항성(恒星)의 자리. 2)높은 관직.
星座(성좌) 별자리.
星火(성화) 1)운성이 떨어질 때의 불빛. 2)운성이 떨어지듯 몹시 급한 일의 비유. 3)매우 작은 불꽃.
殺星(살성) 사람의 운명과 재수를 맡았다는 흉한 별.

유 辰(별 진)

昭	⑤ 9획 밝을 소	日ショウ·あきらか 中zhāo, sháo

丨 П Ħ 日 日フ 日刀 日刀 昭 昭

*형성. 뜻을 나타내는 부수 '日(날 일)'과 '召(부를 소)'를 합친 글자. 해(日)를 부르니(召) 밝아 오는 것을 나타냄. 곧, '밝다'는 뜻으로 쓰임.

풀이 1. 밝다. 2. 밝히다. 3. 드러나다. 4. 소목(昭穆). 종묘 사당에서 신주(神主)를 모시는 차례.

昭光(소광) 밝게 반짝이는 빛. 광명.
昭明(소명) 사리에 밝음.
昭穆(소목) 종묘의 신주를 모시는 차례. 시조를 중앙에 모시고, 2·4·6세를 소(昭)라 하여 왼쪽에 3·5·7세를 목(穆)이라 하여 오른쪽에 모심.
昭詳(소상) 분명하고 자세함.
昭雪(소설) 누명을 씻음.
昭昭(소소) 밝은 모양.
昭著(소저) 분명하고 뚜렷함. 환하게 드러남.

유 叡(밝을 예) 亮(밝을 량) 明(밝을 명) 晶(밝을 정)

是	⑤ 9획 옳을 시	日シ·ゼ·これ 中shì

丶口日日旦早早昰是

*회의. '日(날 일)'과 '正(바를 정)'을 합친 글자로 해(日)처럼 정확하고 바르다(正)는 뜻이 합하여 '옳다'의 뜻을 나타냄.

풀이 1. 옳다. 바르다. ¶是非 2. 이것. 이. 지시 대명사. 3. 바로잡다. 시정하다. ¶是正 4. 옳게 여기다. 5. 대저.

是非(시비) 1)옳음과 그름. 2)옥신각신 다툼.
是非曲直(시비곡직) 사리의 옳고 그름.
是非之心(시비지심) 사단(四端)의 하나로, 시비를 가릴 줄 아는 마음.
是是非非(시시비비) 옳은 것은 옳고, 그른 것은 그르다고 함. 사리를 공정하게 판단하는 일.
是認(시인) 옳다고 인정함.
是正(시정) 잘못된 것을 바로잡음.
皆是(개시) 다. 죄다. 모두.
果是(과시) 과연 그러함.
校是(교시) 학교(學校)의 기본 교육 방침.
或是(혹시) 1)만일에. 2)어떠한 때에.

반 非(아닐 비)

昰	⑤ 9획 ❶是(p562)의 本字 ❷夏(p272)의 古字

昻	⑤ 9획 昂(p579)의 俗字

昜	⑤ 9획 陽(p1502)과 同字

映	⑤ 9획 비출 영	日エイ·うつす 中yìng, yǎng

丨 П Ħ 日 日口 日冂 日巳 映 映

*형성. 뜻을 나타내는 부수 '日(날 일)'과 음을 나타내는 '央(가운데 앙)'을 합친 글자. 햇빛(日)이 가운데(央)에 오니 만물의 그림자가 비친다 하여, '비침'을 나타냄.

풀이 1. 비추다. 비치다. ¶映畫 2. 미시(未時). 오후 두 시경. 3. 햇빛. 햇살.

映發(영발) 광채가 번쩍번쩍 빛남.
映寫(영사) 영화 필름·슬라이드 등을 영사막에 비춤.
映像(영상) 광선의 굴절이나 반사에 따라 비추어지는 물체의 모습.

4획

映畫(영화) 촬영한 필름을 영사막에 비추어, 모습이나 움직임을 실제와 같이 재현해 보이는 것.
反映(반영) 1)반사하여 비침. 2)어떤 영향이 다른 것에 미치어 나타남.
放映(방영) 텔레비전으로 방송하는 일.
斜映(사영) 빛이 비스듬히 비침.
유 照(비출 조) 비 殃(재앙 앙)

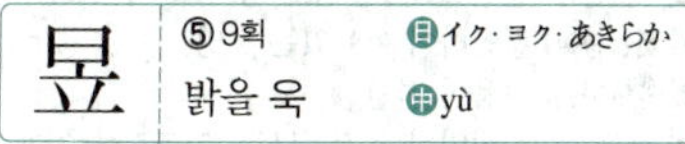
昱 ⑤9획 밝을 욱 日イク·ヨク·あきらか 中yù

풀이 밝다. 빛나다.
昱耀(욱요) 밝게 빛남. 환히 빛남.
昱昱(욱욱) 태양이 눈부시게 빛나는 모양.

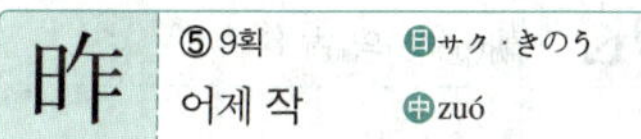
昨 ⑤9획 어제 작 日サク·きのう 中zuó

丨 冂 日 日 日' 日ˊ 昨 昨 昨

* 형성. 뜻을 나타내는 부수 '日(날 일)'과 음을 나타내는 '乍(언뜻 사)'를 합친 글자.

풀이 1. 어제. 작일. ¶昨日 2. 옛날. 지난날. ¶昨年
昨夕(작석) 어제 저녁.
昨歲(작세) 지난해.
昨是今非(작시금비) 어제는 옳다고 하고 오늘 틀리다고 함. 이전에는 옳다고 생각했던 것이 이제 와서는 그르다고 생각하게 됨.
昨月(작월) 지난달.
昨日(작일) 어제.
昨朝(작조) 어제 아침.
昨秋(작추) 지난 가을.
昨醉(작취) 어제 마신 술.
반 今(이제 금) 비 作(지을 작)

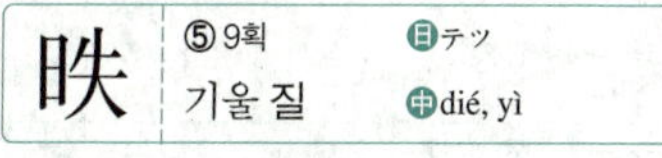
昳 ⑤9획 기울 질 日テツ 中dié, yì

풀이 기울다. 해가 기울다.

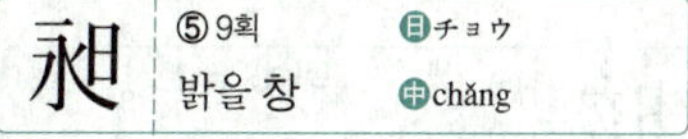
昶 ⑤9획 밝을 창 日チョウ 中chǎng

풀이 1. 밝다. 환하다. 2. 해가 길다. 3. 통하다. 화창하다.

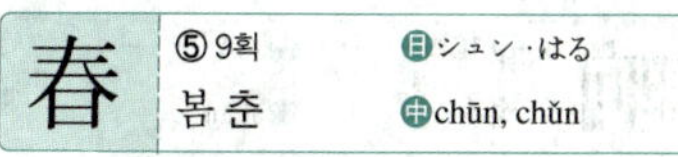
春 ⑤9획 봄 춘 日シュン·はる 中chūn, chǔn

一 二 三 夫 夫 未 春 春 春

* 형성. 뜻을 나타내는 부수 '日(날 일)'과 '艹(풀 초)', 그리고 음을 나타내는 '屯(모일 준)'을 합친 글자. 풀(艹)이 햇빛(日)을 받아 무리지어(屯) 나는 때를 나타내어, '봄'을 뜻함.

풀이 1. 봄. 봄날. ¶晩春 2. 청춘. 젊은 시절. ¶靑春 3. 남녀의 정분. 춘정. 4. 술.
春季(춘계) 봄철.
春困(춘곤) 봄철에 느끼는 나른하고 졸리는 기운.
春窮(춘궁) 보릿고개.
春情(춘정) 1)남녀간의 정욕. 2)봄의 정취.
春秋(춘추) 1)봄과 가을. 2)나이. 3)세월. 4)공자(孔子)가 지은 노(魯)나라의 역사책.
客春(객춘) 지난 봄.
去春(거춘) 지난 봄.
季春(계춘) 1)음력 3월. 2)늦은 봄.
古春(고춘) 늦봄.
過春(과춘) 봄을 지냄.
今春(금춘) 올 봄.
暖春(난춘) 따뜻한 봄.
當春(당춘) 봄을 당함. 봄이 옴.
待春(대춘) 봄을 기다림.
滿面春風(만면춘풍) 기쁨에 넘치는 얼굴.
晩春(만춘) 늦봄.
賣春(매춘) 몸파는 일.
孟春(맹춘) 1)음력 정월을 달리 일컫는 말. 2)초기(初期)의 봄.
明春(명춘) 내년 봄.
暮春(모춘) 늦은 봄.
方春(방춘) 바야흐로 한창인 봄.
芳春(방춘) 꽃이 한창 핀 아름다운 봄. 방년(芳年).
立春(입춘) 24절기의 하나로 양력 2월 4일경. 대한(大寒)과 우수(雨水) 사이.

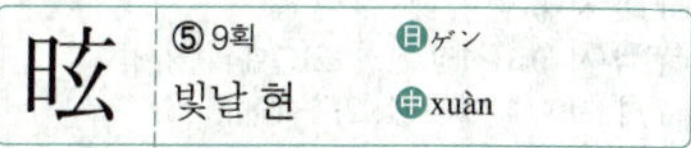
昡 ⑤9획 빛날 현 日ゲン 中xuàn

풀이 1. 빛나다. 2.햇빛. 일광.
유 昱(빛날 욱) 光(빛 광) 炯(빛날 형) 奐(빛날 환)

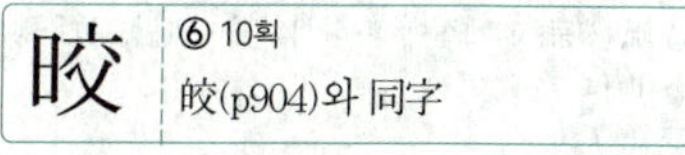
晈 ⑥10획 皎(p904)와 同字

4획

晌	⑥ 10획	日コウ
	정오 상	中shǎng

풀이 1. 정오. 2. 한나절.

晟	⑥ 10획	日セイ
	밝을 성	中shèng

풀이 1. 밝다. 환하다. 2. 성하다. 성행하다.

晒	⑥ 10획
	曬(p597)와 同字

時	⑥ 10획	日ジ·とき
	때 시	中shí

丨 冂 月 日 日⁻ 日⁺ 日土 日𡗗 時 時

* 형성. 뜻을 나타내는 부수 '日(해 일)'과 음을 나타내는 '寺(절 사)'를 합친 글자.

풀이 1. 때. ¶時節 2. 세월. 3. 운명. 4. 시. 하루를 구분하는 때. 5. 시절. 6. 계절. 철. 7. 기회. 8. 때를 맞추다. 9. 그때에. ¶時報 10. 때때로. 가끔. 11. 엿보다. 12. 좋다. 훌륭하다.

時期(시기) 정해진 때.

時機(시기) 적당한 기회.

時機尙早(시기상조) 시기가 아직 이름. 아직 때가 너무 이름.

時代(시대) 역사적 특징으로 구분한 일정한 기간, 또는 어떤 길이를 지닌 연월(年月).

時流(시류) 그 시대의 흐름. 풍조(風潮).

時務(시무) 1)급한 일. 현재의 급무. 2)시국에 응하는 일. 3)철에 맞추어 하는 일. 농사 등.

時報(시보) 1)그때그때 사건의 알림. 2)시각의 알림.

時事(시사) 그 당시에 일어난 일.

時歲(시세) 세월. 때.

時勢(시세) 1)시장 가격. 2)그때의 형세.

時月(시월) 1)때와 달. 2)수개월.

時日(시일) 1)때와 날. 2)좋은 날. 3)기일이나 기한.

時節(시절) 1)철. 계절. 2)좋은 기회. 3)사람의 일생을 구분한 한 동안.

時風(시풍) 1)계절에 따라서 부는 바람. 2)유행(流行).

비 詩(시 시)

4 획

晏	⑥ 10획	日アン·おそい
	늦을 안	中yàn

풀이 1. 늦다. ¶晏起 2. 저물다. 해가 저물다. 3. 편안하다. ¶晏如 4. 화락하다. 화평하다. 5. 맑다.

晏駕(안가) 임금의 죽음. 붕어(崩御).

晏起(안기) 늦게 일어남.

晏眠(안면) 늦잠을 잠.

晏晏(안안) 편한 모양. 즐겁고 평화스러운 모양.

晏如(안여) 편안하여 여유있는 모양.

晏然(안연) 마음이 편안함.

晏朝(안조) 1)편안한 조정(朝廷). 2)조정에 늦게 나아감.

晏淸(안청) 세상이 편안하고 깨끗함.

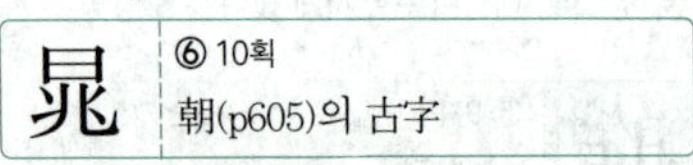

晁	⑥ 10획
	朝(p605)의 古字

晉	⑥ 10획	日シン·すすむ
	나아갈 진	中jìn

풀이 1. 나아가다. 전진하다. ¶晉接 2. 억누르다. 억제하다. 3. 꽂다. 사이에 끼우다. 4. 진괘. 64괘 중 하나. 주역에서 이괘(離卦)와 곤괘(坤卦)가 거듭된 것. 5. 진나라. ㉠춘추 시대(春秋時代)에 산서성(山西城) 부근에 있던 나라. ㉡사마염(司馬炎)이 위(魏)의 선위(禪位)를 받아 세운 왕조. ㉢오대(五代) 때 석경당(石敬瑭)이 후당(後唐)에 이어 세운 왕조.

晉山(진산) 새로 선출된 주지(住持)가 취임하는 일. 진산(進山).

晉謁(진알) 귀인에게 나아가 뵘.

晉接(진접) 1)귀인(貴人)께 나아가 뵘. 2)나아가 영접함.

晉秩(진질) 품계(品階)가 오름.

晉體(진체) 진대(晉代)의 왕희지(王羲之)의 서체.

유 進(나아갈 진)

晋	⑥ 10획
	晉(p584)의 俗字

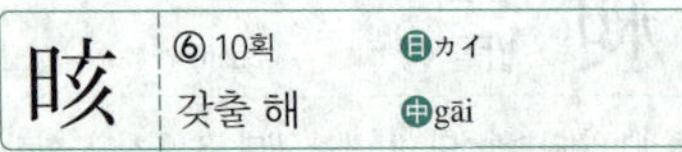

晐	⑥ 10획	日カイ
	갖출 해	中gāi

풀이 1. 갖추다. 구비하다. 2. 햇빛이 골고루 비치다.

유 具(갖출 구)

晃	⑥ 10획	日コウ · あきらか
	밝을 황	中huǎng, huàng

풀이 밝다. 빛나다.

晃朗(황랑) 밝은 모양.
晃曜(황요) 밝고 반짝임. 황요(晃燿).
晃蕩(황탕) 밝고 드넓은 모양.
晃晃(황황) 환하게 빛나는 모양. 황황(煌煌).

晄	⑥ 10획
	晃(p585)과 同字

晜	⑦ 11획	日コン · あに
	형 곤	中kūn

풀이 1. 형. ¶晜弟 2. 뒤. 후손.

晜孫(곤손) 현손(玄孫)의 아들. 곤손(昆孫).
晜弟(곤제) 형과 아우. 곤제(昆弟).

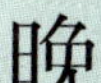

晩	⑦ 11획	日バン · マン · くれ
	늦을 만	中wǎn

* 형성. 뜻을 나타내는 부수 '日(날 일)'과 '免(면할 면)'을 합친 글자. 태양(日)을 면(免)하는 때, 곧 '저녁'을 나타냄.

풀이 1. 늦다. ¶晩冬 2. 저물다. 해가 지다. ¶晩色 3. 저녁. 해질 무렵. ¶晩鐘

晩境(만경) 늙어 버린 지경.
晩交(만교) 늙어 사귄 친구.
晩期(만기) 늦은 시기.
晩年(만년) 늙바탕. 일생의 끝 시기.
晩達(만달) 늘그막에 벼슬과 명망이 높아짐.
晩到(만도) 늦게 다다름.
晩稻(만도) 늦게 익는 벼. 늦벼.
晩冬(만동) 늦겨울.
晩得(만득) 늙어서 자식을 낳음. 만득자(晩得子).
晩暮(만모) 1)저녁. 2)늘그막.
晩福(만복) 늙어서 누리는 복.
晩産(만산) 1)늘그막에 낳음. 2)예정한 날짜를 훨씬 지나 아기를 낳음.
晩霜(만상) 늦서리.
晩生(만생) 늙어서 자식을 낳음.
晩成(만성) 늦게야 이루어짐. 늘그막에 성공함.
晩歲(만세) 늘그막. 만년(晩年). 만모(晩暮).
晩熟(만숙) 늦게 익음.
晩時(만시) 일정한 때에 뒤늦음 또는 늦은 때.
晩食(만식) 때를 놓쳐서 늦게 먹음.
晩植(만식) 제철보다 늦게 곡식(穀食)이나 식물(植物)을 심는 일. 늦심기.
晩陽(만양) 저녁때의 햇볕.
晩炎(만염) 가을철이 되어도 더운 더위.
晩運(만운) 늙바탕의 운수. 늙바탕에 돌아오는 행운.
晩鐘(만종) 저녁에 치는 종소리.
晩餐(만찬) 저녁에 베푼 잔치.
晩晴(만청) 오후 늦게 갠 날씨. 또는 그 하늘.
晩秋(만추) 늦가을.
晩春(만춘) 늦봄.
晩播(만파) 씨를 늦게 뿌리는 일.
晩風(만풍) 늦바람.
晩學(만학) 나이가 들어서 공부를 시작함.
晩婚(만혼) 혼기가 지나서 한 혼인.
今晩(금만) 금석(今夕).

유 遲(늦을 지)

晨	⑦ 11획	日シン · あかつき
	새벽 신	中chén

* 형성. 뜻을 나타내는 부수 '日(날 일)'과 음을 나타내는 '辰(별이름 신)'을 합친 글자. 별(辰)이 보이고 해(日)는 아직 없는 '새벽'을 나타냄.

풀이 1. 새벽. 2. 새벽을 알리다. ¶晨明 3. 별 이름. 이십팔수(二十八宿)의 하나인 방성(房星)의 다른 이름.

晨鷄(신계) 새벽을 알리는 닭.
晨起(신기) 새벽에 일어남.
晨旦(신단) 아침.
晨明(신명) 새벽녘.
晨門(신문) 새벽에 성문 여는 일을 맡은 문지기.
晨星(신성) 1)새벽별. 효성. 2)소수(少數) · 희소(稀少)의 비유.
晨省之禮(신성지례) 이른 아침에 부모의 침소에 가서 밤 동안의 안후(安候)를 살피는 예절.
晨岳(신악) 아침해가 솟는 쪽의 산. 곧, 동쪽의 산.
晨昏(신혼) 아침 저녁. 새벽과 황혼.

유 曉(새벽 효)

晤	⑦ 11획	日ゴ · あきらか
	총명할 오	中wù

4 획

풀이 1. 총명하다. 총기가 있다. 2. 밝다. 3. 만나다. 허물없이 사귀다. ¶晤談

晤談(오담) 서로 만나 허물없이 이야기함. 사이 좋게 이야기함.

晤語(오어) 마주하여 이야기함. 서로 터놓고 이야기함.

晢	⑦ 11획	日 セツ·セイ·あきらか
	❶ 밝을 절 ❷ 별이 빛날 제	中 zhé

풀이 ❶ 1. 밝다. 빛나다. ❷ 2. 별이 빛나다. 별이 반짝반짝하다.

유 哲(밝을 철)

晝	⑦ 11획	日 チュウ·ひる
	낮 주	中 zhòu

* 회의. '書' 자는 '畫' 의 생략형으로 '구분을 짓다' 는 뜻을 나타내어 해(日)가 뜨고 짐에 따라 밤과 낮을 구분하여, 해(日)가 나오는 때, 즉 '낮' 의 뜻으로 쓰임.

풀이 낮. 오후. 한 나절.

晝間(주간) 낮 동안.

晝耕夜讀(주경야독) 낮에는 밭을 갈고 밤에는 글을 읽음. 바쁜 틈을 타서 어렵게 공부함.

晝夜(주야) 낮과 밤.

白晝(백주) 대낮.

비 畫(그림 화) 書(글 서)

晙	⑦ 11획	日 ジュン
	밝을 준	中 jùn

풀이 1. 밝다. 환하다. 2. 이르다.

비 俊(준걸 준)

晛	⑦ 11획	日 ケン
	햇살 현	中 xiàn

풀이 1. 햇살. 햇빛. 2. 해가 나다.

晧	⑦ 11획	日 コウ
	밝을 호	中 hào

풀이 밝다. 밝아지다.

晧旰(호간) 1)해가 뜨는 모양. 2)빛이 나는 모양.

晥	⑦ 11획	日 カン
	환할 환	中 wǎn

풀이 환하다. 밝다.

晦	⑦ 11획	日 カイ·みそか
	어두울 회	中 huì

풀이 1. 어둡다. 캄캄하다. ¶晦冥 2. 그믐. 음력에서 매달의 맨 마지막 날. ¶晦日 3. 감추다. 숨기다. ¶晦迹 4. 밤. 어둠. 5. 시들다. 6. 얼마 안 되다.

晦明(회명) 1)어둠과 밝음. 2)밤과 낮. 주야(晝夜).

晦冥(회명) 어둠. 캄캄함. 혼암(昏暗).

晦塞(회색) 어둡고 아주 꽉 막힘.

晦夜(회야) 캄캄한 밤. 그믐밤.

晦日(회일) 그믐날.

晦迹(회적) 자취를 감춤.

晞	⑦ 11획	日 キ·かわく
	마를 희	中 xī

* 형성. 뜻을 나타내는 부수 日(날 일)과 음을 나타내는 希(바랄 희)를 합친 글자. 해가 비춰 '마르다' 라는 뜻을 나타냄.

풀이 1. 마르다. 말리다. ¶晞土 2. 햇볕을 쬐다. ¶晞幹 3. 날이 밝아 오다. 4. 사라지다.

晞幹(희간) 줄기를 햇볕에 쬠.

晞土(희토) 마른 땅. 마른 흙.

晞和(희화) 화창(和暢)함.

景	⑧ 12획	日 ケイ·けしき
	경치 경	中 jǐng, yǐng

* 형성. 뜻을 나타내는 부수 '日(날 일)' 과 음을 나타내는 '京(클 경)' 을 합친 글자. 점점 커지는(京) 햇빛(日) 이라는 뜻에서 '빛' 또는 '경치' 를 뜻하게 됨.

풀이 1. 경치. 풍경. ¶景致 2. 햇볕. 볕. 빛. 3. 해. 태양. 4. 밝다. 5. 그림자. 6. 크다. 7. 우러르다. 8. 우러러보다. 사모하다. 9. 경사스럽다. 10. 남풍. ¶景風 11. 흥취.

景刻(경각) 때. 시각(時刻).

景觀(경관) 어떤 지역의 아름다운 풍경.

景光(경광) 1)경치(景致). 2)좋지 못한 몰골. 효상(爻象).

景氣(경기) 물건의 매매나 거래가 잘 이뤄지는 형편.

景物(경물) 경치.

景福(경복) 크나큰 복.
景星(경성) 상서로운 별. 경사스러울 때에 나타난다고 함.
景雲(경운) 경사스런 구름. 태평성세에 나타난다는 구름. 경운(慶雲).
景徵(경징) 상서로운 징후.
景致(경치) 산수 등의 자연계의 아름다운 현상.
景風(경풍) 1)온화한 바람. 2)서남풍 · 동남풍 · 남풍 · 동풍 등의 바람.
景行(경행) 1)큰길. 2)훌륭한 행위.
景況(경황) 모양. 상태. 상황.
光景(광경) 1)경치. 2)벌어진 일의 형편이나 모양.
絶景(절경) 더할 나위 없이 아름다운 경치.

비 影(그림자 영)

晷	⑧ 12획	日キ · ひかげ
	그림자 구	中guǐ

풀이 1. 그림자. ¶晷影 2. 햇빛. 빛. 3. 태양. ¶晷緯 4. 해시계. ¶晷漏

晷刻(구각) 때. 시각(時刻).
晷漏(구루) 해시계와 물시계.
晷影(구영) 해의 그림자.
晷緯(구위) 해와 별.
晷儀(구의) 해시계의 일종. 하늘의 모양을 그려 천체의 운행을 관측하는 기기(器機).

유 影(그림자 영)

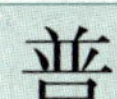

普	⑧ 12획	日フ · あまねく
	널리 보	中pǔ

* 형성. 뜻을 나타내는 부수 '日(날 일)'과 음을 나타내는 '並(나란히할 병)'을 합친 글자. 나란히(並) 해(日)가 두루 비친다 하여, '모두', '두루'의 뜻을 나타냄.

풀이 1. 널리. 두루두루. ¶普告 2. 보통. ¶普通 3. 나라 이름. 프러시아(Prussia)의 보로사(普魯士)의 약칭.

普告(보고) 널리 알림.
普及(보급) 널리 펴서 미침. 널리 퍼뜨려 실행되게 함.
普氾(보범) 널리 골고루 미침. 보범(普汎).
普汎(보범) 1)골고루 미침. 2)빠짐없이 널리. 보편(普遍).
普施(보시) 1)널리 베풂. 2)깨끗한 마음으로 남에게 베풂. 또는 그 물건. 3)중에게 베풀어 주는 금전이나 물품.
普衍(보연) 널리 미침. 골고루 미침.
普恩(보은) 골고루 널리 미치는 은혜.
普照(보조) 골고루 비춤.
普通(보통) 널리 일반에게 통함.
普遍(보편) 모든 것에 두루 미치거나 통함.
普現(보현) 널리 나타남.
普洽(보흡) 두루 퍼짐. 널리 손이 미침.

비 晋(나라 진)

晳	⑧ 12획	日セキ · あきらか
	밝을 석	中xī

풀이 밝다. 명석하다.

유 哲(밝을 철)

晰	⑧ 12획
	晳(p587)과 同字

晬	⑧ 12획	日スイ
	돌 수	中zuì

풀이 돌. 생일. 태어난 후 첫번째 생일.

晬時(수시) 돌. 첫돌이 되는 날.
晬宴(수연) 생일 잔치. 또는 환갑 잔치.

晻	⑧ 12획	日アン
	어두울엄·암	中ǎn, àn, yǎn

풀이 1. 어둡다. ¶晻昧 2. 비. 3.구름 · 안개 등이 자욱하게 끼다. ¶晻藹 4. 포개다. 쌓이다.

晻昧(암매) 1)어둠. 2)어리석음. 3)사실을 분별하기 어려움.
晻世(암세) 캄캄한 세상. 도리(道理)가 어지러운 세상.
晻曖(엄애) 어두운 모양.
晻藹(엄애) 1)구름이 자욱하게 낀 모양. 2)밝지 못함.
晻藹(엄애) 1)왕성한 모양. 2)번성(繁盛)한 모양. 3)수목이 우거져 어둠침침한 모양.
晻晻(엄엄) 1)약해지는 모양. 2)어두운 모양.

유 暗(어두울 암)

晲	⑧ 12획	日カイ
	해 기울 예	中nǐ

풀이 해가 기울다.

4 획

晼	⑧ 12획 해질 원	日エン 中wǎn

풀이 해가 지다.

晼晚(원만) 해가 짐.

晼晼(원원) 해가 지는 모양.

晶	⑧ 12획 맑을 정	日ショウ·あきらか 中jīng

* 회의. '日(날 일)'을 세 번 합쳐서, 빛이 더욱 '빛남'을 나타냄.

풀이 1. 맑다. 투명하다. ¶晶瑩 2. 수정(水晶). 무색 투명하며, 불순물이 섞인 것은 자색·황색·흑색 등의 빛깔을 띠며 광학기기·장식·도장 등에 쓰임. 3. 밝다. 4. 빛. ¶晶光

晶光(정광) 밝은 빛. 투명한 빛.

晶瑩(정영) 맑고 투명함.

晶耀(정요) 밝게 빛남.

晶晶(정정) 밝게 빛나는 모양.

晶熒(정형) 빛나는 모양. 밝은 모양.

유 明(밝을 명) 반 暗(어두울 암)

晸	⑧ 12획 해뜨는 모양 정	日セイ 中zhěng

풀이 해가 뜨는 모양.

智	⑧ 12획 지혜 지	日チ·ちえ 中zhì

* 형성. 뜻을 나타내는 부수 '日(날 일)'과 음을 나타내는 '知(알 지)'를 합친 글자. 아는(知) 것이 밝은 해(日)와 같다고 하여, 더욱 '지혜'가 있음을 나타냄.

풀이 1. 지혜. 슬기. ¶智慧 2. 지혜롭다. 3. 꾀. 계책. ¶智僞 4. 지혜로운 사람. ¶智囊 5. 알다.

智鑒(지감) 지혜로워 사물을 분별하는 힘이 있음.

智見(지견) 지식과 식견(識見).

智故(지고) 마음의 작용. 꾀. 지교(智巧).

智巧(지교) 1)슬기롭고 교묘함. 2)교묘한 슬기. 교지(巧智).

智囊(지낭) 지혜 주머니란 뜻으로, 지혜가 뛰어난 사람을 비유하는 말.

智慮(지려) 슬기로운 생각.

智力(지력) 1)슬기의 힘. 2)아는 일과 노력하는 일.

智士(지사) 지혜가 뛰어난 사람.

智算(지산) 슬기로운 계략.

智數(지수) 지혜가 있고 계략이 뛰어남.

智僞(지위) 얕은 꾀.

智育(지육) 지능의 계발과 지식 내용의 증진·향상을 목적으로 하는 교육.

智意(지의) 슬기로운 마음. 지혜.

智齒(지치) 사랑니.

智慧(지혜) 사리를 분별(分別)하는 마음의 작용.

機智(기지) 상황에 따라 재빨리 행동하는 재치.

才智(재지) 재주와 지혜.

유 慧(슬기로울 혜) 知(알 지)

晴	⑧ 12획 갤 청	日セイ·はれる 中qíng

* 형성. 뜻을 나타내는 부수 '日(날 일)'과 음을 나타내는 '靑(푸를 청)'을 합친 글자. 푸른 하늘(靑)에 해(日)가 뜨는 것은 날이 개는 것이라고 하여, '개다'의 뜻으로 쓰임.

풀이 개다. 맑아지다.

晴耕雨讀(청경우독) 갠 날에는 들에 나가고 비 오는 날에는 글을 읽는다는 뜻으로, 부지런히 일하며 공부함을 비유하는 말.

晴旦(청단) 갠 아침.

晴嵐(청람) 1)화창한 날에 보이는 아지랑이. 2)화창하게 갠 날씨.

晴朗(청랑) 맑고 화창함.

晴霄(청소) 맑은 하늘.

晴旭(청욱) 맑게 갠 날의 아침 해.

晴川(청천) 비가 갠 뒤의 냇물.

晴天白日(청천백일) 1)맑게 갠 날씨. 2)마음이 깨끗함. 청천백일(靑天白日).

晴天霹靂(청천벽력) 맑은 하늘에 날벼락이란 뜻으로, 갑자기 일어나는 변동이나 사건을 비유하는 말.

晴和(청화) 하늘이 맑고 화창함.

晴暄(청훤) 날이 개고 따뜻함.

비 睛(눈동자 정)

晫	⑧ 12획 밝을 탁	日タク 中zhuó

풀이 밝다.

暇	⑨ 13획 겨를 가	日カ·ひま 中xiá

4 획

* 형성. 뜻을 나타내는 부수 '日(날 일)'과 음을 나타내는 '叚(빌릴 가)'를 합친 글자. 시간(日)을 빌린(叚) 것이라, 일 없이 '한가'함을 나타냄.

풀이 1. 겨를. 틈. ¶餘暇 2. 한적하다. 여유 있게 지내다. ¶暇景

暇景(가경) 여유 있는 날. 가일(暇日).
暇隙(가극) 여가. 틈.
暇時(가시) 한가한 때.
暇豫(가예) 무사하고 한가로움. 한가하여 놂. 가일(暇逸).
暇日(가일) 한가한 날. 가경(暇景).
暇逸(가일) 한가히 놂.
病暇(병가) 병으로 말미암아 얻는 휴가.
小暇(소가) 아주 짧은 겨를. 소한(小閒).
餘暇(여가) 겨를. 틈. 가극(暇隙).
請暇(청가) 말미를 청함. 청유(請由).
休暇(휴가) 1)학교나 직장 등에서 일정한 기간 동안 쉬는 일. 또는 그 겨를. 방가(放暇). 2)말미.

유 閒(틈 한) 비 假(거짓 가)

⑨ 13획　日 エツ
더위먹을 갈　中 hè,yē

풀이 더위먹다. 더위로 인하여 병에 걸리다.

暍死(갈사) 더위로 인하여 죽음.
暍人(갈인) 열병을 앓는 사람.

비 渴(목마를 갈)

⑨ 13획　日 ケイ
어길 규　中 kuí

풀이 어기다. 사이가 떨어지다.

暌索(규색) 헤어져 떨어짐.
暌合(규합) 떨어짐과 합침. 어긋남과 맞음.

暖
⑨ 13획　日 ダン・あたたかい
따뜻할 난　中 nuǎn

* 형성. 뜻을 나타내는 부수 '日(날 일)'과 '爰(이에 원)'이 합쳐져 이루어진 글자.

풀이 1. 따뜻하다. 2. 따뜻하게 하다. ¶暖房

暖帶(난대) 열대와 온대의 중간에 있는 지대.
暖房(난방) 방을 따뜻하게 함. 또는 따뜻한 방. 난방(煖房).
暖眼(난안) 따뜻한 눈길. 호의(好意)를 가진 눈.
暖寒(난한) 1)술로 추위를 쫓는 일. 2)겨울에 술을 대접하는 일.
暖紅(난홍) 해. 태양(太陽).
溫暖(온난) 날씨가 따뜻함.
溫暖前線(온난전선) 차고 무거운 기단 위에 따뜻하고 가벼운 기단이 올라앉은 불연속선.
春暖(춘난) 봄철의 따뜻한 기운.
飽食暖衣(포식난의) 배부르게 먹고 따뜻하게 옷을 입는다는 뜻으로, 의식이 넉넉하여 불편함 없이 지냄을 나타내는 말.
寒暖(한난) 추움과 따뜻함.
和暖(화난) 날씨가 화창하고 따뜻함.

유 溫(따뜻할 온) 반 寒(찰 한) 冷(찰 랭)

暋
⑨ 13획　日 ビン・ミン
굳셀 민　中 mǐn, mín

풀이 1 굳세다. 강하다. 2. 노력하다. 3 번민하다. 번뇌하다.

暑
⑨ 13획　日 セイ・あつい
더울 서　中 shǔ

* 형성. 뜻을 나타내는 부수 '日(날 일)'과 음을 나타내는 '者(놈 자)'를 합친 글자. 태양(日)이란 것(者)은 '더운' 것이라 하여, '덥다', 또는 더운 '여름'을 나타냄.

풀이 1. 덥다. 무덥다. ¶暑濕 2. 더위. ¶避暑 3. 여름.

暑氣(서기) 여름철의 더위. 서열(暑熱).
暑魃(서발) 가뭄.
暑伏(서복) 삼복(三伏)의 더위.
暑歲(서세) 가문 해.
暑濕(서습) 덥고 습기 참. 무더움.
暑炎(서염) 대단한 더위.
暑溽(서욕) 무더움. 무더위.
暑雨(서우) 무더운 여름철에 오는 비.
暑月(서월) 더운 여름의 계절 또는 달. 윤력 6월의 일컬음.
暑症(서증) 더위로 생긴 병.
暑天(서천) 1)더운 여름 하늘. 2)더운 날. 더운 날씨.
暑滯(서체) 더위로 생긴 체증(滯症).
劇暑(극서) 매우 심한 더위. 혹심한 더위. 극서(極暑). ↔극한(極寒).
大暑(대서) 이십사절기의 하나. 소서(小暑)와 입추(立秋) 사이로, 양력 7월 24일경. 이 무렵이 가장 덥다고 함.

炎暑(염서) 심한 더위. 염열(炎熱).

殘暑(잔서) 늦여름의 마지막 더위. 여열(餘熱). 잔염(殘炎).

處暑(처서) 이십사절기의 하나. 입추(立秋)와 백로(白露) 사이로, 8월 23일경 무렵부터 여름 더위가 가시기 시작한다고 함.

避暑(피서) 더위를 피해 시원한 곳으로 감.

반 凉(서늘할 량) 비 署(관청 서)

暗	⑨ 13획	日アン·くらい
	어두울 암	中àn

丨 ∏ 日 日 日' 日' 日' 日' 日' 日' 暗 暗 暗

* 형성. 뜻을 나타내는 부수 '日(날 일)'과 '音(소리 음)'을 합친 글자. 왼쪽으로 해(日)가 지고 오른쪽에 소리(音)만 들리니 '어두운' 것을 나타냄.

풀이 1. 어둡다. 2. 밤. 어둠. ¶暗夜 3. 사리에 어둡다. 어리석다. 4. 눈이 침침하다. 5. 남몰래. 몰래. ¶暗行 6. 숨어 있다. 7. 깊숙하다. 그윽하다. ¶暗香 8. 외다. ¶暗唱

暗渠(암거) 땅 속에 낸 도랑.

暗計(암계) 몰래 꾀함. 또는 그 꾀.

暗鬼(암귀) 존재하지 않으나 두렵게 생각되는 것.

暗澹(암담) 1)매우 어둡고 컴컴함. 2)희망이 없고 비참함.

4획

暗毒(암독) 성질이 음험하고 독함.

暗淚(암루) 남몰래 흘리는 눈물.

暗流(암류) 1)표면에 보이지 않는 물의 흐름. 2)드러나지 않은 형편의 변화에 관한 기운(機運).

暗賣(암매) 물건을 남몰래 팖.

暗射(암사) 어두운 상태에서 활을 쏨.

暗算(암산) 연필이나 주판을 쓰지 않고 마음속으로 하는 셈.

暗殺(암살) 남 몰래 사람을 죽임.

暗笑(암소) 마음속으로 비웃음.

暗誦(암송) 글을 보지 않고 입으로 욈.

暗暗(암암) 1)어두운 모양. 2)깊숙한 모양. 3)고요한 모양. 4)무엇이 인상이나 기억에 남아서 어른거리는 모양.

暗夜(암야) 어두운 밤. 암야(闇夜).

暗雲(암운) 1)금방 비가 내릴 듯한 시꺼먼 구름. 2)평온하지 못한 모양.

暗鬱(암울) 암담하고 우울함.

暗中(암중) 1)어둠 속. 2)은밀한 가운데.

暗中摸索(암중모색) 1)어둠 속에서 더듬어 물건을 찾음. 2)옛사람의 글을 이해도 못하면서 뜻을 인용하는 일.

○暗中摸索(암중모색)의 유래

측천무후 때의 재상 허경종(許敬宗)은 사람을 만나도 상대가 누군지 잘 잊어버리는 습성이 있었다. 어떤 사람이 그의 기억력을 비웃자 허경종이 "당신 같은 사람이야 기억하기 어렵지만, 문장으로 유명한 하손이나 유효작, 심약, 사조 같은 사람을 만난다면, 어둠 속에서도 찾아낼 수 있다네."라고 대답한 데서 유래한 말이다.

暗礁(암초) 해면 가까이 숨어 있는 보이지 않는 바위.

暗鬪(암투) 겉으로 드러내지 않고 다툼.

暗票(암표) 뒷거래되는 표.

暗合(암합) 아무 생각없이 한 일이 우연히 일치함. 우합(偶合).

暗行(암행) 몰래 다님.

暗香(암향) 그윽한 향기.

暗號(암호) 어떤 내용을 남모르게 전달하려고 쓰는 신호나 부호.

暗火(암화) 묻혀 있는 불. 거의 꺼질 듯한 불.

暗喜(암희) 남 몰래 기뻐함. 은근히 기뻐함.

明暗(명암) 1)밝음과 어두움. 2)기쁨과 슬픔, 행복과 불행 등을 비유하는 말. 3)그림이나 사진 등에서, 입체감을 느끼게 하는 색의 농담이나 강약.

幽暗(유암) 그윽하고 어둡침침함.

黑暗(흑암) 몹시 어두움.

반 明(밝을 명)

暘	⑨ 13획	日ヨウ
	해돋이 양	中yáng

풀이 1. 해돋이. 해가 뜨다. ¶暘谷 2. 말리다. 마르다. ¶暘燥 3. 밝다. 하늘이 맑다.

暘谷(양곡) 동쪽 끝의 해가 돋는다는 곳.

暘烏(양오) 태양의 다른 이름.

暘燥(양조) 햇볕에 말림.

暐	⑨ 13획	日イ·ひかり
	햇빛 위	中wěi

풀이 1. 햇빛. 햇살. 2. 빛나는 모양. 환히 빛나는 모양. ¶暐暐

暐暐(위위) 환한 모양. 빛나는 모양.

暆	⑨ 13획	日イ
	해 기울 이	中yí

풀이 해가 기울다. 해가 서쪽으로 넘어가다.

暈	⑨ 13획	日ウン・かさ
	무리 훈	中yūn, yùn

풀이 1. 무리. 해나 달 또는 광원(光源)의 둘레에 나타나는 흰빛의 테. ¶日暈. 2. 현기증 나다. 눈이 어지러워지다. 3. 멀미. ¶船暈

暈輪(훈륜) 달무리 등의 둥근 테두리.
暈船(훈선) 뱃멀미.
船暈(선훈) 뱃멀미.
月暈(월훈) 달무리.
日暈(일훈) 햇무리.
眩暈(현훈) 정신이 어지러움.

유 徒(무리 도) 衆(무리 중) 屬(무리 속)

暄	⑨ 13획	日ケン・あたたかい
	따뜻할 훤	中xuān

풀이 따뜻하다. 온난하다.

暄暖(훤난) 따뜻함. 온난(溫暖).
暄姸(훤연) 따뜻하고 아름다움.
暄燠(훤욱) 따뜻함.
暄風(훤풍) 따뜻한 바람. 봄바람.
暄寒(훤한) 계절 · 날씨의 춥고 더움을 나타내는 문안 인사. 한훤(寒暄).
暄和(훤화) 따뜻하고 화창함.

유 暖(따뜻할 난)

暉	⑨ 13획	日キ・ひかり
	빛 휘	中huī

풀이 1. 빛. 광채. 2. 빛나다.

暉麗(휘려) 빛나고 고움.
暉芒(휘망) 빛. 광채.
暉映(휘영) 빛이 비침. 휘영(輝映).
暉煜(휘욱) 빛남. 광채를 내며 빛남.
暉暉(휘휘) 하늘이 밝은 모양.
光暉(광휘) 환하게 빛남. 또는 그 빛. 광요(光耀).
夕暉(석휘) 저녁 햇살. 석조(夕照). 여휘(餘暉).
淸暉(청휘) 맑은 날의 햇빛. 청휘(淸輝).

暟	⑩ 14획	日カイ
	비출 개	中kǎi

풀이 1. 비추다. 비치다. 2. 아름답다. ¶暟暟

暟暟(개개) 아름다운 모양.

暣	⑩ 14획	日キ
	날씨 기	中qì

풀이 날씨. 일기.

暝	⑩ 14획	日メイ・ミョウ・くらい
	어두울 명	中míng

풀이 1. 어둡다. 어둑어둑하다. ¶暝途 2. 해가 지다. 3. 밤. ¶暝投 4. 잠을 자다.

暝途(명도) 어둑한 길.
暝暝(명명) 어두운 모양.
暝帆(명범) 어슴푸레하게 보이는 돛. 만범(晩帆).
暝投(명투) 밤에 투숙함.

유 暗(어두울 암) 반 明(밝을 명)

暢	⑩ 14획	日チョウ・のべる
	펼 창	中chàng

丨 ㄇ 日 日 申 申' 申ㄇ 申ㄇ 申ㄇ 申ㄇ 申ㄇ 暘 暢 暢

풀이 1. 펴다. 진술하다. 말을 늘어놓다. ¶暢敍 2. 공포하다. 실시하다. 3. 통하다. 통달하다. ¶暢暢 4. 화락하다. 화평하고 즐겁다. ¶暢適 5. 화창하다. 날씨가 맑다. 6. 차다. 충실하다.

暢達(창달) 1)거침없이 뻗어나감. 2)거침없이 의견 · 주장 등을 표현하여 전달함.
暢敍(창서) 진술하여 나타냄.
暢月(창월) 음력 11월의 다른 이름.
暢適(창적) 화락하고 즐거움.
暢暢(창창) 화락(和樂)한 모양.
暢洽(창흡) 널리 구석구석까지 보급됨.
明暢(명창) 1)목소리가 밝고 시원함. 2)논지가 분명하고 조리가 있음.
流暢(유창) 글을 읽거나 말이 거침이 없음.
和暢(화창) 날씨 등이 온화하고 맑음.

유 伸(펼 신)

暠	⑩ 14획	日コウ
	흴 호	中hào

풀이 희다. 흰 모양.

皜然(호연) 희고 환한 모양.

暤	⑩ 14획	日コウ
	밝을 호	中hào

풀이 밝다. 맑다.

暱	⑪ 15획	日ジツ·ニチ·ちかづく
	친할 닐	中nì

풀이 1. 친하다. 친해지다. 2. 친한 사람.

暱近(일근) 1)가까이 친한 사람. 2)친함. 친근해 함.

暱愛(일애) 친하게 지내며 사랑함.

暱嫌(일혐) 사적인 원한. 사원(私怨).

暯	⑪ 15획	日モウ
	흐릴 망	中mǎng

풀이 흐리다. 햇빛이 없다.

반 鮮(선명할 선)

暮	⑪ 15획	日ボ·くれる·くらす
	저물 모	中mù

＊회의. '日(날 일)'과 '莫(없을 막)'을 합친 글자로 해(日)가 없음(莫)을 나타내어, 해질녘인 '밤' 또는 '저물다'는 뜻으로 쓰임.

풀이 1. 저물다. 해가 지다. ¶日暮 2. 해질 무렵. 밤. ¶暮山 3. 끝. 마지막. ¶歲暮 4. 늦다. ¶暮冬 5. 늙다. 노쇠하다.

暮年(모년) 늙은 나이.

暮冬(모동) 늦은 겨울.

暮暮(모모) 저녁마다. 매일 저녁.

暮帆(모범) 해질 무렵 강에 떠 있는 돛단배.

暮山(모산) 해질 무렵의 산.

暮商(모상) 음력 9월의 다른 이름.

暮歲(모세) 1)연말(年末). 세모(歲暮). 2)노년(老年).

暮愁(모수) 해질 무렵의 쓸쓸함.

暮靄(모애) 저녁 안개.

暮夜(모야) 밤. 깊은 밤. 혼야(昏夜).

暮煙(모연) 저녁 연기.

暮雲春樹(모운춘수) 저녁 구름과 봄의 나무란 뜻으로, 친구를 생각하는 정이 돈독함을 말함.

暮節(모절) 1)음력 12월의 다른 이름. 2)음력 9월 9일의 딴 이름. 중양(重陽). 3)만년(晩年).

暮潮(모조) 저녁때 밀려 오는 조수.

暮砧(모침) 저녁 다듬이질 또는 그 소리.

暮霞(모하) 저녁놀.

旦暮(단모) 새벽녘과 해질녘. 아침과 저녁. 단석(旦夕). 조석(朝夕).

薄暮(박모) 해가 진 뒤로 컴컴하기 전까지의 어스레한 동안. 땅거미.

日暮(일모) 날이 저무는 일. 또는 날이 저물 무렵.

朝暮(조모) 아침과 저녁. 아침때와 저녁때. 조석(朝夕).

朝三暮四(조삼모사) 아침에 세 개, 저녁에 네 개, 즉 간사한 꾀로 남을 속이는 일을 비유하는 말.

○朝三暮四(조삼모사)의 유래

어떤 원숭이를 기르던 사람이 하루는 원숭이들에게 먹이를 주되 아침에 3개, 저녁에 4개 주겠다고 하자 원숭이들이 성을 내자, 말을 바꾸어 아침에 4개 저녁에 3개를 준다고 하자 좋아했다는 이야기에서 유래하다. 〈장자《莊子》〉

비 墓(무덤 묘) 幕(장막 막) 慕(사모할 모) 募(모을 모)

暬	⑪ 15획	日セツ
	설만할 설	中xiè

풀이 설만하다. 행동이 거만하고 무례하다. 버릇없이 멋대로 행동하다.

暬御(설어) 1)허물없이 지냄. 2)가까이에서 모심. 또는 그런 신하. 시신(侍臣).

暫	⑪ 15획	日ザン·しばらく
	잠시 잠	中zàn

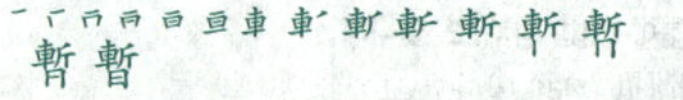

풀이 1. 잠시. 2. 갑자기. 별안간.

暫間(잠간) 잠시(暫時).

暫留(잠류) 잠시 머무름.

暫別(잠별) 잠시 이별(離別)함.

暫逢(잠봉) 잠시 만남.

暫時(잠시) 얼마 되지 않은 동안. 잠깐.

暫遊(잠유) 잠시 동안의 놀이.

暫定(잠정) 1)일시의 안정(安定). 2)어떤 일을 잠시 임시적으로 정하는 일.

暫住(잠주) 잠시 삶.

暫許(잠허) 잠시 허락함.

비 漸(점점 점) 慚(부끄러울 참)

暲	⑪ 15획 밝을 장	日ショウ 中zhāng

풀이 밝다. 해가 돋다.

유 彰(밝을 창)

暴	⑪ 15획 ❶사나울 포 ❷나타날 폭	日ホウ·バク·あばく 中bào, pù

풀이 1 1. 사납다. 포악하다. ¶暴君 2. 사나움. 3. 도리에 어긋나다. ¶暴戾 4. 해치다. 해롭게 하다. 5. 급하다. 돌연하다. 6. 갑자기. 급하게. ¶暴落 7. 맨손으로 치다. 8. 모질게 하다. 학대하다. 2 9. 나타내다. 드러내 보이다. ¶暴露 10. 쬐다. ¶暴曬 11. 시들다. 초목이 마르다.

暴慢(포만) 성질이 사납고 교만함. 포횡(暴橫).

暴惡(포악) 성질이 사납고 모짊.

暴暴(포포) 갑자기 일어나는 모양.

暴虎馮河(포호빙하) 사나운 범에게 덤비고 황하를 건넌다는 뜻으로, 무모한 행동을 비유하는 말.

暴虎馮河(포호빙하)의 유래
공자의 제자 자로가 공자가 안연을 크게 칭찬하는 말을 듣고 "선생님께서는 삼군을 통솔한다면 누구와 함께 하시겠습니까?"라고 묻자, 공자는 다음과 같이 말했다. "맨손으로 범을 잡으려 하고 맨몸으로 황하를 건너려다가 죽어도 후회함이 없는 자와는 함께 하지 않을 것이다. 반드시 일에 임하여 두려워하고 계책 세우기를 좋아하여 성공하는 자와 함께 할 것이다." 이 대답에는 제자에 대한 공자의 깊은 배려가 들어 있다. 《논어(論語)》

暴橫(포횡) 몹시 사납고 방자함.

暴苛(폭가) 사납고 가혹함.

暴擧(폭거) 거친 행동.

暴怒(폭노) 거칠게 성냄. 격렬하게 노함.

暴徒(폭도) 폭동을 일으키는 무리.

暴落(폭락) 물가나 주가 등이 갑자기 내림.

暴戾(폭려) 도리에 벗어나게 거칠고 사나움.

暴露(폭로) 1)비밀을 드러내 보임. 2)노천(露天)에서 비바람을 맞음.

暴杯(폭배) 술잔을 한 사람에게만 거듭 마시게 하는 일. 또는 그 술잔.

暴富(폭부) 벼락부자.

暴曬(폭쇄) 볕에 쬠.

暴食(폭식) 음식을 한꺼번에 많이 먹음.

暴揚(폭양) 널리 세상에 떨치게 함.

暴言(폭언) 난폭한 말.

暴逆(폭역) 사나워 도리에 벗어남. 또는 그런 사람.

暴威(폭위) 난폭한 위세

暴溢(폭일) 갑자기 넘침. 또는 세차게 넘침.

暴恣(폭자) 난폭하고 제멋대로임.

暴著(폭저) 1)두드러지게 나타남. 2)드러나 알려짐. 발각됨.

暴疾(폭질) 1)거칠고 빠름. 2)갑자기 앓는 병. 급병(急病).

暴漲(폭창) 1)갑자기 넘침. 2)갑자기 물가가 급등함. 폭등(暴騰).

暴漢(폭한) 난폭한 사람. 무법자.

暴害(폭해) 행패를 부려 해를 입힘.

亂暴(난폭) 행동이 몹시 거칠고 사나움.

恣暴(자포) 제멋대로 날뜀.

自暴自棄(자포자기) 절망(絶望) 상태에 빠져서, 자신을 버리고 돌보지 않음. 자포(自暴). 포기(暴棄).

橫暴(횡포) 제멋대로 굴며 난폭함.

凶暴(흉포) 매우 흉악하고 난폭함.

暵	⑪ 15획 말릴 한	日カン 中hàn

풀이 1. 말리다. ¶暵暵 2. 덥다. 3. 더위. 4. 초목이 시들어 마른 모양.

暵乾(한건) 오래 비가 오지 않아 땅이 말라서 습기가 없음.

暵暵(한한) 1)햇볕에 물건을 말리는 모양. 2)더운 모양.

暵赫(한혁) 햇볕이 몹시 뜨거운 모양.

비 漢(한수 한)

暻	⑫ 16획 밝을 경	日ケイ·あきらか 中jǐng

풀이 밝다. 환하다.

暨	⑫ 16획 및 기	日キ·およぶ 中jì

풀이 1. 및. 함께. ¶暨暨 2. 미치다. 이르다. 다다르다. ¶暨及 3. 굳세다. 용맹한 모습.

暨及(기급) 이름. 다다름. 미침.

暨暨(기기) 1)과단성(果斷性) 있고 굳센 모양. 2)부득이하여 함께 함.

4획

曇	⑫ 16획	日ドン·タン·くもる
	흐릴 담	中tán

* 회의. '日(해 일)'과 '雲(구름 운)'을 합친 글자. 해(日) 밑에 구름(雲)이 끼어 일광을 가림을 뜻하여, '흐리다'는 뜻으로 쓰임.

풀이 흐리다. 구름이 끼다.

曇曇(담담) 흐린 모양. 먹구름이 낀 모양.

曇鳥(담조) 집새의 다른 이름.

曇天(담천) 구름이 끼어 흐린 하늘.

반 晴(갤 청)

暾	⑫ 16획	日トン·あさひ
	아침 해 돈	中tūn

풀이 1. 아침 해. 2. 아침 해가 솟아오르는 모양. 아침 해가 비추다.

暾暾(돈돈) 1)햇빛이 구석구석 비치는 모양. 2)불빛이 환한 모양.

曈	⑫ 16획	日トウ·ドウ
	동틀 동	中tóng

풀이 동트다. 동이 트면서 훤해지는 모양.

曈曈(동동) 1)해가 돋을 때의 해의 모양. 2)태양처럼 빛나는 모양.

曈曨(동롱) 1)동이 트면서 훤히 밝아 오는 모양. 해가 뜨는 모양. 2)깨달은 바가 있어 마음이 환해지는 모양.

曈曚(동몽) 어둑어둑한 모양. 아직 환히 밝지 못한 모양.

비 瞳(눈동자 동)

曆	⑫ 16획	日レキ·こよみ
	책력 력(역)	中lì

丿 厂 厂 厂 厈 厈 厈 厤 厤 厤 厤 厤 厤 曆 曆 曆

* 형성. 뜻을 나타내는 부수 '日(날 일)'과 음을 나타내는 '厤(책력 력)'을 합친 글자.

풀이 1. 책력. 달·계절·시령(時令) 등을 날짜에 따라 적어 놓은 것. ¶曆紀 2. 역법(曆法). 천체의 운행을 추산하여 달·계절·시령(時令) 등을 정하는 법. ¶陰曆 3. 수(數). 수효. 4. 셈. 셈하다. 헤아리다. 5. 운명. 운수. 수명. ¶曆命. 6. 나이. 연령. 7. 일기. 일지(日誌).

曆紀(역기) 책력. 달력.

曆年(역년) 1)책력에 정한 일 년. 곧. 태양력에서는 365일. 윤년은 366일. 2)세월.

曆命(역명) 역수천명(曆數天命)의 준말로, 타고난 운명을 말함.

曆尾(역미) 달력의 끝. 곧 연말(年末).

曆象(역상) 1)달력에 의하여 천체의 운행을 헤아려 알아내는 일. 2)천체의 여러 가지 현상.

曆日(역일) 1)책력. 2)책력에서 정한 날. 3)세월.

改曆(개력) 1)역법(曆法)을 고침. 2)묵은 해를 보내고 새해를 맞음. 환세(換歲).

西曆(서력) 서양의 책력.

月曆(월력) 달력.

冊曆(책력) 천체를 측정하여 해와 달의 움직임과 절기(節氣)를 적어 놓은 책. 역서(曆書).

비 歷(지낼 력)

暸	⑫ 16획	日リョウ
	밝을 료	中liáo

풀이 밝다. 환하다.

暹	⑫ 16획	日セン
	해 돋을 섬	中xiān

풀이 1. 해가 돋다. 햇살이 퍼지다. 2. 나라 이름. 시암(Siam)의 음역으로서 지금의 태국(泰國)을 말함.

暹羅(섬라) 태국(泰國)의 이전 국호(國號).

曄	⑫ 16획	日ヨウ·かがやく
	빛날 엽	中yè

풀이 1. 빛나다. 빛을 발하다. ¶曄曄 2. 성(盛)한 모양.

曄然(엽연) 성(盛)한 모양.

曄曄(엽엽) 1)빛나는 모양. 밝고 윤기 있는 모양. 2)성(盛)한 모양.

曄煜(엽욱) 소리가 크게 울리는 모양.

유 昱(빛날 욱) 光(빛 광) 炯(빛날 형) 奐(빛날 환)

曀	⑫ 16획	日エイ·かざす
	구름 낄 예	中yì

풀이 1. 구름이 끼다. 햇빛을 가리다. 2. 구름이 끼고 바람이 불다.

曀曀(예예) 햇빛이 가려져 어두운 모양.

曀風(예풍) 흐린 날에 부는 바람.

4획

유 曇(흐릴 담)

曃 ⑫ 16획 日タイ・くらい
희미할 태 中dài

풀이 희미하다. 밝지 않은 모양.

曉 ⑫ 16획 日ギョウ・あかつき
새벽 효 中xiǎo

* 형성. 뜻을 나타내는 부수 '日(날 일)'과 음을 나타내는 '堯(높을 요)'를 합친 글자. 해(日)가 높이(堯) 떠 환해지는 시각을 나타내어 '새벽'을 뜻함.

풀이 1. 새벽. 동틀 무렵. ¶무曉 2. 밝다. 환하다. ¶曉了 3. 깨닫다. 환히 알다. ¶曉達 4. 타이르다. 5. 아뢰다.

曉暇(효가) 새벽의 한가한 때.
曉鷄(효계) 새벽을 알리는 닭의 울음 소리.
曉告(효고) 타이름.
曉光(효광) 새벽녘의 햇빛.
曉起(효기) 아침 일찍 일어남. 숙기(夙起).
曉氣(효기) 새벽의 공기. 새벽의 기상(氣象).
曉旦(효단) 새벽
曉達(효달) 깨달아 통달함. 환히 앎.
曉暾(효돈) 아침 햇빛.
曉頭(효두) 먼동이 트기 전의 이른 아침. 꼭두새벽.
曉得(효득) 깨달아 앎.
曉了(효료) 밝게 깨달음. 요해(了解)함.
曉霧(효무) 새벽 안개.
曉色(효색) 새벽빛. 새벽 경치.
曉夕(효석) 아침과 저녁. 아침저녁.
曉星(효성) 1)새벽에 보이는 별. 2)샛별. 금성(金星). 3)매우 드문 존재.
曉習(효습) 깨달아 익숙하게 됨.
曉示(효시) 타이름. 유시(諭示).
曉然(효연) 똑똑하고 분명하게 깨닫는 모양.
曉悟(효오) 깨달음. 또는 깨닫게 함.
曉月(효월) 새벽달.
曉喩(효유) 타이름. 깨우쳐 일러 줌.
曉風(효풍) 새벽에 부는 바람.
曉解(효해) 터득함. 효득(曉得).
曉鬟(효환) 아침에 흐트러진 부인의 머리.
曉會(효회) 깨달음.
曉曉(효효) 교묘하게 말하는 모양.
早曉(조효) 이른 새벽.
春曉(춘효) 봄철의 새벽.
通曉(통효) 환히 깨달아서 앎. 효달(曉達). 효통.

유 晨(새벽 신) 曙(새벽 서)

曒 ⑬ 17획 日キョウ
밝을 교 中jiǎo

풀이 1. 밝다. 2. 흰 옥석(玉石).

曒然(교연) 밝은 모양.

曖 ⑬ 17획 日アイ・くらい
가릴 애 中ài

* 형성. 뜻을 나타내는 부수 '日(날 일)'과 음을 나타내는 '愛(사랑 애)'를 합친 글자.

풀이 1. 가리다. 가려지다. 2. 희미하다. 어두운 모양. ¶曖曖 3. 뱃노래. ¶曖迺

曖迺(애내) 뱃노래. 배를 저으면서 부르는 노래.
曖曖(애애) 어둠침침한 모양. 흐릿한 모양.

曏 ⑬ 17획 日キョウ・あきらか・さきに
앞서 향 中xiǎng

풀이 1. 앞서. 접때. 이전에. ¶曏來 2. 잠시. 잠깐 동안. 3. 향하다. 마주 대하다.

曏來(향래) 앞서.
曏者(향자) 이전에. 전일에. 향래(曏來).

曋 ⑭ 18획 日タイ
우거질 대 中duì

풀이 우거지다. 무성하다.

비 對(대답할 대)

曚 ⑭ 18획 日モウ・ボウ・くらい
어두울 몽 中méng

풀이 1. 어둡다. 어스레하다. 어둑어둑하다. ¶曚曨 2. 무지하다. 어리석다. ¶曚昧

曚曨(몽롱) 햇빛이 흐릿함. 흐릿한 모양.
曚昧(몽매) 1)어두움. 2)어리석음.

유 懞(어두울 몽)

曙 ⑭ 18획 日ショ・あけぼの
새벽 서 中shǔ

4획

* 형성. 뜻을 나타내는 부수 '日(날 일)'과 음을 나타내는 '署(맡을 서)'을 합친 글자.

풀이 1. 새벽. 날이 샐 무렵. ¶曙光 2. 날이 밝다. 밤이 새다. 3. 아침.

曙更(서경) 새벽의 시각(時刻).
曙光(서광) 1)새벽의 동 터오는 빛. 2)좋은 일이 일어나려는 조짐.
曙色(서색) 1)새벽 빛. 2)새벽의 경치.
曙星(서성) 1)새벽별. 2)샛별. 명성(明星).
曙鶯(서앵) 새벽에 우는 꾀꼬리.
曙野(서야) 새벽의 들판.
曙月(서월) 새벽 달. 잔월(殘月).
曙日(서일) 아침 해. 아침 햇빛. 서희(曙曦).
曙鐘(서종) 새벽 종소리. 효종(曉鐘).
曙天(서천) 새벽 하늘.
曙曦(서희) 아침 해. 서일(曙日).
拂曙(불서) 새벽. 날샐 무렵. 불효(拂曉).

유 曉(새벽 효) 晨(새벽 신)

曜

⑭ 18획 빛날 요 日ヨウ・ひかり 中yào

* 형성. 뜻을 나타내는 부수 '日(날 일)'과 음을 나타내는 '翟(꿩 적)'을 합친 글자. 꿩(翟)의 화려한 모양처럼 날(日)이 빛나는 것을 나타냄. 바뀌어, '요일'을 나타내는 뜻으로 많이 쓰임.

풀이 1. 빛나다. 빛을 발하다. ¶曜曜 2. 빛. 햇빛. 3. 일월(日月)과 오성(五星). 4. 요일. 일주일. ¶曜日

曜靈(요령) 태양의 다른 이름. 요령(耀靈).
曜魄(요백) 북두성(北斗星)의 다른 이름.
曜曜(요요) 빛나는 모양.
曜煜(요욱) 번쩍번쩍 빛남. 광휘를 발함.
曜威(요위) 위엄을 빛냄. 위엄을 보임.
曜日(요일) 월·화·수·목·금·토·일에 붙어 일주일의 각 날을 나타낸 말.

유 煇(빛날 휘) 昱(빛날 욱) 光(빛 광) 昡(빛날 현)

曛

⑭ 18획 황혼 무렵 훈 日クン・たそがれ 中xūn

풀이 1. 황혼 무렵. 해질 무렵. 2. 저녁 해. 석양. 3. 석양빛. 4. 어스레하다.

曛霧(훈무) 누런빛을 띤 안개. 저녁 안개.
曛日(훈일) 저녁 해. 석일(夕日).
曛黃(훈황) 황혼(黃昏).
曛黑(훈흑) 해가 져서 어두움. 황혼이 짙어 어둑어둑함. 또는 그 시각.
夕曛(석훈) 해진 뒤의 어스레한 빛.

曠

⑮ 19획 넓을 광 日コウ・あきらか 中kuàng

풀이 1. 넓다. 광활하다. ¶曠海 2. 밝다. 환하다. 3. 비다. 공허하다. ¶曠古 4. 비우다. 5. 허송하다. 헛되이 지내다. 6. 멀다. 요원하다. 7. 들판. 황야.

曠古(광고) 옛날을 공허하게 한다는 뜻으로, 전례(前例)가 없음을 말함.
曠官(광관) 1)직무를 태만히 함. 관직에 있으면서 그 책임을 다하지 않음. 광직(曠職). 2)수령(守令)의 자리가 오래 빔.
曠曠(광광) 광대한 모양.
曠闕(광궐) 빔. 빠짐.
曠年(광년) 긴 세월을 지냄. 또는 오랜 세월. 광세(曠歲).
曠達(광달) 마음이 넓어서 사물에 구애받지 않음. 활달(豁達).
曠淡(광담) 마음이 넓고 담담함.
曠大(광대) 1)오랜 세월에 걸침. 2)세상에 드묾. 당대(當代)에 견줄 바가 없이 훌륭한 것.
曠度(광도) 넓은 도량(度量). 대도(大度).
曠塗(광도) 1)넓은 길. 2)먼 길.
曠朗(광랑) 넓고 밝음. 광대(廣大)하고 명랑(明朗)함.
曠邈(광막) 넓고 멂. 망막(茫漠).
曠望(광망) 널리 바라봄. 먼 곳을 바라봄.
曠世(광세) 1)세상에 다시 없음. 2)오랜 세월.
曠野(광야) 1)광대한 들. 허허벌판. 광원(曠原). 2)배(腹).
曠日(광일) 1)하는 것 없이 여러 날을 보냄. 2)오랜 시일. 3)종일(終日).
曠蕩(광탕) 1)넓고 넓은 모양. 2)광달(曠達).
曠廢(광폐) 1)버려두고 돌보지 않음. 2)황폐(荒廢)함.
曠海(광해) 넓은 바다. 대해원(大海原)
曠懷(광회) 활달한 생각. 마음을 널리 함.
放曠(방광) 마음이 느긋하여 사물에 거리낌이 없음.

曝

⑮ 19획 쬘 폭 日バク・さらす 中pù

* 회의. '暴(햇볕 쪼일 폭)'와 '日(날 일)'의 뜻이 합해져, '햇볕에 쬐어 말리다', '햇볕을 쬠'을 나타냄.

풀이 쬐다. 햇볕에 쬐어 말리다.

曝露(폭로) 1)겉으로 드러남. 2)풍우에 씻김.
曝背(폭배) 1)등을 햇볕에 쬠. 일광(日光)으로 등을 따뜻하게 함. 2)옥외(屋外)에서 일함. 양지에서 볕을 쬠.

曝書(폭서) 서책(書冊)을 햇볕에 쬐고 바람에 쐬는 일. 쇄서(曬書).

曝曬(폭쇄) 바람을 쐬고 볕에 바램.

曨	⑯ 20획	日ロウ·おぼろ
	어스레할 롱	中lóng

풀이 어스레하다. 동이 틀 무렵 어둑어둑하다.

曨曨(농롱) 어스레한 모양. 어둠침침한 모양.

曨昒(농홀) 동틀 무렵의 어슴푸레하게 밝은 모양.

비 嚨(목구멍 롱)

曣	⑯ 20획	日エン
	청명할 연	中yàn

풀이 1. 청명하다. 해가 뜨고 구름이 없다. 2. 따뜻하다.

曣晛(연현) 해돋이. 해가 뜸.

비 燕(제비 연)

曦	⑯ 20획	日ギ
	햇빛 희	中xī

풀이 햇빛. 일광.

曦光(희광) 햇빛. 일광(日光).

曦月(희월) 해와 달.

曦軒(희헌) 태양이 타고 있는 수레란 뜻으로, 해를 말함. 태양(太陽).

曩	⑰ 21획	日ノウ
	접때 낭	中nǎng

풀이 앞서. 전에. 이전에.

曩歲(낭세) 지난해.

曩日(낭일) 접때. 지난번. 전일(前日).

曩篇(낭편) 1)전에 지은 시문(詩文). 2)옛사람이 지은 시문.

曩勳(낭훈) 전에 세운 공훈.

비 囊(주머니 낭)

曬	⑲ 23획	日サイ·シ·さらす
	쬘 쇄	中shài

풀이 쬐다. 햇볕을 쬐다.

曬光(쇄광) 햇볕이 쬠.

曬殺(쇄살) 햇볕을 쬠.

曬書(쇄서) 책을 햇빛에 쬠.

曭	⑳ 24획	日トウ
	흐릿할 당	中tǎng

풀이 흐릿하다. 밝지 않다.

曭郞(당랑) 환히 빛남. 밝은 모양.

曭莽(당망) 어스레함. 햇빛이 희미함.

曮	⑳ 24획	日ガン
	해가 돌 엄	中yǎn

풀이 해가 돌다. 태양이 운행(運行)하다.

曯	㉑ 25획	日ゾク
	비출 촉	中zhú

풀이 비추다. 빛을 비추어 밝게 하다.

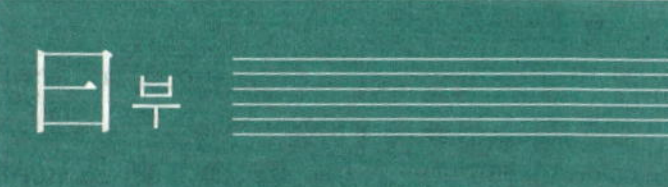

曰 부

曰 가로 왈 部

'曰' 자는 말할 때 입 속에서 나오는 소리의 기운을 나타내어 '口' 자에 '一' 라는 부호가 더해진 글자로, '말하되', '말하기를' 이라는 뜻인 '가로되', '가로' 라는 뜻을 지닌다. 따라서 공자왈(孔子曰)에서처럼 '이르다' 나 '~라 하다' 는 뜻의 어조사나 발어사로 쓰이고, 때로 얌전하지 못한 여자아이를 나타낼 때에도 사용된다.

曰	⓪ 4획	日エツ·いわく·いう
	가로 왈	中yuē

풀이 1. 가로되. 말하기를. 2. 이르다. 일컫다. 3. …라 말하다. 인용할 때 쓰는 말. ¶曰可曰否

曰可曰否(왈가왈부) 어떤 일에 대해 옳으니 그르니 함.

曰者(왈자) 왈패(曰牌).

曰牌(왈패) 언행이 단정하지 못하고 수선스러운 사람. 왈자(曰者).

曰兄曰弟(왈형왈제) 서로 형이니 아우니 하고 부름. 호형호제(呼兄呼弟).

비 日(해 일)

4 획

曲	② 6획 굽을 곡	日キョク · まがる · うた 中qū, qǔ

丨 冂 日 冃 曲 曲

* 상형. 나무 등을 구부려 만든 그릇을 본떠 '굽다'는 뜻을 나타냄. 또한 말이 굽어진 듯하는 것이 노래 가락처럼 들린다 하여, '가락', '곡조'를 나타냄.

풀이 1. 굽다. 휘다. ¶曲直 2. 굽히다. 3. 마음이 바르지 않다. 4. 자세하다. 상세하다. ¶曲禮 5. 구석. 6. 옳지 않다. 그르다. 어긋나다. ¶曲學 7. 치우치다. 8. 간절하다. 9. 가락. 악곡. ¶舞曲 10. 부분. 조각. 11. 굽이. 12. 재주. 곡예. 13. 잠박. 누에를 치는 기구.

曲徑(곡경) 꼬불꼬불한 길.

曲境(곡경) 몹시 어려운 지경.

曲曲(곡곡) 굴곡이 많은 산천이나 도로의 굽이굽이.

曲肱之樂(곡굉지락) 침구가 부족하여 팔을 베고 자는 청빈에 만족하며 도를 탐구하는 즐거움.

曲論(곡론) 이치에 어그러진 의론. 바르지 못한 의론. 곡설(曲說).

曲流(곡류) 구불구불 흘러가는 물. 굽이쳐 흐르는 물.

曲眉(곡미) 초생달처럼 가늘고 굽은 눈썹. 미인(美人)의 눈썹을 형용하는 말.

曲辯(곡변) 말을 교묘하게 둘러댐. 잘못을 옳다고 우기는 말.

曲線(곡선) 구부러진 선.

曲言(곡언) 넌지시 하는 말. 언외(言外)에 뜻이 있는 말. ↔ 直言(직언).

曲折(곡절) 1)꼬불꼬불함. 2)문장 같은 것의 내용이 복잡하고 변화가 많음. 3)자세한 사정. 복잡한 내용.

曲調(곡조) 가사(歌詞). 음악의 가락.

曲直(곡직) 1)굽은 것과 곧은 것. 2)사악함과 정직함. 정사(正邪). 선악(善惡). 시비(是非).

曲尺(곡척) 나무나 쇠로 ㄱ자 모양으로 만든 자.

曲學阿世(곡학아세) 배운 것을 굽혀 세상에 아첨한다는 뜻으로, 자기가 배운 진리를 어기고 세속의 시류나 이익에 영합함을 이르는 말.

⊙曲學阿世(곡학아세)의 유래

한나라의 원고생(轅固生)이라는 학자가 후학에게 "지금의 학문은 사설(邪說)이 횡행하여 전통 있는 학문은 자취를 감추고 있네. 자네는 올바른 학문에 힘써야 하네. 절대로 자기가 배운 학문을 굽혀 세상에 아첨해서는 안 되네."라고 충고한 데서 유래하였다.

曲解(곡해) 사실과 어긋나게 잘못 이해함. 또는 그 이해. 오해(誤解).

懇曲(간곡) 간절하고 정성이 지극함.

屈曲(굴곡) 이리저리 굽어 꺾임.

舞曲(무곡) 춤을 위해 작곡된 악곡.

歪曲(왜곡) 사실과 다르게 곱새김.

유 歪(비뚤 왜) 반 直(곧을 직)

曳	② 6획 끌 예	日エイ · ひく 中yè

* 회의. 말(曰)로 좌(丿)우(㇏)로 뻗히면서 '끄는' 것을 뜻하여, '끌다', '당기다'는 뜻이 됨.

풀이 1. 끌다. 질질 끌다. 2. 끌고 다니다. 3. 끌리다. ¶曳裾 4. 고달프다. 피로하다. ¶曳曳 5. 일이 틀어지다.

曳裾(예거) 1)옷자락을 땅에 질질 끎. 2)남몰래 방문함.

曳尾塗中(예미도중) 꼬리를 진흙 속에서 끈다는 뜻으로, 벼슬자리보다는 가난해도 고향에서 편히 지내는 편이 나음을 이르는 말.

⊙曳尾塗中(예미도중)의 유래

초나라 왕이 장자에게 사신을 보내 나랏일을 보아 줄 것을 요청하자 장자가 말하기를, "초나라에는 죽은 지 3천 년이 되었다는 신령스런 거북이 있다고 들었소. 왕은 그 거북을 비단으로 싸 상자에 넣어 묘당 위에 보관한다 하오. 그 거북은 죽어서 뼈를 남겨 귀하게 되기를 바랐을까요, 아니면 진흙 속에서 꼬리를 끌더라도 살기를 바랐을까요?"라고 물었다. 이에 사신이 물론 진흙 속에서 꼬리를 끌더라도 살기를 바랐으리라 대답하자, 장자는 자신 역시 진흙에서 꼬리를 끌겠다며 초나라 왕의 요청을 거절했다는 데서 유래한 말이다.

曳白(예백) 1)지필(紙筆)을 가지고도 시문(詩文)을 짓지 못함. 2)답안지를 백지로 내놓음.

曳兵(예병) 무기를 질질 끈다는 뜻으로, 적과 싸울 기력이 없어서 도망치는 모양을 비유하는 말.

曳曳(예예) 1)나부끼는 모양. 요예(搖曳). 2)힘을 들일 때 내는 소리. 영차 소리. 3)함성(喊聲). 4)웃음 소리.

曳引船(예인선) 다른 배를 끄는 배.

曳杖(예장) 지팡이를 끎. 지팡이를 끌면서 산책을 함.

비 吏(벼슬 리) 更(고칠 경)

更	③ 7획 ❶ 다시 갱 ❷ 고칠 경	日コウ · あらためる · かわる 中gēng, gèng

一 ㄏ 冂 丙 百 更 更

* 회의. 남쪽(丙)으로 매를 치(攴)는 것이니, 즉 어두운 곳에서 밝은 곳(日)으로 '고쳐' 가는 것을 나타냄.

풀이 ❶ 1. 다시. 또. ¶更新 ❷ 2. 고치다. ¶更張 3. 바꾸다. ¶更迭 4. 시각. 해질녘부터 새벽까지 5등분한 야간의 시간. 5. 갚다. 배상하다. 6. 잇다. 연속하다. 7. 번갈다. 8. 겪어 지내오다. 9. 지나다. 통과하다.

更考(갱고) 다시 생각함.

更讀(갱독) 다시 읽음.

更論(갱론) 다시 논하거나 거론함.

更聞(갱문) 다시 들음.

更發(갱발) 다시 생겨남. 다시 일어남.

更生(갱생) 거의 죽을 지경에서 다시 살아남. 재생(再生).

更新(갱신) 다시 새로워짐. 계약의 존속 중 현존 계약을 그 유효 기간 뒤에도 존속시키기 위해 새 계약을 체결함.

更新(경신) 묵은 것을 고쳐 새롭게 함.

更張(경장) 사회적 · 정치적으로 부패한 제도를 고쳐 새롭게 함.

更正(경정) 고쳐 바로잡음.

更迭(경질) 있던 사람을 갈아내고 다른 사람으로 대신함.

變更(변경) 바꾸어 고침.

비 吏(벼슬 리) 曳(끌 예)

曷	⑤ 9획	日カツ · なんぞ
	어찌 갈	中hé

풀이 1. 어찌. 어찌하여. 2. 어느 때. 언제. ¶曷月 3. 누가. 4. 어찌~하지 않은가? 5. 해치다. 상처 입히다. 6. 전갈. ¶曷鼻 7. 새 이름.

曷鼻(갈비) 전갈과 같은 모양을 한 코.

曷若(갈약) 어떠하냐? 하여(何如).

曷月(갈월) 어느 달.

曷爲(갈위) 어찌하여. 무엇 때문에.

書	⑥ 10획	日ショ · かく · ふみ
	글 서	中shū

* 형성. 뜻을 나타내는 '聿(이에 율)'과 음을 나타내는 '曰(가로 왈)'을 합친 글자. '曰'은 '者'의 생략형으로 붓(聿)이 말하는(曰) 것을 나타내어 '글' 또는 '쓰다'의 뜻으로 쓰임.

풀이 1. 글. 2. 글자. 문자. 3. 글씨. ¶書圖 4. 쓰다. 기록하다. 5. 장부(帳簿). 6. 편지. 서한. ¶書簡 7. 서경(書經). 오경(五經)의 하나. 중국의 요순 시대부터 주대에 이르기까지의 정사에 관한 문헌을 수집하여 공자가 편찬하였다는 책.

書簡(서간) 편지.

書館(서관) 1)공부하는 집. 학교. 2)궁중에서 책을 간직해 두고, 때때로 강의(講義)하는 곳.

書圖(서도) 1)글씨와 그림. 도서(圖書). 2) '하도낙서(河圖洛書)'의 준말.

書頭(서두) 본론에 들어가기 전의 첫머리. 서두(緖頭).

書類(서류) 기록 · 사무에 관한 문서.

書林(서림) 1)책을 많이 모아 둔 곳. 2)책을 파는 가게. 책방.

書房(서방) 1)서재(書齋). 2)책가게.

書辭(서사) 편지의 문구. 적힌 내용. 서면의 내용.

書案(서안) 1)책상(冊床). 2)문서의 초안(草案), 또는 문서.

書意(서의) 1)서면(書面)에 씌어 있는 글의 뜻. 2)서법(書法)의 정신.

書齋(서재) 책을 쌓아 두고 글을 읽거나 쓰는 방.

書鎭(서진) 책장, 또는 종이쪽이 바람에 날리지 않도록 누르는 물건. 문진(文鎭).

書帖(서첩) 명필을 모아 꾸민 책. 묵첩(墨帖).

書幅(서폭) 글씨를 써서 꾸민 족자.

覺書(각서) 1)어떠한 약속을 잊어버리지 않게 하기 위하여 기록해 둔 문서. 2)필요한 사항을 간단히 기재하여 원수(元首) 또는 외교 사절이 서명한 국가 사이에서 교환되는 외교 문서.

비 晝(낮 주) 畫(그림 화)

曺	⑥ 10획
	성 조韓

풀이 성씨(姓氏). 성(姓)으로서, 우리나라는 이 자를 쓰고, 중국에서는 '曹'를 씀.

曼	⑦ 11획	日マン · のびる · ひく
	길게 끌 만	中màn

풀이 1. 길게 끌다. 길다. ¶曼延 2. 아름답다. ¶曼辭 3. 없다. 4. 가볍다. 5. 언변이 있다. 말이 미려하다.

曼煖(만난) 가볍고 따뜻함.

曼麗(만려) 살결이 부드럽고 고움.

曼理皓齒(만리호치) 살결이 아름답고 이가 희다는 뜻으로, 미인의 아름다운 용모를 말함.

曼曼(만만) 긴 모양. 끝이 없는 모양.

曼帛(만백) 고운 비단.

曼膚(만부) 고운 살결.

曼辭(만사) 아름답게 수식한 말. 능숙한 말씨.

曼壽(만수) 장수(長壽).

曼延(만연) 1)길게 연속함. 2)널리 퍼짐.

曼頰(만협) 살결이 고운 뺨.

4획

曼姬(만희) 예쁜 계집. 미인.

曹	⑦ 11획	日ソウ·つかさ
	마을 조	中cáo

풀이 1. 마을. 관청. 2. 짝. 3. 무리. 떼. ¶法曹界 4. 조나라. 춘추 시대의 제후의 나라로 지금의 산동성(山東省) 안에 위치함.

曹輩(조배) 동아리. 무리.

曹司(조사) 1)관리의 집무하는 방. 2)낮은 벼슬아치.

曹偶(조우) 동배(同輩).

法曹(법조) 일반적으로 법률(法律) 사무에 종사하는 사람. 법조인(法曹人).

法曹界(법조계) 법관·변호사(辯護士) 등 사법에 관계하는 사람들의 사회. 법계.

曾	⑧ 12획	日ソウ·かつて
	일찍 증	中céng, zēng

풀이 1. 일찍. 일찍이. ¶曾經 2. 곧. 이에. 3. 거듭하다. 겹쳐지게 하다. ¶曾思 4. 거듭. 다시. 5. 더하다. 보태다. 6. 깊다. 깊숙하다.

曾經(증경) 1)일찍이. 2)이전에 겪음.

曾臺(증대) 높이 여러 층으로 쌓은 대.

曾思(증사) 거듭 깊이 생각함.

曾參殺人(증삼살인) 증삼이 사람을 죽였다는 뜻으로, 사실이 아닌데도 그것이 사실이라고 말하는 자가 많으면 진실이 됨을 이르는 말.

○曾參殺人(증삼살인)의 유래

공자의 제자로 효성이 지극했던 증삼이라는 자가 노나라의 비(費)라는 읍에 있을 때, 증삼과 이름이 같은 자가 사람을 죽였다. 그런데 어떤 사람이 증삼의 어머니에게 증삼이 사람을 죽였다고 말했으나 믿지 않았다. 그러나 얼마의 시간이 지난 후 몇 명의 사람이 계속 와서 말하자 증삼의 어머니는 두려워하며 짜고 있던 베틀의 북을 던지고 담을 넘어 달렸다고 한다. 《전국책》

曾孫(증손) 아들의 손자.

曾往(증왕) 일찍이. 지나간 때.

曾益(증익) 늘림. 더함. 증익(增益).

曾祖(증조) 아버지의 할아버지. 증조부(曾祖父).

未曾有(미증유) 일찍이 없었음.

비 會(모을 회)

朁	⑧ 12획	日サン·すでに
	일찍이 참	中cǎn

풀이 일찍이.

替	⑧ 12획	日テイ·タイ·かえる
	바꿀 체	中tì

* 형성. '兟' 와 음을 나타내는 '曰' 을 합친 글자. '兟' 는 '竝(나란히할 병)' 의 변형으로 두사람(兟)이 나란히 서서 말(曰)을 하며 갈마드는 모양에서 '갈리다', '바뀌다' 의 뜻을 나타냄.

풀이 1. 바꾸다. 갈다. ¶替番 2. 쇠하다. 멸망하다. 쇠퇴하다. ¶替壞 3. 폐하다. 폐지하다. 4. 번갈다. 대신하다. ¶替代

替壞(체괴) 쇠퇴(衰頹)함.

替代(체대) 서로 번갈아 대신함.

替番(체번) 번을 서로 바꿈. 교번(交番).

替懈(체해) 버리고 게을리함.

替換(체환) 1)바꿈. 2)갈아들임. 교대함.

交替(교체) 서로 갈림.

代替(대체) 다른 것으로 바꿈.

유 換(바꿀 환)

最	⑧ 12획	日サイ·もっとも
	가장 최	中zuì

* 회의. 뜻을 나타내는 부수 '曰(가로 왈)' 과 '取(취할 취)' 를 합친 글자. 취(取)하겠다고 말(曰)하는 것은 여럿 중에서 가장 나은 것을 취함을 뜻한다하여, '가장', '최고' 를 나타냄.

풀이 1. 가장. 최고. 제일. 최상. ¶最高 2. 모두. 3. 모이다. 4. 우두머리. 5. 요점. 중요한 일.

最强(최강) 가장 강함.

最高(최고) 가장 높음.

最近(최근) 얼마 안 되는 지나간 날. 요즘.

最嗜(최기) 가장 즐기거나 좋아함.

最良(최량) 가장 좋음.

最晚(최만) 가장 늦음.

最善(최선) 1)가장 좋음. 가장 선한 것. 2)온 힘. 전력(全力).

最少(최소) 1)가장 적음. ↔ 최다(最多). 2)가장 젊음.

最小(최소) 크기가 가장 작은 것.

最勝(최승) 제일 뛰어남. 가장 나음.

最甚(최심) 아주 심함. 가장 심함.

最愛(최애) 가장 사랑함. 제일 소중히 여김.

最終(최종) 맨 나중.

最初(최초) 맨 처음.

4획

> ❖ 최초(最初)에 관한 고사성어
> - 前代未聞(전대미문) 이제까지 들어 본 적이 없는 일.
> - 前人未踏(전인미답) 이제까지 아무도 발을 들여놓거나 도달한 사람이 없음.
> - 前無後無(전무후무) 전에도 없었고 앞으로도 없음.
> - 空前絶後(공전절후) 전에도 없었고 앞으로도 없음.
> - 未曾有(미증유) 지금까지 한 번도 있어본 일이 없음.

最好(최호) 1)가장 좋음. 2)가장 좋아함.

會	⑨ 13획	日カイ・あう
	모일 회	中guì, huì, kuài

풀이 1. 모이다. 모으다. ¶會同 2. 모임. 단체. 3. 만나다. ¶會見 4. 깨닫다. 이해하다. ¶會得 5. 맞다. ¶會心 6. 기회. 적당한 시기. ¶機會 7. 도회. 도시. 8. 회계. 셈. ¶會計 9. 뚜껑.

會見(회견) 서로 만나 봄.
會談(회담) 모여서 의논함.
會同(회동) 1)모임. 2)주대(周代)의 제도에서, 제후가 모여 천자에게 알현(謁見)함. 또는 천자가 제후를 모아 놓고 회견함. 3)강물이 한데 모여 흐름.
會得(회득) 깨달음. 잘 이해하여 알게 됨.
會流(회류) 물줄기가 한데 모여 흐름.
會上(회상) 대중이 모인 법회(法會).
會釋(회석) 불법(佛法)의 어려운 뜻을 통하도록 해석함.
會試(회시) 문, 무과의 초시(初試)에 합격한 사람이 서울에 모여 다시 보는 복시(覆試).
會審(회심) 법관이 모여 사건을 심리(審理)함.
會心(회심) 마음에 듦. 마음에 맞음.
會悟(회오) 깨달음. 해오(解悟).
會友(회우) 1)같은 모임의 회원. 동지(同志). 2)동지를 모음.
會飮(회음) 여럿이 모여서 술을 마심.
會意(회의) 1)마음에 합당함. 의기(意氣)가 상통함. 회심(會心). 2)한자 구조법의 명칭. 육서(六書)의 한 가지. 둘 이상의 글자를 합하여 한 글자를 만들고 또 그 뜻도 합성한 것.
會者定離(회자정리) 만나면 반드시 이별한다는 뜻으로 세상의 무상(無常)함을 말함.
會弔(회조) 여러 사람이 모여 함께 조상(弔喪)함.
會朝(회조) 제후(諸侯)가 모여 천자(天子)에게 알현(謁見)하거나 다른 제후와 만남.
佳會(가회) 즐거운 모임. 좋은 모임.
開會(개회) 회의나 회합 등을 시작함.
敎會(교회) 어떤 종교, 특히 기독교의 교의(敎義)를 가르치고 펴며, 또 예배나 미사를 보기 위한 건물. 또는 그 조직.
機會(기회) 어떤 일을 하기에 알맞은 시기.
團會(단회) 분위기가 좋은 원만한 모임.
大會(대회) 많은 사람의 모임.
司會(사회) 집회나 예식 등에서 진행을 맡아봄.
社會(사회) 공동 생활을 하는 인간의 집단.
再會(재회) 1)두 번째 갖는 모임. 2)다시 만남.
集會(집회) 공동 목적을 위하여 많은 사람이 일정한 때에 일정한 자리에 모임. 또는 그 모임. 회합(會合).
協會(협회) 어떤 목적을 위하여 회원들이 협력하여 설립하고 유지하는 모임. 또는 그러한 단체.

유 集(모일 집) 輯(모을 집) 비 曾(일찍 증)

朅	⑩ 14획	日ケツ・いく
	갈 걸	中qiè

풀이 1. 가다. 떠나가다. 2. 어찌 ~하지 않는가? ¶朅來 3. 언제. 어느 때에. 4. 이에. 대체. 5. 씩씩하다. 늘름하다.

朅來(걸래) 1)이에. 발어사(發語辭). 2)어찌 오지 않는가? 왜 오지 않을까?

4획

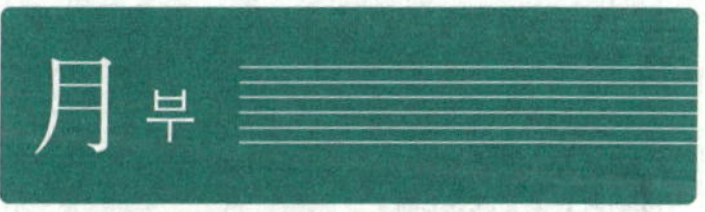

月 달 월 部

'月'자는 달의 모양을 나타내어 '달' 또는 달이 뜨는 '밤'을 뜻하는 글자로, 달수의 의미인 '매달'이나 '다달이'를 나타내기도 한다. 그리고 의미가 확대되어 시간의 흐름인 '세월'이라는 뜻으로도 사용된다.

月	⓪4획	日ゲツ・つき
	달 월	中yuè

丿 冂 月 月

*상형. 차고 이지러짐이 있는 초생달 혹은 반달의 모양을 본뜬 글자.

풀이 1. 달. ㉠지구의 위성. ㉡한 해의 12분의 일 ㉢달을 세는 단위. 2. 달빛. ¶月脚 3. 세월. ¶日月 4. 다달이. 달마다. ¶月給 5. 월경(月經).

月脚(월각) 땅 위에 비친 달빛.

月刊(월간) 매달 한 차례씩 인쇄물을 발행함.
月桂(월계) 1)월계수. 2)과거에 급제함. 절계(折桂). 3)달 속에 있다는 계수나무. 4)달 그림자. 달빛을 이름.
月宮姮娥(월궁항아) 1)달 속에 산다는 선녀. 2)미인.
月給(월급) 다달이 받는 급료.
月臺(월대) 1)지붕이 없는 누대(樓臺). 달을 볼 수 있는 누대. 2)전각 앞의 섬돌.
月廊(월랑) 1)행랑(行廊). 2)행각(行閣).
月曆(월력) 1)달력. 2)한 달 중에 행한 정사(政事)를 적은 서면.
月賦(월부) 값, 또는 빚을 다달이 나누어 갚아 가는 일.
月夕(월석) 1)달이 떠 있는 저녁. 월야(月夜). 2)월말. 3)음력 8월 15일 밤.
月域(월역) 서쪽 끝에 있는 먼 나라.
月容(월용) 달 모양으로 예쁜 얼굴.
月陰(월음) 1)달 그림자. 월영(月影). 2)달의 간지(干支). 월건(月建).
月下老人(월하노인) 남녀를 맺어주는 중매쟁이.

月下老人(월하노인)의 유래
위고(韋固)라는 사람이 어느 날 밤 한 노인이 달빛 아래에서 책을 읽고 있는 것을 보았다. 그 노인은 자신이 저승의 사람으로 사람들을 혼인시키는 일을 주관한다고 하였다. 위고는 노인에게 자신의 아내에 대해 물어서 찾아갔는데, 막상 보니 미래의 아내가 마음에 안 들어 그녀를 죽이려 하다가 미간에 상처만 남기고 죽이지 못하였다. 위고는 나중에 이 일을 잊고 혼인하였는데, 부인의 미간에 상처가 난 것을 보고 자신의 잘못을 빌었다고 한다.

4획

有
②6획 日ユウ·ある·もつ
있을 유 中yǒu, yòu

ノ ナ 𠂇 冇 有 有

*형성. 뜻을 나타내는 부수 '月(달 월)'과 음을 나타내며 '오른 손'을 뜻하는 又(또 우)를 합친 글자.

풀이 1. 있다. ¶有能 2. 존재하다. 3. 가지다. 소유하다. 4. 많다. 5. 자재(資材). 소유물. 6. 알다. 7. 독차지하다.

有故(유고) 탈이나 사고가 있음.
有機(유기) 동식물처럼 생활 기능을 갖추어 생활력이 있는 것.
有能(유능) 재능이 있음.
有力(유력) 1)힘이 있음. 완력(腕力)이 셈. 2)세력이 있음. 3)확실한 가능성이 있음.
有望(유망) 잘 될 희망이 있음.
有名無實(유명무실) 1)소문만 아름다울 뿐 실질이 수반되지 않음. 2)헛된 이름만 있을 뿐 실체(實體)가 없음.
有備無患(유비무환) 미리 준비함이 있으면 어떤 환란을 당해도 걱정할 것이 없음.
有事(유사) 1)일이 있음. 용무가 있음. 2)비상한 일이 일어남.
有心(유심) 1)마음에 생각하는 바가 있음. 정이 있음. 유정(有情). 2)주의(注意)를 기울임. ↔ 무심(無心).
有耶無耶(유야무야) 1)어물어물함. 흐지부지함. 2)흐리멍덩함.
有餘(유여) 남음이 있음. 여유가 있음.
有意(유의) 1)의지가 있음. 생각이 있음. 2)일부러. 고의로.
有志(유지) 1)어떤 일에 참가하거나 실행할 뜻이 있음. 또는 그 사람. 2)남달리 세상 일을 조심함. 또는 그 사람.
有效(유효) 효력이 있음. 보람이 있음.

유 存(있을 존) 有(있을 유) 在(있을 재)

肭
④8획
肭(p603)의 譌字

肦
④8획
頒(p1546)과 同字

服
④8획 日フク·きもの
옷 복 中fú,fù

丿 刀 月 月 月ˇ 肜 服 服

*형성. 뜻을 나타내는 부수 '月(달 월)'과 다스림을 받음을 나타내는 부수 이외의 글자를 합친 글자. 몸을 다스려 보호한다는 의미가 합하여, '옷을 입다'는 뜻을 나타냄.

풀이 1. 옷. 복장. ¶服物 2. 입다. 옷을 입다. 3. 상복. 4. 복종하다. 따르다. ¶服從 5. 약을 먹다. 복용하다. ¶服用 6. 들어맞다. 일치하다. 7. 착용하다. 지니다. 8. 물러나다. 9. 직책. 10. 생각하다. ¶服念 11. 행하다. 종사하다. 12. 말. 네 말이 끄는 마차에서 멍에를 끼고 달리는 안쪽의 두 말을 말하며, 바깥쪽 두 말은 '驂'이라 함. 13. 쓰다. 사용하다. 14. 익다. 익숙하다. 15. 구역. 주대(周代)에 왕기(王畿)의 밖 주위에서부터 5백 리마다 설정한 구역. 16. 다스리다. 17. 꾸미다. 18. 전동. 화살을 넣는 통.

服車(복거) 1)공사(公事)에 사용하는 수레. 2)수레에 말을 메움. 곧, 수레를 탐.
服劍(복검) 1)검을 참. 또는 차고 있는 검. 2)짧은 검. 단검(短劍). 복도(服刀).

服勤(복근) 힘든 일에 종사함. 복로(服勞).

服勞(복로) 1)좇아서 힘씀. 2)노역(勞役)에 종사함. 복근(服勤).

服馬(복마) 사두마차(四頭馬車)의 안쪽 좌우 두 마리의 말.

服務(복무) 맡은 일에 힘씀.

服物(복물) 1)의복과 기물. 2)백성을 거느림. 백성을 복종시킴.

服事(복사) 1)좇아서 섬김. 2)공무에 종사함.

服屬(복속) 1)좇아 따름. 복종. 2)복(服)을 입을 친속(親屬). 유복친(有服親).

服役(복역) 1)공역에 복무함. 2)남의 밑에서 지휘를 받아 일을 함. 3)징역을 삶.

服用(복용) 약을 먹음.

服膺(복응) 가슴에 간직함. 잘 기억하여 잠시도 잊지 않음.

服從(복종) 남의 명령이나 의사에 따름.

服佩(복패) 1)몸에 참. 2)마음에 새겨 잊지 않음.

感服(감복) 감동하여 진심으로 따름.

着服(착복) 1)남의 것을 부당하게 제 것으로 함. 2)옷을 입음.

歎服(탄복) 감탄하여 진심으로 따름.

朋 ④ 8획 벗 붕 日ホウ・とも 中péng

丿 刀 月 月 刖 肌 朋 朋

* 상형. 본래는 한 마리가 날면 모두가 따라 날아가는 '봉새'를 상형한 것이나, 이것이 같이 따라 다니는 '벗'이라는 뜻이 됨.

풀이 1. 벗. 친구. ¶朋友 2. 동아리. 떼. 무리. 3. 무리를 이루다. ¶朋飛 4. 쌍. 짝. 5. 쌍조개. 돈으로 사용하던 한 쌍의 조개.

朋故(붕고) 벗. 친구.

朋黨(붕당) 이해나 주의 등이 같은 사람끼리 모여 당외 사람들을 배척하는 단체.

朋徒(붕도) 한패. 동아리 동료.

朋飛(붕비) 떼지어 낢.

朋比(붕비) 붕당을 지어 자기 편을 두둔함.

朋勢(붕세) 많은 동아리의 세력.

朋友(붕우) 벗. 친구. 우인(友人).

朋友有信(붕우유신) 친구 사이에는 믿음이 있어야 함. 오륜(五倫)의 하나.

朋酒(붕주) 1)두 통의 술 항아리. 2)붕우(朋友)의 회음(會飮).

朋儔(붕주) 벗. 친구. 동무.

朋知(붕지) 친구. 벗.

朋執(붕집) 벗. 친구.

朋好(붕호) 친구 사이의 정의(情誼). 우정(友情). 또는 친한 벗.

유 友(벗 우) 비 冊(책 책)

朐 ⑤ 9획 멍에 구 日ク 中qú

풀이 멍에.

朏 ⑤ 9획 초승달 비 日ヒ・みかづき 中fěi

풀이 초승달. ¶朏朒

朏朒(비뉵) 초승달. 신월(新月).

朏魄(비백) 1)달의 어두운 그늘 부분. 2)달의 빛나는 부분과 빛나지 않는 부분. 3)초승달. 4)해와 달.

朒 ⑥ 10획 초하룻달 뉵(육) 日ジク・ちぢまる 中nǜ

풀이 1. 초하룻달. ¶朒朓 2. 줄어들다. 3. 주눅들다. 위축되다. 기죽다.

朒朓(육조) 음력 초하룻날에 동쪽 하늘에 보이는 달과 그믐날에 서쪽 하늘에 보이는 달.

朔 ⑥ 10획 초하루 삭 日サク・ついたち 中shuò

丶 丷 䒑 屰 屰 屰 朔 朔 朔 朔

* 형성. 뜻을 나타내는 부수 '月(달 월)'과 '逆(거스를 역)'의 생략형을 합친 글자. 한 달(月)이 가고 또 거슬러 올라(逆)가서 '초하룻날'이 된다고 하여, '초하루'라는 뜻으로 쓰임.

풀이 1. 초하루. ¶朔晦 2. 북녘. 북쪽. ¶朔空 3. 정삭. 천자가 제후에게 나누어 주던 달력. 4. 처음. 시작. 5. 아침.

朔空(삭공) 북쪽 하늘.

朔氣(삭기) 1)북방의 추운 기운. 한기(寒氣). 2)이십사절기(二十四節氣)의 매월 초에 드는 절기.

朔漠(삭막) 북방의 사막 지대.

朔望(삭망) 초하루와 보름. 음력 1일과 15일.

朔鼙(삭비) 음악을 연주할 때 처음에 치는 작은 북.

朔雪(삭설) 북지(北地)의 눈.

朔月(삭월) 매달 초하루. 삭일(朔日).

4획

朔奠(삭전) 상가(喪家)에서 매월 음력 초하룻날 에 지내는 제사.
朔地(삭지) 북방 오랑캐의 땅.
朔風(삭풍) 북쪽에서 불어오는 바람.
朔晦(삭회) 음력 초하루와 그믐.

朓	⑥ 10획 그믐달 조	日チョウ·みそか 中tiǎo

풀이 그믐달.
비 眺(바라볼 조)

朕	⑥ 10획 나 짐	日チン·われ 中zhèn

풀이 1. 나. 자기 자신. 2. 징조. 조짐. ¶朕兆
朕垠(짐은) 조짐과 형상(形狀).
朕兆(짐조) 조짐. 징조.

朗	⑦ 11획 밝을 랑(낭)	日ロウ·ほがらか 中lǎng

* 형성. 뜻을 나타내는 부수 '月(달 월)'과 '良(좋을 량)'을 합친 글자. 좋은(良) 달(月)이란 밝은 달을 뜻하여, '밝다'를 나타냄.

풀이 1. 밝다. 환하다. ¶朗朗 2. 명랑하다. 쾌활하다. 3. 맑고 또렷한 소리.
朗讀(낭독) 소리를 높여 읽음.
朗朗(낭랑) 1)소리가 명랑한 모습. 2)빛이 매우 밝음.
朗報(낭보) 유쾌한 소식. 기쁜 소식.
朗誦(낭송) 시·문장 등을 소리 높여 읽음.
開朗(개랑) 1)탁 트여 환함. 2)총명함.
明朗(명랑) 1)밝고 맑고 낙천적인 성미. 또는 모습. 2)유쾌하고 쾌활함.
晴朗(청랑) 맑고 명랑함.
비 郎(사나이 랑)

4획

望	⑦ 11획 바랄 망	日ボウ·のぞむ 中wàng

丶 亠 亡 亡 切 胡 胡 胡 望 望 望

* 회의. 없어(亡)졌던 달(月)이 다시 좋게(王) 나옴을 뜻하여 '보름달'을 나타냄. 또한 그러한 보름달이 나오길 기다린다고 하여 '바라는 것'을 나타내기도 함.

풀이 1. 바라다. 기대하다. ¶所望 2. 기다리다. 3. 바라보다. 먼곳을 내다보다. 4. 원망하다. 꾸짖다. ¶怨望 5. 보름. 음력 보름날의 달. ¶望月 6. 엿보다. 7. 우러러보다. 8. 소망. 9. 이름. 명성. 10. 펼쳐진 경치. 전망. 11. 망제. 산천에 지내는 제사.
望臺(망대) 먼 곳을 바라보는 누대.
望梅解渴(망매해갈) 시디신 매실을 상상해 침을 만들어 갈증을 푼다는 뜻으로, 연상에 의해 일시적으로 욕망을 억제시킴을 이르는 말.

望梅解渴(망매해갈)의 유래
위(魏)나라 조조(曹操)의 군대가 행군을 하고 있었다. 무더운 날씨에 병사들은 몹시 지치고 목이 타는데 마실 물은 떨어진 지 오래였다. 이때 조조가 외쳤다. "모두들 힘을 내라. 여기서 가까운 곳에 매화나무 숲이 있다. 거기엔 가지가 휘도록 매실이 주렁주렁 달려 있으니 거기 가서 모두들 갈증을 풀도록 하자." 시디신 매실을 떠올리자 모든 병사들의 입안은 침으로 흥건해졌다. 이렇게 하여 기운을 되찾은 장병들은 무더위에 땀을 뻘뻘 흘리면서도 질서 정연하게 진군을 할 수 있었다. 《세설신어(世說新語)》

望拜(망배) 멀리 바라보고 절함.
望士(망사) 명망 있는 선비.
望床(망상) 1)큰 잔치 때 탐스럽게 하려고 과실(果實)·떡·어육 등의 음식을 높이 괴어 놓은 상. 2)혼인 잔치에서 신랑의 몸상 뒤에 놓은 큰 상.
望色(망색) 안색을 살핌.
望五(망오) 쉰을 바라본다는 뜻으로 나이 마흔하나를 나타내는 말. 궁중에서 임금·왕후·왕대비의 나이 쉰이 되기 이삼 년 전에 베푸는 경축연.
望月(망월) 1)보름날 밤의 달. 2)달을 바라봄.
望鄕(망향) 고향을 그려 바라봄.
德望(덕망) 덕행으로 얻은 명망.
所望(소망) 바라는 바.
怨望(원망) 남을 못마땅하게 여기고 탓함.
責望(책망) 잘못을 들어 나무람.
希望(희망) 앞일에 대한 기대를 가지고 바람.
유 願(원할 원) 希(바랄 희)

朘	⑦ 11획 줄어들 전	日セン 中juān, zuī

풀이 줄어들다. 쪼그라지다.

期	⑧ 12획 기약할 기	日キ·ちぎる·よき 中jī, qī

* 형성. 뜻을 나타내는 부수 '月(달 월)'과 음을 나타내는 '其(그 기)'를 합친 글자. 그(其) 달(月) 즉 그때를 한정하는 것을 나타내어, '때' 또는 '기약함'의 뜻으로 쓰임.

一 十 卄 卄 甘 甘 其 其 期 期 期 期

풀이 1. 기약하다. 약속하다. ¶期約 2. 정하다. 결정하다. 3. 때. 시기. ¶期節 4. 한정. 정도. 5. 돌. 함. 만 일 주야(一晝夜). 또는 만 일 주년(一周年). 6. 백년. 백년간. 7. 기다리다. 8. 바라다. 기대하다. ¶期待 9. 모이다. 10. 기한. 기간. ¶期間 11. 다하다. 12. 요구하다. 13. 목표로 삼다.

期間(기간) 미리 정한 일정한 시간. 기한의 사이.
期年(기년) 돌. 만 1년. 1주년.
期待(기대) 어느 때로 기약하여 바람. 희망을 가지고 기약한 것을 기다림.
期圖(기도) 기약하여 꾀함.
期望(기망) 기대하고 바람. 믿고 바람.
期服(기복) 기년(朞年)의 복(服). 1년의 상(喪). 조부모 · 백숙부모(伯叔父母) · 적손(嫡孫) · 형제 등의 복. 기복(朞服). 재최(齊衰).
期成(기성) 어떤 일의 성취를 기약함.
期約(기약) 때를 작정하여 약속함.
期月(기월) 1)미리 약속한 달. 2)만 1개월.
期頤(기이) 백 살이 되는 사람. 백 세가 된 노인.
期日(기일) 기약한 날짜.
期節(기절) 철. 때. 기회. 계절(季節).
期親(기친) 기년(朞年)의 복(服)을 입는 관계에 있는 친척. 조부모 · 숙부 · 형제 등.
期必(기필) 확정하여 틀림이 없음. 꼭 되기로 작정함.
期限(기한) 미리 기약해 놓은 시기.
期會(기회) 1)때를 약속하고 모임. 2)꼭 실행하려고 계획함. 3)때. 시기.

비 欺(속일 기)

朞	⑧ 12획	日キ
	돌 기	中jī

풀이 돌. 일 주년(一週年).

朞年(기년) 1)기년복(朞年服)의 준말. 2)한 해 되는 돌.

朝	⑧ 12획	日チョウ · あさ
	아침 조	中cháo, zhāo

一 十 广 古 古 吉 直 卓 朝 朝 朝 朝

* 회의. 달(月)이 빠지고(下) 해(日)가 뜨는(上) 때인, '아침'을 나타냄.

풀이 1. 아침. ¶朝飯 2. 조정. 3. 왕조. 한 왕조의 통치 기간. 4. 임금이 재위하는 기간. 5. 정사(政事). 정사를 펴다. ¶朝命 6. 알현하다. 임금을 뵈다. ¶朝謁 7. 조회를 받다. 조회하다. ¶朝會 8. 모이다. 9. 마을. 10. 부르다. 11. 처음. 시작. 12. 흘러 들어가다.

朝貢(조공) 제후(諸侯)나 속국(屬國) 등이 내조(來朝)하여 공물(貢物)을 바치는 일.
朝令暮改(조령모개) 아침에 명령을 내리고 저녁에 고친다는 뜻으로, 일관성 없는 정책을 빗대어 쓰는 말.

朝令暮改(조령모개)의 유래
진한시대에 어사대부 조착이라는 인물이 변방의 부족한 곡식 문제를 해결할 수 있는 묘책을 내놓은 상소에서 유래한 고사이다. "홍수와 가뭄을 당하여 갑자기 세금 징수나 부역 동원을 당하게 되니, 세금과 부역의 시각이 정해지지 않은 것은 아침에 영을 내리고 저녁에 고치는 결과를 초래하게 되는 것입니다." 그러나 이러한 그의 노력은 현실화되지 못했고, 결국 귀족들의 시기를 사서 죽임을 당하고 말았다. 《논귀속소(論貴粟疏)》

朝命(조명) 조정의 명령. 군왕(君王)의 명령. 군명(君命).
朝名市利(조명시리) 명성은 조정에서 이익은 시장에서 다툰다는 뜻으로, 어떤 일이든 알맞은 장소에서 함을 이르는 말.

朝名市利(조명시리)의 유래
진나라의 혜문왕은 촉과 한(韓) 가운데 어느 나라를 먼저 공격해야 할지 신하들에게 물었다. 이때 사마초는 촉을 먼저 공격해야 한다고 주장했고, 장의는 한나라를 공격하여 중원으로 진출하는 것이 좋다며 이렇게 말했다. "'명예는 조종에서 다투고 이익은 시장에서 따진다.'라는 말이 있습니다. 지금 삼천 지방은 천하의 시장이고, 주나라는 천하의 조정입니다. 이런 요충지를 두고 촉을 공격한다는 것은 어리석은 일입니다." 그러나 장의의 건의는 받아들여지지 않았고, 진나라는 촉을 공격해 영토를 넓히는 일에 주력했다. 《전국책》

朝霧(조무) 아침 안개. 효무(曉霧).
朝飯(조반) 아침밥.
朝社(조사) 조정과 사직(社稷). 황실(皇室)과 국토(國土).
朝三暮四(조삼모사) 아침에 세 개, 저녁에 네 개라는 뜻으로, 눈앞에 보이는 차이만 알고 결과가 같은 것을 모르는 어리석음을 이르는 말.

朝三暮四(조삼모사)의 유래
송나라의 저공(狙公)이라는 사람이 원숭이를 길렀다. 어느 날 먹을 것이 부족해져서 원숭이들에게 앞으로는 아침에 세 개, 저녁에 네 개의 도토리를 주겠다고 했더니 원숭이들이 화를 내었다. 그래서 다시 아침에 네 개 저녁에 세 개씩 주면 되겠냐고 하니 원숭이들이 기뻐하였다고 한다.

朝霜(조상) 아침의 서리.
朝市(조시) 1)조정(朝廷)과 시장(市場). 사람이 모이는 곳. 2)아침에 여는 저자.
朝臣(조신) 조정에서 벼슬하는 사람. 조정에 출사(出仕)하는 문무백관(文武百官).
朝謁(조알) 조정에서 임금을 알현(謁見)함.
朝野(조야) 1)조정과 백성. 관리와 민간인. 2)천하. 세상.
朝陽(조양) 1)산의 동쪽. 아침 해가 먼저 비치는

데서 이르는 말. 2)아침 해. 아침 햇빛. 조일(朝日). 조욱(朝旭). 조돈(朝暾).
朝宴(조연) 조정에서 베푸는 연회.
朝日(조일) 아침 해. 욱일(旭日).
朝奠(조전) 장사(葬事)에 앞서 이른 아침마다 영전(靈前)에 지내는 제식(祭式).
朝餐(조찬) 아침 식사.
朝會(조회) 1)백관이 임금을 뵙기 위해 모이던 일. 2)학교·관청 등에서 행하는 아침 모임.
危若朝露(위약조로) 위험이 아침해에 곧 마를 이슬과 같다는 뜻으로, 사람의 운명이 위태로운 것을 말함.

유 旦(아침 단) 반 夕(저녁 석) 夜(밤 야)

朚	⑩ 14획	日
	어슴푸레할 황	中 huāng

풀이 달빛이 어슴푸레하다.

朣	⑫ 16획	日 ドウ·トウ
	달뜰 동	中 tóng

풀이 1. 달이 뜨다. 달빛이 어리다. ¶朣朧 2. 흐리다. 어렴풋하다. ¶朣朦
朣朧(동롱) 달이 떠오를 무렵 밝아지려는 모양.
朣朦(동몽) 1)밝지 못한 모양. 똑똑하지 못한 모양. 2)몽롱(朦朧).

4획

朦	⑭ 18획	日 モウ
	흐릴 몽	中 méng

풀이 흐리다. 어렴풋하다. 어렴풋한 모양.
朦狡(몽교) 1)우매(愚昧)하고 아련한 모양. 2)사물이 분명하지 않은 모양. 3)정신이 흐리멍덩한 모양. 의식이 분명하지 않은 모양.
朦朦(몽몽) 1)어슴푸레한 모양. 2)하늘이 흐려 비가 내릴 듯한 모양. 3)혼돈하여 질서가 없는 모양. 4)정신이 흐려 멍한 모양.

비 矇(소경 몽)

朧	⑯ 20획	日 ロウ
	흐릿할 롱(농)	中 lóng

풀이 흐릿하다. 분명하지 않다.
朧光(농광) 흐린 달빛.
朧朧(농롱) 어슴푸레한 모양. 희미하게 밝은 모양.
朧月(농월) 흐린 달.

木 나무 목 部

'木' 자는 '나무'를 뜻하는 글자로, 나무를 베어 목재를 만들기 때문에 '목재'나 '나무를 재료로 하여 만든 물건'을 나타낸다. 사람을 땅에 묻을 때 흔히 나무를 사용하여 '관'이나 '널'이라는 뜻으로도 사용되며, 나무의 재질이 질박하다 하여 '질박하다', 또는 목화(木花)에서처럼 '무명'의 뜻으로도 사용된다. 이 글자를 부수로 갖는 글자는 나무와 관련되고, 사람의 생활이나 생산 활동과 관련된 뜻도 갖는다.

木	⓪ 4획	日 ボク·モク·き
	나무 목	中 mù

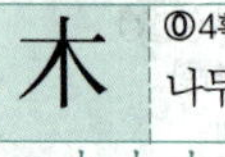

* 상형. 땅에 뿌리를 박고 선 나무 모양을 본뜬 글자.

풀이 1. 나무. ¶木石 2. 목재. 나무로 만든 것. ¶木造 3. 목성(木星). 별 이름. ¶木星 4. 목제 악기. 5. 목. 오행(五行)의 첫째로, 방위는 동쪽, 계절로는 봄을 뜻함. 6. 널. 관. 7. 질박하다. 꾸밈이 없이 수수하다. 8. 차꼬. 죄인의 손발 등을 끼우는 형구. 고랑·칼 등. 9. 韓 무명. 면포(綿布).
木强(목강) 순박하고 고집이 셈.
木工(목공) 나무로 물건을 만드는 사람. 목수(木手).
木瓜(목과) 모과나무의 열매.
木琴(목금) 음계의 순서로 나열한 나뭇조각을 두 개의 솜방망이로 쳐서 소리를 내는 타악기(打樂器).
木丹(목단) 치자(梔子)의 다른 이름.
木理(목리) 나뭇결. 나무를 깎은 면에 나타나는 무늬. 나이테. 목성(木性).
木馬(목마) 나무로 만든 말.
木末(목말) 1)나무의 끝. 2)메밀 가루.
木石(목석) 1)나무와 돌. 2)감정이 무디고 무뚝뚝한 사람.
木星(목성) 태양에서 다섯째로 가까운 최대 혹성. 체적은 지구의 약 1,318 배. 11년 315일 걸려 태양을 한 바퀴 돎.
木魚(목어) 불경을 읽을 때 두드려 소리를 내는 불구(佛具). 나무의 속을 파서 물고기 모양으로 만들었음. 목탁(木鐸).
木纓(목영) 나무로 구슬같이 만들어 옻칠을 하여 꿴 갓끈.
木耳(목이) 썩은 나무에서 돋는 버섯. 목이버섯.
木人(목인) 나무로 만든 인형(人形).

木人石心(목인석심) 나무 몸뚱이와 돌의 마음이란 뜻으로, 감정이 없는 사람을 비유하는 말. 목석심장(木石心腸).
木彫(목조) 나무를 재료로 하여 조각함. 또는 그 작품.
木造(목조) 나무를 재료로 하여 만듦. 또는 그 물건.
木主(목주) 위패(位牌). 또는 신주(神主).
木鐸(목탁) 1)절에서 불공을 할 때나 사람을 모이게 할 때 두드려서 소리를 내는 기구. 2)세상 사람을 깨우쳐 바른 길로 인도할 사람이나 기관.

木鐸(목탁)의 유래

공자(孔子)가 위나라 국경 마을에 갔을 때, 그곳 관리가 공자를 보고 한 말에서 유래되었다. 그는 공자의 제자들에게 "여러분, 당신들의 스승이 벼슬을 잃었다고 너무 걱정하지 마십시오. 천하에 도(道)가 없어진 지 오래지만, 하늘은 장차 여러분의 스승을 목탁으로 삼으실 겁니다."라고 말했다고 한다.

木筆(목필) 1)나무로 만든 붓. 연필(鉛筆)의 다른 이름. 2)나무 이름. 목련(木蓮).

유 樹(나무 수)

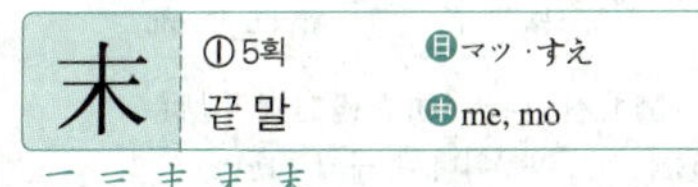

末 ① 5획 日 マツ・すえ
끝 말 中 me, mò

一 二 丰 未 末

* 지사. 나무(木)의 위쪽에 표시(一)를 하여 나무 가지 끝을 나타냄. 후에, 나무에 한하지 않고, '사물의 끝'이란 뜻으로 쓰임.

풀이 1. 끝. 마지막. ¶末伏 2. 중요하지 않는 부분. 지엽(枝葉). 3. 꼭대기. 정상. 4. 사지. 손발. 5. 장사. 상공업. 6. 가루. 7. 가볍다. 8. 작다. 9. 쇠퇴하다. 망해가다. ¶末世 10. 마침내. 드디어. 11. 신하. 백성. 12. 늙다. 13. 자손. 14. 천하다. 미천하다. 15. 없다.

末期(말기) 끝나는 시기.
末端(말단) 맨 끄트머리. 끝. 말미(末尾)
末路(말로) 1)가던 길의 마지막. 2)일생의 끝날 무렵. 노후(老後). 말년(末年). 3)일이 망해가는 길.
末伏(말복) 삼복 중의 마지막 복. 입추 후의 첫째 경일(庚日).
末寺(말사) 본산에 딸린 절.
末席(말석) 1)맨 끝자리. 2)낮은 지위.
末世(말세) 정치·도덕·풍속 등이 아주 쇠퇴한 시대. 망해가는 세상.
末俗(말속) 말세의 타락한 풍속.
末孫(말손) 촌수가 먼 자손.
末藥(말약) 가루약.
末梢(말초) 1)끝이 갈려 나간 가는 가지. 2)사물의 끝 부분.
斷末魔(단말마) 숨이 끊어질 때의 고통. 또는 임종. 아수라(阿修羅).

비 未(아닐 미)

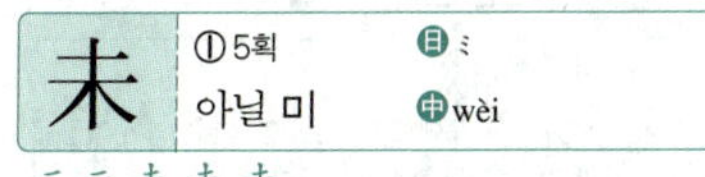

未 ① 5획 日 ミ
아닐 미 中 wèi

一 二 千 未 未

* 상형. 나무 끝의 가느다란 작은 가지의 모양을 본뜬 글자.

풀이 1. 아니다. 아직 …하지 않다. 부정의 뜻. ¶未安 2. 미래. 장래. 앞날. ¶未來 3. 여덟째 지지(地支). 십이지(十二支)의 하나로, 시간은 오후 1~3시, 방위는 서남쪽, 달로는 6월, 띠로는 양을 나타냄.

未開(미개) 1)아직 문명하지 못한 상태. 2)꽃이 아직 피지 않음.
未納(미납) 아직 바치지 않았거나 못함.
未達(미달) 어떤 한도나 목표에 아직 이르지 못함.
未踏(미답) 아직 누구의 발길도 미치지 않음.
未得(미득) 아직 얻지 못함.
未登記(미등기) 아직 등기하지 않음.
未來(미래) 1)아직 오지 않은 때. 2)죽은 뒤의 세상.
未練(미련) 단념할 수 없음.
未了(미료) 아직 다 끝내지 못함.
未滿(미만) 정한 수나 정도에 차지 못한 것.
未亡人(미망인) 남편이 죽으면 으레 따라서 죽어야 할 것인데 아직 살아 있다는 뜻으로, 과부가 자기를 낮추어 일컫는 말.

未亡人(미망인)의 유래

초나라 자원(子元)이 문왕의 부인을 유혹하려 궁궐 옆에다 큰 저택을 짓고 은나라 탕왕이 만든 무곡을 연주하였다. 문왕 부인은 그 음악을 듣고 울며 "돌아가신 선왕은 이 음악을 오랑캐를 막는 군사 훈련에 쓰셨습니다. 지금 당신은 이를 원수를 토벌하는 데 쓰지 않고 미망인의 곁에서 연주하니 이상한 일 아닙니까?"라고 하였다.

未明(미명) 날이 아직 밝기 전.
未成年(미성년) 아직 만 20세가 되지 않음. 또 그 사람.
未遂(미수) 목적했던 바를 못 이룸.
未安(미안) 1)마음이 편안하지 못하고 거북스러움. 2)남에게 겸연쩍은 마음이 있음.
未定(미정) 아직 정해지지 않음.
未盡(미진) 아직 다하지 못함.
未婚(미혼) 아직 혼인을 하지 않음.
未洽(미흡) 마음에 넉넉하지 못하거나 흡족하지 못함.

유 非(아닐 비) 不(아닐 불)
비 末(끝 말)

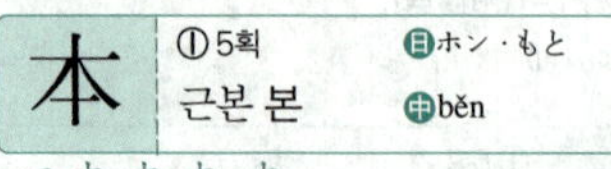

一 十 才 木 本

* 지사. 나무(木) 아래쪽에 표적(一)을 붙여 나무의 뿌리 밑을 나타냄. 후에, 나무에 한하지 않고 '사물의 근본'이란 뜻으로 쓰임.

풀이 1. 근본. 기본. ¶根本 2. 밑. 나무의 뿌리나 줄기. 3. 근본으로 삼다. 4. 근원. 기원. 5. 바탕. 밑바탕. 6. 선조. 조상(祖上). 7. 본가(本家). 8. 고향. 9. 자기 자신. 본인. ¶本人 10. 마음. 11. 선행(善行). 덕. 12. 농업. 농사. 13. 본전. 원금. 14. 본디. 원래의. ¶本性 15. 책. 문서. ¶刻本 16. 본. 초목 등을 세는 단위. 17. 이. 지시대명사.

本貫(본관) 1)시조(始祖)의 고향. 2)본적.
本館(본관) 분관이나 별관에 대하여 주가 되는 건물.
本能(본능) 날 때부터 타고난 능력.
本來(본래) 1)사물이 전하여 내려 온 그 처음. 2)처음부터. 본디부터.
本末(본말) 처음과 나중.
本分(본분) 1)자기에게 알맞은 분수. 2)마땅히 해야 할 직분. 3)당연한 운명.
本性(본성) 본디의 성질.
本心(본심) 1)본디부터 갖고 있는 양심. 2)본정(本情).
本業(본업) 1)근본이 되는 직업. 2)농업(農業).
本人(본인) 1)자기. 저. 2)바로 그 사람. 당사자.
本質(본질) 1)본바탕. 2)본래부터 가지고 있는 사물의 독자적 성질.
本態(본태) 본디의 형태.
本土人(본토인) 대대로 그 땅에 나서 오래도록 살아 내려 오는 사람. 본토박이.
脚本(각본) 연극의 바탕이 되는 글.

유 根(뿌리 근)

札
① 5획
패 찰
日サツ
中zhá

풀이 1. 패. 얇고 작은 나뭇조각. 2. 편지. ¶簡札 3. 공문서(公文書). 4. 갑옷의 미늘. 5. 일찍 죽다. 6. 전염병. 7. 노. 배를 젓는 막대.

札札(찰찰) 1)매미 우는 소리. 2)쟁기로 밭 가는 소리.
札翰(찰한) 편지.
簡札(간찰) 편지. 서한(書翰).
鑑札(감찰) 자세히 살핌.
落札(낙찰) 경쟁 입찰 등에서, 입찰의 목적인 물품 매매나 공사 청부의 권리를 얻는 일.
雁札(안찰) 편지.
應札(응찰) 입찰(入札)에 응함.
入札(입찰) 매매 · 청부 등의 계약 체결에 관하여, 제일 유리한 내용을 표시한 사람과 계약을 할 조건으로 희망자에게 각자의 견적 가격을 기입하여 제출하게 하는 일. 또는 희망자가 제출하는 일.
現札(현찰) 현금.

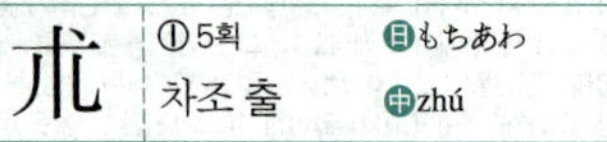

풀이 차조.

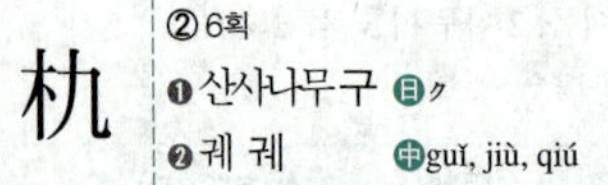

풀이 ❶ 1. 산사나무. ¶杦子 ❷ 2. 궤. ¶杦實

杦樹(구수) 아가위나무. 구자(杦子).
杦子(구자) 1)구수(杦樹). 2)소귀나무.
杦實(궤실) 궤에 담은 물건.

机
② 6획
책상 궤
日キ・つくえ
中jī

풀이 책상.

机案(궤안) 책상. 궤안(几案).
机下(궤하) 책상 아래. 곧, 곁·옆이라는 뜻으로, 편지 겉봉의 상대편의 이름 아래 쓰는 명칭.

비 杦(산사나무 구)

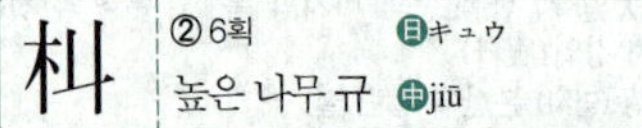

풀이 1. 높은 나무. 2. 나무 가지가 아래로 굽어 늘어진 모양.

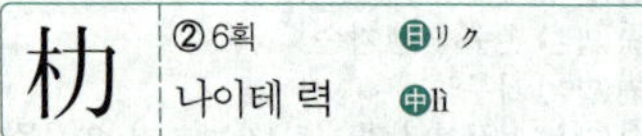

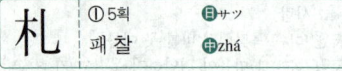

풀이 1. 나이테. 2. 구석.

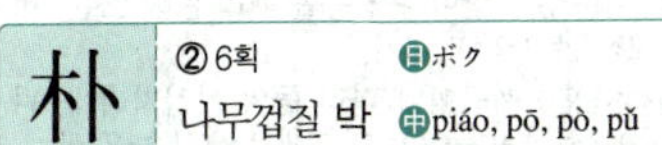
朴 ② 6획 日ボク
나무껍질 박 中piáo, pō, pò, pǔ

一 十 才 木 朴 朴

* 형성. 뜻을 나타내는 부수 '木(나무 목)'과 음을 나타내는 '卜(점 복)'을 합친 글자. '卜'은 '팍'이라는 소리를 나타내어 팍 소리내는 두꺼운 나무(木) 껍질을 나타냄.

풀이 1. 나무껍질. 2. 후박나무. 바닷가나 산기슭에 나는데, 잎이 두껍고 긴 달걀 모양임. 나무껍질은 약재로, 나무는 가구재 등으로 쓰임. 3. 소박하다. 수수하다. 순박하다. ¶朴而不文 4. 크다. ¶朴牛 5. 치다. 때리다.

朴刀(박도) 칼집이 없는 칼.
朴魯(박로) 순박하고 어리석음.
朴茂(박무) 정직하고 인정이 많음.
朴素(박소) 사치하지 않고 수수함.
朴實(박실) 순박하고 진실함.
朴野(박야) 소박하고 꾸밈이 없음.
朴牛(박우) 큰 소.
朴而不文(박이불문) 소박하여 겉치레가 없음.
朴直(박직) 순박하고 정직함.
朴忠(박충) 순박하고 충실함.

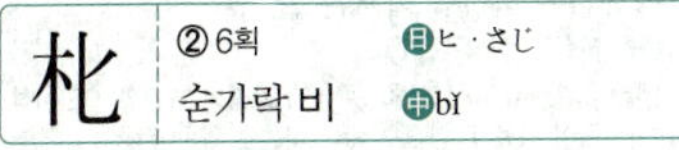
朼 ② 6획 日ヒ・さじ
숟가락 비 中bǐ

풀이 숟가락. 나무로 만든 숟가락으로 제사 때 쓰임.

朿 ② 6획 日サ・とげ
가시 자 中cì, jì

풀이 가시.

비 束(묶을 속)

朾 ② 6획 日テイ
칠 정 中chéng

풀이 1. 치다. 두드리다. 2. 문설주. 문의 양쪽에 세워 문짝을 끼워 닫게 한 기둥. 3. 나무 베는 소리. 4. 도리깨.

朾螘(정의) 불개미. 개미의 일종.

유 打(칠 타)

朱 ② 6획 日シュ・あか
붉을 주 中zhū

ノ 乛 ニ 牛 牛 朱

* 지사. 나무(木)의 한가운데에 한 획(一)을 덧붙여 나무의 속 단면이 붉은 빛깔임을 나타냄.

풀이 1. 붉다. 2. 붉은 빛깔을 띤 물건. 3. 적토(赤土). 주사(朱砂). 4. 둔하다. 5. 줄기. 6. 연지. 자주나 빨강의 중간색으로 여자의 얼굴 화장에 쓰였음. 7. 난쟁이.

朱闕(주궐) 붉은 칠을 한 궁궐(宮闕).
朱欄畫閣(주란화각) 단청(丹靑)으로 채색한 화려한 누각. 주루화각(朱樓畫閣).
朱蠟(주랍) 편지의 겉봉 같은 것을 봉하는 데 쓰는 붉은 밀.
朱明(주명) 1)여름의 다른 이름. 2)해. 태양. 3)중국의 명(明) 왕조.
朱墨(주묵) 1)붉은 먹. 2)주색(朱色)과 묵색(墨色). 사물의 서로 다름을 비유하는 말. 3)붉은 먹과 검은 먹으로 장부에 지출과 수입을 적는다는 뜻으로, 관청에서 집무함을 이르는 말. 4)시문의 첨삭(添削). 퇴고(推敲).
朱脣皓齒(주순호치) 붉은 입술과 하얀 이란 뜻으로, 미인을 비유하는 말. 단순호치(丹脣皓齒).
朱顔(주안) 1)붉은빛을 띤 아름다운 얼굴. 미소년(美少年) 또는 미인의 얼굴. 2)술 취한 붉은 얼굴.
朱紫(주자) 1)붉은빛과 자줏빛. 2)정(正)과 사(邪). 3)고위 관리(高位官吏).
朱子學(주자학) 송(宋)나라 주돈이(周敦頤)·정명도(程明道)·정이천(程伊川) 등에서 비롯하여 주자에 이르러 대성한 학설. 도학(道學). 성리학(性理學). 이학(理學).
朱雀(주작) 1)남쪽에 있는 성수(星宿)로서 그곳을 지키는 신. 붉은 봉황의 형상임. 주조(朱鳥). 2)남쪽. 남방. 3)군대 기(旗)의 표장(表章)의 이름.
朱天(주천) 서남쪽 하늘.
朱汗(주한) 1)핏빛 같은 땀. 구슬땀. 2)매우 수고하여 흘리는 땀.
朱檻(주함) 단청한 난간. 화려한 누각의 난간. 주란(朱欄).
朱戶(주호) 붉은 칠을 한 지게문. 천자가 공로가 있는 제후에게 준 구석(九錫)의 하나.

유 赤(붉을 적) 丹(붉을 단)

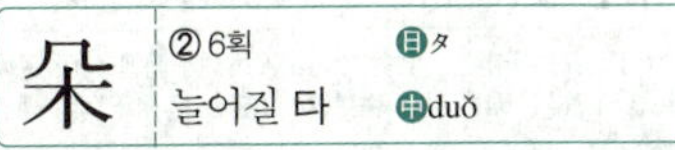
朵 ② 6획 日ダ
늘어질 타 中duǒ

풀이 1. 늘어지다. ¶朵雲 2. 꽃송이. 꽃송이나 꽃가지를 세는 단위. ¶朵朵 3. 별채. ¶朵殿 4. 움직이다.

4 획

朵雲(타운) 축 드리워진 구름이란 뜻으로, 남에게서 온 편지를 높여 이르는 말.

朵頤(타이) 턱을 움직인다는 뜻으로, 먹고자 하는 모양을 말함.

朵殿(타전) 전각의 동서에 있는 별채.

朵朵(타타) 나무의 가지 · 잎 · 꽃송이 · 열매 등이 휘늘어져 있는 모양.

② 6획

朵(p609)의 俗字

杋

② 6획 日ハツ

고무래 팔 中bā

풀이 고무래. 곡식을 모으거나 펴거나 또는 아궁이의 재를 긁어 내는 데 쓰는 나무로 만든 기구. T자 모양으로 되어 있음.

朽

② 6획 日キュウ · くちる

썩을 후 中xiǔ

풀이 1. 썩다. 부패하다. ¶朽敗 2. 쇠약해지다. ¶朽老 3. 구리다. 썩은 냄새.

朽斷(후단) 썩어서 끊어짐.

朽鈍(후둔) 늙어서 둔해짐.

朽落(후락) 1)낡고 썩어서 쓸 수가 없게 됨. 2)오래 되어서 빛깔이 변함.

朽老(후로) 늙어서 기력이 쇠약해짐. 또는 그런 사람. 쇠로(衰老). 노후(老朽).

朽木糞牆(후목분장) 조각할 수 없는 썩은 나무와 칠을 할 수 없는 썩은 토담이란 뜻으로, 정신이 썩어 있는 사람은 가르치기가 어려움, 또는 처치 곤란한 사람을 비유하는 말.

朽損(후손) 썩어서 헒.

朽條(후조) 썩은 끈. 썩은 새끼.

朽敗(후패) 썩어서 못 쓰게 됨.

朽廢(후폐) 썩어서 소용이 없게 됨.

不朽(불후) 썩지 않음. 영원히 없어지지 않음.

유 腐(썩을 부)

杆

③ 7획 日ケン

방패 간 中gān, gǎn

* 형성. 뜻을 나타내는 부수 '木(나무 목)'과 음을 나타내는 '干(방패 간)'을 합친 글자. 나무(木)로 만든 방패(干)라는 뜻을 나타냄.

풀이 1. 방패. 2. 몽둥이. ¶杆棒 3. 난간. ¶欄杆 4. 지레. 5. 쓰러진 나무. 6. 나무 이름. ㉠박달나무. ㉡산뽕나무.

杆棒(간봉) 사람이나 짐승을 때리는 데 쓰는, 비교적 굵고 긴 막대기.

欄杆(난간) 계단이나 다리 등의 가장자리에, 나무나 쇠붙이 등으로 가로세로 세워 놓은 살.

유 盾(방패 순)

杠

③ 7획 日コウ

깃대 강 中gāng, gàng

풀이 1. 깃대. 2. 다리. 외나무다리 같은 작은 다리.

杠梁(강량) 다리. 교량(橋梁).

杠夫(강부) 상여(喪輿)를 메는 인부(人夫).

杠首(강수) 깃대의 꼭대기.

杞

③ 7획

❶ 나무이름 기 日キ · シ

❷ 쟁기 시 中qǐ

풀이 1 1. 나무 이름. 2. 나라 이름. 주대(周代)의 나라로, 우왕(禹王)의 자손이 통치하였으며 지금의 하남성(河南省)의 기현(杞縣)임. 2 3. 쟁기.

杞憂(기우) 기나라 사람의 근심이라는 뜻으로, 쓸데없는 걱정을 이르는 말.

杞憂(기우)의 유래

옛날 기(杞)나라에 하늘이 무너지고 땅이 꺼질까봐 근심하는 사람이 있었다. 다른 사람이 하늘은 기운이 쌓여 이루어진 것으로 사람이 몸을 굽혔다 펴고 숨을 쉬는 것도 모두 하늘 속에 속하는 일이니 걱정 말고, 땅은 흙이 쌓인 것으로 사람들이 걷고 밟는 것이니 무너지지 않는다고 하였다. 이 말을 듣고 기나라 사람이 크게 기뻐하였다고 한다.

杜

③ 7획 日トゥ

팥배나무 두 中dù

* 형성. 뜻을 나타내는 부수 '木(나무 목)'과 '土(흙 토)'를 합친 글자. 나무(木)와 흙(土)으로써 집을 지어 비바람과 추위와 더위를 '막는' 것을 나타냄.

풀이 1. 팥배나무. 장미과의 낙엽 활엽 교목. 봄에 흰 꽃이 피고 가을에 팥알 모양의 열매가 익음. 2. 막다. 틀어 막다. ¶杜絶 3. 끊다. 4. 뿌리.

杜鵑(두견) 1)두견이. 2)진달래.

杜牧(두목) 중국(中國) 당나라 말기(末期)의 시인. 자는 목지(牧之).

杜門不出(두문불출) 문을 닫고 나가지 않는다는 뜻으로, 집에만 틀어박혀 사회(社會)의 일이나 관직에 나아가지 않음을 이르는 말.

杜甫(두보) 중국(中國) 성당(盛唐) 시기의 시인. 자는 자미(子美). 호는 소릉(少陵) 또는 두릉

(杜陵).

杜絶(두절) 교통과 통신이 막히고 끊어짐.

杜撰(두찬) 저술(著述)에 전거(典據)나 출처가 확실하지 않은 문자를 쓰거나 오류가 많음.

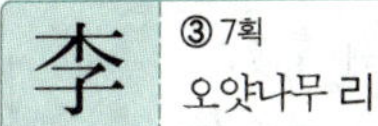

李 ③ 7획 日リ
오얏나무 리 中lǐ

一 十 才 木 本 李 李

* 형성. 뜻을 나타내는 부수 '木(나무 목)'에 음을 나타내는 '子(아들 자)'를 합친 글자. 나무(木) 열매(子), '오얏(자두)'을 뜻함.

풀이 1. 오얏나무. 자두나무. 2. 오얏. 자두. ¶道傍苦李 3. 다스리다. 4. 재판관. 법관. 5. 별 이름.

李杜(이두) 이백(李白)과 두보(杜甫)를 함께 이르는 말.

李白(이백) 중국 성당(盛唐) 때의 대시인. 호는 청련(青蓮). 두보(杜甫)와 함께 시종(詩宗)으로 존경받음.

李下不整冠(이하부정관) 오얏나무 아래에서는 갓을 고쳐 쓰지 말라는 뜻으로, 의심받을 일은 아예 하지 말라는 말.

桃李(도리) 1)복숭아와 자두, 또는 그 꽃이나 열매. 2)남이 천거한 좋은 인재(人材)를 비유하는 말.

道傍苦李(도방고리) 길가에 있는 쓴 자두 열매라는 뜻으로, 남에게 버림받음을 비유하는 말.

小行李(소행리) 작은 행구(行具). 조그마한 행장(行裝).

行李(행리) 길 가는 데 쓰는 여러 가지 물건이나 차림. 여행갈 때 필요한 물건.

비 秀(빼어날 수) 季(계절 계)

宋 ③ 7획 日ホウ
들보 망 中máng

풀이 들보. 건물의 칸과 칸 사이의 두 기둥을 건너지르는 나무.

杋 ③ 7획 日ハン
나무 이름 범 中fán

풀이 나무 이름.

杉 ③ 7획 日サン · あさ
삼나무 삼 中shā, shān

풀이 삼나무. 소나무과의 상록 교목. 나무의 질이 좋아 건축이나 가구재로 쓰임.

束 ③ 7획 日ソク · たばねる
묶을 속 中shù

一 𠃌 𠃌 𠃌 申 東 束

* 상형. 땔나무(木)를 묶은 모양을 본떠, '묶다', '매다'의 뜻을 나타냄.

풀이 1. 묶다. 동여매다. 2. 모으다. 3. 속박하다. ¶束縛 4. 약속하다. ¶約束 5. 단속하다. ¶團束 6. 매다. 잡아매다. 7. 묶음. 뭇. 나무나 채소의 한 묶음. 8. 쉰 개. 화살 쉰 개를 한 묶음. 9. 필. 포백(布帛) 다섯 필을 한 묶음. 10. 열 조각. 포(脯) 10매(枚)를 한 묶음.

束縛(속박) 자유를 구속함.

束手無策(속수무책) 어찌할 도리가 없어 꼼짝 못함.

拘束(구속) 1)마음대로 못하게 얽어 맴. 2)체포하여 속박함. 3)관직 등에 얽매여 자유롭지 못함.

團束(단속) 1)잡도리를 단단히 함. 2)경계(警戒)를 단단히 하여 다잡음. 3)규칙(規則) · 명령(命令) · 법령 등을 잘 지키도록 통제함.

유 括(묶을 괄) 비 朿(가시 자)

杇 ③ 7획 日オ
흙손 오 中wū

풀이 1. 흙손. 방바닥이나 벽 등에 흙 같은 것을 바르고 반반하게 하는 연장. 2. 흙을 벽에 바르다.

杌 ③ 7획 日オツ
위태로울 올 中wù

풀이 1. 위태롭다. ¶杌隉 2. 등걸. 그루터기. 3. 걸상. ¶杌子

杌隉(올얼) 위태로운 모양. 불안한 모양.

杌子(올자) 걸상. 간편한 작은 걸상.

杅 ③ 7획 日ウ
잔 우 中yú, wū

풀이 1. 잔. 물그릇. 2. 목욕통. 3. 누르다.

杙 ③ 7획 日イク
말뚝 익 中yì

풀이 말뚝.

4 획

杖	③ 7획 지팡이 장	日ジョウ·つえ 中zhàng

* 형성. 뜻을 나타내는 부수 '木(나무 목)'과 음을 나타내는 '丈(어른 장)'을 합친 글자. '丈'은 어른을 뜻함. 어른(丈)이 짚는 나무(木) 즉 '지팡이'를 나타냄.

풀이 1. 지팡이. 2. 몽둥이. ¶藜杖 3. 붙잡다. 4. 짚다. 5. 때리다. ¶杖刑 6. 창의 자루. 7. 의지하다. 8. 장형. 곤장으로 때리는 형벌.

杖鼓(장고) 장구. 국악의 타악기의 한 가지.
杖毒(장독) 곤장(棍杖)을 맞은 자리가 헐어 터지는 일.
杖殺(장살) 매로 쳐서 죽임.
杖刑(장형) 곤장(棍杖)으로 볼기를 치는 형벌.
棍杖(곤장) 죄인의 볼기나 허벅다리를 치는 몽둥이. 버드나무 등으로 넓적하고 길게 만든 것. 세는 단위는 장이나 도.
盲者失杖(맹자실장) 소경이 지팡이를 잃는다는 뜻으로, 의지(依支)하는 사람이나 물건을 잃는다는 것을 말함.
賊反荷杖(적반하장) 도둑이 도리어 몽둥이를 든다는 뜻으로, 잘못한 사람이 도리어 잘한 사람을 나무라는 경우를 말함.
竹杖芒鞋(죽장망혜) 대지팡이와 짚신이라는 뜻으로, 먼 길을 떠날 때의 간편한 차림을 말함.
衝目之杖(충목지장) 눈을 찌를 막대기라는 뜻으로, 남에게 해악을 끼칠 고약한 마음을 비유하는 말.

비 枚(낱 매)

材	③ 7획 재목 재	日ザイ·まるた 中cái

一 十 才 木 木 村 材

* 형성. 뜻을 나타내는 부수 '木(나무 목)'에 음을 나타내는 '才(재주 재)'를 합친 글자. '재목'의 뜻을 나타냄.

풀이 1. 재목. 재료. ¶材料 2. 재주. 재능. 능력. ¶人材 3. 자질. 바탕. 4. 헤아리다. 5. 나무 열매.

材幹(재간) 1)재주와 간능. 2)재목(材木).
材器(재기) 재주와 국량(局量).
材能(재능) 재주와 능력.
材料(재료) 1)물건을 만드는 감. 2)일할 거리.
教材(교재) 가르치는 데 쓰이는 재료.
木材(목재) 건축·가구, 그 밖에 여러 가지로 쓰이는 나무로 된 재료.
物材(물재) 경제나 생활의 바탕이 되는 물품 등.
防腐材(방부재) 건축 재료·침목 등이 썩는 것을 막기 위해 쓰는 약품.
防濕材(방습재) 건물 안에 습기가 들어오지 않도록 사용하는 칠감, 합성수지 등의 재료.

비 林(수풀 림)

杕	③ 7획 ❶홀로설 체 ❷키 타	日タイ 中dì, duò

풀이 ❶ 1. 홀로 서다. ❷ 2. 키. 배의 방향을 잡는 것.

村	③ 7획 마을 촌	日ソン·むら 中cūn

一 十 才 木 木 村 村

* 형성. 뜻을 나타내는 부수 '木(나무 목)'에 음을 나타내는 '寸(마디 촌)'을 합친 글자. 나무(木)가 있고 법도(寸)도 있어 사람들이 살고 있는 '마을'을 나타냄.

풀이 1. 마을. 시골. ¶村落 2. 촌스럽다.

村落(촌락) 시골의 부락.
村老(촌로) 시골 늙은이.
村民(촌민) 촌에 사는 백성.
村夫子(촌부자) 시골 선생.
村野(촌야) 시골. 촌.
街村(가촌) 큰 길을 따라 줄지어 발달된 촌락.
窮村僻地(궁촌벽지) 가난한 마을과 궁벽한 곳.
無醫村(무의촌) 의사와 의료 시설이 없는 촌.
民俗村(민속촌) 옛 민속을 보존(保存)하여 고유한 생활 풍습을 보여 주는 마을. 주로 관에서 지정하여 보호.
富村(부촌) 부자가 많이 사는 마을. 부유하게 살아 가는 마을.
貧村(빈촌) 가난한 사람이 많이 사는 고을.

유 里(마을 리) 町(밭두둑 정)

杝	③ 7획 ❶쪼갤 치 ❷나무 이름 이	日イ·チ 中yí, zhì

풀이 ❶ 1. 쪼개다. 2. 뻗치다. 3. 바자. ❷ 4. 나무 이름. 백양(白楊)과 비슷한 나무로, 관재에 많이 쓰임.

杓	③ 7획 ❶북두자루 표 ❷구기 작	日シャク 中biāo, sháo

4획

*형성. 뜻을 나타내는 부수 '木(나무 목)'과 음을 나타내며 국자의 뜻을 가진 '勺(구기 작)'을 합친 글자. 나무(木)로 만든 국자(勺) 라는 뜻을 나타냄.

풀이 ❶ 1. 북두자루. 북두칠성의 자루 부분. 2. 자루. 3. 당기다. 4. 치다. 때리다. 5. 잡아매다. ❷ 6. 구기. 국자와 비슷한 기구.

杏 ③ 7획 日コウ・アンズ
살구나무 행 中xìng

풀이 1. 살구나무. 2. 살구. ¶杏花 3. 은행나무. ¶銀杏

杏仁(행인) 살구 씨의 알맹이. 기침 · 변비의 약재로 씀.
杏花(행화) 살구꽃.
銀杏(은행) 은행나무의 열매.

비 香(향기 향)

杰 ④ 8획
傑(p75)의 俗字

枅 ④ 8획
枅(p626)의 俗字

杲 ④ 8획 日コウ
밝을 고 中gǎo

풀이 1. 밝다. ¶杲杲 2. 높다. ¶杲乎

杲杲(고고) 햇빛이 밝은 모양.
杲乎(고호) 높은 모양.

비 東(동녘 동)

果 ④ 8획 日カ・くだもの
열매 과 中guǒ

丨 冂 曰 旦 旦 甲 果 果

*상형. 나무 위에 열매가 열린 모양을 본뜬 글자로, 열매를 맺는다는 데서 '일의 결과'나 혹은 '과감히 함'을 나타냄.

풀이 1. 열매. 과실. ¶果木 2. 이루다. 완성하다. 3. 굳세다. 4. 결단성이 있다. 과감하다. ¶果敢 5. 과연. 정말. ¶果然 6. 결과. ¶結果 7. 마침내. 드디어. 8. 반드시. 9. 훌륭하다. 10. 방패. ¶果科 11. 과업. 선악(善惡)의 응보(應報).

果敢(과감) 과단성이 있게 일을 함. 용감하게 실행함.
果科(과과) 방패.
果斷(과단) 용기있게 결단함.
果蓏(과라) 나무 열매와 풀 열매.
果贏(과라) 나나니벌.
果木(과목) 과실이 열리는 나무.
果報(과보) 인과응보(因果應報)의 준말. 사람이 지은 선악의 인업(因業)에 응하여 결과의 갚음이 있음.
果腹(과복) 배불리 먹음.
果松(과송) 잣나무.
果是(과시) 과연 그러함.
果然(과연) 1)알고 보니 정말 그러함. 2)배가 부른 모양. 3)긴 꼬리 원숭이.
果銳(과예) 과단성이 있고 예민함.
果勇(과용) 과단성이 있고 용기가 있음.
果毅(과의) 결단성이 있고 굳셈.
結果(결과) 1)열매를 맺음. 2)어떤 까닭으로 인하여 이루어지는 결말의 상태.

유 實(열매 실)

枏 ④ 8획 日ナン
녹나무 남 中nán

풀이 녹나무. 녹나무과의 상록 활엽 교목. 제주도 바닷가에 자생함.

杻 ④ 8획 日ハギ
감탕나무 뉴 中chǒu, niǔ

풀이 감탕나무. 감탕무과의 상록 활엽 교목.

4 획

東 ④ 8획 日トウ・ひがし
동녘 동 中dōng

一 冂 戸 戸 百 申 東 東

*상형. 나무 위로 해가 떠오르는 모양을 본뜬 글자로, 해가 뜨는 동쪽을 나타냄.

풀이 1. 동녘. 동쪽. 오행(五行)의 하나로, 방위로는 동, 계절로는 봄을 나타냄. 2. 동쪽으로 가다. 3. 주인. 옛날에는 주인도 동쪽, 손님은 서쪽에 자리를 잡았기 때문에 나온 말.

東家(동가) 1)동쪽에 있는 이웃. 2)주인. 또는 자본가(資本家).
東家食西家宿(동가식서가숙) 1)동쪽에 있는 부유한 집에서 먹고, 서쪽에 있는 미남의 집에서 잠을 잔다는 뜻으로, 탐욕스러운 사람을 비유하는 말.
東食西宿(동식서숙) 떠돌아다니며 얻어 먹고 지

내는 일. 또는 그러한 사람. 동가식서가숙(東家食西家宿).

東郊(동교) 1)동쪽 교외(郊外). 2)봄철의 들.

東宮(동궁) 1)태자(太子). 또는 세자(世子). 2)태자의 궁(宮). 또는 세자의 궁.

東流(동류) 1)동쪽으로 흐르는 물. 2)중국에서는 강이 대개 동쪽으로 흐르므로 강(江)을 뜻함.

東問西答(동문서답) 어떤 물음에 대하여 엉뚱한 대답을 함.

東方禮儀之國(동방예의지국) 동쪽의 예의가 바른 나라. 곧, 중국에서 우리나라를 가리키던 말.

東奔西走(동분서주) 사방으로 바쁘게 돌아다님. 동행서주(東行西走).

東風吹馬耳(동풍취마이) 남의 의견이나 비평 등을 귀담아 듣지 않고, 곧 흘려 버림을 비유하는 말. 마이동풍(馬耳東風).

東學(동학) 수운(水雲) 최제우(崔濟愚)를 교조(教祖)로 한 일종의 민족 종교. 서학(西學)인 천주교에 대하여 이른 명칭. 천도교(天道教).

東海揚塵(동해양진) 동해에 티끌이 오른다는 뜻으로, 바다가 육지로 변함을 이르는 말. 벽해상전(碧海桑田).

東軒(동헌) 고을 원이나 병사(兵使) · 수사(水使) 그 밖의 수령(守令)들의 공사(公事)를 처리하던 대청이나 집.

古今東西(고금동서) 동양과 서양 모든 때와 모든 지역.

極東(극동) 1)동쪽 끝. 2)한국 · 중국 · 일본 및 아시아 대륙의 동남 지방.

近東(근동) 서유럽에 가까운 동양의 여러 나라. 동양의 서쪽 부분. 곧 터키 · 이란 · 이라크 · 시리아 · 사우디아라비아 · 아프가니스탄 등의 지역.

林	④8획 수풀 림(임)	日リン · はやし 中lín

一 十 才 木 木 村 材 林

* 회의. 나무(木)들이 둘 겹쳐 늘어선 모습. 곧, 나무가 많은 수풀을 나타냄.

풀이 1. 수풀. 숲. ¶林間 2. 들. 야외. 3. 많다. ¶林林 4. 모이다.

林間(임간) 숲 사이. 숲 속.

林林(임림) 많이 모인 모양. 떼지어 모인 모양.

林立(임립) 숲처럼 쭉 늘어섬.

林麓(임록) 숲. 평지의 숲과 산기슭의 숲.

林薄(임박) 초목이 무성한 곳. 숲.

林森(임삼) 매우 많은 모양.

林藪(임수) 1)숲. 덤불. 2)초목이 우거진 시골. 3)물건이 많이 모여드는 곳.

林靄(임애) 숲에 서리는 운기(雲氣).

林樾(임월) 숲의 나무 그늘.

林衣(임의) 숲의 나뭇잎. 잎을 옷에 비유하는 말.

林慙澗愧(임참간괴) 숲과 개울이 모두 부끄러워하다는 뜻으로, 절조가 없는 위선(僞善)의 은자(隱者)가 삶을 산수도 부끄러워한다는 말.

林泉(임천) 1)숲과 샘. 2)은사(隱士)의 사는 곳.

林響(임향) 숲 속의 반향(反響). 메아리.

비 材(재목 재)

枚	④8획 줄기 매	日マイ · みき 中méi

* 회의. '木(나무 목)'과 '攵(攴 ; 칠 복)'을 합친 글자. 사람을 칠(攴) 정도로 큰 나무(木)라는 뜻에서 '나무 줄기'라는 뜻을 나타냄.

풀이 1. 줄기. 나무 줄기. 2. 서까래. 마룻대에서 도리에 걸친 종나무. 3. 채찍. 4. 하무. 지난날 군졸들이 떠들지 못하도록 입에 물리던 나무 막대기. 5. 매번. 일일이. ¶枚擧 6. 널리. ¶枚卜 7. 점. 복서(卜筮). 8. 낱. 장. 셀 수 있게 된 얇은 물질의 하나하나.

枚擧(매거) 낱낱이 들어서 말함.

枚卜(매복) 1)하나하나 세어서 점침. 2)그 일을 지적하지 않고 광범위하게 점치는 일.

枚筮(매서) 그것이라고 지적하지 않고 널리 길흉을 점침. 또는 그 일을 숨기고 길흉을 점침. 매복(枚卜).

枚陳(매진) 낱낱이 사실대로 진술함.

비 杖(지팡이 장)

杳	④8획 어두울 묘	日ミョウ 中yǎo

* 회의. '木(나무 목)' 밑에 '日(날 일)'이 있어, 나무에 가려진 해, 곧 '어두움'의 뜻이 됨.

풀이 1. 어둡다. 어둠침침하다. ¶杳昧 2. 멀다. 아득하게 멀다. ¶杳渺 3. 깊숙하다.

杳昧(묘매) 아득하고 어두움.

杳冥(묘명) 1)그윽하고 어두움. 2)아득히 멂.

杳杳(묘묘) 1)깊고 어두운 모양. 2)아득한 모양.

杳渺(묘묘) 아득히 먼 모양.

杳然(묘연) 1)그윽하고 먼 모양. 2)알 길이 없이 까마득함.

杳乎(묘호) 1)깊고 넓은 모양. 2)아득한 모양.

4획

유 暗(어두울 암) 비 査(조사할 사) 香(향기 향)

枋 ④8획 ❶나무이름 방 日ホウ ❷자루 병 中fāng

풀이 1 1. 나무 이름. 수레를 만드는 재료로 쓰는 나무의 하나. 2. 어살. 물고기를 잡기 위해 물 속에 나무를 둘러 꽂아 물고기를 들게 하는 울. 3. 문지방. 4. 떼. 뗏목. 2 5. 자루.

枋底(방저) 방 밑. 벽의 하방의 밑.

枋簰(방패) 떼. 뗏목.

杯 ④8획 잔 배 日ハイ · こけら 中bēi

一 十 才 木 木 杯 杯 杯

풀이 1. 잔. 술잔. 2. 대접. 그릇.

杯棬(배권) 나무를 휘어 만든 그릇.

杯盤狼藉(배반낭자) 술잔과 접시 등이 어지럽게 흩어져 있다는 뜻으로, 술 마신 뒷자리의 어지러운 모양을 비유하는 말.

杯觴(배상) 술잔.

杯酒(배주) 술잔에 따른 술.

杯中蛇影(배중사영) 공연한 의혹으로 고민하는 일을 비유함.

○杯中蛇影(배중사영)의 유래

악광(樂廣)의 친구 한 사람이, 벽에 걸린 활 그림자가 술잔에 비친 것을 뱀으로 잘못 알고 뱀을 삼켰다고 생각하여 병이 되었는데, 악광이 그렇지 않음을 소상히 설명을 해주었더니, 곧 개운하게 병이 나았다는 고사에서 온 말.

杯池(배지) 잔과 같은 작은 연못.

乾杯(건배) 잔을 비움. 서로 잔을 높이 들어 행운을 빌고 마시는 일.

苦杯(고배) 쓴 술잔이란 뜻으로, 억울한 실패나 몹시 심한 고생을 말함.

苦酒一杯(고주일배) 1)한 잔의 쓴 술. 2)대접하면서 술이 좋지 못하다는 겸칭.

枎 ④8획 우거질 부 日フ 中fú, fū

풀이 1. 우거지다. ¶枎疏 2. 곁. 옆. ¶枎枝 3. 꽃받침.

枎疏(부소) 나무가 무성하여 사방으로 뻗음.

枎枝(부지) 곁가지. 옆가지.

유 茂(우거질 무) 비 扶(도울 부)

枌 ④8획 나무 이름 분 日ブン 中fén

풀이 1. 흰 느릅나무. ¶枌楡 2. 마룻대. 용마루 밑에 서까래를 얹히게 된 도리.

枌楡(분유) 1)느릅나무. 2)고향. 한 고조(漢高祖)의 고향인 풍(豐)의 별칭. 느릅나무를 심어 토지의 신(神)으로 삼은 고사에서 온 말.

枌楡同契(분유동계) 고향을 같이함.

枇 ④8획 비파나무 비 日ヒ 中pí

풀이 1. 비파나무. 2. 비파. 3. 수저. 숟가락. 4. 참빗. 5. 머리를 빗다.

유 杷(비파나무 파)

析 ④8획 가를 석 日セキ · さける 中xī

一 十 才 木 木 朾 析 析

* 회의. '木(나무 목)'과 '斤(도끼 근)'을 합친 글자. 도끼(斤)로 나무(木)를 쪼갠다는 뜻에서 '가르다', '쪼개다'의 뜻을 나타냄.

풀이 1. 가르다. 나누다. ¶析肝 2. 분석하다. 3. 해부하다. 4. 나누어지다. 5. 흩어지다. 분산되다. 6. 벗어나다. 7. 바람부는 소리. 8. 성씨(姓氏).

析肝(석간) 간을 가름. 곧, 진심을 피력함을 이르는 말.

析析(석석) 나뭇가지에 부는 바람 소리.

析薪(석신) 장작을 쪼갬. 땔나무를 팸.

析出(석출) 화합물을 분석하여 어떤 물질을 골라냄.

分析(분석) 1)복합한 사물의 그 성질이나 요소에 따라 가르는 일. 2)화학적 · 물리적 방법으로 물질의 원소를 분해하는 일.

비 折(꺾을 절)

松 ④8획 소나무 송 日ソウ · まつ 中sōng

一 十 才 木 木 朩 松 松

* 형성. 뜻을 나타내는 부수 '木(나무 목)'과 '公(한가지 공)'을 합친 글자.

풀이 소나무.

松膏(송고) 송진. 송지(松脂).

松毬(송구) 솔방울. 송자(松子).

4획

松菊主人(송국주인) 소나무와 국화의 주인이라는 뜻으로, 은둔자를 말함.

松菌(송균) 송이. 소나무 뿌리에서 생기는 버섯. 송심(松蕈).

松煤(송매) 소나무를 태운 그을음. 먹을 만드는 데 씀.

松柏(송백) 소나무와 잣나무 둘 다 사철을 통하여 빛깔이 변하지 않는 데서, 사람의 절개를 비유하는 말.

松筍(송순) 소나무의 새 순.

松煙(송연) 1)소나무를 때는 연기. 2)소나무를 태운 그을음. 먹의 원료로 씀.

松節(송절) 소나무의 마디.

松津(송진) 소나무의 줄기에서 분비되는 수지(樹脂). 송고(松膏). 송방(松肪).

松楸(송추) 1)소나무와 가래나무. 2)묘지.

松翠(송취) 소나무의 푸른빛.

松火(송화) 관솔불. 송명(松明).

松花(송화) 소나무의 꽃. 또는 그 꽃가루.

枯松(고송) 말라 죽은 소나무.

喬松(교송) 키 큰 소나무.

枀	④8획 松(p615)과 同字

枊	④8획 말뚝 앙	日オウ 中àng

풀이 1. 말뚝. 2. 쪼구미. 건물의 동자 기둥.

枒	④8획 야자나무 야	日ヤ 中yā

풀이 1. 야자나무. 2. 나뭇가지가 뒤엉킨 모양.

枒杈(야차) 나뭇가지가 가로세로 뻗어 뒤엉켜 있는 모양.

枘	④8획 장부 예	日エイ・ちょう 中ruì

풀이 장부. 나무 끝을 구멍에 맞추어 박기 위해 깎아 가늘게 만든 부분.

枘鑿(예조) 네모난 장부와 둥근 구멍.

枘鑿不相容(예조불상용) 네모난 촉꽂이를 둥근 구멍에 끼우면 맞지 않는다는 뜻으로, 본질적으로 서로 다른 사람의 의견은 화합할 수 없음을 비유하는 말.

枉	④8획 굽을 왕	日オウ 中wǎng

풀이 1. 굽다. 휘다. ¶枉直 2. 굽히다. 3. 어기다. 어긋나다. 4. 에돌아 가다. 돌아서 가다. 5. 억울한 죄(罪). 6. 누명을 씌우다. 7. 헛되이.

枉告(왕고) 사실을 거짓되게 고함.

枉屈(왕굴) 굽힘.

枉己(왕기) 자기가 지키던 도(道)를 굽히고 남에게 순종함.

枉道(왕도) 1)정도(正道)를 굽힘. 정도를 어기고 남에게 아첨함. 2)길을 돌아서 감돌아가는 길.

枉臨(왕림) 남의 방문의 경칭.

枉法(왕법) 1)법을 어김. 2)법을 악용함.

枉死(왕사) 재앙이나 벌을 받아 죽음. 비명(非命)으로 죽음. 횡사(橫死).

枉矢(왕시) 1)굽은 화살. 자신의 화살을 낮추어 이르는 말. 2)화살의 이름. 옛날 햇빛·달빛을 가리는 요물(妖物)을 쏘거나 성을 지킬 때나 차전(車戰) 때 쓰던 화살. 3)왕실(王室)의 존엄을 해치는 자를 물리침.

枉渚(왕저) 굽어진 물가나 바닷가.

枉直(왕직) 굽음과 곧음. 곡직(曲直).

枉尺而直尋(왕척이직심) 여덟 자를 곧게 하기 위하여는 한 자를 굽힌다는 뜻으로 대(大)를 위하여는 소(小)를 희생함을 비유하는 말.

矯枉(교왕) 굽은 것을 바로잡음.

矯枉過直(교왕과직) 구부러진 것을 바로잡으려다가 너무 곧게 함.

杬	④8획 ❶ 나무이름 원 ❷ 주무를 완	日ガン 中wán, yuán

풀이 1 1. 나무 이름. 2 2. 주무르다.

杵	④8획 공이 저	日テイ・きね 中chǔ

풀이 1. 공이. 절굿공이. 2. 방망이. 몽둥이. ¶杵臼 3. 달구. 집터 등을 다지는 데 쓰는 도구. 4. 방패.

杵臼(저구) 절굿공이와 절구통.

杵臼交(저구교) 1)귀천을 가리지 않는 사귐. 2)고용인들끼리의 교제.

杵聲(저성) 다듬이질하는 소리. 침성(砧聲).

杵孫(저손) 딸이 낳은 자식. 외손(外孫).

血流漂杵(혈류표저) 싸움에 죽은 사람의 피가 많이 흘러 방패가 뜬다는 뜻으로, 전쟁이 아주 격렬하여 사상자를 많이 냄을 말함.

④ 8획
❶ 북 저 日ジョ
❷ 상수리나무 서 中zhù

풀이 ❶ 1. 북. 베틀의 북. ¶杼梭 2. 얇다. 3. 말하다. ❷ 4. 상수리나무. ¶杼斗 5. 개수통. 6. 물을 푸다.

杼栗(서율) 1)도토리와 밤. 2)나무 열매.

杼斗(서두) 상수리의 다른 이름.

杼情(서정)저정) 사상 · 감정을 표현함.

杼梭(저사) 1)베틀의 북. 2)베를 짜는 일.

杼首(저수) 긴 목. 장수(長壽)의 상(相).

杼軸(저축) 1)베짜는 북. 2)피륙.

비 抒(풀 서)

④ 8획
❶ 구기 주 日ト
❷ 두공 두 中dǒu

풀이 1. 구기. 술 · 죽 · 기름 등을 풀 때 쓰는 도구 . 2. 두공.

枓栱(두공) 기둥머리를 장식하기 위하여 끼우는 대접처럼 넓적하게 네모진 나무. 대접받침. 주두(柱枓).

枝

④ 8획
❶ 가지 지 日シ · えだ
❷ 육손이 기 中zhī

一 十 才 木 木 朩 朩 枝

* 형성. 뜻을 나타내는 부수 '木(나무 목)'과 음을 나타내는 '支(가지 지)'를 합친 글자. 나무(木)의 갈라진(支) '가지'를 뜻함.

풀이 ❶ 1. 가지. 2. 가지를 치다. ¶枝葉 3. 갈라지다. 4. 흩어지다. 나누어지다. 5. 버티다. ¶枝梧 6. 버팀목. 7. 사지(四肢). 팔다리. 8. 지지(地支). 십이지(十二支). 육십갑자의 아랫부분을 이루는 요소. ❷ 9. 육손이. 손가락이 여섯인 사람. ¶枝指

枝指(기지) 육손이.

枝幹(지간) 1)가지와 줄기. 2)십간(十干)과 십이지(十二支). 干支(간지). 3)사지(四肢)와 몸. 4)상하 주종(上下主從)의 관계.

枝莖(지경) 나뭇가지와 줄기.

枝岐(지기) 원줄기에서 갈라져 나온 흐름.

枝葉(지엽) 1)가지와 잎. 2)중요하지 않은 부분.

枝梧(지오) 버팀. 지탱함. 저항(抵抗)함. 지오(支捂). 지오(支吾). 저오(抵梧).

枝節(지절) 1)가지와 마디. 2)곡절이 많은 사단(事端).

枝族(지족) 지파(支派)의 겨레. 지족(支族).

枝策(지책) 1)지팡이를 짚음. 2)지팡이를 들어 올려 무릎을 침. 지척(枝戚).

枝族(지족) 먼 친척.

枝梢(지초) 잔가지와 우듬지. 소지(小枝).

枝解(지해) 손발을 잘라 내는 혹독한 형벌. 지해(支解).

同根連枝(동근련지) 같은 뿌리와 잇닿은 나뭇가지. 즉, 형제자매를 말함.

金枝玉葉(금지옥엽) 1)귀여운 자손을 소중하게 일컫는 말. 2)임금의 집안과 자손.

④ 8획 日チョウ
나무 끝 초 中miǎo

풀이 1. 나무 끝. 2. 가는 가지. 3. 끝. 말단. 4. 작다. ¶杪小 5. 스치다.

杪頭(초두) 나무의 끝. 꼭대기.

杪商(초상) 음력 9월.

杪歲(초세) 연말(年末). 세모(歲暮).

杪小(초소) 매우 작음. 묘소(眇少).

杪杪(초초) 가늘고 작은 모양.

枢

④ 8획
樞(p657)의 俗字

杶

④ 8획 日トン
참죽나무 춘 中chūn

풀이 참죽나무.

枕

④ 8획 日シン · まくら
베개 침 中zhěn

一 十 才 木 木 朩 朩 枕

풀이 1. 베개. ¶衾枕 2. 베개를 베다. 3. 잠자다. 4. 임하다. 다다르다. 5. 가로막다. 6. 말뚝. 소를 매는 말뚝. ¶枕木

枕經藉書(침경자서) 경전을 베개로 삼아 눕고, 시서를 자리하여 앉는다는 뜻으로, 밤낮으로

4 획

독서에 탐닉(耽溺)함을 이르는 말.
枕骨(침골) 두개골의 뒤쪽 아랫부분을 이룬 뼈.
枕戈(침과) 창을 베개 삼는다는 뜻으로, 오직 마음을 국방에 두어 편하게 잠을 자지 못함의 비유하는 말.
枕頭(침두) 베갯머리. 머리맡. 침변(枕邊).
枕木(침목) 1)길고 큰 물건 밑을 괴어 놓은 큰 나무토막. 2)철로 밑에 괴는 나무토막.
枕屛(침병) 머릿병풍. 가리개.
枕上(침상) 1)베개의 위. 2)잠을 자거나 누워 있을 때.
枕藉(침자) 서로 베개를 삼고 두서없이 잠.
孤枕單衾(고침단금) 홀로 쓸쓸히 자는 여자의 이부자리. 외로이 자는 방의 쓸쓸한 등잔.
高枕肆志(고침사지) 높은 베개를 베고 마음대로 함.
衾枕(금침) 이부자리와 베개.
비 沈(가라앉을 침)

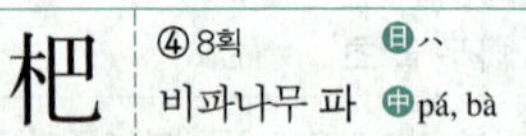
杷 ④8획 비파나무 파 日ハ 中pá, bà

풀이 1. 비파나무. 2. 비파. 3. 발고무래. 갈퀴 모양의 고무래. 땅을 고르거나 곡식을 긁어 모으는 도구.
유 枇(비파나무 비)

4획

板 ④8획 널빤지 판 日ハン·いた 中bǎn

一 十 才 木 木 朾 析 板
* 형성. 뜻을 나타내는 부수 '木(나무 목)'과 음을 나타내는 '反(돌이킬 반)'을 합친 글자.

풀이 1. 널빤지. 판자. 2. 판목. 글자나 그림을 새긴 나무 조각. ¶板木 3. 딱딱이. 시간을 알릴 때 쓰는 마주쳐 소리를 내는 나무토막. 4. 홀(笏). 벼슬아치가 임금을 뵐 때 조복에 갖추어 손에 쥐던 패. 5. 조서(詔書). 임금의 선지를 일반에게 널리 알릴 목적으로 적은 문서. 6. 글. 문장. 7. 칙서. 사령서(辭令書). 8. 편지. 9. 명패. 명찰(名札). 10. 길이. 여덟 자 나 열 자 정도의 길이. 11. 배반하다. ¶板板
板刻(판각) 글씨나 그림을 나무판에 새김.
板橋(판교) 널다리. 널빤지로 놓은 다리.
板權(판권) 재산권의 한 가지. 책을 출판하여 발행하는 권리.
板木(판목) 인쇄하기 위하여 글자나 그림을 새긴 나무.
板榜(판방) 나무로 만든 표패(標牌). 게시판.
板本(판본) 판목으로 인쇄한 책.
板書(판서) 분필로 칠판에 글을 씀.
板子(판자) 1)목판(木板). 널빤지. 2)상점의 덧문 3)죄인을 치는 대쪽.
板蕩(판탕) 나라가 어지러워 흔들림. 세상이 어지러움. 난세(亂世).
板板(판판) 배반함. 도리에 어긋남.
看板(간판) 상점 등에서, 상호·업종·상품명 등을 내건 표지.
鋼板(강판) 인쇄 기구의 하나. 철필을 사용하여 원지를 긁어 인쇄함.
坐板(좌판) 땅에 깔아 놓고 앉는 널빤지.
유 版(널 판)

杮 ④8획 대팻밥 폐 日ハイ 中fèi

풀이 대팻밥.

杭 ④8획 건널 항 日コウ 中háng, kàng

풀이 1. 건너다. 2. 나룻배. ¶杭絶 3. 막다. 4. 고을 이름. 항주(杭州). 중국 절강성(浙江省)의 성도(省都).
杭絶(항절) 배로써 물을 건넘.
유 渡(건널 도)

杴 ④8획 가래 험 日ケン·すき 中xiān

풀이 가래. 흙을 치는 농기구.

枑 ④8획 가로막이 호 日ホウ 中hù

풀이 가로막이.

枇 ④8획 목부용 화 日カ 中huà

풀이 목부용(木芙蓉).

柯 ⑤9획 자루 가 日カ·えだ 中kē

* 형성. 뜻을 나타내는 부수 '木(나무 목)'과 음을 나타내는 '可(옳을 가)'를 합친 글자. 나무(木)에서 옳게(可) 자란 '가지'를 뜻함.

풀이 1. 자루. 도끼 자루. ¶斧柯 2. 가지. 나뭇가지. ¶柯葉 3. 메밀잣밤나무. 4. 줄기. 5. 바리. ㉠놋쇠로 만든 밥그릇. ㉡절에서 쓰는 중의 밥그릇.

柯葉(가엽) 가지와 잎.

爛柯(난가) 바둑이나 음악 등에 심취해서 시간 가는 줄을 모르는 것.

南柯一夢(남가일몽) 남쪽 가지에서의 꿈이란 뜻으로, 덧없는 꿈이나 한때의 헛된 부귀영화를 말함. 남가지몽(南柯之夢).

伐柯(벌가) 1)도끼 자루감을 도끼로 벰. 2)진리는 눈앞에 있는 것이니, 먼 데서 구할 것이 아니라는 비유. 3)어진 사람을 맞아들이는 데는 어진 사람이 가야 한다는 비유. 4)혼인에는 중매가 있어야 한다는 비유.

斧柯(부가) 도끼의 자루.

毫毛斧柯(호모부가) 수목을 어릴 때 베지 않으면 마침내 도끼를 사용하는 노력이 필요하게 된다는 뜻으로, 화(禍)는 미세할 때에 예방해야 함을 비유하는 말.

枷	⑤ 9획 도리깨 가	日カ・くびかせ 中jiā

풀이 1. 도리깨. 재래식 타작 농구의 한 가지. ¶連枷 2. 칼. 죄인의 목에 씌우는 칼. 칼을 씌우다. ¶枷鎖 3. 횃대. 옷을 걸도록 방안 등에 매달아 둔 막대.

枷鎖(가쇄) 죄인(罪人)의 목에 씌우는 칼과 발에 채우는 쇠사슬.

連枷(연가) 곡식을 두들겨 낟알을 터는 농기구, 도리깨.

架	⑤ 9획 시렁 가	日カ・たな 中jià

フ カ か 加 加 加 架 架 架

* 형성. 뜻을 나타내는 부수 '木(나무 목)'에 음을 나타내는 '加(시렁 가)'를 합친 글자. 나무로 만든 시렁을 나타냄.

풀이 1. 시렁. 물건을 얹어두기 위해 방이나 마루의 벽에 건너질러 놓은 나무막대. ¶架松 2. 횃대. 옷을 걸도록 방 안 등에 매달아 둔 막대. 3. 건너지르다. ¶高架 4. 가설하다. ¶架設 5. 월등하다. 뛰어나다. 6. 말뚝.

架空線(가공선) 공중에 건너질러 가설한 전선.

架橋(가교) 1)다리를 놓는 일. 2)건너질러 놓은 다리.

架設(가설) 건너질러 설치함.

架松(가송) 시렁을 맨 것과 같이 가지가 옆으로 뻗은 소나무.

高架(고가) 높다랗게 건너지름.

十字架(십자가) 1)옛날 서양에서 죄인을 사형(死刑)하던 '十'자 모양의 형틀. 2)예수가 사형(死刑) 받은 형틀로 교인들이 위하는 상징적인 표. 3)기독교의 상징으로 쓰는 '十'자 모양의 표지.

書架(서가) 책을 얹어 놓은 선반.

魚架(어가) 어물전에서 고기를 늘어놓는 시렁.

屋上架屋(옥상가옥) 지붕 위에 거듭 집을 세운다는 뜻으로, 물건이나 일을 부질없이 거듭하는 것을 비유하는 말.

衣架(의가) 옷걸이.

燭架(촉가) 초를 꽂아 세우는 대(臺).

柬	⑤ 9획 가릴 간	日カン 中jiǎn

풀이 1. 가리다. ¶柬理 2. 편지.

柬理(간리) 사리를 가려서 앎.

柬書(간서) 편지.

비 栗(밤나무 률)

柑	⑤ 9획 감자나무 감	日カン 中gān

풀이 감자나무.

柑子(감자) 감자나무의 열매. 귤의 일종.

柜	⑤ 9획 고리버들 거	日キョ・けやき 中jǔ

풀이 1. 고리버들. 버드나뭇과의 낙엽 관목. 2. 느티나무. 그늘이 넓어 정자용 나무로 흔히 쓰임.

枯	⑤ 9획 마를 고	日コ・かれき 中kū

一 十 才 木 朩 朩 朩 枯 枯

* 형성. 뜻을 나타내는 부수 '木(나무 목)'에 음을 나타내는 '古(오랠 고)'를 합친 글자. 나무(木)가 오래(古)되어 바싹 '마름'을 뜻함.

풀이 1. 마르다. ¶枯渴 2. 말리다. 3. 말라 죽다. 고사하다. ¶枯死 4. 마른 나무. 5. 야위다. 수척하다. 6. 쇠하다. ¶榮枯 7. 죽다. 8. 거칠다.

枯渴(고갈) 물이 바짝 마름.

枯死(고사) 말라 죽음.

枯松(고송) 말라 죽은 소나무.

枯魚(고어) 건어.

4 획

枯葉(고엽) 마른 잎. 시든 잎.
枯枝(고지) 말라 죽은 나뭇가지.
枯草(고초) 말라 죽은 풀 또는 나무.
枯旱(고한) 풀과 나무가 말라 죽을 지경의 심한 가뭄.
榮枯(영고) 사물의 번영함과 쇠멸함. 성함과 쇠함.

枴 ⑤9획 日カイ·すえ
지팡이 괘 中guǎi

풀이 지팡이.

枸 ⑤9획 日ク
호깨나무 구 中gōu, gǒu, jǔ

풀이 1. 호깨나무. 2. 구연. 레몬. 3. 구기자나무. ¶枸杞子 4. 굽다. 5. 탱자나무. 열매는 향기가 있으며 한약재로 쓰임. 6. 그루터기.
枸杞子(구기자) 1)구기자나무. 2)구기자나무의 열매.

柩 ⑤9획 日ク·いた
널 구 中jiù

풀이 널. 관(棺).
柩衣(구의) 관 위를 덮는 홑이불 같은 보자기.
靈柩(영구) 시체를 넣은 관(棺).
運柩(운구) 영구(靈柩)를 운반함.

柾 ⑤9획 日ク
관 구 中jiù

풀이 관. 널.

柰 ⑤9획 日ナイ
능금나무 내 中nài

풀이 1. 능금나무. 가을에 익는 불그스름한 열매는 사과보다 과즙이 많음. 2. 어찌. ¶柰何
柰何(내하) 어떻게. 어찌하여. 여하(如何).
비 奈(어찌 내)

柅 ⑤9획 日ニ
무성할 니 中nǐ

풀이 1. 무성하다. ¶柅柅 2. 살피다. 명찰하다. 3. 고동목. 수레를 정지시키는 나무.
柅柅(이니) 초목이 무성한 모양.

柮 ⑤9획
❶마들가리 돌 日トツ
❷가지 없는 나무 올 中duò

풀이 ❶ 1. 마들가리. 목재(木材) 토막. ❷ 2. 가지 없는 나무.

柳 ⑤9획 日リュウ·やなぎ
버들 류 中liǔ

一 十 才 木 木 木 杉 柳 柳

* 형성. 뜻을 나타내는 부수 '木(나무 목)'과 음을 나타내는 '丣(넷째지지 묘→류)'를 합친 글자. 봄문이 열리는 2월(卯)에 잎이 피는 나무(木)는 '버들'이라 하여, '버드나무'의 뜻을 나타냄.

풀이 1. 버들. 버드나무. ¶柳腰 2. 별 이름. 이십팔수(二十八宿)의 하나. 3. 모이다.
柳車(유거) 1)폭이 넓은 수레. 2)상여(喪輿). 장사 지낼 때 쓰는 수레.
柳綠(유록) 1)봄철의 버들잎의 빛. 2)연두빛.
柳絲(유사) 실버들이 늘어진 가지.
柳絮(유서) 1)버들개지. 봄날에 날리는 버들 솜. 2)눈(雪).
柳營(유영) 장군의 진영. 막부(幕府).
柳腰(유요) 1)하늘거리는 버들가지. 2)미인의 가는 허리.
柳巷(유항) 1)번화한 거리. 2)화류계. 유곽(遊廓).
觀音柳(관음류) 능수버들.
岸柳(안류) 강 언덕에 서 있는 버드나무.
楊柳觀音(양류관음) 삼십삼관음의 하나. 바위 위에 앉아 오른손에 버들가지를 쥐고, 왼손을 왼쪽 젖가슴에 대고 있는 모양의 관음.
楊柳枝(양류지) 버드나무의 가지.
花柳(화류) 1)꽃과 버들. 2)기생(妓生). 기녀(妓女).

柭 ⑤9획 日マツ
기둥 말 中mò

풀이 기둥. 지주(支柱).
유 柱(기둥 주)

某
⑤ 9획
❶ 아무 모 日ボウ·それがし
❷ 매화나무 매 中mǒu

一 十 廾 甘 甘 早 苴 草 某

* 회의. 단(甘) 열매가 열리는 나무(木)로, '매화나무'를 뜻하다가, 매실은 임신부들이 즐겨 먹는 것이어서 그 배 속에 든 아기는 '누구'인지 모른다 하여, '아무개'를 나타냄.

풀이 ❶ 1. 아무. 아무개. ¶某事 2. 어느. 어느 것. 3. 자기의 겸칭(謙稱). ❷ 4. 매화나무.

某事(모사) 아무 일.
某所(모소) 아무 데. 어떤 곳.
某數(모수) 어떤 수.
某時(모시) 아무 때. 아무 시간.
某也誰也(모야수야) 누구라고 드러내지 않고 가리키는 말.
某月(모월) 아무 달. 어느 달.
某日(모일) 아무 날.
某種(모종) 어떤 종류. 아무 종류.
某地(모지) 아무 땅.
某處(모처) 아무 곳. 어떤 곳.
誰某誰某(수모수모) 아무 아무개.

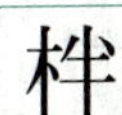

柈
⑤ 9획 日ハン
쟁반 반 中pán

풀이 쟁반. 주발. 바리때. 절에서 쓰는 중의 밥그릇.

유 槃(쟁반 반)

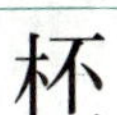

柸
⑤ 9획 日ハイ
원망할 배 中pēi

풀이 원망하다. 한하다.

유 怨(원망할 원)

柏
⑤ 9획
❶ 나무 이름 백 日ハク
❷ 닥칠 박 中bǎi, bó, bò

풀이 ❶ 1. 측백나무. 2.韓 잣나무. ¶柏葉酒 3. 잣. ¶柏子糖 ❷ 4. 닥치다.

柏府(백부) 사헌부(司憲府).
柏葉酒(백엽주) 잣나무 잎을 담가서 우려낸 술.
柏子(백자) 잣나무의 열매.
柏子糖(백자당) 잣으로 만든 엿.
柏子板(백자판) 잣나무의 널빤지.
冬柏(동백) 동백나무의 열매.

비 拍(손뼉칠 박)

柄
⑤ 9획 日ヘイ·え·とって
자루 병 中bǐng

* 형성. 뜻을 나타내는 부수 '木(나무 목)'과 음을 나타내는 '丙(남녘 병)'을 합친 글자. 남쪽(丙)으로 나온 나무(木)는 따뜻하여 손에 잡는 자루로 만든다 하여, '자루'를 뜻하게 됨.

풀이 1. 자루. 손잡이. ¶斗柄 2. 근본. 3. 권세. 권력. ¶柄用 4. 재료.

柄用(병용) 중요한 자리에 등용(登用)됨으로써 권력을 잡음.
權柄(권병) 권력을 잡은 신분.
斗柄(두병) 북두칠성(北斗七星) 중 자루 형상의 세 별.
身柄(신병) 구금 또는 보호의 대상으로서의 본인의 몸.

유 柲(자루 비)

柎
⑤ 9획 日フ
꽃받침 부 中fū, fǔ

풀이 1. 꽃받침. 2. 뗏목. 3. 줌통. 활 한가운데의 손으로 쥐는 부분. 4. 기대다. 의지하다. 5. 붙이다. 바르다.

柲
⑤ 9획 日ヒ
자루 비 中bì

풀이 1. 자루. 손잡이. 2. 도지개. 틈이 나거나 뒤틀린 활을 바로잡는 틀. 3. 나무가 서 있다.

유 柄(자루 병)

柶
⑤ 9획 日サ
수저 사 中sì

풀이 1. 수저. 숟가락. 2.韓 윷. ¶擲柶

擲柶(척사) 윷놀이.

柤
⑤ 9획 日サ
❶ 난간 사 中zhā, zǔ
❷ 도마 조

풀이 ❶ 1. 난간. 2. 방죽. 둑. 3. 풀명자나무. ❷ 4. 도마.

비 相(서로 상)

4획

查 ⑤9획 日サ·しらべる
조사할 사 中chá, zhā

一 十 才 木 木 杏 杳 杳 查

* 형성. 쌓여[且] 있는 나무[木]에서 필요한 것을 '찾아내는' 것을 나타내어, '찾다', '조사하다'는 뜻이 됨.

풀이 1. 조사하다. 수사하다. ¶審査 2. 뗏목. 3. 풀명자나무. 4. 찌꺼기. 5.㊅ 사돈. ¶查夫人

查夫人(사부인) 사돈댁의 높임말.
查實(사실) 사실(事實)을 조사함.
查丈(사장) 사돈집의 웃어른을 높여 일컫는 말.
查正(사정) 그릇된 것을 조사하여 바로잡음.
查定(사정) 1)조사하거나 심사하여 결정함. 2)어떤 물건의 수량·금액·등급 등을 조사하거나 심사하여 결정하는 일.
查定案(사정안) 1)이미 사정하였거나 또는 사정할 안. 2)원안(原案)을 사정한 뒤에 다시 작성하여 토의에 붙이는 안건.
查證(사증) 1)조사하여 증명함. 2)외국인의 입국 허가의 표시로 여권에 적어 주는 증명. 비자.
檢查(검사) 사실을 조사하여 옳고 그름과 좋고 나쁨을 판단함.
考查(고사) 1)섬세히 생각하고 조사함. 2)시험.
審查(심사) 자세히 조사하여 정함.

유 調(고를 조) 비 杳(아득할 묘)

4획

柱 ⑤9획
찌 생㊅

풀이 1. 찌. 찌지. 무엇을 표하거나 적어서 붙이는 작은 종이쪽지. 2. 제비. 3. 장승.

柱紙(생지) 무엇을 표하거나 적어 붙인 종이쪽.

柖 ⑤9획 日ショウ
나무흔들릴 소 中sháo

풀이 1. 나무가 흔들리다. 2. 과녁.

柹 ⑤9획 日シ·かき
감나무 시 中shì

풀이 1. 감나무. 2. 감.

柿 ⑤9획
柹(p622)의 俗字

柨 ⑤9획
柹(p622)의 本字

枲 ⑤9획 日シ·からむし
모시풀 시 中xǐ

풀이 1. 모시풀. 쐐기풀과의 다년초. 껍질의 섬유는 모시의 원료임. 2. 삼. ¶枲麻

枲麻(시마) 삼. 삼의 섬유.
枲繩(시승) 삼으로 꼬거나 들인 노나 바.
枲裝(시장) 모시로 만든 옷차림.

柴 ⑤9획 日シ
❶섶 시 中chái, cī,
❷울짱 채 zì, zhài

* 형성. 뜻을 나타내는 부수 '木(나무 목)'과 음을 나타내는 '此(이 차)'를 합친 글자. '此'는 '疵(흉 자)'와 통하여 창상처럼 가는 '나뭇가지', '땔나무'의 뜻을 나타냄.

풀이 ❶ 1. 섶. 땔나무. 또는 잡목. ¶柴草 2. 제사. 제사 지내다. 섶을 태워 천제(天帝)에게 지내는 제사. 3. 지키다. 4. 막다. ❷ 5. 울짱. 울타리. 6. 목책. 나무 울타리.

柴車(시거) 1)장식이 없는 수레. 2)낡은 수레.
柴奴(시노) 땔나무를 하는 머슴.
柴門(시문) 1)사립문. 2)문을 닫음. 3)외부와의 교제를 끊음. 두문(杜門).
柴扉(시비) 사립문.
柴草(시초) 땔감이 되는 마른 풀.
柴炭(시탄) 땔나무와 숯.

비 紫(자주 빛 자)

染 ⑤9획 日セン·そめる
물들일 염 中rǎn

丶 冫 氵 氿 氿 氿 沈 染 染 染

* 회의. '氵(물 수)'와 '九(아홉 구)'에 '木(나무 목)'을 합친 글자. 물감이 되는 나무[木]를 여러 번[九] 물[水]에 적신다는 뜻에서 '물들인다'의 뜻을 나타냄.

풀이 1. 물들이다. 염색하다. ¶染色 2. 적시다. 액체에 담그다. 3. 물들다. 4. 옮다. ¶感染 5. 더러워지다. 더럽다. 6. 더럽히다. 7. 익숙해지다. 몸에 배다.

染家(염가) 직물에 물을 들이는 것으로 업을 삼는 집.
染料(염료) 물감.
染色(염색) 염료로 물을 들임.
感染(감염) 1)병이 옮음. 2)나쁜 버릇이나 풍습

에 물이 듦.
世染(세염) 티끌 같은 이 세상의 너저분한 일.
習染(습염) 버릇이 깊이 몸에 뱀.
汚染(오염) 공기 · 물 등이 세균 · 가스 등의 독성에 물듦.
傳染(전염) 나쁜 버릇이나 질병 등이 옮음.

비 梁(들보 량)

柍	⑤ 9획	
	❶ 나무 이름 영	日エン · オウ
	❷ 가운데 앙	中yīng, yāng, yǎng

풀이 ❶ 1. 녹나무. 2. 살구나무. ❷ 3. 가운데. 중앙(中央).

枻	⑤ 9획	
	❶ 노 예	日エイ · セツ · かじ
	❷ 도지개 설	中yì, xiè

풀이 ❶ 1. 노. 배를 젓는 막대기. ❷ 2. 도지개. 틈이 나거나 뒤틀린 활을 바로잡는 줄.

柔	⑤ 9획	日ジュウ · やわらか
	부드러울 유	中róu

* 회의. '木(나무 목)'과 '矛(창 모)'를 합친 글자. 창(矛)자루가 될 수 있는 유연한 나무(木)라는 뜻에서 '부드럽다'의 뜻을 나타냄.

풀이 1. 부드럽다. ¶柔毛 2. 순하다. 온순하다. 3. 연약하다. ¶柔媚 4. 복종하다. 쫓다. 5. 편안하게 하다.

柔道(유도) 맨손으로 상대방을 넘어뜨리거나 메치는 무술. 유술(柔術).
柔毛(유모) 1)부드러운 털. 2)양(羊)의 다른 이름.
柔撫(유무) 어루만져 달래고 위로함.
柔媚(유미) 1)유순한 태도로 아첨함. 2)연약하고 예쁨.
柔範(유범) 부녀자에 대한 교훈.
柔色(유색) 얼굴빛을 부드럽게 함. 또는 부드러운 안색.
柔順(유순) 온순하고 공손함.
柔弱(유약) 몸이나 마음이 약함.
柔然(유연) 부드럽고 연함.
柔婉(유완) 유순함.
柔風(유풍) 부드러운 봄바람. 화풍(和風).
柔和(유화) 성질이 부드럽고 온화함.
柔滑(유활) 부드럽고 미끄러움. 연활(軟滑).
剛柔(강유) 단단함과 부드러움.
矯柔(교유) 결점을 고침.
溫柔(온유) 마음씨가 따뜻하고 부드러움.
懷柔(회유) 어루만져 잘 달램.

유 弱(약할 약) 반 强(굳셀 강)

柚	⑤ 9획	
	❶ 유자나무 유	日ユウ
	❷ 바디 축	中yóu, yòu

풀이 ❶ 1. 유자나무. ¶柚子 2. 대나무. ❷ 3. 바디. 베 줄이나 자리 등에 딸린 기구의 한 가지.

柚子(유자) 유자나무의 열매.

柂	⑤ 9획
	❶ 杝(p612)와 同字
	❷ 柁(p624)와 同字

柘	⑤ 9획	日セキ · サトウキビ
	산뽕나무 자	中zhè

풀이 1. 산뽕나무. 뽕나뭇과의 낙엽 활엽 교목. 2. 적황색(赤黃色). 3. 사탕수수.

柞	⑤ 9획	日サク
	조롱나무 작	中zhà, zuò

풀이 1. 조롱나무. 2. 떡갈나무.

柞蠶(작잠) 멧누에.

柢	⑤ 9획	日テイ
	뿌리 저	中dǐ

풀이 1. 뿌리. 2. 뿌리를 내리다. 3. 근본. 기본.

유 根(뿌리 근)

柊	⑤ 9획	日トウ
	박달목서 종	中zhōng

풀이 1. 박달목서. 2. 종엽. 파초와 비슷한 나무. 3. 메.

柱	⑤ 9획	日チュウ · はしら
	기둥 주	中zhù

一 十 才 木 木' 杧 杧 柱 柱

* 형성. 뜻을 나타내는 부수 '木(나무 목)'과 음을 나타내는 '主(주인 주)'을 합친 글자. 주된(主) 나무(木)라는 뜻에서 중심이 되는 '기둥'을 나타냄.

풀이 1. 기둥. ㉠보·도리 등을 받치는 나무. ㉡의지할 것. 믿는 것. ¶柱石 2. 기러기발. 현악기 등의 줄 밑이 괴어 소리를 조절함. 3. 버티다. 받치다. 4. 비방하다. 5. 막다.

柱幹(주간) 1)기둥과 줄기. 2)가장 중요한 곳.

柱聯(주련) 기둥이나 벽 등에 써서 붙이는 그림이나 글귀.

柱石(주석) 1)기둥과 주춧돌. 2)중요한 역할을 하는 사람.

柱礎(주초) 주춧돌.

琴柱(금주) 거문고의 기둥. 이것을 이동하여 음조의 고저를 조절함.

唐四柱(당사주) 중국에서 유래한 그림으로 사주를 보는 법. 또는 그 책.

方柱(방주) 네모진 기둥.

氷柱(빙주) 1)고드름. 2)더운 여름에 실내를 시원하게 하려고 세워 놓는 얼음 기둥.

四柱八字(사주팔자) 1)사주의 간지(干支)로 되는 여덟 글자. 2)피치 못할 타고난 운수나 운명을 이르는 말.

四柱單子(사주단자) 정혼(定婚)한 뒤 신랑의 사주를 적어 신붓집에 보내는 간지(簡紙).

石柱(석주) 돌로 만든 기둥. 돌기둥.

유 株(기둥 말)

4획

枳	⑤ 9획	日 ジ·キ
	탱자나무 지	中 zhǐ, zhī

풀이 1. 탱자나무. ¶南橘北枳 2. 해를 입다. 해치다.

橘化爲枳(귤화위지) 강남의 귤을 강북에 심으면 탱자가 된다는 뜻으로, 사람도 환경에 따라 기질이 변한다는 말.

南橘北枳(남귤북지) 남쪽 땅의 귤나무를 북쪽에 옮겨 심으면 탱자 나무로 변한다는 뜻으로, 사람도 그 처해 있는 곳에 따라 선하게도 되고 악하게도 됨을 비유하는 말.

柣	⑤ 9획	日 シツ
	문지방 질	中 dié, zhì

풀이 1. 문지방. 2. 섬돌.

柵	⑤ 9획	日 サク
	울짱 책	中 shān, zhà

풀이 1. 울짱. 목책(木柵). ¶木柵 2. 작은 성. 성채. 3. 말뚝.

木柵(목책) 나무 말뚝을 박아 만든 울타리.

鐵柵(철책) 쇠로 된 살대로 만든 우리나 울타리.

柷	⑤ 9획	日 シャク
	악기 이름 축	中 chù

풀이 악기 이름. 민속 음악에 쓰이는 목제 악기로네 모난 나무 통에 막대기를 넣어 좌우로 흔들며 소리를 냄.

柒	⑤ 9획
	❶ 漆(p769)과 同字
	❷ 七(p2)의 갖은자

柁	⑤ 9획	日 タ
	키 타	中 duò

풀이 키. 배의 키.

柁樓(타루) 배의 키를 조종하는 선실(船室).

柁手(타수) 배의 키를 조종하는 사람. 키잡이.

柝	⑤ 9획	日 タク
	열 탁	中 tuò

풀이 1. 열다. 2. 터지다. 갈라지다. 3. 딱딱이. 야경 볼 때 두드리는 나무.

柝居(탁거) 분가(分家)함.

枰	⑤ 9획	日 ヒョウ
	바둑판 평	中 píng

풀이 1. 바둑판. 장기판. 2. 쌍륙판. 가로 세로가 6개로 이루어진 판. 3. 의자. 침상(寢牀). 4. 은행나무.

枹	⑤ 9획	
	❶ 떡갈나무 포	日 ホウ
	❷ 북채 부	中 bāo, fú

풀이 ❶ 1. 떡갈나무. 졸참나무. ¶枹木 2. 더부룩하게 나다. 뭉쳐서 나다. 총생(叢生)하다. ❷ 3. 북채.

枹鼓(부고) 1)북채와 북. 2)도둑을 경계하여 치는 북.

枹木(포목) 떡갈나무.

柀 ⑤9획 삼나무 피 日ヒ 中bǐ

풀이 1. 삼(杉)나무. 2. 비자나무. 3. 가르다. 쪼개다.

柙 ⑤9획 우리 합 日ひつ 中xiá

풀이 1. 우리. 짐승을 가두어 기르는 곳. 2. 가두다. 3. 궤. 궤 속에 넣다. 4. 나무 이름.

枵 ⑤9획 빌 효 日コウ 中xiāo

풀이 1. 비다. 공허하다. 2. 주리다. 배를 곯다.

枵空(효공) 속이 빔. 공허(空虛)함.

枵服(효복) 1)굶주림. 또는 주린 배. 2)용기(容器)가 텅텅빔.

栞 ⑥10획 도표 간 日カン 中kān

풀이 1. 도표. 산에 갈 때 나뭇가지를 꺾거나 깎아서 방향을 표시한 것. 2. 나무를 베다. ¶栞旅

栞旅(간려) 나무를 베어 길을 통하게 하고 산신(山神)에게 여제(旅祭)를 지냄.

栞木(간목) 산림을 갈 때, 나무를 꺾어서 도표(道標)로 삼는 일.

桀 ⑥10획 홰 걸 日ケツ 中jié

* 회의. '舛(어길 천)'에 '木(나무 목)' 자를 더하여, 법을 어긴(舛) 사람을 형틀(木)에다 죽이는 형벌을 나타냄. 그러한 형벌이 잔인하다 하여, '사납다'는 뜻을 지님.

풀이 1. 홰. 닭이 올라앉게 만들어 놓은 나무 막대. 2. 교활하다. ¶桀惡 3. 어깨에 메다. 4. 사납다. 5. 뛰어나다. 6. 떠나다 사라지다. 7. 하(夏)왕이름.

桀桀(걸걸) 잡초 등이 무성한 모양.

桀狗吠堯(걸구폐요) 걸왕 같은 악인이라도, 그에게서 사육되고 있는 개는, 그 주인의 뜻을 따라 요임금 같은 성인에게도 덤벼 짖는다는 뜻으로, 사람은 선악에 관계 없이 제각기 그 주인에게 충성을 다함을 비유하는 말.

桀步(걸보) 게[蟹]의 다른 이름.

桀心(걸심) 순종하지 않는 마음.

桀惡(걸악) 추악함. 포악(暴惡)함.

桀驁(걸오) 길들지 않은 말이라는 뜻으로, 성질이 포악하고 복종하지 않는 사람을 비유하는 말.

桀紂(걸주) 폭군인 하(夏)의 걸왕(桀王)과 은(殷)의 주왕(紂王)을 아울러 일컫는 말. 포악무도(暴惡無道)한 임금.

비 傑(뛰어날 걸)

格 ⑥10획 ❶격식 격 ❷가지 각 日カク·のり 中gé

* 형성. 뜻을 나타내는 부수 '木(나무 목)'과 음을 나타내는 '各(각각 각)'을 합친 글자. 나무(木)가지는 각각(各) 다르게 뻗어 가나 그래도 전체로는 한 법식이 있다고 하여, '격식'을 나타냄.

풀이 ❶ 1. 격식. ¶格式 2. 자리. 지위. ¶資格 3. 인격. 인품. ¶人格 4. 바로잡다. 5. 이르다. 다다르다. 6. 대적하다. 겨루다. 7. 때리다. 치다. 8. 연구하다. 9. 오다. 10. 법. 법칙. 11. 오르다. 올라가다. 12. 격자. 선을 가로세로로 일정한 간격으로 그어 방형(方形)이 되게 한 것. 13. 어기다. 어긋나다. 14. 뒤얽히다. 15. 울타리. 16. 시렁. 물건을 얹어 놓는 장치. ❷ 17. 가지. 나뭇가지. 18. 그치다. 중단하다. 19. 막다. 저지하다.

格格(격격) 1)새의 울음 소리의 형용. 2)들어 올리는 모양.

格納(격납) 집어 넣음. 일정한 물건을 일정한 장소에 격식을 따라 넣음

格命(격명) 1)명령에 이름. 곧, 명령대로 행함에 이름. 2)장수하는 사람.

格物(격물) 사물의 이치를 궁구(窮究)함.

格物致知(격물치지) 사물의 이치를 연구하여 온전한 지식에 다다름. 격치(格致).

格殺(격살) 손으로 쳐 죽임.

格式(격식) 격에 어울리는 법식.

格心(격심) 바른 마음.

格言(격언) 사리에 맞아 교훈이 될 만한 짧은 말. 격률(格率). 금언(金言).

格外(격외) 보통이 아님.

格調(격조) 1)시가(詩歌)의 체재(體裁)와 품격. 가락. 2)사람의 품격. 인격.

格鬪(격투) 서로 맞붙어 싸움.

格下(격하) 격을 한 등급 낮춤.

格訓(격훈) 행동을 바르게 다잡아 주는 가르침.

規格(규격) 일정한 규정에 들어 맞는 격식.

品格(품격) 사람된 바탕과 성품.

合格(합격) 1)격식이나 조건에 맞음. 2)시험에 붙음.

枅 ⑥ 10획 두공 견·계 日ケイ·ケン 中jī

풀이 두공(斗栱). 기둥에 얹어 마룻대를 받는 각재(角材).

栔 ⑥ 10획 ❶새길 계 ❷끊을 결 日ケイ·セツ 中qì, qiè

풀이 ❶ 1. 새기다. 2. 빠지다. 없다. 3. 근심하다. 걱정하다. ❷ 4. 끊다. 절단하다.

비 契(맺을 계)

桂 ⑥ 10획 계수나무 계 日ケイ·カツラ 中guì

一 十 才 木 朩 朰 杜 桂 桂 桂

풀이 1. 계수나무. ¶桂秋 2. 월계수. 3. 달(月). ¶桂宮

桂窟(계굴) 1)달의 다른 이름. 2)달 속에는 계수나무가 있다는 전설에서 온 말로, 시험에 합격하면 계수나무를 꺾었다고 하는 데서 시험에 급제한 사람을 이르는 말.

桂櫂蘭槳(계도난장) 계수나무로 만든 노와 목란으로 만든 상앗대.

4획

桂輪(계륜) 달의 다른 이름.

桂魄(계백) 달의 다른 이름.

桂心(계심) 계피(桂皮)의 겉껍질을 벗긴 속껍질.

桂月(계월) 1)달의 다른 이름. 2)음력 8월.

桂籍(계적) 진사(進士)에 급제한 사람의 명부.

桂戚(계척) 왕비의 친정 집안.

桂秋(계추) 계수나무 꽃이 피는 계절. 가을철.

桂皮(계피) 계수나무의 얇은 껍질.

桂海(계해) 남쪽 바다. 남해(南海)의 다른 이름.

栲 ⑥ 10획 북나무 고 日コウ·ぬるで 中kǎo

풀이 1. 북나무. ¶栲櫟 2. 고리. 버들고리.

栲櫟(고력) 북나무.

栲栳(고로) 대·버들 등으로 결어 만든 물건을 담는 그릇. 고리. 유기(柳器).

栱 ⑥ 10획 두공 공 日キョウ·くい 中gǒng

풀이 1. 두공. 목조 건물에 지붕을 받치기 위해 짜 올린 구조물. 2. 말뚝.

栱枅(공계) 가로로 걸친 보.

枓栱(두공) 규모가 큰 목조 건물의 기둥 위에 지붕을 받치며, 장식하기 위해 짜 올린 구조.

䢼 ⑥ 10획 나무 이름 공 日コウ 中qióng

풀이 나무 이름. 떡갈 나무의 일종임.

栝 ⑥ 10획 노송나무 괄 日カツ 中guā, kuò

풀이 1. 노송나무. ¶栝柏 2. 전나무. 3. 도지개. 휜 물건을 바로잡는 틀.

栝樓(괄루) 하늘타리.

栝柏(괄백) 노송나무, 또는 전나무와 측백나무.

栝樹(괄수) 1)노송나무. 2)전나무.

유 檜(노송나무 회)

框 ⑥ 10획 문테 광 日キョウ·かまち 中kuàng

풀이 문테.

桄 ⑥ 10획 광랑나무 광 日コウ·たがやさん 中guāng, guàng

풀이 광랑나무. 꽃으로 사탕을 만들고 줄기에서도 전분(澱粉)을 취함.

桄榔(광랑) 광랑나무. 야자과에 속하는 나무. 철목(鐵木).

校 ⑥ 10획 학교 교 日コウ·まなびや 中jiào

一 十 才 木 朩 朩 杧 杧 桄 校

*형성. 뜻을 나타내는 부수 '木(나무 목)'에 음을 나타내는 '交(사귈 교)'가 합친 글자. 나무(木)를 교차(交)해서 만든 틀로 악을 선으로 고친다는 데에서 '교육하는 곳'을 뜻함.

풀이 1. 학교. ¶學校 2. 본받다. 3. 가르치다. 4. 고치다. 바로잡다. ¶校定 5. 세다. 계산하다. 6. 조사하다. ¶校覽 7. 갚다. 8. 장교. ¶將校 9. 군영(軍營). 부대(部隊). 10. 울타리. 11. 달리다. 12. 빠르다. 신속하다. 13. 생각하다. 헤아리다. 14. 질곡. 차조 수갑 칼 등의 형구의 총칭.

校歌(교가) 학교의 기풍을 나타내기 위해 제정하여 부르는 노래.
校刻(교각) 교정하여 판각함.
校監(교감) 학교장을 보좌하고 교무를 감독하는 직책. 또는 그 사람.
校覽(교람) 조사하여 봄. 보면서 조사함.
校獵(교렵) 바자울을 치고 짐승이 도망가지 못하도록 하여 사냥함.
校本(교본) 틀린 것이나 빠진 것이 없이 다 교정해 놓은 책. 교정본(校正本).
校書(교서) 1)책을 비교·대조하여 이동(異同)·정오(正誤)를 조사함. 또는 그 사람. 2)교서랑(校書郞)의 준말.
校讎(교수) 서적을 대조하여 그 잘못을 바르게 함. 교정(校正).
校飾(교식) 꾸밈. 장식(裝飾).
校閱(교열) 1)문서나 책의 어구 글자의 잘못을 살펴 교정하며 검열함. 2)조사(調査)하거나 검열(檢閱)을 함.
校長(교장) 학교장. 교무를 통할하고 소속 직원을 감독하는 학교의 장.
校訂(교정) 교정(校正).
校正(교정) 1)옛날, 말[馬]을 맡아보던 벼슬아치. 2)출판사나 신문사 등에서, 조판(組版)상의 부호·배열·색 등의 틀리거나 불비(不備)한 것 등을 찾아 바로잡기 위하여, 인쇄물을 원고와 대조하여 그 잘못을 고치는 일.
校定(교정) 글자나 문장을 비교하여 고침. 결정함.
校誌(교지) 학생들이 학교에서 편집 발행하는 잡지.
校則(교칙) 학교의 규칙.
校合(교합) 한 가지의 책에 이본(異本)이 있을 경우 그것을 비교 대조하여 같고 다름을 조사하는 일.
將校(장교) 군대에서, 소위 이상의 무관(武官)의 통칭.
學校(학교) 설비를 갖추고 학생을 모아 교육을 하는 기관.

桕	⑥ 10획 梠(p637)의 俗字

根	⑥ 10획 뿌리 근	日コン·ね·もと 中gēn

一 十 才 木 朩 杙 杈 根 根 根

풀이 1. 뿌리. 2. 뿌리를 내리다. ¶根幹 3. 근본. ¶根本 4. 밑둥. 5, 뿌리째 뽑아 없애다. 6. 생식기. 7. 능력. 생각. 8. 근. 수학에서 거듭 제곱에 의하여 어떤 수가 나올 때 그 수의 거듭 제곱 이전의 근본이 되는 수(√).

根幹(근간) 1)뿌리와 줄기. 2)사물의 바탕이나 중심이 되는 부분.
根據(근거) 1)사물의 토대. 2)이론·의견 등이 그 근본이 되는 의거(依據).
根耕(근경) 그루갈이.
根莖(근경) 1)뿌리와 줄기. 근간(根幹). 2)근본(根本). 3)지하를 옆으로 뻗는 뿌리 모양의 줄기. 뿌리줄기.
根痼(근고) 오래된 불치의 병. 고질(痼疾).
根氣(근기) 1)참고 견딜 수 있는 기력. 2)근본되는 힘. 정혼(精魂). 정력(精力).
根基(근기) 뿌리 잡은 터. 근본적인 토대.
根脈(근맥) 일이 생겨난 유래.
根本(근본) 1)초목의 뿌리. 2)사물의 본바탕. 근원.
根性(근성) 1)근본이 되는 성질. 2)어떤 일을 끝까지 해내려는 끈질긴 성질.
根源(근원) 1)나무 뿌리와 물이 흘러 나오는 샘. 2)일의 밑바탕.
根絶(근절) 다시 살아날 수 없게 뿌리째 끊어 없애 버림.
根種(근종) 1)사물의 근원이 되는 것. 본원(本原). 2)한 번 수확해 낸 뒤에 다시 다른 작물을 심는 일. 그루갈이. 근경(根耕).
根腫(근종) 근이 박힌 종기.
根塵(근진) 눈·귀·코·혀·몸의 오근(五根)과 이에 대하는 색(色)·성(聲)·향(香)·미(味)·촉(觸)의 오진(五塵).
根著(근착) 1)뿌리가 박힘. 2)지구에 살아 있는 만상(萬象).
根蔕(근체) 1)뿌리와 꼭지. 2)사물의 토대. 근거(根據). 기초(基礎).
根治(근치) 1)그 일을 근본적으로 연구하여 그 죄상을 철저히 다스림. 2)병을 근본부터 고침. 뿌리째 완전히 없애버림.
禍根(화근) 화를 일으키는 근원.

유 柢(뿌리 저) 本(밑 본)

桔	⑥ 10획 도라지 길	日キツ·きつきょう 中jié, jú

풀이 1. 도라지. ¶桔梗 2. 두레박틀. ¶桔槹

桔梗(길경) 도라지.
桔槹(길고) 한 끝에는 두레박, 다른 한 끝에는 돌을 매달아 물을 긷게 만든 틀. 두레박틀.

4획

桃	⑥ 10획 日トウ·もも 복숭아나무 도 中táo

一 十 才 木 札 材 材 机 桃 桃

풀이 1. 복숭아나무. 복숭아. ¶桃花臉 2. 도망치다. 달아나다.

桃李(도리) 1)복숭아와 자두, 또는 그 꽃이나 열매. 2)시험으로 채용한 문하생(門下生). 또는 자기가 천거한 현사(賢士). 3)아름다운 얼굴을 비유하는 말.

桃林處士(도림처사) 소(牛)의 다른 이름.

桃三李四(도삼이사) 복숭아는 3년 만에 열매가 열고, 자두는 4년 만에 열매가 엶.

桃色(도색) 1)복숭아꽃과 같은 빛깔. 담홍색(淡紅色). 2)남녀 사이에 얽힌 색정적인 일.

桃夭(도요) 혼기(婚期)에 달한 여자. 시집가는 여자의 아름다움을 복숭아꽃에 비유한 말.

桃夭之化(도요지화) 혼례(婚禮).

桃園結義(도원결의) 촉(蜀)의 유비(劉備)·관우(關羽)·장비(張飛) 세 사람이 도원에서 의형제를 맺은 고사에서, 의형제를 맺는 일을 말함.

桃源境(도원경) 진세(塵世)를 떠나 선경(仙境)의 천지를 말함.

桃弧棘矢(도호극시) 복숭아나무로 만든 활과 가시나무로 만든 화살. 재앙을 쫓는 데 썼다.

桃花粉(도화분) 연지(臙脂).

桃花水(도화수) 복숭아꽃이 필 무렵, 얼음이 녹아 불어나 흐르는 강물.

桃花臉(도화검) 복숭아꽃과 같이 아름다운 얼굴.

武陵桃源(무릉도원) 이 세상을 떠난 별천지를 말함. 신선의 세계.

桐	⑥ 10획 日トウ·きり 오동나무 동 中tóng

* 형성. 뜻을 나타내는 부수 木(나무 목)과 음을 나타내는 同(같을 동)을 합친 글자. 속이 비어있는(同) 나무(木)인 '오동'을 뜻함.

풀이 1. 오동나무. ¶桐孫 2. 거문고. 3. 통하다. 4. 갑자기. 가벼이. 5. 성씨(姓氏).

桐君(동군) 거문고.

桐城派(동성파) 청대(淸代)에 일어난 고문의 한 파. 방포(方苞)·유대괴(劉大魁) 등이 창도하여 요내(姚鼐)에 이르러 대성한 학파.

桐月(동월) 음력 7월.

桐油紙(동유지) 동유를 먹인 방수지(防水紙).

유 梧(벽오동나무 오)

栾	⑥ 10획 欒(p672)의 俗字

栊	⑥ 10획 日リョ 소나무 려 中lǚ

풀이 1. 소나무. 2. 처마. 3. 나무 이름. 주로 화살대로 쓰이는 나무임.

유 松(소나무 송)

栵	⑥ 10획 ❶ 산밤나무 렬 日レツ·レイ ❷ 나무 中lì, liè 늘어설 례

풀이 ❶ 1. 산밤나무. ❷ 2. 나무가 늘어서다.

栳	⑥ 10획 日ロ 고리 로 中lǎo

풀이 고리. 버들고리. 유기(柳器).

栗	⑥ 10획 ❶ 밤나무 日リツ,くり 률(율) 中lì, liè ❷ 찢을 렬(열)

一 丆 戸 襾 襾 西 覀 栗 栗 栗

풀이 ❶ 1. 밤나무. 2. 밤. ¶栗殼 3. 단단하다. 견식하다. 4. 엄하다. 5. 여물다. 6. 춥다. 7. 떨다. 8. 공손하다. 9. 건너뛰다. 10. 많다. ❷ 11. 찢다. ¶栗薪

栗殼(율각) 밤의 껍질.

栗烈(율렬) 살을 에는 듯한 대단한 추위.

栗栗(율률) 1)두려워하며 삼가는 모양. 율률(慄慄). 2)많은 모양.

栗房(율방) 밤송이.

栗鼠(율서) 다람쥐. 목서(木鼠).

栗刺(율자) 밤송이의 가시.

棗栗(조율) 대추와 밤.

비 粟(조 속)

栢 ⑥ 10획
栢(p621)의 俗字

栰 ⑥ 10획 日いかだ
떼 벌 中fá

풀이 떼. 뗏목.

栟 ⑥ 10획
栟(p639)의 俗字

栿 ⑥ 10획 日フク
들보 복 中fú

풀이 1. 들보. 대들보. 2. 얹다. 겹치다. 포개다.

桑 ⑥ 10획 日ソウ · くわ
뽕나무 상 中sāng

フ ヌ ヌ ヌ 叒 叒 叒 桒 桑 桑

* 상형. 누에를 기르는 데 쓰는 뽕나무의 모양을 본뜬 글자

풀이 1. 뽕나무. ¶桑楡 2. 뽕잎을 따다. 누에를 치다. ¶蠶桑 3. 뽕나무를 심다.

桑稼(상가) 양잠(養蠶)과 농사. 농상(農桑).

桑土綢繆(상두주무) 새는 폭풍우가 닥치기 전에 뽕나무 뿌리를 물어다가 둥지의 구멍을 막는다는 뜻으로, 환란을 미연에 방지함을 말함.

桑麻(상마) 1)뽕과 삼. 2)뽕과 삼을 심는 곳이란 뜻으로, 전원(田園)을 말함.

桑門(상문) 범어 'Sramana'의 역어. 불도(佛徒). 중. 사문(沙門).

桑椹(상심) 뽕나무 열매. 오디. 상실(桑實).

桑楡(상유) 1)뽕나무와 느릅나무. 2)저녁무렵의 해 그림자. 일모(日暮). 저녁 해의 그림자가 뽕나무와 느릅나무 가지에 끝에 남아 있다는 뜻에서 온 말. 3)서쪽의 해 지는 곳. 4)동에 대한 서, 또는 아침에 대한 저녁. 5)늙은 때를 비유하는 말. 만년(晩年). 노년(老年).

桑柘(상자) 뽕나무와 산뽕나무.

桑梓(상자) 뽕나무와 가래나무. 옛날에는 집 담 밑에 뽕나무와 가래나무를 심어 두어 후세 자손들에게 조상을 생각하게 했다는 데서 고향의 집, 또는 고향을 뜻함.

桑田碧海(상전벽해) 뽕나무밭이 푸른 바다로 바뀌어진다는 뜻으로, 세상의 변천이 덧없음을 이르는 말.

桑織(상직) 뽕나무를 심고 베를 짬.

桑樞(상추) 가난한 집. 빈가(貧家).

桑戶(상호) 뽕나무로 만든 문이라는 뜻으로, 몹시 가난함을 말함.

비 柔(부드러울 유)

桒 ⑥ 10획
桑(p629)의 俗字

栖 ⑥ 10획 日セイ
깃들일 서 中qī, xī

풀이 1. 깃들이다. 서식하다. ¶栖息 2. 살다. 거주하다. 3. 머금다. 품다. 4. 보금자리. 서식처.

栖栖(서서) 바쁜 모양. 황황(皇皇).

栖息(서식) 깃들여 삶. 서식(棲息).

栖烏(서오) 보금자리의 까마귀. 보금자리를 찾아 돌아가는 까마귀. 서아(栖鴉).

栖遲(서지) 관직 등에 매이지 않고 자유롭게 쉬는 일. 서지(棲遲).

유 棲(살 서)

栒 ⑥ 10획 日ジュン
가름대나무 순 中sǔn, xún

풀이 가름대나무.

栻 ⑥ 10획 日シキ · うらないばん
점치는기구 식 中shì

풀이 점판. 점치는 기구.

案 ⑥ 10획 日アン · つくえ
책상 안 中àn

丶 丷 宀 宄 安 安 安 案 案 案

* 형성. 뜻을 나타내는 부수 '木(나무 목)'과 음을 나타내는 '安(편안할 안)'을 합친 글자. 글을 읽고 쓰는데 편안한(安) 나무(木)로 만든 것, 곧 '책상'을 나타냄. 책상에 앉아 생각한다는 데에서 '고안하다'의 뜻을 나타냄.

풀이 1. 책상. ¶案子 2. 생각하다. 고안하다. 3. 초안. 초고. ¶考案 4. 안건. 조사 · 논증을 요하는 사건. 5. 앉는 때 몸을 기대는 방석. 6. 소반. 밥상. 7. 어루만지다. ¶案檢 8. 주발. 9. 지경. 경계. 10. 의거하다. 11.

편안하다. 12. 판결.

案件(안건) 1)사건(事件). 관서(官署)에서 다루는 사건. 2)조사하거나 논의할 사항.

案檢(안검) 증거를 들어 조사함. 안험(案驗).

案劍(안검) 칼을 빼려고 손으로 칼자루를 어루만짐. 안검(按劍).

案內(안내) 1)인도하여 내용을 알려줌. 2)목적하는 곳으로 인도함.

案堵(안도) 1)마음을 놓음. 안도(安堵). 2)제 사는 곳에서 편안히 삶.

案牘(안독) 1)문서와 편지. 2)조사하는데 필요한 서류.

案撫(안무) 보살피고 어루만져서 위로함.

案文(안문) 문장을 지으려고 생각함. 또는 문의(文意)를 생각함.

案子(안자) 1)책상. 2)소송 사건. 또는 의사(議事)의 근거로 되는 문서.

案察(안찰) 조사하여 밝힘. 안찰(按察).

案致(안치) 조사하여 구명함.

案行(안행) 1)조사함. 2)순찰(巡察)함. 3)대열(隊列)을 정비(整備)함.

擧案齊眉(거안제미) 밥상을 눈썹 높이까지 들어 올려 바친다는 뜻으로, 아내가 남편을 깍듯이 공경함을 비유하는 말.

考案(고안) 1)어떠한 안을 생각하여 냄. 또는 그 안. 2)상고(詳考)하여 조사함. 3)생각하여 연구함.

供案(공안) 죄인이 진술한 바를 적어 둔 문부. 죄인의 공술서.

腹案(복안) 마음속에 품고 있는 생각.

提案(제안) 안을 냄. 계획을 제출함.

桉 ⑥ 10획
案(p629)과 同字

桜 ⑥ 10획
櫻(p671)의 俗字

椳 ⑥ 10획
椳(p623)와 同字

桅 ⑥ 10획
❶돛대 외 日イ·カイ
❷치자나무 괴 中wéi

풀이 ❶ 1. 돛대. ¶桅杆 ❷ 2. 치자나무.

桅杆(외간) 돛대.

桅頂(외정) 돛대의 꼭대기.

桋 ⑥ 10획 日イ
멧대추나무 이 中yí, tí

풀이 멧대추나무.

栘 ⑥ 10획
산이스랏 日イ
나무 이 中yí

풀이 산이스랏나무.

栘華(이화) 산이스랏나무. 당체(唐棣)의 다른 이름.

栭 ⑥ 10획 日イ
두공 이 中ér

풀이 1. 두공. 2. 산밤나무. 3. 목이(木耳). 고목에서 돋아 나는 버섯.

栮 ⑥ 10획 日イ
목이 이 中ěr

풀이 목이(木耳). 고목에서 돋아 나는 버섯.

栈 ⑥ 10획
棧(p641)의 俗字

栽 ⑥ 10획 日サイ·うえる
심을 재 中zāi, zài

一 十 土 土 丰 丰 丰 栽 栽 栽

* 형성. 뜻을 나타내는 부수 '木(나무 목)'과 음을 나타내는 '𢦏(심을 재)'을 합친 글자.

풀이 1. 심다. 2. 묘목. 3. 어린 싹. 4. 담틀. 토담을 쌓은 데 쓰는 긴 널조각.

栽培(재배) 초목을 심고 가꾸는 일. 바뀌어, 인재의 양성.

栽植(재식) 초목을 옮겨 심음.

盆栽(분재) 관상(觀賞)을 위해 화분에 심어 가꾼 나무.

유 植(심을 식) 비 載(실을 재) 裁(마를 재)

栓	⑥ 10획 평미레 전	日セン 中shuān, shuàn

*형성. 뜻을 나타내는 부수 '木(나무 목)'과 음을 나타내는 '全(완전할 전)'을 합친 글자. 구멍에 끼워 그것을 완전하게〔全〕막는 나무〔木〕라는 뜻에서, '마개'를 뜻함.

풀이 1. 평미레. 2. 나무못. 3. 병마개. 4. 빗장.

유 槪(평미레 개)

栴	⑥ 10획 단향목 전	日セン·かおりき 中zhān

풀이 단향목.

株	⑥ 10획 그루 주	日シュ·チュ·かぶ 中zhū

一 十 才 木 朩 朩 朩 柈 株 株

*형성. 뜻을 나타내는 부수 '木(나무 목)'과 음을 나타내는 '朱(붉을 주)'를 합친 글자. 나무의 뿌리나 나무를 세는 단위인 '그루'를 뜻하게 됨.

풀이 1. 그루. ㉠나무·곡식 등의 줄기의 밑동. ㉡나무를 세는 단위. 2. 그루터기. ¶株駒 3. 뿌리. 4. 연루하다. ¶株戮 5.韓 주식(株式). 주식회사. ¶株式

株價(주가) 주식(株式)의 값.

株駒(주구) 마른 나무의 줄기. 또는 그루터기.

株連(주련) 다른 범죄자에 관련되어서, 여러 사람이 같이 처벌됨. 연좌(連坐).

株戮(주륙) 연루자(連累者)로서 죽임.

株送(주송) 먼저 붙잡힌 자를 심문하여 그가 범죄를 저질렀음이 밝혀졌을 때, 그와 무리를 이룬 사람을 연행(連行)하는 일.

株守(주수) 구습만을 고집하고 변통할 줄을 모르는 사람을 비웃는 말. 수주대토(守株待兎).

株式(주식) 1)주식회사의 자본을 이루는 단위. 2)주주권(株主權)을 표시하는 유가 증권.

雌雄同株(자웅동주) 나무 등과 같이 한 나무에 암꽃과 수꽃이 같이 피는 나무.

유 皿(그릇 명)

桎	⑥ 10획 차꼬 질	日シツ 中zhì

풀이 1. 차꼬. 족쇄(足鎖). 2. 차꼬를 채우다. 3. 쐐기. 비녀장. 4. 막다. 막히다.

桎梏(질곡) 1)차꼬와 수갑. 2)자유를 속박함.

桎鎋(질할) 1)수레바퀴의 비녀장. 2)사물에서 긴요한 부분. 관건(關鍵).

桎檻(질함) 차꼬를 채워 옥에 가둠.

栫	⑥ 10획 울 천	日セン·かき 中jiàn

풀이 1. 울. 울타리. 2. 어살. 섶나무를 물 속에 꽂아 물고기를 잡는 설비. 3. 울타리를 둘러막다.

桌	⑥ 10획 卓(p156)의 古字

栙	⑥ 10획 돛 항	日コウ 中xiáng

풀이 돛.

核	⑥ 10획 씨 핵	日カク·さね·しん 中hé, hú

一 十 才 木 朩 朩 杧 枋 核 核

*형성. 뜻을 나타내는 부수 '木(나무 목)'과 음을 나타내는 '亥(열두번째지지 해)'를 합친 글자. 나무〔木〕에 새 생명을 싸고 있는 모양을 나타내는 '亥'자가 더하여져, '씨', '종자'를 나타냄. 또 그것을 싸고 있는 것은 중요한 것이므로 '핵심'을 뜻하게 됨.

풀이 1. 씨. 2. 핵심. 알맹이. ¶核心 3. 씨 있는 과일. 4. 굳다. 5. 엄하다. 6. 조사하다. 궁구하다. 7. 뿌리. 8. 핵폭탄. 세포핵. 원자핵. 9. 확실하다. 틀림없다.

核心(핵심) 1)사물의 중심이 되는 요긴한 부분. 사물의 알맹이. 2)과실의 씨.

簡核(간핵) 간단하고 확실함.

結核菌(결핵균) 결핵병을 일으키는 병균.

비 該(그 해) 刻(새길 각)

桁	⑥ 10획 ❶도리 형 ❷횃대 항	日ヘン·コウ 中háng, hàng, héng

풀이 1 1. 도리. 기둥과 기둥 위에 둘러얹히는 나무. ¶桁梧 2. 가로나무. 교량 등에 가로지는 나무. 2 3. 횃대. ¶桁衣 4. 차꼬. 5. 배다리.

桁梧(형오) 도리와 기둥.

桁楊(항양) 죄인을 속박하는 형구. 차꼬.

桁衣(항의) 횃대에 건 옷.

4획

桓	⑥ 10획	日カン·ひょうしき
	푯말 환	中huán

풀이 1. 푯말. 2. 굳세다. 용맹하다. ¶桓桓 3. 크다. ¶桓撥 4. 머뭇거리다. 주저하다. 5. 나란히 서다. 6. 근심하다. 걱정하다.

桓圭(환규) 주대(周代) 육서(六瑞)의 하나. 공작(公爵)의 작위(爵位)를 가진 사람이 갖는 길이 9촌(寸)의 홀(笏).

桓撥(환발) 크게 천하를 다스림.

桓桓(환환) 굳센 모양. 용맹스러운 모양.

栩	⑥ 10획	日フ
	상수리나무 후	中xǔ

풀이 1. 상수리나무. 2. 기뻐하다.

栩栩(후후) 기뻐하는 모양.

桷	⑦ 11획	日カク·たるき
	서까래 각	中jué

풀이 1. 서까래. 2. 나뭇가지.

梓	⑦ 11획
	杆(p610)의 俗字

梗	⑦ 11획	日ケイ
	가시나무 경	中gěng

* 형성. 뜻을 나타내는 부수 '木(나무 목)'과 음을 나타내는 '更(고칠 경)'을 합친 글자.

풀이 1. 가시나무. 2. 가시. 3. 근심. 걱정. 4. 대개. ¶梗概 5. 곧다. 바르다. ¶梗直 6. 굳세다. 강하다. ¶梗正 7. 막다. 예방하다. 8. 막히다. ¶梗塞 9. 인형. 10. 바뀌다. 11. 깨닫다.

梗概(경개) 대강의 줄거리. 개요(概要).

梗林(경림) 가시나무의 숲.

梗澀(경삽) 막혀 통하지 않음. 경색(梗塞).

梗塞(경색) 1)사물의 흐름이나 분위기 등이 막히거나 굳어져 순조롭지 못한 상태가 되는 것. 2)혈전(血栓) 등의 물질이 혈관을 막아, 영양을 공급받지 못한 세포 조직이 죽는 것.

梗正(경정) 굳세고 바름.

梗直(경직) 올바름. 정직함.

生梗之弊(생경지폐) 양자간에 생긴 불화로 인하여 생긴 폐단.

械	⑦ 11획	日ケイ
	형틀 계	中xiè

一 十 才 木 木 杧 杧 栐 械 械 械

* 형성. 뜻을 나타내는 부수 '木(나무 목)'과 음을 나타내는 '戒(경계할 계)'를 합친 글자. 죄인을 경계(戒)하는 목(木)제의 '틀'을 말함.

풀이 1. 형틀. 차꼬·수갑·칼 등. 2. 형틀을 채우다. 3. 틀. 기구를 움직이게 하는 장치. 4. 기계. 기구. ¶械器 5. 무기. 병장기.

械器(계기) 기계(機械)나 기구(器具)

機械(기계) 동력으로 움직여서 자동적으로 일을 하는 장치.

유 機(틀 기)

梏	⑦ 11획	日コク
	수갑 곡	中gù, jué

풀이 1. 수갑. 쇠고랑. ¶桎梏 2. 수갑을 채우다. 3. 묶다. 4. 꿰다. 5. 어지럽히다.

桎梏(질곡) 차꼬와 수갑이란 뜻으로, 즉 속박을 뜻함.

梱	⑦ 11획	日コン
	문지방 곤	中kǔn

풀이 1. 문지방. 2. 두드리다. 치다. 3. 이루다. 성취하다. 4. 가지런히 하다.

梮	⑦ 11획	日キョク
	징 국	中jú

풀이 1. 징. 산을 오를 때 미끄럼을 방지하기 위해 신발에 박는 것. 2. 삼태기. 3. 썰매.

桾	⑦ 11획	日クン
	고욤나무 군	中jūn

풀이 고욤나무. 잎이 둥글고 끝이 뾰족하며, 열매는 약제로 쓰임.

유 梬(고욤나무 영)

梌	⑦ 11획	日ト
	노나무 도	中tú

4 획

풀이 1. 노나무. 개오동나무. 2. 단풍나무.

桹 ⑦ 11획 日ロウ
광랑나무 랑 中láng

풀이 1. 광랑나무. 2. 뱃바닥에 깔 널빤지. 3. 몽둥이. 桹桹(낭랑) 나무를 치는 소리.

梁 ⑦ 11획 日リョウ
들보 량 中liáng

* 형성. 물(氵)위에 나무(木)로 만든 '다리'를 뜻하다가 다리처럼 걸치는 '대들보'를 나타내게 됨.

풀이 1. 들보. 대들보. ¶梁桷 2. 다리. 교량. ¶橋梁 3. 징검다리. 4. 발담. 물을 막아 고기를 잡는 도구. 5. 둑. 제방. 6. 기장. 수수. 7. 양주. 우공구주(禹貢九州)의 하나로, 지금의 사천성(四川省)의 대부분과 섬서(陝西)·감숙(甘肅) 두성의 일부분. 8. 강하다. 굳세다. 9. 양나라. ㉠ 전국시대 위(魏)나라가 대량(大梁)으로 천도한 후의 칭호. ㉡ 남조(南朝)의 하나로 소연(蕭衍)이 제(齊)나라의 선위를 받아 세운 왕조. ㉢오대(五代)의 하나로 주전충(朱全忠)이 당(唐)의 선위를 받아 세운 왕조. 10. 성씨(姓氏).

梁桷(양각) 들보와 서까래.
梁木(양목) 들보.
梁上君子(양상군자) 대들보 위의 군자란 뜻으로, 도둑을 이르는 말.

◎梁上君子(양상군자)의 유래

후한 때, 태구현(太丘縣)의 장관 진식(陳寔)의 방에 도둑이 들어와 대들보 위에 숨었다. 진식은 이 사실을 알아차리고 아무 말 없이 자손들을 불러놓고 훈계하기를, "사람이란 반드시 스스로 노력해야 하는 법이다. 착하지 않은 사람도 본래 악한 것이 아니라 습관에 의해 성격이 변해 버린 것이다. 바로 여기 있는 대들보 위의 군자가 그렇다."라고 했다. 도둑이 이 말에 깜짝 놀라 내려와 사죄했다.

膏梁珍味(고량진미) 기름지고 맛있는 음식. 산해진미(山海珍味). 주지육림(酒池肉林). 진수성찬(珍羞盛饌).
橋梁(교량) 다리.
獨梁(독량) 외나무다리.
棟梁(동량) 1)마룻대와 들보. 2)집안이나 국가의 기둥이 될 만한 인물.
浮梁(부량) 부교(浮橋).
山梁(산량) 1)산골짜기를 건너지르는 다리. 2)꿩.

梠 ⑦ 11획 日リョ·ひさし
평고대 려 中lǚ

풀이 평고대.

梨 ⑦ 11획 日リ·なし
배나무 리(이) 中lí

* 형성. 뜻을 나타내는 부수 '木(나무 목)'과 음을 나타내는 '利(이로울 리)'를 합친 글자. 먹으면 변비를 고치는데 이익이(利)되는 나무(木) 열매, 즉, '배나무'를 나타냄.

풀이 1. 배나무. ¶梨花 2. 배. 3. 늙은이. 4. 쪼개다. 가르다. 5. 좇다. 따르다.

梨花(이화) 배꽃.
鳳梨(봉리) 파인애플.
生梨(생리) 배.
烏飛梨落(오비이락) 까마귀 날자 배 떨어진다는 뜻으로, 남의 의심을 받기 쉬운 우연의 일치를 비유하는 속담.

梩 ⑦ 11획 日リ·すき
가래 리 中lí, sì

풀이 1. 가래. 2. 삼태기. 흙을 운반하는 농구.

梅 ⑦ 11획 日バイ·うめ
매화나무 매 中méi

* 형성. 뜻을 나타내는 부수 '木(나무 목)'과 음을 나타내는 '每(매양 매)'를 합친 글자. 매번(每) 말만 해도 입에 침이 고이는 열매의 나무(木)는 매화나무라 하여, '매화나무'를 뜻함.

풀이 1. 매화나무. ¶梅實 2. 매우. 장마. 매화열매가 익을 무렵 오는 장마. ¶梅雨 3. 어둡다.

梅蘭(매란) 매화와 난초.
梅實(매실) 매화 나무의 열매.
梅雨(매우) 매화나무 열매가 익어서 떨어질 때에 지는 장마라는 뜻으로, 대략 6월 중순께부터 7월 상순께까지 지는 장마를 말함.
梅園(매원) 매화나무 밭.
梅竹(매죽) 매화나무와 대나무.
梅天(매천) 매실이 익는 6월이나 7월의 비오는 흐린 하늘.

비 悔(뉘우칠 회)

梶 ⑦ 11획 日ミ
나무 끝 미 中wěi

풀이 나무 끝. 우듬지.

유 梢(나무 끝 초)

桲 ⑦ 11획 日バツ
도리깨 발 中bó, pō

풀이 1. 도리깨. 곡식을 두드려 떠는 농구. 2. 올발. 마르멜로. 과일이 달고 향기가 있음. 3. 지팡이.

梆 ⑦ 11획 日ホウ·ひよしぎ
목어 방 中bāng

풀이 1. 목어(木魚). 나무로 만든 물고기. 2. 딱딱이. ¶梆鑼
梆鑼(방라) 야경용(夜警用)의 딱딱이의 징.

桮 ⑦ 11획 日ハイ·さかずき
술잔 배 中bēi

풀이 1. 술잔. 2. 그릇. 나무를 구부려 만든 그릇.
桮棬(배권) 나무를 구부려 만든 그릇. 또는 얇은 판자를 구부려서 만든 그릇.
유 盞(잔 잔) 盃(잔 배)

梵 ⑦ 11획 日ボン
범어 범 中fàn

풀이 1. 범어. 인도의 고대어. 산스크리트. 2. 깨끗하다. 범어인 브라만(Brahman)의 음역으로 '청정'을 뜻함. 3. 바라문. 인도의 귀족. 4. 불교나 인도에 관한 사물을 나타냄. 5. 부처.
梵宮(범궁) 1)범천(梵天)의 궁전. 2)절. 또는 법당. 범각(梵閣).
梵衲(범납) 중.
梵樂(범악) 1)인도의 음악. 2)불교의 음악.
梵語(범어) 고대 인도의 말. 산스크리트.
梵宇(범우) 절. 사찰(寺刹).
梵殿(범전) 불당.
梵鍾(범종) 절에 있는 종. 절에서 치는 종.
梵唄(범패) 부처의 공덕을 찬양하는 노래.
梵學(범학) 1)불경에 관한 학문. 2)범어의 학문.
비 楚(모형 초)

桴 ⑦ 11획 日フ·むね
뗏목 부 中fú

풀이 1. 뗏목. ¶桴筏 2. 북채. ¶桴鼓 3. 마룻대. 집의 용마루 밑에 서까래가 걸리게 된 나무. 4. 새끼를 품다. 5. 질경이.
桴鼓(부고) 1)부채와 북. 2)북채로 북을 침.
桴筏(부벌) 뗏목.

桫 ⑦ 11획 日シャ
사라나무 사 中suō

풀이 사라나무.

梭 ⑦ 11획 日サ
북 사 中suō

풀이 1. 북. 베틀의 부속 중 하나. ¶梭杼 2. 베짱이.
梭杼(사저) 베틀의 북.

梳 ⑦ 11획 日ソ·くし
빗 소 中shū

풀이 1. 빗. 2. 빗다.
梳沐(소목) 머리를 빗고 몸을 씻음.
梳髮(소발) 머리를 빗음.
梳洗(소세) 머리를 빗고 얼굴을 씻음.
梳櫛(소즐) 머리를 빗음. 빗질함.

梬 ⑦ 11획 日エン
고욤나무 영 中yǐng

풀이 고욤나무. 고욤.
유 桾(고욤나무 군)

梧 ⑦ 11획 日ゴ
벽오동나무오 中wú

풀이 1. 벽오동나무. ¶梧桐 2. 책상. ¶梧右 3. 거문고. 4. 크다. 거창하다. 5. 버티다. 맞서 겨루다.
梧桐(오동) 오동나무. 장롱·악기 등을 만드는 데 쓰임. 마을 근처나 뜰에 심음.
梧桐一葉(오동일엽) 오동잎 하나가 떨어지는 것을 보고 가을이 왔음을 안다는 뜻으로 가지 구실을 보면 일의 전말을 알 수 있다는 말.
梧葉(오엽) 오동나무 잎.
梧右(오우) 책상 오른쪽이란 뜻으로 편지에서 수신인의 이름 밑에 쓰는 말.
梧月(오월) 음력 7월의 다른 이름.
梧陰(오음) 오동나무 그늘.
梧秋(오추) 음력 7월의 다른 이름.
유 桐(오동나무 동)

梓	⑦ 11획 가래나무자·재	日ザイ 中zǐ

풀이 1. 가래나무. ¶梓材 2. 판목(版木). 3. 목수. ¶梓人 4. 고향. ¶梓里 5. 관(棺). ¶梓宮 6. 나무 그릇.

梓宮(재궁) 임금의 관.

梓里(재리) 고향.

梓人(자인) 목수. 또는 목수의 우두머리.

梓材(자재) 1)가래나무 재목. 2)가래나무로 만든 인쇄의 판목(版木).

梲	⑦ 11획 ❶쪼구미 절 ❷지팡이 탈 ❸날카로울 예	日セツ·タツ 中zhuō, tuō, ruì

풀이 ❶ 1. 쪼구미. 동자기둥. ❷ 2. 지팡이. 3. 벗다. ❸ 4. 날카롭다.

비 稅(구실 세)

梃	⑦ 11획 몽둥이 정	日テイ·ほこ·つえ 中tǐng, tìng

풀이 1. 몽둥이. 막대기. 2. 지팡이. 3. 나무 줄기. 4. 목편. 나뭇조각. 5. 지렛대. 6. 곧은 모양.

桯	⑦ 11획 탁자 정	日テイ·よりかかり 中tīng

풀이 1. 탁자. 2. 기둥.

梯	⑦ 11획 사다리 제	日テイ·はしご 中tī

* 형성. 뜻을 나타내는 부수 '木(나무 목)'과 음을 나타내는 '弟(아우 제)'을 합친 글자. 아우(弟)가 기대고 올라가는 나무(木), 곧 '사다리'를 나타냄.

풀이 1. 사다리. 2. 기대다. 의지하다.

梯階(제계) 사닥다리.

梯山航海(제산항해) 험악한 산을 넘고 배로 바다를 건넌다는 뜻으로, 다른 나라에 사신으로 감.

梯形(제형) 사다리꼴.

階梯(계제) 1)계단과 사닥다리. 2)일이 사닥다리 밟듯이 차차 진행 되는 순서. 3)벼슬이 차차 올라가는 순서. 4)일이 잘 되어 가거나, 어떤 일을 행할 수 있게 된 알맞은 형편이나 좋은 기회. 5)기계 체조에서, 앞으로 비스듬히 세운 사닥다리.

登樓去梯(등루거제) 누상에 오르게 하여 놓고, 오른 뒤 사다리를 치워 버린다는 뜻으로, 처음에는 이롭게 하는 체하다가 후에 괴롭힌다는 것을 말함.

雲梯(운제) 높은 사다리. 옛날에 성을 공격하는 데 쓰인 긴 사다리로 높은 지위에 오름을 비유하는 말.

條	⑦ 11획 가지 조	日ジョウ 中tiáo

丿 亻 亻 亻 攸 攸 攸 條 條 條 條

* 형성. 뜻을 나타내는 부수 '木(나무 목)'과 음을 나타내는 '攸(바 유)'를 합친 글자. '攸'는 쭉쭉 뻗은 모양을 나타냄. 즉 쭉쭉 뻗은 나무(木)의 '가지'를 뜻함.

풀이 1. 가지. 곁가지. 2. 조리. ¶條理 3. 맥락. 4. 조목. ¶條目 5. 법규. 6. 조목으로 나누다. 7. 끈. 줄. 8. 유자나무. 9. 통하다. 통달하다. 10. 길다. 11. 멀다. 12. 가르침. 13. 줄. 가늘고 긴 물건을 세는 단위. 14. 휘바람을 불다. 15. 가지를 치다. 16. 동북풍.

條件(조건) 어떤 사물이 성립되는 데 갖추어야 하는 요소.

條例(조례) 1)일일이 조리를 따져 예를 드는 일. 2)조목별로 쓴 규칙.

條理(조리) 1)일의 순서. 2)일 · 행동 · 말의 앞뒤가 맞고 체계가 서는 것.

條目(조목) 법률이나 규정 등의 하나 하나의 조항이나 항목.

條約(조약) 나라 사이의 합의에 따라 약속한 서로의 권리나 의무.

附帶條件(부대조건) 어떤 조건에 덧붙은 조건.

信條(신조) 굳게 믿어 지키는 조목.

桭	⑦ 11획 처마 진	日シン 中zhēn

풀이 1. 처마. 2. 대청. 3. 가지런히 하다. 정돈하다.

梴	⑦ 11획 길 천	日セン 中chān

풀이 1. 길다. 2. 다듬잇돌.

梢	⑦ 11획 나무 끝 초	日チョウ 中xiāo

* 형성. 뜻을 나타내는 부수 '木(나무 목)'과 음을 나타내는 '肖(닮을 초)'를 합친 글자.

풀이 1. 나무의 끝. 나뭇가지의 끝. ¶梢柴 2. 꼬리. 끝. 말단. ¶末梢

梢工(초공) 사공. 뱃사람. 초공(梢公).
梢柴(초시) 불쏘시개.
梢雲(초운) 1)높이 뜬 구름. 2)상서로운 구름.
末梢神經(말초신경) 신경 중추에서 나와 가늘게 온 몸에 퍼진 신경.
末梢的(말초적) 1)사물의 근본에서 벗어나 사소한 모양. 2)문제 삼을 가치가 없는 모양.

유 梶(나무 끝 미)

梔	⑦ 11획	日チ
	치자나무 치	中zhī

풀이 치자나무.

桼	⑦ 11획
	漆(p769)과 同字

梫	⑦ 11획	日シン
	침나무 침	中qǐn

풀이 침나무.

桶	⑦ 11획	日トウ
	통 통	中tǒng

* 형성. 뜻을 나타내는 부수 '木(나무 목)'과 음을 나타내며 속이 비다의 뜻을 가지는 '甬(빌 용)'을 합친 글자. 나무(木)로 만든 속 빈 그릇(甬), 곧 '통'을 뜻함.

풀이 통. 물건을 담는 통. ¶筆桶

鐵桶(철통) 1)쇠로 만든 통. 2)준비나 대책에 빈틈없음.
筆桶(필통) 1)붓 · 연필 등 필기구를 넣어 다니는 기구. 2)붓을 꽂아 두는 통.

梖	⑦ 11획	日ハイ
	패다 패	中bèi

풀이 패다(梖多). 껍질은 경문(經文)을 쓰는데 사용함.

梐	⑦ 11획	日カイ
	울짱 폐	中bì

풀이 1. 울짱. 목책(木柵). 2. 감옥.

梜	⑦ 11획	日はし
	젓가락 협	中jiā

풀이 젓가락.

梟	⑦ 11획	日ヒョウ · ふくろう
	올빼미 효	中xiāo

* 회의. 새를 뜻하는 '鳥(새 조)'와 '木(나무 목)'을 합친 글자. 나무 위에 올라가 있는 새. '올빼미'를 뜻함.

풀이 1. 올빼미. ¶梟鴟 2. 목을 베어 매달다. ¶梟首 3. 꼭대기. 산정. 4. 사납고 날래다. 용맹하다. ¶梟勇 5. 영웅. ¶梟雄 6. 어지럽히다.

梟騎(효기) 용감한 기병.
梟亂(효란) 민심을 소란하게 하여 세상을 어지럽힘.
梟猛(효맹) 굳세고 사나움.
梟首(효수) 죄인의 목을 베어 높은 곳에 매다는 처형(處刑).
梟示(효시) 효수(梟首)하여 경계하는 뜻으로 여러 사람에게 보임.
梟勇(효용) 사납고 날쌤.
梟雄(효웅) 사납고 용맹함. 또는 그러한 영웅.
梟鴟(효치) 1)올빼미. 2)악인을 비유하는 말.
梟悍(효한) 날래고 사나움.

椌	⑧ 12획	
	❶ 악기이름 강	日コウ
	❷ 도구 공	中qiāng

풀이 ❶ 1. 악기 이름. ❷ 2. 도구.

椐	⑧ 12획	日キョ
	영수목 거	中jū

풀이 1. 영수목(靈壽木). 대나무 비슷한 것으로 마디가 있음. 2. 느티나무. 3. 따르다.

梜	⑧ 12획
	檢(p664)의 俗字

棨	⑧ 12획	日ケイ
	창 계	中qǐ

풀이 1. 창. ¶棨戟 2. 부절(符節). 부신. ¶棨信

棨戟(계극) 의장용(儀仗用) 기구의 하나. 적흑색(赤黑色) 비단으로 싼 나무 창.

棨信(계신) 궁중을 출입할 때에 쓰던 신표(信標). 부절(符節).

梱 ⑧ 12획
梱(p632)과 同字

槨 ⑧ 12획 日カク·ひつぎ
덧널 곽 中guǒ

풀이 1. 덧널. 2. 헤아리다. 측정하다.

棺 ⑧ 12획 日カン·ひつぎ
널 관 中guān

풀이 1. 널. ¶棺槨 2. 입관하다. 시신을 관에 넣다. ¶棺斂

棺槨(관곽) 시체를 넣는 속널과 겉널.

棺櫝(관독) 널. 관(棺).

棺斂(관렴) 시체를 관에 넣음. 납관(納棺).

棺文(관문) 신도(信徒)의 장사 때 관에 적는 글 .

剖棺斬屍(부관참시) 죽은 후에 큰 죄가 드러났을 때 관을 쪼개어 목을 베어 극형을 추시(追施)하던 일.

棵 ⑧ 12획
❶ 땔나무 관 日カ
❷ 도마 과 中kē

풀이 ❶ 1. 땔나무. ❷ 2. 도마.

椇 ⑧ 12획 日ク
호깨나무 구 中jǔ

풀이 1. 호깨나무. 2. 적대. 발이 굽은 은대(殷代)의 적대(炙臺).

椌 ⑧ 12획 日ク
오구목 구 中gāo

풀이 오구목(烏口木).

椌油(구유) 오구목에서 짠 기름.

椈 ⑧ 12획 日キク
노송나무 국 中jú

풀이 노송나무.

유 栝(노송나무 괄) 檜(노송나무 회)

棬 ⑧ 12획 日ケン·はなぎ
코뚜레 권 中quān, juàn

풀이 1. 코뚜레. 2. 나무 그릇. 3. 힘쓰다.

棬棬(권권) 힘쓰는 모양. 권권(捲捲).

棬樞(권추) 나무를 휘어서 만든 집의 지도리라는 뜻으로, 가난한 집을 말함.

棘 ⑧ 12획 日キョク
멧대추나무 극 中jí

풀이 1. 멧대추나무. 2. 가시나무. ¶棘木 3. 가시. 바늘. ¶棘茨 4. 창. ¶棘門 5. 감옥. 6. 빠르다. 7. 마르다. 야위다. 8. 벌여 놓다. 늘어놓다. .

棘木(극목) 가시나무.

棘門(극문) 여러 가지 창(槍)을 늘어 세워놓은 문.

棘矢(극시) 마귀를 쫓는 의미로 사용하던 가시나무로 만든 화살.

棘心(극심) 1)가시나무의 심. 2)효자가 스스로를, 가시나무의 자라기 어려움에 비교하여, 어릴 때 마음이 유약하여 부모가 자기를 키우는 데 애썼음을 말함.

棘人(극인) 몹시 슬픔에 잠겨 있는 사람. 부모의 상(喪)을 입은 사람이 자기를 일컫는 말. 상제(喪制).

棘刺(극자) 가시나무의 가시란 뜻으로, 청렴하고 엄직(嚴直)함을 비유하는 말.

棘茨(극자) 가시.

棘針(극침) 1)가시. 2)살을 에는 듯한 찬 바람의 형용.

荊棘(형극) 1)나무의 온갖 가시. 2)고초나 난관.

비 蕀(아기풀 극)

棋 ⑧ 12획 日キ·ゴ·ごいし
바둑 기 中qí

* 형성. 뜻을 나나태는 부수 '木(나무 목)'과 음을 나타내는 '其(그 기)'로 이루어진 글자. '其'자는 책상 모양을 나타낸다 하여, 나무(木)로 만든 '바둑'판을 뜻하게 됨.

풀이 1. 바둑. 바둑을 두다. ¶棋局 2. 장기. 장기를 두

4획

다. ¶將棋
棋客(기객) 바둑을 두는 사람. 기가(棋家).
棋局(기국) 1)바둑판. 기반(棋盤). 2)바둑의 판세 · 판국. 3)내기 바둑.
棋譜(기보) 바둑이나 장기의 대국 내용을 기호로 기록한 것.
棋士(기사) 바둑을 직업으로 삼아 두는 사람.
棋石(기석) 바둑돌. 기자(棋子).
棋列(기열) 바둑판의 눈금처럼 정연하게 늘어섬.
棋枰(기평) 바둑판.
棋布(기포) 바둑판에 바둑돌을 늘어놓은 것과 같이 여기저기 흩어져 있는 모양.
將棋(장기) 둘이서 청 · 홍의 장기짝을 장기판에 정해진 대로 마주 벌여 놓고 번갈아 두면서 겨루는 놀이.
奕棋(혁기) 바둑.

棊	⑧ 12획 棋(p637)와 同字

棄	⑧ 12획	日キ · すてる
	버릴 기	中qì

풀이 1. 내버리다. ¶棄却 2. 돌보지 않다. 내버려두다. 3. 그만두다. 4. 멀리하다. 배척하다. 5. 내치다. 추방하다. 6. 잊어버리다. 7. 쇠퇴하다.
棄却(기각) 1)버려 두어 문제삼지 않음. 2)법원이 소송 당사자의 신청의 내용이 이유없다고 하여 각하(却下)하는 일.
棄甲(기갑) 갑옷을 버림. 패배하여 달아나는 일.
棄權(기권) 권리를 버리고 행사하지 않음.
棄物(기물) 버릴 물건. 버린 물건.
棄世(기세) 1)세상과의 관계를 끊음. 2)별세(別世).
棄市(기시) 죄인을 사형에 처하여, 그 시체를 거리에 버려 둠.
棄兒(기아) 버린 아이.
棄言(기언) 1)말한 것을 실행하지 않음. 식언(食言). 2)이미 버린 말. 사어(死語).
棄捐(기연) 1)버림. 쓰지 않음. 2)사재(私財)를 내놓아 남을 도와줌.
棄地(기지) 버려 두고 이용하지 않는 땅.
棄擲(기척) 던져 버림.
棄置(기치) 버려둠.
棄唾(기타) 뱉어버린 침이란 뜻으로, 버려도 아깝지 않음을 비유하는 말.
棄筆(기필) 붓을 버림. 곧, 문필에 종사하기를 그만둠. 투필(投筆).
遺棄(유기) 버리고 돌보지 않음.
廢棄(폐기) 못쓰게 된 것을 버림.
유 捨(버릴 사) 비 葉(잎 엽)

棠	⑧ 12획	日トウ
	팥배나무 당	中táng

풀이 1. 팥배나무. ¶棠梨 2. 해당화. 3. 산앵도나무. 4. 둑. 방죽.
棠毬子(당구자) 아가위.
棠梨(당리) 팥배나무의 열매. 팥배.
棠棣(당체) 1)산앵도나무. 2)형제를 비유하는 말.

棹	⑧ 12획	
	❶노 도	日ト · タク
	❷책상 탁	中zhào, zhuō

풀이 ❶ 1. 노. 2. 노를 젓다. ¶棹聲 ❷ 3. 책상.
棹歌(도가) 배를 저으며 부르는 노래. 뱃노래. 도창(棹唱).
棹郞(도랑) 뱃사공.
棹聲(도성) 노를 젓는 소리.

棟	⑧ 12획	日トウ、むね
	용마루 동	中dòng

* 형성. 뜻을 나타내는 부수 '木(나무 목)'과 음을 나타내는 '東(동녘 동)'을 합친 글자.
풀이 1. 용마루. 2. 마룻대. ¶棟幹 3. 채. 집을 세는 단위. ¶病棟
棟幹(동간) 마룻대가 될 만한 재목이란 뜻으로, 뛰어난 재능을 말함.
棟梁(동량) 1)마룻대와 들보. 2)한 집안이나 국가의 중임을 맡은 사람. 주석(柱石).
棟甍(동맹) 마룻대 위에 얹는 기와란 뜻으로, 중요한 인물을 비유하는 말.
棟折榱崩(동절최붕) 마룻대가 부러지면서 까래도 무너진다는 뜻으로, 윗사람이 망하면 아랫사람까지도 망함을 비유하는 말.
病棟(병동) 병원 안에 있는 여러 병실로 된 한 채의 건물.

椋	⑧ 12획	日リョウ
	푸조나무 량	中liáng

풀이 푸조나무.

椋葉(양엽) 푸조나무의 잎. 옻칠 대신에 쓰임.

棙 ⑧ 12획 日リョ
채 려 中lì

풀이 1. 채. 비파를 타는 채. 2. 태엽. 3. 비틀다. 되돌리다.

棱 ⑧ 12획 日リク
모 릉(능) 中lēng, léng

풀이 1. 모. 모서리. ¶棱楹 2. 엄하다.

棱棱(능릉) 1)추위가 몸에 스며드는 모양. 심한 추위. 2)모가 나고 바른 모양. 한결 두드러지게 세력이 있는 모양.

棱楹(능영) 모가 난 기둥.

棃 ⑧ 12획
梨(p633)의 本字

棽 ⑧ 12획 日リン
무성할 림(임) 中chēn, lín

풀이 무성하다. 나무가지가 우거지다.

棽儷(임려) 나무가 무성한 모양.

비 禁(감할 금)

棉 ⑧ 12획 日メン·わた
목화 면 中mián

* 회의. 포백(帛)의 원료로 쓰는 '목화'를 뜻함.

풀이 목화.

棉花(면화) 1)목화의 꽃. 2)무명. 3)솜.

椖 ⑧ 12획
榜(p650)의 本字

棅 ⑧ 12획
柄(p621)과 同字

栟 ⑧ 12획 日シュロ
종려나무 병 中bēn, bīng

풀이 종려나무.

棒 ⑧ 12획 日ボウ
몽둥이 봉 中bàng

* 형성. 뜻을 나타내는 부수 '木(나무 목)'과 음을 나타내는 '奉(받들 봉)'을 합친 글자.

풀이 1. 몽둥이. ¶鐵棒 2. 치다. 몽둥이질하다.

棒鋼(봉강) 압연하여 막대 모양으로 만든 강철.

棍棒(곤봉) 짤막한 나무 방망이.

鐵棒(철봉) 1)쇠몽둥이. 2)체조 용구의 한 가지.

棓 ⑧ 12획
❶몽둥이 봉 日バイ·ボウ
❷발판 부 中bàng, bèi

풀이 1 1. 몽둥이. 2. 도리깨. 곡식을 두드려 떠는 농구.
2 3. 발판.

棼 ⑧ 12획 日ブン
마룻대 분 中fén

풀이 1. 마룻대. 2. 어지럽다. ¶棼棼 3. 삼베.

棼棼(분분) 어지러운 모양. 분분(紛紛).

棚 ⑧ 12획 日ホウ·たな
시렁 붕 中péng

풀이 1. 시렁. 물건을 얹는 두 개의 장나무. 2. 누각(樓閣). 3. 오두막집. 4. 잔교. 나무를 가로 질러 놓은 다리.

棚閣(붕각) 성(城) 위에 세운 망루(望樓).

棚棧(붕잔) 가축을 기르는 우리.

大陸棚(대륙붕) 대륙이나 큰 섬을 둘러싸고 있는, 깊이 약 200m가지의 경사가 완만한 해저(海底).

유 架(시렁 가)

椑 ⑧ 12획 日ヒ
술통 비 中bēi, pí

풀이 1. 술통. 2. 술잔. 3. 감나무.

棐 ⑧ 12획 日ヒ
도지개 비 中fěi

풀이 1. 도지개. 뒤틀린 활을 바로잡는 기구. 2. 돕다. 보

4획

좌하다. 3. 변변하지 못하다. ¶棐德 4. 광주리. 5. 비자나무.

棐德(비덕) 변변하지 못한 덕.

棐常(비상) 떳떳한 도리를 도와 행함.

비 斐(오락가락할 비)

森	⑧ 12획	日サン・もり
	빽빽할 삼	中sēn

* 회의. 나무(木)가 셋으로, 나무가 많이 우거진 모양에서, '우거짐'을 나타냄.

풀이 1. 나무가 빽빽하다. ¶森林 2. 우뚝 솟다. ¶森立 3. 우거지다. 무성하다. 4. 오싹하다. 5. 늘어서다. ¶森羅 6. 늘어뜨리다. 드리워지다.

森羅(삼라) 1)나무가 우거져 늘어섬. 2)지상에 있는 온갖 물건.

森羅萬象(삼라만상) 우주 사이에 있는 온갖 물건과 모든 현상(現象). 만물(萬物).

森列(삼렬) 1)나무가 빽빽이 늘어섬. 2)장엄(莊嚴)하게 늘어섬. 엄숙하게 늘어섬.

森林(삼림) 나무가 울창한 수풀.

森森(삼삼) 1)나무가 높이 솟아 있는 모양. 2)나무가 빽빽하게 들어서 무성한 모양. 3)피륙의 모양. 모직물의 보풀이 촘촘이 인 모양. 4)비가 흩날리는 모양.

森衰(삼쇠) 드리워진 모양. 축 늘어진 모양.

森嚴(삼엄) 무서우리만큼 엄숙한 모양. 정숙(整肅)한 모양. 장엄(莊嚴).

森嚴(삼엄) 질서가 바르고 엄숙함.

森然(삼연) 1)나무가 무성한 모양. 2)죽 늘어선 모양. 3)엄숙한 모양.

森閑(삼한) 고요함. 고요한 모양.

棲	⑧ 12획	日セイ
	살 서	中qī

* 형성. 뜻을 나타내는 부수 '木(나무 목)'과 음을 나타내는 '妻(아내 처)'를 합친 글자. 나무(木)위에 집을 짓고 사는(妻) 새를 뜻하여, '깃들다', '살다'는 뜻으로 쓰임.

풀이 1. 살다. 깃들이다. ¶棲遁 2. 집. 보금자리. 3. 쉬다. 4. 잠자리.

棲遁(서둔) 은둔(隱遁)하여 삶. 은거(隱居).

棲棲(서서) 1)거마(車馬)를 검열하는 모양. 2)마음이 안정되지 않는 모양. 서서(栖栖).

棲宿(서숙) 깃들임. 서식(棲息).

棲息(서식) 동물이 어떤 곳에 깃들어 삶. 서식함.

棲隱(서은) 속세를 떠나 은둔하여 삶.

棲遲(서지) 우회하여 유유한 심경으로 놀며 지냄. 벼슬을 버리고 놀며 쉼. 유식(遊息).

유 住(살 주) 비 捷(이길 첩)

椉	⑧ 12획
	乘(p15)의 本字

植	⑧ 12획	
	❶심을 식	日ショク・うえる
	❷꽂을 치	中zhí

一 十 オ 木 木 朩 杧 枯 枯 植 植 植

* 형성. 뜻을 나타내는 부수 '木(나무 목)'과 음을 나타내는 '直(곧을 직)'을 합친 글자. 나무(木)나 식물을 곧게(直) 세워 심는다는 뜻에서, '심다'를 나타냄.

풀이 ❶ 1. 심다. 재배하다. ¶植木 2. 초목(草木)의 총칭. 3. 살게 하다. 근거를 두게 하다. 4. 기둥. 5. 재목(材木). 6. 세우다. 7. 곧다. 바르다. ❷ 8. 꽂다. 꽂아 세우다. 9. 두다. 10. 감독관. 우두머리. 11. 경계.

植林(식림) 나무를 심어 숲을 만듦.

植木(식목) 나무를 심음. 또는 심은 나무.

植物(식물) 1)초목(草木)의 총칭. 2)생물계(生物界)를 둘로 분류한 것의 하나.

植民(식민) 강대국이 종속 관계의 다른 나라에 자국민을 이주시키는 일.

植樹(식수) 나무를 심음. 식목(植木).

植耳(식이) 귀를 기울임. 송이(竦耳).

腐植土(부식토) 식물이 썩어서 된 검은 흙.

移植(이식) 옮겨 심음.

유 栽(심을 재)

椏	⑧ 12획	日ア
	가장귀 아	中yā

풀이 가장귀.

棫	⑧ 12획	日ユキ
	두릅나무 역	中yù

풀이 1. 두릅나무. 2. 상수리나무.

梘	⑧ 12획
	❶梘(p1380)와 同字
	❷阬(p1502)과 同字

4획

椀	⑧ 12획	日ワン
	주발 완	中wǎn

풀이 주발. 음식 등을 담는 작은 식기.

椅	⑧ 12획	日イ · いす
	걸상 의	中yī, yǐ

풀이 1. 걸상. 2. 의나무.

椅几(의궤) 앉을 때에 몸을 기대는 방석.
椅桐(의동) 의나무. 금슬(琴瑟)을 만드는 목재.
椅背(의배) 의자의 등받이.

棧	⑧ 12획	
	❶잔도 잔	日ザン
	❷성할 진	中zhàn

풀이 ❶ 1. 잔도. ¶棧道 2. 창고. 3. 마판(馬板). 마판을 만들다. 4. 장강틀. 관(棺)을 메는 틀. 5. 작은 범종(梵鐘). 6. 여관. 창고. 7. 높다. ❷ 8. 성하다. 번성하다. ¶棧棧

棧車(잔거) 1)나무나 대를 얽어서 만든 꾸미지 않은 수레. 2)사람이 끄는 수레. 짐수레.
棧橋(잔교) 1)잔도(棧道). 2)부두에서 선박에 걸쳐 놓아 오르내리게 된 다리.
棧道(잔도) 1)험한 곳에 선반을 매듯이 하여 낸 길. 잔각(棧閣). 2)높은 누각(樓閣)의 복도.
棧雲(잔운) 1)구름을 헤쳐 들어가는 듯한 높은 산길. 2)잔도(棧道) 가까이 서려 있는 구름.
棧棧(진진) 사물이 많고도 성한 모양.

비 殘(해칠 잔)

椄	⑧ 12획	日セツ · つぎき
	접붙일 접	中jiē

풀이 1. 접붙이다. ¶椄木 2. 형틀.

椄木(접목) 나무를 접붙임.
椄本(접본) 접을 붙일 때 그 바탕이 되는 나무.
椄枝(접지) 나무를 접붙일 때 접본(椄本)에 꽂는 나뭇가지.
椄槢(접습) 옛날의 형구 이름. 고랑 · 차꼬 · 칼 등. 가쇄(枷鎖).

棖	⑧ 12획	日チョウ · ぼうだて
	문설주 정	中chéng

풀이 1. 문설주. 2. 닿다. ¶棖撥 3. 현악기 소리. ¶棖棖 4. 멈추다.

棖撥(정발) 닿음, 또는 떨어 버림.
棖棖(정정) 1)현악기의 소리. 2)지옥에서 온 사자(使者).

棗	⑧ 12획	日チョウ · なつめ
	대추나무 조	中zǎo

* 회의. 〔朿〕는 가시, 대추나무는 가시가 많아 가시(朿)를 겹쳐 써 '대추나무'를 뜻함.

풀이 1. 대추나무. 2. 대추. ¶棗栗 3. 빨강.

棗東栗西(조동율서) 제상(祭床)을 차릴 때 대추는 동쪽, 밤은 서쪽에 놓는다는 말.
棗栗(조율) 1)대추와 밤. 2)여자들이 남의 집을 방문할 때 가지고 가던 간단한 예물. 3)신부가 시부모에게 드리는 폐백.

棕	⑧ 12획
	椶(p646)과 同字

椆	⑧ 12획	日シュウ
	영수목 주	中chòu

풀이 1. 영수목. 2. 상앗대. 3. 내 이름. 수명(水名).

棌	⑧ 12획	日サイ · かしわ
	참나무 채	中cǎi

풀이 1. 참나무. 2. 생나무. 원목.

棣	⑧ 12획	
	❶산앵두 나무 체	日テイ · タイ · にわうめ
	❷침착할 태	中dì, dài

풀이 ❶ 1. 산앵두나무. ¶棣棠 2. 통하다. 미치다. ¶棣通 ❷ 3. 침착하다. 태연하다. ¶棣棣

棣棠(체당) 산앵두나무.
棣萼(체악) 1)산앵두나무 꽃의 꽃받침. 2)형제. 체악(棣鄂).
棣鄂之情(체악지정) 형제 사이의 우애.
棣通(체통) 서로 통함.
棣華(체화) 1)산앵두나무의 꽃. 2)형제의 의가 좋음을 비유함.

4획

椒	⑧ 12획 산초나무 초	日ショウ 中jiāo

풀이 1. 산초나무. ¶椒聊 2. 후추나무. ¶胡椒末 3. 향기롭다. 4. 산꼭대기. 산정(山頂).

椒蘭(초란) 1)산초나무와 난초. 곧, 향기가 좋은 훈향(薰香)을 말함. 2)귀한 친척 또는 외척을 말함.

椒聊(초료) 산초나무.

椒房(초방) 1)후비(后妃)의 궁전(宮殿). 산초는 난기(暖氣)를 돕고 잡스러운 냄새를 없애는 효과가 있으며, 또한 많은 열매를 맺는 식물이므로, 자손이 번창하도록 한다는 의미로 후비(后妃)가 거처하는 방의 벽에 칠한 데서 온 말. 초옥(椒屋). 2)황후(皇后).

椒屋(초옥) 초방(椒房).

雖小唯椒(수소유초) 작아도 후추알이라는 말로, 몸집은 작아도 당찬 사람을 두고 하는 말.

胡椒糖(호초당) 후추엿.

胡椒末(호초말) 후추가루.

梺	⑧ 12획 楚(p647)의 俗字

棰	⑧ 12획 매 추	日スウ·むち 中chuí

풀이 1. 매. 회초리. 2. 매질하다.

棰楚(추초) 매질함. 또는 매 · 회초리.

椎	⑧ 12획 몽치 추	日スウ 中chuí, zhuī

풀이 1. 몽치. 몽둥이. 방망이. ¶椎殺 2. 치다. ¶椎擊 3. 상투. 4. 등뼈. ¶脊椎 5. 어리석다. 우둔하다. ¶椎魯 6. 순박하다. 7. 메밀잣밤나무.

椎擊(추격) 침. 때림. 추타(椎打).

椎魯(추로) 어리석고 둔함. 추둔(椎鈍).

椎輪(추륜) 1)바퀴살이 없는 수레바퀴. 질박하고 거친 수레. 잔거(棧車). 2)완벽하지 못한 사물의 시초를 비유하는 말.

椎埋(추매) 사람을 때려 죽여 파묻음, 또는 무덤을 파헤침. 곧, 몹시 난폭한 행동을 말함.

椎殺(추살) 몽치로 때려서 죽임.

椎鑿(추착) 몽치와 끌.

椎破(추파) 쇠망치로 때려부숨.

脊椎(척추) 등뼈.

鐵椎(철추) 쇠몽치.

비 堆(쌓을 퇴) 推(밀 추)

棸	⑧ 12획 나무 이름 추	日シュウ 中zōu

풀이 나무 이름.

棷	⑧ 12획 ❶ 땔나무 추 ❷ 수풀 수	日スウ·たきぎ 中sǒu, zōu

풀이 1 1. 땔나무. 섶나무. 2 2. 수풀. 3. 늪.

椓	⑧ 12획 칠 탁	日タク 中zhuó

풀이 1. 치다. 두르리다. 2. 하소연하다. 3. 궁형(宮刑). 음부를 제거하는 형벌. 4. 내시. 5. 쪼다. 쪼아 먹다. 6. 다지다.

棍	⑧ 12획 ❶ 묶을 혼 ❷ 몽둥이 곤	日コン 中hùn, gùn

풀이 1 1. 묶다. 동여매다. 2. 함께. 2 3. 몽둥이. 곤장. ¶棍杖 4. 나쁜 사람.

棍徒(곤도) 부랑자. 무뢰한(無賴漢).

棍杖(곤장) 도둑이나 군율(軍律)을 어긴 죄인의 볼기를 치던 형구(刑具)의 하나.

棤	⑧ 12획 치자나무 효	日ヒョウ 中xiáo

풀이 치자나무.

椵	⑨ 13획 나무 이름 가	日カ 中jiā, jiǎ

풀이 1. 나무 이름. 유자나무. 2. 형구(刑具). 쇠고랑 · 차꼬 등.

楬	⑨ 13획 푯말 갈	日ケツ 中jié, qià

풀이 1. 푯말. 푯말을 세우다. ¶楬櫫 2. 악기(樂器).
楬櫫(갈저) 푯말. 표지(標識)

椷	⑨ 13획 ❶ 함 감 ❷ 담을 함	日 カン・ガン 中 hán, jiān

풀이 ❶ 1. 함. 상자. 궤. 2. 잔. 술잔. ❷ 3. 담다. 넣다.

楗	⑨ 13획 문빗장 건	日 ケン・かんぬき 中 jiàn

풀이 1. 문빗장. 2. 제방. 둑.

楑	⑨ 13획 망치 규	日 キュウ 中 kuí

풀이 1. 망치. 2. 헤아리다. 3. 규나무.

極	⑨ 13획 다할 극	日 キョク・ゴク・きわめる 中 jí

一 十 才 木 朩 朾 朽 朽 栃 柄 極 極 極

* 형성. 뜻을 나타내는 부수 '木(나무 목)'과 음을 나타내는 '亟(빠를 극)'을 합친 글자.

풀이 1. 다하다. 끝나다. 2. 그만두다. 3. 최선을 다하다. ¶窮極 4. 극. 물체의 서로 다른 양쪽의 끝. 5. 한계. 결과. 6. 좌표(座標). 7. 용마루. 8. 대들보. 9. 이르다. 닿다. 10. 멀다. 11. 더할나위 없이. 지극히. ¶極盛 12. 임금의 자리. 제위(帝位). ¶登極 13. 하늘. 14. 남극. 북극. ¶南極 15. 근본. 16. 괴롭히다. 괴로워하다. 17. 바로잡다. 고치다. 18. 엄하다. 혹독하다.

極奸(극간) 몹시 간악함.
極艱(극간) 매우 어렵고 고생스러움.
極端(극단) 1)맨 끝. 2)중용을 벗어나 한쪽으로 심히 치우침.
極樂(극락) 1)한껏 즐김. 2)아미타불(阿彌陀佛)이 있다는 서방정토(西方淨土).
極烈(극렬) 지극히 열렬함.
極流(극류) 지구의 양극 지방에서 적도쪽으로 흐르는 한류(寒流).
極律(극률) 사형에 해당하는 죄를 정한 법률.
極妙(극묘) 지극히 교묘함. 지묘(至妙).
極貧(극빈) 몹시 가난함.
極選(극선) 고르고 또 고름. 또는 그런 것.
極盛(극성) 극히 왕성함.
極惡(극악) 몹시 악함.
極熱(극열) 1)극히 뜨거움. 또는 지독한 더위. 극서(極暑). 2)극열지옥(極熱地獄)의 준말. 3)몹시 심한 열. 극열(劇熱).
極銳(극예) 몹시 날카로움. 몹시 예리함.
極尊(극존) 1)지위가 아주 높음. 2)임금의 존칭. 3)어버이. 부모(父母).
極重(극중) 1)아주 무거움. 2)병이 위독함. 3)범죄가 아주 무거움.
極地(극지) 1)맨 끝의 땅. 아주 먼 땅. 2)지구의 남북의 양극 지방.
極天(극천) 1)하늘의 가장 높은 곳. 2)하늘에 이름. 하늘을 능가함.
極致(극치) 극도에 이른 경지(境地).
極擇(극택) 정밀하게 고름. 정선(精選).
極痛(극통) 1)몹시 아픔. 2)몹시 원통함.
極害(극해) 몹시 심한 해독.
窮極(궁극) 어떤 일의 마지막 끝이나 막다른 고비. 구극(究極).
南極(남극) 1)지축(地軸) 및 천구축(天球軸)의 남쪽 끝. 남극점. 2)남쪽을 가리키는 자침의 끝. ↔북극(北極).
登極(등극) 임금의 자리에 오름. 등조(登祚). 즉위.
無極(무극) 1)끝이 없음. 2)동양 철학에서, 태극(太極)의 맨 처음 상태, 곧 우주의 근원을 말함. 3)물리학에서, 전극(電極)이 없는 상태.
北極(북극) 1)지구의 자전축(自轉軸)의 북쪽 끝의 지점. 2)북극과 그 부근의 지역. 3)자석의 북쪽을 가리키는 극. 자북극(磁北極). 4)천구(天球)의 극의 하나. 지축의 북쪽 연장선이 천구와 만나는 점. ↔남극(南極).
消極(소극) 무슨 일에 대하여, 나아가서 작용하려 하지 않고 수동적인 자세를 가지는 일. ↔적극(積極).
終極(종극) 일의 맨 끝장.
太極(태극) 1)동양 철학에서, 온 세상의 만물이 생겨나는 근원을 이름. 2)역학(易學)에서, 음양(陰陽)의 두 원기(元氣)가 나누어지기 전의 근본을 이름. 3)만물의 근원을 그림으로 나타낸 상징. 우주를 뜻하는 하나의 원(圓)을 양과 음으로 이등분하여 양은 붉은빛으로, 음은 남빛으로 된 고리 모양의 무늬가 머리 부분을 서로 엇물고 돌아가듯이 그린 것.

비 亟(빠를 극)

楠	⑨ 13획 녹나무 남	日 ナン 中 nán

풀이 녹나무.

椴 ⑨ 13획 日タン·ダン
자작나무 단 中duàn

풀이 1. 자작나무. 2. 무궁화.

楘 ⑨ 13획 日モク
수레채가죽 목 中mù

풀이 수레채가죽. 수레채에 가죽을 감아서 꾸민 장식.

楙 ⑨ 13획 日ム
무성할 무 中mào

풀이 1. 무성하다. ¶楙盛 2. 아름답다. 뛰어나다. 3. 모과나무. 4. 힘쓰다. ¶楙遷

楙盛(무성) 나무가 우거져 성함.

楙遷(무천) 힘써 바꿈, 또는 무역(貿易)함.

楣 ⑨ 13획 日ミ
문미 미 中méi

풀이 1. 문미. 2. 처마. 차양. ¶楣間

楣間(미간) 1)처마. 지붕의 도리 밖으로 나온 부분. 2)차양. 볕을 가리거나 비를 막기 위해 처마 끝에 덧대는 지붕.

비 眉(눈썹 미)

楍 ⑨ 13획
사닥다리 비(韓)

풀이 사닥다리. 사다리.

유 梯(사다리 제)

楂 ⑨ 13획 日サ
떼 사 中chá, zhā

풀이 1. 떼. 뗏목. 2. 풀명자나무. 3. 까치의 울음 소리. ¶楂楂 4. 나뭇등걸.

楂楂(사사) 까치의 울음 소리.

楂枒(사아) 뒤섞여 가지런하지 않은 모양.

楈 ⑨ 13획 日セイ
나무 이름 서 中xǔ

풀이 1. 나무 이름. 종려나무와 비슷한 나무. 2. 쟁기.

楔 ⑨ 13획 日セツ
문설주 설 中xiē

풀이 1. 문설주. 문미와 문지방 사이의 문의 양쪽에 세운 기둥. 2. 쐐기. 쐐기를 박다. 3. 떠받치다. 4. 앵두나무.

楔齒(설치) 염습(殮襲)에 앞서 입에 낟알을 넣기 위해 이(齒)를 버텨 다물어지지 않게 함.

楔形文字(설형문자) 쐐기문자. 고대 바빌로니아·앗시리아·페르시아 등에서 쓰던 글자.

楯 ⑨ 13획
❶ 난간 순 日ジュン
❷ 책상 준 中dùn, shǔn

풀이 ❶ 1. 난간. 2. 방패. ¶楯櫓 3. 뽑다. 빼다. ❷ 4. 책상.

楯櫓(순로) 방패.

楯鼻(순비) 군중(軍中)에서 쓰는 방패.

楯瓦(순와) 방패의 후면(後面).

椰 ⑨ 13획 日ヤ·やし
야자나무 야 中yē

풀이 야자나무. 야자.

椰杯(야배) 야자나무 열매의 껍질로 만든 술잔.

椰漿(야장) 야자나무 열매의 즙(汁).

楊 ⑨ 13획 日ヨウ·やなぎ
버들 양 中yáng

一 十 才 木 朩 朩' 朩ᄆ 柑 椙 椙 楊 楊 楊

풀이 1. 버들. 버드나무. ¶楊柳. 2. 오르다. 올리다.

楊柳(양류) 버드나무. '楊'은 갯버들. '柳'는 수양버들.

楊墨(양묵) 주말(周末) B.C 5세기경의 두 학자인 양주(楊朱)와 묵적(墨翟)을 아울러 일컫는 말. 양주는 이기설(利己說), 묵적은 겸애설(兼愛說)을 주장하였음.

楊枝(양지) 1)버들가지. 2)이쑤시개.

白楊(백양) 버드나뭇과의 낙엽 교목. 깊은 산이나 물가에 나는데, 높이는 15~20m. 4월경 잎이 나기 전에 적갈색 꽃이 늘어져 핌.

水楊(수양) 갯버들.

垂楊(수양) 버드나뭇과의 낙엽 교목. 중국 원산으로 가로수나 관상수로 심는데, 가지는 가늘며 길게 드리워짐. 잎도 가늘고 길며 이른 봄에 새잎과 함께 황록색 꽃이 핌. 사류(絲柳). 실버들.

유 柳(버들 류) 비 陽(볕 양)

業	⑨ 13획	日ギョウ·ゴウ·わざ
	업 업	中yè

丨 丨丨 丨丨丨 业 业 业 业 业 丵 丵 業 業 業

풀이 1. 업. 일. ¶偉業 2. 학문. 기예(技藝) 3. 공. 공적. 4. 직업. ¶業務 5. 선악의 소행. 선악의 응보. 범어(梵語) Karma의 역어(譯語). ¶業報 6. 생계. 생업. 7. 기초. 시작. 8. 시작하다. 9. 순서. 차례. 10. 이미. 벌써. 11. 높다. 12. 위태롭다.

業苦(업고) 악업(惡業)의 과보(果報)로 받는 고통.
業果(업과) 전생에서 한 일에 대하여 이승에서 받는 선악의 갚음. 업보(業報).
業務(업무) 1)직업으로 하는 일. 2)맡아 하는 일.
業報(업보) 업과(業果).
業業(업업) 1)위태로운 모양. 2)성(盛)한 모양. 3)움직이는 모양.
業寃(업원) 전생에서 지은 죄로 이승에서 받는 괴로움.
業因(업인) 선악의 갚음을 받는 원인이 되는 행위.
業次(업차) 일의 순서. 가업(家業)의 순서.
業火(업화) 1)격렬한 분노를 불에 비유한 말. 2)악업(惡業)의 갚음인 지옥의 뜨거운 불.
家業(가업) 1)그 집안의 직업. 2)대대로 물려받은 직업. 세업(世業).
街業(가업) 길거리에서 하는 영업.
擧業(거업) 과거를 보는 일.
同業(동업) 직업이나 영업을 같이 함.
本業(본업) 생활의 기본이 되는 주요 직업.
商業(상업) 상품의 매매에 의하여 생산자와 소비자 사이에서 재화의 전환을 매개하고 이익을 얻는 것을 업으로 하는 일. 장사.
盛業(성업) 사업이 잘 됨.
失業(실업) 일자리를 잃음.
惡業(악업) 고과(苦果)를 가져오는 원인이 되는 나쁜 짓. 또는 전생(前生)의 나쁜 짓. ↔선업(善業).
偉業(위업) 위대한 사업이나 업적.
自業自得(자업자득) 자신이 저지른 일의 과보를 자기가 받음.
怠業(태업) 1)맡은 일을 게을리 함. 2)노동 쟁의 수단의 한 가지. 노동 조합의 통제하에 일을 하면서도 집단으로 노동 능률을 떨어뜨려 사용자에게 손해를 주는 행위. 사보타주.

비 叢(모일 총)

椽	⑨ 13획	日エン
	서까래 연	中chuán

풀이 1. 서까래. ¶椽木 2. 사닥다리.

椽大之筆(연대지필) 1)서까래같이 굵은 붓. 대필(大筆). 2)대문장. 대논문. 훌륭한 문장. 진(晉)의 왕순(王珣)이 서까래 같은 큰 붓을 받는 꿈을 꾼 고사에서 온 말. 3)남의 문장. 4)훌륭한 문장을 짓는 재능. 연필(椽筆).
椽木(연목) 서까래.
椽燭(연촉) 서까래 같은 큰 초.

楹	⑨ 13획	日エイ·はしら
	기둥 영	中yíng

풀이 기둥.

楹桷(영각) 기둥과 서까래.
楹階(영계) 기둥과 당(堂)에 오르는 계단. 곧, 당상(堂上)을 이르는 말.
楹鼓(영고) 동(胴) 중앙에 기둥을 꿰어서 세운 북.
楹棟(영동) 1)기둥과 마룻대. 2)가장 중요한 인물.
楹聯(영련) 연구(聯句)를 써서 기둥에 걸어 늘어뜨린 것.
楹柱(영주) 기둥.
丹楹(단영) 붉은 칠을 한 기둥. 단주(丹柱).

椳	⑨ 13획	日カイ
	지도리 외	中wēi

풀이 1. 지도리. 문지도리. 2. 윗가지. 벽을 치려고 댓가지·싸리 등을 가로세로 엮은 것.

楀	⑨ 13획	
	나무 이름	日ク·ウ
	우·구	中yǔ

풀이 나무 이름.

楥	⑨ 13획	
	❶ 느티나무 원	日カン·ガン
	❷ 신골 훤	中xuàn, yuán

4획

풀이 ❶ 1. 느티나무. ❷ 2. 신골. 신을 만드는 데 쓰는 골. 3. 모형(模型).

椷	⑨ 13획 요강 위	日 イ 中 wēi

풀이 요강. 변기(便器).

楡	⑨ 13획 느릅나무 유	日 ユ·にれ 中 yú

풀이 1. 느릅나무. ¶楡柳 2. 옮기다. 3. 흔들거리다.

楡柳(유류) 느릅나무와 버드나무.
楡塞(유새) 북쪽 변방의 요새.
楡莢錢(유협전) 모양이 느릅나무 씨 꼬투리처럼 생긴 한대(漢代)의 돈. 유협(楡莢)

楢	⑨ 13획 졸참나무 유	日 ユウ·なら 中 yóu

풀이 1. 졸참나무. 너도밤나무과에 속해 있는 나무. 2. 시내 이름. 유계(楢溪). 중국 절강성(浙江省)에 있는 내. 3. 화톳불을 피우다.

楺	⑨ 13획 휠 유	日 ユ 中 rǒu

풀이 휘다. 휘어지다.

楰	⑨ 13획 광나무 유	日 ユ·なずみもち 中 yú

풀이 광나무.

榹	⑨ 13획 횃대 이	日 イ 中 yí

풀이 횃대. 옷걸이.

榹架(이가) 옷걸이. 횃대.

楮	⑨ 13획 닥나무 저	日 チョ 中 chǔ

풀이 1. 닥나무. 종이를 만드는 데 쓰이는 나무. ¶楮冠 2. 종이. ¶楮冊 3. 지폐. 돈.

楮冠(저관) 닥으로 만든 관.
楮墨(저묵) 1)종이와 먹. 지묵(紙墨). 2)시(詩)와 문장(文章). 시문(詩文).
楮先生(저선생) 종이를 의인화(擬人化)한 이름.
楮冊(저책) 종이로 만든 책.
楮幣(저폐) 종이돈. 저폐(紙幣).
楮貨(저화) 종이돈. 지화(紙貨). 고려 말과 조선 초에 쓰였음.

楪	⑨ 13획 ❶ 평상 접 ❷ 창 엽 ❸ 쐐기 섭	日 セツ·ゼツ 中 yè

풀이 ❶ 1. 평상. 널평상. 2. 접다. ❷ 3. 창. 창문. ❸ 4. 쐐기.

楪子(접자) 1)접어서 포갬. 2)접시.

비 堞(성가퀴 첩)

楟	⑨ 13획 문배나무 정	日 テイ 中 tíng

풀이 문배나무. 팥배나무.

楨	⑨ 13획 광나무 정	日 テイ 中 zhēn

풀이 1. 광나무. 2. 기둥. 3. 근본.

楨幹(정간) 1)담을 칠 때 담의 양쪽 끝에 세우는 기둥과 양쪽에 대는 널빤지. 2)사물의 근본이 되는 것. 3)떠받침. 지탱함.

비 倬(클 탁) 晫(밝을 탁)

梯	⑨ 13획 빗치개 제	日 サイ 中 tì

풀이 빗치개. 가르마를 타는 기구.

椶	⑨ 13획 종려나무 종	日 ソウ·シュ 中 zōng

풀이 종려나무. 열대 지방에 있는 사시사철 푸른 나무.

椶櫚(종려) 더운 지방에 나는 사철 푸른 나무의 한 가지.
椶魚(종어) 종려나무의 열매. 꽃 모양이 마치 알을 밴 물고기의 배 모양을 하고 있는 데서 붙여진 이름.

楖 ⑨ 13획 日シツ
빗 즐 中jí, jié

풀이 1. 빗. 2. 나무 이름. ¶楖栗

楖栗(즐률) 나무 이름. 지팡이를 만드는 데 알맞은 나무.

楫 ⑨ 13획 日シュウ·ショウ·かじ
노 집 · 즙 中jí

풀이 1. 노. 배 젓는 기구. ¶舟楫 2. 노를 젓다. 3. 모으다. 채집하다.

楫師(즙사) 노젓는 사람. 뱃사공.

舟楫(주즙) 배와 노. 배의 총칭.

楚 ⑨ 13획 日ソ·しもと
회초리 초 中chǔ

풀이 1. 회초리. 매. ¶楚撻 2. 매질하다. 3. 가시나무. 4. 모형. 5. 아프다. ¶楚痛 6. 무성하다. 울창하다. 7. 선명하다. ¶楚楚 8. 초나라. ㉠춘추 전국 시대의 나라. ㉡오대(五代)의 십국(十國) 중의 하나로 마은(馬殷)이 호남(湖南) 지방에 세운 나라. ¶楚囚

楚撻(초달) 회초리로 종아리를 때림. 편달(鞭撻).

楚辭(초사) 초나라의 문장이란 뜻으로, 초의 대부 굴원(屈原)의 작품과, 그의 문인 및 후인이 굴원을 본받아 지은 작품을 유향(劉向)이 모은 것.

楚囚(초수) 1)타국에 잡혀간 초나라 사람. 초의 종의(鍾儀)가 진(晉)에 사로잡혀 포로가 되어 있으면서도 여전히 초나라의 관을 쓰고 고국을 잊지 않았다는 고사에서 온 말. 2)잡혀가서 타향에 있는 사람. 초부(楚俘).

楚王失弓楚人得之(초왕실궁초인득지) 초나라 임금이 잃은 활을 초나라 사람이 얻는다는 뜻으로, 도량이 좁음을 비유하는 말.

○楚王失弓楚人得之(초왕실궁초인득지)의 유래
초나라 공왕(恭王)이 하루는 사냥을 갔다가 활을 잃어버리자 활을 찾아오겠다는 신하들을 만류하며 "초나라 왕이 잃은 활을 초나라 사람이 줍게 될 텐데, 무엇하러 찾으려 하느냐?"고 말했다. 뒷날 공자는 이 이야기를 듣고 "마음이 좁구나. 사람이 잃은 활을 사람이 얻게 된다고 말하지 못하고 초나라 사람들에게 한정시키다니."라고 탄식했다. 그가 초나라 백성이 아니라 모든 사람이 주울 것이라고 했다면 좀 더 마음이 넓은 사람이었을 것이라는 것이 공자의 생각이다.

楚腰(초요) 미인의 가냘픈 허리.

楚越(초월) 초나라와 월나라라는 뜻으로 서로 멀리 떨어져 있어 아무 상관이 없는 사이를 말함.

楚楚(초초) 1)산뜻한 모양. 선명한 모양. 2)가시덤불이 우거진 모양. 3)고통스러워하는 모양.

楚痛(초통) 아프고 괴로움.

苦楚(고초) 고난(苦難). 괴로움과 어려움.

辛楚(신초) 괴로움. 고통.

淸楚(청초) 깨끗하고 고움.

楤 ⑨ 13획 日ソウ
두릅나무 총 中sǒng

풀이 두릅나무.

비 惚(황홀할 홀)

楸 ⑨ 13획 日シュウ·ひさぎ
개오동나무 추 中qiū

풀이 1. 개오동나무. 2.韓 가래나무. ¶楸子 3. 호두나무. 4. 바둑판. ¶楸枰

楸子(추자) 1)가래나무의 열매. 2)호두.

楸枰(추평) 바둑판. 기평(棋枰). 기추(棋楸).

椿 ⑨ 13획 日チン·チュン
참죽나무 춘 中chūn

풀이 1. 참죽나무. ¶椿葉菜 2. 아버지. 부친. ¶椿府丈

椿府丈(춘부장) 남의 아버지의 존칭.

椿壽(춘수) 오래 삶. 장수(長壽).

椿葉菜(춘엽채) 참죽 나물.

椿萱(춘훤) 춘당(椿堂)과 훤당(萱堂). 남의 부모에 대한 높임말.

楩 ⑨ 13획 日ヘン
나무 이름 편 中pián

풀이 나무 이름.

楩椁(편곽) 편목(楩木)으로 짠 널.

楩枏(편남) 편목과 녹나무.

楓 ⑨ 13획 日フウ·かえで
단풍나무 풍 中fēng

풀이 단풍나무.

楓菊(풍국) 단풍나무와 국화.

楓林(풍림) 단풍나무 숲.

楓宸(풍신) 임금의 궁전.

楓嶽(풍악) 가을의 금강산의 다른 이름.

楓岸(풍안) 단풍나무가 있는 기슭.
楓陛(풍폐) 단풍나무가 있는 섬돌. 궁전(宮殿).
丹楓(단풍) 1)단풍나무의 준말. 2)늦가을에 엽록소나 화청소가 변하여 붉게 또는 누렇게 된 나뭇잎. 3)화투짝의 한 가지. 단풍을 그린, 10월을 상징하는 딱지.
霜楓(상풍) 서리 맞은 단풍. 시든 단풍.

楷	⑨ 13획	日カイ
	본 해	中jiè, kǎi

풀이 1. 본. 본보기. 모범. 2. 본받다. 배우다. 3. 바르다. 곧다. 4. 해서. 서예에서 글 쓰는 방법의 한 가지. ¶楷書
楷法(해법) 1)해서(楷書)를 쓰는 법. 2)해서. 3)모범(模範). 법도(法度).
楷書(해서) 서체(書體)의 이름. 점과 획을 따로 따로 하여 방정(方正)하게 쓰는 글씨.
楷隸(해예) 1)서체(書體)의 하나. 해서(楷書). 진서(眞書). 2)해서와 예서(隸書).
楷正(해정) 글자의 획이 똑바른 것. 해서로 반듯하게 쓰는 일.

楛	⑨ 13획	日コ
	나무 이름 호	中hù, kǔ

풀이 1. 나무 이름. 붉은 빛깔의 나무. 2. 거칠다. 질이 나쁘다. ¶楛耕
楛耕(호경) 거칠게 밭을 갊. 되는 대로 함부로 갊.
楛僈(호만) 견고(堅固)하지 않음.
楛矢(호시) 호목(楛木)으로 화살대를 만든 화살.

楎	⑨ 13획	
	❶ 옷걸이 휘	日キ・クン
	❷ 쟁기 혼	中huī

풀이 ❶ 1. 옷걸이. 횃대. 2. 말뚝. ❷ 3. 쟁기.
비 揮(휘두를 휘)

榷	⑩ 14획	日カク・まるきばし
	외나무다리 각	中què

풀이 1. 외나무다리. 2. 도거리하다. 전매하다.
榷酤(각고) 정부에서 술을 전매(專賣)하는 일. 각주(榷酒).
榷管(각관) 관부(官府)의 전매(專賣) 또는 독점(獨占).

槀	⑩ 14획	日コウ
	마를 고	中gǎo

풀이 1. 마르다. 말라 죽다. 2. 말리다. ¶槀魚 3. 달래다. 위로하다. 4. 치다. 때리다. 5. 허술하다. 소홀히 하다.
槀壤(고양) 마른 흙.
槀魚(고어) 말린 물고기.
槀梧(고오) 거문고. 마른 오동나무로 만들기 때문에 이르는 말.
槀悴(고췌) 1)초목이 말라 시듦. 2)여윔.
槀項(고항) 여윈 목덜미.
유 枯(마를 고)

穀	⑩ 14획	日コク
	꾸지나무 곡	中gǔ

풀이 꾸지나무.
穀桑(곡상) 닥나무.
穀樹(곡수) 닥나무. 예부터 이 나무의 껍질로 종이〔穀皮紙〕와 베〔穀布〕 등을 만들어 썼음.
비 穀(곡식 곡)

榾	⑩ 14획	日コツ・ほた
	등걸 골	中gǔ

풀이 1. 등걸. 그루터기. ¶榾柮 2. 땔나무용 나무토막.
榾柮(골돌) 나무조각. 목편(木片). 또는 베어낸 나무의 밑둥. 그루터기.

槓	⑩ 14획	日コウ・てこ
	지렛대 공	中gàng

풀이 1. 지렛대. 지레. ¶槓桿 2. 작은 다리. 3. 깃대.
槓桿(공간) 지레. 지렛대. 공간(槓桿).

槐	⑩ 14획	日カイ
	홰나무 괴	中huái

풀이 홰나무.
槐棘(괴극) 1)홰나무와 가시나무. 2)삼괴구극(三槐九棘)의 준말로, 삼공구경(三公九卿)을 말함.
槐木(괴목) 홰나무.
槐宸(괴신) 천자(天子)의 궁전. 풍신(楓宸).
槐安夢(괴안몽) 허무한 꿈. 당(唐)의 순우분(淳

于棼)이 술에 취하여 홰나무 남쪽 가지 밑에서 낮잠을 자다가 꿈에서 괴안국(槐安國)의 부마(駙馬)가 되고, 또한 남가군(南柯郡)의 태수가 되어 20년 동안이나 부귀와 영화를 누렸다는 우화(寓話)에서 온 말.

槐位(괴위) 삼공(三公)의 지위. 주대(周代)에 홰나무를 심어 삼공(三公)의 좌위(座位)를 정한 데서 온 말. 괴정(槐鼎).

槐鼎(괴정) 대신의 지위.

槐秋(괴추) 진사(進士)의 시험을 치를 때. 음력 7월 홰나무 꽃이 누르스름할 무렵에 시험을 치르므로 나온 말.

構	⑩ 14획	日コウ·かまえる
	얽을 구	中gòu

一 十 才 木 木 村 栏 栏 桝 桝 構 構 構 構

* 형성. 뜻을 나타내는 부수 '木(나무 목)'과 음을 나타내는 '冓(지밀 구)'을 합친 글자.

풀이 1. 얽다. 짓다. 짜 맞추다. ¶構成 2. 글을 짓다. 3. 생각을 짜내다. 4. 없는 사실을 꾸미다. ¶虛構 5. 인연을 맺다. 6. 이루다. 뜻한 바를 이루다. 7. 집. 8. 일. 사업. 9. 도모하다. 계획하다. 10. 만나다. 11. 불을 붙이다. ¶構火 12. 꾸지나무.

構難(구난) 서로 화난(禍難)을 일으킴.

構內(구내) 큰 건물의 안.

構圖(구도) 1)미적 효과를 얻기 위하여 전체적으로 조화되게 배치하는 도면 구성의 요령. 2)사물 현상의 전체적인 짜임이나 양상.

構亂(구란) 전란을 일으킴.

構誣(구무) 터무니없는 사실을 꾸며 남을 모함함.

構思(구사) 생각을 얽어 놓음. 생각함. 구상(構想)함.

構想(구상) 1)구성한 사상. 2)생각을 얽어 놓음. 3)예술 작품을 창작하기 위해 그 내용과 형식 등을 생각함.

構成(구성) 여러 부분이나 요소들을 모아서 일정한 전체를 짜 이룸.

構怨(구원) 서로 원한을 맺음. 틀린 사이가 됨. 결원(結怨).

構造(구조) 1)꾸밈새. 2)꾸며 만듦. 3)각 부분이나 요소들을 모아 어떤 전체를 짜 이룸.

構築物(구축물) 둑이나 축재처럼 쌓여 올려 만든 시설물.

構陷(구함) 계획적으로 남을 모함(謀陷)함.

構火(구화) 불을 붙임. 불을 일으킴.

構會(구회) 참소를 당하여 죄를 받음.

結構(결구) 1)어떤 형태가 되도록 얽거나 짜서 만듦. 또는 그렇게 만든 것의 모양새. 2)문학에서 이르는, 주요한 줄거리. 전체의 얼거리. 플롯(plot).

機構(기구) 1)하나의 조직을 이루고 있는 구조적인 체계. 2)기계의 내부 구조.

虛構(허구) 1)사실이 아닌 것을 사실처럼 얽어 만듦. 가공(架空). 2)소설이나 희곡 등에서, 실제로는 없는 이야기를 상상력으로 창작해 냄. 또는 그 이야기.

비 講(익힐 강)

榿	⑩ 14획	日キ
	오리나무 기	中qī

풀이 오리나무.

榶	⑩ 14획	日トウ
	산앵두나무 당	中táng

풀이 1. 산앵두나무. 2. 주발.

榔	⑩ 14획	日ロウ
	빈랑나무 랑	中láng

풀이 빈랑나무.

榴	⑩ 14획	日リュウ·ざくろ
	석류나무 류(유)	中liú

풀이 석류나무

榴月(유월) 석류꽃이 피는 달. 음력 5월의 다른 이름.

榴火(유화) 붉은 석류꽃.

榠	⑩ 14획	日メイ·ミョウ
	명사나무 명	中míng

풀이 명사나무.

榠樝(명사) 명사나무.

槃	⑩ 14획	日ハン·バン·たらい
	쟁반 반	中pán

* 형성. 뜻을 나타내는 부수 '木(나무 목)'과 음을 나타내는 '般(선반 반)'을 합친 글자. 나무(木)로 만든 선반(般), 즉 '쟁반'을 뜻함.

풀이 1. 쟁반. 소반. 2. 머뭇거리다. 3. 빙빙 돌다. ¶槃旋 4. 즐기다. 5. 상처. ¶槃夷 6. 절뚝거리다. ¶槃散

4획

槃散(반산) 절뚝거리며 걷는 모양.
槃旋(반선) 빙글빙글 돎. 행동함.
槃夷(반이) 상처(傷處). 다친 자리.
槃停(반정) 머뭇거림. 정체(停滯)해 있는 모양.
涅槃(열반) 불도를 완전하게 이루어 일체의 번뇌를 해탈한 최고의 경지.

비 盤(소반 반)

榜	⑩ 14획	日ホウ·ボウ
	매 방	中bàng, bǎng, bēng

풀이 1. 매. 2. 매질하다. 3. 방목. 과거 급제자의 성명을 고시하는 명부. 4. 방. 방문. 여러 사람에게 알리기 위해 길거리에 붙이는 글. 5. 방을 써 붙이다. ¶落榜 6. 떼. 배. 7. 노. 8. 배를 젓다. 9. 도지개. 뒤틀린 활을 바로잡는 틀. ¶榜檠

榜歌(방가) 뱃노래. 뱃사공의 노래.
榜檠(방경) 도지개. 활도지개.
榜具(방구) 죄인을 고문하는 형틀.
榜掠(방략) 피의자 또는 죄인을 매질하여 고문함.
榜目(방목) 과거에 급제한 사람의 성명을 적은 책.
榜服(방복) 볼기를 쳐서 복죄(伏罪)시킴.
榜示(방시) 게시함. 공고문을 써서 판에 게시함.
榜眼(방안) 과거에 2등으로 합격한 사람.
榜人(방인) 뱃사공. 수부(水夫).
榜笞(방태) 죄인을 매질하여 문초함.
落榜(낙방) 합격자의 성명을 적은 방에 자기 이름이 오르지 않았다는 뜻으로, 과거에 떨어지는 것을 말함.
放榜(방방) 조선 시대에, 과거에 급제한 사람에게 증서를 주던 일. 반패(頒牌).
標榜(표방) 1)어떠한 명목을 붙여 내세움. 2)남의 선행을 내세워 여러 사람에게 보이고 칭찬함.

榑	⑩ 14획	日フ
	부상 부	中fú

풀이 부상(榑桑). 해가 돋는 곳에 있다는 전설상의 신목(神木) 이름.

榑桑(부상) 1)해가 돋는 곳에 있다는 신목(神木). 2)해가 돋는 곳. 부상(扶桑).

榧	⑩ 14획	日ヒ·かや
	비자나무 비	中fěi

풀이 비자나무.

榭	⑩ 14획	日シャ·うてな
	정자 사	中xiè

풀이 1. 정자. ¶臺榭. 2. 사당(祠堂). 3. 도장(道場). 무술을 익히는 곳. 4. 곳집.

槊	⑩ 14획	
	❶창 삭	日サク·ソ
	❷윷속 소韓	中shuò

풀이 1. 창. 2. 쌍륙(雙六). 3. 윷속. 요 안에 넣는 솜.

榮	⑩ 14획	日エイ·さかえる
	영화 영	中róng

丶 丷 ⺌ 火 炏 炏 炏 炏 𤇾 𤇾 𤇾 榮 榮 榮

* 형성. 불꽃(炎)이 덮여(冖) 있는 것이, 나무(木) 가지 끝마다 아름답게 핀 꽃과 같다는 의미에서, '영화롭다, 번영하다'는 뜻이 됨.

풀이 1. 영화. 영광. ¶榮華 2. 꽃. 3. 꽃이 피다. 4. 우거지다. 무성하다. 5. 흥하다. 한창 일어나다. 6. 빛. 광명. 7. 피. 혈액. ¶榮衛 8. 즐기다. 9. 처마. 10. 버리다. 11. 나타나다.

榮枯(영고) 1)무성함과 시듦. 2)성함과 쇠함. 영락(榮落). 성쇠(盛衰).
榮枯盛衰(영고성쇠) 사람의 한평생에 성할 때도 있고 쇠할 때도 있음을 말함.
榮光(영광) 영화스러운 현상. 빛나는 명예.
榮達(영달) 지위가 높고 귀하게 됨.
榮塗(영도) 영광스러운 길. 영광스러운 인생.
榮祿(영록) 영화스러운 복록(福祿).
榮名(영명) 성(盛)한 평판. 영광된 명예.
榮慕(영모) 우러러 사모함.
榮茂(영무) 번영하고 무성함.
榮班(영반) 명예 있는 지위. 고위(高位).
榮榮(영영) 번성하는 모양.
榮耀(영요) 번창하고 빛남.
榮辱(영욕) 영화와 치욕.
榮衛(영위) 1)혈기(血氣). 혈액(血液)과 생기(生氣). 2)경영보위(經營保衛)하는 일. 영위(榮衛).
榮潤(영윤) 번영하고 윤택함.
榮轉(영전) 더 좋거나 높은 직위로 올라감.
榮秩(영질) 높은 관직. 명예로운 고관(高官). 또는 그 봉록(俸祿).
榮寵(영총) 임금의 총애로 고귀한 지위에 있는 일.

榮顯(영현) 영달하여 명성이 드러남.
榮華(영화) 1)초목(草木)이 무성함. 또는 꽃이 활짝 핌. 2)세상에 드러나는 영광. 몸이 귀하게 되고 이름이 남. 현달부귀(顯達富貴)한 일.
光榮(광영) 영광(榮光).
錦衣之榮(금의지영) 비단 옷을 입고 고향에 돌아가는 영광이라는 뜻으로, 입신출세하여 고향에 돌아가는 것을 말함.
繁榮(번영) 번성하고 영화롭게 됨.
浮榮(부영) 세상의 덧없는 헛된 영광.
恩榮(은영) 임금의 은혜를 입은 영광.
尊榮(존영) 지위가 높고 영화로움.
虛榮(허영) 1)분수에 넘치는 외관상의 영화(榮華). 2)필요 이상의 겉치레.
유 華(꽃 화) 花(꽃 화) 비 熒(등불 형)

榲	⑩ 14획	日ウン·オン·オツ
	올발 올	中wēn

풀이 올발. 마르멜로(marmelo). 장미과의 낙엽 교목. 봄에 흰 꽃이 핌.

	⑩ 14획	日ヨ
	큰나무 요	中yáo

풀이 1. 큰 나무. 2. 움직이다.

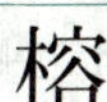	⑩ 14획	日ヨウ
	용나무 용	中róng

풀이 용나무.

榨	⑩ 14획	
	❶술주자 자	日サ·サク·しめぎ
	❷기름틀 착	中zhà

풀이 1 1. 술주자. 술 거르는 통. 2. 짜다. 짜내다. 3. 걸러내다. 2 4. 기름틀. 기름을 짜는 틀.

槇	⑩ 14획	
	❶우듬지 전	日テン·シン·こずえ
	❷뿌리 모일 진	中zhēn

풀이 1 1. 우듬지. 나무 꼭대기의 줄기. 2 2. 뿌리가 모이다. 뿌리가 헝클어지다.

榰	⑩ 14획	日シ
	주춧돌 지	中zhī

풀이 1. 주춧돌. 2. 버티다. ¶榰柱
榰梧(지오) 넘어지지 않게 떠받침.
榰柱(지주) 1)떠받침. 버팀목을 댐. 2)버팀목.
유 礎(주춧돌 초)

	⑩ 14획	日シン·はしばみ
	개암나무 진	中zhēn

풀이 1. 개암나무. 2. 덤불. 3. 우거지다. ¶榛莽 4. 가시나무.
榛莽(진망) 잡초. 잡목이 우거진 곳. 풀숲. 수풀. 진무(榛蕪). 진수(榛藪).
榛蕪(진무) 1)초목이 무성함. 또는 그 곳. 황무(荒蕪). 2)거칠고 어두움. 3)초매(草昧). 미천(微賤)함. 또는 미천한 사람.
榛穢(진예) 1)잡초가 우거짐. 풀숲. 2)나쁜 풍습. 또는 나쁜 정사(政事)를 이름.
榛樾(진월) 무성한 나무 그늘.
榛榛(진진) 초목이 무성한 모양.
榛荊(진형) 1)초목이 우거진 수풀. 2)우거진 가시덤불.

槉	⑩ 14획	日シツ
	쪼구미 질	中jí

풀이 쪼구미. 동자기둥. 두공(枓栱).

槎	⑩ 14획	
	❶나무 벨 차	日サ·きる
	❷떼 사	中chá

풀이 1 1. 나무를 베다. 2 2. 떼. 뗏목.
槎櫱(차알) 비스듬히 자른 나무에서 돋아나는 움. 차얼(槎蘖).
槎蘖(차얼) 1)차알(槎櫱). 2)움을 자름.
槎桎(차질) 사냥 도구의 이름. 나무를 뾰족하게 깎아서 만든 차꼬.
仙槎(선사) 신선이 타는 뗏목.

槍	⑩ 14획	
	❶창 창	日ソウ·ショウ·やり
	❷별 이름 장	中chēng, qiāng

4획

풀이 ❶ 1. 창. ¶竹槍 2. 다다르다. 이르다. 3. 어지럽히다. ¶槍攘 ❷ 4. 별 이름. 혜성.

槍杆(창간) 창 자루.

槍旗(창기) 차(茶)나무의 움과 잎.

槍壘(창루) 끝이 뾰족한 나무를 둘러 세운 성채(城砦).

槍手(창수) 1)창을 쓰는 사람. 또는 창을 쓰는 군사. 2)문장(文章)을 대신 써 주는 사람. 시험에서 몰래 대신 써 주는 사람.

槍攘(창양) 흐트러지는 모양.

竹槍(죽창) 대나무로 만든 창.

榱	⑩ 14획 서까래 최	日スイ·たるき 中cuī

풀이 서까래. 마룻대에서 보 또는 도리에 걸친 용나무.

榱桷(최각) 서까래. 연각(椽桷).

榱題(최제) 서까래의 끝. 서까래 끝이 처마에 닿은 곳.

槌	⑩ 14획 ❶ 망치 추 ❷ 던질 퇴	日ツイ·つち 中chuí

풀이 ❶ 1. 망치. 몽치. ¶槌杵 2. 치다. 때리다. ❷ 3. 던지다. 내던지다.

槌碎(추쇄) 망치로 두들겨 부숨.

槌杵(추저) 망치. 절굿공이.

槌鑿(추착) 망치와 끌.

榻	⑩ 14획 걸상 탑	日トウ 中tà

풀이 1. 걸상. 길고 좁게 만든 평상. ¶榻牀 2. 베〔布〕이름. ¶榻布 3.㊕ 임금 의자. 4.㊕ 베끼다. ¶榻本

榻本(탑본) 금석(金石)에 새긴 글씨나 그림을 그대로 박아 냄. 또는 그 박은 종이.

榻牀(탑상) 의자. 와상(臥床) 등의 총칭.

榻布(탑포) 거칠고 두꺼운 베.

유 椅(걸상 의)

榼	⑩ 14획 통 합	日コウ·たる 中kē

풀이 1. 통. 술통. 2. 칼집. 3. 뚜껑.

비 盍(덮을 합)

榥	⑩ 14획 책상 황	日コウ·ふづくえ 中huàng

풀이 1. 책상. 서안(書案). 2. 창문. 천을 바른 채광창.

비 机(책상 궤)

槺	⑪ 15획 빌 강	日コウ 中kāng

풀이 비다. 공허하다.

概	⑪ 15획 대개 개	日ガイ·カイ·おおむね 中gài

* 형성. 뜻을 나타내는 부수 '木(나무 목)'과 음을 나타내는 '旣(이미 기)'를 합친 글자. 말이나 되에 곡식을 이미(旣) 가득 담고 그 위를 평평하게 하는 데 쓰이는 나무(木)로 된 '평미레'를 뜻함. '대개'라는 뜻으로 쓰임.

풀이 1. 대개. 대강. ¶大概 2. 평미레. 평목(平木). 곡식을 말이나 되로 잴 때, 그 위를 고르게 하는 나무 방망이. 3. 평평하게 고르다. 4. 저울. 5. 달다. 저울질하다. 6. 절개. 절조. ¶節概 7. 경치. ¶景概 8. 누르다. 억압하다. 9. 느끼다. 감격하다. 10. 씻다. 11. 슬퍼하다. 개탄하다. 12. 통. 나무통.

概見(1.개견/2.개현) 1)㉠대강을 알게 됨. ㉡개괄하여 봄. ㉢대체의 견해. 2)대강이 드러남. 대략이 나타남.

概觀(개관) 대충대충 살펴봄. 윤곽·명암·액체 구도 등의 대강의 모양.

概括(개괄) 대충 추려 한데 뭉뚱그림. 어떤 외연으로 확대하여 보다 많은 사물을 포괄하는 개념을 만드는 일.

概念(개념) 1)여러 관념 속에서 공통된 요소를 추상하여 종합한 하나의 관념. 2)판단의 결과로 얻어지며 판단을 성립시키는 것으로 인간의 사고는 개념에 의해서 됨.

概論(개론) 전체의 내용을 간추린 대강의 논설.

概說(개설) 대개의 설명.

概數(개수) 어림하여 잡은 수효. 어림수.

概言(개언) 대략 들어 말함. 또는 그 말.

概要(개요) 어떤 일이나 문제의 대강의 요점.

概意(개의) 대강의 뜻.

概則(개칙) 대체의 규칙.

梗概(경개) 전체의 내용을 간추린 대강의 줄거리.

景概(경개) 경치(景致).

氣概(기개) 어떤 어려움에도 굽히지 않는 강한

의지. 또는 그러한 기상. 의기(意氣).

大槪(대개) 1)대부분. 2)대체의 사연. 줄거리. 3)대략(大略). 그저 웬만한 정도로. 대체로.

節槪(절개) 옳은 일을 지키어 뜻을 굽히지 않는 굳건한 마음이나 태도.

穎	ⓘ 15획	日ケイ
	칼고리 경	中jiǒng

풀이 1. 칼고리. 2. 송곳 자루. 3. 상자. 함. 4. 발이 달린 책상.

槲	ⓘ 15획	日コク
	떡갈나무 곡	中hú

풀이 떡갈나무.

槨	ⓘ 15획	日カク
	덧널 곽	中guǒ

풀이 덧널. 관을 담는 궤.

樻	ⓘ 15획	日カイ・はこ
	상자바닥 귀	中guì

풀이 상자바닥. 상자의 밑바닥.

樛	ⓘ 15획	日キュウ
	휠 규	中jiū

풀이 1. 늘어져 휘다. 굽다. 휘어지다. ¶樛枝 2. 두루 돌아다니다. ¶樛流 3. 묶다. 졸라매다. 4. 구하다. 찾다.

樛流(규류) 1)돌고 돎. 두루 돌아다님. 2)높이 굽은 모양. 3)구부러져 꺾인 모양.

樛木(규목) 가지가 아래로 굽은 나무.

樛枝(규지) 굽은 나뭇가지.

槻	ⓘ 15획	日キ・つき
	물푸레나무 규	中guī

풀이 1. 물푸레나무. 2. 둥근 느티나무.

槿	ⓘ 15획	日キン・むくげ
	무궁화나무 근	中jǐn

풀이 1. 무궁화나무. ¶槿花 2. 우리나라.

槿籬(근리) 무궁화 생울타리.

槿域(근역) 무궁화가 많은 땅이라는 뜻으로, 우리나라의 다른 이름. 근화향(槿花鄕).

槿花(근화) 1)무궁화. 2)무궁화는 아침에 피었다가 저녁에 시드는 데서, 인생의 덧없음을 비유하는 말.

유 蕣(무궁화 순)

槫	ⓘ 15획	日タン・ダン
	둥글 단	中tuán

풀이 1. 둥글다. 2. 상여(喪輿). 영구차.

유 丸(알 환) 円(둥글 엔) 團(둥글 단) 圓(둥글 원)

樑	ⓘ 15획	日リョ
	들보 량	中liáng

풀이 들보. 대들보.

유 梁(들보 량)

槤	ⓘ 15획	日レン
	제기 련	中 lián

풀이 1. 제기(祭器). 2. 빗장. 문빗장.

樓	ⓘ 15획	日ロウ
	다락 루	中lóu

* 형성. 뜻을 나타내는 부수 '木(나무 목)'과 음을 나타내는 '婁(끌 루)'를 합친 글자.

풀이 1. 다락. 다락집. ¶樓閣 2. 망루(望樓). 높이 지은 집. ¶望樓 3. 포개지다. 겹치다. 4. 기생집. ¶靑樓

樓閣(누각) 1)다락집. 2)2층이나 3층으로 지은 집.

樓居(누거) 높은 건물에 삶.

樓車(누거) 망루(望樓)가 있는 수레.

樓觀(누관) 1)누각(樓閣). 2)도교(道敎)의 사찰의 이름.

樓闕(누궐) 이층으로 된 문.

樓臺(누대) 높은 건물. 누각(樓閣)과 대사(臺榭).

樓櫓(누로) 지붕이 없는 망루(望樓).

樓門(누문) 다락집 밑으로 드나들게 된 문. 2층으로 지은 문.

4 획

樓上(누상) 1)누각의 위. 2)망루의 위.
樓船(누선) 망루가 있는 배.
樓月(누월) 누상에서 바라보는 달.
樓下(누하) 다락집의 아래.
高樓(고루) 높은 다락집. 높은 누각(樓閣).
登樓(등루) 1)누각에 오름. 2)창루(娼樓)에 놀러 감.
摩天樓(마천루) 하늘에 닿을 듯이 높은 건물. 아주 높은 고층 건물.
望樓(망루) 망을 보기 위하여 세운 높은 다락집. 관각(觀閣).
白玉樓(백옥루) 옥황상제의 궁궐.
烽樓(봉루) 봉화를 올리는 누대.
城樓(성루) 성곽의 곳곳에 세운 다락집.
鐘樓(종루) 종을 달아 두는 누각.
酒樓(주루) 설비를 잘 갖추어 놓고 술이나 음식 등을 파는 집.
靑樓(청루) 창기(娼妓)의 집. 기루(妓樓). 창루(娼樓).

槞	⑪ 15획 찬합 류	日ルイ 中lěi

풀이 1. 찬합. 여러 칸으로 나누어 담을 수 있게 된 그릇. 2. 나막신. 밑에 징을 박아 미끄러지지 않게 한 등산용 신.

樆	⑪ 15획 돌배나무 리	日リ 中chī, lí

풀이 돌배나무.

槾	⑪ 15획 흙손 만	日マン 中màn

풀이 1. 흙손. 2. 탐하다. 3. 나무 이름.
비 謾(속일 만)

樠	⑪ 15획 송진 만	日マン・モン 中mán, lǎng

풀이 1. 송진. 소나무에서 나는 누런 빛깔의 나무액. 2. 나무의진이 흐르다. 3. 흑단(黑檀). 감나무과에 속하는 상록 교목.
樠樠然(만만연) 나무에서 진이 흘러내리는 모양.
樠木(낭목) 느릅나무의 일종.
비 滿(찰 만)

4획

模	⑪ 15획 법 모	日モウ 中mó

一 十 才 木 木' 木'' 木'' 木'' 栉 栉 栉 栉 档 模 模

* 형성. 뜻을 나타내는 부수 '木(나무 목)'과 음을 나타내는 '莫(없을 막)'을 합친 글자. 없는(莫) 것을 나무(木)로 만든 '모형'이라는 뜻에서, '본', 또는 '모양'을 나타냄.

풀이 1. 법. 법식. ¶軌模 2. 본. 모범. 본보기. 3. 본뜨다. 본받다. ¶模範 4. 무늬. 문채. 5. 거푸집. 6. 형상. 모양. ¶模樣 7. 모호하다. 분명하지 않다.
模倣(모방) 본받음. 본뜸. 흉내를 냄.
模範(모범) 본받아 배울 만한 본보기.
模本(모본) 1)본보기. 2)모형(模型). 3)모방(模倣).
模寫(모사) 본떠 그대로 그림.
模索(모색) 더듬어 찾음.
模襲(모습) 무엇을 본으로 삼아 그대로 만들거나 행하는 일.
模式(모식) 표준이 되는 전형적인 형식.
模樣(모양) 1)사람이나 물건의 형태. 모습. 맵시. 생김새. 2)어떤 일이 되어가는 꼴. 형편. 상태. 3)체면. 4)모범이 될 만한 의용(儀容). 5)여자의 용색(容色).
模擬(모의) 본떠서 시험적으로 해봄.
模造(모조) 본떠 만듦. 모방하여 만듦.
模則(모칙) 본보기. 모범(模範).
模表(모표) 본보기. 모범(模範).
模型(모형) 1)똑같은 형상의 물건을 만들어 내기 위한 틀. 2)물건의 원형대로 줄여 만든 본.
模糊(모호) 분명하지 않은 모양. 흐릿하여 똑똑하지 않은 모양.
規模(규모) 1)사물의 구조나 구상(構想)의 크기. 2)본보기가 될 만한 틀이나 제도. 3)씀씀이의 계획성이나 일정한 한도.
유 式(법 식) 法(법 법) 비 漠(사막 막)

樒	⑪ 15획 침향 밀	日ミツ・じんこう 中mì

풀이 침향(沈香). 향료(香料)나 약재(藥材)로 씀.

樊	⑪ 15획 ❶울 번 ❷산 이름 반	日ハン・まがき 中fán

풀이 ❶ 1. 울. 울타리. 2. 에워싸다. ¶樊籬 3. 새장. ¶樊籠 4. 가. 끝. 5. 곁. 부근. 6. 어지러운 모양. 어수

선한 모양. 7. 둘러싸다. 포위하다. 8. 뱃대끈. 말의 배띠. ¶樊然 **2** 9. 산 이름.

樊籠(번롱) 1)새장. 조롱(鳥籠). 2)관직에 매여 자유롭지 못함. 또는 감옥을 비유하는 말.

樊籬(번리) 1)울. 울타리. 번리(藩籬). 2)학술·문장 등의 길로 들어가는 입구를 비유하는 말.

樊然(번연) 어지러운 모양. 어수선한 모양.

㯆	⑪ 15획	日サン
	나무 이름 산	中chǎn, shanà

풀이 1. 나무 이름. 복숭아와 비슷한 열매가 열림. 2. 요. 잠자리에 까는 것.

樧	⑪ 15획	日サツ
	오수유 살	中shā

풀이 오수유(吳茱萸).

樔	⑪ 15획	
	❶ 움막 소	日ソウ
	❷ 끊을 초	中cháo, jiǎo

풀이 **1** 1. 움막. 2. 떠올리다. 3. 그물. 4. 집. 보금자리. ¶樔處 **2** 5. 끊다. 끊어지다.

樔處(소처) 집을 짓고 들어가 삶.

橚	⑪ 15획	日シュク
	떡갈나무 속	中sù

풀이 1. 떡갈나무. 2. 잡목.

槢	⑪ 15획	
	❶ 나무 이름 습	日シュウ
	❷ 들보 접	中xí, dié

풀이 **1** 1. 나무 이름. 단단한 나무의 일종. 2. 형틀. 3. 쐐기. 물건 틈 사이에 넣어 밀려나지 못하도록 하는 물건. 비녀장. **2** 4. 들보. 건물의 칸 사이의 두 기둥 위를 가른 나무.

樂	⑪ 15획	
	❶ 풍류 악	日ガク·ラク·たのしい
	❷ 즐거울 락(낙)	中lè, yuè
	❸ 좋아할 요	

* 상형. 나무(木) 받침대 위에 있는 여러 개의 북을 본뜬 글자. 악기로 연주하는 '음악'은 '즐거운' 것이고, 또 '좋아하는' 것을 나타냄.

풀이 **1** 1. 풍류. 음악. ¶音樂 2. 연주하다. ¶樂人 3. 악사. 연주자. 가수. 4. 악기 ¶樂器 5. 성씨(姓氏). **2** 6. 즐겁다. 기쁘다. ¶苦樂 7. 즐기다. 8. 즐거움. 9. 풍년(豐年). ¶樂歲 10. 편안하다. **3** 11. 좋아하다. ¶樂山樂水 12. 바라다. 원하다.

樂觀(낙관) 1)즐겁게 봄. 재미있게 봄. 2)모든 사물을 희망적으로 봄. ↔ 비관(悲觀).

樂極哀生(낙극애생) 즐거움이 지나치면 슬픔이 생겨남.

樂樂(낙락) 대단히 즐거운 모양. 안락한 모양.

樂貧(낙빈) 가난한 가운데에서도 즐겁게 지냄.

樂事(낙사) 즐거운 일.

樂園(낙원) 살기 좋은 즐거운 장소. 천국(天國). 이상향(理想鄕).

樂軼(낙일) 즐겁게 놂.

樂天(낙천) 1)천명(天命)을 즐김. 2)모든 사물에 대하여 즐겁고 좋은 것으로 보는 생각. 3)당(唐)의 백거이(白居易)의 호(號).

樂鄕(낙향) 안락한 곳. 낙토(樂土).

樂歡(낙환) 즐거워하고 기뻐함.

樂歌(악가) 악장 또는 악곡을 따라 부르는 노래.

樂工(악공) 1)음악을 연주하는 사람. 악인(樂人). 2)악기를 만드는 장인(匠人).

樂器(악기) 음악 기구.

樂律(악률) 1)음악의 가락. 2)악음을 음률의 고저에 따라 이론적으로 정돈한 음렬(音列).

樂壇(악단) 1)음악을 연주하는 단체. 2)악극단의 준말.

樂舞(악무) 음악에 맞춘 무용.

樂譜(악보) 곡조를 여러 가지 글자, 표 등으로 써서 적은 보표.

樂府(악부) 1)전한(前漢)의 무제(武帝) 때 설치한 음악을 관장하던 관서. 2)널리 사방의 풍요(風謠)를 채집하여 궁정(宮廷)의 제향(祭享) 때 음악에 맞춰 불리어진 시가. 또는 그 체제를 따라 지어진 시가.

樂想(악상) 1)음악의 주제·구성·곡풍 등에 관한 작곡상의 착상. 2)음악 속에 나타난 사상.

樂聖(악성) 드물게 뛰어난 음악가를 높이는 말.

樂人(악인) 음악을 연주하는 사람. 악사(樂士). 악공(樂工). 악사(樂師)

樂章(악장) 나라의 제전·연례에 주악할 때 부르는 가사

樂典(악전) 악보. 음악에 관한 규칙을 설명한

4획

문서.
樂正(악정) 악관(樂官)의 우두머리.
樂山樂水(요산요수) 산을 좋아하고 물을 좋아함. 산수를 좋아함.
苦樂(고락) 괴로움과 즐거움.
極樂(극락) 1)극진히 즐거워함. 더할나위 없는 환락. 2)극락세계.
歌樂(가악) 노래와 풍악.
古樂(고악) 고대의 음악. 옛 풍류.
管樂(관악) 관악기로 연주하는 음악
交響樂(교향악) 교향곡 · 고행시 등 관현악을 위해 만든 음악의 총칭.
器樂(기악) 악기로 연주하는 음악. ↔성악(聲樂).
法樂(법악) 1)나라에서 의식과 법도에 맞게 연주하던 정악(正樂). 2)불교의 엄숙한 음악.
三樂(삼악) 아악(雅樂)과 당악(唐樂)과 향악(鄕樂)의 세 가지 음악.
聖樂(성악) 성가 · 미사곡 등의 종교 음악을 두루 이르는 말. 성가(聖歌).
聲樂(성악) 사람의 목소리를 통하여 어떤 사상이나 감정을 표현하는 음악.
雅樂(아악) 지난날 궁중에서 연주되던 전통 음악.
禮樂(예악) 예절과 음악. 예절은 언행을 삼가게 하고, 음악은 인심을 감화시키는 것이라 하여, 중국에서는 예로부터 사회의 질서 유지를 위하여 매우 중요시하였음.
音樂(음악) 인간의 사상이나 감정을 주로 악음(樂音)을 소재로 하여 나타내는 예술.
風樂(풍악) 우리나라 고유의 옛 음악.
鄕樂(향악) 예로부터 발달해 온 우리나라 고유의 음악.
비 藥(약 약)

4획

樣	⑪ 15획	
	❶ 모양 양	日ヨウ · ショウ
	❷ 상수리 나무 상	中yàng

一 十 才 木 木' 木'' 木'' 栏 栏 栏 样 様 様 樣

* 형성. 뜻을 나타내는 부수 '木(나무 목)'과 음을 나타내는 '羊(양 양)', '永(길 영)'을 합친 글자.

풀이 ❶ 1. 모양. 형상. 상태. ¶模樣 2. 법식. 3. 본보기. 모범. ¶樣式 4. 무늬. 문채. 5. …같이. …처럼. ❷ 6. 상수리나무.
樣相(양상) 모습. 모양. 생김새.
樣式(양식) 1)꼴. 모양. 형상. 2)일정한 모양과 형식.
樣子(양자) 1)본보기. 견본. 2)전형. 형식.
樣制(양제) 모양. 형식. 양식과 체제.
樣態(양태) 사물의 존재나 행동의 모습. 상태(狀態).
各樣(각양) 갖가지 모양. 각양각색(各樣各色)
多樣(다양) 여러 가지 모양. 또한 양식.
同樣(동양) 같은 모양.
模樣(모양) 1)겉으로 본 생김새나 형상. 2)곱게 꾸민 꾸밈새. 3)어떤 형편이나 상태. 또는 되어가는 꼴. 4)체면. 5)그러한 방법이라는 표현. 6)그리 짐작됨을 이름.
文樣(문양) 직물 · 조각 등을 장식하기 위한 여러 가지 문양.
外樣(외양) 겉모양. 겉보기.
유 形(모양 형) 態(모양 태)

槱	⑪ 15획	日ユ
	태울 유	中yǒu

풀이 1. 태우다. 불을 지르다. 2. 화톳불. 3. 제사를 지내다. 화톳불을 놓고 하늘에 지내는 제사.
槱燎(유료) 화톳불.

樁	⑪ 15획	
	❶ 말뚝 장	日トウ · ショウ · くい
	❷ 칠 용	中 chōng, zhuāng

풀이 ❶ 1. 말뚝. ¶樁橛 ❷ 2. 치다. 두드리다.
樁橛(장궐) 제방 공사에 쓰는 나무 말뚝.

樟	⑪ 15획	日ショウ · くす
	녹나무 장	中zhāng

풀이 녹나무.
樟腦(장뇌) 녹나무를 증류(蒸溜)하여 취하는 백색 방향성(芳香性) 결정(結晶).

樗	⑪ 15획	日チョ
	가죽나무 저	中chū

풀이 가죽나무
樗櫟(저력) 1)가죽나무와 상수리나무. 2)쓸모없는 나무. 3)무능한 사람. 4)쓸모 없는 물건.
樗散(저산) 아무 쓸모 없는 나무. 아무 소용이 없는 사람의 비유.
樗才(저재) 쓸모 없는 물건이라는 뜻으로, 자기

를 겸손하게 이르는 말.
樗蒲(저포) 옛날의 노름. 주사위 같은 것을 만들어 던져서 승부를 겨루었음.

樀	⑪ 15획	日テキ
	처마 적	中dí

풀이 1. 처마. 2. 실패. 실을 감는 제구. 3. 두드리는 소리를 형용.

비 摘(딸 적)

槽	⑪ 15획	日ソウ·おけ
	구유 조	中cáo

풀이 1. 구유. 마소의 먹이를 담는 통. 2. 통. 나무통. 3. 절구. 4. 홈통. 도랑. 5. 오목한 것. 6. 현악기의 몸통.
槽櫪(조력) 1)말구유와 마판. 2)마구간이나 외양간.

비 曹(마을 조)

樅	⑪ 15획	日ショウ·もみ
	전나무 종	中cōng, zōng

풀이 1. 전나무. 2. 치다. 두드리다. 3. 들쭉날쭉하다.
樅樅(종종) 1)나뭇잎이 무성한 모양. 또는 높이 솟은 모양. 2)톱니처럼 들쭉날쭉한 모양.

槧	⑪ 15획	日ザン·サン·ふだ
	판 참·첨	中qiàn

풀이 1. 판(版). 글씨를 쓰는 큰 나무판. 판목(版木). 2. 편지. 3. 문서.
槧本(참본) 목판으로 인쇄한 책.
槧人(참인) 학문을 하는 사람. 독서인(讀書人).

樞	⑪ 15획	日スイ
	지도리 추	中shū, ōu

풀이 1. 지도리. 문지도리. 문짝을 여닫게 하는 물건. ¶樞衡 2. 한가운데. 중앙. ¶中樞 3. 근본. 4. 사북. 고동. 기계의 작동을 시작하게 하는 장치. 5. 처음. 시작. 6. 천자(天子)의 자리. 7. 통치권. 8. 의지하는 곳. 9. 별 이름. 북두칠성의 첫째 별. ¶樞星
樞機(추기) 1)사물의 중요한 곳. 2)국가의 대정(大政).
樞機卿(추기경) 로마 교황의 최고 고문.
樞紐(추뉴) 문장 중의 주안(主眼)이 되는 곳.
樞密(추밀) 군사나 정무에 관한 중요한 기밀.
樞柄(추병) 정치상의 권력.
樞府(추부) 추밀원(樞密院)의 다른 이름.
樞祕(추비) 중요하고 비밀스러움. 또는 그 정사(政事).
樞相(추상) 추밀사(樞密使)를 이름.
樞星(추성) 북두칠성의 첫째 별.
樞軸(추축) 1)운동이나 활동의 중심이 되는 가장 중요한 부분. 2)권력이나 정치의 중심.
樞轄(추할) 1)가장 중요함. 2)정사상의 중요한 곳.
樞衡(추형) 1)문지도리와 저울대. 2)중요한 직무.
中樞(중추) 1)사물의 중심이 되는 중요한 부분이나 자리. 심수(心髓). 2)한가운데.
天樞(천추) 북두칠성의 하나. 국자 모양의 앞쪽 위의 별. 2등성.

槭	⑪ 15획	
	❶ 단풍나무 척	日セキ·ショク
	❷ 앙상할 색	中qī, sè

풀이 1 1. 단풍나무. 2 2. 앙상하다.
槭槭(색색) 나뭇잎이 떨어지는 모양.

樘	⑪ 15획	日トウ
	기둥 탱	中chēng

풀이 1. 기둥. 지주(支柱). 2. 문틀. 창틀.

유 柱(기둥 주)

樋	⑪ 15획	日トウ·ひ
	나무 이름 통	中tōng

풀이 나무 이름.

標	⑪ 15획	日ヒョウ·こずえ
	우듬지 표	中biāo

一 十 才 木 木 朩 朩 栖 栖 栖 栖 標 標 標 標

* 형성. 뜻을 나타내는 부수 '木(나무 목)'과 음을 나타내는 '票(표 표)'를 합친 글자. 덮여 있는(覀) 속을 보이(示)는 것이 '票' 자가 나타내는 뜻으로, 나무(木)로 그것을 표시하였다 하여 '표하다, 표'의 뜻으로 쓰임.

풀이 1. 우듬지. 나무의 끝. 2. 높은 나뭇가지. ¶標枝.

4획

3. 사물의 말단(末端). 4. 처음. 시작. 5. 기둥. 푯말. ¶里程標 6. 표. 표시. ¶標示 7. 목표. ¶目標 8. 표하다. ¶標紙 9. 나타나다. 나타내다. 10. 적다. 기록하다. 11. 별 이름. 북두(北斗)의 일곱째 별. 12. 병기(兵器). 던져서 맞히는 창. 13. 기(旗).

標鑑(표감) 눈에 뜨임. 나타나 보임.

標高(표고) 바다의 면이나 어떤 지점을 기준으로 하여 수직으로 잰 높이.

幖旗(표기) 1)목표로 세우는 기. 2)조선 시대 병조(兵曹)의 주기(主旗).

標榜(표방) 1)남의 선행(善行)을 기록하여 그 집 문호에 게시하는 일. 남의 선행을 널리 세상에 알림. 또는 그 선행을 칭찬함. 2)자기의 주의 주장 또는 처지를 어떤 명목을 붙여서 앞에 내세움.

標本(표본) 1)본보기가 될 만한 물건. 2)그대로나 본떠 만든 것. 3)통계에서 그 전체 집단의 성질을 헤아릴 수 있는 표준 자료.

標示(표시) 표를 하여 외부에 나타나게 함.

標式(표식) 고고학에서 하나의 형식을 정확히 나타낼 수 있는 전형적인 유적을 말함.

標信(표신) 궁중에 급변을 전할 때나 궁궐 문을 드나들 때에 표로 가지던 문표(門標).

標語(표어) 주의 · 강령 등을 간명하게 표현한 짧은 어구.

標的(표적) 목표가 되는 사물.

標題(표제) 서책의 겉에 쓰인 그 책의 이름.

標註(표주) 책의 난외(欄外)에 적은 주해(註解).

標準(표준) 사물을 정하는 기준. 규범. 목표.

標枝(표지) 나무 꼭대기의 가지.

標識(표지) 1)어떤 사물을 다른 것과 구별하여 알기 위한 기록. 2)표(標).

標紙(표지) 1)목표로 삼기 위하여 붙이는 작은 종이쪽. 2)증거의 표로 적은 글발의 종이.

標徵(표징) 어떤 것과 다름을 겉으로 드러내는 상징(象徵).

標札(표찰) 문패. 표찰(表札).

標槍(표창) 던져서 적을 공격하는 창.

標尺(표척) 측량에서 높이나 거리를 재는 데 쓰이는 자.

標致(표치) 1)취지를 나타내어 보임. 2)용모가 아름다움.

目標(목표) 행동을 통하여 이루거나 도달하려고 함. 또는 그 대상.

商標(상표) 상공업자가 자기의 생산 · 제조 · 가공 · 증명 · 취급 및 판매 영업에 관계되는 상품이라는 것을 다른 업자의 상품과 식별시키기 위하여 사용하는 기호 · 문자 · 도형 등의 일정한 표지.

手標(수표) 대차, 임차 등을 할 때에 주고 받는 증서.

里程標(이정표) 도로 · 선로 등의 길가에 거리(距離)를 적어 세운 푯말이나 표석. 거리표(距離標).

風標(풍표) 풍채(風采).

槥	⑪ 15획 널 혜	日セイ · エイ · ひつぎ 中huì

풀이 널. 작은 관.

槥車相望(혜거상망) 전사자(戰死者)가 많음.

槥櫝(혜독) 작은 관.

橄	⑫ 16획 감람나무 감	日カン · ガン 中gǎn

풀이 감람나무.

橄欖石(감람석) 유리 같은 광택을 가진 결정체의 광물.

橄欖油(감람유) 올리브유.

槔	⑫ 16획 두레박 고	日コウ 中gāo

풀이 두레박.

桔槔(길고) 한 끝에는 두레박, 한 끝에는 돌을 매달아 물을 퍼내게 만든 틀.

橭	⑫ 16획 만연할 고	日コ 中gū

풀이 1. 만연하다. 퍼지다. 2. 나무 이름. 느릅나무의 일종.

橋	⑫ 16획 다리 교	日キョウ · はし 中qiáo

一 十 才 木 木 木' 杧 杧 栎 桥 橋 橋 橋 橋 橋 橋

* 형성. 뜻을 나타내는 부수 '木(나무 목)'과 음을 나타내는 '喬(높을 교)'를 합친 글자. 높은(喬) 곳에 나무(木)를 걸치고 건너는 '다리'를 뜻함.

풀이 1. 다리. 교량. ¶橋梁 2. 시렁. 3. 어긋나다. 어그러지다. ¶橋言 4. 업신여기다. 얕보다. ¶橋泄 5. 높다. 높이 솟다. ¶橋松 6. 가로나무. 두레박의 가로 댄 나무. 7. 나무 이름. 8. 가마. 9. 썰매. 10. 굳세다. 11.

4획

바로잡다. 고치다.

橋脚(교각) 다리의 기둥. 다리의 발.

橋頭(교두) 다리 근처. 다릿가.

橋梁(교량) 다리.

橋畔(교반) 다리 근처. 다릿가.

橋泄(교설) 업신여김.

橋松(교송) 높은 소나무.

橋言(교언) 이치에 어긋난 말.

橋梓(교재) 1)교목(橋木)과 재목(梓木). 2)부자(父子)의 도(道). 또는 부자(父子).

假橋(가교) 임시로 놓은 다리.

大橋(대교) 큰 다리.

踏橋(답교) 음력 정월 보름날 밤에 다리를 밟던 일.

木橋(목교) 나무다리.

石橋(석교) 돌다리.

鐵橋(철교) 철골(鐵骨) 구조로 된 교량.

板橋(판교) 널다리.

비 僑(높을 교)

橇	⑫ 16획	日キョウ
	썰매 교	中qiāo

풀이 1. 썰매. 2. 덧신.

橛	⑫ 16획	日ケツ
	말뚝 궐	中jué

풀이 1. 말뚝. ¶橛杙 2. 나무등걸. 그루터기. 3. 문지방. 4. 재갈. ¶橛飾 5. 갈고리. 6. 때리다. 7. 서다.

橛橛(궐궐) 서서 요동하지 않는 모양. 사물에 끌리지 않고 의연한 자세로 있는 모양.

橛機(궐기) 문지방. 문지방 안의 자리.

橛飾(궐식) 말의 재갈에 다는 장식(裝飾).

橛杙(궐익) 말뚝.

비 厥(그 궐)

樻	⑫ 16획	日ケイ
	나무 이름 궤	中kuì

풀이 나무 이름. 영수목(靈壽木).

橘	⑫ 16획	日キツ·キチ·たちばな
	귤나무 귤	中jú

풀이 귤나무. 귤.

橘井(귤정) 의사(醫師) 또는 의원(醫員)을 말함. 옛날 진(晉)의 소탐(蘇耽)이 다음 해 역질(疫疾)이 있을 것을 미리 알고 귤나무의 잎과 우물물로써 병을 고치는 법을 전하여 사람들을 구했다는 고사에서 유래함.

橘皮(귤피) 귤나무 종류의 열매의 껍질.

橘紅(귤홍) 안에 있는 흰 부분을 긁어 버린 귤껍질. 담(痰)의 약재로 씀.

橘化爲枳(귤화위지) 회남(淮南)의 귤을 회북(淮北)에 옮겨 심으면 탱자가 된다는 뜻으로, 환경을 따라 그 성질이 변함을 비유하는 말.

橘化爲枳(귤화위지)의 유래

제나라의 명재상 안자가 초나라에 왔을 때, 초나라 왕은 안자에게 잔치를 베풀어 주었다. 초나라 왕은 안자에게 창피를 주기 위해 일부러 제나라 출신의 도둑 한 명을 포박해서 데려오게 하였고, 왕은 안자를 보고 "제나라 사람은 도적질을 잘하는군."이라고 말했다. 이때 안자는 이렇게 대답했다. "저는 귤이 회남에서 나면 귤이 되지만, 회북에서 나면 탱자가 된다고 들었습니다. 그것은 물과 땅이 다르기 때문입니다. 제나라에서 나고 자란 백성은 도적질을 하지 않습니다. 그런데 초나라로 들어오면 도적질을 하니, 초나라의 물과 땅이 백성들로 하여금 도적질을 잘하게 하는 것입니다."《안자춘추(晏子春秋)》

柑橘(감귤) 귤과 밀감.

金橘(금귤) 운향과의 상록 관목. 중국 원산의 과일 나무로 높이는 3m가량이며 밀감나무와 비슷하나 키가 작고 잎도 작음. 여름에 작은 흰 꽃이 피고, 참새 알 만한 열매는 겨울에 황금색으로 익어 봄까지 떨어지지 않음. 맛은 달고도 시며 껍질째 먹을 수 있음. 금감(金柑). 동귤(童橘).

陸績懷橘(육적회귤) 친구 집에 초대를 받아 간 육적이 집에 홀로 계시는 어머니에게 드리려고 잔칫상에 나온 귤을 가슴에 품고 다녔다는 고사.

機	⑫ 16획	日キ·はた
	틀 기	中jī

一 十 才 木 朩 朩 朩 朩 朩 朩 枻 栍 機 機 機

* 형성. 뜻을 나타내는 부수 '木(나무 목)'과 음을 나타내는 '幾(몇 기)'를 합친 글자. 작은 작용(幾)으로써 큰 성과를 나타내는 나무(木)틀로, '틀' 또는 '기계'의 뜻으로 쓰임.

풀이 1. 틀. 기계. ¶機械 2. 용수철. 3. 거짓. 4. 올가미. 우리. 5. 재치. 기교. 6. 베틀. 7. 문지방. 문턱. 8. 형세. 추세. 9. 조짐. 전조(前兆). 10. 실마리. 단서. 11. 비롯하다. 12. 때. 시기. ¶機宜 13. 기회. ¶機會 14. 작용. 활동. 15. 별 이름. 북두칠성의 셋째 별. 16. 갈림길. 분기점. 17. 기틀. 18. 길. 도리(道理). 19. 비밀. ¶軍機 20. 위태롭다. 위험하다. 21. 혼천의(渾天儀). 천체를 관측하는 기구.

4획

機警(기경) 눈치가 빠르고 총명함. 머리가 좋고 이해가 빠름.
機械(기계) 1)동력으로 움직여서 일정한 일을 하게 만든 장치. 2)생각 · 행동 · 생활 방식 등이 판에 박은 듯한 사람을 비유하는 말.
機關(기관) 1)어떤 에너지를 기계적으로 변화시키는 장치. 2)어떤 목적을 달성하기 위하여 설치된 조직.
機巧(기교) 솜씨와 잔꾀가 매우 교묘함.
機構(기구) 1)하나의 조직을 이루고 있는 구조적인 체계. 2)기계의 내부 구조.
機能(기능) 1)신체의 각 부분의 활동. 2)어떤 물건이 가지는 능력. 작용(作用).
機略(기략) 기민하게 대처하는 알맞은 계책.
機務(기무) 1)근본이 되는 일. 2)기밀(機密)한 정무(政務).
機密(기밀) 1)중요하고 비밀스러운 일. 2)비밀에 붙여 발설하지 않음.
機辯(기변) 임기응변의 변설(辯說).
機變(기변) 때에 따라 변함. 임기응변(臨機應變).
機鋒(기봉) 1)날카로운 칼날. 2)날카로운 말.
機業(기업) 틀을 써서 베 짜는 사업.
機緣(기연) 1)부처의 가르침을 받을 인연의 기틀. 2)어떠한 기회(機會)와 인연(因緣).
機要(기요) 기밀에 속하는 긴요한 일.
機運(기운) 그때의 기회(機會)와 시운(時運).
機宜(기의) 시기나 형편에 알맞음.
機杼(기저) 1)베틀의 북. 또는 베틀. 2)궁리. 특히 문장을 짓는 궁리.
機政(기정) 중요한 정무(政務).
機綜(기종) 베틀의 바디.
機樞(기추) 1)가장 긴요한 곳 또는 일. 2)가장 중요한 관직 또는 지위.
機軸(기축) 1)사물의 중심. 2)국정(國政)의 긴요한 중심.
機會(기회) 1)어떤 일이 이루어지는 데에 알맞은 때나 경우. 2)알맞은 겨를.
軍機(군기) 군사상의 기밀.
斷機(단기) 짜던 베를 잘라 자식을 훈계함.

○斷機(단기)의 유래

맹자가 어려서 집을 떠나 공부하다가 다 배웠다고 돌아왔는데 맹자 어머니가 베를 짜다가 "학문이 어디까지 이르렀느냐?" 하니 맹자가 "전과 같습니다."라고 대답했다. 그 말을 들은 맹자의 어머니는 짜던 베를 칼로 잘라 "학문을 그만둠은 이것과 같으니라." 하며 맹자를 훈계하였다.

無機(무기) 1)무생물 등과 같이 생명이나 활력을 가지고 있지 않음. 2)무기 화학 · 무기 화학물의 준말.
乘機(승기) 기회를 탐.
電機(전기) 전력으로 움직이는 기계.
投機(투기) 1)불확실한 이익을 예상하여 행하는 사행적 행위. 2)시가(時價) 변동에 따른 차익(差益)을 얻기 위하여 행하는 매매 거래.
好機(호기) 좋은 기회.

유 械(형틀 계) 비 幾(기미 기)

橈	⑫ 16획 ❶굽을 뇨(요) ❷노 요	日ドウ · ジョウ · ニョウ · かじ 中ráo

풀이 ■1 1. 굽다. 구부러지다. ¶橈橈 2. 구부리다. 3. 부드럽다. 4. 약하다. 약해지다. ¶橈凶 5. 어지러워지다. 어지럽히다. 6. 꺾다. ¶橈敗 ■2 7. 노. 작은 노.
橈橈(요뇨) 1)휘는 모양. 2)연약한 모양.
橈敗(요패) 기세가 꺾여 패함.
橈凶(요흉) 약해져 나빠짐.

橝	⑫ 16획 처마 담	日タン 中tán, xún

풀이 1. 처마. 2. 시렁. 잠박을 얹는 시렁. 3. 나무 이름. '橉(나무 이름 린)'의 다른 이름. 태운 재는 물감으로 쓰임.

유 樀(처마 적)

橦	⑫ 16획 ❶나무이름 동 ❷찌를 충 ❸장대 장	日ドウ · ジョウ · トウ 中chōng, chuáng chuǎng, tóng

풀이 ■1 1. 나무 이름. ¶橦布 2. 북소리. ■2 3. 찌르다. 공격하다. 4. 병거(兵車). 적진으로 돌격하는 전차(戰車). 5. 나무토막. ■3 6. 장대. 7. 깃대. 8. 돛대.
橦布(동포) 동목(橦木)의 꽃을 원료로 하여 짠 포목(布木).

橙	⑫ 16획 등자나무 등	日トウ 中chéng

풀이 1. 등자나무. 2. 등자. ¶橙黃 3. 등상. 발돋움으로도 쓰고 걸터앉기도 하는 세간의 한 가지.
橙子(등자) 등자나무의 열매.
橙黃(등황) 1)등자가 누레짐. 2)주황과 노랑의 간색(間色). 귤색. 등황색.
橙黃橘綠時(등황귤록시) 등자는 노랗고 귤은 푸른 때. 곧 초겨울.

橑	⑫ 16획	日リョウ
	서까래 료	中lǎo, liáo

풀이 1. 서까래. 2. 땔나무. 장작.

橉	⑫ 16획	日レン
	나무 이름 린	中lìn

풀이 1. 나무 이름. 2. 문지방.

비 燐(도깨비불 린)

樸	⑫ 16획	
	❶ 통나무 박	日ボク
	❷ 빽빽할 복	中pǔ

풀이 1 1. 통나무. 2. 생긴 그대로의 것. 3. 다루다. 다듬다. 4. 순박하다. 성실하다. ¶淳樸 5. 수수하다. 질박하다. ¶質樸 6. 근본. 근원. 7. 작은 나무. ¶樸樕 2 8. 나무가 빽빽하다. 총생(叢生)하다. 9. 달라붙다. 밀착하다.

樸彊(박강) 꾸밈이 없고 의지가 강함.
樸鈍(박둔) 1)연장 등이 날카롭지 않고 무딤. 2)성질이 온순하고 둔함. 박우(樸愚).
樸魯(박로) 소박하고 어리석음.
樸鄙(박비) 꾸밈이 없고 촌스러움.
樸愼(박신) 순박하고 신중함.
樸實(박실) 순박하고 성실함.
樸野(박야) 꾸밈이 없고 촌스러움.
樸愚(박우) 질박하고 어리석음.
樸拙(박졸) 순박하고 서투름.
樸重(박중) 순박하고 경솔하지 않음.
樸直(박직) 꾸밈이 없고 정직함.
樸斲(박착) 깎고 다듬음.
樸樕(복속) 총생한 소목(小木)이라는 뜻으로, 하찮은 사람, 평범한 사람을 비유하는 말.
簡樸(간박) 간소하고 소박함.
古樸(고박) 예스러운 맛이 있고 질박(質朴)함.
素樸(소박) 인공을 가하지 않음. 꾸밈이 없음.
淳樸(순박) 순량하고 솔직함.
質樸(질박) 꾸밈이 없고 고지식함.

비 僕(시중꾼 복)

橃	⑫ 16획	日ハツ
	떼 벌 · 발	中fá

풀이 1. 떼. 뗏목. 2. 큰 배.

橨	⑫ 16획	日ブン
	은행나무 분	中fén, fèn

풀이 은행나무.

橵	⑫ 16획
	산자 산韓

풀이 산자. 지붕 서까래에 흙을 받기 위하여 나뭇개비를 가로 펴고 엮은 것.

橡	⑫ 16획	日ショウ·ゾウ·とち
	상수리나무상	中xiàng

풀이 1. 상수리나무. 너도밤나무과의 나무. 2. 상수리.

橡實(상실) 상수리. 상자(橡子).
橡子(상자) 상실(橡實).

樹	⑫ 16획	日ジュ·き
	나무 수	中shù

一 十 才 木 木 术 朩 朩 朩 朩 朩 桔 桔 桔 樹 樹

풀이 1. 나무. ¶街路樹 2. 초목(草木). 3. 담. 담장. 4. 담을 쌓다. 5. 성씨(姓氏). 6. 심다. 7. 세우다. ¶樹功 8. 근본.

樹幹(수간) 나무의 줄기.
樹功(수공) 공을 세움.
樹冠(수관) 많은 가지와 잎이 달려 마치 갓 모양을 이루는 나무 줄기의 윗부분.
樹根(수근) 1)나무의 뿌리. 2)근본을 세움. 기초를 세움.
樹立(수립) 사업이나 공을 굳게 세움.
樹勢(수세) 나무의 자라나는 기세.
樹植(수식) 1)나무를 심음. 2)일의 기초를 세워 놓음.
樹藝(수예) 1)곡식이나 나무 등을 심어 가꿈. 2)곡식.
樹陰(수음) 나무의 그늘.
樹子(수자) 1)천자의 명령으로 가계(家系)를 이은 제후의 아들. 2)나무의 열매.
樹顚(수전) 나무 꼭대기.
樹種(수종) 1)나무의 종류 . 2)초목을 심음.
樹枝(수지) 나뭇가지.
樹皮(수피) 나무의 껍질.
樹畜(수휵) 초목을 가꾸고 짐승을 기름. 곧, 농업을 이름.
街路樹(가로수) 거리의 미관과 주민의 보건을

4획

위하여 큰길의 양쪽 가에 심어 놓은 나무.
果樹(과수) 과실나무.
常綠樹(상록수) 사철 내내 푸른빛을 지니고 있는 나무.
유 木(나무 목)

橚	⑫ 16획	
	❶ 나무 줄지어 설 숙	日 シュク / 中 sù
	❷ 우거질 소	

풀이 1 1. 나무가 줄지어 서다. 나란히 서 있는 모양. 2 2. 우거지다. ¶橚爽
橚爽(소상) 초목이 무성한 모양.
橚矗(숙촉) 밋밋한 나무가 무성하게 서 있는 모양.

樳	⑫ 16획	日 シン
	나무 이름 심	中 xún

풀이 나무 이름. 서촉(西蜀) 지방에서 나는 큰 나무이며 홰나무와 비슷함.

橪	⑫ 16획	日 エン
	좀대추나무 연	中 rǎn, yān

풀이 1. 좀대추나무. 열매가 진정제로 쓰임. 2. 물들이다. 3. 향초(香草). ¶橪支
橪支(연지) 향초(香草)의 이름.

橤	⑫ 16획	日 ズイ · しべ
	꽃술 예	中 ruǐ

풀이 1. 꽃술. 2. 드리우다. 늘어뜨리다. 3. 모이다.
橤橤(예예) 1)꽃술마다. 어느 꽃술이고 다. 2)드리워져 늘어진 모양.

樾	⑫ 16획	日 ゲツ
	나무 그늘 월	中 yuè

풀이 1. 나무 그늘. 2. 가로수.

樲	⑫ 16획	日 ジ
	멧대추나무 이	中 èr

풀이 멧대추나무.
樲棘(이극) 1)멧대추나무. 대추나무와 비슷하나 열매는 대추보다 잘고 신맛이 남. 2)멧대추나무와 가시나무. 모두 양재(良材)가 아니므로, 쓸모 없는 것을 말함.

樿	⑫ 16획	日 セン · ゼン · つげ
	회양목 전	中 shàn

풀이 1. 회양목. ¶樿杓 2. 관판(棺板). 널빤지 한 장으로 널 한 쪽 온면이 되는 관재.
樿杓(전작) 회양목으로 만든 술잔.
樿櫛(전즐) 회양목으로 만든 빗.

樽	⑫ 16획	日 ソン · たる
	술통 준	中 zūn

풀이 1. 술통. 술단지. ¶樽酒 2. 그치다. 그만두다.
樽杓(준작) 술단지와 술잔.
樽俎(준조) 1)술그릇과 안주를 올려 놓는 상. 2)연회에서 하는 평화스러운 외교상(外交上)의 교섭.
樽俎折衝(준조절충) 술자리에서 적의 창 끝을 꺾는다는 뜻으로, 무력이 아닌 평화로운 방법으로 유리하게 담판을 벌임을 이르는 말.

樽俎折衝(준조절충)의 유래
제나라 경공(景公) 때의 재상인 안영은 무엇보다 외교적 수단이 뛰어나 제나라의 위상을 높이는 데 일익을 담당하였는데, 이러한 안영의 언행을 수록하면서 그의 외교적 능력을 "술자리에서 나가지 않고도 천 리 밖의 일을 절충했다." 라고 평가했다고 한다. 《안자춘추》

樽酒(준주) 술단지의 술.
樽花(준화) 나라 잔치 때 준(樽)에 꽂아 춤에 쓰던 가화(假花).
樽榼(준합) 술단지. 술통.
金樽(금준) 술동이를 아름답게 표현한 말.

橧	⑫ 16획	日 ソウ · ゾウ
	집 증	中 zēng

풀이 1. 집. 2. 누각.
橧桴(증부) 지붕이 없는 누각(樓閣).
橧巢(증소) 장작이나 섶나무 등을 쌓고 그 위에 기거하는 집.
비 增(불을 증)

樴	⑫ 16획	日 ショク
	말뚝 직	中 zhí

4획

풀이 말뚝. 나무 말뚝.

비 識(알 식)

樵	⑫ 16획	日ショウ・きこり
	땔나무 초	中qiáo

풀이 1. 땔나무. ¶薪樵 2.나무 하다. 땔나무를 마련하다. 3. 나무꾼. ¶樵家 4. 불태우다. 불을 지피다. 5. 망루(望樓).

樵家(초가) 나무꾼의 집.
樵汲(초급) 나무 하고 물을 긺. 또는 그 사람.
樵童(초동) 나무 하는 아이.
樵路(초로) 나무꾼이 다니는 길.
樵婦(초부) 나무 하는 여자. 또는 나무꾼의 아내.
樵舍(초사) 나무꾼의 집.
樵蘇(초소) 나무를 베고 풀을 깎음. 또는 그런 일을 하는 사람.
樵隱(초은) 나무꾼과 은자. 또는 나무꾼이 된 은자를 이르는 말.
樵漁(초어) 1)나무 하는 일과 고기 잡는 일. 2)초부(樵夫)와 어부(漁夫)와 은사(隱士).
樵子(초자) 나무꾼. 초부(樵夫).
樵笛(초적) 나무꾼이 부는 피리.
樵採(초채) 나무 하는 일. 채초(採樵).
薪樵(신초) 땔나무.
漁樵(어초) 고기 잡는 일과 나무 하는 일. 또는 그 사람.

椿	⑫ 16획	日シュン
	참죽나무 춘	中chūn

풀이 참죽나무

橢	⑫ 16획	日タ
	길쭉할 타	中tuǒ

풀이 1. 길쭉하다. 가늘고 길다. 2. 둥글고 길쭉하다.

橐	⑫ 16획	日タク
	전대 탁	中tuó

풀이 1. 전대. 2. 풀무. 바람을 일으키는 도구. ¶橐籥 3. 절구질 하는 소리.

橐籥(탁약) 풀무. 불을 일으키는 도구.
橐中裝(탁중장) 전대에 넣어 가지고 다니는 중요한 물건.
橐駝(탁타) 1)낙타의 다른 이름. 2)나무를 가꾸는 것을 직업으로 하는 사람. 3)꼽추.
橐橐(탁탁) 1)절구질 소리. 2)신발 소리.
囊橐(낭탁) 주머니와 전대.
行橐(행탁) 지난날, 길을 떠날 때 노자를 넣던 주머니. 여행용 주머니.
革橐(혁탁) 가죽으로 만든 주머니.

橖	⑫ 16획	日トウ
	기둥 탱	中chēng

풀이 1. 기둥. 버팀목. 2. 버티다.

樺	⑫ 16획	日カ
	자작나무 화	中huà

풀이 자작나무.

樺巾(화건) 자작나무 껍질로 만든 건(巾).

橫	⑫ 16획	日オウ・コウ・よこ
	❶가로 횡	中héng, hèng,
	❷빛날 광	guāng

一 十 才 木 木 木⁻ 木⁺ 木⁺⁺ 枻 柑 棤 椯 樺 橫 橫 橫

* 형성. 뜻을 나타내는 부수 '木(나무 목)'과 음을 나타내는 '黃(누를 황)'을 합친 글자.

풀이 ❶ 1. 가로. 동과 서. 2. 옆. 곁. 좌우. 3. 씨실. ¶橫隊 4. 가로 놓다. 5. 옆으로 누이다. ¶橫道 6. 가로지르다. 횡단하다. 7. 가로막다. ¶橫斷 8. 가득차다. 충만하다. ¶橫溢 9. 섞이다. 뒤엉키다. 10. 방자하다. 11. 제멋대로. ¶橫談 12. 학교. ¶橫舍 13. 성씨(姓氏). 14. 뜻을 굽히다. ❷ 15. 빛나다.

橫柯(횡가) 옆으로 벋은 퍼진 나무의 가지.
橫擊(횡격) 1)옆에서 공격. 2)제멋대로 공격함.
橫貫(횡관) 가로 꿰뚫음.
橫斷(횡단) 1)가로 끊음. 2)가로 지나감.
橫談(횡담) 제멋대로 이야기함.
橫帶(횡대) 1)허리에 참. 또는 그 띠. 2)장례 때 관을 묻은 뒤 광중(壙中)을 덮는 널조각.
橫隊(횡대) 가로줄을 지은 대오(隊伍).
橫道(횡도) 1)길에 가로 놓임. 2)옳지 않은 도(道).
橫列(횡렬) 가로 늘어선 줄.
橫領(횡령) 1)남의 물건을 불법으로 빼앗음. 2)남에게 부탁받은 물건을 영유함.
橫流(횡류) 1)물이 멋대로 흘러 넘침. 범람함. 2)물품을 정당하지 못한 방법으로 전매(轉

賣)함.
橫眸(횡모) 곁눈.
橫木(횡목) 가로질러 놓은 나무.
橫目(횡목) 1)사람의 눈. 2)성난 눈. 흘겨보는 눈.
橫聞(횡문) 똑바로 듣지 못하고 잘못 들음.
橫民(횡민) 횡포(橫暴)한 백성. 법령을 지키지 않는 백성. 폭민(暴民).
橫放(횡방) 방자함. 또는 횡행(橫行)함.
橫步(횡보) 모로 걷는 걸음. 또는 그런 걸음걸이.
橫分(횡분) 가로 끊어 나눔.
橫肆(횡사) 방자함. 제멋대로 굶.
橫死(횡사) 뜻밖의 재화로 말미암아 죽음. 횡액(橫厄)으로 죽음. 비명(非命)의 죽음.
橫塞(횡색) 가로막음. 또는 가로막힘.
橫書(횡서) 가로 글씨.
橫線(횡선) 가로 줄.
橫說竪說(횡설수설) 조리(條理)가 없는 말을 되는 대로 지껄임.
橫逆(횡역) 떳떳한 이치에 벗어남.
橫夭(횡요) 젊어서 죽음. 요사(夭死).
橫議(횡의) 멋대로 논의함. 빗나가는 의논.
橫逸(횡일) 자유자재(自由自在)하여 구애됨이 없음. 멋대로 행동함.
橫溢(횡일) 1)물이 가득 차서 넘침. 2)넘칠 정도로 홍성(興盛)함.
橫恣(횡자) 방자하게 굶. 횡사(橫肆)
橫絶(횡절) 가로지름. 가로질러 건넘. 횡절(橫截)
橫政(횡정) 못된 정치. 횡포한 정치.
橫徵(횡징) 멋대로 세금을 물리어 받음.
橫侵(횡침) 무법하게 침범함.
橫奪(횡탈) 무법하게 가로채어 빼앗음.
橫波(횡파) 1)옆으로 밀려드는 물결. 2)곁눈질함.
橫暴(횡포) 제멋대로 굴며 난폭함.
橫虐(횡학) 제멋대로 학대함.
橫行(횡행) 1)거리낌없이 마음대로 돌아다님. 2)멋대로 행함. 3)모로 걸음. 게걸음함. 4)옆으로 늘어선 줄.
橫禍(횡화) 뜻밖의 재화(災禍).
專橫(전횡) 권세를 오로지하여 제 마음대로 휘두름.
縱橫(종횡) 1)가로세로. 2)자유자재. 행동이 거침없음.
擅橫(천횡) 아무 거리낌 없이 제 마음대로 함.
반 縱(세로 종)

4획

檟 ⑬ 17획 日カ·ひさぎ
개오동나무 가 中jiǎ

풀이 1. 개오동나무. 2. 매. 회초리. ¶檟楚 3. 차(茶)의 일종.
檟楚(가초) 매. 회초리. 하초(夏楚)

橿 ⑬ 17획 日キョウ·もちのき
감탕나무 강 中jiāng

풀이 1. 감탕나무. 2. 굳세다. 강성하다.
橿橿(강강) 강성(强盛)한 모양.

檢 ⑬ 17획 日ケン
검사할 검 中jiǎn

一 十 才 木 木' 朩 朩 朩 朩 枪 柃 検 檢 檢 檢 檢 檢

* 형성. 뜻을 나타내는 부수 '木(나무 목)'과 음을 나타내는 '僉(여러 첨)'을 합친 글자. 여러(僉) 나무(木) 중에서 좋은 것을 '찾아내는' 것에서, '조사하다'는 뜻을 나타냄.

풀이 1. 검사하다. 조사하다. ¶檢問 2. 문갑. 책궤. 3. 단속하다. 4. 봉하다. 봉함하다. 봉인하다. 5. 생각하다. 6. 법식. 7. 본. 모형. 8. 품행. 9. 초고(草稿). 초안.
檢擧(검거) 1)범죄·범칙 등의 자취를 살피며 그 증거를 걷어 모음. 2)수사기관에서 범법 용의자를 잡아가는 일.
檢考(검고) 조사하고 생각함. 검사함. 검교(檢校).
檢究(검구) 조사하여 근원을 캠.
檢踏(검답) 검사하기 위해 현지에 가서 조사함.
檢問(검문) 조사하여 물어 봄.
檢訪(검방) 검사하고 심문함.
檢覆(검복) 반복 조사함.
檢封(검봉) 1)봉한 자리에 도장을 찍음. 2)검사하여 봉함.
檢事(검사) 1)일을 취조함. 2)죄인을 기호하는 사법 행정관.
檢査(검사) 옳고 그름, 좋고 나쁨 등의 사실을 살피어 검토하거나 조사하여 판정함.
檢算(검산) 계산의 맞고 안 맞음을 검사함.
檢索(검색) 검사하여 찾음.
檢束(검속) 1)행동을 삼가고 방종하지 않음. 2)자유 행동을 못하도록 단속함.
檢讎(검수) 대조(對照)하여 바로잡음. 조사하여 교정(校訂)함.
檢數(검수) 물건의 개수를 검사하고 헤아려 확인함.

檢視(검시) 1)사실을 조사하여 봄. 2)시력(視力)을 검사함.
檢屍(검시) 변사자(變死者)의 시체를 검사함.
檢疫(검역) 전염병의 유무를 검사함.
檢閱(검열) 검사하여 봄.
檢字(검자) 한자 자전의 색인(索引)의 한 가지. 한자를 총획수 순으로 배열하여 그 소속 부수(部首)를 표시한 것.
檢定(검정) 검사하여 자격을 정하거나, 조건의 적부(適否) 등을 판정함.
檢證(검증) 1)검사하여 증명함. 2)판사가 증거할 사물을 임검(臨檢)함.
檢診(검진) 병의 유무를 검사하기 위한 진찰.
檢討(검토) 내용을 자세히 살펴가면서 따져봄.
受檢(수검) 검사나 검열을 받음.
搜檢(수검) 수색하여 검사함.

비 險(험할 험) 儉(검소할 검)

檄	⑬ 17획	日ゲキ・ケキ
	격문 격	中xí

풀이 1. 격문. 선전을 위하여 쓴 글이나 힐책하는 글. ¶檄文 2. 편지. 3. 빼어나다. 뛰어나다.

檄文(격문) 1)급히 군병을 모집하거나 세상 사람들의 흥분을 일으키거나 또는 적군을 효유(曉兪). 혹은 힐책하기 위하여 발송하는 글. 2)급히 여러 사람에게 알리려고 여러 곳에 보내는 글.
檄召(격소) 격문을 돌려 동지를 불러 모음.
檄羽(격우) 급히 여러 사람들에게 알려 부추기는 글. 격문(檄文).
檄糴(격적) 빠른 모양.
飛檄(비격) 급히 격문(檄文)을 돌림. 또는 그 격문.
羽檄(우격) 군사상 급하게 전하는 격문(檄文). 우서(羽書).

비 激(물결 부딪혀 흐를 격)

檠	⑬ 17획	日ケイ・ゆだめ
	도지개 경	中qíng

풀이 1. 도지개. 뒤틀린 활을 바로잡는 틀. 2. 바로잡다. 3. 등잔걸이. 등꽂이. 4. 등불.

檕	⑬ 17획	日ケイ
	두레박틀 계	中jì

풀이 1. 두레박틀. 2. 아가위나무. 3. 가막살나무.

비 繫(맬 계)

檛	⑬ 17획	日カ
	채찍 과	中zhuā

풀이 1. 채찍. 말채찍. 2. 채찍질하다. 3. 관(管). 대롱.

檎	⑬ 17획	日ゴ・キン
	능금나무 금	中qín

풀이 능금나무.

檀	⑬ 17획	日タン・ダン・まゆみ
	박달나무 단	中tán

풀이 1. 박달나무. ¶檀弓 2. 단향목. ¶檀香木 3. 대나무의 형용. ¶檀欒 4. 베풀다. 시주하다. 범어(梵語) dana의 음역자. ¶檀那

檀家(단가) 절에 시주(施主)하는 사람의 집.
檀車(단거) 백성에게서 징발한 수레. 병역에 쓰는 짐수레.
檀弓(단궁) 박달나무로 메운 활.
檀君(단군) 우리나라의 국조로 받드는 최초의 임금으로 고조선을 개국함.

檀君(단군)
한국의 국조로 받드는 태초의 임금. 환웅의 아들. 일종의 개국신으로 기원전 24세기경 아사달에 도읍하여 단군 조선을 건국하였다고 한다. 한국 민족의 조상으로 신봉되고 있다. 환인, 환웅과 함께 삼신의 하나로 추앙받고 있다.

檀紀(단기) 단군 기원. 단군이 즉위한 서력 기원전 2333년을 원년으로 하는 기원.
檀那(단나) 범어(梵語) dana의 음역. 시주(施主). 보시(布施).
檀徒(단도) 단가(檀家)의 사람들.
檀欒(단란) 대나무의 아름다운 모양. 대나무가 가늘고 모양.
檀郞(단랑) 1)처첩(妻妾)이 남편을 부르는 높임말. 2)비복(奴僕)이 주인을 부르는 높임말. 3)여자가 잘 아는 남자를 이르는 말.
檀林(단림) 1)박달나무 숲. 2)절. 사찰.
檀槽(단조) 박달나무로 만든 비파(琵琶)의 동체(胴體).
檀板(단판) 악기의 이름. 박자를 치는 데 쓰는 널판지.

4 획

檀香木(단향목) 자단(紫檀)·백단(白檀) 등 향나무의 통칭.

紫檀(자단) 콩과의 상록 활엽 교목. 높이 10m가량이며 껍질은 자줏빛이며 부드러운 잔털이 있음. 잔잎은 달걀 모양이고 꽃은 노란 나비 모양임. 재목은 붉은빛을 띠고 아름다워서 건축·가구 등의 재료로 쓰임.

黑檀(흑단) 감나뭇과의 상록 교목. 잎은 두껍고 긴 둥근 모양이며 마주남. 흰 꽃이 피고, 동글동글한 열매는 적황색으로 익음.

橽	⑬ 17획	日タツ
	물 샐 달	中tà

풀이 1. 물이 새다. 2.韓 박달나무.

檔	⑬ 17획	日トウ·ドウ
	책상 당	中dàng

풀이 1. 책상. 2. 문서(文書). 3. 문틀.

檔冊(당책) 관문서(官文書).

檑	⑬ 17획	日ライ
	무기 이름 뢰	中léi

풀이 무기 이름. 돌이나 나무를 원기둥 모양으로 만들어 공격해 오는 적을 향해 높은 곳에서 떨어뜨리는 것.

檗	⑬ 17획	日ハク·きはだ
	황벽나무 벽	中bò

풀이 황벽나무.

檖	⑬ 17획	日シュウ
	돌배나무 수	中suì

풀이 1. 돌배나무. 2. 따르다. 순종하다.

檍	⑬ 17획	日オク·もちのき
	감탕나무 억	中yì

풀이 감탕나무.

檃	⑬ 17획	日イン·ためぎ
	도지개 은	中yǐn

풀이 1. 도지개. 휘어진 나무나 뒤틀린 활을 바로잡는 틀. ¶檃栝 2. 바로잡다.

檃栝(은괄) 1)도지개. 2)잘못을 바로잡음.

檥	⑬ 17획	日ギ
	배 댈 의	中yǐ

풀이 배를 대다. 배가 떠날 준비를 갖추다.

檥船(의선) 배를 언덕에 대어 출발의 준비를 함.

檣	⑬ 17획	日ショウ·ほばしら
	돛대 장	中qiáng

풀이 돛대.

檣竿(장간) 돛대.

檣傾檝摧(장경집최) 폭풍우로 말미암아 돛대는 기울고 노는 부서진다는 뜻으로, 배가 한 척도 나갈 수 없음을 말함.

檣頭(장두) 돛대의 꼭대기.

帆檣(범장) 돛대.

船檣(선장) 배의 돛대.

檉	⑬ 17획	日テイ·かわやなぎ
	위성류 정	中chēng

풀이 1. 위성류(渭城柳). ¶檉柳 2. 노송나무의 일종.

檉柳(정류) 위성류(渭城柳).

檐	⑬ 17획	
	❶ 처마 첨	日エン·タン·になう
	❷ 질 담	中yán, dān

풀이 1 1. 처마. 추녀. ¶檐鈴 2. 전. 갓·모자 등의 전.
2 3. 지다. 메다. 짊어지다.

檐階(첨계) 댓돌.

檐端(첨단) 처마 끝.

檐鈴(첨령) 처마 끝에 단 풍경(風磬).

飛檐(비첨) 날아가듯 아름다운 모양을 한 번쩍 들린 처마. 비우(飛宇).

笠檐(입첨) 갓양태.

檇	⑬ 17획	日スイ
	과실이름 취	中zuì

풀이 1. 과실 이름. 2. 땅 이름.

檇李(취리) 1)과실의 이름. 껍질은 새빨간 빛이고, 단맛이 남. 2)지명(地名). 지금의 절강성

(浙江省) 가흥현(嘉興縣)의 서남쪽.

檦	⑬ 17획	日ヒョウ
	표 표	中biǎo

풀이 1. 표. 2. 기둥.

비 標(우듬지 표)

檞	⑬ 17획	日カイ
	송진 해	中jiě

풀이 1. 송진. 2. 겨우살이.

檜	⑬ 17획	日カイ・ひのき
	노송나무 회	中guì

풀이 노송나무.

檜皮(회피) 노송나무 껍질. 지붕을 이며, 약용으로 쓰임.

유 栝(노송나무 괄)

檕	⑬ 17획	日キ
	산초나무 훼	中huǐ

풀이 산초나무.

檾	⑭ 18획	日ケイ・キョウ
	어저귀 경	中qǐng

풀이 어저귀. 새끼 등을 꼬는 데 쓰는 풀.

檵	⑭ 18획	日ケイ
	구기자나무 계	中jì

풀이 구기자나무.

櫃	⑭ 18획	日キ・ひつ
	함 궤	中guì

풀이 함. 궤.

櫃櫝(궤독) 함. 궤.

櫃封(궤봉) 물건을 궤에 넣고 봉함.

櫃田(궤전) 흙으로 둑을 쌓아 수해를 막는 밭.

書櫃(서궤) 1)책을 넣어 두는 궤짝. 2)아는 것이 많은 사람.

유 櫝(함 독)

檸	⑭ 18획	日ネイ・ドウ
	레몬 녕	中níng

풀이 레몬.

檸檬(영몽) 운향과(芸香科)에 속하는 과실 나무. 레몬의 음역(音譯)임.

유 檬(레몬 몽)

檮	⑭ 18획	日トウ・きりかぶ
	등걸 도	中táo

풀이 1. 등걸. 그루터기. 단목(斷木) 줄기를 잘라 낸 나무 밑동. 2. 어리석다. ¶檮昧 3. 관(棺).

檮昧(도매) 어리석음. 무지 몽매함.

檮蓍(도시) 서초(瑞草)의 이름. 점치는 데 사용함.

檮杌(도올) 1)악목(惡木)의 이름. 2)초(楚)의 사서(史書). 악한 것을 기록하여 후세에 경계한다는 뜻. 3)악인(惡人). 4)서수(瑞獸)의 이름. 5)악수(惡獸)의 이름. 6)구루터기. 등걸.

櫂	⑭ 18획	日トウ・タク・かじ
	노 도	中zhào

풀이 1. 노. 삿대. 2. 삿대질하다. 노를 젓다. ¶櫂舟 3. 배.

櫂歌(도가) 뱃노래. 뱃사공이 배를 저으며 부르는 노래.

櫂舟(도주) 노로 배를 저음.

櫂唱(도창) 도가(櫂歌).

檬	⑭ 18획	日モウ・ボウ
	레몬 몽	中méng

풀이 레몬.

유 檸(레몬 녕)

檳	⑭ 18획	日ビン
	빈랑나무 빈	中bīn, bīng

풀이 빈랑나무. 빈랑.

檿	⑭ 18획	日エン・やまぐわ
	산뽕나무 염	中yǎn

4획

풀이 산뽕나무.

檿絲(염사) 산뽕나무의 잎으로 기른 누에고치에서 뽑은 실.

檿桑(염상) 산뽕나무.

유 桑(뽕나무 상)

檃	⑭ 18획	日イン
	대마루 은	中yìn

풀이 1. 대마루. 마룻대로 쓰는 목재. 2. 도지개.

檃栝(은괄) 1)도지개. 2)잘못을 바로잡음.

櫅	⑭ 18획	日サイ
	토막 나무 제	中jī, jì

풀이 1. 토막 나무. 2. 느릅나무. 3. 대추나무.

檻	⑭ 18획	日カン・ゲン・おり
	우리 함	中jiàn

풀이 1. 우리. 짐승을 가두어 두는 곳. ¶圈檻 2. 감옥. ¶檻倉 3. 덫. 함정. 4. 사로잡다. 붙잡다. 5. 난간. ¶檻欄 6. 막다. 폐쇄하다. 7. 목욕탕. 8. 샘솟다. ¶檻泉

檻車(함거) 지난날, 죄인을 호송(護送)하는 데 쓰던 수레.

檻欄(함란) 난간.

檻邊(함변) 난간 가.

檻塞(함색) 담 같은 것으로 사방을 둘러쳐서 막음. 폐쇄함.

檻送(함송) 죄인이나 맹수를 울 안에 가두어 송치함.

檻獸(함수) 우리 안의 짐승이란 뜻으로, 자유롭지 못함을 비유하는 말.

檻獄(함옥) 감옥.

檻穽(함정) 1)짐승을 잡기 위하여 파놓은 구덩이. 2)빠져 나올 수 없는 곤경이나 남을 해치기 위한 계략.

檻倉(함창) 감옥. 영창.

檻泉(함천) 물이 곧게 솟아 나오는 샘.

檻致(함치) 죄인을 실어보냄.

檻檻(함함) 수레가 굴러가는 소리.

圈檻(권함) 짐승을 가두어 두는 우리.

비 艦(군함 함)

檺	⑭ 18획	日カン
	단단할 함	中jiàn

풀이 1. 단단하다. 땅이 굳다. 2. 우리.

櫜	⑮ 19획	日コウ・ゆみぶくろ
	활집 고	中gāo

풀이 1. 활집. 동개. ¶櫜韔 2. 갑옷을 넣는 전대. 3. 싸다. 4. 보따리.

櫜鞬(고건) 활집과 전동(箭筒).

櫜韜(고도) 활집과 칼집.

櫜韔(고창) 활집.

櫝	⑮ 19획	日トク・ひつ
	함 독	中dú

풀이 1. 함. 궤. 2. 관(棺). 널. 3. 궤에 넣어 간직하다. 4. 음식을 차리는 상. 5. 무기(武器). 6. 활집.

櫝丸(독환) 화살을 넣는 통.

유 匱(함 궤)

櫴	⑮ 19획	日ラツ
	쥐똥나무 랍	中là

풀이 쥐똥나무.

櫔	⑮ 19획	日レイ
	나무 이름 려	中lì

풀이 나무 이름.

櫚	⑮ 19획	日リョ・ロ
	종려나무 려	中lǘ

풀이 1. 종려나무. 2. 모과나무.

櫟	⑮ 19획	
	❶상수리 나무 력	日レキ・くぬぎ / 中lì, yuè
	❷문지를 로(노)	
	❸고을 이름 약	

풀이 1 1. 상수리나무. ¶櫟欂 2. 난간. 3. 치다. 4. 밟고 넘다. 5. 성씨(姓氏) 2 6. 문지르다. 문질러서 소리를 내다. ¶櫟釜 3 7. 고을 이름. ¶櫟陽

櫟釜(노부) 솥 밑을 문질러 소리를 냄. 솥 안에 아무것도 없음을 나타내 보이는 일.

櫟陽(약양) 고을 이름(縣名).
櫟散(역산) 쓸모없는 재목. 쓸모없는 것.
櫟樗(역저) 1)상수리나무와 가죽나무. 2)재주없고 쓸모없는 사람.

櫓 ⑮ 19획 日ロ・おおだて
방패 로(노) 中lǔ

풀이 1. 방패. 2. 망루(望樓). 3. 노. 배 젓는 기구. ¶櫓聲
櫓棹(노도) 노와 상앗대.
櫓聲(노성) 노를 젓는 소리.

櫑 ⑮ 19획 日ライ
술통 뢰(뇌) 中léi

풀이 1. 술통. 물통. 2. 칼자루 장식.
櫑具(뇌구) 칼자루의 녹로(鹿盧)의 장식.

櫐 ⑮ 19획 日ルイ・かずら
넝쿨풀 루 中lěi

풀이 넝쿨풀. 등나무.

櫋 ⑮ 19획 日メン
차양 면 中mián

풀이 차양. 처마 끝에 덧대는 작은 지붕.

櫢 ⑮ 19획 日スウ
우거질 수 中sǒu

풀이 우거지다. 초목이 무성한 모양.
櫢檽(수누) 나무가 무성한 모양.
비 數(셀 수)

櫞 ⑮ 19획 日エン
구연 연 中yuán

풀이 구연. 레몬.

櫌 ⑮ 19획 日ユウ
곰방메 우 中yōu

풀이 1. 곰방메. 흙덩이를 부수는 메로, 기구의 한 가지. 2. 호미.

櫡 ⑮ 19획
❶ 젓가락 저 日チョ・シャク
❷ 도끼 착 中zhù, zhuó

풀이 ❶ 1. 젓가락. ❷ 2. 도끼. 3. 괭이.

櫛 ⑮ 19획 日シツ・くし
빗 즐 中zhì

* 형성. 뜻을 나타내는 부수 '木(나무 목)'과 음을 나타내는 '節(마디 절)'을 합친 글자. 나무(木)조각에 절도(節) 있는 날을 만들어 머리를 빗었다 하여, '빗', '빗다'의 뜻으로 쓰임.

풀이 1. 빗. 머리빗. 2. 빗다. ¶櫛沐 3. 긁어내다. 긁다. 4. 늘어서다. ¶櫛比
櫛盥(즐관) 세수를 하고 머리를 빗음. 몸치장을 함.
櫛沐(즐목) 머리를 빗고 목욕을 함.
櫛比(즐비) 많은 것이 빗살과 같이 촘촘히 죽 늘어섬.
櫛梳(즐소) 머리를 빗음.
櫛櫛(즐즐) 빗살과 같이 죽 잇닿아 늘어선 모양.
櫛風沐雨(즐풍목우) 바람에 머리를 빗고 비에 몸을 씻는다는 뜻으로, 긴 세월을 객지에서 떠돌며 갖은 고생을 다함을 비유하는 말.
巾櫛(건즐) 1)수건과 빗. 2)세수하고 머리를 빗음.

櫍 ⑮ 19획 日シツ
모탕 질 中zhì

풀이 1. 모탕. 도끼받침. 2. 발. 기물(器物)의 다리.

櫏 ⑮ 19획 日セン
고욤나무 천 中qiān

풀이 고욤나무.

櫎 ⑮ 19획 日コウ
방장 황 中huǎng

풀이 1. 방장(房帳). 장막. 2. 차양. 3. 시렁.

櫷 ⑯ 20획
느티나무 귀 韓

풀이 느티나무.

櫪 ⑯ 20획 日レキ·かいばおけ
말구유 력 中lì

풀이 1. 말구유. 말의 먹이를 담는 그릇. ¶槽櫪 2. 마판. 마굿간에 깐 널빤지. 3. 상수리나무.

櫪廄(역구) 말구유와 마구간.
櫪馬(역마) 마구간에 매여 있는 말이라는 뜻으로, 속박되어 자유롭지 못한 신세를 말함.
櫪飼(역사) 마구간에서 말을 먹임.
櫪皁(역조) 마구간. 외양간.
槽櫪(조력) 말구유. 말구유와 마판.

櫨 ⑯ 20획 日ロ·はぜ
두공 로(노) 中lú

풀이 1. 두공. 기둥 위에 짜 놓은 구조. 2. 거망옻나무.

櫨遬(노속) 늘고 펴짐.
欂櫨(박로) 기둥 위의 방목(方木). 옥로(屋櫨).

櫳 ⑯ 20획 日ロウ·おり
우리 롱 中lóng

풀이 1. 우리. 짐승을 가두어 기르는 곳. 2. 창.

櫳靈(농령) 격자창(格子窓).
櫳檻(농함) 짐승을 가두어 두는 우리.

비 朧(흐릿할 롱)

櫱 ⑯ 20획 日ゲツ·ひこばえ
움 얼 中niè

풀이 움. 나무 그루터기에서 나는 싹.

櫲 ⑯ 20획 日ヨ
녹나무 여 中yù

풀이 녹나무.

櫲樟(여장) 녹나무.

櫩 ⑯ 20획 日エン
처마 염 中yán, yǎn

풀이 1. 처마. 추녀. 2. 댓돌. 섬돌. 3. 복도.

櫧 ⑯ 20획 日ショ·かし
종가시나무 저 中zhū

풀이 종가시나무. 너도밤나무과에 속한 나무의 한 종류.

櫫 ⑯ 20획 日テイ
말뚝 저 中zhū

풀이 말뚝.

櫬 ⑯ 20획 日シン·ひつぎ
널 츤 中chèn

풀이 1. 널. 관. 2. 오동나무. 3. 무궁화나무.

櫬宮(츤궁) 천자의 관(棺).

櫶 ⑯ 20획 日ケン
나무 이름 헌 中xiǎn

풀이 나무 이름.

櫰 ⑯ 20획
❶ 회화나무 회 日カイ
❷ 향나무 괴 中huái

풀이 ❶ 1. 회화나무. ❷ 2. 향나무 .

櫸 ⑰ 21획 日キョ·けやき
느티나무 거 中jǔ

풀이 1. 느티나무 . 2. 고리버들.

櫸樹(거수) 느티나무.

欄 ⑰ 21획 日ラン·てすり
난간 란(난) 中lán

* 형성. 뜻을 나타내는 부수 '木(나무 목)'과 음을 나타내는 '闌(한창 난)'을 합친 글자. 사람이 떨어지지 않도록 나무〔木〕로 가로로 길게 걸쳐 놓은〔闌〕 것, 곧 '난간'을 뜻함.

풀이 1. 난간. ¶欄干 2. 우리. 짐승을 가두어 기르는 곳. 3. 울. 칸막이. 경계. 4. 우물 난간. 5. 난. 칸. 지면(紙面). 지면에 설정한 부분의 경계선. 또는 그 경계의 안.

欄角(난각) 난간의 모퉁이.
欄干(난간) 누각이나 층계나 다리의 가장자리를 막은 물건.
欄子馬(난자마) 적정(敵情)을 정찰하는 기병.
欄檻(난함) 난간 (欄干).

4 획

空欄(공란) 지면(紙面)의 빈칸.
石欄(석란) 돌로 만든 난간.
消息欄(소식란) 신문 · 잡지 같은 데서 인사 및 소식을 알리는 기사를 싣는 곳.
朱欄(주란) 붉은 칠을 한 난간.

櫺	⑰ 21획	日レイ·リョウ·れんじ
	격자창 령(영)	中líng

풀이 1. 격자창. 2. 처마. 추녀. 3. 난간.
櫺檻(영함) 격자로 꾸민 난간.

欂	⑰ 21획	日ハク · ますがた
	두공 박	中bó

풀이 두공(枓栱). 동자기둥.
欂櫨(박로) 기둥 위의 방목(方木). 옥뢰(屋櫑).

櫹	⑱ 21획	日シュク
	우거질 숙	中xiāo

풀이 우거지다.

櫻	⑰ 21획	日オウ · さくら
	앵두나무 앵	中yīng

풀이 앵두나무 .
櫻脣(앵순) 앵두같이 붉은 입술이란 뜻으로 미인의 입술을 말함.

欃	⑰ 21획	日サン
	혜성 참	中chán

풀이 1. 혜성(彗星). 살별. 2. 박달나무. 3. 수문(水門).
欃槍(참장) 혜성(彗星)의 하나로, 이 별이 나타나면 전쟁이 일어날 전조(前兆)라고 전함.

櫼	⑰ 21획	日セン
	쐐기 첨	中jiān

풀이 쐐기. 비녀장.
비 瀸(적실 첨)

欋	⑱ 22획	日ク
	쇠스랑 구	中qú

풀이 1. 쇠스랑. 2. 서리다. 나무 뿌리가 엉기다.
비 懼(두려워할 구)

權	⑱ 22획	日ケン·ゴン·おもり
	권세 권	中quán

一 十 オ 木 木' 木'' 木艹 木艹 木艹 木艹 木艹 木艹 木艹 木艹 木艹 木艹 木芦 木雈 權 權 權 權

* 형성. 뜻을 나타내는 부수 '木(나무 목)'과 음을 나타내는 '雚(물이름 관)'을 합친 글자.

풀이 1. 권세. 권력. 2. 권리. ¶權利 3. 저울추. 4. 저울. 5. 저울질하다. 무게를 달다. ¶權稱 6. 꾀. 책략. 7. 꾀하다. 책략을 쓰다. 8. 수단. 9. 고르게 하다. 10. 권도. ㉠수단은 정도(正道)에 맞지 않으나 결과는 정도에 맞음. ㉡임기 응변의 방도(方途). 11. 능력. 12. 구차하다. 13. 권섭하다. 임시로 직무를 대신함. ¶權代 14. 시초. 처음. 시작. ¶權輿 15. 광대뼈. 16. 봉화. ¶權火 17. 무궁화.
權奸(권간) 권세 있는 간신(奸臣).
權官(권관) 1)권세가 있는 벼슬아치. 2)본관 이외에 겸무하는 관직. 겸관(兼官).
權敎(권교) 불도(佛道)의 참다운 이치를 깨닫게 하기 위한 방편으로서의 가르침.
權貴(권귀) 권세가 있고 지위가 높음.
權度(1.권도/2.권탁) 1)㉠저울과 자. ㉡사물이 의거하여 좇아야 할 법도. 2)저울로 무게를 닮.
權道(권도) 수단은 정도를 벗어나나 목적은 정도에 맞는 방식. 임기 응변(臨機應變)의 방편.
權力(권력) 남을 지배하여 강제로 복종시키는 힘.
權利(권리) 1)권세와 이익. 2)세력을 떨침. 3)수단을 써서 이익을 꾀함. 4)특정한 이익을 주장하며 또는 향수(享受)할 수 있는 법률상의 능력.
權謀術數(권모술수) 남을 교묘하게 속이는 임기응변의 꾀와 술책.
權門勢家(권문세가) 권세 있는 집안.
權柄(권병) 권력으로 사람을 마음대로 다룰 수 있는 힘. 또는 그러한 지위.
權攝(권섭) 어떤 일을 임시로 대리하여 맡아 봄.
權數(권수) 권모술수(權謀術數).
權臣(권신) 권세 있는 신하.
權要(권요) 권력이 있는 중요한 지위. 또는 그 지위에 있는 사람.
權威(권위) 1)절대적인 것으로서 남을 복종시키는 힘. 2)어떤 분야에서 능히 남이 신뢰할 만한 뛰어난 지식이나 기술.
權座(권좌) 권력, 특히 통치권을 가진 자리.

權制(권제) 1)권위(權威)와 법제(法制). 2)권력으로 억눌러 다스림. 3)때와 경우에 합당한 법률.
權寵(권총) 권세와 임금의 총애(寵愛). 또는 그것을 아울러 가진 사람.
權稱(권칭) 저울. 권형(權衡).
權便(권편) 알맞게 처리함. 형편에 맞는 방편.
權窆(권폄) 임시로 하는 매장(埋葬).
權限(권한) 공적으로 행사할 수 있는 직권의 범위.
權衡(권형) 1)저울추와 저울대. 저울. 2)사물의 경중을 재는 척도나 기준. 3)사물의 균형.
權化(권화) 부처나 보살이 중생을 구하기 위하여 편의상 사람으로 모습을 바꾸어 이승에 나타나는 일. 또는 그 화신(化身).
權火(권화) 옛날, 제향 때 올리던 봉화(烽火). 임금이 친제(親祭)를 행하지 못하고 망배(望拜)를 할 때에 올림.
權橫(권횡) 권력을 믿고 제멋대로 행동함.
權凶(권흉) 권리를 함부로 쓰는 흉악한 사람.
公權(공권) 공법상 인정된 권리. 국가나 공공 단체가 가지는, 개인에 대한 국가적 공권과 국가에 대한 개인적 공권이 있음.
國權(국권) 1)국가의 주권. 2)국가의 통치권.
大權(대권) 국가를 통치하는 권한.
民權(민권) 국민의 권리. 신체와 재산 등을 보호받을 권리나 정치에 참여할 수 있는 권리 등.
分權(분권) 권력을 분산함.
利權(이권) 이익을 얻게 되는 권리. 업자가 공무원이나 정객 등과 결탁하여 얻는, 이익이 많은 권리를 이름.
主權(주권) 1)주된 권리. 2)국가 의사를 최종적으로 결정하는 권력. 3)한 국가가 가지는 독립적 자주권.
特權(특권) 특정한 개인이나 집단에 대하여 인정하는 특별한 권리나 이익, 또는 의무의 면제.

비 勸(권할 권)

欇	⑱ 22획	日セツ
	까치콩 섭	中shè

풀이 까치콩.

비 攝(당길 섭)

欌	⑱ 22획	
	장롱 장韓	

풀이 장롱.

欌籠(장롱) 옷을 넣는 장.
欌廛(장전) 장롱 등을 파는 가게.

欏	⑲ 23획	日ラ
	돌배나무 라	中luó

풀이 1. 돌배나무. 2. 울타리.

欒	⑲ 23획	日ラン · ひじき
	모감주나무 란	中luán

풀이 1. 모감주나무. 2. 둥근 모양. 원만한 모양. ¶團欒 3. 모이다. 4. 야위다. 수척하다. 5. 쌍둥이. ¶欒子 6. 곡계(曲枅). 두공(枓栱)의 일부로서 위에서 누르는 하중을 버티는 횡목.

欒栱(난공) 곡계(曲枅)와 두공(枓栱).
欒欒(난란) 몸이 수척한 모양.
欒櫨(난로) 난공(欒栱).
欒子(난자) 쌍둥이.
欒荊(난형) 멀구슬나무.
欒華(난화) 무환자나무.
團欒(단란) 1)썩 원만함. 2)가족 등 가까운 사람들이 화목하고 즐거움.

欐	⑲ 23획	日レイ · はり
	들보 려	中lì

풀이 1. 들보. 마룻대. 대들보. 2. 거룻배. 작은 배.

欐佹(시궤) 1)지주(支柱). 버팀목. 2)포갬.

欑	⑲ 23획	日サン · あつめる
	모일 찬	中cuán

풀이 1. 모이다. 모으다. ¶欑集 2. 가장하다. 임시로 묻다.

欑集(찬집) 모임. 모여 듦.

유 輯(모을 집) 集(모일 집)

欕	⑳ 24획	
	엄나무 엄韓	

풀이 엄나무. 두릅나무과의 낙엽 활엽 교목.

欖	㉑ 25획	日ラン
	감람나무 람	中lǎn

4획

풀이 감람나무. 감람과의 상록 교목.

欘	㉑ 25획 ❶도끼 촉 ❷호미 탁	日ショク·チョク 中zhú

풀이 ❶ 1. 도끼. 큰 자귀. ❷ 2. 호미. 농구의 한 가지.

欛	㉑ 25획 칼자루 파	日ハ·つか 中bà

풀이 칼자루. 칼의 손잡이.

欛柄(파병) 칼자루.

欠부

欠 하품 흠 部

'欠' 자는 입을 크게 벌린 사람의 모습에서 '하품'을 뜻하는 글자로, 하품은 몸에 기(氣)가 부족하여 일어나는 현상으로 생각하여 '부족하다', '흠이 났나', '흠내다' 처럼 '흠'과 관련된 뜻을 지닌다.

欠	⓪ 4획 하품 흠	日ケン·あくび 中qiàn

* 상형. 사람이 입을 벌리며 하품하는 모양을 본뜬 글자.

풀이 1. 하품. 2. 하품하다. ¶欠伸 3. 빚. 부채. 4. 모자라다. 부족하다. ¶欠缺 5.韓 흠.

欠缺(흠결) 일정한 수에서 부족함.
欠事(흠사) 흠이 되는 일.
欠伸(흠신) 하품을 하거나 기지개를 켬. 또는 하품과 기지개.
欠身(흠신) 존경의 뜻을 나타내기 위해 몸을 굽힘.
欠錢(흠전) 빚. 부채(負債).
欠租(흠조) 조세(租稅)의 미납(未納).
欠處(흠처) 흠절(欠節).
欠節(흠절) 1)잘못된 점. 2)모자라는 곳.
欠縮(흠축) 일정한 수에 못미치고 부족함.

비 次(버금 차)

次	② 6획 버금 차	日シ·ジ·つぎ 中cì, zī

丶 冫 冫 冫 冫 次

* 회의. 피곤하여 하품(欠)을 하며 다음(二)으로 미룬다는 에서 '다음', '버금'의 뜻으로 쓰임.

풀이 1. 버금. 다음. ¶次期 2. 차례. 순서. 3. 행렬(行列). ¶次例 4. 회수. 번. ¶幾次 5. 별자리. 성좌(星座). 6. 진영. 7. 순서를 정하다. 8. 이르다. 도달하다. 9. 잇다. 계승하다. 10. 안. 속. 11. 머무르다. 묵다. 12. 거처. 13. 부차적인 것. 부차적으로. 14. 나아가지 못하다.

次骨(차골) 1)형벌이 가혹하여 그 독이 뼈에 사무침. 2)원한이 뼈에 사무침.
次期(차기) 다음 시기.
次男(차남) 둘째 아들.
次例(차례) 순서. 차례.
次席(차석) 다음 자리.
次韻(차운) 남이 지은 시의 운자(韻字)를 따서 시를 지음. 또는 그 시.
次位(차위) 1)다음 가는 자리. 2)순서. 차례.
次點(차점) 득점 또는 득표 수가 다음가는 점수나 표수.
次第(차제) 차례. 순서. 차서(次序).
幾次(기차) 몇 번. 몇 차례.

비 吹(불 취) 吸(마실 흡)

欢	② 6획 歡(p678)의 俗字

欧	④ 8획 歐(p677)의 俗字

欣	④ 8획 기뻐할 흔	日キン·よろこぶ 中xīn

* 형성. 뜻을 나타내는 부수 '欠(하품 흠)'과 음을 나타내며 '웃음소리'의 뜻을 지닌 '斤(도끼 근)'을 합친 글자. 이에 입을 크게 벌리고 웃는다 하여, '즐거워하다'는 뜻으로 쓰임.

풀이 1. 기뻐하다. 2. 기쁨. 3. 즐기다. 4. 힘세다. 짐승이 힘이 세다.

欣嘉(흔가) 기뻐하며 칭찬함.
欣感(흔감) 기뻐하며 감동함.
欣慕(흔모) 기쁜 마음으로 사모함.
欣服(흔복) 기뻐하며 복종함.
欣賞(흔상) 기뻐하며 칭찬함.
欣悅(흔열) 기뻐함. 흔희(欣喜).
欣玩(흔완) 기뻐하며 즐겨 구경함.

4획

欣愉(흔유) 기뻐하며 좋아함.
欣戚(흔척) 기뻐함과 슬퍼함. 기쁨과 슬픔.
欣瞻(흔첨) 기뻐하며 봄. 흔도(欣覩).
欣快(흔쾌) 기쁘고 유쾌함.
欣幸(흔행) 기뻐하며 다행으로 여김. 행복한 것을 기뻐함.
欣喜(흔희) 기쁨. 즐거워함.
유 歡(기뻐할 환)

欨 ⑤ 9획 日ク
불 구 中xū

풀이 1. 불다. 입김을 불다. 2. 방긋 웃는 모양. 3. 하품하다.
유 吹(불 취)

欮 ⑥ 10획 日ケツ
쿨룩거릴 궐 中jué

풀이 쿨룩거리다. 숨이 차다.
비 朔(초하루 삭)

欭 ⑥ 10획
❶ 울 이 日イ・イン
❷ 개탄할 인 中yì, yīn

풀이 1 1. 울다. 흐느껴 울다. 2 2. 개탄하다. 한탄하다.

欱 ⑥ 10획 日コウ
들이마실 합 中hē

풀이 1. 들이마시다. 2. 합하다.

欬 ⑥ 10획 日ガイ・せき
기침 해 中kài, ké

풀이 1. 기침. 2. 기침을 하다. 3. 천식.
欬嗽(해수) 기침.
欬逆(해역) 1)기침을 심하게 함. 콜록거림. 2)기혈(氣血)이 머리 쪽으로 치밀어 올라 기침이 나는 병.
欬唾(해타) 기침하며 침을 뱉음. 또는 가래침.
欬唾成珠(해타성주) 1)침이 주옥(珠玉)이 된다는 뜻으로, 권세가 있는 사람의 말이 중용(重用)됨을 비유하는 말. 2)시문이 아주 뛰어남을 비유하는 말.

欯 ⑥ 10획 日ヒツ
기뻐할 힐 中xī

풀이 1. 기뻐하다. 2. 웃다.
欯欯(힐힐) 기뻐하는 모양.
유 欣(기뻐할 흔)

欶 ⑦ 11획
❶ 빨아들일 삭 日サク・せき
❷ 기침 수 中shuò

풀이 1 1. 빨아들이다. 2. 붙다. 달라붙다. 2 3. 기침.
유 欱(들이마실 합)

欸 ⑦ 11획 日アイ・なげく
한숨 쉴 애 中ē, é, ě, è

풀이 1. 한숨 쉬다. 개탄하다. 2. 아! 호응하는 소리. 3. 화내다. 성내다.
欸欸(애애) 남의 말을 그렇다고 대답하는 소리.

欲 ⑦ 11획 日ヨク・ほっする
하고자 할 욕 中yù

丿 八 ク ヘ 父 谷 谷 谷' 谷" 谷ケ 欲

* 형성. 뜻을 나타내는 부수 '欠(하품 흠)'과 음을 나타내며 '무언가를 하여고 하다'의 뜻을 지닌 '谷(계곡 곡)'을 합친 글자. 이에 입에 크게 벌리고 '무엇인가 하고자 하다' 또는 '욕심을 부리다'라는 뜻을 나타냄.

풀이 1. 하고자하다. 하려 하다. ¶意慾 2. 욕심내다. 탐하다. 3. 욕심. 욕망. ¶欲望 4. 바라다. 원하다. 5. 순하다. 온순하다. 6. 장차 …하려 하다.
欲界(욕계) 불교에서 말하는 삼계(三界)의 하나. 식욕·음욕·수면욕 등의 본능적인 욕망의 세계.
欲巧反拙(욕교반졸) 기교를 지나치게 부리면 오히려 졸렬하게 된다는 뜻으로, 너무 잘 하려 하면 오히려 잘 안됨을 말함.
欲求(욕구) 무엇을 얻거나 무슨 일을 하고자 원함. 또는 그 욕망.
欲求不滿(욕구불만) 욕구가 충족되지 못하는 상태.
欲念(욕념) 가지고 싶어 하는 마음. 하고자 하는 마음. 욕기(慾氣).

欲望(욕망) 무엇을 하거나 가지고 싶은 바람. 부족함을 느껴 이를 채우려고 바라는 마음.

欲不可從(욕불가종) 사람의 욕정은 한량이 없으므로 억제해야 함을 이르는 말.

欲速不達(욕속부달) 너무 서두르면 오히려 일을 이루지 못함을 비유하는 말.

欲心(욕심) 하고자 하는 의욕.

欲情(욕정) 1)한 때의 충동으로 일어나는 욕심. 2)색욕(色慾).

奢欲(사욕) 사치하고자 하는 욕심(慾心).

三欲(삼욕) 세 가지 욕심(慾心). 즉 식욕(食慾)·수면욕(睡眠慾)·음욕(淫慾).

意欲(의욕) 무언가를 하고자하는 적극적(積極的)인 마음씨.

유 慾(욕심 욕)

⑦ 11획 日キ·すすりなく

흐느낄 희 中xī

풀이 1. 흐느끼다. 2. 탄식하다.

歁 ⑧ 12획 日カン·あきたりない

서운할 감 中kǎn

풀이 1. 서운하다. ¶歁然 2. 근심하다. 고민에 빠지다. 3. 구멍. 4. 구하다. 구하여 찾다.

歁憾(감감) 일이 뜻대로 되지 않아 유감스럽게 생각함.

歁然(감연) 1)스스로 만족하지 않는 모양. 2)서운한 모양.

⑧ 12획 日カン·まこと

정성 관 中kuǎn

풀이 1. 정성. ¶款誠 2. 정의. 3. 사랑하다. 4. 두드리다. 5. 이르다. 도달하다. 6. 머무르다. 7. 사귀다. 8. 음자(陰字). 금석(金石)의 음각(陰刻)한 글자. 9. 항목. ¶款項 10. 도장. 11. 구멍. 12. 비다. 공허하다. 13. 느리다. 완만하다. 14. 돈. 경비(經費).

款曲(관곡) 다정하고 성의가 있음.

款談(관담) 터놓고 하는 이야기.

款待(관대) 정성껏 대우함. 후하게 대접함.

款伏(관복) 죄인이 자백하고 엎드려 죄를 빎.

款服(관복) 1)진심으로 복종함. 2)복죄(伏罪)하는 일.

款誠(관성) 정성. 성의. 참된 마음.

款狎(관압) 다정하여 터놓고 사귐.

款言(관언) 거짓말. 터무니없는 말.

款然(관연) 성의를 가지고 다정하게 사귀는 모양.

款要(관요) 정성. 성의.

款引(관인) 죄인이 자백하고 엎드려 죄를 빎.

款識(관지) 금석(金石)에 새긴 음각과 양각의 글자.

款項(관항) 조항(條項). 항목(項目).

款懷(관회) 진심. 성의(誠意).

유 懇(정성 간) 誠(정성 성) 恂(정성 순)

⑧ 12획 日キ·あざむく

속일 기 中qī

一 十 卄 廾 甘 甘 其 其 其' 其\' 欺 欺

* 형성. 뜻을 나타내는 부수 '欠(하품 흠)'과 음을 나타내는 '其(그 기)'를 합친 글자.

풀이 1. 속이다. 거짓말하다. 2. 거짓. 허위. ¶欺殆 3. 업신여기다. 깔보다.

欺誑(기광) 속임.

欺君(기군) 임금을 속임.

欺弄(기롱) 속여 놀림.

欺瞞(기만) 남을 속임.

欺罔(기망) 남을 속이고 업신여김.

欺冒(기모) 속여 침범함.

欺誣(기무) 속임.

欺詐(기사) 속이고 거짓말함.

欺世(기세) 세상을 속임.

欺心(기심) 자기의 양심을 속임.

欺情(기정) 속마음을 드러내지 않음.

欺諂(기첨) 속이고 아첨함.

欺殆(기태) 속여 위태롭게 함.

欺詒(기태) 속임.

欺惑(기혹) 속여 미혹하게 함.

유 詐(속일 사) 비 期(기약할 기)

欹 ⑧ 12획

❶아 의 日イ·かたむく

❷기울 기 中yī, qī

풀이 1 1. 아! 감탄사. ¶欹歟 2 2. 기울다.

欹側(기측) 기욺. 기울어짐.

欹歟(의여) 감탄하는 소리.

欻 ⑧ 12획 日クツ·たちまち

문득 훌 中xū

4획

풀이 1. 문득. 갑자기. 2. 가볍고 재빠른 모양. ¶欻吸

欻欻(훌훌) 움직이는 모양.

欻吸(훌흡) 바람같은 것이 빨리 부는 모양. 갑작스러운 모양.

欽	⑧ 12획	日キン · つつしむ
	공경할 흠	中qīn, qìn

* 형성. 뜻을 나타내는 부수 '金(쇠 금)' 과 음을 나타내는 '欠(하품 흠)' 을 합친 글자.

풀이 1. 공경하다. 흠모하다. ¶欽慕 2. 임금이 행하는 일. ¶欽定 3. 굽다. 굽히다. 4. 부러워하다. 선망하다.

欽敬(흠경) 존경하고 사모함.

欽念(흠념) 공경하여 생각함.

欽命(흠명) 황제의 명령.

欽慕(흠모) 인격을 존중하여 우러러 따름. 공경하여 사모함.

欽味(흠미) 맛을 칭찬해 가며 먹음.

欽服(흠복) 공경하고 심복(心服)함.

欽奉(흠봉) 1)천자의 명령을 받듦. 2)정중하게 받듦.

欽尙(흠상) 존경하고 숭앙함. 흠숭(欽崇).

欽羨(흠선) 흠모하여 부러워함.

欽崇(흠숭) 존경하고 숭배함.

欽仰(흠앙) 공경하여 앙모(仰慕)함.

欽若(흠약) 공경하여 순종함.

欽挹(흠읍) 남을 존경하여 겸양함.

欽定(흠정) 왕명(王命)에 의해 제정함.

欽差(흠차) 칙명(勅命)을 띠고 사신으로 감. 또는 그 사람.

欽歎(흠탄) 인격을 존경하여 감탄함.

欽欽(흠흠) 1)사모하여 잊지 못하는 모양. 2)걱정하는 모양. 3)삼가는 모양.

유 敬(공경할 경)

歃	⑨ 13획	日ソウ · ショウ · すする
	마실 삽	中shà

풀이 1. 마시다. ¶歃血 2. 꽂다. 끼워 넣다.

歃血(삽혈) 맹세할 때 희생(犧牲)의 피를 서로 나누어 마시거나 입술에 발라 서약을 반드시 지킬 것을 맹세함.

歈	⑨ 13획	日ユウ · うた
	노래 유	中yú

풀이 1. 노래. 노래하다. 2. 기뻐하다.

歅	⑨ 13획	日イン
	의심할 인	中yīn

풀이 1. 의심하다. 2. 사람 이름.

歇	⑨ 13획	
	❶쉴 헐	日ケツ · やめる
	❷개 갈	中xiē

풀이 ❶ 1. 쉬다. 휴식하다. ¶歇息 2. 그치다. 멎다. 3. 다하다. 없어지다. 4. 없다. 비다. 5. 머무르다. 6. 휴업하다. 7. 가벼이 여기다. 8.韓 싸다. 값이 싸다. ❷ 9. 개 이름. ¶歇驕

歇驕(갈교) 주둥이가 짧은 사냥개.

歇家(헐가) 주막. 여관.

歇脚(헐각) 잠시 다리를 쉰다는 뜻으로, 휴식함을 이르는 말.

歇泊(헐박) 쉼. 묵음.

歇息(헐식) 쉼. 휴식.

歇治(헐치) 1)병을 가벼이 여겨 치료를 소홀히 함. 2)죄를 가볍게 다스림.

間歇(간헐) 그쳤다 이어졌다 함. 쉬었다 일어났다 함.

歆	⑨ 13획	日キン · うける
	받을 흠	中xīn

풀이 1. 받다. 흠향하다. 신이 제사 음식의 기(氣)를 받는 것. 2. 대접하다. 3. 마음이 움직이다. 4. 부러워하다. ¶歆羨 5. 탐내다.

歆嘗(흠상) 신에게 제수를 차리고 제사 지냄.

歆羨(흠선) 부러워함.

歆艷(흠염) 흠선(歆羨).

歆饗(흠향) 신명(神明)이 제사의 예(禮)를 받음.

歌	⑩ 14획	日カ · うた · うたう
	노래 가	中gē

一 丁 丆 可 可 哥 哥 哥 哥 哥 哥 歌 歌

* 형성. 뜻을 나타내는 부수 '欠(하품 흠)' 과 음을 나타내는 '哥(옳을 가)' 를 합친 글자. '哥' 는 소리를 길게 빼서 노래한다는 뜻으로, 곧 '노래' 를 나타냄.

풀이 1. 노래. 2. 노래하다. 노래를 부르다. 3. 노래를 짓다. ¶歌唱 4. 새가 지저귀다. 5. 한시(漢詩)의 한 체.

歌客(가객) 노래를 잘 부르는 사람.

歌劇(가극) 음악과 가무를 섞어 하는 연극(演劇).

4획

歌謳(가구) 노래를 부름. 가구(歌嘔).
歌舞(가무) 1)노래와 춤. 2)노래하고 춤춤. 3)공덕을 칭송함. 4)제멋대로 놀고 즐기는 일.
歌榜(가방) 뱃노래를 부르면서 노를 저음.
歌詞(가사) 1)노래의 내용이 되는 글. 2)고려 말엽부터 나타난 3 · 4조 또는 4 · 4조의 운문으로 된 시가 형식.
歌手(가수) 노래를 부르는 사람
歌詩(가시) 노래와 시. 시가(詩歌).
歌謠(가요) 노래. 민요 · 속요 등의 총칭.
歌唱(가창) 노래를 부름. 또는 노래.
歌吹海(가취해) 노래를 부르고 피리 등을 불며 흥겹게 노는 곳. 유흥가(遊興街).
歌唄(가패) 불덕(佛德)을 칭송하기 위하여 범패(梵唄)를 노래함.
校歌(교가) 그 학교의 기풍을 나타내기 위하여 제정한 노래.
短歌(단가) 1)짧은 형식의 시가라는 뜻으로, 가사(歌辭)에 대하여 시조(時調)를 말함. 2)판소리를 부르기 전에 목청을 가다듬기 위하여 부르는 짤막한 노래.
輓歌(만가) 상여를 메고 갈 때 부르는 노래. 죽은 사람을 애도하는 노래.
四面楚歌(사면초가) 사방에서 들려오는 초나라 노래. 곧 적에게 완전히 포위되어 고립된 상태를 이르는 말.
俗歌(속가) 1)세속적인 노래. 2)속요(俗謠).
유 謠(노래 요) 唱(노래 창)

❖ 무척 위태로운 일의 형세

- 累卵之危(누란지위) : 새알을 쌓아놓은 듯한 위태로운 형세.
- 百尺竿頭(백척간두) : 백척 높이의 장대 위에 올라서 있듯이 몹시 위태롭고 어려운 지경에 빠짐.
- 四面楚歌(사면초가) : 사방에서 적군 초나라 노랫소리가 들려옴. 사면이 모두 적에게 포위되어 고립된 상태.
- 如履薄氷(여리박빙) : 얇은 얼음을 밟는 것 같아서 몹시 위험하여 조심함.
- 危機一髮(위기일발) : 위급함이 매우 절박한 순간.
- 焦眉之急(초미지급) : 눈썹이 타면 끄지 않을 수 없다는 뜻으로, 매우 다급한 일을 비유하는 말.
- 風前燈火(풍전등화) : 바람 앞에 놓인 등불. 사물이 매우 위태로운 처지에 놓여 있음을 비유하는 말.

歉	⑩ 14획 흉년들 겸	日ケン · カン · あきたりない 中qiàn

풀이 1. 흉년 들다. ¶歉敝 2. 불만족스럽다. 3. 적다. 부족하다. 4. 원망스럽게 여기다. 5. 겸연쩍다.
歉饉(겸근) 곡물이 잘 여물지 않아 부족함.
歉年(겸년) 흉년(凶年).
歉然(겸연) 불만족스러운 모양. 마음에 차지 않는 모양.
歉敝(겸폐) 흉년이 들어 백성들이 곤궁함.

歍	⑩ 14획 ❶헛구역질 할 오 ❷울 앙	日オ · ウ 中wū

풀이 1 1. 헛구역질하다. ¶歍嘔 2. 아! 감탄사. ¶歍欽 3. 입을 맞추다. 2 4. 울다. 흐느끼다. 훌쩍거리다. ¶歍唈
歍唈(앙읍) 흐느껴 욺. 오읍(嗚唈).
歍嘔(오구) 삼킨 것을 토해 냄.
歍欽(오흠) 아! 탄식하는 소리.

歊	⑩ 14획 김이 오를 효	日キョウ 中xiāo

풀이 1. 김이 오르다. 증기. 열기 등이 피어오르는 모양. ¶歊蒸 2. 더운 김. 열기. 3. 입김. 숨결.
歊蒸(효증) 열기가 위로 피어오르는 모양.
歊歔(효허) 숨을 쉼. 입김이 서림.

歐	⑪ 15획 토할 구	日ク · はく 中ōu, ǒu

풀이 1. 토하다. ¶歐吐 2. 치다. 때리다. ¶歐打 3 노래하다. 4. 구라파. 유럽의 약칭. ¶歐美
歐歐(구구) 새소리의 형용.
歐刀(구도) 죄인의 목을 베는 칼.
歐美(구미) 유럽과 미국.
歐泄(구설) 구토와 설사.
歐逆(구역) 구토.
歐打(구타) 침. 구타(毆打).
歐吐(구토) 뱃속에 있는 음식을 게움.
비 毆(때릴 구)

歎	⑪ 15획 탄식할 탄	日タン · なげく 中tàn

一 十 廾 廿 廿 苜 昔 昔 菓 菓 莫 菓 菓 歎 歎

* 형성. 뜻을 나타내는 부수 '欠(하품 흠)'과 음을 나타내는

그 이외의 글자로 이루어짐. '한숨 쉬다', '근심하며 슬퍼하다'에서 '감탄하다'의 뜻으로 쓰임.

풀이 1. 탄식하다. 한숨을 쉬다. ¶歎息 2. 읊다. 노래하다. 3. 칭찬하다. ¶歎譽 4. 화답하다. 5. 신음하다.

歎嘉(탄가) 감탄하며 가상히 여김.
歎感(탄감) 마음속 깊이 감탄함. 통절히 느낌.
歎慨(탄개) 탄식하며 분개함. 개탄(慨歎).
歎哭(탄곡) 탄식하며 욺.
歎悼(탄도) 탄식하며 애도함. 탄상(歎傷).
歎伏(탄복) 감동하여 심복함.
歎憤(탄분) 탄식하며 분개함.
歎傷(탄상) 탄식하며 서러워함.
歎逝(탄서) 세월이 지나감을 탄식함.
歎惜(탄석) 탄식하며 애석히 여김.
歎羨(탄선) 감탄하며 부러워함.
歎息(탄식) 한숨을 쉬며 한탄함.
歎譽(탄예) 감탄하여 칭찬함.
歎惋(탄완) 한탄함.
歎異(탄이) 출중한 것을 감탄함. 뛰어나게 다른 것을 감탄함.
歎嗟(탄차) 한탄함.
歎恨(탄한) 한탄함.
歎嘻(탄희) 한탄하며 슬퍼함.
歎噫(탄희) 탄식함.
感歎(감탄) 감동하여 찬탄함. 마음에 깊이 느끼어 탄복함.
慨歎(개탄) 분하게 여겨 탄식함. 또는 그 탄식.
敬歎(경탄) 공경하고 탄복함.
悲歎(비탄) 슬퍼하고 탄식함.
詠歎(영탄) 1)깊이 감동함. 2)감동을 소리로 내어 나타냄.
恨歎(한탄) 한숨을 지음. 또는 그 한숨.

유 嘆(탄식할 탄)

歔	⑫ 16획	日 キョ・すすりなく
	흐느낄 허	中 xū

풀이 1. 흐느끼다. 훌쩍거리며 울다. ¶歔泣 2. 두려워하다. 3. 숨을 내쉬다. 헛김을 내쉬다.

歔泣(허읍) 훌쩍거리며 욺.
歔欷(허희) 1)흐느껴 욺. 2)두려워하는 모양.

유 欷(흐느낄 희)

歙	⑫ 16획	
	❶ 줄일 흡	日 キュウ・ショウ・すう
	❷ 두려워할 협	中 shè, xī

풀이 ❶ 1. 줄이다. ¶歙張 2. 맞다. 일치하다. ¶歙然 3. 거두어들이다. 수렴하다. 4. 숨을 들이쉬다. ❷ 5. 두려워하다. 두려워하는 모양.

歙然(흡연) 일치화합하는 모양. 흡연(翕然).
歙張(흡장) 1)움추림과 폄. 2)닫음과 엶. 3)거두어들임과 베풀어 놓음.

歛	⑬ 17획	日 カン
	바랄 감	中 hān

풀이 1. 바라다. 원하다. 2. 주다. 수여하다.

歛退(감퇴) 물러가기를 원함.

歕	⑬ 17획	日 フン
	불 분	中 pēn

풀이 1. 불다. 입김을 불다. 2. 뱉다. 토하다.

歜	⑬ 17획	
	❶ 화낼 촉	日 ショク・サン・いかる
	❷ 김치 잠	中 chù

풀이 ❶ 1. 화내다. 몹시 성내다. ❷ 2. 김치.

歟	⑭ 18획	日 ヨ・か
	어조사 여	中 yú

풀이 어조사. 의문·감탄·추량(推量)의 뜻을 나타내는 종결사.

비 與(줄 여)

歠	⑮ 19획	日 ウ
	개탄할 우	中 yōu

풀이 개탄하다. 분개하다.

歠	⑮ 19획	日 セツ・すする
	마실 철	中 chuò

풀이 1. 마시다. 핥아 먹다. 2. 마시는 음식.

유 飮(마실 음)

歡	⑱ 22획	日 カン・よろこぶ
	기뻐할 환	中 huān

4획

丨 ㅏ ㅐ 艹 芈 芈 芈 芈 芈 芈 萑 萑 萑 萑 萑 萑 萑 雚 雚 雚 雚 歡 歡

* 형성. 뜻을 나타내는 부수 '欠(하품 흠)'과 음을 나타내며 '부르다'의 뜻을 지닌 '雚(풀이름 관)'을 합친 글자. 이에 입을 크게 하고 누군가를 부르는 일이 즐겁다 하여 '기뻐하다'라는 뜻으로 쓰임.

풀이 1. 기뻐하다. 기쁘게 하다. 2. 기쁨. 즐거움. ¶哀歡 3. 좋아하다. 사랑하다.

歡暇(환가) 즐거운 겨를.
歡客(환객) 반가운 손. 가객(佳客).
歡敬(환경) 기뻐하고 공경함.
歡媾(환구) 좋은 혼처(婚處). 좋은 혼인.
歡談(환담) 기쁜 마음으로 정답게 이야기함. 또는 그 이야기.
歡待(환대) 환영하여 정성껏 대접함.
歡樂(환락) 기뻐하고 즐거워함. 또는 즐거운 마음으로 놂.
歡慕(환모) 기뻐하며 사모함.
歡伯(환백) 술의 다른 이름.
歡服(환복) 기뻐하며 따름.
歡聲(환성) 기뻐하는 소리.
歡心(환심) 기뻐하는 마음. 즐거워하는 마음.
歡愛(환애) 기뻐하고 사랑함.
歡躍(환약) 기뻐하며 깡총깡총 뜀.
歡宴(환연) 즐거운 잔치.
歡然(환연) 1)기뻐하는 모양. 즐거워하는 모양. 2)화목한 모양.
歡悅(환열) 즐겁고 기쁨. 환희(歡喜).
歡榮(환영) 환희와 영화.
歡游(환유) 즐겁게 놂.
歡飮(환음) 즐겁게 술을 마심.
歡情(환정) 기쁜 마음. 즐거운 마음.
歡戚(환척) 기쁨과 슬픔.
歡謔(환학) 재미있게 희롱함.
歡駭(환해) 기뻐하고 놀람.
歡諧(환해) 화목함.
歡呼(환호) 기뻐서 고함을 지름.
歡洽(환흡) 즐겁고 흡족함.
歡喜(환희) 1)즐겁고 기쁨. 2)불법을 듣고 신심(信心)을 얻음으써 생기는 마음의 기쁨.
交歡(교환) 서로 가까이 사귀며 즐김.
悲歡(비환) 슬픔과 기쁨.
哀歡(애환) 슬픔과 기쁨.
合歡(합환) 1)기쁨을 함께함. 2)남녀가 잠자리를 같이하여 즐김.
合歡酒(합환주) 혼례 때 신랑 신부가 서로 바꾸어서 함께 나누어 마시는 술.

유 欣(기뻐할 흔) 喜(기쁠 희)

止부

止 그칠 지 部

'止'자는 발 모양을 나타내는 글자로, 사람이 발로 움직이고 멈춘다하여 '그치다'를 뜻한다. 따라서 행동 등을 '막다', '금지하다'의 뜻으로 많이 쓰이며 행동거지(行動擧止)에서처럼 '행동'을 뜻하기도 한다. 이 글자를 부수로 갖는 글자는 대부분 발과 관련이 있다.

止 ⓪4획 그칠 지 日シ·とまる 中zhǐ

丨 ㅏ ㅑ 止

* 상형. 사람 발의 모양을 본뜬 글자로, 발을 멈추고 그 자리에 있다는 뜻과 발을 움직여 나아간다는 뜻 등이 있었으나, 주로 '머문다'는 뜻으로 쓰임.

풀이 1. 그치다. 끝나다. 2. 그만두다. 3. 금하다. 금지하다. ¶禁止 4. 억제하다. 5. 없어지다. 6. 머무르다. 숙박하다. ¶止宿 7. 살다. 거주하다. 8. 발. 9. 만족하다. 10. 조용하다. 고요하다. 11. 붙들다. 사로잡다. 12. 이르다. 도달하다. 13. 거동. 행동거지. 14. 한계(限界). 15. 겨우. 오직. 16. 어조사. 무의미의 조사.

止戈(지과) 창을 멈춤. 곧, 전쟁을 그만둠.
止觀(지관) 불교에서 많은 망상을 억제하고, 만유의 진리를 관조하여 깨닫는 일.
止頓(지돈) 군대가 한 곳에 머무름.
止戾(지려) 머무름. 또는 머무르게 함.
止水(지수) 흐르지 않고 괴어 있는 물. 고요하여 움직이지 않는 마음의 비유.
止宿(지숙) 머물러 묵음. 헐숙(歇宿).
止息(지식) 머물러 쉼.
止痛(지통) 아픔이 그침.

비 正(바를 정)

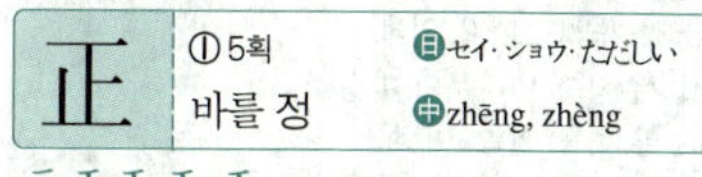

正 ①5획 바를 정 日セイ·ショウ·ただしい 中zhēng, zhèng

一 丁 下 正 正

* 회의. 하나(一)밖에 없는 것을 멈추어서(止) 살핀다는 뜻으로, 즉 정도(正道)를 지킨다는 뜻에서 '바르다'의 뜻을 나타냄.

풀이 1. 바르다. 정직하다. 2. 바로잡다. 바르게 하다. 3. 개선하다. 4. 바른 길. 정도(正道). 5. 바로. 바르게. 6. 틀림없이. 확실히. 7. 순수하다. 8. 정하다. 결

4획

정하다. 9. 다만. 단지. 10. 중앙. 가운데. 11. 네모. 12. 상도. 떳떳한 도리. 13. 맏아들. 14. 본. 본보기. 15. 정사(政事). 16. 과녁. 17. 정. 위계 상하를 나타내는 말로 '從' 보다 높음. 18. 본. 사물의 주가 되는 것으로 '副' 와 반대임. 19. 정월. 1월. ¶正月 20. 처음. 21. 구실.

正諫(정간) 바른 말로 간함.

正鵠(정곡) 1)과녁의 한 가운데에 있는 점. 2)목표 또는 핵심이 되는 것을 비유하는 말.

正念(정념) 바른 생각.

正道(정도) 바른 도. 사람이 행하여야 할 바른 길.

正論(정론) 바른 의론. 의론을 바르게 함.

正名(정명) 이름을 바로잡음. 명목(名目)과 실제가 부합하게 함.

正式(정식) 1)정당한 방법. 2)바른 격식. 규정이 맞는 격식.

正月(정월) 일년 중의 첫째 달. 1월(月).

正義(정의) 1)사람이 지켜야 할 올바른 도리. 2)바른 뜻. 또는 해석.

正直(정직) 마음이 바르고 곧음.

正察(정찰) 바르게 살핌.

正確(정확) 바르고 확실함.

矯正(교정) 좋지 않은 버릇이나 결점 등을 바로잡아 고침.

端正(단정) 흐트러진 데 없이 얌전하고 깔끔함.

方正(방정) 말이나 행동이 바르고 점잖음.

司正(사정) 공직에 있는 사람의 규율과 질서를 바로잡는 일.

修正(수정) 잘못된 점을 바로잡음.

4획

반 曲(굽을 곡) 歪(비뚤 왜)

此 ② 6획 이 차 日シ·この·これ 中cǐ

* 회의. '止(그칠 지)' 와 '匕(줄지을 비)' 를 합친 글자로 사람이 서로 줄지어 멈춘 곳이란 뜻에서 자신과 가장 가까운 사물이나 장소라는 뜻을 나타냄.

풀이 1. 이. 이것. ㉠가까운 사물을 가리키는 말. ㉡가까운 장소를 가리키는 말. 2. 이에.

此君(차군) 대나무의 미칭(美稱).

此等(차등) 이들. 이것들.

此般(차반) 이와 같은.

此岸(차안) 1)이쪽 물가의 언덕. 2)깨닫지 못하고 고생하며 사는 상태. 3)이승.

此外(차외) 이 밖. 이 외의.

此一時彼一時(차일시피일시) 이전과 지금은 서로 사정이 다름.

此後(차후) 이 다음.

若此若此(약차약차) 이러이러함.

如此(여차) 이와 같음.

彼此(피차) 1)이것과 저것. 이편과 저편의 사이. 2)서로.

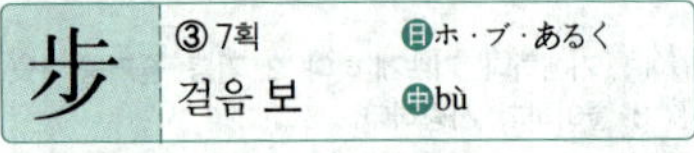

步 ③ 7획 걸음 보 日ホ·ブ·あるく 中bù

* 회의. 오른쪽 발바닥(止)과 왼쪽 발다닥(少)이 잇닿아 있는 모양으로 사람이 한 걸음 한 걸음 '앞으로 걸어가는 일' 을 나타냄.

풀이 1. 걸음. 2. 한걸음. 거리 단위. ¶步測 3. 걷다. 보행하다. ¶步行 4. 운명. 운수. ¶國步 5. 보병. ¶步兵 6. 처하다. 7. 행위. 8. 나루. 9. 천지의 자리. 10. 여섯자. 넓이의 단위로, 6척을 뜻함.

步兵(보병) 도보로 전투하는 병정.

步石(보석) 디디고 다닐 수 있게 드문드문 놓은 평평한 돌.

步調(보조) 1)걸음걸이의 속도나 모양. 2)동시에 진행되는 여러 가지 일들의 속도나 상태.

步卒(보졸) 보병(步兵).

步哨(보초) 보병의 초병(哨兵). 경계나 감시의 임무를 맡은 보병.

步測(보측) 걸음의 수로써 거리를 대강 재는 일.

步行(보행) 걸어감.

進步(진보) 사물의 내용이나 정도가 차츰차츰 나아지거나 나아가는 일.

岐 ④ 8획

❶ 岐(p359)와 同字

❷ 跂(p1353)와 同字

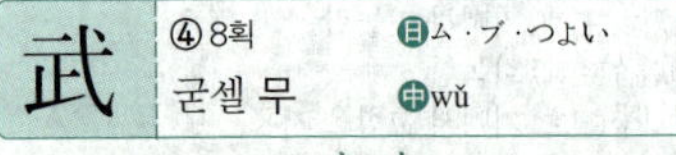

武 ④ 8획 굳셀 무 日ム·ブ·つよい 中wǔ

* 회의. 창(戈)과 같은 무기로 전쟁을 막아 그치게(止) 한다는 뜻이 더해져서 '무사', '굳세다' 의 뜻으로 쓰임.

풀이 1. 굳세다. 강하다. ¶武强 2. 호반. 무인. 무사. 군인. ¶武道 3. 자만하다. 4. 군용. 군대의 위세. ¶武力 5. 무덕(武德). ¶武德 6. 병법(兵法). 전술. 7. 병기. ¶武庫 8. 발자취. 9. 자취. 업적. 10. 잇다. 계승하다. 11. 무악(舞樂)의 이름. 주의 무왕이 지었다고 전해지는 음악. 12. 악기 이름. 금속 악기로 종 같은 것. 13. 반걸음. 한 발짝의 거리, 곧 석 자나 삼 척(尺).

武强(무강) 굳세고 강함.

武庫(무고) 1)무기를 넣어두는 곳집. 군기고(軍器庫). 2)박학다식(博學多識)한 사람을 비유하는 말.
武功(무공) 전쟁에서 세운 공.
武官(무관) 1)군사에 관한 일을 맡은 벼슬아치. 2)무과 출신의 벼슬아치.
武技(무기) 무사에 관한 재주. 무술.
武氣(무기) 무인의 용맹하고 굳센 기상.
武斷(무단) 무력으로 억압하여 다스림.
武德(무덕) 무인의 권위와 덕망.
武道(무도) 1)무인이 마땅히 지켜야 할 도리. 2)무예(武藝)·무술을 통틀어 이름.
武略(무략) 군사상의 책략(策略).
武力(무력) 군대의 위력. 병력(兵力).
武陵桃源(무릉도원) 무릉의 도원이란 뜻으로, 속세와 떨어진 별천지를 이르는 말.

○武陵桃源(무릉도원)의 유래
진나라 때 무릉의 한 어부가 시내를 따라 배를 저어 가다가 복사꽃으로 뒤덮힌 골짜기를 만났다. 계속 배를 저어 가니 산이 있고 산에는 작은 굴이 있었다. 배에서 내려 굴을 지나니 평화롭고 아름다운 마을이 나왔다. 이곳 사람들은 수백 년 전에 전란을 피해 산속에 들어와 전쟁도 없고 가혹한 세금도 없는 이곳에서 화목하게 살아왔던 것이다. 며칠 동안 극진히 대접을 받고 집으로 돌아온 어부는 이 사실을 원님에게 고하고 다른 사람들과 함께 다시 이 마을을 찾아나섰지만 두 번 다시 마을로 통하는 길을 찾을 수 없었다고 한다. 《도화원기(桃花源記)》

武猛(무맹) 굳세고 강함. 용맹(勇猛).
武廟(무묘) 촉(蜀)의 관우(關羽)를 모신 사당.
武烈(무열) 1)싸움터에서 세운 공. 2)굳세고 용맹스러움.
武勇(무용) 1)무예에 뛰어나고 용감함. 2)무예와 용맹.
武運(무운) 1)전쟁의 승패에 관한 운수. 2)무인으로서의 운수.
武威(무위) 굳세고 위엄이 있음.
武將(무장) 군대의 장수. 무사에 뛰어난 장수.
文武(문무) 1)문관과 무관. 2)문식(文識)과 무략(武略).
威武(위무) 위엄있고 씩씩함.
반 文(무늬 문)

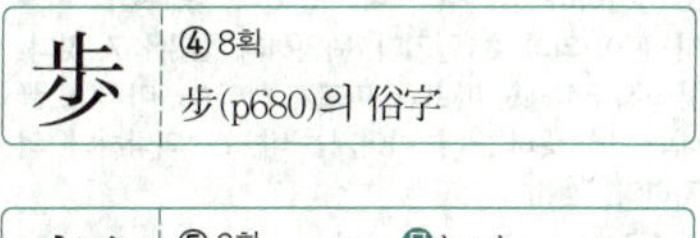
步 ④ 8획
步(p680)의 俗字

岠 ⑤ 9획 日キョウ
막을 거 中jù

풀이 1. 막다. 저지하다. 2. 이르다. 다다르다. 3. 어기다. 어그러지다.
유 抗(막을 항)

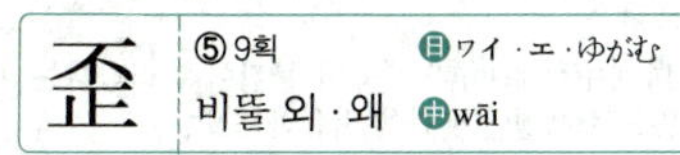
歪 ⑤ 9획 日ワイ·エ·ゆがむ
비뚤 외·왜 中wāi

* 회의. '不(아닐 부)'과 '正(바를 정)'를 합친 글자. 이에 바르지 않은 것, 즉 '비뚤어지다'의 뜻을 나타냄.
풀이 1. 비뚤다. 기울다. 2. 바르지 않다. ¶歪曲
歪曲(왜곡) 사실과 틀리게 해석함.
유 曲(굽을 곡) 非(아닐 비)

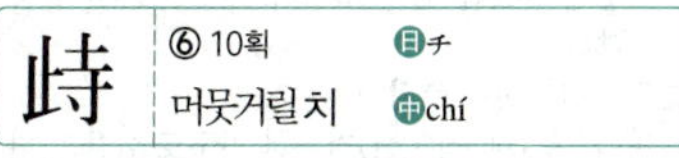
峙 ⑥ 10획 日チ
머뭇거릴 치 中chí

풀이 1. 머뭇거리다. 주저하다. 2. 비축하다.
비 時(때 시)

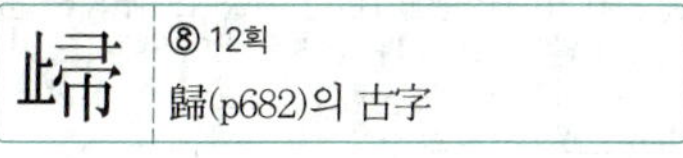
帰 ⑧ 12획
歸(p682)의 古字

歯 ⑧ 12획
齒(p1662)의 俗字

歲 ⑨ 13획 日サイ·セイ·とし
해 세 中suì

풀이 1. 해. 일 년. ¶歲時 2. 새해. 신년. ¶歲拜 3. 세월. 4. 나이 연령. 5. 일생. 평생. 6. 해마다. 매년. ¶歲貢 7. 목성(木星). ¶歲星
歲功(세공) 1)해마다 해야 할 일. 2)농사.
歲貢(세공) 해마다 나라에 바치는 공물.
歲旦(세단) 정월 초하루 아침. 원단(元旦).
歲暮(세모) 한 해의 마지막 때.
歲拜(세배) 섣달 그믐이나 정초에 웃어른에게 하는 인사.
歲費(세비) 일 년 간의 비용. 세용(歲用).
歲事(세사) 일 년 중의 행사. 연중행사.
歲序(세서) 한 해의 계절·세시·절기 등이 바뀌는 순서.
歲星(세성) 목성(木星).
歲首(세수) 세초.

4획

歲時(세시) 1)해와 시. 2)일 년 중의 그때 그때.

歲陽(세양) 십간(十干).

歲餘(세여) 1)한 해 남짓한 동안. 2)겨울 동안. 농한기.

歲月如流(세월여류) 세월이 물같이 흘러간다는 뜻으로 세월이 빠름을 비유하는 말.

歲陰(세음) 지지(地支).

歲儀(세의) 연말에 선사하는 물건.

歲底(세저) 세밑. 연말. 세모(歲暮).

歲次(세차) 간지(干支)를 좇아서 정한 해의 차례.

歲幣(세폐) 1)해마다 보내는 금품. 2)매년 음력 시월에 중국에 가는 사신이 가지고 가던 공물(貢物).

歲寒(세한) 심한 추위. 또는 겨울.

歲寒三友(세한삼우) 1)겨울철 친구로 삼을 만한 세 가지 것. 곧. 송(松) · 죽(竹) · 매(梅) 2)퇴폐한 세상에서 벗으로 삼을 만한 세 가지 것. 곧, 산수(山水) · 송죽(松竹) · 금주(琴酒).

歲寒松柏(세한송백) 1)추운 겨울에도 푸름을 변하지 않는 소나무와 잣나무. 2)역경에서도 지조를 바꾸지 않는 사람.

歲後(세후) 설을 쇤 뒤.

去歲(거세) 지난해.

萬歲(만세) 1)오랜 세월. 2)오래도록 삶, 또는 영원히 살아 번영함을 뜻하는 말. 3)축복하는 뜻으로 또는 승리를 기뻐하는 뜻으로 외치는 소리.

年歲(연세) 나이의 높임말. 춘추(春秋).

終歲(종세) 한 해를 다 보냄. 종년(終年).

유 年(해 년)

歷	⑫ 16획	日 レキ · リャク · へる
	지낼 력(역)	中 lì

* 형성. 뜻을 나타내는 부수 '止(그칠 지)'와 음을 나타내는 '厤(책력 력)'을 합친 글자. '厤'은 곡식이 줄지어 심어져 있는 모양을 뜻하고, 여기에 사람의 발자국 모양을 나타내는 '止'가 더해져 발자국(止)이 줄지어(厤) 나다 즉, 여러 곳을 돌아다닌다는 뜻에서 '지나가다' 또는 '지나간 흔적'의 뜻으로 쓰임.

풀이 1. 지내다. 2. 지나가다. 거쳐 가다. 3. 넘기다. 건너뛰다. ¶歷程 4. 겪다. 5. 겪은 일. 6. 셈하다. 세다. ¶歷數 7. 세월을 보내다. ¶歷日 8. 다니다. 9. 두루. 널리. ¶歷觀 10. 매기다. 차례를 정하다. 11. 만나다. 12. 엇갈리다. 교착(交錯)시키다. 13. 달력. 14. 가리다. 선택하다. 15. 어지럽다. 어지러워지다. 16. 성기다. 드문드문하다. 17. 가마. 가마솥. 18. 나누다. 구획하다.

歷擧(역거) 일일이 들어 말함.

歷觀(역관) 두루 돌아봄. 일일이 봄. 널리 바라다봄.

歷年(역년) 해를 지냄. 여러 해를 겪음. 또는 지낸 햇수.

歷代(역대) 이어 내려온 모든 대. 대대(代代).

歷歷(역력) 1)분명한 모양. 뚜렷한 모양. 2)사물이 질서 정연하게 늘어선 모양.

歷路(역로) 거쳐가는 길. 겪어온 길.

歷臨(역림) 두루 들름. 죽 들름.

歷史(역사) 1)인간 사회가 거쳐 온 변천의 모습. 또는 그 기록. 2)어떤 사물이나 인물 조직 등이 오늘에 이르기까지의 자취.

歷世(역세) 여러 해. 대대. 역대(歷代).

歷數(역수) 1)하나하나 셈. 일일이 셈. 2)달력. 역수(曆數). 3)정해진 운명.

歷巡(역순) 여러 곳을 차례로 돌아다님.

歷遊(역유) 두루 돌아다니며 놂.

歷日(역일) 1)날을 보냄. 2)세월(歲月). 3)달력. 역일(曆日).

歷任(역임) 차례로 여러 관직을 거침.

歷程(역정) 거쳐온 길.

經歷(경력) 1)이제까지 거쳐 온 학업이나 지위 등의 내용. 열력(閱歷). 이력(履歷). 2)겪어 옴. 거쳐 옴.

來歷(내력) 1)어떤 사물의 지나온 자취. 2)내림.

履歷書(이력서) 이력을 적은 서면

前歷(전력) 과거(過去)의 경력.

行歷(행력) 1)지내 온 경력. 2)지나감. 또는 그 여정(旅程).

비 瀝(거를 력)

歸	⑭ 18획	日 キ · かえる
	돌아갈 귀	中 guī

풀이 1. 돌아가다. 돌아오다. ¶歸家 2. 돌려보내다. 3. 반환하다. 돌려주다. 4. 시집가다. ¶歸寧 5. 편들다. 편이 되다. 6. 맡기다. 위임하다. ¶歸任 7. 맞다. 틀리지 않다. 8. 따르다. 따르게 하다. 9. 마치다. 끝내다. 10. 뜻하는 바. 나아가는 바. 11. 의탁하다. 의지하다. ¶歸依

歸家(귀가) 집으로 돌아감.

歸去來(귀거래) 1)관직을 버리고 고향으로 돌아감. 2)진(晉)의 도잠(陶潛)의 귀거래사(歸去來辭).

4획

歸耕(귀경) 벼슬을 내놓고 고향으로 돌아가 농사를 지음.

歸咎(귀구) 허물을 남에게 돌림.

歸國(귀국) 외국에 있던 사람이 자기 나라로 돌아가거나 돌아옴.

歸期(귀기) 돌아가거나 돌아온 시기.

歸納(귀납) 논리학에서, 낱낱의 구체적 사실로부터 일반적인 명제(命題)나 법칙을 이끌어 냄.

歸寧(귀녕) 시집간 딸이 친정 부모를 뵈러 감.

歸農(귀농) 농촌을 떠났던 사람이 다시 농촌으로 돌아가거나 돌아와 농사를 지음.

歸妹(귀매) 1)역(易)의 육십사괘(卦)의 하나. 소녀를 시집보내는 상(象). 2)정열로만 흘러서 금슬지락(琴瑟之樂)을 얻지 못함을 경계하는 말.

歸命(귀명) 1)반항심을 버리고 순종함. 귀순(歸順). 2)신명(身命)을 바쳐 부처의 가르침을 따름. 불교에 귀의(歸依)함.

歸服(귀복) 귀순하여 복종함. 귀부(歸附).

歸附(귀부) 1)충심(忠心)으로 따라 붙음. 2)귀순하여 복종함.

歸思(귀사) 고향에 돌아가고 싶어함. 또는 그 마음. 귀심(歸心).

歸省(귀성) 부모를 뵈러 고향으로 돌아가거나 돌아옴. 객지에서 고향에 돌아가 부모를 뵘. 귀근(歸覲).

歸屬(귀속) 1)부하가 됨. 복종함. 2)재산이나 권리, 또는 영토 같은 것이 어떤 사람이나 단체 국가의 소유로 돌아감.

歸心(귀심) 1)집 또는 고향으로 돌아가려는 마음. 귀사(歸思). 2)사모하여 진심으로 좇음.

歸雁(귀안) 1)봄에 북으로 돌아가는 기러기. 2)저녁 때가 되어 보금자리로 돌아가는 기러기.

歸養(귀양) 고향에 돌아가 어버이를 봉양함.

歸依(귀의) 1)돌아가 몸을 의지함. 2)신불의 가르침을 믿고 그에 의지함.

歸任(귀임) 1)어떤 일을 책임지워 맡김. 위임(委任). 2)한 때 떠나 있던 자신의 근무지로 돌아가거나 돌아옴.

歸葬(귀장) 타향에서 죽은 사람의 시체를 고향으로 옮겨다 장사지냄.

歸程(귀정) 돌아가거나 돌아오는 길. 귀로(歸路).

歸正(귀정) 그릇되었던 일이 바른 길로 돌아옴. 사필귀정(事必歸正).

歸朝(귀조) 이국에 갔던 사신이 일을 마치고 본국으로 돌아가거나 돌아옴.

歸舟(귀주) 고향으로 돌아가는 배.

歸着(귀착) 1)돌아와 닿음. 2)생각이나 의론이 어떤 결말에 귀결(歸結)됨.

歸責(귀책) 행위나 행위의 결과를 행위자의 책임으로 돌리는 일

歸天(귀천) 사람의 죽음.

歸趨(귀추) 어떤 결과로서 귀추되는 바. 귀착되는 곳.

歸趣(귀취) 귀착하는 곳. 귀착점.

歸港(귀항) 배가 출발했던 항구로 다시 돌아옴.

歸鄕(귀향) 고향으로 돌아가거나 돌아옴.

歸化(귀화) 1)덕에 감화되어 붙좇음. 2)왕화(王化)에 귀순함. 3)자기 나라의 국적(國籍)을 버리고 다른 나라의 국적을 얻어 그 나라의 국민이 됨.

반 行(갈 행)

歹 죽을사변 部

'歹' 자는 뼈에 살이 없고 앙상한 조각만 남은 모양에서 '뼈 앙상할 알'이라 하는데, '死' 자의 왼쪽 부분에 사용되어 '죽을사변'이라는 부수 명칭으로 쓰인다. 따라서 '앙상한 뼈'나 '부서진 뼈' 또는 '나쁘다'는 뜻을 나타내기도 하고, 이 글자를 부수로 갖는 글자는 죽음이나 재난의 상징과 관련이 있다.

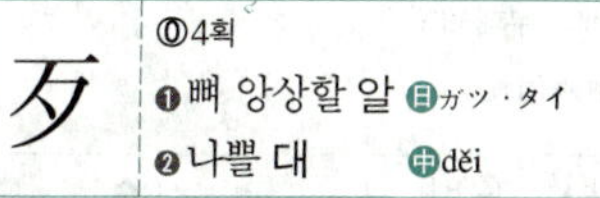

풀이 ❶ 1 앙상한 뼈. ❷ 2. 나쁘다.

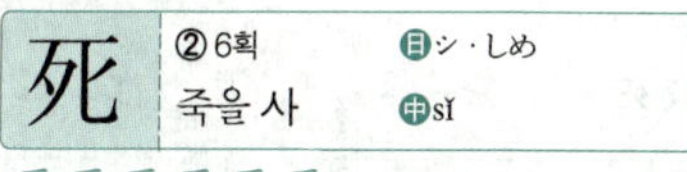

一 ㄏ 歹 歹 歺 死

* 회의. 사람(人)이 죽어 뼈만 앙상함(歹)을 나타낸 글자. 즉, 사람이 죽어 영혼과 육체의 생명력이 흩어져 앙상한 뼈만 남은 상태가 되니 '죽음'의 뜻을 나타냄.

풀이 1. 죽다. ¶死亡 2. 죽음. ¶生死 3. 생기가 없다. 4. 다하다. 없어지다. 5. 망하다. 6. 효력이 없다. 7. 시체. 주검. 8. 필사적이다. 죽음을 무릅쓰다. ¶死鬪 9. 목숨에 관계되다. 위급하다.

死諫(사간) 죽음으로써 간(諫)함.

死去(사거) 사망(死亡).

4획

死力(사력) 죽을 힘.결사적으로 쓰는 힘.
死亡(사망) 사람이 죽음.
死命(사명) 1)다 죽게 된 목숨. 죽을 목숨. 2)죽음과 삶. 사생(死生).
死無餘恨(사무여한) 죽어도 한이 없음.
死士(사사) 죽기를 각오하고 나선 군사.
死相(사상) 1)죽은 사람의 얼굴. 2)얼마 안 되어 죽을 것 같은 얼굴.
死生(사생) 죽음과 삶.
死生決斷(사생결단) 죽고 사는 것을 돌아보지 않음.
死線(사선) 죽을 고비.
死水(사수) 흐르지 않고 괴어 있는 물. 죽은 물.
死友(사우) 1)죽음을 함께 할 만한 절친한 친구. 2)죽은 벗.
死者(사자) 죽은 사람.
死節(사절) 목숨을 바쳐 절개를 지킴.
死罪(사죄) 1)죽어 마땅하나 죄. 죽을 죄. 2)자기의 과오를 사죄하는 말.
死鬪(사투) 죽을 힘을 다하여 싸움.
死禍(사화) 죽음을 당하는 화(禍).
客死(객사) 타향에서 죽음. 여행지에서 죽음.
枯死(고사) 말라 죽음.

유 殺(죽일 살)

歽	② 6획 썩을 후	日 フ · くさる 中 xiǔ

풀이 썩다. 부패하다.

비 殆(위태할 태)

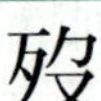	④ 8획 죽을 몰	日 ボツ · しぬ 中 mò

풀이 죽다.

유 死(죽을 사) 沒(가라앉을 몰)

殁	④ 8획 ❶ 歿(p684)과 同字 ❷ 沒(p706)의 通字 ❸ 刎(p119)과 同字

殀	④ 8획 일찍 죽을 요	日 ヨ 中 yāo

풀이 1. 일찍 죽다. 요절하다. 2. 죽이다. 참살하다.
殀壽(요수) 단명(短命)과 장수(長壽).

殈	④ 8획 凶(p114)과 同字

	⑤ 9획 재앙 앙	日 オウ · わざわい 中 yāng

一 ㄏ 万 歹 歹 歹ㄇ 歹口 歼 殃

* 형성. 뜻을 나타내는 부수 '歹(뼈 앙상할 알)'와 음을 나타내는 '央(중앙 앙)'을 합친 글자.

풀이 1. 재앙. 재난. ¶災殃 2. 해치다. 벌하다.
殃及池魚(앙급지어) 재앙이 연못 속 고기에 미친다는 뜻으로, 까닭 없이 화를 당함을 비유하는 말.
殃罰(앙벌) 하늘이 내리는 벌. 천벌.
殃禍(앙화) 죄악의 결과로 받는 재앙. 어떤 일로 말미암아 생기는 근심이나 재난.
餘殃(여앙) 남에게 해로운 일을 많이 한 결과로 받은 재앙(災殃).
災殃(재앙) 천변지이(天變地異)로 인한 온갖 불행한 일.
池魚之殃(지어지앙) 연못에 사는 물고기의 재앙이란 뜻으로, 아무런 상관도 없는데 재앙을 입었다는 뜻.
天殃(천앙) 하늘에서 내리는 재앙.
禍殃(화앙) 재앙. 불행.

유 災(재앙 재)

殂	⑤ 9획 죽을 조	日 ソ · しぬ 中 cú

풀이 죽다.
殂落(조락) 1)죽음. 임금이 죽음. 2)시들어 떨어짐.
殂沒(조몰) 죽음. 임금이 죽음.
殂殞(조운) 죽음. 목숨을 잃음.

殄	⑤ 9획 다할 진	日 テン · たえる 中 tiǎn

풀이 1. 다하다. 2. 모두. 모조리. ¶殄滅 3. 끊다. 끊어지다. 4. 죽다. 5. 앓다. 병들게 하다.
殄戮(진륙) 죽여 없앰. 죄다 죽임.
殄滅(진멸) 모조리 죽여 없앰.
殄沒(진몰) 아주 가라앉아 보이지 않음.

殄殲(진섬) 남김없이 멸망시킴.
殄夷(진이) 죄다 죽임.
殄瘁(진췌) 병들어 초췌함. 병들고 시달려 마침내 망함.
유 盡(다할 진)

殆	⑤ 9획 위태할 태	日タイ・ほとんど・あやうい 中dài

一 厂 万 歹 歹 歹 歹 殆 殆

* 형성. 뜻을 나타내는 부수 '歹(뼈 앙상할 알)'와 음을 나타내는 '台(별 태)'를 합친 글자. '台'는 조짐의 뜻을 나타내어 죽음(歹)의 조짐(歹)의 뜻으로, '위태롭다'의 뜻을 나타냄.

풀이 1. 위태하다. ¶危殆 2. 위태롭다. 3. 무서워하다. 두려워하다. 4. 지치다. 피로하다. 5. 무너지다. 패하다. 6. 거의. ¶殆無 7. 처음. 시초에. 8. 가까이하다. 접근하다. 9. 게으르다.

殆無(태무) 거의 없음.
殆半(태반) 거의 절반.
殆哉(태재) 몹시 위태로운 일.
危殆(위태) 형세가 매우 어려움. 마음을 놓을 수가 없을 만큼 안전하지 못하고 위험함.
疑殆(의태) 의심하고 두려워함.
유 危(위태할 위) 비 歿(죽을 몰)

殆	⑥ 10획 죽을 락	日ラク・しぬ 中luò

풀이 죽다.

殊	⑥ 10획 벨 수	日シュ・ころす・ことに 中shū

一 厂 万 歹 歹 歹 歹 殊 殊 殊

풀이 1. 베다. 베어 죽이다. 2. 결심하다. 각오하다. 3. 거의 죽어 가다. 죽을 지경에 이르다. 4. 다르다. 5. 지나다. 넘다. 6. 뛰어나다. 특이하다. ¶特殊 7. 크다. 8. 특히. 유달리.

殊技(수기) 1)뛰어난 기술. 2)가진 기예가 서로 다름.
殊命(수명) 특별한 명령. 특명(特命).
殊方(수방) 1)방법을 달리함. 또는 다른 방향. 2)다른 땅. 이국(異國).
殊常(수상) 보통과 달리 이상함.
殊俗(수속) 1)풍속을 달리함. 2)풍속이 다른 외국. 타국(他國).
殊容(수용) 뛰어난 용모.
殊越(수월) 남보다 월등히 나음. 특별히 뛰어남.
殊恩(수은) 특별한 은총.
殊績(수적) 뛰어난 공적. 수공(殊功).
殊絶(수절) 다른 것보다 유난히 뛰어남.
殊鬪(수투) 결사적으로 싸움.
殊特(수특) 특별히 다름. 특별히 뛰어남.
殊品(수품) 1)품류(品類)를 달리함. 2)훌륭한 물품.
殊行(수행) 특별히 훌륭한 행위.
殊刑(수형) 특별히 엄한 형벌.
殊勳(수훈) 특별히 뛰어난 훈공.
特殊(특수) 보통과 아주 다름. 특별함.
유 殺(죽일 살) 死(죽을 사)

殉	⑥ 10획 따라 죽을 순	日ジュン・おいじに 中xùn

一 厂 万 歹 歹 歹 殉 殉 殉 殉

* 형성. 뜻을 나타내는 부수 '歹(뼈 앙상할 알)'과 음을 나타내는 '旬(열흘 순)'을 합친 글자.

풀이 1. 따라 죽다. ¶殉葬 2. 목숨을 바치다. ¶殉國 3. 구하다. 4. 경영하다. 5. 빙빙 돌다.

殉教(순교) 자기가 믿는 종교를 위하여 목숨을 바침.
殉國(순국) 나라를 위해 목숨을 바침.
殉道(순도) 도덕이나 도의 등을 위하여 목숨을 바침.
殉利(순리) 1)이익만을 위하다가 목숨을 헛되이 버림. 2)돈을 목숨보다도 중히 여김.
殉名(순명) 명예를 위하여 목숨을 버림.
殉死(순사) 1)나라를 위해 스스로 목숨을 버림. 2)죽은 사람의 뒤를 따라서 죽음.
殉葬(순장) 옛날 임금이나 귀족의 장례에 그를 추종하던 사람·동물, 애용하던 기물 등을 함께 매장하던 일.
殉節(순절) 1)충신이 충절(忠節)을 지키어 죽음. 2)열부(烈婦)가 정절(貞節)을 지키어 죽음.

殅	⑥ 10획 까무러칠 승	日ソウ 中shēng

풀이 까무러치다. 기절하다.

残	⑥ 10획 殘(p686)의 俗字

4획

殈	⑥ 10획 알 깨질 혁	日ケキ · さく 中xù

풀이 알이 깨지다.

殑	⑦ 11획 까무러칠 긍	日キョウ 中qíng

풀이 1. 까무러치다. 2. 유령(幽靈)이 나타나다.

殍	⑦ 11획 굶어 죽을 표	日ヒョウ 中piǎo

풀이 1. 굶어 죽다. 아사하다. 2. 굶어 죽은 시체.

殕	⑧ 12획 ❶ 썩을 부 ❷ 쓰러질 복	日フ 中bó, fǒu

풀이 1 1. 썩다. 부패하다. 2 2. 쓰러지다.

유 腐(썩을 부)

殖	⑧ 12획 번성할 식	日ショク · ふやす 中zhí

* 형성. 뜻을 나타내는 부수 '歹(뼈 앙상할 앙)' 과 음을 나타내는 '直(곧을 직)' 을 합친 글자. 곧게(直) 뻗은 경직된 시체(死)의 뜻에서 '뻗다', '불어나다' 의 뜻을 나타냄.

풀이 1. 번성하다. 번식하다. ¶繁殖 2. 자라다. 기르다. 3. 세우다. 건립하다. 4. 심다. 5. 불어나다. ¶殖產 6. 불리다.

殖利(식리) 이익을 늘림.

殖民(식민) 강대국이 본국과 종속 관계에 있는 나라에 정치적 · 경제적 목적을 위하여 자국민을 이주시키는 일.

殖產(식산) 1)생산을 늘림. 2)재산을 불림.

殖財(식재) 재산을 늘림.

殖貨(식화) 식재(殖財).

繁殖(번식) 불고 늘어서 많이 퍼짐. 또는 퍼지게 함.

生殖(생식) 1)생물이 자기와 닮은 개체를 만들어 종족을 보존함. 2)낳아서 불림.

유 昌(창성할 창) 비 植(심을 식)

殘	⑧ 12획 남을 잔	日ザン · そこなう · のこる 中cán

一 ア 歹 歹 歹 歹' 歹'' 殅 殘 殘 殘 殘

* 형성. * 형성. 뜻을 나타내는 부수 '歹(뼈 앙상할 앙)' 과 음을 나타내는 '戔(작을 잔)' 을 합친 글자.

풀이 1. 남다. 2. 나머지. ¶殘骸 3. 잔인하다. ¶殘惡 4. 해치다. 5. 멸하다. 멸망하다. 6. 해독. 7. 죽이다. 8. 쇠해지다. 쇠잔하다. 9. 재앙. 10. 미워하다. 11. 허물다. 무너뜨리다. 12. 탐하다. 13. 삶은 고기.

殘金(잔금) 1)쓰고 남은 돈. 2)갚다가 덜 갚은 돈.

殘年(잔년) 명(命)이 다할 때까지의 얼마 남지 않은 나이.

殘燈(잔등) 꺼지려고 하는 등불. 또는 희미한 등불.

殘滅(잔멸) 쇠잔하여 다 없어짐. 침해당하여 멸망함. 잔망(殘亡). 잔폐(殘廢).

殘命(잔명) 얼마 남지 않은 쇠잔한 목숨.

殘殺(잔살) 잔인하게 죽임.

殘惡(잔악) 잔인하고 악독함.

殘月(잔월) 거의 넘어가게 된 달. 지새는 달. 새벽달.

殘人(잔인) 1)지치고 병들어 있는 사람. 늙고 병든 사람. 2)남에 대해서 잔인한 사람. 정을 해치는 사람.

殘日(잔일) 1)기우는 해. 2)남은 생애.

殘滓(잔재) 남은 찌꺼기.

殘賊(잔적) 1)아직 남은 도둑. 2)인의(仁義)를 손상함. 또는 그 사람.

殘恨(잔한) 남은 원한.

殘骸(잔해) 1)남은 시체. 2)부서지거나 못 쓰게 되어 남아 있는 물체.

殘香(잔향) 남아 있는 향기. 여향(餘香).

殘痕(잔흔) 남은 자취

衰殘(쇠잔) 쇠하여 잔약해짐.

敗殘(패잔) 전쟁에서 지고 몸만이 살아 남음.

비 殘(해칠 잔)

殚	⑧ 12획 죽을 졸	日ソツ 中zú

풀이 1. 죽다. 대부(大夫)의 죽음을 일컬음. 2. 갑자기 죽다. 급사하다.

殙	⑧ 12획 어리석을 혼	日コン 中hūn

풀이 1. 어리석다. 2. 앓다. 3. 지치다. 4. 불쌍히 여기다. 5. 죽어가다. 6. 어려서 죽다. 아직 공명을 이루지 못

하고 죽음.

유 懞(어리석을 몽) 비 婚(혼인할 혼)

殛	⑨ 13획	日キョク・ころす
	죽일 극	中jí

풀이 1. 죽이다. 사형에 처하다. 2. 꾸짖다. 견책하다.

비 極(다할 극)

殜	⑨ 13획	日ヨウ
	앓을 엽	中dié

풀이 1. 앓다. 시들시들 앓다. 2. 쇠하다. 기력이 감퇴하다.

殟	⑩ 14획	
	❶심란할 올	日オン・オツ
	❷피로할 온	中wēn

풀이 1 1. 심란하다. 어수선하다. 2. 느릿한 모양. 완만한 모양. ¶殟歿 3. 낙태하다. 4. 죽어가다. 5. 기절하다. 정신을 잃다. 2 6. 피로하다. 지치다. 7. 병에 걸리다. 앓다.

殟孫(온손) 성질이 비뚤어져 도리에 어두운 사람.

殟歿(올몰) 느릿한 모양.

비 瑥(사람이름 온)

殞	⑩ 14획	日イン・おちる
	죽을 운	中yǔn

풀이 1. 죽다. 목숨이 끊어지다. ¶殞命 2. 떨어지다. ¶殞石 3. 떨어뜨리다.

殞命(운명) 숨이 떨어짐. 죽음.

殞霜(운상) 내린 서리. 운상(隕霜).

殞石(운석) 땅 위에 떨어진 별똥. 유성(流星)이 다 타지 않고 떨어진 것.

殞碎(운쇄) 죽음. 운명(殞命).

殞殪(운에) 죽어 쓰러짐.

殞泣(운읍) 눈물을 떨어뜨리며 욺. 낙루(落淚).

殞墜(운추) 떨어짐. 운추(隕墜).

殞斃(운폐) 죽어 쓰러짐.

殠	⑩ 14획	日シュウ・くさい
	썩은 냄새 추·취	中chòu,xiù

풀이 1. 썩은 냄새. 2. 고약한 냄새가 나다.

殠惡(취악/추악) 냄새가 고약함. 역한 냄새가 남.

유 臭(냄새 취)

殣	⑪ 15획	日キン
	굶어 죽은 근	中jìn

풀이 1. 굶어 죽다. ¶行殣 2. 매장하다. 시체를 묻다. 3. 뵙다. 찾아보다.

行殣(행근) 길에서 굶어 죽은 송장.

殤	⑪ 15획	日ショウ・わかじに
	일찍 죽을 상	中shāng

풀이 일찍 죽다. 20살을 넘기지 못하고 죽음.

殤服(상복) 아직 성년이 되지 않고 죽은 자녀에 대하여 입는 복제(服制).

長殤(장상) 삼상(三殤)의 하나. 나이 열다섯 살에서 스무 살 사이의 소년이 장가들기 전에 죽음. 또는 그 사람.

비 像(형상 상)

殥	⑪ 15획	日イン・とおい
	멀 인	中yín

풀이 멀다. 요원하다.

殢	⑪ 15획	日サイ
	나른할 체	中tì

풀이 1. 나른하다. 고단하다. 2. 막히다. 정체하다.

殪	⑫ 16획	日エイ
	쓰러질 에	中yì

풀이 1. 쓰러지다. 2. 쓰러뜨리다. 3. 죽다. 멸하다. ¶殪仆 4. 다하다. 없애다.

殪沒(에몰) 길가에 쓰러져 죽음.

殪仆(에부) 쓰러짐. 죽음.

殫	⑫ 16획	日タン・つきる
	다할 탄	中dān

풀이 1. 다하다. 없어지다. ¶殫誠 2. 쓰러지다. 3. 쓰러뜨리다. 4. 두루. 널리. ¶殫洽 5. 병을 앓다.

4획

殫竭(탄갈) 다 없어짐. 또는 다 없앰. 탄진(殫盡).
殫極(탄극) 다함. 죄다 없어짐.
殫亡(탄망) 다하여 없어짐.
殫誠(탄성) 정성을 다함.
殫殘(탄잔) 전멸시킴. 모두 멸망시킴.
殫盡(탄진) 1)탄갈(殫竭). 2)죄다 병에 걸리게 함.
殫洽(탄흡) 두루 앎. 널리 앎. 두루 미침. 빠짐 없이 미침.

비 彈(탄알 탄)

殭	⑬ 17획	日キョウ·たおれる
	굳어질 강	中jiāng

풀이 1. 굳어지다. 시체가 썩지 않다. 2. 하얗게 말라 죽은 누에. ¶殭蠶 3. 넘어지다. 쓰러지다. 4. 주검. 시체. ¶殭尸

殭尸(강시) 죽은 지 오래되어 비바람에 바래진 시체. 또는 여귀(厲鬼)로 변하여 사람을 해치는 주검.
殭蠶(강잠) 희게 말라 굳어져서 죽은 누에.

유 固(굳을 고) 비 疆(지경 강)

殬	⑬ 17획	日トウ
	패할 두	中dù

풀이 패하다. 퇴패(頹敗)하다.

4 획

殮	⑬ 17획	日レン
	염할 렴(염)	中liàn

풀이 1. 염하다. 염습하다. ¶殮襲 2. 대렴(大殮). 주검을 널에 넣어 안치하는 일.

殮具(염구) 염습(殮襲)에 쓰이는 물건.
殮襲(염습) 죽은 사람의 몸을 씻은 다음에 옷을 입히고 염포(殮布)로 묶는 일.
殮布(염포) 염습(殮襲)에서 수의를 입힌 시체를 묶는 베.

비 殘(남을 잔)

殯	⑭ 18획	日ヒン·かりもがり
	염할 빈	中bìn

* 형성. 뜻을 나타내는 부수 '歹(뼈 앙상할 알)'과 음을 나타내는 '賓(가난할 빈)'을 합친 글자.

풀이 1. 염하다. 대렴하다. 2. 초빈(草殯)하다. 장사지내기 전에 시신을 관에 넣어 안치하는 일. 3. 묻다. 파묻다. 4. 빈객. 손님.

殯宮(빈궁) 죽은 왕세자나 빈궁(貧窮)의 관을 발인 때까지 두던 곳.
殯窆(빈석) 장사 지낼 때까지 입관한 시체를 안치하는 구덩이.
殯所(빈소) 발인(發靷)할 때까지 관을 놓아 두는 방.

유 殮(염할 렴)

殰	⑮ 19획	日トク
	낙태할 독	中dú

풀이 낙태하다. 유산(流産)하다.

殲	⑰ 21획	日セン·つくす
	다 죽일 섬	中jiān

풀이 다 죽이다. 죽이다. 멸하다.

殲滅(섬멸) 남김없이 무찔러 없앰.
殲撲(섬박) 때려 부숨.
殲傷(섬상) 죽거나 다치거나 함.
殲夷(섬이) 1)멸망함. 2)전멸시킴.
殲敵(섬적) 적을 섬멸함.

비 纖(가늘 섬)

殳 부

殳 갖은등글월문 部

'殳' 자는 손에 어떤 도구를 들고 있는 모양에서 '치다'를 뜻하는 글자로, '갖은등글월문'이라는 부수 명칭으로 쓰인다. 따라서 이 글자를 부수로 갖는 글자는 창이나 몽둥이 등으로 무엇을 친다하여 때리는 동작과 관련이 많다.

殳	⓪ 4획	日シュ·ほこ
	창 수	中shū

풀이 1. 창. ¶殳戈 2. 나무 지팡이. 3. 서체의 이름. ¶殳書 4. 부수 명칭.

殳戈(수과) 사람을 내쫓거나 찌르는 데 쓰는 창.
殳書(수서) 진서(秦書) 팔체(八體)의 하나로, 병기(兵器)에 문구를 새길 때의 서체.

 殴	④ 8획
	毆(p691)의 俗字

段 ⑤ 9획 조각 단 日タン 中duàn

*형성. 뜻을 나타내는 부수 '殳(창 수)'와 음을 나타내는 부수 이외의 글자가 합쳐져서 이루어진 글자.

풀이 1. 조각. 단편. 2. 구분. 갈림. 3. 가지. 종류. 4. 계단. 단계. ¶階段 5. 포. 말린 고기. 6. 포목. 직물. 7. 반 필. 포목 한 필의 반. 8. 수단. 방법. 단련하다. 9. 나누다. 분할하다. 10. 치다. 몽치로 때리다.

段階(단계) 일의 차례에 따라 진행되는 과정.
段落(단락) 1)문장의 큰 부분. 2)일이 다 된 끝. 결말.
段別(단별) 어떠한 단계(段階)나 단락(段落)을 나눈 구별.
段修(단수) 얇게 져며 말린 고기. 포.
段數(단수) 1)여러 단으로 나뉜 단위(段位)의 수. 2)술수를 쓰는 재간의 정도.
段食(단식) 불교에서 밥·고기·채소 등 유형(有形)의 음식.
段彩式(단채식) 지도(地圖)에 있어서의 등고선(等高線)을 기준으로 하여 고도(高度)에 따라 빛깔을 달리 하는 방법.
階段(계단) 오르내리기 위해 만든 층층대. 층계.

비 殷(성할 은)

殸 ⑥ 10획 殼(p690)의 本字

殺 ⑥ 10획 殺(p689)의 古字

殷 ⑥ 10획 ❶성할 은 ❷검붉은빛 안 日イン·アン·さかん 中 yān, yīn, yǐn,

풀이 1 1. 성하다. 번성하다. ¶殷大 2. 많다. 넉넉하다. ¶殷豐 3. 크다. 4. 해당하다. 5. 근심하다. ¶殷殷 6. 바로잡다. 7. 돈독하다. 인정이 많다. 8. 은나라. 중국 B.C.1700~B.C.722에 있었던 고대 삼대(三代)의 하나. 9. 천둥소리. 2 10. 검붉은 빛. ¶殷紅

殷紅(안홍) 검붉은 색. 적흑색.
殷鑑(은감) 거울삼아 경계하여야 할 가까운 전례(前例).
殷遣(은견) 예(禮)를 후히 하여 보냄.
殷大(은대) 번성하고 큼.
殷雷(은뢰) 요란히 울리는 우렛소리.
殷繁(은번) 번성함. 번영함. 매우 많음.
殷盛(은성) 번화하고 성함. 은창(殷昌).
殷憂(은우) 깊은 근심. 몹시 근심함.
殷殷(은은) 1)대단히 근심하는 모양. 2)멀리서 들려오는 소리가 힘차고 큰 모양. 3)많은 모양. 성한 모양.
殷奠(은전) 넉넉한 제수(祭需).
殷昌(은창) 번창함. 번성함. 은치(殷熾).
殷豐(은풍) 넉넉하고 많음. 풍성함.
殷戶(은호) 부호(富豪).
殷懷(은회) 자꾸 솟아오르는 생각. 은근하고 간절한 회포.

비 段(구분 단)

殺 ⑦ 11획 ❶죽일 살 ❷감할 쇄 日サツ·サイ·ころす 中shā, shài

*형성. 뜻을 나타내는 부수 '殳(창 수)'와 음을 나타내는 '杀(죽일 살)'을 합친 글자. 이에 '때려 잡는다', '죽이다'의 뜻으로 쓰임.

풀이 1 1. 죽이다. 살인하다. ¶殺人 2. 죽다. 3. 베다. 4. 지우다. 문대어 없애다. 5. 멸하다. 6. 깨뜨리다. 7. 마르다. 말라죽다. 8. 잡다. 9. 다스리다. 10. 어조사. 어세를 강하게하는 조사. 2 11. 감하다. 덜다. 12. 빠르다. 13. 매우. 심히. 14. 쇠하다. 약해지다.

殺菌(살균) 병균 및 그밖의 미생물(微生物)을 죽임.
殺氣(살기) 1)독살스러운 기운. 2)남을 해치거나 죽이려는 사나운 기운.
殺伐(살벌) 1)사람을 죽이고자 들이침. 2)거동이 무시무시함.
殺傷(살상) 죽이거나 상처를 입힘.
殺生(살생) 1)죽임과 살림. 2)산 목숨을 죽이는 일.
殺身成仁(살신성인) 자신을 희생해 인덕(仁德)을 이룸을 이르는 말.

殺身成仁(살신성인)의 유래
공자가 말하기를, "지사(志士)와 인인(仁人)은 자신의 삶을 위해 인(仁)을 해치는 일이 없다. 오히려 자신을 희생하여 인을 성취한다."라고 했다. 여기서 지사는 도에 뜻을 둔 사람이고, 인인은 어진 덕을 갖춘 사람을 가리키는데, 원래 인을 닦는 데는 스승에게도 양보하지 않는다고 했다. 따라서 뜻있고 덕을 갖춘 사람은 늘 인을 성취할 것을 생각하며, 이를 위해 자신의 희생도 기꺼이 받아들인다는 의미이다.

殺戮(살육) 무엇을 트집잡아 사람을 함부로 죽임.

4 획

殺人(살인) 사람을 죽임.
殺蟲(살충) 벌레를 죽임.
殺害(살해) 남을 죽임. 남의 생명을 해침.
殺到(쇄도) 한꺼번에 세차게 몰려 듦.
矯角殺牛(교각살우) 쇠뿔을 바로 잡으려다 소를 죽인다라는 뜻으로, 결점이나 흠을 고치려다 수단(手段)이 지나쳐 도리어 일을 그르침.
絞殺(교살) 목을 매어 죽임. 교수(絞首).
矯殺(교살) 목을 졸라매어 죽임.
盜殺(도살) 1)남 몰래 사람을 죽임. 암살(暗殺). 2)가축을 허가 없이 몰래 잡음. 도축장(屠畜場). 도수장(屠獸場).
屠殺(도살) 1)마구 죽임. 2)짐승을 잡아 죽임. 재살(宰殺).
毒殺(독살) 독약을 먹여 죽임.
抹殺(말살) 1)있는 것을 아주 없애버림. 2)존재를 아주 무시함.
滅殺(멸살) 모두 죽임.
謀殺(모살) 미리 모략을 꾸며 사람을 죽임.
沒殺(몰살) 죄다 죽임.
默殺(묵살) 보고도 안 본 체, 듣고도 안 들은 체 내버려두고 문제 삼지 않음.
樸殺(박살) 때려 죽임. 타살(打殺).
搏殺(박살) 손으로 쳐서 죽이는 것.
射殺(사살) 총이나 활 등으로 쏘아 죽임.
斬殺(참살) 칼로 목 등을 베어 죽임.
虐殺(학살) 참혹하게 죽임.

유 殊(죽일 수) 死(죽을 사)

殼	⑧ 12획	日カク
	껍질 각	中ké, qiào

풀이 1. 껍질. 껍데기. 2. 씨. 3. 내리치다.

殼果(각과) 견과(堅果).
殼物(각물) 조개류. 각족(殼族).

비 穀(곡식 곡) 毅(굳셀 의)

殽	⑧ 12획	日コウ·まじる
	섞일 효	中xiáo, yáo

풀이 1. 섞이다. 2. 어지럽다. 혼란스럽다. ¶殽亂 3. 안주. ¶殽羞 4. 본받다. 5. 뼈 붙은 살. 뼈를 발라 내지 않은 살.

殽亂(효란) 어지럽게 뒤섞임. 뒤섞이여 질서가 없음. 혼란(混亂). 착란(錯亂).
殽羞(효수) 1)술안주. 2)요리. 음식.
殽雜(효잡) 뒤섞여 혼잡함.
殽饌(효찬) 1)술안주. 2)향연(饗宴).
殽核(효핵) 상에 차려 놓은 음식. 술안주.

유 雜(섞일 잡)

殿	⑨ 13획	日テン·デン·どの
	큰집 전	中diàn

* 형성. 뜻을 나타내는 부수 '殳(창 수)'와 음을 나타내는 '展(펼 전)'을 합친 글자.

풀이 1. 큰집. 궁궐. ¶殿閣 2. 절. ¶大雄殿 3. 존칭. ¶殿下 4. 진압하여 안정시키다. 5. 하공. 고과(考課)에서 가장 아랫 등급인 '最'와 상대됨. 6. 후군. ㉠후진의 군대. ㉡최후까지 남아서 적을 방어하는 일. 7. 신음하다. ¶殿屎

殿閣(전각) 1)임금이 거처하던 궁전. 궁전(宮殿). 2)궁전과 누각.
殿階(전계) 궁전에 올라 가는 계단.
殿軍(전군) 퇴각할 때 군대의 후위를 지키는 부대.
殿闥(전달) 궁중(宮中)의 작은 문이라는 뜻으로, 대궐 안을 말함.
殿堂(전당) 1)크고 화려한 건물. 2)신령이나 부처를 안치하는 건물. 전우(殿宇).
殿舍(전사) 대궐. 궁전.
殿衙(전아) 관아(官衙). 관청
殿宇(전우) 1)궁전. 2)신불(信佛)을 안치하는 건물. 전당(殿堂).
殿元(전원) 전시(殿試)에서 장원급제(壯元及第)한 사람.
殿庭(전정) 궁전의 뜰.
殿陛(전폐) 전각(殿閣)의 섬돌. 전계(殿階).
殿檻(전함) 궁궐의 난간.
殿後(전후) 1)궁전의 뒤. 2)퇴각할 때 군대의 맨 뒤에 남아서 적의 추격을 가로막는 군대.
殿屎(전히) 끙끙 앓음. 신음 소리.
宮殿(궁전) 궁궐(宮闕).
內殿(내전) 1)왕비의 높임말. 2)안전.
大殿(대전) 1)임금이 거처하는 궁전. 대내(大內). 2)임금.
別殿(별전) 본전 외에 따로 지은 전각.
御殿(어전) 임금이 있는 전각(殿閣).
正殿(정전) 임금이 나와서 조회(朝會)를 하던 궁전.

비 展(펼 전)

毁	⑨ 13획	日キ
	헐 훼	中huǐ

丶 亻 彳 白 白 白 自 皀 皁 皇 皇' 毀 毀

* 형성. 뜻을 나타내는 부수 '殳(창 수)'와 음을 나타내는 '毇(정미할 훼)'의 생략형을 합친 글자. 이에 쌀을 찧어 깨끗하고 희다는 뜻을 나타냈으나, 바뀌어 '망그러지다'의 뜻으로 쓰임.

풀이 1. 헐다. 무너뜨리다. ¶毀棄 2. 비방하다. ¶毀譽 3. 무너지다. 4. 상하다. 상처를 입히다. 5. 멸하다. 망하게 하다. 6. 없애다. 제거하다. 7. 야위다. 수척해지다. ¶毀顔 8. 이를 갈다. 9. 양재(禳災)하다. 기도하여 재앙을 물리침.

毀家黜送(훼가출송) 한 고을이나 한 동네에서 풍속을 어지럽게 한 사람의 집을 헐고 다른 곳으로 내쫓음.
毀壞(훼괴) 헐어 깨뜨림. 무너뜨림.
毀棄(훼기) 헐거나 깨뜨려 버림.
毀短(훼단) 남의 단점을 헐뜯어 말함.
毀頓(훼돈) 헒. 헐림.
毀滅(훼멸) 1)몹시 상심하여 몸이 쇠약해짐.
毀薄(훼박) 1)퇴폐하여 천박해짐. 2)비방함. 헐뜯어 말함.
毀謗(훼방) 1)남의 일을 방해함. 2)남을 헐뜯어 비방함. 훼저(毀詆). 방훼(謗毀).
毀不滅性(훼불멸성) 부모상을 당하여 너무 슬퍼한 나머지 몹시 여위었으나 생명을 잃을 정도에는 이르지 않음.
毀誹(훼비) 헐뜯음.
毀事(훼사) 남의 일을 훼방하는 일.
毀削(훼삭) 헐고 깎아냄. 없애고 쓰지 않음.
毀碎(훼쇄) 깨뜨리어 부숨.
毀損(훼손) 1)체면·명예 등을 손상함. 2)헐어서 못쓰게 함.
毀顔(훼안) 근심하여 여윈 얼굴.
毀言(훼언) 남을 헐뜯는 말. 욕설.
毀譽(훼예) 1)비방과 칭찬. 2)명예를 훼손함.
毀惡(훼오) 헐뜯고 미워함.
毀辱(훼욕) 헐뜯고 욕함.
毀訾(훼자) 헐뜯어 말함. 비방함.
毀折(훼절) 헐고 부러뜨림. 부서짐.
毀玷(훼점) 흠. 결점.
毀疾(훼질) 상중(喪中)에 너무 슬퍼하여 병을 얻음.
毀讒(훼참) 헐뜯음. 참소(讒訴)함.
毀瘠(훼척) 너무 슬퍼하여 몸이 수척해짐.
毀撤(훼철) 부수어 치워 버림.
毀齒(훼치) 어린아이가 젖니를 갊.
毀破(훼파) 헐어 깨뜨림.
毀敗(훼패) 1)헒. 깨뜨림. 2)남의 실패를 비방함.
毀瑕(훼하) 흠. 과실.
貶毀(폄훼) 남을 깎아 내리고 헐뜯음.

敲 ⑩ 14획 두드릴 각 日 カク·たたく 中 qiāo

풀이 두드리다. 때리다. 치다.

毄 ⑩ 14획 ❶부딪칠 격 ❷맬 계 日 カク·ケイ 中 jī, jì

풀이 ❶ 1. 부딪치다. 2. 털다. 털어내다. 3. 애쓰다. 힘쓰다. ❷ 4. 매다. 매어 기르다.

毄畜(계휵) 가축을 매어 놓고 기름.

毆 ⑪ 15획 칠 구 日 ク 中 ōu

풀이 치다. 때리다. ¶毆縛

毆擊(구격) 때리고 두들김.
毆罵(구매) 때리며 욕을 함.
毆縛(구박) 때리고 묶어 둠.
毆殺(구살) 때려 죽임.
毆傷(구상) 때려서 상처를 냄.
毆打(구타) 때림. 두들김.

유 打(칠 타) 비 歐(토할 구)

毅 ⑪ 15획 굳셀 의 日 キ·ギ·つよい 中 yì

* 형성. 뜻을 나타내는 부수 '殳(창 수)'와 음을 나타내는 '豙(털 일어날 의)'를 합친 글자.

풀이 1. 굳세다. 의지가 강하다. ¶毅然 2. 과감하다. 3. 발끈 화를 내다. 4. 이기다. 승리하다.

毅武(의무) 의지가 강하고 씩씩함.
毅然(의연) 의지가 굳세고 태도가 꿋꿋하며 단호함.
剛毅(강의) 강직하며 굴하지 않음.

비 穀(곡식 곡) 殼(껍질 각)

毈 ⑫ 16획 알 곯을 단 日 タン 中 duàn

풀이 알이 곯다. 부화하지 않고 곯다.

毇 ⑫ 16획 정미할 훼 日 キ·ギ 中 huǐ

4획

풀이 정미하다.

비 毀(헐 훼)

瞉	⑬ 17획	日カク
	알 각	中hú, què

풀이 1. 새의 알. 2. 껍질. 깍지.

毋 말 무 部

'毋'자는 '女'자에 '一'을 합한 글자로, 몸을 침범하지 못하게 막는다는 의미에서 '막다'를 뜻하다가 '말다'라는 뜻을 나타내게 되었다. 따라서 금지의 의미인 '말다'나 '없다' 또는 부정의 의미인 '아니다'를 뜻한다.

毋	⓪4획	
	❶말 무	日ブ·ム·なかれ
	❷관직 이름 모	中wú

*회의. '母(어미 모)'에 '一(한 일)'을 더하여 여자를 침범하지 못하게 '一'로 금지함의 뜻.

풀이 ❶ 1. 말라. 마라. 금지의 뜻. 2. 없다. ¶毋害 3. 아니다. ❷ 4. 관직 이름. ¶毋追

毋寧(무녕) 도리어. 차라리.

毋慮(무려) 어떤 수가 상당히 많거나 또는 그 많음을 강조하는 말로 쓰는 말.

毋望(무망) 1)뜻밖. 의외(意外). 2)희망이 없음.

毋望之福(무망지복) 1)뜻밖에 얻은 행복. 2)바라지 않던 행복.

毋追(모추) 하대의 치포관(緇布冠).

비 母(어미 모) 毌(꿰뚫을 관)

毌	⓪4획	日カン·つらぬく
	꿰뚫을 관	中guàn

풀이 꿰뚫다. 관통하다.

비 毋(말 무) 母(어미 모)

母	①5획	日ボ·はは
	어미 모	中mǔ

𠃋 母 母 母 母

*상형. 어머니가 아이에게 젖을 먹이는 모양을 본뜬 글자로 '어머니'를 뜻함.

풀이 1. 어머니. 엄마. ¶母乳 2. 할미. 3. 암컷. 4. 근본. 근원. 5. 밑천. 본전. 6. 엄지손가락.

母系(모계) 어머니 쪽의 계통(系統).

母校(모교) 자기가 졸업한 학교.

母國(모국) 자기의 본국.

母性愛(모성애) 어머니의 자식에 대한 깊은 애정.

母乳(모유) 어머니의 젖.

母音字(모음자) 홀소리를 나타내는 자모나 글자.

母慈(모자) 어머니의 사랑.

母子(모자) 1)어머니와 아들. 2)원금과 이자.

母胎(모태) 어머니의 태(胎)안.

母兄弟(모형제) 1)부모가 같은 형제. 2)어머니만 같은 형제.

養母(양모) 양가(養家)의 어머니. 양어머니.

乳母(유모) 어머니를 대신하여 젖을 먹여 길러 주는 여자.

賢母良妻(현모양처) 자식에게는 어진 어머니이고, 남편에게는 착한 아내임.

비 毋(말 무)

毎	②6획
	每(p692)의 俗字

每	③7획	日マイ·ごと·つねに
	매양 매	中měi

丿 𠂉 𠃋 每 每 每 每

*회의. 어린아이(人)가 어머니(母)의 젖을 매번 먹는다는 뜻이 합쳐져서 '매양', '매번'을 뜻하는 글자.

풀이 1. 매양. 매번. ¶每樣 2. 때마다. 3. 자주. 번번히. 4. 탐하다. 5. 풀이 우거지다. 6. 어둡다. 어리석다. 7. 어리다. 작다.

每時間(매시간) 모든 한 시간 한 시간.

每夜(매야) 하나하나의 모든 밤.

每樣(매양) 항상 그 모양으로.

每月(매월) 매달. 다달이.

每人(매인) 하나하나의 모든 사람.

每日(매일) 하루하루의 모든 날.

每週(매주) 각 주. 주마다.

每次(매차) 번번이.

비 海(바다 해)

毐	③7획	日アイ·みだら
	음란할 애	中ǎi

4획

풀이 음란하다.

비 毒(독 독)

毒	④8획	日ドク·そこなう
	독 독	中dú

一 = 丰 丰 𡴆 毒 毒 毒

* 회의. '艸(풀 초)'와 '毐(음란한 사람 애)'를 합친 글자로 사람을 음란(毐)하게 만드는 풀(艸)로, '독약'의 뜻을 나타냄.

풀이 1. 독. 독약. ¶毒氣 2. 죽이다. 독살하다. 3. 해치다. ¶毒舌 4. 앙심을 품다. 5. 괴로워하다. 6. 기르다. 양육하다. 7. 다스리다. 8. 미워하다. 9. 개탄하다. 한탄하다. 10. 근심하다. 우려하다. 11. 나라이름. 후세의 천축(天竺), 지금의 인도를 말함.

毒感(독감) 아주 독한 감기(感氣).

毒氣(독기) 독이 있는 기운. 독살스러운 기색.

毒龍(독룡) 1)독이 있는 용. 2)번뇌를 비유하는 말.

毒物(독물) 독이 있는 물질.

毒蛇(독사) 이빨을 통하여 독액(毒液)을 분비하는 독선(毒腺)을 가진 뱀.

毒殺(독살) 독약을 먹이거나 독을 써서 죽임.

毒暑(독서) 지독한 더위. 독열(毒熱).

毒舌(독설) 남을 해치는 말.

毒素(독소) 1)독이 되는 성분이나 물질. 2)해로운 요소.

毒手(독수) 1)악독한 수단. 2)남을 해치는 사람. 흉악한 사람

毒獸(독수) 사람을 해치는 나쁜 짐승.

毒矢(독시) 독약을 묻힌 화살.

毒藥(독약) 독기가 있는 약.

毒言(독언) 남을 해치는 말. 욕.

毒熱(독열) 심한 더위.

毒酒(독주) 1)독약을 탄 술. 2)알코올 도수가 높은 술.

毒筆(독필) 남을 비방하거나 해치려는 뜻에서 놀리는 붓끝. 또는 그러한 글.

毒害(독해) 사람이나 물건을 잔인하게 해침. 독을 먹여 죽임.

비 毐(음란할 애)

比 부

比 견줄 비 部

'比'자는 두 사람이 나란히 서 있는 모양을 나타내어 '견주다'를 뜻한다. 그리고 비견(比肩)에서처럼 '나란하다'를 나타내기도 한다.

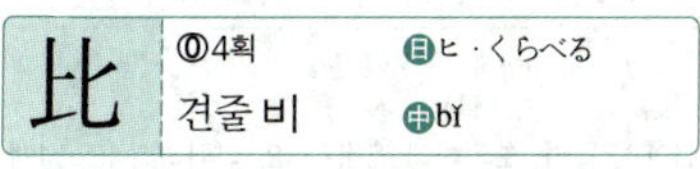

比	⓪4획	日ヒ·くらべる
	견줄 비	中bǐ

一 ㅏ 𠂻 比

* 상형. 두 사람이 나란히 서서 비교하는 모양을 본뜬 글자.

풀이 1. 견주다. 겨루다. ¶比較 2. 따르다. 좇다. 3. 엮다. 편집하다. 4. 무리. 5. 전례. 선례(先例). 6. 돕다. 보좌하다. 7. 미치다. 이르다. 8. 근래. 얼마전. 9. 자주. 여러번. 10. 나란히 하다. 11. 오늬. 화살의 시위를 끼는 부분. 12. 비괘. 64괘의 하나로, 천하가 한 사람을 우러러보는 상(象). 13 이웃. ¶比隣 14. 아첨하다. 15. 다스리다. 16. 친하다. 친숙하게 지내다. 17. 비례. 비율(比率). 18. 줄을 서다. 19. 순서.

比肩隨踵(비견수종) 어깨를 나란히 하고 발뒤꿈치를 따른다는 뜻으로, 계속하여 끊이지 않고 이어져 있음을 비유하는 말.

比境(비경) 경계가 서로 닿음. 접경함.

比較(비교) 서로 견주어 봄.

比丘尼(비구니) 출가(出家)하여 불문(佛門)에 귀의한 여승(女僧).

比年(비년) 매년. 해마다.

比等(비등) 서로 비슷함.

比量(비량) 비교하여 헤아림.

比例(비례) 1)모범이 될 만한 선례. 전례(典例). 2)종래의 예에 따름. 선례를 좇음.

比類(비류) 1)비슷함. 겨눔. 2)같은 무리. 비슷한 종류.

比隣(비린) 이웃. 인근.

比方(비방) 견줌. 비교함.

比屋(비옥) 처마를 나란히 함. 집이 늘어섬.

比擬(비의) 비교함. 비김.

比翼連理(비익연리) 암수가 다 눈과 날개가 하나씩이어서 짝을 짓지 않으면 날지 못한다는 비익조(比翼鳥)와 두 나무의 가지가 세로 접해서 목리(木理)가 합쳐지는 연리지(連理枝)란 나무. 곧 금실이 좋은 부부를 비유하는 말.

比日(비일) 날마다. 매일.

比踵(비종) 발뒤꿈치를 나란히 한다는 뜻으로, 계속 나옴을 말함. 속출(續出).

百分比(백분비) 전체의 100분의 1을 단위로 하여 나타내는 서양식의 비율.

비 此(이 차)

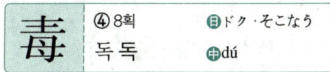

4획

毗	⑤ 9획 도울 비	日ヒ・あつい 中pí

* 형성. 뜻을 나타내는 동시에 음을 나타내는 '比(견줄 비)'와 '田(밭 전)'을 합친 글자.

풀이 1. 돕다. 보좌하다. ¶毗益 2. 쇠퇴하다. 3. 명백하다. 분명하다. 4. 쓸모없이 되다. 5. 벗겨지다. 떨어지다. 6. 번민하다. 7. 배꼽.

毗劉(비류) 나무의 가지나 잎이 드문드문 하여 고르지 않음.
毗補(비보) 도와서 모자람을 채움. 도와 보충함.
毗倚(비의) 의지함. 의뢰함.
毗益(비익) 도와서 이롭게 함.
毗佐(비좌) 보좌함.
毗贊(비찬) 도움.

毘	⑤ 9획 毗(p694)와 同字

毖	⑤ 9획 삼갈 비	日ヒ・つつしむ 中bì

풀이 1. 삼가다. 조심하다. 2. 멀다. 3. 고달프다. 4. 통하다. 5. 흐르다. 6. 알리다. 고하다.

毖涌(비용) 솟아나와 흘러감.

비 恣(방자할 자)

毚	⑬ 17획 토끼 참	日ザン・サン 中chán

풀이 1. 토끼. ¶毚兎 2. 조금. 약간. ¶毚微 3. 교활하다. 약삭빠르다. ¶毚欲 4. 나무 이름. 박달나무의 일종.

毚微(참미) 약간. 조금.
毚欲(참욕) 욕심이 많음. 탐욕스러움.
毚兎(참토) 교활한 토끼. 발 빠른 토끼.

유 兎(토끼 토)

毛 부

毛 터럭 모 部

'毛'자는 여러 가닥의 털을 나타내어 '터럭'을 뜻하는 글자로, 후에 눈썹이나 수염 등의 모든 털을 나타낸다.

毛	⓪ 4획 터럭 모	日モウ・け・けもの 中máo

ノ 二 三 毛

* 상형. 사람의 눈썹이나 머리털 혹은 짐승의 털 모양을 본뜬 글자.

풀이 1. 터럭. 털. ¶毛孔 2. 머리털. 3. 풀. 4. 모피. ¶毛皮 5. 짐승. 길짐승. 6. 희생(犧牲). 털이 순색인 희생. 7. 나이 차례. 모발의 흑백으로 연령의 고하를 정하는 일. 8. 가늘다. 가볍다. 9. 털을 뜯다. 10. 약간. 근소.

毛褐(모갈) 갖옷. 모의(毛衣).
毛擧(모거) 1)세세한 일까지 일일이 들추어냄. 2)자잘한 일까지 죄다 적음.
毛孔(모공) 피부에서 털이 나오는 아주 작은 구멍.
毛狗(모구) 이리[狼]의 다른 이름.
毛起(모기) 무서울 때나 놀랐을 때 몸의 털이 곤두섬. 또는 소름이 끼침.
毛毯(모담) 담요.
毛髮(모발) 1)머리카락. 2)근소. 약간.
毛詩(모시) 《시경(詩經)》의 다른 이름.
毛羽(모우) 짐승의 털과 새의 털. 짐승과 새.
毛衣(모의) 모피로 만든 옷. 갖옷.
毛刺(모자) 1)고슴도치의 다른 이름. 2)초목의 줄기에 나는 가시.
毛錐子(모추자) 붓의 다른 이름.
毛蟲(모충) 몸에 털이 있는 짐승. 수류(獸類). 모류(毛類).
毛皮(모피) 털이 붙은 채로 벗긴 짐승의 가죽.
毛筆(모필) 붓.
九牛一毛(구우일모) 썩 많은 가운데 섞인 아주 적은 것을 비유하는 말.
不毛地(불모지) 식물이 자라지 않는 거칠고 메마른 땅.

毣	⑥ 10획 곰곰히 생각할 목	日ボク・バク 中mào

풀이 1. 곰곰히 생각하는 모양. ¶毣毣 2. 인정이 깊은 모양. 3. 바람이 솔솔 부는 모양. 4. 좋다.

毣毣(목목) 1)정이 깊은 모양. 2)곰곰히 생각하는 모양. 3)바람이 솔솔 부는 모양.

유 念(생각할 념) 想(생각할 상) 思(생각할 사)

毨	⑥ 10획 털갈 선	日セン 中xiǎn

풀이 털을 갈다. 털갈이.

毧	⑥ 10획	日ユウ
	솜털 융	中róng

풀이 1. 솜털. 가는 털. 2. 모직물(毛織物).

비 毬(공 구)

毦	⑥ 10획	日イ
	깃털 장식 이	中ěr

풀이 1. 깃털 장식. ¶毦筆 2. 모직물. 3. 향초(香草) 이름. 4. 등나무.

毦筆(이필) 깃으로 장식한 붓.

毬	⑦ 11획	日キュウ · まり
	공 구	中qiú

* 형성. 뜻을 나타내는 부수 '毛(털 모)'과 음을 나타내는 '求(구할 구)'를 합친 글자.

풀이 공. 둥근 물체.

毬燈(구등) 모양이 공같이 둥근 등. 구등(球燈).
毬獵(구렵) 격구(擊毬)와 사냥.
毬場(구장) 1)격구를 하던 경기장. 2)공을 가지고 경기를 하는 운동장.

毫	⑦ 11획	日コウ · け
	가는 털 호	中háo

丶 亠 亠 亡 古 亨 高 亭 亭 亳 毫

* 형성. 뜻을 나타내는 부수 '毛(터럭 모)'와 음을 나타내는 '高(높을 고)'를 합친 글자. 길고 뾰족한 가는 털을 뜻함. 바뀌어, '가늘고 작다', 또는 '가늘고 작은 붓'을 나타냄.

풀이 1. 가는 털. 잔털. ¶毫髮 2. 붓. 붓끝. ¶毫楮 3. 호 무게 또는 길이의 단위. 4. 조금. ¶秋毫

毫釐(호리) 1)자와 저울의 눈인 호(毫)와 이(釐). 2)얼마 안 되는 적은 분량.
毫末(호말) 1)터럭 끝. 2)아주 작거나 적은 것. 또는 근소. 약간.
毫芒(호망) 아주 적은 분량. 극히 작은 것.
毫毛(호모) 1)아주 가는 털. 2)아주 적은 분량을 이르는 말.
毫髮(호발) 1)가는 털과 모발. 2)근소. 약간.
毫楮(호저) 붓과 종이.
分毫(분호) 1)일분(一分). 일호(一毫). 2)정도나 분량이 썩 적음.
絲毫(사호) 몹시 적은 수량.
小毫(소호) 1)아주 작은 터럭. 2)몹시 적은 분량이나 아주 작은 정도.
試毫(시호) 시필(試筆).
一毫(일호) 한 개의 가는 털이라는 뜻으로 아주 작은 정도를 비유하는 말.
秋毫(추호) 가을철에 가늘어진 짐승의 털이란 뜻으로 조금, 또는 매우 적음을 말함.
揮毫(휘호) 붓을 휘둘려 글씨를 쓰거나 그림을 그림.

비 豪(호걸 호)

毱	⑧ 12획
	鞠(p1535)과 同字

毯	⑧ 12획	日ダン
	담요 담	中tǎn

풀이 담요.

毯布(담포) 부드러운 털로 짠 피륙.

유 毹(담요 유)

毴	⑧ 12획
	毯(p695)과 同字

毳	⑧ 12획	日ゼイ · セイ · むくげ
	솜털 취	中cuì, qiāo

풀이 1. 솜털. 부드럽고 가는 털. 2. 새 털. ¶毳毛 3. 모직물. ¶毳毼 4. 털가죽. 호피. 5. 연약하다. 6. 맛나다. 부드럽다. 7. 썰매.

毳毼(취갈) 모직물.
毳衲(취납) 모직물로 만든 중이 입는 털옷.
毳幕(취막) 모직(毛織)으로 만든 천막(天幕).
毳幔(취만) 취장(毳帳).
毳毛(취모) 새의 배에 난 부드러운 털.
毳衣(취의) 1)털옷. 2)대부(大夫)의 제복. 3)중의 법복(法服).
毳帳(취장) 모직물로 만든 장막.

유 毧(솜털 융)

毲	⑧ 12획	日タツ
	모직물 탈	中duō

풀이 모직물. 오랑캐 나라에서 생산되는 털로 짠 직물.

4 획

유 㲦(모직물 탑)

毼	⑨ 13획 모직물 갈	日カツ 中hé

풀이 1. 모직물. 털로 짠 피륙. 2. 새 이름. 3. 그릇. 제사 음식을 담는 굽이 높은 그릇.

毷	⑨ 13획 번민할 모	日モ 中mào

풀이 1. 번민하다. ¶毷氉 2. 어지러워지다.
毷氉(모소) 번민하는 모양.

毸	⑨ 13획 날개칠 시	日シ 中sāi

풀이 1. 날개를 치다. 날개를 편 모양. 2. 춤추는 모양.

毹	⑨ 13획 담요 유	日ユウ 中shū

풀이 담요. 모포.

毻	⑨ 13획 털갈이할 타	日タ 中tuò

풀이 털갈이하다. 털갈이 한 털.
毻毛(타모) 털갈이 한 털.

毾	⑩ 14획 모직물 당	日トウ 中táng

풀이 1. 모직물. 무늬가 있는 모직물. 2. 갓끈의 윗부분에 달린 장식.

㲦	⑩ 14획 담요 탑	日タク 中tà

풀이 담요. 모포. 올이 가늘고 고운 담요.
㲦㲪(탑등) 올이 가늘고 고운 담요.
유 毹(담요 유)

氀	⑪ 15획 모직물 루(누)	日ロウ・ル 中dōu, lǘ

풀이 모직물.
氀毼(누갈) 모직물의 한 가지.
비 數(셀 수)

氂	⑪ 15획 꼬리 리	日リ 中lí, máo

풀이 1. 꼬리. ¶馬氂 2. 털. ㉠가늘고도 긴 것. ㉡억세고 꼬불꼬불 한 털. ㉢긴털. ㉣잔털. 3. 얼룩소. ¶氂牛 4. 모직물. 5. 이. 척도(尺度) 및 분량의 단위.
氂纓(이영) 얼룩소의 털로 만든 갓끈.
氂牛(이우) 얼룩소.
유 尾(꼬리 미)

氁	⑪ 15획 모직물 모	日モ 中mú

풀이 모직물. 무늬를 넣은 모직물.
氁綾(모릉) 무늬를 넣어 짠 모직물.

毿	⑪ 15획 털 길 삼	日サン 中sān

풀이 1. 털이 긴 모양. 2. 긴 털이 드리워져 있는 모양.
毿毿(삼삼) 1)털이 긴 모양. 2)가늘고 긴 것이 축 늘어진 모양.

氃	⑫ 16획 털이 흩어지는 모양 동	日ドウ・トウ 中tóng

풀이 털이 흩어지는 모양. 털이 날리는 모양.
氃氋(동몽) 털이 흩어지는 모양.

㲪	⑫ 16획 모직물 등	日トウ 中dēng

풀이 1. 모직물. 올이 가늘고 고운 담요. 2. 털이 흩어지는 모양.

氆	⑫ 16획 모직물 방	日ボウ 中pǔ

풀이 모직물. 양털의 모직물. ¶氆氌
氆氌(방로) 서역(西域)지방에서 생산되는 양털의 모직물.

4획

毦 ⑫ 16획 日ジュウ
솜털 용 中rǒng

풀이 1. 솜털. 짐승의 부드럽고 가는 털. 2. 털이 많은 모양.

유 毧(솜털 융)

氅 ⑫ 16획 日ソウ
새털 창 中chǎng

풀이 1. 새털. 2. 새털로 지은 옷. 3. 깃대에 다는 장식.

氅服(창복) 1)도사(道士)가 입는 옷. 2)외투.
氅衣(창의) 소매가 넓고 뒤 솔기가 갈라진 것으로 관원이 평상시에 입던 웃옷.

유 羽(깃 우)

氉 ⑬ 17획 日ソ
털 소 中sào

풀이 1. 빳빳한 털. 억센 털. 1. 번민하다.

유 毛(털 모)

氈 ⑬ 17획 日セン・もうせん
모전 전 中zhān

풀이 모전(毛氈). 털로 짠 모직물. 양탄자.

氈裘(전구) 모전으로 만든 의복. 오랑캐의 옷.
氈笠(전립) 털실로 짠 갓.
氈帽(전모) 모직으로 만든 모자. 벙거지.
氈毳(전취) 1)모전(毛氈). 2)전구(氈裘).

氋 ⑭ 18획
털이 긴 日ラン
모양 람(남) 中rán

풀이 털이 긴 모양.

氋毿(남삼) 털이 흩어지는 모양.

氇 ⑮ 19획 日ロウ
모직물 로 中lǔ

풀이 모직물. 양탄자. 서역(西域)에서 생산하는 양탄자.

氍 ⑱ 22획 日ク
모직물 구 中qú

풀이 모직물. 양탄자.

氍毹(구수) 1)양탄자. 2)무영. 베
氍毹(구유) 모직물. 양탄자. 모전(毛氈).

氎 ㉒ 26획 日チョウ
모직물 첩 中dié

풀이 1. 모직물. 올이 가늘고 고운 모직물. 2. 무명. 베. 3. 마르지 않고, 짜서 만든 옷.

氏 부

氏 성 씨 部

'氏' 자는 뿌리와 씨를 나타낸 것으로 사람의 '성씨'를 뜻한다. 그리고 부계(父系)나 모계(母系)의 '집안'이나, 사람의 이름이나 성에 붙여 '존칭'의 뜻으로도 사용된다.

氏 ⓪ 4획
❶ 성 씨 日シ・うじ
❷ 나라 이름 지 中shì, zhī

㇀ 𠂆 𠂇 氏

* 상형. 산기슭에 있는, 금방이라도 무너져 떨어질듯이 내민 언덕의 모양으로 '성'을 뜻하게 된 글자.

풀이 ❶ 1. 성(姓). 씨(氏). 2. 각시. 아내를 달리 이르는 말. 3. 칭호. 호칭. ❷ 4. 나라 이름. 기원전 5세기 중엽 중앙 아시아에서 터키 계통의 민족이 세운 나라.

氏名(씨명) 성명(姓名).
氏譜(씨보) 씨족의 계보(系譜). 족보(族譜).
氏族(씨족) 1)겨레. 족속(族屬). 2)공동의 조상에서 나온 일족. 원시 사회의 생활 단위였던 혈족 집단.

비 氐(근본 저)

民 ① 5획 日ミン・たみ
백성 민 中mín

㇕ ㇕ 𠃜 𠮛 民

* 상형. 한 쪽 눈을 바늘로 찌른 형상을 본떠 한쪽 눈이 찌부러져 먼 노예 · 피지배 민족의 뜻에서 '백성'의 뜻을 나타냄.

풀이 1. 백성. 국민. 2. 어둡다. 어리석다.

民家(민가) 일반 백성들이 사는 살림집. 여염집.
民間(민간) 1)일반 서민의 사회. 2)관청 또는 정부의 기관에 속하지 않음.

民國(민국) 민주 정치를 하는 나라.
民權(민권) 국민의 권리. 신체와 재산 등을 보호받을 권리나 백성이 정치에 참여하는 권리.
民泊(민박) 민가에 숙박함.
民生(민생) 1)국민의 생활. 2)사람의 천성(天性).
民俗(민속) 민간의 풍속.
民營(민영) 민간인이 경영함.
民謠(민요) 민중 속에서 자연적으로 생겨나 오랫동안 전해 내려오는 민중의 생활 감정이 소박하게 담긴 노래.
民意(민의) 국민의 의사.
民族(민족) 같은 지역에서 오랫동안 공동 생활을 함으로써 언어나 풍습 등 문화 내용을 함께하는 종족 집단.
民弊(민폐) 민간에 끼치는 폐해.
民話(민화) 민간설화(民間說話). 민간에 전승된 설화.
國民(국민) 한 나라의 통치권 아래에 결합하여 국가를 구성하고 있는 사람.
庶民(서민) 1)일반 국민. 2)귀족이나 상류층이 아닌 보통 사람.
移民(이민) 다른 나라의 땅으로 옮겨 가서 사는 일. 또는 그 사람.
豪民(호민) 부자로 세력이 있는 백성.
유 氓(백성 맹)

4획

氐	① 5획 근본 저	日テイ・もと・えびす 中dī, dǐ

풀이 1. 근본. 근원. 2. 대저. 대개. 3. 근심하다. 4. 종족 이름. 중국 서쪽 지방의 한 종족으로 한중(漢中) 하동(河東)에 이주하여 번성하여 오호(五胡)의 하나로 손꼽이게 되었음. 5. 숙이다. 6. 낮다. 7. 값이 싸다. 8. 별자리 이름. 이십팔수의 하나로 청룡칠수(青龍七宿)의 셋째 성수(星宿).
氐羌(저강) 서역(西域) 지방에 있었던 종족. 저(氐)와 강(羌).
氐首(저수) 고개를 숙임.
氐賤(저천) 값이 쌈.
氐惆(저추) 고민함. 번민함.
유 本(밑 본) 비 氏(성 씨)

氓	④ 8획 백성 맹	日ボウ・たみ 中máng, méng

풀이 백성. 국민.
氓隷(맹례) 천한 백성.
氓俗(맹속) 1)민간의 풍속. 민속(民俗). 2)백성.
유 民(백성 민)

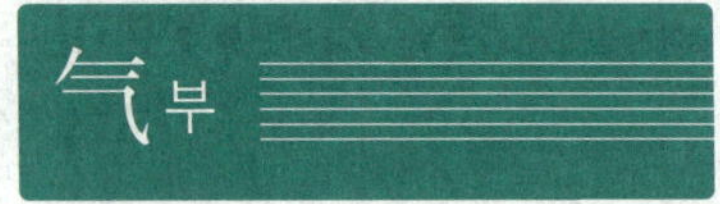

气 기운 기 部

'气' 자는 구름이 피어나는 모양에서 '기운'을 뜻하는 글자로, '氣' 자와 비슷하다 하여 '기운기엄'이라는 부수 명칭으로 쓰인다. '气' 자는 구름의 기운에서 의미가 확대되어 '기체'를 모두 가리키고, 주로 부수(部首)자로서의 역할만 한다.

气	⓪ 4획 ❶ 기운 기 ❷ 빌 걸	日キ・キツ 中qì

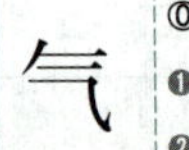 ❶ 1. 기운. 2. 주다. 내어 주다. ❸ 3. 빌다.

気	② 6획 氣(p699)의 俗字

氣(p699)

氛	④ 8획 기운 분	日フン・き 中fēn

* 형성. 뜻을 나타내는 부수 '气(기운 기)'와 음을 나타내는 '分(나눌 분)'을 합친 글자.

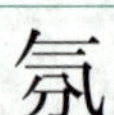 1. 기운. ㉠일에 앞서 나타나는 길흉의 기 ㉡나쁜기. 흉기(凶氣). ¶氛邪 2. 재앙.
氛垢(분구) 먼지.
氛氣(분기) 공중에 보이는 구름이나 연기 같은 기운.
氛厲(분려) 나쁜 기운이 세참. 난적(亂賊)의 세력이 홍함.
氛邪(분사) 1)불길한 기운. 2)재앙(災殃).
氛祥(분상) 불길한 기운과 상서로운 기운.
氛坱(분앙) 먼지.
氛埃(분애) 더러운 먼지. 티끌.
氛曀(분에) 구름이 낌. 흐림.
氛翳(분예) 악한 기. 불길한 기(氣).
氛氳(분온) 기운이 왕성한 모양.
氛妖(분요) 재해.
氛慝(분특) 1)나쁜 기운. 2)난적(亂賊).
氛囂(분효) 성가시고 시끄러움.

氣	⑥ 10획	日キ・ケ・き・いき
	기운 기	中qì

丿 𠂉 𠂉 气 气 气 気 氧 氣 氣

* 형성. 음을 나타내는 동시에 뜻을 나타내는 부수 '气(기운 기)'와 '米(쌀 미)'를 합친 글자.

풀이 1. 기운. 기세. ¶氣運 2. 만물을 형성하는 근원. 3. 자연현상. 4. 기질. 성질. 5. 공기. 기체. ¶氣體 6. 숨. 호흡. ¶氣絶 7. 날씨. 천기. 8. 마음. 의사. 9. 냄새. 냄새를 맡다. ¶氣味 10. 풍취. 모양. 11. 절후. 음력에서 1년을 24분(分)한 기간.

氣槪(기개) 씩씩한 기상과 꿋꿋한 절개.
氣格(기격) 품격(品格). 기품(氣品).
氣決(기결) 기상이 뛰어나고 결단력이 있음.
氣骨(기골) 1)기혈(氣血)과 골격(骨格). 2)정의를 지켜 굴하지 않는 기상.
氣孔(기공) 1)곤충의 몸 옆쪽에 있어, 호흡 작용을 하는 구멍. 2)식물의 잎 또는 줄기에 있어 호흡 작용을 하는 작은 구멍.
氣管(기관) 호흡기의 일부. 숨쉴 때에 공기가 통하는 관.
氣球(기구) 공기가 통하지 않게 만든 큰 주머니에 공기보다 가벼운 기체를 넣어 공중에 높이 올라가게 하는 공.
氣量(기량) 도량(度量).
氣力(기력) 심신(心身)의 힘. 원기.
氣流(기류) 대기의 유동.
氣脈(기맥) 1)기혈과 맥락. 혈맥. 2)서로 뜻이나 마음이 통하는 낌새.
氣門(기문) 1)사람의 몸에서 양기(陽氣)가 나오는 곳. 2)숨구멍. 기공(氣孔).
氣味(기미) 1)냄새와 맛. 2)기분과 취미. 3)한방에서 약의 성질과 효능을 판단하는 기준.
氣魄(기백) 씩씩한 기상과 진취적인 정신.
氣分(기분) 1)마음에 저절로 느껴지는 상태. 2)원기(元氣). 3)분위기.
氣象(기상) 1)비 · 눈 · 바람 · 구름 등 대기 속에서 일어나는 현상. 2)타고난 기질.
氣色(기색) 얼굴에 나타나는 마음속의 생각이나 감정.
氣塞(기색) 숨이 막힘. 심한 정신적 충격으로 호흡이 막히는 병.
氣勢(기세) 의기가 장한 형세. 남이 보기에 두려워할 만한 힘.
氣壓(기압) 대기의 압력.
氣焰(기염) 호기로운 기세. 대단한 호기.
氣溫(기온) 대기의 온도.
氣運(기운) 사세(事勢) 또는 대세(大勢)가 어떤 방향으로 향하려는 움직임.
氣絶(기절) 숨이 끊어짐. 호흡이 정지함.
氣盡(기진) 기력이 다함.
氣質(기질) 1)개인이나 집단 특유의 성질. 2)일반적인 감정의 경향으로 본 개인의 성질.
氣體(기체) 1)공기와 같이 일정한 형상이나 부피가 없고 자유로이 유통하는 성질을 가진 물질. 2)기력과 신체의 뜻으로 웃어른에게 안부를 물을 때 쓰는 말.
氣泡(기포) 거품.
氣品(기품) 사람의 모습이나 태도, 또는 예술 작품 등에서 느껴지는 고상한 느낌.
氣稟(기품) 타고난 기질과 성품.
氣風(기풍) 기상과 풍채. 기질(氣質).
氣合(기합) 1)호흡이 맞음. 2)적에게 덤비는 기세나 그 지르는 소리.
氣血(기혈) 인체의 생기와 혈액.
氣化(기화) 액체가 열의 압력의 작용으로 기체가 되는 현상.
氣候(기후) 1)어느 지역의 평균적인 기상 상태. 2)일년의 24기와 72후의 통칭.

氤	⑥ 10획	日イン・いきおい
	기운 성할 인	中yīn

풀이 기운이 성하다.

氤氳(인온) 천지의 기가 화하여 성한 모양. 인온(氤縕).

氳	⑩ 14획	日オン・いきおい
	기운 성할 온	中yún

풀이 기운이 성하다. 기운이 성한 모양.

氳氛(온분) 기운이 왕성한 모양.
氳氳(온온) 기운이 성(盛)한 모양.
氳氤(온인) 기운이 왕성한 모양.

水 부

水 물 수 部

'水' 자는 물의 흐르는 모양을 본뜬 글자로 '강(江)' 자에서처럼 글자의 좌측에 '氵'의 모양으로 쓰여 '삼수변'이라는 부수 명칭으로 쓰인다. 이 둘은 모두 일반적인 물과 관련되고 물이 흐르는 곳이나 '호수', '바다'와도 관련된다. 그리고 물이 많은 상태인 '홍수'나 모든 '액체'를 통칭하기도 하

4획

고, 수평(水平)에서처럼 '평평하다', 또는 우주를 구성하는 오행(五行)의 하나를 나타내기도 한다. 또한 물은 생존과 생장 등과 관련되어 이 글자를 부수로 갖는 글자는 물과 관련된 것뿐만 아니라, 물에 의한 모든 활동이나 상태, 성질과도 관련이 있다.

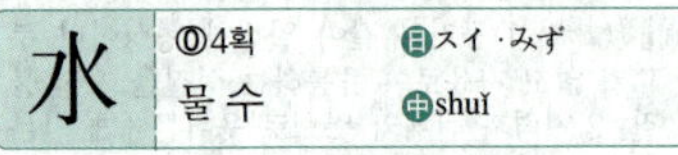

亅 기 水 水

*상형. 시냇물이 흐르고 있는 모양을 본뜬 글자로 '물'의 뜻을 나타냄.

풀이 1. 물. ㉠산소와 수소로 이루어진 액체. ㉡호수·바다·강 등. ¶水道 2. 홍수. 3. 오행(五行)의 하나. 계절은 겨울, 방위는 북쪽을 나타냄. 4. 물을 긷거나 사용하다. 5. 평평하다. 6. 평평하게 하다. 7. 수성(水星). ¶水星 8. 음기(陰氣).

水閘(수갑) 수문.
水渠(수거) 도랑. 구거(溝渠).
水瓜(수과) 수박.
水難(수난) 1)수해(水害). 2)익사·침몰 등 물로 말미암아 일어나는 재난.
水獺(수달) 물가에서 굴을 파고 개구리 등을 잡아먹으며 사는 족제비과의 짐승. 물개.
水道(수도) 1)물이 흐르는 길. 2)뱃길. 항로(航路). 3)주민들에게 물을 공급하기 위한 설비.
水痘(수두) 급성 발진성(發疹性) 전염병. 작은 마마.
水量(수량) 물의 분량.
水力(수력) 물의 힘. 물이 흐르는 힘.
水路(수로) 뱃길. 물길.
水樓(수루) 물가나 물 위에 있는 누각. 수각(水閣).
水陸(수륙) 물과 뭍. 수로와 육로.
水陸珍味(수륙진미) 수륙에서 나는 맛있는 음식. 산해진미(山海珍味).
水利(수리) 물의 편리. 곧 물이 많아서 관개·음료의 공급, 선박의 왕래 등에 편리한 일.
水脈(수맥) 땅속에 흐르는 물의 줄기.
水面(수면) 물의 표면.
水墨畫(수묵화) 동양화의 하나로 채색을 쓰지 않고 수묵의 짙고 옅은 조화로써 초자연적 표현을 주로 하는 그림. 묵화(墨畫).
水門(수문) 저수지나 수로에 설치하여 물의 양을 조절하는 문.
水泊(수박) 배가 정막하는 곳.
水畔(수반) 물가.
水産(수산) 물속에서 생산되는 것. 어패류나 해조류 등. 수산물(水産物).

4획

水上(수상) 1)물가. 2)물 위. 수면(水面). 3)상류(上流).
水棲(수서) 물속에서 삶.
水石(수석) 1)물과 돌. 2)물과 돌로 이루어진 경치.
水星(수성) 혹성 중에서 가장 작고, 태양 가까이 있는 별.
水深(수심) 물의 깊이.
水涯(수애) 물가.
水魚之交(수어지교) 물고기와 물 같은 사이. 아주 절친한 사이를 이르는 말.

水魚之交(수어지교)의 유래
삼국 시대 때 유비가 삼고초려하여 제갈공명을 얻고는 그를 스승으로 모시면서 따르니, 관우와 장비가 과분한 대우라며 불평하였다. 이때 유비는 "내게 공명이 있는 것은 마치 물고기가 물에 있는 것과 같다. 다시는 이런저런 말을 하지 않기 바란다."라고 말하였다.

水運(수운) 배로 화물을 운반 하는 일. 수로(水路)에 의한 운송.
水源(수원) 물이 흘러 나오는 근원.
水源池(수원지) 상수도에 보낼 물을 모아둔 곳.
水位(수위) 강·바다·호수 등의 수량의 높이.
水槽(수조) 물을 담아 두는 큰 통.
水蒸氣(수증기) 물이 증발한 김.
水車(수차) 1)물레방아. 2)논에 물을 대는 물레. 용골차(龍骨車). 3)빠른 배.
水草(수초) 1)물가나 물에서 나는 풀. 2)물과 풀.
水平(수평) 1)잔잔한 수면처럼 평평한 상태. 2)수준(水準).
水泡(수포) 1)물거품. 2)허무한 인생을 비유하는 말. 3)공들인 일이 헛되이 되는 일을 비유하는 말.
水旱(수한) 수재와 한재. 홍수와 가뭄
水害(수해) 홍수로 인한 재해.
水化(수화) 1)물에 빠져 죽음. 2)물의 작용으로 암석·지질 등에 일어나는 변화.
水花(수화) 1)연꽃의 다른 이름. 수화(水華). 2)개구리밥의 다른 이름. 부초(浮草). 3)해화석(海花石)의 다른 이름.

비 氷(얼음 빙)

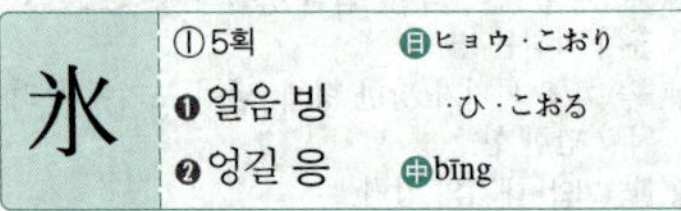

亅 刁 기 水 氷

*형성 뜻을 나타내는 부수 '水(물 수)'와 음을 나타내는 부수 이외의 글자를 합친 글자.

풀이 ❶ 1. 얼음. 2. 얼다. ¶氷水 3. 기름. 지방. 4. 식히다. 5. 차갑다. ❷ 6. 엉기다. 7. 되다. 이루어지다.

氷庫(빙고) 얼음 창고.

氷凍(빙동) 얼음.

氷山(빙산) 1)얼음의 산. 바다에 뜨는 산 같은 얼음덩이. 2)믿을 수 없는 사물을 비유하는 말.

氷上(빙상) 얼음 위.

氷雪(빙설) 1)얼음과 눈. 2)청렴과 결백을 비유하는 말.

氷水(빙수) 1)얼음물. 2)얼음을 눈처럼 갈아서 그 속에 삶은 팥·설탕 등을 넣어 만든 청량음료.

氷點(빙점) 물이 얼기 시작하거나 얼음이 녹기 시작하는 온도. 섭씨 0도.

氷株(빙주) 고드름.

氷炭不相容(빙탄불상용) 얼음과 숯은 서로 받아들이지 못한다는 뜻으로, 서로 타협할 수 없는 사이를 이르는 말. 빙탄불용(氷炭不容).

○氷炭不相容(빙탄불상용)의 유래

전국시대 초나라의 애국 시인 굴원(屈原)은 간신배들에게 참소를 당하여 관직을 박탈당하고 강호를 떠돌다가 자살하고 말았다. 훗날 한나라의 동방삭(東方朔)은 굴원을 추모하는 시를 지었다. '얼음과 숯은 서로 함께 할 수 없으니 나는 애초 목숨이 길지 못할 줄 알았다. 즐거움도 없이 홀로 고통스럽게 죽어 내 나이를 다하지 못함을 슬퍼한다.' 충신인 굴원과 그를 모함한 간신배들은 차가운 얼음과 뜨거운 숯처럼 도저히 함께 있을 수 없었음을 비유한 시이다.

氷河期(빙하기) 빙하시대(氷河時代) 지구상의 기후가 몹시 한랭해 북반구 대부분이 대규모의 빙하로 덮였던 70~80만 년 전으로 추상되는 시대.

結氷(결빙) 몸이 얼어붙음.

비 永(길 영)

永	① 5획	日 エイ·ヨウ·ながい
	길 영	中 yǒng

丶 亅 刁 永 永

* 상형. 여러 줄기로 길게 뻗어 흐르는 물의 모양을 본뜬 글자로, '길다'의 뜻을 나타냄.

풀이 1. 길다. 2. 길이. 오래도록. 영구히. ¶永久 3. 길게 하다. 길게 늘이다. 4. 멀다. 요원하다. 5. 노래 부르다. ¶永劫 6. 깊다. 7. 읊조리다. 8. 헤엄치다.

永劫(영겁) 심히 오랜 세월. 영구(永久).

永久(영구) 길고 오램. 세월이 한없이 계속됨.

永生(영생) 영원한 생명 또는 삶.

永世(영세) 세월이 오래됨. 또는 그런 세대.

永遠(영원) 1)어떤 상태가 끊임없이 이어짐. 2)시간을 초월함.

一勞永逸(일로영일) 약간의 노력으로 오랜 동안 안락을 얻음.

유 長(길 장) 반 短(짧을 단) 비 氷(얼음 빙)

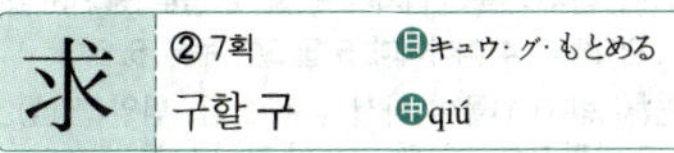

求	② 7획	日 キュウ·グ·もとめる
	구할 구	中 qiú

一 寸 寸 才 求 求 求

* 상형. 짐승의 가죽으로 만든 옷의 모양을 본뜬 글자로 '짐승의 가죽으로 만든 옷', '갖옷'의 뜻을 나타내다가 후에, '모으다', '구하다'의 뜻으로도 쓰임.

풀이 1. 구하다. 바라다. ¶求人 2. 찾다. ¶索求 3. 갖옷. 4. 요구하다. 5. 빌다. 구걸하다. 6. 탐하다. 7. 책망하다. 8. 모으다. 모이다. 9. 끝. 종말.

求乞(구걸) 남에게 돈 등을 빌어서 얻음.

求道(구도) 1)도(道)를 구함. 2)불법의 정도(正道)를 구함.

求得(구득) 구하여 얻음.

求索(구색) 애를 써서 찾아냄.

求入(구입) 구하여 들임.

求職(구직) 직업을 구함.

求解(구해) 양해를 구함.

求刑(구형) 형사 사건의 재판에서 검사(檢事)가 피고를 어떤 형벌에 처할 것을 요구하는 일.

求婚(구혼) 혼처(婚處)를 구함.

强求(강구) 억지로 구함.

要求(요구) 1)달라고 청함. 2)어떤 행위를 하도록 청하거나 구함.

請求(청구) 내놓거나 주기를 요구함.

追求(추구) 목적한 바를 이루고자 끝까지 좇아 구함.

探求(탐구) 더듬어 찾아 구함.

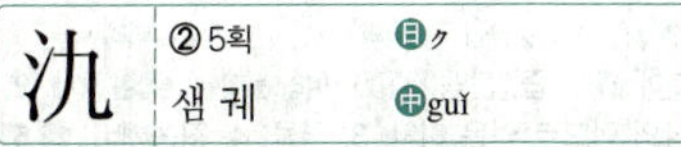

氿	② 5획	日 ク
	샘 궤	中 guǐ

풀이 샘. 결구멍에서 솟아 나오는 샘.

氿泉(궤천) 측면에서 솟아 나는 샘.

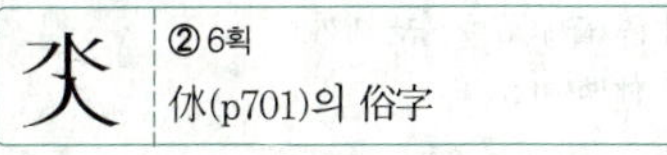

氽	② 6획
	氼(p701)의 俗字

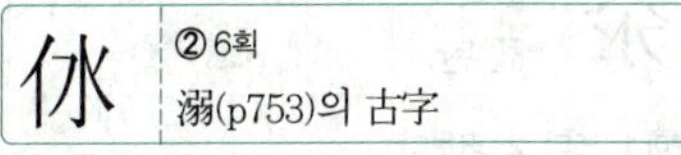

氼	② 6획
	溺(p753)의 古字

4획

氾	② 5획	日ハン・あふれる
	넘칠 범	中fàn, fán

풀이 1. 넘치다. 물이 넘치다. ¶氾濫 2. 물로 씻다. 3. 넓다. 광대하다. 4. 떠다니다. 5. 골고루. 두루. 6. 많다.

氾濫(범람) 1)물이 차서 넘쳐 흐름. 범일(汎溢). 2)바람직하지 못한 것들이 많이 나돎.

氾然(범연) 속박 받지 않음. 대범함.

비 犯(범할 범)

汀	② 5획	日テイ・みぎわ
	물가 정	中tīng, tìng

* 형성. 뜻을 나타내는 부수 '水(물 수)'와 음을 나타내는 '丁(장정 정)'을 합친 글자.

풀이 1. 물가. ¶汀濆 2. 모래섬. 흙이 모여 이루어진 강 가운데 있는 섬. 3. 뜻을 이루지 못하다. 4. 도랑. 작은 시내. 5. 흙탕물.

汀曲(정곡) 물가가 굽어진 곳.

汀濘(정녕) 1)진흙. 진흙탕. 2)작은 시내.

汀濆(정분) 물가.

汀沙(정사) 물가의 모래.

汀瀅(정영) 물이 맑고 깨끗한 모양.

汀洲(정주) 얕은 물 가운데 토사(土沙)가 쌓여 물 위로 드러난 곳.

4획

汁	② 5획	
	❶즙 즙	日ジュウ・しる
	❷맞을 협	中zhī
	❸그릇 집韓	

* 형성. 뜻을 나타내는 부수 '水(물 수)'와 음을 나타내는 '十(열 십)'을 합친 글자. '음식의 국물'이란 뜻을 나타냄.

풀이 1 1. 즙. 진액(津液). 여러 물질을 혼합한 액체. 2. 남의 덕으로 얻은 이익. 3. 국물. 4. 진눈깨비. 2 5. 화합(和合)하다. 3 6. 그릇. 살림살이 도구.

汁物(1.즙물/2.집물) 1)도자기에 쓰는 잿물. 2)살림살이에 쓰는 온갖 그릇.

汁滓(즙재) 즙을 짜낸 찌끼.

비 什(열사람 십)

氽	② 6획	日タン
	뜰 탄	中cuān

풀이 1. 뜨다. 2. 띄우다.

汃	③ 6획	
	물결치는	日ハッ
	소리 팔	中bīn

풀이 1. 물결치는 소리. 2. 물이 빛을 받아 반짝이다. ¶汃汃

汃汃(팔팔) 1)물이 흐르는 모양. 2)물이 빛나는 모양.

江	③ 6획	日コウ・ゴウ・え
	강 강	中jiāng

丶 冫 氵 氵 汀 江

* 형성. 뜻을 나타내는 부수 '水(물 수)'와 음을 나타내는 '工(장인 공)'을 합친 글자. '工'은 함께라는 뜻을 나타내어 여러 물줄기를 함께 모은 '큰 강'이라는 뜻을 나타냄.

풀이 1. 강. 2. 양자강(揚子江). 3. 별 이름.

江南(강남) 양자강(揚子江)의 남쪽 지역.

江南橘化爲枳(강남귤화위지) 강남의 귤을 강북에 심으면 탱자로 변한다는 뜻으로, 사람도 환경을 따라 그 품성이 달라짐을 비유하는 말.

江樓(강루) 강가의 누각(樓閣).

江畔(강반) 강가.

江山(강산) 1)강과 산. 산천(山川). 2)국토(國土).

江渚(강저) 1)강가. 2)강의 작은 섬.

江亭(강정) 강가에 있는 정자.

江天(강천) 1)강과 하늘. 2)강물과 하늘이 이어진 사이.

江村(강촌) 강가의 마을. 강향(江鄕).

江風(강풍) 강바람.

江河(강하) 1)양자강과 황하(黃河). 2)큰 강.

江海(강해) 1)강과 바다. 2)넓음을 비유함.

江湖(강호) 1)강과 호수. 2)세상. 속세. 강해(江海). 3)관직을 떠나 은거해 있는 시골.

汏	③ 6획	日タ
	씻을 대	中dà

풀이 1. 씻다. 2. 쌀을 일다. 3. 물결. 4. 지나치다. 도가 지나치다. 5. 지나다. 통과하다. 6. 교만하다.

汒	③ 6획	日ホウ
	황급할 망	中máng, mǎng

풀이 1. 황급하다. 총망하다. ¶汒若 2. 아득하다. 망연하다.

汒若(망약) 황급한 모양. 경황 없이 서두르는 모양.

汒焉(망언) 아무 생각 없이 멍한 모양.

비 忙(바쁠 망)

汎 ③6획
❶뜰 범 日ハン·ひろい
❷소리 가늘 핍 中fàn
❸물소리 풍

* 형성. 뜻을 나타내는 부수 '水(물 수)'와 음을 나타내는 '凡(대강 범)'을 합친 글자. '凡'자가 바람이라는 뜻을 나타내어, 바람처럼 가볍게 '뜨다'의 뜻을 나타냄.

풀이 ❶ 1. 뜨다. 2. 물결 따라 떠돌다. 3. 넓다. 광대하다. 4. 널리. 5. 가볍다. 6. 많다. 7. 빠르다. ❷ 8. 소리가 가늘다. ❸ 9. 물 소리. 파도 소리.

汎濫(범람) 1)물이 넘쳐 흐름. 2)널리 모든 일에 통함.

汎論(범론) 1)널리 논함. 2)대강 대강 설명한 객관적인 이론.

汎涉(범섭) 어떤 일에나 널리 통함.

汎游(범유) 1)두루 여러 면에 걸쳐 배움. 2)떠돌아다니며 노는 일.

汎溢(범일) 물이 넘치는 모양.

汎採(범채) 널리 재료를 모음.

汎沛(범패) 1)성한 모양. 2)비가 몹시 오는 모양.

汎剽(범표) 가벼움. 경솔함.

汜 ③6획 日サ
지류 사 中sì

풀이 1. 지류(支流). 2. 웅덩이. 3. 물가.

비 氾(넘칠 범)

汕 ③6획 日サン
오구 산 中shàn

풀이 1. 오구. 물고기를 잡는 그물의 한 가지. 2. 오구로 고기를 떠서 잡다. 2. 물고기가 헤엄치다.

汕汕(산산) 1)오구로 물고기를 떠서 잡는 모양. 2)물고기가 헤엄치는 모양.

汐 ③6획 日セキ·しお
조수 석 中xī

풀이 조수. 썰물.

汐水(석수) 저녁 때에 밀려 들어왔다가 나가는 조수(潮水).

유 潮(조수 조)

汛 ③6획 日シン
물 뿌릴 신 中xùn

풀이 1. 물을 뿌리다. ¶汛掃 2. 만조(滿潮). 3. 신문하다. 캐어 물어 조사하다.

汛問(신문) 직권으로 따져 물음.

汛掃(신소) 물을 뿌리고 깨끗이 쓺.

비 迅(빠를 신)

汝 ③6획 日ジョ·なんじ
너 여 中rǔ

* 형성. 뜻을 나타내는 부수 '水(물 수)'와 음을 나타내는 '女(계집 여)'를 합친 글자.

풀이 1. 너. 그대. 친구나 손아랫사람에 대한 2인칭 대명사. 2. 강 이름. 중국 하남성을 흘러 회수(淮水)로 들어가는 강.

汝南月旦(여남월단) 너를 뜻하는 인물에 대한 비평.

汝等(여등) 너희들.

汝曹(여조) 너희들. 당신들. 약조(若曹).

유 我(나 아) 비 如(같을 여)

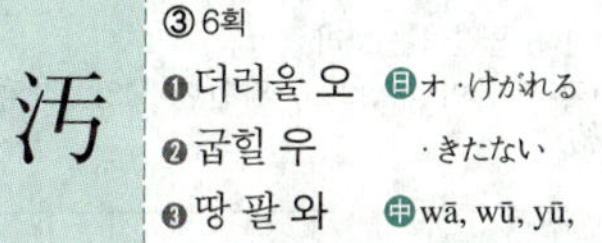

汚 ③6획
❶더러울 오 日オ·けがれる
❷굽힐 우 ·きたない
❸땅 팔 와 中wā, wū, yū,

* 형성. 뜻을 나타내는 부수 水(물 수)와 음을 나타내며 '막다'의 뜻을 지닌 부수 이외의 글자를 합친 글자. 이에 물의 흐름을 막아 생긴 '괸 물', '괴어서 더러워진 물'의 뜻을 나타냄.

풀이 ❶ 1. 더럽다. 불결하다. ¶汚渠 2. 더럽히다. 3. 더러움. 4. 추잡하다. ¶汚俗 5. 욕. 욕보이다. 6. 괸 물. 7. 급이 낮다. 8. 땅이 낮다. 9. 씻다. 빨다. ❷ 10. 뜻을 굽히다. ❸ 11. 땅을 파다. 12. 뒤떨어지다.

汚渠(오거) 더러운 도랑. 오독(汚瀆).

汚垢(오구) 더러운 때.

汚泥(오니) 1)진흙. 수렁. 2)땅이 낮고 습기가 많은 상태.

汚瀆(오독) 1)더러운 도랑. 2)작은 도랑. 3)명예나 이름 등을 더럽힘.

汚吏(오리) 청렴하지 못한 관리.

汚衊(오멸) 1)피를 흘려 더럽힘. 2)남의 명예를 손상시킴.
汚名(오명) 더러워진 이름이나 명예.
汚物(오물) 더러운 물질.
汚世(오세) 부정(不正)이 행해지는 세상.
汚俗(오속) 나쁜 풍습.
汚損(오손) 더럽히고 손상함.
汚水(오수) 더러워진 물. 구정물.
汚辱(오욕) 1)더럽혀 욕되게 함. 2)부끄러움. 수치스러움.
汚賊(오적) 더럽히고 해침.
汚濁(오탁) 더럽고 흐림.
汚行(오행) 더러운 행위.
貪汚(탐오) 욕심이 많아 더러움.
비 汗(땀 한)

③ 6획
汚(p703)와 同字

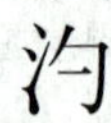
③ 6획
❶ 삶을 작 日サク
❷ 물소리 삭 中zhuó, zhuò

풀이 1 1. 삶다. 익히다. 2. 술을 뜨다. 3. 푸다. 펴내다. 4. 물소리. 2 5. 물소리. 물결이 치는 소리. ¶汋汋 6. 윤기가 흐르다. 윤택하다. 7. 가지다. 취하다.
汋汋(삭삭) 물결치는 소리.
汋約(작약) 몸이 가냘프고 얌전한 모양. 작약(綽約).

③ 6획
❶ 못 지 日チ·いけ
❷ 강이름 타 中chí
❸ 제거할 철

丶 冫 氵 汁 池 池

* 형성. 뜻을 나타내는 부수 '水(물 수)'와 음을 나타내는 '也(어조사 야)'를 합친 글자. '也'는 '둘러싸다'의 뜻을 나타내어 둘러싸인 물, 즉 '연못'의 뜻으로 쓰임.

풀이 1 1. 못. 연못. ¶池閣 2. 해자. 성 밖에 둘러서 판 못. 3. 물길. 4. 물받이. 2 5. 강 이름. 3 6. 제거하다. 없애다.
池閣(지각) 연못가에 있는 누각.
池塘(지당) 못의 둑.
池畔(지반) 못가.
池沼(지소) 못과 늪.
池籞(지어) 못 안에 대나무 울타리를 쳐두고 고기를 기르는 곳. 양어장(養魚場).
池魚(지어) 못 속의 물고기.
池魚籠鳥(지어농조) 못의 고기와 새장의 새처럼 자유롭지 못한 신세를 비유하는 말.
비 他(다를 타)

③ 6획 日チャ
물 갈래질 차 中chà

풀이 물 갈래지다.

汗
③ 6획 日カン·あせ
땀 한 中hán, hàn

丶 冫 氵 氵 汀 汗

* 형성. 뜻을 나타내는 부수 '水(물 수)'와 음을 나타내는 '干(천간 간)'을 합친 글자. '干'자가 '볕을 쬐다'나 '가뭄'의 뜻을 나타내어, 더워서(干) 땀(水)이 나다의 뜻으로 쓰임.

풀이 1. 땀. ¶汗血 2. 땀을 흘리다. 3. 호령(號令)하다. 명령을 내리다. 4. 윤택해지다. 5. 돌궐(突厥)의 추장 이름.
汗簡(한간) 1)푸른 대를 불에 구워 진을 뺀 종이 대용의 댓조각. 2)문서. 또는 서적.
汗馬之勞(한마지로) 1)말을 달려 싸움터에서 힘을 다하여 싸운 공로. 전쟁에 이긴 공로. 2)말이 땀을 흘리게 하는 운반 등의 수고.
汗漫(한만) 1)아득히 먼 모양. 대단히 넓은 모양. 2)되는대로 내버려두고 등한함.
汗背(한배) 1)등에 땀이 남. 2)부끄러움.
汗衫(한삼) 여름 옷의 한 가지. 속옷. 땀받이. 한의(汗衣).
汗顔(한안) 1)몹시 부끄러워 얼굴에 땀이 남. 2)심한 노동을 하여 얼굴에 땀을 흘림.
汗疣(한우) 땀띠. 한진(汗疹).
汗牛充棟(한우충동) 짐으로 실으면 소가 땀을 흘리고, 쌓으면 들보까지 가득 찬다는 뜻으로, 장서(藏書)가 많음을 비유하는 말.
汗衣(한의) 땀받이. 땀이 밴 옷.
汗酒(한주) 소주(燒酒)의 다른 이름.
汗眩(한현) 땀이 나고 어지러움.
汗血(한혈) 1)피와 땀. 2)몹시 노력함.
汗血馬(한혈마) 하루에 천리를 달린다는 명마(名馬). 지금의 아라비아 지방에서 나는 말.
輕汗(경한) 조금 나는 땀.
비 汚(더러울 오)

汞 ③ 7획 수은 홍 ㉰コウ ㊥gǒng

풀이 수은(水銀).

汍 ③ 6획 눈물 흐르는 모양 환 ㉰カン ㊥wán

풀이 눈물이 흐르는 모양.

汍瀾(환란) 눈물을 줄줄 흘리며 우는 모양.

汔 ③ 6획 거의 흘 ㉰まで ㊥qì

풀이 1. 거의. 거반. 2. 물이 마르다.

비 忔(기쁠 흘)

決 ④ 7획 결정할 결 ㉰ケツ·きめる·きまる ㊥jué

丶 冫 氵 汀 江 決 決

풀이 1. 결정하다. ¶決定 2. 판단하다. ¶判決 3. 끊다. 4. 이별하다. 5. 터지다. 제방이 터지다. ¶決壞 6. 터뜨리다. 7. 틈. 갈라진 곳. 8. 물이 넘치다. 9. 상처를 입히다. 10. 결코. 11. 반드시. 기어코. 12. 과감하게. 13. 깍지. 활을 쏠 때 손에 끼는 기구.

決價(결가) 값을 정함.

決壞(결괴) 둑이 터져 무너짐.

決斷(결단) 딱 잘라 결정하거나 단안을 내림. 또는 그 결정이나 단안.

決裂(결렬) 1)여러 갈래로 찢어짐. 2)의견이 일치하지 않아서 각각 헤어짐.

決論(결론) 의론의 가부와 시비를 따져 결정하는 것. 또는 그 결정된 의론.

決死隊(결사대) 죽기를 각오하고 달려 드는 군대나 무리.

決算(결산) 1)계산을 마감함. 2)공공 기관이나 기업체 등에서 일정 기간의 수입과 지출을 계산하는 일.

決勝(결승) 마지막 승부를 결정함.

決心(결심) 마음을 굳게 작정함. 또는 그 작정한 마음.

決然(결심) 1)단호히. 2)급히.

決意(결의) 뜻을 굳힘.

決議(결의) 의안(議案)을 결정함.

決裁(결재) 하급자가 내 놓는 일에 상급자가 승인하는 일.

決戰(결전) 승부를 결판내는 싸움.

決定(결정) 1)결단을 내려 확정함. 2)법원이 행하는 판결 및 명령 이외의 재판.

決判(결판) 옳고 그름을 가려 판정을 내림.

비 快(쾌할 쾌)

汩 ④ 7획 ❶ 빠질 골 ❷ 흐를 율 ㉰コツ ㊥gǔ, yù

풀이 ❶ 1. 빠지다. 2. 어지러워지다. 3. 빠르다. ¶汩流 4. 다스리다. 5. 파도. 물결. 6. 통하다. 통과시키다. ❷ 7. 흐르다. 8. 떠내려가다. 9. 맑다. 청정하다. 10. 밝은 모양.

汩流(골류) 물이 빨리 흐름. 또는 빠른 흐름.

汩活(골활) 물의 흐름이 빠른 모양.

汩越(골월) 밝은 모양. 빛나는 모양.

汩汩(율율) 1)물이 흐르는 모양. 2)문장 등이 거침없이 나아가는 모양.

비 泊(쉴 박)

汯 ④ 7획 빨리 흐를 굉 ㉰コウ ㊥hóng

풀이 1. 빨리 흐르다. 2. 물결이 소용돌이치다.

汲 ④ 7획 길을 급 ㉰キュウ·くむ ㊥jí

풀이 1. 물을 긷다. ¶汲水 2. 끌어올리다. 3. 끌어 당기다. 4. 분주히 움직이다. 5. 취하다. 6. 거짓. 허위.

汲汲(급급) 무슨 일에 정신을 쏟아 힘쓰는 모양.

汲路(급로) 물을 길어 나르는 길.

汲水(급수) 물을 길음.

汲引(급인) 1)물을 길어 올림. 2)사람을 뽑아 씀. 인재를 등용함.

樵童汲婦(초동급부) 땔나무를 하는 아이와 물을 긷는 여자라는 뜻으로, 보통사람을 말함.

비 吸(마실 흡)

 ④ 7획 ❶ 김 기 ❷ 거의 흘 ㉰キ·ゆげ ㊥qì

4 획

* 형성. 뜻을 나타내는 부수 '水(물 수)'와 음을 나타내는 '气(기운 기)'를 합친 글자.

풀이 1 1. 김. 수증기. 2 2. 거의. 3. 물이 말라 붙다. 4. 다하다. 떨어지다.

汽罐(기관) 불을 때어 물을 끓여 증기를 일으키는 큰 가마.

汽笛(기적) 1)기관차 · 선박 등의 신호 장치. 2)증기의 힘으로 내는 신호음.

汽車(기차) 증기 기관차로 객차 · 화차를 견인하고 궤도를 달리는 열차. 또는 그 기관차. 증기차 · 화차.

沂	④7획 ❶내 이름 기 日キ·ぎ·ぎん ❷지경 은 中yí

풀이 1 1. 내 이름. 중국 산동성(山東省)에서 시작하여 사수(泗水)로 들어가는 강. 2 2. 지경(地境).

沂水(기수) 중국 산동성(山東省)에서 시작하여 사수(泗水)로 들어가는 강.

沓	④8획 日トウ·くつ 합할 답 中dá, tà

풀이 1. 합하다. 2. 겹쳐지다. 중첩하다. 3. 탐하다. 탐내다. 4. 끓다. 5. 유창하다. 6. 게으르다.

沓沓(답답) 1)말이 많고 유창한 모양. 2)완만한 모양. 게으른 모양. 3)빨리 가는 모양.

沓茫(답망) 먼 모양. 아득한 모양.

沓潮(답조) 밀물과 썰물이 합쳐짐.

沓至(답지) 겹쳐서 한꺼번에 몰려옴. 자꾸 계속하여 옴.

沓貪(답탐) 탐냄. 재리(財利)를 탐함.

沓風(답풍) 중풍(中風).

沓合(답합) 중첩(重疊)함. 겹쳐짐.

비 香(향기 향)

沌	④7획 日トン 어두울 돈 中dùn, zhuàn

풀이 1. 어둡다. 천자가 아직 개벽되지 않아 모든 사물이 확실하게 구분되지 않은 상태. 2. 돌다. 빙빙 돌다. 3. 어리석다. 우매하다. 4. 물결치다. 물결이 세차게 치는 기세.

混沌(혼돈) 1)천지개벽 초에 하늘과 땅이 아직 나누어지지 않은 상태. 혼륜(渾淪). 2)사물의 구별이 확실하지 않은 상태. 3)어떤 대상에 대해 갈피를 잡을 수 없어 뚜렷한 생각이나 인식을 가질 수 없는 상태.

비 池(못 지)

沔	④7획 日メン 내 이름 면 中miǎn

풀이 1. 내 이름. 중국 섬서성(陝西省)에 흐르는 한수(漢水)의 지류. 2. 빠지다. 3. 물이 많아 넘실넘실 흐르는 모양.

沐	④7획 日モク·ボク·あらう 머리 감을 목 中mù

* 형성. 뜻을 나타내는 부수 '水(물 수)'와 음을 나타내며 물을 끼얹다는 뜻을 지닌 '木(나무 목)'을 합친 글자. 이에 물을 끼얹어 '머리를 감다'의 뜻이 됨.

풀이 1. 머리를 감다. ¶沐浴 2. 씻다. 3. 혜택을 받다. 4. 다스리다. 5. 뜨물. 머리를 감는 데 쓰는 쌀 뜨물. 6. 베어 없애다. 제거하다. 7. 휴가. 중국 한나라때 휴가를 주어 목욕을 하게 한 데서 유래함.

沐間(목간) 1)목욕간의 준말. 2)목욕.

沐浴(목욕) 머리를 감고 몸을 씻는 일.

沐雨(목우) 비를 흠씬 맞음.

沐恩(목은) 은혜를 입음.

沐日(목일) 벼슬아치가 집에 가서 목욕하는 날. 곧 휴일.

비 休(쉴 휴)

沒	④7획 ❶가라앉을 몰 日ボツ·もつ·しづむ ❷빠질 매 中méi, mò ❸어조사 마

丶 冫 氵 氵 氵 沒 沒

* 형성. 뜻을 나타내는 부수 '水(물 수)'와 음을 나타내며 '소용돌이치는 물속에서 무언가를 꺼내다'의 의미를 지닌 부수 이외의 글자를 합친 글자. 후에 '水' 자를 덧붙여 물속에 가라앉아 '없어지다'의 뜻을 나타냄.

풀이 1 1. 가라앉다. 빠지다. ¶沈沒 2. 다하다. 모두 없어지다. 3. 없다. 4. 마치다. 끝내다. 5. 망하다. 6. 지나치다. 정도를 넘다. 7. 숨다. 8. 죽다. 사망하다. ¶沒年 9. 탐내다. 탐하다. 10. 빼앗다. 몰수하다. 11. 들어가다. 12. 강이름. 2 13. 빠지다. 14. 어둡다. 우매하다. 3 15. 어조사. 의문의 뜻을 나타냄.

沒官(몰관) 1)대역 죄인의 남은 가족이나 그 재산을 관청에서 거두어 들이던 일. 2)관직을 거두어 들임.

沒年(몰년) 죽은 해. 졸년(卒年).

沒頭(몰두) 다른 생각을 할 여유가 없이 어떤 일

4획

에 열중함.
沒落(몰락) 1)성 등이 함락됨. 2)영락(零落)함. 3)멸망함.
沒廉恥(몰염치) 염치가 없음.
沒殺(몰살) 죄다 죽임.
沒收(몰수) 장물 등을 빼앗아들임.
沒入(몰입) 1)어떤 일에 빠짐. 또는 빠뜨림. 2)옛날 죄인의 재산을 몰수하고 가족을 노비로 만들어 관가로 들여오던 일.
埋沒(매몰) 파묻음. 또는 파묻힘.
日沒(일몰) 해가 짐. 해넘이.
出沒(출몰) 나타났다 숨었다 함.
비 沈(빠질 침) 浸(적실 침)

④7획
❶내 이름 문 日モン·ミン
❷산 이름 민 中wèn

* 형성. 뜻을 나타내는 부수 '水(물 수)'와 음을 나타내는 '文(글월 문)'을 합친 글자.
풀이 ❶ 1. 내 이름. 중국 산동성(山東省)에 있는 강. 2. 치욕. 수치. ❷ 3. 산 이름.

④7획
❶아득할 물 日ムツ
❷숨을 밀 中mì, wù

풀이 ❶ 1. 아득하다. ¶沕穆 ❷ 2. 숨다. 잠복하다.
沕穆(물목) 깊어 아득한 모양.
沕潏(물휼) 샘물이 솟아 흐르는 모양.

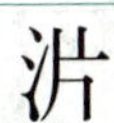
④7획 日ハン
물가 반 中pàn

풀이 1. 물가. 하천의 가장자리. 2. 흐르다. 물이 흐르다.

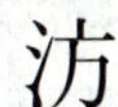
④7획 日ホウ
세차게 흐를 방 中pāng

풀이 세차게 흐르다. 물이 콸콸 흐르다.
비 汯(빨리 흐를 굉)

汴
④7획 日ヘン·べん
내 이름 변 中biàn

풀이 1. 내 이름. 중국 하남성(河南省)을 흘러 황하(黃河)로 들어가는 강. 2. 땅 이름. 중국 하남성(河南省) 개봉현(開封縣)의 옛 이름.

汾
④7획 日フン
클 분 中fén

풀이 1. 크다. 2. 많고 성(盛)하다. 3. 강 이름. 중국 산서성(山西省)에서 발원하여 황하로 들어가는 강.

沘
④7획 日ヒ
강 이름 비 中bǐ

풀이 강 이름. 중국 하남성(河南省)을 흐르는 강.

沙
④7획 日サ·シャ·すな·いさご
모래 사 中shā, shà

* 회의. 물[水]이 줄어들어 적어지면[少] 모래가 드러난다 하여 '모래'의 뜻으로 쓰임.
풀이 1. 모래. ¶沙金 2. 물가. 3. 일다. 쌀 같은 것을 일어서 좋은 것은 취하고 나쁜 것은 추려 냄. 4. 모래가 일다. 모래가 날다. 5. 사막. 6. 얇은 옷감. 7. 목이 쉬다.
沙金(사금) 모래 흙 속에 섞인 금.
沙器(사기) 백토(白土)로 구워 만든 그릇.
沙漏(사루) 모래시계.
沙漠(사막) 강우량이 적고 식물이 거의 자라지 않으며, 자갈과 모래로 뒤덮인 매우 넓은 불모의 땅.
沙彌(사미) 1)불도를 닦는 20세 미만의 남자. 2)불문에 든지 얼마 안 되어 불법에 미숙한 어린 남자 수행자.
沙鉢(사발) 사기로 만든 그릇.
沙鉢通文(사발통문) 주동자가 누구인지 모르도록 발기인(發起人)의 이름을 사발모양으로 둥글게 빙 둘러 적은 통문.
沙上樓閣(사상루각) 모래 위에 지은 집. 기초가 튼튼하지 못하여 부실한 물건이나 일을 비유하는 말.
沙洲(사주) 모래로 된 작은 섬.
白沙場(백사장) 강이나 바닷가의 흰 모래톱.
유 砂(모새 사) 비 少(적을 소)

沁
④7획 日シン·しみる
스며들 심 中qìn

4획

풀이 1. 스며들다. 2. 더듬어 찾다. 3. 강이름. 중국 산서성(山西省)에서 발원하여 하남성(河南省)을 거쳐 황하로 들어가는 강.

沇 ④ 7획
❶ 강 이름 연 ❷ 물 흐르는 모양 유
日 ユウ 中 yǎn

풀이 ❶ 1. 강 이름. 제수(濟水)의 상류. 2. 주명(州名). 3. 흐르다. 4. 짐승이 많은 모양. 5. 침향(沈香). ❷ 6. 물이 흐르다. ¶沇溶

沇沇(연연) 물이 졸졸 흐르는 모양.

沇溶(유용) 1)물이 산골짜기를 흐르는 모양. 2)우거진 모양. 3)성(盛)하고 많은 모양.

汭 ④ 7획
물굽이 예
日 エイ 中 ruì

풀이 1. 물굽이. 굽어흐르는 강의 안쪽. 2. 물이 합쳐져 흐르다. 3. 어귀. 강어귀. 4. 물가. 5. 강의 북쪽. 수류의 북쪽.

沃 ④ 7획
물 댈 옥
日 オク·そそぐ 中 ào, wò

* 형성. 뜻을 나타내는 부수 '水(물 수)'와 음을 나타내는 '夭(일찍 죽을 요)'로 이루어진 글자. '夭'자가 물을 '끼얹다'의 뜻을 나타내어 '물을 대다'의 뜻으로 쓰임.

풀이 1. 물대다. 관개하다. ¶沃灌 2. 기름지다. ¶沃土 3. 계발하다. 4. 성하다. 무성하다. 5. 적시다. 축이다. 6. 흐르다. 7. 아름답다. 8. 부드럽다. 유연하다. 9. 장마. 10. 거품.

沃灌(옥관) 물을 댐.

沃畓(옥답) 땅이 기름진 논.

沃野(옥야) 기름진 들.

沃沮(옥저) 1)함경도의 함흥 일대에 위치하고 있던 부여(夫餘) 계열의 한 부족. 또는 이 부족이 세운 나라. 고구려(高句麗)에 복속됨. 2)비옥한 땅.

沃土(옥토) 기름진 땅.

肥沃(비옥) 땅이 걸고 기름짐.

汪 ④ 7획
넓을 왕
日 オウ 中 wāng, wǎng

* 형성. 뜻을 나타내는 부수 '水(물 수)'와 음을 나타내는 '王(임금 왕)'을 합친 글자. '王'자가 넓고 크다의 뜻을 나타내어, '물이 넓고 깊다'의 뜻을 나타냄.

풀이 1. 넓다. ¶汪茫 2. 많다. 3. 못. 4. 바다.

汪浪(왕랑) 눈물이 줄줄 흐르는 모양.

汪茫(왕망) 물이 한없이 넓고 큰 모양.

汪然(왕연) 1)눈물이 줄줄 흐르는 모양. 2)물이 깊은 모양.

汪汪(왕왕) 1)물이 깊고 넓은 모양. 2)도량이 넓은 모양.

沄 ④ 7획
소용돌이 칠 운
日 ウン·ながれる 中 yún

풀이 1. 소용돌이치다. 2. 넓다. 광대하다. 3. 소리가 멀리 퍼지다.

沄沄(운운) 1)물이 빙빙 돌아서 흐르는 모양. 2)강대한 모양. 넓고 깊은 모양. 3)목소리가 우렁차 멀리까지 들리는 모양.

유 湧(샘솟을 용)

沅 ④ 7획
강 이름 원
日 ゲン 中 yuán

풀이 강 이름. 중국 호남성(湖南省)을 흐르는 강.

비 沄(소용돌이 칠 운)

沏 ④ 7획
갈 절
日 セツ 中 qī

풀이 1. 갈다. 문질러 갈려. 2. 물살이 빠르다. 3. 물소리.

沚 ④ 7획
물가 지
日 シ·なぎさ·みぎわ 中 zhǐ

풀이 1. 물가. 2. 강 가운데의 조그마한 섬.

汦 ④ 7획
붙을 지
日 ジ 中 zhǐ

풀이 1. 붙다. 멈추다. 2. 가지런하다. ¶汦汦

汦汦(지지) 가지런한 모양.

沖 ④ 7획
텅 빌 충
日 チュウ·おき 中 chōng

풀이 1. 텅 비다. 공허하다. 2. 온화하다. 3. 어리다.

4. 깊다. 5. 높이 날다. 높이 솟다. 6. 부딪치다. 7. 용솟음치다.

沖氣(충기) 하늘과 땅 사이 조화된 기운.
沖淡(충담) 성질이 맑고 깨끗하여 욕심이 없음.
沖天(충천) 하늘이 높이 오름.
沖沖(충충) 1)늘어진 모양. 2)근심하는 모양. 3)얼음을 깨는 소리.

비 仲(버금 중)

沈	④ 7획	日チン·ジン·しずむ
	❶가라앉을 침	·しずめる
	❷성 심	中chén, shěn

丶 冫 氵 氵 氵 沙 沈

* 형성. 뜻을 나타내는 부수 '水(물 수)'와 음을 나타내는 부수 이외의 글자로 이루어짐. 부수 이외의 글자는 '아래로 늘어뜨리다'의 뜻을 나타내어, 물 속에 '가라앉다'의 뜻으로 쓰임.

풀이 ❶ 1. 가라앉다. 잠기다. ¶沈沒 2. 마음이 가라앉다. 마음이 안정되다. 3. 빠지다. 잠기다. 4. 탐닉하다. ¶沈溺 5. 가라앉히다. 6. 쇠하다. 영락하다. 7. 막히다. 정체하다. 8. 호수. 9. 진흙. 10. 오래되다. ❷ 11. 성씨(姓氏). 12. 즙. 즙액(汁液).

沈溺(침닉) 1)침몰(沈沒). 2)술·노름 등에 빠짐. 3)괴로운 지경에 빠짐.
沈沒(침몰) 물 속에 가라앉음. 물 속에 빠져 들어감.
沈默(침묵) 말이 없이 가만히 있음.
沈鬱(침울) 마음이 울적함.
沈潛(침잠) 마음이 깊이 가라앉아 잠김. 또는 마음을 가라앉혀 생각을 모음.
沈積(침적) 흙이나 모래 등이 물 밑에 가라앉아 쌓임.
沈澱(침전) 액체 속에 섞인 물건이 밑으로 가라앉음. 또는 가라앉는 앙금.
沈重(침중) 침착하고 진득함.
沈滯(침체) 1)언제까지나 한 곳에 걸려 있음. 2)일이 잘 되어 나아가지 않음.
沈痛(침통) 마음에 깊이 느껴 몹시 비통함.
浮沈(부침) 1)물 위에 떠올랐다 잠겼다 함. 2)성(盛)함과 쇠(衰)함.
消沈(소침) 기운이나 기세 등이 삭아 없어짐.
衰沈(쇠침) 쇠하여 착 가라앉음.

비 沒(빠질 몰) 浸(적실 침)

沉	④ 7획
	沈(p709)의 俗字

汰	④ 7획	日タイ·タ
	사치할 태	中tài

* 형성. 뜻을 나타내는 부수 '水(물 수)'와 음을 나타내는 '太(클 태)'를 합친 글자.

풀이 1. 사치하다. ¶汰侈 2. 일다. 추려 내다. 3. 씻다. 4. 지나다. 통과하다. 5. 적시다. 6. 미끄러지다. 7. 흐리다. 결백하지 않고 혼탁하다. 8. 심하다. 9. 파도. 큰 물결.

汰肆(태사) 방자(放恣)함.
汰沙(태사) 물건을 물에 넣고 일어서 골라냄.
汰侈(태치) 분수에 넘치는 사치.
淘汰(도태) 1)여럿 가운데 쓸데없거나 맞지 않는 것을 줄여 없앰. 2)물에 넣고 일어서 쓸데없는 것을 가려서 버림. 3)환경에 적응하지 못한 개체군이 사라지거나 멸종함.
沙汰(사태) 비로 인해 언덕이나 산비탈이 무너지는 일.

비 沃(물 댈 옥)

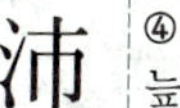

沛	④ 7획	日ハイ
	늪 패	中pèi

풀이 1. 늪. 물 가운데 풀이 무성한 곳. ¶沛澤 2. 가다. 3. 흐리다. 4. 많다. 5. 크다. 6. 빠르다. 7. 비오다. 비가 내리다. ¶沛然 8. 성한 모양. 성대한 모양. 9. 넘어지다. 10. 가려져 어두운 모양. 11. 고을 이름. 중국 강소성(江蘇省)의 패현(沛縣).

沛然(패연) 1)비가 많이 오는 모양. 2)성대한 모양. 3)물이 줄기차게 흘러내리는 모양. 4)매우 감동하는 모양.
沛澤(패택) 풀이 우거진 얕은 못.
顚沛(전패) 엎어지고 자빠지는 것.

沆	④ 7획	
	❶넓을 항	日コウ
	❷백기 모양 강	中hàng

풀이 ❶ 1. 넓다. 2. 흐르다. ¶沆漑 3. 괸물. 흐리지 않고 괴어 있는 물. ❷ 4. 흰 기체의 모양.

沆漑(항개) 물이 고요히 흐르는 모양.
沆瀣(항해) 깊은 밤중에 내리는 이슬의 기운.

泔	⑤ 8획	日カン·しろみず
	❶뜨물 감	·ゆする
	❷가득 찰 함	中gān

4 획

* 형성. 뜻을 나타내는 부수 '水(물 수)'와 음을 나타내는 '甘(달 감)'을 합친 글자.

풀이 ❶ 1. 뜨물. ¶泔水 2. 맛이 달다. ¶泔最 3. 삶다. 4. 음식이 쉬다. ❷ 5. 가득 차다. ¶泔淡

泔水(감수) 쌀뜨물.

泔最(감최) 굉장히 단맛이 강함.

泔淡(함염) 1)물이 가득 찬 모양. 2)좋은 맛.

沽	⑤ 8획 팔 고	日 コ・うる 中 gū, gǔ

풀이 1. 팔다. ¶沽賣 2. 사다. 3. 거칠고 볼품없다. 4. 술을 팔다. 술장사. 5. 등한시하다. 소홀하다.

沽激(고격) 자기의 감정을 굽혀 명예를 구함.

沽券(고권) 토지를 매매한 증서.

沽賣(고매) 팖.

沽名(고명) 명예를 구함.

沽售(고수) 팖.

沽酒(고주) 돈을 주고 산 술. 파는 술.

沽販(고판) 장사. 또는 장사함.

泥	⑤ 8획 진흙 니(이)	日 デイ・ナイ・どろ 中 ní, nì,

丶 丶 氵 氵 氵 氵 泥

* 형성. 뜻을 나타내는 부수 '水(물 수)'와 음을 나타내는 '尼(중 니)'를 합친 글자. '尼'는 진득진득하다는 뜻을 나타내어, 물(水)에 이겨져 진득진득한 '진흙'의 뜻을 나타냄.

풀이 1. 진흙. 2. 진창. 땅이 질어 질퍽한 곳. ¶泥沙 3. 흐리다. 4. 기량이 적다. 5. 가깝다. 6. 발라 붙이다. 7. 막히다. 정체하다. 8. 조르다. 보채다. 9. 젖다. 이슬이 많이 내린 모양. 10. 벌레 이름. 동해에 사는 뼈없는 벌레로, 물이 있으면 움직이고 물이 없으면 진흙처럼 흐물흐물해 짐.

泥溝(이구) 진흙 도랑.

泥金(이금) 금박가루를 아교에 녹인 것. 서화(書畫)를 그리는 데 쓰임.

泥塗(이도) 1)진흙. 진흙탕. 2)천한 지위. 3)더럽혀진 것. 또는 더럽혀진 곳. 분토(糞土).

泥龍(이룡) 1)기우제에 쓰는 진흙으로 만든 용의 상(像). 2)쓸모없는 것을 비유하는 말.

泥淪(이륜) 진창에 빠짐.

泥蟠(이반) 진흙 속에 서려 있는 용이라는 뜻으로, 때를 얻지 못하여 등용되지 않은 인재를 비유하는 말.

泥壁(이벽) 1)진흙을 바른 벽. 2)벽을 바름.

泥沙(이사) 1)진흙과 모래. 2)낮은 지위. 3)아깝지 않은 물건.

泥水(이수) 진흙이 섞여 흐린 물.

泥首(이수) 죄진 사람이 사죄하는 뜻을 표하기 위하여 머리에 진흙 칠을 함.

泥牛(이우) 입춘(立春) 전날에 제사를 지내기 위하여 만든 흙으로 된 소.

泥飮(이음) 술을 많이 마심

泥中(이중) 1)진창 속. 진흙 속. 2)고되고 어려운 일이나 지경.

泥醉(이취) 술에 몹시 취함.

泥痕(이흔) 진흙이 묻은 흔적.

	⑤ 8획 ❶ 해칠 려 ❷ 흐트러질 전	日 リョ・セン 中 lì

풀이 ❶ 1. 해치다. 2. 물가. 3. 그득 차다. 4. 요기(妖氣). 악기(惡氣). ❷ 5. 흐트러지다.

沴氣(여기) 나쁜 기(氣).

沴孽(여얼) 요악한 귀신의 재앙(災殃).

비 殄(다할 진)

	⑤ 8획 맑은소리 령(영)	日 レイ 中 líng

풀이 1. 맑은 소리. 물이나 바람의 맑은 소리. 2. 맑다. 청명하다. 3. 온화하다. 화창하다. 4. 깨우치다. 5. 깨닫다. 6. 떨어지다. 낙하하다. 7. 물 이름. 중국 섬서성(陝西省)에서 발원한 위수(渭水)의 지류. 8. 악인(樂人).

泠洌(영렬) 1)서늘하고 맑음. 2)물의 맑은 소리. 3)바람의 맑은 소리.

泠泠(영령) 1)소리가 듣기에 맑고 시원함.

泠然(영연) 1)맑은 모양. 시원한 모양. 2)가벼운 모양.

泠人(영인) 악공(樂工). 악인(樂人).

泠風(영풍) 온화한 바람. 부드러운 바람.

비 怜(영리할 령)

汩	⑤ 8획 淚(p735)와 同字

泐	⑤ 8획 돌갈라질 륵	日 リョク・ふみ 中 lè

풀이 1. 돌이 갈라지다. 돌 부서지다. 2. 글씨를 쓰다. 3. 물줄기. 수맥(水脈).

沫	⑤ 8획 거품 말	日 マツ·バツ·あわ·しぶき 中 mò

* 형성. 뜻을 나타내는 부수 '水(물 수)'와 음을 나타내는 '末(끝 말)'를 합친 글자. 튀어 흩어진 물(水)의 끝(末)이라 하여 '물방울'의 뜻으로 쓰임.

풀이 1. 거품. 2. 물방울. 3. 거품이 일다. 4. 물의 높낮이. 5. 땀이 흐르다. 6. 그치다. 그만 두다. 7. 물 이름. 중국 사천성(四川省)에서 발원한 대도하(大渡河).

沫沸(말비) 거품이 부글부글 끓어오름.
沫雨(말우) 소나기로 괸 물이 넘쳐 흐름.
沫泣(말읍) 눈물이 흐르는 모양.

비 沬(지명 매)

沬	⑤ 8획 ❶ 지명 매 ❷ 낯 씻을 회	日 バイ·ミ ·ほのぐらい 中 huì, mèi

풀이 1 1. 지명(地名). 중국 하남성(河南省)에 있는 지명. 2. 날이 어두워지다. 2 3. 얼굴을 씻다. ¶沬血

沬血(회혈) 피가 얼굴에 흘러서 마치 피로 얼굴을 씻은 것과 같음.

비 沫(거품 말)

泖	⑤ 8획 호수 이름 묘	日 ミョウ 中 mǎo

풀이 호수 이름.

泯	⑤ 8획 ❶ 망할 민 ❷ 뒤섞일 면	日 ビン·ミン·ほろびる 中 mǐn

풀이 1 1. 망하다. 멸하다. ¶泯絶 2 2. 뒤섞이다. 3. 눈이 침침하다.

泯棄(민기) 멸하여 없어짐.
泯亂(민란) 질서·도덕 등이 없어져 사회가 어지러움.
泯滅(민멸) 멸망함. 절멸함.
泯沒(민몰) 망함.
泯默(민묵) 입을 다물고 말을 않음.
泯泯(민민) 1)물이 넓고 맑은 모양. 2)망하려고 하는 모양.
泯然(민연) 1)명백하게 드러나지 않는 모양. 2)망하는 모양.
泯絶(민절) 망하여 끊어짐. 민멸(泯滅).

泊	⑤ 8획 배 댈 박	日 ハク·とまる·とめる 中 bó

丶 冫 氵 氵' 氵' 泊 泊 泊

* 형성. 뜻을 나타내는 부수 '水(물 수)'와 음을 나타내는 '白(흰 백)'을 합친 글자. '白'은 바짝 다가감의 뜻을 나타내어, 배가 바짝 다가가(白) 잠시 머무는 물가(水)라는 뜻에서 '머물다', '묵다'의 뜻을 나타냄.

풀이 1. 배를 대다. ¶泊船 2. 머무르다. 묵다. ¶憩泊 3. 정지하다. 4. 몸을 의탁하다. 5. 휴식하다. 6. 고요하다. ¶泊如 7. 얇다. 8. 물이 흐르다. 9. 호수. 10. 잔 물결. ¶泊栢

泊栢(박백) 잔물결.
泊船(박선) 돛을 내림. 배를 육지에 댐.
泊如(박여) 1)마음이 고요하고 욕심이 없는 모양. 2)물이 넓은 모양. 물이 흐르는 모양.
泊乎(박호) 마음이 고요하고 욕심이 없는 모양. 박여(泊如).
泊懷(박회) 담박(淡泊)하여 번민하지 않는 마음.
憩泊(게박) 쉬어 머무름. 머물러서 휴식함.

비 汨(빠질 골)

泮	⑤ 8획 ❶ 녹을 반 ❷ 나누일 판	日 ハン·とける 中 pàn

풀이 1 1. 녹다. 얼음이 녹다. 2. 반(半). 3. 경계. 밭두둑. 4. 학교. 중국 주대(周代)의 제후(諸侯)의 국학(國學). ¶泮宮 2 5. 나누다. 나누어지다.

泮宮(반궁) 주대(周代)에 제후의 도읍에 설립한 대학(大學).
泮林(반림) 반수(泮水)가의 숲.
泮水(반수) 반궁(泮宮)의 동서의 문 이남에 호(濠)를 파서 빙 돌린 물.

비 洋(바다 양)

沷	⑤ 8획 물댈 발	日 バツ 中 fā

풀이 물을 대다.

泛	⑤ 8획 ❶ 뜰 범 ❷ 엎을 봉 ❸ 물소리 핍	日 ハン·ホウ ·うかぶ·うかべる 中 fàn

풀이 ❶ 1. 뜨다. ¶泛舟 2. 물을 붓다. 3. 넓다. 광대하다. 4. 널리. ¶泛觀 5. 물이 가득 찬 모양. 6. 물이 흐르는 모양. ❷ 7. 엎다. 전복시키다. ¶泛駕之馬 ❸ 8. 물 소리.

泛觀(범관) 널리 봄.
泛菊會(범국회) 음력 9월 9일, 곧 중양절(重陽節)에 국화를 술에 띄워 마시는 연회.
泛讀(범독) 책을 건성으로 읽음.
泛覽(범람) 널리 봄. 두루 봄.
泛泛(범범) 1)물위에 뜬 모양. 2)가득 차는 모양.
泛使(범사) 바다를 건너오는 외국의 사신(使臣).
泛然(범연) 차근차근한 맛이 없이 데면데면 함.
泛溢(범일) 물이 넘침.
泛舟(범주) 배를 물에 띄움.
泛漲(범창) 물이 불어 넘칠 지경임.
泛聽(범청) 주의를 기울이지 않고 건성으로 들음.
泛浸(범침) 물에 띄워 적심.
泛宅(범택) 배[船]의 다른 이름.

法	⑤8획	日ホウ·ハッ·のり
	법 법	中fǎ

丶 丶 氵 氵 汁 汢 法 法

* 회의. 평평한 물(水)과 같이 공평하게 죄를 조사하여 죄가 있는 자를 제거한다(去)하여 '법', '규정'의 뜻을 나타냄.

풀이 1. 법. 제도. 규칙. ¶法度 2. 형벌. 3. 예의. 4. 도리. 5. 모범. 본보기. 6. 방법. 7. 가르침. 8. 본받다. 모범으로 삼다. 9. 골. 모형. 10. 프랑스. 11. 나눗셈에서의 제수.

法家(법가) 1)법률가. 법률 학자. 2)법률을 숭상하고 형벌을 엄하게 하는 것이 치국(治國)의 기본이라고 주장함.
法科(법과) 1)규율. 법률. 2)법률을 연구하는 학과. 3)불교의 계율.
法官(법관) 재판관(裁判官). 사법관(司法官).
法國(법국) 프랑스.
法規(법규) 법률상의 규정.
法度(법도) 본보기가 될 만한 제도.
法力(법력) 1)법률의 힘. 법률의 효력. 2)불법(佛法)의 힘.
法理(법리) 1)법률의 원리. 2)법에 내재하는 사리(事理). 3)법적인 논리. 불법의 진리.
法網(법망) 범죄자에 대한 법률의 제재를 물고기에 대한 그물에 비유하는 말.
法名(법명) 1)중이 되는 사람에게 종문(宗門)에서 새로 지어 주는 이름. 2)입적(入寂)한 승려에게 지어 주는 이름.
法務(법무) 1)절의 법회 의식에 관한 사무. 또는 그것을 맡아보는 승직. 2)법률에 관한 사무.
法文(법문) 1)법률을 적은 글. 2)불경의 글. 3)프랑스의 어문.
法服(법복) 1)제정된 정식의 의복. 제복(制服). 2)법관(法官)이 입는 옷. 3)중이 입는 옷.
法師(법사) 1)불도를 수행하여 스승이 된 중. 또는 그의 존칭. 2)당대(唐代)에, 도사(道士)의 존칭.
法言(법언) 본받을 만한 일.
法典(법전) 법률 · 법령. 또는 그 책.
法則(법칙) 반드시 지켜야 할 규범. 규칙
法統(법통) 1)불법의 전통. 법문의 계통. 2)참된 계통이나 전통.
法學(법학) 법률의 원리 및 그 적용을 연구하는 학문.
法會(법회) 1)불법을 강설(講說)하는 모임. 2)죽은 이를 위하여 재(齋)를 올리는 일.

泭	⑤8획	日フ
	떼 부	中fú

풀이 떼. 뗏목.

비 附(붙을 부)

泌	⑤8획	
	❶샘물흐르는 모양 비	日ヒ·ヒツ·しみる
	❷물결 부딪칠 필	中bì

풀이 ❶ 1. 샘물이 흐르는 모양. 2. 분비물. ❷ 3. 물결이 부딪치다. ¶泌瀄

泌尿器(비뇨기) 오줌의 생성과 배설을 맞은 기관.
泌瀄(필즐) 물결이 서로 맞부딪치는 모양.

沸	⑤8획	
	❶끓을 비	日フツ·わく·わかす
	❷샘솟는 모양 불	中fèi
	❸어지럽게 날 배	

풀이 ❶ 1. 끓다. ¶沸騰 2. 들끓다. 3. 끓이다. ❷ 4. 샘솟다. 용솟음치다. ¶沸泉 5. 물결이 세차게 일다. ❸ 6. 어지럽게 날다.

沸潰(불궤) 물결이 세차게 일어 둑이 무너짐.

沸水(불수) 솟아오르는 물.
沸渭(불위) 1)불안한 모양. 2)많고 성한 모양.
沸泉(불천) 솟아나오는 샘.
沸羹(비갱) 1)끓는 국. 2)시비가 분분하여 시끄러운 말을 비유하는 말.
沸騰(비등) 1)액체가 끓어오름. 2)물 끓듯이 일어남.
沸沸(비비/불불) 액체가 끓어오르는 모양.
沸熱(비열) 끓어 뜨거워짐.
沸響(비향) 끓는 소리.
비 佛(부처 불)

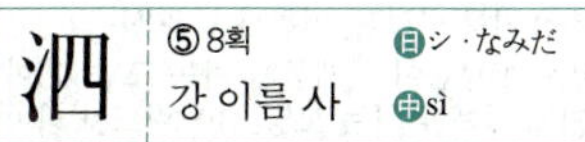

泗	⑤ 8획	日シ·なみだ
	강 이름 사	中sì

풀이 1. 강 이름. 중국 산동성(山東省)에서 회수(淮水)로 흐르는 강. 2. 콧물.
泗上(사상) 1)사수(泗水) 근처의 땅. 2)공자(孔子)의 학파. 공자가 사수 근처에서 제자들을 가르친 데서 온 말.
泗上弟子(사상제자) 공자의 제자.
泗洙(사수) 1)노(魯)나라에 있는 사수(泗水)와 수수(洙水). 2)공자의 학문.

泻	⑤ 8획
	瀉(p786)의 俗字

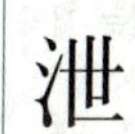

泄	⑤ 8획	
	❶ 샐 설	日エイ·セツ·もれる
	❷ 떠날 예	中xiè

풀이 ❶ 1. 새다. ¶泄散 2. 발생하다. 일어나다. 3. 넘다. 넘쳐 흐르다. 4. 없애다. 제거하다. 5. 설사하다. 6. 업신여기다. 7. 알리다. 고하다. 8. 친압하다. 친한 나머지 버릇없이 굴다. 9. 통하다. 10. 줄어들다. 11. 섞다. ¶泄用 ❷ 12. 떠나다. 13. 날개짓하다. 14. 많다.
泄氣(설기) 방귀를 뀜.
泄露(설로) 드러남. 누설되어 나타남.
泄痢(설리) 배탈. 설사.
泄瀉(설사) 배탈로 인해 누는 묽은 대변(大便).
泄散(설산) 새어 나와 흩어짐.
泄用(설용) 섞어 씀. 혼용함.
泄泄(예예) 1)날개를 퍼덕이는 모양. 2)많은 모양. 3)앞을 다투어 나가는 모양. 4)말을 많이 하는 모양. 5)마음이 느긋하고 여유 있는 모양.
漏泄(누설) 1)액체가 샘. 또는 새게 함. 2)비밀이 새어나감. 또는 새어나가게 함.
天機漏泄(천기누설) 중대한 비밀이 새어서 나감.
비 世(대 세)

沼	⑤ 8획	日ショウ·ぬま
	늪 소	中zhǎo

* 형성. 뜻을 나타내는 부수 '水(물 수)'와 음을 나타내는 '召(부를 소)'를 합친 글자. 물(水)을 부르는(召) 듯한 '늪'의 뜻을 나타냄.
풀이 늪. 얕고 진흙이나 풀이 많은 못.
沼池(소지) 늪. 못.
沼澤(소택) 늪. 못.
비 昭(밝을 소)

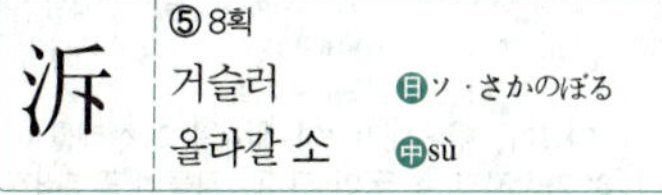

泝	⑤ 8획	
	거슬러	日ソ·さかのぼる
	올라갈 소	中sù

풀이 1. 거슬러 올라가다. ¶泝流 2. 향하다. 면하다. 3. 흐르다. 4. 맞이하다.
泝流(소류) 물의 흐름을 거슬러 올라감.
泝沿(소연) 흐름을 거슬러 올라감과 내려감.
泝游(소유) 흐름을 따라 내려감.
泝洄(소회) 물의 흐름을 거슬러 올라감.

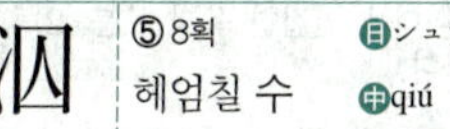

泅	⑤ 8획	日シュウ·およぐ
	헤엄칠 수	中qiú

풀이 헤엄치다. 수영하다.
泅泳(수영) 헤엄침.
유 泳(헤엄칠 영)

沭	⑤ 8획	日シュツ
	내 이름 술	中shù

풀이 1. 내 이름. 산동성(山東省)에서 발원하여 동남(東南)으로 흐르는 사수(泗水)의 지류. 2. 고을 이름. 후주(後周)가 강소성(江蘇省)에 두었던 현명(縣名).
비 述(지을 술)

泱	⑤ 8획	
	❶ 끝없을 앙	日オウ·エイ·ひろい
	❷ 흰 구름 일 영	中yāng, yīng

풀이 ❶ 1. 끝없다. ¶泱軋 2. 광대하다. 3. 성하다.

4획

¶泱鬱 ❷ 4. 흰 구름이 일다.

泱茫(앙망) 광대(廣大)한 모양.

泱漭(앙망) 1)앙망(泱茫). 2)새벽이 아직 환히 밝지 못한 모양.

泱軋(앙알) 끝이 없음. 또는 나아가지 않음.

泱泱(1.앙앙/2.영영) 1)㉠물이 깊고 넓은 모양. ㉡바람 소리가 굉장한 모양. 2)흰 구름이 이는 모양.

泱鬱(앙울) 성한 모양.

沿	⑤ 8획	日 エン · そう
	따를 연	中 yán, yǎn

丶 丶 氵 氵 氵 沿 沿 沿

* 형성. 뜻을 나타내는 부수 '水(물 수)'와 음을 나타내는 부수 이외의 글자로 이루어짐. 부수 이외의 글자는 '가장자리'를 나타내어, 물(水)의 가장자리를 따라 내려가다의 의미에서, 바뀌어 '잇닿다', '따라가다'의 뜻을 나타냄.

풀이 1. 따르다. 따라 내려가다. ¶沿習 2. 선례를 따르다. 3. 가장자리. 4. 굽이 진 곳. 강물이 구부러져 돌게 된 곳. 5. 내 이름.

沿泛(연범) 배를 타고 물결 따라 내려감.

沿邊(연변) 국경 · 강 · 철도 등이 인접한 지역.

沿習(연습) 옛날부터 내려오는 습관.

沿襲(연습) 옛 습관이나 관례를 따름.

沿岸(연안) 1)바닷가 · 강가 · 호숫가의 육지. 2)바닷가 · 강가 · 호숫가의 가까운 수역.

沿海(연해) 1)바다에 인접한 육지 부분. 2)육지에 가까운 바다.

비 治(다스릴 치) 浴(목욕할 욕)

㳂	⑤ 8획
	沿(p714)의 本字

泳	⑤ 8획	日 エイ · およぐ
	헤엄칠 영	中 yǒng

丶 丶 氵 氵 氵 氵 泳 泳

* 형성. 뜻을 나타내는 부수 '水(물 수)'와 음을 나타내는 '永(길 영)'을 합친 글자. '물속에 잠겨 들어가다'의 뜻이 바뀌어, '헤엄치다'의 뜻을 나타냄.

풀이 헤엄치다.

유 泅(헤엄칠 수)

油	⑤ 8획	日 ユ · あぶら
	기름 유	中 yóu

丶 丶 氵 氵 汩 汩 油 油

* 형성. 뜻을 나타내는 부수 '水(물 수)'와 음을 나타내며 끝이 오므라진 항아리라는 의미를 지닌 '由(말미암을 유)'를 합친 글자. 물(水)과 같은 액체가 항아리(由)에서 계속하여 흐르다의 뜻을 나타내다, 후에 '기름'의 뜻으로 쓰임.

풀이 1. 기름. ¶油性 2. 구름이 일다. ¶油煙 3. 나가지 못하다. 4. 흐르다. 물이 흐르는 모양. 5. 광택. 6. 윤을 내다.

油蜜果(유밀과) 쌀가루나 밀가루의 반죽을 밀어서 여러 가지 모양으로 낸 조각을 흠뻑 기름에 지져서 꿀이나 조청에 잰 과자.

油粕(유박) 깻묵.

油性(유성) 기름의 성질. 기름과 같은 성질.

油然(유연) 1)구름이 뭉게뭉게 이는 모양. 2)아무렇지도 않게 여기는 모양. 3)느릿느릿 나아가는 모양. 4)생각이나 느낌이 저절로 일어나는 모양.

油煙(유연) 기름을 태울 적에 나는 연기 또는 그을음.

油雲(유운) 비가 내릴 듯 한 구름.

油油(유유) 1)물이 조용히 흐르는 모양. 2)태도가 공손하고 삼가는 모양. 3)침착한 모양. 4)수수나 벼 등이 윤이 나고 무성한 모양. 5)구름이 흘러가는 모양.

油衣(유의) 비 올 때 입는 기름에 결어서 지은 옷.

油紙(유지) 기름을 먹인 종이.

油脂(유지) 동식물에서 얻은 기름.

油搾(유착) 기름을 짜는 틀. 기름틀.

油布(유포) 기름을 먹인 무명.

油畫(유화) 기름으로 갠 물감으로 그리는 서양식 그림.

泑	⑤ 8획	日 ヨウ
	잿물 유	中 yōu

풀이 1. 잿물. 유약. 도자기의 표면에 바르는 물질. 2. 물빛이 검다. 3. 호수 이름. 중국 신강성(新疆省)에 있는 호수.

泣	⑤ 8획	
	❶ 울 읍	日 キュウ · なく
	❷ 바람 빠를 립	中 qì, lì

丶 丶 氵 氵 氵 氵 泣 泣

* 형성. 뜻을 나타내는 부수 '水(물 수)'과 음을 나타내는 '立(설 립)'이 합쳐진 글자. '立'은 사람이 서 있는 모습을 나타내어, 사람이 서서(立) 흘리는 물(水)이라 하여 '눈물'을 나타냄.

풀이 ❶ 1. 울다. ¶泣顔 2. 눈물. ¶泣訴 3. 근심. 4. 걱정하다. 근심하다. ❷ 5. 바람이 빠르다. 6. 원활하지 않다.
泣諫(읍간) 울면서 간(諫)함.
泣禱(읍도) 눈물을 흘리며 기도함.
泣訴(읍소) 눈물로써 하소연함.
泣魚(읍어) 전국 시대(戰國時代) 위(魏)나라의 용양군(龍陽君)이 대어(大魚)를 낚아 앞서 낚은 작은 고기를 버리려고 하다가 운고사에서, 자기보다 뛰어난 사람이 나타나면 자기도 버림을 받을 것을 걱정함을 비유하는 말.
泣杖(읍장) 한(漢)나라 한백유(韓伯兪)가 어머니의 매를 맞을 때, 어머니의 기력이 약해졌음을 슬퍼했다는 고사에서 자식이 부모의 노쇠함을 슬퍼하는 효심을 말함.
泣斬馬謖(읍참마속) 촉한(蜀漢)의 제갈양이 군령을 어긴 부하 마속을 눈물을 흘리면서 목을 베었다는 고사에서 군율을 세우기 위하여서는 사랑하고 아끼는 사람도 버림을 말함.
泣請(읍청) 울면서 청함.
泣涕(읍체) 눈물을 흘리면서 욺.
泣血(읍혈) 어버이의 상을 당하여 피눈물을 흘리며 슬피 욺.

유 鳴(울 명)

泆	⑤8획 넘칠 일	日イツ·あふれる 中yì

풀이 1. 넘치다. 2. 끓다. ¶泆湯 3. 음탕하다. 음란하고 방자하다.

泆湯(일탕) 더운물이 끓어 넘치듯이 빠른 일.
淫泆(음일) 방종(放縱)한 짓을 하며 놂.

沮	⑤8획 ❶막을 저 ❷작은 내 전	日ショ·そ·はばむ 中jū, jǔ, jù,

풀이 1 1. 막다. 방해하다. ¶沮駭 2. 꺾이다. 기가 꺾이다. 3. 그치다. 그만 두다. 4. 헐뜯다. 5. 무너지다. 6. 새다. 7. 적시다. 담그다. 8. 습지. 9. 물 이름. 중국 섬서성(陝西省)을 흐르는 위수(渭水)의 지류. 2 10. 작은 시내.

沮恐(저공) 의기가 저상(沮喪)하여 두려워함.
沮勸(저권) 악을 뉘우치게 하고 선(善)을 권함.
沮氣(저기) 무서워서 기가 죽음.
沮索(저삭) 기력이 다함.
沮散(저산) 저지당해 뿔뿔이 흩어짐.
沮喪(저상) 기력이 꺾여서 기운을 잃음.
沮色(저색) 싫어하는 기색. 기분이 내키지 않는 모양.
沮抑(저억) 억지로 누름.
沮擾(저요) 기가 꺾여 마음이 산란함.
沮止(저지) 막아서 못하게 함.
沮澤(저택) 낮고 습기가 많은 땅, 습지.
沮敗(저패) 저지당하여 패배(敗北)함.
沮廢(저폐) 무너뜨려 폐지함.
沮駭(저해) 방해하여 놀라게 함.
沮害(저해) 막아서 못하게 하여 해침.

비 狙(원숭이 저)

沺	⑤8획 수세 광대할 전	日てん·でん 中tián

풀이 물결이 퍼지다. 수세(水勢)가 광대(廣大)하다.

泜	⑤8획 강 이름 제·치·지	日シ·テイ·かわ 中zhī

풀이 1. 강 이름. ㉠하북성(河北省)에서 발원하여 괴하(槐河)로 흘러드는 북제수(北泜水)와 영진박(寧晉泊)으로 흘러드는 남제수(南泜水)의 총칭. ㉡여수(汝水)의 지류(支流). 2. 가지런한 모양.

泲	⑤8획 강 이름 제	日テイ 中jǐ

풀이 1. 강 이름. 중국 하북성(河北省)에서 발원한 강. 2. 청주(淸酒). 맑은 술. 3. 땅 이름. 제수(泜水)가의 지명.

注	⑤8획 물댈 주	日チュウ·そそぐ·つぐ 中zhù, zhòu

丶 丶 氵 氵 氵 氵 汴 注

* 형성. 뜻을 나타내는 부수 '水(물 수)'와 음을 나타내는 '主(주인 주)'를 합친 글자. '主'는 가만히 서 있는 의미를 나타내어, 기둥처럼 서서(主) 물(水)을 위에서 '붓다'의 뜻으로 쓰임.

풀이 1. 물대다. ¶灌注 2. 물을 붓다. ¶傾注 3. 흐르다. ¶流注 4. 비가 내리다. 5. 뜻을 두다. 마음을 두다. ¶注意 6. 메기다. 화살을 시위에 끼우다. 7. 붙이다. 부착하다. 8. 모으다. 모이다. 9. 치다. 때리다. 10. 걸다. 도박에 걸다. 11. 쓰다. 사용하다. 12. 적다. 기록하다. ¶注記 13. 주석을 달다. ¶注脚 14. 주해. 주석. ¶脚注 15. 부리.

注脚(주각) 본문에 주를 첨가하여 뜻을 해석하는 일. 주석(注釋).
注記(주기) 기록함. 또는 그 기록.

4획

注力(주력) 힘을 들임.
注慕(주모) 외곬으로 사모함.
注目(주목) 주의하여 봄. 자세히 살펴 봄.
注射(주사) 1)약물을 주사기에 넣어 생명체의 조직이나 혈관 안으로 들여 보내는 일. 2)주입(注入). 3)끼얹음. 뿌림.
注釋(주석) 서적의 본문의 해설(解說).
注視(주시) 1)눈여겨봄. 쏘아봄. 2)온 정신을 기울여 살핌.
注委(주위) 위임(委任)함.
注意(주의) 1)마음에 새겨 조심함. 2)경고나 충고의 뜻으로 일깨워 줌.
注入(주입) 1)쏟아 넣음. 2)기억과 암송을 주로 삼아 가르침.
注錯(주착) 조치함. 처치함.
注下(주하) 물이 흘러내림. 물이 높은 곳에서 떨어짐.

泉	⑤9획	日セン·いずみ
	샘 천	中quán

丶 丿 白 白 白 户 臬 臬 泉

풀이 샘. 샘물.

泉金(천금) 돈. 금전.
泉脈(천맥) 땅속에 있는 물줄기.
泉石(천석) 1)샘과 돌. 산과 물. 2)산수의 경치.
泉壤(천양) 저승. 황천(黃泉).
泉布(천포) 돈을 가리키는 말.
泉下(천하) 저승. 명도(冥途).
泉貨(천화) 돈. 천포(泉布).
溪泉(계천) 골짜기에서 솟는 샘.
鑛泉(광천) 광물성 물질이 많이 들어 있는 샘물.
九泉(구천) 1)저승. 2)깊은 땅속.
飛泉(비천) 분천(噴泉). 폭포(瀑布).
石泉(석천) 돌샘.
巖泉(암천) 바위틈에서 솟아 나오는 샘.
藥泉(약천) 약물이 나오는 샘.
溫泉(온천) 지열로 인해 땅속에서 평균 기온 이상의 온도로 데워진 물이 자연적으로 솟아나는 샘.
源泉(원천) 1)물이 솟아나는 근원. 2)사물이 나거나 생기는 근원.

沾	⑤8획	
	❶더할 첨	日セン·テン·うるおう
	❷엿볼 점	中zhān, zhàn
	❸경망할 접	

풀이 ❶ 1. 더하다. 2. 적시다. ¶沾衿 3. 살찌우다. 4. 강 이름. 중국 산서성(山西省)에서 발원하여 하북성(河北省)으로 흐르는 강. ❷ 5. 엿보다. ❸ 6. 경망하다. 경솔하다. 7. 치장하다. 꾸미다.

沾沾(접접) 1)겉모양을 갖춤. 2)경망한 모양. 3)바람이 부는 모양.
沾衿(첨금) 옷깃을 적심.
沾薄(첨박) 국물이 많아서 맛이 없음.
沾背(첨배) 땀이 등을 적신다는 뜻으로, 몹시 부끄러워함을 이르는 말.
沾濕(첨습) 젖음. 또는 적심.
沾染(첨염) 젖어 뱀. 성질·습관 등이 다른 환경에 물들어 변함.
沾寒(첨한) 비에 젖어 추움.
沾洽(첨흡) 1)학문이 널리 전해짐. 박흡(博洽). 2)널리 미침.
均沾(균첨) 이익이나 혜택을 고르게 얻거나 받음.

유 添(더할 첨)

泚	⑤8획	
	❶맑을 체	日シ·セイ·きよい
	❷강 이름 자	中cǐ

풀이 ❶ 1. 맑다. 2. 땀을 흘리다. ¶泚泚然 3. 담그다. ¶泚筆 4. 선명하다. ❷ 5. 강 이름.

泚泚然(체체연) 땀이 나는 모양.
泚筆(체필) 붓으로 먹물을 찍음.

泏	⑤8획	
	물 흘러	日シュツ
	나올 출	中kū, zhú

풀이 물이 흘러나오다. ¶泏泏

泏泏(출출) 물이 솟아 나와 흐르는 모양.

治	⑤8획	日チ·ジ·おさめる
	❶다스릴 치	·なおす
	❷내 이름 이	中zhì

丶 氵 氵 氵 氵 沾 治 治

*형성. 뜻을 나타내는 부수 '水(물 수)'와 음을 나타내며 다스리다의 의미를 지닌 '台(나 이)'를 합친 글자. 물(水)의 넘침에 의한 피해를 잘 수습한다(台)는 뜻에서 '다스리다'의 뜻을 나타냄.

풀이 ❶ 1. 다스리다. 정돈하다. ¶治安 2. 바로잡다. 3. 편안하게 하다. 4. 병을 다스리다. ¶治療 5. 죄를

4획

다스리다. ¶治罪 6. 감독하다. 7. 수리하다. 8. 고치다. 다스려지다. 9. 정사(政事). 정치. 10. 익히다. 배워 익히다. 11. 도읍을 정하다. 12. 만들다. 13. 견주다. 비교하다. 14. 걸맞다. 필적하다. 15. 빌다. 구걸하다. 16. 성(盛)하다. 17. 감영. ㉠도읍. ㉡지방관(地方官)이 주재하는 곳. 18. 도읍을 정하다. 19. 돕다. 20. 공. 공적. 21. 정도(正道). 22. 내 이름. 산동성(山東省)에서 발원하며 지금의 탑수(漯水)과 소고천(小沽川). ❷ 23. 내 이름. 산서성(山西省)에서 발원하는 지금의 습수(濕水).

治家(치가) 집안 일을 처리함.

治國平天下(치국평천하) 나라를 다스리고 천하를 편안하게 함.

治道(치도) 1)나라를 다스리는 도리. 정치의 방법. 치법(治法). 2)도로를 새로 내거나 수리함.

治毒(치독) 독기를 다스려 없앰.

治亂(치란) 1)치세(治世)와 난세(亂世). 2)혼란에 빠진 세상을 다스림.

治療(치료) 병을 다스려 낫게 함.

治理(치리) 1)다스림. 다스려짐. 2)다스리는 일. 정사(政事).

治山(치산) 1)산소를 매만져서 다듬음. 2)산을 가꾸고 보호함.

治産(치산) 1)생업(生業)에 힘씀. 2)집안 살림살이를 잘 다스림.

治世(치세) 1)잘 다스려진 세상. 태평한 세상. 2)어떤 임금이 다스리는 때나 세상.

治術(치술) 1)병을 치료하는 방법. 2)나라를 다스리는 술책. 정치하는 기술.

治安(치안) 잘 다스려 편안하게 함. 국가와 사회의 안녕과 질서를 보전하고 지켜 감.

治人(치인) 1)백성을 다스림. 2)백성을 다스리는 사람. 치자(治者).

治迹(치적) 1)백성을 다스린 업적. 2)선정(善政)을 한 업적.

治典(치전) 나라를 다스리는 법전(法典).

治定(치정) 1)잘 다스려져 안정됨. 2)다스리며 정함. 제정(制定).

治平(치평) 세상이 잘 다스려져 태평함.

治下(치하) 다스리는 범위 안. 지배 하.

비 沿(좇을 연) 冶(대장간 야)

沱	⑤8획 물 이름 타	日タ·ダ·おおあめ 中tuó

풀이 1. 물 이름. 중국 사천성(四川省)에 흐르는 강으로서, 양자강의 작은 줄기. 2. 눈물이 흐르다. ¶沱若 3. 비가 내리다. 4. 물이 흐르다.

沱若(타약) 눈물이 흐르는 모양.

비 陀(비탈질 타)

沲	⑤8획 沱(p717)와 同字

沰	⑤8획 붉을 탁	日タク·おとす 中tuō

풀이 1. 붉다. 2. 물방울이 뚝뚝 떨어지다. 3. 떨어뜨리다.

泰	⑤10획 클 태	日タイ·やすい 中tài

一 二 三 声 夫 夫 秦 泰 泰 泰

풀이 1. 크다. ¶泰山 2. 풍부하다. 풍요롭다. 3. 안락하다. 편안하다. ¶泰平 4. 너그럽다. 6. 통하다. 6. 거만하다. 뽐내다. 7. 매우. 심히. 8. 하늘. ¶泰元 9. 태극(太極). 10. 술동이. 술통. 11. 태괘. 64괘의 하나로, 음양(陰陽)이 조화되어 사물이 통리(通利)하는 상(象). 12. 산이름. ¶泰斗

泰壇(태단) 하늘에 제사지내는 단(壇).

泰東(태동) 1)동쪽 끝. 극동(極東). 2)동양(東洋).

泰斗(태두) 1)태산북두(泰山北斗)의 준말. 2)그 방면에서 썩 권위가 있는 사람.

泰山北斗(태산북두) 1)태산과 북두성. 2)모든 사람의 존경을 받는 뛰어난 인물.

○泰山北斗(태산북두)의 유래
태산은 중국 오악(五嶽)의 하나로 옛날에 천자가 봉선 의식을 거행하던 명산이고, 북두는 모든 별의 중심인 북극성이다. 《당서》의 한유전에서는 한유를 다음과 같이 평가하고 있다. '한유가 죽은 후에 그의 학문과 문장이 더욱 흥성하여 사람들은 그를 태산북두처럼 우러러 존경하였다.'

泰山峻嶺(태산준령) 큰 산과 험한 고개.

泰山之安(태산지안) 태산이 움직이지 않는 것과 같이 안정(安定)됨.

泰山頹梁木壞(태산퇴양목괴) 태산이 무너지고 대들보가 꺾인다는 뜻으로, 한 시대의 스승이나 존경하는 사람의 죽음을 이르는 말.

○泰山頹梁木壞(태산퇴양목괴)의 유래
공자가 아침 일찍 일어나 문 앞을 거닐면서 "태산이 무너지려나. 대들보가 꺾여지려나. 철인(哲人)이 병들려나."라고 노래했다. 자공(子貢)은 노랫소리를 듣고 "태산이 무너진다면 나는 누구를 사모하고 우러러볼 것인가. 대들보가 꺾여지고 철인이 병든다면 나는 장차 어디에 의지할 것인가. 부자(夫子)께서는 아마 장차 병이 드시려는 것이다."라고 중얼거렸다. 과연 공자는 병들어 누운 지 이레만에 죽었다.
泰色(태색) 뽐내는 빛. 거만한 기색.
泰安(태안) 태평함.
泰然自若(태연자약) 침착하여 어떤 충동에도 마음이 동요되지 않는 모양.
泰運(태운) 태평한 운수.
泰元(태원) 하늘.
泰一(태일) 천지 만물의 생성의 근원. 태일(太一).
泰日(태일) 태평한 날.
泰平(태평) 나라가 잘 다스려져 편안함.
유 丕(클 비) 비 秦(벼이름 진)

波 ⑤8획 ❶물결 파 ❷방죽 피 日ハ·なみ 中bō

丶 丶 氵 氵 汸 波 波

* 형성. 뜻을 나타내는 부수 '水(물 수)'와 음을 나타내는 '皮(가죽 피)'를 합친 글자. 모피(皮)처럼 물결(水)이 친다는 뜻에서 '물결', '파도'의 뜻을 나타냄.

풀이 1 1. 물결. 파도. ¶波濤 2. 흐름. 수류(水流). 3. 물결치다. 파도가 일다. 4. 주름. 5. 쏟아져 흐르다. 물이 용솟음쳐 흐르다. 6. 평온하지 못하다. 7. 영향을 미치다. 8. 은총. 9. 눈빛. 안광(眼光). ¶秋波 10. 달리다. 뛰다. 11. 땅을 파내다. 12. 움직이다. 동요하다. 2 13. 방죽. 14. 물 따라 가다.
波羅(바라←파라) 1)호랑이의 다른 이름. 2)파인애플(pineapple). 3)피안(彼岸).
波光(파광) 물결의 빛. 물결의 경치.
波及(파급) 영향이나 여파가 차차 전하여 먼 곳까지 미침.
波濤(파도) 물결.
波頭(파두) 물결의 위. 바다의 위.
波瀾(파란) 1)작은 물결과 큰 물결. 2)어수선한 사건이나 사고, 심한 변화나 기복.
波瀾萬丈(파란만장) 기복과 변화가 심한 인생살이.
波流(파류) 1)물의 흐름. 2)흐름을 따라 움직인다는 뜻으로, 세상의 변천이 끝이 없음을 비유하는 말.
波紋(파문) 1)수면에 이는 물결의 무늬. 2)어떤 일이나 주위를 동요할 만한 영향.
波狀(파상) 물결과 같은 형상.
波臣(파신) 물결의 신하라는 뜻으로, 물고기를 말함.
波涌(파용) 물결이 용솟음침.
波長(파장) 전파나 음파 등의 파동에서, 마루에서 다음 마루까지의 또는 골에서 다음 골까지의 거리.
波蕩(파탕) 물결처럼 움직임. 소란하여 평온하지 않음.
유 派(물갈래 파) 비 彼(저 피)

泙 ⑤8획 물소리 평 日ホウ 中pēng

풀이 1. 물소리. 2. 물결이 센 모양.

泡 ⑤8획 거품 포 日ホウ·あわ·あぶく 中pāo, pào

풀이 1. 거품. ¶泡沫 2. 성(盛)하다. ¶泡溲 3. 흐르다. 물이 흐르는 모양. 4. 포수(泡水). 강소성(江蘇省)에 흐르는 강.
泡沫(포말) 1)물거품. 2)허무하고 덧없는 일.
泡溲(포수) 성(盛)하고 많은 모양.
泡泡(포포) 1)물이 흐르는 모양. 2)물이 솟아나오는 소리.
泡幻(포환) 물거품과 환상이란 뜻으로, 세상의 덧없음을 비유하는 말.
氣泡(기포) 유리나 액체 같은 속에 공기나 다른 기체가 들어가, 둥그런 형상을 하고 있는 것.
유 沫(거품 말)

河 ⑤8획 강 이름 하 日カ·かわ 中hé

丶 丶 氵 氵 汀 河 河 河

* 형성. 뜻을 나타내는 부수 '水(물 수)'과 음을 나타내는 '可(옳을 가)'를 합친 글자. '可' 자는 갈고리 모양으로 '굽다'의 뜻을 나타내어 물(水)이 굽이쳐(可) 흐르다는 뜻에서 '강'이라는 뜻을 나타냄.

풀이 1. 강 이름. 2. 황하. ¶河江 3. 은하수. ¶河雲 4. 섬.
河干(하간) 강가. 강변.
河江(하강) 황하(黃河)와 양자강(揚子江).
河梁(하량) 강에 놓은 다리.
河畔(하반) 강가. 강변.
河氷(하빙) 강에 언 얼음.
河山(하산) 강과 산. 산하(山河).
河水(하수) 1)강물. 2)황하(黃河)의 물.
河神(하신) 황하의 신.
河雲(하운) 은하수. 운한(雲漢).
河源(하원) 황하(黃河)의 근원.
河津(하진) 강가에 있는 나루.

河川(하천) 강과 시내.

河淸(하청) 황하(黃河)의 물이 맑음. 황하는 탁류가 항상 흘러 맑아 본 일이 없으므로 기대할 수 없는 일을 비유하는 말.

河漢(하한) 1)황하(黃河)와 한수(漢水). 2)은하수. 은하(銀河).

河海(하해) 1)큰 강과 바다. 2)광대(廣大)함을 비유하는 말.

비 何(어찌 하)

泫 ⑤8획 日ケン
빛날 현 中xuàn

풀이 1. 이슬이 빛나다. 2. 이슬이 방울져 떨어지다. 3. 눈물을 흘리다. ¶涕泫 4. 깊고 넓다. 5. 뒤섞이다. 혼합하다.

泫露(현로) 떨어지는 이슬.

泫然(현연) 눈물이 줄줄 흐르는 모양.

泫沄(현운) 물이 솟아서 흘러나오는 모양.

泫泫(현현) 1)눈물이 흐르는 모양. 2)이슬이 뚝뚝 떨어지는 모양.

涕泫(체현) 눈물을 흘림.

⑤8획 日ケツ
내뿜을 혈 中jué, xuè

풀이 1. 내뿜다. 샘솟다. 2. 옳지 않다. 3. 비어 있다. ¶泬寥

泬寥(혈료) 텅 빈 모양.

泬泬(혈혈) 공허한 모양.

⑤8획 日キョウ
멀 형 中jiǒng

풀이 1. 멀다. 2. 깊다. 3. 차갑다.

泂泂(형형) 물이 깊고 넓은 모양.

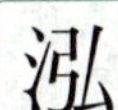
⑤8획 日コウ · ふかい
깊을 홍 中hóng

* 형성. 뜻을 나타내는 부수 '水(물 수)'와 음을 나타내는 '弘(넓을 홍)'를 합친 글자. '물이 넓고 깊음'을 나타냄.

풀이 1. 깊다. 물이 깊다. 2. 웅덩이. 3. 못. 4. 물이 맑다. ¶

泓量(홍량) 물이 깊어 수량이 많음.

泓渟(홍정) 깊은 웅덩이.

泓澄(홍징) 물이 깊고 맑음.

泓涵(홍함) 물이 깊은 모양.

泓泓(홍홍) 1)물이 깊은 모양. 2)물이 맑은 모양.

유 深(깊을 심)

況 ⑤8획 日キョウ · いわんや
하물며 황 中kuàng

丶 冫 冫 氵 沪 沪 沪 況

* 형성. 뜻을 나타내는 부수 '水(물 수)'와 음을 나타내는 '兄(형 형)'을 합친 글자.

풀이 1. 하물며. 2. 이에. 3. 비유하다. 4. 견주다. 비교하다. 5. 더욱더. 6. 때마침. 7. 모양. 형편. 8. 주다. 9. 더하다.

況且(황차) 하물며.

近況(근황) 요즈음의 형편.

狀況(상황) 어떤 일의 그때의 모습이나 형편.

好況(호황) 경기(景氣)가 좋음. 또는 그런 상황.

洃 ⑤8획 日キ
파문 휘 中huī, huì

풀이 1. 파문(波紋). 물결의 무늬. 2. 물이 흐르다. 3. 물결소리.

汧 ⑥9획 日ケン
강 이름 견 中qiān

풀이 1. 강 이름. 섬서성(陝西省)에서 발원하여 위하(渭河)로 흘러 들어가는 강. 2. 못.

洎 ⑥9획
❶윤택할 계 日キ · およぶ · うるおう
❷미칠 기 中jì

풀이 1 1. 윤택하다. 2. 물을 붓다. 3. 국물. 고깃국물. 4. 적시다. 축이다. 5. 및. 와. 과. 6. 작다. 2 7. 미치다.

洎夫藍(계부람) 창포과(菖蒲科)에 속하는 다년초. 가을에 엷은 자색 또는 백색으로 꽃이 피며 암술은 약용으로 쓰임.

洎孫(계손) 어린 손자.

비 沮(막을 저)

洸 ⑥9획
❶용솟음칠 광 日コウ · わきたつ
❷황홀할 황 中guāng, huàng

* 형성. 뜻을 나타내는 부수 '水(물 수)'와 음을 나타내는 '光(빛 광)'를 합친 글자.

풀이 ❶ 1. 물이 용솟음치다. 2. 성내다. 3. 굳세다. 용맹하다. ❷ 4. 황홀하다. ¶洸忽 5. 물이 깊다. ¶洸洋

洸洋(황양) 1)물이 깊고 넓은 모양. 2)학설·의론 등이 광대하고 심원(深遠)한 모양.

洸忽(황홀) 1)사물에 마음이 팔려 멍한 모양. 2)미묘하여 헤아려 알기 어려움. 3)흐릿하여 분명하지 않음.

洞	⑥ 9획 ❶ 골 동 ❷ 꿰뚫을 통	日 ドウ·トウ·あな·ほら 中 dòng

` ˊ 氵 汌 汈 洞 洞 洞 洞

* 형성. 음을 나타내는 '水(물 수)'와 음을 나타내는 '同(같을 동)'을 합친 글자. '同' 자는 속이 비다는 뜻을 나타내어 물(水)이 빠져 나가 속이 빈(同) '골'을 뜻함.

풀이 ❶ 1. 골. 골짜기. ¶洞穴 2.㊗ 고을. 마을. ¶洞里 3. 구렁. 4. 굴. 동굴. ¶空洞 5. 깊다. 6. 빠르다. 7. 비다. 공허하다. 8. 진실하다. ❷ 9. 꿰뚫다. 통하다. 10. 훤하다. 통달하다. ¶洞達

洞空質(동공질) 많은 동굴이 있는 지형.

洞口(동구) 동네 어귀.

洞窟(동굴) 깊고 넓은 굴.

洞畓(동답) 동네 사람들이 공동(共同)으로 짓는 논.

洞洞屬屬(동동촉촉) 매우 공경하고 삼가하여 조심스러운 모양.

洞里(동리) 마을. 동네.

洞名(동명) 동네의 이름. 동(洞)의 이름.

洞門(동문) 1)동굴의 입구. 또는, 거기에 세운 문. 2)동네 입구에 세운 문.

洞民(동민) 1)한 동네 안에서 사는 사람. 2)동(洞)의 주민.

洞房(동방) 1)잠자는 방. 침방(寢房). 2)화촉동방(華燭洞房)·동방화촉(洞房華燭). 3)깊숙한 방.

洞報(동보) 동리에서 관청(官廳)에 내는 보고.

洞訴(동소) 동네의 송사(訟事).

洞神(동신) 마을 사람들이 공동(共同)으로 믿는 마을의 수호신.

洞任(동임) 동리의 공무(公務)에 종사하는 사람의 총칭.

洞長(동장) 1)한 동네의 우두머리. 동수(洞首). 2)동사무소의 장(長).

洞籍(동적) 동민(洞民)의 이름·생년월일·주소·직업·가족 관계 등 신상(身上)에 관한 기록.

洞祭(동제) 마을을 지켜 주는 신께 드리는 제사.

洞中(동중) 1)동내(洞內). 2)동굴의 속.

洞天(동천) 1)하늘에 잇닿음. 2)신선(神仙)이 사는 곳.

洞穴(동혈) 동굴.

洞貫(통관) 뚫어서 통함.

洞達(통달) 꿰뚫음. 훤히 알거나 능란함.

洞照(통조) 환하게 비춤.

洞察(통찰) 온통 밝히어 살핌. 앞을 환하게 내다봄.

洞燭(통촉) 아랫사람의 사정을 깊이 헤아리어 살핌.

空洞(공동) 1)텅 빈 굴. 2)물체 속에 아무것도 없이 빈 것. 또는 그 구멍. 3)염증이나 괴사(壞死) 등으로 허물어진 몸의 조직(組織)이 배출되거나 흡수된 자리에 생기는 빈 곳.

近洞(근동) 가까운 이웃에 있는 동네.

제사.

유 州(고을 주)

洛	⑥ 9획 강 이름 락(낙)	日 ラク 中 luò

풀이 1. 강 이름. ㉠중국 섬서성(陝西省) 낙남현(雒南縣)에서 발원하여 이수(伊水)와 합쳐 황하로 흘러들어 가는 강. ㉡ 중국 섬서성(陝西省) 정변현(定邊縣)에서 발원하여 위수(渭水)와 합쳐 황하로 흘러들어 가는 강. 2. 잇닿다. 3. 낙양(洛陽). 후한(後漢)·서진(西晉)·후위(後魏)·수(隋)·오대(五代)의 수도.

洛洛(낙락) 물이 흘러 내려가는 모양.

洛陽(낙양) 하남성(河南省)의 수도. 후한(後漢)·서진(西晉)·후위(後魏)·수(隋)·오대(五代) 시대의 수도.

洛陽紙貴(낙양지귀) 낙양의 종이값을 올린다는 뜻으로, 저서가 호평을 받아 베스트셀러가 됨을 이르는 말.

○洛陽紙貴(낙양지귀)의 유래

진(晉)나라 때, 제(齊)나라 임치(臨淄) 출신의 시인인 좌사(左思)라는 사람이 있었다. 그는 낙양(洛陽)으로 이사한 뒤 10년 만에 《삼도부(三都賦)》를 완성했지만 알아주는 사람이 없었다. 그러던 어느 날, 장화(張華)라는 유명한 시인이 《삼도부》를 읽어 보고 "이것은 반장(班張)의 유(流)이다."라고 극찬했다. 좌사를 《양도부(兩都賦)》를 지은 반고(班固), 《이경부(二京賦)》를 쓴 장형(張衡)과 같은 대시인에 견준 것이다. 그러자 《삼도부》는 유명해져, 고관대작은 물론 문인이나 부호들도 베껴 쓰는 바람에 낙양의 종이값이 크게 올랐다고 한다. 《진서(晉書)》 문전(文傳)

京洛(경락) 서울.

上洛(상락) 상경(上京).

비 落(떨어질 락) 格(바로잡을 격)

洌
⑥9획
❶맑을 렬(열) 日レツ·きよい
❷물결 거셀 례 中liè

풀이 ■1 1. 맑다. 2. 차다. ¶洌風 3. 강 이름. ㉠한강. ㉡대동강. ■2 4. 물결이 거세다.

洌水(열수) 1)우리나라 한강의 옛 이름. 2)우리나라의 대동강의 옛 이름.
洌風(열풍) 찬 바람.

비 例(법식 례)

洺
⑥9획 日べイ·かわのな
강 이름 명 中míng

풀이 강 이름. 중국 호남성(河南省)에서 발원한 강.

비 洛(강 이름 락)

洣
⑥9획 日ミ
강 이름 미 中mǐ

풀이 1. 강 이름. 중국 호남성(湖南省)을 흘러 상수(湘水)로 합치는 강. 2. 고을 이름. 북주(北周)때 두었던 주(州)의 하나. (湖南省)을

洑
⑥9획
❶나루 복 日ボク
❷보 보韓 中fú, fù

풀이 ■1 1. 나루. 배를 대는 곳. 2. 빙돌아 흐르다. ¶洑流 3. 땅 속에 스며 흐르다. ■2 4. 보. 논밭에 물을 대기 위해 물을 저장해 둔 곳.

洑流(복류) 1)물결이 빙돌아 흐름. 2)스며 흐름.
洄洑(회복) 돌아 흐름.

洍
⑥9획 日シャ
강 이름 사 中sì

풀이 1. 강 이름. 2. 물 모여 들다. 본류(本流)에서 갈라졌다 다시 합치는 강물.

洩
⑥9획
❶샐 설 日セツ·エイ·もれる
❷나는 모양 예 中xiè

풀이 ■1 1. 새다. 비밀이 흘러나오다. 2. 줄다. 감소하다. 3. 폭포. ■2 4. 훨훨 날다. ¶洩洩 5. 바람을 따르는 모양.

洩漏(설루) 1)비밀이 새어 알려짐. 비밀이 새어 나가게 함. 2)물이 샘. 물이 새게 함.
洩洩(예예) 훨훨 나는 모양.

洗
⑥9획
❶씻을 세 日セン·あらう·すすぐ
❷깨끗할 선 中xǐ, xiǎn

丶 冫 氵 氵 氵 沙 泮 洗 洗

* 형성. 뜻을 나타내는 부수 '水(물 수)'와 음을 나타내는 '先(먼저 선)'을 합친 글자. '先'자는 벗다의 뜻을 나타내어 이에 '물로 씻다', '물건을 씻는 일'의 뜻으로 쓰임.

풀이 ■1 1. 씻다. 세수하다. 2. 그릇. 몸이나 얼굴을 씻은 물 을 버리는 그릇. ■2 3. 깨끗이 하다. 4. 씻다.

洗練(세련) 1)씻고 손질함. 2)사상(思想)·시문(詩文) 등을 잘 다듬음. 3)수양에 의해 인격이 원만하고 고상해짐.
洗禮(세례) 기독교에서 입교하려는 사람에게 모든 죄악을 씻는 의미로 베푸는 의식.
洗面場(세면장) 세수하기에 편리하도록 모든 시설을 갖추어 놓은 곳.
洗毛(세모) 털을 씻음.
洗沐(세목) 1)머리를 감음. 2)관리가 휴가를 얻어 집으로 돌아가 쉬는 일.
洗米(세미) 1)쌀을 씻음. 2)씻은 쌀.
洗髮(세발) 머리를 감음. 머리감기.
洗兵(세병) 병기를 씻어서 거둔다는 뜻으로, 전쟁(戰爭)을 끝냄을 이르는 말.
洗雪(세설) 부끄러움 등을 씻어 버림.
洗手(세수) 손을 씻음. 또는 얼굴을 씻음.
洗心(세심) 마음을 깨끗하게 함.
洗眼(세안) 1)눈을 씻음. 2)주의하여 봄.
洗悟(세오) 깨닫게 함. 또는 깨달음.
洗滌(세척) 깨끗이 빨거나 씻음.
洗濯(세탁) 빨래.

유 滌(씻을 척)

洒
⑥9획
❶물뿌릴 쇄 日シャ·サイ
❷물 부을 신 ·そそぐ·あらう
❸씻을 세 中sǎ
❹삼갈 선
❺험할 최

풀이 ❶ 1. 물을 뿌리다. ¶洒掃 2. 상쾌하다. 시원하다. ¶洒脫 ❷ 3. 물을 붓다. ❸ 4. 씻다. ❹ 5. 삼가다. 6. 물이 깊다. 7. 뿌리다. 살포하다. 8. 놀라다. ¶洒然 9. 추위에 떨다. ❺ 10. 험하다. 험준하다.

洒如(선여) 정중히 삼가는 모양. 엄숙한 모양.
洒然(선연) 1)깜짝 놀라는 모양. 2)삼가 공손히 하는 모양.
洒落(쇄락) 마음이 상쾌함.
洒掃(쇄소) 물을 뿌리고 비질을 함.
洒脫(쇄탈) 속된 기를 벗어나 기분이 상쾌함.

洙	⑥ 9획 강 이름 수	日シュ 中zhū

풀이 강 이름. 사수(泗水)의 두 지류로, 하나는 산동성(山東省) 곡부현(曲阜縣)에서 발원하여 기수(沂水)와 합쳐 사수(泗水)로 흘러 들어가고, 다른 하나는 산동성 비현(費縣)에서 발원하여 서쪽으로 흘러 사수로 들어감.

비 洗(씻을 세)

洵	⑥ 9획 참으로 순	日ジュン·まこと 中xún

풀이 1. 참으로. 진실로. 2. 눈물을 흘리다. 3. 고르다.

洵訏(순우) 진실로 큼.

洝	⑥ 9획 ❶ 더운물 안 ❷ 습윤할 알	日アン 中àn, è

풀이 ❶ 1. 더운물. ❷ 2. 습윤(濕潤)하다. 눅눅하다.

洋	⑥ 9획 바다 양	日ヨウ·あふれる·ひろし 中yáng

丶 冫 氵 氵 氵 氵 洋 洋 洋

* 형성. 뜻을 나타내는 부수 '水(물 수)'와 음을 나타내는 '羊(양 양)'을 합친 글자. '羊'은 '크다'는 뜻을 나타내어 큰(羊) 물(水)이라는 의미에서 '바다'의 뜻을 나타냄.

풀이 1. 큰 바다. 대해. ¶海洋 2. 큰 물결. 거센 파도. 3. 서양. ¶西洋 4. 넘치다. 5. 넓다. 광대하다. 6. 강 이름. 중국 산동성(山東省)에서 발원하여 흐르는 한수(漢水)의 지류(支流).

洋館(양관) 1)구미 각국의 공사관. 영사관. 2)서양식으로 지은 집.
洋琴(양금) 피아노.
洋木(양목) 당목(唐木).
洋書(양서) 서양의 서적.
洋船(양선) 서양의 배.
洋式(양식) 서양식.
洋食(양식) 서양식의 음식.
洋藥(양약) 1)서양 의술에 의하여 만든 약. 2)서양에서 수입한 약.
洋學(양학) 서양의 학문.
洋行(양행) 1)서양으로 감. 2)주로 서양과 무역하는 상점.
遠洋(원양) 뭍에서 멀리 떨어진 바다.
海洋(해양) 넓은 바다.

유 海(바다 해) 반 陸(뭍 륙) 地(땅 지)

洳	⑥ 9획 강 이름 여	日ジョ 中rù

풀이 1. 강 이름. 중국 북경시(北京市)에서 발원한 강. 2. 잠기다. 3. 습지. 습한 땅.

洿	⑥ 9획 ❶ 웅덩이 오 ❷ 물들일 호	日オ·たまりみず 中wū

풀이 ❶ 1. 웅덩이. ¶洿池 2. 오목하게 하다. 3. 진흙. ¶洿濘 4. 더러워지다. 더럽히다. 5. 더러움. ¶洿辱 ❷ 6. 물들이다. ¶洿色 7. 확산되다. 8. 깊다.

洿濘(오녕) 진창. 진흙탕.
洿辱(오욕) 남의 명예를 더럽히고 욕되게 함.
洿池(오지) 웅덩이. 못.
洿色(호색) 더럽혀 물들임.

洼	⑥ 9획 ❶ 웅덩이 와 ❷ 성 규	日ワ·くぼみ 中guī, wā

풀이 ❶ 1. 웅덩이. 2. 깊다. 3. 굽다. ❷ 4. 성(姓).

洼水(와수) 고인 물.
洼然(와연) 구멍처럼 파여서 깊은 모양.

洹	⑥ 9획 ❶ 강 이름 원 ❷ 세차게 흐를 환	日カン 中huán

풀이 ❶ 1. 강 이름. 중국 하남성(河南省) 북부의 임현(林縣)

4획

에서 발원한 강. ❷2. 세차게 흐르다. 3. 성(盛)하다.

洏	⑥9획	日イ
	눈물 흘릴 이	中ér

풀이 눈물을 흘리다.

洟	⑥9획	日イ・テイ
	❶콧물 이	・はなしる・はな
	❷눈물 체	中tì, yǐ

풀이 ❶1. 콧물. ❷2. 눈물.

洱	⑥9획	日イ
	강 이름 이	中ěr

풀이 강 이름. 이수(洱水), 중국 하남성(河南省)에서 발원한 강.

洮	⑥9획	
	❶씻을 조	日チョウ・ヨウ・あらう
	❷호수 이름 요	中táo, yáo

풀이 ❶1. 씻다. 2. 빨다. 세탁하다. 3. 강이름. ㉠중국 감숙(甘肅省)성을 흐르는 황하의 지류. ㉡중국 산서성(山西省)을 흐르는 강. ❷2. 호수 이름.

洲	⑥9획	日シュウ・す・しま・くに
	섬 주	中zhōu

丶 冫 氵 氵 氵 沙 洲 洲 洲

* 형성. 뜻을 나타내는 부수 '水(물 수)'와 음을 나타내 모래섬의 모양을 본뜬 '州(고을 주)'를 합친 글자.

풀이 1. 섬. 2. 대륙(大陸).

유 島(섬 도) 비 州(고을 주)

洀	⑥9획	
	❶파문 주	日チュウ
	❷서성거릴 반	中pán

풀이 ❶1. 파문(波紋). 물결의 무늬. ❷2. 서성거리다.

洔	⑥9획	日シ
	섬 지	中zhǐ

풀이 1. 섬. 2. 갑자기 불은 물.

비 侍(모실 시)

津	⑥9획	日シン・つ
	나루 진	中jīn

* 형성. 뜻을 나타내는 부수 '水(물 수)'와 음을 나타내는 '聿(붓 율)'을 합친 글자. '聿'은 '나아가다'의 뜻으로 물에서(水) 배가 나아가는(聿) 곳, 즉 '나루터'를 나타냄.

풀이 1. 나루. ¶津頭 2. 언덕. 3. 연줄. 인연. 4. 진액. ¶津液 5. 침. 타액. 6. 경로. 7. 넘치다. 넘쳐 흐르다. ¶興味津津 8. 윤택하다.

津氣(진기) 1)끈적끈적한 기운. 2)먹은 것이 오래도록 든든한 기운.

津頭(진두) 나루.

津梁(진량) 1)나루와 다리. 물을 건너는 시설. 2)부처가 사람을 제도(濟度)하는 일. 3)동분서주. 4)일을 하기 위한 방편.

津液(진액) 1)생물의 몸 안이나 줄기・뿌리・열매 등의 안에 생명 현상으로서 생기거나 흐르는 액체(液體). 2)장부(臟腑)의 작용으로 몸 안에 만들어진 영양 물질. 3)약물이나 식품의 유효 성분을 추출하여 농축한 물질.

興味津津(흥미진진) 흥미가 넘칠 만큼 많음.

비 律(법 률)

洊	⑥9획	日セン・しきりに
	이를 천	中jiàn

풀이 1. 이르다. ¶洊歲 2. 자주. 연거푸.

洊雷(천뢰) 1)천둥 소리가 자주 나는 일. 2)두렵고 공경할 만한 사람이란 뜻에서 태자를 뜻함.

洊歲(천세) 1)2년간을 뜻하는 말. 2)몇 년이든 계속함.

洗	⑥9획	日チュウ
	산 밑 샘 충	中chōng

풀이 1. 산 밑에 나는 샘. 2. 물소리.

派	⑥9획	日ハ・わかれ
	물갈래 파	中pā, pài

丶 冫 氵 氵 氵 沂 沠 沠 派

* 형성. 뜻을 나타내는 부수 '水(물 수)'와 음을 나타내며 갈라지다의 의미를 지닌 부수 이외의 글자로 이루어짐. 이에 '물이 갈라지다'의 뜻을 나타냄.

풀이 1. 물갈래. 2. 내보내다. 파견하다. ¶派遣 3. 갈라지다. 갈라져 흐르다. 4. 갈라져 나온 계통. ¶學派 5. 가르다. 나누다.

派遣(파견) 어떤 임무를 띠게 하여 사람을 보냄.
派閥(파벌) 1)이해 관계에 따라 따로 갈라진 사람들의 집단. 2)한 파에서 갈린 가벌(家閥)이나 지벌(地閥).
派別(파별) 갈래를 나누어 가름. 또는 그 갈래의 구별.
派兵(파병) 군대를 파견함.
派生(파생) 하나의 본체에서 다른 사물이 갈려 나와 생김.
急派(급파) 급히 파견함.
黨派(당파) 1)붕당이나 정당의 나누인 갈래. 2)주의·주장과 이해를 같이하는 사람들끼리 뭉쳐진 단체.
分派(분파) 1)나뉜 갈래. 2)여러 갈래로 나뉨.
宗派(종파) 1)지파(支派)에 대한 종가의 계통. 2)불교에서 저마다 내세우는 교회를 좇아 세운 갈래.
學派(학파) 학문상의 유파(流派). 학류(學流).
비 波(물결 파)

洫	⑥ 9획	
	❶ 봇도랑 혁	日 キョク·みぞ·ほり
	❷ 넘칠 일	中 xù

풀이 ❶ 1. 봇도랑. 논 사이의 도랑. 2. 해자(垓子). 성 밖으로 둘러서 판 못. 3. 수문(水門). 수도(水道)의 문. 4. 비다. 공허하다. 5. 외람되다. ❷ 6. 넘치다. 가득 차서 넘치다.

洚	⑥ 9획	
	❶ 큰물 홍	日 コウ·おおみず
	❷ 내릴 강	中 jiàng

풀이 ❶ 1. 큰물. ¶洚水 ❷ 2. 내리다.
洚洞(홍동) 홍수가 난 모양.
洚水(홍수) 큰물. 홍수(洪水).
유 洪(큰물 홍)

洪	⑥ 9획	日 コウ·おおみず·おおいに
	큰물 홍	中 hóng

丶 冫 氵 氵 汁 汫 汫 洪 洪

* 형성. 뜻을 나타내는 부수 '水(물 수)'와 음을 나타내는 '共(함께 공)'을 합친 글자. '共'은 넓고 크다는 뜻을 지니며, 이에 '큰물', '홍수'의 뜻을 나타냄.

풀이 1. 큰물. ¶洪水 2. 크다. 넓다. ¶洪業 3. 여울. 물살이 세차게 흐르는 곳. 4. 발어사.
洪大(홍대) 넓고 큼. 아주 큼.
洪圖(홍도) 1)아주 넓은 판도. 2)넓고 큰 계획.
洪量(홍량) 1)큰 도량. 2)술꾼.
洪博(홍박) 넓고도 넓음.
洪範(홍범) 모범이 되는 큰 규범(規範).
洪細(홍세) 큰 것과 작은 것.
洪水(홍수) 1)비가 많이 와서 하천이 넘치거나 땅이 물에 잠기게 된 상태. 큰물. 2)사람이나 사물이 제한(制限)된 곳에 엄청나게 많이 있는 상태를 비유하는 말.
洪業(홍업) 나라를 세우는 큰 사업(事業).
洪淵(홍연) 도량이 크고 생각이 깊음.
洪元(홍원) 천지개벽의 최초.
洪恩(홍은) 큰 은혜.
洪才(홍재) 큰 재능.
洪積世(홍적세) 지질 시대의 시대 구분의 한 가지. 신생대 제4기의 전반으로, 약 200만 년 전부터 1만 년 전까지를 이름. 홍적기.
洪津(홍진) 큰 나루.
洪統(홍통) 훌륭한 계통.
洪波(홍파) 큰 파도. 큰 물결.
洪河(홍하) 큰 강.
洪旱(홍한) 홍수와 한발.
洪化(홍화) 크나큰 덕화.
洪勳(홍훈) 큰 공훈.
유 洚(큰물 홍) 비 供(이바지할 공)

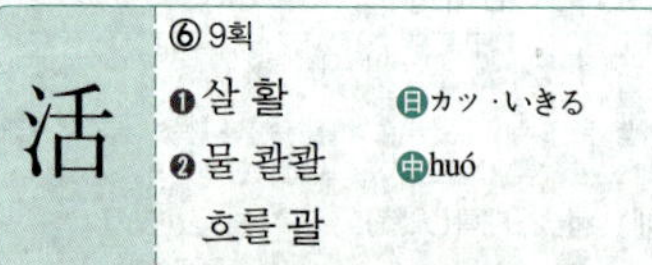

活	⑥ 9획	
	❶ 살 활	日 カツ·いきる
	❷ 물 콸콸 흐를 괄	中 huó

丶 冫 氵 氵 汗 汗 汗 活 活

풀이 ❶ 1. 살다. 생존하다. ¶活路 2. 생기가 있다. 활발하다. ¶活發 3. 태어나다. 4. 살리다. 5. 생활. 생계. 살림. ¶生活 ❷ 6. 물이 콸콸 흐르다.
活氣(활기) 활발한 생기.
活動(활동) 1)힘차게 몸을 움직임. 2)어떤 일의 성과를 거두기 위하여 애씀. 또는 어떤 일을 이루려고 돌아다님.
活力(활력) 살아 움직이는 힘. 생명 또는 생활의 힘.
活路(활로) 살아날 길. 살길.

4 획

活物(활물) 살아 있는 동식물.
活發(활발) 생기가 있음.
活佛(활불) 1)살아있는 부처. 2)자비로운 사람을 이름.
活躍(활약) 힘차게 뛰어다님. 눈부시게 활동함.
活魚(활어) 산 물고기.
活用(활용) 잘 응용하여 유용하게 씀.
活人(활인) 1)사람의 목숨을 살림. 2)산 사람.
活字(활자) 활판 인쇄에 쓰이는 일정한 규격의 글자.
活版(활판) 활자로 짜 맞춘 인쇄판. 또는 그것으로 찍은 인쇄물.
活火山(활화산) 현재 불을 뿜고 있는 산.
復活(부활) 1)소생함. 2)재흥(再興)함.
死活(사활) 죽음과 삶의 갈림.
生活(생활) 1)살아서 활동함. 삶. 2)살림. 생계. 3)목숨을 건져 줌.
圓活(원활) 1)막히는 데가 없이 자유자재함. 일이 거침없이 잘 되어 나감. 2)부드럽고 생기가 있음.

⑥ 9획
거슬러 올라갈 회 日カイ · さかのぼる 中huí

* 형성. 뜻을 나타내는 부수 '水(물 수)'와 음을 나타내는 '回(돌 회)'를 합친 글자. 물이 도는 것에서 '거슬러 올라간다'는 뜻을 나타냄

풀이 1. 거슬러 올라가다. 2. 어리석다. ¶洄洄 3. 돌아 흐르다.
洄注(회주) 물이 돌아 흘러 들어감.
洄洄(회회) 1)물이 흐르는 모양. 2)어리석은 모양. 마음이 어두운 모양.

⑥ 9획
강 이름 효 日ヒョウ 中xiáo

풀이 강 이름. 중국 하북성(河北省)에서 발원한 강.

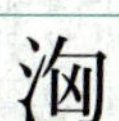

⑥ 9획
물살 세찰 흉 日キョウ 中xiōng

풀이 물살이 세차다.
洶急(흉급) 물이 세차게 흐름.
洶動(흉동) 떠들썩하여 진정되지 않음.
洶淵(흉연) 물이 용솟음치는 깊은 못.
洶洶(흉흉) 1)인심이 몹시 어수선함. 2)물결이 몹시 세차게 일어남. 3)떠들썩한 모양.

洽
⑥ 9획
❶윤택하게 할 흡 日コウ · あまねし · うるおす
❷강 이름 합 中qià

풀이 ❶ 1. 윤택하게 하다. 2. 적시다. 3. 화합하다. 4. 두루 널리. ❷ 5. 강 이름. 중국 섬서성(陝西省)에서 발원하여 황하(黃河)로 들어가는 강.
洽足(흡족) 조금도 모자람이 없을 정도로 아주 넉넉하여 만족함. 흡만(洽滿).
洽暢(흡창) 널리 미침.
未洽(미흡) 만족하지 못함. 아직 넉넉하지 못함.

涇
⑦ 10획
통할 경 日ケイ · キョウ 中jīng

풀이 1. 통하다. 2. 대변(大便). 3. 월경(月經). 4. 곧다. 곧게 뻗다. 5. 강 이름. 중국 감숙성(甘肅省) 화평현(化平縣)과 고원현(固原縣) 두 곳에서 발원하여 합류한 후 섬서성(陝西省)에 이르러 위수(渭水)로 흘러 들어가는 강.
涇流(경류) 1)물 줄기. 2)경수(涇水)의 흐름.
涇渭(경위) 1)경수(涇水)와 위수(渭水). 2)경수(涇水)는 흐리고 위수(渭水)는 맑다는 뜻으로, 사물의 구별이 확실함을 비유하는 말.

浤
⑦ 10획
용솟음칠 굉 日コウ 中hóng

풀이 1. 용솟음치다. 2. 물살이 빠르다.
유 湧(샘솟을 용) 비 宏(클 굉)

涒
⑦ 10획
클 군 日クン 中tún

풀이 1. 크다. 2. 토하다. 3. 빙 돌아 흐르다. 4. 신(申).
涒灘(군탄) 십이지(十二支)에서 신(申)의 다른 이름.

涅
⑦ 10획
개흙 날 · 녈(열) 日デツ · ネツ · ネチ · ネ 中niè

풀이 1. 개흙. 갯바닥 · 진흙 등이 있는 검고 미끈한 흙. 2. 진흙. 3. 검은색. ¶涅汙 4. 검게 물들이다. 검은 물을 들이다. 5. 열반. ¶涅槃
涅墨(날묵) 문신(文身). 입묵(入墨).

4획

涅汙(날오) 까맣게 물들임. 흑색으로 물들임.
涅而不緇(날이불치) 검게 물들여도 검게 되지 않다는 뜻으로, 어진 사람이 쉽사리 악(惡)에 물들지 않음을 말함.
涅槃(열반) 1)모든 번뇌의 속박에서 해탈하고, 진리를 궁구하여 미혹(迷惑)한 생사를 초월해 불생불멸(不生不滅)의 법을 체득한 경지. 2)부처의 죽음. 죽는 일. 입적(入寂).
涅髮(열발) 머리에 까만 물을 들임.

涊	⑦ 10획 때묻을 년(연)	日ネン 中niǎn

풀이 1. 때묻다. 2. 땀나다. 땀이 나는 모양. 3. 악취. 4. 뻔뻔하다. ¶涊顏
涊顏(연안) 뻔뻔스럽고 부끄러움을 모름.
涊涊(연연) 땀이 나는 모양.

涂	⑦ 10획 길 도	日ト·ズ·みち 中tú

풀이 1. 길. ㉠밭도랑에 난 길. ㉡도로. ㉢당(堂)앞에 벽돌을 깐 길. 2. 이슬이 내리다. ¶涂涂 3. 섣달. 음력 12월의 다른 이름.
涂涂(도도) 이슬이 많이 내린 모양.
涂月(도월) 음력 12월의 다른 이름.
유 道(길 도) 비 除(섬돌 제)

4획

浢	⑦ 10획 강 이름 두	日トウ 中dòu

풀이 강 이름. 중국 산서성(山西省) 중조산(中條山)에서 발원하여 황하(黃河)로 흘러 들어가는 강. 의가구(儀家溝)라고도 함.

浪	⑦ 10획 물결 랑(낭)	日ロウ 中làng, láng

丶 氵 氵 氵 氵 浐 浐 浪 浪 浪

* 형성. 뜻을 나타내는 부수 '水(물 수)'과 음을 나타내는 '良(좋을 량)'을 합친 글자.
풀이 1. 물결. 파도. ¶風浪 2. 물결이 일다. 파도가 일다. 3. 유랑하다. ¶流浪 4. 멋대로 하다. 방자하다. 5. 함부로. 마구. 6. 눈물이 흘러내리다. ¶浪浪
浪浪(낭랑) 눈물이 흐르는 모양.
浪漫(낭만) 현실적이 아니라 고상하고 서정적이며, 환상적인 상태.
浪費(낭비) 돈·시간·노력 등을 헛되이 씀.
浪死(낭사) 개죽음. 헛된 죽음
浪說(낭설) 터무니없는 헛소문.
浪遊(낭유) 하는 일 없이 돌아다니면서 놂.
浪人(낭인) 마땅한 일자리가 없거나 때를 만나지 못하였거나 하여, 놀고 있는 사람.
浪跡(낭적) 1)목표 없이 떠돌아다님. 2)자취를 감춤.
浪傳(낭전) 두서없이 전함. 함부로 말을 퍼뜨림. 경솔하게 선포함.
浪職(낭직) 직무를 태만히 함.
浪海(낭해) 1)파도가 사나운 바다. 2)속계(俗界).
激浪(격랑) 1)거센 물결. 2)모진 시련.
孟浪(맹랑) 1)매우 허망함. 2)처리하기가 어려움. 3)함부로 얕잡아 볼 수 없을 만큼 깜찍함.
流浪(유랑) 정처 없이 떠돌아다님.
風浪(풍랑) 1)바람과 물결. 2)바람결에 따라 일어나는 물결.
유 波(물결 파)

浶	⑦ 10획 놀랄 로	日ロウ 中láo

풀이 1. 놀라다. ¶浶浪 2. 이리저리 찾다.
浶浪(노랑) 1)놀라서 어지러워지는 모양. 2)두루 찾아 구함.

流	⑦ 10획 흐를 류	日リュウ·ル·ながれる·ながす 中liú

丶 氵 氵 氵 氵 浐 浐 浐 浐 流

풀이 1. 흐르다. ¶流水 2. 번져가다. ¶流布 3. 옮겨가다. ¶流行 4. 세월이 흘러가다. 시간이 지나가다. ¶流光 5. 흐르게 하다. 흘리다. 6. 흐름. 방향. 7. 내리다. 강하하다. 8. 띄우다. 9. 날아가다. 10. 돌아다니다. 방랑하다. ¶流浪 11. 구하다. 찾아 얻다. 12. 달아나다. 도주하다. 13. 펴다. 늘어 놓다. 14. 갈래. 분파. 15. 핏줄. 혈통. 16. 품위. 등급. ¶上流 17. 귀양보내다. 추방하다. ¶流竄 18. 곁눈질하다. 19. 절제를 잃다. 제멋대로 행동하다. 20. 행하다. 21. 패거리. 무리. 22. 근거가 없다. 출처가 불분명하다. 23.㊐韓 사산(死產)하다. ¶流產
流光(유광) 1)흐르는 물처럼 빨리 가는 세월. 2)물에 비친 달빛.
流覽(유람) 두루 돌아다니며 구경함.
流浪(유랑) 여기저기 방랑함.

流沫(유말) 거품을 내며 흐르는 물. 또는 그 거품.
流芳百世(유방백세) 꽃다운 이름이 후세에 길이 전함.
流配(유배) 죄인을 귀양 보냄.
流散(유산) 유랑(流浪)하여 흩어짐. 또는 그 사람.
流產(유산) 태아가 달이 차기 전에 죽어 나옴.
流星(유성) 1)별똥별. 2)보검(寶劍)의 이름.
流俗(유속) 1)일반의 풍습. 세속(世俗). 2)세속적인 사람. 또는 세상.
流水(유수) 1)흐르는 물. 2)물건의 빠름을 비유하는 말.
流矢(유시) 빗나간 화살. 누가 쏘았는지 모르는 화살.
流失(유실) 떠내려가서 없어짐.
流言蜚語(유언비어) 아무 근거 없이 멀리 퍼진 소문. 터무니 없이 떠도는 말. 뜬소문.
流用(유용) 1)정한 용도 이외에 딴 곳에 돈을 씀. 2)공금을 사사로이 씀.
流人(유인) 1)다른 나라를 유랑하는 사람. 2)유형(流刑)을 받은 사람. 유배(流配)된 사람.
流入(유입) 흘러 들어옴.
流竄(유찬) 멀리 귀양을 보냄.
流暢(유창) 글을 읽거나 말을 함에 거침이 없음.
流出(유출) 밖으로 흘러나가거나 흘러나가게 함.
流通(유통) 1)공기나 액체가 흘러 움직임. 흘러드나듦. 2)상품이 생산자 · 상인 · 소비자 사이에 거래 되는 일. 3)사회에서 널리 쓰이는 일.
流布(유포) 세상에 널리 퍼짐. 또는 세상에 널리 퍼뜨림.
流行(유행) 1)흘러감. 2)널리 퍼짐. 3)세상에 일시적으로 널리 퍼져 행해짐.
流血(유혈) 1)피를 흘림. 2)흐르는 피.

⑦ 10획 日リ
빨리 흐를 리 · 련 中liàn

풀이 빨리 흐르다.

浬
⑦ 10획 日リ · ノット · かいり
해리 리 中lǐ

풀이 해리(海里). 해상의 거리를 나타내는 단위.

涖
⑦ 10획 日レイ · リ · のぞむ
다다를 리 中lì

풀이 1. 임하다. ¶涖止 2. 관여하다. 관계하다. 3. 물소리. 물 흐르는 소리.
涖涖(이리) 물이 흐르는 소리.
涖政(이정) 임금이 정사를 봄.
涖止(이지) 어떤 곳에 다다르거나 이름.
비 泣(울 읍)

⑦ 10획
❶더럽힐 매 日バイ · ベン · けがす
❷평평히 흐를 면 中měi

풀이 ■1 1. 더럽히다. 손상시키다. 2. 일을 부탁하여 맡기다. ■2 3. 평평히 흐르다. ¶浼浼
浼浼(면면) 물이 평평히 흐르는 모양. 물이 많이 흐르는 모양.
유 汚(더러울 오) 비 免(면할 면)

⑦ 10획
물 흐르는 모양 미 日ミ
中wěi

풀이 물이 흐르는 모양.
浘浘(미미) 물이 흐르는 모양.

浡
⑦ 10획 日ボツ · おこる · わく
일어날 발 中bó

풀이 1. 일어나다. 2. 성(盛)하다. ¶浡然 3. 성내다. 화내다. 4. 용솟음치다. 물이 솟아 나오다. 5. 바다 이름.
浡然(발연) 성하게 일어나는 모양.
浡潏(발휼) 물이 샘솟는 모양.
浡憙(발희) 서로 다투고 등을 돌려 배신함.
비 渤(바다이름 발)

⑦ 10획
❶선거 병 日ヒン · はま
❷물가 빈 中bāng, bīn

풀이 ■1 1. 선거(船渠). 배를 정박해 두는 곳. ■2 2. 물가.
비 兵(군사 병)

⑦ 10획
❶漨(p764)과 同字
❷浄(p724)의 譌字

浮 ⑦ 10획 / 뜰 부 / 日フ·うく·うかす / 中fú

丶 丷 氵 氵 氵 浐 浐 浮 浮 浮

* 형성. 뜻을 나타내는 부수 '水(물 수)'와 음을 나타내는 '孚(미쁠 부)'를 합친 글자. '孚'는 부풀다의 뜻을 나타내어 물(水)에서 부풀어(孚) 올라 '뜨다'의 뜻을 나타냄.

풀이 1. 뜨다. 2. 떠서 움직이다. 3. 떠오르다. ¶浮動 4. 흐름을 따라 내려가다. 5. 들뜨다. 6. 뛰우다. 뜨게 하다. 7. 근거가 없다. 8. 덧없다. ¶浮生 9. 참되지 못하다. 10. 가볍다. 11. 앞서다. 12. 넘치다. 13. 초과하다. 지나치다. 14. 찌. 낚시찌. 15. 부낭. 사람을 물 위에서 뜨게 하는 기구. 16. 벌주. 벌로 마시게 하는 술.

浮橋(부교) 배와 배를 잇대어 잡아매고 널빤지를 깔아서 임시로 놓은 다리.
浮動(부동) 1)떠서 움직임. 2)정하여 있지 않고 이리저리 이동함.
浮浪(부랑) 일정한 거처나 직업 없이 떠돌아다님.
浮沫(부말) 떠 있는 거품. 물거품.
浮木(부목) 물 위에 떠다니는 목재(木材).
浮沒(부몰) 떴다 잠겼다 함.
浮生(부생) 덧없는 인생.
浮說(부설) 근거 없이 떠돌아다니는 말. 유언(流言).
浮世(부세) 덧없는 세상. 뜬세상.
浮言(부언) 근거 없는 말. 뜬소문.
浮影(부영) 물 위에 뜬 그림자.
浮遊(부유) 1)여기저기 놀러 다님. 2)갈 곳을 정하지 않고 떠돎.
浮舟(부주) 배를 띄움. 또는 떠 있는 배.
浮漂(부표) 물에 떠서 떠돌아다님.
浮標(부표) 물 위에 뛰워 암초 등의 소재나 항로 등을 나타내는 표지.

湓 ⑦ 10획 / 물 솟아날 분 / 日ブン / 中bèn

풀이 1. 물이 솟아나다. 2. 물소리.

涘 ⑦ 10획 / 물가 사 / 日シ·みぎわ·うみべ / 中sì

풀이 물가.

浞 ⑦ 10획 / 漩(p765)과 同字

4획

浽 ⑦ 10획 / 浽(p736)과 同字

涉 ⑦ 10획 / ❶건널 섭 ❷피 흐르는 모양 첩 / 日ショウ·わたる / 中shè

丶 丶 氵 氵 氵 汁 汫 涉 涉 涉

* 회의. '水(물 수)'와 '步(걸을 보)'를 합친 글자. '시내를 걸어서 건너다'의 뜻.

풀이 ❶ 1. 건너다. ¶涉水 2. 거닐다. 돌아다니다. 3. 겪다. 경과하다. 지내다. 4. 다다르다. 5. 널리 통하다. 6. 관여하다. 관계하다. ❷ 7. 피가 흐르는 모양.

涉禽(섭금) 얕은 물속을 걸어 다니며 먹이를 찾아다니는 학·두루미·백로와 같은 조류(鳥類)의 통칭.
涉歷(섭력) 1)물을 건너고 산을 넘음. 2)널리 경험을 쌓음. 3)많은 책을 널리 읽음.
涉獵(섭렵) 1)널리 이것저것을 다니면서 찾음. 2)책을 이것저것 널리 읽음.
涉世(섭세) 세상일을 많이 겪음.
涉水(섭수) 물을 건넘.
干涉(간섭) 남의 일에 뛰어 들어 관계함.
關涉(관섭) 1)무슨 일에 관계함. 2)무슨 일에 간섭함.

유 渡(건널 도) 비 陟(오를 척)

涗 ⑦ 10획 / ❶잿물 세 ❷닦을 설 / 日セ·セツ / 中shuì

풀이 ❶ 1. 잿물. ¶涗水 2. 가라앉히다. ❷ 3. 닦다.

涗水(세수) 재에 물을 부어 받아서 내린 물.

消 ⑦ 10획 / 사라질 소 / 日ショウ·きえる·けす / 中xiāo

丶 丶 氵 氵 氵 氵 氵 消 消 消

* 형성. 뜻을 나타내는 부수 '水(물 수)'와 음을 나타내며 '적다'라는 의미를 지닌 '肖(닮을 초)'를 합친 글자. 이에 '물이 줄다', '없어지다', '사라지는 일'을 뜻함.

풀이 1. 사라지다. 없어지다. ¶消滅 2. 사라지게 하다. 3. 약해지다. 쇠하다. ¶消暑 4. 녹다. 녹아 없어지다. 5. 다하다. 6. 빠지다. 모자라다. 7. 불을 끄다. 8. 쓰다. 사용하다. 9. 삭다.

消却(소각) 1)지워 없앰. 2)빚을 갚아 버림.
消渴(소갈) 갈증으로 목이 말라 물이 자주 켜이는 증세.
消遣(소견) 어떤 소일거리에 마음을 붙여 시름을 달램.
消救(소구) 재난을 제거하여 구함.
消極(소극) 무슨 일에 대하여, 나아가서 작용하려 하지 않고 수동적인 자세를 가지는 일.
消痰(소담) 가래를 삭힘. 담을 없앰.
消散(소산) 흩어져 사라짐.
消暑(소서) 더위를 사라지게 함.
消息(소식) 1)없어짐과 생김. 2)변화(變化). 3)왕래(往來). 4)동정(動靜). 안부(安否). 5)편지. 음신(音信). 통신(通信).
消搖(소요) 이리저리 거닐며 돌아 다님. 한가로운 모양.
消暢(소창) 갑갑한 마음을 풂.
消滯(소체) 체한 음식을 소화시킴.
消閑(소한) 무료를 달램. 심심풀이를 함.
無消息(무소식) 소식이 없음.
抹消(말소) 적혀 있는 사실을 지워 없앰.

반 現(나타날 현)

涑	⑦ 10획	日ソク
	물 이름 속	中sù

풀이 1. 물 이름. 중국 산서성(山西省)에서 발원하여 섬서성(陝西省)을 흐르는 황하(黃河)의 지류(支流). 2. 헹구다.

淋	⑦ 10획
	淑(p736)과 同字

涓	⑦ 10획	
	❶ 물방울 연	日エン
	❷ 눈물 흘릴 현	中juān

풀이 1 1. 물방울. 2. 졸졸 흐르는 물. 3. 물이 흐르다. 4. 시내. 5. 방울져 떨어지다. 6. 가리다. 선택하다. 7. 근소한. 약간. 8. 맑고 깨끗하다. 2 9. 눈물을 흘리다.

涓潔(연결) 깨끗함.
涓吉(연길) 좋은 날을 택함.
涓流(연류) 1)졸졸 흐르는 흐름. 세류(細流). 2)사물의 미세함.
涓埃(연애) 1)물방울과 티끌. 2)아주 작은 것을 비유하는 말.
涓壒(연애) 물방울과 먼지. 연애(涓埃).
涓涓(연연) 물이 졸졸 흐르는 모양.
涓人(연인) 1)임금의 좌우에서 청소를 맡은 사람. 2)환관(宦官).
涓日(연일) 좋은 날을 택함. 연길(涓吉).
涓沮(연저) 졸졸 흐르는 물.
涓滴(연적) 1)물방울. 2)아주 적은 양의 것.
涓毫(연호) 1)물방울과 터럭. 2)아주 작은 것을 비유하는 말.
涓澴(연환) 물이 흐르는 모양.
涓然(현연) 우는 모양.

涎	⑦ 10획	日エン・セン・よだれ
	침 연	中xián, yàn

풀이 1. 침. 2. 점액. ¶涎篆 3. 잇닿다. 4. 졸졸 흐르다.

涎篆(연전) 달팽이 같은 벌레가 내는 점액(粘液)이 전자(篆字)와 같은 모양을 보이는 것.

浧	⑦ 10획	
	거침없이	日エイ・よどむ
	흐를 영・정	中chéng, yǐng

풀이 1. 거침없이 흐르다. 2. 남다.

浣	⑦ 10획	日カン・あらう
	빨 완	中huàn

* 형성. 뜻을 나타내는 부수 '水(물 수)'와 음을 나타내는 '完(완전할 완)'을 합친 글자. 물에(水) 넣어 완전한(完) 상태로 만든다는 뜻으로, '빨다', '씻다'를 나타냄.

풀이 1. 빨다. ¶浣染 2. 씻다. 목욕하다. 3. 열흘 사이. 옛날에 관리가 열흘마다 휴가를 얻어 집에서 목욕한 데서 유래함.

浣染(완염) 세탁하여 염색함.
浣慰(완위) 울적한 마음이 사라지고 상쾌해짐.
浣滌(완척) 빨아 깨끗이 함. 세탁(洗濯).

浴	⑦ 10획	日ヨク・あびる・あびせる
	목욕할 욕	中yù

* 형성. 뜻을 나타내는 부수 '水(물 수)'와 음을 나타내는 '谷(골짜기 곡)'을 합친 글자. 물(水)을 끼얹어 씻는다는 뜻이 더해져 '목욕하다'를 나타내게 됨.

풀이 1. 목욕하다. 2. 목욕. ¶浴室 3. 목욕시키다. 4. 입다. 받다. 5. 날다. 새가 날다.

4획

浴金(욕금) 도금(鍍金).
浴禽(욕금) 멱감는 새.
浴器(욕기) 목욕하는 그릇.
浴沂(욕기) 기수(沂水)에서 목욕함. 즉, 명리(名利)를 잊고 유유자적(悠悠自適)함을 비유하는 말.
浴佛(욕불) 석가의 탄신일인 음력 4월 8일에 불상(佛像)을 향탕(香湯)으로 씻는 행사. 관불(灌佛).
浴室(욕실) 목욕하는 설비가 있는 방.
浴日(욕일) 1)햇빛에 쬠. 2)아침에 해가 처음으로 떠서 빛이 물결과 상하가 됨. 3)국가에 훈공(勳功)이 큼을 비유하는 말.
浴殿(욕전) 훌륭한 욕실.
浴槽(욕조) 목욕통.
浴鐵(욕철) 철갑(鐵甲)을 입힌 군마(軍馬).
浴化(욕화) 덕화(德化)를 입음.
비 沿(좇을 연)

涌 ⑦ 10획
湧(p748)의 本字

滺 ⑦ 10획
❶물 흐르는 모양 유 日ユウ 中yóu
❷이익 바라는 모양 적

풀이 1 1. 물 흐르는 모양. 2 2. 이익을 바라는 모양.
滺濟(유역) 물이 흐르는 모양.
滺滺(1.유유/2.적적) 1)물이 흐르는 모양. 2)이익을 바라는 모양.

湇 ⑦ 10획
湆(p739)과 同字

浥 ⑦ 10획
❶젖을 읍 日ユウ·ヨウ
❷웅덩이 업 ·うるおう·ひたる
❸물이 흐르는 모양 압 中yà, yì

풀이 1 1. 젖다. 적시다. 2. 감돌다. 2 3. 웅덩이. 소(沼). 3 4. 물이 흐르는 모양.

涔 ⑦ 10획
괸 물 잠 日シン·ひたす ·たまりみず 中cén

* 형성. 뜻을 나타내는 부수 '水(물 수)'와 음을 나타내는 '岑(맷부리 잠)'을 합친 글자.

풀이 1. 괴어있는 물. ¶涔蹄 2. 큰물. 홍수. 3. 양어장. 4. 흘러 버리다. 떨어지다. 5. 비구름. 6. 비가 많이 내리는 모양.
涔淚(잠루) 줄줄 흐르는 눈물.
涔雲(잠운) 비를 머금고 있는 구름.
涔涔(잠잠) 1)비가 많이 오는 모양. 2)눈물을 흘리는 모양. 3)괴롭고 피곤한 모양. 4)하늘에 구름이 끼어 어두운 모양.
涔蹄(잠제) 소의 발자국에 괸 물이란 뜻으로, 작은 물구덩이를 말함.
涔旱(잠한) 홍수와 가뭄.
洪涔(홍잠) 큰비. 대우(大雨).

浙 ⑦ 10획
강 이름 절 日セツ 中zhè

풀이 1. 강 이름. 중국 절강성(浙江省)에 있는 전당강(錢塘江)의 하류. ¶浙江 2. 쌀을 일다. 3. 지명. 절강성(浙江省) 지방의 총칭.
浙江(절강) 1)성(省) 이름. 절강성(浙江省). 절강유역(浙江流域)에 위치하여 동은 바다에 연하고 남은 복건(福建), 서남은 강서(江西), 서북은 안휘(安徽), 북은 강소(江蘇)의 각 성과 접해 있음. 2)강 이름. 구부러져 흐르는 모양이 '之'자를 닮은 데서 지강(之江), 또는 곡강(曲江)이라고도 함.

涏 ⑦ 10획
❶곧을 정 日セン
❷반질반질할 전 中diān, tǐng

풀이 1 1. 곧다. 2. 적은 양의 물. 2 3. 반질반질하다.
비 涎(침 연)

浚 ⑦ 10획
깊을 준 日シュン·さらう 中jùn, xùn

* 형성. 뜻을 나타내는 부수 '水(물 수)'와 음을 나타내는 부수 이외의 글자로 이루어짐.

풀이 1. 깊다. ¶浚谷 2. 치다. 준설하다. 3. 물의 바닥을 파서 깊게 하다. ¶浚渫 4. 빼앗다. 약탈하다. 5. 다스리다. ¶浚明 6. 크다. 7. 기다리다. 대망하다. 8. 엎드려 안다.

浚谷(준곡) 깊은 골짜기.
浚明(준명) 1)밝게 다스려짐. 2)썩 밝은 일.
浚渫(준설) 우물이나 개울의 진흙 또는 강바닥의 모래를 파냄.
浚渫機(준설기) 개천이나 하천 또는 항만의 흙과 모래를 퍼내어 이를 제거하는 기계.
浚井(준정) 우물을 깨끗이 쳐냄.
浚照(준조) 물이 깊고 맑음.
浚浚(준준) 엎드려 안음.
浚則(준칙) 깊이 본받음. 본받아 따라 익힘.

유 深(깊을 심) 비 俊(준걸 준)

浞	⑦ 10획	日サク
	젖을 착	中zhuó

풀이 1. 젖다. 2. 담그다. 액체 속에 넣다. 3. 넉넉하다.

유 浥(젖을 읍) 潤(젖을 윤) 비 促(재촉할 촉)

涕	⑦ 10획	日テイ·なみだ
	눈물 체	中tì

풀이 1. 눈물. ¶涕淚 2. 울다.

涕泠(체령) 눈물이 뚝뚝 떨어짐.
涕淚(체루) 눈물.
涕泗(체사) 눈물과 콧물.
涕泣(체읍) 1)눈물을 흘리며 욺. 2)눈물.
涕洟(체이) 1)눈물과 콧물. 2)눈물과 콧물을 흘리며 욺.
涕泫(체현) 눈물을 흘림.
涕欷(체희) 눈물을 흘리며 흐느껴 욺.

유 淚(눈물 루) 비 悌(공경할 제)

沖	⑦ 10획	日チュウ
	깊을 충	中chōng

풀이 1. 깊다. ¶沖瀜 2. 공허하다. 비다.

沖瀜(충융) 물이 깊고 넓은 모양.

浸	⑦ 10획	日シン·ひたす·ひたる·つける
	잠길 침	中jìn

丶 冫 氵 氵 氵 氵 氵 浔 浸 浸

* 형성. 뜻을 나타내는 부수 '水(물 수)'와 음을 나타내는 동시에 '담그다', '적시다'의 뜻을 나타내는 부수 이외의 글자로 이루어짐.

풀이 1. 잠기다. ¶浸水 2. 적시다. 3. 담그다. 4. 스며들다. ¶浸液 5. 물을 대다. 물을 대어 윤택하게 하다. 6. 씻다. 7. 못. 8. 점점. 차츰. 9. 좀. 약간. 10. 깊다. 11. 범하다. 12. 큰물. 홍수.

浸灌(침관) 물을 댐.
浸想(침상) 사소한 데까지 밝게 관찰하고 생각함.
浸液(침석) 스며들어 적셔 줌.
浸水(침수) 물에 잠김.
浸濕(침습) 물에 잠겨서 젖음.
浸蝕(침식) 빗물이나 냇물·바람·빙하 등이 땅이나 암석 같은 것을 조금씩 먹어 들어감 또는 그와 같은 작용.
浸淵(침연) 깊은 소(沼).
浸染(침염) 차츰차츰 같은 빛깔로 물듦. 점점 감화됨.
浸潤(침윤) 물이 차츰 스며듦. 차츰차츰 배어 들어감.
浸淫(침음) 1)점점 스며듦. 2)비가 지루하게 내리는 모양. 3)홍수에 잠겨 황폐해짐.
浸入(침입) 1)물이 스며듦. 2)침범하여 들어감.
浸種(침종) 싹을 빨리 트게 하려고 씨앗을 물에 담가 불림. 또는 그 일.
浸漬(침지) 물속에 담가 적심.
浸沈(침침) 스며 들어감.

비 沈(빠질 침) 沒(빠질 몰)

浿	⑦ 10획	日ハイ
	강 이름 패	中pèi

풀이 강 이름. 우리나라 압록강·대동강·예성강의 옛 이름.

浿水(패수) 1)한(漢)·위(魏) 때에는 압록강(鴨綠江)의 이름. 2)수(隋)·당(唐) 때에는 대동강(大同江)의 이름. 3)우리나라에서는 예성강(禮成江)·임진강(臨津江)의 다른 이름.

浦	⑦ 10획	日ホ·うら
	개 포	中pǔ

丶 冫 氵 氵 汇 汇 沪 沪 浦 浦 浦

* 형성. 뜻을 나타내는 부수 '水(물 수)'와 음을 나타내는 '甫(겨우 보)'를 합친 글자. '甫'는 '잇닿다'의 뜻을 나타냄. 이에 물가가 '잇닿은 곳' 즉, '개원'의 뜻으로 쓰임.

풀이 개. 개천.

4획

浦口(포구) 갯가의 작은 항구. 개[浦]의 어귀.
浦漵(포서) 개. 개펄.
유 津(나루 진)

浫 ⑦ 10획 물 빨리 흐를 한·간 日カン 中hàn

풀이 물이 빨리 흐르다.

海 ⑦ 10획 바다 해 日カイ·うみ·み 中hǎi

丶 丶 氵 氵 氵 氵 海 海 海 海

* 형성. 뜻을 나타내는 부수 '水(물 수)'와 음을 나타내는 '每(매양 매)'를 합친 글자. '每'는 '어둡다'는 뜻을 나타내어 검고 크고 어두운 것에 물을 합하여 '바다'의 뜻으로 쓰임.

풀이 1. 바다. 2. 바닷물. ¶海溢 3. 풍요로운 땅. 4. 크다. 넓다. 5. 사람의 왕래가 많은 장소. 6. 어둡다.

海警(해경) 바다의 수비. 해안의 경비. 또는 그 일을 맡고 있는 경찰.
海棠(해당) 1)장미과의 낙엽 관목(灌木). 분홍 꽃이 핌. 2)가냘픈 미인의 형용.
海島(해도) 바다 가운데에 있는 섬.
海濤(해도) 바다의 큰 파도.
海東(해동) 우리나라의 옛 이름.
海路(해로) 배가 다니는 바닷길. 뱃길.
海流(해류) 항상 일정한 방향으로 움직이는 바닷물의 흐름.
海産物(해산물) 바다에서 나는 물건. 어류·어패류 등.
海獸(해수) 바닷 속에서 사는 포유(哺乳)동물.
海岸(해안) 바닷가의 언덕. 바닷가.
海洋(해양) 큰 바다.
海翁好鷗(해옹호구) 바다 노인이 갈매기를 좋아한다는 뜻으로, 사람에게 야심이 있으면 새도 그것을 알고 가까이하지 않음을 이르는 말.

海翁好鷗(해옹호구)의 유래
바닷가에 사는 어떤 이가 갈매기를 좋아해 매일 아침 갈매기들과 더불어 놀았는데, 그에게 놀러 오는 갈매기들이 200마리도 넘었다. 그러던 어느 날 그의 아버지가 갈매기를 잡아오라고 하자 그는 아버지의 부탁을 들어주기로 하고 다음날 바닷가로 나갔으나 갈매기들은 그 위를 맴돌 뿐 내려오지 않았다고 한다. 즉 사람들이 사심없이 갈매기를 대하면 함께 어울려 놀 수 있으나, 일단 갈매기를 잡으려는 마음을 가지면 갈매기들은 사람을 가까이 하지 않는다.

海外(해외) 1)사해(四海)의 밖. 2)외국(外國).
海運(해운) 1)바닷물의 움직임. 2)해상에서 배로 사람과 화물을 운반함.
海溢(해일) 해저 지진이나 화산 등으로 인해 바다의 큰 물결이 갑자기 일어나 육지로 넘어 덮치는 일.
海葬(해장) 바다에 장사(葬事)를 지냄.
海賊(해적) 해상에서 활동하는 도적.
海藻(해조) 바다에서 나는 식물의 통칭.
海潮(해조) 1)바닷물. 2)조수의 흐름.
海豹(해표) 바다표범.
海港(해항) 바닷가에 있는 항구.
유 洋(바다 양) 반 陸(뭍 륙) 地(땅 지)

涀 ⑦ 10획 강 이름 현 日ケン 中xiàn

풀이 강 이름. 중국 하남성(河南省)에 있는 강.

浹 ⑦ 10획 두루 미칠 협 日ショウ·あまねし 中jiā

풀이 1. 두루 미치다. 통하다. 2. 젖다. ¶浹浹 3. 사무치다. 깊이 미쳐 닿다. 4. 돌다. 일주하다.

浹日(협일) 십간(十干)의 갑(甲)부터 계(癸)에 이르는 날짜로, 열흘간.
浹渫(협접) 물결이 연한 모양.
浹辰(협진) 자(子)에서 해(亥)에 이르는 날짜. 즉, 12일간.
浹浹(협협) 축축하게 젖은 모양.
浹和(협화) 모두 화합함. 모두 화목함.
浹洽(협흡) 1)두루 미쳐 젖음. 어떤 영향(影響)이 두루 전하여짐. 2)화목하고 친밀함.

泂 ⑦ 10획 소용돌이칠 형 日キョウ 中jiǒng

풀이 소용돌이치다.
泂潆(형횡) 물이 소용돌이치는 모양.

浩 ⑦ 10획 클 호 日コウ·ひろい·ゆたか 中hào

丶 丶 氵 氵 氵 氵 泩 浩 浩 浩

* 형성. 뜻을 나타내는 부수 '水(물 수)'와 음을 나타내는 '告(알릴 고)'를 합친 글자. '告'는 '크다'는 뜻으로 큰(告) 물(水)에서 '넓다', '크다'를 나타냄.

풀이 1. 크다. ¶浩歌 2. 광대하다. ¶浩洋 3. 넉넉하다. 풍부하다. 4. 호기를 부리다. 거만하게 굴다. 5. 술을 거르다.

4획

浩歌(호가) 큰소리로 노래함.
浩劫(호겁) 1)궁전의 계단. 또는 섬돌. 2)미래에 걸친 매우 긴 세상. 3)큰 재화(災禍).
浩洞(호동) 넓고 텅 빔. 텅 비고 넓음.
浩漫(호만) 1)크고 넓은 모양. 2)많음.
浩茫(호망) 호양(浩洋).
浩渺(호묘) 한없이 넓고 아득한 모양.
浩博(호박) 크고 넓음.
浩繁(호번) 대단히 번잡함.
浩洋(호양) 물이 광대한 모양.
浩攘(호양) 번거롭고 헛됨.
浩穰(호양) 백성의 수효가 많음.
浩然(호연) 1)마음이 넓고 태연함. 2)물이 세차게 흐르는 모양.
浩然之氣(호연지기) 1)천지 사이에 가득 찬, 크고 넓은 원기(元氣). 2)도의에 맞고 공명정대하여 전혀 부끄러움이 없는 도덕적 용기. 3)사물에서 해방되어 자유롭고 즐거운 마음. 호기(浩氣).

⊙浩然之氣(호연지기)의 유래

공손추(公孫丑)가 맹자(孟子)에게 "호연지기가 무엇입니까?"라고 묻자, 맹자가 다음과 같이 대답하였다. "호연지기는 지극히 크고 굳세다. 똑바로 길러 손상받지 않으면 하늘과 땅 사이에 가득 차게 된다. 호연지기라는 것은 정의와 도리에 함께하는 것이니, 만약 그렇지 못하면 쇠퇴하고 만다. 정의가 쌓여 자연스럽게 발생하는 것이지 억지로 정의를 취해 얻어지는 것이 아니다. 행동할 때 마음에 꺼리는 바가 있으면 호연지기는 곧 스러지고 만다."

浩恩(호은) 큰 은혜. 대은(大恩).
浩飮(호음) 술을 많이 마심. 호음(豪飮).
浩蕩(호탕) 1)넓고 큰 모양. 2)탈속(脫俗)하여 뜻이 분방(奔放)한 모양.
비 活(살 활)

涍	⑦ 10획	日コウ
	물 이름 효	中xiào

풀이 물이름.

淦	⑧ 11획	日カン·コン
	배에 괸 물 감	中gàn

풀이 1. 배에 괸 물. 2. 진흙. ¶淦瀯 3. 물 이름. 중국 강서성(江西省)에서 발원하여 북으로 흐르는 공강(贛江)의 지류.
淦瀯(감영) 진흙이 섞인 물.

涳	⑧ 11획	日クウ
	물 곧게 흐를 공	中kōng, kòng

풀이 1. 물이 곧게 흐르다. 2. 가랑비.
涳濛(공몽) 이슬비.

涫	⑧ 11획	日カン
	끓을 관	中guàn

풀이 1. 끓다. 물이 끓다. ¶涫湯 2. 대야. 3. 세수하다.
涫涫(관관) 물이 끓는 모양.
涫沸(관비) 물이 끓어 솟아오르는 모양.
涫湯(관탕) 끓는 물.

淈	⑧ 11획	日コツ·にごる·みだれる
	흐릴 굴	中gǔ

풀이 1. 흐리다. 혼탁하다. 2. 어지럽다. 혼란스럽다. 3. 다하다. ¶淈盡 4. 다스리다. 5. 진흙. 6. 막힌 물이 통하여 흐르는 모양.
淈淈(굴굴) 막힌 물이 통하여 흐르는 모양.
淈泥(굴니) 물을 휘저어 흙탕물이 되게 함.
淈盡(굴진) 다함. 다 없어짐.
淈濁(굴탁) 물이 흐려짐.

淇	⑧ 11획	日キ
	강 이름 기	中qí

풀이 강 이름. 중국 하남성(河南省)에 흐르는 황하의 지류.

淖	⑧ 11획	
	❶진흙 뇨(요)	日ドウ·シャク·どろ
	❷얌전할 작	中chuò, nào

풀이 ■1 1. 진흙. 2. 진창. 땅이 진 곳. ¶淖濘 3. 젖다. ¶淖乎 4. 온화하다. 부드럽다. 5. 빠지다. 가라앉다. 6. 많다. ¶淖淖 ■2 7. 얌전하다.
淖濘(요녕) 진창.
淖淖(요뇨) 많음.
淖溺(요닉) 녹음. 용해(溶解)함.
淖約(작약) 정숙함.

淡	⑧ 11획	
	❶묽을 담	日タン·あわい
	❷질펀히 흐를 염	中dàn

* 형성. 뜻을 나타내는 부수 '水(물 수)'와 음을 나타내는 '炎(불꽃 염)'을 합친 글자. '炎'은 '적다'의 뜻을 나타내어 물(水)이 적다(炎)에서 '묽다'의 뜻으로 쓰임.

풀이 ❶ 1. 묽다. 엷다. ¶淡彩 2. 싱겁다. ¶淡食 3. 담박하다. ¶淡泊 4. 연하다. ❷ 5. 질펀히 흐르다. ¶淡淡 6. 어렴풋하다.

淡交(담교) 담박(淡泊)한 교제.
淡淡(1.담담/2.염염) 1)욕심이 없고 마음이 깨끗함. 2)물이 질펀하게 흐르는 모양.
淡墨(담묵) 진하지 않은 먹물.
淡味(담미) 진하지 않은 맛. 담담한 맛.
淡泊(담박) 1)욕심이 없고 마음이 깨끗함. 2)맛이나 빛이 산뜻함. 담백(淡白).
淡碧(담벽) 연한 푸른 빛.
淡色(담색) 연한 빛깔. 진하지 않은 빛.
淡素(담소) 담담하고 소박(素朴)함.
淡水(담수) 짠맛이 없는 맑은 물. 단물. 민물.
淡食(담식) 1)음식을 싱겁게 먹음. 2)고기 등 속이 느끼한 음식을 많이 먹지 않음. 채소 위주의 식사를 함.
淡雅(담아) 1)욕심이 없고 고상함. 2)담백하고 우아함.
淡然(담연) 욕심이 없고 깨끗함.
淡煙(담연) 엷게 낀 연기. 부연 연기.
淡雲(담운) 엷고 맑게 낀 구름.
淡月(담월) 으스름한 달.
淡紫色(담자색) 엷은 자줏빛.
淡粧(담장) 요란하지 않은 담박한 화장.
淡赤色(담적색) 엷은 적색. 연붉은 빛깔.
淡彩(담채) 엷은 채색.
淡菜(담채) 홍합(紅蛤). 진주담치.
淡青(담청) 담청색.
冷淡(냉담) 태도(態度)나 마음이 쌀쌀함.
平淡(평담) 평이하고 담박함. 마음이 고요하고 이욕(利慾)의 생각이 없음.
濃淡(농담) 짙음과 옅음.

반 濃(짙을 농) 비 啖(먹을 담) 災(재앙 재)

渻 ⑧11획 日トウ
솟아 넘칠 답 中tà

풀이 1. 솟아 넘치다. 2. 물이 출렁이다.

淘 ⑧11획 日トウ·よなぐ·よなげる
일 도 中táo

* 형성. 뜻을 나타내는 부수 '水(물 수)'와 음을 나타내는 '匋(질그릇 도)'를 합친 글자. 질그릇(匋)에 물(水)을 부어 잡물을 제거하다에서 '쌀을 일다'의 뜻으로 쓰임.

풀이 1. 일다. 쌀을 일다. ¶淘米 2. 씻다. 깨끗이 헹구다. 3. 걸러내다. 4. 개통하다. 유통하게 하다. 5. 치다. 준설하다.

淘金(도금) 사금을 읾.
淘淘(도도) 물이 흐르는 모양.
淘米(도미) 쌀을 읾.
淘淸(도청) 흐린 물을 가라앉혀 맑게 함.
淘汰(도태) 1)불필요하거나 부적당한 것을 줄여 없앰. 2)물에 일어서 쓸데없는 것을 흘려 버림. 3)환경이나 조건에 적응하지 못한 생물이 멸망함. 4)사회적 활동 영역에서 경쟁에 진 사람이 밀려남.

涷 ⑧11획 日トウ
소나기 동 中dōng

풀이 1. 소나기. ¶涷雨 2. 얼다. 3. 젖다. 물에 젖다.

涷餒(동뇌) 추위에 떨고 굶주림.
涷雨(동우) 소나기.

淶 ⑧11획 日ライ
강 이름 래 中lái

풀이 강 이름. 중국 하북성(河北省)에 흐르는 강.

비 浹(두루 미칠 협)

涼 ⑧11획 日リョウ·すずしい
서늘할 량(양) 中liáng, liàng

풀이 1. 서늘하다. ¶涼氣 2. 엷다. ¶涼德 3. 맑다. 깨끗하다. 4. 슬퍼하다. 상심하다. 5. 쓸쓸하다. ¶凄涼 6. 바람을 쐬다. 7. 걱정. 근심. 8. 돕다. 보좌하다. 9. 진실로. 참으로 10. 서늘한 바람. 서늘한 기운.

涼氣(양기) 서늘한 기운.
涼德(양덕) 엷은 인덕(人德). 두텁지 못한 심덕(心德).
涼涼(양량) 1)경박한 모양. 2)선선한 모양.
涼夕(양석) 서늘한 저녁.
涼雨(양우) 선선한 비.
涼月(양월) 가을 밤의 달.
涼蔭(양음) 시원한 나무 그늘.
涼意(양의) 시원해진 기운. 시원스러운 느낌.
炎涼世態(염량세태) 권세가 있을 때는 아첨하며

좇고, 세력이 없어지면 푸대접하는 세상 인심.

凄涼(처량) 1)보기에 거칠고 쓸쓸함. 2)마음이나 신세가 초라하고 구슬픔.

유 冷(찰 랭) 비 京(서울 경)

淥	⑧ 11획	日 ロク
	밭을 록(녹)	中 lù

풀이 1. 밭다. 거르다. 2. 물이 맑아지다. ¶淥水

淥水(녹수) 맑은 물.

⑧ 11획

❶ 눈물 루(누) 日 ルイ·なみだ

❷ 빠르게 흐를 려(여) 中 lèi

丶 丷 氵 氵 氵 沪 沪 沪 淚 淚 淚

* 형성. 뜻을 나타내는 부수 '水(물 수)'와 음을 나타내는 '戾(어그러질 려)'를 합친 글자. '戾'는 비틀어 나오다의 뜻으로 눈에서 비틀어 나오는 물이라하여 '눈물'의 뜻으로 쓰임.

풀이 1 1. 눈물. ¶別淚 2. 눈물 흘리다. 3. 촛농이 떨어지다. 2 4. 빠르게 흐르다. 5. 한량하다.

淚水(누수) 눈물.

淚眼(누안) 눈물이 괸 눈.

淚珠(누주) 눈물의 구슬. 눈물.

淚痕(누흔) 눈물의 흔적.

法淚(법루) 부처의 공덕에 마음이 감동하여 흐르는 눈물.

別淚(별루) 이별할 때에 슬퍼서 흘리는 눈물.

聲淚(성루) 우는 소리와 흐르는 눈물.

愁淚(수루) 근심 걱정 때문에 흘리는 눈물.

雙淚(쌍루) 두 눈에서 나오는 눈물.

暗淚(암루) 소리 없이 흘리는 눈물.

零淚(영루) 눈물을 흘림.

淫淚(음루) 그치지 않고 자꾸 흐르는 눈물.

유 涕(눈물 체)

⑧ 11획

❶ 잔물결 륜(윤) 日 リン·ロン·さざなみ

❷ 돌아흐를 론(논) 中 lún

* 형성. 뜻을 나타내는 부수 '水(물 수)'와 음을 나타내는 '侖(생각할 륜)'을 합친 글자.

풀이 1 1. 잔 물결. 물놀이. 2. 잠기다. 빠지다. 3. 빠져들다. 4. 거느리다. 이끌다. 2 5. 물이 돌아 흐르다.

淪缺(윤결) 쇠하여 없어짐.

淪屈(윤굴) 영락하여 펴지 못함.

淪溺(윤닉) 빠짐. 침몰함.

淪落(윤락) 1)타락함. 2)쇠망(衰亡)함.

淪埋(윤매) 파묻혀 없어짐.

淪暮(윤모) 영락(零落)하여 늙음.

淪沒(윤몰) 1)물에 빠져 들어감. 2)죄에 빠짐.

淪喪(윤상) 망해 없어짐.

淪失(윤실) 망해 없어짐.

淪猗(윤의) 잔물결. 물놀이.

淪替(윤체) 쇠함.

淪敗(윤패) 영락(零落)함. 출세하지 못함.

沈淪(침륜) 1)침몰. 2)재산이나 권세 등이 줄어들어 떨치지 못함.

淩	⑧ 11획	日 リョウ
	달릴 릉(능)	中 líng

풀이 1. 달리다. 달려가다. 2. 헤어나다. 3. 범하다. 4. 떨다. 두려워하다.

비 凌(능가할 릉)

淋	⑧ 11획	日 リン·さびしい
	물 뿌릴 림(임)	中 lín, lìn

풀이 1. 물을 뿌리다. 2. 방울지다. 3. 젖다. 잠기다. 4. 임질. 성병의 일종. ¶淋疾 5. 장마. ¶淋雨

淋浪(임랑) 1)어지러운 모양. 2)땀이 자꾸 흐르는 모양.

淋漓(임리) 1)피 또는 땀 같은 것이 줄줄 흐르는 모양. 2)원기(元氣)가 넘치는 모양. 3)비오는 모양.

淋離(임리) 1)긴 모양. 2)큰 모양.

淋淋(임림) 1)비가 오는 모양. 2)물방울이 떨어지는 모양.

淋滲(임삼) 날개가 나기 시작하는 모양.

淋雨(임우) 1)비에 축임. 2)장마.

淋池(임지) 물이 사철 흘러 들어가는 못.

淋疾(임질) 성병(性病)의 일종으로 요도 점막에 염증이 생기는 병.

淼	⑧ 12획	日 ミョウ
	물 아득할 묘	中 miǎo

풀이 1. 물이 아득하다. 2. 넓은 물.

淼漫(묘만) 물이 한없이 넓은 모양.

淼茫(묘망) 물 등이 한없이 넓고 아득한 모양.

비 森(나무 빽빽할 삼)

洴	⑧ 11획 ❶손 씻을 병 日へイ ❷물소리 팽 中píng

풀이 ❶ 1. 손을 씻다. ❷ 2. 물소리.

涪	⑧ 11획 日バイ 물거품 부 中fú

풀이 1. 물거품. 2. 강 이름. 중국 사천성(四川省) 송반현(松潘縣)에서 발원한 강.

유 沫(거품 말) 비 倍(곱 배) 培(북돋울 배)

淠	⑧ 11획 日ビ 강 이름 비 中pì

풀이 1. 강 이름. ㉠중국 안휘성(安徽省)에서 발원하는 회수(淮水)의 지류. 비수(沘水). ㉡하남성(河南省)에서 발원하는 회수(淮水)의 지류. 백로하(白露河). 2. 배가 나아가다. 3. 많다. 무성하다. 더부룩하다.

淜	⑧ 11획 걸어서 日ヒン 물 건널 빙 中píng

4획

풀이 1. 걸어 물을 건너다. 2. 물결 또는 바람이 물건을 치는 소리.

淅	⑧ 11획 日セキ 쌀 일 석 中xī

* 형성. 뜻을 나타내는 부수 '水(물 수)'와 음을 나타내는 '析(가를 석)'을 합친 글자.

풀이 1. 쌀을 일다. 2. 쓸쓸하다. 처량하다. 3. 비바람 소리. 4. 인 쌀. 물에 씻은 쌀.

淅瀝(석력) 1)눈비가 내리는 소리. 2)애처롭고 쓸쓸한 모양.

淅米(석미) 쌀을 씻음.

淅淅(석석) 1)비바람의 소리. 2)방울 소리.

淅然(석연) 처량한 느낌을 자아내는 가을철의 기운이 감도는 모양.

渫	⑧ 11획 ❶칠 설 日セツ·エイ ❷데친 파 예 中xiè, yè

풀이 ❶ 1. 치다. 없애다. 2. 흩어지다. 다하다. ❷ 3. 데친 파.

淞	⑧ 11획 日ショウ 강 이름 송 中sōng

풀이 강 이름. 오송강(吳淞江). 중국 강소성(江蘇省) 태호(太湖)에서 발원하여 황포강(黃浦江)과 합치는 강.

淑	⑧ 11획 日シュク·よい 맑을 숙 中shū

丶 丶 氵 氵 氵 氵 汁 汢 浐 淑 淑

풀이 1. 맑다. 맑고 깊다. ¶淑景 2. 착하다. 얌전하다. ¶淑質 3. 사모하다. 4. 잘. 좋게. 5. 비로소.

淑景(숙경) 1)자연(自然)의 맑은 경치(景致). 2)봄의 경치.

淑氣(숙기) 새봄의 화창한 기운. 자연(自然)의 맑은 기운.

淑女(숙녀) 1)교양과 예의(禮儀)와 품격을 갖춘 점잖은 여자. 2)상류 사회(社會)의 여자.

淑德(숙덕) 선미한 덕행. 착하고 올바른 덕.

淑明(숙명) 맑고 깨끗함.

淑謀(숙모) 전부터 꾀한 계책.

淑範(숙범) 올바른 모범(模範).

淑性(숙성) 착하고 얌전한 성질(性質).

淑譽(숙예) 정숙(靜淑)하다는 평판.

淑姿(숙자) 숙녀의 얌전하고 덕스러운 자태.

淑質(숙질) 착하고 얌전한 성질(性質).

淑聽(숙청) 삼가 엄숙하게 들음.

淑淸(숙청) 1)성품(性品)·언행(言行)이 맑고 깨끗함. 2)잘 다스려져 맑음.

淑態(숙태) 정숙한 태도(態度).

淑行(숙행) 여자의 참한 행실(行實).

私淑(사숙) 직접 가르침을 받지는 않았으나 마음속으로 그 사람을 본받아서 도(道)나 학문(學文)을 배우거나 따름.

貞淑(정숙) 여자의 행실이 곧고 마음씨가 맑음.

靜淑(정숙) 태도가 조용하고 마음이 맑음.

賢淑(현숙) 여자의 마음이 어질고 깨끗함.

유 淸(맑을 청) 비 叔(아재비 숙)

淳	⑧ 11획 日ジュン·あつい 순박할 순 中chún

풀이 1. 순박하다. ¶淳朴 2. 깨끗하다. 맑다. 3. 크다. ¶淳美 4. 인정이 많다. ¶淳風美俗 5. 뿌리다. 6.

흠뻑 적시다. 7. 짜다. 염분이 있다. 8. 폭. 직물의 폭.

淳潔(순결) 순박하고 결백함.

淳氣(순기) 순수한 좋은 기(氣).

淳良(순량) 순박하고 선량함.

淳美(순미) 큰 흐름. 큰 물결.

淳朴(순박) 풍속이 순후(淳厚)하고 아름다움.

淳白(순백) 순결하고 청백(淸白)함.

淳粹(순수) 섞인 것이 없이 깨끗함.

淳實(순실) 순박하고 진실함.

淳質(순질) 선량하고 꾸밈이 없음. 순박함.

淳風(순풍) 순박한 풍속.

淳風美俗(순풍미속) 인정이 두텁고 아름다운 풍속.

淳化(순화) 순박하게 함. 순박해짐.

淳厚(순후) 순박하고 인정이 두터움.

유 朴(순박할 박)

淬 ⑧ 11획
❶ 담금질할 쉬 日サイ
❷ 흐를 줄 中cuì

풀이 1 1. 담금질하다. 2. 물들이다. 염색하다. 3. 범하다. 침범하다. 4. 차다. 한랭하다. 5. 목욕하다. 6. 힘쓰다. ¶淬勉 2 7. 흐르다. 물이 흐르는 모양.

淬礪(쉬려) 1)칼을 갊. 2)애써 학문을 닦음.

淬勉(쉬면) 부지런히 힘씀.

深 ⑧ 11획 日シン · ふかい
깊을 심 中shēn

丶 氵 氵 氵 氵 氵 淬 淬 深 深

* 형성. 뜻을 나타내는 부수 '水(물 수)'와 불을 손에 들고 깊숙이 사람이 들어가는 모습을 나타낸 부수 이외의 글자가 합하여져, '물 밑바닥이 깊다'의 뜻을 나타냄.

풀이 1. 깊다. 깊게 하다. ¶深海 2. 깊숙하다. 3. 정미(精微)하다. ¶深奧 4. 심하다. 5. 멀다. 6. 중(重)하다. 7. 후하다. ¶深厚 8. 엄하다. 잔인하다. 9. 한창이다. 성하다. ¶深夜 10. 깊게 하다. 깊이 파다. 11. 높게 하다. 높이다. 12. 감추다. 숨기다. 13. 깊이. 심한 정도. 14. 짙다. ¶深藍 15. 매우. 심히. 16. 너비. 앞뒤까지의 거리.

深刻(심각) 1)마음에 깊이 새김. 2)크게 감동시키는 것이 있는 일. 3)일을 깊이 파고들어 생각하거나 추구하는 일. 4)사태가 절박하여 중대한 일.

深境(심경) 깊은 경지.

深耕(심경) 땅을 깊게 갊.

深契(심계) 1)정분이 깊은 교제. 2)굳은 약속.

深溪(심계) 깊은 산골짜기.

深戒(심계) 깊이 경계함.

深谷(심곡) 깊은 골짜기.

深廣(심광) 깊고 넓음.

深交(심교) 정분이 깊은 교제.

深究(심구) 깊이 연구함.

深閨(심규) 여자가 거처하는 깊이 들어 있는 집이나 방.

深念(심념) 깊은 생각.

深潭(심담) 깊은 못.

深度(심도) 1)겉에서 속까지의 길이. 2)듬직한 믿음성.

深到(심도) 깊은 곳에 닿음의 뜻으로, 심오한 도리를 깨침을 말함.

深妙(심묘) 이치가 깊어 알기 어려움. 오묘함.

深思(심사) 깊이 생각함. 곰곰 생각함. 또 그 생각.

深山(심산) 깊은 산.

深夜(심야) 깊은 밤. 한밤중.

深淵(심연) 깊은 못. 깊은 웅덩이.

深奧(심오) 깊고 오묘함.

深遠(심원) 깊고 넓음.

深重(심중) 1)생각이 깊고 무게가 있음. 2)매우 중대하고 심각함.

深醉(심취) 술에 몹시 취함.

深呼吸(심호흡) 깊숙이 공기를 들이 마셨다 내쉬었다 하며 크게 숨을 쉬는 일. 또는 그렇게 숨을 쉬는 호흡법.

九重深處(구중심처) 궁궐을 가리킴. 구중궁궐(九重宮闕).

潭深(담심) 1)물이 깊음. 2)학문이 깊음.

等深線(등심선) 지도에서 바다 · 호수 등의 심도(深度)가 같은 점을 연결한 곡선.

水深(수심) 물의 깊이.

반 淺(얕을 천) 비 探(더듬을 탐)

淰 ⑧ 11획
❶ 흐릴 심 日ネン · セン
❷ 잔잔할 념(염) 中 shěn
❸ 퍼덕일 섬

풀이 1 1. 흐리다. 혼탁하다. 2 2. 잔잔하다. 3. 걸리고 막히다. ¶淰淰 3 4. 퍼덕이다. 물고기가 놀라 퍼덕거리는 모양.

淰躍(섬약) 놀라서 달림.

淰淰(염념) 걸리고 막힘.

4획

涯	⑧ 11획	日ガイ·みぎわ·はて
	물가 애	中yá

`' ; 氵 氵厂 氵厂 氵厂 氵厈 涯 涯 涯

* 형성. 뜻을 나타내는 부수 '水(물 수)'와 음을 나타내는 '厓(벼랑 애)'를 합친 글자. 이에 '물가'의 뜻으로 쓰임.

풀이 1. 물가. ¶濱涯 2. 끝. 가장자리. ¶涯岸 3. 근처.

涯角(애각) 궁벽하고 먼 땅.
涯過(애과) 겨우 버티어 살아 감.
涯分(애분) 신분에 알맞은 정도. 본분(本分).
涯岸(애안) 바다 · 강 · 못 등의 가장자리.
涯限(애한) 끝. 한(限).
境涯(경애) 자기 자신이 처해 있는 환경과 생애.
無涯(무애) 넓고 멀어서 끝이 없음. 무제(無際).
生涯(생애) 살아 있는 동안. 일생 동안.
津涯(진애) 배를 대는 언덕. 포구.
天涯(천애) 1)하늘의 끝. 2)썩 먼 곳.

液	⑧ 11획	
	❶진 액	日エキ·しる·つゆ
	❷담글 석	中yè, shì

풀이 ❶ 1. 진. 즙. ¶津液 2. 겨드랑이. ❷ 3. 담그다. 액체 속에 넣다. 4. 풀어지다. 흩어지다.

液晶(액정) 액체와 결정과의 중간 상태에 있는 물질. 광학 이성(光學異性)의 복굴절(復屈折)을 하며 액체와 같은 유동성을 지님.
液體(액체) 일정한 부피는 있으나 일정한 모양은 없이 유동하는 물질.
液化(액화) 기체(氣體)나 고체(固體)가 액체로 변함.
髓液(수액) 골수(骨髓)를 채우고 있는 액체. 뇌장(腦漿). 뇌척수액.
溶液(용액) 용해(溶解)한 액체 또 고체(固體)가 다른 액체 가운데에서 용해한 것.
粘液(점액) 1)끈끈한 성질을 가진 액체. 2)생물체 안의 점액선 등에서 분비되는 끈끈한 액체.
體液(체액) 동물의 체내의 혈관 또는 조직의 사이를 이동하는 혈액 · 림프 · 조직액 등의 총칭.
唾液(타액) 침.
血液(혈액) 피를 의학 · 생리학 · 생물학 등에서 이르는 말.

비 夜(밤 야)

4획

淤	⑧ 11획	日オ·ヨ·どろ
	진흙 어	中yū

풀이 1. 진흙. ¶淤泥 2. 삼각주. 강물에 떠 내려온 토사가 쌓여 이루어진 토양. 3. 흐리다. 4. 먹기 싫다. 싫증나다. 5. 막히다. 정체하다. 6. 엉기다.

淤泥(어니) 진흙. 진흙탕.
淤閼(어알) 진흙이 쌓여 물이 막힘.
淤汙(어오) 괸 물.
淤血(어혈) 엉긴 피. 죽은 피.

유 泥(진흙 니)

淹	⑧ 11획	日エン·いれる
	담글 엄	中yān

풀이 1. 담그다. 적시다. 2. 머무르다. 체류하다. ¶淹久 3. 오래되다. ¶淹歲 4. 물가. 5. 넓다. 홍대하다.

淹久(엄구) 오래 머무름.
淹究(엄구) 널리 궁구(窮究)함.
淹留(엄류) 오래 머무름. 막혀 잘 전진하지 못함.
淹泊(엄박) 1)오래 머무름. 2)관리가 오랫동안 낮은 직위에 있는 일.
淹博(엄박) 학식이 매우 넓음.
淹死(엄사) 물에 빠져 죽음.
淹數(엄삭) 느림과 빠름. 지체됨과 빨리 나감.
淹歲(엄세) 길고 오랜 세월.
淹識(엄식) 널리 앎. 박식(博識)함.
淹緩(엄완) 지체하여 잘 진전하지 못함.
淹滯(엄체) 1)오래 머무름. 2)현재(賢才)가 있으면서 낮은 직위에 머물러 있음. 또는 그 사람.

비 俺(나 엄)

淢	⑧ 11획	
	❶빨리 흐를 역	日エキ
	❷도랑 혁	中xù, yù

* 형성. 뜻을 나타내는 부수 '水(물 수)'와 음을 나타내는 '或(혹 혹)'을 합친 글자.

풀이 ❶ 1. 빨리 흐르다. ¶淢汨 2. 거스르다. 3. 슬퍼하다. ❷ 4. 도랑. 해자. 성 밖으로 둘러서 판 못.

淢汨(역율) 빨리 흐르는 모양.

淴	⑧ 11획	
	물 내솟는	日オツ
	소리 올	中hū

풀이 1. 물 내솟는 소리. 2. 물이 빨리 흐르는 모양.

淴泱(올앙) 물이 빨리 흐르는 모양.

涴 ⑧ 11획
❶물 굽이쳐 흐를 완 ❷더럽힐 와 ❸내 이름 원
日ワン·ワ 中wò

풀이 1 1. 물이 굽이쳐 흐르다. 2 2. 더럽히다. 3 3. 내 이름. 산해경에 나오는 내.

淯 ⑧ 11획
강 이름 육
日イク 中yù

풀이 1. 강 이름. 중국 하남성(河南省) 숭현(嵩縣)에서 발원하여, 호북성(湖北省)에서 당하(唐河)와 합침. 2. 기르다.

淫 ⑧ 11획
❶음란할 음 ❷못 이름 요
日イン·みだら 中yín

풀이 1 1. 음란하다. 음탕하다. ¶淫亂 2. 지나치다. 과하다. ¶書淫 3. 간사하다. 4. 적시다. 물이 담그다. 5. 어지럽히다. 미혹하다. 6. 크다. 대단하다. 7. 탐하다. 탐내다. 8. 오래다. 장구하다. 9. 윤택하다. 윤택하게 하다. 10. 장마. 11. 머무르다. 2 12. 못 이름.

淫驕(음교) 버릇없이 행동하고 교만함.
淫溺(음닉) 매우 방탕함. 유락(遊樂)에 빠짐.
淫談悖說(음담패설) 음탕하고 상스러운 이야기.
淫亂(음란) 음탕하고 난잡함.
淫淚(음루) 그치지 않고 계속 흐르는 눈물.
淫霖(음림) 장마.
淫放(음방) 음란하고 방탕함.
淫穢(음예) 음란하고 더러움.
淫蕩(음탕) 행동이 음란하고 방탕함.
淫惑(음혹) 음란하고 미혹(迷惑)함.
淫荒(음황) 주색에 빠져 행동이 바르지 못함.
淫戲(음희) 음란한 희롱. 2)음탕한 연극.
姦淫(간음) 부부가 아닌 남녀가 성적 관계를 맺음.
邪淫(사음) 1)마음이 요사스럽고 음탕함. 2)오악(五惡)의 하나. 남의 남자나 여자와 음탕한 짓을 하는 일.

유 婬(음탕할 음)

淟 ⑧ 11획
때 낄 전
日テン 中tiǎn

풀이 1. 때가 끼다. 2. 빠지다. 침몰하다.

淀 ⑧ 11획
얕은 물 정
日テン·よどむ 中diàn

풀이 얕은 물.

淨 ⑧ 11획
깨끗할 정
日ジョウ·きよい·きよめる 中jìng

* 형성. 뜻을 나타내는 부수 '水(물 수)'와 음을 나타내는 '爭(맑을 쟁)'을 합친 글자. '물이 맑다'의 뜻에서 '맑다', '깨끗하다'의 뜻으로 쓰임.

풀이 1. 깨끗하다. ¶淨化 2. 맑다. ¶淨空 3. 사념이 없다. 4. 정하다. 5. 악인(惡人).

淨巾(정건) 깨끗한 두건. 곧 중의 두건을 이름.
淨潔(정결) 맑고 깨끗함.
淨界(정계) 정하고 깨끗한 곳이라는 뜻으로, 신불(神佛)을 모시는 곳을 말함. 정토(淨土).
淨空(정공) 맑은 하늘.
淨利(정리) 순이익.
淨妙(정묘) 깨끗하고 절묘함.
淨房(정방) 뒷간. 변소.
淨色(정색) 맑은 빛. 깨끗한 빛깔.
淨書(정서) 글씨를 읽기 쉽도록 깨끗이 옮겨 씀.
淨掃(정소) 깨끗하게 쓺. 깨끗하게 함.
淨沼(정소) 물이 맑은 못.
淨水(정수) 1)깨끗한 물. 2)물을 맑게 하는 일. 또는 맑게 한 그 물.
淨神(정신) 마음을 청결히 함.
淨眼(정안) 1)눈을 씻음. 2)바르게 보는 힘.
淨業(정업) 1)맑고 깨끗한 선업(善業). 2)정토 왕생의 정업(正業), 곧 염불을 말함.
淨淨(정정) 썩 맑고 깨끗함.
淨土(정토) 부처가 사는 청정한 곳.
淨化(정화) 깨끗하게 함.
洗淨(세정) 깨끗하게 빨거나 씻음.
嚴淨(엄정) 엄숙하고 깨끗함.
淸淨(청정) 1)맑고 깨끗함. 또는 깨끗하여 속됨이 없음. 2)불교에서 죄가 없이 깨끗한 상태를 말함.

유 潔(깨끗할 결) 빈 汚(더럽힐 오)

済 ⑧ 11획
濟(p784)의 俗字

淛 ⑧ 11획 日セイ
강 이름 제 中zhè

풀이 강 이름. 절강(浙江)의 옛 이름.

淙 ⑧ 11획 日ソウ
물소리 종 中cóng

풀이 1. 물소리. 물이 흐르는 소리. ¶淙潺 2. 물을 대다.

淙然(종연) 물이 흐르는 소리.
淙潺(종잔) 물 흐르는 소리. 물이 흐르는 모양.
淙琤(종쟁) 1)옥(玉)이 울리는 소리. 2)물이 흐르는 소리.
淙淙(종종) 1)물이 흐르는 모양. 또는 그 소리. 2)금석(金石)의 소리.

淌 ⑧ 11획
❶큰 물결 창 日ショウ·トウ
❷방울질 탕 中tǎng

풀이 ❶ 1. 큰 물결. 큰 파도. ❷ 2. 방울지다. 3. 물이 흐르는 모양.

凄 ⑧ 11획
❶쓸쓸할 처 日セイ·すごい
❷빠른 모양 천 中qī

풀이 ❶ 1. 쓸쓸하다. ❷ 2. 빠른 모양.

淺 ⑧ 11획
❶얕을 천 日セン·あさい
❷물 끼얹을 전 中jiàn, qiǎn

* 형성. 뜻을 나타내는 부수 '水(물 수)'와 음을 나타내는 '戔(작을 잔)'을 합친 글자. 물(水)이 작아서(戔) '얕다'의 뜻을 나타냄.

풀이 ❶ 1. 얕다. ㉠물이 깊지 않다. ㉡학문·지식 등이 깊지 않다. ㉢적음. ¶淺薄 2. 엷다. 연하다. ¶淺黃 3. 고루하다. 4. 가볍다. 경망스럽다. 5. 어리석다. ❷ 6. 물을 끼얹다.

淺絳(천강) 연한 붉은빛.
淺見(천견) 1)얕은 견문. 2)천박한 소견. 3)자기의 소견을 겸소하게 이름.
淺近(천근) 지식이나 생각이 천박하고 얕음.
淺短(천단) 생각이나 지식이 얕고 짧음.
淺略(천략) 천박하며 조잡함.
淺慮(천려) 얕은 생각.
淺露(천로) 얕아서 드러남.
淺瀨(천뢰) 얕은 여울.
淺薄(천박) 지식이나 생각 등이 얕음.
淺識(천식) 얕은 지식이나 견식.
淺深(천심) 얕음과 깊음.
淺紫(천자) 엷은 보라색.
淺才(천재) 1)얕은 재주나 꾀. 2)자기의 재능을 겸양하는 말.
淺淺(천천) 물이 빠르게 흐르는 모양.
淺灘(천탄) 얕은 여울.
淺狹(천협) 얕고 좁음.
淺黃(천황) 엷은 황색.
淺黑(천흑) 엷은 흑색.
交淺言深(교천언심) 교제한 지 얼마 되지도 않는데 어리석게 함부로 지껄임.
膚淺(부천) 지식이나 말이 천박함. 생각이 얕음.
深淺(심천) 깊음과 얕음.
年淺(연천) 1)나이가 아직 적음. 2)시작한 지 몇 해가 되지 않음.
日淺(일천) 1)시작한 지 얼마 되지 않음. 2)날짜가 많지 않음.

반 深 깊을 심 비 賤(천할 천) 錢(돈 전)

添 ⑧ 11획 日テン·そえる
더할 첨 中tiān

* 형성. 뜻을 나타내는 부수 '水(물 수)'와 음을 나타내는 '忝(더할 첨)'을 합친 글자. '더하다', '증가하다'의 뜻을 나타냄.

풀이 1. 더하다. 덧붙이다. ¶添加 2. 맛을 내다. 3. 안주.

添加(첨가) 덧붙임. 더 넣음.
添附(첨부) 더하여 붙임.
添辭(첨사) 첨자(籤子)에 적힌 길흉의 점사(占辭).
添算(첨산) 정한 것 외에 더 넣어서 계산함.
添書(첨서) 원본에 글을 더 써넣음.
添設(첨설) 1)더하여 베풂. 2)증설(增設)함.
添入(첨입) 더 들어감. 더 넣음.
添酌(첨작) 잔을 비우지 않은 상태에서 다시 잔을 가득하게 채우는 일.
添罪(첨죄) 죄 있는 사람이 또 죄를 저지름.
添增(첨증) 더하여 늘리거나 늚.

添齒(첨치) 나이가 한 살 더 늚.
別添(별첨) 서류 등을 따로 덧붙임.
畵蛇添足(화사첨족) 뱀을 다 그리고도 발을 덧붙인다는 뜻으로, 쓸데없는 짓을 함을 말함.

유 加(더할 가) 반 削(깎을 삭) 비 恭(공손할 공)

清	⑧ 11획	日セイ·ショウ·きよらか
	맑을 청	中qīng

丶 冫 氵 氵 汁 浐 浐 清 清 清 清

* 형성. 뜻을 나타내는 부수 '水(물 수)'와 음을 나타내는 '靑(푸를 청)'을 합친 글자. '靑'은 '푸른 색깔', '깨끗이 맑아져 있는 일'의 뜻을 나타냄. 여기에 맑고 깨끗한 물(水)의 뜻이 합하여 '맑다'의 뜻으로 쓰임.

풀이 1. 맑다. ¶清涼 2. 맑아지다. 3. 맑게 하다. 4. 깨끗하다. 청결하다. ¶內清外濁 5. 청렴하다. ¶清廉 6. 조용하다. 7. 공정하다. 8. 선명하다. 9. 시원하다. 신선하다. 10. 맑은 술. 청주. 11. 마실 것. 음료. 12. 뒷간. 변소. 13. 청나라. 만주족(滿洲族)인 누르하치가 명(明)을 멸하고 세운 왕조.

清介(청개) 마음이 깨끗하여 남과 어울리지 않음. 청렴(清廉)하여 고립(孤立)함.
清潔(청결) 맑고 깨끗함.
清涼(청량) 맑고 시원함.
清廉(청렴) 마음이 깨끗하고 욕심이 없음.
清流(청류) 1)흐르는 맑은 물. 2)깨끗한 풍화(風化). 3)청렴결백한 사람들.
清吏(청리) 청렴한 관리.
清明(청명) 1)밝고 깨끗한 마음. 2)잘 다스려져 평온함. 3)이십사절기(二十四節氣)의 하나. 밝고 맑은 봄날씨가 시작되는 양력 4월 5, 6일 경.
清白(청백) 청렴하고 결백함.
清貧(청빈) 청백(清白)하여 가난함.
清爽(청상) 맑고 시원함.
清淳(청순) 청렴하고 순박(淳朴)함.
清新(청신) 산뜻하고 새로움. 진부하지 않음.
清雅(청아) 청초(清楚)하고 우아함.
清淨(청정) 맑고 깨끗함. 더럽거나 속되지 않음.
清濁(청탁) 1)맑음과 흐림. 2)치란(治亂)·선악(善惡)·정사(正邪)·착한 사람과 악한 사람 등을 비유하는 말.
清風(청풍) 맑은 바람. 시원한 바람.
輕清(경청) 1)날씨나 빛깔 등이 산뜻하고 맑음. 2)곡조가 맑고 가벼움. 3)맛이 느끼하지 않고 담백함.
氷清玉潔(빙청옥결) 얼음 같이 맑고 옥 같이 깨끗하다는 뜻으로, 청렴결백한 절조나 덕행을 비유하는 말.
山高水清(산고수청) 산이 높고 물이 맑다는 뜻으로, 경치(景致)가 좋음을 말함.
三清(삼청) 1)도가(道家)에서 말하는 신선(神仙)이 사는 곳이라고 하는 옥청(玉清)·상청(上清), 태청(太清)의 삼부(三府). 2)화제(畵題). 대와 돌과 고목 또는 매화.
生清(생청) 가공하거나 가열하지 않은, 벌집에서 떠낸 그대로의 꿀.
石清(석청) 산 속에 있는 나무나 돌 사이에 석벌이 친 꿀.
掃清(소청) 1)소탕(掃蕩). 2)청소(清掃).

유 淑 맑을 숙 비 請(청할 청) 晴(갤 청) 情(뜻 정)

淄	⑧ 11획	日シ·くろ
	검은빛 치	中zī

풀이 검은빛.

涿	⑧ 11획	日タク
	들을 탁	中zhuō, zhuó

풀이 1. 듣다. 물방울이 떨어지다. 2. 치다. 두드리다. 3. 문지르다.

비 遂(이룰 수)

涸	⑧ 11획	日カク·コ·かれる·からす
	물마를 학·호	中hé

풀이 1. 물이 마르다. ¶涸渴 2. 물을 말리다. 3. 매우. 대단히. ¶涸陰

涸渴(학갈) 물이 말라서 없어짐. 2)물건이 부족하게 됨. 물건이 바닥이 남.
涸乾(학건) 액체가 증발함.
涸陰(학음) 혹한. 대단한 추위.
涸渚(학저) 물이 마른 물가.

涵	⑧ 11획	日カン·ひたす
	젖을 함	中hán

풀이 1. 젖다. 적시다. 2. 넣다. 안에 넣다. 3. 가라앉다. 침몰하다. 4. 담그다. ¶涵浸 5. 받아들이다. 용납하다.

涵養(함양) 1)은덕을 베풀어서 기름. 2)학식을 넓혀서 심성(心性)을 닦음.
涵泳(함영) 헤엄침.
涵咀(함저) 뜻을 새겨서 궁구함. 음미함.

涵浸(함침) 담금. 적심.
涵煦(함후) 은혜를 베풀어서 기름.
유 潤(젖을 윤) 비 函(함 함)

淊 ⑧ 11획
❶ 흙탕물 함 日ハン·どろみず
❷ 물 가득할 염 中yān

풀이 ❶ 1. 흙탕물. 2. 실. 삶은 물. ❷ 3. 물이 가득하다.
비 陷(빠질 함)

涬 ⑧ 11획 日コウ
기운 행 中xìng

풀이 1. 기운. 자연의 기운. 2. 끌다. 당기다. 3. 크다. 큰 모양.
涬溟(행명) 원기의 혼돈한 상태.
유 氣(기운 기)

淏 ⑧ 11획 日コウ·きよい
맑을 호 中hào

풀이 맑다.

混 ⑧ 11획
❶ 섞을 혼 日コン·まじる
❷ 오랑캐 이름 곤 中hùn, kūn

* 형성. 뜻을 나타내는 부수 '水(물 수)'과 음을 나타내는 '昆(치솟아 흐를 곤)'을 합친 글자. 땅으로부터 물이 솟아나와 '섞이다'의 뜻으로 쓰임.
풀이 ❶ 1. 섞다. 혼합하다. ¶混食 2. 흐리다. 혼탁하다. 3. 흐르다. 세차게 흐르는 모양. 4. 크다. 5. 같다. 6. 덩어리지다. ❷ 7. 오랑캐 이름.
混沌(혼돈) 사물의 구별이 확실하지 않은 상태. 섞여서 질서없이 어수선한 상태.
混同(혼동) 1)합쳐 하나로 함. 2)뒤섞음. 혼합함.
混亂(혼란) 뒤섞여 어지러움. 뒤죽박죽이 됨.
混食(혼식) 밥에 잡곡을 섞어 넣어 먹음.
混用(혼용) 섞어 사용함.
混戰(혼전) 서로 뒤섞여 싸움.
混酒(혼주) 한 주정을 주성분으로 하고 여러 가지의 재료를 섞어서 만든 술.
混織(혼직) 두 가지 이상의 실을 섞어서 짜는 일. 또는 그 물건.
混濁(혼탁) 흐림. 맑지 않음.
混合(혼합) 뒤섞어서 한데 합함.
混血(혼혈) 다른 종족과 교합(交合)하여 두 계통의 특징이 섞임.
混淆(혼효) 여러 가지 나무가 뒤섞임.

涽 ⑧ 11획 日コン
흐릴 혼 中hūn, hùn

풀이 1. 흐리다. 혼탁하다. ¶涽涽 2.어둡다. 3.미정이다. 정하지 않다.
涽涽(혼혼) 1)생각이 어지러운 모양. 생각이 정하여지지 않은 모양. 2)흐린 물. 탁수(濁水).
비 婚(혼인할 혼)

淮 ⑧ 11획 日エ·ワイ·カイ
강 이름 회 中huái

풀이 1. 강 이름. 중국 하남성(河南省)에서 발원하여 안휘성(安徽省)·강소성(江蘇省)을 거쳐 황하로 흘러 들어가는 강. 2. 물이 빙돌아 흐르다.

淆 ⑨ 11획 日コウ·にごる·まじる
뒤섞일 효 中xiáo, yáo

풀이 1. 뒤섞이다. 어지러워지다. ¶淆紊 2. 흐리다. ¶淆亂
淆亂(효란) 흐리고 어지러워짐.
淆紊(효문) 뒤섞여 문란(紊亂)함.
淆薄(효박) 풍속이 아주 경박함.

渮 ⑨ 12획 日カ
강 이름 가 中hé

풀이 강 이름. 옛날에 중국 하남성(河南省)에서 산동성(山東省)으로 흐르던 제수(濟水)의 지류로 지금은 매몰되고 없음.

渴 ⑨ 12획
❶ 목마를 갈 日カツ·かわく
❷ 물 잦을 걸 中kě

* 형성. 뜻을 나타내는 부수 '水(물 수)'와 음을 나타내는 '曷(어찌 갈)'을 합친 글자.
풀이 ❶ 1. 목이 마르다. ¶渴症 2. 갈증. 3. 서두르다. 4. 마르다. 고갈하다. ❷ 5. 물이 잦다.

渴求(갈구) 애타게 구함.
渴急(갈급) 몹시 급함.
渴驥奔泉(갈기분천) 목마른 준마(駿馬)가 샘을 보고 달려간다는 뜻으로, 몹시 급한 기세를 비유하는 말.
渴望(갈망) 간절히 바람. 몹시 바람.
渴聞(갈문) 목마른 사람이 물을 마시는 것처럼 열심히 들음.
渴悶(갈민) 목이 말라 괴로워함.
渴水(갈수) 가물어서 물이 마름.
渴睡(갈수) 잠이 모자람. 졸림.
渴心(갈심) 1)물을 먹고 싶어하는 마음. 2)간절한 욕망.
渴仰(갈앙) 목마르게 동경하고 사모함.
渴愛(갈애) 몹시 좋아함.
渴而穿井(갈이천정) 목이 마른 뒤에야 우물을 판다는 뜻으로, 이미 때가 늦은 것을 비유하는 말.
渴葬(갈장) 장사를 서둘러 급히 치르는 일. 또는 그러한 장사(葬事).
渴症(갈증) 목마름.
渴澤(갈택) 1)물이 마른 못. 2)못의 물을 마르게 함.
渴筆(갈필) 1)빳빳한 털로 맨 붓. 2)붓에 먹물을 많이 묻히지 않고 글씨를 쓰거나 그림을 그리는 일.

비 湯(끓일 탕)

減	⑨ 12획	日ゲン·カン·へる·へらす
	덜 감	中jiǎn

丶 丷 氵 汀 沂 沪 洉 洉 減 減 減

* 형성. 뜻을 나타내는 부수 '水(물 수)'과 음을 나타내는 '咸(다 함)'을 합친 글자. 물(水)은 누구나 다(咸) 마시서 점점 줄어드는 것이라 하여, '줄다', '덜다'는 뜻으로 쓰임.

풀이 1. 덜다. 줄이다. ¶減卻 2. 줄어들다. ¶減勢 3. 빼다. ¶減算 4. 빼기. 뺄셈. ¶減算 5. 생략하다. 6. 다하다. 7. 상하다. 죽이다.

減價(감가) 1)값이 떨어짐. 2)값을 낮춤.
減卻(감각) 덞. 줄임.
減輕(감경) 1)줄여 가볍게 함. 2)본형(本刑)보다 더 가벼운 형으로 처벌함.
減軍(감군) 군대의 수효를 줄임
減剋(감극) 깎아 줄임. 삭감함.
減免(감면) 감하여 면제함.
減死(감사) 죽일 죄인의 형을 감함.
減算(감산) 빼기. 뺄셈.
減省(감생) 덜어 줄임.
減勢(감세) 세력이 줄어짐.
減少(감소) 줄어 적어짐. 또 줄여 적게 함.
減速(감속) 속도를 줄임.
減殺(감쇄) 줆. 덜어서 없앰.
減壽(감수) 고생을 많이 하거나 몹시 놀라서 수명이 줆.
減水(감수) 물이 줆.
減息(감식) 줄어 그침.
減折(감절) 1)줄임. 2)할인(割引).
減租(감조) 조세(租稅)의 금액을 줄임.
減撤(감철) 줄이고 철거함.
減黜(감출) 관위(官位)를 떨어뜨림.

반 增(붙을 증) 비 滅(멸망할 멸)

湝	⑨ 12획	
	물 출렁출렁	日カイ
	흐를 개	中jiē

풀이 1. 물이 출렁이며 흐르다. ¶湝湝 2. 차갑다.

湝湝(개개) 1)물이 출렁이며 흐르는 모양. 2)차가운 모양.

渠	⑨ 12획	日キョ·みぞ
	도랑 거	中jù, qú

* 형성. 뜻을 나타내는 부수 '水(물 수)'와 음을 나타내는 '矩(곱자 구)'의 생략형을 합친 글자. 이에 곱자를 대고 인공적으로 만든 '도랑', '해자'의 뜻으로 쓰임.

풀이 1. 도랑. 2. 우두머리. 두목. ¶渠帥 3. 크다. ¶渠大 4. 어찌. 어째서. 5. 그. 그 사람. ¶渠儂

渠渠(거거) 1)집이 깊고 넓은 모양. 2)너그럽지 못한 모양. 3)부지런히 힘쓰는 모양.
渠儂(거농) 그 사람.
渠荅(거답) 마름쇠. 도둑이나 적군을 막기 위하여 그 진로(進路)에 뿌려 두는 마름 모양의 무쇠덩이.
渠大(거대) 큼.
渠略(거략) 하루살이. 부유(蜉蝣).
渠門(거문) 기를 세워 진영(陣營)의 문으로 한 것.
渠眉(거미) 옥(玉)에 장식으로 새긴 줄 무늬.
渠輩(거배) 그 사람들.
渠水(거수) 땅을 파서 통하게 한 수로(水路).
渠帥(거수) 악한 무리의 우두머리.
渠衝(거충) 성을 공격할 때 쓰는 큰 수레.
渠黃(거황) 준마(駿馬)의 이름. 주(周) 목왕(穆王)의 팔준마(八駿馬)의 하나.

4획

湨
⑨ 12획 日ケキ
강 이름 격 中jú

풀이 강 이름. 중국 하남성(河南省)을 흐르는 황하의 지류.

湕
⑨ 12획 日ケン
물갈이할 견 中quǎn

풀이 물갈이하다.

渹
⑨ 12획 日コウ · キョウ
물결 소리 굉 中hōng

풀이 물결 소리. 물결이 요란하게 이는 소리.

渹溘(굉획) 물결 소리. 물이 서로 부딪는 소리.

湀
⑨ 12획
물이 솟아 흐를 규 日キュウ 中guǐ

풀이 물이 솟아 흐르다.

渜
⑨ 12획 日ナン
목욕물 난 中nuǎn, nuán

풀이 1. 목욕물. 목욕하고 남은 물. 2. 끓인 물. 3. 강 이름.

湳
⑨ 12획 日ナン
강 이름 남 中nǎn

풀이 강 이름. 옛 황하의 지류로, 내몽고 자치구에서 발원한 강.

湼
⑨ 12획
涅(p725)의 俗字

湍
⑨ 12획
❶ 여울 단 日タン · はやせ
❷ 강 이름 전 中tuān

* 형성. 뜻을 나타내는 부수 '氵(물 수)'과 음을 나타내는 '耑(끝 단)'을 합친 글자. '耑'는 빠르다의 의미로 물(氵)이 빠르게(耑) 흐르는 '여울'의 뜻을 나타냄.

풀이 ❶ 1. 여울. 강이나 바다의 바닥이 얕거나 폭이 좁거나 하여 물이 세차게 흐르는 것. ¶湍瀧 2. 빠르다. ¶湍深 3. 소용돌이. 4. 소용돌이치다. ❷ 5. 강 이름. 중국 하남성(河南省)에서 발원하여 백하(白河)에 흘러 들어가는 강의 이름. ¶湍水

湍激(단격) 물살이 대단히 빨리 흐름.
湍決(단결) 물살이 빨라서 둑이 터짐.
湍怒(단노) 물살이 빨라 물결이 쉶.
湍湍(단단) 소용돌이치는 모양.
湍瀨(단뢰) 여울.
湍流(단류) 급하게 흐르는 물. 급류(急流).
湍水(1. 단수/2. 전수) 1)소용돌이치는 물. 여울. 2)하남성(河南省)에서 발원하여 백하(白河)에 흘러 들어가는 강의 이름.
湍深(단심) 물살이 빠르고 깊음.
湍悍(단한) 물살이 빠름.
淸湍(청단) 물이 쏜살같이 흐르는 여울.

湛
⑨ 12획
❶ 즐길 담 日タン · たたえる
❷ 물이 괼 잠 中zhàn
❸ 잠길 침
❹ 장마 음

풀이 ❶ 1. 즐기다. 2. 탐닉하다. 3. 물이 괴다. ❷ 4. 가득히 차다. 5. 많다. ¶湛露 6. 깊다. 7. 두텁다. 8. 편안하다. 9. 맑다. ❸ 10. 가라앉다. 잠기다. 11. 담그다. ❹ 12. 장마.

湛樂(담락) 1)오래도록 즐김. 2)평화롭고 화락하게 즐김.
湛淡(잠담) 물이 깊이 괴어 있는 모양.
湛露(잠로) 많이 내린 이슬.
湛然(잠연) 1)물이 깊고 고요한 모양. 2)침착하고 고요한 모양.
湛恩(잠은) 두터운 은혜. 깊은 은혜.
湛湛(잠잠) 1)중후한 모양. 2)물이 깊고 가득 찬 모양. 3)이슬이 많이 내린 모양.
湛冥(침명) 깊숙하여 어두움.
湛靜(침정) 침착하고 조용함.

유 耽(즐길 탐) 비 甚(심할 심)

渡
⑨ 12획 日ト · わたる · わたす
건널 도 中dù

` ⺀ 氵 氵 汸 沪 沪 浐 浐 浐 渡 渡

* 형성. 뜻을 나타내는 부수 '水(물 수)'와 음을 나타내는 '度(법도 도)'를 합친 글자. '度'는 '건너다'는 뜻을 나타내어 '물을 건너다'라는 뜻이 됨.

4획

풀이 1. 건너다. ¶渡來 2. 지나가다. 통과하다. 3. 나룻터. ¶渡津 4. 주다. 교부하다. 5. 가설하다.

渡江楫(도강즙) 전쟁터에 나갈 때, 임무를 다하지 못하면 다시 이 강을 건너지 않겠다는 결의.

渡來(도래) 1)물을 건너옴. 2)외국에서 배를 타고 옴.

渡津(도진) 1)나루. 2)나루를 건넘.

渡海(도해) 1)배로 바다를 건넘. 2)바다 위를 지나감.

過渡期(과도기) 1)구상태에서 새로운 상태로 변해가는 시기. 2)낡은 것은 벗어났으나 아직 새 것은 이루어지지 않아 동요와 불안에 싸인 시기.

비 度(법도 도)

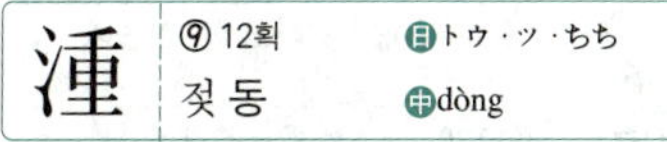

⑨ 12획 日トウ·ツ·ちち

젖 동 中dòng

풀이 1. 젖. 2. 북소리. ¶湩湩

湩湩(동동) 북을 치는 소리

湩姆(동모) 유모(乳母).

湩然(동연) 북소리. 북을 치는 소리.

⑨ 12획

❶ 누일 련(연) 日レン·ラン

❷ 쌀일 란 中liàn

풀이 1 1. 누이다. 삶다. ¶湅絲 2. 불리다. 2 3. 쌀을 일다.

湅絲(연사) 생실을 물에 담궈 희고 윤기 있게 누인 실.

비 煉(불릴 련)

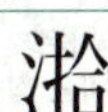

⑨ 12획 日リッ

샘솟을 립(입) 中chì

풀이 샘솟다. 솟아나다.

湁潗(입집) 물이 조금씩 솟아나오는 모양.

⑨ 12획

灣(p792)의 俗字

湎

⑨ 12획 日メン·おぼれる·しずむ

빠질 면 中miǎn

풀이 1. 빠지다. 탐닉하다. ¶湎酒 2. 바뀌다. 변천하다.

湎淫(면음) 주색(酒色)에 빠짐.

湎酒(면주) 술에 빠짐.

⑨ 12획 日メン

물 넘칠 면 中miàn

풀이 물이 넘치다. 물이 벌창하게 흐르는 모양.

⑨ 12획 日ビョウ·ミョウ·はるか

아득할 묘 中miǎo

* 형성. 뜻을 나타내는 부수 '水(물 수)와 음을 나타내는 '眇(애꾸눈 묘)'를 합친 글자.

풀이 1. 아득하다. ¶渺然 2. 작다.

渺漫(묘만) 물이 한없이 넓은 모양.

渺渺(묘묘) 아득히 먼 모양. 묘망(渺茫).

渺然(묘연) 아득히 넓은 모양. 끝이 없는 모양.

⑨ 12획 日ミ

물놀이 미 中měi

풀이 1. 물놀이. 파문(波紋). 2. 물 이름. 중국 섬서성 호현에서 발원하여 서북으로 흐르는 노수(潦水)의 지류.

⑨ 12획

❶ 물가 미 日ビ·ミ·みぎわ

❷ 더운물 난 中méi

풀이 1 1. 물가. 2 2. 더운물.

⑨ 12획 日ミ

물의 형용 미 中mǐ

풀이 1. 물의 모양. 2. 송장을 씻기다.

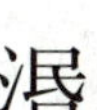

⑨ 12획

❶ 시호 민 日ミン·コン

❷ 정해지지 않을 혼 中mǐn

❸ 혼합할 면

풀이 1 1. 시호(諡號). 뛰어난 학자들이 죽은 뒤에 공을 기려 임금이 내리던 이름. 2 2. 정해지지 않다. 3 3. 혼합하다. 4. 어둡다.

4획

渤	⑨ 12획	日ホツ・ボツ
	바다 이름 발	中bó

풀이 1. 바다 이름. 요동반도(遼東半島)와 산동반도(山東半島)의 사이에 바다. 2. 안개가 자욱하다. 3. 물이 용솟음치는 모양. 4. 나라 이름. 대조영(大祚榮)이 고구려의 당에 세운 나라.

渤溢(발일) 물이 솟아나는 모양.
渤潏(발휼) 바닷물이 솟아나오는 모양.
滂渤(방발) 물이 세차게 흐름. 또는 그 소리.

湃	⑨ 12획	
	물결 이는	日ハイ
	모양 배	中pài

풀이 1. 물결이 이는 모양. 2. 물결이 센 모양.
湃湃(배배) 물결이 이는 모양. 또는 파도의 소리.

湢	⑨ 12획	日ヒョク・フク・ゆどの
	목욕간 벽	中bì

풀이 1. 목욕간. ¶湢浴 2. 삼가다. ¶湢然 3. 물이 솟아오르다.

湢然(벽연) 삼가는 모양.
湢浴(벽욕) 목욕간에서 목욕을 함.

湓	⑨ 12획	日ボン・わく
	용솟음칠 분	中pén

* 형성. 뜻을 나타내는 부수 '水(물 수)'와 음을 나타내는 '盆(동이 분)'을 합친 글자.

풀이 1. 용솟음치다. ¶湓溢 2. 소나기. ¶湓雨 3. 세차게 흐르는 물 소리. 4. 물 이름. 중국 강서성(江西省) 서창현(瑞昌縣)에서 발원하여 동으로 흐르는 양자강(揚子江)의 지류.

湓雨(분우) 여름 저녁의 큰 소나기. 분우(盆雨).
湓湧(분용) 물이 솟아 흐름.
湓溢(분일) 물이 용솟음쳐 넘침.

비 盆(동이 분) 益(더할 익)

渣	⑨ 12획	日サ・かす・おり
	찌끼 사	中zhā

풀이 1. 찌기. 침전물. 2. 강 이름.
渣滓(사재) 찌끼. 침전물.

湘	⑨ 12획	日ショウ
	강 이름 상	中xiāng

풀이 1. 강 이름. 광서성(廣西省) 흥안현(興安縣)에서 발원하여 호남성(湖南省) 동정호(洞庭湖)로 흘러들어가는 강. ¶湘江 2. 삶다. 3. 호남성(湖南省)의 약칭.

湘君(상군) 상수(湘水)의 신.
湘妃(상비) 1)순(舜)의 비(妃)인 아황(娥皇)과 여영(女英). 상군(湘君). 2)반죽(斑竹)의 다른 이름.
湘娥(상아) 상수(湘水)의 신. 곧 순(舜)임금의 두 비(妃), 아황(娥皇)과 여영(女英)을 말함.
湘竹(상죽) 1)반죽(斑竹)의 다른 이름. 상수(湘水)부근에 나는 대. 아황(娥皇)·여영(女英)이 흘린 눈물로 얼룩져 있다고 함. 2)솜대.

湑	⑨ 12획	日セイ・したむ
	거를 서	中xǔ

풀이 1. 거르다. ¶湑我 2. 맑고 아름답다. 3. 이슬이 많이 내리다. 4. 우거지다. 무성하다.

湑湑(서서) 잎이나 가지가 무성한 모양. 우거진 모양.
湑我(서아) 자신이 스스로 술을 거름.

渲	⑨ 12획	日セン
	바림 선	中xuàn

* 형성. 뜻을 나타내는 부수 '水(물 수)'와 음을 나타내는 '宣(베풀 선)'을 합친 글자.

풀이 바림. 그림에서 한쪽은 진하게 하고 다른 쪽으로 갈수록 차츰 흐리게 칠하는 기법.

渲淡(선담) 묽은 먹물로 한 바림.
渲染法(선염법) 화면에 물을 칠하고 채 마르기 전에 채색을 하여서 입체감 있게 나타내는 화법(畫法).

渫	⑨ 12획	
	❶칠 설	日セツ・さらう
	❷출렁거릴 접	中xiè

풀이 ❶ 1. 치다. 2. 흩다. 분산시키다. 3. 그치다. 4. 업신여기다. ¶渫慢 5. 더럽히다. 6. 새다. 흘러나오다. ❷ 7. 출렁거리다. ¶渫渫 8. 통철하다.

渫雲(설운) 넓게 퍼져 있는 구름.
渫慢(설만) 깔봄. 멸시함.
渫渫(접접) 물결이 이어져 있는 모양. 출렁출렁

4획

하는 모양.

비 僷(가벼울 엽)

渻	⑨ 12획 내 이름 성	日ショウ 中shěng

풀이 1. 내 이름. 2. 줄이다. 덜다.

滂	⑨ 12획 溯(p756)와 同字

湿	⑨ 12획 濕(p784)의 俗字

湜	⑨ 12획 물 맑을 식	日シキ 中shí

풀이 1. 물이 맑다. ¶清湜 2. 엄정하다. 엄격하고 공정하다.

湜湜(식식) 물이 맑아 속까지 환히 보이는 모양.
清湜(청식) 물이 맑음.

渥	⑨ 12획 ❶두터울 악 ❷담글 우	日アク·あつい 中wò

풀이 ❶ 1. 두텁다. 돈후하다. ¶渥恩 2. 짙다. 농후하다. ¶渥味 3. 은혜. 4. 젖다. 5. 적시다. 6. 습기. 7. 광택. 윤. ❷ 8. 담그다.

渥丹(악단) 1)새빨감. 2)붉은 얼굴의 형용.
渥露(악로) 많이 내린 이슬.
渥眄(악면) 정이 넘치는 눈으로 봄.
渥味(악미) 진한 맛.
渥美(악미) 윤이 나고 아름다움.
渥然(악연) 안색이 붉고 반질반질한 모양. 얼굴빛이 윤택한 모양.
渥恩(악은) 두터운 은혜.
渥赭(악자) 1)새빨간 흙. 새빨간 빛. 2)붉은 얼굴.
渥澤(악택) 두터운 은혜. 악혜(渥惠).
渥厚(악후) 두터움. 풍후(豐厚)함.
渥洽(악흡) 두터운 은혜.
渥淳(우순) 흠뻑 적셔 헹굼.

渃	⑨ 12획 ❶성 이름 야 ❷내 이름 약	日ヤ·ヤク 中rè[1], ruò[2]

풀이 ❶ 1. 성 이름. ❷ 2. 내 이름. 중국 호북성(湖北省) 지강현(枝江縣)을 흐르는 시내.

渰	⑨ 12획 비구름 일 엄	日ゲン 中yān, yǎn

풀이 1. 비구름이 일다. 2. 찌다. 무덥다.

淵	⑨ 12획 못 연	日エン·ふち 中yuān

* 형성. 뜻을 나타내는 부수 '水(물 수)'와 음을 나타내는 부수 이외의 글자가 합쳐져 이루어진 글자. 부수 이외의 글자는 깊은 못에서 물이 돌고 있는 모양을 본뜬 것으로 바뀌어, '연못', '깊은 곳'을 뜻함.

풀이 1. 못. ¶淵海 2. 사물이 많이 모이는 곳. 3. 깊다. ¶淵意 4. 조용하다. 고요하다.

淵客(연객) 배타는 사람. 뱃사공. 또는 물고기나 조개를 잡는 사람.
淵谷(연곡) 깊은 못과 깊은 골짜기.
淵流(연류) 깊은 흐름.
淵妙(연묘) 심원하고 오묘함.
淵博(연박) 학문(學問)·견문(見聞) 등이 깊고 넓음.
淵富(연부) 깊고 풍부함.
淵色(연색) 냉정한 태도.
淵沼(연소) 깊은 못.
淵水(연수) 깊이 괸 물. 깊은 못. 연천(淵泉).
淵雅(연아) 침착하고 우아(優雅)함.
淵意(연의) 깊은 마음. 연지(淵旨).
淵潛(연잠) 물속 깊이 숨음.
淵泉(연천) 1)못과 샘. 깊은 호수(湖水). 2)못처럼 깊고 샘처럼 솟아남.
淵澤(연택) 깊은 늪.
淵海(연해) 1)못과 바다. 2)깊고 큼을 비유함.

유 池(못 지) 澤(못 택)

渶	⑨ 12획 강 이름 영	日エン 中yìng

풀이 1. 강 이름. 청구산(青丘山)에서 발원한 강. 2. 물이 맑다.

4획

温 ⑨ 12획
溫(p756)의 俗字

渦 ⑨ 12획 日カ・うず
소용돌이 와 中guō, wō

풀이 1. 소용돌이. ¶渦水 2. 소용돌이치다. 3. 보조개.
渦紋(와문) 소용돌이 모양의 무늬.
渦盤(와반) 소용돌이침.
渦水(와수) 소용돌이치는 물.
渦中(와중) 1)소용돌이치며 흐르는 물결 가운데. 2)분란(紛亂)한 사건의 중심.
비 過(지날 과)

渨 ⑨ 12획
❶잠길 외 日ワイ
❷물 솟아 나올 위 中wēi

풀이 ■1 1. 잠기다. 빠지다. 2. 더러워지다. 흐려지다. ■2 3. 물이 솟아나오다. 샘솟다.
渨涹(외와) 흐려짐. 더러워짐.
渨漯(위뢰) 1)샘솟는 모양. 2)물결이 일어 용솟음치는 모양.
비 猥(함부로 외)

湧 ⑨ 12획 日ユウ・ヨウ・わく・わかす
샘솟을 용 中yǒng

풀이 1. 솟아나다. ¶湧泉 2. 물이 끓다. 3. 성(盛)하다. 4. 물가(物價)가 오르다. 5. 나타나다. 6. 토(吐)하다.
湧沫(용말) 솟아오르는 거품.
湧泉(용천) 1)솟아나는 샘. 2)연달아 좋은 생각이 떠오름.
湧出(용출) 물이 솟구쳐 나옴.
湧潏(용휼) 물이 솟음.

湡 ⑨ 12획 日グウ
강 이름 우 中yú

풀이 강 이름. 중국 하북성(河北省) 형태시(邢台市)서쪽 태행 산록(太行山麓)에서 발원한 강.

湲 ⑨ 12획 日エン・カン
물 흐를 원 中yuán

풀이 1. 물이 흐르는 모양. 2. 눈물이 줄줄 흐르는 모양. 3. 물이 맑다.
湲湲(원원) 1)눈물이 줄줄 흐르는 모양. 2)물고기 등이 뒤집히는 모양.

湋 ⑨ 12획 日イ
물 돌아 흐를 위 中wéi

풀이 1. 물이 돌아 흐르다. 2. 못.

渭 ⑨ 12획 日イ
강 이름 위 中wèi

풀이 강 이름. 중국 감숙성(甘肅省)에서 발원하여 섬서성(陝西省)을 거쳐 황해(黃海)로 흘러들어가는 강.
渭濱器(위빈기) 대신과 장군이 될 재능이 있는 인물. 태공망(太公望)의 고사에서 온 말.
渭濱漁父(위빈어부) 위수(渭水)에서 낚시질하고 있던 태공망(太公望)을 말함.
渭樹江雲(위수강운) 한 사람은 위수(渭水)의 강가에 있고 한 사람은 강수(江水)의 강가에 있다는 뜻으로, 먼 곳에 있는 벗을 생각하는 정이 간절함을 비유하는 말. 모운춘수(暮雲春樹).
渭陽(위양) 1)위수(渭水)의 북쪽. 2)외삼촌. 또는 외조부.

游 ⑨ 12획
❶헤엄칠 유 日ユウ・およぐ
❷기 류 中yóu, liú

풀이 ■1 1. 헤엄치다. 수영하다. ¶游泳 2. 헤엄. 수영. 3. 물에 뜨다. 4. 떠돌다. 5. 걷다. 여행하다. 6. 놀다. 7. 놀이. 8. 게으름을 피우다. 9. 떠나다. 가다. 10. 사귀다. ¶交游 11. 별장. 12. 근거 없이 생기다. ¶游談 13. 흐르다. 14. 깃발. 15. 무성하다. 우거지다. 16. 퍼지다. 유행하다. ¶游行 ■2 17. 기. 깃발. 18. 흐름. 수류(水流).
游間(유간) 타국을 돌아다니면서 유세(遊說)하여 이간질함.
游擊(유격) 일정한 임무를 갖지 않고 기회를 보아 출동하여 적을 무찌름.
游女(유녀) 1)밖에 나가 노는 여자. 2)한수(漢水)라는 강의 수신(水神)의 이름. 3)매춘부(賣

春婦). 유녀(遊女).
游邏(유라) 순찰하는 군사. 순라병.
游獵(유렵) 사냥을 하며 놂. 유렵(遊獵).
游牧(유목) 거처를 정하지 않고, 물과 목초를 따라 옮겨다니며 목축을 함. 또는 그 목축. 유목(遊牧).
游民(유민) 일정한 직업이 없이 놀고 먹는 사람. 게으른 백성.
游服(유복) 놀 때 입는 평상시의 옷.
游說(유세) 각처로 돌아다니며 자기의 의견이나 소속 정당의 주장 등을 설명하고 선전함.
游魚(유어) 물속에서 노는 고기.
游息(유식) 놀고 쉼.
游言(유언) 근거 없는 말. 사실이 아닌 말.
游泳(유영) 헤어치며 놂.
游田(유전) 사냥하며 즐김. 유전(游畋).
游學(유학) 1)타향이나 타국(他國)에서 가서 공부함. 2)다른 나라에서 와서 벼슬을 구하는 사람.
游行(유행) 1)놀며 다님. 2)겉으로는 인자(仁者)를 가장하여 시호(時好)를 따르고, 무리를 짓고 허명(虛名)을 얻어 이익을 탐하는 사람. 삼유(三游)의 하나. 3)시위행렬. 데모.
游俠(유협) 사나이다운 기질. 의협심.

湆	⑨ 12획	日ユウ
	축축해질 읍	中qì

풀이 1. 축축해지다. 2. 국. 국물.

유 濕(축축할 습)

湇	⑨ 12획	日ユウ
	국 읍	中qì

풀이 국. 국물.

湮	⑨ 12획	日イン·しずむ
	잠길 인	中yān, yīn

풀이 1. 잠기다. ¶湮伏 2. 스며들다. ¶湮透 3. 망하다. 없어지다. ¶湮替 4. 막히다. 통하지 않다.

湮棄(인기) 영락(零落)함.
湮沒(인몰) 깊숙이 숨음. 가라앉아 사라져 버림. 인멸(湮滅).
湮微(인미) 묻혀 미약하게 됨. 쇠함.
湮放(인방) 사라져 없어짐. 인멸(湮滅).
湮伏(인복) 잠겨 숨음.
湮散(인산) 흩어져 없어짐.
湮厄(인액) 막힘. 불행(不幸). 인액(湮阨).
湮遠(인원) 먼 옛날 일이라 알지 못함.
湮殄(인진) 인멸(湮滅).
湮替(인체) 쇠퇴함. 쇠하여 망함.
湮墜(인추) 망해 없어짐. 인멸(湮滅).
湮沈(인침) 묻혀 가라앉음. 멸망함.
湮透(인투) 스며들게 함.
湮晦(인회) 없어짐. 자취를 감춤.

滋	⑨ 12획
	滋(p758)의 俗字

渽	⑨ 12획	日サイ
	강 이름 재	中zāi

풀이 1. 강 이름. 현재의 대도하(大渡河). 2. 맑다.

渚	⑨ 12획	日ショ·なぎさ·みぎわ
	물가 저	中zhǔ

풀이 1. 물가. ¶渚崖 2. 모래섬. 사주(砂洲).

渚鷗(저구) 물가에 있는 갈매기.
渚岸(저안) 물가. 수애(水涯).
渚崖(저애) 물가와 냇가.
渚煙(저연) 물가에 낀 안개.

湔	⑨ 12획	日セン
	씻을 전	中jiān

풀이 1. 씻다. 빨다. ¶湔拂 2. 오명 등을 깨끗이 씻다. 3. 물기를 떨어내다.

湔拂(전불) 씻음. 닦음.
湔雪(전설) 씻어서 깨끗이 함. 오명(汚名)·치욕 등을 깨끗이 씻어 버림.

渟	⑨ 12획	日テイ·とどまる
	물 괼 정	中tíng

풀이 1. 물이 괴다. ¶渟涵 2. 물가. 3. 멈추다. 정지하다.

渟淖(정뇨) 괴어 있는 흙탕물.
渟泊(정박) 배가 항구에서 머무름.
渟水(정수) 괸 물.
渟洿(정오) 웅덩이에 괴어 있는 흙탕물.

4획

渟渟(정정) 물이 괴는 모양.
渟澄(정징) 물이 가득하고 맑음.
渟蓄(정축) 물이 가득 차 있다는 뜻으로, 학문이 깊고 넓음을 말함.
渟涵(정함) 물이 괴어 젖게 함.

湞 ⑨ 12획 日テイ
강 이름 정 中zhēn

풀이 강 이름. 중국 광동성(廣東省)에서 발원하여 북강(北江)이 되는 물줄기.

渧 ⑨ 12획
❶물방울 제 日テイ · しずく
❷듣을 적 中dì

풀이 1 1. 물방울. 2. 울다. 3. 거르다. 밭다. 2 4. 듣다.

유 滴(물방울 적)

湊 ⑨ 12획 日ソウ· あつめる· みなと
모일 주 中còu

풀이 1. 모이다. 모으다. 2. 사람이 많이 모이는 장소. ¶湊合 3. 항구. 4. 나아가다. 달리다. 5. 살결.
湊滿(주만) 여러 가지로 번민함.
湊合(주합) 모음.

비 秦(벼이름 진)

湒 ⑨ 12획 日シツ
비 올 집 中jí

풀이 1. 비가 오다. 2. 빗소리. 3. 물이 샘솟다. 물이 용솟음치다.
湒湒(집집) 1)비가 부슬부슬 내리는 모양. 2)비 내리는 소리. 3)뿔이 나 있는 모양.

湌 ⑨ 12획
餐(p1567)과 同字

湉 ⑨ 12획 日セン
고요히 흐를 첨 中tián

풀이 1. 고요히 흐르다. 2. 수면이 평탄하다.
湉湉(첨첨) 수면(水面)이 평평한 모양.

湫 ⑨ 12획
❶못 추 日シュウ· ショウ· くて
❷낮을 초 中jiǎo, jiū, qiū

풀이 1 1. 못. 웅덩이. 2. 다하다. ¶湫盡 3. 근심하다. 슬퍼하다. ¶湫湫 4. 고요하다. 5. 모이다. 6. 서늘하다. 2 7. 낮다. 좁다. ¶湫隘 8. 쌓이다. 정체하다.
湫隘(초애) 땅이 낮고 좁음.
湫底(초저) 정체(停滯)하여 흩어지지 않음.
湫宅(초택) 저습(低濕)하고 협착한 집.
湫漻(추료) 맑고 고요함.
湫盡(추진) 다함. 끝이 남.
湫湫(추추) 근심하며 슬퍼하는 모양.
湫兮(추혜) 선선한 모양.

비 秋(가을 추)

測 ⑨ 12획 日ソク · はかる
잴 측 中cè

丶 冫 氵 氵 汩 泪 泪 泪 浿 浿 測 測

* 형성. 뜻을 나타내는 부수 '水(물 수)'와 음을 나타내는 '則(곧 즉)'을 합친 글자.

풀이 1. 재다. 헤아리다. ¶測揆 2. 맑다. 깨끗하다. 3. 알다.
測究(측구) 헤아려 구명(究明)함.
測揆(측규) 잼. 헤아림. 측탁(測度)함.
測度(1.측도/2.측탁) 1)도수(度數)를 잼. 2)헤아림. 마음으로 추측함.
測量(측량) 1)남의 마음을 추측함. 2)지면(地面) · 하해(河海)의 장단(長短) · 고저(高低) · 심천(深淺) 등을 잼.
測算(측산) 계산함.
測鎖(측쇄) 거리를 재는 데 쓰는 쇠사슬.
測辰(측신) 시간을 잼.
測定(측정) 1)재어 정함. 2)어떤 양(量)의 크기를 어떤 장치나 기계를 사용해서, 어떤 단위를 기준으로 하여 재는 일.
測地(측지) 토지의 광협(廣狹) · 고저(高低) 등을 잼.
測天(측천) 천체의 운동을 관측함.
測測(측측) 칼날이 날카로움의 형용.
測候(측후) 천문 · 기상을 관측함.
臆測(억측) 이유와 근거가 없는 추측.
推測(추측) 미루어 헤아림.

비 惻(슬퍼할 측) 側(곁 측)

4획

湀 ⑨ 12획
浸(p731)과 同字

湠 ⑨ 12획 日タン
물 넓을 탄 中tàn

풀이 물이 넓다.
湠漫(탄만) 수면(水面)이 넓은 모양.

湯 ⑨ 12획
❶끓일 탕 日トウ·ゆ
❷물 흐르는 모양상 中shāng, tāng
❸해 돋을 양

丶 冫 氵 氵 氵 汈 沪 涄 浔 涄 湯 湯

*형성. 뜻을 나타내는 부수 '水(물 수)'와 음을 나타내는 '昜(양기 양)'을 합친 글자. '昜'은 '뜨겁다'는 뜻을 나타내어 이에 '뜨거운 물', '물이 가득 찬 모양'의 뜻으로 쓰임.

풀이 1 1. 끓이다. 2. 끓인 물. ¶湯火 3. 씻다. 목욕하다. 4. 목욕탕. 욕실. ¶湯殿 5. 탕약. ¶藥湯 6. 온천. 7. 방탕하다. 8. 국. 국물. ¶湯器 9. 사람 이름. 은(殷) 왕조의 시조. 2 10. 물이 세차게 흐르는 모양. ¶湯湯 3 11. 해가 돋다. ¶湯谷

湯器(탕기) 국이나 찌개 등을 떠 놓는 자그마한 그릇.
湯綱(탕망) 관대한 처사.
湯沐(탕목) 더운물로 몸을 씻음.
湯飯(탕반) 장국밥.
湯水(탕수) 더운물.
湯液(탕액) 달여 우려낸 액체.
湯熨(탕울) 더운 물 찜질.
湯殿(탕전) 목욕탕.
湯井(탕정) 온천(溫泉).
湯池(탕지) 1)견고한 성(城). 주위에 파 놓은 해자(垓字)에서 뜨거운 물이 솟아난다는 뜻에서 온 말. 2)온천(溫泉).
湯火(탕화) 1)끓는 물과 뜨거운 불. 2)도탄(塗炭)의 괴로움을 비유하는 말.
湯鑊(탕확) 사람을 삶아 죽이기 위해 물을 끓이는 가마솥.
湯湯(상상) 1)물이 세차게 흐르는 모양. 2)물결이 이는 모양.
湯谷(양곡) 해가 돋는 곳.

비 渴(목마를 갈)

渝 ⑨ 12획 日ユ·かわる
달라질 투 中yú

풀이 1. 달라지다. 변하다. 2. 흘러 넘치다. 3. 풀어지다. 4. 땅 이름. 사천성(四川省) 중경(重慶)의 옛 이름.
渝盟(투맹) 맹약을 깨뜨림. 약속을 어김.
渝移(투이) 변하여 옮겨 감.
渝溢(투일) 가득 차 넘침. 넘쳐 흐름.
渝替(투체) 변함. 변경함.

비 諭(깨우칠 유) 兪(점점 유)

渢 ⑨ 12획
❶물소리 풍 日フウ
❷알맞은 목소리 범 中fēng

풀이 1 1. 물소리. 큰 목소리. 2 2. 알맞은 소리.
渢渢(1.범범/2.풍풍) 1)중용(中庸)의 소리. 알맞은 소리. 2)떠 있는 모양.

港 ⑨ 12획
❶항구 항 日コウ·みなと
❷통할 홍 中gǎng

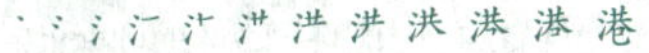

丶 冫 氵 汀 汁 汫 泋 洪 洪 浌 港 港

*형성. 뜻을 나타내는 부수 '水(물 수)'와 음을 나타내는 '巷(거리 항)'을 합친 글자. 이에 고을의 골목처럼 나뉜 물(水) 위의 거리(巷)를 뜻하는 '수로'의 의미를 나타내다가, '항구'의 뜻이 됨.

풀이 1 1. 항구. 2. 뱃길. 3. 도랑. 4. 분류하다. 2 5. 통하다. ¶港洞 6. 물의 모양.
港口(항구) 배가 정박하는 곳의 출입구.
港灣(항만) 해안의 만곡한 곳에 방파재·부두·잔교·창고 등의 시설을 한 수역(水域).
港洞(홍통) 1)서로 상통함. 2)물의 모양.

비 巷(거리 항)

湖 ⑨ 12획 日コ·みずうみ
호수 호 中hú

丶 冫 氵 氵 汁 汁 沽 沽 湖 湖 湖 湖

*형성. 뜻을 나타내는 부수 '水(물 수)'와 음을 나타내는 '胡(오랑캐 호)'를 합친 글자.

풀이 호수.
湖畔(호반) 호숫가.
湖山(호산) 1)호수와 산. 2)호숫가의 산.

4 획

湖沼(호소) 호수와 늪.
湖水(호수) 1)큰 못. 2)호수의 물.
湖海(호해) 1)호수와 바다. 2)호수. 3)세상 또는 세간(世間). 강호(江湖).
湖海之士(호해지사) 호기(豪氣)가 있는 재야의 인사(人士).
비 潮(조수 조)

渾	⑨ 12획	日コン·すべて
	흐릴 혼	中gǔn, hún, hùn

* 형성. 뜻을 나타내는 부수 '水(물 수)'와 음을 나타내는 '軍(군사 군)'을 합친 글자.

풀이 1. 흐리다. 혼탁하다. ¶渾深 2. 웅덩이. 3. 모두. 전부. 4. 섞이다. 5. 온전하다. 6. 가지런히 하다. 7. 둥글다. 8. 크다. ¶渾元 9. 성(盛)하다. 10. 오랑캐. 서강(西羌)의 하나인 토욕혼(吐谷渾)의 약칭.

渾家(혼가) 1)아내. 처. 2)온 집안.
渾金(혼금) 산에서 캐낸 아직 정련(精煉)하지 않은 광석.
渾大(혼대) 순일하고 큼.
渾沌(혼돈) 천지가 아직 개벽되지 않아 모든 사물의 구별이 확실치 않은 상태.
渾碧(혼벽) 바라보이는 것이 모두 푸름.
渾身(혼신) 온몸.
渾深(혼심) 흐리고 깊음.
渾然(혼연) 1)모가 지거나 찌그러진 데가 없는 둥근 모양. 2)사물이 융합(融合)되어 있는 모양. 3)구별이나 차별이 없는 모양.
渾圓(혼원) 1)아주 둥근 모양. 2)모가 나 있지 않음.
渾元(혼원) 큰 원기. 우주의 원기(元氣).
渾融(혼융) 사물이 완전히 융합함.
渾濁(혼탁) 흐림. 혼탁(渾濁).
渾涵(혼함) 포함함. 포용함.
渾浩(혼호) 물이 넘쳐흐르는 모양.
渾渾(혼혼) 1)물이 흐르는 모양. 또는 물이 솟는 소리. 2)흐려짐. 어지러워짐. 3)큼. 4)심오(深奧)하여 알기 어려운 모양. 혼돈(渾沌).
渾和(혼화) 원만하고 화락한 모양.
渾厚(혼후) 1)사람됨이 모난 데가 없이 원만하고 인정이 두터움. 2)크고 넉넉함.
유 濁(흐릴 탁) 비 揮(휘두를 휘)

澒	⑨ 12획	日コウ
	물 솟아날 홍	中hòng

* 형성. 뜻을 나타내는 부수 '水(물 수)'와 음을 나타내는 '虹(무지개 홍)'을 합친 글자.

풀이 1. 물이 솟아나다. 2. 물소리. 물이 흐르는 소리.

渙	⑨ 12획	
	❶ 흩어질 환	日カン·あきらか
	❷ 강 이름 회	中huàn, huì

풀이 ❶ 1. 흩어지다. 풀리다. ¶渙散 2. 어질다. 3. 성하다. 4. 찬란하다. ¶渙爛 5. 환괘. 육십사괘(六十四掛)의 하나. 물건이 흩어지는 상(象). ❷ 6. 강 이름.

渙爛(환란) 찬란한 모양.
渙發(환발) 조서 또는 칙명(勅命)을 발포함.
渙散(환산) 1)단체가 해산함. 2)병열(病熱)이 내림.
渙焉(환언) 찬란한 모양. 문채가 있는 모양.
渙然氷釋(환연빙석) 얼음이 녹는 것처럼 의혹이나 의문이 남김없이 풀려 없어짐.
渙汗(환한) 1)넓고 큼. 2)조칙(詔勅)·칙명(勅命)을 말함. 3)유포(流布)하는 모양.
渙兮(환혜) 녹아 흩어지는 모양.
渙乎(환호) 빛나는 모양.
渙沍(환호) 얼음이 녹음과 물이 얾.
渙渙(환환) 1)물이 성하게 흐르는 모양. 2)광택(光澤)이 있는 모양.
비 換(바꿀 환)

湟	⑨ 12획	日オウ·コウ·ほり
	해자 황	中huáng

풀이 1. 해자(垓子). 성 밖으로 둘러서 판 못. 2. 움푹 패인 땅. 3. 물에 빠지다. 4. 물이 세차게 흐르다. 5. 찬물. 6. 강 이름. 중국 청해(靑海)에서 발원하여 감숙성(甘肅省)을 거쳐 황하(黃河)로 들어가는 강.

湟潦(황료) 우묵하게 팬 땅에 괸 물. 웅덩이.

渮	⑩ 13획	日か
	진창 가	中gē

풀이 1. 진창. 2. 즙(汁)이 많다. 진이 흐르다.

溪	⑩ 13획	日ケイ·たに
	시내 계	中xī

* 형성. 뜻을 나타내는 부수 '水(물 수)'와 음을 나타내는 '奚(산골짜기 해)'를 합친 글자. 산골짜기(奚)의 물(水)이라는 뜻으로 '개울'의 뜻으로 쓰임.

4획

풀이 1. 시내. 시냇물. ¶溪聲 2. 헛되다. 텅 비다. ¶溪極

溪澗(계간) 산골짜기에 흐르는 물.
溪客(계객) 연(蓮)의 다른 이름.
溪谷(계곡) 산골짜기.
溪極(계극) 헛되게 피로함. 또는 피로해짐.
溪頭(계두) 산골짜기 부근. 계변(溪邊).
溪嶺(계령) 산골짜기와 산봉우리.
溪邊(계변) 산골짜기의 근처. 계두(溪頭).
溪聲(계성) 시냇물 소리.
溪翁(계옹) 산골짜기에 사는 늙은이.
溪友(계우) 세속(世俗)을 피하여 산골짜기에서 사는 벗.
溪彴(계작) 산골짜기에 흐르는 시내에 놓은 외나무다리.
煙溪(연계) 안개 또는 아지랑이가 끼어 흐릿하게 보이는 시내.
碧溪(벽계) 물빛이 푸르게 보이는 맑고 깊은 시내.

유 谿(시내 계)

溝	⑩ 13획	日コウ·みぞ·どぶ
	도랑 구	中gōu, kòu

풀이 1. 도랑. 봇도랑. 봇물을 끌어대기 위해 만든 도랑. ¶溝畎 2. 하수도. 3. 해자. 4. 시내. 시냇물. 5. 물받이. 6. 도랑을 치다. ¶溝封 7. 도랑. 8. 아둔하다. 어리석다. ¶溝瞀

溝渠(구거) 도랑. 통수로(通水路).
溝畎(구견) 1)봇도랑. 전답 사이에 만든 용수로. 2)시골. 촌.
溝瀆(구독) 도랑. 개골창.
溝瞀(구무) 어리석음. 우매함.
溝封(구봉) 도랑을 파고 흙을 높이 쌓아 올림. 경계(境界)로 함.
溝塍(구승) 도랑과 두둑.
溝猶(구유) 어리석어 주저함. 우매함.
溝中瘠(구중척) 곤궁하여 방랑하다가 도랑에 빠져 죽음. 유랑하다가 객사(客死)함.
溝池(구지) 1)적이 침범하지 못하도록 성밑에 파 놓은 못. 해자(垓子). 2)도랑과 못.
溝壑(구학) 1)도랑과 골짜기. 2)물건을 버리는 곳. 또는 까닭없이 남에게 물건을 받는 사람.
溝洫(구혁) 전답(田畓) 사이에 있는 도랑.
御溝(어구) 대궐로부터 흘러나오는 개천.
排水溝(배수구) 빼낸 물을 흘려 보내기 위하여 만든 도랑.

비 構(얽을 구)

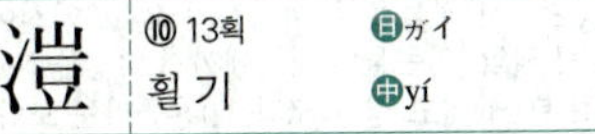

溰	⑩ 13획	日ガイ
	흴 기	中yí

풀이 희다. 흰 모양.

溰溰(기기) 눈·서리 같은 것이 흰 모양.

비 豈(어찌 개)

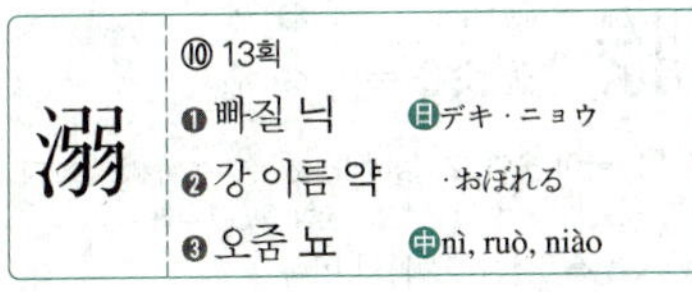

溺	⑩ 13획	
	❶빠질 닉	日デキ·ニョウ
	❷강 이름 약	·おぼれる
	❸오줌 뇨	中nì, ruò, niào

풀이 **1** 1. 빠지다. ㉠물에 빠지다. ㉡어려움에 빠지다. ¶耽溺 2. 잠기다. **2** 3. 강 이름. 중국 감숙성(甘肅省) 산단현(山丹縣)에 있는 강. **3** 4. 오줌. 5. 오줌을 누다. ¶溺器

溺器(요기) 요강. 요기(尿器).
溺途(익도) 세상(世上). 정욕(情欲)에 빠지는 곳이라는 뜻에서 온 말.
溺死(익사) 물 속에 빠져 죽음.
溺愛(익애) 지나치게 사랑함. 사랑에 빠짐.
溺志(익지) 한 가지 일에 열중함.
溺惑(익혹) 미혹(迷惑)되어 본심을 잃음.
沒溺(몰닉) 빠져 가라앉음.
耽溺(탐닉) 어떤 일에 지나치게 빠짐.
惑溺(혹닉) 홀딱 반하여 아주 빠짐.

비 弱(약할 약)

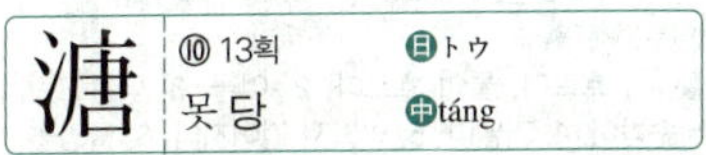

溏	⑩ 13획	日トウ
	못 당	中táng

풀이 1. 못. 2. 진수렁. 진흙.

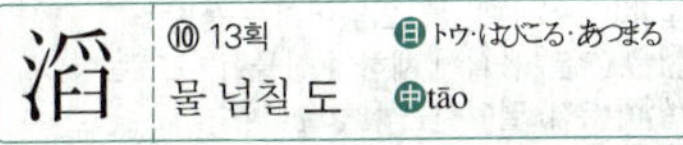

滔	⑩ 13획	日トウ·はびこる·あつまる
	물 넘칠 도	中tāo

풀이 1. 물이 넘치다. 창일하다. ¶滔騰 2. 넓다. ¶滔蕩 3. 가득차다. 4. 게으름을 부리다. ¶滔德 5. 움직이다. 6. 업신여기다. 7. 길다. 8. 의심하다. 9. 모으다. 모이다. 10. 동풍.

滔德(도덕) 교만하고 게으른 악덕(惡德).
滔滔(도도) 1)넓고 큰 모양. 2)물이 창일하여 흐르는 모양. 3)두루 돌아다니는 모양. 또는 흘러가서 돌아오지 않는 모양. 4)거침없이 말을 잘하는 모양.
滔騰(도등) 물이 넘쳐 오름.

滔天(도천) 1)하늘을 두려워하지 않고 업신여김. 큰 죄악. 2)큰물이 하늘에까지 맞닿음.
滔蕩(도탕) 1)넓고 성한 모양. 2)흔들리는 모양. 움직이는 모양.
滔風(도풍) 동풍(東風).
滔乎(도호) 광대한 모양.

滕
⑩ 15획 日トウ
물 솟을 등 中téng

풀이 1. 물이 솟다. 2. 등나라. 춘추 시대(春秋時代)에 지금의 산동성(山東省) 등현(滕縣) 지방에 있던 나라.

滕六(등륙) 설신(雪神)의 이름.

비 勝(이길 승)

溓
⑩ 13획
❶ 담글 렴(염) 日レン
❷ 달라붙을 점 中lián, liǎn, nián

풀이 ❶ 1. 담그다. 2. 물이 잦아들다. 3. 살얼음. ¶溓溓 4. 살얼음이 얼다. 5. 물이 잔잔하다. 6. 묽다. 7. 섞다. 뒤섞이다. ❷ 8. 달라붙다.

溓溓(염렴) 1)살얼음이 어는 모양. 2)잔물결. 잔물결이 이는 모양.

4획

⑩ 13획 日リュウ·たまる·ためる
흐를 류(유) 中liú, liù

* 형성. 뜻을 나타내는 부수 '水(물 수)'와 음을 나타내는 '留(머무를 류)'를 합친 글자.

풀이 1. 흐르다. 물이 흐르다. 2. 여울. 3. 낙수고랑. 낙수받이. 4. 거닐다. 5. 방울져 떨어지다. 6. 물방울. 7. 머무르다.

溜溜(유류) 물이 흘러 내려가는 소리.
溜水(유수) 1)괸 물. 2)떨어지는 물방울.
溜飮(유음) 음식에 체하여 신물이 나오는 병.
溜滴(유적) 떨어지는 물방울. 낙수.
乾溜(건류) 고체를 가열하여 휘발 성분과 휘발하지 않는 성분으로 나누는 일.
簷溜(첨류) 처마 끝에서 떨어지는 빗방울. 낙수.

溧
⑩ 13획 日リツ
강 이름 률(율) 中lì

풀이 강 이름. 중국 강소성(江蘇省) 율양현(溧陽縣)을 흐르는 강.

비 凓(찰 률)

⑩ 13획 日メツ·ほろぼす
멸망할 멸 中miè

* 형성. 뜻을 나타내는 부수 '水(물 수)'과 음을 나타내며 없어지다의 의미를 지닌 부수 이외의 글자를 합친 글자. 이에 '물이 모두 없어지다', '멸망하다'의 뜻으로 쓰임.

풀이 1. 멸망하다. ¶滅亡 2. 다하다. 없어지다. 3. 죽다. 사망하다. 4. 없애다. 제거하다. ¶掃滅 5. 끄다. 꺼지다. 6. 잠기다. 물에 빠지다. 7. 감추다. 8. 보이지 않다.

滅却(멸각) 멸망함. 또는 멸망시킴.
滅口(멸구) 비밀을 유지하기 위하여 그 일을 아는 사람을 가두거나 죽여 없앰.
滅國(멸국) 망한 나라. 망국.
滅道(멸도) 불교에서 사제(四諦) 가운데의 멸제(滅諦)와 도제(道諦).
滅裂(멸렬) 갈기갈기 찢어짐. 뿔뿔이 흩어짐.
滅倫敗常(멸륜패상) 오륜(五倫)과 오상(五常)을 깨뜨려 없앰.
滅亡(멸망) 망하여 없어짐.
滅明(멸명) 불이 꺼졌다 켜졌다 함.
滅沒(멸몰) 멸하여 없어짐. 사라져 없어짐.
滅門(멸문) 한집안이 멸망하여 없어짐. 또는 멸망시켜 없앰.
滅殺(멸살) 모조리 죽여 없앰.
滅性(멸성) 친상(親喪)을 당하여 지나친 슬픔으로 자기의 생명을 잃음.
滅敵(멸적) 적을 쳐서 없앰
滅絶(멸절) 멸망시켜 없앰. 멸진(滅盡).
滅罪(멸죄) 부처의 힘을 빌리거나 수행으로써 일체의 죄악을 없앰.
滅後(멸후) 1)망한 뒤. 2)부처의 사후.
擊滅(격멸) 쳐서 없앰.
壞滅(괴멸) 파괴되어 멸망함.
不滅(불멸) 없어지지 않거나 멸망하지 않음.
掃滅(소멸) 싹 쓸어서 없앰.
自滅(자멸) 제 스스로 멸망함.
絶滅(절멸) 1)아주 멸망함. 2)아주 없앰.
破滅(파멸) 파괴되어 멸망함.

비 減(덜 감)

⑩ 13획
❶ 어두울 명 日メイ·ベイ·くらい
❷ 가랑비 오는 모양 멱 中míng

풀이 1 1. 어둡다. ¶溟溟 2. 아득하다. 3. 바다. 대해. ¶溟渤 4. 광대하여 끝이 없는 모양. 2 5. 가랑비가 오는 모양.

溟漭(명망) 대단히 넓어 끝이 없는 모양.

溟溟(1.명명/2.멱멱) 1)㉠어두운 모양. ㉡심오(深奧)하여 알기 어려운 모양. 2)부슬비가 내리는 모양.

溟沐(명목) 부슬비. 가랑비.

溟濛(명몽) 비가 부슬부슬 내려 날씨가 침침함. 또는 그 비.

溟渤(명발) 큰 바다. 창해(滄海).

溟洲(명주) 큰 바다 가운데 있는 섬.

溟池(명지) 북쪽의 큰 바다. 북해(北海).

溟漲(명창) 남쪽의 큰 바다. 남명(南溟).

溟涬(명행) 1)끝이 없는 모양. 2)자연의 기운. 원기(元氣)가 아직 나뉘지 않은 모양.

南溟(남명) 남쪽에 있다는 큰 바다.

滄溟(창명) 넓고 푸른 바다. 창해(滄海).

유 暗(어두울 암)

渞 ⑩ 13획
깊어서 재지 못할 묘 日ミョウ 中yǎo

풀이 깊어서 재지 못하다.

滂 ⑩ 13획
비 퍼부을 방 日ホウ·ボウ 中pāng

풀이 1. 비가 퍼붓다. 2. 물이 흐르는 소리. ¶滂濞 3. 눈물을 흘리다. 4. 성대한 모양. 5. 많고 성한 모양. 6. 뱃사공.

滂浡(방발) 불평을 품어 마음이 깨끗하지 않은 모양. 분이 풀리지 않는 모양.

滂渤(방발) 물이 세차고 사납게 흐르는 모양.

滂湃(방배) 수세(水勢)가 세찬 모양.

滂濞(방비) 1)물이 흐르는 소리. 2)많고 성한 모양.

滂洋(방양) 넉넉하고 넓은 모양. 성대(盛大)한 모양.

滂人(방인) 산택(山澤)을 맡은 벼슬.

滂沱(방타) 1)비가 죽죽 내리는 모양. 2)눈물이 뚝뚝 떨어지는 모양.

滂澤(방택) 1)장마. 2)은혜(恩惠)가 두루 미침.

滂沛(방패) 1)소나기가 오는 모양. 2)넉넉하고 큰 모양. 3)물결치는 소리.

滂浩(방호) 넓고 큼.

溥 ⑩ 13획
❶넓을 보 日ハク·ホ·フ·あまねし
❷펼 부
❸내 이름 박 中pǔ

풀이 1 1. 넓다. 2. 널리. ¶溥大 3. 물가. 2 4. 펴다. 3 5. 내[川] 이름.

溥大(보대) 넓고 큼.

溥覆(보부) 두루 덮음. 널리 덮음.

溥暢(보창) 크게 퍼짐.

溥天(보천) 온 하늘. 하늘 아래.

溥被(보피) 두루 덮음. 널리 덮음.

溥洽(보흡) 두루 퍼짐. 두루 미침.

滏 ⑩ 13획 日フ
강 이름 부 中fǔ

풀이 강 이름. 중국 하북성(河北省) 자현(磁縣)에서 발원하여 호타하(滹沱河)와 합쳐지는 강.

비 釜(가마 부)

溠 ⑩ 13획 日サ
강 이름 사 中zhà

풀이 강 이름. 중국 호북성(湖北省)을 흘러 운수(溳水)로 들어가는 강. 지금의 부공하(扶恭河).

溹 ⑩ 13획
❶강 이름 삭 日サク
❷비 내릴 색 中suò

풀이 1 1. 강 이름. 중국 하남성(河南省) 형양현(滎陽縣)에서 발원하여 수삭하(須索河)를 이루는 강. 2 2. 비가 내리다.

溹溹(색색) 비가 내리는 모양.

㵄 ⑩ 13획 日セン
빨리 흐를 섬 中shǎn

풀이 1. 물이 빨리 흐르다. 2. 출렁거리다. 물이 요동하는 모습.

비 潤(윤택할 윤)

溞 ⑩ 13획 日ソ
쌀 이는 소리 소 中sāo

풀이 쌀 이는 소리.

비 騷(떠들 소)

溯	⑩ 13획
	遡(p1412)와 同字

溲	⑩ 13획	日シュウ·シュ·そそぐ
	반죽할 수	中sǒu, sōu

풀이 1. 반죽하다. 2. 씻다. 3 적시다. 4. 오줌. ¶溲器 5. 술을 빚다. 6. 쌀을 씻는 소리.

溲器(수기) 오줌을 받아 내는 그릇. 요강.
溲溺(수뇨) 오줌. 또는 오줌을 눔.
溲便(수변) 오줌. 소변(小便).
溲瓶(수병) 요강.
偃溲(언수) 변소(便所). 뒷간.

溫	⑩ 13획	日オン·あたたかい
	따뜻할 온	中wēn

丶 冫 氵 氵 汈 沪 沪 泗 淐 淐 溫 溫

* 형성. 뜻을 나타내는 부수 '水(물 수)'와 음을 나타내며 따뜻하다의 의미를 지닌 부수 이외의 글자를 합친 글자. 이에 따뜻한 물(水)이라는 데에서 '따뜻하다'의 뜻으로 쓰임.

풀이 1. 따뜻하다. 온난하다. ¶溫水 2. 따뜻해지다. 3. 온화하다. 부드럽다. ¶溫順 4. 순수하다. 5. 원만하다. 6. 복습하다. 익히다. ¶溫習 7. 온천. ¶溫泉 8. 넉넉하다. ¶溫足 9. 싸다.

溫坑(온갱) 온돌(溫突).
溫故(온고) 1)과거의 일을 연구함. 2)이미 배운 것을 복습함.
溫故知新(온고지신) 옛것을 익히고 나아가 새것을 앎.

➲溫故知新(온고지신)의 유래
공자(孔子)가 "옛것을 익히고 나서 새로운 것을 알면 능히 스승이 될 수 있다."고 한 말에서 유래하였다. 과거의 역사적 사실이나 학문을 먼저 익히고 그 위에 새로운 것을 습득해야 함을 뜻하는 것이다.

溫恭(온공) 온순하고 공순함.
溫氣(온기) 따뜻한 기운.
溫念(온념) 따뜻한 마음. 친절한 생각.
溫德(온덕) 온화(溫和)한 덕(德).
溫暾(온돈) 따뜻함. 온난(溫暖).
溫突(온돌) 구들.
溫良(온량) 온화하고 선량함.
溫麗(온려) 문장 등이 부드럽고 아름다움.
溫文(온문) 온화하고 문아함.
溫房(온방) 따뜻한 방. 온실.
溫肥(온비) 따뜻하게 입고 잘 먹어서 살이 찜.
溫色(온색) 1)온화한 얼굴빛. 2)따스한 느낌을 주는 색.
溫恕(온서) 마음이 온화하고 너그러움.
溫水(온수) 따뜻한 물.
溫順(온순) 온화하고 공순(恭順)함.
溫習(온습) 이미 배운 것을 다시 익혀 공부함. 복습(復習).
溫尋(온심) 온습(溫習).
溫雅(온아) 온화하고 아담함.
溫言(온언) 온화한 말.
溫熱(온열) 온난(溫暖).
溫溫(온온) 1)온화한 모양. 온순한 모양. 2)윤택한 모양. 3)열기(熱氣)가 나는 모양.
溫柔(온유) 온후(溫厚)하고 유순함.
溫潤(온윤) 온화(溫和).
溫仁(온인) 온화하고 인정이 있음.
溫井(온정) 더운물이 솟는 우물. 온천(溫泉).
溫足(온족) 살림이 넉넉함.
溫存(온존) 1)좋지 못한 일을 고치지 않고 방치함. 2)소중히 보존함.
溫泉(온천) 뜨거운 물이 나오는 샘.
溫湯(온탕) 1)온천. 2)따뜻한 물.
溫飽(온포) 따뜻하게 옷 입고 배부르게 먹음. 의식(衣食)이 충분함.
溫被(온피) 따뜻한 이불. 또는 그 이불을 덮음.
溫惠(온혜) 온화하게 따름.
溫好(온호) 온화함. 부드러움. 유화(柔和)함.
溫滑(온활) 따뜻하고 매끄러움. 윤택한 모양.
溫厚(온후) 1)성질이 온화하고 돈후함. 2)따뜻하고 조용함.
溫煦(온후) 따뜻함.
高溫(고온) 높은 온도.
氣溫(기온) 대기의 온도.
保溫(보온) 1)온도를 일정하게 유지함. 2)따뜻한 기운을 잘 유지함.
常溫(상온) 1)늘 일정한 온도. 항온(恒溫). 2)일 년 중의 평균 기온. 3)보통의 온도.

반 冷(찰 랭) 凉(서늘할 량)

滃	⑩ 13획	日オウ
	구름 일 옹	中wēng, wěng

풀이 1. 구름이 일다. ¶滃渤 2. 샘이 솟아나다. 용솟음치다. ¶滃然 3. 흐리다. 날이 어두워지다.

滃渤(옹발) 구름이나 안개가 이는 모양. 구름이나 안개가 피어오르는 모양.

滃然(옹연) 샘물이 용솟음하는 모양.
滃滃(옹옹) 구름이 성(盛)한 모양.
滃鬱(옹울) 구름이 많이 끼어 날이 음침한 모양.

비 翁(늙은이 옹)

⑩ 13획 日ワ
우묵할 와 中wā

풀이 1. 우묵하다. 2. 고르지 않다. 울퉁불퉁하다.

溔

⑩ 13획 日ヨウ
물 벌창할 요 中yǎo

풀이 1. 물이 벌창하다. 수면(水面)이 끝없이 넓음. 2. 물빛이 희다. 물빛이 희고 깊은 모양.

비 洋(바다 양)

⑩ 13획 日ジョク·むしあつい
젖을 욕 中rù

* 형성. 뜻을 나타내는 부수 '水(물 수)'와 음을 나타내는 '辱(욕보일 욕)'을 합친 글자.

풀이 1. 젖다. 2. 무덥다. 찌다. ¶溽暑 3. 짙다. 농후하다. 4. 기름지다. 음식이 기름지다.

溽露(욕로) 짙은 이슬.
溽暑(욕서) 무더움. 무더위.
溽蒸(욕증) 무더움.

⑩ 13획 日ヨウ·とける·とかす·とく
질펀히 흐를 용 中róng

* 형성. 많은 물(水)이 흐르는 모양(容)을 나타내다가, 물(水)에 가루가 녹아 '풀어지는' 것을 뜻하게 됨. '녹다, 풀리다'는 뜻이 됨.

풀이 1. 질펀히 흐르다. 2. 녹다. ¶溶解 3. 마음이 편안하다. 4. 넘치다. 5. 물결이 넘실거리는 모양. 6. 마음이 침착하고 여유있는 모양.

溶媒(용매) 물질을 녹여 용액으로 만드는 물질.
溶液(용액) 한 물질이 다른 물질에 녹아서 고르게 퍼져 이루어진 물질.
溶滯(용예) 물결이 넘실거리는 모양.
溶溶(용용) 1)큰물이 도도히 흐르는 모양. 2)마음이 침착하고 느긋한 모양.
溶解(용해) 1)녹음. 또는 녹임. 2)물질이 액체 속에 녹아 있는 현상.

비 容(얼굴 용)

溳

⑩ 13획 日イン
강 이름 운 中yún

풀이 1. 강 이름. 중국 호북성(湖北省) 수현(隨縣)에서 발원하여 한수(漢水)로 흘러 들어가는 강. 2. 파도가 잇닿아 일다. 물결치다. 3. 떨어지다.

源

⑩ 13획 日ゲン·みなもと
근원 원 中yuán

` ` 氵 氵 汀 汇 沥 沥 源 源 源 源 源

* 형성. 뜻을 나타내는 부수 '水(물 수)'와 음을 나타내는 '原(근원 원)'을 합친 글자. 이에 물(水)의 근원(原)이라 하여 '수원'의 뜻을 나타냄.

풀이 1. 근원. ¶根源 2. 수원(水源) 3. 물이 끊이지 않고 흐르다. ¶源源

源究(원구) 근원을 구명(究明)함.
源頭(원두) 1)샘의 근원. 2)샘의 가.
源流(원류) 1)물이 흐르는 원천(源泉). 2)사물의 근원.
源源(원원) 1)물이 끊임없이 흐르는 모양. 2)사물이 끊임없이 계속하는 모양.
源委(원위) 본말(本末).
源泉(원천) 1)물이 흐르는 근원. 2)사물이 생기는 근원.
源淸流淸(원청유청) 윗물이 맑으면 아랫물이 맑다는 뜻으로, 윗사람이 청렴하면 아랫사람도 청렴해짐을 비유하는 말.
源統(원통) 1)물의 근원. 2)사물의 본원(本源).
根源(근원) 1)물줄기가 흘러나오기 시작하는 곳. 2)어떤 일이 생겨나는 본바탕.
起源(기원) 사물이 생긴 근원.
發源(발원) 1)강물의 흐름이 비롯함. 또는 그 근원. 2)어떤 사상이나 현상 등이 발생하여 일어남. 또는 그 근원. 3)발원지.
水源(수원) 물이 흘러나오는 근원.
語源(어원) 어떤 말이 오늘날의 형태나 뜻으로 되기 전의 본디 형태나 뜻.
財源(재원) 재화(財貨)나 재정의 원천.

유 原(근원 원)

溵

⑩ 13획 日イン
강 이름 은 中yīn

풀이 강 이름. 중국 하남성(河南省) 허창현(許昌縣)에서 발원한 강.

비 激(물결 부딪혀 흐를 격)

4 획

溢 ⑩ 13획 日イツ·あふれる
넘칠 일 中yì

*형성. 뜻을 나타내는 부수 '水(물 수)'와 음을 나타내는 '益(더할 익)'을 합친 글자. '益'은 접시에 물이 넘치는 모양에서 물이 넘쳐 '흐르다'는 뜻을 나타냄.

풀이 1. 넘치다. ¶溢流 2. 흘러나오다. 3. 가득 차다. 4. 교만하다. 거만하다. 5. 지나치다. 6. 타이르다. 경계하다. 7. 홍수. 8. 왕성하다. 9. 금의 무게를 세는 단위. 10. 한움큼. 한손에 쥐거나 담는 분량.

溢決(일결) 물이 넘쳐 제방이 무너짐.
溢流(일류) 넘쳐서 흐름.
溢利(일리) 지나친 이익. 여분(餘分)의 이익.
溢美(일미) 지나치게 칭찬함.
溢肥(일비) 포동포동 살이 찜.
溢譽(일예) 지나친 칭찬. 실제 이상의 명예.
溢越(일월) 넘침.
溢喜(일희) 더할 나위 없는 기쁨.
漲溢(창일) 물이 불어 넘침.
海溢(해일) 바다 속의 지각(地殼) 변동이나 해상의 기상 변화에 의하여 바닷물이 갑자기 크게 일어나서 육지로 넘쳐 들어오는 일.

비 益(더할 익)

滋 ⑩ 13획 日ジ·シ·しげる·ます
불을 자 中zī

*형성. 뜻을 나타내는 부수 '水(물 수)'와 음을 나타내는 '兹(불을 자)'를 합친 글자. 이에 '물이 불어나다'의 뜻으로 쓰임.

풀이 1. 불어나다. 증가하다. ¶滋殖 2. 우거지다. 무성하다. 3. 더욱. 한층. ¶滋慢 4. 번식하다. ¶滋榮 5. 자라다. 생장하다. 6. 심다. 초목을 심다. 7. 흐리다. 혼탁하다. 8. 잦다. 빈번하다. 9. 맛있다. 10. 맛있는 음식. 11. 진. 진액(津液).

滋多(자다) 더욱 많음.
滋慢(자만) 더욱더 교만 피움. 더욱더 방자함.
滋繁(자번) 우거짐. 무성함.
滋補(자보) 몸에 영양이 됨. 자양(滋養).
滋生(자생) 무성하게 자람.
滋碩(자석) 초목이 자라서 커짐.
滋殖(자식) 불음. 늚.
滋液(자액) 자양이 되는 액체.
滋養(자양) 1)양육함. 기름. 2)몸의 영양이 됨. 또는 그 음식.
滋榮(자영) 번영함. 번성함.
滋潤(자윤) 1)축축이 젖음. 또는 적심. 2)윤택함. 또는 윤택하게 함.
滋彰(자창) 더욱 밝음. 점점 더 나타남.
滋侈(자치) 대단한 사치.
蕃滋(번자) 무성하여 퍼짐.

滓 ⑩ 13획
❶찌꺼기 재 日サイ·シ·おり·かす
❷더럽힐 치 中zǐ

풀이 1 1. 찌꺼기. ¶滓穢 2. 앙금. 침천물. 3. 때. 더러운 것. 4. 때가 끼다. 2 5. 더럽히다.

滓穢(재예) 1)찌꺼기. 더러운 것. 2)더럽힘.
滓濁(재탁) 찌꺼기와 혼탁한 것.

滁 ⑩ 13획 日ジョ
강 이름 저 中chú

풀이 강 이름. 중국 안휘성(安徽省) 합비현(合肥縣)에서 발원하는 양자강(揚子江)의 지류.

滇 ⑩ 13획
❶성할 전 日テン
❷강 이름 진 中diān

*형성. 뜻을 나타내는 부수 '水(물 수)'와 음을 나타내는 '眞(참 진)'을 합친 글자.

풀이 1 1. 성(盛)하다. 크다. 2. 큰물. ¶滇汚 3. 오랑캐 이름. 한대(漢代)의 서남이(西南夷)의 하나로 운남성(雲南省) 곤명현(昆明縣)을 근거지로 하였음. 4. 못 이름. 중국 운남성(雲南省) 곤명현(昆明縣)과 곤양현(昆陽縣)에 걸쳐 있는 호수. 5. 운남성(雲南省)의 약칭. 2 6. 강 이름. 중국 하남성(河南省) 정양현(正陽縣)에 있는 강.

滇沔(전면) 물의 흐름이 광대한 모양.
滇汚(전오) 큰물의 모양.
滇滇(전전) 성(盛)한 모양. 큰물의 모양.

準 ⑩ 13획 日ジュン·なぞらえる
법도 준 中zhǔn

*형성. 뜻을 나타내는 부수 '水(물 수)'와 음을 나타내며 평균의 의미를 지닌 부수 이외의 글자를 합친 글자. 이에 '수면의 평균', '고르게 하다' 등을 뜻을 나타냄.

풀이 1. 법도. 표준. 2. 본받다. ¶準則 3. 고르게 하다. 균등하게 하다. 4. 평평하다. 수평하다. 5. 바로잡다. 6. 수준기(水準器). 어떤 면이 평면을 이루고 있는지를 측정하는 기구. ¶水準 7. 헤아리다. ¶準度 8. 준하다. 9. 허가하다. 10. 콧마루.

準規(준규) 표준이 되는 규칙. 준칙(準則).

4획

準頭(준두) 1)일정한 규칙. 표준(標準). 2)가늠쇠. 조성(照星). 3)코 끝. 관상가에서 코의 하부(下部)를 가리키는 말.
準例(준례) 표준이 될 만한 전례.
準夫(준부) 법을 바로잡는 관리.
準繩(준승) 1)수평도(水平跳)를 헤아리는 수평과 직선을 정하는 먹줄. 2)모범. 표준.
準信(준신) 준거하여 믿음.
準用(준용) 표준으로 삼아 적용함.
準擬(준의) 견주어 비김.
準人(준인) 준부(準夫).
準的(준적) 표준. 모범.
準則(준칙) 1)본받음. 표준으로 삼음. 2)표준을 삼아서 따라야 할 규칙.
準度(준탁) 남의 마음을 헤아림. 촌탁(忖度)함.
準平(준평) 평평함.
準行(준행) 1)준하여 행함. 2)허가함.
規準(규준) 1)규범이 되는 표준. 2)따라야 할 규칙.
基準(기준) 1)기본이 되는 표준. 2)대오(隊伍)를 정렬하는 데 기본이 되는 표준을 대원들에게 알리는 구령.
水準(수준) 1)사물의 가치 · 품질 등의 일정한 표준이나 정도. 2)수준기의 준말.
平準(평준) 1)수준기(水準器)를 써서 수평이 되게 함. 2)사물을 균일하도록 조정함.
標準(표준) 1)사물의 정도를 정하는 기준이나 목표. 2)다른 것의 규범이 되는 준칙이나 규격.
유 式(법 식) 法(법 법) 度(법도 도)

溭	⑩ 13획	日ショク
	물결 직	中zé

풀이 1. 물결. 2. 여울. 3. 흔들리다. 움직이다. 4. 물이 비늘같이 이는 모양.
溭淢(직역) 1)여울. 2)물결이 비늘처럼 이어져 이는 모양. 3)흔들림.

溱	⑩ 13획	日シン
	많을 진	中zhēn

풀이 1. 많다. 2.성(盛)하다. ¶溱溱 3. 이르다. 4. 펴지다. 5. 강 이름. 중국 하남성(河南省) 밀현(密縣)에서 발원하여 유수(洧水)와 합쳐지는 강.
溱溱(진진) 1)많은 모양. 2)성한 모양. 3)펴지는 모양.
비 湊(모일 주)

滄	⑩ 13획	日ソウ · あおい
	푸를 창	中cāng

* 형성. 뜻을 나타내는 부수 '水(물 수)'와 음을 나타내는 '倉(푸를 창)'을 합친 글자. 이에 '푸르다', '푸른 바다'의 뜻을 나타냄.

풀이 1. 푸르다. ¶滄浪 2. 차다. 춥다. ¶滄熱 3. 큰 바다. ¶滄海一粟
滄浪(창랑) 푸른 물빛.
滄浪歌(창랑가) 어부의 노래. 인생의 일은 자연적으로 되어가는 대로 맡겨야 함을 내용으로 함.
滄茫(창망) 물이 푸르고 넓고 아득한 모양.
滄溟(창명) 창해(滄海).
滄熱(창열) 추위와 더위. 한서(寒暑).
滄滄(창창) 1)추운 모양. 2)하늘의 넓고 푸른 모양.
滄海(창해) 1)넓고 푸른 바다. 2)신선이 사는 섬 이름.
滄海一粟(창해일속) 푸른 바다 속에 있는 좁쌀 한 톨이라는 뜻으로, 아주 작고 보잘것없는 것을 비유하는 말.

➲滄海一粟(창해일속)의 유래
적벽에서 조조와 주유가 한 판 승부를 벌였던 적벽대전을 떠올리면서 읊은 소동파의 《적벽부(赤碧賦)》 중에 '우리의 인생은 천지간에 기생하는 하루살이처럼 짧고, 우리의 몸은 푸른 바다 속에 있는 좁쌀 한 톨과 같구나.'라는 말이 나온다. 이 말은 인생의 무상함을 그 이면에 깔고 있다.

유 滿(찰 만) 비 愴(슬퍼할 창)

潚	⑩ 13획	日ショウ
	높은 파도 초	中qiào

풀이 높은 파도. 높은 물결.

滀	⑩ 13획	日チク · トク
	물 모일 축	中chù, xù

풀이 1. 물이 모이다. ¶滀漯 2. 막히다. 얽히다. 3. 빠르다. 급하다. 4. 발끈하다. 성을 발끈 내는 모양.
滀水(축수) 괸 물.
滀漯(축탑) 물이 모이는 모양.
滀乎(축호) 화를 발끈 내는 모양.

滍	⑩ 13획	日チ
	강 이름 치	中zhì

풀이 강 이름. 중국 하남성(河南省) 노산현(魯山縣)에서 발

원한 여수(汝水)의 지류. 현재의 사하(沙河)임.

溘	⑩ 13획 갑자기 합	日コウ 中kè

풀이 1. 갑자기. 별안간. ¶溘死 2. 다다르다.

溘死(합사) 1)갑자기 죽음. 2)사람의 죽음. 장서(長逝). 합서(溘逝).
溘逝(합서) 합사(溘死).
溘焉(합언) 1)갑자기. 별안간. 2)사람이 어느 순간에 갑자기 죽는 것을 말함.
溘溘(합합) 1)물소리. 2)추운 모양.
비 盍(덮을 합)

滎	⑩ 14획 ❶실개천 형 ❷물결 일 영	日ケイ 中xíng, yíng

풀이 1 1. 실개천. ¶滎澤 2. 못 이름. 중국 하남성(河南省) 성고현(成皐縣)에 있던 못. 3. 강 이름. 중국 하남성(河南省)에 흐르던 강. 2 4. 물결이 일다. ¶滎滎

滎瀯(영영) 물결이 세차게 이는 모양.
滎濘(형녕) 수량(水量)이 적어 졸졸 흐르는 물의 모양.
滎澤(형택) 수량(水量)이 적은 물.
비 榮(영화로울 영)

4획

滈	⑩ 13획 ❶장마 호 ❷끓을 학	日コウ 中hào

풀이 1 1. 장마. 2. 물길이 길게 뻗어 있는 모양. 3. 비치다. 물이 희게 비치는 모양. 2 4. 끓다. ¶滈瀑

滈瀑(학폭) 물이 끓어오르는 모양. 또는 물이 소용돌이 치는 소리.
滈池君(호지군) 못 속의 신(神).
滈汗(호한) 물이 넘쳐 흐르는 모양.
滈滈(호호) 물이 희게 비치는 모양.

溷	⑩ 13획 어지러울 혼	日コン·けがす·けがれる 中hùn

풀이 1. 어지럽다. 혼란하다. ¶溷淆 2. 흐리다. 3. 섞이다. 4. 더러워지다. ¶溷汁 5. 욕보이다. 6. 울적하다. 7. 뒷간. 변소. 8. 우리. 돼지 우리.

溷穢(혼예) 더러움.
溷汁(혼즙) 더러운 액체. 더러운 국물.
溷錯(혼착) 어지럽게 뒤섞임.
溷厠(혼측) 뒷간. 변소.
溷濁(혼탁) 어지럽고 흐림.
溷淆(혼효) 어지러움. 혼란함.

滑	⑩ 13획 ❶미끄러울 활 ❷어지러울 골	日カツ·コツ· すべる·なめらか 中gǔ, huá

풀이 1 1. 미끄럽다. ¶滑走 2. 매끈하다. 반드럽다. 3. 교활하다. ¶滑賊 4. 연한 채소. 5. 윤이 나다. 6. 순조롭게 하다. 부드럽게 하다. 2 7. 어지럽다. ¶滑滑 8. 흐리게 하다. 9. 물이 흐르다.

滑稽(골계) 1)지식이 많고 말을 잘하여 남의 시비 판단을 그르치게 하는 일. 2)말이 매끄럽고 재치가 나옴이 끊임이 없음. 3)익살.
滑滑(1.골골/2.활활) 1)㉠물이 흐르는 모양. ㉡샘이 솟는 모양. 2)진흙이 매끄러운 모양.
滑涽(골혼) 1)어지럽고 어두움. 흐려 어두운 모양. 2)정해지지 않음.
滑甘(활감) 미끄럽고 맛이 좋은 음식.
滑降(활강) 미끄러져 내려옴.
滑空(활공) 1)새가 날개짓을 하지 않고 낢. 2)항공기가 발동기를 끄고 낢.
滑澾(활달) 미끄러움.
滑磴(활등) 반드러운 돌 층계.
滑便(활변) 묽은 똥.
滑氷(활빙) 얼음지치기. 스케이팅.
滑濇(활색) 순조롭게 뛰는 맥(脈).
滑賊(활적) 교활하여 남을 해칠 마음이 있음.
滑淨(활정) 반드럽고 깨끗함.
滑走(활주) 미끄러져 달아남.
滑車(활차) 도르래.
滑澤(활택) 반드럽고 광택이 남.
圓滑(원활) 1)일이 거침이 없이 순조로움. 2)모나지 않고 부드러움.
潤滑(윤활) 물기나 기름기가 있어 빽빽하지 않고 반드러움.

滉	⑩ 13획 물깊고넓을황	日コウ·ひろい 中huàng

풀이 물이 깊고 넓다.

滉瀁(황양) 1)물이 깊고 넓은 모양. 황양(滉瀁) 2)정(情)이 많고 끝이 없는 모양.
滉瀁(황양) 물이 깊고 넓은 모양.

漑
⑪ 14획
❶물 댈 개 日カイ·ガイ·そそぐ
❷이미 기 中gài, jì

풀이 ❶ 1. 물 대다. ¶漑浸 2. 씻다. 닦다. ❷ 3. 이미.
漑灌(개관) 논밭에 물을 댐.
漑汲(개급) 혹은 물을 대고 혹은 물을 긺.
漑糞(개분) 농작물에 물이나 거름을 줌.
漑田(개전) 전지에 물을 댐.
漑浸(개침) 물을 대어 적심.
灌漑(관개) 농사를 짓는 데 필요한 물을 논밭에 끌어 대는 일. 관수(灌水).
유 注(물 댈 주)

⑪ 14획 日コン·たぎつ·たぎる
흐를 곤 中gǔn

풀이 1. 흐르다. ¶滾滾 2. 끓다. 물이 끓다. 3. 샘솟다. ¶滾沸 4. 물건이 구르다. ¶滾轉
滾滾(곤곤) 1)물이 성(盛)하게 흐르는 모양. 물이 세차게 흐르는 모양. 2)구름이 여기저기 옮겨가는 모양.
滾汨(곤골) 몹시 바쁨.
滾沸(곤불) 샘물이 많이 솟음.
滾轉(곤전) 구름. 또는 굴림.
滾湯(곤탕) 물이 끓음.
유 流(흐를 류)

⑪ 14획
물 부딪쳐 日カク
흐를 곽 中kòu

풀이 물이 부딪쳐 흐르다.
유 激(물결 부딪쳐 흐를 격)

潡
⑪ 14획 日キョウ
내 이름 교 中jiào

풀이 1. 내 이름. 2. 땅 이름. 중국 광동성(廣東省)의 지명에 이 글자가 많이 들어가 있음.

⑪ 14획 日オウ·ウ
담글 구 中ōu, òu

* 형성. 뜻을 나타내는 부수 '水(물 수)'와 음을 나타내는 '區(나눌 구)'를 합친 글자.

풀이 1. 담그다. 2. 향기나 모양이 뚜렷하다. ¶漚鬱 3. 거품. 4. 갈매기.
漚鬱(구울) 향기가 대단한 모양.

瑾
⑪ 14획 日キン
맑을 근 中jǐn

풀이 1. 맑다. 2. 담그다.
비 僅(겨우 근)

漙
⑪ 14획 日タン
이슬 많을 단 中tuán

풀이 이슬이 많다. ¶漙漙
漙漙(단단) 이슬이 많이 내린 모양.
비 專(오로지 전)

漤
⑪ 14획 日ラン
과실 장아찌 람 中lǎn

풀이 1. 과실 장아찌. 과실로 담근 장아찌. 2. 즙(汁).

漣
⑪ 14획
❶물놀이 련(연) 日レン·さざなみ
❷큰 물결 란(안) 中lián, lán

* 형성. 뜻을 나타내는 부수 '水(물 수)'와 음을 나타내는 '連(이을 연)'을 합친 글자.

풀이 ❶ 1. 물놀이. 잔 물결. 2. 울다. 눈물이 흐르다. 3. 이어지다. ❷ 4. 큰 물결.
漣落(연락) 눈물이 흘러내리는 모양.
漣漣(연련) 눈물을 흘리는 모양.
漣如(연여) 눈물이 흘러내리는 모양.
漣猗(연의) 1)잔물결이 읾. 또는 잔물결이 이는 모양. 2)잔물결. 연의(漣漪).
漣痕(연흔) 1)호숫가에 해안의 지층, 특히 사력암의 표면 등에 새겨져 있는 파도 형상의 흔적. 2)바람에 의하여 모래나 눈 위에 만들어진 파도의 흔적.
淸漣(청련) 물이 맑고 잔잔함.

滷
⑪ 14획 日ロ
소금밭 로 中lǔ

풀이 1. 소금밭. 염분이 많은 땅. 2. 짠물. 간수. 3. 간을 하다. 4. 맛이 짜다.

4획

漉	⑪ 14획 거를 록	日ロク·こす·すく 中lù

풀이 1. 거르다. ¶漉酒 2. 앙금을 쳐내다. 3. 물이 마르다. ¶漉池

漉酒(녹주) 술을 거름.

漉池(녹지) 못의 물을 마르게 함.

비 鹿(사슴 록)

滲	⑪ 14획 ❶맑고 깊을 료·류 ❷변할 력 ❸클 효	日リョウ 中liáo, liú

풀이 1 1. 맑고 깊다. ¶滲乎 2. 흐르다. 3. 멀다. 높고 멀다. 4. 근심에 잠기다. 5. 쓸쓸하다. 2 6. 변하다. 변화하다. 3 7. 크다.

滲淚(요려) 물이 빨리 흐르는 모양.

滲然(1.요연 2.역연 3.효연) 1)수심에 잠겨 있는 모양. 2)변화하는 모양. 3)큰 모양.

滲乎(요호) 맑은 모양. 물이 깊고 맑은 모양.

비 膠(아교 교)

4획

漊	⑪ 14획 비 지적지적할 루	日ロウ 中lóu

풀이 1. 비가 지적지적하다. 2. 도랑. 3. 강 이름. 중국 호북성(湖北省) 학봉현(鶴峰縣)에서 발원하여 풍수(灃水)로 흘러가는 강.

漊漊(누루) 비가 멎지 않고 계속 내리는 모양.

漏	⑪ 14획 샐 루	日ロウ·ロ·もれる 中lòu

丶 冫 氵 氵 沪 沪 泥 泥 涓 漏 漏 漏 漏 漏

* 형성. 뜻을 나타내는 부수 '水(물 수)'와 지붕을 의미하는 '尸(주검 시)'와 '雨(비 우)'를 합친 글자. 이에 지붕에 비가 새다하여 '물이 새다'의 뜻을 나타냄.

풀이 1. 새다. ¶漏水 2. 비밀이 드러나다. 3. 틈나다. 4. 빠뜨리다. 유실하다. 5. 틈새. 6. 구멍. 7. 물시계. ¶漏刻 8. 넘쳐 흐르다. 9. 번뇌. 고민. 10. 방의 서북쪽 모퉁이. 11. 냄새가 나다.

漏刻(누각) 1)물시계. 2)아주 짧은 동안. 경각(頃刻).

漏決(누결) 물이 새어 제방 등이 무너짐.

漏鼓(누고) 시각을 알리기 위해 치는 큰 북.

漏氣(누기) 새어 나오는 축축한 물기.

漏斗(누두) 깔때기.

漏落(누락) 기록에서 빠짐.

漏網(누망) 잡히게 된 죄인이 수사망을 빠져 달아남.

漏師(누사) 군의 기밀을 누설함.

漏船(누선) 물이 새어 드는 배.

漏泄(누설) 1)액체가 새거나 새어 나가게 함. 2)비밀이 새거나 새어 나가게 함.

漏水(누수) 1)새는 물. 2)누수기(漏水器)나 누각(漏刻)의 물.

漏濕(누습) 축축한 기운이 새어 나옴.

漏失(누실) 빠뜨려 잃어버림.

漏點(누점) 물시계의 물이 방울져 떨어짐.

漏精(누정) 의식하지 못하는 사이에 정액이 흘러나옴. 혹은 그러한 정액.

漏盡(누진) 1)시각이 다함. 2)번뇌가 죄다 없어짐. 성지(聖智)로써 번뇌를 끊어 버림.

漏泉(누천) 1)물이 새어 나오는 샘. 2)임금의 은택이 널리 미침.

漏巵(누치) 1)물이 새는 잔. 2)술을 잘하는 사람. 대주가(大酒家). 3)이익이 밖으로 새어 나감.

漏脫(누탈) 새어서 빠짐.

漏板(누판) 시각을 알리기 위해 두드리는 판목.

漏穴(누혈) 물이 흘러내리도록 구멍을 뚫은 돌.

漏水(누수) 1)새는 물. 2)누수기.

漏壺(누호) 1)누각(漏刻)의 물을 담는 그릇과 물을 받는 그릇. 2)물시계.

刻漏(각루) 물시계.

沙漏(사루) 모래시계.

砂漏(사루) 사루(沙漏).

遺漏(유루) 필요한 것이 비거나 빠짐. 유탈(遺脫).

鐘漏(종루) 때를 알리는 종과 누수(漏水). 또는 그 설비가 있는 궁궐 안.

脫漏(탈루) 1)밖으로 새어 나감. 2)있어야 할 것이 빠짐. 누락됨. 누탈(漏脫).

罷漏(파루) 지난날, 큰 도시에서 통행금지를 풀던 시간인 오경 삼점에 쇠북을 서른 세 번씩 치던 일.

	⑪ 14획 스며들 리	日リ·うすい 中lí

풀이 1. 스며들다. 2. 엷다.

漠	⑪ 14획	日バク·ひろい
	사막 막	中mò

、 冫 氵 氵 汁 汁 汁 泄 泄 泄 漟 漟 漠 漠

* 형성. 뜻을 나타내는 부수 '水(물 수)'와 음을 나타내는 '莫(없을 막)'을 합친 글자. '莫'은 없다의 뜻을 나타내어 '물이 없는 곳'이란 뜻을 나타냄.

풀이 1. 사막. ¶砂漠 2. 넓다. ¶空漠 3. 쓸쓸하다. ¶落寞 4. 어둠침침하다. 어둡다. 5. 편안하다. 6. 무성하다. 우거지다. 7. 조용하다. 고요하다. 8. 맑다.

漠漠(막막) 1)넓고 아득한 모양. 2)널리 깔려 있는 모양. 3)초목이 널리 무성한 모양. 4)어둠침침한 모양. 5)고요하고 쓸쓸한 모양.
漠然(막연) 아득하여 분명하지 않은 모양.
漠地(막지) 사막처럼 거칠고 메마른 땅.
空漠(공막) 1)아무것도 없이 아득하게 넓음. 2)이론 등이 막연하여 종잡을 수 없음.
廣漠(광막) 끝없이 넓고 아득함.
大漠(대막) 넓은 사막(沙漠).
沙漠(사막) 사막(砂漠).
砂漠(사막) 강수량이 적고 식물이 거의 자라지 않으며, 자갈과 모래로 뒤덮인 매우 넓은 불모의 땅.
荒漠(황막) 거칠고 매우 넓음.

비 模(법 모)

	⑪ 14획	日マン·みちる·みたす
	가득 찰 만	中mǎn

、 冫 氵 氵 汁 汁 泄 泄 泄 淸 淸 湍 湍 滿 滿

* 형성. 뜻을 나타내는 부수 '水(물 수)'와 음을 나타내는 부수 이외의 글자로 이루어짐. 부수 이외의 글자는 '평평하다' 또는 '물건이 많다'을 나타내어 '滿'은 '물이 가득하다', '풍족하다'의 뜻으로 쓰임.

풀이 1. 가득차다. ¶充滿 2. 풍족하다. 3. 거만하다. 뽐내다. 4. 채우다. 5. 성내다. 6. 속이다. 7. 만주(滿洲)의 약칭. 8. 번민하다.

滿腔(만강) 마음속에 가득 참.
滿開(만개) 1)만발(滿發). 2)활짝 엶.
滿期(만기) 1)정한 기한이 다 참. 2)어음이 지급한 날로 어음상의 기재된 날짜.
滿喫(만끽) 1)잔뜩 배불리 먹거나 마심. 2)욕망을 실컷 만족시킴.
滿堂(만당) 방이나 강당 안에 사람들이 가득 참. 또는 그 사람들.
滿讕(만란) 남을 그럴듯하게 속임.
滿了(만료) 기한이 다 차서 끝남.
滿滿(만만) 1)꽉 찬 모양. 2)부족함이 없이 아주 넉넉함.
滿面(만면) 1)온 얼굴. 2)얼굴에 가득 참.
滿朔(만삭) 아이 낳을 달이 참.
滿山(만산) 산 전체.
滿船(만선) 가득 실은 배.
滿身瘡痍(만신창이) 1)전신이 상처 투성이임. 2)성한 데가 하나도 없을 만큼 결함이 많음을 비유하는 말.
滿悅(만열) 1)흡족한 기쁨. 2)만족스럽게 기뻐함.
滿員謝禮(만원사례) 만원을 이루게 해 주어서 고맙다는 뜻으로, 극장 등 흥행장에서 만원이 되어 관객을 더 받지 못하겠다는 것을 완곡하게 이르는 말.
滿月(만월) 1)가장 완전하게 둥근 달. 보름달. 2)만삭(滿朔).
滿意(만의) 1)마음으로. 만족하여. 2)마음에 참. 만족함.
滿人(만인) 1)만주인. 2)선을 행하는 사람.
滿溢(만일) 가득 차서 넘침.
滿場一致(만장일치) 회의장에 모인 모든 사람들의 뜻이 완전히 같음.
滿點(만점) 1)규정한 점수에 이른 점수. 2)아주 만족할 만한 정도.
滿庭(만정) 뜰에 가득함.
滿朝(만조) 온 조정.
滿則溢(만즉일) 가득 차면 넘친다라는 뜻으로, 모든 사물이 오랫동안 번성하기 어렵다는 말.
滿天(만천) 하늘에 가득 참. 온 하늘.
滿醉(만취) 술에 잔뜩 취함.
未滿(미만) 정한 수나 정도에 차지 못함.
不滿(불만) 마음에 차지 않는 느낌. 또는 그런 마음의 표시.
肥滿(비만) 살이 쪄서 몸이 뚱뚱함.
圓滿(원만) 1)성격이나 행동이 모나지 않고 너그러움. 2)일의 진행이 순조로움. 3)지내는 사이가 화목함.
充滿(충만) 가득하게 참.
飽滿(포만) 일정한 용량에 넘치도록 가득 참.
豊滿(풍만) 1)넉넉하고 그득함. 2)몸이 토실토실하게 살찜.

	⑪ 14획	日マン·みだりに·そぞろに
	질펀할 만	中màn

4획

* 형성. 뜻을 나타내는 부수 '水(물 수)'와 음을 나타내는 '曼(길 만)'으로 이루어진 글자. '曼'은 '널리 퍼진다'는 뜻을 나타냄. 이에 '물(水)이 널리 퍼진다(曼)'는 뜻이 바뀌어, '질펀하다'의 뜻으로 쓰임.

풀이 1. 질펀하다. 2. 넘치다. 범람하다. 3. 가득차다. 4. 흩어지다. 난잡하다. ¶漫瀾 5. 방종하다. 멋대로 굴다. ¶放漫 6. 함부로. 멋대로. ¶漫言 7. 무리하게. 8. 더럽다. 더럽히다. 9. 이어지다. 10. 만연하다. 확산되다. 11. 빠지다. 가라앉다. 12. 넓다. ¶漫淺 13. 멀다. 14. 게으르다.

漫談(만담) 재미있고 익살스러운 말로써 세상과 인정을 비판·풍자하는 이야기.

漫答(만답) 별 생각 없이 아무렇게나 함부로 하는 대답.

漫瀾(만란) 1)까마득하여 끝이 없음. 또는 물의 광대(廣大)한 모양. 2)흩어짐. 분산(分散)함.

漫浪(만랑) 1)일정한 직업이 없이 떠돌아다님. 또는 그 사람. 2)물이 넘치는 모양.

漫漫(만만) 1)넓고 아득한 모양. 2)한가한 모양. 3)밤이 긴 모양. 4)행동이 느린 모양. 5)비나 눈이 한창 내리는 모양.

漫漭(만망) 넓고 아득한 모양.

漫文(만문) 1)수필(隨筆). 2)사물의 특징을 재미있고 경쾌하게 쓴 글.

漫步(만보) 한가로이 거니는 걸음.

漫言(만언) 1)함부로 하는 말. 2)거만한 말.

漫淹(만엄) 오랫동안 물에 담겨 있어서 상함.

漫衍(만연) 1)끝이 없는 모양. 2)일대에 넘쳐 퍼지는 모양. 3)성대한 모양. 4)뒤섞인 모양.

漫然(만연) 이렇다 할 이유나 목적 없이.

漫遊(만유) 이곳저곳으로 두루 떠돌아다니며 놂.

漫吟(만음) 일정한 글제가 없이 생각나는 대로 시나 시조 등을 지어 읊음.

漫爾(만이) 제대로 하는 모양.

漫淺(만천) 넓고 얕음.

漫評(만평) 1)일정한 체계없이 생각나는 대로 하는 비평. 2)만화를 그려서 인물이나 사회를 비평함.

漫筆(만필) 어떤 주의나 체계 없이 펜이 가는 대로 생각한 바를 쓴 글. 만록(漫錄). 수필(隨筆).

漫糊(만호) 뚜렷하지 않은 모양. 모호(模糊)한 모양.

漫忽(만홀) 등한하고 소홀함.

漫畫(만화) 사물의 특징을 과장하여 간단하고 익살스럽게 그려 인생이나 사회를 풍자하는 그림.

漫興(만흥) 이렇다 할 느낌이 없이 저절로 일어나는 흥취.

放漫(방만) 하는 일이나 생각이 야무지지 못하고 엉성함.

散漫(산만) 어수선하여 질서나 통일성이 없음.

汗漫(한만) 되어 가는 그대로 내버려두고 등한시 함.

閑漫(한만) 매우 한가하고 느긋함.

閒漫(한만) 한만(閑漫).

⑪ 14획

빨리 흐르는 모양 밀 日ミツ 中mì

풀이 물이 빨리 흐르는 모양.

비 溶(질펀히 흐를 용)

漨

⑪ 14획 日ホウ

내 이름 봉 中péng

풀이 1. 내 이름. 2 답답한 모양. 마음이 울적하다. 3 물이 모이다. ¶漨浡

漨浡(봉발) 답답한 모양. 울적한 모양.

漨滃(봉옹) 물이 모이는 모양.

漰

⑪ 14획

물결치는 소리 붕 日ホウ 中pēng

풀이 물결치는 소리.

漰渤(붕발) 물결이 서로 부딪치는 소리.

漰濞(붕비) 붕발(漰渤).

漰湱(붕획) 붕발(漰渤).

漇

⑪ 14획 日シ

함치르르할 사 中xǐ

풀이 1. 함치르르하다. 2. 물이 질펀히 흐르는 모양.

漇漇(사사) 함치르르한 모양. 물에 젖어 윤이 나는 모양.

⑪ 14획 日サン

강 이름 산 中chǎn

풀이 1. 강 이름. 중국 섬서성(陝西省) 남전현(藍田縣)서남쪽에서 발원하여 위수(渭水)로 흐르는 강. 2. 울다. 3. 많다.

滲
⑪ 14획
❶스밀 삼 日シン·しみる·にじむ
❷흐를 림(임) 中shèn

풀이 ❶ 1. 스미다. 배어들다. 2. 새다. 흘러나오다. 3. 밭다. 거르다. 4. 다하다. 5. 적시다. 6. 깃이 나기 시작하는 모양. ❷ 7. 흐르다. 흐르는 모양. ¶滲灕

滲漉(삼록) 1)스며 나옴. 2)은택이 아랫사람에게까지 베풀어짐. 3)행운(幸運). 복지(福祉).
滲漏(삼루) 1)액체가 새어 나옴. 2)개먹어 들어감.
滲水(삼수) 스며들어간 물.
滲淫(삼음) 점점 물이 스며듦. 또는 그 물.
滲出(삼출) 1)액체가 스며 나옴. 2)혈관·림프관 등의 맥관(脈管)의 내용물이 밖으로 스며 나오는 일.
滲透(삼투) 스며들어감. 침투(浸透).
滲涸(삼학) 물이 새어 마름.
滲灕(임리) 물이 흘러내리는 모양.

滴
⑪ 14획 日ショウ
세차게 흐를 상 中shāng

풀이 세차게 흐르다.

滴滴(상상) 물이 세차게 흐르는 모양.

漵
⑪ 14획 日ジョ
개 서 中xù

풀이 개. 개펄. 물가.

漩
⑪ 14획 日セン·ゼン
소용돌이 선 中xuán

풀이 1. 소용돌이. 2. 소용돌이 치다.

漩渦(선와) 소용돌이.
漩澴(선환) 소용돌이치는 모양.

漅
⑪ 14획 日ソウ
호수 이름 소 中cháo

풀이 호수 이름. 중국 안휘성(安徽省) 합비현(合肥縣)에 있는 호수.

滫
⑪ 14획 日シュウ
뜨물 수 中xiǔ

풀이 1. 뜨물. 곡식을 씻어 낸 부연 물. ¶滫瀡 2. 쌀을 씻다. 3. 쉰 음식. 4. 반죽하다. 5. 오줌. 소변.

滫瀡(수수) 1)뜨물. 2)부모에게 맛있는 음식을 드리며 봉양하는 일. 3)식품을 쌀뜨물에 담가 부드럽게 함.

漱
⑪ 14획 日ソウ·すすぐ
양치질할 수 中shù, sòu

풀이 1. 양치질하다. ¶漱石枕流 2. 씻다. 빨래하다. ¶漱滌 3. 물이 둑에 부딪치며 흐르다.

漱石枕流(수석침류) 돌로 양치질하고 흐르는 물을 베개 삼는다는 뜻으로, 자신의 논리를 정당화하려 억지를 부리거나 오기가 셈을 비유하는 말.
漱玉(수옥) 1)옥을 씻음. 2)물방울이 튀는 모양.
漱滌(수척) 씻음. 빪.
漱濯(수탁) 수척(漱滌).
漱澣(수한) 물에 씻음.

漘
⑪ 14획 日ジュン
물가 순 中chún

풀이 물가.

漦
⑪ 15획 日リ
❶거품 시·리 中chí

풀이 1. 거품. 침. 2. 흐르다. 3. 피.

漾
⑪ 14획
❶출렁거릴 양 日ヨウ·ただとう
❷강 이름 양 中yàng

풀이 1. 물이 출렁이다. ¶漾水 2. 물에 떠돌아 다니다. 표류하다. ¶漾漾 3. 뜨다. 띄우다. 4. 강 이름. 중국 섬서성(陝西省)을 흐르는 한수(漢水)의 상류.

漾碧(양벽) 푸른 빛을 물 위에 뜨게 함. 곧, 푸른 물이 출렁이게 함.
漾水(양수) 출렁거리는 물.
漾漾(양양) 1)물에 뜨는 모양. 2)물결이 출렁거리는 모양.
漾舟(양주) 배를 띄움. 배가 떠날 준비를 갖춤.

漁	⑪ 14획 고기 잡을 어	日ギョ·いさる 中yú

丶 丶 氵 氵 氵 汋 汋 洵 浄 渔 渔 渔 漁 漁

* 형성. 뜻을 나타내는 부수 '水(물 수)'와 음을 나타내는 '魚(물고기 어)'를 합친 글자. 이에 물 속의 물고기를 잡다의 뜻으로 쓰임.

풀이 1. 물고기를 잡다. ¶漁夫 2. 침략(侵掠)하다. 3. 고기잡이. 4. 어부.

漁具(어구) 고기 잡는 데 쓰이는 기구.

漁區(어구) 수산물을 잡거나 따거나 또는 그것을 가공할 목적으로 특별히 정한 구역.

漁基(어기) 어장(漁場).

漁磯(어기) 낚시터.

漁郎(어랑) 고기잡이하는 사람.

漁獵(어렵) 고기잡이와 사냥.

漁撈(어로) 고기잡이.

漁網(어망) 물고기를 잡는 그물.

漁父之利(어부지리) 어부의 이익이라는 뜻으로, 둘이서 싸우다가 제삼자가 그 이익을 차지함을 이르는 말. 휼방지쟁(鷸蚌之爭).

○漁父之利(어부지리)의 유래

전국 시대 때 조나라가 연나라를 공격하려고 하자 연나라의 소대(蘇代)가 조나라 왕에게 이런 이야기를 들려 주었다. "큰 조개 하나가 입을 벌리고 햇볕을 쬐다가 황새가 날아와 조갯살을 쪼자, 질겁을 한 조개가 입을 다물어 황새의 주둥이를 물었습니다. 황새와 조개가 서로 놓지 않고 버티고 있는 것을 보고 그곳을 지나던 어부가 둘을 냉큼 잡아 버렸습니다." 이는 조나라와 연나라를 황새와 조개에 비유하고 진나라를 어부에 비유한 것으로, 조나라 왕은 이 이야기를 듣고 전쟁을 포기하였다고 한다.

漁夫(어부) 물고기를 잡는 사람.

漁船(어선) 고기잡이 배.

漁食(어식) 고기를 잡듯이 마음대로 남의 것을 빼앗아 생활함.

漁業(어업) 고기잡이를 하거나 기르는 일.

漁翁(어옹) 고기잡이를 하는 늙은이. 어수(漁叟).

漁場(어장) 1)고기잡이를 하는 곳. 2)물고기가 많은 곳.

漁箭(어전) 통발.

漁征(어정) 수산물에 매기는 세금. 수산세(水産稅).

漁釣(어조) 고기를 낚음. 낚시질.

漁採(어채) 고기를 잡는 일.

漁樵(어초) 1)고기잡이와 나무하는 일. 또는 그 사람. 2)고기잡이와 나무꾼.

漁村(어촌) 고기잡이하는 사람들이 모여 사는 마을.

漁取(어취) 남의 것을 빼앗음.

漁奪(어탈) 백성들의 물건을 마음대로 빼앗아 감.

漁港(어항) 고깃배가 정박하는 항구. 어획물의 양륙·판매·수송에 관한 설비 또는 어획물의 일부를 가공 또는 저장할 시설을 갖춘 곳.

漁戶(어호) 어부의 집.

漁獲(어획) 수산물을 잡거나 채취하는 것. 또는 그 취한 물건.

金魚(금어) 금붕어.

禁漁(금어) 고기잡이를 금함.

大魚(대어) 1)큰 물고기. 2)물고기가 많이 잡히는 일. 풍어(豊漁).

佃漁(전어) 사냥과 고기잡이.

箭魚(전어) 준치.

出漁(출어) 바다로 고기를 잡으러 나감.

豊漁(풍어) 물고기가 많이 잡힘. 대어(大漁).

漹	⑪ 14획 강 이름 언	日エン 中yān

풀이 강 이름. 중국 산서성(山西省) 중양현(中陽縣)에서 발원하여 황하로 흘러 들어가는 강.

演	⑪ 14획 멀리흐를 연	日エン·のべる 中yǎn

丶 丶 氵 氵 氵 氵 氵 浐 浐 洁 渲 渲 演 演

* 형성. 뜻을 나타내는 부수 '水(물 수)'와 음을 나타내는 '寅(셋째지지 인)'을 합친 글자. '寅'은 화살이 똑바로 나아가는 모양을 본뜬 것으로 길게 똑바로 뻗는다의 뜻을 나타내며 여기에 물(水)을 붙여 '물이 길게 뻗어 흐르다'의 뜻으로 쓰임.

풀이 1. 멀리 흐르다. 2. 윤택하다. 3. 펴다. 널리 펴다. ¶廣演 4. 스며들다. 5. 당기다. 잡아 당기다. 6. 부연하다. 설명을 덧붙이다. 7. 헤아리다. 추측하다. 8. 공연하다. 연기하다. ¶上演 9. 익히다. 배우다. 10. 행하다.

演劇(연극) 배우가 각본에 의하여 분장하고 음악·배경·조명 그 밖의 여러 가지 장치의 힘을 빌어서 어떤 사건과 인물을 구체적으로 연출하는 예술.

演技(연기) 배우가 무대에서 보이는 말이나 동작. 혹은 그 기술.

演壇(연단) 연설이나 강연을 하는 사람이 서는 단.

演算(연산) 정해진 식에 따라 계산하여 답을 얻는 일.

演說(연설) 1)도리(道理)나 의의(意義) 등을 설명함. 2)여러 사람 앞에서 자기의 주의·주장. 또는 의견을 진술함.

演藝(연예) 여러 사람 앞에서 연극·음악·무용·만담 등을 보임. 또는 그 재주.

演義(연의) 1)도리와 사실을 알기 쉽게 자세히 설명함. 2)역사상의 사실을 소설적 흥미로 수식부연(修飾敷衍)하여 속어로 서술한 책.

演奏(연주) 악기로 음악을 들려주는 일.

講演(강연) 1)강의(講義). 2)일정한 주제로 많은 청중 앞에서 연설을 함. 또는 그 연설.

競演(경연) 개인이나 단체가 모여서 연기나 기능 등을 겨룸.

公演(공연) 연극이나 음악·무용 등을 공개된 자리에서 해 보임. 상연(上演).

口演(구연) 1)동화·야담·만담 등을 입으로 재미있게 이야기함. 2)입으로 말함.

上演(상연) 연극을 무대에서 펼쳐 보임. 공연.

試演(시연) 연극·무용·음악 등을 일반 공개에 앞서 시험적으로 상연하는 일

助演(조연) 연극이나 영화 등에서, 주역(主役)을 도와서 연기함. 또는 그 사람.

主演(주연) 1)연극이나 영화 등에서 주인공으로 출연함. 2)주연 배우의 준말.

潁	⑪ 15획 강 이름 영	日エイ 中yǐng

풀이 강 이름. 중국 하남성(河南省) 등봉현(登封縣)에서 발원하여 회수(淮水)로 흘러 들어가는 강.

潁水隱士(영수은사) 요(堯)임금 때 영수(潁水)가에 은거하였다는 허유(許由)를 이름.

○潁水隱士(영수은사)의 유래
요임금이 자기에게 천하를 내주겠다는 말을 듣고 귀가 더러워졌다 하여 영수에서 귀를 씻었다 한다. 마침, 이 때 소보(巢父)가 송아지에게 물을 먹이려다가 허유가 귀를 씻는 것을 보고 더러운 물을 먹일 수 없다 하여 소를 끌고 상류(上流)에 가서 먹였다고 한다.

비 疑(의심할 의)

滺	⑪ 14획 물의 흐르는 모양 유	日ユウ 中yóu

풀이 물이 흐르는 모양.

滺滺(유유) 물이 흐르는 모양.

漪	⑪ 14획 물놀이 의	日イ·さざなみ 中yī

풀이 1. 물놀이. 잔물결. ¶漪漣 2. 물결이 일다. 3. 물가. 언덕.

漪瀾(의란) 잔물결과 큰 물결.

漪漣(의련) 잔잔한 물결. 물놀이.

漳	⑪ 14획 강 이름 장	日ショウ 中zhāng

풀이 1. 강 이름. 중국 산서성(山西省)에서 발원하여 하남성(河南省)·하북성(河北省)을 거쳐 위하(衛河)로 흘러 들어가는 강. ¶漳河 2. 막다. ¶漳汸

漳汸(장방) 1)둑. 제방(堤防). 장방(障防). 2)가로막아 멋게 함.

漳河(장하) 산서성(山西省)에서 발원(發源)하여 하남성(河南省)으로 흐르는 강.

비 彰(밝을 창)

漿	⑪ 15획 미음 장	日ショウ·ソウ·こんず·しる 中jiāng, jiàng

풀이 1. 미음. 쌀 등을 푹 끓인 음식. 2. 음료수. 마실 것. 3. 옷에 풀을 먹이다.

漿果(장과) 살과 물이 많은 과실. 감·사과·귤 등.

비 獎(권면할 장)

滴	⑪ 14획 물방울 적	日テキ·しずく 中dī

丶 丶 氵 氵 氵 氵 氵 氵 渧 渧 滴 滴 滴 滴

* 형성. 뜻을 나타내는 부수 '水(물 수)'와 음을 나타내는 '啇(나무뿌리 적)'을 합친 글자. '啇' 여러 줄기의 물을 한데 합하다의 의미를 나타내며, 여기에 물(水)를 붙여 '물이 방울져 떨어지다'의 뜻으로 쓰임.

풀이 1. 물방울. 2. 방울져 떨어지다. ¶滴水 3. 아주 적은 분량. 4. 싱싱하다.

滴露(적로) 방울져 맺혔거나 떨어지는 이슬.

滴水(적수) 물을 방울지게 떨어뜨림. 또는 그 물방울.

滴滴(적적) 1)물방울이 떨어지는 모양. 2)떨어지는 물방울처럼 윤이 나고 아름다운 모양.

滴檐(적첨) 낙수.

滴下(적하) 방울져서 떨어짐. 또는 방울지게 떨어뜨림.

水滴(수적) 1)물방울. 2)연적(硯滴).

硯滴(연적) 벼룻물을 담는 조그만 그릇. 수적(水

滴). 연수(硯水).
雨滴(우적) 빗방울.
點滴(점적) 1)낱낱의 물방울. 2)높은 곳에서 하나둘 떨어지는 물방울. 3)적정(滴定).

淢	⑪ 14획	日ジャク·セキ
	맑을 적	中jí

풀이 1. 맑다. 물이 맑다. 2. 쓸쓸하다. 고요하다.

유 淸(맑을 청) 淑(맑을 숙) 비 寂(고요할 적)

漸	⑪ 14획	
	❶점점 점	日ゼン·セン·ようやく
	❷험할 참	中jiān, jiàn

*형성. 뜻을 나타내는 부수 '水(물 수)'와 음을 나타내는 '斬(벨 참)'을 합친 글자. '斬'은 조금씩 나아간다는 뜻으로, 물(水)을 헤치고 조금씩 나아가다(漸)에서 바뀌어, '점점', '겨우'의 뜻으로 쓰임.

풀이 ❶ 1. 점점. 차차. ¶漸近 2. 조금씩 나아지다. 3. 흐르다. 흘러 들어가다. 4. 천천히 움직이다. 5. 젖다. 적시다. 6. 조짐. 7. 통하다. 8. 자라다. 성장하다. 9. 번지다. 물들다. 10. 차례. 순서. 11. 점괘. 64괘의 하나로, 점차 나아가는 상(象). ❷ 12. 험하다.

漸加(점가) 차차 더하여 감.
漸減(점감) 차차 줄어듦.
漸近(점근) 점점 가까워짐.
漸騰(점등) 시세가 점점 오름.
漸摩(점마) 숫돌에 가는 것처럼 점점 선량(善良)해짐.
漸民(점민) 백성을 차츰 선(善)으로 감화함.
漸洳(점여) 진창. 이녕(泥濘).
漸冉(점염) 차차로. 차츰차츰.
漸悟(점오) 차차 깊이 깨달음.
漸入佳境(점입가경) 1)점점 아름다운 경지로 들어감. 2)점점 흥미를 느끼게 됨. 3)점차로 잘 되어 감.
漸漸(1.점점/2.참참) 1)서서히 나아가는 모양. 점차. 차츰차츰. 2)㉠산이 높고 험한 모양. ㉡눈물이 흐르는 모양.
漸增(점증) 점점 증가함.
漸漬(점지) 점점 물이 스며듦. 점점 젖음.
漸添(점첨) 차츰 더해 감. 차츰 증가함.
漸層法(점층법) 수사법의 한 가지. 어구를 점점 겹쳐 써서 점차로 문장의 뜻을 강화시켜 절정으로 이끄는 수법.

비 慚(부끄러울 참) 暫(잠시 잠)

漈	⑪ 14획	日サイ
	물가 제	中jì

풀이 1. 물가. 2. 바다의 바닥이 꺼져서 깊은 곳. 해거(海渠).

漕	⑪ 14획	
	배로 실어	日ソウ·こぐ
	나를 조	中cáo, cào

풀이 1. 배로 실어 나르다. ¶漕運 2. 배를 젓다. 3. 뱃길. 4. 수레. 5. 홈통. 액즙(液汁)이 통하는 길.

漕渠(조거) 배로 물건을 운반하기 위하여 파서 만든 깊은 개울. 조구(漕溝).
漕船(조선) 물건을 실어 나르는 배.
漕運(조운) 배로 물건을 실어 나름.
漕艇(조정) 1)보트 등의 배를 저음. 2)배젓기를 겨루는 운동경기의 하나.
漕轉(조전) 배로 물건을 운반하는 일.
運漕(운조) 배로 짐을 운반함.
回漕(회조) 배로 실어 나름.

漬	⑪ 14획	日シ·つける·つかる
	담글 지	中zì

풀이 1. 담그다. 잠기다. 2. 스며들다. 3. 물들이다. 염색하다. 4. 앓다. 5. 적시다. 젖다. ¶沈漬

漬淖(지뇨) 물이 젖어 뱀.
漬墨(지묵) 때가 묻어 까매짐. 또는 더럽혀 검게 함.
漬浸(지침) 적심. 젖음. 침지(浸漬).
浸漬(침지) 침지(沈漬).
沈漬(침지) 물속에 담가 적심.

비 淸(맑을 청)

漲	⑪ 14획	日チョウ·みなぎる
	불을 창	中zhǎng, zhàng

*형성. 뜻을 나타내는 부수 '水(물 수)'와 음을 나타내는 '張(펼 장)'을 합친 글자. 이에 물(水)이 펴서(張) '물이 불어나다'의 뜻으로 쓰임.

풀이 1. 물이 불어나다. ¶漲水 2. 가득 차다. 3. 성(盛)하다. 4. 물결치다. 5. 밀물. 파도. ¶漲潮 6. 물가(物價)가 오르다.

漲流(창류) 넘쳐 흐름. 넘치듯 가득 차 흐름.
漲水(창수) 불어서 넘치는 물.
漲溢(창일) 물이 넘침.
漲潮(창조) 밀물.

비 泓(깊을 홍)

⑪ 14획 日でき·ジョウ·あらる
씻을 척 中dí

풀이 1. 씻다. 빨래하다. ¶洗滌 2. 청소하다. 3. 음란하다. 방탕하다. 4. 변하다. 5. 우리. 희생(犧牲)을 기르는 우리.

滌漑(척개) 씻음. 씻어서 헹굼.
滌盥(척관) 깨끗하게 씻음.
滌煩(척번) 세상의 어지럽고 번거로움을 씻어 버리는 물건이라는 뜻으로, 차(茶)를 말함.
滌暑(척서) 더위의 기운을 씻어 버림.
滌滌(척척) 1)가물어 물이 마른 모양. 2)따뜻한 모양.
滌濯(척탁) 빨고 헹굼.
滌蕩(척탕) 1)더러움을 씻어 냄. 2)망하여 없어짐. 3)흔들어 움직임.
洗滌(세척) 깨끗이 씻음. 세정(洗淨).
蕩滌(탕척) 1)죄명(罪名)이나 전과(前過) 등을 깨끗이 씻어 줌. 2)더러운 것을 없애고 깨끗하게 함.

유 洗(씻을 세)

⑪ 14획 日タイ·とどこおる
막힐 체 中zhì

* 형성. 뜻을 나타내는 부수 '水(물 수)'와 음을 나타내는 '帶(띠 대)'를 합친 글자. 띠(帶)를 두른 것 처럼 물(水)이 없다는 뜻으로 '막히다'의 뜻을 나타냄.

풀이 1. 막히다. 통하지 않다. ¶滯悶 2. 쌓이다. 3. 남다. 잔류하다. 4. 물건이 팔리지 않다. 5. 골똘하다. 열중하다. 6. 머무르다. 체재하다. ¶滯在 7. 등용되지 않고 빠짐. 또는 그런 사람. 8. 엉겨서 굳다.

滯固(체고) 한군데로 집착하여 융통성이 없음.
滯氣(체기) 1)체증(滯症)의 기미. 2)화를 냄. 또는 심중으로 탐탁히 여기지 않는 일.
滯納(체납) 세금 등을 기한까지 내지 못하여 밀림.
滯念(체념) 풀지 못한 채 오랫동안 쌓인 생각. 풀리지 않는 생각.
滯泥(체니) 구애(拘礙)됨. 거리낌.
滯留(체류) 1)막힘. 정체(停滯)함. 2)일정한 곳에 머물러 있음. 체재(滯在).
滯伏(체복) 일이 진전되지 않는 일.
滯拂(체불) 지급이 늦어짐. 지급을 지체함.
滯礙(체애) 침체함. 막힘.
滯淹(체엄) 막혀 오래 머물러 있다는 뜻으로, 슬기로운 사람이 오래 묻혀 있음을 말함.
滯獄(체옥) 1)판결이 지체됨. 2)옥에 오랫동안 갇혀 있음.
滯陰(체음) 여름이 되어도 쌀쌀한 기운이 남아 있음.
滯在(체재) 객지에 머물러 있음. 체류(滯留).
滯積(1.체적/2.체자) 1)㉠밀려 쌓여 있음. ㉡음식이 잘 삭지 않고 뭉치어 생기는 병. 식적(食積). 2)쌓아 묵혀 둔 저축.
滯沛(체패) 물이 솟아 흐르는 모양.
滯貨(체화) 1)운송이 잘 되지 않고 밀려 쌓인 짐. 2)상품이 팔리지 않아 쌓여 있는 것.
延滯(연체) 금전의 지급이나 납입 등을 기한이 지나도록 지체함. 건체(愆滯).
停滯(정체) 사물의 흐름이 더 나아가지 못하고 한곳에 머물러 막힘.
沈滯(침체) 1)벼슬의 지위가 오르지 않음. 2)일이 나아가지 못하고 그 자리에 머묾.

유 鬱(막힐 울)

⑪ 14획
❶ 합류할 종 日ジュウ·ショウ
❷ 빠른 모양 송 中cóng, sǒng
❸ 물 소리 종

풀이 1 1. 합류(合流)하다. 모이다. 2 2. 빠른 모양. 신속한 모양. 3 3. 물소리.

漎漎(1.송송/2.종종) 1)빠른 모양. 2)물소리.

漼

⑪ 14획 日サイ
깊은 모양 최 中cuǐ

* 형성. 뜻을 나타내는 부수 '氵(물 수)'와 음을 나타내는 '崔(높을 최)'를 합친 글자. 이에 높은(崔) 물(水)이라 하여 '깊다'의 뜻으로 쓰임.

풀이 1. 깊다. 2. 선명하다. 곱다. 3. 눈물을 흘리다. ¶漼漼 4. 꺾이다. 5. 눈서리가 쌓인 모양. ¶漼溰 6. 무너지다.

漼溰(최의) 눈이나 서리 같은 것이 쌓이는 모양.
漼漼(최최) 눈물이 흐르는 모양.

비 催(재촉할 최)

⑪ 14획
❶ 옻 칠 日シツ·うるし
❷ 전심할 철 中qī

4획

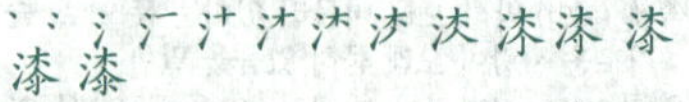

丶 丶 氵 氵 汁 汢 汢 洓 洓 泧 漆 漆 漆 漆

* 형성. 뜻을 나타내는 부수 '水(물 수)'와 음을 나타내는 '桼(옻나무 칠)'을 합친 글자.

풀이 ❶ 1. 옻. 옻나무의 진. 2. 옻나무. 3. 검은 칠. 4. 검다. 5. 일곱. 七의 갖은자. 6. 옻칠하다. ¶漆器 7. 강 이름. 중국 섬서성(陝西省) 대신산(大神山)에서 발원하여 위수(渭水)로 흘러 들어가는 강. ❷ 8. 전심(專心)하다.

漆車(칠거) 검게 칠한 수레.
漆器(칠기) 옻칠한 그릇.
漆毒(칠독) 옻나무의 독.
漆書(칠서) 옻칠로 글씨를 씀. 또는 그 글씨.
漆扇(칠선) 종이에 옻칠을 한 부채.
漆室之憂(칠실지우) 제 신분에 맞지 않는 근심을 가리키는 말.
漆夜(칠야) 캄캄한 밤. 달도 없는 그믐.
漆板(칠판) 검은 칠 등을 하여 분필로 글씨를 쓰도록 만들어 놓은 널조각.
漆黑(칠흑) 옻칠처럼 검고 광택이 있음. 또는 그 빛깔.
乾漆(건칠) 옻나무 즙(汁)을 말려 만든 약제.
丹漆(단칠) 붉은 칠.
黑漆(흑칠) 검은 빛깔의 옻.

漯	⑪ 14획	日 トウ
	모이는 모양 탑	中 lěi, tà

풀이 1. 모이는 모양. 2. 강 이름. 중국 산동성(山東省) 임평현(茌平縣)에서 발원하여, 동북으로 흐르는 도해하(徒駭河)의 지류.

漂	⑪ 14획	日 ヒョウ·ただよう·さらす
	떠돌 표	中 piāo, piǎo, piào

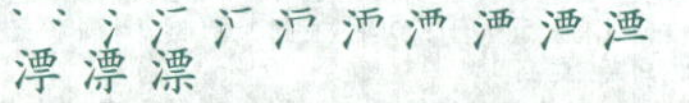

丶 丶 氵 氵 氵 氵 洒 洒 洒 洒 湮 湮 漂 漂

* 형성. 뜻을 나타내는 부수 '水(물 수)'와 음을 나타내며 불티가 날아오르다의 의미를 지닌 '票(표 표)'를 합친 글자. 이에 물[水] 위를 불티가 날아오르듯[票] 떠다니다의 뜻에서 '떠다니다', '떠돌다'의 뜻으로 쓰임.

풀이 1. 떠돌다. 유랑하다. 2. 떠다니다. ¶漂流 3. 움직이다. 흔들리다. 4. 펄럭이다. 휘날리다. 5. 서늘하다. 6. 높다. ¶漂然 7. 문지르다. 8. 헹구다. 빨래하다. ¶漂母 9. 빠르다. 10. 능가하다.

漂客(표객) 방랑하는 사람.
漂浪(표랑) 1)물 위에 떠돎. 2)정처없이 떠돎.
漂櫓(표로) 흘린 피가 큰 방패를 띄울 정도로 매우 격전(激戰)임을 말함.
漂流(표류) 1)물에 떠서 흘러감. 2)정처없이 떠돎.
漂淪(표륜) 팔자가 기구하여 이곳저곳 떠돌아다님. 영락(零落)함.
漂沒(표몰) 표류하여 가라앉음.
漂薄(표박) 방랑하여 마음이 편안하지 않음.
漂白(표백) 피륙·종이 등을 물에 빨거나 약품을 써서 희게 함.
漂船(표선) 정처없이 떠도는 배.
漂說(표설) 뜬소문.
漂失(표실) 물에 떠내려가서 잃어버림. 유실(流失).
漂然(표연) 높이 올라가는 모양. 높고 먼 모양.
漂搖(표요) 떠서 움직임. 띄워 움직이게 함.
漂寓(표우) 방랑하다가 타향에 우거(寓居)함.
漂杵(표저) 피바다에 방패가 뜬다는 뜻으로, 격전에서 유혈(流血)이 많음을 말함.
漂鳥(표조) 철새. 후조(候鳥).
漂着(표착) 물에 떠돌아 다니다가 어떤 뭍에 닿음.
漂蕩(표탕) 1)수재(水災)에 재산이 유실됨. 2)방랑함. 떠돌아다님.
漂萍(표평) 물에 뜬 수초(水草)라는 뜻으로, 정처없이 떠돎을 비유하는 말.
漂漂(표표) 바람결에 물 위를 떠돎.
漂風(표풍) 바람결에 떠서 흘러감.
浮漂(부표) 물 위에 떠서 떠돌아다님.

滮	⑪ 14획	
	물 흐르는	日 ヒュウ
	모양 퓨	中 biāo

풀이 물이 흐르는 모양.

滭	⑪ 14획	
	샘물	日 ヒツ
	용솟음칠 필	中 bì

풀이 샘물이 용솟음치다.

滭浡(필발) 물이 샘솟는 모양.
滭弗(필불) 물이 성한 모양.

漢	⑪ 14획	日 カン·から·あや
	한나라 한	中 hàn

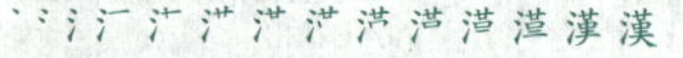

丶 丶 氵 氵 汁 汁 洪 洪 洪 漌 漌 漌 漢 漢

풀이 1. 한나라. ㉠유방(劉邦)이 진(秦)을 멸하고 세운 나라. ㉡유비(劉備)가 중국 서남부에 세운 나라. ㉢유수(劉秀)가 왕망(王莽)의 신(新)을 토평하고 세운 나라. ㉣서진(西晉) 때 오

4획

호 십육국(五胡十六國)의 하나. ⓓ오대(五代) 때의 십국(十國)의 하나. 2. 중국 본토와 중국인을 지칭하는 말. ¶漢土 3. 한수(漢水). 중국 섬서성(陝西省) 영강현(寧羌縣)에서 발원한 강. 4. 사나이. ¶怪漢 5. 은하수. ¶星漢

漢奸(한간) 중국에서 자기 나라 사람으로서 적과 내통하는 자. 곧 매국노(賣國奴)를 말함.

漢文(한문) 1)한대(漢代)의 문장(文章). 2)한자(漢字)로 된 글.

漢方(한방) 1)중국에서 발달하여 동양 각지에 퍼진 의술. 2)한의(漢醫)의 처방.

漢書(한서) 1)한문으로 씌어진 책. 2)이십사사의(二十四史) 하나. 전한(前漢)의 역사를 기전체(紀傳體)로 쓴 책.

漢陽(한양) 조선 때, 서울의 이름.

漢譯(한역) 한문(漢文)으로 번역함.

漢字(한자) 중국어를 표기하는 중국 고유의 문자.

漢籍(한적) 1)한대(漢代)의 서적. 2)중국 책. 한문으로 쓴 책. 한서(漢書).

漢土(한토) 중국 땅. 중국 본토.

漢學(한학) 1)한어(漢語), 또는 중국의 학술 · 제도 · 사상 및 중국 자체에 관한 학문의 총칭. 2)송(宋) · 명(明) 때의 성리학(性理學)에 대해 한(漢) · 당(唐)의 훈고학(訓詁學)을 말함.

怪漢(괴한) 행동이 수상한 사나이.

羅漢(나한) 아라한(阿羅漢)의 준말.

門外漢(문외한) 어떤 일에 대한 전문적인 지식이 없거나 관계가 없는 사람.

星漢(성한) 은하(銀河)의 다른 이름.

阿羅漢(아라한) 1)소승 불교에서, 모든 번뇌를 끊고 사제(四諦)의 이치를 깨달아 열반의 경지에 이른 성자. 2)부처를 일컫는 열 가지 칭호 가운데의 하나. 나한(羅漢).

天漢(천한) 은하(銀河).

好漢(호한) 의협심이 강한 훌륭한 사나이.

凶漢(흉한) 1)사람을 해치는 흉악한 짓을 하는 사람. 2)악한(惡漢).

비 暵(말릴 한)

滸	⑪ 14획	日コ · ほとり
	물가 호	中hǔ, xǔ

풀이 1. 물가. 2. 나무 조각이 떨어지다.

비 許(허락할 허)

滹	⑪ 14획	日コ
	강 이름 호	中hū

풀이 1. 강 이름. 중국 산서성(山西省) 번치현(繁峙縣)에서 발원하여 하북성(河北省)에서 백하(白河)로 흘러 들어가는 강. 2. 물가.

滬	⑪ 14획	日コ
	강 이름 호	中hù

풀이 1. 강 이름. 중국 강소성(江蘇省)을 흐르는 오송강(吳松江)의 하류. 2. 어부(漁夫). 3. 대나무로 만든 어살. 4. 상해(上海)의 다른 이름.

漶	⑪ 14획	日カン
	흐릴 환	中huàn

풀이 흐리다. 희미하다. 분간하지 못하다.

澗	⑫ 15획	日カン · たに
	산골물 간	中jiàn

풀이 1. 산골물. ¶澗壑 2. 산골짜기. ¶澗谷

澗谷(간곡) 산골짜기.

澗礫(간력) 시내의 조약돌.

澗籟(간뢰) 시냇물이 흐르는 소리.

澗水(간수) 골짜기에 흐르는 물.

澗阿(간아) 실개천이 구부러진 곳.

澗霓(간예) 산골에 나타나는 무지개.

澗泉(간천) 산골짜기의 샘. 또는 그 샘에서 흐르는 물.

澗湫(간추) 산골짜기의 물이 괸 곳.

澗壑(간학) 산골물이 흐르는 골짜기.

澗峽(간협) 깊은 산골짜기.

澗戶(간호) 산골짜기에 있는 집.

溪澗(계간) 시내가 흐르는 골짜기.

비 潤(젖을 윤)

澉	⑫ 15획	日カン
	씻을 감	中gǎn

풀이 1. 씻다. 세척하다. 2. 맛이 싱겁다.

유 洗(씻을 세)

潔	⑫ 15획	日ケツ · いさぎよい
	깨끗할 결	中jié

丶 丶 氵 氵 氵 氵 氵 氵 氵 潔 潔 潔 潔 潔

*형성. 뜻을 나타내는 부수 '水(물 수)'와 음을 나타내는 '絜(깨끗할 결)'을 합친 글자. 이에 '맑고 깨끗하다', '깨끗하다'의 뜻을 나타냄.

풀이 1. 깨끗하다. ¶潔白 2. 청렴하다. 3. 몸을 닦다. 4. 깨끗이 하다.

潔朗(결랑) 맑고 명랑함.

潔廉(결렴) 결백하고 청렴함. 마음이 깨끗하고 욕심이 적음.

潔白(결백) 1)깨끗하고 흰 상태. 2)마음씨나 몸가짐이 깨끗함.

潔癖(결벽) 1)불결한 것을 대단히 싫어하는 성벽(性癖). 2)부정한 것을 극단적으로 미워하는 성질.

潔素(결소) 청렴하고 소박함.

潔身(결신) 행동을 깨끗이 하여 몸을 더럽히지 않음. 몸을 깨끗하게 가짐.

潔楹(결영) 반드럽고 광택이 있음.

潔齋(결재) 재계(齋戒)함.

潔淸(결청) 청결(淸潔).

潔衷(결충) 결백한 마음. 깨끗한 마음.

潔行(결행) 결백한 행위.

簡潔(간결) 간단하고 깔끔함.

高潔(고결) 성품이 고상하고 깨끗함.

不潔(불결) 더러움. ↔청결(淸潔).

廉潔(염결) 청렴하고 결백함.

貞潔(정결) 정조가 곧고 행실이 깨끗함.

淨潔(정결) 맑고 깨끗함.

淸潔(청결) 지저분한 것을 없애 맑고 깨끗함.

유 淨(깨끗할 정) 비 偰(맑을 설)

4획

潰	⑫ 15획 무너질 궤	日 エ·カイ·ついえる·つぶれる 中 kuì

* 형성. 뜻을 나타내는 부수 '水(물 수)'와 음을 나타내는 '貴(귀할 귀)'를 합친 글자.

풀이 1. 무너지다. ¶潰裂 2. 무너뜨리다. 헐다. 3. 진무르다. 4. 어지럽다. 혼란하다. 5. 이루다. 성취하다. 6. 성내다. 화내다. 7. 물이 용솟음치다. ¶潰濩

潰潰(궤궤) 1)어지러운 모양. 2)물이 솟아나는 모양. 3)성내는 모양. 4)착하지 않은 모양.

潰爛(궤란) 썩어 문드러짐.

潰漏(궤루) 둑이 터져서 물이 새어 넘침.

潰奔(궤분) 달아나 흩어짐. 또는 쫓아 흩뜨림.

潰崩(궤붕) 무너져 내림.

潰散(궤산) 전쟁에 패하여 늘어져 도망침.

潰瘍(궤양) 헐어서 짓무르는 병.

潰裂(궤열) 1)무너지고 갈라짐. 2)헐거나 헤어지거나 하여 찢어짐.

潰溢(궤일) 둑이 터져 물이 넘침.

潰走(궤주) 전투에 져서 뿔뿔이 흩어져 달아남.

潰出(궤출) 둑 등이 터져서 물이 넘쳐 흐름. 또는 부서져 물건이 쏟아져 나옴.

潰敗(궤패) 전쟁에 패하여 진형(陣形)이 무너짐.

潰澒(궤홍) 물의 흐름이 넓고 큰 모양.

潰濩(궤확) 물이 세차게 용솟음치는 모양.

粉潰(분궤) 가루처럼 부스러져 흩어짐.

奔潰(분궤) 궤주(潰走).

유 坍(무너질 담) 崩(무너질 붕) 壞(무너질 괴)

潙	⑫ 15획 강이름 규·위	日 ギ 中 wéi

풀이 강 이름. ㉠중국 산서성(山西省) 영제현(永濟縣)에서 발원하여 서쪽으로 흐르는 황하(黃河)의 지류. ㉡중국 호남성(湖南省) 익양현(益陽縣) 마두산(馬頭山)에서 발원한 강.

潙仰宗(위앙종) 선문종파(禪門宗派)의 하나. 영우(靈祐)와 해적(慧寂)을 개조(開祖)로 함.

潬	⑫ 15획 ❶주 단 ❷돌아 흐를 선	日 タン 中 dān, shàn

풀이 ❶ 1. 주(洲). 강 또는 바다에 흘러든 모래가 쌓여 이루어진 섬. ❷ 2. 돌아 흐르다. 3. 물이 맞부딪치다.

潭	⑫ 15획 ❶깊을 담 ❷잠길 심	日 タン·ふち 中 tán, xún

* 형성. 뜻을 나타내는 부수 '水(물 수)'와 음을 나타내는 '覃(미칠 담)'을 합친 글자. '覃'자가 '깊다'는 뜻을 나타내어 깊은 물, 곧 '못'의 뜻을 나타냄.

풀이 ❶ 1. 깊다. ¶潭根 2. 못. ¶澄潭 3. 물가. ❷ 4. 잠기다.

潭根(담근) 땅속 깊이 들어간 뿌리.

潭府(담부) 1)깊은 물. 깊은 못. 2)재상(宰相)이 있는 관청. 또는 관리(官吏)가 사는 집. 3)남을 높여 그가 사는 집을 이르는 말. 담제(潭第).

潭思(담사) 깊이 생각함. 또는 그 생각.

潭石(담석) 소(沼) 가운데의 돌.

潭水(담수) 깊은 못이나 늪의 물.

潭深(담심) 못이 깊다는 뜻으로 학문이 깊음을 비유하는 말.

潭澳(담오) 학문 등이 아주 깊음.

潭渦(담와) 깊은 소용돌이.

潭壑(담학) 깊은 골짜기. 깊은 구렁.
碧潭(벽담) 푸른빛이 감도는 깊은 못.
澄潭(징담) 맑은 연못.
유 深(깊을 심) 沈(가라앉을 심) 비 覃(미칠 담)

潼 ⑫ 15획
❶강 이름 동 日トウ·ドウ
❷무너뜨릴 충 中tóng

풀이 ❶ 1. 강 이름. 중국 사천성(四川省) 평무현(平武縣)에서 발원하여 동남쪽으로 흐르는 부강(涪江)의 지류. 2. 수레의 포장. 부인이 타는 수레의 거개(車蓋)에서 드리운, 용모(容貌)를 가리는 포장. ¶潼容 3. 높다. ❷ 4. 무너뜨리다. 5. 적시다.
潼潼(동동) 높은 모양.
潼容(동용) 부인이 타는 수레의 거개(車蓋)에서 드리운, 용모(容貌)를 가리는 포장.

潞 ⑫ 15획 日ロ
강 이름 로(노) 中lù

풀이 1. 강 이름. 중국 산서성(山西省)을 흐르는 탁장수(濁漳水)의 옛 이름. 2. 땅 이름. 춘추(春秋) 시대의 옛 지명. 3. 피로하다. 지치다.

澇 ⑫ 15획 日ロウ
큰 물결 로(노) 中láo, lào

풀이 1. 큰 물결. 2. 장마. 3. 젖다. 4. 담그다. ¶澇漉 5. 강 이름. 섬서성(陝西省) 호현(鄠縣)에서 발원하여 북쪽으로 흐르는 위수(渭水)의 지류.
澇水(노수) 섬서성(陝西省) 호현(鄠縣)에서 발원하여 북쪽으로 흐르는 위수(渭水)의 지류.
澇漉(노록) 물에 담그어 거름.

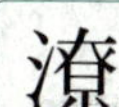

潦 ⑫ 15획 日ロウ·にわたずみ
큰 비 료(요) 中lǎo, liáo

풀이 1. 큰 비. ¶潦浸 2. 장마. 3. 길바닥에 괸 물. ¶潦水 4. 적시다. 담그다.
潦倒(요도) 1)용모와 자태가 우아하고 그윽한 모양. 2)사물에 얽매이지 않는 모양. 3)노쇠(老衰)한 모양.
潦水(요수) 1)길바닥에 괸 물. 2)큰 물.
潦草(요초) 경솔하고 거칠음.
潦浸(요침) 큰 비로 침수함.
비 僚(동료 료)

潾 ⑫ 15획 日リン
맑을 린(인) 中lín

풀이 1. 맑다. 물이 맑다. 2 돌샘. 바위 등에서 나오는 샘물.
潾潾(인린) 물이 맑은 모양.
유 清(맑을 청) 淑(맑을 숙) 반 濁(흐릴 탁)
비 隣(이웃 린)

潫 ⑫ 15획 日マン
빙돌아흐를 만 中wān

풀이 1. 빙 돌아 흐르다. 2. 물이 깊고 넓다.

漭 ⑫ 15획 日ボウ
넓을 망 中mǎng

풀이 1. 넓다. 2. 어둡다. 어둑어둑하다.

潣 ⑫ 15획 日ビン
물졸졸흐를 민 中mǐn

풀이 물이 졸졸 흐르다.

潘 ⑫ 15획
❶뜨물 반 日ハン
❷넘칠 번 中pān

풀이 ❶ 1. 뜨물. ¶潘沐 2. 소용돌이치다. ❷ 3. 넘치다.
潘郎鬢(반랑빈) 근심이 많아 일찍 센 반백의 머리털.
潘沐(반목) 뜨물로 머리를 감음.
潘楊之好(반양지호) 대대로 내려오는 친척. 또는 인척간의 두터운 정의. 반양(潘楊).
비 番(갈마들 번)

潑 ⑫ 15획
❶뿌릴 발 日ハツ·はねる
❷난폭할 파 中pō

*형성. 뜻을 나타내는 부수 '水(물 수)'와 음을 나타내는 '發(필 발)'을 합친 글자. '發'이 펼치다의 뜻을 나타내어 물[水]을 넓게 펼쳐[發] '뿌리다'의 뜻으로 쓰임.

풀이 ❶ 1. 뿌리다. 2. 물을 끼얹다. 3. 물이 솟아나다. 4. 물이 새다. 5. 비가 세차게 내리다. 6. 불량배. 7. 기운차다. ¶活潑 ❷ 8. 난폭하다.

潑剌(발랄) 1)고기가 물에서 뛰는 모양. 2)활발하게 약동하는 모양. 원기가 왕성한 모양.

潑墨(발묵) 먹물로 큰 점을 만들어 산수(山水)를 그리는 방법.

潑散(발산) 물을 뿌림.

潑皮(발피) 일정한 작업이 없이 못된 짓만 하고 돌아다니는 무리.

潑賴(파뢰) 1)추악(醜惡)함. 2)악랄(惡辣)함.

活潑(활발) 움직임이 매우 생기 있고 힘차며 시원스러움.

유 播(뿌릴 파)

潎
⑫ 15획
❶ 빨리 흐를 별 日ベツ
❷ 빨래할 폐 中pì, piē

풀이 ❶ 1. 빨리 흐르다. ¶潎洌 2. 물결이 서로 부딪혀 흐르다. ❷ 3. 빨래하다. 씻다. 4. 물고기가 오락가락 노니는 모양.

潎洌(별렬) 1)물이 빨리 흐르는 모양. 2)물결이 서로 맞부딪치는 모양.

潎潎(폐폐) 물고기가 물속에서 노는 모양.

4획

⑫ 15획 日フ
물 이름 보 中pū

풀이 물 이름.

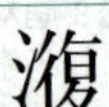
⑫ 15획 日フク
돌아 흐를 복 中fú

풀이 1. 돌아 흐르다. 2.스며 흐르다.

澓流(복류) 물길이 빙 돌아서 흐름.

潸
⑫ 15획 日サン
눈물 흐를 산 中shān

풀이 1. 눈물이 흐르다. ¶潸悵 2. 비가 오다. ¶潸潸

潸潸(산산) 1)비가 오는 모양. 2)눈물을 흘리는 모양.

潸然(산연) 눈물을 흘리는 모양.

潸悵(산창) 눈물을 흘리며 한탄함.

潸泫(산현) 눈물을 흘리는 모양.

澁
⑫ 15획
澀(p784)의 俗字

⑫ 15획 日セキ・かた
개펄 석 中xì

풀이 개펄. 조수가 드나들어 염분(鹽分)이 많이 섞인 바닷가의 땅.

潟滷(석로) 석로(潟鹵).

潟流(석류) 흘러 들어감.

潠
⑫ 15획 日ソン
뿜을 손 中sùn

풀이 뿜다. 뿜어 내다.

비 選(가릴 선)

澌
⑫ 15획
❶ 다할 시 日シ・セイ
❷ 목쉰 소리 서 中sī

풀이 ❶ 1. 다하다. 망하다. ¶澌盡 ❷ 2. 목쉰 소리. 탁한 소리.

澌澌(시시) 1)비나 비가 오는 소리. 2)바람 부는 소리.

澌盡(시진) 1)망함. 없어짐. 2)기운이 다 빠짐.

潯
⑫ 15획 日ジン・ふち
물가 심 中xún

풀이 1. 물가. 2. 못. 3. 강 이름. 중국 광서성(廣西省)을 흐르는 강.

澆
⑫ 15획 日ギョウ・そそぐ
물댈 요 中jiāo

풀이 1. 물을 대다. 물을 주다. ¶澆漑 2. 경박하다. 엷다. ¶澆風 3. 물결이 맴돌다.

澆漑(요개) 요관(澆灌).

澆季(요계) 인정이 메마르고 도의·풍속이 쇠퇴한 말세(末世). 요세(澆世). 요위(澆危).

澆灌(요관) 논밭에 물을 댐.

澆漓(요리) 인정이 박함.

澆薄(요박) 인정이 박함. 박정하고 참됨이 없음. 요부(澆浮).

澆俗(요속) 인정이 경박한 풍속.
澆愁(요수) 근심을 씻는다는 뜻으로, 술을 마심을 말함.
澆水(요수) 물을 댐.
澆淳(요순) 순박한 인정을 방정하게 만듦.
澆訛(요와) 경박하고 참됨이 없음.
澆僞(요위) 도덕이 퇴폐해져서 인정이 박해지고 거짓이 많음.
澆弛(요이) 풍속이 경박하게 되어 쇠퇴함.
澆淺(요천) 엷고 얕음.
澆濯(요탁) 깨끗이 씻음. 깨끗이 빪.
澆風(요풍) 경박한 풍속.

澐	⑫ 15획	日ウン
	큰 물결 일 운	中yún

풀이 큰 물결이 일다.

潿	⑫ 15획	日イ
	지명 위	中wéi

풀이 1. 땅 이름. 중국 광동성(廣東省)에 있는 지명. 2. 물이 흐리다.

潤	⑫ 15획	日ジュン・うるおい
	윤택할 윤	中rùn

\` ⺀ 氵 氵 氵 氵 氵 氵 潤 潤 潤 潤 潤 潤 潤

* 형성. 뜻을 나타내는 부수 '水(물 수)'와 음을 나타내는 '閏(윤 윤)'을 합친 글자. '閏'은 넘칠 정도로 많다의 뜻을 나타내어, 이에 충분히 '물에 젖다'의 뜻이 됨.

풀이 1. 윤택하다. 2. 윤택하게 하다. 3. 은혜를 입다. 4. 꾸미다. 수식하다. 5. 더하다. 보태다. 6. 은혜. 은덕. 7. 물기. 8. 이득. 이익. ¶利潤 9. 광택. ¶潤美 10. 불리다. 11. 부드럽다. 12. 젖다. 적시다. ¶潤濕

潤氣(윤기) 번지르한 기운.
潤朗(윤랑) 윤기가 있고 명랑함.
潤美(윤미) 윤이 나고 아름다움.
潤色(윤색) 1)광택을 내고 색칠함. 2)살을 붙여 꾸밈. 3)시문(詩文) 등의 초고(草稿)에 살을 붙여 꾸밈.
潤濕(윤습) 적심. 또는 젖음.
潤屋(윤옥) 집을 넉넉하게 함. 집안을 훌륭하게 함.
潤溽(윤욕) 물기를 잘 머금는 일.
潤益(윤익) 1)늚. 또는 늘림. 증가(增加). 2)이익(利益).
潤霑(윤점) 적심. 또는 젖음. 윤습(潤濕).
潤澤(윤택) 1)적심. 또는 젖음. 2)인정을 베풂. 혜택을 줌. 3)윤이 나게 함. 또는 윤기. 4)풍부함. 5)이득. 이윤.
潤筆(윤필) 1)글씨를 쓰고 그림을 그림. 2)시문(詩文)이나 서화에 대하여 주는 보수.
潤下(윤하) 물건을 적시며 낮은 데로 흐른다는 뜻으로, 물(水)을 달리 이르는 말.
潤涸(윤학/윤호) 마른 것을 적신다는 뜻으로, 가난한 사람에게 은혜를 베풂을 말함.
潤滑(윤활) 윤이 나고 반질반질함.
潤洽(윤흡) 혜택이 널리 미침.
利潤(이윤) 1)장사하여 남은 돈. 이익(利益). 2)기업의 총수익에서 모든 생산비를 뺀 나머지의 소득.

유 涵(젖을 함) 濡(젖을 유)

潏	⑫ 15획	
	❶물 흐르는 모양 율	日イツ 中jué, yù
	❷샘 솟을 휼	

풀이 1 1. 물이 흐르는 모양. ¶潏湟 2 2. 샘솟다. 3. 사람이 만든 작은 섬.

潏湟(율황) 물이 급히 흐르는 모양.
潏潏(휼휼) 물이 솟아 나오는 모양.

潺	⑫ 15획	
	물 흐르는 소리 잔	日サン・セン 中chán

풀이 1. 물 흐르는 소리. 또는 그 모양. ¶淙潺 2. 눈물이 줄줄 흐르는 모양. ¶潺湲

潺流(잔류) 졸졸 흐르는 물.
潺沄(잔운) 물이 졸졸 흐르는 모양.
潺湲(잔원) 1)물이 졸졸 흐르는 모양. 또는 그 소리. 2)눈물을 줄줄 흘리는 모양.
潺潺(잔잔) 1)물이 졸졸 흐르는 모양. 또는 그 소리. 2)비가 오는 모양.
淙潺(종잔) 물이 흐르는 소리. 또는 그 모양.

潛	⑫ 15획	日セン・ひそむ
	자맥질할 잠	中qián

\` ⺀ 氵 氵 氵 氵 氵 氵 氵 氵 氵 氵 潛 潛 潛

4획

* 형성. 뜻을 나타내는 부수 '水(물 수)'와 음을 나타내며 꿰뚫다의 의미를 지닌 부수 이외의 글자로 이루어짐. 이에 '물(水)속을 꿰뚫고 간다'는 뜻에서, '물속에 들어가다', '잠기다'의 뜻을 나타냄.

[풀이] 1. 자맥질하다. 물에 들어가 떴다 잠겼다하는 것. 2. 잠기다. 3. 숨다. ¶潛伏 4. 숨기다. 5. 몰래. 은밀히. ¶潛採 6. 깊다. 7. 달아나다. 8. 가라앉다. 마음이 침착하다. 9. 섶. 물고기를 모이게 하기 위해 물속에 쌓은 섶. 10. 한수(漢水)의 다른 이름.

潛却(잠각) 물러나 숨음.

潛居(잠거) 숨어서 삶. 은거(隱居)함.

潛攻(잠공) 잠복하여 있다가 적을 침.

潛軍(잠군) 다른 사람 몰래 숨어 있는 군사.

潛女(잠녀) 해녀.

潛龍(잠룡) 1)잠복(潛伏)하여 아직 하늘에 오르지 않은 용이란 뜻으로, 임금이 아직 왕위에 오르기 이전을 말함. 2)아직 세상에 나타나지 않고 숨어 있는 성인(聖人). 또는 때를 얻지 못한 영웅을 비유하는 말.

潛鱗(잠린) 물속에 깊이 숨어 있는 물고기.

潛寐(잠매) 숨어 잔다는 뜻으로, 죽음을 말함.

潛賣(잠매) 매매가 금지된 물건을 몰래 팖.

潛沒(잠몰) 물속으로 들어가 잠김.

潛伏(잠복) 겉으로 드러나지 않고 숨어 엎드림. 남몰래 숨어 있음.

潛思(잠사) 마음을 가라앉혀 깊이 생각함.

潛商(잠상) 관의 허가없이 법령으로 금지된 물건을 몰래 파는 일. 또는 그 장수.

潛涉(잠섭) 강을 몰래 건넘.

潛水(잠수) 물속에 잠겨 들어감.

潛身(잠신) 1)몸을 숨겨 나타내지 않음. 2)어떤 활동에 참여할 만한 사람이 몸을 사리어 나타나지 않음.

潛心(잠심) 마음을 가라앉혀 깊이 생각함.

潛深(잠심) 깊이 숨음.

潛淵(잠연) 1)못(淵)에 숨음. 늪 속에 숨음. 2)숨어 사는 못.

潛泳(잠영) 몸을 물 위로 드러내지 않고 물속에서만 치는 헤엄.

潛影(잠영) 흔적을 감춤.

潛隱(잠은) 자취를 감춤. 숨음.

潛入(잠입) 다른 사람 몰래 숨어 듦.

潛在(잠재) 속에 잠겨 있거나 숨어 겉으로 드러나지 않음. 현재(顯在).

潛跡(잠적) 종적을 감춤.

潛航(잠항) 1)잠수함 등이 물속으로 몰래 항해함. 2)물속으로 잠복하여 다님.

潛行(잠행) 남몰래 다님. 숨어서 오고감.

潛形(잠형) 형적(形跡)을 감추고 드러내지 않음.

潛晦(잠회) 1)종적을 감춤. 2)재주나 학문 등을 숨기고 세상 사람들에게 알리지 않음.

潮	⑫ 15획	日チョウ·しお·うしお
	조수 조	中cháo

丶 丶 氵 氵 汁 汁 沛 洁 湇 淖 湖 潮 潮 潮

* 형성. 뜻을 나타내는 부수 '水(물 수)'와 음을 나타내는 '朝(아침 조)'를 합친 글자. 이에 '아침 조수'의 뜻을 나타냄.

[풀이] 1. 조수. ㉠아침 조수. ㉡밀려 왔다 나갔다 하는 바닷물. ¶潮水 2. 바닷물. 3. 밀물. 4. 밀물이 들어오다. 5. 흘러들어가다. 6. 나타나다. 7. 흐름.

潮浪(조랑) 조수의 물결.

潮流(조류) 1)조수의 흐름. 2)시세(時勢)의 경향이나 동향.

潮水(조수) 해와 달. 특히 달의 인력에 의하여 주기적으로 해수면의 수위가 올라갔다 내려갔다 하는 현상을 이루는 바닷물.

潮浴(조욕) 해수욕.

潮音(조음) 1)조수의 소리. 파도 소리. 2)중들이 독경하는 소리.

潮海(조해) 염분이 함유된 바다.

潮害(조해) 간석지(干潟地) 등에 만든 논에 조수가 끼치는 피해.

潮紅(조홍) 부끄럽고 수줍어 얼굴빛이 붉어짐.

潮候(조후) 말물과 썰물이 드나드는 시각.

落潮(낙조) 썰물.

思潮(사조) 어떤 시대나 계층의 사람들 사이에 나타나는 일반적 사상의 경향.

赤潮(적조) 플랑크톤의 이상 증식으로 바닷물이 붉게 보이는 현상.

[비] 湖(호수 호)

澍	⑫ 15획	日チュウ
	단비 주	中shù

[풀이] 1. 단비. 때에 맞추어 알맞게 오는 비. ¶澍雨 2. 적시다. 3. 흘러들어가다.

澍雨(주우) 때맞추어 오는 비. 단비.

澍濡(주유) 단비가 와서 백곡이 윤택하게 되는 것처럼 임금의 은덕이 골고루 미치는 것을 비유하는 말.

[비] 潮(조수 조) 樹(나무 수)

濈	⑫ 15획	日シュウ
	샘 솟을 집	中jí

[풀이] 1. 샘솟다. 샘이 솟는 소리. 또는 그 모양. 2. 물

이 끓는 모양. 또는 그 소리.

潗潗(집집) 1)샘이 솟는 소리. 또는 그 모양. 2)벌레가 떠들썩하게 우는 소리. 3)물이 끓어 오르는 소리.

비 準(수준기 준)

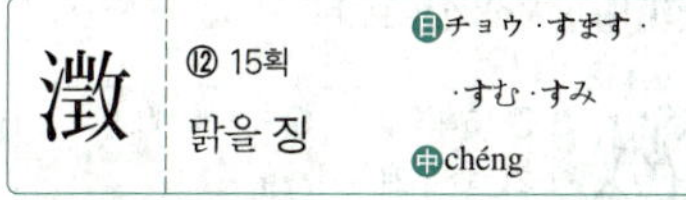

澂 ⑫ 15획 맑을 징 日チョウ·すます·すむ·すみ 中chéng

풀이 맑다. 맑게 하다.

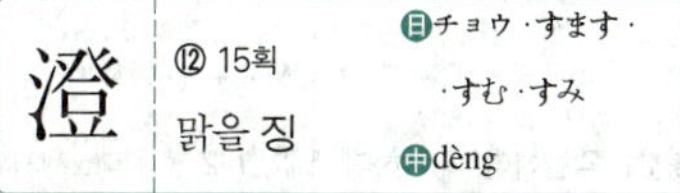

澄 ⑫ 15획 맑을 징 日チョウ·すます·すむ·すみ 中dèng

풀이 1. 맑다. 맑게 하다. 2. 세상이 맑다. 잘 다스려지다.

澄高(징고) 달이 높고 맑음.

澄空(징공) 맑은 하늘.

澄潭(징담) 물이 맑은 연못.

澄澹(징담) 청렴하고 담박함.

澄邈(징막) 맑고 아득한 모양. 청막(淸邈).

澄爽(징상) 마음이 맑고 상쾌함.

澄省(징성) 마음을 깨끗이 하고 반성함.

澄水(징수) 맑은 물.

澄心(징심) 1)마음을 가라앉혀 맑게 함. 2)고요하고 맑은 마음.

澄深(징심) 물이 맑고 깊음.

澄淵(징연) 물이 맑고 깨끗한 못이라는 뜻으로, 사람의 총명함을 비유하는 말.

澄漪(징의) 맑은 잔물결.

澄霽(징제) 하늘이 맑게 갬. 징청(澄晴).

澄澄(징징) 맑고 깨끗한 모양.

澄澈(징철) 대단히 맑음.

澄淸(징청) 1)맑고 깨끗함. 2)세상의 어지러움을 다스려 맑게 함. 3)안정(安靜)하게 함.

澄晴(징청) 하늘이 개어 맑음. 또는 그런 하늘. 징제(澄霽).

澄汰(징태) 1)깨끗이 씻음. 2)가려냄. 가림.

澄暉(징휘) 맑은 빛. 징휘(澄輝).

明澄(명징) 밝고 맑음.

淸澄(청징) 깨끗함.

유 潾(맑을 린) 淸(맑을 청) 淑(맑을 숙)

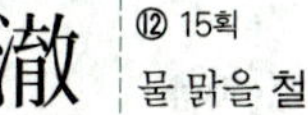

澈 ⑫ 15획 물 맑을 철 日テツ 中chè

풀이 물이 맑다.

澈漠(철막) 맑고 깨끗함.

澈底(철저) 속속들이 꿰뚫음.

澄澈(징철) 대단히 맑음.

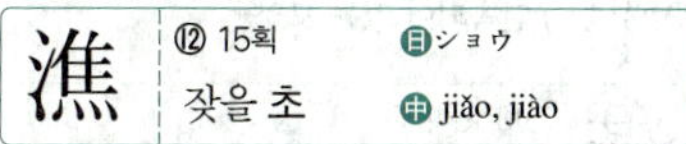

潐 ⑫ 15획 잦을 초 日ショウ 中jiǎo, jiào

풀이 1. 잦다. 물이 마르다. 2. 술을 거르다. 3. 밝다.

潐潐(초초) 똑똑히 살피는 모양.

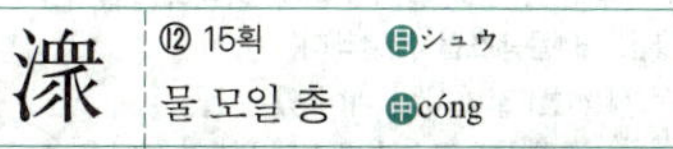

潨 ⑫ 15획 물 모일 총 日シュウ 中cóng

풀이 1. 물이 모여들다. 흘러 들어가다. 2. 물가.

潨洞(총동) 큰 물에 흘러 들어가는 작은 여울.

潨然(총연) 물소리의 형용.

潨潺(총잔) 물소리의 형용.

潨潨(총총) 두 개의 물줄기가 합쳐져 흐르는 모양.

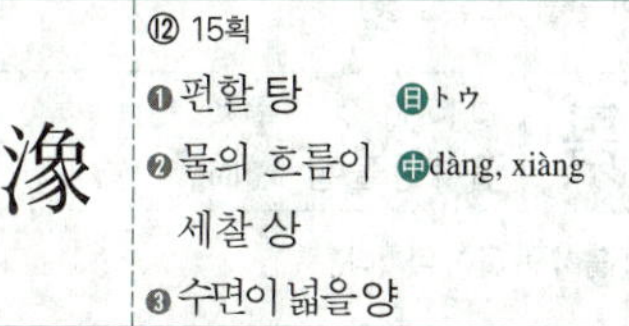

潒 ⑫ 15획 ❶편할 탕 ❷물의 흐름이 세찰 상 ❸수면이 넓을 양 日トウ 中dàng, xiàng

풀이 1 1. 편하다. 물이 넓은 모양. 2. 떠돌다. 3. 씻다. 2 4. 물의 흐름이 세차다. 3 5. 수면(水面)이 넓은 모양.

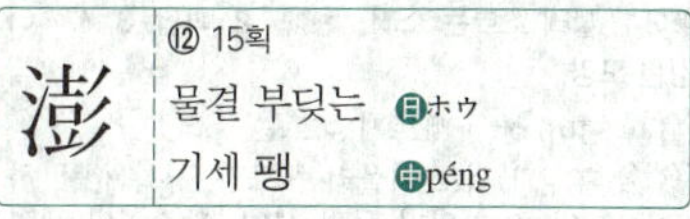

澎 ⑫ 15획 물결 부딪는 기세 팽 日ホウ 中péng

풀이 물결이 서로 부딪는 기세. 또는 그 소리.

澎湃(팽배) 1)물 또는 큰 물결이 서로 맞부딪쳐 솟구침. 또는 그 모양이나 소리. 팽배(彭湃). 2)기세나 사조(思潮) 등이 세차게 일.

澎濞(팽비) 1)흘러내리는 물의 기세가 성(盛)한 모양. 2)물소리. 파도 소리.

澒 ⑫ 15획 日コウ
수은 홍 中hòng

풀이 1. 수은(水銀). 2. 흘러 들다. 3. 잇닿다. 연속한 모양.

澒洞(홍동) 연속한 모양.
澒濛(홍몽) 1)기(氣). 기운. 2)자연 현상의 흐릿하고 혼돈(混沌)한 상태. 홍몽(鴻濛).
澒澒(홍홍) 연속되어 있는 모양.

潢 ⑫ 15획 日コウ
웅덩이 황 中huáng

풀이 1. 웅덩이. 저수지. 못. ¶潢汚 2. 깊다. 3. 크다. 4. 나루터. 5. 보기 좋게 꾸미다. 장식하여 늘어놓다. ¶裝潢 6. 용맹스럽다. 날래다.

潢潦(황료) 길바닥에 괴어 있는 물.
潢洋(황양) 1)깊고 넓은 모양. 2)넓어 끝이 없음.
潢汚(황오) 웅덩이에 괴어 있는 물.
潢池(황지) 물이 괴어 있는 못. 저수지.
潢治(황치) 표면을 장식(裝飾)함. 장황(裝潢)함.
潢潢(황황) 1)큰 모양. 또는 물이 깊고 넓은 모양. 2)용감하고 잘 싸우는 모양.
裝潢(장황) 서책·서화첩 등을 보기 좋게 꾸며어 만듦. 표장(表裝).

4획

潁 ⑫ 15획 日オウ
물이 빙 돌 횡 中jǐng

풀이 물이 빙 돌아 나가다.

潝 ⑫ 15획
빨리 흐르는 소리 흡 日キュウ 中xì

풀이 1. 빨리 흐르는 소리. ¶潝濞 2. 화합. 3. 세력이 강한 모양.

潝濞(흡비) 물이 빠르게 흐르는 소리.
潝潝(흡흡) 1)서로 어울리는 모양. 상화(相和)하는 모양. 2)착하지 못한 모양. 3)소인의 세력이 강한 모양. 4)직무를 게을리 하는 모양.

澉 ⑬ 16획 日カツ
목마를 갈 中kě

풀이 1. 목마르다. 2. 느리다. 더디다.

유 渴(목마를 갈)

澫 ⑬ 16획 日カツ
물깊고넓을갈 中gé, yì

풀이 물이 깊고 넓다.

澫澫(갈갈) 물이 깊은 모양.

激 ⑬ 16획 日ゲキ·はげしい
격렬할 격 中jī

* 형성. 뜻을 나타내는 부수 '水(물 수)'와 음을 나타내는 '敫(성 교)'를 합친 글자. '敫'는 두드리다는 뜻을 나타내어 이에 물(水)이 바위 등에 부딪치다(敫)를 뜻하여, 이에 '치다', '부딪치다'의 뜻으로 쓰임.

풀이 1. 격렬하다. 과격하다. ¶激烈 2. 힘차다. 세차고 빠르다. 3. 부딪치다. 물결이 부딪쳐 흐르다. 4. 힘쓰다. 5. 맑다. 맑은 소리. 6. 분발하다. ¶激揚 7. 격려하다.

激減(격감) 갑자기 줆.
激勸(격권) 격려하고 권장함.
激詭(격궤) 1)전혀 동떨어진 일을 함. 세습(世習)에 반하여 기이한 설(說)을 세우는 일. 2)남을 몹시 칭찬하기도 하고 헐뜯기도 함.
激怒(격노) 몹시 화를 내거나 격분(激忿)함.
激突(격돌) 심하게 부딪침.
激動(격동) 1)급격히 움직임. 2)몹시 감동함.
激浪(격랑) 1)사납게 치는 세찬 물결. 2)사납고 어려운 시련을 비유하는 말.
激勵(격려) 용기나 의욕이 솟아 나도록 북돋아 줌.
激烈(격렬) 매우 맹렬함.
激務(격무) 몹시 고되고 바쁜 직무.
激發(격발) 1)격동하여 일어남. 또는 격동시켜 일으킴. 2)일부러 이상한 행동을 하여 남을 놀라게 함.
激變(격변) 상황 등이 급변하게 변함.
激憤(격분) 몹시 분개함.
激賞(격상) 대단히 칭찬함. 격찬(激讚).
激聲(격성) 격렬하게 소리를 지름. 거센 소리를 지름. 여성(勵聲).
激甚(격심) 대단히 심함.
激昂(격앙) 감정이나 기운이 고조됨.
激揚(격양) 1)감정이나 기운이 격발(激發)하여 들날림. 감동하여 분발함. 2)사물이 맹렬히 일어남.
激颺(격양) 세차게 오름.

激戰(격전) 격렬한 싸움. 또는 격렬하게 싸움.
激增(격증) 급격하게 늘거나 불어나거나 함.
激讚(격찬) 열렬히 칭찬함. 또는 열렬한 칭찬.
激鬪(격투) 격렬한 싸움.
激波(격파) 격랑(激浪).
感激(감격) 1)고마움을 깊이 느낌. 2)마음속에 깊이 느껴 격동됨.
過激(과격) 말이나 행동이 지나치게 격렬함.
急激(급격) 급하고 격렬함.

澮	⑬ 16획	日カ
	강 이름 과	中guō

풀이 1. 강 이름. 중국 하남성(河南省) 개봉시(開封市) 서남쪽에서 발원하여 회수(淮水)로 흘러 드는 강. 2. 소용돌이치다.

澹	⑬ 16획	日クツ
	깊을 굴	中kū

풀이 깊다. 물이 깊은 모양.

濃	⑬ 16획	日ノウ·こい·こ·こまやか
	짙을 농	中nóng

* 형성. 뜻을 나타내는 부수 '水(물 수)'와 음을 나타내는 '農(농사 농)'을 합친 글자.

풀이 1. 짙다. 진하다. ¶濃淡 2. 무성하다. 우거지다. 3. 이슬이 많다. 4. 태도나 행동의 정도가 깊다. 두텁다.

濃濃(농농) 1)정이 도타운 모양. 자상한 모양. 2)이슬이 많은 모양.
濃淡(농담) 진함과 묽음. 짙음과 연함.
濃度(농도) 1)액체의 진하고 묽은 정도. 2)어떤 성질이나 성분이 깃들어 있는 정도.
濃醪(농료) 진한 탁주. 순료(醇醪).
濃抹(농말) 색을 진하게 칠함. 또는 짙은 화장.
濃霧(농무) 짙은 안개.
濃墨(농묵) 진한 먹물.
濃味(농미) 진하고 감칠맛이 있는 맛.
濃密(농밀) 진하고 빽빽함.
濃暑(농서) 심한 더위. 혹서(酷暑).
濃熟(농숙) 무르익음.
濃液(농액) 농도가 짙고 걸쭉한 액체.
濃艶(농염) 화사하고 아름다움.
濃葉(농엽) 무성한 나뭇잎.
濃陰(농음) 짙은 그늘.
濃彩(농채) 짙은 색채. 혹은 그런 채색법.
濃縮(농축) 용액 등의 농도를 높임.
濃濁(농탁) 진하고 걸쭉함.
濃和(농화) 무르익음.
濃厚(농후) 1)극히 두터움. 2)빛깔이 매우 짙음. 3)액체가 묽지 않고 진함.

澾	⑬ 16획	日タツ
	미끄러울 달	中tà

풀이 미끄럽다.

비 達(통달할 달)

澹	⑬ 16획	
	❶담박할 담	日タン
	❷넉넉할 섬	中dàn, tán

풀이 ❶ 1. 담박하다. ¶澹泊 2. 싱겁다. 3. 조용하다. ¶澹然 4. 안정되다. 5. 움직이다. 동요하다. ❷ 6. 넉넉하다.

澹澉(담감) 씻음. 닦음.
澹淡(담담) 1)물에 뜬 모양. 2)물이 출렁거리는 모양. 3)바람에 나부기는 모양.
澹澹(담담) 1)산뜻한 모양. 2)마음 흔들리지 않는 모양. 3)물이 고요히 출렁거리는 모양.
澹漠(담막) 욕심이 적고 마음이 고요함.
澹味(담미) 산뜻한 맛. 담미(淡味).
澹泊(담박) 1)마음이 욕심이 없고 깨끗함. 2)맛이나 빛이 산뜻함.
澹如(담여) 집착이 없고 깨끗한 모양.
澹然(담연) 조용한 모양.
澹艶(담염) 산뜻하고 아름다움.
澹靜(담정) 담박하고 조용함.
澹兮(담혜) 조용하고 편안한 모양.
澹乎(담호) 1)담혜(澹兮). 2)물이 느릿하게 흐르는 모양.
暗澹(암담) 앞날에 대한 전망이 어두움. 희망이 없음.
慘澹(참담) 1)가슴이 아플 정도로 비참함. 2)참혹하고 암담함. 3)속을 썩이도록 괴로움. 4)우울하고 쓸쓸함.

濂	⑬ 16획	
	❶내 이름 렴	日レン
	❷경박할 섬	中lián, xiǎn

풀이 ❶ 1. 내 이름. ㉠중국 호남성(湖南省) 도현(道縣)에

4획

있는 내. ㉡중국 강서성(江西省) 여산(廬山)의 기슭에서 양자강(揚子江)으로 흘러들어가는 내. 2. 싱겁다. 엷다. ❷ 3. 경박하다.

澪 ⑬ 16획 日レイ·みお
강 이름 령 中líng

풀이 1. 강 이름. 2. 맑다.

澧 ⑬ 16획 日レイ
강 이름 례(예) 中lǐ

풀이 1. 강 이름. ㉠중국 호남성(湖南省)을 흘러 동정호(洞庭湖)에 들어가는 강. ㉡중국 하남성(河南省) 동백현(桐柏縣)에서 발원하여 서북쪽으로 흐르는 당하(唐河)의 지류. 2. 단술. 단맛이 나는 샘. 3. 물결 소리.

澧澧(예례) 물소리. 파도 소리.

비 豐(신선 풍)

澟 ⑬ 16획 日リン
서늘할 름 中lǐn

풀이 서늘하다. 춥다.

반 涼(서늘할 량)

澼 ⑬ 16획 日ヘキ
표백할 벽 中pì

풀이 표백하다. 물에 빨아 희고 깨끗하게 하다.

濆 ⑬ 16획 日フン·ホン·わく
뿜을 분 中fén, fèn, pēn

풀이 1. 뿜다. 물을 뿜다. ¶濆水 2. 물가. 3. 소용돌이치다. 4. 솟다. 솟아나다. 5. 움직이다. 어지럽다.

濆薄(분박) 거세게 물결침.

濆水(분수) 물을 뿜어 내는 물.

濆湧(분용) 물이 솟아오름.

濆泉(분천) 물이 솟아나오는 샘.

濆瀑(분폭) 물결이 소용돌이치는 모양.

濇 ⑬ 16획 日ショク
껄끄러울 색 中sè

풀이 껄끄럽다.

澨 ⑬ 16획 日ゼイ
물가 서 中shì

풀이 1. 물가. 2. 간척지.

澨水(서수) 호북성(湖北省) 경산현(京山縣)의 동천산(潼泉山)에서 발원하여 동으로 한수(漢水)에 흘러드는 강의 이름.

澯 ⑬ 16획 日シュウ
근심할 수 中chóu

풀이 근심하다.

유 愁(근심할 수)

澠 ⑬ 16획
❶강 이름 승 日ジョウ
❷고을 이름 민 中miǎn, shéng

풀이 ❶ 1. 강 이름. 중국 산동성(山東省) 임치현(臨淄縣)에서 발원하여 서북쪽으로 흐르는 강. ❷ 2. 고을 이름. 중국 하남성(河南省)에 있는 현(縣) 이름. 3. 강 이름. 중국 하남성(河南省) 민지현(澠池縣)에서 발원하여 남쪽을 흘러 간수(澗水)로 흘러 들어가는 강.

澠池會(민지회) 인상여(藺相如)가 조(趙)의 혜문왕(惠文王)을 도와 진(秦)의 소왕(昭王)과 민지(澠池)에서 회견하여 국위(國威)를 크게 선양한 일.

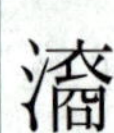
⑬ 16획
물결이 넘실거 日エイ
리는 모양 예 中yì

풀이 물결이 넘실거리는 모양.

澦 ⑬ 16획 日ヨ
땅 이름 여 中yù

풀이 땅 이름. 중국 사천성(四川省)의 구당협(瞿塘峽)의 상류에 있는 큰 암석이 있는 곳.

비 預(미리 예)

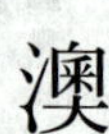
⑬ 16획 日イク·オウ·オク
❶깊을 오 ·くま·おき
❷후미 욱 中ào

풀이 1 1. 깊다. ¶澳溟 2. 호주(濠洲)의 준말. 오스트레일리아. 3. 마카오의 준말. 2 4. 후미. 바다나 강이 활등처럼 휘어들어 배가 정박하게 된 곳.

澳溟(오명) 물이 깊음. 또는 그곳.

비 奧(속 오)

澭	⑬ 16획	日ヨウ
	내 이름 옹	中yōng

풀이 내 이름.

澘	⑬ 16획	日ユウ
	물 끓는 소리 읍	中nì

풀이 1. 물이 끓는 소리. 2. 물이 파동치는 모양.

澱	⑬ 16획	日デン·テン·おり
	앙금 전	中diàn

풀이 1. 앙금. 찌끼. 액체의 바닥에 가라앉은 침전물. ¶沈澱 2. 물이 괴다. 3. 막히다. 4. 얕은 물.

澱粉(전분) 식물의 영양 저장 물질로서 뿌리 등에 포함되어 있는 탄수화물. 녹말.

沈澱(침전) 1)액체 속에 섞인 작은 고체가 밑바닥에 가라앉음. 또는 그 앙금. 2)용액 속에서 일어난 화학 반응으로 말미암아 용액 안의 불용성의 물질이 생김. 또는 그 생성물.

澶	⑬ 16획	
	❶ 물 고요할 전	日セン·ダン
	❷ 멋대로 할 단	中chán

풀이 1 1. 물이 고요히 흐르다. ¶澶湉 2. 땅 이름. 중국 하북성(河北省) 복양현(濮陽縣) 서북쪽에 있는 곳. 2 3. 멋대로 하다. 4. 완만하게 긴 모양.

澶漫(단만) 1)제멋대로인 모양. 2)완만하게 긴 모양.

澶湉(전첨) 물이 조용히 흐르는 모양.

澟	⑬ 16획	
	물이 적은	日テイ
	모양 정	中dǐng tìng

풀이 물이 적은 모양.

澟濙(정형) 작은 물의 모양.

澡	⑬ 16획	日ソウ·あらう
	씻을 조	中zǎo

풀이 1. 씻다. 세척하다. 2. 깨끗하게 하다. ¶澡雪 3. 다스리다.

澡盥(조관) 양치질하고 손을 씻음.

澡練(조련) 닦고 단련함.

澡雪(조설) 1)씻음. 2)깨끗하게 함.

澡漱(조수) 손을 씻고 양치질함.

澡熨(조울) 빨아서 다리미질한다는 뜻으로, 개선·개량함을 비유하는 말.

澡濯(조탁) 씻음. 세척함.

유 洗(씻을 세) 비 操(잡을 조)

澉	⑬ 16획	
	❶ 화목할 즙	日シュウ
	❷ 여울 삽	中jí

풀이 1 1. 화목하다. ¶澉澉 2. 빠르다. ¶澉然 3. 물이 흐르다. 2 4. 여울. 강의 폭이 좁아 물살이 세차게 흐르는 곳.

澉然(즙연) 빠른 모양.

澉澉(즙즙) 화목한 모양. 싸우지 않는 모양.

澯	⑬ 16획	日サン
	맑을 찬	中càn

풀이 1. 맑다. 물이 맑다. 2. 물이 출렁거리다.

비 燦(빛날 찬)

濁	日ダク·ジョク ·にごる·にごす
⑬ 16획	
흐릴 탁	中zhuó

丶 冫 氵 氵 氵 氵 氵 氵 氵 氵 氵 濁 濁 濁 濁 濁

* 형성. 뜻을 나타내는 부수 '水(물 수)'와 음을 나타내는 '蜀(나라이름 촉)'으로 이루어진 글자.

풀이 1. 흐리다. ㉠물이 흐리다. ㉡소리가 맑지 않다. ¶濁污 2. 흐리게 하다. 3. 혼란스럽다. 어지럽다. 4. 선명하지 않다. 5. 더럽히다. ¶濁意 6. 불결. 7. 넉넉해지다. 윤택해지다.

濁亂(탁란) 정치나 사회가 흐리고 어지러움.

濁浪(탁랑) 흐린 물결.

濁醪(탁료) 막걸리. 탁주(濁酒).

濁流(탁류) 1)흘러가는 흐린 물. 2)부랑배.

濁聲(탁성) 쉬거나 흐린 목소리.
濁水(탁수) 흐린 물.
濁汚(탁오) 더러움.
濁穢(탁예) 속세의 더러움.
濁操(탁조) 결백하지 못한 지조(志操).
混濁(혼탁) 맑지 않음.

반 淸(맑을 청) 비 獨(홀로 독)

澤

⑬ 16획
❶ 못 택 日タク·さわ
❷ 풀 석 中zé
❸ 전국술 역

* 형성. 뜻을 나타내는 부수 '水(물 수)'와 음을 나타내는 '睪(엿볼 역)'을 합친 글자.

풀이 ■1 1. 못. ¶澤畔 2. 늪. 진펄. 3. 윤. 윤이 나다. 4. 윤을 내다. 5. 적시다. 6. 습기. 7. 비와 이슬. 8. 은혜. 은덕. ¶德澤 9. 여덕(餘德). 10. 은덕을 베풀다. 11. 녹. 봉급. 12. 가려내다. 가려 뽑다. ■2 13. 풀다. ■3 14. 전국술.

澤澤(석석) 풀어져 흩어지는 모양.
澤梁(택량) 못에 장치한 고기를 잡는 어량.
澤鹵(택로) 소금기가 있는 진펄.
澤畔(택반) 못가에 있는 편평한 땅.
澤色(택색) 윤. 광택.
澤雨(택우) 만물을 적시는 좋은 비. 자우(滋雨).
澤濡(택유) 은택(恩澤)이 널리 미침.
澤潤(택윤) 1)은덕을 베풂. 2)윤이 있음. 광택이 있음.
光澤(광택) 1)번들번들한 빛. 2)빛의 반사에 의해 물질 표면이 번쩍이는 현상.

유 池(못 지)

澩

⑬ 17획
❶ 잦은 샘 학 日ガク
❷ 엇갈릴 효 中xué

풀이 ■1 1. 잦은 샘. 겨울이 되면 마르는 샘. ■2 2. 엇갈리다.

비 與(줄 여)

澣

⑬ 16획 日カン·あらう
빨 한 中huàn

풀이 1. 빨다. 빨래하다. 씻다. 2. 열흘. 당대(唐代)에 관리에게 열흘마다 휴가를 주어 목욕을 하게 했다는 데에서 유래함.

澣沐(한목) 머리를 감음.
澣衣(한의) 옷을 빪. 빨래함.
澣滌(한척) 옷과 그릇을 빨고 씻음.
上澣(상한) 초하루부터 열흘까지의 동안. 상순(上旬).

비 潮(조수 조)

澥

⑬ 16획 日カイ
바다 이름 해 中xiè

풀이 1. 바다 이름. 산동반도(山東半島)와 요동반도(遼東半島) 사이에 있는 발해만(渤海灣)을 말함. 2. 끊어진 수류.

澴

⑬ 16획 日カン
소용돌이칠 환 中huán

풀이 소용돌이치다.

濊

⑬ 16획
❶ 물 많은 모양 회 日カイ·ワイ
中 huò, wèi
❷ 흐릴 예
❸ 그물 치는 소리 활

풀이 ■1 1. 물이 많은 모양. 2. 많다. 넉넉하다. 3. 물이 깊고 넓은 모양. 4. 더럽다. 더러움. ■2 5 흐리다. 6. 종족 이름. ■3 7. 그물 치는 소리. ¶濊濊

濊濊(활활) 그물을 물에 던지는 소리.

澮

⑬ 16획 日カイ
봇도랑 회 中huì, kuài

풀이 1. 봇도랑. 2. 시내. 3. 강 이름. 중국 산서성(山西省)의 회산(澮山)에서 발원하여 서쪽으로 흐르는 분하(汾河)의 지류.

濘

⑭ 17획 日ネイ·ぬかるみ
진창 녕 中níng, nìng

풀이 1. 진창. 땅이 질어 곤죽이 된 곳. 2. 얕은 물. 3. 물이 끓다.

濤 ⑭ 17획 日トウ·なみ
큰물결 도 中tāo

* 형성. 뜻을 나타내는 부수 '水(물 수)'와 음을 나타내며 길게 이어지다의 의미를 지닌 '壽(목숨 수)'를 합친 글자. 이에 길게 이어진[壽] 물[水]이란 뜻에서 '물결'의 뜻으로 쓰임.

풀이 1. 큰 물결. 파도. ¶濤波 2. 물결치다. 물결이 일다.

濤雷(도뢰) 우레 같은 파도 소리.
濤瀨(도뢰) 파도치는 여울.
濤聲(도성) 파도 소리.
濤波(도파) 큰 물결. 파도.

濫 ⑭ 17획
❶넘칠 람(남) 日ラン·みだり
❷샘 함 中jiàn, làn

* 형성. 뜻을 나타내는 부수 '水(물 수)'과 음을 나타내는 '監(살필 감)'을 합친 글자.

풀이 1 1. 넘치다. 2. 퍼지다. 3. 뜨다. 띄우다. 4. 함부로 하다. 외람하다. 도가 지나치다. ¶濫發 5. 함부로. 마구. 6. 담그다. 7. 훔치다. 도둑질하다. 8. 탐하다. 탐내다. 9. 그물을 치다. 10. 뜬 말. 허언(虛言). 2 11. 샘. 샘솟다. ¶濫泉 12. 목욕통.

濫巾(남건) 함부로 건(巾)을 쓴다는 뜻으로, 은사(隱士)가 아니면서 은사인 체함을 말함.
濫發(남발) 1)함부로 발행함. 2)총을 함부로 쏨. 3)말을 함부로 함.
濫伐(남벌) 나무를 함부로 벰.
濫殺(남살) 함부로 죽임.
濫觴(남상) 술잔에 넘친다는 뜻으로, 거대한 양자강도 그 근원은 불과 술잔에 넘칠 정도의 적은 물에 불과하다는 의미에서 사물의 시초나 근원을 이르는 말.

○濫觴(남상)의 유래
공자의 제자인 자로(子路)가 화려한 옷을 차려입고 스승을 뵈었다. 공자가 훈계하기를, "양자강의 시초가 되는 수원은 잔에 넘칠 정도의 물에 불과하다. 하지만 강나루에 이르러선 배를 띄우거나 바람을 피해야만 건널 수 있다. 바로 물이 불어나서 그런 것 아니겠느냐. 지금 너는 화려한 옷을 차려입고 안색도 그렇게 의기양양하니, 천하에 어느 누가 너에게 충고할 마음을 갖겠느냐?"라고 하였다. 이에 자로는 당장 옷을 갈아입고 공손하게 공자를 뵈었다고 한다.

濫用(남용) 1)규정이나 범위를 벗어나 함부로 마구 씀. 2)권리나 권한 등을 함부로 지나치게 행사함.
濫溢(남일) 지나쳐서 상도(常道)에서 벗어남.
濫作(남작) 작품을 함부로 많이 지음.
濫製(남제) 마구 제작함.
濫造(남조) 물건을 아무렇게나 함부로 만듦.
濫職(남직) 분수에 지나치는 벼슬을 줌. 또는 그런 벼슬.
濫徵(남징) 돈이나 곡식 등을 마구 물리어 거둠.
濫陟(남척) 함부로 승진시킴.
濫吹(남취) 함부로 분다는 뜻으로, 재능이 없으면서 그 지위에 있음을 말함.
濫刑(남형) 함부로 형벌을 가함. 또는 그런 형벌.
濫獲(남획) 가리지 않고 마구 잡음.
濫泉(함천) 위로 곧게 물줄기가 솟는 샘.

濛 ⑭ 17획 日モウ·こさめ·くらい
가랑비 올 몽 中méng

* 형성. 뜻을 나타내는 부수 '水(물 수)'와 음을 나타내는 '蒙(입을 몽)'을 합친 글자.

풀이 1. 가랑비가 오다. 2. 흐릿하다. 분명하지 않다. ¶濛澒 3. 큰물. 4. 도랑.

濛昧(몽매) 안개 같은 것이 자욱하여 어두운 모양.
濛濛(몽몽) 비·구름·안개 같은 것으로 날씨가 침침한 모양.
濛煙(몽연) 자욱하게 낀 연기.
濛雨(몽우) 자욱이 오는 가랑비.
濛鴻(몽홍) 분명치 않은 모양.

濔 ⑭ 17획
❶치렁치렁 日デイ·ビ
할 미 中mǐ
❷넘칠 니(이)

풀이 1 1. 치렁치렁하다. 2. 서로 연이어 평탄한 모양. 2 3. 넘치다. 4. 많다.

濔迤(미이) 평평하게 서로 이어진 모양.
濔濔(이니) 수효가 많은 모양.

濮 ⑭ 17획 日ホク·ボク
강 이름 복 中pú

풀이 강 이름. 중국 하남성(河南省) 봉구현(封丘縣)에서 발원한 황하(黃河)의 지류.

 ⑭ 17획 日ビ
물소리 비 中pì

4획

풀이 물소리. ㉠물이 흐르는 소리. ㉡물이 갑자기 들이닥치는 소리.

濞濞(비비) 물이 흐르는 소리.
濞焉(비언) 물이 갑자기 들이닥치는 소리.
滂濞(방비) 물이 흐르는 소리.

濱	⑭ 17획	日ヒン·はま
	물가 빈	中bīn

* 형성. 뜻을 나타내는 부수 '水(물 수)'와 음을 나타내는 '賓(손 빈)'을 합친 글자. '賓'은 '가(邊)'의 뜻을 나타내어 이에 '물가'의 뜻으로 쓰임.

풀이 1. 물가. ¶水濱 2. 끝. 3. 임박하다. 절박하다. ¶濱死 4. 가깝다. 연하다.

濱死(빈사) 죽음에 임박함. 죽어감.
濱涯(빈애) 물가. 또는 그 근처.
濱海(빈해) 바다에 연함. 또 그곳. 연해(沿海).
水濱(수빈) 물가. 수애(水涯).
유 涯(물가 애)

澀	⑭ 17획	日ジュウ·シュウ·しぶい
	떫을 삽	中sè

풀이 1. 떫다. ¶澀苦 2. 껄끄럽다. 3. 말을 꺼리다. 말을 더듬다. 4. 막히다. ¶澀噎 5. 어렵다.

澀苦(삽고) 1)떫고 씀. 2)음조(音調) 등이 매끄럽지 못함.
澀吶(삽눌) 말을 더듬거림.
澀味(삽미) 떫은 맛.
澀語(삽어) 더듬거리는 말.
澀噎(삽열) 목이 멤.
澀滯(삽체) 일이 막혀 잘 되어 나가지 않음.
澀體(삽체) 글귀가 몹시 난삽(難澁)함.
難澀(난삽) 어렵고 까다로움.

濕	⑭ 17획	日シツ·シュウ
	축축할 습	中shī, tà, xí

丶 冫 氵 氵 沪 沪 沪 涅 涅 湿 湿 湿 濕 濕 濕 濕

풀이 1. 축축하다. ¶濕地 2. 습기. 물기. ¶濕氣

濕氣(습기) 축축한 기운.
濕度(습도) 공기 가운데 수증기가 들어 있는 정도.
濕濕(습습) 1)쇠귀가 움직이는 모양. 또는 쇠귀가 윤기가 있는 모양. 2)물결이 몰렸다 흩어졌다 하는 모양.
濕熱(습열) 습증으로 나는 열.
濕潤(습윤) 젖음. 또는 적심.
濕地(습지) 습기가 많은 땅. 축축한 땅.
濕草(습초) 습한 곳에서 자라는 풀.
濕布(습포) 염증을 가라앉히기 위하여 냉수나 더운물, 혹은 약물을 축이거나 약을 발라서 대는 헝겊. 또는 그런 일.

溘	⑭ 17획	日ガイ
	구름 낄 애	中ǎi, kài

풀이 구름이 끼다. 흐리다.

비 溘(갑자기 합)

濡	⑭ 17획	
	❶ 젖을 유	日ジュ·ぬらす·ぬれる
	❷ 머리 감을 난	中rú

풀이 1 1. 젖다. 2. 적시다. ¶濡濕 3. 은혜를 입다. 4. 은혜. 은덕. 5. 습기. 6. 윤. 7. 지체하다. 머무르다. 8. 오줌. 9. 참다. 견디다. ¶濡忍 10. 베풀다. 2 11. 머리를 감다. ¶濡濯

濡首(유수) 술에 취해 본성을 잃음을 말함.
濡濕(유습) 적심. 또 젖음.
濡染(유염) 1)적셔 물들임. 글씨를 씀. 2)단련해서 저절로 능력이 생김.
濡忍(유인) 참음. 인내함.
濡滯(유체) 막히고 걸림. 머물러 지체함.
濡化(유화) 인덕(仁德)에 교화됨.
濡濯(난탁) 머리를 감아서 더러워진 물.
유 潤(젖을 윤) 비 儒(선비 유)

濰	⑭ 17획	日イ
	강 이름 유	中wéi

풀이 강 이름. 중국 산동성(山東省) 거현(莒縣)에서 발원하여 황해(黃海)로 흘러 들어가는 강.

濟	⑭ 17획	日サイ·セイ·すむ
	건널 제	中jǐ, jì

丶 冫 氵 氵 汀 汶 洂 洂 浐 浐 浐 浐 濟 濟 濟 濟

* 형성. 뜻을 나타내는 부수 '水(물 수)'와 음을 나타내는 '齊(가지런할 제)'를 합친 글자. '齊'는 '나아가다'의 뜻을 나타내며 이에 '강을 건너게 하다', '구제하다'의 뜻으로 쓰임.

풀이 1. 건너다. ¶濟度 2. 건지다. 구제하다. ¶救濟 3. 돕다. 원조하다. 4. 나루. 5. 더하다. 증가하다. 6.

쓰다. 사용하다. 7. 이루다. 성취하다. 8. 그치다. 끝나다. 9. 밀어내다. 배제하다. 10. 많고 성하다. ¶濟濟 11. 강 이름. 연수(沇水)의 하류.

濟救(제구) 건짐. 구제함. 구제(救濟).

濟度(제도) 1)물을 건넘. 2)중생을 고해(苦海)에서 건져 극락세계로 인도하여 줌.

濟民(제민) 모든 백성을 구제함.

濟生(제생) 생명을 구원하여 건짐.

濟世(제세) 세상을 구제함.

濟世之才(제세지재) 세상을 구제할 만한 재주.

濟勝(제승) 명승지를 두루 돌아다님.

濟濟(제제) 1)많고 성한 모양. 2)엄숙하고 장한 모양. 3)위의(威儀)가 성한 모양. 4)아름다운 모양.

濟濟多士(제제다사) 훌륭한 선비. 재주있는 여러 선비.

濟衆(제중) 모든 사람을 구제함.

濟化(제화) 착한 방향으로 가르쳐 인도하여 잘하게 함.

決濟(결제) 1)결정적으로 처리하여 끝을 냄. 2)기업체나 공공기관에서 돈 거래를 청산함.

共濟(공제) 1)힘을 합쳐 서로 도움. 2)같이 일을 함.

救濟(구제) 어려운 형편이나 불행한 처지에서 건져 줌.

濬	⑭ 17획	日シュン
	칠 준	中jùn, xùn

* 회의. 뜻을 나타내는 부수 '水(물 수)'와 '산골짜기를 판다' 혹은 '강줄기를 판다'는 뜻을 나타내는 '睿(깊고 밝을 예)'로 이루어진 글자. 이에 '강을 파서 깊게 한다'는 뜻으로 쓰임.

풀이 1. 치다. 깊게 물길을 파다. 2. 깊다. ¶濬哲 3. 심오하다. 유심하다.

濬潭(준담) 깊은 못.

濬繕(준선) 깊이 치고 손질함.

濬源(준원) 깊은 근원이라는 뜻으로, 일의 기원(起源)을 말함.

濬池(준지) 깊은 못. 바다.

濬塹(준참) 깊은 해자.

濬川(준천) 내를 파서 깊게 함.

濬哲(준철) 깊은 지혜. 깊은 지식.

濬壑(준학) 깊은 골짜기.

濜	⑭ 17획	日ジン
	급히 흐를 진	中jìn

풀이 1. 급히 흐르다. 수세가 빠르다. 2. 물결치는 모양. 3. 강 이름. 하북성(河北省) 조양현(棗陽縣)에서 있는 강의 이름.

濜粼(진린) 물이 흐르는 모양.

濜河(진하) 하북성(河北省) 조양현(棗陽縣)에 있는 강의 이름.

濯	⑭ 17획	日タク・あらう・すすぐ・ゆすぐ
	❶ 씻을 탁	
	❷ 상앗대 도	中zhuó

* 형성. 뜻을 나타내는 부수 '水(물 수)'와 음을 나타내는 '翟(꿩 적)'을 합친 글자. '翟'은 '두드린다'는 뜻을 나타내어 물(水)에 적셔 막대기로 두드려서(翟) 더러워진 곳을 빠는 것을 뜻하여 '씻다'는 뜻으로 쓰임.

풀이 1 1. 씻다. 빨다. ¶濯澣 2. 깨끗하게 하다. 3. 크다. 4. 빛나다. 5. 민둥민둥하다. 6. 살지다. 2 7. 상앗대. 배를 띄울 때 쓰는 장대. 8. 배를 젓다. 9. 뜨물.

濯漑(탁개) 씻음. 빪.

濯蠲(탁견) 씻어 깨끗이 함.

濯禊(탁계) 더러운 것을 씻어 버림.

濯足(탁족) 1)발을 씻는다는 뜻으로, 세속(世俗)을 초탈함을 말함. 2)멀리 여행갔다 온 사람을 초대함.

濯足會(탁족회) 여름에 경치가 좋은 곳에서 발을 씻으며 노는 모임.

濯濯(탁탁) 1)번쩍번쩍 빛나는 모양. 2)즐겁게 노는 모양. 3)살찐 모양. 4)산에 초목이 없이 민둥민둥 모양.

濯澣(탁한) 씻음. 빪.

濠	⑭ 17획	日ゴウ・ほり
	해자 호	中háo

풀이 1. 해자. 성밖으로 둘러 판 못. ¶濠橋 2. ㊥韓 오스트레일리아의 준말. 3. 강 이름. 중국 안휘성(安徽省) 봉양현(鳳陽縣)에서 발원하여 북쪽으로 흘러 들어가는 회수(淮水)의 지류.

濠橋(호교) 해자에 놓은 다리.

濠濮閒想(호복간상) 속세를 떠나 자연을 즐기는 마음. 장자(莊子)가 호수(濠水)에서 고기 노는 것을 보며 즐기고 복수(濮水)에서 낚시질하여 초왕의 부름에 응하지 않았던 고사.

濠隍(호황) 성지(城池). 성 둘레에 판 해자(垓字).

大濠(대호) 큰 부자.

유 隍(해자 황) 壕(해자 호)

濩 ⑭ 17획
❶ 낙숫물 떨어질 확 日カク 中huò, hù
❷ 퍼질 호

풀이 1 1. 낙숫물이 떨어지다. 2. 삶다. 3. 깊숙하다. 4. 고을 이름. 2 5. 퍼지다. 6. 은나라의 풍류. 은(殷)나라 탕왕(湯王)이 제정한 음악.

비 穫(벼벨 확)

漷 ⑮ 18획
물이 갈라져 나갈 괵 日カク 中guó

풀이 1. 물이 가라져 나가다. 2. 물소리.

瀆 ⑮ 18획
❶ 도랑 독 日トク·けがす 中dú
❷ 구멍 두

풀이 1 1. 도랑. 2. 더럽다. 3. 더럽히다. ¶瀆職 4. 큰 강. 작은 시내들이 합쳐 바다로 흐르는 강. 5. 업신여기다. 얕보다. 6. 무람없다. 7. 바꾸다. 8. 헤아리다. 9. 부서지다. 2 10. 구멍.

瀆慢(독만) 업신여김.

瀆汚(독오) 더러움. 또는 더럽힘.

瀆職(독직) 직책을 더럽힘. 공무원이 지위·직권을 남용하여 부정한 행위를 저지름.

冒瀆(모독) 말이나 행동으로써 더럽혀 욕되게 함.

濼 ⑮ 18획
❶ 강 이름 락·록 日ラク 中luò, luò, pō
❷ 늪 박

풀이 1 1. 강 이름. 중국 산동성(山東省) 역성현(歷城縣)에서 발원하여 동쪽으로 흐르는 소청하(小淸河)의 지류. 2. 병을 앓아서 힘이 없다. 2 3. 늪. 못.

濾 ⑮ 18획
거를 려 日リョ·ロ·こす 中lǜ

풀이 1. 거르다. 걸러내다. ¶濾過 2. 씻다. 3. 맑게 하다.

濾過(여과) 거름. 걸러냄.

瀏 ⑮ 18획
맑을 류 日リュウ·きよい 中liú

풀이 1. 맑다. 2. 아름답다. ¶瀏亮 3. 빠르다. 바람이 빠르게 불다. ¶瀏瀏 4. 눈을 부릅뜨다. 5. 밝다. 청명하다. 6. 시원하다. 신선하다.

瀏濫(유람) 물이 맑고 넘쳐 흐르는 모양.

瀏覽(유람) 죽 읽음. 훑어 봄.

瀏亮(유량) 맑고 밝은 모양. 청명한 모양.

瀏瀏(유류) 1)바람이 빨리 부는 모양. 2)재빠른 모양. 3)청명한 모양.

瀏莅(유리) 바람이 숲의 나무들 사이로 지나가며 내는 소리.

瀏漂(유표) 선선한 모양. 시원한 모양.

비 劉(죽일 류)

瀎 ⑮ 18획
❶ 닦아 없앨 말 日ベツ
❷ 물 빠르게 흐를 멸 中miè, mò

풀이 1 1. 닦아 없애다. 2. 칠하다. 바르다. 2 3. 물이 빠르게 흐르다. ¶瀎潏

瀎布(말포) 행주. 걸레.

瀎潏(말휼) 빨리 흐르는 모양. 물결이 세찬 모양.

비 蔑(업신여길 멸)

瀉 ⑮ 18획
쏟을 사 日シャ·そそぐ·はく 中xiè

* 형성. 뜻을 나타내는 부수 '水(물 수)'와 음을 나타내는 '寫(베낄 사)'를 합친 글자.

풀이 1. 쏟다. ¶瀉出 2. 쏟아지다. 경사 져서 흐르다. 3 토하다. 게우다. 4. 설사하다. ¶瀉痢 4. 짠 땅. 염분을 함유한 땅.

瀉溜(사류) 위에서 쏟아지는 물방울.

瀉痢(사리) 설사(泄瀉).

瀉藥(사약) 설사하는 약. 하제(下劑).

瀉土(사토) 염분(鹽分)이 들어 있는 흙.

비 寫(베낄 사)

瀋 ⑮ 18획
즙 심 日シン 中shěn

풀이 1. 즙. 2. 강 이름. 중국 요녕성(遼寧省) 심양현(瀋陽縣)에서 발원하여 남쪽으로 흐르는 혼하(渾河)의 지류.

비 審(살필 심)

⑮ 18획 日ヨウ
내 이름 양 中yǎng

풀이 1. 내 이름. 2. 물이 끝없이 넓은 모양.

瀁瀁(양양) 물이나 마음이 끝없이 넓음.
湯瀁(탕양) 물결이 넘실거려 움직임.

⑮ 18획 日コウ
물깊고넓을왕 中wǎng

풀이 물이 깊고 넓다.

瀇洋(왕양) 물이 깊고 넓은 모양.
瀇瀁(왕양) 광양(瀇洋).
瀇滉(왕황) 광양(瀇洋).

⑮ 18획 日ユウ
어살 우 中yōu

풀이 1. 어살. 강물 속에 섶나무를 쌓아 물고기를 잡는 도구. 2. 은혜가 도탑다. 3. 풍부하다. 넉넉하다. 4. 윤기가 많다.

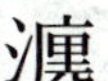

⑮ 18획 日テン
강 이름 전 中chán

풀이 강 이름. 중국 하남성(河南省) 맹진현(孟津縣)에서 발원한 강.

⑮ 18획 日シツ
물 흐를 즐 中zhì, jié

풀이 물이 흐르다.

瀄汩(즐율) 물이 흐르는 모양. 또는 그 소리.

⑮ 18획 日セン·そそぐ
뿌릴 천 中jiān, jiàn

풀이 1. 뿌리다. 물을 쏟다. ¶濺沫 2. 빨리 흐르다. ¶濺濺

濺沫(천말) 튀어 흩어지는 물방울.
濺濺(천천) 물이 빨리 흐르는 모양.
濺瀑(천포) 마구 쏟아지는 소나기.

瀑

⑮ 18획
❶ 폭포 폭 日バク·たき
❷ 소나기 포 中bào, pù
❸ 용솟음칠 팍

* 형성. 뜻을 나타내는 부수 '水(물 수)'와 음을 나타내는 '暴(사나울 폭)'을 합친 글자.

풀이 ❶ 1. 폭포. ¶瀑布 ❷ 2. 소나기. 3. 거품. ¶瀑沫 ❸ 4. 용솟음치다. 5. 물결이 이는 소리.

瀑沫(포말) 물거품.
瀑潭(폭담) 폭포수가 떨어지는 깊은 웅덩이.
瀑泉(폭천) 폭포.
瀑布(폭포) 물이 절벽에서 쏟아져 내리는 것.

비 爆(터질 폭)

瀌

⑮ 18획 日ヒョウ
눈 퍼부을 표 中biāo

풀이 눈이 퍼붓다.

瀌瀌(표표) 눈이 퍼붓는 모양.

瀅

⑮ 18획 日ケイ
맑을 형 中yíng

* 형성. 뜻을 나타내는 부수 '水(물 수)'와 음을 나타내는 '瑩(옥돌 형)'을 합친 글자. '瑩'은 '맑다'의 뜻을 나타냄.

풀이 1. 맑다. ¶汀瀅 2. 개천. 시냇물. ¶瀅瀯

瀅瀯(형영) 시내. 졸졸 흐르는 개천.
汀瀅(정형) 물이 맑아 깨끗한 모양.

瀫

⑯ 19획 日コク
강 이름 곡 中hú

풀이 1. 강 이름. 중국 절강성(浙江省) 서경(西境)을 흐르는 강. 2. 물 소리.

瀖

⑯ 19획 日カク
물결 소리 곽 中huò

풀이 1. 물결 소리. 2. 번쩍이다. ¶瀖濩

瀖濩(곽확) 채색이 번쩍번쩍 하는 모양.
瀖淠(곽휘) 많은 물결이 서로 부딪히는 소리.

瀝

⑯ 19획 日レキ·したたる
거를 력(역) 中lì

풀이 1. 거르다. 2. 물방울. 3. 물방울이 떨어지다. ¶瀝滴 4. 술잔에 남은 술. 5. 맑은 술. 6. 쏟다. 쏟아 넣다. 7. 물을 흘려 보내다.

瀝瀝(역력) 1)물소리. 2)바람 소리.

瀝滴(역적) 물방울이 뚝뚝 떨어짐. 또는 그 물방울.

瀝青(역청) 천연으로 나는 탄화수소 화합물. 고체의 아스팔트, 액체의 석유, 기체의 천연가스 등의 물질.

瀝血(역혈) 1)방울져서 떨어지는 피. 2)피를 뿌림. 3)반드시 원수를 갚겠다고 맹세하는 일. 4)진심을 나타냄.

披瀝(피력) 속마음을 털어 놓음.

瀘	⑯ 19획	日ロ
	강 이름 로	中lú

풀이 강 이름. 티베트에서 발원하여 운남성(雲南省)·사천성(四川省)을 거쳐 양자강(揚子江)으로 흘러드는 강.

비 濾(거를 려)

瀧	⑯ 19획	
	❶비올 롱(농)	日ロウ·たき
	❷땅 이름 상	中lóng, shuāng
	❸여울 랑	

풀이 ❶ 1. 비가 오다. ¶瀧瀧 2. 젖다. ❷ 3. 땅 이름. 중국 경서성(江西省) 영풍현(永豐縣)에 있는 봉황산(鳳凰山). ❸ 4. 여울.

瀧漉(농록) 물에 흠뻑 젖은 모양.

瀧瀧(농롱) 1)비가 부슬부슬 오는 모양. 2)물이 흐르는 소리.

瀧船(낭선) 여울을 거슬러 올라가는 배.

비 朧(흐릿할 롱)

瀨	⑯ 19획	日ライ·せ
	여울 뢰	中lài

풀이 여울.

瀕	⑯ 19획	日ヒン·せまる·みぎわ
	물가 빈	中bīn

* 형성. 뜻을 나타내는 부수 '水(물 수)'와 음을 나타내는 '頻(자주 빈)'을 합친 글자.

풀이 1. 물가. 2. 이르다. 임박하다. 3. 가깝다.

瀕死(빈사) 거의 죽을 지경에 이름.

瀕海(빈해) 바닷가. 바다와 잇닿은 지대.

유 涯(물가 애) 濱(물가 빈)

瀡	⑯ 19획	日ズイ
	미끄러울 수	中suǐ

풀이 미끄럽다.

瀛	⑯ 19획	日エイ·うみ
	바다 영	中yíng

풀이 1. 바다. 2. 연못의 속. 3. 신선이 사는 섬.

瀛壖(영연) 바닷가. 해안.

瀛洲(영주) 삼신산(三神山)의 하나로 동해(東海) 안에 있으며 신선이 살고 있다고 함.

瀛表(영표) 해외. 외국.

瀛海(영해) 큰 바다.

瀠	⑯ 19획	日エイ
	돌아 흐를 형	中yíng

풀이 돌아 흐르다.

瀠洄(형회) 물이 돌아 흐르는 모양.

瀢	⑯ 19획	
	❶물고기 떼 지어 놀 유	日イ
		中duì, wěi
	❷물에 모래 밀릴 대	

풀이 ❶ 1. 물고기가 떼지어 놀다. 2. 물이 흐르다. ❷ 3. 물에 모래가 밀리다. ¶瀢阤

瀢阤(대타) 모래가 물에 밀리는 모양.

瀜	⑯ 19획	
	물이 깊고	日ユウ
	넓은 모양 융	中róng

풀이 물이 깊고 넓은 모양.

瀦	⑯ 19획	日チョ·みずたまり
	웅덩이 저	中zhū

풀이 1. 웅덩이. ¶瀦水 2. 물이 괴다.

瀦水(저수) 저수지(貯水池). 웅덩이.

4획

瀦宅(저택) 대역 죄인의 집을 헐고 그 자리에 못을 만들던 형벌.

瀞 ⑯ 19획 맑을 정 日ジョウ・セイ・とろ・きよい 中jìng

풀이 맑다. 깨끗하다.

비 靜(고요할 정)

瀨 ⑯ 19획 떠돌 퇴 日タイ 中duì

풀이 떠돌다. 물에 모래가 이리저리 떠밀리다.

瀚 ⑯ 19획 넓고큰모양한 日カン・ひろい 中hàn

* 형성. 뜻을 나타내는 부수 '水(물 수)'와 음을 나타내는 '翰(깃 한)'을 합친 글자. 물[水]이 크고[翰] 넓은 것을 나타내어 '넓다'의 뜻으로 쓰임.

풀이 1. 넓고 큰 모양. 2. 사막 이름. 고비 사막.

瀚瀚(한한) 광대한 모양. 호한(浩瀚).

瀚海(한해) 고비 사막. 대막(大漠).

浩瀚(호한) 1)물이 광대한 모양. 2)서책이 많은 모양.

비 澣(빨 한)

瀣 ⑯ 19획 이슬기운 해 日カイ 中xiè

풀이 이슬 기운.

瀤 ⑯ 19획 ❶내 이름 회 ❷물평평하지 않을 외 日カイ 中huái

풀이 ❶ 1. 내 이름. ❷ 2. 물이 평평하지 않다.

瀽 ⑰ 20획 내 이름 건 日ケン 中jiǎn

풀이 1. 내 이름. 2. 물꼬. 논에 물을 대거나 빼도록 한 곳. ¶瀽穴

瀽穴(건혈) 논에 물을 대기도 하고 빼기도 하기 위하여 둑에 만들어 놓은 어귀. 물꼬.

瀾 ⑰ 20획 물결 란(난) 日ラン・なみ 中lán

풀이 ❶ 1. 물결. 2. 물결이 일다. 3. 눈물이 흐르다. ❷ 4. 뜨물. 쌀뜨물.

瀾瀾(난란) 눈물이 흐르는 모양.

瀾漫(난만) 1)물방울이 뚝뚝 떨어지는 모양. 2)이리저리 흩어지는 모양.

瀾文(난문) 잔물결의 무늬.

瀾波(난파) 큰물결. 물결.

瀾汗(난한) 물결이 길게 굽이치는 모양.

靡瀾(미란) 썩어서 문드러짐.

波瀾(파란) 1)작은 물결과 큰 물결. 2)순조롭지 않고 어수선하게 일어나는 혼란이나 사단.

유 波(물결 파) 비 爛(문드러질 란)

瀲 ⑰ 20획 넘칠 렴(염) 日レン 中liàn

풀이 1. 넘치다. 범람하다. 물이 넘치는 모양. ¶瀲瀲 2. 뜨다. 3. 물가.

瀲瀲(염렴) 1)물이 넘치는 모양. 2)잔물결이 이는 모양.

瀲灩(염염) 1)물이 넘치는 모양. 2)잔잔한 물결이 널리 이어지는 모양. 3)물결이 번쩍번쩍 반짝이는 모양.

瀲灩斟(염염짐) 술을 가득히 따름.

瀰 ⑰ 20획 물넓을 미 日ビ・み 中mǐ

풀이 1. 물이 넓다. 수면이 아득히 넓다. ¶瀰茫 2. 세차게 흐르다. 3. 물이 많은 모양. 4. 물이 깊다. 물이 치런치런하다.

瀰漫(미만) 물이 가득 참.

瀰茫(미망) 넓디 넓어 끝없는 모양.

瀰瀰(미미) 1)물이 흐르는 모양. 2)성한 모양.

瀰迤(미이) 넓고 평평한 모양.

瀿 ⑰ 20획 넘칠 번 日ハン 中fán

풀이 1. 물이 넘치다. 2. 물결.

4획

濆	⑰ 20획	日フン
	물 질펀할 분	中fèn

풀이 1. 물이 질펀하다. 2. 적시다. 담그다. 3. 샘. 땅 밑에서 솟아나는 물.

瀟	⑰ 20획	日ショウ
	강 이름 소	中xiāo

풀이 1. 강 이름. 중국 호남성(湖南省) 영원현(寧遠縣)에서 발원한 강. ¶瀟湘 2. 물이 맑고 깊다. 청량하다. 3. 비바람이 세차게 치는 모양.

瀟湘(소상) 소수(瀟水)와 상수(湘水).

瀟瀟(소소) 1)비바람이 세찬 모양. 2)비가 쓸쓸하게 오는 모양.

瀟灑(소쇄) 1)산뜻하고 시원함. 2)인품이 맑고 깨끗함.

瀟寂(소적) 쓸쓸하고 적적함. 고요함.

瀹	⑰ 20획	日ヤク·ゆがく
	데칠 약	中yuè

풀이 1. 데치다. 2. 삶다. 3. 씻다. 4. 다스리다. 물을 다스리다. 5. 물이 빠르게 흐르다.

비 倫(인륜 륜)

瀼	⑰ 20획	
	❶이슬 많은 모양 양	日ジョウ 中ráng, ràng
	❷물빛 일렁거릴 상	
	❸물 흐르는 모양 낭	

풀이 ❶ 1. 이슬이 많이 내린 모양. ¶瀼瀼 2. 강 이름. ❷ 3. 물빛이 일렁거리다. ❸ 4. 물이 흐르는 모양. 5. 진흙탕. 수렁.

瀼瀼(1.양양 /2.상상) 1)이슬이 많이 내린 모양. 2)물빛이 일렁거리는 모양.

瀯	⑰ 20획	日エイ
	물 졸졸 흐를 영	中yíng

풀이 1. 물이 졸졸 흐르다. 2. 물소리. 3. 물이 소용돌이치는 모양.

瀯瀯(영영) 1)물이 쉬지 않고 흐르는 소리. 2)물이 소용돌이치는 모양.

瀷	⑰ 20획	日ヨク
	강 이름 익	中yì

풀이 1. 강 이름. 중국 하남성(河南省) 밀현(密縣)에서 발원하여 영수(潁水)로 흘러가는 강. 2. 물이 모여서 흐르다.

瀺	⑰ 20획	日ザン
	물소리 참	中chán

풀이 1. 물소리. 2. 물이 떨어지는 모양. 또는 그 소리. 3. 물고기가 놀다. 물고기가 자맥질을 하다. 4. 물이 흘러들어가다.

瀳	⑰ 20획	日セン
	물 이를 천	中jiàn

풀이 1. 물이 이르다. 2. 빈번하게. 3. 물이 찰랑찰랑하다. 4. 물이 넓다.

瀸	⑰ 20획	日セン
	적실 첨	中jiān

풀이 1. 적시다. 담그다. 2. 널리 미치다. 3. 멸망하다. 4. 건샘. 자주 마르는 샘.

瀸臺(첨대) 물에 잠긴 누대(樓臺).

瀸漏(첨루) 물이 새어 흘러나옴.

비 櫼(표지 첨)

灌	⑱ 21획	日カン·そそぐ
	물댈 관	中guàn

* 형성. 뜻을 나타내는 부수 '水(물 수)'와 음을 나타내는 '雚(풀이름 관)'을 합친 글자.

풀이 1. 물을 대다. ¶灌漑 2. 물이 많이 흐르다. 3. 따르다. 붓다. 4. 흘러 들어가다. 유입하다. 5. 마시다. 6. 걱정하다. 근심하다. 7. 씻다. 세척하다. 8. 뿌리다. 9. 끼얹다. 10. 강신제(降神祭)를 지내다. 술을 따라서 땅에 뿌려 신에게 제사를 지냄. 11. 더부룩이 나다. 총생(叢生)하다. 12. 정성을 드리다. 정성을 다하는 모양.

灌漑(관개) 농사를 짓는데 필요한 물을 논밭에 대는 것.

灌灌(관관) 1)냇물이 많이 흐르는 모양. 2)정성을 다하는 모양. 3)고민을 호소할 데가 없음.

灌瀆(관독) 도랑. 작은 내. 시내.

灌流(관류) 꿰뚫어 흐름.

灌莽(관망) 잡목이 우거진 숲.

灌水(관수) 관개(灌漑).

灌沃(관옥) 물을 댄다는 뜻으로, 좋은 교훈을 마음속에 넣어 줌을 말함.
灌浴(관욕) 재를 올릴 때 영혼을 목욕시키는 일. 관정(灌頂).
灌園(관원) 밭에 물을 댐.
灌腸(관장) 대변을 보게 하거나 병의 치료 등을 위해 항문을 통해 약물을 장에 넣는 것.
灌頂(관정) 1)수계(受戒)하여 불문(佛門)에 들어갈 때에 향수를 정수리에 끼얹는 의식. 2)인도(印度)의 왕의 즉위식.
灌澡(관조) 씻음.
灌注(관주) 물을 댐.

유 注(물댈 주)

灅	⑱ 21획	日ルイ
	강 이름 루	中lěi

풀이 강 이름. 중국 하북성(河北省) 준화현(遵化縣)에서 발원하는 이하(梨河)의 지류.

灄	⑱ 21획	日ショウ
	강 이름 섭	中shè

풀이 1. 강 이름. 중국 호북성(湖北省) 홍안현(紅安縣)과 하남성(河南省) 나산현(羅山縣)에서 발원하여 중간에 합쳐져 양자강(陽子江)으로 들어감. 2. 뗏목. 3. 이슬이 맺히다.

灉	⑱ 21획	日ヨウ
	강 이름 옹	中yōng

풀이 강 이름. 중국 산동성(山東省) 조현(曹縣)에서 발원하여 저수(沮水)와 합하여 황하(黃河)로 흐르는 강.

灊	⑱ 21획	
	❶강 이름 심	日セン
	❷땅 이름 첨	中qián

풀이 1 1. 강 이름. 중국 사천성(四川省)을 흐르며 지금의 거강(渠江)을 말함. 2 2. 땅 이름. 춘추시대(春秋時代)의 초(楚)나라 때의 지명으로 지금의 안휘성(安徽省) 곽산현(霍山縣) 동북부에 있음.

灂	⑱ 21획	
	❶옻칠할 조	日シャク
	❷물소리 착	中jiào, zhuó

풀이 1 1. 옻칠하다. 2 2. 물소리.

灃	⑱ 21획	日ホウ
	강 이름 풍	中fēng

풀이 1. 강 이름. 중국 섬서성(陝西省) 영섬현(寧陜縣)의 진경(秦嶺)에서 발원하여 위수(渭水)로 흘러들어가는 강. 2. 비가 세차게 쏟아지다. ¶灃沛

灃沛(풍패) 비가 세차게 오는 모양.

灕	⑲ 22획	日リ
	스며들 리	中lí

풀이 1. 스며들다. 2. 물이 흐르다.

灑	⑲ 22획	日サイ·シャ·そそぐ
	뿌릴 쇄	中sǎ

풀이 1. 뿌리다. 2. 물을 끼얹다. ¶灑沃 3. 청소하다. 4. 깨끗하다. ¶灑落 5. 흩어지다. 6. 나누다. 7. 던지다.

灑落(쇄락) 기분이나 몸이 상쾌하고 깨끗함.
灑掃(쇄소) 물을 뿌리고 비로 쓺.
灑灑(쇄쇄) 1)밝은 모양. 2)끊이지 않는 모양. 3)나뭇잎이 떨어져 깔린 모양.
灑然(쇄연) 1)놀라는 모양. 2)깨끗하고 산뜻한 모양.
灑沃(쇄옥) 물을 뿌림.
灑泣(쇄읍) 눈물을 흘림.
灑塵(쇄진) 물을 뿌려 먼지를 씻어 버림.
精灑(정쇄) 매우 맑고 깨끗함.
脫灑(탈쇄) 속기(速氣)를 벗어나서 깨끗함.

灘	⑲ 22획	日タン·ダン·なだ
	여울 탄	中tān

풀이 1. 여울. 얕고 돌이 많은 하천. ¶灘聲 2. 물가.

灘上(탄상) 여울이 흐르는 물가.
灘聲(탄성) 여울물이 흐르는 소리.
灘響(탄향) 여울에 흐르는 물소리.
沙灘(사탄) 모래톱가의 여울. 혹은 모래가 바닥에 깔린 여울.

비 攤(펼 탄)

灛	⑳ 23획	日セン
	내 이름 천	中chǎn

4 획

풀이 내 이름. 문수(汶水) 의 지류.

비 潤(젖을 윤)

灡 ㉑ 24획 日ラン
뜨물 란 中lán

풀이 뜨물. 곡물을 씻은 물.

비 瀟(강 이름 소)

灟 ㉑ 24획 日ショク
공손할 촉 中zhú

풀이 1. 공손하다. 2. 형체가 없는 모양.

灞 ㉑ 24획 日ハ
강 이름 파 中bà

풀이 강 이름. 중국 섬서성(陝西省) 남전현(藍田縣)에서 발원하여 장안(長安) 부근을 흐르는 위수(渭水)의 지류.

灞橋(파교) 장안(長安)동쪽에 있는 파수(灞水)에 놓은 다리.

灞橋驢上(파교노상) 시상(詩想)을 짜내는 데 아주 적당한 곳.

灝 ㉑ 24획 日コウ
넓을 호 中hào

풀이 1. 넓다. 아득하다. ¶灝灝 2. 하늘의 밝고 맑은 기운. ¶灝氣 3. 콩즙. 삶은 콩즙.

灝氣(호기) 천상(天上)의 맑은 기(氣).

灝溔(호요) 물이 아주 넓게 퍼져 있는 모양.

灝灝(호호) 넓고 먼 모양.

灢 ㉒ 25획 日ノウ
흐릴 낭 中nǎng

풀이 흐리다. 물이 흐리다.

灣 ㉒ 25획 日ワン
물굽이 만 中wān

풀이 1. 물굽이. 물이 육제에 굽어 들어온 곳. 2. 활등처럼 굴곡이 진 곳. ¶灣然

灣流(만류) 큰 만의 해안을 따라 휘돌아 가는 바닷물의 흐름.

灣然(만연) 물이 활 모양으로 굽은 모양.

港灣(항만) 배를 대고 물건 또는 사람의 오르고 내림이 편리한 수면과 여기에 따른 설비의 통칭.

灤 ㉓ 26획 日ラン
강 이름 란 中luán

풀이 1. 강 이름. 중국 하북성(河北省) 동북부에 있는 강으로 발해(渤海)로 흘러 들어감. 2. 새어 흐르다.

灧 ㉓ 26획
물결 日エン
출렁거릴 염 中yàn

풀이 물결이 출렁이다.

灧灧(염염) 1)달빛이 물에 비치어 이름답게 빛나는 모양. 2)물이 출렁거리는 모양.

灨 ㉔ 27획 日カン
강 이름 감 中gàn

풀이 강 이름. 중국 강서성(江西省)에 있는 파양호(鄱陽湖)에 흘러들어가는 강.

灪 ㉙ 32획 日ウツ
큰물 울 中yù

풀이 1. 큰물. 2. 험준하다.

火 부

火 불 화 部

'火' 자는 불길이 타오르는 모양을 나타낸 글자로, 열(熱)자처럼 글자의 아래에 '灬'의 모양으로 쓰여 '연화발'이라는 부수 명칭으로 쓰인다. 이 둘은 모두 불과 관련이 있고, 또한 불편한 마음이나 화급함을 의미하여 '급하다' 또는 울화(鬱火)에 사용되기도 한다. 이 글자를 부수로 갖는 글자는 모두 불이나 불과 관련된 현상 · 사물 · 성질 등과 관계가 있다.

火 ⓪ 4획 日カ · ヒ
불 화 中huǒ

丶 丷 少 火

*상형. 불이 활활 타고 있는 모양을 본뜬 글자.

풀이 1. 불. ㉠물체의 연소. ㉡등불. ㉢화재. ㉣빛을 발하는 것. ㉤횃불. 불꽃. ¶火災 2. 화. 노여운 심정. 3. 오행의 하나. 계절로는 여름, 방위로는 남방을 뜻함. 4. 불나다. 5. 불사르다. ¶火葬 6. 음양에서 양(陽). 7. 화성. ¶火星 8. 편오. 군대의 편오(編伍). 9. 동반자. 동행자. 10. 급하다. ¶火急

火耕(화경) 화전(火田)을 경작함.

火攻(화공) 화력을 써서 적을 공격하는 병법.

火口(화구) 1)아궁이. 2)화산의 불길이 솟는 구멍. 분화구(噴火口).

火具(화구) 1)밤에 불을 켜서 밝히는 제구. 2)폭발에 쓰는 제구(諸具). 3)방화(防火)에 쓰는 제구(諸具).

火急(화급) 타는 불과 같이 매우 급함.

火氣(화기) 1)불의 뜨거운 기운. 2)가슴이 번거롭고 답답해지는 기운. 3)화증.

火器(화기) 1)화약의 힘으로 탄알을 쏘는 병기. 2)불을 담는 그릇.

火毒(화독) 불의 독한 기운.

火頭(화두) 절에서 불을 때는 일. 또는 그 일을 맡아보는 사람.

火力(화력) 1)불의 힘. 2)불을 얻은 열의 힘. 3)총포 등의 무기가 발휘하는 위력.

火爐(화로) 숯불을 담아 놓는 그릇.

火魔(화마) 화재(火災)를 마귀에 비유하는 말.

火木(화목) 땔나무.

火門(화문) 총·대포 등의 화기의 아가리.

火飯(화반) 볶은 주먹밥. 볶은 밥.

火兵(화병) 1)화약을 사용하는 병기. 총·대포 등. 2)화력을 써서 싸우는 군사. 3)불을 끄는 사람. 소방부(消防夫).

火餠(화병) 밀가루나 메밀가루를 반죽하여 모닥불에 구워낸 떡.

火病(화병) 울화병(鬱火病).

火夫(화부) 1)기관에 불을 대거나 조절하는 일을 맡은 인부. 2)절에서 불을 맡아서 때는 사람.

火山(화산) 땅속 깊이 있는 수증기 또는 암장(巖漿)이 지각의 약한 부분을 터뜨려 땅 위로 분출(噴出)하는 곳 및 그 분출에 의하여 형성되는 산체(山體).

火傷(화상) 불이나 뜨거운 열 등에 데어서 상함. 또는 그 상처.

火石(화석) 부싯돌.

火扇(화선) 1)불부채. 2)촛대의 옆에 달아서 촛불의 밝은 정도를 조절하는 둥글고 얇은 쇳조각.

火星(화성) 지구의 바로 바깥 둘레를 도는 붉은 빛의 혹성(惑星).

火成巖(화성암) 땅 속에서 녹은 용암이 지표나 지하에서 응고하여 이룬 암석.

火勢(화세) 불이 타 오르는 기세.

火食(화식) 불에 익혀 만든 음식을 먹음. 또는 그 음식.

火藥(화약) 초석·모간·황 등을 섞어서 만든 폭약.

火焰(화염) 가연가스가 연소할 때 열과 빛을 내는 부분. 불꽃.

火葬(화장) 죽은 사람을 불에 살라 장사(葬事)함.

火災(화재) 불이 나는 재앙. 불로 인한 재난.

火賊(화적) 떼를 지어 돌아다니는 강도. 불한당(不汗黨).

火戰(화전) 1)불을 질러 공격하는 전투. 화공(火攻). 2)총포로 사격하는 전투.

火田(화전) 농지를 개간하기 위하여 산이나 들에 불을 놓아 사르는 일.

火箭(화전) 불을 달거나 화약을 장치하여 쓰던 화살. 적을 공격할 때나 또는 함선(艦船)끼리의 신호로 쓰던 것.

火車(화차) 1)옛날 화공(火攻)하는 데 쓰이던 수레. 2)지옥에서 죄인을 실어 나른다고 하는 불이 일고 있는 수레. 3)우리나라의 옛 전차. 4)기차(汽車).

火銃(화총) 철포(鐵砲).

火針(화침) 종기를 따려고 뜨겁게 달군 침.

火刑(화형) 불에 태워 죽이는 형벌.

火戲(화희) 불놀이.

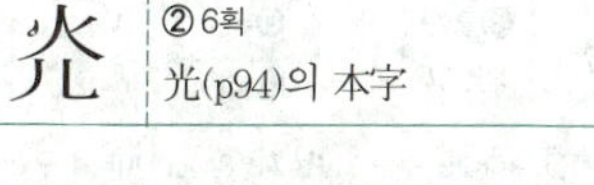

灮 ②6획
光(p94)의 本字

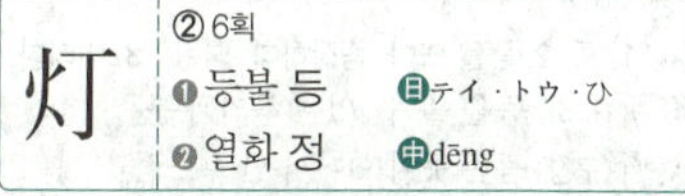

灯 ②6획
❶등불 등 日テイ·トウ·ひ
❷열화 정 中dēng

풀이 1 1. 등불. 불. 2 2. 열화(烈火). 불타다.

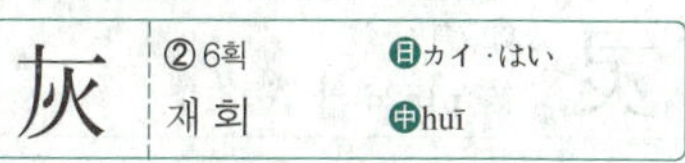

灰 ②6획 日カイ·はい
재 회 中huī

*회의. '火(불 화)'와 '又(또 우)'의 변형을 합친 글자. 손으로 타다 남은 재를 모으는 모양에서 '재'를 나타냄.

풀이 1. 재. 타고 남은 재. 2. 재로 만들다. 태워 없애다. 재가 되다. ¶灰土 3. 석회(石灰).

灰冷(회랭) 1)불기가 없어져 재가 식음. 또는 식은 재. 2)마음이 냉정하며 조금도 욕심이 없는 일.

灰滅(회멸) 1)사라져 없어짐. 멸망함. 2)타서 없어짐. 3)죽음.

灰沒(회몰) 불에 타거나 물에 빠져 죽음.

灰壁(회벽) 1)석회를 반죽하여 바름. 또는 그 벽. 2)석회와 백토와 가는 모래를 함께 섞어 반죽하여 벽에 바름. 또는 그 벽.

灰死(회사) 1)불이 꺼져 재가 됨. 2)부활(復活)하지 않음. 3)마음이 고요하여 동하지 않음을 비유하는 말.

灰色(회색) 1)잿빛. 쥐색. 2)정치적 · 사상적 경향이 분명하지 않음을 비유하는 말.

灰身(회신) 소승(小乘)의 열반(涅槃)에 들어가기 위하여 스스로 자기 몸을 태워 죽는 일. 화정(火定).

灰心(회심) 사악한 마음을 돌려서 옳고 착하고 바른 길로 돌아감. 또는 그러한 마음.

灰塵(회진) 1)재와 먼지란 뜻으로, 소멸 또는 멸망함을 비유하는 말. 2)재와 티끌처럼 값어치가 없는 것. 보잘것없는 것.

灰土(회토) 재와 흙.

石灰(석회) 석회석을 태워 이산화탄소를 없애고 얻는 생석회(生石灰)와 생석회에 물을 부어 얻는 소석회(消石灰)의 총칭.

비 友(벗 우)

灰	② 6획 灰(p793)의 俗字

4획

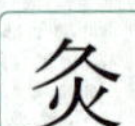 灸	③ 7획 뜸 구	日キュウ · やいと 中jiǔ

* 형성. 뜻을 나타내는 부수 '火(불 화)'와 음을 나타내는 '久(오랠 구)'를 합친 글자.

풀이 1. 뜸. 2. 뜸을 뜨다. 뜸질하다. ¶灸瘡 3. 버티다.

灸所(구소) 뜸을 뜰 수 있는 몸의 부분.

灸瘡(구창) 뜸뜬 곳이 헐어서 난 부스럼.

비 災(재앙 재)

灵	③ 7획 靈(p1526)의 俗字

灼	③ 7획 사를 작	日シャク · やく 中zhuó

풀이 1. 사르다. 태우다. 2. 밝다. ¶灼然 3. 성하다. 성한 모양. 4. 놀라다. 경악하다.

灼骨(작골) 뼈를 구워서 점을 치는 법.

灼怛(작달) 애가 타서 몹시 비통해하는 일.

灼爛(작란) 타서 문드러짐.

灼裂(작렬) 폭발물이 터져서 산산이 흩어짐.

灼爍(작삭) 1)환히 빛남. 2)광택이 있어 아름다운 모양.

灼爚(작약) 반짝반짝 빛남.

灼然(작연) 빛나는 모양. 명백한 모양.

灼熱(작열) 열을 받아 뜨거워짐. 매우 더운 것을 형용함.

灼灼(작작) 1)붉은 꽃이 화려하고 찬란하게 핀 모양. 2)빛나는 모양. 밝은 모양. 3)재능이 뛰어난 모양. 4)공명이 빼어난 모양. 5)모습이 예쁜 모양.

赫灼(혁작) 빛나고 반짝임.

 災	③ 7획 재앙 재	日サイ 中zāi

ㄑ ㄍ 巛 巛 巛 災 災

* 회의. '火(불 화)'는 불로 인한 화, '巛(내 천)'은 물의 흐름을 막는다는 뜻으로써 '지장이 생기다', '재난', '재앙'의 뜻을 나타냄.

풀이 1. 재앙. 재난. ¶災難 2. 화재.

災難(재난) 뜻밖에 일어나는 불행한 일.

災年(재년) 재앙이 심한 해.

災變(재변) 재앙으로 인하여 생긴 변고. 재이(災異).

災殃(재앙) 천재지변 또는 뜻하지 않은 변고로 말미암은 불행한 사고.

災厄(재액) 재앙과 액회.

災異(재이) 천재지이(天災地異)의 약어.

災害(재해) 재변(災變)으로 인하여 받는 해.

災禍(재화) 재앙(災殃)과 화난(禍難).

災患(재환) 재앙과 우환.

産災(산재) 산업 재해(産業災害)의 준말. 노동 과정에서 일 때문에 생긴 사고 혹은 직업병으로 인하여 노동자가 받는 신체의 장애. 노동 재해.

三災(삼재) 1)수재(水災) · 화재(火災) · 풍재(風災)의 세 가지 재앙. 큰 삼재라고 함. 2)병난(兵難) · 질역(疾疫) · 기근(饑饉)의 세 가지 재앙. 3)불길한 운성의 하나.

霜災(상재) 서리가 일찍 내리거나, 또는 너무 많이 와서 곡식(穀食)이 해를 입음.

水災(수재) 수해(水害).

天災(천재) 지진 · 풍수해 · 가뭄 등과 같이 자연 현상으로 생기는 재앙.

旱災(한재) 가뭄으로 인하여 곡식에 미치는 재앙.

火災(화재) 불이 나는 재앙. 또는 불로 인한 재앙.

 殃(재앙 앙)

灾	③ 7획 災(p794)와 同字

灯	③ 7획 화톳불 홍	日コウ 中hōng

풀이 1. 화톳불. 2. 불이 성하다.

유 烘(화톳불 홍)

炔	④ 8획 불 피울 결	日ケツ 中què

풀이 불을 피우다.

炅	④ 8획 빛날 경	日ケイ · ひかる 中guì, jiǒng

풀이 1. 빛나다. 2. 열. 열기.

유 光(빛 광) 炯(빛날 형) 奐(빛날 환) 昡(빛날 현)

炚	④ 8획 빛날 광	日コウ · ひかる 中guāng

풀이 빛나다. 밝게 빛나다.

炁	④ 8획 기운 기	日キ 中qì

풀이 기운. 기세.

炄	④ 8획 반 마를 뉴	日ニク · かわく 中niǔ

풀이 반 마르다. 반만 마르다.

炉	④ 8획 爐(p818)의 俗字

炆	④ 8획 따뜻할 문	日モン 中wén

풀이 1. 따뜻하다. 2. 뭉근한 불로 장시간 삶다.

유 溫(따뜻할 온)

炎	④ 8획 ❶ 불탈 염 ❷ 아름다울 담	日エン · ほのお 中yán

* 회의. '火(불 화)'를 둘 겹쳐 불길이 활활 타오르는 모양을 나타낸 글자.

풀이 1 1. 불타다. 불에 타다. ¶炎爛 2. 태우다. 불사르다. 3. 불꽃. ¶炎上 4. 덥다. 5. 남쪽. 2 6. 아름답다.

炎毒(염독) 여름의 심한 더위 속에 있는 독기.
炎爛(염란) 1)환하게 빛남. 2)불이 타올라 성한 모양.
炎涼(염량) 1)더위와 추위. 2)인정의 후함과 박함. 3)세력의 성함과 쇠함.
炎涼世態(염량세태) 권세가 있을 때는 아부하여 좇고, 세력이 없어지면 푸대접하는 세상 인심.
炎魃(염발) 가뭄.
炎上(염상) 불꽃을 뿜으며 타오름.
炎暑(염서) 여름의 불볕 더위.
炎陽(염양) 뜨겁게 내리쬐는 햇볕.
炎煬(염양) 불이 세차게 타오르는 일.
炎炎(염염) 이글이글하여 더운 모양.
炎熱(염열) 몹시 심한 더위.
炎威(염위) 복중(伏中)의 맹위를 떨치는 더위.
炎帝(염제) 중국 고대 전설에 있는 제왕인 신농씨(神農氏)의 칭호. 불을 맡았다 함.
炎症(염증) 몸의 한 부분이 세균이나 약품의 작용으로 붉게 부어 오르며 아픈 병.
炎天(염천) 1)몹시 더운 여름철. 2)구천(九天)의 하나인 남쪽 하늘.
炎夏(염하) 더운 여름.
炎旱(염한) 한여름의 찌는 것 같은 가뭄.
炎火(염화) 세차게 타오르는 불.
炎暉(염휘) 뜨거운 햇빛.

유 燃(사를 연)

炙	④ 8획 구울 자 · 적	日シャ · セキ · あぶる 中zhì

* 회의. '月(고기 육)'과 '火(불 화)'를 합친 글자. 고기(月)를 불(火)에 얹는다는 뜻에서 '굽다'를 뜻함.

풀이 1. 굽다. 2. 가까이하다. 3. 고기구이. 4. 적. 음식의 한 종류로 야채와 고기 등을 꼬챙이에 끼워 양념하여 구운 제사 음식을 말함.

炙手(자수) 손을 불에 쬔다는 뜻으로, 권세가 대단함을 화열(火熱)에 비유하는 말.
炙臺(적대) 1)적틀. 2)제향 때 희생(犧牲)을 담는 책상반(冊床盤) 모양의 그릇.
炙胾(적자) 양념한 고기붙이를 구운 음식. 산적.
炙鐵(적철) 석쇠.
炙膾(적회) 산적.
膾炙(회자) 회와 구운 고기라는 뜻으로, 널리 상찬되어 사람의 입에 오르내림을 말함.
散炙(산적) 쇠고기 등을 길쭉길쭉하게 썰어 갖은양념을 하여 꼬챙이에 꿰어서 구운 음식.
비 灸(뜸 구)

炒	④8획	日ソウ·ショウ·いる
	볶을 초	中chǎo

풀이 1. 볶다. 불에 볶다. ¶炒麵 2. 떠들다.
炒鬧(초뇨) 언쟁함. 말다툼함.
炒麵(초면) 밀국수를 기름에 볶아서 만든 음식.

炊	④8획	日スイ·たく
	불 땔 취	中chuī

* 형성. 뜻을 나타내는 부수 '火(불 화)'와 음을 나타내는 '欠(하품 흠)'을 합친 글자. 입으로 바람을 불어[欠] 불[火]을 피운다는 의미에서 '불을 때다'의 뜻으로 쓰임.
풀이 1. 불을 때다. 불을 지피다. 2. 불다.
炊桂(취계) 계수나무를 때어 밥을 짓는다는 뜻으로, 물가가 비싼 외국에서 괴로운 생활을 함을 말함.
炊累(취루) 먼지 같은 것이 바람에 날려 올라가는 모양.
炊飯(취반) 밥을 지음.
炊事(취사) 밥을 짓거나 하는 일.
炊煙(취연) 밥 짓는 연기.
炊煮(취자) 밥을 지음.
炊蒸(취증) 찜. 몹시 무더움.
炊爨(취찬) 밥을 짓는 일.
炊金饌玉(취금찬옥) 황금으로 밥을 짓고 주옥으로 반찬을 한다는 뜻으로, 값비싼 음식, 또는 사치스러운 음식을 말함. 또는 남의 환대에 대한 감사의 뜻으로도 씀.
自炊(자취) 가족을 떠나서 혼자 지내는 사람이 손수 밥을 지어 먹음. 또는 그 일.

炕	④8획	日コウ·あぶる
	마를 항	中kàng, hāng

풀이 1. 마르다. 건조하다. ¶炕旱 2. 굽다. 불에 굽다. 3. 끊다. 단절하다. 4. 온돌. ¶炕牀 5. 자만하다.
炕牀(항상) 온돌(溫突).
炕暴(항포) 교만하고 횡포함.
炕旱(항한) 가물이 계속되는 날씨. 가뭄.

炘	④8획	日キン
	화끈거릴 흔	中xīn

풀이 1. 화끈거리다. 화끈화끈하다. 2. 불사르다.
炘炘(흔흔) 열기가 대단한 모양.

炬	⑤9획	日キョ·コ
	횃불 거	中jù

* 형성. 뜻을 나타내는 부수 '火(불 화)'와 음을 나타내는 '巨(클 거)'를 합친 글자.
풀이 1. 횃불. 홰. 등불. ¶炬燭 2. 사르다. 태우다.
炬蠟(거랍) 초.
炬眼(거안) 사물을 밝게 통찰하는 재능.
炬燭(거촉) 횃불. 거화(炬火).
炬火(거화) 횃불.
植炬(식거) 밤에 임금이 거둥할 때 길 양쪽에 횃불을 죽 세우던 일.

炳	⑤9획	日ヘイ·あきらか
	밝을 병	中bǐng

풀이 밝다. 빛나다. ¶炳煜
炳烈(병렬) 분명함. 자명함.
炳炳(병병) 환하게 빛나는 모양. 병연(炳然).
炳燿(병요) 빛남.
炳煜(병욱) 빛남.
炳煥(병환) 환히 빛남.
유 叡(밝을 예) 亮(밝을 량) 明(밝을 명) 晶(밝을 정)

炤	⑤9획	
	❶밝을 소	日ショウ·あきらか
	❷비출 조	中zhào

풀이 ❶ 1. 밝다. 빛나다. ❷ 2. 비추다. 3. 반딧불.
炤炤(소소) 환한 모양. 환히 보는 모양.

炸	⑤9획	日サク
	터질 작	中zhà, zhá

풀이 1. 터지다. 폭발하다. 2. 튀기다.

炸裂(작렬) 폭발하여 터짐.

炸發(작발) 화약이 터짐. 폭발함.

炸藥(작약) 폭탄 · 포탄 등 탄약의 외피를 파열시키기 위해 장전하는 화약.

비 炘(화끈거릴 흔)

点	⑤ 9획 點(p1648)의 俗字	

炷	⑤ 9획 심지 주	日 シュ 中 zhù

풀이 1. 심지. 등잔 심지. 2. 태우다. 불사르다.

炭	⑤ 9획 숯 탄	日 タン · すみ 中 tàn

풀이 1. 숯. 목탄. 2. 재. 3. 석탄. 4. 탄소. 화학 원소.

炭鑛(탄광) 숯을 캐는 곳.

炭酸(탄산) 탄산가스가 물에 녹아서 되는 묽은 산.

炭田(탄전) 석탄이 묻혀 있는 땅.

炭化(탄화) 1)탄소와 화합함. 2)탄소로 변화함.

炱	⑤ 9획 그을음 태	日 タイ · すす 中 tái

풀이 1. 그을음. 2. 검다.

炮	⑤ 9획 터질 포	日 ホウ · あぶる 中 páo, pào

풀이 1. 터지다. 2. 대포. 3. 통째로 굽다. 또는 그 고기. 4. 섶을 태워 제사 지내다.

炮暑(포서) 혹렬한 더위.

炮熬(포오) 불에 쬐어 말림.

炮煮(포자) 구움과 삶음.

炮煎(포전) 굽고 지짐. 구움과 볶음.

유 炸(터질 작)

炫	⑤ 9획 빛날 현	日 ケン · ゲン · かがやく 中 xuàn

* 형성. 뜻을 나타내는 부수 '火(불 화)'와 음을 나타내는 '玄(검을 현)'을 합친 글자. 불(火)로 검은(玄) 것을 비춘다고 해서 '빛나다', '비추다'의 뜻을 나타냄.

풀이 1. 빛나다. ¶炫燿 2. 비추다. 3. 눈이 부시다. 광채가 나다 4. 자랑하다.

炫怪(현괴) 기이(奇異)한 일을 하여 남의 눈에 쉽게 띔.

炫目(현목) 눈을 부시게 함. 눈이 어지러워짐.

炫燿(현요) 밝게 빛남. 광채를 발함.

炫惑(현혹) 정신을 혼미하게 하고 어지럽게 함.

유 昱(빛날 욱) 光(빛 광) 炯(빛날 형) 奐(빛날 환) 眩(빛날 현)

炯	⑤ 9획 빛날 형	日 キョウ · あきらか 中 jiǒng

풀이 1. 빛나다. 2. 밝다. ¶炯心 3. 밝게 살피는 모양.

炯鑒(형감) 밝은 모범. 빛나는 귀감.

炯介(형개) 굳게 절개를 지키는 일.

炯心(형심) 밝은 마음.

炯眼(형안) 1)예리한 눈. 2)날카로운 안력. 관찰력이 뛰어난 사람.

炯炯(형형) 1)반짝반짝 빛나는 모양. 2)눈빛이 날카로운 모양. 3)밝게 살피는 모양. 4)마음에 걸려 잊지 못하는 모양. 걱정이 되어 불안한 모양.

烓	⑥ 10획 화덕 계	日 ケイ 中 wēi

풀이 1. 화덕. 휴대용의 작은 화덕. 2. 밝다.

烔	⑥ 10획 뜨거운 모양 동	日 トウ 中 tóng

풀이 1. 뜨거운 모양. 2. 태우다. 불사르다.

비 炯(빛날 형)

烙	⑥ 10획 지질 락(낙)	日 ラク · やく 中 lào, luò

풀이 1. 지지다. 불로 지지다. 2. 담금질하다. 3. 화침(火鍼). 달군 쇠침.

烈	⑥ 10획 세찰 렬 · 열	日 レツ · はげしい 中 liè

4 획

*형성. 뜻을 나타내는 부수 '灬(불 화)'와 음을 나타내는 '列(찢을 렬)'을 합친 글자. 불(灬)에 타서 찢어진다(列)는 의미가 바뀌어 '세차다'의 뜻으로 쓰임.

풀이 1. 세차다. 기세가 대단하다. ¶烈風 2. 위엄이 있다. 위엄. 3. 사납다. 포악하다. 4. 강하다. 굳세다. ¶烈烈 5. 밝다. 빛나다. 6. 타오르다. 불사르다. 7. 아름답다. 8. 큰 사업. 9. 공덕. 10. 편오. 다섯 명의 군대 대오. 11. 나머지. 잔여. 12. 맵다.

烈光(열광) 몹시 강한 빛.
烈女(열녀) 정절(貞節)이 곧은 여자.
烈烈(열렬) 1)세력이 강한 모양. 2)근심하는 모양. 3)높고 큰 모양. 4)추위가 대단한 모양. 5)불길이 맹렬한 모양. 6)성질이 용감한 모양. 7)성대한 모양. 8)바람이 센 모양.
烈名(열명) 영예로운 이름. 평판이 높은 이름.
烈武(열무) 뛰어난 무용(武勇). 경무(勁武).
烈婦(열부) 정열(貞烈)이 곧은 여자. 대개 기혼 여자에 대한 말.
烈士(열사) 절의(節義)를 굳게 지키는 사람.
烈業(열업) 뛰어난 공업(功業).
烈日(열일) 강렬하게 내리쬐는 햇볕.
烈丈夫(열장부) 절의를 굳게 지닌 사나이. 열사.
烈操(열조) 높은 절조(節操). 굳게 지키는 지조.
烈祖(열조) 공훈이 큰 선조.
烈風(열풍) 세차게 불어오는 바람. 맹렬하게 부는 바람.
烈寒(열한) 매서운 추위. 혹독한 추위.
烈火(열화) 1)맹렬하게 타는 불. 2)맹렬한 태도.
烈輝(열휘) 눈부시게 빛남.
激烈(격렬) 몹시 맹렬함.
壯烈(장렬) 씩씩하고 열렬함.
痛烈(통렬) 매우 사납고 매움.

烊	⑥ 10획 구울 양	日ヨウ 中yáng, yàng

풀이 1. 굽다. 2. 녹이다. 금속을 녹이다.

烟	⑥ 10획 煙(p805)과 同字

烏	⑥ 10획 까마귀 오	日オ·からす 中wū, wù

丿 𠂆 户 户 白 乌 烏 烏 烏 烏

*상형. 까마귀를 본뜬 글자. 까마귀는 몸이 검어서 눈이 어디 있는지 알 수 없기 때문에 '鳥(새 조)'의 눈에 해당하는 한 획을 생략한 형태를 취함.

풀이 1. 까마귀. ¶烏飛梨落 2. 검다. ¶烏雲 3. 어찌. 어찌하여 ¶烏有 4. 아아! 탄식하는 소리. ¶烏呼 5. 성씨(姓氏).

烏鷄(오계) 1)털이 새까만 닭. 2)오골계(烏骨鷄).
烏鬼(오귀) 1)가마우지의 다른 이름. 2)산돼지의 다른 이름.
烏鷺(오로) 1)까마귀와 해오라기. 2)흑과 백을 상징하는 말.
烏輪(오륜) 태양의 다른 이름.
烏飛梨落(오비이락) 까마귀 날자 배 떨어진다는 뜻으로, 아무 관계 없이 한 일이 공교롭게 다른 일과 때가 같아 억울하게 혐의를 받게 됨을 비유하는 말.
烏夜(오야) 캄캄한 밤. 흑야(黑夜).
烏烏(오오) 목청을 돋우어 부르짖는 소리.
烏雲(오운) 1)검은 구름. 흑운(黑雲). 2)검은 머리의 형용.
烏衣(오의) 1)검은 옷. 변변치 않은 옷. 2)제비[燕]의 다른 이름.
烏瓷器(오자기) 오지 그릇.
烏鵲(오작) 1)까치. 2)까마귀와 까치.
烏鵲橋(오작교) 칠월 칠석에 견우와 직녀의 두 별을 서로 만나게 하기 위하여, 까막까치가 모여 은하에 놓는다고 하는 다리.
烏集(오집) 1)까마귀가 모임. 2)까마귀처럼 많이 모임. 오합지중(烏合之衆). 3)본디 관계가 없는 것들이 갑자기 모여 듦.
烏兎(오토) 해와 달. 세월.
烏合之卒(오합지졸) 어중이떠중이들이 모인, 규율이 없는 병졸, 또는 그런 군중.
烏呼(오호) 탄식하거나 찬탄할 때에 저절로 나오는 소리. 아아. 오호(烏乎).

비 鳥(새 조)

烑	⑥ 10획 빛날 요	日ヨウ·ひかる 中yáo

풀이 빛나다. 빛을 발하다.

烖	⑥ 10획 災(p794)의 本字

烝	⑥ 10획 찔 증	日ジョウ·むす 中zhēng

풀이 1. 찌다. 무덥다. 2. 김이 오르다. 증기가 나다.

4획

3. 많다. ¶烝徒 4. 올리다. 제물을 올리다. 5. 치붙다. 손윗여자와 간음하다. ¶烝淫 6. 이에. 7. 임금. 군주. 8. 겨울 제사. ¶烝嘗

烝矯(증교) 굽은 나무를 불김을 쐬어 부드럽게 한 후에 곧게 다듬음.
烝徒(증도) 많은 무리. 많은 도당(徒黨).
烝冬(증동) 음력 10월의 다른 이름.
烝黎(증려) 백성. 서민. 인민.
烝民(증민) 온 백성. 만민(萬民).
烝畀(증비) 나아가 드림.
烝嘗(증상) 겨울에 지내는 조상의 제사.
烝庶(증서) 많은 백성.
烝濕(증습) 무덥고 습기가 있음.
烝然(증연) 1)오래 기다리는 모양. 2)발어사.
烝淫(증음) 자기보다 나이 또는 신분이 높은 여자와 사통(私通)하는 일.
烝禋(증인) 겨울에 조상에게 제사를 지냄.
烝烝(증증) 1)왕성하게 일어나는 모양. 2)차차로 나아가는 모양. 3)수행(隨行)하는 모양. 4)순수하고 전일(專一)한 모양. 5)불기운이 올라가는 모양. 6)흥(興)하는 모양.

비 汽(김 기)

⑥ 10획
燭(p816)의 俗字

⑥ 10획
害(p331)와 同字

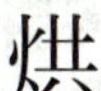
⑥ 10획 日コウ
불 쬘 홍 中hōng

풀이 1. 불을 쬐다. 2. 불을 때다. 3. 횃불을 켜다. 4. 그을다.

烘柹(홍시) 풋감을 그릇에 담아 볕에 쬐어 익게 한 홍시(紅柿).
烘霽(홍제) 햇볕이 뜨겁게 쬠.

유 灴(화톳불 홍)

烋
⑥ 10획
❶경사로울 휴 日コウ・キュウ
❷거들먹거릴 효 中xiāo

풀이 ❶ 1. 경사롭다. 경사. 2. 온화하다. 3. 아름답다. ❷ 4. 거들먹거리다. 뽐내다.

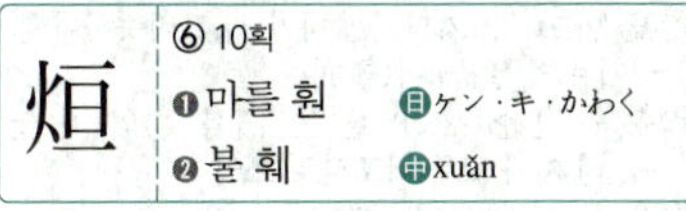
烜
⑥ 10획
❶마를 훤 日ケン・キ・かわく
❷불 훼 中xuǎn

풀이 ❶ 1. 마르다. 말리다. 2. 빛나다. 밝다. ❷ 3. 불. 제사를 지내기 위해 태양에서 취하는 불.

烜赫(훤혁) 환히 빛나는 모양. 위세가 대단한 모양.

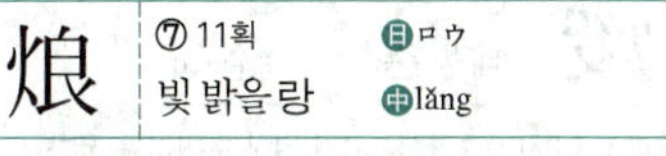
烺
⑦ 11획 日ロウ
빛 밝을 랑 中lǎng

풀이 빛이 밝다. 환하다.

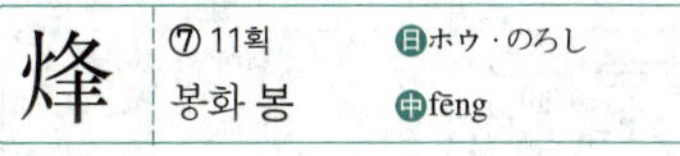
烽
⑦ 11획 日ホウ・のろし
봉화 봉 中fēng

* 형성. 뜻을 나타내는 부수 '火(불 화)'와 음을 나타내는 '夆(받들 봉)'을 합친 글자.

풀이 1. 봉화. ¶烽火 2. 경계.

烽鼓(봉고) 1)봉화와 북. 2)병란. 전쟁(戰爭).
烽軍(봉군) 봉화를 올리는 일을 맡아보는 군사.
烽臺(봉대) 봉수대(烽燧臺).
烽燧軍(봉수군) 봉화를 올리는 일을 맡아보는 군사.
烽火(봉화) 옛날에 신호용으로 사용했던 횃불.
僞烽(위봉) 적을 현혹하기 위하여 올리는 봉화.

비 峰(봉우리 봉)

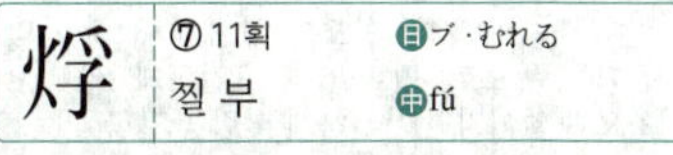
烰
⑦ 11획 日フ・むれる
찔 부 中fú

풀이 1. 찌다. 2. 조리하다. 3. 부엌.

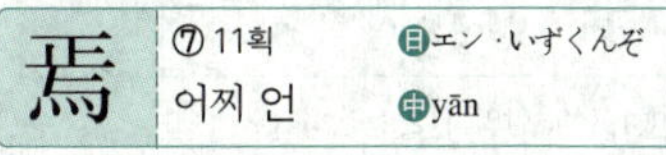
焉
⑦ 11획 日エン・いずくんぞ
어찌 언 中yān

一 丅 下 正 正 正 焉 焉 焉 焉 焉

풀이 1. 어찌. ㉠의문의 말. ㉡반어의 말. ¶焉敢 2. 어조사. ㉠무의미의 조사. ㉡지정의 뜻을 나타내는 조사. ㉢반어의 뜻을 나타내는 조사. ¶焉哉乎也 3. 형용하는 말. '然', '如'와 같이 형용사의 어사(語辭)로 쓰임. 4. 이에. 이리하여. 5. 이. 여기.

4
획

焉敢(언감) 어찌 감히. 감히 하지 못함을 뜻함.
焉敢生心(언감생심) 어찌 감히 그런 마음을 먹을 수 있으랴의 뜻.
焉烏(언오) '焉' 자와 '烏' 자가 서로 비슷하여 틀리기 쉬운 일. 노어(魯魚).
焉哉乎也(언재호야) 천자문(千字文)의 맨 끝 귀. 네 자가 모두 어조사로 쓰임.
於焉(어언) 벌써. 어느새.
於焉間(어언간) 알지 못하는 사이에 어느덧.
於焉之間(어언지간) 어느덧.
忽焉(홀언) 뜻하지 않은 사이에 갑자기.

焌	⑦ 11획 태울 준	日ジュン 中jùn, qū

풀이 1. 태우다. 2. 점을 치기 위하여 귀갑을 굽다.

비 俊(준걸 준)

烹	⑦ 11획 삶을 팽	日ホウ·にる 中pēng

* 회의. '亨(형통할 형)'과 '火(불 화)'를 합친 글자. 불(火)로 삶는다(亨)는 뜻에서 '삶다'란 뜻을 나타냄.

풀이 1. 삶다. 삶아지다. ¶烹炰 2. 삶아 죽이다. 3. 요리. 익힌 음식.

烹卵(팽란) 삶은 달걀.
烹滅(팽멸) 죽여 멸함.
烹熟(팽숙) 충분히 삶음.
烹宰(팽재) 음식을 요리함. 또는 그 사람.
烹炰(팽포) 삶음과 구움. 삶고 구움.
烹醢(팽해) 1)고기를 삶거나 소금에 절임. 2)사람을 참혹하게 죽임.
兎死狗烹(토사구팽) 사냥하러 가서 토끼를 잡으면, 사냥하던 개는 쓸모가 없게 되어 삶아 먹는다는 뜻으로, 필요할 때 요긴하게 써 먹고 쓸모가 없어지면 가혹하게 버림을 말함.

焊	⑦ 11획 불에 말릴 한	日ハン 中hàn

풀이 1. 불에 말리다. 2. 용접하다.

焄	⑦ 11획 연기에 그을릴 훈	日クン 中hūn, xūn

풀이 1. 연기에 그을리다. 그을음. 2. 향기.

焞	⑧ 12획 ❶귀갑 지지는 불 돈 ❷성할 퇴	日トン 中shún, tūn

풀이 1 1. 귀갑(거북의 등)을 지지는 불. 불빛. 2. 어스레하다. 2 3. 성하다. 기세가 성한 모양.

焞焞(1.돈돈/2.퇴퇴) 1)빛이 어스레한 모양. 별이 해와 별에 가까워짐으로써 희미하게 보이는 모양. 2)세력이 왕성한 모양.

烮	⑧ 12획 烈(p797)의 本字

無	⑧ 12획 없을 무	日ム·ブ·ない 中mó, wú

풀이 1. 없다. ¶無氣力 2. 아니다. 부정의 뜻. 3. 말다. 말라. 금지의 뜻. 4. 공허하다. 5. 대저. 대체로. 6. 비록 …하더라도.

無價(무가) 1)정해진 값이 없음. 2)가격을 매길 수 없을 만큼 귀함.
無加糖(무가당) 당분을 넣지 않음.
無價値(무가치) 아무 값어치가 없음.
無間(무간) 친하여 서로 막힘이 없음.
無感覺(무감각) 아무 느낌이 없음.
無缺(무결) 1)결점이나 결함이 없음. 2)일정한 기간 한 번도 결석이 없음.
無故(무고) 1)아무런 연고가 없음. 2)사고 없이 평안함.
無告(무고) 누구에게도 하소연하여 구원을 받을 수 없는 사람. 의지할 곳이 없는 불쌍한 사람.
無辜(무고) 아무 죄가 없음.
無骨(무골) 1)뼈대가 없음. 2)줏대가 없거나 뼈대가 없는 문장.
無關(무관) 1)관계가 없음. 2)마음에 걸리지 않음. 괘념하지 않음.
無關心(무관심) 마음에 두지 않음. 거리끼는 마음이 없음.
無垢(무구) 때가 묻지 않음. 꾸밈이 없이 자연 그대로 순박함.
無窮(무궁) 1)한이 없음. 2)끝없이 영원히 계속함.
無窮花(무궁화) 무궁화과에 딸린 낙엽관목(落葉灌木). 우리나라의 국화(國花).

無極(무극) 1)끝이 없음. 2)우주의 근원인 태극의 처음 상태.
無根(무근) 1)뿌리가 없음. 2)근거가 없음.
無級(무급) 직무에 대한 보수가 없음.
無期(무기) 기한이 없음. 끝이 없는 오랜 동안.
無氣力(무기력) 기력이 없음.
無記名(무기명) 성명을 적지 않음.
無機物(무기물) 물 · 공기 · 광물 등과 같이 생활 기능이 없는 물질이나 이를 물질로 만든 모든 물질.
無期刑(무기형) 형기를 정하지 않은 종신 자유형.
無難(무난) 1)곤란함이 없음. 어려움이 없음. 쉬움. 2)수수하여 탈될 것이 없음.
無男獨女(무남독녀) 아들 없는 집안의 외딸.
無念(무념) 1)마음속에 아무런 생각이 없음. 2)무아(無我)의 경지에 이르러 망상이 없는 일.
無能(무능) 1)무능력. 재능이 없음. 2)법률상의 행위 능력이 없음.
無端(무단) 1)끝이 없음. 정함이 없음. 2)까닭이 없음. 이유가 없음.
無擔保(무담보) 1)담보물이 없음. 2)담보가 될 것을 내어 놓지 않음.
無毒(무독) 1)해독이 없음. 2)성질이 착하고 순함.
無慮(무려) 대략. 자그마치.
無力感(무력감) 스스로 힘없음을 알았을 때의 허탈하고 맥빠진 듯한 느낌.
無禮(무례) 예의가 없음.
無賴漢(무뢰한) 일정한 직업이 없이 돌아다니며 불량한 짓을 하는 사람.
無聊(무료) 1)근심이 있어 아무 즐거움이 없음. 2)심심함.
無料(무료) 거저 얻는 일. 요금이 필요 없음.
無理(무리) 1)이치나 도리에 맞지 않음. 2)정도에 지나치는 것. 3)힘에 부치는 일을 억지로 함. 4)지나치게 다툼. 5)더하기 · 빼기 · 곱하기 · 나누기 등과 관계를 포함하는 것.
無免許(무면허) 면허가 없음.
無名(무명) 1)이름을 모름. 2)세상에 이름이 알려져 있지 않음. 유명하지 않음.
無謀(무모) 1)꾀와 수단이 없음. 2)깊은 사려가 없음.
無味(무미) 맛이나 재미가 없음. 취미가 없음.
無妨(무방) 방해될 것이 없음.
無法(무법) 법이 없음. 도리에 어긋나고 난폭함.
無病(무병) 병이 없음.
無分別(무분별) 분별이 없음.
無事(무사) 1)아무 일이 없음. 2)변함이 없음.
無私(무사) 1)사심이 없음. 2)공평함.
無產(무산) 1)재산이 없음. 2)직업이 없음. 3)무산 계급의 준말.
無償(무상) 아무런 대가나 보상이 없음. 거저.
無常(무상) 1)일정함이 없음. 2)덧없음. 3)모든 것은 다 생멸(生滅) 변전(變轉)하여 상주(常住)함이 없음.
無想(무상) 마음에 아무것도 생각하지 않음.
無色(무색) 1)아무 빛깔도 없음. 2)부끄러워서 볼 낯이 없음. 무안(無顏).
無生物(무생물) 생활 기능이 없는 물건. 생명이 없는 물건.
無線(무선) 1)전선을 가설하지 않음. 2)무선전신(無線電信) · 무선전화(無線電話)의 준말.
無聲(무성) 소리가 없음.
無誠意(무성의) 일에 성의가 없음.
無所得(무소득) 얻는 것이 없음.
無所屬(무소속) 어느 정당이나 단체에도 소속되어 있지 않음. 또는 그러한 사람.
無消息(무소식) 소식이 없음.
無所有(무소유) 가진 것이 없음.
無數(무수) 1)셀 수 없이 많은 수효. 2)일정한 수가 없음.
無勝負(무승부) 내기 · 경기 등에서 이기고 짐이 없이 비김.
無視(무시) 1)눈여겨 보지 않는 것. 2)업신여김. 인정하지 않음.
無識(무식) 배우지 못해 아는 것이 없음.

❖ 무식(無識)에 관한 고사성어

- 目不識丁(목불식정) 낫 놓고 기역자도 모름.
- 魚魯不辨(어로불변) '魚' 자와 '魯' 자를 분별하지 못함.
- 一字無識(일자무식) 글자 한 자도 알지 못함.

無神經(무신경) 1)감각이 둔함. 2)자기에 대한 자극 · 치욕을 염두에 두지 않음.
無心(무심) 1)아무런 생각이 없음. 2)감정이 없음. 3)속세에 대하여 아주 관심이 없는 경지.
無顏(무안) 부끄러워 볼 낯이 없음.
無言(무언) 아무 말도 없이 잠잠함.
無慾(무욕) 욕심이 없음.
無用之用(무용지용) 쓸모없어 보이는 것이 실제로는 쓸모 있음을 이르는 말.

◐無用之用(무용지용)의 유래

공자가 초나라에 갔을 때 광접여(狂接輿)가 문 앞에서 이런 노래를 불렀다. "봉새여! 덕이 쇠퇴하는 걸 어찌하겠느냐? 천하에 도(道)가 있으면 성인은 그 공을 이루지만, 천하에 도가 없다면 그냥 살아갈 뿐이다. 지금의 세상은 형벌을 겨우 모면하는 시대다. 복은 깃털보다 가볍건만 실어나를 줄 모르고, 화는 땅보다 무겁건만 피할 줄을 모르누나. 산의 나

4 획

무는 베어져 스스로를 해치고, 기름은 불로 이용돼 스스로를 태우누나. 계피는 먹을 수 있기에 나무가 베어지고, 옻은 칠할 수 있기에 그 나무가 쪼개진다." 즉, 덕이 쇠퇴하는 시대에는 사람들이 너나없이 쓸모 있는 것만 찾고, 쓸모없는 것의 효용성은 모른다고 탄식했다는 이야기이다.

無爲(무위) 1)아무 일도 하지 않음. 간섭하지 않음. 2)자연 그대로 두어 인공을 가하지 않음. 3)생멸(生滅)이 변화하지 않고 상주불변(常住不變)하는 존재.

無意味(무의미) 1)아무 뜻이 없음. 2)가치나 의의가 없음.

無意識(무의식) 1)의식이 없음. 의식을 잃고 있음. 2)의식이 될 정신의 활동이 없는 상태.

無益(무익) 이익이 없음.

無賃(무임) 삯돈을 냄이 없음.

無作爲(무작위) 작위가 없는 일. 꾸민 일이 아님. 자기 생각을 개입시키지 않고 우연하게 행하는 모양.

無敵(무적) 강하여 대적할 사람이 없음. 또는 그 사람.

無錢(무전) 돈이 없음.

無情(무정) 1)느끼는 마음이 없음. 2)인정이나 동정심이 없음. 3)진정(眞情)이 없음.

無制限(무제한) 한도나 범위가 정해져 있지 않음.

無條件(무조건) 아무런 조건이 없음.

無罪(무죄) 1)아무 잘못이 없음. 2)공판에서 심리한 결과 피고 사건이 죄가 되지 않거나, 범죄의 증명이 없는 일.

4획

無重力(무중력) 중력이 없음.

無知(무지) 1)지혜가 없음. 2)분별이 없음. 지각이 없음.

無智(무지) 무지(無知).

無職(무직) 일정한 직업이 없음.

無盡(무진) 무궁무진(無窮無盡).

無差別(무차별) 아무런 차별을 두지 않음. 차별이 없음.

無責任(무책임) 책임이 없음.

無臭(무취) 냄새가 없음.

無痛(무통) 아픔이 없음. 또는 아프지 않음.

無風(무풍) 1)바람이 없음. 2)평온 무사함을 비유하는 말. 3)연기가 곧게 올라가는 기류(氣流).

無限(무한) 한이 없음. 끝이 없음.

無害(무해) 해롭지 없음.

無血(무혈) 전쟁 같은 경우에 피 흘려 다치거나 죽음이 없음.

無嫌疑(무혐의) 잘못이나 죄를 저질렀을 것 같은 의심스러운 데가 없음.

無形(무형) 형상이 없음. 또는 그 물건.

無效(무효) 1)효력이 없음. 2)법률상 행위의 효과가 없음.

無休(무휴) 쉬는 날이 없음.

南無(나무 ← 남무) 부처나 경문의 이름 앞에 붙여 절대적인 믿음을 나타내는 말.

有無(유무) 있음과 없음.

虛無(허무) 1)텅 비어 아무것도 없음. 2)무의미하게 느껴져 몹시 쓸쓸하고 허전함. 3)어이없거나 한심함.

반 存(있을 존) 有(있을 유) 비 舞(춤출 무)

 焙	⑧ 12획 불에 쬘 배	日ハイ・あぶる 中bèi

풀이 1. 불에 쬐다. 2. 배롱. 화로에 씌워 놓고 옷 같은 것을 얹어 말리는 기구.

焙乾(배건) 불에 쬐어 말림.

焙茶(배다) 차잎을 따서 불에 말림. 또는 그 차.

焙籠(배롱) 화로에 씌어 놓고 그 위에 기저귀나 옷을 얹어 말리는 기구.

 焚	⑧ 12획 불사를 분	日フン・やく 中fén, fèn

* 회의. '火(불 화)'와 '林(수풀 림)'을 합친 글자. '숲을 태워 사냥함'을 뜻함.

풀이 1. 불사르다. 타다. 2. 불을 놓아 사냥하다. 3. 화형(火刑)시키다. 화형에 처하다. ¶焚刑 4. 넘어지다. 넘어뜨리다.

焚掠(분략) 집을 불태우고 재물을 약탈함.

焚滅(분멸) 불에 타서 없어지거나 불에 태워서 없애 버림.

焚死(분사) 불에 타서 죽음.

焚書坑儒(분서갱유) 책을 불사르고 선비를 묻는다는 뜻으로, 진시황의 문화 말살 정책을 이르는 말.

▶焚書坑儒(분서갱유)의 유래

최초로 중국을 통일한 진시황은 함양궁에서 주연을 베풀었다. 이때 승상 이사(李斯)는 선비들이 정부의 정책을 비판하고 황제의 권위를 떨어뜨리며 당파를 조성하니 정치적인 논의를 금지시키고 유교 경전을 모두 불태우자고 건의하였다. 시황제는 이 건의를 따라 모든 유교 경전을 거두어들여 불태웠는데, 이것이 '분서(焚書)' 사건이다. 그 이듬해 아방궁이 완성되자 시황제는 불로장생을 꿈꾸며 신선술을 닦는 방사들을 후대하였다. 그런데 두 명의 방사가 시황제를 비난하고 달아났고 다른 방사와 유생들도 진시황을 비판하자 진시황은 대노하여 이들을 모두 잡아들여 문초하고는 땅 속에 매장했다. 이것이 '갱유(坑儒)' 사건이다.

焚燒(분소) 불에 타거나 불에 태움.

焚修(분수) 분향(焚香)하여 도를 닦음.

焚身(분신) 자기 몸을 불 태움.
焚燼(분신) 타고 남은 끄트러기나 재.
焚煬(분양) 불태워 녹임.
焚灼(분작) 1)불로 태움. 2)불에 구움. 또는 불태워 죽임. 3)몹시 애를 태움.
焚草(분초) 1)풀을 태움. 2)원고를 태움.
焚蕩(분탕) 불에 타 흔적도 없어짐. 마구 불태워 없애 버림.
焚香(분향) 향을 피움.
焚刑(분형) 화형(火刑).
焚火(분화) 1)타는 불. 2)불을 사름.
焚和(분화) 이해 관계로 남과 다툼.
焚毁(분훼) 태워 무너뜨림. 타서 무너짐.
玉石俱焚(옥석구분) 옥이나 돌이나 모두 다 탄다는 뜻으로, 옳은 사람이나 그른 사람이나 구별없이 모두 재앙을 받음을 비유하는 말.

비 楚(모형 초)

焫	⑧ 12획 불사를 설	日セツ 中ruò

풀이 불사르다.

焠	⑧ 12획 담금질 쉬	日サイ·にらぐ 中cuì

풀이 1. 담금질하다. 쇠를 달구었다가 찬물에 담그는 일. 2. 태우다. 3. 물들이다.

焠掌(쉬장) 괴로움을 참아 가며 공부에 힘씀. 공자의 제자 유약(有若)이 졸음을 쫓기 위하여 손바닥을 지졌다는 고사에서 온 말.

然	⑧ 12획 그럴 연	日ゼン·ネン·しかり 中rán

ノ ク タ タ 夕 外 狄 狄 狄 然 然 然

* 회의. 산 제물로 개(犬) 고(月)를 불(火)에 굽는다는 뜻에서 '태우다'의 뜻을 나타냄.

풀이 1. 그러하다. ¶然否 2. 그렇다고 여기다. 3. 허락하다. 4. 그리하여. 5. 그러나. 6. 그러면. 그리하면. 7. 이에. 8. 즉. 곧. 9. 또. 또한. 10. 형용어사. '如'와 같이 사물을 형용하는 데 붙이는 어사(語辭). 11. 어조사. '焉'와 같이 문장 끝에 붙이는 조사(助辭). 12. 불사르다. 태우다.

然諾(연낙) 그렇게 하겠다고 승낙함.
然燈(연등) 1)등불을 밝히는 일. 2)꽃의 붉은 모양.
然否(연부) 그러함과 그러하지 않음.
然石(연석) 타는 돌. 곧, 석탄을 이름.
然疑(연의) 생각이 헷갈려서 결정하기 어려움. 옳고 그름을 결정하기 어려움.
然而(연이) 그리고. 그러나.
然則(연즉) 그러면. 그런즉.
然後(연후) 그런 뒤에.
蓋然(개연) 꼭 단정할 수는 없으나 대개 그러하다고 생각되는 것.
慊然(겸연) 미안하여 면목없는 모양.
果然(과연) 1)정말로. 실지로. 2)참으로.
當然(당연) 이치로 보아 마땅히 그러할 것임.
未然(미연) 일이 아직 벌어지기 전. 미리.
偶然(우연) 1)뜻밖의 일이 저절로 이루어져 공교로움. 2)아무런 원인이나 까닭이 없음.

焱	⑧ 12획 불꽃 염	日エン·ほのお 中yàn

풀이 불꽃.

焱焱(염염) 불꽃이 타오르는 모양.
焱槖(염탁) 불길을 일으키는 기구. 풀무.

비 淡(묽을 담)

焰	⑧ 12획 燄(p814)과 同字

焯	⑧ 12획 밝을 작	日サク 中chāo, zhuō

풀이 1. 밝다. 빛나다. 2. 태우다.

焯見(작견) 환하게 보임. 작견(灼見).

焦	⑧ 12획 그을릴 초	日ショウ·こげる·あせる 中jiāo, qiáo

* 형성. 뜻을 나타내는 부수 '灬(불 화)'와 음을 나타내며 '상처내다'의 뜻을 가진 '隹(새 추)'를 합친 글자. 이에 불에 타 '상처나다'의 뜻으로 쓰임.

풀이 1. 그을리다. 2. 타다. 3. 태우다. ¶焦熬 4. 애가 타다. 초조하다. ¶焦悶 5. 탄내가 나다. 6. 새 이름.

焦卷(초권) 말라 오그라듦.
焦溺(초닉) 불타고 물에 빠진다는 뜻으로, 곤경에 처방을 말함.
焦慮(초려) 애를 태우며 하는 생각.
焦勞(초로) 속을 태움. 노심초사함.

4 획

焦眉之急(초미지급) 눈썹이 타는 절박하고 급박한 상황을 이르는 말.

⊙焦眉之急(초미지급)의 유래

한 승려가 물었다. "어떤 것이 절박한 한 마디입니까?" 선사가 답했다. "불이 눈썹을 태우는 것이다." 이 문답에 나오는 절박한 상황이란 삶과 죽음의 문제이다. 그러나 의미가 전이되어 지금은 절박하고 중요한 일이나 사건을 말할 때 많이 쓰인다.

焦悶(초민) 초조해하고 번민함.

焦暑(초서) 혹독한 더위.

焦脣(초순) 입술을 태운다는 뜻으로, 매우 애가 탐을 말함.

焦心(초심) 마음을 졸임. 속을 태움. 또는 초조한 마음.

焦熱(초열) 1)타는 듯한 심한 더위. 2)초열지옥(焦熱地獄). 팔대(八大)지옥의 하나. 살(殺)·도(盜)·음(淫)·음주(飮酒)·망언(妄言)의 죄를 진 사람이 가는 지옥.

焦熬(초오) 타게 볶음.

焦灼(초작) 1)태움. 탐. 2)애태움.

焦坼(초탁) 불타서 갈라짐.

焦土(초토) 1)까맣게 탄 흙. 2)불탄 자리.

勞心焦思(노심초사) 애를 써 속을 태움.

焜	⑧ 12획	日コン·かがやく
	빛날 혼·곤	中kūn

풀이 빛나다. 밝다.

焜燿(혼요) 빛을 발함. 빛을 냄. 밝게 함.

焜黃(혼황) 빛깔이 퇴색하는 모양. 초목의 잎이 누렇게 변하는 모양.

焜爐(곤로) 물건을 굽는 데에 쓰는 철제. 또는 토제의 작은 화로.

유 昱(빛날 욱) 炯(빛날 형) 奐(빛날 환) 昡(빛날 현)

焮	⑧ 12획	日キン·てらす
	불사를 흔	中xīn, xìn

풀이 1. 불사르다. 2. 비추다.

焮天(흔천) 불이 성하게 타는 모양.

煢	⑨ 13획	日ケイ
	외로울 경	中qióng

풀이 1. 외롭다. 의지할 데가 없다. ¶煢獨 2. 근심하다. ¶煢煢 3. 주사위.

煢煢(경경) 1)근심하는 모양. 2)외롭고 의지할 곳 없는 모양. 3)놀라고 두려워하는 모양.

煢獨(경독) 형제 또는 아내가 없어 외로운 모양.

	⑨ 13획	日ダン·ナン·あたたか
	따뜻할 난·훤	中nuǎn, xuān

* 형성. 뜻을 나타내는 부수 '火(불 화)'와 음을 나타내는 '爰(이에 원)'을 합친 글자. '爰'은 여기서 따뜻하게 하다의 뜻을 나타내어, 불로 '따뜻하게 함'의 뜻으로 쓰임.

풀이 따뜻하다. 따뜻하게 하다.

煖氣(난기) 따뜻한 기운.

煖爐(난로) 땔감을 때거나 전기 같은 것으로 열을 내어서 방 안을 덥게 하는 기구나 장치.

煖房(난방) 방을 따뜻하게 하는 것.

煖香(난향) 1)훈훈한 향기. 2)향의 이름. 이 향을 피우면 방이 따뜻해진다고 함.

유 溫(따뜻할 온) 비 媛(미인 원)

煉	⑨ 13획	日レン
	불릴 련	中liàn

풀이 1. 불리다. 불에 달구다. 2. 韓 굽다. 고다. ¶煉藥

煉丹(연단) 1)도사(道士)가 진사(辰砂)로써 불로장생(不老長生)하는 약이나 황금을 만들었다고 하는 일종의 연금술(鍊金術). 2)몸의 기운을 단전(丹田)에 모아서 몸과 마음을 닦는 일.

煉藥(연약) 1)개어서 만든 약. 단약. 2)약을 곰.

煉乳(연유) 묽은 것을 진하게 다려 놓는 우유.

煉炭(연탄) 구멍탄·조개탄 등의 통칭.

煤	⑨ 13획	日バイ·すす
	그을음 매	中méi

풀이 1. 그을음. ¶煤煙 2. 먹. 3. 석탄. ¶煤炭

煤氣(매기) 1)그을음이 섞인 연기. 2)석탄 가스.

煤煙(매연) 1)그을음이 섞인 연기. 2)철매.

煤炭(매탄) 석탄.

유 焦(그을릴 초)

煩	⑨ 13획	日ハン·ボン·わずらう
	괴로워할 번	中fán

丶 丷 火 火 火一 火丆 炘 炘 煩 煩 煩 煩

* 회의. '頁(머리 혈)'과 '火(불 화)'를 합친 글자. 머리(頁)에 열(火)이 있어 아프다는 뜻에서 '괴로워하다'의 뜻으로 쓰임.

풀이 1. 괴로워하다. 번민하다. ¶煩惑 2. 번열증이 나다. 3. 번거롭다. ¶煩劇 4. 귀찮다. 성가시다. 5. 바쁘다. 6. 어지럽다. 문란하다. 7. 괴롭히다. 8. 욕보이다. 창피를 주다. 9. 근심. 번민. ¶煩悶 10. 어지러움. 어지러운 세상.

煩苛(번가) 어떤 일을 하기가 어렵고 까다로움.
煩簡(번간) 번거로움과 간략함.
煩苦(번고) 번민하여 괴로워함.
煩劇(번극) 몹시 번거롭고 바쁨.
煩急(번급) 몹시 번거롭고 급함.
煩惱(번뇌) 마음이 시달려서 괴로움.
煩多(번다) 번거롭게 많음.
煩毒(번독) 번민하며 괴로워함.
煩亂(번란) 심신이 괴롭고 어지러움.
煩慮(번려) 번거로운 생각. 귀찮은 생각.
煩勞(번로) 번거롭고 수고로움.
煩論(번론) 어떤 일을 번거롭게 논의함. 또는 그러한 언론(言論).
煩累(번루) 번거로운 걱정과 근심.
煩懣(번만) 1)가슴이 메어 고통스러움. 2)고민함. 가슴이 번거롭고 괴로움.
煩務(번무) 번거롭고 어수선한 일.
煩悶(번민) 마음이 번거롭고 답답하여 괴로워함.
煩法(번법) 번거로운 법률. 까다로운 법.
煩數(번삭) 번거롭게 잦음.
煩細(번세) 번거롭고 자질구레함.
煩愁(번수) 괴로워하며 걱정하는 일.
煩言(번언) 1)성내어 다투는 말. 2)번거로운 말.
煩熱(번열) 신열이 나서 가슴이 답답하고 괴로움.
煩惋(번완) 괴로워하며 한탄함. 번민하며 원망함.
煩擾(번요) 번거롭고 요란스러움.
煩憂(번우) 괴로워서 근심스러움.
煩鬱(번울) 가슴이 답답하고 갑갑한 것.
煩寃(번원) 1)바람이 회오리치는 모양. 2)괴로워함. 고민함.
煩雜(번잡) 번거롭게 섞여서 어수선함.
煩酲(번정) 숙취(宿醉)로 인한 불쾌한 기분.
煩蒸(번증) 찌는 듯한 더위. 무더위.
煩弊(번폐) 번거로운 폐단.
煩惑(번혹) 번민하고 당혹함. 번민과 미혹.
煩懷(번회) 번거로운 생각. 번상(煩想).
煩囂(번효) 번잡하고 시끄러움.

유 慇(괴로워할 은) 惱(괴로워할 뇌)

煞	⑨ 13획 ❶ 죽일 살 日サツ ❷ 빠를 쇄 中shā, shà

풀이 ❶ 1. 죽이다. 2. 총괄하다. 결속하다. 3. 단속하다. ❷ 4. 빠르다.

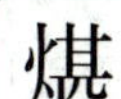	⑨ 13획 日シン 화덕 심 中chén

풀이 화덕.

	⑨ 13획 日ヨウ 쬘 양 中yáng

풀이 1. 쬐다. 2. 말리다. 3. 비추다. 4. 불을 때다. 밥을 짓다. 5. 쇠를 녹이다.

煬者(양자) 밥짓는 사람. 취부(炊夫).
煬火(양화) 불을 땜. 불을 지핌.
煬和(양화) 화기(和氣)로 인하여 부드러워짐. 또는 온화한 일.

	⑨ 13획 ❶ 연기 연 日エン·けむり ❷ 제사 지낼 인 中yān

* 형성. 뜻을 나타내는 부수 '火(불 화)'와 음을 나타내며 '막히다'는 뜻을 가진 '垔(막을 인)'을 합친 글자. 이에 '불이 타서 연기가 자욱이 퍼지다', '연기'의 뜻으로 쓰임.

풀이 ❶ 1. 연기. 기운. 먼지. ¶煙氣 2. 연기가 끼다. 3. 그을음. ¶煉煤 4. 담배. ¶煙竹 5. 성씨(姓氏). ❷ 6. 제사지내다.

煙景(연경) 연하(煙霞)가 끼어 있는 봄 경치.
煙溪(연계) 안개가 끼어 흐릿하게 보이는 시내.
煙谷(연곡) 연기 또는 안개가 끼어 있는 골짜기.
煙氣(연기) 물건이 불에 탈 때 일어나는 흐릿한 기체나 기운.
煙突(연돌) 굴뚝.
煙幕(연막) 1)사격의 목표가 될 물건을 가리기 위하여 연막탄(煙幕彈)을 터뜨려 내는 진한 연기. 2)자기의 잘못이나 범행을 호지부지하게 덮는 일의 비유.
煉煤(연매) 1)철매. 그을음. 2)역청탄(瀝靑炭).
煙滅(연멸) 연기처럼 사라짐.
煙霧(연무) 1)연기와 안개. 2)아지랑이 봄 안개. 3)흔적이 없음을 비유하는 말.
煙墨(연묵) 1)먹. 2)매연(煤煙)이나 유연(油煙)을 모은 흑색의 분말. 3)그을음.
煙霏(연비) 1)연기와 안개. 또는 아지랑이. 2)연기가 옆으로 길게 낌.

4획

煙樹(연수) 안개에 가려 흐릿하게 보이는 나무. 연림(煙林).

煙水(연수) 연기가 낀 것처럼 흐릿한 수면. 연파(煙波).

煙視媚行(연시미행) 신부의 몸가짐새. 곧 연기 속에서 보는 것과 같이 가늘게 뜨는 눈매와 천천히 걷는 걸음걸이.

煙埃(연애) 연기와 먼지. 또는 연기나 먼지가 자욱이 끼는 일.

煙焰(연염) 연기와 불꽃.

煙隖(연오) 안개나 아지랑이가 끼어 있는 마을. 흐릿하게 보이는 마을.

煙雨(연우) 부옇게 내리는 이슬비.

煙雲(연운) 1)연기와 구름. 2)연기와 같은 구름.

煙月(연월) 1)연기에 어린 은은한 달빛. 2)세상이 아주 태평한 모습.

煙竹(연죽) 담뱃대.

煙塵(연진) 1)연기와 먼지. 2)전장(戰場)에서 일어나는 먼지. 병란(兵亂)을 말함. 전진(戰塵).

煙草(연초) 담배.

煙波(연파) 멀리 안개나 연기가 부옇게 낀 수면.

煙霞(연하) 1)연기와 노을. 2)고요한 산수의 경치.

煙海(연해) 바다같이 펴져 있는 안개.

煙花(연화) 1)화려하고 아름다움. 2)봄의 경치. 3)기녀(妓女).

4획

煙火(연화) 1)밥 짓는 연기. 인연(人煙). 2)봉화(烽火). 3)불에 익힌 음식물. 4)꽃불. 화화(花火).

煙火中人(연화중인) 화식(火食)을 하는 사람이란 뜻으로, 속세의 인간을 말함.

煙鬟(연환) 1)머리 숱이 많고 아름다운 모양. 2)푸른 산의 형용.

煙戶(연호) 1)굴뚝에서 연기가 나는 집이라는 뜻으로 빈 집이 아닌 사람이 사는 집을 비유하는 말. 2)일반 백성들의 집.

煙薰(연훈) 연기 때문에 훈훈함.

煐	⑨ 13획	日エイ
	빛날 영	中yīng

풀이 1. 빛나다. 2. 사람 이름.

煨	⑨ 13획	日ワイ・うずみび
	불씨 외	中wēi

풀이 1. 불씨. 남아 있는 불. 2. 굽다.

煨燼(외신) 1)타고 남은 재. 2)나머지.

煨酒(외주) 술을 따뜻하게 데움.

煨塵(외진) 불기가 있는 재. 뜨거운 재.

煜	⑨ 13획	日イク・かがやく
	빛날 욱	中yù

풀이 1. 빛나다. ¶煜灼 2. 불꽃.

煜耀(욱요) 환히 비침. 광휘를 발함.

煜煜(욱욱) 1)아침 해 · 꽃 등이 빛나는 모양. 2)별 · 개똥벌레 등이 반짝이는 모양.

煜灼(욱작) 빛남. 빛을 발함.

煒	⑨ 13획	
	❶빨갈 위	日イ・あきらか
	❷빛날 휘	中wěi

* 형성. 뜻을 나타내는 부수 '火(불 화)'와 음을 나타내는 '韋(가죽 위)'를 합친 글자.

풀이 ❶ 1. 빨갛다. 붉은빛. 2. 성한 모양. 밝은 모양. ❷ 3. 빛나다. 빛. ¶煒燁

煒如(위여) 밝은 모양. 환한 모양.

煒燁(1.위엽/2.휘엽) 1)왕성한 모양. 2)빛나는 모양.

煒爗(휘엽) 빛나는 모양.

煒煌(휘황) 1)반짝반짝 빛나는 모양. 2)문장이 훌륭한 모양.

煒煒(휘휘) 빛나서 눈부신 모양. 광채가 성한 모양.

煟	⑨ 13획	日イ・ひ
	불빛 위	中wèi

풀이 불빛. 빛나다.

煣	⑨ 13획	
	불에 구워	日ユウ
	구부릴 유	中róu

풀이 휘다. 불에 구워 구부리다.

煮	⑨ 13획	日シャ・にる
	삶을 자	中zhǔ

* 형성. 뜻을 나타내는 부수 '灬(불 화)'와 음을 나타내는 '者(놈 자)'를 합친 글자. 불에 음식 등을 '삶다', '익히다'라는 뜻을 나타냄.

풀이 1. 삶다. 익히다. 2. 익다. 3. 소금을 굽다.

煮豆燃豆萁(자두연두기) 콩을 삶는 데 콩대를 땔감으로 함. 콩과 콩대는 같은 뿌리에서 자라난 것이면서 서로를 해친다는 뜻으로, 형제가 서로 다툼을 비유하는 말. 자두연기(煮豆燃萁).
煮茗(자명) 차를 달임.
煮沸(자비) 물 등이 펄펄 끓음. 또는 펄펄 끓임.
煮鹽(자염) 바닷물을 졸여서 소금을 만듦.
煮簀(자책) 자기의 무지를 깨닫지 못하고 남을 원망함.

○煮簀(자책)의 유래
한(漢)나라 사람이 오(吳)나라에 가서 처음으로 죽순 요리의 대접을 받았는데. 그것이 대나무란 말을 듣고 집에 돌아와 대나무로 된 평상을 부수어 삶았으나 삶기지 않으므로, 오나라 사람이 나를 속였구나 하여 원망했다는 고사에서 온 말.

煠	⑨ 13획	日ヨウ·チョウ·ソウ
	데칠 잡	中zhá

풀이 1. 데치다. 삶다. 2. 튀기다.

煎	⑨ 13획	日セン·いる
	달일 전	中jiān, jiàn

풀이 1. 달이다. ¶煎茶 2. 졸이다. 3. 애태우다. 4. 쇠붙이를 정련하다. 5. 전. 기름에 지진 음식.
煎惱(전뇌) 애를 태움. 속을 썩힘.
煎茶(전다) 차를 달임.
煎督(전독) 몹시 독촉함.
煎迫(전박) 급박함. 절박함.
煎餠(전병) 찹쌀가루·밀가루 등을 반죽하여 빈철에 지진 떡.
煎藥(전약) 1)동짓날에 먹는 음식의 한 가지. 2)달여 놓은 약.
煎熬(전오) 1)국물이 없어질 때까지 조림. 2)몹시 근심함의 형용.
煎油(전유) 지짐질함. 또는 그에 쓰이는 기름.

照	⑨ 13획	日ショウ·てる
	비출 조	中zhào

丨 冂 月 日 日ㄱ 日刀 昭 昭 昭 昭 照 照 照

* 형성. 뜻을 나타내는 부수 '灬(불 화)'와 음을 나타내는 '昭(밝을 소)'를 합친 글자. '昭'는 '햇빛', '밝다'의 의미에 '火'를 더하여 '밝다', '비추다'의 뜻을 나타냄.

풀이 1. 비추다. ¶照明 2. 밝게 하다. 3. 비치다. 4. 햇빛. 5. 준거하다. ¶照例 6. 증명서. 증권. 7. 돌보다. 뒷바라지다. ¶照管 8. 사진. 영상. ¶照像 9. 거울. 10. 통고하다. 11. 대조하다. 12. 깨우치다.

照鑑(조감) 1)비추어 봄. 분명히 봄. 2)신불(神佛) 등을 밝게 보살핌.
照管(조관) 부탁을 받아 일을 처리함.
照校(조교) 대조하여 교정함.
照度(조도) 일정한 면이 일정한 시간에 받는 빛의 양.
照覽(조람) 1)비추어 봄. 분명히 봄. 2)신불(神佛)이 굽어 살핌
照例(조례) 규칙에 의거함. 규칙에 통함.
照臨(조림) 1)일월(日月)이 위에서 사방을 내리비춤. 2)임금이 백성을 굽어 보살펴 다스림. 3)신불(神佛)이 세상을 굽어 봄.
照魔鏡(조마경) 1)마귀의 본체를 비추어 보인다는 신통한 거울. 2)사회의 숨겨진 본체를 드러내는 일.
照明(조명) 1)밝게 비춤. 2)무대나 촬영의 효과 등을 높이려고 빛살을 비추는 일. 또는 그 빛깔.
照査(조사) 대조하여 조사함.
照像(조상) 사진(寫眞). 또는 사진을 찍음. 조상(照相).
照歲燈(조세등) 섣달 그믐날 밤에 다는 등.
照數(조수) 수효를 맞추어 봄.
照映(조영) 밝게 비침. 비치어 반짝임.
照耀(조요) 아름답게 빛남.
照律(조율) 법률에 비추어 봄. 법에 규정한 대로, 법률을 구체적인 사건에 적용함.
照應(조응) 1)서로 비추어 틀림이 없이 맞음. 2)원인에 따라 결과가 생김.
照準(조준) 발사하는 탄환이 목표에 명중하도록 총이나 화포의 방향과 사각(射角)을 겨냥하는 일.
照察(조찰) 똑똑히 꿰뚫어 봄.
照尺(조척) 가늠자.
照驗(조험) 대어 보아서 경험함.
照會(조회) 문서로써 사실을 통고함.
비 煕(빛날 희)

煔	⑨ 13획	
	❶ 불타오를 첨	日テン·セン·サン
	❷ 데칠 점	中shān
	❸ 삼나무 삼	

풀이 ■1 1. 불이 타오르다. ■2 2. 데치다. 삶다. ■3 3. 삼나무.

煆	⑨ 13획	日カ
	불사를 하	中xiā

4획

풀이 1. 불사르다. 2. 덥다. 뜨겁다. 3. 건조하다. 마르다. 4. 빛나다.

煥	⑨ 13획 불꽃 환	日カン·あきらか 中huàn

* 형성. 뜻을 나타내는 부수 '火(불 화)'와 음을 나타내는 '奐(빛날 환)'을 합친 글자. '奐'은 '흩어지다'의 뜻을 나타냄. 이에 빛을 사방(四方)으로 흩어지게 함을 뜻함.

풀이 1. 불꽃. 불빛. 2. 밝다. 빛나다. ¶煥爛

煥綺(환기) 빛나고 아름다움.
煥爛(환란) 번쩍번쩍 빛나는 모양.
煥朗(환랑) 환히 빛남.
煥別(환별) 명백히 구별함.
煥炳(환병) 빛나고 환한 모양.
煥然(환연) 1)깨끗이 녹아 버리는 모양. 2)밝은 모양. 훌륭한 모양.
煥蔚(환위) 광채가 있어 번쩍번쩍한 모양.
煥彰(환창) 환히 나타남.
煥乎(환호) 1)환한 모양. 빛나는 모양. 2)문장이 뛰어나게 빛나는 모양.
煥煥(환환) 번쩍번쩍 빛나는 모양.

유 焱(불꽃 염) 焰(불꽃 염)

煌	⑨ 13획 빛날 황	日コウ·かがやく 中huáng

풀이 빛나다. 반짝반짝 빛나는 모양.

煌星(황성) 반짝반짝 빛나는 별.
煌耀(황요) 빛나는 빛. 태양을 이름.
煌熒(황형) 반짝반짝 빛남.
煌煌(황황) 1)번쩍번쩍 빛나는 모양. 눈부신 모양. 2)꽃이 찬란하게 빛나는 모양. 3)아름다움. 아리따움. 4)성(盛)한 모양. 왕성한 모양.

煦	⑨ 13획 따뜻하게 할 후	日ク·あたためる 中xù

풀이 1. 따뜻하게 하다. ¶煦育 2. 찌다. 3. 덥다. 4. 은혜를 베풀다. ¶煦煦 5. 햇빛. 일광. 6. 말리다. ¶煦煆

煦嫗(후구) 입김을 불어 따뜻하게 하고, 체온으로 따뜻하게 함.
煦伏(후부) 알을 품어 따뜻하게 함.
煦覆(후부) 따뜻하게 하여 덮음.
煦育(후육) 따뜻하게 하여 기름. 양육(養育)함.
煦煆(후하) 1)따뜻하게 함. 2)말림.
煦噓(후허) 김을 불어 따뜻하게 함.
煦煦(후후) 조그마한 은혜를 베푸는 모양.

煇	⑨ 13획 ❶빛날 휘 ❷구울 훈 ❸햇무리 운	日キ·コン·ひかり 中huī

풀이 1 1. 빛나다. 빛. ¶煇光 2 2. 굽다. 지지다. 3 3. 햇무리. 해의 주변에 있는 흰빛의 테.

煇光(휘광) 빛나는 광채. 광휘(光輝).
煇線(휘선) 빛의 스펙트럼에 있는 밝은 빛의 선.
煇煌(휘황) 빛이 찬란한 모양.
煇煇(1.휘휘/2.훈훈) 1)빛이 찬란한 모양. 2)붉은 빛의 모양.

유 昱(빛날 욱) 炯(빛날 형) 奐(빛날 환) 昡(빛날 현)

熙	⑨ 13획 ❶빛날 희 ❷성 이	日キ·ひかる 中xī

* 형성. 뜻을 나타내는 '灬(불 화)'와 음을 나타내는 부수 이외의 글자로 이루어져 '기뻐하다', '좋아하다'의 뜻을 나타냄.

풀이 1 1. 빛나다. 빛. 2. 마르다. 말리다. 3. 넓다. 광대하다. ¶熙隆 4. 넓히다. 5. 일어나다. 흥기하다. 6. 화락하다. 화목하게 즐기다. 7. 기뻐하다. 8. 희롱하다. 9. 아아. 탄식하는 소리. 10. 행복. 2 11. 성씨(姓氏).

熙隆(희륭) 넓고 성함.
熙雍(희옹) 화락(和樂)함.
熙怡(희이) 누그러져 기뻐함.
熙績(희적) 공적(功績)을 넓혀 빛냄.
熙朝(희조) 잘 다스려진 왕조(王朝). 성대(盛代).
熙洽(희흡) 1)화락(和樂)함. 2)덕이 높은 임금이 왕위를 계승하는 일. 또는 세상이 태평하게 잘 다스려지는 일.
熙熙(희희) 1)화락한 모양. 2)넓은 모양. 3)왕래가 잦은 모양.
熙熙壤壤(희희양양) 여러 사람이 여기저기 빈번히 왕래하는 모양.

비 照(비출 조)

煽	⑩ 14획 부칠 선	日セン·あおる 中shān

* 형성. 뜻을 나타내는 부수 '火(불 화)'와 음을 나타내는 '扇

(부채 선)'을 합친 글자. '扇'은 '부채로 부치다'의 뜻을 나타내어, '불을 일으키다'의 뜻을 나타냄.

풀이 1. 부치다. 부채질하다. 2. 불을 붙이다. 3. 부추기다. 꼬드기다. ¶煽動 4. 성하다. 세력이 성대하다.

煽動(선동) 남을 꾀어내거나 여러 사람을 부추겨 일을 일으킴.

煽亂(선란) 소란을 부추김.

煽情(선정) 정욕을 자극하여 일으킴.

煽惑(선혹) 선동하여 현혹하게 함.

熄	⑩ 14획	日ソク·きえる
	꺼질 식	中xī

풀이 1. 꺼지다. 2. 없어지다. 사라지다.

熄滅(식멸) 꺼져 없어짐.

熅	⑩ 14획	日ウン·うずみび
	숯불 온	中yūn, yún, yùn

풀이 1. 숯불. ¶熅火 2. 따뜻하다. 온난하다. 3. 희미하다. 4. 덥다. 5. 다림질하다. 6. 김이 오르다. 김이 나 연기 등이 오르는 모양.

熅熅(온온) 1)김이나 연기가 오르는 모양. 2)음양(陰陽)이 조화한 모양.

熅火(온화) 불꽃이 나지 않는 숯불. 잿속에 묻은 숯불.

熊	⑩ 14획	
	❶곰 웅	日ユウ·くま
	❷세발자라 내	中xióng

* 형성. 뜻을 나타내는 부수 '灬(불 화)'와 음을 나타내는 '能(재능 능)'을 합친 글자.

풀이 1 1. 곰. ¶熊膽 2. 빛나다. 2 3. 세 발 자라.

熊經(웅경) 신선(神仙)의 도인법(導引法)의 한 가지. 곰이 앞발로 나무를 잡고 서는 듯한 자세로 숨쉬는 방법을 반복함.

熊女(웅녀) 전설상에 나타난 단군의 어머니. 처음에 곰으로 있다가 쑥과 마늘을 먹고 사람이 되어 환웅과 혼인하여 단군을 낳았다고 함.

熊膽(웅담) 곰의 쓸개.

熊羆(웅비) 1)곰과 큰곰. 2)용맹한 무사(武士). 3)남자.

熊魚(웅어) 곰의 발바닥과 물고기. 맛있는 음식의 형용하는 말.

熊熊(웅웅) 고운 빛이 나는 모양. 빛이 곱고 윤이 나는 모양.

熊虎(웅호) 1)곰과 범. 2)용맹함을 비유하는 말.

비 態(태도 태)

熒	⑩ 14획	日コウ
	등불 형	中yíng

풀이 1. 등불. 2. 등. 등촉. 3. 빛나다. 4. 밝다. 5. 아찔하다. 현기증이 나다. 6. 개똥벌레. 7. 경영하다. 8. 현혹하다.

熒光(형광) 반딧불.

熒郁(형욱) 무성(茂盛)함.

熒燭(형촉) 작은 촛불.

熒熒(형형) 1)얼굴에 윤기가 있는 모양. 2)환히 빛나는 모양. 3)조그만 불빛이 반짝반짝하는 모양.

熒惑(1.형혹/2.영혹) 1)재화·병란(兵亂)의 조짐이 보인다는 별이름. 화성(火星). 2)남방(南方)에 있다고 하는 화신(火神)의 이름. 3)현혹하게 함.

熇	⑩ 14획	
	❶뜨거울 혹	日コク
	❷불꽃일 학	中hè, kǎo, xiāo,
	❸엄할 효	
	❹불에 쬘 고	

풀이 1 1. 뜨겁다. ¶熇暑 2. 불이 활활 타다. 2 3. 불꽃이 일다. 3 4. 엄하다. 심하다. 5. 불길. 4 6. 불에 쬐다. 불에 쬐어 굽거나 말리다. ¶熇焚

熇焚(고분) 불에 쬐어 구움.

熇暑(혹서) 더움. 뜨거움.

熇蒸(혹증) 심한 더위.

熇熇(1.혹혹/학학/2.효효) 1)불꽃이 성하게 일어나는 모양. 2)몹시 참혹한 악행(惡行).

熀	⑩ 14획	
	불빛이글거릴	日コウ·ヨウ
	황·엽	中huǎng, yè

풀이 1. 불빛이 이글거리다. 2. 환히 비치다.

熏	⑩ 14획	日クン·くすべる
	연기 낄 훈	中xūn, xùn

풀이 1. 연기가 끼다. 2. 향을 피우다. 3. 스며들다. 4. 타다. 태우다. 5. 그을리다. 6. 뜨겁다. 7. 움직이다. 감동하다. 8. 황혼. 땅거미. 9. 술에 취하다. 10. 분홍

빛. 11.향을 몸에 바르다.

熏轑(훈료) 태움. 구움.

熏腐(훈부) 남자의 생식기를 자름.

熏腐之餘(훈부지여) 환관(宦官). 내시.

熏鼠(훈서) 불로 쥐구멍을 그슬러 쥐를 잡음.

熏夕(훈석) 저녁 때.

熏煙(훈연) 연기를 쐼. 또는 그 연기.

熏肉(훈육) 훈제한 고기.

熏子(훈자) 1)남자의 음부를 그스름. 2)궁형(宮刑)을 당함. 환자(宦者).

熏煮(훈자) 태워 삶음. 더위가 대단함을 비유.

熏灼(훈작) 1)그슬러 태움. 2)왕성함. 한창임. 3)부귀(富貴)의 세력이 대단함을 비유하는 말. 훈작(薰灼).

熏劑(훈제) 피워 놓고 그 연기를 쐬는 약제.

熏蒸(훈증) 연기에 쐬는 찜질.

熏天(훈천) 1)하늘을 그스름. 2)하늘을 감동시킴.

熏熏(훈훈) 1)화락한 모양. 훈훈(醺醺). 2)왕래가 잦은 모양. 사람이 많은 모양.

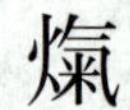
⑩ 14획 日キ
풀베어태울희 中xì

풀이 1. 풀 베어 태우다. 2. 야화(野火). 들에 난 불.

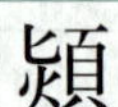
⑪ 15획 日ケイ · ひかる
빛날 경 中jiǒng

풀이 1. 빛나다. 2. 불빛. 3. 경침(警枕).

비 頗(자못 파)

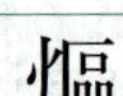
⑪ 15획 日ク
통째로 구울 구 中ōu, ǒu

풀이 1. 통째로 굽다. 2. 뜨겁다.

熢
⑪ 15획 日ホウ · ボウ
연기 자욱할 봉 中fēng

풀이 1. 연기가 자욱하다 . 2. 불기운. 화기.

熟
⑪ 15획 日ジュク · ズク · うれる
익을 숙 中shóu, shú

丶 亠 亡 亩 亯 享 享 享 郭 孰 孰 孰 孰 熟 熟 熟 熟 熟 熟

* 형성. 뜻을 나타내는 부수 '灬(불 화)'와 음을 나타내는 '孰(누구 숙)'을 합친 글자.

풀이 1. 익다. 2. 익숙하다. ¶熟菜 3. 익히다. 4. 무르다. 무르게 되다. 5. 익히. 곰곰이. ¶熟考 6. 덥다.

熟稼(숙가) 잘 익은 곡식.

熟客(숙객) 낯이 익은 손님.

熟考(숙고) 곰곰히 잘 생각함. 깊이 생각함.

熟果(숙과) 잘 익은 과실.

熟達(숙달) 익숙하고 통달함.

熟讀(숙독) 1)익숙하게 읽음. 2)글의 뜻을 잘 생각하면서 읽음.

熟覽(숙람) 눈여겨 똑똑하게 살펴봄.

熟練(숙련) 1)능숙하게 익힘. 2)익숙함.

熟眠(숙면) 단잠.

熟不還生(숙불환생) 한 번 익힌 음식은 날것으로 되돌아 갈 수 없어 그대로 두면 쓸데없다는 뜻으로 남에게 음식을 권할 때 쓰는 말.

熟省(숙성) 돌이켜 깊이 반성함.

熟成(숙성) 1)충분하게 이루어짐. 2)물질을 적당한 온도로 오랜 시간 버려둘 때 천천히 발효되거나 콜로이드 입자가 생성되는 등의 화학 변화.

熟手(숙수) 숙련된 솜씨. 또는 그 사람.

熟習(숙습) 1)익숙하여 몸에 젖은 버릇. 2)익숙하게 익힘.

熟視(숙시) 눈여겨 자세하게 들여다 봄.

熟識(숙식) 1)익히 잘 앎. 2)착한 벗.

熟悉(숙실) 충분히 앎. 익히 앎.

熟語(숙어) 두 개 이상의 낱말이 결합하여 하나의 뜻을 이루는 말, 또는 관용적으로 특유의 뜻을 나타내는 성구(成句).

熟議(숙의) 깊이 생각하여 충분히 의논함.

熟蠶(숙잠) 익은 누에.

熟地(숙지) 좋은 논밭. 기름진 땅.

熟知(숙지) 익숙하게 앎.

熟察(숙찰) 잘 살펴봄. 자세히 관찰함.

熟菜(숙채) 익힌 나물.

熟親(숙친) 정분이 두터움. 아주 가까운 친지.

熟曉(숙효) 깊이 통달함. 어떤 사물에 정통함.

비 塾(글방 숙)

熠
⑪ 15획 日ユウ · あざやか
빛날 습 中yì

풀이 1. 빛나다. 2. 밝은 빛. 3. 선명하다. 4. 반딧불.

熠熠(습습) 빛이 선명한 모양. 욱욱(煜煜).

熠爚(습약) 매우 빛남.

熠燿(습요) 1)선명한 모양. 2)반딧불의 다른 이름. 3)빛이 일정하지 않은 모양.

熯	⑪ 15획	
	❶불태울 선	日ゼン・カン
	❷말릴 한	中hàn, rǎn

풀이 ❶ 1. 불태우다. 불사르다. 2. 공경하다. ❷ 3. 말리다. 건조시키다.

熱	⑪ 15획	日ネツ・あつい
	더울 열	中rè

풀이 1. 덥다. 2. 더위. ¶熱客 3. 열. ㉠더운 기운. ㉡체온. ㉢병으로 높아진 체온. ¶熱量 4. 흥분하다. 초조하고 애태우다. 5. 바쁘다. 6. 태우다. 불 태우다.

熱客(열객) 1)더위를 무릅쓰고 찾아온 빈객(賓客). 2)권세 있는 사람을 맞이하여 뜻을 맞춰 주는 속인(俗人). 3)창기(娼妓)에게 열중한 손님.

熱狂(열광) 미친듯이 날뜀.

熱氣(열기) 1)뜨거운 기운. 2)높은 신열. 3)뜨겁게 가열된 기체. 4)흥분한 분위기.

熱帶(열대) 적도에서 남북 회귀선까지의 기후대. 연평균 기온이 20℃ 이상이며 밤과 낮의 길이가 비슷하고 사철의 변화가 별로 없는 기후의 지대.

熱量(열량) 물질의 온도를 높이는 데 필요한 열의 분량.

熱烈(열렬) 1)관심(關心)·감정(感情) 등이 더할 나위 없이 강함. 2)권세가 대단함.

熱望(열망) 열렬하게 바람.

熱罵(열매) 몹시 꾸짖음.

熱誠(열성) 열렬한 정성.

熱心(열심) 골똘히 힘씀. 또는 그런 마음.

熱演(열연) 연기 등을 열심히 함.

熱意(열의) 열성을 다하는 마음.

熱情(열정) 1)매우 격렬한 감정. 열렬한 애정. 2)어떤 일에 열중하는 마음. 열심(熱心). 3)두터운 동정. 뜨거운 온정.

熱中(열중) 1)정신을 한 곳으로 집중함. 2)마음이 조급하여 어쩔 줄 몰라 함.

熱血(열혈) 몸에서 끓어오르는 더운 피.

熱效率(열효율) 공급된 열이 유효한 일로 변한 정도를 나타내는 비율.

비 勢(기세 세)

熬	⑪ 15획	日ゴウ・いる
	볶을 오	中āo, áo

풀이 1. 볶다. ¶熬煎 2. 볶은 음식. 자반. 3. 참다. 견디다. 4. 근심하는 소리. 수심에 잠긴 소리.

熬過(오과) 뚫고 나아감. 돌파함.

熬熬(오오) 수심에 잠겨 이야기하는 모양. 또는 그 소리.

熬煎(오전) 볶음.

熬波(오파) 바닷물을 졸여 소금을 만드는 일.

熨	⑪ 15획	
	❶눌러 덥게 할 위	日イ・ウツ・のし
	❷다릴 울	中wèi, yù, yùn

풀이 ❶ 1. 눌러서 덥게 하다. 2. 붙이다. 약을 붙이다. ❷ 3. 다리다. ¶熨衣 4. 다리미.

熨斗(울두) 다리미.

熨衣(울의) 옷을 다림.

熨貼(울첩) 다리미질로 포백(布帛)의 구김살을 폄.

熷	⑪ 15획	日ソ・さかる
	불태울 조	中zāo

풀이 1. 불태우다. 2. 불타고 남은 찌꺼기. 3. 깨뜨리다.

熛	⑪ 15획	日ヒョウ
	불똥 표	中biāo

풀이 1. 불똥. ¶熛起 2. 불똥이 튀다. 3. 빛나다. 4. 붉다. 적색.

熛闕(표궐) 대궐의 붉은 문.

熛起(표기) 불똥이 튀듯이 빨리 일어남.

熛怒(표노) 불이 성한 모양. 불똥이 튀는 모양.

熛至(표지) 불똥이 튀는 것처럼 빨리 달려옴. 재빨리 도달함.

熛至風起(표지풍기) 비화(飛火)나 바람처럼 빨리 일어남.

熛風(표풍) 1)몹시 빠른 바람. 질풍(疾風). 2)회오리바람.

비 漂(떠돌 표)

燆	⑫ 16획	日キョウ
	불꽃 교	中qiāo

풀이 1. 불꽃. 2. 불이 번득거리다. 3. 열기가 차다.

燆蠹(교두) 열기 때문에 좀이 먹음.

유 焱(불꽃 염) 煥(불꽃 환)

燉	⑫ 16획	日 トン
	이글거릴 돈	中 dùn

풀이 1. 이글거리다. 2. 불빛.

燈	⑫ 16획	日 トウ·ひ
	등잔 등	中 dēng

*형성. 뜻을 나타내는 부수 '火(불 화)'와 음을 나타내는 '登(오를 등)'을 합친 글자.

풀이 1. 등잔. 등. ¶燈盞 2. 등불. 3. 부처의 가르침. 불법(佛法)이 중생의 길을 밝힘을 등불에 비유하는 말.

燈架(등가) 등잔걸이.
燈臺(등대) 1)바닷가나 섬 같은 곳에 높이 세워 밤에 다니는 배에 목표·뱃길·위험한 곳 등을 알려 주려고 불을 켜 비추어 주는 곳. 2)촛불이나 등잔 등을 올려놓는 나무 바탕. 3)나아가야 할 길을 밝혀주는 것을 비유하는 말.
燈明(등명) 1)등불. 2)신불(神佛)에 올리는 등불.
燈夕(등석) 음력 정월 보름 저녁에 등불을 달아 밤을 밝히는 일.
燈船(등선) 항로(航路)의 표지(標識)로 등불을 달고 있는 배.
燈蛾(등아) 불나방.
燈影(등영) 등불의 그림자.
燈油(등유) 등불을 켜거나 난로를 피우는 데 쓰는 석유에서 뽑은 기름.
燈盞(등잔) 1)기름을 담아 등불을 켜는 그릇. 2)등(燈).
燈燭(등촉) 등불.
燈下不明(등하불명) 등잔 밑이 어둡다는 뜻으로, 가까운 데 생긴 일을 먼 데 일보다 도리어 알아내기 어려움을 말함.
燈花(등화) 등잔불이나 촛불의 심지 끝이 타서 맺힌 불덩어리.

燎	⑫ 16획	日 リョウ·にわび
	화톳불 료(요)	中 liáo, liǎo, liào

풀이 1. 화톳불. ¶燎火 2. 밝다. ¶燎朗 3. 불타다. 4. 불을 쬐어 말리다. ¶燎衣 5. 불을 놓다. 불을 지르다. 6. 제사. 섶을 태워 하늘에 지내는 제사.

燎壇(요단) 섶나무를 때어 하늘에 제사 지내는 단.
燎朗(요랑) 밝음.
燎獵(요렵) 숲을 태워 짐승을 사냥함.
燎髮(요발) 머리털을 태운다는 뜻으로, 일이 매우 쉬움을 비유하는 말.
燎野(요야) 벌판을 불태움.
燎原之火(요원지화) 맹렬한 세력으로 타 번지는 벌판의 불이란 뜻으로, 난리나 시위 등이 막을 수 없이 무섭게 번져 나가는 기세를 비유하는 말.
燎衣(요의) 옷을 불에 쬐어 말림.
燎祭(요제) 화톳불을 피어 신에게 제사 지냄.
燎火(요화) 화톳불.

燐	⑫ 16획	日 リン
	도깨비불 린(인)	中 lín

풀이 1. 도깨비불. 2. 반딧불. 3. 인. 비금속 원소의 하나.

燐光(인광) 1)어떠한 물질에 빛을 비추다가 그만둔 다음에도 계속하여 나는 빛. 2)황인을 공기 가운데 놓아둘 때 나는 빛.
燐燐(인린) 도깨비불·반딧불 등이 번쩍번쩍함.
燐火(인화) 1)인(燐)이 타는 파란 불. 2)음습(陰濕)한 곳에서 인(燐)이 산화(酸化)하여 자연히 생겨나는 불빛. 도깨비불.

비 潾(맑을 린) 隣(이웃 린)

燔	⑫ 16획	日 ハン·やく
	구울 번	中 fán

*형성. 뜻을 나타내는 부수 '火(불 화)'와 음을 나타내는 '番(번 번)'을 합친 글자. 불(火)로 차례(番)대로 고기를 굽는다는 데에서 '굽다'를 뜻함.

풀이 1. 굽다. ¶燔肉 2. 제육(祭肉). 3. 말리다. 4. 불사르다.

燔劫(번겁) 남의 집에 불을 지르고 위협함.
燔燎(번료) 화톳불을 놓음.
燔師(번사) 사기 굽는 가마에 불 때는 일을 맡아 하는 사람.
燔燧(번수) 봉화(烽火)를 올림.
燔柴(번시) 섶나무를 태우면서 천제(天祭)를 지냄.
燔艾(번애) 쑥을 태움. 뜸질을 함.
燔肉(번육) 1)구운 고기. 2)제사에 쓰는 고기.
燔灼(번작) 불에 구움.
燔造(번조) 질그릇·사기그릇 등을 구워서 만들어 냄.
燔蕩(번탕) 타서 모두 없어짐.

燅 ⑫ 16획 日セン
데칠 섬 中qián

풀이 1. 데치다. 2. 끓는 물에 튀하다. 3. 데우다.

燒 ⑫ 16획 日ソウ
불사를 소 中shāo

* 형성. 뜻을 나타내는 부수 '火(불 화)'와 음을 나타내는 '堯(요임금 요)'를 합친 글자. '堯'는 '높이 올라가다' 또 '많다'의 뜻을 나타내며 높은(堯) 불(火)꽃에 무엇을 '태우는' 것을 나타냄.

풀이 1. 불사르다. 불태우다. ¶燒夷 2. 애태우다. 3. 익히다. 익게 하다. 4. 타다. 불타다. 5. 불이 나다. 6. 소주(燒酒) 7. 붉다. 8. 야화(野火). 들에 놓은 불.

燒却(소각) 불에 살라 버림.
燒滅(소멸) 불타서 없어짐. 또는 불살라 없앰.
燒木(소목) 나무를 태움.
燒眉之急(소미지급) 불길이 눈썹을 태우는 것과 같이 몹시 급한 경우를 말함.
燒死(소사) 불에 타서 죽음.
燒散(소산) 1)불살라 흩어 버림. 2)화장(火葬).
燒身(소신) 분신(焚身).
燒失(소실) 불에 타서 잃어버림.
燒夷(소이) 1)불태워 없앰. 2)불태워 토평(討平)함.
燒葬(소장) 화장(火葬)함.
燒盡(소진) 모조리 타 없어짐.
燒薙(소치) 깎고 태워 버림. 잡초 등을 깎고 사르는 일.
燒香(소향) 1)향을 피움. 2)향을 피워 신불에게 바치는 일.
燒火(소화) 1)불에 사름. 2)태워서 성질을 변화시킴.

유 燃(사를 연)

燖 ⑫ 16획
❶ 삶을 심 日ゼン
❷ 데칠 점 中xún

풀이 ❶ 1. 삶다. 2. 데우다. ❷ 3. 데치다.

燃 ⑫ 16획 日ネン·もえる
사를 연 中rán

* 형성. 뜻을 나타내는 부수 '火(불 화)'와 음을 나타내는 '然(그러할 연)'을 합친 글자. 원래 '타다'는 뜻을 가지는 '然'이 다른 뜻으로 쓰이기 때문에, 다시 火(화)를 붙여 '타다'의 뜻을 나타내게 함.

풀이 사르다. 타다.

燃燈會(연등회) 정월 대보름에 등불을 켜고 부처에게 복을 빌며 노는 놀이.
燃料(연료) 열을 이용하기 위하여 태우는 재료. 숯·석탄·석유·가솔린 등.
燃眉之厄(연미지액) 눈썹이 불타듯이 눈 앞에 매우 급하게 닥친 액화(液化) 곧, 절박한 재액(災厄)을 비유하는 말.
燃燒(연소) 1)타는 일. 2)물질이 공기 중 혹은 산소 중에서 산화되어 열과 빛을 내는 화학변화.

유 燒(사를 소) 비 然(그럴 연)

燕 ⑫ 16획 日エン·つばめ
제비 연 中yān, yàn

* 상형. 제비가 나는 모양을 본뜬 글자. '주연(酒宴)' 또는 '쉬다'의 뜻을 나타냄.

풀이 1. 제비. ¶燕雀 2. 편히 쉬다. ¶燕息 3. 연나라. ㉠주나라 때 황제의 후손이 하남성(河南省)에 세운 남연(南燕). ㉡춘추 전국 시대에 하북성(河北省)에 세운 칠웅(七雄)의 한 나라인 후연(後燕). 4. 잔치. 주연(酒宴). 5. 성씨(姓氏).

燕居(연거) 한가하게 집에 있는 동안.
燕臺召(연대소) 임금에게 우대 받음. 연(燕)나라 소왕(昭王)이 대(臺)를 짓고 현자(賢者)를 초빙한 고사에서 온 말.
燕禮(연례) 군신(君臣)·상하(上下)가 함께 즐기는 잔치. 연례(宴禮).
燕麥(연맥) 귀리.
燕毛(연모) 제사를 지내고 술을 마실 때 모발(毛髮)의 빛깔로 장유(長幼)를 나누어 자리의 순서를 정하던 일.
燕尾服(연미복) 저고리 뒤가 길게 내려오고 두 갈래로 째져서 제비 꼬리처럼 되어 있고, 앞쪽은 허리 아래가 없는 검은 천으로 지어진 남자의 예복.
燕朋(연붕) 흉허물 없이 지내는 친한 벗.
燕私(연사) 1)가족끼리 화목하게 이야기함. 2)편안히 쉼.
燕巢(연소) 1)제비의 보금자리. 2)연와(燕窩).

燕息(연식) 편안히 쉼.
燕樂(1.연악/2.연락) 1)주연(酒宴)에서 연주하는 음악. 2)잔치를 베풀고 즐김.
燕語(연어) 1)연석(宴席)에서 서로 터놓고 이야기함. 2)제비의 지저귀는 소리.
燕燕(연연) 편안히 쉬는 모양. 안식(安息)하는 모양. 연연(宴宴).
燕娛(연오) 재미있게 편히 놂. 연락(宴樂).
燕婉(연완) 조용하고 얌전함.
燕飮(연음) 주연을 베풀고 즐겁게 술을 마심.
燕翼(연익) 조상이 자손을 도와 편안하게 함. 또는 어진 신하가 임금을 보필하는 일.
燕雀(연작) 1)제비와 참새. 2)도량이 좁은 사람. 소인(小人).
燕朝(연조) 내조(內朝). 임금이 편히 쉬는 궁전.
燕寢(연침) 한가롭게 편히 쉬는 방.
燕惰(연타) 몸을 단속하지 않고 일을 게을리함.
燕賀(연하) 사람이 집을 지으면 제비들이 서로 축하하며 기뻐한다는 뜻으로, 남의 집의 낙성(落成)을 축하함을 이름.
燕好(연호) 주연을 베풀고 선물을 주어 융숭하게 대접함.
燕鴻之歎(연홍지탄) 가는 길이 틀려서 서로 만나지 못하는 탄식.

燄 ⑫ 16획 불꽃 염 日エン·ひ 中yàn

풀이 1. 불꽃. ¶燄火 2. 불이 조금씩 타오르다.
燄暗(염암) 빛이 희미하게 어두움.
燄燄(염염) 불이 조금 타오르는 모양.
燄火(염화) 1)불꽃. 2)불꽃처럼 붉은 꽃. 3)헐뜯는 말이 격렬함을 이르는 말.

燁 ⑫ 16획 빛날 엽 日ヨウ·かがやく 中yè

풀이 빛나다. 반짝이다.
燁然(엽연) 1)아름답게 빛나는 모양. 2)성한 모양.
燁燁(엽엽) 번쩍번쩍 빛나는 모양.
유 昱(빛날 욱) 炯(빛날 형) 奐(빛날 환) 昡(빛날 현)

燖 ⑫ 16획 꺼질 잠 日セン 中jiān

풀이 1. 불이 꺼지다. 2. 멸망하다. 세력이 없어지다.

燀 ⑫ 16획 ❶ 밥지을 천 ❷ 따뜻할 단 日セン 中chǎn, dǎn,

풀이 ❶ 1. 밥 짓다. 2. 불타다. 3. 빛나다. 4. 성하다. 5. 덥다. ❷ 6. 따뜻하다. ¶燀熱
燀熱(단열) 옷이 두꺼워 몸이 따뜻함.
燀赫(천혁) 빛남.
비 燂(무를 첨)

燂 ⑫ 16획 ❶ 무를 첨 ❷ 삶을 심 ❸ 사를 담 日タン·セン 中xún

풀이 ❶ 1. 무르다. 2. 데우다. ❷ 3. 삶다. ❸ 4. 불사르다.
燂爍(첨삭) 따뜻함. 뜨거움.

燋 ⑫ 16획 ❶ 홰 초 ❷ 불붙지 않은 홰 착 日ショウ·シャク 中jiāo, zhuó

풀이 ❶ 1. 홰. 불을 붙여 밝히는 물건. 2. 그을리다. 그을다. 3. 초췌하다. 야위다. 4. 타다. 태우다. ❷ 5. 불을 붙이지 않은 홰.
燋槁(초고) 볕에 타 말라 죽음.
燋頭爛額(초두난액) 화재 예방의 방책을 헌언(獻言)한 사람에게는 상(賞)을 주지 않고, 불이 나서 머리를 태워 가면서 불을 끈 사람에게 상을 줌. 즉, 본말(本末)이 뒤바뀜을 비유하는 말.
燋爛(초란) 불에 데어 살이 문드러짐.
燋鑠(초삭) 태워 녹임. 또는 타서 녹음.
燋心(초심) 애를 태움. 초심(焦心).
燋然(초연) 근심하는 모양. 걱정하는 모양.
燋夭(초요) 말라 시듦. 지치고 시들어 일찍 죽음.

熾 ⑫ 16획 성할 치 日シ·さかん 中chì

* 형성. 뜻을 나타내는 부수 '火(불 화)'와 음을 나타내는 부수 이외의 글자로 이루어짐. 부수 이외의 글자는 '오르다'는

4획

뜻을 나타내어 이에 '불이 활활 잘 타오르다'는 뜻을 나타냄.

풀이 1. 성하다. 불길이 세다. ¶熾盛 2. 불을 피우다. 3. 세력이 강성하다.

熾肆(치사) 세력이 강하고 방자함.
熾盛(치성) 기세가 아주 성함.
熾烈(치열) 1)세력이 불길처럼 맹렬함. 2)불길이나 햇볕이 매우 성함.
熾熱(치열) 열도가 아주 높음. 뜨거움.
熾灼(치작) 1)불이 한창 탐. 2)세력이 강성함.

비 識(알 식)

燙	⑫ 16획	日トウ
	데울 탕	中tàng

풀이 1. 데우다. 2. 손을 찌다.

熿	⑫ 16획	日コウ·ひかる
	빛날 황	中huáng

풀이 빛나다. 밝다.

熹	⑫ 16획	日キ
	성할 희	中xī

풀이 1. 성하다. 왕성하다. 2. 희미하다. 3. 밝다. 4. 아름답다. 5. 기뻐하다. ¶熹娛 6. 희롱하다. 장난치다.

熹微(희미) 햇빛이 흐릿함.
熹娛(희오) 기뻐하고 즐거워함.

비 憙(기뻐할 희)

燮	⑬ 17획	日ショウ·やわらぐ
	불꽃 섭	中xiè

풀이 1. 불꽃. 2. 익히다. 3. 조화하다. 4. 점차로.

燮理(섭리) 화합하여 다스림. 음양을 고르게 다스림.
燮曜(섭요) 온화하게 비춤.
燮友(섭우) 화친(和親)함.
燮和(섭화) 1)조화시켜 알맞게 함. 2)재상(宰相)의 벼슬.

비 變(변할 변)

燧	⑬ 17획	日スイ·ひうち
	부싯돌 수	中suì

풀이 1. 부싯돌. ¶燧石 2. 횃불. 3. 봉화. ¶燧烟 4. 불을 붙이다.

燧金(수금) 부싯돌을 쳐서 불을 생기게 하는 쇳조각.
燧改(수개) 계절에 따라 새로운 부싯돌로 불을 붙이는 일.
燧石(수석) 부싯돌.
燧烟(수연) 봉화대(烽火臺)에서 낮에 신호로 올리는 봉화 연기.
燧火(수화) 1)부싯돌로 일으킨 불. 2)횃불.

營	⑬ 17획	
	❶경영할 영	日エイ·いとなむ
	❷변명할 형	中yíng

＊형성. '宮(대궐 궁)'과 음을 나타내는 '熒(희미할 형)'의 생략형이 합쳐 만들어진 글자.

풀이 1 1. 경영하다. 2. 꾀하다. 계획하다. 3. 다스리다. 4. 행하다. 5. 짓다. ¶營建 6. 경작하다. ¶營農 7. 재다. 측량하다. 8. 현혹하다. 9. 진영. ¶營壘 10. 집. 주택. 11.두려워하다. 12.왕래하는 모양. 13. 동아리. 14. 경계. 15. 고을 이름. 순(舜)임금 때 십이주(十二州)의 하나로, 지금의 산동성(山東省) 북부임. 16. 성씨(姓氏). 2 17. 변명하다.

營建(영건) 건물을 지음.
營求(영구) 경영하여 구함. 꾀하여 구함.
營救(영구) 남을 위하여 변호함. 또는 재난에 빠진 사람을 구하여 냄.
營農(영농) 농사짓기.
營壘(영루) 진영(陣營). 성채(城砦).
營利(영리) 이득이나 이익을 목적으로 하는 것.
營門(영문) 1)군영의 문. 군문(軍門). 2)감영(監營).
營福(영복) 복을 구함. 행복을 바람.
營舍(영사) 군대가 주둔하고 있는 집.
營生(영생) 1)생활을 영위함. 2)생계(生計).
營所(영소) 군대가 주둔하는 곳. 군영(軍營).
營養(영양) 생물이 새로운 조직의 형성, 체성분의 보충, 생활 기능의 조절 등의 생활 작용을 계속하기 위하여 적당한 물질을 외계에서 섭취하여 이것을 동화하는 일.
營業(영업) 영리를 목적으로 하는 사업.
營爲(영위) 일을 경영함.
營衛(영위) 1)병영(兵營)의 수비. 또는 그 병사. 2)기혈(氣血)의 작용(作用).
營卒(영졸) 감영에 딸렸던 병졸.

4획

營倉(영창) 군대에서 규율을 어긴 자를 가두는 건물. 또는 거기에 가두는 처벌.

비 螢(반딧불 형)

燠	⑬ 17획	日イク·オウ
	❶ 따뜻할 욱	中do, yù
	❷ 입김 몰아 불오	

풀이 1 1. 따뜻하다. 온난하다. ¶燠寒 2 2. 입김을 몰아 불다. 입김을 불어 넣다. ¶燠沐 3. 위로하다.

燠休(오휴) 1)남의 고통을 염려하는 소리. 또는 아픈 곳에 입김을 불어 넣는 일. 2)남의 궁핍을 돕는 일.
燠館(욱관) 1)따뜻한 방. 2)욕실(浴室)의 다른 이름.
燠沐(욱목) 따뜻하고 윤택함.
燠暑(욱서) 찌는 듯이 더움.
燠燠(욱욱) 따뜻한 모양.
燠寒(욱한) 따뜻함과 추움.

燥	⑬ 17획	日ソウ·かわく
	마를 조	中zào

丶 丷 ⺌ 火 火' 火'' 火ᄆ 火ᄆᄆ … 燥

* 형성. 뜻을 나타내는 부수 '火(불 화)'와 음을 나타내며 '없애다'라는 뜻을 가진 '喿(새떼지어 울 소)'를 합친 글자. 이에 불로 '습기를 없애다', '마르게 하다'의 뜻.

풀이 1. 마르다. 2. 말리다.

燥渴(조갈) 목이 몹시 마름.
燥强(조강) 땅에 물기가 없어서 흙이 마르고 깨끗함.
燥吻(조문) 바싹 마른 입술이라는 뜻으로, 시문(詩文)의 좋은 구(句)가 쉽게 떠오르지 않음을 말함.
燥澁(조삽) 말라서 부드럽지 못하고 깔깔함.
燥濕(조습) 바싹 마름과 축축히 젖음.
燥熱(조열) 1)바싹 마르고 더움. 2)마음이 답답하고 몸에 열이 남.
燥灼(조작) 마음이 초조함.

燦	⑬ 17획	日サン·あきらか
	빛날 찬	中càn

풀이 빛나다.

燦爛(찬란) 광채가 번쩍번쩍하고 환함. 영롱하고 현란함.
燦然(찬연) 눈부시게 빛나는 모양.
燦燦(찬찬) 찬란한 모양.

燭	⑬ 17획	日ショク·ソク·ともしび
	촛불 촉	中zhú

丶 丷 ⺌ 火 火' 火'' 火ᄆ … 燭

* 형성. 뜻을 나타내는 부수 '火(불 화)'와 음을 나타내며 '손에 닿다'의 뜻을 가진 '蜀(나라이름 촉)'을 합친 글자. 이에 손으로 드는 '등불'을 나타냄.

풀이 1. 촛불. 등불. ¶燭光 2. 횃불. 3. 화톳불. 4. 비추다. 비치다. ¶燭夜

燭架(촉가) 초를 꽂아 세우는 대.
燭光(촉광) 촛불의 빛.
燭臺(촉대) 촛대.
燭淚(촉루) 촛농.
燭跋(촉발) 타다 남은 등불 또는 초.
燭心(촉심) 초의 심지.
燭夜(촉야) 1)밤을 비춤. 2) 닭의 다른 이름.
燭照數計(촉조수계) 등불로 비추어 보고 주판으로 셈을 한다는 뜻으로, 일을 명확히 처리하여 그릇됨이 없음을 비유하는 말.
燭進(촉진) 초가 다 타 버렸다는 뜻으로, 밤이 깊었음을 이름.
燭察(촉찰) 밝혀 샅샅이 살핌.
燭燭(촉촉) 빛이 밝은 모양. 달빛을 이름.
燭火(촉화) 촛불.
燭花(촉화) 1)촛불이나 등불의 불꽃. 2) 등심(燈心)의 타고 남은 불똥.
華燭(화촉) 1)화(華)초. 2)색을 들인 밀초. 화려한 등화(燈火). 3)혼례 의식에서의 등화. 혼례.

비 獨(홀로 독)

燬	⑬ 17획	日キ·やく
	불 훼	中huǐ

풀이 1. 불. 2. 태우다.

燬炎(훼염) 1)세차게 타오르는 불꽃. 2)태양.
燬潛(훼잠) 열화(烈火)에 타 재가 됨.
燬火(훼화) 이글이글 타는 불. 세차게 타는 불.

燾	⑭ 18획	日トウ·てらす
	비출 도	中dào, tāo

풀이 1. 비추다. 2. 덮다. ¶燾育

燾昦(도오) 높고 험준하면서 깊숙한 모양.
燾育(도육) 덮어 잘 보호하여 기름.

비 壽(목숨 수)

爁	⑭ 18획	日ラン
	불번질 람	中làn

풀이 1. 불이 번지다. 2. 세력을 떨치다.

燹	⑭ 18획	日セン·のび
	야화 선·희	中xiǎn

풀이 1. 야화. 들을 태우는 불. 2. 맞불을 놓다. 3. 병화. 난리 때문에 일어난 불. 4. 봉화. 봉수(烽燧).

燼	⑭ 18획	日ジン·もえのこり
	깜부기불 신	中lǎn

풀이 1. 깜부기불. 불꽃이 거의 없어 꺼져가는 불. 2. 살아 남은 나머지. 멸망한 후에 간신히 살아 남은 일족(一族), 또는 백성. ¶燼餘

燼滅(신멸) 1)불타 없어짐. 2)멸망하여 몽땅 없어짐.
燼餘(신여) 1)탄 나머지. 타다 남은 것. 2)살아남은 사람. 유민(遺民).
燼灰(신회) 불에 타고 남은 재와 불탄 끄트머리.

燿	⑭ 18획	
	❶빛날 요	日ヨウ·かがやく
	❷뾰족할 초	中shào, shuò, yào
	❸녹일 삭	

풀이 1 1. 빛나다. 비추다. ¶燿德 2. 빛 광명. 3. 현혹시키다. 2 4. 뾰족하다. 3 5. 녹이다.

燿德(요덕) 덕(德)을 빛나게 함. 덕을 밝게 함.
燿蟬(요선) 1)불빛을 밝혀 매미들이 모여들게 함. 2)인군(人君)이 자신의 덕(德)을 밝혀 천하의 사람들을 귀복(歸服)시킴.
燿燿(요요) 환하게 빛나는 모양. 밝은 모양.

유 耀(빛날 요)

爂	⑭ 18획	日ヒョウ
	가벼울 표	中biāo

풀이 가볍다. 가볍고 연하다.

爀	⑭ 18획	日カク
	붉을 혁	中hè

풀이 붉다.

유 赫(붉을 혁)

爋	⑭ 18획	日クン
	연기 낄 훈	中xūn

풀이 1. 연기가 끼다. 2. 질식하다. 3. 불길이 치솟다. 불이 성한 모양.

유 熏(연기 낄 훈)

爍	⑮ 19획	
	❶빛날 삭	日シャク·ひかる
	❷벗겨질 락	中shuò

풀이 1 1. 빛나다. ¶爍爚 2. 뜨겁다. 3. 태우다. 연소시키다. 4. 녹이다. 5. 무너뜨리다. ¶爍金 2 6. 벗겨지다.

爍金(삭금) 1)쇠를 녹임. 2)여러 사람의 입이 쇠를 녹인다는 뜻으로, 남의 말이 무서움을 비유하는 말.
爍爚(삭약) 번쩍번쩍 빛남.

爇	⑮ 19획	日アツ
	사를 열	中ruò

풀이 사르다.

爊	⑮ 19획	日オ
	통째로 구울 오	中āo

풀이 통째로 굽다.

爆	⑮ 19획	日ハク·ホウ·さける
	터질 폭	中bào

丶 丷 少 火 火' 灯 灯 炉 炉 焊 焊 焊 焊 焊 熼 熼 爆 爆 爆

* 형성. 뜻을 나타내는 부수 '火(불 화)'와 음을 나타내는 '暴(사나울 포)'를 합친 글자. '暴'는 '찢어지다', '터지다'의 뜻을 나타내어 불(火)에 의해 물건이 찢어지는(暴) 것 즉, '폭발하다'의 뜻을 나타냄.

풀이 1. 터지다. 폭발하다. ¶爆擊 2. 태우다. 3. 불길이 세다. 4. 튀기다.

4획

爆擊(폭격) 항공기가 폭탄을 떨어뜨려 어떤 목표물을 쳐부숨.
爆笑(폭소) 갑자기 터져 나오는 웃음. 많은 사람들이 일시에 웃음을 터뜨림. 또는 그 웃음.
爆藥(폭약) 화학적 변화로 인해 높은 온도의 가스를 내며 폭발하는 물질.
爆彈(폭탄) 폭약을 장치한 탄환.
爆破(폭파) 폭발시켜 부숨.

비 瀑(폭포 폭)

爌 ⑮ 19획 밝을 황 日コウ 中huǎng

풀이 1. 밝다. 2. 밝히다. 밝게 하다.

爐 ⑯ 20획 화로 로 日ロウ 中lú

* 형성. 뜻을 나타내는 부수 '火(불 화)'와 음을 나타내는 '盧(검을 로)'를 합친 글자.

풀이 1. 화로. ¶爐灰 2. 향로. ¶爐香 3. 취사용·난방용 시설.

爐口(노구) 1)돌과 흙으로 쌓은 부뚜막의 아궁이. 2)용광로 등의 아가리.
爐邊(노변) 화롯가.
爐冶(노야) 쇠붙이를 녹이는 일과 그 풀무.
爐煙(노연) 향로(香爐)에서 나는 연기.
爐灰(노회) 1)화로의 재. 2)원자로의 재.
爐香(노향) 향로 속에 있는 향.

燔 ⑯ 20획 제육 번 日ハン 中fán

풀이 제육. 종묘에 올리는 삶은 고기.

爓 ⑯ 20획 ❶ 불꽃 염 ❷ 데칠 섬 日エン·セン 中yàn

풀이 1 1. 불꽃. 불빛. 2 2. 데치다.

爗 ⑯ 20획 빛날 엽 日ヒツ 中yè

풀이 빛나다. 번쩍번쩍 빛나다.

爗爗(엽엽) 빛이 빛나는 모양. 번갯불이 번쩍번쩍 빛나는 모양.

爔 ⑯ 20획 불 희 日キ·ギ 中xī

풀이 1. 불. 2. 햇빛. 일광.

유 火(불 화)

爛 ⑰ 21획 문드러질 란(난) 日ラン·ただれる 中làn

* 형성. 뜻을 나타내는 부수 '火(불 화)'와 음을 나타내며 '쭈글쭈글해지다'의 뜻을 가진 '闌(함부로 할 난)'을 합친 글자. 이에 '문드러지다', '헐다'의 뜻으로 쓰임.

풀이 1. 문드러지다. ㉠화상으로 살결이 문드러짐. ㉡썩어 문드러짐. ㉢너무 익어 문드러짐. ㉣부서짐. ㉤고민하여 애통함. ¶爛敗 2. 헐다. 3. 문드러지게 하다. 4. 선명하다. ¶爛旰 5. 빛나다. 번쩍번쩍하다. ¶爛爛 6. 많다.

爛柯(난가) 진(晉)의 왕질(王質)이 신선들이 바둑 두는 것을 구경하다가 도끼 자루가 썩는 줄을 몰랐다는 고사에서 바둑이나 음악 등에 심취하여 시간 가는 줄을 모름을 비유하는 말.
爛旰(난간) 산뜻한 모양. 선명한 모양.
爛爛(난란) 반짝반짝 빛나는 모양.
爛漫(난만) 1)꽃이 만발하여 화려함. 2)화려한 광채가 넘쳐 흐르는 모양. 3)많이 흩어져 성함.
爛發(난발) 꽃이 한창 흐트러지게 핌.
爛腐(난부) 썩어 문드러짐.
爛熟(난숙) 1)과실 등이 무르익음. 2)충분히 그 일에 통달함. 3)더할 나위 없이 발전하거나 성숙함.
爛遊(난유) 한가로이 이곳저곳 돌아다니며 놂.
爛飮(난음) 술을 한창 마심.
爛醉(난취) 만취(滿醉).
爛敗(난패) 썩어서 문드러짐.
絢爛(현란) 눈이 부시도록 찬란함.

爚 ⑰ 21획 사를 약 日ヤク·ひかる 中yuè

풀이 1. 사르다. 2. 빛. 3. 빛나다. 4. 번개. 5. 녹다.

爚爚(약약) 1)번갯불이 밝은 모양. 2)분주한 모양.

爟 ⑱ 22획 봉화 관 日カン 中guàn

풀이 1. 봉화. 봉수. 2. 횃불. ¶爟火 3. 불을 일으키다. 4. 제사에 불을 피워 올리다. 5. 타오르다. 세차게 타다.

爟火(관화) 1)봉화(烽火). 2)세차게 타는 불. 3)제사에 올리는 불.

爝	⑱ 22획 횃불 작	日シャク・かがりび 中jué

풀이 횃불. 화톳불.

爝火(작화) 횃불.

爞	⑱ 22획 더울 충	日チュウ・あつい 中chóng

풀이 1. 덥다. 2. 가뭄의 더위. 3. 그슬리다.

爞爞(충충) 가뭄이 계속되어 더운 모양.

爢	⑲ 23획 익을 미	日ミ 中mí

풀이 1. 익다. 2. 진무르다. 문드러지다. 3. 부스러기. 4. 무너지다. 허물어지다.

爨	㉕ 29획 불땔 찬	日サン・かまど 中cuàn

풀이 1. 불을 때다. 밥을 짓다. ¶爨炊 2. 부뚜막.

爨琴(찬금) 거문고를 땔감으로 땐다는 뜻으로, 땔감도 없을 정도로 가난함을 비유하는 말.

爨炊(찬취) 밥을 지음.

爪 부

爪 손톱 조 部

'爪' 자는 손가락이 아래를 향해 무엇인가를 잡으려는 모양에서 '손톱'을 나타낸 글자로, 쟁(爭)이나 위(爲)자처럼 글자의 위에 쓰여 '손톱조머리'라는 부수 명칭으로 쓰인다. '爪' 자는 손톱 외에 짐승의 '발톱' 또는 '잡다', '긁다'의 뜻으로도 쓰인다. 이 글자를 부수로 갖는 글자는 대부분 손을 이용한 활동과 관련이 있다.

爪	⓪4획 손톱 조	日ソウ・つめ 中zhǎo, zhuǎ

*상형. 손바닥을 아래로 하여 물건을 집어 올리는 모양을 본뜬 글자.

풀이 1. 손톱. ¶指爪 2. 깍지. 손가락에 끼는 물건. 3. 할퀴다. 4. 긁다. 5. 손톱·발톱을 자르다. 6. 움켜잡다.

爪角(조각) 짐승의 발톱과 뿔이라는 뜻으로, 자기를 적으로부터 보호하여 주는 물건.

爪甲(조갑) 손톱 또는 발톱.

爪毒(조독) 손톱으로 긁힌 자리에 균이 들어가 생긴 부스럼.

爪傷(조상) 손톱이나 동물의 발톱에 긁혀서 생긴 상처.

爪牙(조아) 1)짐승의 발톱과 어금니. 2)적을 막고, 임금을 호위하는 무사. 3)매우 쓸모가 있는 사람이나 물건.

爪痕(조흔) 손톱이나 발톱으로 할퀸 흔적.

指爪(지조) 손톱.

鴻爪(홍조) 1)기러기가 눈이나 진흙 위에 남긴 발자국. 2)사라지기 쉬운 지나간 자취.

비 瓜(오이 과)

爭	④ 8획 다툴 쟁	日ソウ・あらそう 中zhēng

*회의. 손톱(爪)을 세우며 손(又)으로 치며 싸운다는 뜻이 합쳐져 '다투다'를 뜻하게 된 글자.

풀이 1. 다투다. 싸우다. 다투게 하다. ¶爭權 2. 다툼. 3. 간하다. ¶爭子 4. 하소연하다. 5. 논쟁. 논의. 6. 어찌. 어찌하여.

爭功(쟁공) 공로를 서로 다툼.

爭權(쟁권) 권세나 권리를 다툼.

爭論(쟁론) 서로 다투어 토론함. 또는 그 이론.

爭訟(쟁송) 서로 송사로 다툼.

爭臣(쟁신) 임금의 잘못에 대하여 바른 말로 꿋꿋하게 간하는 신하.

爭友(쟁우) 친구의 잘못에 대하여 바른 말로 충고하는 벗.

爭子(쟁자) 어버이의 잘못을 간하는 아들.

爭議(쟁의) 1)서로 제 의견을 주장하여 다툼. 2)지주와 소작인, 사용자와 노동자 등 사이에 생기는 분쟁.

爭長(쟁장) 1)서로 장유(長幼)의 차례를 다툼. 서열(序列)을 다툼. 2)서로 장점과 단점을 겨루어 다툼.

爭點(쟁점) 쟁송(爭訟)의 중심이 되는 점.

爭取(쟁취) 겨루어 싸워서 얻음.

爭奪(쟁탈) 서로 다투어 빼앗음.

爭鬪(쟁투) 서로 다투어 싸움.

爭衡(쟁형) 세력의 경중을 다툼. 천하의 패권(覇權)이나 우승을 서로 다툼.

戰爭(전쟁) 국가 또는 고전 단체 사이에 무력을 써서 행하는 싸움.

유 戰(싸울 전) 반 和(화할 화)

爬	④8획	日ハ·かく
	긁을 파	中pá

풀이 1. 긁다. ¶爬搔 2. 기다. 기어가다. ¶爬行 3. 잡다. 4. 기어오르다. 5. 넘다.

爬沙(파사) 게가 모래땅을 기어가는 모양.

爬搔(파소) 긁음.

爬梳(파소) 긁고 빗질한다는 뜻으로, 정리(整理)함을 비유하는 말.

爬蟲(파충) 파충류에 속하는 동물.

爬行(파행) 벌레·뱀 등이 땅에 몸을 대고 기어 다님.

爰	⑤9획	日エン·ここに
	이에 원	中yuán

풀이 1. 이에. 이에 있어서. 2. 바꾸다. 교환하다. 3. 성내다. 4. 느긋하다. 느슨하다.

4 획

爲	⑧12획	日イ·ため·なす
	할 위	中wéi, wèi

풀이 1. 하다. 행하다. ¶爲政 2. 만들다. 제작하다. 3. 짓다. 시문을 짓다. 4. 다스리다. 정치를 하다. 5. 병을 다스리다. 6. 배우다. 학습하다. 7. 생각하다. 8. 삼다. 여기다. 9. 체하다. 가장하다. 10. 행위. 11. 되다. 성취하다. 12. 위하다. ~을 위하여. ¶爲民 13. 돕다. 보좌하다. 14. 소위. 가로되. 15. 더불어. 함께. 16. 말하다. 이르다. 17. 까닭에. 때문에.

爲計(위계) 그리 할 계획이란 한문 투의 말.

爲國(위국) 나라를 위함.

爲己(위기) 자기를 위하여 함. 자신의 수양·안심입명(安心立命)을 위하여 행함.

爲道(위도) 1)길 안내를 함. 2)도(道)를 행함. 또는 도리로 삼음.

爲民(위민) 국민을 위함.

爲先(위선) 조상을 위함. 또는 그 일.

爲始(위시) 시작함. 비롯함. 첫자리로 삼음.

爲人(위인) 1)사람됨. 2)됨됨이로 본 그 사람.

爲政(위정) 정치를 함.

爲主(위주) 1)주인이 됨. 2)주로 함. 으뜸으로 삼음.

爲親(위친) 어버이를 위함.

爲限(위한) 기한이나 한도를 정함.

爲虎傅翼(위호부익) 범에게 날개를 붙여준다는 뜻으로, 위세(威勢) 있는 악인에게 가세(加勢)하여 더욱 맹위(猛威)를 떨치게 함을 비유하는 말.

旣爲(기위) 벌써. 이미.

當爲(당위) 마땅히 있어야 하는 것. 혹은 마땅히 행하여야 하는 것.

爵	⑭18획	日シャク·サク·さかずき
	벼슬 작	中jué, què

*상형. 새 형상의 술잔을 손에 들고 있는 모양을 본뜬 글자.

풀이 1. 벼슬. 작위. ¶爵位 2. 참새. 3. 술잔. 참새 부리 모양의 잔. 4. 벼슬을 주다. 위계(位階)를 수여하다.

爵祿(작록) 관작과 봉록.

爵位(작위) 벼슬과 지위.

爵土(작토) 작위(爵位)와 봉토(爵土).

爵號(작호) 작위(爵位)의 칭호. 곧, 공(公)·후(侯)·백(伯)·자(子)·남(男).

유 吏(벼슬아치 리) 官(벼슬 관) 寮(벼슬아치 료)

父 부

父 아비 부 部

'父' 자는 도끼와 같은 도구를 손에 쥐고 사냥 등의 생산 활동을 통해 가족을 부양하는 남자라는 의미에서 '아비', 또는 남자를 뜻한다. 그리고 부친(父親)이나 친족 어른, 나이가 많은 사람을 높일 때 쓰인다.

	⓪4획	
	❶아버지 부	日フ·ホ·ちち
	❷자 보	中fǔ, fù

*상형. 손에 돌을 든 형상을 본뜬 글자. 원시 시대에는 돌이 무기로 쓰여 돌을 가지고 동물을 잡는 등에 사용되어 후에 그런 일을 하는 사람. 즉 남자, 한 집의 통솔자 즉, 아비를 뜻하게 됨.

풀이 ❶ 1. 아버지. 아비. ¶父親 2. 어르신. 연로한 사람의 경칭. ¶父老 ❷ 3. 자. 남자의 미칭(美稱).

父系(부계) 부계 계통의 혈연 계통.

父敎(부교) 아버지의 교훈. 아버지의 가르침.

父君(부군) 아버지의 높임말.

父權(부권) 집안의 어른으로서 가족을 다스리는 아버지의 권리.

父女(부녀) 아버지와 그 딸.

父老(부로) 1)한 동네에서 나이가 많은 남자 어른. 2)연로자(年老者)에 대한 존칭.

父命(부명) 아버지의 분부.

父母(부모) 아버지와 어머니. 어버이.

父師(부사) 1)아버지와 스승. 또는 할아버지와 스승. 2)태사(太師). 삼공(三公)의 하나. 천자(天子)의 사법(師法)이 되는 사람. 3)70세가 되어 벼슬에서 물러난 대부(大夫). 4)국학(國學)의 교수(敎授).

父喪(부상) 부친상.

父生母育(부생모육) 아버지는 낳게 하고 어머니는 기름.

父王(부왕) 아버지인 임금.

父爲子隱(부위자은) 아비가 자식의 나쁜 일을 남에게 숨겨줌.

父蔭(부음) 부임(赴任).

父任(부임) 아비의 덕으로 벼슬을 함. 또는 아버지의 관직.

父子(부자) 아버지와 아들.

父子有親(부자유친) 오륜(五倫)의 하나. 아버지와 아들의 도리는 친애(親愛)함에 있음.

父傳子傳(부전자전) 대대로 아버지가 아들에게 전함. 부전자승(父傳子承).

父帝(부제) 아버지와 제왕.

父祖(부조) 1)아버지와 할아버지. 2)선조(先祖).

父執(부집) 1)아버지의 친구. 2)나이가 아버지와 비슷한 어른.

父親(부친) 아버지.

父兄(부형) 1)아버지와 형. 2)노인. 연장자. 집안 어른.

聘父(빙부) 장인(丈人).

師父(사부) 1)스승의 높임말. 2)스승과 아버지.

유 夫(지아비 부) 반 母(어미 모) 子(아들 자)

爸	④ 9획 아비 파	日パ 中bà

풀이 1. 아비. 2. 늙은이의 존칭.

爸爸(파파) 1)아빠. 아버지의 속칭(俗稱). 2)노인에 대한 존칭.

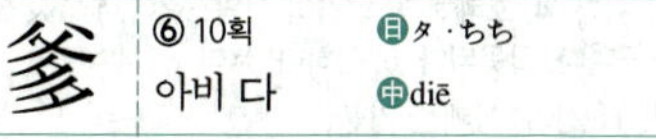

爹	⑥ 10획 아비 다	日タ・ちち 中diē

풀이 1. 아비. 아버지. 2. 웃어른에게 대한 존칭.

爹爹(다다) 1)아버지의 속칭. 2)젊은 남자를 친근하게 부르는 말. 아저씨.

爺	⑨ 13획 아비 야	日ヤ・ちち 中yé

풀이 1. 아비. 아버지. ¶爺爺 2. 어르신네. 웃어른. ¶好好爺

爺爺(야야) 1)아버지의 존칭. 2)연장자에 대한 존칭. 대인(大人). 3)할아버지의 속칭.

爺孃(야양) 부모의 속칭.

好好爺(호호야) 인품이 썩 좋은 늙은이.

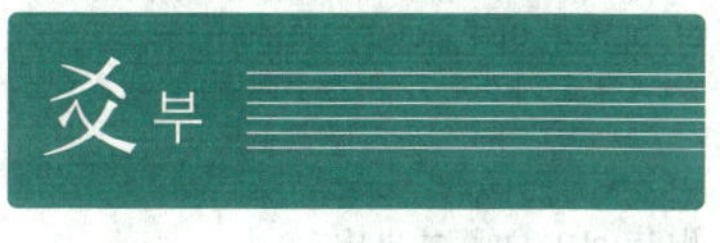

爻 부

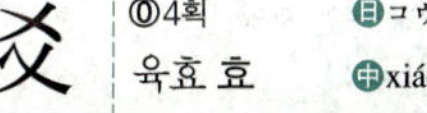

爻 효효部

'爻'자는 가로와 세로로 교차된 모양이 길흉을 점쳤을 때 나온 괘(卦)의 모양과 비슷하여 '점괘'를 뜻한다. 따라서 교차된 무늬라는 의미에서 '섞이다'나 교차된 물건을 나타내기도 한다.

爻	⓪ 4획 육효 효	日コウ・まじわる 中xiáo, yáo

* 지사. 점괘의 괘가 서로 겹쳐서 '교차하다'의 뜻을 나타냄.

풀이 1. 육효. 효. 역(易)의 괘(卦)를 이룬 여섯 개의 가로 그은 획으로 '⚊'는 양(陽), '⚋'는 음(陰)을 뜻함. ¶爻象 2. 사귀다. 3. 엇걸리다. 4. 본받다. 5. 변하다. 6. 점괘. 부수 명칭.

爻象(효상) 1)주역(周易)의 효사(爻辭)와 상사(象辭)를 풀어 놓은 말. 괘상(卦象). 2)좋지 못한 몰골.

數爻(수효) 사물의 낱낱의 수.

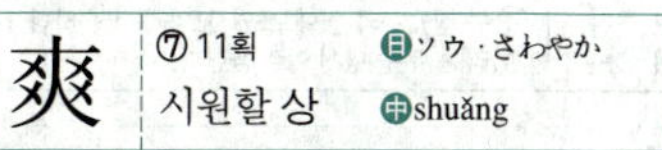

爽	⑦ 11획 시원할 상	日ソウ・さわやか 中shuǎng

* 회의. 창살의 모양을 본뜬 '爽(시원할 상)'에서 '大(클 대)'를 제외한 부분과 '大'로 이루어진 글자. 창을 통해 들어오는 빛이 매우 '밝다'의 뜻에서 바뀌어, '상쾌하다'의 뜻으로 쓰임.

풀이 1. 시원하다. ¶爽明 2. 밝다. 날이 밝다. 3. 정신

4획

이 밝다. 4. 호쾌하다. 성격이 시원스럽다. ¶豪爽 5. 어긋나다. 잘못되다. 6. 상하다. 썩다.

爽氣(상기) 상쾌한 기분.
爽旦(상단) 이른 아침.
爽凉(상량) 산뜻하고 시원함. 기후가 서늘함.
爽明(상명) 시원하고 밝음.
爽爽(상상) 1)탁월한 모양. 2)시원한 모양.
爽然(상연) 아주 시원함. 몸과 마음이 상쾌함.
爽快(상쾌) 마음이 아주 시원하고 거뜬함.
昧爽(매상) 먼동이 틀 무렵.
豪爽(호상) 호탕하고 시원시원함.

⑩ 14획 日ジ·ニ·なんじ·しかり
너 이 中ěr

* 상형. 꽃이 가득 피어 밑으로 늘어진 나뭇가지를 본뜬 글자.

풀이 1. 너. 2인칭 대명사. ¶爾汝 2. 그. 그것. ¶爾時 3. 이. 이것. 4. 이와 같이. 5. 그러하다. '然(그럴 연)'과 뜻이 같음. 6. 가깝다. 7. 뿐. 한정의 뜻을 나타냄. 8. 어조사. ㉠의문을 나타냄. ㉡어조(語調)를 고름.

爾來(이래) 가까운 요마적.
爾時(이시) 그때. 그 당시.
爾汝(이여) 1)너. 친한 사이의 이인칭(二人稱). 2)남을 낮추어 부르는 말.
爾餘(이여) 그 밖. 그 외.
爾爲(이위) 이와 같음.
爾爾(이이) 그래. 그렇다고 동의하는 말.
爾曹(이조) 너희.
莞爾(완이) 빙그레 웃는 모양.
偶爾(우이) 우연(偶然).

4 획

爿 부

爿 장수장변 部

'爿'자는 나무를 세로로 쪼갰을 때의 왼쪽 조각을 나타낸 글자로 '나뭇조각'을 뜻한다. 또한 '평상'의 뜻으로도 쓰였으나, 단독의 문자로 사용되지 않고 부수(部首)로서의 역할만 한다. '將(장수 장)'자의 옆에 쓰인 모양과 비슷하다 하여 '장수장변'이라는 부수 명칭으로 불린다.

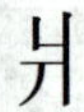

⓪4획 日カ
나뭇조각 장 中pán

풀이 1. 나뭇조각. 2. 평상.

牀

④8획 日ショウ·ジョウ·とこ
평상 상 中chuáng

* 형성. 음과 뜻을 동시에 나타내는 부수 '爿(나무조각 장)'과 '木(나무 목)'을 합친 글자.

풀이 1. 평상. 침상. 2. 마루. 3. 우물 난간.

牀頭(상두) 침대의 언저리. 침상의 근처.
牀席(상석) 마루. 잠자리.
牀蝨(상슬) 빈대.
牀褥(상욕) 침상(寢牀). 잠자리.
牀笫(상자) 1)평상의 상면(上面)을 대오리로 엮어 만든 것. 2)부녀자(婦女子).
牀榻(상탑) 깔고 앉거나 눕거나 하는 데 쓰는 제구(諸具).
起牀(기상) 잠자리에서 일어남.
寢牀(침상) 1)누워 자게 만든 평상. 2)침대.
平牀(평상) 좁은 나무오리나 널빤지로 바닥을 만든 침상.

⑤9획 日カ
배말뚝 가 中gē

풀이 배말뚝. 배를 매어 두는 말뚝. ¶牂牁

牂

⑥10획 日ショウ·めひつじ
암양 장 中zāng

풀이 1. 암양. 암컷 양. ¶牂羊 2. 배말뚝. 배를 매어 두는 말뚝. ¶牂牁 3. 성하다. 무성하다. 4. 괴이하다.

牂牁(장가) 1)서강(西江)의 상류(上流). 2)배를 매는 말뚝.
牂羊(장양) 암양. 양의 암컷.
牂雲(장운) 개의 형상을 한 괴이한 구름.
牂牂(장장) 무성한 모양.

牆

⑬17획
墻(p265)의 本字

片 부

片 조각 편 部

'片'자는 나무의 가운데를 세로로 쪼갰을 때의 오른쪽 조각을 나타낸 글자로, '조각'이라는 뜻을 지닌다. 또한 편도

(片道)에서처럼 '한편' 이나, 편린(片鱗)처럼 '미세한 것' 을 나타내기도 하나, 이 글자를 부수로 갖는 글자는 주로 평평한 나뭇조각이나 그러한 사물과 관련이 있다.

片	⓪4획 조각 편	日ヘン · かた 中piān, piàn

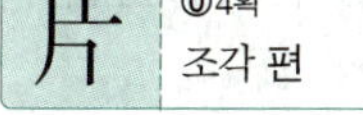

* 지사. 나무를 쪼개어 조각의 오른쪽 편의 모양으로, '조각' 의 뜻으로 쓰임.

풀이 1. 조각. 납작한 조각. ¶片雲 2. 쪽. 한쪽. 반편. ¶片務 3. 절반. 4. 꽃잎. 화판. 5. 쪼개다. 가르다.

片刻(편각) 짧은 시간. 잠시.
片道(편도) 가고 올 때의 한쪽 길.
片鱗(편린) 1)한 조각의 비늘. 2)극히 작은 부분.
片務(편무) 한쪽에서만 지는 의무.
片貿易(편무역) 두 나라 사이에서 한 나라만이 물품을 수출하는 무역.
片晌(편상) 잠시. 편시(片時).
片心(편심) 1)작은 마음. 2)일방적인 마음. 편심(偏心).
片言(편언) 짤막한 말. 한 마디의 말.
片言折獄(편언절옥) 한 마디의 말로 재판을 결정함. 간단한 말로 소송의 판단을 내림.
片雨(편우) 어느 한 곳에만 오는 비.
片雲(편운) 한 조각의 구름. 조각 구름.
片月(편월) 초생달. 조각달.
片肉(편육) 얇게 저민 수육.
片楮(편저) 1)종이 조각. 지편(紙片). 2)간단한 편지. 촌저(寸楮).
片紙(편지) 1)종이 조각. 2)소식을 전하기 위해 남에게 보내는 글.
片土(편토) 작은 토지.
片片(편편) 1)가볍게 나는 모양. 2)여러 조각이 된 모양.

版	④8획 널 판	日ハン · ふだ 中bǎn

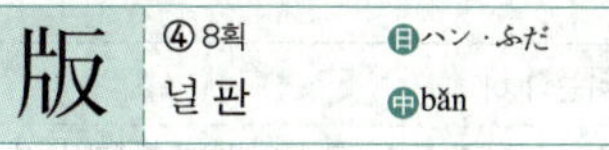

* 형성. 뜻을 나타내는 부수 '片(조각 편)' 과 '反(뒤집을 반)' 을 합친 글자.

풀이 1. 널. 널빤지. 2. 판목(版木). ¶版木 3. 책. 서적. ¶版權 4. 이름표. 5. 호적. ¶版尹 6. 여덟자. 길이 명칭. 7. 담틀. 성 · 담 등을 쌓을 때 흙을 양쪽에서 끼는 널.

版閣(판각) 경판을 쌓아두는 전각.
版局(판국) 1)어느 사건이 벌어진 판. 2)집터 또는 산소 자리의 위치와 형국.
版權(판권) 1)저작권법에 따라서 책이나 문서 출판에 관한 이익을 독점하도록 인정하는 재산상의 권리. 2)책을 인쇄할 때, 맨 끝에 인쇄 및 발행의 연월일과 지은이의 주소 · 이름 등 판권에 관한 사항을 밝힌 종이. 판권장.
版圖(판도) 1)한 나라의 영지(領地). 영토(領土). 2)호적(戶籍)과 지도(地圖).
版牘(판독) 글씨를 쓰는 나무 조각.
版木(판목) 인쇄하기 위하여 글자나 그림을 새긴 나무.
版勢(판세) 판국의 형세.
版位(판위) 1)궁정(宮廷)의 의식(儀式) 때, 군신(群臣)이 설 자리를 나타낸 표지. 2)위패(位牌). 신위(神位).
版籍(판적) 1)토지와 호적. 또는 토지나 호적을 기록한 장부. 2)토지와 백성. 영토(領土). 판적(板籍).
版築(판축) 1)담틀과 흙을 다지는 도구. 2)담 · 성벽을 쌓아 올리는 공사.
版行(판행) 출판하여 발행함.
版形(판형) 국판 · 사륙판 등과 같이 인쇄물이나 인쇄 종이를 크기에 따라 나누는 형.
版畫(판화) 목판 · 석판 · 동판 등으로 찍어낸 그림.

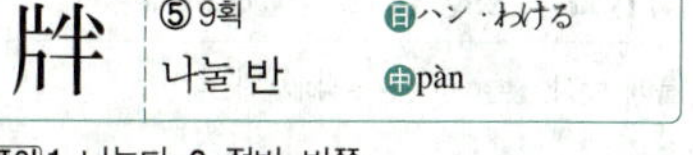

牉	⑤9획 나눌 반	日ハン · わける 中pàn

풀이 1. 나누다. 2. 절반. 반쪽.

牉合(반합) 반을 이루는 것이 합하여 하나가 되는 일. 곧, 부부(夫婦)가 되는 일.

유 分(나눌 분) 割(나눌 할)

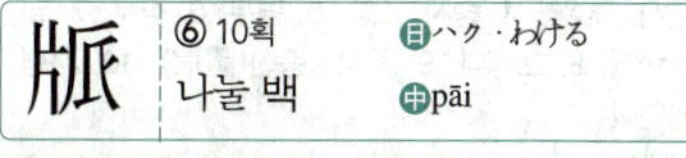

牌	⑥10획 나눌 백	日ハク · わける 中pāi

풀이 나누다. 쪼개다.

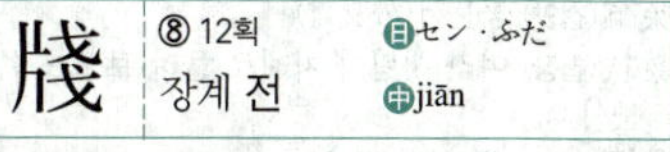

牋	⑧12획 장계 전	日セン · ふだ 中jiān

풀이 1. 장계. 관리가 글로 써서 올리던 보고서. ¶牋奏 2. 편지. 서신. 3. 종이.

牋檄(전격) 여러 사람이 차례로 돌려 보는 글. 회장(回章). 회문(回文).
牋啓(전계) 전(牋)과 계(啓). 모두 아래 관리가 상관에게 올리는 공문(公文).
牋疏(전소) 상소(上疏).

4획

牋奏(전주) 임금에게 올리는 글.
牋翰(전한) 1)종이와 붓. 2)편지.

牌	⑧ 12획	日ハイ · ふだ
	패 패	中pái

* 형성. 뜻을 나타내는 부수 '片(조각 편)'과 음을 나타내는 '卑(낮출 비)'를 합친 글자.

풀이 1. 패. 2. 명찰. 3. 간판. ¶牌牓 4. 포고문. 5. 방(榜). 6. 부신(符信). 부절. 어떤 증표를 쪼거나 나누어 뒷날 증거로 삼은 물건. 7. 위패. 8. 방패.

牌頭(패두) 1)패의 우두머리. 2)조선 때, 형조에 딸려 죄인의 볼기를 치던 사령.
牌刀(패도) 방패와 칼.
牌木(패목) 팻말.
牌牓(패방) 내거는 표찰(標札). 간판(看板).
牌者(패자) 1)제후의 우두머리. 2)무력 · 권력으로 천하를 다스리는 관리. 3)어느 분야에서 가장 우수한 사람.
牌子(패자) 1)표. 감찰(鑑札). 2)간판. 상표. 마크(mark). 3)말을 모는 하인.

牐	⑨ 13획	日ソウ
	빗장 삽	中chá, zhá

풀이 빗장. 성문이나 수문을 위에서 잠그는 빗장.

牒	⑨ 13획	日チョウ · ふだ
	글씨판 첩	中dié

풀이 1. 글씨 판. 문서를 적는 얇은 널빤지. 2. 계보. 3. 공문서. ¶牒案 4. 송사. 소장. 5. 명부. 6. 장부. 7. 널. 널빤지. 8. 포개다. 9. 증서 · 증신(證信). 10. 사령. 임명장.

牒報(첩보) 서면으로 상관에게 보고함. 또는 그 보고.
牒案(첩안) 공문서(公文書).
牒狀(첩장) 여러 사람이 차례로 돌려 보도록 쓴 문서.
牒籍(첩적) 책. 전적(典籍).

牏	⑨ 13획	日トウ · ユ
	담틀 투	中yú

풀이 1. 담틀. 담을 쌓는 데 쓰이는 널빤지. 2. 변기. 3. 땀받이.

牔	⑩ 14획	日ハク · のきいた
	박공 박	中bó

풀이 박공(牔栱). 맞배지붕 양쪽에 '八'자 모양으로 붙인 두꺼운 널빤지.

牓	⑩ 14획	日ホウ · ボウ · かけふだ
	패 방	中bǎng

풀이 1. 패. 게시판. 2. 액자.

牓子(방자) 1)천자를 알현(謁見)하기 위하여 사유와 이름을 적어 내는 서찰(書札). 2)명함.

牖	⑪ 15획	日ユウ · まど
	창 유	中yǒu

풀이 1. 틀. 창. 2. 인도하다. ¶牖民 3. 감옥. 교도소.

牖民(유민) 백성을 착하게 인도함.
牖戶(유호) 들창과 문. 창문과 입구.

牘	⑮ 19획	日トク · ふだ
	편지 독	中dú

* 형성. 뜻을 나타내는 부수 '片(조각 편)'과 음을 나타내는 '賣(행상할 육)'을 합친 글자.

풀이 1. 서찰. 편지. 2. 책. 문서. 3. 공문.

牘箋(독전) 시문(詩文)을 쓰는 종이. 또는 편지지.
簡牘(간독) 옛날 중국에서 종이가 없었던 때에 글씨를 쓰는 데 사용하던 대쪽과 얇은 나무쪽.

비 讀(읽을 독)

牙 부

牙 어금니 아 部

'牙'자는 '어금니'를 뜻하는 글자로, 의미가 확대되어 '이'를 나타내는데 쓰인다. 또한 상아(象牙)에서처럼 깃발에 장식하는 기(旗)를 나타내기도 한다.

牙	⓪ 4획	日ア
	어금니 아	中yá

一 二 于 牙

* 상형. 상하로 서로 물고 있는 모양을 본뜬 글자. 송곳니도 아래위를 교차해서 서로 물고 있는 데서 '牙(어금니 아)'를 '송

곳니'의 뜻으로 쓰임. 바뀌어, '어금니'의 뜻으로 쓰임.

풀이 1. 어금니. ¶牙齒 2. 대장기. 천자나 대장이 세우는 기. 3. 자기 몸을 수호하는 것. 4. 깨물다. 5. 이를 갈다. 6. 이처럼 생긴 것. 7. 이를 움직이는 것을 맡은 근육. 8. 말뚝.

牙距(아거) 어금니와 며느리발톱이라는 뜻으로, 1)글씨가 힘참. 2)무력으로 도와줌.

牙關(아관) 입속의 윗잇몸과 아랫잇몸이 서로 맞닿은 부분.

牙口瘡(아구창) 1)어린애의 입술과 잇몸이 헐어서 썩고 하얀 반점이 생기는 병. 2)소에게 나는 병의 한 가지.

牙旗(아기) 대장군의 기. 대장군의 기는 상아로 장식되었으므로 생긴 말.

牙器(아기) 상아 그릇.

牙輪(아륜) 톱니바퀴.

牙城(아성) 1)아기(牙旗)를 세운 성. 대장군이 있는 성. 2)어느 부류의 세력이 자리잡고 있는 가장 중요한 근거지.

牙營(아영) 아기(牙旗)를 세운 대장군의 진영.

牙璋(아장) 발병부(發兵符). 병부(兵符).

牙帳(아장) 아영(牙營)의 장막(帳幕). 대장군의 진영의 장막.

牙箏(아쟁) 대쟁(大箏)과 비슷하나 그보다 작은 7현 악기. 전면은 오동나무, 후면은 밤나무로 만듦.

牙錢(아전) 중매인(仲買人)이 받는 구전(口錢). 구문(口文).

牙爪(아조) 1)짐승의 어금니와 발톱. 2)자기를 수호하거나 보좌하는 사람. 3)앞잡이 노릇하는 사람. 조아(爪牙).

牙籌(아주) 상아로 만든 주판.

牙籤(아첨) 상아로 만든 책의 표제(標題)를 적은 표(標).

牙帖(아첩) 아쾌(牙儈)의 면허장.

牙齒(아치) 어금니.

牙儈(아쾌) 물건의 흥정을 붙이는 사람. 거간군. 중매인(仲買人). 아랑(牙郞).

牙塔(아탑) 상아(象牙)로 세공한 탑.

牙牌(아패) 조선 때 호패의 하나. 상아로 만들어 2품 이상의 문무관이 가지고 다님.

牚	⑧ 12획	日トウ・ささえる
	버팀목 탱	中chèng

풀이 1. 버팀목. 2. 버티다. 지탱하다.

牚拒(탱거) 버팀. 지탱함.

牚距(탱거) 버팀목.

牛 부

牛 소 우 部

'牛'자는 소의 뿔과 머리 모양을 나타내어 '소'를 뜻하는 글자로, 모든 소의 통칭으로도 사용되지만 제사를 지낼 때 소가 최고의 희생물이었기에 '희생'을 뜻하기도 한다. 이 글자를 부수로 갖는 글자는 소나 가축과 관련된 뜻을 지닌다.

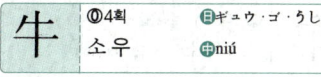

牛	⓪4획	日ギュウ・ゴ・うし
	소 우	中niú

* 상형. 뿔이 달린 소의 머리 모양을 본뜬 글자.

풀이 1. 소. ¶牛舌 2. 무릅쓰다. 3. 희생. 4. 별 이름. ¶牛女

牛角(우각) 1)쇠뿔. 2)소의 양쪽 뿔이 장단·대소가 없이 똑같은 것처럼 역량이나 기량(技量)의 우열이 없음을 비유하는 말.

牛耕(우경) 소로 밭을 갊.

牛骨(우골) 소의 뼈.

牛女(우녀) 견우성(牽牛星)과 직녀성(織女星).

牛膽(우담) 소의 쓸개.

牛刀割鷄(우도할계) 소 잡는 칼로 닭을 잡음. 큰 일을 할 재능을 사소한 일에 씀을 비유하는 말.

牛頭(우두) 소의 머리.

牛郞(우랑) 1)소를 먹이는 목동. 우동(牛童). 우수(牛竪). 2)견우성(牽牛星).

牛馬(우마) 소와 말.

牛毛(우모) 1)소의 털. 쇠털. 2)매우 많음을 비유하는 말. 3)법령(法令)이 세밀함을 비유하는 말. 4)몹시 가늚. 또는 몹시 작음을 비유하는 말.

牛目(우목) 소의 눈.

牛步(우보) 1)소의 걸음. 2)느린 걸음. 또는 일의 진도가 느림을 비유하는 말.

牛舌(우설) 소의 혀.

牛星(우성) 이십팔수 가운데 열한째 별자리의 별들. 견우성(牽牛星).

牛市場(우시장) 소를 팔고 사는 곳.

牛羊(우양) 소와 양.

牛乳(우유) 암소에서 짜낸 젖.

牛肉(우육) 쇠고기.

牛飮馬食(우음마식) 소같이 술을 많이 마시고 말같이 음식을 많이 먹음. 폭음 폭식(暴飮暴食).

4획

牛耳(우이) 1)쇠귀. 2)우두머리가 됨. 맹주(盟主). 옛날 제후들이 모여서 맹세할 때 맹주가 희생으로 쓰이는 소의 귀를 잡았다는 데서 온 말.

牛耳讀經(우이독경) 쇠 귀에 경읽기.

牛黃(우황) 소의 쓸개에 생긴 담석(膽石). 강장제(强壯劑)·경간약(驚癎藥)으로 쓰임.

牛後(우후) 소의 엉덩이. 권세 있는 사람에게 따라 붙는 일. 또는 그런 사람을 욕하는 말.

비 于(어조사 우) 千(일천 천) 午(낮 오)

牟
②6획 日ボウ·ム
소 우는소리 모 中móu, mù

풀이 1. 소가 우는 소리. ¶牟然 2. 보리. 예맥. 3. 탐내다. 탐하다. 4. 눈동자. 5. 늘다. 배가되다. 6. 많다. 7. 크다. 8. 제기. 제사 때 쓰는 그릇. 9. 질냄비.

牟利(모리) 도덕과 의리는 생각지 않고 이익만을 꾀함.

牟麥(모맥) 밀과 보리.

牟食(모식) 음식을 걸신들린 듯이 먹음.

牟然(모연) 소가 우는 소리.

牝
②6획 日ヒン·めす
암컷 빈 中pìn

풀이 1. 암컷. ¶牝鹿 2. 골짜기. 계곡. 3. 자물쇠.

牝鷄(빈계) 암탉.

牝鷄之晨(빈계지신) 새벽에 암탉이 욺. 집안에서 여자가 세력을 부리면 집안이 망함을 비유하는 말.

牝鹿(빈록) 암사슴. 사슴의 암컷.

牝服(빈복) 수레의 사람이 타거나 짐을 두는 곳.

牝牡(빈모) 길짐승의 암놈과 수놈.

牝朝(빈조) 당(唐)의 측천무후(則天武后)의 조정. 무후가 여자의 몸으로 국정을 전단(專斷)하였으므로 생긴 말.

반 牡(수컷 모) 비 牧(칠 목)

牢
③7획 日ロウ·ひとや
우리 뢰(뇌) 中láo

풀이 1. 우리. 짐승을 가두어 기르는 곳. ¶亡羊補牢 2. 감옥. 3. 굳다. 견고하다. ¶牢約 4. 희생. 소·양·돼지와 같은 희생물. 5. 에워싸다. 6. 쓸쓸하다. 적적하다. 7. 안온하다. 조용하고 편안하다. 8. 값. 가치. 9. 녹봉. 급료.

4 획

牢却(뇌각) 부탁이나 선물 등을 굳게 물리침.

牢拒(뇌거) 딱 잘라서 거절함.

牢固(뇌고) 단단하고 굳음. 아주 튼튼함.

牢籠(뇌롱) 농락(籠絡). 남을 교묘한 꾀로 속여 제 마음대로 놀림.

牢死(뇌사) 옥사(獄死). 옥중에서 죽음.

牢愁(뇌수) 적적하고 우울함. 마음이 쓸쓸함.

牢約(뇌약) 굳게 약속함. 또는 굳은 약속.

牢刑(뇌형) 주리를 트는 형벌.

牡
③7획 日ボウ·ボ·おす
수컷 모 中mǔ

풀이 1. 수컷. ¶牡牛 2. 음양에서 양(陽). 3. 왼쪽. 4. 열쇠.

牡丹(모란) 작약과에 속하는 낙엽 활엽 관목. 관상용으로 재배하는데, 잎이 크며 늦은 봄에 여러 겹의 붉고 큰 꽃이 핌.

牡鑰(모약) 1)빗장. 2)빗장과 자물쇠. 또는 자물쇠를 잠금.

牡瓦(모와) 수키와. 엎어 이는 기와.

牡牛(모우) 소의 수컷. 수소.

牡痔(모치) 항문 밖으로 조그맣게 덩이진 것이 두드러져 나오는 치질(痔疾). 수치질.

牡荊(모형) 마편초과에 딸린 낙엽관목(落葉灌木). 줄기와 잎사귀를 달여 이뇨(利尿)·통경(通經)의 약재로 씀.

반 牝(암컷 빈)

牣
③7획 日ジン·みちる
찰 인 中rèn

풀이 1. 차다. 가득하다. 2. 더하다. 3. 질기다.

비 物(만물 물)

牦
④8획 日モ·うし
소 모 中máo

풀이 소. 물소와 비슷한 소의 일종으로 꼬리가 긺.

牧
④8획 日ボク·まき
칠 목 中mù

丿 𠂉 牛 牛 牜 牜 牧 牧

* 형성. 뜻을 나타내는 부수 '牛(소 우)'와 '攵(칠 복)'을 합친 글자. 소(牛)를 매로 치(攵)면서 '먹이는' 것. 따라서 백성을 먹이는 사람. '장관'의 뜻으로 쓰임.

풀이 1. 치다. 기르다. 2. 마소를 치는 사람. 목동. 3. 목장. ¶牧場 4. 성 밖. 교외. 5. 다스리다. 6. 벼슬 이름. ¶牧伯

牧歌(목가) 1)목동이나 목자의 노래. 목동가. 2)전원의 생활을 주제로 한 시가.

牧童(목동) 말·소를 먹이는 아이. 목장에서 일하는 아이.

牧馬(목마) 말을 기름. 또는 그 말.

牧民(목민) 지방의 백성을 기르고 다스림.

牧民官(목민관) 지방 장관.

牧伯(목백) 태수(太守)나 자사(刺史) 등의 지방 장관.

牧夫(목부) 목장에서 소·말·양 등의 가축을 돌보는 사람.

牧師(목사) 1)목장을 맡아보던 벼슬. 2)기독교에서 교회의 관리 및 신도의 지도 등 교역(敎役)에 종사하는 사람.

牧司(목사) 지방 장관.

牧守(목수) 지방 장관.

牧野(목야) 목장(牧場). 가축을 놓아 기르는 들.

牧養(목양) 기름. 먹여 살림.

牧羊(목양) 양을 기름.

牧牛(목우) 소를 기름.

牧者(목자) 1)양을 치는 사람. 2)신자를 보호하고 지도하는 성직자. 목사.

牧場(목장) 소나 말 등의 가축을 기르는 곳.

牧田(목전) 말·소·양·닭·개·돼지의 여섯 종류의 가축을 기르는 곳. 목장.

牧草(목초) 소·양·말 등이 먹는 풀.

牧畜(목축) 소·양·말 등을 기름.

牧會(목회) 목사가 교회를 담당하여 직접 설교하며 신자의 신앙 생활을 지도하는 일.

物	④8획 만물 물	日ブツ·モツ·もの 中wù

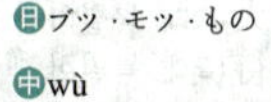

*형성. 뜻을 나타내는 부수 '牛(소 우)'와 음을 나타내는 '勿(없을 물)'을 합친 글자. 만물을 대표하는 것으로 소(牛)를 가리켜 '만물'을 뜻하게 된 글자.

풀이 1. 만물. 천지 사이에 존재하는 온갖 물건. ¶物件 2. 물건. 사물. 3. 무리. 종류. 4. 견주다. 비교하다. 5. 재물. 보물. ¶寶物 6. 보다. 살펴보다.

物價(물가) 물건 값.

物件(물건) 1)일정한 형태를 갖추고 있는 모든 물질적 존재. 2)물품(物品). 3)법률에서 권리의 목적물(目的物).

物界(물계) 물질의 세계.

物故(물고) 1)사람이 죽는 것. 그 사람이 쓰던 물건이 아주 낡아 버렸다는 뜻으로, 사람의 죽음을 돌려서 표현한 말. 2)명사(名士)가 죽음.

物怪(물괴) 물건의 괴이함.

物權(물권) 특정한 물건을 직접 지배하는 것을 내용으로 하는 권리.

物極必反(물극필반) 사물의 발전이 극에 이르면 반드시 반작용이 일어난다는 말.

○物極必反(물극필반)의 유래

중국 역사상 유일한 여황제였던 측천무후는 중종을 대신해 섭정을 했는데, 중종이 정치를 할 수 있는 나이가 되었는데도 그녀는 섭정의 자리에서 물러나지 않았다. 이에 대신 소안환이 상소를 올려, '태자의 나이 성년에 이르고, 재능과 덕이 훌륭한데도 여전히 보좌를 탐내는 것은 모자의 정을 잊은 것입니다. 황후께서는 아직은 편안하게 황위에 있지만, 모든 사물은 극에 이르면 반드시 반전하고, 그릇도 가득 차면 쏟아지게 마련입니다.'라고 간했다.

物力(물력) 1)물건의 힘. 2)물건을 생산하는 힘. 3)조세(租稅) 이외에 백성의 재산의 다소를 헤아려 돈을 징수하는 일. 4)집 짓는 데 쓰는 돌·기와·흙 등의 재료. 물역(物役).

物論(물론) 세간(世間)의 평판. 여러 사람의 평판.

物累(물루) 세상에 얽매인 여러 가지 관계.

物理(물리) 1)만물의 이치. 2)물리학의 약어.

物望(물망) 여러 사람이 우러러보아 드러난 이름. 또는 그 사람.

物產(물산) 그 고장에서 나는 물건.

物色(물색) 1)물건의 빛깔. 2)유능한 사람을 고름. 어떤 표준 하에 쓸 만한 사람이나 물건을 찾아 고름. 3)인상서(人相書)로 사람을 찾음.

物我(물아) 남과 나. 외물(外物)과 자아(自我). 객관과 주관. 물질계와 정신계.

物役(물역) 외물에 사역(使役)당함.

物慾(물욕) 금전이나 재산 등의 물건에 대한 욕심.

物外(물외) 물질에 얽매이지 않는 세계. 속세를 벗어난 곳. 물표(物表).

物資(물자) 1)물건을 만드는 자료. 2)물품. 물건.

物的(물적) 형태를 가진 물건인 것.

物情(물정) 1)사물의 모양. 사물의 성질. 2)세상의 인심. 3)세상 형편. 4)사철의 경치.

物主(물주) 1)공사판이나 장사판에서 밑천을 대는 사람. 2)노름판에서 애기패를 상대로 패를 잡고 승부를 다투는 사람.

物證(물증) 증거물.

物質(물질) 물건의 본바탕. 물품.

物體(물체) 1)물질이 모여서 이루는 공간적인 형체. 2)감각·정신이 없는 유형의 물질.

物品(물품) 사용의 가치가 있는 물건.
物貨(물화) 물품과 재화.
物化(물화) 1)물건이 변화하는 일. 만물이 변화하는 모습. 2)사람이 죽는 일.

牲	⑤ 9획 희생 생	日セイ・いけにえ 中shēng

풀이 희생. 제사에 쓰거나 먹는 짐승의 통칭.
牲牢(생뢰) 신명에게 제물로 바치는 산 짐승. 희생(犧牲).
牲殺(생살) 희생(犧牲).
牲幣(생폐) 희생(犧牲)과 폐백(幣帛).
犧牲(희생) 1)제물로 쓰는 소·양·돼지 등의 짐승. 2)남을 위하여 목숨·재물·명예·권리·자유 등을 버리거나 빼앗김을 비유하는 말. 3)뜻밖의 재난 등으로 헛되이 목숨을 잃음.
비 姓(일가 성)

牴	⑤ 9획 닿을 저	日テイ・ふれる 中dǐ

풀이 1. 닿다. 부딪치다. ¶牴觸 2. 만나다. 3. 숫양.
牴牾(저오) 서로 어긋남.
牴觸(저촉) 1)서로 부딪힘. 2)법을 침범하여 걸려듦.

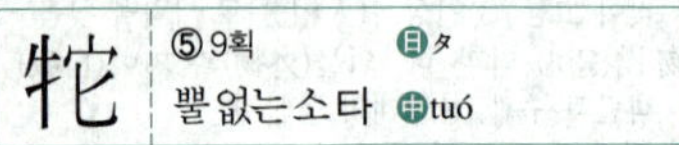

牠	⑤ 9획 뿔없는소 타	日タ 中tuó

풀이 뿔 없는 소.

牸	⑥ 10획 암컷 자	日シ・めし・めうし 中zì

풀이 1. 암컷. 2. 암소.
牸馬(자마) 암말.
牸牛(자우) 암소.
유 牝(암컷 빈)

牷	⑥ 10획 희생 전	日セン・いけにえ 中quán

풀이 희생. 희생물.
牷物(전물) 털빛이 순색(純色)이고, 몸이 온전한 희생(犧牲).
牷犧(전희) 희생(犧牲).
유 牲(희생 생)

特	⑥ 10획 특별할 특	日トク・ドク・ひとり・ことに 中tè

* 회의. 관청(寺)에서 중대한 일을 결정할 때는 힘센 소(牛)를 제단에 바쳤는데, 그런 제물로 바치는 특별한 소라는 데서 '특별하다'의 뜻을 나타냄.

풀이 1. 특별하다. ¶特別 2. 특이하다. 3. 홀로. 혼자. ¶特操 4. 다만. 단지. 5. 수컷. 6. 숫소. 7. 하나씩. 일일이. 8. 짝. 배필. 9. 특히. 특별히. ¶特許 10. 빼어나다. 뛰어나다. 11. 곧.
特減(특감) 특별히 덞.
特價(특가) 특별히 싸게 매긴 값.
特講(특강) 특별 강의(特別講義)의 약어. 특별히 하는 강의.
特功(특공) 특별히 뛰어난 공로.
特權(특권) 일부의 사람만 특별히 누리는 권리나 이익.
特勤(특근) 정상 근무 시간 외에 특별히 더하는 근무.
特急(특급) 특별 급행(特別急行)의 약어.
特給(특급) 특별히 줌.
特級(특급) 특별한 계급이나 등급.
特技(특기) 1)남이 쉽게 본받을 수 없는 독특한 기능. 2)그 사람이 가지고 있는 특수한 기술.
特記(특기) 특별히 기록함. 또는 그 기록.
特達(특달) 여럿 중에서 특별히 뛰어남. 특수(特秀).
特大(특대) 특별하게 큼.
特待(특대) 특별한 대우. 특별히 대접함.
特例(특례) 특별한 예. 특별한 관례.
特命(특명) 1)특별한 명령. 2)특별한 임명. 3)특지(特旨).
特別(특별) 일반과 다름. 보통이 아님.
特報(특보) 특별한 보도.
特赦(특사) 1)특별히 용서함. 특유(特宥). 2)사면(赦免)의 하나. 복역(服役) 중에 있는 특정한 죄인에게 형의 집행을 면제하는 일.
特賜(특사) 임금이 특별히 하사(下賜)함.
特使(특사) 특별히 보내는 사자(使者).
特産(특산) 1)그 고장에서 특별히 산출 또는 생산되는 것. 2)특산물(特産物)의 약어.
特色(특색) 다른 것과 견주어 특히 눈에 띄는

점. 뛰어난 점.

特選(특선) 특별히 골라 뽑음. 특별히 뽑힌 것.

特性(특성) 특별히 다른 성질. 특질.

特需(특수) 특별한 수요(需要).

特殊(특수) 보통과 다름. 특이(特異).

特約(특약) 1)특별 조건을 붙인 약속. 2)특별한 편의 또는 이익이 있는 계약.

特有(특유) 1)그 물건이 특별히 갖추고 있는 것. 2)특별히 가지고 있음.

特異(특이) 보통 것보다는 특별히 다름. 보통보다 훨씬 뛰어남.

特典(특전) 1)특별한 은전(恩典). 2)특별한 대우. 3)특별히 행하는 의식(儀式).

特定(특정) 특별한 지정.

特製(특제) 특별히 만듦. 또는 그 만든 물품.

特種(특종) 1)특별한 종류. 2)신문이나 잡지 같은 기사 재료에 있어서 그 신문사나 잡지사만이 특별히 얻은 중요한 기사거리.

特旨(특지) 1)특별한 취지. 2)특별한 왕지(王旨). 특교(特敎).

特地(특지) 특히. 특별히.

特進(특진) 특별한 공로를 세워 일정한 진급 기간이 차기 전에 되는 진급.

特質(특질) 특수한 기질. 특수한 성질. 특수한 품질.

特輯(특집) 특정한 문제를 중심으로 신문 · 잡지 등을 편집함. 특정한 문제를 중심으로 한 편집.

特徵(특징) 1)특별히 눈에 띄는 표적. 2)특별히 불러내어 우대하는 것.

特採(특채) 특별히 채용함.

特出(특출) 남보다 특별히 뛰어남. 특출한 용모.

特許(특허) 1)특별히 허가함. 2)정부가 전기 · 가스 등의 공공사업의 영업권을 특별히 허가함. 3)공업상의 발명품에 대한 권리를 그 사람에게만 주는 행정 행위. 특허권.

特惠(특혜) 특별히 베푸는 은혜.

特效(특효) 1)특별히 뛰어난 효과. 2)어떤 것에 대해서만 특별히 나타내는 효험.

牽	⑦ 11획	日ケン · ひく
	끌 견	中qiān

* 형성. 뜻을 나타내는 부수 '牛(소 우)'와 쇠코뚜레를 본뜬 '冖(덮을 멱)' 및 음을 나타내는 '玄(검을 현)'을 합친 글자. '玄'은 '끌다[引]'를 나타내며, 이에 소의 코뚜레를 끌어 앞으로 나아가게 함에서 '끌다'의 뜻을 나타냄.

풀이 1. 끌다. 이끌다. 2. 꺼리끼다. 3. 주다. 4. 별 이름.

牽强(견강) 억지로 끌어당김.

牽强附會(견강부회) 이치에 맞지 않는 말을 억지로 끌어 붙여 자기 주장의 조건이나 조리에 맞도록 함.

牽聯(견련) 관련. 관련시킴.

牽曳(견예) 견인(牽引).

牽引(견인) 끌어당김.

牽制(견제) 1)끌어당기어 자유로운 행동을 하지 못하게 함. 2)적을 자기 쪽에 유리한 지점으로 이끌어서 억누르고 자유 행동을 못하게 방해함.

牽攣乖隔(견련괴격) 마음은 서로 끌리면서도 몸은 멀리 떨어져 있는 일.

牼	⑦ 11획	日ケイ
	정강이뼈 경	中kēng

풀이 정강이뼈.

牿	⑦ 11획	日コク
	우리 곡	中gù

풀이 우리. 짐승을 가두어 기르는 곳.

牻	⑦ 11획	日ボウ
	얼룩소 방	中máng

풀이 얼룩소.

牾	⑦ 11획	日ゴ
	거스를 오	中wǔ

풀이 거스르다.

유 逆(거스를 역)

犅	⑧ 12획	日コウ
	수소 강	中gāng

풀이 수소. 수컷 소.

犂	⑧ 12획	
	❶쟁기 려(여)	日レイ · リ · すき
	❷얼룩소 리(이)	中lí

풀이 1 1. 쟁기. 2. 밭갈다. 쟁기질하다. 3. 검다. ¶犂黑 4. 여명. 동틀 무렵. ¶犂旦 2 5. 얼룩소. ¶犂牛之子 6. 검버섯. ¶犂老

4획

犂旦(여단) 새벽 무렵. 동틀 무렵.
犂黑(여흑) 검음.
犂老(이로) 검버섯이 난 늙은이.
犂牛之子(이우지자) 1)얼룩소의 새끼. 2)중궁(仲弓)이 나쁜 아버지를 두었지만 똑똑하였기 때문에 공자(孔子)가 소에 비유하여, 잡종의 소 새끼일지라도 그 털색이 붉고 뿔이 곧으면 희생으로써 하늘에 바칠 수 있듯이, 아버지가 나쁘다 할지라도 자식이 현명하면 등용됨을 이르는 말.

犇	⑧ 12획	日ホン·はしる
	달아날 분	中bēn

풀이 1. 달아나다. 2. 소가 놀라다.
犇潰(분궤) 달아나 헤어짐. 흩어져 없어짐.
犇散(분산) 달아나 흩어짐.
犇走(분주) 바삐 돌아다님. 아주 바쁨.
유 奔(달릴 분)

犀	⑧ 12획	日セイ·サイ
	무소 서	中xī

풀이 1. 무소. 코뿔소. ¶犀利 2. 무소뿔. 3. 굳다. 견고하다. 4. 박씨. 박 속의 씨.
犀角(서각) 1)무소의 뿔. 2)이의 윗부분이 튀어 나온 귀인의 상(相).
犀甲(서갑) 무소 가죽으로 만든 갑옷.
犀利(서리) 견고하고 날카로움.
犀兵(서병) 단단하고 예리한 무기.
犀舟(서주) 튼튼한 배.
犀皮(서피) 무소의 가죽.
齒呂瓠犀(치려호서) 이가 호리병박의 씨와 같다는 뜻으로, 치열이 희고 아름답게 가지런히 박혀 있음을 비유하여 이름.

犉	⑧ 12획	
	누르고 입술	日ジュン
	검은 소 순	中rún

풀이 누르고 입술 검은 소.

犍	⑨ 13획	日ケン
	불깐 소 건	中jiān, qián

풀이 1. 불을 깐 소. 거세한 소. 2. 거세하다. 3. 짐승 이름. 표범과 비슷하고 꼬리가 길며 사람의 목에 외눈과 쇠귀를 가진 짐승의 이름.

犐	⑨ 13획	日カ
	동경소 과	中kē

풀이 1. 동경소. 꼬리가 없는 소. 2. 뿔이 없는 소.

犎	⑨ 13획	日ホウ
	들소 봉	中fēng

풀이 들소. 등 위에 살이 융기하여 낙타의 육봉 모양을 한 들소.
犎牛(봉우) 들소.

犗	⑩ 14획	日カイ
	불깐 소 개	中jiè

풀이 1. 불을 깐 소. 거세한 소. 2. 거세하다.

犖	⑩ 14획	日ラク
	얼룩소 락(낙)	中luò

풀이 1. 얼룩소. 2. 밝다. 명백하다. 3. 뛰어나다. 훌륭하다. ¶犖然
犖犖(낙락) 1)분명한 모양. 2)뛰어난 모양.
犖然(낙연) 뛰어난 모양. 초절(超絶)의 모양.
犖确(낙학) 산에 바위가 많은 모양.

犓	⑩ 14획	日ツウ
	소 먹일 추	中chú

풀이 소를 먹이다. 소를 기르다.

犒	⑩ 14획	日コウ·ねぎらう
	호궤할 호	中kào

풀이 1. 호궤하다. 음식을 보내어 군사를 위로함. ¶犒饋 2. 위로하기 위한 맛좋은 음식.
犒軍(호군) 호궤(犒饋).
犒饋(호궤) 군사에게 음식을 주어 위로함.
犒勞(호로) 먹을 것을 주어 군사를 위로함.
犒賚(호뢰) 위로하여 물건을 줌. 위로하기 위하여 내리는 상.
犒師(호사) 군사에게 음식을 주어 위로함.
犒賜(호사) 군사를 노고를 위로하여 상을 줌. 또는 그 상.

犦	⑪ 15획	日ル
	수소 루	中léi

풀이 1. 수소. 황소. 2. 암내내는 소.

犛	⑪ 15획	日リ·ミウ
	검정소 리·모	中lí

풀이 검정소. 야크(yak).

犛牛(이우/모우) 소의 한 가지. 야크.

犛牛尾(이우미/모우미) 야크의 꼬리.

犚	⑪ 15획	日イ
	귀검은소 위	中wèi

풀이 귀가 검은 소.

犝	⑫ 16획	日トウ·ドウ
	송아지 동	中tóng

풀이 송아지. 뿔이 없는 소.

유 犢(송아지 독)

犢	⑮ 19획	日トク·こうし
	송아지 독	中dú

풀이 송아지.

犢車(독거) 송아지가 끄는 수레

犢鼻褌(독비곤) 쇠코잠방이.

犢牛(독우) 송아지.

祭犢(제독) 제사에 쓰는 송아지.

유 犝(송아지 동)

犦	⑮ 19획	日ハク·ホク
	들소 박	中bó

풀이 들소. 등 뒤에 살이 융기하여 낙타의 육봉 모양을 한 들소.

犨	⑯ 20획	
	소 헐떡이는 소리 주	日シュウ 中chōu

풀이 1. 소가 헐떡이는 소리. 2. 소가 울다. 3. 흰 소. 4. 내밀다. 앞으로 나와 있다.

犧	⑯ 20획	日キ·ギ·いけにえ
	희생 희	中xī, suō

풀이 1. 희생. 종묘(宗廟) 등의 제사에 쓰는 짐승. ¶犧牷 2. 사랑하여 기르다. 3. 술그릇. 비취로 꾸민 제사에 쓰는 술그릇. ¶犧象 4. 술통. 소의 형상을 새기거나 소의 형상을 한 술통.

犧豭(희가) 희생의 수퇘지.

犧牷(희전) 온전한 희생.

犧尊(희준) 소의 형상으로 만들거나 소 형상에 두세 개의 술 그릇을 만들거나 옆면에 소 그림이 있는 제사 때 쓰는 술잔.

供犧(공희) 옛날 신에게 희생을 바치던 의례.

유 牷(희생 전) 牲(희생 생)

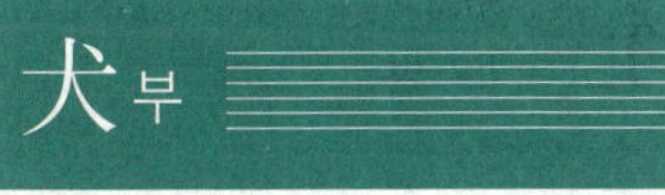

犬 개 견 部

'犬' 자는 개의 모양을 나타내어 '개'를 뜻하는 글자로, 독(獨)처럼 글자 좌측 모양[犭]으로 쓰여 '개사슴록변'이라는 부수 명칭으로 쓰인다. '犬' 자는 충직하고 인간 생활과 관계 깊은 동물의 의미로도 사용되지만, 하찮은 것을 비유할 때에도 사용되어 경멸의 뜻을 나타내기도 한다. 이 글자를 부수로 갖는 글자는 일반적으로 개를 비롯한 동물의 특성과 관련이 있다.

犬	⓪ 4획	日ケン·いぬ
	개 견	中quǎn

一 ナ 大 犬

* 상형. 개의 귀를 세운 모양을 본뜬 글자.

풀이 1. 개. 견. ¶犬猿 2. 천한 것의 비유.

犬馬(견마) 1)개와 말. 2)견마와 같이 천하고 보잘것없다라는 뜻으로, 신하가 임금에게 대하여 자기를 낮추어 일컫는 말.

犬馬之勞(견마지로) 1)임금이나 나라에 정성껏 충성을 함. 2)윗사람에게 대하여 자기의 노력을 겸손하게 표현하는 말.

犬馬之心(견마지심) 임금이나 나라에 충성을 다해 몸을 바치는 마음.

犬牙(견아) 1)개의 어금니. 2)개의 이빨과 같이 서로 엇갈려 맞지 않음.

犬猿(견원) 1)개와 원숭이. 2)서로 사이가 나쁜 두 사람

犬兎之爭(견토지쟁) 무익한 싸움. 또는 제삼자

가 이익을 얻음. 달아나는 토끼와 그것을 쫓는 개가 달리다 지쳐 둘 다 죽은 것을 농부가 얻었다는 고사.

犬齒(견치) 송곳니. 문치(門齒)와 구치(臼齒) 사이에 있는 뾰족한 이.

犬吠(견폐) 1)개가 짖음. 2)여러 사람이 떠드는 소리.

비 大(큰 대) 丈(어른 장) 太(클 태)

犮	①5획 달릴 발	日バツ 中bá

풀이 1. 달리다. 개가 달리는 모양. 2. 뽑다. 제거하다.

유 奔(달릴 분)

犯	②5획 범할 범	日ハン・おかす 中fàn

ノ 犭 犭 犯 犯

* 형성. 뜻을 나타내는 부수 '犭(개 견)'과 음을 나타내며 '해치다'의 뜻을 가진 '㔾(병부 절)'을 합친 글자. 개가 사람을 '해치다'의 뜻에서 바뀌어, 널리 해쳐 '범하다', '침범하다'의 뜻을 나타냄.

풀이 1. 범하다. 죄를 저지르다. 2. 저촉하다. ¶犯法 3. 거스르다. 거역하다. 4. 침범하다. 5. 해치다. 6. 범죄. 죄. ¶犯罪 7. 범인. 죄인. 8. 속이다. 9. 일으키다. 빚어내다.

犯戒(범계) 계율을 어김.

犯過(범과) 잘못을 저지름.

犯禁(범금) 법적으로 못하게 하는 것을 범함.

犯法(범법) 법을 범함.

犯染(범염) 1)남들이 언짢게 여기는 일에 간섭하거나 끌리어 들어감. 2)초상집에 드나드는 일.

犯用(범용) 맡아 있는 남의 것을 승낙 없이 마음대로 써 버림.

犯入(범입) 들어가지 못하게 된 곳을 범하여 들어감.

犯跡(범적) 죄를 범한 자취.

犯接(범접) 가까이 범하여 접촉함.

犯罪(범죄) 죄를 저지름. 또는 저지른 죄.

犯則(범칙) 규칙을 어김.

犯行(범행) 범죄 행위를 함. 또는 그런 행위.

비 氾(넘칠 범)

狏	③6획 이리 시	日オオカミ 中shì

풀이 이리.

犴	③6획 들개 안	日ガン・カン 中àn, hān

풀이 1. 들개. 오랑캐 땅의 들개. 2. 감옥.

비 汗(땀 한)

犵	③6획 오랑캐 이름 힐	日ヒツ 中gē

풀이 오랑캐 이름.

犵狫(힐로) 광서(廣西)·호남(湖南)·귀주(貴州) 등지에서 살던 이민족의 이름.

犺	④7획 고슴도치 강	日コウ 中kàng

풀이 1. 고슴도치. 2. 개. 건장한 개.

狂	④7획 미칠 광	日キョウ・くるう 中kuáng

ノ 犭 犭 犭 犭 犴 狂

풀이 1. 미치다. ¶狂氣 2. 사납다. 기세가 맹렬하다. ¶狂奔 3. 경망하다. 4. 미친 병. 광견병. 5. 광인.

狂簡(광간) 진취적 기상이 있고 뜻은 크나 행위가 이에 수반하지 않고 조략함.

狂客(광객) 언행이 미친 사람처럼 상리에서 벗어난 사람.

狂犬(광견) 미친 개.

狂氣(광기) 1)미친 증세. 2)사소한 일에 화내고 소리치는 사람의 기질.

狂談(광담) 이치에 전혀 맞지 않는 미친 말.

狂濤(광도) 용솟음치는 파도.

狂亂(광란) 미친 듯이 날뜀.

狂妄(광망) 망령되어 이치에 맞지 않음.

狂奔(광분) 1)어떤 일을 꾀하여 미친 듯이 날뛰는 것. 2)미친 듯이 달아나는 것.

狂信(광신) 어떤 사상(思想)이나 종교 등을 지나치게 믿음.

狂言(광언) 미친 소리.

狂炎(광염) 미친 듯이 타오르는 불길이나 정열.

狂人(광인) 미친 사람.

狂風(광풍) 미친 듯이 사납게 부는 바람.

熱狂(열광) 너무 좋아서 미친 듯이 날뜀.

狃 ④7획 日ジュウ·なれる
익을 뉴 中niǔ, nǜ

풀이 1. 익다. 익숙하다. 2. 익히다. 익숙하게 하다. 3. 탐하다. 탐내다. 4. 바로잡다.

 ④7획 日ドン
돼지 새끼 돈 中tún

풀이 돼지 새끼.

狀 ④8획
❶형상 상 日ジョウ·かたち
❷문서 장 中zhuàng

丨 丬 丬 爿 爿 壯 狀 狀

* 형성. 뜻을 나타내는 부수 '犬(개 견)'과 음을 나타내는 '爿(조각 장)'을 합친 글자. '犬'은 옛날 신이나 죽은 사람에게 희생으로 바치며 또 사람을 도와 일을 하는 동물이었음. '爿'은 '象'과 통하여 '모습', '모양'이란 뜻을 나타냄. '훌륭한 개의 모양', '사람이나 물건의 말쑥한 모습', '정상', '일'의 뜻을 나타냄.

풀이 ❶ 1. 형상. 모양. 형태. ¶狀態 2. 형용하다. ❷ 3. 문서. ¶狀啓 4. 편지.

狀態(상태) 현재의 모양이나 형편.
狀況(상황) 형편과 모양.
狀啓(장계) 임금이나 감사(監司)의 명을 받고 지방에 나간 벼슬아치가 임금에게 글로 하는 보고.
狀頭(장두) 장원 급제한 사람.
狀聞(장문) 임금에게 상계(上啓)하여 주달(奏達)함.
狀詞(장사) 소송 서류. 고소장(告訴狀).
狀元(장원) 1)과거의 갑과(甲科)에서 수석으로 급제한 사람. 2)시험 성적이 첫째로 뽑힌 사람.
狀紙(장지) 1)소송장. 소송장 용지. 2)필요한 자구를 써 넣도록 일정한 양식에 의해 인쇄한 용지.
狀請(장청) 글을 올려서 주청함.

狄 ④7획 日テキ·えびす
오랑캐 적 中dí

풀이 1. 오랑캐. 2. 악공. 3. 아전. 낮은 관리. 4. 사악하다. 5. 꿩 털. 꿩의 깃. 6. 빠르다. 7. 멀다. 8. 깎다.

狆 ④7획 日チュウ
오랑캐 중 中zhòng

풀이 오랑캐 이름.

비 仲(버금 중)

狗 ⑤8획 日コウ·ク·いぬ
개 구 中gǒu

ノ 丿 犭 犭 犳 犳 狗 狗

* 형성. 뜻을 나타내는 부수 '犭(개 견)'과 음을 나타내는 '句(구절 구)'를 합친 글자.

풀이 개. 강아지.

狗屠(구도) 1)개를 잡음. 2)개백정.
狗馬(구마) 1)개와 말. 2)진귀한 노리갯감. 3)신하가 임금에게 대하여 자기를 낮추어 표현하는 말. 견마(犬馬).
狗尾續貂(구미속초) 1)담비 꼬리가 모자라 개꼬리로 잇는다라는 뜻으로 훌륭한 것 뒤에 보잘것없는 것이 뒤따름. 2)관작을 함부로 줌.
狗鼠(구서) 개와 쥐.
狗疫(구역) 개가 앓는 돌림병.
狗肉(구육) 개고기.
狗竊(구절) 좀도둑.
狗彘(구체) 1)개와 돼지. 2)비천(卑賤)하거나 인품(人品)이 천한 사람을 비유하는 말.
狗吠(구폐) 1)개가 짖음. 또는 그 소리. 2)개가 제 주인 이외의 사람을 의심하여 짖듯이 신하가 임금에게 충성을 다함을 말함. 3)수상한 자가 왕래함.
狗皮(구피) 개의 가죽.
老狗(노구) 늙은 개.

유 犬(개 견)

狚 ⑤8획
짐승 이름 日タン
단·달 中dá, dàn

풀이 1. 짐승 이름. 2. 오랑캐의 이름.

비 狙(긴팔원숭이 저)

狑 ⑤8획 日レイ
좋은개 령 中líng

풀이 1. 좋은 개. 2. 오랑캐 이름. 중국 서남의 산계(山溪)에 살던 만족(蠻族).

狛 ⑤8획 日ハク
짐승 이름 박 中bó

4획

풀이 짐승 이름.

狒	⑤ 8획 비비 비	日 ヒ・ひひ 中 fèi

풀이 비비(狒狒).

狉	⑤ 8획 떼지어 달릴 비	日 ヒ 中 pī

풀이 1. 떼지어 달리다. 2. 삵(살쾡이)의 새끼.

狉狉(비비) 짐승이 무리지어 달리는 모양.

狌	⑤ 8획 족제비 성	日 セイ 中 xīng, shēng

풀이 족제비.

狎	⑤ 8획 익숙할 압	日 コウ・なれる 中 xiá

풀이 1. 익숙하다. 2. 무람하다. 친하다. ¶親狎 3. 업신여기다. ¶狎侮 4. 희롱하다. 5. 편안하다. 6. 번갈아. 교대하여. 7. 길들이다.

狎客(압객) 1)대대로 친교가 있는 집안. 통가(通家). 2)무람없이 구는 사람. 3)남의 장난거리가 되는 사람.

狎近(압근) 무람없이 남에게 다가붙음. 또는 가까이하여 귀여워함.

狎徒(압도) 무람없이 구는 사람. 압객(押客).

狎獵(압렵) 1)장식한 모양. 2)줄줄이 이어져 있는 모양.

狎弄(압롱) 무람없이 희롱함.

狎侮(압모) 업신여김. 깔봄. 경모(輕侮).

狎邪(압사) 1)무람없고 간사한 사람. 2)유녀(遊女).

狎褻(압설) 너무 사이가 가까워 예의가 없음.

狎愛(압애) 1)가까이 사랑함. 2)사랑을 받는 사람.

狎翫(압완) 친숙해짐. 아주 가까이 지냄.

狎敵(압적) 적을 얕잡아 봄.

親狎(친압) 버릇없이 너무 지나치게 친한 것.

狘	⑤ 8획 놀라 달아날 월	日 ケツ 中 xuè

풀이 놀라 달아나다.

狖	⑤ 8획 검은원숭이 유	日 ユウ 中 yòu

풀이 검은 원숭이.

狙	⑤ 8획 긴팔원숭이 저	日 ソ・ショ・ねらう 中 jū

풀이 1. 긴팔원숭이. 2. 교활하다. 간교하다. 3. 노리다. ¶狙擊 4. 찾다. 5. 엿보다. ¶狙害

狙擊(저격) 노리고 겨냥하여 냅다 치거나 쏘거나 함.

狙公(저공) 원숭이를 기르는 사람. 원숭이에게 재주를 부리게 하여 돈벌이하는 사람.

狙詐(저사) 틈을 타서 남을 속임.

狙害(저해) 기회를 엿보아 해침.

狙喜(저희) 속임을 좋아함. 교활함.

비 狚(짐승 이름 단)

狓	⑤ 8획 날아오를 피	日 ヒ 中 pī

풀이 1. 날아오르다. ¶狓猖 2. 개 이름. 3. 방자하다.

狓猖(피창) 날아오르는 모양.

비 波(물결 파)

狐	⑤ 8획 여우 호	日 コ・きつね 中 hú

풀이 여우.

狐假虎威(호가호위) 여우가 호랑이의 위세를 가장한다는 뜻으로, 소인배가 권력을 등에 지고 멋대로 굶을 이르는 말.

●狐假虎威(호가호위)의 유래

이 말은 초나라의 실권을 쥐고 있던 재상 소해휼(昭奚恤)을 비꼬아 위나라의 강을(江乙)이 왕에게 들려준 이야기에서 유래하였다. 백수의 왕인 호랑이가 어느 날 여우를 붙잡았는데, 여우가 이렇게 말했다. "천제께서 날 백수의 왕으로 정하셨으니, 만약 날 먹으면 천제의 명을 거역하는 것이다. 믿지 못하겠거든 잠깐 내 뒤를 따르면서 봐라." 호랑이가 반신반의하며 여우를 따라갔는데, 짐승들은 이들을 보자마자 모두 도망쳤다. 호랑이는 짐승들이 자기를 보고 도망치는 줄 모르고 여우를 보고 도망친다고 생각했다.

狐裘(호구) 여우의 겨드랑 밑의 흰 털가죽으로 만든 옷.

狐狼(호랑) 1)여우와 이리. 2)교활하여 남을 해치는 사람을 비유하는 말.

狐狸(호리) 1)여우와 너구리. 2)숨어서 나쁜 짓

을 하는 사람. 좀도둑.

狐媚(호미) 여우가 사람을 호리듯이, 교묘히 아양을 부려 호림.

狐死首丘(호사수구) 여우는 죽을 때에도 제가 살던 언덕으로 머리를 돌린다는 뜻으로 근본을 잊지 않음을 비유하는 말.

狐鼠(호서) 1)여우와 쥐. 2)소인(小人) 또는 좀도둑을 비유하는 말.

狐疑(호의) 의심하여 결정하지 못함. 또 그 사람.

狐臭(호취) 암내. 겨드랑이에서 나는 고약한 냄새.

狐惑(호혹) 1)의심하여 어찌할 줄 모름. 2)속여 미혹하게 함.

비 孤(외로울 고)

⑤ 9획 날개 펼 격 日ケキ 中jú

풀이 1. 날개를 펴다. 2. 개가 노려보는 모양.

狡 ⑥ 9획 간교할 교 日コウ 中jiǎo

* 형성. 뜻을 나타내는 부수 '犭(개 견)'과 음을 나타내는 '交(사귈 교)'를 합친 글자. 개(犭) 같은 사귐이란 뜻으로 '교활하다'의 뜻을 나타냄.

풀이 1. 간교하다. 교활하다. ¶狡猾 2. 해치다. 3. 재빠르다. 민첩하다. 4. 미치다. 광란하다.

狡童(교동) 1)교활한 아이. 2)얼굴은 예쁘나 마음이 비뚤어진 아이.

狡蠹(교두) 교활하여 남을 해침.

狡詐(교사) 교활하여 남을 속임.

狡算(교산) 간사한 계략.

狡惡(교악) 교활하고 간악함. 또 그 사람.

狡猾(교활) 1)약은 꾀를 쓰는 것이 능함. 2)술수나 행동 등이 간사하고 음흉함.

狫 ⑥ 9획 오랑캐 이름 로 日ロウ 中lǎo

풀이 1. 오랑캐 이름. 2. 문신(文身).

狦 ⑥ 9획 호박개 산 日サン 中shān

풀이 1. 호박개. 사나운 개. 2. 짐승 이름.

狩 ⑥ 9획 사냥 수 日シュ·かり·かる 中shòu

풀이 1. 사냥. 사냥하다. 2. 임지. 임소(任所). 관할지. 3. 순행. 임금의 순찰. 4. 기르다. 다스리다. 5. 정벌하다.

유 獵(사냥 렵) 비 守(지킬 수)

狥 ⑥ 9획 徇(p422)의 俗字

狨 ⑥ 9획 원숭이 이름 융 日ユウ·さる 中róng

풀이 1. 원숭이 이름. 2. 융. 3. 사납다.

狢 ⑥ 9획 오소리 학 日カク 中hé, mò

풀이 오소리.

狠 ⑥ 9획 ❶개 싸우는 소리 한 ❷물 간 日ガン·コン 中hěn

풀이 ❶ 1. 개가 싸우는 소리. ❷ 2. 물다. 물리다.

狠戾(한려) 말이나 행동이 비뚤어지고 사나움.

狠恣(한자) 도리에 어긋난 짓을 일삼고 방자함.

狠愎(한퍅) 성질이 매우 사납고 고약함. 때려 죽음.

狷 ⑦ 10획 성급할 견 日ケン 中juàn

풀이 1. 성급하다. 2. 견개하다. 지조가 굳어 뜻을 굽히지 않다.

狷介(견개) 고집이 세고 절개가 굳어 굴종(屈從)하지 않음.

狷狂(견광) 1)식견(識見)이 좁아서 고집을 지나치게 부리고 뜻만 커서 과장(誇張)이 심함. 2)성질이 괴팍하여 상규(常規)에 어긋남.

狷急(견급) 성질이 급함.

4 획

狷忿(견분) 성질이 편협하여 성을 잘 냄.
狷隘(견애) 마음이 좁고 성질이 급함.
狷狹(견협) 성급하고 편협함.
유 急(급할 급)

狘	⑦ 10획 오랑캐 이름 구	日キュウ 中qiú

풀이 오랑캐 이름. 중국 운남성(雲南省) 서변(西邊)의 만족(蠻族).

狼	⑦ 11획 이리 랑(낭)	日ロウ·おおかみ 中láng

풀이 1. 이리. ¶狼猛 2. 별 이름. 3. 어지럽다. 어지러워지다. 4. 거칠다.

狼顧(낭고) 1)이리같이 뒤를 돌아다보며 두려워함. 2)사람의 상(相)의 이름. 이리와 같이 뒤를 돌아다 볼 수 있는 머리.
狼戾(낭려) 1)이리와 같이 마음이 비뚤어 지고 도리에 어긋남. 2)어지럽게 흩어져 있음.
狼猛(낭맹) 이리와 같이 사나움.
狼跋(낭발) 앞으로 나아갈 수도 뒤로 물러날 수도 없이 꼼짝할 수 없는 궁지에 빠짐. 당황함. 갈팡질팡함. 낭패(狼狽).
狼噬(낭서) 이리같이 묾. 맹렬히 침범함.
狼心(낭심) 이리 같은 탐욕한 마음.
狼藉(낭자) 여기저기 흩어져 어지러운 모양. 산란(散亂)한 모양.
狼子野心(낭자야심) 이리 새끼는 아무리 길들이려고 해도, 야수의 성질을 벗어나지 못한다는 뜻으로, 흉포하여 교화(教化)할 수 없는 사람을 비유하는 말.
狼狽(낭패) 1)뜻하거나 바라던 일이 실패되거나 어그러져 딱하게 된 형편. 2)뜻하거나 바라던 일이 실패되거나 어그러짐.
虎狼之心(호랑지심) 사납고 인정이 없는 마음.
비 浪(물결 랑)

狸	⑦ 10획 貍(p1326)와 同字

玅	⑦ 10획 종족 이름 사	日シャ 中shā

풀이 종족 이름. 광서성(廣西省) 지방의 한 종족.

狻	⑦ 10획 사자 산	日サン 中suān

풀이 사자.
狻猊(산예) 1)사자의 다른 이름. 2)사자의 탈을 쓰고 춤을 추는 가면극(假面劇).
狻下(산하) 고승(高僧)을 부르는 경칭. 예하(猊下).
유 猊(사자 예)

狿	⑦ 10획 짐승 이름 연	日エン 中yán

풀이 짐승 이름. 너구리와 비슷함.

狺	⑦ 10획 으르렁거릴 은	日イン 中yín

풀이 으르렁거리다.
狺狺(은은) 1)개가 서로 으르렁거리며 싸우는 소리. 2)개가 짖는 모양.

珽	⑦ 10획 짐승 이름 정	日テイ 中tíng

풀이 짐승 이름. 원숭이의 한 갈래.

狽	⑦ 10획 이리 패	日バイ·おおかみ 中bèi

풀이 이리.
유 狼(이리 랑)

狴	⑦ 10획 들개 폐	日ヘイ 中bì

풀이 1. 들개. 2. 감옥. ¶狴牢
狴牢(폐뢰) 감옥. 뇌옥(牢獄).
狴犴(폐안) 1)들개. 2)감옥(監獄).

狹	⑦ 10획 좁을 협	日キョウ·せまい 中xiá

* 형성. 뜻을 나타내는 부수 '犭(개 견)'과 음을 나타내는 '夾(길 협)'를 합친 글자.

풀이 1. 좁다. 협소하다. ¶狹巷 2. 좁아지다. 좁히다.

4획

¶狹小

狹軌(협궤) 철도에서, 너비가 1.435m보다 좁은 궤간.

狹量(협량) 사람을 받아들이는 마음이 좁음.

狹小(협소) 좁고 작음.

狹心症(협심증) 심장병의 혈관의 경련 · 경화 · 폐색 등으로 일어나는 매우 심한 통증과 발작의 증세.

狹隘(협애) 1)땅이 좁고 험함. 2)마음씨가 너그럽지 못하고 썩 좁음.

狹義(협의) 좁은 뜻.

狹搾(협착) 공간이 좁음.

狹巷(협항) 좁은 골목.

廣狹(광협) 넓음과 좁음.

비 俠(호협할 협) 浹(두루 미칠 협)

猢	⑦ 10획	日カ
	강아지 화	中hú

풀이 강아지.

猢狢(화학) 강아지. 작은 개.

猓	⑧ 11획	
	긴꼬리	日カ
	원숭이 과	中guǒ

풀이 1. 긴꼬리 원숭이. 2. 오랑캐 이름. 중국 서남방에 살던 묘족(苗族)의 일종.

猛	⑧ 11획	日モウ · たけし
	사나울 맹	中měng

ノ 犭 犭 犭 犭 犭 犭 猛 猛 猛 猛

* 형성. 뜻을 나타내는 부수 '犭(개 견)'과 음을 나타내는 '孟(우두머리 맹)'을 합친 글자. '힘센 개'의 뜻. 바뀌어, '사납다'를 나타냄.

풀이 1. 사납다. 맹렬하다. ¶猛烈 2. 날래다. 용맹하다. ¶猛將 3. 매섭다. 심하다.

猛犬(맹견) 사나운 개.

猛攻擊(맹공격) 맹렬한 공격. 맹렬히 공격함.

猛禽(맹금) 매 · 독수리 등처럼 성질이 사납고 육식을 하는 날짐승.

猛烈(맹렬) 기세가 사납고 세참.

猛獸(맹수) 사나운 육식류의 짐승.

猛襲(맹습) 맹렬한 습격.

猛威(맹위) 맹렬한 위세.

猛將(맹장) 용맹한 장수.

猛敵(맹적) 사나운 적.

猛追擊(맹추격) 몹시 세차고 사나운 기세로 좇음.

猛虎(맹호) 1)몹시 사나운 범. 2)맹렬하고 강한 것을 비유하는 말.

猛活躍(맹활약) 눈부신 활약.

猛訓練(맹훈련) 맹렬히 하는 훈련.

유 暴(사나울 포)

猜	⑧ 11획	日サイ · ねたむ
	시기할 시	中cāi

풀이 1. 시기하다. 시기. ¶猜忌 2. 의심하다. 의심. ¶猜阻

猜隙(시극) 서로 시기하여 사이가 좋지 못함.

猜忌(시기) 자기보다 뛰어난 사람, 또는 그의 뛰어난 능력 등을 샘하여 미워하는 것.

猜謗(시방) 시기하여 비난함.

猜忤(시오) 시기하여 거역함.

猜畏(시외) 시기하고 두려워함.

猜怨(시원) 시기하고 원망함.

猜疑(시의) 시기하고 의심함.

猜忍(시인) 시기심이 강하고 잔인함.

猜阻(시조) 의심하여 막음.

猜憚(시탄) 시기하고 꺼림.

猜妬(시투) 시기하고 질투함.

猜恨(시한) 질투하고 원망함.

猊	⑧ 11획	日ゲイ · しし
	사자 예	中ní

풀이 1. 사자. 2. 부처가 앉는 자리. 고승(高僧)의 자리.

유 狻 (사자 산)

猗	⑧ 11획	日イ · ああ
	아름다울 의	中yī

풀이 1. 아름답다. ¶猗猗 2. 아아! 감탄하는 소리. 3. 길다. 4. 어조사. 어귀 끝에 쓰이는 조자(助字). 5. 보태다. 더하다. 6. 의지하다. 기대다. 7. 베풀다. 8. 우거진 모양. 9. 온순한 모양. ¶猗移 10. 다발로 묶다.

猗靡(의미) 1)서로 따르는 모양. 서로 마음이 쏠리는 모양. 2)부드럽고 아름다운 모양. 3)정이 깊어 좀처럼 잊혀지지 않는 모양.

猗蔚(의울) 초목이 무성한 모양.

猗猗(의의) 1)아름답고 무성한 모양. 2)긴 모양.

猗移(의이) 정직하고 유순한 모양.

猙	⑧ 11획	日ソウ
	짐승 이름 쟁	中zhēng

풀이 1. 짐승 이름. 표범과 비슷하며 뿔 하나에 꼬리가 5개인 상상의 동물. 2. 사납다 포악하다.

猘	⑧ 11획	日セイ
	미친 개 제	中zhì

풀이 1. 미친 개. 2. 거칠다.

猝	⑧ 11획	日ソツ·にわか
	갑자기 졸	中cù

풀이 1. 갑자기. 순간. 2. 빠르다.

猖	⑧ 11획	日ショウ
	미쳐 날뛸 창	中chāng

* 형성. 뜻을 나타내는 부수 '犭(개 견)'과 음을 나타내는 '昌(창성할 창)'을 합친 글자.

풀이 1. 미쳐 날뛰다. ¶猖狂 2. 어지럽다.

猖狂(창광) 미친 듯이 날뜀.

猖獗(창궐) 1)미쳐 날뜀. 나쁜 자의 세력이 걷잡을 수 없이 강성해져 제어하기 힘듦. 2)기울어 뒤집힘. 실패함.

猖厲(창려) 인정이 없고 엄함.

猖披(창피) 1)옷을 입고 띠는 안 맴. 2)체면이나 마음에 대한 부끄러움.

猋	⑧ 12획	
	개 달리는	日ヒョウ
	모양 표	中biāo

풀이 1. 개가 달리는 모양. 2. 달리다. 3. 회오리바람. ¶猋風

猋迅(표신) 회오리바람과 같이 빠름.

猋風(표풍) 회오리바람.

猋忽(표홀) 대단히 빨리 부는 바람.

猇	⑧ 11획	
	범이 울부	日ヒョウ
	짖을 효	中xiāo

풀이 1. 범이 울부짖다. 포효. 2. 고을 이름.

유 咆(으르렁거릴 포)

猳	⑨ 12획	日カ
	수퇘지 가	中jiā

풀이 수퇘지.

猱	⑨ 12획	日ドウ·ジュウ
	원숭이 노	中náo

풀이 1. 원숭이. 긴팔 원숭이. ¶猱狖 2. 희롱거리다. ¶猱雜

猱狖(노유) 원숭이.

猱雜(노잡) 희롱하며 떠듦.

猱玃(노확) 큰 원숭이.

유 猿(원숭이 원)

猫	⑨ 12획	日ミョウ·ねこ
	고양이 묘	中māo

풀이 고양이.

猫頭懸鈴(묘두현령) 고양이 목에 방울 달기. 실행할 수 없는 헛된 의논.

猫兒(묘아) 고양이 새끼.

猫眼石(묘안석) 고양이 눈과 같은 빛을 내는 보석.

猫柔(묘유) 고양이 같이 겉은 유순하나 속은 음험함을 비유함.

猩	⑨ 12획	日セイ
	성성이 성	中xīng

풀이 1. 성성이. ¶猩猩 2. 붉은 빛.

猩猩(성성) 1)유인원과(類人猿科)에 속하는 짐승. 모양이 사람과 가장 닮았으며 힘이 세어 악어와 큰 뱀을 잡아 먹음. 오랑우탄. 2)상상(想像)의 동물. 머리털이 길고 술을 좋아하며 춤을 잘 춤.

猩猩氈(성성전) 진한 빨강으로 물들여 짠 모전(毛氈).

猩紅(성홍) 1)성성이의 털빛과 같이 약간 검고 짙은 다홍색. 2)수은(水銀)으로 만든 주사(朱砂).

猩紅熱(성홍열) 열이 높고 온몸에 빨간 반점이 생기는 병.

大猩猩(대성성) 고릴라.

4획

猰	⑨ 12획	日アツ・セツ
	짐승 이름 알	中jiá, yà

풀이 1. 짐승 이름. 2. 개. ¶猰犬

猰犬(알견) 개와 같이 사납고 모진 사람.

猧	⑨ 12획	日ワ・ちん
	발바리 와	中wō

풀이 발바리.

猥	⑨ 12획	日ワイ・みだり
	함부로 외	中wěi

* 형성. 뜻을 나타내는 부수 '犭(개 견)'과 음을 나타내는 '畏(두려워할 외)'를 합친 글자.

풀이 1. 함부로. 2. 뒤섞이다. 난잡하다. 3. 많다. 4. 왕성하다. 성하다. 5. 쌓다. 축적하다. 6. 외람되다. 7. 더럽다. 추잡하다. ¶猥言 8. 아비하다. 상스럽다. 9. 갑자기. 10. 개 짖는 소리.

猥多(외다) 대단히 많음.

猥濫(외람) 분수에 맞지 않고 넘치는 일을 하여 죄송함.

猥書(외서) 음탕하고 난삽한 내용의 책.

猥褻(외설) 1)남녀간의 음란한 행위. 2)색정(色情)을 돋우려는 추행(醜行).

猥言(외언) 추잡하고 음탕한 말.

猥人(외인) 천한 사람. 상스러운 사람.

猥雜(외잡) 난잡함. 혼란함.

猨	⑨ 12획
	猿(p841)과 同字

猬	⑨ 12획
	蝟(p1219)와 同字

猶	⑨ 12획	
	❶ 오히려 유	日ユウ
	❷ 움직일 요	中yóu

* 형성. 뜻을 나타내는 부수 '犭(개 견)'과 음을 나타내는 '酋(우두머리 유)'를 합친 글자.

풀이 ❶ 1. 오히려. 도리어. 2. 망설이다. 주저하다. ¶猶豫 3. 여전히. 계속하여. ¶猶不足 4. 꾀하다. 꾀. 5. 가히. 마땅히. 6. 원숭이. 7. 말미암다. 연유하다. 8. 같다. 유사하다. 9. 똑 같다. 닮다. ❷ 10. 움직이다.

猶女(유녀) 조카딸.

猶父(유부) 1)아버지처럼 섬김. 2)삼촌. 숙부. 3)선생.

猶不足(유부족) 오히려 모자람.

猶孫(유손) 형제의 손자.

猶魚有水(유어유수) 1)물고기와 물과의 관계와 같이, 친밀하여 떨어질 수 없는 사이의 벗. 2)군신(君臣)의 사이가 친밀한 모양. 3)부부가 화목한 모양.

猶與(유여) 유예(猶豫).

猶豫(유예) 1)망설임. 2)일이나 날짜를 미루어 감.

猶猶(유유) 1)의심이 많아 무슨 일을 쉽게 결행(決行)하지 못하는 모양. 2)빠르지도 않고 느리도 않아 중용(中庸)을 얻은 모양.

猶太(유태) 1)종족 이름. 팔레스타인을 원주지로 하는 셈족의 일파인 아람(Aram)족의 일부. 히브리 민족. 2)유태(Judea). 나라 이름. 기원전 10~16세기 경에 팔레스타인 지방에 있었던 유태 민족의 왕국. 지금의 이스라엘 공화국임.

猶太敎(유태교) 모세의 율법을 기초로 유일신 여호와를 신봉하는 기원전 4세기 경부터 발달한 유태인의 민족 종교.

過猶不及(과유불급) 정도에 지나침은 정도에 미치지 못함과 같음.

유 猿(원숭이 원)

猪	⑨ 12획	日チョ・いのしし
	돼지 저	中zhū

풀이 1. 돼지. ¶猪突 2. 돼지 새끼. 3. 웅덩이. 물이 고인 곳.

猪突(저돌) 멧돼지처럼 앞뒤를 생각하지 않고 앞으로 일직선으로 돌진함.

猪毛(저모) 돼지털.

猪勇(저용) 멧돼지 처럼 앞뒤를 생각하지 않고 함부로 덤비는 용기.

猪肉(저육) 돼지의 고기.

猪血(저혈) 돼지의 피.

유 亥(돼지 해) 豚(돼지 돈)

猵	⑨ 12획	日ヘン・かわうそ
	수달 편	中biān

풀이 수달.

猵獺(편달) 물개. 수달.

猢	⑨ 12획 원숭이 호	日ホ 中hú

풀이 원숭이.

猢猻入布袋(호손입포대) 원숭이가 포대 속에 들어간다는 뜻으로, 야인이 관직 등을 얻어 구속을 받음을 비유하는 말.

猴	⑨ 12획 원숭이 후	日コウ·さる 中hóu

풀이 원숭이.

猴兒(후아) 원숭이.

유 猿(원숭이 원) 猶(원숭이 유)

猴	⑨ 12획 猴(p840)의 本字

猼	⑩ 13획 ❶ 짐승이름 박 ❷ 파초 폭	日ハク·ボク 中bó, pò

풀이 ❶ 1. 짐승 이름. 사람과 비슷하게 생기고 날개가 달린 짐승. ❷ 2. 파초(芭蕉). ¶猼且

猼且(폭저) 파초(芭蕉) 또는 양하(蘘荷).

獅	⑩ 13획 사자 사	日シ 中shī

풀이 사자. ¶獅子吼

獅子(사자) 고양이과의 사나운 짐승. 몸집이 크고 기운이 세어 짐승의 왕으로 불림.

獅子舞(사자무) 사자춤.

獅子座(사자좌) 1)설법하는 자리. 2)고승(高僧)의 좌석.

獅子吼(사자후) 1)사자의 으르렁거림. 2)권위와 위엄이 있는 소리. 즉 부처님의 설법을 이르는 말.

獅子吼(사자후)의 유래

석가모니는 도솔천에서 나시면서, 한 손으로 하늘을 가리키고 다른 한 손으로 땅을 가리키면서 사자후를 외쳤다. 석가모니의 설법은 권위와 위엄이 넘쳐, 그 음성은 모든 보살과 아라한을 정진케 하며 외도와 악마들을 항복시켰다. 이는 마치 사자가 한 번 울부짖으면, 다른 모든 짐승들이 복종하는 것과 같았다고 한다.

유 猊(사자 예)

猻	⑩ 13획 원숭이 손	日ソン·さる 中sūn

풀이 원숭이.

獀	⑩ 13획 사냥 수	日スウ·シュウ 中sōu

풀이 1. 사냥. 사냥하다. 봄사냥과 가을사냥의 통칭. 2. 가리다. 선택하다.

獃	⑩ 14획 어리석을 애	日アイ·ガイ 中dāi

풀이 어리석다. 분별이 없다.

獃氣(애기) 어리석음.

獃意(애의) 어리석은 생각

獃子(애자) 어리석은 사람.

獄	⑩ 14획 옥 옥	日ゴク·ひとや 中yù

풀이 1. 옥. 감옥. ¶投獄 2. 송사. 소송. 3. 죄의 유무를 조사하여 처단하는 일. 판결. 4. 죄 . 죄상. 5. 법. 형법.

獄苦(옥고) 옥살이 고생.

獄牢(옥뢰) 죄인을 가두어 두는 곳. 감옥.

獄門(옥문) 옥으로 드나드는 문.

獄法(옥법) 죄인을 재판하는 법률.

獄事(옥사) 역적(逆賊)·살인 등 중대한 범죄를 다스리는 일. 또는 그 사건.

獄死(옥사) 옥에 갇혀 있는 동안에 죽음.

獄訟(옥송) 죄인에게 역형(役刑)을 행하게 하는 송사.

獄囚(옥수) 옥에 갇힌 죄수.

獄圄(옥어) 감옥. 옥사.

獄掾(옥연) 옥에서 일보는 사람.

出獄(출옥) 감옥에서 나옴.

脫獄(탈옥) 감옥에서 도망쳐 달아남.

下獄(하옥) 감옥에 가둠.

猺	⑩ 13획 오랑캐 이름 요	日ヨウ 中yáo

풀이 오랑캐 이름.

猿	⑩ 13획	日エン · さる
	원숭이 원	中yuán

풀이 원숭이.

猿公(원공) 원숭이를 의인화하여 일컫는 말.

猿臂(원비) 1)원숭이와 같은 긴 팔. 2)팔을 내밀어 물건을 쥐는 모양.

猿臂之勢(원비지세) 군대의 진퇴와 공수(攻守)를 자유자재로 하는 일.

猿愁(원수) 원숭이가 서글피 우는 소리.

猿人(원인) 가장 원시적이고 오래된 화석 인류. 아프리카의 오스트랄로피테쿠스, 아시아의 메간트로푸스 등.

犬猿之間(견원지간) 개와 원숭이 사이처럼 사이가 매우 나쁜 관계.

類人猿(유인원) 유인원과 동물의 총칭. 영장류(靈長類) 중 사람과 비슷함.

유 猴(원숭이 후)

獂	⑩ 13획	日ゲン
	돼지 원	中huán, yuán

풀이 1. 돼지. 2. 짐승 이름. 소를 닮은 세 발을 가진 짐승.

유 亥(돼지 해) 豚(돼지 돈) 猪(돼지 저)

猾	⑩ 13획	日カツ
	교활할 활	中huá

풀이 1. 교활하다. 교활한 사람. ¶猾惡 2. 가지고 놀다. 심심풀이로 즐기다. 3. 어지럽히다.

猾吏(활리) 교활한 아전이나 관리.

猾賊(활적) 교활하여 사람을 해침. 교활하고 악한 도둑.

猾夏(활하) 중국을 어지럽힘.

유 狡(교활할 교)

獍	⑪ 14획	日ケイ · キョウ
	맹수 이름 경	中jìng

풀이 맹수 이름. 범과 비슷한 동물로 어미를 잡아 먹는다 하여 불효의 뜻으로 쓰이기도 함.

獌	⑪ 14획	日マン
	이리 만	中wàn

풀이 이리.

獒	⑪ 15획	日ゴウ
	개 오	中áo

풀이 개. 맹견.

獐	⑪ 14획	日ショウ
	노루 장	中zhāng

풀이 노루.

獐鹿(장록) 노루와 사슴.

獐毛(장모) 노루 털.

獐茸(장용) 돋아 나와서 아직 다 굳지 않은 노루의 뿔. 보약으로 씀.

獟	⑫ 15획	
	❶ 미친 개 교	日ギョウ
	❷ 날랠 효	中xiāo

풀이 ❶ 1. 미친 개. ❷ 2. 날래다. ¶獟悍 3. 사나운 개.

獟悍(효한) 날래고 사나움.

獗	⑫ 15획	日ケツ
	날뛸 궐	中jué

풀이 날뛰다. 사납게 날뛰다.

獤	⑫ 15획	
	돈피 돈韓	

풀이 돈피. 담비의 가죽.

獞	⑫ 15획	日トウ
	오랑캐 이름 동	中zhuàng

풀이 1. 오랑캐 이름. 2. 개 이름.

獠	⑫ 15획	日リョウ · ロウ
	사냥 료	中liáo

풀이 밤사냥. 밤사냥하다.

유 狩(사냥 수) 비 遼(멀 료)

獜	⑫ 15획	日リン
	튼튼할 린	中lín, lìn

4획

풀이 1. 튼튼하다. 건장하다. 2. 짐승 이름.

비 燐(도깨비불 린)

獘 ⑫ 16획 日へイ·たおれる
넘어질 폐 中bì

풀이 1. 넘어지다. 2. 곤하다.

비 幣(비단 폐)

獙 ⑫ 15획 日へイ
짐승 이름 폐 中bì

풀이 짐승 이름.

獋 ⑫ 15획 日コウ
개 짖을 호 中háo

풀이 개가 짖다. 울다.

獢 ⑫ 15획
주둥이 짧은 개 효 日キョウ 中xiāo

풀이 1. 주둥이가 짧은 개. 2. 교만하다.

4획

獝 ⑫ 15획 日キツ
미칠 휼 中xù

풀이 1. 미치다. 2. 놀라 허둥거리다.

獦 ⑬ 16획 日カツ
큰 이리 갈 中xiē

풀이 큰 이리.

獥 ⑬ 16획
❶이리 새끼 격 日ケツ·キョウ
❷암 이리 교 中jiào, xí

풀이 1 1. 이리 새끼. 2 2. 이리의 암컷.

비 激(물결 부딪혀 흐를 격)

獨 ⑬ 16획 日トク·ひとり
홀로 독 中dú

丿 犭 犭 犭 犭 犭 犭 犭 犭 狎 狎 猸 猸 獨 獨 獨

* 형성. 뜻을 나타내는 부수 '犭(개 견)'과 음을 나타내는 '蜀(나라이름 촉)'을 합친 글자.

풀이 1. 홀로. 혼자. ¶獨居 2. 홀몸. 3. 다만. 오직.

獨居(독거) 혼자 살고 있음.
獨工(독공) 혼자서 공부함.
獨斷(독단) 1)혼자서 결단함. 2)근본적인 연구로서가 아니고 주관적인 편견으로서의 판단. 또는 그런 명제.
獨樂(독락) 1)홀로 즐김. 2)자기 혼자만이 즐김.
獨力(독력) 1)자기 혼자의 힘. 2)짧고 흉한 모양.
獨立(독립) 1)남에게 의존하거나 속박당하지 않음. 2)나라가 완전한 자주권을 가짐. 3)개인이 한 집안을 이루고 완전히 사권(私權)을 행사함. 4)독자적으로 존재함.
獨白(독백) 1)혼자서 중얼거림. 2)연극에서 배우가 마음속의 생각을 관객에게 알리기 위해 상대가 없이 혼자 말함.
獨步(독보) 1)혼자서 걸음. 2)남이 감히 따를 수 없이 뛰어남.
獨夫(독부) 1)독신의 남자. 2)한 사람의 남자. 못난 사나이.
獨善(독선) 남의 생각은 돌아보지 않고 제 혼자만이 옳다고 믿어 행동하는 일.
獨宿空房(독숙공방) 남편없이 혼자 밤을 지내는 일.
獨食(독식) 어떤 이익을 혼자서 차지함.
獨身(독신) 1)형제 자매가 없는 사람. 2)배우자가 없는 사람.
獨酌(독작) 혼자서 술을 마심.
獨尊(독존) 자기만이 존귀하다고 생각함.
獨坐(독좌) 1)교만하여 남을 상대하지 않음. 혼자 떨어져 있음. 2)홀로 앉아 있음. 3)혼자 앉을 만한 작은 걸상.
獨占(독점) 1)독차지. 2)어떤 특정한 자본이 생산과 시장을 지배하고 있는 상태.
獨奏(독주) 혼자서 연주함.
獨創(독창) 혼자의 힘으로 새롭고 독특한 것을 처음으로 만들어 내거나 고안해 냄. 또는 그 소리.
獨行(독행) 1)혼자서 길을 감. 2)남의 힘을 빌리지 않고 혼자 힘으로 행함. 3)지조(志操)를 굳게 지켜 세속(世俗)에 좌우되지 않는 일. 4)고독(孤獨)함.

獩 ⑬ 16획 日ワイ
민족 이름 예 中huì

풀이 민족 이름. 종족 이름.

獩貊(예맥) 고조선(古朝鮮)때 북부에 살고 있던 종족 이름.

獬	⑬ 16획	日カイ
	해태 해	中xiè

풀이 해태. 부정한 사람을 보면 뿔로 받는다는 신수(神獸).

獬冠(해관) 해치(獬豸)의 가죽으로 만든 관.

獬豸(해치) 소와 비슷하게 생긴, 옳고 그름을 판단하여 안다는 신수(神獸)의 이름.

獬豸冠(해치관) 법관이 쓰는 관(冠)의 이름.

獫	⑬ 16획	
	❶오랑캐 이름 험	日ケン・レン
		中xiǎn
	❷개 렴	

풀이 ❶ 1. 오랑캐 이름. ❷ 2. 개. 주둥이가 긴 개. 사냥개.

獧	⑬ 16획	
	❶급할 환	日ケン
	❷견개할 견	中juàn

풀이 ❶ 1. 급하다. 성급하다. 2. 빠르게 뛰다. ❷ 3. 견개하다. 마음은 좁으나 절의를 지키는 바가 굳다. ¶獧者

獧急(견급) 마음이 좁고 성급함.

獧者(견자) 절개가 굳어 남에게 굽히지 않는 사람.

비 還(돌아올 환)

獪	⑬ 16획	日カイ
	교활할 회	中kuài

풀이 1. 교활하다. 간교하다. ¶狡獪 2. 어지럽게 하다. 어수선하게 하다.

獪猾(회활) 간악하고 교활함.

老獪(노회) 경험이 많고 교활함.

獰	⑭ 17획	日ドウ・わるい
	모질 녕	中níng

풀이 모질다. 용모와 성질이 흉악하다. ¶獰惡

獰惡(영악) 모질고 사나움.

獰慝(영특) 성질이 영악하고 간특함.

獰飆(영표) 거센 바람.

獮	⑭ 17획	日セン
	가을 사냥 선	中mí xiǎn

풀이 가을 사냥.

獮田(선전) 1)가을 사냥. 2)사냥함.

獲	⑭ 17획	日カク・える
	얻을 획	中huò

*형성. 뜻을 나타내는 부수 '犭(개 견)'과 음을 나타내는 부수 이외의 글자로 이루어짐.

풀이 1. 얻다. 잡다. 손에 넣다. 2. 빼앗다. 3. 얻어지다. 잡히다. 4. 인정받다. ¶獲得 5. 사냥하여 잡은 짐승. 포획물. 6. 포로. 7. 맞히다. 과녁에 맞다. 8. 그르치다. 잘못하다.

獲得(획득) 얻어내거나 얻어 가짐.

獲利(획리) 득리(得利).

獲罪(획죄) 죄인이 됨.

虜獲(노획) 전쟁 중에 적을 사로잡음.

비 穫(거둘 확) 護(보호할 호)

獯	⑭ 17획	日クン
	오랑캐 이름 훈	中xūn

풀이 오랑캐 이름. 흉노의 다른 이름.

獷	⑮ 18획	日コウ
	사나울 광	中guǎng

풀이 1. 사납다. 난폭하다. ¶獷俗 2. 사나운 개. 맹견. 3.韓 족제비.

獷猤(광계) 사납고 용감함.

獷獷(광광) 포악한 모양.

獷戾(광려) 거칠고 도리에 어긋남. 또는 그 행위.

獷俗(광속) 난폭한 풍습.

獷惡(광악) 간악함.

獷悍(광한) 모질고 독살스러움.

유 暴(사나울 폭)

獶	⑮ 18획	日リョウ・かり
	원숭이 노	中náo

풀이 1. 원숭이. 2. 희롱하다. 3. 놀라다.

獶雜(노잡) 원숭이가 서로 뒤섞여 희롱하듯이 남녀가 어울려 노닥거림.

獵	⑮ 18획	日 リョウ·かり
	사냥 렵(엽)	中 liè

* 형성. 뜻을 나타내는 부수 '犭(개 견)'과 음을 나타내는 '巤(쥐털 렵)'을 합친 글자. '巤'는 '갈기'를 나타내며 개(犭)를 써서 갈기(巤)가 있는 짐승을 '사냥하다'의 뜻을 나타냄.

풀이 1. 사냥. 사냥하다. ¶獵犬 2. 잡다. 사로잡다. ¶狩獵 3. 찾다. ¶涉獵 4. 쥐다. 손으로 잡다. 5. 지나다. 통과하다. 6. 넘다. 7. 놀라게 하다. 8. 바람이 불다. 바람 부는 소리. 9. 화살이 빗나가다. 10. 휘날리다.

獵犬(엽견) 사냥개.

獵官(엽관) 1)벼슬을 사냥한다는 뜻으로 금품·연줄 등의 온갖 방법을 써서 벼슬자리를 구하는 것. 2)사냥의 전리품를 나누어 가지듯이 관직을 제 당파의 사람에게 나누어 주는 일.

獵奇(엽기) 기이한 사물에 호기심을 품고 즐겨 쫓아다님.

獵獵(엽렵) 1)바람 부는 모양. 또는 그 소리. 2)바람에 나부끼는 모양.

獵服(엽복) 사냥할 때 입는 옷.

獵師(엽사) 사냥꾼. 엽인(獵人).

獵捷(엽첩) 서로 접하는 모양.

獵銃(엽총) 사냥총.

獵戶(엽호) 1)사냥꾼의 집. 2)사냥꾼.

涉獵(섭렵) 여러 가지 책을 많이 읽음.

狩獵(수렵) 사냥.

유 狩(사냥 수) 비 臘(납향 랍)

獸	⑮ 19획	日 ジュウ·けもの
	짐승 수	中 shòu

풀이 1. 짐승. 금수. ¶猛獸 2. 포. 말린 고기.

獸圈(수권) 1)짐승 우리. 2)어떤 짐승이 서식하고 있는 범위 내.

獸疫(수역) 짐승의 돌림병. 우역(牛疫)이나 광견병 등.

獸肉(수육) 짐승의 고기.

獸醫師(수의사) 짐승의 병을 고치는 의사.

獸行(수행) 짐승과 같은 행실. 흉악한 행동. 인륜을 벗어난 행위.

獸患(수환) 짐승의 피해로 말미암은 근심.

猛獸(맹수) 사나운 짐승.

野獸(야수) 1)산이나 들에서 저절로 자라 사람에게 길들지 않은 짐승. 2)하는 짓이나 성질이 매우 거칠고 사나운 사람.

유 禽(날짐승 금)

獺	⑯ 19획	日 タツ·ダツ
	수달 달	中 tǎ

풀이 수달.

獺祭魚(달제어) 1)수달이 자기가 잡은 물고기를 사방에 늘어놓는 일. 2)시문(詩文)을 짓는 데 좌우에 많은 참고 서적을 펴놓는 일. 많은 고사(故事)를 인용(引用)하는 일.

山獺(산달) 1)담비. 2)검은담비. 3)너구리.

水獺(수달) 포유류 족제빗과의 한 가지. 산기슭, 늪가에 굴을 파고 서식하며 헤엄을 잘 치는 포유동물.

水獺皮(수달피) 수달의 가죽. 갖옷.

비 瀨(여울 뢰)

獻	⑯ 20획	日 ケン·コン
	바칠 헌	中 xiàn, suō

* 형성. 뜻을 나타내는 부수 '犬(개 견)'과 '鬳(솥 권)'을 합친 글자. 옛날에는 솥(鬳)에 개고기를 담아서 종묘에 바쳤기 때문에 '鬳'과 '犬'을 합쳐 '바치다', '진상하다', '올리다'의 뜻을 나타냄.

풀이 1. 바치다. 드리다. 헌상하다. ¶獻金 2. 희생을 바치다. 제사를 올리다. 3. 상주하다. 아뢰다. 4. 술을 권하다. 5. 현자. 어진 이. 6. 나아가다. 7. 맞다. 맞이하다. 8. 좋다. 잘하다.

獻可(헌가) 임금에게 착한 말을 드려 그 잘못을 메움. 착하고 바른 말을 진언함.

獻金(헌금) 1)돈을 바침. 2)주일(週日)이나 어떤 축일을 맞이하여 교회에 바치는 돈.

獻燈(헌등) 신불께 바치는 등.

獻物(헌물) 헌납·헌상하는 물건.

獻納(헌납) 1)임금에게 충언(忠言)을 올림. 모책(謀策)을 바침. 2)금품(金品)을 바침.

獻辭(헌사) 지은이나 발행자가 그 책을 다른 사람에게 바치는 뜻을 적은 글.

獻上(헌상) 임금께 바침.

獻壽(헌수) 1)축하의 선물을 보냄. 금품을 선사함. 2)환갑 잔치 등에 장수를 비는 뜻으로 술잔을 올리는 일.

獻身(헌신) 몸을 바쳐 있는 힘을 다함.

獻言(헌언) 임금에게 의견을 말씀 드림.

獻議(헌의) 윗사람에게 의견을 드림.

獻酌(헌작) 제사 때에 술잔을 부어 올림.

獻奏(헌주) 주악(奏樂)을 올림.

獻血(헌혈) 수혈이 필요한 환자를 위하여 건강한 사람이 피를 뽑아 제공하는 일.

獻花(헌화) 신전(神殿)이나 사자(死者)의 영전(靈前)에 꽃을 바침. 또는 그러한 꽃.

獻暄(헌훤) 따뜻한 것을 바친다는 뜻으로, 남에게 크게 소용이 되지 않는 물건을 바침을 비유하는 말.

獻暄(헌훤)의 유래

송나라에 농부가 있었는데, 언제나 해진 무명옷과 삼베옷을 입고서 근근이 겨울을 지냈다. 봄이 되어 햇볕을 쬐면서 그는 아내에게 "햇볕을 쪼이면서도 따스함을 아는 사람이 없어요. 이것을 임금님께 알려 드리면 상을 많이 내리실 것입니다."라고 말하였다. 그 말을 들은 마을의 부자가 "옛날 사람 중에 콩나물과 수삼과 미나리와 개구리밥을 맛있다고 생각하고는 고을의 높은 분께 추어올리며 말하였소. 고을의 귀한 신분의 사람이 그것들을 가져다 맛을 보니 입을 쓰게 만들고 배만 아팠다오. 당신도 이런 종류의 사람이오." 라고 말하였다. 《열자》 양주(楊朱)

유 供(이바지할 공)

獼	⑰ 20획	日ビ
	원숭이 미	中mí

풀이 원숭이.

獼猿(미원) 원숭이.

獼猴(미후) 큰 원숭이. 목후(沐猴).

獿	⑱ 21획	
	❶ 개 짖을 뇨	日ニョウ
	❷ 원숭이 노	中nǎo, náo

풀이 1 1. 개가 짖다. 2 2. 원숭이.

獾	⑱ 21획
	貛(p1327)의 同字

玀	⑲ 22획	日ラ
	오랑캐 이름 라	中luó, ě

풀이 오랑캐 이름. 중국 묘족(苗族)의 일종.

玁	⑳ 23획	日ケン
	오랑캐 이름 험	中xiǎn

풀이 오랑캐 이름.

玃	⑳ 23획	
	❶ 원숭이 확	日カク・ケキ
	❷ 칠 격	中jué

풀이 1 1. 원숭이. 큰 원숭이. ¶玃猨 2 2. 치다. 때리다.

玃猱(확노) 원숭이.

玃猨(확원) 원숭이.

문장의 기본 구조와 확장 구조

- 기본 구조 – 문장의 주성분인 주어 · 서술어 · 목적어 · 보어로만 이루어진 문장.
- 확장 구조 – 기본 구조에 문장의 부속 성분인 관형어와 부사어가 첨가되어 확장된 문장.

(1) 주술 구조
주어와 서술어로 이루어진 구조로 '~이(가) ~하다(이다)'로 해석한다.
▷기본 : 天‖高 馬‖肥
하늘은 높고 말은 살찐다.
▶확장 : 秋 天‖高 千里馬‖肥
가을 하늘은 높고 천리마는 살찐다.

(2) 주술목 구조
주어, 서술어, 목적어로 이루어진 구조로 '~이(가) ~을(를) ~하다'로 해석한다.
▷기본 : 學生‖讀|書
학생이 책을 읽다.
▶확장 : 初等 學生‖讀|技術 書
초등학생이 기술책을 읽는다.

(3) 주술보 구조
주어, 서술어, 보어로 이루어진 구조로 '~이(가) ~에(까지, 보다) ~하다'로 해석한다.
▷기본 : 官‖至/御史大夫
벼슬이 어사대부에 이르렀다.
▶확장 : 其人 官‖至/御史大夫
그 사람의 벼슬이 어사대부에 이르렀다.

(4) 주술목보 구조
주어, 서술어, 목적어, 보어로 이루어진 구조로 '~이 ~에(게) ~을 ~하다'로 해석한다.
▷기본 : 孔子‖問|禮/於老子
공자가 노자에게 예를 묻다.
▶확장 : 聖賢 孔子‖問|冠 禮/於老子
성현 공자가 노자에게 관례를 묻다.

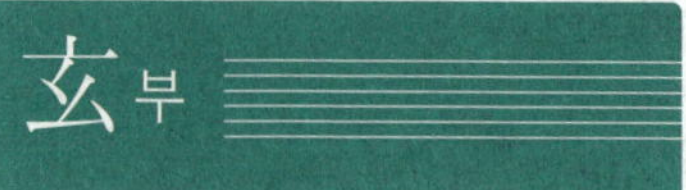

玄 검을 현 部

'玄' 자는 '검다' 는 뜻을 나타내는 글자로, 어두운 것이라고도 하여 북방의 빛이나 '하늘의 빛' 을 나타내기도 한다. 그리고 현학(玄學)에서처럼 '오묘하다', '그윽하다' 의 뜻으로도 사용된다.

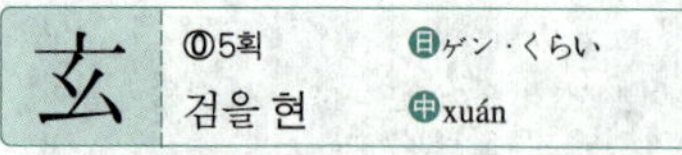

⓪5획 日ゲン・くらい

검을 현 中xuán

* 회의. '幺(작을 요)' 와 '亠(돼지해머리 두)' 를 합친 글자. '유원(幽遠)' 의 뜻을 나타냄. 바뀌어 '검은빛', '하늘' 등의 뜻으로도 쓰임.

풀이 1. 검다. ¶玄髮 2. 하늘. ¶天玄 3. 멀다. 4. 오묘하다. 5. 깊다. ¶玄德 6. 고요하다. 7. 통하다. 8. 북쪽. 북방. 9. 불가사의하다. 10. 현손. 증손의 아들. 11. 빛나다.

玄間(현간) 하늘로 끝없이 널리 퍼져 있는 범위.

玄功(현공) 1)위대한 공적. 2)임금의 공적.

玄曠(현광) 깊고 공허함.

玄教(현교) 심오한 가르침.

玄宮(현궁) 임금이 조용히 정사(政事)를 생각하는 깊숙한 궁전.

玄琴(현금) 거문고.

玄機(현기) 깊고 묘한 이치.

玄談(현담) 넓고 깊은 이치를 말하는 노장(老莊)의 이야기.

玄德(현덕) 1)깊숙히 간직하여 밖으로 드러내지 않는 덕. 2)심오하여 그 뜻을 측량할 수 없는 이치.

玄覽(현람) 사물의 진상을 꿰뚫어 앎.

玄慮(현려) 깊이 생각함. 또는 그러한 생각. 심려(深慮).

玄理(현리) 1)심오한 도리. 2)노자(老子)와 장자(莊子)의 학문에 관한 이론.

玄妙(현묘) 도리나 이치가 깊고 미묘함.

玄武(현무) 1)북방의 신. 거북과 뱀이 하나로 된 모양이며 수신(水神)으로 동방의 청룡, 남방의 주작(朱雀), 서방의 백호(白虎)와 함께 사신(四神)중 하나임. 2)북쪽을 이름. 3)북방칠수(北方七宿).

玄武門(현무문) 평양성의 북쪽에 위치해 있는 성문(城門).

玄默(현묵) 1)죽은 듯이 조용함. 2)품위를 지켜 함부로 말하지 않음.

玄微(현미) 헤아리기 어려울만큼 깊고 미묘함.

玄米(현미) 벼의 껍질만 벗겨서 누르스름한 쌀. 메조미쌀.

玄髮(현발) 검은 머리란 뜻으로, 젊은 시절을 비유하는 말.

玄牝(현빈) 만물을 생성하는 도.

玄石(현석) 제철의 중요한 원료가 되며 검은 금속 광택이 나는 광물. 자석(磁石).

玄聖(현성) 1)지극히 뛰어난 성인. 2)공자(孔子)나 노자(老子)를 이름.

玄孫(현손) 증손(曾孫)의 아들. 고손.

玄月(현월) 음력 9월의 다른 이름.

玄靜(현정) 지극히 조용함.

玄學(현학) 1)노장(老莊)의 학문. 2)심원한 학문. 3)불교에 관한 학문.

玄玄(현현) 매우 심원한 모양.

玄黃(현황) 1)검은 하늘 빛과 누른 땅의 빛. 2)천지. 우주. 3)검은색과 누런색의 폐백(幣帛).

深玄(심현) 1)심오하고 유연함. 2)이치가 깊고 미묘함.

幽玄(유현) 사물의 이치나 아취(雅趣)가 대단히 깊고 오묘함.

通玄(통현) 사물의 현묘한 이치를 깨달음.

비 黑(검을 흑)

④9획

玅(p292)의 同字

兹

⑤10획 日サ・ここに

검을 자 中zī

* 회의. '玄(검을 현)' 을 두 번 써서 '검다' 라는 뜻을 나타낸 글자. 바뀌어 '이', '이에' 라는 뜻으로도 쓰임.

풀이 1. 검다. 2. 이. 이것. 사물을 가리키는 관형사. 3. 이에. 발어사. 4. 지금. 이때.

비 慈(사랑할 자) 玄(검을 현)

⑥11획 日ロウ・くらい

검을 로 中lú

풀이 검다. 검은빛.

유 玄(검을 현) 黑(검을 흑) 비 旅(나그네 려)

率 ⑥11획
❶거느릴 솔 ㊐ソツ·リツ
❷장수 수 ·ひきいる
❸비율 률(율) ㊥shuài, lǜ

丶 亠 ナ 玄 玄 玄 玆 玆 玆 率 率

* 상형. 밧줄 여러 개를 꼬아 놓은 모양을 본뜬 글자.

풀이 ❶ 1. 거느리다. ¶率家 2. 따르다. 좇다. 3. 경솔하다. 가볍다. ¶率爾 4. 꾸밈없다. 소탈하다. 5. 대략. 대강. 6. 거칠다. ❷ 7. 장수. 우두머리. 8. 새그물. ❸ 9. 비율. 비례. ¶同率

率家(솔가) 온 집안 식구를 거느림.
率去(솔거) 여러 사람들을 거느리고 감.
率來(솔래) 거느리고 데려옴.
率伴(솔반) 인솔하여 함께 감.
率兵(솔병) 병사를 거느림.
率服(솔복) 좇아서 복종함.
率先(솔선) 남보다 앞장서서 함.
率性(솔성) 1)타고난 성질(性質). 2)천성(天性)을 좇음.
率然(솔연) 1)갑작스러운 모양. 2)당황하는 모양. 3)가볍게 오르는 모양.
率易(솔이) 솔직하여 대하기 쉬움.
率爾(솔이) 1)경솔함. 2)당황스러워 함.
率直(솔직) 꾸밈이나 숨김없이 바르고 정직함.
率土之民(솔토지민) 온 나라 안의 모든 국민.
輕率(경솔) 언행이 조심성 없이 가벼움.
能率(능률) 1)일정한 시간 동안 해낼 수 있는 일의 비율. 2)어떤 일을 함에 있어서 거기에 소비한 힘과 시간에 대한 효과의 비율.
同率(동률) 같은 비율.
百分率(백분율) 전체 양을 100분의 1을 단위로 하여 나타내는 비율.

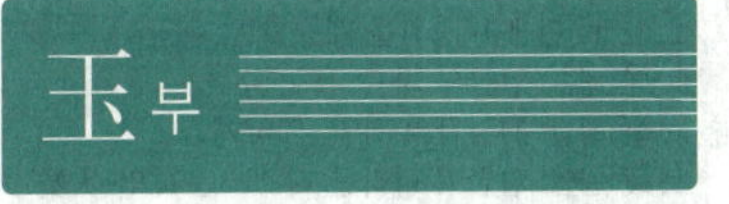

玉 구슬 옥 部

'玉' 자는 몇 개의 구슬을 꿰어 놓은 장식물의 모양으로 '옥'을 뜻한다. 또한 옥은 귀한 물건이기에 '귀하게 여기다', '칭찬하다' 라는 뜻으로도 사용된다. 부수로 쓰일 때는 '球(공 구)' 에서처럼 점이 없는 '王' 자 모양으로 쓰이므로 '임금왕변' 이라고도 하였으나, 뜻이 임금과 관계가 없기 때문에 주로 '구슬옥변' 이라는 부수 명칭으로 쓰인다. 이 글자를 부수로 갖는 글자는 옥이나 옥으로 만들어진 물건과 관계가 있다.

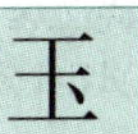
⓪5획 ㊐ギョク·たま
옥 옥 ㊥yù

一 二 千 王 玉

* 상형. 세 개의 구슬을 꿴 모양을 본뜬 글자.

풀이 1. 옥. 보배. ¶玉匣 2. 옥같이 여기다. 3. 사물의 미칭. 4. 옥같이 가꾸다. 5. 애지중지하다.

玉匣(옥갑) 1)옥으로 만든 상자. 2)경대(鏡臺). 3)칼집.
玉京(옥경) 옥황상제가 산다고 하는 천상의 서울.
玉階(옥계) 대궐 안의 계단.
玉鷄(옥계) 털빛이 흰 닭.
玉稿(옥고) 다른 사람의 원고의 존칭.
玉骨(옥골) 1)매화(梅花)의 별칭. 2)살빛이 희고 고결한 풍채.
玉冠(옥관) 옥으로 치장한 관.
玉轎(옥교) 임금이 타는 가마.
玉器(옥기) 옥으로 만든 그릇.
玉堂(옥당) 1)아름답고 화려한 집. 2)홍문관(弘文館)의 별칭. 3)여자 관리가 거처하는 방.
玉童子(옥동자) 옥같이 귀여운 어린 아들. 몹시 소중한 아들.
玉樓(옥루) 1)훌륭한 누각. 2)옥황상제가 있는 곳.
玉門(옥문) 옥으로 꾸민 문이란 뜻으로, 궁궐(宮闕)을 비유하는 말.
玉門關(옥문관) 지금의 감숙성(甘肅省) 돈황현(敦煌縣)의 서쪽에 있는 관문의 이름. 옛날 서역으로 통하는 교통의 요지.
玉盤(옥반) 1)옥으로 만든 쟁반이나 밥상. 2)예반을 아름답게 일컫는 말. 3)달의 미칭(美稱).
玉房(옥방) 1)옥을 다루어서 물건을 만드는 곳. 또는 그런 물건을 파는 곳. 2)옥으로 장식한 방.
玉杯(옥배) 옥으로 만든 술잔.
玉帛(옥백) 1)옥과 비단. 2)국가간에 주고 받는 예물.
玉白米(옥백미) 옥과 같이 흰 쌀.
玉屛(옥병) 옥으로 꾸민 아름다운 병풍.
玉步(옥보) 여자의 아름다운 걸음걸이.
玉寶(옥보) 임금의 존호를 새긴 도장.
玉璽(옥새) 임금의 도장.
玉色(옥색) 약간 파르스름한 빛깔.
玉雪(옥설) 1)아름답게 쌓여 있는 눈. 2)깨끗하고 흰 것을 비유하는 말.
玉蟾(옥섬) 달의 다른 이름.
玉聲(옥성) 1)옥이 부딪쳐 내는 소리. 2)다른 사람의 말을 높여 이르는 말.
玉碎(옥쇄) 옥처럼 아름답게 부서진다는 뜻으로, 고결한 죽음을 말함.

5획

玉手(옥수) 1)임금의 손. 2)여성의 아름다운 손.

玉顔(옥안) 1)옥처럼 아름다운 얼굴. 미인의 얼굴. 2)임금의 얼굴.

玉潤(옥윤) 1)옥처럼 윤기가 흐르는 얼굴. 2)사위.

玉音(옥음) 1)임금의 음성. 2)남의 편지에 대한 존칭.

玉簪(옥잠) 옥으로 만든 비녀. 옥비녀.

玉章(옥장) 1)남의 시문 또는 편지에 대한 존칭. 2)아름다운 시문.

玉笛(옥적) 옥으로 만든 피리.

玉折(옥절) 1)훌륭한 죽음. 2)아까운 나이에 요절함.

玉條(옥조) 1)아름답고 매끄러운 나무가지. 2)지극히 귀중한 조목이나 규칙.

玉座(옥좌) 임금이 앉는 자리.

玉指(옥지) 옥과 같이 아름다운 손가락.

玉指環(옥지환) 옥으로 만든 가락지.

玉札(옥찰) 남의 편지의 존칭.

玉體(옥체) 1)임금의 몸의 존칭. 2)편지나 글 등에서 남의 몸의 존칭.

玉葱(옥총) 양파.

玉齒(옥치) 옥과 같이 아름다운 이.

玉巵(옥치) 옥으로 만든 술잔.

玉枕(옥침) 1)옥으로써 꾸민 베개. 2)머리의 뒤쪽에 튀어나온 머리뼈.

玉枕關(옥침관) 뒤통수.

玉兎(옥토) 1)달에 있는 토끼. 옥토끼. 2)달의 다른 이름.

玉篇(옥편) 양(梁)나라 고야왕(顧野王)이 한자를 차례로 배열하고 그 글자의 음과 훈을 적어 엮은 책. 이아(爾雅)·설문(說文)과 같이 최고(最古)의 자서(字書).

玉函(옥함) 옥으로 만든 상자.

玉盒(옥합) 옥으로 만든 뚜껑이 있는 작은 그릇.

玉香(옥향) 옥을 잘게 새겨 만들고, 그 속에 사향을 넣음. 여자들의 패물의 한 가지.

玉毫(옥호) 부처의 양미간에 있는 흰 털.

玉笏(옥홀) 옥으로 꾸민 홀(笏).

曲玉(곡옥) 굽은 모양으로 세공한 옥.

冠玉(관옥) 1)잘생긴 남자의 얼굴. 2)관(冠)을 장식하는 옥.

金科玉條(금과옥조) 금이나 옥처럼 고귀한 법률이나 규칙.

金枝玉葉(금지옥엽) 금가지에 옥잎사귀란 뜻으로, 임금의 자손이나 매우 귀한 집의 자손 또는 매우 귀중한 물건을 이르는 말.

埋玉(매옥) 옥을 파묻는다는 뜻으로, 훌륭한 인물이 죽어 땅속에 묻힘을 이르는 말.

비 王(임금 왕) 壬(북방 임)

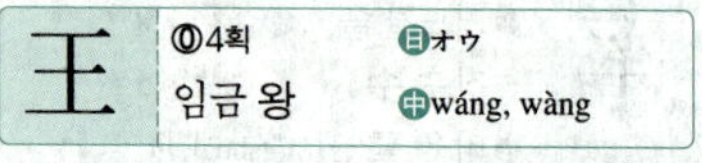

一 二 千 王

* 지사. 하늘과(一) 땅과(一) 사람을(一) 두루 꿰뚫어(丨) 다스리는 지배자를 나타내어 '왕'의 뜻으로 쓰임.

풀이 1. 임금. 군주. 우두머리. 2. 왕으로 삼다. 왕으로 섬기다. 3. 왕 노릇을 하다. 4. 왕성하다.

王家(왕가) 임금의 집안. 왕실(王室).

王考(왕고) 돌아가신 할아버지. 조고(祖考).

王考丈(왕고장) 돌아가신 남의 할아버지의 존칭.

王冠(왕관) 임금의 머리에 쓰는 관.

王國(왕국) 군주국(君主國)의 속칭.

王宮(왕궁) 임금이 거처하는 궁전.

王權(왕권) 임금의 권력.

王女(왕녀) 임금의 딸.

王大妃(왕대비) 생존한 선왕의 비.

王道(왕도) 1)군왕이 된 자로서 행하여야 할 도리. 2)인덕(仁德)에 바탕을 두고 정치를 행해야 한다는 사상.

王都(왕도) 왕궁이 있는 도성. 서울.

王度(왕도) 임금이 지켜야 할 규범. 또는 나라의 법률.

王陵(왕릉) 임금의 무덤.

王命(왕명) 임금의 명령.

王蜂(왕봉) 여왕벌.

王妃(왕비) 임금의 아내. 왕후(王后).

王事(왕사) 1)임금이 나라를 다스리는 일. 2)왕실에 관한 일.

王師(왕사) 1)임금이 거느리는 군대. 2)임금의 스승.

王城(왕성) 임금이 있는 도성.

王世孫(왕세손) 왕세자(王世子)의 맏아들.

王世子(왕세자) 왕위를 계승할 왕자.

王孫(왕손) 임금의 자손. 또는 후손.

王室(왕실) 1)임금의 집안. 2)국가.

王業(왕업) 임금이 나라를 다스리는 대업(大業). 또는 그 업적.

王者(왕자) 1)임금. 제왕. 2)왕도(王道)로써 천하를 다스리는 사람. 3)어떤 방면에서 특히 뛰어난 사람.

王子(왕자) 임금의 아들.

王丈(왕장) 남의 할아버지의 존칭.

王迹(왕적) 왕의 업적·공적.

王庭(왕정) 흉노(匈奴)의 수도(首都).

王政(왕정) 왕도(王道)로써 다스리는 정치.

王廷(왕정) 임금이 친히 다스림. 또는 그 조정.
王制(왕제) 임금이 제정한 제도.
王朝(왕조) 1)왕이 직접 다스리는 나라. 2)같은 왕가에 딸린 통치자의 계열이나 혈통.
王族(왕족) 임금의 일가.
王尊長(왕존장) 1)남의 할아버지의 존칭. 2)할아버지와 나이가 비슷한 어른에 대한 존칭.
王座(왕좌) 1)임금이 앉은 자리. 2)어떤 분야의 최고 지위.
王澤(왕택) 임금의 은택.
王統(왕통) 1)임금의 혈통. 2)왕위를 이를 정통(正統).
王覇(왕패) 1)왕도(王道)와 패도(覇道). 2)천하를 다스리는 군주.
王學(왕학) 중국 명(明)나라 때의 학자 왕양명(王陽明)이 주장한 학설. 양명학(陽明學).
王侯(왕후) 임금과 제후(諸侯).
王后(왕후) 임금의 아내. 왕비.

유 后(임금 후) 王(임금 왕) 帝(임금 제) 비 玉(구슬 옥)

玏	② 6획	日 ロク
	옥돌 륵	中 lè

풀이 옥돌. 옥처럼 생긴 돌.

玐	② 6획	日 ハク
	덩어리 옥 박	中 pú

풀이 덩어리 옥.

玎	② 6획	日 チョウ
	옥 소리 정	中 dīng

풀이 옥 소리.
玎璫(정당) 옥이 부딪쳐 울리는 소리.
玎玲(정령) 옥 소리.

유 玲(옥 소리 령)

玕	③ 7획	日 カン
	옥돌 간	中 gān

풀이 옥돌.

비 玗(옥돌 우)

玖	③ 7획	日 キュウ
	옥돌 구	中 jiǔ

풀이 1. 옥돌. 검은 빛깔의 돌. 2. 아홉.

玘	③ 7획	日 キ
	패옥 기	中 qǐ

풀이 1. 패옥(佩玉). 노리개. 2. 옥.

비 妃(왕비 비)

玗	③ 7획	日 ウ
	옥돌 우	中 yú

풀이 옥돌.

비 玕(옥돌 간)

玓	③ 7획	日 テキ
	빛날 적	中 dì

풀이 빛나다. 구슬이 밝게 빛나다.

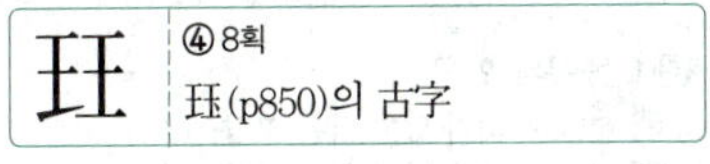

玨	④ 8획
	珏(p850)의 古字

玠	④ 8획	日 カイ
	큰 홀 개	中 jiè

풀이 큰 홀. 제후를 봉할 때 신표(信標)로 쓰던 큰 홀.

玦	④ 8획	日 ケツ
	패옥 결	中 jué

풀이 패옥(佩玉). 허리에 차는 옥.
玦環(결환) 반달 모양의 패옥(佩玉).

유 玘(패옥 기)

玫	④ 8획	日 マイ
	매괴 매	中 méi

풀이 1. 매괴. ㉠붉은 빛깔의 옥. ㉡장미과에 속하는 나무. 2. 아름다운 옥.

비 致(보낼 치)

玟	④ 8획	日 ビン · あやいし
	옥돌 민	中 mín

* 형성. 뜻을 나타내는 부수 '玉(구슬 옥)'과 음을 나타내며 곱다는 뜻을 지닌 '文(글월 문)'을 합친 글자. 이에 고운 '옥돌'의 뜻으로 쓰임.

풀이 옥돌. 옥 무늬.

유 珉(옥돌 민)

玤 ④8획 日ボウ 옥돌 방 中bàng

풀이 옥돌. 옥 버금가는 아름다운 돌.

玞 ④8획 日フ 옥돌 부 中fū

풀이 옥돌.

玢 ④8획 日ブン 옥 무늬 분 中bīn

* 형성. 뜻을 나타내는 부수 '玉(구슬 옥)'과 음을 나타내는 '分(나눌 분)'을 합친 글자.

풀이 1. 옥 무늬. 2. 옥.

玢璘(분린) 무늬가 있고 밝은 모양.

玢豳(분빈) 옥에 무늬가 있는 모양.

玭 ④8획 日ヒン 옥 빈 中pín

풀이 옥.

玩 ④8획 日ワン 희롱할 완 中wán

풀이 1. 희롱하다. 장난하다. ¶玩月 2. 즐기다. 3. 익숙해지다. 4. 사랑하다. ¶愛玩 5. 노리개. 장난감.

玩具(완구) 장난감.

玩讀(완독) 글의 뜻을 깊이 음미하며 읽음. 글을 완미(玩味)하며 읽음.

玩弄(완롱) 장난감이나 놀림감으로 삼음.

玩物(완물) 장난감.

玩賞(완상) 즐겨 구경함.

玩索(완색) 글의 깊은 뜻을 생각하여 찾음.

玩世(완세) 모든 세상 일을 경시(輕視)함.

玩愛(완애) 즐겨 보며 사랑함.

玩繹(완역) 글의 깊은 의미를 생각하여 찾음.

玩詠(완영) 음미하며 읊음. 완풍(玩諷).

玩月(완월) 달을 구경하며 놂.

玩耽(완탐) 몹시 즐겨 탐닉함.

玩好(완호) 1)가지고 놀며 즐김. 2)진귀한 노리개.

愛玩(애완) 사랑하고 귀여워하여 가까이 두고 즐김.

유 戲(희롱할 희) 弄(희롱할 롱)

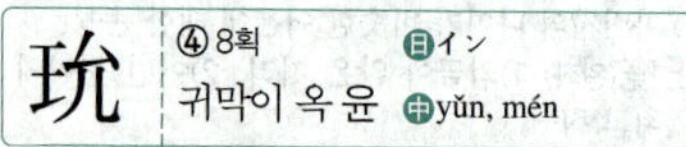

玧 ④8획 日イン 귀막이 옥 윤 中yǔn, mén

풀이 귀막이 옥. 귀를 막는 옥.

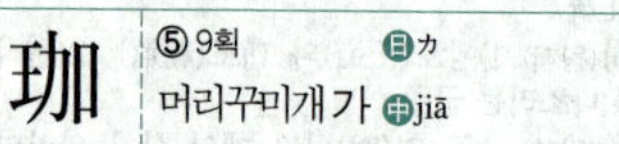

珈 ⑤9획 日カ 머리꾸미개 가 中jiā

풀이 머리꾸미개. 비녀.

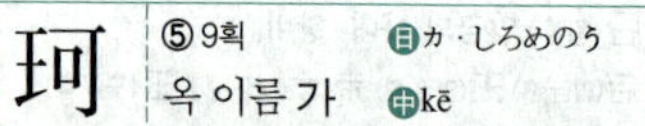

珂 ⑤9획 日カ・しろめのう 옥 이름 가 中kē

풀이 1. 옥 이름. 흰 빛의 옥을 이름. 2. 굴레.

珂里(가리) 남의 고향이나 마을에 대한 미칭.

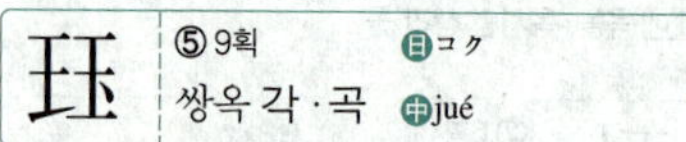

珏 ⑤9획 日コク 쌍옥 각·곡 中jué

* 회의. '玉(구슬 옥)' 자를 두 개 겹쳐 '쌍옥'의 뜻을 나타냄.

풀이 쌍옥. 한 쌍의 옥.

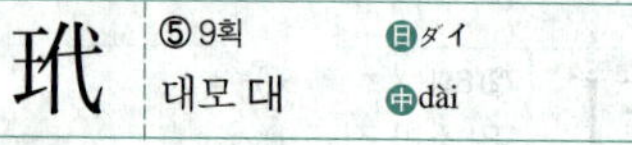

玳 ⑤9획 日ダイ 대모 대 中dài

풀이 대모. 열대 지역의 바다거북.

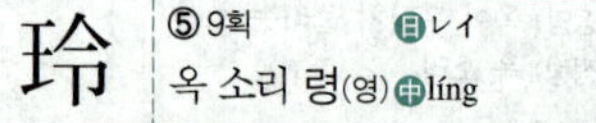

玲 ⑤9획 日レイ 옥 소리 령(영) 中líng

* 형성. 뜻을 나타내는 부수 '玉(구슬 옥)'과 음을 나타내는 '令(하여금 령)'을 합친 글자. '令'은 옥이 아름답게 울리는 소리를 나타냄. 이에 '옥 소리'의 뜻으로 쓰임.

풀이 1. 옥 소리. ¶玲玲 2. 투명하다. 곱다.

玲琅(영랑) 옥이나 쇠붙이가 부딪혀 울리는 맑은 소리.

玲玲(영령) 옥이 울리는 소리. 맑고 고운 소리.

玲瓏(영롱) 1)옥빛이 맑고 산뜻함. 2)옥을 굴리는 것처럼 소리가 맑고 아름다움.

玲玎(영정) 옥이 울리는 소리.

유 玎(옥 소리 정)

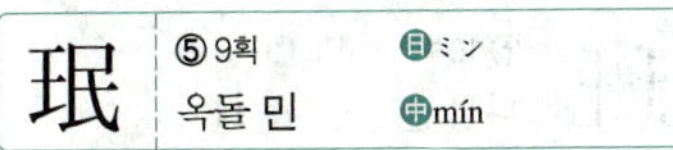

珉 ⑤9획 日ミン
옥돌 민 中mín

풀이 옥돌.

유 玟(옥돌 민)

珀 ⑤9획 日ハク
호박 박 中pò

풀이 호박.

珊 ⑤9획 日サン·さんご
산호 산 中shān

풀이 1. 산호. 2. 패옥(佩玉) 소리.

珊珊(산산) 1)패옥(佩玉)이 서로 부딪쳐 내는 소리. 2)이슬의 맑고 깨끗한 모양. 3)비가 퍼붓는 모양.

珊瑚(산호) 산호과의 강장동물을 통틀어 일컫는 말. 나뭇가지 모양의 군체를 이루고 사는데, 속은 단단한 석회질로 되어 있으며 장식품으로 씀.

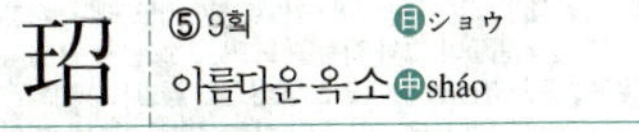

玿 ⑤9획 日ショウ
아름다운 옥 소 中sháo

풀이 아름다운 옥.

玷 ⑤9획 日テン
이지러질 점 中diàn

풀이 1. 이지러지다. 2. 흠이 나다. 3. 욕되게 하다. 4. 잘못하다. 5. 옥의 티. 6. 헤아리다.

玷缺(점결) 옥의 티. 결점.

玷漏(점루) 잘못. 점결(玷缺).

玷辱(점욕) 품위를 손상시켜 욕되게 함. 욕보임.

珍 ⑤9획 日ジン·めずらしい
보배 진 中zhēn

* 형성. 뜻을 나타내는 부수 '玉(구슬 옥)'과 음을 나타내는 '㐱(보배 진)'을 합친 글자.

풀이 1. 보배. 보물. ¶珍器 2. 맛있는 음식. 진수성찬. ¶珍味 3. 진귀하게 여기다. ¶珍藥 4. 드물다. 희귀하다.

珍客(진객) 귀한 손님.

珍景(진경) 빼어난 경치나 풍경.

珍貴(진귀) 보배처럼 귀중함.

珍技(진기) 훌륭한 기술이나 재능.

珍奇(진기) 매우 드물고 기이함.

珍器(진기) 보배처럼 귀한 그릇.

珍談(진담) 신기하고 이상한 이야기.

珍味(진미) 1)맛있는 음식. 2)진기한 요리.

珍寶(진보) 진귀한 보물.

珍事(진사) 보기 드문 일. 희귀한 일.

珍鮮(진선) 희귀하고 새로움.

珍膳(진선) 진귀하고 맛좋은 음식.

珍秀(진수) 희귀하고 뛰어남.

珍羞(진수) 진귀한 음식.

珍藥(진약) 진귀한 약. 효과가 뛰어난 명약.

珍異(진이) 유별나게 이상함.

珍藏(진장) 보배롭게 여겨 깊이 감춰 둠.

珍珠(진주) 진주조개 등의 살 속에 생기는 구슬.

珍重(진중) 1)진귀하여 소중히 여김. 2)존중하여 찬양함.

珍饌(진찬) 진귀하고 맛좋은 음식.

珍烹(진팽) 희귀한 요리.

珍品(진품) 진귀한 물품.

膏粱珍味(고량진미) 살진 고기와 좋은 곡식으로 만든 맛있는 음식.

山珍海味(산진해미) 산과 바다의 진귀한 맛이라는 뜻으로, 잘 차린 진귀한 음식을 이르는 말.

유 寶(보배 보)

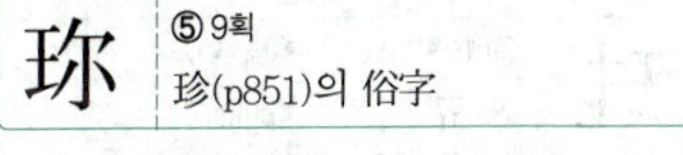

珎 ⑤9획
珍(p851)의 俗字

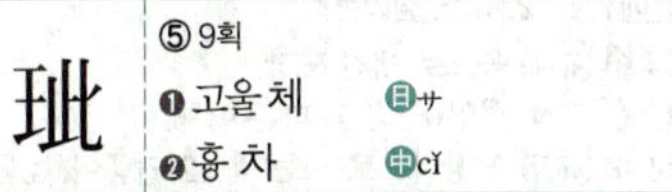

玼 ⑤9획
❶고울 체 日サ
❷흉 차 中cǐ

풀이 ❶ 1. 곱다. 옥빛이 맑다. 깨끗하다. ❷ 2. 흉. 과실과. 결점.

비 玭(구슬 이름 빈)

玻 ⑤9획 日ハ
유리 파 中bō

풀이 유리.

玻璃(파리) 1)유리. 2)불교에서 이르는 칠보(七寶)의 하나.

유 璃(유리 리)

5획

珌	⑤ 9획	日ヒツ
	칼집 장식 옥 필	中bì

풀이 칼집 장식 옥.

玹	⑤ 9획	日ケン
	옥돌 현	中xuán

풀이 1. 옥돌. 2. 옥빛.

유 玟(옥돌 민) 珉(옥돌 민)

珙	⑥ 10획	日コウ
	큰 옥 공	中gǒng

풀이 큰 옥. 도리옥.

珖	⑥ 10획	日コウ
	옥피리 광	中guāng

풀이 1. 옥피리. 2. 광옥(珖玉).

珓	⑥ 10획	日コウ
	옥 산통 교	中jiào

풀이 옥 산통. 길흉을 점치는 그릇.

珪	⑥ 10획	日キュウ
	홀 규	中guī

풀이 1. 홀. 2. 규소. 실리콘.

珪璽(규새) 옥으로 새긴 도장.

珪石(규석) 석영(石英)의 다른 이름.

珪璋(규장) 1)장식으로 쓰는 옥. 2)인품이 높음을 비유하는 말. 규장(圭璋).

珪幣(규폐) 옥으로 만든 홀과 폐물(幣物).

珞	⑥ 10획	日ラク
	구슬 목걸이 락	中luò

풀이 구슬 목걸이.

珕	⑥ 10획	日リョウ
	칼자개 장식 려	中lì

풀이 칼의 자개 장식.

班	⑥ 10획	日ハン
	나눌 반	中bān

一 二 千 王 玎 玑 玓 玗 班 班

* 회의. 두 개의 옥을 나타내는 '玨(쌍옥 각)'과 칼로 잘라 나누는 것을 의미하는 '刀(칼 도)'를 합친 글자. 천자(天子)가 제후들에게 증표로 옥을 나누어 주는 것을 나타내어, '나누다'의 뜻으로 쓰임.

풀이 1. 나누다. 분배하다. ¶班級 2. 헤어지다. 이별하다. 3. 차례. ¶班位 4. 펴다. 5. 지위. 6. 돌이키다. 돌아오다. 7. 줄. 행렬. 8. 같다. 9. 얼룩.

班家(반가) 양반의 집안.

班給(반급) 나누어 줌.

班脈(반맥) 양반의 자손 또는 그 혈통.

班名(반명) 양반이라고 불리는 이름이나 명색.

班門弄斧(반문농부) 노반의 문앞에서 도끼를 자랑한다는 뜻으로, 실력도 없으면서 잘난 척함을 이르는 말.

⊙班門弄斧(반문농부)의 유래

춘추 시대 노(魯)나라에 공수반이라는 목수가 있었는데 노나라 사람이기 때문에 노반(魯班)이라도 불렸다. 그는 재주가 뛰어나서 평범한 도끼도 일단 그의 손에 들어가면 신들린 듯이 움직였다. 하루는 어느 젊은 목수가 노반의 집 앞에서 자기의 작품을 꺼내들고 자신의 서툰 재주를 자랑했다. 심지어 도끼를 꺼내어 솜씨를 보이기도 했다. 이를 구경하던 사람들이 그의 작품을 보고는 웃으면서 말했다. "젊은 친구! 당신 등 뒤에 있는 집이 누구 집인지 아시오?" "내가 어떻게 압니까?" "이 집이 바로 유명한 목수 노반의 집이오. 그의 작품이야말로 천하의 걸작이니 한번 들어가서 구경을 해 보구려." 젊은 목수는 집 안으로 들어가 구경을 한 뒤 부끄러워하며 자리를 뜨고 말았다.

班班(반반) 1)선명하고 뚜렷한 모양. 2)수레가 굴러가는 소리.

班白(반백) 검은 머리와 흰머리가 섞여 희끗희끗한 머리.

班閥(반벌) 양반의 문벌(門閥).

班史(반사) 반고(班固)가 지은 역사서인 《한서(漢書)》의 다른 이름.

班師(반사) 군대를 철수함.

班常(반상) 양반과 상인(常人).

班示(반시) 반포하여 널리 알림.

班位(반위) 1)지위. 계급. 2)같은 지위에 있음.

班列(반열) 신분이나 품계의 차례.

班資(반자) 직위와 녹봉(祿俸).

班爵(반작) 제후나 대부(大夫)의 서열을 정함.

班族(반족) 양반의 혈통이나 가문.

班種(반종) 양반의 씨.

班次(반차) 반열(班列).

班村(반촌) 양반이 많이 사는 마을.

班鄕(반향) 양반이 많이 사는 시골.

5획

班婚(반혼) 상인(常人)이 양반집과 혼인함.
分班(분반) 몇 반으로 나눔. 또는 나뉜 반.
首班(수반) 1)반열 가운데 으뜸가는 자리. 2)행정부의 우두머리.

珗	⑥ 10획	日セン
	옥돌 선	中xiān

풀이 옥돌.

珹	⑥ 10획	日ジョウ
	옥 이름 성	中chéng

풀이 옥 이름.

珣	⑥ 10획	日ジュン
	옥 이름 순	中xún

풀이 옥 이름.

珧	⑥ 10획	日ヨウ
	옥 요	中yáo

풀이 1. 옥. 장식용이나 바둑 돌로 쓰이는 적갈색의 옥. 2. 대합조개.

비 眺(바라볼 조)

珢	⑥ 10획	日イン
	옥돌 은	中yín

풀이 옥돌.

유 玟(옥돌 민) 珉(옥돌 민)

珥	⑥ 10획	日イ
	귀고리 이	中ěr

* 형성. 뜻을 나타내는 부수 '玉(구슬 옥)'과 음을 나타내는 '耳(귀 이)'를 합친 글자. 이에 귀에 거는 구슬, 즉 '귀고리'를 나타냄.

풀이 1. 귀고리. ¶珥笄 2. 날밑. 칼자루와 칼날 사이의 테. 3. 햇무리. 해 주위의 고리 모양의 테두리. 4. 귀를 베다. 5. 끼우다.

珥笄(이계) 귀고리와 비녀.
珥璫(이당) 귀고리.
珥蜺(이예) 무지개.
玉珥(옥이) 1)옥 귀고리. 2)옥으로 만든 날밑.

珠	⑥ 10획	日シュウ·たま
	구슬 주	中zhū

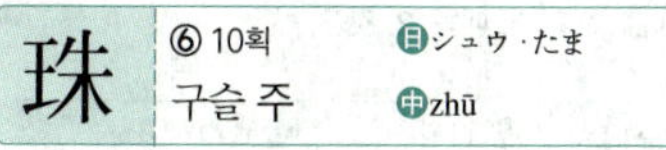

* 형성. 뜻을 나타내는 부수 '玉(구슬 옥)'과 음을 나타내는 '朱(붉을 주)'를 합친 글자.

풀이 1. 구슬. 2. 붉다.

珠宮貝闕(주궁패궐) 보물로 호화롭게 지은 대궐.
珠璣(주기) 구슬.
珠丹(주단) 진주빛으로 빛나는 연지.
珠聯璧合(주련벽합) 구슬이 많이 연이어져 있듯이 아름다운 것이 많이 모임.
珠簾(주렴) 구슬을 꿰어 만든 발.
珠算(주산) 주판으로 셈을 함.
珠纓(주영) 구슬로 꿰어 만든 갓끈.
珠玉(주옥) 1)구슬과 옥. 2)아름답고 값진 물건.
珠珥(주이) 진주 귀고리.
珠子(주자) 1)구슬. 2)눈동자.
珠簪(주잠) 구슬로 꾸민 비녀.
珠庭(주정) 1)넓은 이마. 2)도가(道家)에서 이르는 궁실(宮室).
珠唾(주타) 명언(名言)이나 아름다운 문장을 형용하는 말.
珠汗(주한) 구슬 같은 땀. 구슬땀.
珠輝(주휘) 구슬과 같이 빛남.
默珠(묵주) 구슬을 꿰어 만든 염주. 기도를 드릴 때 사용함.

유 玉(구슬 옥)

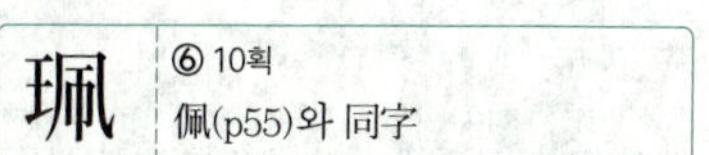

琉	⑥ 10획	日チュウ
	귀고리 옥 충	中chōng

풀이 귀고리 옥.

유 珥(귀고리 이)

珮	⑥ 10획
	佩(p55)와 同字

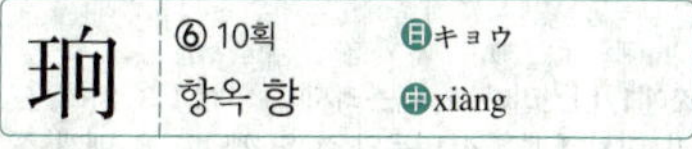

珦	⑥ 10획	日キョウ
	향옥 향	中xiàng

풀이 향옥.

珩	⑥ 10획	日キョウ
	노리개 형	中héng

5획

풀이 1. 노리개. 패옥. 2. 갓끈.

球	⑦ 11획	日キュウ
	공 구	中qiú

一 二 千 王 王 玎 玎 玎 球 球 球

*형성. 뜻을 나타내는 부수 '玉(구슬 옥)' 과 음을 나타내는 '求(구할 구)' 를 합친 글자. 옥을 갈아 공처럼 둥글게 함을 나타내어 '공' 의 뜻으로 쓰임.

풀이 1. 공. 둥근 물체. 2. 아름다운 옥. 3. 옥경쇠.

球莖(구경) 구형(球形) 모양의 줄기.

球技(구기) 공으로 하는 운동 경기. 또는 그 기술.

球速(구속) 공의 속도.

유 円(둥글 엔)

琅	⑦ 11획	日リョウ
	옥돌 랑(낭)	中láng, làng

풀이 1. 옥돌. 2. 금옥소리. 쇠와 옥이 서로 부딪치는 소리.

琅琅(낭랑) 1)쇠이나 옥이 서로 부딪쳐 나는 맑은 소리. 2)새가 지저귀는 아름다운 소리.

琺琅(법랑) 도자기 등의 표면에 발라 윤이 나게 하는 광물을 원료로 하는 유약(釉藥).

琉	⑦ 11획	日リュウ
	유리 류(유)	中liú

*형성. 뜻을 나타내는 부수 '玉(구슬 옥)' 과 음을 나타내는 부수 이외의 글자를 합친 글자. '옥 이름' 을 나타냄.

풀이 1. 유리. 2. 나라 이름. 지금의 일본 오키나와현.

유 璃(유리 리) 玻(유리 파)

5획

理	⑦ 11획	日リ・ことわり
	다스릴 리(이)	中lǐ

一 二 千 王 玎 玎 玾 玾 理 理 理

*형성. 뜻을 나타내는 부수 '玉(구슬 옥)' 과 음을 나타내는 '里(이치 리)' 를 합친 글자. '里' 는 '사람이 살고 있는 마을', '사리가 바르다' 의 뜻과 '속', '속에 숨어 있다' 의 두 가지 뜻을 나타냄. 이에 옥 속에 숨어 있는 고운 결을 갈아 내는 일을 나타내어, '다스리다', '사리' 등의 뜻으로 쓰임.

풀이 1. 다스리다. 2. 다스려지다. ¶理國 3. 사리. 도리. 이치. ¶理念 4. 나무의 결. 5. 깨닫다. 6. 매개. 중개. 7. 의뢰하다. 8. 재판을 하는 관리. 9. 거동.

理曲(이곡) 이치가 바르지 않음. 이치에 어그러짐.

理工(이공) 이학(理學)과 공학(工學). 자연 과학과 공업에 관한 학문 분야.

理科(이과) 자연 과학의 여러 가지 사물이나 현상을 연구하는 학문.

理國(이국) 나라를 다스림. 치국(治國).

理氣(이기) 성리학에서, 태극과 음양. 우주의 본체인 이(理)와 그 현상인 기(氣). 본체계(本體界)와 현상계(現象界).

理念(이념) 1)개인이나 사회가 이상으로 여기는 근본적인 사상. 2)이성의 판단으로 얻은 경험 전체를 통제하는 최고의 개념.

理亂(이란) 1)잘 다스려짐과 어지러움. 평화로운 세상과 어지러운 세상. 2)혼란한 세상을 다스림.

理論(이론) 사물의 현상에 따른 원리를 논함. 또는 그 원리 원칙에서 출발해서 사실을 논함.

理髮(이발) 머리털을 정돈하고 깎음.

理法(이법) 1)원리와 법칙. 2)도리. 예법.

理想(이상) 1)실현될 수 있다고 생각되는 최고의 상태. 2)이성에 의해 상상할 수 있는 최선의 상태.

理性(이성) 1)사물의 이치를 생각하는 능력. 2)사람이 본디 타고난 지적(知的) 능력. 개념을 사유하는 능력. 3)본성(本性)을 다스림.

理勢(이세) 1)도리와 형세. 2)자연의 이치(理致).

理外(이외) 이치나 도리의 밖.

理由(이유) 까닭. 사유.

理義(이의) 도리에 맞는 것과 의로운 것.

理財(이재) 재물을 잘 다루어 씀.

理智(이지) 1)이성과 지혜. 2)사물을 분별하고 이해하는 슬기. 3)불교에서, 올바르고 참된 것을 이해하는 지혜.

理致(이치) 사물의 정당한 조리. 도리에 맞는 취지.

理學(이학) 1)송대(宋代)에 이기(理氣)의 설을 주창한 학문. 성리학(性理學). 2)자연 과학을 연구하는 학문의 총칭.

理解(이해) 1)사리를 분별하여 앎. 2)깨달아 알아들음.

理化(이화) 1)다스려 인도함. 2)물리학과 화학.

유 治(다스릴 치) 비 埋(묻을 매)

珷	⑦ 11획	日ム
	옥돌 무	中wǔ

풀이 옥돌.

琁	⑦ 11획	日セン・ケイ
	옥 선	中xuán

풀이 1. 옥. 2. 구슬.

琇	⑦ 11획	日スウ
	옥돌 수	中xiù

풀이 1. 옥돌. 2. 아름답다. 3. 빛나다.

유 珸(옥돌 오)

琊	⑦ 11획	日ヤ
	땅 이름 야	中yá

풀이 땅 이름. 중국 산동성(山東省)에 있는 지명.

珸	⑦ 11획	日ゴ
	옥돌 오	中wú

풀이 옥돌.

유 琇(옥돌 수)

琓	⑦ 11획
	옥돌 완㊕

풀이 옥돌.

유 珸(옥돌 오)

珵	⑦ 11획	日テイ
	패옥 정	中chéng

풀이 1. 패옥. 2. 옥으로 만든 홀(笏). 3. 광채가 나다.

珽	⑦ 11획	日テイ
	옥 이름 정	中tǐng

풀이 1. 옥 이름. 2. 옥홀.

現	⑦ 11획	日ゲン·あらわれる
	나타날 현	中xiàn

一 二 千 王 玑 玑 玥 玥 珇 琈 現

* 형성. 뜻을 나타내는 부수 '玉(구슬 옥)'과 음을 나타내며 '나타나다'라는 뜻을 가진 '見(볼 견)'을 합친 글자. 옥을 갈아서 빛이 난다는 데서 '나타나다'라는 뜻으로 쓰임.

풀이 1. 나타나다. 출현하다. ¶出現 2. 나타내다. 3. 현재. 지금. ¶現金 4. 실재. ¶現品

現價(현가) 현재의 가격.

現居(현거) 현재 머물러 삶. 또는 그 곳.

現官(현관) 현직에 있는 관리.

現金(현금) 1)현재 가지고 있는 돈. 2)현재 통용되는 돈.

現今(현금) 지금. 이제.

現代(현대) 지금의 시대. 현 시대.

現夢(현몽) 죽은 자나 신령이 꿈에 나타남.

現物(현물) 1)현재 있는 물품. 2)금전 이외의 물품.

現像(현상) 1)형상을 나타냄. 2)촬영한 필름을 현상액(現像液)에 담가 그 영상을 드러나게 함.

現想(현상) 보고 듣는 것에 따라서 일어나는 생각.

現狀(현상) 현재의 상태. 눈앞의 모습. 지금의 형편.

現象(현상) 1)눈앞에 보이는 사물의 형상. 2)사람이 감성적으로 인식할 수 있는 온갖 일이나 물건.

現生(현생) 이 세상의 생애.

現世(현세) 지금 세상. 현재의 세상.

現勢(현세) 현재의 정세 또는 세력.

現時(현시) 지금. 이때. 방금.

現身(현신) 1)현세에 살아 있는 몸. 2)부처의 삼신(三身)의 하나.

現實(현실) 1)현재의 사실. 2)현재적 존재.

現役(현역) 1)현재 병역을 지고 군대에 복무하고 있는 군인. 2)현재 어떤 직을 가지고 일하고 있는 사람.

現場(현장) 1)사물이 현존해 있는 곳. 2)사건이 발생한 곳. 3)공사장(工事場).

現在(현재) 1)이제. 지금. 2)이 세상.

現存(현존) 현재 눈앞에 존재함. 현재 살아 있음.

現地(현지) 어떤 사건이 발생한 바로 그 곳.

現職(현직) 현재의 직업 또는 관직.

現札(현찰) 1)현금. 2)현재 가지고 있는 돈.

現品(현품) 실제의 물품. 현재 있는 물품.

現行(현행) 현재 행하고 있음.

現化(현화) 1)현실에 나타남. 2)신불이 되어서 세상에 나타남.

現況(현황) 현재의 형편 또는 상황.

現效(현효) 효험이 보임.

假現(가현) 신이나 부처가 사람의 형상으로 잠시 이 세상에 나타남.

出現(출현) 1)나타나거나 나타나서 보임. 2)다른 행성이나 위성에 가려졌던 천체가 다시 드러남.

유 表(나타날 표)

琄	⑦ 11획	日ゲン
	패옥 현	中xuàn

풀이 패옥(佩玉). 몸에 차는 옥의 모양.

琚 ⑧ 12획 패옥 거 日キョ 中jū

풀이 패옥. 또는 옥 비슷한 돌.

琚瑀(거우) 패옥(佩玉)의 한 가지로, 금관 조복의 좌우에 늘어뜨려 차는 옥.

琨 ⑧ 12획 옥돌 곤 日コン 中kūn

풀이 옥돌.

琨玉秋霜(곤옥추상) 아름다운 옥과 가을 서리라는 뜻으로, 고상한 인품(人品)을 비유하는 말.

琨瑜(곤유) 아름다운 옥.

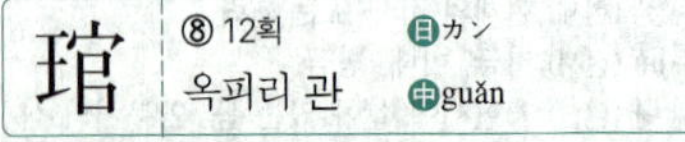

琯 ⑧ 12획 옥피리 관 日カン 中guǎn

풀이 옥피리.

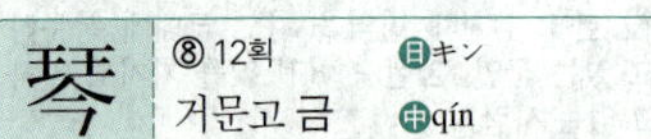

琴 ⑧ 12획 거문고 금 日キン 中qín

* 상형. 거문고의 단면을 본뜬 글자.

풀이 거문고.

琴曲(금곡) 거문고의 곡조.

琴棋(금기) 거문고와 바둑.

琴道(금도) 거문고에 대한 이론과 타는 법.

琴譜(금보) 거문고의 악보.

琴書(금서) 1)거문고를 타고 책을 읽음. 2)거문고와 서적.

琴線(금선) 1)거문고나 가야금의 줄. 2)예민하게 느끼기 쉬운 감정.

琴瑟(금슬) 1)거문고와 비파. 2)부부 사이의 다정하고 화목한 즐거움. 금슬지락(琴瑟之樂).

琴瑟(금슬)의 유래
《시경(詩經)》의 "들쑥날쑥한 고사리풀 좌우에서 따는구나. 얌전하고 정숙한 여인은 거문고와 비파를 벗삼네."라는 시에서 나온 말이다. 얌전하고 정숙한 여인을 맞이하여 거문고와 비파가 어울리듯 사이좋게 살고 싶다는 내용이다.

琴瑟之樂(금슬지락) 부부간의 화목한 즐거움.

琴心(금심) 1)거문고 소리에 담겨 있는 연주자의 마음. 2)여성에 대한 애모의 마음으로 거문고를 탐.

琴韻(금운) 거문고의 소리.

琴操(금조) 거문고의 소리에 맞춰 부르는 노래 가락.

琴徽(금휘) 거문고나 가야금 줄의 소리를 조율하는 도구. 기러기발.

心琴(심금) 어떠한 자극을 받아 울리는 마음을 거문고에 비유하는 말.

琦 ⑧ 12획 옥이름 기 日キ 中qí

풀이 1. 옥. 2. 아름답다. 3. 기이하다. 보통과 다르다.

琦辭(기사) 기이한 말.

琦瑋(기위) 기이함. 진기함.

琦行(기행) 기이한 행동.

琪 ⑧ 12획 옥 기 日キ 中qí

풀이 옥.

琪樹(기수) 아름다운 나무.

琪花瑤草(기화요초) 선경(仙境)에 있다고 하는 화려하고 아름다운 꽃과 풀.

琭 ⑧ 12획 옥 모양 록(녹) 日ロク 中lù

풀이 옥의 모양.

琭琭(녹록) 1)옥의 모양. 2)작고 진귀한 것.

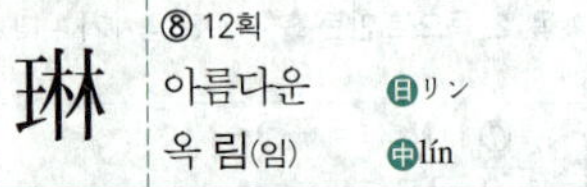

琳 ⑧ 12획 아름다운 옥 림(임) 日リン 中lín

풀이 1. 아름다운 옥. 2. 옥이 부딪쳐 울리는 소리.

琳璆(임구) 1)옥이 울리는 소리. 2)물이 흐르는 맑은 소리.

琳宮(임궁) 절. 사찰(寺刹).

琳闕(임궐) 옥으로 장식한 대궐의 문.

琳琅(임랑) 1)아름다운 옥의 일종. 2)옥이 서로 부딪쳐 울리는 소리. 3)아름답고 찬란한 시문(詩文).

琳札(임찰) 옥으로 만든 상자. 옥으로 장식한 함(函).

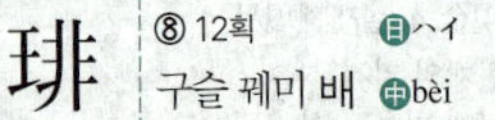

琲 ⑧ 12획 구슬 꿰미 배 日ハイ 中bèi

5획

풀이 1. 구슬 꿰미. 2. 꿰다.

珐	⑧ 12획	日ホウ
	법랑 법	中fà

풀이 법랑. 에나멜. 유약.

珐瑯(법랑) 금속이나 도자기에 광택을 내고 표면을 매끄럽게 처리하기 위하여 입히는 광물을 원료로 하여 만든 유약.

琕	⑧ 12획	日ベイ
	칼집 병	中bǐng,pīn

풀이 칼집.

琫	⑧ 12획	日ボウ
	칼집 장식 봉	中běng

풀이 1. 칼집 장식. 2. 받쳐 들다.

琵	⑧ 12획	日ヒ
	비파 비	中pí

* 형성. 현악기를 뜻하는 '珏(쌍옥 각)'과 음을 나타내는 '比(견줄 비)'를 합친 글자.

풀이 1. 비파. 2. 현악기의 줄을 타다. 연주하다.

琵琶(비파) 서양의 기타처럼 안고 연주하는 4줄로 된 동양의 현악기.

유 琶(비파 파)

琡	⑧ 12획	日シュク
	옥 이름 숙	中chù

풀이 1. 옥 이름. 2. 홀.

琰	⑧ 12획	日エン
	옥 염	中yǎn

풀이 1. 옥. 2. 깎다. 3. 홀.

琰圭(염규) 위쪽이 뾰족한 홀. 제후(諸侯)를 벌할 때 천자(天子)의 사신(使臣)이 부절로서 지니는 것.

琬	⑧ 12획	日ワン
	홀 완	中wǎn

풀이 1. 홀. 2. 아름다운 옥.

琬圭(완규) 끝이 뾰족하지 않은 홀. 제후에게 상을 내릴 때 천자(天子)의 사자(使者)가 부절로서 지니는 것.

琬象(완상) 아름다운 옥과 상아.

琬琰(완염) 아름다운 옥.

유 珽(옥홀 정)

琖	⑧ 12획	日ザン
	옥잔 잔	中zhǎn

풀이 옥잔. 옥으로 만든 술잔.

유 盃(잔 배) 비 淺(얕을 천)

琤	⑧ 12획	日ソウ
	옥소리 쟁	中chēng

풀이 1. 옥 소리. 2. 거문고 소리.

琤琤(쟁쟁) 1)옥 같은 것이 부딪치는 소리. 2)물이 흐르는 소리. 3)거문고를 타는 소리.

琠	⑧ 12획	日テン
	귀막이 전	中tiǎn, tiàn

풀이 1. 귀막이. 2. 구슬 이름. 전옥(琠玉).

琱	⑧ 12획	日シュウ
	옥 다듬을 조	中diāo

풀이 1. 옥을 다듬다. 아로새기다. 2. 그리다.

琱戈(조과) 아로새긴 창.

琱麗(조려) 조각의 아름다움.

琱琭(조록) 무늬를 새김.

琱輿(조여) 옥으로 장식한 가마.

琱瑑(조전) 무늬를 새김.

琮	⑧ 12획	日ソウ
	옥홀 종	中cóng

풀이 옥홀.

琮琤(종쟁) 옥이나 돌이 서로 부딪쳐 나는 소리.

유 珽(옥홀 정)

琗	⑧ 12획	日スイ
	옥빛 채	中sè

풀이 1. 옥빛. 2. 옥이 광채를 발하다.

琛	⑧ 12획	日シン
	보배 침	中chēn

풀이 보배.

琛賮(침신) 공물(貢物)로 바치는 보물.

유 珍(보배 진)

琢	⑧ 12획	日タク
	쪼을 탁	中zhuó, zuó

* 형성. 뜻을 나타내는 부수 '玉(구슬 옥)'과 음을 나타내며 옥을 끌로 쪼을 때 나는 소리를 뜻하는 '豖(발 얽은 돼지 걸음 축)'을 합친 글자. 이에 '쪼다'의 뜻으로 쓰임.

풀이 1. 쪼다. 옥을 쪼다. 2. 꾸미다. 3. 선택하다. 4. 학문을 닦다.

琢器(탁기) 쪼아서 고르게 만든 그릇.

琢磨(탁마) 1)옥과 돌을 쪼고 갊. 2)학문이나 덕행을 갈고 닦는 일.

琢鉢(탁발) 중이 경문을 외면서 마을을 돌며 동냥하는 일.

琢飾(탁식) 꾸밈. 수식함.

琢玉(탁옥) 옥을 쪼아 모양을 냄.

琢切(탁절) 탁마(琢磨).

琸	⑧ 12획	日タク
	사람 이름 탁	中zhuó

풀이 사람 이름.

琶	⑧ 12획	日ハ
	비파 파	中pá

풀이 1. 비파. 2. 현악기의 줄을 타다. 연주하다.

유 琵(비파 비)

琥	⑧ 12획	日ホ
	호박 호	中hǔ

풀이 1. 호박. 광물. 황색으로 투명하여 장식용 등으로 씀. 2. 옥 그릇.

유 珀(호박 박)

瑊	⑨ 13획	日カン · ガン
	옥돌 감·함	中jiān

풀이 옥돌. 옥 비슷한 돌.

瑙	⑨ 13획	日ノウ
	마노 노	中nǎo

풀이 마노. 석영의 한 가지. 장식품을 만드는 데 쓰임.

瑇	⑨ 13획	日タイ
	대모 대	中dài

풀이 대모. 거북과에 속하는 바다거북.

瑇瑁(대모) 남해에 사는 바다거북. 등딱지가 공예품 등에 쓰이는 바다거북.

유 瑁(대모 매)

瑁	⑨ 13획	日ボウ · モウ
	서옥 모	中mào

풀이 1. 서옥. 2. 대모. 거북과에 속하는 바다거북. ¶瑇瑁

유 瑇(대모 대)

瑂	⑨ 13획	日バイ · マイ
	옥돌 미	中méi

풀이 옥돌. 옥 비슷한 돌. 瑂

瑉	⑨ 13획	日ミン
	옥돌 민	中mín

풀이 옥돌.

유 珉(옥돌 민)

瑞	⑨ 13획	日ズイ · めでたい
	상서 서	中ruì

* 형성. 뜻을 나타내는 부수 '玉(구슬 옥)'과 음을 나타내는 부수 이외의 글자를 합친 글자. 신표(信標)로 쓰이는 옥돌을 나타내어 '상서로운 표시'의 뜻으로 쓰임.

풀이 1. 상서. 길조. ¶瑞光 2. 경사스럽다. ¶瑞日 3. 홀. 4. 부절. 신표.

瑞光(서광) 1)상서로운 빛. 2)좋은 일이 있을 조짐.

瑞氣(서기) 상서로운 기운.

瑞夢(서몽) 1)상서로운 꿈. 2)길몽.

瑞相(서상) 상서로운 조짐. 서조(瑞兆).

瑞雪(서설) 풍년이 들게 하는 상서로운 눈.

瑞星(서성) 좋은 일이 일어날 조짐이 있을 때 나타나는 별.

瑞世(서세) 상서로운 세상.

瑞獸(서수) 상서로운 징조로 나타나는 짐승.
瑞雨(서우) 곡물이 잘 자라도록 제 때 내리는 비.
瑞雲(서운) 상서로운 구름.
瑞運(서운) 복되고 길한 운수.
瑞應(서응) 왕의 훌륭한 다스림이 하늘을 감응시켜 나타난 복스러운 조짐.
瑞日(서일) 경사스럽고 길한 날.
瑞鵲(서작) 길한 징조에 날아오는 까치.
瑞節(서절) 1)옥으로 만든 부절(符節). 2)경사스럽고 좋은 시절.
瑞兆(서조) 좋은 일이 생길 조짐.
瑞鳥(서조) 상서로운 새.
瑞徵(서징) 상서로운 징조.
瑞驗(서험) 상서로운 조짐.
瑞花(서화) 1)상서로운 꽃. 2)눈[雪]의 다른 이름.
비 端(바를 단)

瑄 ⑨ 13획 日セン
도리옥 선 中xuān

풀이 도리옥.

瑆 ⑨ 13획 日セイ
옥빛 성 中xīng

풀이 1. 옥빛. 2. 빛나다.

瑟 ⑨ 13획 日シツ
큰 거문고 슬 中sè

* 형성. 현악기 등을 나타내는 '玨(쌍옥 각)'과 음을 나타내는 '必(반드시 필)'을 합친 글자.

풀이 1. 큰 거문고. ¶瑟韻 2. 많다. 3. 엄숙하다. 장엄하다. 4. 쓸쓸하다. ¶瑟居 5. 바람이 사납다. 6. 곱다. 7. 깨끗하다.
瑟居(슬거) 쓸쓸한 살림.
瑟瑟(슬슬) 1)바람이 차고 사납게 부는 소리. 2)악기의 줄을 팽팽히 조이는 모양.
瑟韻(슬운) 큰 거문고의 소리.
瑟縮(슬축) 바싹 오므라듦.
유 琴(거문고 금)

瑛 ⑨ 13획 日エイ
옥빛 영 中yīng

풀이 1. 옥빛. 2. 투명한 옥. 수정. 3. 패옥
瑛琚(영거) 몸에 차는 옥. 패옥(佩玉).
瑛瑤(영요) 아름다운 옥. 아름다운 덕을 갖춘 사람.

瑀 ⑨ 13획 日ウ
패옥 우 中yǔ

풀이 패옥.

瑗 ⑨ 13획 日エン
도리옥 원 中yuàn

풀이 도리옥. 구멍 큰 고리 모양의 옥.
瑗瑤(원요) 싸락눈.

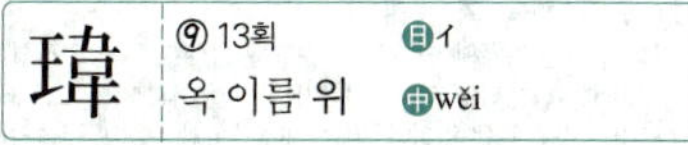

瑋 ⑨ 13획 日イ
옥 이름 위 中wěi

풀이 1. 옥 이름. 2. 아름답다. 3. 진귀하다. ¶瑋寶
瑋寶(위보) 진귀한 보물.
瑋質(위질) 타고난 기질이 고귀하고 훌륭함.

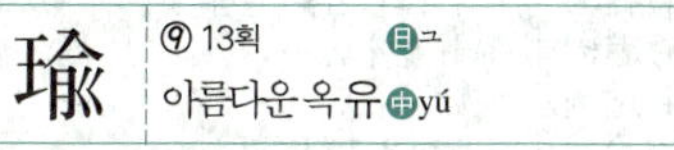

瑜 ⑨ 13획 日ユ
아름다운 옥 유 中yú

풀이 1. 아름다운 옥. 2. 옥빛.
瑜伽(유가) 요가. 인도 고유의 심신단련법의 한 가지. 자세와 호흡을 가다듬어 정신을 통일·순화시키고, 초자연력을 얻으려는 수행법.
瑜然(유연) 아름다운 모양.
瑜瑕(유하) 옥의 아름다운 빛과 흠. 장점과 결점.

瑅 ⑨ 13획 日サイ
제당옥 제 中tí

풀이 제당옥. 옥의 이름. ¶瑅瑭
비 堤(둑 제)

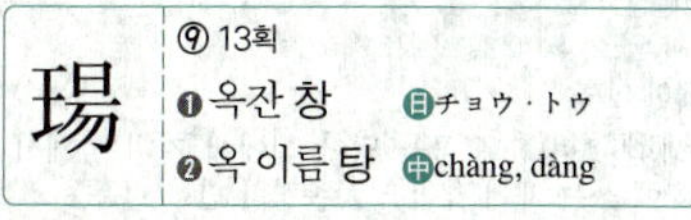

瑒 ⑨ 13획
❶옥잔 창 ❷옥 이름 탕 日チョウ·トウ 中chàng, dàng

풀이 1 1. 옥잔. 제사에서 쓰는 술잔. 2 2. 옥 이름.

瑃 ⑨ 13획 日チュン
옥 이름 춘 中chūn

풀이 옥 이름. 춘옥(瑃玉).

5획

瑕 ⑨ 13획 日カ
티 하 中xiá

* 형성. 뜻을 나타내는 부수 '玉(구슬 옥)'과 음을 나타내는 '叚(빌릴 가)'를 합친 글자.

풀이 1. 티. 흠. 옥의 티. ¶瑕疵 2. 허물. 잘못. 과실. ¶瑕惡 3. 틈새. 4. 어찌. 5. 멀다.

瑕缺(하결) 옥의 티.
瑕隙(하극) 흠집이 생겨 틈이 벌어짐. 빈틈.
瑕瑾(하근) 1)허물 · 결점 · 단점. 2)치욕(恥辱).
瑕惡(하악) 흠. 결점.
瑕玉(하옥) 옥의 티라는 뜻으로, 공연한 짓을 하여 사태를 악화시키는 것을 가리키는 말.

瑕玉(하옥)의 유래
"흠이 있는 진주와 티가 있는 구슬을 그대로 두면 온전할 것인데, 흠과 티를 제거하려다가 오히려 이지러뜨리고 깨뜨리는 것과 같은 일이다."라는 말에서 유래하였다. 구슬의 티를 제거하기 위해 서투른 솜씨로 나섰다가는 도리어 망가뜨려 전혀 가치가 없는 물건으로 만들고 만다는 것이다.
《회남자》 설림훈(說林訓)

瑕瑜(하유) 옥의 티와 옥의 빛. 장점과 단점.
瑕疵(하자) 1)옥의 티. 2)흠. 결점.
瑕謫(하적) 흉터. 흠이 난 곳.
瑕玷(하점) 흠. 결점.
瑕殄(하진) 흠을 이유로 내버림.
瑕痕(하흔) 흠집. 상처.
瑕釁(하흔) 1)흠. 과실. 2)틈이 생김. 원극(怨隙).

비 蝦(새우 하) 瑕(겨를 가)

瑎 ⑨ 13획 日カイ
검은 옥돌 해 中xié

풀이 검은 옥돌.

瑚 ⑨ 13획 日コ · ゴ
산호 호 中hú

* 형성. 뜻을 나타내는 부수 '玉(구슬 옥)'과 음을 나타내는 '胡(오랑캐 호)'를 합친 글자.

풀이 산호.

瑚璉(호련) 1)오곡을 담아 신에게 지내는 제사에 쓰는 제기(祭器). 2)존경할 만한 인품.

유 珊(산호 산)

琿 ⑨ 13획 日コン
옥 이름 혼 中hún

풀이 옥의 이름.

瑍 ⑨ 13획 日カン · ガン
환옥 환 中huàn

풀이 환옥. 아름다운 무늬가 있는 옥.

비 換(바꿀 환)

瑝 ⑨ 13획 日コウ
옥 소리 황 中huáng

풀이 1. 옥 소리 . 2. 종 소리.

瑰 ⑩ 14획 日カイ
구슬 괴 中guī

* 형성. 뜻을 나타내는 부수 '玉(구슬 옥)'과 음을 나타내는 '鬼(귀신 귀)'를 합친 글자.

풀이 1. 구슬. 2. 크다. 위대하다. ¶瑰偉 3. 아름답다. 4. 진귀하다.

瑰怪(괴괴) 희귀하고 훌륭함.
瑰詭(괴궤) 이상함. 기괴함.
瑰奇(괴기) 뛰어나고 기이함.
瑰器(괴기) 뛰어난 기량.
瑰麗(괴려) 뛰어나게 아름다움.
瑰辭(괴사) 아름다운 문장이나 말.
瑰偉(괴위) 뛰어나고 큼.
瑰異(괴이) 이상(異常)함.
瑰壯(괴장) 뛰어나게 훌륭함.
瑰才(괴재) 뛰어난 재주.

瑭 ⑩ 14획 日トウ · ドウ
당무옥 당 中táng

풀이 당무옥.

瑬 ⑩ 15획 日リュウ
면류관 드리울 류 中liú

풀이 면류관의 앞뒤에 드리운 옥 장식.

瑮 ⑩ 14획 日リツ
옥 무늬 아름다울 률 中lì

풀이 옥 무늬가 아름다운 모양.

5획

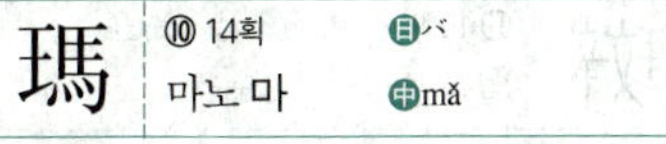

瑪 ⑩ 14획 日バ
마노 마 中mǎ

풀이 마노. 석영의 일종.

瑣 ⑩ 14획 日サ
잘 쇄 中suǒ

* 형성. 뜻을 나타내는 부수 '玉(구슬 옥)'과 음을 나타내는 '貨(꺼질 소)'를 합친 글자.

풀이 1. 잘다. 자질구레하다. 세분하다. ¶瑣談 2. 천하다. 비천하다. 3. 부스러지다. 옥의 부스러기. 4. 좀스럽다. 도량이 좁다. 5. 쇠사슬. 6. 궁문.

瑣談(쇄담) 자질구레한 이야기.
瑣末(쇄말) 매우 작음.
瑣微(쇄미) 자질구레하고 하찮음.
瑣碎(쇄쇄) 1)자잘하고 번거로움. 2)말썽이 많고 시끄러움.

비 鎖(쇠사슬 쇄)

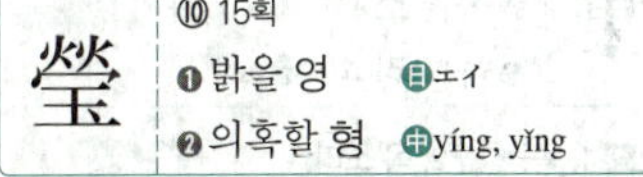

瑩 ⑩ 15획
❶ 밝을 영 日エイ
❷ 의혹할 형 中yíng, yǐng

* 형성. 뜻을 나타내는 부수 '玉(구슬 옥)'과 음을 나타내는 '熒(희미할 형)'의 생략형을 합친 글자.

풀이 ❶ 1. 밝다. 사물이 밝다. ¶瑩澤 2. 맑다. 투명하다. 3. 옥. 옥빛. ¶瑩鏡 4. 옥돌. ❷ 5. 의혹하다. ¶未瑩

瑩鏡(영경) 맑은 거울.
瑩域(영역) 산소(山所).
瑩徹(영철) 맑고 투명함.
瑩澤(영택) 밝고 윤택함.
瑩澈(형철) 환하게 맑음.
未瑩(미형) 흐리멍텅하고 어리석음.

비 榮(꽃 영)

瑥 ⑩ 14획 日オン
사람 이름 온 中wēn

풀이 사람 이름.

비 搵(잠길 온) 溫(따뜻할 온)

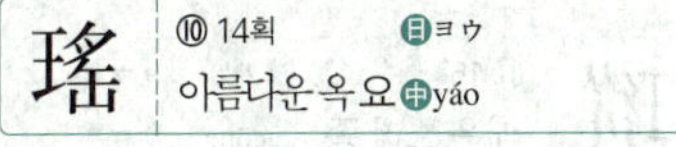

瑤 ⑩ 14획 日ヨウ
아름다운 옥 요 中yáo

풀이 아름다운 옥.

瑤瓊(요경) 아름다운 옥.
瑤堂(요당) 옥(玉)의 집. 아름다운 궁전.
瑤英(요영) 몹시 아름다운 옥.
瑤玉(요옥) 아름다운 옥.
瑤珠(요주) 아름다운 구슬.
瑤池(요지) 1)신선이 사는 곳. 2)아름다운 연못.
瑤地鏡(요지경) 1)확대기의 장치가 있어 통 안에 있는 그림을 보는 장난감. 2)묘하게 돌아가는 세상일.
瑤札(요찰) 아름다운 편지. 다른 사람의 편지를 일컫는 말.
瑤草(요초) 아름다운 풀.
瑤緘(요함) 책을 넣는 옥으로 된 상자.

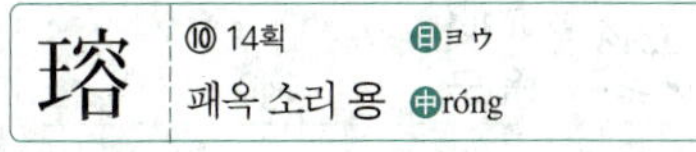

瑢 ⑩ 14획 日ヨウ
패옥 소리 용 中róng

풀이 패옥 소리.

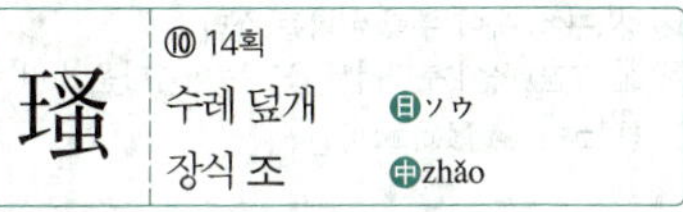

瑵 ⑩ 14획
수레 덮개 日ソウ
장식 조 中zhǎo

풀이 수레 덮개 장식. 수레 덮개에 장식한 옥.

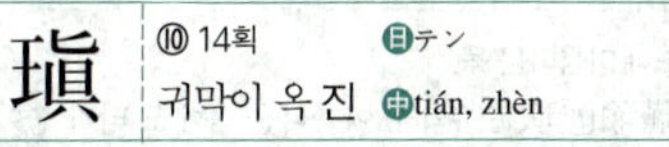

瑱 ⑩ 14획 日テン
귀막이 옥 진 中tián, zhèn

풀이 1. 귀막이 옥. 2. 아름다운 옥. 3. 왕이 가지는 서옥(瑞玉).

瑱圭(진규) 임금이 가지는 상서로운 옥.

瑨 ⑩ 14획 日シン・ジン
아름다운 돌 진 中jìn

풀이 아름다운 돌.

瑳 ⑩ 14획 日サ
깨끗할 차 中cuō

* 형성. 뜻을 나타내는 부수 '玉(구슬 옥)'과 음을 나타내는 '差(다를 차)'를 합친 글자.

풀이 1. 깨끗하다. 2. 옥빛이 곱고 선명하다. 3. 방긋 웃다. 4. 같다.

瑳瑳(차차) 1)옥 같은 것의 빛이 곱고 선명한 모양. 2)이가 가지런하고 흰 모양.

瑲	⑩ 14획	日ソウ
	옥 소리 창	中qiāng

풀이 1. 옥 소리. 2. 악기 소리.

瑲瑲(창창) 1)옥이 울리는 소리. 2)악기의 울리는 소리.

瑒	⑪ 15획	日エイ·ケイ
	옥 광채 날 경	中jǐng

풀이 옥이 광채가 나다.

비 境(지경 경)

璆	⑪ 15획	日キュウ
	옥 구	中qiú

풀이 1. 옥. 2. 옥 경쇠. 옥 소리.

璆琳(구림) 아름다운 옥.

璆然(구연) 옥이 부딪쳐 나는 소리.

璆鏘(구장) 옥이 부딪쳐서 울리는 아름다운 소리.

비 謬(그릇될 류) 膠(아교 교)

瑾	⑪ 15획	日キン
	아름다운 옥 근	中jǐn

풀이 아름다운 옥.

瑾瑜匿瑕(근유익하) 아름다운 옥에도 티가 숨어 있다는 뜻으로, 어질고 덕이 있는 사람이라도 허물이 있을 수 있음을 이르는 말.

璉	⑪ 15획	日レン
	호련 련	中liǎn

풀이 호련. 제사에 쓰이는 곡식을 담는 종묘 제기.

璃	⑪ 15획	日リ
	유리 리	中lí

풀이 유리. ¶玻璃

유 琉(유리 류) 玻(유리 파)

璊	⑪ 15획	日マン
	붉은 옥 문	中mén

풀이 붉은 옥.

璸	⑪ 15획	日ハン·まだら
	얼룩 반	中bān

풀이 얼룩얼룩하다. 문양이 생기다.

璇	⑪ 15획	日セン
	아름다운 옥 선	中xuán

* 형성. 뜻을 나타내는 부수 '玉(구슬 옥)'과 음을 나타내는 '旋(돌 선)'을 합친 글자.

풀이 1. 아름다운 옥. ¶璇宮 2. 별 이름. 북두칠성의 둘째 별.

璇宮(선궁) 옥으로 장식한 아름다운 궁전.

璇璣(선기) 천체(天體)를 관측하는 기구.

璇碧(선벽) 푸른빛이 아름다운 옥.

璇臺(선대) 1)옥으로 만든 누대(樓臺). 2)신선이 사는 곳.

璇室(선실) 옥으로 꾸민 방.

璅	⑪ 15획	
	❶ 옥돌 소	日ソウ·サイ
	❷ 옥 소리 쇄	中suǒ

풀이 ❶ 1. 옥돌. ❷ 2. 옥 소리.

璅璅(쇄쇄) 1)자질구레한 모양. 2)글을 읽거나 경을 외는 낭랑한 소리.

璅語(쇄어) 쓸데없는 말.

瑿	⑪ 16획	日エイ
	검은 옥 예	中yī

풀이 1. 검은 옥. 2. 흑호박. 천 년 된 호박.

璈	⑪ 15획	日ゴ
	악기 이름 오	中áo

풀이 악기 이름.

璋	⑪ 15획	日ショウ·しるしたま
	반쪽 홀 장	中zhāng

풀이 반쪽 홀.

瑽	⑪ 15획	日ソウ·ジョウ
	패옥 소리 종	中cōng

5획

풀이 패옥 소리. 패옥을 몸에 차고 걸을 때 나는 소리.

璀	⑪ 15획	日サイ
	옥 빛날 최	中cuǐ

풀이 1. 옥이 빛나다. 옥빛이 찬란하다. 2. 구슬이 주렁주렁 늘어진 모양.

璀錯(최착) 성한 모양.
璀璨(최찬) 옥이 빛나는 모양.
璀彩(최채) 고운 채색.
璀璀(최최) 선명하게 비치는 모양.

璚	⑫ 16획	日ケイ・ケツ
	옥 이름 경	中qióng, jué

풀이 옥 이름.

璣	⑫ 16획	日キ
	구슬 기	中jī

풀이 1. 구슬. 작은 구슬. 2. 선기(璿璣). 천문 측정 기구의 이름. 3. 별 이름. 북두칠성의 세번째 별.

璣衡(기형) 천문을 관측하는 기계.

璒	⑫ 16획	日トウ
	옥돌 등	中dēng

풀이 옥돌.

璐	⑫ 16획	日ロ・たま
	아름다운 옥 로	中lù

풀이 아름다운 옥.

璘	⑫ 16획	日リン
	옥빛 린(인)	中lín

풀이 옥의 빛. 옥의 광채.

璘彬(인빈) 옥빛이 교차하는 모양.

璞	⑫ 16획	日ハク
	옥덩이 박	中pú

풀이 옥덩이. 아직 다듬지 않은 옥돌.

璞玉(박옥) 아직 쪼거나 갈지 않은 옥 덩어리. 가공하지 않은 옥의 원석(原石).

璠	⑫ 16획	日ハン
	옥 번	中fán

풀이 옥. 노(魯)나라에서 나는 옥.

璡	⑫ 16획	日シン
	옥돌 진	中jīn

풀이 옥돌.

璗	⑫ 17획	日トウ
	황금 탕	中dàng

풀이 1. 황금. 2. 아름다운 금.

璗琫(탕봉) 아름다운 금빛으로 장식한 칼집. 제후(諸侯)가 차고 다니던 칼.

璜	⑫ 16획	日コウ
	서옥 황	中huáng

* 형성. 뜻을 나타내는 부수 '玉(구슬 옥)'과 음을 나타내는 '黃(누를 황)'을 합친 글자.

풀이 1. 서옥. 2. 패옥.

璜珩(황형) 패옥.
璜璜(황황) 반짝이는 모양.

璩	⑬ 17획	日キョ
	옥 고리 거	中qú

풀이 1. 옥 고리. 2. 금은 그릇.

璥	⑬ 17획	日ケイ
	경옥 경	中jǐng

풀이 경옥. 옥의 이름.

璭	⑬ 17획	日コン
	광낼 곤	中guǎn

풀이 광내다. 금과 옥을 광내다.

璫	⑬ 17획	日トウ
	귀고리 옥 당	中dāng

풀이 1. 귀고리 옥. 귀고리에 달린 구슬. 2. 관의 꾸미개. 3. 방울. 4. 옥 소리.

璫璫(당당) 패옥이 서로 부딪쳐 나는 소리.
璫子(당자) 사람을 꾸짖는 말.

璧	⑬ 18획	日ヘキ
	둥근 옥 벽	中bì

* 형성. 뜻을 나타내는 부수 '玉(구슬 옥)'과 음을 나타내는 '辟(피할 벽)'을 합친 글자. '고리 모양의 옥'을 나타냄.

풀이 둥근 옥. 아름다운 옥.

璧聯(벽련) 옥으로 된 기둥이나 벽에 장식으로 쓴 글귀.
璧玉(벽옥) 납작한 옥과 둥근 옥.
璧瑗(벽원) 아름다운 옥.
璧月(벽월) 아름다운 보름달의 미칭(美稱).
璧人(벽인) 아름다운 사람.
璧日(벽일) 둥근 해의 미칭(美稱).
雙璧(쌍벽) 1)두 개의 구슬. 2)여럿 가운데서 우열을 가릴 수 없을 정도로 특히 뛰어난 둘을 비유하는 말.
完璧(완벽) 1)흠이 없는 구슬. 2)흠이 없이 완전함.

비 壁(벽 벽)

璲	⑬ 17획	日シュウ
	패옥 수	中suì

풀이 패옥(佩玉). 허리띠에 차는 옥.

瑟	⑬ 17획	日シツ·あおいしんじゅ
	푸른 구슬 슬	中sè

풀이 1. 푸른 구슬. 2. 아름다운 옥. 옥이 산뜻하고 깨끗한 모양.

璪	⑬ 17획	
	면류관	日ソウ
	드림 옥 조	中zǎo

풀이 면류관 드림 옥. 옥을 실에 꿴 면류관 장식.

璨	⑬ 17획	日サン
	빛날 찬	中càn

풀이 1. 빛나다. 찬란하다. 2. 아름다운 옥.

璨瑳(찬차) 곱고 흰 모양.
璨璨(찬찬) 밝게 빛나는 모양.

環	⑬ 17획	日カン·りん
	고리 환	中huán, huàn

* 형성. 뜻을 나타내는 부수 '玉(구슬 옥)'과 음을 나타내며 '둥글다'의 뜻을 가진 부수 이외의 글자를 합친 글자. 이에 '둥근 모양의 구슬'을 나타냄.

풀이 1. 고리. 2. 고리 모양의 옥. 3. 두르다. 4. 돌다. 선회하다. 5. 두루 미치다. 6. 물러나다.

環家(환가) 집으로 돌아옴.
環境(환경) 1)생물에게 영향을 끼치는 자연 및 사회적인 여러 조건이나 상태. 2)생활하는 주위의 상태.

❖ 환경(環境)에 관한 고사성어

- 近墨者黑(근묵자흑) 먹을 가까이하면 검게 됨. 좋지 못한 사람과 가까이 하면 악에 물들게 됨.
- 孟母三遷之敎(맹모삼천지교) 맹자의 교육을 위하여 그 어머니가 세 번이나 집을 옮긴 일. 교육에는 환경이 중요함.
- 橘化爲枳(귤화위지) 회남의 귤을 회북으로 옮기어 심으면 귤이 탱자가 된다는 말. 환경에 따라 사물의 성질이 달라진다는 말.

環顧(환고) 두루 살펴봄.
環攻(환공) 사방을 에워싸고 공격함.
環球(환구) 지구(地球). 온 세계.
環堵(환도) 집을 둘러싼 담장의 안쪽 공간이 얼마 되지 않는 가난한 집.
環狀(환상) 고리처럼 둥근 모양. 환형(環形).
環城(환성) 성을 둘러쌈.
環視(환시) 1)많은 사람이 둘러서서 봄. 2)사방을 둘러봄.
環眼(환안) 고리눈
環繞(환요) 빙 둘러 에워쌈.
環衛(환위) 사방을 둘러싸서 호위함.
環紆(환우) 빙 돌아 감김.
環翊(환익) 주위에서 도움. 둘러싸고 도움.
環坐(환좌) 많은 사람이 원형으로 빙 둘러 앉음.
環住(환주) 다시 돌아와 삶.
環瑱(환진) 옥으로 만든 고리 모양의 귀고리.
環絰(환질) 성복(成服) 때 상중(喪中)에 있는 사람이 사각건(四角巾)에 덧씌워 쓰는 삼으로 꼰 둥근 테두리.
環矚(환촉) 빙 둘러봄. 환시(環視).
環翠(환취) 주위에 푸른 초목이 둘러싸고 있음.
環抱(환포) 사방으로 에워쌈.
環海(환해) 사방을 둘러싸고 있는 바다.

環合(환합) 에워쌈. 두름.

유 球(공 구)

璯	⑬ 17획 관 혼솔 꾸미개 회	日カイ 中huì

풀이 관 혼솔 꾸미개. 관의 솔기에 꾸며 다는 옥의 장식.

璺	⑭ 19획 금갈 문	日モン 中wèn

풀이 1. 금가다. 갈라지다. 2. 옥의 티.

璸	⑭ 18획 구슬 이름 빈	日ヒン・ビン 中bīn

풀이 1. 구슬 이름. 2. 옥 무늬가 아롱아롱하다.

비 濱(물가 빈)

璽	⑭ 19획 도장 새	日ジ 中xǐ

풀이 1. 도장. 2. 옥새(玉璽). 천자가 사용하는 도장.

璽符(새부) 인장과 부절(符節). 천자의 도장. 옥새(玉璽).

璽書(새서) 임금의 옥새가 찍혀 있는 문서.

璽綬(새수) 옥새와 그 인끈.

璽節(새절) 통상을 허가하는 증명서.

玉璽(옥새) 옥으로 새긴 국새. 국새.

유 印(도장 인)

璿	⑭ 18획 아름다운 옥 선	日セン 中xuán

* 형성. 뜻을 나타내는 부수 '玉(구슬 옥)'과 음을 나타내는 '睿(밝을 예)'를 합친 글자.

풀이 1. 아름다운 옥. 2. 천문을 관측하는 기계. 혼천의.

璿宮(선궁) 옥으로 장식한 궁전.

璿璣(선기) 천문을 관측하는 데 쓰던 옥으로 만든 기계.

瓊	⑮ 19획 옥 경	日ケイ 中qióng

풀이 1. 옥. 아름다운 붉은 옥. ¶瓊琚 2. 아름다운 것의 미칭.

瓊琚(경거) 1)아름다운 옥. 2)훌륭한 선물. 3)귀하고 아름다움.

瓊團(경단) 찹쌀가루를 반죽하여 밤알 크기로 둥글게 빚어서 찐 뒤에 고물을 묻힌 떡.

瓊樓(경루) 1)궁전의 미칭. 2)아름답게 지은 높은 전각(殿閣).

瓊樹(경수) 1)옥처럼 아름다운 나무. 2)품위 있고 고결한 인격을 비유하는 말.

瓊玉(경옥) 아름다운 구슬.

瓊瑤(경요) 1)아름다운 옥. 2)훌륭한 선물. 3)다른 사람이 보내 온 시문(詩文)이나 서신(書信).

瓊姿(경자) 아름다운 자태.

瓊枝玉葉(경지옥엽) 왕족(王族)의 자손 또는 귀한 집의 자손을 비유하는 말.

瓃	⑮ 19획 옥그릇 뇌	日ライ 中léi

풀이 1. 옥그릇. 2. 칼자루 끝부분을 옥으로 꾸미다.

瓈	⑮ 19획 유리 려	日リョ 中lí

풀이 유리.

瓅	⑮ 19획 옥 빛 력	日レキ 中lì

풀이 1. 옥 빛. 2. 반짝거리다.

瓏	⑯ 20획 옥 소리 롱(농)	日ロウ 中lóng

풀이 1. 옥 소리. ¶玲瓏 2. 바람 소리. 3. 환히 보이는 모양. ¶瓏玲

瓏玲(농령) 1)옥이 부딪치는 소리. 2)환한 모양.

玲瓏(영롱) 1)빛이 구슬처럼 밝고 아름다움. 2)옥을 굴리는 것처럼 소리가 맑고 아름다움.

비 朧(흐릿할 롱)

瓍	⑯ 20획 구슬 수	日スウ 中suí

풀이 구슬.

유 珠(구슬 주)

5획

瓓	⑰ 21획	日ラン
	옥 광채 란	中làn

풀이 옥의 광채. 옥의 무늬.

瓖	⑰ 21획	日ヨウ
	뱃대끈 장식 양	中xiāng

풀이 뱃대끈 장식. 말에 매는 끈 장식.

瓔	⑰ 21획	日エイ·ヨウ
	구슬 목걸이 영	中yīng

풀이 1. 구슬 목걸이. 2. 옥돌.

瓔珞(영락) 구슬이나 귀금속을 꿰어서 머리·목 등에 두르는 장신구. 본래, 부처의 몸을 장식하는 것으로 쓰였음.

瓘	⑱ 22획	日カン
	옥 이름 관	中guàn

풀이 1. 옥 이름. 2. 홀.

瓚	⑲ 23획	日サン
	술잔 찬	中zàn

풀이 술잔. 제사에 쓰는 옥으로 만든 술잔.

瓜 부

5획

瓜 오이 과 部

'瓜' 자는 오이 덩굴에 열매가 매달려 있는 모양으로 '오이'나 '참외', '수박' 등을 뜻한다. 또한 목과(木瓜)에서처럼 오이 모양을 닮은 열매를 나타내기도 하고, 과년(瓜年)이라 하여 혼기가 꽉 찬 여자를 나타내기도 한다.

瓜	⓪ 5획	日カ·きゅうり
	오이 과	中guā

* 상형. 오이 덩굴에 열매가 있는 모양을 본뜬 글자.

풀이 오이. 박과에 속하는 오이·참외·수박 등을 이름.

瓜葛(과갈) 1)오이와 칡. 2)일가 인척을 이르는 말.

瓜期(과기) 1)기한이 다 됨 2)여자의 15~16살 무렵. 3)벼슬의 임기.

瓜年(과년) 결혼하기에 적당한 여자의 나이.

瓜滿(과만) 1)벼슬의 임기가 다한 해를 이르는 말. 2)여자가 혼인할 나이가 다 됨.

瓜熟(과숙) 오이가 무르익음.

瓜月(과월) 음력 7월의 다른 이름.

瓜田(과전) 외밭.

及瓜(급과) 임기가 다 참.

南瓜(남과) 호박.

木瓜(모과←목과) 모과나무의 열매.

비 爪(손톱 조)

瓝	③ 8획	日ハク
	오이 박	中bó

풀이 오이. 작은 오이.

瓞	⑤ 10획	日チツ
	북치 질	中dié

풀이 북치. 그루갈이로 나는 작은 오이.

瓠	⑥ 11획	日ホ·ひさご
	❶ 표주박 호	中hù, hú, huò
	❷ 얄고 평평할 확	

* 형성. 뜻을 나타내는 부수 '瓜(오이 과)'와 음을 나타내는 '夸(자랑할 과)'를 합친 글자.

풀이 1 1. 표주박. 박. 2. 병. 3. 항아리. 2 4. 얄고 평평한 모양.

瓠果(호과) 박과에 딸린 식물의 열매.

瓠犀(호서) 1)박의 속과 씨. 2)미인의 희고 아름다운 이〔齒〕를 비유하는 말.

瓠落(확락) 얄고 평평하여 물건이 흘러 떨어짐.

유 蠡(표주박 려)

瓢	⑪ 16획	日ヒョウ
	박 표	中piáo

풀이 1. 박. 2. 표주박. 바가지.

瓢簞(표단) 표주박과 대그릇.

瓢飮(표음) 1)바가지에 담은 물. 2)소박한 생활.

瓢子(표자) 표주박.

瓢樽(표준) 표주박으로 만든 술통.

瓢壺(표호) 1)표주박. 2)표주박으로 만든 술통.

簞瓢陋巷(단표누항) 대그릇과 표주박에 누추한

마을 이라는 뜻으로 소박한 시골 살림. 또는 청빈한 선비의 살림을 이르는 말.

유 瓠(표주박 호)

瓣	⑭ 19획	日ベン
	오이씨 판	中bàn

풀이 1. 오이씨. 2. 판막(瓣膜). 날름쇠. 혈관 안에서 피의 역류를 막는 막. 3. 꽃잎.

瓣膜(판막) 심장이나 혈관 속에 있어 혈액의 역류를 방지하는 막.

瓣香(판향) 꽃잎 모양의 향(香).

花瓣(화판) 꽃잎. 꽃판.

瓤	⑰ 22획	日ヨウ
	박속 양	中ráng

풀이 박속. 박의 씨가 있는 부분.

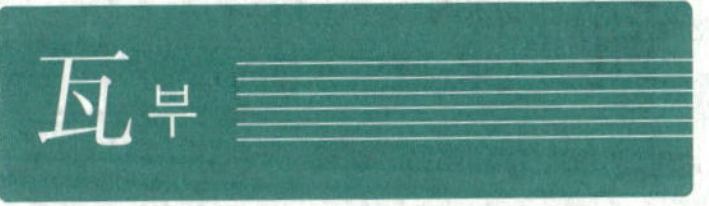

瓦부

瓦 기와 와 部

'瓦'자는 지붕을 이은 기와가 겹쳐 있는 모양을 나타낸 것으로 '기와'나 흙으로 빚어 구운 모든 '토기'를 뜻한다. 이 글자를 부수로 갖는 글자는 일반적으로 토기와 관련이 있다.

瓦	⓪5획	日ワ·かわら
	기와 와	中wǎ

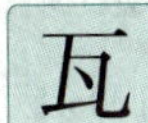

一 丆 瓦 瓦

*상형. 기와가 겹쳐 있는 모양을 본뜬 글자로, '기와'라는 뜻으로 쓰임.

풀이 1. 기와. ¶瓦家 2. 질그릇. 3. 실패. 실을 감는 물건. 4. 그램. 미터법의 무게 단위.

瓦家(와가) 기와집.

瓦鷄(와계) 기와로 만든 닭. 즉 겉모습만을 갖추었을 뿐이고 아무 소용이 없음.

瓦工(와공) 1)기와를 굽는 사람. 2)기와장이.

瓦棺(와관) 질흙으로 구워 만든 관.

瓦壞(와괴) 기와가 깨져 부서지듯이 사물(事物)이 부서져 버림.

瓦器(와기) 질흙으로 만들어 유약을 바르지 않고 구운 그릇. 토기(土器).

瓦當(와당) 기와의 마구리. 기와 한쪽에 둥글게 모양을 낸 부분.

瓦刀(와도) 기와를 쪼갤 때에 쓰는 칼.

瓦豆(와두) 흙으로 구워 만든 굽 달린 제기.

瓦卜(와복) 기와를 던져 그 깨진 금에 의하여 길흉화복을 점치는 일.

瓦縫(와봉) 기와를 맞추어 이은 이음매.

瓦缶(와부) 유약을 바르지 않고 구운 술장군.

瓦粉(와분) 여자들의 얼굴을 단장하는 데 바르는 흰 가루.

瓦石(와석) 기와와 돌.

瓦硯(와연) 질흙으로 만든 벼루.

瓦裂(와열) 기와가 깨지듯이 산산조각이 남.

瓦屋(와옥) 기와집.

瓦窯(와요) 기와를 구워내는 굴.

瓦雀(와작) 참새.

瓦匠(와장) 기와장이.

瓦鐘(와종) 기와로 만든 종.

瓦片(와편) 기와 조각.

瓦合(와합) 1)깨진 기와를 아무리 모아도 쓸데가 없음. 오합지중(烏合之衆). 2)자기의 정당성을 굽히고 여러 사람과 사귐.

瓦解(와해) 기와가 산산조각이 나듯이 사물이 깨어져 산산이 흩어짐.

鬼瓦(귀와) 도깨비기와.

弄瓦之慶(농와지경) 질그릇을 갖고 노는 경사라는 뜻으로, 딸을 낳은 기쁨을 이르는 말.

陶瓦(도와) 유약을 발라 구워 만든 기와.

洋瓦(양와) 시멘트로 만든 기와. 서양식 기와.

비 互(서로 호)

瓨	③ 8획	日コウ·つぼ
	항아리 강	中xiáng

풀이 항아리. 단지.

유 垌(항아리 동) 甀(항아리 추) 罃(항아리 앵)

瓬	④ 9획	日ボウ
	오지그릇 방	中fǎng

풀이 1. 오지그릇. 질흙으로 빚어 볕에 말린 그릇. 도기. 2. 항아리. 병. 3. 옹기장이. 질그릇을 만드는 장인.

瓮	④ 9획	日オウ
	독 옹	中wèng

풀이 독. 항아리.

5획

비 翁(늙은이 옹)

瓴 ⑤ 10획 日レイ
동이 령 中líng

풀이 1. 동이. 양옆에 귀가 달린 병. 2. 기와.

瓸 ⑤ 10획 日ハク
우물 벽돌 백 中bó

풀이 우물 벽돌. 우물에 까는 벽돌.

瓮 ⑤ 10획 日オウ・かめ
동이 앙 中àng

풀이 동이.

瓵 ⑤ 10획 日イ・かめ
단지 이 中yí

풀이 단지. 작은 항아리.

瓷 ⑥ 11획 日ジ
오지그릇 자 中cí

* 형성. 뜻을 나타내는 부수 '瓦(기와 와)'와 음을 나타내는 '次(버금 차)'를 합친 글자. 단단하게 구운 '토기(土器)'의 뜻을 나타냄.

풀이 오지그릇.

瓷器(자기) 사기그릇. 도기(陶器).
白瓷(백자) 흰 빛깔의 자기.

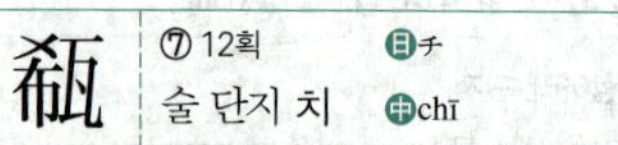

瓻 ⑦ 12획 日チ
술 단지 치 中chī

풀이 술단지.

瓰 ⑦ 12획 日コウ
귀 달린 병 함 中hán

풀이 귀 달린 병. 작은 단지.

瓽 ⑧ 13획 日トウ
큰 독 당 中dàng

풀이 1. 큰 독. 2. 바닥에 까는 벽돌.

瓶 ⑧ 13획 日ヘイ・びん
병 병 中píng

* 형성. 뜻을 나타내는 부수 '瓦(기와 와)'와 음을 나타내는 '幷(아우를 병)'을 합친 글자. 이에 '단지'의 뜻을 나타냄.

풀이 1. 병. 단지. 항아리. ¶梅瓶 2. 두레박. 3. 시루.

瓶錫(병석) 물 항아리와 석장(錫杖).
瓶洗(병세) 꽃꽂이. 생화.
瓶筲(병소) 1)병과 대나무 상자. 2)도량이 좁음.
瓶沈簪折(병침잠절) 부부가 이별하여 다시 만날 수 없음을 이르는 말.
瓶壺(병호) 병과 단지.

瓿 ⑧ 13획 日ホウ
단지 부 中bù

풀이 단지. 작은 항아리.

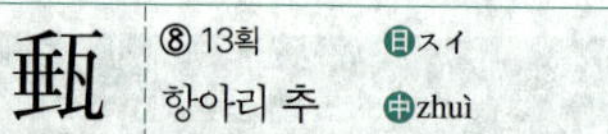

甀 ⑧ 13획 日スイ
항아리 추 中zhuì

풀이 항아리. 입구가 작은 항아리.

유 垌(항아리 동) 瓨(항아리 강) 罃(항아리 앵)

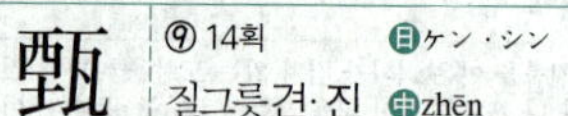

甄 ⑨ 14획 日ケン・シン
질그릇 견·진 中zhēn

풀이 1. 질그릇. 2. 질그릇을 굽다. ¶甄陶 3. 가마. 4. 살피다. 5. 밝히다. 규명하다. ¶甄明 6. 벽돌. 7. 교화하다. 8. 나타내다.

甄陶(견도) 1)질그릇을 만듦. 2)임금이 백성을 교화(敎化)하는 일.
甄明(견명) 명확히 분별함.
甄拔(견발) 인재를 발탁함.
甄別(견별) 명확히 구별함.
甄序(견서) 나누어 차례를 정함.
甄綜(견종) 모아서 살핌.
甄擢(견탁) 인재를 살펴서 발탁함.
甄表(견표) 명백히 나누어 나타냄.
甄品(견품) 우열의 판정·등급을 매기는 일.

甂 ⑨ 14획 日ヘン
자배기 변 中biān

풀이 1. 자배기. 질그릇의 한 가지. 2. 단지.

5획

㼜甌(변구) 병의 입구가 작은 항아리.

甈	⑩ 15획 항아리 계	日ケイ 中qì

풀이 1. 항아리. 2. 깨어지다. 금가다. 3. 금간 항아리. 4. 마르다.

유 㼧(항아리 동) 瓨(항아리 강) 甀(항아리 추)

甇	⑩ 15획 항아리 앵	日オウ·アイ 中yīng

풀이 항아리. 목이 긴 항아리.

유 㼧(항아리 동) 瓨(항아리 강) 甀(항아리 추)

甌	⑪ 16획 사발 구	日ク 中ōu

풀이 1. 사발. 2. 단지.

甌寠(구루) 높은 지대에 있는 좁은 평지.

甌臾(구유) 토기. 와기.

甌穴(구혈) 센 물살에 의해 하천의 바닥에 움푹 팬 곳.

甍	⑪ 16획 용마루 맹	日モウ 中méng

풀이 용마루. 지붕마루.

甍棟(맹동) 용마루 기와와 마룻대.

甍宇(맹우) 기와집의 총칭.

甋	⑪ 16획 벽돌 적	日テキ 中dì

풀이 벽돌.

비 敵(원수 적)

甎	⑪ 16획 벽돌 전	日セン 中zhuān

풀이 벽돌.

甎茶(전다) 차(茶)의 일종. 차 가루를 눌러 붙여서 벽돌 모양으로 만든 것.

甎石(전석) 툇마루에 까는 기와나 벽돌.

甎全(전전) 아무 일도 하지 않고 생명만 보존함.

甐	⑫ 17획 그릇 린	日リン 中lìn

풀이 1. 그릇. 2. 움직이다. 요동하다.

유 皿(그릇 명) 비 粼(근심할 린)

甒	⑫ 17획 술단지 무	日ム 中wǔ

풀이 술단지.

甑	⑫ 17획 시루 증	日ソウ·こしき 中zèng

풀이 시루. 떡이나 쌀 등을 찌는 데 쓰는 둥근 질그릇.

甑餠(증병) 시루떡.

甑塵釜魚(증진부어) 시루에 먼지가 쌓이고 솥에 물고기가 생김. 즉 매우 가난한 살림을 비유하는 말.

甑布(증포) 시루 바닥에 까는 헝겊.

甔	⑬ 18획 항아리 담	日タン 中dān

풀이 항아리. 큰 항아리.

유 甀(항아리 추)

甓	⑬ 18획 벽돌 벽	日ヘキ 中pì

풀이 1. 벽돌. 2. 기와.

유 甋(벽돌 적)

甕	⑬ 18획 독 옹	日オウ 中wèng

* 형성. 뜻을 나타내는 부수 '瓦(기와 와)'와 음을 나타내는 '雍(화할 옹)'을 합친 글자.

풀이 독. 단지. 두레박. ¶甕器

甕器(옹기) 질그릇. 옹기그릇.

甕頭(옹두) 처음으로 익은 술.

甕城(옹성) 큰 성문을 엄호하려고 성문 밖에 반달 모양으로 쌓는 성.

甕井(옹정) 바닥이 없는 항아리를 묻어서 만든 우물. 독우물.

甕天(옹천) 독 안에서 하늘을 바라본다는 뜻으

로, 견문이 좁음을 비유하는 말.

鐵甕城(철옹성) 무쇠로 만든 독처럼 튼튼히 쌓은 산성이라는 뜻으로, 아주 튼튼하게 둘러싼 것이나 그러한 상태를 비유하는 말.

罌 ⑭ 19획 日オウ
술단지 앵 中yīng

풀이 술단지. 항아리.

罌筏(앵벌) 단지를 엮어 징검다리처럼 늘어놓고 물을 건넘.

甗 ⑯ 21획 日ゲン
시루 언 中yǎn

풀이 시루. 밑이 없거나 발이 달린 시루.

甗錡(언기) 시루나 가마솥 모양.

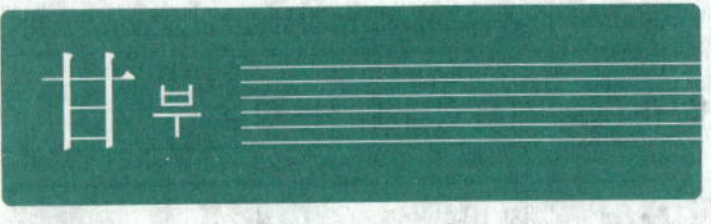

甘 부

甘 달 감 部

'甘' 자는 단맛을 나타낸 글자로 '달다'를 뜻한다. 또한 단 것이 좋은 맛이라 하여 '맛이 좋다', '달게 여기다'라는 뜻으로 사용된다.

甘 ⓪ 5획 日カン・あまい
달 감 中gān

一 十 廿 廿 甘

* 지사. 입 속에 물건을 물고 있음을 나타내어 '입속에 머금고 맛봄'을 뜻함. 나아가서 '맛있다', '달다'의 뜻으로 쓰임.

풀이 1. 달다. ¶甘苦 2. 달게 여기다. 3. 만족하다. 4. 익다. 5. 맛이 좋다. 6. 간사하다. 7. 늘어지다.

甘結(감결) 조선 때, 상급 관청에서 하급 관청에 보내던 공문(公文).

甘苦(감고) 1)단 것과 쓴 것. 2)인생의 즐거움과 괴로움. 3)고생을 달게 여김.

甘瓜(감과) 참외.

甘菊(감국) 국화의 한 가지.

甘諾(감낙) 흔쾌히 승낙함.

甘棠之愛(감당지애) 백성들이 주(周)나라 소공(召公)의 선정(善政)에 감격하여 소공이 가끔 쉬었다는 팥배나무를 소중히 여겼다는 고사에서 나온 말로, 선정을 베푼 인재를 사모하는 마음이 간절함을 비유하는 말.

甘藍(감람) 양배추.

甘烈(감렬) 달고 쏘는 맛.

甘露(감로) 1)하늘이 상서(祥瑞)로 내린다는 이슬. 2)불교에서, 한 번 맛보면 불로장생(不老長生)한다는 이슬. 3)감로수.

甘栗(감률) 단밤.

甘美(감미) 달콤하여 맛이 좋음.

甘味(감미) 단맛.

甘死(감사) 기꺼이 목숨을 바침.

甘酸(감산) 1)단맛과 신맛. 2)즐거움과 고통스러움.

甘藷(감서) 고구마.

甘受(감수) 1)질책 · 고통 · 모욕 등을 군말없이 달게 받음. 2)기꺼이 받음.

甘食(감식) 음식을 맛있게 먹음.

甘心(감심) 괴로움이나 책망을 달게 여김. 또는 그런 마음.

甘言(감언) 달콤한 말. 남의 비위에 맞도록 듣기 좋게 하는 말.

甘言利說(감언이설) 남의 비위에 맞도록 꾸민 달콤한 말과 이로운 조건으로 남을 꾀하는 말.

甘雨(감우) 가뭄 끝에 오는 반가운 비. 단비.

甘蔗(감자) 사탕수수.

甘井(감정) 물맛이 좋은 우물.

甘酒(감주) 1)단술. 2)맛있는 술. 좋은 술.

甘旨(감지) 1)좋은 맛. 2)맛있는 음식.

甘草(감초) 콩과에 속하는 다년생 약용 식물로 단맛이 남. 약재로 널리 쓰임.

비 廿(스물 입)

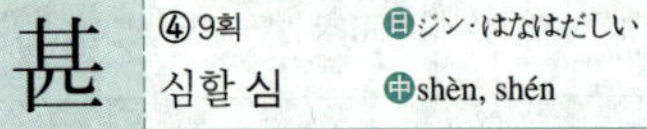

甚 ④ 9획 日ジン・はなはだしい
심할 심 中shèn, shén

一 十 廾 廿 甘 甘 苴 其 甚

* 상형. 부뚜막 위에 물을 담은 그릇을 놓고 아래에서 불을 때는 모양을 본뜬 글자로 '화덕'을 나타냄. 후에 '심하다'라는 뜻을 나타냄.

풀이 1. 심하다. 지나치다. ¶甚難 2. 심히. 대단히. 3. 두텁다. 4. 무엇.

甚口(심구) 1)큰 입. 2)변설이 뛰어남.

甚急(심급) 매우 급함. 지급(至急).

甚難(심난) 매우 어려움.

甚多(심다) 매우 많음.

甚大(심대) 매우 큼.

甚密(심밀) 아주 친밀함.

甚暑(심서) 몹시 찌는 듯한 더위.

甚深(심심) 마음 씀씀이가 매우 깊음.

5획

甚惡(심악) 심히 악함. 가혹하고 야박함.
甚嚴(심엄) 매우 엄함.
甚雨(심우) 몹시 퍼붓는 비.
甚遠(심원) 매우 멂.
甚至於(심지어) 심하게는.
비 基(터 기)

甛	⑥11획 달 첨	日セン·あまい 中tián

풀이 1. 달다. 맛나다. 2. 낮잠.

甜	⑥11획 甛(p871)과 同字

生 부

生 날 생 部

'生' 자는 초목이 땅 위로 나오는 모양을 본뜬 글자로 '나다'의 뜻을 나타내며, 의미가 확대되어 '낳다', 또는 '살다'라는 뜻으로도 사용된다. 또한 익은 것이 아닌 날 것이라는 의미에서 '설다'로 쓰이기도 한다.

生	⓪5획 날 생	日セイ·いきる·なま 中shēng

丿 𠂉 ⺧ 牛 生

*상형. 초목이 싹트는 모양을 본뜬 글자. 이에 '생기다', '태어나다', '만들다'라는 뜻을 나타냄.

풀이 1. 나다. 출생하다. ¶生男 2. 살다. 살리다. ¶生計 3. 살아 있는 것. 날것. 4. 저절로. 5. 생업. ¶生業 6. 일어나다. 7. 자라다. 생장하다. 8. 나오다. 9. 백성. 10. 만들다. 11. 설다. 서투르다. 12. 불리다. 증식하다. 13. 천성. 14. 이루다. 15. 목숨. 생명. 16. 한평생. 17. 선생. 남의 존칭.

生家(생가) 자기가 태어난 집.
生絹(생견) 생사로 짠 비단.
生硬(생경) 1)세상의 사정에 어둡고 완고함. 2)익지 않아서 딱딱함. 3)시문 등이 세련되지 못함.
生計(생계) 살아 나갈 방도. 생활의 방법.
生寡婦(생과부) 남편이 살아 있지만 멀리 떨어져 혼자 있는 여자.
生氣(생기) 1)만물이 자라나는 힘. 생물을 기르는 자연의 기운. 2)싱싱하고 힘찬 기운. 3)생존하는 힘.
生男(생남) 아들을 낳음.
生年(생년) 난 해. 출생한 해.
生徒(생도) 1)학교에서 교육을 받는 사람. 2)군의 교육 기관, 특히 사관학교 같은 데서 교육을 받는 사람.
生動(생동) 1)살아 움직임. 생기 있게 움직임. 2)그림이나 글씨 또는 조각 등이 썩 잘 되어 살아 움직이는 듯이 보임.
生得(생득) 나면서부터 가짐. 타고남.
生來(생래) 1)나면서부터 이제까지. 2)천성.
生涼(생량) 서늘한 기운이 생김. 가을이 되어 서늘한 기운이 감돎.
生靈(생령) 1)생명. 2)백성. 생민(生民). 3)산 사람의 영혼.
生路(생로) 살길. 생계(生計).
生栗(생률) 날밤. 흔히 잔치나 제사 때에 너부죽하게 쳐서 깎은 날밤.
生利(생리) 이익을 냄.
生理(생리) 1)생물이 살아가는 원리. 생활하는 습성 또는 본능. 2)생물의 생활하는 작용. 곧 혈액 순환·호흡·소화·생식·배설 등의 총칭. 3)하늘로부터 사람으로서 생을 받은 이유. 4)생계. 5)생리학의 준말. 6)월경(月經).
生馬(생마) 길들이지 않은 말.
生面不知(생면부지) 이전에 서로 만난 적이 없어 알지 못하는 사람.
生滅(생멸) 우주만물의 생김과 없어짐.
生命(생명) 1)목숨. 2)사물의 중요한 존재 요건. 3)사물을 유지하는 기한.
生母(생모) 자기를 낳은 어머니.
生沒(생몰) 태어남과 죽음.
生物(생물) 생명을 가지고 생활 현상을 영위하는 물체. 곧 동식물의 총칭.
生民(생민) 살아 있는 백성. 인민(人民).
生蜜(생밀) 정제하지 않은 꿀.
生縛(생박) 사로잡아 묶음.
生別(생별) 생이별.
生病(생병) 1)무리한 일을 한 탓으로 생긴 병. 2)꾀병.
生父(생부) 자기를 낳은 아버지. 친아버지.
生佛(생불) 살아 있는 여래. 보살. 대자대비(大慈大悲)한 고승(高僧). 또는 그 높은 덕행을 존경하고 찬미하는 말.
生死(생사) 1)삶과 죽음. 2)태어남과 죽음.
生產(생산) 1)자연물에 인력을 가하여 생활하는 데 필요한 재화(財貨)를 만들어 내거나 증가시키는 일. 2)아이를 낳음.

5획

生殺(생살) 살리고 죽이는 일.
生色(생색) 1)싱싱하고 윤기 있는 빛깔. 또는 그러한 안색이나 모양. 2)남에게 도움을 준 일로 체면이 섬.
生生(생생) 1)만물이 끊임없이 생기는 모양. 생기 있게 일어나는 모양. 2)힘차게 활동하여 향상하는 모양.
生成(생성) 1)생겨남. 2)사물이 그 상태를 변하여 다른 것으로 만들어짐.
生疏(생소) 서투름 또는 낯설음.
生熟(생숙) 1)날것과 익은 것. 2)서투름과 익숙함.
生時(생시) 1)태어난 시간. 2)잠자지 않는 동안. 3)살아 있는 동안.
生息(생식) 사는 일. 살아 숨쉬며 생활하는 것.
生殖(생식) 생물이 수정·수분·분열 등에 의하여 자기와 닮은 개체를 새로 낳아 종족을 유지하고 번식하여 가는 현상.
生食(생식) 음식물을 익히지 않고 날것으로 먹음.
生辰(생신) 생일을 높여 부르는 말.
生涯(생애) 살아 있는 동안. 살아가는 동안.
生藥(생약) 있는 그대로 약품으로 쓰거나 약품의 원료로 하는 천연적인 산물.
生業(생업) 살아가기 위하여 하는 일.
生員(생원) 1)나이가 많은 선비를 대접하여 그 성 밑에 붙여 부르는 말. 2)소과(小科)인 생원과에 합격한 사람.
生育(생육) 1)낳아서 기르는 것. 2)생물이 태어나서 자람.
生六臣(생육신) 단종(端宗)이 세조(世祖)에게 위를 찬탈당한 뒤 조정에 나아가지 않고 절개를 지킨 사람들. 이맹부(李孟傳)·조려(趙旅)·원호(元昊)·김시습(金時習)·성담수(成聃壽)·남효온(南孝溫) 등의 여섯 사람.
生日(생일) 출생한 날.
生長(생장) 동식물이 태어나서 자라남.
生前(생전) 살아 있는 동안. 죽기 전.
生存(생존) 죽지 않고 살아 있음.
生知(생지) 날 때부터 앎. 배우지 않고도 사물의 도리를 스스로 깨우쳐 앎.
生地獄(생지옥) 살아 있는 동안 몹시 괴롭거나 고생스러운 일. 또는 그 상태.
生徵(생징) 세금을 낼 필요가 없는 자에게 억지로 세금을 거두어 들임. 백징(白徵).
生菜(생채) 익히지 않고 날로 무친 나물.
生態(생태) 살아가는 모양. 생물의 생활 상태.
生捕(생포) 산 채로 잡음.
生蛤(생합) 익히지 않은 대합조개.
生花(생화) 살아 있는 나무나 풀에서 꺾은 싱싱한 꽃.
生活(생활) 생명을 가지고 활동함. 생계를 유지하여 살아나감.
生後(생후) 난 후. 출생한 후.
降生(강생) 신(神)이 인간으로 태어남. 어진 사람이 세상에 태어남.
更生(갱생) 1)죽을 지경에서 다시 살아남. 2)못쓰게 된 것을 손질하여 다시 쓸 수 있게 함. 3)마음을 바로잡아 올바른 생활로 돌아감.
見習生(견습생) 일을 보고 배워서 익히는 사람.

유 產(낳을 산) 반 死(죽을 사)

産 ⑥ 11획 낳을 산 日サン·うむ 中chǎn

*형성. 뜻을 나타내는 부수 '生(날 생)'과 음을 나타내는 '彥(선비 언)'의 생략형을 합친 글자. '彥'의 생략자는 미남자를 뜻하며, 여기에서는 '두드러지다', '나타나다'의 뜻을 나타냄. '生'은 '움틈', '돋아나다'의 뜻을 나타냄. 이에 아기를 '낳다', 만물을 '생산하다'의 뜻으로 쓰임.

풀이 1. 낳다. 생산하다. ¶産苦 2. 출생. 3. 자라다. 4. 산물. 5. 자산. 6. 생업.

産家(산가) 아이를 낳은 집.
産苦(산고) 아이를 낳을 때의 고통. 산로(産勞).
産金(산금) 금을 생산함.
産氣(산기) 배 속의 아이를 낳으려는 기미.
産道(산도) 분만 때 태아가 지나는 통로. 곧 산모의 생식기의 일부.
産卵(산란) 알을 낳음.
産勞(산로) 산고(産苦).
産母(산모) 아이를 낳은 지 며칠 되지 않은 여자.
産物(산물) 그 지방에서 생산되는 물건.
産米(산미) 농사를 지어 나는 쌀.
産婦(산부) 해산한 아이 어머니. 산모(産母).
産朔(산삭) 임산부가 아이를 낳는 달. 해산달.
産殖(산식) 번식.
産室(산실) 아이를 해산하는 방.
産兒(산아) 난 아이. 또는 아이를 낳음.
産業(산업) 1)생활하기 위해 하는 일. 2)인간의 생활을 윤택하게 하는 유형·무형의 생산 활동.
産月(산월) 밴 아이를 낳는 달. 해산달.
産油(산유) 원유(原油)를 생산함.
産地(산지) 1)생산되어 나온 곳. 출지(産出地). 2)사람이 태어난 땅.
産出(산출) 1)산물이 나옴. 2)물품을 생산하거나 새로운 지식이나 사상을 내놓음.
産婆(산파) 아이를 낳을 때 산모의 출산을 돕는 여자. 조산원(助産員).

5획

産學(산학) 산업계와 학계.
産後(산후) 아이를 낳은 뒤.

유 生(날 생)

甥	⑦ 12획 생질 생	日セイ・おい 中shēng

풀이 1. 생질. 자매의 아들. 2. 사위.

甥館(생관) 사위가 기거하는 방.
甥姪(생질) 누이의 아들.
外甥(외생) 주로 편지에서 사위가 장인이나 장모에 대하여 스스로를 일컫는 말.

甦	⑦ 12획 穌(p978)의 俗字

甤	⑦ 12획 열매 맺힐 유	日ユウ 中ruí

풀이 1. 열매가 많이 맺혀 있는 모양. 2. 새끼를 많이 낳다.

用 부

用 쓸 용 部

'用' 자는 '쓰다'를 뜻하는 글자로, 무엇을 사용함을 나타낸다. 물건의 사용 외에 등용(登用)이나 불용(不用)에서처럼 인재를 '부리다'라는 의미도 있고, 피동의 형태로 '쓰이다'라는 뜻으로도 사용된다. 또한 '쓰임'이나 '작용', '용도'와 같은 뜻을 나타내기도 한다.

用	⓪5획 쓸 용	日ヨウ・もちいる 中yòng

丿 冂 月 月 用

*상형. 감옥이나 집 등을 둘러싸고 있는 나무 울타리의 모양을 본뜬 글자로 물건을 속에 넣는다는 뜻에서 '꿰뚫고 나가다', '물건을 쓰다', 일이 '진행되다'의 뜻을 나타냄.

풀이 1. 쓰다. 부리다. 2. 쓰이다. 사용하다. ¶使用 3. 작용. 효용. 이용. ¶利用 4. 용도. ¶用度 5. 도구. 6. 방비. 7. 씀씀이. 경비. 8. 재물.

用件(용건) 볼 일.
用具(용구) 무엇을 하거나 만드는 데에 쓰는 기구.
用器(용기) 기구를 사용함. 또는 그 기구.
用達(용달) 일과 물건을 전문적으로 배달함. 또는 배달하는 일.
用途(용도) 쓰이는 곳. 또는 쓰는 법.
用度(용도) 씀씀이. 드는 비용.
用量(용량) 쓰는 분량.
用力(용력) 힘이나 마음을 씀.
用例(용례) 전부터 써 오던 사례.
用務(용무) 볼 일. 필요한 임무.
用法(용법) 1)사용하는 방법. 2)법을 이용함.
用便(용변) 대소변을 보는 일.
用兵(용병) 병사를 고용하는 일. 또는 그 병사.
用水(용수) 1)물을 씀. 또는 그 물. 2)물을 다른 곳에서 끌어 옴.
用心(용심) 정성스럽게 마음을 씀. 주의함.
用語(용어) 1)일상생활에서 쓰는 말. 2)전문 분야에서 주로 사용하는 말.
用言(용언) 독립한 뜻을 가지고 어미(語尾)를 활용하며 서술어로 쓰이는 말. 동사·형용사 등의 총칭.
用餘(용여) 쓴 나머지.
用役(용역) 재화의 형태를 취하지 않고 생산과 소비에 필요한 노무를 제공하는 일.
用意(용의) 1)어떤 일을 할 마음이나 뜻. 2)마음의 준비.
用人(용인) 사람을 씀.
用材(용재) 1)쓰는 재목. 2)쓰이는 물건. 3)쓸 만한 재료. 또는 쓸 만한 사람.
用錢(용전) 1)용돈. 2)돈을 씀.
用紙(용지) 어떤 일에 쓰이는 종이.
用處(용처) 쓸 곳.
用錐指地(용추지지) 송곳을 땅에 꽂아 깊이를 잰다는 뜻으로, 식견이 좁음을 비유하는 말.
用品(용품) 무엇에 쓰이는 온갖 물품.
用刑(용형) 형벌을 행함.
可用(가용) 1)쓸 수 있음. 2)쓸 만함.
家用(가용) 1)집안 살림의 비용. 2)집에서 필요하여 씀.
兼用(겸용) 하나를 가지고 여러 가지 목적에 사용함.
雇用(고용) 품삯을 주고 사람을 부림.
共用(공용) 공동(共同)으로 씀.
供用(공용) 마련하여 두었다가 씀.

유 使(하여금 사)

甫	② 7획 클 보	日ホ・おおきい 中fǔ, pǔ

풀이 1. 겨우. 근근히. 2. 비로소. 처음으로. 3. 씨. 남자의 미칭. 4. 크다. 5. 돕다. 6. 많다.

甫甫(보보) 크고 많은 모양.
甫田(보전) 큰 밭.
拙甫(졸보) 재주가 없고 보잘것없이 생긴 사람.

비 俌(도울 보) 浦(개 포)

甬 ② 7획 길 용 日 ヨウ·みち 中 yǒng

풀이 1. 길. 담을 양쪽으로 쌓아 놓은 길. 2. 섬. 용량의 단위. 3. 솟아오르다. 4. 종의 꼭지. 종의 손잡이. 5. 쓰다.

甬道(용도) 양쪽으로 담을 쌓아 놓은 길.

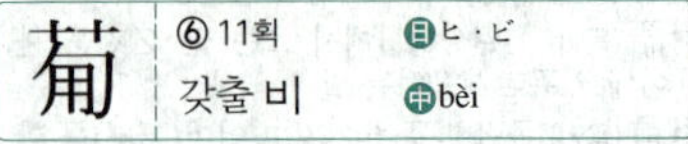
葡 ⑥ 11획 갖출 비 日 ヒ·ビ 中 bèi

풀이 갖추다. 갖추어지다.

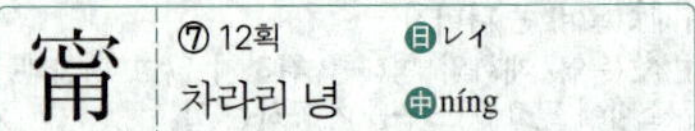
甯 ⑦ 12획 차라리 녕 日 レイ 中 níng

풀이 1. 차라리. 2. 원하다. 소원. 3. 편안하다.

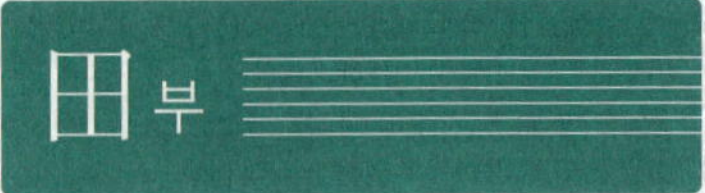
田 부

田 밭 전 部

'田' 자는 경계가 분명한 땅을 나타내어 '밭' 을 뜻하는 글자로, '논' 을 나타내기도 한다. 이 의미가 확대되어 밭에 무엇을 '심다', '밭 갈다', 또는 '생업' 이나 '농업' 의 다양한 뜻으로도 사용되며, '사냥' 의 뜻을 나타내기도 한다. 이 글자를 부수로 갖는 글자는 대부분 농사와 관련이 있다.

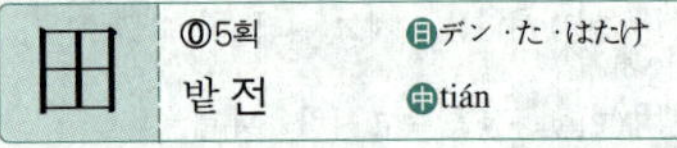
田 ⓪ 5획 밭 전 日 デン·た·はたけ 中 tián

* 상형. 경작지 주위의 경계와 논두렁길을 나타낸 글자.

풀이 1. 밭. 논. ¶田畓 2. 밭을 갈다. 경작하다. ¶田地 3. 심다. 4. 생업. 5. 사냥. ¶田獵

田家(전가) 농사짓는 사람의 집. 또는 그런 마을. 농가(農家).
田穀(전곡) 밭에서 나는 곡식.
田畓(전답) 밭과 논. 농토.
田獵(전렵) 사냥. 접렵(畋獵).
田畝(전묘) 밭이랑.
田夫(전부) 농부. 백성. 전부(佃夫).
田賦(전부) 토지의 수입에 대하여 부과하는 조세.
田稅(전세) 논밭에 부과하는 조세.
田野(전야) 1)시골. 2)논밭과 들.
田園(전원) 1)논밭과 동산. 2)시골. 교외.
田作(전작) 밭농사. 또는 그 곡식.
田莊(전장) 개인이 가지고 있는 논밭.
田租(전조) 논밭에 대한 조세.
田主(전주) 논밭의 주인. 땅의 임자.
田地(전지) 1)경작하는 토지. 논과 밭으로 사용되는 땅. 2)근거로 하는 허지(虛地).
墾田(간전) 개간하여 밭을 만드는 것.
耕田(경전) 논밭을 갊.
功臣田(공신전) 조선 때, 공신에게 주어 대대로 세습하던 논밭.
公田(공전) 1)국가 소유의 논밭. 2)중국(中國)의 정전법에서 중앙에 자리잡고 있던 공유의 논밭.
科田(과전) 조선 때, 관료들에게 그 지위에 따라 나누어주던 논밭.
瓜田不納履(과전불납리) 오이 밭에서는 신을 고쳐 신지 않는다는 뜻으로, 의심받을 짓은 처음부터 하지 말라는 말.
均田(균전) 토지에 대한 조세를 토지의 규모에 맞게 부과하던 제도.
私田(사전) 1)개인 소유의 논밭. 2)조선 때 토지 제도의 하나로서 공전(公田)이 아닌 밭.

비 甲(첫째천간 갑) 申(펼 신) 由(말미암을 유)

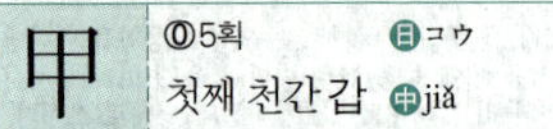
甲 ⓪ 5획 첫째 천간 갑 日 コウ 中 jiǎ

* 상형. 새싹이 껍질을 뒤집어 쓴 채 밖으로 나온 모양을 본뜬 글자. 싹이 나기 시작한다는 뜻에서, '처음', '제일' 을 뜻하게 됨. 또한 거북의 등딱지의 모양과 비슷하여 '거북의 등딱지' 의 뜻을 나타내기도 하며, 바뀌어 '갑옷', '천간(天干)의 첫째 글자' 로도 쓰임.

풀이 1. 첫째 천간. ¶甲乙 2. 거북의 등딱지. ¶甲殼 3. 껍질. 4. 첫째. 첫째가다. ¶甲富 5. 갑옷. ¶甲兵 6. 비롯하다. 시작하다. 7. 의복. 8. 손톱. 9. 등. 배. 10. 아무. 이름 대신 쓰임.

甲家(갑가) 문벌이 좋은 집안.
甲殼(갑각) 게·새우 등의 피부를 감싸고 있는 딱딱한 외골격.
甲契(갑계) 동갑끼리 친목을 도모하기 위해 맺는 계.

甲骨文字(갑골문자) 거북의 등껍질이나 짐승의 뼈에 새긴 중국 고대의 상형 문자.
甲軍(갑군) 갑옷을 입은 군사.
甲騎(갑기) 갑옷을 입고 무장한 기병.
甲男乙女(갑남을녀) 보통 평범한 사람들.
甲論乙駁(갑론을박) 갑이 논하면 을이 논박한다는 뜻으로, 서로 자신의 주장을 내세우고 다른 사람의 주장을 반박(反駁)함을 이르는 말.
甲馬(갑마) 갑옷을 입힌 말.
甲邊(갑변) 곱으로 쳐서 받는 이자. 갑리(甲利).
甲兵(갑병) 갑옷으로 무장한 병사.
甲部(갑부) 경부(經部). 사서오경(四書五經)과 소학(小學) 등과 같이 중국 고전 중에 경(經)에 속하는 부류.
甲富(갑부) 첫째가는 부자.
甲裳(갑상) 검도에서 허리나 국부를 보호하기 위해 치마처럼 두르는 것.
甲狀腺(갑상선) 성장 · 발육 · 지능 발달에 필요한 호르몬을 분비하는 내분비선. 후두의 아래, 기관(氣管)의 앞쪽에 있음. 목밑샘.
甲首(갑수) 1)갑옷을 입은 병사. 2)갑옷을 입은 병사의 머리.
甲時(갑시) 24시의 여섯째 시. 오전 네시 반부터 다섯 시 반까지의 동안.
甲夜(갑야) 오경의 하나인 초경. 오후 일곱 시부터 아홉 시까지. 초저녁.
甲衣(갑의) 갑옷.
甲日(갑일) 1)일진(日辰)의 천간(天干)이 갑(甲)으로 된 날. 2)환갑날.
甲胄(갑주) 갑옷과 투구.
甲板(갑판) 배 위의 나무판자 또는 철판을 깐 넓고 평평한 바닥.
비 申(펼 신) 由(말미암을 유) 田(밭 전)

丨 冂 冃 日 申

* 상형. 번갯불의 모양을 본뜬 글자로, 번개가 치듯이 '뻗다', '펴다', '아뢰다'의 뜻으로 쓰임. 또한 '십이지(十二支)의 아홉째 글자'로도 쓰임.

풀이 1. 펴다. 2. 아홉째 지지. 3. 거듭하다. ¶申警 4. 이야기하다. 말하다. ¶申報 5. 아뢰다. 6. 기지개. 7. 보내다. 8. 명확하다. 9. 당기다.

申警(신경) 거듭 주의하도록 경계시킴.
申告(신고) 1)국민이 법령에 따라 행정 관청에 일정한 사실을 보고하는 것. 2)군대에서 발령 및 어떤 임무에 임명되는 경우에 소속 상관 또는 지휘관에게 자신의 성명 · 계급 · 업무를 보고하는 것.
申誥(신고) 거듭 훈계함.
申理(신리) 이론을 밝혀 진술함. 변명함. 억울한 사람의 그 부당한 바를 없애고 해명해 줌.
申聞鼓(신문고) 조선 태종(太宗) 때부터 백성의 원통한 일을 호소할 때 치게 하던, 대궐 앞에 달아 놓은 북.
申白(신백) 사실을 자세히 아룀.
申報(신보) 고하여 알림.
申申(신신) 남에게 여러 번 거듭하여 부탁하는 모양.
申證(신증) 명백한 증거.
申請(신청) 신고하여 청구함.
申託(신탁) 거듭 부탁함. 신신부탁함.
申後(신후) 오후 다섯 시 이후.
上申(상신) 관청이나 윗사람에게 일에 대한 의견, 또는 사정을 말이나 문서로 보고함.
비 由(말미암을 유) 甲(첫째천간 갑) 田(밭 전)

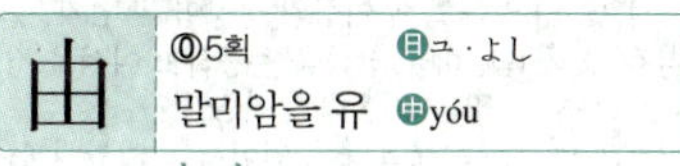

丨 冂 冂 由 由

* 상형. 바닥이 깊은 술독의 모양을 본뜬 글자.

풀이 1. 말미암다. 인하다. 2. 따르다. 3. …에서부터. ¶由來 4. 곡절. 이유. 까닭. ¶事由 5. 쓰다. 사용하다. 6. 오히려. 7. 움트다. 8. 실행하다.

由來(유래) 1)까닭. 어떤 사물이나 사실의 내력. 2)지금까지. 이때까지.
由緖(유서) 까닭. 유래.
由緣(유연) 1)인연(因緣). 2)내력이나 유래.
由限(유한) 말미를 얻은 기한.
經由(경유) 거쳐 지나감.
得由(득유) 말미를 얻음.
事由(사유) 일의 까닭. 연고.
緣由(연유) 1)까닭. 2)어떤 의사 표시를 하게 되는 동기.
自由(자유) 1)다른 사람에게 구속을 받거나 얽매이지 않고 자기 의지대로 행동함. 2)법률의 범위 안에서 자기 마음대로 할 수 있는 행위.
비 申(펼 신) 甲(첫째천간 갑) 田(밭 전)

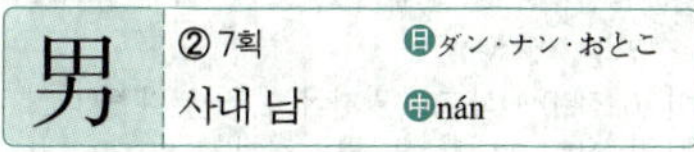

丨 冂 冂 田 田 男 男

* 회의. '田(밭 전)'과 '力(힘 력)'을 합친 글자. 논이나 밭을

가는 사람, '남자'를 나타냄.

풀이 1. 사내. 남자. ¶男女 2. 젊은이. 3. 아들. 자식. 4. 작위 이름. ¶男爵

男女(남녀) 남자와 여자.
男妹間(남매간) 오누이 사이.
男服(남복) 1)남자의 옷. 2)여자가 남자 옷을 입음.
男寺黨(남사당) 사당 옷차림을 하고, 무리를 지어이리저리 돌아다니면서 소리나 춤을 팔며 노는 사내.
男色(남색) 사내끼리 성교하듯이 하는 짓.
男性(남성) 1)사내. 남자(男子). 2)남자의 성질 및 체질.
男兒(남아) 1)사내아이. 아들. 2)장부.
男子(남자) 1)사나이. 남성인 사람. 2)장부. 남자다운 사내.
男爵(남작) 작위(爵位)의 하나. 오등작(五等爵)의 최하급.
男裝(남장) 1)여자가 남자의 옷차림을 함. 또는 그러한 차림.
男丁(남정) 열다섯 살 이상의 장정이 된 남자.
男存女卑(남존여비) 남성을 존중하고 여성을 경시하는 일. 또는 그런 사회 관습.
男湯(남탕) 공중 목욕탕에 있어서 남자만이 들어가게 된 탕.
男便(남편) 아내의 짝이 되어 사는 배우자.

반 女(여자 녀)

甸	②7획	日セン・イン
	경기 전	中diàn

풀이 1. 경기. 교외(郊外). 2. 경계. 3. 다스리다. 4. 농작물. 5. 사냥하다.

甸畿(전기) 나라의 수도를 중심으로 사방으로 뻗어나간 가까운 주위의 지방. 기내(畿內). 기전(畿甸).
甸役(전역) 사냥. 수렵.
羅甸語(나전어) 라틴어.

유 畿(경기 기)

町	②7획	日チョウ・まち
	밭두둑 정	中dīng, tǐng

풀이 1. 밭두둑. 2. 경계. 구역. 3. 정. 거리의 단위로, 1정(町)은 3,000평(坪).

町疃(정탄) 1)사슴의 발자국. 2)집 옆의 빈 터.
町畦(정휴) 밭이랑. 밭두둑. 경계.
町步(정보) 땅 3,000평을 나타내는 넓이의 단위. 정(町)으로 끝나고 우수리가 없을 때 쓰는 말.

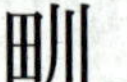

甽	③8획
	畎(p876)의 古字

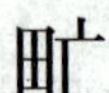

甿	③8획	日ボウ・モウ
	백성 맹	中méng

풀이 1. 백성. 2. 농민.

甿庶(맹서) 논밭을 가는 백성. 농민.
甿俗(맹속) 천한 백성.
甿隸之人(맹예지인) 천한 백성.

유 民(백성 민)

畀	③8획	日ヒ
	줄 비	中bì

풀이 주다. 수여하다.

甾	③8획	日チ
	꿩 치	中zī

풀이 1. 꿩. 2. 장군.

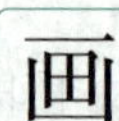

画	③8획
	畫(p881)와 同字

畆	③8획
	畫(p881)의 俗字

畎	④9획	日ケン
	밭도랑 견	中quǎn

* 형성. 뜻을 나타내는 부수 '田(밭 전)'과 음을 나타내는 '犬(개 견)'을 합친 글자.

풀이 1. 밭도랑. 밭이랑. 2. 전답. 3. 시골. 4. 산골짜기.

畎畝(견묘) 1)밭고랑과 밭이랑. 2)전답. 3)시골.
畎夷(견이) 오랑캐의 이름.

界	④9획	日カイ・さかい
	지경 계	中jiè

丨 冂 冃 田 田 罒 畀 畀 界

* 형성. 뜻을 나타내는 부수 '田(밭 전)'과 음을 나타내는 '介

(끼일 개)' 를 합친 글자. '介' 는 사람의 앞뒤에 무언가 표를 붙인 모양. 이에 사람과 사람 사이에 간격이 있는 일을 나타내어, '구분하다', 또는 '경계' 의 뜻으로 쓰임.

풀이 1. 지경. 경계. 한계. ¶境界 2. 경계를 삼다. 3. 둘레. 4. 장소. 범위. 5. 이간하다.

界境(계경) 경계(境界)
界面(계면) 두 가지 사물의 경계의 면
界石(계석) 경계 표시를 위해 세워 놓은 돌.
界線(계선) 1)경계나 한계를 나타내는 선. 2)책의 한 면에서, 행(行)과 행 사이를 구분한 선 .
界尺(계척) 괘선(罫線)을 그을 때 쓰이는 자.
界標(계표) 경계를 나타낸 표지.
界限(계한) 땅의 경계. 한계.
境界(경계) 1)지역 · 영역이 구분되는 한계. 2)인식이나 가치 판단의 기준이 되는 한계.
分界(분계) 서로 나눠진 지역의 경계.
世界(세계) 1)지구상에 있는 모든 나라. 2)사물이나 현상의 일정한 범위나 분야. 3)어떤 존재의 시간적 · 공간적 삶의 영역. 4)존재하는 사물 · 형상의 전체.
視界(시계) 눈으로 보고 인식할 수 있는 한계 범위. 시야(視野).
業界(업계) 같은 산업이나 상업에 종사하고 있는 사람들의 사회.
政界(정계) 정치 활동에 관계되는 방면이나 그 사회.
學界(학계) 학문을 하는 사회적 분야.
限界(한계) 1)한정된 경계. 2)한정된 범위.

유 境(지경 경)

畓	④ 9획
	논 답 韓

* 회의. '田(밭 전)' 과 '水(물 수)' 를 합친 글자. 물이 있는 밭, 즉 '논' 을 나타냄.

풀이 논. 수전(水田).

畓結(답결) 논에 대한 세금.
畓穀(답곡) 논에서 나는 곡식. 벼.
畓券(답권) 논의 면적과 소유권자 등을 적은 서류. 논문서.
畓農(답농) 논 농사.
畓主(답주) 논의 주인.
畓土(답토) 논으로 된 땅.
洞畓(동답) 마을 사람들이 모두 공동으로 경작하는 논.
薄畓(박답) 기름지지 못하고 메마른 논.
白畓(백답) 가뭄으로 아무것도 심지 못한 논.

비 香(향기 향)

畏	④ 9획	日 イ · おそれる
	두려워할 외	中 wèi

* 회의. '鬼(귀신 귀)' 의 약자와 채찍의 형상을 본뜬 '卜(점 복)' 을 합친 글자. 귀신(鬼)이 채찍을 들고 있는 모양에서 '두려워하다' 의 뜻을 나타냄.

풀이 1. 두려워하다. 무서워하다. 꺼리다. 2. 두려움.

畏怯(외겁) 두렵게 여기고 겁냄.
畏敬(외경) 어려워하며 공경함. 진심으로 공경함.
畏懼(외구) 무섭고 두려움. 삼가고 두려워함.
畏馬(외마) 말을 두려워함.
畏服(외복) 남이 두려워 복종함.
畏事(외사) 두려워하고 존경하여 섬김.
畏愼(외신) 조심하고 언행을 삼감.
畏友(외우) 심복(心服)하고 존경하는 벗.
畏縮(외축) 두려워서 몸을 움츠림.
畏避(외피) 두려워서 피함.
畏寒(외한) 추위를 두려워함.
畏兄(외형) 편지 등에서 친구끼리 상대편을 점잖게 대접하여 부르는 말.
可畏(가외) 두려워할 만함.
敬畏(경외) 공경하고 두려워함.
怖畏(포외) 두렵고 무서움.

유 恐(두려울 공) 怖(두려워할 포) 懼(두려워할 구)

畋	④ 9획	日 テン
	밭 갈 전	中 tián

풀이 1. 밭 갈다. 경작. 2. 사냥하다.

畋獵(전렵) 사냥. 전렵(田獵).
畋食(전식) 농사를 지어 생활함.
畋遊(전유) 사냥을 하며 놂.

畈	④ 9획	日 ハン
	밭 판	中 fàn

풀이 밭. 경작지.

留	⑤ 10획	日 リュウ · とまる
	머무를 류(유)	中 liú, liù

* 형성. 뜻을 나타내는 부수 '田(밭 전)' 과 음을 나타내는 부수 이외의 글자를 합친 글자. 논밭이 있으면 그곳에 머물러 경

작에 종사하게 되므로, '널리 머물다'의 뜻을 나타냄.

풀이 1. 머무르다. 정지하다. ¶留客 2. 뒤지다. 지체하다. ¶留滯 3. 오래다. 4. 기회를 엿보다. 5. 기다리다.

留客(유객) 손님을 머물게 함.
留繫(유계) 붙잡아 매어 놓음.
留級(유급) 학교 등에서 진급하지 못함.
留念(유념) 마음에 기억하여 둠.
留糧(유량) 객지에서 먹으려고 마련한 양식.
留連(유련) 객지에서 오래 머무름.
留物(유물) 쓸모가 없어 내버려 둔 물건.
留宿(유숙) 남의 집에 머물러 묵음.
留約(유약) 뒷일을 미리 약속함.
留意(유의) 마음에 둠. 주의함.
留任(유임) 임기가 만료되었으나 계속해서 현재의 그 자리에 머물러 일을 봄.
留在(유재) 머물러 있음.
留傳(유전) 오래도록 전함.
留題(유제) 유람하여 다니면서 명승지나 그 풍경을 시로 읊음.
留陣(유진) 행군하던 군대가 한 곳에 머무르며 진영을 갖춤.
留滯(유체) 한 곳에 오래 머물러 있음.
留置(유치) 1)사람이나 물건을 일정한 지배 아래 둠. 2)범죄의 의심이 있는 사람을 일시적으로 가둠.
留學(유학) 외국에 머물러 공부함.

유 泊(머무를 박)

畝	⑤ 10획	日ミョウ
	이랑 묘·무	中mǔ

풀이 1. 이랑. 전답의 면적 단위. 2. 전답. 두둑.

畞	⑤ 10획
	畝(p878)의 古字

畔	⑤ 10획	日ハン
	두둑 반	中pàn

* 형성. 뜻을 나타내는 부수 '田(밭 전)'과 음을 나타내며 '나눈다'는 의미를 지닌 '半(반 반)'을 합친 글자. 이에 밭과 밭을 나누는 '경계'의 뜻을 나타냄.

풀이 1. 두둑. ¶畔岸 2. 경계. 지경. 3. 물가. ¶湖畔 4. 떨어지다. 5. 배반하다. 6. 도망쳐 숨다.

畔散(반산) 흩어지게 함.
畔岸(반안) 1)논두렁과 강 언덕. 2)경계. 가장자리. 3)사람을 격리시킴.
畔援(반원) 도리에 어긋난 행동을 함.
畔疇(반주) 밭과 밭 사이에 길을 내려고 흙을 쌓아 올린 언덕. 두둑.
湖畔(호반) 호숫가.

畚	⑤ 10획	日ブン
	삼태기 분	中běn

풀이 삼태기. 대나 짚으로 만들어진 곡식·채소·흙 등을 담아 나르는 그릇.

畚挶(분국) 삼태기.
畚鍤(분삽) 삼태기와 삽.

畛	⑤ 10획	日ジン
	밭두둑 진	中zhěn

풀이 1. 밭두둑. 2. 경계. 3. 본바탕.

畛崖(진애) 경계. 가장자리.
畛域(진역) 1)밭두둑. 2)경계.
畛畷(진철) 밭두둑길.

畜	⑤ 10획	
	❶쌓을 축	日チク·つむ
	❷기를 휵	中xù, chù

* 회의. '田(밭 전)'과 '玆(불을 자)'의 생략자를 합친 글자. 이에 농사일(田)을 하여 저축을 불린다(玆)는 뜻에서 '쌓다', '저축'의 뜻을 나타냄.

풀이 ❶ 1. 쌓다. 축적. 저축. 2. 가축. 짐승. ¶畜産 3. 일어나다. ❷ 4. 기르다. 먹이다. ¶畜牛

畜狗(축구) 축생(畜生).
畜類(축류) 1)가축의 종류. 2)집에서 기르는 짐승.
畜牧(축목) 가축을 들에서 기름.
畜産(축산) 가축을 기르고 쳐서 인간 생활에 유용한 물질을 생산하고 이용하는 농업의 한 분야.
畜生(축생) 1)온갖 짐승. 금수(禽獸). 2)사람을 욕하는 말. 짐승 같은 놈.
畜生道(축생도) 1)삼악도(三惡道)의 하나. 전생의 악업(惡業)으로 인하여 짐승으로 태어나 괴로움을 받는다는 곳. 2)인간으로서 용서할 수 없는 극악무도한 행동.
畜養(축양) 가축을 기름. 사육(飼育).
畜民(휵민) 백성을 가르치고 길러냄. 또는 그러한 백성.
畜愛(휵애) 기르고 사랑함.

비 蓄(쌓을 축)

畟	⑤ 10획　日ソク 날카로울 측　中cè

풀이 1. 날카로운 모양. 예리한 모양. 2. 밭을 갈다.

畟畟(측측) 보습의 날이 날카로운 모양.

畣	⑥ 11획 答 (p1000)의 古字

略	⑥ 11획　日リャク・おさめる 간략할 략(약)　中lüè

丨 冂 冃 田 田 田' 町 畋 畋 略 略

* 형성. 뜻을 나타내는 부수 '田(밭 전)'과 음을 나타내며 줄을 그어 구분하는 일을 의미하는 '各(각각 각)'을 합친 글자. 원래는 땅을 구분하여 경영하는 일이나 방법을 일컫는 말이었으나, 후에 땅이나 물건을 강제로 '빼앗다'의 뜻으로 쓰임. 또한 대강 빼앗는다는 뜻에서 '생략하다', '간략하다'의 뜻으로 쓰임.

풀이 1. 간략하다. 간략. ¶略少 2. 다스리다. 경영하다. 3. 생략하다. 생략. ¶省略 4. 약탈하다. 노략질하다. ¶略取 5. 날카롭다. 6. 꾀. 모책. ¶方略 7. 길. 경로. 8. 범하다. 9. 지경. 10. 대강. 대략. 거의. ¶略述

略記(약기) 간단하게 기록함. 줄거리를 기록함.

略圖(약도) 중요한 곳만 그린 지도. 간략하게 그린 도면.

略歷(약력) 간단하게 적은 이력(履歷).

略少(약소) 간략하고 적음.

略述(약술) 대략을 말함. 줄거리를 간단히 진술함.

略語(약어) 어떤 말을 간략하게 쓰는 말.

略言(약언) 요점만을 간략하게 말함. 또는 그 말.

略字(약자) 글씨의 획을 줄여 간단하게 쓴 글씨.

略陳(약진) 대강 진술함.

略取(약취) 약탈하여 빼앗음.

略稱(약칭) 생략하여 부르는 명칭.

略號(약호) 알기 쉽도록 간략하게 만든 부호.

方略(방략) 일을 해 나갈 방법과 계략.

兵略(병략) 군사 전략.

史略(사략) 간략하게 기술한 역사.

三略(삼략) 주나라 태공(太空) 망(望)이 지었다는 병서(兵書).

유 治(다스릴 치) 理(다스릴 리)

畧	⑥ 11획 略(p879)과 同字

異	⑥ 11획　日イ・ことなる 다를 이　中yì

丨 冂 冃 田 田 甲 甲 畀 昇 異 異

* 상형. 양손을 벌린 사람의 모양을 본뜬 글자. 양손으로 물건을 나누어 주는 것을 나타내며, 바뀌어 '다르다'의 뜻으로 쓰임.

풀이 1. 다르다. 상이하다. ¶異見 2. 괴이하다. 괴상하다. 3. 재앙. ¶異變 4. 다르게 하다. 5. 뛰어나다. 6. 나누다.

異客(이객) 타향에 있는 사람.

異見(이견) 어떤 의견에 대한 다른 견해.

異境(이경) 1)다른 나라. 외국. 2)타향(他鄕). 이향(異鄕).

異觀(이관) 색다른 경치.

異敎(이교) 1)자기가 믿는 종교 이외의 종교. 2)이단(異端)의 가르침.

異口同聲(이구동성) 여러 사람의 말이 한결 같음.

異國(이국) 다른 나라. 외국.

異技(이기) 눈에 띄는 빼어난 기술.

異能(이능) 남다른 재능. 특이한 재능.

異端(이단) 1)정통이 아닌 도. 2)그 시대에 용납되지 못하는 사상이나 학설. 3)자신이 믿는 이외의 도(道).

異圖(이도) 모반을 도모하는 마음.

異同(이동) 서로 같지 않음. 또는 서로 다른 점.

異例(이례) 전례(前例)가 없는 특별한 일.

異論(이론) 남과 다른 의론(議論).

異類(이류) 1)다른 갈래. 2)정치 · 교화가 같지 않은 종족.

異名(이명) 본 이름 외에 달리 부르는 이름. 별명.

異夢(이몽) 이상한 꿈.

異聞(이문) 1)이상한 이야기. 통상 알고 있는 것과는 다른 이야기. 2)특별히 들은 이야기. 남이 알지 못하는 것에 대하여 특히 들은 사연.

異民族(이민족) 다른 민족.

異邦(이방) 외국. 이국(異國).

異變(이변) 괴이한 변고. 예상할 수 없었던 사태나 변고.

異腹(이복) 아버지는 같으나 어머니가 다름.

異事(이사) 이상한 일. 별다른 일.

異狀(이상) 평소보다 다른 상태.

異常(이상) 1)정상이 아닌 상태나 현상. 2)보통과 다름. 보통이 아님. 3)의심스러움.

異色(이색) 1)빛깔을 달리함. 2)두드러지게 뛰어난 색깔이나 모양. 3)사물이나 상태가 색다르게 두드러짐.

異說(이설) 1)보통과 다른 설. 2)남과 다른 설. 남과 반대되는 의견.
異性(이성) 1)성질이 다름. 2)남성과 여성.
異時(이시) 다른 때.
異心(이심) 1)다른 마음. 2)두 가지로 먹는 마음. 3)모반을 꾀하는 마음.
異安心(이안심) 조사(祖師)에서 이어지는 정통에 어긋나는 사설(私說)을 주장하는 마음. 이단(異端).
異様船(이양선) 외국의 배.
異域(이역) 외국의 땅. 먼 곳. 다른 시골.
異緣(이연) 남녀의 인연.
異意(이의) 1)마음을 달리함. 다른 의견. 2)모반하려는 의향.
異義(이의) 다른 뜻. 다른 주의.
異議(이의) 의견이나 주장을 남과 달리함.
異才(이재) 남다른 재주. 남들보다 월등하게 우수한 재능.
異蹟(이적) 1)이상스러운 행적. 2)신의 힘으로 되는 기적.
異種(이종) 1)다른 종류. 다른 종족. 2)종류가 변함.
異彩(이채) 1)이상하고 특이한 색깔. 2)다른 것보다 뛰어나게 색다른 색채. 3)남보다 월등한 특색. 남다름.
異稱(이칭) 다르게 부르는 칭호. 다른 이름.
異形(이형) 1)모양을 달리함. 달라진 모양. 2)보통과는 다른 모양. 기이한 모습.
반 同(한가지 동)

畢 ⑥ 11획 日ヒツ·ずみ
마칠 필 中bì

* 형성. 뜻을 나타내는 부수 '田(밭 전)'과 거름을 주는 그릇을 나타내는 부수 이외의 글자로 이루어짐. 이에 거름을 그릇에 담아 밭(田)에 주는 일을 끝마치는 것을 나타내어, '마치다'의 뜻으로 쓰임.

풀이 1. 마치다. 끝내다. ¶未畢 2. 다. 모두. ¶畢擧 3. 그물. 그물질하다. 4. 다하다. 남기지 않다.

畢擧(필거) 1)남기지 않고 전부 들어 말함. 2)온통 가려냄.
畢竟(필경) 마침내. 결국.
畢納(필납) 납세나 납품을 끝냄.
畢命(필명) 1)생명이 끊어짐. 2)목숨 바쳐 일함.
畢生(필생) 목숨이 끊어질 때까지의 기간.
畢刷(필쇄) 세금이나 빚을 모두 거두어들여 끝마침. 필봉(畢捧).
畢業(필업) 사업이나 학문 등을 마침.
畢役(필역) 나라에서 부담시키는 역(役)을 마침. 요역(了役).
畢婚(필혼) 1)아들 딸을 모두 혼인시킴. 2)맨 마지막으로 시키는 혼인.
未畢(미필) 아직 다 끝내지 못함.
完畢(완필) 완전하게 끝마침.
造畢(조필) 만들어 끝마침.

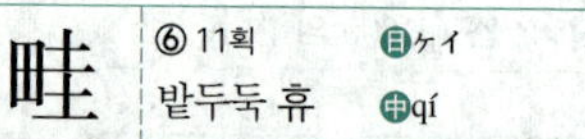

畦 ⑥ 11획 日ケイ
밭두둑 휴 中qí

풀이 1. 밭두둑. 2. 지경. 경계.

畦畎(휴견) 전답 사이의 수로(水路).
畦蔬(휴소) 밭에 심은 채소.
畦堰(휴언) 논에 댈 물을 막아 저장하여 두는 곳. 방죽.
畦丁(휴정) 밭갈이하는 사람.

畱 ⑦ 12획
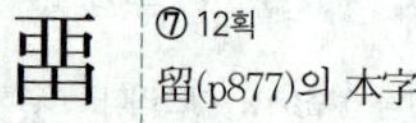
留(p877)의 本字

畮 ⑦ 12획
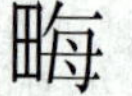
畝(p878)의 本字

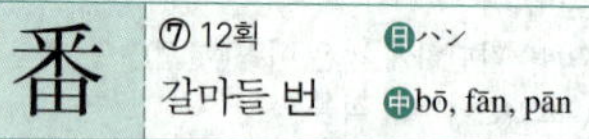

番 ⑦ 12획 日ハン
갈마들 번 中bō, fān, pān

* 상형. 논밭(田)에 씨앗을 뿌리며 지나가는 농부의 발자국 모양이 차례로 나 있다 하여 '차례'를 뜻함.

풀이 1. 갈마들다. 번갈아 들다. ¶番兵 2. 번. 순서. 횟수. 3. 번성하다. 4. 울타리. 5. 짝. 6. 오랑캐.

番假(번가) 순번을 정해서 차례로 쉼.
番代(번대) 교대함.
番頭(번두) 병졸의 우두머리.
番房(번방) 번을 들 때 쓰는 방.
番番(번번) 번번이. 여러 번. 매번.
番兵(번병) 번을 서는 군사. 번졸(番卒).
番上(번상) 1)번을 들 차례가 되어 번소에 들어감. 2)시골 군사를 골라 뽑아서 서울의 군영으로 보내던 일.
番戍(번수) 교대하여 수비(守備)함.
番地(번지) 번호를 매겨서 나눈 땅.
番次(번차) 번 드는 차례.
番號(번호) 차례를 나타내는 숫자.

番休(번휴) 교대하여 쉼. 차례차례 휴식함.
不寢番(불침번) 자지 않고 번갈아 번을 섬. 또는 그 사람.
非番(비번) 번을 설 차례가 아님.
비 審(살필 심)

畲	⑦ 12획	日ヨ・シャ
	새밭 여	中yú, shē

풀이 1. 새밭. 새로 개간한 지 두 해 된 밭. 2. 밭을 갈다.
畲田(여전) 새로 개간한 논밭.
畲丁(여정) 새로 논밭을 개간하여 농사짓는 사람.

畯	⑦ 12획	日ジュン
	농부 준	中jùn

풀이 1. 농부. 2. 권농관. 밭을 순찰하며 농사를 권하던 벼슬아치. 3. 농사의 신.
寒畯(한준) 가난하지만 재주와 기량이 뛰어난 사람.

畫	⑦ 12획	
	❶그림 화	日カク・ガ・え・えがく
	❷그을 획	中huà

풀이 ■1 1. 그림. 그리다. ¶畫具 2. 채색하다. ■2 3. 긋다. 4. 획. 획수. ¶畫數 5. 꾀하다. 6. 나누다. 구분하다.
畫架(화가) 그림을 그릴 때 화판을 세워 놓는 틀.
畫家(화가) 그림을 전문적으로 그리거나 그 일을 업으로 하는 사람.
畫工(화공) 그림 그리는 것을 업으로 삼는 사람.
畫具(화구) 그림을 그리는 데 쓰는 제구.
畫棟(화동) 단청(丹靑)을 올린 화려한 집.
畫廊(화랑) 1)그림 등의 미술품을 진열하여 전시하는 곳. 2)채색하여 아름답게 장식한 복도. 3)그림을 판매하는 곳.
畫龍點睛(화룡점정) 양(梁)의 장승요(張僧繇)가 용을 다 그리고 마지막으로 눈동자를 찍으니, 용이 살아서 구름을 타고 하늘로 올라갔다는 고사. 사물의 긴요한 곳을 완성시키거나 문장 가운데 주제(主題)를 살리는 요긴한 곳에 역점을 두는 것, 또는 그 일을 완전히 성취함을 이르는 말.
畫面(화면) 1)그림의 표면. 2)필름·인화지 등에 촬영된 영상(映像)이나 사상(寫像). 3)영사막에 비친 사진의 면.
畫房(화방) 1)화실(畫室). 2)그림 그리는 데에 필요한 기구·물감 등을 파는 가게.
畫餠(화병) 그림의 떡이란 뜻으로, 실제로는 전혀 쓸모가 없는 것을 이르는 말. 화중지병(畫中之餠).

畫餠(화병)의 유래
위나라 왕 문제가 인물을 뽑을 때의 요령을 조칙에 적어 내리길, "인물을 뽑을 때는 유명한 자를 뽑지 말라. 이름 있는 자는 마치 땅에다 그린 떡과 같아 먹을 수가 없다."라고 한 데서 유래함.

畫譜(화보) 1)그림을 모아 놓은 책. 화첩(畫帖). 2)화가의 계통이나 화법(畫法)을 논한 책.
畫本(화본) 1)그림을 그리는 데 바탕이 되는 천·종이·물감 등을 말함. 2)화상(畫像).
畫素(화소) 텔레비전이나 사진 전송에서 화면을 전기적으로 나눈 최소의 단위.
畫室(화실) 그림을 그리거나 조각을 하는 방. 화방(畫房).
畫苑(화원) 화가의 사회. 화단(畫壇).
畫題(화제) 1)그림의 제목. 2)그림의 여백에 덧붙여 쓰는 시(詩).
畫紙(화지) 그림을 그리는 데 쓰는 질 좋은 종이.
畫帖(화첩) 1)그림을 모아 엮은 책. 2)그림을 그릴 수 있도록 종이를 여러 장 모아 묶는 책. 3)그림을 복사 또는 인쇄하여 엮은 책.
畫燭(화촉) 1)빛깔을 물들인 양초. 2)혼례를 달리 이르는 말.
畫虎類狗(화호유구) 호랑이를 그린 것이 개와 비슷한 모습이 되었다는 뜻으로, 잘 된 것을 본받으려다 도리어 경박하게 됨을 이르는 말.

畫虎類狗(화호유구)의 유래
후한 때의 장수 마원은 그의 조카 마엄과 마돈에게 보낸 편지에서 유래하는 고사이다. "용백고는 중후하고 신중하며 겸손하고 검소한 분이다. 너희들은 이 분을 본받도록 해라. 두계량은 호걸로 의협심이 강하고 남의 근심과 즐거움을 함께 나눈다. 이 분도 본 받아라. 만일 너희들이 용백고를 본받으려고 노력한다면 그에게는 미치지 못할지라도 신중하고 강직한 인물이 될 수 있을 것이다. 그러나 두계량을 본받으려다가 그 뜻을 이루지 못한다면 경박한 인물이 될 뿐이다. 이것은 호랑이를 그린 것이 개와 비슷한 것이 되는 일에 비유할 수 있다." 이는 마원이 조카들이 의(義)를 중시한 나머지 자신의 목숨을 가볍게 여기지 마라는 것을 비유한 것이다. 《후한서》

畫力(획력) 글씨나 그림의 필력(筆力).
畫順(획순) 자획의 순서.
畫然(획연) 구별이 분명한 모양. 획연(劃然).
畫一(획일) 1)가지런하고 바름. 2)한결같음.
畫地(획지) 땅의 구획을 정하여 경계를 나눔.
畫策(획책) 계획. 또는 계획을 세움.
비 晝(낮 주) 書(글 서)

5획

畺 ⑧13획 日キョウ
지경 강 中jiāng, jiàng

풀이 지경.

유 境(지경 경) 界(지경 계)

畸 ⑧13획 日キ
뙈기밭 기 中jī

풀이 1. 뙈기밭. 2. 나머지. 3. 기이하다. 4. 불구. 병신.

畸人(기인) 1)성질이나 언행이 보통 사람과는 다르게 기이한 사람. 기인(奇人). 2)병신.

畸形(기형) 사물의 구조·생김새 등이 비정상적으로 된 모양.

當 ⑧13획 日トウ
당할 당 中dāng, dàng

*형성. 뜻을 나타내는 부수 '田(밭 전)'과 음을 나타내며 '바라다'의 뜻을 가진 '尙(오히려 상)'을 합친 글자. 이에 논밭에서의 수확을 바라고 농사일을 한다는 뜻에서 '당하다', '당면하다'의 뜻을 나타냄.

풀이 1. 당하다. ¶當面 2. 마땅히. 3. 마주 대하다. 당면하다. ¶當事 4. 맡다. 책임을 맡다. 주관하다. ¶當番 5. 어울리다. 6. 대적하다. 7. 덮다. 8. 갚음. 9. 저당. 저당하다. 10. 맞다. 합당하다. 11. 이. 그. 저.

當家(당가) 1)바로 이 집. 그 집. 2)집안일을 주관하여 맡음.

當刻(당각) 바로 그 시각.

當故(당고) 어버이의 상사를 당함.

當官(당관) 현재 관직을 맡고 있음. 또는 그런 벼슬아치. 재관(在官).

當國(당국) 1)이 나라. 그 나라. 2)당사국(當事國). 3)나라일을 맡아봄.

當局(당국) 어떤 일을 직접 맡아보고 있음. 또는 그 기관·정부.

當權(당권) 권력을 잡음. 또는 그 사람.

當今(당금) 바로 지금.

當期(당기) 이 시기. 이때.

當代(당대) 1)그 시대. 2)이 시대. 3)사람의 한 평생.

當到(당도) 어떤 곳에 이름. 도착함.

當道(당도) 1)바로 이 길. 2)자기 스스로 학문을 닦는 길.

當頭(당두) 1)기일이나 시한이 닥쳐옴. 박두(迫頭). 2)절의 큰 방에 청산(靑山)·백운(白雲) 같은 것을 써 붙인 것.

當落(당락) 붙고 떨어짐.

當路(당로) 1)정권을 잡음. 2)중요한 지위에 있음.

當面(당면) 1)일이 눈앞에 닥침. 2)대면(對面).

當務(당무) 1)어떤 사무를 맡음. 2)현재 맡고 있는 직무.

當番(당번) 번을 듦. 또는 그 사람.

當付(당부) 어찌어찌할 것을 말로 단단히 부탁함.

當事(당사) 어떤 일에 당면하여 직접 관계함.

當社(당사) 이 회사.

當朔(당삭) 1)그 달. 2)해산달.

當席(당석) 앉은 그 자리. 그 좌석.

當選(당선) 1)선거에 뽑힘. 2)심사나 선발에 뽑힘.

當時(당시) 그때.

當身(당신) 1)아주 높임 혹은 예사 높임으로 쓰이는 2인칭 대명사. 2)웃어른을 아주 높여 일컫는 3인칭 대명사. 3)부부가 서로 상대방을 일컫는 말.

當然(당연) 마땅히 그러함.

當爲(당위) 마땅히 행하여야 하는 것.

當日(당일) 일이 있었거나 있는 바로 그 날.

當場(당장) 바로 그때의 그 자리.

當座(당좌) 1)바로 그 자리. 그 경우. 2)잠시 동안. 당분간. 얼마간.

當籤(당첨) 제비에 뽑힘.

當下(당하) 어떤 일을 만나 그 자리에서. 바로. 당장.

當刑(당형) 1)형벌에 처함. 2)이미 제정된 법률.

當惑(당혹) 갑자기 당해 정신이 어리둥절하고 어쩔 줄을 몰라 함. 또는 그런 감정. 당황(唐慌).

畹 ⑧13획 日エン
밭면적 단위 원 中wǎn

풀이 1. 옛 밭 면적 단위. 스무 이랑. 서른 이랑. 또는 열두 이랑. 2. 밭. 전답.

畹蘭(원란) 밭에 나 있는 난초.

畷 ⑧13획 日テツ
밭두둑 길 철 中zhuì

풀이 밭두둑 길. 밭 사이의 길.

畵 ⑧13획
畫(p881)와 俗字

畿 ⑩ 15획 日キ
경기 기 中jī

(필순)

* 형성. 뜻을 나타내는 부수 '田(밭 전)'과 음을 나타내며 가깝다는 의미를 지닌 '幾(몇 기)'를 합친 글자. 이에 서울 가까이(幾)에 있는 땅(田)인 '경기'를 뜻함.

풀이 1. 경기. 기내(畿內). 서울을 중심으로 하여 500리 이내의 땅. 2. 지경. 3. 서울. 4. 뜰. 문 안의 마당. 5. 문지방.

畿疆(기강) 수도를 중심으로 한 가까운 주위의 지방인 경기 지역의 경계.
畿近(기근) 서울 부근. 경기도 부근.
畿服(기복) 천하(天下) 왕기(王畿)와 구복(九服)을 통틀어 일컫는 말.
畿封(기봉) 토지의 경계 표지로 흙을 쌓아 올린 둑.

畾 ⑩ 15획 日ライ
밭 사이 땅 뢰 中léi

풀이 밭 사이의 땅.

疄 ⑫ 17획 日リン
밭두둑 린 中lín

풀이 1. 밭두둑. 2. 밭에서 수레를 끌다. 3. 채소밭. 남새밭.

疃 ⑫ 17획 日トウ
발자국 탄 中tuǎn

풀이 발자국. 짐승 발자국.

疆 ⑭ 19획 日キョウ
지경 강 中jiāng

풀이 1. 지경. 경계. 2. 경계 짓다. 경계 긋다. 3. 끝. 한계. 4. 밭두둑. 5. 변방. 6. 굳세다. 7. 나라. 국토.

疆界(강계) 강토의 경계. 국경. 경계.
疆域(강역) 나라 안의 땅.

유 畺(지경 강)

疇 ⑭ 19획 日チュウ
밭두둑 주 中chóu

* 형성. 뜻을 나타내는 부수 '田(밭 전)'과 음을 나타내며 발이랑이 구불구불 구부러진 것을 의미하는 '壽(목숨 수)'를 합친 글자. 이에 '밭이랑'을 나타내며, 바뀌어 '지경'의 뜻으로도 쓰임.

풀이 1. 밭두둑. 밭. 2. 삼밭. 3. 경계. 지경. 4. 누구. 어느 사람. 5. 북돋우다. 6. 무리. ¶疇類 7. 세습하다. 8. 짝. 짝하다. 9. 같다. 동등하다. 10. 접때. 이전에.

疇官(주관) 1)가업을 대대로 물려받는 일. 2)천문학자. 산수학자.
疇曩(주낭) 지난번. 이전에.
疇類(주류) 같은 무리.
疇生(주생) 같은 종류의 식물이 한 곳에 군집을 이룸.
疇昔(주석) 1)전날. 전일(前日). 2)옛날.
疇昔之夜(주석지야) 어젯밤. 작야(昨夜).
疇日(주일) 지난날. 전일.
疇匹(주필) 동아리. 동류(同類).
範疇(범주) 1)같은 종류나 부류. 2)더 분석할 수 없는 기본적이고 보편적인 개념. 카테고리.

비 鑄(쇠부어 만들 주)

疊 ⑰ 22획 日ジョウ
겹쳐질 첩 中dié

* 회의. 옛날에는 재판관이 사건의 판결을 3일 동안(晶) 하고 그 마땅함(宜)에 따라 죄를 내렸던 것을 나타낸 글자. 후에 '겹치다'라는 뜻으로 쓰임.

풀이 1. 겹쳐지다. 포개지다. 2. 쌓다. 포개다. 3. 두려워하다. 4. 무명. 베.

疊觀(첩관) 높은 망루(望樓).
疊浪(첩랑) 겹겹이 일어나는 물결.
疊嶺(첩령) 연이어 겹쳐 있는 산봉우리.
疊書(첩서) 글을 쓸 때에 잘못하여 같은 글자나 글귀를 거듭 씀.
疊設(첩설) 거듭하여 설치함.
疊役(첩역) 부역(賦役)을 거듭 부담함.
疊用(첩용) 같은 어구를 겹쳐서 사용함.
疊雲(첩운) 여러 겹으로 층을 이루고 있는 구름.
疊韻(첩운) 1)같은 운자(韻字)를 거듭 써서 한시를 지음. 2)한자의 숙어에서, 같은 운의 두 글자를 겹쳐 쓰는 일.
疊載(첩재) 같은 사실을 거듭 기재함.
疊重(첩중) 겹침. 중첩(重疊).
疊徵(첩징) 거듭 징수함. 재징(再徵).
疊次(첩차) 거듭. 재차.
疊疊(첩첩) 중첩(重疊)한 모양. 겹친 모양.
疊疊山中(첩첩산중) 여러 산이 겹치고 겹친 산속.
疊出(첩출) 같은 사물이 거듭 나옴. 중출(重出).
層疊(층첩) 여러 겹으로 포개짐.

疋 부

疋 짝 필 部

'疋' 자는 무릎 아래의 모양을 나타내어 '발'을 뜻하는 글자로, 원래 '匹(짝 필)'과 통용되어 사용되었기 때문에 '짝 필'이라고도 한다. 또한 '正(바를 정)'과 모양이 비슷하여 '바르다'라는 뜻으로 쓰이기도 한다.

疋	⓪5획	
	❶발 소	日ソ・ヒキ
	❷짝 필	中pǐ, shū

* 상형. 무릎 아래의 모양을 본뜬 글자.

풀이 1 1. 발. 2 2. 짝. 3. 필. 옷감의 길이 단위.

疋緞(필단) 필로 된 비단.

疋練(필련) 1)한 필의 누인 비단. 2)폭포・호수의 표면을 비단에 비유하는 말.

疋木(필목) 필로 된 무명・광목・당목 등의 총칭.

疋帛(필백) 비단 피륙. 명주.

疏	⑦ 12획	日ソ
	트일 소	中shū

* 형성. 뜻과 음을 나타내는 부수 '疋(발 소)'와 '흐르다'의 뜻을 가진 부수 이외의 글자로 이루어짐. 발(疋)과 같이 두 갈래로 나누어져 그 흐름이 통한다의 뜻에서 '트이다', '멀어지다'의 뜻을 나타냄.

풀이 1. 트이다. 통하다. 2. 드물다. 성기다. ¶疏簾 3. 나누다. 갈라지다. 4. 소원하다. 멀어지다. 멀다. 5. 거칠다. 6. 새기다. 7. 상소하다. ¶疏請 8. 빗질하다. 9. 채소.

疏隔(소격) 교제가 서로 멀어져 왕래가 막힘.

疏朗(소랑) 맑고 시원스러움.

疏略(소략) 꼼꼼하지 못하고 엉성함.

疏簾(소렴) 성기게 엮은 발.

疏漏(소루) 꼼꼼하지 못하고 소홀함.

疏薄(소박) 1)소홀히 함. 멀리함. 2)남편이 아내를 박대하거나 내쫓음.

疏不間親(소불간친) 친하지 않은 사람이 친한 사람들의 사이를 방해하지 못함.

疏放(소방) 1)소홀하고 방자함. 2)죄수를 너그럽게 다스려 놓아 줌.

疏批(소비) 상소에 대해 임금이 내리는 비판.

疏散(소산) 1)탐탁치 않게 여기어 헤어짐. 2)밀집된 사람・건조물 등을 분산시킴.

疏生(소생) 성기게 남.

疏屬(소속) 촌수가 먼 일가.

疏外(소외) 따돌리거나 멀리함.

疏請(소청) 임금에게 상소를 올려 청함.

疏宕(소탕) 마음이 호탕함.

疏通(소통) 1)막히지 않고 잘 통하는 것. 2)뜻이 서로 통해서 오해가 없음.

疏忽(소홀) 데면데면함. 허술함.

書疏(서소) 편지.

疎	⑦ 12획
	疏(p884)와 同字

疑	⑨ 14획	
	❶의심할 의	日ギ
	❷엉길 응	中yí

* 회의. 어린아이가 비수(匕)와 화살(矢)과 창(矛)을 몸에 숨기고 짝(疋)을 대하니 '의심할' 수밖에 없다는 뜻임.

풀이 1 1. 의심하다. 2. 의심스럽다. ¶疑問 3. 의심. 4. 결정되지 않다. ¶疑懼 5. 괴이하게 여기다. 6. 두려워하다. 7. 비기다. 8. 헤아리다. 2 9. 엉기다.

疑懼(의구) 의심하고 두려워함.

疑忌(의기) 의심하여 꺼림.

疑念(의념) 의심스러운 생각.

疑團(의단) 마음속에 깊이 박혀 쉽게 풀리지 않는 의심.

疑慮(의려) 의심하여 염려함.

疑問(의문) 1)의심하여 물음. 2)의심스러운 문제.

疑謗(의방) 의심하여 비방함.

疑兵(의병) 적의 눈을 속이기 위하여 군사가 있는 것처럼 거짓으로 꾸미는 것.

疑氷(의빙) 풀리지 않는 의심.

疑視(의시) 의심하여 봄.

疑心(의심) 확실히 알지 못하거나 믿지 못하여 의아하게 생각함. 또는 그러한 마음.

疑心暗鬼(의심암귀) 의심이 어둠의 귀신을 낳는다는 뜻으로, 일단 의심하면 멀쩡한 것도 수상스럽게 보여 착각을 일으킨다는 말.

疑心暗鬼(의심암귀)의 유래

어떤 사람이 도끼를 잃어버리고 옆집 아이를 의심했다. 자기와 마주칠 때의 거동이나 안색과 말투가 이상해서 틀림없는 범인으로 생각했다. 그러던 어느 날 골짜기를 파다가 잃었던 도끼를 다시 찾았다. 집에 돌아와 옆집 아이를 다시 보니, 이번에는 아이의 태도나 동작이 전혀 이상해 보이지 않았다고 한다. 이는 선입견이나 미리 단정하는 것이 얼마나 위험한가

5획

를 보여주는 예라고 할 수 있다.

疑訝(의아) 의심스럽고 이상하게 생각함.

疑獄(의옥) 1)사건이 의심스러워 진상이 확실하지 않은 형사 사건. 2)정치 문제가 될 수 있는 관료의 부정이나 뇌물 사건.

疑義(의의) 글 뜻이 의심스럽고 이해가 가지 않는 부분.

疑異(의이) 의심하여 괴이하게 여김. 이상하게 여김.

疑症(의증) 의심을 잘하는 성질 또는 그러한 증세.

疑幟(의치) 적의 눈을 속이기 위하여 세우는 기.

疑憚(의탄) 주저하며 꺼림.

疑怖(의포) 의심하며 두려워함.

疑眩(의현) 의심 때문에 마음이 어지러움.

疑惑(의혹) 의심하여 수상히 여김. 또는 그런 생각.

疑懷(의회) 의심하는 마음.

質疑(질의) 의심나거나 이해가 가지 않는 점을 물어서 밝힘.

被疑(피의) 의심을 받음. 혐의를 받음.

반 信(믿을 신) 비 凝(엉길 응)

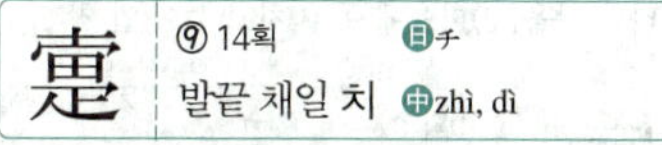

疐	⑨ 14획	日チ
	발끝 채일 치	中zhì, dì

풀이 1. 발끝이 채이다. 2. 발끝 채여 넘어지다. 3. 미끄러지다.

疒 부

疒 병질엄 部

'疒' 자는 침상 위에 아파 누워 있는 모습으로 '병들어 기대다' 라는 뜻을 갖는다. 부수 명칭으로는 '병질엄' 이라 하며, 이 글자를 부수로 갖는 글자는 주로 질병이나 신체의 이상(異常)과 관련이 있다.

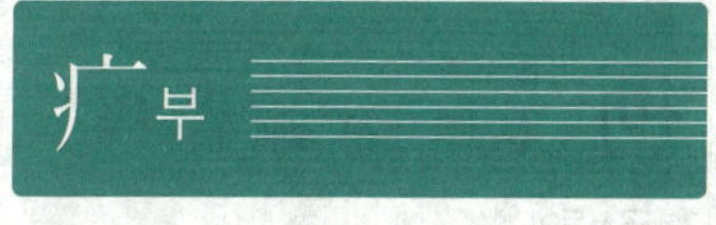

疒	⓪5획	日ダク・ショウ
	병들어 기댈 녁	中bìng, chuáng

풀이 병들어 기대다. 병들어 눕다.

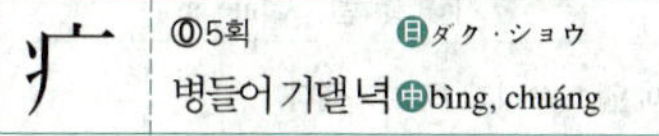

疝	② 7획	日キュウ
	배 아플 교·규	中jiǎo

풀이 배가 아프다. 배가 갑자기 아프다.

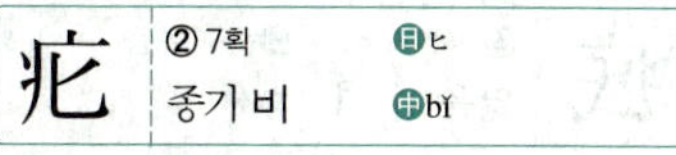

疕	② 7획	日ヒ
	종기 비	中bǐ

풀이 종기. 두창. 머리의 종기.

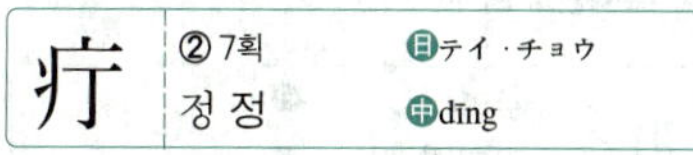

疔	② 7획	日テイ・チョウ
	정 정	中dīng

풀이 정. 부스럼.

疔毒(정독) 뾰루지. 부스럼.

疔瘡(정창) 얼굴에 생긴, 통증이 심한 부스럼.

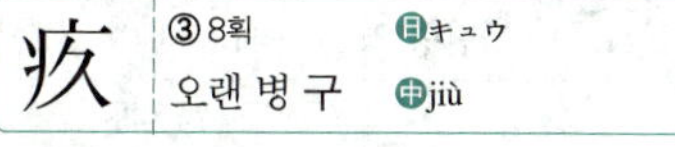

疚	③ 8획	日キュウ
	오랜 병 구	中jiù

풀이 오랜 병. 오래 앓다. 병이 오래되다

疚心(구심) 걱정함.

疚懷(구회) 친척의 죽음을 슬퍼함.

疝	③ 8획	日サン・セン
	산증 산	中shàn

풀이 산증. 허리 · 배가 아픈 병.

疝症(산증) 허리 또는 아랫배가 몹시 아픈 병.

疝痛(산통) 내장의 질환으로 인한, 갑자기 도려내고 찌르는 듯 아픈 복통.

寒疝(한산) 산증의 하나. 불알이 붓고 차가우며 몹시 아픔.

疛	③ 8획	日シュウ
	배 앓을 주	中zhǒu

풀이 배를 앓다. 배가 아픈 병.

비 府(곳집 부)

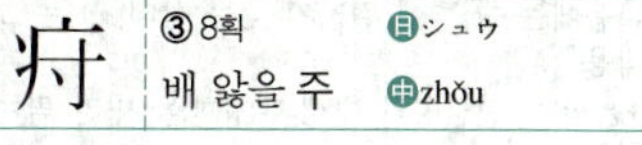

疜	③ 8획	日ケ・せきり
	이질 하	中xià

풀이 이질. 설사.

비 疔(정 정)

疙	③ 8획	日コツ
	쥐부스럼 흘	中gē

풀이 쥐부스럼. 머리에 나는 종기.

疷	④ 9획	日テイ · やむ
	앓을 기 · 저	中qí

풀이 앓다. 병을 앓다.

유 痒(앓을 양) 비 低(밑 저)

疪	④ 9획	日ヒ
	각기병 비	中bì

풀이 각기병. 비타민B의 부족으로 다리가 붓는 병.

疫	④ 9획	日エキ · ヤワ
	돌림병 역	中bì

丶 亠 广 疒 疒 疒 疒 疫 疫

* 형성. 뜻을 나타내는 부수 '疒(병들어 기댈 녁)'과 음을 나타내며 '재난'을 의미하는 '役(부릴 역)'의 생략형을 합친 글자. 이에 '유행병'을 나타냄.

풀이 1. 돌림병. 역병. ¶疫病 2. 역귀. 3. 열병.

疫鬼(역귀) 역병을 일으키는 귀신.
疫病(역병) 악성의 전염병.
疫神(역신) 천연두.
疫疹(역진) 홍역.
疫學(역학) 전염병이나 각종 질환의 발생 원인 · 전염 경로 등을 연구하는 학문.
疫患(역환) 천연두.
檢疫(검역) 해외에서 병균이나 해충이 들어오는 것을 막기 위하여 공항이나 항구에서 그 유무를 검사하는 일.
免疫(면역) 병원균에 대한 몸의 저항력이 생겨 다음에는 그 병에 걸리지 않는 상태. 또는 그 작용.
防疫(방역) 전염병의 발생과 유행을 미리 막는 활동.

疣	④ 9획	日ユウ · いぼ
	사마귀 우	中yóu

풀이 사마귀. 혹.

疣目(우목) 무사마귀

疢	④ 9획	日チン
	열병 진	中chèn

풀이 열병.

疢毒(진독) 병에서 생기는 해독.
疢疾(진질) 1)열병(熱病). 2)재앙과 우환.

疤	④ 9획	日ハ
	흉 파	中bā

풀이 흉. 흉터.

유 傷(상처 상) 痕(흉터 흔)

痂	⑤ 10획	日カ · かさぶた
	딱지 가	中jiā

풀이 1. 딱지. 다친 곳이 아물었을 때 생기는 껍질. 2. 옴.

疳	⑤ 10획	日カン
	감질 감	中gān

풀이 1. 감질. 2. 창병.

疳瘻(감루) 잔 구멍이 생기고 고름이 나는 부스럼.
疳病(감병) 몸이 마르고 얼굴이 누렇게 뜨며 영양 장애 증세 등이 나타나는 어린아이의 병.
疳疾(감질) 1)몹시 먹고 싶거나 가지고 싶어 애타는 마음. 2)마음에 못 미치고 성이 안 참.

疝	⑤ 10획	日カ
	헌데 과	中guō

풀이 1. 헌데. 2. 대머리. 3. 목 부스럼.

痀	⑤ 10획	日ク
	곱사등이 구	中jū

풀이 곱사등이.

痀僂(구루) 1)곱사등이. 2)늙거나 병들어 등이 앞으로 꼬부라짐.

痆	⑤ 10획	
	❶ 쑤실 날	日ナツ
	❷ 가려울 닐	中niè, nì

풀이 1 1. 쑤시다. 2 2. 가렵다.

疸	⑤ 10획	日タン
	황달 달	中dǎn

* 형성. 뜻을 나타내는 부수 '疒(병들어 기댈 녁)'과 음을 나타내는 '旦(아침 단)'을 합친 글자.

풀이 황달.

5획

疸病(달병) 담즙(膽汁)이 혈액으로 들어가서 피부가 노랗게 되는 병. 황달.

疸症(달증) 황달.

黃疸(황달) 달병(疸病).

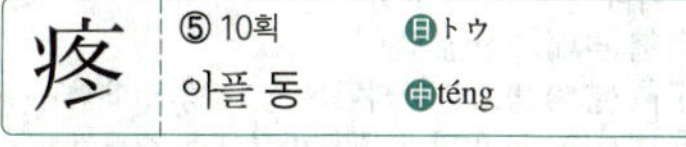

疼 ⑤ 10획 아플 동 日トウ 中téng

풀이 아프다.

疼腫(동종) 붓고 아픔.

疼痛(동통) 신경의 자극으로 몸이 쑤시고 아픔. 또는 그 통증.

유 痛(아플 통)

病 ⑤ 10획 병 병 日ビョウ·やまい 中bìng

丶 亠 广 广 疒 疒 疒 疔 病 病

* 형성. 뜻을 나타내는 부수 '疒(병들어 기댈 녁)'과 음을 나타내는 '丙(퍼질 병)'을 합친 글자. 이에 '상처', '병이 더하여 지는 일'을 나타냄.

풀이 1. 병. 병이 나다. 병환. 질환. ¶病暇 2. 괴로워하다. 고심하다. 3. 시들다. 4. 피곤하다. 5. 헐뜯다.

病暇(병가) 병으로 인하여 얻은 휴가.

病家(병가) 환자가 있는 집.

病間(병간) 1)병이 조금 쾌차한 사이. 2)병으로 앓는 동안.

病看(병간) 병든 사람을 간호하는 일.

病苦(병고) 병으로 인한 고통.

病故(병고) 1)병으로 죽음. 2)병에 걸린 사고.

病骨(병골) 병든 몸. 병구(病軀).

病軀(병구) 병든 몸.

病菌(병균) 병의 원인이 되는 세균.

病根(병근) 1)병의 근원. 2)몸에 깊이 밴 나쁜 습관. 나쁜 폐단의 근원.

病毒(병독) 병의 근원이 되는 독기(毒氣).

病棟(병동) 여럿의 병실로 된 병원 안의 한 채의 건물.

病理(병리) 병의 원인·결과·변천의 과정에 관한 이론.

病魔(병마) 병을 악마에 비유한 말.

病名(병명) 병 이름.

病癖(병벽) 병적인 버릇 또는 습관.

病死(병사) 병으로 죽음.

病床(병상) 병든 사람이 누워 있는 침상.

病色(병색) 병든 사람의 얼굴빛.

病席(병석) 앓는 사람이 누워 있는 자리.

病勢(병세) 병이 들어 앓는 상태·경과.

病身(병신) 1)병든 몸. 몸이 약하여 병을 자주 앓는 사람. 2)모양이 성하지 못한 사람이나 물건.

病室(병실) 병을 앓는 사람이 있는 방.

病弱(병약) 1)병에 시달려 쇠약해짐. 2)몸이 허약하여 병이 걸리기 쉬움.

病院(병원) 질병을 진찰·진료하는 곳으로서 일정한 수의 환자를 수용할 수 있는 설비를 한 곳.

病原體(병원체) 병의 원인이 되는 생물.

病因(병인) 병의 원인.

病入膏肓(병입고황) 병이 심장 아래 횡경막 위에 들었다는 뜻으로, 병이 몸 속 깊이 들어 고치기 어렵게 되었음을 이르는 말.

病入膏肓(병입고황)의 유래

춘추 시대 진(晉)나라 경공(景公)의 꿈에 긴 머리를 한 귀신이 나타나 자기의 자손을 죽인 원수를 갚겠다며 경공에게 달려들었다. 그 후 경공은 병에 걸려 명의인 고완(高緩)을 불렀다. 그런데 고완이 도착하기 전에 경공은 병(病)이 두 아이의 모습을 하고 의논하는 꿈을 꾸었다. "고완은 명의인데, 어디로 도망쳐야 하지?" "심장 아래 횡경막 위로 도망치면 될 거야." 이윽고 고완이 와서 왕을 진맥하더니 정말 병이 심장 아래 횡경막 위에 들어가서 더 이상 손을 쓸 수가 없다고 말했다. 《춘추좌씨전(春秋左氏傳)》

病者(병자) 병인(病人).

病中(병중) 병으로 앓는 동안.

病症(병증) 병의 증세.

病質(병질) 1)병의 성질. 2)병에 걸리기 쉬운 체질.

病處(병처) 몸에 병이 생긴 부분.

病蟲(병충) 병을 일으키는 원인이 되는 벌레.

病痛(병통) 1)병과 아픔. 2)결점.

病癈(병폐) 병 때문에 몸을 못 쓰게 됨.

病斃(병폐) 병으로 죽음. 병사(病死).

病弊(병폐) 병통(病痛)과 폐단(弊端).

病害(병해) 병으로 말미암은 해독(害毒).

病患(병환) 병의 높임말.

유 疾(병 질)

痱 ⑤ 10획 땀띠 비 日ビ·あせも 中fèi

풀이 땀띠.

疶 ⑤ 10획 이질 설·예 日セツ 中xuē

풀이 이질. 설사.

㾁 ⑤ 10획 미칠 술 日シュツ 中shù

5획

풀이 미치다. 미쳐 날뛰는 모양.

疴 ⑤ 10획 日ア
병 아 中kē, qià

풀이 1. 병. 2. 앓다.
疴嘔(아구) 이질과 구토.
疴恙(아양) 병(病).
유 病(병 병)

疵 ⑤ 10획 日シ
흠 자 中cī, cí

＊형성. 뜻을 나타내는 부수 '疒(병들어 기댈 녁)'과 음을 나타내는 '此(이 차)'를 합친 글자.
풀이 1. 흠. 흉터. ¶疵瑕 2. 병. 앓다. ¶疵厲 3. 흉보다. 4. 재앙.
疵厲(자려) 병. 재앙. 재해.
疵病(자병) 흠. 결점.
疵瑕(자하) 흠. 과실. 하자(瑕疵).
疵痕(자흔) 흉이나 흠이 진 자리. 흉터.

疽 ⑤ 10획 日ソ
등창 저 中jū

풀이 등창. 악성 종기.
疽腫(저종) 악성 종기.
壞疽(회저) 신체 조직의 한 부분이 생활력을 잃고 그 기능을 소멸하는 일.

痁 ⑤ 10획 日テン
학질 점 中shān

풀이 학질. 열병.
痁患(점환) 근심 걱정으로 인한 병.
유 痎(학질 해)

疰 ⑤ 10획 日シュウ
전염병 주 中zhù

풀이 전염병. 돌림병.

症 ⑤ 10획 日ショウ
증세 증 中zhēng, zhèng

丶 亠 广 疒 疒 疒 疔 疔 疔 症

＊형성. 뜻을 나타내는 부수 '疒(병들어 기댈 녁)'과 음을 나타내며 '성질'을 의미하는 '正(바를 정)'을 합친 글자. 이에 '병의 성질'이란 뜻으로 쓰임.
풀이 증세.
症狀(증상) 병이나 상처 때문에 나타나는 현상이나 상태. 증세(症勢).
症勢(증세) 증상(症狀).
症候(증후) 병으로 나타나는 징후. 증세(症勢).
渴症(갈증) 목이 말라 물을 마시고 싶은 느낌.
厭症(염증) 싫증.

疻 ⑤ 10획 日シ・あざ
멍 지 中zhǐ

풀이 멍.
疻痏(지유) 멍. 타박상.

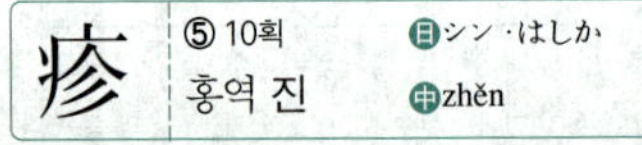

疹 ⑤ 10획 日シン・はしか
홍역 진 中zhěn

풀이 1. 홍역. 2. 두창. 머리에 나는 부스럼. 3. 앓다.
疹粟(진속) 추위 때문에 피부에 생기는 좁쌀 같은 것. 소름.
疹恙(진양) 홍역을 앓음.
疹疾(진질) 병으로 괴로워함.
發疹(발진) 열이 몹시 나서 피부에 좁쌀만 한 작은 종기가 돋음. 또는 그 종기.
濕疹(습진) 피부에 생기는 진물이 나는 염증.

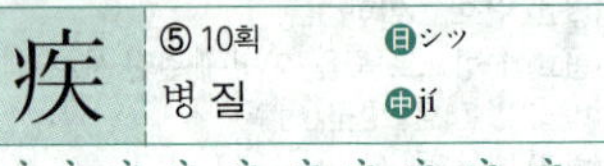

疾 ⑤ 10획 日シツ
병 질 中jí

丶 亠 广 疒 疒 疒 疒 疟 疾 疾

＊형성. 뜻을 나타내는 부수 '疒(병들어 기댈 녁)'과 음을 나타내는 '矢(화살 시)'를 합친 글자. 사람이 화살에 맞아 다치는 것을 나타내어, '병', '앓다'의 뜻으로 쓰임.
풀이 1. 병. 질병. ¶疾苦 2. 앓다. 3. 해독하다. 4. 괴로워하다. 5. 미워하다. 원망하다. 6. 비방하다. 7. 빠르다. 빨리. ¶疾速 8. 시기하다. 9. 힘쓰다.
疾苦(질고) 병고(病苦).
疾故(질고) 병으로 죽음. 병고(病故).
疾驅(질구) 수레나 말을 빨리 몲.
疾忌(질기) 미워함.
疾味(질미) 맛은 좋으나 먹으면 몸에 해로운 음식.
疾病(질병) 온갖 병. 질환(疾患).
疾步(질보) 몹시 빠른 걸음. 질행(疾行).
疾徐(질서) 빠름과 느림. 완급(緩急).
疾速(질속) 빠름. 신속함.

疾首(질수) 1)머리가 아픔. 2)골치를 앓음. 걱정함.
疾視(질시) 흘겨 봄.
疾惡(1.질악/2.질오) 1)악한 것을 미워함. 2)미워함.
疾言(질언) 빨리 말을 함. 또는 빠른 말투.
疾疫(질역) 유행병.
疾雨(질우) 세차게 내리는 비. 소나기.
疾怨(질원) 미워하고 원망함.
疾戰(질전) 금방 결판이 나는 싸움.
疾足(질족) 걸음이 빠름. 또는 빠른 걸음.
疾走(질주) 빨리 달림. 빠르게 달림.
疾憎(질증) 몹시 미워함.
疾痛(질통) 1)병으로 인한 아픔. 2)병고(病苦).
疾風(질풍) 빠르고 거센 바람.
疾行(질행) 빨리 감.
疾呼(질호) 급히 부름. 소리질러 부름.
疾患(질환) 질병(疾病).
痼疾(고질) 1)오래도록 낫지 않아 고치기 어려운 병. 2)오래된 나쁜 버릇이나 폐단.
暴疾(폭질) 갑작스럽게 앓는 급한 병.

유 病(병 병)

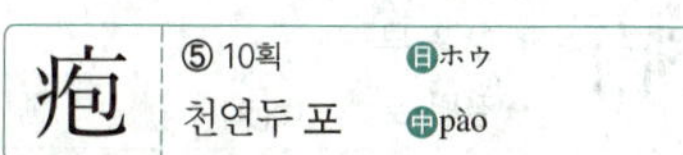

疱 ⑤ 10획 천연두 포 日ホウ 中pào

풀이 천연두.

疱瘡(포창) 천연두.

유 痘(천연두 두)

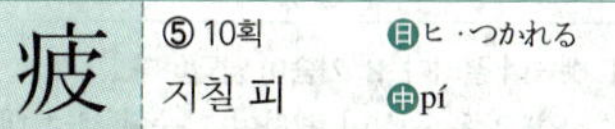

疲 ⑤ 10획 지칠 피 日ヒ·つかれる 中pí

丶 亠 广 疒 疒 疒 疒 疒 疲 疲

* 형성. 뜻을 나타내는 부수 '疒(병들어 기댈 녁)'과 음을 나타내며 '지치다'라는 의미를 지닌 '皮(가죽 피)'를 합친 글자. 이에 '병들어 지치다'의 뜻으로 쓰임.

풀이 1. 지치다. 피곤하다. ¶疲困 2. 고달프다. 3. 병들고 괴로워하다. 4. 여위다. 5. 나른하다.

疲竭(피갈) 피로하여 기력이 다 빠짐.
疲困(피곤) 지쳐서 고달픔.
疲倦(피권) 지쳐서 싫증이 남.
疲鈍(피둔) 지쳐서 몸이 둔해짐.
疲勞(피로) 몸이나 정신이 지쳐 고단함. 또는 그런 상태.
疲癃(피륭) 한방에서, 노쇠(老衰)하여 나른해지는 병.
疲羸(피리) 피로하여 쇠약해짐.
疲民(피민) 1)피폐(疲弊)한 백성. 2)백성을 피폐하게 함.
疲兵(피병) 피로한 군사.
疲軟(피연) 기운이 없고 나른함.
疲厭(피염) 지쳐서 싫증이 남.
疲悴(피췌) 피곤하여 초췌함.
疲殆(피태) 피로하여 나태함.
疲怠(피태) 피로하여 게으름.
疲斃(피폐) 지치고 과로하여 죽음.
疲弊(피폐) 피로하여 기력이 빠짐.
疲乏(피핍) 피곤함. 쇠약함.

痃 ⑤ 10획 근육 당기는 병 현 日ケン 中xuán

풀이 1. 근육이 당기는 병. 현벽. 2. 가래톳. 임파선이 붓는 병의 하나.

痃癖(현벽) 근육이 당기는 병.

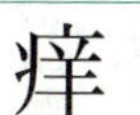

痒 ⑥ 11획 앓을 양 日ヨウ 中yǎng

풀이 1. 앓다. 2. 병. 3. 가렵다. 4. 종기.

유 疷(앓을 저)

痏 ⑥ 11획 멍 유 日ユ 中wěi, yòu, yù

풀이 1. 멍. 타박상. 2. 흉터.

痍 ⑥ 11획 상처 이 日イ 中yí

풀이 1. 상처. 2. 다치다.

痍傷(이상) 상처. 상처남.

痊 ⑥ 11획 나을 전 日セン 中quán

풀이 1. 병이 낫다. 2. 고치다.

유 治(다스릴 치)

痔 ⑥ 11획 치질 치 日ジ 中zhì

5획

풀이 치질.

痔瘻(치루) 항문 주위나 내부에 구멍이 뚫리고 고름이 나는 악성 치질(痔疾).

痔疾(치질) 항문의 안팎에 나는 병의 총칭.

痔核(치핵) 직장의 정맥이 늘어져 생긴 항문 둘레의 혹과 같은 일종의 종기.

痌	⑥ 11획	日トウ
	마음아파할 통	中tōng

풀이 1. 마음 아파하다. 2. 끙끙 앓다.

痌傷(통상) 마음 아파함. 슬퍼함.

痎	⑥ 11획	日カイ
	학질 해	中jiē

풀이 학질.

유 痁(학질 점)

痐	⑥ 11획	日カイ
	거위 회	中huí

풀이 1. 거위. 회충. 2. 거윗배. 회충으로 생긴 병.

痕	⑥ 11획	日コン
	흉터 흔	中hén

풀이 1. 흉터. 2. 흔적.

痕垢(흔구) 때가 낀 자국.

痕跡(흔적) 어떤 것이 지나간 뒤에 남은 자국이나 자취. 흔적(痕迹).

傷痕(상흔) 상처로 생긴 자국.

遺痕(유흔) 남긴 흔적.

足痕(족흔) 사람 또는 동물의 발자국.

血痕(혈흔) 피가 묻은 자국.

유 疤(흉 파)

痙	⑦ 12획	日ケイ
	심줄 땅길 경	中jìng

풀이 심줄이 땅기다. 경련이 일다.

痙攣(경련) 근육이 발작적으로 수축하는 증세.

鎭痙(진경) 경련을 가라앉힘.

痘	⑦ 12획	日トウ
	천연두 두	中dòu

풀이 천연두.

痘痂(두가) 천연두 딱지의 조각.

痘面(두면) 천연두로 인해 얽은 얼굴. 곰보 얼굴.

痘疫(두역) 널리 퍼져 유행하는 천연두.

痘瘡(두창) 마마. 천연두(天然痘).

痘痕(두흔) 마마의 자국. 얽은 자국.

痢	⑦ 12획	日リ・げり
	설사 리(이)	中lì

풀이 설사.

痢疾(이질) 변에 곱이 섞여 나오는 전염병.

瀉痢(사리) 설사(泄瀉).

痗	⑦ 12획	日バイ
	앓을 매	中mèi

풀이 1. 앓다. 2. 병.

痡	⑦ 12획	
	❶ 앓을 부	日ホ
	❷ 결릴 포	中pū

풀이 ❶ 1. 앓다. 고달프다. ❷ 2. 결리다.

痞	⑦ 12획	日ヒ
	뱃속 결릴 비	中pǐ

풀이 1. 뱃속이 결리다. 2. 가슴이 답답하다.

痞結(비결) 먹은 음식이 체하여 가슴에 걸려 내려가지 않음. 또는 그 병. 체증(滯症).

痞悶(비민) 가슴이 답답해지는 병의 한 가지.

痟	⑦ 12획	日ショウ
	두통 소	中xiāo

풀이 1. 두통. 2. 소갈증. 목이 마르고 소변이 나오지 않는 병.

痟癢(소양) 아프고 가려움. 소양(痟痒).

痒	⑦ 12획	日シン・さむけ
	오한증 신	中shěn

풀이 오한증.

유 寒(찰 한)

5획

痟	⑦ 12획	日エン
	뼈 쑤실 연	中yuān

풀이 1. 뼈가 쑤시다. 2. 피로하다. 3. 단단하다.

痤	⑦ 12획	日ザ
	뾰루지 좌	中cuó

풀이 뾰루지. 부스럼.

痣	⑦ 12획	日シ
	사마귀 지	中zhì

풀이 1. 사마귀. 2. 반점.

痵	⑦ 12획	日シン
	얼굴 못생길 침	中qǐn

풀이 1. 얼굴이 못생기다. 추하다. 2. 아프다.

痛	⑦ 12획	日ツウ・いたい
	아플 통	中tòng

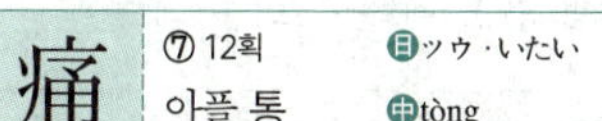

* 형성. 뜻을 나타내는 부수 '疒(병들어 기댈 녁)'과 음을 나타내며 자른다는 의미를 지닌 '甬(길 용)'을 합친 글자. 이에 바늘로 찌르듯 아픈 병, 즉 '신경통'을 나타냄. 후에 '아픔'의 뜻으로 쓰임.

풀이 1. 아프다. ¶痛覺 2. 괴롭히다. 3. 슬퍼하다. 4. 괴로움. ¶通苦 5. 몹시. 6. 힘껏. 7. 원망하다.

痛覺(통각) 아픔을 느끼는 감각.
痛感(통감) 마음에 사무치게 느낌.
痛擊(통격) 1)격렬하게 공격함. 2)남을 몹시 꾸짖어 나무람.
痛苦(통고) 아파하고 괴로워함. 고통(苦痛).
痛哭(통곡) 소리를 높여 슬피 욺.
痛烈(통렬) 몹시 맵고 사나움.
痛駁(통박) 통렬하게 공박함.
痛棒(통봉) 1)뼈아픈 질책. 2)좌선할 때 정신이 흐트러지는 자를 내려치는 방망이.
痛憤(통분) 원통하고 분함. 몹시 분노함.
痛傷(통상) 몹시 슬퍼하고 마음 아프게 여김.
痛惜(통석) 몹시 애석함. 매우 유감스러움.
痛聲(통성) 병으로 신음하는 소리.
痛心(통심) 마음을 태움. 몹시 마음이 상함.
痛痒(통양) 아프고 가려움.
痛癢(통양) 아픔과 가려움. 통양(痛痒).
痛隱(통은) 몹시 가엾게 여김. 몹시 아프게 여김.
痛飮(통음) 술을 매우 많이 마심.
痛切(통절) 1)몹시 절실함. 2)몹시 고통스러움.
痛絶(통절) 단호히 관계를 끊음.
痛症(통증) 몹시 아픈 증세.
痛疾(통질) 몹시 아픈 병.
痛責(통책) 엄하게 꾸짖음.
痛處(통처) 병으로 아픈 곳.
痛楚(통초) 몹시 아프고 괴로움.
痛快(통쾌) 아주 마음이 시원함. 마음이 몹시 후련함.
痛歎(통탄) 몹시 탄식함. 매우 한탄하며 슬퍼함.
痛砭(통폄) 엄하게 꾸짖어 가르침.
痛風(통풍) 뼈가 몹시 쑤시고 아픈 병. 관절염.
痛恨(통한) 몹시 한탄함. 매우 유감으로 생각함.
痛悔(통회) 1)매우 뉘우침. 2)고해성사(告解聖事)를 통해 죄를 뉘우침.

유 疼(아플 동)

痚	⑦ 12획	日コウ
	천식 효	中xiāo

풀이 천식. 주기적으로 일어나는 호흡 곤란.

痚嗽(효수) 목병. 천식(喘息).

痛	⑦ 12획	日キ
	아플 희	中xìn, xì

풀이 아프다.

유 痛(아플 통)

痼	⑧ 13획	日コウ
	고질 고	中gù

풀이 고질(痼疾). 고질병.

痼癖(고벽) 아주 굳어져 고치기 어려운 버릇.
痼疾(고질) 1)오래 되어 고치기 어려운 병. 2)오래 되어 몸에 밴 나쁜 습관.
痼弊(고폐) 바로잡기 어려운 폐단.

痯	⑧ 13획	日カン
	병에 지칠 관	中guǎn

풀이 병에 지치다. 고달프다.

痯痯(관관) 병으로 파리해진 모양.

5획

痰 ⑧ 13획 가래 담 日タン 中tán

풀이 가래. 담.

痰結(담결) 목구멍에 가래가 엉겨 붙어 뱉을 수 도 없고 삼킬 수도 없는 병.

痰聲(담성) 가래가 목구멍에 끓는 소리.

痰涎(담연) 가래와 침.

痰喘(담천) 가래가 끓어 숨이 참.

痰咳(담해) 1)가래와 기침. 2)가래가 섞여 나오는 기침.

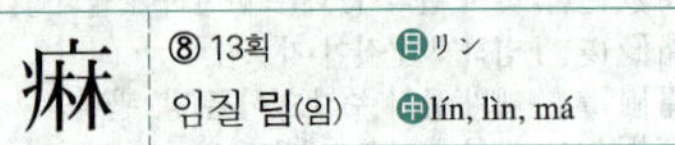

痳 ⑧ 13획 임질 림(임) 日リン 中lín, lìn, má

* 형성. 뜻을 나타내는 부수 '疒(병들어 기댈 녁)'과 음을 나타내는 '林(수풀 림)'을 합친 글자.

풀이 임질.

痳疾(임질) 임균(痳菌)의 감염에 의해 일어나는 성병. 주로 성교에 의하여 전염되며 소변시 요도가 따끔거리고 고름이 남.

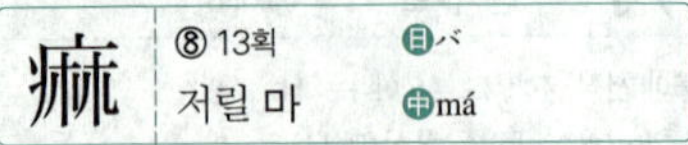

痲 ⑧ 13획 저릴 마 日バ 中má

풀이 1. 저리다. 마비되다. 2. 홍역.

痲痺(마비) 신경·근육의 정상적 기능이 사라져 몸의 일부 또는 정신에 감각이 없어지는 상태.

痲藥(마약) 아편·모르핀 등과 같이 마취나 환각 등의 작용을 하는 약물로 습관성이 있어 오래 쓰면 중독됨.

痲疹(마진) 홍역.

痲醉(마취) 약물로 인해 감각이나 정신을 일시적으로 마비시키는 것.

비 麻(삼 마)

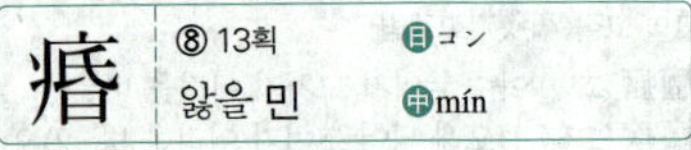

痻 ⑧ 13획 앓을 민 日コン 中mín

풀이 앓다. 병.

痺 ⑧ 13획 저릴 비 日ヒ·しびれる 中bì

풀이 1. 저리다. 마비되다. 2. 류머티즘. 관절·근육에 심한 통증이 오는 병.

痺疳(비감) 헛배가 부르고 구역질이 나는 어린 아이의 소화기 질환.

유 痲(저릴 마)

痱 ⑧ 13획 중풍 비 日ヒ 中fèi

* 형성. 뜻을 나타내는 부수 '疒(병들어 기댈 녁)'과 음을 나타내는 '非(아닐 비)'를 합친 글자.

풀이 1. 중풍. 풍병. 2. 뾰루지.

유 瘓(중풍 탄)

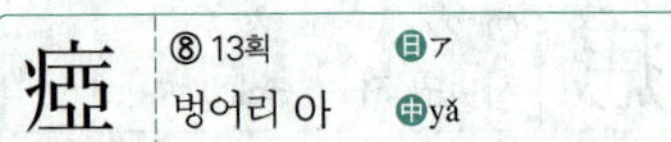

瘂 ⑧ 13획 벙어리 아 日ア 中yǎ

풀이 벙어리.

유 瘖(벙어리 음)

痾 ⑧ 13획 숙병 아 日ア 中ē

풀이 숙병(宿病). 병이 더해지는 모양.

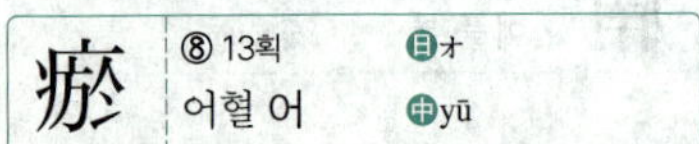

瘀 ⑧ 13획 어혈 어 日オ 中yū

풀이 1. 어혈. 한 곳에 피가 맺혀 있는 증세. 2. 병을 앓다.

痿 ⑧ 13획 저릴 위 日キ 中wěi

풀이 저리다. 마비되다.

痿痺(위비) 수족이 저리고 마비되는 병.

痿損(위손) 시들시들한 모양.

유 痺(저릴 비)

瘁 ⑧ 13획 병들 췌 日スイ 中cuì

풀이 1. 병들다. 2. 여위다. 고달프다. 3. 근심하다. 4. 무너지다.

瘁攝(췌섭) 병들고 피로함.

瘁瘁(췌췌) 오래 앓는 모양.

痴 ⑧ 13획

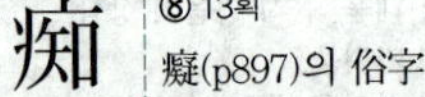

癡(p897)의 俗字

5획

瘈	⑨ 14획 미칠 계	日ケイ 中chì, zhì

풀이 미치다.

瘈瘲(계종) 갑자기 의식을 잃고 팔다리가 마구 경련을 일으키는 증상. 경기(驚氣).

瘑	⑨ 14획 앓을 과	日カ 中guō

풀이 1. 앓다. 2. 종기. 부스럼.

瘏	⑨ 14획 앓을 도	日ト・ど 中tú

풀이 1. 앓다. 2. 두려워하다.

瘏痡(도부) 병이 심하여 걸어다니지 못함.

瘍	⑨ 14획 종기 양	日ヨウ 中yáng

풀이 1. 종기. 헐다. 2. 상처.

瘉	⑨ 14획 병 나을 유	日ユ 中yù

풀이 1. 병이 낫다. 2. 앓다. 병들다. 3. 병이 중하다. 4. 남보다 낫다.

瘐	⑨ 14획 근심하여 앓을 유	日ユ 中yǔ

풀이 1. 고민하여 앓다. 2. 옥사(獄死)하다.

瘐死(유사) 옥중에서 병이나 고문으로 인해 병사함.

瘖	⑨ 14획 벙어리 음	日イン 中yīn

풀이 벙어리.

瘖聾(음롱) 벙어리와 귀머거리.

瘖默(음묵) 벙어리처럼 말을 안함.

瘖啞(음아) 벙어리.

유 瘂(벙어리 아)

瘓	⑨ 14획 중풍 탄	日タン 中huàn

풀이 1. 중풍 2. 앓다.

유 痱(중풍 비)

瘋	⑨ 14획 두통 풍	日フウ 中fēng

풀이 1. 두통. 2. 두풍 3. 미치광이.

瘊	⑨ 14획 무사마귀 후	日コウ 中hóu

풀이 무사마귀.

瘛	⑩ 15획 경풍 계	日ケイ 中chì

풀이 경풍. 어린아이가 경련을 일으키는 병.

瘛瘲(계종) 어린아이가 경련을 일으키는 병. 경기(驚氣).

瘝	⑩ 15획 앓을 관	日カン 中guān

풀이 앓다. 병들다.

瘤	⑩ 15획 혹 류(유)	日リュウ 中liú

풀이 혹. 돌기.

瘤腫(유종) 혹.

瘤贅(유췌) 혹.

瘢	⑩ 15획 흉터 반	日ハン 中bān

* 형성. 뜻을 나타내는 부수 '疒(병들어 기댈 녁)'과 음을 나타내는 '般(일반 반)'을 합친 글자.

풀이 흉터. 상처 자국. 흔적.

瘢疣(반우) 흉과 혹.

瘢痍(반이) 흉터.

瘢瘡(반창) 상처의 흔적.

瘢創(반창) 반흔(瘢痕).

瘢痕(반흔) 흉터. 상처의 흔적.

瘦	⑩ 15획	日ソウ
	파리할 수	中shòu

풀이 파리하다. 여위다. 마르다.

瘦客(수객) 몹시 야윈 사람.
瘦硬(수경) 글씨가 가늘고도 힘이 있음.
瘦軀(수구) 몹시 여위고 마른 몸. 수척한 몸.
瘦羸(수리) 여위고 파리함.
瘦削(수삭) 몹시 여윔. 수척함.
瘦損(수손) 여윔. 여위어 몸이 축남.
瘦身(수신) 수척한 몸. 마른 몸.
瘦涓(수연) 졸졸 흐르는 작은 시냇물.
瘦容(수용) 야윈 얼굴. 수척한 얼굴.
瘦瘠(수척) 몸이 여위고 파리함.

유 瘵(병들 채) 憔(수척할 초)

瘜	⑩ 15획	日シキ
	궂은살 식	中xī

풀이 궂은살.

瘜肉(식육) 혹과 같은 궂은살.

瘞	⑩ 15획	日エイ
	묻을 예	中yì

풀이 1. 묻다. 매장하다. 2. 무덤.

瘞埋(예매) 땅에 묻음. 장사지냄. 예매(瘞薶).
瘞位(예위) 제사가 끝난 후 축(祝)·백(帛)을 묻는 곳.

瘟	⑩ 15획	日オン
	염병 온	中wēn

풀이 염병. 돌림병.

瘟疫(온역) 돌림병. 전염병.

瘣	⑩ 15획	日カイ
	앓을 외	中huì

풀이 1. 앓다. 2. 병으로 생기는 나무의 혹.

瘥	⑩ 15획	
	❶앓을 차	日サ
	❷나을 채	中cuó, chài

풀이 ❶ 1. 앓다. 병. 2. 역질. ❷ 3. 병이 낫다.

瘡	⑩ 15획	日ソウ
	부스럼 창	中chuāng

* 형성. 뜻을 나타내는 부수 '疒(병들어 기댈 녁)'과 음을 나타내는 '倉(곳집 창)'을 합친 글자.

풀이 1. 부스럼. 종기. ¶瘡藥 2. 상처. 흉터.

瘡口(창구) 부스럼이 터져 생긴 구멍.
瘡癘(창려) 부스럼.
瘡瘢(창반) 부스럼이 났던 자국이나 날카로운 물건에 다친 흉터.
瘡病(창병) 매독(梅毒).
瘡藥(창약) 부스럼에 쓰는 약.
瘡瘍(창양) 종기. 부스럼. 창종(瘡腫).
瘡痍(창이) 1)날카로운 물건에 다친 상처. 2)재해. 손해.
瘡腫(창종) 온갖 부스럼.
瘡疾(창질) 매독(梅毒). 창병(瘡病).

유 瘻(부스럼 루)

瘠	⑩ 15획	日セキ
	파리할 척	中jí

풀이 1. 파리하다. 여위다. 2. 메마르다. 3. 살이 썩다. 버려진 송장. 4. 궁핍하다.

瘠馬(척마) 여윈 말.
瘠薄(척박) 땅이 몹시 메마르고 기름지지 못함.
瘠瘦(척수) 여위고 파리함.
瘠土(척토) 몹시 메마른 땅.

유 瘦(파리할 수) 憔(수척할 초)

瘧	⑩ 15획	日ギャク
	학질 학	中nüè, yào

풀이 학질. 말라리아.

瘧疾(학질) 말라리아.

유 痎(학질 해)

瘽	⑪ 16획	日キン
	앓을 근	中qín

풀이 1. 앓다. 병들다. 2. 지치다. 고달프다.

瘰	⑪ 16획	日ラ·るいれき
	연주창 라	中luǒ

5획

풀이 연주창. 목 둘레에 생기는 종기.

瘻	⑪ 16획	日ルイ
	부스럼 루(누)	中lòu

풀이 1. 부스럼. 2. 혹. 3. 곱사등이.

瘻痀(누구) 곱사등이.

瘻癘(누라) 목에 나는 종기. 나병(癩病).

瘻痔(누치) 치루.

疳瘻(감루) 잔 구멍이 생기고 고름이 나는 부스럼.

유 瘡(부스럼 창)

瘼	⑪ 16획	日マツ
	병들 막	中mò

풀이 병들다. 병.

瘴	⑪ 16획	日ショウ
	장기 장	中zhàng

풀이 장기(瘴氣). 풍토병.

瘴氣(장기) 습하고 더운 땅에서 생기는 나쁜 기운.

瘴毒(장독) 축축하고 더운 지방에서 생기는 독기. 장기(瘴氣).

瘴癘(장려) 장기(瘴氣)를 마셔서 생기는 병.

瘴霧(장무) 장독(瘴毒)이 서린 안개.

瘴疫(장역) 무덥고 습한 지방의 독기로 인하여 일어나는 유행성 열병.

瘴地(장지) 장기(瘴氣)가 있는 땅.

瘴瘧(장학) 열대 지방에 유행하는 학질.

瘴歊(장효) 장기(瘴氣)가 떠오르는 모양.

瘯	⑪ 16획	日ゾク
	피부병 족	中cù

풀이 피부병. 옴.

瘯蠡(족라) 옴이나 그와 비슷한 피부병.

瘲	⑪ 16획	日ショウ
	경풍 종	中zòng

풀이 경풍(驚風). 경기(驚氣). 한방에서 어린이가 경련을 일으키는 병.

瘵	⑪ 16획	日サイ
	앓을 채	中zhài

풀이 1. 앓다. 병. 2. 지치다.

瘳	⑪ 16획	日チュウ
	나을 추	中chōu

풀이 1. 낫다. 병이 나아지다. 좋아지다. 2. 줄다. 감소하다.

瘳愈(추유) 병이 나음. 완쾌함.

瘭	⑪ 16획	日ヒョウ
	생인손 표	中biāo

풀이 생인손.

瘭疽(표저) 손톱이나 발톱 밑의 조직(組織)에 화농균이 들어가 곪고 붓는 병.

癎	⑫ 17획	日カン
	경풍 간	中xián

풀이 1. 경풍. 경기. 2. 간질.

癎癖(간벽) 신경질을 잘 내는 버릇.

癎病(간병) 소아병의 하나로 갑자기 의식을 잃고 근육이 경련을 일으키는 병.

癉	⑫ 17획	
	❶ 앓을 단	日タン
	❷ 피곤할 다	中dān, dàn, dǔo

풀이 1 1. 앓다. 2. 괴로워하다. 괴롭히다. 3. 부스럼. 4. 황달. 2 5. 피곤하다. 고달프다. 6. 성내다.

癉熱(단열) 황달(黃疸). 달병(疸病).

癉疽(단저) 악성의 부스럼.

癆	⑫ 17획	日ロウ
	중독 로(노)	中láo

풀이 1. 중독. 중독되다. 2. 폐결핵.

癆瘵(노채) 폐결핵의 말기.

療	⑫ 17획	日リョウ
	병 고칠 료(요)	中liáo

풀이 1. 병을 고치다. 치료하다. 2. 면하다.

療救(요구) 병을 치료하여 목숨을 구함.
療飢(요기) 음식을 조금 먹어 시장기를 면함.
療法(요법) 병을 고치는 방법.
療養(요양) 쉬면서 병을 치료함.
療疾(요질) 병을 치료함.
療治(요치) 병을 고침.
療護(요호) 병을 간호함. 간병(看病).
醫療(의료) 의술로 병을 고치는 일.

유 治(다스릴 치) 반 病(병 병)

癃 ⑫ 17획 日リュウ
느른할 륭 中lóng

풀이 1. 느른하다. 2. 곱사등이. 3. 늙다.

癃疾(융질) 허리가 굽고 등이 높아지는 병. 곱사등이.

癌 ⑫ 17획 日ガン
암 암 中ái

풀이 암. 악성으로 치료하기 힘든 종양.

癌細胞(암세포) 암을 이루는 세포.
癌腫(암종) 암(癌).

癀 ⑫ 17획 日タイ
대하증 대·퇴 中tuí

풀이 대하증. 여자들의 음부의 병.

癐 ⑬ 18획
❶ 위독할 괴 日カイ·イ
❷ 고함칠 위 中guì, wēi

풀이 1 1. 위독하다. 병세가 악화되다. 2. 앓다. 병.
2 3. 고함치다.

癑 ⑬ 18획 日ノウ
아플 농 中nòng, nóng

풀이 1. 아프다. 2. 종기가 곪아 터지다. 3. 고름.

癉 ⑬ 18획 日タン
앓을 단 中dǎn

풀이 1. 앓다. 괴로워하다. 2. 중풍.

癘 ⑬ 18획
❶ 문둥병 라 日ラ
❷ 창병 려(여) 中lì

풀이 1 1. 문둥병. 염병. 2 2. 창병. 창질.

癘疫(여역) 1)피부 전염병. 창병(瘡病). 2)유행성 열병.

癖 ⑬ 18획 日ヘキ·くせ
적취 벽 中pǐ

풀이 1. 적취. 소화 불량. 오랜 체증으로 뱃속에 덩어리가 생기는 병. 2. 버릇. 습관.

癖痼(벽고) 고질병.
癖病(벽병) 나쁜 버릇.
癖好(벽호) 버릇이 될 정도로 몹시 좋아함.

癓 ⑬ 18획 日ヒ
부스럼 미 中wéi

풀이 부스럼. 발에 난 부스럼. 무좀.

癙 ⑬ 18획 日ショ
근심할 서 中shǔ

풀이 1. 근심하다. 속 끓이다. 2. 부스럼.

癙憂(서우) 근심 걱정으로 우울함.

유 愁(근심 수)

癒 ⑬ 18획 日ユ
병 나을 유 中yù

풀이 병이 낫다.

유 療(병 고칠 료)

癜 ⑬ 18획 日デン
어루러기 전 中diàn

풀이 어루러기. 회백색 또는 갈색의 얼룩이 생기는 피부병.

癜風(전풍) 어루러기. 땀이 많은 사람의 몸에 생기는 피부병으로 회백색 또는 갈색의 반점이 생기고 가려운 병.

 ⑭ 19획 日イン
두드러기 은 中yǐn

풀이 두드러기.

⑭ 19획 日サイ
앓을 제 中jí

풀이 1. 앓다. 병들다. 2. 작다.

⑭ 19획 日チ
어리석을 치 中chī

* 형성. 뜻을 나타내는 부수 '疒(병들어 기댈 녁)'과 음을 나타내는 '疑(의심할 의)'를 합친 글자.

풀이 1. 어리석다. 미련하다. 2. 열중하다.

癡骨(치골) 어리석은 사람.
癡鈍(치둔) 어리석고 둔함.
癡聾(치롱) 어리석고 귀먹은 사람.
癡呆(치매) 1)정상적인 정신 능력을 잃어버린 상태. 노망(老妄). 2)바보.
癡物(치물) 어리석은 사람을 욕하는 말.
癡笑(치소) 바보 같은 웃음.
癡言(치언) 바보 같은 말. 어리석은 말.
癡愚(치우) 지능 발달이 현저히 떨어지는 정신 박약의 한 유형.
癡人(치인) 어리석고 못난 사람.
痴人說夢(치인설몽) 어리석은 사람에게 꿈을 이야기한다는 뜻으로, 상대방이 전혀 이해하지 못함을 이르는 말.

●痴人說夢(치인설몽)의 유래

당나라 고승 승가(僧伽)가 여행을 하던 중 어떤 사람이 그에게 "당신의 성이 무엇이오(何姓)?"하고 묻자 "하씨 성이오(姓何)."라고 하고, "어느 나라 사람이오(何國人)?" 하자 "하나라 사람이오(何國人)."하며 말장난을 하였다. 그런데 후에 당나라 문인이 승가의 비문을 '성은 하씨요, 하나라 사람이다.'라고 썼다. 이를 비유하여 어리석은 사람에게 꿈 이야기를 한 것 같다고 하였다.

癡情(치정) 남녀 사이에 생기는 어지러운 정.
癡漢(치한) 1)여자를 괴롭히거나 희롱하는 남자. 2)어리석고 못난 사람. 치인(癡人).

유 愚(어리석을 우)

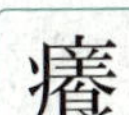

⑮ 20획 日ヨウ
가려울 양 中yǎng

풀이 가렵다. 근질거리다.

癤

⑮ 20획 日テツ
부스럼 절 中jiē

풀이 부스럼. 작은 부스럼.

유 瘡(부스럼 창)

癨

⑯ 21획 日カク
곽란 곽 中huò

풀이 곽란. 토하고 설사를 하는 급성 위장병.

癨亂(곽란) 급성 위장병. 음식에 체하여 심한 토사를 하며 심한 복통을 일으킴.

癧

⑯ 21획 日レキ
연주창 력 中lì

풀이 연주창. 목 둘레에 생기는 종기.

癩

⑯ 21획 日ライ
문둥병 라(나) 中lài

풀이 문둥병.

癩病(나병) 문둥병.
癩子(나자) 문둥이.

癬

⑰ 22획 日セン
옴 선 中xuǎn

풀이 1. 옴. 피부병. 2. 종기. 부스럼.

癭

⑰ 22획 日エイ
혹 영 中yǐng

풀이 1. 혹. 사람 몸에 난 혹. 2. 병으로 생기는 나무의 혹.

癮

⑰ 22획 日イン
두드러기 은 中yǐn

풀이 두드러기.

癯

⑱ 23획 日ク
여윌 구 中qú

풀이 여위다. 파리하다.

癯劣(구열) 파리하고 쇠약함.
癯瘠(구척) 여윔. 파리해짐.
癯瘁(구췌) 여위고 초췌함.

癰 ⑱ 23획 日ヨウ
악창 옹 中yōng

풀이 악창(惡瘡). 등창. 부스럼.

癰疽(옹저) 악성 종기의 통칭.

癰癤(옹절) 급성으로 곪아 한가운데에 마개처럼 근이 박히는 큰 종기.

癲 ⑲ 24획 日テン
미칠 전 中diān

풀이 미치다. 광증. 지랄병.

癲癎(전간) 지랄병. 간질(癎疾).

癲狂(전광) 1)실없이 웃는 미친 병. 2)간질과 광기(狂氣).

癲狗(전구) 미친 개.

癱 ⑲ 24획 日タン
중풍 탄 中tān

풀이 1. 중풍. 사지 또는 몸의 일부가 마비되는 병. 2. 마비.

癱脚(탄각) 다리가 마비되는 병.

癱瘓(탄탄) 중풍으로 반신불수가 됨. 편고(偏枯).

癶부

癶 필발머리 部

'癶' 자는 밖을 향하거나 혹은 위를 향해 발이 움직이는 모양을 나타낸 글자로, '걷다'는 뜻을 가진다. '發(필 발)'의 머리 부분에 해당하기 때문에 부수 명칭으로는 '필발머리'라고 한다. '걷다' 외에 '벌리다', '등지다'는 뜻을 나타내기도 하나, 단독의 문자로는 사용하지 않는다.

5획

癶 ⓪5획 日ハツ・ハチ
등질 발 中bō

풀이 1. 등지다. 사이가 틀어지다. 2. 걷다.

癸 ④ 9획 日キ・みずのと
열째 천간 계 中guǐ

丿 ㇇ 㐅 癶 癶 癶 癸 癸 癸

*상형. 나무 두 조각을 열십자로 놓고 해돋이와 일몰을 관측하여 방위를 알 수 있는 기구의 모양을 본뜬 글자.

풀이 1. 열째 천간. 십간(十干)의 열째. 계절은 겨울. ¶癸未字 2. 헤아리다. 3. 월경(月經).

癸方(계방) 정북(正北)에서 동으로 15도 되는 점을 중심으로 한 15도의 방위

癸水(계수) 여자의 월경.

癸酉(계유) 60갑자의 10번째.

發 ④ 9획 日ハツ
짓밟을 발 中bá

풀이 1. 짓밟다. 2. 풀 베다. 제초(除草)하다.

登 ⑦ 12획 日トウ・のぼる
오를 등 中dēng, dé

丿 ㇇ 㐅 癶 癶 癶 癶 登 登 登 登 登

*상형. 두 발(癶)을 들어 올린(豆) 모양을 본뜬 글자로 '들다', '오르다'의 뜻을 나타냄.

풀이 1. 오르다. ㉠산에 오름. ㉡지위에 오름. ¶登山 2. 올리다. 드리다. 3. 잡다. 4. 높다. 5. 이루다. 얻다. 6. 정하다. 7. 익다. 여물다. 8. 바로. 즉시.

登閣(등각) 1)누각에 오름. 2)내각에 출두함.

登高(등고) 높은 곳에 올라감. 등척(登陟).

登科(등과) 과거에 급제함.

登校(등교) 학교에 출석함.

登極(등극) 임금의 지위에 오름. 즉위(卽位).

登記(등기) 1)장부에 기재함. 2)민법상의 권리 관계 또는 사실을 널리 밝히기 위하여 일정한 사항을 등기부에 올리는 일.

登年(등년) 1)여러 해가 걸림. 2)풍년.

登壇(등단) 1)왕조 때, 대장을 임명하는 단에 오름. 2)연단(演壇)이나 교단 등에 올라감. 3)어떤 분야에 처음으로 등장함.

登途(등도) 길을 떠남.

登覽(등람) 높은 곳에 올라가 주위를 바라봄.

登錄(등록) 1)문서나 장부에 올림. 2)법령의 규정에 의한 어떠한 권리 관계 또는 신분 관계 등의 사항을 관청의 장부에 기재하는 일.

登樓(등루) 1)누각(樓閣)에 오름. 2)기생집에 놀러 감.

登臨(등림) 1)높은 곳에 올라가서 밑을 내려다봄. 2)왕이 되어 나라를 다스림.

登聞鼓(등문고) 신문고(申聞鼓).

登攀(등반) 험한 산이나 절벽을 기어 올라감.

登盆(등분) 땅에 심었던 화초를 화분에 옮겨 심음.

登氷(등빙) 얼음 위를 건너감.

登山(등산) 산에 오름.
登仙(등선) 1)하늘로 올라가 신선이 됨. 2)존귀한 사람이 죽음.
登船(등선) 배에 오름. 승선(乘船).
登禪(등선) 선왕이 자리를 양도하여 제위(帝位)에 오름.
登涉(등섭) 산에 오르고 물을 건넘.
登用(등용) 인재를 골라 뽑아 씀.
登龍門(등용문) 1)입신출세(立身出世)의 관문(關門). 2)용문을 오르면 용이 된다는 뜻으로, 뜻을 이루어 크게 출세함을 이르는 말.

○登龍門(등용문)의 유래
용문(龍門)은 황하 상류에 있는 골짜기로, 급류가 심하고 험해 수많은 물고기들이 이 용문 아래로 왔지만 여간해서 용문으로 오르지 못하였다고 한다. 그러나 한 번 오르기만 하면 순식간에 용으로 변했다는 이야기에서 유래된 말이다.

登位(등위) 군주(君主)가 제왕의 자리에 오름.
登載(등재) 신문 · 잡지 또는 서적 같은 데에 기사로서 올려 실음.
登程(등정) 길을 떠남.
登第(등제) 과거(科擧)에 급제함.
登祚(등조) 임금의 지위에 오름. 등극.
登進(등진) 올려서 나아가게 함. 승진시킴.
登陟(등척) 산이나 고개 등과 같은 높은 곳에 오름. 등고(登高).
登踐(등천) 올라가 밟음.
登廳(등청) 관청에 나아감. 관청에 출근함.
登遐(등하) 1)먼 하늘에 오름. 2)제왕(帝王)의 죽음. 승하(昇遐). 3)신하의 죽음.
登行(등행) 높은 곳으로 올라감.

유 昇(오를 승) 반 降(내릴 강)

發	⑦ 12획	日 ハッ · はなつ · おこる
	쏠 발	中 fā

풀이 1. 쏘다. 활 등을 쏘다. ¶發射 2. 가다. 출발하다. 3. 꽃이 피다. 4. 일어나다. 일이 생기다. 5. 일으키다. 일을 벌이다. ¶發兵 6. 싹이 트다. 7. 열다. 8. 실행하다. 9. 드러나다. 나타나다. 10. 밝히다. 11. 비롯하다. 시작하다. 12. 들추다. ¶發覺 13. 흩어지다.

發覺(발각) 숨겨 있던 일이 알려짐. 비밀이나 나쁜 일 등이 드러남.
發刊(발간) 신문 · 서적 등의 출판물을 간행함.
發見(1.발견/2.발현) 1)미처 찾아내지 못했거나 알려지지 않은 것을 찾아냄. 2)나타남.
發狂(발광) 1)병으로 미친 증세가 일어남. 2)미침.
發光(발광) 빛을 냄.
發掘(발굴) 땅 속에 묻힌 물건을 파냄.
發券(발권) 갖가지 물품이나 서비스로 교환할 수 있는 종이로 된 증서를 발행함.
發給(발급) 발행하여 줌.
發起(발기) 1)어떤 새로운 일을 시작함. 2)불도를 구하려는 마음을 일으킴.
發端(발단) 1)일이 처음으로 일어남. 2)일의 실마리. 일의 시초.

❖ 발단(發端)에 관한 고사성어
• 嚆矢(효시) 우는 화살이란 뜻으로, 옛날에 전쟁을 할 때에 가장 소리가 잘나는 화살을 쏘아서 전쟁의 시작을 알렸다는 데서 유래한 말.
• 濫觴(남상) 술잔을 넘치다라는 뜻으로, 아무리 큰 물줄기라 하더라도 그 근원을 따지고 보면 자그마한 술잔에서 넘치는 물로부터 시작된다는 뜻.
• 破天荒(파천황) 이전에 아무도 하지 못한 일을 처음으로 함.

發達(발달) 1)발육하여 자람. 2)학문 또는 사회 등이 진보함.
發動(발동) 1)움직이기 시작함. 활동을 시작함. 2)동력을 일으킴. 3)공공기관이 그 권한을 행사함.
發令(발령) 1)명령을 냄. 2)법령(法令)이나 사령(辭令)을 발포(發布)하거나 공포(公布)함.
發露(발로) 숨겨 있던 사물이 겉으로 드러남.
發賣(발매) 팔기 시작함. 상품을 내어서 팖.
發明(발명) 아직까지 없던 어떠한 물건이나 방법을 새로 만들어 냄. 알려지지 않은 일을 생각해 냄.
發病(발병) 병이 남.
發福(발복) 운이 틔어 복이 닥침.
發付(발부) 증서 · 영장 등을 발행함.
發憤(발분) 1)가라앉았던 마음과 힘을 돋우어 일으킴. 분발(奮發). 2)분노심을 일으킴.
發射(발사) 화살이나 총탄 등을 쏨.
發散(발산) 1)속에 들어 있던 열이나 냄새가 밖으로 퍼져 흩어짐. 2)정열이나 울분 등을 행동으로 나타내어 밖으로 풀어 없앰.
發想(발상) 1)어떤 생각을 해냄. 2)사상이나 감정을 나타냄.
發祥(발상) 1)상서로운 조짐이 나타남. 2)역사상 큰 의의를 가질 만한 일이 처음으로 나타남. 3)제왕이나 그 조상이 출생함.
發生(발생) 1)어떤 현상이 생겨남. 태어남. 2)일이 비롯하여 일어남.
發說(발설) 말을 입 밖에 냄.
發聲(발성) 목소리를 냄. 또는 그 목소리.
發送(발송) 물건이나 편지 · 서류 같은 것을 보냄.

5획

發信(발신) 소식이나 우편 또는 전신을 보냄.
發芽(발아) 씨앗에서 싹이 나옴.
發惡(발악) 사리를 분간하지 않고 덮어놓고 모진 소리나 짓을 함.
發揚(발양) 1)마음·기운·재주·기세 같은 것을 일으킴. 떨쳐 일으킴. 2)인재를 등용함.
發言(발언) 1)말을 꺼냄. 또는 그 말. 2)구두(口頭)로 의견을 진술함.
發熱(발열) 1)물체가 열을 냄. 2)병으로 인하여 체온이 정상 온도 이상으로 오름.
發源(발원) 1)물의 근원. 물줄기가 생겨나 흐르는 근원. 2)사물이 일어나는 근원.
發願(발원) 신불에게 소원을 빎.
發育(발육) 발달하여 크게 자람. 성장함.
發音(발음) 1)소리를 냄. 2)말의 음운을 음성화하는 일. 또는 그 음성.
發議(발의) 1)의견·이의(異議)를 제창함. 2)회의에서 의안(議案)을 제출함.
發靷(발인) 장사(葬事) 때 상여(喪輿)가 묘지를 향해 집에서 떠남.
發作(발작) 1)어떤 감정이 갑자기 일어남. 2)어떠한 병이나 증세가 갑자기 일어남.
發展(발전) 1)세력 등이 널리 뻗어 나아감. 2)어떤 상태가 보다 좋은 상태로 되어감. 3)낮은 단계에서 높은 단계로 올라감.
發電(발전) 전기를 일으킴.
發情(발정) 포유류의 성숙한 암컷이 본능적으로 성욕을 일으키는 일.
發足(발족) 어떤 단체나 모임 등이 새로 설립되어 활동을 시작함.
發疹(발진) 열성병(熱性病)으로 피부나 점막에 좁쌀만한 작은 종기가 생김. 또는 그 종기.
發車(발차) 기차·전차·자동차 등이 떠나감.
發着(발착) 출발과 도착.
發破(발파) 바위나 건물 등을 화약을 써서 터뜨려 해체시킴.
發布(발포) 법률·명령 등을 세상에 널리 공포(公布)함.
發砲(발포) 총포를 쏨.
發表(발표) 1)어떤 사실이나 내용 등을 사회에 널리 드러내어 알림. 2)임금께 편지나 보고 등을 올리는 일.
發汗(발한) 1)땀을 냄. 땀이 남. 2)병을 치유하는 데 도움이 되도록 몸에 땀을 내어서 그 기운을 발산시킴.
發港(발항) 출항(出港).
發行(발행) 1)서적·신문 등을 인쇄하여 세상에 내놓음. 출판(出版)함. 2)화폐·증권·증명서 등을 만들어 사회에 널리 쓰이도록 통용시킴.
發現(발현) 1)숨겨져 있던 것이 바깥으로 드러나 보임. 또는 드러나게 함. 2)발휘함.
發火(발화) 1)불이 일어남. 불이 타기 시작함. 2)실탄을 쓰지 않고 화약만을 넣고 쏘아 불만 일어나게 함.
發效(발효) 효력을 내기 시작함.
發揮(발휘) 재능이나 힘 등을 드러냄.
發興(발흥) 일어나 흥함.

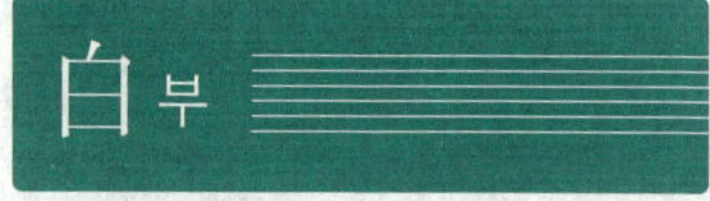

白 흰 백 部

'白' 자는 색깔이 '흼'을 나타낸다. 또한 그 색깔이 상징하듯이 '아무것도 없다'는 뜻을 나타내기도 하고, 결백(潔白)에서처럼 '깨끗하다', 또는 '밝다'는 뜻을 지니기도 하며, 고백(告白)에서처럼 '말하다', '여쭈다'의 의미로도 쓰인다.

丿 ⺁ 白 白 白

＊상형. 햇빛이 위를 향하여 비추는 모양을 본떠 '희다', '밝다'의 뜻을 나타냄.

풀이 1. 희다. 흰빛. 2. 깨끗하다. ¶白米 3. 공명정대하다. 4. 관직이 없는 백성. 5. 밝히다. 명백하게 하다. 6. 여쭈다. 아뢰다. ¶謹白 7. 잔. 술잔. 8. 은(銀). 9. 말하다. ¶獨白 10. 노려보다.

白骨(백골) 송장의 살이 썩어 없어지고 남은 흰 뼈. 죽은 이의 뼈.
白駒(백구) 1)흰색 망아지. 2)햇빛.
白鷗(백구) 갈매기.
白旗(백기) 1)흰 기. 2)적에게 항복할 때 드는 기.
白畓(백답) 날이 가물어서 모를 심지 못한 논.
白糖(백당) 흰빛의 설탕. 백설탕. 백사탕.
白頭(백두) 희게 센 머리. 백수(白首).
白露(백로) 24절기의 하나. 9월 8일경. 이때부터 가을 기운이 스며듦.
白馬(백마) 흰말.
白沫(백말) 흰 물거품.
白面書生(백면서생) 글만 읽고 세상 일에는 경험이 없는 젊은이.
白墨(백묵) 백회산 석회로 만들어 칠판에 글씨를 쓰게 하는 것. 분필.
白米(백미) 현미를 찧어서 겨를 빼고 희게 한 쌀.

白眉(백미) 1)흰 눈썹. 2)여럿 가운데서 가장 뛰어남.

◐白眉(백미)의 유래

삼국 시대, 유비(劉備)는 적벽대전의 승리로 형주(荊州), 양양(襄襄), 남군(南郡)을 얻었다. 이때 이적(伊籍)이, "새로 얻은 땅들을 오래 지키려면, 먼저 어진 선비를 구해야 할 것입니다."라고 했다. 유비가 이적(伊籍)에게 물었다. "어진 선비가 누구요?" "형양(荊襄)에 있는 마씨 집안의 다섯 형제는 모두 재주가 뛰어난데, 그 중에서도 눈썹에 흰 털이 난 마량(馬良)이 제일이라고 합니다. 유비는 즉시 마량(馬良)을 불러 참모로 삼았다. 《삼국지(三國志)》

白礬(백반) 1)명반(明礬)을 구워서 만든 덩이. 매염료(媒染料)로 쓰임. 2)백반의 가루.

白飯(백반) 흰밥.

白髮(백발) 하얗게 센 머리털.

白兵戰(백병전) 칼 · 총검 등을 휘두르며 적과 아군이 서로 직접 맞붙어 싸우는 전투.

白粉(백분) 1)흰 가루. 2)화장할 때 쓰는 흰 분.

白蛇(백사) 흰 빛깔을 띤 뱀.

白沙場(백사장) 흰 모래밭. 강이나 바닷가의 흰 모래톱.

白色(백색) 흰 빛깔.

白書(백서) 정부가 발표하는 공식적인 실정 보고서.

白雪(백설) 흰 눈.

白首(백수) 하얗게 센 머리. 노인의 머리.

白壽(백수) '百'에서 '一'을 빼면 '白'이 된다는 데서 아흔 아홉 살을 뜻하는 나이의 명칭.

白熟(백숙) 고기나 생선 등을 양념하지 않고 맹물에 삶음. 또는 그렇게 한 음식.

白眼視(백안시) 업신여기거나 냉대하여 흘겨봄.

◐白眼視(백안시)의 유래

남북조 시대 죽림칠현의 한 사람인 완적(阮籍)은 많은 책을 읽었으며, 술을 좋아하고 거문고도 잘 탔다. 그는 세속의 예의범절에 구애받지 않아서, 어머니 장례식 때 조문객이 왔는데도 침상에 앉아 손님들을 바라볼 뿐, 곡도 하지 않았다. 그는 기쁜 표정이나 성내는 표정을 잘 짓지 않았으며, 예절에 사로잡힌 사람을 보면 흰 눈으로 흘겨보았다는 데서 유래한 말이다.

白夜(백야) 북극이나 남극에 가까운 지방에서 여름 일몰(日沒) 후에도 반영(反映)하는 태양 광선 때문에 밝은 현상이 계속됨. 또는 그러한 상태의 밤.

白熱(백열) 1)물체가 백색광에 가까운 빛을 발할 정도로 아주 높은 온도에서 가열됨. 2)극도에 오른 정열.

白玉(백옥) 흰 빛깔의 옥. 흰 구슬.

白雲(백운) 흰 구름.

白衣(백의) 1)흰 옷. 2)관직이 없는 사람. 포의(布衣).

白人(백인) 1)보통 사람. 2)백색 인종.

白日(백일) 1)한낮. 2)빛나는 태양. 흐리지 않은 날. 3)아무 죄가 없고 결백함.

白日場(백일장) 1)조선 때, 유생(儒生)의 학업을 장려하려고 각 지방에서 베풀던 시문을 짓는 시험. 2)국가나 단체에서 글짓기를 장려하기 위해 주관하는 글짓기 대회.

白磁(백자) 흰 빛깔의 자기.

白藏(백장) 1)가을의 다른 이름. 2)필요한 곳에 쓰지 않고 썩혀 둠. 사장(死藏).

白丁(백정) 가축류의 도살을 주업으로 하고 버들고리를 겯는 일을 부업으로 삼는 사람. 백장.

白鳥(백조) 1)흰 새. 2)오릿과에 속하는 희고 목이 긴 물새. 3)모기의 다른 이름.

白晝(백주) 밝은 대낮.

白酒(백주) 1)빛깔이 흰 술. 2)배갈.

白紙(백지) 1)빛깔이 흰 종이. 2)아무것도 쓰지 않거나 그리지 않은 종이. 3)전혀 모르는 상태.

白痴(백치) 지능이 몹시 열등한 사람. 바보.

白苔(백태) 1)몸의 열이나 또는 위병으로 혓바닥에 끼는 황백색 물질. 2)눈병의 한 가지. 눈에 끼어 앞이 안 보이게 하는 황백색 물질.

白土(백토) 1)빛깔이 희며 부드러운 흙. 2)화산회(火山灰).

白布(백포) 흰 베.

白合花(백합화) 나리꽃. 백합의 꽃.

白血球(백혈구) 혈액 · 임파선(淋巴線) 가운데 있는 무색의 혈구. 신체 안에 침입하는 해로운 세균을 없애는 구실을 함.

白虎(백호) 1)흰 호랑이. 2)청룡(靑龍) · 주작(朱雀) · 현무(玄武)와 더불어 사방 중 서쪽을 지키는 사신(四神)의 하나.

白話(백화) 중국의 일상 언어. 또는 그것으로 쓴 문학.

潔白(결백) 1)깨끗하고 흼. 2)욕심이 적고 마음이 맑음. 3)지조를 더럽히지 않고 깨끗함. 4)죄가 없음. 공명정대함.

告白(고백) 1)숨긴 일이나 생각한 것을 사실대로 솔직하게 말함. 2)참회자가 고해성사를 통해 죄를 용서 받으려고 신부에게 지은 죄를 솔직히 말하는 일.

空白(공백) 1)텅 비어서 아무것도 없음. 2)종이 · 책에 아무 표시가 없는 것.

蛋白質(단백질) 아미노산으로 구성된 고분자 화합물.

淡白(담백) 깨끗하고 산뜻함. 담박(淡泊).

獨白(독백) 혼자서 중얼거림. 연극에서 배우가 관객에게 자기의 마음속을 알리기 위하여, 상대자 없이 혼자 말하는 대사. 모놀로그.

비 百(일백 백) 伯(맏 백)

百	① 6획	日 ヒャク・もも
	일백 백	中 bǎi, bó, mò

一 ㄱ 丆 丙 百 百

* 형성. 뜻과 음을 나타내는 부수 '白(흰 백)'과 '一(한 일)'을 합친 글자. 이에 '일백'의 뜻으로 쓰임.

풀이 1. 일백. 백개. 2. 많은. 모든. 3. 백 번.

百家(백가) 1)여러 학자. 유가(儒家)의 정계(正系) 이외에 일가(一家)를 이룬 학자의 통칭. 2)여러 학자들의 저서. 백가서(百家書).

百劫(백겁) 아주 오랜 세월.

百結衣(백결의) 해진 곳마다 꿰맨 옷. 누더기.

百計(백계) 온갖 꾀. 온갖 계책.

百穀(백곡) 여러 가지 곡식. 많은 곡식.

百工(백공) 1)모든 종류의 장인(匠人). 2)백관(百官).

百科(백과) 1)많은 과목. 온갖 학과. 2)백과사전의 준말.

百官(백관) 모든 벼슬아치.

百難(백난) 온갖 곤란.

百年(백년) 1)일백 년. 2)일생. 한평생. 3)오랜 세월.

百年河清(백년하청) 백 년에 한 번 황하가 맑아진다는 뜻으로, 아무리 오랜 시간이 걸려도 이루어지기 어려운 일을 비유하는 말.

○百年河清(백년하청)의 유래

춘추 시대 정나라가 초나라의 속국인 채(蔡)나라를 공격하자 이 일을 빌미로 초나라가 보복 공격을 했다. 정나라의 신하들은 항복하자는 측과 진(晉)나라의 원군을 기다리며 끝까지 싸우자는 측이 팽팽히 맞섰다. 이때 대부 자사(子駟)가 말하기를, "주나라의 시에 '황하의 흐린 물이 맑아지기를 기다리다가는 늙어 죽을 것이다. 점을 많이 치면 오히려 그물에 얽힌 듯 갈피를 잡을 수 없게 된다.'라는 구절이 있습니다. 우선 급한 대로 초나라에 복종하고, 진나라의 원군이 오면 또 그들을 따르면 됩니다." 이리하여 정나라는 초나라에 항복하여 화친을 맺었다. 《춘추좌전》

5획

百年偕老(백년해로) 부부가 행복하고 즐겁게 함께 늙음.

百祿(백록) 많은 복록(福祿). 온갖 행복.

百僚(백료) 모든 벼슬아치. 백관.

百忙中(백망중) 몹시 바쁜 때.

百聞不如一見(백문불여일견) 백 번 듣는 것이 한 번 보는 것만 못하다는 뜻으로, 실제의 경험이 중요함을 이르는 말.

○百聞不如一見(백문불여일견)의 유래

한나라 선제(宣帝) 때 변방의 유목민이 난을 일으키자 장군 조충국(趙充國)을 불러 난을 진압하는 데 필요한 전략이며 병역 등에 대해 의논하였다. 이에 조충국이 "백 번 듣는 것은 한 번 보느니만 못합니다. 군대의 일이란 현지 사정을 살피지 않고서는 계책을 세우기 어렵습니다. 일단 현지로 가서 살펴본 후 대책을 말씀드리겠습니다."고 한 데서 유래함.

百發百中(백발백중) 1)백 번 쏘아 백 번 다 맞춘다는 뜻으로, 사술(射術)이 뛰어남을 이르는 말. 2)계획이나 예상 등이 틀린 적이 없이 잘 들어맞음.

百方(백방) 1)온갖 방법. 여러 가지 방법. 2)여러 방면. 여기저기.

百病(백병) 모든 병. 만병(萬病).

百分率(백분율) 전체의 100분의 1을 단위로 하여 나타내는 비율. 백분비(百分比).

百獸(백수) 온갖 짐승.

百惡(백악) 온갖 못된 짓.

百藥(백약) 온갖 약.

百忍(백인) 아무리 어렵고 힘든 일이 있더라도 늘 잘 참고 견디어 냄.

百戰老將(백전노장) 1)많은 싸움을 겪은 노련한 장수. 2)세상의 모진 일들을 많이 겪어서 여러 가지 일에 능숙한 사람.

百戰百勝(백전백승) 백 번 싸워 백 번 이김. 싸움마다 다 이김.

○百戰百勝(백전백승)의 유래

승리에는 적을 공격하지 않고 얻는 승리와 적을 공격하여 얻는 승리가 있다. 전자는 최상책(最上策)이고 후자는 차선책(次善策)이다. 백 번 싸워 백 번 이겼다 해도 그것은 최상책이 아니다. 최상책은 싸우지 않고 상대방을 굴복시키는 것이며, 곧 적이 꾀하는 바를 간파하여 이를 봉쇄하는 것이다. 그 다음 상책은 적의 동맹 관계를 끊고 적을 고립시키는 것이고, 세 번째로 적과 싸우는 것이며, 최하책은 모든 수단을 다 쓴 끝에 강행하는 공성(攻城)이다. 《손자》 모공편(謀攻篇)

百中(백중) 1)쏘면 꼭 맞춤. 2)백중날. 음력 7월 보름날.

百草(백초) 여러 가지 풀.

百八煩惱(백팔번뇌) 인간이 가지고 있는 108가지의 번뇌.

百合(백합) 백합과에 속하는 다년생 초목의 총칭.

百害(백해) 온갖 해로움.

百害無益(백해무익) 해롭기만 하고 조금도 이로울 것이 없음.

百行(백행) 온갖 행동.

百刑(백형) 온갖 형벌.

百花(백화) 온갖 꽃.

百花爛漫(백화난만) 온갖 꽃이 피어서 아름답게 흐드러짐.

百花王(백화왕) 모란(牡丹)의 다른 이름.

百貨店(백화점) 일상 생활에 필요한 온갖 상품을 파는 규모가 큰 상점.

百花酒(백화주) 온갖 꽃을 넣어서 빚은 술.

百會穴(백회혈) 정수리의 숫구멍이 있는 자리.

百戲(백희) 갖가지 유희.

비 白(흰 백) 佰(일백 백)

皁	② 7획 하인 조	日ソウ · くろい 中zào

풀이 1. 하인. 2 마구간. 외양간. 말 우리. 3. 구유. 마소의 먹이를 담는 그릇. 4. 검다. 5. 검은 비단. 6. 상수리. 도토리.

皁巾(조건) 검은 두건.
皁君(조군) 황새.
皁櫪(조력) 1)마구간. 2)구유.

유 早(새벽 조)

皂	② 7획 皁(p903)의 俗字

的	③ 8획 과녁 적	日テキ · まと 中de, dí, dì

' ｲ 白 白 白 白' 的 的

* 형성. 뜻을 나타내는 부수 '白(흰 백)'과 음을 나타내는 '勺(구기 작)'이 합쳐져 이루어진 글자. 희고(白) 둥근(勹) 판의 한 점(丶)을 겨냥해서 활을 쏘는 것을 나타내어, '과녁'의 뜻으로 쓰임.

풀이 1. 과녁. 활을 쏘는 표적. ¶的中 2. 표준. 목표. 3. 요점. 4. 진실되다. 참되다. 5. 밝다. 환히 드러나는 모양. 6. 희다. 7. 확실하다. 틀림없다. ¶的否 8. 꼭. 반드시. 9. …의. …한. 소유 · 종속 · 수식 등의 관계를 나타내는 조사.

的見(적견) 아주 정확하게 봄.
的當(적당) 1)틀림없이 꼭 맞음. 2)확실(確實)함.
的歷(적력) 또렷하여 분명함.
的皪(적력) 희고 고운 모양. 선명한 모양.
的例(적례) 꼭 들어맞는 전례(前例).
的報(적보) 틀림없이 확실한 보고.
的否(적부) 틀림없이 꼭 맞음과 안 맞음.
的實(적실) 틀림이 없음.
的然(적연) 분명한 모양.
的中(적중) 1)화살이나 총 등의 발사한 것이 목표물에 정확히 맞음. 2)예측이 들어맞음.
的證(적증) 확실하고 틀림없는 증거.
的知(적지) 정확하고 확실하게 앎.
的確(적확) 틀림없음.

皆	④ 9획 다 개	日カイ · みな 中jiē

- ㅏ ㅏ' 比 比 毕 皆 皆 皆

* 회의. 사람이 줄을 지어 늘어선다는 뜻의 '比(견줄 비)'와 말한다는 의미를 지닌 '白(흴 백)'을 합친 글자. 이에 모두 같이 말하는 것을 나타내어, '죄다', '모두'의 뜻으로 쓰임.

풀이 1. 다. 모두. 함께. 2. 두루 미치다.

皆骨山(개골산) 우리나라 금강산(金剛山)의 겨울 동안의 다른 이름.
皆勤(개근) 일정한 기간 동안 하루도 빠지지 않고 출근함.
皆既蝕(개기식) 개기일식(皆既日蝕)과 개기월식(皆既月蝕)의 총칭.
皆納(개납) 조세 등과 같이 내야 할 것을 빠짐없이 다 바침.
皆兵(개병) 모든 국민이 다 병역의 의무를 가지는 일
皆濟(개제) 1)다 돌려주거나 갚음. 2)일이 다 끝남.

皈	④ 9획 歸(p682)와 同字

皇	④ 9획 임금 황	日コウ · きみ 中huáng

' ｲ 白 白 白 皇 皇 皇 皇

* 형성. 뜻을 나타내는 부수 '白(흰 백)'과 음을 나타내는 '王(임금 왕)'을 합친 글자. 흰(白) 하늘 아래 있는 임금(王)을 나타내어, '최고의 왕'의 뜻으로 쓰임.

풀이 1. 임금. 황제. ¶皇帝 2. 봉황. 3. 크다. 4. 춤. 5. 관. 윗부분의 깃 장식이 있는 관. 6. 엄숙하다. 장엄하다. 7. 겨를. ¶蒼皇 8. 훌륭하다. 9. 바로잡다.

皇家(황가) 황제(皇帝)의 집안. 황실(皇室).
皇京(황경) 황제가 있는 나라의 서울.
皇考(황고) 돌아가신 아버지의 높임말.
皇姑(황고) 돌아가신 시어머니.
皇國(황국) 황제가 다스리는 나라.
皇宮(황궁) 황제의 궁궐.
皇極(황극) 1)한쪽으로 치우치지 않는 중정(中正)의 도(道). 2)황제의 제위(帝位).
皇女(황녀) 황제의 딸.
皇都(황도) 임금이 있는 도성(都城).
皇命(황명) 황제가 내리는 명령.
皇嗣(황사) 황제의 위(位)를 이을 황태자.
皇上(황상) 살아서 나라를 다스리고 있는 지금의 황제.
皇室(황실) 황제의 집안.
皇運(황운) 황실 또는 황제의 운.
皇位(황위) 황제의 지위.
皇帝(황제) 천자. 제국(諸國)의 군주. 덕과 공이 삼황(三皇)과 오제(五帝)를 겸비했다는 뜻으로서, 진(秦)나라 시황제(始皇帝)에 의해 처음 으로 일컬어짐.
皇祖(황조) 1)황제의 조상. 2)자신의 돌아가신 할아버지를 높여 이르는 말.
皇祖考(황조고) 돌아가신 조부(祖父).
皇祖妣(황조비) 돌아가신 조모(祖母).
皇族(황족) 황제의 친족.
皇天(황천) 1)하늘의 경칭. 2)하느님.
皇太子(황태자) 황위(皇位)를 계승할 황자(皇子).
皇后(황후) 황제의 정실 부인.
敎皇(교황) 천주교의 최고 지배자.
上皇(상황) 자리를 물려 준 황제.
先皇(선황) 먼저 번 황제. 선황제(先皇帝).
女皇(여황) 여자 황제.
張皇(장황) 1)번거롭고 길. 2)지루함.
蒼皇(창황) 어찌할 겨를이 없이 매우 급함.
太上皇(태상황) 황제의 자리를 물려준 황제를 높여 이르는 말. 태황제(太皇帝).
유 后(임금 후) 王(임금 왕) 帝(임금 제) 皇(임금 황)

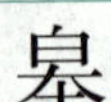
⑤ 10획 日コウ·おか
못 고 中gāo

풀이 1. 못. 늪. 2. 논. 3. 물가. 4. 영혼을 부르는 소리. 5. 명령하다. 6. 완만하다. 느리다. 7. 음력 5월의 다른 이름. 8. 범의 가죽. 9. 높다.
皋鼓(고고) 큰 북.
皋陶(1.고도/2.고요) 1)북을 치는 막대기. 2)순(舜)임금의 신하로 법을 마련하고 형옥(刑獄)을 설치하여 질서를 바로잡았음.
皋復(고복) 죽은 사람의 혼백을 부르고 발상(發喪)하는 의식.
皋月(고월) 음력 5월의 다른 이름.

皐
⑥ 11획
皋(p904)와 同字

皎
⑥ 11획 日キョウ·あきらか
흴 교 中jiǎo

* 형성. 뜻을 나타내는 부수 '白(흰 백)'과 음을 나타내는 '交(사귈 교)'을 합친 글자.

풀이 1. 희다. 깨끗하다. 2. 밝다. 달빛이 희게 빛나다.
皎潔(교결) 1)달이 밝고 맑음. 2)희고 깨끗함.
皎鏡(교경) 1)밝은 거울. 2)달이 밝은 모양.
皎皎(교교) 1)달이 매우 밝고 밝음. 2)매우 희고 깨끗함.
皎朗(교랑) 명백하고 또렷함. 밝음.
皎然(교연) 밝은 모양. 흰 모양.
皎月(교월) 희고 밝게 비치는 달.

皕
⑦ 12획 日ビ·にひゃく
이백 벽·비 中bì

풀이 이백(二百).

皔
⑦ 12획 日カン
흴 한 中hàn

풀이 희다.

皓
⑦ 12획 日コウ·しろい
흴 호 中hào

* 형성. 뜻을 나타내는 부수 '白(흰 백)'과 음을 나타내는 '告(알릴 고)'를 합친 글자. 태양이 빛나는 모양에서 '희다'의 뜻을 나타냄.

풀이 1. 희다. 깨끗하다. 2. 밝다. 달빛이 희게 빛나다. 3. 하늘.
皓魄(호백) 1)순수한 넋. 깨끗한 형체. 2)달. 또는 달빛.
皓然(호연) 1)아주 흰 모양. 2)아주 명백한 모양.
皓月(호월) 맑고 밝게 비치는 달.
皓齒(호치) 희고 깨끗한 이. 미인을 이르는 말.
皓皓(호호) 1)깨끗하고 흰 모양. 2)밝고 환하게 트인 모양. 3)하얗게 센 머리. 또는 그런 늙은 이. 호호백발(皓皓白髮).

皖
⑦ 12획 日ガン
샛별 환 中wǎn

풀이 1. 샛별. 2. 밝다. 밝은 모양.

皙
⑧ 13획 日セキ·しろい
살결 흴 석 中xī

풀이 1. 살결이 희다. 2. 대추나무.
皙白(석백) 살결이 희고 깨끗함. 미인의 피부.

皚
⑩ 15획 日ガイ·しろい
흴 애 中ái

풀이 1. 희다. 눈이 흰 모양. 2. 눈빛이 깨끗하다.
皚皚(애애) 서리나 눈이 내려 온통 흰빛을 띤

5획

모양.

皜	⑩ 15획	日コウ・しろい
	흴 호	中hào

풀이 희다. 흰 모양.

皜然(호연) 희고 밝은 모양.

皜皜(호호) 희고 깨끗한 모양.

皞	⑩ 15획	日コウ・あきらか
	밝을 호	中hào

풀이 1. 밝다. 환하다. 2. 희다. 3. 여유 있고 만족하다. 4. 하늘.

皞天(호천) 밝고 넓은 하늘.

皞皞(호호) 여유 있고 만족한 모양.

皝	⑩ 15획	日コウ
	엄숙할 황	中huàng

풀이 엄숙하다.

皛	⑩ 15획	日キョウ・あらわれる
	나타날 효	中xiǎo

풀이 1. 나타나다. 밝게 나타내다. 환히 드러나다. 2. 희다. 3. 밝다.

皛飯(효반) 양념을 하지 않은 흰빛의 요리.

皛皛(효효) 흰 모양. 고운 모양.

皤	⑫ 17획	日ハ・しろい
	머리 셀 파	中pó

풀이 1. 머리가 세다. 노인의 머리가 하얗게 센 모양. 2. 희다.

皤然(파연) 흰 모양.

皤翁(파옹) 머리가 하얗게 센 노인.

皤皤(파파) 1)머리가 하얗게 센 모양. 2)풍성한 모양.

皦	⑬ 18획	日キョウ
	흴 교	中jiǎo

풀이 1. 희다. 옥(玉) 등이 하얗다. 2. 밝다. 명백하다. 3. 맑다. 깨끗하다.

皦皦(교교) 흰 모양. 밝은 모양.

皦如(교여) 밝은 모양. 명백한 모양.

皦日(교일) 밝게 빛나는 태양.

皣	⑮ 20획	日ヨウ
	꽃 흴 엽	中yè

풀이 1. 꽃이 흰 모양. 2. 밝다. 3. 빛깔이 화려하다.

皫	⑮ 20획	日ヒョ
	흰빛 표	中piǎo

풀이 1. 흰빛. 2. 윤기가 없다. 까칠하다.

皭	⑱ 23획	日シャク
	흴 작	中jiào

풀이 1. 희다. 흰빛. 2. 맑고 깨끗하다.

皭然(작연) 1)흰 모양. 2)깨끗하고 결백한 모양.

皮 가죽 피 部

'皮' 자는 의복을 만들기 위해 가죽을 손으로 벗겨 내는 모양을 나타낸 글자로, 털이 있는 '가죽'을 나타낸다. 그 밖에 '껍질'의 뜻으로도 사용되며, 피상적(皮相的)에서처럼 '겉'의 뜻으로도 쓰인다.

皮	⓪5획	日ヒ・かわ
	가죽 피	中pí

丿 厂 广 皮 皮

* 회의. 손(又)으로 가죽을 벗겨 내는 모습을 나타내어, '가죽'의 뜻으로 쓰임.

풀이 1. 가죽. 털이 있는 동물의 가죽. ¶皮骨 2. 껍질. 식물의 표피. ¶去皮 3. 겉. 4. 과녁. 5. 껍질을 벗기다. 6. 떨어지다. 7. 이끼.

皮角(피각) 1)가죽과 뿔. 2)피부에 생기는 각질의 돌기물(突起物).

皮甲(피갑) 돼지의 가죽에 사슴 가죽으로 된 미늘을 엮어 만든 갑옷.

皮穀(피곡) 껍질을 벗겨내지 않은 곡식.

皮骨(피골) 살가죽과 뼈.

皮工(피공) 가죽으로 물건을 만드는 사람.

皮帶(피대) 기계를 돌리는 데 쓰는 가죽띠.

5획

皮膜(피막) 1)피부와 점막. 2)껍질과 같은 막.
皮麥(피맥) 겉보리.
皮物(피물) 짐승의 가죽.
皮弁(피변) 임금이나 벼슬아치가 조회를 할 때 쓰던 사슴 가죽으로 만든 관.
皮封(피봉) 겉봉. 편지를 봉투에 넣고 봉한 종이.
皮膚(피부) 살갗. 동물의 온몸을 싸고 있는 피막.
皮箱(피상) 가죽으로 만든 상자.
皮相(피상) 1)표면. 2)일이나 현상이 겉으로 드러나 보이는 모습.
皮肉(피육) 가죽과 살.
皮之不存毛將安傅(피지부존모장안부) 가죽이 없는데 털이 어찌 붙을 수 있겠는가? 평소 친분이 없으면 조금의 도움도 받을 수 없다는 것을 이르는 말.

◐皮之不存毛將安傅(피지부존모장안부)의 유래
희공(喜公) 14년 겨울에 진(秦)나라에 기근이 들었다. 이에 진나라는 평소 관계가 그리 좋지 않던 진(晉)나라에 사신을 보내어 도움을 청했으나 거절당했다. 그러자 진(秦)나라의 사신 경정(慶鄭)이 말하기를 "은혜를 배반함은 친선 관계를 버리는 것입니다. 남의 재앙을 다행스럽게 여기는 것은 어질지 못한 것입니다. 남의 사랑을 탐하는 것은 미움을 받는 원인이고, 이웃을 노하게 함은 의롭지 못한 것입니다. 이 네 가지 덕을 모두 잃고서 어찌 나라를 지킬 수 있겠습니까?"라고 하였다. 그러나 진(晉)나라의 신하 곽석은 "가죽이 없는데 어찌 털이 붙을 수 있겠는가?"라며 차갑게 거절했다. 《춘추좌씨전》

皮質(피질) 장기(臟器)를 둘러싸고 있는 조직의 외층부.
皮幣(피폐) 가죽과 비단. 옛날의 예물 증답품(贈答品).
皮下(피하) 피부의 속. 살가죽 밑.
皮革(피혁) 제품의 원료가 되는 가죽을 통틀어 이르는 말.
桂皮(계피) 한약재로 쓰이거나 수정과의 원료가 되는 계수나무의 껍질.
內皮(내피) 1)속가죽. 속껍질. 2)몸속 기관(器官)의 안쪽을 싸고 있는 조직(組織).
鹿皮(녹피) 1)사슴의 가죽. 2)주견이 없이 남의 말을 따라 이랬다 저랬다 함.
豚皮(돈피) 돼지 가죽.
面皮(면피) 낯가죽.
樹皮(수피) 나무껍질.
獸皮(수피) 짐승의 가죽.
虎皮(호피) 털이 붙은 범의 가죽.

유 革(가죽 혁) 비 彼(저 피) 疲(지칠 피)

皯	③8획 피	日カン
	기미 낄 간	中zhěng

풀이 기미가 끼다. 기미가 끼어 피부가 검다.
皯黣(간매) 기미가 끼고 검음.

皴	③8획	日カン
	피부병 환	中huán

풀이 피부병.

皰	⑤10획	日ホウ
	여드름 포	中pào

풀이 1. 여드름. 2. 천연두. 3. 못. 굳은살.

皵	⑦12획
	毬(p695)와 同字

皶	⑦12획	日セツ
	풀 마를 설	中xué

풀이 1. 풀이 마르다. 2. 가죽을 잡아뜯다.

皻	⑦12획	日サツ
	주름 잡힐 잡	中zhǎ

풀이 주름 잡히다. 피부가 쭈글쭈글한 모양.

皸	⑦12획	日ジュン
	주름 준	中cūn

풀이 1. 주름. 주름잡히다. 2. 트다. 피부가 얼어서 터지다. 3. 준법. 화법(畵法)의 한 가지로 암석의 굴곡, 또는 옷의 주름 등을 그리는 법.

유 皺(주름 추)

皹	⑦12획	日タツ
	벗겨질 탈	中chuò

풀이 1. 벗겨지다. 가죽이 터지다. 2. 피부가 터지다.

皺	⑦12획	日ハン
	팔찌 한	中hàn

풀이 팔찌. 활쏘기를 할 때 소매를 걷어 올려 싸는, 가죽으로 된 제구.

5획

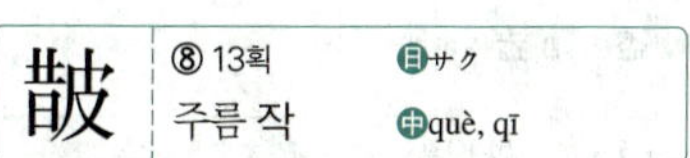
皵 ⑧ 13획 日サク 주름 작 中què, qī

풀이 주름. 피부의 잔주름.

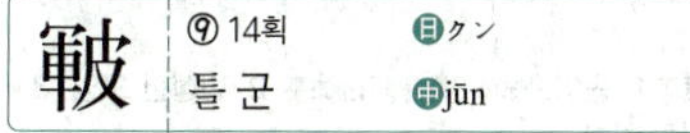
皸 ⑨ 14획 日クン 틀 군 中jūn

풀이 트다. 피부가 얼어서 터지다.

皸裂(군열) 피부가 얼어 터짐.

皸瘃(군촉) 손이 트고 발에 얼음이 박힘. 군열과 동상(凍傷).

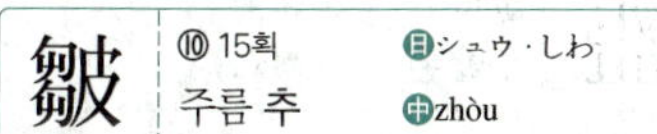
皺 ⑩ 15획 日シュウ・しわ 주름 추 中zhòu

풀이 1. 주름. 주름이 잡히다. 2. 밤송이.

皺面(추면) 주름이 잡힌 얼굴.

皺紋(추문) 주름살 같은 무늬.

皺眉(추미) 눈썹을 찌푸림.

유 皴(주름 준)

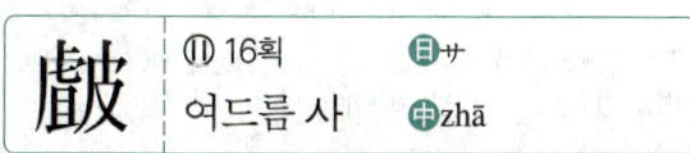
皻 ⑪ 16획 日サ 여드름 사 中zhā

풀이 1. 여드름. 2. 코에 생기는 붉은 점. 비사증.

皽 ⑬ 18획 日テン 박막 전 中zhāo, zhǎn

풀이 1. 박막(薄膜). 피부의 얇은 막. 2. 피부가 칙칙하고 탄력이 없다.

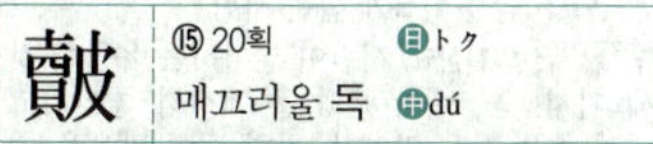
皾 ⑮ 20획 日トク 매끄러울 독 中dú

풀이 1. 매끄럽다. 2. 활집. 활이나 화살을 넣어두는 통.

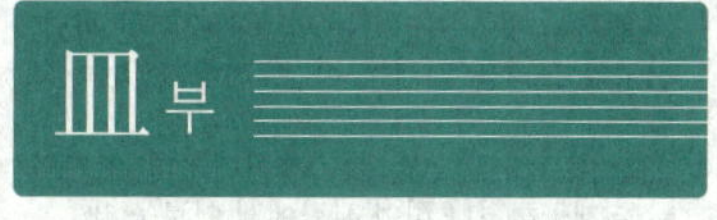
皿 부

皿 그릇 명 部

'皿' 자는 바닥이 둥글고 낮은 발이 있는 그릇 모양을 나타낸 글자로, '그릇'의 뜻을 갖는다. 납작한 그릇을 뜻하며, 그릇의 '덮개'를 나타내기도 하는데, 단독의 문자보다는 부수로서의 역할만을 한다. 이 글자를 부수로 갖는 글자는 일반적으로 물건을 담기 위한 그릇이나 잔의 종류와 관련이 있다.

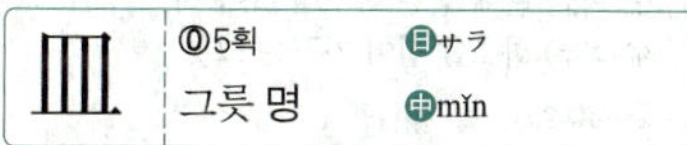
皿 ⓪5획 日サラ 그릇 명 中mǐn

* 상형. 낮고 둥근 다리가 달린 그릇의 모양을 본뜬 글자로, '그릇'의 뜻으로 쓰임.

풀이 그릇. 그릇 덮개.

유 器(그릇 기) 비 血(피 혈)

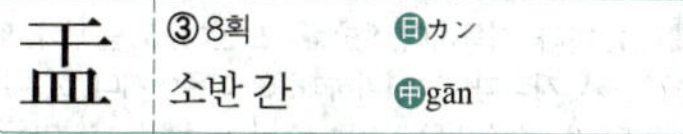
盂 ③ 8획 日カン 소반 간 中gān

풀이 1. 소반. 음식을 담는 납작한 그릇. 2. 큰 주발.

비 盂(바리 우)

盂 ③ 8획 日ウ 사발 우 中yú

풀이 사발. 밥그릇.

盂蘭盆齋(우란분재) 음력 7월 보름에 조상의 초혼(招魂) 공양을 하는 불사(佛事).

盂鉢(우발) 밥그릇.

盂方水方(우방수방) 그릇의 모양에 따라 담긴 물의 모양도 변함. 즉, 백성의 선악은 임금의 선악에 따라 결정됨을 이르는 말.

비 盂(소반 간)

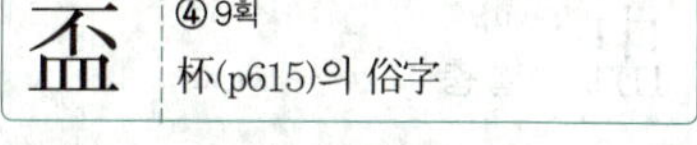
盃 ④ 9획 杯(p615)의 俗字

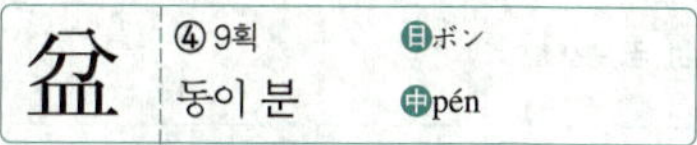
盆 ④ 9획 日ボン 동이 분 中pén

* 형성. 뜻을 나타내는 '皿(그릇 명)'과 음을 나타내는 크다는 의미를 지닌 '分(나눌 분)'을 합친 글자. 이에 물·술 등을 넣는 '큰 그릇'의 뜻으로 쓰임.

풀이 1. 동이. 물이나 술을 담는 그릇. ¶花盆 2. 물이 솟구치다. 3. 목욕통. 4. 적시다. 5. 덮다. 6. 주먹을 쥐다.

盆臺(분대) 화분의 받침대.

盆梅(분매) 화분에 심어 기르는 매화.

盆栽(분재) 줄기나 가지를 보기 좋게 가꾸어 감상하는 초목.

5획

盆種(분종) 화초를 화분에 심음. 또는 그 화초.
盆地(분지) 주위가 산으로 둘러싸인 평지.
水盆(수분) 물을 담고 그 속에 돌이나 화초 등을 담가 두는 그릇.
退盆(퇴분) 분에 심은 화초를 뽑아 냄.
花盆(화분) 화초를 심어 가꾸는 그릇.
비 益(더할 익)

盈	④ 9획	日エン・みちる
	찰 영	中yíng

* 형성. 뜻을 나타내는 '皿(그릇 명)'과 음을 나타내는 부수 이외의 글자를 합친 글자.

풀이 1. 차다, 가득차다. ¶盈滿 2. 남다. 3. 넘치다. ¶盈衍 4. 자라다. 5. 넉넉하다. 6. 이루어지다. 7. 나아가다. 8. 큰 소리로 성내는 소리. 9. 많다. 10. 아름답다.

盈滿(영만) 가득함.
盈羨(영선) 가득 차서 넘침. 충분히 이루어짐.
盈衍(영연) 가득 차서 넘침.
盈盈(영영) 1)물이 찰랑찰랑한 모양. 2)여자가 작고 아름다운 모양.
盈月(영월) 만월(滿月).
盈溢(영일) 가득 차서 넘침.
盈尺(영척) 1)한 자 남짓. 2)협소하여 얼마 안 되는 넓이.
盈縮(영축) 남음과 줄어듦.
盈虧(영휴) 1)번성함과 쇠락함. 2)가득 참과 이지러짐.
유 滿(찰 만) 반 傾(기울 경)

5획

盅	④ 9획	日チュウ
	빌 충	中zhōng

풀이 비다. 그릇이 비어 있다.
비 忠(충성 충)

盋	⑤ 10획	日バツ
	사발 발	中bō

풀이 사발. 식기(食器).

盕	⑤ 10획	日ハン
	술잔 범	中fàn

풀이 술잔.
유 盞(잔 배) 盎(동이 앙)

盎	⑤ 10획	日オウ
	동이 앙	中àng

* 형성. 뜻을 나타내는 '皿(그릇 명)'과 음을 나타내는 '央(가운데 앙)'을 합친 글자.

풀이 1. 동이. 술이나 물을 담는 그릇. 2. 번성한 모양. 3. 가득 차다.

盎甌(앙구) 기와로 만든 동이.
盎盎(앙앙) 1)번영한 모양. 2)넘쳐 흐르는 모양.
盎齊(앙제) 제사에 쓰이는 엷은 푸른색의 술.

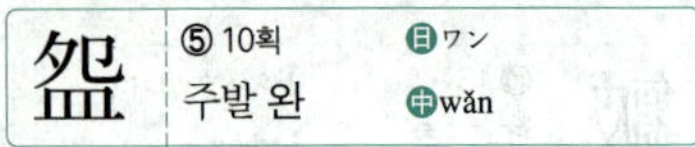

盌	⑤ 10획	日ワン
	주발 완	中wǎn

풀이 주발.

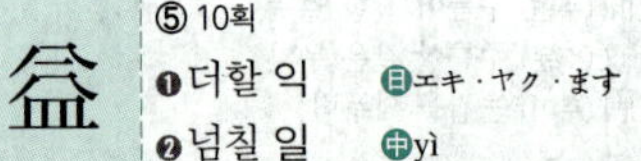

益	⑤ 10획	
	❶더할 익	日エキ・ヤク・ます
	❷넘칠 일	中yì

* 회의. '水(물 수)'와 '皿(그릇 명)'을 합친 글자. 그릇 위로 물이 넘치고 있는 모양을 나타내어 '넘치다', '더하다'의 뜻으로 쓰임.

풀이 ❶ 1. 더하다. 2. 증가하다. 더해지다. 3. 유익하다. ¶有益 4. 이익. 5. 풍부하다. 6. 괘 이름. 64괘의 하나. 7. 조금씩. 8. 더욱. ❷ 9. 넘치다.

益金(익금) 이익금.
益母草(익모초) 꿀풀과의 두해살이풀로, 지혈·강장 등에 쓰이는 식물. 암눈비앗.
益壽(익수) 오래 삶. 장수(長壽)함.
益友(익우) 도움이 되는 벗.
益者(익자) 남을 이롭게 돕는 사람.
益者三樂(익자삼요) 사람이 좋아하는 유익한 것 세 가지. 곧, 예악(禮樂)을 적절히 좋아하고 남의 좋은 점을 말하며, 착한 벗이 많음을 좋아하는 것.
益者三友(익자삼우) 사귀어서 자기에게 유익한 세 종류의 벗을 가리키는 말. 즉, 정직한 사람, 친구의 도리를 지키는 사람, 지식이 있는 사람.
益鳥(익조) 해로운 벌레를 잡아먹거나 고기와 알을 제공하거나 하여 사람에게 이로운 새.
益蟲(익충) 사람에게 유익한 곤충. 누에·꿀벌 등.
유 加(더할 가) 반 損(덜 손)

비 盆(동이 분)

盇	⑤ 10획	日コウ
	덮을 합	中hé

풀이 1. 덮다. 2. 합하다. 3. 어찌 …하지 않겠는가.

盇各(합각) 모든 것이 서로 일치함.
盇簪(합잠) 벗이 함께 모임.

유 蓋(덮을 개)

盉	⑤ 10획	日カ
	조미할 화	中hé

풀이 조미하다. 음식 맛을 알맞게 맞추다.

盖	⑥ 11획
	蓋(p1172)의 俗字

盛	⑥ 11획	日セイ・さかえる
	성할 성	中chéng

* 형성. 뜻을 나타내는 부수 '皿(그릇 명)'과 음을 나타내는 '成(이룰 성)'을 합친 글자. 그릇에 신에게 바치는 음식을 높이 괴는 것을 나타내며, 바뀌어 '성하다'의 뜻으로 쓰임.

풀이 1. 성하다. 번성하다. 무성하다. ¶盛大 2. 담다. 3. 그릇. 4. 이루다. 5. 활발하다. 6. 장하게 여기다. 7. 칭찬하다.

盛觀(성관) 굉장하고 볼 만한 광경. 장관(壯觀).
盛氣(성기) 1)대단한 기세. 2)노하여 기색(氣色)이 변함.
盛年(성년) 원기가 왕성한 젊은 나이.
盛怒(성노) 크게 성냄.
盛大(성대) 성하고 큼.
盛德(성덕) 크고 훌륭한 덕.
盛禮(성례) 성대한 의례.
盛服(성복) 1)잘 차려 입은 옷. 2)위의(威儀)를 갖추어 입음.
盛事(성사) 1)크게 경사로운 일. 2)훌륭한 일.
盛世(성세) 나라가 번영하고 잘 다스려진 세상.
盛衰(성쇠) 성하고 쇠함.
盛時(성시) 1)국운(國運)이 흥성한 때. 2)혈기가 왕성한 시기.
盛業(성업) 1)성대한 사업. 2)사업이 번창함.
盛榮(성영) 번영함.
盛運(성운) 1)일이 잘 되어 번영할 기운. 2)행운(幸運).
盛恩(성은) 넘치도록 풍성한 은혜.
盛裝(성장) 옷을 아름답게 차려 입음. 또는 그렇게 입은 옷.
盛壯(성장) 젊고 혈기가 왕성함.
盛旨(성지) 고마운 뜻. 깊은 뜻. 남의 뜻을 높여 이르는 말.
盛饌(성찬) 풍성하게 잘 차린 음식.
盛寵(성총) 두터운 은총.
盛稱(성칭) 대단히 칭찬함.
盛夏(성하) 한여름.
盛況(성황) 많은 사람이 모여 활기찬 모양.
盛會(성회) 성대한 모임. 성연(盛宴).

盓	⑥ 11획	日ウ
	물돌아흐를우	中yū

풀이 물이 돌아 흐르는 모양.

盒	⑥ 11획	日コウ
	합 합	中hé

풀이 합. 찬합. 뚜껑이 달린 작은 그릇.

비 益(더할 익)

盜	⑦ 12획	日トウ・ぬすむ
	훔칠 도	中dào

* 회의. '次(침 흘릴 연)'과 '皿(그릇 명)'을 합친 글자. 그릇 속의 음식을 먹고 싶어 군침을 흘리는 것을 나타내며, 바뀌어 '훔치다'의 뜻으로 쓰임.

풀이 1. 훔치다. 도둑질하다. 2. 도둑질. 3. 도둑. ¶盜賊 4. 몰래. ¶盜聽 5. 소인배. 6. 도망가다.

盜夸(도과) 훔쳐 자랑함.
盜掘(도굴) 몰래 광물을 캐내거나 고분을 파헤침.
盜難(도난) 물건을 도둑맞는 재난.
盜掠(도략) 도둑질하고 노략질함.
盜賣(도매) 남의 물건을 훔쳐서 파는 일.
盜名(도명) 부정한 수단을 써서 자기 분수에 넘치는 명성·명예를 얻음.
盜伐(도벌) 자기 소유가 아닌 산림의 나무를 몰래 벰.
盜犯(도범) 도둑질한 범죄.
盜癖(도벽) 남의 것을 훔치는 나쁜 버릇.
盜殺(도살) 몰래 죽임. 암살(暗殺).
盜視(도시) 몰래 봄.

盜用(도용) 남의 명의나 물건을 몰래 씀.
盜儒(도유) 말과 행동이 일치하지 않는 학자.
盜作(도작) 남의 작품을 자기가 창작한 것처럼 몰래 작품 속에 끌어다 씀.
盜葬(도장) 남의 땅에 몰래 묏자리를 씀.
盜賊(도적) 도둑.
盜竊(도절) 훔침. 도둑질. 절도.
盜鑄(도주) 몰래 돈을 주조(鑄造)함.
盜聽(도청) 몰래 엿들음. 몰래 엿들어 남의 비밀을 캐냄.
盜取(도취) 훔쳐 가짐.
盜汗(도한) 몸이 쇠약하여 잘 때에 나는 식은땀.

盝	⑧ 13획	日 ロク
	다할 록	中 lù

풀이 1. 다하다. 없어지다. 2. 물기를 없애다. 3. 거르다. 여과하다. 4. 궤. 물건을 담아 두는 작은 상자.

盟	⑧ 13획	日 メイ・モウ
	맹세할 맹	中 méng

丨 冂 日 日 日) 明 明 明 明 明 明 朙 盟

* 형성. 뜻을 나타내는 부수 '皿(그릇 명)'과 음을 나타내는 '明(밝을 명)'을 합친 글자. 주례(周禮)에 제후들이 모여 신명에게 그릇(皿)에 희생을 바치고 서로 맹세하는 것을 나타내어, '맹세하다'의 뜻으로 쓰임.

풀이 1. 맹세하다. 2. 맹세. ¶盟約 3. 약속.

盟契(맹계) 맹세. 맹약(盟約).
盟壇(맹단) 맹약을 맺는 장소.
盟邦(맹방) 동맹을 맺는 나라.
盟府(맹부) 맹약한 문서를 보관하는 곳.
盟書(맹서) 맹약을 적은 문서.
盟誓(맹서) 약속 또는 목표를 달성하겠다는 굳은 다짐. 또는 다짐을 하는 일. 맹세.
盟約(맹약) 굳게 맺은 약속.
盟言(맹언) 맹세하는 말.
盟友(맹우) 장래나 그 밖의 어떤 일을 서로 굳게 맹세한 벗.
盟主(맹주) 맹약을 맺은 개인이나 단체의 우두머리.
加盟(가맹) 동맹이나 연맹에 듦.
同盟(동맹) 둘 이상의 개인이나 단체가 동일한 목적을 이루고 이해를 함께 하기 위하여 하는 맹세.
聯盟(연맹) 둘 이상의 단체나 국가 등이, 공동의 목적을 위하여 서로 돕고 행동을 함께할 것을 약속하는 일. 또는 그 조직체.
血盟(혈맹) 피로써 굳게 맹세함.
會盟(회맹) 1)모여서 맹세함. 2)공훈이 있는 사람을 책에 올릴 때에 군신(君臣)이 모여 맹세하던 일.

유 誓(맹세할 서)

盞	⑧ 13획	日 サン・さかずき
	잔 잔	中 zhǎn

풀이 1. 잔. 옥으로 만든 술잔. 2. 등잔.

유 盃(잔 배)

監	⑨ 14획	日 カン
	볼 감	中 jiàn, jiān

一 丆 丆 丆 丆 臣 臣 臣 臣 臣 臣 臨 監 監

* 회의. 물을 담은 그릇(皿)와 '臣(신하 신)'의 변형, 내려다보고 있는 사람을 합친 글자. 사람이 물이 담겨진 그릇을 보는 것을 나타내어, '비추어 보다'의 뜻으로 쓰임.

풀이 1. 보다. ¶監觀 2. 살피다. 감독하다. ¶監守 3. 겸하다. 4. 거울삼다. 본보기로 삼다. 5. 감독하다. 6. 비추어 보다. 7. 감옥. ¶監獄 8. 마을. 관청. 9. 헤아리다.

監觀(감관) 조사하여 살펴 봄.
監官(감관) 조선 때, 관아와 궁에서 돈이나 곡식의 출납을 맡아보며 보살피던 벼슬아치.
監軍(감군) 밤중에 도성의 안팎을 순찰하고 군대를 감독하던 조선 시대의 임시 벼슬.
監禁(감금) 자유를 구속하여 가둠.
監農(감농) 1)농사일을 보살핌. 2)농사일을 보살피는 직책. 또는 그 사람.
監督(감독) 1)보살펴 단속함. 2)보살펴 단속하는 사람. 3)영화·무대·운동 경기 등을 지휘하는 책임자.
監理(감리) 1)감독하고 관리함. 2)감리서(監理署)의 우두머리.
監臨(감림) 감독의 임무를 띠고 현지에 나감.
監房(감방) 교도소에서 죄수를 가두어 두는 방.
監本(감본) 국자감(國子監)에서 출판한 책.
監事(감사) 1)단체의 서무를 맡아보는 사람. 2)법인의 재산 상황 및 이사(理事)의 업무 진행 상황을 감사하는 상설 기관. 또는 그 사람.
監史(감사) 고려 시대 문서·물품의 관리를 맡아보던 벼슬아치의 보조자.
監査(감사) 감독하고 검사함.
監床(감상) 귀한 사람에게 올릴 음식상을 검사

5획

하여 봄.
監守(감수) 1)사물을 단속함. 또는 그 벼슬. 2)감옥을 지키는 사람. 간수(看守).
監修(감수) 책의 저술이나 편찬을 감독하는 일. 또는 그 사람.
監視(감시) 주의 깊게 지켜봄.
監試(감시) 1)시험을 감독함. 2)조선 시대에 생원과(生員科)와 진사과(進士科). 소과(小科).
監營(감영) 감사가 일을 보던 관아.
監獄(감옥) 죄인을 가두어 두던 곳. 교도소.
監聽(감청) 유선 통신이나 무선 통신을 감독하기 위하여 통화 내용을 엿듣는 일.
監護(감호) 감독하고 보호함.
國子監(국자감) 1)고려 시대에, 유학을 가르치던 최고의 교육 기관. 2)성균관의 다른 이름.
舍監(사감) 1)기숙사에서 기숙생들의 생활을 감독하는 사람. 2)궁의 논밭을 관리하던 사람.

유 見(볼 견) 비 鹽(소금 염)

盠	⑨ 14획	日レイ
	표주박 려	中lí

풀이 1. 표주박. 조롱박으로 만든 바가지. 2. 밥그릇. 대로 만든 둥근 밥그릇.

盡	⑨ 14획	日ジン
	다할 진	中jìn

⺄ ⺕ ⺕ 聿 聿 聿 聿 聿 盡 盡 盡 盡 盡 盡

* 형성. 뜻을 나타내는 부수 '皿(그릇 명)'과 음을 나타내며 '다하다'의 뜻을 가진 부수 이외의 글자로 이루어짐. 이에 '다하다', '남김없이'의 뜻을 나타냄.

풀이 1. 다하다. 남김없이 쏟다. 다 없어지다. ¶盡力 2. 줄다. 줄어들다. ¶窮盡 3. 지극하다. 4. 자상하다. 5. 죽다. 6. 한도에 이르다. 7. 정성. 정성을 다하다. ¶盡誠 8. 다. 모두. 9. 마음대로. 10. 가령.

盡力(진력) 있는 힘을 다함.
盡滅(진멸) 모두 멸망하거나 죽여 없앰.
盡命(진명) 생명을 다 바침. 목숨을 마침.
盡善盡美(진선진미) 더할 나위 없이 착하고 아름다움.
盡誠(진성) 정성을 다함.
盡心(진심) 마음을 다함. 정성을 쏟음.
盡人事而待天命(진인사이대천명) 인간으로서 할 수 있는 최선을 다하고 그 후는 천명에 맡김.
盡日(진일) 1)온종일. 하루 종일. 2)그믐날. 또는 선달 그믐날.
盡節(진절) 충절을 다함.
盡忠(진충) 충성을 다함.
盡瘁(진췌) 몸이 여위도록 힘을 다하여 애씀. 진취(盡悴).
盡醉(진취) 흠뻑 취함.
窮盡(궁진) 다하여 없어짐.
無盡(무진) 다함이 없음. 무궁무진(無窮無盡).
自盡(자진) 1)식음을 끊거나, 병들어도 약을 먹지 않아 스스로 죽음. 2)기운이나 물기가 저절로 다하거나 잦아듦. 3)온갖 정성을 다함. 4)자살(自殺).
蕩盡(탕진) 재물을 다 써서 없앰.

盤	⑩ 15획	日バン
	소반 반	中pán

丿 几 月 月 舟 舟 舟 般 般 般 般 盤 盤 盤

* 형성. 뜻을 나타내는 부수 '皿(그릇 명)'과 음을 나타내며 '평평하고 큰 그릇'을 의미하는 '般(일반 반)'을 합친 글자. 이에 '큰 쟁반'의 뜻으로 쓰임.

풀이 1. 소반. 음식을 담는 제구. 쟁반. ¶盤盞 2. 대야. 세숫대야. 3. 밑받침. 물건을 받치거나 올려 놓는 제구. 4. 즐기다. 5. 소용돌이치다. 6. 반석. 기반. 7. 굽이지다. 8. 서리다.

盤踞(반거) 1)뿌리가 굳게 박혀 서림. 2)넓은 터전을 차지하여 세력을 떨침.
盤據(반거) 1)어떠한 장소에 근거를 두고 지킴. 2)근거지가 견고하고 넓음.
盤結(반결) 서리서리 얽힘.
盤古(반고) 1)태고(太古). 2)중국의 전설에서, 천지개벽 때 처음으로 세상에 나왔다고 하는 천자의 이름.
盤曲(반곡) 산길 등이 꼬불꼬불함.
盤屈(반굴) 서리고 얽힘.
盤根(반근) 1)얽혀 있는 나무의 뿌리. 2)처리하기 곤란함.
盤樂(반락) 즐김.
盤舞(반무) 빙빙 돌면서 춤을 춤.
盤費(반비) 노잣돈.
盤石(반석) 1)너럭바위. 2)아주 굳어서 든든한 사물이나 사상의 기초.
盤旋(반선) 1)빙 돎. 2)산 길 또는 강 등이 빙빙 돌아 나 있거나 돌아서 흐르는 것.
盤松(반송) 키가 작으면서 옆으로 퍼진 소나무.
盤膝(반슬) 책상다리를 하고 앉음.
盤牙(반아) 1)서로 연결함. 2)어금니.
盤巖(반암) 1)큰 산. 2)너럭바위.
盤渦(반와) 소용돌이침. 또는 소용돌이.

盤繞(반요) 둥글게 감음. 빙빙 둘러 감김.
盤盂(반우) 물이 소용돌이쳐 흐름.
盤紆(반우) 꼬불꼬불하게 얽힘. 반곡(盤曲).
盤遊(반유) 즐겁게 놂.
盤逸(반일) 마음껏 놂. 즐겁게 놂.
盤盞(반잔) 밑받침이 있는 술잔.
盤纏(반전) 먼 길을 다니는 데 드는 비용. 여비(旅費). 노자(路資).
盤折(반절) 꼬불꼬불함. 반곡(盤曲).
盤坐(반좌) 책상다리를 하고 편히 앉음.
盤錯(반착) 뒤섞여 처리하기 매우 곤란한 일. 반근착절(盤根錯節).
盤陀(반타) 1)바위의 모습이 평평하지 않은 모양. 2)말의 안장.
盤阪(반판) 꼬불꼬불한 비탈길.
盤覈(반핵) 자세히 캐물어 조사함. 반문(盤問). 반힐(盤詰).
盤桓(반환) 1)망설이며 떠나지 못하고 서성임. 2)어찌할 바를 몰라 우물쭈물 함.
盤回(반회) 물이 돌아 흐르거나 길이 구불거림.
盤獲(반획) 철저히 조사하여 죄인을 잡아들임.
骨盤(골반) 척추동물의 허리 부분과 다리 부분을 연결하고 하복부의 장기(臟器)를 떠받치는 깔때기 모양의 크고 납작한 뼈.
基盤(기반) 기초가 되는 지반. 기본이 되는 자리.
石盤(석반) 석판석을 얇게 깎아 만든 판. 석판(石板).
小盤(소반) 음식을 놓고 앉아서 먹는, 짧은 발이 달린 작은 상. 밥상.
圓盤(원반) 1)접시 모양으로 둥글고 넓적하게 생긴 물건. 2)원반던지기에 쓰는 운동 기구.
銀盤(은반) 1)은으로 만든 쟁반. 2)둥근 달. 3)맑고 깨끗한 얼음판. 주로, 빙상 경기장이나 아이스 쇼의 무대를 가리킴.
終盤(종반) 1)바둑이나 장기와 같은 놀이에서 승부가 끝나갈 무렵. 2)어떤 일의 끝판에 가까운 단계.
胎盤(태반) 임신 중에 모체로부터 태아에게 영양을 공급하거나 태아의 배설물을 내보내는 기관.

5획

盥	⑪ 16획	日カン
	씻을 관	中guàn

풀이 1. 씻다. 손을 씻다. 2. 대야. 세숫대야. 3. 양치질하다.
盥盆(관분) 세숫대야.
盥洗(관세) 1)손과 발을 씻음. 2)제례에서 제관(祭官)이 손을 씻는 대야.
盥漱(관수) 세수와 양치질.
盥耳(관이) 귀를 씻음.
盥櫛(관즐) 얼굴을 씻고 머리를 빗음.

盧	⑪ 16획	日ロ
	밥그릇 로(노)	中lú

풀이 1. 밥그릇. 2. 화로. 3. 창(槍)의 자루. 4. 목로. 술을 파는 곳. 5. 검다. 6. 눈동자. 7. 갈대.
盧狂(노광) 늙은 나이에 상도에 벗어난 짓을 함.
盧弓(노궁) 검은 빛깔의 활.
盧簾(노렴) 갈대를 엮어서 만든 발.
盧生之夢(노생지몽) 인생과 부귀영화의 덧없음.
盧矢(노시) 사냥할 때 쓰는 검은 빛깔의 화살.
盧胡(노호) 웃는 소리가 목구멍 사이에 있다는 뜻으로, 소리를 내지 않고 웃음을 이르는 말.

	⑪ 16획	日アン
	뚜껑 암	中ān

풀이 뚜껑. 그릇의 뚜껑.

盩	⑫ 17획	日チュウ
	칠 주	中zhōu, chóu, chōu

풀이 1. 치다. 끌어당겨 치다. 2. 산의 후미진 곳.

盪	⑫ 17획	日トウ
	씻을 탕	中dàng

* 형성. 뜻을 나타내는 부수 '皿(그릇 명)'과 음을 나타내는 '湯(끓일 탕)'을 합친 글자.

풀이 1. 씻다. 흔들어서 씻다. ¶盪滅 2.마음을 깨끗하게 하다. 3. 움직이다. 동요하다. 4. 밀어내다. 5. 방탕하다. 6. 어루만지다. 7. 풀어놓다. 8. 부딪치다. ¶盪擊
盪擊(탕격) 물이 세차게 부딪침.
盪滅(탕멸) 씻어 없앰. 적을 쳐 없앰.
振盪(진탕) 몹시 흔들려 울림.

유 盥(씻을 관)

盬	⑬ 18획	日コ
	염지 고	中gǔ

풀이 1. 염지(鹽地). 소금이 나는 못. 2. 굵은 소금. 정제하지 않은 소금. 3. 무르다. 단단하지 않다. 4. 거칠다. 5. 소홀히 하다. 6. 갑자기. 7. 마시다.

盬惡(고악) 기명(器皿)이 단단하지 못함.
盬鹽(고염) 정제(精製)하지 않아 알이 거칠고 굵은 소금.

盭 ⑮20획 日レイ
어그러질 려 中lì

풀이 1. 어그러지다. 2. 굽다. 3. 등지다. 배반하다. 4. 굳은살. 못. 5. 초록색 끈. 녹색을 물들일 때 사용함.

目 부

目 눈 목 部

'目' 자는 사람의 눈 모양을 간략하게 나타낸 것으로, '눈' 을 뜻한다. 그 밖에 의미가 확장되어 '중요하다', 또는 두목(頭目)에서처럼 '우두머리' 라는 뜻을 나타내기도 하고, 목하(目下)에서처럼 '지금' 의 뜻으로 쓰이기도 한다. 이 글자를 부수로 갖는 글자는 주로 눈과 관련된 기관이나 눈의 역할과 관계가 있다.

目 ⓪5획 日モク·ボク·め·みる
눈 목 中mù

丨 ⊓ 月 月 目

* 상형. 사람의 눈의 모양을 본뜬 글자.

풀이 1. 눈. ¶目前 2. 보다. ¶目擊 3. 주목하다. 주시하다. 4. 부릅뜨다. 흘겨보다. 5. 말하다. 6. 알다. 7. 조항. 세목(細目). 8. 요점. 9. 품평(品評). 10. 우두머리.

目擊(목격) 눈으로 직접 봄.
目睹(목도) 눈으로 봄. 실지로 봄.
目禮(목례) 눈짓으로 인사함. 또는 그러한 인사.
目錄(목록) 책 첫머리에 그 책의 제목을 차례대로 적어 놓은 것.
目不識丁(목불식정) 눈이 정자도 알지 못한다는 뜻으로, 쉬운 글자도 모르는 매우 무식한 사람을 이르는 말.

○目不識丁(목불식정)의 유래
당(唐)나라 때 장홍정(張弘靖)이란 사람은 무식하고 행동도 오만불손했지만, 그의 아버지인 장연상(張延賞)의 공덕분에 순조롭게 출세하였다. 그는 노룡(盧龍)의 절도사(節度使)로 부임해서도 힘든 병영 생활을 부하들과 함께하기는커녕 가마를 타고 즐기면서 병사들을 괴롭히기 일쑤였다. 이 때문에 부하들이 불만을 터뜨리자 오히려 이렇게 꾸짖었다고 한다. "천하가 무사태평한데 무리들이 포와 활을 당기는 것은 '丁' 자 하나를 아는 것만도 못하다."

目算(목산) 눈으로 어림셈함. 목수(目數).
目數(목수) 눈으로 어림잡아 셈함.
目的(목적) 실현하거나 또는 도달하려는 목표.
目前(목전) 눈앞. 당장.
目睛(목정) 눈동자.
目汁(목즙) 눈물.
目指(목지) 1)눈짓으로 지휘함. 2)눈짓으로 가리킴.
目次(목차) 제목의 차례.
目測(목측) 눈대중. 눈으로 보아 수량을 어림잡아 헤아림.
目標(목표) 1)목적 삼는 것. 2)목적하여 지향하는 표.
目下(목하) 1)지금. 금방. 2)바로 눈 아래.
講目(강목) 강독하는 경전(經典)의 명목.
曲目(곡목) 연주할 악곡 또는 곡명을 적은 것.
科目(과목) 1)교과의 구성 단위. 2)학문의 구분.
題目(제목) 작품 · 공연 · 글 등의 대표가 되는 이름.

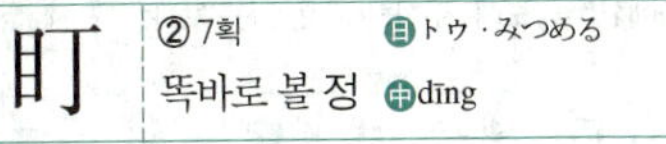
盯 ②7획 日トウ·みつめる
똑바로 볼 정 中dīng

풀이 1. 똑바로 보다. 직시하다. 2. 눈을 부릅뜨다.

비 町(밭두둑 정)

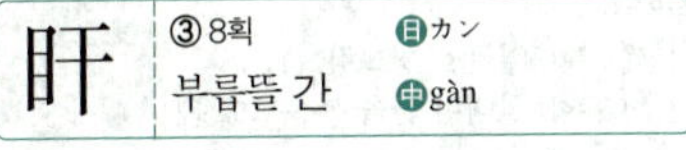
盰 ③8획 日カン
부릅뜰 간 中gàn

풀이 부릅뜨다.

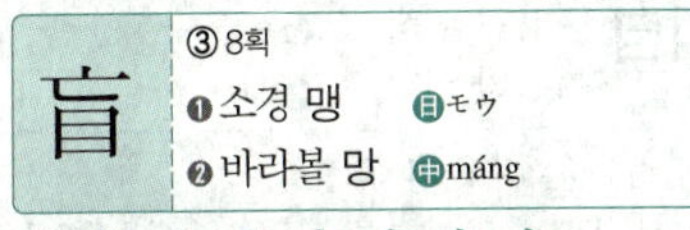
盲 ③8획
❶소경 맹 日モウ
❷바라볼 망 中máng

丶 亠 亡 亡 肓 肓 肓 盲

* 형성. 뜻을 나타내는 부수 '目(눈 목)' 과 음을 나타내는 '亡(잃을 망)' 을 합친 글자. 이에 시력을 잃는 것을 나타내어, '소경', '장님' 의 뜻으로 쓰임.

풀이 ❶ 1. 소경. 장님. ¶盲人 2. 어둡다. ¶盲目 ❷ 3. 바라보다.

盲聾(맹롱) 장님과 귀머거리.
盲忘(맹망) 마음이 어두워서 잊어버림.
盲妄(맹망) 사리에 어둡고 성실하지 못함.
盲目(맹목) 1)눈이 멂. 2)맹인(盲人).
盲信(맹신) 옳고 그름을 가리지 않고 덮어놓고 믿음.

盲啞(맹아) 장님과 벙어리.
盲人(맹인) 맹자(盲者).
盲者(맹자) 소경. 눈이 보이지 않는 사람.
盲者丹靑(맹자단청) 장님의 단청 구경이라는 뜻으로, 보아도 알지 못할 사물을 봄을 이르는 말.
盲者失杖(맹자실장) 장님이 지팡이를 잃음. 즉, 의지할 곳을 잃음을 이르는 말.
盲腸(맹장) 대장(大腸)의 최상부(最上部).
盲錢(맹전) 가운데 구멍이 뚫리지 않은 돈.
盲點(맹점) 1)시세포가 없어서 빛을 느끼지 못하는 망막의 부위. 2)주의가 미치지 않아 미처 알아차리지 못하는 점.
盲從(맹종) 옳고 그름을 가리지 않고 덮어놓고 남을 따름.
盲進(맹진) 앞뒤를 살피지 않고 마구 나아감.
盲風(맹풍) 몹시 부는 센 바람. 질풍(疾風).

彡	③8획	日サン
	쳐다볼 삼	中shān

풀이 1. 쳐다보다. 주시하다. 2. 힐끗 보다.

盱	③8획	日ウ
	쳐다볼 우	中xū

풀이 1. 쳐다보다. 2. 부릅뜨다. 3. 아름다운 눈. 4. 근심하다.

盱䁤(우혁) 얼굴을 찡그림.
盱衡(우형) 성내어 눈을 부릅뜨고 봄.

直	③8획	
	❶곧을 직	日チョク·チ
	❷값 치	中zhí

一 十 𠂇 冇 冇 有 首 直

*회의. '十(열 십)'과 '目(눈 목)'과 '隱(숨을 은)'을 합친 글자. 열 개의 눈(目)으로 보아, 아무리 숨겨도 드러나지 않을 수 없다는 데에서 '곧다', '바르다'의 뜻으로 쓰임.

풀이 ❶ 1. 곧다. 바르다. 굽지 않다. 2. 바른 도(道). 바른 행위. 3. 숙직(宿直). 4. 겨우. 근근히. 5. 곧. 6. 일부러. 고의로. 7. 바로잡다. ❷ 8. 값. 가격. 9. 닥쳐오다.

直覺(직각) 1)추리(推理) 또는 경험에 의하지 않고 대상을 직접으로 파악하는 것. 2)감관(感官)의 작용에 의하여 직접적으로 외계 사물의 지식을 얻는 것.
直角(직각) 수직인 두 직선으로 이루어진 각. 90도의 각도.
直諫(직간) 바른말로 기탄(忌憚) 없이 말하여 간함. 직접 대하여 잘못을 간함.
直感(직감) 설명이나 사색없이 사물의 진상을 곧 마음으로 느껴 앎.
直徑(직경) 지름.
直告(직고) 바른 대로 고해 바침.
直觀(직관) 1)판단·추리 등의 사유 작용을 가하는 일이 없이 대상을 직접으로 파악하는 것. 또는 그 내용. 2)감각을 통하여 외계 사물에 관한 구체적 지각을 얻는 것.
直談(직담) 직접 본인과 담판함.
直道(직도) 1)곧게 나 있는 길. 2)올바른 길. 3)도(道)를 바르게 함.
直諒(직량) 정직하고 성실함.
直流(직류) 1)똑바른 흐름. 2)언제나 일정한 방향으로 흐르는 전류.
直立(직립) 1)똑바로 섬. 2)높이 솟아오름. 또는 그 높이.
直面(직면) 1)직접 어떤 일이나 사물에 접함. 2)직접 대면함.
直方體(직방체) 직육면체(直六面體).
直射(직사) 1)광선이 곧게 비침. 2)바로 쏨. 직접 쏨.
直上(직상) 1)바로 위. 2)곧게 올라감.
直席(직석) 앉은 그 자리.
直線(직선) 1)곧은 줄. 2)시종 동일한 방향을 유지하는 선. 두 점 사이의 가장 가까운 거리.
直屬(직속) 직접적으로 그 아래에 속함.
直視(직시) 똑바로 쳐다 봄. 정면으로 주시함.
直臣(직신) 정직한 신하. 아첨하지 않고 직언(直言)하는 신하.
直心(직심) 1)정직한 마음. 2)굳게 지키는 마음.
直言(직언) 바르다고 생각하는 바를 기탄(忌憚) 없이 말함. 또는 그러한 말.
直譯(직역) 원문(原文)의 문자·구법(句法) 등을 그대로 충실하게 번역함.
直營(직영) 직접 경영함.
直喩(직유) 두 가지 사물을 직접 비교하여 형용하는 수사법(修辭法).
直議(직의) 솔직하게 의논함.
直入(직입) 곧 들어감. 곧장 들어감.
直前(직전) 바로 앞. 시간적으로 어떤 일이 있기 바로 전.
直接(직접) 중간에 소개나 다른 물건을 놓지 않고 마주 대함.
直走(직주) 곧장 달려감.
直指(직지) 1)직접 가리킴. 2)곧음. 바름. 3)암행어사.
直出(직출) 바르게 나감. 곧게 나감.

直吐(직토) 정황을 바른 대로 말함.
直通(직통) 1)어떤 지점에서 목적지까지 아무런 장애 없이 곧장 통함. 2)교통수단이 곧장 목적지에 도달함.
直下(직하) 1)바로 그 아래. 또는 밑. 2)똑바로 내려감.
直轄(직할) 직접 지배함. 직접 관할함.
直航(직항) 배가 중간에 있는 항구에 들르지 않고 목적지까지 직행함.
直行(직행) 1)바른 행위. 2)마음대로 꾸밈없이 해냄. 3)중간에 어떤 곳도 들르지 않고 목적지로 바로 감.
直後(직후) 어떤 일이 일어난 바로 뒤.
直千金(치천금) 천금(千金)의 가치가 있다는 뜻으로, 매우 고귀함을 이르는 말.
반 曲(굽을 곡) 비 値(값 치)

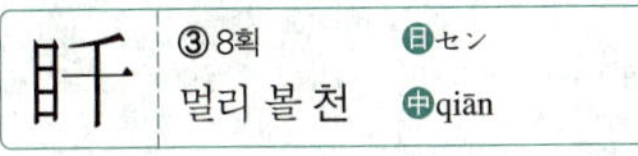

풀이 멀리 보다.

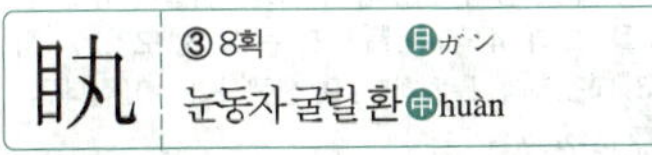

풀이 1. 눈동자를 굴리다. 2. 눈이 크다.

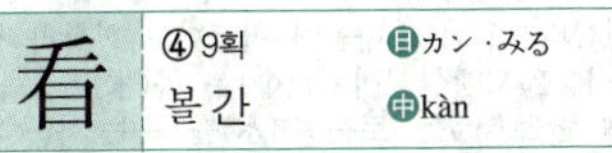

一 二 三 手 手 看 看 看 看

* 회의. 눈(目) 위에 있는 이마에 손을(手) 대고 바라본다는 뜻에서 '보다'는 뜻을 나타냄.

풀이 1. 보다. 바라보다. 2. 방문하다. 3. 지키다. 4. 대우. 대접. 5. 행하다.
看客(간객) 구경꾼. 관객.
看檢(간검) 잘 살펴 검사함.
看經(간경) 1)불경(佛經)을 봄. 2)경문을 소리내지 않고 읽음.
看過(간과) 1)그냥 보기만 하고 내버려 둠. 눈감아 줌. 2)보는 중에 빠뜨리고 넘어감.
看糧(간량) 참선하는 사람들의 식량을 관리함.
看病(간병) 병자의 곁에서 시중을 들거나 돌봄.
看山(간산) 1)묏자리를 잡으려고 산을 살핌. 2)성묘(省墓).
看色(간색) 물건의 좋고 나쁨을 판단하기 위해 견본(見本) 삼아 일부분을 봄. 또는 그 견본의 물건.
看書(간서) 책을 소리내지 않고 읽음.
看守(간수) 1)보살피고 지킴. 2)교도소에서 죄수(罪囚)를 감독하고 그 밖의 사무에 종사하는 관리. 교도관(矯導官)의 이전 이름.
看審(간심) 자세히 살핌. 자세히 조사함.
看兒(간아) 아이를 돌봄.
看役(간역) 토목이나 건축 등의 공사를 맡아서 살핌.
看翁(간옹) 신라(新羅) 벽전에 딸린 벼슬.
看月會(간월회) 한가위 밤의 달맞이 모임.
看做(간주) 1)그러한 것으로 여김. 2)그렇다고 침.
看參(간참) 참견.
看取(간취) 그 내용을 보아서 알아차림.
看破(간파) 사물의 진상을 앎. 보아서 속을 확실히 알아냄.
看板(간판) 여러 사람의 주의를 끌기 위하여 상점·상품 이름 등을 써서 내건 표지.
看品(간품) 물건의 품질의 좋고 나쁨을 자세히 봄.
看護(간호) 병상자(病傷者)나 약한 늙은이 또는 어린애를 보살핌.
看花(간화) 꽃을 구경함.
유 見(볼 견)

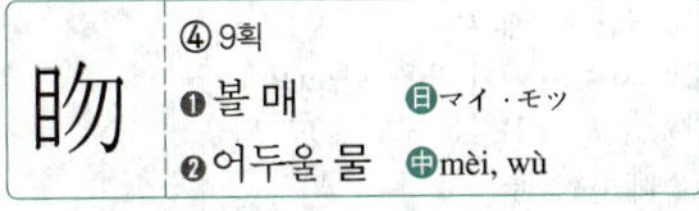

풀이 ❶ 1. 보다. 2. 멀리 보이다. 3. 새벽. ❷ 4. 어둡다. 밝지 않다.

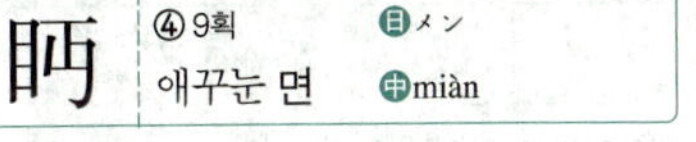

풀이 1. 애꾸눈. 2. 곁눈질하다. ¶眄視 3. 보다. 4. 돌보다. 5. 소경.
眄睞(면래) 1)눈동자를 굴리는 모양. 돌아보는 모양. 2)은우(恩遇).
眄視(면시) 곁눈질함.
眄睨(면예) 곁눈질함. 흘겨봄.
유 眇(애꾸눈 묘)

풀이 1. 밝다. 2. 밝게 보다.
비 明(밝을 명)

5획

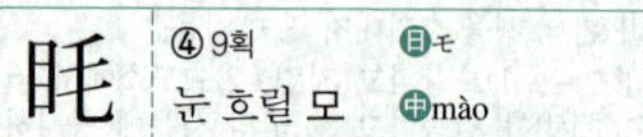

풀이 1. 눈이 흐리다. 눈에 총기가 없다. 2. 눈이 나쁘다. 3. 늙은이.

眊悼(모도) 노인과 어린이.

眊眊(모모) 1)눈이 흐릿하고 어두운 모양. 2)눈에 총기(聰氣)가 없는 모양.

眊悖(모패) 도리에 어두워 어그러짐.

眊眩(모현) 눈이 침침해짐. 놀라서 눈앞이 깜깜해짐.

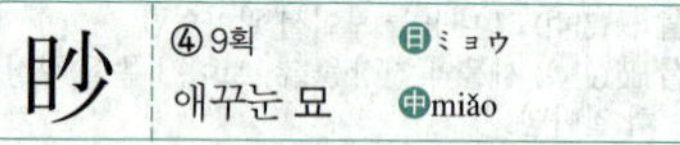

* 회의. '目(눈 목)'과 '少(적을 소)'를 합친 글자. 이에 한쪽 눈이 작음을 나타내어, '애꾸눈'의 뜻으로 쓰임.

풀이 1. 애꾸눈. 한쪽 눈이 보이지 않거나 작은 눈. ¶眇目 2. 희미하다. 3. 작다. ¶眇少 4. 멀다. 5. 넓다. 6. 다하다. 빠짐없이 마치다. 7. 이루어지다. 8. 자세하다. 9. 묘하다.

眇末(묘말) 작은 몸. 묘신(眇身).

眇茫(묘망) 멀리 있어서 희미하고 아득함.

眇目(묘목) 애꾸눈.

眇小(묘소) 키가 작음. 단소(短小).

眇然(묘연) 1)작은 모양. 2)먼 모양.

유 眄(애꾸눈 면)

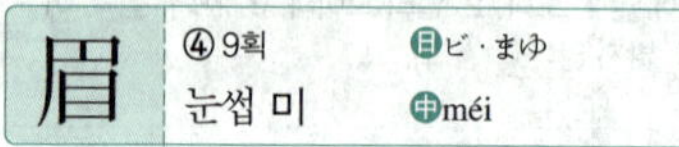

丿 𠂆 尸 尸 尸 屑 肩 眉 眉

5 획

* 상형. 눈썹을 본뜬 글자

풀이 1. 눈썹. 2. 미간. 3. 가장자리.

眉間(미간) 양미간. 두 눈썹 사이.

眉間珠(미간주) 불상의 두 눈썹 사이에 있는 흰 구슬.

眉稜骨(미릉골) 눈썹 있는 곳의 뼈.

眉毛(미모) 꼬리털. 눈썹.

眉目(미목) 1)눈썹과 눈. 2)용모.

眉斧(미부) 미인의 눈썹.

眉雪(미설) 눈같이 흰 눈썹.

眉壽(미수) 눈썹이 세도록 오래 삶.

眉語(미어) 눈썹을 움직여 뜻을 전달함.

眉宇(미우) 1)이마의 눈썹 언저리. 2)용모.

眉月(미월) 눈썹 모양같이 된 초승달.

眉睫(미첩) 1)눈썹과 속눈썹. 2)가까운 거리.

頭眉(두미) 1)머리와 꼬리. 2)처음과 끝.

迫眉(박미) 가까이 닥침.

拜眉(배미) 삼가 얼굴을 뵘. 배안(拜顔).

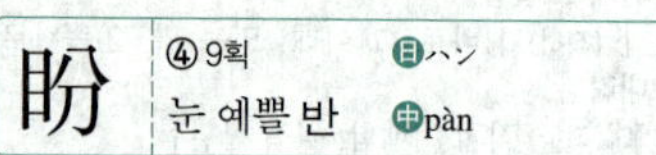

풀이 1. 눈이 예쁘다. 눈자위가 선명하고 예쁜 모양. 2. 보다. 3. 곁눈질하다. 4. 아름다운 눈.

盼刀(반도) 눈을 부릅뜨고 쳐다 봄.

盼望(반망) 희망함.

盼倩(반천) 눈이 예쁘고 애교가 있음.

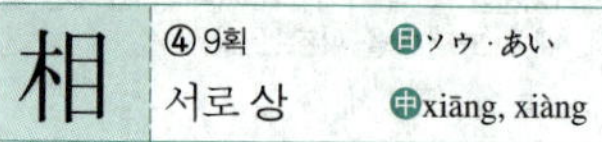

一 十 才 木 木 杊 相 相 相

* 회의. 나무(木)의 외형을 자세히 살펴보는(目) 것을 나타낸 글자. 원래는 사물의 겉모습을 관찰하여 좋고 나쁨을 판단한다는 뜻이었으나, 바뀌어 사람이나 사물의 '외형'의 뜻으로 쓰임.

풀이 1. 서로. 함께. ¶相見 2. 보다. 관찰하다. 3. 점(占)을 보다. 4. 바탕(質). 5. 돕다. 6. 모양. 7. 정승. 8. 다스리다. 통치하다. 9. 선택하다. 10. 접대원.

相見(상견) 서로 봄.

相關(상관) 1)서로 관련을 가짐. 2)남의 일에 간섭함.

相剋(상극) 1)서로 마음이 어긋나고 화합하지 않음. 2)오행설에서 금(金)은 목(木)을, 목(木)은 토(土)를, 토는 수(水)를, 수는 화(火)를, 화(火)는 금(金)을 각각 이김을 이르는 말.

相當(상당) 알맞음. 정도에 가까움.

相對(상대) 1)서로 마주 대함. 2)서로 맞섬. 마주 겨룸. 3)다른 사물에 대하여 존재함. 곧 다른 사물에 의존하거나 제약을 받아 존재함.

相等(상등) 서로 비슷함.

相連(상련) 1)서로 잇대어 붙음. 2)서로 잇대임.

相望(상망) 1)서로 바라봄. 2)재상이 될 만한 명망(名望).

相面(상면) 처음으로 서로 만나서 알게 됨.

相反(상반) 서로 반대됨. 서로 어긋남.

相逢(상봉) 서로 만남.

相扶(상부) 서로 도움.

相似(상사) 서로 모양이 비슷함.

相思(상사) 서로 생각함. 서로 사모함.

相生(상생) 오행(五行)의 운행에 있어서 서로 그 기운을 도와 생(生)하는 관계. 곧, 목생화(木生火)·화생토(火生土)·토생금(土生金)·금생수(金生水) · 수생목(水生木)을 말함.

相續(상속) 1)이어받음. 2)민법상으로 전 호주의 권리 · 의무를 이어받음. 호주 상속(戶主相續)과 유산 상속(遺產相續)이 있음.

相殺(상쇄) 1)셈을 서로 비김. 엇셈. 2)반대되는 것이 서로 영향을 주어 효과가 없어지는 일.

相承(상승) 서로 받아 이음.

相識(상식) 서로 안면이 있음.

相月(상월) 음력 7월의 다른 이름.

相違(상위) 서로 어긋남.

相應(상응) 서로 응하여 어울림. 서로 꼭 맞음.

相議(상의) 서로 의논함.

相異(상이) 서로 다름.

相殘(상잔) 서로 다투고 싸움.

相爭(상쟁) 서로 다툼.

❖ 상쟁(相爭)에 관한 고사성어

- 漁父之利(어부지리) 어부의 이익. 조개와 도요새가 서로 싸우는 통에 어부가 둘을 다 잡아 이득을 봄.
- 犬兔之爭(견토지쟁) 개와 토끼가 싸우다 지쳐서 둘 다 쓰러져 숨져 있는 것을 지나가던 농부가 주워서 이득을 봄.
- 蚌鷸之爭(방휼지쟁) 도요새가 조개를 먹으려고 껍데기 안에 주둥이를 넣는 순간, 조개가 입을 닫는 바람에 도리어 물려서 서로 다툰다는 뜻. 서로 적대하여 양보하지 않음을 이르는 말.

相傳(상전) 대대로 이어감.

相接(상접) 서로 한데 닿음. 서로 이웃함.

相助(상조) 서로 도움.

相從(상종) 서로 의좋게 지냄.

相衝(상충) 맞지 않고 서로 어긋남.

相親(상친) 서로 친밀하게 사귐.

相稱(상칭) 서로 균형을 유지하고 있음. 서로 대응하고 있음. 대칭(對稱).

相通(상통) 1)서로 막힘 없이 통함. 2)서로가 어떤 일에 공통되는 바가 있음.

相鬪(상투) 서로 싸우고 다툼.

相好(상호) 서로 좋아함. 사이가 좋음.

相互(상호) 피차(彼此)가 서로.

相換(상환) 서로 교환함. 서로 바꿈.

相會(상회) 만나 봄.

相詰(상힐) 서로 트집을 잡아 책망함.

유 互(서로 호)

省	④ 9획	
	❶ 살필 성	日 ショウ · セイ
	❷ 덜 생	中 xǐng, shěng

丨 丨丨 小 少 少 省 省 省 省

* 회의. 작은(少) 것까지 자세히 보는(目) 것을 나타내어, '살피다'의 뜻으로 쓰임.

풀이 ❶ 1. 살피다. 살펴보다. ¶省察 2. 깨닫다. ¶省悟 3. 명심하다. 4. 관청. 5. 대궐. ❷ 6. 덜다. 감하다. 간략히 하다. ¶省略 7. 허물. 8. 재앙.

省改(성개) 스스로 반성하여 행동을 고침.

省略(생략) 1)간단하게 덜어서 줄임. 뺌. 2)아무렇게나 되는 대로 말함.

省墓(성묘) 조상의 산소를 살피어 돌봄.

省文(성문) 1)한자의 점이나 획을 생략하여 씀. 또는 그러한 문자. 약자(略字). 2)문장의 자구(字句)를 생략함.

省費(성비) 비용을 줄이고 절약함.

省約(성약) 줄여 간단하게 함.

省悟(성오) 살펴 깨달음.

省察(성찰) 1)살펴봄. 2)자기의 언행을 반성하여 봄.

歸省(귀성) 부모를 뵙기 위하여 고향으로 감.

內省(내성) 자신을 돌이켜 그 내면을 살펴봄.

反省(반성) 잘못한 것을 돌이켜서 살펴봄.

晨省(신성) 아침에 부모의 침소에 가서 인사를 여쭙고 그 안부를 살핌.

自省(자성) 스스로의 행동을 반성함.

盾	④ 9획	日 ジュン · たて
	방패 순	中 dùn, yǔn

* 상형. 머리와 눈을 보호하는 방패의 모양을 본뜬 글자.

풀이 1. 방패. 2. 숨다.

盾鼻(순비) 방패의 손잡이.

戈盾(과순) 창과 방패.

矛盾(모순) 1)창과 방패. 2)말이나 행동의 앞뒤가 서로 맞지 않음.

圓盾(원순) 원형의 방패.

眃	④ 9획	
	시력 좋지	日 ウン
	못할 운	中 yún

풀이 시력이 좋지 못한 모양.

眈	④ 9획	日 タン
	노려볼 탐	中 dān

풀이 1. 노려보다. 노리다. 2. 먼 곳에 뜻을 두다.

비 耽(즐길 탐)

5획

盻	④ 9획 흘겨볼 혜·예	日ケイ 中xì

풀이 1. 흘겨보다. 2. 돌아보다.

看	⑤ 10획 看(p915)의 俗字

眗	⑤ 10획 두리번거릴 구	日ク 中jū, kōu

풀이 1. 두리번거리다. 2. 웃다.

眗瞜(구루) 웃음.

眛	⑤ 10획 어두울 말	日マツ·くらい 中mò, miè

풀이 1. 어둡다. 2. 무릅쓰다.

유 眜(어두울 매)

眜	⑤ 10획 어두울 매	日メイ·くらい 中mèi

풀이 어둡다.

愚眜(우매) 사리에 어둡고 어리석음.

眿	⑤ 10획 脈(p920)과 同字

眠	⑤ 10획 잠잘 면	日ミン 中mián

丨 ㄇ 冃 月 目 目ㄱ 目ㄱ 盺 眠 眠

* 형성. 뜻을 나타내는 부수 '目(눈 목)'과 음을 나타내는 '民(백성 민)'을 합친 글자.

풀이 1. 잠자다. ¶不眠 2. 잠. 3. 시들다. 4. 죽은 시늉을 하다. 5. 쉬다. 6. 중독되다. 7. 어리석다.

眠期(면기) 누에가 허물을 벗으려고 잠을 자는 기간.

眠食(면식) 1)잠자는 일과 먹는 일. 침식(寢食). 2)사람의 행동거지.

不眠(불면) 1)잠을 자지 않음. 2)잠을 자지 못함.

冬眠(동면) 동물이 겨울 동안 활동을 멈추고 수면 상태에 있는 현상.

유 寢(잠잘 침) 비 眼(눈 안)

眍	⑤ 10획 자세히 볼 비·밀	日ヒ·ミツ 中bì, mà

풀이 1. 자세히 보다. 2. 부끄러워하다.

眚	⑤ 10획 눈이 흐릴 생	日ショウ 中shěng

풀이 1. 눈이 흐리다. 눈에 백태가 끼다. 2. 잘못. 허물. 3. 재앙. 4. 앓다. 5. 덜다.

眚病(생병) 괴질(怪疾).

眚災(생재) 재난에 의한 해악(害惡).

眴	⑤ 10획 눈 깜작일 순	日シツ 中shùn

풀이 눈을 깜작이다. 눈을 깜작여 의사를 표현하다.

眎	⑤ 10획 볼 시	日シ·みる 中shì

풀이 1. 보다. 보이다. 2. 말하다. 3. 드러내다.

비 示(보일 시)

眡	⑤ 10획 ❶ 비길 시 ❷ 보는 모양 저	日シ 中shì

풀이 1 1. 비기다. 비교하다. 2. 보다. 3. 이르다. 2 4. 보는 모양.

眒	⑤ 10획 눈 부릅뜰 신	日シン 中shèn

풀이 1. 눈을 부릅뜨다. 2. 신속하다.

眏	⑤ 10획 ❶ 눈어두울 앙 ❷ 볼 영	日オウ·エイ 中yāng, yìng

풀이 1 1. 어둡다. 2. 눈의 모양. 3. 노려보다. 쏘아보다. 2 4. 보다.

비 殃(재앙 앙)

眢	⑤ 10획 소경 완 · 원	日ワン · エン 中yuān

풀이 소경. 앞이 보이지 않다.
眢井(완정) 메마른 우물. 공정(空井).

眑	⑤ 10획 ❶깊을 유 ❷움펑눈 요	日ユウ 中yǎo, ǎo

풀이 ❶ 1. 깊다. ❷ 2. 움펑눈. 눈이 깊숙히 들어감.

眝	⑤ 10획 바라볼 저	日テイ 中zhù

풀이 1. 바라보다. 눈여겨보다. 2. 눈을 크게 뜨다.

眐	⑤ 10획 바라볼 정	日ショウ 中zhēng

풀이 바라보다.

眥	⑤ 10획 ❶눈초리 제 ❷흘길 자	日シ 中zì

풀이 ❶ 1. 눈초리. ❷ 2. 흘기다. 3. 보다. 4. 눈초리가 찢어지다.

비 皆(모두 개)

眦	⑤ 10획 眥(p919)와 同字

眞	⑤ 10획 참 진	日シン · ま 中zhēn

풀이 1. 참. 진짜. ¶眞價 2. 옳다. 3. 순수하다. 자연 그대로다. 4. 변치 않다. 5. 사진. 초상(肖像). 6. 진실로. 7. 본질. 천성. 8. 혼. 9. 도(道).

眞價(진가) 참된 값어치.
眞境(진경) 본바탕을 가장 잘 나타낸 참다운 지경. 신선이 사는 땅.
眞景(진경) 1)실제의 경치. 2)실제의 경치를 꼭 그대로 그린 그림.
眞空(진공) 1)물질이 아무것도 없는 공간. 2)일체의 실상은 공(空)임.
眞談(진담) 참된 말.
眞理(진리) 1)참된 도리 또는 참된 이치. 2)논리적으로 모순이 없는 올바른 판단.
眞面目(진면목) 참모습.
眞味(진미) 1)참된 맛. 2)진정한 취미.
眞犯(진범) 어떤 죄를 저지른 바로 그 사람.
眞否(진부) 진실과 거짓.
眞相(진상) 사물의 참된 모습. 실제의 형편.
眞書(진서) 1)한문을 높여 이르던 말. 2)해서(楷書). 정서(正書).
眞善美(진선미) 참됨과 착함과 아름다움. 즉 인생의 최고의 이상으로 삼는 세 가지 덕목.
眞成(진성) 진실로. 참으로. 진정(眞正).
眞性(진성) 1)타고난 성질. 천성(天性). 2)사물 본연의 순수한 성질. 3)진여(眞如).
眞率(진솔) 진실하고 솔직함.
眞髓(진수) 사물의 가장 중요한 부분.
眞是(진시) 진실로.
眞實(진실) 1)바르고 참됨. 2)거짓이 아님.
眞心(진심) 거짓이 없는 참된 마음.
眞言(진언) 1)참된 말. 거짓이 아닌 말. 2)불타(佛陀)의 말. 3)주문(呪文).
眞意(진의) 참된 마음.
眞義(진의) 참된 의의. 참된 뜻.
眞人(진인) 1)참된 도를 깨우친 사람. 2)선인(仙人).
眞正(진정) 정말. 또는 참인 것.
眞摯(진지) 참되고 열성적임.
眞品(진품) 위조하지 않은 진짜 물건.

真	⑤ 10획 眞(p919)의 俗字

眕	⑤ 10획 진중할 진	日シン 中zhěn

풀이 1. 진중하다. 2. 참고 견디다.

眣	⑤ 10획 사팔눈 질	日シツ 中dié

5획

풀이 1. 사팔눈. 2. 눈짓.

貼	⑤ 10획	日セン
	엿볼 첨	中chàn, diān

풀이 1. 엿보다. 2. 눈을 내리뜨다. 3. 음란하다.

유 伺(엿볼 사) 窺(엿볼 규)

眙	⑤ 10획	日チ
	눈여겨볼 치	中yí

풀이 1. 눈여겨보다. 2. 눈을 부릅뜨다.

眩	⑤ 10획	日ケン
	❶ 아찔할 현	中xuàn
	❷ 요술 환	

* 형성. 뜻을 나타내는 부수 '目(눈 목)'과 음을 나타내는 '玄(검을 현)'을 합친 글자.

풀이 ❶ 1. 아찔하다. 현기증이 나다. 2. 홀리다. 현혹하다. 3. 어둡다. 4. 눈부시다. 5. 돌다. ❷ 6. 요술.

眩氣(현기) 어지러운 기운.
眩亂(현란) 정신이 어수선함.
眩目(현목) 눈이 아찔아찔함.
眩瞀(현무) 1)눈이 침침하여 또렷하지 않은 모양. 2)현기증이 나는 모양.
眩然(현연) 현기증이 나서 어지러움.
眩眞(현진) 사람의 참된 마음을 어지럽힘.
眩惑(현혹) 정신을 빼앗겨 혼란스러움.

眶	⑥ 11획	日コウ
	눈자위 광	中kuàng

풀이 눈자위. 눈알의 언저리.

眷	⑥ 11획	日ケン
	돌아볼 권	中juàn

풀이 1. 돌아보다. 뒤를 보다. 2. 돌보다. 3. 겨레붙이. 4. 은혜.

眷顧(권고) 1)돌봄. 2)뒤돌아봄.
眷口(권구) 한 집안에 사는 식구.
眷眷(권권) 1)가엾게 여겨 항상 마음이 쏠리는 모양. 2)따르는 모양.
眷眷不忘(권권불망) 늘 생각하여 잊지 않음.
眷念(권념) 돌보아 생각함.
眷戀(권련) 간절히 생각하여 사모함.
眷庇(권비) 돌보아 보호함.
眷屬(권속) 자기 집에 딸린 식구, 또는 한 집안의 겨레붙이.
眷愛(권애) 돌보아 사랑함.
眷然(권연) 잊지 못하여 뒤돌아 봄.
眷遇(권우) 특별히 후대(厚待)함. 정중하게 대접함.

眽	⑥ 11획	
	❶ 훔쳐볼 맥	日ミャク
	❷ 볼 멱	中mò

풀이 ❶ 1. 훔쳐보다. 몰래 보다. 2. 마주 보다. 물끄러미 서로 바라보다. 3. 험한 시선. ❷ 4. 보다. 곁눈질로 보다. 5. 업신여기다. 무시하다.

眽眽(맥맥) 말없이 서로 바라보는 모양.

비 脈(맥 맥)

眸	⑥ 11획	日ボウ
	눈동자 모	中móu

풀이 1. 눈동자. 2. 눈.

眸子(모자) 눈동자.
明眸(명모) 1)밝고 아름다운 눈동자. 2)아름다운 눈을 가진 미인.

眯	⑥ 11획	日ベイ
	티 들 미	中mī, mí

풀이 1. 티가 들다. 눈에 티가 들어가서 눈을 못 뜸. 2. 가위눌리다. 무서운 꿈으로 괴로워함. 3. 애꾸눈.

眼	⑥ 11획	日ガン・ゲン・め
	눈 안	中yǎn

丨 冂 月 月 目 目ㄱ 目ㄱ 目ョ 目ᄇ 眼 眼

* 형성. 뜻을 나타내는 부수 '目(눈 목)'과 음을 나타내며 눈의 모양을 본뜬 '艮(어긋날 간)'을 합친 글자.

풀이 1. 눈. ㉠눈매. ㉡눈동자. 2. 요점. 3. 보다.

眼角(안각) 1)위 눈꺼풀과 아래 눈꺼풀이 만나서 눈 양쪽에 이루는 각. 2)눈 언저리.
眼瞼(안검) 눈꺼풀.
眼鏡(안경) 눈을 보호하거나 시력을 돕기 위해 쓰는 기구.
眼境(안경) 눈으로 볼 수 있는 범위. 안계(眼界).
眼界(안계) 1)눈에 보이는 범위. 눈으로 바라볼

수 있는 범위. 2)생각이 미치는 범위.
眼孔(안공) 1)눈구멍. 2)식견(識見).
眼科(안과) 눈병에 관한 의료(醫療).
眼光(안광) 1)눈의 빛. 2)만물의 진상(眞相)을 분간하는 힘.
眼球(안구) 눈알. 눈망울.
眼同(안동) 1)함께 가거나 물건을 지니고 감. 2)입회함. 또는 증인으로 참석함.
眼力(안력) 1)보는 힘. 2)사물의 요긴한 곳이나 시비 · 선악을 분간하는 힘.
眼目(안목) 1)사물의 요긴한 곳. 2)눈매. 눈동자. 3)사물을 분별하는 식견(識見).
眼識(안식) 사물의 진가를 알아내는 힘. 또는 그러한 안목과 식견.
眼語(안어) 눈짓으로 의사 소통을 함.
眼炎(안염) 눈에 생기는 염증. 눈병.
眼窩(안와) 눈구멍. 안공(眼孔).
眼前(안전) 눈앞. 그 당장.
眼睛(안정) 눈동자.
眼中(안중) 눈 속. 마음속.
眼中人(안중인) 1)항상 생각하며 한 번 만나보기를 원하는 사람. 2)본 적이 있는 사람.
眼疾(안질) 눈병.
眼彩(안채) 눈의 광채. 안광(眼光).
眼穿(안천) 1)서로 간절히 보고 싶어함. 서로 몹시 그리워함. 2)뚫어지게 봄.
眼聰(안총) 눈의 총기. 안력(眼力).
眼波(안파) 여자가 아양부리는 눈짓. 추파(秋波).
眼下(안하) 눈 아래.
眼下無人(안하무인) 거만하여 멸시하는 일. 즉, 자신 이외에는 사람이 없는 것처럼 구는 것.
眼患(안환) 눈병.
洗眼(세안) 눈을 씻음.
俗眼(속안) 속된 안목(眼目). 얕은 식견(識見).
衰眼(쇠안) 시력(視力)이 약해진 눈.
비 眠(쉴 면)

睍	⑥ 11획 업신여길 액 · 이	日イ 中nè

풀이 업신여기다. 얕보다.

眭	⑥ 11획 ❶ 노려볼 에 ❷ 움펑눈 휴	日ケイ 中huī, xié, wèi

풀이 1 1. 노려보다. 2 2. 움펑눈. 쑥 들어간 눈.
眭然(휴연) 쳐다보는 모양.

眺	⑥ 11획 바라볼 조	日チョウ · ながめる 中tiào

풀이 1. 바라보다. 조망하다. 2. 살피다.
眺覽(조람) 멀리 바라봄.
眺臨(조림) 내려다 봄.
眺聽(조청) 1)보면서 들음. 2)보는 일과 듣는 일.
眺矚(조촉) 멀리 바라봄.
유 觀(볼 관)

眹	⑥ 11획 눈동자 진	日ジン · ひとみ 中zhèn

풀이 1. 눈동자. 2. 조짐. 빌미. 3. 점괘(占卦).

眵	⑥ 11획 눈곱 치	日チ 中chī

풀이 눈곱.

眴	⑥ 11획 깜작일 현 · 순	日ケン · シュン 中xuàn, shùn

풀이 1. 깜작이다. 2. 현기증이 나다. 3. 어둡다. 4. 눈짓하다.
眴轉(현전) 확실히 보이지 않음.
眴眴(현현) 1)유순한 모양. 2)눈이 어지러워 잘 보이지 않는 모양.
眴渙(현환) 산뜻한 모양. 선명한 모양.

睊	⑦ 12획 흘겨볼 견	日ケン 中juàn

풀이 흘겨보다. 곁눈질하다.
睊睊(견견) 곁눈질함. 눈을 흘겨서 봄.

䀶	⑦ 12획 눈 앓을 량	日リョウ 中liàng, lǎng

풀이 눈을 앓다. 눈병을 앓다.

睂	⑦ 12획 眉(p916)의 本字	

5획

睒	⑦ 12획	日ショウ
	깜작일 섬	中shǎn

풀이 1. 깜작이다. 2. 언뜻 보다.
睒睒(섬섬) 눈을 자주 깜작거리는 모양.

睋	⑦ 12획	日ア
	바라볼 아	中é

풀이 1. 바라보다. 2. 갑자기.

睇	⑦ 12획	日テイ
	흘끗 볼 제	中dì

풀이 1. 흘끗 보다. 곁눈질하다. 2. 한눈팔다.
睇眄(제면) 곁눈질함.
睇目(제목) 멀리 바라봄.
睇盼(제반) 눈을 움직임.
睇睨(제예) 흘끗 봄.

着	⑦ 12획	日チャク·つく
	붙을 착	中zhāo, zháo, zhuó, zhe

풀이 1. 붙다. ¶着火 2. 옷을 입다. ¶着衣 3. 신을 신다. 4. 모자 등을 쓰다. 5. 몸에 지니다.
着劍(착검) 1)몸에 칼을 참. 2)소총에 대검을 꽂음.
着根(착근) 1)식물을 옮겨 심음. 2)다른 지역에 정착하여 살아감.
着工(착공) 공사를 시작함.
着發(착발) 도착과 출발.
着陸(착륙) 비행물체가 땅에 내려앉음.
着手(착수) 일을 시작함.
着用(착용) 의복·신발·모자 등을 몸에 걸침.
着帽(착모) 모자를 씀.
着地(착지) 공중에 떠 있다가 땅에 내려섬.
着信(착신) 신호나 통신 등이 도달함.
着心(착심) 어떤 일에 마음을 둠.
着意(착의) 뜻을 두어 생각함.
着衣(착의) 옷을 입음.
着火(착화) 불이 붙음. 또는 불을 붙임.

睍	⑦ 12획	日ケン
	불거진 눈 현	中xiàn

풀이 1. 불거진 눈. 눈이 쑥 나오다. 2. 훔쳐보다. 흘끗 보다. 3. 고운 모양.
睍睍(현현) 힐끔 보는 모양. 몰래 보는 모양.
睍睆(현환) 목소리가 맑고 고운 모양.

睞	⑦ 12획	日ショウ
	애꾸눈 협	中jiá, jié

풀이 1. 애꾸눈. 2. 눈을 깜작이다.

睅	⑦ 12획	
	불거진 눈	日カン
	환·한	中hàn

풀이 불거진 눈. 눈이 튀어나와 있음.

睄	⑦ 12획	日コウ·もうじん
	소경 효	中xiāo

풀이 소경. 장님.

睎	⑦ 12획	日キ
	바라볼 희	中xī

풀이 1. 바라보다. 2. 힐끔 보다. 3. 사모하다.
睎驥(희기) 천리마를 그리워함.
유 覜(바라볼 조)

督	⑧ 13획	日トク
	살펴볼 독	中dū

* 형성. 뜻을 나타내는 부수 '目(눈 목)'과 음을 나타내는 '叔(아재비 숙)'을 합친 글자. 아저씨(叔)의 눈(目)으로 조카를 보살피는 것을 나타내어 '잘 살펴본다'의 뜻으로 쓰임.
풀이 1. 살펴보다. 자세히 보다. 2. 감독하다 3. 바로잡다. 단속하다. 4. 꾸짖다. 5. 재촉하다 6. 가운데. 중앙. 7. 우두머리. 8. 권하다. 9. 거느리다. 10. 극진하다.
督檢(독검) 독려하고 검찰함.
督過(독과) 과실을 책망함.
督課(독과) 맡은 일을 감독함.
督納(독납) 세금을 내도록 독촉함.
督勵(독려) 감독하여 북돋아 줌.
督捧(독봉) 세납을 독촉하여 거두어 들임.
督稅(독세) 세금을 바치도록 독촉함.
督率(독솔) 감독하여 통솔함.

5획

督視(독시) 살펴봄. 감시함.
督御(독어) 바로잡아 다스림. 통괄함.
督戰(독전) 싸움을 장려함.
督察(독찰) 감독하여 살핌.
督責(독책) 1)몹시 재촉함. 2)몹시 꾸짖음.
督促(독촉) 빨리 서둘러 하도록 재촉함.
督飭(독칙) 감독하고 타이름.
督學(독학) 학사(學事)의 감독. 또는 그 직책을 맡은 사람.
監督(감독) 1)보살피고 지도하고 단속함. 또는 그 사람. 2)연극 · 영화에서 배우의 연기 · 조명 · 진행 등을 지휘 · 관리하는 사람. 3)운동 선수의 훈련과 실전을 직접 지도 · 단속하는 사람.
檢督(검독) 검사하고 독려(督勵)함.
總督(총독) 식민지 등에서 모든 통치권을 감독 · 관할하는 관직. 또는 그 관직에 있는 사람.

유 察(살필 찰)

睞	⑧ 13획 한눈 팔 래	日ライ 中lài

풀이 1. 한눈을 팔다. 2. 곁눈질하다. 3. 사팔눈.

睩	⑧ 13획 삼가 볼 록	日ロク 中lù

풀이 삼가 보다. 삼가 바라보는 모양.

睖	⑧ 13획 응시할 릉	日リク 中lèng

풀이 응시하는 모양.

비 睦(화목할 목)

睦	⑧ 13획 화목할 목	日ボク 中mù

* 형성. 뜻을 나타내는 부수 '目(눈 목)'과 음을 나타내며 '온화하다'의 뜻을 가진 '坴(언덕 륙)'을 합친 글자. 이에 온화한 눈으로 보는 것을 나타내어 '화목하다'의 뜻으로 쓰임.

풀이 1. 화목하다. ¶和睦 2. 공손하다. 3. 도탑다. 4. 가깝다. 밀접하다. 5. 온화하다.

睦友(목우) 형제간에 우애가 있고 화목함.
睦族(목족) 같은 겨레끼리 화목하게 지냄. 또는 화목한 집안.
睦親(목친) 1)화목하고 친근함. 2)근친(近親).
敦睦(돈목) 사이가 두텁고 화목함.
親睦(친목) 서로 친하여 화목함.
和睦(화목) 뜻이 맞고 정다움.

유 和(화할 화) 비 睖(응시할 릉)

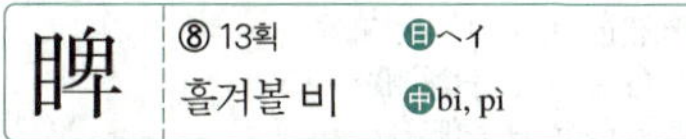

睥	⑧ 13획 흘겨볼 비	日ヘイ 中bì, pì

풀이 1. 흘겨보다. 곁눈질하다. 2. 엿보다.

睥睨(비예) 눈을 흘겨봄.

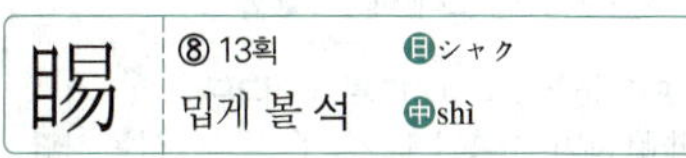

睗	⑧ 13획 밉게 볼 석	日シャク 中shì

풀이 1. 밉게 보다. 2. 번갯불.

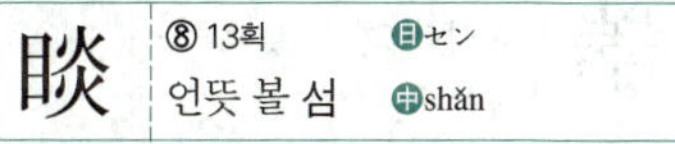

睒	⑧ 13획 언뜻 볼 섬	日セン 中shǎn

풀이 1. 언뜻 보다. 잠시 보다. 2. 엿보다. 훔쳐보다. 3. 번갯불.

睡	⑧ 13획 잘 수	日スイ 中shuì

* 형성. 뜻을 나타내는 부수 '目(눈 목)'과 음을 나타내는 '垂(드리울 수)'를 합친 글자. 이에 눈꺼풀이 드리워지는 것을 나타내어, '잠', '자다'의 뜻으로 쓰임.

풀이 1. 자다. 2. 졸다. 3. 잠. 수면.

睡魔(수마) 못 견디게 퍼붓는 졸음을 마력(魔力)에 비유하는 말.
睡媒(수매) 졸음이 오게 하는 매개가 되는 것.
睡眠(수면) 1)잠자는 일. 2)활동을 쉬고 있는 상태의 비유.
睡語(수어) 잠꼬대.
睡餘(수여) 잠이 깬 후.
睡中(수중) 잠이 든 가운데.
睡鄕(수향) 꿈나라.
午睡(오수) 낮잠. 오침(午寢).
坐睡(좌수) 앉아서 졺.
寢睡(침수) 수면(睡眠)의 높임말.
昏睡(혼수) 1)의식이 없어짐. 2)정신없이 혼혼히 잠듦.

5획

유 眠(잠잘 면)

睟	⑧ 13획 바로 볼 수	日スイ 中suì

풀이 1. 바로 보다. 2. 순수하다. 3. 맑다. 4. 윤이 나는 모양.

睟然(수연) 윤이 나는 모양.
睟容(수용) 온윤(溫潤)한 용모.
睟表(수용) 수용(睟容).

睚	⑧ 13획 눈초리 애	日ガイ 中yá

풀이 1. 눈초리. 2. 노려보다. 흘겨보다.

睚眦(애자) 1)흘겨봄. 2)작은 원한이 있는 사람.

睪	⑧ 13획 ❶ 엿볼 역 ❷ 못 택	日エキ·タク 中zé

풀이 ❶ 1. 엿보다. 2. 기뻐하다. ❷ 3. 못. 연못

비 畢(마칠 필)

睨	⑧ 13획 흘겨볼 예	日ゲイ 中nì

풀이 1. 흘겨보다. 노려보다. 2. 엿보다.

睕	⑧ 13획 눈 우묵할 완	日ワン 中wān

풀이 눈이 우묵하다. 눈이 움푹 들어간 모양. 움펑눈.

睛	⑧ 13획 눈동자 정	日セイ 中jīng

풀이 눈동자.

비 晴(갤 청)

睜	⑧ 13획 눈동자 정	日セイ 中zhēng

풀이 1. 눈동자. 2. 눈을 부릅뜬 모양.

睜睜(정정) 눈을 부릅뜨고 보는 모양.

睫	⑧ 13획 속눈썹 첩	日ショウ 中jié

풀이 1. 속눈썹. 2. 깜짝이다.

睧	⑧ 13획 어두울 혼	日コン 中hūn

풀이 1. 눈이 어둡다. 2. 어리석다.

유 暗(어두울 암) 懞(어두울 몽)

睢	⑧ 13획 부릅떠 볼 휴	日キ·スイ 中suī

풀이 1. 부릅뜨고 보다. ㉠놀라 크게 뜸. ㉡화가 나서 사납게 뜸. 2. 우러러보다.

睢剌(휴랄) 어지러운 모양.
睢盱(휴우) 1)눈을 부릅뜨고 봄. 2)불분명한 모양. 3)질박한 모양. 4)소인(小人)이 기뻐하는 모양.
睢睢(휴휴) 깜짝 놀라 눈을 크게 뜨고 봄. 눈을 부릅뜨고 봄.

睷	⑨ 14획 눈으로 셀 건	日ケン 中jiān

풀이 눈으로 세다.

睾	⑨ 14획 ❶ 못 고 ❷ 클 호	日コウ·ゴ 中gāo

풀이 ❶ 1. 못. 늪. ❷ 2. 크다.

睾如(고여) 늪과 같이 질펀한 모양.
睾丸(고환) 남자 생식기의 일부. 불알.
睾睾(호호) 넓고 큰 모양.

睽	⑨ 14획 사팔눈 규	日ケイ 中kuí

풀이 1. 사팔눈. 2. 노려보다. 3. 등지다. 배반하다.

睽孤(규고) 남이 배반하여 고립됨.
睽乖(규괴) 서로 등짐. 서로 반목(反目)함.
睽睽(규규) 눈을 크게 뜨고 노려보는 모양.
睽離(규리) 서로 등져 떨어짐.

5획

睽焉(규언) 사이가 나빠짐.
睽違(규위) 1)서로 떨어짐. 격리됨. 2)어긋남.
睽疑(규의) 서로 등져 의심함.
睽合(규합) 헤어짐과 만남. 이합(離合).
睽攜(규휴) 규리(睽離).
睽睢(규휴) 눈자위가 움푹 들어간 모양.

睹	⑨ 14획 볼 도	日ト 中dǔ

* 형성. 뜻을 나타내는 부수 '目(눈 목)'과 음을 나타내는 '者(사람 자→도)'를 합친 글자.

풀이 1. 보다. 2. 가리다. 분별하다. 3. 세밀히 보다.
睹聞(도문) 보고 듣는 일.
유 觀(볼 관)

瞀	⑨ 14획 ❶ 어두울 무 ❷ 현기증 모 ❸ 야맹증 목	日ボウ·ム 中mào

풀이 1 1. 어둡다. 2. 눈이 흐리다. 3. 어리석다. 미련하다. 4 번민하다. 5. 어지럽다. 2 6. 현기증. 3 7. 야맹증. 밤에 시력이 떨어져 눈이 잘 보이지 않게 되는 증세.
瞀亂(무란) 어지러움.
瞀瞀(무무) 1)바로 보지 못하는 모양. 2)눈이 어두워서 잘 보이지 않는 모양. 3)마음이 어지러운 모양.

睿	⑨ 14획 슬기로울 예	日ケイ·アイ 中ruì

풀이 1. 슬기롭다. 사리에 밝고 총명하다. ¶聰睿 2. 정통하다. 3. 임금. 성인. ¶睿聞 4. 깊고 밝다.
睿感(예감) 임금이 감동함.
睿斷(예단) 임금의 판단. 성단(聖斷).
睿達(예달) 사리에 깊이 통달함.
睿謀(예모) 임금의 뛰어난 계획.
睿聞(예문) 임금의 들음.
睿文(예문) 임금의 문덕(文德).
睿聖(예성) 뛰어나고 총명함. 임금의 어진 덕.
睿慈(예자) 임금의 자애(慈愛).
睿藻(예조) 임금의 문장.
睿旨(예지) 왕세자가 군왕을 대신하여 정치할 때 내리는 명령. 임금의 뜻.
睿智(예지) 사물의 이치를 통달하는 총명함.
睿哲(예철) 밝고 총명함.
聰睿(총예) 임금의 슬기.

瑅	⑨ 14획 볼 제	日テイ 中tiàn

풀이 보다. 바라보다.

睺	⑨ 14획 애꾸눈 후	日コウ 中hóu

풀이 애꾸눈.

瞌	⑩ 15획 졸음 올 갑	日カツ 中kē

풀이 1. 졸음이 오다. 2. 졸다. 3. 말뚝잠. 앉아서 자는 잠.
瞌睡(갑수) 앉은 채로 자는 잠. 말뚝잠을 잠. 갑면(瞌眠).
瞌眠(갑면) 말뚝잠.

瞏	⑩ 15획 놀라서 볼 경	日ケイ 中qióng

풀이 1. 놀라서 보다. 2. 외롭다. 3. 근심하다.

瞉	⑩ 15획 ❶ 어리석을 구 ❷ 응시할 계	日ク·ケイ 中kòu, jì

풀이 1 1. 어리석다 . 2 2. 응시하다.

瞑	⑩ 15획 ❶ 눈 감을 명 ❷ 잘 면	日メイ·メン 中míng, mián

* 형성. 뜻을 나타내는 부수 '目(눈 목)'과 음을 나타내는 '冥(어두울 명)'을 합친 글자.

풀이 1 1. 눈을 감다. ¶瞑想 2. 눈이 흐려 희미한 모양. 3. 소경. 맹인. 2 4. 자다. 5. 중독되다. 6. 현기증이 나다.
瞑眩(면현) 현기증이 남.
瞑瞑(명명) 사물이 또렷하지 않고 흐릿하게 보이는 모양.
瞑想(명상) 눈을 감고 깊이 생각함.

5 획

瞇	⑩ 15획 애꾸눈 미	日ミ 中mī, mí

풀이 1. 애꾸눈. 2. 흘겨보다.

瞍	⑩ 15획 소경 수·소	日ソウ 中sǒu

풀이 1. 소경. 눈동자가 없는 맹인. 2. 여위다. 3. 늙은이.
瞍矇(수몽) 눈동자가 없는 소경과 눈동자가 있는 소경.

瞋	⑩ 15획 부릅뜰 진	日シン 中chēn

풀이 1. 부릅뜨다. 눈을 크게 뜨다. 2. 화내다.
瞋怒(진노) 성냄. 노여워함.
瞋色(진색) 화가 난 얼굴빛.
瞋心(진심) 왈칵 성내는 마음.
瞋言(진언) 성내어 꾸짖는 말.
瞋恚(진에) 성냄. 분노함.

瞎	⑩ 15획 애꾸눈 할	日カツ 中xiā

풀이 1. 애꾸눈. 2. 소경. 3. 사리에 어둡다.
瞎馬(할마) 애꾸눈의 말.
瞎榜(할방) 실력이 모자르면서 과거에 급제함. 남을 욕하는 말.
瞎兒(할아) 애꾸눈이. 애꾸.
瞎漢(할한) 1)소경. 장님. 2)무식한 사람.
瞎虎(할호) 1)애꾸눈의 범. 2)애꾸눈에 성질이 사납고 잔인한 사람.
비 割(나눌 할)

瞡	⑪ 16획 힐끔 볼 규	日キュウ·ケイ 中guī

풀이 1. 힐끔 보다. 훔쳐보다. 2. 한 눈을 감고 보다. 3. 눈을 부릅뜨다. 4. 스스로 만족해하는 모양.
瞡瞡(규규) 1)한 눈을 지그시 감고 보는 모양. 힐끔 보는 모양. 2)스스로 만족스러운 모양.

瞠	⑪ 16획 볼 당	日ドウ 中chēng

풀이 1. 보다. 2. 똑바로 보다.
瞠瞠(당당) 눈이 크게 뜨고 똑바로 보는 모양.
瞠目(당목) 놀라서 눈을 휘둥그렇게 뜨고 바라봄.
瞠若(당약) 놀라서 눈을 크게 뜨고 똑바로 보는 모양.
瞠然(당연) 눈을 휘둥그렇게 뜨고 보는 모양.

瞜	⑪ 16획 주시할 루(누)	日ロウ·ル 中lōu, lǘ

풀이 1. 주시하다. 쏘아보다. 2. 애꾸눈. 3. 자세히 보다.
瞜睺(누후) 애꾸눈.
비 樓(다락 루) 婁(별이름 루)

瞝	⑪ 16획 볼 리	日リ 中chī

풀이 보다. 돌아다니면서 보다.
비 離(떨어질 리)

瞙	⑪ 16획 눈 흐릴 막	日マク 中mò

풀이 1. 눈이 흐리다. 잘 보이지 않다. 2. 백태. 눈에 덮이는 희끄무레한 막.
비 嗼(고요할 막)

瞞	⑪ 16획 ❶속일 만 ❷부끄러워할 문	日マン 中mán

풀이 1 1. 속이다. 2. 눈을 감은 모양. 3. 흐리다. 2 4. 부끄러워하는 모양.
瞞瞞(만만) 눈이 잘 보이지 않는 모양.
瞞然(만연) 눈이 잘 보이지 않는 모양. 눈을 감은 모양.
瞞報(만보) 거짓으로 보고함.
瞞跚(만산) 비틀거리며 걷는 걸음.
瞞著(만착) 남의 눈을 속임.
瞞然(문연) 부끄러워하는 모양.
欺瞞(기만) 속임. 속여 넘김.
유 詐(속일 사) 欺(속일 기)

5획

瞢
⑪ 16획
❶어두울 몽 日モウ
❷소경 맹 中měng

풀이 1 1. 어둡다. 눈이 어둡다. ¶瞢闇 2. 캄캄하다. 3. 어리석다. 흐리멍덩하다. 4. 부끄러워하다. 5. 번민하다. 2 6. 소경. 맹인.
瞢騰(몽등) 몽롱한 모양. 머리가 흐리멍덩한 모양.
瞢闇(몽암) 어두움.
瞢容(몽용) 부끄러워하는 얼굴.

瞮
⑪ 16획 日サン
잠깐 볼 삼 中shān

풀이 잠깐 보다.

睻
⑪ 16획 日セン
아름다울 선 中xuán

풀이 아름답다. 눈이 아름답다.

瞚
⑪ 16획 日シュン
눈깜작거릴 순 中shùn

풀이 1. 눈을 깜작거리다. 2. 현기증이 나다.

瞛
⑪ 16획 日ジュウ·ソウ
눈에 광채날 종 中cōng

풀이 눈에 광채가 나다. 눈이 빛나다.

瞟
⑪ 16획 日ヒョウ
볼 표 中piǎo

풀이 1. 보다. 엿보다. 2. 눈이 잘 보이지 않는 모양. 3. 돌아보다. 4. 훑어보다.
瞟眇(표묘) 잘 보이지 않는 모양.
비 漂(떠돌 표)

瞰
⑫ 17획 日カン
볼 감 中kàn

풀이 1. 보다. 멀리 보다. 2. 내려다보다.
瞰臨(감림) 내려다봄.
瞰視(감시) 내려다봄.
俯瞰(부감) 높은 곳에서 아래를 내려다봄.
下瞰(하감) 아래를 내려다봄.
유 觀(볼 관) 見(볼 견) 비 敢(감히 감)

瞳
⑫ 17획 日ドウ
눈동자 동 中tóng

풀이 1. 눈동자. 2. 어리석은 모양.
瞳孔(동공) 눈동자.
瞳焉(동언) 어리석은 모양.
瞳人(동인) 남의 눈동자에 비치는 자신의 그림자. 눈부처.
瞳子(동자) 눈동자.
瞳睛(동정) 눈동자.
비 憧(그리워할 동)

瞭
⑫ 17획 日リョウ
밝을 료(요) 中liǎo, liào

풀이 1. 밝다. 2. 눈동자가 맑다. 3. 또렷하다. 4. 분명하다. 5. 멀다. 아득하다.
瞭望(요망) 높은 곳에서 적의 동정을 살피어 바라봄.
瞭眊(요모) 또렷함과 흐릿함.
瞭哨(요초) 초소에서 경비를 서는 사람.
明瞭(명료) 분명하고 똑똑함.
비 僚(동료 료)

瞵
⑫ 17획 日リン
눈빛 린 中lín

풀이 1. 눈빛. 눈동자의 빛. 2. 어둡다. 3. 아름답다. 4. 바라보는 모양.
瞵盼(인분) 새벽. 어슴푸레 밝아 오는 때.
瞵瑸(인빈) 아름다운 모양.

瞥
⑫ 17획 日ベツ
언뜻 볼 별 中piē

풀이 1. 언뜻 보다. 잠깐 보다. 2. 일정하지 않다.
瞥見(별견) 얼른 슬쩍 봄. 흘끗 봄.
瞥觀(별관) 힐끔 쳐다 봄.
瞥列(별렬) 아주 빠른 모양. 신속한 모양.
瞥裂(별렬) 매우 빠른 모양.
瞥眼(별안) 흘끗 봄.

一瞥(일별) 한 번 흘끗 봄.

瞬	⑫ 17획	日シュン
	눈 깜작일 순	中shùn

풀이 1. 눈을 깜작이다. 2. 잠깐 사이. 순간.

瞬間(순간) 삽시간.

瞬發力(순발력) 순간적으로 빨리 움직일 수 있는 능력.

瞬視(순시) 눈을 깜박이며 봄.

瞬息間(순식간) 눈을 한 번 깜짝하거나 숨 한 번 쉴 사이와 같이 매우 짧은 동안.

瞫	⑫ 17획	日シン
	볼 심	中shěn

풀이 1. 보다. 꿰뚫어 보다. 2. 훔쳐보다. 몰래 보다.

瞤	⑫ 17획	
	❶ 쥐날 윤	日ジュン
	❷ 눈 깜작일 순	中shùn

풀이 ❶ 1. 쥐가 나다. 2. 눈꺼풀이 떨리다. ❷ 3. 눈을 깜작이다. 눈꺼풀에 경련이 일다.

瞪	⑫ 17획	日トウ
	바로 볼 징	中dèng

풀이 1. 바로 보다. 주시하다. 2. 멍하니 바라보다.

瞪眸(징모) 주시함. 응시함.

瞪瞢(징몽) 눈이 흐림.

瞪視(징시) 1)눈을 똑바로 뜨고 자세히 봄. 2)눈을 깜작이는 것도 잊고 멍하니 바라봄.

瞧	⑫ 17획	日ソウ
	몰래 볼 초	中qiáo

풀이 몰래 보다. 훔쳐보는 모양.

瞯	⑫ 17획	
	❶ 흘길 한	日カン・ガン
	❷ 엿볼 간	中xián

풀이 ❶ 1. 흘기다. 눈을 치뜨다. 2. 곁눈질. 3. 흰자위가 많은 눈. ❷ 4. 엿보다.

瞼	⑬ 18획	日ケン
	눈꺼풀 검	中jiǎn

풀이 눈꺼풀.

瞽	⑬ 18획	日コ
	소경 고	中gǔ

* 형성. 뜻을 나타내는 부수 '目(눈 목)'과 음을 나타내는 '鼓(북 고)'를 합친 글자.

풀이 1. 소경. 장님. ¶瞽者 2. 분별이 없다. 3. 악사(樂師). 음악을 연주하는 사람.

瞽師(고사) 소경의 악사(樂師).

瞽辭(고사) 도리에 맞지 않는 말.

瞽言(고언) 소경이 본 적도 없는 것에 대해서 하는 말. 쓸모없는 말. 고사(瞽辭).

瞽議(고의) 전혀 쓸모없고 망령된 의논.

瞽者(고자) 소경.

瞿	⑬ 18획	日ク
	볼 구	中jù, qú

풀이 1. 보다. 노려보다. 2. 놀라서 눈을 크게 뜨고 보다. 3. 두려워하다. 4. 검소하다.

瞿瞿(구구) 1)지조가 없는 모양. 2)당황해서 잘 보지 못하는 모양. 3)두리번거리는 모양. 4)눈을 크게 뜨고 똑바로 보는 모양. 5)도리를 잘 지키는 모양.

瞿視(구시) 놀라며 봄.

瞿然(구연) 1)놀라거나 기뻐서 눈을 크게 뜬 모양. 2)두려워하는 모양. 3)바쁘게 움직이는 모양. 4)근심하고 슬퍼하는 모양.

瞻	⑬ 18획	日セン
	볼 첨	中zhān

* 형성. 뜻을 나타내는 부수 '目(눈 목)'과 음을 나타내는 '詹(이를 첨)'을 합친 글자.

풀이 1. 보다. 쳐다보다. 2. 우러러보다.

瞻顧(첨고) 머뭇거리며 뒤를 돌아다 봄.

瞻戴(첨대) 공경하여 떠받듦.

瞻望(첨망) 1)우러러봄. 2)존경하여 따름.

瞻奉(첨봉) 존경하여 섬김.

瞻想(첨상) 바라보거나 우러러 보면서 생각함.

瞻視(첨시) 봄. 또는 그 눈매.

瞻仰(첨앙) 1)우러러봄. 2)숭앙(崇仰)함. 사모함.

瞻烏(첨오) 난세를 당하여 의지할 곳이 없음.
瞻依(첨의) 우러러보며 의지함.
瞻矚(첨촉) 봄. 바라봄.
觀瞻(관첨) 1)여러 사람이 다 같이 봄. 2)우러러봄.
비 譫(말많을 첨)

矇	⑭ 19획	日モウ
	어두울 몽	中mēng, méng

풀이 1. 어둡다. 눈이 어둡다. 2. 소경. 맹인. ¶矇瞽 3. 어리석다. ¶矇昧
矇瞽(몽고) 장님. 소경. 맹인.
矇昧(몽매) 1)소경. 2)어리석음.
矇矇(몽몽) 밝지 않은 모양.
矇瞀(몽무) 눈이 침침해짐.

矉	⑭ 19획	日ヒン
	찡그릴 빈	中pín

풀이 찡그리다. 얼굴을 찌푸리다.
비 濱(물가 빈) 嬪(아내 빈)

曠	⑮ 20획	日コウ・カク
	눈동자없을광	中kuāng

풀이 1. 눈동자가 없다. 2. 눈에 빛이 없다.

矍	⑮ 20획	日カク
	두리번거릴 확	中jué

풀이 1. 두리번거리다. 2. 힘이 솟는 모양.
矍鑠(확삭) 1)원기가 왕성한 모양. 2)날쌘 모양.
矍踢(확척) 놀라 두리번거리는 모양.
矍矍(확확) 1)어쩔 줄 몰라 두리번거리는 모양. 2)부지런히 힘쓰는 모양.

矑	⑯ 21획	日ロ
	눈동자 로	中lú

풀이 1. 눈동자. 2. 보다.

矐	⑯ 21획	
	❶겹눈동자학	日カク
	❷눈 뜰 확	中huò

풀이 ❶ 1. 겹눈동자. 2. 눈을 멀게 하다. ❷ 3. 눈을 뜨다. 눈이 번쩍 뜨이다.

矔	⑱ 23획	日カン
	부릅뜰 관	中guàn

풀이 1. 부릅뜨다. 화나서 눈을 크게 뜨다. 2. 돌아보다. 3. 노려보다.
비 觀(볼 관)

矕	⑲ 24획	日バン
	볼 만	中mǎn

풀이 1. 보다. 2. 넋 잃고 보는 모양. 3. 입다.
비 灣(물굽이 만) 蠻(오랑캐 만)

矗	⑲ 24획	日チク
	우거질 촉	中chù

풀이 1. 우거지다. 무성하다. 2. 고르다. 가지런하다. 3. 곧다. 4. 우뚝 솟은 모양.
矗立(촉립) 우뚝 솟음.
矗然(촉연) 곧게 뻗어 있는 모양.
矗矗(촉촉) 높이 솟은 모양.

矙	⑳ 25획	日カン
	엿볼 감	中kàn

풀이 엿보다.

矘	⑳ 25획	
	멍하니	日トウ・ドウ
	바라볼 당	中tǎng

풀이 1. 멍하니 바라보다. 2. 똑바로 보다. 3. 어둡다. 눈이 흐리다. 4. 어리석다.
矘眄(당면) 똑바로 봄.

矆	⑳ 25획	日カク
	크게 뜰 확	中huò

풀이 1. 눈을 크게 뜨고 보다. 2. 두려워하다.

矚	㉑ 26획	日ショク・ソク
	볼 촉	中zhǔ

풀이 보다. 주시하다.
矚目(촉목) 주의 깊게 바라봄.
矚盼(촉반) 촉목(矚目).

矛부

矛 창 모 部

'矛' 자는 창의 모양을 본뜬 글자로, 주로 창의 찌르는 부분을 나타냈으나 후에 창을 총칭하는 뜻이 되었다.

矛	⓪5획	日 ム·ほこ
	창 모	中 máo

풀이 창. 옛날 무기의 하나.
矛戈(모과) 창.
矛戟(모극) 창.
矛櫓(모로) 창과 방패.
矛盾(모순) 1)창과 방패. 1)말이나 행동의 앞뒤가 서로 맞지 않음.

矛盾(모순)의 유래
방패와 창을 파는 초나라 사람이 있었다. 그는 방패를 칭찬할 때는 "나의 방패는 매우 견고해 어떤 것으로도 뚫을 수 없소."라 말했고, 또 창을 칭찬할 때는 "나의 창은 너무나 날카로워 어떤 물건도 뚫을 수 있소."라 말했다. 이 말을 들은 어떤 사람이 그에게 "그렇다면 당신의 창으로 그 방패를 뚫으면 어떻게 됩니까?"라고 묻자, 그 초나라 사람이 아무 대꾸도 못했다.

矛叉(모차) 끝이 두 가닥으로 된 창.
戈矛(과모) 창.
衛矛(위모) 화살나무.
비 予(나 여)

矜	④9획	
	❶불쌍히 여길 긍	日 キョウ
		中 guān, jīn, qín
	❷창 자루 근	
	❸앓을 관	

* 형성. 뜻을 나타내는 부수 '矛(창 모)'와 음을 나타내며 '자루'의 뜻을 가진 '今(이제 금)'을 합친 글자. 이에 '창자루'의 뜻으로 쓰임.

풀이 1 1. 불쌍히 여기다. ¶矜憐 2. 아끼다. 3. 괴로워하다. 고생하다. 4. 자랑하다. ¶自矜 5. 엄숙하다. 6. 숭상하다. 받들다. 7. 공경하다. 삼가다. 8. 위태하다. 2 9. 창자루. 3 10. 앓다. 11. 홀아비.

矜誇(긍과) 뽐내고 자랑함.
矜憐(긍련) 불쌍하고 가엾음.
矜悶(긍민) 가엾이 여김.
矜負(긍부) 자랑하여 자부함.
矜持(긍지) 자신의 능력이나 재능을 믿고 가지는 자부심.
矜恤(긍휼) 딱하게 여겨 도와줌.
自矜(자긍) 스스로 하는 자랑. 스스로 가지는 자부심.

矟	⑦12획	日 サク·ほこ
	창 삭	中 shuò

풀이 창. 삼지창.

矞	⑦12획	
	❶송곳질할 율	日 イツ·キツ·ケツ
	❷속일 휼	中 yù

풀이 1 1. 송곳질하다. 구멍을 뚫다. 2. 허둥대다. 2 3. 속이다.
矞矞(율율) 초목이 봄바람에 성장하는 모양.
矞皇(율황) 1)아름답게 번영하는 모양. 2)맑은 모양. 3)신(神)의 이름.

矠	⑧13획	日 サク
	작살 색	中 zé

풀이 1. 작살. 물고기 등을 찔러 잡는 기구. 2. 작살질하다. 작살로 찔러 잡다.

矢부

矢 화살 시 部

'矢' 자는 화살의 모양을 본뜬 글자로, '화살'을 뜻한다. 그러나 주로 부수자로 사용하고 다른 글자에 큰 영향을 주지 않는다.

矢	⓪5획	日 ヤ
	화살 시	中 shǐ

* 상형. 화살촉과 깃의 모양을 본뜬 글자.

풀이 1. 화살. ¶矢服 2. 벌이다. 진열하다. 3. 바르다. 곧다. 4. 맹세하다. ¶矢心 5. 베풀다. 6. 떠나다.

矢笴(시가) 살대. 화살대.

矢服(시복) 화살을 넣어 두는 통.

矢線(시선) 방향을 나타내는 직선이나 접선(接線).

矢數(시수) 과녁에 맞은 화살의 수효.

矢心(시심) 마음속으로 맹세함.

矢言(시언) 맹세하는 말.

矢刃(시인) 화살과 칼.

矢人(시인) 화살을 만드는 사람.

毒矢(독시) 촉에 독을 바른 화살.

嚆矢(효시) 1)싸움의 시작을 알리기 위해 신호로 쏘는 우는 화살. 2)사물이 비롯된 맨 처음.

비 夭(일찍죽을 요) 失(잃을 실)

② 7획 日 イ・や

어조사 의 中 yǐ

풀이 어조사. ㉠과거의 조사. ㉡미래의 조사. ㉢단정의 조사. ㉣강조의 조사. ㉤도구의 조사.

矣哉(의재) …이런가. …인가.

矣乎(의호) 감탄의 허자.

③ 8획 日 シ・しる

알 지 中 zhī, zhì

* 회의. '口(입 구)'와 '矢(화살 시)'를 합친 글자. 화살이 나가듯이 입에서 나오는 말을 나타냄. 많이 알고 있으면 화살(矢)처럼 말(口)이 빨리 나간다는 뜻을 합하여 '알다', '알리다', '지식' 등의 뜻을 나타냄.

풀이 1. 알다. 깨닫다. ¶知覺 2. 분별하다. 3. 기억하다. 4. 알리다. 5. 사귀다. 6. 대우. 대접. 7. 짝. 배우자. 8. 능히 하다. 9. 맡다. 10. 병이 낫다. 11. 슬기. ¶知慧

知覺(지각) 1)앎. 깨달음. 2)감각 기관에 의하여 외부의 사물을 인식하는 기능.

知見(지견) 1)지식과 견식. 식견(識見). 2)사물의 도리를 깨닫는 지혜.

知舊(지구) 오랜 친구.

知己(지기) 자기를 잘 알아주는 친구. 서로 마음이 통하는 벗.

知能(지능) 슬기와 재주. 사물을 이해하고 판단·적응하는 능력.

知德(지덕) 지식과 도덕. 학식과 인격.

知道(지도) 1)도리를 깨달아 앎. 2)앎. 깨달음.

知得(지득) 깨달아 앎.

知慮(지려) 염려. 생각.

知力(지력) 지식의 힘.

知面(지면) 1)처음 만나서 서로 앎. 2)딱 보면 알 만한 얼굴. 또는 그런 사이.

知名(지명) 1)이름이 널리 알려져 있음. 2)이름을 앎.

知天命(지천명) 1)천명을 앎. 2)나이 50세를 이르는 말.

知分(지분) 제 분수를 앎.

知性(지성) 1)사물에 대해 알고 판단하는 능력. 2)감정이나 의지에 관한 모든 지적 작용에 대한 능력.

知識(지식) 1)알고 있는 내용. 2)인식에 의해 얻어진 성과. 3)참과 거짓·번뇌·정법을 아는 일.

知言(지언) 1)도리에 밝은 말. 사리에 합당한 말. 2)남의 말을 듣고 그 정사(正邪)와 시비(是非)를 앎.

知友(지우) 서로 마음을 아는 친한 벗.

知遇(지우) 학문·인격·재능 등을 인정받아 후하게 대우함.

知恩(지은) 1)은혜를 앎. 2)불(佛)·법(法)·승(僧) 삼보(三寶)의 은덕을 앎.

知音(지음) 1)음악의 곡조를 잘 앎. 2)악기의 연주 소리만으로도 자기의 마음을 알아주는 절친한 벗.

知音(지음)의 유래

백아(伯牙)가 타는 거문고 소리를 듣고 그 악상(樂想)을 일일이 알아맞혔다는 종자기(鍾子期)와의 고사에서 온 말. 이후 종자기가 먼저 죽자 자신의 소리를 알아줄 이가 없음을 한탄하며 거문고의 줄을 끊고 다시는 연주하지 않았다는 데서 백아절현(伯牙絶絃) 또는 절현(絶絃)의 고사와도 통함.

知人(지인) 1)사람의 됨됨이를 알아봄. 2)알고 있는 사람.

知者(지자) 사물의 도리에 밝은 사람. 사리에 통한 사람. 지식이 많은 사람.

知者樂水仁者樂山(지자요수인자요산) 지혜로운 사람은 물을 좋아하고, 어진 사람은 산을 좋아함.

知者樂水仁樂山(지자요수인자요산)의 유래

공자가 《논어》에서 한 말로, 그 뜻을 살펴보면 지혜로운 사람들은 횡적 관계로 맺어지는 인간 관계를 유지하기 위해서는 겸허한 자세가 필요하기 때문에 아래로 내려가는 물을 좋아하고, 이와 달리 어진 사람은 나와 하늘의 관계에 관심을 두기 때문에 모든 가치를 위에 두고 그곳으로 올라가려는 경향이 있으므로 산을 좋아한다는 것이다. 《논어(論語)》

知足(지족) 분수를 지켜 너무 탐내지 않음.

知止(지지) 자기의 분수에 넘치지 않도록 그칠 줄을 앎.

知彼知己百戰不殆(지피지기백전불태) 적을 알고 나를 알면 백 번 싸워도 위태롭지 않음.

知行(지행) 아는 것과 행하는 것. 지식과 행위.

5획

知行合一(지행합일) 아는 것과 행하는 것은 같은 것이므로 알면서 행하지 않는 것은 모르는 것과 같다는 말.
知慧(지혜) 슬기.
知曉(지효) 알아서 깨달음.
유 識(알 식)

矧	④ 9획	日シン
	하물며 신	中shěn

풀이 하물며.

矩	⑤ 10획	日ク
	곱자 구	中jǔ

* 형성. 뜻을 나타내는 '矢(화살 시)' 와 음을 나타내며 모서리를 의미하는 '巨(클 거)' 를 합친 글자. 도형을 그리는 데 쓰는 '자' 의 뜻으로 쓰임.

풀이 1. 곱자. 나무나 쇠로 만든 'ㄱ' 자 모양의 자. ¶矩尺 2. 네모. ¶矩鐵 3. 모서리. 4. 자. 5. 땅. 땅은 사각형이라는 생각에서 생긴 말. 6. 법. 법칙. 7. 새기다.

矩券(구권) 어음.
矩度(구도) 법도. 법칙.
矩墨(구묵) 1)곱자와 먹줄. 2)법칙과 규율.
矩步(구보) 바른 걸음걸이.
矩尺(구척) 곱자.
矩矱(구확) 법칙. 법도.
規矩(규구) 1)그림쇠와 곱자. 2)규구준승(規矩準繩)의 준말.
비 短(짧을 단)

矦	⑦ 12획	
	規(p1264)의 本字	

短	⑦ 12획	日タン・みじかい
	짧을 단	中duǎn

丿 𠂉 𠂉 午 矢 矢 矢 矢 矢 矢 短 短

* 회의. '矢(화살 시)' 와 '豆(콩 두)' 를 합친 글자. 예전에 짧은 것의 치수를 잴 때에 화살[矢]과 콩[豆]으로 잿다는 데서 '짧다' 의 뜻으로 쓰임.

풀이 1. 짧다. ¶短劍 2. 키가 작다. 3. 모자라다. 4. 결점. ¶短處 5. 헐뜯다. 6. 불구(不具). 7. 요절하다. 일찍 죽다.

短歌行(단가행) 악부(樂府)의 이름. 빠르게 지나가는 세월과 인생의 짧음을 한탄하고, 자신의 포부를 밝히며 인생을 즐겨야 한다고 노래한 시가.
短距離(단거리) 아주 짧은 거리.
短劍(단검) 단도(短刀).
短見(단견) 천박한 의견.
短計(단계) 졸렬한 계책.
短句(단구) 짧은 구절(句節).
短軀(단구) 키가 작은 체구.
短晷(단구) 해그림자가 짧음. 해가 짧음.
短氣(단기) 1)낙담함. 2)숨이 차서 헐떡거림. 3)조급함.
短刀(단도) 짧은 칼.
短慮(단려) 얕은 생각.
短禮(단례) 예절에 어긋남. 실례함.
短命(단명) 수명이 짧은 것.
短袂(단메) 짧은 소매.
短文(단문) 1)짧은 글. 2)글을 아는 것이 넉넉치 못함.
短喪(단상) 3년상의 기한을 줄여 한 해만 상복을 입는 일.
短書(단서) 1)소설 · 잡문(雜文) 등의 책. 2)편지.
短世(단세) 일찍 죽음. 단명(短命).
短小(단소) 1)짧고 깊. 2)키나 몸이 작음.
短所(단소) 부족한 점. 결점(缺點).
短簫(단소) 퉁소와 비슷한 관악기(管樂器)의 한 가지. 대로 만들어 구멍이 앞에 넷, 뒤에 하나 있음.
短信(단신) 간략하게 쓰는 편지.
短夜(단야) 짧은 밤.
短詠(단영) 짧은 노래.
短音(단음) 짧게 울리는 소리.
短衣(단의) 짧은 옷.
短杖(단장) 1)짧은 지팡이. 2)손잡이가 꼬부라진 지팡이.
短長(단장) 1)짧음과 깊. 2)단점과 장점. 3)단명(短命)과 장수(長壽). 4)손익(損益).
短牆(단장) 낮은 담.
短章(단장) 짧은 문장이나 시가(詩歌).
短才(단재) 짧은 재주. 재능이 변변하지 못함. 또는 그런 사람.
短折(단절) 1)젊어서 죽음. 일찍 죽음. 요절(夭折). 2)일찍 부러짐.
短程(단정) 가까운 거리의 길.
短調(단조) 단음계(短音階)의 곡조.
短窄(단착) 짧고 좁음.
短札(단찰) 짧은 편지.
短處(단처) 1)부족하거나 나쁜 점. 모자란 구석. 2)나쁨의 겸칭(謙稱).
短促(단촉) 촉박함.

5획

短縮(단축) 짧게 줄임.

短篇(단편) 1)짧은 시문(詩文). 짤막하게 끝을 낸 글. 2)단편 소설(短篇小說)의 준말.

短筆(단필) 서투른 글씨. 졸필(拙筆).

短靴(단화) 1)목이 발목 아래에 올 만큼 짧은 구두. 2)여자들의 굽이 낮은 구두.

반 長(길 장) 永(길 영) 비 矩(법 구)

躾

⑦ 12획
射(p343)의 本字

矬

⑦ 12획 日ザ
키 작을 좌 中cuó

풀이 1. 키가 작다. 2. 짧게 하다. 3. 낮아지다. 4. 난쟁이

矮

⑧ 13획 日ワイ
키 작을 왜 中ǎi

* 형성. 뜻을 나타내는 부수 '矢(화살 시)'와 음을 나타내는 '委(맡길 위)'를 합친 글자.

풀이 1. 키가 작다. 2. 난쟁이. ¶矮人 3. 짧다. ¶矮箭 4. 짧게 하다. 줄이다. 5. 움츠리다.

矮軀(왜구) 키가 작은 몸집.

矮陋(왜루) 1)키가 작고 못생김. 2)지붕이 낮고 누추함.

矮小(왜소) 몸집이나 키가 보통의 사람들과 비교하여 작음.

矮松(왜송) 키가 작은 소나무.

矮屋(왜옥) 낮고 작은 집.

矮人(왜인) 난쟁이.

矮者看戲(왜자간희) 키가 작은 사람이 큰 사람 틈에 끼어 연극을 구경할 때, 앞 사람의 이야기만 듣고 스스로 아는 체한다는 뜻에서 식견이 좁고 뚜렷한 주견이 없음을 비유하는 말.

矮箭(왜전) 짧은 화살.

矮簷(왜첨) 낮고 짧은 처마.

矮縮(왜축) 쪼그라져 줄어듦.

矯

⑫ 17획 日キョウ·ためる
바로잡을 교 中jiǎo

* 형성. 뜻을 나타내는 부수 '矢(화살 시)'와 음을 나타내는 '喬(끼울 교)'를 합친 글자. 화살(矢)을 곧게 펴는 것을 나타내어 '바로잡다'의 뜻으로 쓰임.

풀이 1. 바로잡다. 고치다. 곧게 펴다. 2. 도지개. 뒤틀린 활을 바로잡는 기구. 3. 속이다. ¶矯託 4. 굽히다. 5. 칭탁하다. 임금의 명령이라고 사칭함. 6. 굳세다. 7. 힘쓰다. 8. 들다. 들어 올리다. 9. 날다.

矯角殺牛(교각살우) 뿔을 바로잡으려다가 소를 죽인다는 뜻으로, 작은 결점이나 흠을 고치려다가 그 정도가 지나쳐서 도리어 일을 그르침을 비유하는 말.

矯擧(교거) 거짓으로 공덕(功德)을 기림.

矯虔(교건) 거짓으로 임금의 명령이라 하여 남의 물건을 빼앗음.

矯激(교격) 1)일부러 평소와 다른 행동을 함. 2)교정(矯正)하고 격려(激勵)함.

矯矍(교곽) 뛰어오름.

矯矯(교교) 1)힘이 센 모양. 무용(武勇)의 모양. 2)높이 올라가는 모양. 뜻이 초연(超然)한 모양.

矯導(교도) 바로잡아 이끎.

矯勵(교려) 단점을 고쳐서 부지런히 노력함.

矯命(교명) 명령을 속임. 임금의 명령이라고 사칭함. 교제(矯制).

矯誣(교무) 이리저리 꾸며서 속임. 교위(矯僞).

矯服(교복) 거짓으로 복종함.

矯復(교복) 고쳐서 원래대로 함.

矯殺(교살) 왕명이라고 속여 죽임.

矯世(교세) 세상의 나쁜 것을 바로잡음.

矯俗(교속) 풍속을 바로잡음. 교풍(矯風).

矯首(교수) 머리를 쳐듦. 거두(擧頭).

矯飾(교식) 겉만 그럴 듯하게 거짓으로 꾸밈.

矯抑(교억) 강제로 억누름.

矯枉(교왕) 굽은 것을 바로잡음.

矯枉過正(교왕과정) 굽은 것을 바로잡으려다가 도를 지나쳐 도리어 중정(中正)을 잃음.

矯揉(교유) 잘못을 바로잡음.

矯情(교정) 자연스러운 감정을 억누르고 나타내지 않음.

矯制(교제) 임금의 명령이라고 사칭함.

矯詔(교조) 조칙(詔勅)이라고 거짓 꾸며댐.

矯託(교탁) 거짓 핑계댐.

矯奪(교탈) 속여 빼앗음.

矯弊(교폐) 폐단을 바로잡음.

矯革(교혁) 고쳐서 바로잡음.

비 橋(다리 교) 僑(높을 교)

⑫ 17획 日ソウ
주살 증 中zēng

5획

* 형성. 뜻을 나타내는 부수 '矢(화살 시)'와 음을 나타내는 '曾(일찍이 증)'을 합친 글자.

풀이 주살. 활 오늬에 줄을 매어 쏘는 화살.

矰矢(증시) 활쏘기를 처음 익힐 때 화살촉이 닿는 부위와 시위의 화살 끝이 닿는 부위를 연결해 놓고 쏘는 화살. 주살.

矰弋(증익) 주살

矰繳(증작) 주살.

矰繳之說(증작지설) 주살로 나는 새를 쏘듯이, 맞으면 뜻밖의 이익을 얻지만 반드시 맞는다고는 볼 수 없는 무책임한 의론.

矱	⑭ 19획	日 ワク
	자 확	中 yuē

풀이 1. 자. 척도 2. 법. 표준.

矲	⑮ 20획	日 ハイ
	키 작을 패	中 bà

풀이 키가 작다. 짧고 작다.

矲矮(패왜) 짧은 모양. 키가 작은 모양.

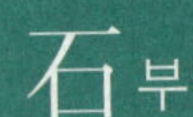

石 돌 석 部

'石' 자는 언덕 밑에 뒹굴고 있는 돌멩이, 즉 '돌'을 뜻한다. 이 글자를 부수로 갖는 글자는 돌의 종류나 돌로 만들어진 물건과 관련이 있으며, 화학 물질을 나타내는 글자에도 많이 쓰인다.

5획

石	⓪5획	日 セキ·いし
	돌 석	中 dàn, shí

一 ア 丆 石 石

* 상형. 언덕 아래 뒹굴고 있는 돌의 모양을 본뜬 글자.

풀이 1. 돌. ¶石山 2. 돌로 만든 악기. 3. 돌침. 4. 굳다. 5. 돌팔매. 6. 비석. 7. 숫돌. 8. 섬. 용량의 단위. 9. 저울.

石徑(석경) 돌이 많은 좁은 길.

石磬(석경) 중국 고대 악기의 하나. 돌로 만든 경쇠.

石階(석계) 돌계단.

石膏(석고) 무색 또는 황색이 있는 광석의 하나로, 비료·시멘트·미술 공예품의 원료가 됨.

石工(석공) 석수(石手). 돌·콘크리트·벽돌 등을 다루는 직업.

石棺(석관) 돌로 만든 관.

石塊(석괴) 돌덩이.

石橋(석교) 돌로 놓은 다리.

石交(석교) 돌처럼 변하지 않는 친구.

石窟(석굴) 바위에 뚫린 굴.

石根(석근) 돌 뿌리.

石器(석기) 원시인이 쓰던 돌로 만든 도구.

石女(석녀) 아이를 낳지 못하는 여자.

石壇(석단) 돌로 만든 단.

石洞(석동) 돌에 생긴 동굴.

石榴(석류) 석류나무과의 낙엽교목(落葉喬木). 열매는 먹고 열매 껍질은 한방에 쓰임.

石磨(석마) 맷돌.

石馬(석마) 무덤 앞에 세우는 돌로 만든 말.

石綿(석면) 돌솜. 솜과 같이 부드러운 전기, 열의 부도체(不導體)인 광물.

石壁(석벽) 1)돌로 쌓아 올린 벽. 2)언덕의 바위가 내려 질러서 바람벽같이 된 곳.

石本(석본) 돌에 새긴 글자나 그림을 그대로 박아낸 책. 탁본(拓本).

石斧(석부) 돌로 만든 도끼.

石佛(석불) 돌부처.

石碑(석비) 기념으로 문자를 새겨 세운 돌비석.

石氷庫(석빙고) 신라(新羅) 때 얼음을 저장하던 창고.

石牀(석상) 돌 침대.

石像(석상) 돌을 조각하여 만든 초상(肖像).

石手(석수) 돌을 전문으로 다루어 물건을 만드는 사람. 석공(石工).

石獸(석수) 무덤 앞에 나란히 세워놓은 돌로 만든 짐승.

石筍(석순) 종유석에서 흘러 떨어지는 물방울 속에 탄산석회가 오랜 세월 동안 쌓여 이루어지는 죽순 모양의 돌.

石室(석실) 1)돌로 만든 집. 2)서적을 저장해 두는 방.

石英(석영) 이산화규소(二酸化珪素)의 화학적 성분이 있는 광물의 총칭.

石油(석유) 땅 속에서 나는 녹갈색의 타기 쉬운 기름 모양의 액체.

石人(석인) 무덤 앞에 세우는 돌로 만든 사람의 형상.

石腸(석장) 1)돌과 같이 단단한 창자. 2)의지가 굳고 강함.

石材(석재) 건축 등의 재료로 쓰는 돌.

石田(석전) 1)돌이 많이 섞인 밭. 2)쓰지 못하는 물건.
石造(석조) 돌로 물건을 만드는 일. 또는 그 물건.
石柱(석주) 돌로 된 기둥.
石泉(석천) 바위 틈에서 나오는 샘물.
石築(석축) 돌로 쌓은 옹벽(擁壁)의 한 가지. 흙이 무너지지 않도록 가장자리에 돌을 쌓아 올린 벽.
石炭(석탄) 고대의 식물질이 땅 속에 묻혀 퇴적되고 탄화된 흑색의 돌. 연료로 씀.
石塔(석탑) 돌탑.
石版(석판) 석판석의 겉면에 글씨 또는 그림을 새긴 인쇄판.
石筆(석필) 납석(蠟石)을 붓 모양으로 만든 것. 석판에 글씨 · 그림을 쓰거나 그리는 데 사용함.
石花(석화) 굴조개.
石灰(석회) 석회암이나 조개질로 만든 생석회(生石灰).
石劃(석획) 돌과 같이 견고한 계획. 큰 계획.
見金如石(견금여석) 황금 보기를 돌같이 한다는 뜻에서, 대의를 위해서 부귀 영화를 돌보지 않는다는 의미.
結石(결석) 몸 안의 장기(臟器) 속에 생기는 돌같이 단단한 물질.
攻玉以石(공옥이석) 옥을 가는 데 돌로 한다는 뜻으로, 천한 물건으로 귀한 것을 만듦을 이르는 말.
鑛石(광석) 1)광상(鑛床)을 구성하는 유용한 광물. 2)또는 그런 광물이 섞이어 채굴의 목적물(目的物)이 되는 돌.
死石(사석) 바둑에서 상대편에게 죽은 바둑돌.
유 巖(바위 암) 岩(바위 암) 비 右(오른 우)

矴	② 7획	日 テイ
	닻 정	中 dìng

풀이 닻. 배를 머물게 하는 물건.

矸	③ 8획	日 カン · ガン
	산 돌 간 · 안	中 gān

풀이 1. 산의 돌. 2. 돌이 희고 깨끗한 모양. 3. 단사(丹砂).

矼	③ 8획	日 コウ
	징검다리 강	中 gāng

풀이 징검다리.

矻 ③ 8획 日 コツ
돌 골 中 gē, kū

풀이 1. 돌. 돌이 단단한 모양. 2. 부지런하다.
矻矻(골골) 부지런히 일하는 모양. 피곤한 모양.

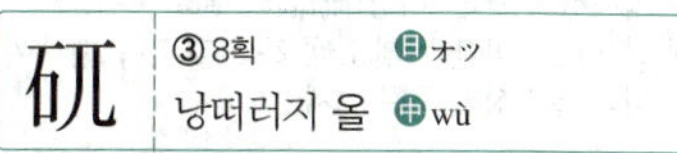
硭 ③ 8획 日 モウ
산돌 모양 망 中 máng

풀이 산의 돌의 모양.

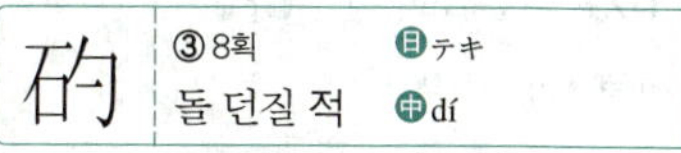
矹 ③ 8획 日 オツ
낭떠러지 올 中 wù

풀이 1. 낭떠러지. 2. 위태로운 모양. 3. 우뚝 솟다.

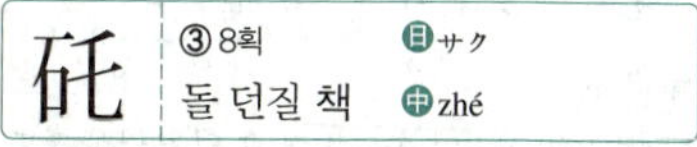
矺 ③ 8획 日 テキ
돌 던질 적 中 dí

풀이 1. 돌을 던지다. 2. 돌무더기.

矺	③ 8획	日 サク
	돌 던질 책	中 zhé

풀이 돌을 던지다.

砍	④ 9획	日 カン
	벨 감	中 kǎn

풀이 베다. 쪼개다.
비 吹(불 취)

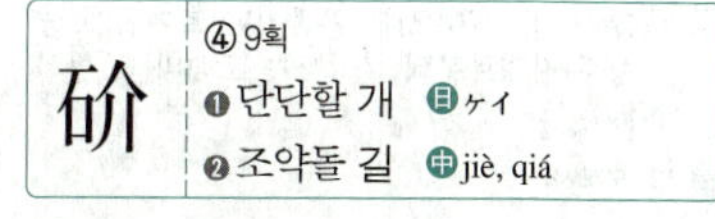
砎 ④ 9획
❶ 단단할 개 日 ケイ
❷ 조약돌 길 中 jiè, qiá

풀이 ❶ 1. 단단하다. ❷ 2. 조약돌.

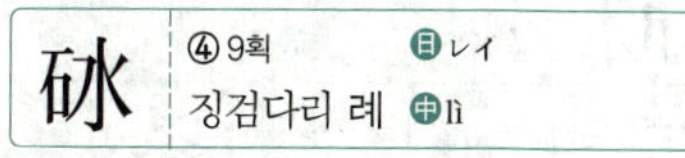
砅 ④ 9획 日 レイ
징검다리 례 中 lì

풀이 1. 징검다리. 2. 옷을 걷어 올리고 물을 건너다.

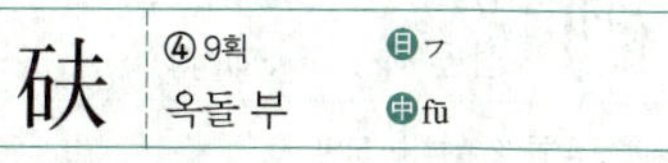
砆 ④ 9획 日 フ
옥돌 부 中 fū

5 획

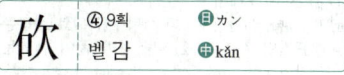

풀이 옥돌.

砒 ④9획 비소 비 日ヒ 中pī

* 형성. 뜻을 나타내는 부수 '石(돌 석)'과 음을 나타내는 '比(견줄 비)'를 합친 글자.

풀이 비소. 원소의 하나.

砒霜(비상) 비석(砒石)을 승화(昇華)시켜 얻은 결정체. 독약으로 사용됨.

砒石(비석) 비소·유황·철로 된 검은색을 띤 맹독성의 광물. 비상(砒霜)의 원료가 됨.

砒素(비소) 비금속 원소의 하나로 금속 광택이 나는 결정성의 무른 고체.

砏 ④9획 큰 소리 빈 日フン 中pān

풀이 큰 소리.

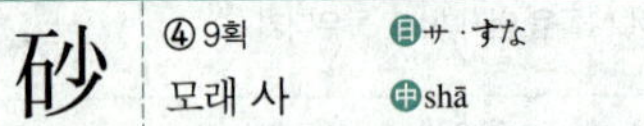

砂 ④9획 모래 사 日サ·すな 中shā

풀이 모래.

砂礫(사력) 사람이 손으로 쥘 수 있을 만한 정도의 작은 돌. 자갈.

砂漏(사루) 모래시계.

砂糖(사탕) 1)사탕수수나 사탕무를 원료로 하는 대표적인 감미료. 2)설탕 등을 끓여서 만든 단맛의 과자.

硅砂(규사) 석영의 작은 알갱이로 된 모래. 도자기·유리를 만드는 원료가 됨. 차돌모래.

土砂(토사) 흙과 모래.

黃砂(황사) 1)누런 모래. 2)봄이나 초여름에 중국 황토 지대로부터 불어오는 모래바람. 황사(黃沙).

유 沙(모래 사)

砑 ④9획 갈 아 日ア 中yà

풀이 1. 갈다. 돌을 갈다. 2. 광택을 내다.

砌 ④9획 섬돌 체 日セイ 中qì, qiè

풀이 1. 섬돌. 2. 얽히는 모양.

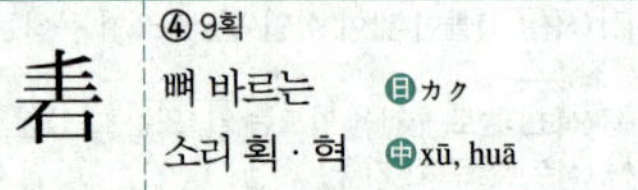

砉 ④9획 뼈 바르는 소리 획·혁 日カク 中xū, huā

풀이 뼈를 발라낼 때 나는 소리.

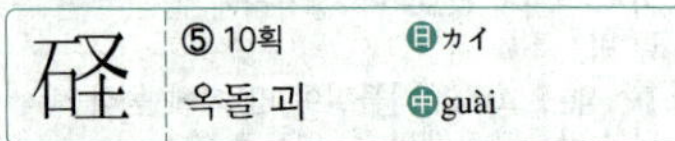

硁 ⑤10획 옥돌 괴 日カイ 中guài

풀이 옥돌.

砮 ⑤10획 돌 살촉 노 日ノウ 中nǔ

풀이 1. 돌 살촉. 돌로 만든 화살촉. 2. 거친 숫돌.

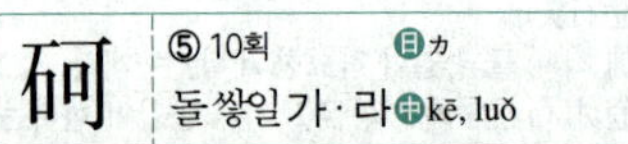

砢 ⑤10획 돌 쌓일 가·라 日カ 中kē, luǒ

풀이 1. 돌이 쌓인 모양. 2. 아름다운 돌. 3. 돌이 구르는 소리.

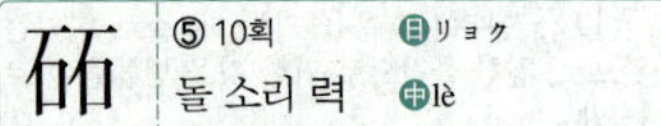

砳 ⑤10획 돌 소리 력 日リョク 中lè

풀이 돌 소리.

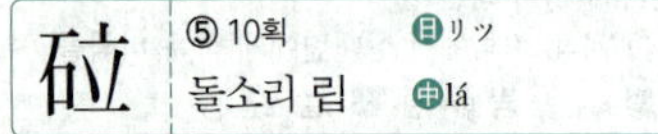

砬 ⑤10획 돌소리 립 日リツ 中lá

풀이 돌 소리.

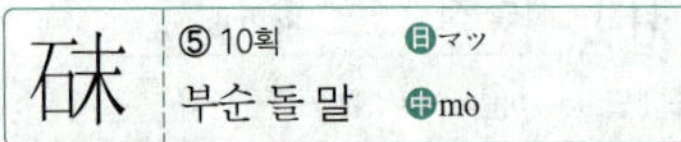

砞 ⑤10획 부순 돌 말 日マツ 中mò

풀이 부순 돌. 잘게 깨뜨린 돌.

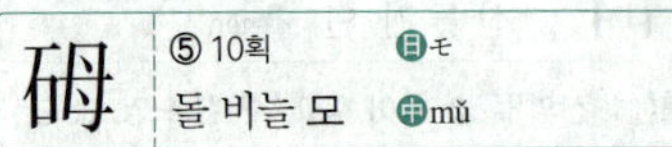

砪 ⑤10획 돌비늘 모 日モ 中mǔ

풀이 돌 비늘. 운모(雲母).

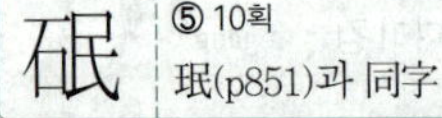

砥 ⑤10획 珉(p851)과 同字

5획

砅 ⑤ 10획　日 ビョウ
물 소리 빙　中 pīng

풀이 물 소리.
砅砰(빙팽) 수레의 소리.

砟 ⑤ 10획
❶ 돌 작　日 サク
❷ 비석 사　中 zhǎ

풀이 ■1 1. 돌. ■2 2. 비석.
砟硌(작락) 돌이 쌓인 모양.
비 作(지을 작)

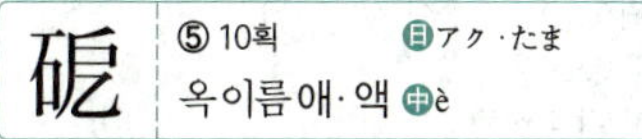

砨 ⑤ 10획　日 アク · たま
옥 이름 애 · 액　中 è

풀이 옥 이름.

砠 ⑤ 10획　日 ソ
돌산 저　中 jū

풀이 1. 돌산. 2. 흙산.

砫 ⑤ 10획　日 シュウ
돌 감실 주　中 zhù

풀이 위패(位牌)를 모시는 돌 감실.

砥 ⑤ 10획　日 シ
숫돌 지　中 dǐ

* 형성. 뜻을 나타내는 부수 '石(돌 석)'과 음을 나타내는 '氐(근본 저)'를 합친 글자.

풀이 1. 숫돌. ¶砥石 2.평평하다. 3. 갈다. 닦다. ¶砥平 4. 검은 돌. 5. 평정하다.
砥礪(지려) 1)숫돌. 2)숫돌에 갊. 3)힘써 닦음.
砥鍊(지련) 1)연장을 갈고 닦음. 2)연마하고 단련함.
砥尙(지상) 행실을 닦고 마음을 차분히 가짐.
砥石(지석) 숫돌.
砥屬(지속) 평정(平定)되어 복종함.
砥矢(지시) 1)숫돌과 화살. 2)평평하고 곧음.
砥原(지원) 숫돌과 같이 평평한 들판.
砥柱(지주) 1)산 이름. 2)격류 속에 있으면서도 조금도 움직이지 않는 산이란 뜻으로 어지러운 세상에서 지조를 지킴을 이르는 말.
砥平(지평) 숫돌처럼 평평함.
비 紙(종이 지)

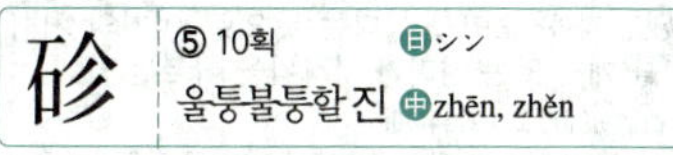

袗 ⑤ 10획　日 シン
울퉁불퉁할 진　中 zhēn, zhěn

풀이 1. 돌이 울퉁불퉁한 모양. 2. 거친 숫돌. 3. 돌을 쌓다.

砦 ⑤ 10획　日 サイ · かき
울타리 채　中 zhài

풀이 1. 울타리. 2. 작은 성채. 적을 막기 위해 쌓은 성.
砦柵(채책) 적을 막기 위해 만든 울타리. 방책(防柵).
山砦(산채) 1)산에 돌 · 목책 등을 둘러 만들어진 진터. 2)산적들의 소굴.

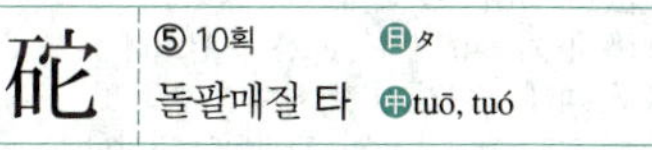

砣 ⑤ 10획　日 タ
돌팔매질 타　中 tuō, tuó

풀이 1. 돌팔매질. 2. 돌. 3. 맷돌.
비 蛇(뱀 사) 陀(비탈질 타)

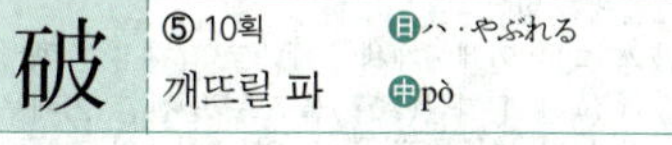

破 ⑤ 10획　日 ハ · やぶれる
깨뜨릴 파　中 pò

一 ㄏ 𠂇 石 石 矿 矿 破 破 破

* 형성. 뜻을 나타내는 부수 '石(돌 석)'과 음을 나타내며 '파도'의 뜻을 지닌 '皮(가죽 피)'를 합친 글자. 이에 부서지는 파도처럼 돌(石)을 '깨뜨리다', '파괴하다'의 뜻을 나타냄.

풀이 1. 깨뜨리다. 깨다. ¶破壞 2. 깨지다. 3. 가르다. 쪼개다. 4. 다하다.
破却(파각) 완전히 부숨. 부수어 버림.
破格(파격) 격식을 깨뜨림.
破鏡(파경) 깨진 거울이라는 뜻으로, 부부가 갈라서게 되는 것을 가리키는 말.

○破鏡(파경)의 유래

수나라에 의해 남조(南朝)가 멸망하자 서덕언(徐德言)은 전란을 피해 달아나면서 손거울을 반으로 쪼개 하나는 자기가 갖고 하나는 아내에게 주었다. 정월 보름에 시장에 아내가 이 거울을 팔러 나오면 자기가 아내를 찾겠다고 말하며 부부는 헤어졌다. 정월 보름이 되어 어떤 이가 아내에게 주었던 거울을 팔고 있는 것을 보고 맞춰 보니 자신의 것과 꼭 맞았다. 그는 아내를 그리워하며 거울 뒷면에 시를 적어 돌려보냈다. 아내는 수나라 공신인 양소의 집에 끌려가 있었는데, 이 시가 적힌 거울을 받아본 후로 서덕언만을 그리워했다. 이 사실을 알게 된 양소는 이 부부의 사랑에 감동

5획

하여 아내를 다시 서덕언에게 돌려보냈다. 《태평광기》

破戒(파계) 불계(佛戒)를 깨뜨려 지키지 않음.

破袴(파고) 찢어진 바지.

破骨(파골) 뼈가 으스러지거나 부러짐.

破瓜(파과) 오이를 깬다는 뜻으로, 여자의 처녀를 깨침 또는 생리가 시작됨을 이르는 말.

破瓜(파과)의 유래

진나라 손작의 시 《정인벽옥가》를 보면 '푸른 구슬이 오이를 깨칠 때, 사내는 정 때문에 엎치락뒤치락한다.' 라는 구절이 있다. 파과는 원래 오이를 깬다는 말로 과(瓜)자를 나누면 팔(八)이 둘이 되며, 오이는 여성을 의미한다. 그래서 열여섯 살의 처녀를 뜻하기도 한다.

破塊(파괴) 폭우(暴雨)로 흘러내린 토사가 농작물을 해침.

破壞(파괴) 깨뜨림. 무너뜨림.

破局(파국) 판국이 결단남. 또는 그러한 판국.

破軍(파군) 패배한 군대.

破棄(파기) 부수어서 버림.

破落戶(파락호) 1)마냥 놀고 먹는 건달. 무뢰한(無賴漢). 2)몰락(沒落)한 양반의 집안.

破浪(파랑) 물결을 헤치고 나아감.

破廉恥(파렴치) 염치를 모름. 뻔뻔스러움.

破笠(파립) 찢어진 헌 갓. 헤어진 갓.

破滅(파멸) 깨어져 망함. 파괴되어 멸망함.

破門(파문) 신도의 자격을 박탈하고 종문(宗門)으로부터 추방함.

破僻(파벽) 명문가의 출신이 아닌 사람이 크게 출세를 함.

破本(파본) 인쇄·제책이 제대로 되지 않은 책.

破産(파산) 1)가산(家産)을 모두 탕진함. 2)채무자가 그 채무를 갚을 수 없는 상태의 경우에 채무자의 모든 재산을 채권자에게 갚을 것을 목적으로 하는 재판상의 절차.

破散(파산) 깨어 흩뜨림.

破船(파선) 배가 부서짐. 또는 그 배.

破損(파손) 깨어져 못 쓰게 됨. 깨뜨려 못 쓰게 함.

破碎(파쇄) 깨어져 부스러짐. 깨뜨려 부숨.

破顔(파안) 얼굴에 웃음을 띰. 얼굴빛을 부드럽게 하여 밝게 웃음.

破裂(파열) 깨어져 갈라짐. 깨어지고 찢어짐.

破日(파일) 음력으로 매월 초닷샛날, 열나흗날 및 스무사흗날의 총칭.

破字(파자) 1)한자의 자획을 분합하여 맞추는 수수께끼. 2)점술가가 점치는 방법의 한 가지.

破錢(파전) 1)깨어지거나 찢어진 돈. 2)돈을 마구 씀.

破竹之勢(파죽지세) 대나무를 결을 따라 조금만 갈라도 전체가 쪼개지듯이, 거칠 것 없는 기세를 이르는 말.

破竹之勢(파죽지세)의 유래

삼국 시대가 끝나고 진나라와 오나라가 대치할 때의 일이다. 진나라 장군 두예(杜預)의 군대가 오나라의 형주를 점령한 뒤, 장군들과 작전 회의를 열었는데 그 중에서 철수를 주장하는 사람이 있었다. 이에 두예는 "지금 우리 군대의 위세는 마치 대나무를 쪼개는 것과 같소. 몇 마디만 쪼개고 나면 나머지는 칼날만 닿아도 저절로 쪼개질 것이니 더 이상 손댈 곳이 없을 것이오."라고 주장하였다. 과연 그 말대로 두예는 곧 오나라를 멸망시키고 천하를 통일했다.

破紙(파지) 찢어진 종이.

破陣(파진) 적의 진영을 쳐부숨.

破天荒(파천황) 이전에 아무도 한 적이 없는 일을 하는 것. 미증유(未曾有).

破綻(파탄) 1)찢어져 터짐. 2)다른 사람과 협력하여 하는 일이 중도에 잘못됨. 3)상점·회사 등이 지급 정지 상태가 됨.

破片(파편) 깨진 조각.

破閑(파한) 심심풀이.

破婚(파혼) 약혼을 깸.

破曉(파효) 새벽.

破毁(파훼) 파기(破棄).

破興(파흥) 흥이 깨어짐. 흥을 깨뜨림.

유 壞(무너질 괴)

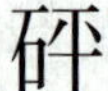

⑤ 10획 日ホウ

물결 소리 팽 中pēng

풀이 1. 물결 소리. 2. 돌 구르는 소리. 3. 왕성하다.

砰磕(팽개) 돌이 서로 부딪히는 소리.

砰磷(팽린) 1)높고 험한 모양. 2)우레 소리.

砰湃(팽배) 1)물이 세차게 흐르는 모양. 2)물이 출렁이는 소리.

砰然(팽연) 돌이 구르는 소리.

砰隱(팽은) 왕성한 모양.

砰砰(팽팽) 북 치는 소리.

⑤ 10획 日ヘン

돌침 폄 中biān

풀이 1. 돌침. 2. 돌침을 놓다.

砭灸(폄구) 1)돌침과 뜸. 2)돌침을 놓고 뜸질을 함.

砭劑(폄제) 1)돌침과 약(藥). 2)병을 고침.

⑤ 10획 日ホウ

돌쇠뇌 포 中pào

* 형성. 뜻을 나타내는 '石(돌 석)'과 음을 나타내며 멀리 날려 보내는 것을 의미하는 '包(쌀 포)'를 합친 글자. 이에 돌을 멀리 날리는 기계인 '돌쇠뇌'의 뜻으로 쓰임.

풀이 1. 돌쇠뇌. 2. 대포. ¶砲兵

砲擊(포격) 대포로 쏨.

砲軍(포군) 대포를 갖춘 군사.

砲門(포문) 대포의 탄알이 나가는 구멍.

砲兵(포병) 육군 병종의 하나로 대포 종류를 장비한 군대. 또는 그 군사.

砲聲(포성) 대포를 쏠 때 나는 소리.

砲手(포수) 1)대포를 쏘는 군사. 2)총으로 짐승을 잡는 사냥꾼.

砲眼(포안) 성벽이나 군함, 또는 보루(堡壘)에서 밖으로 대포를 쏘려고 낸 구멍.

砲煙彈雨(포연탄우) 총포의 연기와 빗발치는 탄알이라는 뜻으로, 매우 전투가 격렬함을 비유하는 말.

砲火(포화) 1)대포를 쏠 때 일어나는 불. 화력. 2)전쟁. 전화(戰火).

砲丸(포환) 포탄. 탄알.

硔	⑥ 11획	日コウ
	물가 돌 공	中gǒng

풀이 물가의 돌. 물가에 있는 돌

硄	⑥ 11획	日コウ
	돌 소리 광	中guāng

풀이 1. 돌 소리. 2. 광택이 나는 돌.

硅	⑥ 11획	日ケイ
	규소 규	中guī

풀이 규소. 비금속 원소의 하나.

硌	⑥ 11획	日ラク
	바위 락	中gè, luò

풀이 산 위의 큰 바위.

硉	⑥ 11획	日リツ
	돌 흔들릴 률	中lù

풀이 1. 돌이 흔들리는 모양. 3. 위태한 돌의 모양.

研	⑥ 11획	日ケン
	갈 연	中yán, yàn

一 丆 丆 石 石 石 石一 研 研 研 研

* 형성. 뜻을 나타내는 '石(돌 석)'과 음을 나타내며 '깎아서 갈다'의 뜻을 지닌 부수 이외의 글자 '幵(견)'을 합친 글자. 이에 돌(石)을 반듯하게 갈고 닦는다는(幵) 데에서 '갈다', '연구하다'의 뜻을 나타냄.

풀이 1. 갈다. ¶硏磨 2. 연구하다. ¶硏究 3. 벼루.

硏蓋(연개) 벼루의 뚜껑.

硏考(연고) 상고하고 생각함.

硏攻(연공) 갈고 닦음.

硏校(연교) 상고하여 비교함.

硏求(연구) 도리를 연구하여 캠.

硏究(연구) 1)어떤 사물을 과학적으로 분석하거나 관찰하는 일. 2)어떤 일에 대하여 깊이 생각하고 관찰하여 이치 또는 사실을 밝혀냄.

硏覽(연람) 깊이 연구 조사함.

硏鍊(연련) 갈고 단련함.

硏磨(연마) 정신이나 기술을 닦음.

硏武(연무) 무술을 닦음.

硏屛(연병) 벼루 머리에 치는 작은 병풍.

硏席(연석) 연구하는 자리. 공부하는 곳.

硏修(연수) 한 분야에 필요한 지식과 기능을 익히기 위해 특별히 하는 공부.

硏室(연실) 벼룻집.

硏精(연정) 정밀히 연구함.

硏鑽(연찬) 학문을 깊이 연구함.

硏覈(연핵) 깊이 상고하여 밝힘.

硏詰(연힐) 끝까지 힐문(詰問)함.

유 摩(갈 마)

硊	⑥ 11획	日イ
	돌 모양 위	中wěi

풀이 1. 돌의 모양. 2. 다리가 굽다.

硃	⑥ 11획	日シュ
	주사 주	中zhū

풀이 주사(朱砂).

硃汞(주홍) 수은의 원료인 광석.

硜	⑦ 12획	日ケイ・キョウ
	돌 소리 갱	中kēng

풀이 1. 돌 소리. 2. 주변이 없다.

硜硜(갱갱) 1)돌이 서로 부딪치는 소리. 2)주변 없는 소인배의 모양.

5획

硬 ⑦ 12획 굳을 경 日コウ·かたい 中yìng

* 형성. 뜻을 나타내는 '石(돌 석)'과 음을 나타내며 단단하다라는 뜻을 지닌 '更(고칠 경)'을 합친 글자.

풀이 1. 굳다. ¶硬度 2. 단단하다. ¶硬軟 3. 가로막다. 4. 익숙하지 않다.

硬結(경결) 단단하게 굳어 뭉침.
硬骨(경골) 1)단단한 뼈. 2)남에게 좀처럼 굽히지 않는 기질을 지닌 사람. 3)척추동물의 골격을 이루는 단단한 뼈.
硬口蓋(경구개) 입천장 앞부분의 단단한 곳.
硬度(경도) 물체의 단단하고 연한 정도.
硬澁(경삽) 문장이 딱딱하고 부드럽지 않은 것.
硬性(경성) 딱딱한 성질.
硬水(경수) 칼슘염·마그네슘염 같은 광물질이 비교적 많이 녹아 들어 있는 물. 센물.
硬軟(경연) 단단함과 부드러움.
硬咽(경열) 목메어 욺.
硬直(경직) 1)굳어서 빳빳해짐. 2)융통성이 없이 빳빳함.
硬化(경화) 1)단단히 굳어짐. 2)의견·태도 등이 굳건해짐. 3)석탄·시멘트 등이 물을 흡수하여 단단하게 됨.
硬貨(경화) 1)금속으로 된 돈. 2)금 또는 각국의 화폐와 언제나 바꿀 수 있는 돈.

유 確(굳을 확)

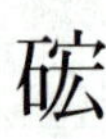 ⑦ 12획 돌 떨어지는 소리 굉 日コウ 中hōng

풀이 돌이 떨어지는 소리.

 ⑦ 12획 돌 부딪는 소리 랑(낭) 日ロウ 中láng

풀이 1. 돌이 부딪는 소리. 2. 우레 소리.

硠磕(낭개) 1)우레 소리. 2)돌이 서로 부딪는 소리.
硠硠(낭랑) 돌이 서로 부딪쳐 나는 소리.

硫 ⑦ 12획 유황 류(유) 日リュウ 中liú

풀이 유황.

유 磺(유황 황)

硭 ⑦ 12획 망초 망 日モウ 中máng

풀이 망초(芒硝).

硰 ⑦ 12획 땅 이름 사 日シャ 中shā

풀이 땅 이름.

硪 ⑦ 12획 바위 아 日ア 中é

풀이 1. 바위. 2. 돌로 땅을 다지다. 3. 산이 우뚝 솟다.

硯 ⑦ 12획 벼루 연 日ケン·すずり 中yàn

* 형성. 뜻을 나타내는 '石(돌 석)'과 음을 나타내는 '見(갈 견)'을 합친 글자. 이에 먹을 가는 돌, 즉 '벼루'를 나타냄.

풀이 벼루.

硯匣(연갑) 벼루집.
硯蓋(연개) 벼루 뚜껑.
硯臺(연대) 벼루.
硯屛(연병) 먼지와 먹이 튀는 것을 막기 위하여 벼루 머리에 놓는 작은 병풍.
硯床(연상) 문방구(文房具)를 놓아 두는 작은 책상.
硯席(연석) 공부하는 자리. 연석(硏席).
硯石(연석) 벼룻돌.
硯水(연수) 1)벼룻물. 2)연적(硯滴).
硯滴(연적) 벼루에 쓸 물을 담아 두는 그릇.
硯田(연전) 글을 써서 생계를 꾸려감.
硯池(연지) 먹물이 고이는 벼루 앞쪽의 오목한 부분.
硯海(연해) 연지(硯池).

硨 ⑦ 12획 조개 이름 차·거 日シャ 中chē

풀이 1. 조개 이름. 2. 옥돌.

硩	⑦ 12획	日セキ
	던질 척·철	中chè

풀이 던지다.

硟	⑦ 12획	日エン
	다듬이질할 천	中chàn

풀이 1. 다듬이질하다. 2. 다듬이.

硝	⑦ 12획	日ショウ
	초석 초	中xiāo

풀이 초석(硝石). 무색의 결정체로 폭발성이 있음.

硝石(초석) 무색의 광택이 있는 결정체의 광물. 투명 혹은 반투명이며, 산화제(酸化劑)·의약·화약·비료 등의 제조에 쓰임.

硝藥(초약) 화약(火藥).

硝煙(초연) 화약이 폭발할 때 생기는 연기.

硝煙彈雨(초연탄우) 화약 연기가 자욱하고 탄환이 빗발침. 즉, 격렬한 전쟁터.

确	⑦ 12획	日カク
	자갈땅 학	中què

풀이 1. 자갈땅. 2. 적다. 3. 산에 돌이 많다. 4. 확실하다. 정확하다.

确切(학절) 꿋꿋하고 바름. 견고하고 정확함.

确瘠(학척) 돌이 많고 거친 땅.

硤	⑦ 12획	日キョウ
	고을 이름 협	中xiá

풀이 고을 이름.

碮	⑧ 13획	日コン
	종소리 곤	中gǔn, hùn

풀이 1. 종소리. 2. 돌이 구르는 소리.

硴	⑧ 13획	日カイ
	부술 괴	中guāi

풀이 1. 부수다. 깨뜨리다. 2. 돌.

비 崩(무너질 붕) 碎(부술 쇄)

碕	⑧ 13획	日キ
	굽은 물가 기	中qí, qǐ

풀이 1. 굽은 물가. 2. 긴 물가. 3. 돌이 높이 솟은 모양.

碕岸(기안) 강가. 냇가.

碕礒(기의) 돌이 높이 솟은 모양.

碓	⑧ 13획	日タイ
	방아 대	中duì

풀이 방아. 디딜방아.

碓頭(대두) 공이.

碓聲(대성) 방아 찧는 소리.

碓舂(대용) 방아를 찧음.

비 唯(오직 유)

碌	⑧ 13획	日ロク
	돌모양 록(녹)	中lù, liù

풀이 1. 돌 모양. ¶碌碌 2. 돌의 푸른빛. ¶碌青

碌碌(녹록) 1)남을 따르는 모양. 2)평범한 모양. 3)돌의 푸른 빛깔. 4)수레가 구르는 소리.

碌青(녹청) 구리에 스는 푸른 녹.

勞碌(노록) 쉬지 않고 힘을 다함.

碔	⑧ 13획	日ブ
	옥돌 무	中wǔ

풀이 옥돌.

碑	⑧ 13획	日ヒ
	비석 비	中bēi

一 ㄱ 工 石 石 石' 矿 矿 砷 砷 碑 碑 碑

*형성. 뜻을 나타내는 부수 '石(돌 석)'과 음을 나타내며 평평하다는 의미를 지닌 '卑(낮을 비)'를 합친 글자. 이에 평평한 돌에 쓴 글인 '비석', '비문'의 뜻으로 쓰임.

풀이 1. 비석. ¶墓碑 2. 돌기둥. ㉠해 그림자를 측량하기 위해 세운 돌. ㉡덕을 칭송하기 위해 세운 돌. ㉢경계를 표시하기 위해 세운 돌. ㉣규칙을 새겨 세운 돌.

碑閣(비각) 안에 비(碑)를 세워 놓은 집.

碑刻(비각) 비석에 새긴 글. 비문(碑文)

碑碣(비갈) 윗부분이 네모진 비석과 둥근 비석.

碑面(비면) 비석에 글을 새긴 앞면.

碑銘(비명) 비석에 새긴 글. 성명·본관·경력 등을 적음.

5획

碑文(비문) 비에 새긴 글.
碑陰(비음) 1)비석의 뒷면. 2)비석의 뒷면에 새기는 글.
碑誌(비지) 비문(碑文).
碑帖(비첩) 비석에 새긴 글자를 그대로 종이에 탁본한 것. 또는 그것을 첩(帖)으로 만든 것.
碑表(비표) 1)비문(碑文). 2)경계의 표지(標識).
口碑(구비) 옛날부터 두고두고 전해 오는 말.
沒字碑(몰자비) 글자를 새기지 않은 비석이란 뜻으로, 외모는 보기 좋으나 무식한 사람을 비웃는 말.
墓碑(묘비) 무덤 앞에 세우는 비석. 묘석(墓石).
殘碑(잔비) 풍파를 견디며 오래도록 전해지는 비석.

碎	⑧ 13획	日サイ
	부술 쇄	中suì

풀이 1. 부수다. 잘게 부수다. ¶碎鑛 2. 부서지다. 3. 잘다. 번거롭다. 4. 부스러기. ¶碎屑
碎鑛(쇄광) 광분을 빼내기 위해 부순 광석.
碎劇(쇄극) 번거롭고 바쁨.
碎金(쇄금) 1)부서진 금. 2)아름다운 시(詩)나 글귀.
碎石(쇄석) 돌을 깨뜨려 부숨.
碎屑(쇄설) 깨어져 부스러진 부스러기.
碎碎(쇄쇄) 자잘하고 너저분한 모양.
碎瑣(쇄쇄) 번거롭고 자질구레함.
碎身(쇄신) 몸이 가루가 될 정도로 힘써 노력함.
碎裂(쇄열) 부수어지고 찢어짐.
粉碎(분쇄) 1)가루가 되도록 부스러뜨림. 2)상대편을 확실히 물리침.
玉碎(옥쇄) 옥처럼 아름답게 부서져 없어진다는 뜻으로, 명예나 지조를 지키기 위해 기꺼이 목숨을 바침을 이르는 말.
破碎(파쇄) 깨뜨려 부스러뜨림.
비 粹(순수할 수)

砑	⑧ 13획	日ア
	자갈땅 아	中yā

풀이 자갈땅. 땅이나 물건의 표면이 고르지 못한 모양.

硍	⑧ 13획	日キン
	산 험할 음	中yín

풀이 산이 험하다.

碏	⑧ 13획	日サク・セキ
	삼갈 작	中què

풀이 삼가다. 조심하다.

碇	⑧ 13획	日テイ
	닻 정	中dìng

풀이 1. 닻. 2. 닻을 내리다.

碆	⑧ 13획	日ハ
	돌살촉 파	中bō

풀이 돌살촉. 주살에 쓰는 돌로 만든 화살촉.
碆盧(파로) 돌로 만든 화살촉과 검게 칠한 활.

硼	⑧ 13획	日ホウ
	돌 이름 평	中péng

풀이 1. 돌 이름. 2. 북 소리.
硼磕(평개) 돌이 부딪쳐 나는 소리.
硼隱(평은) 북 소리.

碻	⑧ 13획	日ガク
	맷돌 학	中nüè

풀이 1. 맷돌. 2. 두꺼운 입술.

碣	⑨ 14획	
	❶비 갈	日ケツ
	❷분노할 알	中jié

풀이 ❶ 1. 비. 둥근 비석. 2. 우뚝 솟은 돌의 모양. ❷ 3. 분노하다.
碣磍(알할) 1)분노하는 모양. 2)짐승이 노하는 모양.
비 喝(꾸짖을 갈)

碫	⑨ 14획	日ダン
	숫돌 단	中duàn

풀이 1. 숫돌. 2. 단단한 돌.

硾	⑨ 14획	日タイ
	떨어질 대	中zhuì

5획

풀이 떨어지다. 떨어뜨리다.

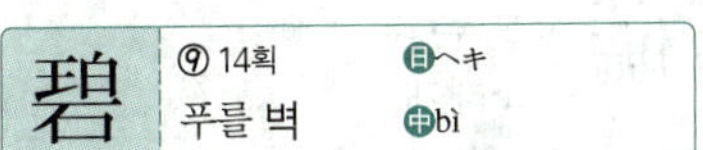

碧 ⑨ 14획 日ヘキ
푸를 벽 中bì

* 형성. '玉(옥 옥)'과 '石(돌 석)'에 '白(흰 백)'을 합친 글자. 이에 구슬의 맑은 흰색을 나타냄. 바뀌어, '푸르다', '녹색'의 뜻이 됨.

풀이 1. 푸르다. 푸른빛. ¶碧空 2. 푸른 옥돌. ¶碧環

碧澗(벽간) 벽계(碧溪).
碧溪(벽계) 푸르게 보일 정도로 맑은 시내.
碧空(벽공) 푸른 하늘.
碧潭(벽담) 물 빛이 매우 푸르게 보이는 깊은 못.
碧落(벽락) 1)푸른 하늘. 2)벽공(碧空). 3)아득히 먼 곳.
碧蘆(벽로) 푸른 갈대.
碧綠(벽록) 짙은 녹색.
碧流(벽류) 푸른 물의 흐름. 시내의 흐름.
碧鱗(벽린) 1)푸른 빛깔의 비늘. 2)푸른빛이 나는 비늘 모양의 잔 물결.
碧琳侯(벽림후) 거울의 다른 이름.
碧山(벽산) 푸른 산. 청산(靑山).
碧霄(벽소) 푸른 하늘. 벽공(碧空).
碧樹(벽수) 푸른 나무. 상록수.
碧水(벽수) 푸른빛이 도는 깊고 맑은 물.
碧潯(벽심) 물이 깊어 푸르게 보이는 물가.
碧眼(벽안) 1)눈동자가 푸른 눈. 서양 사람의 눈. 2)서양 사람.
碧巖(벽암) 푸른 이끼가 낀 바위.
碧玉(벽옥) 1)푸른 옥. 2)푸른 하늘과 푸른 물의 형용.
碧瓦(벽와) 푸른 기와.
碧宇(벽우) 푸른 하늘. 벽공(碧空).
碧雲(벽운) 푸른 구름.
碧潮(벽조) 빛이 푸른 조수(潮水).
碧昌牛(벽창우) 1)평안북도의 벽동·창성에서 나는 큰 소. 2)고집이 세고 무뚝뚝한 사람.
碧靑(벽청) 녹이 난 구리의 푸른빛.
碧波(벽파) 푸른 물결.
碧荷(벽하) 푸른 연잎.
碧漢(벽한) 푸른 하늘과 은하수(銀河水).
碧海(벽해) 깊고 푸른 바다.
碧血(벽혈) 1)푸른빛을 띠는 진한 피. 2)충성심.
碧環(벽환) 푸른 환옥(還玉).
寸碧(촌벽) 구름 사이로 보이는 푸른 하늘.

유 靑(푸를 청)

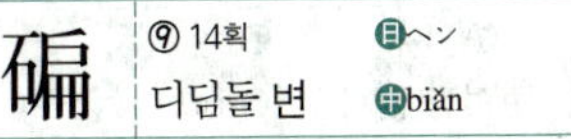

碥 ⑨ 14획 日ヘン
디딤돌 변 中biǎn

풀이 1. 디딤돌. 2. 낭떠러지.

비 編(엮을 편)

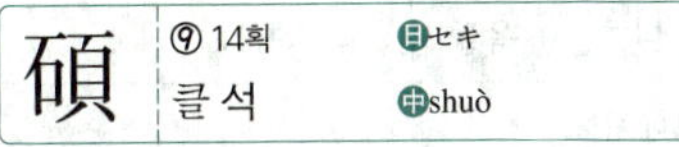

碩 ⑨ 14획 日セキ
클 석 中shuò

* 형성. 뜻을 나타내는 부수 '石(돌 석)'과 음을 나타내며 '머리'의 뜻을 가진 '頁(머리 혈)'을 합친 글자. 이에 머리(頁)가 돌(石)처럼 큰 것을 나타내어, '큰 머리', '크다'의 뜻으로 쓰임.

풀이 1. 크다. ¶碩大 2. 머리가 크다. 3. 재능이 높다. ¶碩學 4. 단단하다. 5. 꽉 차다.

碩果不食(석과불식) 큰 과실(果實)은 다 먹지 않고 남긴다는 뜻으로, 부모가 자손에게 복을 내려 줌을 이르는 말.
碩交(석교) 돌처럼 굳은 사귐. 석교(石交).
碩大(석대) 1)큰 모양. 2)몸집이 굵고 큰 모양.
碩德(석덕) 1)높은 덕. 2)덕이 높은 사람.
碩量(석량) 큰 도량.
碩老(석로) 나이 많고 덕이 높은 사람.
碩望(석망) 높은 명망.
碩茂(석무) 1)크게 무성함. 2)자손이 번영함. 3)재덕이 뛰어난 큰 인물.
碩士(석사) 1)덕이 높은 선비. 2)학사(學士)의 학위를 가진 사람으로서 대학원의 어떤 소정의 과정을 마치고 논문이 확인된 사람에게 수여하는 학위. 또는 그 학위를 받은 사람.
碩師(석사) 대학자. 석학(碩學).
碩言(석언) 훌륭한 말.
碩儒(석유) 덕망과 학식을 갖춘 훌륭한 유학자. 거유(巨儒).
碩人(석인) 1)덕이 크고 높은 사람. 2)미인(美人).
碩材(석재) 학문에 뛰어난 재능. 또는 그런 재능을 가진 사람.
碩學(석학) 대학자.
碩畫(석획) 큰 계획. 큰 모책(謀策).

비 硯(벼루 연)

碟 ⑨ 14획
❶가죽 다룰 설 日セツ
❷접시 접 中dié

풀이 ❶ 1. 가죽을 다루다. ❷ 2. 접시. ¶碟子

碟子(접자) 접시.

5 획

碞	⑨ 14획 험할 암	日アン 中yán

풀이 1. 험하다. 바위가 험하다. 2. 바위.

碝	⑨ 14획 옥돌 연	日ケン 中ruǎn

풀이 옥돌.

碝礣(연척) 옥과 비슷한 돌.

碤	⑨ 14획 물 속 돌 영	日エイ 中yīng

풀이 1. 물 속의 돌. 2. 무늬가 있는 돌.

碨	⑨ 14획 돌 고르지 않은 모양 외	日ワイ 中wěi, wèi

풀이 돌이 고르지 않은 모양. 돌이 오톨도톨한 모양.

碠	⑨ 14획 돌 정자 정	日テイ 中dìng

풀이 돌로 지은 정자.

碪	⑨ 14획 다듬잇돌 침	日シン 中zhēn

풀이 다듬잇돌.

碭	⑨ 14획 무늬 있는 옥돌 탕	日トウ 中dàng

풀이 1. 무늬 있는 옥돌. 2. 넘치다. 3. 지나치다. 4. 크다. 5. 찌르다. 6. 뛰다.

碭基(탕기) 무늬 있는 옥돌로 만든 담.

碭突(탕돌) 충돌함. 부딪침.

碬	⑨ 14획 숫돌 하	日カ・ガ 中xiá

풀이 숫돌.

磕	⑩ 15획 돌 부딪는 소리 개	日カイ 中kē

풀이 1. 돌 부딪치는 소리. ¶磕磕 2. 북 소리.

磕磕(개개) 돌이 서로 부딪쳐 나는 소리.

磕損(개손) 부딪쳐서 상하게 함.

磕睡(개수) 앉아서 졺.

磕匝(개잡) 사방을 두른 모양.

磚	⑩ 15획 디딤돌 구	日ク 中gòu, gōu

풀이 1. 디딤돌. 2. 단단하다. 3. 돌을 던지다.

碾	⑩ 15획 맷돌 년	日テン 中niǎn

풀이 1. 맷돌. ¶碾磑 2. 맷돌질하다.

碾車(연거) 씨아.

碾磑(연애) 맷돌.

碾子(연자) 1)롤러. 2)연자방아.

磄	⑩ 15획 돌 이름 당	日トウ 中táng

풀이 돌 이름.

비 塘(못 당)

磏	⑩ 15획 거친 숫돌 렴	日レン 中lián

풀이 1. 거친 숫돌. 2. 애쓰다. 고생하다.

磏勇(염용) 애써 용기를 냄.

磏仁(염인) 애써 인(仁)을 구함.

磊	⑩ 15획 돌무더기 뢰(뇌)	日ライ 中lěi

* 회의. '石(돌 석)' 셋을 겹쳐 많은 돌이 여기저기 있다는 뜻을 나타냄.

풀이 돌무더기.

磊塊(뇌괴) 1)돌덩이. 2)가슴에 쌓인 불평.

磊砢(뇌라) 1)돌이 쌓인 모양. 2)가지런하지 않은 모양. 3)성품과 용모가 뛰어난 사람.

磊落(뇌락) 1)뜻이 커서 작은 일에 휘둘리지 않

는 모양. 2)과실이 주렁주렁 많이 열린 모양. 3)큰 소리가 사방에 들리는 모양.
磊硌(뇌락) 1)광대한 모양. 2)바위 모양.
磊磊(뇌뢰) 1)돌이 많이 쌓여 있는 모양. 2)뜻이 커서 작은 일에 휘둘리지 않는 모양.
磊嵬(뇌외) 높고 훌륭한 모양. 높고 큰 모양.

碼 ⑩ 15획 日マ
마노 마 中mǎ

풀이 1. 마노(碼瑙). 2. 나루터. 3. 셈하다. 4. 야드. 길이의 단위.
碼瑙(마노) 희거나 붉은빛이 나는 석영의 한 가지. 세공물(細工物)·조각 재료 등에 쓰임.
碼頭(마두) 나루터.

磐 ⑩ 15획 日バン
너럭바위 반 中pán

* 형성. 뜻을 나타내는 부수 '石(돌 석)'과 음을 나타내는 '般(일반 반)'을 합친 글자. 선반처럼 넓은 돌[石]이란 데에서 '너럭바위', '반석'을 나타냄.

풀이 1. 너럭바위. 반석. 2. 넓고 큰 모양. 3. 이어지다. 4. 뒤엉키다. 5. 머뭇거리다.
磐礴(반박) 넓고 큰 모양.
磐石(반석) 1)너럭바위. 2)아주 굳어서 든든한 사물이나 사상의 기초.
磐牙(반아) 서로 굳게 맺어 결탁함.
磐峙(반치) 우뚝 솟음.
磐桓(반환) 1)앞으로 나가지 않는 모양. 2)머뭇거리고 결단하지 않는 모양.
落磐(낙반) 굴 속의 천장이나 벽의 암석 또는 토사가 무너짐.
비 盤(소반 반)

 ⑩ 15획 日ホウ
돌 떨어지는 소리 방·팽 中pāng

풀이 1. 돌 떨어지는 소리. 2. 파운드. 무게의 단위.
磅磕(방개) 천둥 소리.
磅硠(방랑) 큰 소리.
磅礴(방박) 1)섞어서 하나로 함. 2)가득 참.

磉 ⑩ 15획 日ソウ
주춧돌 상 中sǎng

풀이 주춧돌. 초석(礎石).

磑 ⑩ 15획 日ガイ
맷돌 애 中wèi

풀이 1. 맷돌. ¶磑茶 2. 쌓다. 3. 단단하다. 4. 날카롭다.
磑茶(애다) 차를 맷돌로 갊.
磑磑(애애) 1)높이 쌓인 모양. 2)단단한 모양. 3)날카로운 모양.

磈 ⑩ 15획 日イ
높고 험한 모양 외 中wěi

풀이 1. 높고 험한 모양. 2. 돌이 많이 쌓인 모양.
磈磊(외뢰) 1)평평하지 않은 모양. 돌이 많이 쌓인 모양. 2)마음속에 불평이 많은 모양.

磒 ⑩ 15획 日ウン
떨어질 운 中yǔn

풀이 떨어지다. 무너지다.
유 落(떨어질 락)

磤 ⑩ 15획 日イン
소리 은 中yīn

풀이 소리. 우레와 같은 요란한 소리.
유 音(소리 음)

磁 ⑩ 15획 日ジ
자석 자 中cí

* 형성. 뜻을 나타내는 부수 '石(돌 석)'과 음을 나타내며 '붙다'의 의미를 지닌 '玆(이 자)'를 합친 글자. 이에 쇠를 붙이는 광물, 즉 '자석'의 뜻으로 쓰임.

풀이 1. 자석. ¶磁極 2. 사기 그릇. ¶磁器
磁極(자극) 자석에서 쇠붙이를 끌어 당기는 힘이 가장 강한 두 끝의 부분.
磁器(자기) 사기그릇.
磁力(자력) 자기(磁氣)의 서로 끌고 밀치는 힘.
磁石(자석) 철을 끌어당기는 성질이 있는 물체.
磁針(자침) 남북을 가리키는 자성을 가진 바늘. 나침반의 바늘.
비 滋(불을 자)

5획

磌	⑩ 15획	
	돌 떨어지는 소리 전·진	日テン 中tián

풀이 1. 돌이 떨어지는 소리. 2. 울림. 3. 주춧돌.

磋	⑩ 15획	日サ
	갈 차	中cuō

풀이 갈다. 옥 또는 상아(象牙)를 갊.

磋礱(차롱) 갊.

切磋琢磨(절차탁마) 옥이나 돌을 갈고 닦아 빛을 낸다는 뜻으로, 학문과 덕행을 닦음을 비유하는 말.

유 摩(갈 마) 硏(갈 연)

磔	⑩ 15획	日サク
	책형 책	中zhé

풀이 1. 책형. 사지를 찢어 죽이는 형벌. 2. 찢다. 가르다. 3. 물건의 소리. 4. 파임. 서법(書法)의 하나.

磔磔(책책) 1)물건의 소리. 2)새의 날개 치는 소리.

磔刑(책형) 사지를 수레에 매어 찢어 죽이는 형벌.

磓	⑩ 15획	日タイ
	돌무더기 퇴	中duī, zhuì

풀이 1. 돌무더기. 2. 돌을 던지다.

磍	⑩ 15획	日カツ
	성낼 할	中xiā

풀이 성을 내다.

磆	⑩ 15획	日カク
	자갈밭 핵	中hé

풀이 자갈밭.

確	⑩ 15획	日カク
	굳을 확	中què

一 丆 丆 石 石 石' 矿 矿 矿 矿 碎 碎 確 確

* 형성. 뜻을 나타내는 '石(돌 석)'과 음을 나타내며 '굳다'라는 의미를 지닌 부수 이외의 글자를 합친 글자. 이에 '굳은 돌'을 나타내어, '굳다'의 뜻으로 쓰임.

풀이 1. 굳다. 2. 강하다. 굳세다. ¶確信 3. 틀림없다. 확실하다. ¶確保

確固不動(확고부동) 굳세어 흔들리지 않음.

確據(확거) 확실한 증거. 확증(確證).

確見(확견) 아주 명확한 의견.

確固(확고) 확실하고 견고함.

確答(확답) 확실한 대답.

確論(확론) 확실한 의론. 명확한 언론.

確率(확률) 어떤 일이 일어날 확실성의 정도를 나타내는 수치.

確立(확립) 1)사물의 기초·내용이 굳게 섬. 2)딱 정해져 움직이지 않음.

確聞(확문) 1)확실히 들음. 2)확실한 소문.

確保(확보) 1)확실한 보증(保證). 2)확실하게 지님.

確信(확신) 굳게 믿음. 또는 그러한 믿음.

確實(확실) 틀림없음. 사실과 다르지 않음.

確約(확약) 확실하게 약속함. 또는 그러한 약속.

確言(확언) 확실히 말함. 또는 그러한 말.

確定(확정) 확실하게 정함.

確志(확지) 확고한 의지. 변치 않는 의지.

確執(확집) 자기의 의견을 고집하여 양보하지 않음.

確乎(확호) 확실한 모양. 확연(確然).

明確(명확) 분명하고 확실함.

的確(적확) 정확함. 틀림이 없음.

正確(정확) 바르고 확실함.

유 固(굳을 고)

碻	⑩ 15획	日カク
	굳을 확	中què, qiāo

풀이 굳다. 굳세다.

유 確(굳을 확)

磆	⑩ 15획	日カツ
	활석 활	中huá

풀이 활석(磆石). 약 이름.

磬	⑪ 16획	日ケイ
	경쇠 경	中qìng

풀이 1. 경쇠. 옥이나 돌로 만든 악기. ¶磬石 2. 다하다. 3. 말을 달리다. 4. 절하다. 5. 목매다.

磬簴(경거) 경쇠 걸이.

5획

磬石(경석) 경쇠를 만드는 돌.
磬折(경절) 1)경쇠 모양으로 구부러짐. 2)몸을 굽혀 인사함.
磬鐘(경종) 편경(編磬)과 편종(編鐘).
石磬(석경) 돌로 만든 경쇠.

磥	⑪ 16획	日リア
	갈 뢰	中lěi

풀이 1. 갈다. 2. 돌 무더기. 3. 부딪치다.

磟	⑪ 16획	日リク
	농구 이름 륙	中liù

풀이 농기구 이름. 밭을 고르는 데 쓰는 돌로 된 롤러.
磟碡(육독) 밭을 평평하게 하는 데 사용하는 돌로 된 롤러.

磨	⑪ 16획	日マ · みがく
	갈 마	中mó, mò

丶 广 广 广 庐 庐 庐 府 府 麻 麻 麻 麻 麻 磨 磨

* 형성. 뜻을 나타내는 부수 '石(돌 석)'과 음을 나타내며 '문지르다'의 뜻을 가진 '麻(삼 마)'를 합친 글자. 이에 돌을 문질러 간다는 뜻에서 '갈다'의 뜻으로 쓰임.

풀이 1. 갈다. ¶磨琢 2. 학문을 닦다. ¶鍊磨 3. 문지르다. 4. 닳아 없어지다. ¶磨滅 5. 곤란하다. 6. 맷돌.
磨勘(마감) 중국 송(宋)나라 때 관리의 성적을 조사하던 제도.
磨劫(마겁) 재앙.
磨礪(마려) 1)쇠붙이나 돌 등을 문질러 갊. 2)연마함.
磨鍊(마련) 미리 준비하거나 계획함.
磨滅(마멸) 닳아 없어짐.
磨耗(마모) 닳아 작아짐.
磨石(마석) 1)맷돌. 2)돌 또는 돌로 만들어진 물건을 반들반들하게 갊.
磨淬(마쉬) 칼을 갈기도 하고 담금질하기도 함.
磨崖(마애) 석벽에 글자나 그림을 새김.
磨製(마제) 돌 등을 반드럽게 갈아서 물건을 만드는 일.
磨擦(마찰) 서로 닿아서 비빔.
磨琢(마탁) 연마함. 탁마(琢磨).
減磨(감마) 1)닳아서 줄어듦. 2)덜 닳게 함.
研磨(연마) 1)갈고 닦음. 2)노력을 거듭하여 정신이나 기술을 닦음. 3)깊이 연구함.
鍊磨(연마) 1)어떤 분야를 깊이 연구함. 2)학문이나 기술을 갈고 닦음.
유 摩(갈 마)

磬	⑪ 16획	日アイ
	검은 돌 예	中yī

풀이 검은 돌. 검고 아름다운 돌.

磝	⑪ 16획	日ゴ · ギョ
	돌 많을 오	中áo, hé, qiāo

풀이 돌이 많다. 돌 많은 산.
磝磝(오오) 산에 돌이 많은 모양. 또는 산이 높은 모양.

磧	⑪ 16획	日セキ
	서덜 적	中qì

풀이 1. 서덜. 냇가나 강가의 돌이 많은 곳. 2. 물속에 모래가 쌓여서 생긴 섬. 3. 사막.
磧礫(적력) 물가에 있는 자갈.

磣	⑪ 16획	日シン · ソウ · すな
	모래 섞일 참	中chěn

풀이 모래가 섞이다.

磛	⑪ 16획	日サン
	산 험할 참	中chán

* 형성. 뜻을 나타내는 부수 '石(돌 석)'과 음을 나타내는 '斬(벨 참)'을 합친 글자.

풀이 산이 험하다. 산이 험한 모양.
磛礹(참엄) 산에 있는 돌의 모양.
비 慙(부끄러울 참)

磢	⑪ 16획	日ソウ
	닦을 창	中chuǎng

풀이 닦다. 광을 내다.

磩	⑪ 16획	
	❶옥돌 척	日セキ
	❷주춧돌 축	中qì, zhú

풀이 1. 옥돌. 2. 주춧돌.

5획

磪	⑪ 16획	日サイ
	산높은모양최	中cuí

풀이 산이 높은 모양. 산이 험준한 모양.

磪嵬(최외) 산이 높고 험한 모양.

硼	⑪ 16획	日ホウ
	돌 칠 팽	中pēng

풀이 1. 돌을 치다. 돌이 부딪치다. 2. 큰 소리.

硼死(팽사) 세게 부딪쳐서 정신을 잃음.

磦	⑪ 16획	
	산봉우리	日ヒョウ
	우뚝할 표	中biāo

풀이 산봉우리가 우뚝 솟아 있는 모양.

磲	⑫ 17획	日キョウ
	옥돌 거	中qú

풀이 옥돌.

磡	⑫ 17획	日キン
	산높고험할금	中qīn

풀이 산이 높고 험하다.

磯	⑫ 17획	日キ
	물가 기	中jī

풀이 1. 물가. 2. 물살이 돌에 부딪치다.

유 涯(물가 애) 비 幾(기미 기)

磴	⑫ 17획	日トウ
	비탈길 등	中dèng

풀이 1. 비탈길. 돌로 된 비탈길. ¶磴道 2. 돌다리.

磴棧(등잔) 돌로 된 잔교(棧橋). 구름다리.

磿	⑫ 17획	日レキ
	돌 소리 력	中lì

풀이 돌의 작은 소리. 조약돌 소리.

비 曆(책력 력)

礱	⑫ 17획	
	돌 떨어지는	日リュウ
	소리 륭	中lóng

풀이 돌 떨어지는 소리.

磷	⑫ 17획	日リン
	엷은 돌 린	中lín

* 형성. 뜻을 나타내는 부수 '石(돌 석)'과 음을 나타내는 '粦(인 린)'을 합친 글자.

풀이 1. 엷은 돌. 돌이 닳다. 2. 광택이 나는 모양. 3. 조약돌. 4. 물이 흐르는 모양.

磷磷(인린) 1)옥이나 돌 등에 광택이 나는 모양. 2)물이 돌 사이를 흐르는 모양.

磻	⑫ 17획	
	❶강 이름 반	日ハン
	❷주살돌추파	中pán

풀이 1 1. 강 이름. 2 2. 주살에 매어 다는 돌.

磶	⑫ 17획	日セキ
	주춧돌 석	中xì

풀이 주춧돌.

磼	⑫ 17획	日サツ
	산 높을 잡	中zá

풀이 산이 높다. 산이 우뚝 솟은 모양.

磹	⑫ 17획	日テン
	돌쐐기 점	中diàn

풀이 1. 돌쐐기. 2. 번개.

磾	⑫ 17획	日サイ
	검은 돌 제	中dī

풀이 검은 돌. 비단을 물들이는 데 쓰는 검은 돌.

礁	⑫ 17획	
	물에 잠긴	日ショウ
	바위 초	中jiāo

5획

풀이 물에 잠긴 바위. 초석.

磺	⑫ 17획 ❶ 유황 황 日コウ ❷ 쇳돌 광 中huáng

풀이 ■1 1. 유황(硫黃). ■2 2. 쇳돌. 광석.

유 硫(유황 류)

碼	⑫ 17획 日カイ 헐 훼 中huǐ

풀이 헐다.

嚳	⑬ 18획 日カク 돌 소리 각 中què

풀이 돌 소리. 돌 부딪치는 소리.

비 學(배울 학)

礷	⑬ 18획 日カン 돌함 감 中gǎn

풀이 1. 돌함. 돌로 만든 함. 2. 돌로 덮다.

礓	⑬ 18획 日コウ 자갈 강 中jiāng

풀이 자갈.

礊	⑬ 18획 日カク 굳을 격 中kè, huò

풀이 1. 굳다. 단단하다. 2. 채찍 소리.

礉	⑬ 18획 ❶ 단단한 돌 교 日キョウ ❷ 각박할 핵 中hé, jiāo

풀이 ■1 1. 단단한 돌. ■2 2. 각박하다.

礏	⑬ 18획 日キュウ 산 높을 급 中yè

풀이 산이 높은 모양. 산이 우뚝 솟은 모양.

礑	⑬ 18획 日トウ 밑바닥 당 中dàng

풀이 밑바닥.

礌	⑬ 18획 돌 굴러 日ライ 내릴 뢰(뇌) 中lèi

풀이 1. 돌이 굴러 내리다. 2. 돌무더기.

礌礌落落(뇌뢰낙락) 마음이 쾌활하고 넓어 작은 일에 신경쓰지 않는 모양.

礔	⑬ 18획 日ヘキ 벼락 벽 中pī

풀이 벼락. 우레.

유 霹(벼락 벽) 비 僻(후미질 벽)

礵	⑬ 18획 日シュク 검은 숫돌 숙 中sù

풀이 검은 숫돌.

礒	⑬ 18획 日ギ 돌 의 中yǐ

풀이 돌. 바위.

礎	⑬ 18획 日ソ·いしずえ 주춧돌 초 中chǔ

一 丆 𠃊 石 石 石 矿 矿 矿 矿 矿 矿 砯 碰 礎 礎 礎 礎

*형성. 뜻을 나타내는 부수 '石(돌 석)'과 음을 나타내는 '楚(모형 초)'를 합친 글자. 처음에 놓는 돌[石]이라는 뜻에서 '주춧돌'을 나타냄.

풀이 주춧돌.

礎段(초단) 건물의 무게가 지반에 고루 퍼지게 하기 위하여 벽·기둥·교각 등의 밑을 넓게 만든 부분.

礎石(초석) 1)주춧돌. 2)어떤 사물의 기초.

礎業(초업) 기초가 되는 사업.

비 楚(모형 초)

5획

礛 ⑭ 19획 日ガン
숫돌 감 中lán

풀이 숫돌. 옥을 가는 숫돌.
礛諸(감제) 옥을 가는 숫돌.

礚 ⑭ 19획
돌 부딪치는 日ガイ
소리 개 中kē

풀이 돌이 부딪치는 소리.
礚礚(개개) 돌이 부딪쳐 나는 소리.

礗 ⑭ 19획
돌 부수는 日カイ
소리 빈 中pīn

풀이 돌 부수는 소리.

礙 ⑭ 19획 日ガイ
거리낄 애 中ài

풀이 1. 거리끼다. 방해되다. ¶礙眼 2. 막다. 저지하다.
礙眼(애안) 눈에 거슬림.
礙竄(애찬) 막아 들어오지 못하게 함.
礙滯(애체) 제지하여 막힘.
비 擬(헤아릴 의)

礜 ⑭ 19획 日ヨ
독 든 돌 여 中yù

풀이 독이 든 돌. 비소(砒素)가 섞인 돌.

礦 ⑮ 20획 日コウ
쇳돌 광 中kuàng

풀이 쇳돌.

礪 ⑮ 20획 日レイ
거친 숫돌 려(여) 中lì

* 형성. 뜻을 나타내는 부수 '石(돌 석)'과 음을 나타내는 '厲(엄할 려)'를 합친 글자.

풀이 1. 거친 숫돌. 2. 갈다. 3. 힘쓰다.
礪石(여석) 숫돌.
礪淬(여쉬) 칼을 갈기도 하고 담금질을 하기도 함.
礪行(여행) 행실을 닦음.
磨礪(마려) 쇠붙이나 돌 등을 문질러 갊.

礫 ⑮ 20획 日レキ
조약돌 력(역) 中lì

풀이 조약돌. 자갈.
礫石(역석) 자갈. 조약돌.
礫土(역토) 자갈이 많이 섞인 흙.
비 歷(지낼 력)

礨 ⑮ 20획 日ライ
바위 뢰(뇌) 中léi

풀이 1. 바위. 2. 부딪치다. 3. 돌을 떨어뜨리다.
礨礨(뇌뢰) 돌이 많은 모양. 돌이 쌓인 모양.

礧 ⑮ 20획 日ライ
작은 구멍 뢰(뇌) 中lěi

풀이 작은 구멍.
礧空(뇌공) 작은 구멍.

礣 ⑮ 20획 日メツ
자갈 말 中mà, mié

풀이 자갈. 단단한 돌.

礬 ⑮ 20획 日
백반 반 中fán

* 형성. 뜻을 나타내는 '石(돌 석)'과 음을 나타내는 '攀(잡을 반)'의 생략형을 합친 글자.

풀이 백반(白礬). 정팔면체의 무색의 결정으로 매염제(媒染劑)나 의약품으로 쓰임.
礬登(반등) 기어 오름.
明礬(명반) 백반(白礬).
白礬(백반) 황산알루미늄 수용액에 황산칼륨 수용액을 넣었을 때 석출되는 정팔면체의 무색의 결정. 명반(明礬).

礩 ⑮ 20획 日シツ
주춧돌 질 中zhì

풀이 1. 주춧돌. 2. 맷돌. 3. 막다.

5획

礤	⑮ 20획	日サツ
	문지를 찰	中cǎ

풀이 1. 문지르다. 비비다. 2. 다듬지 않은 돌.

유 摩(갈 마)

礥	⑮ 20획	日コン・ケン
	굳셀 현	中xián

풀이 굳세다. 단단하다.

礫	⑯ 21획	日レキ
	돌 소리 력	中lì

풀이 1. 돌 소리. 2. 벼락. 번개.

礱	⑯ 21획	日ロウ
	갈 롱(농)	中lóng

풀이 1. 갈다. 2. 숫돌. 맷돌.

礱厲(농려) 1)숫돌. 2)갊.
礱磨(농마) 1)맷돌. 2)갊.
礱斲(농착) 갈고 깎음.

礲	⑯ 21획	日サイ
	숫돌 제	中zhū

풀이 숫돌.

礮	⑯ 21획	日ホウ
	돌쇠뇌 포	中pào

풀이 돌쇠뇌. 돌을 튕겨 날려 보내는 기구.

礭	⑯ 21획	日カク・ガク
	회초리 확·각	中què

풀이 회초리. 매.

礴	⑰ 22획	日ハク
	섞을 박	中bó

풀이 1. 섞다. 혼합하다. 2. 가득 차다.

유 雜(섞일 잡)

巖	⑳ 25획	日アン・ガン
	돌산 암·엄	中yán

풀이 1. 돌산. 2. 돌이 많은 모양.

示부

示 보일 시 部

'示' 자는 제사를 지내던 물건에서 비롯된 글자로, 신(神)이 좋은 일이나 나쁜 일을 사람들에게 보여 그 영험함을 바라던 것에서 '보이다' 라는 뜻을 갖게 된다. 또한 명시(明示)에서처럼 '알리다' 라는 뜻을 나타내기도 한다. 이 글자를 부수로 갖는 글자는 대체로 '신(神)' 이나 '화복(禍福)' 등과 관련이 많다.

示	⓪ 5획	日ジ・しめす
	보일 시	中shì, qí

一 二 亍 亓 示

* 상형. 신에게 바치는 제단의 모양을 본뜬 글자. 제물을 신에게 보여 그 영험함을 바란다는 뜻에서 '보이다' 라는 뜻을 나타냄.

풀이 1. 보이다. 나타내다. ¶示範 2. 보다. 3. 알리다. ¶告示

示達(시달) 상부에서 하부로 명령·통지 등을 문서로써 전하여 알림.
示滅(시멸) 중이 죽음.
示範(시범) 모범을 보임.
示唆(시사) 미리 암시하여 알려 줌. 귀띔.
示威(시위) 위력이나 기세를 드러냄.
示意(시의) 남에게 보인 뜻.
示寂(시적) 보살 또는 높은 중의 죽음.
示現(시현) 1)보살이 중생을 구제할 목적으로 속세에 태어나는 것. 2)신불의 영험을 나타내 보임.
示現塔(시현탑) 저절로 생긴 탑.
示訓(시훈) 보여 가르침.
揭示(게시) 사람들에게 알리기 위해 써서 붙임. 또는 그 글.
告示(고시) 일반에 공고하여 알림.
圖示(도시) 그림으로 그리어 보임.
明示(명시) 분명히 드러내 보이거나 가리킴.
妙示(묘시) 교묘하게 보임.
說示(설시) 설명하여 보임.

유 見(볼 견) 비 禾(벼 화)

礼	① 6획 禮(p962)의 古字

礽	② 7획 다행 잉	日イン 中réng

풀이 1. 다행. 행복. 2. 나아가다.

祁	③ 8획 성할 기	日キ 中qí

풀이 1. 성하다. 크다. 2. 조용하다. 3. 많다. 4. 왕래하는 모양.

祁祁(기기) 1)조용한 모양. 2)많은 모양. 3)왕래하는 모양.

祁寒(기한) 심한 추위.

祀	③ 8획 제사 사	日サ 中sì

一 二 亍 亓 示 示' 示ᄀ 祀

* 형성. 뜻을 나타내는 부수 '示(보일 시)'와 음을 나타내며 '모시다'라는 의미를 지닌 '巳(뱀 사)'를 합친 글자. 이에 '신을 모시다', '제사'의 뜻으로 쓰임.

풀이 1. 제사. ¶祀典 2. 제사 지내다.

祀典(사전) 제사의 의식. 제전(祭典).

유 祭(제사 제) 비 社(모일 사)

社	③ 8획 토지의 신 사	日シャ·やしろ 中shè

一 二 亍 亓 示 示一 社 社

* 회의. 토지(土)의 신에게 제사(示) 지내기 위해 많은 사람들이 모인다는 데서 '제사를 지내다', '모이다'의 뜻으로 쓰임.

풀이 1. 토지의 신. ¶社祠 2. 모이다. 3. 회사. 단체. ¶社告 3. 제사를 지내다.

社告(사고) 회사에서 내는 광고.

社交(사교) 여러 사람이 모여 서로 교제함.

社規(사규) 회사의 규칙.

社團(사단) 특정한 목적을 위하여 여러 사람을 기초로 하여 결합된 단체.

社廟(사묘) 사당(祠堂).

社祠(사사) 토지의 주신(主神). 또는 그를 모신 사당.

社鼠(사서) 사당(祠堂)이나 신전(神殿)에 숨어 사는 쥐란 뜻으로, 어떤 기관이나 세력가에 의지하여 간사한 짓을 하는 사람을 비유하는 말.

社說(사설) 신문이나 잡지에서 그 신문사나 잡지사의 주장으로서 발표하는 논설.

社屋(사옥) 회사의 건물.

社員(사원) 1)회사에 근무하는 사람. 2)사단 법인의 구성원.

社日(사일) 입춘이나 입추가 지난 뒤에 다섯 째의 무일(戊日)로, 사직신(社稷神)에 제사를 지내는 날.

社長(사장) 회사의 대표자.

社稷(사직) 1)토지신과 곡신(穀神). 2)국가 또는 조정.

社稷之臣(사직지신) 나라의 국방을 맡을 만한 중신(重臣).

社債(사채) 주식회사가 사업에 요하는 자금을 조달하기 위하여 모집하는 채무.

社宅(사택) 회사에서 사원을 위해 마련한 주택.

社會(사회) 공동 생활을 하는 인류의 집단.

비 祀(제사 사)

礿	③ 8획 제사 약	日ヤク·はるまつり 中yuè

풀이 제사. 봄에 지내는 제사.

礿禘(약체) 임금이 지내던 봄 제사와 여름 제사.

祈	④ 9획 빌 기	日キ·いのる 中qí

一 二 亍 亓 示 示' 示ノ 祈 祈

* 형성. 뜻을 나타내는 부수 '示(보일 시)'와 음을 나타내며 '원하다'라는 의미를 지닌 '斤(도끼 근)'을 합친 글자. 이에 신에게 '기도하다', '빌다'의 뜻으로 쓰임.

풀이 1. 빌다. 기도하다. ¶祈求 2. 구하다. 3. 고하다.

祈告祭(기고제) 나라에서나 왕가에서 기원할 일이 있을 때 좋은 날을 택해 신사에 빌던 제사.

祈穀(기곡) 풍년이 되기를 빎.

祈求(기구) 빌며 구함. 간절히 바람.

祈年(기년) 풍년을 기도함.

祈念(기념) 열심히 빎.

祈禱(기도) 원하는 것이 이루어지도록 신에게 간절히 빎.

祈望(기망) 빌고 바람.

祈雨(기우) 가물 때에 비가 오기를 빎.

祈願(기원) 원하는 것이 이루어지도록 빎.

祈請(기청) 빌고 바람.

祈祝(기축) 빌고 소망함.

祈豊(기풍) 풍년이 들기를 빎.

유 禱(빌 도)

④ 9획 日ギ・シ
토지의 신 기 中zhǐ

풀이 1. 토지 신. 2. 편안하다. 3. 크다. ¶祇悔

祇悔(기회) 크게 후회함.

유 社(토지의 신 사)

④ 9획 日ヨウ
재앙 요 中ǎo, yāo

풀이 재앙.

④ 9획 日シ
복 지 中zhǐ

풀이 복. 행복.

祉祿(지록) 행복(幸福).

福祉(복지) 좋은 건강 · 윤택한 생활 · 안락한 환경들이 이루어져 행복을 누릴 수 있는 상태.

④ 9획 日ケン
하늘 천·현 中xiān

풀이 1. 하늘. 2. 신(神).

유 天(하늘 천)

④ 9획 日チュウ
화할 충 中chōng

풀이 1. 화하다. 부드럽게 하다. 2. 빌다.

祊

④ 9획 日ホウ
제사 이름 팽 中bēng

풀이 제사 이름.

祛

⑤ 10획 日キョ
떨어 없앨 거 中qū

* 형성. 뜻을 나타내는 부수 '示(보일 시)'와 음을 나타내는 '去(제거할 거)'를 합친 글자.

풀이 1. 떨어 없애다. 2. 굳세다. 3. 쫓다. 4. 떠나다.

祛祛(거거) 세고 강한 모양.

祢

⑤ 10획
禰(p963)와 同字

⑤ 10획 日フ
합사할 부 中fù

풀이 1. 합사(合祀)하다. 3년상을 마친 뒤 그 신주를 조상의 신주 곁에 모셔 제사 지내는 것. ¶祔祭 2. 합장(合葬)하다.

祔右(부우) 부부를 합장할 때 아내를 남편의 오른쪽에 묻는 일.

祔左(부좌) 부부를 합장할 때 아내를 남편의 왼쪽에 묻는 일.

祔窆(부폄) 한 무덤 안에 같이 묻음. 합장함.

⑤ 10획 日フツ
푸닥거리할 불 中fú

풀이 푸닥거리하다. 액을 떨치다.

祓禊(불계) 신에게 빌어 재액(災厄)을 떨침. 또는 그 제사.

祓除(불제) 재액(災厄)을 떨침.

⑤ 10획 日ヒ・ヒツ
숨길 비 中bì, mì

一 二 亍 亓 示 示 礻 秘 祕 祕

* 형성. 뜻을 나타내는 부수 '示(보일 시)'와 음을 나타내는 '必(반드시 필)'을 합친 글자.

풀이 1. 숨기다. 감추다. 비밀로 하다. ¶秘事 2. 심오하다. 헤아리기 어렵다. 3. 풀리지 않다.

祕閣(비각) 중요 문서 등을 깊이 간직해 두던 궁정의 창고.

祕結(비결) 대변이 막혀 통하지 않음. 변비(便秘).

祕訣(비결) 세상에 알려져 있지 않은 자기만의 특별한 방법.

祕境(비경) 1)신비로운 지경. 2)다른 사람이 모르는 장소. 3)빼어나게 아름다운 경치.

祕記(비기) 1)비밀리에 기록함. 2)길흉 · 화복을 예언하여 적은 기록.

祕密(비밀) 1)다른 사람에게 공개하지 않고 숨기는 일. 2)밝혀지거나 알려지지 않는 속내.

祕史(비사) 세상에 알려지지 않은 역사상의 사실.

祕事(비사) 비밀한 일.

祕書(비서) 1)임금의 장서(藏書). 2)비밀 문서. 또는 그 사무를 맡아보는 사람. 3)비밀리에 글을 씀.
祕藥(비약) 1)비방(祕方)으로 지은 약. 2)특효 약.
祕玩(비완) 몰래 숨겨두고 애완(愛玩)하는 물건.
祕藏(비장) 아무도 모르게 감추어 소중히 간직함.
祕策(비책) 아무도 몰래 숨긴 방법이나 꾀.
祕畫(1.비화/2.비획) 1)비장하고 있는 그림. 2)비밀 계획.
祕話(비화) 세상에 알려지지 않은 이야기.
유 隱(숨길 은)

祠	⑤ 10획 사당 사	日シ 中cí

풀이 1. 사당. 2. 제사 지내다. 3. 신사(神祠).
祠壇(사단) 제단(祭壇).
祠堂(사당) 1)조상의 신주를 모시는 집. 2)사원(寺院).
祠祀(사사) 1)신에게 제사를 지냄. 2)제사를 맡아보는 관리.
祠屋(사옥) 사당. 집.
祠宇(사우) 별도로 세운 사당.
祠院(사원) 사당과 서원.
祠祭(사제) 제사(祭祀).

祘	⑤ 10획 셀 산	日サン・かぞえる 中suàn

풀이 수를 세다. 헤아리다.

祏	⑤ 10획 위패 석	日セキ 中shí

풀이 1. 위패. 2. 돌 감실. 신주를 모셔 두는 곳.
祏室(석실) 종묘의 신주(神主)를 모셔 두는 돌방.

祟	⑤ 10획 빌미 수	日スイ 中suì

풀이 빌미. 귀신의 재앙.
비 崇(높을 숭)

祡	⑤ 10획 시료 시	日シ 中chái

풀이 시료(柴燎). 섶을 태워 하늘에 제사 지냄.
비 紫(자줏빛 자)

神	⑤ 10획 귀신 신	日シン・かみ 中shén

* 형성. 뜻을 나타내는 부수 '示(보일 시)'와 음을 나타내는 '申(펼 신)'을 합친 글자. 정신과 만물을 주재하는 신(示)을 나타내어, '신'의 뜻으로 쓰임.

풀이 1. 귀신. ¶神功 2. 정신. ¶精神 3. 신비한 것. 4. 마음. 5. 영혼. 6. 신선. 7. 화(化)하다.
神格(신격) 신으로서의 자격.
神經(신경) 중추(中樞)의 흥분을 몸의 여러 부분에 전하고, 몸의 각 부분에서의 자극을 중추에 전도(傳導)하는 기관.
神功(신공) 1)신령한 공덕(功德). 영묘(靈妙)한 공덕. 2)영묘한 공적. 불가사의한 공력(功力). 3)신이 하는 일.
神工(신공) 1)신이 만듦. 또는 그 작품. 2)영묘하게 만듦. 또는 그 제작품.
神敎(신교) 신의 가르침.
神君(신군) 1)도가(道家)의 신. 2)공덕이 높은 사람. 2)현명한 지방 장관.
神權(신권) 신으로부터 부여된 신성한 권력.
神機(신기) 1)신묘한 계기(契機). 2)헤아릴 수 없는 기략(機略)이나 신령한 활동.
神氣(신기) 1)신묘한 풍취. 2)만물 생성의 원기(元氣). 3)정신과 기운.
神奇(신기) 이상야릇하고 신통함.
神技(신기) 신묘한 기술.
神堂(신당) 1)아름다운 전각(殿閣). 2)신령을 모신 집.
神道(신도) 1)묘소로 가는 길. 2)인지(人知)로서는 알 수 없는 신묘한 도리.
神道碑(신도비) 무덤으로 가는 길목에 세워 죽은 사람의 사적을 기리는 비석. 임금이나 종이품 이상의 벼슬아치에 한해서 세울 수 있었음.
神童(신동) 재주와 지혜가 남달리 뛰어난 아이.
神力(신력) 신통력. 영묘한 힘. 신의 위력.
神靈(신령) 1)죽은 사람의 혼. 2)신기하고 영묘한 신.
神明(신명) 1)하늘과 땅의 신령. 2)사람의 마음. 정신. 3)영험(靈驗)이 있음.
神妙(신묘) 신통하고 묘함.
神物(신물) 1)신성(神聖)한 물건. 2)신묘한 것. 3)신선.
神罰(신벌) 신으로부터 받는 벌.
神父(신부) 천주교(天主敎) 교직(敎職)의 하나.
神佛(신불) 신령과 부처.
神祕(신비) 인지(人知)로서는 알 수 없는 신묘한 비밀.

神算(신산) 신기로운 계책.
神像(신상) 신령을 그린 그림이나 돌·나무로 새긴 형상.
神仙(신선) 속세를 떠나 깊은 산 속에서 살며 불로장생(不老長生)의 선계(仙界)에 사는 사람.
神聖(신성) 1)조금도 더럽혀지지 않고 청정함. 2)매우 존엄하고 권위가 있음.
神眼(신안) 1)풍수지리나 관상술 등에 매우 통달된 눈. 2)귀신을 볼 수 있는 눈.
神藥(신약) 신기한 효험이 있는 약.
神位(신위) 죽은 사람의 영혼이 의지할 자리.
神異(신이) 신묘하고 기이한 것.
神人(신인) 신통력을 가진 사람.
神將(신장) 1)신병(神兵)을 거느리는 장수. 2)신과 같이 전략과 전술에 뛰어나고 통솔력이 훌륭한 장수. 3)사방의 잡귀를 몰아 낸다는 장수신(將帥神).
神殿(신전) 신을 모신 전각(殿閣).
神典(신전) 신에 관한 것을 적은 책.
神接(신접) 귀신이 내림. 귀신이 들림.
神助(신조) 신이 도움.
神主(신주) 1)사물의 영(靈). 2)하늘의 뜻을 받아 백성을 다스리는 사람.
神託(신탁) 신이 사람을 통해 그의 명령이나 뜻을 나타냄.
神通(신통) 1)온갖 일에 헤아릴 수 없이 신기하게 통달함. 2)이상하고도 묘함. 3)약효가 신기하게 나타나거나 썩 좋음. 4)대견함.
神品(신품) 1)훨씬 뛰어난 물품 또는 작품. 2)신품성사(神品聖事). 신부될 사람이 주교로 부터 받는 성사.
神學(신학) 크리스트교에서 교리 및 신앙·종교 생활의 윤리를 연구하는 학문.
神話(신화) 국가나 민족의 기원과 민족사·초자연적 존재 등에 관한 신성한 이야기로, 구전으로 전승됨.
神效(신효) 신기한 효험.
유 鬼(귀신 귀)

祅 ⑤ 10획
殀(p684)의 古字

祐 ⑤ 10획 日ユウ
도울 우 中yòu

* 형성. 뜻을 나타내는 부수 '示(보일 시)'와 음을 나타내며 돕는다는 의미를 지닌 '右(오른 우)'를 합친 글자. 이에 '신의 도움'이란 뜻으로 쓰임.

풀이 1. 돕다. 2. 신의 도움. ¶祐助 3. 복. ¶祐福
祐福(우복) 하늘이 주는 복. 행복.
祐助(우조) 하늘의 도움과 신의 도움. 천우신조(天佑神助).
默祐(묵우) 묵묵히 도움.
유 佐(도울 좌)

祖 ⑤ 10획 日ソ
조상 조 中zǔ

丶 二 亍 亍 示 礻 礻 祁 祖 祖

* 형성. 뜻을 나타내는 부수 '示(보일 시)'와 음을 나타내는 '且(또 차)'를 합친 글자. '且'는 고기를 수북이 담은 모양을 나타냄. 이에 제사상(示)을 차리고 모시는 조상을 나타내어, '할아버지', '조상'의 뜻으로 쓰임.

풀이 1. 조상. ¶祖上 2. 할아비. ¶祖父母 3. 사당. ¶祖廟 4. 시조(始祖). 5. 본받다. 6. 익히다. 7. 도신(道神). 8. 제사 지내다.
祖考(조고) 돌아간 할아버지. 망조부(亡祖父).
祖國(조국) 1)조상 때부터 살던 나라. 2)겨레의 일부 또는 국토의 일부가 떨어져서 다른 나라에 합쳐졌을 때 그 본디의 나라.
祖道(조도) 1)먼 길을 떠나는 사람에게 술을 베풀어서 송별하는 일, 또는 그 연회. 2)먼 길을 떠날 때 조신(祖神)에게 제사 지내는 일.
祖靈(조령) 조상의 영혼.
祖廟(조묘) 선조를 모신 사당.
祖武(조무) 조상이 남겨 놓은 공적.
祖父母(조부모) 할아버지와 할머니.
祖妣(조비) 돌아간 할머니.
祖師(조사) 1)어떤 학파를 창시한 스승. 2)한 종파를 세우고 그 종지를 열어 주장한 사람의 높임말.
祖上(조상) 돌아간 어버이 위로 대대의 어른.
祖送(조송) 떠나는 사람을 전송하는 일.
祖述(조술) 조상이나 스승의 도(道)를 본받아서 서술하여 밝힘.
祖神(조신) 도로(道路)의 신(神).
祖業(조업) 조상 때부터 전해 오는 가업(家業).
祖宴(조연) 떠나는 사람을 송별하는 연회. 송별연.
祖餞(조전) 떠나는 사람을 전송함.
祖奠(조전) 1)발인(發靷) 전에 영결(永訣)을 고하는 제식. 2)조묘(祖廟)에 제수를 차려 놓고 제사 지냄.
祖宗(조종) 1)임금의 시조(始祖)와 중흥(中興)의 조상. 2)대대의 임금의 총칭.
祖行(조항) 할아버지와 같은 항렬.
祖訓(조훈) 조상이 남겨 놓은 훈계(訓戒).

5획

祚	⑤ 10획	日 ソ
	복 조	中 zuò

풀이 1. 복. 2. 복을 내리다.

祚慶(조경) 행복. 경사(慶事).
祚命(조명) 하늘이 복을 내려 도움.
祚胤(조윤) 1)복을 자손에게 전함. 2)훌륭한 자손(子孫).

유 福(복 복)

祇	⑤ 10획	日 シ
	공경할 지	中 zhī

풀이 공경하다.

祇敬(지경) 공경함.
祇服(지복) 공경하여 따름.
祇奉(지봉) 공경하여 받듦.
祇送(지송) 백관이 임금의 거가를 공경하여 보냄.
祇受(지수) 임금이 내려 주는 물건을 공경하여 받음.
祇肅(지숙) 공경하고 삼감.
祇順(지순) 공경하여 따름.
祇仰(지앙) 삼가 우러름. 경앙(敬仰).
祇若(지약) 공경하여 따름.
祇役(지역) 임금의 명에 따라 멀리 외직(外職)에 부임(赴任)함.
祇莊(지장) 공경하고 엄숙함.
祇候(지후) 삼가 어른께 문안을 드림.

유 敬(공경할 경)

祝	⑤ 10획	日 シュク・いわう
	빌 축	中 zhù

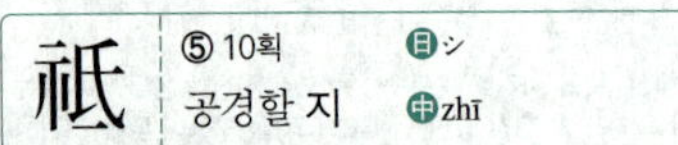

* 회의. 사람이(儿) 신에게(示) 기도를 한다는(口) 데에서 기도가 신비로운 작용을 함을 나타내어 '신에게 빌다', '기도하다'의 뜻으로 쓰임.

풀이 1. 빌다. 기원하다. ¶祝願 2. 하례하다. 축하하다. ¶祝客 3. 축문. ¶祝官 4. 경사. 5. 짜다. 6. 끊다.

祝歌(축가) 축하의 뜻으로 부르는 노래.
祝官(축관) 제사 지낼 때 축문을 읽는 사람.
祝規(축규) 축하함과 훈계함.
祝望(축망) 원하는대로 되기를 빌고 바람.
祝文(축문) 제사 때 신에게 고하는 글.
祝髮(축발) 1)머리를 깎음. 2)머리를 깎고 중이 되는 일.
祝杯(축배) 축하하는 술잔. 또는 그 술.
祝福(축복) 앞날의 행복을 빎.
祝詞(축사) 축하의 말이나 글. 축사(祝辭).
祝手(축수) 두 손을 모으고 빎.
祝壽(축수) 오래 살기를 빎.
祝延(축연) 장수(長壽)를 축하함.
祝宴(축연) 축하 잔치.
祝願(축원) 잘 되기를 빎.
祝融(축융) 1)여름을 맡은 신. 2)불을 맡은 신. 화재.
祝意(축의) 축하의 뜻.
祝儀(축의) 축하하는 의식(儀式). 축전(祝典).
祝日(축일) 축하하는 날.
祝典(축전) 축하하는 의식(儀式).
祝電(축전) 축하하는 전보.
祝祭(축제) 축하하고 제사지냄.
祝天(축천) 하늘을 향하여 빎.
祝砲(축포) 축하하는 뜻을 나타내기 위하여 쏘는 공포.
祝賀宴(축하연) 축하의 뜻으로 여는 잔치.

유 禱(빌 도) 祈(빌 기)

祜	⑤ 10획	日 コ
	복 호	中 hù

풀이 복. 행복. 복이 많다.

祜休(호휴) 하늘이 주는 복.

祣	⑥ 11획	日 リョ
	여제 려	中 lǚ

풀이 여제(祣祭).

祥	⑥ 11획	日 ショウ・さいわい
	상서로울 상	中 xiáng

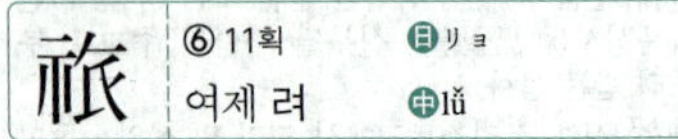

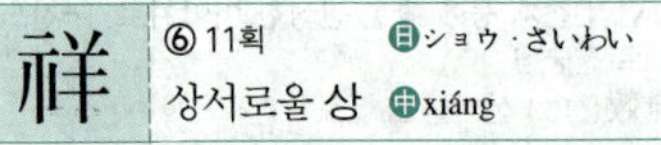

* 형성. 뜻을 나타내는 부수 '示(보일 시)'와 음을 나타내며 '좋다'라는 의미를 지닌 '羊(양 양)'을 합친 글자. 이에 신이 내려 주는 좋은 일, 곧 '상서롭다', '행복'의 뜻으로 쓰임.

풀이 1. 상서롭다. ¶祥光 2. 조짐. ¶祥符 3. 재앙. 4. 제사. ¶大祥 5. 복. 6. 자세하다.

祥慶(상경) 기쁘고 경사스러운 일.
祥光(상광) 상서로운 빛. 서광(瑞光).
祥氣(상기) 좋은 조짐이 되는 기운.
祥符(상부) 좋은 징조. 길조(吉兆).
祥瑞(상서) 길한 일이 있을 조짐.

祥雲(상운) 상서로운 구름. 꽃구름.
祥祉(상지) 1)경사스럽고 상서로움. 2)매우 다행함.
祥和(상화) 1)경사스럽고 화평함. 2)행복.
祥輝(상휘) 상서로운 빛.
發祥(발상) 1)상서로운 조짐이 나타남. 2)역사(歷史)상 큰 의의를 가질 만한 일이 처음으로 나타남.
福祥(복상) 행복과 상서로움.
祥瑞(상서) 경사롭고 길한 징조.
유 瑞(상서 서)

祭 ⑥ 11획 日サイ · まつり
제사 제 中zhài

* 회의. '又(손 우)'와 '月(肉:고기 육)'과 '示(보일 시)'를 합친 글자. 손[又]으로 제단[示]에 고기[肉]를 바친다는 데에서 신과 사람의 접촉, 즉 '제사'의 뜻으로 쓰임.

풀이 1. 제사. 제사 지내다. ¶祭祀 2. 접하다.
祭官(제관) 제사를 맡은 관리.
祭具(제구) 제사 때 쓰는 여러 가지 도구.
祭器(제기) 제사 때 쓰는 그릇.
祭壇(제단) 제사를 지내는 단.
祭犢(제독) 제사 때 희생으로 바치는 송아지.
祭禮(제례) 제사의 절차와 예절.
祭文(제문) 제사 때 신전에서 읽는 글.
祭物(제물) 제사에 쓰이는 음식.
祭服(제복) 제사 때에 입는 옷.
祭祀(제사) 신령에게 음식을 올리고 정성을 표하는 예절.
祭需(제수) 제사에 쓰이는 여러 가지 음식이나 재료.
祭臣(제신) 제사를 모시는 신하.
祭樂(제악) 제사 의식에 연주하는 음악. 제례악.
祭奠(제전) 제물 또는 제사의 총칭.
祭酒(제주) 제사에 쓰이는 술.
祭主(제주) 제사를 주관하는 사람.
祭天(제천) 제왕이 하늘에 제사 지내는 일.
山神祭(산신제) 산신령에게 지내는 제사. 산제사(山祭祀). 산천제.
喪祭(상제) 상례(喪禮)와 제례(祭禮).
비 際(사이 제)

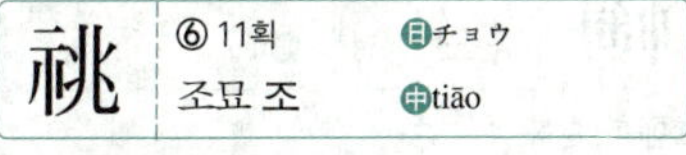

풀이 조묘. 죽은 조상을 합사(合祀)하는 사당.

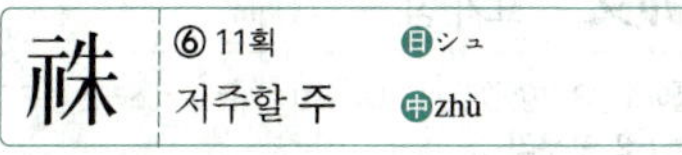

풀이 저주하다. 방자하다.
유 詛(저주할 저)

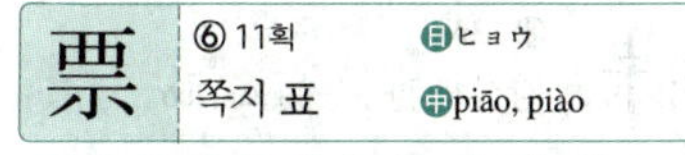

* 회의. '示(보일 시)'와 '要(중요할 요)'의 생략형을 합친 글자. 물건의 중심부[要]가 눈에 잘 보이게[示] 표시하여 둔다는 뜻에서, '쪽지', '표시'의 뜻으로 쓰임.

풀이 1. 쪽지. ¶賣票 2. 불똥. 3. 가볍게 오르는 모양. ¶票然
票決(표결) 투표로 결정함.
票然(표연) 가볍게 올라가는 모양.
票姚(표요) 가볍고 빠른 모양.
記票(기표) 투표 용지에 써 넣음.
賣票(매표) 표를 팖.
投票(투표) 선거 또는 가부(可否)를 결정할 때에 투표용지에 의사를 표시하여 투표함에 넣는 일.
비 標(우듬지 표)

祫 ⑥ 11획 日コウ
합사할 협 中xiá

풀이 합사(合祀)하다.

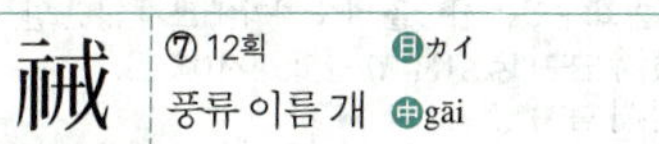

풀이 풍류 이름.

祰 ⑦ 12획 日コ
고유제 고 中gào

풀이 1. 고유제. 조상에게 고하여 지내는 제사. 2. 빌다. 3. 보답하는 제.

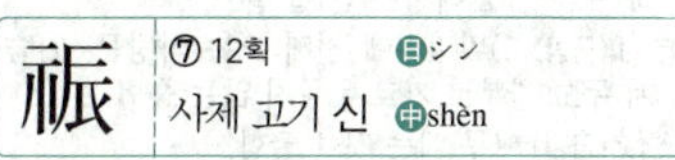

풀이 사제(社祭)에 바치는 날고기.

5 획

⑦ 12획 日シン
요기 침 中jìn

풀이 1. 요기(妖氣). 재앙을 유발시키는 요사스러운 기운. 재앙. 2. 햇무리.

祲兆(침조) 요기(妖氣)의 조짐.
祲息(침식) 재앙(災殃)이 그침.

祼 ⑧ 13획 日カン
강신제 관 中guàn, luǒ

풀이 강신제(降神祭). 울창주(鬱鬯酒)를 땅에 뿌려 강신을 비는 제사.

祼將(관장) 울창주를 땅에 뿌려 제사를 지냄.
祼享(관향) 술을 땅에 붓고 제물을 차려 제사 지냄.

禁 ⑧ 13획 日キン
금할 금 中jìn, jīn

一 十 才 木 木 朩 林 林 林 林 埜 埜 禁 禁

* 형성. 뜻을 나타내는 부수 '示(보일 시)'와 음을 나타내는 '林(수풀 림)'을 합친 글자. 제단(示) 주위에 숲(林)을 만들어 부정한 것이 들어오지 못하도록 '금하는' 것을 나타냄.

풀이 1. 금하다. ¶禁止 2. 꺼리다. 3. 삼가다. 4. 비밀. 5. 대궐. ¶禁內 6. 규칙. 법령. 7. 저주(咀呪). 8. 감옥. ¶禁錮 9. 누르다. 억제하다. 10. 모으다. 11. 위협하다.

禁戒(금계) 나쁜 일을 금하는 계율.
禁固(금고) 벼슬의 길을 막음.
禁錮(금고) 1)죄인을 교도소에 가두어 두고 강제로 노동을 시키지 않는 자유형의 한 가지. 2)죄가 있는 사람을 벼슬 자리에 쓰지 않던 일.
禁溝(금구) 궁성(宮城) 안의 성지(城池).
禁闕(금궐) 궁궐.
禁近(금근) 문학(文學)으로 사관(仕官)하는 신하.
禁內(금내) 대궐의 안. 궐내.
禁斷(금단) 어떤 행동을 금하여 못하게 함.
禁闥(금달) 궁중(宮中). 금내(禁內).
禁令(금령) 못하게 말리는 명령.
禁網(금망) 법망(法網).
禁門(금문) 1)대궐의 문. 2)출입을 금지한 문.
禁物(금물) 1)함부로 사고팔거나 쓰지 못하게 하는 물건. 2)해서는 안 될 일.
禁方(금방) 1)비밀리에 전해 오는 약방문. 2)숨겨 두고 함부로 가르쳐 주지 않는 술법.
禁伐(금벌) 나무 베는 것을 금함.
禁書(금서) 정부가 서적의 간행(刊行)·소장(所藏)을 금하는 일. 또는 그 서적.
禁城(금성) 대궐. 궁성(宮城).
禁壓(금압) 억눌러서 금함.
禁約(금약) 먹지 못하게 하는 약.
禁掖(금액) 대궐. 궁중(宮中).
禁夜(금야) 1)밤에 다니는 것을 금함. 2)밤을 경계함. 야경(夜警).
禁嚴(금엄) 1)엄격하게 금하여 못하게 함. 엄금(嚴禁). 2)대궐. 금중(禁中).
禁煙(금연) 1)담배를 피우지 못하게 함. 2)담배를 끊음.
禁奧(금오) 1)대궐 안의 비밀 장소. 2)임금의 처소. 대궐 안의 내전(內殿).
禁慾(금욕) 욕구나 욕망을 억제하고 금함.
禁苑(금원) 대궐 안에 있는 동산.
禁絶(금절) 못하게 하여 근절함.
禁廷(금정) 대궐. 궁중(宮中). 금내(禁內).
禁酒(금주) 1)술을 마시지 못하게 함. 2)술 마시는 것을 끊음.
禁地(금지) 일반의 출입을 금하는 땅.
禁止(금지) 못하게 함.
禁圃(금포) 대궐 안에 있는 밭.
禁火(금화) 불 피우는 것을 금함. 또는 한식(寒食)에 불 피우는 것을 금하는 일.
監禁(감금) 가두어 속박함.
嚴禁(엄금) 엄하게 금지함. 절대로 못하게 함. 절금(切禁).
解禁(해금) 금지하였던 것을 풀어주고 허용함.

유 忌(꺼릴 기)

祺 ⑧ 13획 日キ
복 기 中qí

풀이 1. 복. 행복. 2. 길조. 3. 편안하다.

祺祥(기상) 행복. 상서(祥瑞)
祺然(기연) 편안하고 근심이 없는 모양.

비 旗(기 기)

禂 ⑧ 13획 日トウ・ドウ
빌 도 中dǎo

풀이 빌다.

禱 ⑧ 13획 日ト・ド
복 도 中táo

풀이 복. 행복.

5획

祿	⑧ 13획	日 ロク
	복 록(녹)	中 lù

* 형성. 뜻을 나타내는 부수 '示(보일 시)'와 음을 나타내며 '선물'의 뜻을 가진 부수 이외의 글자를 합친 글자. 이에 '신의 선물'이란 뜻에서 '행복'의 뜻으로 쓰임.

풀이 1. 복. 행복. ¶天祿 2. 녹봉. 급료. ¶祿米 3. 기록하다.

祿命(녹명) 사람의 운명(運命). 인생의 관록(官祿)과 운명.
祿米(녹미) 녹봉으로 주는 쌀.
祿俸(녹봉) 벼슬아치에게 일 년 단위나 계절 단위로 주던 급료.
祿位(녹위) 녹봉과 직위.
祿邑(녹읍) 1)영지(領地). 채읍(采邑). 2)신라 때 관리들에게 직전(職田)으로 주던 논밭.
祿秩(녹질) 신분에 따라 차등이 있는 녹봉. 질록(秩祿).
貫祿(관록) 몸에 갖추어진 위엄이나 무게.
斗祿(두록) 얼마 안 되는 봉급. 적은 녹봉.
食祿(식록) 1)녹봉(祿俸). 2)녹(祿)을 받아 생활함.
爵祿(작록) 벼슬과 녹봉.
天祿(천록) 하늘이 주는 복록.

유 福(복 복) 비 綠(초록빛 록)

禇	⑧ 13획	日 サ
	납향제 자	中 zhà

풀이 납향(臘享). 납평제(臘平祭)

祽	⑧ 13획	日 スイ
	삭제 쵀	中 zuì

풀이 삭제(朔祭). 왕실에서 초하루마다 조상에게 지내는 제사.

禊	⑨ 14획	日 ケイ
	계제 계	中 xì

* 형성. 뜻을 나타내는 부수 '示(보일 시)'와 음을 나타내는 '契(계약할 계)'를 합친 글자.

풀이 1. 계제(禊祭). 부정(不淨)을 씻기 위한 목욕재계의 행사. 2. 계제를 지내다.

禊事(계사) 계제(禊祭)를 지내는 일. 물가에서 행하는 요사(妖邪)를 떨어버리는 제사.
禊宴(계연) 계제(禊祭) 때의 잔치.

비 契(맺을 계)

禖	⑨ 14획	日 マイ
	매제 매	中 méi

풀이 매제(禖祭). 임금이 아들을 얻으려고 제사 지내는 신.

禖祝(매축) 임금이 아들을 얻으려고 신(神)에게 올리는 글.

福	⑨ 14획	日 フク
	복 복	中 fú

* 형성. 뜻을 나타내는 부수 '示(보일 시)'와 음을 나타내는 부수 이외의 글자를 합친 글자. 음식을 잘 차려 하늘에 제사를 지내 하늘로부터 복을 받는다 하여 '복'의 뜻을 나타냄.

풀이 1. 복. 행복. ¶福慶 2. 복을 내리다. 돕다. ¶福祐 3. 가득차다. 4. 갖추다.

福家(복가) 1)복 많은 집안. 2)길(吉)한 터에 지어진 집.
福謙(복겸) 겸손한 사람에게 복을 줌.
福慶(복경) 행복과 경사.
福券(복권) 제비를 뽑아서 당첨되면 상금이 따르는 표찰.
福堂(복당) 1)행복이 모이는 곳. 2)감옥의 다른 이름.
福德(복덕) 1)복이 많고 덕이 두터움. 2)선행의 보답으로 받는 복리(福利).
福樂(복락) 행복과 즐거움.
福力(복력) 복을 누리는 힘. 행복한 운수.
福祿(복록) 타고난 복과 나라에서 주는 벼슬아치의 녹봉(祿俸). 복되고 영화로운 삶.
福報(복보) 복의 보답.
福壽(복수) 복이 많고 장수함.
福祐(복우) 신의 도움. 신우(神佑).
福田(복전) 밭을 경작하여 곡식을 얻는 일과 같이 부처를 섬기어 복을 받는 일.
福祚(복조) 복. 행복.
福地(복지) 1)행복을 누리며 잘 살 수 있는 땅. 2)신선들이 사는 곳.
福祉(복지) 좋은 건강 · 윤택한 생활 · 안락한 환경들이 이루어져 행복을 누릴 수 있는 상태.
福至心靈(복지심령) 행복이 오면 정신도 영명(靈明)해짐.
景福(경복) 크나큰 복. 경조(景祚)
祈福(기복) 복을 빎.
多福(다복) 복이 많음. 또는 많은 복.

萬福(만복) 많은 복. 백복(百福).
冥福(명복) 죽은 뒤 저승에서 받는 복.
壽福(수복) 오래 사는 일과 복을 누리는 일.
五福(오복) 유교에서 이르는 다섯 가지 복인 수(壽)·부(富)·강녕(康寧)·유호덕(攸好德)·고종명(考終命).
天福(천복) 하늘에서 내려 준 복록.
祝福(축복) 1)남을 위하여 행복하기를 기도함. 2)기뻐하여 축하함. 3)행복.
幸福(행복) 1)복된 운수. 2)마음에 차지 않거나 모자라는 것이 없이 기쁘고 넉넉하고 푸근함.
유 祿(복 록)

禓	⑨ 14획	日シヨウ
	길제사 양·상	中shāng

풀이 1. 길제사. 2. 길귀신.

禕	⑨ 14획	日イ
	아름다울 의	中yī

풀이 1. 아름답다. 2. 진귀하다. 보배롭다.

禋	⑨ 14획	
	제사 지낼	日イン·エン
	인·연	中yīn

풀이 1. 정결히 제사를 지내다. 2. 공경하다.
禋潔(인결) 정결함.
禋祀(1.인사/2.연사) 1)정결히 하고 제사 지냄. 2)천신(天神)을 제사 지냄.

禎	⑨ 14획	日テイ
	상서 정	中zhēn

* 형성. 뜻을 나타내는 부수 '示(보일 시)'와 음을 나타내며 '곧다', '바르다'라는 뜻을 지닌 '貞(곧을 정)'을 합친 글자.

풀이 1. 상서(祥瑞). 상서로운 조짐. 2. 복. 행복. 3. 바르다. 곧다.
禎祺(정기) 행복(幸福). 길상(吉祥).
禎祥(정상) 상서. 길조.
禎瑞(정서) 상서로운 조짐. 상서(祥瑞).

禔	⑨ 14획	日シ·テイ
	복 지·제	中zhī

풀이 1. 복. 행복. 2. 즐거움. 3. 다만.
禔福(지복) 복. 지복(祉福).
禔神(지신) 몸에 복을 받음.

禘	⑨ 14획	
	종묘 제사	日テイ
	이름 체	中dì

풀이 1. 종묘의 제사 이름. 2. 큰 제사.
禘嘗(체상) 임금이 종묘(宗廟)에 햇곡식을 올리는 제사.
禘祫(체협) 임금이 조상의 혼(魂)을 합사(合祀)하는 일.

禍	⑨ 14획	日カ
	재앙 화	中huò

一 二 亍 亓 示 礻 礻 礻 祀 祀 祸 禍 禍 禍

* 형성. 뜻을 나타내는 부수 '示(보일 시)'와 음을 나타내며 '문책'의 의미를 지닌 부수 이외의 글자를 합친 글자. 이에 신의 문책을 나타내어, '재앙', '근심'의 뜻으로 쓰임.

풀이 1. 재앙. 재난. 근심. ¶禍難 2. 재앙을 내리다. 3. 죄. 허물.
禍家餘生(화가여생) 재앙을 입은 집안의 자손.
禍根(화근) 재앙의 근원.
禍機(화기) 재앙이 일어날 조짐.
禍難(화난) 재앙과 환난.
禍變(화변) 매우 심한 재액.
禍福無門(화복무문) 화복(禍福)은 사람이 선한 일을 하고 악한 일을 함에 따라 각기 받는다는 말.
禍福由己(화복유기) 화 또는 복은 모두 자신이 부르는 것임.
禍不單行(화불단행) 재앙은 번번이 겹쳐오게 됨.
禍心(화심) 1)남을 해치려는 마음. 2)재앙의 근원.
禍災(화재) 화난(禍難)과 재액(災厄).
禍從口生(화종구생) 모든 재앙은 입으로부터 나온다는 뜻으로, 말을 삼가고 가려서 해야 함을 이르는 말. 화종구출(禍從口出).
禍泉(화천) 술의 다른 이름.
禍胎(화태) 재앙의 근본이 되는 빌미.
禍害(화해) 재앙. 재난.
禍酷(화혹) 재화(災禍)와 환난(患難).
奇禍(기화) 뜻밖에 당하는 재난.
黃禍(황화) 황색 인종이 번창하여 백인종에게 화를 입히는 일.
凶禍(흉화) 흉악한 재화. 부모의 상사(喪事).

유 殃(재앙 앙) 災(재앙 재)

禡 ⑩ 15획 日バ
마제 마 中mà

풀이 마제(禡祭). 전쟁 때 군법을 처음 만든 사람에게 지내는 제사.

禡牙(마아) 군대의 주둔지에서 제사 지냄.

禡祭(마제) 전쟁 때 진(陣)치는 곳에서 지내는 제사.

⿰礻冥 ⑩ 15획 日ミョウ
복 명 中míng

풀이 복. 행복.

禠 ⑩ 15획 日サ
복 사 中sī

풀이 복. 행복.

禜 ⑩ 15획 日エイ
제사 이름 영 中yǒng

풀이 제사 이름. 재앙을 막는 제사. 금줄을 치고 그 안에서 재앙을 물리치는 제사.

禜禱(영도) 제사 지내어 빎.

禝 ⑩ 15획 日ショク
사람 이름 직 中jì

풀이 사람 이름. 주(周)의 조상.

禛 ⑩ 15획 日シン・ジン
복 받을 진 中zhēn

풀이 복을 받다.

禦 ⑪ 16획 日ゴ
막을 어 中yù

* 형성. 뜻을 나타내는 부수 '示(보일 시)'와 음을 나타내며 '막다'라는 뜻을 지닌 '御(거느릴 어)'를 합친 글자.

풀이 1. 막다. 지키다. 2. 맞서다. 대항하다. ¶防禦 3. 방해. 방어. 4. 당하다. 감당하다. 5. 갖추다. 대비하다. ¶禦冬 6. 강하다. 굳세다. 7. 거스르다. 거역하다. 8. 금하다. 9. 피하다.

禦寇(어구) 공격하여 오는 적을 막음.

禦冬(어동) 겨울 추위를 막음. 또는 그 준비.

禦侮(어모) 1)외부로부터의 모욕을 막아냄. 2)무신(武臣).

禦敵(어적) 외적을 막음.

禦戰(어전) 방어하여 싸움. 방전(防戰).

禦扞(어한) 막음. 방어함.

禦寒(어한) 추위를 막음. 방한(防寒).

防禦(방어) 상대편의 공격을 막음.

備禦(비어) 미리 준비하여 막음.

守禦(수어) 외적(外敵)의 침입을 막음.

유 禦(막을 어)

禨 ⑫ 17획 日キ
조짐 기 中jī, jì

풀이 1. 조짐. 징조. 2. 상서(祥瑞). 3. 빌미.

禨祥(기상) 빌미와 상서. 신이 내리는 화복(禍福).

유 兆(조짐 조)

禫 ⑫ 17획 日タン・ダン
담제 담 中dàn

풀이 담제. 대상(大祥)을 지낸 그 다음 달에 지내는 제사.

禫祭(담제) 대상(大祥)을 지낸 그 다음 달에 지내는 제사.

禪 ⑫ 17획 日ゼン
봉선 선 中shàn, chán

* 형성. 뜻을 나타내는 부수 '示(보일 시)'와 음을 나타내며 '땅을 평평하게 한다'라는 의미를 지닌 '單(홑 단)'을 합친 글자. 이에 땅을 평평하게 닦고(單) 지내는 제사(示)를 나타내어 '봉선'의 뜻으로 쓰임.

풀이 1. 봉선. 산천의 신에게 지내는 제사. 2. 선종. 불교의 한 파. ¶禪家 3. 자리를 물려주다. ¶禪位 4. 바뀌다. 5. 참선. 좌선. 6. 고요하다. 7. 깨달음.

禪家(선가) 1)선종(禪宗). 또는 선종의 절. 2)참선하는 사람.

禪閣(선각) 절. 불당. 선당(禪堂).

禪客(선객) 참선하는 사람. 선가(禪家).

禪那(선나) 불교에서, 마음을 가라앉히고 무념무상(無念無想)의 경지에서 진리를 직관하는 일. 선(禪). 선정(禪定).

禪尼(선니) 불문에 들어간 여자.

禪代(선대) 시대가 바뀜.
禪道(선도) 1)참선(參禪)하는 도. 2)선종(禪宗).
禪林(선림) 선종의 절.
禪味(선미) 1)참선의 오묘한 맛. 2)속세를 벗어난 풍미.
禪房(선방) 참선하는 방.
禪法(선법) 참선하는 법.
禪師(선사) 1)승려. 2)지덕(智德)이 높은 선승(禪僧)에게 내리는 칭호.
禪牀(선상) 좌선을 위해 마련된 자리.
禪讓(선양) 왕이 그 자리를 어질고 덕이 있는 사람에게 넘겨 주는 일.
禪悅(선열) 선정(禪定)의 기쁨.
禪位(선위) 임금의 자리를 물려줌. 양위(讓位).
禪杖(선장) 1)중의 지팡이. 2)참선할 때 조는 중을 때리기 위한 회초리.
禪定(선정) 참선하여 삼매경(三昧境)에 이름.
禪宗(선종) 설법(說法)과 경문에 의지하지 않고 참선을 통해 마음으로 진리를 직관하려는 불교의 한 종파.
封禪(봉선) 고대 중국의 임금이 태산(泰山)에서 흙으로 단을 만들어 하늘에 제사 지내던 일.
入禪(입선) 참선(參禪)하러 염불당에 들어감.
坐禪(좌선) 가부좌(跏趺坐)를 틀고 앉아서 선정(禪定)으로 들어감. 또는 그런 수행.
參禪(참선) 좌선(坐禪)하여 수행함.

유 禪(고요할 선) 靜(고요할 정) 寂(고요할 적)

禧	⑫ 17획	日キ
	복 희	中xǐ

* 형성. 뜻을 나타내는 부수 '示(보일 시)'와 음을 나타내는 '喜(기쁠 희)'를 합친 글자. 이에 신이 주시는 기쁨, 즉 '행복'의 뜻으로 쓰임.

풀이 1. 복. 2. 경사스럽다. 3. 알리다.

유 福(복 복) 祿(복 록)

禮	⑬ 18획	日レイ
	예도 례(예)	中lǐ

一 二 亍 亍 示 示 礻 礻 礻 禮 禮 禮 禮 禮 禮 禮 禮 禮

* 형성. 뜻을 나타내는 부수 '示(보일 시)'와 음을 나타내는 '豊(예 례)'를 합친 글자. '豊'는 신에게 바치기 위해 제사 음식을 가득 차려놓은 모양을 나타냄. 이에 제사를 풍성하게 차려놓고 예의를 다하였다 하여 '예도'의 뜻을 나타냄.

풀이 1. 예도. 예절. ¶禮節 2. 경의를 표하다. ¶禮意 3. 예물. 4. 음식 대접을 하다. 5. 예를 적은 책. ¶禮記

禮家(예가) 예(禮)에 정통한 사람.
禮敬(예경) 부처 앞에 절함.
禮緞(예단) 예폐(禮幣)로 주는 비단.
禮度(예도) 예의와 법도. 예절.
禮命(예명) 초빙하여 관직을 명함.
禮貌(예모) 예절을 지키는 모양. 예의 바르게 사람을 대하는 일. 예용(禮容).
禮文(예문) 1)예경(禮經)의 명문(明文). 2)한 나라의 문명을 나타내는 제도(制度). 문물(文物).
禮物(예물) 1)사례의 뜻으로 주는 물건. 2)신부의 첫인사를 받은 시부모가 답례로 주는 물품. 3)결혼식에서 신랑 신부가 서로 주고 받는 기념품.
禮防(예방) 예(禮)로써 사회의 질서를 유지하고 혼란을 방지함. 또는 예를 지키고 몸을 바르게 가지는 일.
禮訪(예방) 예로써 인사차 방문함.
禮拜(예배) 1)배례. 2)신도가 기도하는 의식.
禮聘(예빙) 1)예를 갖추어서 초빙함. 2)예를 갖추어 아내를 맞이함.
禮謝(예사) 공경하는 뜻으로 사례함.
禮書(예서) 예법에 관한 책.
禮俗(예속) 관혼 상제 등 예부터 행해져 오는 것. 풍속 습관.
禮數(예수) 사회적 신분 · 지위에 따라 각각 다른 예의와 대우.
禮勝則離(예승즉리) 예의가 지나치면 도리어 사이가 멀어짐.
禮式(예식) 1)예법에 다른 의식. 2)결혼식.
禮樂(예악) 예절과 음악. 세상의 질서를 바로잡고 인심(人心)을 화합하게 하는 요소로서 매우 중시되었음.
禮讓(예양) 예의 바르고 겸손한 일.
禮遇(예우) 예로써 정중히 대우함.
禮園(예원) 예를 닦는 곳. 예유(禮囿).
禮律(예율) 예법(禮法)과 형률(刑律).
禮意(예의) 1)경의를 표하는 마음. 2)예(禮)의 정신.
禮儀(예의) 사람 사이의 관계에서 지켜야 하는 존경심의 표현과 삼가야 하는 말과 몸가짐.
禮誼(예의) 사람이 마땅히 지켜야 할 도리.
禮義(예의) 1)예절과 의리(義理). 2)사람이 행하고 지켜야 할 예와 도.
禮裝(예장) 예복을 입고 위의(威儀)를 갖춤.
禮葬(예장) 예의를 갖추어 치르는 장례.
禮狀(예장) 1)사례하는 편지. 2)혼서(婚書).
禮節(예절) 예의에 관한 범절.
禮讚(예찬) 1)존경하고 찬미함. 2)불교에서 예배하고 그 공덕을 기림.

禮帖(예첩) 예물(禮物)을 적은 목록.
禮幣(예폐) 예의를 표하기 위하여 보내는 예물.
禮饗(예향) 예를 갖추어 손님을 대접함.
家禮(가례) 한 집안의 예법.
目禮(목례) 눈짓으로 가볍게 하는 인사. 눈인사.
拜禮(배례) 머리 숙여 절을 함.
常禮(상례) 일상의 예식.
失禮(실례) 언행이 예의에 벗어남. 또는 그런 언행. 결례(缺禮).
典禮(전례) 1)왕실 또는 나라의 의식(儀式). 2) 일정한 의식.
賀禮(하례) 축하의 예식. 하의(賀儀).
婚禮(혼례) 혼인의 의례. 빙례(聘禮).

⑬ 18획 日シュウ
제사 이름 수 中suì

풀이 1. 제사 이름. 2. 신(神)의 이름.

⑬ 18획 日カイ
푸닥거리 회 中guì

풀이 푸닥거리. 재앙을 물리치기 위한 굿.

⑭ 19획 日デイ
아버지 사당 녜 中nǐ, mí

풀이 1. 아버지 사당. 아버지의 신주를 모신 사당. 2. 사당에 모신 아버지. 3. 위패.
禰宮(예궁) 아버지의 신주를 모신 사당.
禰廟(예묘) 아버지의 신주를 모신 사당.
禰祖(예조) 아버지와 조상의 신주를 모신 사당.

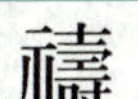
⑭ 19획 日トウ
빌 도 中dǎo

* 형성. 뜻을 나타내는 부수 '示(보일 시)'와 음을 나타내는 '壽(목숨 수→도)'를 합친 글자.

풀이 빌다. 기도하다.
禱福(도복) 복이 내리기를 기도함.
禱祀(도사) 신불에 기도하고 제사 지냄.
禱祠(도사) 도사(禱祀).
禱請(도청) 신불에게 소원이 이루어지기를 기도함.
祈禱(기도) 원하는 것이 이루어지도록 신불에게 빎. 또는 그 의식. 기구(祈求).

유 禱(빌 도) 祈(빌 기) 祝(빌 축)

⑮ 20획 日レイ
여귀 려 中lì

풀이 여귀(禲鬼). 의지할 곳 없어 여기저기 떠돌아다니는 못된 귀신.

⑰ 22획
종묘 제사 日ヤク
이름 약 中yuè

풀이 종묘의 제사 이름. ㉠여름 제사. ㉡봄 제사.

⑰ 22획 日ジョウ
물리칠 양 中ráng

풀이 물리치다.
禳禱(양도) 신에게 제사를 드려 재앙을 물리치고 행복을 비는 일.
禳禬(양회) 재앙을 물리치는 굿. 푸닥거리.

⑲ 24획 日リュウ
제사 이름 류 中lèi

풀이 제사 이름. 군대에 비상 사태가 일어났을 때 하늘에 고하는 제사.

⑲ 24획 日サン・ザン
제사 이름 찬 中zàn

풀이 1. 제사 이름. 2. 신(神)의 공덕을 칭송하다.

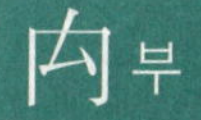

内 부

内 발자국 유 部

'内' 자는 짐승의 발자국 모양을 본뜬 글자로 '짐승 발자국'을 뜻하며, 단독으로 쓰이기보다는 주로 다른 글자의 부수 역할을 한다.

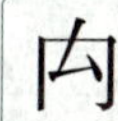
⓪5획 日ジュウ・あしあた
발자국 유 中róu

풀이 발자국. 짐승의 발자국.

비 內(안 내)

禹	④ 9획	日ウ · ゆるむ
	하우씨 우	中yǔ

풀이 1. 우임금. 하우씨(夏禹氏). 하(夏)나라의 시조. 2. 벌레. 3. 돕다. 4. 늘어지다. 느릿느릿하다. ¶禹步

禹步(우보) 느릿느릿한 걸음걸이.

禹行舜趨(우행순추) 겉으로만 우(禹)임금과 순(舜)임금 같은 성인의 흉내를 내고, 학식과 인격은 없음을 이르는 말.

夏禹氏(하우씨) 중국 하나라의 시조인 우(禹)임금을 이르는 말.

禺	④ 9획	日グ · グウ · おながざる
	꼬리 긴 원숭이 우	中yù, yú

풀이 1. 꼬리가 긴 원숭이. 2. 구역. 구별. 3. 일의 실마리가 나타나다.

禺彊(우강) 신(神)의 이름.

禺谷(우곡) 해가 지는 곳. 우연(禺淵).

禺淵(우연) 해가 지는 곳.

禺中(우중) 사시(巳時). 곧 오전(午前) 9시~11시까지의 사이.

비 偶(짝 우)

离	⑥ 11획	日リ · チ · ちりさる
	산신 리	中lí

풀이 1. 산신(山神). 짐승의 모습을 한 산신(山神). 2. 떠나다.

禼	⑦ 12획	日セツ
	사람 이름 설	中xiè

풀이 1. 사람 이름. 2. 벌레.

禽	⑧ 13획	日キン · とり
	날짐승 금	中qín

丿 人 亼 亼 今 今 侌 侌 侌 禽 禽 禽

* 형성. 뜻을 나타내는 부수 '内(짐승 발자국 유)'와 음을 나타내는 '今(이제 금)'을 합친 글자. 모든 짐승(离)을 모두 다 합해서(合) 이르는 말로, 특히 하늘을 나는 '새'를 의미함.

풀이 1. 날짐승. 새. ¶禽鳥 2. 짐승. 조수(鳥獸)의 통칭. ¶禽獸 3. 사로잡다. ¶禽獲 4. 포로.

禽囚(금수) 포로(捕虜).

禽獸(금수) 1)날짐승과 길짐승. 2)행실이 아주 악랄하고 나쁜 사람의 비유.

禽語(금어) 새 지저귀는 소리. 조어(鳥語).

禽翦(금전) 잡아서 베어 죽임.

禽鳥(금조) 날짐승. 새.

禽殄(금진) 사로잡아 죽임. 금진(擒殄).

禽荒(금황) 오로지 사냥만 하러 다님.

禽獲(금획) 사로잡음. 금획(擒獲).

家禽(가금) 닭 · 오리 · 거위 등과 같이 집에서 기르는 날짐승.

鳴禽(명금) 1)고운 소리로 우는 새. 2)연작(燕雀)의 무리에 속하는 새.

仙禽(선금) 1)선계(仙界)에 산다는 신령한 새. 2)두루미의 다른 이름.

夜禽(야금) 부엉이 · 올빼미 등과 같이 낮에는 자고 밤에 활동하는 새. 야조(夜鳥).

유 獸(짐승 수)

禾 부

禾 벼 화 部

'禾' 자는 벼이삭이 늘어진 모양을 본뜬 글자로, '벼'를 나타낸다. 그 밖에 일반적인 '곡물'을 나타내기도 하고, '벼농사를 짓다'는 뜻으로도 사용된다. 이 글자를 부수로 갖는 글자는 곡물의 종류나 곡물의 성질과 관계되는 뜻을 지닌다.

禾	⓪ 5획	
	❶ 벼 화	日カ · いね
	❷ 말 이의 수효 수 韓	中hé

丿 二 千 禾 禾

* 상형. 곡물의 이삭이 축 늘어진 모양을 본뜬 글자.

풀이 1 1. 벼. ¶禾穀 2. 곡물. ¶禾稼 3. 모. 곡물의 줄기. 4. 이삭이 팬 벼. 2 5. 말의 이(齒)의 수효.

禾稼(화가) 곡물.

禾穀(화곡) 벼 종류의 곡식의 총칭.

禾利(화리) 1)논의 경작권(耕作權)을 매매의 대상으로 이르는 말. 2)수확이 예상되는 벼를 매매의 대상으로 일컫는 말.

禾苗(화묘) 벼의 모.

禾黍(화서) 벼와 기장.

5획

禾穗(화수) 벼의 이삭.

禾積(화적) 농가에서 풍년을 기원하는 의미로 정월 열나흗날이나 보름날에 짚으로 둑처럼 만들어 이삭을 싸서 세우는 장대.

禾尺(화척) 버드나무의 수공이나 소 잡는 일을 생업으로 하던 천민. 백정.

麥禾(맥화) 보리와 벼.

嘗禾(상화) 그 해의 햇곡식으로 신에게 제사 지냄.

禿	② 7획 대머리 독	日 トク · はげあたま 中 tū

풀이 1. 대머리. 머리가 벗어지다. 2. 나무가 없는 산. 민둥산. 3. 맨머리. 모자를 쓰지 않다. 4. 모지라지다. 끝이 닳다.

禿頭(독두) 대머리.

禿木(독목) 잎이 다 떨어져 가지가 앙상한 나무.

禿山(독산) 나무가 없는 민둥산.

禿瘡(독창) 머리털이 빠지는 피부병.

禿筆(독필) 1)끝이 닳은 붓. 2)자기 문장(文章)을 겸손하게 이르는 말.

비 秀(빼어날 수)

私	② 7획 사사 사	日 シ · わたし 中 sī

´ 二 千 禾 禾 私 私

* 형성. 뜻을 나타내는 부수 '禾(벼 화)'와 음을 나타내는 '厶(사사 사)'를 합친 글자. 벼(禾)를 소유한(厶) 주인을 나타냄.

풀이 1. 사사(私事). 개인의 일. 2. 사사롭게 하다. 자기 소유로 하다. 자기 마음대로 하다. ¶私家 3. 불공평하다. 4. 간사하다. 사특하다. 5. 간통하다. ¶私通 6. 편애하다. 7. 평상시에 입는 옷. ¶私服 8. 은혜. 9. 자매의 남편. 10. 오줌 누다.

私家(사가) 한 개인의 집. 사삿집.

私感(사감) 사사로운 감정.

私見(사견) 자기 개인의 의견.

私計(사계) 1)사사로운 계획. 2)사사로운 이익을 얻기 위한 계책.

私交(사교) 개인의 사적인 교제.

私企業(사기업) 개인이나 민간 단체의 기업.

私談(사담) 사사로이 하는 말.

私畓(사답) 개인 소유의 논.

私利(사리) 개인의 이익.

私立(사립) 개인이 공익 사업을 설립하여 유지하는 일.

私務(사무) 사사로운 일.

私法(사법) 개인끼리의 권리 · 의무의 관계를 규정한 법률.

私兵(사병) 자기 세력을 키우기 위하여 사사로이 양성한 군사.

私報(사보) 1)개인적으로 알림. 2)사적인 전보.

私服(사복) 평상시에 입는 옷. 평상복.

私費(사비) 개인이 부담하는 비용.

私事(사사) 사사로운 일. 사삿일.

私傷(사상) 사사로운 일로 인한 상처.

私生(사생) 법적인 부부 관계 밖에서 아이가 태어남.

私席(사석) 사사로운 자리.

私設(사설) 개인의 시설.

私淑(사숙) 직접 배우지는 못하지만 그 사람의 학문과 인격을 존경하고 본받아서 학문이나 도(道)를 닦음.

○私淑(사숙)의 유래

맹자(孟子)가 "군자의 은덕은 다섯 세대가 지나면 끊어지고, 소인의 은덕도 다섯 세대가 지나면 끊어진다. 나는 비록 공자의 제자가 되지는 못했지만 공자의 도를 배운 여러 사람들에게서 사숙하였다."라고 말한 데서 유래하였다.

私食(사식) 감옥이나 유치장에 갇힌 사람에게 개인이 들여 주는 음식.

私信(사신) 사사로운 편지.

私心(사심) 1)자기 욕심을 채우려는 마음. 2)개인의 생각.

私語(사어) 드러나지 않게 속삭이는 말. 사사로이 수군거리는 말.

私慾(사욕) 개인의 이익을 차리는 욕심.

私用(사용) 사사로이 씀.

私有(사유) 개인의 소유.

私意(사의) 1)개인의 의견. 2)사사로운 욕심을 채우려는 마음.

私益(사익) 개인의 이익.

私印(사인) 사사로이 쓰이는 도장.

私財(사재) 개인의 재산. 사유 재산.

私邸(사저) 개인의 저택.

私的(사적) 개인에 관계된 것.

私田(사전) 개인 소유의 전지(田地).

私情(사정) 개인적인 감정.

私製(사제) 개인이 만듦.

私債(사채) 개인 사이에 진 빚.

私宅(사택) 개인의 저택.

私土(사토) 개인이 사사로이 가지고 있는 논밭. 사유(私有)의 논밭.

私通(사통) 남녀가 몰래 정을 통하는 것. 남 몰래 무슨 내막을 통하는 것.

私鬪(사투) 이해 관계나 감정 문제로 개인 사이에 사사로이 싸우는 일. 또는 그 싸움.

私慝(사특) 남에게 알려지지 않은 악한 일. 숨기고 있는 악행.
私學(사학) 개인 또는 법인이 세운 학교.
私嫌(사혐) 남에 대한 사사로운 혐의.
반 公(공변될 공)

② 7획 日シュウ·ひいでる
빼어날 수 中xiù

一 二 千 千 禾 秀 秀

* 회의. '禾(벼 화)'와 '乃(이에 내)'를 합친 글자. 벼(禾)의 이삭이 무거워져 아래로 드리워진(乃) 것을 표현한 것으로, '여물다', '빼어나다' 등의 뜻으로 쓰임.

풀이 1. 빼어나다. 뛰어나다. ¶秀麗 2. 꽃 피다. 3. 무성하다. 4. 여물다. 5. 아름답다.

秀傑(수걸) 재주와 기상이 빼어남. 또는 그러한 사람.
秀潔(수결) 빼어나고 깨끗함.
秀句(수구) 빼어난 시구(詩句).
秀氣(수기) 1)뛰어난 경치. 2)순수하고 뛰어난 기질.
秀麗(수려) 빼어나게 아름다움.
秀靈(수령) 재주가 뛰어나고 신묘함.
秀眉(수미) 빼어나게 아름다운 눈썹.
秀美(수미) 빼어나게 아름다움.
秀敏(수민) 빼어나고 민첩함.
秀拔(수발) 남보다 빼어남.
秀峰(수봉) 뛰어나게 높거나 아름다운 산봉우리.
秀士(수사) 뛰어난 인물.
秀色(수색) 산과 들의 빼어난 경치.
秀魚(수어) 숭어.
秀穎(수영) 1)벼·수수 등의 이삭이 잘 여묾. 2)남보다 재능이 빼어남.
秀作(수작) 우수한 작품.
秀才(수재) 학문·재능이 뛰어난 사람.
秀絶(수절) 빼어나게 훌륭함.
秀出(수출) 빼어남. 뛰어남. 수발(秀拔).
秀慧(수혜) 빼어남. 총명함.
비 李(자두 리) 季(계절 계)

秆
③ 8획
稈(p971)과 同字

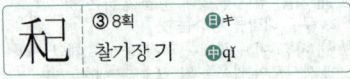

秈
③ 8획 日キ
찰기장 기 中qǐ

풀이 찰기장. 찰기가 있는 기장.

③ 8획
年(p390)의 本字

秉
③ 8획 日ヒョウ
잡을 병 中bǐng

* 회의. '禾(벼 화)'와 '又(손 우)'를 합친 글자. 벼(禾)를 손(又)으로 한 줌 쥐는 것을 나타내어, '잡다'의 뜻으로 쓰임.

풀이 1. 잡다. 손에 쥐다. ¶秉燭 2. 마음으로 지키다. 3. 자루. 4. 볏단.

秉公(병공) 치우침이 없이 두루 공평함.
秉權(병권) 권력을 잡음.
秉鈞(병균) 정권(政權)을 잡음.
秉彝(병이) 인간의 떳떳한 도리를 굳게 지킴.
秉燭(병촉) 1)촛불을 손에 잡음. 2)촛불을 밝힘.
秉燭夜遊(병촉야유) 촛불을 밝히고 밤이 깊도록 놀며 즐김.
秉軸(병축) 정권(政權)을 잡음.
유 執(잡을 집)

秈
③ 8획 日セン
메벼 선 中xiān

풀이 메벼. 끈기가 적은 벼.
秈稻(선도) 메벼. 또는 올벼.

秄
③ 8획 日ウ
벼이삭 우 中yú

풀이 벼의 이삭.

秄
③ 8획 日シ
북돋울 자 中zǐ

풀이 북돋우다. 벼의 뿌리를 북돋우다.
비 秩(차례 질)

杓
③ 8획
이삭 고개 日チョウ
숙일 초 中diǎo

풀이 이삭이 고개를 숙이다. 이삭이 여물어 굽은 모양.

秔 ④ 9획 메벼 갱 日コウ 中jīng

풀이 메벼. 끈기가 적은 벼.

秔稻(갱도) 메벼.
秔稌(갱도) 메벼와 찰벼.

科 ④ 9획 조목 과 日カ 中kē

* 회의. 곡식(禾)을 말(斗)로 헤아리는 것을 나타내어, '품등' · '조목' 등의 뜻으로 쓰임.

풀이 1. 조목. 과목. 사물을 분류한 명목. ¶科目 2. 품등. 등급. 3. 과거(科擧). 4. 법. 법령. 5. 죄. ¶前科 6. 포기. 그루. 초목을 세는 단위. 7. 부과하다. 세금이나 벌을 매기다. 8. 웅덩이. 9. 배우의 동작.

科客(과객) 과거 보러 가는 선비.
科擧(과거) 옛날 중국과 우리나라에서 관리를 채용하기 위해 치르던 시험.
科斷(과단) 법에 견주어 죄를 판정함.
科斗(과두) 올챙이.
科落(과락) 과목 낙제.
科料(과료) 형벌의 하나. 가벼운 범죄에 과하는 벌금형(罰金刑).
科目(과목) 학문의 구분. 또는 교과의 구성 단위.
科試(과시) 과거 시험.
科田(과전) 과전법에 의하여 지위에 따라 관원들에게 지급되던 토지.
科程(과정) 1)학과 과정(課程). 2)과업의 순서나 정도.
科第(과제) 1)과거. 2)과거에 급제함.
科題(과제) 과거 때 내주는 글 제목.
科條(과조) 조목별로 된 법률 · 법령 · 규칙.
科懲(과징) 죄에 비추어 징계함.
科學(과학) 어떤 대상을 정하고 객관적인 방법으로 특수한 현상의 법칙과 원리를 연구하는 활동. 또는 그 내용.
教科(교과) 가르치는 과목.
內科(내과) 내장에 생기는 병을 수술하지 않고 치료하는 의학의 분과.
單科(단과) 1)하나의 과목. 2)하나의 학과나 학부(學部).
百科(백과) 1)여러 가지 학과. 모든 과목. 2)백과사전의 준말.
前科(전과) 전에 저지른 허물.
學科(학과) 1)학문을 전문 분야별로 나누었을 때의 과목. 2)학교 교육에서, 교과의 과목.

비 料(헤아릴 료)

秏 ④ 9획 벼 모 日コウ 中hào

풀이 1. 벼. 2. 덜다. 줄어들다. 3. 어둡다.

秎 ④ 9획 거둘 분 日フン 中fèn

풀이 1. 거두다. 수확하다. 2. 볏단.

秕 ④ 9획 쭉정이 비 日ヒ 中bǐ

풀이 1. 쭉정이. 결실이 안 된 벼 · 보리. 2. 질이 나쁜 쌀. 3. 더럽히다.

秕糠(비강) 1)쭉정이와 겨. 2)쓸모없는 것.
秕政(비정) 국민을 괴롭히는 나쁜 정치.

秖 ④ 9획 마침 지 日シ 中zhī

풀이 1. 마침. 다만. 2. 곡식이 여물기 시작하다.

秒 ④ 9획 ❶시간 단위 초 ❷까끄라기 묘 日ビョウ 中miǎo

* 형성. 뜻을 나타내는 부수 '禾(벼 화)'와 음을 나타내는 '少(적을 소)'를 합친 글자.

풀이 1 1. 시간 단위. 시간 · 각도 · 온도의 단위. 2 2. 까끄라기. 3. 미세하다. 극히 작다.

秒忽(묘홀) 극히 작음.
秒速(초속) 1초 동안에 나아가는 속도.

비 抄(노략질할 초)

秋 ④ 9획 가을 추 日シュウ · あき 中qiū

* 회의. '禾(곡식 화)'와 '火(불 화)'를 합친 글자. 수확이 끝난 후 볏짚(禾)을 모아서 태우는(火) 것을 나타내어, 그 일을 하는 계절인 '가을'의 뜻으로 쓰임.

풀이 1. 가을. ¶秋耕 2. 때. 시기. 3. 해. 세월. 4. 곡

5획

식이 여물다.

秋耕(추경) 가을갈이.

秋高馬肥(추고마비) 가을 하늘은 높으니 말은 살찐다는 뜻으로, 가을의 안락함과 풍요로움을 이르는 말. 천고마비(天高馬肥).

●秋高馬肥(추고마비)의 유래

초당 시인 두심언이 북녘에 있는 친구 소미도가 장안으로 빨리 돌아오길 바라며 지은 시에서 유래한 말이다. '구름은 깨끗한데 요사스런 별이 떨어지고, 가을 하늘이 높으니 변방의 말이 살찌는구나.'

秋穀(추곡) 가을에 거두어 들이는 곡식.

秋氣(추기) 가을의 기운. 가을의 경치.

秋凉(추량) 가을철의 서늘하고 맑은 기운.

秋露(추로) 가을의 이슬.

秋分(추분) 24절기의 16번째. 양력 9월 20일 전후. 밤낮의 길이가 같음.

秋思(추사) 가을철에 느끼는 쓸쓸한 생각.

秋霜(추상) 1)가을의 찬 서리. 2)위엄과 굳은 절개.

秋色(추색) 가을의 경치.

秋夕(추석) 음력 8월 15일. 한가위.

秋扇(추선) 가을 부채라는 뜻으로, 사랑을 잃은 처지를 비유하는 말.

●秋扇(추선)의 유래

한나라 성제의 후궁 반첩여(班婕伃)가 처음에는 성제의 총애를 많이 받았지만, 시간이 흐르면서 성제의 사랑이 조비연(趙飛燕)이라는 후궁에게 옮겨 갔다. 조비연은 성제의 마음이 혹시라도 반첩여에게 되돌아갈 것을 염려하여, 반첩여를 모략하여 옥에 가두게 된다. 뒤에 반첩여의 혐의는 풀렸지만, 그의 처지는 예전과 같지 않았다. 하루는 가을이 되어 쓸모없게 된 부채와 자신의 처지가 같다는 생각이 들어 《원가행(怨歌行)》이라는 시를 쓰게 되는데 이 시에 추선이라는 말이 나온다.

秋聲(추성) 가을철의 쓸쓸한 바람 소리나 낙엽이 지는 소리.

秋收(추수) 가을에 익은 곡식을 거두어 들이는 일. 가을걷이.

秋夜(추야) 가을 밤.

秋陽(추양) 가을 볕.

秋雨(추우) 가을비.

秋雲(추운) 가을 하늘의 구름.

秋月(추월) 가을철. 가을 밤의 밝은 달.

秋日(추일) 가을날.

秋節(추절) 가을철. 중추절(仲秋節).

秋晴(추청) 가을의 맑게 개인 날.

秋波(추파) 1)가을철의 잔잔하고 아름다운 물결. 2)미인의 은근한 눈매.

秋風(추풍) 가을 바람.

秋毫(추호) 가을철 짐승의 털이 썩 가늘다는 뜻에서 아주 조금의 뜻을 나타내는 말.

秋穫(추확) 농작물의 가을걷이.

秋興(추흥) 가을의 흥취.

晩秋(만추) 늦가을.

麥秋(맥추) 익은 보리를 거두어 들이는 일.

盛秋(성추) 가을이 한창인 때.

④ 9획

秋(p967)와 同字

④ 9획 日チュウ

어릴 충 中chóng

풀이 어리다.

유 稚(어릴 치)

⑤ 10획 日キョ

검은 기장 거 中jù

풀이 검은 기장.

秬酒(거주) 검은 기장으로 빚은 술.

秬鬯(거창) 울창주(鬱鬯酒).

⑤ 10획

❶ 돌벼 니 日ニ

❷ 올벼 닐 中ní, lí, nì

풀이 ❶ 1. 돌벼. 자생(自生)한 벼. 2. 밀. ❷ 3. 올벼. 보통의 벼보다 일찍 익는 벼.

⑤ 10획 日マツ

꼴 말 中mò

풀이 1. 꼴. 말을 먹이는 풀. 2. 말을 먹이다.

秣馬(말마) 말을 기름. 또는 그 말.

秣馬利兵(말마이병) 말을 먹이고 도검(刀劍)을 간다는 뜻으로, 전쟁에 나갈 준비를 함을 이르는 말.

秣粟(말속) 말을 먹이는 곡식과 벼.

비 秋(가을 추)

⑤ 10획

검은 기장 日ビ

비 · 부 中pī

풀이 검은 기장.

秘	⑤ 10획 숨길 비	日 ヒ 中 bì

풀이 1. 숨기다. 감추다. 비밀로 하다. 2. 신비하다.
秘訣(비결) 숨겨 두고 혼자만이 쓰는 썩 좋은 방법.
秘計(비계) 남 모르게 꾸민 꾀. 비밀의 계획.
秘密(비밀) 숨겨 남에게 공개하지 않는 일.
秘方(비방) 1)비밀한 방법. 2)비밀로 되어 있는 약의 처방.
秘法(비법) 비방(秘方).
秘事(비사) 비밀의 일.
秘史(비사) 비밀히 감추어 둔 역사.
秘書(비서) 임금의 장서(藏書). 비밀히 간직해 둔 서적.
秘術(비술) 남이 모르는 술법. 비밀의 술법.
秘藥(비약) 비방으로 지은 효력이 뛰어난 약.
秘奧(비오) 비밀하고 심오함.
秘要(비요) 비밀로 하고 있는 요지(要旨).
秘藏(비장) 비밀히 감추어 소중히 간직함.
秘傳(비전) 비밀히 전하여 내려 옴.
秘策(비책) 비밀의 계책.
秘話(비화) 숨은 이야기.
유 隱(숨길 은)

祏	⑤ 10획 섬 석	日 セキ 中 shí

풀이 1. 섬. 10말. 2. 돌.

秧	⑤ 10획 모 앙	日 オウ 中 yāng

풀이 1. 모. 벼. 2. 심다. 재배하다. 3. 무성하다.
秧稻(앙도) 볏모.
秧馬(앙마) 모를 심을 때 걸터 타는 농기구.
秧苗(앙묘) 볏모.
秧揷(앙삽) 모심기.
秧穰(앙양) 벼가 무성한 모양.
秧田(앙전) 못자리.
秧針(앙침) 볏모.
秧板(앙판) 못자리.
移秧(이앙) 모내기.
비 殃(재앙 앙)

秞	⑤ 10획 무성할 유	日 ユ 中 yóu

풀이 1. 무성하다. 2. 나오다.
유 茂(우거질 무) 비 袖(소매 수)

秭	⑤ 10획 양의 이름 자	日 シ 中 zǐ

풀이 1. 양의 이름. 벼 200뭇. 2. 수의 단위. 억(億)의 만 배.

秥	⑤ 10획 벼 점	日 テン・いね 中 nián

풀이 벼.

租	⑤ 10획 ❶구실 조 ❷쌀 저	日 ソ 中 zū

丿 二 千 禾 禾 利 和 和 租 租

*형성. 뜻을 나타내는 부수 '禾(벼 화)'와 음을 나타내는 '且(또 차)'를 합친 글자. 벼(禾)를 쌓아서(且) 나라에 바치는 것을 나타내어, '세금', '쌓다'의 뜻으로 쓰임.

풀이 ❶ 1. 구실. 세금. ¶租賦 2. 쌓다. 3. 빌리다. 세들다. ¶租借 4. 비롯하다. ❷ 5. 싸다. 포장하다.
租課(조과) 세금을 부과함.
租賦(조부) 해마다 바치는 공물(貢物). 논밭에 대한 조세.
租稅(조세) 국가 또는 자치 단체가 필요한 경비를 쓰기 위하여 국민으로부터 받아들이는 돈.
租徭(조요) 조세와 요역(徭役). 세금과 부역(賦役).
租庸調(조용조) 당대(唐代)의 세 가지 징세법. 조(租)는 곡식으로 거두는 세, 용(庸)은 노역의 의무, 조(調)는 현물이나 특산물로 거두는 세.
租賃(조임) 땅을 빌려 쓰고 무는 값.
租入(조입) 공물 : 조세 등을 받아들임.
租借(조차) 한 나라가 다른 나라의 땅의 일부를 세내어 일정 기간 사용권과 통치권을 행하는 일.
비 祖(조상 조)

秦	⑤ 10획 진나라 진	日 シン 中 qín

풀이 1. 진나라. ㉠주나라의 제후국. ㉡동진(東晉) 시대 부건

(苻建)이 세운 나라. ⓒ동진(東晋) 시대 걸복건귀(乞伏乾歸)이 세운 나라. 2. 벼 이름.

秦鏡(진경) 진시황(秦始皇)의 궁중에 있던 거울. 사람의 내심(內心)을 비쳤다고 함.

秦聲(진성) 진나라의 음악.

秦越(진월) 1)춘추 시대의 진(秦)나라와 월(越)나라. 2)사물이 확연하게 다름을 비유하여 이르는 말.

秦篆(진전) 진나라 때 이사(李斯)가 주문(籀文)을 생략하여 간편하게 한 전자(篆字).

秦庭之哭(진정지곡) 남에게 원조를 구함. 춘추 때 초(楚)의 신포서(申包胥)가 진(秦)에 가서 원군(援軍)을 청하여 7일 동안 곡을 하여 마침내 원군을 얻었다는 고사에서 온 말.

秦火(진화) 진시황이 제자백가(諸子百家)의 전적(典籍)을 불사른 일.

비 泰(클 태)

秩	⑤ 10획	日チツ
	차례 질	中zhì

*형성. 뜻을 나타내는 부수 '禾(벼 화)'와 음을 나타내며 '쌓다'의 뜻을 가진 '失(잃을 실)'을 합친 글자. 곡식을 쌓는데 순서가 있는 것이라 하여 '질서'의 뜻을 나타내며, 바뀌어 '순서', '차례'의 뜻이 됨.

풀이 1. 차례. 질서. ¶秩序 2. 쌓다. 3. 녹봉. ¶秩祿 4. 정돈하다. 5. 항상. 6. 벼슬. 관직. 7. 10년.

秩高(질고) 벼슬 혹은 녹봉이 높음.

秩祿(질록) 녹봉(祿俸).

秩滿(질만) 관직에서 일정한 임기가 참.

秩米(질미) 녹봉으로 주는 쌀.

秩卑(질비) 벼슬 혹은 녹봉이 낮음.

秩敍(질서) 서열에 따라 녹봉을 받음. 차례가 잘 잡혀있음.

秩序(질서) 사물의 조리나 순서.

秩宗(질종) 1)제사를 지내는 일을 맡은 벼슬. 예관(禮官). 2)예부(禮部)의 다른 이름.

秩秩(질질) 1)공경하고 조심하는 모양. 2)맑은 모양. 3)질서 정연한 모양. 4)정숙한 모양. 5)물이 흐르는 모양.

秩次(질차) 차례. 순서.

유 序(차례 서)

秫	⑤ 10획	日シュツ・もちあわ
	차조 출	中shú

풀이 1. 차조. 찰기가 있는 조의 한 가지. 2. 찹쌀. 3. 찰수수.

秫穀(출곡) 찹쌀. 찰벼.

秫稻(출도) 차조와 벼.

秤	⑤ 10획	日ヒョウ・ビン・はかり
	저울 칭	中chèn, chēng, chèng

*형성. 뜻을 나타내는 부수 '禾(벼 화)'와 음을 나타내며 벼를 손에 잡는다는 의미를 지닌 '平(평평할 평)'을 합친 글자. 이에 벼의 묶음을 손에 잡고 '세다'의 뜻으로 쓰임.

풀이 저울. 무게를 다는 기구.

秤竿(칭간) 저울대.

秤量(칭량) 저울로 무게를 닮.

秤薪而爨(칭신이찬) 땔나무를 저울에 달아서 땐다는 뜻으로, 사소한 일에 정신을 기울인 나머지 큰 일을 이루지 못함을 비유하는 말.

유 衡(저울대 형)

称	⑤ 10획
	稱(p976)의 俗字

称	⑤ 10획
	稱(p976)의 俗字

秸	⑥ 11획	日キツ
	볏짚 갈	中jiē

풀이 볏짚.

秱	⑥ 11획	日トウ
	벼 무성할 동	中tóng

풀이 벼가 무성하다.

移	⑥ 11획	日イ・うつす
	옮길 이	中yí

*형성. 뜻을 나타내는 부수 '禾(벼 화)'와 음을 나타내는 '多(많을 다)'를 합친 글자. 곡식이 자라서 넘실넘실 물결치는 모양을 나타내어, '자라다', '옮기는 일'의 뜻을 나타냄.

풀이 1. 옮기다. 이동하다. ¶移動 2. 변하다. 3. 옮겨 심다. 모내기하다. 4. 바꾸다. 5. 베풀다. 6. 전하다.

移居(이거) 이주(移住).

移管(이관) 관할을 바꿈.

移動(이동) 물체가 옮기어 움직임.
移來(이래) 옮겨 옴.
移牧(이목) 양을 계절에 따라 목초가 많이 난 곳으로 옮겨 다니며 기르는 일.
移文(이문) 여러 사람이 돌려 볼 수 있도록 쓴 글.
移民(이민) 1)백성의 구제를 위해 풍흉에 따라 주민을 다른 지방으로 옮기던 것. 2)자기 나라를 떠나 외국 영토에 이주하는 것. 또는 이주하는 사람.
移病(이병) 병을 핑계하여 관직을 그만둠.
移步(이보) 걸음을 옮김.
移徙(이사) 살림하는 곳을 다른 데로 옮김. 이가(移家). 이전(移轉).
移送(이송) 1)옮겨 보냄. 2)소송 또는 행정의 절차에 있어서 사건의 처리를 어떤 관청에서 다른 관청으로 옮기는 것.
移植(이식) 옮겨 심음.
移秧(이앙) 모를 옮김. 모내기.
移讓(이양) 남에게 옮기어 넘겨 줌.
移寓(이우) 다른 데로 옮겨 가서 몸을 붙이고 삶.
移越(이월) 한 회계 연도의 순손익금 및 잔금을 다음 기(期)로 옮겨 넘김.
移任(이임) 전임(轉任).
移入(이입) 옮겨 들여옴. 세법상(稅法上) 한 나라 안의 어떤 지역에서 딴 지역으로부터 화물을 들여옴.
移作(이작) 논밭의 작인(作人)을 바꿈.
移葬(이장) 무덤을 옮김.
移籍(이적) 1)혼인 · 양자 등의 경우에 있어서 호적을 옮김. 2)운동선수 등이 소속을 다른 팀으로 옮김.
移轉(이전) 장소 · 주소를 옮김.
移種(이종) 모종을 옮겨 심음.
移住(이주) 사는 곳을 옮김.
移職(이직) 직업을 옮김.
移牒(이첩) 받은 통첩을 다음 관아로 돌림.
移替(이체) 서로 갈리고 바뀜.
移築(이축) 옮겨 짓거나 쌓음.
移出(이출) 생산품을 그 영토 안의 다른 지방에 보내는 일.
移行(이행) 다른 상태로 옮아감.

유 動(움직일 동)

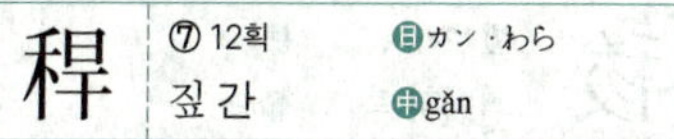
稈 ⑦ 12획 日カン · わら
짚 간 中gǎn

풀이 짚.

稉 ⑦ 12획
秔(p967)과 同字

稩 ⑦ 12획 日ゲン
보릿짚 견 中juān

풀이 1. 보릿짚. 2. 볏짚.

秸 ⑦ 12획 日コク
벼 익을 곡 中kù

풀이 벼가 익다.

稇 ⑦ 12획 日コン
곡식 익을 곤 中kǔn

풀이 1. 곡식이 익다. 여물다. 2. 다발로 묶다.

稌 ⑦ 12획 日ジョ
찰벼 도 中tú

풀이 1. 찰벼. 찰기가 있는 벼. 2. 메벼. 찰기가 없는 메진 벼.

비 秩(차례 질)

稂 ⑦ 12획 日ロウ
강아지풀 랑(낭) 中láng

풀이 강아지풀.

稂莠(낭유) 논에 자라나서 벼에 해가 되는 잡초. 가라지.

稆 ⑦ 12획
穭(p981)와 同字

稃 ⑦ 12획 日フ
벼 겉겨 부 中fū

풀이 벼의 겉겨.

稨 ⑦ 12획 日ブ
벼 쌓을 부 中fù

풀이 1. 벼를 쌓다. 볏가리를 쌓다. 2. 벼를 베다.

5획

稅	⑦ 12획 ❶세금 세 日ゼイ·みつぎ ❷벗을 탈 中shuì ❷기쁠 열

丶 二 千 禾 禾 禾' 禾'' 禾'' 秒 秒 秒 稅

*형성. 뜻을 나타내는 부수 '禾(벼 화)'와 음을 나타내는 '兌(기쁠 태)'를 합친 글자. 국가의 재정을 위해서 백성들이 농사지은 벼[禾]를 기쁘게[兌] 내는 '세금'을 나타냄.

풀이 ❶ 1. 세금. 구실. ¶稅金 2. 징수하다. 거두다. ¶稅斂 3. 놓다. 4. 보내다. 5. 풀다. ❷ 6. 벗다. ❸ 7. 기뻐하다.

稅駕(세가) 1)수레에 맨 말을 풀어 놓음. 2)사람이 정착하는 곳 또는 나그네가 잠시 쉼.
稅榷(세각) 백성의 매매에 간섭하여 세금을 받아서 이익을 독점하는 일.
稅穀(세곡) 조세로 바치는 곡.
稅關(세관) 비행장·항만(港灣)·국경 지대에서 수출입 화물의 검열이나 관세 징수 등에 관한 사무를 맡아보는 관청.
稅金(세금) 조세로 바치는 돈.
稅納(세납) 납세(納稅).
稅斂(세렴) 1)세금·공물(貢物)을 거두어들임. 2)상인의 영업과 운송품에 과하는 조세(租稅).
稅吏(세리) 세무 행정에 종사하는 관리.
稅率(세율) 과세의 비율.
稅目(세목) 조세의 종목.
稅務(세무) 세금을 부과하고 징수하는 데에 대한 사무.
稅米(세미) 조세로 바치는 쌀.
稅法(세법) 세금의 부과·징수에 관한 법률.
稅額(세액) 세금의 금액.
稅源(세원) 세금을 부과하는 데에 기준이 되는 근원으로서의 소득과 재산.
稅入(세입) 세금으로 받아들인 돈.
稅制(세제) 세무 관계의 제도.
稅則(세칙) 조세의 부과·징수에 관한 규칙.
稅冕(탈면) 관(冠)을 벗음.

비 帨(수건 세)

程	⑦ 12획 日テイ·ほど 단위 정 中chéng

丶 二 千 禾 禾 禾' 秄 秄 秄 程 程 程

*형성. 뜻을 나타내는 부수 '禾(벼 화)'와 음을 나타내며 곧게 자란다는 의미를 지닌 '呈(드릴 정)'을 합친 글자. 이에 곡식이 고루 자라는 것을 나타내며, 바뀌어 '표준', '법칙'의 뜻으로 쓰임.

풀이 1. 단위. 길이의 단위. ¶程里 2. 정도. 한도. ¶程度 3. 법. 4. 본받다. 5. 계량기. 6. 헤아리다. 7. 나누어주다. 8. 길. 9. 보이다.

程度(정도) 1)알맞은 한도. 2)얼마의 분량. 3)우열(優劣)의 수준.
程里(정리) 길의 거리.
程文(정문) 과거 볼 때에 쓰던 일정한 법식의 문장.
程門四先生(정문사선생) 송(宋)의 정호(程顥)의 문인인 여대림(呂大臨)·사양좌(謝良佐)·유작(游酢)·양시(楊時)의 네 사람을 이르는 말.
程門立雪(정문입설) 제자가 스승을 지극히 받듦.
程子(정자) 송(宋)나라의 정호(程顥) 또는 정이(程頤)의 존칭.
程朱學(정주학) 중국 송나라 때의 학자 정호(程顥)·정이(程頤) 형제와 주희(朱熹)의 학설. 송학(宋學)의 주요 부분을 이룸. 성리학(性理學).
程限(정한) 한도. 정도(程度).

稊	⑦ 12획 日テイ 돌피 제 中tí

풀이 1. 돌피. 피의 일종. 2. 싹.

稊秕(제비) 1)돌피와 쭉정이. 2)쓸모가 없는 것.

稍	⑦ 12획 ❶점점 초 日ショウ ❷구실 소 中shāo, shào

*형성. 뜻을 나타내는 부수 '禾(벼 화)'와 음을 나타내는 '肖(닮을 초)'를 합친 글자.

풀이 ❶ 1. 점점. 2. 벼의 줄기 끝. 3. 작다. ¶稍稍 4. 녹봉. ❷ 5. 구실. 6. 다하다.

稍事(초사) 일상에 늘 있는 사소한 일.
稍食(초식) 녹봉으로 받는 쌀.
稍遠(초원) 조금 멂.
稍蠶食之(초잠식지) 누에가 뽕잎을 먹듯이 점차적으로 조금씩 먹어 들어가거나 침략해 감.
稍稍(초초) 1)조금. 2)점점. 차츰차츰.
稍解(초해) 1)겨우 앎. 2)글의 뜻을 조금 파악함.

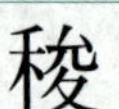	⑦ 12획 日ソク 빽빽할 측 中zè

풀이 빽빽하다. 벼가 빽빽한 모양.

5획

稀 ⑦ 12획 日キ
드물 희 中xī

* 형성. 뜻을 나타내는 부수 '禾(벼 화)'와 음을 나타내며 적다는 의미를 지닌 '希(바랄 희)'를 합친 글자. 이에 벼가 적다는 데에서 '드물다'의 뜻으로 쓰임.

풀이 1. 드물다. 성기다. 2. 적다. 3. 묽다.

稀曠(희광) 적어서 빈 것 같음.
稀怪(희괴) 매우 드물고 괴이함.
稀覯(희구) 드물게 보임. 희귀함.
稀貴(희귀) 매우 드묾.
稀年(희년) 70세.
稀代(희대) 세상에 드묾. 희세(稀世).
稀微(희미) 어렴풋함. 아리송함.
稀薄(희박) 1)일이 될 가망이 적음. 2)기체 또는 액체가 묽음. 3)성김. 듬성듬성 있는 모양.
稀書(희서) 희귀한 서적.
稀釋(희석) 용액에 물이나 용매를 타서 농도를 묽게 함.
稀世(희세) 세상에 드묾.
稀少(희소) 드묾. 적음.
稀疎(희소) 사이가 성김. 듬성듬성함.
稀壽(희수) 77세.
稀稠(희조) 성김과 촘촘함.
稀種(희종) 드물어서 구하기 어려운 종류.
稀罕(희한) 흔하지 않고 썩 드묾.

비 希(바랄 희) 晞(마를 희)

稆 ⑧ 13획 日キョ
찰기장 거 中jū

풀이 찰기장. 오곡(五穀)의 하나.

稒 ⑧ 13획 日コ
고을 이름 고 中gù

풀이 고을 이름.

稇 ⑧ 13획
❶ 묶을 곤 日コン·キン
❷ 찰 균 中kǔn

풀이 ❶ 1. 묶다. 다발로 묶다. 2. 성숙하다. ❷ 3. 차다. 가득 차다.

稇載(균재) 짐을 가득 실음.

稑 ⑧ 13획 日コウ
볏짚 공 中kōng

풀이 볏짚.

稞 ⑧ 13획 日カ
보리 과 中kē

풀이 1. 보리. 2. 알곡식. 둥글고 알이 굵은 곡식.

비 課(매길 과)

稵 ⑧ 13획 日ケン
가까울 권 中quǎn

풀이 가깝다. 벼 포기가 서로 가깝다.

稘 ⑧ 13획 日キ
일주년 기 中jī

풀이 1. 일주년. 돌. 2. 볏짚. 벼의 줄기. 3. 콩줄기.

비 祺(복 기)

稤 ⑧ 13획 日リ
보리 래·리 中lái

풀이 1. 보리. 2. 밀.

稑 ⑧ 13획 日リク
올벼 륙 中lù

풀이 올벼. 제일 빨리 익은 벼.

稜 ⑧ 13획 日リョウ
모 릉(능) 中léng, líng

풀이 1. 모. 모서리. 2. 서슬. 위엄. 3. 논두렁. 밭이랑.

稜角(능각) 면과 면이 만나는 뾰족한 모서리.
稜線(능선) 산이나 언덕 등이 길게 이어진 마루. 또는 그 선.
稜岸(능안) 풍채가 훤칠하고 늠름함.
稜威(능위) 존엄한 위엄.
稜疊(능첩) 뾰족한 바위나 산봉우리 등이 겹친 모양.
稜層(능층) 1)뾰족한 모서리. 2)산이 높고 험한 모양. 3)용모가 빼빼하고 활기찬 모양.

5획

稤	⑧ 13획
	궁 소임 숙韓

풀이 궁중의 소임.

稤宮(숙궁) 각 궁(宮)의 사무를 맡은 사람.

稏	⑧ 13획	日ア
	벼 이름 아	中yà

풀이 벼 이름.

稖	⑧ 13획	
	❶향기로울 암	日アン
	❷쭉정이 엄	中ǎn, yǎn, yè

풀이 1. 향기. 향내. 2. 벼 싹이 아름답다. 3. 밭에 씨 뿌리다. 4. 벼 쭉정이.

유 香(향기 향)

稔	⑧ 13획	日ネン·ジン
	익을 임	中rěn

* 형성. 뜻을 나타내는 부수 '禾(벼 화)'와 음을 나타내는 '念(생각 념)'을 합친 글자.

풀이 1. 익다. 곡식이 여물다. ¶稔聞 2. 쌓다. 쌓이다. ¶稔惡 3. 해. 1년간. 곡식이 한 번 익는 기간.

稔年(임년) 곡식이 잘 익어 풍성한 해. 풍년.
稔聞(임문) 익히 들음.
稔熟(임숙) 곡식이 잘 여묾.
稔惡(임악) 나쁜 일을 쌓음. 또는 쌓인 나쁜 일.
稔知(임지) 충분히 이해하여 앎. 숙지(熟知).

稠	⑧ 13획	日チュウ
	빽빽할 조	中chóu

* 형성. 뜻을 나타내는 부수 '禾(벼 화)'와 음을 나타내는 '周(두루 주)'를 합친 글자.

풀이 1. 빽빽하다. 많다. ¶稠密 2. 고르다. 조화되다. 3. 풍성하다. 4. 움직이다. 동요하는 모양.

稠密(조밀) 빽빽하게 모여 많음.
稠人廣衆(조인광중) 빽빽하게 많이 모인 사람. 군중(群衆).
稠雜(조잡) 빽빽하고 복잡함.
稠適(조적) 조화(調和)되고 화합(和合)함.
稠疊(조첩) 빽빽하게 중첩됨.
稠濁(조탁) 알갱이나 이물질 등이 너무 많아서 흐림.

유 密(빽빽할 밀)

稡	⑧ 13획	
	❶벼 이삭	日スイ
	곧을 졸	中zuì, zú
	❷모을 췌	

풀이 1 1. 벼 이삭이 곧다. 벼이삭이 익지 않아 꼿꼿이 선 모양. 2. 강아지풀. 가라지. 2 3. 모으다. 4. 쭉정이. 벼에 알맹이가 없는 것.

稕	⑧ 13획	日ジュン
	짚단 준	中zhùn

풀이 짚단.

稙	⑧ 13획	日チョク
	올벼 직	中zhī

풀이 1. 올벼. 일찍 심은 벼. 2. 이르다.

稙穉(직치) 일찍 심은 곡식과 나중 심은 곡식.
稙禾(직화) 일찍 심은 벼.

비 植(심을 식)

稚	⑧ 13획	日チ
	어릴 치	中zhì

* 회의. '禾(벼 화)'와 '작다'의 뜻을 가진 '隹(새 추)'를 합친 글자. 작은(隹) 벼(禾)라는 의미에서 '어리다'의 뜻으로 쓰임.

풀이 1. 어리다. ¶稚木 2. 어린 벼. 작은 벼. 3. 늦되다. 벼가 늦게 익다.

稚稼(치가) 늦게 심은 벼.
稚氣(치기) 어리고 유치한 기분이나 감정.
稚木(치목) 어린 나무.
稚筍(치순) 어린 죽순.
稚弱(치약) 체질이 약한 어린 아이.
稚魚(치어) 알에서 나온지 얼마 안 되는 어린 물고기.
稚子(치자) 1)어린 자식. 어린애. 2)죽순(竹筍)의 다른 이름.
稚戱(치희) 1)어리석은 장난. 2)어린아이의 장난.

비 維(바 유) 雅(우아할 아)

稵	⑧ 13획	日チ
	벼 마를 치	中zī

5획

풀이 1. 벼가 마르다. 2. 밭을 갈다.

稗	⑧ 13획 피 패	日ハイ 中bài

* 형성. 뜻을 나타내는 부수 '禾(벼 화)'와 음을 나타내는 '卑(낮을 비)'를 합친 글자.

풀이 1. 피. 화본과에 속하는 일년초. 또는 그 열매. 2. 잘다. 작다.

稗官(패관) 1)옛날에 임금이 민간의 풍속이나 정서를 알려고 떠도는 이야기들을 모아 기록하게 한 벼슬아치. 2)이야기를 짓는 사람.

稗史(패사) 사관이 아닌 사람이 이야기 모양으로 쓴 역사 기록. 야사(野史).

稗沙門(패사문) 파계(破戒)한 중.

稗說(패설) 1)민간에 떠도는 전설적 · 교훈적 · 세속적인 이야기들. 2)패관소설(稗官小說)의 준말.

稟	⑧ 13획 ❶ 줄 품 ❷ 곳집 름	日ヒン · リン 中bǐng

풀이 ❶ 1. 곳집. ❷ 2. 주다. 내려 주다. ¶稟슈 3. 녹. 녹미. 4. 받다. 명령 등을 받다. 5. 바탕. 타고난 성품. ¶稟命 6. 삼가다. 7. 아뢰다. 여쭈다. ¶稟議

稟決(품결) 웃어른이나 상사에게 여쭈어 체결함.

稟告(품고) 웃어른이나 상사에게 알림. 품신(稟申). 품달(稟達).

稟命(품명) 1)상관의 명령을 받음. 2)타고난 성품. 천성(天性).

稟目(품목) 상관에게 여쭙는 글.

稟性(품성) 타고난 성품. 품부(稟賦).

稟承(품승) 상관의 명령을 받음.

稟申(품신) 아뢺.

稟議(품의) 웃어른이나 상관에게 여쭈어 의논함.

稟才(품재) 타고난 재주.

稟定(품정) 여쭈어 의논하여 결정함.

稟旨(품지) 임금께 아뢰어 받는 명령.

稟質(품질) 품성.

稟處(품처) 여쭈어 의논하여 처리함.

稟形(품형) 타고난 체질.

稘	⑨ 14획 긴 이삭 기	日キ 中jì

풀이 1. 긴 이삭. 2. 벼가 자라다.

稬	⑨ 14획 찰벼 나	日ナ 中nuò

풀이 1. 찰벼. 찰기가 많은 벼. 2. 벼.

稫	⑨ 14획 벼촘촘히날벽	日ヘキ 中pì

풀이 벼가 촘촘하게 나다.

稰	⑨ 14획 거둘 서	日セイ 中xū, xǔ

풀이 1. 거두다. 잘 여문 곡식을 거두어들이다. 2. 곡식의 알갱이가 떨어지는 모양.

稧	⑨ 14획 ❶ 벼 계 ❷ 볏짚 설	日セツ 中qiè, xì

풀이 1. 벼. 벤 벼. 2. 볏짚. 벼의 줄기.

種	⑨ 14획 씨 종	日シュ · たね 中zhǒng, zhòng

* 형성. 뜻을 나타내는 부수 '禾(벼 화)'와 음을 나타내는 '重(무거울 중)'을 합친 글자. 곡식[禾]을 얻기 위해 그 씨를 심는 것을 나타내어, '씨'의 뜻으로 쓰임.

풀이 1. 씨. ¶種子 2. 혈통. 3. 근본. 원인. 4. 부족(部族). 5. 종류. ¶種目 6. 종기. 부스럼. 7. 심다. ¶種樹 8. 뿌리다. 9. 펴다.

種穀(종곡) 씨앗으로 쓸 곡식.

種瓜得瓜(종과득과) 오이를 심으면 오이를 얻게 된다는 뜻으로, 모든 일에는 인과 관계가 있음을 비유하는 말.

種德(종덕) 은덕을 행함.

種落(종락) 같은 민족이 모여 사는 곳. 부락(部落).

種卵(종란) 씨알.

種類(종류) 물건의 각각 부분을 따라서 나눌 수가 있는 갈래.

種目(종목) 1)여러 종류의 항목. 2)증권시장에서 거래의 대상이 되는 유가증권의 총칭.

種苗(종묘) 씨나 싹을 심어서 모종이나 묘목 등을 가꿈.

種別(종별) 종류에 의한 구별.

種樹(종수) 1)나무를 심음. 2)농업. 또는 원예

(園藝)

種藝(종예) 초목이나 곡식을 심어 가꿈.

種玉(종옥) 구슬을 심는다는 뜻으로, 아름다운 여인을 아내로 맞이함을 이르는 말.

○種玉(종옥)의 유래

한(漢)나라 때, 효성이 지극한 양공옹백(楊公雍伯)은 부모님이 돌아가시자 무종산(無終山)에다 장사를 치렀다. 그런데 그 산은 높고 물이 없었다. 그는 그곳에 우물을 파 지나가는 사람들이 물을 마시게 하였다. 어느 날, 한 나그네가 물을 마신 후, 돌 하나를 양공옹백에게 주며, "이것을 심으면 아름다운 옥이 될 것입니다. 그러면 당신은 그것으로 아름다운 아내를 얻게 될 것입니다."라고 하였다. 그로부터 수년 후, 양공옹백은 북평(北平)의 서씨(徐氏)의 딸을 자기의 아내로 맞고 싶었다. 서씨는 백옥 한 쌍을 가져오면 딸을 주겠다고 하였다. 이에 그는 예전에 돌을 심어 놓았던 곳으로 가보니 그 돌은 어느새 백옥 다섯 쌍이 되어 있었고, 그는 아내를 얻었다. 《수신기(搜神記)》

種子(종자) 1)씨 또는 씨앗. 2)사물의 원인. 3)사람의 혈통이나 자손을 낮추어 이르는 말.

種族(종족) 1)같은 종류에 딸려 있는 온갖 생물의 겨레. 2)같은 조상·언어·문화 등을 가지는 사회 집단.

種種(종종) 1)머리카락이 짧은 모양. 2)여러 가지. 3)조심스러운 모양.

種齒(종치) 잇몸에 이를 심음. 또는 만들어 넣은 이. 의치(義齒).

種播(종파) 씨뿌리기.

種核(종핵) 씨앗의 알맹이.

비 重(무거울 중)

稯	⑨ 14획 새 종	日ソウ 中zōng, zǒng

풀이 1. 새. 베 80올. 2. 볏단.

穐	⑨ 14획 벼 여물 추	日スイ 中jiù

풀이 1. 벼가 익다. 2. 조세(租稅). 구실.

稱	⑨ 14획 일컬을 칭	日ショウ 中chèn, chēng

ˊ 二 千 千 禾 禾' 禾 ̄ 秆 秆 秤 稍 稱 稱 稱

* 형성. 뜻을 나타내는 부수 '禾(벼 화)'와 음을 나타내며 양손에 같이 물건을 드는 뜻을 가진 부수 이외의 글자를 합친 글자. 이에 벼를 양손으로 들고 무게를 다는 것을 나타내어, '달다', '저울질하다'의 뜻으로 쓰임. 바뀌어, '일컫다'의 뜻으로도 쓰임.

풀이 1. 일컫다. 부르다. 말하다. ¶稱辭 2. 칭찬하다. ¶稱讚 3. 저울질하다. 달다. 저울. ¶稱量 4. 명성. 명예. 5. 들다. 들어 올리다. 6. 일으키다. 7. 행하다. 8. 쓰다. 등용하다. ¶稱擧 9. 드러내다. 10. 알맞다. 어울리다. 일치하다. ¶稱意

稱擧(칭거) 등용함.

稱慶(칭경) 경사를 치름.

稱貸(칭대) 이자를 받고 돈이나 물건을 빌려줌.

稱德(칭덕) 1)덕을 밝혀 칭송함. 덕을 기림. 2)사람의 도리를 밝혀 행함.

稱道(칭도) 입으로 늘 칭송함.

稱量(칭량) 1)저울로 닮. 2)사정이나 형편을 헤아림.

稱慕(칭모) 칭송하고 사모함.

稱病(칭병) 병이 있다고 핑계를 댐.

稱兵(칭병) 군사를 일으킴.

稱辭(칭사) 칭찬하여 일컫는 말. 찬사(讚辭).

稱善(칭선) 1)선행을 칭찬함. 2)칭찬하여 좋게 여김.

稱頌(칭송) 공덕을 칭찬하여 기림. 또는 그 말.

稱首(칭수) 동아리 중에서 뛰어난 사람.

稱述(칭술) 1)의견을 진술함. 2)칭찬하여 말함.

稱譽(칭예) 칭찬함. 칭송하여 기림.

稱寃(칭원) 원통함을 말함.

稱意(칭의) 마음에 맞음. 마음에 듦.

稱引(칭인) 증거를 끌어댐. 인증(引證).

稱職(칭직) 재능이 직무에 알맞음. 또는 그 직무.

稱讚(칭찬) 좋은 점을 들어 추켜세워 주는 것. 또는 그러한 말.

稱託(칭탁) 핑계를 댐.

稱嘆(칭탄) 칭찬하고 감탄함.

稱頉(칭탈) 탈이 났다고 핑계함.

유 謂(이를 위)

稼	⑩ 15획 심을 가	日カ·かせぐ 中jià

* 형성. 뜻을 나타내는 부수 '禾(벼 화)'와 음을 나타내며 옮긴다는 의미를 지닌 '家(집 가)'를 합친 글자. 이에 벼를 옮겨 심는 것을 나타내어, '심다', '곡식'의 뜻으로 쓰임.

풀이 1. 심다. 2. 농사. ¶稼事 3. 익은 곡식.

稼器(가기) 농구(農具).

稼同(가동) 수확한 농작물이 쌓여 있음.

稼動(가동) 사람이나 기계 등이 움직여 일하는 것.

稼事(가사) 농사일.

稼穡(가색) 곡식을 심고 수확하는 일. 농사.

稼政(가정) 논밭 또는 도랑 등의 모든 관리에 관한 정사(政事).

유 植(심을 식) 비 嫁(시집갈 가)

稽

⑩ 15획 日ケイ
상고할 계 中jī, qǐ

풀이 1. 상고하다. 사물을 탐구하다. ¶稽考 2. 쌓다. 3. 헤아리다. 셈하다. 4. 머무르다. 머무르게 하다. ¶稽留 5. 두드리다. 6. 가지런하다. 7. 같다. 8. 이르다. 다다르다. 9. 머리를 조아리다.

稽考(계고) 자세히 살펴봄.
稽古(계고) 옛 일을 자세히 고찰함.
稽留(계류) 머무름. 체류(滯留).
稽顙(계상) 1)이마가 땅에 닿도록 절함. 계수(稽首). 2)부모가 죽은 지 백 일 후부터 만 1년의 전날까지의 기간.
稽緩(계완) 정체되어 늦어짐.
稽疑(계의) 의심 나는 곳을 점쳐서 생각함.
稽程(계정) 1)헤아림. 2)길이 막혀 지체됨. 3)공문서가 지체되어 기한이 지남.
稽遲(계지) 일이 더디게 진행됨.
稽滯(계체) 머뭇거려 늦어짐.
稽驗(계험) 생각하여 시험함.

稿

⑩ 15획 日コウ
볏짚 고 中gǎo

* 형성. 뜻을 나타내는 부수 '禾(벼 화)'와 음을 나타내며 '높이 자란다'는 뜻을 가진 '高(높을 고)'를 합친 글자. 이에 크게 자란 '벼의 줄기'라는 뜻으로 쓰임.

풀이 1. 볏짚. ¶稿葬 2. 화살대. 3. 초고. 초안(草案). 원고. ¶改稿

稿本(고본) 초벌 원고를 엮어서 낸 책.
稿葬(고장) 시체를 거적에 싸서 묻는 장사. 가장(假葬). 초장(草葬).
改稿(개고) 고쳐 쓴 원고.
舊稿(구고) 전에 쓴 시문 등의 원고.
寄稿(기고) 신문·잡지 등에 싣기 위하여 원고를 보냄. 또는 그 원고.

비 槁(마를 고)

穀

⑩ 15획 日コク
곡식 곡 中gǔ

* 형성. 뜻을 나타내는 부수 '禾(벼 화)'와 음을 나타내며 '껍질'의 뜻을 가진 부수 이외의 글자를 합친 글자. 벼(禾) 알맹이가 껍질 속에 들었다는 데에서 '곡식'의 뜻으로 쓰임.

풀이 1. 곡식. 곡물. ¶穀價 2. 행복. 복. 복록. 3. 양식. 4. 착하다. 5. 기르다. 6. 계집종. 7. 알리다 고하다. 8. 살다. 생존함. 9. 젖.

穀價(곡가) 곡식의 가격.
穀穀(곡곡) 새가 우는 소리의 형용.
穀氣(곡기) 곡식을 원료로 만든 약간의 음식.
穀旦(곡단) 경사스러운 날.
穀道(곡도) 대장과 항문(肛門).
穀祿(곡록) 녹봉(祿俸)으로 주는 쌀.
穀類(곡류) 쌀·보리·밀 등의 곡식.
穀廩(곡름) 곡물 창고. 곡창(穀倉).
穀物(곡물) 곡식.
穀帛(곡백) 곡식과 비단.
穀雨(곡우) 24절기의 여섯째. 곡식을 잘 여물게 하는 비라는 뜻이며, 양력 4월 20일경임.
穀人(곡인) 농부(農夫).
穀日(곡일) 좋은 날. 경사스러운 날.
穀精(곡정) 곡식의 자양분(滋養分).
穀倉(곡창) 1)곡식을 넣어 두는 창고. 2)곡식이 많이 생산되는 곳을 비유하는 말.
穀出(곡출) 곡식을 추수한 수량. 곡식의 생산량.
穀風(곡풍) 1)곡식을 잘 여물게 하는 바람. 2)봄바람. 동풍(東風).
穀鄕(곡향) 곡식이 많이 나는 고장.

비 毅(굳셀 의) 殼(껍질 각)

穅

⑩ 15획 日トウ
기장 당 中táng

풀이 1. 기장. 2.韓 옥수수.

稻

⑩ 15획 日トウ
벼 도 中dào

풀이 벼.

稻藁(도고) 볏짚.
稻芒(도망) 벼 까끄라기.
稻雲(도운) 무성하게 자란 벼가 바람에 넘실거리는 모습을 구름에 비유한 말.
稻熱病(도열병) 벼가 자라난 뒤에 박테리아에 의하여 잎에 암갈색의 반점이 생기고 말라 죽는 병.
稻作(도작) 벼농사.
稻稷(도직) 벼와 기장.
稻花(도화) 벼꽃.

유 禾(벼 화)

稷	⑩ 15획	日ショク
	기장 직	中jì

풀이 1. 기장. 오곡의 하나. 2. 오곡의 신. 3. 농관(農官). 농사를 다스리는 벼슬. 4. 빠르다. 5. 삼가다.

稷壇(직단) 임금이 땅의 신과 곡물의 신에게 제사를 지내던 제단. 사직단(社稷壇).

稷蜂(직봉) 곡신(穀神)의 사우(祠宇)에 있는 벌이란 뜻으로, 임금 곁에 있는 간신을 비유하는 말.

稷雪(직설) 싸락눈.

稷神(직신) 곡식의 생장을 관장하는 신.

稷狐(직호) 곡신(穀神)의 사우(祠宇)에 사는 여우. 임금 옆에 있는 간신을 비유하는 말.

유 黍(기장 서)

稹	⑩ 15획	日シン
	떨기로 날 진	中zhěn

풀이 1. 떨기로 나다. 떼 지어 모이다. 2. 촘촘하다.

稸	⑩ 15획	日チク
	쌓을 축	中xù

풀이 쌓다.

유 築(쌓을 축) 積(쌓을 적) 畜(쌓을 축)

稺	⑩ 15획	日チ
	어릴 치	中zhì

풀이 1. 어리다. 2. 어린 벼. 3. 늦벼. 늦게 익는 벼.

稺子(치자) 어린아이. 치자(稚子).

稺齒(치치) 나이 어린 사람.

유 稚(어릴 치)

穅	⑪ 16획	日コウ
	겨 강	中kāng

* 형성. 뜻을 나타내는 부수 '禾(벼 화)'와 음을 나타내는 '康(편안할 강)'을 합친 글자.

풀이 1. 겨. 2. 비다. 속이 비다.

穅秕(강비) 겨와 쭉정이란 뜻으로, 아무 쓸모없는 것을 비유하는 말.

穊	⑪ 16획	日キ
	밸 기	中jì

풀이 배다. 빽빽하다.

유 斬(벨 참)

穆	⑪ 16획	日ボク
	화목할 목	中mù

풀이 1. 화목하다. ¶和穆 2. 온화하다. 3. 삼가다. 공경하다. 4. 기뻐하다. 5. 아름답다. 6. 도탑다. 7. 편안하다. 8. 고요하다. 9. 맑다. 10. 조용히 말이 없는 모양.

穆穆(목목) 1)용모가 아름답고 훌륭한 모양. 2)화목한 모양. 3)깊숙하고 조용한 모양.

穆少(목소) 성질이 온순하고 젊음.

穆然(목연) 1)고요히 생각하는 모양. 2)삼가고 공경하는 모양.

穆淸(목청) 1)세상이 잘 다스려져 평안함. 2)맑고 그윽함.

유 和(화할 화) 睦(화목할 목)

穈	⑪ 16획	
	❶ 붉은기장 문	日モン・ミ
	❷ 검은기장 미	中méi, mén

풀이 1 1. 붉은 기장. 2 2. 검은 기장.

穇	⑪ 16획	日サン
	쭉정이 이삭 삼	中cǎn

풀이 쭉정이 이삭.

穌	⑪ 16획	日ソウ
	긁어모을 소	中sū

풀이 1. 긁어모으다. 2. 가득 차다. 3. 잠이 깨다. 4. 살아나다.

穎	⑪ 16획	日エイ
	이삭 영	中yǐng

풀이 1. 이삭. 벼이삭. ¶穎果 2. 뾰족한 끝. 3. 빼어나다. 훌륭하다. ¶穎異 4. 고리. 5. 경침(警枕). 잠을 자면 넘어져서 깨게 만든 둥근 나무토막 베개.

穎拔(영발) 재능이나 기량이 뛰어나 두드러짐.

穎悟(영오) 영민하고 민첩함.

穎異(영이) 총명하고 뛰어남.

穎才(영재) 뛰어난 재주. 또는 그런 재주를 지닌

5획

사람.
穎哲(영철) 뛰어나게 현명함. 또는 그런 사람.
穎脫(영탈) 주머니 속의 송곳이 밖으로 삐져 나왔다는 뜻으로, 기량이 뛰어나서 두드러짐을 이르는 말.
비 疑(의심할 의)

積	⑪ 16획	
	❶ 쌓을 적	日セキ·つむ
	❷ 저축 자	中jī

丿 二 千 禾 禾 禾 禾 秙 秙 秙 秙 積 積 積 積 積

* 형성. 뜻을 나타내는 부수 '禾(벼 화)'와 음을 나타내는 '責(꾸짖을 책)'을 합친 글자. 곡식을 거두어들여 모으는 것을 나타내어 '쌓다'라는 뜻으로 쓰임.

풀이 ❶ 1. 쌓다. 축적하다. ¶積穀 2. 모으다. 모이다. ¶積金 3. 겹쳐지다. 거듭하다. 4. 막히다. 5. 오래되다. ¶積誠 ❷ 6. 저축. 저축하다.
積慶(적경) 거듭 생기는 경사스러운 일.
積穀(적곡) 곡식을 쌓아 둠. 또는 그 곡식.
積極(적극) 사물에 대하여 긍정적으로 생각하여 능동적으로 행함.
積金(적금) 1)돈을 모아 둠. 또는 그 돈. 2)일정 기간 동안 일정 금액을 적립한 다음 정한 말기가 되면 찾기로 약속한 저금.
積氣(적기) 쌓이고 쌓인 기운. 즉, 하늘.
積德(적덕) 덕을 많이 쌓음. 또는 쌓은 덕행.
積量(적량) 1)선박·차량 등에 실은 화물의 중량. 적재한 분량. 2)넓이와 무게와 부피.
積潦(적료) 장마로 인한 홍수.
積立(적립) 모아서 쌓아 둠.
積善(적선) 선행을 쌓음.
積雪(적설) 쌓인 눈.
積誠(적성) 오랫동안 정성을 들임.
積送(적송) 물품을 실어서 보냄.
積習(적습) 오래된 습관.
積痾(적아) 오랫동안 앓고 있는 병. 숙환(宿患).
積惡(적악) 악한 짓을 많이 함.
積雨(적우) 장마.
積羽沈舟(적우침주) 아무리 가벼운 깃털이라 할지라도 쌓이고 쌓이면 배를 가라앉힌다는 뜻으로, 작은 힘이 모여 큰 힘이 됨을 비유하는 말.
積雲(적운) 1)쌓인 구름. 2)뭉게구름.
積鬱(적울) 답답한 마음이 쌓여 오랫동안 풀리지 않음.
積日(적일) 여러 날.
積載(적재) 물건을 쌓아서 실음.
積貯(적저) 쌓아 모음. 저축함.
積重(적중) 1)거듭 쌓음. 2)물건을 저축함.
積憎(적증) 미워하는 마음이 쌓임.
積滯(적체) 쌓인 것이 통로를 막아 잘 통하지 못함.
積聚(적취) 1)쌓여서 모임. 2)오랜 체증으로 말미암아 뱃속에 덩어리가 생기는 병.
積血(적혈) 살 속에 엉긴 피. 어혈(瘀血).
積貨(적화) 배나 수레 등에 짐을 실음.
積懷(적회) 오랫동안 만나지 못해 서로 생각하며 그리워함.
유 築(쌓을 축) 畜(쌓을 축)

穄	⑪ 16획	日サイ
	검은 기장 제	中jì

풀이 검은 기장.

穮	⑪ 16획	
	❶ 긴 볏모 표	日ミョウ
	❷ 까끄라기 묘	中biāo, miǎo

풀이 ❶ 1. 긴 볏모. 길게 자란 모. ❷ 2. 까끄라기.

穖	⑫ 17획	日
	벼 꽃술 기	中jǐ, jì

풀이 1. 벼의 꽃술. 2. 벼가 무성한 모양.

穚	⑫ 17획	日キョウ
	벼 이삭 팰 교	中jiáo

풀이 1. 벼이삭이 패다. 2. 무성하다. 강아지풀이 우거진 모양.
비 橋(다리 교)

穜	⑫ 17획	日トウ
	늦벼 동	中tóng, zhǒng, zhòng

풀이 늦벼.
穜稑(동륙) 늦벼와 올벼.

穗	⑫ 17획	日スイ
	이삭 수	中suì

풀이 1. 이삭. 벼이삭. 2. 이삭 모양으로 생긴 것.

穗狀(수상) 곡식의 이삭과 같은 모양.
拔穗(발수) 잘 익은 이삭을 골라서 뽑음.

穛	⑫ 17획	日サク
	풋바심할 착	中zhuō

풀이 풋바심하다. 익기 전에 곡식을 거두다.

穠	⑬ 18획	日ジョウ
	무성할 농	中nóng

풀이 무성하다.
穠桃(농도) 꽃이 무성하게 핀 복숭아나무.
穠綠(농록) 짙은 푸른빛.
穠李(농리) 꽃이 많이 핀 오얏나무.
穠纖(농섬) 많음과 적음. 굵음과 가늚.

穙	⑬ 18획	日トウ
	벼 가릴 도	中dào

풀이 벼를 가리다. 좋은 쌀을 추려 내다.

穡	⑬ 18획	日ショク
	거둘 색	中sè

* 형성. 뜻을 나타내는 부수 '禾(벼 화)'와 음을 나타내는 '嗇(아낄 색)'을 합친 글자.

풀이 1. 거두다. 수확하다. 2. 익은 곡식. 3. 구실. 4. 농사. ¶穡事 5. 검소하다.
穡夫(색부) 농부.
穡事(색사) 농사.
稼穡(가색) 곡식 농사.

유 收(거둘 수) 비 牆(담 장)

穟	⑬ 18획	日スイ
	이삭 수	中suì

풀이 1. 이삭. 2. 벼가 잘 자란 모양.
穟穟(수수) 모가 잘 자란 모양.

穢	⑬ 18획	日ワイ·アイ·エ
	더러울 예	中huì

풀이 1. 더럽다. 더럽히다. ¶穢氣 2. 거칠다. 거친 땅. 3. 악하다. 4. 잡초.
穢氣(예기) 더러운 냄새.
穢德(예덕) 1)좋지 않은 행실. 2)임금의 좋지 않은 행동.
穢物(예물) 더러운 물건.
穢心(예심) 더러운 마음.
穢慾(예욕) 더러운 욕심.
穢濁(예탁) 더럽고 흐림.
穢土(예토) 더러운 땅. 곧, 이승의 다른 이름.
穢慝(예특) 더러움.

유 汚(더러울 오)

穦	⑬ 18획	日サ
	볏가리 자	中zǐ

풀이 1. 볏가리. 2. 볏가리를 쌓다.

穦	⑭ 19획	日ヒン
	향기 빈	中pīn

풀이 향기.

유 香(향기 향)

穩	⑭ 19획	日オン
	평온할 온	中wěn

* 형성. 뜻을 나타내는 부수 '禾(벼 화)'와 음을 나타내는 부수 이외의 글자를 합친 글자.

풀이 1. 평온하다. 안온하다. ¶穩便 2. 곡식을 걷어 모으다.
穩健(온건) 생각이나 행동이 이치에 맞고 건실함.
穩當(온당) 사리에 벗어나지 않고 알맞음.
穩全(온전) 결점이 없고 완전함.
穩定(온정) 이치에 맞는 결정.
穩寢(온침) 편안하게 잠을 잠.
穩便(온편) 온당하고 편리함. 아주 편리함.
穩和(온화) 조용하고 부드러움.

비 隱(숨길 은)

穧	⑭ 19획	日セイ
	볏단 제	中jì

풀이 1. 볏단. 벼를 베어 묶은 단. 2. 베다. 벼를 베다. 3. 움큼. 손으로 한 줌 쥔 분량. 4. 적다.

穨	⑭ 19획	日タイ
	쇠퇴할 퇴	中tuí

풀이 1. 쇠퇴하다. 2. 벗어지다.

유 退(물러날 퇴)

穫	⑭ 19획	日カク
	벼 벨 확	中huò, hù

＊형성. 뜻을 나타내는 부수 '禾(벼 화)'와 음을 나타내며 '새를 잡아들이다'의 의미를 지닌 부수 이외의 글자를 합친 글자. 이에 벼를 '거두어들인다'의 뜻으로 쓰임.

풀이 1. 벼를 베다. ¶穫刈 2. 곡식을 거두어 들이다. ¶收穫 3. 얻다.

穫刈(확예) 곡식을 베어 수확함.

收穫(수확) 1)익은 농작물을 거두어 들임. 또는 거둔 것. 2)어떤 일을 해서 얻은 성과.

비 獲(얻을 획) 護(보호할 호)

穬	⑮ 20획	日コウ
	곡식 광	中kuàng

풀이 1. 곡식. 까끄라기가 있는 곡식. 2. 여물지 않은 벼.

穬麥(광맥) 귀리.

유 穀(곡식 곡)

穭	⑮ 20획	日リョ
	돌벼 려	中lǚ

풀이 돌벼. 자생(自生)하는 벼.

穭穀(여곡) 자생한 곡초(穀草)

穮	⑮ 20획	日ヒョウ・ホ
	김맬 표	中biāo

풀이 김매다.

穲	⑯ 21획	日ロウ
	볏단 롱	中lóng

풀이 1. 볏단. 2. 벼에 생기는 병.

穰	⑰ 22획	日ジョウ
	볏대 양	中ráng

＊형성. 뜻을 나타내는 부수 '禾(벼 화)'와 음을 나타내는 '襄(도울 양)'을 합친 글자.

풀이 1. 볏대. 수숫대. 2. 풀. 3. 풍년. ¶穰歲 4. 풍요한 모양. 5. 빌다. 풍년을 기원하다. 6. 쑥.

穰歲(양세) 곡식이 잘 익은 해. 풍년.

穰田(양전) 풍년이 들기를 기원함.

비 禳(제사이름 양)

穱	⑱ 23획	
	❶올벼 착	日サク・チャク
	❷기장 작	中zhuō

풀이 ❶ 1. 올벼. 일찍 익는 벼. 2. 벼를 베어 낸 곳에 보리를 심다. 3. 가리다. 4. 작다. ❷ 5. 기장.

비 嚼(씹을 작)

穴부

穴 구멍 혈 部

'穴'자는 구멍 난 굴의 모양을 나타내어, '구멍'을 뜻하고 그 의미가 확대되어 구멍이 있는 모든 굴을 나타내기도 한다. 이 글자를 부수로 갖는 글자는 일반적으로 구멍이나 굴과 관련된 뜻을 가진다.

穴	⓪5획	日ケツ・あな
	구멍 혈	中xué

풀이 1. 구멍. 2. 굴. 3. 구덩이. ¶穴居 4. 옆. 곁. 5. 뚫다. 6. 잘못되다. 어그러지다.

穴居(혈거) 흙이나 바위의 굴 속에 삶.

穴竅(혈규) 구멍 또는 동굴.

穴室(혈실) 굴 속에 만든 방.

穴深(혈심) 무덤 구덩이의 깊이.

穴處(혈처) 혈거(穴居).

墓穴(묘혈) 무덤의 구덩이.

封穴(봉혈) 1)구멍을 봉하여 막음. 2)개미집 구멍.

穵	① 6획	日あな
	구멍 알	中wà, yà

풀이 1. 구멍. 2. 구멍을 뚫다. 2. 구멍 속을 더듬다.

究	② 7획	日キュウ・きわめる
	궁구할 구	中jiū

5획

丶 丷 宀 宂 穴 穵 究

* 형성. 뜻을 나타내는 부수 '穴(구멍 혈)'과 음을 나타내는 '九(아홉 구)'를 합친 글자. '九'는 한 자릿수의 끝이면서 '굽다'의 뜻을 지님. 이에 굽은 길을 더듬어 구멍의 깊은 곳까지 이르는 것을 나타내어, 사물이 '궁극에 이르다'라는 뜻으로 쓰임.

풀이 1. 궁구하다. 연구하다. ¶究明 2. 다하다. 끝나다. ¶究極 3. 생각하다. 헤아리다. 4. 미워하다.

究竟(구경) 1)마침내. 필경(畢竟). 2)궁극(窮極).
究極(구극) 극도에 달함.
究理(구리) 사물의 이치를 구명함.
究明(구명) 원인이나 사리를 연구하여 따져 밝힘.
究問(구문) 1)따져 묻고 조사함. 2)충분히 조사함.
究宣(구선) 구명하여 밝힘.
究悉(구실) 조사하여 밝힘.
究察(구찰) 샅샅이 조사하여 밝힘.
究覈(구핵) 깊이 살핌. 깊이 고찰함.
究詰(구힐) 끝까지 따져 힐책(詰責)함.
講究(강구) 좋은 방책을 찾도록 연구하거나 대책을 세움.
研究(연구) 1)어떤 사물을 과학적으로 분석·관찰하는 일. 2)어떤 일에 대하여 깊이 생각하고 사리를 따져 보는 일.
追究(추구) 근본을 밝히기 위해 필사적으로 캐어 들어가 연구함.
探究(탐구) 진리나 학문 등을 파고들어 깊이 연구함.

空	③ 8획	日 クウ·あく·そら·から
	빌 공	中 kōng, kòng

丶 丷 宀 宂 穴 穵 空 空

* 형성. 뜻을 나타내는 부수 '穴(구멍 혈)'과 음을 나타내는 '工(장인 공)'을 합친 글자. '工'은 도구를 이용하여 무언가를 꿰뚫어 만드는 모양을 나타냄. 이에 구멍을 꿰뚫어 만든다는 뜻에서 '비다', '공허하다'의 뜻으로 쓰임.

풀이 1. 비다. 아무것도 없다. ¶空席 2. 힘들이지 않다. ¶空食 3. 하늘. 공간. ¶空間 4. 구멍. 5. 헛되다. 쓸데없다. 6. 뚫다. 7. 통하다. 8. 틈. 여가. 9. 쓸쓸하다. 적적하다. 10. 어리석은 모양.

空殼(공각) 빈 껍데기.
空間(공간) 1)아무것도 없는 빈 곳. 2)하늘과 땅 사이. 3)시간과 아울러 물질의 존재를 설명하는 필요 조건.
空軍(공군) 군사상 공중에서의 전투와 습격을 맡은 군대.
空隙(공극) 겨를. 빈 틈.
空氣(공기) 지구 표면을 둘러싼 무색 투명한 기체.
空囊(공낭) 아무것도 들어 있지 않은 빈 주머니.
空談(공담) 쓸데없는 말.
空得(공득) 값을 치르거나 힘을 들이지 않고 거저 얻음.
空老(공로) 1)아무 일도 한 것이 없이 헛되이 늙음. 2)학식이 있는 선비가 과거 급제를 못한 채 늙음.
空論(공론) 근거가 없는 헛된 의론.
空理(공리) 근거 없는 이론. 사실과 관계없는 이론.
空腹(공복) 빈속.
空想(공상) 이루어질 수 없는 헛된 생각.
空席(공석) 비어 있는 자리. 또는 자리가 비어 있음.
空手來空手去(공수래공수거) 빈손으로 왔다가 빈손으로 간다는 뜻으로, 인생과 물욕(物慾)의 덧없음을 비유하는 말.
空襲(공습) 항공기의 공중 습격.
空食(공식) 노력 없이 돈을 얻거나 음식을 먹음.
空言(공언) 말뿐이고 실행이 없는 빈말.
空念佛(공염불) 1)입으로만 외는 헛된 염불. 2)실행이나 내용이 따르지 않는 주장이나 선전. 3)아무리 타일러도 허사가 되는 말.
空日(공일) 일을 하지 않고 쉬는 날. 일요일.
空寂(공적) 텅 비고 쓸쓸함.
空前絶後(공전절후) 뛰어나거나 독특하여 비교할 만한 것이 이전에도 없고 이후에도 없음.
空中(공중) 하늘.
空地(공지) 빈 땅. 빈터.
空冊(공책) 필기하기 위해 백지로 매어 놓은 책.
空致辭(공치사) 1)빈말로 하는 칭찬. 2)공연히 하는 칭찬.
空砲(공포) 1)실탄을 넣지 않고 쏘는 총. 2)공중을 향하여 총을 쏨.
空閑(공한) 1)집·땅 등이 임자 없이 비어 있음. 2)일이 없어 한가함.
空港(공항) 항공의 여러 설비를 갖추어서 항공기가 뜨고 내리게 할 수 있는 비행장.
空闊(공활) 넓고 넓음. 매우 넓음
空虛(공허) 1)속이 텅 빔. 아무것도 없음. 2)아쉬운 마음. 3)하늘. 허공.
空豁(공활) 매우 넓음.

유 虛(빌 허)

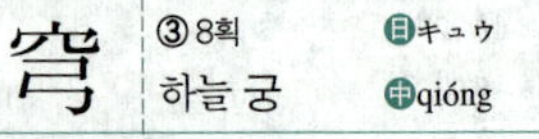

穹	③ 8획	日 キュウ
	하늘 궁	中 qióng

* 형성. 뜻을 나타내는 부수 '穴(구멍 혈)'과 음을 나타내는 '弓(활 궁)'을 합친 글자.

풀이 1. 하늘. 2. 궁(窮)하다. 막다르다. 3. 높다. 4.

크다. 5. 깊다.

穹蓋(궁개) 하늘. 궁창(穹蒼).

穹谷(궁곡) 1)깊은 골짜기. 2)인적이 드문 텅 빈 골짜기. 공곡(空谷).

穹靈(궁령) 하늘의 영(靈). 천상의 영.

穹窿(궁륭) 활이나 무지개같이 높고 길게 굽은 형상 혹은 그런 형상으로 만들어진 천장이나 지붕.

穹冥(궁명) 하늘.

穹壤(궁양) 하늘과 땅. 천지. 천양(天壤).

穹質(궁질) 고상한 성질.

穹蒼(궁창) 푸른 하늘.

穹玄(궁현) 하늘. 궁창(穹蒼).

穸	③8획	日セキ
	광중 석	中xī

풀이 광중. 무덤의 구덩이.

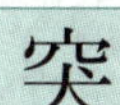

突	④9획	日トッ・つく
	갑자기 돌	中tū

* 회의. '穴(구멍 혈)'과 '犬(개 견)'을 합친 글자. 개가 구멍에서 뛰어나오는 것을 나타내어, '힘차게 내밀다', '갑자기'의 뜻으로 쓰임.

풀이 1. 갑자기. 갑작스럽다. ¶突變 2. 부딪치다. 3. 쑥 나오다. 4. 뚫다. 5. 굴뚝. 6. 대머리. 7. 사나운 말. 8. 속이다.

突擊(돌격) 1)돌진하여 공격함. 2)불시에 냅다 침.

突貫(돌관) 1)꼬챙이나 송곳 등으로 단번에 꿰뚫음. 2)한꺼번에 기운차게 어떤 일을 해나감. 3)적을 향해 돌격함.

突騎(돌기) 적의 진영으로 돌진하는 기병.

突發(돌발) 일이 뜻밖에 일어남.

突變(돌변) 갑작스럽게 달라짐.

突飛(돌비) 펄쩍 뛰어 낢.

突然(돌연) 갑자기. 별안간.

突然變異(돌연변이) 생물체에서 어버이의 계통에 없던 새로운 형질이 갑자기 나타나는 일.

突入(돌입) 갑자기 세차게 뛰어 들어감.

突進(돌진) 거침없이 나아감.

突出(돌출) 1)갑자기 불쑥 나옴. 2)쑥 불거져 나온 모양.

突破(돌파) 1)뚫고 나감. 2)어떤 표준 정도를 깨뜨려 넘음.

突風(돌풍) 1)갑자기 세차게 일어나는 바람. 2)사회적으로 화제가 되거나 영향을 미치는 현상.

비 尖(뾰족할 첨)

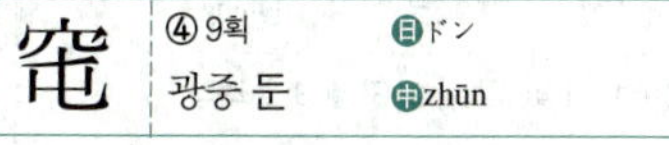

窀	④9획	日トン
	광중 둔	中zhūn

풀이 1. 광중. 무덤의 구덩이. 2. 두텁다. 후하다.

窀穸(둔석) 1)광중(壙中). 2)매장(埋葬)함.

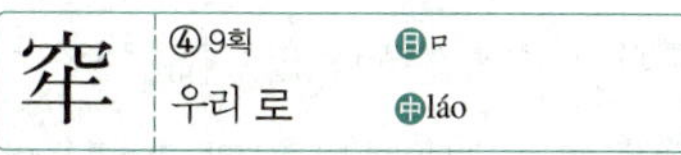

窂	④9획	日ロ
	우리 로	中láo

풀이 우리. 짐승을 가두어 기르는 곳.

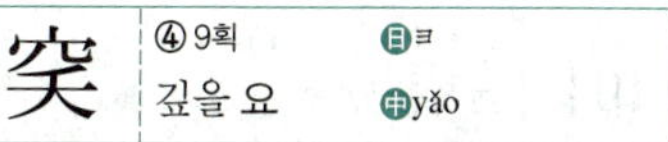

窅	④9획	日ヨ
	깊을 요	中yǎo

풀이 1. 깊다. 2. 어둠침침한 곳. 3. 방의 동남쪽 구석. 4. 아름답다.

유 深(깊을 심)

窃	④9획
	竊(p989)의 俗字

穽	④9획	日テイ
	허방다리 정	中jǐng

풀이 허방다리. 함정.

穿	④9획	日セン
	뚫을 천	中chuān

* 회의. '穴(구멍 혈)'과 '牙(어금니 아)'를 합친 글자. 이에 어금니로 구멍을 뚫는 것을 나타내어, '뚫다'의 뜻으로 쓰임.

풀이 1. 뚫다. 구멍을 뚫다. 꿰뚫다. ¶穿孔 2. 구멍. 뚫린 곳. 3. 구멍을 내다. 4. 개통하다.

穿結(천결) 해어진 옷을 꿰맴.

穿孔(천공) 1)구멍을 뚫음. 2)위벽 · 복막 등이 상해 구멍이 남. 또는 그 구멍.

穿耳(천이) 귀걸이를 달기 위해 귀를 뚫음.

穿鑿(천착) 1)구멍을 뚫음. 2)학문을 깊이 연구함. 3)억지로 사리에 맞지 않는 말을 함.

貫穿(관천) 학문에 널리 통함.

點滴穿石(점적천석) 작은 물방울들이 돌을 뚫는다는 뜻으로, 작은 힘이라도 그것이 모이고 거듭되면 큰 일을 해낼 수 있음을 이르는 말.

窉	⑤ 10획	日ビョウ
	삼월 병·평	中bǐng

풀이 1. 삼월(三月). 2. 구멍. 3. 놀라다.

窊	⑤ 10획	日ワ
	우묵할 와	中wā

풀이 1. 우묵하다. 가운데가 둥그렇게 들어간 모양. 2. 우묵한 땅.

窊隆(와륭) 1)높낮이가 있는 모양. 2)움푹 들어가거나 솟은 모양.

窅	⑤ 10획	日ヨウ
	그윽할 요	中yǎo

풀이 그윽하다. 깊숙하다.

窅	⑤ 10획	
	❶ 움펑눈 요	日メン
	❷ 한탄할 면	中yǎo

풀이 ❶ 1. 움펑눈. 눈이 깊이 들어간 모양. 2. 깊고 으슥하다. ❷ 3. 한탄하다. 원망하다. 4. 정신이 멍한 모양.

窅眇(요묘) 깊고 먼 모양. 으슥한 모양.

窅想(요상) 깊은 생각.

窅然(1.요연/2.면연) 1)깊고 아득한 모양. 2)정신이 멍한 모양.

窅窅(요요) 깊숙하고 먼 모양.

窅窕(요조) 으슥한 모양.

窈	⑤ 10획	日ヨウ
	그윽할 요	中yǎo

풀이 1. 그윽하다. 깊고 고요하다. ¶窈冥 2. 얌전하다. 정숙하다. ¶窈窕 3. 고상(高尙)하다. 4. 아름답다. 5. 어둡다.

窈冥(요명) 1)어스레한 모양. 2)깊고 고요한 모양.

窈渺(요묘) 넓고 넓은 모양.

窈然(요연) 멀고 아득한 모양.

窈窈(요요) 1)깊숙하고 먼 모양. 2)어둡고 그윽한 모양.

窈篠(요조) 깊고 아득한 모양.

窈窕(요조) 1)얌전한 모양. 정숙한 모양. 2)여자가 아름다운 모양. 3)골짜기가 깊은 모양.

窈窕淑女(요조숙녀) 품위 있고 얌전한 여자.

5획

窋	⑤ 10획	日ソツ
	뾰족이 내밀 줄	中zhú

풀이 1. 뾰족이 내밀다. 구멍 안에서 나오려는 모양. 2. 물건이 구멍 안에 있는 모양.

비 屈(굽을 굴)

窄	⑤ 10획	日サク
	좁을 착	中zhǎi

* 형성. 뜻을 나타내는 '穴(구멍 혈)'과 음을 나타내는 '乍(언뜻 사)'를 합친 글자.

풀이 1. 좁다. ¶狹窄 2. 닥치다. 임박하다.

窄衫(착삼) 폭이 좁은 옷.

窄小(착소) 좁고 작음.

窄韻(착운) 글자가 적은 운.

窄狹(착협) 자리나 의복 등이 매우 좁음.

狹窄症(협착증) 심장·혈관 등이 좁아지는 증상.

유 狹(좁을 협) 반 廣(넓을 광)

窆	⑤ 10획	日ヒン
	하관할 폄	中biǎn

풀이 하관(下棺)하다. 관을 광중(壙中)으로 내려 묻다.

窐	⑥ 11획	日キュウ·ワ
	구멍 규·와	中guī, wā

풀이 구멍. 시루의 구멍.

窐衡(규형) 숨어 사는 처사(處士)의 집.

비 圭(홀 규)

窏	⑥ 11획	日オ
	낮을 오	中wū

풀이 낮다.

窔	⑥ 11획	日ヨウ
	그윽할 요	中yǎo

풀이 1. 그윽하다. 깊숙하다. 2. 구석.

窕	⑥ 11획	日チョウ·ヨ
	정숙할 조	中tiǎo

* 형성. 뜻을 나타내는 '穴(구멍 혈)'과 음을 나타내는 '兆(조 조)'를 합친 글자.

풀이 1. 정숙하다. 2. 그윽하다. 3. 조용하다. 4. 아름답다. 5. 가볍다. 경솔하다.

窕言(조언) 구차(苟且)한 말. 실속 없는 말.

窕窕(조조) 심오(深奧)한 모양.

窒 ⑥ 11획 日チツ
막을 질 中zhì

풀이 1. 막다. 막히다. 통하지 않다. ¶窒塞 2. 가득 차다. 3. 멈추다. 4. 7월의 다른 이름.

窒氣(질기) 숨이 통하지 못하여 기운이 막힘.

窒塞(질색) 1)막힘. 질기(窒氣)함. 2)싫어하거나 몹시 꺼림.

窒息(질식) 산소가 부족하거나 숨통이 막혀 숨을 쉴 수 없게 됨.

窒礙(질애) 막혀 방해됨. 또는 그런 물건.

유 塞(막힐 색) 滯(막힐 체)

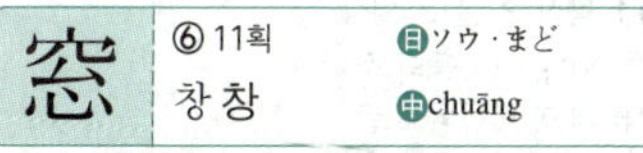

* 형성. 뜻을 나타내는 부수 '穴(구멍 혈)'과 음을 나타내는 '悤(바쁠 총)'의 생략형을 합친 글자.

풀이 창. 창문. ¶窓門

窓架(창가) 문틀. 창틀.

窓鏡(창경) 창문에 붙인 유리.

窓口(창구) 사무실에서 바깥 손님을 상대하여 문서나 돈 등을 받거나 내주기 위해 만든 작은 창문.

窓門(창문) 공기나 빛이 통하도록 벽이나 지붕에 만들어 놓은 작은 문.

窓戶(창호) 온갖 창과 문의 총칭.

同窓(동창) 같은 학교에서 공부를 한 사이.

天戶(천창) 채광이나 환기를 위해 지붕에 낸 창.

窖 ⑦ 12획
❶ 움 교 日コウ
❷ 부엌 조 中jiào

풀이 1 1. 움. 땅속에 있는 광. 2. 구멍. 3. 마음이 깊다. 2 4. 부엌.

窖藏(교장) 움에 저장함.

窖中(교중) 곡식을 저장했던 움의 내부.

풀이 훔치다. 빼앗다.

유 盜(훔칠 도)

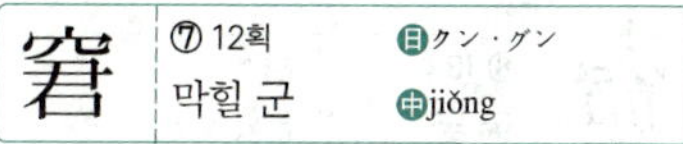

窘
⑦ 12획 日クン・グン
막힐 군 中jiǒng

* 형성. 뜻을 나타내는 부수 '穴(구멍 혈)'과 음을 나타내는 '君(임금 군)'을 합친 글자.

풀이 1. 막히다. ¶窘束 2. 군색하다. 곤궁하다. ¶窘塞 3. 닥쳐오다. 4. 괴롭다. 고생하다. ¶窘境 5. 좁아지다. 6. 저리다. 7. 급하다.

窘境(군경) 곤궁하여 살기가 어려운 형편.

窘迫(군박) 1)몹시 군색함. 2)일의 형세가 급하게 됨. 3)적의 맹렬한 공격으로 고생함.

窘塞(군색) 1)생활의 형편이 넉넉치 못하여 어려움. 2)일이 뜻대로 되지 않아 힘들고 답답함.

窘束(군속) 묶어놓은 듯이 답답하고 거북함.

窘辱(군욕) 괴롭히고 모욕함.

窘乏(군핍) 매우 군색함.

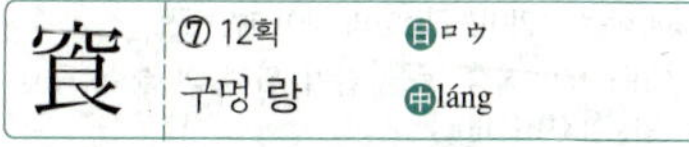

풀이 구멍.

窌 ⑦ 12획 日リュウ
움 류 中liù

풀이 움. 땅을 파고 만든 광.

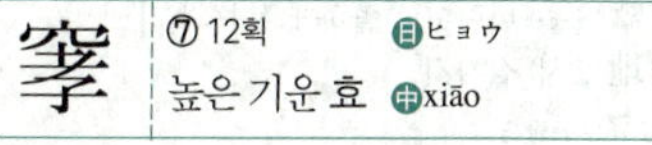

풀이 1. 높은 기운. 2. 넓다. 광활하다.

窙寥(효료) 훤하게 트인 모양.

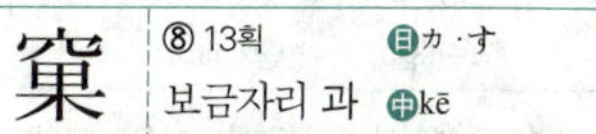

5획

풀이 1. 보금자리. 둥지. ¶窠臼 2. 구멍. 3. 방. 4. 움푹 패인 곳.

窠臼(과구) 1)새의 둥지. 보금자리. 2)관습. 관례.

窠闕(과궐) 벼슬자리의 공석(空席).

窠乏(과핍) 벼슬자리가 차서 공석(空席)이 없음.

유 巢(새집 소)

窟	⑧ 13획	日クツ
	굴 굴	中kū

* 형성. 뜻을 나타내는 부수 '穴(구멍 혈)'과 음을 나타내며 파다는 뜻을 가진 '屈(굽을 굴)'을 합친 글자.

풀이 1. 굴. 동굴. ¶窟窖 2. 움. 움집. 3. 소굴. 사람이 많이 모이는 곳.

窟窖(굴교) 굴. 땅굴.

窟房(굴방) 어둡고 침침한 방.

窟穴(굴혈) 1)굴속. 2)도적. 악인 등의 소굴.

洞窟(동굴) 깊고 넓은 굴.

비 屈(굽을 굴)

窞	⑧ 13획	日ダン
	작은 구덩이 담	中dàn

풀이 작은 구덩이. 구덩이의 깊이 패인 곳.

窞穽(담정) 짐승 등을 잡기 위해 파 놓은 구덩이. 함정(陷穽).

窞處(담처) 동굴에서 지냄. 혈거(穴居).

窔	⑧ 13획	日タン・ダン
	깊을 담	中dàn

풀이 1. 깊다. 2. 굴뚝.

窣	⑧ 13획	日ソツ
	갑자기 나올 솔	中sū, sù

풀이 1. 갑자기 나오다. 2. 갑자기. 3. 불안한 모양.

窣窣(솔솔) 바람이 쓸쓸하게 부는 소리.

窣地(솔지) 갑자기.

비 率(거느릴 솔)

窡	⑧ 13획	日サツ
	구멍으로 보일 촬	中zhuó

풀이 1. 구멍으로 보이다. 2. 구멍에서 나오는 모양.

窫	⑨ 14획	日アツ
	큰 굴 알	中yà

풀이 1. 큰 굴. 2. 고요하다. 조용하다.

窪	⑨ 14획	日ワ
	웅덩이 와	中wā

풀이 1. 웅덩이. 땅이 패인 곳. ¶窪地 2. 맑은 물. 3. 우묵하다. ¶窪隆 4. 깊다.

窪隆(와륭) 1)우묵한 곳과 높이 솟은 곳. 2)기운이나 세력이 쇠함과 성함.

窪地(와지) 움푹 패여 웅덩이가 된 땅.

窩	⑨ 14획	日ワ
	움집 와	中wō

* 형성. 뜻을 나타내는 부수 '穴(구멍 혈)'과 음을 나타내며 파낸다는 의미를 지닌 '咼(입 비뚤어질 와)'를 합친 글자. 이에 파낸 굴을 나타내어, '움집', '굴'의 뜻으로 쓰임.

풀이 1. 움집. 2. 굴. 3. 별장.

窩家(와가) 도둑들의 소굴.

窩窟(와굴) 도둑의 소굴.

窩主(와주) 1)장물아비. 2)도둑의 소굴.

窩中(와중) 굴 속.

窬	⑨ 14획	日ユ
	협문 유·두	中yú

풀이 1. 협문. 정문 옆으로 나 있는 작은 문. 2. 넘다. 3. 뚫다. 4. 뒷간.

窬牆穿穴(유장천혈) 담에 구멍을 뚫는다는 뜻으로, 부녀자를 탐하여 남의 집에 몰래 들어감을 이르는 말.

窨	⑨ 14획	日イン
	움 음	中yìn

풀이 1. 움. 땅을 파서 만든 광. 2. 땅속에 저장하다. 3. 검다. 어둡다.

窨約(음약) 마음속으로 다짐함.

窮	⑩ 15획	日キュウ
	다할 궁	中qióng

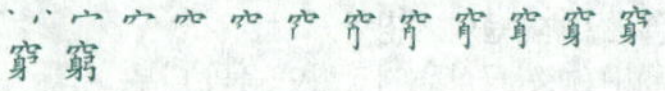

*형성. 뜻을 나타내는 부수 '穴(구멍 혈)'과 음을 나타내는 '躬(몸 궁)'을 합친 글자.

풀이 1. 다하다. 끝나다. ¶窮心 2. 막히다. 궁지에 빠지다. 3. 가난하다. ¶窮約 4. 가난한 사람. 5. 궁구하다. 연구하다. 6. 불행.

窮客(궁객) 궁한 처지에 놓인 사람.

窮居(궁거) 1)가난하게 살아감 또는 그런 살림의 형편. 2)벼슬하지 않고 시골에서 삶.

窮計(궁계) 궁지에 몰려 어쩔 수 없이 구차하게 생각해 낸 계책.

窮苦(궁고) 더할 나위 없는 괴로움.

窮谷(궁곡) 깊은 골짜기.

窮寇(궁구) 궁지에 빠진 도적.

窮究(궁구) 깊이 연구함.

窮寇勿追(궁구물추) 궁지에 빠진 자를 계속 쫓으면 강한 반격에 도리어 해를 입으니 건드리지 말라는 뜻. 궁구막추(窮寇莫追).

窮屈(궁굴) 막다른 곳에 다다름.

窮極(궁극) 1)어떤 과정의 마지막이나 끝. 2)다함. 3)지극히 빈궁(貧窮)함.

窮氣(궁기) 궁상이 낀 꼴.

窮達(궁달) 빈궁함과 영달함.

窮當益堅(궁당익견) 사나이는 곤궁하여도 지조를 더욱 굳게 지켜야 함.

窮途(궁도) 1)막다른 길. 2)곤궁하게 된 경우.

窮途之哭(궁도지곡) 진(晉)의 완적(阮籍)이 문득 집을 떠났다가 수레가 못 가는 곳에 이르러 통곡하고 돌아왔다는 고사에서 온 말로, 가난의 슬픔을 이르는 말.

窮理(궁리) 이리저리 따져 깊이 생각하거나 연구함. 또는 그러한 생각이나 연구.

窮迫(궁박) 몹시 곤궁함.

窮僻(궁벽) 후미지고 으슥함.

窮髮(궁발) 불모(不毛)의 지역.

窮狀(궁상) 궁한 상태.

窮塞(1.궁새/2.궁색) 1)변방(邊方). 나라 끝. 2)아주 가난함.

窮愁(궁수) 곤궁하여 걱정함.

窮心(궁심) 마음을 다해 이리저리 궁리함.

窮厄(궁액) 불우하고 곤궁함. 가난하여 살기 어려움.

窮餘之策(궁여지책) 곤궁한 나머지 생각해낸 꾀.

窮約(궁약) 가난함.

窮奧(궁오) 깊숙하고 으슥한 곳.

窮陰(궁음) 겨울의 마지막. 궁동(窮冬).

窮日之力(궁일지력) 아침부터 저녁까지 쉬지 않고 힘씀.

窮措大(궁조대) 가난한 선비.

窮鳥入懷(궁조입회) 궁지에 몰린 새가 사람의 품안으로 날아든다는 뜻으로, 곤궁하여 자신에게 의탁해 오는 사람을 보살펴 주는 것을 비유하는 말.

窮地(궁지) 1)생활이 몹시 어려운 지경. 2)어떤 일에 있어 어찌할 수 없는 곤란한 지경.

窮追(궁추) 1)끝까지 좇음. 2)끝까지 따져서 밝힘. 추궁(追窮).

窮通(궁통) 1)깊이 궁리를 함. 2)궁달(窮達).

窮乏(궁핍) 몹시 가난하고 궁함.

窮覈(궁핵) 원안을 속속들이 깊이 캐어 찾음.

窮峽(궁협) 깊고 험악한 산골짜기.

窮荒(궁황) 1)식량 부족으로 고생함. 흉작으로 굶주림. 2)나라의 끝. 오랑캐의 땅.

貧窮(빈궁) 가난하고 궁색함.

유 極(다할 극)

窯 ⑩ 15획 日ヨウ·かま
가마 요 中yáo

풀이 1. 가마. 기와 또는 그릇을 굽는 가마. 2. 오지 그릇. 질흙을 빚어 낮은 온도로 구운 다음 잿물을 입혀 다시 구운 그릇. 3. 쓸쓸하다.

窯業(요업) 가마에서 찰흙 등을 구워 사기·벽돌·기와 등을 만드는 공업.

窯竈(요조) 기왓가마.

窯戶(요호) 요업(窯業)에 종사하는 사람.

窳 ⑩ 15획 日ユ
비뚤 유 中yǔ

풀이 1. 비뚤다. 이지러지다. 2. 약해지다. 3. 게으르다.

窳楛(유고) 그릇의 한쪽이 비뚤어지고 견고하지 못함.

窳民(유민) 게으른 백성.

窳惰(유타) 게으름. 나태함.

窴 ⑩ 15획 日テン
메울 전 中tián, yǎn

풀이 1. 메우다. 막다. 2. 가득 차다.

窴滅(전멸) 모두 파묻힘. 매몰(埋沒)됨.

窱 ⑩ 15획 日チョウ
아득할 조 中tiǎo

풀이 1. 아득하다. 깊고 멀다. 2. 심원하다.

穅	⑪ 16획	日コウ
	휑뎅그렁할 강	中kāng

풀이 1. 휑뎅그렁하다. 2. 공허하다.

窺	⑪ 16획	日キ
	엿볼 규	中kuī

* 형성. 뜻을 나타내는 부수 '穴(구멍 혈)'과 음을 나타내는 '規(법규 규)'를 합친 글자.

풀이 1. 엿보다. 보다. 2. 반걸음. 반보(半步).

窺見(규견) 엿봄.
窺管(규관) 견식이 좁음.
窺問(규문) 살펴 물음.
窺伺(규사) 기회를 엿봄.
窺視(규시) 엿봄.
窺窬(규유) 틈을 엿봄.
窺測(규측) 엿보아 헤아림. 추측함.

유 偵(정탐할 정)

窞	⑪ 16획	日タン
	얇고 클 담	中tān

풀이 1. 얇고 크다. 2. 얇고 평평하다. 3. 굴.

窶	⑪ 16획	日ク・ロウ
	❶높고 좁은 땅 루(누)	中lóu, jù
	❷가난할 구	

풀이 1. 높고 좁은 땅. 경사가 심한 땅이나 언덕. 2. 가난하다. ¶窶困

窶困(구곤) 가난하여 곤란해 함.
窶數(누수) 1)짐을 일 때에 머리 위에 얹어 짐을 받치는 고리 모양의 물건. 2)인색함.

窸	⑪ 16획	日シツ
	불안할 실	中xī

풀이 불안하다. 불안한 소리의 형용.

窸窣(실솔) 불안한 소리의 형용.

窵	⑪ 16획	日ショウ
	그윽할 조	中diào

풀이 그윽하다. 깊숙하고 고요한 모양.

窵窅(조요) 깊숙하고 그윽한 모양.

窹	⑪ 16획	日シン
	담글 침	中jìn

풀이 1. 물에 담그다. 2. 못. 늪. 3. 점차. 점점.

窾	⑫ 17획	日カン
	빌 관	中kuǎn

* 형성. 뜻을 나타내는 부수 '穴(구멍 혈)'과 음을 나타내는 '款(항목 관)'을 합친 글자.

풀이 1. 비다. 공허하다. ¶窾木 2. 구멍. 3. 마르다. 말라 죽다. 4. 법규. 규칙.

窾坎(관감) 속이 비어 있는 악기. 종이나 북과 같은 것의 통칭.
窾木(관목) 속이 빈 나무.
窾言(관언) 빈말. 헛된 말.

寮	⑫ 17획	日リョウ
	뚫을 료	中liáo

풀이 1. 뚫다. 2. 비다. 공허하다. 3. 창문. 4. 동료.

窿	⑫ 17획	日リュウ
	활꼴 륭	中lóng

풀이 활꼴. 하늘이 활 모양으로 둥글게 휘어진 모양.

비 隆(클 륭)

竀	⑫ 17획	日テイ
	넓고 클 정	中zhēng

풀이 1. 넓고 큰 모양. 2. 화포(畫布). 그림을 그릴 때 쓰는 천.

竄	⑫ 17획	日セン・スイ
	팔 취 · 천	中cuì, jiàn

풀이 1. 파다. 땅을 파다. 2. 동굴.

竀	⑫ 17획	日テイ
	살필 정	中chēng

풀이 1. 살피다. 염탐하다. 2. 똑바로 보다.

유 察(살필 찰) 비 窺(엿볼 규)

⑬ 18획 日キョウ
구멍 규 中qiào

풀이 1. 구멍. 2. 몸에 난 구멍. 이목구비(耳目口鼻). 3. 구멍을 뚫다. 4. 통하다. 미치다.

竅領(규령) 널리 다스림.

竅如七星(규여칠성) 집 여기저기가 낡고 헐어 구멍이 뚫려서 빛이 그곳으로부터 들어오는 모양을 이르는 말.

竅中(규중) 윗입술과 코 밑 사이의 우묵한 곳. 인중.

⑬ 18획 日ザン
숨을 찬 中cuàn

* 회의. '穴(구멍 혈)'과 '鼠(쥐 서)'를 합친 글자. 쥐가 구멍으로 달아난다는 데에서 '숨다', '달아나다'의 뜻으로 쓰임.

풀이 1. 숨다. ¶竄匿 2. 달아나다. 도망하다. ¶竄入 3. 숨기다. 4. 용납하다. 5. 은밀히. 6. 내치다. 귀양 보내다. 7. 글자나 시문을 고치다. ¶竄定 8. 죽이다. 9. 스며들게 하다. 10. 부추기다.

竄改(찬개) 바로잡음.

竄匿(찬닉) 도망하여 숨음.

竄流(찬류) 귀양살이.

竄配(찬배) 죄인을 섬이나 지방으로 귀양 보내고 감시하던 형벌. 정배(定配).

竄奔(찬분) 도망침. 달아남.

竄入(찬입) 도망쳐 들어감.

竄竊(찬절) 남의 시문(詩文)을 몰래 따다가 자기가 지은 것이라고 속임.

竄定(찬정) 시문(詩文) 등에서 잘못된 곳을 고침.

竄走(찬주) 몰래 달아남.

竄斥(찬척) 내쫓음. 물리침.

竄黜(찬출) 죄인의 벼슬을 빼앗고 멀리 귀양 보냄.

竄貶(찬폄) 좌천(左遷)시켜 귀양 보냄.

비 鼠(쥐 서)

籃

⑭ 19획 日ラン
얇고 클 람 中lán, làn

풀이 1. 얇고 크다. 2. 평평하고 얇다.

寱

⑭ 19획 日アイ
잠꼬대 예 中yì

풀이 잠꼬대.

竇

⑮ 20획
❶구멍 두 日トウ
❷도랑 독 中dòu

풀이 ❶ 1. 구멍. 2. 움. 땅을 파서 만든 광 또는 집. 3. 협문. 담을 뚫어 만든 입구. ❷ 4. 도랑. 개천.

竇窖(두교) 움. 굴.

竈

⑯ 21획 日ソウ
부엌 조 中zào

풀이 1. 부엌. 2. 조왕. 부엌을 맡은 신.

竈君(조군) 부엌의 신. 조신(竈神).

竈突(조돌) 굴뚝.

竈神(조신) 오사(五祀)의 하나. 조군(竈君).

竈王(조왕) 부엌을 맡은 신.

竈丁(조정) 소금을 굽는 사람.

竈陘(조형) 1)부엌 옆의 나뭇간. 2)부뚜막.

유 廚(부엌 주) 庖(부엌 포)

⑰ 22획 日セツ
훔칠 절 中qiè

* 회의. '穴(구멍 혈)'과 '米(쌀 미)'와 짐승의 모양을 나타내는 '卨(사람 이름 설)'의 변형자를 합친 글자. 짐승(卨)이 창고 구멍(穴)에서 곡식(米)을 훔쳐 먹는 모양을 나타내어, '훔치다'의 뜻으로 쓰임.

풀이 1. 훔치다. ¶竊取 2. 도둑질. 절도. 3. 몰래. 살며시. 사사로이. ¶竊笑

竊鉤(절구) 좀도둑.

竊念(절념) 자기 혼자서 여러 모로 생각함.

竊盜(절도) 다른 사람의 재물을 훔침. 또는 그 사람.

竊鈇疑(절부의) 1)아무 근거도 없이 이웃 사람의 아들이 도끼를 훔쳐 갔으리라고 의심한 고사에서 나온 말로, 의심이 많으면 무슨 일이든지 의심스럽게 보인다는 말. 2)억울한 혐의.

竊笑(절소) 혼자 웃음.

竊攘(절양) 훔침.

竊位(절위) 벼슬이나 관직에 있으면서 그 직무를 소홀히 함.

竊賊(절적) 좀도둑.

竊竊(절절) 1)작은 소리가 어렴풋이 들리는 모양. 2)분명한 모양. 3)소곤소곤 말하는 모양.

5획

4)어림잡아 조사하는 모양.

竊取(절취) 훔침.

유 盜(훔칠 도)

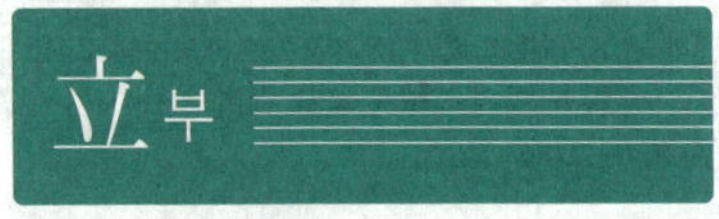

立 설 립 部

'立' 자는 사람과 관련된 뜻을 지닌 글자로, 사람이 서 있는 모습에서 '서다'를 나타낸다. 그리고 입지(立志)에서처럼 '세우다'라는 뜻을 나타내기도 한다. 또한 서 있는 자세가 어떤 행동이든 곧바로 할 수 있는 것을 나타내기 때문에 '곧', '즉시'라는 뜻을 지니기도 한다. 이 글자를 부수로 갖는 글자는 대체로 사람이 서 있거나 물체가 세워져 있는 것과 관련이 있다.

丶 亠 亠 立 立

* 상형. 사람이 땅 위에 서 있는 모습을 본 뜬 글자. 후에 사람에 국한하지 않고 '서다', '세우다'의 뜻을 나타냄.

풀이 1. 서다. 똑바로 서다. ¶立席 2. 정지하다. 3. 나타나다. 4. 세우다. 5. 설치하다. 건립하다. 6. 직위에 앉히다. 7. 곧. 즉시. 8. 자리. 지위.

立脚(입각) 근거를 두어 그 입장에 섬.

立件(입건) 혐의 사실을 인정하여 사건을 성립시킴.

立教(입교) 1)가르침의 방법을 세움. 2)종교를 믿기 시작함. 3)세례 받은 사람에게 행하는 의식.

立國(입국) 나라를 세움.

立稻先賣(입도선매) 벼를 논에 세워 둔 채로 미리 돈을 받고 팖.

立冬(입동) 24절기의 하나. 양력 11월 8~9일경.

立論(입론) 의논의 취지 · 순서 등을 세움.

立方體(입방체) 각 변의 길이가 서로 같은 직육면체.

立法(입법) 법을 제정함. 또는 그 행위.

立像(입상) 서 있는 자세의 상(像).

立席(입석) 서는 자리.

立身(입신) 사회적으로 인정을 받아 제 구실을 할 수 있게 됨. 출세함.

立心(입심) 마음을 단단히 먹음.

立案(입안) 1)안(案)을 세움. 2)초안을 잡음. 3)관청에 서류 등을 등록함.

立場(입장) 처한 상황. 처지(處地).

立節(입절) 절개를 굽히지 않음.

立朝(입조) 벼슬에 오르는 일.

立證(입증) 증거를 세움.

立地(입지) 1)영토를 새로 얻음. 2)곧. 즉시. 3)공업 · 농업의 생산 경영에 작용하는 지세(地勢) · 지질(地質) 등을 자연적 조건.

立志(입지) 뜻을 세움.

立體(입체) 길이 · 두께 · 넓이를 갖춘 물체.

立秋(입추) 24절기의 첫째. 양력 2월 4일경.

立錐之地(입추지지) 송곳 하나 세울 만한 땅이라는 뜻으로 조금의 여유도 없는 아주 좁은 땅을 이르는 말.

立夏(입하) 24절기의 일곱째. 5월 6일경.

立憲(입헌) 헌법을 제정함.

立會(입회) 현장에 나가서 참석함.

立候補(입후보) 선거에 후보자로서 이름을 내세움.

建立(건립) 절 · 탑 · 동상(銅像) 등을 만들어 세움.

孤立(고립) 1)홀로 떨어져 있음. 2)남과 어울리지 못하고 외톨이가 됨.

公立(공립) 지방 공공 단체가 설립하여 운영하는 일. 또는 그 시설.

國立(국립) 나라 예산으로 설립하여 관리함.

獨立(독립) 1)다른 것에 부속하거나 기대지 않음. 2)한 나라가 완전한 주권을 행사함. 3)개인이 한 집안을 이루어 사권(私權)을 행사하는 능력을 가짐.

竝立(병립) 나란히 섬. 동시에 존재함.

私立(사립) 개인이나 민간 단체가 설립하여 유지하는 일.

成立(성립) 이루어짐.

自立(자립) 남에게 의지하거나 지배를 받지 않고 자기 힘으로 섭.

積立(적립) 모아 둠.

存立(존립) 생존하여 자립함.

中立(중립) 대립되는 두 편 가운데 중간적인 위치에 섬.

創立(창립) 처음으로 세움.

確立(확립) 굳게 섬. 또는 굳게 세움. 확고하여 움직이지 않음.

반 坐(앉을 좌)

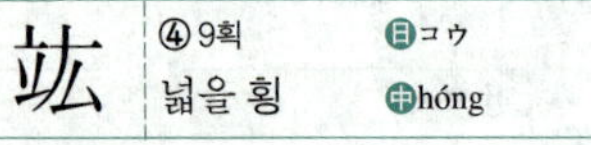

풀이 1. 넓다. 2. 자로 재다. 3. 굳세다. 강하다.

유 廣(넓을 광) 반 狹(좁을 협)

5획

竛 ⑤ 10획 日レイ
비틀거릴 령 中líng

풀이 비틀거리다.

비 玲(옥소리 령)

竜 ⑤ 10획
龍(p1667)의 古字

竝 ⑤ 10획
❶아우를 병 日ヘイ·ならべる
❷곁 방 中bìng, bàng, bàn

* 회의. 사람의 서 있는 모양을 본뜬 두 개의 '立(설 립)'을 합친 글자. 이에 '나란히 하다'의 뜻을 나타내며, 바뀌어 '병합하다'의 뜻으로 쓰임.

풀이 ❶ 1. 아우르다. 합하다. ¶竝記 2. 나란히 하다. 가지런하다. 3. 견주다. 4. 어울리다. ¶竝居 5. 모이다. 6. 모두. ❷ 7. 곁. 8. 잇다.

竝擧(병거) 어떤 사실이나 보기를 들어 말할 때 두 가지 이상을 아울러 듦.
竝居(병거) 한 곳에 함께 삶.
竝肩(병견) 어깨를 나란히 함. 서로 비슷함.
竝驅(병구) 1)나란히 달림. 2)경쟁함.
竝記(병기) 함께 아울러 기록하는 일.
竝起(병기) 한꺼번에 나란히 일어남.
竝力(병력) 힘을 한데 합함. 서로 협력함.
竝列(병렬) 줄을 섬. 나란히 늘어섬.
竝立(병립) 나란히 섬.
竝木(병목) 길 양쪽에 나란히 심어 놓은 나무.
竝發(병발) 두 가지 이상의 일이 한꺼번에 일어남.
竝設(병설) 함께 베풀어 함께 둠.
竝用(병용) 아울러 같이 씀.
竝育(병육) 다 같이 자람.
竝進(병진) 함께 나란히 나아감.
竝唱(병창) 두 사람이 함께 노래를 부름.
竝置(병치) 두 가지 이상을 함께 나란히 두거나 설치함.
竝呑(병탄) 1)함께 삼킴. 2)남의 나라를 병합하여 제 나라로 삼음.
竝行(병행) 1)나란히 감. 2)두 가지 일을 한꺼번에 행함.
竝興(병흥) 함께 일어남. 같이 흥성함.

유 倂(아우를 병) 并(아우를 병)

竚 ⑤ 10획
佇(p47)와 同字

站 ⑤ 10획 日セン
우두커니 설 참 中zhàn

풀이 1. 우두커니 서다. ¶站立 2. 역마을. ¶站路 3. 견디다.

站立(참립) 우두커니 한참을 서 있음.
站夫(참부) 역(驛)에서 화물을 운반하는 인부. 역부(驛夫).
站船(참선) 관부(官府)에서 관리하여 쓰던 배.
站役(참역) 도자기를 만들 때, 빚은 그릇을 말리기 전에 흙을 매만져서 고루 잡는 사람.
站運(참운) 조선 때 조세를 징수한 물건들을 배를 이용하여 운송하던 일.

竟 ⑥ 11획 日キョウ·さかい
다할 경 中jìng

* 회의. 사람(儿)이 음악(音)을 연주하다가 그 곡을 끝마쳤음을 나타내어, '다하다', '끝나다'라는 뜻으로 쓰임.

풀이 1. 다하다. 끝나다. 2. 끝. 종말. 3. 미치다. 4. 마침내. ¶畢竟 5. 지경. 경계.

竟內(경내) 지경의 안.
竟夜(경야) 밤새도록.
竟日(경일) 하루 종일.
究竟(구경) 1)궁극(窮極). 2)결국. 마침내.
畢竟(필경) 마침내. 결국에는.

유 境(지경 경) 비 章(글 장)

章 ⑥ 11획 日ショウ
글 장 中zhāng

풀이 1. 글. 문장. ¶章句 2. 장. 악곡이나 시가의 단락. 3. 도장. ¶圖章 4. 문채. 색채나 무늬. 5. 밝다. 밝히다. 6. 나타나다. 7. 법. 규칙. 8. 당황하다. 9. 형태. 형상. 10. 열 아홉 해.

章擧(장거) 문어과에 속하는 연체동물의 하나. 낙지.
章句(장구) 글의 장과 구. 문장의 단락.
章牘(장독) 문서 · 책 · 편지 등의 총칭.
章理(장리) 밝은 이치.
章節(장절) 문장의 장과 절.

章奏(장주) 신하가 임금에게 올리는 글.
肩章(견장) 제복의 어깨에 붙이어 관직의 종류와 계급을 나타내는 표장. 계급장.
圖章(도장) 개인 · 단체 · 관직 등의 이름을 새겨서 서류에 찍어 증거로 삼는 데 쓰는 물건. 인장(印章).
文章(문장) 1)구절을 모아서 한 문제를 논술한 글의 한 편. 2)한 나라의 문명을 형성한 예악과 제도. 3)문장가(文章家).
樂章(악장) 1)지난날 나라의 행사 때에 연주하던 음악의 가사. 2)교향곡 · 소나타 등과 같이 몇 개의 소곡(小曲)이 모여 하나의 큰 악곡이 되는 경우의 각 소곡.
腕章(완장) 팔에 차는 띠.
印章(인장) 도장(圖章).
典章(전장) 1)제도와 문물. 2)법칙이나 규칙을 적은 글.
指章(지장) 손도장.
勳章(훈장) 나라와 사회에 크게 공헌한 사람에게 그 명예를 기리기 위해 나라에서 주는 휘장.
徽章(휘장) 군인 · 관리 등의 가슴에 다는 표장.
비 竟(지경 경)

童	⑦ 12획	日ドウ
	아이 동	中tóng

* 회의. '立(설 립)'과 '里(마을 리)'를 합친 글자. 동네(里) 어귀에 서서(立) 노는 아이들을 뜻함. 이에 '아이'의 뜻을 나타냄.

풀이 1. 아이. ¶童男 2. 어리석다. ¶童昏 3. 종. 4. 뿔이 나지 않은 양이나 소. 5. 벗겨지다. ㉠민둥민둥하다. ㉡머리털이 없음. 6. 종. 7. 같다. 8. 눈동자.

童觀(동관) 어린아이의 소견. 즉, 얕은 견식(見識)을 이르는 말.
童妓(동기) 머리를 쪽찌지 않은 어린 기생.
童男(동남) 사내아이.
童女(동녀) 계집아이.
童昧(동매) 어려서 사리에 어두움. 동혼(童昏).
童蒙(동몽) 어린이.
童便(동변) 12살 미만의 사내아이의 오줌. 두통 · 육혈 · 학질 · 골절상 · 종창 등의 병에 약으로 씀.
童僕(동복) 사내아이 종.
童心(동심) 어린이의 마음이나 어린이와 같은 순진한 마음.
童牙(동아) 어린이. 또는 어림.
童顔(동안) 1)어린아이의 얼굴. 2)나이든 사람의 어려 보이는 얼굴.
童騃(동애) 아직 어려 어리석음.
童謠(동요) 1)아이들 사이에 자연히 생겨나 유행하는 노래. 2)아이들을 위하여 동심(童心)에 어울리는 말로 표현한 노래.
童牛(동우) 송아지.
童子(동자) 1)사내아이. 2)중이 되려고 절에서 공부하면서 아직 출가하지 않은 아이. 3)절에서 심부름하는 아이.
童子蔘(동자삼) 어린아이 모양과 비슷하게 생긴 산삼(山蔘).
童貞(동정) 이성과 한 번도 접촉을 하지 않는 일. 또는 그 사람. 주로 남자에 대해 쓰는 말.
童昏(동혼) 어리석고 어두움. 어려서 사리를 분간하지 못함.
童話(동화) 어린이를 위하여 지은 재미있고 교훈적인 이야기.
유 兒(아이 아)

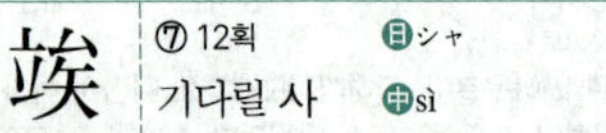

풀이 기다리다.
유 待(기다릴 대)

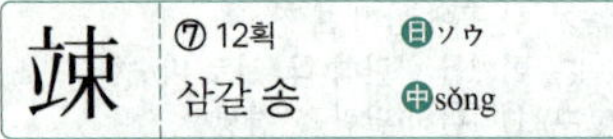

* 형성. 뜻을 나타내는 부수 '立(설 립)'과 음을 나타내는 '束(묶을 속)'을 합친 글자.

풀이 1. 삼가다. 조심하다. ¶竦聽 2. 공경하다. 3. 놀라다. 4. 두려워하다. 5 높여 올리다. 6 발돋움하다. ¶竦企 7. 움츠리다. 8. 꼿꼿이 서다.

竦企(송기) 발돋움하여 기다림.
竦動(송동) 황송하여 감동함.
竦慕(송모) 공경하고 사모함.
竦竦(송송) 우뚝 솟은 모양.
竦秀(송수) 높이 솟음. 송치(竦峙).
竦然(송연) 무서워서 몸을 움츠리는 모양.
竦震(송진) 황송하여 떪.
竦聽(송청) 황송해하며 들음.
竦峙(송치) 높이 솟음.

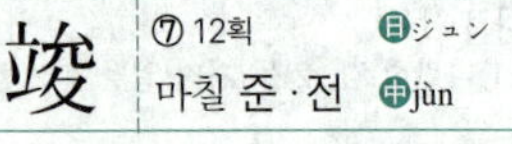

풀이 1. 마치다. 2. 멈추다. 3. 웅크리다. 4. 물러가다. 5. 고치다.

5획

竣工(준공) 공역을 다 마침.
竣事(준사) 하던 일을 성취함.
竣役(준역) 소임을 마침.

비 埈(가파를 준)

竫	⑧ 13획	日セイ
	편안할 정	中jìng

풀이 1. 편안하다. 2. 가리다. 선택하다. 3. 바르다. 4. 작다. 5. 고요하다.

유 寧(편안할 령) 安(편안할 안)

竭	⑨ 14획	日ケツ
	다할 갈	中jié

* 형성. 뜻을 나타내는 '부수 立(설 립)'과 음을 나타내는 '曷(어찌 갈)'을 합친 글자.

풀이 1. 다하다. 다 쓰다. 다 없애다. ¶竭力 2. 물이 마르다. 3. 지다. 패하다. 4. 끝나다. 5. 엉기다. 6. 망하다. 7. 올리다. 들어 올리다.

竭蹶(갈궐) 1)먼 길을 가다가 힘에 부쳐 쓰러짐. 2)힘든 일을 애써 노력하여 나아감.
竭力(갈력) 진력(盡力).
竭盡(갈진) 다하여 모두 없어짐.
竭忠(갈충) 충성을 다함.
竭澤而魚(갈택이어) 연못을 말려 고기를 얻는다는 뜻으로, 눈앞의 이익만을 추구하여 먼 장래는 생각하지 않음을 이르는 말.

○竭澤而魚(갈택이어)의 유래

진나라의 문공(文公)이 초나라와 일대 접전을 앞두고 호언(狐偃)과 이옹(李壅)에게 싸움에서 승리할 방법에 대해 조언을 구했다. 이에 호언은 속임수 작전을 쓰라고 조언했는데, 그러나 이옹은 속임수 작전에 동의하지 않았다. 별다른 방법이 없었지만 이렇게 말했다. "연못의 물을 모두 퍼내어 물고기를 잡으면 훗날에는 잡을 물고기가 없게 되고, 산을 불태워서 짐승들을 잡으면 뒷날에는 잡을 짐승이 없을 것입니다. 지금 속임수를 써서 위기를 모면한다 해도 영원한 해결책이 아닌 이상 임시 방편의 방법일 뿐입니다." 이옹은 눈앞의 이익만을 위하는 것은 화를 초래한다고 본 것이다.

困竭(곤갈) 곤궁하여 다 없어짐.

비 曷(어찌 갈)

端	⑨ 14획	日タン
	바를 단	中duān

* 형성. 뜻을 나타내는 부수 '立(설 립)'과 음을 나타내며 '처음'이라는 의미를 지닌 '耑(끝 단)'을 합친 글자. 이에 '바르다', '바로잡다'의 뜻으로 쓰임.

풀이 1. 바르다. 굽지 않고 똑바르다. ¶端正 2. 바로잡다. 3. 실마리. ¶端緖 4. 끝. 종말. 5. 시초. 처음. 6. 근본. 7. 등급. 8. 자세하다.

端居(단거) 평상시의 거처.
端揆(단규) 정사를 바르게 헤아림. 즉, 재상(宰相)을 이르는 말.
端良(단량) 바르고 선량함.
端麗(단려) 품행이 단정하고 자태가 아름다움.
端末(단말) 끝. 말단(末端).
端敏(단민) 바르고 민첩함.
端士(단사) 품행이 단정한 선비. 단인(端人).
端緖(단서) 실마리.
端雅(단아) 단정하고 온아(溫雅)함.
端信(단신) 바르고 성의가 있음. 정직하고 절개가 있음.
端言(단언) 바른 말.
端嚴(단엄) 엄격함.
端然(단연) 예의 바른 모양. 엄숙한 모양.
端倪(단예) 1)일의 처음과 끝. 2)본말·시종을 미루어 앎. 추측함.
端午(단오) 음력 5월 5일의 명절. 수릿날.
端衣(단의) 단정한 예복.
端人(단인) 마음이 바른 사람. 품행이 단정한 사람.
端莊(단장) 단정하고 엄격함.
端的(단적) 간단하고 명백한 (것).
端漸(단점) 실마리 .단서(端緖).
端正(단정) 얌전하고 바름.
端整(단정) 마음이 바르고 자세가 가지런함.
端貞(단정) 품행이 바르고 지조가 굳음.
端操(단조) 바른 절조. 곧은 지조.
端志(단지) 바른 뜻.
端直(단직) 정직함.
端行(단행) 1)바른 몸가짐. 2)바르게 걸음.

유 正(바를 정) 비 瑞(상서로울 서)

竮	⑪ 16획	日ヘイ
	비틀거릴 병	中pīng

풀이 비틀거리다.

競	⑮ 20획	日キョウ·ケイ
	다툴 경	中jìng

* 회의. '言(말씀 언)'과 '人(사람 인)'을 두 개씩 합친 글자.

5획

두 사람이[人] 말[言]로 다투는 것을 나타내어, '다투다'의 뜻으로 쓰임.

풀이 1. 다투다. 겨루다. 경쟁하다. ¶競技 2. 나아가다. 3. 좇다. 따르다. 4. 나란하다. 5. 굳세다. 6. 갑자기. 7. 높다.

競技(경기) 운동으로 승부를 겨루거나 기술의 낫고 못함을 겨루는 일.

競渡(경도) 배를 저어 빨리 건너가기를 겨루는 놀이.

競輪(경륜) 자전거 경주.

競馬(경마) 말을 타고 경주하는 일.

競賣(경매) 1)어떤 물건을 사겠다는 사람이 많을 때 값을 제일 많이 부르는 사람에게 파는 일. 2)경매 청구 권리자의 신청으로 법원 · 집달리가 동산 · 부동산을 공매(公賣)함.

競病(경병) 경(競)이나 병(病) 같은 어려운 운(韻)을 달아 시를 지음.

競步(경보) 빠르게 걷기를 겨루는 경기.

競奔(경분) 앞을 다투어 달림.

競演(경연) 예술이나 기능 등을 발표하여 실력을 겨루는 일.

競爭(경쟁) 서로 이기거나 앞서려고 다툼.

競注(경주) 앞을 다투어 흘러들어감.

競走(경주) 빨리 달리기를 겨루는 일.

競津(경진) 앞을 다투어 달리는 방향.

競進(경진) 다투어 나아감.

競逐(경축) 다투어 좇음. 다투어 겨룸.

비 兢(삼갈 긍)

❖ 한문의 구성(문장 형식)

(1) 평서형
어떤 사건이나 사실을 서술한 문장 형식이다. 문장 끝에 '也', '矣' 등이 붙는다.
예 言心聲也 : 말은 마음의 소리이다.

(2) 부정형
어떤 사건이나 사실을 부정적으로 진술한 문장 형식이다. 부정사 '不', '無' 등을 사용하여 '~이 아니다', '~이 없다', '~하지 아니하다'는 뜻을 나타낸다.
예 仁者無敵 : 어진 사람은 적이 없다.

(3) 금지형
부정적 명령문이다. '勿', '毋', '莫' 등을 사용하여 '~지 마라'는 금지의 뜻을 나타낸다.
예 非禮勿視 非禮勿聽 : 예가 아니면 보지 말며 예가 아니면 듣지 말라.

(4) 의문형
무엇을 묻는 뜻을 나타내는 문장 형식이다. 문장의 처음이나 중간에 '何', '誰' 등의 의문부사나 의문대명사를 사용하거나, 문장 끝에 '乎', '耶' 등을 사용하여 의문의 뜻을 나타낸다.
예 漢陽中誰最富 : 한양에서 누가 제일 부자인가?

(5) 반어형
표면에 나타난 의미와 이면에 숨은 의미가 서로 상반되도록 함으로써 의미를 강조하는 문장 형식이다. '豈', '寧' 등이 '乎', '哉' 등과 호응하여 '어찌(무엇이)~겠는가?' 등의 반문의 뜻을 나타낸다.
예 王侯將相 寧有種乎 : 왕후장상(왕 · 제후 · 장군 · 재상)이 어찌 씨가 있겠는가?

(6) 비교형
둘 또는 둘 이상의 사물을 견주어 서로 간의 유사점, 차이점 등 일반 법칙이나 의리(義理) 따위를 고찰하는 문장 형식이다. '於', '乎' 등이 사용되어 '~보다' 등의 뜻을 나타낸다.
예 苛政猛於虎 : 가혹한 정치는 호랑이보다 사납다.

(7) 피동형
주체가 어떤 동작을 타인의 힘에 의해 당하게 됨을 표현하는 문장 형식이다. '被', '爲A所B' 등을 사용하여 'A가 B에게 받다(당하다)' 등의 뜻을 나타낸다.
① 被 · 見 · 受+동사+於(乎)+사람 · 사물
② 爲+사람 · 사물+所+동사
예 先則制人 後則爲人所制 : 앞서면 남을 제압하고 뒤지면 남에게 제압당한다.

(8) 사역형(사동형)
타인에게 동작을 하도록 시키는 문장 형식이다. '使', '令', '敎', '遣' 등을 사용하여 '~로 하여금 ~하게 하다'는 뜻을 나타낸다.
예 天無口 使人言 : 하늘은 입이 없으므로 사람으로 하여금 말하게 한다.

(9) 가정형
어떤 조건을 전제하고 그에 따른 가능한 결과나 예측되는 결과를 유도해내는 문장 형식이다. 문장의 처음에 '若', '如' 등을 사용하여 '만약~면 ~한다'는 뜻을 나타낸다.
예 春若不耕 秋無所望 : 봄에 만약 밭을 갈지 않으면 가을에 바랄 것이 없다.

(10) 한정형
문장의 앞에 '但', '只', '唯', '直' 등이 쓰이거나, 문장의 끝에 어기사 '已', '耳', '而已' 등이 쓰이어, '다만(오직)~할 뿐이다(따름이다)'라는 한정의 뜻을 나타낸다.
예 直不百步耳(다만 백 보가 아닐 따름이다.)

(11) 감탄형
감탄사 '嗚呼', '噫' 등이나 용언에 '矣', '乎' 등이 덧붙은 '久矣', '甚矣', '惜乎' 등이 문장의 앞에 와서 감탄의 뜻을 나타내는 문장 형식을 말한다.
예 嗚呼 國恥民辱乃至於此(슬프다, 나라의 수치와 백성이 욕됨이 바로 여기에 이르렀구나!)
예 久矣 吾不復夢見周公(오래되었구나, 내가 꿈에서 주공을 다시 보지 못함이여!)

(12) 억양형
'況', '安' 등이 '乎', '哉', '耶', '與' 등의 어말어기사와 호응되어, 말하는 이가 말하려고 생각한 것을 일단 눌러 놓았다가 뒤에 다시 어조를 높여 강하게 하는 문장 형식을 말한다.
예 死馬且買之 況生者乎? (죽은 말도 또한 사들이는데 하물며 산 것임에랴!)

竹부

竹 대 죽 部

'竹' 자는 양 가지를 아래로 늘어뜨린 대나무의 모양을 나타낸 것으로 '대나무'를 뜻한다. 이 글자가 다른 글자와 합쳐질 때 항상 글자의 위에 사용되기 때문에 '대죽머리'라는 부수 명칭으로 불리기도 한다. 이 글자를 부수로 갖는 글자는 대체로 대나무나 대나무로 만들어진 물건과 관련이 있다.

竹	⓪6획 대 죽	日チク・たけ 中zhú

풀이 1. 대. 대나무. ¶竹刀 2. 피리. 3. 죽간(竹簡). 대쪽.

竹竿(죽간) 대나무 장대.
竹簡(죽간) 옛날 종이를 사용하기 전에 글을 쓰던 대쪽.
竹工(죽공) 대그릇 등을 만드는 사람.
竹器(죽기) 대로 만든 그릇.
竹刀(죽도) 대로 만든 칼. 대칼.
竹籃(죽람) 대바구니.
竹瀝(죽력) 푸른 대쪽을 불에 구울 때 흘러나오는 진액.
竹簾(죽렴) 대로 만든 발. 대발.
竹籠(죽롱) 대나무로 엮어 만든 농.
竹林(죽림) 대나무 숲.
竹馬(죽마) 1)아이들이 가랑이에 끼고 끌고 다니는 대막대기. 죽말. 2)올라타고 걸어 다닐 수 있도록 두 개의 긴 대막대기에 발판을 놓은 것.
竹馬故友(죽마고우) 어릴 때부터 죽마를 타고 같이 놀며 자란 오랜 벗.
竹篾(죽멸) 대나무 껍질.
竹帛(죽백) 종이를 사용하기 전에 대쪽이나 헝겊에 글을 써서 기록한 것에서 생긴 말로, 책을 이르는 말.
竹夫人(죽부인) 대오리를 사람 키만큼 길고 둥글게 엮어서, 여름에 더위를 식히기 위하여 끼고 자는 것.
竹扉(죽비) 대로 만든 사립문.
竹筍(죽순) 대의 땅속줄기에서 돋아나는 어린 싹.
竹茹(죽여) 1)솜대의 얇은 속껍질. 2)대나무의 껍질을 벗긴 것. 쓸모없는 것을 비유하는 말.
竹葉(죽엽) 댓잎.
竹纓(죽영) 대오리를 꿰어 만든 갓끈.
竹陰(죽음) 대나무 그늘.
竹人(죽인) 피리 등을 부는 사람.
竹杖(죽장) 대로 만든 지팡이.
竹節(죽절) 대나무의 마디.
竹枝(죽지) 대나무 가지.
竹冊(죽책) 1)대를 엮어 만든 서책. 죽간(竹簡). 2)조선 시대, 세자비의 책봉문(冊封文)을 새긴 간책(簡冊).
竹尺(죽척) 대로 만든 자.
竹筒(죽통) 굵은 대나무로 만들어 술이나 물을 담는 통.
竹牌(죽패) 화살을 막기 위해 대를 엮어 만든 방패.
竹蛤(죽합) 조개의 한 종류. 긴맛.

笏	②8획 ❶힘줄 근 ❷대 뿌리 륵(늑)	日キン 中jīn, lè, lí

풀이 ❶ 1. 힘줄. ❷ 2. 대 뿌리. 3. 대 이름. ¶笏竹

笏竹(늑죽) 긴 가시가 있고 가지가 다섯 개씩 있는, 대의 한 종류.

유 筋(힘줄 근)

竺	②8획 ❶대나무 축 ❷두터울 독	日ジク 中zhú

풀이 ❶ 1. 대나무. 2. 나라 이름. 천축(天竺). 인도의 옛 이름. ❷ 3. 두텁다.

竺乾公(축건공) 부처. 축건(竺乾).
竺經(축경) 불경(佛經)의 다른 이름.
竺學(축학) 불교의 학문.
天竺(천축) 중국에서 부르던 인도의 옛 이름.

竿	③9획 장대 간	日カン 中gān

* 형성. 뜻을 나타내는 부수 '竹(대 죽)'과 음을 나타내며 줄기를 의미하는 '干(천간 간)'을 합친 글자. 이에 '대나무 줄기', '장대'의 뜻으로 쓰임.

풀이 1. 장대. ¶竿頭 2. 대쪽. ¶竿牘 3. 죽순. 4. 화살대. 5. 횃대. 옷걸이.

竿牘(간독) 서찰(書札).
竿頭(간두) 장대나 막대 등의 끝.
竿頭之勢(간두지세) 장대 끝에 선 형세라는 뜻으로, 몹시 위태로운 형세를 이르는 말.

비 竽(피리 우)

6획

竽	③ 9획 피리 우	日ウ・ふえ 中yú

풀이 1. 피리. 2. 괴수. 두목.

竽籟(우뢰) 피리.
竽笙(우생) 아악 연주에 쓰는 관악기.
竽瑟(우슬) 피리와 거문고.

유 笛(피리 적) 비 竿(장대 간)

笎	④ 10획 ❶ 대 나란할 강 ❷ 장대 항	日コウ 中gāng, hàng

풀이 ❶ 1. 대가 나란하다. 2. 현악기(絃樂器). 3. 대나무. ❷ 4. 장대. 5. 옷걸이. 횃대.

笄	④ 10획 笄(p999)의 俗字

笈	④ 10획 책 상자 급	日キュウ 中jí

풀이 책 상자. 대로 엮어 짊어지고 다니는 책 상자.

비 扱(문빗장 급)

笓	④ 10획 새우 잡는 통발 비	日ヒ 中bì, pí

풀이 1. 새우 잡는 통발. 2. 참빗.

笓篦(비희) 참빗.

笇	④ 10획 셀 산	日サン 中suàn

풀이 세다. 계산하다.

유 算(셈 산)

笑	④ 10획 웃을 소	日ショウ・わらう 中xiào

丿 𠂉 𥫗 𥫗 𥫗 竹 竺 笁 笑 笑

＊형성. 뜻을 나타내는 '竹(대 죽)'과 음을 나타내는 '夭(어릴 요)'를 합친 글자. 대(竹) 밭에 죽순이 아름다워(夭) 사람들이 즐거워 웃는 것을 나타내어, '웃다'라는 뜻으로 쓰임.

풀이 1. 웃다. 웃음. ¶笑談 2. 기뻐하다. 3. 꽃이 피다. 4. 업신여기다.

笑納(소납) 보잘것없은 물건이지만 웃으며 받아 달라는 뜻으로 쓰는 말.
笑談(소담) 웃으며 이야기함.
笑裏藏刀(소리장도) 소중지도(笑中之刀).
笑罵(소매) 비웃으며 꾸짖음.
笑殺(소살) 1)소리 내어 크게 웃음. 2)웃어넘기며 문제 삼지 않음.
笑聲(소성) 웃음 소리.
笑顔(소안) 웃는 얼굴.
笑言(소언) 웃으면서 말을 함.
笑資(소자) 웃음거리.
笑中之刀(소중지도) 웃음 속에 칼이 있다는 뜻으로, 온화한 표정 속에 음험한 생각을 갖고 있음을 일컫는 말.

●笑中之刀(소중지도)의 유래

진나라의 이의부(李義府)는 늘 얼굴빛이 부드럽고 공손했다. 또 다른 사람과 말할 때는 기쁜 표정으로 미소를 띄우며 말했다. 하지만 속으로는 음험하고 비뚤어져서, 자기 마음에 거슬리는 사람은 누구나 헐뜯었다. 그래서 당시 사람들은 "이의부의 웃음 속엔 칼이 있다."라고 말하곤 했다고 한다.

笑粲(소찬) 흰 이를 드러내고 웃음.
笑謔(소학) 웃으면서 농지거리함.
嘲笑(조소) 비웃음.

笋	④ 10획 筍(p1001)과 同字

笌	④ 10획 대순 아	日ガ 中yá

풀이 대순. 죽순.

유 笋(죽순 순)

笒	④ 10획 ❶ 대 이름 잠 ❷ 점대 금	日ザン・サン 中cén, hán, jìn

풀이 ❶ 1. 대 이름. ❷ 2. 점대. 점을 치는 데 쓰이는 댓조각.

笊	④ 10획 조리 조	日ソウ 中zhào

풀이 1. 조리. 쌀 등을 이는 데 쓰는 기구. 2. 새집. 둥지.

笊籬(조리) 쌀과 같은 곡식을 이는 데 쓰는 기구.

비 爪(손톱 조)

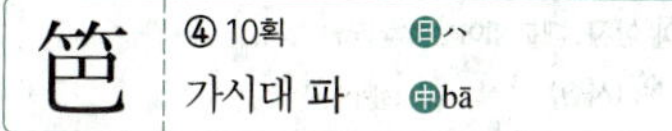

笆 ④ 10획 가시대 파 日ハ 中bā

풀이 가시대. 가시가 난 대나무.

笆籬(파리) 대나무 울타리.

笆籬邊物(파리변물) 쓸모없는 물건.

비 芭(파초 파)

笔 ④ 10획 筆(p1002)과 同字

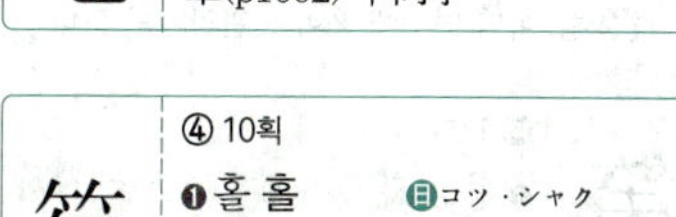

笏 ④ 10획 ❶홀 홀 ❷피리 가락 맞출 문 日コツ・シャク 中hù

* 형성. 뜻을 나타내는 부수 '竹(대 죽)'과 음을 나타내는 '勿(말 물)'을 합친 글자.

풀이 ❶ 1. 홀. 관리들이 임금을 만날 때 손에 쥐던 패. ❷ 2. 피리 가락을 맞추다.

笏記(홀기) 의식(儀式)의 절차를 적은 글.

비 勿(말 물)

笳 ⑤ 11획 갈잎 피리 가 日カ 中jiā

풀이 갈잎 피리. 갈댓잎을 말아 만든 호드기.

笳笛(가적) 갈잎 피리.

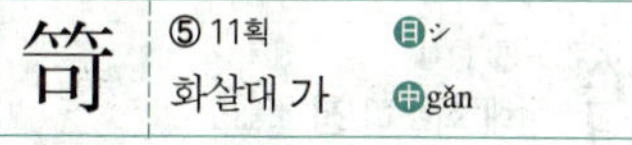

笴 ⑤ 11획 화살대 가 日シ 中gǎn

풀이 화살대. 화살의 몸통 부분.

笵 ⑤ 11획 範(p999)의 俗字

笱 ⑤ 11획 통발 구 日コウ 中gǒu

풀이 통발. 대로 만든 물고기를 잡는 기구.

비 句(글귀 구)

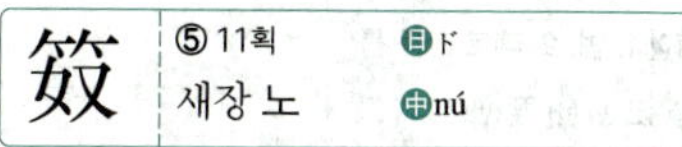

笯 ⑤ 11획 새장 노 日ド 中nú

풀이 새장. 새를 넣어 두는 장.

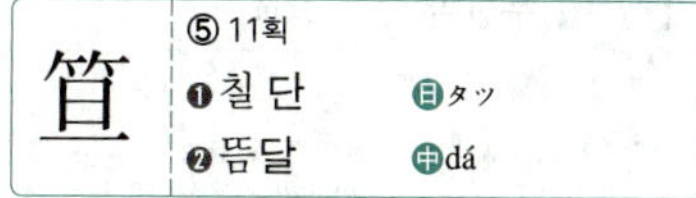

笪 ⑤ 11획 ❶칠 단 ❷뜸달 日タツ 中dá

풀이 ❶ 1. 치다. 2. 고리짝. 3. 매. 회초리. ❷ 4. 뜸. 배를 덮는 대나무 거적.

笪日(달일) 일식(日蝕)으로 낮이 어두워짐.

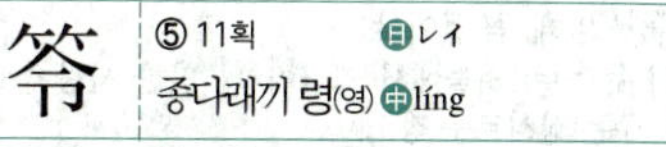

笭 ⑤ 11획 종다래끼 령(영) 日レイ 中líng

풀이 1. 종다래끼. 작은 대바구니. 2. 수레에 쌓이는 먼지를 막기 위해 친 대발. 3. 배 안에 까는 대자리.

笭箵(영성) 1)대바구니. 2)먼지를 막기 위해 수레에 치는 대발.

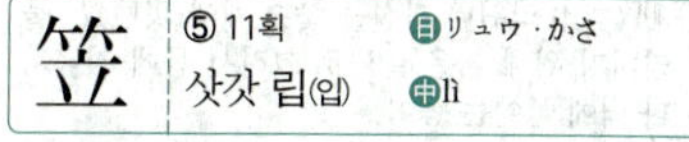

笠 ⑤ 11획 삿갓 립(입) 日リュウ・かさ 中lì

* 형성. 뜻을 나타내는 부수 '竹(대 죽)'과 음을 나타내는 '立(설 립)'을 합친 글자. 대(竹)로 만들어 돌아다닐 때 쓰는 '삿갓'을 나타냄.

풀이 삿갓.

笠帽(입모) 기름종이로 만들어, 비 올 때 갓 위에 덮어쓰는 것. 갈모.

笠上頂笠(입상정립) 삿갓 위에 또 삿갓을 쓴다는 뜻으로, 불필요한 물건을 비유하는 말.

笠飾(입식) 융복(戎服)을 입을 때 갓에 하던 장식.

笠纓(입영) 갓끈.

笠子(입자) 갓.

朱笠(주립) 융복(戎服)을 입을 때 쓰는 붉은 갓.

弊袍破笠(폐포파립) 해진 옷과 부서진 갓이란 뜻으로, 누추하고 구차한 모양새를 이르는 말.

유 簦(삿갓 대)

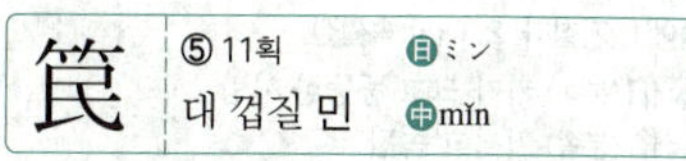

笢 ⑤ 11획 대 껍질 민 日ミン 中mǐn

풀이 1. 대 껍질. 2. 솔. 말의 갈기에 윤을 내는 솔.

笵

⑤ 11획 日ハン
법 범 中fàn

풀이 1. 법. 2. 대로 만든 틀.

유 法(법 법) 度(법도 도)

符

⑤ 11획 日フ
부신 부 中fú

丿 ⺈ ⺮ 𥫗 竺 笁 符 符 符 符 符

* 형성. 뜻을 나타내는 부수 '竹(대 죽)'과 음을 나타내는 '付(줄 부)'를 합친 글자. 신에게 부탁하기(付) 위해 대나무(竹)에 새긴 글을 나타내어 '부적'의 뜻으로 쓰임.

풀이 1. 부신(符信). ¶符節 2. 증거. 3. 예언서. 4. 도장. 5. 들어맞다. ¶符合 6. 길조. 좋은 조짐. ¶符命 7. 본보기. 8. 부적.

符契(부계) 꼭 들어맞음.
符命(부명) 하늘에서 임금이 될 만한 사람에게 주는 상서로운 징조.
符書(부서) 뒷날에 나타날 일을 미리 알아서 남 모르게 적어 놓은 글.
符信(부신) 글을 적고 도장을 찍은 나뭇조각을 둘로 나누어 각자 지니고 있다가 뒷날에 서로 맞춰서 증거로 삼는 물건.
符籍(부적) 악귀나 잡신을 쫓고 재액(災厄)을 물리치기 위해 붉은 글씨로 그려서 몸에 지니거나 벽에 붙이는 종이.
符節(부절) 돌이나 대나무로 만든 부신(符信). 부서(符書).
符合(부합) 꼭 들어맞음.
符號(부호) 1)기호(記號). 2)양수 또는 음수임을 표시하는 기호.
兵符(병부) 조선(朝鮮) 때 군대를 동원하는 표지로 쓰이던 둥글납작한 나무패.
相符(상부) 서로 들어맞음.
護符(호부) 신령스러운 힘이 숨어 있다는 호신용의 부적.

비 付(줄 부)

笨

⑤ 11획 日ホン
거칠 분 中bèn

풀이 1. 거칠다. 2. 대의 속껍질.

笨伯(분백) 키가 크고 뚱뚱한 사람.
笨俗(분속) 거칠고 속됨.
笨拙(분졸) 거칠고 서투름.

笥

⑤ 11획 日シ·サ
상자 사 中sì

풀이 상자. 대로 엮어 만든 네모난 상자.

笥篋(사협) 상자.

笙

⑤ 11획 日ショウ
생황 생 中shēng

풀이 1. 생황(笙簧). 관악기의 한 가지. 2. 대자리.

笙歌(생가) 생황과 노래.
笙鼓(생고) 생황과 북.
笙管(생관) 생황.
笙簧(생황) 아악 연주에 쓰이는 관악기의 하나.

笫

⑤ 11획
❶평상 자 日シ
❷대자리 진 中zǐ

풀이 ❶1. 평상. ❷2. 대자리.

笛

⑤ 11획 日テキ·ふえ
피리 적 中dí

* 형성. 뜻을 나타내는 부수 '竹(대 죽)'과 음을 나타내며 구멍을 뚫는다는 의미를 지닌 '由(말미암을 유→적)'를 합친 글자. 이에 대나무에 구멍을 뚫어 만든 악기를 뜻함.

풀이 피리.

笛工(적공) 1)피리 만드는 사람. 2)피리를 잘 연주하는 사람.
笛伶(적령) 피리를 부는 악사(樂士).
笛聲(적성) 피리 소리.

유 籥(피리 약)

笘

⑤ 11획 日セン
대 회초리 점 中shān

풀이 1. 대 회초리. 2. 대나무 조각. 글씨 공부에 쓰임.

第

⑤ 11획 日ダイ
차례 제 中dì

丿 ⺈ ⺮ 𥫗 竺 笁 笃 笃 笃 第 第

* 형성. 뜻을 나타내는 부수 '竹(대 죽)'과 음을 나타내는 '弟(아우 제)'를 합친 글자. 대쪽(竹)에 글을 써서 순서(弟)대로 엮은 것을 나타내어, '순서', '차례'의 뜻으로 쓰임.

풀이 1. 차례. 순서. ¶第一 2. 차례를 정하다. 3. 집. ¶居第 4. 과거. 5. 과거에 급제하다. ¶落第 6. 다만. 7. 만약.

第館(제관) 저택(邸宅).
第舍(제사) 살림집과 정자 등을 통틀어 이르는 말. 제택(第宅).
第三者(제삼자) 당사자 이외의 사람.
第五列(제오열) 국내에서 적군에 내통하는 사람. 곧 이적(利敵) 행위를 하는 사람.

◐第五列(제오열)의 유래
스페인 내란 때, 프랑코 장군이 마드리드 시를 공격하면서 시내에도 자기가 통솔하는 4개 부대 이외의 제5부대가 있다고 말한 데서 유래하였다.

第一(제일) 첫째. 으뜸.
第一步(제일보) 1)첫걸음. 2)일을 시작하는 첫 단계.
第一位(제일위) 1)맨 앞의 자리. 2)으뜸이 되는 자리. 또는 그 차례.
第次(제차) 차례. 순서.
甲第(갑제) 크고 넓게 잘 지은 집.
及第(급제) 1)과거(科擧)에 합격함. 2)시험 · 검사에 합격함.
落第(낙제) 1)성적이 나빠서 상급 학교나 상급 학년에 진학이나 진급을 못함. 2)시험에 떨어짐.
本第(본제) 고향에 있는 본가(本家).
長第(장제) 자기의 바로 아랫동생.

유 秩(차례 질) 序(차례 서)

笮 ⑤ 11획
❶좁을 착 ❷밧줄 작 ❸짤 자
日サク 中zé, zuó

풀이 **1** 1. 좁다. 2. 빠르다. 3. 화살통. 4. 누르다. **2** 5. 밧줄. 대오리로 만든 동앗줄. **3** 6. 짜다. 눌러 짜다.

유 窄(좁을 착)

笞 ⑤ 11획
매질할 태
日チ 中chī

풀이 1. 매질하다. 볼기치다. 2. 태형. 대나무로 만든 채찍으로 죄인의 볼기를 치는 형벌.

笞擊(태격) 매질함.
笞掠(태략) 매질하여 심문함.
笞罵(태매) 매질하며 꾸짖음.
笞搒(태방) 볼기를 침.
笞殺(태살) 볼기를 쳐 죽임.
笞責(태책) 매질하면서 꾸짖음.
笞刑(태형) 볼기를 치는 형벌.
笞詬(태후) 볼기를 쳐 욕보임.

비 答(대답할 답)

笄 ⑥ 12획
비녀 계
日ケイ 中jī

풀이 1. 비녀. 비녀를 꽂다. 2. 여자의 성인식.

笄丱(계관) 갓 성인이 된 나이.
笄冠(계관) 비녀와 갓. 남녀가 성년이 되어 성인식을 올림.
笄年(계년) 여자가 비녀를 꽂는 나이. 곧, 15세.
笄珥(계이) 비녀와 귀고리.
笄字(계자) 여자가 결혼을 하여 비녀를 꽂고 자(字)를 지어 부르는 일.

筁 ⑥ 12획
잠박 곡
日キョク 中qū

풀이 잠박(蠶箔). 누에를 기르는 기구.

비 笛(피리 적)

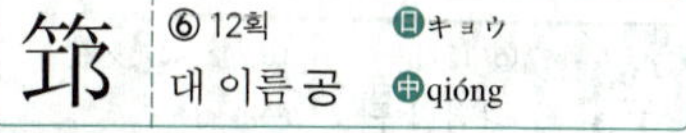
筇 ⑥ 12획
대 이름 공
日キョウ 中qióng

풀이 1. 대 이름. 2. 지팡이.

筇杖(공장) 대나무로 만든 지팡이.

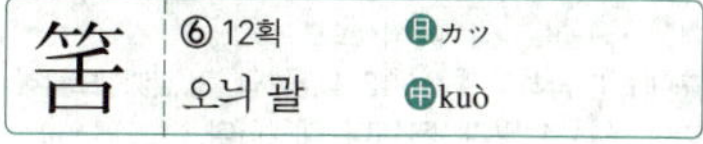
筈 ⑥ 12획
오늬 괄
日カツ 中kuò

풀이 오늬. 화살을 활시위에 끼우는 부분.

筐 ⑥ 12획
광주리 광
日キョウ 中kuāng

풀이 1. 광주리. 대나무를 엮어서 만든 그릇. ¶筐筥 2. 침상. 평상. ¶筐牀

筐筥(광거) 네모진 광주리와 둥근 광주리.
筐擧(광거) 눈으로 보는 지경이 좁음을 비유하는 말.
筐籃(광람) 바구니.
筐籠(광롱) 대바구니.
筐篚(광비) 1)네모난 광주리. 2)선물로 주고받는 물건.

6획

筐牀(광상) 네모진 평상.
筐榼(광합) 도시락과 술통.
筐篋(광협) 직사각형의 넓고 평평한 상자.

筊 ⑥ 12획 日コウ
노교 中jiǎo, xiáo

풀이 1. 노. 대오리로 꼰 새끼. 2. 단소(短簫). 작은 퉁소.

筋 ⑥ 12획 日キン
힘줄 근 中jīn

* 회의. '月(肉:육달월)'과 '力(힘 력)'과 '竹(대 죽)'을 합친 글자. 이에 몸의 '근육', '힘줄'의 뜻으로 쓰임.

풀이 1. 힘줄. 근육. 2. 힘. 체력.
筋骼(근격) 근육과 골격. 근골(筋骨).
筋骨(근골) 1)힘줄과 뼈. 2)체력. 신체.
筋力(근력) 1)근육의 힘. 체력. 2)기력.
筋脈(근맥) 근육과 혈맥.
筋肉(근육) 몸의 연한 부분을 이루고 있는 힘줄과 살.
筋骸(근해) 근육과 뼈.
비 節(마디 절)

答 ⑥ 12획 日トウ·こたえる
대답할 답 中dá, dā

* 형성. 뜻을 나타내는 부수 '竹(대 죽)'과 음을 나타내는 '合(합할 합)'을 합친 글자. 편지(竹) 내용에 맞게(合) 회답하는 것을 나타내어, '대답하다'의 뜻으로 쓰임.

풀이 1. 대답하다. ¶答信 2. 대답. 답. 3. 갚다. 보답하다. ¶答禮 4. 맞다. 5. 막다. 대항하다.
答答(답답) 대나무의 소리.
答禮(답례) 남에게 받은 예를 다시 갚는 일.
答拜(답배) 답례로 하는 절.
答辯(답변) 물음에 대답하는 말.
答報(답보) 답으로 하는 보고. 회보(回報).
答辭(답사) 식사(式辭)나 축사(祝辭)에 대한 대답의 말.
答謝(답사) 답례로 하는 사례.
答賽(답새) 신의 은혜에 보답하기 위해 드리는 절.
答酬(답수) 질문에 대한 답. 수답(酬答).
答信(답신) 답장.
答案(답안) 문제에 대한 대답.
答應(답응) 1)물음에 답함. 2)신이 소원을 들어 주겠다는 징조.
答抗(답항) 대항해 맞섬.
問答(문답) 묻고 답함.
반 問(물을 문)

等 ⑥ 12획 日トウ·など
등급 등 中děng

* 회의. 관청(寺)에서 쓰는 서류를 대쪽(竹)처럼 가지런히 정리하여 순서대로 놓는것을 나타내어 '같다', '가지런하다'의 뜻으로 쓰임.

풀이 1. 등급. ¶等級 2. 가지런하다. 가지런하게 하다. ¶等高 3. 무리. 4. 같다. 5. 견주다. 6. 바라다. 기다리다. 7. 들. 등. 접미사.
等高線(등고선) 지도상 표준 해면에서 같은 높이의 지점을 이은 선.
等級(등급) 계급.
等對(등대) 같은 자격으로 마주 대함.
等頭(등두) 동등함.
等等(등등) 1)여럿을 말할 때 그 끝에 같은 것이 여러 가지임을 나타내는 말. 2)기다림.
等列(등렬) 서로 대등한 지위.
等分(등분) 똑같은 분량으로 나눔. 또는 그 분량.
等屬(등속) 명사 뒤에 붙어서 그것과 비슷한 것들을 한데 모아 이르는 말.
等速(등속) 속도가 같음.
等數(등수) 차례를 매긴 번호.
等身(등신) 사람의 키 만한 크기.
等身佛(등신불) 사람의 키 만한 불상.
等身書(등신서) 책이 키 높이만큼 쌓일 정도로 많음을 이르는 말.
等溫(등온) 같은 온도.
等外(등외) 등급 밖의 차례.
等威(등위) 신분이나 등급에 따른 위엄과 차림새.
等夷(등이) 동료. 같은 연배.
等人(등인) 같은 무리의 사람.
等子(등자) 매우 적은 양을 다는 저울의 한 종류.
等地(등지) 지명 뒤에 붙여 '그런 곳들', 또는 '그 주변 지역'의 뜻을 나타내는 말.
等差(등차) 등급의 차이.
等閒(등한) 소홀함. 마음에 두지 않음.
等號(등호) 수(數)나 식(式)이 서로 같음을 나타내는 부호.
等候(등후) 미리 갖추고 기다림. 등대(等待).

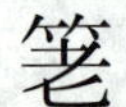 ⑥ 12획
栚(p628)와 同字

筏
⑥ 12획 日バツ
떼 벌 中fá

풀이 떼. 뗏목.

筏舫(벌방) 뗏목.

筏夫(벌부) 뗏목을 띄워 타고 물건을 나르는 일꾼. 사공.

비 符(부신 부)

筅
⑥ 12획 日セン
솔 선 中xiǎn

풀이 1. 솔. 대로 만든 부엌솔. 2. 병기.

筅帚(선추) 대나무를 쪼개어 식기(食器)를 세척할 수 있도록 만든 부엌솔.

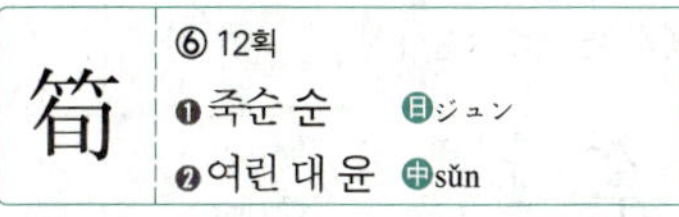

筍
⑥ 12획
❶죽순 순 日ジュン
❷여린 대 윤 中sǔn

풀이 1 1. 죽순. ¶筍席 2. 악기를 다는 틀. 3. 가마. 2 4. 여린 대.

筍蕨(순궐) 죽순과 고사리.

筍席(순석) 죽순 껍질로 만든 자리.

筍籜(순탁) 죽순 껍질.

筍鞋(순혜) 대껍질로 만든 신발.

竹筍(죽순) 대의 땅속 줄기에서 나오는 연한 싹.

筎
⑥ 12획 日ジョ
뱃밥 여 中rú

풀이 뱃밥. 배에 물이 들어오지 못하게 틈을 메우는 것.

筄
⑥ 12획 日ヨウ
산자 요 中yào

풀이 산자(橵子). 지붕의 기와 아래 까는 발.

筌
⑥ 12획 日セン
통발 전 中quán

풀이 통발. 물고기를 잡는 기구.

筌蹄(전제) 1)통발과 올가미. 2)목적을 이루기 위한 방법.

箣
⑥ 12획
❶柵(p624)와 同字
❷冊(p105)의 古字

策
⑥ 12획 日サク
꾀 책 中cè, jiā

* 형성. 뜻을 나타내는 부수 '竹(대 죽)'과 음을 나타내는 '朿(가시 자)'를 합친 글자. 대나무로 만든 말채찍을 나타냄. 후에 '계략'의 뜻으로 쓰임.

풀이 1. 꾀. 계략. ¶策略 2. 채찍. 채찍질하다. ¶策勵 3. 짚다. 4. 대쪽. 5. 책. 문서. 6. 명령서. 7. 적다. ¶策勳 8. 세우다. 9. 점대. 점치는 데 쓰는 50개의 가는 대. 10. 지팡이. 11. 제비. 심지. 12. 잔가지.

策括(책괄) 경사(經史)를 모아서 분류하고 시무(時務)를 편집함.

策動(책동) 1)꾀를 부려 몰래 행동함. 2)남으로 하여금 움직이게 부추김.

策略(책략) 어떤 일을 처리하는 꾀와 방법.

策慮(책려) 계책을 강구함.

策勵(책려) 채찍질하듯 독려함.

策免(책면) 임금의 명에 의하여 파면됨.

策名(책명) 1)이름을 명부에 올림. 2)신하가 됨.

策謀(책모) 일을 처리하는 계책과 방법. 계략(計略).

策問(책문) 과거 시험에서, 정치에 대한 계책을 물어서 서술하게 하던 과목. 책시(策試).

策府(책부) 임금의 서책을 보관하던 곳.

策士(책사) 지도자의 지혜를 돕는 사람.

策應(책응) 본군을 출동시킨 후 지원 부대를 뒤따르게 하는 일. 또는 우군이 서로 호응하여 작전하는 일.

策定(책정) 계책을 세워 정함.

策策(책책) 1)낙엽이 지는 소리. 2)대나무가 삐걱거리는 소리.

策勳(책훈) 공훈이 있는 사람의 이름을 기록하는 일. 또는 공훈을 상찬하는 일.

奇策(기책) 남의 의표를 찌르는 기발한 책략.

유 鞭(채찍 편)

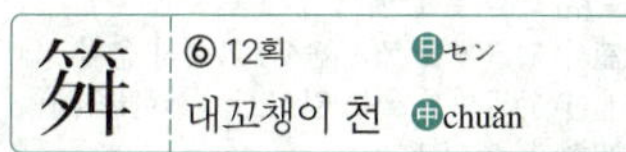

筭
⑥ 12획 日セン
대꼬챙이 천 中chuǎn

풀이 대꼬챙이.

6획

筑 ⑥ 12획 日チク
악기 이름 축 中zhú, zhù

풀이 1. 악기 이름. 거문고와 비슷한 현악기. 2. 줍다.

비 築(쌓을 축)

筒 ⑥ 12획 日トウ·つつ
대통 통 中tǒng

풀이 1. 대통. 쪼개지 않은 대나무로 만든 통. 2. 퉁소(洞簫).

筒糉(통종) 단오에 먹는 떡의 한 종류.
筒狀花(통상화) 대나무 통 모양의 꽃.
筒車(통차) 논밭에 물을 대는 데 사용하는 수차(水車). 물레방아.

비 笥(상자 사)

筆 ⑥ 12획 日ヒツ·ふで
붓 필 中bǐ

ノ ㅅ ㅅ 㐅 竹 竹 笁 笞 笔 筀 筆 筆

* 형성. 뜻을 나타내는 부수 '竹(대 죽)'과 음을 나타내며 손에 붓을 쥔 모양을 뜻하는 '聿(붓 율)'을 합친 글자. 이에 대나무로 만든 '붓'의 뜻으로 쓰임.

풀이 1. 붓. 2. 쓰다. 3. 산문. 4. 필적(筆迹).

筆健(필건) 시문을 짓고 쓰는 능력이 뛰어남.
筆記(필기) 1)글씨를 씀. 2)중요한 내용을 글로 써서 기록함.
筆頭(필두) 1)붓의 끝. 2)맨 처음 차례. 3)단체나 동아리의 주가 되는 사람.
筆力(필력) 1)획의 강약 조절에 따라 배어 나오는 글씨의 힘이나 기운. 2)문장의 힘.
筆寫(필사) 복사기 등의 힘을 빌리지 않고 직접 베껴 씀.
筆舌(필설) 1)붓과 혀. 2)글과 말.
筆墨(필묵) 붓과 먹.
筆法(필법) 1)붓을 만드는 법. 2)글씨를 쓰는 방법.
筆鋒(필봉) 1)붓끝. 2)문장의 힘. 필세(筆勢).
筆硯(필연) 1)붓과 벼루. 2)문필 생활.
筆意(필의) 1)운필(運筆)의 취지. 필취(筆趣). 2)글의 취지.
筆者(필자) 글이나 글씨를 쓴 사람.
筆誅(필주) 죄를 글로 써서 꾸짖음.
筆致(필치) 1)글씨를 쓰는 솜씨. 2)글의 운치.
筆翰(필한) 1)글씨를 쓰는 일. 2)글. 서한(書翰).
筆毫(필호) 붓끝. 붓털.
筆畫(필획) 글자의 획.

6획

筐 ⑥ 12획 日キ
참빗 희 中jī

풀이 참빗. 빗살이 촘촘한 빗.

筥 ⑦ 13획
❶ 광주리 거 日キョ
❷ 밥통 려 中jǔ

풀이 1 1. 광주리. 2. 볏단. 2 3. 밥통.

筥米(거미) 광주리에 수북이 담은 쌀.

筧 ⑦ 13획 日ケン
대 홈통 견 中jiǎn

풀이 대 홈통.

筧水(견수) 대 홈통의 물.

筦 ⑦ 13획 日カン
피리 관 中guǎn

풀이 1. 피리. 2. 다스리다. 관장하다. 3. 대나무 대롱.

筦鍵(관건) 열쇠.
筦籥(관약) 1)피리 · 단소 등의 관악기. 2)자물쇠.
筦絃(관현) 관악기와 현악기.

筠 ⑦ 13획 日キン
대나무 균 中yún

풀이 1. 대나무. 2. 대나무의 푸른 껍질.

筠籃(균람) 대나무로 만든 바구니.
筠籜(균탁) 대나무의 푸른 껍질.
筠筒(균통) 대나무로 만든 통. 대통.
筠篁(균황) 대나무.

비 均(고를 균)

筤 ⑦ 13획 日ロウ
바구니 랑 中láng

풀이 1. 바구니. 2. 어린 대.

筣 ⑦ 13획 日リ
대울타리 리(이) 中lí

풀이 1. 대울타리. 2. 통발. 물고기를 잡는 기구.

箣笓(이비) 1)통발. 2)대울타리.

篃	⑦ 13획	日ミ
	비 미	中wěi

풀이 비. 쓰레기나 먼지를 쓰는 비.

筭	⑦ 13획	日サン
	산가지 산	中suàn

풀이 1. 산가지. 2. 세다. 3. 꾀. 계책.

筮	⑦ 13획	日ゼイ
	점대 서	中shì

* 회의. '竹(대 죽)'과 '巫(무당 무)'를 합친 글자. 점치는 데 쓰이는 대나무를 나타내어 '점대'의 뜻으로 쓰임.

풀이 점대. 점대로 점을 치다.

筮卜(서복) 점대로 점치는 일과 거북의 등껍데기를 불태워서 점치는 일.

筮仕(서사) 1)점을 쳐서 벼슬함. 2)처음으로 벼슬함.

筮占(서점) 점괘를 적은 대나무 조각을 통에 넣고 무작위로 뽑아 점을 침.

筮驗(서험) 점괘가 들어맞음.

筲	⑦ 13획	日ソウ·ショウ
	대그릇 소·삭	中shāo

풀이 1. 대그릇. 2. 밥통. 수저통. 3. 작은 모양.

筲斗(소두) 1)매우 적은 양. 2)도량이 좁음.

비 宵(밤 소)

筵	⑦ 13획	日エン
	대자리 연	中yán

풀이 1. 대자리. 대를 엮어 만든 자리. 2. 자리. 좌석. 3. 곳. 장소.

筵席(연석) 1)대자리. 2)연회석.

비 筳(들보 정)

筽	⑦ 13획	
	버들고리 오㊚	

풀이 버들고리. 옷을 넣는 고리.

筽笔(오로) 버들고리.

筰	⑦ 13획	日サク
	대 밧줄 작	中zuó

풀이 1. 대 밧줄. 2. 오랑캐. 한대(漢代)의 만족(蠻族)의 하나.

筯	⑦ 13획	日チョ
	젓가락 저	中zhù

풀이 1. 젓가락. 2. 조개 이름. 대합류의 한 가지.

유 筷(젓가락 쾌)

筳	⑦ 13획	日テイ
	들보 정	中tíng

풀이 1. 들보. 2. 점대. 점칠 때 쓰는 대오리.

비 筵(대자리 연)

筴	⑦ 13획	
	❶점대 책	日サク
	❷집을 협	中cè, jiā

풀이 ❶ 1. 점대. 2. 꾀. 계책. 3. 대쪽. ❷ 4. 집다. 끼다. 5. 젓가락.

비 策(채찍 책)

筷	⑦ 13획	日カイ
	젓가락 쾌	中kuài

풀이 젓가락.

유 筯(젓가락 저)

筩	⑦ 13획	
	❶대통 통	日トウ
	❷전동 용	中tǒng

풀이 ❶ 1. 대통. 죽통. ❷ 2. 전동. 화살을 넣는 통.

6획

箇	⑧ 14획	日カ·コ
	낱 개	中gè

* 형성. 뜻을 나타내는 부수 '竹(대 죽)'과 음을 나타내는 '固(굳을 고)'를 합친 글자. 하나의 굳은(固) 대나무(竹)를 나타내어 '낱개'의 뜻으로 쓰임.

풀이 1. 낱. 개. 물건을 세는 단위. 2. 이. 이것. 단독으로도 쓰이고 '這', '那'와 결합하여 지시대명사로도 쓰임. 3.

어조사.

유 個(낱 개)

箝	⑧ 14획	日カン
	끼울 겸	中qián

풀이 1. 끼우다. 2. 재갈을 물리다. 속박하다. 3. 쇠사슬.

箝口(겸구) 1)입에 재갈을 물림. 함구. 2)언론의 자유를 빼앗음.

箝制(겸제) 자유를 억누름.

箍	⑧ 14획	日コ·カ
	테 고	中gū

풀이 1. 테. 테를 둘러매다. 그릇이나 물건의 조각이 어긋나지 않게 둘러매는 줄. 2. 둘레.

箍桶(고통) 통에 테를 둘러맴.

箜	⑧ 14획	日ク·コウ
	공후 공	中kōng

풀이 1. 공후. 현악기의 한 가지. 2. 바구니.

箜篌(공후) 현악기의 한 가지.

箜篌引(공후인) 고조선 때 뱃사공 백수광부의 아내 여옥(麗玉)이 지은 것으로 전해 오는 4언 4구체의 노래. 공무도하가.

管	⑧ 14획	日カン·くだ
	피리 관	中guǎn

* 형성. 뜻을 나타내는 부수 '竹(대 죽)'과 음을 나타내는 '官(벼슬 관)'을 합친 글자. 대나무로 만든 '퉁소 자루'처럼 가늘고 길며 속이 빈 '대롱' 모양의 사물을 나타냄.

풀이 1. 피리. 관악기의 총칭. ¶管響 2. 대롱. 관. ¶管蠡 3. 자루. 4. 열쇠. ¶管鍵 5. 불다. 입으로 불어 연주하다. 6. 맡다. 7. 단속하다. 8. 집.

管家(관가) 집안일을 돌보는 사람.

管鍵(관건) 열쇠.

管見(관견) 대롱을 통해 본다는 뜻으로, 사물을 보는 안목이나 식견이 짧음을 이르는 말.

管見(관견)의 유래

공손룡(公孫龍)이 위나라 공자 모(牟)에게 장자의 도(道)에 대해 묻자, 헤아리기 어려운 도에 대해 설명하면서 "그대는 지금 얄팍한 지식으로 그 도를 구하려 하고, 어줍잖은 변론으로 그 도를 찾으려 하는구려. 마치 대롱을 통해 하늘을 보면서 그 광활함을 측정하려는 것과 같고, 송곳으로 땅을 찔러 그 깊이를 측정하려는 것과 같소."라고 한 데서 유래한 말이다. 《장자(莊子)》 추수편(秋水篇)

管內(관내) 관할 구역의 안.

管軍(관군) 벼슬 이름. 군사를 담당하는 관리.

管窺(관규) 좁은 소견. 관견(管見).

管蠡(관려) 1)대롱과 표주박. 2)식견이 극히 좁음. 관규(管窺).

管領(관령) 1)맡아 다스림. 2)힘으로 자기 것으로 삼음.

管說(관설) 소견이 좁은 언설.

管攝(관섭) 지배함. 다스림.

管押(관압) 구류(拘留)함.

管籥(관약) 1)관악기. 2)자물쇠.

管中窺天(관중규천) 대롱 구멍으로 하늘을 본다는 뜻으로, 견문·식견이 매우 좁음을 말함.

管統(관통) 맡아 다스림.

管鮑之交(관포지교) 관중(管仲)과 포숙아(鮑叔牙) 같은 사귐이라는 뜻으로, 아주 친한 친구 사이의 다정한 사귐을 이르는 말.

管鮑之交(관포지교)의 유래

춘추 시대, 제(齊)나라에 관중(管仲)과 포숙아(鮑叔牙)라는 절친한 친구가 있었다. 관중과 포숙아는 각각 공자(公子) 규(糾)와 그 이복 동생인 소백(小白)의 측근이었는데, 두 공자가 왕위를 다투게 되자 본의 아니게 적이 되었다. 후에 포숙아가 모시던 소백이 정권을 차지하여 환공(桓公)이 되어 관중을 죽이려 하자 포숙아는 이렇게 진언했다. "전하, 제(齊) 한 나라만 다스리는 것으로 만족하신다면 신(臣)으로도 충분하지만 천하의 패자(霸者)가 되시려면 관중을 기용하십시오." 환공은 포숙아의 말에 따라 관중을 대부(大夫)로 임명하고 정사를 맡겼는데, 재상이 된 관중은 대정치가다운 수완을 유감없이 발휘했다. 관중은 훗날 포숙아에 대한 감사한 마음을 다음과 같이 표현했다. "나를 낳아 준 분은 부모이지만 나를 알아준 사람은 포숙아이다." 《사기(史記)》

管翰(관한) 붓. 관성자(管城子).

管轄(관할) 권한을 가지고 지배함. 또는 그 지배가 미치는 범위.

管響(관향) 피리 소리.

유 笛(피리 적) 筦(피리 관) 비 官(벼슬 관)

箘	⑧ 14획	日キン
	이대 균	中jùn

풀이 1. 이대. 화살 만들기에 알맞은 대나무. 2. 죽순. 대순.

箘簬(균로) 균로(箘簵).

箘簵(균로) 이대. 대나무의 한 가지로 화살을 만드는 데 사용함.

箕	⑧ 14획	日キ
	키 기	中jī

6획

* 형성. 뜻을 나타내는 부수 '竹(대 죽)'과 음을 나타내는 '其(그 기)'를 합친 글자. 곡식을 찧어서 겨는 버리고 알맹이만을 취하는 것이 '키'인데 옛날 그것을 만드는 재료로 대나무(竹)를 사용하였기 때문에 '키'라는 뜻으로 쓰임.

풀이 1. 키. 삼태기. 곡식을 까부르는 데 쓰는 기구. ¶箕裘 2. 쓰레받기. 3. 다리를 뻗고 앉다. ¶箕踞 4. 뿌리. 근본. 5. 별 이름. 28수(宿)의 하나.

箕踞(기거) 두 다리를 뻗고 앉음. 예의가 없는 앉음새. 기좌(箕坐).

箕裘(기구) 1)키와 갖옷. 2)조상의 가업을 계승함.

箕裘之業(기구지업) 조상 대대로 내려오는 사업.

箕斂(기렴) 조세를 심하게 거둠. 가렴(苛斂).

箕伯(기백) 1)바람을 관할하는 신. 2)기자(箕子).

箕服(기복) 대나무로 만든 화살통.

箕星(기성) 28수(宿)의 하나. 동쪽의 일곱째 별.

箕子(기자) 고조선 시대에 기자 조선의 시조.

箕帚(기추) 1)쓰레받기와 비. 2)아내가 되어 남편을 섬김.

箕風(기풍) 바람. 28수(二十八宿) 중 하나인 기성(箕星)이 바람을 관장한다고 해서 생긴 말.

南箕北斗(남기북두) 남쪽의 기성(箕星)은 키로 쌀을 까불지 못하고, 북쪽의 북두칠성은 쌀을 되지 못한다는 뜻으로, 유명무실함을 이르는 말.

비 其(그 기)

箔 ⑧ 14획 日ハク
발 박 中bó

풀이 1. 발. 대오리로 엮어 만든 발. 2. 잠박(蠶箔). 누에채반. 3. 얇은 금속 조각.

箳 ⑧ 14획 日ヒョウ
문짝 병 中píng

풀이 문짝. 대나무로 만든 문. 사립문.

箙 ⑧ 14획 日フク
전동 복 中fú

풀이 전동. 화살을 넣는 통.

箁 ⑧ 14획
❶ 댓잎 부 日フ·ブ
❷ 대그물 포 中bù, fú, póu, pú

풀이 1 1 댓잎. 2. 죽순의 껍질. 2 3. 대 그물.

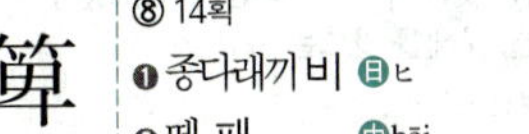

箄 ⑧ 14획
❶ 종다래끼 비 日ヒ
❷ 떼 패 中bēi

* 형성. 뜻을 나타내는 부수 '竹(대 죽)'과 음을 나타내는 '卑(낮을 비)'를 합친 글자.

풀이 1 1. 종다래끼. 작은 대바구니. 2. 통발. 3 발. 대발. 4. 쳇불. 쳇바퀴를 메우는 그물. 2 5. 떼. 뗏목.

箄籃(비람) 물고기를 잡는 대바구니의 한 가지. 통발.

箄船(패선) 대를 엮어 만든 뗏목.

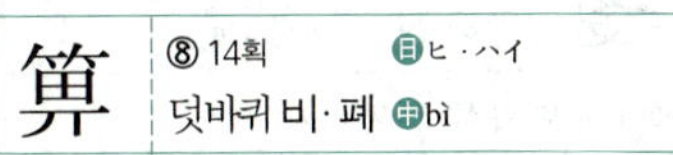

箅 ⑧ 14획 日ヒ·ハイ
덧바퀴 비·폐 中bì

풀이 1. 덧바퀴. 수레의 덧바퀴. 2. 시루 밑에 까는 발.

算 ⑧ 14획 日サン
셀 산 中suàn

* 회의. 대나무(竹)로 된 산가지를 갖추어(具) 두고 헤아려 세는 것을 나타내어, '셈하다'의 뜻으로 쓰임.

풀이 1. 세다. 계산하다. ¶算術. 2. 수. 수효. 3. 바구니. 대나무 그릇. 4. 산가지. 옛날, 셈을 할 때 쓰던 물건으로 대나무나 뼈 등으로 만듦. ¶算子 5. 꾀하다. 계략. 6. 슬기. 7. 지혜. 8. 수명. 나이.

算曆(산력) 셈법과 책력.

算無遺策(산무유책) 계책이 아주 주도면밀하게 짜여서 빈틈이 없음.

算入(산입) 예산이나 경비 등을 셈에 넣음.

算子(산자) 산가지.

算錙銖(산치수) 작은 이익을 모두 따짐.

暗算(암산) 연필이나 주판 등을 쓰지 않고 마음속으로 하는 셈.

豫算(예산) 1)필요한 돈 등을 미리 헤아려 어림잡음. 2)국가나 단체에서 수입과 지출을 미리 셈하여 정한 계획.

誤算(오산) 잘못된 계산.

打算(타산) 이해관계를 따져 봄.

유 數(셀 수)

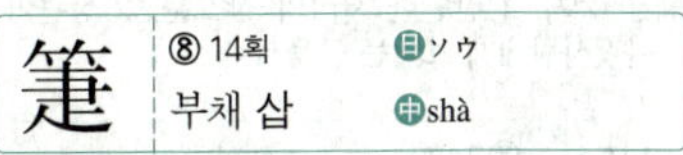

箑 ⑧ 14획 日ソウ
부채 삽 中shà

풀이 부채.

箑脯(삽포) 요임금 때 부엌에서 생겨나 음식물

6획

이 상하는 것을 막아 주었다는 부채 모양의 육포.

箑典(삽전) 부채를 만드는 사람.

유 扇(부채 선)

箏	⑧ 14획	日ソウ
	쟁 쟁	中zhēng

풀이 1. 쟁. 거문고와 비슷한 현악기. 2. 풍경(風磬).

비 爭(다툴 쟁)

箋	⑧ 14획	日セン
	주해 전	中jiān

풀이 1. 주해. 주석. 2. 찌지. 서류에 간단한 의견을 써서 덧붙이는 쪽지. 3. 글. 문서. 4. 편지. 5. 쪽지. 6. 명함.

箋文(전문) 옛날 임금께 아뢰던 사륙체의 글.

箋注(전주) 본문을 풀이함. 또는 그 글.

箋惠(전혜) 남이 보낸 편지를 높여 이르는 말.

補箋(보전) 덧붙이는 글.

處方箋(처방전) 의사가 환자에게 주는, 약 이름과 조제 방법 등의 내용을 적은 종이.

비 錢(돈 전) 盞(잔 잔)

箐	⑧ 14획	日セイ
	바구니 정	中qìng

풀이 바구니. 대나무로 만든 작은 바구니.

箈	⑧ 14획	日シ
	죽순 지	中chí

풀이 1. 죽순. 2. 물이끼.

箚	⑧ 14획	日サ
	차자 차	中zhā, zhá

풀이 1. 차자(箚子). 문체의 한 종류. ¶箚子 2. 찌르다. 3. 적다. 기록하다. 4. 도착하다. 오다.

箚記(차기) 책을 읽고 느낀 바나 요긴한 구절을 수시로 기록해 놓은 것.

箚子(차자) 1)간단한 서식의 상소문. 2)상관이 아랫사람에게 보내는 공문서.

箠	⑧ 14획	日スイ
	채찍 추	中chuí

풀이 1. 채찍. 말채찍. 2. 채찍질하다. 3. 태형.

箠令(추령) 채찍으로 때리는 형벌을 규정한 법령.

箠罵(추매) 채찍질하며 욕을 함.

箠轡(추비) 채찍과 고삐.

箠梃(추정) 채찍과 몽둥이.

箠策(추책) 채찍.

유 策(채찍 책)

範	⑨ 15획	日ハン
	법 범	中fàn

丿 𠂉 𥫗 𥫗 竹 竹 笁 笁 笞 笞 筸 筸 範 範 範

* 형성. 뜻을 나타내는 '車(수레 거)'와 음을 나타내며 짓밟고 간다는 의미를 지닌 '笵(본보기 범)'의 생략형을 합친 글자. 이에 출타할 때에 개를 수레로 깔아 바퀴에 피를 바르는 액땜의 비방을 가리킴. 후에 원래 뜻은 잊혀지고, '거푸집'을 뜻하다가 '규칙', '모범'의 뜻으로 쓰임.

풀이 1. 법. 본보기. ¶規範 2. 제사 이름. 길을 떠날 때 지내는 제사. 3. 틀. 거푸집. 4. 한계. 구획. 5. 나아가다.

範軌(범궤) 규범. 규칙.

範民(범민) 법으로 백성을 다스리는 것.

範圍(범위) 한정된 구역의 언저리. 테두리.

範疇(범주) 같은 성질을 가진 부류나 범위.

規範(규범) 법. 법칙.

유 度(법도 도) 典(법 전) 法(법 법) 式(법 식)

箱	⑨ 15획	日ソウ・はこ
	상자 상	中xiāng

* 형성. 뜻을 나타내는 부수 '竹(대 죽)'과 음을 나타내는 '相(서로 상)'을 합친 글자. 이에 '대나무 상자'의 뜻으로 쓰임.

풀이 1. 상자. 물건을 담는 그릇. 2. 곳집. 곳간. 3. 수레 위에 짐을 싣거나 사람이 타는 곳. 4. 곁채.

箱筥(상거) 상자.

箱子(상자) 대나무나 종이 등으로 물건을 담아 두기 위해 만든 네모난 그릇.

유 函(함 함)

箵	⑨ 15획	日ショウ
	종다래끼 성	中xīng

풀이 종다래끼. 아가리가 좁고 바닥이 넓적한 작은 바구니.

篂	⑨ 15획	日セイ
	수레 발 성	中xīng

풀이 수레 발. 수레 덮개. 수레의 뒤쪽을 가리는 대발.

箾

⑨ 15획
❶퉁소 소 日ショウ
❷칠 삭 中xiāo

풀이 1 1. 퉁소. 2 2. 치다. 장대로 두드리다. 3. 무곡(舞曲) 이름.

箬

⑨ 15획 日ジャク
대 껍질 약 中ruò

풀이 1. 대 껍질. 2. 대나무 이름.

箬笠(약립) 대나무 껍질로 만든 갓. 대삿갓.

箷

⑨ 15획 日イ・シ
횃대 이 · 시 中yí

풀이 횃대. 옷걸이.

箹

⑨ 15획
❶대 마디 요 日ヨウ・ヤク
❷작은 피리 약 中yào, yuē

풀이 1 1. 대의 마디. 2 2. 작은 피리.

箴

⑨ 15획 日サン・ザン
바늘 잠 中zhēn

* 형성. 뜻을 나타내는 부수 '竹(대 죽)'과 음을 나타내는 '咸(다 함)'을 합친 글자.

풀이 1. 바늘. 2. 침(針). 병을 치료하는데 쓰는 바늘. 3. 꽂다. 끼우다. 4. 경계. 훈계. 5. 경계하다. 훈계하다.

箴諫(잠간) 훈계하여 간함.
箴誡(잠계) 깨우쳐 훈계함.
箴規(잠규) 1)잘못을 바로잡게 하는 경계. 2)경계하여 바로잡음.
箴石(잠석) 돌로 만든 침. 옛날 의료 기구의 한 가지.
箴諷(잠풍) 조용히 훈계함.

箸

⑨ 15획 日チョ
젓가락 저 中zhù

풀이 1. 젓가락. 2. 두드러지다. 현저하다.

匙箸(시저) 숟가락과 젓가락.

유 筯(젓가락 저) 비 著(분명할 저)

篆

⑨ 15획 日シン
전자 전 中zhuàn

풀이 1. 전자(篆字). 고대 한자의 한 체(體)로 진대(秦代)에 이사(李斯)가 만듦. ¶篆書 2. 도장.

篆刻(전각) 1)전자(篆字)로 새김. 또는 그 글자. 2)돌 · 나무 · 옥 등에 인장을 새김.
篆款(전관) 돌 · 나무에 새긴 전자(篆字).
篆書(전서) 한자 서예에서 획이 가장 복잡하고 곡선이 많은 글씨.
篆體(전체) 전자(篆字)의 서체(書體).
大篆(대전) 중국 주나라 때 태사(太史)인 주(籀)가 만든 서체.

箭

⑨ 15획 日テン
화살 전 中jiàn

* 형성. 뜻을 나타내는 부수 '竹(대 죽)'과 음을 나타내는 '前(앞 전)'을 합친 글자.

풀이 1. 화살. ¶箭羽 2. 화살대. 3. 이대. 대나무 이름. 4. 주사위. 5. 나아가다.

箭幹(전간) 화살대.
箭筒(전동/전통) 화살을 넣어 두는 통.
箭瘢(전반) 화살에 의해 생긴 흉터.
箭書(전서) 화살대에 매어 전하는 글.
箭羽(전우) 화살의 깃.
箭窗(전창) 1)활을 쏘기 위해 성루에 만든 창. 2)좁은 나무나 쇠로 살을 대어 만든 창. 살창.
箭馳(전치) 화살같이 달림.

節

⑨ 15획 日セツ
마디 절 中jiē, jié

* 형성. 뜻을 나타내는 부수 '竹(대 죽)'과 음을 나타내는 '卽(곧 즉)'을 합친 글자. '卽'은 먹을 것을 많이 담은 그릇 앞에 사람이 무릎을 꿇고 있는 모습을 본뜬 글자로, '마디'를 뜻함. 이에 '마디', '물건의 매듭'이란 뜻으로도 쓰임.

풀이 1. 마디. ¶音節 2. 단락. 3. 음악의 곡조. 가락. 4. 절개. 지조. ¶節概 5. 규칙. 제도. 6. 법. 법도. 7. 예절. 8. 등급. 등차. 9. 관습. 10. 행사. 11. 때. 시기. 12. 계절(季節). 13. 부신. 병부. 14. 알맞다. 15. 조절하다.

節概(절개) 절의 · 기개 · 신념 등을 굽히지 않는 충실한 태도. 지조.
節級(절급) 순서. 차례.
節氣(절기) 1년을 24기로 나눈 것 중의 하나.
節度(절도) 말이나 행동 등의 적당한 정도.
節亮(절량) 절개가 굳고 충실함.

6획

節旄(절모) 임금이 사신에게 증표로 주는 기.
節夫(절부) 절개가 굳은 남자. 절사(節士).
節婦(절부) 절개가 굳은 부인. 정녀(貞女).
節分(절분) 철이 바뀌는 날. 곧, 입춘 · 입하 · 입추 · 입동의 전날.
節士(절사) 절개가 있는 선비. 절부(節夫).
節尙(절상) 높고 고상한 절개.
節嗇(절색) 아까워하여 남에게 주기를 싫어함. 인색함.
節約(절약) 아껴 씀.
節義(절의) 사람으로서 마땅히 지켜야 할 바른 도리를 끝내 지키는 굳은 뜻.
節制(절제) 1)알맞게 조절함. 2)절도와 규율이 있음. 3)이성으로 제어함.
節操(절조) 절개와 지조.
節奏(절주) 음악의 강약과 리듬.
節中(절중) 일의 이치나 형편에 꼭 알맞음.
節解(절해) 1)서리로 나뭇가지가 시들어 떨어짐. 2)뼈 마디마디를 끊는 형벌.
節次(절차) 순서.
節孝(절효) 1)절개와 효성. 2)과부가 정조를 지키며 시부모를 섬기는 일.
季節(계절) 한 해를 날씨에 따라 나눈 그 한 철.
語節(어절) 문장을 이루고 있는 도막도막의 성분.
禮節(예절) 예의에 관한 모든 질서나 절차.
音節(음절) 단어의 구성 요소로서의 음의 마디.
忠節(충절) 충성스러운 절의.
유 寸(마디 촌)

篍	⑨ 15획 통소 추 · 초	日チュウ 中qiū

풀이 통소.

	⑨ 15획 먹자 침	日シン 中qìn

풀이 1. 먹자. 목수들이 금을 긋는 데 쓰는 기구. 2. 붓에 먹을 묻히다.

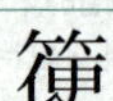	⑨ 15획 가마 편	日ヘン 中biān

풀이 가마. 대로 엮은 가마.
箯輿(편여) 대로 엮어 만든 가마. 죽여(竹輿).
유 轎(가마 교)

	⑨ 15획 책 편	日ヘン 中piān

* 형성. 뜻을 나타내는 부수 '竹(대 죽)'과 음을 나타내며 실로 맨다는 의미를 지닌 '扁(현판 편)'을 합친 글자. 이에 여러 개의 대쪽을 실로 엮어 맨 것을 나타내어, 즉 '책'의 뜻으로 쓰임.

풀이 1. 책. 서적. ¶篇卷 2. 시문(詩文)을 세는 단위. 3. 널리. 두루. 4. 휘날리다.
篇卷(편권) 책. 서적.
篇技(편기) 책을 쓰는 기술 · 재주.
篇法(편법) 문장을 짓는 방법.
篇篇(편편) 1)문장의 각 편. 2)가볍게 나는 모양.
篇翰(편한) 서책. 문장.
短篇(단편) 소설이나 영화 등에서 길이가 짧은 작품.
玉篇(옥편) 한자 하나하나에 대하여 그 음과 뜻을 차례로 모아 놓은 책.
長篇(장편) 길이가 길고 내용이 복잡한 소설 · 시가 · 영화 등.
유 冊(책 책) 비 編(엮을 편)

篋	⑨ 15획 상자 협	日キョウ 中qiè

풀이 상자. 좁고 긴 네모난 상자.
篋笥(협사) 문서나 의복 등을 담는 상자.
篋衍(협연) 대나무로 만든 상자.
유 箱(상자 상)

箶	⑨ 15획 전동 호	日コウ 中hú

풀이 전동. 화살을 넣어 등에 지는 통.
箶簏(호록) 전동(箭筒). 화살을 넣어서 다닐 수 있도록 만든 통.

篊	⑨ 15획 홈통 홍	日コウ 中hóng

풀이 1. 홈통. 물받이. 2. 통발. 물고기를 잡는 도구.

篁	⑨ 15획 대숲 황	日コウ 中huáng

풀이 1. 대숲. 대나무 숲. 2. 대나무. 3. 피리.

6획

篁篠(황조) 황죽과 화살대.
篁竹(황죽) 대나무 숲.

篌	⑨ 15획	日ゴ
	공후 후	中hóu

풀이 공후(箜篌). 현악기의 한 가지.

篔	⑨ 15획	日ケン
	대 꽃 훤	中xuān

풀이 대의 꽃. 대나무 꽃.

篏	⑩ 16획	日ゲン
	대그릇 겸	中qiàn

풀이 대그릇. 바구니.

篙	⑩ 16획	日コウ
	상앗대 고	中gāo

풀이 상앗대. 얕은 물에서 배를 몰 때 쓰는 장대.
篙工(고공) 뱃사공.
篙艫(고로) 상앗대와 노.

篝	⑩ 16획	日コウ
	대그릇 구	中gōu

풀이 1. 대그릇. 2. 부담농. 물건을 넣어 지고 다니는 농. 3. 모닥불. ¶篝火 4. 배롱. 화로 위에 얹어 옷을 말리는 기구.
篝火(구화) 모닥불.

篖	⑩ 16획	日トウ
	대자리 당	中táng

풀이 대자리. 대오리로 엮어 만든 자리.

篤	⑩ 16획	日トク·あつい
	도타울 독	中dǔ

*형성. 뜻과 음을 나타내는 '竹(대 죽)'과 '馬(말 마)'를 합친 글자. 대(竹)로 만든 말(馬)을 타고 놀던 죽마고우(竹馬故友)는 우정이 두터운 것을 나타낸다 하여, '도탑다', '두껍다'라는 뜻으로 쓰임.

풀이 1. 도탑다. ¶篤固 2. 인정이 많다. ¶篤亮 3. 견실하다. 4. 고통받다. 고생하다. 5. 병이 중하다.
篤敬(독경) 언행이 도탑고 공손함.
篤固(독고) 도탑고 굳음.
篤恭(독공) 인정이 많고 공손함.
篤亮(독량) 인정이 많고 성실함.
篤老(독로) 매우 연세가 많음.
篤密(독밀) 돈독하고 치밀함.
篤信(독신) 신앙이나 신념 등을 깊게 믿음.
篤實(독실) 인정이 두텁고 성실함.
篤愛(독애) 몹시 사랑함.
篤友(독우) 극진하고 정이 두터운 우애.
篤志(독지) 뜻이 돈독함.
篤弼(독필) 정성을 다하여 보필(補弼)함.
篤行(독행) 돈독한 행위. 독실하고 극진함.
篤厚(독후) 친절하고 두터움.
敦篤(돈독) 성실하고 인정이 두터움.
危篤(위독) 병세가 매우 중함.
유 敦(도타울 돈)

篣	⑩ 16획	日ハン
	통발 반	中bān

풀이 1. 통발. 물고기를 잡는 도구. 2. 대 껍질.

篣	⑩ 16획	日ホウ
	바구니 방	中páng, péng

풀이 1. 바구니. 2. 대 이름. 강한 독이 있음. ¶篣竹 3. 키(箕). 4. 매. 매질하다. ¶篣楚
篣格(방격) 매질을 함.
篣竹(방죽) 무서운 독이 있는 대나무의 한 가지.
篣楚(방초) 매. 회초리.

篚	⑩ 16획	日ヒ
	대광주리 비	中fěi

풀이 1. 대광주리. 2. 수레의 먼지를 막는 가리개.

篦	⑩ 16획	日ヘイ
	참빗 비	中pí, bì

풀이 1. 참빗. 2. 빗치개. 가르마를 타는 기구. 3. 통발. 4. 대칼.
篦子(비자) 참빗.

6획

篩
⑩ 16획 日シ
체 사 中shāi

풀이 1. 체. 치거나 거르거나 하는 데 쓰는 기구. 2. 체로 치다.

篩子(사자) 체. 갈대 등으로 만들어 물건을 치거나 거르는 데 쓰는 기구.
篩土(사토) 흙을 체로 거름.

비 節(마디 절)

篔
⑩ 16획 日ウン
왕대 운 中yún

풀이 왕대. 대나무의 일종으로 가장 큰 대나무.

篔簹(운당) 물가에서 자라 마디 사이가 긴 대나무. 왕대.

篪
⑩ 16획 日シ
저 이름 지 中chí

풀이 저(笛) 이름. 피리와 비슷한 관악기의 한 가지.

篨
⑩ 16획 日サ·ザ
바구니 차 中cuō, zhǎ

풀이 바구니.

篡
⑩ 16획 日サン
빼앗을 찬 中cuàn

풀이 1. 빼앗다. 강탈하다. ¶篡奪 2. 주살로 잡다.

篡立(찬립) 신하가 왕위를 빼앗아 그 자리에 오름.
篡逆(찬역) 왕위를 빼앗으려고 반역을 일으킴.
篡奪(찬탈) 임금의 자리를 빼앗음.
篡虐(찬학) 임금을 주살하고 그 자리를 빼앗음. 찬시(篡弑).

유 奪(빼앗을 탈)

築
⑩ 16획 日チク·きずく
쌓을 축 中zhù

築 築

* 형성. 뜻을 나타내는 '木(나무 목)'과 음을 나타내며 찧는다는 의미를 지닌 '筑(악기 이름 축)'을 합친 글자. 이에 절굿공이로 흙을 찧어 '굳게 하다', '쌓다', '집을 짓다'의 뜻으로 쓰임.

풀이 1. 쌓다. 성을 쌓다. ¶築臺 2. 집을 짓다. 3. 다지다. 4. 절굿공이. 5. 새가 날개를 치다. 6. 건축물.

築堅(축견) 쌓아 굳건하게 함.
築構(축구) 축조(築造).
築畓(축답) 둑.
築臺(축대) 쌓아 올린 대.
築山(축산) 흙을 다져 만든 산.
築造(축조) 제방이나 담을 쌓아 만듦.
築礎(축초) 기초를 쌓음.
構築(구축) 쌓아 올려 만듦.
建築(건축) 흙이나 돌을 이용해 집·다리 등의 건조물을 지음.
新築(신축) 새로 건축함.
增築(증축) 집 등을 늘려 지음.

유 積(쌓을 적) 蓄(쌓을 축)

篘
⑪ 17획 日コク
큰 상자 곡 中hú

풀이 1. 큰 상자. 2. 쌀 그릇. 쌀을 담는 그릇.

簋
⑪ 17획 日カイ
궤 궤 中guǐ

풀이 궤. 제기 이름.

簋豆(궤두) 제사 지낼 때 쓰는 그릇 이름.
簋簠(궤보) 곡식을 담는 제기.

籄
⑪ 17획
머리 꾸미개 日カイ
궤·괵 中guì, guó

풀이 1. 머리 꾸미개. 2. 대광주리.

篿
⑪ 17획 日タン·ダア
둥근대그릇단 中tuán

풀이 1. 둥근 대그릇. 2. 대나무로 만든 점대.

篼
⑪ 17획 日トウ
구유 두 中dōu

풀이 1. 구유. 말에게 먹이를 주는 그릇. 또는 말에게 물을 먹이는 통. 2. 가마.

6획

簏	⑪ 17획	日ロク
	대 상자 록	中lù

풀이 대 상자.

비 麓(곳집 록) 鹿(사슴 록)

簍	⑪ 17획	日ロウ
	대 채롱 루(누)	中lǒu

풀이 대 채롱. 대바구니.

簍筐(누광) 대 채롱. 대바구니.

篾	⑪ 17획	日ベツ
	대 껍질 멸	中miè

풀이 대 껍질. 대나무의 껍질.

篾片(멸편) 1)대나무 껍질 조각. 2)다른 사람의 비위를 맞추어 가며 살아가는 사람.

篷	⑪ 17획	日ホウ
	뜸 봉	中péng

풀이 1. 뜸. 대를 엮어 배 · 수레 등을 덮는 물건. 2. 거룻배. 작은 배.

篷底(봉저) 작은 배의 바닥. 또는 배의 안.

篷舟(봉주) 1)뜸으로 배를 가림. 또는 그 배. 2)거룻배.

篷窓(봉창) 뜸으로 가린 배의 창문.

비 蓬(쑥 봉)

簅	⑪ 17획	日サン
	큰 피리 산	中chǎn

풀이 큰 피리.

簒	⑪ 17획	
	❶변 산	日サン
	❷반찬 찬	中suǎn, zhuàn, zuǎn

풀이 1. 변(籩). 제사에 쓰는 대나무 그릇. 2. 반찬.

簌	⑪ 17획	日ソク
	체 속	中sù

풀이 1. 체. 가루를 거르는 기구. 2. 무성한 모양. 3. 소리의 형용.

簌簌(속속) 1)무성한 모양. 2)바스락거리는 소리. 3)나뭇잎 · 눈물 등이 떨어지는 모양.

篲	⑪ 17획	
	❶비 수	日シュウ · セイ
	❷살별 세	中huì

풀이 1 1. 비. 대나무로 만든 비. 2. 대 이름. 2 3. 살별. 혜성.

篲星(세성) 꼬리별. 혜성(彗星).

유 彗(비 혜)

簃	⑪ 17획	日イ
	누각 곁채 이 · 지	中yí

풀이 누각 옆에 있는 곁채.

篴	⑪ 17획	日テキ
	피리 적	中dí, zhú

풀이 피리.

유 笛(피리 적)

簇	⑪ 17획	
	❶조릿대 족	日ソク
	❷모일 주	中cù

풀이 1 1. 조릿대. 작은 대. 2. 무리. 2 3. 모이다.

簇簇(족족/주주) 빽빽히 많이 모인 모양.

簇生(주생) 풀 · 나무 등의 식물이 떨기로 남.

簇擁(주옹) 떼 지어 보호함.

簎	⑪ 17획	日サク
	작살 착	中cè

풀이 1. 작살. 2. 작살로 찌르다.

비 籍(서적 적)

篸	⑪ 17획	
	❶퉁소 참	日シン
	❷비녀 잠	中cǎn, cēn, zān

풀이 1 1. 퉁소. 2 2. 비녀. 3. 바늘. 4. 꿰매다.

비 蔘(인삼 삼)

簀	⑪ 17획	日サク
	살평상 책	中zé, zhài

풀이 1. 살평상. 대나무 조각으로 바닥을 깐 마루. 2. 대자리. 3. 쌓다.

簀牀(책상) 살평상.

簀子(책자) 1)대오리로 엮은 자리. 2)갈대로 짜서 만든 자리.

簉	⑪ 17획	日スイ
	버금 자리 추	中zào

풀이 1. 버금 자리. 차석(次席). 2. 가지런하다. 3. 섞다. 4. 부거(副車). 예비로 따르는 수레.

篳	⑪ 17획	日ヒツ
	울타리 필	中bì

풀이 1. 울타리. 2. 사립문. ¶篳門 3. 악기 이름.

篳路藍縷(필로남루) 1)섶나무로 만든 수레와 누더기 옷. 2)여러 역경을 참으며 노력하는 일.

篳篥(필률) 악기의 한 가지. 피리.

篳門(필문) 사립문. 가난한 집을 이르는 말.

비 筆(붓 필)

簡	⑫ 18획	日カン・ふだ
	대쪽 간	中jiǎn

* 형성. 뜻을 나타내는 부수 '竹(대 죽)'과 음을 나타내는 '間(사이 간)'을 합친 글자. 옛날에는 나무나 대나무 등에 글자를 써서 서로간의 약속을 나타내는 증거로 하였는데, 증거를 대조하는 데서 '비교해 보다'의 뜻을 나타내며, '편지', '대쪽', '간단하다', '대충' 등의 뜻으로도 쓰임.

풀이 1. 대쪽. 2. 글. 책. 문서. ¶簡記 3. 편지. ¶簡書 4. 줄이다. 덜다. 5. 검소하다. 6. 대범하다. 7. 간단하다. ¶簡便 8. 업신여기다. 무례히 굴다. 9. 소홀히 하다. 게을리 하다. 10. 견주어 세다. 11. 가리다. 선발하다. 12. 검열하다. 조사하다. 13. 정성. 성의. 14. 교만하다.

簡潔(간결) 간단하고 요령이 있음.

簡求(간구) 가려 구함.

簡記(간기) 대쪽에 씀. 또는 그 글.

簡單(간단) 간략하고 단출함.

簡略(간략) 간추려 내고 쓸데없는 것을 생략함.

簡練(간련) 가려 단련함.

簡慢(간만) 소홀히 하고 게으름.

簡默(간묵) 말수가 적고 몸가짐이 진득함.

簡明(간명) 간단명료함.

簡拔(간발) 여럿 가운데서 가려 뽑음.

簡卜(간복) 가려 점침.

簡師(간사) 군대를 가려 뽑음. 또는 그런 군대.

簡省(간생) 줄여서 간략하게 함.

簡書(간서) 편지의 글.

簡素(간소) 간략하고 소박함.

簡疎(간소) 대범하고 소탈함.

簡率(간솔) 꾸밈없이 솔직함.

簡閱(간열) 낱낱이 검열함.

簡傲(간오) 찬찬하지 못하고 오만 방자함.

簡易(간이) 간단하고 쉬움. 간편함.

簡切(간절) 간편하고 딱 맞음. 간결하고 적절함.

簡策(간책) 1)글을 적는 데 쓰던 대나무 조각. 2)서적.

簡斥(간척) 없앰. 물리침.

簡體字(간체자) 중국의 문자 개혁에 따라 복잡한 자형(字形)을 간단하게 고친 한자체.

簡出(간출) 가려냄.

簡取(간취) 가려서 취함.

簡惰(간타) 소홀하고 나태함.

簡擇(간택) 골라 뽑음. 여럿 중에서 뽑음. 간선(簡選).

簡派(간파) 뽑아 파견함.

簡便(간편) 용법이 간단하고 편리함.

簡筆(간필) 편지 쓰기에 알맞은 크기의 붓. 초필(抄筆)보다 굵음.

簡忽(간홀) 경솔함.

內簡(내간) 부녀자가 받거나 보내는 편지.

木簡(목간) 종이가 없을 때에 문서나 편지로 쓰던 나뭇조각.

書簡(서간) 편지.

유 笘(대쪽 첩) 비 間(틈 간)

簂	⑫ 18획	日コウ
	대쪽 고	中gū

풀이 1. 대쪽. 2. 널 조각. 판자 조각. 3. 모서리.

유 簡(대쪽 간)

簣	⑫ 18획	日キ
	삼태기 궤	中kuì

풀이 삼태기.

6획

簞 ⑫ 18획 日タン
대광주리 단 中dān

* 형성. 뜻을 나타내는 부수 '竹(대 죽)'과 음을 나타내는 '單(홑 단)'을 합친 글자.

풀이 1. 대광주리. 2. 밥그릇. 도시락. ¶簞食 3. 호리병박. 4. 상자.

簞笥(단사) 대오리로 둥글게 결어 만든 도시락.
簞食(단사) 도시락에 담은 밥.
簞食瓢飮(단사표음) 대그릇의 밥과 표주박의 물이란 뜻으로, 청빈한 생활을 이르는 말.

◎簞食瓢飮(단사표음)의 유래

공자의 수제자(首弟子)인 안회(顔回)는 학문을 좋아하고 덕행이 뛰어났으나, 몹시 가난하여 끼니 거르기를 밥 먹듯 했다. 그러나 그는 가난 속에서도 늘 낙천적으로 살았으며 덕(德) 닦기를 게을리 하지 않았다. 그래서 공자(孔子)는 "장하구나, 안회여! 대그릇의 밥과 표주박의 물을 먹고 누추한 뒷골목에 살면서도 불평하지 않고 성인(聖人)의 도(道)를 추구하기에 여념이 없으니 이 얼마나 장한가."라며 칭찬하였다. 《논어(論語)》

簞食壺漿(단사호장) 대그릇의 밥과 병에 담은 물이란 뜻으로, 음식물을 차려 군대를 환영함을 이르는 말.
簞瓢(단표) 1)도시락과 표주박. 2)단사표음(簞食瓢飮)의 준말.
簞瓢陋巷(단표누항) 도시락과 표주박과 누추한 거리라는 뜻으로, 소박한 생활을 이르는 말.

비 單(홑 단)

簦 ⑫ 18획 日トウ
우산 등 中dēng

풀이 우산. 삿갓처럼 생긴 우산.

簦笠(등립) 우산.

유 傘(우산 산)

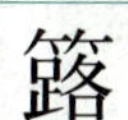

簬 ⑫ 18획 日ロ
대 이름 로 中lù

풀이 대 이름. 화살을 만드는 대나무의 한 가지.

簩 ⑫ 18획 日ロウ
대 이름 로(노) 中láo

풀이 대 이름. 독이 있는 대나무의 한 가지.

簩竹(노죽) 독성이 있는 대나무의 한 가지.

비 勞(일할 로)

簝 ⑫ 18획 日リョウ
제기 이름 료 中liáo

풀이 제기 이름. 종묘 제사에 고기를 담는 그릇.

비 寮(벼슬아치 료)

簙 ⑫ 18획 日ボ
쌍륙 박 中bó

풀이 1. 쌍륙(雙六). 주사위 놀이의 한 가지. 2. 도박. 노름.

비 博(넓을 박) 簿(장부 부)

簠 ⑫ 18획 日ホ
제기 이름 보 中fǔ

풀이 제기 이름. 벼·기장 등을 담는 대로 만든 그릇.

簠簋(보궤) 제사 때 벼·기장 등을 담는 그릇인 보와 궤.

簭 ⑫ 18획 日セイ
점칠 서 中shì

풀이 1. 점치다. 2. 점대. 3. 깨물다.

簨 ⑫ 18획
❶악기 다는 틀 순 日シュン 中sún
❷대그릇 찬

풀이 ❶ 1. 악기를 다는 틀. 종·경쇠 등을 다는 가로대. ❷ 2. 대그릇.

簪 ⑫ 18획 日シン
비녀 잠 中zān

풀이 1. 비녀. ¶簪圭 2. 꽂다. 3. 빠르다.

簪裾(잠거) 1)비녀와 옷자락. 2)귀한 사람. 3)의관(衣冠).
簪圭(잠규) 비녀와 홀(笏).
簪帶(잠대) 남자의 관에 꽂는 비녀와 띠. 벼슬아치를 이르는 말.
簪珥(잠이) 비녀와 귀고리.
簪笏(잠홀) 1)관에 꽂는 비녀와 홀. 2)예복을 입은 벼슬아치.
玉簪(옥잠) 옥비녀.

6획

유 鎞(비녀 비) 笄(비녀 계)

簟	⑫ 18획	日テン · たかむしろ
	대자리 점	中diàn

풀이 1. 대자리. 대나무로 만든 자리. 2. 돗자리. 멍석.

簟文(점문) 돗자리 무늬.

簟牀(점상) 대로 엮은 살평상.

簟席(점석) 대자리. 점욕(簟褥).

簜	⑫ 18획	日トウ
	왕대 탕	中dàng, tāng

풀이 1. 왕대. 큰 대나무. 2. 피리.

簳	⑬ 19획	日カン
	조릿대 간	中gǎn

풀이 1. 조릿대. 화살을 만들기 적당한 대나무의 한 가지. 2. 화살대. 3. 화살깃.

簴	⑬ 19획	日キョ
	악기다는틀거	中jù

풀이 악기 다는 틀. 종 · 경쇠 · 북 등을 다는 틀의 기둥대.

簻	⑬ 19획	日カ
	채찍 과	中zhuā

풀이 1. 채찍. 채찍질하다. 2. 너그럽다.

簹	⑬ 19획	日トウ
	왕대 당	中dāng

풀이 1. 왕대. 2. 수레의 먼지 받이.

비 當(당할 당)

簾	⑬ 19획	日レン · すだれ
	발 렴(염)	中lián

* 형성. 뜻을 나타내는 부수 '竹(대 죽)'과 음을 나타내는 '廉(청렴할 렴)'을 합친 글자. 가는 대(竹)를 엮어서 마루 한쪽(廉)에 치는 '발', '주렴' 등을 나타냄.

풀이 발. 주렴. 대 · 갈대 등으로 엮어 햇빛을 가리는 물건.

簾鉤(염구) 발을 거는 갈고리.

簾櫳(염롱) 발을 친 창.

簾幕(염막) 발과 장막.

簾箔(염박) 발.

簾押(염압) 발이 날리지 않게 눌러 두는 물건.

簾外(염외) 발을 친 바깥.

簾中(염중) 발을 친 안쪽.

簾波(염파) 발이 흔들려 그림자가 물결처럼 보임을 이르는 말.

簾幌(염황) 발과 휘장.

簿	⑬ 19획	
	❶ 장부 부	日ボ · ハク
	❷ 잠박 박	中bó

* 형성. 뜻을 나타내는 부수 '竹(대 죽)'과 음을 나타내며 묶는다는 의미를 지닌 '溥(넓을 보)'를 합친 글자. 이에 내용에 따라 죽간(竹簡)을 모아 엮은 것을 나타내어, '장부'의 뜻으로 쓰임.

풀이 ❶ 1. 장부. ¶簿錄 2. 홀(笏). 3. 다스리다. 맡다. ¶簿最 4. 조사하다. ¶簿責 5. 행렬. 6. 이력(履歷). ❷ 7. 잠박. 누에를 기를 때 쓰는 도구. 8. 발.

簿領(부령) 장부에 적음.

簿錄(부록) 1)장부에 기록함. 2)물건의 목록.

簿閥(부벌) 조상의 관적(官籍).

簿書(부서) 1)금전이나 곡식의 출납을 기록하는 장부. 2)관청의 문서나 장부.

簿正(부정) 장부에 적힌 수효대로 제기를 갖춤.

簿責(부책) 장부를 증거로 하여 문책함.

帳簿(장부) 금품의 수입 · 지출 등을 기록하는 책.

置簿(치부) 1)마음속에 새겨 둠. 2)금전 · 물품의 출납을 기록함.

비 薄(엷을 박)

簺	⑬ 19획	日サイ
	주사위 새	中sài

풀이 1. 주사위. 2. 통발. 물고기를 잡는 도구.

簫	⑬ 19획	日ショウ
	퉁소 소	中xiāo

풀이 1. 퉁소. 관악기의 한 가지. 2. 활고자. 활시위를 메는 양쪽 끝. 3. 조릿대. 대나무의 한 가지.

簫管(소관) 퉁소와 피리. 관현악의 총칭.

簫鼓(소고) 퉁소와 북.

簫笛(소적) 퉁소와 피리.

비 肅(엄숙할 숙)

簷	⑬ 19획	日エン・のき
	처마 첨	中yán

* 형성. 뜻을 나타내는 부수 '竹(대 죽)'과 음을 나타내는 '詹(이를 첨)'을 합친 글자.

풀이 1. 처마. ¶簷燈 2. 모자의 챙.

簷間(첨간) 처마 사이.
簷堦(첨계) 댓돌.
簷端(첨단) 처마 끝.
簷燈(첨등) 처마에 매다는 등.
簷溜(첨류) 처마에서 떨어지는 물방울.
簷馬(첨마) 처마에 매달아 놓은 풍경의 한 가지.
簷牙(첨아) 처마.
簷椽(첨연) 처마의 서까래.
簷響(첨향) 처마 끝에서 떨어지는 빗방울 소리.

유 桭(처마 진) 檐(처마 첨)

簽	⑬ 19획	日セン
	쪽지 첨	中qiān

풀이 1. 쪽지. ¶簽揭 2. 죽롱(竹籠). 대나무 대롱. 3. 서명하다.

簽揭(첨게) 쪽지를 붙여 표시함.
簽記(첨기) 기록함.
簽名(첨명) 서명함.

비 僉(다 첨)

簸	⑬ 19획	日ハ
	까부를 파	中bǒ, bò

풀이 1. 까부르다. 키질하다. 2. 까불다. 위아래로 심하게 흔들다. 3. 일다.

簸頓(파돈) 까불며 희롱함. 파롱(簸弄).
簸弄(파롱) 1)희롱하여 장난침. 2)앞장서 문제를 일으킴. 3)가지고 놂.
簸揚(파양) 키질을 하여 겨를 날리게 함.

籉	⑭ 20획	日ダイ
	삿갓 대	中tái

풀이 삿갓.

유 笠(삿갓 립) 비 臺(돈대 대)

籃	⑭ 20획	日ラン
	바구니 람(남)	中lán

풀이 바구니. 대광주리.

籃輿(남여) 대를 엮어 만든 가마.

유 筤(바구니 랑) 篣(바구니 방)

籍	⑭ 20획	日セキ
	서적 적	中jí

* 형성. 뜻을 나타내는 부수 '竹(대 죽)'과 음을 나타내는 '耤(깔개 자·적)'을 합친 글자. 길이 한 자의 대나무에 글자를 기록하여 깔개처럼 엮은 것을 나타내어 '서적'의 뜻으로 쓰임.

풀이 1. 서적. 책. ¶書籍 2. 문서. 3. 장부. 4. 명부. 5. 대쪽. 6. 호적. ¶入籍 7. 적다. 쓰다. 8. 거두다. 9. 빌리다. 10. 밟다.

籍貫(적관) 대대로 거주한 곳. 본관.
籍記(적기) 문서로 적음.
籍甚(적심) 명성이 널리 퍼짐.
籍籍(적적) 어지럽게 이리저리 흩어지는 모양.
國籍(국적) 한 나라의 구성원으로서 가지는 법률상의 자격.
入籍(입적) 호적에 들어감.
除籍(제적) 호적·당적 등에서 이름을 지워 버림.
戶籍(호적) 한 집안의 호주와 그 가족들의 본적·성명·생년월일 등을 적은 문서.

비 藉(빙자할 자)

籊	⑭ 20획	日テキ
	가늘고 길 적	中tì

풀이 대가 가늘고 긴 모양.

籊籊(적적) 대나무가 가늘고 길며 끝이 뾰족한 모양.

籌	⑭ 20획	
	❶ 산가지 주	日チュウ
	❷ 받을 도	中chóu

풀이 1 1. 산가지. 2. 투호살. 투호(投壺)에 쓰는 화살. 3. 세다. 헤아리다. ¶籌商 4. 꾀. 계책. 5. 제비. 승부나 차례를 결정하는 방법. 6. 징발하다. 2 7. 받다.

籌決(주결) 헤아려 정함.
籌備(주비) 계획하고 준비함.
籌算(주산) 주판으로 셈을 함.
籌策(주책) 곰곰이 궁리한 끝에 생각해 낸 꾀.
籌板(주판) 셈을 하도록 만든 기구. 수판(數板).

비 壽(목숨 수)

籐	⑮ 21획	日トウ
	대그릇 등	中téng

풀이 1. 대그릇. 2. 등. 야자과에 속하는 덩굴나무.

비 藤(등나무 등)

籓	⑮ 21획	日ハン
	울타리 번	中fān

풀이 1. 울타리. 울. 2. 큰 키. 곡식을 까부르는 키.

籓落(번락) 대나무 등으로 엉성하게 만든 울타리.

유 藩(덮을 번)

籔	⑮ 21획	日ソウ
	휘 수	中shǔ, sǒu

풀이 1. 휘. 16말(斗). 용량의 단위. 2. 조리. 쌀을 이는 데 씀.

籀	⑮ 21획	日ジュウ
	주문 주	中zhòu

풀이 1. 주문. 한자 서체 중의 하나. 2. 읽다. 대전(大篆).

籀文(주문) 한자 서체의 한 가지.

籚	⑯ 22획	日ロウ
	창 자루 로	中lú

풀이 1. 창 자루. 2. 대 이름.

籙	⑯ 22획	日ロク
	책 상자 록(녹)	中lù

풀이 1. 책 상자. 2. 책. 3. 미래기. 예언서.

籙圖(녹도) 역사에 관한 책. 사적(史籍).

籠	⑯ 22획	日ロウ
	대그릇 롱(농)	中lóng, lǒng

* 형성. 뜻을 나타내는 '竹(대 죽)'과 음을 나타내며 '살창'의 뜻을 지닌 '龍(용 룡)'을 합친 글자. 이에 대나무를 살창 모양으로 짠 '그릇'의 뜻으로 쓰임.

풀이 1. 대그릇. ¶籠檻 2. 전동. 화살 넣는 통. 3. 대로 만든 탈것. 4. 싸다. 포괄하다. 5. 새장. ¶籠鳥 6. 촉촉히 적시다.

籠括(농괄) 포괄함.

籠東(농동) 패(敗)하는 모양. 농진(籠陳).

籠羅(농라) 새장과 그물.

籠絡(농락) 남을 교묘한 방법으로 속여 제 마음대로 이용함.

籠籠(농롱) 모습이 뚜렷하지 않은 모양.

籠鶯(농앵) 새장 안의 앵무새라는 뜻으로, 구속되어 자유롭지 못함을 이르는 말.

籠鳥戀雲(농조연운) 새장의 새가 구름을 연모한다는 뜻으로, 자유를 몹시 갈망함을 비유하는 말.

籠檻(농함) 대로 만든 우리.

유 筲(대그릇 소) 비 龓(가파를 롱)

籟	⑯ 22획	日ライ
	퉁소 뢰	中lài

풀이 1. 퉁소. 구멍이 세 개인 퉁소. 2. 소리. 울림.

籞	⑯ 22획	日ゴ
	금원 어	中yù

풀이 1. 금원(禁苑). 임금 소유의 동산. 2. 가두리. 연못에 대울을 쳐 놓고 물고기를 기르는 곳.

籯	⑯ 22획	日エン
	광주리 영	中yíng

풀이 1. 광주리. 2. 젓가락통.

籯金(영금) 광주리 속의 돈.

비 嬴(찰 영)

籜	⑯ 22획	日タク
	대 껍질 탁	中tuò

풀이 대 껍질.

籜龍(탁룡) 죽순.

籜粉(탁분) 죽순의 껍질에 생기는 가루.

籧	⑰ 23획	日キョ
	대자리 거	中qú

* 형성. 뜻을 나타내는 부수 '竹(대 죽)'과 음을 나타내는 '遽(갑자기 거)'를 합친 글자.

풀이 1. 대자리. ¶籧篨 2. 대광주리. ¶籧筐 3. 새가슴.

籧筐(거광) 뽕잎을 담는 대바구니.

6획

籧篨(거저) 1)대자리. 2)새가슴. 3)남에게 아첨을 잘하는 사람을 비유하는 말.

籣	⑰ 23획	日ラン
	동개 란	中lán

풀이 동개. 활과 화살을 넣어 등에 지는 기구.

비 蘭(난초 란)

籢	⑰ 23획	日レン
	경대 렴	中lián

풀이 1. 경대. 거울 · 화장품 등을 넣는 상자. 2. 향 그릇.

籼	⑰ 23획	日セン
	대 이름 선	中xiān, xiǎn

풀이 1. 대 이름. 2. 호적(戶籍). 호적부.

籥	⑰ 23획	日ヤク
	피리 약	中yuè

풀이 1. 피리. 2. 열쇠. 3. 잠그다. 자물쇠를 채우다. ¶ 籥口 4. 펄쩍펄쩍 뛰다.

籥口(약구) 입을 닫음. 말하지 않음.

유 龠(피리 약)

籦	⑰ 23획	日ソウ
	대 이름 종	中zhōng

풀이 대 이름. 피리를 만드는 데 쓰는 대나무의 한 가지.

籦籠(종롱) 피리를 만들기 좋은 대나무 이름.

籤	⑰ 23획	日セン
	제비 첨	中qiān

풀이 1. 제비. 대오리 등으로 만들어 길흉을 점치거나 당첨을 결정하는 심지. 2. 예언서. 예언의 기록. 3. 시험하다. 4. 산가지. 5. 꼬챙이. 6. 찌. 7. 날카롭다.

籤題(첨제) 책의 겉에 쓰는 표제.

籰	⑱ 24획	日ソウ
	돛 쌍	中shuāng

풀이 1. 돛. 2. 배.

籩	⑲ 25획	日ヘン
	제기 이름 변	中biān

풀이 제기 이름.

籩豆(변두) 변과 두. 옛날 제사 때 쓰던 그릇.

籬	⑲ 25획	日リ
	울타리 리(이)	中lí

* 형성. 뜻을 나타내는 부수 '竹(대 죽)'과 음을 나타내며 '잇닿는다'는 의미를 지닌 '離(떠날 리)'를 합친 글자. 이에 대나무 섶을 엮어서 친 '울타리'의 뜻으로 쓰임.

풀이 울타리.

籬菊(이국) 울타리 밑의 국화.

籬窺(이규) 울타리 틈으로 엿봄.

籬門(이문) 울타리의 문.

籬藩(이번) 울타리.

籬鷃(이안) 울타리 사이를 나는 굴뚝새라는 뜻으로, 식견이 좁은 사람을 비유하는 말.

籬垣(이원) 울타리.

비 離(떨어질 리)

籲	㉖ 32획	日ユ
	부를 유 · 약	中yuè, yù

풀이 1. 부르다. 2. 호소하다.

籲俊(유준) 지혜가 많고 뛰어난 사람을 초빙함.

籲天(유천) 하늘을 향해 부르짖음. 하늘에 호소함.

籲號(유호) 부르짖음.

米 부

米 쌀 미 部

'米' 자는 벼 열매의 껍질을 벗긴 알맹이인 '쌀'을 뜻하는 글자로 '낟알'을 나타내기도 한다. 또한 길이를 표현하는 단위로도 쓰이며, 미수(米壽)처럼 '여든 여덟'을 뜻하기도 한다. 이 글자를 부수로 갖는 글자는 일반적으로 쌀과 같은 곡류나 식물과 관련이 있다.

米	⓪ 6획	日ベイ · マイ · こめ
	쌀 미	中mǐ

丶 丷 䒑 半 米 米

6획

* 상형. 쌀이나 수수 등 곡식의 낟알을 본뜬 글자.

풀이 1. 쌀. 미곡. ¶米價 2. 양식. 곡식. ¶米糧 3. 미터. 길이의 단위.

米價(미가) 쌀값. 쌀 시세.
米泔(미감) 쌀뜨물.
米糠(미강) 쌀겨.
米穀(미곡) 1)쌀. 2)쌀 등의 곡식.
米課(미과) 쌀로 바치는 조세.
米囊花(미낭화) 양귀비꽃.
米糧(미량) 쌀. 양식.
米廩(미름) 쌀 창고.
米粒(미립) 쌀알.
米麥(미맥) 쌀과 보리.
米麪(미면) 쌀 또는 보리의 가루.
米粉(미분) 쌀가루.
米粟(미속) 1)쌀과 조. 2)곡식.
米壽(미수) 여든여덟 살. '米'의 파자(破字)가 '八十八'인 데서 나온 말. 미년(米年).
米食(미식) 쌀밥을 상식(常食)으로 함.
米鹽(미염) 1)쌀과 소금. 2)생활 밑천.
米飮(미음) 환자가 먹는 쌀로 만든 죽.
米作(미작) 벼농사.
米泉(미천) 쌀로 빚은 술.
米包(미포) 쌀 부대. 쌀 가마니.

비 禾(벼 화)

籴	② 8획	
	❶ 쌀 살 적	日 テキ
	❷ 섞을 잡	中 dí

풀이 1 1. 쌀을 사다. 2 2. 섞다. 섞이다.

籸	③ 9획	日 シン
	녹말 신	中 shēn

풀이 1. 녹말. 전분. 2. 범벅. 곡식 가루로 되게 쑨 죽.

籹	③ 9획	日 ジョ
	중배끼 여	中 nǔ

풀이 중배끼. 밀가루를 꿀에 반죽해서 기름에 지진 과자.

籺	③ 9획	日 コツ
	무거리 흘	中 hé

풀이 1. 싸라기. 쌀부스러기. 2. 쌀가루. 3. 보리 싸라기.

粁	④ 10획
	粁(p566)와 同字

粉	④ 10획	日 フン・こ・こな
	가루 분	中 fěn

丶 丷 丷 半 米 米 米' 米' 粉 粉

* 형성. 뜻을 나타내는 부수 '米(쌀 미)'와 음을 나타내는 '分(나눌 분)'을 합친 글자. '粉'은 쌀을 가루로 만든 것으로, 얼굴에 발라 분으로 삼았음. 후에 모든 '가루'를 지칭함.

풀이 1. 가루. ¶粉末 2. 가루를 빻다. 3. 분. 흰 가루. 4. 희다. ¶粉堵 5. 꾸미다. 분을 바르다. ¶粉面 6. 채색하다. 색칠하다.

粉骨粹身(분골쇄신) 뼈가 가루가 되고 몸이 부숴진다는 뜻으로, 각고의 노력으로 희생해 가며 애씀을 이르는 말.
粉筐(분광) 가루를 담는 갑(匣).
粉起(분기) 여기저기에서 일어남.
粉黛(분대) 1)분과 눈썹먹. 2)화장을 이르는 말. 3)화장한 아름다운 미인.
粉末(분말) 가루.
粉白(분백) 1)분처럼 흰 빛깔. 2)분처럼 흰 백지(白紙).
粉沸(분비) 어지럽게 떠드는 모양.
粉碎(분쇄) 가루가 되게 부스러뜨림.
粉飾(분식) 1)아름답게 보이기 위해 분을 발라 꾸밈. 2)치장.
粉食(분식) 밀가루·메밀가루 등을 재료로 하여 만든 음식.
粉乳(분유) 가루 우유.
粉脂(분지) 분과 연지(臙脂).
粉塵(분진) 가루와 티끌.
粉貼(분첩) 분을 바를 때 쓰이는 제구. 솜으로 둥글게 뭉쳐 만듦.
粉筆(분필) 칠판에 글씨를 쓰는 물건. 백묵.
粉紅(분홍) 엷게 붉은 고운 빛.

유 屑(가루 설)

粃	④ 10획	日 ヒ
	쭉정이 비	中 bǐ

풀이 1. 쭉정이. 2. 모르다. 아니다.

粃糠(비강) 쭉정이와 쌀겨라는 뜻으로, 보잘것 없는 것을 이르는 말.
粃滓(비재) 쭉정이와 찌꺼기라는 뜻으로, 아무 쓸모 없는 사람을 이르는 말.

粊	④ 10획	日ヒ
	궂은쌀 비	中bì

풀이 궂은쌀. 깨끗이 쓿지 않은 쌀.

粆	④ 10획	
	❶사탕 사	日ショウ
	❷건량자루 초	中shā

풀이 ❶ 1. 사탕. 수수. 사탕수수. ❷ 2. 건량 자루. 말린 식량.

유 糖(사탕 탕)

粔	⑤ 11획	日キョ
	중배끼 거	中jù

풀이 중배끼. 밀가루를 꿀에 반죽해서 기름에 지진 과자.

粒	⑤ 11획	日リュウ·こま
	낟알 립(입)	中lì

* 형성. 뜻을 나타내는 부수 '米(쌀 미)'와 음을 나타내는 '立(설 립)'을 합친 글자.

풀이 1. 낟알. 쌀알. 2. 알. 알갱이. 낟알처럼 작고 둥근 것. 3. 쌀밥을 먹다.

粒米(입미) 낟알.
粒雪(입설) 싸락눈.
粒食(입식) 쌀밥을 먹음.
粒子(입자) 1)알맹이. 2)물질을 구성하는 가장 미세한 알맹이.

粖	⑤ 11획	日マツ·かゆ
	죽 말·멸	中miè

풀이 죽. 미음.

粕	⑤ 11획	日ハク
	지게미 박	中pò

풀이 지게미. 술을 짜낸 찌꺼기.

비 泊(배댈 박)

粘	⑤ 11획	日ネン·ねばる
	끈끈할 점	中nián, zhān

풀이 끈끈하다. 들러붙다.

粘塊(점괴) 끈끈하게 뭉친 덩어리.
粘連(점련) 붙여 이어 나감.
粘土(점토) 끈끈한 흙. 진흙.

粗	⑤ 11획	日ソ·あらい
	거칠 조	中cū

풀이 1. 거칠다. 조잡하다. ¶粗惡 2. 크다. ¶粗功 3. 대강. 대략. ¶粗略

粗功(조공) 큰 공.
粗略(조략) 1)간략하여 보잘것없음. 2)함부로 여겨 허투루함.
粗放(조방) 거칠고 소홀함.
粗率(조솔) 거칠고 경솔함.
粗安(조안) 일 없이 편안함. 별 탈이 없음.
粗雜(조잡) 거칠고 난잡함.
粗製(조제) 물건을 조잡하게 만듦. 또는 그 물건.
粗餐(조찬) 1)변변치 못한 식사. 2)다른 사람에게 식사를 접대할 때에 쓰는 말.

유 荒(거칠 황) 비 祖(조상 조)

粣	⑥ 12획	日サク
	싸라기 색	中cè

풀이 싸라기. 쌀 부스러기.

粟	⑥ 12획	日ゾク·あわ
	조 속	中sù

一 冖 丙 襾 襾 襾 襾 襾 覀 覀 粟 粟

* 회의. 부수 '米(쌀 미)'와 초목(草木)의 열매를 본뜬 부수 이외의 글자를 합친 글자. 오곡의 하나인 '조', 또는 '껍질을 벗기지 않은 곡식'의 뜻으로 쓰임.

풀이 1. 조. ¶粟豆 2. 곡류. 곡식. 3. 벼. 4. 낟알. 5. 녹미(祿米). 녹봉으로 주던 쌀.

粟金(속금) 조 같은 작은 금.
粟豆(속두) 조와 콩.
粟粒(속립) 조의 낟알.
粟文(속문) 좁쌀 무늬.
粟米(속미) 1)조와 쌀. 2)좁쌀.
粟米粉(속미분) 좁쌀가루.
粟帛(속백) 조와 비단.
粟散國(속산국) 좁쌀을 흩뜨려 놓은 것처럼 작은 나라.
粟芋(속우) 조와 토란.

비 栗(밤 률)

粤	⑥ 12획 어조사 월	日ケツ 中yuè

풀이 1. 어조사. 2. 두텁다. 3. 월나라. 주나라의 제후국. 4. 땅 이름. 중국 광동성(廣東省)·광서성(廣西省) 일대.

粤犬吠雪(월견폐설) 월나라 개가 눈을 보고 짖는다는 뜻으로, 낯선 것을 보면 의심하기 쉬움을 이르는 말. 촉견폐일(蜀犬吠日).

粢	⑥ 12획 기장 자	日シ 中cī, zī

* 형성. 뜻을 나타내는 부수 '米(쌀 미)'와 음을 나타내는 '次(버금 차)'를 합친 글자.

풀이 1. 기장. 2. 곡식의 총칭. 3. 쌀떡.

粢糲(자려) 현미(玄米)로 만든 떡.

粢盛(자성) 제물(祭物)로 바친 곡물.

유 黍(기장 서)

粧	⑥ 12획 단장할 장	日ショウ 中zhuāng

丶 丷 丷 半 米 米 米' 粁 粁 粧 粧 粧

* 형성. 뜻을 나타내는 부수 '米(쌀 미)'와 음을 나타내는 '庄(전장 장)'을 합친 글자. 쌀가루[米] 같은 분으로 얼굴을 평평하게[庄] 만드는 것을 나타내어 '화장하다', '단장하다'의 뜻으로 쓰임.

풀이 단장하다. 화장하다.

粧鏡(장경) 단장하는 거울. 경대.

粧面(장면) 화장한 얼굴.

粧飾(장식) 예쁘게 꾸밈. 멋을 부림.

粧靨(장엽) 보조개를 만듦.

粧點(장점) 좋은 집터를 골라 집을 지음.

粧痕(장흔) 1)단장한 흔적. 2)꾸며 만든 흔적.

유 裝(꾸밀 장)

粥	⑥ 12획 ❶죽 죽 ❷팔 육	日シュク·イク·かゆ 中yù, zhōu

풀이 ❶ 1. 죽. 죽을 먹다. ¶粥藥 ❷ 2. 팔다. ¶粥米 3. 기르다. 4. 시집보내다.

粥米(육미) 쌀을 팖.

粥飯僧(죽반승) 죽을 먹고 살아가는 중이란 뜻으로, 무능한 사람을 낮추어 이르는 말.

粥藥(죽약) 죽과 약.

粥粥(1.죽죽/2.육육) 1)㉠자기를 낮추어 겸손히 하는 모양. ㉡나약한 모양. 2)두려워하는 모양.

유 糜(죽 미)

粱	⑦ 13획 기장 량(양)	日リョウ 中liáng

풀이 1. 기장. 조의 일종으로 낟알이 굵음. 2. 좋은 쌀

粱米(양미) 1)기장과 쌀. 2)좋은 쌀.

粱飯(양반) 쌀밥.

粱肉(양육) 1)좋은 쌀과 좋은 고기. 2)부유한 사람의 좋은 음식.

유 粢(기장 자) 黍(기장 서)

粺	⑦ 13획 누룩 매	日メイ 中méi

풀이 누룩. 술밑.

粫	⑦ 13획 떡 포	日ホウ 中bù

풀이 떡.

粰	⑦ 13획 산자 부	日フ·ブ 中fū

풀이 1. 산자. 과자의 일종. 2. 된 죽. 3. 겨. 곡식 껍질.

粲	⑦ 13획 정미 찬	日サン 中càn

풀이 1. 정미. 곱게 찧은 쌀. 2. 밝다. 환하다. ¶粲如 3. 깨끗하다. 4. 곱다. 아름답다. ¶粲粲 5. 웃다.

粲如(찬여) 환한 모양. 밝은 모양.

粲然(찬연) 1)환한 모양. 2)웃는 모양.

粲粲(찬찬) 무늬가 많고 화려한 모양.

粲彰(찬창) 환히 드러남.

粼	⑧ 14획 물 맑을 린(인)	日リン 中lín

풀이 1. 물이 맑다. 물이 맑아 돌이 잘 보이는 모양. 2. 대 이름. 속이 꽉찬 대나무의 한 가지.

粼粼(인린) 물이 맑아 돌이 잘 보이는 모양.

유 潾(맑을 린)

粹	⑧ 14획 ❶순수할 수 日スイ ❷부서질 쇄 中cuì

풀이 1 1. 순수하다. ¶粹美 2. 아름답다. ¶粹想 3. 같다. 4. 온전하다. 5. 정밀하다. 자세하다. 6. 변치 않다. 2 7. 부서지다. 빻다. ¶粹折

粹折(쇄절) 부서지고 꺾임.
粹器(수기) 훌륭한 인물. 순수한 사람.
粹靈(수령) 몹시 신령스럽고 묘함.
粹穆(수목) 순수하고 온화함.
粹美(수미) 순수하게 아름다움.
粹想(수상) 순수한 생각. 아름다운 생각.

유 純(순수할 순) 비 碎(부술 쇄)

粻	⑧ 14획 日ジョウ 양식 장 中zhāng

풀이 1. 양식. 식량. 2. 엿.

精	⑧ 14획 日セイ・ショウ 자세할 정 中jīng

丶 丷 㐅 半 米 米 米 米一 米= 米丰 米圭 米青 精 精 精

* 형성. 뜻을 나타내는 부수 '米(쌀 미)'와 음을 나타내는 '靑(푸를 청)'을 합친 글자. 쌀(米)에 푸른빛(靑)이 나게 '자세하게 찧다'의 뜻으로 쓰임.

풀이 1. 자세하다. 면밀하다. ¶精粹 2. 찧다. 쓿다. 3. 쓿은 쌀. 정미. 4. 깊다. 그윽하다. 5. 정성스럽다. 6. 오로지. 7. 오묘하다. ¶精義 8. 날카롭다. ¶精刀 9. 아름답다. 10. 밝다. 11. 개다. 하늘이 개다. 12. 해. 달. 별. 13. 깨끗하다. 14. 정기. 원기. 15. 신령. 16. 익숙하다.

精幹(정간) 훌륭한 솜씨.
精鑑(정감) 1)자세하게 살핌. 2)뛰어난 관찰.
精甲(정갑) 1)튼튼하고 훌륭한 갑옷. 2)날쌔고 용감한 군사. 정병.
精剛(정강) 뛰어나고 강함.
精强(정강) 날쌔고 강함.
精光(정광) 1)밝은 빛. 2)모습이 뛰어나고 단정한 모양.
精勤(정근) 일이나 학업에 힘씀. 부지런함.
精氣(정기) 1)만물에 갖추어져 있는 순수한 기운. 2)심신 활동의 근본이 되는 힘.
精器(정기) 날카로운 무기.
精刀(정도) 날카로운 칼.
精到(정도) 절묘한 경지에 오름.
精廬(정려) 학문을 닦거나 연구하는 곳.
精慮(정려) 자세하고 꼼꼼하게 생각함.
精鍊(정련) 잘 단련함.
精練(정련) 1)실이나 피륙을 표백함. 2)잘 연습함.
精靈(정령) 1)죽은 사람의 넋. 2)만물의 근원이 된다고 하는 불가사의한 기운.
精魅(정매) 도깨비.
精美(정미) 정교하고 아름다움.
精敏(정민) 꼼꼼하면서도 민첩함.
精密(정밀) 자세하여 빈틈이 없음.
精博(정박) 학식이 깊고 넓음.
精辯(정변) 상세하고 정확한 변론.
精鮮(정선) 매우 고움.
精水(정수) 1)남성의 생식기에서 분비되는 액체. 정액. 2)순수한 진액.
精粹(정수) 가장 순수한 것.
精髓(정수) 1)뼛속에 있는 골. 2)사물의 본질을 이룬 가장 뛰어난 부분.
精神(정신) 1)육체에 깃들어 있는 영혼이나 마음. 2)물질을 초월한 실재. 3)이념 또는 사상.
精陽(정양) 음력 6월의 다른 이름.
精姸(정연) 정밀하고 고움.
精詣(정예) 정밀한 학술의 조예.
精曜(정요) 아름답게 빛남.
精義(정의) 1)심오한 이치. 2)자세한 뜻.
精義入神(정의입신) 심오한 이치를 깨달아 신의 경지에 들어감.
精一(정일) 1)마음이 깊고 한결같음. 2)잡된 것이 섞이지 않고 순수함.
精進(정진) 1)온 힘을 다하여 노력함. 2)몸을 깨끗이 하고 마음을 가다듬음.
精彩(정채) 1)아름답고 영롱한 빛깔. 2)생기 넘치는 표정.
精忠(정충) 한결같은 충성.
精測(정측) 정밀하게 측량함.
精討(정토) 정밀하게 연구함.
精悍(정한) 날쌔고 사나움.
精解(정해) 자세하게 해석함. 또는 그 해석.
精核(정핵) 정밀하게 연구하여 핵심을 파헤침.
精好(정호) 정밀하고 좋음.
精華(정화) 1)다른 것이 섞이지 않은 깨끗하고 순수한 부분. 2)정수(精髓)가 될 만한 뛰어난 부분.

비 靖(편안할 정)

粽	⑧ 14획 日ソウ 주악 종 中zòng

풀이 주악. 떡의 한 가지.

粺 ⑧ 14획 日ハイ
정미 패 中bài

풀이 정미. 현미 한 말을 쓿어서 아홉 되로 만든 백미.

糂 ⑨ 15획 日ジン
나물죽 삼 中sǎn

풀이 1. 나물죽. 2. 섞다.

糈 ⑨ 15획 日ショ
양식 서 中xǔ

풀이 1. 양식. 2. 정미. 제삿밥을 지을 좋은 쌀. 3. 쌀알.

糈稌(서도) 신에게 바치는 양식.

粈 ⑨ 15획 日ジュウ
섞을 유 中róu

풀이 1. 섞다. 섞이다. 2. 무침. 여러 가지를 섞어 무친 것. 3. 잡곡밥. 4. 먹다.

糉 ⑨ 15획 日ソウ
주악 종 中zòng

풀이 주악. 떡의 한 가지.

糊 ⑨ 15획 日コ
풀 호 中hū, hú, hù

* 형성. 뜻을 나타내는 부수 '米(쌀 미)'와 음을 나타내는 '胡(오랑캐 호)'를 합친 글자.

풀이 1. 풀. 쌀 · 밀가루 등을 쑤어 만든 접착제. ¶糊名 2. 끈끈하다. 3. 입에 풀칠하다. ¶糊口 4. 바르다. 5. 흐리다. 분명하지 않다. 6. 차지게 하다.

糊口(호구) 입에 풀칠을 한다는 뜻으로, 궁핍한 살림을 이르는 말.

糊斗(호두) 풀을 넣어 두는 그릇.

糊名(호명) 과거를 볼 때 부정 행위를 막기 위해 응시자의 이름에 풀칠하여 종이를 붙여 가림.

비 湖(호수 호)

糇 ⑨ 15획 日コウ
말린 밥 후 中hóu

풀이 1. 말린 밥. 쌀을 쪄서 말린 식량. 2. 양식.

糕 ⑩ 16획 日コウ
떡 고 中gāo

풀이 떡. 가루떡.

糕乾(고건) 쌀가루에 설탕을 넣어 쪄서 만든 것.

糕餠(고병) 떡과 전병. 과자류의 총칭.

糗 ⑩ 16획 日キュウ
볶은 쌀 구 中qiǔ

풀이 1. 볶은 쌀. 말린 밥. 건량. ¶糗糧 2. 말린 밥으로 끓인 죽. 3. 미숫가루.

糗糧(구량) 볶아 말린 식량.

糗糒(구비) 말린 밥.

糗脩(구수) 말린 밥과 포.

糖 ⑩ 16획 日トウ
사탕 당 中táng

(필순) 丶 丷 䒑 半 米 米 米 粁 粁 粇 粇 粇 粐 糖 糖 糖

* 형성. 뜻을 나타내는 부수 '米(쌀 미)'와 음을 나타내는 '唐(당나라 당)'을 합친 글자. 쌀(米)로써 입(口)을 긴장시키는(唐) 것을 나타내어, '엿' 또는 '사탕'의 뜻으로 쓰임.

풀이 1. 사탕. 2. 엿.

糖尿(당뇨) 당분이 많이 섞여 나오는 오줌. 당뇨병.

糖酪(당락) 맛이 단 젖.

糖分(당분) 단맛의 성분.

糖質(당질) 당분을 가지고 있는 물질.

糒 ⑩ 16획 日ビ
건량 비 中bèi

풀이 건량. 말린 밥. 군인들이 행군할 때 휴대함.

糒醪(비료) 말린 밥과 술.

糏 ⑩ 16획
❶ 싸라기 설 日セツ
❷ 쌀가루 솔 中sù, xiè

풀이 ❶ 1. 싸라기. 쌀부스러기. ❷ 2. 쌀가루.

糔 ⑩ 16획 日スイ
쌀뜨물 수 中xiū, xiǔ

6획

풀이 1. 쌀뜨물. 2. 반죽하다.

糠 ⑪ 17획 日コウ
겨 강 中kāng

* 형성. 뜻을 나타내는 부수 '米(쌀 미)'와 음을 나타내는 '康(편안할 강)'을 합친 글자.

풀이 겨. 쌀겨. 흔히 보잘것없는 사물의 비유로 쓰임.

糠糜(강미) 쌀겨로 쑨 죽.

糠粃(강비) 겨와 쭉정이란 뜻으로, 거친 음식을 이르는 말.

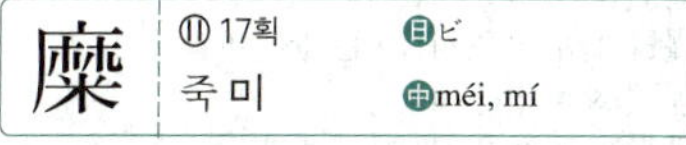

糜 ⑪ 17획 日ビ
죽 미 中méi, mí

풀이 1. 죽. ¶糜沸 2. 싸라기. 부서진 쌀알. 3. 문드러지다. 4. 지치다. ¶糜弊 5. 소비하다. ¶糜財

糜軀(미구) 온갖 고초를 겪음.

糜滅(미멸) 부서져 멸함. 또는 멸망시킴.

糜沸(미비) 1)죽이 끓음. 2)매우 소란함. 또는 그 모양.

糜散(미산) 없어짐. 흩어짐.

糜弊(미폐) 지쳐 약해짐. 피폐하여 쇠약해짐.

유 粥(죽 죽)

糞 ⑪ 17획 日フン
똥 분 中fèn

* 회의. 쌀(米)을 먹고 소화가 되면 다르게(異) 변하여 나오는 것을 나타내어, '똥'의 뜻으로 쓰임.

풀이 1. 똥. 대변. ¶糞溷 2. 거름. 3. 더러운 것. ¶糞壤 4. 제거하다. 5. 쓸다. 청소하다.

糞壤(분양) 1)더러운 토양. 썩은 흙. 2)토양에 거름을 줌.

糞除(분제) 1)더러운 것을 없앰. 2)몸을 닦아 깨끗이 함.

糞土(분토) 1)썩은 흙. 2)똥을 섞어 잘 삭힌 흙. 퇴비(堆肥).

糞土言(분토언) 더러운 말. 가치 없는 말.

糞溷(분혼) 뒷간. 변소.

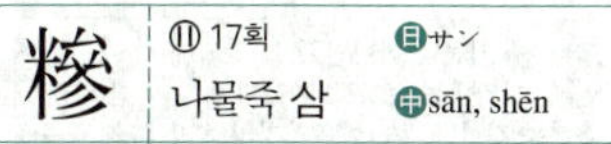

糝 ⑪ 17획 日サン
나물죽 삼 中sān, shēn

풀이 1. 나물죽. 2. 국. 쌀가루를 넣어 끓인 국. 3. 쌀알.

糝粒(삼립) 밥알. 쌀알.

糝糝(삼삼) 흩어지는 모양.

糝食(삼식) 국에 쌀 또는 쌀가루를 넣어 끓인 것.

糟 ⑪ 17획 日ソウ
술지게미 조 中zāo

* 형성. 뜻을 나타내는 부수 '米(쌀 미)'와 음을 나타내는 '曹(나라 조)'를 합친 글자.

풀이 1. 술지게미. 술을 거른 찌꺼기. ¶糟糠 2. 막걸리. 3. 찌꺼기.

糟糠(조강) 쌀지게미와 쌀겨라는 뜻으로, 누추한 음식을 비유하는 말.

糟糠不厭(조강불염) 지게미나 쌀겨도 배부르게 먹지 못할 정도로 몹시 가난함을 이르는 말.

糟糠之妻(조강지처) 가난할 때 고생을 같이 한 아내.

糟糠之妻(조강지처)의 유래

후한 때 광무제의 누이가 송홍(宋弘)이라는 사람을 흠모하였다. 광무제가 이를 알고 송홍을 불러다 "속담에 귀한 지위에 오르면 교제를 바꾸고 부유해지면 아내를 바꾼다고 하던데, 인지상정 아니겠소?"하고 살짝 의향을 떠보았다. 그러자 송홍이 "신은 가난할 때의 교제를 잊지 않아야 하고, 거친 음식을 먹으며 함께 고생한 아내는 안방에서 내쫓지 않는다고 들었습니다."라고 대답하였다.

糟粕(조박) 1)지게미. 2)학문 · 예술 등에서 옛 사람이 다 밝혀 내어 전혀 새로움이 없음을 비유하는 말.

糙 ⑪ 17획 日ソウ
매조미쌀 조 中cāo

풀이 1. 매조미쌀. 현미. 2. 거칠다.

糙米(조미) 매조미쌀. 현미.

糙漆(조칠) 거칠고 검음.

糧 ⑫ 18획 日リョウ · ロウ · かて
양식 량(양) 中liáng

* 형성. 뜻을 나타내는 부수 '米(쌀 미)'와 음을 나타내며 노동의 의미를 지닌 '量(헤아릴 량)'을 합친 글자. 이에 노동하기 위하여 먹는 쌀을 나타내어, '양식'이라는 뜻으로 쓰임.

풀이 1. 양식. 식량. ¶糧米 2. 구실. 조세. 3. 급여.

糧穀(양곡) 양식으로 쓰는 곡식.

糧道(양도) 1)양식을 운반하는 길. 2)일정한 기간 동안 먹고 살 양식.

糧米(양미) 양식으로 쓰는 쌀.

糧食(양식) 1)먹을거리. 식량(食糧). 2)지식 또는 사상 등의 원천이 되는 것.

6획

糧資(양자) 군량미와 군자금.

糩	⑫ 18획 방귀 뀔 비	日ヒ 中pì

풀이 방귀를 뀌다.

糤	⑫ 18획 산자 산	日サン 中sǎn

풀이 산자. 과자의 일종.

糦	⑫ 18획 주식 치·희	日チ·キ 中chì

풀이 1. 주식(酒食). 술과 밥. 2. 기장밥.

糪	⑬ 19획 밥 벽	日ヘキ 中bó

풀이 밥. 죽.

糯	⑭ 20획 찰벼 나·난	日ダ 中nuò

풀이 찰벼. 찹쌀.

糯米(나미) 찹쌀.

糯粟(나속) 1)차조. 2)쌀·조·기장 등의 곡물.

糰	⑭ 20획 경단 단	日タン 中tuán

풀이 경단. 단자. 동글동글한 떡.

糰子(단자) 동글동글하게 빚어 꿀을 바르고 팥이나 깨 등의 가루를 묻힌 떡. 경단(瓊團).

糲	⑮ 21획 현미 려(여)	日レイ 中lì

풀이 1. 현미. 2. 맷돌로 갈다.

糲米(여미) 현미.

糲飯(여반) 현미밥. 거친 밥.

糱	⑯ 22획 누룩 얼	日ゲツ 中niè

풀이 1. 누룩. 2. 싹을 튼 곡식. 엿기름이나 콩나물 등. 3. 싹트다. 4. 빚다. 일을 조성하다.

糱酒(얼주) 누룩으로 빚은 술.

糴	⑯ 22획 쌀 살 적	日テキ 中dí

* 형성. 뜻을 나타내는 부수 '米(쌀 미)'와 '들어오다'라는 뜻을 지닌 '入(들 입)', 그리고 음을 나타내는 '翟(꿩 적)'을 합친 글자.

풀이 1. 쌀을 사다. ¶糴價 2. 구두쇠. 수전노.

糴價(적가) 쌀을 사들이는 가격.

糴貴(적귀) 쌀을 사들이는 값이 비쌈.

糴買(적매) 쌀을 사들임.

糴米(적미) 쌀을 삼. 또는 그 쌀.

糷	⑲ 25획 부술 미·마	日ミ·マ 中mí, mò

풀이 1. 부수다. 잘게 깨뜨리다. 2. 부스러기. 가루. 3. 찧다. 쓿다.

糶	⑲ 25획 쌀 팔 조	日チョウ 中tiào

* 형성. 뜻을 나타내는 부수 '米(쌀 미)'와 '나가다'라는 뜻을 지닌 '出(날 출)'과 음을 나타내는 '翟(꿩 적)'을 합친 글자.

풀이 쌀을 팔다.

糶米(조미) 쌀을 팖.

糶糴(조적) 1)곡식을 사고파는 일. 2)파는 쌀과 사는 쌀.

糶出(조출) 팔기 위해 내놓은 쌀.

糸부

糸 실 사 部

'糸'자는 의식주 가운데 하나인 옷을 만드는 데 필요한 물건, 즉 '실'을 나타내는 글자로, 가느다란 실이 한 타래 묶인 모양을 본뜬 것이다. '絲(실 사)'자의 속자(俗字)로 주로 사용되며, 그 의미가 변하여 '작다', '세밀하다'의 뜻으로 쓰인다. 이 글자를 부수로 갖는 글자는 실의 종류나 성질 및 직물과 관련이 있다. 또한 색깔을 나타내는 글자에 대부분 쓰인다.

糸	⓪6획 ❶실 사 日ベキ·シ·ほそいと ❷가는 실 멱 中mì, sī

풀이 ❶ 1. 실. ❷ 2. 가는 실. 3. 적다.

유 絲(실 사) 비 系(이을 계)

系	① 7획 日ケイ·つながる 이을 계 中jì, xì

* 상형. 실을 감아 놓은 명주실의 타래와 실의 끝 모양을 본뜬 글자. 이에 '잇다'의 뜻으로 쓰임.

풀이 1. 잇다. ¶系統 2. 매다. 3. 실마리. 4. 혈통. 핏줄. 5. 계보. 6. 끈. 줄.

系譜(계보) 1)집안의 혈족 관계나 사제 관계, 계통 등을 도표로 나타낸 책. 2)혈연·학풍 등이 이어져 내려오는 연속성.
系列(계열) 계통의 서열.
系統(계통) 1)차례를 따라 이어져 있는 것. 2)같은 핏줄에서 파생되어 나온 갈래.

비 糸(실 사)

糺	① 7획 糾(p1025)와 同字

紈	② 8획 絿(p1040)와 同字

糾	② 8획 日キュウ·あざなう 맺힐 규 中jiū

* 형성. 뜻을 나타내는 부수 '糸(실 사)'와 음을 나타내는 '丩(얽힐 규)'를 합친 글자.

풀이 1. 맺히다. 맺다. 2. 얽히다. 꼬다. ¶糾錯 3. 규명하다. 4. 끌어 모으다. 5. 바로잡다. ¶糾勵 6. 살피다. 7. 들추어내다. 8. 협박하다. 9. 급하다. 10. 공손하다. 11. 알리다.

糾擧(규거) 죄를 들추어 열거함. 규지(糾持).
糾結(규결) 서로 얽혀 연결됨.
糾戒(규계) 살펴 경계함.
糾禁(규금) 1)규정. 2)살펴 금함.
糾勵(규려) 바로잡아 격려함.
糾繆(규류) 조사하여 잘못된 점을 바로잡음.
糾問(규문) 죄를 따져 물음.
糾紛(규분) 1)서로 엉킴. 2)중첩되어 있는 모양.
糾攝(규섭) 죄를 엄하게 따져 다스림.
糾率(규솔) 끌어 모아 인솔함.
糾繩(규승) 1)실이나 노끈 등을 꼼. 2)잘못된 점을 바로잡음.
糾雜(규잡) 복잡하게 얽힘.
糾錯(규착) 얽히고 설킴.

紆	② 8획 日テイ 노끈 곧을 정 中zhēng, zhěng

풀이 1. 노끈이 곧다. 노끈 등이 팽팽하여 곧은 모양. 2. 당기다.

紀	③ 9획 日キ·しるす·もとい 벼리 기 中mǐ, jì

* 형성. 뜻을 나타내는 부수 '糸(실 사)'와 음을 나타내는 '己(몸 기)'를 합친 글자. '己'는 굽은 것을 바로잡거나 뒤섞인 것을 정리하는 일을 나타냄. 이에 뒤얽힌 실을 풀어 '정리하다', '실마리'의 뜻으로 쓰이며, 후에 '구분 짓다'라는 뜻으로도 쓰임.

풀이 1. 벼리. ¶紀綱 2. 실마리. 단서. 3. 법. 규율. 도덕. 4. 해. 세월. ¶紀元 5. 터. 밑바탕. 6. 계통을 세워 적다. 7. 중요하다. 8. 중요한 것. 9. 쓰다. 10. 고치다. 11. 통하다.

紀綱(기강) 1)으뜸이 되는 중요한 규율과 질서. 2)다스림.
紀功(기공) 공을 기념함.
紀年(기년) 일정한 기원(紀元)으로부터 차례로 셈을 헤아린 햇수.
紀念(기념) 사적(事蹟)을 상기하여 잊지 않음.
紀事(기사) 사실의 경과를 적음. 또는 그 문체.
紀要(기요) 중요한 사실을 기록한 것. 사실의 요점을 기록한 것.
紀元(기원) 1)나라를 세운 첫 해. 2)연대를 세는 기초가 되는 해.
紀律(기율) 질서 있게 하기 위한 행동의 규정.
紀績(기적) 업적을 적음.
紀傳(기전) 인물의 전기를 중심으로 쓴 역사.
紀傳體(기전체) 역사 기술의 한 체재(體裁). 본기(本紀)·열전(列傳)·잡지 등으로 구성됨.
紀行文(기행문) 여행에서 보고 느낀 것을 기록한 글.
紀統(기통) 법. 규칙.

유 綱(벼리 강) 비 記(기록할 기)

紃 | ③ 9획 끈 순 · 천 | 日 ジュン 中 xún

풀이 1. 끈. 2. 법. 3. 좇다.

約 | ③ 9획 묶을 약 | 日 ヤク · ちぎり · むすぶ 中 dì, yāo

* 형성. 뜻을 나타내는 부수 '糸(실 사)'와 음을 나타내는 '勺(구기 작)'을 합친 글자. 실(糸)로 싸서(勺) 단단히 묶은 것을 나타내어 '묶다'의 뜻으로 쓰임.

풀이 1. 묶다. 맺다. 결합하다. 2. 약속하다. 약속. 서약. ¶約款 3. 아끼다. 검소하다. ¶節約 4. 부절(符節). 5. 대략. 대개. 6. 간략하다. 7. 만류하다.

約款(약관) 약속하고 정한 조목.
約禮(약례) 예법에 따라 행실을 삼가고 몸을 올바르게 가짐.
約盟(약맹) 맹세하여 맺은 약속. 또는 약속을 맺음.
約誓(약서) 맹세하고 약속함.
約束(약속) 서로 언약하여 정함.
約章(약장) 다른 나라와 약속하여 정한 법문.
約定(약정) 약속하여 정함.
約條(약조) 조건을 붙여 약속함.
約指(약지) 가락지. 반지.
約婚(약혼) 남녀가 결혼하기로 약속함.
佳約(가약) 1)좋은 언약. 2)부부가 되자는 약속.
儉約(검약) 검소하게 절약하여 사용함.
契約(계약) 1)약속. 2)법률상의 효과를 목적으로 두 사람 이상의 의사의 합치에 의하여 성립하는 법률 행위.
空約(공약) 헛된 약속.

유 束(묶을 속)

紆 | ③ 9획 굽을 우 | 日 ウ · めぐる 中 yū

* 형성. 뜻을 나타내는 부수 '糸(실 사)'와 음을 나타내는 '于(어조사 우)'를 합친 글자.

풀이 1. 굽다. 2. 얽히다. 3. 돌다. 빙 돌다. 4. 우울하다.

紆結(우결) 마음이 울적함.
紆曲(우곡) 서로 얽혀 구부러져 있음. 우절(紆折).
紆盤(우반) 산길 등이 꼬불꼬불 돎.
紆徐(우서) 1)천천히 나아가는 모양. 2)아래로 늘어진 모양.
紆餘(우여) 1)물이 꼬불꼬불 흐르는 모양. 2)언덕이 꼬불꼬불 이어진 모양. 3)재능이 많은 모양.
紆回(우회) 멀리 돌아서 감. 우회(迂廻).

紉 | ③ 9획 ❶ 새끼 인 ❷ 꿸 근 | 日 ジン 中 rèn

풀이 ❶ 1. 새끼. 노끈. 2. 실. 3. 매다. 4. 쪼개다. 5. 실을 꿰다. 6. 어그러지다. ❷ 7. 꼬다. 새끼를 꼬다.

紂 | ③ 9획 껑거리끈 주 | 日 チュウ · しりがい 中 zhòu

풀이 껑거리끈. 말이나 소의 안장 아래에 걸어 매는 끈.

紅 | ③ 9획 붉을 홍 | 日 コウ · ク · くれない 中 gōng, hóng

* 형성. 뜻을 나타내는 부수 '糸(실 사)'와 음을 나타내는 '工(장인 공)'을 합친 글자. 옷감이나 천의 색이 적색 또는 연한 적색인 것을 나타냄. 바뀌어, '붉은빛'의 뜻으로 쓰임.

풀이 1. 붉다. 붉은빛. ¶紅葉 2. 연지.

紅巾賊(홍건적) 중국 원나라 말기 하북(河北)의 한산동(漢山童)을 중심으로 하여 일어났던 머리에 붉은 두건을 두른 도적 떼.
紅燈街(홍등가) 술집이나 유곽 등이 늘어선 거리.
紅蓮(홍련) 붉은 연꽃.
紅爐點雪(홍로점설) 1)불이 타고 있는 화로 위로 떨어지는 눈. 도를 깨달아 마음이 환해짐을 비유하는 말. 2)큰 일에 작은 일이 도움이 되지 않음을 비유하는 말.
紅樓(홍루) 1)부유한 집안의 여자가 거처하는 처소. 2)붉은 칠을 한 전각.
紅門(홍문) 궁전이나 능(陵) 등에 세우는 붉은 문. 홍살문.
紅蔘(홍삼) 수삼(水蔘)을 쪄서 말린 붉은 빛깔의 인삼.
紅衫(홍삼) 조복(朝服)에 딸린 웃옷.
紅裳(홍상) 붉은 치마. 다홍치마.
紅色(홍색) 붉은빛.
紅袖(홍수) 1)붉은 소매. 2)미인.
紅顔(홍안) 젊고 혈색이 좋은 얼굴.
紅魚(홍어) 붉은 빛깔의 물고기.
紅疫(홍역) 몸에 열이 오르며 온몸에 좁쌀 같은 열꽃이 돋고 기침이 나는 전염병.
紅葉(홍엽) 붉은 잎. 단풍잎.
紅玉(홍옥) 보석의 한 가지. 붉은 빛깔의 옥. 루비.

紅雨(홍우) 붉은 꽃이 비 오듯 떨어짐.
紅雲(홍운) 1)붉은 구름. 2)꽃이 활짝 핀 모양.
紅衣(홍의) 붉은 빛깔의 옷.
紅一點(홍일점) 1)푸른 잎 가운데 한 송이의 붉은 꽃. 2)많은 남성 중의 한 명의 여성.

●紅一點(홍일점)의 유래
당송팔대가의 한 명인 왕안석(王安石)의 시에서 유래하였다. "수많은 푸른 잎 속에 붉은 한 점이 있으니 봄빛은 사람을 감동시키는 데 많은 것을 쓰지 않는구나." 여기서 붉은 한 점은 석류꽃을 말한다.

紅紫(홍자) 1)붉은빛과 보랏빛. 2)여러 가지 빛깔의 꽃.
紅潮(홍조) 아침 햇살에 붉게 보이는 바다 물결.
紅塵(홍진) 1)티끌. 2)세상의 번잡한 일.
紅茶(홍차) 차나무의 어린잎을 발효시켜 말린 차.
紅蛤(홍합) 홍합과에 속하고 깊은 바다 암초에 붙어 사는 바닷조개.
甘紅酒(감홍주) 단맛이 나며 알코올 도수가 높은 붉은빛의 술.
唐紅(당홍) 중국에서 나는 자줏빛을 띤 붉은 물감.
桃紅色(도홍색) 복숭아꽃 같은 엷은 분홍빛. 도화색(桃花色).
同價紅裳(동가홍상) 같은 값이면 다홍치마라는 뜻으로, 같은 조건이면 낫고 편리한 것을 택함을 이르는 말.
木紅(목홍) 차나무 속을 끓여 우려 낸 붉은 물감.
薄紅(박홍) 연분홍 빛깔.
白髮紅顔(백발홍안) 센머리에 소년처럼 붉은 얼굴.
粉紅(분홍) 엷게 붉은 고운 색.
鮮紅色(선홍색) 산뜻한 다홍빛.
유 朱(붉을 주) 赤(붉을 적)

紈	③ 9획	日ガン
	흰 비단 환	中wán

* 형성. 뜻을 나타내는 부수 '糸(실 사)'와 음을 나타내는 '丸(알 환)'을 합친 글자.

풀이 1. 흰 비단. ¶紈素 2. 맺다. 3. 포개지다. 겹치다.
紈縑(환겸) 여러 가닥을 겹쳐서 드린 실로 짠 흰 비단.
紈袴(환고) 흰 비단으로 만든 바지.
紈素(환소) 흰 비단.

紇	③ 9획	
	질 낮은	日コツ
	명주실 흘	中hé, gē

풀이 1. 질이 낮은 명주실. 생사. 2. 묶다. 3. 종족 이름. 회흘(回紇). 중국 서북쪽에 살던 터키계의 종족.

絖	④ 10획
	絙(p1040)과 同字

紒	④ 10획	日カイ
	상투 틀 계	中jì

풀이 1. 상투를 틀다. 상투. 2. 어리석다. 3. 인끈.

紘	④ 10획	日コウ
	갓끈 굉	中hóng

풀이 1. 갓끈. 2. 밧줄. 끈. 3. 넓다. 크다. 4. 묶다. 매달다.
紘覆(굉부) 넓게 펴서 덮음.

紟	④ 10획	日キン
	옷고름 금	中jīn, jìn

풀이 1. 옷고름. 2. 옷깃. 3. 홑이불.

級	④ 10획	日キュウ
	등급 급	中jí

* 형성. 뜻을 나타내는 부수 '糸(실 사)'와 음을 나타내며 따라붙는다는 의미를 지닌 '及(미칠 급)'을 합친 글자. 실(糸)에 이어 다음 실이 따라붙는다(及) 하여, '순서', '계급'의 뜻으로 쓰임.

풀이 1. 등급. 급수. 계급. 2. 층계. 3. 수급(首級). 전쟁에서 적의 목을 벤 수에 의해 공적이 올랐기 때문에 나온 말임. ¶級頭
級頭(급두) 싸움터에서 벤 적의 머리.
級數(급수) 1)계급. 2)일정한 법칙에 따라 증감하는 수를 일정한 차례로 배열한 수.
級友(급우) 같은 학급에서 배우는 벗.
級長(급장) 반장(班長).
級差(급차) 지위의 순서. 등급.

納	④ 10획	日ノウ·トウ·おさめる
	바칠 납	中nà

* 형성. 뜻을 나타내는 부수 '糸(실 사)'와 음을 나타내는 '內

6획

(안 내)'를 합친 글자. '內'는 안(冂)으로 무엇이 들어온(人) 것이므로 '들리는 것'을 나타내며, 여기에 '糸'를 더해 바깥에서 안으로 '들이다', '바치다'의 뜻으로 쓰임.

풀이 1. 바치다. ¶納貢 2. 들이다. 수확하다. 3. 가지다. 4. 넣어 두다. 간직하다. 5. 돌려주다. 6. 옷을 깁다.

納骨(납골) 화장한 뼈를 상자나 그릇에 넣어 둠.
納貢(납공) 지난날, 백성이 지방에서 나는 특산물을 조정에 바치던 일. 공납.
納款(납관) 1)배신하여 적과 내통함. 2)온 마음을 다하여 복종함.
納期(납기) 세금 · 공과금 등을 내는 기간.
納吉(납길) 신랑 집에서 결혼 날짜를 잡아 신부 집에 알리는 일.
納得(납득) 남의 말이나 행동을 잘 알아차려 이해함.
納凉(납량) 여름의 더위를 피해 시원한 바람을 쐼.
納賂(납뢰) 뇌물을 바침.
納履(납리) 신을 신음.
納拜(납배) 웃어른을 찾아뵙고 절함.
納稅(납세) 세금을 바침.
納受(납수) 1)소원이나 부탁 등을 들어줌. 2)수납(受納).
納衣(납의) 무명으로 지은 옷.
納日(납일) 지는 해.
納入(납입) 관공서 등에 물건이나 돈을 납부함.
納采(납채) 장가들일 아들이 있는 집에서 신부를 맞이할 집으로 혼인을 청하는 의례.
納陛(납폐) 비밀 출입 계단.
納品(납품) 계약한 곳에 물품을 조달함.
納降(납항) 항복을 받아들임.
受納(수납) 받아들임. 납수(納受).

유 貢(바칠 공) 獻(바칠 헌)

紐	④ 10획	日 チュウ · ひも
	끈 뉴(유)	中 niǔ

풀이 1. 끈. 2. 묶다. 매다. 3. 매듭. 4. 근거하다. 4. 주름. 5. 맥(脈).

紐帶(유대) 결합시키는 기능이나 조건. 또는 상호 관계.
紐情(유정) 정에 끌려 떨어지지 않는 마음.

紞	④ 10획	日 タン
	귀막이 끈 담	中 dǎn

풀이 1. 귀막이 끈. 2. 이불의 가선을 꾸미는 술. 3. 북소리.

紞紞(담담) 북소리.

紋	④ 10획	日 モン
	무늬 문	中 wén, wèn

* 형성. 뜻을 나타내는 부수 '糸(실 사)'와 음을 나타내며 '무늬'를 의미하는 '文(글월 문)'을 합친 글자. 이에 실로 짜서 나타낸 무늬라는 의미에서, '무늬'의 뜻으로 쓰임.

풀이 1. 무늬. ¶紋樣 2. 주름.

紋縠(문곡) 무늬가 있고 주름진 비단.
紋銀(문은) 은이 많이 들어 있는 은괴(銀塊).
紋樣(문양) 무늬.
紋章(문장) 국가 · 단체 · 집안 등을 나타내는 상징적인 도안(圖案) 또는 문자.

유 文(무늬 문)

紊	④ 10획	日 ブン · ビン
	어지러울 문	中 wěn

풀이 어지럽다. 어지러워지다.

紊棄(문기) 어지럽고 쇠약함.
紊亂(문란) 어지럽게 함.
紊擾(문요) 어지럽고 시끄러움.
紊墜(문추) 쇠퇴함.

유 亂(어지러울 란)

紡	④ 10획	日 ホウ · つむぐ
	자을 방	中 fǎng

* 형성. 뜻을 나타내는 부수 '糸(실 사)'와 음을 나타내는 '方(모 방)'을 합친 글자.

풀이 1. 잣다. 실을 만들다. ¶紡纑 2. 실. ¶紡毛 3. 걸다.

紡毛(방모) 짐승의 털로 실을 뽑음. 또는 그 털실.
紡績(방적) 섬유를 가공하여 실을 만드는 일.
紡塼(방전) 실을 거는 것. 실패.
紡織(방직) 실을 뽑는 일과 직물을 짜는 일.
紡車(방차) 실을 뽑는 기구. 물레.
紡錘(방추) 1)물레의 가락. 2)북 · 베틀에 딸린 기구의 한 가지. 북.

紑	④ 10획	日 フ
	산뜻할 부	中 fóu

풀이 산뜻하다. 희고 고운 모양.

紛	④ 10획	日 フン
	어지러워질 분	中 fēn

ㄥ ㄠ 幺 糸 糸 糸 紒 紒 紛 紛

* 형성. 뜻을 나타내는 부수 '糸(실 사)'와 음을 나타내는 '分(나눌 분)'을 합친 글자. 실(糸)을 나누어서(分) 흩트려 놓으면 '어지럽게' 되는 것을 나타냄.

풀이 1. 어지러워지다. 산란하다. 2. 섞이다. 엉키다. ¶紛競 3. 번잡하다. 4. 많다. 5. 어둡다. 6. 느슨해지다. 7. 행주. 8. 깃발. 9. 기뻐하다.

紛競(분경) 뒤섞여 겨룸. 분쟁(紛爭).
紛糾(분규) 일이 얽히고 시끄러워짐.
紛劇(분극) 번거롭고 분주함.
紛亂(분란) 엉클어져 어지러움.
紛末(분말) 가루.
紛紛(분분) 1)뒤숭숭하고 시끄러운 모양. 2)어수선해서 갈피를 잡을 수 없는 모양.
紛奢(분사) 화려하고 사치스러움. 화사(華奢).
紛失(분실) 물건을 잃음.
紛若(분약) 매우 많은 모양.
紛然(분연) 어지러운 모양.
紛繞(분요) 서로 어지럽게 얽힘.
紛雜(분잡) 여러 사람이 혼잡하게 북적임.
紛爭(분쟁) 다툼. 분쟁.
紛塵(분진) 1)어지럽게 날리는 먼지. 2)어지럽고 혼란스러운 속세.
紛濁(분탁) 어지럽고 흐림.
紛蕩(분탕) 어지럽게 흩어짐.
紛華(분화) 번잡하고 화려함.

유 紊(어지러울 문) 亂(어지러울 란)

紕 ④ 10획 日ヒ
가선 비 中pī

풀이 1. 가선. 2. 합사(合絲)를 꼬다. 3. 깁다. 4. 잘못. ¶紕越 5. 매듭. 6. 해진 비단. 거친 비단. 7. 꾸미다. 8. 다스리다.

紕繆(비류) 잘못. 실수.
紕越(비월) 잘못. 실수.

④ 10획
❶깁 사 日サ
❷미묘할 묘 中shā

* 형성. 뜻을 나타내는 부수 '糸(실 사)'와 음을 나타내는 '少(적을 소)'를 합친 글자.

풀이 1 1. 깁. 얇고 가벼운 견직물. ¶紗羅 2 2. 미미하다.

紗袴(사고) 얇은 견직물로 만든 바지.
紗縠(사곡) 주름진 비단.
紗籠(사롱) 1)사등롱(紗燈籠). 2)먼지를 막기 위해 덮어 씌우는 천.
紗燈籠(사등롱) 얇은 견직물로 둘러 바른 등롱.
紗羅(사라) 깁. 얇은 비단.
紗帷(사유) 얇은 비단으로 만든 휘장.
紗幮(사주) 얇은 비단으로 만든 모기장.
紗窓(사창) 얇은 비단을 바른 창.

④ 10획
❶노 삭 日サク·なわ·つな
❷찾을 색 中suǒ

* 회의. 집(宀) 안에서, 두 손(廾)으로 새끼(糸)를 꼬는 모습을 나타낸 글자. 이에 굵은 '새끼', '노'의 뜻으로 쓰임.

풀이 1 1. 노. 노끈. 2. 꼬다. ¶索綯 3. 고르다. 4. 세다. 5. 다하다. 6. 홀로. ¶索居 7. 텅 비다. 8. 법. 2 9. 찾다. 취하다. 10. 바라다. ¶索求

索居(삭거) 쓸쓸하게 홀로 거처함.
索綯(삭도) 새끼를 꼼.
索莫(삭막) 1)황폐하여 적막한 모양. 적막(寂莫). 2)잃어버려 생각이 아득함.
索索(삭삭) 1)불안한 모양. 2)얽힌 모양. 3)소리의 형용. 바삭바삭.
索然(삭연) 1)눈물이 흐르는 모양. 2)흥미가 없는 모양. 3)쓸쓸한 모양.
索求(색구) 찾아 구함.
索婦(색부) 며느리를 얻음.
索隱(색은) 숨은 이치를 찾음.
索引(색인) 1)찾아보거나 찾아냄. 2)책에 있는 글자·낱말·사항을 손쉽게 찾아볼 수 있도록 일정한 차례로 만든 목록.
索出(색출) 찾아냄.
索捕(색포) 찾아내어서 잡음.

비 素(흴 소)

④ 10획 日ジョ
느슨할 서 中shū

풀이 1. 느슨하다. 2. 느슨하게 하다. 풀다. 3. 화해하다.

紓難(서난) 어려움을 풂. 어려움을 느슨하게 함.
紓憂(서우) 시름을 풂.
紓禍(서화) 화를 풂.

비 舒(펼 서)

④ 10획 日ソ·ス
흴 소 中sù

6획

* 형성. 뜻을 나타내는 부수 '糸(실 사)'와 음을 나타내는 '垂(드리울 수)'의 생략형을 합친 글자. 빨아 널어 드리운(垂) 명주실(糸)이 깨끗하다는 데서 '희다'의 뜻으로 쓰임.

풀이 1. 희다. 흰빛. ¶素雪 2. 생명주. 3. 무늬가 없는 옷감 · 기물. 4. 본디. 원래. 5. 바탕. 6. 평소. ¶素行 7. 성질. 8. 정성. 9. 바르다. 10. 넓다. 11. 분수를 따르다. 12. 향하다.

素光(소광) 흰빛. 달 · 눈 등의 빛.
素粒子(소립자) 원자를 구성하는 궁극적인 물질.
素描(소묘) 형태와 명암을 위주로 하여 단색으로 그린 그림. 데생.
素朴(소박) 꾸밈없이 그대로임.
素飯(소반) 고기나 생선 등의 반찬이 없는 밥.
素髮(소발) 흰머리. 백발(白髮).
素服(소복) 흰 옷.
素扇(소선) 하얀 비단으로 만든 부채.
素雪(소설) 흰 눈. 백설(白雪).
素性(소성) 본디 타고난 성품.
素手(소수) 1)하얀 손. 2)여자의 손을 이르는 말.
素食(소식) 1)아무 일도 않고 놀고먹음. 2)고기를 먹지 않고 채식함.
素心(소심) 1)평소 마음에 품고 있는 생각. 2)소박하고 거짓이 없는 마음.
素顏(소안) 1)흰 얼굴. 2)맨 얼굴.
素養(소양) 평소의 교양. 평소부터 수양하여 얻은 학력 · 기능.
素月(소월) 1)빛이 희고 밝은 달. 교월(皎月). 2)음력 8월의 다른 이름.
素意(소의) 본디 가진 마음. 평소의 뜻.
素因(소인) 근본적인 원인.
素材(소재) 기초가 되는 재료.
素節(소절) 1)가을의 다른 이름. 2)깨끗하고 결백한 지조.
素質(소질) 날 때부터 지니고 있는 성격이나 능력 등의 바탕이 되는 것.
素湯(소탕) 고기를 넣지 않고 끓인 국.
素風(소풍) 1)순수하고 깨끗한 기풍(氣風). 2)가을바람.
素行(소행) 1)평소의 실행. 2)분수에 맞는 올바른 행동.
素懷(소회) 평소부터 마음속에 품고 있던 생각.

유 白(흰 백) 비 索(동아줄 삭)

純	④ 10획	
	❶순수할 순	日ジュン
	❷묶을 돈	中chún
	❸온전할 전	

ㄥ 幺 幺 糸 糸 糸 紅 紅 紅 純

* 형성. 뜻을 나타내는 부수 '糸(실 사)'와 음을 나타내며 순수하다는 의미를 지닌 '屯(진칠 둔→순)'을 합친 글자.

풀이 ❶ 1. 순수하다. ¶純粹 2. 순색(純色)의 비단. 3. 천진하다. 4. 착하다. 5. 꾸밈이 없다. 6. 도탑다. 7. 밝다. 8. 온화하다. 9. 크다. 10. 아름답다. ❷ 11. 묶다. 12. 싸다. ❸ 13. 온전하다.

純潔無垢(순결무구) 심신이 순수하고 깨끗하여 조금도 더러운 티가 없음.
純理(순리) 순수한 학문상의 이론.
純味(순미) 다른 맛이 섞이지 않은 순수한 맛.
純美(순미) 순수하고 아름다움. 또는 순수한 아름다움.
純白(순백) 1)순수하게 흰 빛. 2)티 없이 깨끗함.
純粹(순수) 1)잡다한 것이 섞이지 않음. 2)욕심이나 악한 마음이 없음.
純淑(순숙) 순수하고 정숙함.
純熟(순숙) 완전히 익음.
純純(순순) 1)순수한 모양. 2)온화한 모양.
純愛(순애) 순수한 사랑.
純陽(순양) 1)순수한 양기(陽氣). 2)숫총각.
純陰(순음) 1)순수한 음기. 2)숫처녀.
純正(순정) 순수하고 올바름.
純情(순정) 순수한 애정 또는 감정.
純直(순직) 순진하고 정직함.
純眞(순진) 1)마음이 꾸밈이 없고 참됨. 2)세속에 섞이지 않고 깨끗함.
純化(순화) 잡스러운 것을 순수하게 함.
純孝(순효) 지극한 효성.

	④ 10획	日ウン
	어지러울 운	中yún

풀이 1. 어지럽다. 2. 많고 성하다.

紜紜(운운) 1)번잡하고 어지러운 모양. 2)왕래가 빈번한 모양.

유 紛(어지러워질 분)

紖	④ 10획	日イン
	고삐 인	中zhèn

풀이 1. 고삐. 2. 수레를 끄는 줄.

紝	④ 10획	日イン
	짤 임	中rèn

* 형성. 뜻을 나타내는 부수 '糸(실 사)'와 음을 나타내는 '壬

6획

(아홉째 천간 임)' 을 합친 글자.

풀이 1. 짜다. ¶紝織 2. 실. 3. 명주.

紝器(임기) 베를 짜는 도구. 베틀 · 북 등.

紝織(임직) 베를 짬. 직임(織紝).

紙

④ 10획 日シ · かみ

종이 지 中zhǐ

* 형성. 뜻을 나타내는 부수 '糸(실 사)' 와 음을 나타내며 눌러붙는다는 의미를 지닌 '氏(성씨 씨)'를 합친 글자. 섬유질〔糸〕로 눌러〔氏〕 만든 '종이' 를 나타냄.

풀이 1. 종이. 2. 종이의 매수 · 장수.

紙價(지가) 종이의 값.

紙匣(지갑) 1)종이로 만든 갑. 2)가죽이나 헝겊 등으로 쌈지같이 만든 물건. 돈이나 작은 물건을 넣음.

紙貴(지귀) 종이가 귀하다는 뜻으로, 책 또는 종이가 잘 팔림을 이르는 말. 지가고(紙價高).

紙面(지면) 종이의 표면. 종이의 겉면.

紙墨(지묵) 종이와 먹.

紙物鋪(지물포) 여러 가지 종이를 파는 점포.

紙榜(지방) 종잇조각에 글을 써서 만든 신주(神主).

紙背(지배) 1)종이의 뒤쪽. 2)문장의 내면에 깊이 숨겨져 있는 뜻.

紙上(지상) 지면(紙面).

紙上談兵(지상담병) 종이 위에서 병법을 말한다는 뜻으로, 이론에만 밝을 뿐 실제적인 지식은 없는 경우에 쓰이는 말.

○紙上談兵(지상담병)의 유래

전국 시대 조나라에 조괄이라는 사람이 있었는데, 아버지 조서 밑에서 수많은 병법서를 읽어 능통했으나 병권을 물려받지 못하였다. 조서의 아내가 조서에게 그 이유를 묻자 조서는 "군대를 다스리는 것은 나라의 존망과 관련되는 일이오. 그런데 괄은 이 일을 너무 가볍게 생각하고 있소. 만일 괄에게 병권을 주면 나라를 망하게 할 것이오."라고 대답했다. 그 후에 조서가 죽고 조정에서는 조괄을 대장으로 삼았다. 그러나 아버지 조서의 말처럼 자신만만하게 싸움터로 향했던 조괄은 목숨을 잃고 군대도 몰살당하였다.

紙錢(지전) 1)돈 모양으로 만든 종이. 저승길의 노자(路資). 2)종이로 만들어진 돈. 지폐(紙幣).

紙質(지질) 종이의 품질.

紙札(지찰) 종이쪽. 용지.

紙燭(지촉) 종이와 초. 부의(賻儀)로 보내는 것.

紙幣(지폐) 종이를 재료로 하여 만든 돈.

紙砲(지포) 딱총.

紙筆硯墨(지필연묵) 종이 · 붓 · 벼루 · 먹을 함께 이르는 말.

便紙(편지) 상대방에게 전하고 싶은 일 등을 적어 보내는 글.

紺

⑤ 11획 日コン

감색 감 中gàn

풀이 감색. 검은빛을 띤 푸른빛. 검푸른빛.

紺瞳(감동) 감색의 눈동자.

紺碧(감벽) 검푸른빛.

紺宇(감우) 1)귀인의 저택. 2)절. 사찰.

紺園(감원) 절의 다른 이름.

絅

⑤ 11획 日ケイ

바짝 죌 경 中jiǒng

풀이 1. 바짝 죄다. 2. 홑옷.

経

⑤ 11획

經(p1040)의 俗字

絇

⑤ 11획 日ク

신코 장식 구 中qú

풀이 신코 장식. 신 앞쪽의 장식.

絇繶(구억) 신코와 신 가장자리의 장식.

累

⑤ 11획

❶ 거듭할 루(누) 日ルイ

❷ 벌거벗길 라 中léi, lěi, lèi

* 형성. 뜻을 나타내는 부수 '糸(실 사)' 와 음을 나타내는 '畾(밭갈피 뢰)' 의 생략형을 합친 글자. 여러 덩어리〔畾〕를 실〔糸〕로 여러 번 묶는 것을 나타내어, '묶다', '거듭하다' 등의 뜻으로 쓰임.

풀이 1 1. 거듭하다. ¶累加 2. 묶다. 3. 포개다. ¶積累 4. 누를 끼치다. 5. 더럽히다. 6. 연결하다. 7. 연좌. 연루. 8. 불어나다. ¶積月 2 9. 벌거벗다.

累加(누가) 1)거듭하여 보탬. 2)차례로 더함.

累減稅(누감세) 소득액이 일정한 표준 이상에 이를 경우에 소득액이 점점 불어감에 따라 세율을 점점 감해 주는 세.

累計(누계) 모든 수의 합계.

累年(누년) 여러 해.

累代(누대) 여러 대. 누세(累世).

累德(누덕) 1)선행에 방해가 되는 악행. 2)덕을 쌓음.

累卵之危(누란지위) 알을 포개어 쌓아 놓은 것 처럼 매우 위태함. 누란지세(累卵之勢).
累世(누세) 여러 세대.
累月(누월) 여러 달.
累日(누일) 여러 날.
累積(누적) 포개어 쌓음.
累重(누중) 짐이 되는 재산 · 처자식 등.
累增(누증) 점점 늘어남. 점점 더하여 감.
累進(누진) 1)관위(官位) · 등급(等級) 등이 차차 올라감. 2)가격 · 수량 등이 더하여 감에 따라 그에 대한 비율이 올라감.
煩累(번루) 번거로운 걱정과 근심.
世累(세루) 세상이 어수선하고 괴로움.
連累(연루) 남이 일으킨 일에 관계되어 죄를 덮어씀.
積累(적루) 포개어 쌓임.
情累(정루) 인정에 끌림.
유 束(묶을 속) 構(얽을 구)

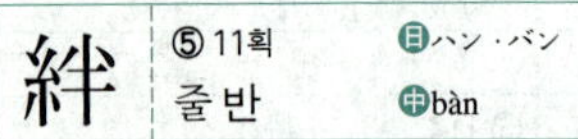

絆 ⑤11획 줄 반 日ハン · バン 中bàn

풀이 1. 줄. 2. 얽어매다. 구속하다.
絆繫(반계) 얽어맴.
絆拘(반구) 얽매임.
絆羈(반기) 1)고삐. 굴레. 2)세상살이의 여러 굴레.
脚絆(각반) 여행할 때 다리에 감는 행전.
羈絆(기반) 말에 굴레를 씌우듯이 자유를 얽어맴.

紼 ⑤11획 얽힌 삼 불 日フツ 中fú

풀이 1. 얽힌 삼. 2. 수레를 끄는 줄. 3. 인끈. 4. 상엿줄.

紱 ⑤11획 인끈 불 日フツ 中fú

풀이 1. 인끈. 2. 입다. 3. 제복(祭服).

紲 ⑤11획 고삐 설 日セツ 中xiè

풀이 1. 고삐. 2. 매다. 3. 도지개. 4. 건너다.

細 ⑤11획 가늘 세 日サイ · ほそい · こまかい 中xì

ㄥ ㄠ 幺 糸 糸 糸 糸 紅 細 細 細

* 형성. 뜻을 나타내는 부수 '糸(실 사)'와 음을 나타내는 '囟(정수리 신)'의 변형을 합친 글자. 아이 숨구멍(囟)처럼 가는 실(糸)을 나타내어, '가늘다', '세밀하다'의 뜻으로 쓰임.

풀이 1. 가늘다. ¶細毛 2. 자세하다. ¶細目 3. 잘다. 작다. ¶細密 4. 적다. 5. 천하다.
細苛(세가) 자질구레하고 번거로움.
細鉅(세거) 작은 일과 큰 일. 세대(細大).
細檢(세검) 상세하게 조사함.
細徑(세경) 작은 길. 세로(細路).
細故(세고) 자그마한 사고. 작은 탈.
細工(세공) 작은 물건을 만드는 것.
細管(세관) 가느다란 관.
細菌(세균) 생물 중에서 가장 작으며 다른 생물에 기생하여 병원(病源)이 되는 균. 박테리아.
細柳(세류) 실버들. 세버들.
細流(세류) 졸졸 흐르는 시내.
細毛(세모) 가는 털.
細目(세목) 자세하게 적은 조목.
細務(세무) 자잘한 사무.
細微(세미) 1)아주 가늘고 작음. 2)신분이 낮음.
細密(세밀) 잘고 자세함.
細部(세부) 자세한 부분.
細分(세분) 잘게 나눔.
細事(세사) 작은 일.
細說(세설) 1)자세하게 하는 설명. 2)잔소리.
細心(세심) 주의 깊게 마음을 씀.
細雨(세우) 이슬비.
細月(세월) 초승달.
細人(세인) 1)도량이 좁고 간사한 사람. 소인. 2)벼슬이 낮은 사람.
細則(세칙) 자세하게 규정한 규칙.
細評(세평) 자세하게 비평함. 또는 그러한 비평.
細胞(세포) 생물체를 이루는 최소의 단위.
細筆(세필) 1)가느다란 붓. 2)획을 가늘게 하여 쓴 잔글씨.
유 纖(가늘 섬)

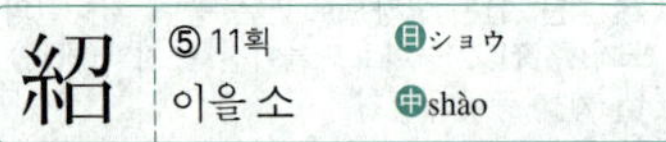

紹 ⑤11획 이을 소 日ショウ 中shào

* 형성. 뜻을 나타내는 부수 '糸(실 사)'와 음을 나타내며 '잇다'의 뜻을 지닌 '召(부를 소)'를 합친 글자. 실(糸)을 잇는(召) 연결시키는 것을 나타내어, '잇다', '계승하다'의 뜻으로 쓰임.

풀이 1. 잇다. ¶紹承 2. 소개하다. ¶紹介 3. 돕다.
紹介(소개) 1)모르는 두 사람을 잘 알도록 관계를 맺어 줌. 2)모르는 내용을 해설하여 사람들에게 알리는 일.
紹復(소복) 조상의 사업 등을 다시 일으킴.
紹承(소승) 이어받음.
紹衣(소의) 들은 바를 행함.
紹絶(소절) 끊어진 것을 이어 행함.
紹恢(소회) 사업을 이어받아 이를 더 번창시킴.
紹興(소흥) 계승하여 흥하게 함.
紹熙(소희) 이어 빛냄.
유 屬(이을 촉) 系(이을 계)

絁	⑤ 11획 명주 시	日 シ 中 shī

풀이 1. 명주. 2. 가늘다.

紳	⑤ 11획 큰 띠 신	日 シン・オビ 中 shēn

* 형성. 뜻을 나타내는 부수 '糸(실 사)'와 음을 나타내며 끼운다는 뜻을 지닌 '申(아홉째 지지 신)'을 합친 글자. 이에 홀(笏)을 꽂아 끼우는 '띠'의 뜻으로 쓰임. 이 띠는 옛날에 높은 사람의 복장이었으므로, 높은 교양을 가진 사람들인 신사(紳士)를 가리키게 되었음.

풀이 1. 큰 띠. ¶紳笏 2. 묶다. 3. 지위나 신분이 고귀한 사람.

紳士(신사) 점잖고 예의 바르며 교양 있는 사람.
紳笏(신홀) 큰 띠와 홀. 문관들의 의복.

紫	⑤ 11획 자줏빛 자	日 シ・むらさき 中 zǐ

丨 ⺊ 止 止⺊ 此 此 些 些 紫 紫 紫

* 형성. 뜻을 나타내는 부수 '糸(실 사)'와 음을 나타내는 '此(이 차)'를 합친 글자. 자줏빛으로 물들인 실을 나타내어 '자줏빛'의 뜻으로 쓰임.

풀이 자줏빛. 보라색. 자색.

紫閣(자각) 자줏빛으로 칠한 전각.
紫禁城(자금성) 중국 북경(北京)에 있는 청조(淸朝)의 궁성(宮城).
紫氣(자기) 1)자줏빛의 기운. 2)반가운 손님이 올 조짐.
紫冥(자명) 하늘.
紫薇(자미) 백일홍.
紫微(자미) 1)북두(北斗)의 북쪽에 있는 별 이름. 중국의 천문학에서는 천제(天帝)가 있는 곳이라 함. 2)왕궁(王宮).
紫斑病(자반병) 살갗에 자줏빛 반점이 생기고, 피가 모여 점막이나 내장에 피가 나는 병.
紫房(자방) 태후(太后)가 거처하는 방.
紫白(자백) 자줏빛과 흰빛.
紫色(자색) 자줏빛.
紫石英(자석영) 자줏빛 수정.
紫外線(자외선) 스펙트럼을 통해 볼 때 자색(紫色) 밖에 있는 복사선.
紫雲(자운) 1)자줏빛의 구름. 2)좋은 징조.
紫電(자전) 1)자줏빛을 띤 전광. 2)날카로운 빛. 3)일이 매우 다급함을 비유하는 말.
紫宙(자주) 하늘.
紫翠(자취) 1)자줏빛과 푸른색. 2)산의 경치. 3)자주빛과 비취빛의 보석.
紫袍(자포) 1)자줏빛 곤룡포. 2)훌륭한 옷이나 예복.
紫霞(자하) 1)자줏빛 안개. 2)선궁(仙宮)에 낀 안개.

紵	⑤ 11획 모시 저	日 チョ 中 zhù

풀이 모시. 모시풀.

紵麻(저마) 모시.
紵衣(저의) 모시로 지은 옷.
紵絺(저치) 모시와 세갈포.

組	⑤ 11획 짤 조	日 ソ・オビ 中 zǔ

ㄥ 纟 幺 糸 糸 糸 糹 糿 組 組 組

* 형성. 뜻을 나타내는 부수 '糸(실 사)'와 음을 나타내며 물건을 겹쳐 쌓는다는 의미를 지닌 '且(어조사 저→조)'를 합친 글자. 이에 실을 땋아서 만든 '끈'의 뜻으로 쓰임. 후에 실과 관계없이 물건을 짜 맞추거나 한 무리로 삼는 것을 가리키게 됨.

풀이 1. 짜다. 구성하다. ¶組織 2. 끈. 3. 수를 놓다.

組閣(조각) 내각(內閣)을 조직하는 것.
組甲(조갑) 끈목으로 짠 갑옷.
組練(조련) 1)갑옷과 투구. 갑주(甲冑). 2)병사. 3)끈과 명주.
組立(조립) 각 부속품을 용도에 맞게 짜 맞추는 일.
組成(조성) 여러 개의 요소 또는 성분으로 짜서 만듦.
組長(조장) 조로 나누어 편성한 집단의 우두머리.
組織(조직) 1)실을 짜서 길쌈함. 2)같은 형태의 기능을 가진 세포의 집단. 3)단체 또는 사회를 구성하는 각 요소가 결합하여 일정한 질서를 가진 통일체가 됨.
組版(조판) 원고(原稿)의 지시된 내용에 따라 순서·위치·행간·자간 등을 짜 맞춤.

組合(조합) 1)민사상 두 사람 이상이 출자하여 공동으로 경영하는 단체. 또는 그러한 계약. 2)정해진 것들 중 무작위로 뽑아 모은 것. 3) 여럿을 모아 합하여 한 덩어리가 되게 함.

終	⑤ 11획	日シュウ・おわる
	끝날 종	中zhōng

*형성. 뜻을 나타내는 부수 '糸(실 사)'와 음을 나타내는 '冬(겨울 동)'을 합친 글자. '糸'는 연속되는 실이고 '冬'은 사계절의 끝이므로, 연속해 오던 것(糸)이 끝 마치는(冬) 것을 나타내어, '마치다', '끝나다'의 뜻으로 쓰임.

풀이 1. 끝내다. 마치다. 2. 마지막. 끝. ¶終末 3. 죽다. ¶考終命 4. 열두 해. 12년. 5. 마침내. ¶終乃

終結(종결) 끝을 냄. 일을 마침.
終決(종결) 결말이 남.
終境(종경) 땅의 끝 또는 끝이 되는 지경.
終竟(종경) 끝. 마침.
終古(종고) 1)언제까지나. 영구히. 2)옛날.
終局(종국) 끝판.
終乃(종내) 필경에. 마침내.
終年(종년) 한 해를 다 마침.
終了(종료) 일을 마침. 끝남.
終幕(종막) 연극의 마지막 막.
終末(종말) 계속되어 온 일의 끝판. 맨 나중의 끝.
終生(종생) 목숨이 다할 때까지의 동안.
終歲(종세) 한 해를 마침.
終世(종세) 세상을 마침. 죽음.
終始(종시) 처음과 끝.
終息(종식) 그침. 끝남.
終食之間(종식지간) 밥 한 끼 먹을 시간이라는 뜻으로, 매우 짧은 시간을 이르는 말.
終身(종신) 한평생. 죽을 때까지.
終夜(종야) 1)하룻밤 동안. 2)밤새도록.
終焉(종언) 1)무엇에 종사하다가 세상을 마침. 2)계속하던 일이 끝남.
終業(종업) 1)일을 다 끝냄. 2)학기·학년을 마침.
終譽(종예) 마지막까지 명예를 잃지 않음.
終日(종일) 아침부터 저녁까지. 하루 동안.
終戰(종전) 전쟁이 끝남.
終點(종점) 기차·전차·버스 등의 마지막 도착점.
終止(종지) 끝. 마지막.
終止符(종지부) 한 문장이 끝났음을 나타내거나 연이어 끝맺음을 나타낼 때 찍는 부호.
終着(종착) 마지막으로 도착함.
終獻(종헌) 제사 때에 마지막 잔을 올림.

6획

堅忍至終(견인지종) 끝까지 굳게 참고 견딤.
考終命(고종명) 오복(五福) 중의 하나로 제 명대로 살다가 편안하게 죽음.
亡終(망종) 1)사람의 목숨이 끊어져 죽는 때. 2) 일의 마지막.
始終如一(시종여일) 처음부터 끝까지 한결같아서 변함없음.

유 末(끝 말) 반 始(처음 시) 初(처음 초)

紬	⑤ 11획	日チュウ・つむぎ
	명주 주	中chōu, chóu

풀이 1. 명주. ¶紬衣 2. 모으다. 철하다. 3. 뽑다. 실을 뽑아 내다. ¶紬績 4. 실마리.

紬緞(주단) 명주와 비단 등을 모두 이르는 말.
紬絲(주사) 명주실.
紬衣(주의) 명주옷.
紬績(주적) 실을 뽑음.

紸	⑤ 11획	日シュウ
	댈 주	中zhù

풀이 대다. 손을 대어 보다.

紾	⑤ 11획	日シン
	비틀 진	中zhěn

풀이 1. 비틀다. 2. 돌리다. 돌다. 3. 휘감기다.

紩	⑤ 11획	日シツ
	기울 질	中zhì

풀이 1. 깁다. 꿰매다. 2. 넣다. 3. 밧줄.

비 秩(차례 질)

紮	⑤ 11획	日サツ
	감을 찰	中zā, zhā

풀이 1. 감다. 묶다. 2. 머무르다.

紮營(찰영) 군대를 머무르게 함.

紽	⑤ 11획	日タ
	타래 타	中tuó

풀이 타래. 실을 세는 단위.

紿	⑤ 11획	日 タイ
	속일 태	中 dài

풀이 1. 속이다. 2. 실이 삭다. 3. 이르다. 4. 의심을 품다. 5. 느슨하다. 6. 게을리하다.

유 詐(속일 사) 欺(속일 기)

絃	⑤ 11획	日 ゲン・いと
	악기 줄 현	中 xián

* 형성. 뜻을 나타내는 부수 '糸(실 사)'와 음을 나타내며 '걸다'의 뜻을 지닌 '玄(검을 현)'을 합친 글자. 이에 팽팽하게 건 '악기 줄'의 뜻으로 쓰임.

풀이 1. 악기 줄. ¶無絃琴 2. 현악기. 3. 연주하다.

絃歌(현가) 거문고 등과 맞추어서 부르는 노래.
絃琴(현금) 거문고.
絃誦(현송) 거문고를 타며 시가를 읊음.
絃樂(현악) 현악기로 연주하는 음악.
斷絃(단현) 1)현악기의 줄이 끊어짐. 2)금슬(琴瑟)의 줄이 끊어졌다는 뜻으로, 아내의 죽음을 이르는 말.
無絃琴(무현금) 줄이 없어도 마음속으로는 울린다는 거문고.
三絃(삼현) 세 가지 현악기. 즉 거문고·가야금·향비파.

絳	⑥ 12획	日 コウ
	진홍 강	中 jiàng

* 형성. 뜻을 나타내는 부수 '糸(실 사)'와 음을 나타내는 '夅(내릴 강)'을 합친 글자.

풀이 1. 진홍. 진한 붉은색. ¶絳裙 2. 강 이름.

絳裙(강군) 진홍색의 치마.
絳闕(강궐) 붉은 칠을 한 대궐.
絳氣(강기) 붉은 기운.
絳葉(강엽) 붉은 잎.
絳英(강영) 붉은 꽃부리.
絳帳(강장) 1)붉은빛의 휘장. 2)스승이 앉는 자리.
絳被(강피) 진홍색의 이불.
絳河(강하) 하늘. 또는 은하(銀河).
絳虹(강홍) 비가 그칠 무렵의 붉은 무지개.

結	⑥ 12획	日 ケツ・むすぶ
	맺을 결	中 jiē, jié

* 형성. 뜻을 나타내는 부수 '糸(실 사)'와 음을 나타내는 '吉(길할 길)'을 합친 글자. 실이나 끈으로 묶어 맺는다는 뜻이 합쳐져 '맺다'의 뜻으로 쓰임.

풀이 1. 맺다. 맺히다. ¶結交 2. 다지다. 짓다. 3. 막다. 4. 마치다. 끝내다. 5. 모으다. ¶結集 6. 매듭. 7. 약속하다. 8. 바로잡다. 9. 물리치다. 10. 굽히다.

結果(결과) 1)어떤 행위로 이루어진 결말의 상태. 2)열매를 맺음.
結交(결교) 친분을 맺음.
結句(결구) 시가의 마지막 구.
結構(결구) 1)얽거나 짜서 만듦. 2)얽은 짜임새.
結局(결국) 1)장기나 바둑의 한 승부의 끝. 2)일의 끝장. 끝을 맺음.
結黨(결당) 1)정당을 결성함. 2)도당을 만듦.
結連(결련) 서로 맺어져 하나로 이어짐.
結論(결론) 설명하는 말이나 글의 끝맺는 부분.
結膜(결막) 눈동자의 겉과 눈꺼풀 안을 싸고 있는 얇은 막.
結末(결말) 끝맺음. 끝.
結盟(결맹) 연맹을 맺음.
結尾(결미) 일의 끝. 결말.
結縛(결박) 두 손을 뒤 혹은 앞으로 묶음.
結付(결부) 잇대어 붙임.
結氷(결빙) 물이 얼어붙음.
結社(결사) 같은 목적을 갖고 있는 사람들끼리 단체를 결성하는 일. 또는 그 단체.
結成(결성) 단체의 조직을 형성함.
結束(결속) 뜻이 같은 사람끼리 하나로 뭉침.
結實(결실) 1)식물이 열매를 맺음. 2)결과가 나타남.
結緣(결연) 인연을 맺음.
結怨(결원) 서로 원수가 되거나 원한을 품음.
結義(결의) 남과 의리로써 친족과 같은 관계를 맺음.
結晶(결정) 물질이 몇 개의 평면으로 둘러싸여 규칙적 형태를 이룬 고체. 또는 그런 고체를 이루는 일.
結集(결집) 모아 뭉침.
結着(결착) 완전히 결말이 남.
結草報恩(결초보은) 풀잎을 엮어서 은혜를 갚는다는 뜻으로, 은혜를 잊지 않음을 이르는 말.

結草報恩(결초보은)의 유래

춘추 시대 진나라 위무자(魏武子)가 위독해지자 아들 위과(魏顆)를 불러 자신이 죽거든 자신의 애첩을 개가시키라고 하였다. 그런데 임종할 때 다시 말하길 자신이 죽으면 애첩을 무덤에 같이 묻어달라고 하였다. 위과는 아버지가 올바른 정신에서 하신 말을 따르기로 하고 애첩을 개가시켰다. 훗날 위과가 전쟁에 패해 적장에게 쫓기고 있을 때 누군가 엮어 둔 풀에 걸려 적장이 넘어지는 덕분에 목숨을 건지게 되었다. 그날 밤 꿈에 한 노인이 나와 "나는 당신이 개가시킨 여인의 아비입니다. 당신이 내 딸의 목숨을 구해 주었기 때문에 오늘 이렇듯 풀을 엮어 그 은혜를 갚은 것입니다."라고 말했다고 한다.

結託(결탁) 1)한패가 됨. 2)마음을 합하여 서로 의지함.

結風(결풍) 회오리바람.

結合(결합) 관계를 맺고 합쳐서 하나로 됨.

結婚(결혼) 남녀가 부부 관계를 맺음.

유 契(맺을 계) 締(맺을 체)

絝	⑥ 12획	日コ
	바지 고	中kù

풀이 바지. 잠방이.

絝下之辱(고하지욕) 바지 밑을 기어가는 치욕이란 뜻으로, 한순간의 치욕을 참음을 이르는 말.

絖	⑥ 12획	日コウ · わた
	솜 광	中kuàng

풀이 솜. 고운 솜.

絓	⑥ 12획	日カイ
	걸릴 괘	中guà

풀이 1. 걸리다. 2. 명주. 3. 막히다.

絓結(괘결) 우울함.

絓閡(괘애) 막히고 거리낌.

유 掛(걸 괘)

絞	⑥ 12획	
	❶ 목맬 교	日ギョ · しめる
	❷ 초록빛 효	中jiǎo

* 형성. 뜻을 나타내는 부수 '糸(실 사)'와 음을 나타내는 '交(사귈 교)'를 합친 글자.

풀이 ❶ 1. 목을 매다. ¶絞頸 2. 꼬다. 새끼를 꼬다. 3. 엄하다. 4. 묶다. ¶絞縛 5. 비방하다. ❷ 6. 초록빛. ¶絞衣 7. 염(殮)에 쓰는 헝겊.

絞車(교거) 물건을 묶어 들어올리는 기중기(起重機).

絞頸(교경) 목을 맴. 교수(絞首).

絞縛(교박) 묶음.

絞盤(교반) 도르래.

絞死(교사) 목매어 죽음. 또는 목을 졸라 죽임.

絞殺(교살) 목을 졸라 죽임.

絞切(교절) 남의 잘못을 비방하고 꾸짖음.

絞帶(효대) 상복에 두르는 띠.

絞衣(효의) 연한 초록빛의 옷.

유 縊(목맬 액)

絭	⑥ 12획	日ケン
	멜빵 권	中juàn

풀이 1. 멜빵. 2. 묶다. 3. 팔찌.

給	⑥ 12획	日キュウ
	넉넉할 급	中gěi, jǐ

* 형성. 뜻을 나타내는 부수 '糸(실 사)'와 음을 나타내는 '合(합할 합)'을 합친 글자. 이에 '넉넉하다', '주다'의 뜻으로 쓰임.

풀이 1. 넉넉하다. ¶給富 2. 주다. 공급하다. ¶給水 3. 보태다. 4. 급여. 5. 갖추어지다. 6. 미치다. 7. 휴가.

給假(급가) 관리들에게 휴가를 줌.

給料(급료) 노동자의 근로에 대하여 고용주가 지불하는 보수.

給富(급부) 재산이 넉넉함.

給付(급부) 재물을 지급 · 교부함.

給仕(급사) 심부름하는 아이. 사환(使喚).

給賜(급사) 물품을 내려 줌.

給散(급산) 나누어 줌.

給水(급수) 물을 줌.

給食(급식) 식사를 제공함.

給養(급양) 1)먹을 것을 줌. 2)군대에서 장병에게 의복과 기타 물품을 공급하는 일.

給與(급여) 돈이나 물건을 줌. 또는 그 돈과 물건.

給油(급유) 기름을 공급함.

給濟(급제) 금품이나 물건 등을 주어 구제함.

給助(급조) 재물 등을 주어 도움.

給足(급족) 생계가 넉넉함.

給犒(급호) 물품을 주어 위로함.

유 裕(넉넉할 유)

絧	⑥ 12획	日トウ
	베 이름 동	中dòng, tōng, tóng

풀이 1. 베의 이름. 2. 서로 통하다.

絡	⑥ 12획	日ラク
	헌솜 락(낙)	中lào, luò

6획

ㄥ 幺 幺 糸 糸 糸 糸' 紗 絡 絡 絡 絡

* 형성. 뜻을 나타내는 부수 '糸(실 사)'와 음을 나타내며 뒤엉킨다는 뜻을 지닌 '各(각각 각)'을 합친 글자. 실(糸)이 이리저리 엉켜 있는(各) 것을 나타내어 '얽히다'의 뜻으로 쓰임. 또 실처럼 줄줄이 연락을 한다는 뜻에서 '연락'을 나타내기도 함.

풀이 1. 헌 솜. 2. 잇다. 연결하다. 3. 얽히다. 4. 묶다. ¶絡車 5. 인체의 맥락(脈絡). ¶經絡 6. 명주. 7. 띠. 8. 고삐. ¶絡頭 9. 두르다. 둘러싸다. 10. 그물.

絡車(낙거) 실을 묶는 데 쓰는 얼레.
絡頭(낙두) 1)고삐 위에 붙이는 장식. 2)머리에 쓰는 것.
絡束(낙속) 묶음.
絡繹(낙역) 사람이나 수레의 왕래가 끊이지 않는 모양.
絡緯(낙위) 베짱이. 여치.

絫	⑥ 12획 포갤 루	日ル 中lěi

풀이 1. 포개다. 쌓다. 2. 무게의 단위. 기장 10말의 무게.
비 參(석 삼)

絑	⑥ 12획 쌀 무늬 미	日ベイ 中mǐ

풀이 쌀 무늬. 수놓은 쌀알 무늬.

絣	⑥ 12획 ❶명주 붕 ❷고깔 변	日ヘイ 中bēng, bīng

풀이 ❶ 1. 명주. 2. 솜. 3. 줄무늬 베. 4. 잇다. 5. 먹줄을 치다. ❷ 6. 고깔.

絲	⑥ 12획 실 사	日シ・いと 中sī

ㄥ 幺 幺 糸 糸 糸 糸' 糸幺 絲 絲 絲 絲

* 회의. '糸(실 사)'를 두 번 겹쳐 만든 글자. 누에에서 끊임없이 나오는 '실'의 뜻을 나타냄.

풀이 1. 실. 명주실. ¶絲路 2. 실을 뽑아내다. 3. 명주. 4. 현악기. 5. 좁다. ¶絲路 6. 10홀(忽). 소수(小數)의 이름. 7. 가늘고 길다.

絲繭(사견) 명주실과 고치.
絲毬體(사구체) 신장(腎臟) 피질부에 있는 작은 실 덩어리 모양의 모세혈관.
絲桐(사동) 거문고의 다른 이름.
絲路(사로) 좁은 길.
絲縷(사루) 실 가닥.
絲柳(사류) 수양버들.
絲綸(사륜) 천자의 칙령.
絲麻(사마) 명주실과 삼실.
絲髮(사발) 1)실과 머리털. 2)아주 적음.
絲緖(사서) 실마리.
絲繩(사승) 명주실로 꼰 끈.
絲雨(사우) 실같이 가는 가랑비.
絲竹(사죽) 현악기와 관악기.
絲車(사차) 물레.
絲毫(사호) 매우 적은 수량.

絮	⑥ 12획 ❶솜 서 ❷간 맞출 처	日セイ・わた 中chù, nà, xù

* 형성. 뜻을 나타내는 부수 '糸(실 사)'와 음을 나타내는 '如(같을 여→서)'를 합친 글자.

풀이 ❶ 1. 솜. ¶絮纊 2. 솜옷. 3. 막히다. 4. 버들개지. 버들 꽃. ¶絮雪 5. 장황하다. 이야기가 지루하다. ¶絮說 6. 머뭇거리다. ❷ 7. 간을 맞추다.

絮纊(서광) 솜.
絮縷(서루) 솜과 실.
絮緜(서면) 솜.
絮煩(서번) 장황하고 번잡함.
絮飛(서비) 버들개지 · 눈송이 등이 날림.
絮雪(서설) 버들개지.
絮說(서설) 지루하게 말함.
絮酒(서주) 솜을 술에 적심.
絮繒(서증) 솜과 명주.
絮羹(처갱) 국의 간을 맞춤.

絏	⑥ 12획 ❶맬 설 ❷소매 예	日セツ 中xiè, yì

풀이 ❶ 1. 매다. 2. 고삐. ❷ 3. 소매.

綏	⑥ 12획 緌(p1063)의 俗字

絨	⑥ 12획 융 융	日ジュウ 中róng

6획

풀이 1. 융. 두툼하고 고운 모직물. 2. 고운 베.

絚	⑥ 12획	日イ
	고삐 이	中ěr

풀이 고삐.

絪	⑥ 12획	日イン
	천지 기운 인	中yīn

풀이 1. 천지의 기운. 2. 자리.

絪縕(인온) 천지의 기운이 합하여 왕성한 모양.

絍	⑥ 12획
	紝(p1030)과 同字

絟	⑥ 12획	日セン
	가는 베 전	中quán

풀이 가는 베. 고운 베.

絶	⑥ 12획	日ゼツ
	끊을 절	中jué

* 회의. 실(糸)을 칼(刀)로 요절(卪)해서 '끊는' 것을 나타냄. '卪'는 '節(마디 절)'과 같은 뜻임.

풀이 1. 끊다. 끊어지다. ¶絶命 2. 건너다. 3. 지나가다. 통과하다. 4. 멀다. 떨어지다. 5. 뛰어나다. ¶絶景 6. 결코. 절대로. 7. 극에 이르다. 8. 대단히. 9. 절구.

絶景(절경) 훌륭한 경치.
絶谷(절곡) 끊어져 험한 골짜기.
絶穀(절곡) 곡기를 끊음.
絶交(절교) 교제를 끊음.
絶句(절구) 한시(漢詩)의 한 가지.
絶叫(절규) 힘을 다하여 부르짖음.
絶斷(절단) 끊어 냄. 잘라 냄. 단절(斷絶).
絶對(절대) 1)견줄 만한 상대가 없음. 2)일체 제약을 받지 않는 것.
絶倒(절도) 1)허리가 끊어지도록 웃어 넘어짐. 포복절도. 2)기절하여 넘어짐.
絶糧(절량) 식량이 떨어짐.
絶倫(절륜) 매우 뛰어남.
絶望(절망) 모든 기대를 저버리고 체념함.
絶脈(절맥) 맥이 끊어짐.
絶滅(절멸) 멸망하여 뒤가 끊어짐.
絶命(절명) 목숨이 끊어져 죽음.
絶妙(절묘) 매우 뛰어남. 매우 기묘함.
絶壁(절벽) 험한 낭떠러지.
絶色(절색) 뛰어난 미인.
絶世(절세) 1)세상에 비교할 것이 없을 만큼 뛰어남. 2)세상과 인연을 끊음.
絶俗(절속) 속세와의 인연을 끊음.
絶緣(절연) 1)인연을 끊음. 2)전기나 열이 통하지 않음.
絶頂(절정) 1)산의 맨 꼭대기. 2)사물의 정점.
絶族(절족) 자손이 끊긴 집안.
絶讚(절찬) 더할 나위 없이 칭찬함.
絶唱(절창) 1)뛰어난 시문(詩文). 2)썩 잘 부르는 노래.
絶版(절판) 어떤 인쇄물의 간행이 끊어짐.
絶筆(절필) 1)글 또는 글씨 쓰기를 그만둠. 2)죽기 전에 마지막으로 쓴 글씨. 또는 그 작품.
絶海(절해) 1)바다를 건넘. 2)육지와 멀리 떨어진 바다.
絶好(절호) 더할 나위 없이 좋음. 매우 좋음.
伯牙絶絃(백아절현) 백아가 거문고 줄을 끊어 버렸다는 뜻으로, 자신을 알아주는 절친한 벗의 죽음을 이르는 말.

유 切(끊을 절) 반 結(맺을 결) 屬(엮을 속)

絑	⑥ 12획	日シュウ
	붉을 주	中zhū

풀이 1. 붉다. 2. 분홍색의 비단.

유 朱(붉을 주)

絰	⑥ 12획	日テツ
	질 질	中dié

풀이 질. 상복을 입을 때 머리에 쓰는 것과 허리에 감는 것.

絰帶(질대) 머리에 쓰는 수질(首絰)과 허리에 두르는 요질(腰絰).
絰皇(질황) 무덤 앞을 두둑하게 한 곳.

絘	⑥ 12획	日シ
	삼 삼을 차	中cì

풀이 1. 삼을 삼다. 2. 집세.

統	⑥ 12획	日トウ
	거느릴 통	中tǒng

ㄥ 幺 幺 糸 糸 糸 糸 紵 紷 絃 綊 統

* 형성. 뜻을 나타내는 부수 '糸(실 사)'와 음을 나타내는 '充(찰 충)'을 합친 글자. 여러 가닥의 실(糸)을 한 손에 채워(充) 쥐는 것을 나타내어, '길게 뻗은 실', '큰 줄거리', '계통'의 뜻으로 쓰임.

풀이 1. 거느리다. 통솔하다. ¶統帥 2. 혈통. 계통. ¶血統 3. 근본. 4. 법. 5. 실마리. 6. 모두. 전체.

統計(통계) 같은 범위에 속한 개개의 현상을 모아, 숫자 계산에 의하여 그 상태 또는 형세를 나타내는 것.
統系(통계) 계통(系統).
統督(통독) 통솔하여 감독함.
統理(통리) 일체를 통할하여 다스림. 통치(統治).
統緖(통서) 다스림. 통치함.
統攝(통섭) 다스림. 통치함.
統率(통솔) 어떤 조직체를 온통 몰아서 거느림.
統帥(통수) 거느림.
統承(통승) 계통을 이음.
統御(통어) 거느려 통제함.
統業(통업) 나라를 통치하는 업적.
統一(통일) 모아 합쳐서 하나로 만듦.
統制(통제) 일정한 계획과 방침에 따라 제한을 가함.
統楫(통집) 모아 거느림. 하나로 모아서 전체적으로 봄.
統治(통치) 한 나라의 지배자가 주권으로 국토·국민을 지배하는 것.
統稱(통칭) 각각의 것을 하나로 묶어 일컬음. 또 그 명칭.
統轄(통할) 모두 거느려서 관할함.
統合(통합) 모두 합쳐서 하나로 모음.
統護(통호) 모두 보호함.

絯

⑥ 12획 日カイ
묶을 해 中gāi

풀이 1. 묶다. 잡아매다. 2. 걸다.

絢

⑥ 12획
❶ 무늬 현 日ジュン
❷ 노끈 순 中xuàn

풀이 1 1. 무늬. 2. 곱다. 2 3. 노끈.

絢爛(현란) 눈부시게 빛나고 아름다움.
絢練(현련) 재빠른 모양.
絢飾(현식) 아름답게 장식함.
絢煥(현환) 반짝거리며 아름다움.

絜

⑥ 12획
❶ 깨끗할 결 日ケツ
❷ 헤아릴 혈 中xié, jié

풀이 1 1. 깨끗하다. 정결하다 2. 희다. 2 3. 헤아리다.

絜粢(결자) 제물로 바치는 깨끗한 곡식.
絜齊(결제) 깨끗하고 가지런함.
絜矩(혈구) 자로 헤아림. 자로 잼.
絜矩之道(혈구지도) 자신의 마음을 척도로 남의 마음을 헤아리는 법도.

유 潔(깨끗할 결) 반 汚(더럽힐 오) 비 契(맺을 계)

絙

⑥ 12획 日カン
끈 환 中huán

풀이 끈. 꼬아 만든 끈.

絵

⑥ 12획
繪(p1061)의 俗字

綌

⑦ 13획 日ゲキ
칡베 격 中xì

풀이 칡베. 거친 갈포. 또는 그것으로 만든 옷.

綌冪(격멱) 거친 갈포로 만든 덮개.
綌衰(격최) 거친 갈포로 만든 상복.

絹

⑦ 13획 日ケン·きぬ
명주 견 中juàn

ㄥ 幺 幺 糸 糸 糸 糸 絽 絽 絽 絹 絹 絹

* 형성. 뜻을 나타내는 부수 '糸(실 사)'와 음을 나타내는 '肙(작은 물줄기 연)'을 합친 글자. 작은 물줄기(肙)가 가느다랗게 흐르는 것 같은 실(糸)을 나타내어, '명주'의 뜻으로 쓰임.

풀이 1. 명주. ¶絹帛 2. 그물. 과녁을 매놓은 줄. 3. 덫.

絹帛(견백) 명주로 짠 비단.
絹本(견본) 명주에 그린 글과 그림. 또는 서화를 그리는 데 쓰는 비단.
絹絲(견사) 누에고치에서 뽑은 실. 비단을 짜는 명주실.
絹素(견소) 흰 비단.
絹織(견직) 명주실로 짠 천. 비단.

유 紬(명주 주)

綆	⑦ 13획	日コウ
	두레박 줄 경	中gěng

풀이 두레박줄.

綆縻(경미) 두레박줄. 경율(綆繘).

經	⑦ 13획	日ケイ
	날 경	中jīng, jìng

* 형성. 뜻을 나타내는 부수 '糸(실 사)'와 음을 나타내며 세로로 곧게 뻗은 줄기를 의미하는 '巠(물줄기 경)'을 합친 글자. 이에 베틀에서 세로 방향으로 놓인 실인 '날실'의 뜻으로 쓰이며, 상하를 일관해서 불변한 진리가 있는 '경서'의 뜻으로도 쓰임.

풀이 1. 날. 날실. 2. 글. 책. 3. 지나다. 지내다. 4. 법. 5. 경서. ¶經典 6. 의리. 7. 다스리다. ¶經紀 8. 도로. 길. 9. 따르다. 좇다. 10. 세로. 11. 헤아리다. 12. 걸리다. 걸다. 13. 경계. 14. 목매다. 15. 일찍이. 16. 적다. 기록하다.

經戒(경계) 불교의 계율.

經過(경과) 1)통과함. 거쳐 지나감. 2)시일이나 시간이 지나감. 3)살아가는 형편.

經國(경국) 나라를 다스리는 일.

經卷(경권) 1)사서삼경 등의 경서. 2)불교의 경문을 적은 두루마리.

經机(경궤) 불경을 올려 놓고 읽는 작은 책상.

經紀(경기) 1)나라를 다스리는 큰 법도. 2)집안을 잘 다스림.

經難(경난) 어려움을 겪음.

經堂(경당) 경전을 보관하는 집.

經德(경덕) 1)사람이 항상 지녀야 할 도덕. 2)도덕을 지킴에 변함이 없음.

經略(경략) 1)천하를 경영하기 위해 남의 나라 땅을 공략함. 2)나라를 잘 다스림.

經歷(경력) 1)이제까지 거쳐온 학업·직업·지위 등의 내력. 이력(履歷). 2)겪어 지내온 날.

經論(경론) 1)경서에 관한 논의. 2)불교에서, 삼장(三藏) 중의 경장(經藏)과 논장(論藏).

經綸(경륜) 국가를 통치하는 일, 또는 그 방책.

經武(경무) 무(武)를 다스림.

經文緯武(경문위무) 문과 무를 두루 갖춤.

經邦(경방) 나라를 다스림.

經事(경사) 항상 하는 일.

經常(경상) 늘 일정하여 변하지 않는 일.

經涉(경섭) 거쳐 지나감.

經世(경세) 세상을 다스림.

經世濟民(경세제민) 세상을 다스리고 백성을 구제함.

經宿(경숙) 임금이 대궐 밖의 다른 곳에서 밤을 지내는 일.

經術(경술) 1)유교의 경전에 근거한 정치상의 기능. 2)경서를 연구하는 학문.

經案(경안) 책상.

經夜(경야) 1)밤을 지냄. 2)장사를 지내기 전에 근친이나 친구들이 관 옆에서 밤새도록 지키는 일.

經筵(경연) 임금 앞에서 경서를 강의하는 자리.

經藏(경장) 1)석가의 설법을 기록한 불교의 경전. 2)절에 불경을 넣어 두는 곳집.

經典(경전) 1)성현의 말이나 행적을 적은 책. 2)변하지 않는 진리. 3)종교의 교리를 적은 책.

經傳(경전) 경서와 그에 대한 해설서.

經制(경제) 나라를 통치하는 제도.

經濟(경제) 1)재화와 용역을 생산·소비·분배하는 모든 활동. 2)경세제민(經世濟民).

經呪(경주) 1)부처님께 비는 일. 2)경문과 주문.

經旨(경지) 1)경서의 뜻. 2)불경의 요지.

經行(경행) 1)일정한 행동. 2)불도를 닦는 일. 3)좌선(坐禪)을 할 때 졸음을 막기 위해 일정한 장소를 도는 일.

經穴(경혈) 경락 중의 중요한 곳. 침을 놓거나 뜸을 뜰 때 반응이 일어나는 자리.

綑	⑦ 13획	日コン
	짤 곤	中kǔn

풀이 1. 짜다. 베를 짜다. 2. 치다. 때리다.

絿	⑦ 13획	日キュウ
	급할 구	中qiú

풀이 1. 급하다. 2. 구하다.

絻	⑦ 13획	
	❶상복 문	日モン·メン
	❷갓 면	中wèn

풀이 1 1. 상복. 2. 상엿줄. 2 3. 관.

綍	⑦ 13획	日ハツ
	상엿줄 발	中fú

풀이 1. 상엿줄. 2. 밧줄.

6획

綁	⑦ 13획	日ホウ・ボウ
	동여맬 방	中bǎng

풀이 동여매다. 묶다.

綁送(방송) 동여매 보냄.

綀	⑦ 13획	日ソ
	베 소	中shū

풀이 1. 베. 칡베. 2. 거친 실.

綀巾(소건) 칡베로 만든 두건.

綀縕(소온) 거친 실과 헌 솜.

綏	⑦ 13획	
	❶편안할 수	日スイ・タ
	❷기 장식 유	中suí
	❸드리울 타	

* 형성. 뜻을 나타내는 부수 '糸(실 사)'와 음을 나타내는 '妥(온당할 타)'를 합친 글자.

풀이 1 1. 편안하다. ¶綏撫 2. 끈. 수레 손잡이 줄. 3. 안심하다. 4. 물러가다. 5. 말리다. 멈추게 하다. 6. 느리다. 2 7. 기 장식. 3 8. 드리우다. 내리다.

綏撫(수무) 편안하게 어루만짐.

綏邊(수변) 변방의 백성을 편안하게 함.

綏御(수어) 편안하게 다스림.

綏遠(수원) 먼 지방을 편안하게 함.

綏慰(수위) 편안하게 하여 위로함. 수무(綏撫).

綏定(수정) 나라를 편안하게 안정시킴.

綏靖(수정) 나라와 백성을 편안하게 함.

綏懷(수회) 편안하게 하여 따르게 함.

유 寧(편안할 령) 安(편안할 안)

綉	⑦ 13획	日シュウ
	수놓을 수	中xiù

풀이 수놓다.

綉帶(수대) 수를 놓은 띠.

綉帳(수장) 수놓은 휘장.

綖	⑦ 13획	
	❶면류관 덮개 연	日エン・セン
		中yán, xiàn
	❷실 선	

풀이 1 1 면류관 덮개. 2 2 실. 선.

綎	⑦ 13획	日テイ
	인끈 정	中tīng

풀이 인끈. 패옥 등을 띠에 매어 차는 끈.

綈	⑦ 13획	日テイ
	명주 제	中tí, tì

풀이 명주. 올이 굵고 거친 비단.

綈弋(제익) 검고 두꺼운 비단.

綈袍(제포) 두꺼운 비단으로 만든 옷.

綈袍戀戀(제포연련) 두꺼운 비단 옷을 주며 동정한다는 뜻으로 우정이 두터움을 이르는 말.

縿	⑦ 13획	日シン・ジン
	고삐 진	中zhèn

풀이 고삐.

綃	⑦ 13획	
	❶생사 초	日ショウ
	❷끌어 올릴 소	中xiāo

풀이 1 1. 생사. 생명주실. 2. 생초. 생사로 얇게 짠 비단. ¶綃紋 2 3. 끌어올리다. 4. 건. 머리가 흘러내리지 않도록 동여매는 머리띠. 5. 돛대.

綃頭(소두) 머리에 매는 띠.

綃紋(초문) 생초의 무늬.

綃紈(초환) 얇고 하얀 비단.

絺	⑦ 13획	日チ
	수놓을 치	中chī

풀이 1. 수놓다. 바느질하다. 2. 칡베.

絺綌(치격) 갈포.

絺纊(치광) 1)갈포와 솜. 2)여름옷과 겨울옷.

絺句(치구) 아름답게 수놓은 글귀.

絺索(치삭) 혼잡함.

綅	⑦ 13획	
	❶실 침	日シン
	❷비단 섬	中qīn

풀이 1 1. 실. 붉은 실. 2 2. 비단. 흑백 교직의 비단.

綐	⑦ 13획	日タイ
	명주 태	中ruì

풀이 명주.

綔	⑦ 13획	日コ·ゴ
	인끈 호	中hù

풀이 인끈. 인수.

綄	⑦ 13획	
	❶ 바람개비 환	日カン
	❷ 맬 완	中huán, wàn

풀이 1 1. 바람개비. 2. 감다. 2 3. 매다.

綱	⑧ 14획	日コウ
	벼리 강	中gāng

ㄥ 幺 幺 糸 糸 糸 糹 糿 紒 網 網 網 網 綱

* 형성. 뜻을 나타내는 부수 '糸(실 사)'와 음을 나타내며 단단함을 의미하는 '岡(언덕 강)'을 합친 글자. 이에 굵고 단단한 '밧줄'의 뜻으로 쓰임.

풀이 1. 벼리. ¶綱領 2. 다스리다. 3. 근본. ¶綱要 4. 줄을 치다. 5. 잡아매다. 6. 그물. 7. 그물을 버티는 줄.

綱擧目張(강거목장) 원칙을 들면 아래의 조목은 저절로 밝혀짐.
綱紀(강기) 나라의 대법(大法)과 사회의 도덕.
綱領(강령) 1)일의 으뜸이 되는 큰 대강. 2)정당·단체의 기본 목표·정책 등을 정한 것.
綱理(강리) 나라를 다스림. 통치함.
綱目(강목) 대강의 줄거리와 자세한 조목.
綱常(강상) 사람이 마땅히 지켜야 할 근본 윤리. 삼강(三綱)과 오상(五常).
綱要(강요) 가장 으뜸이 되는 요점.
綱維(강유) 1)큰 밧줄로 맴. 2)나라의 법도. 3)큰 줄거리.
綱條(강조) 법도. 규정.

유 紀(벼리 기) 비 網(그물 망)

綮	⑧ 14획	
	❶ 창집 계	日ケイ
	❷ 힘줄붙은곳경	中qǐ, qìng

풀이 1 1. 창집. 창을 넣어 두는 자루. 2. 발이 고운 비단. 3. 창날 가지. 2 4. 힘줄이 붙은 곳. 사물의 가장 중요한 곳을 가리킴.

緄	⑧ 14획	日コン
	띠 곤	中gǔn

* 형성. 뜻을 나타내는 부수 '糸(실 사)'와 음을 나타내는 '昆(형 곤)'을 합친 글자.

풀이 1. 띠. 짜서 만든 허리띠. 2. 새끼. 줄. ¶緄縢 3. 곤룡포. 4. 꿰매다. 5. 묶다.

緄帶(곤대) 짜서 만든 허리띠.
緄縢(곤등) 줄로 묶음.
緄邊(곤변) 옷의 가장자리.

綰	⑧ 14획	日カン
	맬 관	中wǎn

* 형성. 뜻을 나타내는 부수 '糸(실 사)'와 음을 나타내는 '官(벼슬 관)'을 합친 글자.

풀이 1. 매다. 묶다. 2. 꿰뚫다. 관통하다. 3. 통괄하다. 다스리다. ¶綰攝

綰攝(관섭) 통치함. 다스림.
綰綬(관수) 인끈을 매는 관리가 되는 것을 이르는 말.

綣	⑧ 14획	日ケン
	정다울 권	中quǎn

풀이 1. 정답다. 간곡하다. 2. 목도리. 3. 굽다.

綺	⑧ 14획	日キ
	비단 기	中qǐ

* 형성. 뜻을 나타내는 부수 '糸(실 사)'와 음을 나타내는 '奇(기이할 기)'를 합친 글자.

풀이 1. 비단. 무늬가 있는 비단. ¶綺縠 2. 무늬. 3. 곱다. 아름답다. ¶綺室

綺閣(기각) 화려한 전각.
綺縠(기곡) 무늬가 있는 고운 비단.
綺觀(기관) 아름다운 누각.
綺衾(기금) 고운 이불.
綺年(기년) 소년 시절. 젊은 나이.
綺羅(기라) 1)무늬를 놓은 비단과 얇은 비단. 2)아름답고 화려한 옷. 또는 그 옷을 입은 미인.
綺麗(기려) 눈에 띄게 곱고 아름다움.
綺文(기문) 아름다운 무늬.
綺靡(기미) 아름답고 화려함.
綺疏(기소) 무늬가 새겨진 비단.

綺繡(기수) 화려하고 고운 자수.
綺室(기실) 아름다운 방.
綺語(기어) 1)아름다운 말. 2)교묘하게 꾸민 말.
綺艶(기염) 아름답고 화려함.
綺襦紈袴(기유환고) 무늬 있는 비단 저고리와 바지를 입고 있는 사람이라는 뜻으로, 부귀한 집의 자제를 이르는 말.
綺節(기절) 칠석의 다른 이름.
綺藻(기조) 아름다운 시문.
綺窓(기창) 아름답고 화려한 창.
綺紈(기환) 1)무늬가 놓인 비단과 흰 명주. 2)아름답고 화려한 옷감이나 의복.

綦	⑧ 14획	日キ
	연둣빛 기	中qí

풀이 1. 연둣빛. 초록빛. 2. 연둣빛 비단. 3. 들메끈. 신발을 들메는 끈. 4. 지극하다. 5. 신 자국. 신을 신고 밟은 자국.
綦巾(기건) 처녀가 입는 푸른 쑥색의 옷.

	⑧ 14획	日キン
	팽팽할 긴	中jǐn

* 형성. 뜻을 나타내는 부수 '糸(실 사)'와 음을 나타내며 단단하다는 의미를 지닌 '臤(굳을 견→긴)'을 합친 글자.

풀이 1. 팽팽하다. ¶緊張 2. 급하다. 요긴하다. 3. 줄어들다. 줄다. 4. 속이 차다. 5. 단단하다. 굳다.¶ 緊束 6. 감다. 감기다.
緊急(긴급) 매우 급하고 긴요한 일.
緊密(긴밀) 1)매우 사이가 가깝고 빈틈이 없음. 2)매우 밀접함.
緊迫(긴박) 매우 급하고 중요한 일.
緊紗(긴사) 곱게 짠 얇은 깁.
緊束(긴속) 바싹 죄어 묶음.
緊要(긴요) 매우 필요함. 매우 중요함.
緊張(긴장) 1)근육이나 신경 중추가 수축이나 흥분 상태를 지속하는 일. 2)마음을 졸이며 정신을 바짝 차림.
緊切(긴절) 매우 필요하고 절실함.

	⑧ 14획	日タン
	선명할 담	中tián

풀이 1. 선명하다. 옷의 빛깔이 선명하다. 2. 연둣빛. 3. 깎다.

	⑧ 14획	日トウ
	꼴 도	中táo

풀이 1. 꼬다. 노나 새끼를 꼬다. 2. 새끼. 노끈.

緉	⑧ 14획	日リョウ
	신 량(양)	中liǎng

풀이 1. 신 한 켤레. 2. 꼬다.

綟	⑧ 14획	日レイ
	연둣빛 려(여)	中lì, liè

풀이 1. 연둣빛. 2. 실. 선. 3. 빽빽하다.
綟綬(여수) 연둣빛 비단으로 만든 관리의 옷.

綠	⑧ 14획	日リョク・ロク
	초록빛 록(녹)	中lǜ

* 형성. 뜻을 나타내는 부수 '糸(실 사)'와 음을 나타내는 '彔(새길 록)'을 합친 글자. 실(糸)에 물들인(彔) 초록빛을 나타내어, '푸르다'라는 뜻으로 쓰임.

풀이 1. 초록빛. 초록빛 비단. 2. 조개풀. 초록빛의 물감으로 쓰임.
綠卿(녹경) 대나무의 다른 이름.
綠筠(녹균) 푸른 대나무.
綠毯(녹담) 푸른 담요.
綠瞳(녹동) 푸른 눈동자. 서양인의 눈동자. 벽안(碧眼).
綠豆(녹두) 변종. 열매가 작고 푸른빛이 남.
綠浪(녹랑) 1)푸른 물결. 2)벼, 보리 등의 곡물들이 바람에 쓸려 물결치는 모양.
綠林(녹림) 1)푸른 숲. 2)도둑의 소굴.

○綠林(녹림)의 유래
전한(前漢)을 멸망시키고 신(新)을 세워 황제로 즉위한 왕망(王莽)은 관료 제도, 토지 제도, 화폐 제도 등을 개혁하는 새로운 정책을 수립했지만 모두 실패로 돌아갔고, 대외 정책도 실패해 흉노의 병란이 그치지 않았다. 이로 인해 백성은 도탄에 빠져 유민이 되어 떠돌아다니거나 반란을 일으켰다. 그 중에서 왕광(王匡)의 무리는 형주(荊州) 녹림산(綠林山)에 들어가서 산적이 되었으며, 5만이나 되는 큰 세력을 이루어 관군과 싸웠다. 그 후로는 산적의 소굴을 녹림이라고 부르게 되었다.

綠茗(녹명) 푸른빛을 띠는 차나무.
綠毛(녹모) 1)푸른 털. 2)아주 검은 머리.
綠蕪(녹무) 1)푸른 잡초. 2)나라가 망함.
綠髮(녹발) 검고 윤이 나는 머리를 아름답게 이르는 말.

綠醅(녹배) 좋은 술.
綠莎(녹사) 푸른 사초(莎草).
綠嶼(녹서) 숲이 무성한 섬.
綠水(녹수) 푸른 물. 벽수(碧水).
綠綬(녹수) 푸른 인끈.
綠楊(녹양) 잎이 무성한 버드나무.
綠煙(녹연) 푸른빛의 연기. 저녁 무렵의 연기.
綠玉(녹옥) 1)푸른 옥. 에메랄드. 2)대나무.
綠褥(녹욕) 1)푸른빛의 이불. 2)무성하게 자라난 풀.
綠雨(녹우) 초목이 무성한 계절에 내리는 비.
綠雲(녹운) 1)푸른 구름. 2)여자의 머리가 숱이 많아 아름다움을 표현하는 말.
綠陰芳草(녹음방초) 1)우거진 나무 그늘과 싱그러운 풀. 2)여름철의 자연.
綠蟻(녹의) 걸러 놓은 술에 뜬 밥알.
綠衣紅裳(녹의홍상) 연두 저고리와 다홍치마. 젊은 여자의 아름다운 옷차림을 이르는 말.
綠汀(녹정) 푸른빛을 띠는 물가.
綠洲(녹주) 갈대가 무성한 푸른 물가.
綠珠(녹주) 1)푸른 구슬. 2)나무 열매.
綠茶(녹차) 푸른빛의 찻잎. 또는 그것을 끓인 차.
綠酒(녹주) 푸른빛을 띠는 맛 좋은 술.
綠天(녹천) 파초(芭蕉)의 다른 이름.
綠蔕(녹체) 푸른 꼭지.
綠叢(녹총) 무성하게 우거진 수풀.
綠翠(녹취) 녹색과 비취색.
綠態(녹태) 초목이 푸르게 우거진 아름다운 모양.
綠波(녹파) 푸른 물결.
綠荷(녹하) 푸른 연잎.
綠篁(녹황) 푸른 대나무 숲.
綠畦(녹휴) 푸른 밭두둑.
비 緣(인연 연)

綹	⑧ 14획 끈목 류(유)	日 リュウ 中 liǔ

풀이 1. 끈목. 실로 짜서 만든 끈. 2. 실올. 실을 세는 단위. 3. 실타래.

綸	⑧ 14획 낚싯줄 륜(윤)	日 リン 中 lún, guān

* 형성. 뜻을 나타내는 부수 '糸(실 사)'와 음을 나타내며 둥근 테를 의미하는 '侖(둥글 륜)'을 합친 글자. 이에 둥근 테에 감은 '실', '낚싯줄'의 뜻으로 쓰임.

풀이 1. 낚싯줄. 2. 현악기의 줄. 3. 굵은 실. 4. 푸른 실로 드린 허리 끈. 5. 다스리다. ¶綸命 6. 따르다. 7. 새끼줄. 8. 길. 9. 솜. ¶綸綿 10. 싸다.

綸綿(윤면) 굵은 실과 솜.
綸命(윤명) 임금의 명령.
綸言(윤언) 임금의 내리는 명령.
綸言如汗(윤언여한) 임금의 명과 땀은 같다는 뜻으로 임금의 명령은 한 번 내리면 취소하거나 변경할 수 없음을 이르는 말.
綸旨(윤지) 임금의 말씀. 교지.

綾	⑧ 14획 비단 릉(능)	日 リョウ・あや 中 líng

풀이 비단. 무늬가 있는 비단.

綾綺(능기) 무늬가 있는 비단 또는 그 비단으로 만든 옷.
綾羅(능라) 두꺼운 비단과 얇은 비단.
綾紋(능문) 날줄과 씨줄을 비스듬한 방향으로 두껍게 짠 비단.
綾扇(능선) 무늬 있는 비단으로 만든 부채.
綾紈(능환) 무늬 있는 비단과 흰 비단.
유 綺(비단 기) 비 陵(큰언덕 릉)

網	⑧ 14획 그물 망	日 モウ 中 wǎng

* 형성. 뜻을 나타내는 부수 '糸(실 사)'와 음을 나타내며 그물을 의미하는 '罔(없을 망)'을 합친 글자.

풀이 1. 그물. ¶網罟 2. 규칙. 법률. 3. 그물질하다. 4. 휩싸다.

網巾(망건) 이마에 두르는 말총으로 만든 물건.
網罟(망고) 그물.
網羅(망라) 1)온갖 종류의 그물. 2)빠짐없이 모음.
網目(망목) 1)그물눈. 2)법이 그물처럼 촘촘하고 엄격함을 이르는 말.
網墨(망묵) 법률. 형벌.
網紗(망사) 그물처럼 만든 비단.
網疏(망소) 1)엉성하게 짠 그물. 2)법망(法網)이 허술함을 이르는 말.
網周(망주) 법망이 엄격하여 죄인을 놓치지 않음.
網中(망중) 1)그물 속. 2)남의 계책 속.
網蟲(망충) 거미.
網捕(망포) 그물을 쳐 잡음.
비 綱(벼리 강) 鋼(굳셀 강)

綿	⑧ 14획 솜 면	日 メン・わた 中 mián

⺃ ⺓ 幺 糹 糹 糸 糸' 糸' 糹' 糹' 糹' 糹' 綿 綿

* 회의. '糸(실 사)'와 '帛(비단 백)'을 합친 글자. 원래는 비단(帛) 짜는 실(糸)을 나타냈으나, 바뀌어 '실을 만드는 '솜'의 뜻으로 쓰임.

풀이 1. 솜. 목화 솜. ¶綿毛 2. 명주. 3. 솜옷. 4. 연속하다. 5. 감다. 얽히다. 6. 뻗다. 길게 이어지다. ¶綿亘 7. 멀다. 아득하다. 8. 약하다. 박약하다. 9. 홑옷. 10. 작다.

綿亘(면긍) 길게 이어져 뻗침.
綿代(면대) 대대로.
綿篤(면독) 병이 중함. 위독함.
綿絡(면락) 연이어 이어짐.
綿麗(면려) 섬세하고 아름다움.
綿連(면련) 연이음. 잇달아 연속된 모양.
綿裏針(면리침) 솜에 싼 바늘이란 뜻으로, 겉보기에는 부드러우나 마음에 품은 바가 있음. 곧 풍자함을 비유하는 말.
綿蠻(면만) 1)작은 새가 지저귀는 소리. 2)무늬가 있는 모양.
綿襪(면말) 솜버선.
綿綿(면면) 오래 계속하여 이어진 모양.
綿毛(면모) 솜털.
綿薄(면박) 재주와 힘이 약함.
綿絲(면사) 무명실.
綿手(면수) 가냘픈 손.
綿弱(면약) 가냘프고 약함.
綿羊(면양) 고기와 털을 얻기 위하여 개량된, 회백색 털로 덮여 있는 양의 품종 중 하나.
綿延(면연) 연속하여 길게 뻗음.
綿襖(면오) 솜을 둔 웃옷.
綿紬(면주) 명주실로 짠 피륙.
綿地(면지) 길게 이어진 땅.
綿織(면직) 목화 솜으로 만든 천.
綿芊(면천) 초목이 우거진 모양.
綿歎(면탄) 긴 한숨. 계속되는 탄식.
綿布(면포) 무명실로 만든 천.
綿花(면화) 목화(木花).

비 棉(목화 면)

緋	⑧ 14획	日ヒ
	붉은빛 비	中fēi

풀이 붉은빛. 붉은빛의 비단.

緋甲(비갑) 붉은빛의 갑옷.
緋衲(비납) 붉은빛의 옷.
緋綠(비록) 붉은빛을 지닌 녹색.

緆	⑧ 14획	日セキ
	고운 베 석	中xì

풀이 1 고운 베. 2. 누인 삼베. 3.치맛단에 꾸민 장식.

綫	⑧ 14획	日セン・いと
	실 선	中xiàn

풀이 실. 줄.

綬	⑧ 14획	日ジュ
	인끈 수	中shòu

풀이 1. 인끈. 조선 시대에 관원이 차던 사슴 가죽으로 된 끈. 2. 폐슬의 끈.

綬帶(수대) 인끈을 매는 띠.

綱	⑧ 14획	日ア
	가는 비단 아	中ē

풀이 1. 가는 비단. 고운 비단. 2. 마전한 비단.

緎	⑧ 14획	日エキ
	솔기 역	中yù

풀이 솔기. 옷솔기.

維	⑧ 14획	日ユウ
	바 유	中wéi

⺃ ⺓ 幺 糹 糹 糸 糸' 糸' 糹' 糹' 糹' 糹' 維 維

* 형성. 뜻을 나타내는 부수 '糸(실 사)'와 음을 나타내며 '일정한 곳을 따르다'의 뜻을 지닌 '隹(새 추→유)'를 합친 글자. 이에 실(糸)로 일정한 곳(隹)에 매어 둠을 나타내며, 바뀌어 '밧줄'의 뜻으로 쓰임.

풀이 1. 밧줄. 벼리. ¶維綱 2. 매다. 줄을 치다. 묶다. ¶維繫 3. 지탱하다. 유지하다. 4. 구석. 귀퉁이. 5. 생각하다. 꾀하다. 6. 오직.

維綱(유강) 1)밧줄로 맴. 2)법령. 강기(綱紀).
維繫(유계) 연결해서 잡아맴.
維城(유성) 성처럼 나라의 방패가 되는 사람.
維新(유신) 1)모든 일을 고쳐 새롭게 함. 2)묵은 제도를 혁신함.
維御(유어) 거느려 다스림.
維日不足(유일부족) 종일 힘써도 부족함.
維舟(유주) 1)제후들이 타는 배. 2)배를 이어 맴.

維持(유지) 지탱하여 보존함.
維楫(유집) 배를 매는 줄과 노.
維翰(유한) 의지할 수 있는 사람.

비 稚(어릴 치)

緌	⑧ 14획	日ズイ
	갓끈 유	中ruí

풀이 1. 갓끈. ¶緌纓 2. 기. 3. 늘어지다. 4. 끈. 5. 잇다.

緌纓(유영) 늘어진 갓끈.
緌緌(유유) 길게 늘어진 모양.

綽	⑧ 14획	日シャク
	너그러울 작	中chāo, chuò

풀이 1. 너그럽다. ¶綽然 2. 얌전하다. 유순하다. 3. 많다.

綽名(작명) 별명(別名).
綽楔(작설) 착한 행실을 기리기 위하여 세운 것. 정문(旌門).
綽約(작약) 몸이 가냘프고 아리따움.
綽然(작연) 너그럽고 여유가 있는 모양.
綽態(작태) 1)너그럽고 고운 모양. 2)많은 모양.
綽兮(작혜) 관대한 모양.
綽號(작호) 별명.

綜	⑧ 14획	日ソウ
	모을 종	中zèng, zōng

* 형성. 뜻을 나타내는 부수 '糸(실 사)'와 음을 나타내는 '宗(마루 종)'을 합친 글자. 실을 하나로 합침을 나타내어, '모으다'의 뜻으로 쓰임.

풀이 모으다. 모아 정리하다.

綜管(종관) 합하여 관리함. 통괄하여 다스림.
綜練(종련) 충분히 단련함.
綜理(종리) 빈틈없이 조리 있게 처리함.
綜輯(종집) 모두 모음.
綜合(종합) 관련된 모든 것들을 모아 하나로 합함.
綜核(종핵) 사물의 전체를 자세하고 꼼꼼하게 속속들이 밝힘.

비 綄(바람개비 환)

綢	⑧ 14획	日チュウ
	얽을 주	中chóu

풀이 1. 얽다. 얽히다. 2. 잡아매다. 3. 빽빽하다.

綢繆(주무) 미리 꼼꼼하게 챙겨 갖춤.
綢直(주직) 치밀하고 행실이 정직함.

綵	⑧ 14획	日サイ
	비단 채	中cǎi

* 형성. 뜻을 나타내는 부수 '糸(실 사)'와 음을 나타내는 '采(캘 채)'를 합친 글자.

풀이 1. 비단. 2. 무늬. 채색.

綵毬(채구) 색실로 예쁘게 꾸민 공.
綵緞(채단) 온갖 종류의 비단.
綵纜(채람) 고운 빛깔의 닻줄.
綵樓(채루) 채색을 한 누각.
綵綾(채릉) 무늬가 있는 비단.
綵房(채방) 고운 색으로 꾸민 방.
綵索(채삭) 채색되어 있는 실로 꼰 줄. 채승(綵繩).
綵袖(채수) 무늬를 수놓은 소매.
綵繩(채승) 갖가지 색의 비단으로 꼬은 끈.
綵雲(채운) 오색 구름.
綵帳(채장) 채색된 비단으로 만든 장막.
綵組(채조) 빛깔이 고운 실로 친 끈목.
綵毫(채호) 아름다운 붓.

緀	⑧ 14획	日サイ
	무늬 처	中qī

풀이 무늬. 무늬를 놓다.

綪	⑧ 14획	
	❶ 붉은 비단 천	日セン・ソウ
	❷ 새끼 쟁	中qiàn

풀이 ❶ 1. 붉은 비단. 꼭두서니로 물들인 비단. ❷ 2. 새끼. 3. 굽히다.

綴	⑧ 14획	日テイ・テツ
	꿰맬 철	中zhuì

* 형성. 뜻을 나타내는 부수 '糸(실 사)'와 음을 나타내며 '계속되다', '연잇다'의 뜻을 가진 '叕(철)'을 합친 글자. 이에 실을 엮어 하나로 '만들다'의 뜻으로 쓰임.

풀이 1 꿰매다. 2. 글을 짓다. ¶綴文 3. 맺다. 4. 막다. 방지하다. 5. 잇다. 6. 계속하다. 7. 실을 뽑다. 8. 가장자리. 9. 장식. 꾸미개. 10. 깃발. ¶綴旒

綴旒(철류) 매어 둔 깃발.
綴文(철문) 글을 지음. 또는 그 글.
綴衣(철의) 휘장. 장막.

綴兆(철조) 춤을 추는 사람 각자의 위치.
綴輯(철집) 여러 가지를 모아 책을 지음. 편집함.
綴綴(철철) 1)연이어 따라다니는 모양. 2)연이어 떨어지지 않는 모양.
綴行(철행) 행렬.
유 縫(꿰맬 봉)

緁 ⑧ 14획 日サツ
꿰맬 첩 中qiè

풀이 꿰매다. 감치다.
유 綴(꿰맬 철)

綷 ⑧ 14획
❶오색 비단 채 日サイ
❷스치는 소리 최 中cuì

풀이 1 1. 오색 비단. ¶綷雲 2. 같다. 3. 섞다. 2 4. 스치는 소리. 옷이 스쳐 나는 소리.
綷雲(채운) 오색 무늬가 있는 구름.
綷縩(최채) 옷이 서로 스쳐서 나는 소리.

緇 ⑧ 14획 日シ
검은 비단 치 中zī

풀이 1. 검은 비단. 2. 검은빛. 검게 물들다. 3. 검은 옷. 4. 승려. 중.
緇褐(치갈) 검은 비단의 거친 베옷이란 뜻으로 중을 이르는 말.
緇衲(치납) 1)승복. 2)중.
緇徒(치도) 승려의 무리.
緇侶(치려) 치도(緇徒).
緇流(치류) 중.
緇磷(치린) 세상에 물들어 절개를 잃음.
緇墨(치묵) 검은색.
緇素(치소) 1)검은 옷과 흰 옷. 2)승려와 속인(俗人).
緇叟(치수) 늙은 중.
緇帷(치유) 검은 휘장을 둘러친 것처럼 숲이 무성함을 이르는 말.
緇衣(치의) 1)중이 입는 빛깔이 색의 옷. 2)중.
緇塵(치진) 검은 먼지란 뜻으로, 속세의 더러운 때를 이르는 말.
緇撮(치촬) 검은 비단으로 만든 관.
緇布(치포) 검은 천. 검은 베.
緇黃(치황) 중과 도사.

綝 ⑧ 14획
❶성할 림(임) 日リン
❷말릴 침 中chēn

풀이 1 1. 성하다. 화려하게 장식하다. 2 2. 말리다. 금지하다. 3. 매다.
綝纚(임리) 잘 치장한 모양.
비 淋(물뿌릴 림)

綻 ⑧ 14획 日タン
터질 탄 中zhàn

풀이 1. 터지다. 2. 피다. 봉오리가 벌어지다. 3. 솔기가 터지다. 4. 꿰매다.
綻裂(탄열) 옷이 터지고 찢어짐.
綻破(탄파) 터지고 찢어짐.
비 綜(모을 종)

緄 ⑨ 15획 日コン
깃다발 곤·혼 中gǔn, yùn

풀이 1. 깃다발. 새의 깃 100개 혹은 10개를 묶은 다발. 2. 다발. 큰 묶음.

緱 ⑨ 15획 日ク
칼자루 감을 구 中gōu

풀이 칼자루를 감다.

緪 ⑨ 15획 日キン
동아줄 긍 中gēng

풀이 1. 동아줄. 2. 팽팽하다. 팽팽하게 매다. 3. 엄하다. 4. 급하다. 빠르다. 5. 걸치다. 미치다. 6. 끝내다.
緪瑟(긍슬) 줄이 팽팽한 비파.
緪昇(긍승) 빨리 오름.

緞 ⑨ 15획 日タン
비단 단 中duàn

풀이 비단.

練 ⑨ 15획 日レン·ねる
익힐 련 中liàn

6획

ㄥ ㄠ 幺 糸 糸 糸 絅 絅 絅 絅 絅 緬 綁 綁 練

* 형성. 뜻을 나타내는 부수 '糸(실 사)'와 음을 나타내는 '柬(가릴 간→ 련)'을 합친 글자. '柬'은 '구별하다', '공을 들여서 무엇인가 하다'의 뜻을 나타냄. 이에 '일에 숙련되다', '익숙해지다'의 뜻으로 쓰임.

풀이 1. 익히다. ¶練悉 2. 누이다. 모시 등을 잿물에 삶아 물에 빨아 말림. 3. 단련하다. ¶練磨 4. 시험하다. 5. 익히다. 익숙하다. ¶練達 6. 가리다. 선택하다. 7. 일어서 가리다. 8. 경험하다.

練句練字(연구연자) 글을 짓는데 구절과 글자를 여러 번 고침.

練達(연달) 일에 익숙하여 막힘 없이 잘 통함.

練磨(연마) 심신이나 지식 · 기능 등을 닦음.

練武(연무) 무예를 단련함.

練兵(연병) 1)병사를 단련시킴. 2)잘 손질된 무기(武器).

練祥(연상) 소상에 입는 상복. 또는 소상.

練熟(연숙) 몸에 익어서 익숙함.

練習(연습) 익숙해지도록 되풀이하여 익힘.

練悉(연실) 충분히 익히어 모두 앎.

練染(연염) 누임과 물들임.

練銳(연예) 단련이 되어 날램. 또는 그런 군사.

練日(연일) 날을 고름. 택일.

練字(연자) 문장의 자구(字句)를 고침.

練祭(연제) 아버지가 살아 있는 경우 어머니의 소상을 한 달 앞당겨 열한 달 만에 지내는 제사.

練擇(연택) 고름. 가림.

練覈(연핵) 세밀하게 살핌.

유 習(익힐 습) 비 鍊(불릴 련)

緬 ⑨ 15획 가는 실 면 日メン 中miǎn

풀이 1. 가는 실. 2. 멀다. 3. 가볍다. 4. 생각하다. 5. 다하다. 없어지다.

緬禮(면례) 이장하여 다시 장례를 지냄.

緬服(면복) 면례 때 입는 옷.

緬想(면상) 1)먼 곳에 있는 사람을 생각함. 2)멀리 상상함.

緬憶(면억) 아득한 일을 회상함.

緬然(면연) 1)아득한 모양. 2)생각하는 모양. 사색하는 모양.

緢 ⑨ 15획 깃술 묘 日ミョウ 中máo, miáo

풀이 깃술. 기를 꾸미는 술.

緲 ⑨ 15획 아득할 묘 日ミョウ 中miǎo

풀이 아득하다.

緡 ⑨ 15획 ❶ 낚싯줄 민 ❷ 새우는소리면 日ビン 中mín

풀이 ❶ 1. 낚싯줄. ¶緡綸 2. 돈꿰미. 3. 입다. 입히다. 4. 베풀다. 5. 무성하다. 6. 합하다. ❷ 7. 새 우는 소리.

緡蠻(면만) 새가 우는 소리.

緡綸(민륜) 낚싯줄.

緡緡(민민) 어리석고 무지함.

緡錢(민전) 돈꿰미.

비 婚(혼인할 혼)

緥 ⑨ 15획 포대기 보 日ホウ 中bǎo

풀이 포대기. 아기를 업는 보.

緗 ⑨ 15획 담황색 상 日ショウ 中xiāng

풀이 담황색. 연노랑.

緗素(상소) 담황색의 명주.

緗帙(상질) 담황색의 책갑.

緗縹(상표) 담황색. 또는 담황색 비단으로 지은 옷.

緒 ⑨ 15획 실마리 서 日ショ 中xù

ㄥ ㄠ 幺 糸 糸 糸 糸 紂 紂 紼 紼 緒 緒 緒 緒

* 형성. 뜻을 나타내는 부수 '糸(실 사)'와 음을 나타내는 '者(놈 자)'를 합친 글자. 실의 첫머리를 나타내어, 일의 '처음', '시작' 또는 '나머지', '실마리' 등의 뜻으로 쓰임.

풀이 1. 실마리. ¶緒論 2. 비롯하다. 시초. ¶緒業 3. 줄기. 4. 차례. 순서. 5. 나머지. 6. 마음. 7. 일. 사업. 8. 따르다. 9. 찾다. 10. 끝. 11. 끈. 실.

緒功(서공) 처음으로 세운 공.

緒端(서단) 일의 실마리. 단서(端緒).

緒論(서론) 본론에 들어가기 전에 간략하게 논지(論旨)를 밝히는 머리말. 서언(緒言).

緒信(서신) 따르고 믿음.

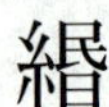

緖業(서업) 처음 시작한 사업.
緖餘(서여) 나머지. 잔여.
緖正(서정) 근본을 찾아 바르게 함.
緖風(서풍) 남은 바람. 여풍(餘風).

⑨ 15획 日セン·いと
줄 선 中xiàn

* 형성. 뜻을 나타내는 부수 '糸(실 사)'와 음을 나타내는 '泉(샘 천)'을 합친 글자. 샘(泉)이 흘러서 실(糸)처럼 내려가는 '줄'을 나타냄.

풀이 줄. 실. 선.

線路(선로) 기차나 전차가 다니는 길. 철로.
線縷(선루) 실의 가닥.
線上(선상) 1)선의 위. 2)어떠한 상태에 있음.
線形(선형) 선처럼 가늘고 긴 모양.
光線(광선) 빛의 줄기.
電線(전선) 전기를 통하는 도체로 쓰는 금속선.

緰

⑨ 15획
선 두를 선韓

풀이 1. 선 두르다. 2. 선의 가장자리.

緤

⑨ 15획 日セツ
고삐 설 中xiè

풀이 1. 고삐. 말이나 소를 붙들어 매는 줄. 2. 잡아매다. 3. 끈.

緦

⑨ 15획 日シ
시마 시 中sī

풀이 1. 시마. 3개월 동안 입는 상복. 2. 베.

緦麻(시마) 시마복. 3개월 동안 입는 복. 또는 그 상복.

緣

⑨ 15획 日エン·ふち
인연 연 中yuán

풀이 1. 인연. 연분. ¶緣法 2. 가장자리. 가선. 옷 가장자리를 싸돌린 선. 3. 연줄. 4. 말미암다. 5. 좇다. 따르다. 6. 두르다.

緣家(연가) 인연이 있는 집.
緣覺(연각) 연줄 없이 혼자서 불법을 깨달음.
緣起(연기) 1)사물이 서로 응하여 만물이 생기는 기원이나 유래. 2)사원 등의 창건 유래.
緣木求魚(연목구어) 나무에 올라 물고기를 구한다는 뜻으로, 불가능하거나 사리에 맞지 않는 일을 이르는 말.
緣法(연법) 1)옛 법을 따름. 2)연을 맺음.
緣分(연분) 1)하늘이 정해준 인연. 2)부부의 인연.
緣姓(연성) 중이 되기 전 속세(俗世)의 성.
緣飾(연식) 가장자리를 장식함. 꾸밈.
緣縈(연영) 감김. 두름.
緣坐(연좌) 남의 죄에 연루되어 죄를 받음.

비 綠(초록빛 록)

緩

⑨ 15획 日カン·ゆるい
느릴 완 中huǎn

* 형성. 뜻을 나타내는 부수 '糸(실 사)'와 음을 나타내며 '여유가 있다'는 뜻을 가진 '爰(이에 원→완)'을 합친 글자. 맺은 끈을 '느슨하게 하는 일'을 나타냄.

풀이 1. 느리다. 더디다. ¶緩帶 2. 늦추다. 3. 느슨하다. 풀어지다. 4. 부드럽다. 5. 해이해지다. 6. 처지다.

緩急(완급) 1)느림과 빠름. 2)중요한 일과 덜 중요한 일.
緩帶(완대) 1)띠를 느슨하게 함. 2)마음 편하게 쉼.
緩慢(완만) 1)느슨하고 급하지 않음. 2)행동이 느리고 태만함.
緩緩(완완) 동작이 느릿느릿함.
緩衝地帶(완충 지대) 이해가 다른 나라 사이끼리 충돌을 줄이기 위해 설치한 중간 지대.
緩怠(완태) 마음이 느슨해지고 게을러짐.
緩頰(완협) 얼굴색을 부드럽게 하여 천천히 말함.

유 徐(천천할 서)

緺

⑨ 15획 日ガイ
자청색 인끈 왜 中guā

풀이 자청색 인끈.

緯

⑨ 15획 日イ
씨 위 中wěi

* 형성. 뜻을 나타내는 부수 '糸(실 사)'와 '둘러싸다'의 뜻을 가진 '韋(에울 위)'를 합친 글자. 이에 직물의 날실에 휘감기게 한 '씨실'을 나타내며, 바뀌어 '가로'의 뜻으로 쓰임.

6획

풀이 1. 씨. 씨실. ¶緯經 2. 가로. 3. 좌우. 4. 묶다. 5. 짜다. 6. 줄. 악기의 현(弦).

緯車(위거) 물레.

緯經(위경) 씨줄과 날줄이라는 뜻으로, 물건의 가로와 세로가 엇갈려 있는 모양을 이르는 말.

緯度(위도) 적도와 평행하게 지구 표면을 측정하는 좌표.

緯武經文(위무경문) 문 · 무를 병행하여 나라를 다스림.

緯書(위서) 예언서.

반 經(날 경)

緭 ⑨ 15획 비단 위 日イ 中wèi

풀이 1. 비단. 2. 끈목.

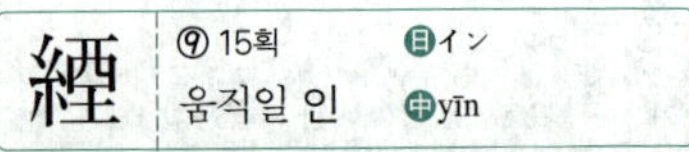

緸 ⑨ 15획 움직일 인 日イン 中yīn

풀이 움직이다. 요동하다.

緹 ⑨ 15획 붉은 비단 제 日テイ 中tí

풀이 1. 붉은 비단. 2. 붉다. 붉은빛. 3. 명주.

緹齊(제제) 붉은 빛깔의 술.

緵 ⑨ 15획 새 종 日ソウ 中zōng

풀이 1. 새. 날실을 세는 단위. 날실 여든 올. 2. 그물.

비 總(거느릴 총)

緟 ⑨ 15획 더할 중 日ジュウ 中chóng, zhòng

풀이 1. 더하다. 거듭하다. 겹쳐지다. 2. 두껍다. 3. 명주실.

緝 ⑨ 15획 모을 집 日シツ 中jī, qī

풀이 1. 모으다. 모이다. ¶緝績 2. 계속하다. 잇다. 3. 실을 낳다. 4. 화목하다. 5. 빛나다. 밝다. ¶緝熙 6. 꿰매다. 7. 잡다. 체포하다.

緝穆(집목) 화목하게 함.

緝績(집적) 길쌈을 함.

緝綴(집철) 책 등을 모아서 엮음.

緝捕(집포) 죄인을 잡음. 또는 그 사람.

緝熙(집희) 밝은 모양.

締 ⑨ 15획 맺을 체 日テイ · しまる 中dì

* 형성. 뜻을 나타내는 부수 '糸(실 사)'와 음을 나타내며 고정한다는 의미를 지닌 '帝(임금 제)'를 합친 글자. 여러 갈래 실(糸)을 한 곳에 모아서(帝) '묶는' 것을 나타냄.

풀이 1. 맺다. 맺히다. 연결하다. 2. 울적해지다.

締結(체결) 조약 · 약속 등을 맺음.

締交(체교) 교분을 맺음.

締盟(체맹) 동맹을 맺음. 또는 그런 동맹.

유 結(맺을 결)

緻 ⑨ 15획 밸 치 日チ 中zhì

풀이 1. 배다. 촘촘하다. 2. 꿰매다.

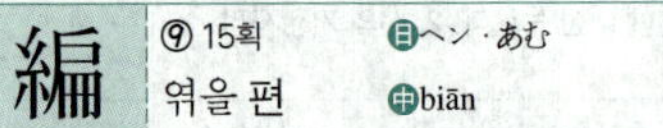

編 ⑨ 15획 엮을 편 日ヘン · あむ 中biān

編 編

* 형성. 뜻을 나타내는 부수 '糸(실 사)'와 음을 나타내는 '扁(현판 편)'으로 이루어진 글자. 글자를 쓴 죽간을 실로 얽어서 하나로 만든 것을 나타냄. 바뀌어, '엮다', '짜다', '서적을 만들다'의 뜻으로 쓰임.

풀이 1. 엮다. 맞추다. ¶編修 2. 기록하다. 3. 매다. 4. 얽다. 5. 짜다. 6. 책. ¶編帙 7. 책 끈. 8. 다리. 9. 호적. 11. 땋다.

編柳(편류) 버들잎을 엮는다는 뜻으로, 몹시 고생하며 공부함을 이르는 말.

編氓(편맹) 호적에 올라 있는 백성.

編物(편물) 실로 떠서 만든 옷이나 제품.

編排(편배) 차례에 따라 배열함.

編成(편성) 1)엮어 만듦. 2)조직함.

編修(편수) 여러 가지 자료를 수집하여 책을 지음.

編隨(편수) 많은 사람이 따름.

編輿(편여) 대를 엮어 만든 가마.

編列(편열) 1)엮어 늘어놓음. 2)호적에 올림.

編者(편자) 책을 만든 사람.

編著(편저) 편집하여 저술함.

編鐘(편종) 아악기의 한 가지.

編帙(편질) 책의 편과 질.
編戶(편호) 누락된 백성을 호적에 편입시키던 일.
유 屬(엮을 속) 비 偏(치우칠 편) 遍(두루 편)

緶	⑨ 15획	日ヘン
	꿰맬 편	中biàn, pián

풀이 1. 꿰매다. 2. 삼을 꼬다.

緘	⑨ 15획	日カン
	봉할 함	中jiān

풀이 1. 봉하다. 봉한 것. 2. 새끼줄. 3. 묶다.
緘口(함구) 입을 다묾.
緘保(함보) 봉하여 보존함.
緘封(함봉) 겉봉을 봉함.
緘繩(함승) 관을 묶는 새끼줄.
緘制(함제) 봉쇄하여 제어함.
緘歎(함탄) 마음에 품은 탄식.
緘包(함포) 봉하여 쌈.
緘翰(함한) 봉한 편지.
유 封(봉할 봉)

縑	⑩ 16획	日ケン
	비단 겸	中jiān

풀이 1. 비단. 합사 비단. 2. 생명주.
縑纊(겸광) 합사 비단과 솜.
縑緗(겸상) 1)담황색의 비단. 2)책.
縑素(겸소) 합사로 짠 흰 비단.
縑楮(겸저) 합사로 짠 비단과 종이.

縠	⑩ 16획	日コク
	명주 곡	中hú

풀이 명주. 주름 잡힌 명주 비단.
縠紋(곡문) 잔주름이 잡혀 있는 것 같은 무늬.
縠皺(곡추) 주름.
비 穀(곡식 곡)

縎	⑩ 16획	
	❶ 맺힐 골	日コツ
	❷ 비단 홀	中gǔ[1], hú[2]

풀이 ❶ 1. 맺히다. 2. 매다. ❷ 3. 비단.

縚	⑩ 16획	日トウ
	끈 도	中tāo

풀이 1. 끈. 끈목. 실을 땋아 만든 끈. 2. 숨기다. 3. 넓다. 4. 검자루.

縢	⑩ 16획	日トウ
	봉할 등	中téng

풀이 1. 봉하다. 묶다. 2. 노. 노끈. 3. 행전. 4. 가장자리. 5. 주머니.
縢囊(등낭) 전대. 주머니.
비 勝(이길 승)

縛	⑩ 16획	日バク
	묶을 박	中fù

* 형성. 뜻을 나타내는 부수 '糸(실 사)'와 음을 나타내는 '專(펼 부→박)'를 합친 글자.

풀이 1. 묶다. 감다. 매다. ¶縛格 2. 포승. 3. 얽다.
縛格(박격) 묶어 놓고 침. 묶어 매질함.
縛擒(박금) 사로잡음.
縛束(박속) 묶음.
縛纏(박전) 동여 묶음.
縛着(박착) 잡아맴.
유 束(묶을 속)

縏	⑩ 16획	日ハン
	주머니 반	中pán

풀이 주머니. 작은 주머니.

縍	⑩ 16획	日ホウ
	헌솜 방	中bāng, bàng

풀이 1. 헌 솜. 2. 신의 가장자리를 꿰매다.
유 絺(헌솜 견)

縊	⑩ 16획	日エキ
	목맬 의ˊ·액	中yì

풀이 목매다. 목을 졸라 죽이다.
縊殺(의살/액살) 목을 졸라 죽임.
縊刑(의형/액형) 목을 매달아 죽이는 형벌. 교수형.
유 絞(목맬 교)

繲

⑩ 16획 日キャク
인끈 역 中nì

풀이 인끈. 인수. 관리가 메는 끈.

縈

⑩ 16획 日エイ
얽힐 영 中yíng

풀이 1. 얽히다. 2. 두르다. 3. 구부러지다. 돌다.
縈結(영결) 얽혀 맺힘.
縈帶(영대) 1)몸에 두르는 띠. 2)둘러쌈.
縈愁(영수) 근심이 맺힘. 걱정을 함.
縈繞(영요) 빙 두름.
縈紆(영우) 1)얽힘. 2)구부러짐.
縈靑繚白(영청요백) 푸른 산으로 둘러싸이고 맑은 물이 흐름.
縈抱(영포) 안은 것처럼 둘러쌈.
縈廻(영회) 둘러쌈.
비 榮(영화 영)

縕

⑩ 16획 日ウン
헌솜 온 中yùn, wēn

풀이 1. 헌솜. ¶縕絮 2. 솜옷. 3. 어지러워지다. 4. 깊숙한 곳. 그윽한 곳. 5. 삼베. 삼부스러기. 6. 주홍빛.
縕襏(온발) 1)부스러기 삼〔麻〕. 2)헌솜을 넣은 옷.
縕絮(온서) 솜옷.
縕緖(온서) 거친 옷.
縕巡(온순) 나란히 가는 모양.
縕袍(온포) 가난한 사람들이 입는 거친 옷. 온서(縕緖).
縕袍不恥(온포불치) 온포를 입고 있어도 부끄러워하지 않는다는 뜻으로 자신이 품고 있는 뜻이 높아 옷 등의 비루한 일에 구애되지 않음을 이르는 말.

縟

⑩ 16획 日ジョク
채색할 욕 中rù

풀이 1. 채색하다. 채색. 무늬. 2. 화려한 채식. 3. 복잡하다. 4. 요. 자리.
縟麗(욕려) 화려하게 장식하여 아름다움.
縟禮(욕례) 복잡하고 까다로운 예절.
縟繡(욕수) 화려한 색으로 놓은 수
縟采(욕채) 1)번거롭고 화려하게 채색함. 2)문장을 고침.

縜

⑩ 16획 日イン
가는 끈 운 中yún

풀이 가는 끈.

縓

⑩ 16획 日テン
분홍빛 전 中quàn

풀이 분홍빛. 분홍빛 비단.
비 源(근원 원)

縝

⑩ 16획 日シン
삼실 진 中zhěn

풀이 1. 삼실. 삼 껍질로 만든 실. 2. 촘촘하다. 곱다. 3. 맺다. 4. 홑옷. 5. 검은 머리. 6. 성한 모양. 7. 빈틈이 없다.
縝密(진밀) 꼼꼼하고 주의 깊음.
縝紛(진분) 많고 성한 모양.
縝緻(진치) 세밀함.

縉

⑩ 16획 日シン
꽂을 진 中jìn

풀이 1. 꽂다. 2. 분홍빛. 3. 붉은 비단.
縉紳(진신) 띠를 맬 때 홀(笏)을 큰 띠에 꽂는다는 뜻으로, 지위가 높은 벼슬아치를 이르는 말.

縗

⑩ 16획 日サイ
상복 이름 최 中cuī

풀이 상복 이름.
縗素(최소) 흰 상복.

縋

⑩ 16획 日ツイ
매달 추 中zhuì

풀이 1. 매달다. 줄로 매달다. 2. 줄. 걸어 놓은 줄.
縋登(추등) 밧줄을 매어 타고 올라감.
縋繩(추승) 밧줄을 겲.
유 縣(매달 현) 懸(매달 현)

縐

⑩ 16획 日スウ
주름질 추 中zhòu

풀이 주름지다. 주름진 피륙이나 주름진 무늬.

縐絺(추치) 주름지게 짠 고운 피륙.

縒 ⑩ 16획
❶가지런하지 않을 치 ❷빛 고울 차
日チ·チャ 中cī, cuò, suō

풀이 1 1. 가지런하지 않은 모양. 2 2. 빛이 곱다.

반 齊(가지런할 제)

縣 ⑩ 16획
매달 현
日ケン·かける 中xiàn

丨 冂 冃 冃 目 且 県 県 県 県 県 縣 縣 縣 縣 縣

* 회의. '首(머리 수)'를 거꾸로 뒤집은 글자에 '系(맬 계)'와 '木(나무 목)'을 합친 글자. 죄인의 목을 거꾸로 나무에 건 모양을 나타내어, '매달다', '높이 걸다'의 뜻으로 쓰임. 후에 중앙 정부에 연결된다는 뜻에서 '행정 구역'을 나타냄.

풀이 1. 매달다. ¶縣旌 2. 높이 걸다. 걸리다. 3. 고을. 마을. ¶縣吏 4. 달다. 무게를 달다. 5. 종을 거는 틀. 6. 거는 악기. 7. 떨어지다.

縣官(현관) 현의 관리.

縣令(현령) 지방 행정 구역의 하나로 고을의 우두머리 벼슬.

縣吏(현리) 현의 관리.

縣耜(현사) 쟁기를 걸어 둔다는 뜻으로, 농사를 쉼을 이르는 말.

縣廷(현정) 현의 관아.

縣旌(현정) 1)기를 매어 닮. 또는 그 기. 2)깃발이 펄럭이듯이 마음이 불안함.

縣次續食(현차속식) 지나는 길에 있는 여러 현이 차례로 음식물을 이어 대는 일.

縣治(현치) 1)현의 행정. 2)관아가 있는 곳.

유 懸(매달 현)

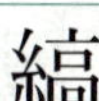
縞 ⑩ 16획
명주 호
日コウ·しま 中gǎo

풀이 1. 명주. 발이 고운 명주. ¶縞巾 2. 희다. 흰빛.

縞巾(호건) 흰 명주로 만든 두건.

縞服(호복) 흰 명주로 지은 옷. 흰 상복.

縞素(호소) 1)흰 명주. 2)글과 그림을 그릴 때 바탕이 되는 흰 비단. 3)흰 상복.

縞紵(호저) 흰 비단과 삼베. 친한 친구끼리의 선물을 이르는 말.

繈 ⑪ 17획
포대기 강
日キョウ 中qiǎng

풀이 1. 포대기. 2. 줄. 끈. 3. 돈꿰미.

繈褓(강보) 아기를 업는 포대기. 또는 그것에 싸인 어린아이.

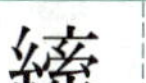
縴 ⑪ 17획
헌솜 견
日ケン 中qiàn

풀이 헌솜.

유 絎(헌솜 방)

縺 ⑪ 17획
실 얽힐 련(연)
日レン 中lián

풀이 실이 얽히다. 맺혀 풀리지 않다.

縺縷(연루) 얽혀 풀리지 않는 실.

縷 ⑪ 17획
실 루(누)
日ル 中lǚ

* 형성. 뜻을 나타내는 부수 '糸(실 사)'와 음을 나타내는 '婁(빌 루)'를 합친 글자.

풀이 1. 실. 실의 가닥. ¶縷縷 2. 실처럼 가늘고 긴 물건. 3. 자세히 하다. 4. 누더기. 5. 잘게 썰다.

縷縷(누루) 실이 가늘게 이어져 끊어지지 않는 모양.

縷析(누석) 자세하게 분석함.

縷切(누절) 잘게 자름.

縷膾(누회) 잘게 썬 회.

비 樓(다락 루)

縲 ⑪ 17획
❶포승 루(누) ❷밧줄 라
日ルイ·ラ 中léi

풀이 1 1. 포승. 죄인을 묶는 검은 줄. 2 2. 밧줄. 큰 줄.

縲紲(누설) 1)죄인을 묶는 검은 줄. 2)감옥에 갇힘.

비 縷(실 루)

繆 ⑪ 17획
잘못할 류(유)
日ビュウ·ボク 中miù, Miào, móu

풀이 1. 잘못하다. 2. 어긋나다. 어그러지다. 3. 속이

6획

다. ¶繆言 4. 변하다.

繆戾(유려) 서로 어그러짐. 도리에 위배됨.
繆論(유론) 잘못된 논설.
繆言(유언) 1)잘못된 말. 2)속이는 말.
繆傳(유전) 사실과 다르게 전함.

繂	⑪ 17획 동아줄 률(율)	日 リツ 中 lǜ

풀이 1. 동아줄. 2. 배를 매는 밧줄. 3. 옥 받침.

縭	⑪ 17획 신 꾸밀 리(이)	日 リ 中 lí

풀이 1 신을 꾸미다. 2. 띠. 허리띠. 3. 향주머니 끈. 4. 매다. 5. 빗질하다.

縵	⑪ 17획 무늬 없는 비단 만	日 マン 中 màn

풀이 1. 무늬 없는 비단. 2. 다스리지 않다. 3. 늘어지다. 완만하다. 4. 합주하다. 5. 골이 없다. ¶縵田

縵立(만립) 오래 멈추어 서 있음.
縵樂(만악) 서로 뒤섞어 연주하는 음악.
縵田(만전) 밭골을 만들지 않은 밭.

縸	⑪ 17획 ❶헌솜 모 ❷그물 칠 막	日 モ・バク 中 mù, mò

풀이 ❶ 1. 헌솜. ❷ 2. 그물을 치는 모양.

縻	⑪ 17획 묶을 미	日 ビ 中 mí

풀이 1. 묶다. 매다. 2. 고삐. 3. 줄. 4. 흩다. 흩어지다. 5. 갈다. 6. 나누다.

縻綆(미경) 줄. 밧줄.
縻鎖(미쇄) 쇠사슬로 얽어맴.

비 摩(갈 마)

繁	⑪ 17획 많을 번	日 ハン 中 fán, pó

(필순) 繁

* 형성. 뜻을 나타내는 부수 '糸(실 사)'와 음을 나타내는 '敏(재빠를 민)'을 합친 글자. 말의 갈기에 붙이는 장식. 장식이 많다는 뜻에서, '많다', '성하다'의 뜻으로 쓰임.

풀이 1. 많다. 무성하다. ¶繁盛 2. 자주. 빈번하다. 3. 번거롭다. ¶繁禮 4. 번영하다. 5. 뒤섞이다. 6. 바쁘다. ¶繁閑 7. 대개. 대체로.

繁苛(번가) 법 등이 너무 복잡하고 가혹함.
繁簡(번간) 번거로움과 간략함.
繁劇(번극) 매우 번거롭고 바쁨.
繁禮(번례) 번거로운 예법.
繁忙(번망) 번거롭고 매우 바쁨.
繁茂(번무) 초목이 우거짐.
繁蕪(번무) 번잡하고 어수선함.
繁文(번문) 1)번거롭게 꾸밈. 2)번거롭고 까다로운 규칙이나 예절.
繁霜(번상) 많이 내려앉은 서리.
繁說(번설) 번거롭게 이야기함. 또는 그 말.
繁盛(번성) 한창 잘 되어 성함.
繁細(번세) 번거롭고 세밀함.
繁英(번영) 무성하게 핀 꽃.
繁縟(번욕) 1)번문. 2)일이 많아서 번거로움.
繁蔚(번울) 1)무성함. 번성함. 2)문장이 화려한 모양.
繁陰(번음) 무성한 나무 그늘.
繁滋(번자) 불어남.
繁條(번조) 무성한 가지.
繁湊(번주) 많이 모여듦.
繁閑(번한) 분주함. 한가함.
繁絃急管(번현급관) 빠른 박자의 관현악.
繁華(번화) 1)번성하고 화려함. 2)초목이 무성하고 꽃이 아름다움. 3)청년 시절.

유 多(많을 다) 盛(성할 성)

縫	⑪ 17획 꿰맬 봉	日 ホウ 中 féng, fèng

* 형성. 뜻을 나타내는 부수 '糸(실 사)'와 음을 나타내는 '逢(만날 봉)'을 합친 글자.

풀이 1 꿰매다. 2. 깁다. 수리하다. 3 솔기.

縫界(봉계) 솔기.
縫紕(봉비) 용수철 모양으로 꿰매는 바느질 방법의 한 가지. 감침질.
縫衣淺帶(봉의천대) 유학자의 옷. 또는 도포와 얇은 띠.
縫紉(봉인) 실로 꿰맴. 바느질함.
縫製(봉제) 미싱 등으로 박아서 만듦.

6획

縫罅(봉하) 1)솔기. 2)틈. 터진 데.
縫合(봉합) 갈라진 자리나 수술한 자리를 꿰맴.

비 逢(만날 봉)

綳 ⑪ 17획 日ホウ
묶을 붕 中bēng, běng, bèng

풀이 1. 묶다. 감다. 2. 포대기. 띠.
綳帶(붕대) 상처 등에 약을 바르고 감는 소독한 면포.

縼 ⑪ 17획 日セン
잡아맬 선 中xuàn

풀이 잡아매다.

繅 ⑪ 17획
❶켤 소 日ソウ
❷문채 조 中sāo

풀이 1 1. 켜다. 고치에서 실을 뽑음. ¶繅繭 2 2. 문채. 3. 관의 드리워진 끈. 4. 옥 받침.
繅車(소거) 고치에서 실을 뽑는 물레. 소사거(繅絲車).
繅繭(소견) 고치에서 실을 뽑음.
繅絲(소사) 고치에서 실을 뽑음.
繅藉(조자) 옥 받침.

縗 ⑪ 17획 日サイ
머리싸개 쇄 中xǐ

풀이 1. 머리싸개. 머리를 싸는 천. 2. 많다.
縗縗(쇄쇄) 많은 모양.

縩 ⑪ 17획 日サイ
토리 쇄 中suì

풀이 1. 토리. 실을 둥글게 감은 뭉치. 2. 물레.

縯 ⑪ 17획
❶길 연 日エン・イン
❷당길 인 中yǎn

풀이 1 1. 길다. 2 2. 당기다. 잡아당기다.

비 演(멀리 흐를 연)

繄 ⑪ 17획 日ガイ
창 전대 예 中yī

풀이 1. 창 전대. 창에 씌우는 자루. 2. 검붉은 비단. 3. 이. 어조사. 4. 아! 탄식하는 소리.

비 緊(굳게 얽힌 긴)

繇 ⑪ 17획
❶역사 요 日ヨウ
❷말미암을 유 中yáo, yóu, zhòu

* 형성. 뜻을 나타내는 부수 '糸(실 사)'과 음을 나타내는 부수 이외의 글자를 합침.

풀이 1 1. 역사. 부역. ¶繇役 2. 따르다. 3. 노래. 4. 우거지다. 무성하다. 5. 근심하다. 6. 흔들리다. 7. 기뻐하다. 2 8. 말미암다. 9. 지나다. 10. 꾀. 계책. 11. 까닭. 12. 다니다. 13. …부터.
繇戍(요수) 국경을 수비함. 또는 그 병사.
繇役(요역) 부역 . 또는 그 부역에 징발됨.

績 ⑪ 17획 日セキ
길쌈할 적 中jì

(필순) 績 績 績

* 형성. 뜻을 나타내는 부수 '糸(실 사)'와 음을 나타내는 '責(꾸짖을 책)'을 합친 글자. '責'은 '積(쌓을 적)'의 뜻을 지님. 실(糸)을 쌓는(責) 것을 나타내어 '실을 잣다'의 뜻으로 쓰임.

풀이 1. 길쌈하다. 실을 잣다. ¶績女 2. 잇다. 3. 공. 공적. 4. 일. 사업. 5. 쌓다.
績女(적녀) 길쌈하는 여자.
績文(적문) 문장을 지음.

비 積(쌓을 적)

縳 ⑪ 17획 日セン
휠 전 中chuán, zhuàn

풀이 1. 희다. 흰 명주. 2. 감다. 말다. 3. 열 묶음.

縱 ⑪ 17획 日ソウ・ジョウ
늘어질 종 中zòng

(필순) 縱 縱 縱

* 형성. 뜻을 나타내는 부수 '糸(실 사)'와 음을 나타내며 사람이 뒤따르는 것을 의미하는 '從(따를 종)'을 합친 글자. 이에 실을 반반하게 늘어놓아 만든 납작한 노끈을 나타냄. 후에

'세로' 의 뜻으로 쓰임.

풀이 1. 늘어지다. 느슨해지다. 2. 세로. ¶縱橫 3. 놓다. 놓아주다. 4. 내버리다. 5. 제멋대로 하다. 방종. ¶縱任 6. 서두르다. 7. 활을 쏘다. 8. 발자취. 9. 권하다.10. 어지럽다.11. 내보내다. 12. 가령. 설령.

縱歌(종가) 마음대로 노래를 부름.
縱擊(종격) 1)군대를 풀어서 침. 2)북 등을 제 기분대로 마구 침.
縱谷(종곡) 산맥과 나란한 골짜기.
縱貫(종관) 세로로 관통함.
縱覽(종람) 자유롭게 다니며 봄.
縱令(종령) 가령.
縱步(종보) 제멋대로 걸음.
縱奢(종사) 멋대로 하며 사치함.
縱燒(종소) 불을 놓아 사름.
縱囚(종수) 임시로 죄인을 풀어 줌.
縱心(종심) 1)멋대로 생각함. 2)일흔 살의 다른 이름.
縱言(종언) 멋대로 말함.
縱欲(종욕) 마음대로 욕심을 부림.
縱臾(종유) 꼬드김. 종용.
縱飮(종음) 술을 마음대로 마심.
縱逸(종일) 제멋대로이고 버릇이 없음.
縱任(종임) 멋대로 함. 또는 제멋대로 행동함.
縱恣(종자) 조심하지 않고 제멋대로 함.
縱敵(종적) 적을 풀어 줌.
縱誕(종탄) 1)생각 없이 큰소리를 침. 호언장담(豪言壯談). 2)마음대로 행동함.
縱脫(종탈) 예의를 무시하고 함부로 행동함.
縱忒(종특) 멋대로 나쁜 짓을 함.
縱橫(종횡) 1)가로와 세로. 2)거침없이 이리저리 다님. 3)제멋대로 함.

반 橫(가로 횡)

縶	⑪ 17획	日チュウ
	맬 집	中zhí

풀이 1. 매다. 말이나 소를 잡아 맴. 2. 고삐. 굴레. 3. 연잇다.

縶韁(집강) 고삐를 잡아 맴.
縶拘(집구) 연루되어 잡힘.
縶維(집유) 맴. 묶음.

縩	⑪ 17획	日サイ
	고운 옷 채	中cài

풀이 1. 고운 옷. 2. 깁다. 꿰매다.

總	⑪ 17획	日ソウ
	거느릴 총	中zǒng

* 형성. 뜻을 나타내는 부수 '糸(실 사)' 와 음을 나타내며 모은다는 의미를 지닌 '悤(바쁠 총)' 을 합친 글자. 이에 실을 모아 하나로 합침을 나타내어, '거느리다', '총괄하다' 의 뜻으로 쓰임.

풀이 1. 거느리다. 통치하다. ¶總領 2. 합치다. 하나로 묶다. 3. 모두. 4. 모이다. 5. 이끌다. 6. 갑자기. 7. 잡아매다. 8. 술. 장식으로 매다는 여러 가닥의 실. 9. 대강. 10. 끈. 상투끈. 11. 잡다. 쥐다.

總角(총각) 결혼하지 않은 젊은 남자.
總鑒(총감) 전체를 살펴봄.
總綱(총강) 총괄한 전체의 대강(大綱).
總戈(총과) 술이 달린 창.
總括(총괄) 1)통틀어 종합함. 2)여러 개념을 모아 외연이 큰 하나의 개념으로 포괄함.
總攬(총람) 1)한 손에 모두 장악함. 2)모든 사무를 통할하여 관할함.
總領(총령) 1)모두 거느림. 2)최고 지휘관. 총대장.
總務(총무) 전체 사무. 또는 그런 일을 맡은 사람.
總髮(총발) 머리를 묶음. 또는 그 머리.
總秉(총병) 일을 모두 잡음.
總攝(총섭) 전체를 총괄하여 다스림.
總帥(총수) 1)모두 거느림. 또는 그런 사람. 2)군대를 지휘하는 사람.
總御(총어) 총괄하여 다스림.
總一(총일) 1)전체 중에 으뜸 가는 것. 2)모두 뭉쳐 하나가 됨.
總集(총집) 여러 사람의 문장을 모은 서적.
總察(총찰) 모든 일을 살핌.
總總(총총) 1)많은 모양. 2)묶는 모양. 3)어지러운 모양.
總則(총칙) 전체를 총괄하는 규칙.
總辦(총판) 일을 모두 맡아 다스림. 또는 그 사람.
總包(총포) 전체를 포함함.
總合(총합) 전부 합함. 종합(綜合).
總會(총회) 1)모두 모임. 또는 전원이 모임. 2)전원이 모여 하는 회의.
總畫(총획) 한자의 한 글자의 모든 획수.

縬	⑪ 17획	日チク
	오그라질 축	中cù

풀이 오그라지다. 수축되다.

6획

縮	⑪ 17획	日シュク·ちぢむ
	오그라들 축	中suō

縮 縮 縮

* 형성. 뜻을 나타내는 부수 '糸(실 사)' 와 음을 나타내며 '짧고 작다' 의 뜻을 지닌 '宿(잠잘 숙)' 을 합친 글자. 이에 실 또는 직물(織物)이 짧고 작아지는 일을 나타내어, '오그라들다', '줄다' 의 뜻으로 쓰임.

풀이 1. 오그라들다. 줄다. 2. 곧게 하다. 바르다. 3. 다스리다. 4. 세로. ¶縮縫 5. 물러서다. 6. 멈추다. 7. 쭈그러지다. 주름 잡히다. 8. 짧다. 9. 늦다. 10. 간직하다. 11. 올바르다. 12. 가지다. 13. 묶다. 14. 거르다.

縮氣(축기) 기가 꺾임.
縮頭(축두) 고개를 움츠림.
縮慄(축률) 무서워 몸을 웅크리고 떪.
縮縫(축봉) 세로로 꿰맴.
縮鼻(축비) 얼굴을 찡그림. 싫어하여 미워하는 모양.
縮首(축수) 두려움에 고개를 움츠림.
縮酒(축주) 제사 때, 마지막에 올리는 잔의 술을 모사(茅莎)에 조금 따르는 일.
縮地法(축지법) 술법에 의하여 땅을 축소하여 먼 거리를 가깝게 간다는 도술.
縮地補天(축지보천) 땅을 줄여 하늘을 깁는다는 뜻으로, 천자가 정치나 행정 체계를 개혁함을 이르는 말.
縮尺(축척) 실제 거리를 지도에 옮기기 위해 줄인 비율.
縮項(축항) 두려움에 몸을 움츠림.
收縮(수축) 어떤 사물이 오그라듦.

縹	⑪ 17획	日ヒョウ
	옥색 표	中piāo, piǎo

풀이 옥색.

縹囊(표낭) 1)책을 넣는 옥색 비단 자루. 2)책. 서적.
縹帙(표질) 1)옥색의 책갑. 2)책.
縹縹(표표) 펄럭이는 모양.

비 標(우듬지 표)

縪	⑪ 17획	日ヒツ
	그칠 필	中bì, biè

풀이 1. 그치다. 2. 묶다 .3. 깁다. 꿰매다.

緷	⑪ 17획	日コン
	꿰맬 혼	中hún

풀이 꿰매다.

繝	⑫ 18획	日カン
	비단 무늬 간	中jiàn

풀이 비단의 무늬.

繑	⑫ 18획	日キョウ
	끈 교	中qiāo

풀이 끈. 띠.

繟	⑫ 18획	日タン·セン
	느슨할 단·천	中chǎn, tán

풀이 1. 느슨하다. 2. 연달아 끊이지 않다.

繟然(단연) 느슨한 모양. 완만한 모양.

비 禪(봉선 선)

繚	⑫ 18획	日リョウ
	감길 료(요)	中liáo

풀이 1 감기다. 얽히다. 2. 두르다. 3. 묶다. 속박하다. 4. 굽히다. 5 다스리다.

繚糾(요규) 감겨 얽힘.
繚亂(요란) 얽혀 어지러운 모양.
繚縈(요영) 둘러쌈. 휘감겨 돎.
繚繞(요요) 1)꾸불꾸불 굽은 모양. 2)소매가 긴 모양.
繚垣(요원) 둘러싼 담.

繙	⑫ 18획	日ハン·ホン
	풀이 번	中fān, fán

풀이 1. 풀다. 맨 끈을 풀다. 2. 책을 펴서 읽다. 3. 어지럽다. 어지럽히다.

繙繹(번역) 책을 읽고 그 뜻을 깊이 캠.
繙帙(번질) 책을 폄. 책을 읽음.

繖	⑫ 18획	日サン
	일산 산	中sǎn

풀이 일산. 우산.

繖蓋(산개) 햇볕을 가리기 위해 만든 큰 양산. 일산(日傘).

繕	⑫ 18획	日ゼン・つくろう
	기울 선	中shàn

* 형성. 뜻을 나타내는 부수 '糸(실 사)' 와 음을 나타내며 '좋게 하다' 의 의미를 지닌 '善(착할 선)' 을 합친 글자. 이에 찢어진 곳을 '실로 꿰매어 수리하다' 의 뜻으로 쓰임.

풀이 1. 깁다. 수선하다. ¶繕補 2. 다스리다. 3. 좋게 하다. 4. 갖추다. 5. 모으다. 6. 굳세다.

繕補(선보) 고침. 기워 수리함.
繕寫(선사) 1)잘못을 바로잡아 깨끗하게 씀. 2)문서를 수집하여 기록함.
繕營(선영) 건물을 새로 짓거나 수리하는 일.
繕完(선완) 고쳐 완전하게 함.
繕造(선조) 고쳐 만듦.
繕葺(선즙) 가옥이나 성벽 등을 고치고 지붕을 새로 임.
繕築(선축) 고쳐 쌓음.

繎	⑫ 18획	日エン
	얽힐 연	中rán

풀이 얽히다. 실이 엉클어지다.

繠	⑫ 18획	日ガイ
	드리워질 예	中ruǐ

풀이 드리워지다. 우거지다.

繞	⑫ 18획	日ヨウ
	두를 요	中rào

풀이 1. 두르다. 돌다. ¶繞帶 2. 둘러싸다. ¶繞繚 3. 감기다. 얽히다. 4. 싸다. 포장하다.

繞帶(요대) 띠 등을 두름.
繞亂(요란) 얽혀 어지러움. 이리저리 마구 얽힘.
繞繚(요료) 둘러쌈.
繞膝(요슬) 아이들이 부모의 무릎 앞에 서서 노는 일.
繞繞(요요) 둘러싼 모양.

繜	⑫ 18획	日ソン
	누를 준	中zūn

풀이 누르다.

繒	⑫ 18획	日ソウ
	비단 증	中zēng, zèng

풀이 1. 비단. 명주. ¶繒纊 2. 주살.

繒纊(증광) 비단과 솜.
繒綺(증기) 무늬가 있는 비단.
繒絮(증서) 비단과 솜.
繒繳(증작) 주살의 줄.
繒綵(증채) 고운 비단.
繒紈(증환) 곱고 흰 비단.

유 絹(명주 견) 비 增(불을 증)

織	⑫ 18획	日ショク
	짤 직	中zhī

(필순) 織 織

* 형성. 뜻을 나타내는 부수 '糸(실 사)' 와 음을 나타내며 '곧바르다' 의 뜻을 지닌 '直(곧을 직)' 을 합친 글자. 베틀에 날실을 곧바로 팽팽하게 친다는 뜻을 나타내며, 바뀌어 '직물을 짜다' 의 뜻으로 쓰임.

풀이 1. 짜다. 베를 짜다. ¶織耕 2. 베틀. 3. 직물. 4. 조립하다.

織耕(직경) 1)베짜기와 밭갈기. 2)노력하여 생계를 스스로 이어 나감.
織錦(직금) 비단을 짬.
織女(직녀) 1)피륙을 짜는 아낙네. 2)직녀성(織女星).
織文(직문) 무늬가 있는 직물.
織物(직물) 씨줄과 날줄을 엮어서 짠 물건.
織縫(직봉) 베짜기와 바느질.
織成(직성) 베를 짠다는 뜻으로, 일을 만들어 냄을 이르는 말.
織烏(직오) 태양의 다른 이름.
織紝(직임) 베를 짬. 또는 그 사람.
織造(직조) 기계로 베나 직물을 짬.

비 職(맡을 직) 識(알 식)

繓	⑫ 18획	日サツ
	맺을 촬	中zuǒ

풀이 맺다. 묶다.

繣	⑫ 18획	日カイ・カク
	밧줄 홰·획	中huà

풀이 1. 밧줄. 2. 끈. 3. 어그러지다. 4. 깨지는 소리.

6획

繢	⑫ 18획 수 회	日 カイ 中 huì

풀이 1. 수. 무늬. 2. 수놓다. ¶繢繒 3. 채색하다. 그리다. 4. 끈.

繢繡(회수) 곱게 수놓은 비단.
繢緌(회유) 채색한 관의 끈.
繢繒(회증) 수놓은 비단.
繢畫(회화) 그림.

繮	⑬ 19획 고삐 강	日 コウ 中 jiāng

풀이 고삐.

繳	⑬ 19획 ❶ 주살 작 ❷ 바칠 교	日 ケキ 中 zhuó

풀이 1 1. 주살. 오늬에 줄을 매어 쏘는 화살. 2. 생사. 2 3. 바치다. 납부하다. 4. 얽히다.

繳繞(교요) 얽힘.
繳交(작교) 시류 또는 물품을 돌려 보냄.
繳還(작환) 반환함. 돌려보냄.
繳網(작망) 주살과 그물.
繳矰(작증) 주살.

繭	⑬ 19획 고치 견	日 ケン 中 jiǎn

* 회의. '虫(벌레 충)'과 '糸(실 사)'를 합친 글자. 이에 실을 낳는 '누에고치'를 나타냄.

풀이 1. 고치. 누에고치. ¶繭絲 2. 솜. 실. 3. 발에 생긴 못. 티눈. 4. 부르트다.

繭館(견관) 누에를 치는 방.
繭絲(견사) 누에고치에서 뽑은 명주실.
繭栗(견율) 누에고치 또는 밤 정도의 크기라는 뜻으로, 송아지의 뿔이나 죽순 등이 갓 돋아날 때를 이르는 말.

繫	⑬ 19획 맬 계	日 ケイ 中 jì, xì

一 𠂊 𠂤 𠂤 𠂤 亘 車 𨊥 𨊥 𨊥 𨊥 𨋢 𨋢 𨋢 𣪠 𣪠 𣪠 繫 繫

풀이 1. 매다. 매달다. ¶繫屬 2. 이어지다. 연결되다. 3. 구속하다. ¶繫縻 4. 지탱하다. 5. 끈. 6. 죄수. 7. 매듭. 고삐.

繫羈(계기) 동여맴.
繫纜(계람) 배의 닻줄을 맴.
繫累(계루) 1)딸린 식구로 말미암아 얽어매이는 누(累). 2)어떤 사물에 얽매이어 누(累)가 됨.
繫縻(계미) 자유를 구속함.
繫臂之寵(계비지총) 궁녀가 임금에게 받는 총애.
繫辭(계사) 본문의 이해를 돕기 위해 붙이는 설명하는 말.
繫索(계삭) 물건을 붙들어 맴.
繫屬(계속) 남에게 매달려 있음.
繫心(계심) 마음을 맴.
繫匏(계포) 매달려 있는 바가지라는 뜻으로, 허송 세월함을 이르는 말.

縊	⑬ 19획 실 금	日 キン 中 jīn, jìn

풀이 1. 실. 2. 푸른빛.

繷	⑬ 19획 성할 농	日 ノウ 中 nǒng

풀이 성하다. 많다.

繴	⑬ 19획 덮치기 그물 벽	日 ヘキ 中 bì

풀이 덮치기 그물.

繴	⑬ 19획 띠 벽	日 ヘキ 中 bì, bó

풀이 1. 띠. 2. 헌솜.

繬	⑬ 19획 합칠 색	日 サク 中 sè

풀이 1. 합치다. 2. 꿰매다.

유 合(합할 합)

繰	⑬ 19획 고치 켤 소	日 ソウ 中 qiāo, sāo, zǎo

6획

풀이 1 고치를 켜다. ¶繰繭 2 야청 비단. 3. 야청빛. 4. 통견. 얇고 질긴 명주. 5. 무늬. 문채.

繰車(소거) 고치를 켜는 물레.

繰繭(소견) 고치를 켬.

비 燥(마를 조)

⑬ 19획 日シュウ
인끈 수 中suì

풀이 인끈.

繡

⑬ 19획 日シュウ
수 수 中xiù

풀이 1. 수. 수놓다. 2. 비단.

繡工(수공) 수놓는 일. 또는 그 일을 하는 직공.

繡口(수구) 미사여구(美辭麗句)로 시문 등을 짓는 재주가 풍부함을 이르는 말.

繡衾(수금) 수놓은 비단 이불.

繡囊(수낭) 수놓은 주머니란 뜻으로 아는 것이 많은 사람을 비유하는 말.

繡裳(수상) 수놓은 치마.

繡衣(수의) 1)오색의 수를 놓은 옷. 2)암행어사를 아름답게 이르던 말.

繡刺(수자) 수를 놓음. 자수(刺繡).

繡帳(수장) 수놓은 휘장.

繡腸(수장) 시문의 글귀가 수놓은 창자와 같이 아름답다는 뜻으로, 시문에 뛰어난 사람이나 그 재주를 이르는 말.

繡虎(수호) 호랑이 무늬를 수놓은 것처럼 힘차고 훌륭한 문장.

繡幌(수황) 수놓은 휘장.

繩

⑬ 19획
❶줄 승 日ショウ
❷끝 없을 민 中mǐn, shéng

* 형성. 뜻을 나타내는 부수 '糸(실 사)'와 음을 나타내는 '蠅(파리 승)'의 생략형을 합친 글자. 실로 끈 부분이 배가 불룩한 파리와 같다 하여 '줄', '노끈'의 뜻으로 쓰임.

풀이 ❶ 1. 줄. 새끼. ¶繩梯 2. 먹줄. ¶繩墨 3. 법도. ¶繩度 4. 헤아리다. 5. 본받다. 6. 바로잡다. 7. 곧다. 정직하다. 8. 경계하다. 9. 칭찬하다. 10. 계승하다. 11. 묶다. ❷ 12. 끝이 없다.

繩檢(승검) 죄어맴. 동여맴.

繩屨(승구) 미투리.

繩糾(승규) 잘못을 바로잡음.

繩伎(승기) 줄타기.

繩度(승도) 1)규칙. 2)밧줄을 의지하여 험한 곳을 건너감.

繩絡(승락) 이어져 감김. 또는 이어서 묶음.

繩墨(승묵) 1)먹줄. 2)규칙.

繩削(승삭) 1)먹줄을 쳐서 깎음. 2)어그러진 일을 바로잡음.

繩枉(승왕) 잘못된 것을 바로잡음.

繩外(승외) 먹줄을 친 바깥이라는 뜻으로 법 또는 법규의 바깥을 이르는 말.

繩正(승정) 먹줄로 바로잡는다는 뜻으로, 법에 의해 바로잡음을 이르는 말.

繩梯(승제) 밧줄로 만든 사다리.

繩準(승준) 법. 규칙.

繩直(승직) 먹줄처럼 바름.

繩察(승찰) 헤아려 조사함.

繩尺(승척) 1)먹줄과 자. 2)일정한 규칙.

繩樞(승추) 줄을 얽어 만든 문호란 뜻으로, 가난한 집을 이르는 말.

繩劾(승핵) 법률에 근거하여 죄를 조사함.

繩戲(승희) 줄타기.

유 繮(줄 승)

繶

⑬ 19획 日オク
끈 억 中yì

풀이 1. 끈. 2. 묶다.

繶純(억순) 신 가장자리에 꾸미는 장식 끈.

繶爵(억작) 무늬 장식이 있는 술잔.

繹

⑬ 19획 日シャク
풀 역·석 中yì, shì

* 형성. 뜻을 나타내는 부수 '糸(실 사)'와 음을 나타내는 '睪(엿볼 역)'을 합친 글자.

풀이 1. 풀다. 풀어내다. 2. 찾다. 추구하다. 3. 다스리다. 4. 늘어놓다. 벌여 놓다. 5. 실마리. 6. 통하다. 7. 이어지다. 8. 싫증나다. 물리다. 9. 크다. 길다.

繹味(역미) 맛을 찾음.

繹騷(역소) 끊이지 않고 떠들썩함. 소란함.

繹祭(역제) 본 제사 다음 날 지내는 제사.

유 解(풀 해) 비 譯(통변할 역)

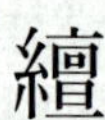

⑬ 19획
❶홑옷 전 日セン·タン
❷큰 띠 단 中chán, tán

6획

풀이 ❶ 1. 홑옷. 2. 옷을 몸에 걸치다. 두르다. 3 새끼. 밧줄. 4. 얽히다. ❷ 5. 큰 띠. 허리띠. 6. 묶다.

繲	⑬ 19획 헌 옷 해	日カイ 中xiè

풀이 1. 헌 옷. 2. 옷을 빨다.

繯	⑬ 19획 얽을 현	日カン 中huán

풀이 1. 얽다. 얽히다. 2. 두르다. 3. 매다. 졸라매다. 4. 고리. 5. 엷은 비단의 문채. 6. 그물.

繯首(현수) 교수형.

비 環(고리 환)

繪	⑬ 19획 그림 회	日カイ·エ 中huì

* 형성. 뜻을 나타내는 부수 '糸(실 사)'와 음을 나타내는 '會(모일 회)'를 합친 글자. 오색의 실을 모아서 수놓는 것을 나타냄. 바뀌어, 색채를 배합한 '그림'의 뜻으로 쓰임.

풀이 1. 그림. ¶繪事 2. 그림 그리다. 3. 그림이 있는 비단.

繪事(회사) 그림을 그리는 일.

繪事後素(회사후소) 그림은 바탕이 있은 후에 그린다는 뜻으로, 먼저 바탕을 확립한 후 형식이나 외양을 갖춤을 이르는 말.

○繪事後素(회사후소)의 유래

자하가 공자에게 "시에서 예쁜 미소에는 보조개가 고우며, 아름다운 눈에는 까만 눈동자가 선명하다. 바탕이 있고서야 색을 칠할 수 있다고 했는데 무슨 뜻입니까?"라고 물으니, 공자가 "그림 그리는 일은 바탕이 있고 나서야 그릴 수 있다."고 답하였다. 즉 어진 마음이 우선 바탕이 되고 형식적인 예(禮)는 그 다음임을 말한 것이다.

繪素(회소) 그림.

繾	⑭ 20획 간곡할 견	日ケン 中qiǎn

풀이 간곡하다.

繾綣(견권) 살뜰한 정의(情誼)로 간곡하여 못내 잊혀지지 않음.

繼	⑭ 20획 이을 계	日ケイ 中jì

⺈ ⺓ 幺 糸 糸 糸 糸' 糸ᐟ 糸ᐟᐟ 糸ᐟᐟ 糸ᐟᐟ 糸ᐟᐟ 繼 繼 繼 繼 繼 繼 繼 繼

* 형성. 뜻을 나타내는 부수 '糸(실 사)'와 음을 나타내며 '잇다'는 뜻을 가진 부수 이외의 글자를 합친 글자. 이에 '실을 잇다'의 뜻으로 쓰임.

풀이 1. 잇다. 이어나가다. 계통을 잇다. ¶繼受 2. 잡아매다. 3. 후사. 후속. ¶繼嗣 4. 기대를 걸다.

繼糧(계량) 1년 농사로 1년 양식을 이어 나감.

繼母(계모) 의붓어머니.

繼武(계무) 1)앞뒤 발자국이 서로 이어짐. 2)일을 이어받음.

繼父(계부) 의붓아버지.

繼嗣(계사) 양자를 맞아 뒤를 잇게 함. 후계자.

繼紹(계소) 조상의 사업을 이어받음.

繼受(계수) 이어받음. 남겨 받음.

繼述(계술) 조상들이 남긴 일이나 뜻을 이어 서술함.

繼襲(계습) 조상의 뜻 또는 사업을 받아 이음.

繼承(계승) 선임자의 업적 또는 대대로 전해오는 물건 등을 물려 받아 이어나감.

繼子(계자) 1)의붓자식. 2)양자.

繼晝(계주) 낮부터 밤까지 일을 함.

繼體(계체) 임금의 자리를 이음.

繼後(계후) 양자를 들여 뒤를 잇게 함. 계사.

繼興(계흥) 이어 일어남.

유 屬(엮을 속) 系(이을 계) 비 斷(끊을 단)

辮	⑭ 20획 땋을 변	日ベン 中biàn

풀이 땋다. 땋은 머리.

辮髮(변발) 머리를 땋아 늘임. 또는 그 머리.

비 辯(말잘할 변)

繽	⑭ 20획 어지러울 빈	日ヒン 中bīn

풀이 1. 어지럽다. 2. 성한 모양.

繽繙(빈번) 깃발 등이 바람에 어지럽게 펄럭이는 모양.

繽紛(빈분) 1)많은 것이 뒤섞여 있음. 2)수많은 꽃잎 등이 뒤섞여 지천으로 떨어지는 모양.

繻	⑭ 20획 명주 수·유	日シュ 中xū

풀이 1. 명주. 올이 가늘고 톡톡한 명주. 2. 명주 조각. 명

주 헝겊.

繶 ⑭ 20획 日イン
궤맬 은 中yǐn

풀이 궤매다. 바느질하다.

유 縫(꿰멜 봉)

纂 ⑭ 20획 日サン
모을 찬 中zuǎn

풀이 1. 모으다. 편집하다. ¶纂修 2. 무늬. 채색. 3. 붉은 끈. 4. 잇다. 계승하다. ¶纂承

纂修(찬수) 여러 문서를 모아 정리하여 책을 엮어 만듦. 2)학문을 닦음.

纂承(찬승) 계승함.

纂嚴(찬엄) 주의를 기울이고 경계함.

纂業(찬업) 선대의 사업을 이음.

纂輯(찬집) 자료를 모아 순서를 정해 편집함.

유 輯(모을 집) 會(모일 회) 集(모일 집)

纁 ⑭ 20획 日クン
분홍빛 훈 中xūn

풀이 분홍빛.

纁裳(훈상) 분홍 치마.

纁襦(훈유) 분홍빛의 옷.

纁黃(훈황) 해질녘.

纊 ⑮ 21획 日コウ
솜 광 中kuàng

풀이 1. 솜. 2. 솜옷.

纊縑(광겸) 솜과 합사로 짠 비단.

纊衣(광의) 솜옷.

纇 ⑮ 21획 日ライ
실마디 뢰(뇌) 中lèi

풀이 1. 실마디. 2. 어그러지다. 3. 치우치다. 4. 깊다. 고요하다. 5. 흠집. 상처. 6. 잘못. 허물.

비 類(무리 류)

纍 ⑮ 21획 日ルイ
연이을 루(누) 中léi, lěi

풀이 1. 연잇다. 2. 매다. 묶다. ¶纍紲 3. 얽히다. 감기다. 4. 연루시키다. 5. 갑옷을 넣는 전대. 6. 가두다. 7. 밧줄. 8. 쌓이다. 9. 고달프다. 10. 억울한 누명으로 죽다.

纍纍衆塚(누루중총) 연달아 이어져 있는 많은 무덤.

纍紲(누설) 1)죄인을 묶는 끈. 2)죄인을 체포하여 감옥에 가둠.

纍囚(누수) 감옥에 갇힘. 또는 그 사람.

纍臣(누신) 감옥에 갇힌 신하.

纆 ⑮ 21획 日ボク·なわ
노 묵 中mò

풀이 노. 두 겹 또는 세 겹으로 꼰 노끈.

續 ⑮ 21획 日ゾク
이을 속 中xù

* 형성. 뜻을 나타내는 부수 '糸(실 사)'와 음을 나타내며 '연잇다'의 의미를 지닌 '賣(행상 육)'을 합친 글자. 실이 이어짐을 나타내어, '잇다'의 뜻으로 쓰임.

풀이 1. 잇다. 연잇다. ¶續出 2. 이어지다. 3. 계승하다. 4. 계속. ¶續稿 5. 공. 공적.

續稿(속고) 전에 쓰던 원고를 계속 씀. 또는 그 원고.

續短斷長(속단단장) 짧은 것은 길게 잇고, 긴 것은 짧게 잘라 알맞게 맞춤.

續出(속출) 연달아 나옴.

續行(속행) 계속하여 행함.

續絃(속현) 1)줄을 이음. 2)다시 아내를 얻음.

유 屬(엮을 속)

纋 ⑮ 21획 日ウ
비녀 우 中yōu

풀이 1. 비녀. 2. 덧머리. 비녀 가운데를 감아 걸들이는 머리. 3. 댕기.

纏 ⑮ 21획 日テン
얽힐 전 中chán

풀이 1. 얽히다. ¶纏結 2. 묶다. 3. 감다. 감기다. 4. 줄. 새끼. 5. 밟다. 6. 괴롭히다. 7. 끌다.

纏結(전결) 얽어 맺음. 매어 묶음.

纏裹(전과) 감아 쌈.
纏頭(전두) 옛날 중국에서 춤과 노래를 한 사람에게 상으로 주던 물건.
纏綿(전면) 얽혀 달라 붙음. 얽혀 풀리지 않음.
纏縛(전박) 1)동여 맴. 2)행동을 제약함.
纏繞(전요) 덩굴 등이 다른 나무에 얽히어 감김.
유 構(얽을 구)

纈	⑮ 21획	日ヒツ
	염색 힐	中xié

풀이 1. 염색. 2. 무늬 있는 비단.
纈文(힐문) 1)옷감의 바탕에 흰 반점을 군데군데 넣은 홀치기 염색. 2)눈에 안개가 낀 것처럼 뿌옇게 보이는 것.
유 染(물들일 염)

纑	⑯ 22획	日ロウ
	실 로	中lú

풀이 실. 무명실.

纖	⑰ 23획	日サン
	가늘 섬	中xiān

* 형성. 뜻을 나타내는 부수 '糸(실 사)'와 음을 나타내는 '韱(가늘 섬)'을 합친 글자. 가늘고(韱) 긴 실오리(糸)를 나타내어, '실오리', 또 실오리처럼 '가늘다'의 뜻으로 쓰임.

풀이 1. 가늘다. ¶纖麗 2. 고운 비단. 3. 잘다. 작다. 4. 자세하다. 5. 검소하다. 아끼다. 6. 무늬. 채색. 7. 가는 줄. 가는 실. 8. 날카로운 모양. 9. 찌르다.
纖介(섬개) 조금. 약간.
纖莖(섬경) 가늘고 약한 줄기.
纖刀(섬도) 가는 칼.
纖麗(섬려) 섬세하고 고움.
纖妙(섬묘) 가늘고 정교함.
纖眉(섬미) 가느다란 눈썹. 미인의 눈썹을 이르는 말.
纖靡(섬미) 작고 예쁨.
纖魄(섬백) 초승달의 다른 이름.
纖嗇(섬색) 아까워함.
纖纖(섬섬) 1)여리고 가냘픔. 2)끝이 뾰족하고 날카로운 모양.
纖纖玉手(섬섬옥수) 가냘프고 아름다운 여자의 손. 미인의 손.
纖身(섬신) 가냘픈 몸.
纖埃(섬애) 먼지. 티끌.
纖艶(섬염) 날씬하고 요염함.
纖婉(섬완) 날씬하고 아름다움.
纖腰(섬요) 날씬한 여자의 허리. 미인의 허리.
纖縟(섬욕) 섬세하고 울긋불긋한 모양.
纖維(섬유) 1)가는 실 모양의 고분자 물질. 2)동식물의 세포가 분화하여 된 가는 실 모양의 물질.
纖月(섬월) 가느다란 달. 초승달. 섬백(纖魄).
纖疵(섬자) 조그만 상처. 작은 흠.
纖條(섬조) 금속 등의 가는 줄. 필라멘트.
纖塵(섬진) 미세한 티끌.
纖毳(섬취) 가는 털. 솜털.
纖瑕(섬하) 작은 흠.
纖毫(섬호) 1)조금. 약간. 2)아주 가는 털.
纖華(섬화) 섬세하고 아름다움.
유 細(가늘 세) 비 織(짤 직)

纕	⑰ 23획	日ジョウ
	팔 걷어붙일 양	中rǎng, xiāng

풀이 1 팔을 걷어붙이다. 2. 띠. 3. 뱃대끈.

纓	⑰ 23획	日エイ
	갓끈 영	中yīng

풀이 1. 갓끈. 2. 끈. 새끼. 3. 감기다.
纓絡(영락) 구슬이나 귀금속을 꿰어 만든 목걸이.
纓紳(영신) 갓끈과 큰 띠를 한 사람 즉, 관직이 높은 사람을 이르는 말.

纔	⑰ 23획	日サイ
	겨우 재	中cái

풀이 겨우. 조금.
纔方(재방) 겨우.
纔至(재지) 겨우 도착함.

纗	⑱ 24획	
	❶ 맬 수	日シュウ・ユウ
	❷ 줄 끊어질 유	中wèi, xī, zuī

풀이 1 1. 매다. 2. 끈. 띠. 밧줄. 3. 그물. 2 4. 줄이 끊어지다. 현이 끊어지다.

纛	⑲ 25획	日トウ
	둑 독	中dào

6획

풀이 둑. 쇠꼬리로 장식한 기.

纛旗(독기) 장수의 대기(大旗).

纚 ⑲ 25획
❶머리싸개 사 日シ
❷갓끈 리(이) 中lí, shaǐ, xǐ
❸떨어질 쇄

풀이 ❶ 1. 머리싸개. 2. 잇닿다. 연잇다. 3. 가다. ❷ 4. 갓끈. ❸ 5. 떨어지다. 떨어지는 모양. 6. 족대.

纚纚(사사) 1)밧줄 등이 길고 매끈한 모양. 2)직물의 발이 곱고 선명한 모양.
纚屬(사속) 이어지는 모양.
纚迤(사이) 가늘고 길게 연이은 모양.
纚乎(사호) 연이어 가는 모양.

纘 ⑲ 25획 日サン
이을 찬 中zuǎn

풀이 잇다. 계승하다.

纘繼(찬계) 계속함. 계승함.
纘緖(찬서) 선대의 사업을 이어받음.
纘承(찬승) 이어받음.

비 讚(기릴 찬) 鑽(끌 찬)

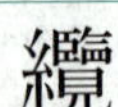
㉑ 27획 日ラン
닻줄 람(남) 中lǎn

풀이 닻줄.

纜舸(남가) 배를 닻줄로 맴.

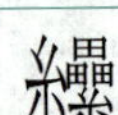
㉑ 27획 日ル
걸칠 루 中léi

풀이 1. 걸치다. 2. 휘감기다. 3. 얽히다. 4. 검은 줄.

6획

纗 ㉑ 27획 日ソク
띠 속·촉 中zhú

풀이 띠. 끈.

纞 ㉓ 29획 日レン
이어질 련 中liàn

풀이 이어지다. 끊이지 않다.

缶 부

缶 장군 부 部

'缶' 자는 술이나 간장 등의 액체를 담아 옮길 때 쓰는 장군이라는 질그릇의 모양을 본뜬 글자이다. 이 그릇은 노래의 장단을 맞추는 악기로도 사용되었기 때문에 '질장구'를 뜻하기도 한다. 이 글자를 부수로 갖는 글자는 일반적으로 도기(陶器)와 관련이 있다.

缶 ⓪ 6획 日フ·ほとぎ
장군 부 中fǒu

풀이 1. 장군. 술·간장 등을 담는 질그릇. 2. 질장구. 장단을 맞추는 악기. 3. 용량의 단위. 16말(斗).

缶米(부미) 1장군, 즉 16말의 쌀.

비 缸(항아리 항)

缻 ⓪ 6획
缶(p1064)의 俗字

缸 ③ 9획 日コウ·かめ
항아리 항 中gāng

풀이 항아리.

缸面酒(항면주) 막 익어 처음으로 거른 술.
缸硯(항연) 항아리의 조각으로 만든 벼루.
缸胎(항태) 거칠고 무거운 항아리.

유 㼧(항아리 동) 瓨(항아리 강) 甀(항아리 추)

缺 ④ 10획 日ケツ·かく
이지러질 결 中quē, kuǐ

*형성. 뜻을 나타내는 부수 '缶(장군 부)'와 음을 나타내는 '夬(터놓을 쾌→결)'을 합친 글자. 흙으로 만든 그릇(缶)의 한 귀가 떨어진(夬) 것으로, '흠이 있는 것'을 나타냄.

풀이 1. 이지러지다. 일부가 떨어져 나가다. 2. 틈. 흠. ¶缺漏 3. 부족하다. 모자라다. 4. 벼슬의 빈 자리. 6. 대부(貸付).

缺刻(결각) 나뭇잎의 가장자리가 톱니 모양처럼 패여 들어간 모양.
缺缺(결결) 1)부족한 모양. 2)아는 것이 적은 모양.

缺課(결과) 1)과업을 쉼. 2)학생이 수업 시간에 빠짐.
缺口(결구) 언청이.
缺勤(결근) 출근하지 않음.
缺禮(결례) 실례.
缺漏(결루) 여럿 가운데 함께 있던 것이 빠짐.
缺籬(결리) 부서진 울타리.
缺席(결석) 출석하지 않음.
缺損(결손) 모자람. 부족.
缺失(결실) 과실(過失). 결함(缺陷).
缺如(결여) 빠져서 없거나 모자람.
缺然(결연) 마음에 만족스럽지 못한 모양.
缺員(결원) 정원에서 모자람.
缺點(결점) 단점(短點).
缺乏(결핍) 있어야 할 것이 없거나 부족함.
缺呀(결하) 일부가 떨어져 나감.
缺陷(결함) 흠이 있어 완전하지 못함.
缺航(결항) 날씨가 나빠서 정기적으로 다니는 배나 비행기가 운행을 못하는 일.
유 陷(빠질 함) 반 滿(찰 만)

④ 10획 日ヨウ·かめ
항아리 유·요 中yóu

풀이 1. 항아리. 2. 가마. 숯이나 질그릇 등을 굽는 시설.

缽
⑤ 11획
鉢(p1452)의 俗字

⑥ 12획
벙어리 저금통 항 日コウ 中xiàng

풀이 1. 벙어리 저금통. 2. 투서함(投書函).
缿筩(항통) 비밀 문서나 투서를 몰래 넣는 통.

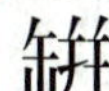
⑧ 14획 日ヘイ
두레박 병 中píng

풀이 두레박. 단지.
缾罌(병앵) 단지. 항아리.

⑧ 14획 日サン
술잔 잔 中zhǎn

풀이 술잔.

㲄
⑩ 16획
굽지 않은 그릇 日コウ
구·부 中fū, kòu

풀이 굽지 않은 그릇.

⑩ 16획 日エン
물동이 앵 中yīng

풀이 1. 물동이. 2. 술단지.
罃甈(앵계) 쟁반.
비 營(경영할 영)

罄
⑪ 17획 日ケイ
빌 경 中qìng

풀이 1. 비다. 속이 비다. 2. 다 없어지다. 3. 다. 모두. 4. 보이다.
罄竭(경갈) 1)다함. 다 없어짐. 2)최선을 다함.
罄匱(경궤) 다하여 궁함.
罄地(경지) 모든 땅.

罅
⑪ 17획 日カ
틈 하 中xià

풀이 1. 틈. 2. 갈라지다. 벌어지다.
罅隙(하극) 갈라진 틈.
罅漏(하루) 갈라진 틈.
罅裂(하열) 갈라짐.
유 暇(겨를 가)

罇
⑫ 18획 日ソン
술그릇 준 中zūn

풀이 술그릇.
罇罍(준뢰) 제사를 지낼 때 술을 담는 그릇.
罇觶(준치) 술통과 술잔.

罋
⑬ 19획 日オウ
독 옹 中wèng

풀이 1. 독. 항아리. 2. 두레박.
罋牖(옹유) 깨어진 독의 입 부분으로 창문을 만

6획

든다는 뜻으로, 매우 가난한 집을 비유하는 말.

罌 ⑭ 20획 日オウ
항아리 앵 中yīng

풀이 항아리.

罌缶(앵부) 항아리.

罌粟(앵속) 양귀비.

罏 ⑭ 20획 日カン
질그릇 함 中xiàn

풀이 1. 질그릇. 2. 큰 항아리.

罍 ⑮ 21획 日ライ
술그릇 뢰(뇌) 中léi

풀이 1. 술그릇. 2. 대야. 세숫대야.

罍觴(뇌상) 술그릇과 술잔.

罍尊(뇌준) 표면에 무늬를 그린 술그릇.

罏 ⑯ 22획 日ロウ
술그릇 로(노) 中lú

풀이 술그릇. 술항아리.

罐 ⑱ 24획 日カン
두레박 관 中guàn

풀이 1. 두레박. 2. 깡통.

罐子(관자) 물을 푸는 기구. 두레박.

罐子玉(관자옥) 약품을 써서 구워 만든 옥.

网 부

网 그물 망 部

'网' 자는 '그물'의 모양을 본뜬 글자로, 겉은 그물의 줄, 속은 그물코를 나타낸다. 그물은 짐승을 통제하거나 구속하는 도구이므로, 지켜야 할 '규율'을 뜻하기도 한다. 지금은 '网'에 '亡(망할 망)'을 덧붙여 만든 '罔(그물 망)'을 주로 사용하며, '网'은 단독의 문자로 사용되기보다 부수의 역할만을 한다.

网 ⓪ 6획 日ボウ・モウ・アミ
그물 망 中wǎng

풀이 그물.

비 肉(고기 육)

罔 ③ 8획 日モウ・ム・あみ
그물 망 中wǎng, wàng

丨 冂 冂 冂 冈 罔 罔 罔

*형성. 뜻을 나타내는 부수 '网(그물 망)'과 음을 나타내며 덮는다는 의미를 지닌 '亡(망할 망)'을 합친 글자. 이에 덮어 씌워 새나 짐승을 잡는 '그물'의 뜻으로 쓰임.

풀이 1. 그물. 2. 그물질하다. 3. 맺다. 엮다. 4. 없다. 5. 무지하다. 6. 속이다. 7. 상심한 모양. 8. 근심하다. 9. 깔보다. 10. 도깨비. 11. 재앙.

罔罟(망고) 짐승이나 물고기 등을 잡는 그물의 통칭.

罔極(망극) 은혜가 워낙 커서 갚을 길이 없음.

罔極之恩(망극지은) 다함이 없는 은혜라는 뜻으로, 부모님의 은혜는 다함이 없음을 이르는 말.

罔兩(망량) 1)의지할 곳이 없어 초라한 모양. 2) 도깨비.

罔民(망민) 백성을 속여 법에 걸리게 하는 일.

罔辟(망벽) 임금의 눈을 어둡게 함.

罔赦之罪(망사지죄) 용서할 수 없을 정도로 매우 큰 죄.

罔知所措(망지소조) 당황하여 어쩔 줄을 모름.

유 網(그물 망)

罕 ③ 7획 日カン
그물 한 中hǎn, hàn

*형성. 뜻을 나타내는 부수 '罒(그물 망)'과 음을 나타내는 '干(방패 간)'을 합친 글자.

풀이 1. 그물. 2. 기. 깃발. 3. 드물다.

罕見(한견) 드물게 봄.

罕漫(한만) 확실하지 않은 모양.

罕罔(한망) 그물.

罕言(한언) 간혹 말함. 말이 드묾.

稀罕(희한) 좀처럼 대하기 어려울 만큼 특이하거나 기묘함.

罓 ③ 8획
罕(p1066)과 同字

6획

罘	④ 9획	日ブ
	그물 부	中fú

풀이 1. 그물. 2. 덮치기. 수레에 달아 새를 잡는 그물. ¶ 罘網

罘罔(부망) 그물.

罘罳(부시) 참새나 비둘기 등의 새가 앉지 못하게 전각(殿閣)의 처마에 치는 철망.

罡	⑤ 10획	日コウ
	북두성 강	中gāng

풀이 북두성.

罟	⑤ 10획	日コ・あみ
	그물 고	中gǔ

풀이 1. 그물. 2. 그물질하다.

罟網(고망) 그물.

罟擭陷阱(고확함정) 그물・덫・함정.

罛	⑤ 10획	日コウ
	그물 고	中gū

풀이 1. 그물. 물고기 잡는 그물. 2. 그물질하다.

罛罟(고고) 1)그물. 2)옷에 있는 그물 무늬의 장식품.

罛罶(고류) 물고기 잡는 그물과 통발.

罞	⑤ 10획	日モ
	고라니 그물 모	中máo

풀이 고라니 그물.

罠	⑤ 10획	日ビン
	낚싯줄 민・빈	中mín

풀이 1. 낚싯줄. 2. 그물. 토끼 그물 또는 고라니 그물.

罠蹏(민제) 고라니나 사슴을 잡는 그물.

罜	⑤ 10획	
	작은 그물	日シュ
	주・독	中zhǔ

풀이 작은 그물.

罜麗(주록) 작은 물고기를 잡는 그물.

罣	⑥ 11획	日カイ・ケイ
	걸 괘	中guà

풀이 1. 걸다. 2. 거리끼다. 걸리다.

罣礙(괘애) 거리낌. 또는 방해함.

罣誤(괘오) 관리가 실수하여 견책을 당함. 또는 그런 일.

비 星(별 성)

罥	⑦ 12획	日ケン
	그물 견	中juàn

풀이 1. 그물. 올가미. 2. 얽다. 걸다. 걸리다.

罦	⑦ 12획	日マイ
	꿩 그물 매・모	中méi

풀이 꿩 그물.

罦	⑦ 12획	日フ・あみ
	그물 부	中fú

풀이 1. 그물. 2. 가리개.

罦罝(부저) 꿩과 토끼를 잡는 그물.

罤	⑦ 12획	日サイ・コン
	토끼 그물 제	中tí, kūn

풀이 토끼 그물.

罫	⑧ 13획	
	❶줄 괘	日ケイ
	❷거리낄 홰	中guǎi, huà

풀이 ❶ 1. 줄. ❷ 2. 거리끼다.

罫中(괘중) 바둑판 안.

罧	⑧ 13획	日シン
	고깃깃 삼	中shèn

풀이 고깃깃. 물고기를 잡기 위해 물속에 넣어 두는 나뭇가지나 풀.

6 획

罨	⑧ 13획	日アン
	그물 엄·압	中yǎn

풀이 1. 그물. 2. 덮다. 그물을 덮어씌우다.

罨法(엄법) 찜질. 수건을 다친 부위에 덮어서 상처를 치료하는 방법의 한 가지.

罨畫(엄화) 색칠한 그림.

비 奄(가릴 엄)

罭	⑧ 13획	日ヨク
	어망 역	中yù

풀이 어망. 작은 고기를 잡는 그물.

비 蔑(업신여길 멸)

罩	⑧ 13획	日トウ
	보쌈 조·탁	中zhào

풀이 1. 보쌈. 고기 잡는 그릇. 2. 가리. 3. 잡다.

罩罩(조조) 1)물고기를 잡는 가리. 2)물고기가 떼를 지어 노는 모양.

罪	⑧ 13획	日ザイ·つみ
	허물 죄	中zuì

* 회의. 잘못된(非) 일을 하여 법망(罒)에 걸려드는 것을 나타내어, '죄'의 뜻으로 쓰임.

풀이 1. 허물. 범죄. 실수. ¶罪過 2. 벌을 주다.

罪譴(죄견) 죄. 허물.

罪辜(죄고) 죄. 죄과.

罪過(죄과) 죄가 될 만한 허물.

罪咎(죄구) 죄. 잘못.

罪根(죄근) 죄를 짓게 되는 원인.

罪戾(죄려) 죄를 저질러 사리(事理)에 어그러짐.

罪不容誅(죄불용주) 죄가 커서 죽음으로도 용서되지 못함.

罪囚(죄수) 죄를 지어 감옥에 갇힌 사람.

罪案(죄안) 범죄 사실을 적은 기록.

罪殃(죄앙) 죄. 허물.

罪孽(죄얼) 죄악에 대한 재앙.

罪迹(죄적) 죄의 증거가 되는 자취.

罪質(죄질) 죄의 성질.

罪疾(죄질) 재난. 재액.

罪責(죄책) 죄에 대한 책임.

비 罰(벌줄 벌)

叕	⑧ 13획	日テツ
	새그물 철	中zhuó

풀이 새그물.

置	⑧ 13획	日チ·おく
	둘 치	中zhì

* 형성. 뜻을 나타내는 부수 '罒(그물 망)'과 음을 나타내며 똑바로 세운다는 의미를 지닌 '直(곧을 직)'을 합친 글자. 그물을 세우는 것을 나타내어, '두다', '놓다', '설치하다'의 뜻으로 쓰임.

풀이 1. 두다. 2. 역말. 3. 베풀다.

置毒(치독) 독을 음식에 넣음.

置辭(치사) 재판에서 피고인이 하는 진술.

置酒高會(치주고회) 성대한 잔치를 벌이는 일.

置之度外(치지도외) 내버려두고 문제삼지 않음. 도외시(度外視)함.

置錐之地(치추지지) 송곳을 세울 만한 좁은 땅.

罰	⑨ 14획	日バツ·バチ
	벌할 벌	中fá

* 회의. '刂(선칼도)'와 '言(말씀 언)', '罒(그물 망)'을 합친 글자. 잡아서(罒) 말(言)로 꾸짖고 칼(刂)로 끊는 것을 나타내어, '벌을 주는 일'의 뜻으로 쓰임.

풀이 1. 벌하다. ¶罰杯 2. 형벌. 죄. 벌. 3. 속죄하다. 4. 죽이다.

罰科(벌과) 과거 시험에서 부정 행위를 한 사람이 있을 때, 회시(會試)·전시(殿試) 등의 응시를 금하던 일.

罰殛(벌극) 죄를 줌.

罰杯(벌배) 벌로 주는 술. 벌주(罰酒).

罰俸(벌봉) 벌로 봉급을 깎는 형. 감봉.

罰惡(벌악) 악을 징벌함.

罰爵(벌작) 1)임금과 신하가 함께 술을 마실 때, 예의에 어긋난 사람에게 벌주(罰酒)를 주던 일. 2)승부에 진 사람에게 벌로 주는 술.

罰則(벌칙) 법규의 위반에 대해 처벌하는 규칙.

懲罰(징벌) 벌을 주어 징벌함

유 刑(형벌 형)

署	⑨ 14획	日ショ
	관청 서	中shǔ

6획

丶 冖 冖 罒 罒 罒 罒 罕 罗 署 署 署
署 署

풀이 1. 관청. ¶署府 2. 베풀다. 3. 맡다. 4. 부서(部署). 5. 벼슬. 6. 나누다. 7. 임명하다. 8. 적다. 날인하다. ¶署押

署押(서압) 서명하여 날인함.

署置(서치) 관직에 임명함.

유 廳(관청 청) 비 暑(더울 서)

罶	⑩ 15획	日 リュウ
	통발 류(유)	中 liǔ

풀이 통발. 대로 만든 물고기를 잡는 기구.

罵	⑩ 15획	日 バ
	욕할 매	中 mà

풀이 욕하다. 욕설.

罵譏(매기) 욕하며 헐뜯음.

罵倒(매도) 몹시 욕하며 몰아 세움.

罵言(매언) 욕설.

罵辱(매욕) 욕을 하여 창피를 줌.

罵坐(매좌) 같은 자리에 있는 사람들에게 욕을 함.

罸	⑩ 15획
	罰(p1068)과 同字

罛	⑩ 15획	日 ヨ
	그물 여	中 yú

풀이 그물.

罷	⑩ 15획	
	❶ 그만둘 파	日 ヒ・やめる
	❷ 지칠 피	中 bà, ba, pí

丶 冖 冖 罒 罒 罒 罒 罒 罒 罒 罒 罷
罷 罷 罷

* 회의. 그물로 죄인을 잡는다는 뜻을 지닌 '罒(그물 망)'과 '能(능할 능)'을 합친 글자. 현명하고 능력이 있는 사람은 잡히더라도 곧 풀려나기 때문에 '풀려나다'라는 뜻을 나타냄. 바뀌어, '그만두다', '쉬다', '물리치다'의 뜻으로 쓰임.

풀이 ❶ 1. 그만두다. 파하다. ¶罷兵 2. 끝내다. 3. 덜다. 4. 놓아주다. 5. 물리치다. 내치다. 6. 흩어지다. 7. 돌아가다. ❷ 8. 고달프다. ¶罷馬 9. 앓다. 10. 약하다. 11. 둔하다.

罷家(파가) 생계를 그만둠.

罷遣(파견) 하던 일을 면제하여 돌려보냄.

罷兵(파병) 전쟁을 그만둠.

罷業(파업) 1)동맹 파업의 준말. 2)업을 그만둠.

罷議(파의) 의논을 그만둠.

罷陣(파진) 군대의 진영을 풀어 헤침.

罷黜(파출) 직무를 면제함. 파면.

罷倦(피권) 지침. 피로함.

罷駑(피노) 1)지쳐 둔해진 말. 2)전혀 쓸모없는 인물.

罷民(피민) 1)거주하는 곳이나 직업이 없는 고달픈 사람. 2)백성을 고달프게 함.

罷士(피사) 1)지친 병사. 2)재능이 부족한 선비.

罻	⑪ 16획	日 ロク
	잡어 그물 록(녹)	中 lù

풀이 잡어 그물.

罹	⑪ 16획	日 リ
	근심 리(이)	中 lí

풀이 1. 근심. 근심하다. 2. 병에 걸리다. 3. 어려움.

罹病(이병) 병에 걸림.

罹災(이재) 재앙을 입음. 재난을 당함.

罹罝(이저) 그물에 걸림.

罻	⑪ 16획	日 イ
	그물 위·울	中 wèi

풀이 그물.

罻羅(위라) 새를 잡는 그물.

罻蒙(울몽) 어두운 모양.

罺	⑪ 16획	日 ソウ
	산대 조	中 chāo

풀이 1. 산대. 2. 작은 그물.

罼	⑪ 16획	日 ヒツ
	족대 필	中 bì

풀이 1. 족대. 2. 그물.

罼弋(필익) 새를 잡는 그물.

罼罕(필한) 1)새를 잡는 그물. 2)큰 기.

6획

罽 ⑫ 17획 日ケイ 그물 계 中jì

풀이 1. 물고기 그물. 2. 융단(絨緞).
罽毯(계담) 털로 짠 담요.
罽繡(계수) 모직물과 자수(刺繡).
罽衣(계의) 털로 만든 옷. 털옷.

罿 ⑫ 17획 日トウ·ソウ 새그물 동·총 中tóng

풀이 새그물.

罼 ⑫ 17획 日リョウ 물고기 그물 료 中liào

풀이 물고기 그물.

罺 ⑫ 17획 日ム 들창 망 무 中wǔ

풀이 1. 들창 망. 2. 꿩 그물.

罥 ⑫ 17획 日セン·サン 그물 선·산 中xuǎn

풀이 그물.

罾 ⑫ 17획 日ソウ 그물 증 中zēng

풀이 그물.
罾苟(증구) 물고기를 잡는 그물과 통발.

羂 ⑬ 18획 日ケン·あみ 올무 견 中juàn

풀이 1. 올무. 짐승을 잡을 때 쓰는 기구. 2. 올무로 잡다. 3. 잡아매다.
羂結(견결) 잡아맴.
비 絹(명주 견) 羅(새그물 라)

羅 ⑭ 19획 日ラ·あみ 그물 라(나) 中luó

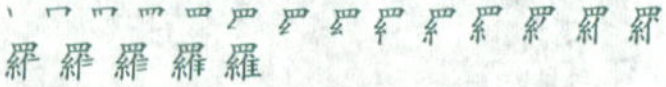

풀이 1. 그물. 새를 잡는 그물. ¶羅罟 2. 그물질하다. 3. 벌리다. 4. 비단. ¶羅綺 5. 체로 치다.
羅裾(나거) 비단옷의 옷자락.
羅經(나경) 나침반(羅針盤).
羅罟(나고) 1)그물. 2)법 또는 규칙.
羅綺(나기) 1)얇은 비단 혹은 무늬가 있는 비단. 2)잘 차려입은 미녀.
羅騎(나기) 말을 타고 따르는 사람.
羅綾(나릉) 얇은 비단과 두꺼운 비단.
羅網(나망) 1)새를 잡는 그물. 2)법망(法網). 3)사람에게 죄를 씌움.
羅文(나문) 1)얇은 비단 무늬. 2)벼루의 다른 이름.
羅拜(나배) 여러 사람이 죽 늘어서서 절하는 일.
羅敷(나부) 연이어서 깖. 나포(羅布).
羅星(나성) 죽 늘어선 별.
羅城(나성) 1)성의 외곽. 2)외성(外城).
羅袖(나수) 얇은 비단옷의 소매.
羅幃(나위) 비단 포장.
羅罝(나저) 1)그물. 2)법 또는 형벌.
羅織(나직) 죄 없는 이를 잡아다 죄인으로 만듦.
羅致(나치) 그물을 씌워 새를 잡듯이 사람을 불러들임.
羅漢(나한) 아라한(阿羅漢)의 준말. 불교의 최고의 수행자로 덕을 구비한 성자(聖者).

羃 ⑭ 19획 日ベキ 덮을 멱 中mì

풀이 1. 덮다. 2. 덮개.

羆 ⑭ 19획 日ヒ 큰 곰 비 中pí

풀이 큰 곰.

羇 ⑭ 19획 日サイ 거를 제 中jǐ

풀이 거르다. 짜다.

羈 ⑰ 22획 日キ 나그네 기 中jī

6획

풀이 1. 나그네. 2. 타향살이하다.

羇客(기객) 나그네.

羇旅(기려) 객지에 머물러 있는 나그네.

羇旅之臣(기려지신) 다른 나라에서 온 객원(客員)으로 있는 신하. 기려지신(羈旅之臣).

羇留(기류) 여행을 하며 묵음.

羇離(기리) 고향을 떠남.

羇愁(기수) 나그네의 쓸쓸한 근심. 여수(旅愁).

羇心(기심) 나그네의 마음. 여심(旅心).

羇寓(기우) 타향에 기거함. 나그네살이.

羇滯(기체) 나그네가 되어 머무름.

유 旅(나그네 려) 客(손 객)

⑲ 24획 日キ

굴레 기 中jī

* 회의. '罒(그물 망)'과 '革(가죽 혁)', '馬(말 마)'를 합친 글자. 가죽 끈으로 말을 잡아매는 것을 나타내어, '잡아매다'의 뜻으로 쓰임.

풀이 1. 굴레. ¶羈紲 2. 재갈. 고삐. 3. 매다. ¶羈束 4. 끌다. 5. 타향살이하다. ¶羈客

羈角(기각) 1)어린아이의 머리를 두 갈래로 따서 뿔처럼 동여맨 것. 2)어린 시절.

羈客(기객) 나그네.

羈繫(기계) 매여 자유롭지 못함.

羈孤(기고) 1)혼자하는 여행. 2)의지할 곳 없는 나그네.

羈梏(기곡) 1)굴레와 수갑. 2)자유를 구속함.

羈勒(기륵) 1)말의 재갈. 2)속박함.

羈旅之臣(기려지신) 다른 나라에서 온 객원으로 있는 신하. 기려지신(羇旅之臣).

羈絆(기반) 1)굴레. 2)굴레를 씌우듯 자유를 얽맴.

羈束(기속) 1)얽어 매어 묶음. 2)자유를 속박함.

羈役(기역) 잡아매여 사역(使役)당함.

羈維(기유) 자유를 속박함.

羈枕(기침) 타향에서의 잠자리.

羈恨(기한) 객지에서 느끼는 쓸쓸함. 또는 나그네의 쓸쓸한 생각.

羈魂(기혼) 나그네의 마음.

羈宦(기환) 고향을 떠나 머나먼 타향에서 벼슬살이를 함.

비 覇(으뜸 패) 羇(나그네 기)

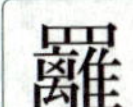

⑲ 24획 日リ

두건 리(이) 中lí

풀이 두건.

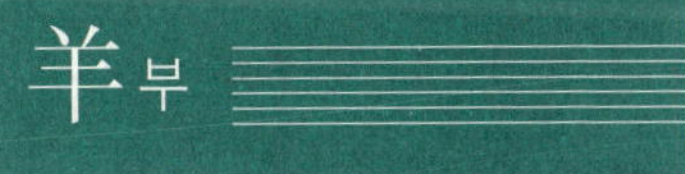

羊 양 양 部

'羊' 자는 뿔이 아래로 굽은 양의 머리 모양을 본떠 '양'을 나타내었다. 양이 제물로 쓰인 동물의 하나였기 때문에 '상서롭다'는 뜻을 갖기도 하고, 양 창자의 가늘고 꼬불꼬불한 모양을 나타내기도 한다. 이 글자를 부수로 갖는 글자는 일반적으로 양과 관련이 있지만, 양이 중요한 음식물이 되었기 때문에 음식물과 관련된 뜻을 나타내기도 하고, 또 상서로운 동물이라는 뜻에서 '좋다'는 의미와 관련된다.

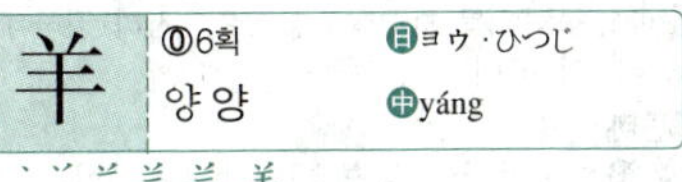

⓪6획 日ヨウ·ひつじ

양 양 中yáng

丶 丷 䒑 䒑 兰 羊

* 상형. 양의 머리를 본뜬 글자.

풀이 양.

羊角(양각) 1)양의 뿔. 2)양의 뿔과 같이 빙빙 도는 회오리바람. 3)대추의 별명.

羊羹(양갱) 양고기를 넣고 끓인 국.

羊裘(양구) 양가죽으로 만든 옷.

羊頭狗肉(양두구육) 양의 머리를 내걸고 개고기를 판다는 뜻으로, 겉으로는 훌륭한 체하고 실상은 형편없음을 이르는 말.

◐羊頭狗肉(양두구육)의 유래

춘추 시대 때 제나라 영공(靈公)은 아름다운 미녀를 남장시켜 놓고 감상하는 묘한 취미가 있었다. 그의 취미는 곧 제나라 전체에 퍼져 제나라에는 남장 미녀들이 늘어났다. 영공은 궁 밖에서는 여인들이 남장을 하지 못하게 영을 내렸으나 효과가 없었다. 안자가 이렇게 말했다. "왕께서는 궁중 안에서는 남장을 허용하면서 궁 밖에서는 금지하니, 이는 마치 양 머리를 걸어놓고 안에서는 개고기를 파는 것과 같습니다. 궁 안에서 금하면 밖에서도 감히 남장을 하지 못할 것입니다." 이 말을 듣고 영공은 궁 안에서도 남장하는 것을 금했다. 그러자 하루도 안 되어 전국에서 남장 여인이 사라졌다고 한다.

羊毛(양모) 면양(綿羊)·산양(山羊) 등의 털.

羊乳(양유) 양의 젖.

羊肉(양육) 양고기.

羊腸(양장) 1)양의 창자. 2)구불구불한 것을 이르는 말.

羊質虎皮(양질호피) 양의 속과 호랑이 가죽이라는 뜻으로, 겉은 훌륭하나 내실이 없음을 이르는 말.

羊齒(양치) 고사리.

羊皮(양피) 양의 가죽.

羊皮紙(양피지) 양의 생가죽을 씻고 펴서 석회(石灰)로 처리하여 건조 표백한 서사(書寫)의

6획

재료.
羊毫(양호) 양털. 또는 양털로 만든 붓.

芈	⓪7획	日ミ
	양 울 미	中mǐ

풀이 양이 울다.

羌	② 8획	日キョウ · えびす
	종족 이름 강	中qiāng

* 회의. 사람(儿)의 머리 위에 양(羊) 모양의 모자를 쓴 종족을 나타냄.

풀이 1. 종족 이름. 티베트족을 말함. 2. 굳세다. 강하다. 3. 빛나다. 4. 아! 탄식하는 소리.

羌桃(강도) 호두.
羌笛(강적) 중국의 강족(羌族)이 불던 피리.

비 姜(성 강)

羍	③ 9획	日タツ
	새끼 양 달	中dá

풀이 1. 새끼 양. 2. 맛좋다. 3. 낳다. 4. 아름답다.

美	③ 9획	日ビ · うつくしい
	아름다울 미	中měi

* 회의. '羊(양 양)'과 '大(클 대)'를 합친 글자. 크고(大) 살찐 양(羊)은 보기 좋다는 데서 '아름답다'의 뜻으로 쓰임.

풀이 1. 아름답다. ¶美感 2. 맛나다. ¶美肴 3. 칭찬하다. 4. 훌륭하다. 좋다. 5. 미국.

美感(미감) 사물의 아름다움에 대한 감각.
美擧(미거) 훌륭하게 잘 처리한 일.
美景(미경) 아름다운 경치.
美觀(미관) 아름다워 볼 만한 경치.
美國(미국) 아메리카 합중국.
美男子(미남자) 얼굴이 잘 생긴 남자.
美女(미녀) 아름다운 여자.
美談(미담) 칭찬할 만한 이야기.
美德(미덕) 아름다운 덕행.
美童(미동) 잘 생긴 사내아이.
美麗(미려) 아름답고 고움.
美名(미명) 1)훌륭한 이름. 2)좋은 명목이나 명분.
美貌(미모) 아름다운 얼굴.
美文(미문) 아름다운 문구로 지은 문장.
美聞(미문) 좋은 소문.
美服(미복) 좋은 옷.
美事(미사) 아름다운 일이나 행위.
美辭(미사) 아름답게 꾸민 말.
美仕(미사) 좋은 관직에 취임함.
美色(미색) 1)아름다운 빛. 2)얼굴 모양이 예쁨.
美聲(미성) 아름다운 소리.
美少年(미소년) 얼굴이 예쁘게 생긴 소년.
美俗(미속) 아름다운 풍속.
美術(미술) 1)미의 표현을 목적으로 하는 기술 · 제작 · 예술. 2)회화 · 조각 · 건축 · 공예 · 서예 등과 같은 공간과 시각의 미를 표현하는 예술.
美食(미식) 좋은 음식을 먹음. 또는 그 음식.
美飾(미식) 아름답게 꾸밈.
美惡(미악) 1)아름다움과 추함. 2)좋은 일과 나쁜 일.
美言(미언) 1)아름답고 훌륭한 말. 2)아름답게 꾸민 말. 3)칭찬하는 말.
美容(미용) 1)아름다운 얼굴. 2)용모를 아름답게 가꿈.
美音(미음) 1)아름다운 음색. 2)고운 목소리.
美人(미인) 1)얼굴이 예쁜 여자. 미녀(美女). 가인(佳人). 2)재주가 뛰어난 사람.

❖ 미인(美人)에 관한 고사성어

- 傾國之色(경국지색) 임금이 혹하여 국정을 게을리 함으로써 나라를 위기에 빠뜨리게 할 정도의 미모를 작은 여자. 미인.
- 傾城之美(경성지미) 성을 기울어뜨릴 만한 미색.
- 花容月態(화용월태) 꽃 같은 용모에 달 같은 몸매.
- 丹脣皓齒(단순호치) 붉은 입술에 흰 이를 가진 여자.

美人計(미인계) 미인을 미끼로 하는 계교.
美裝(미장) 아름답게 꾸밈.
美洲(미주) 아메리카 주(州).
美酒(미주) 맛 좋은 술.
美醜(미추) 아름다움과 추함.
美稱(미칭) 1)아름답게 일컫는 이름. 2)좋은 평판.
美學(미학) 자연과 인생, 예술에 나타나는 미의 현상 · 가치 등을 연구하는 학문.
美行(미행) 아름다운 행실. 착한 행동.
美貨(미화) 미국의 화폐인 달러(dollar).
美肴(미효) 보기 좋고 맛있는 안주.

유 善(착할 선) 반 醜(추할 추)

羑	③ 10획	日ユウ
	인도할 유	中yǒu

풀이 인도하다. 이끌다.

羑里(유리) 중국 고대 은나라의 감옥 이름.

羌	④ 10획 羌(p1072)과 同字

羖	④ 10획 日コ・おひつじ 검은 암양 고 中gǔ

풀이 1. 검은 암양. 2. 불깐 양. 거세한 양.

羖䍽(고력) 검은빛의 양. 산양(山羊).

羔	④ 10획 日コウ・こひつじ 새끼양 고 中gāo

풀이 1. 새끼양. 2. 검은 양.

羔裘(고구) 새끼양의 가죽으로 지은 갖옷.

羔羊(고양) 1)새끼양과 큰 양. 2)카톨릭에서 희생으로 바치던 한 살짜리 숫양을 이르는 말.

牂	④ 10획 ❶ 숫양 장 ❷ 양 양韓

풀이 1 1. 숫양. 2 2. 양. 소 밥통의 고기.

羓	④ 10획 日ハ 포 파 中bā

풀이 포. 말린 고기.

羚	⑤ 11획 日レイ・かもしか 영양 령 中líng

풀이 1. 영양. 소과에 속하는 동물. 2. 새끼 양.

羞	⑤ 11획 日シュウ・すすめる・はじる 부끄러워할 수 中xiū

풀이 1. 부끄러워하다. ¶羞恥 2. 나아가다. 3. 드리다. 받치다. 4. 수치. 5. 음식.

羞惡之心(수오지심) 자기의 옳지 못함을 부끄러워하고, 남의 옳지 못함을 미워하는 마음.

羞恥(수치) 부끄러움.

珍羞盛饌(진수성찬) 성대하게 차린 진귀하고 맛좋은 음식.

유 進(나아갈 진) 비 差(어긋날 차)

羛	⑤ 11획 義(p1074)와 同字

羝	⑤ 11획 日テイ・おひつじ 숫양 저 中dī

풀이 숫양.

羝乳(저유) 숫양이 새끼를 낳아 젖을 먹인다는 뜻으로, 절대 있을 수 없는 일을 비유하는 말.

羜	⑤ 11획 日テイ 새끼양 저 中zhù, zhuó

羠	⑥ 12획 羶(p1075)과 同字

羠	⑥ 12획 日イ 불깐 양 시·이 中yí

풀이 1. 불깐 양. 거세한 양. 2. 들양.

羢	⑥ 12획 日ユウ 양털 융 中róng

풀이 양털. 가는 양털.

비 絨(융 융)

羨	⑥ 12획 日イ・ひろい 땅 이름 이 中xiàn

풀이 땅 이름.

羣	⑦ 13획 群(p1073)의 本字

群	⑦ 13획 日グン 무리 군 中qún

6획

ㄱ ㅋ ㅋ 尹 尹 君 君 君 君' 君' 君' 群 群

풀이 1. 무리. 떼. 여럿. ¶君兇 2. 모이다. 3. 동아리. 4. 많다. 5. 친족. 가족.

群雞一鶴(군계일학) 많은 닭 가운데 한 마리의 학이란 뜻으로, 많은 사람 가운데 빼어남을 이르는 말.

群起(군기) 떼를 지어 일어남. 2)여러 가지 일이 한꺼번에 모두 일어남. 봉기(蜂起).

群落(군락) 1)많은 부락. 2)동일한 자연 환경에서 떼를 지어 자라는 식물군(植物群).

群黎(군려) 많은 백성.

群盲評象(군맹평상) 장님들이 코끼리를 평한다는 뜻으로, 사물의 전체를 보지 못하고 일부분에만 집착할 때 쓰는 말.

✪群盲評象(군맹평상)의 유래

어느 날 왕이 맹인들에게 코끼리를 만져 보고 어떻게 생겼는지 말해 보라고 했다. 여러 명의 맹인들은 제각기 만져본 코끼리의 신체 일부분만 설명할 뿐이었다. 이것은 불경에 나오는 우화인데, 여기서 코끼리는 불교의 진리를 가리킨다. 따라서 이 우화는 논쟁을 좋아하는 무리는 불교에 대해 부분적으로만 이해할 뿐, 전체적인 모습을 파악하고 있지 못하다고 비난한 것이다. 오늘날에는 사물을 볼 때 작은 일부분으로 전체를 판단하는 오류를 범하지 말라는 경고의 말로 쓰인다.

群牧(군목) 여러 제후(諸侯).

群邦(군방) 여러 나라.

群芳(군방) 1)여러 가지 꽃. 2)여러 현인(賢人)이나 미인을 비유하는 말.

群翔(군상) 떼를 지어 날아감.

群小(군소) 1)많은 자잘한 것. 2)많은 소인들.

群英(군영) 1)많이 영재(英才). 2)많은 꽃.

群雄割據(군웅할거) 많은 영웅이 여러 곳에 자리잡고 다툼.

群遊(군유) 떼를 지어 놂.

群議(군의) 많은 사람들의 논의.

群疑滿腹(군의만복) 많은 의혹이 가득참.

群而不黨(군이부당) 많은 사람들과 지내지만 사사로이 편들지 않음.

群籍(군적) 많은 서적.

群典(군전) 많은 책.

群衆(군중) 한 곳에 모여 있는 많은 사람.

群集(군집) 1)떼를 지어 모여 집단을 이룸. 2)생물 개체의 종에 따른 분류의 한 단위.

群策群力(군책군력) 여러 신하들의 책략(策略)과 많은 병사들의 힘.

群醜(군추) 1)많은 사람. 2)흉악한 무리.

群下(군하) 많은 부하. 많은 제자.

群兇(군흉) 흉악한 일을 꾀하거나 일삼는 무리.

유 徒(무리 도) 衆(무리 중)

6획

羨

⑦ 13획
❶ 부러워할 선 日セン・うらやむ
❷ 묘도 연 中xiàn

* 형성. 뜻을 나타내는 부수 '羊(양 양)'과 음을 나타내며 '침'의 뜻을 가지는 '次(선·연)'을 합친 글자. 양고기(羊)를 보고 식욕이 동해서 침을 흘리는 것을 나타내어, 남의 좋은 것을 보고 '부러워하다'의 뜻으로 쓰임.

풀이 ❶ 1. 부러워하다. ¶羨望 2. 나머지. 남다. ¶羨溢 3. 지나다. 넘치다. 4. 길다. 5. 비뚤어지다. 6. 부정하다. 바르지 않다. 7. 잘못하다. ❷ 8. 묘도.

羨望(선망) 부러워함.

羨慕(선모) 부러워하며 연모함.

羨溢(선일) 남아 넘침.

羨道(연도) 옛 무덤의 입구에서 관이 있는 곳에 이르는 길. 묘도(墓道).

羨門(연문) 무덤 입구의 문. 묘문(墓門)

유 恥(부러워할 치)

義

⑦ 13획 日ギ
옳을 의 中yì

丶 丷 ⺷ ⺷ 羊 羊 羊 差 羊 義 義 義 義

* 회의. 나(我)의 마음을 양(羊)처럼 착하고 의리있게 가진다는 뜻을 합쳐 '옳다'의 뜻을 나타냄.

풀이 1. 옳다. 의롭다. ¶義擧 2. 바르다. 3. 처리하다. 4. 뜻. 의미. 5. 법도. 도리. 6. 충성.

義居(의거) 가족이 모두 한 집에서 기거함.

義擧(의거) 옳은 일을 위하여 일으킴. 또는 그 일.

義軍(의군) 정의를 위해 자발적으로 일어난 군사. 의병(義兵).

義氣(의기) 1)정의감에서 일어나는 기개(氣槪). 2)정의를 위하여 일으킨 군사.

義女(의녀) 의붓딸.

義徒(의도) 1)정의를 위해 일을 일으키는 사람들. 2)의로운 일에 가담하는 무리.

義理(의리) 1)사람으로서 지켜야 할 올바른 도리(道理). 2)서로 사귀는 도리. 3)뜻.

義墨(의묵) 여러 가지를 섞어 만든 먹.

義米(의미) 가난한 백성을 구제하기 위한 쌀.

義方(의방) 1)도리를 지키고 외모를 단정히 함. 2)올바른 길. 정도(正道). 3)가정에서의 올바른 교훈.

義兵(의병) 나라를 위해 스스로 일어난 군사.

義父(의부) 1)의붓아버지. 2)수양아버지.

義奮(의분) 정의를 위해 기운을 냄.

義憤(의분) 정의감에서 일어나는 분노.

義士(의사) 의리와 지조를 굳게 지키는 선비.

義死(의사) 정의를 위하여 싸우다 죽음.
義師(의사) 의로운 군사. 의병(義兵).
義塾(의숙) 공익을 위해 의연금으로 세운 교육 기관.
義役(의역) 많은 사람이 단결하여 하는 작업.
義烈(의열) 의로운 마음이 열렬함.
義勇(의용) 1)정의감에서 일어나는 용기. 2)정의와 용기.
義人(의인) 의로운 사람. 정의감이 강한 사람.
義賊(의적) 옳지 않은 재물을 빼앗아 다른 사람들에게 나누어 주는 의로운 도둑.
義戰(의전) 정의를 위한 전쟁.
義倉(의창) 흉년에 대비해 해마다 수확의 일부를 저축하여 두는 곡물 창고.
義塚(의총) 의사(義士)들의 무덤.
義解(의해) 글의 뜻을 밝힌 풀이.
義行(의행) 의로운 행동.
義俠(의협) 자기를 희생하는 일이 있더라도 정의 편에 서서 싸우려는 기질.
유 可(옳을 가) 비 儀(거동 의) 議(의논할 의)

羦	⑦ 13획	日カン
	산양 환	中huán

풀이 산양. 뿔이 가는 산양.

羪	⑧ 14획	日サン
	양 우리 잔	中zhàn

풀이 양의 우리.

羫	⑧ 14획	日ソウ・かもしか
	영양 쟁	中zhēng

풀이 1. 영양(羚羊). 2. 새끼 양.

羯	⑨ 15획	日カツ
	불깐 양 갈	中jié

풀이 1. 불깐 양. 거세한 양. 2. 오랑캐.
羯兒(갈아) 오랑캐.
羯羠(갈이) 1)들에서 사는 양. 2)성질이 교활하고 난폭함을 비유하여 이르는 말.

羮	⑨ 15획	
	羹(p1075)의 俗字	

羭	⑨ 15획	日ユ
	검은 숫양 유	中yú

풀이 검은 숫양.

㝅	⑩ 16획	日ク
	양젖 짤 구	中gòu

풀이 양의 젖을 짜다.

羲	⑩ 16획	日ギ
	숨 희	中xī

풀이 1. 숨. 내 쉬는 숨. 2. 사람 이름. ㉠복희(伏羲)의 약칭. ㉡왕희지(王羲之)의 약칭.
羲經(희경) 주역(周易).
羲農(희농) 고대 중국 신화에 나오는 복희씨(伏羲氏)와 신농씨(神農氏).
羲娥(희아) 희화(羲和)와 소아(素娥). 해와 달을 이름.
羲皇上人(희황상인) 세상 일을 잊고 한가하게 세월을 보내는 사람.
유 息(숨쉴 식) 비 義(옳을 의)

羲	⑪ 17획	
	羲(p1075)의 俗字	

羶	⑫ 18획	日トウ
	뿔 없는 양 동	中tóng

풀이 뿔 없는 양.

羳	⑫ 18획	日ハン
	배 누른 양 번	中fán

풀이 배가 누른 양.

羵	⑫ 18획	日フン
	땅속 괴물 분	中fén

풀이 땅속 괴물. 땅속에 사는 괴이한 양.

羹	⑬ 19획	日コウ
	국 갱	中gēng

풀이 1. 국. 2. 끓이다.

羹粥(갱죽) 시래기 등의 채소류를 넣고 멀겋게 끓인 죽.

羹獻(갱헌) 신에게 제수로 올리는 개고기.

羷	⑬ 19획	日ケン
	뿔 굽은 양 검	中liǎn, xiǎn

풀이 뿔이 굽은 양.

羸	⑬ 19획	日ルイ
	여윌 리(이)	中léi

풀이 1. 여위다. 수척하다. 2. 약하다. 3. 앓다. 4. 고달프다. 괴로워하다. 5. …만 못하다. 6. 엎지르다. 7. 번거롭다.

羸老(이로) 늙어 쇠약함. 또는 그러한 노인.

羸兵(이병) 지친 군사.

羸病(이병) 허약하고 병듦.

羸瘦(이수) 지쳐서 약해짐. 수척해짐.

비 嬴(찰 영)

羶	⑬ 19획	日セン
	누린내 전	中shān

풀이 1. 누린내. 2. 비린내. 3. 더럽다.

羶血(전혈) 비린내 나는 피.

羺	⑭ 20획	日ヌ
	오랑캐 양 누	中nóu

풀이 오랑캐 양.

羻	⑮ 21획	日マイ
	때 찌들 매	中mài

풀이 때가 찌들다.

羼	⑮ 21획	日セン
	뒤섞일 찬	中chàn

풀이 1. 섞이다. 섞다. 2. 양(羊)이 뒤섞이다.

羾	⑯ 22획	日レキ
	검은 숫양 력	中lì

풀이 1. 검은 숫양. 2. 산양.

羻	㉔ 30획	日レイ
	뿔 가늘고 큰 양 령	中líng

풀이 뿔이 가늘고 큰 양.

羽부

羽 깃 우 部

'羽' 자는 긴 깃털이 달린 두 날개의 모양을 본뜬 글자로, '날개', '깃'을 뜻한다. 여기서 의미가 확대되어 모든 깃털을 나타내며, 새에 깃털이 있기 때문에 '새'를 의미하기도 한다. 또한 '깃털 장식'이나 '신선'을 나타내기도 하고, 우익(羽翼)에서처럼 '돕다'의 뜻으로 쓰이기도 한다. 이 글자를 부수로 갖는 글자는 새의 깃털과 관련이 있다.

羽	⓪ 6획	日ウ·は·はね
	깃 우	中yǔ

* 상형. 새의 날개 모양을 본뜬 글자.

풀이 1. 깃. 깃털. ¶羽旗 2. 날개. 3. 깃털 장식. 4. 새. 5. 오음(五音)의 하나. 6. 돕다. ¶羽翼 7. 모이다.

羽客(우객) 선인(仙人) 또는 도사(道士).

羽檄(우격) 국가에 일이 있을 때나 급히 군사를 동원할 때 전하는 격문(檄文).

羽旗(우기) 새의 깃을 단 기.

羽獵(우렵) 사냥.

羽流(우류) 도술을 닦는 사람들.

羽鱗(우린) 새와 물고기.

羽毛(우모) 깃과 털.

羽士(우사) 도사(道士).

羽觴(우상) 양쪽에 날개 같은 것을 붙인 술잔.

羽書(우서) 급한 뜻을 표시하기 위해 새의 깃을 붙인 격문(檄文). 우격.

羽籥(우약) 1)꿩의 깃털과 피리. 2)왼손에 피리를 들고 오른손에 꿩의 날개를 잡고 추는 춤.

羽翼(우익) 1)새의 날개. 2)새의 날개처럼 좌우에서 보좌하는 것. 또는 보좌하는 사람.

羽化(우화) 1)번데기가 날개 있는 성충(成蟲)이 되는 일. 2)도교에서 사람이 신선이 되어 하늘로 올라감을 이르는 말. 우화등선(羽化登仙)

6획

羽化登仙(우화등선) 사람의 몸에 날개가 돋아 신선이 되어 하늘로 날아감. 우화(羽化).

羾 ③ 9획 日コウ
날아올 공 中gòng

풀이 날아오다.

羿 ③ 9획 日ゲイ
사람 이름 예 中yì

풀이 1. 사람 이름. 2. 날아 오르다.

翃 ④ 10획 日コウ
벌레 날 굉 中hóng

풀이 벌레가 날다.

翂 ④ 10획 日ブン
천천히 날 분 中fēn

풀이 천천히 나는 모양.

⿱分羽 ④ 10획 日ブン
나는 모양 분 中fēn

풀이 나는 모양.

비 翁(늙은이 옹)

翅 ④ 10획 日シ
날개 시 中chì

풀이 1. 날개. 2. 지느러미.
翅翅(시시) 나는 모양.
翅影(시영) 새. 또는 새의 그림자.
유 翰(날개 한)

翁 ④ 10획 日オウ·おきな
늙은이 옹 中wēng

丿 八 公 公 公 翁 翁 翁 翁 翁

＊형성. 뜻을 나타내는 부수 '羽(깃 우)' 와 음을 나타내며 '목'을 의미하는 '公(공평 공)' 을 합친 글자. 처음에는 새의 '목덜미 털' 을 뜻하였으나, 바뀌어 턱수염이 많은 늙은이, 즉 '노인'의 뜻으로 쓰임.

풀이 1. 늙은이. ¶翁嫗 2. 아버지. 3. 목털. 4. 창백하다.
翁姑(옹고) 시아버지와 시어머니를 아울러 이르는 말.
翁嫗(옹구) 늙은 남자와 늙은 여자를 아울러 이르는 말.
翁媼(옹온) 1)늙은 남자와 늙은 여자. 2)늙은 부모.
翁主(옹주) 임금의 후궁에게서 태어난 왕녀.
유 老(늙은이 로) 비 翕(합할 흡)

翀 ④ 10획 日チュウ
높이 날 충 中chōng

풀이 높이 날다.

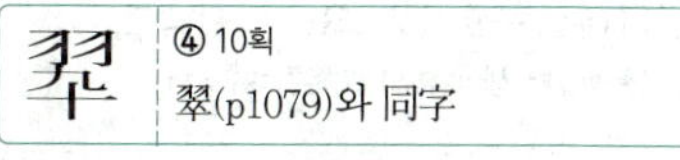
④ 10획
翠(p1079)와 同字

⿰亢羽 ④ 10획 日コウ
새 내리 날 항 中háng

풀이 새가 내리 날다.

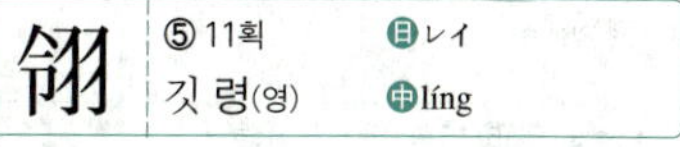
⑤ 11획 日レイ
깃 령(영) 中líng

풀이 깃.

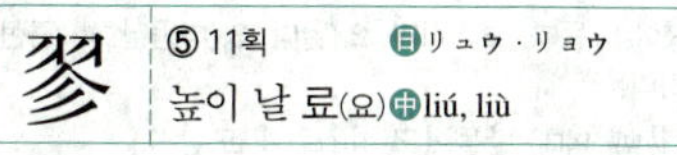
⑤ 11획 日リュウ·リョウ
높이 날 료(요) 中liú, liù

풀이 1. 높이 날다. 2. 바람 소리.

비 漻(맑을 류)

習 ⑤ 11획 日シュウ·まなぶ
익힐 습 中xí

丁 ㇆ 习 习 羽 羽 羽 羽 習 習 習

풀이 1. 익히다. 배워서 익히다. ¶習得 2. 버릇. 습관. ¶習慣 3. 익숙하다. 숙달되다. 4. 겹치다. 중첩하다.
習慣(습관) 버릇. 같은 행동을 오래 반복한 결과 힘쓰지 않아도 저절로 그런 행동을 하게 되는 것.
習氣(습기) 습관(習慣).
習讀(습독) 글을 배워 읽음.

習得(습득) 익혀 터득함.
習癖(습벽) 버릇. 습관에 의해 몸에 배인 버릇.
習性(습성) 1)버릇이 되어버린 성질. 2)습관과 성질.
習俗(습속) 옛부터 내려온 습관들이 생활화된 풍속.
習熟(습숙) 배우고 익혀 숙달함.
習字(습자) 연습을 위해 작품을 만듦. 또는 그 작품.
習作(습작) 익히기 위하여 지은 작품.
講習(강습) 학문·기예 등의 특정한 과목을 배우고 익힘.
見習(견습) 남의 일을 보고 배워서 실제로 연습하는 것. 또는 그 과정에 있는 사람.
慣習(관습) 1)익은 습관. 2)사회의 습관.
謬習(유습) 못된 버릇. 또는 그릇된 습관.
유 練(익힐 련) 學(배울 학) 비 翌(다음날 익)

翌	⑤ 11획 다음날 익	日ヨク 中yì

풀이 다음날. ¶翌夜
翌夜(익야) 다음날 밤.
翌日(익일) 다음날.
비 習(익힐 습)

翊	⑤ 11획 도울 익	日ヨク 中yì

풀이 1. 돕다. 보좌하다. 2. 날다. 3. 다음날. 4. 근신하다.
翊戴(익대) 받들어 정성스럽게 모심.
翊成(익성) 도와주어 이루게 함.
翊贊(익찬) 임금의 정사를 잘 도와서 인도함.
유 助(도울 조)

翐	⑤ 11획 나는 모양 질	日シツ 中zhì

풀이 나는 모양. 천천히 나는 모양.
翐翐(질질) 천천히 나는 모양.

翍	⑤ 11획 날개 펼 피	日ヒ 中bì, pī

풀이 1. 날개를 펴다. 2. 나는 모양. 3. 날개.

翔	⑥ 12획 날 상	日ショウ·かける 中xiáng

풀이 1. 날다. 빙빙 돌며 날다. ¶翔翱 2. 배회하다. 3. 놀다. 4. 근신하는 모양. 5. 자세하다.
翔翱(상고) 빙빙 돌며 낢.
翔貴(상귀) 물품이 달리고 값이 뛰어 오름. 등귀(騰貴).
翔舞(상무) 춤추듯 낢.
翔實(상실) 자세하고 실속이 있음.
翔陽(상양) 태양의 다른 이름.
翔泳(상영) 나는 새와 헤엄치는 물고기.
翔集(상집) 날아와서 모임.

翢	⑥ 12획 급할 주	日シュウ 中zhōu

풀이 1. 급하다. 2. 약한 깃.

翑	⑥ 12획 훨훨 날아갈 휼	日ケツ 中xù

풀이 1. 훨훨 날아가다. 2. 날개짓하다. 3. 놀라 당황해하는 모양.

翕	⑥ 12획 합할 흡	日キュウ 中xī

* 형성. 뜻을 나타내는 부수 '羽(깃 우)'와 음을 나타내는 '合(합할 합)'을 합친 글자. 이에 날개깃을 합하여 날아오르는 것을 나타내어 '합하다', '성하다'라는 뜻을 나타냄.

풀이 1. 합하다. 2. 모으다. 모이다. 3. 따르다. 4. 한꺼번에 일어나다. ¶翕如 5. 닫다. 6. 거두다. 7. 많다. 8. 성하다. 9. 날아오르다. 10. 당기다. 11. 배우다.
翕受(흡수) 합하여 받음.
翕習(흡습) 1)명성이나 위엄이 큰 모양. 2)바람이 부는 모양.
翕如(흡여) 악기의 소리가 한꺼번에 다 울리는 모양.
翕然(흡연) 인심이 한 곳으로 심하게 쏠리는 모양.
翕合(흡합) 한데 모음.
비 翁(늙은이 옹)

翖	⑥ 12획 翕(p1078)과 同字	

翓	⑥ 12획	日ヒツ
	날아 오를 힐	中xié

풀이 날아 오르다.

翓翃(힐항) 날아 올랐다 내렸다 하는 모양.

翜	⑦ 13획	日ソウ
	빨리 날 삽	中shà

풀이 1. 빨리 날다. 2. 돕다.

翛	⑦ 13획	
	❶ 날개 찢어질 소	日ショウ 中xiāo, yóu
	❷ 빠른 모양 유	

풀이 1 1. 날개가 찢어지는 모양. 2. 날개치는 소리. 2 3. 빠른 모양. 신속한 모양.

翛翛(소소) 새의 날개가 찢어져 상한 모양.

翛然(유연) 빨리 가는 모양.

비 修(닦을 수)

翡	⑧ 14획	日ヒ
	물총새 비	中fěi

풀이 1. 물총새. 2. 비취옥.

翡色(비색) 비취색. 고려 청자의 색.

翡翠(비취) 1)물총새. 2)물총새의 아름다운 푸른 날개. 3)푸르고 빛이 나는 아름다운 보석. 비취옥.

翣	⑧ 14획	日ソウ · ショウ
	운삽 삽	中shà

풀이 1. 운삽. 발인할 때 상여의 앞뒤에 세우고 가는 것. 2. 덮개. 3. 부채.

翣箑(삽삽) 부채.

翦	⑧ 14획	日サン · テン
	빨리 날 잔 · 전	中jiǎn, zhǎn

풀이 1. 빨리 나는 모양. 2. 날쌔게 채는 모양. 맹조(猛鳥)가 사납게 덮치는 모양.

翦翦(1.잔잔/2.전전) 1)빠르게 나는 모양. 2)용감한 모양. 사나운 모양. 날랜 모양.

翟	⑧ 14획	日テキ · きじ
	꿩 적	中dí, zhái

* 회의. '羽(깃 우)'와 '隹(새 추)'를 합친 글자. '새의 깃', '꿩'의 뜻을 나타냄.

풀이 1. 꿩. ¶翟羽 2. 꿩의 깃. 3. 꿩의 깃으로 꾸민 수레. ¶翟茀 4. 깃옷. 5. 오랑캐.

翟車(적거) 임금이 타고 다니는 수레.

翟茀(적불) 꿩의 깃으로 꾸민 수레.

翟羽(적우) 꿩의 깃.

유 雉(꿩 치)

翠	⑧ 14획	日スイ
	물총새 취	中cuì

* 형성. 뜻을 나타내는 부수 '羽(깃 우)'와 음을 나타내는 '卒(마칠 졸)'을 합친 글자.

풀이 1. 물총새. 2. 비취색. 3. 새 꽁지 살.

翠髻(취계) 푸른빛이 있는 쪽찐 머리. 아름다운 여자의 머리를 이르는 말.

翠黛(취대) 1)여자의 눈썹을 그리는 푸른빛의 먹. 2)멀리 아지랑이가 어른거리는 푸른 산의 빛을 비유하는 말.

翠浪(취랑) 1)푸른 물결. 창파(蒼波). 2)푸른 잎이 바람에 나부끼는 모양.

翠簾(취렴) 푸른 대오리로 엮어 만든 발.

翠樓(취루) 푸른 누각.

翠巒(취만) 푸른 산봉우리.

翠眉(취미) 1)푸른 눈썹. 2)버들잎이 푸른 모양.

翠屛(취병) 꽃나무의 가지를 틀어서 문이나 병풍처럼 만든 물건.

翠鳳(취봉) 1)푸른빛의 봉황새. 2)천자(天子)의 깃발을 꾸미는 장식.

翠煙(취연) 1)푸른 빛이 나는 연기. 2)푸른 숲에 낀 안개.

翠影(취영) 푸른 나무의 그림자.

翠雨(취우) 푸른 나뭇잎에 내리는 빗방울.

翠陰(취음) 푸른 잎이 우거진 나무 그늘.

翠帳(취장) 물총새의 깃으로 꾸민 휘장.

翠尖(취첨) 푸른 산봉우리.

翠花(취화) 1)비취로 만든 비녀. 2)솔잎.

翠鬟(취환) 1)푸른빛이 나는 쪽찐 머리. 2)아름다운 여자의 머리.

翨	⑨ 15획	日シ · キ
	칼깃 시 · 기	中chì

풀이 1. 칼깃. 사나운 새. 2. 사납다.

翅	⑨ 15획	日シ
	떼지어 날 시	中chí

풀이 떼지어 날다

翅翅(시시) 떼를 지어 나는 모양.

翫	⑨ 15획	日ガン·もてあそぶ
	가지고 놀 완	中wán

풀이 1. 가지고 놀다. 2. 즐기다. 3. 기뻐하다. 4. 얕잡아 보다. 5. 탐하다. 6. 아끼다.

翫愒(완개) 탐냄.

翫弄(완롱) 장난감이나 놀림감으로 삼음.

翫味(완미) 1)음식을 잘 씹어서 맛을 즐김. 2)글의 뜻을 잘 음미(吟味)함.

유 玩(희롱할 완)

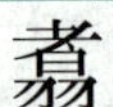	⑨ 15획	日ショ
	날아 오를 저	中zhù

풀이 날아 오르다.

	⑨ 15획	日セン
	자를 전	中jiǎn

* 형성. 뜻을 나타내는 부수 '羽(깃 우)'와 음을 나타내는 '前(앞 전)'을 합친 글자.

풀이 1. 자르다. 2. 가위. ¶翦刀 3. 화살. 4. 말을 잘 하다.

翦刀(전도) 가위.

翦落(전락) 1)머리와 수염을 깎음. 또는 중이 됨. 2)제거해 없앰.

翦伐(전벌) 1)정벌함. 2)나무를 벰.

翦夷(전이) 정벌함.

翦裁(전재) 옷감 등을 마름질함.

翦草除根(전초제근) 풀을 자르고 뿌리를 제거한다는 뜻으로, 나쁜 근본을 제거함을 이르는 말. 발본색원(拔本塞源).

	⑨ 15획	日ヘン
	빨리 날 편	中piān

풀이 1. 빨리 날다. 2. 나부끼다. 3. 오락가락하다.

翩翻(편번) 새가 빨리 나는 모양.

翩翩(편편) 1)새가 훨훨 나는 모양. 2)깃발 등이 잇달아 펄럭이는 모양.

猴	⑨ 15획	日コウ
	깃촉 후	中hóu

풀이 1. 깃촉. 2. 부등깃. 3. 화살.

翬	⑨ 15획	日キ
	훨훨 날 휘	中huī

풀이 1. 훨훨 날다. 2. 꿩.

翬飛(휘비) 꿩이 훨훨 난다는 뜻으로, 궁궐의 화려함을 이르는 말.

翬翬(휘휘) 새가 훨훨 날 때의 날개 치는 소리.

翃	⑩ 16획	日コウ
	날 굉	中hōng

풀이 날다. 푸드덕 거리며 날다.

翃翃(굉굉) 새가 훨훨 날며 깃을 푸드덕거리는 소리.

翞	⑩ 16획	日フ
	솜털 부	中fū

풀이 솜털. 새의 솜털.

翯	⑩ 16획	日カク
	함치르르할 학	中hè, hào

풀이 1. 새가 함치르르한 모양. 2. 깃이 깨끗하고 흰 모양. 3. 물이 맑고 빛나는 모양.

翯翯(학학) 1)깨끗하고 흰 모양. 2)새가 살찐 모양.

翯乎(학호) 물이 맑고 빛나는 모양.

翰	⑩ 16획	日カン
	날개 한	中hàn

* 형성. 뜻을 나타내는 부수 '羽(깃 우)'와 음을 나타내며 '깃대'의 의미를 지닌 부수 이외의 글자를 합친 글자. 이에 깃대처럼 긴 날개로 붓을 만들어 쓰는 것을 나타내어, '글'의 뜻으로 쓰임.

풀이 1. 날개. 2. 편지. 글. ¶翰札 3. 붓. ¶翰墨 4. 높이 날다. 5. 길다. 6. 깨끗하다. 7. 백마(白馬).

翰林(한림) 조선 때 예문관의 검열(檢閱)을 달리 이르던 말.

翰毛(한모) 붓의 털.

6획

翰墨(한묵) 1)문한(文翰)과 필묵. 2)문필(文筆).
翰飛(한비) 높이 낢.
翰音(한음) 높이 날아 울려 퍼지는 소리라는 뜻으로, 명성이 터무니없이 높음을 비유하는 말.
翰藻(한조) 문장. 글.
翰札(한찰) 편지.

유 羽(깃 우) 翼(날개 익)

翮	⑩ 16획	日カク
	깃촉 핵	中hé

풀이 깃촉.

翃	⑪ 17획	日コウ
	날 굉	中hōng

풀이 날다.

翃翃(굉굉) 날개 치는 소리.

翳	⑪ 17획	日エイ
	일산 예	中yì

풀이 1. 일산. 해를 가리는 우산. 2. 가리다. 3. 막다. 방패. 4. 덮다. 숨다. 5. 그늘. ¶翳桑 6. 흐리다. 7. 멸하다.

翳桑(예상) 그늘이 넓은 뽕나무.
翳翳(예예) 1)그늘이 생겨 어둑한 모양. 2)감추어져 있어 알기 어려운 모양.
翳日(예일) 빛을 가림.
翳薈(예회) 초목이 무성하게 있는 모양.
翳朽(예후) 나무가 말라 죽음.

翼	⑪ 17획	日ヨク
	날개 익	中yì

* 형성. 뜻을 나타내는 부수 '羽(깃 우)'와 음을 나타내는 '異(다를 이)'를 합친 글자. 이에 '날개'의 뜻으로 쓰임. 날기 위해서는 두 개의 날개가 서로 힘을 합해야 되므로, '돕다', '가세하다'의 뜻으로도 쓰임.

풀이 1. 날개. ¶翼然 2. 돕다. ¶翼佐 3. 지느러미. 4. 보내다. 5. 받들다. 6. 삼가다. ¶翼翼 7. 법. 8. 아름답다. 9. 솔귀. 10. 처마. 11. 이튿날. 12. 몰아내다 13. 지키다.

翼戴(익대) 받들어 정성스럽게 모심.
翼卵(익란) 1)새가 알을 품음. 2)사람을 보살펴 기름.
翼輔(익보) 도움.
翼如(익여) 새의 날개처럼 가지런하고 단정한 태도를 이르는 말.
翼然(익연) 새가 날개를 편 것과 같은 모양.
翼翼(익익) 1)공경하고 삼가는 모양. 2)장대한 모양. 3)익숙해진 모양. 4)무성(茂盛)한 모양.
翼佐(익좌) 도움.익보(翼輔).
翼贊(익찬) 받들어 정성스럽게 모심.

翲	⑪ 17획	日ヒョウ
	나는 모양 표	中piāo

풀이 1. 나는 모양. 날다. 2. 아주 조금.

翱	⑫ 18획	日コウ
	날 고	中áo

풀이 날다.

翱翱(고고) 새가 빙빙 돌며 나는 모양.
翱翔(고상) 1)새가 하늘 높이 날아 다님. 2)하는 일 없이 놀며 돌아다니는 것을 비유하는 말.

翹	⑫ 18획	日ギョウ
	긴 꼬리 교	中qiáo, qiào

풀이 1. 새의 긴 꼬리. 2. 날개. 3. 들다. 4. 재능이 빼어나다. ¶翹翹 5. 발돋움하다. 6. 머리 꾸미개. 7. 위태로운 모양.

翹翹(교교) 1)잡풀이 무성한 모양. 2)위태로운 모양.
翹企(교기) 몹시 기다림.
翹思(교사) 마음에 두고 생각함.
翹首(교수) 간절히 바람.
翹材(교재) 뛰어난 재능.
翹楚(교초) 잡목 가운데 빼어난 나무라는 뜻으로, 여러 사람 중에서 뛰어난 사람을 이르는 말.

翻	⑫ 18획	日ホン·ひるがえる
	날 번	中fān

* 형성. 뜻을 나타내는 부수 '羽(깃 우)'와 음을 나타내는 '番(차례 번)'을 합친 글자.

풀이 1. 날다. 2. 뒤집다. ¶翻倒 3. 번역하다. 4. 엮다. 5. 나부끼다. 6. 반대로.

翻刻(번각) 1)한 번 새긴 책판을 원본으로 삼아

목판(木版), 또는 활판(活版)으로 새기는 일. 또는 그 판.

翻車(번거/번차) 1)물레방아. 2)수레 위에 치는 새를 잡기 위한 그물.

翻筋斗(번근두) 공중제비. 또는 곤두박질.

翻倒(번도) 뒤집어져 거꾸로 됨.

翻翻(번번) 1)물건을 한 번에 뒤집는 모양. 2)나부끼는 모양.

翻覆(번복) 뒤집음.

翻盆(번분) 1) 물동이를 엎음. 2)눈이나 비 등이 세차게 쏟아짐.

翻翔(번상) 새 등이 몸을 뒤집으며 낢.

翻譯(번역) 한 나라의 언어로 된 글을 다른 나라의 언어로 옮기는 일.

翻然(번연) 모르던 것을 갑자기 환하게 깨닫는 모양.

翻雲覆雨(번운복우) 갑자기 구름이 끼고 비가 덮친다는 뜻으로, 변하기 쉬운 인정을 이르는 말.

翻意(번의) 가지고 있던 마음을 바꿈.

비 飜(뒤칠 번)

䎘	⑫ 18획 날 숙	日シュク 中sù

풀이 날다.

䎗	⑫ 18획 나는 모양 율	日イツ 中yù

풀이 빨리 나는 모양. 날다.

𦑣	⑫ 18획 翼(p1082)과 同字

	⑫ 18획 칼깃 혜	日カイ 中huì

풀이 칼깃.

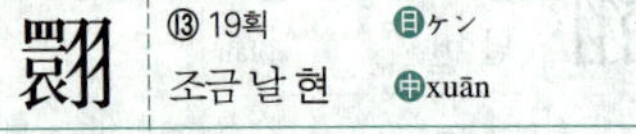

翾	⑬ 19획 조금 날 현	日ケン 中xuān

풀이 1. 조금 날다. 2. 빠르다.

翾飛(현비) 조금 낢.

翾翾(현현) 1)처음으로 일어서서 조금씩 나는 모양. 2)나는 모양.

翽	⑬ 19획 날개 치는 소리 홰	日カイ 中huì

풀이 날개 치는 소리.

翽翽(홰홰) 날개 치는 소리.

비 歲(해 세)

翿	⑭ 20획 우보당 도	日トウ 中dào

풀이 우보당. 새의 깃으로 만든 춤출 때 쓰는 물건.

	⑭ 20획 나는 모양 빈	日ヒン 中pīn

풀이 나는 모양.

	⑭ 20획 빛날 요	日ヨウ 中yào

* 형성. 뜻을 나타내는 '光(빛 광)'과 음을 나타내는 '翟(꿩 적→요)'를 합친 글자. 빛(光)이 꿩깃(翟)처럼 '빛나는' 것을 나타냄.

풀이 빛나다. 빛.

耀耀(요요) 빛나는 모양.

耀電(요전) 번쩍이는 번개.

유 昱(빛날 욱) 光(빛 광) 昡(빛날 현)

𦒉	⑮ 21획 䎙(p1082)와 同字

老 부

老 늙을 로 部

'老'자는 늙은이의 머리털을 강조하여 '늙다'는 뜻을 나타낸 글자로, 아래 '匕'의 형태가 생략되어 '耂'로 쓰이기도 하고, 이는 '늙을로엄'이라는 부수 명칭을 갖는다. 모두 '늙다', '늙은이'와 관련된 뜻을 나타내고, 어른을 높여 이르는 말이나 늙은 사람이 자기 자신을 낮춰 이를 때에도 쓰인다. 또한 물건이 오래되었거나 노련(老鍊)에서처럼 '익숙하다'는 뜻을 나타내기도 한다.

6획

⓪6획 日ロウ·おいる·ふける
늙을 로(노) 中lǎo

一 十 土 耂 耂 老

* 상형. 머리카락이 길고 허리가 굽은 노인이 지팡이를 짚고 서 있는 모양을 본뜬 글자.

풀이 1. 늙다. 늙은이. ¶老熟 2. 어른. 연장자. 3. 죽다. 4. 익숙하다. 노련하다. 5. 품위가 있다. 6. 우두머리. 7. 부모. 8. 선인(先人). 9. 노인을 우대하다. 10. 노자(老子).

老客(노객) 1)늙은 손님. 2)늙은 사람을 얕잡아 이르는 말.
老苦(노고) 불교에서 말하는 사고(四苦)의 하나. 늙어 닥치는 괴로움.
老姑(노고) 할미.
老骨(노골) 늙은 몸. 노구(老軀).
老公(노공) 늙은이. 또는 나이 많은 귀인(貴人).
老軀(노구) 늙은 몸.
老君(노군) 1)노자(老子)의 존칭. 2)노인에 대한 존칭.
老衲(노납) 1)노승(老僧). 2)노승이 스스로를 칭하는 말.
老年(노년) 늙은 나이.
老大(노대) 나이가 많음. 노년(老年)이 됨.
老鈍(노둔) 늙어 언행이 둔함.
老鍊(노련) 오랫동안 경험을 쌓아 익숙하고 숙련됨.
老齡(노령) 늙은 나이.
老馬之智(노마지지) 늙은 말의 지혜라는 뜻으로, 경험이 쌓여 이룬 지혜를 이르는 말.

○老馬之智(노마지지)의 유래
춘추 시대 제나라의 군대가 정벌을 떠났다가 돌아오는 도중에 길을 잃게 되었다. 이때 관중(管仲)이 "이럴 때는 늙은 말의 지혜가 필요하다"라고 하면서 늙은 말을 풀어 놓게 하였다. 그러자 늙은 말은 본능적으로 길을 찾아가기 시작했고 그 말을 따라가자 과연 곧 길을 찾게 되었다고 한다.

老妄(노망) 늙어 망녕을 부림.
老母(노모) 연세가 많은 어머니.
老物(노물) 늙어서 쓰일 곳이 없는 사람을 얕잡아 이르는 말.
老輩(노배) 늙은이들. 나이 많은 이들.
老兵(노병) 늙은 병정.
老僕(노복) 늙은 남자 종.
老父(노부) 늙은 아버지.
老夫(노부) 1)늙은이. 2)늙은이가 자기를 겸손하게 이르는 말.
老父母(노부모) 늙은 어버이.
老師(노사) 1)늙은 중에 대한 존호. 2)노(老)스님. 3)늙은 스승.
老死(노사) 늙음으로 인하여 죽음.
老生(노생) 늙은이가 자기를 낮춰 이르는 말.
老少(노소) 늙은이와 젊은이.
老松(노송) 늙은 소나무.
老衰(노쇠) 늙어 쇠함.
老熟(노숙) 오랜 경험을 쌓아 익숙함.
老僧(노승) 늙은 중.
老手(노수) 익숙한 솜씨. 노련한 수법. 또는 그 사람.
老臣(노신) 1)늙은 신하. 2)신분이 높은 신하 중신(重臣).
老眼(노안) 늙어서 가까운 데 있는 것이 잘 안 보이게 된 눈.
老弱(노약) 늙은이와 연약한 어린이. 또는 늙은 이와 병약한 사람.
老炎(노염) 늦더위.
老翁(노옹) 늙은 남자. 할아버지.
老慾(노욕) 늙어 가면서 생기는 욕심.
老友(노우) 늙은 친구. 나이 지긋한 벗.
老儒(노유) 늙은 유생(儒生), 또는 유학자. 나이가 지긋한 선비.
老益壯(노익장) 늙을수록 기력이 좋아짐.
老人(노인) 늙은이.
老人丈(노인장) 노인을 부르는 존칭.
老子(노자) 주대(周代)의 철학자. 성은 이(李), 자(字)는 백양(伯陽), 시호(諡號)는 담(聃). 도가(道家)의 시조(始祖)로서 자연 법칙에 기초를 둔 도덕의 절대성을 역설하였음.
老將(노장) 1)늙은 장수. 2)군사(軍事)에 노련한 대장.
老莊(노장) 노자(老子)와 장자(莊子). 또는 그들의 학설.
老親(노친) 1)나이 많은 부모. 2)노인의 존칭.
老婆(노파) 늙은 여자. 할머니.
老婆心(노파심) 1)남의 일에 필요 이상의 친절한 마음으로 걱정해 줌. 또는 그런 마음.
老廢物(노폐물) 신진대사(新陳代謝)의 결과로 생긴 불필요한 물질.
老兄(노형) 그리 가깝지 않은 사이에서 상대를 대접하여 부르는 말.
老患(노환) 노병(老病).
老朽(노후) 오래 되거나 낡아서 쓸모가 없음.

비 翁(늙은이 옹) 耆(늙은이 기)

②6획 日コウ·かんがえる
생각할 고 中kǎo

6 획

一 十 土 耂 耂 考

*형성. 뜻을 나타내는 부수 '老(늙을 로)'와 음을 나타내는 부수 이외의 글자를 합친 글자. 머리가 세고 허리가 굽은 노인의 모습을 나타내어, '죽은 아버지'의 뜻으로 쓰임. 후에 가차하여 '생각하다'의 뜻으로도 쓰이게 됨.

풀이 1. 생각하다. ¶考檢 2. 헤아리다. 3. 치다. 두드리다. 4. 오르다. 5. 이루다. 6. 마치다. 7. 오래 살다. 8. 죽은 아버지. 9. 흠. 하자. 10. 시험. ¶考試

考降(고강) 1)오르고 내림. 2)아버지의 죽음.
考據(고거) 참고하여 근거로 삼음.
考檢(고검) 상고하여 조사함. 고험(考驗).
考古學(고고학) 유물·유적에 의하여 옛 일을 연구·고찰하는 학문.
考課(고과) 관리나 학생 등의 근태(勤怠)·성적·재능 등을 조사하여 보고하는 일.
考究(고구) 자세하게 살펴 연구함.
考慮(고려) 생각하고 헤아림. 깊이 생각함.
考妣(고비) 돌아간 부모.
考査(고사) 1)자세히 생각하고 조사함. 2)학교에서 학생의 학업 성적을 시험함. 또는 그 시험.
考試(고시) 1)학력 등을 조사하는 시험. 2)관리를 채용하는 시험. 3)재능을 시험함.
考案(고안) 어떠한 안을 생각하여 냄. 또는 그 안.
考閱(고열) 상고(詳考)하여 살펴봄.
考績(고적) 관리의 공적을 상고함. 고과(考課).
考績幽明(고적유명) 관리들의 업적을 살펴, 현명한 사람은 급을 올리고 어두운 사람은 물러나게 하는 일.
考終命(고종명) 인간사 오복(五福)의 하나. 자신의 명대로 살고 편히 죽음.
考證(고증) 옛 문헌을 상고(詳考)하여 증거를 찾아 밝힘.
考證學(고증학) 청대(淸代)에 성행하던 유교(儒敎) 연구의 학풍으로, 올바른 전거(典據)에 의거하여 그 의의를 판단하던 학문.
考察(고찰) 깊이 생각하여 살핌.

유 念(생각할 념/염) 想(생각할 상) 비 孝(효도 효)

耆	④ 10획 늙은이 기	日 キ·シ 中 qí, shì, zhǐ

*형성. 뜻을 나타내는 부수 '老(늙을 로)'와 음을 나타내는 '旨(뜻 지)'를 합친 글자.

풀이 1. 늙은이. ¶耆舊 2. 즐기다. 3. 어른. ¶耆蒙 4. 지휘하다. 5. 힘세다.

耆舊(기구) 노인과 옛 친구.
耆老(기로) 예순 살이 넘은 노인.
耆蒙(기몽) 노인과 아이.
耆宿(기숙) 나이가 많고 덕망이 있는 사람.
耆艾(기애) 늙은이. 노인.
耆儒(기유) 학식과 덕이 있는 늙은 선비.

유 老(늙은이 로)

耄	④ 10획 늙은이 모	日 ボウ·モウ 中 mào

풀이 늙은이.

耄期(모기) 80세에서 100까지의 나이.
耄齡(모령) 칠팔십 세.
耄老(모로) 아주 늙은 노인.
耄耄(모모) 백발(白髮)이 많은 모양.

者	⑤ 9획 놈 자	日 シャ·もの 中 zhě

一 十 土 耂 耂 耂 者 者 者

*회의. 늙은 어른(老)이 아랫사람에게 낮추어 아뢰는(白) 것을 나타낸 글자로, 그 말하는 대상을 가리켜 '사람', '놈'의 뜻으로 쓰임.

풀이 1. 놈. 2. 사람. ¶者類 3. 것. ㉠일. ㉡물건. 4. 곳. 장소. 5. 이. 6. 어조사.

者類(자류) 그 사람들. 그 부류.
者番(자번) 이번.

耊	⑥ 10획 耋(p1084)과 同字

耋	⑥ 12획 늙은이 질	日 テツ 中 dié

풀이 늙은이.

耋老(질로) 칠팔십 세의 나이 많은 노인.
耋艾(질애) 늙은이와 젊은이.

而 말 이을 이 部

'而' 자는 사람 얼굴의 수염을 본뜬 글자로, 접속사로서 흔히 단어나 문장을 잇는 구실을 한다. 따라서 그 뜻은 '그리고', '그러나', 또는 2인칭 대명사인 '너'를 나타내며, '…일 따름이다'라는 뜻으로도 사용된다.

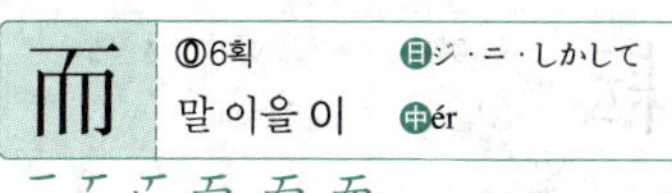

而 ⓪6획 日ジ・ニ・しかして 말 이을 이 中ér

*상형. 턱수염의 모양을 본뜬 글자.

풀이 1. 말을 잇다. 접속사. 2. 너. 자네. ¶而公 3. 그러하다. 4. 곧. 5. 써. 6. 잘. 7. 뿐. ¶而已 8. 턱수염.

而公(이공) 너의 임금. 임금의 자칭어.
而今(이금) 이제 와서.
而今而後(이금이후) 지금으로부터 이후.
而立(이립) 나이 서른 살을 이르는 말.
而已(이이) 그것뿐. 그뿐임.
而還(이환) 그때부터.
而況(이황) 하물며.

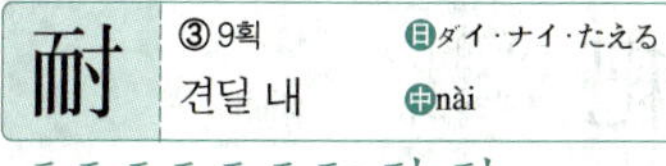

耐 ③9획 日ダイ・ナイ・たえる 견딜 내 中nài

*회의. '법도'의 뜻을 나타내는 '寸(마디 촌)'과 '그래서'라는 뜻을 나타내는 '而(말이을 이)'를 합친 글자. 옛날에는 경범죄에 해당하는 사람에게 수염을 깎는 형벌을 내리곤 하였는데, 이에 '형벌을 법도대로 하다' 즉, 그 상황을 '견디다'라는 뜻으로 쓰임.

풀이 1. 견디다. 참다. 감당하다. 인내. ¶耐久 2. 수염을 깎다.

耐看(내간) 볼 만한 가치가 있음.
耐久(내구) 오래 견뎌 냄.
耐久朋(내구붕) 언제까지나 마음이 변하지 않는 친한 벗.
耐飢(내기) 배고픔을 견뎌 냄.
耐貧(내빈) 가난함을 견뎌 냄.
耐暑(내서) 더위를 참고 견딤.
耐性(내성) 약물이나 환경 등에 적응하여 견뎌 내는 능력을 갖게 된 성질.
耐熱(내열) 열에 잘 견딤. 열에 강함.
耐忍(내인) 참고 견딤. 어려운 일을 꾹 참음.
耐震(내진) 지진을 견딤.
耐乏(내핍) 부족함을 참고 견딤.
耐旱(내한) 가뭄을 견딤.
耐火(내화) 불에 잘 견딤. 잘 타지 않음.

유 忍(참을 인)

耑 ③9획 ❶시초 단 ❷오로지 전 日タン 中duān

풀이 ❶ 1. 시초. 실마리. ❷ 2. 오로지. 한결같이.

耍 ③9획 日サ 희롱할 사 中shuǎ

풀이 1. 희롱하다. 장난하다. 2. 재빠르다. 3. 노름하다.

비 要(구할 요)

耎 ③9획 日ゼン 약할 연 中ruǎn

풀이 1. 약하다. 2. 부드럽다.

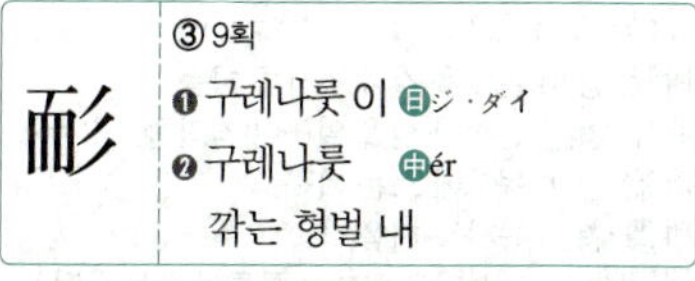

耏 ③9획 ❶구레나룻 이 日ジ・ダイ ❷구레나룻 깎는 형벌 내 中ér

풀이 ❶ 1. 구레나룻. 2. 털이 많다. ❷ 3. 구레나룻을 깎는 형벌.

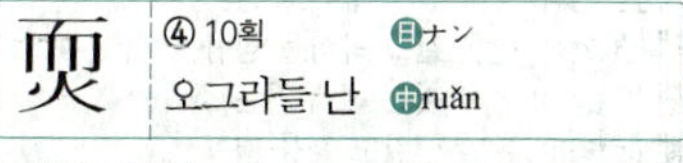

耎 ④10획 日ナン 오그라들 난 中ruǎn

풀이 오그라들다.

耒 부

耒 쟁기 뢰 部

'耒'자는 구부러진 쟁기를 손에 잡고 있는 모양을 나타내어 '쟁기'를 뜻하는데, 단독의 문자로 쓰이기보다는 주로 부수 자로서의 역할을 한다. 이 글자를 부수로 갖는 글자는 일반적으로 경작 등의 농사와 관련이 있다.

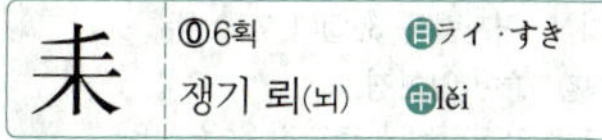

耒 ⓪6획 日ライ・すき 쟁기 뢰(뇌) 中lěi

풀이 쟁기.

耒耨(뇌누) 쟁기와 괭이.
耒耜(뇌사) 쟁기.
耒鍤(뇌삽) 쟁기. 뇌사(耒耜).

비 耒(올 래)

耒	⓪6획
	來(p51)의 俗字

耕	④ 10획	日コウ・たがやす
	밭갈 경	中gēng

一 二 三 丰 丰 耒 耒 耒 耕 耕

*형성. 뜻을 나타내는 부수 '耒(쟁기 뢰)'와 음을 나타내는 '井(우물 정)'을 합친 글자. '井'은 가로와 세로로 테를 짜는 일을 나타내어, 논밭을 가로 세로로 가지런히 '갈다'의 뜻으로 쓰임.

풀이 1. 밭을 갈다. ¶耕田 2. 농사. ¶耕地 3. 부지런히 힘쓰다. 4. 쟁기.

耕稼(경가) 논밭을 갈아 농사를 지음.
耕墾(경간) 논이나 밭을 일구어 경작함.
耕器(경기) 농사에 쓰는 기구.
耕農(경농) 농사를 지음.
耕讀(경독) 농사일을 하면서 틈틈이 학문을 닦음.
耕馬(경마) 농사용으로 부리는 말.
耕夫(경부) 농부.
耕食(경식) 농사를 지어 먹고 삶.
耕植(경식) 밭을 갈고 곡식을 심음.
耕牛(경우) 농사 짓는 데 부리는 소.
耕耘(경운) 논밭을 갈고 김을 맴.
耕作(경작) 땅을 갈아 농사를 지음.
耕田(경전) 논밭을 갊.
耕種(경종) 논밭을 갈아 씨를 뿌림.
耕地(경지) 논 · 밭 등 농사를 짓는 땅
耕織(경직) 농사일과 길쌈.

유 耬(밭갈 루)

耗	④ 10획	日モウ・コウ・へる
	줄 모	中hào, máo, mào

*형성. 뜻을 나타내는 부수 '耒(쟁기 뢰)'와 음을 나타내는 '毛(털 모)'를 합친 글자.

풀이 1. 줄다. ¶耗竭 2. 다하다. 3. 쓰다. 소비하다. 4. 나쁘다. 5. 어지럽다. 6. 덜다. 7. 소식.

耗竭(모갈) 줄어 없어짐.
耗亂(모란) 어지러워 분명하지 않은 모양.
耗問(모문) 소식.
耗損(모손) 닳거나 줄거나 하여 없어짐.
耗盡(모진) 닳거나 줄어서 모두 없어짐.
耗悴(모췌) 파리하고 쇠약함.

耘	④ 10획	日ウン・くさぎる
	김맬 운	中yún

풀이 1. 김매다. 2. 없애다.

耘鉏(운서) 1)가래로 김을 맴. 2)국토를 평안하게 함.
耘耘(운운) 농사가 잘 된 모양.

耖	④ 10획	日ソウ・まぐわ
	써레 초	中chào

풀이 써레. 갈아 놓은 논바닥의 흙덩이를 고르거나 잘게 부수는 농기구.

耖耙(초파) 써레.

耙	④ 10획	日ハ・まぐわ
	써레 파	中bà

풀이 써레.

耞	⑤ 11획	日カ
	도리깨 가	中jiā

풀이 도리깨.

耞芟(가삼) 도리깨와 큰 낫.

耜	⑤ 11획	日シ
	보습 사	中sì

풀이 1. 보습. 쟁기날. 2. 쟁기 손질을 하다.

耝	⑥ 12획	日キュウ・ワ
	고무래 규 · 와	中guī

풀이 1. 고무래. 2. 갈다.

비 耗(줄 모)

耟	⑦ 13획	日キク
	보리밭 갈 국	中jú

풀이 보리밭을 갈다. 논밭을 갈다.

耡	⑦ 13획	日シ
	호미 서	中chú

풀이 1. 호미. 2. 구실. 3. 돕다.

耡粟(서속) 주대(周代)에 정전(井田)의 공전(公田)에서 바친 조세(租稅)의 곡식.

유 鉏(호미 서)

⑧ 14획 日エン
날카로운 보습 염 中yǎn

풀이 1. 날카로운 보습. 2. 논밭을 갈다.

耤
⑧ 14획 日セキ
밭갈 적 中jí, jiè

풀이 1. 밭을 갈다. 2. 빌리다.

耤友(적우) 벗의 힘을 빌림.

耤田(적전) 지난 날, 임금이 직접 농사를 짓던 제전(祭田)의 한 가지. 적전(籍田).

耦
⑨ 15획 日グウ
짝 우 中ǒu

풀이 1. 짝. 2. 나란히 서서 갈다. ¶耦耕 3. 마주 보다. 4. 쌍둥이.

耦耕(우경) 나란히 서서 밭을 갊.

耦立(우립) 둘이 나란히 섬.

耦語(우어) 두 사람이 마주 보고 이야기함.

耦坐(우좌) 마주 앉음.

유 偶(짝 우)

𦔄
⑨ 15획 日ソウ
심을 창 中chuàng

풀이 심다.

耩
⑩ 16획 日コウ
김맬 강·구 中jiǎng

풀이 김매다. 밭을 갈다.

비 構(얽을 구)

䎺
⑩ 16획 日キ
보리씨 뿌릴 기 中qí

풀이 보리씨를 뿌리다.

耨
⑩ 16획 日ドウ
김맬 누·녹 中nòu

풀이 1. 김매다. 2. 괭이.

耨耕(누경) 김매고 밭을 갊.

耨耜(누사) 괭이·보습 등의 농기구.

耬
⑪ 17획 日ル
밭갈 루(누) 中lóu

풀이 1. 밭을 갈다. 2. 씨 뿌리는 수레.

耬車(누거) 씨 뿌릴 때 쓰는 농기구의 하나.

유 耕(밭갈 경)

𦔳
⑪ 17획 日マン
심을 만 中mán, màn

풀이 1. 심다. 씨를 뿌리다. 2. 묵은 밭.

𦔫
⑪ 17획 日カン
겨울갈이 한 中hàn

풀이 겨울갈이하다. 겨울에 밭을 갈다.

𦔻
⑫ 18획 日キ
밭 갈 기 中jī

풀이 밭을 갈다.

유 耬(밭갈 루) 耕(밭갈 경)

耮
⑫ 18획 日ロ
고무래 로 中lào

풀이 고무래. 밭을 갈 때 쓰는 농기구.

𦗆
⑭ 20획 日カク
곡식 거둘 확 中huò

풀이 곡식을 거두다.

유 穫(벼 벨 확)

耰
⑮ 21획 日ウ
씨 덮을 우 中yōu

풀이 1. 씨를 뿌려 흙으로 덮다. 2. 곰방메. 밭을 갈 때

6획

쓰는 농기구.

耰鉏(우서) 곰방메와 가래. 흙을 파는 데 씀.

耙 ⑮ 21획 쟁기 파 日ハ 中bà

풀이 쟁기.

耪 ⑮ 21획 밭갈 표 日ヒョウ 中biāo

풀이 밭을 갈다.

耳 귀 이 部

'耳' 자는 귀의 모양을 본뜬 글자로 '귀'를 의미하며, '귀처럼 생긴 물건'을 나타내기도 한다. 또 귀가 머리 양쪽에 달려 있기 때문에 물건의 양쪽에 달려 있는 것을 뜻하기도 하고, '…뿐', '…따름'이라는 한정의 뜻을 나타내기도 한다. 이 글자를 부수로 갖는 글자는 듣는 것과 관련이 있다.

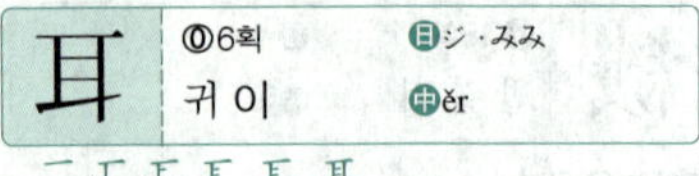

耳 ⓪6획 귀 이 日ジ·みみ 中ěr

一 丅 FF 下 E 耳

* 상형. 귀의 모양을 본뜬 글자.

풀이 1. 귀. ¶耳力 2. 귀에 익다. 3. …뿐이다. …따름이다. 4. 어조사.

耳殼(이각) 귓바퀴.
耳垢(이구) 귀지.
耳根(이근) 귀뿌리.
耳璫(이당) 귀고리.
耳力(이력) 귀로 듣는 힘.
耳聾(이롱) 귀가 먹어 소리를 듣지 못함.
耳鳴(이명) 귀의 질환이나 정신적 흥분 등으로 어떤 소리가 잇달아 울리는 것처럼 느껴지는 일. 귀울음.
耳鳴症(이명증) 귀에서 소리가 나는 병.
耳目(이목) 1)귀와 눈. 2)여러 사람의 주의·주목.
耳邊風(이변풍) 한 귀로 듣고 다른 귀로 흘려버려 전혀 관심을 가지지 않는 일.
耳順(이순) 나이 60세. 공자(孔子)가 60세가 되어 천지 만물의 이치에 통달하여, 듣는 것을 모두 이해할 수 있게 되었다는 데서 유래한 말.
耳視(이시) 귀로 본다는 뜻으로, 듣는 것만으로 그 시비를 결정하지 않고 행동함을 이르는 말.
耳食(이식) 먹지 않고 듣기만 하고도 그 맛을 판단한다는 뜻으로, 남의 말만 듣고 추종함을 이르는 말.
耳語(이어) 귓속말. 귀엣말.
耳矣(이의) 뿐. 오직 그것뿐.
耳耳(이이) 1)매우 성대한 모양. 사물이 왕성한 모양. 2)순하게 따르는 모양.
耳學(이학) 귀동냥. 귀동냥으로 배운 글. 실제로 학습하지 않고 들어서 알게 된 학문.
耳懸鈴鼻懸鈴(이현령비현령) 귀에 걸면 귀걸이, 코에 걸면 코걸이라는 뜻으로 무엇이든지 해석하기에 따라 이리도 되고 저리도 됨을 이르는 말.
耳環(이환) 귀고리.

耵 ② 8획 귀지 정 日テイ 中dīng

풀이 귀지.

耵聹(정녕) 귀지.

耶 ③ 9획 ❶어조사 야 ❷간사할 사 日ヤ·や·か 中yé

一 丅 F F 퍼 耳 耳' 耶 耶

* 회의. '耳(귀 이)'와 '阝(邑;고을 읍)'을 합친 글자. 의문·반어의 어조사로 쓰임.

풀이 ❶ 1. 어조사. 2. 아버지를 부르는 말. 3. 그런가. ❷ 4. 간사하다.

耶枉(사왕) 간사함.
耶蘇敎(야소교) 예수교. 기독교.

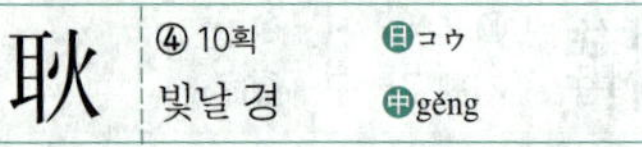

耿 ④ 10획 빛날 경 日コウ 中gěng

풀이 1. 빛나다. 빛. ¶耿光 2. 밝다. 3. 굳다. ¶耿介 4. 맑다. 5. 슬퍼하다. 근심하다.

耿介(경개) 1)덕(德)이 빛나고 큰 모양. 2)굳게 지조를 지켜 남에게 휩쓸리지 않음.
耿潔(경결) 맑고 깨끗함.
耿光(경광) 밝은 빛.
耿光大烈(경광대열) 빛나고 큰 업적.

6획

聃	④ 10획	日タン
	귓바퀴 없을 담	中dān

풀이 귓바퀴가 없다.

聃丘(담구) 노자와 공자.

聃周(담주) 노자와 장자.

耺	④ 10획	日ウン
	귀 우는 소리 운	中yún, yíng

풀이 1. 귀 우는 소리. 2. 종과 북소리.

耺耾(운횡) 귀를 울리는 큰 소리.

耻	④ 10획
	恥(p445)의 俗字

耽	④ 10획	日タン·たのしむ
	즐길 탐	中dān

풀이 1. 즐기다. ¶耽溺 2. 빠지다. 집중하다. 3. 탐닉하다. 4. 귀가 처지다.

耽溺(탐닉) 어떤 일을 지나치게 즐겨서 거기에 빠짐.

耽讀(탐독) 다른 일을 잊어버릴 정도로 글 읽기에 빠짐.

耽樂(탐락) 쾌락에 빠져 마음껏 즐김.

耽味(탐미) 깊이 맛보거나 음미함.

耽美(탐미) 아름다움에 깊이 빠져 즐김.

耽愛(탐애) 즐기고 사랑함. 사랑에 빠짐.

耽玩(탐완) 몹시 즐김.

耽耽(탐탐) 1)매우 좋아하는 모양. 2)깊은 모양. 3)초목이 무성한 모양.

耽好(탐호) 매우 좋아함.

耽惑(탐혹) 어떤 일에 깊이 빠져 미혹(迷惑)됨.

유 快(쾌할 쾌) 樂(즐길 락) 嬉(즐길 희)

耾	④ 10획	日コウ
	큰 소리 횡	中hóng

풀이 큰 소리.

耾耾(횡횡) 1)큰 소리. 2)바람 소리.

聃	⑤ 11획
	聃(p1089)의 俗字

聆	⑤ 11획	日レイ
	들을 령(영)	中líng

풀이 1. 듣다. 2. 좇다. 3. 깨닫다.

聆聆(영령) 깨닫는 모양.

聆音(영음) 소리를 들음.

聆風(영풍) 바람 소리를 들음.

聊	⑤ 11획	日リョウ
	귀울 료(요)	中liáo

풀이 1. 귀울다. 이명(耳鳴). 2. 힘입다. 3. 편안하다. 4. 즐기다. 5. 애오라지. 부족하나마.

聊爾(요이) 구차한 모양.

無聊(무료) 1)지루하고 흥미가 없어 심심함. 2)탐탁하게 어울리는 맛이 없음.

聇	⑤ 11획	
	홀로 가는	日セイ
	모양 정	中zhēng

풀이 홀로 가는 모양.

聒	⑥ 12획	日カツ
	떠들썩할 괄	中guō

풀이 1. 떠들썩하다. 2. 어리석다. 3. 올챙이.

聒聒(괄괄) 1)어리석은 모양. 2)목소리가 굵고 거셈.

聒耳(괄이) 귀가 아프도록 떠들썩함.

聒子(괄자) 올챙이.

유 騷(떠들 소) 咻(떠들 휴) 噪(떠들썩할 조)

聏	⑥ 12획	
	❶부끄러워	日ジ
	할 뉵(육)	中ér
	❷화할 이	

풀이 ❶ 1. 부끄러워하다. ❷ 2. 화하다.

유 恥(부끄러워할 치) 忸(부끄러워할 뉵)

聎	⑥ 12획	日チョウ
	귀 앓을 조	中tiāo

풀이 귀를 앓다. 귀가 울다.

6획

耺	⑥ 12획	日コウ
	귀울 홍	中hōng

풀이 귀가 울다.

聘	⑦ 13획	日ヘイ
	찾을 빙	中pìn

* 형성. 뜻을 나타내는 부수 '耳(귀 이)'와 음을 나타내며 '평안하다'의 뜻을 나타내기 위한 '甹(아우를 병)'을 합친 글자. 이에 평안한지 않은지를 '묻다', '안부를 묻다'의 뜻을 나타냄.

풀이 1. 찾다. 방문하여 안부를 묻다. ¶聘物 2. 부르다. 예를 갖춰 부르다. 초빙하다. 3. 구하다. ¶聘求 4. 장가들다. ¶聘納

聘求(빙구) 방문하여 사람을 구함.
聘母(빙모) 아내의 친정 아버지. 장인.
聘禮(빙례) 혼례(婚禮).
聘命(빙명) 예를 갖추어 맞이함.
聘問(빙문) 예를 갖추어 방문함.
聘物(빙물) 방문할 때 가지고 가는 예물.
聘父(빙부) 아내의 친정 아버지. 장인.

유 訪(찾을 방)

聖	⑦ 13획	日セイ・ショウ
	성스러울 성	中shèng

* 형성. 뜻을 나타내는 부수 '耳(귀 이)'와 음을 나타내는 '呈(드릴 정)'을 합친 글자. 귀(耳)가 드러난(呈) 사람은 덕이 있다고 하여, '성인'이나 '천자', 또는 그와 같이 '거룩하고 뛰어나다'의 뜻으로 쓰임.

풀이 1. 성스럽다. ¶聖潔 2. 성인(聖人). 3. 어느 방면에 대하여 뛰어난 사람. 4. 제왕의 존칭. ¶聖君 5. 슬기롭다. 6. 맑은 술.

聖駕(성가) 임금이 타는 수레. 보가(寶駕).
聖潔(성결) 성스럽고 깨끗함.
聖經賢傳(성경현전) 성현(聖賢)이 남긴 글.
聖敎(성교) 1)임금이 내리던 교명(敎命). 2)공맹(孔孟)의 가르침.
聖君(성군) 덕이 많은 임금.
聖堂(성당) 1)성인을 모신 사당(祠堂). 즉, 공자의 사당. 2)천주교의 교회당.
聖德(성덕) 임금의 덕. 성인(聖人)의 덕.
聖慮(성려) 임금의 마음. 임금의 생각.
聖武(성무) 지혜와 덕성을 겸비한 무용(武勇).
聖門(성문) 1)공자의 도(道). 공자의 가르침. 2)공자(孔子)의 문하(門下).
聖凡(성범) 1)성인과 평범한 사람. 2)거룩함과 평범함.
聖法(성법) 성인이 만든 거룩한 법도.
聖算(성산) 임금의 계책.
聖像(성상) 성스러운 사람의 상.
聖善(성선) 1)성스럽고 선한 행실. 2)어머니.
聖世(성세) 어진 임금이 다스리는 세상.
聖壽(성수) 임금의 나이.
聖神(성신) 기독교에서, 삼위일체의 제 3위를 이르는 말.
聖心(성심) 예수나 성모의 거룩한 마음.
聖業(성업) 1)성스러운 사업(事業). 2)임금의 대업(大業).
聖域(성역) 성스러운 곳. 특히 종교상 신성하여 범해서는 안 되는 지역.
聖運(성운) 1)임금의 운수. 2)임금이 될 운.
聖人(성인) 대대로 스승이 될 지혜와 덕망이 뛰어나고 자비로운 사람.
聖典(성전) 어떤 종교에서 교의(敎義)의 근본이 되는 책.
聖殿(성전) 1)신성한 전당. 2)카톨릭의 성당.
聖節(성절) 임금의 탄생일.
聖製(성제) 임금이 지은 문장.
聖帝(성제) 뛰어난 임금. 덕이 높은 임금.
聖祖(성조) 뛰어난 임금의 조상.
聖祚(성조) 임금의 자리. 제위.
聖朝(성조) 1)성스러운 임금이 다스리는 조정. 2)당대의 조정의 높임말.
聖旨(성지) 임금의 뜻.
聖札(성찰) 임금이 직접 쓴 편지.
聖哲(성철) 성인(聖人)과 철인(哲人).
聖勅(성칙) 임금이 내린 명령. 임금의 칙명.
聖誕(성탄) 1)임금 또는 성인의 탄생일. 2)성탄절. 크리스마스.
聖澤(성택) 임금의 덕택(德澤). 성은(聖恩).
聖學(성학) 1)성인의 가르침. 2)유학(儒學).
聖化(성화) 1)성인의 교화. 또는 임금의 덕화. 2)카톨릭에서 인간이 하느님의 성성(聖性)에 이르거나 참여하는 일.

반 俗(풍속 속)

聖	⑦ 13획
	聖(p1090)과 同字

聕	⑦ 13획	日ゴ 
	들을 오	中wù

6획

풀이 듣다.

유 聽(들을 청) 비 晤(밝을 오)

聝	⑧ 14획	日 カイ
	귀벨 괵	中 guó

풀이 귀를 베다.

聞	⑧ 14획	日 モン·きく·きこえる
	들을 문	中 wén, wèn

丨 ㄏ ㄏ ㄏ ㄏ' 門 門 門 門 門 門 門 閆 聞

* 형성. 뜻을 나타내는 부수 '耳(귀 이)'와 음을 나타내는 '門(문 문)'을 합친 글자. 이에 소리가 '귀로 들어가다', '들리다'의 뜻으로 쓰임.

풀이 1. 듣다. 들리다. ¶聞見 2. 평판. 명성. ¶聞達 3. 알려지다. 4. 소문. 5. 냄새를 맡다.

聞見(문견) 보고 들어서 얻은 지식.

聞記(문기) 듣고 기록함.

聞達(문달) 명성이나 지위가 오름. 입신출세(立身出世)함.

聞望(문망) 1)명성이 널리 퍼져 숭상함. 2)명예와 성망(聲望).

聞識(문식) 1)들어서 앎. 2)견문과 지식.

聞人(문인) 1)세상에 알려진 사람. 2)평판이 좋은 사람.

聞一知十(문일지십) 하나를 들으면 열을 안다는 뜻으로, 머리가 매우 좋은 사람을 이르는 말.

○聞一知十(문일지십)의 유래

어느 날 공자(孔子)가 자공(子貢)에게 "자네와 안회(顔回) 중 누가 더 낫다고 생각하는가?" 하고 묻자, 자공이 "제가 어찌 안회와 비교될 수 있겠습니까? 안회는 하나를 듣고 열을 알지만, 저는 하나를 듣고 둘을 아는 데 불과합니다."라고 대답한 데서 나온 말이다.

聞奏(문주) 1)임금에게 아룀. 2)향불의 향기를 맡고 그 우열을 가리는 일.

聞知(문지) 귀로 듣고 마음으로 앎.

聞香(문향) 향기를 맡음.

유 聽(들을 청) 비 問(물을 문) 閒(틈 한)

聙	⑧ 14획	日 セイ
	잘 들을 정	中 jīng

풀이 잘 듣다.

聡	⑧ 14획
	聰(p1092)과 同字

聚	⑧ 14획	日 シュウ
	모일 취	中 jù

풀이 1. 모이다. 화합하다. 2. 모으다. ¶聚斂 3. 무리. 4. 마을. 5. 달리다.

聚斂(취렴) 1)모임. 거두어들임. 2)세금 등을 가혹하게 거두는 일.

聚訟(취송) 1)서로 옳고 그름을 다투어 결말이 나지 않는 일. 2)여러 사람이 나란히 소송하는 일.

聚議(취의) 여러 사람이 모여 논의함.

유 衆(무리 중) 集(모일 집) 會(모일 회)

聠	⑨ 15획
	聯(p1092)의 俗字

聤	⑨ 15획	
	귀에 진물	日 セイ
	흐를 정	中 tíng

풀이 귀에서 진물이 흐르다. 또는 그러한 병.

聦	⑨ 15획
	聰(p1092)의 俗字

聧	⑩ 16획	日 メン
	들을 면	中 mián

풀이 1. 듣다. 2. 주의(主意)하여 듣다.

聨	⑩ 16획	日 サイ
	반귀머거리 재	中 zǎi

풀이 반귀머거리.

聩	⑩ 16획	日 テン
	귀에 찡 울릴 전	中 tián

풀이 귀에 소리가 찡 울리다.

聪	⑪ 17획	日 カク
	큰 귀 곽	中 guō

풀이 큰 귀.

聯 ⑪ 17획 日レン
연이을 련(연) 中lián

一 丅 F F E 耳 耳' 耶 耶 聯 聯 聯 聯 聯 聯 聯 聯

풀이 1. 연잇다. 연결하다. ¶聯立 2. 나란히 하다. 3. 합치다. 연계(聯繫).

聯句(연구) 1)여러 사람이 연이어 한 구씩 지어 한 편의 시를 이루는 일. 또는 그렇게 이룬 율시(律詩). 2)율시에서 대(對)가 되는 구.

聯絡(연락) 1)일의 경향을 알림. 2)서로 관계를 맺음.

聯立(연립) 1)연이어 섬. 또는 이어 세움. 2)둘 이상의 것이 어울리어 성립함.

聯珠(연주) 여러 개의 구슬을 연결한다는 뜻으로, 뛰어난 문장을 비유하는 말.

聯翩(연편) 1)이어져 끊어지지 않는 모양. 2)새가 나는 모양.

유 連(잇닿 련)

聲 ⑪ 17획 日セイ
소리 성 中shēng

一 十 士 韦 吉 吉 声 声 殸 殸 殸 殸 殸 聲 聲 聲 聲

* 형성. 뜻을 나타내는 부수 '耳(귀 이)'와 음을 나타내는 '磬(경쇠 경)'의 생략형을 합친 글자. 귀에서 들리는 높은 음을 나타내어, '소리'의 뜻으로 쓰임.

풀이 1. 소리. 소리를 내다. 소리를 치다. 2. 음악. 노래. ¶聲音 3. 울리다. 4. 소문. 5. 소식. ¶聲問

聲價(성가) 좋은 평판.

聲教(성교) 임금이 백성을 감화시키는 교육.

聲妓(성기) 소리하는 기생. 가기(歌妓).

聲氣(성기) 음성과 기색.

聲東擊西(성동격서) 동쪽을 공격한다고 소문을 내고 서쪽을 침.

聲量(성량) 목소리의 크기의 역량.

聲淚(성루) 울음소리와 흐르는 눈물.

聲律(성률) 한자에 있어서 사성(四聲)의 규율(規律).

聲明(성명) 일정한 사항에 관한 자기의 의견·주장 등을 여러 사람에게 발표하는 일.

聲貌(성모) 말소리와 얼굴 모습.

聲問(성문) 소식.

聲聞(성문) 1)좋은 평판. 2)불제자.

聲色(성색) 말소리와 안색. 언어와 태도.

聲勢(성세) 명성(名聲)과 위세(威勢).

聲譽(성예) 명성. 명예.

聲威(성위) 명성과 위엄.

聲音(성음) 목소리. 음성.

聲華(성화) 영화로운 명성.

유 音(소리 음)

聱 ⑪ 17획 日ゴウ
듣지 않을 오 中áo

풀이 1. 말을 듣지 않다. 2. 어렵다.

聱牙(오아) 1)다른 사람의 말을 듣지 않음. 2)자구나 문장이 이해하기 어려움.

聳 ⑪ 17획
❶솟을 용 日ショウ·そびえる
❷두려워할 송 中sǒng

풀이 ❶ 1. 솟다. 솟게 하다. ❷ 2. 두려워하다. ¶聳懼 3. 공경하다. 4. 권하다.

聳懼(송구) 두려워함.

聳動(용동) 1)놀람, 또는 놀라게 함. 2)권함. 선도함.

聳立(용립) 산이나 나무 등이 높이 솟음.

聳然(용연) 1)높이 솟은 모양. 2)두려워하는 모양.

聳擢(용탁) 남보다 매우 뛰어남.

聰 ⑪ 17획 日ソウ
귀 밝을 총 中cōng

一 丅 F F E 耳 耳' 耶 耶 耶 聆 聊 聊 聊 聰 聰 聰

* 형성. 뜻을 나타내는 부수 '耳(귀 이)'와 음을 나타내며 '잘 통하다'의 뜻을 지닌 '悤(모두 총)'을 합친 글자. 귀가 잘 통한다는 의미에서, '귀가 밝다'의 뜻으로 쓰임. 또한 말뜻을 잘 분간하는 것을 나타내어, '총명하다'의 뜻으로도 쓰임.

풀이 1. 귀가 밝다. ¶聰明 2. 총명하다.

聰警(총경) 총명하고 민첩함.

聰氣(총기) 총명한 기질.

聰了(총료) 영리함. 총명함.

聰明(총명) 1)귀가 밝고 눈이 밝음. 2)영리하고 민첩함.

聰叡(총예) 총명하고 지혜로움.

聰慧(총혜) 총명하고 슬기로움.

비 總(거느릴 총)

聦 ⑪ 17획 日ヒョウ
겨우 들을 표 中piào

풀이 겨우 듣다.

瞥	⑫ 18획	日ベツ
	잠깐 들을 별	中piē

풀이 잠깐 듣다.

聶	⑫ 18획	日ショウ
	소곤거릴 섭	中niè

풀이 1. 소곤거리다. ¶聶許 2. 잡다. 쥐다. 3. 나뭇잎이 움직이는 모양.

聶聶(섭섭) 나뭇잎이 움직이는 모양.

聶許(섭허) 소곤거림. 또는 귀를 대고 들음.

유 呢(소곤거릴 니) 呫(소곤거릴 첩) 囁(소곤거릴 섭)

聵	⑫ 18획	日カイ
	귀머거리 외	中kuì

풀이 귀머거리.

聵眊(외모) 귀가 먹고 눈이 먼다는 뜻으로, 스스로를 겸손하게 이르는 말.

聵聵(외외) 아무것도 모르는 모양.

職	⑫ 18획	日ショク
	직분 직	中zhí, tè, yì, zhì

一 丆 F F E 耳 耳 耳' 耳' 耳' 耳' 耳' 聕 聕 聕 職 職 職

＊형성. 뜻을 나타내는 부수 '耳(귀 이)'와 음을 나타내며 '나뭇가지를 땅에 세운다'는 의미를 지닌 부수 이외의 글자를 합친 글자. 들은 것을 구별하여 안다는 뜻으로, 자기 자신의 일 또한 잘 알아서 힘씀을 나타냄. 바뀌어 '직분', '직업'의 뜻으로 쓰임.

풀이 1. 직분. 임무. ¶職事 2. 직업. 일. 3. 지위. 관직. ¶前職 4. 맡다. 주관하다. 5. 작용. 6. 공물(貢物). ¶職貢 7. 부세(賦稅). 8. 오로지.

職貢(직공) 나라에 바치는 공물.

職官(직관) 직위와 관등(官等).

職分(직분) 맡은 바 해야 할 일.

職司(직사) 직무로서 관장하는 사무.

職事(직사) 직무에 관계되는 일.

職業(직업) 생계 수단. 또는 자신의 발전을 위해 하는 일.

職由(직유) 원인.

職場(직장) 직업을 가지고 일을 하는 장소.

職人(직인) 목수·미장이 등과 같이 손재주로 하는 일을 업으로 하는 사람.

前職(전직) 전에 가졌던 직업 또는 벼슬.

유 吏(벼슬아치 리) 官(벼슬 관) 爵(벼슬 작)

비 織(짤 직) 識(알 식)

聵	⑬ 19획	日ノウ
	귀울 농	中náng

풀이 귀가 울다.

聸	⑬ 19획	日ダン
	귀 처질 담	中dān

풀이 귀가 처지다.

聹	⑭ 20획	日ネイ・ニョウ
	귀지 녕	中níng

풀이 귀지.

聻	⑭ 20획	
	❶가리키는 모양 니	日ニ 中jiàn
	❷부적 적	

풀이 ❶ 1. 가리키는 모양. ❷ 2. 부적.

聳	⑭ 20획	日シュウ
	소귀 움직일 습	中shī

풀이 소가 귀를 쫑긋거리는 모양.

聳聳(습습) 소나 말이 귀를 쫑긋거리는 모양.

聴	⑭ 20획
	聽(p1094)의 俗字

聼	⑯ 22획	日レキ
	자세히 들을 력	中lì

풀이 자세히 듣다.

聾	⑯ 22획	日ロウ
	귀머거리 롱(농)	中lóng

6획

* 형성. 뜻을 나타내는 부수 '耳(귀 이)'와 음을 나타내는 '龍(용 룡)'을 합친 글자.

풀이 1. 귀머거리. 2. 어리석다. 3. 사물에 어둡다.

聾昧(농매) 사물에 어두움.
聾盲(농맹) 귀머거리와 장님.
聾俗(농속) 사리를 알지 못하는 세속의 사람.
聾喑(농암) 귀머거리와 벙어리.
聾啞(농아) 귀머거리와 벙어리.
聾聵(농외) 1)귀머거리. 2)어리석은 사람.

聽 ⑯ 22획 日チョウ・きく
들을 청 中tīng

* 형성. 뜻을 나타내는 부수 '耳(귀 이)'와 음을 나타내는 '悳(덕 덕)'을 합친 글자. 마음(心)을 바로잡고(直) 좋게(壬) 듣는(耳) 것을 나타내어, '경청하다'의 뜻으로 쓰임. 또한 다른 소리를 엿듣는다는 의미에서 '염탐'의 뜻으로도 쓰임.

풀이 1. 듣다. 청취하다. ¶聽決 2. 엿보다. 살피다. 3. 받다. 4. 따르다. 5. 기다리다. 6. 판단하다. 7. 염탐. 간첩. 8. 마을.

聽覺(청각) 소리를 듣는 감각.
聽感(청감) 청각(聽覺).
聽講(청강) 강의를 들음.
聽決(청결) 사정을 듣고 결정을 내림.
聽納(청납) 의견이나 권고 등을 잘 들어서 받아들임.
聽令(청령) 명령을 주의 깊게 들음.
聽命(청명) 명령을 받음. 명령을 들음.
聽聞(청문) 1)들리는 소문. 2)연설 등을 들음.
聽訟(청송) 사실을 심리하기 위해 송사(訟事)를 들음.
聽用(청용) 말을 받아들임. 남의 의견을 수용함.
聽政(청정) 임금이 정사(政事)를 듣고 처리함. 정무(政務)를 다스림.
聽從(청종) 이르는 대로 잘 듣고 따름.
聽衆(청중) 강연·음악 등을 듣기 위해 모여 있는 군중.
聽取(청취) 방송 등을 자세히 들음.
聽取率(청취율) 라디오 방송의 청취 비율로, 여러 방송국의 청취율을 비교해 볼 때 쓰임.
聽熒(청형) 들어도 이해하지 못함.
盜聽(도청) 몰래 엿들음.
參聽(참청) 참여하여 들음.
靜聽(정청) 조용히 들음.

비 廳(관청 청)

6획

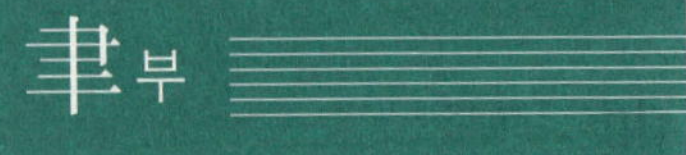

聿 붓율部

'聿' 자는 한 손으로 붓을 잡고 있는 모양에서 '붓'을 나타낸다. 그러나 단독의 문자보다는 '오직'이나 '이에'와 같은 발어사로 많이 쓰이고, 이 글자를 부수로 갖는 글자는 주로 붓을 사용하는 일과 관련이 있다.

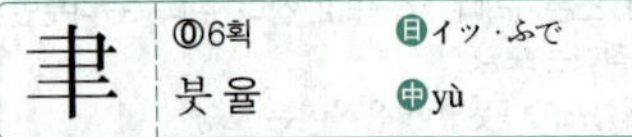

聿 ⓪6획 日イツ・ふで
붓 율 中yù

풀이 1. 붓. 2. 드디어. 마침내. 3. 스스로. ¶聿來 4. 좇다. 따르다. ¶聿遵 5. 빠르다. ¶聿皇

聿來(율래) 스스로 옴.
聿修(율수) 조상의 덕을 내려받아 닦음.
聿遵(율준) 따르며 좇음. 준수(遵守)함.
聿皇(율황) 빠른 모양.

유 筆(붓 필)

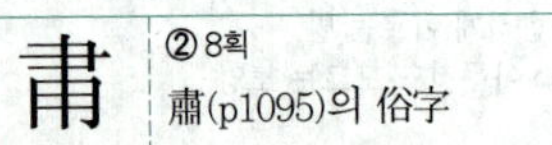

肃 ②8획
肅(p1095)의 俗字

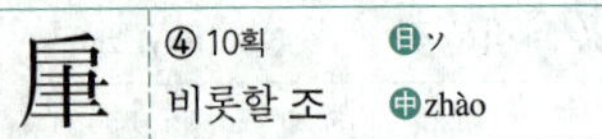

肁 ④10획 日ソ
비롯할 조 中zhào

풀이 1. 비롯하다. 2. 처음.

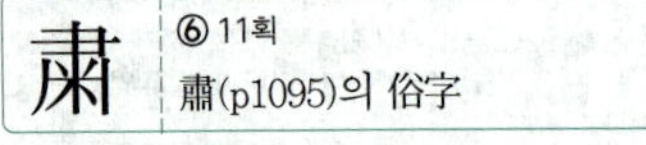

粛 ⑥11획
肅(p1095)의 俗字

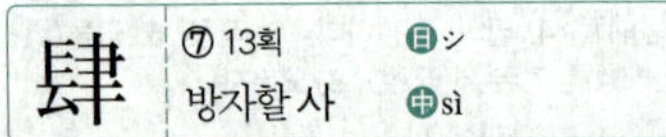

肆 ⑦13획 日シ
방자할 사 中sì

풀이 1. 방자하다. 멋대로 하다. ¶肆惰 2. 도를 넘다. 3. 늘어놓다. 진열하다. 4. 가게. 점포. ¶肆廛 5. 베풀다. 6. 버리다. 7. 곧다. 바르다. 8. 늘어선 줄. 9. 두다. 10. 드디어. 11. 그러므로. 12.시험해 보다. 13. 길다. 14. 느슨해지다. 15. 힘쓰다. 16. 잡다. 17. 크다. 18. 늦추다. 19. 마구간. 20. 찌르다.

肆氣(사기) 기분대로 행동함.
肆目(사목) 거리낌없이 바라봄.
肆放(사방) 거리낌없이 행동함. 방자(放恣)하게

행동함.
肆赦(사사) 죄인을 풀어 줌.
肆奢(사사) 방자하고 사치스러움.
肆欲(사욕) 자신의 마음대로 욕심을 부림.
肆飮(사음) 마음대로 술을 마심.
肆廛(사전) 가게.
肆惰(사타) 방자하고 게으름.
肆虐(사학) 거리낌없이 잔혹한 행동을 함.

肅	⑦ 13획	日シュク
	엄숙할 숙	中sù, xiào

풀이 1. 엄숙하다. 엄하다. ¶肅靜 2. 삼가하다. 3. 공경하다. ¶肅敬 3. 경계하다. 4. 맑다. 5. 고요하다. 6. 차다. 춥다. 7. 오그라들다. 8. 절하다. 9. 이끌다.

肅敬(숙경) 삼가 존경함. 공경하며 섬김.
肅啓(숙계) 한문투의 편지 첫머리에 쓰는 말로, 상대를 공경함을 나타냄.
肅戒(숙계) 충고함.
肅穆(숙목) 엄숙하고 조용한 모양.
肅拜(숙배) 1)삼가 절을 올린다는 뜻으로 윗사람에게 보내는 편지 끝에 쓰는 말. 2)서울을 떠나 다른 곳으로 가는 관리가 임금에게 손이 땅에 닿도록 공손히 절하던 일.
肅肅(숙숙) 1)엄숙한 모양. 2)삼가는 모양. 3)고요한 모양. 4)날개소리. 5)빠른 모양.
肅心(숙심) 착한 도리로 나아가는 마음.
肅如(숙여) 삼가는 모양.
肅然(숙연) 1)삼가고 두려워하는 모양. 2)고요하고 엄숙함.
肅雍(숙옹) 삼가고 부드러워짐.
肅雝(숙옹) 음악의 우아한 소리.
肅正(숙정) 1)정중하고 올바름. 2)엄격하게 다스려 바로잡음.
肅靜(숙정) 엄숙하고 고요함.
肅整(숙정) 행동이 단정함.
肅淸(숙청) 1)엄하게 다스려 잘못된 것을 모두 치워 없앰. 2)독재 국가 등에서 반대파를 모두 제거하는 일.
肅聽(숙청) 삼가 들음. 공손히 들음.
嚴肅(엄숙) 위엄 있고 정숙함.
自肅(자숙) 스스로 행동을 조심하는 것.
靜肅(정숙) 고요하고 엄숙함.

肄	⑦ 13획	日イ
	익힐 이	中yì

풀이 1. 익히다. 연습하다. ¶肄武 2. 노력. 수고. 3. 나머지. 4. 어린 싹.

肄武(이무) 무예를 익힘.
肄習(이습) 익힘. 연습함.
肄業(이업) 일을 익힘.

비 疑(의심할 의)

肇	⑧ 14획	日チョウ
	비롯할 조	中zhào

* 회의. '戶(문 호)'와 '聿(붓 율)'을 합쳐 '열리다'라는 뜻을 나타내고, 거기에 다시 '攴(칠 복)'을 더한 글자. 이에 '처음 시작하다'의 뜻으로 쓰임.

풀이 1. 비롯하다. 시작하다. ¶肇基 2. 시초. 시작. 기원. ¶肇國 3. 꾀하다. 4. 치다. 5. 바로잡다. 6. 재빠르다. 7. 국경. 지경.

肇國(조국) 나라를 세움. 건국.
肇基(조기) 토대를 닦음. 기초를 마련함.
肇冬(조동) 초겨울.
肇歲(조세) 연초(年初). 음력 1월.
肇域(조역) 국가의 경계를 정함.
肇夏(조하) 초여름. 음력 4월.

肈	⑧ 14획
	肇(p1095)의 本字

肉 부

肉 고기 육 部

'肉'자는 동물의 살을 나타내는 글자로 '고기'를 나타낸다. 부수로 쓰일 때는 '月' 모양으로 쓰는데, '月(달 월)'과 비슷하여 '육달월'이라는 부수 명칭을 갖기도 한다. 또한 의미가 확대되어 인체(人體)를 구성하는 부분을 총칭하기도 한다. 이 글자를 부수로 갖는 글자는 신체 조직이나 신체와 관련된 의미와 관련이 있다.

肉	⓪ 6획	日ニク·にく
	고기 육	中ròu

* 상형. 신에게 바치는 동물의 고기 조각을 본뜬 글자.

풀이 1. 고기. 2. 피부. 3. 살이 붙다. 4. 살. 5. 몸. 6. 둘레. 7. 가족. 친족. ¶血肉 8. 저울추.

肉感(육감) 신체상의 감각.

肉塊(육괴) 1)고깃덩이. 2)살찐 사람.

肉袒(육단) 1)윗도리를 벗고 몸을 나타냄. 2)벌해 달라고 사죄함.

肉類(육류) 먹을 수 있는 짐승의 고기.

肉林(육림) 고기가 숲의 나무 만큼이나 많음.

肉味(육미) 1)고기의 맛. 2)고기로 만든 음식.

肉薄(육박) 1)몸으로 적의 진영 가까이까지 쳐들어가는 일. 2)바싹 가까이 다가감.

肉山(육산) 비대한 몸. 살코기가 많음.

肉聲(육성) 사람의 입에서 나오는 소리.

肉食(육식) 1)고기를 먹음. 또는 그 음식. 2)미식(美食)함.

肉身(육신) 사람의 몸.

肉眼(육안) 안경 등을 쓰지 않는 본래의 눈. 또는 그 시력(視力).

肉刺(육자) 티눈.

肉醬(육장) 쇠고기를 잘게 썰어서 간장에 넣어 만든 장조림.

肉重(육중) 몸이 크고 매우 무거움.

肉汁(육즙) 1)짐승의 살에서 짜낸 즙. 2)짐승의 고기를 끓여서 낸 즙.

肉質(육질) 1)고기의 질(質). 2)살로 된 부분.

肉親(육친) 부모형제와 같이 혈연 관계에 있는 사람.

肉彈(육탄) 육체를 탄환 대신에 쓴다는 뜻으로 적지(敵地)에 돌입하여 공격함을 이르는 말.

肉脫(육탈) 몸이 매우 여위어 살이 빠짐.

肉脯(육포) 쇠고기를 얇게 저며서 말린 포.

肉筆(육필) 당사자가 실제로 쓴 글씨.

肉刑(육형) 신체에 고통을 가해 상처를 내던 형벌.

肉膾(육회) 살코기나 간 · 천엽 · 양 등을 잘게 썰어서 갖은 양념을 한 회.

片肉(편육) 얇게 썬 수육.

血肉(혈육) 1)피와 살. 2)자기 소생의 자녀. 3)부모 · 자식 · 형제 · 자매.

骨肉相爭(골육상쟁) 뼈와 살이 서로 다툰다는 뜻으로, 형제나 같은 민족끼리 서로 다툼을 이르는 말.

비 內(안 내)

6획

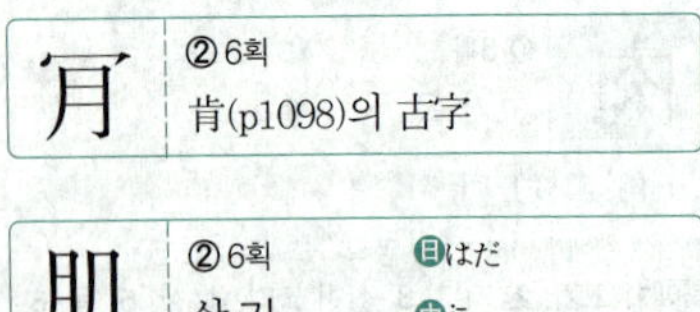

肎 ② 6획
肯(p1098)의 古字

肌 ② 6획 日はだ
살 기 中jī

풀이 1. 살. ¶肌膏 2. 피부.

肌膏(기고) 살과 기름.

肌骨(기골) 살과 뼈.

肌膚(기부) 피부.

肌液(기액) 땀.

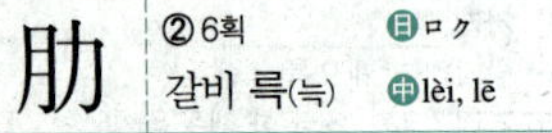

肋 ② 6획 日ロク
갈비 륵(늑) 中lèi, lē

풀이 갈비. 갈비뼈. 늑골.

肋骨(늑골) 갈빗대.

鷄肋(계륵) 닭의 갈비. 닭의 갈비는 먹을 것은 없으나 버리기도 아깝다는 말로 버릴 수도 없고 취할 수도 없는 것을 이르는 말.

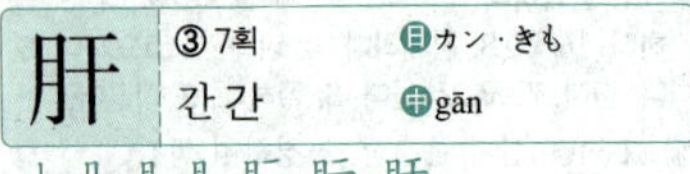

肝 ③ 7획 日カン · きも
간 간 中gān

丿 刀 月 月 月一 肝 肝

* 형성. 뜻을 나타내는 부수 '月(肉;고기 육)'과 음을 나타내는 '干(방패 간)'을 합친 글자. 생기의 근원이 되는 '장기(臟器)'의 뜻을 나타냄.

풀이 1. 간. ¶肝腦 2. 진심. 마음. 3. 요긴하다.¶肝要

肝氣(간기) 어린아이가 소화불량으로 식욕이 없어지고 얼굴이 수척해져 악취가 나고 푸른 변을 누며 자꾸 우는 증상.

肝膽(간담) 1)간과 쓸개. 2)속마음. 심중(心中).

肝膽相照(간담상조) 간과 쓸개를 꺼내어 서로 내보인다는 뜻으로, 격의 없이 사귀는 친구 사이를 이르는 말.

○肝膽相照(간담상조)의 유래

유종원(柳宗元)은 친구 유몽득(劉夢得)이 변방으로 좌천되었다는 소식을 듣고 자신이 대신 가겠다고 자청했다. 이를 들은 한유(韓愈)가 이렇게 말했다. "선비는 역경에 처했을 때 지조와 절개가 나타나는 법이다. 평소에 사람들은 서로 담소하고 술좌석에 함께 어울리며, 서로 사양하고 손을 마주 잡고서 간과 쓸개를 꺼내어 서로 내보이고, 태양을 가리키며 눈물을 흘리면서 맹세를 하고, 살아 있는 동안이나 죽은 후에도 배신하지 않겠다고 서약한다. 그러나 터럭만 한 이해관계라도 생기면 눈을 부릅뜨고 낯선 사람처럼 행동한다."

肝腎(간신) 1)간장과 신장. 2)마음.

肝要(간요) 매우 긴요함.

肝油(간유) 간장(肝臟)에서 뽑은 기름. 빛이 누렇고 냄새가 나며, 강장제(强壯劑)로 쓰임

肝腸(간장) 1)간과 창자. 2)마음.

肝臟(간장) 횡경막 아래, 복강(腹腔)의 오른편 위에 있는 장기.

心肝(심간) 1)심장과 간장. 2)깊은 마음속.

忠肝(충간) 충성스러운 마음. 진정으로 임금을 섬기는 마음.

비 肛(똥구멍 항)

肚	③ 7획	日ト · はら
	배 두	中dù, dǔ

풀이 1. 배. 2. 밥통.

肜	③ 7획	日ユウ
	제사 이름 융	中róng

풀이 제사 이름. 제사 다음날의 제사.

胣	③ 7획	日イ
	찢을 이	中yǐ

풀이 찢다. 창자를 가르다.

肕	③ 7획	日イン
	질길 인	中rèn

풀이 질기다.

肘	③ 7획	日チュウ · ひじ
	팔꿈치 주	中zhǒu

풀이 1. 팔꿈치. 2. 끌다. 잡아당기다. 3. 척도(尺度)의 명칭.

肖	③ 7획	
	❶ 닮을 초	日ショウ · にる
	❷ 쇠할 소	中xiào, xiāo

丨 ⺌ 小 肖 肖 肖 肖

* 형성. 뜻을 나타내는 부수 '月(肉;고기 육)'과 음을 나타내며 '자태'의 의미를 지닌 '小(작을 소)'를 합친 글자. 이에 몸집이 닮은 것을 나타내어, '닮다'의 뜻을 나타냄.

풀이 1 1. 닮다. 비슷하다. ¶肖似 2. 본받다. 2 3. 쇠하다. 쇠미하다. 4. 흩어지다.

肖像(초상) 사람의 얼굴을 그림으로 그리거나 조각으로 새김.

肖似(초사) 닮음. 비슷함.

不肖(불초) 1)못나고 어리석은 사람. 2)부모의 덕망이나 일을 이을 만한 자질이 없는 사람.

유 似(같을 사) 비 宵(밤 소)

肛	③ 7획	日コウ · はれる
	똥구멍 항	中gāng

* 형성. 뜻을 나타내는 부수 '月(肉;고기 육)'과 음을 나타내는 '工(장인 공)'을 합친 글자.

풀이 1. 똥구멍. 2. 부풀다. 배가 부풀다.

肛門(항문) 똥구멍. 소화기의 말단.

비 肝(간 간)

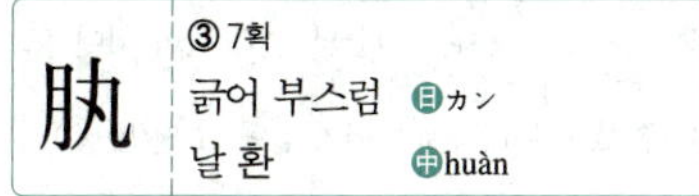

肒
③ 7획
긁어 부스럼
날 환
日カン
中huàn

풀이 긁어 부스럼 나다.

풀이 명치. 심장 밑에 있는 횡경막 위의 국부(局部).

비 盲(소경 맹)

丶 丿 户 户 户 肩 肩 肩

* 회의. 문을 나타낸 '户(지게 호)'와 '月(肉;고기 육)'을 합친 글자. 육체(肉)에 있어서 문(户)처럼 벌어진 곳인 '어깨'의 뜻으로 쓰임.

풀이 1 1. 어깨. ¶肩章 2. 견디다. 이겨 내다. 3. 세 살 먹은 짐승. 2 4. 약하다. ¶肩肩 5. 곱다.

肩胛骨(견갑골) 어깨 위쪽에 있는 역삼각형의 뼈. 어깨뼈.

肩摩轂擊(견마곡격) 어깨와 어깨가 서로 닿고, 수레의 바퀴가 서로 부딪힌다는 뜻으로, 왕래가 많은 모양을 이르는 말.

肩負(견부) 어깨에 물건을 짊어짐.

肩臂(견비) 어깨와 팔.

肩隨(견수) 나이가 많은 사람에 대한 예의로, 함께 걸을 때 어깨를 나란히 하며 조금 뒤에서 걷는 일.

肩輿(견여) 두 사람이 메는 가마.

肩章(견장) 제복 어깨에 붙여서 계급을 나타내는 표장.

肩次(견차) 어깨 차례.

肩肩(흔흔) 약하고 작은 모양.

股	④ 8획	日コ · もも
	넓적다리 고	中gǔ

풀이 1. 넓적다리. ¶股肱 2. 정강이. 3. 고. 직각삼각형의 직각을 이룬 긴 변.

股間(고간) 두 넓적다리 사이. 샅.
股肱(고굉) 다리와 팔.
股肱之力(고굉지력) 1)온몸에 있는 힘. 2)신하로서 임금을 위해 애쓰는 노력.
股肱之臣(고굉지신) 임금의 손과 발이 되어 도와주는 가장 신뢰하는 신하.
股慄(고율) 두려움에 다리가 떨림. 고전(股戰).

肱 ④8획 日コウ·ひじ
팔뚝 굉 中gōng

풀이 팔뚝.

肱膂(굉려) 팔뚝과 등뼈란 뜻으로, 중심이 되는 것을 이르는 말.

유 腕(팔 완)

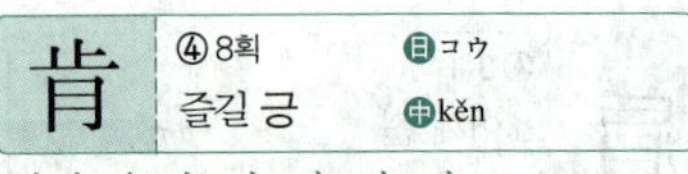

肯 ④8획 日コウ
즐길 긍 中kěn

* 회의. '骨(뼈 골)'의 생략형과 '月(肉:고기 육)'을 합친 글자. 뼈에 붙어 있는 살을 나타내며, 바뀌어 '즐기다', '동의하다'의 뜻으로 쓰임.

풀이 1. 즐기다. ¶肯從 2. 뼈 사이에 붙은 살. 3. 감히. 4. 수긍하다. ¶肯可

肯可(긍가) 수긍함. 허가함.
肯綮(긍경) 사물의 가장 중요한 곳을 이르는 말.
肯構(긍구) 선조의 사업을 아들이 이어받아 성취함을 이름.
肯諾(긍낙) 승낙함. 수긍하여 허락함.
肯謝(긍사) 옳게 여겨 감사의 뜻을 나타냄.
肯首(긍수) 고개를 끄덕임. 옳다고 인정함.
肯定(긍정) 1)그러하다고 동의함. 2)좋다고 승인함.
肯從(긍종) 즐겨 따름. 기꺼이 따름.
肯志(긍지) 찬성하는 뜻.

비 背(등 배)

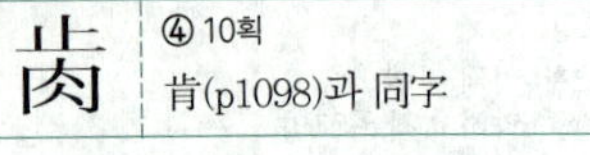

肻 ④10획
肯(p1098)과 同字

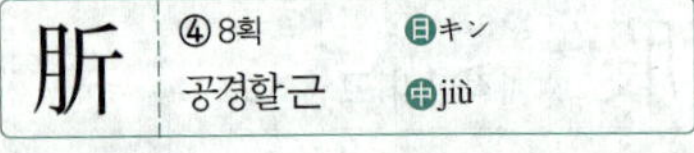

肵 ④8획 日キン
공경할 근 中jiù

풀이 공경하다.

肭 ④8획 日ドツ·ふとる
살찔 눌 中nà

풀이 1. 살찌다. 2. 물개.

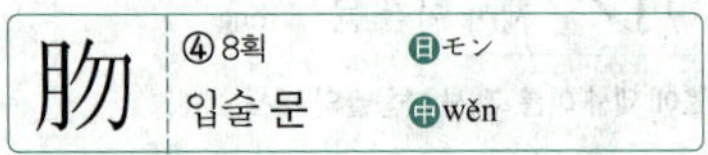

肳 ④8획 日モン
입술 문 中wěn

풀이 입술.

유 脣(입술 순)

肪 ④8획 日ボウ
기름 방 中fáng

풀이 1. 기름. 비계. 2. 살찌다.

肪膩(방니) 살에 기름기가 있어 윤기가 남.
肪脆(방취) 기름기가 많고 부드러운 것.

유 油(기름 유)

胖 ④8획 日ホウ
배부를 방 中pàng

풀이 1. 배가 부르다. 2. 냄새가 나다. 3. 붓다.

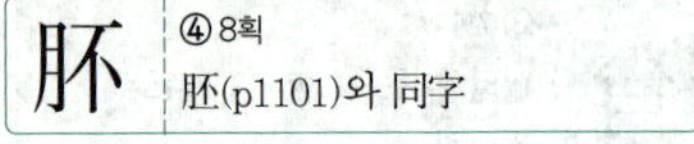

肧 ④8획
胚(p1101)와 同字

肦 ④8획 日フン
머리 클 분 中fén, bān

풀이 머리가 큰 모양.

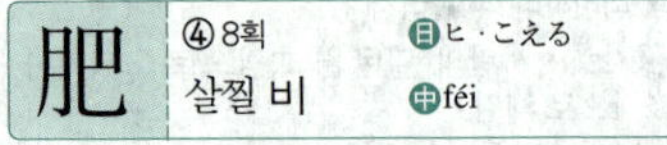

肥 ④8획 日ヒ·こえる
살찔 비 中féi

* 회의. '月(肉:고기 육)'과 살찐 사람을 의미하는 '巴(잡을 파)'를 합친 글자. 알맞게 살이 찐 사람을 나타냄. 지금은 사람과 동물에 모두 쓰임.

풀이 1. 살찌다. ¶肥大 2. 거름. ¶肥料 3. 땅이 기름지다. 4. 살진 고기. 5. 맛이 좋다. ¶肥甘

肥甘(비감) 맛이 좋은 음식.
肥强(비강) 1)살찌고 강함. 2)재력이 충분하고

왕성함.
肥大(비대) 살쪄 크고 뚱뚱함.
肥遯(비둔) 너그러운 마음으로 세상을 피해 숨음. 비둔(肥遁).
肥料(비료) 식물의 생장을 촉진하기 위하여 땅에 주는 영양 물질. 거름.
肥馬(비마) 살찐 말.
肥滿(비만) 살쪄서 뚱뚱해짐.
肥鮮(비선) 살지고 신선한 고기나 생선.
肥息(비식) 포동포동하게 자람.
肥沃(비옥) 땅이 기름져 농작물이 잘 됨.
肥育(비육) 가축을 잡기 전에 살을 찌우기 위하여 잘 먹여 기르는 일.
肥肉(비육) 살쪄 기름진 고기.
肥瘠(비척) 몸의 살찜과 야윔.
肥澤(비택) 1)살지고 윤기가 남. 2)땅이 비옥함.
肥厚(비후) 피부나 점박이 부어 두툼해 지는 일.

肫	④8획 ❶광대뼈 순 日ジュン ❷아래턱 준 中zhūn

풀이 ■1 1. 광대뼈. 2. 정성스럽다. 3. 통째로 말린 고기. 4. 정강이뼈. ■2 5. 아래턱.
肫髀(순비) 통째로 말린 넓적다리 고기.
肫肫(순순) 1)정성스러운 모양. 2)자상한 모양. 공손한 모양.

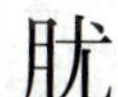

肬	④8획 日ユウ 사마귀 우 中yóu

풀이 1. 사마귀. 2. 혹. 3. 붓다.
肬贅(우췌) 1)사마귀 또는 혹. 2)쓸모없는 물건.

育	④8획 日イク·そだてる 기를 육 中yù

丶 亠 𠫓 𠫓 产 育 育 育

* 회의. '月(肉:고기 육)'과 아이를 거꾸로 세운 모양을 나타낸 부수 이외의 글자를 합친 글자. 이에 아이를 기르는 일을 나타내어 '기르다'의 뜻으로 쓰임.

풀이 1. 기르다. 양육하다. ¶育兒 2. 자라다. ¶育養 3. 낳다. 4. 어리다.
育鞠(육국) 궁핍한 가운데 기름.
育成(육성) 길러서 자라게 함.
育兒(육아) 어린 아이를 기름.
育養(육양) 어린아이를 기름. 양육.
育英(육영) 인재를 가르쳐 기름. 곧, 교육함.
育種(육종) 현재의 품종을 개량하거나 또는 개량종을 만드는 일.
유 飼(먹일 사)

肝	④8획 日イン 곰국 임 中rēn

풀이 1. 곰국. 고기를 끓인 국. 2. 잘 고아지다.

肏	④10획 炙(p795)과 同字

肢	④8획 日シ 사지 지 中zhī

* 형성. 뜻을 나타내는 부수 '月(肉:고기 육)'과 음을 나타내는 '支(지탱할 지)'를 합친 글자.

풀이 사지.
肢解(지해) 사지를 자르던 형벌.
비 枝(가지 지) 岐(갈림길 기)

肺	④8획 日ハイ 허파 폐 中fèi

丿 刀 月 月 肀 肀 肺 肺

* 형성. 뜻을 나타내는 부수 '月(肉:고기 육)'과 음을 나타내며 '초목이 무성하게 자라다', '왕성하다'의 뜻을 나타내는 '市(슬갑 불)'을 합친 글자. 사람의 호흡의 근원이 되는 장기를 나타내어, '허파'의 뜻으로 쓰임.

풀이 1. 허파. 2. 마음. 마음속. 3. 붉다. 4. 친하다.
肺氣(폐기) 딸꾹질.
肺炎(폐렴) 폐에 생기는 염증.
肺腑(폐부) 1)폐장(肺臟). 2)마음속. 3)친한 사람.
肺活量(폐활량) 폐에 최대한의 공기가 들어가게 숨을 들이마셨다가 내쉬는 공기의 양.

肣	④8획 ❶혀 함 日キン ❷거둘 금 中hán, qín

풀이 ■1 1. 혀. 2. 소고기 포. ■2 3. 거두다.

肮	④8획 日コウ·のど 목구멍 항 中āng

6획

풀이 목구멍.

유 喉(목구멍 후) 咽(목구멍 인)

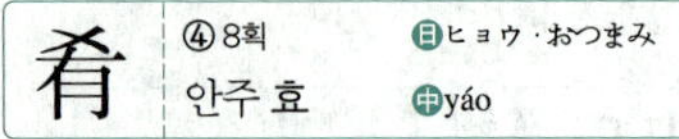

풀이 안주. 술안주. ¶肴核

肴蔬(효소) 안주와 채소.

肴核(효핵) 안주. 맛좋은 음식.

嘉肴(가효) 맛좋은 안주.

비 希(바랄 희)

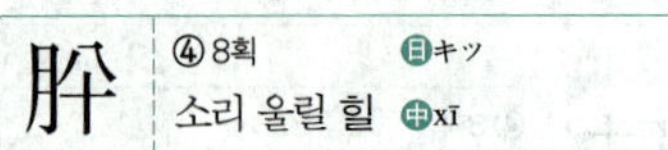

풀이 1. 소리가 울리다. 2. 떼 지어 날다. 3. 웃다.

肸蠁(힐향) 1)소리가 울려 퍼지는 일. 2)작은 벌레가 떼 지어 나는 모양. 3)떨쳐 일어나는 모양.

肸肸(힐힐) 웃는 소리.

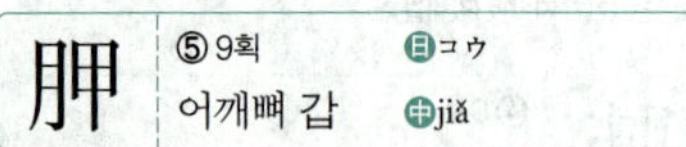

풀이 어깨뼈.

胛骨(갑골) 어깨뼈.

肩胛(견갑) 어깨뼈가 있는 곳.

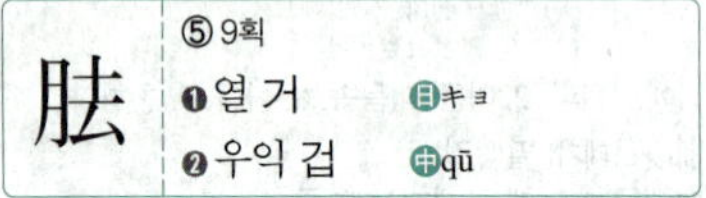

풀이 ❶ 1. 열다. 2. 겨드랑이. ❷ 3. 우익(右翼). 4. 막다.

胍 ⑤ 9획 | 클 고 | 日コウ | 中guā

풀이 크다. 뚱뚱하다.

비 脈(맥 맥)

朐 ⑤ 9획 | 굽은 포 구 | 日ク | 中qú, xū, chǔn

풀이 1. 굽은 포(脯). 2. 멀다.

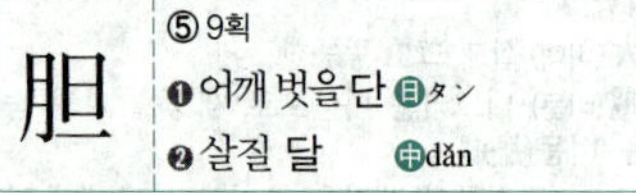

풀이 ❶ 1. 어깨 벗다. 2. 쓸개. ❷ 3. 살진 모양.

비 明(밝을 명)

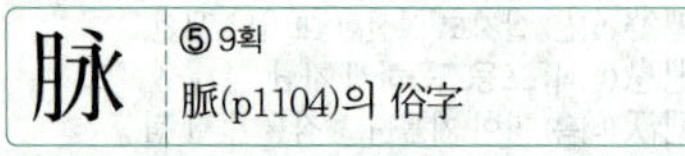

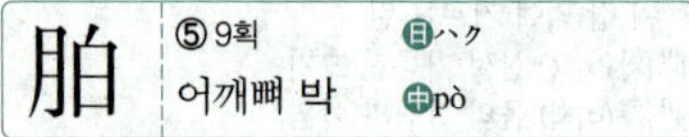

풀이 1. 어깨뼈. 2. 옆구리.

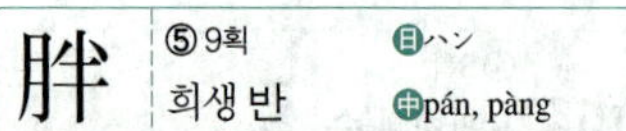

풀이 1. 희생. 희생의 반 쪽. 2. 갈비살. 3. 살찌다.

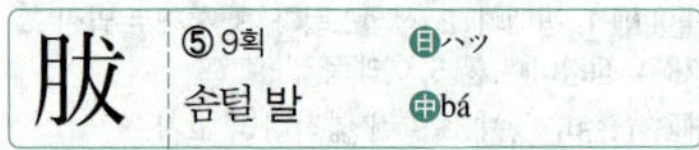

풀이 1. 솜털. 2. 허벅지.

背 ⑤ 9획 | 등 배 | 日ハイ·せ | 中bēi, bèi

丨 丬 丬 丬 北 北 背 背 背

* 형성. 뜻을 나타내는 부수 '月(肉:고기 육)'과 음을 나타내는 '北(북녘 북/달아날 배)'를 합친 글자. 신체(肉)의 북쪽(北), 즉 뒷쪽에 있는 '등'의 뜻으로 쓰임.

풀이 1. 등. ¶背面 2. 뒤. 3. 집의 북쪽. 4. 등지다. 배반하다. ¶背反 5. 죽다.

背景(배경) 1)무대 뒤쪽 벽에 그린 경치 및 무대 위의 장치. 2)뒤에서 지지해 주는 세력.

背光(배광) 후광(後光).

背教(배교) 믿던 종교를 등짐.

背囊(배낭) 물건을 넣어서 등에 짊어질 수 있도록 만든 주머니.

背德(배덕) 도의에 어그러짐. 또는 도덕에 상반된 행위.

背面(배면) 1)뒤. 등. 2)뒤를 향함.

背舞(배무) 서로 등지고 서서 추는 춤.

背叛(배반) 신의를 저버리고 등지고 돌아섬.

6획

背部(배부) 몸의 등이나 면의 뒤쪽.

背書(배서) 책장이나 서면(書面) 같은 것의 뒤에 글씨를 씀. 또는 그 글씨.

背水之陣(배수지진) 적과의 싸움에서 강·호수·바다 등을 등지고 치는 진(陣)이라는 뜻으로, 어떤 일에 죽음을 각오하고 대처하는 것을 이르는 말.

背水之陣(배수지진)의 유래

명장 한신(韓信)이 유방의 명에 따라 조(趙)나라로 쳐들어갔을 때, 조나라에서는 20만 대군을 동원하여 조나라로 들어오는 길목에 성채(城砦)를 구축하고 방어선을 폈다. 한신은 2천여 기병을 조나라의 성채 바로 뒷산에 매복시키고 1만여 군사에게 강을 등지고 진을 치게 한 다음, 자신은 본대를 이끌고 성채를 향해 진격했다. 몇 차례의 접전 끝에 한나라 군사는 퇴각하여 강가에 진을 친 부대에 합류했고, 조나라 군사는 맹렬히 추격해 왔다. 강을 등지고 진을 친 한나라 군사는 도망치고 싶어도 도망칠 수 없는 처지라서 필사적으로 싸웠다. 결국 견디지 못한 조나라 군사가 성채로 돌아와 보니 이미 매복하고 있던 한나라 기병들에 의해 점령되고 말았다. 《사기(史記)》

背水陣(배수진) 1)강을 등 뒤에 두고 진을 침. 2)온 힘을 다하여 성패(成敗)를 겨룸을 비유하는 말.

背信(배신) 신용을 저버림. 신의에 배반함.

背泳(배영) 물 위에 누운 자세로 치는 헤엄.

背恩(배은) 받은 은덕을 잊고 배반함.

背任(배임) 맡은 바 임무를 저버림.

背腫(배종) 등에 나는 작은 부스럼.

背馳(배치) 반대쪽으로 향하여 어긋남.

背板(배판) 의자 뒤에 붙이는 널판지.

背向(배향) 배반과 복종.

背後(배후) 1)뒤쪽. 뒤. 2)표면에 드러나지 않는 세력.

비 肯(즐길 긍)

胚	⑤ 9획 아이 밸 배	日 ハイ 中 pēi

풀이 1. 아이를 배다. 잉태하다. 2. 시초. 기원.

胚胎(배태) 1)아이나 새끼를 뱀. 2)사물의 시초.

유 肧(아이밸 배)

胕	⑤ 9획 종기 부	日 フ 中 fū

풀이 1. 종기. ¶胕腫 2. 장부(臟腑). 3. 살갗.

胕動(부동) 마음에 종기가 생김. 마음이 병듦.

胕腫(부종) 종기. 부스럼.

유 瘍(종기 양)

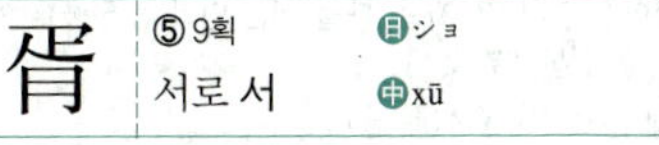

胥	⑤ 9획 서로 서	日 ショ 中 xū

풀이 1. 서로. 2. 다. 모두. 3. 기다리다. 4. 보다. 5. 힘을 보태다. 6. 게장. 7. 나비. 8. 하급관리. ¶胥吏

胥吏(서리) 행정기관에서 말단의 실무에 종사하는 하급의 관리.

胜	⑤ 9획 비릴 성	日 セイ 中 shēng

풀이 1. 비리다. 2. 날고기. 3. 여위다.

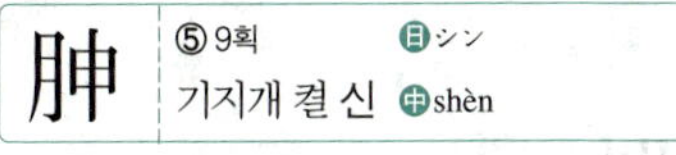

胂	⑤ 9획 기지개 켤 신	日 シン 中 shēn

풀이 1. 기지개를 켜다. 2. 등심.

胦	⑤ 9획 배부를 앙	日 オウ 中 yāng

풀이 1. 배가 부르다. 2. 배꼽.

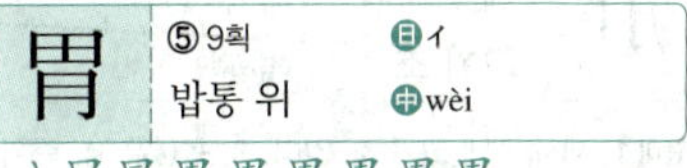

胃	⑤ 9획 밥통 위	日 イ 中 wèi

*회의. 위장 안에 음식이 들어있는 모양을 나타낸 '田(밭 전)'과 '月(肉:고기 육)'을 합친 글자.

풀이 1. 밥통. 위. ¶胃腸 2. 별이름.

胃痙攣(위경련) 위가 오그라지며 통증이 일어나는 증세.

胃潰瘍(위궤양) 위벽에 종기가 나서 허는 병.

胃酸(위산) 위액에 섞여 소화 작용을 하는 산(酸).

胃癌(위암) 위 안에 생기는 악성의 종기.

胃液(위액) 위에서 분비되는 무색 투명의 소화액.

胃炎(위염) 위의 점막에 염증이 생기는 병.

胃腸(위장) 위와 장.

胃腸病(위장병) 위장에 생기는 병.

胃出血(위출혈) 위에서 출혈이 일어나는 증상.

胃下垂(위하수) 위가 정상의 위치보다 처지는 병.

비 謂(이를 위)

胤	⑤ 9획 이을 윤	日 イン·たね 中 yìn

6획

풀이 1. 잇다. 2. 자손. 대를 잇는 맏아들. ¶胤子 3. 핏줄. 혈통. ¶胤文
胤君(윤군) 윤옥(胤玉)
胤文(윤문) 가계(家系)의 혈통을 적은 문서.
胤嗣(윤사) 자손. 윤예(胤裔).
胤玉(윤옥) 남의 아들을 높여 부르는 말.
胤子(윤자) 맏아들. 또는 자손.
令胤(영윤) 남의 아들에 대한 존칭.

胔	⑤ 11획	日サ
	썩은 고기 자	中zì

풀이 썩은 고기.

비 腐(썩을 부)

胏	⑤ 9획	日サ
	밥 찌꺼기 자	中zǐ

풀이 1. 밥 찌꺼기. 먹다 남은 밥. 2. 포. 뼈가 붙은 마른 고기.

胙	⑤ 9획	
	제사 지낸	日ソ
	고기 조	中zuò

풀이 1. 제사 지낸 고기. 2. 갚다. 3. 복(福). 4. 즉위하다.

비 昨(어제 작)

胄	⑤ 9획	日チュウ
	맏아들 주	中zhòu

풀이 1. 맏아들. ¶胄胤 2. 자손. 3. 핏줄. 혈통.
胄裔(주예) 핏줄. 자손.
胄胤(주윤) 맏아들. 혈통을 잇는 자손.

비 胃(밥통 위)

胑	⑤ 9획
	肢(p1099)와 同字

胝	⑤ 9획	日チ
	굳은살 지	中zhī

풀이 굳은살. 티눈.

胗	⑤ 9획	日シン
	입술 종기 진	中zhēn, zhěn

풀이 1. 입술에 나는 종기. 2. 종기. 부스럼.

胣	⑤ 9획	日イ
	창자 가를 이	中yǐ

풀이 창자를 가르다.

胎	⑤ 9획	日タイ
	아이 밸 태	中tāi

*형성. 뜻을 나타내는 부수 '月(肉:고기 육)'과 음을 나타내며 '처음'을 의미하는 '台(거의 태)'를 합친 글자. 어머니 몸속에서 아이가 생기기 시작한다는 뜻에서 '아이 배다'를 나타냄.

풀이 1. 아이를 배다. 잉태하다. 2. 태아. 3. 조짐.
胎敎(태교) 태아를 위한 교육.
胎動(태동) 1)모태 안에서 태아가 움직이는 일. 2)어떤 사물 현상이 생기려고 싹트기 시작하는 것.
胎盤(태반) 임신 중에 모체의 자궁 내벽과 태아 사이에서 영양 공급 · 호흡 · 배설 등의 기능을 맡는 원반 모양의 기관.
胎生(태생) 1)사람이 어떠한 곳에 태어남. 2)뱃속에서 어느 정도의 발달을 한 후에 태어남.
胎兒(태아) 모체 안에서 자라고 있는 아이.
落胎(낙태) 1)태아가 달이 차지 않은 상태에서 죽어서 나오는 것. 2)태아를 인위적으로 모체에서 떨어져 나오게 하는 것.
孕胎(잉태) 아이를 뱀.
換骨奪胎(환골탈태) 1)옛 사람이나 타인의 글에서 그 형식이나 내용을 모방하되 자기 나름의 새로움을 보태어 자기 작품으로 꾸미는 일. 2)용모가 환하고 아름다워 다른 사람처럼 됨.

유 孕(아이 밸 잉)

胞	⑤ 9획	日ホウ
	태보 포	中bāo

丿 刀 月 月 月' 肑 肑 肑 胞

*형성. 뜻을 나타내는 부수 '月(肉:고기 육)'과 음을 나타내는 '包(안을 포)'를 합친 글자. 뱃속의 아이를 싸고 있는 막(膜)을 나타냄.

풀이 1. 태보. ¶胞胎 2. 종기. 3. 세포. 4. 부엌. ¶胞人 5. 여드름. 6. 천연두.
胞宮(포궁) 아기집.
胞衣(포의) 태아를 싸고 있는 막과 태반.

6획

胞人(포인) 조리사.
胞子(포자) 식물이 번식하기 위하여 생기는 특별한 세포.
胞胎(포태) 1)태반. 2)자궁. 아기집. 3)아이를 뱀.
비 抱(안을 포)

胇	⑤ 9획	
	❶클 필	日ヒツ・ハイ・ヒ
	❷허파 폐	中bì, fèi, fěi
	❸마를 비	

풀이 ❶ 1. 크다. ❷ 2. 허파. ❸ 3. 마르다.

胡	⑤ 9획	日コウ
	오랑캐 호	中hū, hú, hù

一 十 古 古 古 㪅 胡 胡 胡

＊형성. 뜻을 나타내는 부수 '月(肉:고기 육)'과 음을 나타내는 '古(옛 고)'를 합친 글자. 이에 '소의 턱밑살'을 나타내며, 바뀌어 '어찌', '무엇인가', '오랑캐' 등의 뜻으로 쓰임.

풀이 1. 오랑캐. ¶胡亂 2. 어찌. 3. 턱밑살. 4. 멀다. 5. 오래 살다. 6. 늙은이. 노인. 7. 나비.

胡角(호각) 북쪽 오랑캐가 부는 뿔로 된 피리.
胡考(호고) 오래 삶. 또는 그런 사람. 늙은이.
胡瓜(호과) 오이.
胡弓(호궁) 동양에 널리 보급돼 있는 현악기의 하나.
胡亂(호란) 1)거칠고 어지러움. 2)불확실함. 3)오랑캐들이 침입하여 일으킨 난리.
胡虜(호로) 1)중국 북방의 이민족(異民族). 2)중국 사람이 외국인을 낮추어 부르는 말.
胡盧(호로) 1)입을 가리고 웃음. 또는 깔깔거리며 웃는 모양. 2)조롱박.
胡麻(호마) 참깨과의 일년생 풀.
胡粉(호분) 조개껍질을 태워서 만든 흰 가루.
胡孫(호손) 원숭이의 다른 이름.
胡壽(호수) 오래도록 삶.
胡僧(호승) 호국의 중. 외국의 승려.
胡髥(호염) 턱에 난 수염.
胡爲乎(호위호) 어찌하여.
胡人(호인) 1)만주사람. 2)야만인.
胡笛(호적) 관악기의 하나. 태평소.
胡蝶之夢(호접지몽) 나비의 꿈이란 뜻으로, 자연과 하나된 만물일체의 경지 혹은 인생의 덧없음을 일컫는 말.

○胡蝶之夢(호접지몽)의 유래

장자는 만물이 한몸임을 주장하는 만물제동(萬物齊同)의 사상으로 유명하다. 즉 모든 대립적인 것, 이를테면 옳고 그름, 선과 악, 아름다움과 추함, 가난과 부귀, 귀함과 천함, 참과 거짓 등은 만물일체의 경지에서 보면 차이가 없다는 것이다. 이 사상을 우화로 나타낸 것이 바로 호접지몽이다. 장자가 어느 날 꿈에서 나비가 되어 기분 내키는 대로 날아다녔는데, 깨어 보니 도대체 자신이 나비가 된 건지, 나비가 자신으로 변한 건지 알 수가 없었다는 이야기이다.

胡竹(호죽) 담배통이 투박하고 넓어 평평한 담뱃대.
胡椒(호초) 후추나무. 또는 그 열매.
비 湖(호수 호)

胳	⑥ 10획	日カク
	겨드랑이 각	中gā, gē, gé

풀이 겨드랑이.
유 腋(겨드랑이 액)

胯	⑥ 10획	日カ
	사타구니 과	中kuà

풀이 사타구니. 샅.
胯下(과하) 사타구니 밑.

胱	⑥ 10획	日コウ
	오줌통 광	中guāng

풀이 오줌통.

能	⑥ 10획	日ノウ・あたう
	능할 능	中néng

ㄥ ㅿ 㐰 㐰 㐰 㐰 㐰 能 能 能

＊회의. '月(肉:고기 육)'과 곰의 큰 머리 모양을 뜻하는 '厶(마늘 모)', 곰의 발바닥을 나타내는 '匕(비수 비)'를 합친 글자. 곰의 재능이 다양하다는 데서 '능하다'는 뜻을 나타냄.

풀이 1. 능하다. 할 수 있다. ¶能當 2. 잘하다. 재주가 뛰어나다. 재능. ¶能人 3. 곰의 한 가지.

能幹(능간) 솜씨. 일을 해내는 재주와 능력.
能官(능관) 재주 있는 관리.
能動(능동) 1)자신의 마음에 내켜 함. 2)작용함. 자기의 작용을 미치게 함. 3)타에 동작을 미치게 하는 동사의 성질.
能率(능률) 일정한 시간에 할 수 있는 일의 비율.
能名(능명) 능력이 있다는 명성.
能文(능문) 글을 잘 함. 글재주가 있음.
能事(능사) 1)능히 할 수 있는 일. 2)쓸모 있는 일.
能書不擇筆(능서불택필) 뛰어난 서예가는 붓을

가리지 않는다는 뜻으로, 재주가 뛰어나면 도구가 좋고 나쁨에 구애받지 않음을 이르는 말.

○能書不擇筆(능서불택필)의 유래

당나라 초기의 3대 서예가 중 한 사람인 구양순이 글씨를 쓸 때 종이나 붓을 가리지 않고도 마음먹은 대로 글씨를 썼다는 데서 유래한 말이다. 물론 구양순이 붓을 가리지 않는다는 것은 어느 붓이든 가리지 않고 글씨를 썼다는 말은 아니라, 조잡한 붓으로 글씨를 쓰더라도 그 대가의 경지에 변함이 없었다는 뜻이다.

能手(능수) 일에 능숙한 솜씨. 또는 그런 사람.

能臣(능신) 훌륭히 일을 잘 처리하는 신하.

能仁(능인) 능하고 어질다는 뜻으로 석가(釋迦)를 이르는 말.

能人(능인) 수완(手腕)이 뛰어난 사람.

能才(능재) 능력 있는 사람.

能通(능통) 어떤 일에 환히 통함.

能化(능화) 불교에서 능히 중생을 교화하는 사람, 곧 부처나 보살을 말함.

能猾(능활) 능간 있고 교활함.

비 態(모양 태)

胴 ⑥ 10획 日ドウ
큰창자 동 中dòng

풀이 1. 큰 창자. 2. 몸통.

비 洞(골 동)

脔 ⑥ 12획
臠(p1120)의 俗字

脉 ⑥ 10획 日マイ
등심 매 中méi

풀이 등심.

脈 ⑥ 10획 日ミャク·すじ
맥 맥 中mài, mò

丿 刀 月 月 月' 肵 肵 脈 脈 脈

*회의. 몸 속에 흐르는 피의 뜻을 나타내는 '月(肉:고기 육)'과 삼수변이 생략된 '𠂢(물갈래 파)'를 합친 글자. 몸 안에 퍼져 있는 갈래, 즉 '혈관'을 나타냄.

풀이 1. 맥. 혈맥. ¶脈絡 2. 줄기. 3. 계속하는 모양. 끊이지 않는 모양. 4. 맥박. 진맥하다. ¶脈搏

脈管(맥관) 피가 흐르는 관. 혈관(血管).

脈動(맥동) 1)맥박이 뜀. 2)자연적인 원인으로 지면이 주기적으로 움직이는 진동.

脈絡(맥락) 1)혈맥(血脈)이 이어져 있는 모양. 2)사물이 서로 이어져 있는 관계.

脈理(맥리) 1)글이나 문장 또는 사물의 전체에 통하는 이치. 2)맥을 짚어 병의 증세를 짐작하는 이치.

脈搏(맥박) 심장의 박동에 따라 일어나는 혈관 벽의 주기적인 움직임.

脈候(맥후) 맥박에 나타나는 증후.

비 脈(훔쳐볼 맥)

脉 ⑥ 10획
脈(p1104)과 同字

胮 ⑥ 10획 日ボウ
불룩할 방 中pāng

풀이 불룩하다.

胮肛(방항) 불룩하게 부풀어 커진 모양.

비 降(내릴 강)

胼 ⑥ 10획
胼(p1109)의 俗字

朐 ⑥ 10획 日ジュン
지렁이 순 中chǔn

풀이 지렁이.

胦 ⑥ 10획
胦(p1112)의 俗字

胰 ⑥ 10획 日イ
등심 이 中yí

풀이 1. 등심. 2. 췌장(膵臟).

비 夷(오랑캐 이)

胹 ⑥ 10획 日ジ
삶을 이 中ér

풀이 삶다. 삶아 익힘.

유 烹(삶을 팽)

胭	⑥ 10획	日イン・のど
	목구멍 인	中yān

풀이 목구멍.

유 喉(목구멍 후) 咽(목구멍 인)

胾	⑥ 12획	日サ
	고깃점 자	中zì

풀이 고깃점. 저민 고기.

脀	⑥ 10획	
	❶미련할 증	日ソウ
	❷어리석을 승	中zhēng

풀이 ❶ 1. 미련하다. 2. 희생물을 담다. 3. 삶다. ❷ 4. 어리석다.

비 丞(도울 승)

脭	⑥ 10획
	脀(p1105)과 同字

脂	⑥ 10획	日ジ
	기름 지	中zhī

* 형성. 뜻을 나타내는 부수 '月(肉:고기 육)'과 음을 나타내는 '旨(뜻 지)'를 합친 글자.

풀이 1. 기름. 비계. ¶脂膏 2. 기름을 바르다. 3. 노력해서 얻은 소득. 4. 연지. ¶脂粉

脂膏(지고) 1)기름. 2)백성들이 수고를 하여 얻은 이익. 3)물질이 풍부함.
脂肪(지방) 유지(油脂)가 상온에서 고체로 된 것.
脂粉(지분) 연지와 흰 가루.
脂韋(지위) 1)비계와 윤이나는 가죽. 2)세상에 아첨하는 사람.
脂肉(지육) 기름진 고기.
脂澤(지택) 1)기름지고 윤이 남. 2)몸의 기름. 3)화장에 쓰는 기름.

유 肪(기름 방) 油(기름 유)

脊	⑥ 10획	日セキ
	등뼈 척	中jǐ

* 회의. 등뼈를 본뜬 '夫(아비 부)'와 '月(肉:고기 육)'을 합친 글자. 이에 '등'의 뜻으로 쓰임.

풀이 1. 등뼈. ¶脊骨 2. 등성마루. ¶脊椎 3. 조리. 4. 어지럽다.

脊骨(척골) 등뼈.
脊梁(척량) 1)등뼈. 2)길게 이어져 있는 고지대나 산맥.
脊脊(척척) 어지러운 모양.
脊椎(척추) 등뼈로 이루어진 등성마루.

비 背(등 배)

脆	⑥ 10획	日ゼイ
	무를 취	中cuì

풀이 1. 무르다. 단단하지 않다. ¶脆弱 2. 가볍다. 3. 연하다. ¶脆味

脆味(취미) 연하여 맛이 좋음.
脆薄(취박) 1)무르고 얇음. 2)인정이 박함.
脆弱(취약) 무르고 약함.
脆軟(취연) 무르고 연함.

비 危(위태할 위)

脃	⑥ 10획
	脆(p1105)의 本字

胵	⑥ 10획	日チ・シツ
	멀떠구니 치	中chī

풀이 멀떠구니. 조류의 식도 아래 주머니.

胲	⑥ 10획	
	❶엄지 발가락 해	日カイ 中hǎi
	❷뺨 개	

풀이 ❶ 1. 엄지발가락. 2. 변하다. ❷ 3. 뺨. 볼.

胻	⑥ 10획	日ギョウ
	정강이 항	中héng

풀이 정강이.

脅	⑥ 10획	
	❶옆구리 협	日キョウ・おびやかす
	❷으쓱거릴 흡	中xié

フ 力 カ 㓛 劦 劦 脅 脅 脅 脅

* 형성. 뜻을 나타내는 부수 '月(肉;고기 육)'과 음을 나타내며 옆구리를 의미하는 '劦(합할 협)'을 합친 글자. 이에 '옆구리'를 나타내며, '겁주다', '위협하다'의 뜻으로도 쓰임.

풀이 ❶ 1. 옆구리. 2. 옆. 곁. 3. 협박하다. 으르다. ¶脅喝 ❷ 4. 으쓱거리다. ¶脅約

脅喝(협갈) 협박하여 겁먹게 함. 협박하여 공갈함.

脅勒(협륵) 위협하여 우겨댐.

脅迫(협박) 1)으르고 핍박함. 2)해악을 끼치겠다는 말을 하거나 핍박하여 남에게 겁을 주는 일.

脅息(협식) 두려워 숨을 죽임.

脅威(협위) 으르고 위협함. 협박함.

脅制(협제) 위협하여 제압함.

脅從(협종) 협박에 눌려 복종함. 또는 두려움에 못 이겨 따름.

脅奪(협탈) 협박하여 빼앗음.

脅逼(협핍) 협박(脅迫).

脅嚇(협하) 협박하여 겁먹게 함. 공하(恐嚇).

유 脇(옆구리 협)

脇	⑥ 10획 脅(p1105)과 同字

胷	⑥ 10획 胸(p1106)과 同字

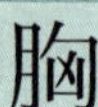

胸	⑥ 10획 가슴 흉	日キョウ·むね 中xiōng

丿 刀 月 月 月' 肑 肑 胸 胸 胸

* 형성. 뜻을 나타내는 부수 '月(肉;고기 육)'과 음을 나타내는 '匈(흉할 흉)'을 합친 글자.

풀이 1. 가슴. 마음. ¶胸中 2. 중요하다. 중요한 곳.

胸甲(흉갑) 전쟁터에서 가슴을 보호하기 위한 갑옷의 한 종류.

胸腔(흉강) 가슴의 내부.

胸膈(흉격) 1)가슴과 배의 사이. 2)마음 속. 심중.

胸廓(흉곽) 가슴을 이루는 뼈대.

胸襟(흉금) 가슴속. 마음속.

胸裏(흉리) 마음속.

胸壁(흉벽) 1)흉부의 바깥 벽. 2)화살·총알을 막기 위하여 쌓은 벽.

胸腹(흉복) 가슴과 배. 바뀌어 지세(地勢)의 요긴한 곳.

胸算(흉산) 속셈.

胸腋(흉액) 가슴과 겨드랑이.

胸臆(흉억) 1)가슴. 마음. 2)자신의 생각.

胸宇(흉우) 가슴속.

胸中(흉중) 가슴속. 마음속.

胸中鱗甲(흉중인갑) 다른 사람과 다투는 나쁜 마음을 이르는 말.

胸懷(흉회) 마음에 품은 생각.

유 胸(가슴 흉)

脚	⑦ 11획 다리 각	日キャク·あし 中jiǎo, jué

丿 刀 月 月 月⁻ 月⁺ 肚 肚 胠 胠 脚

* 형성. 뜻을 나타내는 부수 '月(肉;고기 육)'과 음을 나타내는 '却(구부러질 각)'을 합친 글자. 다리는 무릎에서 구부러지므로 '다리'의 뜻으로 쓰임.

풀이 1. 다리. ¶脚線美 2. 물건의 하부. 3. 지위. 4. 밟다. 5. 토대.

脚骨(각골) 다리뼈.

脚光(각광) 무대 전면의 아래쪽에서 배우를 비추어 주는 광선.

脚跟(각근) 발꿈치.

脚氣病(각기병) 비타민 B의 결핍으로 생기는 병으로, 다리가 마비되고 붓는 증세.

脚爐(각로) 잘 때 이불 안에 넣고 몸을 따뜻하게 하는 화로.

脚本(각본) 연극의 대사나 무대 장치에 관한 것들을 적은 글.

脚夫(각부) 먼 길을 걸어서 심부름하는 사람.

脚色(각색) 소설이나 사건 등을 극·영화의 각본이 되게 고쳐 쓰는 것.

脚韻(각운) 시나 문장의 줄의 끝에 다는 운.

脚註(각주) 본문 밑에 적은 풀이. 주석.

脚下(각하) 1)발 밑. 2)현재. 지금. 당장.

脚戲(각희) 1)서로 상대편 다리를 한 발로 차서 넘어뜨리는 경기. 2)씨름.

유 足(발 족)

脛	⑦ 11획 정강이 경	日ケイ·すね 中jìng

풀이 정강이.

脳	⑦ 11획 腦(p1111)의 俗字

6획

脰	⑦ 11획 목 두	日 トウ 中 dòu

풀이 목. 목덜미.

脢	⑦ 11획 등심 매	日 バイ 中 méi

풀이 등심.

脕	⑦ 11획 ❶ 싹틀 문 ❷ 흠치르르할 만	日 マン 中 wàn

풀이 1 1. 싹트다. 2 2. 흠치르르하다. 윤이 나고 예쁘다.

비 免(면할 면)

脗	⑦ 11획 맞출 문	日 フン 中 wěn

풀이 맞추다. 입을 맞춤.

脖	⑦ 11획 배꼽 발	日 バツ 中 bó

풀이 1. 배꼽. 2. 목덜미.

脩	⑦ 11획 포 수	日 シュウ 中 xiū

풀이 1. 포. 건육. ¶脩脯 2. 닦다. 3. 길다. ¶脩短 4. 말리다. 5. 오래다. 멀다.

脩短(수단) 길고 짧음.
脩路(수로) 먼 길.
脩夜(수야) 긴 밤.
脩遠(수원) 먼 길.
脩竹(수죽) 길고 밋밋하게 자란 대나무.
脩脯(수포) 포. 건육.

비 修(닦을 수)

脣	⑦ 11획 입술 순	日 シュン・くちびる 中 chún

丿 厂 尸 尸 尼 辰 辰 辰 脣 脣 脣

* 형성. 뜻을 나타내는 부수 '月(肉;고기 육)'과 음을 나타내는 '辰(별 신)'을 합친 글자.

풀이 1. 입술. ¶脣音 2. 가장자리.

脣頭(순두) 입술 끝.
脣亡齒寒(순망치한) 입술이 없어지면 이가 시리다는 뜻으로, 한쪽이 망하면 다른 한 쪽도 망함.즉, 매우 밀접한 관계를 비유하는 말.

脣亡齒寒(순망치한)의 유래

춘추 시대 진나라가 주변 나라들을 병합해 나갈 때, 괵(虢)나라를 치기 위해서 우나라에게 길을 빌려달라고 하였다. 이때 우나라 신하가 임금에게 "괵은 우나라의 외곽입니다. 괵이 망하면 우나라도 망합니다. 수레의 바퀴와 그 바퀴에 대는 덧방나무는 서로 의지하고, 입술이 없어지면 이빨이 시린 법입니다. 이는 바로 우나라와 괵나라를 두고 한 말입니다."라고 하면서 진나라에게 길을 빌려주지 말 것을 간언했다. 그러나 결국 길을 내어 준 우나라는 결국 괵이 망한 후 진나라에게 멸망당하였다.

脣吻(순문) 입술.
脣舌(순설) 1)입술과 혀. 2)수다스러움. 말을 잘함.
脣音(순음) 입술이 맞닿아 나는 'ㅁ'·'ㅂ'·'ㅃ'·'ㅍ' 등의 입술소리.
脣齒(순치) 1)입술과 이. 2)서로 돕고 의지하는 관계.
反脣(반순) 입술을 비쭉거리며 비웃음.
上脣(상순) 1)윗입술 2)입술 모양으로 된 꽃잎이나 꽃받침의 윗부분.

유 吻(입술 문)

脤	⑦ 11획 제육 신	日 シン 中 shèn

풀이 제육(祭肉). 제사에 쓰는 날고기.

脘	⑦ 11획 밥통 완	日 ワン・ガン 中 wǎn

풀이 1. 밥통. 위(胃). 2. 말린 고기. 3. 밥통을 말린 것.

脡	⑦ 11획 곧은 포 정	日 テイ 中 tǐng

풀이 1. 곧은 포. 2. 곧다. 똑바르다.

脞	⑦ 11획 무릎 좌	日 ザ 中 cuǒ

풀이 1. 무르다. 2. 잘다. 좀스럽다. 3. 저민 고기.

비 挫(꺾을 좌)

脧	⑦ 11획	日セン
	불알 최	中zuī, juān

풀이 갓난아기의 생식기.

비 晙(밝을 준)

脫	⑦ 11획	
	❶벗을 탈	日ダツ・ぬく
	❷기뻐할 태	中tuō

丿 刀 月 月 月' 月'' 月'' 胪 胪 胪 脫

* 형성. 뜻을 나타내는 부수 '月(肉:고기 육)'과 음을 나타내며 제거한다는 의미를 지닌 '兌(바꿀 태)'를 합친 글자. 이에 살에서 뼈를 제거하는 것을 나타내며, 바뀌어 '빠지다', '벗다'의 뜻으로 쓰임.

풀이 ❶ 1. 벗다. 2. 벗어나다. ¶脫俗 3. 벗어나게 하다. 면제하다. 4. 빠지다. 빠뜨리다. ¶脫毛 5. 떨어지다. 6. 소홀하다. 7. 풀다. ❷ 8. 기뻐하다.

脫稿(탈고) 원고를 다 써서 마침.
脫穀(탈곡) 1)벼 · 보리의 이삭에서 낟알을 털어 냄. 2)헛소문이나 억울한 죄명을 벗어남.
脫黨(탈당) 소속되어 있는 당에서 빠져 나옴.
脫落(탈락) 함께 같이 나가던 일에서 빠져나감.
脫漏(탈루) 있어야 할 것이 누락됨.
脫毛症(탈모증) 털이 빠지는 증세.
脫法(탈법) 법의 불비한 점을 교묘히 뚫거나 벗어남.
脫喪(탈상) 부모의 삼년상을 마침.
脫色(탈색) 섬유 등에 들어 있는 색깔을 빼어 버림.
脫線(탈선) 1)기차나 전차 등의 수레바퀴가 궤도에서 벗어져 나감. 2)상식에 벗어난 행동을 함. 언행이 빗나감. 3)목적에서 벗어남.
脫稅(탈세) 납세 의무를 게을리하여 세금의 전부 또는 일부를 납입하지 않음.
脫俗(탈속) 속세를 벗어남.
脫水(탈수) 어떤 물질에 들어 있는 수분을 뺌.
脫營(탈영) 군인이 병영에서 도망쳐 나감.
脫獄(탈옥) 죄수가 감옥에서 도망쳐 나감.
脫衣(탈의) 옷을 벗음.
脫字(탈자) 글을 쓰다가 빠뜨린 글자.
脫腸(탈장) 장의 일부가 복벽(腹壁)의 저항이 약한 곳으로부터 복막(腹膜)에 덮힌 채 복강(腹腔) 밖으로 나오는 상태.
脫走(탈주) 빠져 달아남.
脫脂(탈지) 기름기를 제거함.
脫盡(탈진) 기력이 다 빠져 없어짐.
脫出(탈출) 빠져나감.
脫胎(탈태) 남의 작품의 형식을 본떠 자기의 것으로 하는 일.
脫退(탈퇴) 1)관계하고 있는 일로부터 벗어남. 2)가입한 단체에서 나옴.
脫皮(탈피) 낡은 것을 벗고 새로워짐.
脫還(탈환) 도로 빼앗음.

반 着(입을 착)

脞	⑦ 11획	日ハイ
	허벅다리 폐	中bì

풀이 1. 허벅다리. 2. 밥통. 위(胃).

脞胵(폐치) 밥통. 위(胃).

脯	⑦ 11획	日ホ
	포 포	中fǔ, pú

풀이 포. 포를 뜨다.

비 浦(개 포)

脬	⑦ 11획	日ホウ
	오줌통 포	中pāo

풀이 오줌통. 방광.

脝	⑦ 11획	日キョウ
	배 불룩할 형	中hēng

풀이 배가 불룩한 모양.

腔	⑧ 12획	日コウ
	빈 속 강	中qiāng

풀이 1. 속이 비다. 2. 가락. 곡조.

腔子(강자) 신체 중 빈 곳. 몸통 · 배.
腔腸(강장) 강장동물의 체강(體腔).

비 控(당길 공)

腒	⑧ 12획	日キョ
	포 거	中jū

* 형성. 뜻을 나타내는 부수 '月(肉:고기 육)'과 음을 나타내는 '居(살 거)'를 합친 글자.

풀이 포. 새의 건육. ¶腒腊

腒腊(거석) 새를 말린 고기. 꿩의 포.

6획

胼 ⑧ 12획 日ヘン
살갗 틀 변 中pián

풀이 살갗이 트다. 굳은 살. 못.

胼胝(변지) 1)튼 살갗. 2)굳은살.

腐 ⑧ 14획 日フ·くさる
썩을 부 中fǔ

丶 亠 广 广 庐 庐 府 府 府 腐 腐 腐 腐 腐

* 형성. 뜻을 나타내는 부수 '月(肉:고기 육)'과 음을 나타내는 '府(곳집 부)'를 합친 글자.

풀이 1. 썩다. ¶腐爛 2. 썩히다. 3. 쓸모없다. ¶腐生 4. 궁형. 불알을 까는 형벌.

腐爛(부란) 썩어 문드러짐.

腐生(부생) 쓸모없는 사람.

腐鼠(부서) 썩은 쥐란 뜻으로, 쓸모없는 사람을 이르는 말.

腐儒(부유) 썩어 빠진 선비. 쓸모 없는 학자.

腐腸之藥(부장지약) 창자를 썩게 하는 약이라는 뜻으로, 좋은 음식이나 술을 이르는 말.

腐刑(부형) 옛날, 남자의 생식기를 자르던 형벌. 궁형(宮刑).

유 朽(썩을 후)

腑 ⑧ 12획 日フ
장부 부 中fǔ

풀이 1. 장부(臟腑). 위장·대장·소장 등. 2. 마음.

腑臟(부장) 오장육부.

胕 ⑧ 12획
腑(p1109)와 同字

腓 ⑧ 12획 日ヒ
장딴지 비 中féi

풀이 1. 장딴지. 2. 피하다. 3. 병들다.

腓骨(비골) 장딴지 뼈.

脾 ⑧ 12획 日ヒ
지라 비 中pí

풀이 1. 지라. 오장의 하나. ¶脾胃 2. 그치다. 3. 허벅다리. 4. 살찌다.

脾析(비석) 소나 가축의 지라.

脾胃(비위) 1) 비장과 위. 2)사물에 대하여 좋고 나쁨을 느낌. 3)역겨운 것을 잘 참는 힘.

脾肉之嘆(비육지탄) 넓적다리를 보고 탄식한다는 뜻으로, 마땅히 해야 할 일을 하지 않고 허송세월함을 이르는 말.

◐脾肉之嘆(비육지탄)의 유래

유비가 조조와의 싸움에서 수세에 몰려 형주의 유표에게 신세를 지고 있을 때의 일이다. 하루는 유표가 유비를 연회에 초청했는데, 유비는 연회 도중에 화장실에 갔다가 넓적다리에 군살이 찐 것을 보고 눈물을 흘렸다. 유표가 이유를 묻자 "예전에는 늘 말을 타고 다니느라 넓적다리에 군살이 붙을 틈이 없었는데, 지금은 오랫동안 말을 타지 않아 넓적다리에 군살이 붙었습니다. 천하에 명성을 떨치지도 못하고 기개도 예전만 못한 것이 슬픕니다." 이 말을 들은 유표는 깊이 동감하여 유비를 적극적으로 돕게 되었다.

胛 ⑧ 12획
脾(p1109)의 俗字

腊 ⑧ 12획 日セキ
포 석 中xī

* 형성. 뜻을 나타내는 부수 '月(肉:고기 육)'과 음을 나타내는 '昔(옛 석)'을 합친 글자.

풀이 1. 포. 건육. 2. 심하다. 대단하다. 3. 주름살.

腊毒(석독) 심한 독.

腊魚(석어) 소금에 절인 생선.

腊肉(석육) 말린 고기.

脽 ⑧ 12획 日スウ
엉덩이 수 中shuí

풀이 1. 엉덩이. 2. 엉덩이뼈.

脽尻(수구) 볼기. 엉덩이.

脗 ⑧ 12획 日フン
입술 순 中chún, wěn

풀이 입술.

유 脣(입술 순) 비 吻(합할 문)

腎 ⑧ 12획 日ジン
콩팥 신 中shèn

* 형성. 뜻을 나타내는 부수 '肉(고기 육)'과 음을 나타내는 부수 이외의 글자를 합친 글자.

풀이 1. 콩팥. 신장. ¶腎腸 2. 굳다.

腎氣(신기) 콩팥의 기능. 또는 남성의 정력(精力).
腎腸(신장) 1)콩팥과 창자. 2)참된 마음.
腎臟(신장) 소변으로 배설하는 기관. 콩팥.
腎虛(신허) 신장 기능이 약함. 또는 그 병.

腋	⑧ 12획	日エキ・わき
	겨드랑이 액	中yè

풀이 겨드랑이.
腋氣(액기) 겨드랑이에서 나는 고약한 냄새. 액취증(腋臭症). 암내.
腋芽(액아) 식물의 잎과 줄기 사이에서 나는 새싹.
腋汗(액한) 겨드랑이에서 나는 땀. 곁땀.

腌	⑧ 12획	日アン
	절인 고기 엄	中ā

풀이 절인 고기. 절인 생선.

腕	⑧ 12획	日ワン・うで
	팔 완	中wàn

풀이 1. 팔. 팔뚝. ¶腕力 2. 팔목. 손목. 3. 솜씨.
腕骨(완골) 손목뼈.
腕力(완력) 1)주먹심. 2)육체적으로 상대방을 누르는 힘.
腕釧(완천) 팔찌.

腍	⑧ 12획	日ネン
	맛날 임	中rèn

풀이 1. 맛나다. 맛이 좋다. 2. 익히다.

腦	⑧ 12획	
	❶ 살통통할 자	日サ・チ
	❷ 포 치	中zì

풀이 ❶ 1. 살이 통통하다. ❷ 2. 포.

腆	⑧ 12획	日テン
	두터울 전	中tiǎn

풀이 1. 두텁다. 후하다. ¶腆冒 2. 옳다. 3. 오다. 이르다.
腆愧(전괴) 부끄럽게 생각함.
腆冒(전모) 1)두터운 모양. 2)부끄러움을 모르는 모양.
腆贈(전증) 후한 예물.

脺	⑧ 12획	
	❶ 약할 졸	日ソツ・スイ
	❷ 윤택할 수	中cuì

풀이 ❶ 1. 약하다. 무르다. ❷ 2. 윤택하다. 얼굴에 윤기가 돌다. 3. 뇌(腦).

脹	⑧ 12획	日チョウ
	부를 창	中zhàng

풀이 배가 부르다. ¶脹滿
脹滿(창만) 배에 물이 괴어 팽창하는 상태. 또는 그러한 증세.
脹脹(창창) 배부른 모양.
脹飽(창포) 배가 부르게 먹음.

腏	⑧ 12획	日サイ
	살바를 철	中chuò, zhuì

풀이 1. 살을 바르다. 2. 골수.
腏食(철식) 신(神)들에게 제사 지낼 때, 위패를 나란히 놓고 한꺼번에 지내는 일.

腄	⑧ 12획	
	❶ 발꿈치 못 추	日スウ・スイ
	❷ 볼기 수	中chuí, chuái

풀이 ❶ 1. 발꿈치 못. 발꿈치의 굳은살. ❷ 2. 볼기.

腍	⑧ 12획	日あご
	턱 함	中hán

풀이 턱.

腱	⑨ 13획	日ケン
	힘줄 건	中jiàn

풀이 힘줄. 힘줄의 끝부분.

䐈	⑨ 13획	日キュウ
	못생길 규	中kuí

풀이 못생긴 모양. 보기 흉함.

腩 ⑨ 13획 日ナン
고기 남 中nǎn

풀이 1. 고기. 삶은 고기. 2. 포. 3. 간납(肝納). 제사나 잔치에 쓰이는 저나. 소의 간이나 생선을 다져 밀가루를 묻히고 달걀을 입혀서 기름에 지진 음식.

腦 ⑨ 13획 日ノウ
뇌 뇌 中nǎo

丿 刀 月 月 月' 月'' 月''' 月⺮ 月⺮ 腭 腦 腦 腦

* 형성. 뜻을 나타내는 부수 '月(肉:고기 육)'과 음을 나타내는 부수 이외의 글자(아랫부분이 머리 모양, 윗부분이 머리털)를 합친 글자.

풀이 1. 뇌. 뇌수. ¶腦漿 2. 머리. 3. 생각. 마음. 4. 판단력. 5. 주요한 것.

腦力(뇌력) 정신을 써서 생각하는 힘.

腦漿(뇌장) 뇌실(腦室)안이나 척수의 내강(內腔)에 차있는 무색 투명한 액체. 뇌척수액.

腦震蕩(뇌진탕) 머리를 세게 부딪혀 의식을 잃거나 혹은 죽음.

腶 ⑨ 13획 日ダン
약포 단 中duàn

풀이 약포.

腶脩(단수) 생강 · 계피 등의 가루를 섞어 말린 고기. 단포(腶脯).

腯 ⑨ 13획 日トツ
살찔 돌 中tú

풀이 살찌다. 비대해지다.

腯肥(돌비) 1)돼지의 다른 이름. 2)비대해짐.

腜 ⑨ 13획 日ヒョク
아이 밸 매 中méi

풀이 1. 아이를 배다. 2. 아름답다.

腹 ⑨ 13획 日フク
배 복 中fù

丿 刀 月 月' 月ᅮ 月ᅮ 肵 肵 胙 脜 腹 腹

* 형성. 뜻을 나타내는 부수 '月(肉:고기 육)'과 음을 나타내며 '싸다'의 뜻을 지닌 '复(갈 복)'을 합친 글자. 내장 기관을 싸는 육체를 나타내어, '배'의 뜻으로 쓰임.

풀이 1. 배. ¶腹背 2. 두텁다. 3. 껴안다. 4. 낳다. 5. 마음. 6. 앞. 전면.

腹稿(복고) 문장을 짓거나 연설을 할 때 먼저 마음속으로 구상함. 또는 그 내용.

腹背(복배) 1)배와 등. 2)앞과 뒤.

腹誹(복비) 마음속으로 욕함. 말로 나타내지는 않으나 마음속으로 비방함.

腹笥虛(복사허) 뱃속에 있는 상자가 텅빔. 즉, 학식이 모자람을 이르는 말.

腹心(복심) 1)겉으로 드러내지 않은 속마음. 2)믿을 수 있는 부하. 심복.

腹心之疾(복심지질) 뱃속의 질병이라는 뜻으로, 덮어버릴 수 없는 어려운 근심을 비유하여 이르는 말.

腹案(복안) 마음에 품고 있는 생각이나 계획.

腹中(복중) 1)뱃속. 2) 태(胎)의 안.

腹痛(복통) 배가 아픈 증세.

비 服(옷 복)

腺 ⑨ 13획 日セン
샘 선 中xiàn

풀이 샘. 분비 작용을 하는 기관.

유 泉(샘 천) 비 線(줄 선)

腥 ⑨ 13획 日セイ
비릴 성 中xīng

* 형성. 뜻을 나타내는 부수 '月(肉:고기 육)'과 음을 나타내는 '星(별 성)'을 합친 글자.

풀이 1. 비리다. ¶腥血 2. 날고기. ¶腥生 3. 더럽다. 추하다.

腥生(성생) 날고기.

腥魚(성어) 생선(生鮮).

腥羶(성전) 1)비린내가 남. 2)외국인을 낮추어 이르는 말.

腥臊(성조) 1)비림. 비린내가 남. 2)더러움.

腥臭(성취) 비린내.

腥風(성풍) 1)피비린내가 풍기는 바람. 2)살벌한 기운.

腥血(성혈) 비린내나는 피.

腧 ⑨ 13획 日シュ
경혈 수 中shù

풀이 경혈(經穴). 침을 놓는 자리.

腮	⑨ 13획 顋(p1551)의 俗字

腭	⑨ 13획 齶(p1665)과 同字

腥	⑨ 13획 日アク 기름질 악·옥 中wò

풀이 1. 기름지다. 2. 두텁다. 비계가 두껍다.

腤	⑨ 13획 日アン 고기 삶을 암 中ān

풀이 고기를 삶다. 끓이다.
腤鷄(암계) 닭을 삶음.
腤腩(암남) 요리함. 끓임.

腽	⑨ 13획 膃(p1114)의 俗字

腰	⑨ 13획 日ヨウ·こし 허리 요 中yāo

丿 月 月 月 月一 月一 月一 月西 月覀 月覀 腰 腰 腰

* 형성. 뜻을 나타내는 부수 '月(肉;고기 육)'과 '허리'를 뜻하는 '要(요긴할 요)'를 합친 글자. 사람의 상체와 하체를 연결하는 중요한 부분은 허리라 하여 '허리'의 뜻으로 쓰임.

풀이 1. 허리. ¶腰斬 2. 중요하다. 3. 허리에 차다. 4. 베를 짜는 기계. ¶腰機
腰間(요간) 허리 둘레.
腰鼓(요고) 허리에 차는 장구.
腰機(요기) 베를 짜는 기계.
腰輿(요여) 장사를 지낸 뒤에 혼백과 신주를 모시고 돌아오는 작은 가마.
腰絰(요질) 상복을 입을 때 허리에 매는 띠.
腰斬(요참) 죄인의 허리를 잘라 죽이던 형벌.
腰下(요하) 허리춤.

腢	⑨ 13획 日ウ 어깻죽지 우 中ǒu

풀이 어깻죽지.

腸	⑨ 13획 胃(p1101)와 同字

腴	⑨ 13획 日ユ 살질 유 中yú

풀이 1. 살지다. 아랫배가 살지다. 2. 돼지나 개의 창자. 3. 기름진 고기. 4. 비옥하다. 땅이 기름지다. 5. 맛. 6. 부귀영화.
비 諛(아첨할 유)

腬	⑨ 13획 日ユウ 좋은 고기 유 中róu

풀이 좋은 고기.

腸	⑨ 13획 日チョウ 창자 장 中cháng

丿 月 月 月 月口 月日 月旦 月旦 月昜 腸 腸 腸 腸

* 형성. 뜻을 나타내는 부수 '月(肉;고기 육)'과 음을 나타내는 '昜(양기 양)'을 합친 글자.

풀이 1. 창자. 2. 마음.
腸骨(장골) 허리 부분을 이루고 있는 뼈.
腸肚(장두) 배. 마음속.
腸肚相連(장두상련) 마음이 서로 이어짐. 협력하여 일을 함.
腸腎(장신) 1)창자와 신장. 2)마음.
腸胃(장위) 1)창자와 위. 2)중요한 곳.
斷腸(단장) 몹시 슬프고 고통스러워 창자가 끊어지는 듯함.
비 陽(볕 양)

腜	⑨ 13획 日セツ 저밀 접 中zhé

풀이 저미다. 고기를 얇게 썲. 저민 고기.

腫	⑨ 13획 日ショウ·シュ·はれ 부스럼 종 中zhǒng

풀이 1. 부스럼. 종기. 2. 붓다. ¶腫病
腫毒(종독) 종기의 독한 기운.
腫病(종병) 붓는 병.
腫瘡(종창) 종기.

6획

腠	⑨ 13획	日ソウ
	살결 주	中còu

풀이 살결. 피부.

腠理(주리) 살갗에 생긴 결.

비 奏(아뢸 주)

腟	⑨ 13획	日シツ
	살 돋을 질	中zhì

풀이 살이 돋아나다.

腨	⑨ 13획	日セン
	장딴지 천	中shuàn

풀이 장딴지.

腷	⑨ 13획	日ヒク
	답답할 픽	中bì

풀이 1. 답답하다. 가슴이 답답하다. 2. 얼음이 깨지는 소리. 문을 두드리는 소리.

腷臆(픽억) 가슴이 답답함.

腷腷膊膊(픽픽박박) 1)얼음이 깨지는 소리. 2)문을 두드리는 소리.

膈	⑩ 14획	日カク
	흉격 격	中gé

풀이 1. 흉격. 가슴. 2. 종틀. 종을 걸어 놓는 틀.

비 隔(사이뜰 격)

膁	⑩ 14획	日ケン
	허구리 겸	中qiǎn,xiàn, yán

풀이 허구리. 갈비뼈 아래 좌우 양쪽의 잘록한 곳.

膏	⑩ 14획	日コウ
	기름 고	中gāo, gào

* 형성. 뜻을 나타내는 부수 '月(肉:고기 육)'과 음을 나타내는 '高(높을 고)'를 합친 글자. 이에 '살찐 고기'를 나타냄.

풀이 1. 기름. 기름지다. 2. 살찌다. ¶膏粱 3. 기름진 땅. ¶膏腴 4. 살진 살. 5. 연지. 화장할 때 쓰는 기름. 6. 맛이 좋다. 7. 윤택하게 하다. 8. 은혜. ¶膏澤

膏粱(고량) 기름진 고기와 곡식으로 만든 맛있는 음식. 고량진미(膏粱珍味)의 준말.

膏粱之性(고량지성) 살지고 좋은 음식만 먹는 사치스런 사람의 성질.

膏沐(고목) 목욕을 하고 연지를 바름. 몸 단장을 하는 일.

膏壤(고양) 기름진 토양.

膏雨(고우) 농작물이 잘 자라게 제 때에 내리는 비.

膏腴(고유) 1)살지고 기름짐. 2)땅이 기름짐.

膏澤(고택) 1)남의 은혜나 덕택. 2)비나 이슬의 덕택. 3)사람의 기름과 피. 고혈(膏血).

膏土(고토) 기름진 땅.

膏汗(고한) 비지땀.

膏血(고혈) 1)사람의 기름과 피. 고택. 2)피땀을 흘려 이룬 백성의 수익과 재산.

膏肓(고황) 고치기 어려운 습관.

유 肥(살찔 비) 비 高(높을 고)

腔	⑩ 14획	日クウ
	궁형 궁	中gōng

풀이 궁형(宮刑). 성기를 자르는 형벌.

膂	⑩ 14획	日リョウ
	등골뼈 려	中lǚ

풀이 1. 등골뼈. 2. 힘. 체력.

膐	⑩ 16획
	膂(p1113)와 同字

膋	⑩ 14획	日リョウ
	기름 료(요)	中liáo

풀이 기름. 짐승의 내장 안쪽에 낀 기름.

膋血(요혈) 기름과 피.

膊	⑩ 14획	日ハク
	포 박	中bó

풀이 1. 포. 건육. 2. 어깨. 3. 팔. 4. 책형하다.

膀	⑩ 14획	日ボウ
	오줌통 방	中bǎng, bàng, pāng, páng

풀이 1. 오줌통. 방광. 2. 부풀다. 3. 옆구리. 갈빗대.
膀胱(방광) 오줌통.

膍	⑩ 14획 배꼽 비	日ヒ 中pí

풀이 1. 배꼽. 2. 처녑.
膍齊(비제) 배꼽.
膍胵(비치) 동물의 위. 처녑.

膆	⑩ 14획 멀떠구니 소	日ショウ 中sù

풀이 1. 멀떠구니. 새의 주머니 모양의 식도. 2. 살찌다.
비 膝(살결 주)

膝	⑩ 14획 군살 식	日シク 中xī

풀이 군살.

膃	⑩ 14획 살질 올	日オツ 中wà

풀이 1. 살지다. 2. 살져 부드럽다. 3. 물개.
膃肭(올눌) 바닷개. 물개.

膉	⑩ 14획 목살 익	日イ 中yì

풀이 목살.

膜	⑩ 14획 부을 진	日シン 中chēn

풀이 살이 붓다.

膌	⑩ 14획 瘠(p894)과 同字

膇	⑩ 14획 다리 부을 추	日スイ 中zhuì

풀이 1. 다리가 붓다. 2. 각기병.

腿	⑩ 14획 넓적다리 퇴	日タイ 中tuǐ

풀이 1. 넓적다리. 2. 정강이.
유 股(넓적다리 고)

臛	⑩ 14획 곰국 학	日カク 中huò

풀이 곰국. 고깃국.

膎	⑩ 14획 포 해	日カイ 中xié

풀이 1. 포. 건육. 2. 익힌 음식.

膕	⑪ 15획 오금 괵·국	日カク 中guó

풀이 오금. 무릎이 구부러지는 다리 뒤쪽.

膠	⑪ 15획 아교 교	日キョウ 中jiāo

* 형성. 뜻을 나타내는 부수 '月(肉:고기 육)'과 음을 나타내는 '翏(높이 날 료)'를 합친 글자.

풀이 1. 아교. 접착제로 쓰이는 갖풀. ¶膠匣 2. 끈끈하다. 3. 굳다. 4. 붙다. 5. 집착하다. 6. 그릇되다. 어긋나다. ¶膠加 7. 속이다. 8. 혼란스러운 모양.
膠加(교가) 어긋남. 혼란함.
膠匣(교갑) 아교로 만든 작은 갑.
膠固(교고) 1)아교로 붙인 것처럼 매우 단단함. 2)융통성이 없음.
膠柱鼓瑟(교주고슬) 비파나 거문고의 줄을 괴는 부분을 아교풀로 붙여 버리면 한 가지 소리 밖에 나지 않는다는 뜻으로, 고지식하여 융통성이 없음을 이르는 말.

膠柱鼓瑟(교주고슬)의 유래
조나라의 조괄(趙括)은 병법의 이론에만 능하였다. 진나라가 조나라를 침략하면서 첩자를 보내 "조나라 염파 장군은 늙어서 두려울 것이 없지만, 진나라는 조괄이 대장이 될까 봐 두려워하고 있다."라는 유언비어를 퍼뜨렸고, 이를 믿은 조왕은 조괄을 대장으로 임명하려고 했다. 인상여(藺相如)는 이를 반대하면서, "조괄을 대장으로 임명하는 것은 마치 기러기발을 아교로 붙여 두고 거문고를 타는 것과 같습니다. 그는 병서를 읽었을 뿐 때에 맞추어 사용할 줄을 모릅니다."라고 말했다. 그러나 왕은 끝내 조괄을 임명하였고, 조괄은 병서에 쓰인 대로 작전을 감행한 끝에 참패를 당했다. 《사기(史記)》 인상여열전(藺相如列傳)

膠着(교착) 정밀함.
膠漆(교칠) 1)아교와 옻칠. 2)친분이 돈독함.
비 嘐(큰소리 효)

膛	⑪ 15획	日トウ
	살찔 당	中tāng, táng

풀이 1. 살찌다. 살찐 모양. 2. 속이 비다. 3. 가슴.

膣	⑪ 15획
	遯(p1413)과 同字

膢	⑪ 15획	日ロウ・ル
	제사 이름 루	中lú

풀이 제사 이름. 입추 때 사냥 후 올리는 제사.

膟	⑪ 15획	日リツ
	기름 률(율)	中lǜ

풀이 기름. 짐승의 내장 안쪽에 낀 기름.

膜	⑪ 15획	
	❶막 막	日マク
	❷절 모	中mó

풀이 1 1. 막(膜). 꺼풀. 2. 어루만지다. 2 3. 절. 바닥에 무릎을 꿇은 후 양손을 들고 하는 절.
膜外(막외) 마음에 두지 않음. 문제삼지 않음.
膜拜(모배) 무릎을 꿇은 후 양손을 들고 하는 절.
유 帳(휘장 장) 비 嗼(고요할 막)

膚	⑪ 15획	日フ
	살갗 부	中fū

＊형성. 뜻을 나타내는 부수 '月(肉:고기 육)'과 음을 나타내며 편다는 의미를 지닌 '盧(검을 로)'의 생략형을 합친 글자. 살 위를 펴 덮고 있는 것, 즉 '피부'의 뜻으로 쓰임.

풀이 1. 살갗. ¶膚肌 2. 껍질. 3. 벗기다. 4. 천박하다. ¶膚見 5. 돼지 고기. 6. 길이. 네 손가락 정도의 폭. 7. 기름. 8. 크다. 9. 아름답다. 훌륭하다.
膚見(부견) 1)천박한 생각. 2)피상적인 관찰.
膚功(부공) 큰 공.
膚肌(부기) 피부. 살갗.
膚敏(부민) 아름답고 재주가 훌륭함. 또는 기회를 잡는 것이 재빠름.
膚受(부수) 1)겉만을 받아들여 충분히 이해하지 못함. 2)살을 찌르는 것 같은 아픔.
膚引(부인) 여러 곳에서 인용하여 자기의 학설에 도움이 되게 함.
膚寸(부촌) 짧은 길이.
膚學(부학) 천박한 학문.
膚合(부합) 조각조각이 모여서 합함.
皮膚(피부) 살갗.

膝	⑪ 15획	日シツ・ひざ
	무릎 슬	中xī

풀이 1. 무릎. 2. 무릎을 꿇다.
膝臏(슬빈) 무릎과 종지뼈. 슬개골.
膝癢搔背(슬양소배) 무릎이 가려운데 등을 긁는다는 뜻으로, 논의가 취지를 벗어나고 이치에 맞지 않음을 이르는 말.
膝退(슬퇴) 무릎을 꿇고 물러남.
膝行(슬행) 무릎을 바닥에 대고 걸음.
비 勝(이길 승) 騰(오를 등)

膑	⑪ 15획	日イン
	등심 인	中yín

풀이 등심.

膓	⑪ 15획
	腸(p1112)의 俗字

膞	⑪ 15획	日テン
	고기 전	中zhuān

풀이 고기. 저민 고기. 고깃 조각.

膣	⑪ 15획	日チツ
	새살 날 질	中zhì

풀이 1. 새살이 나다. 2. 여자의 생식기.

膘	⑪ 15획	日ヒョウ
	소 옆구리 표	中biāo

6획

풀이 소의 옆구리.

膭	⑫ 16획 뚱뚱할 괴	日 カイ 中 guī

풀이 뚱뚱하게 살찐 모양.

膩	⑫ 16획 기름질 니(이)	日 ジ 中 nì

* 형성. 뜻을 나타내는 부수 '月(肉:고기 육)'과 음을 나타내는 '貳(두 이)'를 합친 글자.

풀이 1. 기름지다. 기름기가 흐르다. ¶膩滑 2. 기름. 비계. 3. 매끄럽다. 윤이 나다. 4. 기름때.

膩理(이리) 1)살결이 부드럽고 윤이 나며 고움. 2)용모가 아름다움.

膩粉(이분) 기름기가 흐르고 윤이 나는 가루.

膩脂(이지) 비계.

膩體(이체) 매끄러운 몸.

膩滑(이활) 기름기가 있고 윤이 남.

膫	⑫ 16획 발기름 료	日 リョウ 中 liáo

풀이 1. 발기름. 2. 굽다.

膴	⑫ 16획 포 무	日 ブ 中 hū, wǔ

풀이 1. 포. 건육. 2. 저민 고기. 3. 법. 법칙. 4. 두텁다. 5. 아름답다.

膴膴(무무) 땅이 기름진 모양.

膴仕(무사) 후한 봉록을 받고 벼슬함. 또 그 벼슬.

膰	⑫ 16획 제사 고기 번	日 ハン 中 fán

풀이 1. 제사 고기. ¶膰肉 2. 나누다.

膰肉(번육) 제사에 쓰고 난 고기.

膰俎(번조) 제사 고기를 담은 적대(炙臺).

膳	⑫ 16획 반찬 선	日 ゼン 中 shàn

풀이 1. 반찬. 2. 드리다. 올리다. 3. 먹다. 4. 고기.

膳服(선복) 음식과 의복.

膳羞(선수) 제사를 지낼 때 바치는 고기와 음식.

膸	⑫ 16획 ❶건어 수 ❷고기 저며 섞을 소	日 スウ・ショウ 中 sōu

풀이 ■1 1. 건어. 말린 물고기. ■2 2. 고기를 저며 섞다.

膱	⑫ 16획 포 직	日 ショク 中 shí

풀이 1. 포. 건육. 2. 고기가 썩다.

膲	⑫ 16획 삼초 초	日 ショウ 中 jiāo

풀이 삼초(三焦).

膵	⑫ 16획 췌장 췌	日 スイ 中 cuì

풀이 췌장. 이자. 소화액을 분비하는 기관.

膨	⑫ 16획 부를 팽	日 ボウ・ふくらむ 中 pēng, péng

풀이 부르다. 불룩해지다.

膨大(팽대) 부풀어 올라 커짐.

膨脹(팽창) 1)부풀어 땡땡함. 2)발전하여 커짐.

유 脹(배부를 창)

膮	⑫ 16획 돼지고깃국 효	日 ヒョウ 中 xiāo

풀이 돼지고깃국.

臄	⑬ 17획 순대 갹	日 カク・キョ 中 jué

풀이 1. 순대. 2. 윗입술.

臉	⑬ 17획 ❶뺨 검 ❷국 렴	日 ケン 中 liǎn

풀이 ❶ 1. 뺨. 2. 얼굴. ❷ 3. 국.

臉前(검전) 코 앞. 바로 앞.

膿	⑬ 17획	日ノウ
	고름 농	中nóng

풀이 1. 고름. ¶膿汁 2. 국물. 3. 썩다. 짓무르다.

膿團(농단) 1)고름 덩어리. 2)쓸모없는 사람.

膿汁(농즙) 곪은 곳에서 생기는 끈끈한 액체. 고름.

膿血(농혈) 피고름.

膻	⑬ 17획	
	❶ 옷벗을단	日タン
	❷ 누릴 전	中shān

풀이 ❶ 1. 옷을 벗다. ❷ 2. 짐승의 누린내.

膽	⑬ 17획	日タン
	쓸개 담	中dǎn

풀이 1. 쓸개. ¶膽石 2. 담력. 용기. ¶膽氣 3. 마음. 4. 닦다. 씻다.

膽氣(담기) 담력.

膽囊(담낭) 간에서 분비하는 쓸개즙을 모으는 주머니. 쓸개.

膽大心小(담대심소) 문장을 지을 때의 마음가짐을 뜻하는 말로, 담력은 크게 가지되 세심하게 주의해야 한다는 말.

膽大於身(담대어신) 쓸개가 몸보다 크다는 뜻으로, 담력이 큼을 이르는 말.

膽略(담략) 담력과 책략.

膽力(담력) 겁이 없고 용감한 기력(氣力).

膽石症(담석증) 쓸개나 수담관(輸膽管) 안에 결석(結石)이 생겨 일어나는 병.

膽顫(담전) 담이 떨린다는 뜻으로, 매우 놀라 두려워함을 이르는 말.

膽汁(담즙) 간(肝)에서 분비되는 쓴 맛이 나는 소화액. 쓸개즙.

膽智(담지) 1)담력과 지혜. 2)넘치는 재주.

膽寒(담한) 매우 놀라 간담이 서늘함.

臀	⑬ 17획	日デン
	볼기 둔	中tún

풀이 1. 볼기. 엉덩이. 2. 밑. 밑바닥.

臀部(둔부) 엉덩이. 볼기.

臀肉(둔육) 볼기살.

臋	⑬ 19획
	臀(p1117)과 同字

臂	⑬ 17획	日ヒ
	팔 비	中bì

풀이 1. 팔. ¶臂力 2. 짐승의 앞발. 3. 쇠뇌 자루.

臂力(비력) 팔의 힘.

臂膊(비박) 팔과 어깨.

臂不外曲(비불외곡) 팔이 바깥으로 굽지 않음. 자기와 친한 사람에게 마음이 더 쏠리거나, 자기에게 유리하게 처리함을 이르는 말.

臂使(비사) 팔을 부리듯이 사람을 제 마음대로 부림.

髓	⑬ 17획	日ズイ
	골수 수	中suǐ

풀이 1. 골수. 2. 뼛속 구멍.

膝	⑬ 17획
	膝(p1115)의 俗字

臆	⑬ 17획	日オク
	가슴 억	中yì

* 형성. 뜻을 나타내는 부수 '月(肉:고기 육)'과 음을 나타내는 '意(뜻 의)'을 합친 글자. 이에 '가슴', '생각'의 뜻으로 쓰임.

풀이 1. 가슴. 2. 가슴뼈. 3. 마음. 생각. ¶臆見 4. 막히다.

臆見(억견) 짐작으로 하는 생각.

臆決(억결) 근거없는 짐작으로 일을 결정함. 억단(臆斷).

臆斷(억단) 억측하여 판단함.

臆想(억상) 억견(臆見).

臆塞(억색) 원통하여 가슴이 답답함.

臆說(억설) 사실이 아니라, 추측이나 상상에 의한 일방적인 의견.

臆測(억측) 근거 없이 하는 추측.

臆度(억탁) 사실에 의하지 않고 제멋대로 짐작함. 또는 제멋대로 하는 짐작. 억측(臆測).

비 憶(생각할 억)

臃	⑬ 17획	日 オウ
	부스럼 옹	中 yōng

풀이 부스럼. 종기.

臃腫(옹종) 1)작은 부스럼. 2)형식만 과장되게 부풀어진 것. 3)쓸모없는 사람.

膥	⑬ 19획
	臃(p1118)과 同字

膺	⑬ 17획	日 ヨウ
	가슴 응	中 yīng

* 형성. 뜻을 나타내는 부수 '月(肉;고기 육)'과 음을 나타내는 '應(응할 응)'의 생략형을 합친 글자.

풀이 1. 가슴. 2. 가까이 하다. 3. 받다. ¶膺受 4. 당하다. 5. 뱃대끈.

膺圖(응도) 임금이 될 조짐과 합치함.

膺受(응수) 받음. 인수함.

膺懲(응징) 1)적을 공격하여 징계함. 2)잘못을 반성하도록 징계함.

유 胸(가슴 흉)

臎	⑬ 17획
	孕(p315)과 同字

臇	⑬ 17획	日 テン
	지짐이 전	中 juàn

풀이 지짐이.

臇鳧(전부) 오리고기 지짐이.

臊	⑬ 17획	日 ソウ
	누릴 조	中 sāo, sào

풀이 1. 누리다. 누린내. 2. 짐승의 기름. 지방.

臊腥(조성) 누린내.

臊聲(조성) 나쁜 평판.

비 燥(마를 조)

臅	⑬ 17획	日 ソク
	비계 촉	中 chù

풀이 비계.

비 燭(촛불 촉)

膷	⑬ 17획	日 キョウ
	국 향	中 xiāng

풀이 국. 고깃국.

膾	⑬ 17획	日 カイ
	회 회	中 kuài

풀이 회. 회치다.

膾炙(회자) 1)날고기와 구운 고기. 2)널리 사람들의 입에 오르내림.

膾炙人口(회자인구) 명성이나 평판이 널리 여러 사람의 입에 오르내림.

膾殘魚(회잔어) 뱅어의 다른 이름.

膾截(회절) 회침.

臑	⑭ 18획	
	❶ 팔꿈치 노	日 ジュ・ドウ
	❷ 삶을 이	中 ér, nào

* 형성. 뜻을 나타내는 부수 '月(肉;고기 육)'과 음을 나타내는 '需(구할 수)'를 합친 글자.

풀이 ■1 1. 팔꿈치. 2. 팔뚝. 3. 정강이. ■2 4. 삶다. 고다.

臑折(노절) 팔꿈치를 꺾음.

臑羔(이고) 삶은 양새끼의 고기.

臑若(이약) 고기를 푹 고아 연한 모양.

臘	⑭ 18획
	臘(p1119)의 俗字

朦	⑭ 18획	
	❶ 풍성할 몽	日 モウ
	❷ 풍만한살 망	中 méng

풀이 ■1 1. 풍성하다. ■2 2. 풍만한 살.

유 豊(풍성할 풍) 비 矇(어두울 몽)

臂	⑭ 18획	
	❶ 성할 비	日 ビ・イ
	❷ 군살 이	中 pì, yì

6획

풀이 1 1. 성하다. 왕성함. 2 2. 군살. 궂은살.

臏 ⑭ 18획 日ヒン
종지뼈 빈 中bìn

풀이 1. 종지뼈. 무릎에 있는 뼈. 2. 정강이뼈. 3. 빈형. 정강이를 자르는 형벌.

臏脚(빈각) 정강이를 자르는 형벌. 빈형(臏刑).

臓 ⑭ 18획
臟(p1120)의 俗字

臍 ⑭ 18획 日セイ
배꼽 제 中qí

풀이 1. 배꼽. 2. 꼭지.

臍帶(제대) 태아의 배꼽과 태반을 잇고 있는 줄. 태반.

臐 ⑭ 18획 日クン
국 훈 中xūn

풀이 1. 국. 고깃국. 2. 향기롭다.

臗 ⑮ 19획 日コン·カン
볼기 곤·관 中kuān

풀이 1. 볼기. 2. 몸.

臏 ⑮ 19획
殯(p688)의 古字

臘 ⑮ 19획 日ロウ
납향 랍(납) 中là

풀이 1. 납향. 섣달 초여드렛날에 지내는 제사. 2. 섣달. 음력 12월. 3. 양 날 칼.

臘鼓(납고) 섣달 초여드렛날에 마을 사람들이 모여 역병(疫病)이 돌지 않기를 기원하며 치는 북.

臘尾(납미) 세밑. 연말. 세말(歲末).

臘日(납일) 동지(冬至) 뒤의 셋째 술일(戌日).

臘祭(납제) 음력 섣달 초여드렛날 백신(百神)에게 지내는 제사.

臕 ⑮ 19획 日ヒョウ
살찔 표 中biāo

풀이 살찌다. 뚱뚱한 모양.

臕滿(표만) 살이 찜. 뚱뚱함.

臕壯(표장) 살찌고 건장함.

臚 ⑯ 20획 日ロ
살갗 려(여) 中lú

형성. 뜻을 나타내는 부수 '月(肉;고기 육)'과 음을 나타내는 '盧(검을 로)'를 합친 글자.

풀이 1. 살갗. 가죽. 2. 배(腹)의 앞. 3. 벌려 놓다. 펼쳐 놓다. ¶臚列 4. 말을 전하다. ¶臚傳

臚句(여구) 통역을 하는 관리.

臚言(여언) 세상에 전하는 말.

臚列(여열) 진열하거나 펼쳐 놓음.

臚傳(여전) 윗사람의 말을 아랫사람에게 전함.

臚唱(여창) 전상(殿上)에서 진사(進士) 시험의 합격자를 불러 들어오게 함.

유 膚(살갗 부)

臙 ⑯ 20획 日エン
연지 연 中yān

풀이 연지.

臛 ⑯ 20획 日カク
고깃국 학·혹 中huò

풀이 1. 고깃국. 2. 그을름.

臝 ⑰ 21획 日ラ
벌거벗을 라(나) 中luǒ

풀이 1. 벌거벗다. ¶臝行 2. 털이 짧은 짐승의 총칭. ¶臝物

臝物(나물) 털이 짧은 동물.

臝葬(나장) 시체를 입히지 않고 벌거벗은 채로 매장하는 일.

臝行(나행) 벌거벗고 걸어감.

유 裸(벌거벗을 라) 비 嬴(남을 영)

臱 ⑰ 21획
膞(p1113)의 俗字

臁

⑰ 21획 日ヨウ

살찔 양 中rāng

풀이 1. 살찌다. 2. 왕성하다. 3. 양. 소의 밥통 쪽 고기.

臞

⑱ 22획 日ク

여윌 구 中qú

풀이 1. 여위다. 수척하다. 2. 줄다. 3. 작다.

臞小(구소) 야위어 작음.
臞儒(구유) 수척한 선비.
臞埆(구척) 땅이 메마름.

비 曜(빛날 요) 懼(두려워할 구)

臟

⑱ 22획 日ゾウ

오장 장 中zàng

丿 刀 月 月 月' 月⁺ 月⁺ 月⁺ 肝 肝 肝 肝 肝 肝 肝 肝 脏 臓 臟 臟

＊형성. 뜻을 나타내는 부수 '月(肉:고기 육)' 과 음을 나타내는 '藏(감출 장)' 을 합친 글자. '藏' 은 물건을 넣어 두는 '곳집' 이나 '물건이 속에 들어 있는 일' 을 뜻함. 이에 몸 안의 '장기(臟器)' 를 나타냄.

풀이 오장. 내장 기관의 총칭.

臟器(장기) 내장 기관.
臟毒(장독) 똥을 눈 후에 피가 나오는 병.
臟物(장물) 부당하게 얻은 남의 물건.
臟腑(장부) 내장을 통틀어 이르는 말. 오장(五臟)과 육부(六腑).

비 藏(감출 장)

臡

⑲ 25획 日ニ

장조림 니 中ní

풀이 장조림. 뼈째 섞어 담은 젓.

臠

⑲ 25획 日レン

저민 고기 련(연) 中luán

풀이 1. 저민 고기. 2. 여위다. 수척하다.

臠殺(연살) 토막내 죽임.
臠肉(연육) 저민 고기.
臠截(연절) 난도질하여 죽임. 참혹하게 죽임.
臠臠(난란) 여윈 모양. 수척한 모양.

비 戀(사모할 련)

臣 부

臣 신하 신 部

'臣' 자는 위로 치켜 뜬 한 쪽 눈의 모양을 나타낸 글자로, 신하는 낮은 곳에서 머리를 들어 높은 곳에 있는 임금을 바라보기 때문에 '신하' 라는 뜻을 나타내게 되었다. 또한 '백성' 이라는 뜻으로도 사용되고, 소신(小臣)에서처럼 자기를 칭하는 말로도 사용된다.

臣

⓪ 6획 日シン・けらい

신하 신 中chén

一 丅 丂 五 五 臣

＊상형. 눈을 치켜 뜬 모양을 본뜬 글자. 올려다보는 사람을 나타내어, 임금을 섬기는 사람인 '신하' 의 뜻으로 쓰임.

풀이 1. 신하. ¶君臣 2. 섬기다. 신하가 되다. ¶臣從 3. 신하로 삼다. 4. 하인. 5. 백성. 6. 신. 신하의 자칭. 7. 자기의 겸칭. ¶臣妾

臣工(신공) 많은 신하와 관리를 이르는 말.
臣道(신도) 신하가 지켜야 할 도리.
臣等(신등) 임금에게 대하는 신하들의 일인칭 대명사.
臣虜(신로) 포로로 잡혀 가서 신하가 됨.
臣僚(신료) 많은 신하.
臣民(신민) 군주국에서 있어서의 신하와 백성.
臣僕(신복) 신하.
臣伏(신복) 신하가 되어 복종함. 신사(臣事).
臣服(신복) 신사(臣事).
臣事(신사) 신하의 예로 섬김. 신하로서 임금을 섬김.
臣屬(신속) 신하로서 복속(服屬)함. 또는 그 신하.
臣心如水(신심여수) 신하의 마음이 물과 같다는 뜻으로, 신하가 청렴결백함을 이르는 말.
臣子(신자) 신하.
臣節(신절) 신하가 지켜야 할 절의(節義).
臣妾(신첩) 여자가 임금에게 자신을 낮추어 일컫던 말. 주로 왕비가 썼음.
臣下(신하) 임금을 섬기어 벼슬하는 사람.

반 王(임금 왕) 帝(임금 제)

臥

② 8획 日ガ・ふす

누울 와 中wò

* 회의. '人(사람 인)' 과 '臣(신하 신)' 을 합친 글자. 사람이 내려와 보고 있는 모습을 나타내며, 바뀌어 '눕다' 의 뜻으로 쓰임.

풀이 1. 눕다. 엎드리다. 자다. ¶臥病 2. 잠자리. 침실. ¶臥內 3. 쉬다.

臥見(와견) 누워서 봄.
臥具(와구) 누울 때 쓰는 도구를 통틀어 이르는 말.
臥起(와기) 잠자는 것과 일어나는 것.
臥內(와내) 침실 안.
臥龍(와룡) 1)누워 있는 용. 2)초야에 묻혀 있는 큰 인물.
臥房(와방) 잠자는 방.
臥病(와병) 병으로 누움.
臥牀(와상) 잠자리. 침대.
臥席(와석) 자리에 누움.
臥食(와식) 일하지 않고 놀고 먹음.
臥薪嘗膽(와신상담) 섶에 누워 쓸개를 맛본다는 뜻으로, 원수를 갚거나 어떤 목적을 이루기 위해 오랫동안 온갖 괴로움을 참으면서 기다림을 이르는 말.
臥室(와실) 와방(臥房).
臥褥(와욕) 병상(病床)에 누움.
臥雲(와운) 숨어 지내며 벼슬하지 않음.
臥遊(와유) 누워서 노닌다는 뜻으로, 집에서 명승이나 그림을 보며 여유롭고 한가하게 즐김을 이르는 말.
臥喘(와천) 코고는 소리.
臥治(와치) 누워 다스린다는 뜻으로, 힘쓰지 않고도 정치를 매우 잘함을 이르는 말.
臥榻之側(와탑지측) 1)침대의 곁. 2)자기의 영토. 3)이웃.
臥虎(와호) 1)누워 있는 범. 2)엄격한 관리. 3)용맹한 사람.

⑧ 14획　日 ゾウ
착할 장　中 zāng

풀이 1. 착하다. 2. 감추다. 숨다. ¶臧去 3. 종. 노예. ¶臧獲 4. 곳간. 5. 오장. 6. 뇌물.

臧去(장거) 감춤. 숨김.
臧否(장부) 착하고 악함. 선인과 악인.
臧罪(장죄) 관리가 뇌물을 수락한 죄.
臧獲(장획) 종. 노예.
유 善(착할 선)

臨
⑪ 17획　日 リン・のぞむ
임할 림(임)　中 lín

* 형성. 뜻을 나타내는 부수 '臣(신하 신)' 과 음을 나타내는 '品(물건 품)' 을 합친 글자. 높이 누워서(臥) 여럿(品)을 내려 보는 것처럼 위에서 아래를 보는 것을 나타내어, '임하다', '바라보다' 의 뜻으로 쓰임.

풀이 1. 임하다. 내려다 보다. 군림하다. ¶臨事 2. 글을 쓰다. 3. 전차(戰車). 4. 괘 이름. 5. 울다. 곡하다.

臨渴掘井(임갈굴정) 목마른 후에 우물을 판다는 뜻으로, 평상시에 대비해 두지 않으면 갑자기 일을 당했을 때 당황함을 이르는 말.
臨監(임감) 임하여 감독함.
臨哭(임곡) 장례식에 임해 곡(哭)함. 또는 그 곡.
臨事(임사) 어떤 일에 임함.
臨時(임시) 1)일정하지 않은 때. 2)시기에 맞추어 행함. 3)잠시.
臨深履薄(임심이박) 깊은 곳에 임하여 얇은 얼음을 밟는다는 뜻으로, 매우 위험한 일을 이르는 말.
臨按(임안) 현장에 임해 조사함.
臨御(임어) 왕이 되어 나라를 다스림.
臨戰(임전) 전쟁에 나아감.
臨節(임절) 국가의 큰 일에 임함.
臨眺(임조) 높은 곳에 임해 내려다봄.
臨存(임존) 귀인이 직접 안부를 묻는 일.
臨池(임지) 1)연못에 임함. 2)습자(習字). 장지(張芝)가 연못가에서 붓글씨 연습에 열중해 연못물이 까맣게 되었다는 고사에서 온 말임.
臨陣易將(임진역장) 전쟁에 임해 장수를 바꾼다는 뜻으로, 중요한 시기에 경솔하게 사람을 바꾸는 것을 비유하는 말.
臨帖(임첩) 글이나 그림을 본떠서 쓰거나 그리는 일.
臨幸(임행) 임금이 그 곳에 임함.
臨況(임황) 귀한 사람이 신분이 낮은 사람의 집을 찾아옴.

 부

6획

自 스스로 자 部

'自' 자는 본래 코의 모양을 본뜬 글자였으나, 원래 뜻을 잃고 '스스로 자' 로 사용되는 글자이다. '저절로' 나 '제멋대로' 라는 뜻으로도 쓰이고, 출처 · 이유 · 기점 등을 나타내는 어조사인 '…로부터' 라는 뜻을 나타내기도 한다.

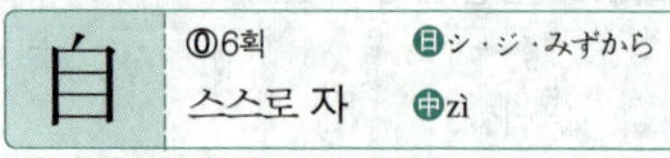

自
⓪6획
스스로 자
日シ · ジ · みずから
中zì

丿 亻 冂 白 自 自

* 상형. 사람의 코의 모양을 본뜬 글자. 사람은 코를 가리켜 자기를 나타내므로 '스스로' 라는 뜻으로 쓰이며, 또한 '…로부터' 등의 뜻으로도 쓰임.

풀이 1. 스스로. ¶自戒 2. 몸. 자기. 3. …부터. ¶自來 4. 처음. 5. 좇다. 따르다. 6. 쓰다. 사용하다. 7. 기인하다. 출처.

自家(자가) 1)자기 집. 2)자기.
自家撞着(자가당착) 언행의 앞뒤가 맞지 않고 모순됨.
自家用(자가용) 자기 집에서 쓰는 물건.
自覺(자각) 1)스스로 자기의 상태 · 지위 · 가치 등을 깨달음. 2)스스로를 인식함. 자의식.
自强(자강) 스스로 힘써 마음을 가다듬음.
自決(자결) 1)스스로 자기의 일을 결정하여 해결함. 2)자살(自殺).
自給(자급) 자기에게 소용되는 물건을 자기 힘으로 공급함.
自矜(자긍) 스스로 긍지를 여김.
自動(자동) 스스로 움직임.
自力(자력) 자기의 힘. 스스로 힘씀.
自立(자립) 1)스스로의 힘으로 생활함. 2)남에게 얽매이지 않고 자주(自主)의 지위에 섬
自慢(자만) 스스로 거만하게 자랑함.
自滅(자멸) 스스로 망함.
自明(자명) 증명하지 않아도 저절로 명백한 것.
自鳴鐘(자명종) 때가 되면 저절로 울려서 시간을 알리는 시계.
自發(자발) 스스로 발동함. 자기 스스로 함.
自白(자백) 스스로 죄를 고백하는 것.
自負(자부) 스스로 자기의 가치 · 능력을 믿음.
自殺(자살) 스스로 자기 목숨을 끊음.
自生(자생) 저절로 생김. 저절로 남.
自敍傳(자서전) 자기가 쓴 자기의 전기(傳記).
自省(자성) 스스로를 반성함.
自習(자습) 제 스스로 배워 익힘.
自繩自縛(자승자박) 자신의 끈으로 자신의 몸을 묶는다는 뜻으로, 자기가 한 말이나 행동 때문에 스스로가 꼼짝 못하게 되는 일.
自信(자신) 1)자신의 재주를 믿음. 2)자신의 생각이 틀림없다고 믿음. 3)무슨 일을 넉넉히 해내겠다고 스스로 믿음.
自身(자신) 자기. 제 몸.
自新(자신) 스스로 마음을 다스려 새롭게 함.
自我(자아) 1)자기. 나. 2)자기를 의식하는 하나의 실체.
自安(자안) 스스로 만족함.
自如(자여) 1)마음이 동요하지 않고 태연한 모양. 2)평상시와 같이 느긋한 모양.
自然(자연) 1)저절로 그렇게 되어 있는 상태. 2)우주.
自營(자영) 1)스스로 사업을 경영함. 2)자기 힘으로 생계를 이룸.
自願(자원) 제 스스로 하고 싶어 바람.
自衛(자위) 자기 힘으로 자기를 지킴.
自慰(자위) 1)스스로 마음을 위로함. 2)자기만이 즐기고 만족하는 것.
自由(자유) 1)마음대로인 상태. 장애가 없음. 2)남에게 구속 · 강제 · 지배를 받지 않고 모든 것을 자기의 의지에 따라서 행동할 수 있는 것.
自律(자율) 다른 것에 제약 받지 않고 스스로 자기의 행위를 제어함.
自認(자인) 스스로 인정함.
自作(자작) 1)스스로 무엇을 만듦. 또는 그 물건. 2)자기 땅에 손수 농사를 지음.
自財(자재) 스스로 목숨을 끊음. 자살.
自轉(자전) 1)저절로 돌아감. 2)천체가 자신의 고정된 축을 중심으로 돌고 있는 것.
自傳(자전) 자기가 쓴 자기의 전기. 자서전.
自制(자제) 자기의 감정과 욕망을 스스로 억누름.
自助(자조) 다른 사람의 힘에 의존하지 않고 자력으로 일을 함.
自嘲(자조) 스스로 자기를 비웃음.
自尊(자존) 1)스스로 잘난체하거나 자기를 높임. 2)스스로 자기의 품위(品位)를 높이 지킴.
自尊心(자존심) 남에게 굽히지 않고 자기 몸이나 품위를 스스로 높이 가지는 믿음.
自主(자주) 독립하여 남의 보호나 간섭을 받지 않음.
自盡(자진) 1)스스로 자신의 목숨을 끊음. 2)기운 등이 저절로 다함.
自進(자진) 무슨 일에 자기 스스로 나섬.
自讚(자찬) 자기가 자기 일을 칭찬함.
自責(자책) 자기 잘못을 스스로 꾸짖음.
自處(자처) 1)자기 자신을 어떠한 사람으로 여기고 스스로 그렇게 처신함. 2)자살.
自初至終(자초지종) 처음부터 끝까지의 동안.
自炊(자취) 자기가 손수 밥을 해 먹음.
自取之禍(자취지화) 자기가 스스로 저질러 생긴 재앙.
自治(자치) 1)자신의 일을 스스로 처리함. 2)국가의 공공 단체가 자신의 권한으로 단체의 일

을 처리함.

自稱(자칭) 자기 스스로를 일컫는 말.

自他(자타) 자기와 남.

自退(자퇴) 1)물러남. 2)학교를 스스로 그만둠.

自暴自棄(자포자기) 절망상태에 빠져서, 자신을 버리고 돌보지 않음.

○自暴自棄(자포자기)의 유래

맹자(孟子)가 "스스로 해치는 사람과는 함께 대화할 수 없다. 스스로를 저버리는 사람과는 함께 행동할 수 없다. 말로써 예의를 비난하는 것을 '자포(自暴)'라 하고, 인의에 입각한 실천을 하지 못하는 것을 '자기(自棄)'라 한다."고 한 말에서 유래하였다.

自爆(자폭) 자기 스스로 폭파시킴.

自筆(자필) 자기 손으로 쓴 글씨.

自虐(자학) 스스로 자기를 학대(虐待)함.

自害(자해) 스스로 몸을 해침.

自畫像(자화상) 자기 자신을 그린 초상화.

自畫自讚(자화자찬) 자기 그림을 스스로 칭찬한다는 뜻으로, 자기가 한 일을 스스로 자랑함을 이르는 말.

비 目(눈 목) 白(흰 백)

④ 10획 日ゲツ·くい
말뚝 얼 中niè

풀이 1. 말뚝. 2. 과녁. 목표. 3. 한도. 4. 법. 규정. 5. 위태롭다.

臬司(얼사) 사법관(司法官).

비 臭(냄새 취)

④ 10획
❶냄새 취 日シュウ·におい
❷냄새맡을후 中chòu

*회의. 코 모양을 나타내는 '自(스스로 자)'와 '犬(개 견)'을 합친 글자. 이에 개가 코로 냄새를 맡는 것을 나타내어, '냄새', '냄새를 맡다'의 뜻으로 쓰임.

풀이 ❶ 1. 냄새. 냄새나다. ¶惡臭 2. 구린내. 3. 나쁜 소문. 4. 썩다. ¶臭腐 5. 더럽다. 6. 향기. ❷ 7. 냄새 맡다.

臭氣(취기) 비위 상하게 하는 나쁜 냄새. 악취.

臭味(취미) 1)나쁜 맛. 2)냄새와 맛.

臭腐(취부) 썩음. 썩어 냄새가 남.

臭腥(취성) 나쁜 냄새. 또는 그 물건.

臭惡(취악) 1)냄새가 나쁨. 2)보기 흉함.

臭穢(취예) 냄새나고 더러운 것.

臭蟲(취충) 빈대.

臭敗(취패) 냄새가 나도록 썩음.

비 臬(말뚝 얼)

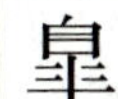
⑥ 12획
皋(p904)의 俗字

臯
⑥ 12획
臭(p1123)의 俗字

臲
⑩ 16획 日ゲツ
위태할 얼 中niè

풀이 위태하다. 불안하다.

臲臲(얼얼) 위태로움. 불안함.

臲卼(얼올) 불안함.

유 危(위태할 위) 殆(위태할 태)

至 부

至 이를 지 部

'至' 자는 화살이 어떤 지점에 이르러 꽂힌 모양으로, '이르다'는 뜻을 나타낸다. 또한 '지극하다'는 뜻으로도 쓰이며, 동지(冬至)나 하지(夏至)처럼 '절기'를 나타내기도 한다.

⓪6획 日シ·いたる
이를 지 中zhì, dié

*상형. 화살이 이르러 맺힌 모양을 본뜬 글자. 이에 '이르다'의 뜻으로 쓰임.

풀이 1. 이르다. 도착하다. ¶至於此 2. 지극하다. 지극히. ¶至誠 3. 힘쓰다. ¶至心 4. 동지. 하지. 5. 이루다. 얻다. 6. 매우. 크게. ¶至高

至竟(지경) 마침내.

至高(지고) 매우 높음.

至公(지공) 더 없이 공평하여 사사로움이 없음.

至交(지교) 지극히 친한 교제.

至極(지극) 매우 극진함.

至近(지근) 아주 가까움.

至今(지금) 예로부터 지금에 이르기까지.

至急(지급) 매우 급함.

6획

至難(지난) 아주 어려운 것. 지극히 곤란한 것.
至當(지당) 사리에 꼭 맞음. 더 없이 마땅함.
至大(지대) 지극히 큼.
至德(지덕) 큰 덕. 매우 높은 덕.
至道(지도) 최고의 도. 참된 길.
至毒(지독) 더할 나위 없이 독하거나 심함.
至樂(1.지락/2.지악) 1)더 없이 큰 즐거움. 2)선미(善美)한 음악.
至妙(지묘) 지극히 묘함.
至美(지미) 지극히 아름다움.
至味(지미) 지극히 좋은 맛.
至密(지밀) 1)임금 · 왕비가 늘 거처하는 처소. 2)각 궁궐의 방에 있는 침실.
至死不屈(지사불굴) 죽음에 이르러도 굴하지 않음.
至上(지상) 제일 높은 것.
至善(지선) 1)더 없이 착함. 2)지극히 선한 경지에 이르러 움직이지 않음
至誠(지성) 지극한 정성.
至誠感天(지성감천) 지극한 정성에 하늘도 감동함.
至純(지순) 더할 나위 없이 순결함.
至心(지심) 매우 성실한 마음.
至惡(지악) 1)지극히 모질고 악함. 2)어떤 일에 기를 쓰고 악착같이 매달림.
至於此(지어차) 일이 여기에 이름.
至言(지언) 지극히 마땅한 말.
至嚴(지엄) 지극히 엄함.
至于今(지우금) 지금까지.
至恩(지은) 지극한 은혜.
至人(지인) 덕이 매우 높은 사람.
至足(지족) 1)차서 모자람이 없음. 2)크게 만족함.
至尊(지존) 1)더 없이 존귀함. 2)임금을 높이어 이르는 말.
至親(지친) 지극히 친한 사이.
至孝(지효) 더할 나위 없는 효성.

반 行(갈 행) 去(갈 거) 비 致(보낼 치)

致 ③ 9획
致(p1124)의 本字

致 ③ 10획 日 チ · いたす
이를 치 中 zhì

* 형성. 뜻을 나타내는 동시에 음을 나타내는 부수 '至(이를 지)'와 매질하여 빨리 이르도록 한다는 의미를 지닌 '夊(칠 복)'을 합친 글자. 이에 '이르다'의 뜻으로 쓰임.

풀이 1. 이르다. ¶致命 2. 보내다. 3. 부르다. 4. 이루다. 5. 전달하다. 6. 그만두다. 7. 힘을 다하다. 8. 치밀하다. 9. 겹치다. 10. 풍치. ¶勝致 11. 위탁하다.

致命(치명) 1)죽을 지경에 이름. 2)카톨릭에서, 천주와 교회를 위하여 자기 목숨을 바침을 이르는 말.
致富(치부) 부자가 됨. 부를 이룸.
致詞(치사) 경사가 있을 때 임금에게 올리는 송덕(頌德)의 글.
致仕(치사) 나이가 들어 관직을 놓고 물러남.
致死(치사) 죽게 함. 죽임.
致誠(치성) 1)정성을 다함. 2)신이나 부처에게 정성을 드림.
致疑(치의) 의심을 품음.
致知(치지) 지식을 깨달아 알기에 이르름.
致賀(치하) 남의 경사에 하례함. 기쁨을 표함.
功致辭(공치사) 남을 위하여 수고한 것을 자기가 잘 하였다고 스스로 자랑함.
極致(극치) 더할 수 없는 극단에 이름. 극도에 이르는 풍치나 운치.
拉致(납치) 억지로 끌고 감.
理致(이치) 1)사물에 대한 정당한 합리성. 2)도리에 맞는 취지.

비 至(이를 지)

銊 ⑥ 12획 日 シュウ · ならう
익힐 수 中 xiū

풀이 1. 익히다. 2. 나아가다.

耊 ⑥ 12획 日 ジツ · としより
늙은이 질 中 dié

풀이 늙은이. 늙음.

유 老(늙은이 로)

臶 ⑥ 12획 日 セン · かさねてくる
거듭 천 中 jiàn

풀이 1. 거듭. 재차. 2. 거듭 오다.

유 再(두 재)

 ⑦ 13획
臺(p1125)의 俗字

⑧ 14획 日ダイ
돈대 대 中tái, tài

一 十 士 吉 吉 吉 吉 声 喜 喜 臺 臺 臺 臺

* 형성. 뜻을 나타내는 부수 '至(이를 지)' 와 음을 나타내는 '高(높을 고)' 의 생략형을 합친 글자. 사방을 바라보기 위해 높이 지은 건물을 나타냄. 이에 '돈대', '조망대' 의 뜻으로 쓰임.

풀이 1. 돈대. 대. 조망대. ¶臺閣 2. 관청. 조정. 3. 마을. 4. 기다리다. 5. 성문(城門). ¶臺門 6. 능묘(陵墓). 7. 하인. 8. 어른.

臺閣(대각) 1)돈대와 누각. 2)정사를 행하는 관청. 내각(內閣).
臺觀(대관) 높고 큰 전각. 또는 망루(望樓).
臺木(대목) 접목(接木)할 때 그 모체가 되는 나무.
臺門(대문) 성문(城門).
臺榭(대사) 높고 큰 누각이나 정자.
臺上(대상) 지난날, 주인을 높여 부르는 말.
臺臣(대신) 사헌부의 대사헌 · 집의 · 장령 · 지평 등의 관리를 통틀어 이르는 말.
臺座(대좌) 불상(佛像)을 안치해 두는 대(臺).

비 壹(한 일)

臻 ⑩ 16획 日シン
이를 진 中zhēn

풀이 1. 이르다. 미치다. 도달하다. 2. 모이다.

臻赴(진부) 이름. 도달함.

臼 부

臼 절구 구 部

'臼' 자는 곡식 등을 넣고 절굿공이로 빻거나 찧게 되어 있는 속이 오목한 기구인 '절구' 를 뜻한다. '절구질하다' 는 뜻으로도 사용되지만, 그 모양이 '臼(깍지 낄 국)' 자와 매우 닮아 좌우 두 손을 함께 들어 올린다는 뜻을 지니기도 한다. 이 글자를 부수로 갖는 글자는 손과 관련된 뜻을 나타낸다.

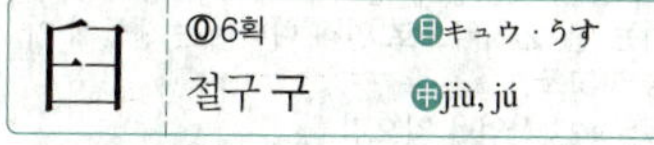
臼 ⓪6획 日キュウ · うす
절구 구 中jiù, jú

풀이 절구. 절구질하다. ¶臼杵

臼頭深目(구두심목) 절구머리와 깊이 파인 눈이란 뜻으로, 여자의 추한 얼굴을 이르는 말. 못생긴 얼굴.
臼頭花鈿(구두화전) 절구머리에 꽃비녀를 꽂는다는 뜻으로 못생기고 추한 얼굴에 화장함을 이르는 말.
臼磨(구마) 절구.
臼杵(구저) 절구와 절굿공이.
臼齒(구치) 어금니.
臼砲(구포) 대포의 한 종류. 구경(口徑)에 비하여 포신(砲身)이 짧고 사각(射角)이 큰 대포.

비 兒(아이 아)

② 9획
❶ 잠깐 유 日ユウ · ヨウ
❷ 권할 용 中yú, yǔ

풀이 ❶ 1. 잠깐. 잠시. ❷ 2. 권하다.

비 兜(투구 두)

臽 ② 8획 日カン
허방다리 함 中xiàn

풀이 1. 허방다리. 2. 함정에 빠지다. 함정.

비 陷(빠질 함)

臿 ③ 9획 日ソウ
가래 삽 中chā

풀이 1. 가래. ¶臿築 2. 가래의 날. 3. 꽂다. 끼우다.

비 揷(꽂을 삽)

䑏 ④ 10획 日ハイ
찧을 벌 · 페 中fèi

풀이 찧다. 쌀을 찧다.

舁 ④ 10획 日ヨ · ギョ
마주들 여 · 거 中yú

풀이 마주 들다.

舁櫃(여궤) 함을 멤.

④ 10획 日ヨウ
퍼낼 요 · 유 中yǎo

풀이 1. 퍼내다. 떠내다. 2. 술을 치다.

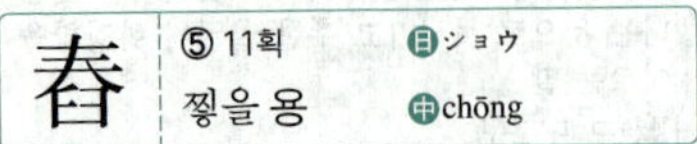

舂 ⑤ 11획 日ショウ
찧을 용 中chōng

풀이 1. 찧다. 절구질하다. ¶舂歌 2. 해가 지다. 3. 찌르다. 4. 종용하다.

舂歌(용가) 절구질하면서 부르는 노래.
舂堂(용당) 큰 나무로 만든 절구.
舂容(용용) 조용한 모양.
舂炊(용취) 절구를 찧는 일과 밥을 짓는 일.

비 春(봄 춘)

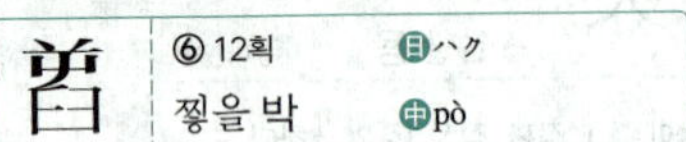

䑨 ⑥ 12획 日ハク
찧을 박 中pò

풀이 찧다. 절구질하다.

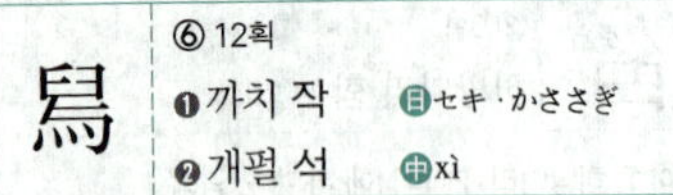

舄 ⑥ 12획
❶까치 작 日セキ・かささぎ
❷개펄 석 中xì

풀이 ❶ 1. 까치. ❷ 2. 개펄. 3. 주춧돌.

舄鹵(석로) 소금기가 있는 간석지.

비 鳥(새 조)

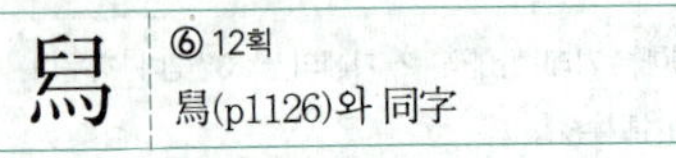

舃 ⑥ 12획
舄(p1126)와 同字

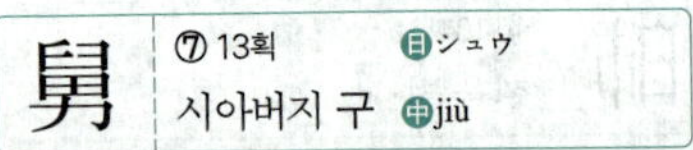

舅 ⑦ 13획 日シュウ
시아버지 구 中jiù

* 형성. 뜻과 음을 나타내는 부수 '臼(절구 구)'와 '男(사내 남)'을 합친 글자. 이에 '시아비', '남자'의 뜻으로 쓰임.

풀이 1. 시아버지. ¶舅姑 2. 외숙(外叔). 외삼촌. ¶舅父 3. 장인. 4. 오래되다, 묵다.

舅姑(구고) 1)시아버지와 시어머니. 2)장인과 장모.
舅父(구부) 외삼촌. 외숙.
舅甥(구생) 1)외숙과 생질. 2)장인과 장모.
舅嫂(구수) 처남의 아내.
舅氏(구씨) 외삼촌.
舅弟(구제) 외사촌 동생.

與 ⑦ 14획 日ヨ・あたえる
줄 여 中yǔ, yú, yù

* 형성. 뜻과 음을 나타내는 '臼(절구 구)'와 '八(여덟 팔)'과 사람이 더불어 정을 주고받는다는 '与(더불 여)'를 합친 글자. 이에 '더불다', '주다'의 뜻으로 쓰임.

풀이 1. 주다, 베풀다. ¶受與 2. 더불어. 함께. ¶與議 3. 동아리. 무리. 4. …와. …과. 5. 허락하다. 6. 위하다. 7. 돕다. 8. 참여하다. ¶參與 9. 따르다. 10. 셈하다. 11. 화하다. 화합하다. 12. …보다는. 비교를 나타내는 조사. 13. …에서. 14. 친하다.

與國(여국) 서로 돕는 관계에 있는 나라. 동맹국.
與民同樂(여민동락) 백성과 더불어 함께 즐김.
與世推移(여세추이) 세상의 변화에 따라 함께 변함. 세속(世俗)을 좇음.
與時俯仰(여시부앙) 시대를 따라 행동함.
與野(여야) 여당과 야당.
與知(여지) 그 일에 관계하여 앎.
與狐謀皮(여호모피) 여우와 더불어 여우 가죽을 논의함. 서로 이해가 상반되는 관계에 있는 상대와 의논하면 결코 일을 이룰 수 없음을 이르는 말.

비 興(일 흥)

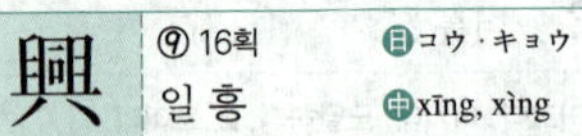

興 ⑨ 16획 日コウ・キョウ
일 흥 中xīng, xìng

* 회의. 여럿이 힘을 합쳐(同) 물건을 들어 올리는(舁) 것을 나타내어, '일으키다', '일어나다'의 뜻으로 쓰임.

풀이 1. 일다. 일어나다. 일으키다. ¶興師 2. 왕성하다. 3. 흥. 흥취. ¶興感 4. 느끼다. 5. 기뻐하다. 6. 좋아하다. 7. 《시경》 육의(六義)의 하나.

興感(흥감) 흥미를 느낌.
興農(흥농) 농업을 일으킴.
興德(흥덕) 덕을 일으킴.
興隆(흥륭) 일어나 흥해짐. 번성함.
興利(흥리) 이익이 되는 일을 일으킴.
興亡盛衰(흥망성쇠) 흥함과 망함. 성하고 쇠함.
興復(흥복) 쇠하였던 것이 다시 일어남.
興奮(흥분) 1)마음에 충격을 받아 감정이 북받치는 일. 2)자극으로 인해 나타나는 생물체 기능의 고조.
興業(흥업) 산업을 일으킴.
興戎(흥융) 전쟁을 일으킴.
興作(흥작) 한창 일어남.
興盡悲來(흥진비래) 흥겨운 일이 다하면 슬픈

어 기복(起伏)이 순환함을 이르는 말.

일이 온다는 뜻으로, 인생에는 좋음과 나쁨이 있어 기복(起伏)이 순환함을 이르는 말.
興替(흥체) 흥함과 쇠함. 성쇠(盛衰).
興致(흥치) 흥과 운치.
興廢(흥폐) 흥함과 쇠함. 흥망(興亡).
興行(흥행) 연극 · 영화 등이 성황리에 일어남.
興化(흥화) 덕을 왕성하게 일으킴.
興況(흥황) 흥취가 있는 상황.
비 與(줄 여)

⑩ 17획
擧(p546)의 本字

䑘
⑩ 16획 日チャ
절구질할 차 中cuó

풀이 1. 절구질하다. 2. 보리를 찧다.

擧
⑪ 18획
擧(p546)의 俗字

舊
⑫ 18획 日キュウ
옛 구 中jiù

풀이 1. 옛. 옛날. ¶舊記 2. 오래되다. 낡다. 오래 묵다. ¶舊道 3. 친구. ¶舊故 4. 늙은이.
舊故(구고) 오래 전부터의 연고.
舊慣(구관) 오래 전부터 내려오는 관습(慣習).
舊觀(구관) 원래의 모양. 전날의 형편.
舊教(구교) 천주교.
舊君(구군) 예전에 섬기던 임금.
舊記(구기) 옛날 일을 기록해 놓은 기록.
舊基(구기) 옛 집터.
舊德(구덕) 예전에 베푼 덕.
舊道(구도) 오래 전에 있던 길.
舊冬(구동) 작년 겨울.
舊臘(구랍) 지난해의 섣달.
舊曆(구력) 태음력을 태양력에 대하여 이르는 말.
舊老(구로) 노인. 늙은이.
舊里(구리) 고향.
舊夢(구몽) 전에 꾼 꿈. 허망한 일을 이름.
舊聞(구문) 전에 들은 소문이나 이야기.
舊物(구물) 1)오래된 물건 또는 제도. 2)대대로 전해오는 물건.
舊邦(구방) 건국한지 오래된 나라.
舊譜(구보) 1)오래된 시(詩). 2)옛날 족보(族譜).
舊服(구복) 1)오래된 옷. 2)옛 영토(領土).
舊歲(구세) 작년.
舊愛(구애) 오래된 사랑.
舊業(구업) 1)전부터 하던 사업. 2)예부터 내려오는 모든 재산.
舊雨今雨(구우금우) 옛 친구와 새 친구.
舊遊(구유) 1)예전에 놀던 일. 2)옛날에 사귄 친구.
舊誼(구의) 옛날에 가까이 지내던 정의.
舊人(구인) 1)예전 사람. 2)인류의 진화 과정에서 원인(猿人)과 신인(新人)의 중간에 속하는 화석 인류.
舊因(구인) 오래 전부터의 인연.
舊蹟(구적) 옛 자취. 옛날의 사적(事蹟).
舊情(구정) 오래된 정분. 옛 정.
舊製(구제) 옛날에 지은 시문(詩文). 또는 옛날에 만들어진 모든 것.
舊蹤(구종) 옛 발자취.
舊址(구지) 예전에 건축물이 있었던 터.
舊知(구지) 예전부터 잘 아는 친한 사이.
舊宅(구택) 1)전에 살던 집. 2)여러 대에 걸쳐 사는 집.
舊恨(구한) 오래 전부터 품은 원한.
舊嫌(구혐) 오래된 혐의.
舊好(구호) 옛날의 정분.
舊懷(구회) 지난 일을 그리는 마음.
유 昔(예 석) 반 新(새 신)

舋
⑫ 19획 日コン
틈 흔 中wèn

풀이 틈. 틈내다.

舌 부

6획

舌 혀 설 部

'舌' 자는 혀의 모양을 나타낸 글자로, '혀'의 뜻 외에 혀와 같은 모양을 하고 있거나 혀의 기능을 하는 것을 뜻하기도 한다. 또한 설전(舌戰)에서처럼 의미가 확대되어 '말'이나 '언어'를 나타내기도 한다.

舌	⓪6획	日セツ · した
	혀 설	中shé

丿 二 千 千 舌 舌

* 상형. 입으로 내민 혀의 모양을 본뜬 글자.

풀이 1. 혀. ¶舌根 2. 말. 말하다. ¶舌戰

舌乾脣焦(설건순초) 혀가 말라 입술이 탈 정도로 매우 초조함을 이르는 말.

舌劍(설검) 말에 상대방을 해할 뜻이 있음을 칼에 비유하는 말.

舌劍脣鎗(설검순창) 혀의 칼과 입술의 창이란 뜻으로, 말로 사람을 다치게 함을 이르는 말.

舌耕(설경) 1)글을 가르쳐 생계를 세우는 일. 2)말하는 것으로 벌이를 삼는 일.

舌根(설근) 혀 뿌리.

舌端(설단) 혀끝.

舌芒于劍(설망우검) 혀가 칼보다 날카롭다는 뜻으로, 논설이 날카로움을 이르는 말.

舌鋒(설봉) 날카로운 말.

舌音(설음) 혀를 움직여서 내는 자음. 곧 'ㄴ' · 'ㄷ' · 'ㄸ' · 'ㅌ' 등의 소리.

舌瘖(설음) 말을 하지 못하는 병.

舌人(설인) 통역하는 사람.

舌戰(설전) 말다툼. 말로 옳고 그름을 가리는 다툼.

舌苔(설태) 혓바닥의 빛깔이 변하고 무엇이 끼이는 병.

舌盒(설합) 서랍.

舌禍(설화) 1)말때문에 받게 되는 화. 2)남의 험담으로 인한 재앙.

비 舍(집 사)

舍	②8획	日シャ
	집 사	中shè, shě

丿 人 亼 亼 全 舍 舍 舍

* 형성. 뜻을 나타내는 부수 '舌(혀 설)'과 음을 나타내는 '余(나 여)'를 합친 글자. 이에 '나그네가 머무는 곳'의 뜻을 나타내며, '쉬다', '내버려두다'의 뜻으로도 쓰임.

풀이 1. 집. 거처. ¶舍屋 2. 머무르다. 여관. ¶舍館 3. 머물다. 살다. 4. 베풀다. 시행하다. 5. 창고. 6 관청. 7. 버리다. 제거하다. 8. 쉬다. 휴식하다. 9. 그만두다. 10. 용서하다. 11. 가다. 12. 화살을 쏘다.

舍監(사감) 기숙사에서 기숙생을 감독하는 사람.

舍館(사관) 여관.

舍車(사거) 수레에서 말을 풀음.

舍車而徒(사거이도) 수레를 버리고 걷는다는 뜻으로, 옳지 못한 지위를 버리고 청렴한 생활에 만족함을 이르는 말.

舍短取長(사단취장) 단점을 버리고 장점을 취함.

舍廊(사랑) 바깥 주인이 거처하며 손님을 접대하는 방.

舍利(사리) 1)석가모니 또는 고승(高僧)의 유골(遺骨). 2)시체를 화장한 후 남은 구슬 같은 뼈. 불골(佛骨).

舍命(사명) 명을 지켜 변하지 않음.

舍生取義(사생취의) 목숨을 버리고 옳은 것을 취함. 의를 위해서는 생명을 돌보지 않음.

舍叔(사숙) 자기의 삼촌을 다른 사람에게 일컫는 말.

舍屋(사옥) 집. 주택.

舍易求難(사이구난) 쉬운 일은 버리고 어려운 일을 구함.

舍弟(사제) 1)자기 동생을 다른 사람 앞에서 낮추어 일컫는 말. 2)편지 등에서 아우가 형에게 자기를 일컫는 말.

舍宅(사택) 사람이 사는 집.

유 家(집 가) 屋(집 옥) 堂(집 당) 宇(집 우) 宅(집 택)

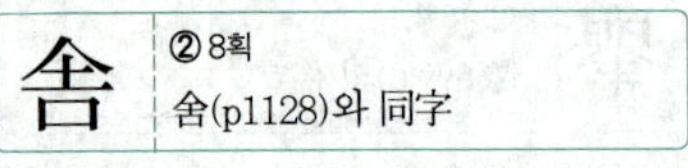

舎	②8획
	舍(p1128)와 同字

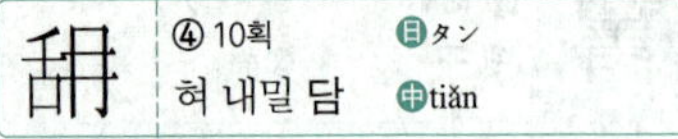

舑	④10획	日タン
	혀 내밀 담	中tiǎn

풀이 혀를 내밀다.

舐	④10획	日シ
	핥을 지	中shì

풀이 핥다.

舐糠及米(지강급미) 겨를 핥고 쌀까지 먹는다는 뜻으로, 피해가 점점 커짐을 이르는 말.

舐犢之愛(지독지애) 어미소가 송아지를 핥아 주는 사랑이란 뜻으로, 부모가 자식을 사랑하는 지극한 정을 이르는 말.

舐痔(지치) 치질을 핥음. 아첨이 심함을 비유하는 말.

舐痔得車(지치득거) 남의 치질을 핥아 주고 수레를 얻는다는 뜻으로, 미천한 일로 큰 이익을 얻음을 이르는 말.

➲舐痔得車(지치득거)의 유래

송나라 조상(曹商)이 진나라로 사자로 갈 때 몇 대의 수레가 주어졌으나, 진나라에 도착하자 진왕은 그를 반기며 수레 백 대를 덧붙여 주었다. 그는 송나라로 돌아와 장자를 만나서 말했다. "대체 이렇듯 비좁고 지저분한 뒷골목에 살며 가난해서 신을 삼고 있고 목덜미는 비쩍 마른 채 두통으로 얼굴이 누렇게 뜬 꼴이 되는 일에는 나는 서투르오. 나는 만승(萬乘)의 천자를 깨우쳐 주고 백 대의 수레를 따르게 하는 일에 나는 능하오." 이에 장자가 대답했다. "진나라 왕은 병이 나서 의사를 부르면 종기를 터뜨려 고름을 뺀 자에게 수레 한 대를 주고 치질을 핥아서 고치는 자에게는 수레 다섯 대를 준다더군. 치료하는 데가 더러운 곳일수록 주어지는 수레가 많다는 거야. 그대도 그 치질을 고쳤는가? 수레가 정말 많군. 더러우니 당장 꺼져 버리게!" 자신의 목적을 위해서는 수단과 방법을 가리지 않는 것을 비판하는 말이다. 《장자》 열어구(列禦寇)

舐筆(지필) 1)붓을 핥음. 2)정신을 집중하지 않고 끄적거림.

⑥ 12획 日ジョ
펼 서 中shū

풀이 1. 펴다. ¶舒卷 2. 퍼지다. 3. 흩어지다. 4. 열리다. 5. 느긋하다. ¶舒緩 6. 우아하다. 점잖다. 7.실마리. 단서.

舒卷(서권) 1)폄과 맒. 2)나아감과 물러감. 3)책을 폄.

舒慢(서만) 느림.

舒眉(서미) 1)눈살을 폄. 2)마음속의 근심이 사라짐.

舒舒(서서) 느긋한 모양.

舒嘯(서소) 1)느린 가락으로 조용히 노래 부름. 2)휘파람을 붊.

舒緩(서완) 1)조용하고 느긋함. 2)긴장이 풀림.

舒情(서정) 정서(情緖)를 펼침.

舒遲(서지) 느긋하고 우아한 모양.

舒暢(서창) 여유 있게 아량을 가지고 지냄.

유 伸(펼 신) 展(펼 전)

⑦ 13획
辭(p1389)의 俗字

舕

⑧ 14획
舐(p1128)의 本字

舔

⑧ 14획 日テン
핥을 첨 中tiǎn

풀이 핥다.

舔舕(첨담) 핥는 일.

䑜

⑨ 15획 日トウ
많이 먹을 탑 中tà, tiè

풀이 많이 먹다. 대식(大食)하다.

舖

⑨ 15획
鋪(p1460)의 俗字

舘

⑩ 16획
館(p1567)의 俗字

𦧲

⑫ 18획 日カ
말 뒤집을 화 中tiǎn

풀이 1. 말을 뒤집다. 말을 이랬다저랬다 하며 혀를 놀리다. 2. 이야기.

舚

⑬ 19획 日セン
혀 내밀 첨 中tiàn

풀이 혀를 내밀다.

舛 부

舛 어그러질 천 部

'舛' 자는 발이 서로 엇갈린 모양에서 '어그러지다'를 나타낸다. 또한 의미가 확대되어 '어지럽다'나 '어수선하다'는 뜻으로도 사용된다.

舛

⓪ 6획 日セン
어그러질 천 中chuǎn

풀이 1. 어그러지다. ¶舛逆 2. 어수선하다. 어지럽다. ¶舛駁

舛駁(천박) 어수선하고 바르지 못함. 또는 잡되어 순수하지 못한 모양.

舛逆(천역) 1)어그러져 순서가 뒤바뀜. 2)어긋나고 거슬림.

舛誤(천오) 어그러져서 그릇됨.

舛訛(천와) 말이나 글이 그릇됨. 잘못.

舛雜(천잡) 서로 섞임. 천박(舛駁).

舛差(천차) 틀림. 어긋남.
舛錯(천착) 어지러움. 착란함.
舛互(천호) 1)서로 섞임. 2)어그러짐.

舜	⑥ 12획	日シュン·むくげ
	순임금 순	中shùn

풀이 1. 순임금. ¶舜禹 2. 무궁화. ¶舜英 3. 나팔꽃.
舜英(순영) 1)무궁화꽃. 2)아름다운 사람.
舜禹(순우) 순임금과 우임금. 모두 중국 고대의 뛰어난 임금.
舜華(순화) 무궁화.

舝	⑦ 13획	日カツ
	비녀장 할	中xiá

풀이 비녀장. 비녀장을 지르다.

舞	⑧ 14획	日ブ·まう
	춤출 무	中wǔ

* 상형. 사람이 장식이 붙은 소맷자락을 나풀거리며 춤추고 있는 모양을 본뜬 글자.

풀이 1. 춤추다. 춤추게 하다. 2. 춤. ¶舞曲 3. 희롱하다. ¶舞文 4. 격려하다. ¶鼓舞
舞鼓(무고) 1)나라 잔치 때 기생들이 춤추며 치던 큰 북. 2)북춤에서 쓰는 북.
舞曲(무곡) 춤을 위하여 작곡된 악곡을 통틀어 이르는 말.
舞妓(무기) 지난날 나라의 잔치 때 춤추던 기생.
舞臺(무대) 1)노래·춤·연극 등을 하는 단상. 2)이야기의 배경이 되는 장소.
舞蹈(무도) 1)춤을 춤. 2)서양식의 춤. 댄스.
舞弄(무롱) 장부를 마음대로 고치거나 법규의 적용을 농락함. 무문농필(舞文弄筆)의 준말.
舞文弄法(무문농법) 법률의 조문(條文)을 마음대로 해석하고 남용함.
舞法(무법) 법을 남용함.
舞樂(무악) 춤출 때 연주 하는 아악(雅樂).
舞籥(무약) 관악기의 하나인 피리.
舞筵(무연) 춤추는 자리.
舞踊(무용) 음악에 따라 율동을 취하여 감정을 표현하는 예술.
舞雩(무우) 기우제, 또는 그 제단.
舞筆(무필) 사실을 바르게 쓰지 않고 왜곡해 씀.
舞姬(무희) 춤을 잘 추거나 춤추는 일을 직업으로 하는 여자.
歌舞(가무) 노래와 춤.
劍舞(검무) 검으로 추는 춤.
鼓舞(고무) 북을 치며 춤을 춤. 병사들을 위해 북을 치며 격려함.
유 僊(춤출 선) 儛(춤출 무) 비 無(없을 무)

舟 부

舟 배 주 部

'舟' 자는 '배'의 모양을 나타내나, 술그릇을 받치는 쟁반이나 술을 치는 데 사용하는 '예기(禮器)'를 뜻하기도 한다. 이 글자를 부수로 갖는 글자는 주로 배와 관련이 있다.

舟	⓪6획	日シュウ·ふね
	배 주	中zhōu

* 상형. 통나무로 만든 배의 모양을 본뜬 글자.

풀이 1. 배. ¶舟車 2. 술통을 받치는 쟁반. 3. 띠다. 4. 싣다. ¶舟載
舟梁(주량) 1)배와 다리. 2)배다리.
舟筏(주벌) 배와 뗏목.
舟師(주사) 수군(水軍).
舟輿(주여) 배와 수레.
舟遊(주유) 뱃놀이. 배를 타고 하는 놀이.
舟人(주인) 뱃사공.
舟載(주재) 배에 실음.
舟戰(주전) 배를 타고 싸우는 전쟁.
舟中敵國(주중적국) 한 배를 탄 자기편 안에도 적이 있다는 말.
舟楫(주즙) 배와 삿대라는 뜻으로, 배를 통틀어 이르는 말.
舟艦(주함) 전투용의 배. 전함(戰艦).
舟行(주행) 배를 타고 감.
方舟(방주) 네모지게 만든 배.
一葉片舟(일엽편주) 한 조각의 작은 배.
虛舟(허주) 빈 배.
유 船(배 선) 비 丹(붉을 단)

舠	② 8획	日トウ · こぶね
	거룻배 도	中dāo

풀이 거룻배. 칼 모양의 작은 배.

舠子(도자) 거룻배.

舡	③ 9획	日コウ · ふね
	배 강 · 선	中chuán

풀이 배. 선박.

舡魚(강어) 낙지의 일종.
舡人(강인) 뱃사공. 선부(船夫).
舡軒(강헌) 배 모양의 정자.

般	④ 10획	日ハン
	돌 반	中pán, bān, bō

* 회의. '舟(배 주)'와 '殳(창 수)'를 합친 글자. 배가 돌아다니는 것을 나타내어 '돌다', '주위를 둘러싸다'를 의미했으나, 바뀌어 '옮기다', '나르다' 등의 뜻으로 쓰임.

풀이 1. 돌다. 돌리다. ¶般旋 2. 옮기다. 운반하다. 3. 여러. ¶各般 4. 일반. 5. 즐기다. ¶般樂 6. 돌아오다. 7. 나누다. 8. 반석. 9. 큰 배. 10. 얼룩무늬.

般樂(반락) 마음껏 놀면서 즐김.
般礴(반박) 두 다리를 쭉 뻗고 앉음.
般般(반반) 얼룩얼룩한 모양. 무늬가 섞여 있는 모양.
般師(반사) 군사를 이끌고 돌아옴.
般旋(반선) 빙 돎. 빙빙 돌아다님.
般若(반야) 모든 사물의 본질을 이해하고 불법(佛法)의 참다운 이치를 깨닫는 지혜.
般若湯(반야탕) 승려들이 술을 달리 이르는 말.
般遊(반유) 반락(般樂).
般逸(반일) 즐기며 놂.
般桓(반환) 나아가지 않는 모양.
各般(각반) 여러 가지.
萬般(만반) 갖출 수 있는 모든 것.

비 船(배 선)

舫	④ 10획	日ホウ · もやいぶね
	배 방	中fǎng

풀이 1. 배. 선박. ¶舫樓 2. 뗏목. 3. 방주.

舫樓(방루) 배의 망루(望樓).
舫船(방선) 둘을 매어 나란히 가게 한 배. 병주(並舟).
舫人(방인) 뱃사공. 주인(舟人).
舫艇(방정) 배.
舫舟(방주) 1)나란히 매어 놓은 배. 병주(並舟). 2)배.

유 航(배 항)

舥	④ 10획	日ハ
	배다리 파	中pā

풀이 배다리.

航	④ 10획	日コウ · わたる
	배 항	中háng

* 형성. 뜻을 나타내는 부수 '舟(배 주)'와 음을 나타내며 앞으로 가는 것을 의미하는 '亢(목 항)'을 합친 글자. 배를 타고 강을 건너는 것을 나타냄.

풀이 1. 배. ¶航運 2. 배다리. 3. 방주. 4. 건너다. 항해하다. ¶航空 5. 날다.

航空(항공) 비행기를 타고 공중을 비행함.
航路(항로) 배 또는 항공기가 다니는 길.
航法(항법) 항공(航空) 또는 항해(航海)하는 방법.
航船(항선) 여객을 태우고 항해하는 배.
航運(항운) 배로 짐을 실어 나름.
航海(항해) 배를 타고 바다를 다님.
航行(항행) 배나 항공기를 타고 나아감.
難航(난항) 1)배나 항공기가 몹시 어렵게 감. 2)일이 순조롭게 진척되지 않음.
密航(밀항) 법을 어기고 몰래 배를 타고 해외로 나가는 일.
順航(순항) 순조로운 항해.

유 舫(배 방)

舸	⑤ 11획	日カ · おおぶね
	큰 배 가	中gě

풀이 큰 배.

舸船(가선) 배.
舸艦(가함) 큰 군함(軍艦).

舲	⑤ 11획	日レイ
	작은 배 령	中líng

풀이 작은 배. 거룻배.

舲船(영선) 창문이 달린 작은 배.
舲舟(영주) 작은 배.

舶 ⑤ 11획 큰 배 박 日ハク·おおぶね 中bó

풀이 큰 배. 바다에서 타는 장삿배.

舶賈(박고) 외국에서 온 상인(商人).
舶來品(박래품) 외국에서 수입해 온 물품.
舶載(박재) 큰 배에 실음.

船 ⑤ 11획 배 선 日セン·ふね 中chuán

丿 丿 月 月 月 舟 舟 舟' 舡 船 船

* 형성. 뜻을 나타내는 부수 '舟(배 주)'와 음을 나타내는 부수 이외의 글자를 합친 글자. 부수 이외의 글자는 '沿(따를 연)'과 같이 흐름에 따라서 내려가는 일을 나타냄.

풀이 배. 선박. ¶船車

船歌(선가) 뱃노래.
船客(선객) 배를 탄 손님.
船橋(선교) 1)많은 배를 띄워 놓고 그 위에 판자를 깔고 건너게 한 임시의 다리. 배다리. 2)배의 상갑판(上甲板)앞쪽에 있어 선장이 운항에 대한 지휘를 하는 곳. 브리지(bridge).
船頭(선두) 뱃머리. 이물.
船路(선로) 뱃길.
船尾(선미) 배의 뒤쪽. 고물.
船舶(선박) 1)배의 통칭. 2)규모가 큰 배.
船上(선상) 배의 위.
船稅(선세) 배를 부리는 데 부과하는 세.
船室(선실) 선원들이 쓰도록 된 배 안의 방.
船員(선원) 선박에서 일을 하는 사람.
船遊(선유) 뱃놀이.
船匠(선장) 배를 만드는 목수.
船籍(선적) 선박을 등록한 원적(原籍).
船主(선주) 배의 주인.
船艙(선창) 물가에 다리처럼 만들어서 배가 닿고 짐을 싣게 할 수 있는 곳.
船窓(선창) 배의 창문.
船體(선체) 배의 몸뚱이.
船艦(선함) 전함(戰艦).
船貨(선화) 배에 실은 화물.

유 舟(배 주) 비 般(돌 반)

舴 ⑤ 11획 배 책 日サク 中zé

풀이 배. 거룻배.

舳 ⑤ 11획 ❶고물 축 ❷이물 유 日ジク 中zhú

풀이 ❶ 1. 고물. 배의 뒷부분. ¶舳艫 ❷ 2. 이물. 배의 앞부분.

舳艫(축로) 배의 고물과 이물.
舳艫相銜(축로상함) 고물과 이물이 서로 잇닿음. 즉, 배가 많은 것을 가리킴.

舵 ⑤ 11획 키 타 日ダ·かじ 中duò

풀이 키. 배의 방향을 잡는 도구.

舷 ⑤ 11획 뱃전 현 日ゲン·ふなばた 中xián

풀이 뱃전. 배의 가.

舷燈(현등) 양쪽 뱃전을 밝히는 등.
舷窓(현창) 뱃전에 낸 창문.
舷舷相摩(현현상마) 뱃전과 뱃전이 서로 부딪친다는 뜻으로 수전(水戰)이 매우 맹렬함을 비유하는 말.

䑬 ⑥ 12획 배 도·요 日トウ·ヨウ 中tāo, yào

풀이 배. 큰 배.

舸 ⑥ 12획 배 동 日トウ 中tóng

풀이 배.

艀 ⑥ 12획 배 방 日ホウ·ふね 中páng

풀이 배.

艀艭(방쌍) 배[船].

艆 ⑦ 13획 큰 배 랑 日ロウ 中láng

풀이 1. 큰 배. 2. 뱃전.

6획

艀	⑦ 13획	日ホウ
	배 보	中bù

풀이 배. 짧고 바닥이 깊은 배.

艀	⑦ 13획	日フ・はしけ
	거룻배 부	中fú

풀이 거룻배. 작은 배. 가볍고 뜨기 쉬운 배.
艀艇(부정) 거룻배.

艄	⑦ 13획	日ショウ
	고물 소	中shāo

풀이 고물. 배의 뒷부분.
艄公(소공) 뱃사공.

艅	⑦ 13획	日ジョ
	배 이름 여	中yú

풀이 배 이름. 오(吳)나라 왕이 타던 배를 가리킴.
艅艎(여황) 아름답게 장식한 배.

艇	⑦ 13획	日テイ
	거룻배 정	中tǐng

풀이 거룻배. 보트.
艇子(정자) 뱃사공. 선부(船夫).
艇板(정판) 배에서 내릴 때 편하도록 부두 사이에 걸쳐 놓은 널빤지.

艍	⑧ 14획
	거룻배 거韓

풀이 거룻배. 작은 배.

艋	⑧ 14획	日モウ
	거룻배 맹	中měng

풀이 거룻배. 작은 배.

艕	⑧ 14획	日ハイ
	키 배	中bài

풀이 키. 배의 방향을 조정하는 장치.

艛	⑨ 15획
	艛(p1134)의 俗字

艒	⑨ 15획	日モ
	작은 배 모·목	中mù

풀이 작은 배. 거룻배.

艑	⑨ 15획
	帆(p380)과 同字

艘	⑨ 15획
	艘(p1134)와 同字

艓	⑨ 15획	日チョウ
	거룻배 접	中dié

풀이 거룻배. 작은 배.
艓子(접자) 작은 배.

艐	⑨ 15획	
	❶배 모래에 얹힐 종	日ソウ・ケイ 中zōng
	❷이를 계	

풀이 ❶ 1. 배가 모래에 얹히다. ❷ 2. 이르다. 다다르다.
艐路(계로) 다니는 길이 경계선이 됨.

艑	⑨ 15획	日ヘン
	배 편·변	中biàn

풀이 배. 큰 배.
艑艚(편조) 거룻배.

艎	⑨ 15획	日コウ
	큰 배 황	中huáng

풀이 큰 배. 나룻배.

艕	⑩ 16획	日ボウ
	배 방	中bàng

6획

풀이 1. 배(船). 2. 쌍배. 배를 나란히 하다.

艕船(방선) 쌍배.

艕人(방인) 사공.

艘	⑩ 16획	日ソウ
	배 소	中sōu

풀이 1. 배. 배의 총칭. 2. 척. 배를 세는 단위.

艘楫(소즙) 배를 젓는 노.

艗	⑩ 16획	日ゲキ
	이물 익	中yì

풀이 이물. 배의 머리쪽. 뱃머리.

艖	⑩ 16획	日サ
	배 차	中chā

풀이 배. 납작하고 평평한 배. 거룻배.

艙	⑩ 16획	日ソウ
	선창 창	中cāng

풀이 선창. 배에 짐이나 화물을 쌓아 두는 곳.

艡	⑩ 16획	日トウ
	큰 배 탑	中tà

풀이 큰 배.

艛	⑪ 17획	日ル
	배 루	中lóu

풀이 1. 배. 2. 배 다락.

艚	⑪ 17획	日ソウ
	거룻배 조	中cáo

풀이 거룻배. 두 사람이 마주 보고 타는 작은 배.

유 艇(거룻배 정) 艍(거룻배 거)

艞	⑪ 17획	日チョウ
	배 길 조	中diǎo

풀이 배가 길다. 배가 작고 긴 모양.

艟	⑫ 18획	日ドウ
	배 동	中chōng

풀이 싸움배. 병선(兵船).

艟艫(동로) 싸움배.

艠	⑫ 18획	日ハツ
	큰 배 발	中fá

풀이 큰 배. 바다를 항해하는 배.

艠艛(발루) 바다를 항해하는 큰 배.

艡	⑬ 19획	日トウ・ドウ
	배 당	中dāng

풀이 배.

艣	⑬ 19획	日ロ
	노 로	中lǔ

풀이 노(櫓).

艤	⑬ 19획	日ギ
	배 댈 의	中yǐ

풀이 배를 대다. 배가 떠날 차비를 하다.

艤裝(의장) 배가 출항할 수 있도록 모든 장비를 갖춤. 또는 그 일.

艢	⑬ 19획
	檣(p666)과 同字

艥	⑬ 19획
	楫(p647)과 同字

艨	⑭ 20획	日モウ
	싸움배 몽	中méng

풀이 싸움배. 병선(兵船).

艨艟(몽동) 적함을 공격하는 긴 병선(兵船).

艦	⑭ 20획	日カン
	싸움배 함	中jiàn

* 형성. 뜻을 나타내는 부수 '舟(배 주)'와 음을 나타내며 둘러싼다는 의미를 지닌 '監(볼 감)'을 합친 글자. 화살이나 돌을 막기 위해 '둘레를 판자로 둘러싼 배'의 뜻으로 쓰임.

풀이 싸움배. 병선(兵船). 군함.

艦橋(함교) 군함에서 사령관이 지휘할 때 올라가는 선교(船橋). 브리지.

艦船(함선) 군함과 선박을 통틀어 이르는 말.

艦艇(함정) 전투력을 가진 크고 작은 군함의 총칭.

艧 ⑭ 20획 日カク
배 확 中huò

풀이 배(船).

艪 ⑮ 21획
艣(p1134)와 同字

艫 ⑯ 22획 日ロ
이물 로(노) 中lú

풀이 1. 이물. 뱃머리. 2. 배. 선박.

艫枻(노예) 뱃머리의 노.

艭 ⑯ 22획 日リョウ · ロウ
배 롱 · 롱 中lóng

풀이 작은 배.

艡 ⑰ 23획 日レイ
놀잇배 령 中líng

풀이 놀잇배. 지붕과 창이 있는 놀잇배.

艭 ⑱ 24획 日ソウ
배 쌍 中shuāng

풀이 배 . 선박.

艮 부

艮 괘 이름 간 部

'艮'자는 눈을 사람의 뒤에 두어 외면한다는 의미를 나타내는 글자이다. 외면한다는 것은 타인과의 관계를 그치게 하는 일이 되므로 '그치다'는 뜻을 지니게 되었다. 또한 '끌다'라는 뜻으로도 사용되는데 이 때의 음은 '흔'이 된다.

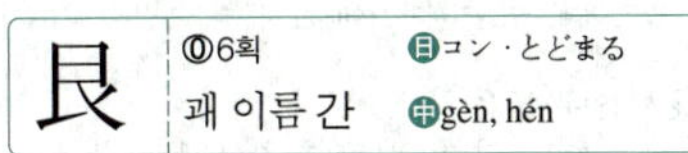

艮 ⓪6획 日コン · とどまる
괘 이름 간 中gèn, hén

풀이 1. 괘 이름. ¶艮卦 2. 어긋나다. 3. 그치다. 4. 어렵다. 5. 머무르다.

艮卦(간괘) 팔괘(八卦)의 하나.

艮止(간지) 머물러야 할 곳을 정해 머무름.

유 差(어긋날 차) 비 良(어질 량)

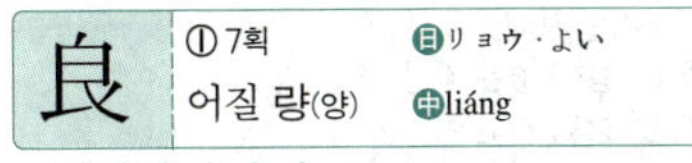

良 ① 7획 日リョウ · よい
어질 량(양) 中liáng

* 상형. 곡식 중에서 특히 좋은 것만을 골라내기 위한 기구를 나타낸 모양으로, '좋다'의 뜻으로 쓰임.

풀이 1. 어질다. ¶良順 2. 좋다. ¶良友 3. 바르다. 4. 훌륭하다. ¶良相 5. 아름답다. 예쁘다. 6. 길하다. 7. 잠깐. 잠시. 8. 진실로. 참으로. 9. 남편.

良家(양가) 지체가 있는 집안, 또는 교양이 있고 생활이 중류 이상인 집안.

良久(양구) 한참 있다가. 한참 지남.

良禽擇木(양금택목) 현명한 새는 나무를 가린다는 뜻으로, 현명한 사람은 자신의 재능을 키워 줄 수 있는 사람을 택해 종사함을 이르는 말.

良禽擇木(양금택목)의 유래

위나라 공문자(孔文子)가 공자(孔子)에게 적을 공격하는 일을 상의하자, 제사 지내는 일은 배운 적이 있어도 전쟁에 대해서는 전혀 아는 바가 없다면서 공자가 서둘러 자리를 떠났다. 그 까닭을 제자들이 묻자, "현명한 새는 나무를 가려서 둥지를 트는 법이다. 신하된 자는 반드시 훌륭한 군주를 가려서 종사해야 한다."고 대답하였다.

良能(양능) 학문이나 경험에 의한 것이 아닌, 본디부터 갖추고 있는 능력.

良馬(양마) 좋은 말.

良民(양민) 국법을 지키는 선량한 백성(百姓).

良士(양사) 선량한 남자.

良相(양상) 어진재상.

良書(양서) 가치 있고 좋은 책.

良俗(양속) 좋은 풍속. 아름다운 풍속.

良順(양순) 어질고 순함.

良心(양심) 1)사람으로서 마땅히 가져야 할 바르고 착한 마음. 2)도덕적인 가치를 판단하여 정(正) · 선(善)과 사(邪) · 악(惡)을 분별할 줄 아는 후천적인 능력.

良藥(양약) 좋은 약.

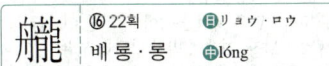

6획

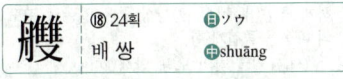

良藥苦口(양약고구) 좋은 약은 입에 씀.

○良藥苦口(양약고구)의 유래
공자(孔子)가 "좋은 약은 입에 쓰지만 병에 이롭고, 충직한 말은 귀에는 거슬리지만 행실에는 이롭다."고 한 말에서 유래하였다.

良友(양우) 좋은 친구.
良人(양인) 1)양민. 2)어질고 착한 사람.
良匠(양장) 재주와 기술이 뛰어난 공인(工人).
良將(양장) 훌륭한 장수.
良材(양재) 좋은 재목.
良才(양재) 좋은 재주. 또는 그런 사람.
良田(양전) 좋은 논밭.
良知(양지) 사람이 나면서부터 가지고 있는 천부적인 능력.
良質(양질) 좋은 바탕. 좋은 질.
良妻(양처) 착한 아내.
良好(양호) 매우 좋음.
良貨(양화) 1)좋은 보물. 2)품질이 좋은 화폐.
不良(불량) 1)상태가 좋지 않음. 2)품행이 나쁨.

유 仁(어질 인) 善(착할 선) 비 艮(어긋날 간)

艱	⑪ 17획	日カン
	어려울 간	中jiān

풀이 1. 어렵다. 어려워하다. ¶艱窘 2. 괴로워하다. ¶艱急 3. 부모의 상(喪).

艱困(간곤) 구차하고 곤궁함.
艱苟(간구) 구차함. 가난함.
艱窘(간군) 가난하고 군색함.
艱急(간급) 괴롭고 어려움.
艱澀(간삽) 1)시문이 어려워 이해하기 어려움. 2) 힘들고 곤궁함.
艱辛(간신) 힘들고 고생스러움.
艱深(간심) 시문의 뜻이 깊어 해석하기 어려움.
艱虞(간우) 걱정과 근심.
艱易(간이) 어려움과 쉬움.
艱險(간험) 1)몹시 험난함. 2)어려움과 고생.

유 難(어려울 난)

色 빛 색 部

'色' 자는 사람이 무릎 꿇은 모양이 변하여 이루어진 글자이다. 사람의 감정은 얼굴빛으로 드러난다 하여 '빛'을 뜻하게 되었다. '빛' 외에 주색(酒色)에서처럼 '여색'을 뜻하기도 하며, 각양각색(各樣各色)에서처럼 '갈래'를 나타내기도 한다. 그러나 부수로서의 역할이 크지 않다.

色	⓪6획	日ショク·ツキ·いろ
	빛 색	中sè, shǎi, shè

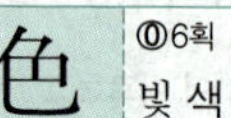

풀이 1. 빛. 빛깔. 색채. ¶色盲 2. 윤기. 광택. 3. 경치. 4. 안색. 얼굴빛. 5. 용모. 낯. ¶色動 6. 갈래. 종류. 7. 장식하다. 꾸미다. 8. 안색이 변하다. 화를 내다 9. 놀라다. 10. 색칠하다. 물이 들다. 11. 온화하다. 12. 여색. ¶色骨

色界(색계) 1)여색의 세계. 화류계(花柳界). 2)삼계(三界)의 하나. 물질·육체에 집착하는 마음을 벗어나지 못한 세계.
色骨(색골) 여색을 즐기는 사람.
色德(색덕) 여자의 고운 얼굴과 아름다운 덕행.
色讀(색독) 문장을 그 글자 그대로만 해석하고 그 참뜻을 보지 않음.
色動(색동) 놀라거나 성나서 얼굴빛이 변함.
色厲(색려) 안색이 엄격하고 위엄이 있음.
色料(색료) 그림 물감.
色魔(색마) 많은 여성을 속이고 그 정조(貞操)를 빼앗는 남자. 여색에 미쳐 날뛰는 사람.
色盲(색맹) 색각(色覺)이 결여 또는 불완전하여 색의 구별이 되지 않는 상태. 또는 그런 사람.
色相(색상) 육안으로 볼 수 있는 만물의 현상.
色素(색소) 물체의 색의 본질.
色身(색신) 육체(肉體).
色心(색심) 1)색욕(色慾)을 일으키는 마음. 2)무형의 정신과 유형의 물질.
色養(색양) 1)부모의 얼굴빛을 살펴 마음이 편하게 효양(孝養)함. 2)항상 좋은 얼굴로 부모의 마음을 즐겁게 함.
色容(색용) 얼굴 빛의 모양. 안색(顏色).
色情(색정) 남녀 간의 욕정.
色調(색조) 1)색채(色彩)의 강약(强弱)·농담(濃淡) 등의 정도. 2)빛깔의 조화.
色卽是空(색즉시공) 무릇 형상을 갖춘 만물은 인연으로 말미암아 생긴 것이며, 원래 실재하는 것이 아니므로 그대로 허무한 것이라는 뜻.
色紙(색지) 색종이.
色彩(색채) 빛깔.
色漆(색칠) 색을 칠함.
色態(색태) 1)여자의 아리따운 자태. 2)빛깔의 태.

艴	⑤ 11획 / 발끈할 불·발	日フツ·ボツ / 中bó, fú

풀이 1. 발끈하다. 화를 내다. 2. 색을 칠하다.
艴然(불연/발연) 화를 내는 모양.

艳	⑦ 13획 / 艴(p1137)과 同字

䳟	⑩ 16획 / 검푸를 명	日メイ / 中mìng

풀이 검푸르다. 검푸른빛.

䒒	⑫ 18획 / 마음 어지러울 승	日ソウ / 中cèng, sěng

풀이 마음이 어지럽다. 마음이 개운하지 않은 모양.

豓	⑬ 19획 / 艷(p1137)의 俗字

䖆	⑭ 20획 / 그을은 빛 훈	日クン / 中xùn

풀이 그을은 빛. 불에 누른 빛.

艶	⑯ 22획 / 어지러운 모양 맹	日モウ / 中méng

풀이 어지럽다. 마음이 어지럽고 개운하지 않다.

艷	⑱ 24획 / 고울 염	日エン / 中yàn

* 회의. '色(빛 색)'과 풍부하다는 의미를 지닌 '豐(풍성할 풍)'을 합친 글자. 이에 '풍부한 색', 즉 '곱다', '아름답다'의 뜻으로 쓰임.

풀이 1. 곱다. 아름답다. ¶艷麗 2. 광택. 광채. 3. 글이 화려하다. 아름다운 문장. ¶艷體 4. 선망하다. 부러워하다.
艷歌(염가) 고운 노래. 염곡(艷曲).
艷麗(염려) 아름답고 고움.
艷文(염문) 연애 편지.
艷色(염색) 윤기 있고 아리따운 얼굴빛.
艷羨(염선) 부러워함. 선모(羨慕).
艷冶(염야) 요염하고 아름다움. 매우 곱고 아리따움. 요야(妖冶).
艷陽(염양) 만춘(晩春)의 계절.
艷語(염어) 아름다운 말. 고운 말.
艷粧(염장) 짙은 화장. 예쁜 치장.
艷絶(염절) 더 할 수 없이 아리따움.
艷情(염정) 연정(戀情).
艷質(염질) 예쁜 바탕.
유 鮮(고울 선) 褕(고울 유)

艸 부

艸 풀 초 部

'艸'자는 새싹이 돋아나는 모양을 나타내어 '풀'이라는 뜻으로 쓰인다. 다른 글자와 합쳐질 때 주로 글자의 위에 쓰여 '艹'의 형태가 되니 이를 '초두머리'라는 부수 명칭으로 부른다. 이 글자를 부수로 갖는 글자는 식물의 상태·명칭 등과 관련이 있다.

艸	⓪6획 / 풀 초	日ソウ·くさ / 中cǎo

풀이 풀.
유 草(풀 초)

艽	②6획 / ❶변방 구 ❷오독도기 교	日キュウ / 中qiú, jiāo

풀이 ❶ 1. 변방. 나라 끝. 2. 자리. ❷ 3. 오독도기. 약초의 한 가지.
艽野(구야) 서울에서 멀리 떨어진 황폐한 곳. 두메. 벽촌.
艽芀(구초) 풀을 깐 짐승의 잠자리.

艻	②6획 / ❶나무풀 륵 ❷대추 극	日リク·キン / 中jí, lè, lì

6획

풀이 ❶ 1. 나무풀. 향초의 하나. 2. 약초 이름. ❷ 3. 대추.

비 芳(꽃다울 방)

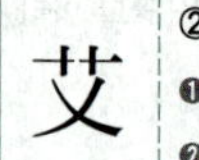

艾	② 6획	
	❶ 쑥 애	日 ガイ · よもぎ
	❷ 벨 예	中 ài, yì

* 형성. 뜻을 나타내는 부수 '艸(풀 초)'와 음을 나타내는 '乂(벨 예)'를 합친 글자. 이에 '쑥'을 나타냄.

풀이 ❶ 1. 쑥. 엉거싯과에 속하는 다년초. 2. 뜸쑥. 뜸을 뜰 때 쓰기 위하여 쑥을 말린 것. ¶艾灸 3. 늙은이. 노인. ¶艾老 4. 아름답다. ¶艾色 5. 기르다. 6. 부양하다. 7. 다하다. 이르다. 8. 갚다. 보답하다. ❷ 9. 베다. 10. 다스리다. ¶艾安 11. 징계하다. 경계하다.

艾豭(애가) 잘생긴 수퇘지라는 뜻으로, 잘생긴 사람을 비유하는 말.
艾灸(애구) 쑥으로 뜸을 뜸.
艾氣(애기) 1)말더듬이의 말투. 2)쑥 냄새.
艾年(애년) 50세의 다른 이름.
艾老(애로) 50세 이상의 노인.
艾服(애복) 1)50세. 2)힘써 일함.
艾色(애색) 예쁜 얼굴. 아름다운 얼굴.
艾艾(애애) 말더듬이가 하는 말.
艾人(애인) 1)쑥으로 만든 인형. 2)노인.
艾安(예안) 잘 다스려져 편안함.

艼	② 6획	日 テイ
	구장 정	中 dǐng

풀이 1. 구장(蒟醬). 2. 술 취하다.

艿	② 6획	日 ショウ
	갈대 이삭 초	中 tiáo

풀이 갈대의 이삭. 빗자루를 만드는데 씀.

비 艻(향기풀이름 륵)

芎	② 6획	
	艿(p1138)와 同字	

芊	③ 7획	日 ガン
	풀이름 간	中 gān, gǎn

풀이 1. 풀 이름. 2. 울무 열매.

芎	③ 7획	日 キュウ
	궁궁이 궁	中 xiōng

풀이 궁궁이. 천궁(川芎). 미나릿과의 다년초.

芎藭(궁궁) 궁궁이. 잎은 식용, 뿌리는 약재로 사용.
芎蘇散(궁소산) 임산부에게 쓰는 감기약.

芑	③ 7획	日 キ
	차조기	中 qǐ

풀이 1. 차조. 차진 조. 2. 상추. 3. 지황(地黃). 현삼과의 다년초.

芒	③ 7획	
	❶ 까끄라기 망	日 ボウ
	❷ 어두울 황	中 máng

* 형성. 뜻을 나타내는 부수 '艸(풀 초)'와 음을 나타내는 '亡(망할 망)'을 합친 글자.

풀이 ❶ 1. 까끄라기. 벼나 보리 등의 껍질에 붙어있는 수염. 2. 가시. 식물의 줄기나 잎에 돋은 것. 3. 털끝. 4. 빛살 끝. 광망(光芒). 퍼져 나가는 빛살. ❷ 5. 어둡다. 어리석다. 6. 역새. 7. 부산하다. 경황이 없다. 8. 피곤한 모양.

芒然(망연) 1)피곤하여 싫증 난 모양. 2)정신이 멍한 모양.
芒刺在背(망자재배) 가시를 등에 지고 있다는 뜻으로, 마음이 조마조마하고 불편함을 이르는 말.
芒種(망종) 1)24절기의 하나. 양력 6월 5일경으로, 보리가 익고 모를 심기 좋은 때. 2)까끄라기가 있는 곡식. 벼 · 보리 등.
芒知所措(망지소조) 당황하여 어찌할 바를 모르고 허둥댐.

비 茫(아득할 망)

芃	③ 7획	日 ホウ
	풀 무성할 봉	中 péng

풀이 풀이 무성하다.

芋	③ 7획	日 ウ
	토란 우	中 yù

풀이 1. 토란. 2. 큰 모양.

芓	③7획 삼 자	日サ 中zǐ

풀이 1. 삼. 2. 모시풀.

芍	③7획 ❶함박꽃 작 ❷연밥 적	日シャク 中sháo

* 형성. 뜻을 나타내는 부수 '艸(풀 초)'와 음을 나타내는 '勺(구기 작)'을 합친 글자. 이에 '작약'의 뜻을 나타냄.

풀이 ❶ 1. 함박꽃. 작약과에 속하는 다년초. ❷ 2. 연밥.

芊	③7획 우거질 천	日セン 中qiān

* 형성. 뜻을 나타내는 부수 '艸(풀 초)'와 음을 나타내는 '千(일천 천)'을 합친 글자. 이에 '풀이 많다', '무성하다'의 뜻으로 쓰임.

풀이 1. 우거지다. 풀이 무성하다. ¶芊芊 2. 초목이 푸른 모양. 3. 꼭두서니. 꼭두서닛과의 다년생 만초.

芊眠(천면) 풀이 우거진 모양.
芊蔚(천위) 초목이 우거진 모양.
芊芊(천천) 푸른 빛의 풀이 무성한 모양.

芐	③7획 지황 하	日カ 中xià

풀이 지황(地黃). 약초의 한 가지.

芄	③7획 왕골 환	日ガン 中wán

풀이 왕골. 물억새.

芔	③9획 ❶풀 훼 ❷성할 휘	日カイ 中huì, hū

풀이 ❶ 1. 풀. ❷ 2. 무성하다. ¶芔然

芔吸(훼흡) 초목이 바람에 흔들리는 소리.
芔然(휘연) 성한 모양.
芔隕(휘운) 눈물이 뚝뚝 떨어지는 모양.

芥	④8획 겨자 개	日カイ・からしあく 中gài , jiè

* 형성. 뜻을 나타내는 부수 '艸(풀 초)'와 음을 나타내는 '介(끼일 개)'를 합친 글자. 이에 '겨자'를 나타냄.

풀이 1. 겨자. ¶芥子 2. 먼지. 티끌. ¶芥屑

芥屑(개설) 1)먼지. 티끌. 2)겨자.
芥子(개자) 1)겨자. 겨자 씨. 2)매우 작은 것.
芥舟(개주) 1)배처럼 떠 있는 작은 풀잎. 2)물에 뜬 티끌과 같이 작은 배.
芥蔕(개체) 사소한 것.

비 介(끼일 개)

芡	④8획 가시연 검	日ケン 中qiàn

풀이 가시연. 수련과의 일년초.

芡實(감실←검실) 가시연밥의 약명(藥名).

芵	④8획 초결명 결	日ケツ 中jué

풀이 초결명. 콩과의 일년초. 씨인 결명자를 약재로 씀.

芤	④8획 파 규	日キュウ 中kōu

풀이 1. 파. 2. 속이 텅 비듯 병이 든 혈관.

芹	④8획 미나리 근	日キン 中qín

풀이 미나리. 미나릿과에 속하는 다년생의 수초.

芹誠(근성) 정성된 마음. 근침(芹忱).
芹菜(근채) 미나리.
芹忱(근침) 근성(芹誠).
芹獻(근헌) 남에게 물품을 보낼 때의 겸칭. 헌근(獻芹).

芩	④8획 풀 이름 금	日キン 中qín

풀이 풀 이름. 만초(蔓草)의 일종.

芨	④8획 말오줌나무 급	日キュウ 中jī

풀이 1. 말오줌나무. 껍질로 종이를 만드는 나무. 2. 대왐풀. 난초과에 속하는 다년초. 약재로 씀.

芪
④8획 日キ
단너삼 기 中qí

풀이 1. 단너삼. 콩과의 다년초. 2. 지모. 관상용의 다년초.

芰
④8획 日キ
마름 기 中jì

풀이 마름. 잎이 삼각으로 갈라져 있는 수초.

芰蓮(기련) 기하(芰荷).

芰坐(기좌) 마름을 엮어 만든 자리.

芰荷(기하) 1)마름과 연(蓮). 기련(芰蓮). 2)은자(隱者)의 의복.

芚
④8획 日トン
채소 이름 둔 中tún

풀이 1. 채소 이름. 2. 싹이 나다. 3. 어리석은 모양.

芚愚(둔우) 어리석은 모양.

芼
④8획 日モウ
풀 모 中máo, mào

풀이 1. 풀. 풀이 우거지다. 풀이 무성한 모양. ¶芼斂 2. 뽑다. 솎다.

芼羹(모갱) 채소와 고기를 함께 끓인 국.

芼斂(모렴) 풀을 거둠.

芠
④8획 日モン
범의귀 문 中wén

풀이 1. 범의귀. 범의귓과의 상록 다년초. 2. 어두운 모양. 분명하지 않은 모양.

비 艾(쑥 애)

芴
④8획
❶순무 물 日ブツ
❷희미할 홀 中wù, hū

풀이 1 1. 순무. 무의 한 가지. 2. 부추. 2 3. 희미하다. 분명하지 않은 모양. ¶芴然

芴然(홀연) 어두운 모양. 분명하지 않은 모양.

비 勿(말 물)

芳
④8획 日ホウ
꽃다울 방 中fāng

* 형성. 뜻을 나타내는 부수 '艸(풀 초)'와 음을 나타내는 '方(모 방)'을 합친 글자.

풀이 1. 꽃답다. 명예가 높다. ¶芳姿 2. 향기풀. 3. 향기. 향기 나다. ¶芳郊 4. 아름다움. ¶芳顔 5. 명예. 6. 향기가 좋은 꽃. ¶芳華 7. 방년. 꽃다운 나이. ¶芳年

芳景(방경) 봄 경치.

芳郊(방교) 향기로운 꽃이 핀 봄의 교외(郊外).

芳菊(방국) 향기 좋은 국화.

芳氣(방기) 향기로운 냄새. 향기.

芳年(방년) 꽃다운 나이. 젊은 여자의 나이.

芳名(방명) 1)꽃다운 이름. 명예. 영명(令名). 2)남의 이름의 높임말.

芳名錄(방명록) 특별히 기념하기 위해 남의 성명을 기록한 책.

芳墨(방묵) 1)남의 편지나 글씨에 대한 경칭. 2)향기 좋은 먹.

芳味(방미) 향기로운 맛.

芳歲(방세) 1)봄철. 2)젊은 나이. 청춘(青春).

芳醇(방순) 향기롭고 맛 좋은 술.

芳時(방시) 꽃이 한창인 시절. 봄철.

芳心(방심) 1)미인의 마음. 2)남의 친절한 마음.

芳顔(방안) 아름다운 얼굴. 남의 얼굴의 경칭.

芳艶(방염) 향기롭고 아름다움.

芳友(방우) 난초의 다른 이름.

芳園(방원) 꽃이 아름답게 피어 있는 정원.

芳姿(방자) 꽃다운 자태.

芳節(방절) 봄철. 춘절(春節).

芳情(방정) 향기로운 정의(情誼). 남의 친절한 마음.

芳志(방지) 남의 친절한 마음에 대한 경칭.

芳札(방찰) 1)남의 편지를 높여 이르는 말. 2)좋은 소식의 편지.

芳草(방초) 향기로운 풀.

芳春(방춘) 1)꽃이 한창인 계절. 봄. 2)청춘.

芳香(방향) 꽃다운 향기.

芳魂(방혼) 미인의 영혼.

芳華(방화) 향기로운 꽃.

芣
④8획 日フ
질경이 부 中fú

풀이 1. 질경이. 2. 꽃이 한창인 모양.

6획

芣苡(부이) 질경이. 부이(芣苢).

芙	④8획	日フ
	부용 부	中fú

* 형성. 뜻을 나타내는 부수 '艸(풀 초)'와 음을 나타내는 '夫(지아비 부)'를 합친 글자.

풀이 부용. 연꽃.

芙蕖(부거) 연꽃의 다른 이름.
芙蓉(부용) 1)연꽃. 2)미인. 3)목부용(木芙蓉).
芙蓉劍(부용검) 1)빼어난 검. 훌륭한 검. 2)옛날 보검(寶劍)의 이름.
芙蓉帳(부용장) 1)목부용의 꽃으로 물들인 휘장. 2)연꽃을 수놓은 휘장 안. 규방(閨房).
芙蓉出水(부용출수) 연꽃이 물에서 나온다는 뜻으로, 맑고 몹시 빼어남을 이르는 말.

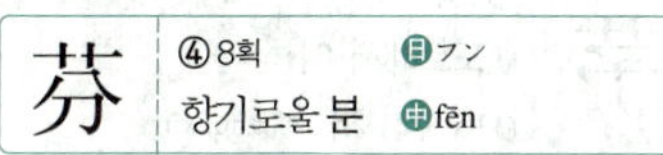
芬 ④8획 日フン
향기로울 분 中fēn

* 형성. 뜻을 나타내는 부수 '艸(풀 초)'와 음을 나타내며 향기가 난다는 의미를 지닌 '分(나눌 분)'을 합친 글자. 풀이(艸) 나서 향기가 남을 나타내어, '향기롭다'의 뜻으로 쓰임.

풀이 1. 향기롭다. ¶芬香 2. 향기. 향내. 3. 명성. 이름. 4. 오르다. 5. 많다. ¶芬然

芬陀利(분다리) 활짝 핀 백련화(白蓮華)를 뜻하는 범어(梵語).
芬芳(분방) 1)향기. 2)훌륭한 공적 · 명예. 또는 그 사람.
芬馥(분복) 향기로운 모양. 분분(芬芬).
芬芬(분분) 1)향기로운 모양. 분복(芬馥). 2)어지러운 모양. 3)왕성한 모양.
芬菲(분비) 향기가 나다. 향내.
芬然(분연) 1)높이 올라가는 모양. 2)많은 모양.
芬烈(분열) 1)향기가 강함. 2)훌륭한 공훈.
芬鬱(분울) 향기가 좋음.
芬苾(분필) 향기로움.
芬香(분향) 좋은 향기.
芬馨(분형) 1)좋은 향기. 2)높은 명성(名聲).
芬華(분화) 화려함. 아름다움.

유 香(향기 향)

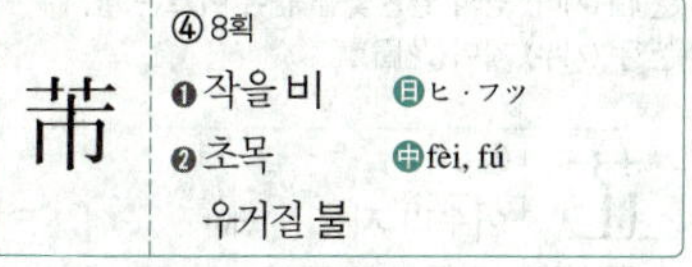
芾 ④8획
❶작을 비 日ヒ · フツ
❷초목 中fèi, fú
우거질 불

풀이 1. 작다. 작은 모양. 2. 초목이 우거지다. 3. 슬갑.

芘	④8획	日ヒ
	풀 이름 비	中pí, bì

풀이 1. 풀 이름. 당아욱. ¶芘芣 2. 덮다. 가리다. 비호하다.

芘莉(비리) 차를 담는 그릇. 다롱(茶籠).
芘保(비보) 약점이나 허물을 덮어 감싸 줌.
芘芣(비부) 당아욱. 금규(錦葵).

芟 ④8획 日サン · セン
벨 삼 中shān

* 형성. 뜻을 나타내는 부수 '艸(풀 초)'와 음을 나타내는 '殳(몽둥이 수)'를 합친 글자.

풀이 1. 베다. 2. 제거하다. 3. 큰 낫.

芟鋤(삼서) 삼제(芟除).
芟穢(삼예) 1)잡초를 베어 버림. 2)난리를 평정함.
芟夷(삼이) 1)풀을 깨끗이 베어 버림. 2)나라를 평정함.
芟正(삼정) 나쁜 곳을 베어 바르게 함.
芟除(삼제) 1)풀을 베어 없앰. 2)적을 쳐서 나라를 평정함.
芟柞(삼책) 초목을 벰.
芟討(삼토) 적을 토벌함.

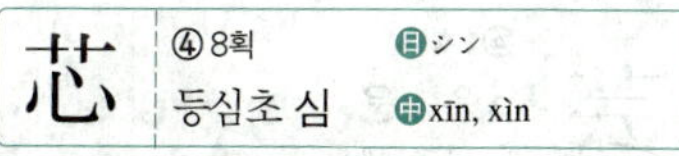
芯 ④8획 日シン
등심초 심 中xīn, xìn

풀이 1. 등심초. 2. 물건의 중심.

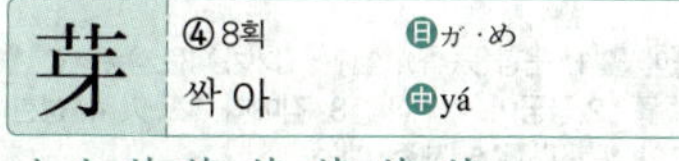
芽 ④8획 日ガ · め
싹 아 中yá

丶 十 卄 艹 艹 芒 芽 芽

* 형성. 뜻을 나타내는 부수 '艸(풀 초)'와 음을 나타내는 '牙(어금니 아)'를 합친 글자. 이빨같은 모양으로 나오는 '풀의 싹'이란 뜻으로 쓰임.

풀이 1. 싹. 새싹. 2. 싹이 돋다. ¶芽生 3. 조짐이 보이다. 4. 처음.

芽甲(아갑) 초목의 처음 돋아난 싹.
芽生(아생) 싹이 돋아남.
芽蘖(아얼) 움이 틈.

유 萌(싹 맹)

6획

茚 ④8획 창포 앙 日オウ 中áng

풀이 창포(菖蒲).

유 菖(창포 창)

芮 ④8획 풀 뾰족뾰족 날 예 日ゼイ 中ruì

* 형성. 뜻을 나타내는 부수 '艸(풀 초)'와 음을 나타내는 '內(안 내)'를 합친 글자. 풀(艸)이 안(內)에서 밖으로 '뾰족뾰족 남'을 나타냄.

풀이 1. 풀이 뾰족뾰족 나다. 2. 물가. 3. 작은 모양. ¶芮戈 4. 방패를 매는 끈.

芮戈(예과) 짧은 창.

芮芮(예예) 1)풀이 뾰족하게 돋아나는 모양. 2)나라 이름.

苅 ④8획 刈(p117)의 俗字

芣 ④8획 풀 이름 우 日ウ 中niú

풀이 풀 이름. 쇠무릎지기. 비름과의 다년초. 약재로 쓰임.

芸 ④8획 ❶운향 운 ❷재주 예 日ウン 中yún

* 형성. 뜻을 나타내는 부수 '艸(풀 초)'와 음을 나타내는 '云(이를 운)'을 합친 글자.

풀이 1 1. 운향(芸香). 잎에서 향기가 나는 약용 식물. ¶芸黃 2.궁궁이. 채소 이름. 3. 김매다. ¶芸夫 4. 성한 모양. ¶芸芸 2 5. 재주. 예능.

芸閣(운각) 1)서재(書齋). 2)조선 때 교서관(校書館)의 다른 이름.

芸臺(운대) 한대(漢代)에 비서(祕書)를 간직하던 방. 난대(蘭臺).

芸夫(운부) 김 매는 남자. 농부.

芸芸(운운) 성한 모양. 많은 모양.

芸帙(운질) 1)좀먹지 않게 하기 위해 운향(芸香)의 잎을 넣은 서질(書帙). 2)서적(書籍). 장서(藏書).

芸窗(운창) 서재(書齋).

芸編(운편) 책.

芸香(운향) 잎을 책 속에 넣어 좀을 막는 데 쓰던 향기나는 풀.

芸黃(운황) 초목이 시들어 떨어지는 모양.

芫 ④8획 팥꽃나무 원 日ゲン 中yuán

풀이 팥꽃나무. 약재로 쓰임.

芿 ④8획 새 풀싹 잉 日イン 中rèng

풀이 새 풀싹. 묵은 풀을 베고 난 후에 돋아난 싹.

芧 ④8획 ❶도토리 서·여 ❷매자기 저 日ジョ 中zhù, xù

풀이 1 1. 도토리. 상수리나무 열매. 2 2. 매자기. 방동사닛과에 속하는 다년초.

芧栗(서율) 도토리. 산밤.

비 茅(띠 모)

芝 ④8획 지초 지 日シ·しば 中zhī

* 형성. 뜻을 나타내는 부수 '艸(풀 초)'와 음을 나타내는 '之(갈 지)'를 합친 글자.

풀이 1. 지초(芝草). 영지. ¶芝蘭 2. 일산(日傘). 햇볕을 가리는 양산. 3. 버섯.

芝蘭(지란) 1)지초(芝草)와 난초(蘭草). 2)선인(善人). 군자(君子).

芝蘭玉樹(지란옥수) 우수한 자제(子弟)를 비유하는 말.

芝蘭之交(지란지교) 친구 사이의 고상하고 우아한 교제.

芝蘭之室(지란지실) 향초(香草)가 있어 좋은 방이란 뜻으로, 선인(善人)·군자(君子)를 비유하는 말.

芝眉(지미) 남의 얼굴빛을 높여 이르는 말.

芝宇(지우) 지미(芝眉).

芷 ④8획 어수리 지 日シ 中zhǐ

풀이 어수리. 미나릿과의 다년초. ¶芷蘭

芻	④ 10획 꼴 추	日スウ 中chú

* 상형. 풀을 베어 묶은 단을 손에 들고 있는 모양을 본뜬 글자.

풀이 1. 꼴. 마소의 먹이로 사용하는 말린 풀. ¶芻米 2. 꼴을 먹이다. 3. 꼴을 베는 사람. 4. 짚. 베어 묶은 풀. ¶芻靈 5. 초식 동물. ¶芻豢 6. 기르다.

芻狗(추구) 짚으로 만든 개. 옛날 중국에서 제사 때 쓰던 것으로, 제사가 끝나면 버린다는 데서, 필요할 때는 이용하고 필요 없을 때는 내버리는 물건을 비유하는 말.

芻靈(추령) 풀을 묶어 만든 인형. 순사자(殉死者)의 대신으로 쓰던 물건.

芻秣(추말) 말이나 소에게 먹이는 사료. 꼴.

芻米(추미) 가축의 사료와 사람의 양식. 꼴과 쌀.

芻言(추언) 천한 사람의 무식한 말.

芻蕘(추요) 1)꼴과 나무. 2)꼴꾼과 나무꾼. 3)천한 사람. 추초(芻樵). 4)자기의 문장을 낮추어 이르는 말.

芻蕘之說(추요지설) 고루하고 천한 말.

芻場(추장) 꼴을 베는 곳. 목장(牧場).

芻樵(추초) 추요(芻蕘).

芻豢(추환) 초식하는 짐승인 소·양 등과 곡식을 먹는 짐승인 개·돼지.

芭	④ 8획 파초 파	日ハ 中bā

풀이 1. 파초. 2. 풀 이름. 3. 꽃.

芭蕉(파초) 파초과에 속하는 열대성 다년초. 잎이 크고 긴 타원형이며 꽃은 황갈색임.

유 蕉(파초 초) 비 琶(비파 파)

芦	④ 8획 苄(p1139)와 同字

花	④ 8획 꽃 화	日カ·はな 中huā

丶 ㅗ 艹 艹 艹 花 花 花

* 형성. 뜻을 나타내는 부수 '艸(풀 초)'와 음을 나타내는 '化(화할 화)'를 합친 글자.

풀이 1. 꽃. ¶花壇 2. 꽃이 피다. 3. 아름답다. ¶花顔 4. 꽃 모양. 아름다운 무늬. 5. 흐려지다. 6. 소비하다. 7. 두흔(痘痕).

花甲(화갑) 60세.

花崗巖(화강암) 심성암(深成巖)의 한 가지. 단단하고 아름다워 석재(石材)로 쓰임.

花蓋(화개) 1)꽃받침과 꽃부리를 구분하기 위한 외관상의 총칭. 2)꽃무늬 덮개.

花客(화객) 1)꽃 구경하는 사람. 2)단골 손님.

花臉(화검) 꽃다운 얼굴. 미인의 얼굴.

花冠(화관) 1)칠보(七寶)로 꾸민 아름다운 관(冠). 2)나라의 잔치 때, 기녀(妓女)·무동(舞童)들이 쓰던 관.

花錦(화금) 꽃무늬 비단.

花機(화기) 베틀.

花壇(화단) 꽃밭. 흙을 한층 높게 쌓아 화초를 심는 곳.

花郞(화랑) 신라 때, 귀족 청소년의 종교적·사회적·교양적 집단. 또는 그 단체의 우두머리.

花柳(화류) 1)붉은 꽃과 푸른 버들. 2)사내들을 상대로 노는 계집. 또는 유곽(遊廓).

花輪(화륜) 화환(花環).

花面(화면) 꽃다운 얼굴.

花貌(화모) 화용(花容).

花木(화목) 꽃나무.

花無十日紅(화무십일홍) 열흘동안 붉은 꽃이 없다는 뜻으로, 한 번 성하면 반드시 쇠하여짐을 비유하는 말.

花紋(화문) 꽃의 무늬.

花紋席(화문석) 꽃무늬를 장식한 돗자리.

花蜜(화밀) 꽃 속에 생기는 꿀.

花瓶(화병) 꽃병.

花譜(화보) 사계절 동안 피는 꽃을 시절 순으로 그린 책.

花粉(화분) 꽃가루.

花盆(화분) 화초를 심는 그릇.

花樹(화수) 1)꽃이 피어 있는 나무. 2)동성동본(同姓同本)의 일가를 비유하는 말.

花脣(화순) 1)꽃잎. 2)미인의 입술.

花市(화시) 꽃을 파는 시장.

花心(화심) 1)꽃의 중심. 꽃의 수술 및 암술. 2)미인의 마음.

花顔(화안) 아름다운 얼굴. 꽃같은 얼굴.

花言(화언) 겉치레 말. 실속 없는 말.

花宴(화연) 환갑(還甲) 잔치.

花蘂(화예) 꽃술. 꽃의 생식기관.

花王(화왕) 모란의 다른 이름.

花容(화용) 꽃같이 아름다운 여자의 모습. 미인의 자태.

花容月態(화용월태) 아름다운 여자의 고운 자태.

花園(화원) 화초를 심은 동산.
花月(화월) 1)꽃과 달. 2)음력 2월의 다른 이름.
花乳(화유) 1)차(茶)의 다른 이름. 2)꽃봉오리.
花鳥(화조) 1)꽃과 새를 그린 그림. 2)남의 편지를 높여 이르는 말.
花朝月夕(화조월석) 1)꽃 피는 아침과 달 밝은 저녁. 2)음력 2월 보름과 8월 보름.
花草(화초) 1)꽃과 풀. 2)관상용 꽃의 총칭. 3)실용적이지 않고 노리개나 장식품에 불과함.
花燭(화촉) 1)아름다운 초. 2)결혼의 의식.
花香(화향) 1)꽃의 향기. 2)불전(佛前)에 올리는 꽃과 향.
花環(화환) 조화(造花) 또는 생화(生花)로 고리 모양으로 만들어, 환영이나 조상(弔喪)의 뜻으로 보내는 물건.
花候(화후) 꽃이 필 무렵.
花卉(화훼) 1)꽃이 피는 풀. 화초(花草). 2)화초를 주제로 그린 그림.

유 華(꽃 화) 비 化(될 화)

苛	⑤ 9획	日カ・きびしい
	매울 가	中kē

* 형성. 뜻을 나타내는 부수 '艸(풀 초)'와 음을 나타내는 '可(옳을 가)'를 합친 글자.

풀이 1. 맵다. 독하다. 가혹하다. ¶苛酷 2. 까다롭다. 번거롭다. ¶苛細 3. 가렵다. 4. 꾸짖다. 책망하다. 5. 무겁다. 6. 어지럽히다. 7. 잔풀.

苛刻(가각) 혹독하고 무자비함.
苛禁(가금) 엄하게 금함.
苛急(가급) 혹독하고 급함.
苛厲(가려) 혹독하고 사나움.
苛斂誅求(가렴주구) 가혹하게 세금을 거두거나 백성의 재물을 억지로 빼앗음.
苛令(가령) 가혹한 법령(法令).
苛吏(가리) 가혹한 관리.
苛法(가법) 가혹한 법령. 까다로운 법률.
苛細(가세) 까다롭고 세세함.
苛稅(가세) 가혹한 세금.
苛殃(가앙) 심한 재앙. 참혹한 재화.
苛嚴(가엄) 몹시 엄함.
苛烈(가열) 가혹하고 격렬함
苛征(가정) 가혹한 세금의 징수.
苛政(가정) 가혹한 정치.
苛政猛於虎(가정맹어호) 가혹한 정치는 호랑이보다 더 사납다는 뜻으로, 가혹한 정치의 폐해를 비유하는 말.
苛重(가중) 가혹하고 과중함.
苛責(가책) 가혹한 꾸지람.
苛評(가평) 가혹한 비평. 혹평(酷評).
苛虐(가학) 괴롭히고 학대함.
苛酷(가혹) 매우 혹독함.

유 辛(매울 신)

茄	⑤ 9획	日カ
	가지 가	中jiā, qié

풀이 1. 가지. 2. 연꽃의 줄기. 3. 연꽃.

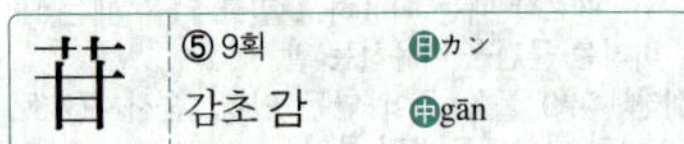

苷	⑤ 9획	日カン
	감초 감	中gān

풀이 감초. 콩과의 다년초.

유 甘(달 감)

苣	⑤ 9획	日キョ
	상추 거	中jù, jǔ

풀이 1. 상추. 2. 횃불. 3. 참깨.

苘	⑤ 9획	日ケイ
	어저귀 경	中qǐng

풀이 어저귀. 아욱과의 일년초.

苽	⑤ 9획	日コ
	줄 고	中gū

풀이 1. 줄. 진고(眞菰). 2. 산수국(山水菊). 범의귓과의 다년초.

苦	⑤ 9획	日ク・くるしい
	쓸 고	中kǔ

* 형성. 뜻을 나타내는 부수 '艸(풀 초)'와 음을 나타내는 '古(옛 고)'를 합친 글자. 쓴 풀(艸)을 나타내어, '쓰다', '괴롭다'의 뜻으로 쓰임.

풀이 1. 쓰다. 2. 괴롭다. 고통스럽다. ¶苦痛 3. 씀바귀. ¶苦菜 4. 걱정하다. 애쓰다. ¶苦心 5. 몹시. 과도하게. 6. 거칠다. 7. 간절하다. 8. 맑다. 9. 멀미.

苦諫(고간) 귀에는 거슬리나 유익한 충고로 정중히 간함.
苦客(고객) 귀찮은 손님.

苦界(고계) 괴로움이 많은 인간 사회.
苦苦(고고) 1)공손히. 정중히. 2)고승도치의 털. 3)삼고(三苦)의 하나. 굶주림 · 질병 · 비바람 · 한서(寒暑) · 노역 등 심신을 힘들게 하는 괴로움.
苦困(고곤) 괴롭고 곤란함.
苦難(고난) 괴로움과 어려움.
苦惱(고뇌) 몸과 마음이 괴로움.
苦待(고대) 몹시 기다림.
苦毒(고독) 고통스러움.
苦樂(고락) 괴로움과 즐거움.
苦力(고력) 1)괴로움을 참고 힘을 냄. 2)고심(苦心)함.
苦悶(고민) 괴로워하여 속을 태움.
苦杯(고배) 쓴 술잔. 억울한 실패나 몹시 심한 고생.
苦悲(고비) 괴롭고 슬픔.
苦笑(고소) 마지못하여 웃는 쓴 웃음.
苦辛(고신) 괴롭고 쓰라림.
苦心(고심) 애씀. 근심 걱정함.
苦顔(고안) 찡그린 얼굴. 싫은 얼굴.
苦役(고역) 1)힘든 노동. 2)고되게 부림. 3)형벌로서의 징역(懲役).
苦雨(고우) 장마.
苦肉之計(고육지계) 적을 속이기 위해 자신의 고통을 무릅쓰고 꾸미는 계책.

○苦肉之計(고육지계)의 유래

삼국 시대의 유명한 적벽(赤壁)대전에서 주유(周瑜)는 화공(火攻) 작전을 세우고 노장 황개(黃蓋)와 거짓 항복을 하자는 각본을 짰다. 작전 회의에서 황개가 비장한 어조로 말했다. "조조의 대군을 도저히 이길 수 없소. 항복하는 게 좋을 것 같소." 주유는 황개의 말이 채 끝나기도 전에 호통을 치며 황개를 곤장형에게 처했다. 곤장에 맞아 피투성이가 된 황개는 거짓 항복 편지를 조조에게 전하게 했다. 조조는 황개가 주유에게 고초를 겪은 사실을 알고 있었기 때문에 진짜로 믿고 받아들였다. 나중에 황개는 인화물을 실은 배를 몰고 가 조조군의 배에 부딪히게 해서 화염에 휩싸이게 했고, 그 덕분에 오(吳)는 대승을 거두었다. 이 일을 전해 들은 제갈량(諸葛亮)은, "자신의 몸에 고통을 가하는 계책을 쓰지 않고는 조조를 속일 수 없을 것이다."라고 말했다고 한다. 《삼국지(三國志)》

苦吟(고음) 고심하여 시나 노래 등을 지음. 또는 그 작품.
苦戰(고전) 죽을 힘을 다하는 힘든 싸움.
苦戰惡鬪(고전악투) 어려운 상황에서 고생스럽게 싸움. 악전고투(惡戰苦鬪).
苦節(고절) 어떤 곤란한 일에도 굽히지 않는 굳은 절개.
苦情(고정) 매우 괴로운 마음.
苦酒(고주) 맛이 쓴 술. 맥주.
苦竹(고죽) 대의 한 가지. 참대. 왕대.
苦菜(고채) 씀바귀. 고들빼기.
苦草(고초) 고추.
苦楚(고초) 어려움과 괴로움.
苦衷(고충) 딱하고 괴로운 심정.
苦痛(고통) 1)괴롭고 아픔. 2)마음의 불만족으로 인해 생기는 감정.
苦學(고학) 학비를 혼자 힘으로 벌며 고생스럽게 공부함.
苦海(고해) 괴로움이 많은 세상.
苦行(고행) 불법(佛法)을 닦기 위하여 괴로움을 쌓고 고뇌를 견뎌 내는 일.

반 樂(즐길 락) 快(쾌할 쾌) 비 若(만약 약)

* 형성. 뜻을 나타내는 부수 '艸(풀 초)'와 음을 나타내는 '句(글귀 구)'를 합친 글자. 원래는 풀 이름을 나타내었으나, 바뀌어 '적어도', '결코'라는 뜻의 부사로 쓰임.

풀이 1. 진실로. 참으로. 2. 겨우. 간신히. 3. 구차하다. ¶苟且 4. 단지. 다만.
苟得(구득) 얻어서는 안 될 물건을 얻음.
苟免(구면) 1)구차하게 액을 면함. 2)일시적으로 죄를 면하여 기뻐하며 창피하게 생각하지 않음.
苟命(구명) 구차한 목숨.
苟安(구안) 일시적인 편안함.
苟言(구언) 구차한 말.
苟容(구용) 비굴하게 남의 비위를 맞춤.
苟存(구존) 구차하게 삶.
苟且(구차) 1)몹시 가난하고 궁색함. 2)말이나 행동이 떳떳하지 못함. 3)임시로 미봉함.
苟充其數(구충기수) 질(質)은 생각하지 않고 그 수만 채움.
苟合取容(구합취용) 아첨하여 남의 환심을 사는 데 힘씀.

풀이 나른하다. 피로한 모양.
苶然(날연) 피로한 모양.

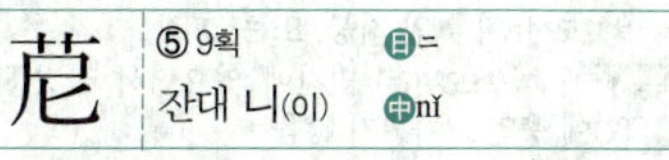

풀이 1. 잔대. 도라지. 2. 우거진 모양. 무성한 모양.

6획

苓	⑤ 9획	日レイ
	도꼬마리 령(영)	中líng

풀이 1. 도꼬마리. 국화과의 일년초. 2. 향기풀 이름. 3. 원추리. 백합과의 다년초. 4. 버섯. 5. 감초. 콩과에 속하는 다년생의 약초.

苓落(영락) 초목의 잎이 시들어 떨어짐.

苙	⑤ 9획	日リュウ
	우리 립	中lì

풀이 우리. 돼지우리.

비 笠(삿갓 립)

茉	⑤ 9획	日マツ
	말리 말	中mò

풀이 말리(茉莉). 물푸레나뭇과에 속하는 상록 관목.

茉莉(말리) 물푸레나뭇과에 속하는 상록 관목. 여름철에 희고 누런 꽃이 가지 끝에 핌. 꽃은 향료의 원료로 쓰임.

苺	⑤ 9획	日モ·いちご
	딸기 매·모	中méi

풀이 딸기.

茅	⑤ 9획	日ボウ·バイ
	띠 모	中máo

* 형성. 뜻을 나타내는 부수 '艸(풀 초)'와 음을 나타내는 '矛(창 모)'를 합친 글자.

풀이 1. 띠. 벼과의 다년초. 2. 띳집. 띠로 지붕을 이은 집. ¶茅軒 3. 띠를 베다. 4. 어둑하다. 5. 힘쓰다.

茅堂(모당) 띠로 지붕을 인 집. 누추한 집을 비유하여 이르는 말.

茅塞(모색) 1)띠가 생겨서 막힘. 2)마음이 욕심 때문에 막힘.

茅庵(모암) 띠지붕의 초막.

茅屋(모옥) 띠로 지붕을 인 집. 초가집.

茅草(모초) 띠.

茅軒(모헌) 띠를 인 지붕. 또는 그 집.

草茅危言(초모위언) 민간에 있으면서 국정(國政)에 충언을 아끼지 않음.

비 芧(도토리 서)

6획

苜	⑤ 9획	日モク
	거여목 목	中mù

풀이 거여목. 나물의 한 종류. 마소의 사료나 비료로 쓰임.

苗	⑤ 9획	日ビョウ·なえ·なわ
	모 묘	中miáo

丶 ㅗ 艹 艹 芇 苗 苗 苗 苗

* 회의. '艸(풀 초)'와 '田(밭 전)'을 합친 글자. 밭에 심은 작은 풀을 나타내어, '모'의 뜻으로 쓰임.

풀이 1. 모. 모종. ¶苗根 2. 곡식. 곡물. 3. 핏줄. 혈통. 자손. ¶苗族 4. 백성. 5. 사냥. 6. 종족 이름. 중국 운남성(雲南省)·귀주성(貴州省) 일대에 사는 종족.

苗根(묘근) 옮겨 심을 수 있게 자란 어린 나무나 풀의 뿌리.

苗脈(묘맥) 1)땅 속에 있는 광맥. 2)사물이 계속되는 일. 3)일의 실마리. 일이 생길 조짐.

苗木(묘목) 옮겨심기 전의 어린 나무.

苗床(묘상) 나물·꽃·나무 등의 모종을 키우는 자리. 못자리.

苗緖(묘서) 대가 오래된 자손. 묘예(苗裔).

苗族(묘족) 1)먼 자손. 2)종족 이름.

苗種(묘종) 모종. 옮겨 심으려고 기른, 벼 이외의 온갖 어린 식물.

苗板(묘판) 벼 종자를 뿌려서 모를 기르는 곳. 못자리.

果木苗(과목묘) 과실나무의 묘목.

稻苗(도묘) 벼의 모. 볏모.

茆	⑤ 9획	日ボウ
	순채 묘	中máo, mǎo

풀이 순채.

茂	⑤ 9획	日モ·しげる
	우거질 무	中mào

丶 ㅗ 艹 艹 芒 芦 芪 茂 茂

* 형성. 뜻을 나타내는 부수 '艸(풀 초)'와 음을 나타내는 '戊(무성할 무)'를 합친 글자. 이에 '무성하다'의 뜻을 나타냄.

1. 우거지다. 무성하다. ¶茂盛 2. 뛰어나다. 훌륭하다. 3. 힘쓰다. ¶茂學

茂林(무림) 나무가 우거진 숲.

茂盛(무성) 풀이나 나무 등이 우거져 잘 자람.

茂松(무송) 우거진 소나무.

茂樹(무수) 우거진 나무.

茂蔭(무음) 무성한 나무의 그늘.

茂異(무이) 재능이 뛰어나고 훌륭함. 또는 그러한 인물.

茂才(무재) 1)관리를 뽑을 때 시험 보던 과목의 하나. 2)재능이 뛰어난 사람.

茂績(무적) 빼어난 사업.

茂學(무학) 학문에 힘씀.

茂行(무행) 뛰어난 덕행.

繁茂(번무) 초목이 무성함.

榮茂(영무) 번화하고 무성함.

暢茂(창무) 무성하게 자람.

유 莽(우거질 망) 蕃(우거질 번)

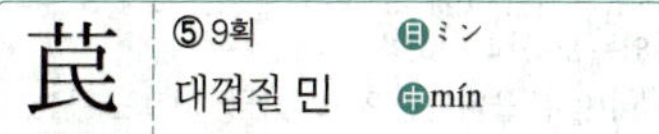

풀이 1. 대껍질. 2. 많은 모양. 3. 작물의 성숙이 늦음.

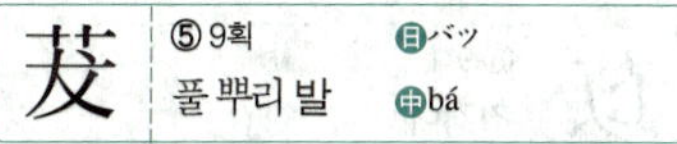

풀이 1. 풀 뿌리. 2. 넘다. 3. 노숙하다.

茇舍(발사) 노숙함.

茇涉(발섭) 산을 넘고 물을 건넘. 곧, 여기저기 돌아다님.

비 茂(우거질 무)

苩 ⑤ 9획
❶ 성 백 日ハク・ハ
❷ 꽃 파 中bó, pā

풀이 1 1. 성씨(姓氏). 2 2. 꽃.

范 ⑤ 9획 日ハン
풀 이름 범 中fàn

*형성. 뜻을 나타내는 부수 '艸(풀 초)'와 음을 나타내는 '氾(넘칠 범)'을 합친 글자.

풀이 1. 풀 이름. 2. 벌. 3. 거푸집. ¶范鎔 4. 법. 틀.

范鎔(범용) 쇠를 녹여 거푸집에 부음.

비 茫(아득할 망)

苻 ⑤ 9획 日フ
껍질 부 中fú

풀이 껍질. 갈대의 얇은 속껍질.

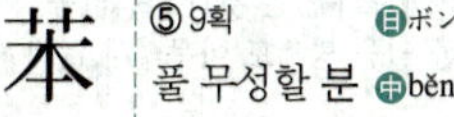

풀이 풀이 무성하다. 우거지다.

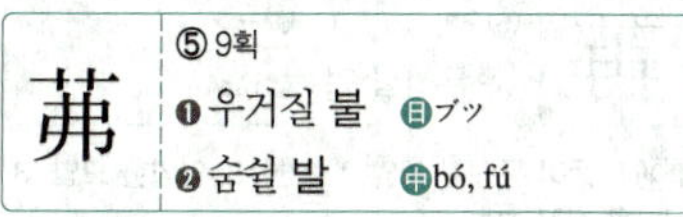

1 1. 우거지다. 무성하다. 2. 가지런히 하다. 3. 머리 꾸미개. 4. 풀숲. 덤불. 5. 막히다. 6. 상엿줄. 7. 수레 가리개. 8. 행복. 2 9. 숨을 쉬다.

茀茀(불불) 풀이 우거진 모양. 무성한 모양.

茀祿(불록) 행복. 복.

유 茂(우거질 무)

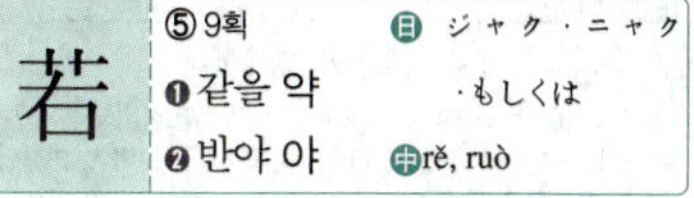

若
⑤ 9획
日ジャク・ニャク・もしくは
❶ 같을 약
❷ 반야 야
中rě, ruò

*상형. 갑골문의 '若'자는 두 손을 들고 자기 머리를 빗고 있는 사람의 모양을 본뜬 글자. 빗질을 하면 머리카락이 가지런해져서 순조롭게 통하게 되므로 '순조롭다'라는 뜻을 나타냄. 그러나 후에 가차되어 '같다', '닮다' 등의 뜻으로 쓰이면서 본래의 뜻은 점차 사라짐.

풀이 1 1. 같다. ¶若此 2. 만약. ¶萬若 3. 따르다. 4. 및. 와. 과. 5. 미치다. 이르다. 6. 너. 2인칭 대명사. 7. 이와 같이. 8. 이에. 2 9. 반야. 지혜로움.

若干(약간) 1)얼마 안 됨. 2)얼마쯤.

若箇(약개) 1)약간. 2)그 사람. 그 이. 3)어디.

若年(약년) 나이가 어림. 또는, 어린 나이.

若否(약부) 좋고 나쁨.

若是(약시) 이와 같이. 약차(若此).

若爲(약위) 어찌. 여하(如何).

若曹(약조) 너희들. 약배(若輩).

若此(약차) 이렇게.

若此若此(약차약차) 이러이러함. 여차여차(如此如此).

若何(약하) 1)어떠함. 여하(如何). 2)어찌하여.

若或(약혹) 있을지도 모르는 뜻밖의 경우.

如山若海(여산약해) 산과 같고 바다와 같이 매우 크고 많음.

萬若(만약) 만일. 혹시.

視若不見(시약불견) 보고도 보지 못한 체함.

有若無(유약무) 있으나 없는 것과 다름없음.
自若(자약) 험한 일을 당해도 아무렇지 않게 태연함.

비 苦(괴로울 고)

苒 ⑤ 9획 日ゼン
풀 무성할 염 中rǎn

풀이 1. 풀이 무성한 모양. ¶苒弱 2. 연약한 모양. 3. 시간을 자꾸 끄는 모양.

苒若(염약) 풀이 무성한 모양.
苒弱(염약) 1)염약(苒若) 2)춤추는 모양.
苒苒(염염) 1)풀이 무성한 모양. 2)연약한 모양.
苒荏(염임) 시간을 자꾸 끄는 모양. 임염(荏苒).

英 ⑤ 9획 日エイ·はな
꽃부리 영 中yīng

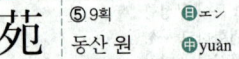

* 형성. 뜻을 나타내는 부수 '艸(풀 초)'와 음을 나타내며 '빛나다'의 뜻을 가진 '央(가운데 앙)'을 합친 글자. 이에 아름답게 빛나는 '꽃'의 뜻으로 쓰임.

1. 꽃. 꽃부리. 꽃의 아름다운 부분. 꽃잎 전체를 이름. ¶群英 2. 아름답다. 뛰어나다. 훌륭하다. ¶英氣 3. 명예. 4. 영국의 준말.

英傑(영걸) 영웅과 호걸. 뛰어난 인물.
英氣(영기) 뛰어난 재기(才氣). 뛰어난 기상(氣象).
英氣動人(영기동인) 빼어난 기상이 사람을 움직임.
英斷(영단) 지혜롭고 용기있게 결단함.
英達(영달) 영민하고 총명함.
英圖(영도) 뛰어난 계획.
英略(영략) 뛰어난 계략.
英烈(영렬) 1)뛰어난 공훈. 또는 그것이 있는 사람. 2)뛰어나고 용맹스러움.
英靈(영령) 1)뛰어난 사람. 2)훌륭한 사람의 영혼.
英明(영명) 영특하고 총명함. 영명(英明).
英妙(영묘) 재능이 뛰어난 젊은이.
英文(영문) 영어로 쓴 문장.
英敏(영민) 영리하고 민첩함.
英秀(영수) 영민하고 빼어남.
英雄(영웅) 재능과 지혜가 뛰어남. 또는 그런 사람.
英資(영자) 영매한 기질. 뛰어난 자질.
英才(영재) 뛰어난 재주가 있는 사람.
英俊(영준) 영민하고 준수함. 또는 그러한 인물.
英智(영지) 영민한 지혜.
英尺(영척) 영국에서 쓰는 자의 한 가지.
英特(영특) 영리하고 특별함.
群英(군영) 여러 가지 꽃.
麥曲之英(맥곡지영) 술의 다른 이름.
水英(수영) 미나리.
秀英(수영) 재주와 지혜가 훌륭함.

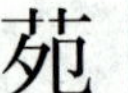

苑 ⑤ 9획 日エン
동산 원 中yuàn

* 형성. 뜻을 나타내는 부수 '艸(풀 초)'와 음을 나타내며 '동산'의 의미를 지닌 '夗(둥굴 원)'을 합친 글자.

풀이 1. 동산. ¶苑囿 2. 나무가 무성한 모양. 3. 무늬가 있는 모양. 4. 쌓이다.

苑囿(원유) 울타리를 치고 동물을 기르는 동산.
苑池(원지) 동산과 연못.

유 園(동산 원)

苡 ⑤ 9획 日イ
질경이 이 中yǐ

풀이 1. 질경이. 2. 율무.

苢 ⑤ 9획
苡(p1148)의 本字

茈 ⑤ 9획
❶ 능소화 자 日サ
❷ 돌미나리 시 中chái, cí, zǐ

풀이 ❶ 1. 능소화. 패랭이꽃. ❷ 2. 돌미나리.

苧 ⑤ 9획 日チョ·からむし
모시 저 中zhù

풀이 모시. 쐐기풀과에 속하는 다년초.

苧麻(저마) 모시풀.

苴 ⑤ 9획
❶ 신 깔창 저 日ショ
❷ 거적 조 中chá, jū
❸ 두엄 자
❹ 마른 풀 차

❶ 1. 신 깔창. 2. 삼. 열매가 여는 삼. 3. 풀숲. 4. 싸다. 5. 꾸러미. 6. 거칠다. 7. 검다. ❷ 8. 거적. 제사에 까는 거친 자리. ❸ 9. 두엄. 거름에 섞는 풀. ❹ 10. 마른 풀. 말라죽은 나무.

苴麻(저마) 열매가 여는 삼.
苴絰(저질) 상중(喪中)에 쓰는 수질(首絰)과 요질(腰絰).
苴布(저포) 거친 삼베.

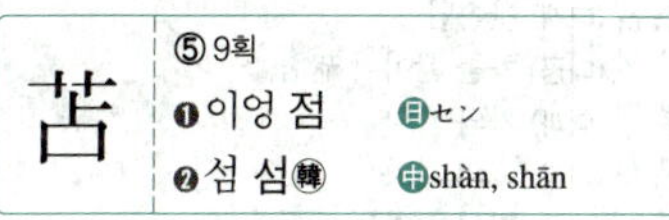
苫 ⑤ 9획
❶ 이엉 점 日セン
❷ 섬 섬韓 中shàn, shān

* 형성. 뜻을 나타내는 부수 '艸(풀 초)'와 음을 나타내는 '占(점칠 점)'을 합친 글자.

풀이 ❶ 1. 이엉. 지붕이나 담을 덮기 위해서 엮는 짚. 2. 거적. 3. 덮다. ❷ 4. 섬. 곡식을 담기 위해 엮은 멱서리.

苫塊(점괴) 거적 자리와 흙덩이 베개라는 뜻으로, 상제가 거처하는 곳을 이르는 말.
苫席(점석) 상제가 깔고 앉는 거적.
苫次(점차) 거적을 깔고 거처함.

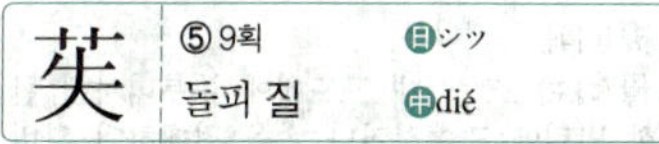
苵 ⑤ 9획 日シツ
돌피 질 中dié

풀이 돌피. 사료로 쓰는 벼의 일종.

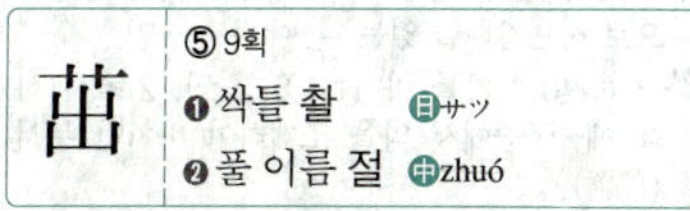
茁 ⑤ 9획
❶ 싹틀 촬 日サツ
❷ 풀 이름 절 中zhuó

풀이 ❶ 1. 싹이 트다. 풀이 처음 나는 모양. 2. 자라다. ❷ 3. 풀 이름.

茁茁(촬촬) 풀이 싹트기 시작하는 모양.

苕 ⑤ 9획 日チョウ
능소화 초 中tiáo, sháo

풀이 1. 능소화. ¶苕華 2. 완두. 3. 갈대 이삭. 4. 우뚝 솟은 모양.

苕嶢(초요) 산 같은 것이 우뚝 솟은 모양.
苕苕(초초) 높은 모양.
苕華(초화) 1)완두 꽃. 2)아름다운 옥.

苔 ⑤ 9획 日タイ · こけ
이끼 태 中tāi, tái

* 형성. 뜻을 나타내는 부수 '艸(풀 초)'와 음을 나타내는 '台(별 태)'를 합친 글자.

풀이 이끼.

苔碣(태갈) 이끼 낀 비석(碑石).
苔徑(태경) 이끼가 낀 좁은 길.
苔磴(태등) 이끼 낀 돌 많은 고개.
苔衣(태의) 이끼.
苔泉(태천) 이끼 낀 샘.

비 笞(볼기칠 태)

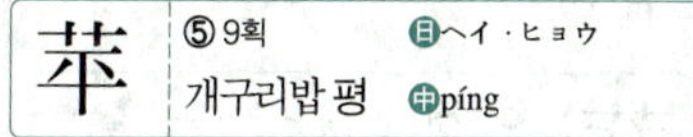
苹 ⑤ 9획 日ヘイ · ヒョウ
개구리밥 평 中píng

* 형성. 뜻을 나타내는 부수 '艸(풀 초)'와 음을 나타내는 '平(평평할 평)'을 합친 글자.

풀이 1. 개구리밥. 2. 돌다. 선회하다.

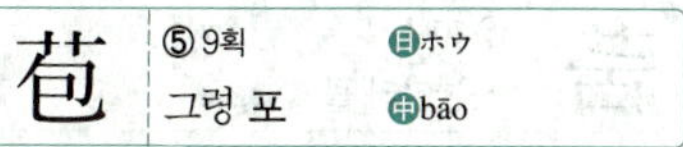
苞 ⑤ 9획 日ホウ
그령 포 中bāo

풀이 1. 그령. 길가에 자라는 풀의 한 종류. 2. 싸다. 싸개. 3. 꾸러미. 4. 봉오리. 5. 밑동. 6. 떨기로 나다. 7. 우거지다. 8. 배다. 9. 풍부하다. 10. 포로(捕虜). 11. 꾸미다. 12. 조롱박. 13. 돌콩.

苞裹(포과) 물건을 쌈. 꾸림.
苞苴(포저) 1)선물(膳物). 예물. 2)뇌물(賂物).

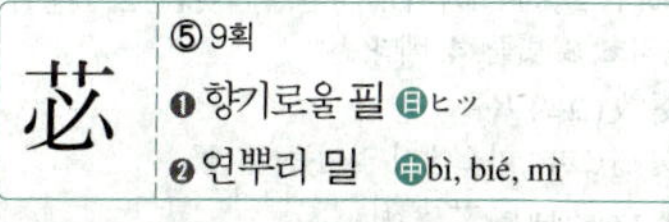
苾 ⑤ 9획
❶ 향기로울 필 日ヒツ
❷ 연뿌리 밀 中bì, bié, mì

풀이 ❶ 1. 향기롭다. ¶苾芬 ❷ 2. 연뿌리.

苾芬(필분) 향기가 남. 분필(芬苾).
苾苾(필필) 좋은 향기가 나는 모양.

비 芯(등심초 심)

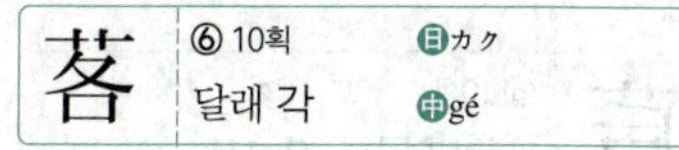
茖 ⑥ 10획 日カク
달래 각 中gé

풀이 달래.

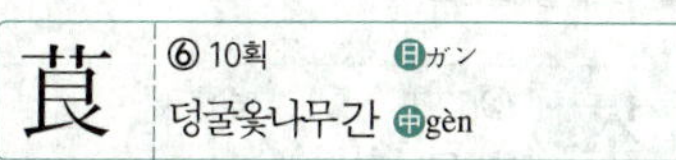
茛 ⑥ 10획 日ガン
덩굴옻나무 간 中gèn

풀이 1. 덩굴옻나무. 2. 미나리아재비. 독초의 하나.

6획

茳 ⑥ 10획 日コウ
천궁 모종 강 中jiāng

풀이 천궁 모종.

苗 ⑥ 10획 日キョク
누에 발 곡 中qū

풀이 누에 발. 누에를 치는 기구.

비 苗(모 묘)

荂 ⑥ 10획 日カ
꽃 과 中huā

풀이 꽃. 꽃 모양.

苦 ⑥ 10획 日カツ
하눌타리 괄 中guā

풀이 하눌타리. 박과에 속하는 다년생의 만초(蔓草).

茭 ⑥ 10획 日コウ
꼴 교 中jiāo, xiào, qiào

* 형성. 뜻을 나타내는 부수 '艸(풀 초)'와 음을 나타내는 '交(사귈 교)'를 합친 글자.

풀이 1. 꼴. 마소에게 먹이는 마른 풀. ¶茭芻 2. 왜당귀. 승검초. 3. 밧줄. 4. 베다.

茭牧(교목) 목축.

茭芻(교추) 마소에게 먹이는 풀. 꼴.

비 芠(범의귀 문) 艾(쑥 애)

荍 ⑥ 10획 日キョウ
당아욱 교 中qiáo

풀이 당아욱. 아욱과에 속하는 이년초.

6 획

茩 ⑥ 10획 日ク
초결명 구 中gòu

풀이 초결명. 결명초.

茶 ⑥ 10획 日チャ・サ
차 다 · 차 中chá

丶 丷 艹 艹 艾 艾 苂 苓 茶 茶

풀이 1. 차. 차를 넣은 음료. ¶茶果 2. 차나무.

茶榷(다각) 정부가 차를 전매하여 이익을 독점하던 일.

茶角(다각) 차를 달여서 대중(大衆)에게 이바지하는 일. 또는 그 일을 맡아보는 사람.

茶磑(다개) 차를 가는 맷돌. 다구(茶臼).

茶客(다객) 찻손님.

茶供(다공) 차를 끓이어 권함.

茶果(다과) 차와 과일.

茶菓(다과) 차와 과자.

茶臼(다구) 찻잎을 가는 맷돌.

茶具(다구) 차제구(茶諸具). 차에 관한 여러 가지 도구.

茶器(다기) 차를 마실 때 쓰이는 도구.

茶道(다도) 차에 관한 예의(禮儀). 차 만드는 법.

茶禮(다례/차례) 음력 매달 초하루 보름이나 명절, 또는 조상의 생일 아침에 지내는 제사.

茶爐(다로) 차를 달이는 데에 쓰는 화로.

茶寮(다료) 1)차를 끓이는 곳. 2)찻집.

茶梅(다매) 동백나무.

茶母(다모) 조선시대 포도청에서 부녀자에 관한 범죄에 관여하거나 손을 접대하던 관비(官婢).

茶飯事(다반사) 차를 마시고 밥을 먹듯 일상적으로 하는 일. 늘 있는 일. 예사로운 일.

茶房(다방) 1)차를 마시는 곳. 찻집. 2)조선 시대 때, 궁중에서 약을 조제하여 바치던 부서(部署).

茶色(다색) 갈색(褐色).

茶素(다소) 카페인의 한자 이름.

茶室(다실/차실) 차를 끓이는 방. 다방(茶房).

茶煙(다연) 차를 달일 때 나는 연기.

茶葉(다엽) 찻잎.

茶園(다원) 차를 재배하는 밭.

茶店(다점) 다방. 찻집.

茶粥(다죽) 차에 끓인 죽. 명죽(茗粥).

茶湯(다탕) 차(茶).

茶戶(다호) 찻집.

茶話(다화) 차를 마시며 하는 이야기.

茶會(다회) 1)차를 마시는 모임. 2)차를 파는 사람들이 차 가게에 모여 매매에 관한 의논을 하는 일.

茶欌(차장) 찻그릇이나 과일 등을 넣어 두는 장. 찻장.

荅	⑥ 10획 팥 답	日トウ 中dá

풀이 1. 팥. 2. 대답하다. 3. 홉. 용량의 단위. 4. 맞다.

비 答(대답할 답)

苘	⑥ 10획 쑥갓 동	日トウ 中tóng

풀이 쑥갓.

苘蒿(동호) 쑥갓.

荔	⑥ 10획 염교 려(여)	日リョ 中lì

풀이 1. 염교. 백합과에 속하는 다년초. 2. 여지(荔枝). 무환자과(無患子科)에 속하는 상록 교목. 박과에 속하는 만초(蔓草). ¶荔子 3. 향기풀.

荔丹(여단) 붉게 익은 여지(荔枝)의 열매.

荔子(여자) 여지(荔枝)의 열매.

荔枝(여지) 1)무환자과(無患子科)에 속하는 상록 교목. 2)박과에 속하는 만초(蔓草).

茘	⑥ 10획 荔(p1151)의 俗字

茢	⑥ 10획 ❶갈대 이삭 렬 ❷풀 이름 례	日レツ・レイ 中liè

풀이 1 1. 갈대 이삭. 2. 비. 갈대로 만든 비. 2 3. 풀 이름. 여우오줌풀.

茫	⑥ 10획 아득할 망	日ボウ 中máng

* 형성. 뜻을 나타내는 부수 '艸(풀 초)'와 음을 나타내는 '汒(바쁠 망)'을 합친 글자. 넓고 넓게 풀이 무성한 모양을 나타내어 '아득하다'의 뜻으로 쓰임.

풀이 1. 아득하다. 한 없이 넓은 모양. ¶茫漠 2. 빠르다. 3. 갑자기. 4. 멍하다.

茫邈(망막) 멀고 아득한 모양.

茫漠(망막) 1)끝없이 넓은 모양. 2)흐리멍덩하고 분명하지 않은 모양.

茫茫(망망) 1)넓고 아득한 모양. 2)흐리멍덩한 모양.

茫昧(망매) 1)분명하지 않음. 어두움. 2)정신이 흐리멍덩함.

茫無頭緖(망무두서) 정신이 흐려 사리를 분간할 수 없음.

茫洋(망양) 한량없이 넓은 모양. 바다가 넓고 넓은 모양.

茫然(망연) 1)멀고 끝이 없는 모양. 2)정신이 멍한 모양.

茫然自失(망연자실) 멍하니 제 정신을 잃고 있는 모양.

유 藐(아득할 막) 비 芒(까끄라기 망)

茗	⑥ 10획 차 싹 명	日ミョウ 中míng

* 형성. 뜻을 나타내는 부수 '艸(풀 초)'와 음을 나타내는 '名(이름 명)'을 합친 글자.

풀이 1. 차의 싹. ¶茗旗 2. 늦게 딴 차. 3. 차나무. 차나뭇과에 속하는 상록 활엽 관목. ¶茗園 4. 술에 취하다.

茗柯(명가) 차나무 가지.

茗旗(명기) 싹튼 차의 잎.

茗邈(명막) 높고 먼 모양.

茗坊(명방) 찻집. 다방(茶房).

茗宴(명연) 차를 마시는 모임. 다회(茶會).

茗園(명원) 차나무를 심은 밭. 다원(茶園).

茗艼(명정) 술에 취함.

茗粥(명죽) 찻물에 끓인 죽.

茯	⑥ 10획 복령 복	日ブク 中fú

풀이 복령. 한약재 이름.

茯苓(복령) 소나무의 뿌리에 기생하는 버섯.

茯神(복신) 소나무 뿌리를 둘러싸고 생긴 복령(茯苓).

茱	⑥ 10획 수유 수	日シュ 中zhū

풀이 수유. 수유나무의 열매.

荀	⑥ 10획 풀 이름 순	日ジュン 中xún

풀이 풀 이름.

비 筍(죽순 순)

茹 ⑥ 10획 日ジョ
먹을 여 中rú

풀이 1. 먹다. ¶茹藿 2. 연하다.3. 채소. 말린 채소. 4. 데치다. 5. 받다. 6. 넣다. 7. 섞다. 8. 부드럽다. 9. 깊이 생각하다. 10. 당기다. 11. 역한 냄새가 나다. 12. 부패하다. 말라죽다.

茹藿(여곽) 1)콩잎을 먹음. 2)검소하고 소박한 음식을 먹음.
茹毛飮血(여모음혈) 상고(上古) 시대에 짐승의 고기를 날것으로 먹던 일.
茹腥(여성) 비린내 나는 것을 먹음.
茹素(여소) 채식(菜食)함.
茹菽(여숙) 1)채소와 콩. 2)콩을 먹음.
茹哀(여애) 슬퍼함.
茹魚(여어) 썩은 생선. 취어(臭魚).

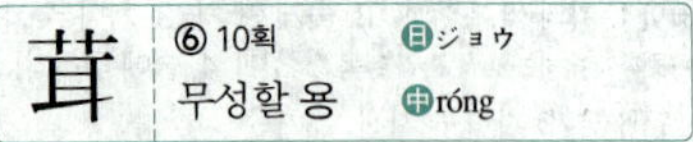
茸 ⑥ 10획 日ジョウ
무성할 용 中róng

* 형성. 뜻을 나타내는 부수 艹(초두머리)와 음을 나타내는 耳(귀 이)가 합쳐져 '무성하다'라는 뜻을 가짐.

풀이 1. 무성하다. ¶茸茸 2. 흐트러지다. 3. 부들꽃. 4. 수놓는 실. 5. 무늬 있는 대나무. 6. 녹용. 7. 풀의 싹. 8. 미련하다. 9. 솜털. 잔털. 10. 버섯. 11. 모이는 모양.

茸茸(용용) 풀이 무성한 모양.
茸闒(용탑) 둔하고 어리석음. 미련한 것. 또는 미천한 일.

유 茂(우거질 무)

茰 ⑥ 10획
萸(p1170)의 俗字

茙 ⑥ 10획 日ジュウ
접시꽃 융 中róng

풀이 1. 접시꽃. ¶茙葵 2. 완두(豌豆).

茙葵(융규) 접시꽃.
茙菽(융숙) 콩의 일종. 완두(豌豆).

茵 ⑥ 10획 日イン
자리 인 中yīn

* 형성. 뜻을 나타내는 부수 '艸(풀 초)'와 음을 나타내는 '因(인할 인)'을 합친 글자.

풀이 1. 자리. 관(棺)에 까는 자리. ¶茵席 2. 풀 이름.

茵毯(인담) 담요.
茵席(인석) 자리. 깔개.
茵席之臣(인석지신) 임금 곁에서 시중을 드는 신하.
茵幬(인주) 깔개와 휘장.

荏 ⑥ 10획 日ジン
들깨 임 中rěn

* 형성. 뜻을 나타내는 부수 '艸(풀 초)'와 음을 나타내는 '任(자리 임)'을 합친 글자.

풀이 1. 들깨. ¶荏子 2. 유순함. 3. 누에콩. ¶荏菽 4. 시간을 끄는 모양.

荏菽(임숙) 누에콩.
荏弱(임약) 1)유연함. 2)나약함.
荏染(임염) 1)부드러운 모양. 2)임염(荏苒).
荏苒(임염) 시간을 자꾸 끎.
荏子(임자) 들깨.

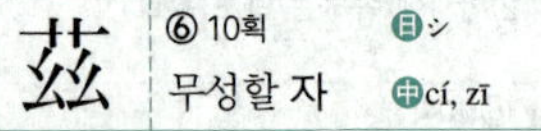
茲 ⑥ 10획 日シ
무성할 자 中cí, zī

풀이 1. 무성하다. 무성해지다. ¶茲茲 2. 더욱. 3. 돗자리. 4. 여기. 5. 지금. 이 때. 6. 힘쓰다. 7. 수염. 8. 괭이. 9. 붇다. 10. 즉(則).

茲其(자기) 괭이. 자기(鎡基).
茲茲(자자) 불어나는 모양.

유 茸(무성할 용) 비 玆(이 자)

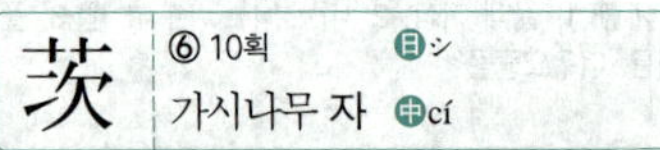
茨 ⑥ 10획 日シ
가시나무 자 中cí

* 형성. 뜻을 나타내는 부수 '艸(풀 초)'와 음을 나타내는 '次(다음 차)'를 합친 글자.

풀이 1. 가시나무. ¶茨棘 2. 지붕을 이다. 덮다. 3. 쌓다. 4. 모으다.

茨棘(자극) 1)가시나무. 2)풀이 우거진 깊은 산골.
茨牆(자장) 가시나무로 만든 울타리.

荘 ⑥ 10획
莊(p1157)의 俗字

6획

荃 ⑥ 10획
❶겨자무침 전 日セン
❷붓꽃 손 中quán

풀이 ❶ 1. 겨자 무침. 2. 향초. 3. 통발. ¶荃宰 4. 가는 베. ❷ 5. 붓꽃. 붓꽃과에 속하는 다년초.

荃宰(전재) 군주(君主)또는 군신(君臣)의 비유.
荃蹄(전제) 1)통발과 토끼 그물. 2)어떤 것을 꾀어내는 수단이나 방편.

荑 ⑥ 10획
❶띠어린싹 제 日イ
❷흰비름 이 中tí, yí

풀이 ❶ 1. 띠의 어린 싹. 갓 나온 띠. 2. 싹. 싹트다. 3. 돌피. ❷ 4. 흰비름. 비름과에 속하는 일년초. 5. 베다.

荑稗(제비) 돌피와 피.
荑指(제지) 고운 손가락.

荥 ⑥ 10획
蒸(p1175)와 同字

茝 ⑥ 10획 日サイ
구리때 채 中chǎi

풀이 구리때. 향초의 이름.

茝蘭(채란) 향초 이름. 구리때.
茝若(채약) 구리때와 두약(杜若).

茦 ⑥ 10획 日サク
풀가시 책·자 中cè

풀이 풀 가시. 풀에 돋는 가시.

荐 ⑥ 10획 日セン
거듭할 천 中jiàn

* 형성. 뜻을 나타내는 부수 '艸(풀 초)'와 음을 나타내는 '存(있을 존)'을 합친 글자.

풀이 1. 거듭하다. 중첩하다. ¶荐及 2. 자리. 깔개. 3. 자주. 빈번히. 자주. 4. 모이다. 싸이다. 5. 풀이 다시 돋다.

荐居(천거) 1)모여서 삶. 천처(荐處). 2)수초(水草)가 있는 곳을 따라 이주함.
荐及(천급) 자주 닥쳐옴. 연이어 옴.
荐饑(천기) 자주 굶주림. 흉년이 계속됨을 이르는 말.
荐問(천문) 자주 방문함.
荐食(천식) 누에가 뽕잎을 먹듯이, 다른 나라를 침략해 들어감. 잠식(蠶食).
荐仍(천잉) 계속함.
荐處(천처) 모여서 삶. 천거(荐居).

茜 ⑥ 10획 日セン
꼭두서니 천 中qiàn, xī

풀이 1. 꼭두서니. 꼭두서닛과에 속하는 다년초. 2. 꼭두서니로 만든 빨간 물감이나 빨강 색.

荈 ⑥ 10획 日セン
차 천 中chuǎn

풀이 차. 늦게 딴 차.

草 ⑥ 10획 日ソウ·くさ
풀 초 中cǎo

丨 十 卝 艹 艹 芇 苩 苩 荁 草

풀이 1. 풀. ¶草家 2. 초원. 풀숲. ¶草原 3. 풀을 베다. 4. 촌스럽다. 5. 거칠다. 6. 시초. 시작.

草家(초가) 초가집.
草芥(초개) 1)지푸라기. 2)하찮은 사물. 소용없는 물건.
草稿(초고) 시문(詩文)의 초벌 원고.
草根木皮(초근목피) 1)풀 뿌리와 나무껍질. 2)한방약의 원료.
草堂(초당) 집의 본채에서 따로 떨어진 곳에 지은 작은 초가집.
草頭露(초두로) 풀 끝에 맺힌 이슬처럼 세력이 오래가지 못함을 이르는 말.
草廬(초려) 1)볏집과 밀짚 등으로 지붕을 이어 만든 집. 초가(草家). 2)자기 집을 낮추어 이르는 말.
草露(초로) 1)풀잎에 맺힌 이슬. 2)사물의 덧없음을 이르는 말.
草笠(초립) 1)풀로 만든 삿갓이나 갓. 2)관례(冠禮)한 나이 어린 사내가 쓰던, 가는 풀로 엮어 만든 누른 빛깔의 갓.
草幕(초막) 1)조그마하게 지은 초가의 별장. 2)절에서 가깝게 있는 중의 집.
草木(초목) 풀과 나무. 식물.

草服(초복) 1)풀로 짠 옷. 허름한 의복. 2)풀로 엮어 만든 관(冠). 3)초야에 묻혀 사는 선비.
草索(초삭) 새끼.
草色(초색) 풀잎의 빛깔.
草書(초서) 서체(書體)의 한 가지로, 자획을 간략히 쓰는 글씨.
草席(초석) 짚으로 엮어 만든 자리.
草食(초식) 1)푸성귀만 먹음. 2)채소로만 만든 음식.
草芽(초아) 풀의 싹.
草野(초야) 1)풀이 우거진 들판. 2)시골.
草臥(초와) 돗자리.
草原(초원) 풀이 난 벌판. 초야(草野).
草衣(초의) 1)풀로 만든 옷. 검소하거나 몹시 가난함을 이르는 말. 2)은자(隱者).
草賊(초적) 좀도둑.
草笛(초적) 풀피리.
草紙(초지) 1)풀을 원료로 하여 만든 종이. 2)뒷간에서 쓰는 종이. 휴지(休紙). 3)초안(草案).
草創(초창) 1)일의 처음. 2)초고를 작성함.
草草(초초) 1)바쁜 모양. 2)걱정하는 모양. 근심하는 모양. 3)초목이 무성한 모양. 4)사물이 왕성한 모양.
草蟲(초충) 풀벌레.
草花(초화) 화초(花草).
유 艸(풀 초)

茺	⑥ 10획	日チュウ
	익모초 충	中chōng

풀이 익모초. 꿀풀과에 속하는 이년초.

茧	⑥ 10획	日チュウ
	풀 이름 충	中chóng

풀이 풀 이름.

茷	⑥ 10획	日ハイ
	우거질 패	中fá, pèi

풀이 1. 우거지다. 2. 깃발.
茷茷(패패) 순서가 있는 모양. 가지런한 모양.

荇	⑥ 10획	日コウ
	마름 행	中xìng

풀이 마름. 마름과에 속하는 일년초.

荇菜(행채) 조름나무과에 속하는 다년생 수초(水草).

荁	⑥ 10획	日ケツ
	꼭두서니 혈	中xuè

풀이 꼭두서니. 꼭두서닛과에 속하는 다년초.

荊	⑥ 10획	日ケイ
	가시나무 형	中jīng

* 형성. 뜻을 나타내는 부수 '艸(풀 초)'와 음을 나타내는 '刑(형벌 형)'을 합친 글자.
풀이 1. 가시나무. 2. 모형(牡荊)나무. 마편초과에 속하는 낙엽 관목. 3. 매. 곤장. 4. 다스리다. 5. 아내의 겸칭. 6. 땅 이름. 옛날 구주(九州)의 하나.
荊棘(형극) 1)가시 있는 나무의 총칭. 고난을 비유하는 말. 2)뒤얽힌 사태나 분규의 비유. 3)나쁜 마음.
荊杞(형기) 1)가시나무. 2)간신(奸臣).
荊扉(형비) 가시나무로 만든 사립문. 매우 가난한 살림살이를 비유하는 말.
荊室(형실) 1)오두막집. 2)자기 아내의 겸칭.
荊榛(형진) 1)가시나무와 개암나무. 2)잡목(雜木)이 난 숲.
荊釵布裙(형차포군) 가시나무의 비녀와 무명치마라는 뜻으로, 여자의 소박한 복장을 이르는 말. 맹광형차(孟光荊釵).
荊妻(형처) 자기 아내의 겸칭.
荊布(형포) 1)거친 옷. 허술한 옷. 2)형처(荊妻).
비 刑(형벌 형)

茠	⑥ 10획	
	❶김맬 호	日キュウ
	❷그늘 휴	中hāo, xiū

풀이 1 1. 김매다. 2 2. 그늘. 나무 그늘. 3. 쉬다.

荒	⑥ 10획	日コウ・あらい
	거칠 황	中huāng

丶 丷 丷 艹 艹 芒 芒 芹 荒 荒

* 형성. 뜻을 나타내는 부수 '艸(풀 초)'와 음을 나타내며 아무것도 없다는 의미를 지닌 부수 이외의 글자를 합친 글자. 이에 풀 외에는 아무것도 없다는 뜻에서, '황폐해지다'의 뜻으로 쓰임.
풀이 1. 거칠다. ¶荒涼 2. 흉년이 들다. 3. 거칠게 하

다. 4. 버리다. 폐기하다. 5. 황무지. 6. 덮다. 가리다. 7. 빠지다. 탐닉하다. 8. 어둡다. 어리석다. 9. 비다. 공허하다.

荒鷄(황계) 때 아닌 시간에 우는 수탉. 일이 일어날 전조(前兆).
荒饑(황기) 흉년이 들어 굶주림.
荒年(황년) 흉년.
荒唐(황당) 언행이 거칠고 거짓됨.
荒唐無稽(황당무계) 하는 말이 어이없고 믿을 수 없음.
荒涼(황량) 황폐하여 처량함.
荒漠(황막) 1)거칠고 한없이 넓음. 2)사막(沙漠). 황폐하여 쓸쓸함.
荒妄(황망) 거짓됨.
荒亡(황망) 술을 마시거나 놀음에 빠져서 허황되게 살아감.
荒忙(황망) 어리둥절하여 어쩔 줄을 모름.
荒蕪(황무) 논밭 등을 가꾸지 않고 버려두어서 몹시 황폐함.
荒民(황민) 흉년으로 굶주리는 백성.
荒白(황백) 가뭄으로 땅이 거칠어지고 마르는 일.
荒僻(황벽) 황폐한 벽촌(僻村).
荒說(황설) 허황된 말.
荒歲(황세) 흉년 든 해.
荒野(황야) 황원(荒原). 벽촌(僻村).
荒原(황원) 돌보지 않아 거칠어진 들판.
荒幼(황유) 세상 물정에 어두운 어린이.
荒游(황유) 술과 여색에 빠짐.
荒淫(황음) 주색에 빠짐. 함부로 음탕한 짓을 함.
荒田(황전) 황폐한 논밭.
荒酒(황주) 술에 빠짐.
荒村(황촌) 황폐하여 쓸쓸한 마을.
荒誕(황탄) 언행이 거칠고 허황되며 터무니없음.
荒廢(황폐) 버려 두어 못쓰게 되고 거칠어짐.
荒墟(황허) 황폐한 빈터.

유 粗(거칠 조)

茴	⑥ 10획 회향 회	日 カイ · ウイ 中 huí

풀이 회향. 미나릿과에 속하는 이년초.

莒	⑦ 11획 감자 거	日 キョ · さがいも 中 jǔ

풀이 1. 감자. 2. 나라 이름. 주나라의 제후국.

莖	⑦ 11획 줄기 경	日 ケイ 中 jīng

* 형성. 뜻을 나타내는 부수 '艸(풀 초)'와 음을 나타내며 '곧다'라는 의미를 지닌 '巠(물줄기 경)'을 합친 글자. 풀의 곧게 뻗은 '줄기'의 뜻으로 쓰임.

풀이 1. 줄기. ¶莖柯 2. 버팀목. 3. 막대기. 4. 칼자루. 5. 작은 가지.

莖柯(경가) 줄기와 가지.

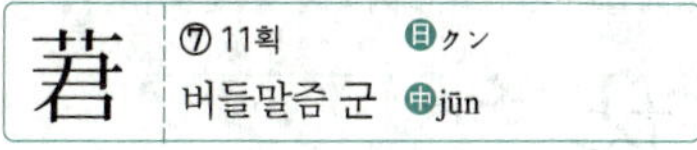

莙	⑦ 11획 버들말즘 군	日 クン 中 jūn

풀이 버들말즘. 가랫과에 속하는 다년초.

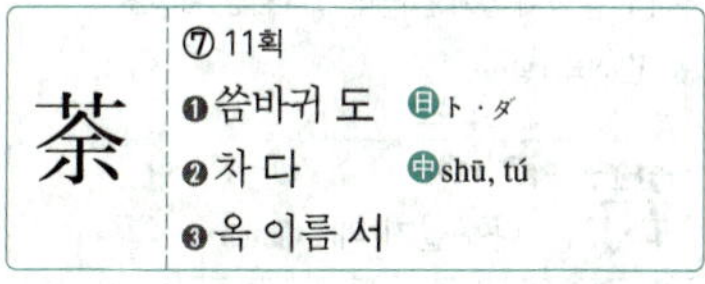

荼	⑦ 11획 ❶씀바귀 도 ❷차 다 ❸옥 이름 서	日 ト · ダ 中 shū, tú

풀이 ❶ 1. 씀바귀. 2. 잡초. 3. 물억새의 이삭. ❷ 4. 차(茶). ❸ 5. 옥 이름. 제후가 지니고 다니는 옥.

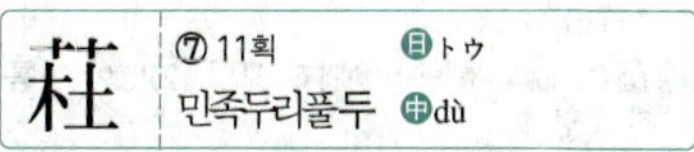

荰	⑦ 11획 민족두리풀 두	日 トウ 中 dù

풀이 민족두리풀. 세신(細莘). 뿌리는 약재로 씀.

비 莊(풀 성할 장)

荳	⑦ 11획 콩 두	日 トウ 中 dòu

풀이 콩.

荳餠(두병) 콩기름을 짜고 난 찌꺼기.
荳芽(두아) 콩나물.

莨	⑦ 11획 미치광이풀 랑	日 ロウ 中 liáng, làng

풀이 1. 미치광이풀. 가짓과에 속하는 다년초. 2. 수크령. 포아풀과에 속하는 다년초.

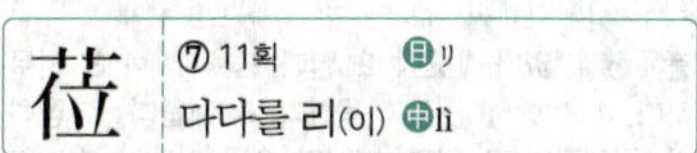

莅	⑦ 11획 다다를 리(이)	日 リ 中 lì

풀이 1. 다다르다. 이르다. ¶莅臨 2. 녹봉(祿俸). 3.

6 획

지위. 계급.

莅臨(이림) 어떤 장소나 어떤 일에 임함.

莅盟(이맹) 그 장소에 가서 맹세함.

莅颯(이삽) 나무가 바람에 흔들리는 소리. 또는 행동이 재빠른 모양.

莉	⑦ 11획	日リ
	말리 리	中lì

풀이 말리(茉莉). 목서과에 속하는 늘푸른 떨기나무.

莣	⑦ 11획	日モン
	참억새 망	中wáng

풀이 1. 참억새. 볏과에 속하는 다년초. 2. 물망초.

비 茫(아득할 망)

莓	⑦ 11획	日マイ・バイ
	나무딸기 매	中méi

* 형성. 뜻을 나타내는 부수 '艸(풀 초)'와 음을 나타내는 '每(매양 매)'를 합친 글자.

풀이 1. 나무딸기. 장미과에 속하는 낙엽 활엽 관목. 2. 이끼. ¶莓苔

莓莓(매매) 1)초목이 우거진 모양. 2)땅이 기름진 모양.

莓苔(매태) 이끼. 선태(蘚苔).

莔	⑦ 11획	
	❶ 패모 맹	日モウ
	❷ 어저귀 경	中méng

풀이 1 1. 패모(貝母). 백합과에 속하는 다년초. 2 2. 어저귀. 아욱과에 속하는 다년초.

莫	⑦ 11획	
	❶ 없을 막	日ボ・バク
	❷ 저물 모	中mò

丶 亠 艹 艹 艹 苜 苜 苜 苜 莫 莫

* 회의. 삼림 혹은 초원(林+林)에 해(日)가 지는 모양을 나타낸 글자. 이에 원래는 해질녘(暮)을 나타내었으나, 후에 해가 져서 없다는 의미에서 '없다', '말다'의 뜻으로 쓰임.

풀이 1 1. 없다. ¶莫大 2. 말다. 금지의 의미. 3. 허무하다. 4. 쓸쓸하다. 5. 아득하다. 6. 어둡다. 7. 정하다. 정해지다. 8. 앓다. 병나다. 9. 깎아내다. 10. 조용한 모양. 11. 장막. 2 12. 저물다. 13. 저녁. 14. 꾀하다.

莫大(막대) 말할 수 없이 큼. 더할 수 없이 큼.

莫非(막비) 아닌게 아니라.

莫上(막상) 제일 좋음.

莫說(막설) 말을 그만둠. 하던 일을 그만둠.

莫甚(막심) 대단히 심함. 아주 대단함.

莫嚴(막엄) 몹시 엄함.

莫往莫來(막왕막래) 왕래가 없는 사이.

莫逆(막역) 서로 뜻이 맞아 거스르지 않고 매우 친함.

❖ 이중 부정

이중 부정은 부정을 다시 부정하는 형식으로 '不~不', '不~無', '無不', '莫非' 등과 같이 부정사가 중복되어 긍정의 뜻을 강조하는 문장 형식이다.

- 不~不
  예 爲學者必不可不知 (학문하는 자는 반드시〈도를〉 알지 않을 수 없다.〈알아야 한다.〉)
- 不~無
  예 不可以無學問也(학문이 반드시 있어야 한다.)
- 無不~
  예 吾矛之利於物無不陷也(내 창의 날카로움은 어떤 물건에 대해서도 뚫지 못하는 것이 없다.)
- 莫非~
  예 莫非命也(명이 아닌 것이 없다.)

莫嚴(막엄) 몹시 엄함.

莫逆之友(막역지우) 서로 거스름이 없는 사이. 매우 가까운 친구.

❂莫逆之友(막역지우)의 유래

자사(子祀), 자여(子輿), 자리(子犁), 자래(子來) 네 사람이 서로 말하길, "누가 무(無)를 머리 삼고, 생(生)을 등으로 삼고, 죽음을 엉덩이로 삼을 수 있겠는가? 누가 삶과 죽음, 유(有)와 무(無)가 한몸이란 걸 알겠는가? 우리 서로 함께 벗이 되자."라고 하면서, 서로 마음에 전혀 거슬리는 바가 없어 친구가 되었다고 한다. 《장자》 대종사편(大宗師篇).

莫重(막중) 1)아주 귀중함. 2)아주 중요함.

유 無(없을 무) 비 漠(사막 막)

莁	⑦ 11획	日ム
	풀 이름 무	中wú

풀이 풀 이름.

莂	⑦ 11획	日ベツ
	모종 낼 별	中bié

풀이 1. 모종을 내다. 2. 씨 뿌리다. 3. 부절(符節).

6획

莆	⑦ 11획	日フ・ホ
	부들 보·포	中fǔ, pú

풀이 부들. 부들과에 속하는 다년초.

莩	⑦ 11획	
	❶풀 이름 부	日フ・ヒョウ
	❷굶어 죽을 표	中fú, piǎo

풀이 1 1. 풀 이름. 2. 갈대청. 갈대 줄기의 속에 있는 얇은 막. 2 3. 굶어 죽다.

莩甲(부갑) 싹이 남. 순이 돋음.

扶	⑦ 11획	日フ
	널리 퍼질 부	中fū

풀이 널리 퍼지다.

莎	⑦ 11획	
	❶향부자 사	日シャ
	❷비빌 수	中suō

풀이 1 1. 향부자. 사초과에 속하는 다년초. 2. 베짱이. 2 3. 비비다. 문지르다.

비 沙(모래 사)

荽	⑦ 11획	日スウ・シュウ
	꽃술 수	中suī

풀이 1. 꽃술. 2. 고수풀. 미나릿과에 속하는 일년초.

莤	⑦ 11획	
	❶술 거를 숙	日シュク・ニュウ
	❷누린내풀 유	中shǒu

풀이 1 1. 술 거르다. 2. 마개. 2 3. 누린내풀. 마편초과에 속하는 다년초.

莘	⑦ 11획	日シン
	긴 모양 신	中shēn

풀이 1. 긴 모양. 2. 족두리풀. 세신과(細辛科)에 속하는 다년초로 주로 약재로 많이 쓰임. 3. 많다. 4. 나라 이름. 주나라의 제후국.

비 幸(다행 행) 辛(매울 신) 帝(임금 제)

莪	⑦ 11획	日ガ
	지칭개 아	中é

풀이 1. 지칭개. 국화과에 속하는 이년초. 2. 약초 이름.

莚	⑦ 11획	日エン
	풀 이름 연	中yán

풀이 1. 풀 이름. 2. 자라다. 3. 뻗다.

莞	⑦ 11획	日カン
	왕골 완	中guān, guǎn, wǎn

* 형성. 뜻을 나타내는 부수 '艸(풀 초)'와 음을 나타내는 '完(끝낼 완)'을 합친 글자.

풀이 1. 왕골. 방동사닛과에 속하는 일년초. ¶莞席 2. 왕골자리. 3. 웃는 모양.

莞留(완류) 웃으며 받아 달라는 뜻으로, 선물을 보내면서 쓰는 말.
莞席(완석) 왕골자리.
莞爾(완이) 빙그레 웃는 모양.
莞簟(완점) 왕골자리와 대자리.
莞蒲(완포) 왕골과 부들.

莠	⑦ 11획	
	❶강아지풀 유	日ユウ・スウ
	❷고들빼기 수	中yǒu

* 형성. 뜻을 나타내는 부수 '艸(풀 초)'와 음을 나타내는 '秀(빼어날 수)'를 합친 글자.

풀이 1 1. 강아지풀. 곡식을 해치는 풀로, 겉으로는 착하게 보이나 속은 추악한 것의 비유로 쓰임. ¶莠草 2. 추악하다. 2 3. 고들빼기. 국화과의 이년초.

莠言(유언) 추악한 말. 고약한 말.
莠草(유초) 강아지풀.

荵	⑦ 11획	日ニン
	우엉 인	中rěn

풀이 우엉.

莊	⑦ 11획	日ソウ
	성할 장	中zhuāng

丨 十 艹 艹 丬 丬 丬 丬 丬 丬 莊

* 형성. 뜻을 나타내는 부수 '艸(풀 초)'와 음을 나타내며 '성하다'의 뜻을 가진 '壯(씩씩할 장)'을 합친 글자. 풀(艸)이 무성함(壯)을 나타내어, '성하다'의 뜻으로 쓰임.

풀이 1. 성하다. 2. 풀이 무성하다. 3. 바르다. 단정하다. ¶莊士 4. 꾸미다. 5. 엄숙하다. ¶莊嚴 6. 삼가다. 정중하다. 7. 시골. 8. 별장. 9. 가게. 점포.

莊敬(장경) 엄숙히 삼감. 엄숙하고 공손함.

莊士(장사) 단정한 선비. 뜻과 행실이 바르고 훌륭한 인물.

莊語(장어) 1)바른말. 2)큰소리를 침.

莊嚴(장엄) 고상하고 엄숙함.

莊園(장원) 1)별장. 2)봉건 제도하의 토지 소유의 한 형태.

莊莊(장장) 왕성한 모양.

莊田(장전) 왕실(王室)의 사유지(私有地).

莊重(장중) 장엄하고 정중함.

老莊(노장) 노자와 장자.

仙莊(선장) 선가(仙家).

荻	⑦ 11획	日テキ
	물억새 적	中dí

풀이 1. 물억새. 볏과에 속하는 다년초. 2. 갈잎 피리. 3. 쑥.

莛	⑦ 11획	日テイ
	줄기 정	中tíng

풀이 1. 줄기. 2. 들보. 칸과 칸 사이의 두 기둥을 건너지르는 나무.

유 莖(줄기 경)

莜	⑦ 11획	日ソウ
	김매는 연장 조	中diào, dì

풀이 1. 김매는 연장. 2. 삼태기. 3. 부추.

莝	⑦ 11획	日ザ
	여물 좌	中cuò

풀이 1. 여물. 마소를 먹이는 짚. 2. 꼴을 베다. 3. 작다.

荷	⑦ 11획	日カ
	연꽃 하	中hé, hè

丨 十 艹 艹 艹 芢 芢 荇 荷 荷 荷

* 형성. 뜻을 나타내는 부수 '艸(풀 초)'와 음을 나타내는 '何(어찌 하)'를 합친 글자.

풀이 1. 연꽃. ¶荷花 2. 짊어지다. 지니다. ¶荷電 3. 짐. 4. 일을 떠맡다. 5. 번거롭다.

荷擔(하담) 어깨에 맴. 짐을 짐.

荷物(하물) 1)짐. 2)부담이 되는 책임.

荷船(하선) 짐을 싣는 배.

荷役(하역) 짐을 싣고 부리는 일. 또는 그 사람.

荷錢(하전) 연꽃의 잎이 물에 떠 있는 것을 돈에 비유한 말.

荷電(하전) 물체가 전기를 띰.

荷主(하주) 1)짐의 임자. 2)하물의 발송인.

荷重(하중) 1)짐의 무게. 2)맡은 임무가 중하고 힘에 겨움.

荷香(하향) 연꽃의 향기.

荷花(하화) 연꽃.

蓮荷(연하) 수련과에 속하는 다년생의 물풀.

비 苛(매울 가)

莟	⑦ 11획	日ガン
	꽃봉오리 함	中hàn

풀이 1. 꽃봉오리. 2. 꽃술. 3. 연꽃.

莕	⑦ 11획
	荇(p1154)과 同字

莢	⑦ 11획	日キョウ
	콩꼬투리 협	中jiá

풀이 1. 콩꼬투리. 콩이 들어 있는 깍지. 2. 풀 열매. 3. 비수리.

菏	⑧ 12획	
	❶늪 이름 가	日カ
	❷풀 이름 하	中hé, gē

풀이 ❶ 1. 늪 이름. ❷ 2. 풀 이름.

菣	⑧ 12획	日ケン
	제비쑥 견	中qìn

풀이 제비쑥. 국화과에 속하는 다년초.

菒	⑧ 12획	日コウ
	짚 고	中gǎo

풀이 짚. 시들어 마른 풀.

菰	⑧ 12획	日コウ
	줄 고	中gū

풀이 줄. 볏과에 속하는 다년생 수초(水草).

菰蘆(고로) 줄과 갈대.

菰米(고미) 줄의 열매.

菎	⑧ 12획	日コン
	향초 곤	中jùn, kūn

풀이 향초.

菓	⑧ 12획	日カ
	과일 과	中guǒ

* 형성. 뜻을 나타내는 부수 '艸(풀 초)'와 음을 나타내며 나무에 과일이 달려 있는 모양을 본뜬 글자인 '果(열매 과)'를 합친 글자로 '열매', '과일'을 나타냄.

풀이 1. 과일. 2.韓 과자(菓子).

菓子(과자) 밀가루나 쌀가루 등으로 반죽하여 굽거나 튀겨서 만든 달콤한 음식.

유 果(실과 과)

菅	⑧ 12획	日カン
	골풀 관 · 간	中jiàn

풀이 1. 골풀. 왕골. ¶菅葦 2. 거적. 골풀로 엮은 자리. 3. 난초. 4. 부정하다.

菅蒯(간괴) 1)새끼를 꼬는 데 쓰는 풀. 2)평범한 인물.

菅葦(간위) 골풀과 갈대.

菊	⑧ 12획	日キク
	국화 국	中jú

풀이 국화.

菊月(국월) 음력 9월의 다른 이름.

菊花(국화) 국화꽃.

菊花節(국화절) 음력 9월 9일 중양절(重陽節).

菊花酒(국화주) 국화를 넣어 빚은 술. 중양절에 마시면 나쁜 기운을 떨어 버린다고 함.

菤	⑧ 12획	日ケン
	풀 이름 권	中juǎn

풀이 풀 이름.

菌	⑧ 12획	日キン
	버섯 균	中jūn, jùn

풀이 1. 버섯. ¶菌類 2. 죽순. 3. 무궁화나무. 4. 세균. ¶細菌

菌毒(균독) 균류(菌類)의 독.

菌類(균류) 버섯 · 곰팡이류의 총칭.

菌傘(균산) 버섯의 갓. 버섯 윗부분의 넓게 퍼진 부분이 우산처럼 생겼다 해서 이르는 말.

菌褶(균습) 버섯의 갓 아래 부분에 있는 주름살.

菌蕈(균심) 버섯.

비 箘(이대 균)

菫	⑧ 12획	日キン
	제비꽃 근	中jǐn

풀이 1. 제비꽃. 2. 바꽃. 오두(烏頭). 독초. 약재로도 쓰임.

菫茶(근도) 바꽃과 씀바귀.

菫草(근초) 독초(毒草). 오두(烏頭).

萁	⑧ 12획	日キ
	콩깍지 기	中qí, jī

풀이 1. 콩깍지. 콩대. ¶萁稈 2. 채소 이름. 3. 풀 이름. 물억새의 일종. 4. 어조사.

萁稈(기간) 콩줄기. 콩대.

萁豆(기두) 1)콩깍지와 콩. 2)형제를 이르는 말.

萁服(기복) 기초(萁草)로 엮은 전동(箭筒).

菬	⑧ 12획	
	풀 뿌리	日ニ
	드러날 니	中nǐ

풀이 1. 풀 뿌리가 드러나다. 2. 이슬이 많은 모양.

萏	⑧ 12획	日タン
	연꽃 봉오리 담	中dàn

풀이 연꽃의 봉오리.

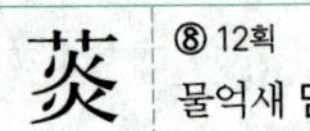

菼 ⑧ 12획 日タン
물억새 담 中tǎn

풀이 물억새.

萄 ⑧ 12획 日ドウ
포도 도 中táo

* 형성. 뜻을 나타내는 부수 '艸(풀 초)'와 음을 나타내는 '匋(질그릇 도)'를 합친 글자.

풀이 포도.

萄藤(도등) 포도나무. 포도 덩굴.

乾葡萄(건포도) 포도 열매를 말려서 단맛과 향기가 있게 만든 것.

유 葡(포도 포)

菈 ⑧ 12획 日ラツ
무 랍 中lā

풀이 1. 무. 뿌리 채소. 2. 무너지는 소리.

菈擸(납랍) 무너지는 소리.

萊 ⑧ 12획 日ライ
명아주 래(내) 中lái

* 형성. 뜻을 나타내는 부수 '艸(풀 초)'와 음을 나타내는 '來(올 래)'를 합친 글자.

풀이 1. 명아주. 명아줏과에 속하는 일년초. ¶萊蒸 2. 묵정밭. 경작하지 않는 밭. 3. 거칠다. 4. 잡초가 무성하다. 5. 잡초. 6. 김매다.

萊蕪(내무) 잡초가 무성한 땅.

萊菔(내복) 무.

萊衣(내의) 주(周)나라의 노래자(老萊子)가 70세의 나이에도 늙은 어버이를 즐겁게 해 드리기 위해 입었다는 색동옷.

萊蒸(내증) 1)명아주 잎을 찐 것. 2)소박하고 검소한 식사.

萊彩(내채) 내의(萊衣).

菉 ⑧ 12획 日ロク
조개풀 록(녹) 中lù, lǜ

풀이 1. 조개풀. 포아풀과에 속하는 다년초. 2. 적다. 기록하다. 3. 푸르다.

菉竹(녹죽) 푸른 대나무. 녹죽(綠竹).

崙 ⑧ 12획 日ロン·リン
참죽나무 륜 中lún

풀이 1. 참죽나무. 2. 향초 이름.

菱 ⑧ 12획 日リョウ
마름 릉(능) 中líng

* 형성. 뜻을 나타내는 부수 '艸(풀 초)'와 음을 나타내며 '모서리'의 의미를 지닌 '夌(넘을 릉)'을 합친 글자. 이에 모난 열매를 맺는 풀, 즉 '마름'의 뜻으로 쓰임.

풀이 1. 마름. 마름과에 속하는 일년생의 수초(水草). ¶菱歌 2. 물풀 이름.

菱歌(능가) 마름을 따면서 부르는 노래.

菱荷(능하) 마름과 연꽃.

菱形(능형) 마름모꼴.

菱花(능화) 1)마름꽃. 2)거울의 다른 이름.

비 夌(언덕 릉)

莽 ⑧ 12획 日モウ·ム
우거질 망·무 中mǎng

풀이 1. 우거지다. ¶莽莽 2. 풀. 잡초. 3. 숲. 4. 몰아내다. 5. 넓다. 6. 거칠다. 7. 덮다.

莽莽(망망) 1)풀이 우거진 모양. 2)넓은 모양. 광대한 모양. 3)장대(長大)한 모양.

莽渺(망묘) 아득하고 멂.

莽蒼(망창) 푸른 빛깔. 교외(郊外)의 경치.

莽蕩(망탕) 들판이 넓은 모양. 망망(莽莽).

유 蕃(우거질 번) 茂(우거질 무)

萌 ⑧ 12획 日ホウ
싹 맹 中méng

* 형성. 뜻을 나타내는 부수 '艸(풀 초)'와 음을 나타내는 '明(밝을 명)'을 합친 글자. 초목(艸)의 싹이 밝은(明) 세계로 나오는 것을 나타내어, '싹'의 뜻으로 쓰임.

풀이 1. 싹. ¶萌生 2. 싹트다. 3. 조짐. 시초. ¶萌兆 4. 갈다. 경작하다. 5. 백성. 6. 움직이지 않는 모양. 7. 나타나다.

萌動(맹동) 1)초목이 싹틈. 2)사물의 시작.

萌黎(맹려) 서민(庶民). 평민(平民).

萌生(맹생) 1)싹이 돋아남. 또는 조짐이 보임. 2)많이 생김.

萌芽(맹아) 1)싹이 남. 싹이 틈. 2)사물의 시초.

萌蘖(맹얼) 초목의 싹.

萌兆(맹조) 조짐. 징후(徵候).

萌乎(맹호) 움직이지 않는 모양.

유 芽(싹 아)

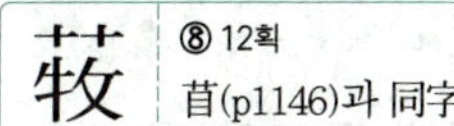

⑧ 12획
苜(p1146)과 同字

荓

⑧ 12획 日ビョウ
풀 이름 병 中pēng

풀이 풀 이름.

荓蜂(병봉) 악으로 끌어들임. 병봉(甹夆).

菩

⑧ 12획
❶보살 보 日ボ
❷모시풀 배 中pú

풀이 ■1 1. 보살(菩薩). ■2 2. 모시풀. 3. 자리.

菩薩(보살) 1)부처의 다음가는 성인(聖人). 2)나이 많은 여자 신도에 대한 높임말.

菩薩乘(보살승) 보살이 되는 길. 육바라밀(六波羅蜜)을 닦고 중생을 교화하여, 생사를 초탈(超脫)하는 일. 삼승(三乘)의 하나.

菩提(보리←보제) 1)제법(諸法)을 다 깨우쳐 정각(正覺)을 얻는 일. 2)불과(佛果)를 얻어 정토(淨土)에 왕생(往生)하는 일.

菩提心(보리심←보제심) 1)불도(佛道)를 구하는 마음. 2)성불득도(成佛得道)의 마음.

유 薩(보살 살)

菔

⑧ 12획 日ホク
무 복 中fú

풀이 1. 무. 2. 칼집.

菶

⑧ 12획 日ホウ
풀 무성할 봉 中běng

* 형성. 뜻을 나타내는 부수 '艸(풀 초)'와 음을 나타내는 '奉(받들 봉)'을 합친 글자.

풀이 1. 풀이 무성하다. ¶菶茸 2. 열매가 많이 열린 모양.

菶菶(봉봉) 1)초목이 우거진 모양. 2)열매가 많이 열린 모양.

菶茸(봉용) 1)초목이 성한 모양. 2)몹시 우거져 수북한 모양.

비 奉(받들 봉)

萆

⑧ 12획
❶골풀 비 日ビ
❷덮을 폐 中bì
❸도롱이 벽

풀이 ■1 1. 골풀. 골풀과에 속하는 다년초. ■2 2. 덮다. 가리다. ¶萆山 ■3 3. 도롱이.

萆薢(비해) 1)마과(麻科)에 속하는 다년초. 2)요통(腰痛)·지체통(肢體痛)·풍습(風濕)에 쓰는 한약재.

萆山(폐산) 산에 숨음.

菲

⑧ 12획 日ヒ
엷을 비 中fēi, fěi

풀이 1. 엷다. 변변치 못하다. ¶菲食 2. 채소 이름. 3. 쇠퇴하다. 4. 짚신. 5. 풀이 무성한 모양. 6. 향초. 7. 향기로운 모양.

菲儉(비검) 검약함.

菲德(비덕) 덕이 부족함.

菲薄(비박) 1)물건이 적어 변변치 못함. 2)어리석고 못난 사람으로 자처함.

菲食(비식) 변변치 못한 음식.

菲儀(비의) 변변치 못한 의례. 변변치 못한 선물. 박사(薄謝).

菲才(비재) 1)변변치 못한 재능. 둔한 재주. 2)자기 재능의 겸칭.

菲奠(비전) 변변치 못한 제물 또는 제사.

菲質(비질) 둔한 자질(資質).

萐

⑧ 12획 日サツ
삽보풀 삽 中shà

풀이 1. 삽보풀. 요임금 때 부엌에 나서 저절로 움직여 시원한 바람을 일으켜 음식물이 상하는 것을 막았다는 상서로운 풀. 2. 부채.

萐莆(삽보) 서초(瑞草) 이름. 요임금 때 부엌에 나서 저절로 움직여 음식물이 상하는 것을 막았다는 풀.

菙

⑧ 12획 日スウ
모형 수 中chuí

풀이 1. 모형. 마편초과에 속하는 낙엽 관목. 2. 매. 채찍.

비 垂(드리울 수)

6획

菽	⑧ 12획	日シュク
	콩 숙	中shū

* 형성. 뜻을 나타내는 부수 '艸(풀 초)'와 음을 나타내는 '叔(아재비 숙)'을 합친 글자.

풀이 1. 콩. 콩과 식물 및 그 열매의 총칭. 2. 대두(大豆). 3. 콩잎.

菽麥(숙맥) 1)콩과 보리. 2)콩인지 보리인지를 구별하지 못한다는 뜻으로, 어리석은 사람을 비유하는말.

菽水之歡(숙수지환) 콩을 먹고 물을 마시는 가난한 중에도 어버이를 잘 섬기는 즐거움.

菽芽菜(숙아채) 콩나물.

비 叔(아재비 숙)

菘	⑧ 12획	日スウ
	배추 숭	中sōng

풀이 배추.

菘芥(숭개) 갓. 개채(芥菜).

菘菜(숭채) 배추.

菴	⑧ 12획	日アン
	풀 이름 암	中ān

풀이 1. 풀 이름. 2. 암자. 3. 나무가 무성한 모양.

菴觀(암관) 절과 도교(道教)의 사원.

菴婪(암람) 한없이 탐함.

菴藹(암애) 무성한 모양.

비 庵(암자 암)

菸	⑧ 12획	日エン・ヨ
	향초 어	中yū

풀이 1. 향초(香草). 2. 시들다. 3. 담배.

菸邑(어읍) 잎 같은 것이 시들어 생기가 없어짐.

菀	⑧ 12획	
	❶ 자완 완	日エン・オン・ウツ
	❷ 무성할 울	中wǎn, yù

풀이 ❶ 1. 자완. 엉거싯과에 속하는 다년초. ❷ 2. 무성하다. 3. 쌓이다. 4. 울적하다.

菀菀(완완) 날씬함.

菀結(울결) 마음이 울적하여 가슴이 맺힘.

萎	⑧ 12획	日イ
	마를 위	中wěi

* 형성. 뜻을 나타내는 부수 '艸(풀 초)'와 음을 나타내는 '委(맡길 위)'를 합친 글자.

풀이 1. 마르다. 시들다. ¶萎落 2. 병들다. 3. 약하다. 쇠약하다. ¶萎腇 4. 둥글레. 백합과에 속하는 다년초. 5. 피곤하다.

萎腇(위뇌) 연약함.

萎餒(위뇌) 지치고 굶주림.

萎落(위락) 시들어 떨어짐. 위절(萎絶).

萎靡(위미) 시듦. 기력(氣力)이 쇠함.

萎縮(위축) 1)시들어 오그라듦. 2)기를 펴지 못함.

萎悴(위췌) 시들어 빠짐.

萇	⑧ 12획	日チョウ
	나무 이름 장	中cháng

풀이 나무 이름. 장초나무. 양도(羊桃).

萇楚(장초) 양도(羊桃)의 다른 이름.

菹	⑧ 12획	
	❶ 채소 절임 저	日ソ
	❷ 늪 자	中zū

풀이 ❶ 1. 채소 절임. 소금에 절인 야채. 2. 젓갈. ❷ 3. 늪.

菹戮(저륙) 죽여서 그 몸을 소금에 절임.

菹醢(저해) 1)소금에 절인 야채와 고기. 2)옛 형벌의 하나. 사람을 죽여 그 뼈와 살을 소금에 절이던 형벌.

비 茫(아득할 망)

菂	⑧ 12획	日テキ
	연밥 적	中dì

풀이 연밥.

萐	⑧ 12획	
	❶ 개연꽃 접	日セツ
	❷ 운삽 삽	中jiē, shà

풀이 ❶ 1. 개연꽃. ❷ 2. 운삽. 발인할 때, 상여 앞뒤에 세우거나 드는 널빤지.

菁
⑧ 12획
❶부추꽃 정 日セイ
❷꽃 무성한 모양 청 中jīng

풀이 ❶ 1. 부추꽃. 2. 아름답다. 3. 순무. 겨잣과에 속하는 일이년초. ❷ 4. 꽃이 무성한 모양. ¶菁菁

菁莪(정아) 인재를 가르치는 일. 많은 인재.
菁華(정화) 사물의 아름답고 순수한 부분.
菁菁(청청) 초목이 무성한 모양.

비 靑(푸를 청)

菖
⑧ 12획 日ショウ
창포 창 中chāng

* 형성. 뜻을 나타내는 부수 '艸(풀 초)'와 음을 나타내는 '昌(창성할 창)'을 합친 글자.

풀이 창포.

유 蒲(창포 포)

菜
⑧ 12획 日サイ
나물 채 中cài

* 형성. 뜻을 나타내는 부수 '艸(풀 초)'와 음을 나타내는 '采(모을 채)'를 합친 글자.

풀이 1. 나물. 채소. ¶菜根 2. 반찬. 안주. 3. 캐다. 4. 굶어서 얼굴빛이 누르스름한 모양.

菜羹(채갱) 나물국. 소갱(蔬羹).
菜根(채근) 1)채소의 뿌리. 2)나물 반찬의 밥. 변변치 못한 음식.
菜疸(채달) 채소의 독으로 생기는 황달병.
菜毒(채독) 채소를 날것으로 먹었을 때 생기는 중독.
菜麻(채마) 밭에 심어서 가꾸는 채소.
菜飯(채반) 나물·무청 등을 넣어 지은 밥. 바꿔어, 변변치 못한 식사.
菜色(채색) 좋지 않은 혈색(血色). 또 굶주린 사람의 누르스름한 얼굴빛.
菜食(채식) 1)채소로 만든 반찬을 주로 먹음. 2)소박하고 검소한 식사. 조식(粗食).
菜菹(채저) 푸성귀로 담근 김치. 여름철의 김치.
菜種(채종) 채소의 씨.
菜把(채파) 채소를 묶은 다발.
菜圃(채포) 채소밭. 채원(菜園).
菜殽(채효) 채소로 만든 안주.
菜畦(채휴) 채소밭.

萋
⑧ 12획
풀 우거진 모양 처 日セイ 中qī

풀이 1. 풀이 우거진 모양. 2. 아름다운 모양. 3. 공경하는 모양.

萋斐(처비) 문채(紋彩)가 아름다운 모양.
萋萋(처처) 1)잎이 무성한 모양. 2)구름이 흘러가는 모양. 3)공경하고 삼가는 모양. 4)아름다운 모양.

菍
⑧ 12획
蔥(p1182)과 同字

萑
⑧ 12획
❶익모초 추 日スイ・カン
❷물억새 환 中huán

* 형성. 뜻을 나타내는 부수 '艸(풀 초)'와 음을 나타내는 '隹(새 추)'를 합친 글자.

풀이 ❶ 1. 익모초. 2. 풀이 무성한 모양. ❷ 3. 물억새. 4. 눈물이 흐르는 모양. ¶萑蘭

萑蘭(환란) 눈물이 흐르는 모양.
萑席(환석) 물억새로 엮어 만든 자리.

菆
⑧ 12획
❶겨릅대 추 日シュウ
❷모일 찬 中zōu, cuán, cóng

풀이 ❶ 1. 겨릅대. 껍질을 벗긴 삼의 대. 2. 깔개. 자리. 3. 화살. ❷ 4. 모이다.

萃
⑧ 12획 日スイ
모일 췌 中cuì

풀이 1. 모이다. ¶萃止 2. 이르다. 3. 옷이 스치는 모양. 4. 여위다. 5. 머위. 풀의 한 종류. 6. 기다리다. 7. 괘 이름. 64괘의 하나.

萃然(췌연) 모이는 모양. 췌여(萃如).
萃止(췌지) 모임.
萃蔡(췌채) 옷이 스치는 소리.

유 集(모일 집) 비 卒(군사 졸)

6획

菑	⑧ 12획 ❶ 묵정밭 치 日チ ❷ 재앙 재 中zī

풀이 ❶ 1. 묵정밭. 따비밭. 묵어서 잡초가 무성한 밭. 2. 개간 첫해의 밭. 3. 일구다. 4. 말라 죽은 나무. 5. 풀이 무성한 모양. ¶菑榛 6. 쪼개다. 가르다. 7. 세우다. ❷ 8. 재앙. ¶菑沴

菑沴(재려) 재앙.
菑患(재환) 재난.
菑畬(치여) 거친 땅을 개간함.
菑翳(치예) 나무가 말라 죽음.
菑栗(치율) 쪼갬.
菑榛(치진) 풀이 무성한 모양.

菪	⑧ 12획 日トウ 독초 이름 탕 中dàng

풀이 1. 독초의 이름. 2. 수랑탕(水茛菪).

菭	⑧ 12획 日チ 물 이끼 태 中tái

풀이 물이끼.

菟	⑧ 12획 日ト 토끼 토 中tù, tú

풀이 토끼.

유 卯(토끼 묘) 兎(토끼 토)

菠	⑧ 12획 日ハ 시금치 파 中bō

풀이 시금치. 명아줏과에 속하는 일이년초.

菠薐(파릉) 시금치.

萍	⑧ 12획 日ヘイ 부평초 평 中píng

*형성. 뜻을 나타내는 부수 '艸(풀 초)'와 음을 나타내는 '平(평평할 평)'을 합친 글자.

풀이 1. 부평초. 개구리밥. 개구리밥과에 속하는 다년생 수초(水草). ¶萍跡 2. 쑥.

萍泊(평박) 물 위의 부평초처럼 여기 저기 떠돌아다님.
萍水相逢(평수상봉) 서로 우연히 나그네 길에서 알게 됨.
萍寓(평우) 여기저기 떠돌아다니며 남의 집에 기거함.
萍跡(평적) 부평초같이 여기 저기 떠돌아다닌 행적.
萍蹤(평종) 부평초의 자취. 여기저기를 떠돌아 다니며 일정한 주거가 없음. 평적(萍跡).

菢	⑧ 12획 日やち 덮을 포 中bào

풀이 1. 덮다. 2. 새가 알을 품다.

유 蓋(덮을 개) 비 抱(안을 포)

菡	⑧ 12획 日カン 연꽃 봉오리 함 中hàn

풀이 연꽃 봉오리.

菡萏(함담) 연꽃 봉오리가 아직 피어나지 않은 것처럼 여리고 아름다운 미인(美人)의 용모를 비유하는 말.

비 函(함 함)

華	⑧ 12획 日カ·はな 꽃 화 中huā, huá, huà

*상형. 가지마다 꽃들이 활짝 피어 있는 나무의 모양을 본뜬 글자. 처음에는 '나무에 피는 꽃'을 의미하다가 모든 종류의 '꽃'을 통칭하게 되었음. 또한 꽃이 활짝 피면 아주 화려하므로, '아름답다', '화려하다' 등의 뜻으로도 쓰임.

풀이 1. 꽃. 2. 꽃이 피다. ¶華叢 3. 번성하다. 창성하다. 4. 곱다. 아름답다. 화려하다. ¶華麗 5. 빛. 6. 희다. 7. 분. 화장을 하는 가루. 8. 풀이 무성하다. 9. 풍채. 10. 장식. 11. 걸치레. 12. 요염하다. 13. 맛이 좋다. 14. 중화. 중국 사람이 자국(自國)을 부르는 이름.

華蓋(화개) 1)천자(天子)의 일산. 2)북극성(北極星)을 둘러싼 아홉 별.
華客(화객) 단골 손님.
華京(화경) 중국의 서울. 화려한 서울.
華景(화경) 음력 2월의 다른 이름.
華菅茅束(화간모속) 솔새를 물에 적시어 거적을 짤 때는 반드시 띠로 묶어야 한다는 뜻으로, 부부가 서로 떨어질 수 없음을 비유하는 말.
華僑(화교) 외국에 이주한 중국 사람.
華年(화년) 1)꽃다운 나이. 소년(少年). 2)61세. 화갑(華甲).

6획

華麗(화려) 빛나고 아름다움.
華鬘(화만) 1)옛날 인도의 풍속으로 끈으로 많은 꽃들을 엮어 머리나 몸을 장식하던 것. 2)불상의 머리나 불상 앞의 장식. 화만(花鬘).
華美(화미) 곱고 아름다움.
華髮(화발) 흰머리. 노년(老年).
華閥(화벌) 입신출세한 문벌(門閥).
華不再揚(화불재양) 한번 떨어진 꽃은 다시 붙을 수 없듯이 흘러간 세월은 다시 오지 않음.
華奢(화사) 화려하고 사치스러움.
華胥(화서) 1)편안하고 평화로운 경지(境地). 2)낮잠.
華胥之國(화서지국) 썩 잘 다스려져 있는 나라.
華胥之夢(화서지몽) 1)좋은 꿈. 길몽(吉夢). 2)낮잠.
華贍(화섬) 문장이 아름답고 뜻이 풍부함.
華首(화수) 흰머리. 백발(白髮)의 노인.
華飾(화식) 아름답게 꾸밈.
華實(화실) 꽃과 열매.
華顏(화안) 꽃다운 얼굴. 미인. 화안(花顏).
華陽巾(화양건) 도사(道士)가 쓰는 두건(頭巾).
華語(화어) 중국어.
華言(화언) 1)겉치레로 하는 말. 2)중국말.
華嚴宗(화엄종) 화엄경(華嚴經)을 종지(宗旨)로 삼는 불교의 한 종파.
華姸(화연) 1)꽃이 아름다움. 또는 화려하고 고움. 2)아름다운 여자. 미녀(美女).
華榮(화영) 1)꽃이 핌. 2)화려하고 번영함.
華屋(화옥) 화려한 집.
華月(화월) 1)아름다운 달. 2)한창 때.
華夷(화이) 중화(中華)와 오랑캐.
華而不實(화이불실) 겉만 훌륭하고 실속이 없음. 겉은 좋으나 내용이 없음.
華鈿(화전) 꽃비녀.
華顚(화전) 1)흰머리. 백발(白髮). 2)꽃.
華箋(화전) 아름다운 종이.
華節(화절) 음력 정월(正月).
華族(화족) 귀한 집안. 귀족(貴族).
華胄(화주) 귀족의 자손.
華燭(화촉) 1)그림 그리는 데 쓰는 밀초. 화초. 2)결혼. 화려한 초. 화촉(花燭).
華叢(화총) 꽃이 한창인 풀숲.
華蟲(화충) 꿩의 다른 이름.
華侈(화치) 화려하고 사치스럽게 꾸밈.
華夏(화하) 중국 사람이 자국(自國)을 높여 부르는 말.
華翰(화한) 남의 편지를 높여 이르는 말.
華軒(화헌) 화려하게 꾸민 수레.

유 花(꽃 화) 비 畢(마칠 필)

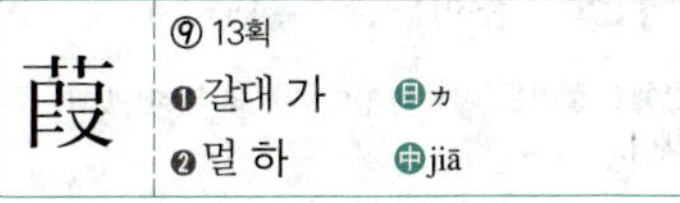

풀이 1 1. 갈대. 어린 갈대. ¶葭墻 2. 갈잎 피리. 2 3. 멀다. 4. 연잎.
葭莩(가부) 갈대 줄기 속의 엷은 막. 가볍고 얇은 것을 비유하는 말.
葭莩之親(가부지친) 아주 엷은 교분. 먼 친척(親戚).
葭墻(가장) 갈대 울타리.
葭萌(하맹) 서울에서 멀리 떨어진 교외에 사는 백성.

비 暇(겨를 가)

풀이 1. 칡. ¶葛藤 2. 갈포(葛布). 거친 베. ¶葛巾 3. 얽히다. 갈등. 자신에게 닥친 곤란함의 비유.
葛巾(갈건) 갈포(葛布)로 만든 두건(頭巾).
葛巾野服(갈건야복) 갈건(葛巾)과 평민의 옷.
葛裘(갈구) 1)여름의 갈포(葛布) 옷과 겨울의 갖옷. 2)1년 내내.
葛屨履霜(갈구이상) 여름에 신는 칡으로 만든 신을 서리가 내리는 겨울에 신는다는 뜻으로, 지나치게 검소하거나 인색함을 비유하는 말.
葛藤(갈등) 1)칡덩굴과 등나무 덩굴. 2)복잡하게 뒤얽힘. 3)분란. 불화.
葛藟(갈류) 1)칡이나 등나무 같은 덩굴. 2)자신에게 닥친 곤란함을 비유하는 말.
葛衣(갈의) 갈포로 만든 옷.
葛天氏(갈천씨) 중국 신화(神話)에서, 교화(敎化)에 힘써 세상을 태평하게 했다는 임금.
葛布(갈포) 칡의 섬유로 짠 베.
葛筆(갈필) 칡뿌리를 잘라 끝을 두드려 쓰던 붓.

비 曷(어찌 갈)

⑨ 13획
葢(p1172)의 本字

蒯
⑨ 13획
蒯(p1187)의 俗字

6 획

括	⑨ 13획	日カツ
	풀 이름 괄	中kuò

풀이 1. 풀이름. 서초(瑞草)의 하나. 2. 박하(薄荷). 영생이.

蒯	⑨ 13획	日カイ
	기름새 괴	中kuǎi

풀이 기름새. 포아풀과에 속하는 다년초.

葵	⑨ 13획	日キ
	해바라기 규	中kuí

풀이 1. 해바라기. ¶葵傾 2. 헤아리다. 3. 푸성귀.

葵傾(규경) 해바라기가 해를 향하여 기운다는 뜻으로, 백성이 임금의 덕을 우러러 보는 것을 비유하는 말.

葵藿(규곽) 1)해바라기 꽃이 해를 향하여 기운다는 뜻으로, 임금이나 웃어른에게 충성하고 공경함을 이르는 말. 2)해바라기와 콩.

葵藿志(규곽지) 충성을 다하고자 하는 마음.

葵花向日(규화향일) 해바라기꽃이 언제나 해를 향한다는 뜻으로, 충성스러운 마음으로 임금을 사모함을 비유하는 말.

비 癸(열째천간 계)

董	⑨ 13획	
	❶감독할 동	中dǒng
	❷바로잡을 독	日トウ, g

* 형성. 뜻을 나타내는 부수 '艸(풀 초)'와 음을 나타내는 '重(무거울 중)'을 합친 글자.

풀이 ❶ 1. 감독하다. ¶董督 2. 감추다. 간직하다. 3. 굳다. 견고하다. 4. 연뿌리. 연근. 5. 움직이다. 6. 묻다. ❷ 7. 바로잡다. 고치다. ¶董正

董正(독정) 바로잡아 다스림. 독정(督正).

董督(동독) 감독하여 단속함.

董率(동솔) 감독하여 거느림.

董役(동역) 일을 감독함.

董狐之筆(동호지필) 위세(威勢)를 두려워하지 않고, 있는 그대로를 써서 역사에 남기는 일.

비 童(아이 동)

落	⑨ 13획	日ラク·おちる
	떨어질 락(낙)	中là, lào, luō, luò

丶 艹 艹 艹 艹 芀 茫 茫 莈 莈 落 落

* 형성. 뜻을 나타내는 부수 '艸(풀 초)'와 음을 나타내며 '이르다'의 의미를 지닌 '洛(낙수 락)'을 합친 글자. 이에 풀잎(艸)이 땅에 '떨어지다'의 뜻으로 쓰임.

풀이 1. 떨어지다. ¶落花 2. 감소하다. 3. 흩어지다. 4. 모략에 빠지다. 5. 죽다. ¶落年 6. 버리다. 쓸모없게 되다. 7. 얽히다. 8. 낙엽(落葉). 9. 처음. 시작. 10. 빗방울이 떨어지다. 11. 마을. ¶村落 12. 울타리. 13. 준공하다. 완공되다.

落觀(낙관) 서화(書畵)에 필자의 성명이나 발어(跋語) 등을 쓰고 아호(雅號)의 도장을 찍는 일.

落年(낙년) 죽은 해. 몰년(沒年).

落膽(낙담) 실망하여 맥이 풀림.

落落(낙락) 1)쓸쓸한 모양. 2)남과 어울리지 못하는 모양. 3)많은 모양. 4)뜻이 높고 큰 모양. 5)우뚝 솟은 모양.

落落難合(낙락난합) 뜻이 높고 커서 사회와 서로 맞지 않음.

落莫(낙막) 1)마음이 쓸쓸한 모양. 삭막(索莫). 2)무늬가 서로 이어짐.

落木(낙목) 잎이 떨어진 나무.

落眉之厄(낙미지액) 눈 앞에 닥친 재앙.

落髮(낙발) 머리를 깎고 중이 됨. 삭발함.

落魄(낙백) 1)넋을 잃음. 2)영락(零落)함.

落飾(낙식) 낙발(落髮).

落雁(낙안) 땅에 내려앉은 기러기.

落然(낙연) 보잘것없는 모양.

落影(낙영) 저녁 햇빛. 낙영(落景).

落伍(낙오) 1)대오(隊伍)에서 떨어짐. 2)시대에 뒤떨어짐.

落月屋梁(낙월옥량) 지는 달이 지붕 위를 비춘다는 뜻으로, 고인(故人)을 그리워하는 마음이 간절함을 이르는 말.

落日(낙일) 지는 해. 저무는 해.

落穽下石(낙정하석) 함정에 떨어진 것을 보고 돌을 던진다는 뜻으로, 재난을 당한 사람을 도와주기는커녕 도리어 해를 입힘을 비유하는 말.

落潮(낙조) 1)썰물. 2)점차 쇠퇴하는 기미.

落種(낙종) 씨를 뿌림.

落地(낙지) 세상에 태어남.

落托(낙탁) 낙막(落莫).

落拓(낙탁) 1)기개와 도량이 큰 모양. 호방하여 사물에 얽매이지 않는 모양. 2)보잘것없이 됨. 영락함.

落筆(낙필) 1)붓을 들어 쓰기 시작함. 낙묵(落墨). 2)장난으로 쓰는 글씨.

落筆點蠅(낙필점승) 잘못하여 떨어뜨린 붓 자

국을 파리로 바꾸어 그린다는 뜻으로, 화가의 솜씨가 훌륭함을 이르는 말.
落霞(낙하) 저녁놀.
落婚(낙혼) 지체가 높은 사람이 가문이 낮은 사람과 혼인함.
落花流水(낙화유수) 떨어지는 꽃과 흐르는 물이라는 뜻으로, 서로 사모하는 남녀의 관계를 비유하는 말.
落花風(낙화풍) 꽃을 지게 하는 바람.
落暉(낙휘) 저녁 햇빛. 낙조(落照).
유 墜(떨어질 추)

⑨ 13획 日リツ
한삼덩굴 률(율) 中lǜ

풀이 한삼덩굴. 삼과에 속하는 다년초.
葎草(율초) 한삼덩굴.

萬 ⑨ 13획 日マン
일만 만 中wàn

*상형. 꼬리를 번쩍 든 전갈의 모양을 본뜬 글자. 전갈이 알을 많이 낳는다고 하여 '일만'을 뜻하게 됨.
풀이 1. 일만. 10,000. 2. 많은 수. 다수(多數). 3. 크다. 4. 반드시. 5. 전갈. 6. 벌(蜂).
萬劫(만겁) 한없이 긴 세월. 무한한 시간. 영겁(永劫).
萬境(만경) 모든 지역. 모든 곳.
萬頃(만경) 지면이나 수면이 넓은 모양.
萬頃蒼波(만경창파) 한없이 넓은 바다.
萬古千秋(만고천추) 과거와 미래에 걸친 오랜 세월. 한없는 세월.
萬古風霜(만고풍상) 오랜 동안 겪어온 많은 상처.
萬區(만구) 1)많은 나라. 만국(萬國). 2)많은 구분.
萬口一談(만구일담) 많은 사람의 의견이 일치함. 이구동성(異口同聲).
萬鈞(만균) 매우 무거움.
萬金(만금) 많은 돈.
萬機(만기) 정치상의 중요한 기틀. 제왕(帝王)의 정무(政務). 모든 정사(政事).
萬端(만단) 1)모두. 모조리. 만사(萬事). 만고(萬故). 2)온갖 일의 실마리.
萬端無方(만단무방) 여러 가지에서 일정한 방향이 없음.
萬籟(만뢰) 만물의 울림. 또는 그 소리. 온갖 소리.
萬流(만류) 1)많은 흐름. 2)많은 백성.
萬里同風(만리동풍) 만리나 떨어진 먼 곳이 풍속을 같이함.
萬里侯(만리후) 멀리 떨어진 곳에 세워서 제후로 봉해지는 일.
萬萬(만만) 1)많은 수. 2)여러 곱이 됨. 3)절대로. 결코.
萬無一失(만무일실) 만에 한 번도 실수라고는 없음.
萬物之靈(만물지령) 만물 중에 가장 훌륭한 존재란 뜻으로, 사람을 이르는 말.
萬物之祖(만물지조) 1)만물의 시초. 2)만물이 생기는 근원. 하늘.
萬夫(만부) 많은 남자. 여러 남자.
萬夫之望(만부지망) 여러 사람이 우러러 사모함.
萬不失一(만불실일) 조금도 틀림이 없음. 만무일실(萬無一失).
萬死(만사) 1)만 번 죽음. 2)살아나기 어려운 위험한 상태.
萬謝(만사) 1)후히 사례함. 다사(多謝). 2)여러 번 사례함.
萬死無惜(만사무석) 만 번 죽어도 아깝지 않을 만큼 죄가 큼.
萬事瓦解(만사와해) 한 가지 잘못으로 모든 일이 다 틀려 버림.
萬死一生(만사일생) 겨우 죽음을 모면함.
萬事休(만사휴) 모든 일이 끝장임. 모든 일이 어찌할 바가 없어짐.
萬姓(만성) 1)모든 백성. 2)백관(百官).
萬歲(만세) 1)영구한 세월. 2)경축 때 축하나 축복을 표하여 외치는 말. 3)경사스러움.
萬世不朽(만세불후) 영원히 썩지 않음. 언제까지나 존재함.
萬世一時(만세일시) 오랜 세월 중에 단 한 번의 기회. 천추일시(千秋一時).
萬世之名(만세지명) 만세 후까지 남을 명성.
萬歲後(만세후) 귀인(貴人)의 죽음.
萬壽無疆(만수무강) 오래오래 삶. 오래 살기를 비는 말.
萬壽節(만수절) 임금의 생신(生辰).
萬乘(만승) 1)병거 1만 대. 2)임금 또는 대국(大國). 주나라 때 임금은 그 영토 안에서 1만 대의 병거를 내던 제도에서 나온 말.
萬乘之國(만승지국) 1만 대의 병거(兵車)를 갖춘 나라. 임금이 다스리는 나라.
萬安(만안) 아주 평안함. 만강(萬康).
萬緣(만연) 속세(俗世)의 온갖 인연.
萬葉(만엽) 영구(永久). 만세(萬世).
萬旺(만왕) 매우 왕성함. 평안(平安).
萬仞(만인) 아주 높거나 깊음.

6획

萬人敵(만인적) 1)만인을 대적할만한 지략과 용맹이 있는 사람. 2)병법(兵法). 3)화기(火器)의 이름.
萬人之上(만인지상) 영의정(領議政)의 지위. 신하 중에서 최고의 지위.
萬紫千紅(만자천홍) 여러 가지 빛깔의 아름다운 꽃이 만발한 모양. 천자만홍(千紫萬紅).
萬丈(만장) 매우 높음. 또는 깊음.
萬障(만장) 온갖 장애(障礙).
萬全之計(만전지계) 조금도 실수가 없는 계책.
萬鍾(만종) 아주 많은 양(量). 많은 양의 미곡(米穀). 후한 녹봉.
萬鍾之祿(만종지록) 매우 많은 녹봉. 후한 봉록.
萬重(만중) 1)여러 겹. 만첩(萬疊). 2)아주 편안함. 만왕(萬旺).
萬雉(만치) 왕성(王城).
萬朶(만타) 1)많은 가지. 2)많은 꽃송이.
萬壑(만학) 많은 구렁. 첩첩이 겹쳐진 골짜기.
萬壑千峰(만학천봉) 수많은 골짜기와 수많은 봉우리.
萬或(만혹) 만일(萬一).
萬化方暢(만화방창) 봄이 되어 만물이 생장함.
萬黃氏(만황씨) 못나고 어리석은 사람을 희롱하여 이르는 말.
萬彙群象(만휘군상) 여러 가지 사물.

葧 ⑨ 13획 日ハツ
흰산쑥 발 中bó

풀이 흰산쑥. 엉거싯과에 속하는 다년초.

葆 ⑨ 13획 日ホウ·ホ
풀더부룩할 보 中bǎo

풀이 1. 풀이 더부룩한 모양. ¶葆葆 2. 뿌리. 밑동. 3. 푸성귀. 채소. 4. 초목의 움. 5. 보살피다. 유모(乳母). 6. 칭찬하다. 7. 편안하게 하다. 8. 지키다. 보전하다. ¶葆守 9. 성채(城砦). ¶葆塞 10. 숨기다. 싸다. 11. 포대기. 12. 보배. 13. 크다.

葆光(보광) 1)빛을 감춤. 지덕(知德)을 숨겨서 나타내지 않음. 2)희미한 빛.
葆大(보대) 숭고(崇高)하고 큼. 명예가 큼.
葆命(보명) 하늘의 명령. 임금의 명령.
葆葆(보보) 풀이 무성하게 우거진 모양.
葆祠(보사) 보물로 여겨 제사 지냄.
葆塞(보새) 성채(城砦). 요새(要塞).
葆守(보수) 보전하여 지킴. 수호(守護)함.

葍 ⑨ 13획 日フク
메꽃 복 中fú

풀이 메꽃. 메. 메꽃과에 속하는 다년초.

葑 ⑨ 13획 日ホウ
순무 봉 中fēng, fèng

풀이 1. 순무. 겨잣과에 속하는 다년초. ¶葑菲 2. 줄뿌리.

葑菲(봉비) 1)순무. 무청(蕪菁). 2)불초(不肖)의 몸.
葑田(봉전) 여러 해 동안 줄뿌리가 모이고 쌓여서 진흙이 되어 그 위에 농작물을 가꿀 수 있게 된 밭.

萯 ⑨ 13획 日フ
하눌타리 부 中fù

풀이 1. 하눌타리. 박과의 다년초. 2. 풀이름.

葐 ⑨ 13획 日ボン·フン
기성한모양 분 中fén, pén

풀이 1. 기(氣)가 성한 모양. ¶葐蒀 2. 향기롭다. 3. 고무딸기. 복분자.

葐蒀(분온) 기(氣)가 왕성한 모양.

葠 ⑨ 13획
❶ 인삼 삼 日サン
❷ 거적자리 섬 中shēn, shān

풀이 ❶ 1. 인삼. ❷ 2. 거적자리.

葙 ⑨ 13획 日ソウ
개맨드라미 상 中xiāng

풀이 개맨드라미. 비름과에 속하는 다년초.

葙根(상근) 개맨드라미의 뿌리.

葸 ⑨ 13획
❶ 순박할 새 日シ
❷ 삼갈 시 中xǐ

풀이 ❶ 1. 순박하다. 정직하다. ❷ 2. 삼가다. 3. 두려워하는 모양.

6획

蓨	⑨ 13획 우거질 소	日ソウ 中xiāo

풀이 1. 우거지다. 무성하다. 2. 잎 · 가지가 떨어진 줄기.

유 莽(우거질 망) 蕃(우거질 번) 茂(우거질 무)

葸	⑨ 13획 도꼬마리 시	日シ 中xǐ

풀이 도꼬마리. 엉거싯과에 속하는 다년초.

葹	⑨ 13획 도꼬마리 시	日シ 中shī

풀이 도꼬마리.

葚	⑨ 13획 오디 심	日ジン 中shèn

풀이 오디. 뽕나무 열매.

비 甚(심할 심)

蕚	⑨ 13획 꽃받침 악	日ガク 中è

풀이 꽃받침.

蕚珠(악주) 꽃받침.

葯	⑨ 13획 ❶구리때 잎 약 ❷동여맬 적	日ヤク 中yào

* 형성. 뜻을 나타내는 부수 '艸(풀 초)'와 음을 나타내는 '約(묶을 약)'을 합친 글자. 이에 '동여메다'를 나타냄.

풀이 ❶ 1. 구리때 잎. 백지(白芷)잎. 2. 구리때. 백지(白芷). ❷ 3. 몸에 동여매다.

葯胞(약포) 꽃밥. 수술 끝에 꽃가루를 가지고 있는 부분.

葉	⑨ 13획 ❶잎 엽 ❷땅 이름 섭	日ヨウ · は 中yè, shè

풀이 ❶ 1. 잎. 초목의 잎. ¶葉散 2. 세대. ¶葉語 3. 뽕나무. 4. 본 줄기에서 뻗어나온 갈래. ¶葉柄 5. 떨어지다. 6. 후손. 자손. 7. 모으다. 모이다. 8. 장. 종이 등을 세는 단위. 9. 짧은 홑옷. ❷ 10. 땅 이름. 춘추 시대 초(楚)나라의 섭읍(葉邑).

葉貫(엽관) 1)잎마다 꿰뚫음. 2)모든 것을 꿰뚫는 일. 만물에 공통된 근본 원리를 찾는 일.
葉脈(엽맥) 잎 몸에 가로세로로 있는 가는 줄.
葉柄(엽병) 잎자루. 잎이 줄기에 붙어 있는 부분.
葉散(엽산) 1)잎이 흩어짐. 2)자손이 많음.
葉腋(엽액) 잎이 가지나 줄기에 붙은 자리.
葉語(엽어) 1)대대로 전하여 내려온 말. 2)화어(華語).
葉子(엽자) 한 장 한 장씩 맨 책의 체재.
葉菜(엽채) 잎을 먹는 채소.
葉托(엽탁) 잎의 밑동 좌우에 있는 자엽(子葉). 탁엽(托葉).
葉片(엽편) 잎의 넓은 부분. 엽신(葉身).

비 棄(버릴 기)

萾	⑨ 13획 기성한모양온	日オン 中yūn

풀이 기(氣)가 성한 모양.

萵	⑨ 13획 상추 와	日ワ 中wō

풀이 상추. 엉거싯과에 속하는 일이년초.

萵苣(와거) 상추. 거와(苣萵).

비 窩(움집 와)

葽	⑨ 13획 강아지풀 요	日ヨウ 中yāo

풀이 1. 강아지풀. 2. 애기풀. 원지과(遠志科)에 속하는 다년초. 3. 풀이 왕성한 모양. ¶葽葽

葽葽(요요) 풀이 무성한 모양.
葽繞(요요) 애기풀.

萬	⑨ 13획 ❶풀 이름 우 ❷수레바퀴 바로잡는 도구 구	日グ 中yǔ

6 획

풀이 ❶ 1. 풀 이름. ❷ 2. 수레바퀴를 바로잡는 도구.

비 萬(일만 만)

葳	⑨ 13획 초목 무성한 모양 위	日 イ 中 wēi

풀이 1. 초목이 무성한 모양. 2. 둥굴레. 백합과에 속하는 다년초.

葳蕤(위유) 1)둥굴레. 2)꽃이 아름다운 모양. 3)왕성한 모양. 4)초목의 잎이 시들어 축 늘어진 모양.

비 茂(우거질 무)

葦	⑨ 13획 갈대 위	日 イ 中 wěi

* 형성. 뜻을 나타내는 부수 '艸(풀 초)'와 음을 나타내는 '韋(가죽 위)'를 합친 글자.

풀이 1. 갈대. ¶葦橋 2. 작은 배. 편주(片舟). ¶葦杭

葦車(위거) 치장하지 않은 수레. 값싼 수레.

葦橋(위교) 갈대를 엮어 만든 조교(弔橋).

葦笮(위작) 갈대로 꼰 밧줄.

葦杖(위장) 갈대의 매. 가벼운 형벌에 쓰던 형구(刑具).

葦汀(위정) 갈대가 우거진 물가.

葦蒲(위포) 갈대와 부들. 부드러우면서도 강한 것을 비유하는 말.

葦杭(위항) 작은 배로 건넘. 위항(葦航).

유 葭(갈대 가) 蘆(갈대 로)

葇	⑨ 13획 향유 유	日 ユ 中 róu

풀이 향유(香薷). 꿀풀과에 속하는 일년초.

萸	⑨ 13획 수유 유	日 ユ 中 yú

풀이 수유.

葰	⑨ 13획 ❶ 생강 유 ❷ 클 준	日 ユウ 中 jùn

풀이 ❶ 1. 생강. ❷ 2. 크다. 왕성하다. 3. 꽃술.

葬	⑨ 13획 장사 지낼 장	日 ソウ 中 zàng

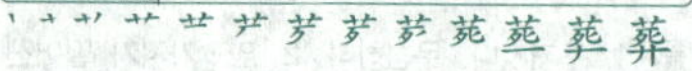

* 회의. '茻(잡풀 우거질 망)'과 '死(죽을 사)'를 합친 글자. 시체를 들고 나가 풀 속에서 '장사 지내다'의 뜻을 나타냄.

풀이 1. 장사 지내다. 2. 장사.

葬列(장렬) 장송(葬送)의 행렬.

葬事(장사) 시체를 매장하거나 화장하는 일.

葬送(장송) 시체를 장지(葬地)로 보냄.

葬魚腹(장어복) 익사함. 물에 빠져 죽음.

葬玉埋香(장옥매향) 미인을 매장한 곳.

葬儀(장의) 장례(葬禮).

葬祭(장제) 장례(葬禮)와 제사(祭祀).

葬地(장지) 매장하는 땅. 장사 지내는 곳.

葬擇(장택) 장례 날짜를 택함.

葬穴(장혈) 무덤의 구덩이. 광혈(壙穴).

유 喪(죽을 상)

葅	⑨ 13획 菹(p1162)와 同字

著	⑨ 13획 ❶ 분명할 저 ❷ 붙일 착	日 チョ·いちじるしい 中 zhuó

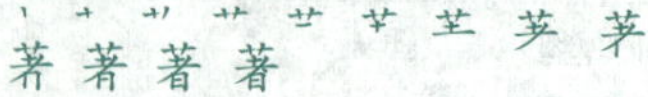

* 형성. 뜻을 나타내는 부수 '艸(풀 초)'와 음을 나타내며 '많은 것을 한 뭉텅이로 모으다'라는 의미를 지닌 '者(놈 자)'를 합친 글자. 이에 많은 것을 모아서 분명한 형태로 나타낸다는 데서, '분명하다'의 뜻으로 쓰임.

풀이 ❶ 1. 분명하다. 분명함. ¶著名 2. 나타내다. 드러나다. 3. 책을 짓다. 기록하다. ¶著錄 4. 생각하다. 5. 알다. 알리다. 6. 자리. 7. 좋다. 8. 보충하다. 9. 쌓다. 저축하다. 10. 세우다. 확립하다. 11. 계급·위치 표시. 12. 뜰. ❷ 13. 붙이다. 붙다. ¶著火 14. 신을 신다. 15. 입다. 16. 바둑을 두다. 17. 다다르다.

著錄(저록) 1)기록함. 장부에 기재함. 2)이름이 명부에 실린 사람.

著名(저명) 뚜렷함. 이름이 드러남. 명성이 높음.

著聞(저문) 널리 소문남. 또는 유명한 소문.

著姓(저성) 이름 있는 집안.

著枷(착가) 옛날, 죄인의 목에 칼을 씌우던 형벌.

著根(착근) 1)옮겨 심은 식물이 뿌리를 내림.

2)타향으로 옮겨서 안착하여 삶.
著力(착력) 힘을 냄. 힘을 씀.
著綿(착면) 솜을 둠. 옷을 입음.
著想(착상) 1)일의 실마리가 될 만한 생각. 착의(著意). 2)예술품을 창작할 때나 무슨 일을 이루려고 할 때, 그 내용을 머리 속에서 구상함.
著心(착심) 어떠한 일에 마음을 붙임.
著岸(착안) 언덕에 닿음.
著眼(착안) 어떤 일을 눈여겨보거나 그 일에 대한 기틀을 깨달아 잡음.
著押(착압) 수결(手決)을 둠.
著意(1.착의/2.저의) 1)㉠어떤 일에 뜻을 둠. 착상(著想). ㉡마음에 둠. 주의함. 2)마음을 정함. 마음을 밝게 함.
著足(착족) 발을 붙이고 섬.
著彈(착탄) 쏜 탄알이 날아가 명중함. 또는 그 탄알.
著鞭(착편) 1)말을 채찍질함. 2)남보다 일을 먼저 착수(著手)함.
著火(착화) 화재(火災).
著花(착화) 꽃이 핌.

⑨ 13획
篆(p1007)과 同字

⑨ 13획 日セイ
두루미냉이 정 中tíng

풀이 1. 두루미냉이. 꿀풀과에 속하는 다년초. 2. 취어초(醉魚草). 독초(毒草).

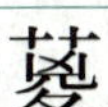
⑨ 13획 日ソウ
가는 가지 종 中zōng

풀이 1. 가는 가지. 작은 가지. 2. 작다.

萴
⑨ 13획 日ソク
바꽃 즉 中cè

풀이 바꽃. 오두(烏頭). 부자(附子). 약초의 일종.

葺
⑨ 13획 日シュウ
지붕 일 즙 中qì

풀이 1. 지붕을 이다. ¶葺茨 2. 덮다. 3. 수선하다. 깁다. ¶葺繕 4. 겹치다. 포개다.

葺鱗(즙린) 포개진 비늘.
葺繕(즙선) 수선(修繕). 낡거나 고장난 물건을 고침.
葺屋(즙옥) 초가(草家). 초옥(草屋).
비 葦(갈대 위)

葴
⑨ 13획 日シン・カン・ケン
쪽풀 짐·함 中qián, xián, zhēn

풀이 1. 쪽풀. 2. 꽈리. 가짓과의 다년초.

蒂
⑨ 13획
蔕(p1182)와 同字

葱
⑨ 13획
蔥(p1182)의 俗字

萩
⑨ 13획 日シュウ
사철쑥 추 中qiū

풀이 1. 사철쑥. 국화과에 속하는 다년초. 2. 가래나무. 추목(萩木).

葩
⑨ 13획 日ハ
꽃 파 中pā

풀이 1. 꽃. 2. 꽃 모양의 쇠 장식.
葩經(파경) 시경(詩經)의 다른 이름.
葩蘖(파얼) 꽃잎과 새싹.
葩卉(파훼) 화초(花草).

萹
⑨ 13획 日ヘン
마디풀 편·변 中biān, biǎn

풀이 마디풀. 마디풀과에 속하는 일년초.
비 篇(책 편)

葡
⑨ 13획 日ブ・ビ
포도 포 中pú

* 형성. 뜻을 나타내는 부수 '艸(풀 초)'와 음을 나타내는 '匍(갈 포)'를 합친 글자.
풀이 1. 포도. ¶葡萄 2. 포르투갈의 준말.
葡萄酒(포도주) 포도를 원료로 빚은 술.

유 萄(포도 도)

葫	⑨ 13획	日コウ
	마늘 호	中hú

* 형성. 뜻을 나타내는 부수 '艸(풀 초)'와 음을 나타내는 '胡(오랑캐 호)'를 합친 글자.

풀이 1. 마늘. 백합과에 속하는 다년초. 2. 호리병박. 조롱박.

葫蘆(호로) 호리병박.
葫蒜(호산) 마늘.

葒	⑨ 13획	日コウ
	털여뀌 홍	中hóng

풀이 털여뀌. 말여뀌. 마디풀과에 속하는 일년초.

葓	⑨ 13획	
	葒(p1172)과 同字	

葷	⑨ 13획	日クン
	매운 채소 훈	中hūn, xūn

풀이 1. 매운 채소. 냄새나는 채소. 훈채(葷菜). 생강 · 파 · 부추 · 마늘 등. ¶葷菜 2. 비린내가 나다.

葷辛(훈신) 냄새나는 채소와 매운 채소.
葷肉(훈육) 훈채(葷菜)와 날고기.
葷酒(훈주) 훈채(葷菜)와 술.
葷粥(훈죽) 흉노(匈奴)의 다른 이름.
葷菜(훈채) 파 · 마늘 등 냄새가 독특한 채소.

萱	⑨ 13획	日ケン
	원추리 훤	中xuān

풀이 원추리. 망우초(忘憂草). 백합과에 속하는 다년초.

萱堂(훤당) 남의 어머니에 대한 높임말.
萱菜(훤채) 원추리 나물.

蓋	⑩ 14획	
	❶덮을 개	日カイ
	❷어찌 않을 합	中gài, gě

丶 丷 艹 艹 芏 芏 芏 苤 荖 荖 荖 葢 葢 蓋

* 형성. 뜻을 나타내는 부수 '艸(풀 초)'와 음을 나타내며 덮는다는 의미를 지닌 '盍(어찌 아니할 합)'을 합친 글자. 풀로 덮어씌우는 것을 나타내어, '덮개'의 뜻으로 쓰임.

풀이 ❶ 1. 덮다. 덮어씌우다. 2. 덮개. 뚜껑. ¶蓋棺 3. 일산(日傘). 4. 어찌하여. 5. 숭상하다. 6. 대개. 7. 하늘. 8. 찢다. 쪼개다. 9. 모두. 10. 검다. ❷ 11. 어찌 …하지 않겠는가?

蓋棺(개관) 관(棺)에 뚜껑을 덮음. 즉, 사람의 일생을 마침.
蓋棺事定(개관사정) 죽은 뒤에 비로소 그 사람의 가치가 결정됨.
蓋代(개대) 세상에 견줄 만한 사람이 없을 만큼 뛰어남.
蓋頭(개두) 1)여자가 혼례(婚禮) 때에 쓰는 족두리. 2)부녀자가 길을 갈 때 얼굴을 가리는 것. 너울. 3)비석(碑石) 위에 지붕 모양으로 덮는 돌. 가첨석(加檐石).
蓋甓(개벽) 전각(殿閣)의 바닥에 까는 벽돌.
蓋世(개세) 온 세상을 뒤엎을 만큼 큰 기세(氣勢).
蓋壤(개양) 하늘과 땅. 천지(天地).
蓋然(개연) 확실하지는 않지만 그럴 것이라고 추측됨.
蓋印(개인) 관인(官印)을 찍음. 답인(踏印).
蓋草(개초) 1)이엉. 2)지붕에 이엉을 임.

유 蔽(덮을 폐) 冪(덮을 멱) 奄(가릴 엄)

蒹	⑩ 14획	日ケン
	갈대 겸	中jiān

풀이 갈대.

유 葭(갈대 가) 蘆(갈대 로) 葦(갈대 위)

蓘	⑩ 14획	日コン
	북돋울 곤	中gǔn

풀이 북돋우다. 초목의 뿌리에 흙을 덮어 주다.

蒯	⑩ 14획	日カイ
	황모 괴	中kuǎi

풀이 1. 황모(黃茅). 사초과에 속하는 다년초. 2. 땅이름. 지금의 하남성(河南省) 낙양현(洛陽縣)의 땅.

蒟	⑩ 14획	日ク
	구장 구	中jǔ

풀이 1. 구장(蒟醬). 2. 구약(蒟蒻). 천남성과에 속하는 다년초. 곤약을 만드는 데 쓰임.

蒤	⑩ 14획 호장 도	日 ト 中 tú

풀이 1. 호장(虎杖). 감제풀. 마디풀과에 속하는 다년초. 2. 묵은 잡초(雜草). 시든 풀잎.

蓏	⑩ 14획 열매 라(나)	日 ラ 中 luǒ

풀이 열매.

蓏蔬(나소) 풀의 열매와 채소.

蓈	⑩ 14획 강아지 풀 랑	日 ロウ 中 lǎng

풀이 강아지 풀.

蒗	⑩ 14획 운하 이름 랑	日 ロウ 中 làng

풀이 운하(運河) 이름. .

蒞	⑩ 14획 莅(p1155)의 俗字

蓂	⑩ 14획 명협 명	日 メイ 中 míng

풀이 명협(蓂莢). 요임금 때 조정의 뜰에 났다는 상서로운 풀.

蓂曆(명력) 태음력(太陰曆).

蓂莢(명협) 1)요(堯)임금 때 조정의 뜰에 났다는 상서로운 풀의 이름. 2)한 달을 주기로 하여 잎이 나고 지는 풀. 달력풀.

비 冥(어두울 명)

蒙	⑩ 14획 어두울 몽	日 モウ 中 méng,mēng,měng

* 형성. 뜻을 나타내는 부수 '艸(풀 초)'와 음을 나타내며 덮는다는 의미를 지닌 '冡(덮을 몽)'을 합친 글자. 이에 '덮다', '어둡다'의 뜻을 나타냄.

풀이 1. 어둡다. 캄캄하다. 2. 무지하다. 어리석다. ¶蒙固 3. 입다. 입히다. ¶蒙惠 4. 숨기다. 가리다. 5. 어지럽다. 6. 덮개. 7. 무릅쓰다. 견뎌 내다. 8. 속이다. 기만하다. ¶蒙蔽 9. 나이가 어리다. 10. 섞이다. 11. 만나다. 12. 받다. 13. 저. 자기의 겸칭.

蒙固(몽고) 어리석고 고집이 셈.

蒙求(몽구) 당(唐)나라 이한(李翰)이 지은 책. 어린아이가 읽고 학습하기에 편리하도록 지음.

蒙絡(몽락) 덩굴이 덮이고 얽힘. 온통 퍼져서 휘감김.

蒙利(몽리) 이익을 봄.

蒙網捉魚(몽망착어) 그물을 머리에 쓰고서도 고기가 잡혔다는 뜻으로, 우연히 운이 좋았음을 이르는 말.

蒙昧(몽매) 어리석고 사리에 어두움.

蒙蒙(몽몽) 1)어두운 모양. 2)성한 모양.

蒙放(몽방) 죄인이 풀려남.

蒙福(몽복) 복을 받음.

蒙士(몽사) 무지한 사람. 어리석은 선비.

蒙死(몽사) 죽음을 무릅쓰고 일을 행함.

蒙喪(몽상) 상복(喪服)을 입음.

蒙養(몽양) 겉으로는 어리석은 체하면서 속으로는 정도(正道)를 기름.

蒙然(몽연) 어두운 모양. 어리석은 모양.

蒙翳(몽예) 수목이 우거져 그늘짐. 또는 그 그늘. 음예(陰翳).

蒙茸(몽용) 1)풀이 무성하게 자라는 모양. 2)사물이 어지러운 모양.

蒙幼(몽유) 1)사리에 어두운 어린아이. 2)어리고 어리석음. 몽치(蒙稚).

蒙戎(몽융) 1)어지러운 모양. 난잡한 모양. 2)풀이 더부룩하게 난 모양.

蒙恩(몽은) 은혜를 입음.

蒙耳(몽이) 귀를 막음.

蒙塵(몽진) 1)임금이 난리를 만나 피신하는 일. 2)머리에 먼지를 쓰는 수치를 당함.

蒙衝(몽충) 고대 수군(水軍)의 주력 전투함. 선체는 좁고 길며 소가죽 등을 씌운 돌격선.

蒙稚(몽치) 어린아이. 철들지 않은 아이. 몽유(蒙幼).

蒙蔽(몽폐) 1)사리에 어둡고 어리석음. 2)속임.

蒙被(몽피) 1)받음. 2)무릅씀.

蒙惠(몽혜) 은혜를 입음. 몽은(蒙恩).

蒙化(몽화) 은택(恩澤)을 입어 변화함.

蒙厚(몽후) 소박하고 두터움.

유 懞(어두울 몽) 반 覺(깨달을 각)

蒪	⑩ 14획 양하 박·포	日 ハク 中 pò

6획

풀이 1. 양하(蘘荷). 새앙과에 속하는 숙근초(宿根草). 2. 파초(芭蕉).

蒡	⑩ 14획	日ホウ
	인동 덩굴 방	中bàng, páng

풀이 1. 인동(忍冬)덩굴. 2. 우엉. 미나릿과에 속하는 이년초. 3. 흰 쑥.

蓓	⑩ 14획	日バイ
	꽃봉오리 배	中bèi

풀이 꽃봉오리. 꽃망울.

蓓蕾(배뢰) 꽃봉오리.

蓑	⑩ 14획	日サ
	도롱이 사 · 쇠	中suō

풀이 1. 도롱이. 짚을 엮어 만든 비옷. ¶蓑笠 2. 덮다. 가리다. 3. 잎이 시든 모양. 4. 우거진 모양. 5. 꽃이 드리워진 모양.

蓑笠(사립) 도롱이와 삿갓.

蓑衣(사의) 띠 · 짚 등으로 만든 비옷. 도롱이.

蓑唱(사창) 도롱이를 입고 노래함. 또는 그 노래.

蓑蓑(쇠쇠) 1)꽃이 드리워진 모양. 2)초목의 잎이 시든 모양.

蒴	⑩ 14획	日サク
	말오줌대 삭	中shuò

풀이 말오줌대. 접골목(接骨木). 약초의 한 가지.

蒴果(삭과) 나팔꽃 · 백합 등과 같이 복자방(複子房)으로 된 열매.

蒜	⑩ 14획	日サン
	달래 산	中suàn

풀이 달래. 작은 마늘.

蒜氣(산기) 1)마늘 냄새. 2)암내. 액취(腋臭).

蓆	⑩ 14획	日セキ
	자리 석	中xí

* 형성. 뜻을 나타내는 부수 '艸(풀 초)'와 음을 나타내는 '席(자리 석)'을 합친 글자.

풀이 1. 자리. ¶蓆藁 2. 크다. 광대하다. 3. 저축하다.

蓆藁(석고) 거적자리.

蓆薦(석천) 1)깔개. 자리. 2)남의 밑에 있음.

유 席(자리 석)

蓀	⑩ 14획	日ソン
	향풀 이름 손	中sūn

풀이 1. 향풀의 이름. 2. 꽃창포.

蒐	⑩ 14획	日シュウ
	모을 수	中sōu

풀이 1. 모으다. 수집하다. 2. 꼭두서니. 꼭두서닛과에 속하는 다년생 만초(蔓草). 3. 사냥하다. ¶蒐獵 4. 숨기다. 은닉하다. 5. 고르다. 뽑다. 6. 셈하다. 7. 찾다. 구하다.

蒐練(수련) 병마(兵馬)를 모아 훈련함.

蒐獵(수렵) 1)사냥. 2)모아들임.

蒐苗(수묘) 봄과 여름의 사냥.

蒐田(수전) 사냥. 또는 사냥을 함.

蒐集(수집) 취미나 연구의 목적으로 여러 가지 자료를 찾아 모음.

蒐輯(수집) 자료를 모아 책으로 편집함.

유 輯(모을 집) 비 鬼(귀신 귀)

蒓	⑩ 14획
	蓴(p1180)과 同字

蓍	⑩ 14획	日シ
	시초 시	中shī

풀이 1. 시초(蓍草). 톱풀. 국화과에 속하는 다년초로, 옛날에 점치는 데에 썼음. 2. 점대. 서죽(筮竹).

蓍龜(시귀) 점칠 때 쓰는 시초와 귀갑(龜甲).

蓍草(시초) 국화과에 속하는 다년초로, 점을 치는 데 씀. 서죽(筮竹).

비 著(분명할 저)

蒔	⑩ 14획	日シ
	모종할 시	中shì, shí

풀이 1. 모종하다. 옮겨 심다. 2. 소회향(小茴香). 한약재(韓藥材)의 한 가지.

蒔蘿(시라) 소회향(小茴香).

蒔樹(시수) 나무를 옮겨 심음.

蒔植(시식) 채소 등의 모종을 옮겨 심음.

蒔秧(시앙) 모내기.

蒻	⑩ 14획	日ニャク
	부들 약	中ruò

풀이 1. 부들의 싹. 2. 부들의 밑둥.

蒻席(약석) 부들로 만든 자리.

蔦	⑩ 14획	日オ
	물억새 오	中wū

풀이 물억새.

蓊	⑩ 14획	日オウ
	장다리 옹	中wěng, wèng

풀이 1. 장다리. 식물의 꽃줄기. 2. 우거지다. 초목이 무성한 모양. ¶蓊然

蓊勃(옹발) 성한 모양.
蓊薆(옹애) 초목이 무성하여 덮임.
蓊藹(옹애) 초목이 무성한 모양.
蓊然(옹연) 초목이 무성한 모양.
蓊蓊(옹옹) 초목이 무성한 모양.
蓊茸(옹용) 1)무성한 모양. 2)빽빽한 모양.
蓊鬱(옹울) 1)초목이 무성한 모양. 2)성한 모양.

蓐	⑩ 14획	日ジョク
	요 욕	中rù

풀이 1. 요. 깔개. 자리. 2. 깃. 외양간에 까는 짚이나 풀. 3. 산실(産室). 아이를 낳는 방. ¶蓐母 4. 새싹이 나다. 5. 섶. 잠족(蠶蔟). 6. 정의가 두텁다.

蓐母(욕모) 조산원(助産員). 산파(産婆).
蓐食(욕식) 1)아침 일찍 이부자리에서 식사를 하는 일. 2)풍성한 식탁.
蓐月(욕월) 아이 낳을 달. 해산달. 산월(産月).

蓉	⑩ 14획	日ヨウ
	연꽃 용	中róng

* 형성. 뜻을 나타내는 부수 '艸(풀 초)'와 음을 나타내는 '容(얼굴 용)'을 합친 글자.

풀이 연꽃. 부용(芙蓉).

蔚	⑩ 14획
	蔚(p1181)와 同字

蔭	⑩ 14획	日イン
	풀빛 푸를 은	中yīn

풀이 1. 풀의 빛깔이 푸르다. 2. 채소 이름.

蓨	⑩ 14획	日テキ
	풀이 가뭄에 마를 적	中dí

풀이 풀이 가뭄에 마르다. 풀이 가뭄에 시들다.

蒧	⑩ 14획	日シン
	풀 이름 점	中diǎn

풀이 풀 이름.

蒢	⑩ 14획	日ジョ
	까마종이 제	中chú

풀이 1. 까마종이. 용규(龍葵). 가짓과에 속하는 일년초. 2. 오이풀 뿌리. 지유(地榆). 3. 말솜씨가 좋다.

蒩	⑩ 14획	日ソ
	거적 조	中zū

풀이 1. 거적. 제사 때 까는, 띠로 거칠게 짠 자리. 2. 김치.

蓌	⑩ 14획	日サ・ザ
	꾸벅할 좌	中cuò

풀이 1. 꾸벅하다. 절하다. 2. 걸터앉다.

蒩	⑩ 14획	日ゾウ
	술 찌끼 조	中qiú, zāo

풀이 술의 찌끼.

蒸	⑩ 14획	日ジョウ
	찔 증	中zhēng

丶 ⺈ 艹 艹 芓 芓 茅 茅 菉 萊 蒸 蒸

* 형성. 뜻을 나타내는 부수 '艸(풀 초)'와 음을 나타내며 '불기운이 위로 오르다'라는 의미를 지닌 '烝(김 오를 증)'을 합친 글자. '잘 타는 풀', '횃불로 쓰이는 풀'을 의미하다가 후에 '찌다'의 뜻으로 쓰임.

풀이 1. 찌다. ¶蒸溽 2. 덥다. 무덥다. ¶蒸暑 3. 백성. 4. 많다. 5. 아름답다. 예쁘다. 6. 삼 줄기. 7. 임금. 8. 제사 이름. 9. 횃불. 10. 땔나무.

蒸漚(증구) 보글보글 거품을 냄.
蒸騰(증등) 김이 모락모락 위로 올라감.
蒸溜(증류) 물을 끓여 생긴 수증기를 냉각기(冷却機)로 식혀 순수한 물이 되도록 정제하는 일.
蒸民(증민) 백성. 서민(庶民).
蒸庶(증서) 백성. 증민(蒸民).
蒸暑(증서) 찌는 듯이 더움. 무더위.
蒸溽(증욕) 무더움. 찌는 듯한 더위.
蒸鬱(증울) 무더워서 숨이 막힘.
蒸蒸(증증) 1)순수한 모양. 2)효도를 다하는 모양. 3)진보하는 모양. 4)무성한 모양.
蒸炊(증취) 불을 때어 찜.
蒸炮(증포) 찜. 또는 밀폐하여 구움.

유 烹(삶을 팽)

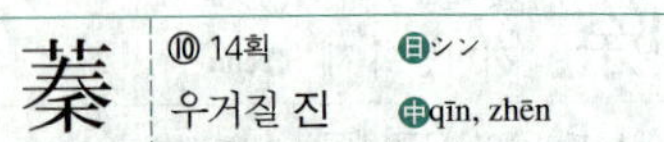

蓁	⑩ 14획	日 シン
	우거질 진	中 qīn, zhēn

* 형성. 뜻을 나타내는 부수 '艸(풀 초)'와 음을 나타내는 '秦(진나라 진)'을 합친 글자.

풀이 1. 우거지다. 무성한 모양. 2. 초목이 우거진 숲. 3. 많다.

蓁莽(진망) 초목이 우거진 모양.
蓁蓁(진진) 1)초목이 우거진 모양. 2)많은 모양. 3)머리에 물건을 인 모양.

 蒺	⑩ 14획	日 シツ
	납가새 질	中 jí

풀이 납가새. 바닷가나 모래땅에 나는 풀의 한 가지.

蒺藜(질려) 1)납가새과에 속하는 일년초. 납가새. 2)마름쇠. 적의 진로를 막는데 쓰는 일종의 무기.

莝	⑩ 14획	日 サ
	냉이 씨 차	中 cuó

풀이 냉이의 씨.

蒼	⑩ 14획	日 ソウ
	푸를 창	中 cāng

* 형성. 뜻을 나타내는 부수 '艸(풀 초)'와 음을 나타내며 파란색을 의미하는 '倉(곳집 창)'을 합친 글자. 이에 풀빛이 파란 것을 나타내어, '푸르다'의 뜻으로 쓰임.

풀이 1. 푸르다. ¶蒼莽 2. 우거지다. 무성하게 자라다. 3. 늙다. 4. 허둥지둥하다. 당황하는 모양. 5. 백성. ¶蒼生 6. 어둑어둑한 모양. 7. 교외의 푸른 경치. 8. 쓸쓸한 모양.

蒼庚(창경) 꾀꼬리. 창경(倉庚).
蒼頭(창두) 1)푸른 두건으로 머리를 묶은 병졸(兵卒). 2)부하. 하인.
蒼浪(창랑) 1)푸르고 넓은 모양. 2)머리털이 희끗희끗한 모양.
蒼嶺(창령) 푸른 산봉우리.
蒼老(창로) 1)나무가 오래되어 아취(雅趣)를 지니게 된 모양. 2)반백(斑白)의 노인.
蒼龍(창룡) 1)늙은 소나무. 2)푸르고 큰 말. 3)푸른 용.
蒼茫(창망) 푸르고 아득한 모양.
蒼莽(창망) 1)푸른 하늘. 2)초목이 푸르게 우거진 모양.
蒼冥(창명) 끝이 없는 우주.
蒼民(창민) 백성. 창생(蒼生).
蒼旻(창민) 푸른 하늘. 봄과 가을의 맑은 하늘.
蒼髮(창발) 회색의 머리털. 반백(半白)의 머리.
蒼生(창생) 1)초목이 무성함. 2)모든 백성. 만민(萬民).
蒼顔(창안) 검푸른 얼굴빛. 늙어서 여윈 얼굴.
蒼靄(창애) 푸른 아지랑이.
蒼然(창연) 1)초목의 푸른 모양. 2)어두컴컴한 모양. 3)물건이 퇴색하여 고색(古色)이 짙은 모양.
蒼髯叟(창염수) 소나무의 다른 이름.
蒼遠(창원) 아득하고 멂.
蒼鷹(창응) 1)깃털이 푸르고 흰 빛깔의 큰 매. 2)가혹한 관리.
蒼蒼(창창) 1)초목이 무성한 모양. 2)성한 모양. 3)머리털이 센 모양.
蒼天(창천) 1)푸른 하늘. 창공(蒼空). 2)봄 하늘. 3)동쪽의 하늘.
蒼惶(창황) 허둥지둥하는 모양.
蒼黃(창황) 1)청(靑)과 황(黃). 2)당황해하는 모양. 창황(蒼惶).
蒼頡(창힐) 중국 신화에 나오는 황제의 신하.

유 靑(푸를 청)

6획

蒨	⑩ 14획 꼭두서니 천	日セン 中qiàn

풀이 꼭두서니.

蒨蔚(천위/천울) 초목이 한창 우거지는 모양.

蒨蒨(천천) 1)뚜렷한 모양. 2)초목이 한창 무성해지는 모양.

蒭	⑩ 14획 芻(p1143)와 同字

蓄	⑩ 14획 쌓을 축	日チク 中xù

* 형성. 뜻을 나타내는 부수 '艸(풀 초)'와 음을 나타내며 '농작물을 모으다'라는 의미를 지닌 '畜(모을 축)'을 합친 글자. 이에 '쌓다', '모으다'의 뜻으로 쓰임.

풀이 1. 쌓다. 쌓아 두다. 2. 저축. 3. 모으다. 4. 간직하다. 5. 기르다. 양성하다. 6. 두다. 7. 기대하다.

蓄髮(축발) 1)머리털을 기름. 2)중이 속세로 돌아감.

蓄思(축사) 쌓이는 생각. 축념(蓄念).

蓄泄(축설) 모음과 흐트러뜨림.

蓄銳(축예) 풍부한 기력을 쌓음.

蓄怨(축원) 원한을 쌓음.

蓄藏(축장) 모아서 저장함.

蓄積(축적) 1)많이 모아서 쌓음. 2)저축(貯蓄).

蓄縮(축축) 1)오그라듦. 2)일을 게을리 함.

蓄聚(축취) 모아 둠. 쌓아 둠.

유 築(쌓을 축) 積(쌓을 적) 畜(쌓을 축) 비 畜(기를 축)

蒲	⑩ 14획 창포 포	日フ 中pú

* 형성. 뜻을 나타내는 부수 '艸(풀 초)'와 음을 나타내는 '浦(물가 포)'를 합친 글자. 물가에 나는 풀인 '부들'을 나타냄.

풀이 1. 창포(菖蒲). 2. 부들. 부들과에 속하는 다년초. ¶蒲席 3. 부들로 짠 자리. 4. 왕골. 소포(小蒲). 5. 냇버들. 버드나뭇과에 속하는 낙엽 관목. 6. 초가집. 7. 구기. 술·국 등을 뜰 때에 쓰는 기구. 8. 도박. 노름.

蒲葵扇(포규선) 포규 잎으로 만든 부채.

蒲團(포단) 부들로 만든 방석.

蒲蘆(포로) 1)부들과 갈대. 부들과 갈대는 잘 나고 잘 자란다는 데서, 정치하기 수월함을 비유하는 말. 3)호리병박.

蒲柳(포류) 1)갯버들. 수양(水楊). 2)몸이 약함.

蒲柳之姿(포류지자) 강버들의 맵시라는 뜻으로, 몸이 허약한 것을 이르는 말.

○蒲柳之姿(포류지자)의 유래

동진 시대 간문제(簡文帝)라는 제위가 있었는데 실질적인 권한은 별로 없었다. 그와 가까이하던 사람 중 고열(顧悅)이라는 자가 있었는데, 둘은 나이가 같았다. 그런데 간문제의 머리카락이 여전히 검었던 것과 달리 고열의 머리카락은 희었다. 그런 고열의 모습을 보고 간문제가 물으니 "저의 머리는 강버들 같아서 가을을 맞으면 곧 잎이 집니다. 그러나 주군의 머리는 소나무, 잣나무와 같아서 서리와 눈을 맞으면 더욱 무성해집니다."라고 말했다. 《세설신어》

蒲輪(포륜) 진동을 막기 위하여 부들 잎으로 바퀴를 싼 수레.

蒲席(포석) 부들로 짠 자리.

蒲屋(포옥) 지붕을 부들로 인 집.

蒲衣(포의) 부들로 엮어 만든 옷. 너절한 옷.

蒲鞭(포편) 부들 가지로 만든 회초리.

蒲鞭之罰(포편지벌) 1)부들 회초리로 매질을 함. 2)관대한 정치.

蒲鞭之政(포편지정) 관대한 정치.

유 菖(창포 창)

蒱	⑩ 14획 도박 포	日ホ 中pú

풀이 도박, 노름.

蒱戲(포희) 노름. 도박. 저포(樗蒲).

蓖	⑩ 14획 아주까리 피·비	日ヘイ・とうごま 中pú

풀이 아주까리. 피마자.

蒵	⑩ 14획 신 혜	日カイ 中xī, xì

풀이 1. 신. 신발. 2. 머위. 국화과에 속하는 다년초.

蒿	⑩ 14획 ❶쑥 호 ❷짚 고	日コウ 中hāo

풀이 ❶ 1. 쑥. 국화과에 속하는 다년초. ¶蒿艾 2. 향기가 나다. 3. 김이 오르다. 4. 지치다. 5. 어지러워지다. 6. 묘지(墓地). ❷ 7. 짚. 볏짚.

蒿廬(호려) 숲 속의 조그마한 암자. 자기 집을 겸손하게 이르는 말.

蒿里(호리) 1)죽은 사람의 혼백이 이곳에 와서 머문다는, 태산(泰山)의 남쪽에 있는 산. 묘지(墓地)를 이르는 말. 2)상여(喪輿)를 메고 가면서 부르는 노래. 만가(輓歌).
蒿目(호목) 1)눈이 흐려져 잘 보이지 않는 모양. 2)근심하여 바라보는 모양.
蒿矢(호시) 쑥대로 만든 화살. 봉시(蓬矢).
蒿艾(호애) 쑥.

蔛	⑪ 15획	日 コク
	석골풀 곡	中 hú

풀이 석골풀. 석곡(石蔛). 약초의 한 가지.

蕵	⑪ 15획
	蕵(p1172)과 同字

蓲	⑪ 15획	日 ク
	물억새 구	中 qiū, xū, ōu

* 형성. 뜻을 나타내는 부수 '艸(풀 초)'와 음을 나타내는 '區(지경 구)'를 합친 글자.

풀이 1. 물억새. 오구(烏蓲). 볏과에 속하는 다년초. 2. 따뜻하다. ¶蓲煦 3. 꽃이 피는 모양.
蓲煦(구구) 따뜻하게 함.
蓲蔚(구육) 꽃이 피어 한창인 모양.

蔻	⑪ 15획	日 ク
	두구 구	中 kòu

풀이 두구(豆蔻). 열대 지방에서 나는 풀.

蔇	⑪ 15획	日 キ
	풀 무성한 기	中 jì, xì

풀이 1. 풀이 무성한 모양. 2. 이르다. 미치다.

蔧	⑪ 15획
	蔇(p1158)과 同字

蓮	⑪ 15획	日 レン
	연밥 련(연)	中 lián

丨 十 艹 艹 芇 芇 苩 苩 荁 萓 萓 蓮 蓮 蓮 蓮

풀이 1. 연밥. 연방(蓮房). 연꽃의 열매. 2. 연꽃.
蓮炬(연거) 연꽃 모양의 촛대.
蓮境(연경) 절. 사원(寺院).
蓮塘(연당) 연못. 연지(蓮池).
蓮幕(연막) 대신(大臣)의 저택.
蓮房(연방) 연밥이 들어 있는 송이.
蓮步(연보) 미인의 아름다운 걸음걸이.
蓮府(연부) 대신의 저택. 연막(蓮幕).
蓮舍(연사) 절. 사찰(寺刹).
蓮像(연상) 연화좌(蓮花座)에 앉은 불상.
蓮藕(연우) 연뿌리. 연근(蓮根).
蓮肉(연육) 연밥의 살.
蓮菂(연적) 연밥.
蓮座(연좌) 연꽃 모양으로 만든 불좌(佛座).
蓮池(연지) 연못.
蓮華(연화) 1)연꽃. 연화(蓮花). 2)차(茶)의 이름.
蓮花(연화) 1)연꽃. 연화(連華). 2)여자의 여리고 고운 발.
蓮花臺(연화대) 1)극락 세계에 있다는 무대. 2)궁의 잔치 때 추던 춤의 한 가지.
蓮華世界(연화세계) 극락세계(極樂世界).

비 連(잇닿을 련)

蓼	⑪ 15획	
	❶여뀌 료(요)	日 リョウ
	❷장성할 륙(육)	中 liǎo, lǎo, lù

풀이 1 1. 여뀌. 마디풀과에 속하는 일년초. 2. 찾다. 수색(搜索)하다. 2 3. 장성한 모양. 풀이 장대한 모양.
蓼蟲(요충) 여뀌 잎을 갉아 먹는 벌레.
蓼風(요풍) 가을 바람.
蓼蓼(육륙) 풀이 장대한 모양.

비 蔘(인삼 삼)

蔞	⑪ 15획	日 ロウ
	쑥 루	中 lóu

풀이 1. 쑥. 2. 풀이 무성한 모양. 3. 목이버섯.

蔆	⑪ 15획
	菱(p1432)과 同字

蔓	⑪ 15획	日 マン
	덩굴 만	中 màn, mán, wàn

* 형성. 뜻을 나타내는 부수 '艸(풀 초)'와 음을 나타내며 '길게 자라다'라는 의미를 지닌 '曼(길 만)'을 합친 글자. 이에 '덩굴'을 뜻함.

풀이 1. 덩굴. 길게 뻗는 식물의 줄기. 2. 덩굴지다. 3. 자라다. 4. 휘감다. 얽히다. 5. 널리 퍼지다. 6. 흐트러지다. 7. 순무. 야채의 한 가지.

蔓蔓(만만) 1)장구(長久)하고 나날이 무성해지는 모양. 2)널리 퍼지는 모양.

蔓茂(만무) 초목이 무성해져 뻗어나감.

蔓生(만생) 덩굴이 뻗으며 자람.

蔓說(만설) 쓸데없는 이야기. 헛말.

蔓延(만연) 널리 뻗어 퍼짐.

蔓引(만인) 서로 연결됨.

蔓草寒烟(만초한연) 우거진 풀과 쓸쓸한 연기라는 뜻으로, 옛 유적이나 집터 등의 황량(荒涼)한 모양을 이르는 말.

비 曼(끌 만)

蔑 | ⑪ 15획 | 日ベツ
업신여길 멸 | 中miè

풀이 1. 업신여기다. 멸시하다. ¶蔑棄 2. 버리다. 내버리다. 3. 잘다. 미세하다. 4. 없다. 5. 어둡다. ¶蔑然 6. 속이다. 7. 깎다. 8. 멸하다.

蔑棄(멸기) 업신여겨 버림.

蔑德(멸덕) 1)고상하고 아름다운 덕. 묘덕(妙德). 2)덕이 없음.

蔑蔑(멸멸) 1)미세한 모양. 2)하찮은 모양.

蔑蒙(멸몽) 1)날아 오르는 모양. 2)빠른 모양. 3)기(氣). 기운(氣運).

蔑視(멸시) 업신여김.

蔑如(멸여) 1)업신여기는 모양. 멸시함. 2)멸망함.

蔑然(멸연) 어두워서 잘 보이지 않는 모양.

유 侮(업신여길 모) 辱(욕되게 할 욕)

蕿 | ⑪ 15획
❶풀 우거질 무 日ム
❷취어초 목 中mǎo, mù

풀이 ❶ 1. 풀이 우거진 모양. ❷ 2. 취어초. 독초의 한 가지.

蕿蕿(모모) 무성한 모양. 우거진 모양.

蔔 | ⑪ 15획 | 日フク
무 복 | 中bo

풀이 1. 무. 2. 치자(梔子)꽃.

蔔匏(복포) 1)무와 박. 2)변변하지 못한 음식이나 검소한 음식을 이르는 말.

비 葡(포도 포)

蓬 | ⑪ 15획 | 日ホウ
쑥 봉 | 中péng

* 형성. 뜻을 나타내는 부수 '艸(풀 초)'와 음을 나타내는 '逢(만날 봉)'을 합친 글자.

풀이 1. 쑥. 국화과에 속하는 다년초. ¶蓬門 2. 구부러지다. 3. 흐트러져 산만한 모양. 4. 떠돌아다니다. 5. 흙덩이. 6. 돕다.

蓬丘(봉구) 봉래산(蓬萊山).

蓬島(봉도) 신선(神仙)이 사는 섬. 봉래산(蓬萊山). 봉구(蓬丘).

蓬頭(봉두) 봉발(蓬髮).

蓬頭垢面(봉두구면) 흐트러진 머리털과 때묻은 얼굴. 외모에 무관심함을 이르는 말.

蓬萊弱水(봉래약수) 서로 아득히 떨어져 있음을 비유하여 이르는 말.

蓬廬(봉려) 1)쑥대로 지붕을 인 집. 가난한 집. 2)은자(隱者)의 집.

蓬累(봉루) 1)머리에 물건을 이고 두 손으로 붙듦. 2)방랑하는 모양.

蓬門(봉문) 1)쑥대로 엮어 만든 문. 2)가난한 사람의 집. 은자(隱者)의 집.

蓬勃(봉발) 1)구름이 이는 모양. 2)기운이 나오는 모양. 3)향기가 풍기는 모양.

蓬髮(봉발) 흐트러진 머리털. 쑥대강이.

蓬葆(봉보) 1)쑥이 무성한 모양. 2)머리털이 흐트러진 모양.

蓬蓬(봉봉) 1)왕성한 모양. 2)바람이 부는 모양.

蓬首(봉수) 흐트러진 머리.

蓬矢(봉시) 쑥대로 만든 화살. 호시(蒿矢).

蓬庵(봉암) 지붕에 쑥이 난 암자. 허술한 집.

蓬然(봉연) 바람이 이는 모양.

蓬蓽(봉필) 1)봉호(蓬戶)와 사립문. 2)가난한 사람의 집.

蓬壺(봉호) 봉래산(蓬萊山).

蓬戶(봉호) 쑥대로 엮은 집. 즉, 가난한 집.

蓬蒿(봉호) 1)쑥. 또는 쑥이 무성한 숲. 2)쑥갓.

蓬戶甕牖(봉호옹유) 쑥으로 엮어 만든 문과 깨진 항아리의 주둥이로 만든 창문이란 뜻으로, 가난한 집을 비유하는 말.

유 艾(쑥 애) 비 逢(만날 봉)

蔀	⑪ 15획 빈지문 부	日ホウ 中bù

풀이 1. 빈지문. 덧문. 햇볕을 가리고 비바람을 막기 위해 댄 덧문. ¶蔀會 2. 덮개. 3. 작다. 4. 작은 자리. 5. 어둡다. 6. 76년. 고대 역법(曆法)에서 1부(蔀)는 76년임.

蔀屋(부옥) 1)빈지문으로 둘러친 집. 2)가난한 사람이 사는 집.

蓰	⑪ 15획 다섯 곱 사	日シ 中xǐ

풀이 다섯 곱. 5배.

蔖	⑪ 15획 ❶미나리 사 ❷풀 이름 차	日サ 中cuó, cǔ, zhā

풀이 ❶ 1. 미나리. ❷ 2. 풀 이름. 사초의 한 가지로 신 깔창을 만드는 데 씀.

蔘	⑪ 15획 인삼 삼	日シン 中shēn, sān

* 형성. 뜻을 나타내는 부수 '艸(풀 초)'와 음을 나타내는 '參(석 삼)'을 합친 글자.

풀이 1. 인삼(人蔘). ¶蔘茸. 2. 가지가 우뚝 솟다. 3. 나무가 높게 자란 모양. 4. 늘어지다. 처지다.

蔘毒(삼독) 인삼을 지나치게 많이 먹어서 몸에서 나는 열.

蔘綏(삼수) 1)넓고 큼. 2)아래로 늘어진 모양.

蔘茸(삼용) 인삼과 녹용(鹿茸)

蔘圃(삼포) 삼밭. 인삼을 재배하는 밭.

비 參(참여할 참)

蔪	⑪ 15획 ❶벨 삼 ❷무성할 점	日サン 中jiàn, shān

풀이 ❶ 1. 베다. ❷ 2. 무성하다.

蔪去(삼거) 베어 없앰.

蔪蔪(점점) 무성한 모양.

유 斬(벨 참)

蔏	⑪ 15획 쑥 상	日ショウ 中shāng

풀이 1. 쑥. 2. 명아주의 한 가지.

蔎	⑪ 15획 향풀 설·살	日セツ 中shè

풀이 1. 향풀. 2. 좋은 향기가 나는 모양. 3. 차(茶)의 다른 이름.

蔬	⑪ 15획 푸성귀 소	日ソ 中shū, shǔ

丶 十 艹 艹 艹 芢 芢 芢 苉 苉 莁 莁 蔬 蔬 蔬 蔬

* 형성. 뜻을 나타내는 부수 '艸(풀 초)'와 음을 나타내는 '疏(트일 소)'를 합친 글자.

풀이 1. 푸성귀. 채소류의 총칭. 2. 버섯. 3. 낟알. 4. 거칠다. 변변치 못하다. ¶蔬飯 5. 나물. ¶蔬菽

蔬茗(소명) 채소와 차(茶)

蔬飯(소반) 변변치 못한 음식.

蔬食(소사/소식) 1)거친 음식. 변변치 못한 음식. 2)풀이나 나무의 열매.

蔬菽(소숙) 채소와 콩.

蔬筍(소순) 채소와 죽순.

蔬筍之氣(소순지기) 1)채소와 죽순만 먹고 고기를 먹지 않는 사람의 풍도(風度)와 기상(氣象).

蔬壤(소양) 채소밭.

蔬奠(소전) 제사에 쓰는 간소한 제수(祭需). 자기가 올리는 제수의 겸칭.

비 疏(트일 소)

蔌	⑪ 15획 푸성귀 속·수	日ソク 中sù

풀이 1. 푸성귀. 채소류의 총칭. 2. 흰 띠풀.

蔌蔌(속속) 1)변변치 못한 모양. 2)바람이 세게 부는 모양. 3)물이 흐르는 모양.

유 蔬(푸성귀 소)

蓿	⑪ 15획 거여목 숙	日シュク 中xù

풀이 거여목. 콩과에 속하는 이년초.

蓴	⑪ 15획 순채 순	日ジュン 中chún

풀이 순채. 수련과에 속하는 다년초.

蓴羹(순갱) 순채국.

蓴羹鱸膾(순갱노회) 순나물국과 농어회란 뜻으로, 고향을 그리워하는 마음을 비유하는 말.

蔫	⑪ 15획	日エン
	시들 언	中niān, yān

풀이 1. 시들다. 2. 신선하지 않다.

蔫緜(언면) 이어진 모양.

蓺	⑪ 15획	日カイ
	심을 예	中yì

풀이 1. 심다. 2. 끝나다. 3. 과녁. 4. 재주. 5. 베다.

유 植(심을 식)

蔜	⑪ 15획	日オ
	별꽃풀 오	中áo

풀이 별꽃풀. 용담과에 속하는 이년초.

蔚	⑪ 15획	
	❶풀 이름 울	日オツ・イ
	❷제비쑥 위	中wèi, yù

풀이 1 1. 풀 이름. 2. 초목이 무성한 모양. ¶蔚然 3. 고을 이름. 중국 하북성(河北省)에 있는 땅. 2 4. 제비쑥. 국화과에 속하는 다년초. 5. 초목이 빽빽한 모양. 6. 아름답다. 7. 풀숲. 8. 병들다.

蔚藍(울람) 짙은 쪽빛.

蔚藍天(울람천) 짙은 쪽빛의 하늘. 푸른 하늘. 벽공(碧空).

蔚薈(울회) 1)초목이 무성한 모양. 2)구름이 이는 모양.

蔚氣(위기) 답답하고 우울한 기운.

蔚藹(위애) 많고 왕성한 모양.

蔚然(위연/울연) 초목이 우거진 모양.

蔚爾(위이/울이) 성(盛)한 모양.

비 尉(벼슬 위)

蔭	⑪ 15획	日イン
	그늘 음	中yìn

* 형성. 뜻을 나타내는 부수 '艸(풀 초)'와 음을 나타내며 '그늘'이라는 뜻을 지닌 '陰(그늘 음)'을 합친 글자.

풀이 1. 그늘. ¶蔭覆 2. 도움. 은덕(隱德). 3. 그림자. 4. 다하다. 5. 가리다. 6. 우거지다. ¶蔭藹

蔭官(음관) 선조(先祖)의 공덕으로 얻은 벼슬. 음사(蔭仕).

蔭德(음덕) 1)조상의 덕. 2)남몰래 하는 선행(善行). 음덕(陰德).

蔭補(음보) 벼슬 자리를 선조의 덕으로 얻음.

蔭覆(음부) 그늘에 덮여 가려짐.

蔭室(음실) 기물(器物)에 칠을 하고 햇빛이나 바람을 쐬지 않게 하기 위해 넣어 두는 방.

蔭藹(음애) 수목이 우거져 그늘진 모양.

蔭映(음영) 1)덮어 가림. 2)사람이나 물건이 모여 있을 때, 서로의 그림자가 서로 비치는 일.

蔭鬱(음울) 초목이 빽빽한 모양.

蔭子(음자) 선조의 공덕으로 벼슬을 얻은 사람. 음생(蔭生).

유 陰(응달 음) 반 陽(볕 양)

蔹	⑪ 15획	日イ
	풀 시들 이	中yí

풀이 풀이 시들다.

蔗	⑪ 15획	
	사탕수수	日シャ
	자 · 저	中zhè

* 형성. 뜻을 나타내는 부수 '艸(풀 초)'와 음을 나타내는 '庶(여러 서)'를 합친 글자. 무리(庶)로 자라야 잘 자라는 풀(艸)인 '사탕수수'를 나타냄.

풀이 사탕수수.

蔗境(자경) 어떤 이야기나 사건의 재미있는 부분. 가경(佳境).

蔗糖(자당) 사탕수수로 만든 설탕.

蔗霜(자상) 흰 설탕. 백당(白糖).

蔗田(자전) 사탕수수를 가꾸는 밭.

비 庶(여러 서)

蔣	⑪ 15획	日ショウ
	줄 장	中jiǎng

풀이 1. 줄. 볏과에 속하는 다년생 수초(水草). ¶蔣席 2. 깔개. 3. 나라 이름. 주나라의 제후국.

蔣席(장석) 줄로 엮은 자리. 줄로 짠 깔개.

蔣蔣(장장) 1)빛나는 모양. 2)먼 데까지 비추는 모양.

비 藏(감출 장) 將(장차 장)

蔦	⑪ 15획	日チョウ
	담쟁이 조	中niǎo

풀이 담쟁이덩굴.

蔦蘿(조라) 1)담쟁이덩굴. 2)형제나 친척이 서로 친밀하게 지냄. 3)의지할 곳을 얻음을 비유하는 말.

비 鳥(새 조)

蔟	⑪ 15획	
	❶누에섶 족	日ソウ·ゾク
	❷모일 주	中cù

풀이 1 1. 누에섶. 누에를 올리는 짚이나 잎. 2. 떼지어 모이다. 3. 보금자리. 2 4. 모이다. 5. 정월(正月). 6. 음악의 십이율(十二律)의 하나.

蔯	⑪ 15획	日ジン
	사철쑥 진	中chén

풀이 사철쑥. 더위지기.

蓯	⑪ 15획	
	❶순무 총	日ソウ
	❷육종용 종	中cōng

풀이 1 1. 순무. 2. 초목이 무성한 모양. 2 3. 육종용. 버섯의 한 가지로 폐병을 고치는 약재로 씀.

蔡	⑪ 15획	
	❶거북 채	日サイ
	❷내칠 살	中cài, sà

풀이 1 1. 거북. 점치는 데 쓰는 거북. 2. 풀이 흐트러지다. 3. 먼지. 티끌. 4. 법(法). 5. 풀숲. 2 6. 내치다. 쫓아내다.

6획

蔕	⑪ 15획	
	❶꼭지 체	日テイ
	❷뿌리 대	中dì

풀이 1 1. 꼭지. 2. 꽃받침. 3. 밑둥. 2 4. 초목의 뿌리. 5. 가시.

蔕芥(체개) 1)작은 가시와 티끌. 2)사소한 장애를 이르는 말.

蔕䰩(체경) 체개(蔕芥).

비 帶(띠 대)

蔥	⑪ 15획	
	❶파 총	日ソウ
	❷창 창	中cōng

* 형성. 뜻을 나타내는 부수 '艸(풀 초)'와 음을 나타내는 '悤(다 총)'을 합친 글자.

풀이 1 1. 파. ¶蔥根 2. 푸르다. 3. 연한 푸른빛. 4. 기운이 통하여 좋은 모양. 2 6. 창문.

蔥根(총근) 1)파의 흰 뿌리. 2)흰 손가락을 비유하는 말.

蔥嶺之敎(총령지교) 불교의 다른 이름. 총령(蔥嶺)이라는 산에서 석가가 수행했다는 데서 온 말.

蔥白(총백) 1)파의 밑동. 2)아주 엷은 푸른빛.

蔥蒜(총산) 파와 마늘.

蔥倩(총천) 초목이 무성한 모양.

蔥青(총청) 1)초목의 푸른 새싹. 2)새싹이 부드럽고 여린 모양. 3)초목이 무성한 모양. 3)파의 잎.

蔥蔥(총총) 1)초목이 푸릇푸릇한 모양. 2)기운이 곱고 맑은 모양.

蔥翠(총취) 푸른 모양. 창취(蒼翠).

비 悤(바쁠 총)

蓫	⑪ 15획	日スウ
	풀 나란할 추	中chòu

풀이 1. 풀이 나란한 모양. 2. 가지런하다.

蓫	⑪ 15획	日チク
	참소리쟁이 축	中chù

풀이 참소리쟁이. 마디풀과에 속하는 다년초.

葴	⑪ 15획	日シン
	꽈리 침	中zhēn

풀이 꽈리. 가짓과에 속하는 다년초.

비 咸(다 함)

蓪	⑪ 15획	日トウ
	으름덩굴 통	中tōng

풀이 으름덩굴. 으름덩굴과에 속하는 낙엽 만목.

蓷	⑪ 15획	日タイ
	익모초 퇴	中tuī

풀이 익모초(益母草). 꿀풀과의 이년초로 한방에서 약재로 쓰임.

蓱	⑪ 15획	日ヘイ
	부평초 평	中píng

풀이 1. 부평초. 부평. 2. 비를 맡은 신. 우사(雨師).
蓱浮(평부) 물에 떠 있는 부평초.
蓱翳(평예) 비를 맡은 신(神). 우사(雨師).

蔈	⑪ 15획	日ヒョウ
	능소화 표	中biāo

풀이 1. 능소화(凌霄花). 중국 원산의 관상용 식물. 2. 초목이 무성한 모양. 3. 떨어지다. 4. 까끄라기. 5. 갈대의 이삭.

蓽	⑪ 15획	日ヒツ
	콩 필	中bì

풀이 1. 콩. 대두. 2. 가시나무. 3. 사립문.
蓽門(필문) 가시나무로 만든 사립문 이라는 뜻으로, 가난한 사람의 집을 이르는 말. 필문(篳門).
蓽茇(필발) 후추과에 속하는 다년초.
蓽域(필역) 서울. 경사(京師).
비 畢(마칠 필) 華(꽃 화)

蔄	⑫ 16획	日カン
	등골나물 간	中jiān

풀이 등골나물. 엉거싯과에 속하는 다년초.

蕖	⑫ 16획	日キョ
	연꽃 거	中qú

풀이 1. 연꽃. 2. 토란. 천남성과에 속하는 다년초.
蕖藕(거우) 연뿌리. 연(蓮).
비 渠(도랑 거)

蕢	⑫ 16획	
	❶흙덩이 괴	日カイ
	❷삼태기 궤	中kuài, kuì

* 형성. 뜻을 나타내는 부수 '艸(풀 초)'와 음을 나타내는 '貴(귀할 귀)'를 합친 글자.

풀이 1 1. 흙덩이. 2. 상하다. 썩다. 2 3. 삼태기. 흙을 나르는 도구.
蕢桴(괴부) 흙으로 만든 북채.

蕎	⑫ 16획	日キョウ
	메밀 교	中qiáo

풀이 1. 메밀. 마디풀과에 속하는 일년생 재배 식물. 2. 대극. 대극과에 속하는 다년초.
蕎麥(교맥) 메밀.

蕨	⑫ 16획	日ケツ
	고사리 궐	中jué

풀이 1. 고사리. ¶蕨薇 2. 고비. 고사리과에 속하는 다년초. 3. 마름. 수초의 한 가지.
蕨薇(궐미) 고사리와 고비.
蕨菜(궐채) 고사리 나물.
비 厥(그 궐)

蕁	⑫ 16획	
	❶지모 담	日タン・ジン
	❷쐐기풀 심	中tán, qián

풀이 1 1. 지모(知母). 지모과에 속하는 다년초. 2. 풀가사리. 겨울철에 바위에 붙어 번식하는 끈끈하고 누르스름한 바닷말. 3. 무덥다. 2 4. 쐐기풀.
蕁麻疹(심마진) 피부병의 한 가지. 두드러기.

董	⑫ 16획	日ドウ
	황모 동	中dǒng

풀이 1. 황모(黃茅). 2. 연근.
董蓈(동랑) 강아지풀. 개꼬리풀.

藜	⑫ 16획	日レイ
	나라 이름 려	中lí

풀이 나라 이름. 흉노(匈奴)의 북쪽에 있던 나라.

蔆	⑫ 16획	日 リョウ
	시금치 릉	中 léng

풀이 시금치.

비 凌(능가할 릉)

蔾	⑫ 16획	日 リ·レイ
	납가새 리·려	中 lí

풀이 납가새. 납가샛과에 속하는 다년초.

蕪	⑫ 16획	日 ブ
	거칠어질 무	中 wú

* 형성. 뜻을 나타내는 부수 '艸(풀 초)' 와 음을 나타내는 '無(없을 무)' 를 합친 글자.

풀이 1. 거칠어지다. ¶蕪然 2. 잡초가 많이 돋아난 모양. ¶蕪蕪 3. 달아나다. 4. 순무. 채소의 한 가지. 5. 어지럽다. 6. 황무지.

蕪徑(무경) 황폐한 좁은 길. 황경(荒徑).
蕪沒(무몰) 잡초가 무성한 모양. 또는 무성한 잡초에 덮여 보이지 않게 됨.
蕪蕪(무무) 초목이 무성한 모양.
蕪辭(무사) 1)다듬어지지 않고 되는대로 늘어놓은 난잡한 말. 2)자신의 말에 대한 겸칭.
蕪然(무연) 풀이 거친 모양.
蕪穢(무예) 1)땅이 거칠고 잡초가 무성함. 2)천하고 용렬함. 황무(荒蕪).
蕪雜(무잡) 잡초가 어지럽게 우거짐. 사물이 복잡하고 순서가 없는 일.
蕪舛(무천) 거칠고 도리에 어긋남.
蕪菁(무청) 순무.
蕪荒(무황) 잡초가 무성하게 자라남.

蕃	⑫ 16획	日 バン
	우거질 번	中 fān, fán, pí

* 형성. 뜻을 나타내는 부수 '艸(풀 초)' 와 음을 나타내는 '番(차례 번)' 을 합친 글자.

풀이 1. 우거지다. 2. 늘다. 3. 많다. ¶蕃庶 4. 번성하다. 5. 울타리. 6. 상자. 궤짝. 7. 오랑캐. 중국 변방의 이민족. ¶蕃國

蕃境(번경) 오랑캐가 살고 있는 곳. 만지(蠻地).
蕃國(번국) 오랑캐 나라. 만국(蠻國).
蕃茂(번무) 초목이 무성함. 번무(繁茂).
蕃民(번민) 미개한 민족. 오랑캐.
蕃邦(번방) 미개한 나라.
蕃屛(번병) 1)울타리와 문병(門屛). 2)울타리가 되어 보호함.
蕃庶(번서) 1)많음. 엄청남. 2)불어남. 늚.
蕃盛(번성) 왕성함. 풍부함.
蕃熟(번숙) 곡식 같은 것이 무성하고 잘 여묾.
蕃息(번식) 늘어서 많이 퍼짐.
蕃臣(번신) 임금을 지키는 중요한 신하.
蕃衍(번연) 초목이 무성하여 잘 퍼짐. 자손이 많이 퍼짐. 번성(蕃盛).
蕃宇(번우) 오랑캐가 사는 땅. 변경(邊境).
蕃育(번육) 1)양육함. 2)늚. 번식(蕃息).
蕃人(번인) 오랑캐. 미개인(未開人).
蕃滋(번자) 무성하여 퍼짐. 번식함.
蕃地(번지) 미개한 땅. 번토(蕃土).
蕃昌(번창) 힘차게 번성해 감.
蕃椒(번초) 고추.
蕃酋(번추) 오랑캐의 우두머리.
蕃華(번화) 한창 피는 꽃이라는 뜻으로, 젊고 왕성할 때를 비유하는 말.

유 莽(우거질 망) 茂(우거질 무)

蕧	⑫ 16획	日 フク
	금불초 복	中 fù

풀이 금불초(金佛草). 엉거싯과에 속하는 다년초.

蕌	⑫ 16획	日 フク
	메 부·복	中 fù

풀이 메. 메꽃과에 속하는 다년생 만초(蔓草).

蕡	⑫ 16획	日 フン·ヒン
	들깨 분	中 fén

풀이 1. 들깨. 2. 열매를 많이 맺은 모양. ¶蕡實 3. 삼씨. 삼의 씨.

蕡實(분실) 잘 익은 초목의 열매.
蕡藹(분애) 1)초목이 무성한 모양. 2)열매를 많이 맺은 모양.
蕡香(분향) 향기가 짙음. 분향(噴香).

蕬	⑫ 16획	日 サ
	물풀 이름 사	中 sī

풀이 1. 물풀 이름. 2. 새삼. 메꽃과에 속하는 일년초.

蕣	⑫ 16획 무궁화 순	日シュン 中shùn

풀이 무궁화.

蕣英(순영) 무궁화. 순화(蕣華).

유 槿(무궁화나무 근)

蕂	⑫ 16획 참깨 승	日ショウ 中shèng

풀이 참깨.

비 藤(등나무 등)

蕈	⑫ 16획 ❶버섯 심 ❷풀 이름 담	日シン·タン 中xùn

풀이 1 1. 버섯. 2 2. 풀 이름.

蕠	⑫ 16획 꼭두서니 여	日ニョ 中rú

풀이 꼭두서니. 꼭두서닛과에 속하는 다년초. 뿌리는 물감 원료와 약재로 쓰임.

蕊	⑫ 16획 ❶꽃술 예 ❷꽃무성할전	日カイ·テン 中ruǐ

* 형성. 뜻을 나타내는 부수 '艸(풀 초)'와 음을 나타내며 '꽃술'이라는 뜻을 지닌 '惢(꽃술 예)'를 합친 글자. 이에 '꽃술'의 뜻으로 쓰임.

풀이 1 1. 꽃술. 암꽃술과 수꽃술의 총칭. 2. 열매. 3. 꽃. 2 4. 꽃이 무성한 모양.

蕊宮(예궁) 향초(香草)가 우거진 궁궐.

蕊蕊(예예) 초목이 무성한 풀숲.

蕊珠經(예주경) 도교(道敎)의 경문(經文).

蕘	⑫ 16획 풋나무 요	日ヨウ 中ráo

풀이 1. 풋나무. 땔감으로 쓰는 풀. 2. 땔나무. ¶蕘子 3. 순무. 채소의 한 가지.

蕘童(요동) 풋나무를 베는 아이. 초동(樵童).

蕘豎(요수) 요동(蕘童)

蕘子(요자) 풋나무를 베는 사람. 나무꾼.

藕	⑫ 16획 연근 우	日ウ 中ǒu

풀이 연근.

蕓	⑫ 16획 평지 운	日ウン 中yún

풀이 평지. 겨잣과에 속하는 이년초.

蔿	⑫ 16획 ❶애기풀 위 ❷떠들 화	日キ·カ·キュウ 中wěi

풀이 1 1. 애기풀. 산이나 들에 저절로 나는 풀. 2. 고을 이름. 2 3. 떠들다. 4. 변화하다.

蔿子(위자) 가시연밥의 다른 이름.

蕤	⑫ 16획 드리워질 유	日ユウ 中ruí

풀이 1. 드리워지다. 2. 꽃. 3. 평온하다. 4. 늘어진 장식. 5. 둥굴레. 6. 굼틀거리다.

蕤賓(유빈) 1)음계(音階) 십이율(十二律)의 일곱째 소리. 2)음력 5월의 다른 이름.

蕤緌(유유) 용이 굼틀거리는 모양.

蕕	⑫ 16획 누린내풀 유	日ユウ 中yóu

풀이 누린내풀. 마편초과에 속하는 다년초.

蕕薰(유훈) 1)악취 나는 풀과 향내 나는 풀. 2)선과 악.

蕵	⑫ 16획 쪽 이삭 의	日ギ 中wéi, wěi

풀이 1. 쪽의 이삭. 2. 잎이 처음으로 돋아나는 모양. 3. 꼭지.

蕝	⑫ 16획 띠 묶어 표할 절·체	日テツ·サイ 中jué

6획

풀이 1. 띠를 묶어 표하다. 띠를 묶어서 존비(尊卑)의 차례를 나타내기 위해 세우는 것. 2. 모으다. 3. 썰매.

蕛	⑫ 16획	日サイ
	돌피 제	中tí

풀이 돌피. 볏과에 속하는 일년초.

蕆	⑫ 16획	日セン
	경계할 천	中chǎn

풀이 1. 경계하다. 바로잡다. 2. 갖추다. 3. 얽힌 것을 풀다. 4. 뇌물을 주다.

유 戒(경계할 계)

蕉	⑫ 16획	日ショウ
	파초 초	中jiāo

* 형성. 뜻을 나타내는 부수 '艸(풀 초)'와 음을 나타내는 '焦(그을릴 초)'를 합친 글자.

풀이 1. 파초(芭蕉). ¶蕉葛 2. 생마(生麻). 바래지 않은 마. 3. 쓰레기. 4. 티끌. 5. 땔나무. 6. 야위다. ¶蕉萃

蕉葛(초갈) 파초의 섬유로 짠 베.

蕉鹿夢(초록몽) 인생의 득실(得失)이 허무하고 덧없음을 비유하는 말.

○蕉鹿夢(초록몽)의 유래

정나라 사람이 사슴을 잡아 땔나무로 덮어 감추어 두었으나 너무 기쁜 나머지 그 장소를 잊어버려 찾지 못하고, 그것을 꿈을 꾼 것으로 생각한데서 유래한 고사이다. 《열자》 주목왕(周穆王)

蕉葉(초엽) 1)파초의 잎. 2)납작하고 작은 술잔.

蕉萃(초췌) 마르고 수척한 모양. 또는 그 사람.

蕉布(초포) 파초의 섬유로 짠 베. 파초포(芭蕉布).

유 芭(파초 파) 비 焦(그을릴 초)

蕞	⑫ 16획	日サイ
	작을 최	中zuì

풀이 1. 작은 모양. ¶蕞爾 2. 띠를 묶어 표하다. 띠를 묶어서 존비(尊卑)의 차례를 나타내기 위해 세우는 것. 3. 모이는 모양.

蕞陋(최루) 추악(醜惡)함.

蕞芮(최예) 1)모이는 모양. 2)작은 모양.

蕞爾(최이) 작은 모양.

蕞殘(최잔) 사리에 맞지 않는 것을 억지로 꾸밈. 날조(捏造).

蕩	⑫ 16획	日トウ
	쓸어버릴 탕	中dàng

* 형성. 뜻을 나타내는 부수 '艸(풀 초)'와 음을 나타내는 '湯(끓일 탕)'을 합친 글자.

풀이 1. 쓸어버리다. 쓸어 없애다. ¶蕩定 2. 물을 흐르게 하다. 3. 움직이다. 동요하다. 4. 감동시키다. 5. 흩어지다. 6. 제멋대로 하다. 방탕하다. ¶蕩駘 7. 크다. 넓고 크다. 8. 평탄하다. 9. 간편하다.

蕩恐(탕공) 몹시 두려워함.

蕩口(탕구) 쓸데없는 말.

蕩莽(탕망) 아득히 넓은 모양.

蕩覆(탕복) 깨뜨려 엎음.

蕩婦(탕부) 노는 계집. 방탕한 여자.

蕩析(탕석) 분산함. 유랑함.

蕩心(탕심) 방탕한 마음.

蕩漾(탕양) 물결이 출렁이는 모양. 호양(浩漾).

蕩然(탕연) 1)허무한 모양. 2)방자한 모양. 제멋대로 하는 모양.

蕩搖(탕요) 흔들림. 움직임.

蕩游(탕유) 놀이에 빠짐.

蕩逸(탕일) 1)너그럽고 관대함. 자유롭고 한가함. 2)제멋대로임. 방탕함.

蕩定(탕정) 평정함.

蕩情(탕정) 방탕한 마음. 탕심(蕩心).

蕩志(탕지) 마음을 움직임. 기분을 풂.

蕩滌(탕척) 1)깨끗이 씻음. 2)죄를 씻어줌.

蕩蕩(탕탕) 1)광대한 모양. 2)넓고 큰 모양. 3)평탄한 모양. 4)마음이 차분한 모양.

蕩蕩平平(탕탕평평) 어느 쪽에도 치우치지 않음. 탕평(蕩平).

蕩駘(탕태) 1)제멋대로 굶. 2)아름다움.

蕩平(탕평) 1)모두 평정함. 탕정(蕩定). 2)탕탕평평(蕩蕩平平). 3)탕평책(蕩平策)의 준말.

蕩平策(탕평책) 조선 영조(英祖) 때 당쟁을 없애기 위해 사색(四色)을 병용(倂用)하던 정책. 탕평(蕩平).

비 湯(넘어질 탕)

蔽	⑫ 16획	
	❶덮을 폐	日ヘイ
	❷나눌 별	中bì

丨 ⺊ 艹 艹 艹 芇 芇 芇 芇 莆 莆 莆 蔽 蔽 蔽 蔽

풀이 1 1. 덮다. ¶蔽匿 2. 가리다. 숨기다. ¶蔽蒙

3. 사리에 어둡다. 4. 희미하다. 5. 극에 이르다. 6. 쓰러지다. 7. 정하다. 8. 주사위. ❷ 9. 나누다. 10. 시들다. 쇠퇴하다.

蔽固(폐고) 도리에 어둡고 완고함.
蔽匿(폐닉) 덮어 감춤. 숨김.
蔽蒙(폐몽) 가리어 캄캄함. 어리석음.
蔽美(폐미) 남의 선행(善行)을 덮어 가림.
蔽塞(폐색) 가려 막음.
蔽膝(폐슬) 1)무릎을 덮어 가림. 2)예복의 무릎 가리개.
蔽獄(폐옥) 재판에서 원고와 피고의 진술을 대충 듣고 부당한 판결을 내리는 일.
蔽壅(폐옹) 덮어서 가림. 폐색(蔽塞)
蔽月羞花(폐월수화) 달도 숨고 꽃도 부끄러워할 만한 미인(美人)의 고운 자태.
蔽日(폐일) 해를 가림.
蔽志(폐지) 뜻을 정함.
蔽遮(폐차) 가로막음. 차폐(遮蔽).
蔽芾(폐패) 1)성(盛)한 모양. 2)초목이 무성한 모양.
蔽扞(폐한) 가리어 막음. 보호함.
蔽賢(폐현) 현자(賢者)를 숨김.
蔽晦(폐회) 1)가려 어둡게 함. 2)사리에 어두움.
蔽虧(폐휴) 가려서 보이지 않음.

유 蓋(덮을 개)

蕙	⑫ 16획	日ケイ
	혜초 혜	中huì

풀이 1. 혜초(蕙草). 2. 향기롭다. 3. 아름답다.

蕙交(혜교) 사이 좋은 사귐. 정다운 교제.
蕙氣(혜기) 향초(香草)의 향기.
蕙心(혜심) 미인의 아름다운 마음.
蕙質(혜질) 1)좋은 체질. 2)아름다운 본바탕. 미질(美質).

薑	⑬ 17획	日キョウ
	생강 강	中jiāng

* 형성. 뜻을 나타내는 부수 '艸(풀 초)'와 음을 나타내는 '畺(지경 강)'을 합친 글자.

풀이 생강.

薑桂(강계) 1)생강과 육계(肉桂). 2)사람의 성품이 곧음.
薑桂之性(강계지성) 나이가 들수록 더욱 강직한 사람을 비유하는 말. 노익장(老益壯).

薊	⑬ 17획	
	❶삽주 계	日ケイ
	❷굳은가시 개	中jì

풀이 ❶ 1. 삽주. 국화과에 속하는 다년초. ❷ 2. 굳은 가시.

薧	⑬ 17획	日コウ
	마를 고	中kǎo, hāo

풀이 1. 마르다. 말라 죽다. 2. 시들다.

薖	⑬ 17획	日カ
	풀 이름 과	中kē

풀이 1. 풀 이름. 2. 너그러운 모양. 3. 굶주리다. ¶ 薖軸

薖軸(과축) 1)굶주림과 병. 2)은거하여 곤경에 빠지거나 병에 걸림.

薘	⑬ 17획	日タツ
	질경이 달	中dá

풀이 1. 질경이. 2. 근대. 명아줏과에 속하는 이년초.

薝	⑬ 17획	日タン
	치자나무 담	中zhān

풀이 치자나무. 꼭두서닛과에 속하는 상록 관목.

薝蔔(담복) 치자나무의 꽃.

薟	⑬ 17획	日レン
	가회톱 렴(염)	中xiān

풀이 1. 가회톱. 포도과에 속하는 다년생 만초. 2. 부추.

薟芋(염우) 토란. 토련(土蓮).

蕶	⑬ 17획	日レイ
	떨어질 령	中líng

풀이 떨어지다.

蕾	⑬ 17획	日ライ
	꽃봉오리 뢰	中lěi

풀이 꽃봉오리.

蔆	⑬ 17획 시금치 릉	日 リク 中 léng

풀이 시금치.

薇	⑬ 17획 고비 미	日 ミ 中 wēi

* 형성. 뜻을 나타내는 부수 '艸(풀 초)'와 음을 나타내는 '微(작을 미)'를 합친 글자.

풀이 1. 고비. 고빗과에 속하는 다년초. ¶薇蕨 2. 들완두. 3. 백미꽃. 박주가릿과에 속하는 다년초. 4. 백일홍나무. 5. 운미(芸薇). 향초(香草) 이름.

薇藿(미곽) 1)고비와 콩잎. 2)소박한 식사.

薇蕨(미궐) 고비와 고사리.

薇蕪(미무) 향초(香草)의 한 가지.

비 微(작을 미)

薄	⑬ 17획 엷을 박	日 ハク 中 báo, bó, bò

* 형성. 뜻을 나타내는 부수 '艸(풀 초)'와 음을 나타내며 '널리 퍼지다'의 뜻을 가진 '溥(넓을 부)'를 합친 글자. 풀이 서로 모여 무더기로 퍼진다는 뜻에서 '엷다'의 뜻으로 쓰임.

풀이 1. 엷다. ¶薄學 2. 깔보다. 3. 다그치다. 4. 야박하다. ¶薄夫 5. 이르다. 6. 발. 무언가를 가리기 위해 치는 것. 7. 싱겁다. 8. 적다. 9. 의지하다. 10. 붙다. 11. 힘쓰다. 12. 메마르다. 13. 가까이하다. 14. 범하다. 15. 풀숲. 16. 대그릇. 17. 베풀다. 18. 바래다. 19. 모이다. 20. 변변치 못하다. 21. 짚신.

薄遽(박거) 매우 급함. 급거(急遽).

薄曲(박곡) 누에발. 잠박(蠶箔).

薄觀(박관) 가까이서 봄.

薄技(박기) 하찮은 기예.

薄氣(박기) 밖으로 힘차게 발산하려는 기운.

薄器(박기) 대나 갈대로 만든 그릇.

薄畓(박답) 메마른 논.

薄德(박덕) 1)덕이 두텁지 못함. 엷은 덕행(德行). 2)덕이 없음. 비덕(菲德).

薄劣(박렬) 1)재능이 떨어짐. 우열(愚劣). 2)애정이 적음.

薄禮(박례) 1)예를 박하게 함. 예를 그르침. 2)보잘것없는 예물.

薄祿(박록) 1)적은 봉급. 박봉(薄俸). 2)불행.

薄面皮(박면피) 낯가죽을 엷게 한다는 뜻으로, 얼굴을 부드럽고 환하게 함을 이르는 말.

薄命(박명) 1)기구한 운명. 불운(不運). 박운(薄運). 2)목숨이 짧음. 단명(短命).

薄暮(박모) 1)해질녘. 땅거미. 2)저녁 때가 됨.

薄媚(박미) 상냥하고 우아한 자태.

薄薄(박박) 1)넓고 큰 모양. 2)수레가 빨리 달리는 모양.

薄夫(박부) 인정이 없는 사람.

薄氷(박빙) 엷은 얼음. 매우 위험한 지경.

薄謝(박사) 적은 사례. 박지(薄志).

薄暑(박서) 약간 더움. 초여름의 기후.

薄俗(박속) 경박한 풍속.

薄蝕(박식) 1)햇빛이나 달빛이 흐림. 2)부분 일식이나 월식.

薄夜(박야) 1)새벽녘. 2)황혼. 땅거미.

薄弱(박약) 1)연약함. 2)불확실함.

薄祐(박우) 복이 적음. 박복(薄福).

薄運(박운) 운이 나쁨. 불운(不運).

薄游(박유) 1)적은 녹봉을 받고 벼슬살이함. 2)검소한 여행.

薄衣(박의) 엷은 옷. 또는 허술한 옷.

薄意(박의) 얼마 안 되는 뜻. 촌지(寸志).

薄葬(박장) 검소한 장사(葬事).

薄材(박재) 하찮은 재능. 또는 그 사람.

薄征(박정) 세금을 가볍게 함.

薄情(박정) 1)답답한 마음. 2)인정이 없음. 무정(無情).

薄罪(박죄) 가벼운 죄.

薄酒(박주) 1)맛 없는 술. 2)자기가 대접으로 내놓는 술의 겸칭.

薄志(박지) 1)빈약한 의지. 2)얼마 안 되는 사례. 촌지(寸志).

薄饌(박찬) 변변하지 못한 반찬.

薄妻(박처) 아내를 구박함.

薄胎(박태) 얇게 만든 도자기.

薄學(박학) 학식(學識)이 옅음. 변변치 못한 학문. 천학(淺學).

薄行(박행) 경박하고 냉담한 행위.

薄幸(박행) 복이 적음. 불행(不幸).

薄倖(박행) 1)박행(薄幸) .2)변덕스러움.

유 淺(얕을 천) 반 濃(짙을 농) 厚(두터울 후)
비 簿(장부 부)

蕃	⑬ 17획 풀 이름 번	日 ハン 中 fán

풀이 1. 풀 이름. 2. 삼베.

6획

薜	⑬ 17획	
	❶승검초 벽	日ヘキ・ヘイ
	❷줄사철 나무 폐	中bò, bì, bó , bài

풀이 1 1. 승검초. 뿌리는 '당귀'라고 하며 한약재로 쓰임. 2. 돌삼. 3. 한쪽으로 치우치다. 2 4. 줄사철나무. 노박덩굴과에 속하는 상록 만목(蔓木).

薜蘿(벽라) 1)줄사철나무와 여라(女蘿). 2)은자(隱者)의 옷.

薜荔(1.폐려/2.벽려) 1)마삭나무. 마삭 줄. 2)줄사철나무. 담쟁이.

蕼	⑬ 17획	日サ
	풀 이름 사	中sì

풀이 1. 풀 이름. 미나리아재빗과에 속하는 이년초. 2. 너그럽다.

蓡	⑬ 17획	日シン
	인삼 삼	中shēn

풀이 인삼.

유 蔘(인삼 삼)

薔	⑬ 17획	
	❶장미 장	日ショウ・ばら
	❷물여뀌 색	中qiáng

* 형성. 뜻을 나타내는 부수 '艸(풀 초)'와 음을 나타내는 부수 이외의 글자를 합친 글자.

풀이 1 1. 장미. ¶薔薇 2 2. 물여뀌. 마디풀과에 속하는 다년초.

유 蘠(장미 장)

薛	⑬ 17획	日セツ
	맑은대쑥 설	中xuē

풀이 1. 맑은대쑥. 국화과에 속하는 다년초. 2. 향부자(香附子). 3. 나라 이름. 주나라의 제후국.

薛羅(설라) 중국에서 신라(新羅)를 일컫던 이름.

유 蕭(맑은대쑥 소) 비 薜(줄사철나무 벽)

蕭	⑬ 17획	日ショウ
	맑은대쑥 소	中xiāo

풀이 1. 맑은대쑥. 국화과에 속하는 다년초. 2. 비뚤어지다. 3. 삼가다. 4. 바람 소리. 5. 쓸쓸하다. 6. 나뭇잎이 떨어지는 소리. 7. 물건이 많은 모양.

蕭郞(소랑) 사랑하는 남자를 부르는 말. 또는 남편.

蕭冷(소랭) 쓸쓸하고 차가움.

蕭寥(소료) 쓸쓸한 모양. 소조(蕭條).

蕭斧(소부) 1)날카롭게 잘 드는 도끼. 2) 평벌에 쓰는 도끼.

蕭索(소삭) 쓸쓸한 모양. 소조(蕭條).

蕭散(소산) 적적하고 한가함. 또는 기분이 산뜻함.

蕭森(소삼) 1)적적하고 쓸쓸한 모양. 2)수목이 많은 모양.

蕭颯(소삽) 쓸쓸한 바람 소리.

蕭疏(소소) 나뭇잎이 많이 떨어져 성기고 쓸쓸함.

蕭蕭(소소) 1)한가한 모양. 2)나뭇잎이 떨어지는 소리. 3)쓸쓸한 모양.

蕭灑(소쇄) 맑고 깨끗한 모양.

蕭瑟(소슬) 가을바람이 쓸쓸하게 부는 소리.

蕭然(소연) 쓸쓸한 모양. 허전한 모양.

蕭遠(소원) 아득하고 멂.

蕭牆(소장) 1)군신(君臣)이 회견하는 곳에 설치한 담. 2)집안 내부(內部).

蕭牆之憂(소장지우) 내부에 존재하는 갈등. 내란(內亂).

蕭條(소조) 1)쓸쓸한 모양. 한적한 모양. 2)초목이 말라 떨어지는 모양.

蕭梢(소초) 잎이 떨어진 쓸쓸한 줄기.

薪	⑬ 17획	日シン・たきぎ
	섶나무 신	中xīn

* 형성. 뜻을 나타내는 부수 '艸(풀 초)'와 음을 나타내며 '베다'라는 의미를 지닌 '新(새 신)'을 합친 글자. 도끼로 벤 나무를 나타내어, '땔나무'의 뜻으로 쓰임.

풀이 1. 섶나무. 땔나무. ¶薪木 2. 나무하다. 3. 녹봉. 봉급.

薪燎(신료) 화톳불. 또는 그 땔나무.

薪木(신목) 섶나무. 땔나무.

薪米(신미) 땔나무와 쌀. 즉, 생활의 재료를 이르는 말.

薪水(신수) 1)땔나무와 마실 물. 2)밥을 짓는 일. 3)봉급(俸給).

薪水之勞(신수지로) 1)밥을 짓는 일. 2)천한 노동. 천역(賤役).

薪柴(신시) 땔나무. 섶나무.

薪盡火滅(신진화멸) 땔감이 다하여 불이 꺼진다

6획

는 뜻으로, 사람의 죽음을 이르는 말.
薪採(신채) 땔감. 또는 나무꾼.
薪采(신채) 땔나무를 함.
薪樵(신초) 땔나무.
薪炭(신탄) 땔나무와 숯.

薆	⑬ 17획 日アイ 숨길 애 中ài

* 형성. 뜻을 나타내는 부수 '艸(풀 초)'와 음을 나타내는 '愛(사랑 애)'를 합친 글자.

풀이 1. 숨기다. 2. 초목이 우거진 모양. ¶薆薆 3. 덮다. 4. 향기.
薆薱(애대) 초목이 무성한 모양.
薆薆(애애) 초목이 우거진 모양. 또는 뒤 덮인 모양.
薆然(애연) 성한 모양. 또는 덮어 가리는 모양.
비 愛(사랑 애)

薏	⑬ 17획 日イ 율무 억·의 中yì

풀이 1. 율무. 볏과에 속하는 일년초. 2. 연밥.
薏苡仁(의이인) 율무 열매의 껍질을 벗긴 알맹이. 율무쌀.

蕷	⑬ 17획 日ゲイ·ケイ 참마 예 中yù

풀이 참마. 마과에 속하는 만초(蔓草).

薉	⑬ 17획 日ワイ 거친 풀 예 中huì

풀이 1. 거친 풀. 잡초. 2. 행실이 바르지 않다. 3. 썩은 냄새. 4. 더럽다.

蘊	⑬ 17획 日ウン 붕어마름 온 中wēn, yùn

* 형성. 뜻을 나타내는 부수 '艸(풀 초)'와 음을 나타내는 '溫(따뜻할 온)'을 합친 글자.

풀이 1. 붕어마름. 붕어마름과에 속하는 수초. 2. 쌓다. ¶蘊年 3. 왕성하다. 4. 모이다.
蘊年(온년) 곡식을 쌓아 저축함.
蘊崇(온숭) 쌓아 모음. 온숭(薀崇).
蘊藏(온장) 쌓아 둠. 간직함.
蘊蓄(온축) 쌓아 둠.

薁	⑬ 17획 까마귀머루 日イク 욱·오 中yù

풀이 1. 까마귀머루. 포도과에 속하는 덩굴나무. 2. 산앵도나무.
薁棣(욱체) 욱리(薁李)나무와 산앵도나무.

薋	⑬ 17획 日シ 풀 무성할 자 中cí

풀이 1. 풀이 무성하다. 2. 납가새. 납가샛과에 속하는 일년초.

蠈	⑬ 17획 日テキ 속새풀 적 中zéi

풀이 속새풀. 속샛과에 속하는 다년초.

薦	⑬ 17획 ❶ 천거할 천 日セン ❷ 꽂을 진 中jiàn

* 회의. '艸(풀 초)'와 사슴과 닮은 동물을 나타내는 부수 이외의 글자를 합친 글자. 원래는 이 동물이 먹는 물풀을 뜻했으나, 바뀌어 '풀로 짠 거적', '천거하다' 등의 뜻으로 쓰임.

풀이 ❶ 1. 천거하다. 추천하다. ¶薦達 2. 물건을 바치다. 3. 거적. 깔개. 4. 풀. 5. 깔다. 6. 거듭. 7. 견디다. 8. 이르다. 9. 우거지다. 10. 제사 이름. ❷ 11. 꽂다.
薦紳(진신) 지체가 높은 사람. 귀한 사람. 진신(搢紳).
薦可(천가) 임금의 과실을 바른 말로 간함.
薦擧(천거) 어떤 일을 맡길 만한 사람을 추천하거나 소개함.
薦祼(천관) 제물을 올리고 땅에 술을 붓는 제사의 의식.
薦達(천달) 남을 추천(推薦)하여 영달(榮達)하게 함.
薦聞(천문) 1)들은 것을 말함. 아는 대로 진술함. 2)추천하여 아룀. 인재(人材)를 천거함.
薦拔(천발) 관(官)에 추천하여 등용하게 함.
薦羞(천수) 제사에 쓰는 음식.
薦新(천신) 햇곡식이나 햇과실을 먼저 신(神)에

게 올리는 일.
薦譽(천예) 천거하여 칭찬함.
薦引(천인) 인재를 추천함. 천거함.
薦枕(천침) 1)잠자리에서 시중듦. 2)남녀가 인연 맺음. 시침(侍寢).
유 擧(들 거)

薙	⑬ 17획	日テイ·チ
	풀 벨 체·치	中tì

풀이 1. 풀을 베다. 2. 수염을 깎다. 3. 없애다.
薙髮(체발) 삭발함. 체발(剃髮).

蕭	⑬ 17획	日ショク
	촉규화 촉	中shǔ

풀이 촉규화. 접시꽃.

蕸	⑬ 17획	
	❶연잎 하	日カ
	❷갈대 가	中xiá

풀이 1. 연잎. 2. 갈대.

薤	⑬ 17획	日カイ
	염교 해·혜	中xiè

풀이 염교. 백합과에 속하는 다년초.
薤露(해로) 인생은 염교 잎에 맺힌 이슬처럼 덧없음을 노래하는 만가(輓歌).
薤上露(해상로) 염교에 내린 이슬이라는 뜻으로 인생의 허무함을 비유하는 말.

薢	⑬ 17획	日カイ
	마름 해	中xiè

풀이 마름.

薌	⑬ 17획	日キョウ
	곡식 냄새 향	中xiāng

* 형성. 뜻을 나타내는 부수 '艸(풀 초)'와 음을 나타내는 '鄕(시골 향)'을 합친 글자.

풀이 1. 곡식 냄새. 2. 곡식. 제사에 쓰는 기장·수수. 3. 향기. 4. 나무가 바람에 흔들리는 소리.
薌萁(향기) 제사에 쓰는 수수.
薌澤(향택) 향기(香氣).
薌合(향합) 제사에 쓰는 기장.

薅	⑬ 17획	日コウ
	김맬 호	中hāo

풀이 김매다.

薈	⑬ 17획	日ワイ
	무성할 회	中huì

풀이 1. 무성하다. ¶薈蔚 2. 덮개. 3. 가리다. 4. 어둡다.
薈鬱(회울) 초목이 무성한 모양.
薈蔚(회울) 1)초목이 무성한 모양. 2)구름이 이는 모양.
薈蕞(회최) 보잘것없음. 자기 저서(著書)에 대한 겸칭.

薨	⑬ 17획	
	❶죽을 훙	日コウ
	❷빠를 횡	中hōng

풀이 ❶ 1. 죽다. ¶薨落 ❷ 2. 빠르다. 3. 무리 지은 모양. 4. 날다.
薨落(훙락) 죽음. 사망(死亡).
薨隕(훙운) 죽음.
薨薨(횡횡) 1)많은 모양. 무리 지어 있는 모양. 2)빠른 모양.
유 死(죽을 사)

薆	⑭ 18획	日ケイ·セン
	메 경·선	中qióng

풀이 메. 메꽃과에 속하는 다년생 만초(蔓草).

藁	⑭ 18획	日コウ
	마를 고	中gǎo

풀이 1. 마르다. 나무가 마르다. 2. 마른 나무.

薴	⑭ 18획	日レイ
	흐트러질 녕	中níng

풀이 1. 흐트러지다. 2. 뱀차조기. 꿀풀과에 속하는 다년초.

薹
⑭ 18획
유채 대
日 タイ
中 tái

풀이 1. 유채(油菜). 2. 삿갓사초. 방동사니과에 속하는 다년초.

薹芥(대개) 유채(油菜). 평지.
薹笠(대립) 사초로 엮은 삿갓.

薱
⑭ 18획
우거질 대
日 タイ
中 duì

풀이 우거지다.

藍
⑭ 18획
쪽 람(남)
日 ラン
中 lán

* 형성. 뜻을 나타내는 부수 '艸(풀 초)'와 음을 나타내는 '監(볼 감→람)'을 합친 글자.

풀이 1. 쪽. 마디풀과에 속하는 일년초. 남빛을 물들이는 염료로 쓰임. 2. 남색. 3. 누더기. ¶藍縷 4. 함부로 하다.

藍溪(남계) 푸른 계류(溪流).
藍縷(남루) 누더기. 남루(襤褸).
藍碧(남벽) 짙은 푸른빛.
藍本(남본) 1)회화의 원본. 2)근거가 되는 책.
藍田生玉(남전생옥) 남전에서 아름다운 구슬이 난다는 뜻으로, 훌륭한 가문에서 현명한 자손이 나고 어진 아버지에 어진 아들이 남.

비 籃(바구니 람)

藐
⑭ 18획
❶ 아득할 막
❷ 멀 묘
日 バク・ビョウ
中 miǎo

풀이 ❶ 1. 아득하다. ¶藐然 ❷ 2. 멀다. 3. 작다. 4. 약하다. 5. 업신여기다.

藐藐(막막) 1)넓고 먼 모양. 2)아름다운 모양. 3)무시하는 모양.
藐焉(막언) 고독한 모양.
藐然(묘연) 1)멀고 아득한 모양. 2)고독한 모양.
藐視(묘시) 업신여김.

유 茫(아득할 망) 비 貌(모양 모)

薶
⑭ 18획
❶ 메울 매
❷ 더러울 왜
日 マイ
中 mái, wō

풀이 ❶ 1. 메우다. 2. 막다. ❷ 3. 더럽다.

藊
⑭ 18획
변두 변
日 ヘン
中 biǎn

풀이 변두(藊豆). 콩과에 속하는 다년생 만초(蔓草).

薩
⑭ 18획
보살 살
日 サツ
中 sà

풀이 보살. 불도를 닦아 보리를 구하고 중생을 교화하여 부처의 다음가는 위치에 있는 성인. ¶菩薩

薩埵(살타) 부처의 다음 가는 지위에 있어 불도를 구하고 중생을 구제하는 사람. 보살.

유 菩(보살 보)

薯
⑭ 18획
참마 서
日 セイ
中 shǔ

* 형성. 뜻을 나타내는 부수 '艸(풀 초)'와 음을 나타내는 '署(베풀 서)'를 합친 글자.

풀이 참마. 마과에 속하는 다년생 만초(蔓草).

薯童謠(서동요) 백제의 서동(薯童)이 신라의 선화공주(善花公主)를 꾀어내기 위하여 지은 후 아이들에게 부르게 했다는 향가(鄕歌).
薯蕷(서예) 마. 참마.

藎
⑭ 18획
조개풀 신 · 진
日 ジン
中 jìn

풀이 1. 조개풀. 포아풀과에 속하는 일년초. 2. 나아가다. 3. 나머지.

藎臣(신신) 충신(忠臣).

비 盡(다될 진)

藀
⑭ 18획
얽힐 영
日 エイ
中 qióng

풀이 1. 얽히다. 2. 둥글레.

薳
⑭ 18획
애기풀 위 · 원
日 イ・イン
中 wěi

풀이 애기풀. 원지과에 속하는 다년초.

薳志(원지) 애기풀. 원지(遠志).

薷	⑭ 18획	日ユウ
	목이버섯 유	中rú

풀이 1. 목이(木耳)버섯. 2. 노야기. 꿀풀과에 속하는 일년초.

薿	⑭ 18획	日キ・オク
	우거질 의·억	中nǐ

풀이 우거지다.

薿薿(의의/억억) 곡식이 우거진 모양.

薾	⑭ 18획	日ジ
	번성할 이·예	中ěr

풀이 1. 번성하다. 2. 지치다. 3. 시들다.

藉	⑭ 18획	日セキ・シャ
	깔개 자·적	中jí, jiè

풀이 1. 깔개. 자리. 2. 깔다. 3. 빌다. 4. 빙자하다. ¶藉託 5. 의지하다. 6. 흐트러지다. 7. 가령. 8. 갈다. 9. 위로하다. 10. 대여하다. 11. 밟다. 12. 미안하게 여기다. 13. 업신여기다. 14. 돕다. 15 끈. 16. 마음이 허전한 모양. 17. 떠들썩하다.

藉口(자구) 구실을 삼아 변명함. 핑계함.

藉藉(자자/적적) 1)이리저리 흩어진 모양. 2)여러 사람의 입에 오르내려 왁자한 모양. 3)마음이 공허한 모양.

藉託(자탁) 핑계함.

藉甚(자심/적심) 명성을 날림. 평판이 좋음.

藉田(적전) 임금이 조상의 제사에 쓸 곡식을 마련하기 위해 손수 경작(耕作)하는 논밭.

비 籍(서적 적)

藏	⑭ 18획	日ゾウ
	감출 장	中cáng, zàng

풀이 1. 감추다. 숨기다. ¶藏機 2. 숨다. 잠재하다. 3. 저장하다. 4. 초목이 우거진 모양. 5. 곳집. ¶藏監 6. 그르치다. 7. 저축. 8. 매장하다.

藏監(장감) 창고를 감독하는 사람.

藏去(장거) 간수함. 보관함.

藏弆(장거) 장거(藏去).

藏經(장경) 1)불교 경전의 총칭. 대장경(大藏經). 2)경서(經書)를 보관함.

藏巧於拙(장교어졸) 재능을 숨기고 일부러 졸렬한 듯이 보임.

藏垢(장구) 1)수치를 참음. 2)큰 도량으로 남의 결점이나 허물을 덮어줌.

藏氣(장기) 1)축적되어 있는 기운. 2)오장육부의 기운.

藏頭雉(장두치) 머리만 숨기면 자기가 보이지 않으므로 숨었다고 생각하는 꿩처럼 어리석은 짓을 비유하는 말.

藏魄之地(장백지지) 육체를 묻을 땅.

藏鋒(장봉) 글씨를 쓸 때에 붓끝이 드러나지 않게 하는 서법(書法).

藏修(장수) 책을 읽고 학문에 힘씀.

藏修游息(장수유식) 쉬는 시간도 아껴서 학문에 힘씀.

藏跡(장적) 흔적을 감춤.

藏拙(장졸) 졸렬함을 감추어 남에게 나타내지 않음. 자기의 단점을 숨김.

藏置(장치) 넣어 둠. 감추어 보관함.

藏版(장판) 책의 판목(板木)을 저장해 둠.

유 隱(숨길 은) 비 臟(오장 장)

䔰	⑭ 18획	日テイ
	둥굴레 정	中jīng

풀이 1. 둥굴레. 2. 순무. 채소의 한 가지.

薺	⑭ 18획	日セイ
	냉이 제	中jì

풀이 1. 냉이. 겨잣과에 속하는 이년초. 2. 남가새.

비 齊(가지런할 제)

藋	⑭ 18획	
	❶명아주 조	日ゾ・セキ
	❷수수 적	中diào

풀이 ❶ 1. 명아주. ❷ 2. 수수.

蔡	⑭ 18획	日サツ
	독초 찰	中chá

풀이 1. 독초. 2. 지푸라기.

6획

비 察(살필 찰)

藂	⑭ 18획	日ソウ
	잔풀 총	中cóng

풀이 1. 잔풀. 2. 떨기. 무더기.

薸	⑭ 18획	日ヒョウ
	개구리밥 표	中piāo

풀이 개구리밥.

蔜	⑭ 18획	
	❶풀 모양 효	日ヒョウ
	❷급히 일어날 호	中xiāo, hè, hào

풀이 ❶ 1. 풀의 모양. 2. 벼가 웃자라 주저앉다. ❷ 3. 급히 일어나는 모양.

薰	⑭ 18획	日クン
	향풀 훈	中xūn

* 형성. 뜻을 나타내는 부수 '艸(풀 초)'와 음을 나타내는 '熏(연기 훈)'으로 이루어진 글자. 향내(熏)를 좋게 하는 풀(艸)을 나타내어. '향풀'의 뜻으로 쓰임.

풀이 1. 향풀(香草). ¶薰草 2. 향기. ¶薰沐 3. 교훈. 4. 태우다. 5. 공훈. 6. 바람이 부드럽게 부는 모양.7. 온화하다. ¶薰氣

薰氣(훈기) 1)훈훈한 기운. 2)권력자의 세력.
薰陶(훈도) 교화(敎化)·훈육(訓育)하는 일.
薰沐(훈목) 향을 옷에 배게 하고, 머리를 감아 몸을 깨끗이 함.
薰門(훈문) 권세 있는 집안.
薰心(훈심) 마음을 괴롭힘. 애를 태움.
薰然(훈연) 1)귀와 눈이 밝은 모양. 2)남을 감화시키는 모양.
薰染(훈염) 1)향기가 뱀. 2)감화를 받음.
薰蕕(훈유) 군자와 소인. 선인과 악인.
薰育(훈육) 1)덕으로써 교육함. 2)흉노(匈奴).
薰灼(훈작) 1)태워서 냄새를 냄. 2)세력이 대단함. 3)고통을 줌.
薰蒸(훈증) 1)찜. 찜질. 2)찌는 듯이 더움.
薰風(훈풍) 남풍(南風).
薰赫(훈혁) 세력이 대단한 모양.
薰薰(훈훈) 1)화목하고 기쁜 모양. 2)따뜻한 모양.

비 熏(연기낄 훈)

藭	⑮ 19획	日クウ
	궁궁이 궁	中qióng

풀이 궁궁이. 미나릿과에 속하는 다년초.

藫	⑮ 19획	日タン
	이끼고사리 담	中tán

풀이 이끼고사리. 바위고사리.

藤	⑮ 19획	日トウ
	등나무 등	中téng

* 형성. 뜻을 나타내는 부수 '艸(풀 초)'와 음을 나타내며 위로 올라간다는 의미를 지닌 '滕(물 솟을 등)'을 합친 글자. 위로 구불구불 자라 오르는 '등나무'의 뜻으로 쓰임.

풀이 등나무. 등(籐).

藤架(등가) 등나무 시렁.
藤陰(등음) 등나무 그늘.
藤纏(등전) 등넝쿨이 얽힘.
藤紙(등지) 등나무 껍질로 만든 종이.

藜	⑮ 19획	日レイ
	명아주 려	中lí

* 형성. 뜻을 나타내는 부수 '艸(풀 초)'와 음을 나타내는 '黎(검을 려)'를 합친 글자.

풀이 1. 명아주. ¶藜藿 2. 흩어지다.

藜羹(여갱) 1)명아주의 잎을 넣어 끓인 국. 2)변변치 못한 음식.
藜藿(여곽) 명아주 잎과 콩 잎. 변변치 못한 음식을 이름.
藜棘(여극) 1)명아주와 가시. 2)가치가 없음.
藜杖(여장) 명아주 줄기로 만든 지팡이.
藜灰(여회) 명아주를 태운 재.

藘	⑮ 19획	日リョ
	꼭두서니 려	中lǘ

풀이 1. 꼭두서니. 꼭두서닛과에 속하는 다년생 만초(蔓草). 2. 독초의 이름.

藟	⑮ 19획	日ル
	등나무 덩굴 루	中lěi

풀이 1. 등나무 덩굴. 2. 얽히다.

⑮ 19획 日ハン
덮을 번 中fān

* 형성. 뜻을 나타내는 부수 '艸(풀 초)'와 음을 나타내는 '潘(덮을 번)'을 합친 글자.

풀이 1. 덮다. ¶藩蔽 2. 울타리. ¶藩落 3. 수레의 휘장. 4. 지경. 경계. 5. 지키다. 6. 제후의 영토.

藩國(번국) 제후(諸侯)의 나라.
藩落(번락) 울타리. 이락(籬落).
藩籬(번리) 1)울타리. 2)덮개. 3)입구.
藩屛(번병) 1)울타리와 문병(門屛). 2)왕실을 지키는 제후(諸侯).
藩職(번직) 제후 밑에 속하는 관직.
藩鎭(번진) 1)왕실(王室)의 번병(藩屛)이 되는 제후(諸侯). 2)지방에 주둔하는 군대.
藩蔽(번폐) 1)덮개. 2)울타리. 3)왕실을 수호하는 제후.
藩翰(번한) 왕실의 번병(藩屛)이 되는 제후.

비 蕃(우거질 번)

⑮ 19획 日フ
댑싸리 부 中fū

풀이 댑싸리.

비 膚(살갗 부)

⑮ 19획 日ソク
띠 속 中sù

풀이 띠. 이삭이 패지 않은 띠.

⑮ 19획 日スウ
늪 수 中sǒu

* 형성. 뜻을 나타내는 부수 '艸(풀 초)'와 음을 나타내는 '數(셈 수)'를 합친 글자.

풀이 1. 늪. 2. 초목이 무성한 곳. ¶藪淵 3. 수풀. 4. 구석진 곳.

藪淵(수연) 1)덤불과 늪. 2)물건이 많은 곳.
藪幽(수유) 큰 못의 그윽한 곳.
藪澤(수택) 1)초목이 우거진 곳. 어류 · 동물이 많이 번식하는 넓은 습지. 2)물건이 빽빽히 모여 있는 곳.

⑮ 19획 日シツ
쇠무릎지기 슬 中xī

풀이 쇠무릎지기.

⑮ 19획 日ヤク
약 약 中yào

* 형성. 뜻을 나타내는 부수 '艸(풀 초)'와 음을 나타내며 '다스리다'라는 의미를 지닌 '樂(음악 악)'을 합친 글자. 병들어 고통스러운 것을 다스리는(樂) 풀(艸)을 나타내어, '약'의 뜻으로 쓰임.

풀이 1. 약. 약초. ¶藥酒 2. 독(毒). 3. 병을 고치다. ¶藥傷 4. 작약(芍藥). 5. 아편(阿片).

藥囊(약낭) 약을 보관하는 주머니. 약 봉지.
藥袋(약대) 가정의 비상약을 넣어 두는 주머니.
藥籮(약라) 약을 치는 체.
藥爐(약로) 약을 만드는 냄비.
藥籠(약롱) 약을 담아 두는 채롱이나 궤.
藥籠中物(약롱중물) 약 상자에 들어 있는 약이란 뜻으로, 회유해서 자기 편으로 만든 것을 비유하는 말.
藥味(약미) 1)약의 맛. 2)산초 · 후추 등의 향신료.
藥方文(약방문) 약을 짓기 위한 처방전.
藥傷(약상) 상처를 치료함.
藥石(약석) 1)약과 돌침. 2)교훈이 되는 말. 경계(警戒)로 삼을 만한 사물.
藥石無功(약석무공) 약과 돌침의 효험이 없음. 사람을 살려낼 가망이 없음.
藥石之言(약석지언) 나쁜 점을 고치도록 충고하는 말. 약언(藥言).
藥液(약액) 액체로 된 약.
藥研(약연) 약재(藥材)를 가루로 만드는 도구.
藥煙(약연) 아편(阿片)의 다른 이름.
藥餌(약이) 약으로 쓰는 음식. 또는 약과 자양분이 있는 음식.
藥箋(약전) 처방전(處方箋).
藥箭(약전) 독을 바른 화살.
藥鼎(약정) 1)약을 달이는 기구. 약탕기(藥湯器). 2)단약(丹藥)을 빚는 그릇. 단정(丹鼎).
藥酒(약주) 약으로 쓰는 약술.
藥債(약채) 남에게 빚진 약값.
藥湯(약탕) 1)탕약. 2)약을 넣은 목욕물.
藥圃(약포) 약초밭.

비 樂(즐길 락)

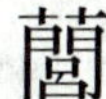

⑮ 19획 日リョ
풀 이름 여 中lú

풀이 풀 이름.

藝 ⑮ 19획 日ゲイ
재주 예 中yì

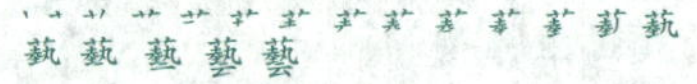

* 상형. 한 사람이 두 손으로 묘목 한 그루를 붙잡고 땅에 심는 모습을 본뜬 글자. 원래는 '나무를 심다'의 뜻을 나타내었으나, 옛날에는 이것이 대단히 중요한 기술이었기 때문에 '기술', '재주'의 뜻으로 쓰이게 되었음.

풀이 1. 재주. 기예. ¶藝技 2. 심다. 3. 한계. 4. 법도. ¶藝極 5. 나누다. 6. 다스리다.

藝極(예극) 알맞은 정도. 표준.

藝妓(예기) 기생(妓生). 가희(歌姬).

藝技(예기) 미술 · 공예 등의 예능. 손재주. 기예(技藝).

藝林(예림) 학문과 예술의 사회.

藝文(예문) 1)기예(技藝)와 학문. 2)예술과 문학.

藝術(예술) 1)기예와 학술. 2)특정한 재료나 기교에 의한 미(美)의 창작과 표현.

藝祖(예조) 문덕(文德)이 있는 조상. 문조(文祖).

藕 ⑮ 19획 日ウ
연뿌리 우 中ǒu

풀이 연뿌리.

藕根(우근) 연근(蓮根).

藕斷絲連(우단사련) 연뿌리가 끊겨도 그 실은 이어져 있다는 뜻으로, 이혼을 당해도 남편에게 미련이 있음을 비유하는 말.

藕絲(우사) 연줄기나 연뿌리에 있는 섬유. 연사(蓮絲).

藕蕩(우탕) 연꽃을 심은 정원의 작은 못.

蘙 ⑮ 19획 日キ
오수유 의 中yì

풀이 오수유(吳茱萸).

藨 ⑮ 19획 日ヒョウ
딸기 표 中biāo

풀이 1. 딸기. 2. 쥐눈이콩. 콩과에 속하는 다년생 만초(蔓草). 3. 갈대 이삭.

藿 ⑯ 20획 日カク
콩잎 곽 中huò

* 형성. 뜻을 나타내는 부수 '艸(풀 초)'와 음을 나타내는 '霍(빠를 곽)'를 합친 글자.

풀이 1. 콩잎. ¶藿羹 2. 콩. 3. 향초의 이름. 4.韓미역.

藿羹(곽갱) 콩잎을 넣고 끓인 국. 콩잎국.

藿囊(곽낭) 콩잎으로 가득 찬 자루란 뜻으로, 학식이 부족한 사람을 이르는 말.

藿食者(곽식자) 콩잎을 먹는 사람이란 뜻으로, 일반 백성을 이르는 말.

藿田(곽전) 미역을 양식하는 밭. 미역밭.

蘄 ⑯ 20획
❶풀 이름 기 日キ · キン
❷승검초 근 中qí, jī, qín

풀이 ❶ 1. 풀 이름. 2. 재갈. 3. 바라다. 원하다. ❷ 4. 승검초. 산형과에 속하는 다년초.

藶 ⑯ 20획 日レキ
개냉이 력 中lì

풀이 개냉이.

蘆 ⑯ 20획 日ロ
갈대 로(노) 中lú, lǔ

* 형성. 뜻을 나타내는 부수 '艸(풀 초)'와 음을 나타내는 '盧(화로 로)'를 합친 글자.

풀이 1. 갈대. ¶蘆田 2. 무. 3. 호리병박.

蘆管(노관) 1)갈대 줄기. 2)대나무를 잘라서 만든 대피리. 노적(蘆笛).

蘆笠(노립) 갈대로 만든 삿갓.

蘆菔(노복) 무.

蘆絮(노서) 갈대꽃이 솜처럼 피어 있는 것.

蘆雪(노설) 갈대의 이삭이 눈처럼 하얀 것을 비유하는 말.

蘆雁(노안) 갈대밭에 내려 앉은 기러기.

蘆荻(노적) 갈대와 물억새.

蘆田(노전) 갈대밭.

蘆汀(노정) 갈대가 무성한 물가.

蘆洲(노주) 갈대가 난 모래톱.

유 葭(갈대 가) 葦(갈대 위)

藔	⑯ 20획	日 ロウ
	말린 매실 로	中 lǎo

풀이 1. 말린 매실. 2. 말린 열매.

蘢	⑯ 20획	日 ロウ
	개여뀌 롱(농)	中 lóng

* 형성. 뜻을 나타내는 부수 '艸(풀 초)'와 음을 나타내는 '龍(용 룡)'을 합친 글자.

풀이 1. 개여뀌. 마디풀과에 속하는 일년초. 2. 초목이 우거진 모양.

蘢茸(농용) 초목이 우거진 모양.
蘢葱(농총) 초목이 무성한 모양.

藾	⑯ 20획	日 ライ
	맑은대쑥 뢰	中 lài

풀이 1. 맑은대쑥. 2. 덮다.

藺	⑯ 20획	日 リン
	골풀 린(인)	中 lìn

풀이 1. 골풀. 골풀과에 속하는 다년초. 2. 조약돌.

藺石(인석) 팔맷돌. 성 위에서 적에게 던지던 돌.

蘉	⑯ 20획	日 モウ
	힘쓸 망	中 máng

풀이 힘쓰다.

蘋	⑯ 20획	日 ヒン
	네가래 빈	中 pín

풀이 1. 네가래. 네가랫과에 속하는 다년생 수초(水草). 2. 개구리밥. 부평초.

蘋蘩(빈번) 1)개구리밥과 쑥. 2)변변치 못한 제물(祭物).
蘋藻(빈조) 물 위에 떠 있는 수초와 물속에 있는 수초.
蘋風(빈풍) 부평초 위를 스치는 바람.
蘋花(빈화) 개구리밥의 꽃.

蘇	⑯ 20획	日 ソ
	깨어날 소	中 sū

* 형성. 뜻을 나타내는 부수 '艸(풀 초)'와 음을 나타내는 '穌(소생할 소)'를 합친 글자.

풀이 1. 깨어나다. 소생하다. ¶蘇復 2. 차조기. 꿀풀과에 속하는 일년초. 3. 쉬다. 휴식하다. 4. 잠에서 깨다. 5. 풀. 6. 땔나무. 7. 벌초하다. 8. 잡다. 쥐다. 9. 찾다. 10. 소홀하다.

蘇莖(소경) 차조기의 줄기.
蘇塗(소도) 삼한(三韓) 시대에 천신(天神)을 제사하던 지역(地域).
蘇復(소복) 1)병 뒤에 원기를 회복됨. 2)병 뒤에 원기를 회복하기 위해 고기를 먹는 일.
蘇生(소생) 다시 살아남.
蘇醒(소성) 잃었던 의식을 다시 회복함.
蘇蘇(소소) 두려워하는 모양. 초조해하는 모양.
蘇張舌(소장설) 소진(蘇秦)과 장의(張儀)의 변설(辯舌). 변설이 교묘함을 이르는 말.

비 蔬(푸성귀 소)

藹	⑯ 20획	日 アイ・アツ
	우거질 애·알	中 ǎi

풀이 1. 우거지다. 2. 열매가 많이 열리다. 3. 부지런히 일하다. 4. 윤택하다. 5. 성품이 온화한 모양.

藹藹(애애) 1)성하고 많은 모양. 2)초목이 무성한 모양. 3)향기로운 모양. 4)온화한 모양. 5)어둠침침한 모양.
藹然(애연) 1)성한 모양. 2)성품이 온화한 모양. 3)구름이 모이는 모양.
藹蔚(애울) 초목이 무성함. 울애(蔚藹).

蘂	⑯ 20획
	蕊(p1185)의 俗字

蘁	⑯ 20획	
	❶ 거스를 오	日 オ・アク
	❷ 놀랄 악	中 wù, è

풀이 ❶ 1. 거스르다. ❷ 2. 놀라다. 3. 꽃받침.

蘊	⑯ 20획	日 ウン
	쌓을 온	中 yùn

풀이 1. 쌓다. 축적하다. ¶蘊積 2. 저축하다. 3. 모으다. 4. 간직하다. 5. 너그럽다. ¶蘊藉 6. 속내면. 7.

6획

우거지다. 8. 사물의 모양. 9. 마름.

蘊結(온결) 걱정 때문에 가슴이 답답하고 막힘.
蘊隆(온륭) 무더움.
蘊憤(온분) 분한 마음을 감춤.
蘊色(온색) 색조(色調)를 싸서 숨김.
蘊暑(온서) 무더움.
蘊粹(온수) 순수한 덕을 쌓음.
蘊藝(온예) 재주를 숨김.
蘊奧(온오) 학문·기예(技藝) 등의 심오한 이치.
蘊蘊(온온) 1)많이 모이는 모양. 2)무더운 모양.
蘊藉(온자) 교양이 있고 마음이 너그러우며 온화함.
蘊藏(온장) 깊숙히 간직하여 둠.
蘊積(온적) 저축하여 쌓음.
蘊眞(온진) 진실을 숨김.
蘊質(온질) 감춰진 좋은 성질.
蘊哲(온철) 슬기를 쌓음.
蘊蓄(온축) 1)물건을 모아서 쌓음. 2)학문·기예 등의 소양이 깊음.
蘊抱(온포) 마음속에 재주나 포부를 간직함. 또는 그 재주나 포부.
蘊含(온함) 포함함.

유 築(쌓을 축) 積(쌓을 적) 畜(쌓을 축)

蘞	⑯ 20획	日ザン
	풀 이름 잠	中qián, xún

풀이 풀 이름.

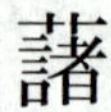

藷	⑯ 20획	日ショ
	사탕수수 저	中shǔ, zhū

풀이 1. 사탕수수. 2. 고구마.

藷芋(저우) 고구마.
藷蔗(저자) 사탕수수.

유 蔗(사탕수수 자)

藻	⑯ 20획	日ソウ·も
	말 조	中zǎo

풀이 1. 말. 수초. 물속에 나는 민꽃식물의 총칭. ¶藻蘋 2. 아름다운 문장. 3. 무늬. 채색. ¶藻文 4. 장식하다. 5. 그리다. 6. 오색실. 7. 깔개.

藻鑑(조감) 사물을 고를 때에 품질을 알아보는 식견.
藻鏡(조경) 조감(藻鑑).
藻棟(조동) 무늬를 그린 마룻대.
藻厲(조려) 아름답게 꾸밈.
藻文(조문) 무늬. 화려한 문채.
藻抃(조변) 뛰며 좋아함.
藻蘋(조빈) 1)개구리밥. 2)거친 나물.
藻思(조사) 시문을 잘 짓는 재능.
藻飾(조식) 1)몸단장을 함. 2)문장을 수식함.
藻雅(조아) 시문(詩文)에 능하고 풍류스러움. 문아(文雅).
藻耀(조요) 화려하게 빛남.
藻井(조정) 수초(水草)의 무늬를 그린 천장.
藻翰(조한) 1)아름다운 무늬가 있는 것. 2)아름다운 문장.
藻荇(조행) 수초(水草).
藻火(조화) 수초(水草)와 불꽃.
藻繪(조회) 무늬. 문채(文彩).

蘀	⑯ 20획	
	❶낙엽 탁	日タク
	❷벗풀 택	中tuò

풀이 ❶ 1. 낙엽. 2. 떨어지다. 3. 대껍질. 4. 갈대 잎. ❷ 5. 벗풀.

蘀兮(탁혜) 나뭇잎이 말라서 떨어지는 모양.

藫	⑯ 20획	日タク
	벗풀 택	中zé

풀이 벗풀. 택사.

藫蕮(택사) 벗풀. 택사과에 속하는 다년초. 뿌리는 약재로 씀.

蘅	⑯ 20획	日キョウ
	곰취 형	中héng

풀이 곰취.

蘧	⑰ 21획	日キョ
	패랭이꽃 거	中qú

풀이 1. 패랭이꽃. 2. 연꽃. 3. 줄버섯. 줄풀에서 나는 버섯. 4. 놀라다. 5. 여관. ¶蘧廬

蘧蘧(거거) 1)자득(自得)한 모양. 2)놀란 모양. 3)높은 모양.
蘧廬(거려) 여관.
蘧然(거연) 1)놀라고 즐거워하는 모양. 2)사물이 움직이는 모양.

6획

蘜 ⑰ 21획 국화 국 日キク 中jú

풀이 국화.

유 菊(국화 국)

藈 ⑰ 21획 ❶냉이 씨 규 ❷해바라기 귀 日キュウ 中kuī

풀이 1 1. 냉이 씨. 2. 개여뀌. 마디풀과에 속하는 일년초. 2 3. 해바라기.

蘭 ⑰ 21획 난초 란 日ラン 中lán

* 형성. 뜻을 나타내는 부수 '艸(풀 초)'와 음을 나타내며 '향기'를 의미하는 '闌(가로막을 란)'을 합친 글자. 향기(闌) 나는 풀(艸)을 나타내어, '난초'의 뜻으로 쓰임.

풀이 1. 난초. ¶蘭房 2. 목란(木蘭). 목련. 3. 혈관(血管). 4. 아름답다. 훌륭하다. ¶蘭章 5. 유랑하다. 6. 얼룩.

蘭客(난객) 좋은 벗. 양우(良友).

蘭契(난계) 마음이 통하는 친구간의 두터운 교분. 금란지계(金蘭之契)의 준말.

蘭膏(난고) 1)머리를 치장할 때 쓰는 향기가 나는 기름. 향유(香油). 2)난초의 꽃술에 괸 이슬.

蘭交(난교) 금란지교(金蘭之交)의 준말. 절친한 벗과의 사귐.

蘭閨(난규) 1)제왕의 후비(后妃)의 침실. 2)부녀자의 침실. 난방(蘭房).

蘭堂(난당) 아름다운 집. 훌륭한 집.

蘭燈(난등) 밝고 아름다운 등. 난촉(蘭燭).

蘭房(난방) 1)난초 향이 가득한 방. 난실(蘭室). 2)부녀자의 침실.

蘭石(난석) 난초의 향기와 돌의 견고함. 지조와 절의가 굳음을 비유하는 말.

蘭艾(난애) 1)난초와 쑥. 2)군자와 소인.

蘭若(1.난야/2.난약) 1)절. 사찰(寺刹). 2)향초(香草)의 이름.

蘭言(난언) 마음이 통하는 말. 친한 벗의 말.

蘭輿(난여) 아름다운 수레. 아름다운 가마.

蘭玉(난옥) 1)남의 자제(子弟). 2)여자의 절개.

蘭章(난장) 1)훌륭한 문장. 2) 남의 편지에 대한 높임말.

蘭藻(난조) 아름다운 문장.

蘭芝(난지) 1)난초와 영지(靈芝). 향초(香草). 2)현인(賢人)과 미녀(美女).

蘭燭(난촉) 아름다운 촛불. 난등(蘭燈).

蘭摧玉折(난최옥절) 난초와 옥이 꺾어지고 깨진다는 뜻으로, 현인(賢人) 또는 미인의 죽음을 비유하는 말.

蘭秋(난추) 음력 칠월의 다른 이름.

蘭蕙(난혜) 향기로운 풀.

비 簡(대쪽 간) 欄(난간 란)

蘞 ⑰ 21획 거지덩굴 렴 日レン 中liǎn

풀이 거지덩굴. 포도과에 속하는 다년생 만초(蔓草).

藺 ⑰ 21획 감초 령 日レイ 中líng

풀이 1. 감초. 콩과에 속하는 다년초. 약재로 널리 쓰임. 2. 떨어지다.

蘪 ⑰ 21획 천궁 미 日ミ 中méi

풀이 1. 천궁. 미나릿과에 속하는 다년초. 2. 풀이 나다. 3. 풀이 거칠다.

蘪蕪(미무) 궁궁이의 싹. 천궁(川芎).

蘩 ⑰ 21획 산흰쑥 번 日ハン 中fán

풀이 1. 산흰쑥. 국화과에 속하는 다년초. 2. 별꽃. 3. 부평초의 하나.

蘩蔞(번루) 너도개미자리과에 속하는 이년초. 별꽃.

蘚 ⑰ 21획 이끼 선 日セン 中xiǎn

풀이 이끼.

蘚磴(선등) 이끼 낀 돌 계단.

蘚書(선서) 돌에 낀 이끼가 글씨를 쓴 것 같은 모양으로 보이는 것.

蘚崖(선애) 이끼 낀 절벽.

蘚苔(선태) 이끼.
蘚花(선화) 이끼의 꽃.

蘥	⑰ 21획 귀리 약	日ヤク 中yuè

풀이 1. 귀리. 2. 풀 이름.

蘘	⑰ 21획 ❶ 양하 양 ❷ 풀 이름 낭	日ジョウ 中ráng

풀이 1 1. 양하. 생강과에 속하는 다년초. 2 2. 풀 이름. 두레박줄·소고삐 등의 새끼를 꼬는 데 쓰임.

蘖	⑰ 21획 그루터기 얼	日ゲツ 中niè, bò

풀이 1. 그루터기. 나무를 베어 낸 뒤에 남은 밑동. 2. 움. 그루터기에서 돋은 움. 3. 가지를 치다. 4. 허물.

蘖芽(얼아) 움. 그루터기에서 돋아난 움.

蘡	⑰ 21획 까마귀머루 영	日エン 中yīng

풀이 까마귀머루. 포도과에 속하는 다년생 만초(蔓草).

蘡薁(영욱) 포도과에 속하는 다년생 만초. 까마귀머루. 열매의 크기가 머루보다 작으며 맛이 매우 심.

蘙	⑰ 21획 무성한 모양 예	日エイ 中yì

풀이 무성한 모양.

蘙薈(예회) 초목이 무성한 모양. 초목이 우거져 뒤덮인 모양.

蘠	⑰ 21획 장미 장	日ショウ·ばら 中qiáng

풀이 1. 장미. ¶蘠薇 2. 국화. 3. 수초의 이름. 4. 울타리.

유 蘼(장미 미) 薔(장미 장)

蘤	⑰ 21획 꽃 화·위	日カ·はな 中huā

풀이 꽃.

蘣	⑱ 22획 북소리 동	日ドウ 中dǒng

풀이 북소리.

蘨	⑱ 22획 풀 무성한 모양 요	日ヨウ 中yáo

풀이 풀이 무성한 모양.

藷	⑱ 22획 참마 저·서	日テイ 中shǔ

풀이 참마.

藷糧(저량) 감자를 말려 쌀알 크기로 잘게 썬 것.

蘵	⑱ 22획 까마종이 직	日シク 中zhí

풀이 까마종이. 가짓과에 속하는 일년초.

藂	⑱ 22획 떨기 총	日ソウ 中cóng

풀이 1. 떨기. 풀이 더부룩한 모양. 2. 그루. 3. 초목이 빽빽히 우거진 모양.

비 叢(모일 총)

豐	⑱ 22획 순무 풍	日フウ 中fēng

풀이 순무.

蘻	⑱ 22획 겨릅대 할·개	日カツ·カイ 中jiē

풀이 1. 겨릅대. 껍질을 벗겨낸 삼대. 2. 볏짚.

蘿	⑲ 23획 무 라(나)	日ラ 中luó

*형성. 뜻을 나타내는 부수 '艸(풀 초)'와 음을 나타내는 '羅(비단 라)'를 합친 글자.

풀이 1. 무. 2. 여라(女蘿). 소나무겨우살이. 3. 담쟁이덩굴. ¶蘿蔓 4. 지칭개.

蘿徑(나경) 담쟁이덩굴이 무성한 오솔길.
蘿蔓(나만) 담쟁이덩굴.
蘿蔔(나복) 무.
蘿衣(나의) 선태류(蘚苔類)에 속하는 이끼.
蘿窗(나창) 담쟁이덩굴이 뻗어 얽힌 창.

虆	⑲ 23획	
	등나무덩굴	日ルイ
	루(누)	中lěi

풀이 등나무 덩굴.

虆蕪(누무) 순무의 하나.

蘱	⑲ 23획	日リュウ
	풀 이름 류	中lèi

풀이 풀 이름.

蘺	⑲ 23획	日リ
	천궁 리	中lí

풀이 1. 천궁. 2. 돌피. 볏과에 속하는 일년초. 3. 왕골. 4. 울타리.

蘼	⑲ 23획	日ビ
	장미 미	中mí

풀이 장미.

蘼藿(미곽) 채소.
蘼蕪(미무) 궁궁이의 싹. 미무(麋蕪).

유 蘠(장미 장) 薔(장미 장)

蘸	⑲ 23획	日サン
	담글 잠	中zhàn

풀이 담그다.

蘸甲(잠갑) 술을 가득 따른 술잔.
蘸墨(잠묵) 붓을 먹물에 담금. 먹을 찍음.
蘸物(잠물) 데친 것.
蘸破(잠파) 깨닫게 함. 각성(覺醒)시킴.

虀	⑲ 23획	日サイ
	버무릴 제	中jī

풀이 1. 버무리다. 양념하다. 2. 채소 무침. 나물.

虀鹽(제염) 1)나물. 2)변변치 못한 음식.
虀糟(제조) 별 것 아닌 일을 장황하게 말함. 또는 그 이야기.

蘬	⑲ 23획	日ソク
	연화진달래 촉	中zhú

풀이 연화진달래. 철쭉과에 속하는 떨기나무.

虄	⑳ 24획
	화살 살韓

풀이 화살.

유 矢(화살 시)

虃	⑳ 24획	日セン
	산부추 섬·첨	中jiān

풀이 산부추.

虈	㉓ 27획	
	물 위로	日ヤク
	바람 불 약	中yuè

풀이 물 위로 바람이 부는 모양.

虇	㉔ 28획	日ヨウ
	향유 양	中niàng

풀이 1. 향유(香薷). 꿀풀과에 속하는 일년초. 2. 채소 절임.

虋	㉕ 29획	日モン
	차조 문	中mén

풀이 1. 차조. 붉은 차조의 한 가지. 2. 장미.

虋冬(문동) 백합과에 속하는 다년초. 장미.

虌	㉕ 29획	日ベツ
	고사리 별	中biē

풀이 고사리.

蘼 ㉝ 37획 日チョウ
짚신 초 中cū

풀이 짚신. 왕골 · 짚 등으로 엮은 짚신.

유 屝(짚신 비)

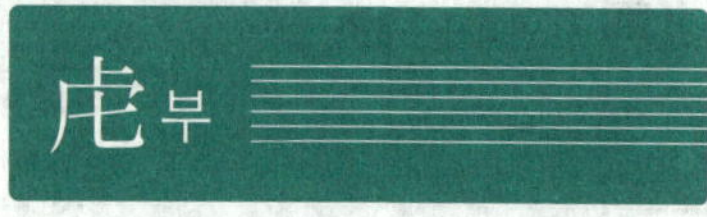

虍부

虍 범호엄 部

'虍' 자는 범 가죽의 무늬를 본뜬 글자로 '호피 무늬'를 뜻하고, 부수 명칭으로는 '범호엄'이라고 한다. 따라서 이 글자를 부수로 갖는 글자는 일반적으로 범과 관련이 있는 의미를 지니나, 글자에 의미가 잘 드러나 있지 않다.

虍 ⓪6획 日コ · とら
호피 무늬 호 中hū

풀이 호피 무늬. 호랑이 가죽 무늬.

虎 ②8획 日コ · とら
범 호 中hǔ

丨 ㅏ 广 卢 卢 虍 虎 虎

* 상형. 호랑이 모양을 본뜬 글자.

풀이 1. 범. 호랑이. ¶虎口 2. 용맹스럽다. ¶虎臣

虎踞(호거) 1)범처럼 웅크리고 앉음. 2)지세(地勢)가 웅대(雄大)함. 3)괴이하게 생긴 돌.

虎口(호구) 1)범의 아가리란 뜻으로, 매우 위험한 지경이나 경우를 비유하는 말. 2)바둑에서 같은 색의 돌 석 점이 솥발 모양으로 놓인 곳. 3)엄지와 검지의 사이. 침구(鍼灸)의 합곡혈(合谷穴).

虎口之厄(호구지액) 범의 입을 맞대함과 같은 위험. 대단히 위험한 재앙.

虎騎(호기) 용맹한 기병(騎兵).

虎吻(호문) 범의 입이라는 뜻으로, 남을 해칠 관상 또는 아주 위험함을 비유하는 말.

虎步(호보) 범처럼 위엄있게 걷는 걸음. 위엄 있는 거동(擧動).

虎死留皮(호사유피) 범은 죽어서 가죽을 남김. 사람은 죽어서 명성을 남김을 비유하는 말.

虎視眈眈(호시탐탐) 1)범이 먹이를 노려, 눈을 부릅뜨고 지켜보는 모양. 2)기회를 노리고 있는 모양.

⊙虎視眈眈(호시탐탐)의 유래

《주역(周易)》 중에서 이괘(頤卦)의 효사(爻辭)에 나오는, '거꾸로 길러져도 길하다. 호랑이가 노려보듯 주의하면서 욕망을 좇는다면 잘못이 없으리라.' 라는 대목에서 유래한 말이다. 여기서 거꾸로 길러진다는 것은 윗사람이 아랫사람의 봉양을 받는 것을 의미한다. 즉 자식이 다 큰 뒤에는 부모가 호랑이처럼 위엄을 갖추고 자식의 봉양을 받아도 좋고, 나라가 태평하다면 임금이 사치를 하는 것도 나쁘지 않다는 의미이다.

虎臣(호신) 용맹한 신하.

虎威(호위) 범의 위세(威勢)란 뜻으로, 권세가(權勢家)의 위엄(威嚴)을 비유하는 말.

虎叱(호질) 호되게 꾸짖음.

虎豹(호표) 1)범과 표범. 2)범과 표범의 무늬 모양을 한 암석(巖石). 3)포악한 사람.

虎穴(호혈) 1)범의 굴. 2)매우 위험한 곳을 비유하는 말.

비 處(곳 처)

虐 ③9획 日ギャク · しいたげる
사나울 학 中nüè

* 회의. '虍(호피 무늬 호)'와 '爪(손톱 조)'와 '人(사람 인)'의 변형을 합친 글자. 범[虍]이 손톱[爪]으로 사람[人]을 해친다 하여 '사납다', '잔인하다'의 뜻으로 쓰임.

풀이 1. 사납다. 모질다. 2. 가혹하다. 잔인하다. ¶虐政 3. 해치다. 상하다. 4. 해롭게 하다. 5. 재앙.

虐待(학대) 몹시 괴롭히거나 가혹하게 부림.

虐使(학사) 혹독하게 부림.

虐殺(학살) 참혹하게 죽임.

虐政(학정) 가혹한 정치.

虐疾(학질) 말라리아.

유 暴(사나울 포)

虔 ④ 10획 日ケン · つつしむ
삼갈 건 中qián

* 회의. 뜻을 나타내는 부수 '虍(호피 무늬 호)'와 문신의 의미를 지닌 '文(글월 문)'을 합친 글자. 범의 가죽[虍]에 문신[文] 등을 놓는 의식이라 하여 '삼가다'의 뜻으로 쓰임.

풀이 1. 삼가다. 삼가 조심하다. ¶虔恪 2. 은혜를 베풀다. 3. 견고하다. 4. 죽이다. 5. 빼앗다. 강탈하다. 6. 총명하다. 7. 업신여기다. 8. 모탕. 나무를 팰 때 밑에 괴는 나무.

虔恪(건각) 조심하고 삼감. 경건함.

虔虔(건건) 조심하고 삼가는 모양.

虔敬(건경) 경건(敬虔)함.

虔恭(건공) 공손한 모양.

虔劉(건류) 모조리 죽임.

虔誠(건성) 삼가고 정성스러운 일.

虔肅(건숙) 삼감. 경건함.

유 懇(정성 간) 誠(정성 성) 款(정성 관) 恂(정성 순)

虓 ④ 10획 日コウ
울부짖을 효 中xiāo

풀이 1. 울부짖다. ¶虓怒 2. 범이 성내다. 3. 사자(獅子).

虓闞(효감) 노하여 소리 지르는 모양.
虓怒(효노) 1)범이 성내어 포효함. 2)용맹한 기세를 비유하는 말.
虓將(효장) 용맹한 장수. 호장(虎將).
虓呼(효호) 범이 울부짖듯이 매우 용맹함.
虓虎(효호) 성난 범이라는 뜻으로, 용맹한 장사(將士)를 비유하는 말.
虓吼(효후) 1)범이 노하여 울부짖음. 2)용맹을 떨침.

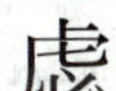
虙 ⑤ 11획 日フク
엎드릴 복 中fú

풀이 1. 엎드리다. 2. 범의 모양. 3. 복희씨(伏羲氏). 고대 중국의 전설상의 제왕.

유 臥(엎드릴 와) 伏(엎드릴 복)

處 ⑤ 11획 日ショ・ところ
곳 처 中chǔ, chù

풀이 1. 곳. 장소. ¶處所 2. 거처. 주거. 3. 살다. 두다. 머무르다. 4. 나누다. 분별하다. 5. 돌아가다. 6. 처하다. 7. 정하다. 결정하다. 제재하다. ¶處決 8. 처리하다. 다스리다. 9. 쉬다. 10. 관직에 있다. 11. 벼슬을 하지 않다. 초야에 묻혀 있다. 12. 시집을 가지 않다.

處決(처결) 결정하여 조치함.
處女(처녀) 1)결혼하지 않은 성년의 여자. 2)일의 첫 시작.
處斷(처단) 결단하여 처치함.
處理(처리) 일을 다스림. 일을 끝냄.
處方(처방) 1)병의 증세에 따라 약제를 배합하는 방법. 2)일 처리 방법.
處罰(처벌) 형벌에 처함.
處分(처분) 1)일을 처리함. 2)죄지은 사람을 벌줌. 3)처벌·행정·사법 관청이 특정한 사건에 대해 법규를 적용하는 행위.
處事(처사) 일을 처리함.
處暑(처서) 24절기의 하나. 입추(立秋)와 백로(白露) 사이에 있는 절기. 양력 8월 22일쯤.
處世(처세) 세상에서 남과 사귀면서 살아감.
處所(처소) 1)사람이 살거나 머물러 있는 곳. 2)어떤 일이 일어난 곳이나 물건이 있는 곳.
處身(처신) 세상을 살아감에 있어서의 몸가짐.
處遇(처우) 알맞게 대우함.
處地(처지) 1)자기가 처해 있는 경우. 또는 환경. 2)서로 사귀어 지내는 관계.
處置(처치) 일을 감당하여 처리함.
處刑(처형) 형벌에 처하는 것.
各處(각처) 여러 곳. 모든 곳.
去來處(거래처) 거래하는 상대 영업소.
居處(거처) 정해 두고 항상 있는 곳. 한 군데 자리잡고 삶. 또는 그곳.
到處(도처) 가는 곳. 여러 곳.

유 所(바 소) 場(마당 장) 비 虎(범 호)

虗 ⑤ 11획
虛(p1203)의 俗字

虖 ⑤ 11획 日コ
울부짖을 호 中hū, hú

풀이 1. 울부짖다. 2. 아! 탄식하는 소리. 3. 그런가. 의문 조사.

虜 ⑥ 12획 日リョ・とりこ
사로잡을 로(노) 中lǔ

풀이 1. 사로잡다. 구속하다. 2. 포로. ¶虜囚 3. 종. 노복(奴僕). 4. 적(敵). 5. 오랑캐. 야만인. 6. 빼앗다. ¶虜掠

虜騎(노기) 오랑캐 기병(騎兵).
虜掠(노략) 떼를 지어 돌아다니면서 사람을 사로잡고 재물을 약탈함.
虜略(노략) 노략(虜掠).
虜囚(노수) 포로.
虜獲(노획) 적을 생포하거나 적의 목을 베는 일. 생포한 적병과 죽인 적병.

비 慮(생각할 려)

虛 ⑥ 12획 日キョ
빌 허 中xū

* 형성. 뜻을 나타내는 부수 '虍(호피 무늬 호)'와 음을 나타

6획

내는 부수 이외의 글자를 합친 글자. '虍'는 크다는 의미를 지니고 부수 이외의 글자는 언덕을 나타냄. 이에 '큰 언덕'의 뜻을 나타내다가, 바뀌어 '텅 비다'의 뜻으로 쓰임.

풀이 1. 비다. 비워 두다. ¶虛無 2. 적다. 드물다. 3. 능력이 없다. 4. 쓸모없다. 5. 약하다. 쇠하다. 6. 틈. 구멍. 7. 공허하다. 8. 헛되게. 9. 무념무상(無念無想). 10. 욕심이 없다. 11. 하늘. 허공. ¶虛空 12. 폐허. 13. 위치. 방위. 14. 별 이름. 28수(宿)의 하나.

虛怯(허겁) 마음이 약하여 겁이 많음.

虛空(허공) 1)텅 빈 하늘. 2)사람이 없는 한적한 곳.

虛構(허구) 1)없는 일을 사실처럼 조작함. 2)소설·희곡 등에서 실제로 없는 사건을 작가의 상상력으로 창작하는 것. 또는 그 이야기.

虛己(허기) 사심(私心)을 버리고 남의 의견을 물음.

虛飢(허기) 굶주려 배가 고픔.

虛氣(허기) 1)기운을 가라앉힘. 또는 그 기운. 2)속이 비어 허전한 기운.

虛洞(허동) 굴(窟). 동굴.

虛頭(허두) 글이나 말의 첫머리.

虛浪(허랑) 언행이 허황하고 착실하지 못함.

虛冷(허랭) 몸이 허약하고 수족이 참.

虛靈不昧(허령불매) 마음은 눈으로 볼 수는 없으나 그 작용은 거울이 물건을 비추는 것과 같이 명백함.

虛老(허로) 아무 것도 해 놓은 일이 없이 헛되이 몸만 늙음.

虛妄(허망) 1)거짓이 많아 미덥지 않음. 2)어이없고 허무함.

虛名(허명) 실속 없이 헛된 명성(名聲).

虛名無實(허명무실) 헛된 이름만 있고 실상이 없는 일. 유명무실(有名無實).

虛無(허무) 1)아무 것도 없고 텅 빔. 2)노자(老子)의 사상. 마음에 사념(邪念)이 없어 다른 생각을 하지 않고 몸과 마음을 자연에 맡김.

虛病(허병) 꾀병. 양병(佯病).

虛費(허비) 쓸데없는 비용을 씀.

虛辭(허사) 실속이 없는 빈말.

虛事(허사) 헛된 일. 헛일.

虛像(허상) 실상(實像)이 형성하는 광선을 반대 방향으로 연장시켜서 이루어진 상.

虛想(허상) 쓸데없는 생각. 부질없는 상념(想念).

虛勢(허세) 실속이 없는 기세.

虛送(허송) 헛되이 보냄.

虛飾(허식) 겉치레.

虛實(허실) 1)거짓과 참. 진위(眞僞). 2)허함과 실함.

虛心(허심) 1)아무 생각이 없음. 마음에 아무런 사념(邪念)이 없음. 2)공평무사(公平無私)한 마음.

虛心坦懷(허심탄회) 마음에 사념(邪念)이 없이 솔직한 태도로 품은 생각을 터 놓고 말함.

虛言(허언) 거짓말. 허어(虛語).

虛弱(허약) 1)정력이 없고 몸이 약함. 2)세력이 없고 약함.

虛延歲月(허연세월) 헛되이 세월만 보냄.

虛榮(허영) 1)실속이 없는 헛된 영화(榮華). 2)자기 정도에 넘치는 외관상의 영화.

虛僞(허위) 거짓. 허망(虛妄).

虛威(허위) 실속은 없이 겉으로만 꾸민 헛된 위세.

虛字(허자) 1)쓸데없는 글자. 실자(實字), 조자(助字) 이외의 글자.

虛張聲勢(허장성세) 헛되이 명성과 위세를 폄. 곧, 실력은 없으면서 허세만 부림.

虛靜(허정) 마음에 망상이나 잡념없이 항상 평정함.

虛中(허중) 1)공허함. 2)공복(空腹). 3)마음속에 아무 잡념이나 거리낌이 없음.

虛脫(허탈) 1)체력·기력이 쇠약하여 빈사(瀕死)의 지경에 이름. 2)갑자기 심장이 쇠약하여 맥박이 불규칙해지고 몸이 냉해지는 증상.

虛風(허풍) 신빙성이 없는 과장된 언행.

虛風扇(허풍선) 1)숯불을 피우는 손풀무의 한 가지. 2)허풍선이.

虛汗(허한) 원기가 허하여 나는 땀. 헛땀.

虛行(허행) 1)헛되게 행해짐. 2)목적을 이루지 못한 걸음. 헛걸음.

虛虛實實(허허실실) 허실(虛實)의 계책을 써서 싸움. 서로 계략이나 기량을 다하여 적의 실(實)을 피하고 허(虛)를 틈타 싸움.

虛荒(허황) 마음이 들떠서 황당함.

유 空(빌 공)

虞	⑦ 13획	日 ぐ
	생각할 우	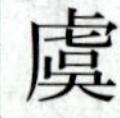 中 yú

* 형성. 뜻을 나타내는 부수 '虍(호피 무늬 호)'와 음을 나타내는 '吳(오나라 오)'를 합친 글자.

풀이 1. 생각하다. 헤아리다. 2. 잘못. 과오. 3. 염려하다. 근심하다. 4. 경계. 5. 편안하다. 안심하다. 6. 우제. 부모의 장례 후 3일 동안 지내는 제사. 초우(初虞)·재우(再虞)·삼우(三虞)의 통칭. 7. 벼슬 이름. 산과 못을 맡는 벼슬. 8. 즐기다. 9. 순(舜)임금의 성(姓).

虞唐(우당) 순(舜)임금과 요(堯)임금.

虞殯(우빈) 장사 행렬이 행진할 때 부르는 노래. 장송곡(葬送曲).

虞韶(우소) 순(舜)임금이 지은 음악.

6획

虞舜(우순) 순(舜)임금.

虞人(우인) 산림과 소택(沼澤)을 맡아 보던 벼슬아치. 또는 짐승을 기르는 동산을 지키던 벼슬아치. 우관(虞官). 우형(虞衡).

虞祭(우제) 부모의 장례 후 3일 동안 지내는 제사. 초우(初虞) · 재우(再虞) · 삼우(三虞)를 통틀어 이르는 말.

虞衡(우형) 우인(虞人).

虞候(우후) 1)산림과 소택(沼澤)을 맡아보던 벼슬아치. 2)척후(斥候)와 간사한 무리를 살피는 이를 맡아보던 벼슬아치.

유 量(헤아릴 량) 測(잴 측)

號	⑦ 13획	日ゴウ
	부를 호	中háo, hào

* 형성. 뜻을 나타내는 '号(부르짖을 호)'와 음을 나타내는 '虎(범 호)'를 합친 글자. 이에 처절한 울음 소리, '부르짖음'을 나타냄.

풀이 1. 부르다. 일컫다. ¶號名 2. 부르짖다. 외치다. 3. 울다. 통곡하다. 4. 이름. 명칭. 5. 선전하다. 6. 고하다. 7. 명령하다. 명령. 8. 어찌. 의문사. 9. 명성. 10. 암호. 11. 호. 일상적인 명칭 외의 칭호. 12. 상호. 상점의 이름. 13. 차례. 14. 시호. 죽은 뒤에 내리는 이름. 15. 소문. 16. 신호. 17. 표지(標識).

號叫(호규) 울부짖음. 소리 지름.

號旗(호기) 1)신호용의 기. 신호기(信號旗). 2)군기(軍旗).

號咷(호도) 큰 소리로 욺. 목놓아 욺. 대곡(大哭).

號令(호령) 1)큰 소리로 꾸짖음. 2)구령(口令). 3)지휘하고 명령함. 또는 그 명령.

號令如汗(호령여한) 호령은 흘린 땀과 같다는 뜻으로, 한 번 명령을 내린 후에는 취소하지 못함을 이르는 말.

號召(호소) 불러냄. 불러옴.

號然(호연) 왜 이러한가. 어찌 이러한가.

號泣(호읍) 소리 높여 욺. 목놓아 욺. 호곡(號哭).

號笛(호적) 신호 · 군호로 부는 나팔. 피리 소리.

號天(호천) 하늘에 부르짖어 하소연함.

號筒(호통) 군중(軍中)에서 입으로 불어서 호령을 전하는 대통 같은 물건.

號牌(호패) 조선 때 16세 이상의 남자가 차던 신분을 새긴 패. 앞면에 성명 · 나이 · 신분 · 주소등을 새기고 뒷면에는 발행한 관청의 낙인(捺印)이 있음.

號寒啼饑(호한제기) 추위와 굶주림으로 운다는 뜻으로, 매우 가난함을 이르는 말.

號火(호화) 신호로 올리는 불.

유 呼(부를 호)

虡	⑧ 14획	日キョ
	쇠북 기둥 거	中jù

풀이 1. 쇠북 기둥. 쇠북을 거는 틀. 2. 책상.

虢	⑨ 15획	日カイ
	범 발톱 자국 괵	中guó

풀이 1. 범 발톱 자국. 2. 나라 이름. 주대(周代)의 제후국 중 하나.

虣	⑨ 15획	日ホウ
	사나울 포	中bào

풀이 1. 사납다. 2. 폭력을 가하다. 범하다.

虤	⑩ 16획	日ゴ
	불안할 오	中yào

풀이 불안하다. 뒤뚱거리다.

虤虤(오교) 불안한 모양.

虥	⑩ 16획	日サン
	삵괭이 잔	中zhàn

풀이 삵괭이. 범의 한 가지.

비 殘(해칠 잔)

虦	⑩ 16획	日ケン
	범 성낼 현	中yán

풀이 범이 성내는 모양.

虨	⑪ 17획	日ハン
	범 무늬 반	中bīn

풀이 범의 무늬. 호피.

虧	⑪ 17획	日キ
	이지러질 휴	中kuī

풀이 1. 이지러지다. 한 귀퉁이가 떨어지다. 2. 덜다. 줄이다. 3. 덕분에. 다행히.

虧價(휴가) 값을 깎음.
虧缺(휴결) 한 부분이 떨어져 나감. 완전하지 않음.
虧本(휴본) 밑짐. 손해 봄.
虧負(휴부) 빚짐. 그 노고(勞苦)에 보답하지 못하는 일.
虧喪(휴상) 이지러져 없어짐. 결손(缺損).
虧損(휴손) 이지러짐.
虧蝕(휴식) 1)해와 달이 이지러짐. 일식(日蝕)과 월식(月蝕). 2)자본금이 줄어듦.
虧失(휴실) 이지러져 없어짐.
虧盈(휴영) 1)이지러짐과 참. 달이 찼다가 이지러졌다 함. 2)모자람과 가득 참.
虧月(휴월) 이지러진 달. 조각달.
虧蔽(휴폐) 이지러지고 가려짐.
虧欠(휴흠) 이지러지고 부족함. 결손(缺損).

유 缺(이지러질 결)

虩	⑫ 18획 범 놀랄 색	日ゲキ 中xì

풀이 1. 범이 놀라는 모양. 2. 놀라 두려워하다. 두려워하는 모양.

虪	⑭ 20획 범 싸우는 소리 은·출	日イン 中yín

풀이 범이 싸우는 소리.

虪	⑳ 26획 검은 범 숙	日シュク 中shū

풀이 검은 범.

6획

虫부

虫 벌레 훼 部

'虫' 자는 뱀의 모양을 본뜬 글자로, 뱀을 벌레 중에 가장 대표적인 동물로 생각하여 '벌레'를 뜻하게 되었고, '蟲(벌레 충)'의 약자(略字)로 많이 쓰인다. 이 글자를 부수로 갖는 글자는 미소한 하등동물과 관련이 있고, 개구리나 양서류·조개와 같은 패류와도 관련이 있다.

虫	⓪ 6획 벌레 충·훼	日チュウ·むし 中chóng

풀이 1. 벌레. 2. 살무사.

유 蟲(벌레 충)

虯	② 8획 규룡 규	日キュウ 中qiú

풀이 규룡. 빛이 붉고 뿔이 돋쳤다는 용의 새끼.

虯龍(규룡) 붉은 빛의 뿔이 돋은 용의 새끼.
虯鬚(규수) 규룡처럼 구부러진 수염.
虯髯(규염) 규룡처럼 구불구불한 수염.

虻	③ 9획 蝱(p1218)과 同字	

虹	③ 9획 무지개 홍	日コウ·にじ 中hóng, jiàng

* 형성. 뜻을 나타내는 부수 '虫(벌레 충)'과 음을 나타내며 꿰뚫는다는 의미를 지닌 '工(장인 공)'을 합친 글자. 이에 하늘을 꿰뚫는(工) 벌레(虫), 곧 '무지개'의 뜻으로 쓰임.

풀이 1. 무지개. ¶虹橋 2. 무지개 다리.

虹橋(홍교) 무지개 모양으로 된 다리. 무지개 다리.
虹洞(홍동) 서로 연이어진 모양.
虹彩(홍채) 안구(眼球)의 각막과 수정체 사이에 있으면서 빛의 양을 조절하는 기능을 하는 고리 모양의 얇은 막.
虹泉(홍천) 폭포(瀑布). 비천(飛泉).

虺	③ 9획 살무사 훼	日キ 中huǐ, huī

풀이 1. 살무사. 2. 도마뱀. 3. 작은 뱀. 4. 우렛소리.

虺蜴(훼척) 1)살무사와 도마뱀. 2)남에게 해독(害毒)을 끼치는 사람을 비유하는 말.
虺虺(훼훼) 천둥 소리. 우렛소리.
虺隤(훼퇴) 말이 병들고 지친 모양.

蚧	④ 10획 조개 이름 개	日カイ 中jiè

풀이 조개 이름. 옴.

蚧搔(개소) 옴.

蚗	④ 10획	日ケツ
	쓰르라미 결	中jué

풀이 1. 쓰르라미. 매미의 한 가지. 2. 도롱뇽.

蚣	④ 10획	
	❶지네 공	日コウ・ショウ
	❷여치 송	中gōng

풀이 1 1. 지네. 2 2. 여치.

蚣蝑(송서) 여치 · 메뚜기 · 베짱이 등의 통칭. 종사(螽斯).

蚑	④ 10획	日キ
	길 기	中qí

풀이 1. 기다. 기어 다니다. 2. 갈거미.

蚑行(기행) 1)벌레가 기어 가는 모양. 2)기어 다니는 것. 곧, 벌레나 짐승의 총칭.

蚑行蟯動(기행요동) 작은 벌레.

蚪	④ 10획	日トウ
	올챙이 두	中dǒu

풀이 올챙이.

蚒	④ 10획	日メン
	말매미 면	中mián

풀이 말매미.

蚒蚗(면결) 말매미. 선충(蟬蟲).

蚊	④ 10획	日モン・か
	모기 문	中wén

* 형성. 뜻을 나타내는 부수 '虫(벌레 충)'과 음을 나타내는 '文(글월 문)'을 합친 글자.

풀이 모기.

蚊脚(문각) 1)모기의 다리. 2)획이 가는 글씨.

蚊雷(문뢰) 모기가 윙윙거리는 소리.

蚊蝱(문맹) 모기와 등에. 문맹(蚊虻).

蚊蚋(문예) 모기.

蚊蚋負山(문예부산) 모기가 산을 진다는 뜻으로, 역량이 부족하여 맡은 일을 감당하지 못함을 비유하는 말.

蚊幬(문주) 모기장. 문장(蚊帳).

蚊幮(문주) 모기장.

蚊陣(문진) 모기 떼. 문군(蚊羣).

蚊睫(문첩) 1)모기의 속눈썹. 2)매우 미세함.

蚊幌(문황) 작은 모기장.

蚉	④ 10획
	蚊(p1207)과 同字

蚄	④ 10획	日ホウ
	며루 방	中fāng

풀이 며루. 벌레의 일종.

蚌	④ 10획	日ボウ
	방합 방	中bàng, bèng

풀이 1. 방합. 대합조개. 2. 말씹조개.

蚌珠(방주) 진주조개에서 나온 진주(眞珠).

蚌鷸之勢(방휼지세) 방합과 도요새가 싸우는 형세. 서로 다투다가 결국 제삼자에게 이득을 주는 형세를 이르는 말. 휼방지쟁(鷸蚌之爭).

蚥	④ 10획	日フ
	두꺼비 보	中fǔ, fù

풀이 1. 두꺼비. 2. 사마귀. 3. 말매미.

蚨	④ 10획	日フ
	파랑강충이 부	中fú

풀이 파랑강충이. 청부. 매미와 비슷한 벌레.

蚡	④ 10획	日フン・もぐら
	두더지 분	中fén

풀이 두더지.

蚡鼠(분서) 두더지.

蚡息(분식) 모여서 불어남.

蚡縕(분온) 소리가 흐트러지는 모양.

蚠 ④ 10획
蚡(p1207)과 同字

蚍 ④ 10획 日ヒ
왕개미 비 中pí

풀이 왕개미.

蚜 ④ 10획 日ガ
진드기 아 中yá

풀이 1. 진드기. 진딧물. 2. 갈다.

蚦 ④ 10획 日ゼン
비단뱀 염 中rán, tiàn

풀이 1. 비단뱀. 2. 이무기. 용이 되지 못하고 물속에 산다는 큰 구렁이.

蚋 ④ 10획
蜹(p1216)와 同字

蚘 ④ 10획 日ウ
치우 우 中yóu, huí

풀이 치우(蚩蚘). 옛날 제후(諸侯)의 호(號).

蚖 ④ 10획
❶ 영원 원 日ガン·ゲン
❷ 살무사 완 中yuán

풀이 1 1. 영원(蠑蚖). 도마뱀. 2 2. 살무사.

蚖膏(원고) 영원(蠑蚖)에서 짠 기름으로 켠 등불.

蚖蝮(완복) 살무사.

蚓 ④ 10획 日イン·みみず
지렁이 인 中yǐn

풀이 지렁이.

蚓泣(인읍) 슬프게 들리는 지렁이의 울음소리.

蚓操(인조) 지렁이가 단지 흙과 물을 먹으면서, 구하는 것이 없는 것처럼, 사람이 자신의 작은 절개를 지킴을 비유하는 말.

蚝 ④ 10획 日ザ
쐐기 자 中cì

풀이 쐐기.

蚕 ④ 10획
蠶(p1233)의 俗字

蚤 ④ 10획 日ソウ·のみ
벼룩 조 中zǎo

풀이 1. 벼룩. 2. 손톱. ¶蚤甲 3. 일찍. ¶蚤起

蚤甲(조갑) 손톱.

蚤起(조기) 일찍 일어남.

蚤莫(조모) 아침과 저녁.

蚤牙之士(조아지사) 임금의 손톱과 어금니가 되어 보필하는 신하를 비유하는 말. 국가의 중임을 맡은 신하.

蚤夜(조야) 일찍 일어나고 늦게 잠.

蚤夭(조요) 젊어서 죽음. 요사(夭死).

蚤腸出食(조장출식) 벼룩의 간 빼 먹기.

蚤知之士(조지지사) 선견지명(先見之明)이 있는 사람. 기회에 민감한 사람.

비 蚤(지렁이 전)

蚇 ④ 10획 日セキ
자벌레 척 中chǐ

풀이 자벌레. 나방의 유충으로, 뱀처럼 기어다님.

蚇蠖(척확) 자벌레. 척확(尺蠖).

蚩 ④ 10획 日チ
어리석을 치 中chī

풀이 1. 어리석다. 우둔하다. ¶蚩笑 2. 얕보다. 업신여기다. 모멸하다. 3. 희롱하다. 4. 추하다. 못생기다. 5. 소란한 모양.

蚩笑(치소) 비웃음. 치소(嗤笑).

蚩蚩(치치) 1)어리석은 모양. 2)인정이 두꺼운 모양. 3)어지럽게 얽힌 모양.

蚩眩(치현) 업신여겨 속임. 깔보고 속임.

蚶 ⑤ 11획 日カン
새고막 감 中hān

풀이 1. 새고막. 바닷조개의 일종. 2. 다슬기.

蚷	⑤ 11획	日キョ
	노래기 거	中jù, qú

풀이 노래기. 지네와 비슷한 절지동물로, 노린내가 남.

蛄	⑤ 11획	日コ
	땅강아지 고	中gū, gǔ

풀이 1. 땅강아지. 2. 씽씽매미. 3. 바구미.

蛋	⑤ 11획	日タン
	새알 단	中dàn

* 형성. 뜻을 나타내는 부수 '虫(벌레 충)'과 음을 나타내는 '延(끌 연)'의 생략형을 합친 글자. 새가 앉아 발(疋)로 까면 짐승(虫)이 되는 '알'을 뜻함.

풀이 1. 새알. ¶蛋殼 2. 해녀(海女). 3. 종족 이름. 중국 남방에 사는 종족으로, 수상(水上) 생활을 함.

蛋殼(단각) 알의 껍데기. 난각(卵殼).
蛋白(단백) 알의 흰자. 난백(卵白).
蛋白質(단백질) 아미노산으로 된 고분자 화합물.
蛋黃(단황) 알의 노른자. 난황(卵黃).

비 蚤(벼룩 조)

蛎	⑤ 11획	日リク
	방아깨비 력	中lì

풀이 방아깨비. 메뚜깃과의 곤충.

蛉	⑤ 11획	日レイ
	잠자리 령	中líng

풀이 1. 잠자리. 2. 배추벌레. 배추흰나비의 애벌레. 3. 씽씽매미.

蛃	⑤ 11획	日ビョウ
	반대좀 병	中bǐng

풀이 반대좀. 책·옷 등을 해치는 벌레. 의어(衣魚)·담어(蟫魚)·백어(白魚) 등.

蚹	⑤ 11획	日フ
	비늘 부·복	中fù

풀이 비늘. 뱀의 아랫배에 있는 비늘.

蛇	⑤ 11획	
	❶ 뱀 사	日ジャ·ダ·へび
	❷ 구불구불갈 이	中shé, yí

丶 口 口 中 虫 虫 虫` 虫` 虫宀 虫它 蛇

* 형성. 뜻을 나타내는 부수 '虫(벌레 충)'과 음을 나타내며 '뱀'을 뜻하는 '它(다를 타)'를 합친 글자.

풀이 1 1. 뱀. 2. 별 이름. 북상의 성수(星宿) 이름. 2 3. 구불구불가다. 굼틀거리다.

蛇蝎(사갈) 1)뱀과 전갈. 2)가장 두렵고 혐오스러운 사람 또는 몹시 징그러운 물건을 비유하는 말.
蛇毒(사독) 뱀의 몸 속에 있는 독.
蛇龍(사룡) 이무기가 변하여 된 용.
蛇目(사목) 뱀의 눈.
蛇心(사심) 간사하고 질투가 심한 마음. 뱀같이 표독스러운 마음.
蛇心佛口(사심불구) 뱀의 마음과 부처의 입이라는 뜻으로, 속으로는 간악한 마음을 갖고 있으면서 입으로는 친절한 척 꾸밈. 또는 그런 사람.
蛇足(사족) 뱀의 발이란 뜻으로, 군더더기를 덧붙임을 이르는 말. 화사첨족(畫蛇添足).

○蛇足(사족)의 유래

여러 사람이 술을 놓고 내기를 했다. 모두가 마시기엔 모자라는 양이므로 땅에 뱀을 그려 제일 먼저 그린 사람이 혼자 마시기로 한 것이다. 그래서 한 사람이 먼저 뱀을 그렸는데, 그는 술을 마시려고 왼손으로 잔을 잡고 오른손으로 뱀을 그리면서 "난 발까지 그릴 수 있어."라고 말했다. 그러자 그가 발을 그리고 있는 사이 또 한 사람이 뱀을 다 그린 뒤 술잔을 빼앗았다. "뱀은 원래 발이 없네. 발을 그리면 안 되는 걸세." 이렇게 말하고는 그 술을 마셔 버렸다.

蛇退(사퇴) 뱀의 허물.
蛇行(사행/이행) 1)엉금엉금 기어가는 모양. 2)뱀처럼 구불거리고 가는 모양. 똑바로 가지 못하는 모양.

유 它(뱀 사) 비 陀(비탈질 타)

蚴	⑤ 11획	日ユウ
	굼틀거릴 유	中yǒu

풀이 1. 굼틀거리다. 2. 나나니벌.

蛆	⑤ 11획	日ショ
	구더기 저	中qū

풀이 1. 구더기. 2. 지네. 3. 술에 뜨는 거품. 술 찌꺼

기.

蛅	⑤ 11획 쐐기 점	日テン 中zhān

풀이 쐐기. 안타깨비쐐기. 쐐기나방의 유충.

蛁	⑤ 11획 참매미 조	日ショウ 中diāo

풀이 참매미. 몸집이 작고 머리와 흉부에 황록색 점이 있는 매미.

蛀	⑤ 11획 나무좀 주	日シュウ 中zhù

풀이 1. 나무좀. 나무 · 곡식 · 책 등을 갉아먹는 곤충. 2. 벌레먹다. 좀먹다.

蛀齒(주치) 벌레먹은 이. 충치(蟲齒).

蚳	⑤ 11획 개미알 지	日シ 中chí

풀이 1. 개미알. 2. 전갈.

蚻	⑤ 11획 씽씽매미 찰	日サツ 中zhá

풀이 씽씽매미.

蚱	⑤ 11획 벼메뚜기 책	日サク 中zhà

풀이 1. 벼메뚜기. 2. 말매미. 몸집이 크고 검은빛을 띰.

蚱蜢(책맹) 벼메뚜기.
蚱蟬(책선) 매미의 한 가지.

蚿	⑤ 11획 노래기 현	日ケン 中xián

풀이 노래기. 지네와 비슷한 절지동물로, 노린내가 남.

蛍	⑤ 11획 螢(p1223)의 俗字	

蚈	⑥ 12획 개똥벌레 견	日ケン 中qiān

풀이 1. 개똥벌레. 2. 노래기. 지네와 비슷한 절지동물로, 노린내가 남.

蛐	⑥ 12획 지렁이 곡	日キョク · みみず 中qū

풀이 1. 지렁이. 2. 귀뚜라미.

蛩	⑥ 12획 메뚜기 공	日キョウ · こおろぎ 中qióng

* 형성. 뜻을 나타내는 부수 '虫(벌레 충)'과 음을 나타내는 부수 이외의 글자를 합친 글자.

풀이 1. 메뚜기. 2. 매미 허물. 3. 귀뚜라미. ¶蛩音 4. 짐승 이름. 북해에 사는 말처럼 생긴 동물. 5. 근심하여 골똘히 생각하는 모양.

蛩蛩(공공) 1)근심하며 골똘히 생각하는 모양. 2)북해(北海)에 산다는 말과 비슷한 짐승. 거허(巨虛).
蛩聲(공성) 귀뚜라미 우는 소리.
蛩音(공음) 귀뚜라미 우는 소리.
蛩秋(공추) 귀뚜라미의 다른 이름.

蛬	⑥ 12획 귀뚜라미 공	日キョウ · コオロギ 中gǒng, qióng

풀이 귀뚜라미.

蛬穴(공혈) 귀뚜라미의 굴(집).

蛟	⑥ 12획 교룡 교	日コウ 中jiāo

풀이 1. 교룡(蛟龍). 뿔이 없는 전설상의 용. 2. 상어.

蛟虯(교규) 1)가슴이 답답함. 2)꼬불꼬불 서려 있는 것.
蛟龍(교룡) 이무기와 용.
蛟龍得水(교룡득수) 1)임금은 백성을 얻음으로써 비로소 그 위엄과 권위가 서게 됨을 비유하는 말. 2)영웅이 때를 만나 큰일을 이룸.
蛟蛇(교사) 교룡.

蛣	⑥ 12획 장구벌레 길	日キツ 中jié

* 형성. 뜻을 나타내는 부수 '虫(벌레 충)'과 음을 나타내는 '吉(길할 길)'을 합친 글자.

풀이 1. 장구벌레. 모기의 유충. 2. 쇠똥구리. 말똥구리. 풍뎅잇과의 곤충. 3. 나무좀벌레. 책·옷 등을 갉아먹는 벌레.

蛣蜣(길강) 풍뎅이과의 곤충. 말똥구리.
蛣蝠(길굴) 나무좀·나무굼벵이의 총칭.
蛣蟩(길궐) 모기의 유충. 장구벌레. 혈궐(孑孓).

蛚	⑥ 12획	日レツ·コオロギ
	귀뚜라미 렬	中liè

풀이 귀뚜라미.

蛮	⑥ 12획
	蠻(p1233)의 俗字

蛧	⑥ 12획
	蝄(p1215)과 同字

蛑	⑥ 12획	日モ
	꽃게 모	中máo, móu

풀이 1. 꽃게. 2. 뿌리를 갉아먹는 해충(害蟲). 3. 사마귀. 당랑(螳螂).

蛗	⑥ 12획	日フ·バッタ
	메뚜기 부	中fù

풀이 메뚜기.

蛗螽(부종) 메뚜기.

蛙	⑥ 12획	日ワ·かえる
	개구리와· 왜	中wā

풀이 1. 개구리. ¶蛙聲 2. 음란하다. 음탕하고 난잡하다.

蛙鼓(와고) 와폐(蛙吠).
蛙鳴蟬噪(와명선조) 1)개구리와 매미가 시끄럽게 우는 모양. 2)졸렬한 문장. 또는 쓸데없는 입씨름.
蛙聲(와성) 1)개구리의 우는 소리. 2)음란한 음악 소리. 정음(正音)이 아닌 음악 소리. 음성(淫聲).
蛙市(와시) 개구리들이 떼지어 욺.
蛙吹(와취) 개구리 우는 소리. 와폐(蛙吠).
蛙吠(와폐) 개구리의 우는 소리.

蛜	⑥ 12획	日イ
	쥐며느리 이	中yī

풀이 1. 쥐며느리. 썩은 나무 밑에서 사는 곤충. ¶蛜蝛 2. 참매미.

蛜蚗(이결) 참매미.
蛜蝛(이위) 쥐며느리과의 곤충. 쥐며느리.

蛓	⑥ 12획	日サ
	쐐기 자	中cì

풀이 쐐기. 쐐기나방의 유충.

蛛	⑥ 12획	日シュ·チュ·くも
	거미 주	中zhū

풀이 거미.

蛛煤(주매) 거미줄과 그을음.
蛛絲(주사) 거미줄.
蛛絲馬跡(주사마적) 거미가 줄을 뽑아내고, 말이 발자국을 남기듯이, 문장의 맥락이 매끄러움을 비유하는 말.
蛛呑象(주탄상) 소(小)가 대(大)를 이김.

蛭	⑥ 12획	日シツ
	거머리 질	中zhì

풀이 1. 거머리. 2. 개밋둑. 개미집을 짓기 위해 날라 놓은 흙이 쌓인 것.

蛭蟥(질인) 1)거머리와 지렁이. 2)쓸모없는 것을 비유하는 말.

유 蝚(거머리 유)

蛇	⑥ 12획	日タク
	해파리 차	中zhà

풀이 해파리.

비 蛇(뱀 사)

蛤	⑥ 12획	日コウ
	대합조개 합	中gé, há

* 형성. 뜻을 나타내는 부수 '虫(벌레 충)'와 음을 나타내는

6획

'合(합할 합)'을 합친 글자. 이에 두 조가비가 합치는 '대합조개'를 나타냄.

풀이 1. 대합조개. 무명조개. ¶蛤蜆 2. 두꺼비. 3. 개구리.

蛤蜊(합리) 물이 얕은 모래땅에 서식하는 조개. 새조개.

蛤蟆(합마) 개구리.

蛤仔(합자) 참조개.

蛤蜆(합현) 대합조개와 바지락조개.

蛞	⑥ 12획 괄태충 활	日 カツ 中 kuò

풀이 1. 괄태충(括胎蟲). 민달팽이. 달팽이와 비슷하게 생겼으나 껍데기가 없는 연체동물. 2. 올챙이. 3. 땅강아지. 배에 연한 털이 난 갈색 곤충. ¶蛞螻 4. 두꺼비.

蛞螻(활루) 땅강아지. 누고(螻蛄).

蛞蝓(활유) 알달팽이. 따뜻하고 습한 곳에 사는 연체동물(軟體動物). 괄태충(括胎蟲).

蛔	⑥ 12획 거위 회	日 カイ 中 huí

풀이 거위. 사람 몸에 기생하는 기생충.

蛕	⑥ 12획 蛔(p1212)와 同字	

蛷	⑦ 13획 집게벌레 구	日 キュウ 中 qiú

풀이 집게벌레. 적갈색을 띠며 집게가 달린 곤충.

蜑	⑦ 13획 종족이름 단	日 タン 中 dàn

풀이 1. 종족 이름. 중국 복건(福建)·광동(廣東) 일대에 사는 종족. ¶蜑人 2. 새알.

蜑人(단인) 중국 복건(福建)·광동(廣東)의 연해(沿海)에 사는 종족의 이름.

蜋	⑦ 13획 사마귀 랑(낭)	日 ロウ 中 láng

풀이 1. 사마귀. 2. 풍뎅이. 쇠똥구리.

蜋蟗(낭의) 게의 수컷. 수게.

蜊	⑦ 13획 참조개 리	日 リ 中 lí

풀이 참조개. ¶蛤蜊

蜂	⑦ 13획 벌 봉	日 ホウ·はち 中 fēng

(필순) 蜂

* 형성. 뜻을 나타내는 부수 '虫(벌레 충)'과 음을 나타내며 '창'의 의미를 지닌 '夆(가릴 봉)'을 합친 글자. 이에 날카로운 침을 가진 벌레를 나타내어, '벌'의 뜻으로 쓰임.

풀이 1. 벌. 2. 창날. 칼끝. 3. 붐비다. 4. 거스르다.

蜂窠(봉과) 벌집. 봉소(蜂巢)

蜂起(봉기) 벌떼같이 일어난다는 뜻으로, 반란 등이 곳곳에서 일시에 일어남을 이르는 말.

蜂屯(봉둔) 벌떼처럼 모여듦.

蜂目豺聲(봉목시성) 벌 같은 눈매에 늑대 같은 목소리란 뜻으로, 흉악한 인상을 비유하는 말.

蜂衙(봉아) 1)벌집. 2)꿀벌이 아침저녁으로 일정한 시각에 벌통을 드나들듯, 병사들이 드나듦을 비유하는 말.

蜂午(봉오) 붐빔. 북적북적하고 복잡함.

蜂腰(봉요) 1)꿀벌의 허리. 가는 허리. 2)삼형제 중에 둘째가 못났음을 비유하는 말.

蜂腰體(봉요체) 율시(律詩)의 제3구와 제4구가 대구(對句)로 되어 있지 않은 것.

蜂準(봉준) 우뚝 높이 솟은 콧마루.

蜂準長目(봉준장목) 벌과 같은 높은 콧마루와 가늘고 긴 눈. 영민하고 사려 깊은 인상.

蜂蠆(봉채) 1)벌과 전갈. 2)작아도 무서운 것을 비유하는 말.

蜂出(봉출) 벌이 벌집에서 나오듯 떼 지어 한꺼번에 나오는 모습.

蜂聚(봉취) 벌떼처럼 무리 지어 모여듦.

비 峰(봉우리 봉)

蜉	⑦ 13획 하루살이 부	日 フ 中 fú

풀이 1. 하루살이. 2. 왕개미.

蜉蝣(부유) 1)하루살이. 2)인생의 덧없음을 비유하는 말.

蜉蝤(부유) 하루살이.

蜁 ⑦ 13획 日セン
소라 선 中xuán

풀이 소라. 다슬기.

蛻 ⑦ 13획 日ゼイ
허물 세·태 中tuì

풀이 1. 허물. 매미·뱀 등이 벗은 껍질. 2. 허물을 벗다.

蛻骨(세골) 뼈를 벗음. 곧, 뼈를 뽑음.

蛸 ⑦ 13획 日ショウ
갈거미 소 中shāo, xiāo

풀이 갈거미. 삿갓 모양의 얇은 바라에 삶.

蜃 ⑦ 13획 日シン
무명조개 신 中shèn

풀이 1. 무명조개. 대합조개. 2. 이무기. 교룡(蛟龍)의 일종. 3. 상여. 영구차. 4. 제기(祭器).

蜃車(신거) 영구차(靈柩車).

蜃蛤(신합) 대합조개.

蛾 ⑦ 13획
❶ 나방 아 日ガ
❷ 개미 의 中é, yǐ

*형성. 뜻을 나타내는 부수 '虫(벌레 충)'과 음을 나타내는 '我(나 아)'를 합친 글자.

풀이 ❶ 1. 나방. 2. 눈썹. 나방의 촉수처럼 가늘게 휜 눈썹. 3. 초승달. 4. 갑자기. 5. 목이버섯. ❷ 6. 개미.

蛾眉(아미) 1)나방의 촉수처럼 털이 짧고 초승달 모양으로 굽은 아름다운 눈썹. 미인의 눈썹. 2)미인. 3)초승달.

蛾眉月(아미월) 초승달. 신월(新月).

蛾附(의부) 개미떼처럼 모여듦.

蛾賊(의적) 1)개미떼처럼 많은 도둑. 2)황건적(黃巾賊).

蜍 ⑦ 13획 日ジョ
두꺼비 여·서 中chú

풀이 두꺼비.

蜒 ⑦ 13획 日エン
구불구불 길 연 中yán

풀이 1. 구불구불 길다. 2. 그리마. 어둡고 습한 곳에 사는 절지동물.

蜒蜒(연연) 뱀 같은 것이 구불구불 긴 모양.

蜎 ⑦ 13획 日エン
장구벌레 연 中yuān

풀이 1. 장구벌레. 모기의 유충. ¶蜎蜎 2. 휘다. 굽다. 3. 기다.

蜎飛蠕動(연비연동) 1)벌레가 움직이는 모양. 2)떠드는 모양.

蜎蜎(연연) 벌레가 꾸물거리는 모양.

蜈 ⑦ 13획 日ゴ
지네 오 中wú

풀이 지네.

蜈蚣(오공) 지네.

蛹 ⑦ 13획 日ヨウ
번데기 용 中yǒng

풀이 번데기. 유충이 성충으로 변하기 이전의 상태.

蛹臥(용와) 번데기가 고치 속에 가만히 드러누워 있다는 뜻으로, 은자(隱者)가 칩거(蟄居)함을 비유하는 말.

蛹蟲(용충) 번데기.

蜓 ⑦ 13획 日テン·テイ
잠자리 정 中tíng

풀이 잠자리. ¶蜻蜓

蜂 ⑦ 13획 日サイ
씽씽매미 제 中tí

풀이 씽씽매미.

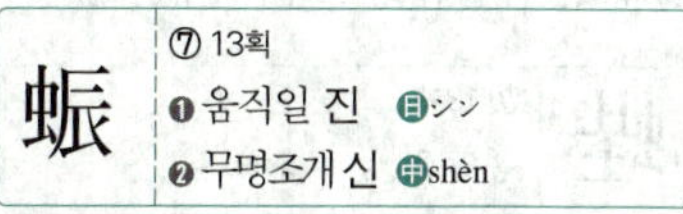

蜄 ⑦ 13획
❶ 움직일 진 日シン
❷ 무명조개 신 中shèn

풀이 ❶ 1. 움직이다. 2. 이무기. 교룡(蛟龍)의 일종. ❷

6 획

3. 무명조개. 대합조개.

蛼	⑦ 13획	日チャ
	차오 차	中chē

풀이 차오(蛼螯). 조개의 일종. 대합(大蛤)과 비슷함.

蜇	⑦ 13획	日テツ
	쏠 철	中zhē, zhé

풀이 1. 쏘다. 벌레가 쏘다. ¶蜇吻 2. 해파리. 3. 아프다.

蜇吻(철문) 입술을 찌름.

蜇螫(철석) 벌레가 쏘아 독(毒)을 냄.

비 蜤(여치 사)

蜀	⑦ 13획	日ソク
	나라 이름 촉	中shǔ

풀이 1. 나라 이름. ㉠촉한(蜀漢). 삼국 시대에 유비(劉備)가 세운 나라. ㉡전촉(前蜀). 오대 십국(五代十國)의 하나로 왕건(王建)이 세운 나라. ㉢후촉(後蜀). 하나는 진(晉)나라 때 이웅(李雄)이 세운 성한(成漢)이고, 또 하나는 오대 십국(五代十國)의 하나로 맹지상(孟知祥)이 세운 나라. 2. 고을 이름. 중국 사천성(四川省)의 옛 이름. 3. 나비의 애벌레. 나비 유충. 4. 제기(祭器).

蜀犬吠日(촉견폐일) 촉(蜀) 지방은 해를 볼 수 있는 날이 적으므로, 어쩌다가 해가 나면 개가 괴이하게 여겨 짖는다는 뜻으로, 식견이 좁은 사람이 다른 탁월한 언행을 의심하여 비난함을 비유하는 말.

蜀錦(촉금) 촉(蜀)의 금강(錦江)에서 표백(漂白)한 실로 짠 비단이라는 뜻으로, 질이 좋은 고운 비단을 이르는 말.

蜀道(촉도) 1)촉(蜀)으로 통하는 험한 길. 2)처세(處世)하기 대단히 어려움.

蜀魄(촉백) 두견새. 촉혼(蜀魂).

蜀鳥(촉조) 두견(杜鵑)의 다른 이름.

蜀布(촉포) 촉(蜀)에서 나는 촘촘하고 고운 베.

蜀魂(촉혼) 두견(杜鵑). 소쩍새. 자규(子規).

蜌	⑦ 13획	日ハイ
	홍합 폐	中bì

풀이 1. 홍합. 2. 깃맛. 마도패(馬刀貝).

蜆	⑦ 13획	日ケン
	가막조개 현	中xiǎn

풀이 가막조개. 바지락. 흑합(黑蛤).

蜆蛤(현합) 바지락조개와 대합조개.

蛺	⑦ 13획	日ギョ
	나비 협	中jiá

풀이 나비. 호랑나비.

蛺蝶(협접) 호랑나빗과에 속하는 나비의 한 가지. 호랑나비. 봉접(鳳蝶).

유 蜨(나비 접) 蝴(나비 호)

蜣	⑧ 14획	日コウ
	쇠똥구리 강	中qiāng

풀이 쇠똥구리. 말똥구리.

蜣蜋(강랑) 말똥구리. 쇠똥구리.

蜫	⑧ 14획	日コン
	벌레 곤	中kūn

풀이 벌레.

蜫蠕(곤연) 벌레의 총칭.

蜾	⑧ 14획	日カ
	나나니벌 과	中guǒ

풀이 나나니벌. 벌의 일종.

蜾蠃(과라) 나나니벌. 토봉(土蜂).

蝸	⑧ 14획	日クツ
	나무좀 굴	中qū

풀이 나무좀.

蜷	⑧ 14획	日ケン
	구부리고 갈 권	中quán

풀이 구부리고 가다.

蜷局(권국) 벌레가 구부리고 기어가는 모양.

蜷蜿(권원) 뱀 같은 것이 서린 모양.

蜝	⑧ 14획 방게 기	日キ 中qí

풀이 방게.

蜞	⑧ 14획 蜝(p1215)와 同字

蜻	⑧ 14획 매미 기	日キ 中jì, qī

풀이 1. 매미. 2. 거미. 갈거미.

蜻蛣(기길) 매미.

蝳	⑧ 14획 대모 대	日タイ・トク・くも 中dài, dú

풀이 대모(蝳瑁). 거북의 일종.

蝀	⑧ 14획 무지개 동	日トウ 中dōng

풀이 무지개.

유 蝃(무지개 체) 虹(무지개 홍)

蜹	⑧ 14획 蠟(p1230)의 俗字

蜽	⑧ 14획 도깨비 량	日リョウ 中liǎng

풀이 도깨비.

蜧	⑧ 14획 신령스러운 뱀 려	日リョ 中lì

풀이 1. 신령스러운 뱀. 신천(神泉)에 살며 비를 내린다는 신령한 검은 뱀. 2. 두꺼비.

蜦	⑧ 14획 굼틀굼틀 갈 륜	日リン 中lǔn

풀이 1. 굼틀굼틀 가다. 2. 신령스러운 뱀. 신천(神泉)에 살며 비를 내린다는 신령한 검은 뱀. 3. 개구리 · 두꺼비의 총칭.

蝄	⑧ 14획 도깨비 망	日モウ 中wǎng

풀이 도깨비.

蝄蜽(망량) 도깨비. 사람의 말을 흉내 내어 사람을 호린다고 함.

蜢	⑧ 14획 벼메뚜기 맹	日モウ 中měng

풀이 1. 벼메뚜기. 날개가 긴 메뚜기. 2. 두꺼비.

蜜	⑧ 14획 꿀 밀	日ミツ 中mì

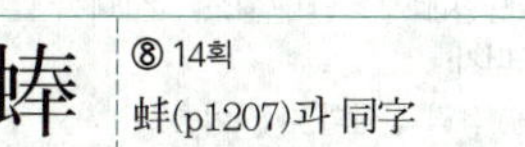

* 형성. 뜻을 나타내는 부수 '虫(벌레 충)'와 음을 나타내는 '宓(꽉찰 밀)'을 합친 글자. 이에 벌이 집을 꽉 채워 놓은 '꿀'을 나타냄.

풀이 꿀. 벌꿀.

蜜灸(밀구) 한약재에 꿀을 발라 불에 굽는 일.
蜜蠟(밀랍) 꿀벌의 집을 구성하는 물질.
蜜月(밀월) 결혼 초의 즐겁고 달콤한 한 달 동안을 이르는 말. 신혼 여행.
蜜人(밀인) 목내이(木乃伊). 미라(mirra).
蜜酒(밀주) 꿀로 빚은 술. 꿀술.
蜜汁(밀즙) 꿀.
蜜丸(밀환) 약 가루를 꿀에 반죽하여 만든 환.

비 密(빽빽할 밀)

蜯	⑧ 14획 蚌(p1207)과 同字

蜅	⑧ 14획 메뚜기 부	日ブ 中fù

풀이 메뚜기.

蝜	⑧ 14획 쥐며느리 부	日ブ 中fù

6획

풀이 쥐며느리.

蜚	⑧ 14획 바퀴 비	日 ヒ 中 fěi, fēi

* 형성. 뜻을 나타내는 부수 '虫(벌레 충)'과 음을 나타내는 '非(아닐 비)'를 합친 글자.

풀이 1. 바퀴. 바퀴벌레. ¶蜚蠊 2. 날다. ¶蜚禽 3. 색싸기. 볏잎을 갉아먹는 해충.

蜚禽(비금) 날짐승. 비조(飛鳥).
蜚騰(비등) 날아오름. 비등(飛騰).
蜚蠊(비렴) 바퀴벌레.
蜚語(비어) 근거 없이 떠도는 말.
蜚芻(비추) 마초(馬草)를 빨리 나르는 일.

유 輪(바퀴 륜) 비 輩(무리 배)

蜱	⑧ 14획 사마귀알 비	日 ヒ 中 pí

풀이 사마귀의 알.

蜱蛸(비초) 사마귀의 알.

蜸	⑧ 14획 바퀴 비	日 ヒ·ビ 中 féi

풀이 1. 바퀴. 바퀴벌레. 2. 굼벵이. 3. 빈대.

蜸蠐(비제) 굼벵이.

蜡	⑧ 14획 ❶ 납향 사 ❷ 구더기 저	日 ショ·テイ 中 là, zhà

풀이 1 1. 납향(臘享). 납제(臘祭). 연말에 지내는 제사. 2 2. 구더기.

蜡月(사월) 음력 선달의 다른 이름.
蜡祭(사제) 사월(蜡月)에 백신(百神)에게 지내는 제사. 납제(臘祭).

蜤	⑧ 14획 ❶ 여치 사 ❷ 도마뱀 석	日 サ·セキ 中 $sī^1$, $xī^2$

풀이 1 1. 여치. 2 2. 도마뱀.

비 蜇(쏠 철)

蜥	⑧ 14획 도마뱀 석	日 セキ 中 xī

풀이 도마뱀.

蜥蜴(석척) 도마뱀.

蜙	⑧ 14획 베짱이 송	日 ソウ 中 sōng

풀이 1. 배짱이. 메뚜기. 2. 지네.

蜙蝑(송서) 베짱이. 종사(螽斯).

蝇	⑧ 14획 蠅(p1228)의 俗字

蜹	⑧ 14획 살무사 악	日 アク 中 è

풀이 살무사.

蜮	⑧ 14획 물여우 역	日 エキ 中 yù

풀이 1. 물여우. 물속에 살며 독기가 있어 사람을 해친다는 날도래의 유충. 2. 헷갈리게 하다. 3. 개구리.

蜮射(역사) 물여우가 모래를 머금고 사람을 쏨.
蜮祥(역상) 재앙(災殃)의 조짐.

蜺	⑧ 14획 무지개 예	日 ゲイ 中 ní

풀이 1. 무지개. 2. 쓰르라미. 매미의 일종.

蜺旌(예정) 무지개 형상을 그린 깃발.

유 虹(무지개 홍)

蜹	⑧ 14획 파리매 예	日 ガイ 中 ruì

풀이 파리매. 파리매의 유충.

蜿	⑧ 14획 ❶ 굼틀거릴 원 ❷ 지렁이 완	日 エン 中 wān

6 획

* 형성. 뜻을 나타내는 부수 '虫(벌레 충)'과 음을 나타내는 '宛(굽을 완)'을 합친 글자. 이에 구불구불 굼틀거리는 것, '지렁이'를 나타냄.

풀이 ❶ 1. 굼틀거리다. 2. 범이 어슬렁거리는 모양. ❷ 3. 지렁이. 4. 산세 등이 굽어 있는 모양.

蜿蟺(원선) 1)지렁이. 2)산세(山勢) 등이 굽어 꺾인 모양. 3)서려있는 모양.

蜿蜒(원연) 1)용이나 뱀 등이 굼틀거리며 기어 가는 모양. 2)구불구불 길게 이어진 모양.

婉婉(원원) 용이나 뱀 등이 구불구불 기어가는 모양.

蜿只(원지) 범이 걸어가는 모양.

蜲	⑧ 14획	日イ
	쥐며느리 위	中wěi

풀이 1. 쥐며느리. ¶丑方 2. 굼틀거리다. 3. 산이 굽어져 길게 이어지다.

蜲蝚(위서) 쥐며느리. 서부(鼠婦).

蜲蜲(위위) 용이나 뱀이 꿈틀꿈틀 가는 모양.

蜲蛇(위이) 1)구불구불 가는 모양. 2)여운(餘韻)이 울리며 끄는 모양. 3)산천이 굽어져 이어진 모양.

蜼	⑧ 14획	日ユ
	원숭이 유	中wěi

풀이 원숭이. 긴꼬리원숭이.

유 猿(원숭이 원)

蝅	⑧ 14획	
	蠶(p1233)과 同字	

蜨	⑧ 14획	日チョウ
	나비 접	中dié

풀이 나비. '蝶(나비 접)'의 본자.

유 蝴(나비 호) 蛺(나비 협)

蜩	⑧ 14획	日チョウ
	매미 조	中tiáo

* 형성. 뜻을 나타내는 부수 '虫(벌레 충)'과 음을 나타내는 '周(두루 주)'를 합친 글자.

풀이 1. 매미. ¶蜩甲 2. 굼틀거리다. 용이 머리를 굼틀거리는 모양.

蜩甲(조갑) 매미의 허물. 한방에서 쓰는 한약재의 한 가지. 선태(蟬蛻).

蜩螗(조당) 매미. 조선(蜩蟬).

蜩螗沸羹(조당비갱) 매미가 울고 물과 국이 끓는 소리란 뜻으로, 외치는 소리가 매우 시끄러움을 비유하는 말.

蜩蟟(조료) 용이 머리를 움직이는 모양.

蜩沸(조비) 외치는 소리가 매우 시끄러운 모양.

蜩蛻(조세) 조갑(蜩甲).

蜘	⑧ 14획	日チ
	거미 지	中zhī

풀이 거미.

蜘蛛(지주) 거미.

蜴	⑧ 14획	日エキ
	도마뱀 척	中yì

풀이 도마뱀.

蜻	⑧ 14획	日セイ
	귀뚜라미 청	中qīng

풀이 1. 귀뚜라미. 실솔(蟋蟀). ¶蜻蛚 2. 잠자리.

蜻蛚(청렬) 귀뚜라미.

蜻蛉(청령) 고추잠자리.

蜻蜓(청정) 잠자리.

유 蛬(귀뚜라미 공) 蛚(귀뚜라미 렬)

蝃	⑧ 14획	日テイ・テツ
	무지개 체	中dì

풀이 무지개.

蝃蝀(체동) 무지개. 홍예(虹蜺).

비 綴(꿰멜 철)

蝂	⑧ 14획	日ハン
	벌레 이름 판	中bǎn

풀이 벌레 이름. 몸은 작지만 무거운 물건을 지고 잘 견딤.

蜫	⑧ 14획	日コ
	깡충거미 호	中hǔ

풀이 깡충거미. 파리잡이거미.

6획

蝌 ⑨ 15획 日カ
올챙이 과 中kē

풀이 올챙이.

蝌蚪(과두) 올챙이.

蝌蚪文字(과두문자) 글자의 획이 올챙이처럼 생긴 중국 고대 문자.

蝺 ⑨ 15획
❶ 곱사등이 우 日ウ
❷ 아름다울 구 中qǔ, yǔ

풀이 1 1. 곱사등이. 2 2. 아름답다.

蝺僂(우루) 곱사등이. 몸을 구부리는 모양.

蝼 ⑨ 15획
螻(p1224)와 同字

蝱 ⑨ 15획 日ボウ
등에 맹 中méng

풀이 1. 등에. 마소의 피를 빨아먹고 살며 파리같이 생긴 곤충. 2. 패모(貝母). 백합과에 속하는 관상용의 다년초.

비 忘(잊을 망)

蝐 ⑨ 15획 日ボウ
대모 모 中mèi

풀이 대모. 거북의 일종.

비 帽(모자 모)

蝥 ⑨ 15획 日ボウ
해충 모 中máo, wù, wú

풀이 1. 해충(害蟲). 뿌리를 갉아먹는 벌레. ¶蝥賊 2. 가뢰. 3. 제후(諸侯)의 기(旗) 이름.

蝥蜮(모역) 1)가뢰와 물여우. 2)사람을 해치는 악한 사람의 비유.

蝥賊(모적) 1)벼의 뿌리와 줄기를 갉아 먹는 해충. 2)선량한 백성을 해치는 악인의 무리를 비유하는 말.

蝠 ⑨ 15획 日フク
박쥐 복 中fú

풀이 1. 박쥐. 2. 살무사.

蝮 ⑨ 15획 日フク
살무사 복 中fù

* 형성. 뜻을 나타내는 부수 '虫(벌레 충)'과 음을 나타내는 '复(갈 복)'을 합친 글자.

풀이 1. 살무사. ¶蝮蛇 2. 큰 뱀.

蝮蠍(복갈) 1)살무사와 전갈. 2)흉악한 사람을 비유하는 말.

蝮蛇(복사) 살무사.

蝮鷙(복지) 1)살무사와 맹금(猛禽). 2)가혹(苛酷)함을 비유하는 말.

蝜 ⑨ 15획 日フ
쥐며느리 부 中fù

* 형성. 뜻을 나타내는 부수 '虫(벌레 충)'과 음을 나타내는 '負(질 부)'를 합친 글자.

풀이 1. 쥐며느리. 2. 벌레 이름. 몸은 작지만 무거운 물건을 잘 진다는 벌레.

蝜蝂(부판) 벌레 이름. 작은 몸집으로 무거운 물건을 잘 지고 간다는 벌레.

蝑 ⑨ 15획 日ジョ・セイ
베짱이 서 中xiè, xū

풀이 베짱이.

蝨 ⑨ 15획 日シツ
이 슬 中shī

풀이 1. 이. 사람 · 동물의 몸에 기생하는 곤충. 2. 섞다. 함께 참여하다.

蝨脛蟣肝(슬경기간) 이의 종아리와 서캐의 간이란 뜻으로, 매우 작음을 비유하는 말.

蝨官(슬관) 나라를 좀먹고 민폐(民弊)를 일삼는 관리.

蝨處褌中(슬처곤중) 이가 속옷 속에 숨어 있다는 뜻으로, 견식이 좁고 눈앞의 편안함을 탐하는 사람을 비유하는 말.

蝕 ⑨ 15획 日シ
바구미 시 中shī

풀이 바구미. 곡식을 파먹는 해충.

蝕 ⑨ 15획 日 ショク
좀먹을 식 中 shí

* 형성. 뜻을 나타내는 부수 '虫(벌레 충)'과 음을 나타내는 '食(먹을 식)'을 합친 글자. 이에 벌레가 물건을 먹어들어가는 것을 나타내어, '좀먹다'의 뜻으로 쓰임.

풀이 1. 좀먹다. 2. 일식(日蝕). 월식(月蝕). 3. 상하다. 해치다.

蝕旣(식기) 일식·월식 등의 개기식(皆旣蝕).

유 食(밥 식) 비 飾(꾸밀 식)

蝘 ⑨ 15획 日 エン
수궁 언 中 yǎn

풀이 1. 수궁. 도마뱀과 비슷한 파충류. 2. 매미. 3. 두더지.

蝘鼠(언서) 두더지.

蝡 ⑨ 15획 日 エン
굼틀거릴 연 中 rú

풀이 굼틀거리다. 벌레가 움직이는 모양.

蝡動(연동) 굼틀거리는 모양. 벌레가 기어가는 모양.

蝡蝡(연연) 벌레가 굼틀거리며 움직이는 모양.

蝙 ⑨ 15획 日 エン
깊고 넓을 연 中 yuān

풀이 1. 깊고 넓다. 깊숙하고 넓은 모양. 2. 장구벌레. 모기의 유충.

蝝 ⑨ 15획 日 エン
새끼 누리 연 中 yuán

풀이 새끼누리. 아직 날개가 나지 않은 황충의 유충.

蝝災(연재) 누리의 재해. 황충(蝗蟲)의 피해.

蝝蟥(연황) 누리. 황충(蝗蟲).

蝸 ⑨ 15획
❶ 달팽이 와 日 カ·ラ
❷ 고둥 라(나) 中 wō

풀이 ❶ 1. 달팽이. ¶蝸角 ❷ 2. 고둥. 소라·우렁이 등 권패류(卷貝類)의 총칭.

蝸角(와각) 달팽이의 뿔이란 뜻으로, 매우 작은 것을 비유하는 말.

蝸角之爭(와각지쟁) 달팽이 뿔 위에 있는 촉(觸)·만(蠻) 두 나라가 서로 영토를 차지하려고 다투었다는 고사에서, 다투는 것이 매우 작음. 즉, 사소한 일로 쓸데없이 다툼을 비유하는 말. 보잘것없는 다툼. 만촉지쟁(蠻觸之爭).

蝸廬(와려) 달팽이 껍데기 같이 작은 집이라는 뜻으로, 자신의 집을 겸손하게 이르는 말.

蝸牛(와우) 달팽이.

蝸牛角上(와우각상) 달팽이의 뿔 위라는 뜻으로, 좁은 세상을 말함.

蝸篆(와전) 달팽이가 기어간 자국이 전서(篆書)와 닮았음을 형용한 말.

蝹 ⑨ 15획
蝹(p1222)의 俗字

蝯 ⑨ 15획 日 エン
긴팔원숭이 원 中 yuán

풀이 긴팔원숭이.

蝯眩(원현) 원숭이가 현기증을 일으킬 정도로 지세(地勢)가 높고 험준함을 비유하는 말.

蝟 ⑨ 15획 日 イ
고슴도치 위 中 wèi

* 형성. 뜻을 나타내는 부수 '虫(벌레 충)'과 음을 나타내는 '胃(밥통 위)'를 합친 글자.

풀이 1. 고슴도치. ¶蝟起 2. 운집하다. 번잡하다.

蝟起(위기) 고슴도치의 털이 곤두선다는 뜻으로, 일이 잘 풀리지 않아 일이 번거롭게 됨을 비유하는 말.

蝟毛(위모) 1)고슴도치의 털. 2)많은 수량(數量)을 비유하는 말.

蝟集(위집) 고슴도치의 털처럼, 일시에 많이 모여듦.

蝟縮(위축) 고슴도치가 몸을 움츠리듯이 두려워서 움츠리는 모양.

蝛 ⑨ 15획 日 イ
쥐며느리 위 中 wēi

풀이 쥐며느리.

蝛蝛(위위) 쥐며느리. 이위(蛜蝛).

6획

蝚	⑨ 15획	
	❶ 거머리 유	日ユウ·ノウ
	❷ 원숭이 노	中róu, náo

풀이 1 1. 거머리. 2. 땅강아지. 하늘밥도둑. 2 3. 원숭이.

蝣	⑨ 15획	日ユウ
	하루살이 유	中yóu

풀이 하루살이.

蝓	⑨ 15획	日ユ
	달팽이 유	中yú

풀이 1. 달팽이. 2. 괄태충. 민달팽이.

蝶	⑨ 15획	日チョウ
	나비 접	中dié

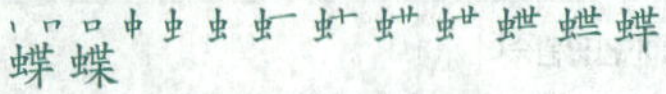

* 형성. 뜻을 나타내는 부수 '虫(벌레 충)'과 음을 나타내는 부수 이외의 글자를 합친 글자.

풀이 나비.

蝶翎(접령) 나비의 날개. 접시(蝶翅).
蝶夢(접몽) 1)나비에 관한 꿈. 2)덧없는 인생을 비유하는 말. 호접몽(蝴蝶夢).
蝶兒(접아) 나비.
유 蜨(나비 접) 蝴(나비 호) 蛺(나비 협)

蝏	⑨ 15획	日テイ
	잠자리 정	中tíng

풀이 1. 잠자리. 2. 긴맛. 바닷조개의 일종.

蝭	⑨ 15획	日テイ
	쓰르라미 제	中tí

풀이 쓰르라미. 씽씽매미.

蝭蟧(제로) 매미의 일종. 쓰르라미.

蝩	⑨ 15획	日ジュウ
	여름누에 중	中chóng, zhōng

풀이 여름누에. 여름에 치는 누에.

蝍	⑨ 15획	日ソク
	지네 즉	中jí

풀이 1. 지네. ¶蝍蛆 2. 귀뚜라미. 3. 자벌레.

蝍蛆(즉저) 1)지네. 2)귀뚜라미.
蝍蝍(즉즉) 1)가을 밤에 벌레가 우는 소리. 2)소곤소곤 이야기하는 소리.

蝡	⑨ 15획	
	굼틀거리는	日セン
	벌레 천	中chuǎn, chuǎi

풀이 굼틀거리는 벌레. 지렁이 등의 발이 없는 벌레.

蝬	⑨ 15획	日ソウ
	잠자리 총	中cōng

풀이 잠자리.

蝤	⑨ 15획	
	❶ 나무	日シュウ
	굼벵이 추	中qiú, yóu
	❷ 하루살이 유	

풀이 1 1. 나무굼벵이. 하늘소의 유충. 2. 꽃게. 2 3. 하루살이.

蝤蛑(추모) 꽃게.
蝤蠐(추제) 1)하늘소의 유충(幼蟲). 나무굼벵이. 2)미인의 목을 비유하는 말.

蝪	⑨ 15획	日トウ
	땅거미 탕	中tāng

풀이 땅거미. 담·나무줄기 등에서 집을 짓고 사는 거미.

蝙	⑨ 15획	日ヘン
	박쥐 편	中biān

풀이 박쥐.

蝙蝠(편복) 박쥐. 복익(服翼).

蝦	⑨ 15획	日カ
	새우 하	中xiā, há

풀이 1. 새우. 2. 두꺼비.

6 획

蝦蛄(하고) 갯가재.
蝦蟆(하마) 두꺼비.
蝦蜆(하현) 갯가재와 바지락조개.

유 鰕(새우 하)

蝎	⑨ 15획 ❶나무좀 할 日カツ・コウ ❷무지개 홍 中xiē

풀이 ❶ 1. 나무좀. 2. 전갈. ¶蝎螫 3. 수궁. 도마뱀붙이. 도마뱀 비슷한 파충. ❷ 4. 무지개.

蝎螫(할석) 전갈의 침(針). 전갈이 쏨.
蝎譖(할참) 나무좀이 나무를 속에서부터 파먹듯이 남을 해치는 참소(譏訴)를 이르는 말.
蝎虎(할호) 도마뱀과에 속하는 파충. 도마뱀붙이. 수궁(守宮).

	⑨ 15획 日コ 나비 호 中hú

풀이 나비.

蝴蝶(호접) 나비.
蝴蝶夢(호접몽) 1)장자(莊子)가 꿈에 나비가 되어 내가 나비인지 나비가 나인지를 모르고 물아 일체(物我一體)의 경지에서 즐겁게 놀았다는 고사에서 온 말. 접몽(蝶夢). 2)인생이 덧없음을 비유하는 말.

유 蜨(나비 접) 蝶(나비 접) 蛺(나비 협)

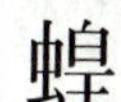	⑨ 15획 日コウ 누리 황 中huáng

풀이 누리. 떼 지어 다니며 곡식에 피해를 주는 메뚜깃과에 속하는 곤충.

蝗災(황재) 벼농사를 해치는 메뚜기로 인한 재앙. 황해(蝗害).
蝗蟲(황충) 1)누리. 벼메뚜기. 2)논밭을 팔아먹고 사는 못난 자제(子弟).
蝗旱(황한) 황재(蝗災)와 가뭄.

螗	⑩ 16획 日トウ 씽씽매미 당 中táng

풀이 씽씽매미.

螗蛦(당이) 씽씽매미. 털매미.
螗蠩(당저) 두꺼비.

螣	⑩ 16획 日トウ 등사 등 中téng, tè

풀이 등사(螣蛇). 용처럼 나는 뱀.

비 騰(오를 등) 勝(이길 승)

螂	⑩ 16획 蜋(p1212)과 同字

螊	⑩ 16획 日レン 긴맛 렴 中lián

풀이 긴맛. 대합과 비슷하며 길고 납작한 조개.

螊蠘(염월) 긴맛.

螞	⑩ 16획 日バ 말거머리 마 中mǎ

풀이 1. 말거머리. 큰 거머리의 일종. ¶螞蟥 2. 왕개미. 3. 누리. 황충(蝗蟲).

螞蟻(마의) 왕개미.
螞蟥(마황) 큰 거머리의 일종. 말거머리.

螟	⑩ 16획 日メイ 마디충 명 中míng

* 형성. 뜻을 나타내는 부수 '虫(벌레 충)'과 음을 나타내는 '冥(어두울 명)'을 합친 글자.

풀이 1. 마디충. 식물의 줄기 속을 파먹는 해충. 2. 모기. ¶螟蛉 3. 배추벌레.

螟蛉(명령) 1)빛깔이 푸른 나비와 나방의 유충. 배추벌레. 2)양자(養子).
螟螣(명특) 1)명충(螟蟲)과 박각시나방의 애벌레. 2)세상에 해를 끼치는 간악한 인간.

螌	⑩ 16획 日ハン 가뢰 반 中bān

풀이 가뢰. 반묘(斑猫). 독이 있는 갑충(甲蟲)의 일종.

螌蝥(반모) 가뢰.

비 盤(소반 반)

螃	⑩ 16획 日ホウ 방게 방 中páng

풀이 방게.

螕	⑩ 16획 진드기 비	日ヒ 中bī, pī

풀이 1. 진드기. 2. 왕개미.

螄	⑩ 16획 다슬기 사	日シ 中sī

풀이 다슬기. 고둥.

螦	⑩ 16획 배좀 소韓	

풀이 배좀. 배의 나무를 쏠아 구멍을 내는 좀의 한 가지.

螉	⑩ 16획 나나니벌 옹	日オウ 中wēng

풀이 1. 나나니벌. 2. 등에. 마소의 피를 빨아먹는 벌레.

螈	⑩ 16획 영원 원	日ゲン 中yuán

풀이 1. 영원(蠑螈). 도롱뇽과에 속하는 양서류. 2. 여름누에. 여름에 치는 누에.

螈蠶(원잠) 두벌누에. 여름누에.

蝹	⑩ 16획 굼틀거릴 윤·운	日イン 中yūn

풀이 굼틀거리다.

蝹輪(윤륜/운륜) 벌레가 굼틀거리며 기어가는 모양.

蝹蝹(윤윤/운운) 1)용이나 뱀이 굼틀거리는 모양. 2)굼틀거리며 가는 모양.

비 縕(헌솜 온)

融	⑩ 16획 화할 융	日ユウ 中róng

풀이 1. 화하다. 융합하다. ¶融合 2. 녹다. 녹이다. 3. 길다. 4. 밝다. 환한 모양. ¶融朗 5. 통하다. 유통하다. 6. 즐겁다. 화락하다.

融釋(융석) 1)풂. 풀림. 융해(融解). 2)의심이 모두 없어짐.

融融(융융) 1)화목한 모양. 2)날씨가 화창(和暢)한 모양.

融暢(융창) 막히는 데가 없음.

融風(융풍) 동북풍. 입춘(立春)에 부는 바람.

融解(융해) 녹음. 녹임.

融化(융화) 1)융합함. 2)서로 화합함. 융화(融和).

融會(융회) 1)녹아서 하나가 됨. 또는 녹여서 모음. 2)자세히 이해(理解)함. 또는 자연스레 이해됨.

유 和(화할 화)

螘	⑩ 16획 개미 의	日ギ·あり 中yǐ

풀이 개미.

螘動(의동) 나라가 어지러워, 백성들이 개미 떼가 들끓는 것처럼 매우 소란스러움.

螘垤(의질) 개밋둑. 의총(螘塚).

螠	⑩ 16획 도롱이벌레 의	日イ 中yì

풀이 도롱이벌레. 몸집이 작고 검으며 도롱이를 두른 것처럼 집을 짓고 사는 벌레.

螠女(의녀) 도롱이벌레.

螔	⑩ 16획 달팽이 이	日イ 中yí

풀이 달팽이.

螔蝓(이유) 달팽이. 와우(蝸牛).

螓	⑩ 16획 씽씽매미 진	日シン 中qín

풀이 씽씽매미.

螓首(진수) 씽씽매미의 머리.

螓首蛾眉(진수아미) 씽씽매미와 같이 이마가 넓고 나방과 같이 눈썹이 아름답게 굽었다는 뜻으로, 미인을 이르는 말.

螛	⑩ 16획 땅강아지 할	日カツ 中qiǎ

풀이 1. 땅강아지. 2. 눈을 뒤룩거리고 혀를 날름거리다.

螢 ⑩ 16획 日ケイ·ほたる
개똥벌레 형 中yíng

풀이 개똥벌레.

螢石(형석) 투명 또는 반투명하여 열을 가하면 형광빛을 발하는 광석.

螢雪之功(형설지공) 반딧불과 눈의 공덕이라는 뜻으로, 지독한 가난 속에서도 열심히 공부함을 이르는 말.

螢雪之功(형설지공)의 유래

동진의 손강(孫康)과 차윤(車胤)의 이야기에서 유래하였다. 손강은 집이 가난하여 등잔불을 밝힐 기름을 살 수 없었기 때문에, 항상 눈에 반사된 빛으로 책을 읽었다고 한다. 또한 차윤은 박학다식하고 부지런하였으나 집이 가난해 밤이면 비단 주머니에 반딧불이를 수십 마리 잡아 넣어 그 빛으로 책을 읽었다고 한다.

螢案(형안) 가난한 형편 속에서도 배움에 힘씀. 진(晉)의 차윤(車胤)이 반딧불로 비추어 공부한 고사(故事)에서 온 말.

螢窓雪案(형창설안) 고학(苦學)함. 진(晉)의 차윤(車胤)과 손강(孫康)의 고사.

비 營(경영할 영)

螇 ⑩ 16획 日ケイ
씽씽매미 혜 中xī

풀이 1. 씽씽매미. 2. 딸다깨비. 방아깨비. 3. 나나니벌.

螇蚸(혜력) 방아깨비. 메뚜깃과의 곤충.

螝 ⑩ 16획
❶ 번데기 회 日カイ
❷ 살무사 훼 中guī[1], huǐ[2]

풀이 ❶ 1. 번데기. ❷ 2. 살무사.

螖 ⑩ 16획 日カツ
방게 활 中huá

풀이 방게.

螑 ⑩ 16획
고개 들고 日フウ
꿈틀거릴 후 中xiù

풀이 고개를 쳐들고 꿈틀거리며 가는 모양.

蜬 ⑪ 17획 日カン
뽕잎 벌레 감 中hàn

풀이 뽕잎 벌레. 외잎벌레.

蟈 ⑪ 17획 日カク
청개구리 괵 中guō

풀이 1. 청개구리. 2. 여치. 베짱이. 철써기.

螳 ⑪ 17획 日トウ
사마귀 당 中táng

풀이 사마귀.

螳螂(당랑) 사마귀. 버마재비.

螳螂拒轍(당랑거철) 사마귀가 앞발을 들어 수레를 가로막아 대항한다는 뜻으로, 제 힘을 헤아리지 않고 무모하게 덤벼듦을 이르는 말.

螳螂窺蟬(당랑규선) 목전의 이익만 탐하여 위험을 알지 못한다는 뜻으로, 사마귀가 매미를 잡으려는 것에만 마음이 팔려, 제 몸에 위험이 닥쳐 있음을 알지 못하였다는 고사에서 유래됨.

螳螂之力(당랑지력) 당랑의 힘. 미약한 힘을 비유하는 말.

螺 ⑪ 17획 日ラ
소라 라(나) 中luó

* 형성. 뜻을 나타내는 부수 '虫(벌레 충)'과 음을 나타내는 '累(포갤 루)'를 합친 글자. 이에 껍질이 나사 모양으로 겹쳐진 '소라'를 나타냄.

풀이 1. 소라. ¶螺角 2. 술잔. 소라 껍데기로 만든 술잔. 3. 먹. 눈썹 먹. 4. 쪽찐 머리. 5. 지문(指紋). 6. 고수머리. 7. 법라(法螺). 소라 껍데기로 만든 악기.

螺角(나각) 소라고둥의 껍데기로 만든 악기. 소라. 법라(法螺).

螺階(나계) 나선형(螺旋形)으로 된 계단.

螺髻(나계) 1)소라 껍데기 모양으로 틀어 올린 상투. 2)멀리 보이는 산봉우리.

螺絲(나사) 1)소라처럼 빙빙 비틀려 고랑이 진 물건. 2)나사못.

螺旋(나선) 나사처럼 빙빙 비틀려 돌아간 모양.

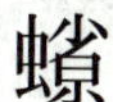 ⑪ 17획 日リャク
하루살이 략 中lüè

6획

풀이 하루살이.

蟌	⑪ 17획 日レン 벌레 서릴 련 中lián

풀이 1. 벌레가 서리다. 2. 율모기. 뱀의 일종.

蟉	⑪ 17획 ❶머리 흔들 료 日リュウ·リョウ ❷꿈틀거릴 류(유) 中liú

풀이 ❶1. 머리를 흔들다. ❷2. 꿈틀거리다.

蟉虯(유규) 용·뱀 등이 꿈틀거리며 가는 모양.

비 謬(그릇될 류) 膠(아교 교)

螻	⑪ 17획 日ロウ 땅강아지 루(누) 中lóu

풀이 1. 땅강아지. ¶螻蛄 2. 청개구리. 3. 악취. 악취를 풍기다.

螻蛄(누고) 땅강아지. 고루(蛄螻).

螻蟻(누의) 1)땅강아지와 개미. 2)보잘것없는 것.

螻螘得志(누의득지) 땅강아지와 개미같이 보잘것없는 것이 뜻을 얻는다는 뜻으로, 소인이 득세하여 날뜀을 비유하는 말.

螻蟻之誠(누의지성) 땅강아지나 개미 같은 것의 정성이라는 뜻으로, 자기의 정성을 겸손하게 이르는 말.

螻蛭(누질) 땅강아지. 누고(螻蛄).

螭	⑪ 17획 日リ 교룡 리(이) 中chī

풀이 1. 교룡(蛟龍). 뿔 없는 용. ¶螭龍 2. 산신(山神) 이름.

螭龍(이룡) 뿔 없는 용. 또는 용의 암컷.

螭魅(이매) 짐승의 형상을 한 산신(山神). 산도깨비. 수목(樹木)의 요정(妖精) 등.

螭首(이수) 비석(碑石)의 머리나 궁전의 돌계단·종정(鐘鼎)에 뿔 없는 용의 머리 모양을 새긴 장식물. 이두(螭頭).

螭陛(이폐) 궁전의 섬돌.

蟆	⑪ 17획 日マ 두꺼비 마 中má

풀이 두꺼비.

蟇	⑪ 17획 蟆(p1224)와 同字

蟃	⑪ 17획 日マン 뽕나무 벌레 만 中wàn

풀이 1. 뽕나무 벌레. 2. 산짐승 이름. 너구리와 비슷한 동물.

蟒	⑪ 17획 蟒(p1226)의 俗字

蝨	⑪ 17획 蝨(p1218)와 同字

蟁	⑪ 17획 蚊(p1207)의 本字

螫	⑪ 17획 日セキ 쏠 석 中shì, zhē

풀이 1. 쏘다. ¶螫毒 2. 해독(害毒). 3. 성내다.

螫毒(석독) 독충에게 쏘인 독.

螫噬(석서) 쏘이는 일과 물리는 일. 쏨과 묾.

蟀	⑪ 17획 日シュツ 귀뚜라미 솔 中shuài

풀이 귀뚜라미.

蟋	⑪ 17획 日シツ 귀뚜라미 실 中xī

풀이 귀뚜라미.

蟋蟀(실솔) 귀뚜라미.

螯	⑪ 17획 日ゴウ 차오 오 中áo

풀이 1. 차오(車螯). 조개의 한 가지. 대합(大蛤)과 비슷함.

6획

2. 게의 집게발.

螾	⑪ 17획	日イン
	지렁이 인	中yǐn

풀이 1. 지렁이. 2. 쓰르라미. 한선(寒蟬). 3. 꿈틀거리며 움직이는 모양.

螾螾(인인) 꿈틀거리며 태어난 모양.

蟅	⑪ 17획	日ショ
	쥐며느리 자	中zhè

풀이 1. 쥐며느리. 2. 누리.

螿	⑪ 17획	日ショウ
	쓰르라미 장	中jiāng

풀이 쓰르라미. 한선(寒蟬).

螬	⑪ 17획	日ソウ
	굼벵이 조	中cáo

풀이 굼벵이. 매미의 유충.

螽	⑪ 17획	日シュウ
	누리 종	中zhōng

풀이 1. 누리. 메뚜깃과에 속하는 곤충. ¶螽斯 2. 베짱이. 3. 방아깨비. 4. 마디충. 명충(螟蟲).

螽斯(종사) 1)여치과의 곤충. 베짱이 또는 방깨비. 2)자손이 번성할 징조.

螽斯詵詵(종사선선) 1)메뚜기가 의좋게 날아 모여드는 모양. 2)부부 화합하여 자손이 많음을 비유하는 말.

蟚	⑪ 17획	日チン
	설렐 진	中chén

풀이 설레다.

蟚蜳(진돈) 1)가슴이 설레는 모양. 2)공연히 마음이 안정되지 못하는 모양.

螲	⑪ 17획	日シツ
	땅강아지 질	中zhì

풀이 땅강아지.

螮	⑪ 17획	日タイ
	무지개 체	中dì

풀이 무지개.

螮蝀(체동) 무지개.

유 虹(무지개 홍)

蟄	⑪ 17획	日チツ
	숨을 칩	中zhé

* 형성. 뜻을 나타내는 부수 '虫(벌레 충)'과 음을 나타내는 '執(잡을 집)'을 합친 글자.

풀이 1. 숨다. 은거하다. ¶蟄伏 2. 동면하다. 겨울잠 자는 벌레. ¶蟄居 3. 고요하다. 4. 즐겁게 모여들다.

蟄居(칩거) 1)나가서 활동하지 않고 집에 틀어박혀 있음. 2)벌레가 땅 속에서 동면(冬眠)함. 칩복(蟄伏).

蟄龍(칩룡) 숨어서 나타나지 않는 용이란 뜻으로, 아직 때를 얻지 못하여 숨어있는 영웅을 비유하는 말.

蟄伏(칩복) 1)벌레가 땅 속에서 겨울을 남. 2)숨음. 바깥에 나가지 않음. 칩장(蟄藏).

蟄蟄(칩칩) 1)조용한 모양. 2)사이좋게 모이는 모양.

비 執(잡을 집)

螵	⑪ 17획	日ヒョウ
	오징어 표	中piāo

풀이 1. 오징어. 2. 사마귀의 알.

螵蛸(표초) 1)오징어. 2)사마귀의 알. 상표초(桑螵蛸).

蟜	⑫ 18획	日コウ
	독충 이름 교	中jiǎo, qiáo

풀이 1. 독충(毒蟲) 이름. 쐐기의 일종. 2. 개미. 3. 용이 꿈틀거리다.

비 橋(다리 교) 矯(바로잡을 교)

蟨	⑫ 18획	日ケツ
	짐승 이름 궐	中jué

풀이 1. 짐승 이름. 쥐처럼 생겼으며 앞발이 짧고 스스로 뛰지 못해 늘 공공거허(邛邛岠虛)와 함께 산다는 짐승. 2. 장구벌레. 모기의 유충.

蟨鼠(궐서) 쥐의 형상을 한 짐승.

蟨 ⑫ 18획 日ケツ
장구벌레 궐 中jué

풀이 장구벌레.

蟣 ⑫ 18획 日キ
서캐 기 中jǐ

* 형성. 뜻을 나타내는 부수 '虫(벌레 충)'과 음을 나타내는 '幾(몇 기)'를 합친 글자.

풀이 1. 서캐. 이. ¶蟣虱 2. 거머리.
蟣肝(기간) 1)이의 간(肝). 2)작고 하찮은 것.
蟣蝨(기슬) 이. 서캐.
비 幾(기미 기)

蟫 ⑫ 18획 日タン
반대좀 담 中yín, xún

풀이 반대좀. 몸이 은빛을 띠며 옷 · 종이 등을 잘 쏢.

蟧 ⑫ 18획 日ロウ
쓰르라미 로 中láo

풀이 1. 쓰르라미. 2. 방게 새끼.

蟟 ⑫ 18획 日リョウ
참매미 료 中liáo

풀이 참매미.

蟒 ⑫ 18획 日リン · ほたる
반딧불 린 中lìn

풀이 반딧불.

蟒 ⑫ 18획 日モウ
이무기 망 中mǎng, měng

풀이 이무기.
蟒蛇(망사) 왕뱀. 왕사(王蛇).
蟒衣(망의) 명청(明淸) 시대 관원의 예복으로, 남색 바탕에 금실로 이무기가 수놓여 있으며, 신분에 따라 이무기의 수가 다름. 망복(蟒服).

蟠 ⑫ 18획 日ハン
서릴 반 中pán

풀이 1. 서리다. 몸을 감고 엎드려 있다. ¶蟠屈 2. 두르다. 감다. 3. 쌓다. 쌓이다. 4. 두루 미치다.
蟠車(반거) 실을 감는 기구. 얼레.
蟠踞(반거) 뿌리를 박고 서린다는 뜻으로, 한 지방을 차지하고 세력을 떨침을 이르는 말. 반거(盤踞).
蟠據(반거) 어떠한 곳에 근거하여 웅거함.
蟠屈(반굴) 1)꼬불꼬불 서림. 2)마음이 맺혀 펴지지 않음. 반굴(盤屈).
蟠糾(반규) 땅 위에 서려 얽힘.
蟠虯(반규) 서린 규룡(虯龍).
蟠龍(반룡) 땅 위에 서려 있어 아직 하늘오 오르지 못하고 있는 용. 반룡(盤龍).
蟠縈(반영) 서려 얽힘.
蟠蜿(반완) 1)서리고 얽힌 모양. 2)용이 꿈틀거리는 모양.
蟠際(반제) 하늘에 이르고 땅에 닿음. 광활한 모양.

蟞 ⑫ 18획 日ハツ
개미 별 中bié

풀이 개미.
비 螢(개똥벌레 형)

蟲 ⑫ 18획
虫(p1211)의 譌字

蟖 ⑫ 18획 日サ
쐐기 사 中sī

풀이 쐐기. 쐐기나방의 유충.

蟓 ⑫ 18획 日ショウ
누에 상 中xiǎng, xiàng

풀이 1. 누에. 2. 땅강아지.
蟓蛉(상령) 땅강아지. 누고(螻蛄).
유 蠶(누레 잠)

蟬 ⑫ 18획 日タン
매미 선 中chán

풀이 1. 매미. ¶蟬紗 2. 잇다. ¶蟬連 3. 뻗다. 4. 두려워하다. 겁내다. 5. 아름답다.

6획

蟬冠(선관) 매미의 날개로 장식한 관(冠). 귀인이 쓰던 관. 선면(蟬冕).
蟬連(선련) 잇닿음. 연속함. 선련(蟬聯).
蟬紗(선사) 매미 날개같이 곱고 엷은 깁.
蟬蛻(선세) 1)매미의 허물. 선각(蟬殼). 2)세속을 초탈함을 비유하는 말.
蟬語(선어) 매미 우는 소리.
蟬娟(선연) 아름답고 품위가 있는 모양.
蟬羽月(선우월) 음력 6월의 다른 이름.
蟬翼(선익) 1)매미의 날개. 2)가볍고 섬세한 것. 3)아름다움을 비유하는 말.
蟬噪(선조) 1)매미가 시끄럽게 욺. 2)공연히 시끄럽게 떠듦을 비유하는 말.
蟬脫(선탈) 1)매미가 허물을 벗음. 2)구습(舊習)을 벗음을 비유하는 말. 선세(蟬蛻).
유 蜩(매미 조)

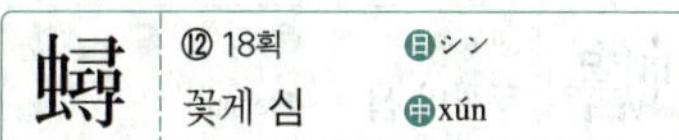
蟳 ⑫ 18획 日シン 꽃게 심 中xún

풀이 꽃게.

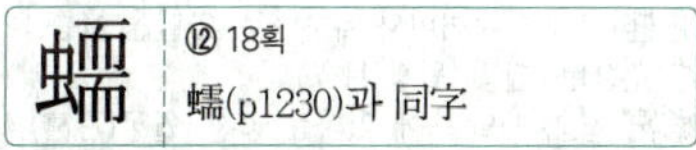
蠕 ⑫ 18획 蠕(p1230)과 同字

蟯 ⑫ 18획 日ギョウ 요충 요 中náo

풀이 요하(蟯瘕). 선충류(線蟲類)의 기생충.

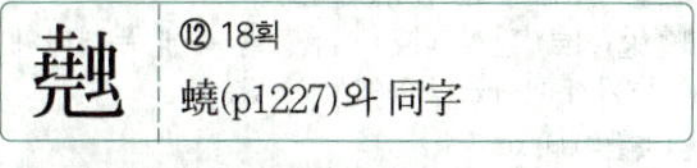
螝 ⑫ 18획 蟯(p1227)와 同字

蠘 ⑫ 18획 日ゲツ 방게 월 中yuè

풀이 방게. 바다와 가까운 단물의 모래 속에 서식하는 게의 일종.

蟵 ⑫ 18획 日シュウ 바다거북 주 中zhī

풀이 바다거북. 몸이 암록색이고 등껍데기에 무늬가 있음.
蟵蠵(주휴) 바다거북. 푸른거북.

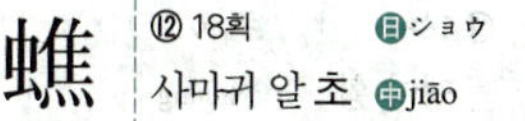
蟭 ⑫ 18획 日ショウ 사마귀 알 초 中jiāo

풀이 사마귀의 알.
蟭螟(초명) 작은 벌레의 이름. 모기의 눈썹에 집을 짓는다고 함.

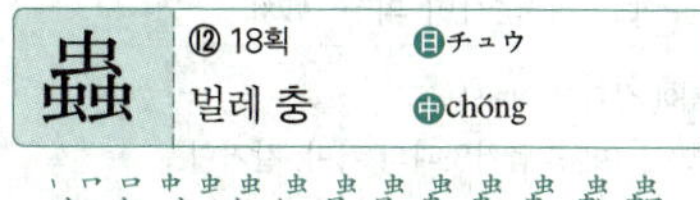
蟲 ⑫ 18획 日チュウ 벌레 충 中chóng

* 회의. '虫(벌레 충)' 세 개가 겹쳐 모든 벌레를 총칭함.
풀이 1. 벌레. 곤충의 총칭. ¶蟲魚 2. 동물의 총칭. 3. 충해. 벌레로 인한 피해. 4. 찌다. 더운 모양. ¶蟲蟲
蟲籠(충롱) 벌레를 잡아 넣는 바구니.
蟲臂鼠肝(충비서간) 벌레의 팔과 쥐.의 간이란 뜻으로, 만물(萬物)이 매우 섬세하게 생겨있는 모양을 비유하는 말.
蟲書(충서) 왕망(王莽)의 육체서(六體書)의 하나.
蟲蝕(충식) 벌레먹음. 좀먹음.
蟲魚(충어) 1)벌레와 물고기. 2)하찮은 일.
蟲篆(충전) 1)전서(篆書)의 한 글씨체. 벌레가 기어다닌 자국과 같다 하여 생긴 이름. 2)보잘 것없는 기능의 비유.
蟲齒(충치) 벌레 먹은 이.
蟲蟲(충충) 더위가 심한 모양. 무더운 모양.
유 虫(벌레 충)

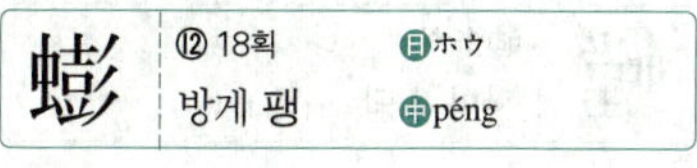
蟛 ⑫ 18획 日ホウ 방게 팽 中péng

풀이 방게. 바위겟과에 딸린 게의 일종.
蟛蜞(팽기) 바위겟과의 민물게의 한 가지. 방게.
蟛蝟(팽활) 방게.

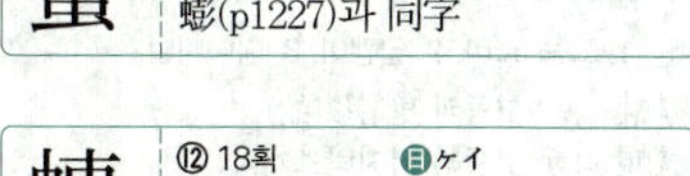
蟚 ⑫ 18획 蟛(p1227)과 同字

蟪 ⑫ 18획 日ケイ 쓰르라미 혜 中huì

풀이 쓰르라미.
蟪蛄(혜고) 쓰르라미.

6획

蟥	⑫ 18획 풍뎅이 황	日コウ 中huáng

풀이 1. 풍뎅이. 2. 말거머리.

蟢	⑫ 18획 갈거미 희	日キ 中xǐ

풀이 갈거미. 거미의 일종.

蟢子(희자) 납거밋과의 거미. 갈거미.

蠍	⑬ 19획 전갈 갈	日カツ 中xiē

풀이 전갈.

蠍梢(갈초) 전갈의 독침(毒針).

蝎虎(갈호) 도마뱀붙이.

螫	⑬ 19획 두꺼비 경	日ケイ 中jǐng

풀이 두꺼비.

蟿	⑬ 19획 방아깨비 계	日カイ 中jì

풀이 방아깨비. 메뚜깃과의 곤충.

蟷	⑬ 19획 사마귀 당	日トウ 中dāng

풀이 사마귀.

蟷蠰(당낭) 사마귀. 버마재비. 당랑(螳螂).

蠃	⑬ 19획 고둥 라(나)	日ラ 中luǒ

풀이 1. 고둥. 소라. 2. 달팽이. 3. 나나니벌.

蠃蚌(나방) 고둥과 방합(蚌蛤).

蠃蜆(나현) 고둥과 바지락조개.

蟵	⑬ 19획 蠟(p1230)의 俗字	

蠊	⑬ 19획 바퀴 렴	日レン 中lián

풀이 바퀴. 비렴(蜚蠊).

蟺	⑬ 19획 서릴 선	日セン 中shàn

* 형성. 뜻을 나타내는 부수 '虫(벌레 충)'과 음을 나타내는 부수 이외의 글자를 합친 글자.

풀이 1. 서리다. 뱀이나 용이 서린 모양. 2. 지렁이. 3. 옮기다. 변하다. 4. 장어. 뱀장어. 5. 매미. 6. 땅벌. 땅말벌. ¶蟺蜂

蟺蜂(선봉) 땅벌. 땅말벌. 토봉(土蜂).

蟺蜎蠖蠖(선연확확) 1)정교한 조각물. 2)궁전의 품위 있는 경관.

蟾	⑬ 19획 두꺼비 섬	日セン 中chán

풀이 1. 두꺼비. ¶蟾蜍 2. 연적(硯滴). 벼루에 물을 따르는 그릇. 3. 달. 달 속에 두꺼비가 있다는 전설에서 온 말.

蟾桂(섬계) 1)두꺼비와 계수나무. 2)달을 이름.

蟾光(섬광) 달빛. 월광(月光).

蟾宮(섬궁) 1)달 속에 있다는 궁전. 월궁(月宮). 2)과거(科擧)에 급제를 바라는 동경의 세계.

蟾輪(섬륜) 달의 다른 이름.

蟾盤(섬반) 달의 다른 이름.

蟾魄(섬백) 달의 다른 이름.

蟾蜍(섬여) 1)두꺼비. 2)달의 다른 이름. 3)연적(硯滴).

蟾彩(섬채) 달빛. 섬광(蟾光).

蟾兎(섬토) 달의 다른 이름. 달 속에 두꺼비와 토끼가 산다는 전설에서 온 말.

유 蠩(두꺼비 저)

蠨	⑬ 19획 갈거미 소	日ソウ 中xiāo

풀이 갈거미. 납거미과에 속하는 거미의 일종.

蠨蛸(소소) 갈거미.

蠅	⑬ 19획 파리 승	日ヨウ 中yíng

풀이 1. 파리. 2. 깡충거미. 파리잡이거미.

蠅頭(승두) 1)파리의 머리. 2)매우 작은 것. 열

마 안 되는 적은 이익. 3)작고 가느다란 글자.
蠅拂(승불) 파리채. 파리를 쫓는 기구.
蠅蠅(승승) 곳곳을 돌아다니며 유람하는 모양.
蠅營(승영) 파리가 분주히 먹이를 찾아 날아다니듯이, 적은 이익을 위하여 악착같이 일함을 이르는 말.
비 繩(줄 승)

蟻	⑬ 19획 개미 의	日ギ・あり 中yǐ

＊형성. 뜻을 나타내는 부수 '虫(벌레 충)'과 음을 나타내는 '義(옳을 의)'를 합친 글자.
풀이 1. 개미. ¶蟻蜂 2. 검다.
蟻潰(의궤) 1)개미떼가 흩어지듯이 흩어져 도망함. 2)개미 때문에 무너짐.
蟻動(의동) 개미떼처럼 많이 모여서 움직임.
蟻螻(의루) 1)개미와 땅강아지. 2)미천(微賤)한 것을 비유하는 말.
蟻蜂(의봉) 개미와 벌.
蟻附(의부) 개미떼처럼 떼지어 달라붙음.
蟻視(의시) 개미를 보듯이 우습게 본다는 뜻으로, 남을 멸시함을 비유하는 말.
蟻壤(의양) 개미집. 개밋둑.
蟻蠶(의잠) 알에서 갓 깬 누에.
蟻垤(의질) 개밋둑.
蟻集(의집) 개미떼처럼 많이 모임.
蟻穴(의혈) 1)개미집. 2)작고 세밀한 것을 비유하는 말.

	⑬ 19획 마디충 적	日テキ 中zéi

풀이 마디충. 벼의 줄기 속을 파먹는 해충.

蠆	⑬ 19획 전갈 채	日サイ 中chài

풀이 1. 전갈. 2. 잠자리의 애벌레. 3. 가시.
蠆芥(채개) 1)가시. 또는 뼈. 2)화내는 모양.
蠆尾(채미) 1)전갈의 꼬리. 전갈의 독침(毒針). 2)남을 해치는 사람.

	⑬ 19획 나비 애벌레 촉	日ショク 中zhú

풀이 나비 애벌레. 나비의 유충.

蟹	⑬ 19획 게 해	日カイ・かに 中xiè

풀이 게. 갑각류(甲殼類) 중 단미류(短尾類)에 속하는 동물의 총칭.
蟹匡(해광) 게의 등.
蟹網具失(해망구실) 1)게와 그물을 함께 잃어버림. 2)이익을 보려다가 도리어 손해를 봄.
蟹舍(해사) 어부(漁夫)의 집. 작은 집.
蟹眼(해안) 1)게의 눈. 2)물이나 차 등을 끓일 때 끓어오르는 거품.
蟹螯(해오) 게의 집게발.
蟹黃(해황) 게의 알로 젓을 담근 간장. 게장.

蠏	⑬ 19획 蟹(p1229)와 同字	

蠁	⑬ 19획 번데기 향	日キョウ 中xiǎng

풀이 1. 번데기. 2. 초파리. ¶蠁子 3. 성(盛)하다. 성한 모양. 4. 신속하다. 빠르다.
蠁子(향자) 초파리. 혜계(醯鷄).

蠉	⑬ 19획 장구벌레 현	日ゲン 中xuān

풀이 1. 장구벌레. 모기의 유충. 2. 벌레가 기어가는 모양.
蠉飛蠕動(현비연동) 벌레가 굼실거리며 기어 다니는 모양.

蠒	⑭ 20획 繭(p1059)의 俗字	

蠓	⑭ 20획 눈에놀이 몽	日モウ 中měng

풀이 눈에놀이. 눈에놀이과에 속하는 작은 곤충.
蠓蚋(몽예) 눈에놀이.

⿱阜虫	⑭ 20획 메뚜기 부	日フ 中fù

6 획

풀이 메뚜기.

螽蠡(부종) 메뚜기.

蠙	⑭ 20획	日ヒン
	진주조개 빈	中pín

풀이 1. 진주조개. 마합과(馬蛤科)에 속하는 민물조개. 2. 물이끼. 3. 진주의 일종. ¶蠙珠

蠙珠(빈주) 조개류의 체내에서 형성되는 구슬 모양의 분비물 덩어리. 방주(蚌珠). 진주(眞珠).

蠕	⑭ 20획	日エン
	꿈틀거릴 연	中rú

풀이 꿈틀거리다. 벌레가 꿈틀거리며 움직이다.

蠕動(연동) 1)벌레가 굼실거리며 감. 또는 그 모양. 2)미동(微動)하는 모양.

蠑	⑭ 20획	日エイ
	영원 영	中róng

풀이 영원. 도롱뇽과에 속하는 동물.

蠑螈(영원) 도롱뇽과에 속하는 동물. 도롱뇽.

䗽	⑭ 20획	日ユ
	등에 유	中wèi

풀이 1. 등에. 작은 등에. 2. 바구미.

蠘	⑭ 20획	日セツ
	게 절	中jié

풀이 게.

蠐	⑭ 20획	日サイ
	굼벵이 제	中qí

풀이 1. 굼벵이. 매미의 유충. 2. 나무굼벵이. 하늘소의 유충. ¶蝤蠐

蠐螬(제조) 매미의 유충. 굼벵이

蠔	⑭ 20획	日コウ
	굴조개 호	中háo

풀이 굴조개. 굴과에 속하는 조개의 일종.

蠖	⑭ 20획	日カク
	자벌레 확	中huò

풀이 자벌레. 자벌레나방의 유충.

蠖屈(확굴) 1)자벌레가 몸을 굽힘. 2)사람이 재능을 품고 있으나 굽히거나, 재능을 품고 있으면서도 잠시 은퇴하여 있음을 비유하는 말.

蠖略(확략) 나아가다 멈추다 하는 모양.

蠖濩(확확) 1)물러가 숨는 모양. 2)집안이 깊숙하고 너른 모양.

蠟	⑮ 21획	日ロウ
	밀 랍(납)	中là

풀이 1. 밀. 밀랍. 꿀벌의 집을 끓여서 짜낸 기름. 2. 밀초. 밀로 만든 초. ¶蠟燭 3. 밀을 발라 광택을 내다.

蠟淚(납루) 초가 탈 때에 녹아서 옆으로 흘러내리는 것. 촛농. 촉루(燭淚).

蠟書(납서) 기밀의 누설, 또는 습기로 상하는 것을 방지하기 위하여 서류를 밀랍으로 봉한 문서.

蠟詔(납조) 납환(蠟丸)으로 봉한 조서(詔書).

蠟燭(납촉) 밀랍으로 만든 초. 밀초.

蠟花(납화) 촛불.

蠟丸(납환) 비밀 누설, 또는 습기를 막기 위하여 서류를 봉한 둥근 밀덩이.

비 臘(납향 랍)

蠣	⑮ 21획	日レイ
	굴조개 려(여)	中lì

풀이 굴조개. 굴과에 속하는 조개의 일종.

蠣房(여방) 굴 껍데기.

蠣粉(여분) 굴 껍데기를 태워 빻은 가루. 학질(瘧疾) 등의 약으로 쓰임.

蠣黃(여황) 굴젓.

蠡	⑮ 21획	
	❶좀먹을 려(여)	日レイ
	❷옴 라(나)	中lǐ, lí

풀이 ❶ 1. 좀먹다. 2. 나무좀. 3. 표주박. ❷ 4. 옴. 개선(疥癬).

蠡蠡(나라) 1)잇닿은 모양. 2)행렬(行列).

蠡測(여측) 소라 껍데기로 바닷물을 떠서 양을 헤아린다는 뜻으로, 좁은 식견으로 큰 일을 헤아림을 비유하는 말.

6획

蠝	⑮ 21획 날다람쥐 뢰	日ライ 中lěi

풀이 1. 날다람쥐. 2. 박쥐.

蠣	⑮ 21획 전갈 뢰	日ライ 中lài, lì

풀이 전갈.

蠛	⑮ 21획 눈에놀이 멸	日メツ 中miè

풀이 눈에놀이. 눈에놀잇과에 속하는 작은 곤충.

蠛蠓(멸몽) 눈에놀이. 몽멸(蠓蠛)

蠜	⑮ 21획 누리 번	日ハン 中fán

풀이 누리. 날개가 긴 메뚜기의 일종.

蠢	⑮ 21획 굼틀거릴 준	日シュン 中chǔn

풀이 1. 굼틀거리다. ¶蠢動 2. 어리석다. 무지하다. ¶蠢愚 3. 일으키다. 일어나 움직이다. 4. 따르지 않다. 고분고분하지 않다.

蠢動(준동) 1)벌레가 굼틀거림. 2)무지한 사람들이 비밀리에 어떠한 일을 책동함.

蠢愚(준우) 굼뜨고 아주 어리석음. 또는 바보.

蠢爾(준이) 작은 벌레의 굼틀거리는 모양. 또는 어리석어 사리 분간을 못하고 불손함.

蠢蠢(준준) 1)벌레의 굼지럭거리는 모양. 2)무례한 모양. 3)시끄럽게 법석대는 모양.

비 蠡(좀먹을 려)

蠚	⑮ 21획 쏠 학	日カク 中hē

풀이 1. 쏘다. 2. 독충. 독을 쏘는 벌레. 3. 벌레가 쏘는 독. 4. 아프다.

蠧	⑯ 22획 蠹(p1232)의 俗字

蠦	⑯ 22획 멧누에 력	日レキ 中lì

풀이 멧누에. 산누에.

蠪	⑯ 22획 개미 롱	日ロウ 中lóng

풀이 1. 개미. 2. 도마뱀. 3. 두꺼비. 4. 해룡(觟蠪). 신(神)의 이름.

蠪蟜(농교) 개미.

비 壟(언덕 롱)

蠡	⑯ 22획 쪼갤 리	日リ 中lì

풀이 쪼개다. 가르다.

蠥	⑯ 22획 근심 얼	日オツ 中niè

풀이 1. 근심. 2. 요괴.

蠥火(얼화) 재앙의 불.

유 愁(근심 수)

蠮	⑯ 22획 여름 누에 원	日エン 中yuán

풀이 여름누에. 여름에 치는 누에.

蠩	⑯ 22획 두꺼비 저	日テイ 中zhū

풀이 두꺼비.

蠲	⑰ 23획 밝을 견	日ケン 中juān

풀이 1. 밝다. 밝히다. 2. 깨끗하다. ¶蠲吉 3. 덜다. 제거하다. 4. 병이 낫다. 5. 빠르다. 6. 노래기. 그리마.

蠲苛(견가) 가혹한 정치를 없앰. 까다로운 법령을 제거함.

蠲潔(견결) 조촐하고 깨끗함.

蠲救(견구) 조세를 면제하여 구제함.

蠲吉(견길) 목욕 재계하여 좋은 날을 택함.
蠲復(견복) 조세를 면제함.
蠲除(견제) 1)조세 · 부역 등을 면제함. 견면(蠲免). 2)제거함. 없앰.
蠲滌(견척) 오물(汚物)을 깨끗이 씻음.
蠲蕩(견탕) 미납된 조세 등을 탕감해 줌.

蠱	⑰ 23획	日コ
	독 고	中gǔ

풀이 1. 독(毒). 사람을 해치는 것. ¶蠱毒 2. 곡식 벌레. 3. 굿에 쓰는 벌레. 남을 해치려고 푸닥거리에 쓰는 벌레. 또는 그 술법. 4. 기생충. 5. 나쁜 기운. 6. 의심하다. 미혹하다. 7. 경계하다. 8. 어지럽다. 어지럽히다. 9. 일(事). 10. 쌀겨. 11. 고괘(蠱卦). 64괘의 하나로, 괴란(壞亂)이 극에 이르렀다가 다시 일어나는 상(象).

蠱女(고녀) 남을 어지럽히는 여자.
蠱毒(고독) 독약으로 남을 해침. 해독(害毒).
蠱疾(고질) 정신을 미혹시켜 착란을 일으키게 하는 병.
蠱敝(고폐) 쌓인 폐해. 적폐(積弊).
蠱惑(고혹) 남의 마음을 미혹하게 함.

유 毒(독 독)

蠰	⑰ 23획	
	❶ 사마귀 낭	日ノウ · ショウ
	❷ 뽕나무 하늘소 상	中rǎng, shàng

풀이 ❶ 1. 사마귀. 버마재비. ❷ 2. 뽕나무하늘소. 상우(桑牛).

蠰谿(상계) 송장메뚜기.

蠕	⑰ 23획	日レイ
	뽕나무벌레 령	中líng

풀이 뽕나무벌레. 명충나방의 유충.

蠯	⑰ 23획	日ヒ
	긴맛 비	中pí

풀이 긴맛. 바닷조개의 일종.

蠨	⑰ 23획	日ソ · シ
	갈거미 소	中xiāo

풀이 갈거미. 납거미과에 속하는 거미의 일종.

蠨蛸(소초) 갈거미.

蠮	⑰ 23획	日ヤク
	개똥벌레 약	中yuè

풀이 개똥벌레.

蠳	⑰ 23획	日エイ
	영귀 영	中yīng

풀이 영귀(蠳龜). 뱀을 잡아먹는다는 전설상의 거북.

蠵	⑰ 23획	日オウ
	쓰르라미 응	中yīng

풀이 쓰르라미.

蠷	⑱ 24획	日ク
	집게벌레 구	中qú

풀이 집게벌레.

蠸	⑱ 24획	日ケン
	노린재 권	中quán

풀이 노린재.

蠹	⑱ 24획	日トウ
	좀 두	中dù

풀이 1. 좀. 나무좀. ¶蠹毒 2. 좀먹다. 벌레 먹다. 3. 백성을 해치는 사람이나 일. ¶蠹政 4. 해치다. 상하다. 5. 벌을 쬐다.

蠹簡(두간) 좀먹은 서류나 책.
蠹毒(두독) 1)좀벌레의 해. 2)해독(害毒).
蠹書蟲(두서충) 1)책을 좀먹는 벌레. 2)평생을 헛되이 독서만 하고 활용할 줄 모르는 사람.
蠹魚(두어) 1)좀벌레. 좀. 2)책벌레. 독서에만 몰두하는 사람. 또는 책을 항상 읽으면서 이용할 줄 모르는 사람.
蠹政(두정) 백성을 해롭게 하는 정치.

蠶 ⑱ 24획 日サン
누에 잠 中cán

* 형성. 뜻을 나타내는 부수 '虫(벌레 충)'과 음을 나타내며 깊이 먹어 들어간다는 의미를 지닌 부수 이외의 글자를 합친 글자. 이에 잎을 깊이 먹어 들어가는 벌레를 나타내어, '누에'의 뜻으로 쓰임.

풀이 누에. 누에치다.

蠶架(잠가) 잠박(蠶箔)을 올려 놓는 시렁.
蠶繭(잠견) 누에고치.
蠶卵紙(잠란지) 누에가 알을 슬어 놓은 종이. 잠지(蠶紙).
蠶苺(잠매) 뱀 딸기.
蠶箔(잠박) 누에를 담아 기르는 채반.
蠶史(잠사) 사기(史記)의 다른 이름.
蠶沙(잠사) 누에의 똥. 잠시(蠶矢).
蠶絲(잠사) 누에고치에서 뽑아낸 실. 명주실.
蠶桑(잠상) 누에를 치고 뽕나무를 기름.
蠶繅(잠소) 누에를 치고 고치를 켬.
蠶矢(잠시) 잠사(蠶沙).
蠶食(잠식) 1)누에가 뽕잎을 갉아먹음. 2)차츰차츰 남의 나라를 침략해 들어감. 3)무거운 세금을 거두어들임. 가렴주구(苛斂誅求)의 비유.
蠶室(잠실) 1)누에를 치는 집이나 방. 2)궁형(宮刑)에 처할 사람을 가두는 일종의 감옥. 3)누에고치.
蠶蔟(잠족) 누에가 고치를 짓도록 마련해 놓은 짚이나 잎나무.
蠶織(잠직) 누에를 치고 명주를 짬.

蠺 ⑱ 24획
蠶(p1233)과 同字

蠵 ⑱ 24획 日キュウ
바다거북 휴 中xī

풀이 바다거북.

蠻 ⑲ 25획 日マン
오랑캐 만 中mán

* 형성. 뜻을 나타내는 부수 '虫(벌레 충)'과 음을 나타내는 '䜌(변할 변)'을 합친 글자.

풀이 1. 오랑캐. ¶蠻荒 2. 미개 민족. ¶蠻語 3. 멸시하다. 깔보다.

蠻貊(만맥) 1)미개인(未開人). 2)미개한 나라.
蠻語(만어) 1)야만인의 언어. 2)외국어를 낮추어 부르는 말.
蠻夷戎狄(만이융적) 사방의 야만국. 동이(東夷)·서융(西戎)·남만(南蠻)·북적(北狄).
蠻族(만족) 야만 민족. 야만인. 미개족(未開族).
蠻觸之爭(만촉지쟁) 1)만씨와 촉씨의 싸움. 즉, 작은 나라끼리의 싸움. 2)하찮은 일로 다툼.
蠻行(만행) 야만스러운 행실.
蠻荒(만황) 1)오랑캐 땅. 2)먼 지방의 미개한 지역.

蠼 ⑳ 26획
❶ 큰원숭이 곽 日カク·ク
❷ 집게벌레 구 中jué, qú

풀이 ❶ 1. 큰원숭이. ❷ 2. 집게 벌레.

蠽 ㉑ 27획 日ゼツ
쓰르라미 절 中jié

풀이 쓰르라미.

蠾 ㉑ 27획 日ショク
벼룩 촉 中zhú

풀이 1. 벼룩. 기생 곤충의 일종. 2. 거미. 3. 나비 애벌레.

血 부

血 피 혈 部

'血'자는 그릇에 희생물의 피가 담긴 모양을 본뜬 글자로, 제사에 바치는 가축의 피를 나타내었으나 점차 그것이 사람의 피를 뜻하게 되었다. 또한 혈육(血肉)에서처럼 피를 나눈 관계인 '친척', '친족', '가족'의 뜻을 지니기도 한다.

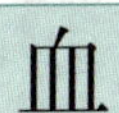

血 ⓪ 6획 日ケツ·ち
피 혈 中xiě, xuè

* 상형. 제사에 희생된 짐승의 피를 그릇에 가득 담아 바친 모양을 본뜬 글자.

풀이 1. 피. 혈액. ¶血管 2. 물들이다. 3. 피칠하다. 희생의 피를 바르다. 4. 상처. 흠. 5. 눈물. 6. 근심하

6획

다. 근심.

血管(혈관) 혈액을 순환시키는 핏줄.

血塊(혈괴) 체내에서 혈관 밖으로 나와 뭉친 핏덩어리.

血球(혈구) 혈액의 유형성분(有形成分). 적혈구(赤血球)와 백혈구(白血球).

血氣(혈기) 1)생명을 유지하는 체력. 힘. 2)피가 끓는 기상.

血路(혈로) 적의 포위망을 뚫고 벗어나는 구사일생의 길. 곤경을 벗어나는 어려운 고비.

血淚(혈루) 피눈물. 몹시 슬프고 애통하여 나오는 눈물.

血瘤(혈류) 피가 한 곳에 뭉쳐서 된 혹.

血脈(혈맥) 1)혈액이 통하는 핏줄. 2)혈통(血統).

血脈相通(혈맥상통) 1)혈맥이 서로 통해 있다는 뜻으로, 골육(骨肉)의 관계, 또는 의지가 부합하는 친구 사이를 이르는 말. 2)혈맥관통(血脈貫通).

血盟(혈맹) 피로써 굳게 맹세함. 확고한 동맹관계.

血書(혈서) 제 몸의 피를 내어 그 피로 글씨를 씀. 결의 · 맹세를 표시함.

血誠(혈성) 진심에서 나오는 정성.

血孫(혈손) 혈통을 잇는 자손.

血眼(혈안) 핏발이 선 눈. 기를 쓰고 덤비는 핏대 오른 눈.

血壓(혈압) 혈관 속의 피의 압력.

血液(혈액) 피.

血緣(혈연) 같은 핏줄로 이어진 인연.

血肉(혈육) 1)피와 살. 2)자기가 낳은 아들딸. 3)부모 · 자식 · 형제 · 자매들.

血漿(혈장) 혈청(血淸)과 섬유소(纖維素)로 된 혈액의 한 성분을 이루는 액질(液質).

血戰(혈전) 생사를 돌보지 않고 싸움.

血族(혈족) 같은 조상에서 갈려 나온 친족.

血淸(혈청) 혈장(血漿)에서 섬유소(纖維素)를 빼낸 황색의 투명한 액체.

血統(혈통) 혈연 관계의 사이.

血汗(혈한) 피와 땀.

血虛(혈허) 영양 불량에서 혈분(血分)이 쇠하여 부족함. 빈혈증.

血痕(혈흔) 핏자국.

비 皿(그릇 명)

衁	③ 9획	日コウ
	피 황	中huāng

풀이 1. 피. 혈액. 2. 게장. 게의 알집.

비 忘(잊을 망)

衄	④ 10획	日ジク · はなぢ
	코피 뉵	中nǜ

풀이 1. 코피. ¶衄血 2. 꺾이다. 좌절하다. 3. 움츠러들다.

衄銳(육예) 날카로운 기세를 꺾음.

衄血(육혈) 코피. 비혈(鼻血).

衃	④ 10획	日ハイ
	어혈 배	中pēi

풀이 어혈.

衃血(배혈) 피가 응어리지고 부푼 것. 응혈(凝血).

衉	⑥ 12획
	峈(p1235)과 同字

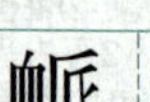

衇	⑥ 12획	日ミャク
	혈맥 맥	中mài

풀이 혈맥(血脈).

衈	⑥ 12획	日ジ
	피 바를 이	中ér

풀이 1. 피를 바르다. 2. 닭의 피를 바르는 제사.

衆	⑥ 12획	日シュウ · シュ · おおい
	무리 중	中zhòng

*회의. '血(피 혈)'과 세 개의 '人(사람 인)'이 합친 글자. '血'은 원래 '日'에서 '目'으로, 후에 '血'로 바뀌었음. 이에 태양(日) 아래에서 많은 노예들이(人) 땀을 흘리며 일을 하는 모습을 나타내어 '많은 사람', '많다'의 뜻으로 쓰임.

풀이 1. 무리. 많은 사람. 군중. ¶衆口 2. 백성. 민심. ¶衆庶 3. 군신(群臣). 4. 장마. 5. 차조. 6. 메뚜기.

衆寡(중과) 많음과 적음.

衆寡不敵(중과부적) 적은 인원으로 많은 인원을 대적할 수 없음.

衆寡不敵(중과부적)의 유래

전국 시대 때 제나라 선왕이 맹자에게 패왕이 되는 길을 묻자, 이에 대해 맹자는 오직 왕도정치만이 옳은 길이라고 하면서 말한 데서 유래한 고사이다. "소국은 결코 대국을 이

6획

길 수 없고 '소수는 다수를 대적하지 못하며[衆寡不敵]' 약자는 강자에게 패하기 마련입니다. 지금 천하에는 1,000리 사방(四方)의 나라가 아홉이 있는데 제나라도 그중 하나입니다. 한 나라가 여덟 나라를 굴복시키려 하는 것은 결코 소국인 초나라가 대국인 초나라를 이기려 하는 것과 같지 않습니까?" 《맹자(孟子)》

衆口(중구) 많은 사람들의 입에서 나온 말. 여러 사람의 평판 또는 비난.

衆口難防(중구난방) 많은 사람의 입은 막기가 어려움. 여론(輿論)의 힘이 큼.

衆力移山(중력이산) 많은 사람이 힘을 합하면 산도 옮길 수 있음.

衆論(중론) 많은 사람의 의논.

衆望(중망) 여러 사람들의 촉망. 또는 여러 사람들로부터 받는 신용과 인망(人望).

衆萌(중맹) 많은 초목의 싹.

衆目(중목) 1)여러 사람의 눈. 2)많은 사람의 의견.

衆生(중생) 1)모든 생명 있는 것. 많은 사람들. 2)사람 이외의 모든 동물. 3)부처의 구제를 받는 인간 및 그 밖의 감정을 가진 일체의 생물.

衆庶(중서) 1)모든 백성. 2)서출(庶出).

衆說(중설) 여러 사람의 의견. 여러 설(說).

衆小(중소) 많은 하등(下等)의 사람.

衆孫(중손) 맏손자 외의 여러 손자.

衆臣(중신) 모든 신하.

衆藝(중예) 여러 기예(技藝).

衆辱(중욕) 여러 사람 앞에서 모욕(侮辱)을 주는 일, 또는 그런 모욕을 받는 일.

衆愚(중우) 많은 어리석은 사람들. 사리를 모르는 많은 사람들.

衆怨(중원) 많은 사람에게서 받는 원망.

衆意(중의) 여러 사람의 뜻.

衆議(중의) 중론(衆論).

衆人(중인) 1)많은 사람. 2)보통 사람.

衆人重利(중인중리) 평범한 사람들은 이익을 소중히 여김.

衆子(중자) 맏아들 이외의 모든 아들.

衆知(중지) 1)많은 사람이 알고 있는 것. 2)여러 사람의 지혜.

衆評(중평) 여러 사람의 비평.

衆煦漂山(중후표산) 많은 것이 내뿜는 따뜻한 기운이 산을 움직인다는 뜻으로, 여러 사람의 힘의 놀라움을 비유하는 말.

유 徒(무리 도) 屬(무리 속) 群(무리 군) 비 象(코끼리 상)

𧖴 ⑦ 13획 日サイ 고추자지 최 中zuī

풀이 고추자지.

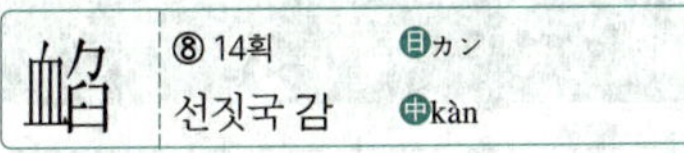

衉 ⑧ 14획 日カン 선짓국 감 中kàn

풀이 선짓국. 양(羊)의 피.

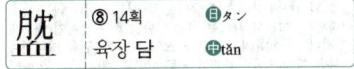

衴 ⑧ 14획 日タン 육장 담 中tǎn

풀이 육장. 피로 담은 조림.

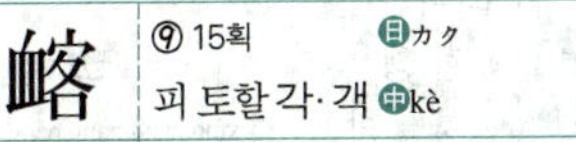

𧗂 ⑨ 15획 日カク 피 토할 각·객 中kè

풀이 피를 토하다.

유 吐(토할 토)

𧗁 ⑩ 16획 日キ 자를 기 中jī

풀이 1. 자르다. 2. 희생(犧牲)의 피로 제사 지내다.

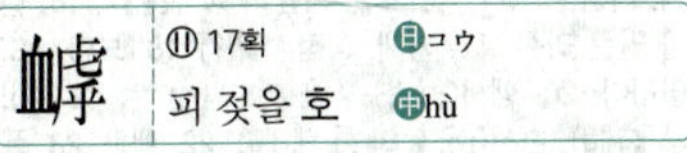

𧗱 ⑪ 17획 日コウ 피 젖을 호 中hù

풀이 피에 젖다. 피로 더럽혀지다.

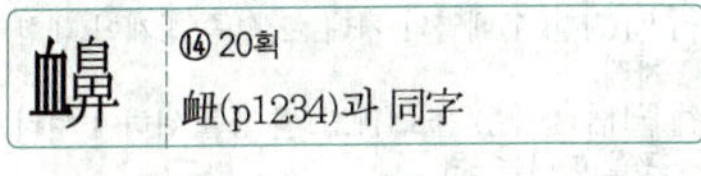

𧗾 ⑭ 20획 衄(p1234)과 同字

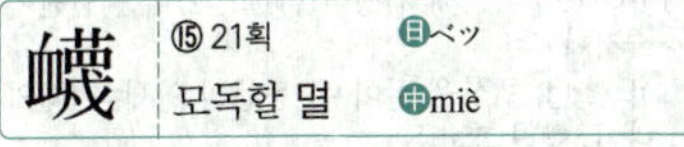

衊 ⑮ 21획 日ベツ 모독할 멸 中miè

풀이 1. 모독하다. 더럽히다. 2. 더러운 피. 3. 코피를 흘리다.

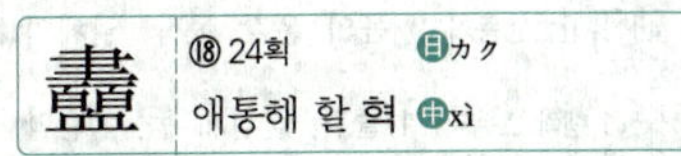

衋 ⑱ 24획 日カク 애통해 할 혁 中xì

풀이 애통해 하다. 마음 아파하는 모양.

衋傷(혁상) 몹시 슬퍼함.

衋然(혁연) 슬퍼하는 모양.

6획

行 부

行 갈 행 部

'行' 자는 길 모양을 바탕으로 만들어진 글자로, 길이 사람들을 편리하게 다니게 해 준다는 뜻에서 '다니다' 라는 뜻을 나타낸다. 그리고 다니는 것이 행동을 하는 것이기 때문에 '행하다', '행실' 의 뜻으로도 쓰인다. 또한 길을 다니거나 행동을 함에는 순서가 있으므로 항렬(行列)의 '항' 을 나타내기도 한다.

行	⓪6획	日 コウ·ギョウ
	❶갈 행	·いく·おこなう
	❷항렬 항	中 xíng,háng,hàng,héng

丿 彳 彳 行 行 行

* 회의. 사거리를 뜻하여 '길', '가다' 의 뜻을 나타내며, 또한 '항렬', '같은 또래' 라는 뜻을 나타내기도 함.

풀이 ❶ 1. 가다. 걷다. ¶行方 2. 거닐면서. 걸어가면서. 3. 떠나다. 4. 나아가다. 전진하다. 5. 돌다. 순환하다. 6. 흐르다. 물이 흐르다. 7. 지나다. 거치다. 8. 순시하다. 9. 베풀다. 10. 행하다. 행하여지다. 11. 쓰다. 사용하다. 12. 유행하다. 13. 길. 통로. 14. 여행. 여정. ¶旅行 15. 도의. 사람이 행하는 길. 16. 길을 맡은 귀신. 17. 가게. 상점. ¶銀行 18. 보다. 19. 말하다. 20. 행서(行書). 서체(書體)의 한 가지. 21. 시체(詩體). 한시(漢詩)의 한 체(體). 22. 행동. 23. 품행. 행실. ❷ 24. 항렬. 25. 순서. 26. 같은 또래. 27. 줄. 대열. 28. 늘어서다. 29. 도매상.

行列(항렬) 1)배열의 차례. 2)혈족 방계에 대한 차례.

行脚僧(행각승) 불도(佛道) 수행을 위하여 여러 곳을 다니는 중.

行軍(행군) 1)군대의 행진(行進). 2)많은 인원이 줄지어 감.

行年(행년) 세상을 살아 온 동안의 연세. 현재의 나이. 향년(享年).

行能(행능) 품행과 재능.

行動(행동) 1)몸을 움직여 동작함. 2)신체적·정신적 활동의 총칭.

行動擧止(행동거지) 몸의 온갖 동작. 일체의 행동.

行樂(1.행락/2.행악) 1)즐김. 즐겁게 놂. 2)음악을 세상에 보급함.

行廊(행랑) 대문의 양쪽에 있는 방.

行歷(행력) 지나감.

行列(행렬) 많은 사람이 무리지어 줄을 지어 감. 또는 그 줄.

行禮(행례) 예식을 행함.

行禮病人(행례병인) 나그네 몸으로 병이 나서 치료가 불가능한 사람.

行路(행로) 1)통행하는 길. 2)세상에서 살아가는 과정.

行媒(행매) 중매를 듦. 중매장이.

行方(행방) 간 곳. 간 방향.

行步(행보) 1)걸음. 2)어떤 곳에 장사하러 나감.

行事(행사) 1)일을 거행함. 또는 그 일. 2)행한 일. 사실(事實). 3)사명을 받들고 가는 일에 관계되는 일. 사자(使者)의 근무상의 공사(公事).

行商(행상) 돌아다니며 물건을 파는 일. 또는 그 장사.

行色(행색) 1)행동하는 태도. 2)길을 떠나려고 차리고 나선 모양.

行書(행서) 서체(書體)의 한 가지. 해서(楷書)와 초서(草書)의 중간 되는 한자체(漢字體).

行禪(행선) 좌선(坐禪)함.

行星(행성) 유성(遊星).

行世(행세) 1)세상을 살아감. 또는 그 태도. 2)세상에서 사람의 도리를 행함.

行市(행시) 임시의 점포.

行實(행실) 실지로 드러난 행동. 그 사람이 실제로 행한 사실. 품행(品行).

行惡(행악) 모질고 나쁜 짓을 행함. 또는 그 짓.

行業(행업) 1)행실. 품행. 2)생산 작업. 직업. 3)불도(佛道)를 수행함.

行爲(행위) 1)행하는 짓. 2)사람의 의사 작용에 따른 적극적인 동작. 3)사법상의 법률 행위를 단독으로 할 수 있는 능력.

行人(행인) 1)길을 가는 사람. 여행하는 사람. 2)사자(使者)의 통칭. 3)빈객(賓客)을 접대하는 일을 맡아보던 벼슬아치. 4)불도를 수행(修行)하는 사람.

行者(행자) 불도(佛道)를 닦는 사람.

行跡(행적) 1)몸가짐. 2)발자취. 발자국.

行蹟(행적) 1)행동의 실적이나 자취. 2)평생에 한 일.

行政(행정) 1)정치를 행함. 2)국가 기관이 법에 따라 행하는 정무(政務).

行止(행지) 1)가는 것과 멈추는 것. 2)행하는 것과 그치는 것.

行陣(행진) 1)군대의 열(列). 2)군대가 진군함. 행군(行軍).

行進(행진) 줄을 지어 앞으로 걸어 나아감.

반 來(올 래) 至(이를 지) 비 去(갈 거)

6획

衎	③ 9획 즐길 간	日 カン · たのしむ 中 kàn

풀이 1. 즐기다. 기뻐하는 모양. 2. 바르다. 곧다.

衎衎(간간) 1)즐기는 모양. 화락한 모양. 2)강직하고 민첩한 모양.

衎然(간연) 1)즐기며 기뻐하는 모양. 2)마음이 안정된 모양.

비 衍(넘칠 연)

衍	③ 9획 넘칠 연	日 エン · あふれる 中 yǎn

* 회의. '氵(水:물 수)' 와 '行(갈 행)' 을 합친 글자. 이에 '물이 흘러가다' 의 뜻으로 쓰임.

풀이 1. 넘치다. 넘쳐 흐르다. ¶衍溢 2. 퍼지다. 만연하다. 3. 펴다. 넓히다. ¶衍沃 4. 남다. 5. 넉넉하다. 풍요롭다. ¶豊衍 6. 지나다. 초과하다. 7. 흐르다. 흘러가다. 8. 흩어지다. 9. 끌다. 끌어들이다. 10. 즐기다. 11. 넓다. 12. 많다. 13. 크다. 14. 평지. 평탄한 땅.

衍文(연문) 글 가운데 쓸데없이 끼인 글.

衍繹(연역) 뜻을 널리 해석하여 밝힘.

衍沃(연옥) 넓고 기름진 땅.

衍溢(연일) 가득 차서 넘침.

衍字(연자) 글 가운데 쓸데없이 끼인 글자.

曼衍(만연) 널리 퍼짐.

비 衎(즐길 간)

術	⑤ 11획 꾀 술	日 ジュツ · わざ 中 shù

* 형성. 뜻을 나타내는 부수 '行(갈 행)' 과 음을 나타내는 '朮(삽주 술)' 을 합친 글자.

풀이 1. 꾀. 계략. ¶術計 2. 술수. 음양가 · 복서가 등의 술법. 3. 기술. 직업. ¶技術 4. 일. 사업. 5. 방도. 방법. 6. 길. 통로. 7. 짓다. 서술하다.

術家(술가) 1)책략이 뛰어난 사람. 2)술수에 정통한 사람. 술객(術客).

術客(술객) 풍수(風水) · 복서(卜筮) · 점술(占術)에 정통한 사람.

術計(술계) 계략.

術法(술법) 음양과 복술 등에 관한 실현 방법.

術士(술사) 1)유학(儒學)에 능통한 사람. 2)방술(方術)에 정통한 사람.

術數(술수) 1)술계(術計). 2)법제(法制)로서 나라를 다스리는 방법.

術策(술책) 모략(謀略).

降神術(강신술) 신이 내려오게 하는 술법.

劍術(검술) 칼을 잘 쓰는 수법.

弓術(궁술) 활을 쏘는 온갖 기술(技術).

美術(미술) 공간 및 시각의 아름다움을 표현하는 예술. 회화 · 조각 · 건축 · 공예 등.

方術(방술) 방법(方法)과 기술. 방사의 술법.

유 計(꾀 계) 謨(꾀 모)

衒	⑤ 11획 팔 현	日 ゲン · ほこる 中 xuàn

* 형성. 뜻을 나타내는 부수 '行(갈 행)' 과 음을 나타내는 '玄(검을 현)' 을 합친 글자.

풀이 1. 팔다. 돌아다니면서 팔다. 2. 선전하다. 3. 자랑하다. ¶衒耀

衒氣(현기) 자만하는 마음. 뽐내는 모양.

衒女(현녀) 자기 용모가 예쁘다고 뽐내는 여자.

衒玉賈石(현옥고석) 옥을 진열해 놓고 돌을 팜.

衒耀(현요) 자기의 재학(才學)을 자랑하여 보임.

衒張(현장) 어떤 일을 과장하여 보임.

衒學(현학) 학식이나 지식을 드러내어 뽐냄.

비 衍(넘칠 연)

街	⑥ 12획 거리 가	日 ガイ · まち 中 jiē

풀이 1. 거리. 시가. 2. 대로. 3. 네거리. 4. 길. 통로.

街鼓(가고) 당대(唐代)에, 도성(都城)에서 조석(朝夕)으로 치던 북.

街官(가관) 시가를 순찰하는 벼슬아치.

街衢(가구) 1)거리. 시가(市街). 2)사통팔달(四通八達)의 길.

街談(가담) 세상의 풍문.

街談巷語(가담항어) 시중의 하찮은 소문. 세간의 뜬소문. 가담항설(街談巷說).

街道(가도) 곧고 넓은 큰 도로.

街頭(가두) 길거리. 가상(街上).

街邏(가라) 시가를 순찰하는 병사.

街路(가로) 길. 길거리.

街上(가상) 길거리. 가두(街頭).

街說巷談(가설항담) 가담항어(街談巷語).

街衝(가충) 거리의 번화한 곳. 시가지.

街彈(가탄) 옛날 네거리에 설치된 검문소.

街巷(가항) 거리.

유 巷(거리 항)

衕	⑥ 12획 거리 동	日トウ 中tóng

풀이 1. 거리. 2. 설사하다.

衜	⑥ 12획 微(p427)와 同字

衖	⑥ 12획 巷(p378)와 同字

衙	⑦ 13획 ❶마을 아 ❷갈 어	日ガ 中yá

풀이 1 1. 마을. 관청. ¶衙客 2. 대궐. 궁전. 3. 모이다. 예궐(詣闕)하다. 4. 병영(兵營). ¶衙門 5. 줄. 행렬. 2 6. 가다. 7. 막다.

衙官(아관) 1)마을. 관아. 2)벼슬아치.
衙內(아내) 1)궁성(宮城) 안. 또는 관청 안. 2)귀족의 자제. 3)궁성을 수위하는 군사.
衙蠹(아두) 악날한 관리.
衙隷(아례) 지방 관청에서 부리던 하인.
衙門(아문) 1)병영(兵營)의 문. 또는 관청의 문. 2)관청.
衙兵(아병) 궁성(宮城)을 지키는 군사.
衙前(아전) 지방 관청에 딸린 낮은 벼슬아치. 이서(吏胥).
衙參(아참) 관리들이 조석(朝夕)으로 조정에 모이는 일.
衙退(아퇴) 관직에서 물러남.
衙衙(어어) 1)걸어가는 모양. 2)서로 멀어져 지내는 모양.

유 里(마을 리) 村(마을 촌)

衛	⑨ 15획 衞(p1238)의 俗字

衝	⑨ 15획 찌를 충	日チュウ 中chōng, chòng

ノ ㇀ 彳 彳 彳 彳 徉 徉 徉 徝 種 種 種 種 衝

*형성. 뜻을 나타내는 부수 '行(갈 행)'과 음을 나타내며 꿰뚫는다는 의미를 지닌 '重(무거울 중)'을 합친 글자. 이에 '사방을 꿰뚫고 있는 길', '부딪치다'의 뜻으로 쓰임.

풀이 1. 찌르다. ¶衝天 2. 치다. 공격하다. 3. 부딪치다. ¶衝撞 4. 향하다. 5. 치솟다. 6. 움직이다. 7. 돌다. 회오리치다. 8. 병거(兵車). 9. 병선(兵船). 10. 거리. 길. 11. 요처(要處). 요긴한 곳.

衝車(충거) 적진으로 돌진하는 병거.
衝激(충격) 서로 심하게 부딪침.
衝擊(충격) 1)갑자기 부딪쳤을 때의 충격. 2)외적인 자극이나 심한 정신적인 격동에 의한 마음의 동요.
衝撞(충당) 부딪침. 충돌함.
衝突(충돌) 1)부딪힘. 2)의견이 맞지 않아 다툼.
衝要(충요) 중요한 지점. 요충(要衝).
衝天(충천) 높이 솟아 하늘을 찌름. 기세(氣勢)가 드높은 모양.
衝衝(충충) 1)가는 모양. 2)많은 모양. 3)근심하는 모양.
衝輣(충팽) 당거(撞車)와 누거(樓車). 적을 들이치는 병거와 적정(敵情)을 살피는 망루가 있는 병거.
衝火(충화) 일부러 불을 지름. 방화(放火).

비 衡(저울 형)

衚	⑨ 15획 거리 호	日コ 中hú

풀이 거리. 큰 거리.

衚衕(호동) 거리. 한길.

유 街(거리 가) 비 胡(턱밑 살 호)

衞	⑩ 16획 지킬 위	日エイ 中wèi

ノ ㇀ 彳 彳 行 徉 徉 徉 徉 徫 徫 徫 徫 衞 衞

*형성. 뜻을 나타내는 부수 '行(다닐 행)'과 음을 나타내며 '순회하다'의 의미를 지닌 '韋(다룸가죽 위)'를 합친 글자. 이에 '주위를 돌아다니면서 지키다'의 뜻으로 쓰임.

풀이 1. 지키다. ¶衞士 방위하다. 막다. 2. 영위하다. 경영하다. 3. 아름답다. 좋다. 4. 의심하다. 5. 위복. 구복(九服)의 하나. 기내(畿內)로 부터 다섯째의 지경. 6. 예리하다. 7. 나라 이름. 주대(周代)의 제후국 중 하나.

衞輔(위보) 보호하고 도움.
衞士(위사) 궁성(宮城)·능(陵)·관아(官衙)·군영을 지키는 병사. 위병(衞兵).

衛星(위성) 1)행성의 주위를 도는 별. 2)주된 것의 근처에서 그에 속해 있음을 나타내는 말.

衛送(위송) 호위하여 보냄. 호송(護送)함.

衛戍(위수) 1)군대가 일정한 지역에 오래 주둔하여 그 지역을 경비하는 일. 2)수자리를 사는 일. 수자리.

유 守(지킬 수) 비 御(어거할 어)

⑩ 16획

❶ 저울 형 日 コウ

❷ 가로 횡 中 héng

풀이 1 1. 저울. 저울대. ¶衡鑑 2. 달다. 무게를 달다. 3. 평평하다. 평형을 이루다. 4. 가로나무. 5. 멍에. 쇠뿔의 가름대. 6. 비녀. 관이 벗겨지지 않게 머리를 지르는 것. 7. 난간. 8. 패옥. 9. 바르다. 10. 자루. 11. 눈두덩이. 12. 형산(衡山). 중국 호남성(湖南省)에 있는 산으로, 오악(五嶽)의 하나. 13. 벼슬 이름. 산림을 맡은 벼슬. 14. 별 이름. 북두칠성의 다섯째 별. 2 15. 가로.

衡鑑(형감) 1)저울과 거울. 2)시비(是非)와 선악(善惡)을 판별함.

衡鈞(형균) 공평함.

衡鹿(형록) 산림을 맡아 보던 벼슬.

衡茅(형모) 1)지붕 없는 대문과 초가집. 곧, 누추한 집. 2)은자(隱者)가 사는 초가(草家).

衡門(형문) 1)두 기둥에 한 개의 횡목(橫木)을 가로 질러서 만든 허술한 대문. 2)은자(隱者)가 주거하는 곳. 3)궁궐 앞에서 서서 천자를 지키는 사람.

衡石(형석) 1)저울. 2)인재(人材)를 선발하게 하게 하는 직위. 전형(銓衡).

衡陽(형양) 현이름. 지금의 호남성(湖南省) 형산현(衡山縣)의 북쪽.

衡宇(형우) 누추한 집.

衡宰(형재) 재상(宰相).

衡巷(형항) 거리. 시가.

衡人(횡인) 연횡설(連衡說)을 주장하는 장의(張儀) 일파의 사람들.

衡縮(횡축) 가로와 세로.

衡行(횡행) 도(道)를 거슬러 마음대로 행동함.

비 衝(찌를 충)

⑪ 17획 日 ソツ

거느릴 솔 中 shuài

풀이 1. 거느리다. 2. 인도하다. 이끌다. 3. 복속시키다.

유 導(이끌 도)

衞

⑫ 18획

衛(p1238)의 本字

衢

⑱ 24획 日 ク

네거리 구 中 qú

풀이 1. 네거리. 2. 길. 3. 갈림길. 기로(岐路). 4. 가다.

衢街(구가) 큰 길거리.

衢道(구도) 갈림길.

衢巷(구항) 거리.

비 懼(두려워할 구)

衣 옷 의 部

'衣' 자는 위에 입는 짧은 저고리 모양을 본뜬 글자로, '옷'을 뜻한다. 이 글자는 '衫(삼)' 자에서 처럼 '衤'의 형태로 쓰이기도 하고, 이는 '옷의변'이라는 부수 명칭으로 부른다. 원래 윗옷만 나타내다가 모든 옷의 총칭으로 쓰이게 되었다. 이 글자를 부수로 갖는 글자는 옷과 관련된 의미를 가진다.

⓪ 6획 日 イ・ころも

옷 의 中 yī, yì

* 상형. 저고리의 깃을 본뜬 글자.

풀이 1. 옷. 의복. ¶衣服 2. 옷을 입다. 옷을 입히다. 3. 상의. 윗도리. 4. 이끼. 5. 싸는 것. 덮는 것. 6. 살갗. 7. 자락.

衣架(의가) 옷걸이.

衣巾(의건) 1)의복과 수건. 2)의복과 두건.

衣袴(의고) 저고리와 바지.

衣冠(의관) 옷과 갓. 바뀌어, 예모(禮貌).

衣裘(의구) 옷과 갖옷. 의복.

衣錦尙絅(의금상경) 비단옷을 입은 위에 엷은 홑옷을 더한다는 뜻으로, 군자는 미덕이 있어도 드러내지 않음을 비유하는 말.

衣錦夜行(의금야행) 비단옷 입고 밤길 가기란 뜻으로, 부귀하게 되었으나 고향으로 돌아가

6획

지 않으면 그 보람이 없음을 비유하는 말.

衣錦晝行(의금주행) 비단옷을 입고 낮에 간다는 뜻으로, 출세하여 고향으로 돌아감을 비유하는 말.

衣囊(의낭) 호주머니.

衣帶(의대) 1)옷과 띠. 2)띠.

衣糧(의량) 의복과 식량.

衣類(의류) 의복. 옷의 총칭.

衣袂(의메) 옷 소매.

衣鉢(의발) 1)가사(袈裟)와 바리때. 2)전법(傳法)의 표가 되는 물건. 사부(師父)가 제자에게 도를 전하는 것.

衣服(의복) 옷.

衣裳(의상) 1)저고리와 바지 또는 치마. 2)의복의 총칭.

衣食(의식) 입는 것과 먹는 것. 의복과 음식.

衣食住(의식주) 인간 생활에 필요한 것. 곧 옷과 양식과 집.

衣簪(의잠) 예복과 머리에 꽂는 비녀. 곧 관리의 옷차림. 또는 관리.

衣裝(의장) 1)의복. 2)옷과 짐.

衣被(의피) 1)의복과 금침. 2)널리 가리움. 은혜를 입힘.

비 服(옷 복)

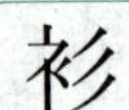

③8획 적삼 삼 日サン 中shān

* 형성. 뜻을 나타내는 부수 '衤(옷 의)'와 음을 나타내는 '彡(터럭 삼)'을 합친 글자.

풀이 1. 적삼. 저고리. 2. 내의. 3. 옷. 의복.

衫子(삼자) 여자의 옷으로, 저고리와 치마의 구별이 없이 이어진 것. 반의(半衣).

③8획 옷선 이 日イ 中yí

풀이 1. 옷선. 옷자락 가장자리에 다른 천으로 둘러 꾸민 선. 2. 소매.

③8획 옷섶 차 日サイ·チャ 中chǎ, chà

풀이 1. 옷섶. 옷깃. 옷자락. 2. 홑옷. 3. 속옷.

衩衣(차의) 잠방이. 평복(平服).

③8획 겉 표 日ヒョウ·あらわす 中biǎo

一 = 丰 主 声 耒 表 表

* 회의. '衣(옷 의)'과 '毛(털 모)'를 합친 글자. 이에 털(毛)이 있는 옷(衣)을 겉에 입는다 하여 '바깥', '나타내다'의 뜻으로 쓰임.

풀이 1. 겉. 표면. ¶表迹 2. 나타내다. 나타나다. ¶表意 3. 모범. 본보기. ¶表則 4. 표시하다. ¶表明 5. 명백히 하다. 6. 바깥. 밖. 7. 뛰어나다. 빼어난 모양. 8. 우두머리. 9. 특이한 곳. 10. 조짐. 11. 표적. 표지(標識). 12. 기(旗). 13. 해시계의 기둥. 14. 규범(規範). 15. 용모(容貌). 16. 표. 군주에게 올리는 서장(書狀). 17. 저고리. 웃옷. 18. 입다. 19. 표창하다. 20. 사물을 분류하여 보기 편하게 만든 것.

表具(표구) 종이·천 등을 써서 병풍이나 족자 등을 꾸며 만드는 일. 장황(粧潢).

表裏不同(표리부동) 표면과 내심이 같지 않음. 겉 다르고 속 다름.

❖ 표리부동(表裏不同)에 관한 고사성어

- 面從腹背(면종복배) 얼굴 앞에서는 따르나 속으로는 배반함.
- 勸上搖木(권상요목) 나무 위에 오르라고 권하고는 오르자마자 아래서 흔들어 댐.
- 羊頭狗肉(양두구육) 겉으로는 그럴 듯하게 내세우나 속은 다른 생각이 있음.
- 敬而遠之(경이원지) 겉으로는 공경하는 체하나 속으로는 멀리함.
- 口蜜腹劍(구밀복검) 입 속으로는 꿀을 담고 뱃속으로는 칼을 지녔다는 뜻으로 입으로는 친절하나 속으로는 해칠 생각을 품음.

表面(표면) 겉. 가죽.

表明(표명) 명백히 함.

表木(표목) 표지로 세운 나무. 푯말. 표목(標木).

表門(표문) 마을에 비석(碑石)을 세워 착한 일을 한 사람을 밝힘. 표려(表閭).

表白(표백) 드러내어 말함. 발표하여 명백히 함.

表象(표상) 나타난 형상. 드러난 조짐.

表意(표의) 뜻을 나타냄.

表異(표이) 특이한 점을 나타냄. 또는 특이한 점.

表迹(표적) 겉으로 나타난 형적(形迹).

表奏(표주) 표(表)를 올려 아룀.

表次(표차) 표를 만들어 순서를 세우는 일.

表彰(표창) 선행(善行)을 기려 널리 세상에 드러내는 일. 표장(表章). 표현(表顯).

表則(표칙) 본보기. 모범.

表土(표토) 토지 표면의 경작에 적당한 흙.

表顯(표현) 드러냄. 나타냄 표창(表彰).

반 裏(속 리) 비 衰(쇠할 쇠) 衷(속마음 충) 哀(슬플 애)

④ 10획 日コン
곤룡포 곤 中gǔn

풀이 1. 곤룡포. 용 무늬가 있는 천자의 예복. 2. 삼공(三公). 3. 예복. ¶衮裳 4. 띠. 5. 크다.

衮衮(곤곤) 1)큰 물이 흐르는 모양. 2)먼지가 잇달아 일어나는 모양. 3)간곡히 타이르는 모양. 4)연속하여 끊이지 않는 모양.
衮闕(곤궐) 천자의 과실.
衮龍袍(곤룡포) 천자의 예복.
衮命(곤명) 삼공(三公). 또는 그 직위.
衮裳(곤상) 천자 및 삼공(三公)이 입던 예복 하의.
衮衣(곤의) 천자가 입던 용을 수놓은 예복 상의. 곤룡포(衮龍袍).

袀
④ 9획 日キン
군복 균 中jūn

풀이 1. 군복. ¶袀服 2. 검은 옷. 3. 같다. 4. 오로지.
袀服(균복) 군인의 제복. 군복(軍服).
袀玄(균현) 제사 때 입던 검은색의 옷.

衿
④ 9획 日キン
옷깃 금 中jīn

* 형성. 뜻을 나타내는 부수 '衤(옷 의)'와 음을 나타내는 '今(이제 금)'을 합친 글자.

풀이 1. 옷깃. ¶衿喉 2. 옷고름. 3. 잡아매다. 4. 띠를 두르다.
衿甲(금갑) 갑옷을 입은 채 있음.
衿契(금계) 마음을 서로 허락한 벗.
衿喉(금후) 1)옷깃과 목구멍. 2)요해처(要害處). 급소.

비 衯(옷 치렁치렁할 분)

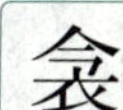
④ 10획 日キン
이불 금 中qīn

풀이 1. 이불. 2. 수의(壽衣).
衾具(금구) 이불. 침구(寢具).
衾襚(금수) 죽은 사람을 덮는 이불과 입히는 옷.
衾影無慚(금영무참) 이불이나 자기 그림자에 대해서도 부끄러운 짓은 하지 않는다는 뜻으로, 남이 보지 않는 곳에서도 품위를 떨어뜨리지 않음을 이르는 말.
衾褥(금욕) 이불과 요. 곧 침구.
衾裯(금주) 이불과 홑이불. 금주(衾幬).
衾枕(금침) 이불과 베개. 침구.

비 禽(날짐승 금)

④ 10획
衾(p1241)과 同字

衹
④ 9획 日キ
가사 기 中zhǐ

풀이 가사. 승려의 법복(法服).

衲
④ 9획 日ノウ
기울 납 中nà

* 형성. 뜻을 나타내는 부수 '衤(옷 의)'와 음을 나타내는 '內(안 내)'를 합친 글자.

풀이 1. 깁다. 수선하다. ¶衲被 2. 승복. 장삼. 중의 옷. 3. 중. 승려.
衲僧(납승) 납자(衲子).
衲衣(납의) 1)중이 입는 검정 옷. 장삼. 2)중. 승려.
衲子(납자) 중. 납승(衲僧).
衲被(납피) 1)군데군데 기운 이불. 2)비망록(備忘錄).

비 納(바칠 납)

袂
④ 9획 日ベイ·たもと
소매 메 中mèi

풀이 소매.

유 袖(소매 수)

扶
④ 9획 日フ
앞섶 부 中fū

풀이 1. 앞섶. 2. 칼 전대. 3. 겹쳐 입다. 껴입다. 4. 바지. 하의.

衯
④ 9획
옷 치렁치렁 할 분 日フン 中fēn

풀이 옷이 치렁치렁하다.

비 衿(옷깃 금)

6획

衺	④ 10획 사특할 사	日シャ 中xié

풀이 1. 사특하다. 바르지 않다. 2. 비끼다. 비스듬하다.

衰	④ 10획 ❶쇠할 쇠 ❷줄 최 ❸도롱이 사	日スイ·サ 中cuī, shuāi

* 상형. 비 올 때 쓰는, 풀로 엮은 도롱이의 모양을 본뜬 글자. 바뀌어, '쇠하다'의 뜻으로 쓰임.

풀이 1 1. 쇠하다. 기운이 없다. ¶衰減 2. 늙다. 나이 먹다. 3. 세력이 약해지다. 4. 미약해지다. 5. 퇴색하다. 2 6. 줄다. 차감하다. 7. 상복(喪服). 3 8. 도롱이.

衰減(쇠감) 쇠하여 줄어듦. 쇠해짐.
衰境(쇠경) 늙바탕.
衰困(쇠곤) 몸이 쇠약하고 피곤함.
衰軀(쇠구) 쇠약해진 몸.
衰老(쇠로) 늙어서 몸과 정력이 쇠약해짐. 또는 쇠약한 노인.
衰亡(쇠망) 쇠퇴하여 멸망함.
衰滅(쇠멸) 쇠망(衰亡).
衰耗(쇠모) 쇠하여 줄어듦. 쇠감(衰減).
衰微(쇠미) 기운이 떨어지며 잔약하고 희미하게 됨.
衰死(쇠사) 몸이 쇠약해져서 죽음.
衰世(쇠세) 타락해 가는 세상.
衰勢(쇠세) 세력이 약해짐. 쇠해진 세력.
衰眼(쇠안) 쇠약해진 시력(視力).
衰顔(쇠안) 쇠약한 얼굴. 쇠용(衰容).
衰弱(쇠약) 몸이 쇠하여 약해짐.
衰運(쇠운) 쇠하는 운수. 또는 시세(時勢).
衰殘(쇠잔) 1)힘이 빠져 거의 죽게 됨. 2)쇠하여 없어짐. 3)영락(零落)함.
衰盡(쇠진) 쇠하여 다함.
衰退(쇠퇴) 쇠하여 무너짐.
衰敗(쇠패) 쇠하여 기력이 약해짐.
衰弊(쇠폐) 쇠약하여 피폐(疲弊)함.
衰廢(쇠폐) 쇠하여 폐하여짐. 쇠하여 쓰지 못하게 됨.

반 盛(성할 성) 興(일어날 흥) 비 衷(속마음 충) 哀(슬플 애)

袁	④ 10획 옷길 원	日エン·ながいころも 中yuán

풀이 옷이 긴 모양.

衵	④ 9획 속속곳 일	日ジツ 中mò

풀이 속속곳.

衵服(일복) 부인의 속옷.

衽	④ 9획 옷섶 임	日ジン 中rèn

풀이 1. 옷섶. 옷깃. 2. 자락. 치맛자락. 3. 소매. 4. 솔기. 치마의 솔기. 5. 여미다. 6. 요. 까는 침구. 7. 깔다. ¶衽席 8. 거멀장. 두 물건 사이를 연결시켜 벌어지지 않게 쇳조각을 대는 것. 또는 그 쇳조각.

衽褐(임갈) 거친 베로 깃을 만든 옷. 천한 사람이 입는 옷.
衽席(임석) 1)요. 까는 요. 2)침실(寢室).

衷	④ 10획 속마음 충	日チュウ 中zhōng

* 형성. 뜻을 나타내는 부수 '衣(옷 의)'와 음을 나타내는 '中(가운데 중)'을 합친 글자. 이에 '속옷', '속', '진심'의 뜻으로 쓰임.

풀이 1. 속마음. 진심. ¶衷心 2. 가운데. 중앙. 3. 정성스럽다. 4. 적당하다. 알맞다. 5. 바르다. 옳다. 6. 속옷. 속에 입다. 7. 착하다.

衷懇(충간) 진심으로 간청(懇請)함.
衷甲(충갑) 옷 안에 갑옷을 입음.
衷曲(충곡) 마음속 깊이 간직한 섬세한 감정. 간절하고 애틋한 마음. 심곡(心曲).
衷款(충관) 진심. 충성(衷誠).
衷心(충심) 속에서 진정으로 우러나는 마음.
衷正(충정) 지나치거나 모자람이 없이 바름.
衷情(충정) 진심에서 우러나는 참된 정.
衷懷(충회) 충심(衷心).

비 哀(슬플 애) 衰(쇠할 쇠) 表(드러날 표)

袈	⑤ 11획 가사 가	日ケ 中jiā

풀이 가사. 범어의 'Kasāya'의 음역. 장삼 위에 걸쳐 입는 승려의 옷.

비 架(시렁 가)

袪 ⑤ 10획 日キョ
소매 거 中qū

* 형성. 뜻을 나타내는 부수 '衤(옷 의)'와 음을 나타내는 '去(갈 거)'을 합친 글자.

풀이 1. 소매. ¶袪袂 2. 소맷부리. 소매통. 3. 소매를 걷다. 4. 열다. 벌리다. 5. 떠나다. 가다. 6. 강한 모양. ¶袪袪

袪袪(거거) 강한 모양.
袪袂(거메) 소매를 걷어 부침.
袪步(거보) 옷을 추어올리고 걸음.

유 袖(소매 수)

袧 ⑤ 10획 日ク
주름 구 中gōu, gòu

풀이 1. 주름. 치마의 주름. 2. 제복(祭服).

袒 ⑤ 10획 日タン
웃통 벗을 단 中tǎn

풀이 1. 웃통을 벗다. 양 어깨를 모두 드러내거나 한쪽 어깨만 드러냄. ¶袒肩 2. 왼쪽 어깨를 드러내다. 예법의 하나로, 사죄의 뜻을 나타냄. 3. 감싸고 돕다. 비호하다.

袒肩(단견) 웃통을 벗음.
袒裸(단라) 단석나정(袒裼裸程)의 준말.
袒免(단문) 초상 때, 웃옷의 왼쪽 소매를 벗고 관을 벗고 머리를 묶는 일.
袒裼(단석) 웃통을 벗음. 또는 웃옷을 벗어 속옷을 드러냄.
袒裼裸程(단석나정) 1)웃옷을 벗어 어깨를 드러냄과 발가벗음. 단라(袒裸). 2)무례한 행위.
袒右(단우) 1)오른쪽 어깨의 옷을 벗음. 우단(右袒). 2)상례(喪禮)의 형식. 3)죄인이 형(刑)을 받을 때의 형식. 4)찬성의 뜻을 표하는 일.
袒左(단좌) 왼쪽 어깨의 옷을 벗음. 그 사람의 편을 든다는 의사 표시의 방식.

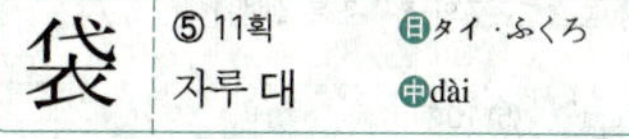

* 형성. 뜻을 나타내는 부수 '衣(옷 의)'와 음을 나타내며 '싸다'의 의미를 지닌 '代(대신할 대)'를 합친 글자. 물건을 싸서 넣는 '자루'의 뜻으로 쓰임.

풀이 자루. 부대.

袋鼠(대서) 캥거루.

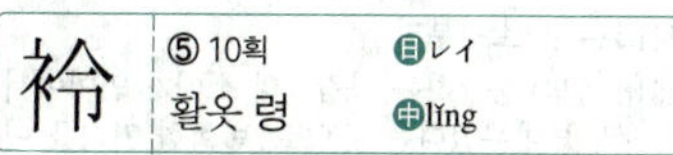

풀이 1. 활옷. 시집갈 때 입는 예복의 상의. 2. 옷깃. 3. 옷자락.

풀이 1. 버선. 2. 허리띠.

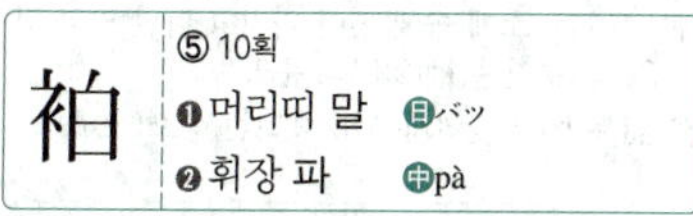

풀이 1 1. 머리띠. 2 2. 휘장.

袙頭(말두) 머리를 싸매는 수건.
袙腹(파복) 등거리 갑옷.

袤 ⑤ 11획 日ボウ
길이 무 中mào

풀이 길이. 세로의 연장선.

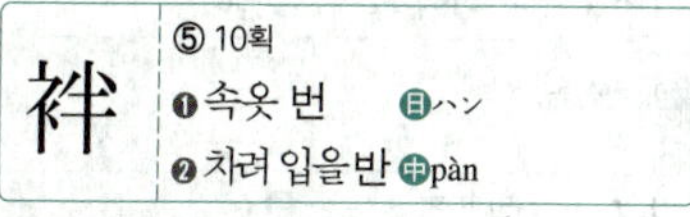

풀이 1. 속옷. 2. 차려 입다. 차려 입는 모양.

袢暑(번서) 옷에 배는 더위.
袢延(번연) 1)헐렁하게 입는 옷. 2)더운 기운.
袢迅(반신) 나들이옷을 차려 입는 모양.

袑 ⑤ 10획 日ショウ
바지 소 中shào

풀이 1. 바지. 2. 바지의 허리 둘레. 3. 옷깃.

유 袴(바지 고)

袖 ⑤ 10획 日シュウ·そで
소매 수 中xiù

* 형성. 뜻을 나타내는 부수 '衤(옷 의)'와 음을 나타내는 '由(말미암을 유)'를 합친 글자.

풀이 1. 소매. 2. 소매에 넣다.

6획

袖口(수구) 소맷부리.

袖幕(수막) 통행하는 사람들의 소매가 연이어서 장막을 이루었다는 뜻으로, 번화한 거리를 이르는 말.

袖手(수수) 손을 옷 소매 사이에 낌. 즉, 팔짱을 낌. 또는 아무 것도 하지 않고 가만히 있음을 이르는 말.

袖手傍觀(수수방관) 팔짱을 끼고 곁에서 보고만 있음. 도와주지 않고 옆에서 구경만 하고 있음.

袖刃(수인) 비수(匕首)를 소매 속에 숨김.

袖珍(수진) 소매 속에 넣어 가지고 다닐 만한 작은 책. 수진본(袖珍本)의 준말.

袖箚(수차) 임금에게 직접 올리는 상소(上疏).

⑤ 10획 ❶긴옷 예 ❷소매 이 日エイ 中yì

풀이 ❶ 1. 긴 옷. 옷의 긴 모양. ❷ 2. 소매.

유 袖(소매 수)

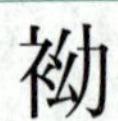
⑤ 10획 버선목 요 日ヨウ 中yào

풀이 버선목.

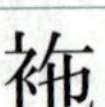
⑤ 10획 소매 이 日イ 中yì

풀이 1. 소매. 2. 옷이 치렁치렁한 모양. 3. 가선. 치맛자락의 가선. 4. 길. 옷의 섶과 무 사이의 넓고 큰 폭.

⑤ 10획 갈아입을 옷 자 日シ 中zǐ

풀이 1. 갈아입을 옷. 2. 솔기.

袛
⑤ 10획 속적삼 저 日テイ 中dī

풀이 속적삼.

袛褍(저단) 정복(正服).

袛裯(저도) 속적삼. 땀받이.

⑤ 10획 홑옷 진 日シン 中zhēn, zhěn

풀이 1. 홑옷. ¶袗衣 2. 수놓은 옷. ¶袗絺綌 3. 검은 옷. 4. 가장자리. 5. 아름답다.

袗衣(진의) 수놓은 옷. 자수를 한 옷.

袗絺綌(진치격) 갈포(葛布)로 만든 홑옷. 칡베옷.

袗玄(진현) 검은색의 상하의(上下衣).

반 袷(겹옷 겹)

袟
⑤ 10획 칼 전대 질 日シツ 中zhì

풀이 1. 칼 전대. 칼집에 넣은 칼을 넣어 두는 전대. 2. 품계(品階). 3. 책갑.

䘵
⑤ 10획 칼 전대 출 日シュツ 中shù

풀이 칼 전대. 칼집에 넣은 칼을 넣어 두는 전대.

袉
⑤ 10획 옷자락 타 日タ 中tuó, tuǒ

풀이 1. 옷자락. 2. 끌다. 3. 아름답다.

袥
⑤ 10획 옷깃 해칠 탁 日タク 中tuō

풀이 1. 옷깃을 해치다. 2. 넓고 크다. 3. 가운데를 튼 치마.

袍
⑤ 10획 웃옷 포 日ホウ 中páo

풀이 1. 웃옷. 두루마리. 도포. 2. 솜옷. 솜을 누빈 옷. 3. 평상복(平常服). 4. 앞깃. 5. 속옷.

袍仗(포장) 군대의 장비.

袍笏(포홀) 도포와 홀. 조복(朝服).

被
⑤ 10획 이불 피 日ヒ 中bèi, pī

丶 ㇇ 衤 衤 衤 衤 衤 衤 衤 被

* 형성. 뜻을 나타내는 부수 '衤(옷 의)'와 음을 나타내는 '皮(가죽 피)'를 합친 글자. 모피(皮)처럼 잘 때 덮는 옷(衣)이라

6획

하여, '이불', '덮다'의 뜻으로 쓰임.

풀이 1. 이불. 침구. ¶被覆 2. 잠옷. 3. 미치다. 4. 덮다. 5. 입다. 씌우다. 입게 하다. ¶被服 6. 은혜를 받다. 7. 피해를 당하다. 8. 겉. 9. 당하다. 피동의 의미. 10. 머리꾸미개. 11. 지다. 등에 지다. 12. 흐트러뜨리다. 풀어뜨리다. 13. 베다. 자르다. 깎다. 14. 손잡이. 15. 갑옷 등을 세는 단위.

被甲(피갑) 갑옷을 입음.

被告(피고) 민사 · 형사 소송에 있어서 법원에 소송을 당한 사람.

被動(피동) 1)남에게서 동작을 입게 됨. 수동(受動). 2)딴 동작에 의해 동작을 하게 되는 동사의 성질.

被命(피명) 윗사람에게서 명령을 받음.

被毛(피모) 몸을 덮은 털.

被髮(피발) 머리를 풀어헤침. 피발(披髮).

被髮徒跣(피발도선) 부모상에 여자가 머리를 풀고 버선을 벗음.

被罰(피벌) 못된 일을 저질러 벌을 받음.

被服(피복) 1)옷을 입음. 또는 의복. 2)몸에 입음. 몸에 받음. 3)몸소 행함. 실천(實踐).

被覆(피복) 덮어씌움. 또는 이불로 덮음.

被寫體(피사체) 사진을 찍는 데에 그 대상이 되는 물건.

被殺(피살) 살해를 당함.

被訴(피소) 제소(提訴)를 당함.

被襲(피습) 습격을 당함.

被疑(피의) 의심을 받음.

被奪(피탈) 빼앗김. 약탈을 당함.

被被(피피) 길게 늘어진 모양.

被害(피해) 위해(危害) · 손해(損害)를 당함. 해를 입음.

被劾(피핵) 탄핵(彈劾)을 받음.

비 披(나눌 피) 彼(저 피)

袨	⑤ 10획	日ケン
	나들이옷 현	中xuàn

풀이 1. 나들이옷. 좋은 옷. 고운 옷. 2. 검은 옷.

袨服(현복) 1)훌륭히 차려 입은 옷. 잘 꾸민 검은 옷. 2)아름다운 옷. 미인의 옷.

袼	⑥ 11획	
	❶소매 각	日ラク
	❷턱받기 락	中gē

풀이 ❶ 1. 소매. 소매의 겨드랑이 솔기. ❷ 2. 턱받기.

袺	⑥ 11획	日キツ
	옷섶 잡을 결	中jié

풀이 옷섶을 잡다.

袷	⑥ 11획	日ケツ
	겹옷 겹	中jiá

풀이 1. 겹옷. 2. 겹치다.

袷衣(겹의) 겹옷.

반 袗(홑옷 진)

袴	⑥ 11획	
	❶바지 고	日コ
	❷사타구니 과	中kù

풀이 ❶ 1. 바지. ¶袴鞾 ❷ 2. 사타구니. 살.

袴褶(고습) 사마치. 기마복.

袴鞾(고화) 바지와 가죽신. 군복(軍服).

袴下(과하) 바짓가랑이 밑.

袴下辱(과하욕) 바짓가랑이 아래를 기어 나온 치욕.

유 袑(바지 소)

袿	⑥ 11획	日キュウ
	여자 웃옷 규	中guī

풀이 1. 여자의 웃옷. 2. 옷자락. 3. 소매.

袿裳(규상) 여자의 웃옷.

袽	⑥ 11획	日ジョ
	해진 옷 녀	中rú

풀이 1. 해진 옷. 2. 해진 헝겊. 걸레. 3. 실보무라지. 4. 뱃밥. 배에 물이 새어들지 못하게 막는 것.

裂	⑥ 12획	日レツ
	찢을 렬	中liě, liè

一 ア 歹 歹 歹 列 列 列 裂 裂 裂 裂

* 형성. 뜻을 나타내는 부수 '衣(옷 의)'와 음을 나타내는 '列(벌일 렬)'을 합친 글자.

풀이 1. 찢다. 찢어지다. ¶裂開 2. 해지다. 터지다. ¶裂蔽 3. 차열(車裂). 수레에 묶어 사지를 찢는 형벌. 4. 자투리. 5. 마르다. 재단하다.

裂肝碎首(열간쇄수) 간을 찢고 머리를 부순다는 뜻으로, 심한 화를 입음을 비유하는 말.
裂開(열개) 찢어서 벌림. 찢기어 벌어짐.
裂帛(열백) 1)비단을 찢음. 또는 그 찢는 소리. 열백(烈帛). 2)비단을 찢어 편지(便紙)로 사용함. 3)소쩍새의 우는 소리.
烈膚(열부) 1)살을 찢음. 2)추위가 몹시 심함.
裂眥(열자) 찢어진 눈초리라는 뜻으로, 노하여 흘겨 보는 눈초리를 이르는 말.
裂指(열지) 부모의 병세가 위중할 때에 깨끗한 산 피를 드리기 위하여 제 손가락을 째는 일.
裂蔽(열폐) 찢어지고 해어짐.
裂罅(열하) 터져서 생긴 틈서리.
비 烈(세찰 렬)

袱	⑥ 11획 보 복	日フク 中fú

풀이 보. 보자기.
袱紙(복지) 약첩을 싸는 종이. 약봉지.

	⑥ 12획 옷 치렁거릴 치	日チ 中chǐ, nuǒ, yí

풀이 옷이 치렁거리다.

裀	⑥ 11획 요 인	日イン 中yīn

풀이 1. 요. 까는 침구. 2. 겹옷.
裀褥(인욕) 요. 자리.

袵	⑥ 11획 衽(p1242)과 同字

装	⑥ 12획 裝(p1249)의 俗字

裁	⑥ 12획 마를 재	日サイ 中cái

一 十 土 丰 圭 丰 圭 𢦏 衷 裁 裁 裁

* 형성. 뜻을 나타내는 부수 '衣(옷 의)'와 음을 나타내며 자른다는 의미를 지닌 부수 이외의 글자를 합친 글자. 이에 옷을 만들기 위해 비단이나 베를 '자르다', 또는 '일을 결정하다'의 뜻으로 쓰임.

풀이 1. 마르다. 재단하다. ¶裁斷 2. 헝겊. 3. 자르다. 4. 헤아리다. 5. 결단하다. 결정하다. ¶裁決 6. 분별하다. 7. 억제하다. 8. 누르다. 제압하다. 9. 본. 형(型). 10. 헝겊. 11. 겨우.
裁可(재가) 1)나랏일의 제반 안건에 대하여 임금이 몸소 결재(決裁)하여 허가함. 윤허(允許). 2)심사하여 결정함.
裁減(재감) 헤아려 감함.
裁決(재결) 사물의 옳고 그름을 판단하여 결정함.
裁斷(재단) 1)옷감 등을 본에 맞추어 마름. 2)사물의 옳고 그름과 착하고 악함을 가름.
裁量(재량) 짐작하여 헤아림.
裁縫(재봉) 천 등을 마름질하여 옷을 만듦.
裁成(재성) 알맞게 처리하여 일을 성취함.
裁抑(재억) 못하게 억누름. 억제(抑制)함. 재제(裁制).
裁酌(재작) 재량하고 참작함.
裁定(재정) 옳고 그름을 판단하여 결정함.
裁制(재제) 1)천을 재단하여 의복 등을 만듦. 2)제도(制度). 3)알맞게 처리하여 정함. 4)재억(裁抑).
裁度(재탁) 짐작하여 헤아림.
裁判(재판) 1)옳고 그름을 살펴서 심판함. 2)법원이 행하는 법률 행위로서 판결·결정·명령 등의 총칭.
裁判廷(재판정) 재판을 하는 법정(法廷).
裁割(재할) 사물을 알맞게 처리함.
裁許(재허) 재결(裁決)하여 허가함.
비 載(실을 재) 栽(심을 재)

袾	⑥ 11획 붉은 옷 주	日チュ·シュ 中zhū

풀이 1. 붉은 옷. 2. 길. 웃옷의 섶과 무 사이에 있어, 옷의 주체가 되는 넓고 큰 폭. 3. 옷이 품위 있고 아름다운 모양.
비 株(그루 주)

裌	⑦ 12획 겹옷 겹	日ケツ 中jiá

풀이 1. 겹옷. 2. 옷깃. 3. 주머니에 넣다.

裍	⑦ 12획 걷어 올릴 곤	日コン 中kǔn

풀이 1. 걷어 올리다. 2. 이루다. 성취하다.

裘	⑦ 13획 갖옷 구	日キュウ 中qiú

풀이 1. 갖옷. 가죽옷. 겨울옷. 2. 갖옷을 입다.

裘葛(구갈) 1)갖옷과 갈포옷. 겨울옷과 여름옷. 2)겨울과 여름. 1년. 3)의복(衣服).

裘褐(구갈) 1)갖옷과 거친 털옷. 추위를 막는 겨울옷. 2)소박한 의복.

裘馬(구마) 1)갖옷과 거마(車馬). 2)부유한 생활.

裙	⑦ 12획 치마 군	日クン 中qún

＊형성. 뜻을 나타내는 부수 '衤(옷 의)'와 음을 나타내는 '君(임금 군)'을 합친 글자.

풀이 1. 치마. 2. 속옷.

裙帶(군대) 치마와 허리띠.

裙褕(군유) 속옷. 땀받이.

裙釵(군차) 1)치마와 비녀. 2)부녀자.

裠	⑦ 13획 ❶ 帬(p382)과 同字 ❷ 裙(p1247)과 同字

裓	⑦ 12획 옷자락 극	日キョク 中gé, jiē

풀이 1. 옷자락. 2. 중들이 쓰는 천 조각. 어깨에 걸어 손을 닦기도 하고 물건을 담기도 함.

裊	⑦ 13획 간드러질 뇨	日ジョウ 中niǎo

풀이 1. 간드러지다. 2. 말의 배에 끈목을 매다.

裊娜(요나) 간드러진 모양. 날씬하고 가냘픈 모양.

裊裊(요뇨) 1)나뭇잎과 가지가 바람에 나부끼는 모양. 2)간드러진 소리가 계속 들림. 3)가냘픈 것이 휘감기는 모양.

裗	⑦ 12획 해질 류	日リュウ 中liú

풀이 해지다. 옷이 해지다.

裏	⑦ 13획 속 리(이)	日リ・うら 中lǐ

＊형성. 뜻을 나타내는 부수 '衣(옷 의)'와 음을 나타내는 '里(마을 리)'를 합친 글자. 이에 옷의 안을 나타내다가, 후에 옷에 한하지 않고 '물건의 속', '안쪽'이란 뜻으로도 쓰임.

풀이 1. 속. 내부. ¶裏海 2. 안. 안쪽. ¶裏甲 3. 가운데. 4. 속마음. 가슴 속. 5. 다스려지다.

裏監(이감) 가벼운 죄인을 가두는 옥(獄).

裏面(이면) 1)안. 내부. 속. 2)겉에 드러나지 않는 부분.

裏言(이언) 남을 내부로 받아들이기 위하여 가만히 거드는 말.

裏海(이해) 1)대륙 내에 있는 바다. 내해(內海). 2)카스피 해. 러시아 남부에서 이란 북부에 걸쳐 있는 세계에서 가장 큰 호수의 이름.

비 囊(주머니 낭) 寡(적을 과)

裡	⑦ 12획 裏(p1247)와 同字

補	⑦ 12획 기울 보	日ホ 中bǔ

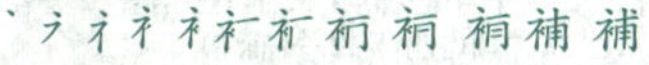

＊형성. 뜻을 나타내는 부수 '衤(옷 의)'와 음을 나타내는 '甫(클 보)'를 합친 글자. '甫'는 모종의 뿌리를 둘러싼 모양으로 '衣' 자를 더해 옷이 해진 곳을 '깁다', 모자라는 것을 '보태다'의 뜻으로 쓰임.

풀이 1. 깁다. ¶補遺 수선하다. 수리하다. 2. 보태다. 보충하다. 3. 수(繡). 수놓다. 4. 돕다. 보조하다. 5. 보탬. 보조. 보충. 6. 임명하다. 맡기다.

補强(보강) 모자라는 곳을 보태어 더 튼튼하게 함.

補缺(보결) 1)빈 자리를 채움. 또는 그 사람. 2)결점을 보충함.

補衮資(보곤자) 천자의 직책을 보좌할 자격. 곧, 재상감을 이르는 말.

補過拾遺(보과습유) 신하가 임금의 부덕(不德)한 점을 보좌함.

補闕(보궐) 보결(補缺).

補給(보급) 물품을 계속 공급함.

補氣(보기) 약을 먹거나 또는 영양을 취하여 원기를 도움.

補導(보도) 부족한 점을 기워 올바르게 인도함.

補理(보리) 수리함.

補償(보상) 남의 손해를 채워 줌.
補色(보색) 두 가지 빛깔이 혼합되어 흑색 또는 회색이 될 때, 한 쪽의 빛깔에 대한 다른 쪽의 빛깔.
補選(보선) 1)사람을 뽑아 관직을 주는 것. 2)보궐선거(補闕選擧)의 약어.
補修(보수) 낡은 것을 보충하여 수선하는 것.
補習(보습) 교과를 더 보충하여 익힘.
補身(보신) 보약을 먹어 몸의 정력을 보충함.
補藥(보약) 몸의 정력을 보충하는 약.
補語(보어) 문장 성분의 한 가지. 주어와 술어만으로는 뜻이 불완전한 문장으로, 이것을 보충하여 뜻을 완전하게 하는 역할을 하는 말.
補遺(보유) 빠진 곳을 기워서 채움. 또는 그 채운 것.
補陰(보음) 약을 먹어 몸의 음기(陰氣)를 도움.
補益(보익) 보태어 도움.
補苴(보저) 결점을 보충하여 바로잡음. 수리함. 수선함.
補塡(보전) 부족함을 메꾸어 보충함. 보태어 채워 나감.
補整(보정) 보충하고 정돈함.
補助(보조) 1)모자람을 도와 줌. 2)백성의 궁핍을 구제하고 도움.
補足(보족) 모자람을 보태어 넉넉하게 함.
補佐(보좌) 자기보다 지위가 높은 사람을 도움. 또는 그 사람.
補註(보주) 주석(註釋)의 모자라는 점을 보충함. 또는 그 주해(註解). 보주(補注).
補職(보직) 어떤 직책에 보함. 관리에게 직무의 담당을 명함. 또는 그 직무.
補充(보충) 모자람을 보태서 채움.
補則(보칙) 본칙(本則)을 보충하기 위하여 특히 만들어 놓은 규칙.
補陀落(보타락) 인도의 남단(南端)에 있는, 관음(觀音)의 궁전이 있는 영지(靈地).
補胎(보태) 임신한 여자의 원기를 보충해 줌.
補弊(보폐) 폐단을 바로잡음.
補血(보혈) 약을 먹어서 몸의 피를 보충함.

유 充(찰 충) 비 捕(사로잡을 포)

裒	⑦ 13획 모을 부	日フ 中póu

풀이 1. 모으다. 모이다. 2. 많다. 3. 줄다. 덜다. 4. 사로잡다. 5. 포로. 6. 취하다.
裒斂(부렴) 세금을 과다하게 거둠.
裒集(부집) 모음. 수집(蒐集).
裒次(부차) 모아서 차례를 세워 편집(編集)함.
裒會(부회) 부렴(裒斂).

裟	⑦ 13획 가사 사	日サ 中shā

풀이 가사. '袈裟'는 범어(梵語) 'kasāya'의 음역. 장삼 위에 왼쪽 어깨에서 오른쪽 겨드랑이 밑으로 걸쳐 입는 승려의 옷.

비 袈(가사 가)

裞	⑦ 12획 수의 세	日ゼイ 中shuì

풀이 1. 수의. 죽은 사람에게 입히는 옷. 2. 추복. 상(喪)을 당한 때에 사정이 있어 입지 못한 상복을 나중에 입는 일.

비 稅(구실 세)

裋	⑦ 12획 해진 옷 수	日ジュ 中shù

풀이 1. 해진 옷. 2. 겹바지. 3. 짧은 바지.
裋褐(수갈) 1)종들이 입는 거친 옷. 2)해진 짧은 옷.
裋褐不完(수갈불완) 옷이 해져 완전하지 못하다는 뜻으로, 매우 가난함을 이르는 말.

裑	⑦ 12획 길 신	日シン 中shēn

풀이 길. 웃옷의 섶과 무 사이에 있어서, 옷의 주체가 되는 크고 넓은 폭.

裔	⑦ 13획 후손 예	日エイ 中yì

풀이 1. 후손. 후예. 2. 옷자락. 3. 가. 끝. 4. 변방. 변경. ¶裔土 5. 오랑캐의 통칭. 6. 남다. 7. 보다. 8. 배우다. 익히다.
裔習(예습) 손에 익도록 가지고 즐김.
裔裔(예예) 1)천천히 가는 모양. 2)물살이 빠르게 흐르는 모양. 3)무리를 지어 가는 모양. 4)춤추는 모양.
裔夷(예이) 변방에 사는 이민족.
裔胄(예주) 먼 후손. 예손(裔孫).
裔土(예토) 변방(邊方).

비 商(헤아릴 상)

裕	⑦ 12획	日ユウ
	넉넉할 유	中yù

` ⺈ 衤 衤 衤 衤 衤 衤 衤 裕 裕

* 형성. 뜻을 나타내는 부수 '衤(옷 의)'와 음을 나타내며 풍부하다는 의미를 지닌 '谷(골 곡)'을 합친 글자. '옷이 넉넉하다'에서 바뀌어, '마음에 여유가 있다'의 뜻으로 쓰임.

풀이 1. 넉넉하다. 여유 있다. ¶裕福 2. 넉넉하게 하다. 풍요롭게 하다. 3. 너그럽다. 관대하다. ¶裕寬 4. 느긋하다. 늘어지다. 5. 받아들이다. 용납하다.

裕寬(유관) 너그러움.
裕福(유복) 살림이 넉넉함.

유 優(넉넉할 우) 비 俗(속될 속)

裛	⑦ 13획	日イク
	향내 밸 읍	中yì

풀이 1. 향내가 배다. 2. 적시다. 3. 감다. 두르다. 4. 보자기. 5. 책갑.

裛露(읍로) 이슬에 젖음.
裛衣(읍의) 좋은 향기가 나는 옷.

裝	⑦ 13획	日ソウ·ショウ·よそおう
	꾸밀 장	中zhuāng

丨 丬 丬 丬 壯 壯 壯 壯 壯 裝 裝 裝 裝

* 형성. 뜻을 나타내는 부수 '衣(옷 의)'와 더한다는 의미를 지닌 '壯(왕성할 장)'을 합친 글자. 옷(衣)을 입고 몸차림을 한다(壯) 하여 '꾸민다', '차리다'의 뜻으로 쓰임.

풀이 1. 꾸미다. 화장하다. 수식하다. ¶裝束 2. 차리다. 옷을 차려 입다. 3. 떠날 준비를 하다. 4. 정돈하다. 5. 간직하다. 6. 싸다. 포장하다. 7. 묶다. 8. 차림. 옷차림. 9. 짐. 10. 싣다. 실어 나르다. 11. 흉내 내다.

裝甲(장갑) 1)갑옷을 입고 투구를 씀. 2)적의 탄환을 막기 위하여 선체(船體)나 차체(車體)를 강철판으로 감싸는 일.
裝船(장선) 배에 짐을 실음.
裝束(장속) 1)몸을 꾸며 차림. 몸차림. 2)예복(禮服)을 입음. 또는 잘 차려입은 모습. 3)여행 준비를 함. 행장(行裝)을 갖춤.
裝送(장송) 시집보낼 여러 가지 준비물. 혼수(婚需).
裝身具(장신구) 몸치장에 쓰이는 물건들.
裝載(장재) 포장하여 배나 수레에 실음.
裝塡(장전) 1)총포(銃砲)에 탄약을 잼. 2)속에 채워 넣음.
裝釘(장정) 1)꾸며서 못질을 함. 꾸며서 철(綴)함. 2)장정(裝幀).
裝幀(장정) 1)책을 매어 꾸밈. 2)책뚜껑의 모양. 배문자(背文字)·싸개·상자 등에 대한 의장(意匠).
裝潢(장황) 1)서화(書畵) 등을 표구(表具)함. 2)장정(裝幀). 3)화물의 장식.
裝潢匠(장황장) 제본(製本)·장정(裝幀) 등을 직업으로 하는 사람. 표구사(表具師).

유 粧(단장할 장) 飾(꾸밀 식) 비 奬(권면할 장)

裎	⑦ 12획	日テイ
	벌거숭이 정	中chéng, chěng

풀이 1. 벌거숭이. 나체. 2. 홑옷. 3. 끈. 패물을 차는 끈. 4. 옷을 추어올리다.

裎袒(정단) 웃통을 벗음. 정라(裎裸).
裎裸(정라) 웃통을 벗음.

裚	⑦ 13획	日テイ
	끊을 제	中jì

풀이 끊다. 절단하다.

裖	⑦ 12획	日ジン
	홑옷 진	中zhèn

풀이 홑옷.

裾	⑧ 13획	日キョ·すそ
	옷자락 거	中jū

* 형성. 뜻을 나타내는 부수 '衤(옷 의)'와 음을 나타내는 '居(살 거)'를 합친 글자.

풀이 1. 옷자락. ¶裾香 2. 옷깃. 3. 의거하다. 의지하다. 4. 의낭(衣囊). 옷에 붙은 주머니. 5. 옷이 헐렁하다. 옷이 크다. 6. 거만하다. 7. 목을 빳빳이 하다. 8. 바르다. 곧다.

裾裾(거거) 의복이 훌륭한 모양.
裾香(거향) 옷자락의 향기.

裩	⑧ 13획
	褌(p1252)과 同字

裹	⑧ 14획	日カ·つつむ
	쌀 과	中guǒ

6획

풀이 1. 싸다. 포장하다. ¶裹頭 2. 꾸러미. 3. 그치다. 멈추다. 4. 꽃송이. 5. 풀열매. 6. 보배. 재화.

裹頭(과두) 1)머리를 천으로 싸맴. 2)중이 다시 속인(俗人)으로 돌아오는 일. 환속(還俗).

裹屍馬革(과시마혁) 시체를 말가죽으로 싼다는 뜻으로, 전장에서 죽음을 이르는 말. 과혁(裹革).

裹足(과족) 발을 싼다는 뜻으로, 두려워서 앞으로 나아가지 못함을 이르는 말.

裹革(과혁) 과시마혁(裹屍馬革)의 준말.

비 裏(속 리)

褂	⑧ 13획	日カイ
	웃옷 괘	中guà

풀이 웃옷. 마고자.

裍	⑧ 13획	日クツ
	반비 굴	中jué

풀이 1. 반비(半臂). 소매가 없는 짧은 옷. 2. 누더기.

裷	⑧ 13획	日コン・エン
	버선 권	中yuān, gǔn

풀이 버선.

裻	⑧ 14획	日トク・ソク
	등솔기 독·속	中dú

풀이 등솔기. 옷의 뒷길을 맞붙여 꿰맨 솔기.

裸	⑧ 13획	日ラ・はだか
	벌거숭이 라(나)	中luǒ

풀이 1. 벌거숭이. 나체. ¶裸形 2. 벌거벗다. 3. 사람.

裸麥(나맥) 보리의 한 가지. 쌀보리.

裸跣(나선) 알몸과 맨발.

裸葬(나장) 관을 쓰지 않고 시체를 염한 채 그대로 묻는 일.

裸出(나출) 속의 것이 겉으로 드러남. 노출함.

裸蟲(나충) 몸에 털·깃·비늘 등이 없는 벌레. 나비·나방 등의 유충.

裸體(나체) 알몸.

裸形(나형) 벌거벗은 모습. 또는 그 몸. 나체(裸體). 나신(裸身).

裲	⑧ 13획	日リョウ
	배자 량(양)	中liǎng

풀이 배자. 저고리 위에 덧입는 소매 없는 옷.

裲襠(양당) 저고리 위에 덧입는 소매 없는 옷. 배자.

裴	⑧ 14획	
	옷 치렁치렁	日ハイ
	할 배	中péi

풀이 1. 옷이 치렁치렁하다. 2. 서성거리다.

裴裴(배배) 옷이 긴 모양.

裵	⑧ 14획
	裴(p1250)의 本字

裶	⑧ 13획	
	옷 치렁치렁	日ヒ
	할 비	中fēi

풀이 옷이 치렁치렁한 모양. 옷자락이 끌리는 모양.

裨	⑧ 13획	日ヒ・たすける
	도울 비	中bì, pí

* 형성. 뜻을 나타내는 부수 '衤(옷 의)'와 음을 나타내는 '卑(낮을 비)'를 합친 글자.

풀이 1. 돕다. 보좌하다. ¶裨補 2. 보태다. 모자라는 것을 더하하다. 3. 주다. 4. 작다. ¶裨海 5. 천하다. 비천하다. 6. 성가퀴. 여장(女牆). 7. 땅 이름. 춘추시대의 땅.

裨補(비보) 도와서 모자람을 채움.

裨王(비왕) 작은 나라의 임금.

裨益(비익) 1)보태어 더함. 보충함. 2)유익함.

裨將(비장) 1)부장군(副將軍). 2)감사(監司)·유수(留守)·병사(兵使)·수사(水使)·견외 사신(遣外使臣)들을 따라다니던 관원의 하나.

裨助(비조) 보조함. 도움.

裨販(비판) 소규모로 하는 장사. 또는 그 장수. 소매상(小賣商).

裨海(비해) 작은 바다.

유 佐(도울 좌) 助(도울 조)

裳 ⑧ 14획 日 ショウ
치마 상 中 cháng, shang

* 형성. 뜻을 나타내는 부수 '衣(옷 의)'와 음을 나타내는 '尙(숭상할 상)'을 합친 글자.

풀이 1. 치마. 아랫도리. ¶裳衣 2. 화려하고 아름다운 모양. 산뜻한 모양. 3. 옷.

裳繡(상수) 치마에 수를 놓음. 또는 그 수.

裳衣(상의) 1)치마와 저고리. 2)옷. 의상(衣裳).

비 常(항상 상)

裼 ⑧ 13획 日 セキ
웃통 벗을 석 中 xī, tì

풀이 1. 웃통을 벗다. 2. 소매를 걷어 올리다. 팔을 드러내다. 3. 석의. 갖옷 위에 걸치는 소매 없는 옷.

裼襲(석습) 석의(裼衣)와 습의(襲衣).

裼衣(석의) 1)갖옷 위, 정복(正服) 아래에 입는 일종의 등거리. 2)웃통을 벗음.

裺 ⑧ 13획
❶ 여물 日 アン
주머니 암 中 ān, yǎn
❷ 옷 헐렁할 엄

풀이 ❶ 1. 여물 주머니. 말 먹이를 넣는 주머니. ❷ 2. 옷이 헐렁한 모양. 3. 턱받이. 4. 옷깃. 5. 덮다. 덮어서 가리다.

裓 ⑧ 13획
겨드랑이 日 エキ
솔기 액 中 yì

풀이 1. 겨드랑이 솔기. 2. 소매.

비 液(진 액)

製 ⑧ 14획 日 セイ
지을 제 中 zhì

* 형성. 뜻을 나타내는 부수 '衣(옷 의)'와 음을 나타내는 '制(정할 제)'를 합친 글자. '制'는 '나무의 가지를 쳐서 다듬다', '물건을 만드는 일' 등을 나타내며, 여기에 '衣' 자를 더해 '옷을 만들다', '물건을 만들다' 등의 뜻으로 쓰임.

풀이 1. 짓다. 옷을 만들다. ¶製裁 2. 만들다. ¶製圖 3. 시문(詩文). 4. 시문(詩文)을 짓다. 5. 약을 짓다. 6. 옷. 7. 갖옷. 가죽옷. 8. 비옷. 우비. 9. 형식(形式). 10. 모습. 풍채. 모양.

製圖(제도) 기계 · 건축물 등의 설계 도면을 그려 만듦.

製法(제법) 물품을 제작하는 방법.

製絲(제사) 솜이나 고치 또는 합성 섬유 등으로 실을 뽑음.

製述(제술) 시문(詩文)을 지음.

製材(제재) 원목(原木)을 깎아서 재목을 만듦.

製裁(제재) 지음. 만듦. 또는 그 만드는 법.

製撰(제찬) 만들어 편집함.

製革(제혁) 짐승의 날가죽을 다루어 부드러운 가죽으로 만듦.

유 作(지을 작) 造(지을 조)

裯 ⑧ 13획
❶ 홑이불 주 日 トウ
❷ 속옷 도 中 chóu, dāo

풀이 ❶ 1. 홑이불. 2. 휘장. 장막. ❷ 3. 속옷. 속적삼. 4. 해진 옷.

裯衽(주임) 홑이불과 요. 곧, 침구.

裮 ⑧ 13획 日 ソウ
띠 매지 않을 창 中 chāng

풀이 띠를 매지 않다.

裮披(창피) 1)옷을 풀어 헤치고 띠를 매지 않아 단정하지 못함. 2)체면이 깎일 일을 당하여 어쩔줄을 몰라함. 당황하여 부끄러움.

裰 ⑧ 13획 日 テツ
기울 철 中 duō

풀이 깁다. 해진 옷을 수선하다.

유 補(기울 보) 비 綴(꿰멜 철)

裧 ⑧ 13획
❶ 휘장 첨 日 セン · タン
❷ 털옷 담 中 chān, chàn, tǎn

풀이 ❶ 1. 휘장. 2. 가. 가장자리. 3. 옷자락을 헤치다. ❷ 4. 털옷.

裻

⑧ 13획

綜(p1047)과 同字

裱

⑧ 13획 日ヒョウ

목도리 표 中biǎo

풀이 1. 목도리. 옛날 부인들이 장식으로 걸치던 천. 2. 소매 끝. 소맷부리. 3. 표구. ¶裱手

裱背匠(표배장) 병풍이나 족자 같은 것을 꾸미는 일을 업으로 하는 사람. 표구사(表具師).

褐

⑨ 14획 日カツ

털옷 갈 中hè

풀이 1. 털옷. 2. 베옷. ¶褐衣 3. 솜옷. 4. 갈색. 다갈색. 5. 천인(賤人). 미천한 사람.

褐巾(갈건) 엉성한 베로 만든 두건(頭巾).

褐寬博(갈관박) 1)천한 사람이 입는 모직(毛織)옷. 2)천한 사람.

褐夫(갈부) 갈관박(褐寬博)을 입은 천한 사람. 갈부(褐父).

褐衣(갈의) 거친 모직물로 만든 옷, 또는 짧은 옷. 천한 사람이 입는 옷.

褌

⑨ 14획 日コン

잠방이 곤 中kūn

풀이 1. 잠방이. 가랑이가 짧은 홑고의. 흔히 여름철에 농부들이 입음. 2. 속옷.

褌袴(곤과) 잠방이.

褌中(곤중) 잠방이 속.

褍

⑨ 14획 日タン

길 단 中duān

풀이 1. 길. 옷의 넓고 큰 폭. 2. 옷이 헐렁하다. 옷이 낙낙하다.

褖

⑨ 14획 日タン

단옷 단 中tuàn

풀이 1. 단옷. 붉은 가선을 두른 검정옷. 상복(喪服). 2. 왕후의 옷.

褖衣(단의) 1)붉은 가선을 두른 검은 옷. 2)왕후(王后)의 평상복.

褛

⑨ 14획

褸(p1258)의 俗字

褙

⑨ 14획 日ハイ

속적삼 배 中bèi

풀이 1. 속적삼. 2. 배접하다. 종이 · 헝겊 등을 여러 겹 포개어 붙임.

褙子(배자) 1)소매가 긴 부인의 웃옷. 2) 소매가 없는 마고자 모양의 덧저고리.

褙接(배접) 종이나 헝겊 등을 여러 겹 포개어 붙임.

褓

⑨ 14획 日ホウ · ホ

포대기 보 中bǎo

풀이 포대기. 어린아이를 업을 때 대는 보.

褓襁(보강) 포대기와 처네끈. 강보(襁褓).

褓裙(보군) 젖먹이의 옷.

褓負商(보부상) 봇짐장수와 등짐장수.

褓乳(보유) 젖먹이. 유소(幼少).

複

⑨ 14획 日フク

겹칠 복 中fù

` ㇇ 衤 衤 衤 衤 衤 衤 衤 衤 衤 衤 複 複

*형성. 뜻을 나타내는 부수 '衤(옷 의)'와 음을 나타내는 '复(갈 복)'을 합친 글자. '复'자는 '復(돌아올 복)'자의 변형자로 옷(衤)을 또 다시(復) 더 입는다 하여 '거듭하다'의 뜻으로 쓰임.

풀이 1. 겹치다. 중복하다. ¶重複 2. 겹옷. ¶複衣 3. 솜옷. 4. 거듭. 재차.

複閣(복각) 이층 삼층으로 지은 전각(殿閣).

複道(복도) 1)상하 이중으로 만든 낭하(廊下). 2)건물 안에 다니게 된 긴 통로. 3)건물과 건물 사이에 비를 맞지 않도록 지붕을 씌워 만든 통로.

複名(복명) 두 글자로 된 이름.

複本(복본) 원본(原本)을 그대로 베낀 서류. 부본(副本).

複成(복성) 거듭 만듦. 같은 것을 또 만듦.

複數(복수) 어떤 단위의 갑절 이상의 수(數).

複垣(복원) 겹으로 된 담.

複衣(복의) 1)겹옷. 2)옷을 겹쳐 입음.

複製(복제) 본떠서 다시 만듦. 책 · 예술 작품 등을 저자 이외의 사람이 그대로 본떠서 다시 만듦.

반 褋(홑옷 접) 비 復(돌아올 복)

福	⑨ 14획	日フク
	옷 한 벌 부	中fù

풀이 1. 옷 한 벌. 2. 부응하다. 3. 간직하다. 4. 같다. 5. 가득 차다.

褎	⑨ 15획	
	❶소매 수	日
	❷나아갈 유	中xiù, yòu

풀이 ❶ 1. 소매. ❷ 2. 나아가다. 3. 옷을 잘 입다. 옷의 화려한 모양. 4. 우거지다. 무성하다. 5. 웃는 모양.

褎如充耳(유여충이) 1)다만 웃기만 하고 귀를 막고 듣지 않으려 함. 2)대부(大夫)가 좋은 옷으로 성장을 하고 있으나 덕이 이에 미치지 못함.

褎然(유연) 1)나아가는 모양. 빼어난 모양. 2)화려하게 치레한 모양.

褎褎(유유) 무성한 모양.

褏	⑨ 15획
	褎(p1253)와 同字

褆	⑨ 14획	
	❶옷 고울 시	日シ
	❷옷 두툼할 제	中tí

풀이 ❶ 1. 옷이 곱다. 2. 의복의 단정한 모양. ❷ 3. 옷이 두툼한 모양.

褢	⑨ 14획	日カイ
	때 묻은 옷 외	中wēi

풀이 때 묻은 옷.

褄	⑨ 14획	日ヨウ
	옷고름 요	中yào

풀이 1. 옷고름. 2. 허리띠.

褕	⑨ 14획	
	❶고울 유	日ユ
	❷황후 옷 요	中yáo, yú

* 형성. 뜻을 나타내는 부수 '衤(옷 의)'와 음을 나타내는 '俞(그러할 유)'를 합친 글자.

풀이 ❶ 1. 곱다. 2. 자락이 얇은 홑옷. 3. 황후의 제복. 꿩의 깃으로 장식한 옷. ❷ 4. 황후의 옷. 꿩을 그린 황후의 옷.

褕衣甘食(요의감식) 아름다운 옷을 입고 맛있는 음식을 먹음.

褕衣(1.유의/2.요의) 1)아름다운 옷. 2)꿩을 그린 황후의 옷.

褕翟(유적) 황후(皇后)의 제복(祭服). 요적(褕狄).

유 鮮(고울 선) 비 愉(즐거울 유)

褚	⑨ 14획	日チョ
	솜옷 저	中zhǔ

풀이 1. 솜옷. 핫옷. ¶褚衣 2. 옷에 솜을 누비다. 3. 구의(柩衣). 관 위에 덮는 홑이불 같은 보자기. 4. 주머니. 5. 쌓다. 두다.

褚幕(저막) 관(棺) 위를 덮는 홑이불 같은 보자기. 구의(柩衣).

褚衣(저의) 솜옷. 핫옷.

褋	⑨ 14획	日セツ
	홑옷 접	中dié

풀이 1. 홑옷. 2. 제복(祭服). 신(神)에게 제사 지낼 때 입는 옷.

반 複(겹옷 복)

褊	⑨ 14획	
	❶좁을 편	日ヘン
	❷옷 휘날릴 변	中biǎn, piān, pián

* 형성. 뜻을 나타내는 부수 '衤(옷 의)'와 음을 나타내는 '扁(납작할 편)'을 합친 글자. 이에 납작하고 얇은(扁) 옷(衤)이라는 뜻에서 '좁고 여유가 없다'의 뜻으로 쓰임.

풀이 ❶ 1. 좁다. ¶褊急 2. 도량이 좁다. 3. 성급하다. ¶褊心 ❷ 4. 옷이 휘날리다.

褊急(편급) 소견이 좁고 성미가 급함.

褊忌(편기) 마음이 좁고 시기심이 많음.

褊陋(편루) 편협하고 고루함.

褊薄(편박) 인정이 적음. 박정함.

6획

褊忿(편분) 마음이 좁아 성을 잘 냄.
褊心(편심) 편협한 마음.
褊隘(편애) 마음이 좁음.
褊促(편촉) 소견이 좁고 성질이 아주 급함.
褊狹(편협) 1)땅이 궁벽하고 좁음. 2)도량이 좁음.

유 狹(좁을 협) 비 編(엮을 편)

褒	⑨ 15획	
	❶기릴 포	日ホウ
	❷모을 부	中bāo

* 형성. 뜻을 나타내는 부수 '衣(옷 의)'와 음을 나타내며 넓다는 의미를 지닌 '保(도울 보)'를 합친 글자. 이에 '옷자락이 넓은 옷'을 나타냄.

풀이 ❶1. 기리다. 칭찬하다. ¶褒賞 2. 넓고 큰 옷자락. 3. 크다. 넓다. ❷4. 모으다. 모이다.

褒美(포미) 칭찬하여 기림.
褒賜(포사) 칭찬하여 물품을 하사함. 포뢰(褒賚).
褒賞(포상) 칭찬하고 기림. 또는 기려 물품을 줌.
褒錫(포석) 포사(褒賜).
褒升(포승) 칭찬하여 승진시킴.
褒揚(포양) 칭찬하고 추어올림. 찬양함.
褒優(포우) 칭찬하여 우대함.
褒衣(포의) 1)옷을 하사하여 칭찬함. 또는 상으로 주는 옷. 2)옷자락이 넓은 옷.
褒衣博帶(포의박대) 1)옷자락이 넓은 옷을 입고 넓은 띠를 띰. 2)선비의 옷차림.
褒章(포장) 표창하여 주는 휘장(徽章).
褒奬(포장) 칭찬하고 장려함. 포양(褒揚).
褒懲(포징) 포상(褒賞)과 징계(懲戒).
褒讚(포찬) 칭찬함. 찬양함.
褒貶(포폄) 1)칭찬과 나무람. 2)시비선악(是非善惡)을 판단하여 결정함.

褘	⑨ 14획	
	❶향낭 위	日イ
	❷폐슬 휘	中huī

풀이 ❶1. 향낭(香囊). 향주머니. 2. 아름답다. ❷3. 폐슬. 조복(朝服)이나 제복(祭服) 앞에 늘어뜨리는 헝겊. 4. 꿩을 그린 왕후의 제복.

褘衣(휘의) 꿩 모양을 그린 왕후의 제복(祭服).

褰	⑩ 16획	日ケン
	걷을 건	中qiān

풀이 1. 걷다. 걷어올리다. 2. 들다. 들어 올리다. 3. 접다. 주름 잡다. 4. 바지.

褰裳(건상) 옷자락 또는 치마를 추어올림.
褰縐(건추) 주름살이 잡힘.

褧	⑩ 16획	日ケイ
	홑옷 경	中jiǒng

풀이 홑옷.

褧衣(경의) 삼베옷. 비단옷을 입었을 때 그 화려함을 가리기 위해 덧입는 홑옷.

褠	⑩ 15획	日コウ
	소창옷 구	中gōu

풀이 1. 소창옷. 두루마기와 비슷한데 소매가 좁고 무가 없는 웃옷. 2. 홑옷. 3. 팔찌. 토시. 소매 끝을 묶어 일하는데 편하게 하는 물건.

褠幘(구책) 토시와 두건(頭巾).

褦	⑩ 15획	日ダイ
	피서립 내	中nài

풀이 1. 피서립(避暑笠). 볕을 가리기 위하여 대오리와 천으로 만든 모자. ¶褦襶 2. 어리석다.

褦襶(내대) 1)햇빛을 가리는 모자. 패랭이. 2)옷을 껴입은 모양. 3)어리석은 사람.
褦襶子(내대자) 1)더운 날씨에 성장을 하고 남을 찾아가는 사람이란 뜻으로, 둔하고 사정에 어두운 사람을 이르는 말.

褭	⑩ 16획	日ジョウ
	낭창거릴 뇨	中niǎo

풀이 1. 낭창거리다. 2. 말 뱃대끈. 말 북두. 말 등에 실린 짐과 말의 배를 얼러서 매는 줄. 3. 좋은 말.

褭褭(요뇨) 1)나긋나긋한 모양. 2)바람이 산들산들 부는 모양. 3)한들거리며 나아가는 모양.

褡	⑩ 15획	日トウ
	옷해질 답	中dā

풀이 1. 옷이 해지다. 2. 소매 없는 옷. 3. 이불.

褞	⑩ 15획	日オン
	무명 핫옷 온	中wēn, yǔn

*형성. 뜻을 나타내는 부수 '衣(옷 의)'와 음을 나타내는 '昷(어질 온)'을 합친 글자.

풀이 무명 핫옷. 변변하지 않은 옷. ¶褞褐

褞褐(온갈) 1)무명 핫옷. 2)신분이 낮은 사람.
褞袍(온포) 거친 솜옷. 허술한 옷.

비 縕(헌솜 온)

褥	⑩ 15획	日ジョク
	요 욕	中rù, nù

풀이 요. 까는 요.

褫	⑩ 15획	日チ
	옷 빼앗을 치	中chǐ

풀이 1. 옷을 벗겨 빼앗다. ¶褫奪 2. 빼앗다. 3. 벗다.

褫職(치직) 관직을 빼앗음. 면직(免職).
褫奪(치탈) 1)벗겨 빼앗음. 2)관직을 박탈함.
褫革(치혁) 치직(褫職).

褪	⑩ 15획	日タイ
	바랠 퇴	中tuì, tùn

*형성. 뜻을 나타내는 부수 '衣(옷 의)'와 음을 나타내는 '退(물러날 퇴)'를 합친 글자. 이에 '옷을 벗다'의 뜻으로 쓰임.

풀이 1. 바래다. 퇴색하다. 2. 벗다. 옷을 벗다. 3. 꽃이 지다. 4. 물러나다.

褪色(퇴색) 빛이 바램.

	⑩ 16획	日カイ
	품을 회	中huái

풀이 1. 품다. 싸서 간직하다. 2. 소매. 소맷자락.

유 懷(품을 회)

褱	⑩ 16획
	懷(p484)의 古字

襁	⑪ 16획	日キョウ
	포대기 강	中qiǎng

풀이 1. 포대기. 어린아이를 업을 때 두르는 띠. ¶襁褓 2. 업다.

襁緥(강보) 강보(襁褓).
襁褓(강보) 1)포대기. 2)어린 시절. 강보(襁緥).
襁負(강부) 포대기로 어린애를 업음.
襁抱(강포) 어린아이를 업거나 안음.

	⑪ 16획	日ク
	턱받이 구	中ōu

풀이 1. 턱받이. 2. 삼베옷.

褸	⑪ 16획	日ル
	남루할 루	中lǚ

풀이 1. 남루하다. 옷이 해지다. 2. 깁다.

비 樓(다락 루)

褵	⑪ 16획	日リ
	향낭 리	中lí

풀이 1. 향낭(香囊). 2. 띠.

유 褘(향낭 위)

襂	⑪ 16획	日サン
	늘어질 삼	中shān, shēn

풀이 1. 늘어지다. 2. 깃발. 3. 홑옷.

襂纚(삼사) 깃털이나 옷이 늘어진 모양.

襳	⑪ 16획	日セン
	옷 펄렁거릴 선	中xiān

풀이 옷이 펄렁거리다. 옷자락이 날리는 모양.

비 僊(신선 선)

褻	⑪ 17획	日セツ
	더러울 설	中xiè

풀이 1. 더럽다. 더럽히다. 2. 속옷. ¶褻服 3. 평복. 평상복. 4. 업신여기다. 경멸하다.

褻器(설기) 1)똥·오줌을 받아내는 그릇. 요강. 2)손을 씻는 그릇.
褻瀆(설독) 1)모독함. 깔보고 멸시함. 2)더러움. 더럽힘.
褻慢(설만) 무례하고 방자함.
褻服(설복) 평상복.
褻臣(설신) 임금에게 버릇없이 구는 신하.

褻狎(설압) 버릇없이 굶.
褻言(설언) 1)천한 말. 외설(猥褻)스런 말. 2)너무 친근하게 여겨 버릇없이 하는 말.
褻翫(설완) 가까이 하여 늘 가지고 즐김. 또는 그 물건.
褻衣(설의) 1)평상복. 2)속옷.
褻戲(설희) 외설스런 장난.
유 汚(더러울 오) 비 藝(심을 예)

褶	⑪ 16획	
	❶주름 습	日シュウ
	❷겹옷 첩	中xí, dié

풀이 ❶ 1. 주름. 옷의 주름. ¶褶曲 2. 사마치. 말 탈 때 입는 바지. ❷ 3. 겹옷. 4. 덧옷.
褶曲(습곡) 1)주름이 잡혀 굽음. 2)옷 주름모양의 지층(地層)의 주름.
褶衣(첩의) 겹옷. 겹의(袷衣).

褷	⑪ 16획	日シ
	털 처음날 시	中shī

풀이 털이 처음으로 나는 모양. 깃이 처음 나는 모양.
褷襹(시리) 시시(褷褷).
褷褷(시시) 털이 나 있는 모양.

襄	⑪ 17획	日ジョウ
	도울 양	中xiāng, xiáng

풀이 1. 돕다. 조력하다. 2. 오르다. 3. 우러르다. 고개를 들다. 4. 소리를 높이다. 5. 치우다. 제거하다. 6. 이루다. 성취하다. ¶襄事 7. 높다. 8. 옮기다. 이동하다. 9. 탈것. 수레 말. 10. 장사지내다.
襄禮(양례) 장사 지내는 예절. 장례(葬禮).
襄事(양사) 1)일을 성취함. 2)장례를 마침.
襄羊(양양) 어슬렁거림. 서성거림.
유 助(도울 조) 비 壤(흙 양) 孃(여자애 양)

褽	⑪ 17획	日イ・カイ
	깔 외	中wèi

풀이 1. 깔다. 2. 옷깃.

襀	⑪ 16획	日セキ
	주름 적	中jì

풀이 주름. 옷의 주름.
비 積(쌓을 적)

褺	⑪ 17획	日サツ
	겹옷 첩	中diē

풀이 겹옷.

褻	⑪ 17획
	褻(p1254)의 本字

褾	⑪ 16획	日ヒョウ
	소맷부리 표	中biǎo

풀이 1. 소맷부리. 2. 배접하다. 표구하다.
褾工(표공) 표구(表具)하는 사람.
褾裝(표장) 책이나 서화첩(書畵帖)을 꾸며 만드는 일. 표장(表裝).
비 標(우듬지 표)

襉	⑫ 17획	日カン
	치마 주름 간	中jiǎn

풀이 1. 치마의 주름. 2. 간색 옷. 두 가지 이상의 색이 혼합되어 있는 옷.

襋	⑫ 17획	日キク
	옷깃 극	中jí

풀이 옷깃.
유 衿(옷깃 금)

襌	⑫ 17획	日タン
	홑옷 단	中dān

풀이 1. 홑옷. ¶襌衣 2. 겹옷. 3. 속옷.
襌褕(단유) 홑옷. 적삼.
襌衣(단의) 홑옷. 단의(單衣).
반 複(겹옷 복)

襏	⑫ 17획	日ハツ
	도롱이 발	中bó

6획

풀이 1. 도롱이. 2. 허술한 옷. 작업복.

襏襫(발석) 1)도롱이. 우의(雨衣). 2)거친 베로 만든 질긴 옷.

襒	⑫ 17획	日ヘツ
	털 별	中bié

풀이 1. 털다. 옷을 털다. 2. 옷.

襐	⑫ 17획	日ショウ
	머리 꾸미개 상	中xiàng

풀이 1. 머리 꾸미개. 수식(首飾). 미성년자가 귀 뒤에 늘어뜨리는 조각한 머리 장식. 2. 꾸미다. 장식하다.

襐飾(상식) 1)관례(冠禮) 전의 머리 장식. 2)성장(盛裝)의 장식. 3)미성년자가 귀 뒤에 늘어뜨리는 조각한 머리 장식.

襑	⑫ 17획	日ジン
	옷품 넉넉할 심	中xín

풀이 옷품이 넉넉하다. 옷이 크고 넓다.

襓	⑫ 17획	日ヨウ
	칼 전대 요	中ráo

풀이 칼 전대. 칼집에 꽂은 칼을 넣어 두는 자루.

襍	⑫ 17획
	雜(p1514)의 本字

襊	⑫ 17획	日サツ
	치포관 촬	中cuì, cuō

풀이 1. 치포관(緇布冠). 유생(儒生)이 평시에 쓰는, 검은 베로 지은 관(冠). 2. 옷깃. 3. 옷의 주름.

襘	⑫ 17획	日カ
	진동 하	中hè

풀이 진동. 옷소매.

襘	⑬ 18획	日カイ
	띠매듭 괴	中guì

풀이 1. 띠매듭. 2. 옷고름 매는 자리. 3. 띠를 느슨하게 매다.

襟	⑬ 18획	日キン
	옷깃 금	中jīn

* 형성. 뜻을 나타내는 부수 '衣(옷 의)'와 음을 나타내는 '禁(금할 금)'을 합친 글자. 이에 옷이 닫히는 곳, 곧 '옷깃'의 뜻으로 쓰임.

풀이 1. 옷깃. ¶襟裾 2. 가슴. 마음. ¶襟曲 3. 물이 합류하는 곳.

襟裾(금거) 1)옷의 깃과 자락. 2)옷을 입음.

襟曲(금곡) 마음속. 심곡(心曲).

襟帶(금대) 1)옷깃과 띠. 의복(衣服). 2)산이나 강에 둘러싸인 요해지(要害地). 3)몸에 지니고 지킴.

襟度(금도) 금회(襟懷)와 도량(度量). 마음속.

襟要(금요) 옷깃과 허리라는 뜻으로, 요해지(要害地)를 비유하는 말.

襟韻(금운) 가슴속의 풍운(風韻).

襟章(금장) 군인이나 학생의 옷깃에 다는 휘장.

襟情(금정) 마음. 심정.

襟抱(금포) 마음속. 마음에 품은 생각.

襟兄弟(금형제) 아내의 자매의 남편. 동서(同壻).

襟懷(금회) 마음에 품은 생각. 금포(襟抱).

襟喉(금후) 옷깃과 목구멍이라는 뜻으로, 요해지(要害地)를 비유하는 말.

유 衿(옷깃 금)

襛	⑬ 18획	日ジョウ
	옷 두툼할 농	中nóng

풀이 1. 옷이 두툼한 모양. 2. 성하다. 한창이다.

襢	⑬ 18획	
	❶ 웃통 벗을 단	日タン
	❷ 소복 전	中zhàn

풀이 1 1. 웃통을 벗다. 2. 드러내다. 2 3. 소복. 무늬 없는 흰 옷. 4. 붉은 비단 옷.

襢裼(단석) 웃옷을 벗어 어깨를 훤히 드러냄. 단석(袒裼).

襠	⑬ 18획	日トウ
	잠방이 당	中dāng

풀이 1. 잠방이. 2. 배자. 등거리.

6 획

襞	⑬ 19획 주름 벽	日ヘキ 中bì

풀이 1. 주름. 치마 주름. 2. 접다. 옷을 차곡차곡 개다.
襞積(벽적) 옷의 주름.
비 璧(벽 벽)

襚	⑬ 18획 수의 수	日スイ 中suì

풀이 1. 수의. 죽은 사람에게 입히는 옷. 2. 옷.
襚服(수복) 수의(襚衣).
襚衣(수의) 염할 때 시체에 입히는 옷.

襖	⑬ 18획 웃옷 오	日オウ 中ǎo

풀이 1. 웃옷. 두루마기. 도포. 2. 갖옷. 3. 겹옷.
襖衣(오의) 웃옷. 웃저고리.
襖子(오자) 무명 속옷.

襜	⑬ 18획 행주치마 첨	日セン 中chān

* 형성. 뜻을 나타내는 부수 '衣(옷 의)'와 음을 나타내는 '詹(이를 첨)'을 합친 글자.

풀이 1. 행주치마. 2. 옷의 겨드랑이 밑. 3. 적삼. 4. 휘장.
襜如(첨여) 옷차림이 단정한 모양.
襜帷(첨유) 수레의 휘장(揮帳).
襜褕(첨유) 1)가슴에 늘여 무릎을 가리는 헝겊. 2)짧은 홑옷. 단의(單衣).
襜襜(첨첨) 휘장이나 치맛자락이 너풀거리는 모양.

襡	⑬ 18획 ❶긴 속옷 촉 ❷자루 독	日ソク·トク 中shǔ

풀이 ❶ 1. 긴 속옷. 긴 치마. ❷ 2. 자루. 자루에 넣다. 3. 싸다. 포장하다.

襗	⑬ 18획 속고의 탁	日タク 中duó

풀이 속고의. 속옷 하의.

襨	⑭ 19획 의대 대(韓)	

풀이 1. 의대(衣襨). 2. 임금의 옷. 3. 무당이 굿할 때 입는 옷.

襤	⑭ 19획 누더기 람(남)	日ラン 中lán

풀이 누더기. 해진 옷.
襤褸(남루) 누더기. 해어져 너덜너덜한 옷.
襤衣(남의) 해진 옷.

襣	⑭ 19획 쇠코잠방이 비	日ビ 中bí

풀이 쇠코잠방이.

襦	⑭ 19획 저고리 유	日ユ 中rú

* 형성. 뜻을 나타내는 부수 '衤(옷 의)'와 음을 나타내는 '需(구할 수→유)'를 합친 글자.

풀이 1. 저고리. 겹 혹은 핫으로 겨울에 추위를 막는 옷. ¶ 襦衣 2. 속옷. 3. 턱받이. 4. 올이 가는 엷은 비단. 고운 비단. 5.(韓) 동옷. 종이를 넣어 만든 옷. 6.(韓) 싸개 갓장이. 갓싸개하는 장색(匠色).
襦袴(유고) 속옷과 바지.
襦襖(유오) 짧은 웃옷.
襦衣(유의) 저고리. 동옷.
반 裳(치마 상) 비 褕(느릅나무 유)

襪	⑮ 20획 버선 말	日ベツ 中wà

풀이 버선.
襪線(말선) 버선의 실. 풀어도 쓸 만한 긴 실이 나오지 않는다는 데서 특히 내세울 만한 재주가 없음을 비유하는 말.
襪衣(말의) 버선.

襮	⑮ 20획 수놓은 깃 박	日ハク 中bó

풀이 1. 수놓은 깃. 2. 옷의 장식. 3. 겉. 표면. 4. 드러내다. 겉으로 나타내다.

襫	⑮ 20획	日セキ
	비옷 석	中shì

풀이 비옷.

襬	⑮ 20획	日ヒ
	치마 피	中bǎi

풀이 치마.

유 裳(치마 상)

襭	⑮ 20획	日ヒツ
	옷자락 꽂을 힐	中xié

풀이 옷자락을 꽂다. 옷자락을 걷다.

襱	⑯ 21획	日ロウ
	바짓가랑이 롱	中lóng, lǒng, lòng

풀이 1. 바짓가랑이. 2. 치마.

襩	⑯ 21획
	襚(p1258)의 同字

襲	⑯ 22획	日シュウ
	엄습할 습	中xí

풀이 1. 엄습하다. 습격하다. ¶襲取 2. 잇다. 계승하다. 물려받다. ¶襲繼 3. 맞다. 합치하다. 4. 들어가다. 5. 겹치다. 껴입다. 6. 포개다. 쌓다. 7. 벌. 옷 한 벌. 8. 입다. 9. 되풀이하다. 10. 수의. 11. 염습하다. 죽은 사람에게 옷을 입히는 일. 12. 닫다. 13. 화합하다. 맞추다. 14. 뒤집다.

襲繼(습계) 뒤를 물려받음.

襲殮(습렴) 죽은 사람의 몸을 씻은 뒤에 옷을 입히고 염포로 묶는 일. 염습(殮襲).

襲冒(습모) 습격함.

襲封(습봉) 제후(諸侯)가 선대(先代)의 봉지(封地)를 세습함.

襲承(습승) 뒤를 이어받음.

襲用(습용) 이어받아 그대로 사용함.

襲衣(습의) 염습(殮襲)할 때 시체에 입히는 옷.

襲因(습인) 옛것을 좇아 함. 인습(因襲).

襲刺(습자) 습격하여 찔러 죽임.

襲取(습취) 습격하여 빼앗음.

襲虛(습허) 허를 침. 적이 생각하지 못한 데를 갑자기 공격함.

비 聾(귀머거리 롱)

襯	⑯ 21획	日シン
	속옷 츤	中chèn

풀이 1. 속옷. ¶襯衣 2. 가까이하다. 접근하다. 3. 베풀다. 4. 나타내다. 드러내다. 5. 돕다.

襯衫(츤삼) 속옷. 내복.

襯衣(츤의) 속옷. 땀받이.

襷	⑰ 22획	日ケン
	옷 추어올릴 건	中qiān

풀이 1. 옷을 추어올리다. 2. 바지.

襴	⑰ 22획	日ラン
	난삼 란(난)	中lán

풀이 난삼(襴衫). 저고리와 치마가 이어지고 옷자락에 가선을 두른 옷.

襴衫(난삼) 1)저고리와 치마가 이어지고 옷자락에 가선을 두른 옷. 2)생원(生員)·진사(進士)에 합격했을 때에 입던 예복. 난삼(幱衫).

비 欄(난간 란)

襳	⑰ 22획	
	❶ 짧은 속옷 섬	日セン
	❷ 깃발 삼	中xiān, shēn

풀이 ❶ 1. 짧은 속옷. 홑속옷. 2. 띠. 허리띠. 3. 깃털옷이 휘날리는 모양. ❷ 4. 깃발.

襳襹(섬시) 깃털옷이 휘날리는 모양.

襳纚(섬시) 섬시(襳襹).

襶	⑰ 22획	日エン
	치마 주름 영	中yìng

풀이 1. 치마 주름. 2. 무늬. 여러 색상이 어우러진 무늬.

襶	⑱ 23획	日ダイ
	어리석을 대	中dài

6획

풀이 어리석다.

襵	⑱ 23획 ❶주름 접 ❷깃 끝 첩	日セツ·ゼツ 中zhé

풀이 ❶ 1. 주름. 옷의 주름. 또는 주름을 잡다. 2. 장막. ❷ 3. 깃의 끝.

비 攝(당길 섭)

襺	⑲ 24획 솜옷 견	日ケン 中jiǎn

풀이 1. 솜옷. 2. 고치. 누에고치.

襹	⑲ 24획 褵(p1255)와 同字	

襻	⑲ 24획 옷끈 반	日たすき 中pàn

풀이 옷끈. 옷고름.

襹	⑲ 24획 깃털 축축할 시	日シ 中shī

풀이 1. 깃털이 축축한 모양. 2. 털이 나다.

襼	⑲ 24획 소매 예	日ガイ 中yì

풀이 소매.

襸	⑲ 24획 고운 옷 찬	日サン 中zàn

풀이 1. 고운 옷. 2. 좋다. 3. 아름답다. 곱다.

襽	㉑ 26획 긴 속옷 촉	日ソク 中shǔ

풀이 1. 긴 속옷. 통치마. 위아래가 이어져 있음. 2. 아랫도리에 입는 속옷.

비 觸(닿을 촉) 囑(부탁할 촉)

襾 부

襾 덮을 아 部

'襾' 자는 무엇인가 위에서 덮는 모양을 본뜬 글자로, '덮다'는 뜻을 갖는다. 위아래를 서로 덮는 형태를 나타내는데, 부수로도 별로 쓰이지 않고 그 의미도 잘 나타나지 않는다.

襾	⓪6획 덮을 아	日ア 中yà

풀이 덮다. 덮어서 가리다.

西	⓪6획 서녘 서	日セイ·サイ·にし 中xī

一 丅 丙 丙 西 西

*상형. 새가 둥지에 있는 모양을 본뜬 글자. 이에 해가 지는 것을 나타내는 데 쓰이고, 이에 '해가 지는 방향', '서쪽'의 뜻으로 쓰임.

풀이 1. 서녘. 서쪽. 계절로는 가을, 십이지(十二支)로는 유(酉), 팔괘(八卦)에서는 태(兌), 오행(五行)에서는 금(金)에 해당함. ¶西方 2. 서쪽으로 향하다. 3. 서양(西洋). 4. 깃들다.

西經(서경) 본초 자오선을 0도로 하고 서쪽 180도까지의 경선(經線).

西教(서교) 천주교·기독교 등 서양의 종교.

西歐(서구) 1)유럽 서부의 여러 나라. 2)서양.

西國(서국) 1)서쪽에 있는 나라. 2)극락정토(極樂淨土).

西曆(서력) 예수 탄생을 기원으로 하는 서양의 달력.

西班(서반) 무관(武官)의 반열(班列).

西半球(서반구) 지구를 동서로 나눈 경우의 서쪽. 남·북 아메리카주 등이 있는 부분.

西班牙(서반아) 스페인.

西方(서방) 1)서쪽. 2)서쪽 지방.

西方淨土(서방정토) 서쪽 십만억토(十萬億土) 저쪽에 있다고 하는 극락 세계.

西部(서부) 서쪽 부분.

西施(서시) 춘추 시대 월(越)나라의 미인. 오왕(吳王) 부차(夫差)의 비(妃)가 됨.

西施捧心(서시봉심) 같은 행위라도 그것을 행하는 사람에 따라 차이가 생김을 비유하는 말.

○西施捧心(서시봉심)의 유래

역사상 유명한 미인인 서시(西施)는 가슴앓이 때문에 가슴에 손을 대고 얼굴을 찌푸릴 때가 많았다. 그 모습이 몹시 아름다웠으므로, 한 못생긴 여자가 자기도 예쁘게 보이기 위해 일부러 가슴에 손을 대고 얼굴을 찌푸렸다. 그러자 사람들이 그 추악한 얼굴에 놀라 도망쳤다고 한다.

西洋(서양) 1)서쪽의 큰 바다. 2)유럽과 아메리카의 여러 나라를 일컫는 말.
西域(서역) 옛날, 중국의 서쪽 지역. 중앙아시아 및 인도 지방의 여러 나라를 일컫는 말.
西遊(서유) 서쪽 나라 또는 서양에 유학하거나 머묾.
西戎(서융) 서쪽 오랑캐. 서이(西夷).
西漸(서점) 점차 서쪽으로 옮아감.
西征(서정) 1)서쪽을 향하여 감. 또는 서쪽을 정벌(征伐)함. 2)사람이 죽음을 이름.
西天(서천) 1)서쪽 하늘. 2)서천 서역국(西天西域國). 인도(印度)의 옛 이름.
西便(서편) 서쪽 편.
西風(서풍) 1)서쪽에서 불어오는 바람. 갈바람. 2)가을 바람.
西學(서학) 1)주대(周代)의 소학교. 2)서양의 학문.
西行(서행) 1)서쪽으로 감. 2)서방 정토(西方淨土)에 왕생(往生)하는 일.
西向(서향) 서쪽으로 향함.

비 酉(닭 유) 四(넉 사)

要	③ 9획	日 ヨウ·いる
	중요할 요	中 yào

一 𠃊 ⺕ 襾 襾 襾 覀 要 要

* 상형. 여자가 손을 허리에 대고 서 있는 모양을 본뜬 글자. 사람의 몸에서 허리가 중요한 부분이라는 데서 '중요하다'의 뜻으로 쓰임.

풀이 1. 중요하다. 요긴하다. ¶要緊 2. 요구하다. 3. 요약하다. 4. 요컨대. 대체로. 5. 반드시. 꼭. 6. 모으다. 합치다. 7. 허리. 8. 허리에 차다. 허리띠. 9. 기다리다. 대기하다. 10. 막다. 11. 언약하다. 약속하다. 12. 으르다. 협박하다. 13. 중요한 곳. 14. 회계. 15. 이루다. 성취하다. 16. 굽히다. 17. 사북. 근본.

要綱(요강) 중요한 강령.
要件(요건) 중요한 용건. 긴요한 조건.
要擊(요격) 도중에서 대기하고 있다가 적을 공격함.
要訣(요결) 1)중요한 비결. 2)요긴한 뜻.
要求(요구) 필요한 것을 청구함.
要緊(요긴) 중요하고도 긴(緊)함.
要覽(요람) 중요한 것만 간추려서 볼 수 있게 한 책.
要略(요략) 1)중요한 것만 추리고, 나머지는 줄임. 2)글의 대강의 뜻.
要領(요령) 1)허리와 목. 곧 신체의 중요한 부분. 2)사물의 요점.
要領不得(요령부득) 요령을 얻지 못한다는 뜻으로, 말이나 글의 주요 내용을 알 수 없음을 이르는 말.

要領不得(요령부득)의 유래

한나라 무제는 대월씨국(大月氏國)과 손을 잡고 흉노를 토벌할 계획을 세웠다. 이에 사자로 뽑힌 장건(張騫)은 대월씨국으로 가던 도중에 흉노에 붙잡혀 10여 년간 억류되어 있다가 탈출해 겨우 대월씨국에 도착했다. 그는 대월씨국 왕을 만나 무제의 뜻을 전했지만 그간 사정이 달라져 있었다. 대월씨국은 서쪽으로 옮긴 후, 토지도 비옥하고 적군도 없어서 흉노에 대한 복수심이 사라지고 없었기 때문에 장건의 설득은 통하지 않았다. 이 일을 《사기》에서 "장건은 대월씨국의 요령을 얻을 수 없었다. 그는 1년 여를 머무른 뒤 돌아왔다."라고 표현한 데서 유래한 말이다.

要路(요로) 1)중요한 길목. 2)중요한 지위.
要論(요론) 중요한 의론.
要望(요망) 바라는 바를 꼭 해주기를 바람.
要目(요목) 요긴한 조목.
要部(요부) 가장 중요한 부분.
要塞(요새) 국경 같은 데에 있는 전략상의 중요한 곳에 쌓은 성.
要誓(요서) 맹세.
要所(요소) 1)사물의 성립에 필요한 없어서는 안 될 조건. 2)더 이상 간단하게 분석할 수 없는 것.
要須(요수) 반드시 필요함.
要式(요식) 중요한 법식. 반드시 따라서 지켜야 할 양식.
要約(요약) 주요한 대목을 추려냄.
要員(요원) 일정한 일을 하는 데 필요한 인원.
要因(요인) 중요한 원인.
要點(요점) 중요한 점.
要地(요지) 중요한 장소.
要旨(요지) 중요한 취지. 말의 긴요한 내용.
要職(요직) 중요한 직위.
要處(요처) 1)긴요한 곳. 2)중요한 점.
要請(요청) 요긴하게 청함. 또는 요긴한 청구.
要樞(요추) 가장 중요한 부분.
要衝(요충) 1)중요한 곳. 2)지세가 험준하여 적을 방비하기에 편한 곳.
要害(요해) 1)지형이 적을 막기에 편리한 곳. 2)몸의 중요한 부분.
强要(강요) 1)강제로 요구함. 2)억지로 시킴.
緊要(긴요) 꼭 필요(必要)함.
重要(중요) 중하고 요긴함.
必要(필요) 반드시 소용이 있음.

覂	⑤ 11획 엎을 봉	日ホウ 中fěng

풀이 1. 엎다. 엎어지다. 2. 다하다.

覃	⑥ 12획 ❶ 미칠 담 ❷ 날카로울 염	日タン・エン 中qín, tán

풀이 1 1. 미치다. ¶覃及 뻗다. 퍼지다. 2. 깊다. 깊고 넓다. ¶覃思 3. 길다. 4. 크다. 5. 찾다. 6. 자리잡다. 2 7. 날카롭다. 예리하다.

覃及(담급) 뻗어 미침.

覃思(담사) 깊이 생각함.

覃恩(담은) 1)은혜를 널리 베풂. 2)임금이 베푸는 은혜.

覃耜(염사) 날카롭게 날이 선 모양.

비 潭(깊을 담)

覆	⑫ 18획 ❶ 엎어질 복 ❷ 덮을 부	日フク・おおう・くつがえる 中fù

풀이 1 1. 엎어지다. 넘어지다. 2. 뒤집히다. 전도되다. ¶覆翻 3. 무너뜨리다. 멸망시키다. ¶覆墜 4. 도리어. 반대로. 5. 되풀이하다. 다시 하다. 6. 배반하다. 7. 찾다. 구하다. 8. 깊이 생각하다. 9. 아뢰다. 고하다. 10. 살피다. 11. 복병. 2 12. 덮다. 덮어 씌우다. ¶覆蓋 13. 감싸다. 비호하다. 14. 덮어 숨기다. 15. 덮개. 16. 숨어서 노리다. 17. 옷. 의복.

覆勘(복감) 다시 조사함.

覆檢(복검) 다시 검사함.

覆啓(복계) 회답을 올림. 답장의 첫머리에 쓰는 말. 복계(復啓).

覆考(복고) 다시 반복하여 조사함.

覆滅(복멸) 뒤엎어 멸망시킴.

覆命(복명) 사명을 띤 사람이 일을 마치고 돌아와 아룀. 복명(復命).

覆沒(복몰) 1)배가 뒤집혀 가라앉음. 2)싸움에 크게 패함. 3)한 집안이 몰락함.

覆翻(복번) 뒤집음.

覆盆(복분) 1)동이의 물을 엎음. 또는 엎은 동이. 2)퍼붓는 듯이 쏟아지는 큰 비를 형용하여 이르는 말. 3) 죄를 뒤집어 쓰고 밝히지 못함.

覆船(복선) 배가 뒤집힘.

覆巢無完卵(복소무완란) 엎어진 새집 밑에는 온전한 알이 없다는 뜻으로, 근본이 썩으면 그 지엽(枝葉)도 따라서 썩음을 이르는 말.

覆巢無完卵(복소무완란)의 유래

후한(後漢) 때, 건안칠자(建安七子)의 한 사람인 공융(孔融)은 무너져 가는 한나라 왕실을 구하고자 하였으나 뜻을 이루지 못했다. 한번은 오(吳)나라 손권(孫權)의 부하들이 공융을 체포하러 왔다. 그때 그의 두 어린 아들은 마침 집에서 놀고 있었는데, 공융은 사자에게 "처벌은 나 혼자 받겠소. 아이들은 다치지 않게 해 주시오."라고 말했다. 그러자 아들이 "아버님, 어찌 엎어진 새집 밑에 온전한 알이 있을 수 있습니까?"라고 말하고 함께 체포되었다. 공융의 아들은 집안의 기둥인 아버지가 죄를 지어 체포되어 가는 마당에 자식이 벌을 받지 않기를 바라는 것은 말이 안된다고 생각했던 것이다. 《후한서(後漢書)》 공융전(孔融傳)

覆水難收(복수난수) 한번 엎지른 물은 다시 퍼 담을 수 없음. 한번 기회를 잃으면 다시 얻을 수 없음을 비유하는 말.

覆審(복심) 1)다시 자세히 조사함. 2)상소(上訴)한 사건을 법원이 다시 심리(審理)함.

覆按(복안) 되풀이하여 조사함.

覆壓(복압) 덮어 씌움. 덮어 누름.

覆車之戒(복차지계) 엎어진 수레의 교훈이라는 뜻으로, 이전의 실패를 거울삼아 현재를 돌아봄을 이르는 말.

覆車之戒(복차지계)의 유래

전국 시대 위나라 문후(文候)는 술 마시는 규칙을 정하고 이를 깨뜨리는 자는 벌주로 큰 잔을 받게 하였다. 그런데 문후가 먼저 이 규칙을 어기자 신하 공손불인(公孫不仁)이 "앞 수레의 엎어진 수레바퀴 자국은 뒤에 오는 수레의 교훈이라는 속담이 있습니다. 지금 주군께서 법을 만들고 그 법을 지키지 않는 전례를 만드신다면 앞일이 어떻게 되겠습니까?" 라고 말하여 문후 역시 벌주를 받았다고 한다.

覆轍(복철) 수레가 뒤집힌 자국이라는 뜻으로, 전에 실패한 일을 비유하는 말. 전철(前轍).

覆蓋(부개/복개) 1)덮음. 덮어 가림. 2)뚜껑.

覆藏(부장) 마음속에 숨겨 간직함.

覆載(부재) 1)만물을 하늘이 덮어 싸고, 땅이 받아 싣는다는 뜻으로, 임금과 부모의 은덕을 이르는 말. 2)천지(天地).

覆被(부피) 덮음.

유 轉(구를 전)

覇	⑬ 19획 霸(p1525)의 俗字

覈	⑬ 19획 핵실할 핵	日カク 中hé

풀이 1. 핵실하다. 실상을 조사하다. ¶覈論 2. 엄격하다. 준엄하다. 3. 씨.

覈擧(핵거) 엄격히 조사하여 등용함.

覈論(핵론) 일의 실상을 조사하여 논박함. 또는 엄하게 논함.

覈辨(핵변) 일의 실상을 조사하여 밝힘.

覈實(핵실) 일의 실상을 조사함.

覉	⑰ 23획 羈(p1071)의 俗字

覊	⑲ 25획 羈(p1071)의 俗字

見 부

見 볼 견 部

'見' 자는 '儿(어진 사람 인)'과 '目(눈 목)'이 합쳐진 형태로, 사람의 형상 위에 눈을 덧붙여 강조함으로써 '보다'라는 뜻을 나타낸다. 그 의미가 확대되어 '보이다'는 뜻으로도 쓰이고 고견(高見)이나 견식(見識)에서처럼 '견해'의 뜻으로 쓰이기도 하는데, '당하다'라는 피동의 의미로도 쓰인다. '나타나다'나 '뵙다'라는 뜻으로도 쓰이는데, 이 때는 '현'으로 읽는다. 이 글자를 부수로 갖는 글자는 '보다'라는 눈의 활동과 관련이 있다.

見
⓪7획
❶볼 견 日ケン·みる
❷나타날 현 中jiàn, xiàn

丨 冂 冃 月 目 貝 見

* 회의. 사람(儿)이 눈(目)으로 '보는' 것을 나타냄.

풀이 1 1. 보다. 보이다. ¶見聞 2. 견해. ¶見解 3. 당하다. 피동을 나타냄. ¶見黜 2 4. 나타나다. 드러나다. 5. 나타내다. 밝히다. ¶見齒 6. 소개하다. 7. 뵙다. 만나다. ¶見舅姑 8. 현재. 지금.

見聞(견문) 1)보고 들음. 2)보고 듣고 깨달아서 얻은 지식.
見物生心(견물생심) 물건을 보면 욕심이 생김.
見本(견본) 본보기. 간색(看色).
見性(견성) 자신의 타고난 본래 천성을 깨달음.
見習(견습) 남이 하는 일을 보고 배움. 또는 그러한 과정에 있는 사람.
見識(견식) 1)견문과 학식. 2)사물을 식별하고 관찰하는 능력. 식견(識見).
見辱(견욕) 욕을 당함.
見積(견적) 어림잡아 물건의 값을 계산함.
見地(견지) 사물을 보는 입장.
見責(견책) 책망을 당함.
見黜(견출) 쫓김을 당함.
見濁(견탁) 오탁(五濁)의 한 가지. 눈으로 봄으로써 생기는 더러움.
見奪(견탈) 빼앗김.
見敗(견패) 패배를 당함.
見品(견품) 본보기.
見學(견학) 실제로 가서 보고 배움.
見解(견해) 자신의 의견과 해석.
見舅姑(현구고) 신부(新婦)가 예물을 가지고 처음으로 시부모를 찾아 뵘.
見謁(현알) 웃어른을 뵘. 알현(謁見).
見齒(현치) 이를 드러내 보임. 크게 웃음을 이르는 말.
顧見(고견) 돌이켜 뒤를 봄. 고호(顧護).
管見(관견) 1)소견이 좁음을 이르는 말. 대통 구멍으로 내다봄. 2)자기의 의견을 겸손하게 일컫는 말.

유 觀(볼 관) 視(볼 시) 비 貝(조개 패)

規
④11획 日キ·のり·ただす
법 규 中guī

一 二 ≠ 夫 夫 扣 抑 抑 押 規 規

풀이 1. 법. 법칙. ¶法規 2. 꾀하다. 책략. 3. 동그라미. 4. 그림쇠. 컴퍼스. 원을 그리는 도구. 5. 바로잡다. 6. 간하다. 7. 경계하다. ¶規戒 8. 문체 이름. 과실을 경계하는 글. 9. 본받다. 모범으로 삼다. ¶規矩 10. 그리다.

規格(규격) 1)법과 격식. 2)공업 생산품의 품질·형상·치수·수량 등의 일정한 표준.
規見(규견) 엿봄.
規戒(규계) 바르게 경계함.
規矩(규구) 1)그림쇠와 자. 2)일상생활에서 지켜야 할 도리. 규구준승(規矩準繩).
規例(규례) 일정한 규칙.
規免(규면) 맡은 일의 책임을 면하려고 꾀함. 도면(圖免). 모면(謀免).
規模(규모) 1)본보기가 될 만한 제도. 2)물건의 크기나 짜임새. 3)일정한 예산의 범위.
規範(규범) 1)본보기가 될 만한 제도. 규모(規模). 2)진(眞)·선(善)·미(美)를 얻기 위한 행위의 원리. 3)판단의 기준이 되는 것.
規式(규식) 규칙(規則)과 법식(法式).
規約(규약) 약정한 규칙.
規律(규율) 1)질서를 유지하기 위해 지켜야 할 행동의 준칙이 되는 본보기. 2)일정한 질서 또는 차례.
規定(규정) 규칙으로 정함. 또는 그 규칙.
規程(규정) 1)조목별로 정해 놓은 표준. 2)내부 조직 및 사무 처리상의 표준 규칙.
規制(규제) 규칙을 세워 제한함. 또는 그 규칙.
規準(규준) 1)그림쇠와 수준기(水準器). 2)본보기가 되는 표준.
規則(규칙) 여러 사람이 다같이 지키고자 작정한 법칙.
家規(가규) 한 집안의 규율·규칙(規則).
過失相規(과실상규) 서로의 잘못을 고쳐 줌.
官規(관규) 1)관청(官廳)의 규율. 2)관리(官吏)

에 대한 규칙(規則).
軍規(군규) 군율.
유 式(법 식) 度(법도 도) 典(법 전) 法(법 법)

覔	④ 11획	日ベキ・もとめる
	찾을 멱	中mì

* 회의. '爪(손톱 조)'와 '見(볼 견)'을 합친 글자. 사람이 눈가에 손을 대고 엿보는 모양을 나타내어 '곁눈질', '찾다'의 뜻으로 쓰임.

풀이 1. 찾다. 구하다. ¶覔去 2. 곁눈질.

覔去(멱거) 찾아 감.
覔擧(멱거) 선비가 자신을 천거해 줄 것을 바람.
覔句(멱구) 시인이 좋은 글귀를 찾음.
覔得(멱득) 구하여 얻음.
覔來(멱래) 찾아옴.
覔索(멱색) 찾음.
유 尋(찾을 심)

視	④ 11획
	視(p1265)와 同字

覚	⑤ 12획
	覺(p1268)의 俗字

覕	⑤ 12획	日ベツ
	언뜻 볼 별	中piē

풀이 1. 언뜻 보다. 2. 베다. 가르다.

覗	⑤ 12획	日シ・うかがう
	엿볼 사	中sì

풀이 엿보다.
유 偵(정탐할 정)

視	⑤ 12획	日シ・みる
	볼 시	中shì

一 二 亍 亍 示 礻 礼 礼 礼 視 視 視

* 형성. 뜻을 나타내는 부수 '見(볼 견)'과 음을 나타내는 '示(보일 시)'를 합친 글자. 이에 '보다'의 뜻으로 쓰임.

풀이 1. 보다. ¶視覺 2. 엿보다. 훔쳐보다. 3. 살펴보다. 자세히 보다. 4. 맡아보다. 처리하다. 5. 대우하다. 6. 돌보다. 7. 본받다. 8. 살다. 9. 받아들이다. 10. 견주다. 11. 가리키다. 지시하다. 12. 보이다.

視覺(시각) 물건의 모양이 눈의 망막(網膜)에 비치면 시신경을 자극하여 뇌에 전달됨으로써 일어나는 감각.
視界(시계) 1)눈에 비치는 세계. 2)시력이 미치는 범위.
視官(시관) 시각(視覺)을 맡은 감각기관.
視其所使(시기소사) 부리고 있는 사람을 보면 주인의 성품을 알 수 있다는 말.
視力(시력) 물체의 형태를 분간하는 눈의 능력.
視務(시무) 일을 봄.
視民如子(시민여자) 백성을 자식처럼 봄. 임금이 백성을 사랑하며 위해 애씀.
視事(시사) 관청에 나가서 일을 봄.
視死如歸(시사여귀) 죽는 것을 자기 집으로 돌아가는 것같이 여김. 죽음을 조금도 두려워하지 않음.
視線(시선) 1)물건을 향해 눈이 가는 길. 2)눈알의 중점과 보는 물건과의 이어지는 선. 3)주의. 관심.
視息(시식) 눈으로 보고 코로 숨을 쉬고 있음. 이 세상에 사는 것. 생존(生存).
視神經(시신경) 망(網)의 시각을 뇌에 전달하는 제2의 뇌신경.
視野(시야) 1)시계(視界). 2)사물을 관찰하여 판단할 수 있는 범위.
視若楚越(시약초월) 사이가 벌어져 서로 무관심하게 봄. 서로 멀리하고 돌아보지 않음.
視養(시양) 잘 돌보아 기름.
視于無形(시우무형) 형체가 없어도 이미 보아 앎.
視而不見(시이불견) 보고 있어도 마음이 다른 곳에 있어서 그것이 보이지 않음.
視點(시점) 1)눈에서 물체 위로 시력의 중심이 가 닿는 점. 2)소설에서, 작가가 이야기를 서술하는 관점 · 방식.
視朝(시조) 조정에 나아가 정사를 처리함.
視差(시차) 1)서로 다른 두 곳에서 같은 물체를 보았을 때 방향의 차. 2)천체의 일점을 두 지점에서 바라볼 때의 방향의 차.
視察(시찰) 돌아다니며 실지 사정을 살펴봄.
視瞻(시첨) 바라다봄. 휘둘러봄.
視聽(시청) 보고 들음.
視險若夷(시험약이) 위험한 곳에 있으면서도 마치 평지에 있는 것처럼 태연히 행동하며, 두려워서 마음을 움직이는 일이 없음.

유 觀(볼 관) 見(볼 견)

覗	⑤ 12획	日シ
	문후할 시	中shī

풀이 1. 문후하다. 웃어른의 안부를 여쭘. 2. 다소곳하다.

覘	⑤ 12획	日テン·うかがう
	엿볼 점	中chān, zhān

풀이 1. 엿보다. ¶覘候 2. 보다. 살펴보다.

覘望(점망) 살펴서 몰래 바라봄. 엿봄.

覘敵(점적) 적의 형세를 몰래 살핌.

覘詗(점형) 형편을 염탐함.

覘候(점후) 1)남몰래 살핌. 2)몰래 적의 형편을 살핌. 정사(偵伺).

覛	⑥ 13획	
	❶볼 맥	日ミャク
	❷몰래 볼 멱	中mì

풀이 1 1. 보다. 살펴보다. ¶覛土 2 2. 몰래 보다. 곁눈질로 보다.

覛土(맥토) 토지(土地)를 자세하게 살펴봄.

유 覘(엿볼 점)

覜	⑥ 13획	日チョウ
	바라볼 조	中tiào

풀이 1. 바라보다. 2. 뵙다. 알현하다.

覡	⑦ 14획	日ゲキ
	박수 격	中xí

풀이 박수. 남자 무당.

覝	⑦ 14획	日レン·みる
	살펴볼 렴	中lián

풀이 살펴보다.

覢	⑧ 15획	日セン
	언뜻 볼 섬	中shǎn

풀이 언뜻 보다.

覤	⑧ 15획	日カク
	놀랄 혁	中xì

풀이 놀라는 모양. 놀라며 두려워하는 모양.

覤覤(혁혁) 놀란 모양. 놀라 두려워하는 모양.

유 驚(놀랄 경)

覩	⑨ 16획	日トウ
	볼 도	中dǔ

풀이 보다. '睹(볼 도)'의 고자.

覩聞(도문) 보는 일과 듣는 일.

유 視(볼 시) 見(볼 견)

覧	⑨ 16획
	覽(p1268)의 俗字

覦	⑨ 16획	日ユ·のぞむ
	넘겨다 볼 유	中yú

풀이 넘겨다 보다. 분수에 넘치는 일을 바라다.

親	⑨ 16획	
	❶친할 친	日シン·おや·したしい
	❷새로울 신	中qīn, qìng

*형성. 뜻을 나타내는 부수 '見(볼 견)'과 음을 나타내며 많은 나무가 포개져 있다는 의미를 지닌 '亲(친할 친)'을 합친 글자. 이에 나무처럼 많은 자식들을 부모가 보살피는(見) 것을 나타내어 '친하다', '부모'의 뜻을 나타냄.

풀이 1 1. 친하다. 사이가 가깝다. ¶親客 2. 사랑하다. ¶親愛 3. 가까이하다. ¶親近 4. 친히. 몸소. 몸소 행하다. 5. 친애(親愛). 우호(友好). 6. 부모. ¶母親 7. 친척. 일가. ¶親族 8. 친한 사람. 2 9. 새롭다. 새롭게 하다.

親客(친객) 1)친한 손님. 2)거미의 다른 이름.

親耕(친경) 1)몸소 밭을 갊. 2)옛날, 농업을 장려하기 위해 임금이 직접 밭을 갈던 의식(儀式).

親鞫(친국) 임금이 반역 죄인을 친히 신문함.

親眷(친권) 1)아주 가까운 친척. 2)친밀하게 돌보아 줌.

親貴(친귀) 1)임금의 총애를 받아 높은 지위에 올라감. 2)임금의 집안. 임금의 일가.

親忌(친기) 부모의 기제사(忌祭祀).

親昵(친닐) 친하고 화목하게 지냄. 또는 그 사람. 친닐(親暱).
親等(친등) 1)친척끼리 멀고 가까움의 정도. 촌수(寸數). 2)친하고 소원한 정도.
親臨(친림) 임금이 직접 그 곳에 임함.
親睦(친목) 서로 친하여 화목함.
親媚(친미) 가까이하고 사랑함.
親民(친민) 백성에게 친근하게 함.
親密(친밀) 1)친근함. 2)임금에 친근함.
親藩(친번) 임금과 제후(諸侯).
親兵(친병) 임금이 직접 거느리는 군사. 임금의 신변을 호위하는 군대.
親附(친부) 정이 들어 좇음. 심복(心服)함.
親事(친사) 1)친히 일을 처리함. 2)당대(唐代)의 수위배종(守衛陪從)을 맡아보던 벼슬. 3)혼인에 관한 일. 혼사(婚事).
親山(친산) 부모의 산소.
親喪(친상) 부모의 상사(喪事). 부모상(父母喪).
親桑(친상) 왕후(王后)가 친히 뽕을 따 누에를 치던 의식.
親署(친서) 천자(天子)나 왕공귀인(王公貴人)이 친히 서명함. 또는 그 서명.
親疎(친소) 친하여 가까움과 친하지 못하여 틈이 생김.
親率(친솔) 1)천자(天子)가 직접 거느려 일을 행함. 2)몸소 군대를 거느림. 3)한 집안의 권솔(眷率).
親臣(친신) 임금이 가까이에서 거느리는 신하.
親婭(친아) 동서(同壻). 또는 일가붙이.
親狎(친압) 사이가 너무 가까워 허물이 없음. 버릇없이 너무 지나치게 친함.
親迎(친영) 1)친히 나가 맞음. 2)신랑이 직접 신부 집에 가서 신부를 맞아 오는 의식.
親王(친왕) 황자(皇子)를 이름.
親遇(친우) 친절하게 대함.
親懿(친의) 가까운 친족. 의친(懿親).
親誼(친의) 친한 정분.
親任(친임) 1)친하게 여기며 신임함. 2)임금이 친히 임명함. 또는 그 벼슬.
親炙(친자) 스승과 가까이하여 몸소 가르침을 받음.
親長(친장) 손윗사람. 어른.
親展(친전) 1)서로 흉금을 터놓고 이야기함. 2)수신인이 친히 펴 보라는 뜻으로 편지 겉봉에 쓰는 말.
親征(친정) 임금이 직접 나아가 정벌(征伐)함.
親政(친정) 임금이 친히 정사를 봄.
親祭(친제) 임금이 직접 신(神)에게 제사 지냄.
親策(친책) 전시(殿試)에 임금이 몸소 시험함.
親親(친친) 1)마땅히 친하게 지내야 할 사람과 친함. 친척을 친애함. 또는 어버이를 친애함. 2)친척.
親避(친피) 시관(試官)과 과거를 보는 선비가 되기를 피함.
親享(친향) 친제(親祭).
親好(친호) 친하고 의리가 매우 좋음. 친밀함.
親患(친환) 부모의 병환.
親厚(친후) 서로 친하고 정분이 두터움.

비 新(새 신)

覯 ⑩ 17획 日コウ
만날 구 中gòu

풀이 1. 만나다. 마주치다. ¶覯閔 2. 이루다. 3. 합치다. 결혼하다. 4. 당하다. 받다. 피동을 나타냄.
覯閔(구민) 괴로움을 당함.

覬 ⑩ 17획 日キ
바랄 기 中jì

풀이 바라다. 분수에 맞지 않는 일을 바라다.
覬望(기망) 바람. 소망.
覬覦(기유) 분수에 맞지 않는 희망을 품음. 아랫사람으로서 바래서는 안 될 일을 바람.
覬幸(기행) 행운을 바람.

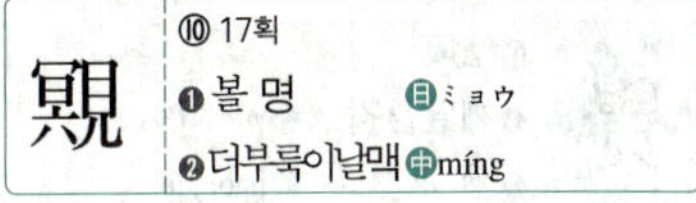
覭 ⑩ 17획
❶볼 명 日ミョウ
❷더부룩이날맥 中míng

풀이 1 1. 보다. 2 2. 더부룩이 나다. 초목이 우거진 모양.
覭髳(맥무) 초목이 우거진 모양.

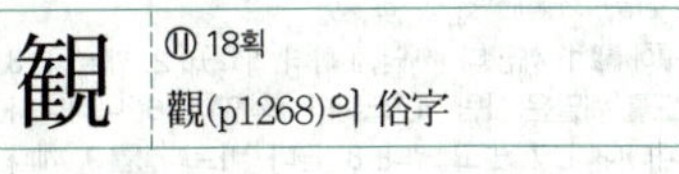
観 ⑪ 18획
觀(p1268)의 俗字

覲 ⑪ 18획 日キン
뵐 근 中jìn

풀이 1. 뵙다. 알현하다. ¶覲禮 2. 보다. 만나다. 3. 겨우.
覲禮(근례) 제후(諸侯)가 천자를 알현(謁見)하는 의식.
覲參(근참) 찾아가서 알현함.
覲親(근친) 1)시집간 여자가 친정 부모를 뵙는 일. 귀녕(歸寧). 2)중이 속세에 있는 어버이를 뵈러 감.
覲行(근행) 근친(覲親)하러 감.
覲見(근현) 뵘. 알현(謁見)함.

覷	⑪ 18획	日ショ
	엿볼 처	中qù

풀이 1. 엿보다. ¶覷邊 2. 보다.
覷邊(처변) 변방을 엿봄.
覷步(처보) 1)여기저기 다니면서 봄. 시찰하면서 다님. 2)탐정(探偵).
覷知(처지) 엿보아서 앎.

覵	⑫ 19획	日カン·ガン
	엿볼 간·한	中jiàn

풀이 엿보다. 몰래 살펴보다.

覶	⑫ 19획	日ラ
	자세할 라	中luó

풀이 1. 자세하다. 자세히 말하는 모양. 2. 차례.
유 仔(자세할 자) 비 亂(어지러울 란)

覺	⑬ 20획	
	❶깨달을 각	日カク·しる
	❷깰 교	中jiào, jué

* 형성. 뜻을 나타내는 부수 '見(볼 견)'과 음을 나타내는 '學(배울 학)'의 생략형을 합친 글자. 배워서(學) 보이는(見) 것을 나타내어 '깨닫다'의 뜻으로 쓰임.

풀이 ❶ 1. 깨닫다. 깨닫게 하다. ¶覺知 2. 깨달음. 3. 도를 깨달은 사람. 4. 느끼다. 5. 알다. 6. 나타나다. 나타내다. 7. 높고 크다. 8. 곧다. 바르다. ❷ 9. 깨다. 잠에서 깨다. 10. 깨우다. 잠을 깨게 하다. 11. 현실.
覺劍(각검) 깨달음의 힘. 깨닫는 것은 능히 사악을 깨뜨리므로 검(劍)에 비유하는 말.
覺非(각비) 잘못을 깨달음. 결점을 앎.
覺醒(각성) 1)눈을 떠 정신을 차림. 2)잘못을 깨달음. 3)깨달아 정신을 차림.
覺王(각왕) 부처의 다른 이름.
覺悟(각오) 1)깨달음. 이전의 잘못을 깨달아 앎. 2)의혹에서 벗어나 진리를 깨닫고 진지(眞智)를 여는 일. 3)앞으로 닥쳐올 일에 대한 마음의 준비.
覺寤(각오) 1)잠에서 깸. 2)깨달음.
覺知(각지) 깨달아 앎.
覺海(각해) 불교의 세계 그 교의(敎義)가 깊고 넓음을 바다에 비유하는 말.
유 悟(깨달을 오) 惺(깨달을 성)

覼	⑭ 21획
	覶(p1268)와 同字

覽	⑭ 21획	日ラン
	볼 람(남)	中lǎn

* 형성. 뜻을 나타내는 부수 '見(볼 견)'과 음을 나타내는 '監(볼 감)'을 합친 글자. 이에 '두루 보다'의 뜻으로 쓰임.

풀이 1. 보다. 살펴보다. 바라보다. ¶覽觀 2. 경치. 전망. 3. 받아들이다.
覽古(남고) 옛 유적을 돌아보고 옛일을 회상함. 회고(懷古).
覽究(남구) 관찰하여 연구함.
覽揆(남규) 1)보고 헤아림. 2)생일(生日).
覽讀(남독) 죽 훑어보며 읽음.
覽示(남시) 나타내 보임.
觀覽(관람) 구경함. 봄.

覿	⑮ 22획	日テキ
	볼 적	中dí

풀이 1. 보다. 만나보다. ¶覿面 2. 드러내다. 나타내다.
覿面(적면) 1)눈앞. 목전(目前). 2)바로 눈앞에서 뵘. 임금 또는 어른을 직접 찾아 뵘.
覿武(적무) 무덕(武德)을 드러냄.

觀	⑱ 25획	日カン·みる
	볼 관	中guān, guàn

* 형성. 뜻을 나타내는 부수 '見(볼 견)'과 음을 나타내는 '雚

(풀 이름 관)'을 합친 글자. 이에 '보이다', '자랑스럽게 보이다', '잘 본다'의 뜻으로 쓰임.

풀이 1. 보다. 관찰하다. 구경하다. ¶觀光 2. 보이다. 드러내다. 3. 모양. 외관. 용모. 4. 경치. ¶景觀 5. 누각. 망루. 6. 도관(道觀). 도교의 사원. 7. 점치다. 8. 거울로 삼다. 본받다. 9. 관점. 견해. 생각. 10. 괘 이름. 64괘의 하나.

觀閣(관각) 누각(樓閣). 또는 망대(望臺).

觀感(관감) 눈으로 보고 느끼는 것.

觀過知仁(관과지인) 군자의 과오는 관후(寬厚)한 데서 나오고, 소인의 과오는 박덕한 데서 빚어지는 것이므로, 과오의 동기를 보면 그 사람의 어짊과 어질지 못함을 알 수 있다는 말.

觀光(관광) 1)지방이나 다른 나라의 경치·명소 등을 구경함. 2)과거(科擧)를 보러 감.

觀闕(관궐) 누문(樓門). 또는 궁궐의 문.

觀闕之誅(관궐지주) 공자(孔子)가 노나라의 사구(司寇)로 있었을 때 정치를 문란하게 한 대부(大夫) 소정묘(少正卯)를 관궐 옆에서 벤 고사에서, 부정한 신하를 죽임을 이르는 말.

觀燈(관등) 1)음력 정월 보름날 밤에, 거리나 집에 단 등불 구경을 하는 행사. 2)음력 4월 초파일에 등불을 달아 석가의 탄신일을 축하하는 일.

觀廡(관무) 누각(樓閣).

觀美(관미) 1)부질없이 겉만을 꾸밈. 내용이 충실하지 않음. 2)아름다움을 봄.

觀榜(관방) 방문(榜文)을 봄. 시험 성적을 게시(揭示)한 것을 봄.

觀賞(관상) 좋은 것을 보고 칭찬하고 즐김.

觀象(관상) 기상(氣象)·천문(天文)을 살핌.

觀色窺心(관색규심) 상대방의 안색을 살피고 마음을 뚫어 봄.

觀世音菩薩(관세음보살) 자비(慈悲)의 화신(化身)인 보살. 부처의 교화를 도움. 관음(觀音).

觀心(관심) 마음의 본성을 바르게 살피는 일.

觀往知來(관왕지래) 과거를 살펴 장래를 미루어 앎. 이왕찰래(以往察來).

觀魏(관위) 궁문(宮門)의 누관(樓觀). 문궐(門闕).

觀者如堵(관자여도) 구경하는 사람이 많아 담장처럼 보임.

觀照(관조) 1)지혜로써 사물의 실상(實相)을 비추어 봄. 2)조용한 마음으로 상대의 본질을 살펴봄. 3)미(美)를 직접 지각하는 일.

觀取(관취) 1)취(取)함을 봄. 2)보아서 그 진상을 알아차림. 간취(看取).

觀風(관풍) 1)기회·시기를 살핌. 2)다른 지역의 풍속 등을 살핌.

觀海(관해) 바다를 바라본다는 뜻으로, 보는 바가 큼을 비유하는 말.

觀行(관행) 1)다른 사람의 행동을 봄. 2)스스로의 행동을 살핌. 3)마음으로 진리를 보고 몸으로 이를 행함.

觀形察色(관형찰색) 1)안색을 살펴봄. 2)사물을 자세히 살핌.

觀釁而動(관흔이동) 적군(敵軍)의 틈을 보아 군사를 움직임. 적의 허점을 노려 용병(用兵)함.

유 見(볼 견) 察(살필 찰)

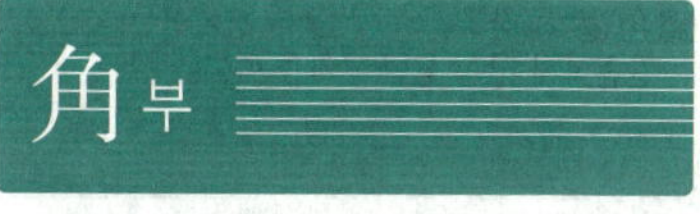

覼	⑲ 26획	日 リ・みる
	볼 리	中 lì

풀이 보다. 살펴보다.

角 부

角 뿔 각 部

'角'자는 동물의 뿔의 모양으로 '뿔'이라는 뜻을 갖는다. 이 뿔은 술잔으로도 사용되었기 때문에 '술잔'의 뜻을 나타내기도 한다. 또한 예각(銳角)에서처럼 돌출된 것이나 모가 난 것을 나타내기도 하고 '다투다', '견주다'는 뜻을 갖기도 하는데 이는 뿔이 공격하는 무기로도 사용되었기 때문이다.

角	⓪ 7획	日 カク・つの
	뿔 각	中 jiǎo, jué

ノ ク ⺈ 角 角 角 角

* 상형. 짐승의 뿔 모양을 본뜬 글자.

풀이 1. 뿔. 동물의 뿔이나 촉각. 또는 사람의 이마뼈를 지칭하기도 함. ¶角牛 2. 뿔피리. 3. 잔. 4. 되. 용량을 재는 도구. 5. 총각. 상투. 6. 깍지. 콩 등의 알맹이를 까낸 꼬투리. 7. 모. 각. 귀. ¶角度 8. 구석. 모퉁이. ¶多角 9. 뿔을 쥐고 적을 앞쪽에서 막다. 10. 견주다. 겨루다. ¶角逐 11. 평평하게 하다. 고르게 하다. 12. 음계 이름. 오음(五音)의 하나. 13. 별 이름. 28수(宿)의 하나.

角距離(각거리) 관측자(觀測者)로부터 두 물체에 이르는 직선을 그었을 때 두 직선이 이룬 각도.

角弓(각궁) 뿔로 장식한 활.

角度(각도) 1)각의 크기. 2)사물을 보는 관점.

角立(각립) 1)다른 사람보다 특히 뛰어남. 걸출

(傑出). 2)서로 버티고 굴복하지 않음.
角膜(각막) 안구(眼球)의 백색 외벽(白色外壁)의 앞쪽에 있는 유리 모양의 투명한 막(膜).
角帽(각모) 각이 진 모자.
角速度(각속도) 한 점의 주위를 회전하는 물체의 속도.
角勝(각승) 승부를 다툼. 승리를 겨룸.
角牛(각우) 소의 뿔을 서로 부딪쳐 싸우게 함.
角材(각재) 네모지게 켠 재목.
角觝(각저) 씨름. 각희(角戱).
角質(각질) 동물의 몸을 보호하는 비늘 · 뿔 · 털 · 부리 등을 형성하는 물질.
角逐(각축) 서로 이기려고 경쟁함.
角形(각형) 1)각이 진 모양. 2)사각형의 준말.
多角(다각) 1)여러 각. 2)여러 방면. 여러 부문.
直角(직각) 수평선과 수직선이 만나 이루는 각. 곧, 90°.
總角(총각) 상투를 틀지 않은 남자라는 뜻으로, 결혼하지 않은 성년 남자를 이르는 말.
유 觡(뿔 격)

觓	② 9획	日キュウ · まがつたつの
	굽을 구	中qiú

풀이 굽다. 뿔이 구부러지다.

觔	② 9획	日キン · すじ
	힘줄 근	中jīn

풀이 1. 힘줄. 2. 근(斤). 무게의 단위.
유 筋(힘줄 근)

觖	④ 11획	
	❶ 서운해할 결	日ケツ · みたない · うらむ
	❷ 바랄 기	中jué

풀이 ❶ 1. 서운해하다. 불만스러워하다. ¶觖如 2. 들추어내다. 적발하다. ❷ 3. 바라다. ¶觖望
觖望(1.결망/2.기망) 1)불만스럽게 여김. 마음에 차지 않아 원망함. 2)간절하게 바람.
觖如(결여) 마음에 차지 않는 모양. 불만족스러운 모양.

觕	④ 11획	日スウ
	거칠 추	中cū

풀이 1. 거칠다. 꼼꼼하지 않다. 2. 대강. 대략.

觕擧(추거) 대강 등용함.
觕識(추식) 대략 앎.

觚	⑤ 12획	日コ · さかずき
	술잔 고	中gū

풀이 1. 술잔. 의식 때 쓰던 나팔 모양의 술잔. ¶觚不觚 2. 모. 모서리. 3. 네모. 4. 법. 5. 대쪽. 글자를 적을 때 쓰던 대쪽. ¶觚牘 6. 홀로. 7. 칼자루.
觚牘(고독) 1)옛날, 글자를 기록하는 데 쓰던 대쪽 또는 나무쪽. 2)책.
觚盧(고로) 호리병박.
觚稜(고릉) 전각(殿閣) 등의 가장 높고 뾰족한 모서리.
觚不觚(고불고) 본래 모난 술잔이었던 '觚'가 지금은 모가 없어지고 이름만 그대로 쓰인다는 데서, 유명무실(有名無實)함을 비유하는 말.

觜	⑤ 12획	
	❶ 별 이름 자	日シ · くちばし
	❷ 부리 취	中zī, zuǐ

풀이 ❶ 1. 별 이름. 28수(宿)의 하나. 2. 바다거북. 3. 털뿔[毛角]. ❷ 4. 부리. 새의 주둥이.
觜宿(자수) 백호칠수(白虎七宿)의 여섯째 별.
觜距(취거) 1)부리와 며느리발톱. 2)무기(武器)를 비유하는 말.
觜翅(취시) 부리와 날개.

觝	⑤ 12획	
	❶ 맞닥뜨릴 저	日テイ · シ
	❷ 칠 지	中dǐ

풀이 ❶ 1. 맞닥뜨리다. 부딪치다. ¶觝觸 2. 이르다. 도달하다. ❷ 3. 치다. 옆에서 치다.
觝排(저배) 물리침. 배척함.
觝觸(저촉) 1)서로 맞닥뜨림. 서로 충돌함. 2)법에 어긋남. 저촉(抵觸).
觝戱(저희) 씨름. 각저(角觝).

觡	⑥ 13획	日カク
	뿔 격	中gé

풀이 뿔. ㉠사슴뿔처럼 가지가 있는 뿔. ㉡아주 단단한 뿔.
觡觡(격격) 귀뚜라미가 우는 소리.
유 角(뿔 각)

觥	⑥ 13획	日コウ
	뿔잔 굉	中gōng

풀이 1. 뿔잔. 외뿔들소의 뿔로 만든 잔. 2. 크다. ¶觥羊 3. 곧은 모양.

觥觥(굉굉) 곧은 모양.
觥飯(굉반) 잘 차린 음식. 성찬(盛饌).
觥船(굉선) 배처럼 생긴 큰 술잔.
觥羊(굉양) 큰 양.
觥盂(굉우) 술잔.
觥籌交錯(굉주교착) 뿔잔과 산가지가 뒤섞인다는 뜻으로, 연회의 성대함을 이르는 말.

	⑥ 13획	日ケン
	뿔 권	中quán

풀이 뿔. 구부러진 뿔.

觢	⑥ 13획	日セイ
	쇠뿔 솟을 서	中shì

풀이 쇠뿔이 솟아 있는 모양.

触	⑥ 13획
	觸(p1273)의 俗字

解	⑥ 13획	日カイ · とく
	풀 해	中jiě, jiè, xiè

丿 ⺈ ⺈ 角 角 角 角 角ᄀ 角ᄁ 角ᄁ 觧 解 解

* 회의. '牛(소 우)'와 물건을 나누는 일을 뜻하는 '角(뿔 각)'과 '刀(칼 도)'를 합친 글자. 소의 살과 뼈를 각각 나누는 데서 '물건을 풀어 헤치다', '가르다'의 뜻을 나타냄.

풀이 1. 풀다. 얽히거나 매인 것을 풂. 2. 가르다. 쪼개다. 3. 풀이하다. ¶解釋 4. 해결하다. ¶解決 5. 흩어지다. ¶解散 6. 벗다. 옷이나 신을 벗다. 7. 열다. 8. 용서하다. 화해하다. ¶和解 9. 놓아주다. 자유롭게 하다. 10. 없애다. ¶解除 11. 변명하다. 해명하다. 12. 떨어지다. 빠지다. 13. 깨닫다. 이해하다. 14. 통하다. 통달하다. 15. 보내다. 16. 해이해지다. 게을러지다. ¶解弛 17. 괘 이름. 64괘의 하나.

解角(해각) 1)새 뿔이 나려고 묵은 뿔이 빠지는 것. 2)포위망의 무너진 한 부분.
解褐(해갈) 해진 옷을 벗고 관복(官服)으로 바꾸어 입는다는 뜻으로, 처음으로 관직에 나아감을 비유하는 말.
解巾(해건) 은자가 머리에 쓰고 있던 건을 벗는다는 뜻으로, 벼슬길에 나아감을 비유하는 말.
解故(해고) 1)사정을 해설함. 까닭을 설명함. 2)옛글의 풀이. 석고(釋故).
解垢(해구) 부회(附會)하는 말. 억지로 끌어다 붙이는 말. 궤변(詭辯).
解答(해답) 1)설명하여 답함. 또는 그 대답. 2)문제를 풀어 답함. 또는 그 답.
解道(해도) 1)앎. 이해함. 2)다른 사람의 말이 이해가 감. 흔히 남의 뛰어난 글귀를 인용할 때 쓰는 시어(詩語).
解凍(해동) 얼었던 것이 녹아서 풀림.
解頭(해두) 과거의 향시(鄕試)에 장원 급제한 사람. 해원(解元).
解纜(해람) 배를 맨 닻줄을 풀고 떠남.
解例(해례) 보기를 들어 가며 풀이함.
解悶(해민) 근심 · 걱정을 풂. 고민을 해소함.
解放(해방) 구속 · 억압 · 속박 등을 풀어 자유롭게 함.
解配(해배) 귀양 간 사람을 풀어 줌.
解帆(해범) 출범(出帆)함.
解腹(해복) 해산(解產). 분만(分娩).
解紛(해분) 분쟁을 해결함.
解舍(해사) 1)풀어서 놓아 줌. 석방(釋放). 2)관청(官廳). 해사(廨舍).
解事(해사) 사리를 밝게 깨달음.
解喪(해상) 부모님의 상사를 마침.
解釋(해석) 1)알기 쉽게 풀어 설명함. 해의(解義). 2)풀어 없앰. 해소(解消). 3)달램.
解船(해선) 출범(出帆)함. 해람(解纜).
解試(해시) 향시(鄕試). 과거(科擧)의 첫번째 시험.
解顔(해안) 안색을 풂. 부드러운 낯을 함. 얼굴에 부드러운 웃음을 띰.
解語花(해어화) 말을 이해하는 꽃이라는 뜻으로, 아름다운 미인을 이르는 말.

◐解語花(해어화)의 유래
당나라의 현종(玄宗)이 사람들을 모아 놓고 꽃구경을 하다가 양귀비(楊貴妃)를 가리키며 "말을 이해하는 나의 이 꽃과 견줄 만하다."라고 한 말에서 유래하였다.

解嚴(해엄) 경계나 단속을 풂.
解悟(해오) 깨달음. 도리를 터득함.
解元(해원) 향시(鄕試)에 장원 급제한 사람.
解寃(해원) 원통한 마음을 풂.
解衣推食(해의추식) 옷을 벗어 다른 사람에게 입히고 음식을 권한다는 뜻으로, 남에게 은혜를 베풂, 또는 사람을 중용(重用)함을 비유하는 말.
解頤(해이) 턱이 빠진다는 뜻으로, 흥에 겨워 저

절로 입을 벌리고 크게 웃음을 이르는 말.
解酲(해정) 술 마신 후에 속을 풀기 위하여 국과 함께 술을 약간 마시는 일. 해장.
解組(해조) 인끈을 풂. 벼슬을 그만둠.
解罪(해죄) 죄를 면함.
解尺(해척) 피륙을 자로 끊어서 파는 일.
解惰(해타) 게을리함. 게으름을 피움.
解脫(해탈) 1)구속에서 벗어남. 2)의혹이나 고민에서 벗어나 깨달음을 얻음. 열반(涅槃).
解怠(해태) 게으름을 피움. 해타(解惰).
解泰(해태) 마음이 풀려 편안함.
解土(해토) 봄이 되어 언 흙이 녹아 풀림.
解惑(해혹) 의혹(疑惑)을 풂. 파혹(破惑).
解曉(해효) 밝게 깨달음. 해오(解悟).
유 抒(풀 서)

觧	⑥ 13획 解(p1271)의 俗字

觟	⑥ 13획 ❶ 화살 이름 화 日 カ・カイ ❷ 해태 해 中 huà, xiè

풀이 1 1. 화살의 이름. 2. 뿔이 있는 암양. 2 3. 해태(獬豸). 시비 · 선악을 판단하여 안다는 상상의 동물.

觩	⑦ 14획 日 キュウ 뿔 굽을 구 中 qiú

풀이 1. 뿔이 굽은 모양. 2. 활이 손에 익다.

觪	⑦ 14획 日 セイ 뿔활 고를 성 中 xīng

풀이 뿔활을 고르다.

觫	⑦ 14획 日 ソク・おそれる 놀라 움츠릴 속 中 sù

풀이 놀라서 움츠리다. 죽음을 두려워하는 모양.

觭	⑧ 15획 日 キ 천지각 기 中 jī

풀이 1. 천지각(天地角). 위와 아래로 각각 뻗은 소의 뿔. 2. 외짝. ¶觭輪 3. 괴이하다. 이상하다.
觭輪(기륜) 수레바퀴 한 짝.
觭夢(기몽) 이상한 꿈. 기몽(奇夢).
觭偶(기우) 기수(奇數)와 우수(偶數). 홀수와 짝수. 또 독창(獨唱)과 대변(對辯).

觰	⑨ 16획 日 タ・ダ 뿔 밑동 다 中 zhā

풀이 1. 뿔 밑동. 2. 뿔이 위로 향하여 벌어지다.
觰拏(다나) 1)짐승 이름. 2)근거(根據).
觰沙(다사) 벌어진 모양.

䚡	⑨ 16획 日 サ 뿔심 새 中 sāi

풀이 뿔심. 뿔 속의 육질(肉質).

觻	⑨ 16획 日 テツ 대구 철 中 chè

풀이 1. 대구(帶鉤). 혁대의 두 끝을 끼워 맞추는 자물단추. 2. 뿔.

觱	⑨ 16획 日 ヒツ 필률 필 中 bì

풀이 1. 필률. 피리. 2. 바람이 찬 모양. 3. 샘물이 솟는 모양.
觱篥(필률) 앞면에 일곱 개, 뒷면에 한 개의 구멍이 있는, 중국 서쪽 변방에 토인이 불던 가로부는 피리.
觱發(필발) 바람이 찬 모양.
觱沸(필불) 샘물이 솟아나는 모양.

觳	⑩ 17획 ❶ 뿔잔 곡 日 コク・カク ❷ 견줄 각 中 hú, què

* 형성. 뜻을 나타내는 부수 '角(뿔 각)'과 음을 나타내는 '嗀(곡식 곡)'을 합친 글자.
풀이 1 1. 뿔잔. 2. 말. 휘. 곡식을 되는 그릇. 3. 놀라서 움츠리다. 죽음을 두려워하는 모양. 4. 다하다. 2 5. 견주다. ¶觳力 6. 메마르다. ¶觳土 7. 검소하다.
觳力(각력) 힘을 견줌. 각력(角力).
觳薄(각박) 검소함.

觳抵(각저) 힘을 겨룸. 씨름. 각저(角抵).
觳土(각토) 메마른 땅. 척박한 토지.
觳觫(곡속) 죽음을 두려워하는 모양.
비 穀(곡식 곡)

觲	⑩ 17획	日ショウ
	뿔활잘쓸 성	中xīng

풀이 뿔활을 잘 다루다.

觴	⑪ 18획	日ショウ
	잔 상	中shāng

풀이 1. 잔. 술잔. ¶觴肴 2. 잔질하다. 잔에 술을 따라 돌리다.
觴豆(상두) 잔에 따른 술과 그릇에 담은 고기란 뜻으로, 음식을 이르는 말.
觴令(상령) 상정(觴政).
觴詠(상영) 술을 마시며 시가를 읊조림.
觴飮(상음) 술을 마심.
觴政(상정) 잔치의 흥을 돋우기 위한 벌주 놀이. 상령(觴令).
觴酒(상주) 잔에 술을 따른 것.
觴肴(상효) 술잔과 안주.
비 傷(상처 상)

觵	⑫ 19획
	觥(p1271)과 同字

觸	⑫ 19획	日キョウ
	비뚤 교	中jiǎo

풀이 1. 비뚤다. 2. 뿔이 길다. 뿔이 높다.
유 歪(비뚤 왜)

觶	⑫ 19획	日シ
	잔 치	中zhì

풀이 잔. 의식에 쓰이는 뿔잔.

觸	⑬ 20획	日ショク
	닿을 촉	中chù

ノ ク 𠂊 角 角 角 角 角 角" 角" 角" 角" 角"
觘 觘 觘 觸 觸 觸 觸

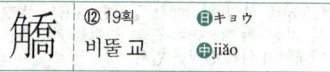

* 형성. 뜻을 나타내는 부수 '角(뿔 각)'과 음을 나타내는 '蜀(나라 이름 촉)'을 합친 글자. 뿔을 갖다 대어 찌른다는 데에서, '범하다', '닿다'의 뜻을 나타냄.

풀이 1. 닿다. 부딪치다. ¶觸擊 2. 뿔로 떠받다. 3. 범하다. 저촉하다. ¶觸冒 4. 감동하다. 5. 더럽히다. 더럽혀지다. ¶觸穢 6. 의거하다.
觸諫(촉간) 노여움을 무릅쓰고 간언함.
觸激(촉격) 물결 등이 심하게 부딪침.
觸擊(촉격) 부딪침. 촉박(觸搏).
觸禁(촉금) 법에 저촉됨. 죄를 저지름.
觸怒(촉노) 웃어른의 마음을 거슬러 성을 내게 함. 촉오(觸忤).
觸羅(촉라) 그물에 걸림. 촉망(觸網).
觸冷(촉랭) 차가운 기운이 몸에 닿음.
觸蠻(촉만) 1)달팽이의 촉각 위에 있다고 하는 촉(觸)과 만(蠻)의 두 나라. 2)매우 작은 나라끼리의 분쟁.
觸網(촉망) 1)그물에 걸림. 촉라(觸羅). 2)법망(法網)에 걸림. 법을 어김.
觸冒(촉모) 1)죄를 저지름. 2)추위 · 더위 등을 무릅씀.
觸目(촉목) 눈에 뜨임. 또는 눈에 뜨이는 물건.
觸目傷心(촉목상심) 눈에 보이는 것마다 보는 사람을 슬프게 함.
觸撥(촉발) 닿으면 튀어 다시 돌아옴.
觸犯(촉범) 1)죄를 범(犯)함. 2)웃어른의 감정을 거스름.
觸鼻(촉비) 냄새가 코를 찌름.
觸傷(촉상) 찬 기운이 몸에 닿아서 병이 생김. 촉감(觸感).
觸手(촉수) 1)물건을 쥐는 손. 곧, 오른손. 2)하등 동물의 촉관(觸官). 대부분의 무척추(無脊椎) 동물의 입 언저리에 있는데 모양이 실같이 생겼음. 3)물건에 손을 댐.
觸穢(촉예) 더러운 것에 닿음.
觸忤(촉오) 남의 마음을 거슬러 화나게 함.
觸戰(촉전) 적과 맞서 싸움. 접전(接戰).
觸處逢敗(촉처봉패) 가는 곳마다 낭패를 당함.
觸礁(촉초) 암초(暗礁)에 부딪침. 좌초(坐礁)함.
觸風(촉풍) 찬바람을 쐼.
觸寒(촉한) 추운 기운이 몸에 닿음.
觸諱(촉휘) 기휘(忌諱)해야 할 어른의 이름을 함부로 부르는 일. 촉기(觸忌).
비 燭(촛불 촉)

觼	⑮ 22획	日ケツ
	쇠고리 결	中jué

풀이 쇠고리.

7획

觿 ⑱ 25획 日ケイ
뿔송곳 휴 中xī

풀이 뿔송곳. 매듭을 푸는 기구. 성인이 허리에 차고 다녔음.

觿年(휴년) 아직 관례(冠禮)를 치루지 않아 갓을 쓰지 않은 동자(童子). 동년(童年).

言 부

言 말씀 언 部

'言' 자는 입과 혀의 모양이 변화되어 이루어진 글자로, '말씀' 이라는 뜻을 나타낸다. 그 외에 '말하다' 는 뜻으로도 많이 사용된다. 이 글자를 부수로 갖는 글자는 언어의 활동이나 인간의 사교적 활동과 관련이 있다.

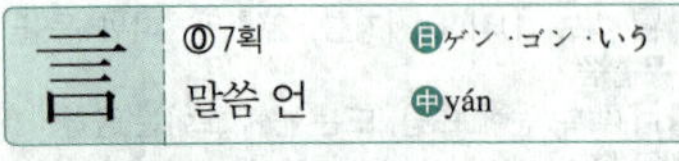

言 ⓪7획 日ゲン·ゴン·いう
말씀 언 中yán

* 상형. 입과 혀의 모양을 본뜬 형태에 지시 부호인 짧은 가로선을 그어 만든 글자. 이에 사람이 입을 열고 혀를 놀려 말하고 있음을 나타내어 '말하다' 의 뜻을 나타냄. 또한 그 말하는 내용인 '말', '언어' 의 뜻을 나타내기도 함.

풀이 1. 말씀. 말. 언어. 2. 글자. 문자. 3. 말하다. ¶言行 4. 말씀을 올리다. 여쭈다. ¶言路 5. 높다. 6. 나. 자신. 7. 어조사. 의미 없이 어세를 고르기 위해 쓰임.

言及(언급) 어떤 일에 대하여 말함.
言端(언단) 말다툼의 시초. 말다툼을 일으키는 단서.
言動(언동) 말와 행동. 말과 하는 짓.
言路(언로) 신하가 임금에게 말을 올릴 수 있는 길.
言論(언론) 말이나 글로 자신의 생각을 표현하는 일. 또는 그 의론(議論).
言明(언명) 말로써 분명히 나타냄.
言辯(언변) 말솜씨. 말재주.
言辭(언사) 말. 말씨.
言說(언설) 1)말로써 설명함. 2)설명하는 말.
言聲(언성) 말소리.
言約(언약) 말로써 약속함.
言語(언어) 말. 사람이 음성으로써 사상이나 감정 등을 나타내어 전달하는 것.
言外(언외) 말로 한 그 밖의 것. 입으로 말한 이외.
言爭(언쟁) 말싸움.
言中(언중) 말 가운데.
言質(언질) 1)어떤 일을 약속하는 말의 꼬투리. 2)뒷날의 증거가 될 말.
言行(언행) 말과 행동.
言詰(언힐) 말로 잘못을 꾸짖고 나무람.
百萬言(백만언) 많은 말.
不言不語(불언불어) 아무 말도 하지 않음.
遺言(유언) 죽음에 이르러 남기는 말.
虛言(허언) 거짓말.

유 說(말씀 설) 詞(말씀 사)

計 ②9획 日ケイ·かぞえる·はかる
꾀할 계 中jì

* 회의. '言(말씀 언)' 과 '十(열 십)' 을 합친 글자. 말(言)로 열(十) 묶음씩 헤아려 센다는 뜻이 합쳐져 '계산하다' 의 뜻을 나타냄.

풀이 1. 꾀하다. 계획하다. 2. 꾀. 계획. 계책. ¶計略 3. 세다. 계산하다. ¶會計 4. 셈. 산술. 5. 회계. 결산. 6. 장부. 회계나 호구(戶口) 등을 기록한 장부.

計家(계가) 바둑을 둔 뒤에 승부를 가리기 위하여 집을 헤아림.
計巧(계교) 여러 모로 빈틈없이 생각하여 낸 꾀.
計器(계기) 여러 가지 양의 크기를 재는 데 쓰이는 기구. 계량기.
計略(계략) 계책과 모략. 꾀.
計量(계량) 분량을 헤아림.
計算(계산) 수를 헤아림.
計上(계상) 1)예산에 편성하여 넣음. 2)셈을 하여 올림.
計數(계수) 수를 헤아림.
計日(계일) 날 수(數)를 셈.
計定(계정) 부기 원장에서 동일한 종류나 명칭의 자산·부채·손익 등의 증감을 계산하여 기록하기 위해 설정한 단위.
計策(계책) 계교(計巧)와 계책. 계략. 꾀.
計寸(계촌) 촌수를 따짐.
計測(계측) 수(數)·양(量)·길이·무게 등을 재거나 계산함.
計劃(계획) 일을 하기에 앞서 미리 방법이나 차례 등을 작정함.
密計(밀계) 비밀스런 계획.
總計(총계) 한꺼번에 통틀어서 계산함. 또는 그 계산.

유 術(재주 술) 비 訃(부음 부)

訇 ②9획 日コウ
큰소리 굉 中hōng

풀이 큰소리.

訇磕(굉개) 큰소리를 이르는 말.

訇訇(굉굉) 큰소리를 형용하는 말. 굉연(訇然).

訇隱(굉은) 큰 파도 소리의 형용. 또는 종고(鐘鼓)의 소리.

비 旬(열흘 순)

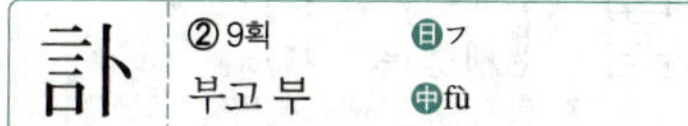

訃 ② 9획 日フ 부고 부 中fù

풀이 1. 부고. 죽음을 알리는 통지. ¶訃告 2. 부고내다.

訃告(부고) 사람이 죽었음을 알리는 통지. 부문(訃聞). 부음(訃音).

비 計(셈할 계)

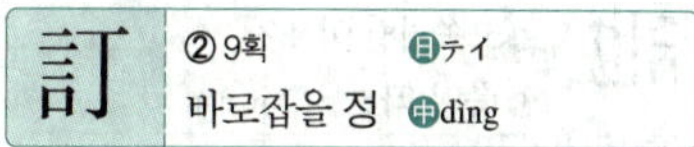

訂 ② 9획 日テイ 바로잡을 정 中dìng

* 형성. 뜻을 나타내는 부수 '言(말씀 언)'과 음을 나타내며 정하다는 의미를 지닌 '丁(넷째 천간 정)'을 합친 글자. 논의를 바로잡아 정함을 나타내어 '바로잡다'의 뜻을 나타냄.

풀이 1. 바로잡다. 교정하다. ¶校訂 2. 머무르다. 3. 약속을 맺다. 4. 세금을 부과하다.

訂交(정교) 사귀기로 함. 교분을 맺음.

訂盟(정맹) 동맹이나 조약 등을 맺음. 체맹(締盟).

訂約(정약) 조약을 의논하여 정함.

訂訛(정와) 잘못을 고침. 정정(訂正).

訂定(정정) 잘 되고 잘못 되었음을 의논하여 정함.

訂正(정정) 잘못을 바로잡음. 잘못을 교정함.

改訂(개정) 다시 고침.

校訂(교정) 출판물의 잘못된 부분을 고침. 특히, 이미 만들어진 도서의 문장이나 어구를 고치는 일.

增訂(증정) 보충하여 늘리고 잘못을 정정함.

유 矯(바로잡을 교)

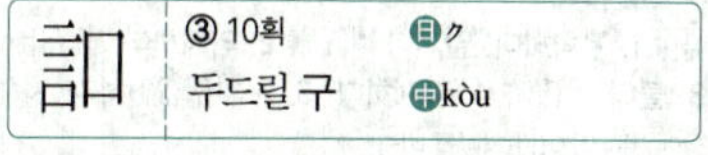

訌 ③ 10획 日ク 두드릴 구 中kòu

풀이 1. 두드리다. 2. 웃다.

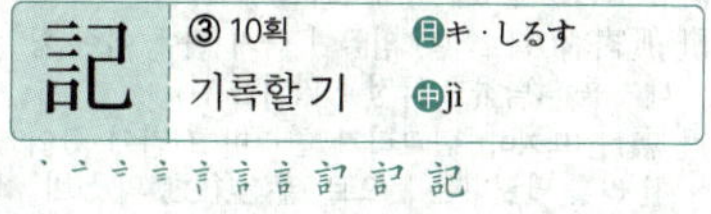

記 ③ 10획 日キ・しるす 기록할 기 中jì

* 형성. 뜻을 나타내는 부수 '言(말씀 언)'과 음을 나타내는 '己(몸 기)'를 합친 글자. 뒤섞인 일을 정리하여 순서 있게 함을 나타내어 '적다' '기록하다'의 뜻을 나타냄.

풀이 1. 기록하다. 적다. ¶記錄 2. 외우다. ¶暗記 3. 문서. 기록. ¶記籍 4. 도장. 5. 표기. 표식. 6. 문체 이름. 사실 그대로를 적은 글.

記念(기념) 1)기억하여 잊지 않음. 2)물건 등을 남겨 두어 훗날 회상으로 삼음.

記得(기득) 기억함.

記覽(기람) 1)견문을 넓혀 많은 사물을 기억하는 일. 2)실용(實用)을 떠난 학문.

記錄(기록) 1)적음. 2)어떠한 일을 적은 서류. 3)운동 경기 등의 성적.

記名(기명) 이름을 기록함. 이름을 적음.

記問之學(기문지학) 단지 책을 외우기만 하여 질문에 대답하는 학문. 즉, 쓸데없이 옛글을 외기만 할 뿐 아무런 깨달음도 활용도 없는 쓸데없는 학문.

記事(기사) 1)사실을 그대로 기록함. 또는 그 글. 2)신문 · 잡지 등에 기록된 주로 보도의 내용을 가진 사실.

記寫(기사) 기록하여 씀.

記事本末(기사본말) 역사를 기록하는 방식의 한 체(體). 연월일의 순서를 따르지 않고 한 사건마다 그 내용을 적은 것.

記性(기성) 사물을 기억하는 능력. 기억력.

記誦(기송) 기억하여 암송함.

記述(기술) 1)기록하며 논술함. 2)사물의 특징을 있는 그대로 설명함.

記憶(기억) 잊지 않음. 마음속에 간직하여 잊지 않음.

記者(기자) 신문 · 잡지 등의 글을 집필하거나 편집하는 것을 업으로 삼는 사람.

記帳(기장) 장부에 기입함. 치부함.

記載(기재) 기록하여 실음. 또는 그 문서.

記籍(기적) 인사(人事)에 관한 사항을 적어 놓은 장부.

記傳(기전) 역사(歷史)와 전기(傳記).

記注(기주) 말과 행동을 기록함.

記號(기호) 무슨 뜻을 나타내거나 적어 보이는 표 · 부호 등의 총칭.

유 書(쓸 서)

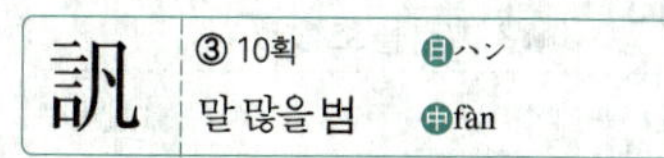

訉 ③ 10획 日ハン 말 많을 범 中fàn

7획

풀이 말이 많다. 수다스럽다.

訕	③ 10획	日セン
	헐뜯을 산	中shàn

풀이 헐뜯다. 비방하다.

訕謗(산방) 비웃고 헐뜯음. 비방함.

訕上(산상) 윗사람의 실수를 헐뜯음. 윗사람의 과실을 비방함.

訕笑(산소) 헐뜯고 비웃음.

訊	③ 10획	日ジン·たずねる
	물을 신	中xùn

* 형성. 뜻을 나타내는 부수 '言(말씀 언)'과 음을 나타내며 '묻다'의 의미를 지닌 부수 이외의 글자를 합친 글자. 이에 '묻다'의 뜻으로 쓰임.

풀이 1. 묻다. 조사하다. ¶訊問 2. 알리다. 3. 말하다. 4. 다스리다. 5. 움직이다. 6. 빠르다.

訊檢(신검) 신문하고 검사함.

訊鞫(신국) 죄인을 취조함. 국문(鞫問)함.

訊問(신문) 조사하여 물음. 죄를 따져 물음.

訊杖(신장) 신문할 때, 매질하던 몽둥이.

유 問(물을 문) 반 答(대답할 답)

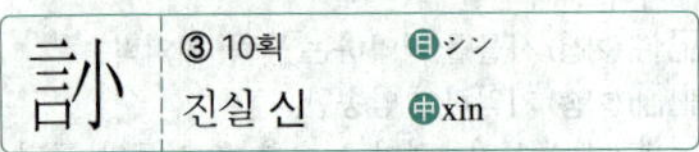

訫	③ 10획	日シン
	진실 신	中xìn

풀이 진실.

訐	③ 10획	
	❶ 들추어 낼 알	日ケツ
	❷ 거리낌없이 말할 계	中jié

풀이 ❶ 1. 들추어내다. ¶訐揚 2. 헐뜯다. 비방하다. ❷ 3. 거리낌없이 말하다.

訐揚(알양) 비밀을 들추어 냄.

비 訏(클 우)

訏	③ 10획	
	❶ 클 우	日ク·いつわる
	❷ 시끄러울 호	中xū

* 형성. 뜻을 나타내는 부수 '言(말씀 언)'과 음을 나타내는 '于(어조사 우)'를 합친 글자.

풀이 ❶ 1. 크다. ¶訏謨 2. 속이다. 3. 드넓다. ❷ 4. 시끄럽다. 떠들다.

訏謨(우모) 크게 꾀를 냄.

訏訏(우우) 너그러운 모양.

비 訐(들추어 낼 알)

訔	③ 10획	日イン
	논쟁할 은	中yín

풀이 논쟁하다. 시비하다.

訔訔(은은) 시비(是非)를 다투는 모양.

유 論(말할 론)

訑	③ 10획	
	❶ 으쓱거릴 이	日イ·タ
	❷ 속일 타	中yí, dàn

풀이 ❶ 1. 으쓱거리다. 자만하며 남의 말을 듣지 않는 모양. ¶訑訑 ❷ 2. 속이다. ¶訑謾

訑訑(이이) 잘난 체하고 자존심이 강해 다른 사람의 말을 받아들이지 않는 모양.

訑謾(타만) 속임. 기만함.

訒	③ 10획	日ジン
	말 적을 인	中rèn

풀이 1. 말이 적다. 과묵하다. 2. 할 말을 참고 조심하다. 3. 느릿하다. 둔하다.

유 訥(말 더듬을 눌)

託	③ 10획	日タク
	부탁할 탁	中tuō

* 형성. 뜻을 나타내는 부수 '言(말씀 언)'과 음을 나타내며 '건네다'의 뜻을 가진 '乇(부탁할 탁)'을 합친 글자. '말을 맡겨 건네다'라는 뜻을 나타냄. 바뀌어, '의지하다', '부탁하다'의 뜻을 나타냄.

풀이 1. 부탁하다. 맡기다. ¶託辭 2. 의지하다. ¶寄託 3. 붙다. ¶託迹 4. 핑계하다. 5. 우의(寓意)하다. 사물에 빗대어 어떤 의미를 비춤.

託孤(탁고) 고아를 돌봐줄 수 있는 곳에 의탁함.

託故(탁고) 사고를 빙자하여 핑계함.

託孤寄命(탁고기명) 임금이 죽기 전에 어린 황태자를 의탁하고 국정을 맡기는 일.

託驥尾(탁기미) 쉬파리가 천리마 꼬리에 붙어 천 리를 달린다는 뜻으로, 후진(後進)의 선비가 앞서 깨달은 선비에 의하여 덕을 이루고 명성을 떨침을 이르는 말. 부기미(附驥尾).

託辭(탁사) 1)핑계하는 말. 2)부탁하는 말.

託事(탁사) 다른 일을 핑계로 내세움.

託食(탁식) 남의 집에 의지하여 숙식(宿食)함. 기식(寄食).

託身(탁신) 몸을 다른 사람에게 의탁함.

託言(탁언) 의지하는 말. 부탁하는 말.

託意(탁의) 마음속의 뜻을 다른 사물에 붙여서 상징적으로 나타냄.

託子(탁자) 1)찻잔 받침. 탁자(托子). 2)자식을 다른 사람에게 부탁함.

託迹(탁적) 몸의 자취를 붙임.

託處(탁처) 다른 곳에 몸을 의탁하고 지냄. 기우(寄寓)함.

託諷(탁풍) 풍자(諷刺)함.

供託(공탁) 1)물건을 제공하고 기탁함. 2)법령의 규정에 따라 금·은·유가 증권 또는 다른 물건을 공탁소 또는 일정인에게 기탁하는 일.

寄託(기탁) 부탁하여 맡겨 둠.

付託(부탁) 일을 당부하여 맡김. 또는 그 일.

유 請(청할 청)

討	③ 10획	日トウ·うつ
	칠 토	中tǎo

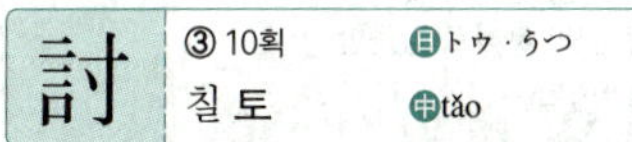

* 회의. 법도(寸) 있는 말(言)로 옳지 못한 상대방의 행실을 꾸짖는다는 데서 '치다', '토론하다'의 뜻을 나타냄.

풀이 1. 치다. 정벌하다. ¶討伐 2. 없애다. 죽이다. 3. 죄를 다스리다. ¶討罪 4. 어지럽다. 5. 찾다. ¶討尋

討擊使(토격사) 당(唐)나라 무후(武后) 때의 벼슬 이름. 지방에 난(亂)이 있을 때 중앙 정부에서 임시로 파견함.

討究(토구) 사물의 이치를 연구(硏究)함.

討論(토론) 어떤 문제를 둘러싸고 여러 사람이 각자의 의견을 말하며 논의함.

討滅(토멸) 공격하여 멸망시킴.

討伐(토벌) 군대를 보내어 침. 정벌(征伐)함.

討索(토색) 금전이나 물품을 억지로 구함.

討襲(토습) 적을 침. 적을 습격함.

討尋(토심) 일의 실상을 조사하여 찾음. 잘 조사함. 토문(討問).

討源(토원) 근본을 찾음.

討議(토의) 어떤 사물에 대하여 각자의 의견을 말하며 검토하고 협의하는 일.

討賊(토적) 도둑을 정벌함. 역적을 토벌함.

討罪(토죄) 죄를 하나하나 들추어 나무람.

討破(토파) 남의 말을 반박하여 깨뜨림.

討平(토평) 토벌하여 평정함.

討捕(토포) 무력으로 잡음.

討覈(토핵) 엄하게 물어 조사함.

유 攻(칠 공)

訌	③ 10획	日コウ
	무너질 홍	中hòng

풀이 1. 무너지다. 2. 어지럽다. 어지러워지다. 3. 내분(內紛).

訌阻(홍조) 그 일에 따르지 않고 떠들어 댐.

유 坍(무너질 담) 崩(무너질 붕) 壞(무너질 괴)

訓	③ 10획	日クン·おしえる
	가르칠 훈	中xùn

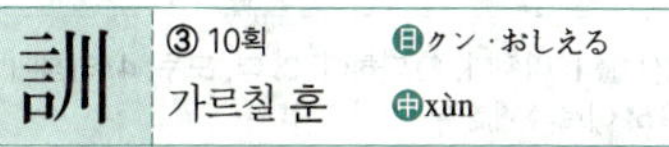

* 형성. 뜻을 나타내는 부수 '言(말씀 언)'과 음을 나타내는 '川(내 천)'을 합친 글자. 바른 말(言)로 가르친다는 뜻을 합하여 '가르치다'의 뜻을 나타냄.

풀이 1. 가르치다. ¶訓導 2. 훈계하다. ¶訓戒 3. 따르다. 순종하다. 4. 풀이하다. 해석하다. 5. 뜻. 한자의 해석. ¶訓讀

訓戒(훈계) 타이름. 경계함. 훈계(訓誡).

訓告(훈고) 1)가르쳐 타이름. 2)관리의 잘못을 훈계함.

訓詁(훈고) 1)자구(字句)를 해석하는 일. 2)경서(經書)의 고증(考證)·해석(解釋)·주해(註解)의 총칭. 고훈(詁訓).

訓導(훈도) 1)가르쳐 인도함. 2)학교의 교원(敎員).

訓讀(훈독) 한자의 뜻을 새겨 읽음.

訓練(훈련) 1)무술을 단련함. 2)가르쳐 익히게 함. 훈련(訓鍊).

訓令(훈령) 상급 관청에서 하급 관청으로 훈시(訓示)하는 명령.

訓蒙(훈몽) 어린아이나 처음 학문을 하는 사람을 가르침.

訓辭(훈사) 훈계하는 말. 훈언(訓言).

訓授(훈수) 가르쳐 줌.

訓示(훈시) 1)가르쳐 보임. 2)상관이 하관에게 내리는 집무상의 주의.

訓諭(훈유) 가르쳐 깨닫게 함.

訓育(훈육) 1)훈계하여 기름. 교육함. 2)교육을 받는 자의 도덕적 품성의 연마를 위하여 교육하는 것.

訓長(훈장) 글방의 선생.

訓典(훈전) 1)교도(教導)의 상법(常法). 2)교훈이 담긴 옛 성현들의 저서. 경전(經傳) 등.

訓定(훈정) 가르쳐 정함.

訓飭(훈칙) 엄하게 경계하여 신칙(申飭)함.

訓解(훈해) 글을 새겨 읽는 것과 뜻을 풀이하는 것. 훈설(訓說).

訓話(훈화) 교훈하는 말. 훈시(訓示)하는 말.

訓誨(훈회) 가르침. 교회(教誨).

유 教(가르칠 교)

③ 10획 | ❶마칠 글 ❷이를 흘 | 日キツ 中qì

풀이 1 1. 마치다. 2. 다하다. 3. 다. 모두. 4. 마침내. 2 5. 이르다. ¶訖今

訖糴(글적) 곡식을 저장해 두고 꺼내지 않음.

訖今(흘금) 지금에 이르기까지. 지금까지.

유 謂(이를 위)

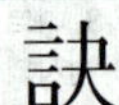

④ 11획 | 헤어질 결 | 日ケツ 中jué

풀이 1. 헤어지다. 작별하다. ¶訣別 2. 끊다. 3. 꾸짖다. 4. 비결. ¶訣要

訣別(결별) 1)작별. 헤어짐. 2)관계를 완전히 끊음.

訣要(결요) 비결. 비법.

口訣(구결) 한문의 구절 끝이나 사이에 토를 달은 것.

土亭秘訣(토정비결) 토정(土亭) 이지함이 지었다는 책으로 일 년 신수를 보는 책.

유 離(떨어질 리)

④ 11획 | 말더듬을 눌 | 日トツ 中nà, nè

* 회의. '言(말씀 언)'과 '內(안 내)'를 합친 글자. 말(言)이 안에(內) 있어 나오기 어려움을 나타내어, '말을 더듬다'의 뜻을 나타냄.

풀이 1. 말을 더듬다. 말을 못하다. 2. 과묵하다. 입이 무겁다.

訥口(눌구) 눌변(訥辯).

訥辯(눌변) 더듬거리며 서툰 말재주. 말주변이 없음.

訥澁(눌삽) 더듬거리며 말을 잘 하지 못함. 눌변(訥辯).

訥舌(눌설) 눌언(訥言).

訥言(눌언) 말더듬이. 더듬거리는 말.

유 訒(말 더듬을 인)

訪

④ 11획 | 찾을 방 | 日ホウ・おとずれる 中fǎng

* 형성. 뜻을 나타내는 부수 '言(말씀 언)'과 음을 나타내는 '方(모 방)'을 합친 글자. 올바른 방법(方)을 묻기(言) 위해 찾아가 뵙는다는 뜻이 합쳐져 '찾다'의 뜻을 나타냄.

풀이 1. 찾다. 구하다. 2. 방문하다. ¶訪問 3. 꾀하다. 4. 묻다. ¶訪議 4. 바야흐로.

訪客(방객) 방문객(訪問客). 찾아온 손님.

訪古(방고) 역사적 유물을 찾아다님.

訪求(방구) 사람을 널리 구함.

訪問(방문) 남을 찾아봄. 심방(尋訪)함.

訪議(방의) 묻고 논의함. 상의함.

訪採(방채) 여기저기 물어 가며 찾아 모음. 채방(採訪).

訪花(방화) 꽃구경.

來訪(내방) 만나러 찾아옴.

巡訪(순방) 차례로 방문함.

유 尋(찾을 심)

設

④ 11획 | 베풀 설 | 日セツ・もうける 中shè

* 회의. 말(言)로 남에게 명령하여 시켜서(殳) 무언가를 세우거나 진열함을 나타내어, '세우다', '베풀다', '준비하다'의 뜻을 나타냄.

풀이 1. 베풀다. 늘어놓다. 설치하다. ¶附設 2. 세우다. 건설하다. ¶設計 3. 갖추다. 준비하다. 4. 설령. ¶設或

設計(설계) 계획을 세움. 또는 그 계획.

設局(설국) 1)약국(藥局)을 세움. 2)노름판을 벌임.

設頭(설두) 먼저 나서서 주선함.

設令(설령) 1)명령을 냄. 2)가령. 설사(設使). 설혹(設或).

設立(설립) 베풀어 세움.

設問(설문) 문제를 내어 물어봄. 또는 그 문제.

設備(설비) 베풀어 갖춤. 또는 그 갖춘 것.

設使(설사) 설령(設令).

設若(설약) 설령(設令).

設定(설정) 베풀어 정함. 만들어 놓음.

設置(설치) 베풀어 놓음.
設或(설혹) 설령(設令).
建設(건설) 1)건물 · 시설물 등을 새로 만들어 세움. 2)단체 · 조직 등을 새로 이룩함.
附設(부설) 어떤 곳에 부속시켜 설치하는 것.

비 說(말씀 설)

訟	④ 11획	日ショウ
	송사할 송	中sòng

* 형성. 뜻을 나타내는 부수 '言(말씀 언)'과 음을 나타내며 '다툰다'는 뜻을 지닌 '公(공변할 공)'을 합친 글자. 말로 옳고 그름을 다툰다는 의미에서 '송사하다'의 뜻을 나타냄.

풀이 1. 송사하다. 송사. ¶訟事 2. 드러내다. 3. 자책하다. 4. 다투다. ¶訴訟 5. 괘 이름. 64괘의 하나.

訟理(송리) 1)재판이 공정하게 이루어짐. 2)송사로 일을 처리함.
訟民(송민) 송사를 일으킨 사람.
訟辯(송변) 재판정에서 변론함.
訟事(송사) 1)사람들 사이의 분쟁을 관청에 호소하여 그 판결을 구하는 일. 2)소송.
訟言(송언) 많은 사람 앞에서 확실하게 말함. 공언(公言)함.
訟獄(송옥) 소송. 재판.
宿訟(숙송) 오래 전부터 계속되는 소송(訴訟).

訝	④ 11획	日ガ
	맞을 아	中yà

풀이 1. 맞다. 영접하다. 2. 위로하다. 3. 의심하다. 의아해하다. ¶疑訝

訳	④ 11획
	譯(p1313)의 俗字

訛	④ 11획	日カ
	그릇될 와	中é

* 형성. 뜻을 나타내는 부수 '言(말씀 언)'과 음을 나타내는 '化(화할 화)'를 합친 글자.

풀이 1. 그릇되다. 잘못되다. 말이나 글자, 발음이 잘못됨. ¶訛謬 2. 속이다. 3. 변하다. 4. 잠에서 깨어 움직이다. 5. 거짓말. 6. 유언비어. 7. 사투리. ¶訛語

訛謬(와류) 잘못됨. 잘못되어 이치에 어긋남. 오류(誤謬).
訛索(와색) 속여 돈을 빼앗음.
訛語(와어) 1)잘못 전해진 말. 2)사투리.
訛言(와언) 1)거짓말. 유언(流言). 2)잘못 전해진 말. 와설(訛說).
訛音(와음) 잘못 전달된 글자의 음(音). 틀린 음.
訛傳(와전) 본래의 뜻이나 내용이 바뀌어 전달됨. 잘못 전함.
訛火(와화) 들에 난 불. 들불. 야화(野火).
以訛傳訛(이와전와) 헛소문이 꼬리에 꼬리를 물고 번져감.

유 誤(그릇될 오) 謬(그릇될 류)

訞	④ 11획	日ヨウ
	요사할 요	中yāo

풀이 1. 요사하다. 괴이하다. 2. 재앙.

訧	④ 11획	日ウ
	허물 우	中yóu

풀이 허물. 잘못. 과실.

유 過(허물 과)

訰	④ 11획	日ジュン
	어지러울 준	中zhūn, zhùn

풀이 1. 어지럽다. ¶訰訰 2. 횡설수설하다. 3. 마음이 어지러운 모양. 심란한 모양.

訰訰(준준) 마음이 심란한 모양.

訬	④ 11획	
	❶ 재빠를 초	日ショウ
	❷ 높을 묘	中chāo, miǎo

풀이 1 1. 재빠르다. 2. 약삭빠르다. 교활하다. ¶訬輕 3. 시끄럽다. 왁자지껄하다. 4. 가볍다. 경박하다. 2 5. 높다. 6. 가냘픈 모양.

訬輕(초경) 교활하고 경박함.

許	④ 11획	
	❶ 허락할 허	日キョ · ゆるす
	❷ 영차 호	中xǔ

* 형성. 뜻을 나타내는 부수 '言(말씀 언)'과 음을 나타내는 '午(일곱째 지지 오)'를 합친 글자.

풀이 1 1. 허락하다. 승낙하다. ¶許可 2. 나아가다.

3. 바라다. 기대하다. 4. 이. 이같이. 5. 곳. 6. 쯤. 가량. ¶幾許 ❷ 7. 영차. 여러 사람이 힘을 쓸 때 내는 소리.

許可(허가) 1)들어줌. 허락함. 2)특정한 경우, 법령으로 제한 또는 금지하는 일을 허락해 주는 행정 행위.
許多(허다) 몹시 많음. 수두룩함.
許諾(허락) 소청을 들어줌.
許否(허부) 허락함과 허락하지 않음.
許容(허용) 허락함.
許由(허유) 말미를 줌. 또는 그 말미.
許婚(허혼) 혼인을 허락함.
許許(호호) 여러 사람이 힘을 쓸 때 내는 소리. 부름소리.
官許(관허) 1)관청(官廳)에서 허가(許可)함. 2)또는 관청의 허가(許可)를 받음.
免許(면허) 1)특수한 행위나 영업을 특정한 경우나 사람에게 허락하는 행정 행위. 2)특정 기관에서, 어떤 기술 자격을 인정하여 줌. 또는 그 자격.
不許(불허) 허락하지 않음.
亮許(양허) 사정을 잘 알아서 용서하거나 허용함.
允許(윤허) 임금이 신하의 청을 허락함.

유 諾(허락할 낙)

訩	④ 11획	日キョウ
	송사할 흉	中xiōng

풀이 1. 송사하다. 2. 떠들썩하다. 3. 재앙. 재난.

유 訟(송사할 송)

訢	④ 11획	
	❶기뻐할 흔	日キン
	❷화평할 은	中xīn, yín

풀이 ❶ 1. 기뻐하다. ❷ 2. 화평하다. 온화하고 삼가는 모양.

訢然(흔연) 기뻐하는 모양. 흔연(欣然).
訢訢(흔흔) 1)기뻐하는 모양. 2)화기애애하며 공손한 모양.

유 喜(기쁠 희)

訶	⑤ 12획	日カ・しかる
	꾸짖을 가	中hē

* 형성. 뜻을 나타내는 부수 '言(말씀 언)'과 음을 나타내는 '可(옳을 가)'를 합친 글자.

풀이 꾸짖다. 질책하다. ¶訶斥

訶譏(가기) 꾸짖고 흉봄. 가저(訶詆).
訶辱(가욕) 꾸짖어 욕보임.
訶詆(가저) 꾸짖고 흉봄.
訶斥(가척) 큰소리로 꾸짖고 배척함.
訶詰(가힐) 꾸짖어 힐문함.

유 責(꾸짖을 책)

詎	⑤ 12획	日キョ
	어찌 거	中jù

풀이 1. 어찌. 반어를 나타냄. 2. 몇. 얼마. ¶詎幾 3. 이르다. 4. …에서. …부터.

詎幾(거기) 몇. 얼마.

詁	⑤ 12획	日コ
	주석 달 고	中gǔ

풀이 1. 주석을 달다. 주내다. 고어의 뜻을 풀이하다. 2. 새김. 고어의 뜻.

詗	⑤ 12획
	詬(p1290)와 同字

詘	⑤ 12획	
	❶굽힐 굴	日クツ・チュツ
	❷내칠 출	中qū

풀이 ❶ 1. 굽히다. 굽다. ¶詘身 2. 말이 막히다. 3. 짧다. 4. 덜다. 줄어들다. 5. 따르다. 6. 그치는 모양. 7. 다하다. 8. 도리어. ❷ 9. 내치다. 내쫓다. 떨어뜨리다. ¶詘坐

詘服(굴복) 자신을 굽혀 복종함. 굴복(屈服).
詘身(굴신) 몸을 굽힘. 굴신(屈身).
詘伸(굴신) 굽힘과 폄. 굴신(屈伸).
詘然(굴연) 끊어져 그치는 모양.
詘指(굴지) 1)손꼽아 헤아림. 2)지조(志操)를 굽힘. 뜻을 꺾음.
詘體(굴체) 몸을 굽혀 엎드림.
詘坐(출좌) 내치어 죄를 줌.

詉	⑤ 12획
	呶(p189)와 同字

詅	⑤ 12획	日 レイ
	팔 령	中 líng

풀이 1. 팔다. 2. 자랑하다.

詅癡符(영치부) 어리석음을 자랑하여 파는 표라는 뜻으로, 졸렬한 문장을 세상에 내놓아 창피를 당함.

詈	⑤ 12획	日 リ · ののしる
	꾸짖을 리(이)	中 lì

풀이 꾸짖다. 욕하다.

詈罵(이매) 욕하며 꾸짖음.

詈辱(이욕) 꾸짖어 욕보임.

비 罰(죄 벌)

詐	⑤ 12획	日 サ
	속일 사	中 zhà

* 형성. 뜻을 나타내는 부수 '言(말씀 언)'과 음을 나타내며 '어긋나다'는 의미를 지닌 '乍(잠깐 사)'를 합친 글자. 사실과 어긋나는 것을 말한다는 데서, '속이다'의 뜻을 나타냄.

풀이 1. 속이다. 사기를 치다. ¶詐欺 2. 거짓. 사기. 3. 말을 꾸미다. 4. 함정에 빠뜨리다. 5. 갑자기.

詐計(사계) 남을 속이는 꾀. 위계(僞計).

詐巧(사교) 교묘하게 남을 속이는 일. 또는 그 속임수.

詐欺(사기) 고의로 사실을 속여서 남에게 손해를 입힘. 또는 남을 속여서 부당한 이익을 얻는 행위.

詐力(사력) 속임수와 폭력.

詐妄(사망) 거짓말. 속임.

詐謀(사모) 남을 속여 넘기는 꾀. 사술(詐術).

詐反(사반) 거짓으로 갚는 체함.

詐諝(사서) 속임. 거짓으로 속여서 꾐.

詐善(사선) 거짓으로 착한 체함. 위선(僞善).

詐數(사수) 속이는 수. 사술(詐術).

詐術(사술) 남을 속이는 재주. 꾀. 사모(詐謀).

詐佯(사양) 거짓. 속임. 기만(欺瞞).

詐僞(사위) 거짓으로 속이는 일. 허위.

詐戰(사전) 갑자기 하는 싸움. 불시(不時)의 싸움. 기습(奇襲).

詐取(사취) 남을 속여서 물건을 빼앗음.

詐稱(사칭) 관위(官位)·주소·성명·직업·나이 등을 거짓으로 말함.

詐誕(사탄) 언행이 간사하고 허황함.

詐騙(사편) 속임. 남을 속여서 재물이나 이익 등을 빼앗음.

유 欺(속일 기)

詞	⑤ 12획	日 シ · ことば
	말씀 사	中 cí

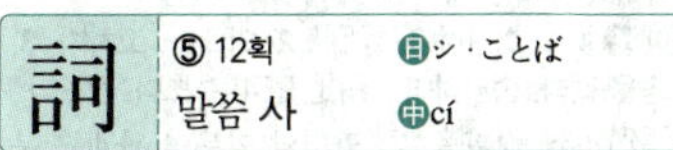

* 형성. 뜻을 나타내는 부수 '言(말씀 언)'과 음을 나타내는 '司(맡을 사)'를 합친 글자.

풀이 1. 말씀. 말. 2. 글. 문장. ¶詞章 3. 말하다. 4. 알리다. 5. 청하다. 6. 호소하다. 7. 잇다. 계승하다. 8. 문체 이름. 송대(宋代)에 성행한 운문체의 하나.

詞客(사객) 문체의 한 종류인 사(詞)를 짓는 사람. 시문을 짓는 사람. 사인(詞人).

詞曲(사곡) 사(詞)와 곡(曲).

詞林(사림) 1)문장을 모은 책. 2)시인·문인들의 모임. 문단(文壇). 3)관직 중의 하나인 한림원(翰林院)의 다른 이름.

詞伯(사백) 시문(詩文)에 능한 사람. 시문의 대가(大家).

詞賦(사부) 1)사(詞)와 부(賦). 2)운자(韻字)를 달아 평측(平仄)을 구별하여 지은 한시(漢詩)의 총칭.

詞訟(사송) 소송.

詞韻(사운) 말이나 문장의 운치.

詞章(사장) 시와 문장. 시문(詩文).

詞藻(사조) 1)글을 짓는 재능. 2)말의 수식.

詞彩(사채) 글의 문채. 곧, 문장의 뛰어남을 이르는 말.

詞致(사치) 말의 운치(韻致).

詞表(사표) 말이나 문장에 드러난 것 이외의 다른 뜻. 언외(言外).

詞學(사학) 시문(詩文)에 대한 학문.

詞兄(사형) 문인이나 학자끼리 서로를 친근하게 여겨 이르는 말.

詞華(사화) 말의 수사(修辭). 아름다운 무늬로 수놓인 언어라는 뜻으로, 뛰어난 시문을 이르는 말. 사조(詞藻).

歌詞(가사) 노랫말.

品詞(품사) 단어를 문법상 의미·형태·기능으로 분류한 갈래.

유 言(말씀 언) 說(말씀 설)

訴	⑤ 12획	
	❶ 하소연할 소	日 ソ · うったえる
	❷ 홍볼 척	中 sù

7획

* 형성. 뜻을 나타내는 부수 '言(말씀 언)'과 음을 나타내며 거슬러 올라간다는 의미를 지닌 '斥(물리칠 척)'을 합친 글자. 이에 아래로부터 '위에 호소한다'의 뜻을 나타냄.

풀이 ❶ 1. 하소연하다. ¶訴狀 2. 아뢰다. 고하다. 3. 소송을 걸다. 송사하다. ¶訴追 ❷ 4. 흉보다. 헐뜯다.

訴訟(소송) 재판을 걺. 권리와 의무의 관계를 분명히 하기 위하여 법원에 신청하여 법률의 적용을 요구하는 것.

訴願(소원) 1)호소하여 청원함. 2)어떤 행정 행위가 위법하거나 부당할 때, 그 상급 관청에 취소 또는 변경을 요구하는 일.

訴寃(소원) 원통한 일을 관청에 하소연함.

訴人(소인) 소송를 거는 사람.

訴狀(소장) 1)하소연하는 글. 2)소송을 제기하는 글을 써서 법원에 내는 서류. 소첩(訴牒).

訴陳(소진) 하소연하여 진술함.

訴牒(소첩) 하소연하는 글. 소장(訴狀).

訴請(소청) 하소연하여 청함.

訴追(소추) 검사(檢事)가 공소(公訴)를 제기하여 추소(追訴)하는 일.

訹	⑤ 12획	日 シュツ
	꾈 술	中 xù

풀이 꾀다. 홀리다.

訣	⑤ 12획	日 オウ
	슬기로울 앙	中 yàng

풀이 1. 슬기롭다. 2. 알리다. 아뢰다. 3. 묻다.

詠	⑤ 12획	日 エイ·よむ
	읊을 영	中 yǒng

* 형성. 뜻을 나타내는 부수 '言(말씀 언)'과 음을 나타내는 '永(길 영)'을 합친 글자. 말을 길게 뽑아 노래함을 나타내어, '읊다'의 뜻을 나타냄.

풀이 1. 읊다. 시가를 노래하다. 2. 시가를 짓다. ¶詠歌 3. 시가(詩歌). ¶詠頌

詠歌(영가) 시가(詩歌)를 지어 읊조림. 또는 그 시가(詩歌).

詠歸(영귀) 자연의 풍경을 감상하고 시를 읊조리면서 돌아간다는 뜻으로, 풍류를 즐김을 비유하는 말.

詠德(영덕) 덕(德)을 노래함.

詠物(영물) 새·꽃·달·고기 등 사물을 주제로 하여 시가(詩歌)를 지음. 또는 그 시가.

詠史(영사) 역사적 사실을 주제로 하여 시가를 지음. 또는 그 시가.

詠絮(영서) 시가를 잘 짓는 여자.

詠雪之才(영설지재) 여자가 문장을 잘 짓는 재주를 가지고 있음을 나타내는 말.

詠嘯(영소) 긴 소리로 읊조림.

詠頌(영송) 시가를 지어 칭송함.

詠吟(영음) 시를 읊조림. 노래함. 음영(吟詠).

詠歎(영탄) 1)소리를 길게 뽑아 노래함. 2)감탄.

詠懷(영회) 회포를 시가로 지어 읊음.

유 吟(읊을 음)

詍	⑤ 12획	日 エイ·せつ
	수다할 예	中 yì

풀이 수다하다.

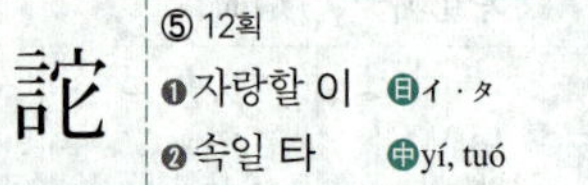

詑	⑤ 12획	
	❶ 자랑할 이	日 イ·タ
	❷ 속일 타	中 yí, tuó

풀이 ❶ 1. 자랑하다. 스스로 만족해하는 모양. ❷ 2. 속이다.

유 誇(자랑할 과) 비 託(부탁할 탁)

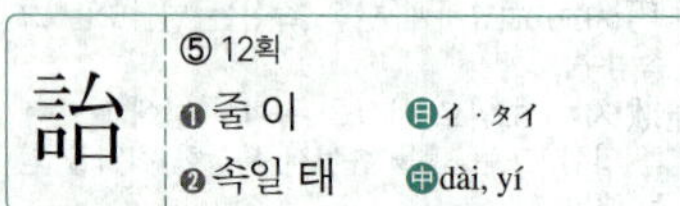

詒	⑤ 12획	
	❶ 줄 이	日 イ·タイ
	❷ 속일 태	中 dài, yí

풀이 ❶ 1. 주다. 보내다. 2. 물려주다. 전해 주다. ¶詒謀 3. 부치다. ❷ 4. 속이다. ¶詒欺

詒厥(이궐) 자손.

詒謀(이모) 자손을 위하여 좋은 계책을 자손들에게 물려줌.

詒託(이탁) 핑계함. 가탁(假託).

詒欺(태기) 속임. 사기(詐欺).

訾	⑤ 12획	日 シ
	헐뜯을 자	中 zī, zǐ

* 형성. 뜻을 나타내는 부수 '言(말씀 언)'과 음을 나타내는 '此(이 차)'를 합친 글자.

풀이 1. 헐뜯다. 2. 생각하다. 헤아리다. 3. 방자하다. 4. 싫어하다. 5. 한탄하다. 6. 나쁘다. 7. 병. 상처. 8. 재물.

訾咎(자구) 헐뜯고 꾸짖음.
訾短(자단) 헐뜯음. 나쁘게 말함.
訾厲(자려) 병듦. 또는 병.
訾病(자병) 헐뜯고 욕함.
訾省(자성) 재물을 정리함.
訾訾(자자) 1)남을 헐뜯는 모양. 2)직무를 게을리하는 모양.
訾毁(자훼) 헐뜯음. 비난함. 욕함.

詍	⑤ 12획 訾(p1282)와 同字

詆	⑤ 12획 꾸짖을 저	日テイ 中dǐ

풀이 1. 꾸짖다. ¶詆呵 2. 욕하다. 흉보다. ¶詆辱 3. 들추어내다. 4. 속이다. 5. 저촉하다. 거스르다. 6. 근본. 요소.
詆呵(저가) 성내어 꾸짖음. 헐뜯으며 꾸짖음. 저가(詆訶).
詆欺(저기) 속임. 기만(欺瞞).
詆嫚(저만) 흉보며 남을 업신여김.
詆排(저배) 욕하며 배척함.
詆辱(저욕) 흉을 보며 욕되게 함.
詆訾(저자) 남의 잘못을 들추어 헐뜯음.
詆罪(저죄) 죄에 저촉됨.
詆毁(저훼) 비난함. 헐뜯고 욕함.

詛	⑤ 12획 저주할 저	日ソ 中zǔ

풀이 1. 저주하다. ¶詛詈 2. 비방하다. 3. 맹세. 맹세하다.
詛詈(저리) 저주하며 매도함.
詛盟(저맹) 맹세함. 서약(誓約)함.
詛呪(저주) 남이 잘못되기를 바라고 빎.
유 呪(저주할 주)

詀	⑤ 12획 ❶수다스러울 점 ❷속삭일 첩	日テン·タン 中chè, zhān

풀이 ❶ 1. 수다스럽다. 2. 교묘하게 말하다. 말을 잘 꾸며 대다. ¶詀詀 ❷ 3. 속삭이다. ¶詀讘
詀謕(점제) 장황하게 말함.
詀詀(점점) 교묘하게 말하는 모양.
詀喃(점남) 수다스럽게 말하는 모양.
詀讘(첩섭) 귀에 대고 작은 소리로 속삭이며 말함. 귓속말을 함.

証	⑤ 12획 ❶간할 정 ❷증거 증	日ショウ 中zhèng

풀이 ❶ 1. 간하다. 임금·어른께 잘못을 고치도록 아룀. ❷ 2. 증거. '證(증거 증)'의 속자.

詔	⑤ 12획 ❶조서 조 ❷소개할 소	日ショウ·みことのり 中zhào

* 형성. 뜻을 나타내는 부수 '言(말씀 언)'과 음을 나타내는 '召(부를 소)'를 합친 글자. 사람을 불러(召) 말하는(言) 것을 나타내어, '소개하다' 또는 '알리다'의 뜻을 나타냄.

풀이 ❶ 1. 조서. 임금의 명령. ¶詔使 2. 고하다. 알리다. 3. 가르치다. ¶詔告 4. 돕다. 보좌하다. 5. 부르다. ❷ 6. 소개하다.
詔告(조고) 고함.
詔令(조령) 임금의 명령. 조칙(詔勅).
詔命(조명) 조령(詔令).
詔使(조사) 임금의 명령을 적은 문서를 받들고 가는 사신.
詔書(조서) 임금의 명령을 백성에게 알리고자 적은 문서. 제서(制書). 조명(詔命).
詔獄(조옥) 왕의 칙명에 의하여 죄인을 다스리는 일. 또는 그 옥사(獄舍).
詔諭(조유) 조서를 내려서 알림.
詔條(조조) 조서에 실린 조목.
詔旨(조지) 조서(詔書)의 요지. 칙지(勅旨).
詔敕(조칙) 천자가 내리는 명령. 조칙(詔勅).
詔黃(조황) 임금의 명령. 옛날 임금의 명령을 적을 때는 황지(黃紙)를 사용하였으므로 이르는 말.
유 紹(소개할 소)

註	⑤ 12획 주석 달 주	日チュウ 中zhù

풀이 1. 주석을 달다. 주내다. 주석. 낱말이나 문장의 뜻을 쉽게 풀이함. ¶註文 2. 적다. ¶脚註
註脚(주각) 주(註)의 풀이.
註文(주문) 낱말이나 문장을 풀이한 문구.

註書(주서) 책에 주를 적음. 또는 주를 단 책.
註疏(주소) 경서(經書)의 본문 사이에 끼워 넣은 세밀한 주해(註解). 주소(注疏).
脚註(각주) 본문 밑에 적은 주해(註解).

詋	⑤ 12획 呪(p191)와 同字

	⑤ 12획 볼 진	日シン 中zhěn

* 형성. 피부 속에서 털(㐱)이 밖으로 나타난 것처럼 육체 속에 있는 병의 근원을 말(言)로 나타내는 것은 '병을 보는' 것이라 하여, '보다', '진단하다'는 뜻을 나타냄.

풀이 1. 보다. 2. 진찰하다. ¶檢診 3. 고하다. 4. 증상.

診脈(진맥) 맥을 짚어 병을 진찰함.
診察(진찰) 의사가 병의 유무·상태·원인 등을 살핌.
檢診(검진) 병에 걸렸는지 아닌지를 검사하기 위하여 진찰함.
聽診器(청진기) 몸속의 소리를 듣고 병이 있는지 없는지를 진찰하는 기구.

유 察(살필 찰)

詄	⑤ 12획 잊을 질	日シツ 中dié

풀이 1. 잊다. 2. 단단하고 맑은 모양.

유 忘(잊을 망)

評	⑤ 12획 평할 평	日ヒョウ 中píng

丶 亠 亠 亖 言 言 言 言 訁 訂 評 評

* 형성. 뜻을 나타내는 부수 '言(말씀 언)'과 음을 나타내는 '平(공평할 평)'을 합친 글자. 이에 '공평하게 논하다'의 뜻을 나타냄.

풀이 1. 평하다. ¶評決 2. 품평. 평론. ¶品評

評價(평가) 1)물건의 값을 정함. 또는 그 값. 2)선악(善惡)·미추(美醜) 등의 가치를 평론하여 정함.
評決(평결) 논의하여 결정함.
評論(평론) 사물의 좋고 나쁨과 옳고 그름을 비평하여 논하는 것. 또는 그 논문.
評林(평림) 평론들을 모아서 실은 책. 평론집(評論集).
評釋(평석) 시가(詩歌)·문장(文章)의 뜻을 풀이하고 비평함. 또는 그 글.
評語(평어) 1)비평하는 말. 평언(評言). 2)성적을 나타내는 말.
評言(평언) 비평하는 말. 평어(評語).
評議(평의) 여럿이 모여 논의함. 여러 의견을 두고 논의함.
評傳(평전) 평론을 붙인 전기(傳記).
評點(평점) 1)시문(詩文)의 중요한 곳에 찍는 점. 2)피교육자의 학력을 조사하여 매기는 점수. 3)물건의 가치를 평가하여 매기는 점수.
評定(평정) 평의(評議)하여 결정함.
評判(평판) 1)평론하여 판정함. 2)세상 사람들의 평가. 3)명성(名聲).
批評(비평) 사물의 옳고 그름이나 좋고 나쁨 등을 평가함.
好評(호평) 좋게 평판함. 좋은 평판.

詖	⑤ 12획 치우칠 피	日ヒ·かたよる 中bì

풀이 1. 치우치다. 편파적이다. ¶詖辭 2. 기울다. 3. 판별하여 말하다. 4. 교활하다. 5. 아첨하다. 6. 비뚤어지다. ¶詖險

詖辭(피사) 편파적인 말.
詖行(피행) 편파적인 행동. 비뚤어진 행동.
詖險(피험) 편파적이고 아첨함.

詗	⑤ 12획 염탐할 형	日キョウ 中xiòng

풀이 1. 염탐하다. ¶詗邏 2. 찾다. 구하다. 3. 깨달아 알다.

詗邏(형라) 순찰을 돌며 살핌. 순찰함.
詗察(형찰) 남모르게 염탐함.

유 偵(정탐할 정)

誇	⑥ 13획 ❶자랑할 과 ❷노래할 구	日コ·ほこる 中kuā

丶 亠 亠 亖 言 言 言 言 訁 訡 訡 誇 誇

* 형성. 뜻을 나타내는 부수 '言(말씀 언)'과 음을 나타내는 '夸(자랑할 과)'를 합친 글자. 뽐내어(夸) 하는 말(言), 즉 '자랑하다'의 뜻을 나타냄.

풀이 ❶ 1. 자랑하다. 자랑. ¶誇競 2. 거칠다. 올이 굵고 성기다. ❷ 3. 노래하다.

誇競(과경) 서로 앞다투어 자랑함.
誇多(과다) 많이 있음을 자랑함.
誇大(과대) 1)작은 것을 크게 과장해서 말함. 2)자만하며 자랑함.
誇伐(과벌) 자랑함.
誇尙(과상) 자랑하며 거만을 부림.
誇詑(과타) 자랑함. 뽐냄.
誇布(과포) 올이 굵고 거친 베.
誇衒(과현) 자랑하며 뽐냄.
誇詡(과후) 자랑함. 자만함.
유 侉(자랑할 과)

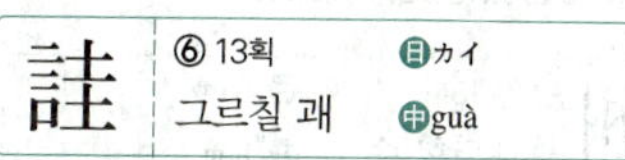

誆 ⑥ 13획 속일 광 日コウ 中kuāng

풀이 1. 속이다. 2. 거짓말. ¶誆詐
誆詐(광사) 거짓말을 하며 속임.
誆騙(광편) 속임. 사기하여 취함.

詿 ⑥ 13획 그르칠 괘 日カイ 中guà

풀이 1. 그르치다. 그릇된 길로 이끌다. ¶詿誤 2. 속이다. 3. 방해하다.
詿亂(괘란) 백성을 속여 나라를 어지럽힘.
詿誤(괘오) 1)속여서 옳지 않은 방향으로 이끎. 2)관리가 과실로 인하여 징계(懲戒)를 받음.

詭 ⑥ 13획 속일 궤 日キ 中guǐ

풀이 1. 속이다. ¶詭詐 2. 꾸짖다. 3. 어기다. 4. 괴이하다. 기이하다. 5. 다르다. 같지 않다. 6. 바르지 않다. 7. 헐뜯다.
詭激(궤격) 언행이 과격하여 도리를 조금 벗어남. 교격(矯激).
詭計(궤계) 교묘한 꾀. 간사하게 남을 속이는 꾀. 궤책(詭策).
詭觀(궤관) 기이하고 보기 드문 광경. 훌륭한 경치.
詭矯(궤교) 남을 속임.
詭道(궤도) 1)남의 이목(耳目)을 속이는 수단. 2)지름길. 첩경(捷徑).
詭麗(궤려) 진기하고 고움. 화려함.
詭妄(궤망) 거짓. 궤사(詭詐).
詭文(궤문) 보기 드문 무늬. 기이한 무늬.
詭祕(궤비) 1)은밀하게 숨김. 2)내막(內幕)을 알기 힘듦.
詭詐(궤사) 거짓. 속임. 궤망(詭妄).
詭辭(궤사) 1)거짓말. 2)교묘하게 꾸미는 말.
詭說(궤설) 거짓말.
詭術(궤술) 남을 속이는 기술.
詭言(궤언) 거짓말.
詭遇(궤우) 1)사냥할 때 옳지 않은 방법으로 짐승을 잡는 일. 2)정도(正道)에서 벗어나 세속에 영합(迎合)하여 부귀를 얻는 일.
詭誕(궤탄) 거짓. 엉터리. 허황(虛荒)된 말.
詭銜竊轡(궤함절비) 말이 재갈을 뱉고 고삐를 물어뜯는다는 뜻으로, 심하게 구속하면 거기에서 벗어나기 위해 더욱 힘씀을 비유하는 말.
유 誆(속일 광)

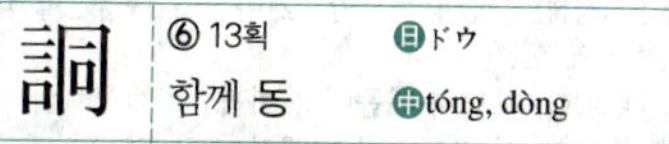

詷 ⑥ 13획 함께 동 日ドウ 中tóng, dòng

풀이 1. 함께. 같이. 2. 급히 말하다. 3. 큰소리치다. 과장하다.
유 同(한가지 동)

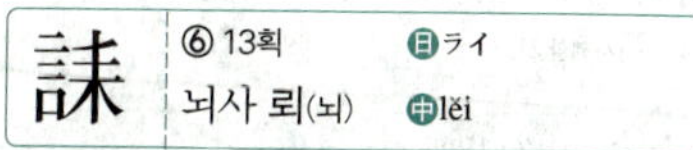

誄 ⑥ 13획 뇌사 뢰(뇌) 日ライ 中lěi

풀이 1. 뇌사. ¶誄詞 2. 조문(弔文)을 읽다. 3. 빌다.
誄文(뇌문) 뇌사(誄詞).
誄詞(뇌사) 죽은 사람의 명복을 비는 말이나 글. 뇌문(誄文). 조문(弔文).

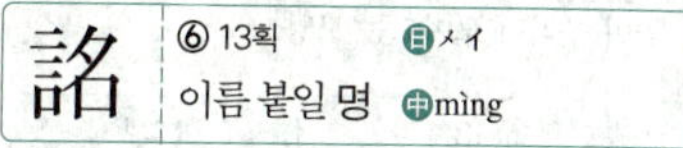

詺 ⑥ 13획 이름 붙일 명 日メイ 中mìng

풀이 이름 붙이다. 명명하다.

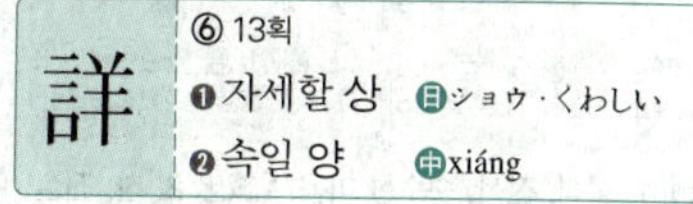

詳 ⑥ 13획 ❶자세할 상 日ショウ·くわしい ❷속일 양 中xiáng

*형성. 뜻을 나타내는 부수 '言(말씀 언)'과 음을 나타내며 '작다'는 뜻을 가진 '羊(양 양)'을 합친 글자. '자세하게 말한다'는 뜻을 나타냄.

풀이 ❶ 1. 자세하다. 자세히 하다. ¶詳考 2. 자세한 내용. 3. 다하다. 4. 모두. 다. 5. 두루 갖추다. 6. 공평하다. ¶詳正 7. 상서롭다. ❷ 8. 속이다.

詳考(상고) 자세히 참고함. 상세히 검토함.
詳記(상기) 상세하게 기록함. 또는 그 기록. 상록(詳錄).
詳略(상략) 자세한 것과 간략한 것.
詳料(상료) 세밀히 헤아림.
詳明(상명) 1)세밀히 밝힘. 2)자세하고 명확함.
詳敏(상민) 세밀하고 민첩함.
詳文(상문) 하급 관리가 상급 관리에게 올리는 문서.
詳說(상설) 상세하게 두루 갖추어 설명함. 또는 그 설명.
詳悉(상실) 빠짐없이 모두 앎.
詳審(상심) 세세한 데까지 두루 미침.
詳雅(상아) 1)자상하고 단아함. 2)동작이 안정되고 예의가 바름.
詳正(상정) 1)공평무사함. 2)마음을 두루 써서 바르게 함.
詳探(상탐) 자세히 더듬어 찾아봄.
詳平(상평) 일의 처리가 명백하고 공평함.
詳覈(상핵) 철저하게 조사함.
詳確(상확) 세밀하고 명확함.
詳狂(양광) 거짓으로 미친 체함. 양광(佯狂).
詳聾(양롱) 거짓으로 귀가 먹은 체함.

유 仔(자세할 자)

詵	⑥ 13획 많을 선	日 シン 中 shēn

풀이 1. 많다. 수가 많은 모양. ¶詵詵 2. 묻다. 3. 화목하게 모이는 모양.

詵詵(선선) 1)수가 많은 모양. 2)모이는 모양. 높이 우러러 모여드는 모양.

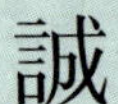

誠	⑥ 13획 정성 성	日 セイ・まこと 中 chéng

* 형성. 뜻을 나타내는 부수 '言(말씀 언)'과 음을 나타내는 '成(이룰 성)'을 합친 글자. 거짓없이 진실한 말(言)로 표현함을 나타내어, '정성'의 뜻을 나타냄.

풀이 1. 정성. 진심. 순수한 마음. ¶誠忠 2. 참. 진실. 실정. 3. 참으로. 진실로. 4. 참되게 하다. 성실하게 하다. 5. 가령. 만약.

誠殼(성각) 정성스러움. 성의를 보임. 성실(誠實).
誠懇(성간) 정성스럽고 친절함.
誠敬(성경) 1)정성스러운 마음으로 공경함. 2)정주학(程朱學)에서의 존성(存誠)과 거경(居敬).
誠恐(성공) 진심으로 황공함.
誠款(성관) 참된 마음. 진실된 마음.
誠勤(성근) 성실하고 근면함.
誠金(성금) 정성스럽게 내는 돈.
誠道(성도) 진실된 도리.
誠烈(성렬) 성실하며 절개가 곧고 굳음. 또는 그런 사람.
誠服(성복) 진실로 복종함.
誠信(성신) 참된 마음.
誠壹(성일) 마음이 성실하고 한결같음.
誠正(성정) 진실되고 바름.
誠則形(성즉형) 마음속에 정성스러움이 있으면 반드시 밖으로 드러남.
誠忠(성충) 1)진심에서 우러나온 충성. 2)정성어린 친절.
誠惶(성황) 진심으로 황송함. 성공(誠恐).
誠惶誠恐(성황성공) 진심으로 황공하다는 뜻으로, 임금에게 올리는 글에 쓰는 말.

유 懇(정성 간) 款(정성 관) 恂(정성 순)

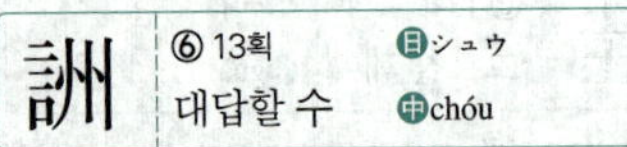

詶	⑥ 13획 대답할 수	日 シュウ 中 chóu

풀이 1. 대답하다. 2. 저주하다. 3. 갚다. 4. 누구.

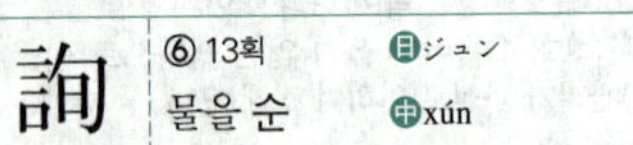

詢	⑥ 13획 물을 순	日 ジュン 中 xún

풀이 1. 묻다. 의견을 구하다. ¶詢謀 2. 꾀하다. 3. 고르다. 균등하다.

詢謀(순모) 계책을 물음. 논의함.
詢問(순문) 질문함. 의견을 물음. 자문(咨問).
詢訪(순방) 방문하여 자문을 구함.
詢事(순사) 일을 상의함.
詢咨(순자) 윗사람이 아랫사람에게 물음. 자순(咨詢).
詢察(순찰) 찾아가 실정(實情)을 살피고 조사함.

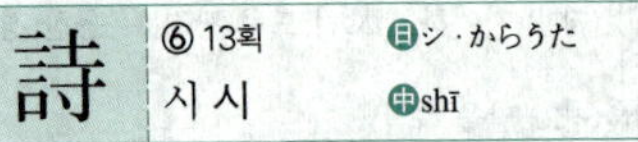

詩	⑥ 13획 시 시	日 シ・からうた 中 shī

* 형성. 뜻을 나타내는 부수 '言(말씀 언)'과 음을 나타내는 '寺(절 사)'를 합친 글자. 자신의 감정을 말이나 글로 표현함을 나타내어, '시'의 뜻을 나타냄.

풀이 1. 시. ¶詩歌 2. 《시경(詩經)》. 고대 중국의 책으로, 오경(五經)의 하나. 3. 악보. 4. 시를 읊다. 노래하다.

5. 받다. 가지다.

詩歌(시가) 시와 노래. 시영(詩詠).

詩客(시객) 시인(詩人).

詩格(시격) 1)시를 짓는 방법. 2)시의 품격. 시의 품위.

詩經(시경) 오경(五經)의 하나. 중국에서 가장 오래된 시집. 각지의 민요를 채집한 3천여 편 중에서 공자(孔子)가 300여 편을 선정하였다고 함.

詩境(시경) 시의 흥취가 저절로 생기는 아름다운 경지(境地). 또는 시(詩)의 경지(境地).

詩卷(시권) 시를 모은 책. 시집(詩集).

詩囊(시낭) 시의 원고를 넣어 두는 주머니.

詩壇(시단) 시인의 모임.

詩侶(시려) 시를 짓는 벗. 시우(詩友).

詩料(시료) 시의 소재(素材). 시를 읊거나 짓는 데 필요한 재료. 시재(詩材).

詩魔(시마) 1)시를 좋아하는 습성. 시심(詩心)을 충동하는 알 수 없는 힘. 2)야비하고 옳지 못한 생각.

詩伯(시백) 뛰어난 시인. 시를 잘 짓는 사람.

詩癖(시벽) 1)시 짓기를 좋아하는 버릇. 시마(詩魔). 2)시를 지을 때 그 사람 특유의 편벽(偏癖)된 버릇.

詩賦(시부) 시(詩)와 부(賦). 운문(韻文).

詩史(시사) 1)시(詩)의 발생 과정 · 문학 사조(思潮) · 형식 등을 기록한 저술. 2)역사적 일을 시의 형식으로 쓴 글. 사시(史詩).

詩社(시사) 시인들이 결성(結成)한 문학적인 단체. 시회(詩會).

詩想(시상) 1)시를 짓게 만드는 시인의 생각이나 영감. 시정(詩情). 2)시에 나타난 시인의 사상이나 감정.

詩仙(시선) 1)신선과 같은 천재적인 시인. 2)시에 전념하여 속세의 일을 잊은 사람. 3)당(唐)나라 시인 이백(李白)을 지칭하는 말.

詩聖(시성) 1)고금에 뛰어난 시인. 2)당(唐)나라 시인 두보(杜甫)를 이르는 말.

詩眼(시안) 시를 이해하는 안목.

詩餘(시여) 시체(詩體)의 하나. 악부(樂府)가 변한 것. 전사(塡詞).

詩韻(시운) 1)시의 운율. 시의 운치. 2)운서(韻書). 시를 지을 때 규칙에 따라 시구(詩句)의 끝에 다는 운자(韻字).

詩腸(시장) 감흥하여 시를 짓는 심사(心思). 시심(詩心). 시정(詩情).

詩腸鼓吹(시장고취) 시를 짓게 하는 생각을 고취한다는 뜻으로, 꾀꼬리 소리를 이르는 말.

詩材(시재) 시료(詩料).

詩箋(시전) 시를 적는 종이.

詩題(시제) 시의 제목. 시의 제재(題材).

詩調(시조) 1)시의 가락. 2)시조(時調).

詩酒徵逐(시주징축) 시와 술을 즐겨서 벗들과 어울려 서로 왕래함.

詩中有畫(시중유화) 시 안에 그림이 있다는 뜻으로, 경치를 교묘하게 묘사한 시를 칭찬한 말.

詩讖(시참) 우연히 지은 시가 뒷일과 꼭 맞는 일.

詩債(시채) 시의 부채(負債). 마땅히 지어야 할 시를 짓지 못하고 있는 일.

詩體(시체) 시의 형식과 체재(體裁).

詩草(시초) 1)시의 초고(草稿). 시고(詩稿). 2)시집(詩集).

詩抄(시초) 시를 추려 모아 엮은 책. 시의 발췌(拔萃).

詩軸(시축) 시를 적은 두루마리.

詩趣(시취) 1)시로 표현하고 싶은 마음. 시정(詩情)을 일으키는 취미. 시심(詩心). 2)시에 나타난 정취(情趣). 시적인 흥취(興趣).

詩品(시품) 시의 품격. 시격(詩格).

詩號(시호) 시인의 아호.

詩豪(시호) 뛰어난 시인.

詩話(시화) 시의 평론이나 그 시에 대한 시인의 일화를 기록한 책.

비 時(때 시)

⑥ 13획 日 シ·こころみる·ためす

시험할 시 中 shì

* 형성. 뜻을 나타내는 부수 '言(말씀 언)'과 음을 나타내는 '式(법 식)'을 합친 글자. 원래는 '깨끗이 하다' 등의 뜻도 나타냈지만, 후에 '쓰다', '시험하다'의 뜻으로만 쓰게 되었음.

풀이 1. 시험하다. 시험삼아 해 보다. ¶試官 2. 시험. 3. 맛보다. 간을 보다. 4. 조사하다. 검증하다. ¶試尾 5. 비교하다. 6. 사용하다. 7. 임명하다.

試劍(시검) 검(劍)의 날카로운 정도나 사용 방법을 시험하여 봄.

試官(시관) 1)시험을 주관하는 관리. 시험관. 고관(考官). 2)관리의 자격은 있으나 아직 임명되지 않은 관리. 시보(試補).

試券(시권) 과거를 볼 때 글을 써 제출한 두루마리. 답안(答案).

試金石(시금석) 1)금의 품질을 시험하는 돌. 2)가치나 재주를 알아보는 기회나 사물.

試膽(시담) 담력을 시험함.
試刀(시도) 칼의 날카로움을 보기 위하여 시험 삼아 해봄.
試鍊(시련) 1)겪기 힘든 고난이나 단련. 2)신앙이나 결심의 정도를 시험하는 일.
試尾(시미) 몰래 뒤를 밟음. 미행함.
試射(시사) 1)시험 삼아 쏨. 2)시험으로 활을 잘 쏘는 사람을 선발함.
試涉(시섭) 다리를 개통할 때 시험 삼아 처음으로 건너는 일.
試藝(시예) 1)재능을 시험함. 2)과거(科擧) 답안의 문장을 이름.
試邑(시읍) 조선 때 각 도(道)에서 3년마다 치르는 향시(鄕試)를 시험 장소로 지정한 고을.
試取(시취) 시험을 보아 인재를 선발함.
試筆(시필) 1)시험 삼아 붓을 놀린다는 뜻으로, 글씨를 쓰거나 그림을 그리는 것을 이르는 말. 2)연초에 처음으로 글씨를 쓰는 일. 시호(試豪).
試豪(시호) 시필(試筆).
유 驗(증험할 험)

詻	⑥ 13획	日ガク
	다툴 액	中è

풀이 1. 다투다. 말다툼하다. ¶詻詻 2. 말투가 사납다. 3. 엄하다.
詻詻(액액) 1)가르침이 엄한 모양. 2)말다툼하는 모양.

詣	⑥ 13획	日ゲイ
	이를 예	中yì

풀이 1. 이르다. 도달하다. ¶詣闕 2. 찾아뵙다. 방문하다. 3. 관청에 출두하다. ¶詣謁 4. 절에 참배하다.
詣闕(예궐) 대궐에 들어감.
詣謁(예알) 대궐에 들어가 알현함. 군주나 지체가 높은 사람을 알현함.

詍	⑥ 13획
	詍(p1282)와 同字

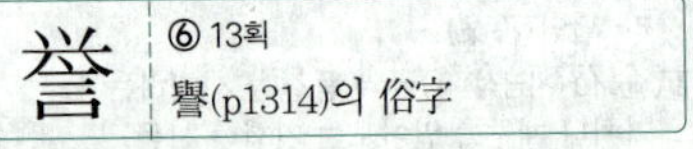

誉	⑥ 13획
	譽(p1314)의 俗字

詄	⑥ 13획
	訣(p1302)의 俗字

詮	⑥ 13획	日セン
	설명할 전	中quán

* 형성. 뜻을 나타내는 부수 '言(말씀 언)'과 음을 나타내는 '全(온전할 전)'을 합친 글자. 말(言)을 온전하게(全) 한다는 데에서 '설명하다', '법칙'의 뜻을 나타냄.

풀이 1. 설명하다. ¶詮證 2. 사리를 설명한 말. 3. 헤아리다. 저울질하다. 4. 법칙. 이치.
詮較(전교) 비교하여 분명하고 상세하게 따져 말함.
詮論(전론) 사리(事理)를 자세하게 설명하여 밝힘.
詮釋(전석) 알기 쉽게 풀어 밝힘. 또는 그 말.
詮言(전언) 1)진리에 근거한 말. 2)사리(事理)를 밝혀 명백하게 한 말.
詮證(전증) 사실을 더듬어 해설함. 또는 그 해설.
詮次(전차) 말이나 글의 짜여진 순서.
詮度(전탁) 충분히 헤아림.
詮衡(전형) 인재를 평가하여 선발함. 전형(銓衡)의 속용(俗用).

誂	⑥ 13획	日チョウ
	꾈 조	中tiǎo

풀이 1. 꾀다. 2. 놀리다. 희롱하다. ¶誂撇 3. 가볍고 빠르다. 4. 갑자기.
誂撇(조별) 조롱함. 놀림.

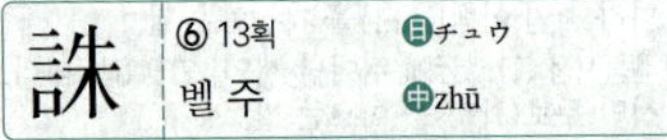

誅	⑥ 13획	日チュウ
	벨 주	中zhū

풀이 1. 베다. 풀을 베다. ¶誅鋤 2. 죄인을 죽이다. ¶誅竄 3. 치다. 토벌하다. 4. 덜다. 없애다. 5. 다스리다. 6. 꾸짖다. 7. 벌.
誅誡(주계) 책망하여 훈계함.
誅求(주구) 관청에서 문책하여 백성의 재물을 강제로 빼앗음.
誅屠(주도) 1)죄를 다스려 죽임. 2)성(城)이나 도시를 공격하여 함락시킴.
誅流(주류) 혹은 죄인을 죽이고, 혹은 유배형에 처함.

誅放(주방) 벌을 주어 내쫓음. 죄를 꾸짖어 추방함.
誅伐(주벌) 죄인을 꾸짖어 토벌함.
誅罰(주벌) 죄를 꾸짖어 처벌함.
誅辟(주벽) 죄를 따져 벌함.
誅不塡服(주부전복) 토벌하여 벌을 줌에 있어 항복하는 자를 막지 않음.
誅賞(주상) 악한 사람에게 벌을 주고, 착한 사람에게 상을 줌.
誅鋤(주서) 1)악초(惡草)를 베어 버림. 2)죄인을 죽여 없앰. 주전(誅翦).
誅讓(주양) 잘못을 엄하게 꾸짖음. 범(犯)한 죄를 책망함. 주책(誅責).
誅夷(주이) 토벌하여 평정함. 모조리 살육하는 일.
誅殘(주잔) 죄를 따져 죽임.
誅竄(주찬) 죽이는 형벌과 유배 보내는 형벌.
誅斥(주척) 죄를 따져 물리침.
誅討(주토) 죄 있는 자를 토벌함.

詡	⑥ 13획 이름 지을 지	日シ 中zì

풀이 이름을 짓다.

訾	⑥ 13획 察(p338)의 古字

詹	⑥ 13획 ❶이를 첨 ❷넉넉할 담	日セン 中zhān

풀이 1 1. 이르다. 다다르다. 2. 수다스럽다. ¶詹詹 3. 보다. 4. 점. 점을 치다. 5. 두꺼비. ¶詹諸 2 6. 넉넉하다. 충분하다.
詹諸(첨저) 1)두꺼비. 2)달의 다른 이름. 섬여(蟾蜍).
詹詹(첨첨) 말이 많아 수다스러운 모양.
비 瞻(볼 첨)

誃	⑥ 13획 ❶헤어질 치 ❷속일 타	日チ·ジ·タ 中yí

풀이 1 1. 헤어지다. 분리하다. 2. 별관. 2 3. 속이다. 기만하다.

詫	⑥ 13획 자랑할 타	日タ 中chà

풀이 1. 자랑하다. ¶詫誇 2. 속이다.
詫誇(타과) 자랑함.
詫絶(타절) 매우 이상하여 추측(推測)할 방법이 없음.
유 誇(자랑할 과)

該	⑥ 13획 갖출 해	日カイ 中gāi

` 亠 亠 亖 言 言 言 言 訁 訁 訁 該 該

* 형성. 뜻을 나타내는 부수 '言(말씀 언)'과 음을 나타내는 '亥(돼지 해)'를 합친 글자.

풀이 1. 갖추다. 갖추어지다. ¶該敏 2. 겸하다. 3. 포용하다. 4. 해당하다. 일치하다. 5. 마땅히. 6. 모두. ¶該悉 7. 그. 그것.
該究(해구) 모두 연구함. 광범위하게 궁구(窮究)함. 겸구(兼究).
該當(해당) 1)바로 들어맞음. 2)어떤 것과 관련 있는 바로 그것.
該博(해박) 여러 방면에 아는 것이 많음.
該敏(해민) 널리 갖추어져 영리하고 민첩함.
該胥(해서) 그 일을 맡은 벼슬아치.
該贍(해섬) 두루 갖추어 넉넉함.
該涉(해섭) 책을 두루 읽어 아는 것이 많음.
該悉(해실) 모두 빼놓지 않고 다 앎.
該覈(해핵) 널리 조사하여 앎. 빠짐없이 조사하여 앎.
該洽(해흡) 널리 미침. 해박(該博).
비 核(씨 핵) 刻(새길 각)

話	⑥ 13획 이야기 화	日ワ·はなす 中huà

` 亠 亠 亖 言 言 言 言 訁 訁 話 話 話

* 형성. 뜻을 나타내는 부수 '言(말씀 언)'과 음을 나타내는 '舌(혀 설)'을 합친 글자. 이에 '말하다', '이야기하다'의 뜻을 나타냄.

풀이 1. 이야기. 2. 좋은말. 3. 말하다. 이야기하다.
話頭(화두) 1)이야기의 첫머리. 말의 서두. 2)승려가 참선(參禪) 수행(修行)을 위한 연구 문제·공안(公案).
話說(화설) 중국식 소설에 쓰는, 우리나라의 각설(却說)과 같은 뜻의 말. 즉, 옛 소설에서 이야기를 시작할 때 쓰는 말.

話言(화언) 1)이야기. 2)유익한 말. 좋은 말.
話次(화차) 이야기하는 김에.
유 語(말씀 어)

謊	⑥ 13획 잠꼬대 황	日コウ 中huǎng

풀이 1. 잠꼬대. 2. 헛소리. 망령된 말. 3. 속이다.

詼	⑥ 13획 농지거리할 회	日キ 中huī

풀이 1. 농지거리하다. 익살을 부리다. 조롱하다. ¶詼笑 2. 농지거리. 익살.
詼達(회달) 익살을 부려 막힘이 없음.
詼笑(회소) 익살을 부리며 웃음.
詼嘲(회조) 농지거리로 놀림. 조롱.
詼謔(회학) 익살스럽고도 품위 있는 농담.
詼諧(회해) 실없이 하는 농지거리나 익살스러운 말.

詨	⑥ 13획 부르짖을 효	日ヒョウ 中xiào

풀이 1. 부르짖다. 2. 자랑하다. 큰소리치다.

詡	⑥ 13획 자랑할 후	日フ 中xǔ

풀이 1. 자랑하다. 큰소리치다. ¶詡詡 2. 두루 미치다. 3. 화목하다. 4. 날래다. 용감하다.
詡詡(후후) 1)큰소리치는 모양. 호언장담(豪言壯談)하는 모양. 2)다른 사람의 비위를 맞추는 모양. 3)화합하여 모이는 모양. 4)날개를 푸덕거리는 소리.

詬	⑥ 13획 꾸짖을후·구	日コウ 中gòu

풀이 1. 꾸짖다. ¶詬叱 2. 망신을 주다. 욕보이다. ¶詬恥 3. 수치. 부끄러움.
詬怒(후노) 욕을 하며 성냄.
詬罵(후매) 욕을 하며 꾸짖음.
詬病(후병) 꾸짖고 망신을 줌.
詬辱(후욕) 꾸짖어 욕을 보임.
詬叱(후질) 꾸짖음.
詬恥(후치) 꾸짖어 부끄럽게 함.

訩	⑥ 13획 다툴 흉	日クウ 中xiōng

풀이 1. 다투다. 송사하다. 2. 소란하다. 떠들썩하다. ¶訩訩 3. 가득 차다.
訩訩(흉흉) 말다툼하여 시끄러운 모양. 소란을 피우는 모양. 흉흉(恟恟).
유 訟(송사할 송)

詰	⑥ 13획 물을 힐	日キツ·つねる·つまる·つむ 中jí, jié

풀이 1. 묻다. 캐묻다. ¶詰究 2. 꾸짖다. 따지다. ¶詰責 3. 금지하다. 4. 다스리다. 5. 조사하다. 6. 경계하다. 7. 굽다. 8. 새벽.
詰曲(힐곡) 꺾이고 굽음. 평탄하지 않음. 굴곡(屈曲).
詰究(힐구) 1)끝까지 캐물음. 2)철저히 연구함.
詰屈(힐굴) 1)구부러져서 펴지지 않음. 2)글씨의 필세가 꺾이고 휘어짐. 힐굴(詰詘).
詰屈聱牙(힐굴오아) 문장이 어려워 읽기 힘듦.
詰晨(힐신) 이른 새벽. 아침 일찍.
詰朝(힐조) 이튿날 아침. 힐단(詰旦).
詰誅(힐주) 죄를 캐물어 다스림.
詰責(힐책) 잘못을 따져 꾸짖음.
유 問(물을 문)

誩	⑦ 14획 다투어 말할 경·탐	日ケイ·タン 中jìng

풀이 다투어 말하다.

誙	⑦ 14획 확실히 말할 경	日ケイ 中kēng

풀이 1. 확실히 말하다. 2. 죽음에 다다르는 모양.
誙誙(경경) 1)죽음에 다다르는 모양. 2)옳은 것을 틀리다 하고 그름을 옳다고 함.

誡	⑦ 14획 경계할 계	日カイ·ましめる 中jiè

7획

* 형성. 뜻을 나타내는 부수 '言(말씀 언)'과 음을 나타내는 '戒(경계할 계)'를 합친 글자. 말(言)로 항상 경계(戒)를 삼는다는 뜻에서 '경계하다'의 뜻을 나타냄.

풀이 1. 경계하다. 훈계하다. ¶誡飭 2. 경계. 훈계.

誡勉(계면) 훈계하고 힘쓰게 함.
誡命(계명) 1)도덕상 · 종교상 지켜야 할 규율. 2)훈계나 경계의 명령.
誡嚴(계엄) 비상 사태 때 경계를 엄하게 함.
誡飭(계칙) 경계하여 신칙함. 계칙(戒飭).
誡誨(계회) 훈계하고 가르침.

유 警(경계할 경)

誥	⑦ 14획	日コウ
	고할 고	中gào

* 형성. 뜻을 나타내는 부수 '言(말씀 언)'과 음을 나타내는 '告(알릴 고)'를 합친 글자. 말(言)로써 사실을 알린다는(告) 뜻에서 '고하다', '말하다'의 뜻을 나타냄.

풀이 1. 고하다. 아랫사람에게 알리다. ¶誥戒 2. 가르치다. 훈계하다. 3. 훈계. 경계. ¶誥誡

誥戒(고계) 윗사람이 아랫사람에게 알리는 경계의 말.
誥誡(고계) 경계하여 말함.
誥命(고명) 1)고(誥)와 명(命). 임금의 포고문과 명령. 2)오품관(五品官) 이상의 관리를 임명할 때에 주던 사령(辭令).

유 告(알릴 고)

誑	⑦ 14획	日キョウ
	속일 광	中kuáng

풀이 1. 속이다. ¶誑惑 2. 미혹하다.

誑燿(광요) 남을 속여 미혹되게 함.
誑誘(광유) 남을 속여 꾐.
誑誕(광탄) 거짓되고 허무맹랑함.
誑惑(광혹) 거짓말로 미혹하게 함.

誋	⑦ 14획	日キ
	경계할 기	中jì

* 형성. 뜻을 나타내는 부수 '言(말씀 언)'과 음을 나타내는 '忌(꺼릴 기)'를 합친 글자.

풀이 1. 경계하다. 훈계하다. 2. 알리다. 3. 금지하다.

誎	⑦ 14획	日トク
	교활할 독	中tū

풀이 1. 교활하다. 2. 서로 속이다.

読	⑦ 14획
	讀(p1315)의 俗字

誣	⑦ 14획	日ブ · フ
	무고할 무	中wū

풀이 1. 무고하다. 없는 사실을 거짓으로 꾸밈. ¶誣枉 2. 깔보다. 3. 죄 없는 사람을 벌주다. 형벌을 남용하다. 4. 거짓말하다. ¶誣淫 5. 헐뜯다. ¶誣謗 6. 훼손하다. 더럽히다.

誣構(무구) 죄가 없는 사람을 죄가 있는 것처럼 꾸밈.
誣欺(무기) 속임. 기만(欺瞞).
誣妄(무망) 허위 사실로 남을 속임.
誣謗(무방) 남을 무고하여 헐뜯음.
誣服(무복) 강압에 못이겨 없는 죄를 있다고 말하고 형벌을 받음.
誣殺(무살/무쇄) 1)속임수로 죽임. 2)죄 없는 사람에게 거짓으로 죄를 씌워 권위를 손상시킴.
誣說(무설) 터무니없는 소문. 근거 없는 말.
誣言(무언) 없는 일을 꾸며서 남을 해침. 또는 그 말.
誣染(무염) 거짓으로 헐뜯어 죽임.
誣枉(무왕) 사실을 굽혀 무고함.
誣淫(무음) 거짓말을 많이 하고 음란함.
誣奏(무주) 남을 헐뜯어 없는 죄를 꾸며서 고해 바침. 참소(讒訴).
誣陷(무함) 죄 없는 사람을 모함함.

訿	⑦ 14획	日ヒ
	그르칠 비	中pī

풀이 그릇하다. 잘못하다.

誓	⑦ 14획	日セイ · ちかう
	맹세할 서	中shì

一 十 扌 扌 扩 扩 折 折 折 誓 誓 誓 誓 誓

* 형성. 뜻을 나타내는 부수 '言(말씀 언)'과 음을 나타내며 '정하다'의 의미를 지닌 '折(꺾을 절)'을 합친 글자. 말로 약속을 정하는 것을 나타내어 '맹세'의 뜻을 나타냄.

풀이 1. 맹세하다. 맹세. ¶誓告 2. 임명되다. 벼슬을 받다. 3. 경계하다. 경계. ¶誓命 4. 알리다. 5. 삼가다.

誓告(서고) 맹세함. 맹세하여 고함.
誓券(서권) 서약서(誓約書).
誓命(서명) 1)임금이 신하에게 명령하는 글. 서고(誓誥). 2)임금이 신하에게 말하는 경계.
誓墓(서묘) 1)부모의 무덤 앞에서 맹세함. 2)벼슬에서 물러나 고향에 기거함.
誓師(서사) 출정(出征)하는 장병들을 모아 놓고 맹세하며 설유(說諭)하는 일.
誓詞(서사) 맹세하는 말. 서언(誓言).
誓願(서원) 1)신불(神佛)에게 맹세하고 기원함. 2)부처가 중생을 제도(濟度)하려는 소원이 달성되도록 기원하는 일.
유 盟(맹세할 맹) 비 警(경계할 경)

說	⑦ 14획	
	❶ 말씀 설	日 セツ·ゼイ·とく
	❷ 기쁠 열	中 shuì, shuō, yuè
	❸ 달랠 세	

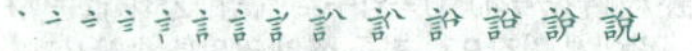
* 형성. 뜻을 나타내는 부수 '言(말씀 언)'과 음을 나타내는 음을 나타내는 '兌(바꿀 태·예·열)'을 합친 글자.
풀이 ❶ 1. 말씀. 말. 2. 생각. 의견. 3. 풀이. 해설. 4. 학설. 5. 변명. 해명. 6. 말하다. 논하다 ¶說夢 7. 서술하다. 진술하다. 8. 알리다. 고하다. 9. 타이르다. 깨우치다. 10. 해석하다. ❷ 11. 기쁘다. 기쁨. ¶說樂 12. 좋아하다. 13. 아첨하다. ❸ 14. 달래다. 15. 자기 뜻을 따르도록 꾀다. ¶說客
說鈴(설령) 1)방울 소리같이 작은 소리. 2)대아(大雅)에 맞지 않는다는 뜻에서, 소설(小說)을 이르는 말.
說夢(설몽) 1)꿈 이야기. 2)꿈에 하는 말. 잠꼬대. 말이 분명하지 않음.
說伏(설복) 설명하여 복종하게 함. 알아 듣도록 말하여 인정하게 함.
說書(설서) 1)책을 해설함. 2)송대(宋代)에 경전을 임금에게 강의하던 관직. 3)노래와 사설로 된 이야기.
說往說來(설왕설래) 서로 번갈아 변론하며 옥신각신하며 하는 말.
說諭(1.설유/2.열유) 1)말로 타이름. 2)기뻐하며 즐김.
說破(설파) 1)사물의 내용을 밝혀 다른 의견이 있을 여지가 없도록 말함. 2)상대방의 이론을 뒤엎어 깨뜨림.
說話(설화) 1)말을 함. 2)신화·전설 등의 옛 이야기.
說客(세객) 유세(遊說)하러 다니는 사람.
說者(세자) 세객(說客).
說樂(1.열락/2.열악) 1)기쁘고 즐거움. 또는 기쁘게 하고 즐겁게 함. 열락(悅樂). 2)음악을 즐김.
說服(열복) 기쁜 마음으로 복종함. 열회(說懷).
說喜(열희) 만족하여 기뻐함. 희열(喜悅).
유 語(말씀 어) 言(말씀 언) 詞(말씀 사)

誦	⑦ 14획	日 ショウ·となえる
	읽을 송	中 sòng

* 형성. 뜻을 나타내는 부수 '言(말씀 언)'과 음을 나타내며 '따라간다'는 의미를 지닌 '甬(갈 용)'을 합친 글자. 이에 입으로 '文章(문장)에 따라 읽는다'는 뜻을 나타냄.
풀이 1. 읽다. 읊다. 낭독하다. 2. 외다. 암기하다. ¶誦詠 3. 말하다. ¶誦說 4. 시가. 운문(韻文). 5. 노래하다. 6. 기리다. 칭송하다. ¶誦功 7. 고소하다. 8. 헐뜯다.
誦經(송경) 1)경서(經書)를 낭독함. 2)불경을 읽음. 독경(讀經).
誦功(송공) 공을 칭송함. 공을 기림.
誦說(송설) 1)읽는 일과 설명하는 일. 2)읽고 해설함.
誦習(송습) 1)책을 읽어서 익힘. 2)시가(詩歌)를 읊음.
誦言(송언) 1)입 밖에 내어 말함. 공언(公言)함. 2)시서(詩書)의 말을 외움.
誦詠(송영) 시가를 읊조림. 송시(誦詩).
誦奏(송주) 상주문(上奏文)을 읽어 올림.
유 諳(욀 암)

誐	⑦ 14획	日 ア
	착할 아	中 é, ě

풀이 1. 착하다. 좋다. 2. 입속으로 응얼거리다.

語	⑦ 14획	日 ゴ·かたる
	말씀 어	中 yǔ, yù

* 형성. 뜻을 나타내는 부수 '言(말씀 언)'과 음을 나타내며 '일'의 뜻을 가진 '吾(나 오→어)'를 합친 글자. 원래는 '吾' 자체가 서로 말을 주고받는 일을 의미했는데, 후에 '吾'는 '나', '자신'의 뜻으로 바뀌었고, 서로 이야기한다는 뜻일 때는 말을 의미하는 '言'을 붙여 '語'로 나타나게 되었음.

7획

풀이 1. 말씀. 말. 이야기. ¶語錄 2. 어구. 문구. ¶語句 3. 속담. 4. 언어. 5. 새 · 벌레의 소리. 6. 말하다. 이야기하다. 7. 의견을 발표하다. 8. 의논하다. 9. 깨우치다. 10. 고하다. 알리다. 11. 가르치다.

語訥(어눌) 말을 더듬거림. 말솜씨가 유창하지 못함.

語鈍(어둔) 말을 더듬거려 둔하게 함.

語錄(어록) 1)뛰어난 선비 · 고승(高僧) 등의 말을 모아 엮은 책. 2)외국에 사신으로 나갔을 때의 말을 모아 임금에게 올린 것.

語病(어병) 1)말의 폐단. 어폐(語弊). 2)발음상의 결점.

語不成說(어불성설) 말이 조금도 사리에 맞지 않음.

語澁(어삽) 말이 잘 나오지 않음.

語塞(어색) 1)말이 막힘. 2)겸연쩍어 서먹함.

語釋(어석) 말의 해석. 뜻풀이.

語言(어언) 1)말. 언어. 2)의논.

語言詭譎(어언궤휼) 말에 거짓이 있음.

語次(어차) 말하던 차에.

語趣(어취) 말하고자 하는 취지.

語弊(어폐) 1)말의 폐단이나 병폐. 어병(語病). 2)오해를 받기 쉬운 말.

語彙(어휘) 일정한 범위 안에서 쓰이는 낱말의 총체.

유 言(말씀 언) 詞(말씀 사) 說(말씀 설)

誤

⑦ 14획 日ゴ · あやまる

그릇할 오 中wù

丶 亠 亠 亠 亠 言 言 言 訁 訁 詚 誤 誤 誤

풀이 1. 그릇하다. 실수하다. 잘못하다. ¶誤謬 2. 실수. 잘못. 3. 그릇되게 하다. 미혹시키다.

誤國(오국) 나라의 앞길을 그르침. 나라를 위태롭게 함.

誤謬(오류) 잘못됨. 틀림. 그릇되어 도리에 어긋남. 유오(謬誤).

誤犯(오범) 잘못하여 죄를 지음. 또는 그 죄.

誤死(오사) 형벌이나 재앙 등으로 비명(非命)에 죽음.

誤殺(오살) 잘못하여 사람을 죽임.

誤認(오인) 잘못 봄. 잘못 인정함.

誤字(오자) 잘못 쓰거나 인쇄한 글자.

誤脫(오탈) 글자를 잘못 옮기거나 빠뜨림.

誤惑(오혹) 현혹시킴. 또는 현혹됨.

유 謬(그릇될 류)

誘

⑦ 14획 日ユウ · さそう

꾈 유 中yòu

丶 亠 亠 亠 亠 言 言 言 訁 訁 詵 誘 誘 誘

* 형성. 뜻을 나타내는 부수 '言(말씀 언)'과 음을 나타내는 '秀(빼어날 수)'를 합친 글자. 빼어나도록[秀] 말[言]로 시킴을 나타내어, '권하다'의 뜻을 나타냄.

풀이 1. 꾀다. 유혹하다. ¶誘說 2. 유인하다. ¶誘兵 3. 달래다. 권유하다. ¶勸誘 4. 가르치다. 지도하다. 5. 인도하다. ¶誘衷 6. 헷갈리게 하다. 7. 유인. 유혹.

誘敎(유교) 유혹하여 가르침. 유회(誘誨).

誘勸(유권) 권유함. 달램. 권유(勸誘).

誘發(유발) 어떤 일에 기인하여 다른 일이 일어남.

誘兵(유병) 거짓으로 패한 척하며 적병을 꾀어내는 병사.

誘殺(유살) 유인하여 죽음.

誘說(유세) 달콤한 말로 달래어 꾐.

誘因(유인) 어떤 일을 일으킨 원인. 유발(誘發)시킨 원인.

誘進(유진) 꾀어 권함. 권유(勸誘).

誘衷(유충) 마음을 이끌어 착한 일을 하게 가르침.

誘致(유치) 꾀어서 이르게 함.

誘脅(유협) 유혹하여 협박함.

유 拐(속일 괴)

認

⑦ 14획 日ニン · みとめる

알 인 中rèn

丶 亠 亠 亠 亠 言 言 言 訁 訒 訒 認 認 認

* 형성. 뜻을 나타내는 부수 '言(말씀 언)'과 음을 나타내는 '忍(참을 인)'을 합친 글자.

풀이 1. 알다. 인식하다. ¶認識 2. 인정하다. ¶認定 3. 허가하다. ¶認許 4. 행하다.

認得(인득) 승인함. 인정함.

認保(인보) 보증(保證)함.

認識(1.인식/2.인지) 1)사물을 분별하고 판단하여 아는 일. 또는 그 작용. 2)표. 표지.

認容(인용) 인정하여 허가함. 인가(認可).

認賊爲子(인적위자) 도둑을 아들로 여긴다는 뜻으로, 잘못된 생각을 진실이라고 믿음을 비유하는 말.

認知(인지) 인정하여 앎.

認眞(인진) 진실하게 행함. 소홀히 하지 않음.

認許(인허) 인정하여 허락함.

유 識(알 식)

7 획

誌

⑦ 14획 日シ
기록할 지 中zhì

* 형성. 뜻을 나타내는 부수 '言(말씀 언)'과 음을 나타내는 '志(뜻 지)'를 합친 글자. 말을 써서 남기는 것을 나타내어, '기록하다', '기록'의 뜻을 나타냄.

풀이 1. 기록하다. 적다. ¶誌銘 2. 기억하다. ¶誌心 3. 기록. 4. 표지. 표지로 삼다. 5. 문체 이름. 역사적 사실을 기록하는 문체. 6. 사마귀.

誌銘(지명) 묘지명(墓誌銘).
誌石(지석) 1)들돌. 병사를 쓸 때 힘을 겨루는 돌. 2)죽은 사람의 이름 · 행적(行蹟) · 무덤의 방향 등을 적어서 무덤 앞에 묻어 세우는 돌. 묘지(墓誌).
誌心(지심) 마음속에 기억해 둠.

유 記(기록할 기)

誚

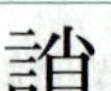

⑦ 14획 日ショウ
꾸짖을 초 中qiào

풀이 꾸짖다.

誚讓(초양) 꾸짖음.
誚責(초책) 꾸짖어 책망함.

誕

⑦ 14획 日タン
태어날 탄 中dàn

* 형성. 뜻을 나타내는 부수 '言(말씀 언)'과 음을 나타내며 '잡아 늘이다'의 뜻을 가지는 '延(끌 연)'을 합친 글자. 일부러 사실을 잡아 늘여 '과장하여 말한다'라는 뜻을 나타냄.

풀이 1. 태어나다. ¶誕降 2. 속이다. ¶誕欺 3. 헛되다. 허황되다. ¶誕辭 4. 거짓말. 5. 크다. 넓다. ¶誕略 6. 방종하다.

誕降(탄강) 하늘에서 내려온다는 뜻으로, 성인(聖人)이나 황제가 세상에 태어남을 이르는 말. 탄생(誕生).
誕欺(탄기) 속임. 거짓말함.
誕略(탄략) 커다란 계략.
誕謾(탄만) 헛된 말을 하여 남을 속임.
誕放(탄방) 크게 방자함. 탄종(誕縱).
誕敷(탄부) 크게 베풂.
誕辭(탄사) 허황되어 믿지 못하는 말. 허풍. 탄언(誕言).
誕辰(탄신) 귀한 사람이 태어난 날.
誕瓦(탄와) 실패〔瓦〕를 사용할 사람을 낳는다는 뜻으로, 딸을 낳음을 이르는 말.
誕育(탄육) 기름. 양육함.

유 生(날 생) 반 死(죽을 사)

逗

⑦ 14획 日トウ
말 머뭇거릴 투 中dòu

풀이 말을 머뭇거리는 모양.

誖

⑦ 14획 日ハイ
어지러울 패 · 발 中bèi

풀이 1. 어지럽다. 어지럽히다. 2. 거스르다. 어기다. ¶誖亂 3. 미혹되다.

誖亂(패란) 1)정도(正道)를 거슬러 문란함. 2)모반함. 패란(悖亂).

誧

⑦ 14획 日ホウ
도울 포 中bū

풀이 1. 돕다. 2. 큰소리치다. 3. 간하다. 4. 꾀하다.

유 助(도울 조)

誨

⑦ 14획 日カイ
가르칠 회 中huì

풀이 1. 가르치다. 가르침. ¶誨誘 2. 윗사람에게 간하는 말.

誨盜誨淫(회도회음) 도둑질과 음탕함을 가르친다는 뜻으로, 재물을 소홀하게 관리하면 도둑을 끌어들이게 되며, 여자가 몸치장을 심하게 하면 음탕한 짓을 하게 됨을 이르는 말.
誨授(회수) 교수(教授)함. 가르침.
誨示(회시) 교시(教示)함.
誨言(회언) 가르치는 말. 훈언(訓言).
誨誘(회유) 가르쳐 이끎.
誨諭(회유) 가르쳐 깨우침. 타이름.
誨育(회육) 가르쳐 기름. 교육함.

유 教(가르칠 교) 비 悔(뉘우칠 회)

誒

⑦ 14획 日キ
탄식할 희 中ē, é, ě, è

풀이 1. 탄식하다. 2. 아! 예! 감탄사. 3. 억지로. 4. 게으른 모양.

諆笑(희소) 1)억지로 웃음. 2)즐거워하면서 웃음.

유 嘆(탄식할 탄) 嗚(탄식할 오)

諐	⑧ 15획
	愆(p457)의 古字

課	⑧ 15획	日カ·はかる
	부과할 과	中kè

丶 亠 亠 亠 言 言 言 言 訂 訂 訂 誯 誯 課 課

* 형성. 뜻을 나타내는 부수 '言(말씀 언)'과 음을 나타내는 '果(열매 과)'를 합친 글자. 어떤 '결과를 조사하는 일', '할당한 하나하나의 일'의 뜻으로 쓰임.

풀이 1. 부과하다. 매기다. ¶課程 2. 시험하다. ¶課試 3. 등수를 정하다. 4. 살피다. 5. 조세. ¶課利 6. 시험. 관리 임용 시험이나 관리의 성적 고사. 7. 일과. 8. 정도. 9. 부서.

課校(과교) 수량 등을 헤아림. 조사함.
課利(과리) 세금. 조세.
課試(과시) 일을 부과하여 시험해 봄. 또는 그 시험(試驗). 고사(考査).
課役(과역) 1)조세와 부역. 2)일을 부과함. 또는 그 일.
課切(과절) 할당하여 그 수행을 엄하게 재촉함.
課程(과정) 1)부과된 일의 정도. 2)일정 기간에 할당된 학습·작업의 범위.
課題(과제) 문제를 내어 줌. 또는 그 문제.
日課(일과) 매일 규칙적으로 하는 일정한 일.

諮	⑧ 15획	日ク
	헐뜯을 구	中jiù

풀이 헐뜯다.

詘	⑧ 15획	日クツ
	굽을 굴	中qū

풀이 1. 굽다. 굽히다. 2. 괴상하다.

詘詭(굴궤) 이상함. 괴상함.
詘伸(굴신) 굽힘과 폄.

유 曲(굽을 곡)

諆	⑧ 15획	日キ
	속일 기	中qī

풀이 1. 속이다. 2. 꾀하다. 도모하다.

유 詐(속일 사) 欺(속일 기)

諅	⑧ 15획	日キ
	꺼릴 기	中jì

풀이 1. 꺼리다. 싫어하다. 2. 뜻하다. 3. 꾀하다.

유 忌(꺼릴 기)

談	⑧ 15획	日ダン·かたる·はなし
	말씀 담	中tán

丶 亠 亠 亠 言 言 言 言 言' 訁' 訁' 訁' 訁' 談 談

* 형성. 뜻을 나타내는 부수 '言(말씀 언)'과 음을 나타내는 '炎(탈 염)'을 합친 글자. 불 옆에 둘러앉아 조용하게 함께 이야기하는(言) 것을 나타내어, '말하다'의 뜻을 나타냄.

풀이 1. 말씀. 담화. 이야기. ¶談客 2. 말하다. 3. 농담하다.

談客(담객) 이야기 상대. 이야기 손님.
談理(담리) 이치를 말함. 주로 노장(老莊)사상을 이야기하는 것.
談柄(담병) 1)이야깃거리. 2)말할 때 손에 쥐는 불자(拂子).
談緖(담서) 이야기의 실마리. 화두(話頭).
談笑自若(담소자약) 걱정되는 일을 당하였어도 평소와 같이 웃으며 말함.
談藪(담수) 1)이야깃거리가 풍부하여 끝이 없음을 숲에 비유한 말. 담총(談叢). 2)재미있는 이야기를 많이 모은 것.
談言微中(담언미중) 완곡히 남의 급소를 찔러 말함.
談餘(담여) 1)이야기 뒤. 용건 외의 이야기. 2)이야기하던 김에. 담차(談次).
談義(담의) 1)도리를 설명함. 또는 뜻을 설명함. 2)불교의 교리를 말함. 설교(說敎). 3)의논함.
談助(담조) 이야깃거리.
談次(담차) 이야기하던 김에. 담여(談餘).
談天雕龍(담천조룡) 천문(天文)을 말하고 용을 조각한다는 뜻으로, 말이 매우 장대함을 이르는 말.
談判(담판) 서로 의논하여 옳고 그름을 판단함.

유 話(말할 화) 言(말씀 언) 詞(말씀 사)

諮	⑧ 15획	日トウ
	말 많을 답	中tà

풀이 1. 말이 많은 모양. 수다스러운 모양. 2. 꾸짖다.

諮諮(답답) 수다스러운 모양. 말이 많은 모양.

諒	⑧ 15획	日リョウ
	믿을 량(양)	中liàng

丶 亠 亠 亖 言 言 言 言' 訁 訁 訁 諒 諒 諒 諒

* 형성. 뜻을 나타내는 부수 '言(말씀 언)'과 음을 나타내는 '京(서울 경)'을 합친 글자. 서울(京) 말(言)을 하나의 표준으로 해서 '믿다'의 뜻을 나타냄.

풀이 1. 믿다. ¶諒解 2. 돕다. 3. 고집스럽다. 4. 살피다. 5. 어질다. 6. 진실. 7. 참으로. 8. 하찮은 일에 얽매이는 일.

諒恕(양서) 양해하여 용서함.
諒闇(양암) 임금이 부모의 상(喪)을 당하였을 때 머무르는 방. 양음(諒陰).
諒知(양지) 살펴서 앎.
諒察(양찰) 사정을 살펴 앎. 양촉(諒燭).
諒解(양해) 사정을 이해함.

유 信(믿을 신)

論	⑧ 15획	
	❶ 말할 론(논)	日ロン・リン
	❷ 조리 륜	中lún, lùn

丶 亠 亠 亖 言 言 言 訁 訟 訟 訟 訟 論 論 論

* 형성. 뜻을 나타내는 부수 '言(말씀 언)'과 음을 나타내는 '侖(둥글 륜)'을 합친 글자. 여러 사람과 의견을 교환하여 정리하여 말하는(言) 것을 나타내어, '논의하다'의 뜻을 나타냄.

풀이 ❶ 1. 말하다. 서술하다. 진술하다. ¶論客 2. 고하다. 여쭈다. 3. 논하다. 이치를 설명하다. 4. 시비·우열을 가리다. 5. 이러니 저러니 말하다. 토론하다. 6. 분간하다. 7. 판결하다. 정죄하다. 8. 견해. 주장. 학설. 9. 문체 이름. 자기 의견을 주장하는 글. ❷ 10. 조리.

論客(논객) 말을 잘하는 사람.
論據(논거) 논설이나 이론의 근거가 되는 증거. 논의의 근거.
論啓(논계) 임금에게 잘못된 점을 논하여 간(諫)함.
論告(논고) 1)자기의 의견을 진술함. 2)형사 공판의 심리에서 검사가 피고의 죄에 대하여 자기의 견해를 논술하고 구형(求刑)함.
論功行賞(논공행상) 공을 조사하여 상을 줌.
論過(논과) 논리상 과오를 범하여 하는 언설(言說).
論究(논구) 사물의 이치를 연구하여 논함.
論及(논급) 논의가 일에까지 미침.
論壇(논단) 1)논의를 하는 곳. 2)논객(論客)들의 사회.
論道經邦(논도경방) 나라를 다스릴 방법을 논하여 국가를 경륜(經綸)함.
論難(논란←논난) 여럿이 서로 다른 주장을 하며 다툼.
論辨(논변) 1)사리를 논하여 옳고 그름을 가림. 2)의견을 논술함.
論報(논보) 하급 관청에서 상급 관청에 의견을 제출한 것이 받아들여짐.
論鋒(논봉) 논단하여 내리침. 언론의 힘이 날카롭고 군셈을 검에 비유하는 말.
論說(논설) 1)사물을 논평하고 설명하는 일. 또는 그 글. 2)신문의 사설(社說).
論述(논술) 논의하여 의견을 진술함.
論語(논어) 사서(四書)의 하나. 공자(孔子)와 그 제자의 문답 등을 제자들이 모아서 엮은 유가(儒家)의 경전(經典).
論繹(논역) 서로의 의견을 진술함.
論列(논열) 1)옳고 그름을 열거하여 논함. 2)죄를 들추어내어 열거함.
論定(논정) 논의하여 결정함. 논결(論決).
論罪(논죄) 1)죄를 논의함. 2)죄를 논의하여 형벌을 정함.
論證(논증) 1)논의하여 증명함. 2)주어진 판단의 확실성·개연성(蓋然性)의 근거를 제시하는 일.
論旨(논지) 논의의 취지. 논설의 주지(主旨).
論陣(논진) 논단(論壇)의 필진(筆陣). 논의하는 사람들의 구성.
論贊(논찬) 공을 논의하여 칭찬하는 일. 또는 사서(史書)의 기술(記述)이 끝난 후 작자가 이에 관해 쓴 평론.
論責(논책) 죄를 분석하여 형벌을 정함.
論策(논책) 시사적인 문제에 관해 의견을 나타내는 글.
論叢(논총) 논문을 모은 책. 논문집.
論破(논파) 남의 설이나 의견을 논하여 꺾음.
論劾(논핵) 허물을 논하여 탄핵(彈劾)함.
反論(반론) 남의 의견에 대해 반대 의견을 폄.
議論(의논) 어떤 일에 대해 의견을 주고받음.

유 話(말할 화)

誷	⑧ 15획	日モウ
	속일 망	中wàng

풀이 속이다.

유 拐(속일 괴) 詐(속일 사)

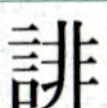	⑧ 15획	日ヒ
	헐뜯을 비	中fěi

풀이 헐뜯다. ¶誹謗

誹謗(비방) 헐뜯음. 욕함.

誹謗之木(비방지목) 헐뜯는 나무라는 뜻으로, 백성들의 마음을 파악해서 올바른 정치를 하는 것을 이르는 말.

➲誹謗之木(비방지목)의 유래

요(堯)임금은 백성을 다스림에 있어 행여라도 잘못이 있을까 항상 걱정하였다. 그래서 궁리 끝에 궁궐문 앞에 '감히 간하는 북'이라는 큰북을 하나 달고, 정치에 어떤 잘못이 발견되면 누구든 그 북을 쳐서 말하도록 했다. 또한 궁궐문앞 다리에는 나무 네 개를 엮어 기둥을 세워 '헐뜯는 나무'라고 이름을 붙였다. 정치에 불만이 있는 자가 그 나무 기둥에 불평스러운 부분을 적어 알리는 것이다. 이는 모두 요임금이 백성들의 마음을 파악해서 올바른 정치를 하려고 했음을 나타내는 일화이다.

誹訕(비산) 비방하여 헐뜯음.

誹笑(비소) 비방하여 웃음. 비웃음.

誹譽在俗(비예재속) 헐뜯기거나 칭찬받는 것은 다 세속에 맡기고, 자신의 본성을 지켜 움직이지 않음.

誹怨(비원) 헐뜯으며 원망함.

誹訾(비자) 헐뜯음.

誹章(비장) 남을 헐뜯는 글.

誹諧(비해) 익살스럽게 헐뜯음.

誹毁(비훼) 비산(誹訕).

유 謗(헐뜯을 방)

諀	⑧ 15획	日ヒ
	헐뜯을 비	中pǐ

풀이 헐뜯다. 비방하다.

誶	⑧ 15획	日シュウ
	말 전할 수	中shòu

풀이 말을 전하다.

유 傳(전할 전)

誰	⑧ 15획	日スイ・だれ
	누구 수	中shéi, shuí

丶 亠 亠 亖 言 言 言 訁 訁 訃 訃 詐 誰 誰 誰

풀이 1. 누구. ¶誰何 2. 옛날. 예전.

誰某(수모) 아무개. 누구.

誰無過(수무과) 누구인들 허물이 없겠는가. 사람은 누구나 허물이 있음을 이르는 말.

誰昔(수석) 옛날. 예전.

誰何(수하) 1)누구. 아무개. 2)누구냐. 성명을 밝히도록 묻는 말.

유 孰(누구 숙)

誶	⑧ 15획	
	❶꾸짖을 수	日スイ
	❷말 더듬을 쇄	中suì
	❸물을 신	

풀이 ❶ 1. 꾸짖다. 욕하다. 2. 간하다. 윗사람에게 잘못을 고치도록 고하다. ❷ 3. 말 더듬다. ❸ 4. 묻다.

諔	⑧ 15획	
	❶속일 숙	日シュク
	❷고요할 적	中chù

풀이 ❶ 1. 속이다. ¶諔詭 2. 괴이하다. ❷ 3. 고요하다.

諔詭(숙궤) 1)속임. 기만함. 2)기이함. 신기로움. 3)익살스러움.

諄	⑧ 15획	日ジュン
	타이를 순	中zhūn

풀이 1. 타이르다. 2. 정성스럽다. 3. 돕다. 4. 둔하다.

諄諄(순순) 1)간곡히 타이르는 모양. 2)성실한 모양. 3)둔한 모양.

諄誨(순회) 정성스럽게 가르침.

諗	⑧ 15획	日シン
	고할 심	中shěn

풀이 1. 고하다. 2. 간하다. 3. 생각하다. 4. 윗사람에게 충고하다.

諉	⑧ 15획	日イ・ゆだねる
	번거롭게 할 위	中wěi

풀이 1. 번거롭게 하다. 폐를 끼치다. 2. 부탁하다. 맡기다.

誾	⑧ 15획	日ギン
	온화할 은	中yín

풀이 1. 온화하다. ¶誾誾 2. 화기애애하게 토론하는 모양. 3. 향기가 강한 모양.

誾誾(은은) 1)온화한 기색을 띠면서 시비를 논하는 모양. 2)온화한 모양. 3)향기가 가득한 모양.

비 閒(틈 한) 問(물을 문)

誼	⑧ 15획	日ギ・よしみ
	옳을 의	中yì

* 형성. 뜻을 나타내는 부수 '言(말씀 언)'과 음을 나타내는 '宜(마땅할 의)'를 합친 글자. 사람들이 모두 마땅하다고(宜) 말하는(言) 것을 나타내어, '옳다'의 뜻을 나타냄. 바뀌어 '정분'의 뜻을 나타냄.

풀이 1. 옳다. 2. 의논하다. 3. 정의. 정분.

誼分(의분) 사이좋게 지내는 정분.

交誼(교의) 사귄 정의(情誼).

友誼(우의) 친구 사이의 정분.

情誼(정의) 서로 사귀어 친해진 정(情).

厚誼(후의) 두터운 정의(情誼). 후정(厚情).

諍	⑧ 15획	日ソウ・いさめる
	간할 쟁	中zhèng

풀이 1. 간하다. 간하는 말이나 글. ¶諍臣 2. 다투다. ¶諍氣 3. 송사하다. ¶諍訟

諍氣(쟁기) 남과 다툼에 있어 이기고자 하는 기질.

諍訟(쟁송) 송사를 일으켜 다툼.

諍臣(쟁신) 임금의 잘못을 충심으로 간언하는 충신.

유 爭(다툴 쟁)

諓	⑧ 15획	日セン
	말 잘할 전	中jiàn

풀이 1. 말을 잘하다. 교묘히 말하다. 2. 아첨하다. ¶諓諓 3. 천박하다. 4. 참소하다. 남의 죄를 꾸며 고해바치다. 5. 짧고 작은 모양.

諓諓(전전) 1)아첨하는 모양. 2)말이 천박한 모양. 3)말이 유창한 모양. 4)남의 죄를 꾸며 고하는 모양. 5)짧고 작은 모양.

7
획

調	⑧ 15획	日チョウ
	고를 조	中diào, tiáo

丶 亠 亠 亠 亠 言 言 言 訂 訂 訶 訶 訶 調 調

* 형성. 뜻을 나타내는 부수 '言(말씀 언)'과 음을 나타내는 '周(두루 주)'를 합친 글자. 이에 말(言)이 두루(周) 미친다고 하여, '고르다' '균형이 잘 잡혀 있다'의 뜻을 나타냄.

풀이 1. 고르다. 균형이 잡히다. 2. 잘 어울리다. ¶調和 3. 조절하다. ¶調諧 4. 알맞다. 적합하다. 5. 짐승을 길들이다. ¶調習 6. 비웃다. 7. 속이다. 8. 뽑히다. 선발되다. 9. 옮기다. 전근하다. 10. 걷다. 징발하다. 11. 구실. 공물. 당대(唐代)의 부세(賦稅). 12. 지키다. 보호하다. 13. 살피다. 헤아리다. 14. 가락. 운율. 15. 운치.

調經(조경) 월경(月經)을 고르게 함.

調貢(조공) 공물(貢物). 또는 공물을 바침.

調度(조도) 1)고르게 처리함. 2)세금. 구실. 또는 세금을 받아들임.

調練(조련) 병사를 단련하는 일.

調理(조리) 1)몸을 보살피고 병을 치료함. 조섭(調攝). 2)일을 이치에 맞게 처리함. 3)음식을 요리함.

調白(조백) 가짜와 진짜를 바꾸어 부정한 이익을 취함.

調伏(조복) 1)심신을 고르게 하여 모든 악행(惡行)을 제어함. 2)불력(佛力)으로 원수와 악마를 제어함.

調書(조서) 조사한 항목을 기록한 문서.

調攝(조섭) 알맞게 조절함. 또는 몸을 보양(保養)함. 조리(調理).

調馴(조순) 짐승을 길들임.

調習(조습) 훈련하여 길들임.

調息(조식) 바르게 앉아 복식 호흡으로 숨을 고르게 함.

調養(조양) 요양(療養)함. 보양(保養)함.

調役(조역) 조세(租稅)와 부역(賦役).

調用(조용) 필요한 만큼 씀.

調庸(조용) 조세(租稅). 세금.

調人(조인) 1)중국 주(周)나라 때의 벼슬 이름. 백성의 분쟁을 조정하는 일을 맡음. 2)중재인(仲裁人).

調劑(조제) 여러 가지 재료를 알맞게 배합하여 약을 지음.

調布(조포) 세금으로 내던 베.

調諧(조해) 고르게 함. 조화를 이루게 함.

調和(조화) 1)서로 잘 맞음. 2)음악의 가락이 잘 어울림. 3)간이 맞는 일. 4)싸움을 그만둠.

調戱(조희) 희롱하여 놀림.

	⑧ 15획	日タク
	참소할 착	中zhuó

풀이 참소하다. 헐뜯다.

諂 ⑧ 15획 日テン
아첨할 첨 中chǎn

풀이 아첨하다. 아양을 떨다. ¶諂巧
諂巧(첨교) 아첨을 잘함. 또는 그 사람.
諂佞(첨녕) 아첨함.
諂詐(첨사) 아첨하며 속임.
諂笑(첨소) 억지로 웃음.
諂譽(첨예) 아양을 떨며 찬양함.
諂諛(첨유) 아첨함. 첨녕(諂佞).
유 佞(아첨할 녕) 媚(아첨할 미)

諜 ⑧ 15획 日サツ
수다스러울 첩 中jié

풀이 수다스럽다.

請 ⑧ 15획 日セイ・シン
❶청할 청 ・こう・うける
❷받아들일 정 中jìng, qǐng

丶 亠 亠 亠 言 言 言 言 言 訁 詰 詰 請 請 請

* 형성. 뜻을 나타내는 부수 '言(말씀 언)'과 음을 나타내는 '靑(푸를 청)'을 합친 글자.

풀이 ❶ 1. 청하다. 요구하다. 2. 바라다. 3. 빌다. 4. 초대하다. 부르다. 5. 묻다. 6. 찾아뵙다. 알현하다. 7. 청컨대. ❷ 8. 받아들이다. 9. 사실. 실정.
請假(청가) 휴가를 청함. 말미를 청함.
請求(청구) 1)돈이나 물건을 달라고 요구함. 2)법률상으로, 상대에게 일정한 행위나 급부를 요구하는 일.
請兵(청병) 출병(出兵)하기를 청함. 구원병을 요청함.
請負(청부) 어떤 일을 책임지고 완성하기로 하고 맡음.
請願(청원) 1)일이 이루어지기를 청하고 원함. 2)국민이 손해의 구제, 공무원의 파면, 법률 등의 제정이나 개폐 등의 일을 법률이 정한 절차에 따라 국회나 관공서에 청구하는 일.
請罪(청죄) 죄를 줄 것을 청함.
請帖(청첩) 경사가 있을 때, 남을 청하는 글발. 청첩장.
請託(청탁) 청하여 부탁함. 또는 그 부탁.
請婚(청혼) 결혼하기를 청함.
懇請(간청) 간곡히 청함.
申請(신청) 신고하여 청함.
要請(요청) 요긴하게 청함. 또는 그 부탁.
유 託(부탁할 탁) 비 靜(고요할 정)

諏 ⑧ 15획 日シュ
물을 추 中zōu

풀이 1. 묻다. ¶諏訪 2. 꾀하다. 의논하다.
諏吉(추길) 좋은 날을 택함.
諏謀(추모) 일을 의논하여 꾀함.
諏訪(추방) 물어서 의논함.
유 謀(꾀할 모)

諈 ⑧ 15획 日シュウ
번거롭게 할 추 中zhuì

풀이 번거롭게 하다. 폐를 끼치다.
諈諉(추위) 둔하고 우물쭈물함.

誺 ⑧ 15획 日チ
메아리 치 中chī

풀이 1. 메아리. 2. 모함하다. 3. 모르다. 물음의 답을 모르다.

諃 ⑧ 15획 日シン・ジン
착한 말 침 中chēn

풀이 착한 말.

諴 ⑧ 15획 日コウ
말 급할 현 中xián

풀이 1. 말이 급하다. 2. 굳건하고 바르다.

諕 ⑧ 15획
❶외칠 호 日コウ
❷속일 하 中hǔ, xià

풀이 ❶ 1. 외치다. 부르짖다. ❷ 2. 속이다. 3. 으르다. 협박하다.

諫 ⑨ 16획
❶간할 간 日カン
❷헐뜯을 란 中jiàn

* 형성. 뜻을 나타내는 부수 '言(말씀 언)'과 음을 나타내며 '범하다'라는 뜻을 지닌 '柬(가릴 간)'을 합친 글자. 웃어른

의 면전에서 무릎쓰고 말하는 것을 나타내어 '간하다'의 뜻을 나타냄.

풀이 1 1. 간하다. 윗사람에게 충고하다. ¶諫臣 2. 간언. 간하는 말. ¶諫止 2 3. 헐뜯다. 비방하다.

諫鼓(간고) 옛날, 임금께 간하거나 호소할 일이 있을 때 할 수 있도록 궁궐 앞에 비치해 두었던 큰 북. 신문고(申聞鼓). 등문고(登聞鼓).

諫勸(간권) 간언하여 착한 일을 하도록 권면함.

諫輔(간보) 간하여 보좌(輔佐)함. 또는 그 사람.

諫書(간서) 임금께 간하는 상소(上疏). 간소(諫疏).

諫臣(간신) 임금께 간언하는 신하.

諫言(간언) 간하는 말.

諫議(간의) 임금께 간함.

諫而不逆(간이불역) 옳은 것을 간하기는 하되 거스르지는 않음. 부모에 대한 자식의 도리 중 한 가지.

諫正(간정) 간언하여 바로잡음.

諫止(간지) 간하여 못하게 함.

諽	⑨ 16획	日カク
	고칠 격	中gé

풀이 1. 고치다. 2. 경계하다. 3. 삼가다.

유 改(고칠 개)

諽	⑨ 16획	日キョク
	말더듬거릴 극	中jí

풀이 말을 더듬거리다.

유 訥(말 더듬거릴 눌)

諾	⑨ 16획	日ダク
	대답할 낙	中nuò

* 형성. 뜻을 나타내는 부수 '言(말씀 언)'과 음을 나타내는 '若(같을 약)'을 합친 글자. 다른 사람의 말(言)과 같게(若) 하는 것은 승낙하는 것과 같다고 하여, '승낙', '대답'의 뜻을 나타냄.

풀이 1. 대답하다. 예 하고 대답하는 소리. 2. 승낙하다. 허락하다. 3. 승낙. 허락. 4. 따르다. ¶諾諾 5. 허가의 서명. 공문 끝에 허가의 뜻으로 쓰던 글자.

諾諾(낙낙) 남의 말을 따르는 모양. 남의 말을 거스르지 않는 모양.

諾否(낙부) 승낙함과 승낙하지 않음.

諾唯(낙유) 승낙함. 허락함.

諾責(낙책) 승낙하고서 실행하지 않은 책임.

유 答(대답할 답)

諵	⑨ 16획	日ナン
	수다스러울 남	中nán

풀이 1. 수다스럽다. 말이 많은 모양. 2. 수군거리는 소리.

諵諵(남남) 수다스러운 모양.

謀	⑨ 16획	日ボウ・ム・はかる
	꾀할 모	中móu

* 형성. 뜻을 나타내는 부수 '言(말씀 언)'과 음을 나타내며 '어둡다', '덮이다'의 의미를 지닌 '某(아무 모)'를 합친 글자. 사람이 없는 곳에서 '몰래 의논함'을 나타냄.

풀이 1. 꾀하다. 꾸미다. 책략을 세우다. 2. 의논하다. 묻다. 3. 헤아리다. 자세히 살피다. ¶謀度 4. 꾀. 계책. 정책. ¶謀計

謀計(모계) 꾀. 계략. 모략(謀略).

謀攻(모공) 공격하기 전에 미리 계획을 세움. 잘 계획한 뒤에 공격함.

謀及婦人(모급부인) 부인과 일을 꾀한다는 뜻으로, 계획이 탄로날 염려가 많음을 비웃는 말.

謀慮(모려) 헤아려 생각함. 또는 계책.

謀免(모면) 꾀를 써서 어떤 일이나 책임에서 벗어남.

謀反(모반) 국가를 전복할 것을 꾀함. 또는 그 죄. 내란죄(內亂罪).

謀叛(모반) 나라에 반역하여 외국과 내통하는 일. 또는 그 죄.

謀士(모사) 온갖 꾀를 내는 사람. 계략을 꾸미는 사람.

謀事(모사) 일을 꾸밈. 일을 꾀함. 일을 도모함.

謀殺(모살) 1)사람을 죽일 것을 꾀하는 일. 2)계획하여 사람을 죽이는일.

謀生(모생) 생계(生計)를 도모함.

謀書(모서) 문서를 거짓으로 꾸밈. 또는 그 문서.

謀泄(모설) 계획이 샘. 비밀이 새어 나감.

謀臣(모신) 계책을 잘 세우는 신하. 지모(智謀) 있는 신하.

謀逆(모역) 반역(叛逆)을 꾀함.

謀猷(모유) 모계(謀計).

謀議(모의) 꾀함. 서로 계책을 의논함.

謀將(모장) 지모(智謀)가 뛰어난 장수.

謀主(모주) 주모자(主謀者).
謀度(모탁) 헤아림.
謀避(모피) 꾀를 부려 피함.
謀陷(모함) 꾀를 써서 남을 어려운 처지에 빠뜨림.
謀害(모해) 남을 해칠 것을 꾀함. 꾀를 써 남을 해침.

유 計(꾀 계)

諝 ⑨ 16획 日セイ
슬기 서 中xū

풀이 1. 슬기. 2. 거짓. 속임수.

謏 ⑨ 16획 日ソ
적을 소 中xiǎo

풀이 1. 적다. 작다. 2. 꾀다. 유혹하다.

謚 ⑨ 16획 日シ
시호 시 中shì

풀이 1. 시호. 생전의 공덕을 기리어 임금이 내려 주는 칭호. ¶謚號 2. 시호를 내리다.

謚法(시법) 시호를 내려주는 법.
謚議(시의) 문체(文體)의 하나. 시호를 논의하여 정하는 글.
謚狀(시장) 경상(卿相)이나 유현(儒賢)들이 시망(謚望)을 의논하여 상주(上奏)할 때 붙인 생전의 공적을 적은 글.
謚號(시호) 제왕·공경(公卿)·유현(儒賢) 등의 생전의 공적을 기리어 사후(死後)에 임금이 내려 주는 칭호.

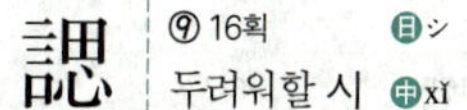

諰 ⑨ 16획 日シ
두려워할 시 中xǐ

풀이 1. 두려워하다. ¶諰諰 2. 생각하다.

諰諰(시시) 두려워하는 모양.

유 怖(두려워할 포) 惶(두려워할 황) 懼(두려워할 구)

諟 ⑨ 16획
❶이 시 日シ
❷자세히 할 체 中shì

풀이 ❶ 1. 이. 이것. 2. 바로잡다. 정정하다. ❷ 3. 자세히 살피다.

諶 ⑨ 16획 日シン
참 심 中chén

풀이 1. 참. 진실. 2. 참으로. 진실로. 3. 믿다.

비 甚(심할 심)

諤 ⑨ 16획 日ガク
곧은 말할 악 中è

풀이 곧은 말을 하다. 기탄없이 직언하다. ¶諤諤

諤諤(악악) 시비(是非)·선악(善惡)을 직언(直言)하는 모양.
諤諤之臣(악악지신) 직언(直言)하는 신하.
諤然(악연) 조금도 꺼리지 않는 모양.

비 愕(놀랄 악)

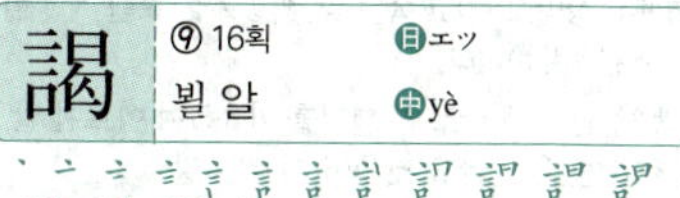

謁 ⑨ 16획 日エツ
뵐 알 中yè

* 형성. 뜻을 나타내는 부수 '言(말씀 언)'과 음을 나타내는 '曷(어찌 갈)'을 합친 글자.

풀이 1. 뵈다. 높은 사람을 만나다. ¶謁見 2. 참배하다. ¶謁聖 3. 아뢰다. 알리다. 고하다. 4. 요구하다. 청하다. 5. 명함.

謁告(알고) 휴가를 청하는 일. 청가(請暇).
謁廟(알묘) 사당(祠堂)에 참배함.
謁舍(알사) 손님을 접대하는 곳.
謁聖(알성) 조선 시대 때, 임금이 문묘(文廟)에 참배함.
謁聖科(알성과) 조선 때 임금이 알성한 뒤에 성균관(成均館)에서 시행하던 과거.
謁刺(알자) 알현(謁見)을 청할 때 내놓는 명함.
謁者(알자) 1)알현(謁見)을 청하는 사람. 2)응접을 담당하는 사람. 안내역.
謁見(알현) 신분이 높은 사람을 뵙는 일.
謁候(알후) 어른을 뵙고 문후(問候)함.

비 揭(들 게)

諳 ⑨ 16획 日アン
욀 암 中ān

풀이 1. 외다. 암송하다. ¶諳究 2. 기억하다. 잊지 않다. ¶諳寫 3. 잘 알다. ¶諳練

諳究(암구) 연구하여 암송함.

諳記(암기) 외어서 기억함. 암기(暗記).
諳練(암련) 잘 알아 익숙하게 됨. 암련(諳鍊).
諳寫(암사) 기억하여 베낌.
諳算(암산) 마음속으로 계산함.
諳誦(암송) 보지 않고 욈. 외어서 읽음. 암송(暗誦).
諳識(암식) 외어 앎. 죄다 앎.
諳悉(암실) 암위(諳委).
諳委(암위) 자세하게 암송함. 상세하게 모두 기억함. 암실(諳悉).
諳曉(암효) 환히 잘 알고 욈.
유 誦(욀 송)

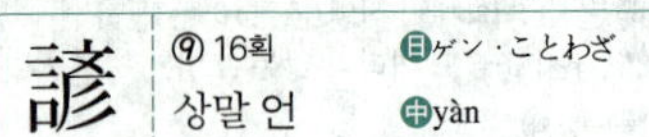

諺	⑨ 16획	日ゲン · ことわざ
	상말 언	中yàn

풀이 1. 상말. 거칠고 속된 말. ¶諺文 2. 속담. ¶諺語 3. 조문(弔問)하다.
諺簡(언간) 한글로 쓴 편지를 비유하여 이르던 말.
諺文(언문) 한글을 낮추어 이르던 말.
諺語(언어) 속담(俗談).
諺譯(언역) 한글로 번역함. 또는 그 글.
諺解(언해) 한문을 한글로 풀이함. 또는 그 책. 언역(諺譯).

諢	⑨ 16획	日コン
	농담할 원	中hùn

풀이 1. 농담하다. ¶諢語 2. 농담. 익살. 3. 익살꾼.
諢名(원명) 별명.
諢語(원어) 익살스러운 말. 농담.
諢衣(원의) 음란한 말을 낙서한 옷.

謂	⑨ 16획	日イ · いう
	이를 위	中wèi

丶 亠 亠 亖 亖 言 言 言 訁 訁 詷 詷 謂 謂 謂 謂

* 형성. 뜻을 나타내는 부수 '言(말씀 언)'과 음을 나타내며 '옮긴다'는 의미를 지닌 '胃(밥통 위)'를 합친 글자. 옮겨 바꾸어 말하는 것을 나타내어 '이르다', '말하다'의 뜻을 나타냄.
풀이 1. 이르다. 말하다. 2. 고하다. 알리다. 3. 설명하다. 4. 비평하다. 평론하다. 5. 가리키다. 6. 이름붙이다. 일컫다. 7. 생각하다. 8. 이름. 명칭. 9. 뜻. 취지. 10. 까닭. 이유. 11. 힘쓰다. 근면하다.
유 云(이를 운)

7획

諭	⑨ 16획	日ユ · さとす
	깨우칠 유	中yù

* 형성. 뜻을 나타내는 부수 '言(말씀 언)'과 음을 나타내는 '兪(그러할 유)'를 합친 글자.
풀이 1. 깨우치다. 타이르다. ¶諭教 2. 밝히다. 3. 깨닫다. 4. 비유하다. 비유. 5. 깨우침.
諭告(유고) 1)윗사람이 아랫사람을 타이름. 2)문체(文體)의 하나.
諭教(유교) 타일러 가르침.
諭達(유달) 관아에서 백성을 타이르게 하기 위해 내린 문서.
諭示(유시) 1)타일러 보임. 2)관아에서 백성을 타이름. 또는 타이르기 위해 내리는 문서. 유고(諭告).
諭咨(유자) 의논함. 의견을 물음.
諭旨(유지) 1)취지(趣旨)를 밝힘. 2)천자가 자신의 생각을 백성에게 알림. 상유(上諭).
諭蜀(유촉) 지방 장관이 백성에게 내리는 글.
유 覺(깨달을 각) 悟(깨달을 오) 반 懞(어두울 몽)

諛	⑨ 16획	日ユ · へつらう
	아첨할 유	中yú

풀이 1. 아첨하다. ¶諛佞 2. 아첨하는 말. 3. 기쁘게 따르는 모양.
諛佞(유녕) 남에게 아첨함.
諛墓(유묘) 자신의 이익을 위해 붓을 들어 죽은 사람을 찬양하는 묘지(墓誌)를 짓는 일.
諛媚(유미) 아첨함. 아미(阿媚).
諛悅(유열) 아첨하여 기쁘게 함.
諛諂(유첨) 아첨함. 유미(諛媚).
유 諂(아첨할 첨) 佞(아첨할 녕) 媚(아첨할 미)

諲	⑨ 16획	日イン
	공경할 인	中yīn

풀이 공경하다.

諮	⑨ 16획	日シ
	물을 자	中zī

풀이 1. 묻다. 의논하다. 윗사람이 아랫사람에게 의견을 묻는 일. ¶諮問 2. 아뢰다.
諮決(자결) 의논하여 결정함.
諮謀(자모) 서로 의논함. 상담(相談)함.

諮問(자문) 의견을 물음. 자순(諮詢).

諮議(자의) 자문에 응해 시비(是非)를 평의(評議)하는 일.

諮稟(자품) 일을 의논하여 그 지시를 받음.

유 問(물을 문)

諸	⑨ 16획	日ショ・もろ
	모든 제	中zhū

*형성. 뜻을 나타내는 부수 '言(말씀 언)'과 음을 나타내는 '者(놈 자)'를 합친 글자. '者'는 '많은 사항을 구별하는 말'이란 뜻이 있는데, 말이란 것을 강조하기 위해서 '言'을 붙여 '諸'라고 쓰임. 이에 '구별하는 말', '많은 사항' 등을 나타냄.

풀이 1. 모든. 여러. ¶諸公 2. 이. 그. 대명사. 3. 어조사. ㉠이를 …에. '之於'와 같음. ㉡이를 …하겠는가. '之乎'와 같음. ㉢…에게. …에서. '於'와 같음. ㉣어세를 강하게 하는 말. ㉤무의미의 조사. 4. 절임. 김치.

諸公(제공) 1)여러 공(公). 공(公)은 제후의 최상위(最上位). 2)여러분.

諸禮(제례) 모든 예의범절.

諸妄(제망) 1)대충. 2)모든 번뇌.

諸母(제모) 1)아버지의 모든 첩(妾). 서모(庶母). 2)고모(姑母)들.

諸法(제법) 우주에 존재하는 모든 형태의 사물.

諸父(제부) 아버지의 모든 형제들. 백숙부(伯叔父).

諸司(제사) 여러 벼슬아치. 많은 관리.

諸御(제어) 1)모든 일을 처리하는 관직 이름. 2)천자가 거느리는 모든 첩.

諸彦(제언) 1)많은 뛰어난 사람. 2)일반인을 높여 부르는 말. 여러분.

諸于(제우) 부인(婦人)의 웃옷.

諸子百家(제자백가) 중국 춘추(春秋) 시대의 여러 학자(學者)·학파(學派). 또는 그 학자들의 저서(著書).

諸節(제절) 1)모든 절차. 2)상대방을 높여 그 집안의 모든 사람의 기거동작(起居動作)의 안부(安否)를 이르는 말.

諸天(제천) 여러 천상계(天上界). 또는 그 곳에 살고 있다는 부처들.

諸夏(제하) 중화(中華)의 제후의 나라. 중국 본토(本土)를 가리키는 말.

諸行無常(제행무상) 우주의 만물은 항상 변하여 잠시도 그대로 있음이 없음. 인생의 무상함을 비유하는 말.

諸許(제허) 많음. 허다(許多).

諸賢(제현) 1)여러 뛰어난 현자들. 군현(群賢). 2)여러분. 중인(衆人)에 대한 경칭.

諸侯(제후) 봉건 시대에 영토를 가지고 그 영토 안의 백성을 다스리던 사람.

유 庶(여러 서)

❖ 인칭 대명사로 쓰이는 한자들

(1) 1인칭 대명사
- 我(아), 吾(오), 余(여), 予(여), 朕(짐), 己(기), 身(신), 小人(소인) 등

(2) 2인칭 대명사
- 子(자), 若(약), 汝(여), 爾(이), 而(이), 君(군), 乃(내), 公(공), 先生(선생) 등

(3) 3인칭 대명사
- 彼(피), 他(타), 或(혹), 某(모), 公(공), 其(기), 厥(궐) 등

(4) 지시 대명사
- 이것 : 是(시), 此(차), 斯(사), 玆(자), 之(지) 등
- 저것 : 之(지), 諸(제) 등

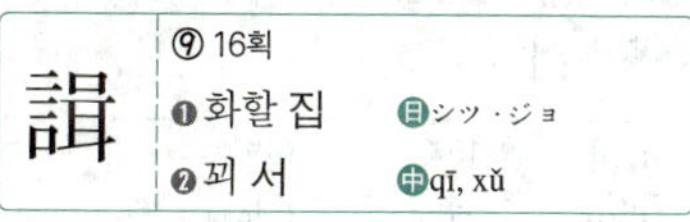

諿	⑨ 16획	
	❶화할 집	日シツ・ジョ
	❷꾀 서	中qī, xǔ

풀이 ❶ 1. 화(和)하다. 2. 말하다. ❷ 3. 꾀. 슬기.

諜	⑨ 16획	日チョウ
	염탐할 첩	中dié

풀이 1. 염탐하다. 2. 첩자. 염탐꾼. ¶諜者 3. 문서. 4. 말이 많은 모양. 5. 안심하다. 편안하다.

諜記(첩기) 계보(系譜)를 적은 기록.

諜報(첩보) 적정(敵情)을 염탐하여 알리는 일. 또는 그 보고.

諜者(첩자) 첩자의 임무를 띠고 몰래 활동하는 사람. 간첩(間諜). 간자(間者).

諜諜(첩첩) 말이 많은 모양.

諜候(첩후) 몰래 염탐함. 또는 그 사람.

유 偵(정탐할 정) 俔(염탐할 현)

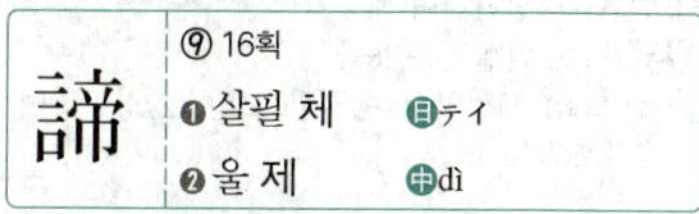

諦	⑨ 16획	
	❶살필 체	日テイ
	❷울 제	中dì

*형성. 뜻을 나타내는 부수 '言(말씀 언)'과 음을 나타내는 '帝(임금 제)'를 합친 글자.

풀이 ❶ 1. 살피다. 2. 자세히 알다. ¶諦認 3. 이치.

진리. 불교 용어. ❷4. 울다. 울부짖다.

諦號(제호) 울부짖음. 제호(啼號).

諦觀(체관) 1)고려 때, 출가(出家)한 중을 이르던 말. 2)체시(諦視).

諦念(체념) 1)도를 깨닫는 마음. 2)희망을 버리고 단념함.

諦料(체료) 자세하게 헤아림.

諦味(체미) 자세히 맛봄. 음미(吟味)함.

諦視(체시) 주의하여 자세히 봄.

諦認(체인) 자세하게 분간함.

諦聽(체청) 주의하여 들음.

유 察(살필 찰)

 ⑨ 16획 日ヘン
말 교묘히 할 편 中piǎn

풀이 말을 교묘하게 하다. 교묘하게 꾸며 대다.

諞言(편언) 말을 교묘하게 꾸며 댐.

비 編(엮을 편)

諷 ⑨ 16획 日フウ
욀 풍 中fěng

* 형성. 뜻을 나타내는 부수 '言(말씀 언)'과 음을 나타내는 '風(바람 풍)'을 합친 글자.

풀이 1. 외다. 2. 풍자하다. 사물에 빗대어 꼬집다. ¶諷意 3. 넌지시 말하여 깨우치다.

諷諫(풍간) 넌지시 간언함. 완곡하게 타이름.

諷讀(풍독) 책을 암송함. 송독(誦讀).

諷誦(풍송) 소리를 내어 글을 욈.

諷詠(풍영) 시가를 외어 읊조림.

諷諭(풍유) 넌지시 말하여 타이름.

諷意(풍의) 뜻을 넌지시 풍자함.

謔 ⑨ 16획 日ギョ
해롱거릴 학 中xuè

풀이 1. 해롱거리다. 농지거리하다. 2. 농담. 익살.

謔劇(학극) 장난침. 학랑(謔浪).

謔浪(학랑) 장난치며 해롱거림.

謔笑(학소) 익살맞은 웃음.

謔謔(학학) 1)성하고 맹렬한 모양. 2)장난하며 즐기는 모양.

諴 ⑨ 16획 日カン
화할 함 中xián

풀이 1. 화(和)하다. 화합하다. 2. 정성. 3. 농담하다. 농담.

諧 ⑨ 16획 日カイ
화할 해 中xié

* 형성. 뜻을 나타내는 부수 '言(말씀 언)'과 음을 나타내는 '皆(모두 개)'를 합친 글자.

풀이 1. 화(和)하다. 조화되다. ¶諧和 2. 고르게 하다. 3. 판별하다. 4. 농담하다. ¶諧文 5. 맞다. 6. 이루다. 성취하다.

諧文(해문) 익살스러운 글.

諧比(해비) 조화되어 친밀함. 사이좋게 지냄.

諧聲(해성) 한자의 육서(六書)의 하나. 형성(形聲).

諧語(해어) 1)농담하는 말. 농담(弄談). 익살. 2)마음을 털어놓고 이야기함.

諧易(해이) 부드럽고 너그러움. 성질이 유순함.

諧調(해조) 1)서로 화하여 잘 어울림. 2)잘 조화(調和)된 곡조.

諧暢(해창) 조화되어 화창함.

諧和(해화) 1)서로 화합함. 2)음악의 가락이 잘 어울림. 조화(調和). 하모니.

諧戲(해희) 장난하며 농담함.

유 和(화할 화)

諻 ⑨ 16획 日コウ
큰소리 황 中huáng

풀이 1. 큰소리. 2. 말 소리.

諼 ⑨ 16획 日カン
잊을 훤 中xuān

풀이 1. 잊다. ¶諼己 2. 속이다. 3. 왁자지껄하다. ¶諼擾 4. 환하다. 빛나다.

諼己(훤기) 자신을 잊음.

諼亂(훤란) 왁자지껄하게 소란을 피움.

諼言(훤언) 시끄럽게 말함. 수다스럽게 지껄임. 다변(多辯).

諼擾(훤요) 시끄럽게 떠듦. 훤요(喧擾).

諼傳(훤전) 소문이 널리 퍼져서 왁자하게 됨.

諼駭(훤해) 놀라 시끄럽게 떠듦.

諼呼(훤호) 시끄럽게 부름. 훤호(喧呼).

諼譁(훤화) 1)떠들썩함. 소란을 피움. 2)싸움.

諼囂(훤효) 시끄러움. 떠들썩함.

유 忘(잊을 망)

諼	⑨ 16획	日カン·ガン
	속일 훤	中xuān

풀이 1. 속이다. 2. 잊다. 3. 원추리. 훤초(萱草). 4. 왁자지껄하다.

詯	⑨ 16획	日カイ
	비방할 훼	中huǐ

풀이 비방하다. 헐뜯다.

유 誹(헐뜯을 비)

諱	⑨ 16획	日イ
	꺼릴 휘	中huì

풀이 1. 꺼리다. 싫어하다. 피하다. ¶諱忌 2. 숨기다. 3. 휘하다. 높은 사람이나 죽은 사람의 이름을 부르는 것을 피함. 4. 휘. 높은 사람이나 죽은 사람의 이름.

諱忌(휘기) 1)음양도(陰陽道) 등에서 꺼리는 일들. 2)두려워함. 꺼려서 피함.

諱談(휘담) 세상이 두려워서 드러내 놓고 하기 어려운 말.

諱名(휘명) 이름을 부르기를 꺼림.

諱病(휘병) 병을 숨기고 말하지 않는 일. 휘질(諱疾).

諱言(휘언) 1)꺼려 삼가해야 할 말. 또는 말하는 것을 꺼림. 2)간언(諫言)이나 충고하는 것을 꺼림.

諱惡(휘오) 1)선왕(先王)의 이름과 기일(忌日). 2)꺼려 싫어함.

諱隱(휘은) 꺼리어 숨김. 은휘(隱諱).

諱音(휘음) 죽음을 알리는 통지. 부음(訃音).

諱之祕之(휘지비지) 결과를 분명치 않게 맺음. 남을 꺼리어 우물쭈물 얼버무려 넘김. 휘비(諱祕).

諱避(휘피) 꺼리어 피함.

謌	⑩ 17획
	歌(p676)와 同字

講	⑩ 17획	
	❶익힐 강	日コウ
	❷화해할 구	中jiǎng

講 講 講

* 형성. 뜻을 나타내는 부수 '言(말씀 언)'과 음을 나타내는 '冓(짤 구)'를 합친 글자. 말을 짜맞추기도 하고 비교도 해 보는 일 또는 알아듣게 이야기하는 일을 나타냄.

풀이 ❶ 1. 익히다. 연습하다. ¶講武 2. 풀이하다. ¶講經 3. 강의. 강론. 4. 이야기하다. 논의하다. 5. 화해하다. 6. 연구하다. 검토하다. 7. 꾀하다. ❷ 8. 화해하다.

講經(강경) 1)경서(經書)의 뜻을 해석함. 2)과거를 보기 위하여 경서 중의 몇 구절을 특히 강송(講誦)하던 일. 3)불경을 강론하는 일.

講究(강구) 좋은 방법을 연구함.

講道(강도) 1)도(道)를 강의함. 2)도(道)를 배움. 도를 연구함.

講旅(강려) 군대를 단련시킴.

講明(강명) 사리를 연구하여 분명히 함. 해석하여 밝힘.

講武(강무) 무술(武術)을 연마함.

講辯(강변) 문답함. 토론함.

講師(강사) 1)학예(學藝)의 강석(講釋)을 하는 사람. 2)무도(武道)를 강습하는 일. 강무(講武). 3)강연 등을 하는 사람. 4)학교에서, 정식 교원이 아닌 초청을 받아 강의하는 사람. 5)불교의 경전을 강의하는 중. 경(經) 스승.

講釋(강석) 풀어 밝힘. 설명함.

講說(강설) 강의하여 설명함.

講誦(강송) 뜻을 새기면서 읽음. 강독.

講習(강습) 학문이나 예술 등을 연구하여 학습하는 일.

講筵(강연) 1)강의하는 자리. 강석(講席). 2)임금 앞에서 경전을 강의하던 일.

講帷(강유) 강의하는 자리.

講肄(강이) 옛일을 연습하여 익힘.

講定(강정) 결정함.

講評(강평) 연구하여 비평함.

講學(강학) 학문을 연구함.

講解(강해) 1)화해함. 강화(講和). 2)강의(講義).

講話(강화) 강의하는 일. 또는 그 말.

유 習(익힐 습)

謇	⑩ 17획	日ケン
	더듬거릴 건	中jiǎn

풀이 1. 더듬거리다. 2. 정직하다. 곧은 말을 하는 모양. 3. 아! 감탄사. 4. 어렵다.

謇謇(건건) 1)충심으로 직언(直言)하는 모양. 2)정직한 말. 3)고생이 심한 모양.

7획

蹇愕(건악) 건악(蹇諤).
蹇諤(건악) 거리낌없이 곧은 말을 함.

謙	⑩ 17획 ❶겸손할 겸 日ケン ❷혐의 혐 中qiān

` 亠 亠 亠 亠 言 言 言 訁 訁 訁 訁 誁 誁 謙 謙 謙

* 형성. 뜻을 나타내는 부수 '言(말씀 언)'과 음을 나타내며 '모자란다'는 의미를 지닌 '兼(겸할 겸)'을 합친 글자. 자기를 부족한 자라고 말함을 나타내어, '겸손하다'의 뜻을 나타냄.

풀이 1. 겸손하다. 2. 사양하다 3. 족하다. 4. 혐의.

謙恭(겸공) 자신을 낮추고 남을 높임. 겸손(謙遜).
謙謹(겸근) 겸손하고 삼가함.
謙德(겸덕) 겸손한 덕(德).
謙廉(겸렴) 겸손하고 청렴함.
謙卑(겸비) 자신을 겸손하게 낮춤. 겸하(謙下).
謙辭(겸사) 1)겸손한 말. 겸어(謙語). 2)겸손하게 사양함.
謙遜(겸손) 남을 높이고 자기를 낮춤.
謙受益(겸수익) 겸손함으로써 얻게 되는 이익.
謙讓(겸양) 겸손하게 사양함. 겸억(謙抑).
謙語(겸어) 겸손한 말. 겸사(謙辭).
謙稱(겸칭) 겸손하게 가리켜 말함.
謙退(겸퇴) 사양하여 물러남.
謙虛(겸허) 잘난 체하지 않고 마음을 비우고 스스로를 낮추며 삼가는 태도.

유 遜(겸손할 손)

謟	⑩ 17획 日トウ 의심할 도 中tāo

풀이 1. 의심하다. 의심스럽다. 2. 틀리다.

유 疑(의심할 의)

謄	⑩ 17획 日トウ 베낄 등 中téng

* 형성. 뜻을 나타내는 부수 '言(말씀 언)'과 음을 나타내며 '올린다'는 의미를 지닌 '朕(나 짐)'을 합친 글자. 말(言)을 적은 종이를 올려(朕) 베긴다는 데서, '베끼다'는 뜻을 나타냄.

풀이 베끼다.

謄記(등기) 원본을 베낌.
謄本(등본) 원본을 베껴 적은 서류. 원본의 사본(寫本).
謄寫(등사) 1)베껴 씀. 2)등사판으로 박음.
謄書(등서) 등초(謄抄).
謄抄(등초) 원본에서 필요한 것만 골라서 베낌.
謄黃(등황) 황제의 조서(詔書)가 각 성(省)에 내려오면 이것을 누런 종이에 베껴 써 각 주현(州縣)에 반포하던 일.

유 寫(베낄 사)

謎	⑩ 17획 日メイ 수수께끼 미 中mèi, mí

* 형성. 뜻을 나타내는 부수 '言(말씀 언)'과 음을 나타내는 '迷(미혹할 미)'를 합친 글자.

풀이 수수께끼. ¶謎語

謎語(미어) 수수께끼. 또는 수수께끼와 같은 이야기.
謎題(미제) 수수께끼 같이 어려운 문제.

謐	⑩ 17획 日ミツ 조용할 밀 中mì

풀이 1. 조용하다. 고요하다. ¶謐謐 2. 편안하다. 평온하다.

謐謐(밀밀) 매우 조용한 모양.
謐然(밀연) 평온한 모양.

유 禪(고요할 선) 靜(고요할 정) 寂(고요할 적)

謗	⑩ 17획 日ボウ 헐뜯을 방 中bàng

풀이 1. 헐뜯다. 비방하다. ¶謗論 2. 헐뜯는 말. 3. 대답하다.

謗讟(방독) 원망하여 헐뜯음. 또는 헐뜯는 말.
謗論(방론) 남을 비방하는 논의. 방의(謗議).
謗罵(방매) 헐뜯고 꾸지람.
謗木(방목) 백성들이 정치의 잘못된 점을 자유롭게 적게 하기 위하여 궁궐의 입구에 세운 나무. 비방지목(誹謗之木).
謗訕(방산) 나무라고 비웃음.
謗書(방서) 1)비방하는 편지. 2)한(漢)나라의 좋지 못한 일을 헐뜯은 책. 사마천(司馬遷)의 《사기(史記)》를 이르는 말.
謗譽(방예) 비난과 칭찬.
謗怨(방원) 비방하고 원망함.
謗嘲(방조) 헐뜯고 비웃음.
謗讒(방참) 헐뜯음. 비방함. 방훼(謗毁).

유 誹(헐뜯을 비)

謝	⑩ 17획 사례할 사	日シャ · あやまる 中xiè

* 형성. 뜻을 나타내는 부수 '言(말씀 언)'과 음을 나타내는 '射(쏠 사)'를 합친 글자. 화살을 쏘듯이 인사의 말을 내던진 다는 데서 '인사하다'의 뜻을 나타냄.

풀이 1. 사례하다. ¶謝辭 2. 사과하다. 사죄하다. 3. 물러나다. 벼슬을 그만두다. ¶謝病 4. 헤어지다. 작별하다. 5. 죽다. 6. 사양하다. 물리치다. ¶謝却 7. 시들다. 8. 갚다. 9. 갈마들다. 10. 부끄러워하다.

謝却(사각) 사양하여 거절함.

謝遣(사견) 예를 갖추어 돌려보냄. 또는 사양하여 돌려보냄.

謝禮(사례) 말이나 금품으로 상대방에게 고마운 뜻을 나타냄.

謝老(사로) 연로함을 이유로 관직에서 물러날 것을 원함. 고로(告老).

謝病(사병) 병을 핑계로 거절함. 병을 핑계로 벼슬을 그만둠.

謝辭(사사) 1)감사의 말. 2)사과(謝過)의 말.

謝恩(사은) 은혜에 감사함.

謝意(사의) 1)감사하는 마음. 2)사과하는 마음.

謝表(사표) 임금의 은혜에 감사의 뜻을 표하는 일. 또는 그 글.

謝孝(사효) 부모의 상(喪)에 조문 온 사람의 집에 답례하러 가는 일.

感謝(감사) 1)고마움. 2)고마워함. 3)고마움을 느껴 사의를 표함.

厚謝(후사) 후한 사례를 함.

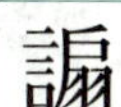

諞	⑩ 17획 부추길 선	日セン 中shàn

풀이 부추기다.

謏	⑩ 17획 적을 소	日ショウ 中xiǎo

풀이 1. 적다. 작다. ¶謏聞 2. 권하다.

謏聞(소문) 작은 평판(評判). 세간(世間)의 작은 비평.

謖	⑩ 17획 일어날 속	日ショク 中sù

풀이 1. 일어나다. ¶謖謖 2. 우뚝 솟은 모양. 3. 솔바람이 부는 모양.

謖謖(속속) 1)우뚝 솟은 모양. 2)바람이 부는 모양. 3)소나무에 부는 바람.

謍	⑩ 17획 ❶작은소리 영 ❷큰소리 횡	日エイ · コウ 中hōng, yíng

풀이 ❶ 1. 작은 소리. ¶謍謍 2. 오가는 모양. ❷ 3. 큰 소리.

謍謍(영영) 작은 소리의 모양.

謍嗃(영학/영효) 작은 소리와 큰소리의 모양.

謠	⑩ 17획 노래할 요	日ヨウ 中yáo

* 형성. 뜻을 나타내는 부수 '言(말씀 언)'과 음을 나타내며 천천히 흐르다는 의미를 지닌 부수 이외의 글자를 합친 글자. 말을 천천히 늘여서 '노래하다'라는 뜻을 나타냄.

풀이 1. 노래하다. 2. 노래. 가요. ¶謠歌 3. 헛소문. ¶謠言 4. 헐뜯다.

謠歌(요가) 노래. 가요.

謠俗(요속) 1)세상 풍속. 요속(繇俗). 2)풍속을 노래함.

謠言(요언) 1)떠도는 헛소문. 유언(流言). 2)유행가.

謠詠(요영) 노래함. 요음(謠吟).

謠傳(요전) 요언(謠言).

謠諑(요착) 헐뜯음. 참소함.

유 歌(노래 가)

謜	⑩ 17획 천천히 말할 원	日ゲン 中yuán

풀이 1. 천천히 말하다. 2. 끊임없는 모양.

謚	⑩ 17획 ❶웃을 익 ❷시호 시	日シ · イク 中shì

풀이 ❶ 1. 웃는 모양. ❷ 2. 시호. 죽은 후, 생전의 공덕을 기려 임금이 내려 주는 칭호.

유 笑(웃을 소) 비 益(더할 익)

謘	⑩ 17획 말 느릴 지	日ジ 中chí

풀이 말이 느리다. 말이 느릿하고 둔하다.

유 遲(늦을 지) 반 謥(급히 말할 총)

謓	⑩ 17획 성낼 진	日ジン 中chēn, zhèn

풀이 1. 성내다. 2. 비웃다.

謅	⑩ 17획 ❶농담할 조 ❷속삭일 추	日チュウ 中chǎo, zhōu

풀이 1 1. 농담하다. 농담. 2. 재빠르다. 2 3. 속삭이다.

유 諢(농담할 원) 비 趨(달릴 추)

謈	⑩ 17획 하소연할 포	日ボウ 中bó

풀이 1. 하소연하다. 2. 아아. 아파서 내는 소리.

謈言(포언) 큰소리로 하소연하며 죄가 없음을 말하는 소리.

謞	⑩ 17획 ❶간특할 학 ❷부르짖을 효	日カク・コウ 中hè, xiào

풀이 1 1. 간특하다. ¶謞謞 2. 성하고 세찬 모양. 2 3. 부르짖다. 외치다. ¶謞譟

謞謞(학학) 1)남의 참소(讒訴)를 일으키는 일. 2)성하고 세찬 모양.

謞譟(효조) 성질이 간특하여 도리에 어긋남.

유 邪(간사할 사)

謑	⑩ 17획 창피 줄 혜	日ケイ 中xí, xǐ

풀이 1. 창피를 주다. 치욕. ¶謑詬 2. 비뚤어진 모양. ¶謑髁

謑髁(혜과) 1)비뚤어진 모양. 2)부끄러움을 참는 모양.

謑詬(혜구) 1)욕을 퍼부어 창피를 줌. 2)소인의 분노.

謑詬(혜후) 창피를 줌. 또는 치욕(恥辱).

謊	⑩ 17획 謊(p1290)의 俗字	

謋	⑩ 17획 빠를 획	日カク 中huò

풀이 빠른 모양.

謦	⑪ 18획 기침 경	日ケイ 中qǐng

풀이 1. 기침. 기침 소리. ¶謦咳 2. 소곤거리다. ¶謦欬

謦咳(경해) 기침 소리. 경해(謦欬).

謦欬(경해) 1)기침 소리. 인기척으로 내는 헛기침. 경해(謦咳). 2)웃으며 소곤거림.

謳	⑪ 18획 노래할 구	日オウ 中ōu, xú

풀이 1. 노래하다. ¶謳唱 2. 노래. 민요.

謳歌(구가) 1)여러 사람이 함께 노래함. 2)임금의 공덕(功德)을 칭송함. 구음(謳吟).

謳謠(구요) 노래를 부름. 또는 노래.

謳唱(구창) 구요(謳謠).

유 謠(노래 요) 歌(노래 가)

謹	⑪ 18획 삼갈 근	日キン 中jǐn

` 亠 亠 言 言 言 言 言 訁 詌 詌 詌 詌 謹 謹 謹 謹 謹

풀이 1. 삼가다. 조심하다. 엄격히 하다. ¶謹愼 2. 금지하다.

謹慤(근각) 신중하고 부지런함. 근원(謹愿).

謹啓(근계) 삼가 아룀. 편지 첫머리에 쓰는 말.

謹告(근고) 공손한 태도로 아룀.

謹諾(근낙) 삼가 승낙함.

謹篤(근독) 근엄하고 돈독함.

謹毛失貌(근모실모) 털을 하나하나 다 그리려다가 전체의 형상을 그르친다는 뜻으로, 작은 예의에 구애되어 큰 명분을 망침을 비유하는 말.

謹敏(근민) 조심성이 많으며 민첩함.
謹密(근밀) 1)조심성 있고 치밀함. 2)소중함. 중요함.
謹白(근백) 삼가 아룀. 편지에 쓰는 말.
謹封(근봉) 삼가 봉한다는 뜻으로, 보내는 편지나 물품의 겉봉에 쓰는 말.
謹上(근상) 삼가 올림. 편지의 끝에 쓰는 말.
謹愼(근신) 언행을 삼가고 조심함.
謹嚴(근엄) 신중하고 엄격함.
謹正(근정) 신중하고 바름.
謹直(근직) 신중하고 곧음.
謹請(근청) 삼가 청함. 삼가 신불(神佛)의 내림(來臨)을 빎.
謹勅(근칙) 조심성이 많음. 스스로 삼가고 경계를 함.
謹厚(근후) 신중하고 중후(重厚)함.
유 愼(삼갈 신)

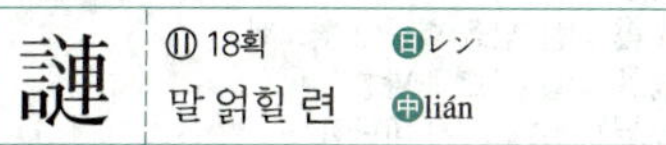

謰	⑪ 18획	日 レン
	말 얽힐 련	中 lián

풀이 1. 말이 얽히다. 2. 연어(謰語). 두 음절로 연철되어 이루어지고, 분리되면 의미를 갖지 못하는 단어.

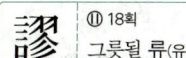

謬	⑪ 18획	日 ビュウ
	그릇될 류(유)	中 miù

풀이 1. 그릇되다. ¶謬政 2. 어긋나다. 3. 속이다. ¶謬巧 4. 과실. 잘못.
謬擧(유거) 잘못 천거함.
謬見(유견) 잘못된 의견. 그릇된 생각.
謬計(유계) 잘못된 계략.
謬巧(유교) 남을 속이는 꾀. 기만의 계책.
謬戾(유려) 사리에 어긋남. 괴려(乖戾).
謬習(유습) 그릇된 습관. 못된 버릇.
謬悠(유유) 허황되어 종잡을 수 없음.
謬字(유자) 잘못 쓴 글자. 오자(誤字).
謬政(유정) 정치를 그르침. 또는 그 정치.
謬譎(유휼) 거짓. 속임.
誤謬(오류) 그릇되어 이치에 어긋남.
유 誤(그릇될 오)

謾	⑪ 18획	日 マン
	속일 만	中 mán, màn

풀이 1. 속이다. ¶謾語 2. 헐뜯다. 3. 느리다. 4. 넓다. 아득하다. 5. 교만하다. 업신여기다. ¶謾易 6. 게으르다.
謾欺(만기) 속임. 기만(欺謾).
謾語(만어) 거짓말. 이치에 어긋나는 말.
謾易(만이) 교만하여 업신여김.
謾誕(만탄) 거짓이 많아 믿을 수 없음.
謾學(만학) 게으르게 배움.
유 欺(속일 기)

謨	⑪ 18획	日 ボ
	꾀 모	中 mó

풀이 1. 꾀. 계책. ¶謨訓 2. 꾀하다. 대계(大計)를 세우다. 3. 없다. ¶謨信
謨敎(모교) 회교(回敎).
謨慮(모려) 계획. 꾀.
謨信(모신) 믿을 수가 없음.
謨訓(모훈) 1)국가의 큰 계책. 2)후왕(後王)에게 모범이 될 교훈.
유 術(꾀 술) 計(꾀 계)

謵	⑪ 18획	日 シュウ・セツ
	익힐 습	中 xí

풀이 1. 익히다. 2. 겁먹고 말하다.
유 習(익힐 습)

謷	⑪ 18획	日 ゴウ
	헐뜯을 오	中 áo, ào

풀이 1. 헐뜯다. ¶謷醜 2. 높고 큰 모양. 3. 고매하다. 학식이 높고 뛰어나다. 4. 오만하다. ¶謷然
謷然(오연) 오만하고 남을 업신여기는 모양.
謷謷(오오) 1)남의 말을 듣지 않고 오만한 모양. 2)여러 사람이 근심하는 소리. 3)여러 사람이 일제히 한 사람을 비방하는 모양. 4)슬프게 우는 소리가 그치지 않는 모양.
謷醜(오추) 헐뜯음. 비방함.
謷悍(오한) 교만하며 사나움.
謷乎(오호) 높고 큰 모양.

謣	⑪ 18획	
	망령되이	日 ウ・フウ
	말할 우	中 xū, yú

풀이 망령되이 말하다. 말이 허황되다.

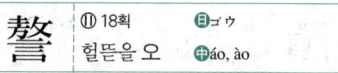

誃
⑪ 18획
❶이문 이 日イ·チ
❷헤어질 치 中chí, yí

풀이 ❶ 1. 이문(誃門). ㉠옆문. ㉡얼음 창고의 문. 2. 누대(樓臺) 이름. ❷ 3. 헤어지다.

謫
⑪ 18획 日タク
귀양 갈 적 中zhé

풀이 1. 귀양 가다. 좌천당하다. ¶謫居 2. 벌하다. ¶謫罰 3. 꾸짖다.

謫降(적강) 1)잘못을 저질러 강등(降等)되고 변방으로 좌천됨. 2)하늘에서 죄를 지어 속세로 쫓겨남.

謫客(적객) 귀양살이를 하는 사람.

謫居(적거) 귀양살이하고 있음. 또는 그 주거(住居).

謫罰(적벌) 꾸짖고 벌함.

謫仙(적선) 인간 세상으로 귀양 온 신선. 또는 세속에서 걸출한 사람.

謫所(적소) 귀양살이하는 곳.

謫遷(적천) 잘못을 저질러 변경으로 옮겨 감.

貶謫(폄적) 벼슬을 낮추고 멀리 귀양 보냄.

비 摘(딸 적)

謮
⑪ 18획 日サク·しかる
꾸짖을 책 中zé

풀이 1. 꾸짖다. 2. 성내다. 3. 큰 소리로 외치다.

유 呵(꾸짖을 가) 비 讀(읽을 독)

謥
⑪ 18획 日ソウ
급히 말할 총 中còng

풀이 급히 말하다. 말이 급박하다.

謥詷(총동) 말을 빨리 함. 경망스럽게 말함.

반 謘(말 느릴 지)

謼
⑪ 18획 日ホウ
부를 호 中hū

풀이 1. 부르다. 2. 외치다. 부르짖다.

유 號(부를 호) 呼(부를 호)

譑
⑫ 19획 日キョウ
들추어낼 교 中jiǎo

풀이 들추어내다.

비 轎(가마 교)

譏
⑫ 19획 日キ
나무랄 기 中jī

풀이 1. 나무라다. 비난하다. ¶譏謗 2. 간(諫)하다. 3. 책망하다. 4. 조사하다.

譏呵(기가) 헐뜯음. 비난함.

譏謗(기방) 헐뜯음. 비방(誹謗).

譏笑(기소) 비웃음.

譏刺(기자) 나무람. 비방(誹謗).

譏嘲(기조) 비난하고 비웃음.

譏察(기찰) 따지어 조사함. 검문(檢問)함.

譏讒(기참) 남을 헐뜯어 참소함.

譏評(기평) 나쁘게 말함.

譏諷(기풍) 넌지시 비난함.

譏嫌(기혐) 꾸지람을 당하고 미움받음.

譊
⑫ 19획 日ドウ
떠들 뇨 中náo

풀이 1. 떠들다. 2. 성내어 부르다. 호통치다. 3.말다툼하다.

譚
⑫ 19획 日タン
이야기 담 中tán

풀이 1. 이야기. 이야기하다. ¶譚論 2. 깊다. ¶譚思 3. 달라붙다. 4. 이어지다. 5. 편안하다.

譚譚(담담) 고요하고 깊은 모양.

譚論(담론) 이야기하며 논의함.

譚思(담사) 깊이 생각함.

譚叢(담총) 여러 이야기를 모아 엮은 책.

譈
⑫ 19획 日タイ
원망할 대 中duì

풀이 1. 원망하다. 원한을 품다. 2. 죽이다.

謨
⑫ 19획 日モ
꾀할 모 中mó

풀이 꾀하다. 꾀. '謨(꾀 모)'의 고자.

유 謀(꾀할 모)

譔	⑫ 19획	
	❶가르칠 선	日セン
	❷지을 찬	中zhuàn

풀이 ❶ 1. 가르치다. ❷ 2. 짓다. 서술하다. 3. 기리다. 4. 갖추어지다.

유 敎(가르칠 교)

識	⑫ 19획	
	❶알 식	日シキ · しる
	❷기록할 지	中shí, zhì
	❸깃발 치	

*형성. 뜻을 나타내는 부수 '言(말씀 언)'과 음을 나타내는 '戠(찰진흙 시)'를 합친 글자.

풀이 ❶ 1. 알다. 깨닫다. 알아보다. 2. 지식. 아는 것. 3. 식견. ¶識達 4. 친분. 아는 사이. 5. 지각. ❷ 6. 기록하다. 기재하다. ¶識文 7. 표시하다. 8. 표지. 기호. 9. 평면에 새긴 글자. ❸ 10. 깃발.

識鑒(식감) 사물의 좋고 나쁨을 식별함. 특히 인품(人品)을 식별함.

識斷(식단) 지각이 있어 판단력이 뛰어남.

識達(식달) 식견이 있어 사리에 통달함.

識度(식도) 지식(知識)과 도량(度量).

識慮(식려) 1)깊이 헤아림. 2)지식(知識)과 사려(思慮).

識命(식명) 천명(天命)을 앎.

識拔(식발) 인재를 식별하여 뽑음.

識性(식성) 시비 · 선악 · 정사(正邪) · 곡직(曲直) 등을 잘 분간하는 성품.

識神(식신) 정신. 영혼.

識域(식역) 인식의 범위. 심리적 상태의 기준.

識遠(식원) 지식이 풍부함.

識者(식자) 사물의 이치를 깨달은 사람. 견식이 있는 사람.

識文(지문) 솥에 새긴 글자.

비 織(짤 직) 職(맡을 직)

譌	⑫ 19획
	訛(p1279)의 同字

證	⑫ 19획	日ショウ
	증명할 증	中zhèng

*형성. 뜻을 나타내는 부수 '言(말씀 언)'과 음을 나타내는 '登(오를 등)'을 합친 글자. 윗사람에게 말(言)을 올린다는(登)데서 '고하다' 등의 뜻을 나타냄.

풀이 1. 증명하다. 2. 증거. 증명. ¶證驗 3. 법칙. 4. 알리다. 5. 간하다. 6. 깨닫다. 득도하다. 7. 병세.

證果(증과) 수행(修行)으로 진리를 깨달은 결과. 모든 번뇌를 끊어 버리고 진리를 깨치는 일.

證券(증권) 1)재산법상의 권리 · 의무에 관한 내용을 기록한 문서. 2)유가 증권(有價證券)의 준말.

證憑(증빙) 진실을 증명할 근거.

證悟(증오) 도를 닦아 진리를 깨달음.

證引(증인) 증명하기 위해 찍는 도장.

證跡(증적) 증거가 되는 자취.

證左(증좌) 도움이 될 만한 증거.

證驗(증험) 증거. 또는 증거를 세움.

譖	⑫ 19획	日シン
	참소할 참	中zèn

풀이 1. 참소하다. 헐뜯다. ¶譖言 2. 어긋나다. 3. 속이다.

譖搆(참구) 헐뜯어 죄를 꾸밈.

譖短(참단) 헐뜯어 말함. 비난함.

譖訴(참소) 남을 헐뜯어 윗사람에게 거짓으로 꾸며 바침. 참소(讒訴).

譖言(참언) 헐뜯는 말. 참소하는 말.

譖潤(참윤) 1)날이 갈수록 점차로 스며드는 비방. 2)물이 스며들 듯이 차츰차츰 감화됨. 침윤(浸潤).

譙	⑫ 19획	日ショウ
	꾸짖을 초	中qiáo, qiào

풀이 1. 꾸짖다. ¶譙呵 2. 성루(城樓). 3. 새의 깃털이 상하다.

譙呵(초가) 꾸짖음.

譙樓(초루) 누각 위에 세운 망루.

譙門(초문) 초루의 문.

譙讓(초양) 말하여 꾸짖음. 꾸짖는 말.

譙譙(초초) 새의 날개가 괴로움을 겪어 찢기고 빠짐.

譒	⑫ 19획	日パ
	펼 파	中bò

풀이 1. 펴다. 말을 퍼뜨리다. 2. 노래하다.

譓	⑫ 19획	日カイ
	슬기로울 혜	中huì

풀이 1. 슬기롭다. 총명하다. 2. 따르다. 순종하다. 3. 명확히 분별하다.

譁	⑫ 19획	日カ・ワ
	시끄러울 화	中huá

* 형성. 뜻을 나타내는 부수 '言(말씀 언)'과 음을 나타내는 '華(빛날 화)'를 합친 글자. 말(言)이 화려하고(華) 번창하다는 데에서 '시끄럽다'의 뜻을 나타냄.

풀이 시끄럽다. 왁자지껄하다. ¶譁沸

譁沸(화비) 시끄럽게 소리침.

譁笑(화소) 크게 소리 내어 웃음.

譁然(화연) 시끄럽게 떠드는 모양. 시끄러운 모양.

譁吟(화음) 여러 사람이 시끄럽게 외침.

譁譟(화조) 시끄럽게 떠듦. 훤조(諠譟).

유 讙(시끄러울 환) 嗷(시끄러울 오) 嘈(시끄러울 조)

譓	⑫ 19획	日キ
	그칠 회	中huì

풀이 1. 그치다. 멈추다. 머물다. 2. 깨닫다.

譎	⑫ 19획	日ケツ
	속일 휼	中jué

풀이 1. 속이다. 2. 속임수. ¶譎計 3. 기이하다. 4. 굽다. 5. 넌지시 말하다. 6. 다르다. 7. 햇무리. 해의 둘레에 나타나는 흰빛의 테.

譎諫(휼간) 직언(直言)하지 않고 넌지시 간언함.

譎計(휼계) 속임수. 남을 속이는 계략.

譎怪(휼괴) 1)괴이할 만큼 아름다움. 또는 그 물건. 2)기이함.

譎詭(휼궤) 1)속임. 2)물건의 모양이 이상함. 또는 물체.

譎欺(휼기) 속임. 기만함.

譎略(휼략) 남을 속이는 계략.

譎妄(휼망) 거짓.

譎謀(휼모) 남을 속이는 꾀. 휼계(譎計).

譎詐(휼사) 남을 속이기 위해 간사한 꾀를 부림. 또는 그 꾀.

譆	⑫ 19획	日キ
	어이구 희	中xī

풀이 어이구! 아! 탄식하거나 두렵거나 또는 아플 때 내는 감탄사.

警	⑬ 20획	日ケイ
	경계할 경	中jǐng

* 형성. 뜻을 나타내는 부수 '言(말씀 언)'과 음을 나타내는 '敬(공경할 경)'을 합친 글자.

풀이 1. 경계하다. 경계. ¶警句 2. 변고. 사변. 3. 놀라다. 4. 깨다. 깨우다. ¶警世 5. 영리하다. ¶警敏 6. 빼어나다. ¶警拔

警鼓(경고) 1)비상 사태를 알리기 위해 치는 북. 2)천자가 거둥할 때 연주하는 경위(警衛)의 악곡(樂曲).

警句(경구) 진리나 교훈을 위해 짧게 표현한, 경계하는 신랄한 문구.

警懼(경구) 경계하며 두려워함.

警急(경급) 1)급한 변고를 대비함. 2)갑작스럽게 일어난 변고.

警邏(경라) 돌며 경계함. 경순(警巡).

警勵(경려) 스스로 경계하고 애씀. 또는 남을 타일러 힘쓰게 함.

警務(경무) 경찰의 업무.

警敏(경민) 민첩함. 슬기가 있음. 뛰어나게 총명함. 경첩(警捷).

警拔(경발) 1)뛰어나게 영리함. 2)글이 뛰어나고 기발함.

警發(경발) 1)경계하여 분발하게 함. 2)뛰어나게 슬기로움.

警醒(경성) 경계하여 잠을 깨운다는 뜻으로, 세상 사람의 혼미한 정신을 깨닫게 함을 이르는 말.

警世(경세) 세상을 깨우침. 세상 사람들을 깨우치게 함.

警柝(경탁) 경계를 위해 치는 방망이.

유 誡(경계할 계)

譥	⑬ 20획	日キョウ
	소리 지를 교	中jiào

풀이 1. 소리를 지르다. 아파서 크게 소리치다. 2. 들

추어 내다.

譨	⑬ 20획	日ノウ
	말 많을 누	中nóu

풀이 말이 많다. 다투어 말하다.

譜	⑬ 20획	日フ
	계보 보	中pǔ

* 형성. 뜻을 나타내는 부수 '言(말씀 언)'과 음을 나타내며 '벌여놓는다'는 뜻을 가진 '普(넓을 보)'를 합친 글자. '차례에 따라 가지런히 쓴 것'이란 뜻을 나타냄.

풀이 1. 계보. 계도(系圖). 계통을 따라 순서 있게 기록한 것. ¶譜系 2. 악보(樂譜). ¶譜曲 3. 계도를 만들다.

譜系(보계) 한 집안에 조상 때부터 내려오는 계보와 집안의 간단한 내력을 적은 책. 족보.

譜曲(보곡) 악보에 적힌 곡조. 악보(樂譜).

譜記(보기) 집안 혈통의 기록.

譜錄(보록) 1)보계(譜系). 족보(族譜). 2)악보(樂譜)를 모아 실은 기록.

譜所(보소) 족보를 만들기 위해 임시로 설치한 사무소.

族譜(족보) 친족의 계통을 따라 적어 놓은 서적.

譬	⑬ 20획	日ヒ
	비유할 비	中pì

* 형성. 뜻을 나타내는 부수 '言(말씀 언)'과 음을 나타내는 '辟(견줄 비)'를 합친 글자. 말(言)을 견주는(辟) 것을 나타내어 '비유하다'의 뜻으로 쓰임.

풀이 1. 비유하다. 비유. 2. 깨우치다. ¶譬說 3. 깨닫다.

譬類(비류) 비유함. 비유(譬喩).

譬說(비설) 타일러 깨우침.

譫	⑬ 20획	日セン
	헛소리 섬	中zhān

풀이 1. 헛소리. 앓는 사람이 중얼거리는 소리. 2. 말이 많은 모양.

譫言(섬언) 헛소리. 터무니없는 말.

譝	⑬ 20획	日ソ
	칭찬할 승	中shéng

풀이 1. 칭찬하다. 2. 말씨가 질박한 모양.

譝譝(승승) 말에 꾸밈이 없고 질박(質朴)한 모양.

유 讚(기릴 찬)

譪	⑬ 20획	日ガイ
	많을 애	中ǎi

풀이 1. 많다. 2. 힘과 마음을 다하다.

유 勤(부지런할 근)

譯	⑬ 20획	日ヤク
	번역할 역	中yì

* 형성. 뜻을 나타내는 부수 '言(말씀 언)'과 음을 나타내며 '바꾸다'의 뜻을 가지는 부수 이외의 글자를 합친 글자. 어떤 말을 다른 말로 바꾸는 것을 나타내어 '번역하다'의 뜻으로 쓰임.

풀이 1. 번역하다. 통역하다. ¶譯使 2. 풀이하다. 해석하다. 3. 선택하다.

譯經(역경) 경전을 번역하는 일.

譯讀(역독) 1)책을 읽고 뜻을 풀이함. 2)외국어로 쓰인 책을 번역함.

譯使(역사) 통역을 맡은 사신. 통역관.

譯言(역언) 통역(通譯).

議	⑬ 20획	日ギ
	의논할 의	中yì

* 형성. 뜻을 나타내는 부수 '言(말씀 언)'과 음을 나타내는 '義(옳을 의)'를 합친 글자.

풀이 1. 의논하다. 2. 논하다. 따져 말하다. 3. 강론하다. 4. 논쟁하다. 5. 헐뜯다. 6. 선택하다. 7. 의견. 8. 문체 이름. 옳고 그름을 논리적으로 진술하는 글.

議論風生(의론풍생) 의론이 바람처럼 일어난다는 뜻으로, 의론이 연달아 나옴을 비유하는 말.

議事(의사) 1)일을 의논함. 2)의회에서 의안(議案)을 논의함.

議臣(의신) 항상 정론(正論)으로써 건의하는 신하.

議政(의정) 1)정사(政事)를 상의함. 2)의정부(議政府)에 딸린 영의정 · 좌의정 · 우의정의 총칭.

議罪(의죄) 죄를 조사함. 논죄(論罪).

議奏(의주) 사안을 논의하여 그 결과를 아룀.

議處(의처) 관리의 잘못에 대한 처분을 논의함.
議請(의청) 범죄를 조사하여 그 죄에 해당하는 벌을 의논하여 임금에게 주청하고 임금의 명을 기다리는 일.
議諦(의체) 사물의 근본적인 의의.
議度(의탁) 헤아림.
비 儀(거동 의) 義(옳을 의)

譟	⑬ 20획	日ソウ
	떠들 조	中zào

풀이 1. 떠들다. 2. 시끄럽다. 떠들썩하다. 3. 기뻐하다. 환호하다.

譠	⑬ 20획	日タン
	속일 탄	中tán

풀이 1. 속이다. ¶譠謾 2. 업신여기다. 깔보다. 3. 돌보지 않다.
譠謾(탄만) 그럴듯하게 속여 넘김.

譞	⑬ 20획	日ケン
	영리할 현	中xuān

풀이 1. 영리하다. 슬기롭다. 2. 말이 많은 모양.

譴	⑭ 21획	日ケン
	꾸짖을 견	中qiǎn

풀이 1. 꾸짖다. 책망하다. 책망. ¶譴呵 2. 죄. 허물. 3. 재앙.
譴呵(견가) 꾸짖음. 책망. 견가(譴訶).
譴告(견고) 1)죄를 꾸짖고 잘못된 일을 알림. 2)하늘이 천재지변(天災地變)을 내려 임금에게 경고함.
譴怒(견노) 화를 내며 꾸짖음. 질책(叱責)함.
譴罰(견벌) 잘못을 꾸짖고 벌을 줌.
譴訝(견아) 의아하여 꾸짖음.
譴謫(견적) 1)꾸짖음. 2)좌천시킴.
譴責(견책) 잘못을 꾸짖고 나무람.
譴黜(견출) 잘못을 꾸짖고 지위를 떨어뜨림.

譅	⑭ 21획	日ソウ
	더듬을 삽	中sè

풀이 더듬다. 말을 더듬거리다.

譻	⑭ 21획	日オウ
	소리 앵	中yīng

풀이 소리. ㉠새 소리. ㉡방울 소리.
譻譻(앵앵) 1)새가 우는 소리. 2)방울이나 패물이 울리는 소리.

譽	⑭ 21획	日ヨ
	기릴 예	中yù

*형성. 뜻을 나타내는 부수 '言(말씀 언)'과 음을 나타내며 '올리다'의 뜻을 지닌 '與(줄 여)'를 합친 글자. 말[言]로 사람을 치켜올림[與]을 나타내어, '기리다', '칭찬'의 뜻으로 쓰임.
풀이 1. 기리다. 칭찬하다. ¶譽歎 2. 바로잡다. 3. 즐기다. 4. 명성. 영예. ¶譽望
譽望(예망) 명성과 덕망.
譽髦(예모) 명망 있는 뛰어난 사람.
譽聲(예성) 1)명예와 명성. 2)칭찬하는 소리.
譽兒癖(예아벽) 자기의 자식을 칭찬하는 버릇.
譽諛(예유) 칭찬하며 아첨함.
譽訾(예자) 칭찬함과 헐뜯음.
譽歎(예탄) 칭찬하여 감탄함.
유 讚(기릴 찬) 비 擧(들 거)

譺	⑭ 21획	
	❶속일 의	日ギ·オク
	❷삼갈 억	中ài, yí

풀이 ❶ 1. 속이다. 2. 조롱하다. ❷ 3. 삼가다. ¶譺然
譺然(억연) 몸을 깨끗하게 하며 삼가는 모양.
비 擬(헤아릴 의)

譸	⑭ 21획	日チュウ
	속일 주	中zhōu

풀이 1. 속이다. 기만하다. ¶譸張 2. 저주하다. 3. 꾀하다.
譸張(주장) 속임. 기만함.
유 詛(저주할 저)

護	⑭ 21획	日ゴ
	지킬 호	中hù

* 형성. 뜻을 나타내는 부수 '言(말씀 언)'과 음을 나타내며 바깥 주위에서 헤아린다는 의미를 지닌 '蒦(얻을 확)'을 합친 글자. 이에 말로 '변호하다'라는 뜻을 나타내다가, 후에 '지키다'의 뜻을 나타냄.

풀이 1. 지키다. 보호하다. ¶護國 2. 통솔하다. 3. 감시하다. 4. 돕다.

護國(호국) 나라를 외적(外敵)으로부터 보호하여 지킴.

護短(호단) 1)남의 단점을 건드리지 않음. 2)자기의 잘못을 감싸 보호함.

護法(호법) 1)법을 수호함. 2)선법(善法)을 충실히 지키는 일. 또는 부처의 정법(正法)을 옹호(擁護)하는 일.

護喪(호상) 장례에 관한 일을 주관함. 또는 그 사람.

護身符(호신부) 몸을 재액(災厄)으로부터 지킨다는 부적. 호부(護符).

護葉(호엽) 표지(表紙).

護葬(호장) 1)장례를 주관함. 2)장의 위원(葬儀委員).

護前(호전) 과거를 보호함. 곧, 자신의 잘못을 고치지 않음.

護持(호지) 1)지켜 보호함. 2)신불(神佛)의 가호(加護).

비 穫(거둘 확) 獲(얻을 획)

讀

⑮ 22획 ❶읽을 독 ❷구두 두 日ドク·よむ 中dòu, dú

* 형성. 뜻을 나타내는 부수 '言(말씀 언)'과 음을 나타내는 '賣(행상할 육)'을 합친 글자.

풀이 ❶ 1. 읽다. ¶讀書 2. 풀다. 해독하다. 3. 읽기. ❷ 4. 구두. 단어 구절을 점이나 부호로 표시하는 것. ¶讀點 5.㊕ 이두(吏讀·吏頭). 신라 때부터 한자의 음이나 뜻을 빌려 우리말을 적던 문자.

讀禮(독례) 1)부모의 상을 당했을 때 모든 일을 그만두고 오직 예서(禮書)에 있는 상제(喪祭)에 관한 글만 읽던 일. 즉, 친상 중에 있음을 이르는 말. 2)전례(典禮)를 읽음.

讀師(독사) 안거(安居)나 법회(法會) 때에 불경을 강의하는 일을 맡은 승려.

讀書亡羊(독서망양) 글을 읽다가 양을 잃는다는 뜻으로, 다른 일에 정신이 팔려 본래 일을 소홀히 하는 것을 이르는 말.

✪讀書亡羊(독서망양)의 유래
하인과 하녀 두 사람이 함께 양을 치고 있다가 잃어버렸다. 주인이 그 이유를 물었더니 하인은 "댓가지를 끼고 책을 읽고 있었습니다."라고 했고 하녀는 "주사위 놀이를 하고 있었습니다."라고 했다. 책을 읽었건 주사위 놀이를 했건 간에 양을 잃은 결과는 똑같으므로 군자나 소인을 구별하는 것이 무의미하다는 뜻으로 전해지는 이야기이다.

讀書三到(독서삼도) 송(宋)나라의 주희(朱熹)가 주창한 독서의 세 가지 방법. 마음과 눈과 입을 오로지 독서하는 데에만 집중해야 한다는 말.

讀書尙友(독서상우) 책을 읽어 옛 현인(賢人)을 친구로 삼음.

讀脣術(독순술) 상대방의 입술 움직임을 보고 그가 하는 말을 이해하는 기술. 농아자(聾啞者) 교육의 한 방법.

讀習(독습) 책을 읽고 익힘.

讀心(독심) 남의 마음을 알아 내는 일.

讀祝(독축) 제문을 읽음.

讀畵(독화) 그림을 감상함.

讀會(독회) 의회에서 의안 등의 초안을 논의하는 일. 또는 그 모임.

句讀點(구두점) 글에 찍는 쉼표와 마침표.

비 讀(꾸짖을 책)

讄

⑮ 22획 뇌사 뢰 日ライ 中lěi

풀이 1. 뇌사(誄詞). 죽은이의 공덕을 칭송하며 명복을 비는 글. 2. 명복을 빌다.

譾

⑮ 22획 얕을 전 日セン 中jiǎn

풀이 얕다. 천박하다.

譾劣(전열) 천박하고 졸렬함.

譿

⑮ 22획 슬기로울 혜 日ケイ 中huì

풀이 1. 슬기롭다. 2. 재지(才智). 재주와 지혜.

유 慧(슬기로울 혜)

變

⑯ 23획 변할 변 日ヘン 中biàn

* 형성. 뜻을 나타내는 '攴(칠 복)'과 음을 나타내는 '䜌(련)'을 합친 글자. 음을 나타내는 문자의 윗부분(련, 변)과 때려가며(문자의 아랫부분) 가르친다는 뜻을 합한 글자. 마음을 고치니 사람이 달라진다, 즉 '변하다'를 뜻하게 된 글자. '변하게 하는 일', '변하는 일'을 나타냄.

풀이 1. 변하다. 변화하다. 변화. ¶變相 2. 바꾸다. 고치다. ¶變法 3. 어지러워지다. ¶變亂 4. 변고. 갑작스런 사고. 5. 반란. 6. 재앙. 7. 편법(便法). 임시변통의 수법. 8. 상(喪). 죽음.

變故(변고) 갑작스런 사건. 재변(災變)과 사고(事故).

變怪(변괴) 1)특이한 재변(災變). 2)도리를 벗어난 이상한 짓.

變亂(변란) 1)나라가 어지러움. 전쟁. 2)세상이 어지러워짐. 또는 세상을 어지럽힘.

變法(변법) 법을 바꿈. 또는 바뀐 법률이나 제도.

變服(변복) 남의 눈을 피하려고 변장함. 또는 변장한 옷.

變死(변사) 불의의 재난이나 자해(自害) 등으로 죽는 일. 횡사(橫死).

變辭(변사) 먼저 한 말을 이리저리 바꿈. 또는 그 말.

變相(변상) 1)바뀐 모습. 2)부처의 법신(法身)이 여러 가지 모습으로 변한 모습.

變說(변설) 1)지론(持論)을 도중에서 바꿈. 2)자기가 하던 말을 중간에서 바꿈.

變聲(변성) 성장기에 목소리가 낮고 굵게 변함.

變成男子(변성남자) 여자가 미래에 부처[佛]가 되기 위하여 그 성(性)을 바꾸어 남자가 됨.

變衰(변쇠) 변하여 쇠약해짐.

變易(변역) 바꿈. 또는 바뀜.

變異(변이) 1)이상한 일. 2)같은 종류의 동·식물이 그 모습과 성질이 달라짐.

變災(변재) 1)갑작스런 재앙. 2)사변과 재난.

變轉(변전) 이리저리 변하여 달라짐.

變節(변절) 1)절개를 지키지 못함. 2)종래의 주장을 바꿈. 3)계절의 변화. 철이 바뀜.

變種(변종) 1)종류가 변함. 2)원래 종자에서 변한 종자. 3)성질이나 언행이 이상한 사람을 조롱하는 말.

變置(변치) 바꾸어 놓음.

變革(변혁) 바꾸어 새롭게 함. 또는 바뀌어 새로워짐.

變化無常(변화무상) 변화가 심하여 종잡을 수가 없음.

變幻(변환) 종잡을 수 없이 빠르게 변화함. 갑자기 나타났다 갑자기 없어졌다 함.

유 化(될 화) 改(고칠 개) 비 燮(화할 섭)

7획

讋	⑯ 23획 / 두려워할 섭	日ショウ / 中zhé

풀이 1. 두려워하다. ¶讋伏 2. 꺼리다. 3. 끊임없이 떠들다.

讋伏(섭복) 두려워하여 엎드림.

讋服(섭복) 두려움에 복종함.

讋怖(섭포) 두려움에 떪.

유 怖(두려워할 포) 惶(두려워할 황) 懼(두려워할 구)

	⑯ 23획 / 원수 수	日シュウ / 中chóu

풀이 1. 원수. 원수로 삼다. ¶讎仇 2. 갚다. 3. 바로잡다. 4. 대답하다. 5. 팔다. 6. 같다. 대등하다. 7. 맞다. 합당하다. 8. 동류. 동아리. 9. 자주.

讎校(수교) 두 사람이 상대하여 원본에 비추어 교정하는 일. 수정(讎正).

讎仇(수구) 원수.

讎斂(수렴) 마구 거두어 감. 가렴주구(苛斂誅求).

讎問(수문) 따져 물음. 힐문(詰問)함.

讎殺(수살) 원수로 여겨 죽임.

讎厭(수염) 부르는 값대로 팖.

讎怨(수원) 원한(怨恨).

讎日(수일) 부모의 기일(忌日).

讎正(수정) 수교(讎校).

讎疾(수질) 원수처럼 미워함.

讎嫌(수혐) 원수같이 여김. 원한.

유 仇(원수 구)

讌	⑯ 23획 / 잔치 연	日 / 中yàn

풀이 1. 잔치. 잔치를 벌이다. ¶讌席 2. 모여 이야기하다. ¶讌語

讌服(연복) 평상복(平常服).

讌席(연석) 잔치의 자리.

讌笑(연소) 즐겁게 모여 웃음. 연소(燕笑).

讌語(연어) 터놓고 이야기함.

讌飮(연음) 잔치에서 술을 마심. 연음(燕飮).

讌戲(연희) 술자리를 즐김.

	⑯ 23획 / 잠꼬대 위	日イ / 中wèi

풀이 1. 잠꼬대. 2. 속이다. 거짓되다. 3. 어리석다.

유 謊(잠꼬대 황)

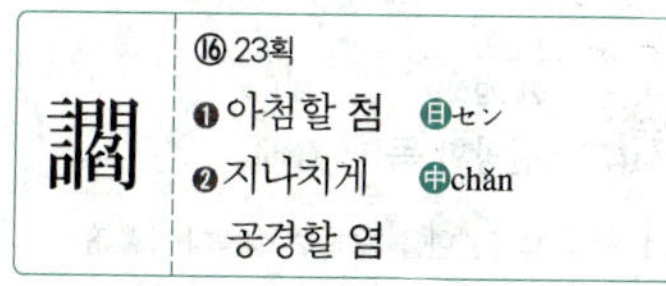

讇 ⑯ 23획 ❶아첨할 첨 ❷지나치게 공경할 염 日セン 中chǎn

풀이 ❶ 1. 아첨하다. ❷ 2. 지나치게 공경하다.

유 諂(아첨할 첨) 佞(아첨할 녕) 媚(아첨할 미)

讕 ⑰ 24획 헐뜯을 란(난) 日ラン 中lán

풀이 1. 헐뜯다. 2. 실언하다. 엉겁결에 말하다. 3. 속이다.

讕辭(난사) 무심코 엉겁결에 한 말. 난언(讕言).

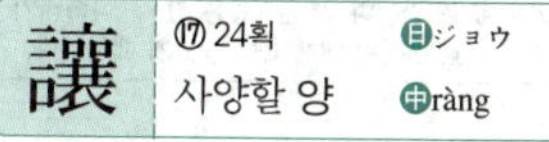

讓 ⑰ 24획 사양할 양 日ジョウ 中ràng

* 형성. 뜻을 나타내는 부수 '言(말씀 언)'과 음을 나타내는 '襄(다툴 양)'을 합친 글자. '서로 말다툼하다'의 뜻으로 쓰이다가, 바뀌어, '사양하다'의 뜻을 나타냄.

풀이 1. 사양하다. 응하지 않다. 2. 양보하다. 넘겨주다. ¶讓位 3. 겸손하다. 4. 꾸짖다. ¶讓誚 5. 술을 빚다. 6. 욕하다.

讓能(양능) 재주와 지혜가 있는 사람에게 자리를 양보함.

讓畔而耕(양반이경) 농부가 밭의 경계를 서로 양보하면서 밭을 갊. 세상의 인정이 순후함을 이르는 말.

讓禪(양선) 양위(讓位).

讓受(양수) 남에게서 넘겨 받음.

讓位(양위) 1)자리를 양보함. 2)임금의 자리를 물려줌. 양선(讓禪).

讓揖(양읍) 손을 모아 어깨 높이로 올려 절을 함.

讓誚(양초) 꾸짖음.

讓退(양퇴) 남에게 양보하고 자신은 물러남.

讓賢(양현) 어진 사람에게 양보함.

讔 ⑰ 24획 수수께끼 은 日イン 中yǐn

풀이 수수께끼.

유 謎(수수께끼 미)

讒 ⑰ 24획 참소할 참 日ザン 中chán

풀이 1. 참소(讒訴)하다. 헐뜯다. ¶讒佞 2. 참소. 헐뜯는 말. 3. 간사하다. 사특하다.

讒間(참간) 남의 사이를 헐뜯어 멀어지게 함. 이간질함.

讒構(참구) 없는 사실을 꾸며 남을 죄에 빠뜨림.

讒佞(참녕) 참소하고 아첨함. 또는 그 사람.

讒誣(참무) 없는 사실을 꾸며서 윗사람에게 고해 바침. 무고(誣告)하여 참소함.

讒謗(참방) 헐뜯음.

讒夫(참부) 참소하는 사람. 헐뜯는 말로 모함하는 사람. 참인(讒人).

讒邪(참사) 간악한 마음으로 남을 헐뜯음.

讒訴(참소) 남을 모함하여 윗사람에게 고해 바침.

讒臣(참신) 참소하는 신하.

讒言(참언) 남을 헐뜯는 말. 참소하는 말.

讒奏(참주) 임금에게 참소하는 글을 올림.

讒嫉(참질) 질투하여 헐뜯음.

讒諂(참첨) 참소를 하며 아첨함.

讒陷(참함) 모함하여 남을 죄에 빠뜨림.

讒毁(참훼) 참소하여 헐뜯음.

유 譖(참서 참)

讖 ⑰ 24획 조짐 참 日シン 中chèn

풀이 1. 조짐. 예언. ¶讖緯 2. 뉘우치다. 3. 참서(讖書). 앞일에 대한 예언을 모아 놓은 책.

讖記(참기) 미래의 일을 예언한 기록.

讖術(참술) 앞일을 아는 술법.

讖言(참언) 앞날의 길흉(吉凶)에 대하여 예언하는 말.

讖緯(참위) 도참(圖讖)과 위서(緯書).

유 悔(뉘우칠 회)

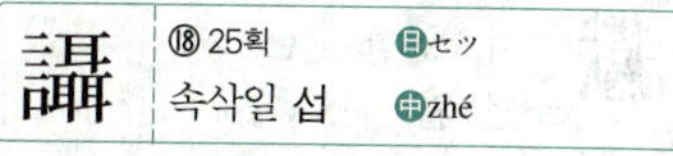

讘 ⑱ 25획 속삭일 섭 日セツ 中zhé

풀이 1. 속삭이다. 2. 말을 많이 하다.

讙 ⑱ 25획 시끄러울 환 日カン 中huān

풀이 1. 시끄럽다. 떠들썩하다. ¶讙讙 2. 기뻐하다. 즐거워하다. ¶讙然

讙奮(환분) 기뻐하며 일어남.
讙然(환연) 즐거워하는 모양. 환연(歡然).
讙敖(환오) 떠들썩함. 시끄러움.
讙囂(환효) 시끄럽게 떠듦. 또는 그 소리.
讙讙(환환) 떠들썩한 모양.

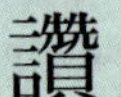

⑲ 26획 日サン
기릴 찬 中zàn

* 형성. 뜻을 나타내는 부수 '言(말씀 언)'과 음을 나타내며 앞으로 '보내다'의 뜻을 가진 '贊(기릴 찬)'을 합친 글자. 사람을 치켜올려 '기리다'라는 뜻을 나타냄.

풀이 1. 기리다. 칭송하다. ¶讚頌 2. 풀어 밝히다. 3. 돕다. 4. 찬불가. 5. 문체 이름. 아름다운 행적이나 시화를 기리는 글.

讚美(찬미) 덕을 칭송함. 아름다운 것을 기림. 찬미(贊美).
讚佛(찬불) 부처의 공덕을 칭송함.
讚辭(찬사) 칭송하는 말이나 글.
讚賞(찬상) 칭송하여 기림.
讚頌(찬송) 덕을 기림.
讚述(찬술) 덕을 칭송하여 기록함. 찬술(贊述).
讚歎(찬탄) 매우 칭송하여 감탄함.

유 譽(기릴 예)

⑳ 27획 日トウ
곧은 말 당 中dǎng

풀이 1. 곧은 말. 바른말. 2. 정직하다.

讜論(당론) 바른 논의. 당의(讜議).
讜言(당언) 올바른 말. 정언(正言).
讜議(당의) 당론(讜論).
讜直(당직) 정직함.

讞

⑳ 27획 日ゲン
죄 의논할 언·얼 中yàn

풀이 1. 죄를 의논하다. 죄상을 심리하다. ¶讞獄 2. 묻다. 조사하다. ¶讞疑 3. 정직하다. 4. 보고하다. 아뢰다. 5. 심리를 청구하다.

讞牘(언독) 죄를 의논한 기록.
讞書(언서) 죄를 평의한 판결문.
讞讞(언언) 마음이 바르고 곧은 모양.
讞議(언의) 공정한 조사.
讞正(언정) 죄를 바르게 헤아림.

讟

㉒ 29획 日トク
원망할 독 中dú

풀이 1. 원망하다. 원한을 품다. 2. 헐뜯다. ¶讟謗

讟謗(독방) 헐뜯음. 비방함.

유 怨(원망할 원)

谷 부

谷 골 곡 部

'谷' 자는 두 산 사이에 끼인 골짜기의 모습을 나타낸 글자로, '골짜기'라는 뜻을 갖는다. 또는 '좁은 길'을 나타내기도 하는데 골짜기에 있는 길이 대개 폭이 좁았기 때문이다.

⓪ 7획
❶골 곡 日コク·たに
❷나라 이름 욕 中gǔ, yù

* 회의. 골짜기에서 물이 흘르는 모양을 나타내는 윗부분과 골짜기 입구를 의미하는 '口(입 구)'를 합친 글자. 이에 '골짜기'의 뜻을 나타냄.

풀이 ❶ 1. 골. 골짜기. ¶谷泉 2. 막히다. 3. 키우다. 기르다. ❷ 4. 나라 이름. 토욕혼(吐谷渾). 선비족이 세웠던 나라.

谷澗(곡간) 골짜기에 흐르는 개울.
谷量(곡량) 골짜기에 채워 양을 헤아릴 정도 물품이 대단히 많음.
谷神(곡신) 도(道)의 공허함을 산골짜기에 비유한 말.
谷王(곡왕) 바다. 해양(海洋).
谷飮(곡음) 1)골짜기의 시냇물을 마심. 2)산속에 은거함을 이르는 말.
谷泉(곡천) 골짜기에서 나오는 샘.
谷風(곡풍) 1)동풍. 2)낮에 산기슭이나 골짜기에서 불어오는 바람.
盲谷(맹곡) 지하 수로에서 솟아 나오는 물이 바위를 깎고 녹여서 만들어진 골짜기.
百谷王(백곡왕) 모든 골짜기의 물을 모으는 곳이라는 뜻에서, 바다를 이르는 말.

谸 ③ 10획 日セン
산 이름 천 中qiān

풀이 산 이름.

谻 ④ 11획
❶절뚝거릴 각 日ギャク・キョク
❷지칠 극 中jí

풀이 1 1. 절뚝거리다. 발을 절다. 2 2. 지치다. 피곤하다.

谺 ④ 11획 日カ
골 휑할 하 中xiā

풀이 골이 휑하다. 골짜기가 깊고 텅 빈 모양. ¶谽谺

谹 ④ 11획 日コウ
깊을 횡 中hóng

풀이 1. 깊다. 심오하다. 2. 산울림.

容 ⑤ 12획
❶쳐낼 준 日ジュン
❷총명할 예 中jùn, ruì

풀이 1 1. 쳐내다. 강이나 개울을 준설하다. 2 2. 총명하다.

谼 ⑥ 13획 日コウ
큰 골 홍 中hóng

풀이 큰 골짜기.

谽 ⑦ 14획 日カン
골 휑할 함 中hān

풀이 골이 휑하다. 골짜기가 깊고 텅 빈 모양. ¶谽谺

谽谺(함하) 골짜기가 깊고 텅 빈 모양.

谾 ⑧ 15획
❶골 휑할 홍 日コウ・ロウ
❷깊을 롱(농) 中hōng, lóng

풀이 1 1. 골이 휑하다. 골짜기가 텅 빈 모양. ¶谾壑

2 2. 깊다. 산골짜기가 깊숙한 모양. ¶谾豅

谾豅(농롱) 산골짜기가 깊은 모양.

谾壑(홍학) 골짜기가 텅 빈 모양.

谿 ⑩ 17획 日ケイ
시내 계 中xī

풀이 1. 시내. ¶谿澗 2. 텅 비다. 3. 송장메뚜기.

谿澗(계간) 산골짜기를 흐르는 시내.

谿谷(계곡) 산골짜기. 계곡(溪谷).

谿子(계자) 중국 남부의 이민족. 센 쇠뇌를 잘 만들었다고 함. 또는 그 쇠뇌.

谿壑(계학) 1)큰 골짜기. 계곡(溪谷). 2)끝없는 욕심.

谿壑之慾(계학지욕) 만족할 줄을 모르는 끝없는 욕심.

유 川(내 천)

豀 ⑩ 17획
❶시내 계 日カイ
❷될들 혜 中xī

풀이 1 1. 시내. 2 2. 될들다. 서로 말다툼하며 덤비는 모양.

유 谿(시내 계)

豁 ⑩ 17획 日カツ
골짜기 활 中huá, huō, huò

풀이 1. 골짜기. 2. 열리다. 확 트이다. ¶豁達 3. 소통하다. 막힘 없이 통하다. 4. 텅 비다. 5. 크다. 넓다. ¶豁落 6. 깊숙하다. 7. 용서하다.

豁達(활달) 1)활짝 트인 모양. 사방이 시원하게 트인 모양. 2)도량이 큰 모양.

豁達大度(활달대도) 넓고 큰 도량.

豁落(활락) 넓고 큼.

豁如(활여) 도량이 큰 모양.

豁然(활연) 1)시원하게 트인 모양. 2)의심 등이 시원하게 풀리는 모양. 깨닫는 모양.

豁然大悟(활연대오) 마음이 확 트이듯 깨달음을 얻는 일.

豁悟(활오) 환히 깨달음.

豁蕩(활탕) 마음이 트여 사물에 구애되지 않음.

豁閜(활하) 크고 널찍하며 텅 빈 모양.

豁豁(활활) 넓은 모양.

豃	⑫ 19획	日カン
	열릴 함	中hǎn

풀이 1. 열리다. 확 트이다. 2. 골짜기가 깊은 모양.

豅	⑯ 23획	日ロウ
	크고 긴 골 롱	中lóng

풀이 1. 크고 긴 골. 2. 골짜기가 텅 빈 모양.

豆 부

豆 콩 두 部

'豆' 자는 식기로 사용되던 그릇의 모양을 본뜬 글자로, 후에 제물을 담는 그릇으로 사용되었기 때문에 '제기 이름'을 뜻한다. 또한 두유(豆乳)에서처럼 그릇과 관계없이 '콩'이라는 뜻으로 더 자주 쓰이기도 한다.

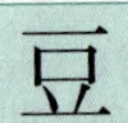

豆	⓪ 7획	日トウ·ズ·まめ
	콩 두	中dòu

* 상형. 뚜껑(一)과 그릇(口)과 발(䒑)을 합쳐서, 고기를 담는 식기의 모양을 본뜬 글자. 바뀌어, '콩'의 뜻으로 쓰임.

풀이 1. 콩. ¶豆乳 2. 제기(祭器) 이름. 굽이 높은 나무 그릇. 3. 제수(祭需). 제사에 쓰이는 음식. 4. 말[斗]. 용량의 단위.

豆羹(두갱) 1)한 그릇의 국. 적은 양의 국. 2)콩을 넣어서 끓인 국.

豆類(두류) 1)콩과(科)에 속하는 식물의 종류. 2)콩 종류의 곡식. 두숙류(豆菽類).

豆腐(두부) 물에 불린 콩을 갈아서 익힌 뒤에 베자루에 걸러서 간수를 쳐서 만든 음식.

豆肥(두비) 콩을 썩혀서 쓰는 거름.

豆芽(두아) 콩나물.

豆乳(두유) 간 콩에 물을 더하여 진하게 끓인 하얗고 걸쭉한 액체.

豆油(두유) 콩기름.

豆彩(두채) 연한 황색의 빛깔을 내는 채화(彩花).

豆草類(두초류) 가축의 먹이나 비료에 사용되는 콩과 식물의 총칭. 자운영(紫雲英)·싸리 등.

豆太(두태) 콩과 팥.

豆黃(두황) 콩가루.

綠豆(녹두) 밭에 심는 콩과에 속한 일년초.

木豆(목두) 제사 때 쓰이는 굽이 높은 나무 접시.

豇	③ 10획	日コウ
	광저기 강	中jiāng

풀이 광저기. 동부. 콩과에 속한 일년초.

豇豆(강두) 콩의 일종. 광저기.

豈	③ 10획	
	❶ 어찌 기	日ガイ·キ·あに
	❷ 즐거울 개	中kǎi, qǐ

* 상형. 군대에서 쓰는 장식을 한 북의 모양을 본뜬 글자. 전쟁에 승리하고 북을 치며 기뻐하는 것을 나타내어 '개가', 또는 '즐기다'의 뜻으로 쓰임. 또한, 반어를 나타내는 '어찌'의 뜻으로도 쓰임.

풀이 ❶ 1. 어찌. 반어문(反語文)에 쓰임. 2. 그. 3. 바라다. ❷ 4. 즐겁다. ¶豈樂 5. 화락하다. 6. 개가(凱歌).

豈樂(1.개락/2.개악) 1)기뻐함. 즐거워함. 2)개선(凱旋)할 때 연주하는 음악.

豈弟(개제) 외모와 심성이 온화하고 단정함. 개제(凱弟).

豈徒順之(기도순지) 어찌 다만 그것을 따르기만 하겠는가? 따르기만 할 뿐 아니라 또한 이러이러한 일도 한다는 뜻.

豈不爾思(기불이사) 어찌 그대를 생각하지 않겠는가? 깊이 생각하고 있다는 뜻.

豈非(기비) 어찌 …가 아니랴. 그것임에 틀림없다는 뜻.

豈唯(기유) 어찌 다만 그것뿐이랴. 그것만이 아니라는 뜻. 기지(豈止).

豈有此理(기유차리) 어찌 도리(道理)가 있으리오. 그런 도리는 없다는 뜻.

유 何(어찌 하)

豉	④ 11획	日シ
	메주 시	中chǐ

풀이 메주. 된장.

豋	⑥ 13획	日トウ
	제기 이름 등	中dēng

풀이 제기 이름. 제사 때 쓰는, 굽이 높은 오지그릇.

비 登(오를 등)

豊	⑥ 13획
	❶禮(p962)의 古字
	❷豐(p1321)의 俗字

豎	⑧ 15획	日ジュ
	세울 수	中shù

풀이 1. 세우다. 서다. ¶豎立 2. 세로. 3. 곧다. 바르다. 4. 아이. 관례를 치르지 않은 아이. ¶豎子 5. 짧다. 6. 내시(內侍). ¶豎宦

豎褐(수갈) 해진 짧은 베옷.

豎箜篌(수공후) 고구려 때의 현악기 이름.

豎琴(수금) 거문고의 일종.

豎童(수동) 심부름하는 더벅머리 아이. 아이종.

豎吏(수리) 수신(豎臣).

豎立(수립) 똑바로 섬. 또는 똑바로 세움.

豎毛(수모) 머리털이 곤두섬. 놀라고 두려워하는 모양.

豎臣(수신) 지위가 낮은 벼슬아치. 하급 관리. 소신(小臣).

豎儒(수유) 못난 학자. 유학자(儒學者)를 낮추어 하는 말. 또는 유학자의 겸칭.

豎子(수자) 1)더벅머리 아이. 동자(童子). 2)그 녀석. 남을 낮추어 부르는 말.

豎宦(수환) 내시. 환관(宦官).

비 竪(굳을 견)

豌	⑧ 15획	日エン
	완두 완	中wān

풀이 완두.

豌豆瘡(완두창) 완두 모양으로 허는 종기.

䜺	⑧ 15획	日サク · ひさまあ
	콩가루 책	中chǎi

풀이 콩가루. 볶은 콩을 맷돌에 간 가루.

豏	⑩ 17획	日エン
	콩소 함	中wān

풀이 1. 콩소. 떡에 넣는 소. 2. 콩이 반쯤 성숙하다.

豐	⑪ 18획	日ホウ · ゆたか
	풍년 풍	中fēng

*상형. 그릇[豆]위에 음식을 담아 올린 모양을 본뜬 글자. 음식이 가득 들어 있는 데에서 '풍년이 들다', '넉넉하다'의 뜻을 나타냄.

풀이 1. 풍년. 풍년이 들다. ¶豐年 2. 넉넉하다. 많다. ¶豐潤 3. 제기(祭器) 이름. 제사 때 쓰는 술잔 받침. 4. 괘이름. 64괘의 하나.

豐潔(풍결) 제사 물건이 풍족하고 깨끗함.

豐歉(풍겸) 풍년과 흉년.

豐功(풍공) 위대한 공(功).

豐筋多力(풍근다력) 획이 굵고 힘찬 글씨.

豐年(풍년) 곡식이 잘 익은 해. 농사가 잘된 해.

豐年化子(풍년화자) 풍년 거지. 많은 사람이 모두 이익을 볼 때 혼자 이익을 보지 못함을 비유하는 말.

豐登(풍등) 곡식이 잘 익음.

豐樂(풍락) 물자가 풍부하고 백성이 안락함. 재물이 넉넉하여 즐거움.

豐麗(풍려) 풍족하고 아름다움.

豐隆(풍륭) 1)우렛소리. 또는 뇌신(雷神). 2)비 또는 구름의 신(神).

豐碑(풍비) 1)공덕을 기리기 위해 세우는 큰 비. 2)하관(下棺)할 때 관의 네 모에 세우는 나무 기둥.

豐羨(풍선) 풍부하여 여유가 있음.

豐贍(풍섬) 풍족함. 재물이 풍부함.

豐歲(풍세) 곡식이 잘 여물어 수확이 많은 해. 풍년(豐年).

豐熟(풍숙) 열매가 많이 달리고 잘 여묾.

豐衍(풍연) 넉넉하여 남음.

豐艷(풍염) 얼굴이 통통하고 아리따움.

豐屋(풍옥) 큰 집.

豐偉(풍위) 몸집이 크고 뚱뚱함.

豐潤(풍윤) 넉넉하고 윤택함.

豐稔(풍임) 결실(結實)이 잘됨. 풍년이 듦.

豐悴(풍췌) 흥함과 쇠함. 성쇠(盛衰).

豐取刻與(풍취각여) 많이 취하고 각박하게 줌. 욕심이 많고 인색함을 이르는 말.

豐下(풍하) 턱 밑이 살쪄 도톰함. 부유하고 귀해지는 상(相)이라 함.

豐亨豫大(풍형예대) 세상이 평화롭고 백성이 즐거움을 누리는 일.

豐厚(풍후) 1)넉넉하고 많음. 번창함. 2)얼굴에 살이 많아 덕성스러움. 3)매우 극진함.

반 凶(흉할 흉)

豕 부

豕 돼지 시 部

'豕' 자는 돼지의 모양을 본뜬 글자로, '돼지'를 뜻한다. 이 글자를 부수로 하는 글자는 돼지나 그와 닮은 동물과 관계가 있다.

豕	⓪7획 돼지 시	日シ·いのこ 中shǐ

풀이 돼지. ¶豕心

豕交獸畜(시교수휵) 돼지처럼 사귀고 짐승처럼 기른다는 뜻으로, 사람을 예로써 대우하지 않고 짐승같이 취급함을 비유하는 말.

豕牢(시뢰) 돼지우리. 뒷간.

豕心(시심) 돼지처럼 염치 없고 욕심이 많은 마음.

魯魚亥豕(노어해시) 노(魯)와 어(魚), 해(亥)와 시(豕)는 글자 모양이 비슷해 잘못 쓰는 오류를 범하기 쉽다는 말.

封豕長蛇(봉시장사) 식욕이 왕성한 큰 돼지와 먹이를 통째로 삼키는 긴 뱀이라는 뜻으로, 탐욕한 사람을 비유하는 말.

유 亥(돼지 해) 豚(돼지 돈) 猪(돼지 저)

豗	③10획 칠 회	日カイ 中huī

풀이 1. 치다. 맞부딪치다. 2. 돼지가 땅을 파다. 3. 떠들썩하다.

豚	④11획 돼지 돈	日トン·ぶた 中tún

* 회의. '豕(돼지 시)'와 '月(고기 육)'을 합친 글자. 멧돼지와 구별해 제사에 고기를 바치는 돼지, 즉 '돼지'의 뜻으로 쓰임.

풀이 1. 돼지. 새끼 돼지. ¶豚犬 2. 흙을 넣은 자루. 3. 지척거리다. 다리를 끌며 억지로 걷다.

豚犬(돈견) 1)돼지와 개. 2)미련하고 못난 사람. 3)어리석은 자식. 자기 아들을 겸손하게 일컫는 말.

豚毛(돈모) 저모(豬毛).

豚拍(돈박) 돼지의 겨드랑이 살. 그릇에 담는 제물(祭物)의 하나임.

豚舍(돈사) 돼지 우리.

豚兒(돈아) 돼지처럼 미련한 철없는 아이. 곧, 남에게 대하여 자기의 아들을 낮추어 일컫는 말. 가돈(家豚).

豚魚(돈어) 돼지와 물고기.

豚肉(돈육) 돼지고기.

迷豚(미돈) 자기 아들을 낮추어 일컫는 말.

放豚(방돈) 다잡지 않아서 제멋대로 자라난 아이를 욕하는 말.

成豚(성돈) 다 큰 돼지.

유 亥(돼지 해) 猪(돼지 저)

豝	④11획 암돼지 파	日ハ·めすぶた 中bā

풀이 1. 암돼지. 2. 2살짜리 돼지.

象	⑤12획 코끼리 상	日ゾウ·ショウ 中xiàng

* 상형. 코끼리 모양을 본뜬 글자.

풀이 1. 코끼리. ¶象王 2. 상아(象牙). 3. 모양. 생김새. ¶象形 4. 조짐. 징조. 5. 점괘. 점조(占兆). 6. 역(曆). 달력. 7. 도(道). 8. 법칙. 9. 본뜨다. 본받다. 10. 통역관. 11. 문궐(門闕). 대궐 문 밖의 양쪽에 세운 누대.

象嵌(상감) 1)금속·도자기 등의 겉에 음각으로 무늬를 새기고 그 자리에 금·은 등을 박아 넣는 기술. 또는 그 작품. 2)연판(鉛版)의 잘못된 글자를 도려내고 바른 글자를 박아 고치는 일. 상안(象眼).

象管(상관) 1)상아(象牙)의 관(管). 2)붓의 다른 이름. 3)피리의 다른 이름.

象闕(상궐) 상위(象魏).

象德(상덕) 덕을 근본으로 세움.

象石(상석) 능(陵)·동산에 세우는 돌사람이나 돌말 등의 조각.

象牙(상아) 코끼리의 윗턱에 길게 뻗은 두 개의 앞니.

象牙塔(상아탑) 1)속세의 생활을 떠나서 오로지 학문이나 예술만을 즐기는 경지. 2)대학 또는 연구소를 나타내는 말.

象譯(상역) 통역(通譯).
象王(상왕) 코끼리.
象外(상외) 형상 밖이라는 뜻으로, 마음이 형상 밖에서 초월함을 이르는 말.
象魏(상위) 대궐의 문. 상궐(象闕).
象意(상의) 한자 육서(六書)의 하나. 회의(會意).
象人(상인) 1)인형. 2)제사 때에 동물의 탈을 쓰고 놀이하는 사람.
象徵(상징) 직접 보이지 않는 사물을 그것과 어떤 유사성을 가진 것에 의하여 연상하는 과정.
象皮(상피) 1)코끼리의 가죽. 2)인도 고무.
象限(상한) 원을 4등분한 것의 하나. 90도.
象形(상형) 1)형상을 본뜸. 2)한자 육서(六書)의 하나. 日·月·山·川 등과 같이 사물의 형상을 본뜬 글자.
象戱(상희) 장기. 상기(象棋).
비 衆(무리 중) 像(형상 상)

⑤ 12획
象(p1322)의 俗字

⑥ 13획 日コン
정성스러울 간 中kěn

풀이 정성스럽다. 간절한 모양.

豣
⑥ 13획 日ケン
돼지 견 中jiān

풀이 1. 돼지. 큰 돼지. ¶豣豵 2. 3살짜리 돼지.
豣豵(견종) 짐승의 새끼.
유 亥(돼지 해) 豚(돼지 돈) 猪(돼지 저)

豥
⑥ 13획 日カイ
네 굽 흰 돼지 해 中gāi

풀이 네 발굽이 다 흰 돼지.

豢
⑥ 13획 日カン
기를 환 中huàn

풀이 1. 기르다. 가축을 기르다. ¶豢養 2. 곡식을 먹여 기른 가축. ¶豢圉 3. 이익을 미끼로 꾀다.
豢養(환양) 가축을 기름.
豢圉(환어) 외양간이나 마구간.
豢擾(환요) 길러서 길들임.
유 飼(먹일 사)

豩
⑦ 14획
❶ 돼지 빈 日ヒン
❷ 완고할 환 中huān

풀이 1 1. 돼지. 2 2. 완고하다. 고집이 세다.

豪
⑦ 14획 日ゴウ
호걸 호 中háo

* 형성. 뜻을 나타내는 부수 '豕(돼지 시)'와 음을 나타내는 '高(높을 고)'의 생략형을 합친 글자.

풀이 1. 호걸. 뛰어난 인물. ¶豪傑 2. 재력이나 권세가 있는 사람. ¶富豪 3. 호협(豪俠)하다. 호방하고 의협심이 있다. 4. 사치하다. 5. 빼어나다. 걸출하다. 6. 강맹하다. 세차다. 7. 거드름을 피우다. 8. 호저. 고슴도치와 비슷하게 생긴 호저과의 동물. 9. 털.
豪芥(호개) 아주 조금. 미세(微細).
豪客(호객) 1)호탕하게 노는 사람. 2)불한당이나 도둑을 달리 부르는 말. 도둑. 3)대단히 사치스러운 손님.
豪健(호건) 기상이 꿋꿋하고 사나움.
豪傑(호걸) 1)재주와 덕이 뛰어난 인물. 2)무술이 뛰어나고 용감한 사람.
豪勁(호경) 굳세고 강함.
豪膽(호담) 매우 대담함.
毫釐(호리) 호개(豪芥).
毫釐千里(호리천리) 시작할 때는 아주 작은 차이지만 나중에는 큰 차이가 생김.
豪邁(호매) 지혜와 용기가 비범함.
豪眉(호미) 긴 눈썹. 장수(長壽)의 상징이라고 함.
豪民(호민) 재산이 많고 세력이 있는 백성.
豪放(호방) 의기(意氣)가 넘쳐 작은 일에 구애되지 않음.
豪士(호사) 호탕한 선비.
豪爽(호상) 호방하고 시원시원함.
豪臣(호신) 세력이 큰 신하.
豪勇(호용) 호탕하고 용감함.
豪雄(호웅) 뛰어나게 훌륭한 사람. 영웅호걸.
豪遊(호유) 호화롭게 놀며 즐김. 또는 그 일.
豪飮(호음) 술을 많이 마심.
豪壯(호장) 원기가 왕성함. 기세가 대단함.

豪縱(호종) 방자하여 마음대로 날뜀.
豪俊(호준) 재주와 지혜가 뛰어남. 또는 그 사람.
豪快(호쾌) 호탕하고 쾌활함.
豪奪(호탈) 폭력으로 빼앗음. 강탈함.
豪宕(호탕) 기풍이 호걸스럽고 방종함.
豪蕩(호탕) 1)호탕(豪宕). 2)사상이 강하고 대범함.
豪悍(호한) 매우 사나움.
豪猾(호활) 세력이 있고 교활함. 또는 그런 사람.
豪橫(호횡) 호종(豪縱).

유 俊(준걸 준) 傑(뛰어날 걸)

豨	⑦ 14획	日キ
	돼지 희	中xī

풀이 돼지. 큰 멧돼지. ¶豨突

豨膏(희고) 돼지기름.
豨突(희돌) 멧돼지가 돌진하는 것처럼 앞뒤를 헤아리지 않고 마구 덤빔. 시돌(豕突). 저돌(豬突).
豨勇(희용) 1)멧돼지의 용맹함. 2)한(漢)의 왕망(王莽)이 죄인과 종을 모아 조직한 군대 이름.

豭	⑨ 16획	日カ
	수퇘지 가	中jiā

풀이 수퇘지.

비 瑕(겨를 가)

豱	⑨ 16획	日タン
	멧돼지 단	中tuān

풀이 1. 멧돼지. 2. 오소리.

豫	⑨ 16획	日ヨ
	미리 예	中yù

ㄱ ㄱ ㅋ 子 子' 子" 子" 子" 子" 子" 子" 孖 豫 豫
豫 豫

* 형성. 뜻을 나타내는 '象(코끼리 상)'과 음을 나타내는 '予(나 여)'를 합친 글자. 코끼리는 자신이 죽을 때를 미리 알고 무덤을 찾아간다고 함. 이에 '미리', '사전에' 라는 뜻으로 쓰임.

풀이 1. 미리. 미리 하다. ¶豫知 2. 즐거워하다. 즐거움. 3. 놀다. 즐기다. 4. 싫어하다. 5. 망설이다. 주저하다. 6. 참여하다. 7. 땅 이름. 중국 하남성(河南省)의 다른 이름. 8. 괘 이름. 64괘의 하나.

豫戒(예계) 미리 경계함. 사전에 단속함.
豫斷(예단) 미리 앞서 판단함.
豫盟(예맹) 회맹(會盟)에 참여함.
豫附(예부) 즐거워하며 좇음. 즐거이 따름.
豫設(예설) 미리 갖춤.
豫審(예심) 소송의 한 단계. 어떤 범죄에 대하여 공판(公判)에 회부할 것인가 아닌가를 결정하기 위하여 미리 심판하는 일.
豫議(예의) 1)참여하여 의논함. 2)미리 상의함.
豫程(예정) 미리 정해진 갈 길 또는 일정.
豫知(예지) 미리 앎.
豫參(예참) 참여함.
豫測(예측) 미리 헤아림.
豫度(예탁) 미리 생각함.
豫怠(예태) 노는 데만 정신 팔려서 일을 게을리함.
豫後(예후) 1)미리 병세를 예견함. 또는 그런 병세. 2)병후의 결과.

유 預(미리 예)

貐	⑨ 16획	日ユウ
	호저 유	中yǔ

풀이 호저(豪豬). 고슴도치와 비슷한 호젓과의 동물.

豬	⑨ 16획	日チョ
	돼지 저	中zhū

풀이 1. 돼지. 새끼 돼지. 2. 멧돼지. 3. 웅덩이.

유 亥(돼지 해) 豚(돼지 돈)

豳	⑩ 17획	
	❶ 나라 이름 빈	日ヒン
	❷ 알록달록할 반	中bīn

풀이 1 1. 나라 이름. 주(周)나라의 선조인 공류(公劉)가 세운 나라. 2 2. 알록달록하다. 3. 얼룩무늬.

豳文(반문) 얼룩무늬가 있는 옷.

豲	⑩ 17획	日ゲン
	멧돼지 원	中huán

풀이 1. 멧돼지. 2. 호저. 고슴도치와 비슷한 호젓과의 동물.

豯	⑩ 17획	日カイ
	돼지 새끼 혜	中xī

풀이 돼지 새끼. 3개월 된 돼지.

豰	⑩ 17획	日ハク
	짐승 이름 혹	中hù

풀이 짐승 이름. 범이나 표범과 비슷한 짐승.

비 穀(곡식 곡)

豝	⑪ 18획	日ル
	암퇘지 루	中lóu

풀이 암퇘지.

豵	⑪ 18획	日ソウ
	돼지 새끼 종	中zōng

풀이 1. 돼지 새끼. 6개월 된 돼지. 2. 세 쌍둥이 난 돼지. 3. 작은 돼지.

豷	⑫ 19획	日キ
	돼지 숨 희	中yì

풀이 돼지의 숨.

豶	⑬ 20획	日フン
	불알깐돼지분	中fén

풀이 불알 깐 돼지. 거세한 돼지.

豸 부

豸 갖은돼지시변 部

'豸' 자는 짐승 모양에서 비롯된 글자로 지렁이 같은 '발 없는 벌레'를 총칭한다. 그러나 자형(字形)이 '豕(돼지 시)' 자와 비슷하다 하여 '갖은돼지시변'이라는 부수 명칭으로 불린다. 이 글자를 부수로 갖는 글자는 주로 육식을 하는 날쌘 동물의 명칭과 관련이 있다.

豸	⓪ 7획	
	❶ 발 없는 벌레 치	日シ / 中zhì
	❷ 해태 태	

* 상형. 등이 길고 꼬리가 있는 짐승이 입을 크게 벌리고 있는 옆모습을 본뜬 글자. 이에 호랑이 · 승냥이 · 늑대처럼 사나운 육식 동물을 지칭함. 후에는 지렁이 같은 발 없는 벌레도 등이 긴 모습을 하고 있다고 해서 '발 없는 벌레'의 뜻으로 쓰이게 됨.

풀이 1 1. 발 없는 벌레. 2. 늦추다. 풀다. 3. 짐승이 몸을 웅크리고 노려보는 모양. 2 4. 해태(獬豸). 옳고 그름을 판단하여 안다는 상상의 동물.

豻	③ 10획	
	❶ 들개 간 · 한	日カン
	❷ 옥 안	中àn

풀이 1 1. 들개. ¶豻侯 2 2. 옥. 감옥.

豻侯(한후) 들개의 가죽으로 만든 과녁.

豺	③ 10획	日シ · ヤマイヌ
	승냥이 시	中chái

풀이 승냥이. 개과에 소하는 맹수. ¶豺狼

豺狼(시랑) 1)승냥이와 이리. 2)욕심이 많고 무자비한 사람. 큰 해를 끼치는 사악한 사람.

豺狼當路(시랑당로) 승냥이와 이리가 길을 막고 있다는 뜻으로, 간악한 대신(大臣)이 요직(要職)을 차지하여 권세를 떨침을 비유하는 말. 시랑횡도(豺狼橫道).

豺虎(시호) 1)승냥이와 호랑이. 2)사납고 흉악한 사람.

豹	③ 10획	日ヒョウ
	표범 표	中bào

풀이 표범. ¶豹裘

豹裘(표구) 표범 가죽으로 만든 옷.

豹騎(표기) 강하고 용감한 기병(騎兵).

豹文(표문) 표범의 털 무늬. 또는 그와 같이 아름다운 무늬.

豹變(표변) 1)표범의 무늬가 가을이 되면 아름다워진다는 뜻으로, 성품과 행동이 갑자기 착해져서 개과천선을 비유하는 말. 2)태도가 갑자기 변함.

豹隱(표은) 세상을 피하여 숨어 삶. 은거함.

豹直(표직) 쉬는 날에 드는 번(番).

豹侯(표후) 표범의 모양을 그린 과녁.

豼	④ 11획
	貔(p1327)와 同字

貊 ⑤ 12획
貊(p1326)과 同字

貔 ⑤ 12획 日ビ
너구리 새끼 비 中pī

풀이 1. 너구리 새끼. 2. 삵의 새끼. 3. 비휴(貔貅). 범과 비슷한 맹수.

貁 ⑤ 12획
긴꼬리 日ユウ
원숭이 유 中yòu

풀이 1. 긴꼬리원숭이. 2. 족제비.

貂 ⑤ 12획 日ショウ
담비 초 中diāo

풀이 담비. 족제빗과의 동물.

貂璫(초당) 1)담비 꼬리와 구슬. 한대(漢代) 중상시(中常侍)의 관(冠) 장식임. 2)환관(宦官).

貂蟬(초선) 1)담비 꼬리와 매미 날개. 고관의 관(冠)에 다는 장식임. 2)고관(高官).

貂寺(초시) 환관(宦官). 초당(貂璫).

貂珥(초이) 1)담비 꼬리와 구슬. 고관의 관(冠) 장식임. 2)고관(高官).

비 紹(이을 소)

貑 ⑤ 12획
狐(p834)와 同字

貊 ⑥ 13획 日ミャク
종족 이름 맥 中mò

풀이 1. 종족 이름. 예맥(濊貊). 중국 동북쪽에 살던 종족. 2. 고요하다. 3. 맹수의 이름. 4. 나라 이름.

貉 ⑥ 13획
❶오소리 학 日カク·バク
❷종족이름 맥 中háo, hé

풀이 1 1. 오소리. 2 2. 종족 이름. '貊(종족 이름 맥)'과 동자.

貈 ⑥ 13획 日カク·てん
오소리 학 中hé

풀이 오소리.

貆 ⑥ 13획 日カン·ガン
오소리 환·훤 中huán

풀이 1. 오소리. 오소리의 새끼. 2. 너구리. 3. 호저. 고슴도치와 비슷한 호젓과의 동물.

貅 ⑥ 13획 日キュウ
비휴 휴 中xiū

풀이 비휴(貔貅). 범과 비슷한 맹수.

貍 ⑦ 14획
❶너구리 리 日リ·バイ·たぬき
❷묻을 매 中lí, mái

풀이 1 1. 너구리. 2. 삵. 살쾡이. 2 2. 묻다. 땅에 파묻다.

貌 ⑦ 14획
❶모양 모 日ボウ·かお
❷본뜰 막 中mào

풀이 1 1. 모양. 용모. 얼굴. ¶貌侵 2. 예모. 공경하는 태도. ¶貌敬 3. 다스리다. 4. 사당. 2 5. 본뜨다. 모사하다.

貌敬(모경) 겉치레로 하는 공경.

貌德(모덕) 공경하는 태도와 덕행(德行).

貌思恭(모사공) 항상 몸가짐을 공손히 할 것을 생각함.

貌言(모언) 겉치레로 하는 말.

貌情之華(모정지화) 용모는 감정이 바탕이 되어 나타나는 것임.

貌執(모집) 예로 사람을 정중히 대함. 정중히 사람을 대우함.

貌侵(모침) 몸집이 작고 용모가 추(醜)함.

貌合心離(모합심리) 겉으로만 친한 듯할 뿐, 마음은 다른 곳에 떨어져 있음.

美貌(미모) 아름다운 얼굴 모습.

禮貌(예모) 예절을 갖춘 모양.

容貌(용모) 얼굴 모습.

貏 ⑧ 15획 日ヒ・たいちかた
평평할 피 中bǐ

풀이 평평하다. 차츰 평평해진 모양.

貒 ⑨ 16획 日タソ・カン
오소리 단 中tuān

풀이 오소리.

貓 ⑨ 16획
猫(p838)와 同字

貔 ⑩ 17획 日ヒ
비휴 비 中pí

풀이 비휴. 범과 비슷한 맹수.

貔虎(비호) 1)비휴와 범. 2)용맹한 군사.
貔貅(비휴) 1)맹수의 이름. 2)용맹한 군대.

貕 ⑩ 17획 日ヒ
돼지 새끼 혜 中pí

풀이 돼지 새끼.

貘 ⑪ 18획 日ミャク
짐승 이름 맥 中mò

풀이 1. 짐승 이름. 곰과 비슷한 맹수. 2. 표범. 3. 종족 이름.

貙 ⑪ 18획 日チュ
맹수 이름 추 中chū

풀이 맹수 이름. 표범과 비슷한 맹수.

貜 ⑬ 20획 日クイ
종족 이름 예 中wèi

풀이 종족 이름. 예맥(貜貊). 중국 동북쪽에 살던 종족.

貛 ⑱ 25획 日カン・あたぐま
오소리 환 中huān

풀이 1. 오소리. 2. 수컷 이리.

貜 ⑳ 27획 日カク・さる
큰 원숭이 확 中jué

풀이 큰 원숭이.

貝 조개 패 部

'貝' 자는 조개의 모양을 본뜬 글자로, '조개'를 나타낸다. 또한 조개가 화폐로 많이 사용되었기 때문에 '화폐', '돈'이라는 의미로도 쓰이고, 패물(貝物)에서처럼 '장신구'를 뜻하기도 한다. 이 글자를 부수로 갖는 글자는 일반적으로 화폐나 값진 재물과 관련이 있다.

貝 ⓪7획 日カイ
조개 패 中bèi

丨 冂 冃 月 目 貝 貝

* 상형. 두 개의 조가비를 가진 조개류의 모양을 본뜬 글자. 옛날에 조개를 돈으로 사용했기 때문에 '돈'의 뜻을 나타냄.

풀이 1. 조개. ¶貝類 2. 조가비. ¶貝殼 3. 돈. 고대에 화폐 역할을 하던 조개. ¶貝貨 4. 조개 무늬. 조개 무늬의 비단. 5. 소라 껍데기로 만든 악기.

貝殼(패각) 조개의 껍데기. 조가비.
貝錦(패금) 고운 비단.
貝類(패류) 여러 가지 조개의 종류.
貝母(패모) 백합과의 다년생 풀. 관상용 또는 약용으로 씀.
貝物(패물) 산호(珊瑚)·호박(琥珀)·수정(水晶)·대모(玳瑁) 등으로 만든 물건.
貝石(패석) 1)조개의 화석(化石). 2)조개가 많이 붙어 있는 돌.
貝子(패자) 1)조개의 일종. 2)옛날의 화폐. 3)청대(淸代) 작위(爵位)의 이름.
貝柱(패주) 조개 관자.
貝塚(패총) 고대(古代) 사람이 조개를 먹고 버린 무더기가 있는 유적. 조개무지.
貝學(패학) 패류학.
貝貨(패화) 고대 조가비로 유통하던 화폐.
寶貝(보패) 보배의 본딧말.
成貝(성패) 다 자란 조개.
紫貝(자패) 전새과의 조개. 등은 자색 바탕에 아름다운 담색 무늬가 있음. 고대엔 화폐로도 쓰

7획

였음.

비 見(볼 견)

負	② 9획	日フ · まける
	질 부	中fù

丿 𠂊 𠂊 ⺈ 负 負 負 負 負

*회의. '人(사람 인)'과 '貝(조개 패)'를 합친 글자. 사람이 금품을 메어 나르다는 뜻을 나타내어, '등에 지다'의 뜻으로 쓰임.

풀이 1. 지다. 업다. 짊어지다. ¶負擔 2. 떠맡다. 책임을 지다. 3. 지다. 패하다. ¶勝負 4. 빚. 빚지다. ¶負債 5. 짐. 책임. 부담. 6. 입다. 당하다. ¶負傷 7. 등지다. 8. 저버리다. 어기다. 9. 믿다. 의지하다. 10. 근심하다. 11. 부끄러워하다. 12. 할머니. 13. 음수(陰數).

負擔(부담) 1)짐을 등에 지고 어깨에 멤. 또는 그 짐. 2)할 일을 책임짐.

負戴(부대) 짐을 등에 지고 머리에 임. 힘든 일을 함.

負袋(부대) 포목으로 만든 자루. 포대(包袋).

負木(부목) 절에 땔나무를 해 들이는 사람.

負病(부병) 병이 듦.

負商(부상) 등에 지고 다니며 장사하는 사람.

負傷(부상) 몸에 상처를 입음. 또는 그 상처.

負稅(부세) 무는 세금. 세금을 물.

負約(부약) 약속을 어김.

負債(부채) 남에게 진 빚.

負板(부판) 슬픔을 나타내기 위해 상복의 등 뒤에 늘어뜨리는 베 조각.

負販者(부판자) 행상인.

負荷(부하) 1)짐을 짐. 또는 그 짐. 2)일을 맡김. 3)원동기에서 생기는 에너지를 소비하는 것.

반 勝(이길 승)

貞	② 9획	日テイ
	곧을 정	中zhēn

丨 ⺊ 卜 卢 卢 貞 貞 貞 貞

*회의. 뜻을 나타내는 부수 '貝(조개 패)'와 '卜(점 복)'을 합친 글자. 신에게 재물(貝)을 바쳐 길흉을 점친다(卜)데서 '점치다'의 뜻을 나타냄.

풀이 1. 곧다. 바르다. ¶貞節 2. 정조. 절개. 절개를 지키다. 3. 성심. 정성. 진실된 마음. 4. 만물 성숙의 덕. 사덕(四德)의 하나. 5. 점치다. 6. 맡다. 담당하다. 7. 처녀.

貞幹(정간) 1)담을 쌓을 때 양쪽 끝에 세우는 나무와 기둥. 2)사물의 근본이 됨.

貞潔(정결) 절개가 굳고 깨끗함.

貞男(정남) 동정(童貞)을 깨뜨리지 않은 남자.

貞女(정녀) 1)절개가 굳은 여자. 2)동정을 깨뜨리지 않은 여자.

貞烈(정렬) 굳게 정조나 절개를 지킴.

貞靈(정령) 지조가 굳은 사람의 영혼.

貞敏(정민) 마음이 곧고 똑똑함.

貞方(정방) 마음이 바르고 행실이 방정(方正)함.

貞白(정백) 지조가 굳고 결백함.

貞婦(정부) 정녀(貞女).

貞夫人(정부인) 정(正) · 종(從) 2품의 종친 및 문무관의 아내의 작호(爵號).

貞士(정사) 절개가 굳은 선비.

貞淑(정숙) 지조가 굳고 마음이 맑음.

貞純(정순) 곧고 정성스러움.

貞順(정순) 마음이 곧고 순함.

貞臣(정신) 육정(六正)의 하나. 일체의 녹(祿)과 하사(下賜) · 증유(贈遺)를 사양하고 수문(守文) · 봉법(奉法)하는 신하.

貞實(정실) 마음이 곧고 성실함.

貞心(정심) 정조(貞操)를 굳게 지키는 마음. 정절(貞節)한 마음.

貞壯(정장) 곧고 의기가 왕성함.

貞節(정절) 굳은 마음과 변하지 않는 절개.

貞靜(정정) 여자의 정조가 굳고 마음씨가 고움.

貞操(정조) 1)여자의 깨끗한 절개. 2)이성 관계에서 순결을 지키는 일.

貞直(정직) 마음이 바르고 곧음.

貞眞(정진) 마음이 곧고 참됨.

貞忠(정충) 절개가 있고 충성스러움.

貞確(정확) 바르고 굳음.

貞休(정휴) 바르고 아름다움.

幽閑靜貞(유한정정) 여자가 인품이 높아 매우 얌전하고 점잖음.

유 直(곧을 직)

貢	③ 10획	日コウ · ク · みつぐ
	바칠 공	中gòng

一 丅 工 𢀖 育 青 青 音 貢 貢

*형성. 뜻을 나타내는 부수 '貝(조개 패)'와 음을 나타내며 바친다는 의미를 지닌 '工(장인 공)'을 합친 글자. 나라에 바치는 보물이란 데서 '공물'의 뜻을 나타냄.

풀이 1. 바치다. 공물을 바치다. ¶貢物 2. 천거하다. 3. 알리다. 4. 무너지다. 5. 공물. ¶貢職 6. 세금. 하대(夏代)의 세법.

貢擧(공거) 주군(州郡)에서 준수한 자제를 선발

7획

하여 천거함.
貢納(공납) 공물을 바침.
貢緞(공단) 옷감이 두껍고 올이 가늘며 무늬가 없는 고급 비단.
貢馬(공마) 조정에 공물을 바치는 말.
貢物(공물) 조정에 바치는 물건.
貢米(공미) 공물로 바치던 쌀.
貢法(공법) 중국 하대(夏代)의 전제(田制). 논밭 50묘(畝)를 주어 그 가운데 5묘의 소득, 곧 수확의 십분의 일을 조세로 바치게 하던 법.
貢奉(공봉) 조정(朝廷)에 물품을 바침.
貢賦(공부) 1)공물(貢物)과 부세(賦稅). 2)지방의 토산물을 나라에 바치던 세금 제도.
貢士(공사) 지방에서 중앙 정부에 학식이 있는 선비를 천거하던 일. 또는 그 천거된 사람. 공생(貢生).
貢生(공생) 1)공사(貢士). 2)조선 때 향교에서 심부름하던 사람. 교생(校生).
貢稅(공세) 납세(納稅).
貢歲(공세) 매년 나라에 바치는 공물
貢試(공시) 공사(貢士)를 선발하던 시험.
貢案(공안) 공물을 기록한 문서
貢御(공어) 공물(貢物).
貢院(공원) 공사(貢士)를 시험하던 곳.
貢職(공직) 공물(貢物).
貢布(공포) 세금으로 바치던 베
貢獻(공헌) 1)공물을 바침. 2)이바지함.
朝貢(조공) 속국이 종주국에 예물로 물건을 바치던 일. 또는 그 예물.

유 獻(바칠 헌)

貤	③ 10획	日 イ
	겹칠 이	中 yì, yí

풀이 1. 겹치다. 거듭하다. 2. 더하다. 3. 뻗다. 죽 이어지다. 4. 옮다.

財	③ 10획	日 ザイ·サイ·たから
	재물 재	中 cái

丨 冂 月 月 目 貝 貝 貝一 財 財

* 형성. 뜻을 나타내는 부수 '貝(조개 패)'와 음을 나타내는 '才(재주 재)'를 합친 글자. 이에 사람이 모아 두는[才] 돈이나 물건[貝]을 뜻하여, '재물'의 뜻을 나타냄.

풀이 1. 재물. ¶財利 2. 녹(祿). 벼슬아치에게 연봉으로 주는 곡식이나 돈. 3. 재주. 4. 재료. 원료. 5. 겨우. ¶財足 6. 마름질하다. 재단하다.

財界(재계) 실업계 및 금융계 인사의 사회.
財交(재교) 재물로 사람을 사귐.
財團(재단) 일정한 목적을 달성하기 위하여 조직된 재산의 집단체.
財力(재력) 1)재물에 의한 세력. 2)비용·밑천을 감당할 수 있는 힘.
財務(재무) 재정에 관한 사무.
財物(재물) 돈이나 그 밖의 값나가는 물건.
財帛(재백) 재물과 비단.
財閥(재벌) 경제계에 세력을 뻗친 자본가의 파벌.
財寶(재보) 1)보배로운 재물. 2)재물과 보배.
財賦(재부) 재물과 공물(貢物).
財產(재산) 개인이나 집단이 소유하는 재물.
財色(재색) 재물과 여색(女色).
財施(재시) 사찰이나 가난한 사람에게 재물을 베풂.
財慾(재욕) 재물에 대한 욕심.
財用(재용) 1)밑천. 자본. 2)재물의 씀씀이. 재물의 용도.
財源(재원) 재물의 근원.
財政(재정) 1)개인의 금융 사정. 2)국가 또는 지방 자치 단체가 그의 재력을 얻고, 또는 이것을 관리하기 위한 일체의 작용.
財征(재정) 공물(貢物). 부세(賦稅).
財足(재족) 재물이 풍부함.
財主(재주) 재물의 주인. 임자.
財取(재취) 재량(裁量)으로 취함.
財帑(재탕) 돈 창고. 금고.
財幣(재폐) 재물. 재화(財貨).
財貨(재화) 1)재물. 2)사람의 욕망을 채워주는 물질적 대상의 총칭.
財賄(재회) 재물. 재산.

유 貨(재화 화)

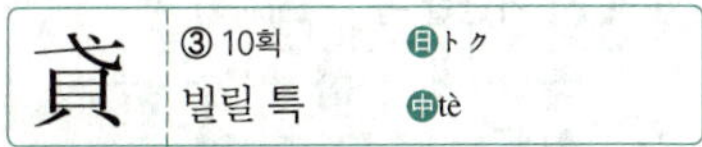

貣	③ 10획	日 トク
	빌릴 특	中 tè

풀이 1. 빌리다. 2. 구하다. 3. 틀리다. 어긋나다.

비 貳(두 이)

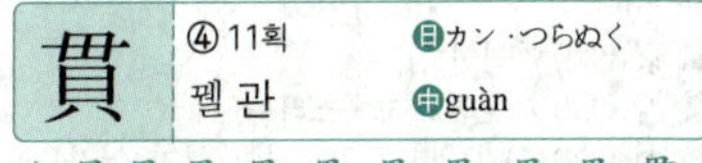

貫	④ 11획	日 カン·つらぬく
	꿸 관	中 guàn

ㄴ 口 四 毌 毌 貫 貫 貫 貫 貫 貫

* 형성. 뜻을 나타내는 부수 '貝(조개 패)'와 음을 나타내며 '꿰뚫는다'는 뜻을 가진 '毌(꿰뚫을 관)'을 합친 글자. '끈으로 꿴 돈'을 나타내며, 금전이나 무게의 '단위' 또는 '꿰뚫다'의 뜻을 나타냄.

풀이 1. 꿰다. 뚫다. 통과하다. ¶貫流 2. 돈꿰미. 엽전

7획

을 꿰는 노끈. 3. 맞다. 명중하다. 4. 연이어지다. 5. 거치다. 지나다. 겪다. 6. 겹치다. 거듭하다. 7. 거느리다. 총괄하다. 8. 섬기다. 받들다. 9. 익숙하다. 10. 이름을 열기한 장부. 11. 조리. 계통. 12.㊚ 관. ㉠무게의 단위. 10냥쭝. ㉡쾌. 엽전 10꾸러미.

貫那(관나) 고구려(高句麗) 다섯 부족의 하나인 관노와 같은 것으로 추측되는 말.

貫瀆(관독) 스스럼없이 우습게 여기고 더럽힘.

貫流(관류) 꿰뚫어 흐름. 어떤 지역을 흘러 통과함.

貫魚(관어) 생선을 나란히 꿰.

貫日(관일) 1)해를 꿰뚫음. 햇빛을 가림. 2)날을 거듭함. 세월을 쌓음.

貫子(관자) 망건에 달아, 망건 줄을 꿰는 작은 고리.

貫籍(관적) 1)본적. 2)향관(鄕貫).

貫的(관적) 과녁.

貫珠(관주) 1)구슬을 실로 꿴. 2)염주. 3)문장이나 글자가 잘 되었을 때 칭찬하는 뜻으로 글자 옆에 치는 고리 같은 둥근 표.

貫中(관중) 화살이 과녁 복판에 적중함.

貫穿(관천) 1)속까지 뚫음. 2)널리 학문에 통달함.

貫徹(관철) 1)뚫어 냄. 2)끝까지 이루어 냄.

貫通(관통) 1)꿰뚫어 통함. 2)조리가 분명함.

貫行(관행) 일을 끝까지 실행함.

貫鄕(관향) 시조(始祖)의 고향. 본(本). 본향(本鄕).

貫革(관혁) 화살이나 총 등을 쏘는 연습을 할 때 세워 놓는 목표물. 과녁.

유 徹(통할 철)

貧	④ 11획 가난할 빈	日 ヒン·ビン·まずしい 中 pín

丿 八 分 分 分 分 貧 貧 貧 貧 貧

* 형성. 뜻을 나타내는 부수 '貝(조개 패)'와 음을 나타내는 '分(나눌 분)'을 합친 글자. 재산이 나누어져서 '적어지다', '가난하다'의 뜻을 나타냄.

풀이 1. 가난하다. 가난. ¶貧困 2. 가난한 사람. 3. 모자라다.

貧家(빈가) 가난한 집.

貧苦(빈고) 가난하고 고통스러움.

貧困(빈곤) 1)가난하고 곤궁하여 살기 어려움. 2)내용(內容) 등이 모자라거나 텅빔.

貧鑛(빈광) 쓸모 있는 금속 성분이 적게 들어 있는 광석.

貧國(빈국) 가난한 나라.

貧窮(빈궁) 가난하고 생활이 곤궁함.

貧農(빈농) 가난한 농가나 농민.

貧道(빈도) 중이나 도사가 자기를 낮추어 일컫는 말.

貧民(빈민) 가난한 백성.

貧病(빈병) 1)가난과 병. 2)가난한 자와 병든 자.

貧富(빈부) 1)가난과 넉넉함. 2)가난한 사람과 잘 사는 사람.

貧相(빈상) 1)궁기가 도는 얼굴 모습. 2)가난한 운명(運命)을 나타내는 얼굴 모습.

貧僧(빈승) 1)가난한 중. 2)도학(道學)이 깊지 못한 중. 3)빈도(貧道).

貧弱(빈약) 1)가난하고 약함. 또는 그 사람. 2)내용이 충실하지 못함.

貧者(빈자) 가난한 사람.

貧者一燈(빈자일등) 가난한 사람이 밝힌 등불 하나라는 뜻으로, 물질이 적고 많음보다 정성이 소중함을 이르는 말.

貧者一燈(빈자일등)의 유래

석가모니가 사위국(舍衛國)의 어느 정사(精舍)에 머무르고 있을 때, 난타(難陀)라는 거지 여자가 있었는데, 석가모니에게 공양하고 싶어서 하루 종일 구걸하여 간신히 돈 한 푼을 모았다. 그녀는 등불을 만들 기름을 사려고 했으나 기름집 주인은 한 푼어치는 팔지도 않는다며 거절했다. 난타가 주인에게 솔직히 이야기 하자, 주인은 난타의 정성에 감동하여 돈 한 푼을 받고 꽤 많은 기름을 주었다. 난타는 크게 기뻐하며 그 기름으로 등불을 만들어 석가모니가 계신 정사의 불단 앞에 많은 등불 속에 놓아 두었다. 난타의 등불은 한밤중 내내 밝게 빛났고 바람에도 꺼지지 않고 해가 뜰 때까지 홀로 타고 있었다. 뒤에 석가모니는 난타의 정성을 알고 그녀를 비구니로 받아들였다고 한다. 《현우경(賢愚經)》

貧妻(빈처) 가난에 쪼들리는 아내.

貧賤(빈천) 가난함과 천함.

貧村(빈촌) 가난한 사람이 많이 사는 마을.

貧乏(빈핍) 가난하여 살림살이가 어려움.

貧寒(빈한) 가난하고 쓸쓸함.

貧寒到骨(빈한도골) 가난이 뼈까지 스밀 정도로 매우 가난함.

貧巷(빈항) 가난한 사람들이 모여 사는 곳.

貧血(빈혈) 1)혈액 가운데의 적혈구나 혈색소가 줄어들어 생기는 현상. 2)많은 출혈로 체내의 혈액이 모자람.

極貧(극빈) 몹시 가난함.

安貧樂道(안빈낙도) 가난한 중에도 편안한 마음으로 도(道)를 즐김.

清貧(청빈) 청렴하고 재물에 대한 욕심이 없어 가난함.

반 富(부자 부) 優(넉넉할 우) 비 貪(탐할 탐)

責	④ 11획 ❶ 꾸짖을 책 日セキ·サク·しかれる ❷ 빚 채 中zé

一 二 キ 圭 丰 青 青 青 青 責 責

* 형성. 뜻을 나타내는 부수 '貝(조개 패)'와 음을 나타내며 꾸짖다는 의미를 지닌 '朿(가시 자)'의 변형자를 합친 글자. 따라서 빌려준 재물(貝)을 갚으라고 꾸짖는(朿) 것을 나타냄.

풀이 1 1. 꾸짖다. 책망하다. ¶責苦 2. 책망. ¶譴責 3. 책임. ¶免責 4. 권하다. 바라다. ¶責善 5. 요구하다. 받아내다. 2 6. 빚. 채무.

責苦(책고) 꾸짖어 괴롭힘.
責難(책난) 곤란한 일을 실행하도록 책하고 권고함.
責望(책망) 허물을 꾸짖음. 요구하고 바람
責務(책무) 책임지고 해야 할 일.
責問(책문) 책망하여 물음.
責罰(책벌) 견책과 형벌. 꾸짖어 벌을 줌.
責善(책선) 착한 일을 하도록 권함.
責言(책언) 꾸짖는 말.
責任(책임) 맡아서 해야 할 임무나 의무.
譴責(견책) 1)잘못을 꾸짖고 나무람. 2)공무원 등에 대한 징계 처분의 하나.
歸責(귀책) 1)책임이 돌아감. 2)행위나 행위의 결과를 행위자(行爲者)의 책임으로 돌리는 일.
免責(면책) 책망이나 책임을 면함.
質責(질책) 꾸짖어 바로잡음.

비 貴(귀할 귀) 靑(푸를 청)

貪	④ 11획 日タン·ドン·むさぼる 탐할 탐 中tān

ノ 人 亼 今 今 含 含 含 含 貪 貪

* 형성. 뜻을 나타내는 부수 '貝(조개 패)'와 음을 나타내는 '今(이제 금)'을 합친 글자.

풀이 1. 탐하다. 욕심을 부리다. ¶貪求 2. 탐색하다. 더듬어 찾다.

貪結(탐결) 탐욕(貪慾)으로 일어나는 얽매임.
貪官(탐관) 욕심이 많은 관리. 백성이 재물을 탐내는 관리.
貪官汚吏(탐관오리) 탐욕(貪慾)이 많아 부정을 저지르고 더러운 벼슬아치.
貪求(탐구) 탐내어 구함.
貪權樂勢(탐권락세) 권세를 탐하고, 세도 부리기를 즐김.
貪多務得(탐다무득) 많은 지식을 탐해 얻고자 노력함.
貪讀(탐독) 욕심내어 읽음.
貪廉(탐렴) 탐욕(貪慾)과 청렴(淸廉).
貪吏(탐리) 욕심이 많고 뇌물 등을 받는 관리. 탐관(貪官).
貪利(탐리) 지나치게 이익을 탐냄.
貪名愛利(탐명애리) 명예를 탐내고 이익에 집착함.
貪夫(탐부) 1)탐욕(貪慾)한 사내. 2)욕심 많은 사람.
貪色(탐색) 여색을 탐함. 호색(好色).
貪食家(탐식가) 음식을 탐하는 사람.
貪心(탐심) 1)물건을 탐내는 마음. 2)부당한 것을 탐냄.
貪惡(탐악) 욕심이 많고 마음이 악함.
貪愛(탐애) 1)남의 물건을 탐내고 제 것은 척 아낌. 2)사람에 집착함.
貪汚(탐오) 욕심이 많고 하는 짓이 더러움. 탐묵(貪墨).
貪慾(탐욕) 사물을 지나치게 탐하는 마음.
貪位(탐위) 1)높은 지위를 탐함. 2)재능에 넘치는 지위에 있음.
貪淫(탐음) 지나치게 탐냄. 여색에 빠짐.
貪財(탐재) 재물을 탐함.
貪政(탐정) 탐욕을 부리는 정치.
貪着(탐착) 만족할 줄 모르고 더욱 사물에 집착함.
貪虐(탐학) 탐욕(貪慾)이 많고 포악함.
貪好(탐호) 매우 즐기며 좋아함. 지나치게 좋아함.
貪橫(탐횡) 탐욕(貪慾)이 많고 행동이 횡포함.
小貪大失(소탐대실) 작은 것을 탐하다가 오히려 큰 것을 잃음.
食貪(식탐) 음식을 탐내는 일.
淫貪(음탐) 음란한 것을 좋아함.

비 貧(가난할 빈)

販	④ 11획 日ハン·うる 팔 판 中fàn

丨 冂 月 月 目 貝 貝 貝' 販 販 販

* 형성. 뜻을 나타내는 부수 '貝(조개 패)'와 음을 나타내는 '反(되돌릴 반)'을 합친 글자. 돈으로 산 물건을 다시 팔아 돈을 돌려받는 데에서, '장사하다'의 뜻을 나타냄.

풀이 1. 팔다. 장사하다. ¶販賣 2. 장사. 상업.

販路(판로) 상품이 팔리는 방면이나 길.
販賣(판매) 상품을 팖.
自販機(자판기) 자동판매기(自動販賣機)의 준말.

7획

유 賣(팔 매) 반 買(살 매)

貨	④ 11획	日カ・たから
	재화 화	中huò

*형성. 뜻을 나타내는 부수 '貝(조개 패)'와 음을 나타내는 '化(될 화)'를 합친 글자. 여러 가지 물건과 바꿀(化) 수 있는 돈(貝)을 나타내어, '돈'의 뜻으로 쓰임. 후에 '화물'이나 '재산'의 뜻을 나타냄.

풀이 1. 재화. 재물. 돈. 2. 화물. 물품. ¶貨物 3. 뇌물을 주다. ¶貨賂 4. 팔다.

貨賂(화뢰) 뇌물을 줌. 또는 뇌물.

貨物(화물) 1)물품. 2)화차(貨車) 등으로 옮기는 짐.

貨寶(화보) 귀중품.

貨殖(화식) 재산을 불림. 재산을 늘림.

貨財(화재) 돈이나 값진 물건 등.

貨主(화주) 화물의 주인. 짐 주인.

貨車(화차) 화물 운반을 주로 하는 차.

貨幣(화폐) 돈. 통화(通貨).

手貨物(수화물) 여객이 여행에 필요한 것으로 휴대하는 물품.

財貨(재화) 1)재물. 2)사람의 욕망을 만족시키는 물질.

유 財(재물 재)

貴	⑤ 12획	日キ・たっとい・とうとい
	귀할 귀	中guì

풀이 1. 귀하다. 신분이 높다. 2. 높은 사람. ¶貴介 3. 비싸다. 4. 귀중하다. 중요하다. ¶貴物 5. 귀히 여기다. 숭상하다. 6. 자랑하다. 뽐내다. 7. 두려워하다. 8. 사랑하다. 9. 바라다. 10. 높임말.

貴价(귀개) 남의 심부름꾼 또는 사자(使者)에 대한 경어.

貴介(귀개) 1)높은 지위. 높은 사람. 2)남의 아우를 높여 부르는 말.

貴介弟(귀개제) 남의 아우를 높여 부르는 말.

貴鵠賤鷄(귀곡천계) 고니를 귀하게 여기고 닭을 천하게 여김. 보기 드문 것은 귀하게 여기고 흔한 것은 천하게 여기는 것이 사람의 정이라는 것을 비유하는 말.

貴骨(귀골) 1)귀하게 자란 사람. 2)귀하게 될 골격. 3)뼈대가 약한 사람의 별칭.

貴公子(귀공자) 신분이 높은 집안의 젊은 남자.

貴官(귀관) 1)상급자가 하급자를 부르는 말. 2)관리를 높여 부르는 말.

貴國(귀국) 1)존귀한 나라. 2)상대국의 존칭.

貴金屬(귀금속) 생산이 적고 화학 변화가 적은 금속. 백금·황금 등의 금속.

貴宅(귀댁) 1)상대방의 집의 존칭. 2)상대방 부인의 존칭.

貴老(귀로) 1)노인을 높임. 노인을 존중함. 2)약재의 이름. 진피(陳皮). 3)노인을 높여 이르는 말.

貴命(귀명) 1)귀한 신분이 될 운명. 2)상대방의 명령을 높여 이르는 말.

貴門(귀문) 1)존귀한 집안. 2)상대방의 집안을 높여 이르는 말.

貴物(귀물) 귀한 물건. 진기한 물건.

貴富(귀부) 1)재산이 많은 것을 귀히 여김. 2)지위가 높고 재산이 많음.

貴婦人(귀부인) 지체가 높은 부인.

貴賓(귀빈) 귀한 손님.

貴仕(귀사) 벼슬이 높이 오름. 또는 그 지위.

貴臣(귀신) 신분이 높은 신하.

貴要(귀요) 지위가 높고 중요한 자리에 있음. 또는 그 사람.

貴庾(귀유) 물품을 저장하였다가 값이 올랐을 때 팖.

貴遊(귀유) 1)상류 사회. 귀한 집안. 2)벼슬길에 오른 사람을 이름.

貴人(귀인) 지위가 높은 사람.

貴糴(귀적) 시세보다 비싸게 쌀을 삶.

貴糶(귀조) 시세보다 비싸게 쌀을 내다 팖.

貴族(귀족) 1)신분이 높고 가문이 좋은 사람의 가계(家系). 2)상류 사회에서 특권을 가진 지배 계급.

貴重(귀중) 1)신분이 높고 권세가 있음. 2)귀하고 중요함.

貴中(귀중) 편지나 물품을 받는 단체의 이름 밑에 쓰는 말.

貴地(귀지) 1)높은 지위. 귀한 신분. 2)남의 사는 곳을 높여 부르는 말.

貴徵(귀징) 귀하게 될 조짐.

貴胄(귀주) 귀한 집안의 자손.

貴戚(귀척) 1)임금의 인척(姻戚). 2)상대방의 친척을 높여 이르는 말.

貴賤(귀천) 1)존귀함과 미천함. 또는 귀인과 천인. 2)값의 비쌈과 쌈.

貴下(귀하) 상대방에 대한 존칭.

貴函(귀함) 상대방의 편지를 높여 이르는 말.

貴幸(귀행) 임금이 아끼고 사랑함. 임금의 은총을 입음. 귀총(貴寵).

貴顯(귀현) 지위가 높고 세상에 알려져 있음. 또

는 그 사람.

반 賤(천할 천) 비 責(꾸짖을 책)

貸

⑤ 12획

❶빌릴 대 日ダイ・かす

❷틀릴 특 中dài, tè

* 형성. 뜻을 나타내는 부수 '貝(조개 패)'와 음을 나타내는 '代(대신할 대)'를 합친 글자.

풀이 ❶ 1. 빌리다. 대여하다. ¶貸金 2. 주다. 베풀다. 3. 용서하다. 관대하게 다스리다. 4. 빌린 금품. ❷ 5. 틀리다.

貸假(대가) 빌림. 빌려 줌.

貸家(대가) 세를 놓은 집.

貸減(대감) 관대히 하여 죄를 가볍게 함.

貸金(대금) 빌려 준 돈. 돈놀이를 하는 돈.

貸邊(대변) 부기에서 장부상의 계산 구좌에 출금을 기입하는 쪽.

貸付(대부) 변리와 기간을 정하고 돈이나 물건 등을 빌려 줌.

貸費生(대비생) 학교 또는 단체에서 일정한 기간 동안 학자금을 빌려 공부하는 학생.

貸賖(대사) 외상으로 삼.

貸贍(대섬) 재물을 베풀어 백성의 어려움을 구제함.

貸與(대여) 빌려 줌.

貸用(대용) 빌려 씀.

貸宥(대유) 형벌 등을 관대히 함.

貸主(대주) 빌려 준 사람.

貸地(대지) 세 주는 땅. 빌리는 땅.

貸借(대차) 1)빌려 줌과 빌어 옴. 2)부기의 대변(貸邊)과 차변(借邊).

貸出(대출) 빌려 지출함.

비 賃(품삯 임)

買

⑤ 12획 日バイ・マイ・かう

살 매 中mǎi

* 회의. '貝(조개 패)'와 '网(그물 망)'을 합친 글자. 그물로 떠내듯이 물건을 사 모으는 것을 나타내어, '사다'의 뜻을 나타냄.

풀이 1. 사다. ¶買價 2. 세내다. 고용하다. 3. 구하다. 찾아 얻다.

買價(매가) 사는 값.

買氣(매기) 물건을 사려는 인기(人氣).

買櫝還珠(매독환주) 상자는 사고 구슬은 돌려준다는 뜻으로, 귀한 것은 천히 여기고 천한 것은 귀하게 여김을 비유하는 말.

買得(매득) 1)사들임. 매입(買入). 2)물건을 삼.

買路錢(매로전) 장례 때, 운구(運柩)할 때 한 사람이 행렬의 앞에 서서 길에 뿌리는 지전(紙錢).

買鄰(매린) 이웃을 가려서 삶. 좋은 이웃을 찾아 주거(住居)를 정함.

買賣(매매) 사는 일과 파는 일. 사고 팖.

買死馬骨(매사마골) 죽은 말의 뼈를 사옴. 보잘것없는 것에 희생을 치르고, 그로 인해 바라는 바의 사물을 얻게 됨. 또는 우자(愚者)라도 우대하여 주면 현자(賢者)도 자연히 모여듦.

買笑(매소) 1)기생을 삼. 유녀(遊女)를 희롱함. 2)장미(薔薇)의 다른 이름.

買收(매수) 1)물건을 사서 거두어들임. 2)남의 마음을 사서 제 편으로 삼음.

買受(매수) 물건을 사서 받음.

買入(매입) 사들임.

買贓(매장) 도둑질한 물건을 삼.

買占(매점) 장차 그 물건이 품귀해질 것을 예상하고 휩쓸어 사 둠.

買集(매집) 사서 모음. 사서 쌓음.

買春(매춘) 술을 삼.

買春錢(매춘전) 과거(科擧)의 응시자가 성적이 좋지 못할 때 시험관에게 제공하는 주식(酒食)의 비용.

買脫(매탈) 뇌물을 써서 벌을 면함.

買辦(매판) 1)상품 매입을 맡은 사람. 2)외국인 상점 또는 은행·회사 등에 고용되어 매매의 중개를 하는 사람. 3)외국 자본에 붙어 개인의 이익만을 취하며 제 나라의 이해를 돌보지 않는 일. 또는 그 사람.

반 賣(팔 매)

貿

⑤ 12획 日ボウ

바꿀 무 中mào

* 형성. 뜻을 나타내는 부수 '貝(조개 패)'와 음을 나타내는 '卯(넷째 지지 묘)'를 합친 글자.

풀이 1. 바꾸다. 교역하다. ¶貿功 2. 사다. ¶貿穀 3. 번갈다. 바뀌다. 4. 흐트러지다. 뒤섞여 혼란스럽다. 5. 눈이 어두운 모양.

貿穀(무곡) 곡식을 무역하여 들임.

貿功(무공) 서로 일을 바꾸어 함.

貿亂(무란) 섞여 혼란스러움.
貿名(무명) 명예를 삼.
貿貿(무무) 1)눈이 흐릿한 모양. 눈이 어두운 모양. 2)사리(事理)에 밝지 않은 모양.
貿首之讐(무수지수) 자기의 머리가 잘라지는 한이 있더라도 상대의 머리를 베어 죽이고 싶은 불구대천의 원수.
貿市(무시) 서로 물품을 교환하여 장사함.
貿易(무역) 1)물건을 서로 바꿈. 지금은, 외국과의 교역(交易)을 이름. 2)변이(變異)하는 일.
貿易風(무역풍) 위도 20도 내외의 지역에서 적도를 향하여 저공 지대에서 항상 부는 바람. 지구의 자전으로 인하여 북반구에서는 동북풍으로, 남반구에서는 동남풍으로 붊.
貿財(무재) 물건을 팔아서 돈을 사들임.
貿販(무판) 1)물품을 교환하여 장사함. 2)육류(肉類)를 파는 푸주를 냄.
유 易(바꿀 역)

貰	⑤ 12획
	貰(p1336)의 俗字

費	⑤ 12획	日ヒ
	쓸 비	中fèi

一 二 弓 弔 弗 弗 弗 費 費 費 費 費
* 형성. 뜻을 나타내는 부수 '貝(조개 패)'와 음을 나타내는 '弗(아닐 불)'을 합친 글자. 이에 돈이나 물건(貝)을 써서 없어지게(弗) 하는 일에서, '쓰다'의 뜻을 나타냄.

풀이 1. 쓰다. 소비하다. ¶費用 2. 빛나다. 3. 효용이 넓다. 4. 비용. ¶費目 5. 재화.
費句(비구) 불필요한 문구.
費耗(비모) 써서 없앰. 또는 비용.
費目(비목) 비용을 지출하는 항목.
費散(비산) 마구 써 없앰.
費消(비소) 써서 없앰. 소비(消費).
費時(비시) 시간을 헛되이 보냄.
費心(비심) 걱정함. 애태움. 또는 애타는 마음. 비신(費神).
費額(비액) 쓰이는 돈의 액수.
費用(비용) 쓰이는 돈.
費而隱(비이은) 성인(聖人)의 도(道)는 그 효용이 광대하여 두루 미치나 그 자체는 작아 드러나지 않음. 비은(費隱).
費財(비재) 재물을 낭비함.
費錢(비전) 쓰는 돈. 쓴 돈.
유 用(쓸 용)

貰	⑤ 12획	日セイ・かりる
	세낼 세	中shì

* 형성. 뜻을 나타내는 부수 '貝(조개 패)'과 음을 나타내는 '世(대 세)'를 합친 글자.

풀이 1. 세내다. ¶貰馬 2. 외상으로 사다. 3. 용서하다. 놓아주다.
貰貸(세대) 1)세를 내고 빌려 줌. 2)빌림과 빌려 줌. 대차(貸借).
貰馬(세마) 세를 주고 빌리는 말.
貰赦(세사) 죄를 용서함.
貰牛(세우) 세를 주고 부리는 소.
貰酒(세주) 술을 외상으로 삼.
유 借(빌 차) 貸(빌릴 대)

貾	⑤ 12획	日ショウ
	점칠 소	中shǔ

풀이 점치다. 복채를 놓고 점치다.

貳	⑤ 12획	日ニ
	두 이	中èr

풀이 1. 둘. '二(두 이)'의 갖은자. 2. 두 마음. 두 마음을 품다. ¶貳心 3. 거듭하다. 반복하다. ¶貳過 4. 배반하다. 반역하다. 5. 의심하다. 6. 헤어지다. 떨어지다. 7. 변하다. 8. 돕다. 9. 짝. 맞수. 10. 일. 업무.
貳車(이거) 바꿔 타기 위해 따로 따르는 수레.
貳公(이공) 재상의 부관(副官). 소사(少師)·소부(少傅)·소보(少保).
貳過(이과) 잘못을 거듭하여 저지름.
貳臣(이신) 신하의 절개를 다하지 않고 두 임금을 섬긴 신하.
貳室(이실) 임금이 거둥할 때 머무르는 별궁.
貳心(이심) 두 마음. 배반을 품은 생각. 이심(二心).
貳豫(이예) 의심하여 머뭇거림.
貳適(이적) 군주(君主)를 배반한다는 뜻으로, 임금에게 반역함을 이르는 말.

貽	⑤ 12획	日イ
	줄 이	中yí

풀이 1. 주다. ¶貽範 2. 물려주다. 남기다. ¶貽訓 3. 끼치다.

貽厥(이궐) 자손. 또는 자손에게 물려준 계책.
貽範(이범) 모범을 남김.
貽殃(이앙) 재앙(災殃)을 끼침.
貽訓(이훈) 조상이 자손을 위하여 남긴 교훈. 유훈(遺訓).

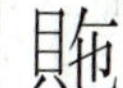
⑤ 12획
貤(p1329)와 同字

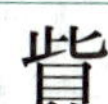
⑤ 12획 日シ
재물 자 中zī

풀이 1. 재물. ¶貲產 2. 대속하다. 재물을 바쳐 죄를 면제받다. ¶貲郞 3. 세다. 헤아리다. 4. 값.
貲郞(자랑) 재물을 내고 된 낭관(郞官). 곧, 돈으로 벼슬을 산 사람.
貲簿(자부) 재물을 정리한 책. 금전출납부.
貲產(자산) 재산(財產).
貲財(자재) 금은보화(金銀寶貨). 재산.
유 貨(재화 화)

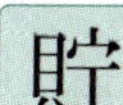
⑤ 12획 日チョ
쌓을 저 中zhù

丨 冂 冃 月 目 貝 貝 貝` 貝` 貯 貯 貯

* 형성. 뜻을 나타내는 부수 '貝(조개 패)'와 음을 나타내는 '宁(쌓을 저)'를 합친 글자. 이에 재물(貝)을 모아 두는(宁) 일이라는 데서, '쌓다'의 뜻을 나타냄.

풀이 1. 쌓다. 모으다. ¶貯金 2. 우두커니 서다. 3. 가게. 4. 복. 행복. 좋은 운수.
貯穀(저곡) 곡식을 저장함. 또는 그 곡식. 저속(貯粟).
貯金(저금) 돈을 모음. 또는 그 돈.
貯水池(저수지) 상수도나 관개용으로 둑을 쌓고 물을 모아 두는 곳.
貯藏(저장) 쌓아서 간직하여 둠.
貯儲(저저) 저축함.
貯積(저적) 저축하여 쌓아 둠.
貯蓄(저축) 절약하여 모아 둠.
貯炭(저탄) 석탄을 저장하는 일.
유 築(쌓을 축) 積(쌓을 적) 畜(쌓을 축)

⑤ 12획 日シ·かい
조개 지 中chí

풀이 조개. 누런 바탕에 흰 무늬가 있는 조개.

貼
⑤ 12획 日チョウ·テン·はる
붙을 첩 中tiē

풀이 1. 붙다. 붙이다. ¶貼付 2. 접근하다. 3. 전당 잡히다. 4. 따르다. 5. 알맞게 하다. 6.韓 약봉지에 싼 약의 뭉치를 세는 단위. ¶貼藥
貼墨(첩묵) 시험의 한 방법. 경서(經書) 중에 한 줄만 보여 주고 그 문장의 앞뒤를 가려 외게 하는 일. 첩시(貼試).
貼夫(첩부) 서방질함.
貼付(첩부) 착 들러붙게 붙임.
貼寫(첩사) 첩서(貼書).
貼書(첩서) 서리(書吏)의 조수. 서기(書記).
貼身(첩신) 시녀나 잉첩(媵妾) 등.
貼藥(첩약) 여러 가지 약재를 섞어 지어 약봉지에 싼 약.
貼黃(첩황) 1)임금의 조서를 고침. 2)정부나 임금에게 제출하는 글의 요점을 누런 종이에 적어서 그 문서의 끝에 붙여 보기에 편하게 한 것.

⑤ 12획 日ヘン·けなす·おとす
떨어뜨릴 폄 中biǎn

풀이 1. 떨어뜨리다. 벼슬을 낮추다. ¶貶降 2. 떨어지다. 벼슬이 낮아지다. 3. 줄다. 덜다. ¶貶殺 4. 헐뜯다. 깎아 내리다. ¶貶下 5. 내치다. 물리치다.
貶降(폄강) 벼슬의 등급을 떨어뜨림.
貶論(폄론) 남을 헐뜯어 하는 말.
貶流(폄류) 관직을 깎아 내리고 귀양 보냄. 폄찬(貶竄).
貶戮(폄륙) 벼슬을 낮추고 벌함.
貶損(폄손) 1)줄임. 2)헐뜯음.
貶殺(폄쇄) 줄이고 감함.
貶謫(폄적) 폄류(貶流).
貶坐(폄좌) 벼슬 자리에서 내치고 죄를 줌.
貶職(폄직) 파면(罷免)함.
貶斥(폄척) 1)벼슬을 깎아 내리고 물리침. 폄출(貶黜). 2)남의 덕망을 깎아 내리고 배척함.
貶遷(폄천) 벼슬을 떨어뜨리고 다른 자리로 옮김. 좌천(左遷).
貶逐(폄축) 벼슬을 떨어뜨리고 멀리 내쫓음.
貶下(폄하) 1)가치를 깎아 내림. 2)실적이 나쁜 관리의 벼슬을 떨어뜨림.
貶毁(폄훼) 깎고 헐뜯음.
유 下(아래 하)

賀 ⑤ 12획 日カ・いわう
하례할 하 中hè

フカかかかかかかかかかか賀 [stroke order]

*형성. 뜻을 나타내는 부수 '貝(조개 패)'와 음을 나타내는 '加(더할 가)'를 합친 글자.

풀이 1. 하례하다. 축하하다. ¶賀客 2. 하례. 경축. 3. 위로하다. 4. 더하다. 5. 메다. 지다.

賀客(하객) 축하하러 온 손님.
賀慶(하경) 경사를 축하함.
賀禮(하례) 축하하는 예식(禮式). 하의(賀儀).
賀詞(하사) 축하의 말. 축사(祝詞).
賀頌(하송) 축하하며 칭송함. 또는 그 말이나 글.
賀壽(하수) 장수(長壽)를 축하함.
賀宴(하연) 축하하는 뜻으로 베푼 잔치.
賀筵(하연) 축하하는 뜻으로 베푼 잔치. 또는 그 좌석.
賀正(하정) 새해를 축하함.
賀表(하표) 나라 또는 조정에 좋은 일이 있을 때 신하가 임금에게 올리는 문서.
祝賀(축하) 경사에 기쁘다는 뜻으로 인사함. 또는 그 인사.

貺 ⑤ 12획
衒(p1237)과 同字

貺 ⑤ 12획 日キョウ・たまう
줄 황 中kuàng

풀이 1. 주다. ¶貺祐 2. 하사품. 선물.

貺祐(황우) 복을 줌. 또는 그 복.

賈 ⑥ 13획
❶장사 고 日コウ・カ・ねだん
❷값 가 中gǔ, jiǎ

*형성. 뜻을 나타내는 부수 '貝(조개 패)'와 음을 나타내는 '襾(덮을 아)'를 합친 글자.

풀이 ❶ 1. 장사. 장사하다. ¶賈人 2. 장수. 상인. 3. 팔다. 4. 상품. 파는 물건. 5. 사다. 6. 구하다. 얻다. ❷ 7. 값.

賈客(고객) 상인(商人).
賈買(고매) 사는 일.
賈船(고선) 장삿배. 장사를 하는 배.
賈竪(고수) 천한 장사치. 상인(商人)을 낮추어 이르는 말.
賈市(고시) 1)장사. 2)장터. 시장(市場).
賈人(고인) 상인. 장사하는 사람.
賈儈(고쾌) 물건의 매매를 중개하여 돈을 먹는 사람. 거간꾼. 중개인.
賈害(고해) 스스로 재앙을 삼.
賈胡(고호) 서역(西域)의 상인. 외국 상인.

유 商(장사 상) 비 買(살 매) 賣(팔 매)

賂 ⑥ 13획 日ロ
뇌물 뢰(뇌) 中lù

풀이 1. 뇌물. ¶賂物 2. 뇌물을 주다. 3. 재물. 4. 증여하다. 재물을 주다.

賂物(뇌물) 목적을 이루기 위하여 힘이 있는 관계자에게 부탁과 함께 몰래 주는 부정한 재물.
賂賜(뇌사) 뇌물을 줌.
賂謝(뇌사) 일을 부탁하며 주는 금품. 뇌물(賂物).
賂遺(뇌유) 뇌물을 줌.

賁 ⑥ 13획
❶꾸밀 비 日ビ・ブン
❷클 분 中bēn, bì

풀이 ❶ 1. 꾸미다. 장식하다. ¶賁飾 2. 괘이름. 64괘의 하나. 3. 크다. ❷ 4. 지다. 패하다. 5. 성내다.

賁軍(분군) 싸움에 진 군대. 패군(敗軍).
賁墉(분용) 대궐(大闕)의 담.
賁來(비래) 남의 방문을 높여 이르는 말.
賁飾(비식) 아름답게 꾸밈.
賁然(비연) 1)보기 좋게 꾸민 모양. 2)광이 나는 모양.

賃 ⑥ 13획 日チン・やとう
품팔이 임 中lìn

ノイイ仁任任任侍侍賃賃賃賃 [stroke order]

*형성. 뜻을 나타내는 부수 '貝(조개 패)'와 음을 나타내며 '일을 하다'의 뜻을 가진 '任(맡길 임)'을 합친 글자. 일한 데 대한 '품삯'의 뜻을 나타냄.

풀이 1. 품팔이. 품팔이꾼. ¶賃銀 2. 품을 팔다. 고용되다. 3. 품을 사다. 고용하다. 4. 품삯. ¶賃錢 5. 세내다. 삯을 내고 빌리다. ¶賃借

賃書(임서) 품삯을 받고 글씨를 씀.
賃舂(임용) 품을 팔아 방아를 찧거나 절구질을 하는 일.
賃銀(임은) 품팔이에 대한 보수. 품삯.

賃作(임작) 품삯을 받고 일을 함.
賃錢(임전) 품삯.
賃借(임차) 품삯을 주고 빌림.
반 雇(품팔 고) 비 貸(빌릴 대)

⑥ 13획 日シ
재물 자 中zī

* 형성. 뜻을 나타내는 부수 '貝(조개 패)'와 음을 나타내며 '차례차례 갖추어진 것'을 의미하는 '次(차례 차)'를 합친 글자. 이에 여러 가지를 모아 '갖추어진 물건', '생활을 지탱하는 것', '장사의 밑천' 등의 뜻을 나타냄.

풀이 1. 재물. ¶資賄 2. 밑천. ¶資本 3. 비용. 4. 양식. 5. 지위. 직위. 6. 때. 시기. 7. 바탕. 자질. ¶資格 8. 쌓다. 9. 주다. ¶資給 10. 돕다. 도움. 11. 취하여 이용하다. 12. 의지하다. 의지할 곳. 13. 가져가다. 14. 날카롭다. 15. 묻다. 상의하다. 16. 줄이다. 17. 방자하다.

資格(자격) 1)신분과 지위. 2)어떤 일을 하는 데 필요한 조건.
資給(자급) 공급함. 도와 줌.
資糧(자량) 1)식량(食糧). 2)비용과 양식.
資歷(자력) 자격과 이력(履歷).
資望(자망) 남을 복종시키기에 충분한 명망.
資本(자본) 1)사업의 설립 · 존속에 필요한 자금. 밑천. 2)과거의 저축의 결과로 미래의 생산에 쓸 재물.
資斧(자부) 1)돈과 도끼. 옛날에 여행갈 때 지니고 다니던 것. 2)노자(路資).
資性(자성) 타고난 성질. 천성(天性).
資送(자송) 혼수(婚需) 또는 필요한 물자를 갖추어 보냄.
資用(자용) 1)자본금으로 씀. 2)필요한 상품. 또는 비용(費用).
資蔭(자음) 조상의 덕으로 하는 벼슬. 자음(資廕).
資裝(자장) 1)보내어 갖추게 함. 2)혼수(婚需) 마련.
資質(자질) 타고난 성질. 천성(天性).
資蓄(자축) 돈 · 곡식 등 생활에 필요한 물자.
資治(자치) 정치에 도움이 됨. 또는 정치에 도움으로 삼음.
資賄(자회) 시집갈 때 가지고 가는 물품들. 혼수(婚需).
投資(투자) 사업에 밑천을 댐.
유 財(재물 재) 貨(재화 화)

賊
⑥ 13획 日ゾク · ぬすむ
도둑 적 中zéi

* 회의. 무기(戎)를 들고 재물(貝)을 훔치는 무리를 뜻하여, '도둑'의 뜻을 나타냄.

풀이 1. 도둑. ¶賊漢 2. 역적. ¶賊臣 3. 해치다. ¶賊害 4. 죽이다. 5. 훔치다. 6. 학대하다. 7. 헐뜯다. 8. 마디충. 식물의 줄기 속을 파먹는 곤충.

賊軍(적군) 도적의 군사. 반란군.
賊難(적난) 도둑맞은 재난.
賊民(적민) 사람을 해치는 어질지 못한 백성. 간적(奸賊)의 백성.
賊反荷杖(적반하장) 잘못한 사람이 도리어 아무 잘못이 없는 사람에게 트집을 잡음.
賊殺(적살) 해쳐 죽임.
賊首(적수) 1)도적의 우두머리. 2)도적의 수급(首級).
賊臣(적신) 1)반역을 꾀하는 신하. 2)충성스럽지 못한 신하.
賊心(적심) 1)남을 해치려는 마음. 2)모반(謀叛)을 꾀하는 마음.
賊仁(적인) 어진 도리를 해침.
賊子(적자) 1)부모를 해치는 자. 2)반역의 무리.
賊贓(적장) 부정(不正)한 물건. 장물(贓物).
賊被狗咬(적피구교) 도둑이 개한테 물림. 남에게 말할 수 없음을 비유하는 말.
賊虐(적학) 해치고 학대함.
賊害(적해) 1)남에게 해를 끼침. 손해를 입힘. 2)도둑에게 당한 손해.
盜賊(도적) 도둑.
유 寇(도둑 구)

賅
⑥ 13획 日カイ
갖출 해 中gāi

풀이 1. 갖추다. 구비하다. 2. 재화. 3. 기이하다.

賅備(해비) 넉넉히 갖춤.

賄
⑥ 13획 日ワイ · まかなう
뇌물 회 中huì

풀이 1. 뇌물. ¶賄賂 2. 선물. 3. 재물. 재보(財寶). 4. 뇌물을 주다. 선물을 주다.

賄交(회교) 뇌물을 주며 하는 교제.
賄賂(회뢰) 1)뇌물(賂物). 2)뇌물을 줌.
賄縱(회종) 뇌물을 받고 놓아줌.

賕	⑦ 14획 뇌물 구	日ヒン 中qiú

풀이 1. 뇌물. 2. 뇌물을 주다.

賓	⑦ 14획 손 빈	日ヒン 中bīn

丶 宀 宀 宀 宀 穸 穸 宥 宥 賓 賓 賓 賓

* 형성. 뜻을 나타내는 부수 '貝(조개 패)'와 음을 나타내는 부수 이외의 글자로 이루어짐.

풀이 1. 손. 손님. ¶賓客 2. 손님으로 머물다. 3. 손님으로 대우하다. 4. 공경하다. 5. 인도하다. 안내하다. 6. 따르다. 복종하다. ¶賓從 7. 물리치다. 버리다. 8. 물가.

賓客(빈객) 귀한 손님. 점잖은 손님.
賓貢(빈공) 1)빈흥(賓興). 2)외국인이 조정에 들어와 공물을 바침. 3)다른 나라 출신의 공사(貢士).
賓待(빈대) 손님을 정중히 대접함.
賓旅(빈려) 다른 나라에서 온 사람.
賓白(빈백) 연극 중에 배우가 무대에서 하는 말. 대사(臺詞).
賓服(빈복) 와서 복종함. 귀순함.
賓師(빈사) 제후(諸侯)에게서 빈객으로 대우받는 학자.
賓位(빈위) 빈객이 앉을 자리.
賓接(빈접) 손으로 대접함.
賓從(빈종) 1)진심으로 복종함. 빈복(賓服). 2)절친하여 거리낌이 없음.
賓至如歸(빈지여귀) 손으로 온 사람이 자신의 집에 온 것처럼 조금의 불편도 없음.
賓次(빈차) 빈객을 접대하는 곳.
賓天(빈천) 하늘의 빈객(賓客)이 된다는 뜻으로, 천자의 죽음을 이르는 말.
賓興(빈흥) 1)주대(周代)에, 인재를 등용하는 법. 학교에서 우수한 학생은 향음주(鄕飮酒)의 예로써 빈객(賓客)으로 삼아 천거(薦擧)하던 일. 2)선비가 과거에 응하려고 할 때 지방관이 연회를 마련하여 이를 대접하던 일. 빈공(賓貢).

賒	⑦ 14획 외상으로 살 사	日シャ 中shē

풀이 1. 외상으로 사다. 외상으로 팔다. ¶賒取 2. 멀다. 3. 더디다. 느리다. 4. 사치하다.

賒貸(사대) 외상으로 빌림. 사세(賒貰).
賒貰(사세) 사대(賒貸).
賒與(사여) 외상으로 빌려 줌.
賒遙(사요) 멂. 요원함.
賒取(사취) 외상으로 사들임.

賖	⑦ 14획 賒(p1338)의 本字	

賑	⑦ 14획 구휼할 진	日シン 中zhèn

풀이 1. 구휼하다. 물자를 베풀어 구제하다. ¶賑貸 2. 넉넉하다. 부유하다.

賑救(진구) 물품을 베풀어 구제함.
賑給(진급) 어려운 사람에게 물자를 베풀어 줌. 진여(賑與).
賑貸(진대) 생활이 어려운 사람에게 물건을 빌려 줌.
賑賜(진사) 가난한 사람에게 물자를 베풀어 줌. 진여(賑與).
賑贍(진섬) 어려운 사람에게 널리 물자를 나누어 줌.
賑助(진조) 물자를 베풀어 도움.
賑恤(진휼) 어려운 사람에게 베풀어 줌. 불쌍히 여겨 구제함. 구휼(救恤).

유 恤(구휼할 휼) 비 振(떨칠 진)

賡	⑧ 15획 이을 갱	日コウ 中gēng

풀이 1. 잇다. 계속하다. ¶賡歌 2. 갚다.

賡歌(갱가) 다른 사람의 뒤를 이어서 시가(詩歌)를 지어 읊음.
賡酬(갱수) 남과 시가(詩歌)를 주고받음.
賡韻(갱운) 남의 시에 운을 닮.
賡唱(갱창) 시문(詩文)을 주고받음.

賚	⑧ 15획 줄 뢰(뇌)	日ライ 中lài

* 형성. 뜻을 나타내는 부수 '貝(조개 패)'과 음을 나타내는 '來(올 래)'를 합친 글자. 재물(貝)이 온다는(來) 데에서, '주다'의 뜻을 나타냄.

풀이 1. 주다. 하사하다. ¶賚賜 2. 하사품. ¶賚錫

賚賜(뇌사) 하사(下賜)하는 물품.

賚賞(뇌상) 상(賞)을 줌.
賚錫(뇌석) 뇌사(賚賜).
賚獎(뇌장) 상을 주고 장려함.

비 賓(손 빈)

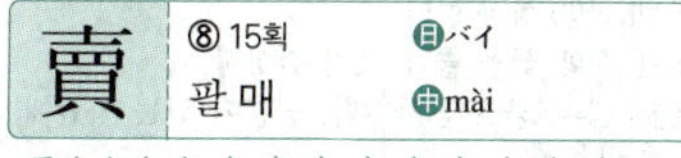

*회의. '出(날 출)'의 생략형과 '買(살 매)'를 합친 글자. 이에 물건을 팔려고 내놓는 것을 나타냄.

풀이 1. 팔다. ¶賣國 2. 배신하다. 팔아넘기다. 3. 속이다. 4. 널리 퍼뜨리다.

賣價(매가) 파는 값.
賣却(매각) 팔아 치움.
賣劍買犢(매검매독) 검을 팔아서 송아지를 삼. 전쟁을 멈추고 농업에 종사함.
賣交(매교) 매우(賣友).
賣國(매국) 나라를 팖. 개인의 이익을 위하여 적국과 내통하여 제 나라에 해를 끼침.
賣弄(매롱) 1)임금의 총애를 받아 권세를 함부로 부림. 2)자랑함.
賣名(매명) 1)이름을 팖. 명의(名義)를 팖. 2)세상에 이름을 알리려고 애씀.
賣文爲活(매문위활) 글을 지어 생활을 함.
賣放(매방) 관리가 뇌물을 받고 죄인을 놓아줌.
賣卜(매복) 돈을 받고 점을 침.
賣笑(매소) 웃음을 팖. 창기(娼妓)가 아양부리는 일.
賣笑婦(매소부) 웃음을 파는 여자. 몸을 파는 여자. 매춘부(賣春婦).
賣身(매신) 몸을 팖.
賣我(매아) 1)남이 자신을 속임. 2)자기 자신을 속임.
賣惡(매악) 나쁜 일을 남에게 전가(轉嫁)함.
賣眼(매안) 다정스러운 눈으로 아양을 떪.
賣獄(매옥) 형옥(刑獄)을 돈으로 움직임.
賣友(매우) 친구를 팖. 자기 이익을 위하여 우정을 버리고 친구를 저버림. 매교(賣交).
賣恩(매은) 은혜를 베풀어 감격시킴.
賣筆(매필) 글씨를 써 주고 돈을 받음.
賣婚(매혼) 재산을 목적으로 하는 혼인.

반 買(살 매)

賠 ⑧ 15획 日バイ
물어 줄 배 中péi

풀이 물어 주다. 변상하다. ¶賠還

賠款(배관) 전승국의 전비(戰費)를 전패국이 배상하는 등의 내용을 담은 조약의 조문.
賠累(배루) 금전상의 피해를 끼침.
賠還(배환) 변상(辨償)함.

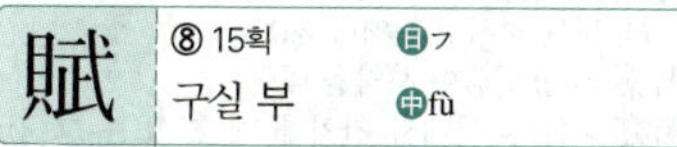

*형성. 뜻을 나타내는 부수 '貝(조개 패)'와 음을 나타내며 뽑아 모은다는 의미를 지닌 '武(굳셀 무)'를 합친 글자. 모으는 재물이란 뜻에서, '세금'의 뜻을 나타냄.

풀이 1. 구실. 세금. ¶賦稅 2. 요역(徭役). 병역(兵役). 3. 공사(貢士). 주(州)·군(郡)의 공거(貢擧)에서 뽑힌 선비. 4. 펴다. 반포하다. 5. 주다. 6. 받다. 7. 매기다. 징수하다. 8. 시가(詩歌)를 짓다. 시가를 읊다. ¶賦詠 9. 문체 이름.

賦貢(부공) 세금과 공물.
賦金(부금) 1)부과된 돈. 2)할부금(割賦金). 나누어서 조금씩 내는 돈.
賦納(부납) 진술함. 남을 시켜 진술함.
賦斂(부렴) 조세 등을 부과하여 징수함.
賦命(부명) 타고난 운명. 천품(天稟).
賦性(부성) 타고난 성품. 천성(天性).
賦稅(부세) 조세를 부과함. 그 조세.
賦粟(부속) 세금으로 거두어들이는 곡식.
賦詩(부시) 시를 지음.
賦役(부역) 국가나 공공 단체가 국민에게 부과하는 노역.
賦詠(부영) 시가(詩歌)를 짓고 읊조림. 또는, 그 시가.
賦入(부입) 조세의 수입.
賦質(부질) 부성(賦性).

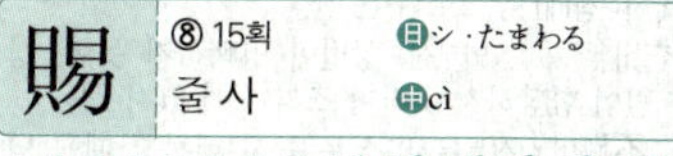

풀이 1. 주다. 베풀다. 하사하다. ¶賜暇 2. 하사품. 3. 은혜. 4. 다하다.

賜暇(사가) 휴가를 줌. 말미를 줌.
賜給(사급) 물건을 하사함. 사여(賜與).
賜賚(사뢰) 물건을 하사함. 또는 그 하사품.
賜物(사물) 하사한 물건.
賜復(사복) 부역(賦役)이 정부로부터 면제됨.

賜鈇鉞(사부월) 천자가 생살(生殺)의 권리를 줌. 대장군에 임명함을 이르는 말.
賜死(사사) 임금이 중죄인에게 자결을 명함.
賜姓(사성) 나라에서 성(姓)을 내림.
賜送(사송) 하사(下賜)하여 보냄.
賜額(사액) 임금이 사원(祠院) 등에 이름을 지어 줌. 또는 하사한 현액(懸額).
賜藥(사약) 임금이 사약을 내림.
賜宴(사연) 나라에서 잔치를 베풂. 또는 그 잔치.
賜田(사전) 공이 있는 신하에게 하사한 땅.
賜祭(사제) 대신(大臣)이 죽었을 때, 임금이 사신을 보내 제사 지내게 하던 일.
賜饌(사찬) 임금이 음식을 하사함.
賜酺(사포) 조정에서 백성들이 모여서 술을 마시며 즐기는 것을 허락함. 또는 관청에서 음식물을 백성에게 베풂.
유 授(줄 수) 반 收(거둘 수)

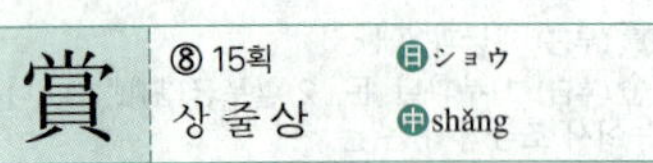

賞 ⑧ 15획 상 줄 상 日ショウ 中shǎng

* 형성. 뜻을 나타내는 부수 '貝(조개 패)'와 음을 나타내는 '尙(오히려 상)'을 합친 글자.

풀이 1. 상을 주다. ¶賞杯 2. 상. 3. 기리다. 칭찬하다. ¶賞納 4. 즐기다. 감상하다. ¶賞翫 5. 주다. 6. 숭상하다. 존중하다. 7. 권하다. 8. 평가하다. 감식하다.

賞鑑(상감) 서화·골동품 등을 감정함.
賞格(상격) 시상(施賞)에 관한 규정(規定).
賞慶(상경) 칭찬함. 상미(賞美)함.
賞功(상공) 공로를 칭찬함.
賞納(상납) 진정으로 기림. 진심으로 칭찬함.
賞弄(상롱) 칭찬하여 즐김. 감상하며 즐김.
賞味(상미) 맛있게 먹음. 맛을 음미함.
賞杯(상배) 상으로 주는 잔.
賞罰無章(상벌무장) 상벌이 명백하지 못함. 상벌이 합당하지 못하며 조리가 서 있지 않음.
賞不踰時(상불유시) 상은 즉시 행하고 때를 넘서는 안 됨.
賞賜(상사) 공로·선행 등에 대한 상으로 금품·관직 등을 내림.
賞識(상식) 그 아름다움을 분별함. 감식(鑑識)함.
賞揚(상양) 찬양(讚揚)함.
賞譽(상예) 기림.
賞翫(상완) 즐기며 감상함.
賞一勸百(상일권백) 한 사람의 선행을 칭찬하여 많은 사람에게 선행을 권함.
賞典(상전) 1)상으로 받은 물건. 상품(賞品). 2)상을 주는 규정.
賞讚(상찬) 기림. 칭찬함.
賞歎(상탄) 감탄하여 크게 칭찬함.
賞刑(상형) 상과 형벌.
賞花(상화) 꽃을 즐김. 꽃을 감상함.
賞勳(상훈) 공로를 찬양함. 공훈이 있는 사람에게 상을 줌.

睟 ⑧ 15획 재물 수 日スウ 中suì

풀이 재물.

유 資(재물 자) 財(재물 재)

賣 ⑧ 15획 행상할 육 日スウ 中yù

풀이 행상하다. 물건을 팔며 다니다.

賨 ⑧ 15획 공물 종 日ソウ 中cóng

풀이 공물(貢物). 중국 서남쪽의 이민족이 바치는 공물과 세금.

賙 ⑧ 15획 진휼할 주 日シュウ 中zhōu

풀이 진휼하다. 재물을 베풀어 구제하다. ¶賙贍

賙窮(주궁) 가난한 사람에게 재물을 베풀어 구제함.
賙贍(주섬) 어려운 사람에게 물건을 주어 도와줌. 진휼(賑恤)함.
賙恤(주휼) 구휼(救恤)함.

質 ⑧ 15획 ❶바탕 질 ❷폐백 지 日シツ·シチ·チ 中zhì

* 형성. 뜻을 나타내는 부수 '貝(조개 패)'와 음을 나타내는 '斦(모탕 은)'을 합친 글자.

풀이 ❶ 1. 바탕. 본질. ¶質素 2. 품성. 품질. 3. 진실. 사실. 4. 근본. 기초. ¶質性 5. 몸. 본체. 6. 모양. 형체. 7. 맹약. 8. 과녁. 9. 주춧돌. 10. 모탕. 나무를 패거

7획

나 죄수의 목을 벨 때 받치던 나무토막. 11. 증권. 어음. 12. 순박하다. ¶質朴 13. 바르다. 바르게 하다. 14. 이루다. 15. 정하다. 16. 마주하다. 대면하다. 17. 묻다. ¶質問 18. 대답하다. 19. 삼가다. 20. 저당. 저당 잡히다. 21. 볼모. 볼모 잡히다. ¶人質 ❷ 22. 폐백. 예물.

質古(질고) 꾸밈이 없이 순박하고 예스러움.

質鬼神(질귀신) 옳고 그름을 신에게 물어 밝힘.

質訥(질눌) 꾸밈이 없고 입이 무거움. 성실하고 말이 없음. 목눌(木訥).

質明(질명) 동이 틀 무렵. 새벽녘.

質問(질문) 모르거나 의심나는 점을 캐어물음.

質朴(질박) 꾸밈없이 순수함. 질박(質樸).

質性(질성) 타고난 성질. 또는 꾸밈이 없는 진실한 마음. 성질(性質).

質素(질소) 1)꾸밈이 없는 일. 의·식·주 등을 사치하지 않는 일. 2)본연 그대로의 성질. 소질(素質).

質勝文則野(질승문즉야) 성실(誠實)이 더하고 문식(文飾)이 덜하면 천박함.

質言(질언) 1)꾸밈이 없는 말. 진실된 말. 2)남의 말을 꼬집어서 증거로 삼음. 또는 그 말. 언질(言質).

質疑(질의) 의심나는 것을 질문함. 문의(問議).

質子(질자) 볼모. 인질(人質)로 보낸 아들.

質的(질적) 1)과녁. 사적(射的). 2)실질적인 방면. 내용의 방면.

質定(질정) 갈피를 잡아서 정함.

質直(질직) 질박하고 정직함.

質稟(질품) 상관에게 물음.

質行(질행) 착실한 행실. 성실한 행위.

유 本(근본 본)

賤	⑧ 15획	日セン·いゆしい
	천할 천	中jiàn

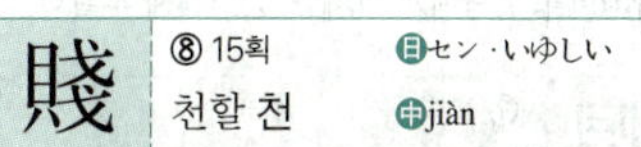

* 형성. 뜻을 나타내는 부수 '貝(조개 패)'와 음을 나타내며 '작다'의 뜻을 지닌 '戔(적을 천)'을 합친 글자. '작은 조개', '화폐 가치가 적은 조개'를 뜻하여, '싸다', '천하다'의 뜻을 나타냄.

풀이 1. 천하다. 신분이 낮다. ¶賤技 2. 값이 싸다. 3. 얕보다. 천히 여기다. ¶賤侮 4. 천한 사람. 신분이 낮은 사람. ¶賤臣 5. 버리다. 쓰지 않다.

賤軀(천구) 미천한 몸이라는 뜻으로, 자신을 낮추어 이르는 말.

賤技(천기) 1)천한 재주. 2)자기의 재주를 낮추어 이르는 말.

賤棄(천기) 천히 여겨 버림.

賤斂貴發(천렴귀발) 싸게 사서 비싸게 팖.

賤侮(천모) 천히 여겨 업신여김.

賤物(천물) 1)명예와 이익을 천히 여김. 2)가격이 싼 물건.

賤事(천사) 1)천한 일. 천한 속세의 일. 2)자기가 하는 일을 낮추어 이르는 말.

賤市(천시) 싸게 팖.

賤視(천시) 업신여김. 천히 여김.

賤息(천식) 자신의 자식을 낮추어 이르는 말.

賤臣(천신) 1)지위가 낮은 신하. 2)신하가 자신을 낮추어 이르는 말.

賤劣(천열) 천하고 졸렬함.

賤隷(천예) 천한 종. 하인(下人).

賤儒(천유) 천한 선비. 식견이 없는 선비.

賤易(천이) 업신여김.

賤子(천자) 남에게 대하여 자신을 낮추어 이르는 말.

賤質(천질) 1)천한 품성(品性). 천한 바탕. 2)자기의 자질을 낮추어 이르는 말.

賤妾(천첩) 1)천한 계집종. 하녀(下女). 2)아내가 자신을 낮추어 이르는 말.

賤稱(천칭) 천대(賤待)하여 일컬음.

賤貨(천화) 1)재물을 천하게 여김. 2)천한 재물. 값싼 물건.

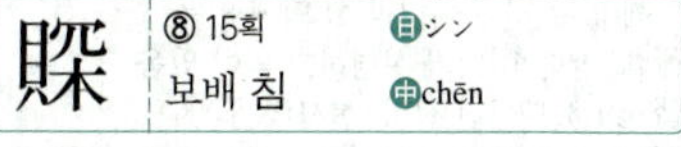

풀이 보배. 진기한 보물.

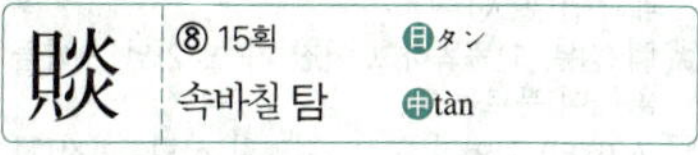

풀이 속바치다. 재물을 바쳐 죄를 면제받다.

賢	⑧ 15획	日ケン·かしこい
	어질 현	中xián

* 형성. 뜻을 나타내는 부수 '貝(조개 패)'와 '구휼(救恤)하다'는 뜻을 나타내기 위한 부수 이외의 글자를 합친 글자. 많은 재물을 가지고 있어 '남에게 나누어 주다'는 뜻을 나타냄. 바뀌어, '뛰어나다', '어질다'의 뜻을 나타냄.

풀이 1. 어질다. 재지와 덕행이 높다. ¶賢相 2. 어진 사람. 재주와 덕행이 높은 사람. 3. 착하다. 4. 낫다. 뛰어나다. 5. 많다. 6. 애쓰다. 7. 존경하다. 숭상하

7획

다. 8. 높임말. ¶賢胤
賢內助(현내조) 현명한 아내.
賢能(현능) 1)똑똑하고 유능함. 또는 그 사람. 2)덕행(德行) 있는 사람과 재주가 있는 사람.
賢達(현달) 현명하고 이치에 통달함. 또는 그런 사람.
賢臺(현대) 남을 높여 이르는 말.
賢郞(현랑) 남의 아들을 높여 이르는 말. 영랑(令郞).
賢良(현량) 1)어질고 착함. 2)과거 시험의 하나.
賢勞(현로) 1)재능이 뛰어나 도리어 다른 사람보다 공사(公事)에 시달림. 2)남보다 갑절이나 더 수고함.
賢路(현로) 어진 사람의 나아갈 길. 어진 사람이 출사할 기회.
賢明(현명) 어질고 사리에 밝음.
賢髦(현모) 뛰어나게 어진 사람.
賢母良妻(현모양처) 어진 어머니이면서 또한 착한 아내.
賢輔(현보) 어진 보좌역(輔佐役).
賢婦(현부) 1)현명한 아내. 2)부덕(婦德)이 뛰어난 여자.
賢不肖(현불초) 어진 사람과 어리석은 사람. 현인(賢人)과 우인(愚人).
賢聖(현성) 1)현명하고 어짐. 2)지혜와 덕이 뛰어난 사람.
賢聖在德(현성재덕) 성현이 성현인 까닭은 용모에 있는 것이 아니라 그 덕에 있음.
賢淑(현숙) 여자가 현명하고 덕이 있음.
賢彦(현언) 어진 선비. 현사(賢士).
賢英(현영) 어질고 영리한 사람.
賢愚(현우) 1)현명함과 어리석음. 2)현인(賢人)과 우인(愚人).
賢胤(현윤) 1)똑똑하고 어진 자손. 2)남의 아들을 높여 부르는 말.
賢人(현인) 1)어진 사람. 현명한 사람. 현자(賢者). 2)재주와 덕을 갖춘 성인의 다음 가는 사람. 3)탁주(濁酒)의 다른 이름.
賢才(현재) 뛰어난 재능. 또는 그 사람.
賢俊(현준) 재주가 남보다 뛰어나고 훌륭함. 또는 그 사람.
賢智(현지) 어질고 지혜로움. 또는 그 사람. 예지(睿智).
賢察(현찰) 남의 보살핌을 높여 이르는 말.
賢妻(현처) 현명한 아내.
7 획
賢哲(현철) 1)지혜가 깊고 사리에 밝음. 또는 그 사람. 2)현인(賢人)과 철인(哲人).
賢閤(현합) 남의 아내를 높여 이르는 말.
賢賢(현현) 현인(賢人)을 현인으로 우러러 받듦.
聖賢(성현) 성인(聖人)과 현인(賢人).
유 仁(어질 인)

賭	⑨ 16획	日 ト
	걸 도	中 dǔ

풀이 1. 걸다. 노름이나 내기에 재물을 걸다. ¶賭命 2. 노름. 내기. ¶賭錢
賭命(도명) 생명을 겲.
賭博(도박) 1)돈·재물을 걸고 서로 차지하려고 다투는 짓. 노름. 2)요행수를 노리고 위험하거나 불가능한 일에 손을 대는 일.
賭射(도사) 활쏘기를 겨룸.
賭場(도장) 도박장.
賭錢(도전) 1)돈을 겲. 2)내기에 건 돈.

賴	⑨ 16획	日 ライ
	힘입을 뢰(뇌)	中 lài

* 형성. 뜻을 나타내는 부수 '貝(조개 패)'와 음을 나타내는 '剌(어그러질 랄)'을 합친 글자.

풀이 1. 힘입다. 의지하다. 2. 의지. ¶賴庇 3. 덕을 보다. 이익을 얻다. 4. 이득. 5. 다행히. 때마침. 6. 무뢰하게 굴다.
賴庇(뇌비) 믿고 의지함.
賴天(뇌천) 하늘의 도움을 입음.
賴婚(뇌혼) 약혼을 한 뒤에, 그 혼사를 후회하는 일.
無賴漢(무뢰한) 직업없이 돌아다니며 불량한 짓을 하는 사람.
依賴(의뢰) 1)남에게 의지함. 2)남에게 부탁함.

賵	⑨ 16획	日 ボウ
	보낼 봉	中 fèng

풀이 1. 보내다. 상갓집에 거마(車馬)·물품을 보내다. ¶賵臨 2. 부의. 상갓집에 보내는 거마·물품.
賵臨(봉림) 1)부의(賻儀)를 보냄. 2)여럿이 모여서 곡을 함.
賵賻(봉부) 부의(賻儀)를 보냄. 또는 그 물품.
賵弔(봉조) 부의(賻儀)를 보내어 애도함.

賱	⑨ 16획	日 ウン
	넉넉할 운	中 yǔn

풀이 넉넉하다. 부유하다.

비 暉(빛 휘)

賰 ⑨ 16획 日シュン
넉넉할 춘 中chǔn

풀이 넉넉하다. 부유하다.

購 ⑩ 17획 日コウ
살 구 中gòu

풀이 1. 사다. ¶購蓄 2. 상(賞)을 걸고 구하다. 3. 화해하다. 4. 장려하다.

購求(구구) 1)구하여 삼. 구입(購入). 2)상금을 걸고 구함. 구문(購問).

購讀(구독) 책 · 신문 등을 사서 읽음.

購買(구매) 물건을 사들임. 구입(購入).

購賞(구상) 상을 걸고 구함.

購入(구입) 물건을 사들임.

購蓄(구축) 사들여서 간직하여 둠.

購捕(구포) 상을 걸어 찾음.

유 買(살 매)

賻 ⑩ 17획 日フ
부의 부 中fù

풀이 부의. 부의하다. ¶賻助

賻賚(부뢰) 귀인(貴人)이 보내는 부의(賻儀).

賻賵(부봉) 부의(賻儀)로 보내는 재화와 거마(車馬).

賻儀(부의) 초상집에 부조로 보내는 돈이나 물건.

賻助(부조) 부의를 상가에 보내어 장사(葬事)를 도움.

賽 ⑩ 17획 日サイ
굿할 새 中sài

풀이 1. 굿하다. 굿. ¶賽社 2. 우열을 겨루다. 3. 내기. 4. 주사위.

賽社(새사) 곡식의 풍작을 토지의 신에게 감사하는 굿.

賽神(새신) 신 등의 은혜에 감사하는 제사. 굿 · 푸닥거리 등.

賽錢(새전) 신불에게 참배하며 돈을 바침. 또는 그 돈.

賽會(새회) 징과 북을 치면서 마을을 행진하는 신(神) 맞이 행사.

賾 ⑩ 17획 日サク
깊을 색 中zé

풀이 깊다. 깊은 이치.

賸 ⑩ 17획 日イン
남을 잉 · 싱 中shèng

풀이 1. 남다. ¶賸馥 2. 더하다. 늘다. 3. 참으로. 4. 보내다. 전송하다.

賸馥(잉복) 뒤에까지 남아 있는 향기. 여향(餘香).

賸水殘山(잉수잔산) 남아 있는 물과 산이라는 뜻으로, 망한 나라를 이르는 말.

賸語(잉어) 허튼소리. 쓸데없는 말.

유 剩(남을 잉)

賺 ⑩ 17획 日タン
속일 잠 中zhuàn, zuàn

풀이 1. 속이다. 2. 물건을 속여서 비싸게 팔다.

賿 ⑪ 18획 日サン
내기할 삼 中chěn

풀이 내기하다.

贄 ⑪ 18획 日シ
폐백 지 中zhì

* 형성. 뜻을 나타내는 부수 '貝(조개 패)'과 음을 나타내는 '執(잡을 집)'을 합친 글자. 재물(貝)을 손으로 잡는다는(執) 데에서, '폐백', '재물'의 뜻을 나타냄.

풀이 폐백. 윗사람을 만날 때 가지고 가는 예물. ¶贄幣

贄寶(지보) 진상(進上)하는 물품.

贄幣(지폐) 사례나 기념의 뜻으로 주는 물건. 예물(禮物).

贄見(지현) 제자가 재물을 가지고 스승을 알현함. 입문(入門)함.

贅 ⑪ 18획 日ゼイ
혹 췌 中zhuì

풀이 1. 혹. 2. 군더더기. 쓸데없는 것. 3. 저당 잡히다. 4. 회유하다. 물건을 주어 따르게 하다. 5. 연속하다. 6. 꿰매다. 7. 데릴사위가 되다. 데릴사위. ¶贅居 8. 책망하다. 9. 모으다. 모이다. 10. 목뼈.

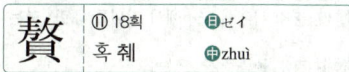

贅客(췌객) 사위. 데릴사위.
贅居(췌거) 데릴사위를 함. 또는 처가살이.
贅句(췌구) 불필요한 글귀.
贅論(췌론) 쓸데없는 의론.
贅瘤(췌류) 혹. 불필요한 것.
贅壻(췌서) 데릴사위.
贅說(췌설) 쓸데없는 말. 군더더기 말.
贅言(췌언) 쓸데없는 말.
贅肉(췌육) 궂은살.
贅子(췌자) 1)데릴사위. 2)빚 보증으로 채권자의 집에 볼모로 잡힌 자식.

賧	⑫ 19획	日タン
	선금 담	中dàn

풀이 1. 선금(先金). 2. 옥지(玉池). 책·서화의 권축(卷軸)에 붙인 비단 헝겊.

贈	⑫ 19획	日ソウ·ゾウ·おくる
	줄 증	中zèng

* 형성. 뜻을 나타내는 부수 '貝(조개 패)'와 음을 나타내며 '보내다'의 의미를 지닌 '曾(일찍 증)'을 합친 글자. 남에게 재물(貝)을 보낸다는(曾) 것을 나타내어, '선물하다'의 뜻을 나타냄.

풀이 1. 주다. 보내다. 선물하다. ¶贈答 2. 선물. ¶贈錢 3. 시문 등을 지어 보내다. 4. 죽은 후에 벼슬을 내리다.

贈答(증답) 물건을 주고받고 하는 일.
贈勞(증로) 물품을 주어 수고를 위로함.
贈問(증문) 물품을 보내 위문함.
贈別(증별) 1)전별(餞別)함. 송별(送別). 2)사람이 멀리 떠날 때 글을 지어 주거나 물품을 보내어 이별의 정을 표함.
贈序(증서) 헤어질 때 글을 지어서 보냄. 또는 그 글. 송서(送序).
贈送(증송) 1)주어 보냄. 2)물건을 보냄. 증정(贈呈)함.
贈諡(증시) 시호(諡號)를 내림.
贈位(증위) 사후에 조정에서 직위를 내림. 또는 그 관위.
贈遺(증유) 물품을 줌. 또는 그 물품.
贈餞(증전) 선물이나 시문을 지어 주어 떠나보냄. 전별(餞別)함.
贈賄(증회) 1)선물함. 또는 그 물품. 2)뇌물을 줌.
유 送(보낼 송)

 贊	⑫ 19획	日サン
	도울 찬	中zàn

* 형성. 뜻을 나타내는 부수 '貝(조개 패)'와 음을 나타내며 '두발을 가지런히 하다', '앞으로 나아가다'의 의미를 지닌 '兟'을 합친 글자. 선물을 들고 만나러 가는 것을 나타내며, 선물은 남을 만남에 도움이 된다는 데에서, '도움', '돕다'의 뜻을 나타냄.

풀이 1. 돕다. ¶贊決 2. 이끌다. 인도하다. ¶贊導 3. 천거하다. 추천하다. 4. 고하다. 알리다. 5. 밝히다. 6. 칭찬하다. ¶贊頌 7. 찬성하다. 8. 참여하다. 9. 문체 이름. 인물이나 서화 등을 칭송하는 글.

贊喝(찬갈) 임금의 명령을 알리거나, 사람을 불러내는 일.
贊導(찬도) 도와서 이끎.
贊頌(찬송) 1)문체(文體) 이름. 찬(贊)과 송(頌). 2)기려 칭송함.
贊謁(찬알) 예물(禮物)을 가지고 알현함.
贊襄(찬양) 도와서 이루게 함.
贊佑(찬우) 도움. 찬조(贊助).
贊猷(찬유) 천자가 계획하는 일을 도움.
贊歎(찬탄) 감탄하여 칭찬함.
贊畫(찬획) 도와서 꾀함.
유 助(도울 조) 俌(도울 보) 비 讚(기릴 찬)

贍	⑬ 20획	日セン
	넉넉할 섬	中shàn

풀이 1. 넉넉하다. 풍부하다. ¶贍給 2. 구휼하다. 재물을 베풀어 구제하다. ¶贍賑

贍給(섬급) 베풀어 줌. 물품을 넉넉하게 댐.
贍麗(섬려) 풍부하고 아름다움. 어휘가 풍부하고 문장이 화려함.
贍辭(섬사) 말이 풍부함. 곧, 말하는 재주가 풍족함.
贍逸(섬일) 풍부하고 빼어남.
贍足(섬족) 풍부하게 채움.
贍賑(섬진) 재물을 베풀어 도와줌. 진휼(賑恤)함.
贍學(섬학) 학문이 깊고 풍부함.
贍恤(섬휼) 어려운 사람을 구휼(救恤)함.

贏	⑬ 20획	日エイ
	남을 영	中yíng

풀이 1. 남다. 나머지. ¶贏財 2. 이익을 보다. 벌다. 이득. ¶贏得 3. 지나치다. 넘치다. 4. 나아가다. 뻗다. 5. 풀리다. 6. 받아들이다. 7. 싸다. 8. 등에 지다. 9. 이기다.

贏得(영득) 1)남겨서 얻음. 이익을 봄. 2)시의 용어로, 결국 얻은 것은이라는 뜻.
贏糧(영량) 양식을 쌈. 양식을 등에 짊어짐.
贏副(영부) 필요 이외의 남은 것. 나머지.
贏財(영재) 남은 재산. 남은 돈.
贏儲(영저) 넉넉한 저축. 여저(餘儲).
贏縮(영축) 1)넘침과 모자람. 영출(贏絀). 2)나아감과 물러섬.

贔	⑭ 21획	日 ヒ
	힘쓸 비	中 bì

풀이 1. 힘쓰다. ¶贔 　2. 성내다. ¶贔怒 3. 세차다. 4. 비희(贔). 큰 거북.

贔怒(비노) 1)성냄. 2)물이 빨리 흐름.
贔 　(비희) 1)힘을 쓰는 모양. 힘들게 일하는 모양. 2)큰 거북.

贐	⑭ 21획	日 ジン
	전별할 신	中 jìn

풀이 1. 전별하다. 길 떠나는 사람에게 글이나 선물을 주다. ¶贐送 2. 전별할 때 주는 선물.

贐送(신송) 길 떠나는 사람에게 글·선물 등을 주어 헤어지는 정을 표함. 증송(贈送).
贐儀(신의) 길 떠나는 사람에게 주는 선물.
贐行(신행) 떠나는 사람에게 시문이나 선물 등을 주어 석별의 정을 표하는 일. 또는 그 베푸는 것.

贓	⑭ 21획	日 ゾウ
	장물 장	中 zāng

* 형성. 뜻을 나타내는 부수 '貝(조개 패)'과 음을 나타내며 숨긴다는 의미를 지닌 '臧(감출 장)'을 합친 글자. 물건(貝)을 숨기는(臧) 것을 나타내어, '장물'의 뜻을 나타냄.

풀이 1. 장물(贓物). 범죄 행위로 취득한 물품. ¶贓品 2. 뇌물을 받다. ¶贓私

贓私(장사) 사사롭게 뇌물을 받음. 수회(收賄).
贓穢(장예) 부정하여 더러움. 또는, 부정한 물건.
贓汚(장오) 부정한 물품을 받은 더러운 일.
贓罪(장죄) 부정한 재물을 취한 죄.
贓品(장품) 부정하게 취득한 재물.

비 臟(오장 장)

贕	⑮ 22획	日 トク
	알 곯을 독	中 dú

풀이 1. 알이 곯다. 2. 짐승의 새끼가 뱃속에서 죽다.

贖	⑮ 22획	日 ショク
	속 바칠 속	中 shú

풀이 1. 속 바치다. 재물을 바쳐 죄를 면하다. ¶贖罪 2. 바꾸다. 물물 교환하다. 3. 잇다. 4. 돈을 주고 저당물을 되찾다. 몸값을 내고 자유인이 되다.

贖良(속량) 1)노예를 양민(良民)이 되게 풀어 줌. 2)속죄(贖罪). 3)남의 어려움을 대신하여 받음.
贖身(속신) 돈을 주고 자유민(自由民)이 됨.
贖錢(속전) 죄를 면하려고 돈을 바침.
贖罪(속죄) 돈을 내고 죄를 면함.
贖刑(속형) 돈을 바쳐 형벌을 면함. 또는 그 형벌. 속죄(贖罪).

贗	⑮ 22획	日 ガン
	거짓 안	中 yàn

풀이 거짓. 가짜. 위조품. ¶贗物

贗金(안금) 가짜 돈. 거짓 돈.
贗物(안물) 가짜 물건. 위조품.
贗書(안서) 가짜 책.
贗鼎(안정) 1)가짜 솥. 2)가짜.
贗造(안조) 위조(僞造). 또는 물품.
贗札(안찰) 위조 지폐. 가짜 증표(證票).

贙	⑯ 23획	日 ケン
	나눌 현	中 xuàn

풀이 1. 나누다. 분별하다. 2. 짐승 이름. 개와 비슷한 맹수.

贛	⑰ 24획	
	❶ 줄 공	日 コウ·カン
	❷ 강 이름 감	中 gàn

풀이 1 1. 주다. 하사하다. 2 2. 강 이름. 중국 강서성(江西省)에 있는 강.

赤 부

赤 붉을 적 部

'赤' 자는 팔과 다리를 크게 벌리고 있는 사람의 모양을 나타내는 '大(큰 대)'와 타고 있는 불 모양을 나타내는 '火(불 화)'를 합쳐 만든 글자로, '붉다'는 뜻을 나타낸다. 불에 타서 아무것도 없다는 뜻에서 '없다'는 뜻으로도 쓰이고, 아무것도 걸치지 않은 '벌거숭이'를 나타내기도 한다.

赤 ⓪7획 붉을 적 日セキ·シャク·あかい 中chì

一 十 土 ナ 赤 赤 赤

* 회의. 큰 불[火]이 나서 땅[土]이 붉게 보이는 것을 나타낸 글자. 이에 '붉다'의 뜻을 나타냄.

풀이 1. 붉다. 붉은빛. ¶赤字 2. 비다. 아무것도 없다. 3. 벌거벗다. ¶赤身 4. 베다. 멸하다. 5. 참되다. 진심. 충심. 6. 경기(京畿).

赤脚(적각) 벌겋게 드러낸 다리. 맨발.
赤蓋(적개) 서쪽에 지는 해.
赤口毒舌(적구독설) 붉은 입과 독한 혀라는 뜻으로, 심한 욕을 이르는 말.
赤窮(적궁) 몹시 궁핍함.
赤鬼(적귀) 지옥의 육졸의 하나. 살갗이 붉은 귀신.
赤根菜(적근채) 시금치.
赤金(적금) 붉은빛의 금. 구리.
赤旗(적기) 1)붉은 기. 2)위험을 알리는 기. 3)공산주의(共産主義)를 상징하는 기.
赤記(적기) 붉은 글씨. 또는 붉은 글씨로 적은 기록.
赤裸裸(적나라) 1)몸에 아무것도 걸치지 않은 발가벗은 상태(狀態). 2)있는 그대로 다 드러내어 숨김이 없음.
赤多(적다) 털빛이 붉은 말.
赤道(적도) 지심(地心)에 있어서 지축에 수직되는 면이 지표와 맞닿는 가상의 선.
赤豆(적두) 붉은 콩. 팥.
赤米(적미) 쌀 속에 섞여 있는 겉이 붉고 질이 낮은 쌀. 앵미.
赤貧(적빈) 아주 가난함. 재산이 조금도 없음.
赤色(적색) 붉은빛.
赤手(적수) 맨손.
赤身(적신) 아무것도 입지 않은 벌거벗은 몸. 알몸. 나체.
赤信號(적신호) 1)교통 기관의 정지 신호. 붉은 깃발이나 등을 이용함. 2)앞길에 위험이 있다는 표지. 3)위험 신호.
赤十字(적십자) 흰 바탕에 붉은색으로 십자형(十字形)을 나타낸 적십자사의 휘장(徽章).
赤熱(적열) 벌겋게 열이 남. 열에 의하여 벌겋게 달아오름.
赤外線(적외선) 파장이 적색 가시광선(可視光線)보다 길고 열 작용이 큰 전자파.
赤子(적자) 1)갓난아이. 핏덩이. 2)임금이 백성을 일컫던 말.
赤字(적자) 붉은 잉크로 쓴 교정(校正)의 글씨. 2)수지 결산(收支決算)에서 지출이 수입보다 많은 것.
赤脫民(적탈민) 몹시 가난한 백성.
赤兎馬(적토마) 중국의 삼국 시대에 여포(呂布)가 탔다는 준마의 이름.
赤血球(적혈구) 혈액 중의 유형 성분의 하나로, 그 중에 포함되어 있는 혈색소 때문에 붉게 보임.
赤化(적화) 1)붉게 됨. 2)공산주의 사상에 물듦.
近朱者赤(근주자적) 붉은빛을 가까이 하면 반드시 붉게 된다는 뜻.
暗赤色(암적색) 검붉은빛.

유 丹(붉을 단) 朱(붉을 주)

赦 ④11획 용서할 사 日シャ·ゆるす 中shè, cè

풀이 1. 용서하다. 놓아주다. ¶赦免 2. 사면. ¶赦令

赦令(사령) 사면(赦免)하는 명령.
赦例(사례) 용서한 전례.
赦免(사면) 1)죄나 허물을 용서하여 놓아줌. 2)죄를 용서하여 형벌을 면제·감소·변경하는 일.
赦原(사원) 용서함. 사면(赦免).
赦罪(사죄) 1)죄를 용서하여 죄인을 놓아주는 것. 2)가톨릭교에서, 고해 성사 등에 의해 죄를 용서하는 것.
罔赦之罪(망사지죄) 용서할 수 없을 정도의 중한 죄.
特赦(특사) 특별 사면.

유 恕(용서할 서) 免(면할 면)

赧 ⑤12획 얼굴 붉힐 난 日タン 中nǎn

풀이 1. 얼굴을 붉히다. 부끄러워하다. ¶赧愧 2. 두려워하다.

赧愧(난괴) 부끄러워 얼굴을 붉힘.
赧赧(난난) 무안해하며 얼굴을 붉히는 모양. 멋쩍은 모양. 난연(赧然).

赩	⑥ 13획	日キョク
	새빨갈 혁	中xì

풀이 1. 새빨갛다. 매우 붉다. 붉은빛. ¶赩熾 2. 민둥산이 붉은 모양.

赩熾(혁치) 매우 붉음. 붉은 모양.
赩赫(혁혁) 매우 붉은 모양.
赩紅(혁홍) 시뻘건 모양.

유 赫(붉을 혁)

赪	⑦ 14획	日ジョウ
	붉을 정	中chēng

풀이 붉다. 붉은빛.

赫	⑦ 14획	
	❶ 붉을 혁	日カク
	❷ 꾸짖을 하	中hè

* 회의. 커다란 불을 뜻하는 '赤(붉을 적)' 두 개를 나란히 놓아, '불이 밝게 빛난다'는 뜻을 나타냄.

풀이 1 1. 붉다. 붉은빛. ¶赫赫 2. 빛나는 모양. 밝은 모양. ¶赫喧 3. 성대한 모양. 위세가 대단한 모양. ¶赫戲 4. 나타내다. 나타나다. 5. 벌컥 성내다. ¶赫然 6. 가뭄. 가물다. 2 7. 꾸짖다. 으르다.

赫怒(혁노) 화를 크게 냄.
赫然(혁연) 1)벌컥 성내는 모양. 2)기세가 대단한 모양. 성한 모양. 3)시체의 사지(四肢)가 분해된 모양.
赫曄(혁엽) 환히 빛나고 밝음.
赫咤(혁타) 벌컥 성을 냄. 또는 그 모양.
赫奕(혁혁) 대단히 아름다운 모양. 빛나는 모양.
赫赫(혁혁) 1)빛나는 모양. 2)왕성한 모양. 또는 위명(威名)을 떨치는 모양. 3)열기(熱氣)가 대단한 모양. 햇볕이 쨍쨍 쬐는 모양.
赫喧(혁훤) 매우 성대한 모양. 특히 덕(德)이나 위의(威儀) 등이 성대한 모양.
赫戲(혁희) 빛나는 모양.

유 赤(붉을 적)

赭	⑨ 16획	日シャ
	붉은 흙 자	中zhě

* 형성. 뜻을 나타내는 부수 '赤(붉을 적)'과 음을 나타내는 '者(놈 자)'를 합친 글자.

풀이 1. 붉은 흙. 2. 붉은빛. 붉다. ¶赭面 3. 민둥산으로 만들다. 산의 나무를 전체를 베다. 4. 붉게 물들이다.

赭面(자면) 1)붉은 얼굴. 2)얼굴을 붉게 칠함.
赭山(자산) 나무가 없는 붉은 산. 민둥산.
赭繩(자승) 목수가 쓰는 먹통.
赭堊(자악) 1)붉은 흙과 흰 흙. 2)붉은 흙과 흰 흙으로 벽을 바름.
赭衣半道(자의반도) 다니는 사람의 절반은 붉은 죄수복을 입고 있을 정도로, 죄인이 많음을 비유하는 말.
赭斫(자작) 산의 나무를 전부 벰.

赬	⑨ 16획	日テイ
	붉을 정	中chēng

풀이 붉다. 붉은빛. ¶赬面

赬面(정면) 붉은 얼굴.
赬尾(정미) 붉은 꼬리. 물고기가 지치면 그 꼬리가 붉어진다는 데서, 군자(君子)의 수고로움을 비유하는 말.
赬霞(정하) 붉은 노을.

赮	⑨ 16획	日カ
	붉을 하	中xiá

풀이 1. 붉다. 붉은빛. 2. 노을.

走 부

走 달릴 주 部

'走'자는 사람이 달리는 모양을 나타내어 '달아나다', '달리다'는 뜻으로 많이 쓰인다. 또한 발을 가까이 자주 떼며 급히 걷는 걸음인 '종종걸음'을 나타내기도 하고, 자기를 낮추거나 남을 낮추어 말할 때에도 사용된다. 이 글자를 부수로 갖는 글자는 달리는 동작과 관련이 있다.

走	⓪ 7획	日ソウ·はしる
	달릴 주	中zǒu

一 + 土 丰 丰 走 走

* 회의. 사람이 두 팔을 휘두르며 뛰는 모습을 나타낸 '夭(어릴 요)'와 발을 의미하는 '止(그칠 지)'를 합친 글자. 이에 '달

7획

리다' 라는 뜻을 나타내며, 후에 '걷다' 의 뜻으로도 쓰임.

풀이 1. 달리다. 뛰어가다. ¶走力 2. 달아나다. 3. 걷다. 4. 가다. 나아가다. 5. 떠나다. 6. 쫓다. 달아나게 하다. 7. 길짐승. 8. 종. 심부름꾼.

走狗(주구) 1)사냥할 때에 부리는 잘 달리는 개. 2)남의 앞잡이가 되어 일하는 사람.

走力(주력) 달리는 힘.

走路(주로) 1)운동 경주를 하기 위하여 만들어 놓은 코스. 2)도망가는 길.

走馬(주마) 1)말을 달림. 2)잘 달리는 말.

走馬燈(주마등) 돌리는 대로 그림의 장면이 다르게 보이는 등. 사물이 빨리 변화하는 것을 비유하는 말.

走者(주자) 1)달리는 사람. 2)야구 경기에서, 타자가 아웃되지 않고 루(壘)에 나가 있는 사람.

走筆(주필) 붓을 달림. 즉 붓을 재빠르게 놀려 글씨를 씀. 또는 그러한 글이나 그림.

競走(경주) 일정한 거리를 달려서 빠르기를 다툼. 또는 그 경기.

逃走(도주) 피하여 달아남.

東奔西走(동분서주) 이리저리 매우 바쁘게 다니는 모양.

반 止(멈출 지)

赱	⓪6획
	走(p1347)의 俗字

赳	②9획	日キュウ
	헌걸찰 규	中jiū

풀이 1. 헌걸차다. 굳세고 용감한 모양. 2. 목을 길게 뺀 모양.

赴	②9획	日フ・おもむく
	나아갈 부	中fù

*형성. 뜻을 나타내는 부수 '走(달릴 주)' 와 음을 나타내며 '서두르다' 의 의미를 지닌 '卜(점 복)' 을 합친 글자. 이에 '서둘러 가다' 의 뜻을 나타냄.

풀이 1. 나아가다. 달려가다. ¶赴擧 2. 다다르다. 3. 뛰어들다. 4. 참여하다. 5. 알리다. 부고(訃告)하다. ¶赴告

赴擧(부거) 과거를 보러 감.

赴告(부고) 사람이 죽은 것을 알리는 통지. 부고(訃告). 사망 통지.

赴願(부원) 도와주러 감. 원조하러 감.

赴任(부임) 임무를 맡게 되어 근무할 곳으로 감. 임명을 받아 새로 맡겨진 자리에 감.

赴敵(부적) 적을 향하여 나감.

赴請(부청) 시주의 의뢰를 받고 승려가 불사를 치르러 가는 일.

新赴(신부) 새로 부임함.

勇赴(용부) 용기 있게 달려감.

유 進(나아갈 진)

赶	③10획	日カン
	달릴 간	中gǎn

풀이 1. 달리다. 2. 쫓다. 뒤따르다. 3. 서두르다. 재촉하다.

起	③10획	日キ・おきる
	일어설 기	中qǐ

*형성. 뜻을 나타내는 부수 '走(달릴 주)' 와 음을 나타내는 '己(자기 기)' 를 합친 글자.

풀이 1. 일어서다. 2. 일어나다. 잠을 깨다. 3. 발생하다. 4. 비롯하다. 5. 일을 시작하다. ¶起動 6. 출세하다. 7. 떨치다. 널리 퍼지다. 8. 분발하다. 9. 일으켜 세우다. 10. 일깨우다. 11. 세우다. 건축하다. 12. 등용하다. 13. 파견하다. ¶起兵 14. 병을 고치다. 15. 더욱. 거듭.

起家(기가) 1)벼슬길에 나아가 출세함. 2)쇠퇴하였거나 단절되었던 집안을 다시 일으켜 세움.

起居(기거) 1)행동거지(行動擧止). 2)생활. 살림. 침식(寢食). 3)어른의 기분 · 안부 등. 4)똥을 눔.

起耕(기경) 지금까지 가꾸지 않은 땅을 갈아 일으켜서 논밭을 만듦.

起稿(기고) 원고를 쓰기 시작함.

起句(기구) 1)한시(漢詩)의 첫번째 구. 2)문장의 첫 어구.

起單(기단) 좌선하는 자리에서 물러간다는 뜻으로, 승려가 절을 떠남을 이르는 말.

起動(기동) 1)몸을 일으켜 움직임. 2)기관이 움직이기 시작함.

起聯(기련) 율시(律詩)의 첫째 구와 둘째 구.

起立(기립) 앉은 자리에서 일어섬.

起滅(기멸) 나타남과 사라짐. 흥함과 망함. 시작함과 끝남.

起兵(기병) 군대를 일으킴.

起伏(기복) 높아졌다 낮아졌다 하는 모양.

起死回生(기사회생) 죽어 가는 사람을 다시 소생시킴.
起算(기산) 셈하기나 계산하기를 시작함.
起床(기상) 잠이 깨어 일어남.
起色(기색) 일어날 낌새.
起訴(기소) 법원에 공소(控訴)를 제기함.
起承轉結(기승전결) 한시(漢詩)의 절구(絶句) 및 율시(律詩)의 구성. 곧 시구(詩句)의 배열상의 명칭.
起身(기신) 1)발족함. 출발함. 2)서서 절을 함. 자리에서 일어서서 경의를 표함.
起案(기안) 초안(草案)을 잡음.
起臥(기와) 1)일어남과 누움. 2)일상 생활. 기거동작(起居動作).
起用(기용) 1)가려 씀. 2)인재를 벼슬에 등용함. 3)면직이나 휴직인 사람을 다시 씀.
起源(기원) 사물이 생긴 본바탕.
起因(기인) 일이 현재 상태에 이르게 된 원인.
起點(기점) 기준이 되는 점.
起程(기정) 여행을 떠남.
起草(기초) 1)글의 초안을 잡음. 2)글을 씀. 글을 쓰기 시작함.
起寢(기침) 1)일어남. 기상함. 2)밤중에 일어나 부처에 배례(拜禮)하는 일.
起爆(기폭) 화약이 압력이나 열을 받아 폭발 반응을 일으키는 현상.

반 坐(앉을 좌)

③ 10획
起(p1348)의 本字

赸 ③ 10획 日サン
뛸 산 中shàn

풀이 1. 뛰다. 뛰어오르다. 2. 떠나다.

赽 ④ 11획 日ケツ
말 달려갈 결 中jué

풀이 1. 말이 달려가다. 2. 빠르다.

越 ⑤ 12획
❶넘을 월 日エツ·こす·こえる
❷구멍 활 中yuè

* 형성. 뜻을 나타내는 부수 '走(달릴 주)'와 음을 나타내는 '戉(도끼 월)'을 합친 글자.

풀이 ❶ 1. 넘다. 건너다. ¶越江 2. 순서를 건너뛰다. 3. 경과하다. 4. 초과하다. 5. 뛰어나다. 6. 멀다. 멀리하다. 7. 어기다. 8. 달아나다. 9. 흩어지다. 흩뜨리다. 10. 떨어지다. 떨어뜨리다. 11. 빼앗다. 12. 및. …와. 13. 이에. 14. 월나라. 춘추 시대 14열국의 하나. ¶越女 15. 종족 이름. 백월(百越). 중국 남쪽에 살던 민족. ❷ 16. 거문고의 바닥에 있는 구멍. 17. 부들. 부들과의 다년초.

越江(월강) 1)강을 건넘. 2)압록강 · 두만강을 넘어 중국으로 건너감.
越境(월경) 1)국경을 넘음. 2)경계를 넘어서 이웃을 침범함.
越階(월계) 순서를 뛰어넘어 윗자리에 오름. 초계(超階).
越權(월권) 자기 권한 밖의 행위.
越南(월남) 나라 이름. 베트남(Vietnam).
越女齊姬(월녀제희) 미인(美人). 월(越) · 제(齊) 두 나라에는 미인이 많다는 데서 온 말.
越度(월도) 1)정도를 넘음. 지나침. 2)관문(關門)을 지날 때, 정문을 이용하지 않고 남몰래 샛길로 빠지는 일.
越冬(월동) 겨울을 넘김. 겨울을 남.
越等(월등) 정도의 차이가 대단함. 훨씬 나음.
越錄(월록) 공로가 없이 차례를 뛰어넘어 작위(爵位)에 오름.
越畔之思(월반지사) 자기의 직분만을 성실히 지키고, 남의 권한을 침범하지 않도록 조심하는 일.
越先(월선) 앞지름.
越獄(월옥) 죄수가 감옥을 뛰어넘어 달아남. 탈옥(脫獄).
越越(월월) 소홀하게 여김. 업신여김.
越月(월월) 달을 넘김. 그 달을 지남.
越人(월인) 1)월(越)나라 사람. 2)서로 사이가 소원한 사람.
越日(월일) 다음날. 내일. 익일(翌日).
越牆(월장) 1)담을 넘음. 2)올바르지 못한 남녀의 교제.
越在(월재) 먼 타향에서 방랑함.
越絶(월절) 넘어감.
越俎(월조) 자기 직분을 넘어서 남의 일에 간섭하는 것. 또는 남의 권한을 침범하는 것.
越津乘船(월진승선) 나루를 건너고 난 뒤 배에 탐. 일을 반대로 처리함을 비유하는 말.
越次(월차) 순서를 건너뜀.
越逐(월축) 성을 넘어서 뒤쫓음.

유 超(넘을 초)

趄 ⑤ 12획 日シヨ
머뭇거릴 저 中jū, qiè

풀이 1. 머뭇거리다. 서성거리다. 2. 뒤뚝거리다.

趁 ⑤ 12획 日チン
좇을 진 中chèn

풀이 1. 좇다. 따르다. 뒤쫓다. 2. 나아가다. 3. 편승하다. 4. 달리다. 5. 타다. 탑승하다. 6. 떠들다.

趁期(진기) 기한이 다함. 진한(趁限).
趁早(진조) 진작. 빠른 시일에.

超 ⑤ 12획 日チョウ·こえる·こす
넘을 초 中chāo

一 + 土 キ キ 非 走 走 起 起 起 超 超 超

* 형성. 뜻을 나타내는 부수 '走(달릴 주)'와 음을 나타내며 높이 올라가다는 의미를 지닌 '召(부를 소)'를 합친 글자. 이에 '뛰어넘다'의 뜻을 나타내며, 바뀌어, '뛰어나다', '빼어나다'의 뜻을 나타내기도 함.

풀이 1. 넘다. 뛰어넘다. ¶超過 2. 지나가다. 3. 순서를 건너뛰다. 4. 초탈하다. 멀어지다. 5. 낫다. 뛰어나다. ¶超凡 6. 멀다. 아득하다. ¶超忽 7. 빠르다. 8. 서글퍼하다. 근심하다.

超距(초거) 뛰어넘음. 뛰어오름.
超階(초계) 순서를 뛰어넘어 관직이 크게 오름. 초승(超升).
超過(초과) 1)사물의 한도를 넘어섬. 2)일정한 수를 넘음. 예정한 수량을 지나침.
超群(초군) 많은 사람 가운데서 특히 뛰어남. 발군(拔群).
超克(초극) 어려움을 극복함.
超登(초등) 남보다 앞서 오름.
超等(초등) 여럿 중에서 뛰어남.
超倫(초륜) 여럿 중에서 뛰어남. 초범(超凡).
超滿員(초만원) 정원(定員) 이상으로 사람이 꽉 참.
超邁(초매) 남보다 뛰어남. 남보다 월등함.
超拔(초발) 1)남보다 뛰어남. 걸출(傑出)함. 2)승천(昇天)함.
超凡(초범) 평범한 사람의 영역을 벗어남. 보통 사람보다 매우 뛰어남. 초륜(超倫).
超世(초세) 1)한 세대에 뛰어남. 2)세속을 초탈(超脫)함. 탈속(脫俗).
超俗(초속) 세상을 초월함. 초세(超世).
超乘(초승) 수레에 뛰어올라 탐.
超然(초연) 1)높이 뛰어난 모양. 2)세속을 초월한 모양.
超遙(초요) 아득히 먼 모양. 요원한 모양.
超越(초월) 1)보통보다 뛰어남. 2)세상의 속된 일에서 떠남. 3)가볍고 빠른 모양. 4)경험 가능한 범위를 넘어섬.
超音波(초음파) 귀에 들리지 않는, 진동수 6만 사이클 이상의 음파.
超人(초인) 보통 사람보다 훨씬 뛰어난 사람. 비상한 능력을 가진 사람.
超逸(초일) 월등함. 탁월함.
超軼絶塵(초일절진) 말이 매우 빨리 달리는 모양.
超資(초자) 차례를 뛰어넘어 오르는 가자(加資).
超迹(초적) 뛰어난 행위. 세속에서 벗어남.
超絶(초절) 1)사이가 떨어져 있음. 2)다른 것보다 뛰어남.
超超(초초) 탁월한 모양.
超擢(초탁) 남을 뛰어넘어 발탁됨.
超脫(초탈) 기품이 높아 세속에 관여하지 않는 것. 세속에서 벗어남.
超忽(초홀) 1)기상이 높은 모양. 2)멀고 아득한 모양.

유 越(넘을 월)

趌 ⑥ 13획 日キツ
성내어 달릴 길 中jí

풀이 1. 성내어 달리다. 2. 똑바로 가다. 곧장 가다.

趑 ⑥ 13획 日シ
주저할 자 中zī

풀이 주저하다. 머뭇거리다.

趒 ⑥ 13획 日チョウ
뛸 조 中tiáo

풀이 1. 뛰다. 뛰어가다. 2. 도망치다.

유 走(달릴 주)

趎 ⑥ 13획 日シュウ
사람 이름 주 中chú

풀이 1. 사람 이름. 2. 뛰어가다.

趕 ⑦ 14획
赶(p1348)과 同字

7획

⑦ 14획 日チョウ
조나라 조 中zhào

* 형성. 뜻을 나타내는 부수 '走(달릴 주)'와 음을 나타내는 '肖(닮을 초)'를 합친 글자.

풀이 1. 조나라. ㉠주나라의 제후국으로 전국칠웅(戰國七雄)의 하나. ㉡전조(前趙). 오호십육국(五胡十六國)의 하나로, 유요(劉曜)가 세운 나라. ㉢후조(後趙). 오호십육국(五胡十六國)의 하나로, 석륵(石勒)이 세운 나라. 2. 찌르다. 3. 빠르다. 급하다. 4. 흔들다.

趙繚(조료) 흔드는 모양.
趙璧(조벽) 화씨벽(和氏璧)의 다른 이름.
趙行(조행) 빨리 감.

趡
⑧ 15획 日イ・うごく
움직일 유·추 中cuǐ

풀이 1. 움직이다. 2. 달리다. 질주하다.

趟
⑧ 15획 日トウ・おどる・ゆく
뛸 쟁 中tàng

풀이 뛰다. 펄쩍펄쩍 뛰다.

趣
⑧ 15획
❶ 뜻 취 日シュ・おもむき
❷ 재촉할 촉 中cù, qù

一 十 土 丰 キ 走 走 走 赶 赶 赶 趄 趄 趣 趣

* 형성. 뜻을 나타내는 부수 '走(달릴 주)'와 음을 나타내며 '재촉하다'는 의미를 지닌 '取(취할 취)'를 합친 글자. 바삐 '뛰어가다'의 뜻으로 쓰이며, 바뀌어 '취지'의 뜻을 나타냄.

풀이 ■1 1. 뜻. 의미. 2. 멋. 풍치. 3. 취하다. 4. 달리다. 달려가다. ¶趣走 5. 향하다. ¶趣向 ■2 6. 재촉하다. 독촉하다. ¶趣治 7. 빠르다. 급하다.

趣舍(취사) 1)취함과 버림. 2)나아감과 멈춤.
趣走(취주) 뜻한 바를 향하여 빠르게 달림.
趣旨(취지) 일정한 일에 대한 기본적인 목적이나 의도.
趣向(취향) 1)목표를 정하고 그것을 이루기 위해 향하여 달림. 2)하고 싶은 마음이 쏠리는 방향. 의향.
趣駕(촉가) 급히 탈것을 준비시킴.
趣裝(촉장) 급히 여장(旅裝)을 꾸림.
趣織(촉직) 귀뚜라미. 촉직(促織).
趣治(촉치) 재촉함. 급히 준비함.

유 走(달릴 주)

趠
⑧ 15획 日タク・チョウ
멀 탁 中chào

풀이 1. 멀다. 2. 멀리 달리다. 빨리 달리다. 2. 매우 뛰어나다. 특출하다.

趨
⑩ 17획
❶ 달릴 추 日スウ
❷ 재촉할 촉 中qū

풀이 ■1 1. 달리다. 빨리 가다. ¶趨走 2. 뒤쫓다. 3. 향하다. 추구하다. 4. 취(取)하다. 5. 뜻. 취향. ■2 6. 재촉하다. 7. 빠르다. 급하다. ¶趨趨

趨競(추경) 뒤쫓으며 경쟁함.
趨利(추리) 이익을 도모함.
趨拜(추배) 종종걸음으로 나아가 절함.
趨步(추보) 종종걸음으로 빨리 나아감.
趨附(추부) 남을 좇음.
趨舍(추사) 1)나아감과 멈춤. 2)취함과 버림. 3) 달려 나감. 빨리 나감.
趨舍有時(추사유시) 나아감과 물러섬에 때가 있음.
趨翔(추상) 행동거지(行動擧止).
趨翔閑雅(추상한아) 행동거지가 단정하고 품위가 있음.
趨時(추시) 세상의 풍속을 따름.
趨炎赴熱(추염부열) 힘이 있는 자에게 나아가 아부하여 따름.
趨迎(추영) 달려 나가 맞이함.
趨庭(추정) 1)아들이 아버지의 가르침을 받음. 2)그 집에 찾아가 친히 가르침을 받음.
趨走(추주) 1)빨리 달림. 2)이리저리 다니며 잔심부름을 함.
趨進(추진) 추창(趨蹌)하여 나아감. 빨리 나아감.
趨參(추참) 다른 사람의 집을 방문함.
趨蹌(추창) 1)예의를 갖추기 위하여 허리를 굽히고 종종걸음으로 나아감. 2)부탁을 하기 위하여 권세 있는 집을 찾아다님.
趨風(추풍) 윗사람을 공경하여 그 앞을 바람처럼 달려나가 지체하지 않는 일.
趨下(1.추하/2.촉하) 1)낮은 곳으로 달려 내려감. 2)아랫도리가 짧음. 하반신이 짧음.
趨賀(추하) 방문하여 축하함.
趨向(추향) 1)나아가는 방향. 2)대세가 지향하는 바. 3)자연의 추세.
趨數(촉삭) 바쁘게 다그침. 신속함.

趨織(촉직) 귀뚜라미의 다른 이름.

趨趨(촉촉) 1)걸음이 빠른 모양. 위엄이 적음을 이르는 말. 2)귀뚜라미.

비 趣(달릴 취)

趻	⑪ 18획	日サン·はしる
	달릴 참	中cān

풀이 달리다. 달리는 모양.

趫	⑫ 19획	日キョウ·すばやい
	재빠를 교	中qiáo

풀이 1. 재빠르다. 날래다. 2. 발을 들다. 3. 건장하다. 씩씩하다.

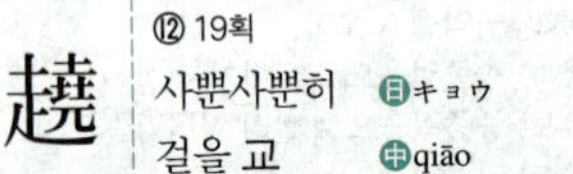

趬	⑫ 19획	
	사뿐사뿐히 걸을 교	日キョウ 中qiāo

풀이 1. 사뿐사뿐히 걷는 모양. 2. 발을 들다. 3. 일어서다. 4. 높다.

趬悍(교한) 재빠르고 사나움.

趭	⑫ 19획	日チョウ
	달릴 초	中jiào

풀이 달리다. 뛰어가다.

趪	⑫ 19획	日コウ·つよい
	헌걸찰 황	中huáng

풀이 헌걸차다. 굳세고 씩씩한 모양.

趲	⑬ 20획	日テン
	좇을 전	中zhān

풀이 1. 좇다. 2. 옮기다. 3. 나아가다. 향해 가다. 4. 머뭇거리다. 5. 따르다. 복종하다.

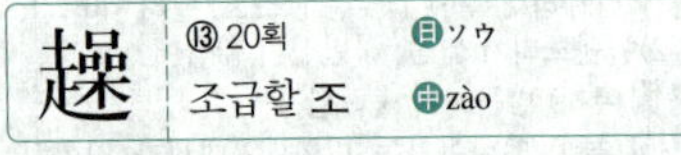

趮	⑬ 20획	日ソウ
	조급할 조	中zào

풀이 1. 조급하다. 2. 움직이다. 흔들다.

유 躁(성급할 조)

趯	⑭ 21획	日ヤク·テキ·おどる
	뛸 약·적	中tì

풀이 뛰다. 뛰는 모양.

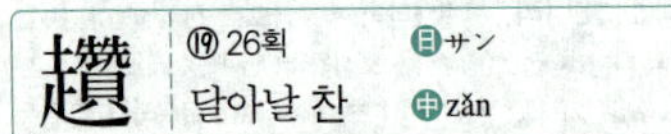

趲	⑲ 26획	日サン
	달아날 찬	中zǎn

풀이 1. 달아나다. 흩어져 도망치다. 2. 재촉하다.

足 부

足 발 족 部

'足' 자는 종아리 주위를 나타낸 것으로 발가락과 발뒤꿈치를 모두 나타내고 있는 발의 형태가 합쳐져 '발'을 뜻하게 된 글자이다. '𧾷'의 형태로 다른 글자의 왼쪽에 사용될 때는 '발족변'이라는 부수 명칭을 갖기도 한다. 이 글자는 '발'이라는 뜻 이외에도 부족(不足)이나 충족(充足)에서처럼 '만족하다'나, '더하다', '지나치다'의 뜻으로도 사용된다. '발'과 '만족하다' 이외의 뜻으로 쓰일 때에는 '주'라는 음으로 읽는다. 이 글자를 부수로 하는 글자는 일반적으로 발의 활동과 관련이 있다.

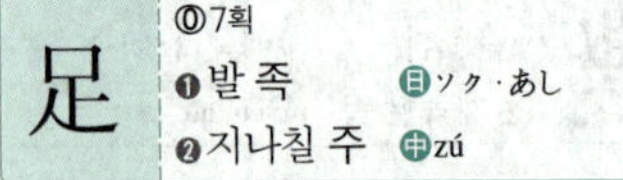

足	⓪ 7획	
	❶발 족	日ソク·あし
	❷지나칠 주	中zú

丨 口 口 ㅁ 早 𧾷 足

* 상형. 무릎에서 발끝까지의 모양을 본뜬 글자. '발'의 뜻을 나타냄.

풀이 ❶ 1. 발. ¶足跡 2. 뿌리. 3. 산기슭. 4. 밟다. 5. 멈추다. 그치다. 6. 넉넉하다. 족하다. ¶滿足 7. 채우다. 충족시키다. ❷ 8. 지나치다. 9. 보태다. 10. 북돋우다. 배토(培土)하다.

足巾(족건) 버선.

足恭(족공) 1)도를 넘는 공경. 지나친 존경. 2)아첨함.

足鎖(족쇄) 죄인의 발에 채우던 쇠사슬.

足衣(족의) 버선. 양말.

足掌(족장) 발바닥.

足跡(족적) 1)발자국. 2)옛날의 업적. 옛 자취.

足迹(족적) 발자국. 발자취.

足指(족지) 발가락.

足趾(족지) 발의 복사뼈 아랫부분. 발뒤꿈치.

足下(족하) 1)발 밑. 아주 가까운 곳. 2)동배(同

輩)를 높여 부르는 말.

巨足(거족) 진보나 발전이 매우 빨리 진행되어 감.

過不足(과부족) 남음과 모자람.

禁足(금족) 1)규칙(規則)을 어긴 벌로 외출을 금지하는 일. 2)결제(結制)할 때에 출입을 금함.

滿足(만족) 마음에 모자람이 없어 흐뭇함.

發足(발족) 기관이나 단체 등이 첫 일을 시작함.

長足(장족) 1)긴 다리. 2)진보가 매우 빠름.

유 脚(다리 각) 반 手(손 수)

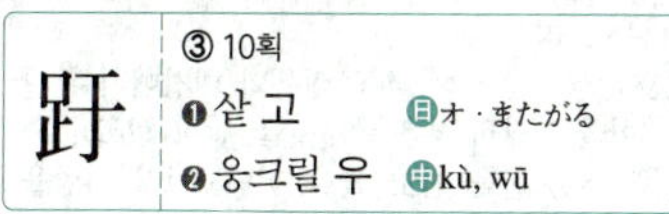

趶 ③ 10획 ❶샅 고 ❷웅크릴 우 日オ·またがる 中kù, wū

풀이 ❶ 1. 샅. 가랑이. ❷ 2. 웅크리다.

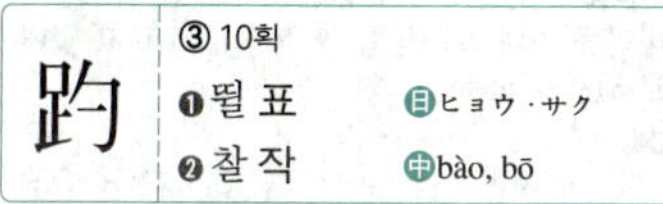

趵 ③ 10획 ❶뛸 표 ❷찰 작 日ヒョウ·サク 中bào, bō

풀이 ❶ 1. 뛰다. 솟아오르다. ❷ 2. 차다. 발로 차는 소리.

䟕 ③ 10획 갈림길 차 日チャ 中chà

풀이 1. 갈림길. 2. 밟다.

趼 ④ 11획 못 견 日ケン·ゲン 中fū

풀이 1. 못. 굳은살. 2. 발이 부르트다.

趹 ④ 11획 ❶달릴 결 ❷밟을 계 日ケツ·ケイ 中jué

풀이 ❶ 1. 달리다. 말이 질주하는 모양. 2. 빠르다. ❷ 3. 밟다.

跂 ④ 11획 육발이 기 日キ·むつゆび 中qí, qì

풀이 1. 육발이. 발가락이 여섯인 사람. 2. 벌레가 기어가다. 3. 발돋움하다. ¶跂望 4. 어긋나다. 5. 느릿하게 걷다.

跂跂(기기) 벌레 등이 기는 모양.

跂望(기망) 발돋움하여 먼 곳을 바라봄. 매우 기다리는 모양. 기망(企望).

跂足(기족) 발돋움함. 먼 곳을 바라보는 모양.

跂行喙息(기행훼식) 기어 다니고 주둥이로 숨 쉼. 벌레나 새 등을 이르는 말.

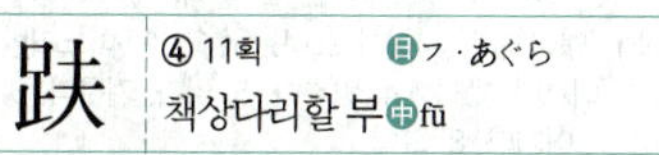

趺 ④ 11획 책상다리할 부 日フ·あぐら 中fū

풀이 1. 책상다리하다. ¶趺坐 2. 발등. 3. 받침. 받침돌.

趺坐(부좌) 책상다리로 앉음. 양쪽 발등을 각각 반대편 넓적다리 위에 얹어 책상다리하여 앉는 법.

結跏趺坐(결가부좌) 완전히 책상다리를 하고 앉는 가부좌.

龜趺(귀부) 돌로 만든 거북 모양의 비석 받침.

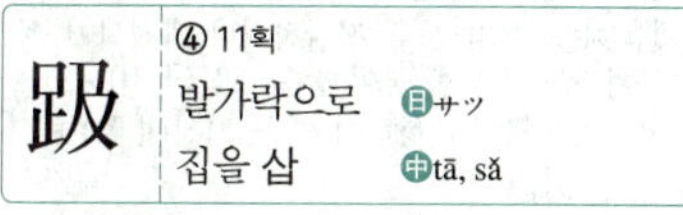

趿 ④ 11획 발가락으로 집을 삽 日サツ 中tā, sǎ

풀이 발가락으로 집다.

趾 ④ 11획 발 지 日シ 中zhǐ

풀이 1. 발. 2. 발가락. 3. 발자국. 4. 터. 기초.

趾甲(지갑) 발톱.

跁 ④ 11획 난쟁이 파 日ハ 中bā, bà

풀이 1. 난쟁이. 2. 기다. 3. 웅크리다. 4. 서성거리다.

跏 ⑤ 12획 책상다리할 가 日カ 中jiā

풀이 책상다리하다. 책상다리하여 앉다. ¶跏趺

跏趺(가부) 양쪽 발등을 각각 반대편 넓적다리 위에 얹어 책상다리하고 앉는 법.

跒 ⑤ 12획 난쟁이 가 日カ 中qiǎ

7획

풀이 1. 난쟁이. 2. 서성거리다. 3. 웅크리다. 4. 기다.

距	⑤ 12획	日キョ
	떨어질 거	中jù

* 형성. 뜻을 나타내는 부수 '足(발 족)'과 음을 나타내는 '巨(클 거)'를 합친 글자. 닭의 '며느리발톱'을 나타냄.

풀이 1. 떨어지다. 사이가 뜨다. ¶距離 2. 며느리발톱. 3. 이르다. ¶距陸 4. 멈추다. 5. 막다. 겨루다. 6. 뛰다. 7. 어기다. 8. 크다.

距擊(거격) 막고 침.
距骨(거골) 복사뼈.
距今(거금) 지금으로부터.
距跳(거도) 뛰어오름.
距陸(거륙) 육지에 이름.
距離(거리) 두 곳 사이의 떨어진 길이.
距塞(거색) 차단하여 막음.
距躍(거약) 뛰어오름. 뛰어넘음.
距堙(거인) 적의 성을 정찰하거나 공격하기 위하여 적의 성벽에 붙여 쌓은 토산(土山).
距戰(거전) 적에 대항하여 싸움. 거전(拒戰).

유 離(떨어질 리)

跔	⑤ 12획	日ク
	곱을 구	中jū

풀이 1. 곱다. 발가락이 얼어서 움직이기 어렵다. 2. 뛰다.

跜	⑤ 12획	日ニ
	꿈틀거릴 니	中ní

풀이 꿈틀거리다.

跗	⑤ 12획	日モウ
	엄지발가락 무	中mǔ

풀이 엄지발가락.

跘	⑤ 12획	
	❶ 비틀거릴 반	日ハン
	❷ 책상다리 할 판	中bàn, pán

풀이 1 1. 비틀거리다. 2 2. 책상다리하고 앉다.

跋	⑤ 12획	日バツ
	밟을 발	中bá

* 형성. 뜻을 나타내는 부수 '足(발 족)'과 음을 나타내는 '犮(달릴 발)'을 합친 글자.

풀이 1. 밟다. 2. 넘어가다. 산야(山野)를 지나가다. ¶跋涉 3. 밑동. 4. 사납다. 거칠다. 5. 되돌리다. 6. 발문(跋文). 책 끝에 본문 내용의 대강이나 관련 사항을 간단히 적은 글.

跋剌(발랄) 1)물고기가 퍼덕이는 소리. 2)새가 나는 소리.
跋文(발문) 책 끝에 본문 내용의 대강이나 관련 사항을 간단히 적은 글. 뒷글. 발사(跋辭).
跋涉(발섭) 산을 넘고 물을 건넘. 여러 지방을 두루 돌아다니는 일.
跋疐(발치) 발에 걸려 넘어짐.
跋扈(발호) 1)물고기가 통발을 뛰어넘어 도망쳐 버리듯 멋대로 행동함. 2)분수를 모르고 멋대로 권세를 휘두름.

跋扈(발호)의 유래

한나라 순제(順帝) 때의 외척이었던 양기(梁冀)는 20년 간에 걸쳐 실권을 장악하고 횡포를 부렸다. 그는 순제가 죽자 여덟 살짜리 질제(質帝)를 즉위시켰다. 어릴 때부터 총명했던 질제는 양기의 횡포를 알고 있었다. 어느 날, 질제는 신하들과 함께한 자리에서 양기를 주시하며 말했다. "이 분이 발호 장군(跋扈將軍)이로군." 이는 양호가 통발을 뛰어넘어 도망친 큰 물고기처럼 방자함을 비유한 것이다. 양기는 이 말을 듣고는 화가 치밀어 올라 측근을 시켜 질제를 독살하였다. 《후한서(後漢書)》 양기전(梁冀傳)

跋胡疐尾(발호치미) 늙은 이리가 앞으로 가려니 턱 밑의 처진 살을 밟게 되고 뒤로 물러나려니 꼬리에 걸린다는 뜻으로, 이러지도 저러지도 못하는 어려운 처지를 비유하는 말. 진퇴유곡(進退維谷).

跛	⑤ 12획
	跋(p1354)과 同字

跗	⑤ 12획	日フ
	발등 부	中fū

풀이 1. 발등. 2. 받침. ¶跗坐 3. 꽃받침.

跗坐(부좌) 그릇 받침.

跚	⑤ 12획	日サン・よろめく
	비틀거릴 산	中shān

풀이 1. 비틀거리다. 절뚝거리다. 머뭇거리다. ¶蹣跚

7획

2. 말을 타다.

跇 ⑤ 12획 日エイ・セツ
뛰어넘을 예 中yì

풀이 1. 뛰어넘다. 2. 건너다.

跐 ⑤ 12획 日サ
갈 자 中cǐ, zǐ

풀이 1. 가다. 가는 모양. 2. 밟다. 3. 짝. 쌍.

유 踏(밟을 답)

堂 ⑤ 12획 日ソウ
바로잡을 쟁 中chēng

풀이 1. 바로잡다. 바르게 하다. 2. 버티다. 3. 발바닥.

비 堂(집 당) 定(정할 정)

跙 ⑤ 12획 日ソ
머뭇거릴저 中jù

풀이 머뭇거리다. 앞으로 잘 나가지 못하는 모양. ¶跙跙

跙跙(저저) 잘 걷지 못하는 모양.

유 躊(머뭇거릴 주)

跈 ⑤ 12획 日ジン
밟을 전 中jiàn

풀이 밟다.

跕 ⑤ 12획 日チョウ
밟을 접 中diǎn, diē

풀이 1. 밟다. ¶跕屣 2. 신을 끌다. 3. 떨어지다. 떨어뜨리다. ¶跕跕

跕屣(접사) 신을 꿰매 신음.
跕跕(접접) 아래로 떨어지는 모양.
跕足(접족) 발을 벌리고 힘껏 버팀.

跓 ⑤ 12획 日シュウ
멈출 주 中zhù

풀이 멈추다. 걸음을 멈추다.

跌 ⑤ 12획 日テツ
넘어질 질 中diē

풀이 1. 넘어지다. ¶跌仆 2. 달리다. ¶跌蹏 3. 지나치다. 방종하다. 4. 틀리다. 잘못을 저지르다. ¶跌誤 5. 발바닥.

跌仆(질부) 발을 헛디디거나 물건에 걸려 넘어짐.
跌失(질실) 발을 헛디딤. 실족함. 차질(蹉跌).
跌誤(질오) 실수함. 잘못함.
跌蹏(질제) 빨리 달림.
跌宕(질탕) 행동이 단정하지 못함. 제멋대로 행동함. 방종함.
跌蕩(질탕) 1)질탕(跌宕). 2)매우 당황함.
跌蕩放言(질탕방언) 자기 마음대로 행동하며 큰 소리침.

유 倒(넘어질 도)

跅 ⑤ 12획 日タク・セキ
해이할 척 中tuò

풀이 해이하다. 제멋대로 굴다. ¶跅弛

跅弛(척이) 행실이 방자하고 예의가 없음. 예절이 없고 제멋대로임.

跖 ⑤ 12획 日セキ
발바닥 척 中zhí

풀이 1. 발바닥. 2. 밟다. 3. 사람 이름. 도척(盜跖). 옛날의 큰 도적.

跖犬吠堯(척견폐요) 도척(盜跖)의 개가 요임금을 보고 짖음. 자기가 받드는 주인에게 충성을 다함. 또는 악인과 한편이 되어 현인을 시기함을 비유하는 말.
跖蹻(척교) 중국의 큰 도적인 도척(盜跖)과 장교(莊蹻).
跖之徒(척지도) 1)도척(盜跖) 같은 큰 도적의 무리. 2)자신의 이익만을 위하여 부정(不正)을 꾀하는 무리.

跎 ⑤ 12획 日タ
헛디딜 타 中tuó

풀이 1. 헛디디다. 2. 시기를 놓치다.

跑 ⑤ 12획
跎(p1355)와 同字

跆 ⑤ 12획 日タイ
밟을 태 中tái

풀이 밟다. 짓밟다.

跆拳(태권) 찌르기 · 치기 · 차기를 중심으로 하는 우리나라 고유의 무예.

跛 ⑤ 12획
❶ 절뚝발이 파 日ハ · ヒ
❷ 기울게 설 피 中bǒ

풀이 ❶ 1. 절뚝발이. ¶跛蹇 2. 절뚝거리다. ❷ 2. 기울게 서다. 한 발로 기우뚱하게 기대 서다.

跛蹇(파건) 절뚝발이. 절름발이.

跛驢(파려) 절뚝거리는 당나귀.

跛驢之伍(파려지오) 쓸모없는 무리들.

跛鼈千里(파별천리) 절뚝발이도 천 리의 먼 길을 감. 쉬지 않고 노력하면 어리석은 사람도 성공함을 비유하는 말.

跛行(파행) 1)절뚝거리며 걸음. 2)일이 순조롭게 진행되지 않음.

跛立(피립) 한 다리는 들고 한 다리만으로 서 있음.

跛立箕坐(피립기좌) 한쪽 발로 서거나 두 다리를 뻗고 가랑이를 벌려 앉는 일. 즉, 무례한 태도를 이르는 말.

跛倚(피의) 1)한 다리로 비스듬히 서서 몸을 다른 것에 의지하는 일. 2)한쪽으로 치우침.

跑 ⑤ 12획 日ホウ
후빌 포 中páo, pǎo

풀이 1. 후비다. 발톱으로 긁어 파다. 2. 달리다.

跲 ⑥ 13획 日コウ · つまずく
넘어질 겁 中jiá

풀이 1. 넘어지다. 2. 막히다. 잘못되다.

跨 ⑥ 13획
❶ 넘을 과 日コ · またぐ
❷ 걸터앉을 고 中kuà

풀이 ❶ 1. 넘다. 건너가다. ¶跨越 2. 사타구니. ¶跨下 ❷ 3. 걸터앉다. 다리를 벌리고 올라타다. 4. 양쪽에 걸치다. 5. 점거하다. 차지하다.

跨據(고거) 점거(占據)함.

跨年(고년) 연말부터 이듬해 연초에 걸침.

跨躡(고섭) 양쪽에 걸쳐 밟음.

跨有(고유) 자기 소유로 함. 점유함.

跨俗(과속) 속인이나 세속을 초월함.

跨越(과월) 뛰어넘음.

跨軼(과일) 뛰어남. 과월(跨越).

跨竈(과조) 1)양마(良馬). 좋은 말은 뒤 발자국이 앞 발자국의 앞에 있다는 데에서 온 말. 2)자식이 부모보다 더 잘남.

跨下(과하) 사타구니 밑.

跪 ⑥ 13획 日キ
꿇어앉을 궤 中guì

풀이 1. 꿇어앉다. ¶跪坐 2. 발.

跪拜(궤배) 무릎을 꿇고 앉아 절함.

跪伏(궤복) 무릎을 꿇고 앉음.

跪捧(궤봉) 무릎을 꿇고 받들어 올림.

跪謝(궤사) 무릎을 꿇고 용서를 빎.

跪坐(궤좌) 무릎을 꿇고 앉음.

유 跽(꿇어앉을 기)

跬 ⑥ 13획 日キ
반걸음 규 中kuǐ

풀이 1. 반걸음. ¶跬步 2. 가깝다. 3. 잠시. 일시.

跬步(규보) 반걸음. 반걸음밖에 안 되는 가까운 거리.

跬譽(규예) 일시적인 명예.

跟 ⑥ 13획 日コン · くびす
발꿈치 근 中gēn

풀이 1. 발꿈치. 2. 뒤따르다. 수행하다. ¶跟隨 3. 모시다. 시중들다. ¶跟伴

跟伴(근반) 주인을 수행하는 사람.

跟隨(근수) 1)수행함. 또는 수행하는 사람. 종자(從者). 2)힘이 있는 사람의 그늘에 숨는 일. 근종(跟從).

跟捕(근포) 죄인을 쫓아가 잡음. 미행하여 체포함. 적포(跡捕).

跳 ⑥ 13획 日チョウ · はねる · とぶ
뛸 도 中tiào

丨 ㅁ ㅁ 𠯁 𧾷 𧾷 𧾷 𧿹 𧿹 跳 跳 跳 跳

* 형성. 뜻을 나타내는 부수 '足(발 족)'과 음을 나타내며 '높

이 올라간다'는 뜻을 나타내는 '兆(조짐 조)'를 합친 글자.

풀이 1. 뛰다. 뛰어오르다. ¶跳騰 2. 빨리 달리다. 3. 달아나다. ¶跳奔

跳驅(도구) 급히 말을 몲. 질구(疾驅).

跳怒(도노) 세차게 뛰어오름.

跳刀(도도) 칼을 힘껏 휘두르는 모양.

跳騰(도등) 뛰어오름.

跳梁(도량) 1)마음대로 날뜀. 2)나쁜 무리들이 발호(跋扈)함.

跳踉(도량) 1)펄쩍펄쩍 뛰어 돌아다님. 2)비틀거리는 모양.

跳沫(도말) 물보라가 튀김. 또는 그 물보라.

跳白(도백) 배의 양 옆에 흰 판자를 붙이고 이를 막대로 두드려 소리를 내어 물고기가 놀라서 그물로 들어가게 만든 작은 배.

跳奔(도분) 빨리 뛰어 달아남. 도분(逃奔).

跳槽(도조) 다른 물통에 뛰어든다는 뜻으로, 직장을 옮김을 이르는 말.

跳脫(도탈) 1)금 또는 옥으로 만든 팔찌. 2)뛰어 달아남.

跳盪(도탕) 적의 전투 준비가 갖추어지기 전이나 전쟁을 시작하기 전에 적진에 먼저 뛰어 들어가 공격하는 일.

跳丸(도환) 1)백희(百戲)의 한 가지. 공을 가지고 노는 것. 2)세월이 빠르게 지나감.

跳哮(도효) 덤벼들며 울부짖음. 뛰어오르며 짖음.

유 走(달릴 주) 躍(뛸 약)

路	⑥ 13획	日ロ・じ
	길 로(노)	中lù

* 회의. 저마다 각각(各) 발(足)로 걸어다니는 곳을 나타내어, '길'의 뜻을 나타냄.

풀이 1. 길. 도로. ¶路頭 2. 도리. 도덕. 3. 사물의 조리. 4. 벼슬. 요직. 5. 경로. 방법. 6. 방면. 7. 크다. 8. 피로하다. 고달프다. ¶路毒 9. 드러나다. 10. 수레. 임금의 수레. ¶路車 11. 행정 구역. 지금의 성(省)에 해당하는, 송대(宋代)의 지방 행정 구역.

路鼓(노고) 사면(四面)을 가죽으로 싼 북. 종묘(宗廟)의 제사 때 쓰임.

路衢(노구) 성(城) 안의 길.

路岐(노기) 갈림길. 기로(岐路).

路毒(노독) 여행에서 오는 피로.

路頭(노두) 길가.

路柳墻花(노류장화) 1)누구나 꺾을 수 있는 길가의 버들과 담 밑의 꽃. 2)기생.

路文(노문) 관리가 출장 갈 때에 미리 일정을 알리는 공문.

路傍(노방) 길가. 길 옆.

路不拾遺(노불습유) 길에 떨어진 물건을 줍지 않는다는 뜻으로, 국민이 위정자에게 감화되어 정직하게 되었거나, 국법이 잘 행해지고 있음을 이르는 말. 도불습유(道不拾遺).

路費(노비) 여비(旅費). 노자(路資).

路室(노실) 여관. 객사(客舍).

路遙(노요) 길이 아득히 멂.

路人(노인) 1)길 가는 사람. 행인(行人). 2)자기와 관련이 없는 사람.

路引(노인) 통행권.

路奠(노전) 상(喪) 때 대문 앞 길에서 발인하며 지내는 제사.

路殿(노전) 천자 · 제후가 정사(政事)를 보던 궁궐의 정전(正殿).

路節(노절) 사신에게 주던 부절.

路程(노정) 1)길의 이수(里數). 2)여행의 경로. 행정(行程). 3)여행의 일정. 여정(旅程).

路祭(노제) 1)장례를 지낼 때, 죽은 이의 친구(親舊)가 상여 지나는 길에 자리를 깔고 절하여 장송(葬送)하는 일. 2)노전(路奠).

路次(노차) 1)길의 경로. 도정(道程). 2)길을 가는 중도. 도중(道中).

路寢(노침) 천자나 제후가 정치를 보던 정전(正殿). 노전(路殿).

유 道(길 도) 途(길 도)

跠	⑥ 13획	日イ
	웅크릴 이	中yí

풀이 웅크리다. 웅크리고 앉다.

跡	⑥ 13획	日セキ・あと
	자취 적	中jì

* 형성. 뜻을 나타내는 부수 '足(발 족)'과 음을 나타내는 '亦(또 역)'을 합친 글자.

풀이 1. 자취. 발자취. ¶足跡 2. 뒤를 밟다. ¶跡捕

跡捕(적포) 뒤를 밟아서 잡음. 근포(跟捕).

足跡(족적) 발자취.

유 蹟(자취 적)

跧	⑥ 13획	日セン
	엎드릴 전	中quán

풀이 1. 엎드리다. 2. 차다. 발로 차다. 3. 허리를 굽히다.

跦	⑥ 13획 머뭇거릴 주	日 シュウ 中 zhū

풀이 1. 머뭇거리다. 서성거리다. 2. 뛰어가는 모양.

유 躊(머뭇거릴 주)

跥	⑥ 13획 발 구를 타	日 タ 中 duò

풀이 1. 발을 구르다. 밟다. ¶跥泥 2. 머뭇거리다.

跥脚(타각) 발을 밟음.

跥泥(타니) 진흙을 밟음.

踁	⑦ 14획 종아리 경	日 ケイ 中 jìng, kēng

풀이 종아리.

跼	⑦ 14획 구부릴 국	日 キョク 中 jú

* 형성. 뜻을 나타내는 부수 '足(발 족)'과 음을 나타내는 '局(판 국)'을 합친 글자.

풀이 1. 구부리다. ¶跼步 2. 한 발을 들다.

跼步(국보) 몸을 구부리고 느릿느릿 걸음.

跼足(국족) 발을 오그리고 다가올 일을 기다림.

跼蹐(국척) 몹시 두려워함.

跼天蹐地(국천척지) 머리가 하늘에 닿을까 몸을 구부려 걷고, 땅이 무너질까 염려하여 발끝으로 살며시 걸음. 몹시 두려워 어찌할 바를 몰라함. 국척(跼蹐).

跼躅(국촉) 몸을 구부리고 힘들게 걷는 모양. 걷지 못하여 애먹는 모양.

跽	⑦ 14획 꿇어앉을 기	日 キ 中 jì

풀이 1. 꿇어앉다. 2. 무릎.

유 跪(꿇어앉을 궤)

跿	⑦ 14획 뛸 도	日 ト 中 tú

풀이 1. 뛰다. 도약하다. 2. 한쪽 발을 들다. 3. 맨발.

유 跳(뛸 도)

踉	⑦ 14획 ❶ 뛸 량(양) ❷ 급히 갈 랑(낭)	日 リョウ・ロウ 中 liáng, liàng

풀이 1 1. 뛰다. 2. 비틀거리는 모양. ¶踉蹌 3. 걸음이 느린 모양. 2 4. 허둥지둥 가는 모양.

踉蹡(양장) 1)가려고 하는 모양. 2)걸음이 느린 모양. 어슬렁어슬렁 걸어가는 모양. 3)쉬지 않고 줄곧 가는 모양.

踉蹌(1.양창/2.낭창) 1)쓰러질 듯이 비틀거리는 모양. 2)황급히 달려가는 모양.

踂	⑦ 14획 다리 꼬일 섭	日 セツ 中 niè

풀이 다리가 꼬이다.

踃	⑦ 14획 움직일 소	日 ショウ 中 xiāo

풀이 1. 움직이다. 2. 뛰어오르다.

踊	⑦ 14획 뛸 용	日 ヨウ・おどる 中 yǒng

* 형성. 뜻을 나타내는 부수 '足(발 족)'과 음을 나타내는 '甬(길 용)'을 합친 글자.

풀이 1. 뛰다. 솟구치다. ¶踊出 2. 춤추다. 3. 오르다. ¶踊貴 4. 몹시. 대단히. 5. 미리. 6. 신발. 발을 잘린 죄인이 신는 신.

踊貴(용귀) 1)물가(物價)가 뛰어오름. 등귀(騰貴). 2)발을 잘린 죄인이 신는 신의 값이 오를 정도로 죄인이 많음.

踊躍(용약) 벌떡 일어나 기세 좋게 나아감. 춤추듯이 뛰어나감.

踊絶(용절) 상(喪)을 당하여 너무 슬퍼한 나머지 발을 구르며 울다 쓰러지는 일.

踊出(용출) 높이 솟아남.

踊塔(용탑) 높이 솟은 탑.

踊現(용현) 솟구쳐 나타남.

踆	⑦ 14획 웅크릴 준	日 シュン・ソン 中 cūn

풀이 1. 웅크리다. 쪼그리다. ¶踆烏 2. 물러나다. 3. 그치다. 마치다. 4. 발로 차다. 5. 토란. 천남성과의 다년초.

踆烏(준오) 전설에서, 태양 속에 웅크리고 산다는 세 발 달린 까마귀.

踆踆(준준) 1)깡충깡충 뛰는 모양. 2)뒷걸음질하는 모양.

跟	⑦ 14획	日ハイ
	넘어질 패	中bèi

풀이 1. 넘어지다. 걸려 넘어지다. 2. 허둥지둥 가는 모양.

踞	⑧ 15획	日キョ
	웅크릴 거	中jù

풀이 1. 웅크리다. 쪼그려 앉다. ¶踞蹲 2. 걸터앉다. 3. 거만하다. ¶踞敖

踞慢(거만) 잘난 체하며 남을 업신여김.

踞傲(거오) 오만함. 거만함.

踞坐(거좌) 걸터앉음.

踞蹲(거준) 쪼그려 앉음. 무릎을 세우고 앉음.

踝	⑧ 15획	日カ
	복사뼈 과	中huái

풀이 1. 복사뼈. ¶踝骨 2. 발꿈치. 3. 혼자 있는 모양.

踝脛(과경) 복사뼈와 종아리.

踝骨(과골) 복사뼈.

踝踝(과과) 1)단단한 모양. 2)혼자인 모양.

踝足(과족) 맨발.

踘	⑧ 15획	日キク
	밟을 국	中jū

풀이 1. 밟다. 발로 밟다. 2. 뛰다. 3. 공. 축국(蹴鞠). 공차기 놀이에 쓰는 공.

踡	⑧ 15획	日ケン
	구부릴 권	中quán

풀이 구부리다. 몸을 오그리다. ¶踡跼

踡跼(권국) 1)몸을 구부린 모양. 구부러져서 펴지지 않는 모양. 2)두려움에 떨며 나아가지 못하는 모양. 권국(踡局).

踡伏(권복) 허리를 구부려 엎드림.

踡巑(권산) 1)굽은 모양. 2)홀로 우뚝 솟은 모양.

踦	⑧ 15획	
	❶ 절뚝발이 기	日キ
	❷ 의지할 의	中jī, qī, yǐ

풀이 1 1. 절뚝발이. ¶踦跂 2. 한 짝. 한 쌍을 이루는 것 중의 하나. 3. 정강이. 4. 모자라다. 부족하다. 5. 험하다. 기구하다. 2 6. 의지하다. 기대다.

踦跂(기기) 절뚝발이. 파건(跛蹇).

踦閭(의려) 문에 몸을 의지하고 섬.

踑	⑧ 15획	
	다리 뻗고	日キ
	앉을 기	中jī

풀이 다리 뻗고 앉다. 두 다리를 벌려 앞으로 쭉 뻗고 앉다. ¶踑踞

踑踞(기거) 두 다리를 앞으로 쭉 뻗고 앉음. 또는 그 앉음새. 기거(箕踞).

踏	⑧ 15획	日トウ・ふむ
	밟을 답	中tā, tà

* 형성. 뜻을 나타내는 부수 '足(발 족)'과 음을 나타내며 겹친다는 의미를 지닌 '沓(유창할 답)'을 합친 글자. 발로 거듭 밟는다는 뜻에서, '밟는다'의 뜻을 나타냄.

풀이 1. 밟다. ¶踏橋 2. 발판. 3. 신발. 4. 조사하다.

踏歌(답가) 두 발을 디디며 장단을 맞추며 노래를 부름.

踏橋(답교) 음력 정월 보름날 밤에 재앙을 물리치기 위해 부녀자들이 다리를 밟으며 놀던 민속놀이. 다리밟기.

踏舞(답무) 발을 구르며 춤을 춤.

踏步(답보) 1)제자리걸음. 2)일에 진전이 없음.

踏伏(답복) 적의 복병을 잡아냄.

踏殺(답살) 밟아 죽임.

踏碎(답쇄) 밟아 깨뜨림.

踏月(답월) 달빛 아래 거닒. 달밤에 소요(逍遙)함.

踏靑節(답청절) 삼짇날. 삼월 삼일.

踏逐(답축) 태아를 받아내는 것.

踏逐娘(답축낭) 조산원(助産員). 산파.

踏破(답파) 1)밟음. 걸어다님. 2)모든 행정(行程)

을 다 마침. 힘든 길을 도보로 정복함.

비 蹈(밟을 도)

踣 ⑧ 15획 日フク·フ
넘어질 복·부 中bó

풀이 1. 넘어지다. 넘어뜨리다. 2. 망하다. 3. 깨지다. 깨뜨리다.

蜚 ⑧ 15획 日ヒ
발꿈치 벨 비 中fèi

풀이 발꿈치를 베다. 옛 형벌의 하나.

踒 ⑧ 15획 日ワ·イ
헛디딜 와 中wō

풀이 1. 헛디디다. 2. 다리가 부러지다.

踠 ⑧ 15획
❶ 굽을 원 日ワン·ワ
❷ 헛디딜 와 中wǎn

풀이 ❶ 1. 굽다. 구부리다. ❷ 2. 헛디디다.

踓 ⑧ 15획 日ユウ
미쳐 내달릴 유 中wěi

풀이 1. 미쳐서 내달리다. 2. 밟다.

踖 ⑧ 15획 日セキ
밟을 적 中jí

풀이 1. 밟다. 2. 삼가는 모양. 공손한 모양. 3. 민첩한 모양. ¶踖踧

踖踖(적적) 1)공손하고 삼가는 모양. 2)부끄러워하는 모양. 3)민첩한 모양.

踖踧(적축) 1)삼가는 모양. 2)조심스럽게 걷는 모양.

踤 ⑧ 15획
❶ 찰 졸 日シュツ
❷ 모일 취 中cuì, zú

풀이 ❶ 1. 차다. 짓밟다. 2. 부딪치다. 3. 갑자기. ❷ 4. 모이다. 모여들다.

踪 ⑧ 15획
蹤(p1365)과 同字

踟 ⑧ 15획 日チ
머뭇거릴 지 中chí

풀이 머뭇거리다. 망설이다. ¶踟躕

踟躇(지저) 머뭇거림. 망설임.

踟躕(지주) 1)망설이는 모양. 머뭇거림. 2)물건이 이어진 모양. 3)빗의 다른 이름. 4)물시계의 물을 받는 그릇.

踢 ⑧ 15획 日テキ
찰 척 中tī

풀이 1. 차다. 발로 차다. 2. 놀라서 허둥지둥거리다.

유 蹴(찰 축) 비 踼(넘어질 탕)

踧 ⑧ 15획
❶ 평평할 척 日シュク
❷ 삼갈 축 中cù

풀이 ❶ 1. 평평하다. ¶踧踧 ❷ 2. 삼가다. 공손한 모양. ¶踧踖 3. 놀라는 모양.

踧踧(1.척척/2.축축) 1)길이 평평한 모양. 2)채촉하는 모양.

踧踖(축적) 1)공손하고 삼가는 모양. 2)앞으로 나가지 못하는 모양. 3)삼가고 공경하는 모양.

踐 ⑧ 15획 日セン
밟을 천 中jiàn

* 형성. 뜻을 나타내는 부수 '足(발 족)'과 음을 나타내며 '가지런히 벌이다'의 의미를 지닌 '戔(해칠 잔)'을 합친 글자. 좌우의 발을 가지런히 한다는 뜻을 나타내어, 바뀌어, '실제로 행하다'의 뜻을 나타냄.

풀이 1. 밟다. 짓밟다. ¶踐履 2. 실행하다. 3. 좇다. 따르다. 4. 가다. 걷다. 5. 즉위하다. 자리에 오르다. 6. 해치다. 7. 차리다. 진열하다. 8. 알다. 9. 맨발.

踐更(천경) 한대(漢代)의 세금을 거두는 방법의 한 가지. 병역(兵役)에 징발된 사람이 돈으로 사람을 사서 대신 보내던 일.

踐極(천극) 천조(踐阼).

7획

踐年(천년) 해[年]를 보냄. 많은 세월이 지남.
踐踏(천답) 짓밟음.
踐歷(천력) 1)여러 곳을 두루 돌아다님. 2)지내 온 자취.
踐履(천리) 1)밟고 다님. 또는 실제로 행함. 2)경험. 3)짓밟음.
踐冰(천빙) 얼음을 밟는다는 뜻으로, 위험을 무릅쓰고 행함을 비유하는 말.
踐勢(천세) 세력 있는 직위에 오름.
踐修(천수) 실천하여 닦음.
踐約(천약) 약속대로 행함.
踐言(천언) 말한 것을 실천함. 언행(言行)이 일치하는 일.
踐阼(천조) 임금의 자리에 오름. 임금의 자리를 계승함.
踐統(천통) 천자가 되어 나라를 통치함.
踐行(천행) 실천함. 이행(履行).
踐形(천형) 군자의 모습을 본받아 실천함.

비 賤(천할 천) 淺(얕을 천)

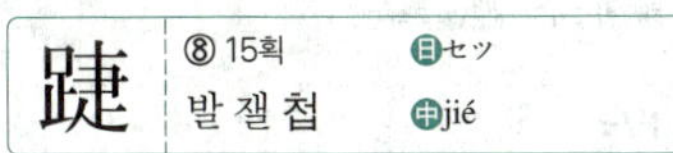
踕 ⑧ 15획 日セツ 발 잴 첩 中jié

풀이 1. 발이 재다. 2. 넘어지다. 3. 걷는 모양.

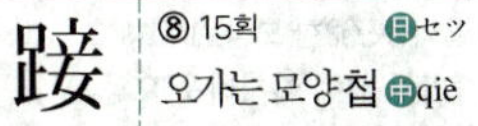
踥 ⑧ 15획 日セツ 오가는 모양 첩 中qiè

풀이 1. 오가는 모양. 2. 총총 걷는 모양.

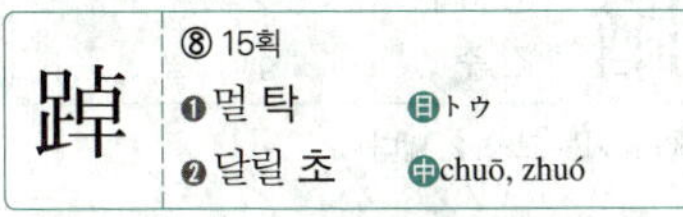
踔 ⑧ 15획 ❶멀 탁 日トウ ❷달릴 초 中chuō, zhuó

풀이 1 1. 멀다. 아득히 멀다. ¶踔遠 2. 뛰어나다. ¶踔絶 3. 절뚝거리다. 2 4. 달리다. 빨리 가다. 5. 밟다. 6. 뛰어오르다. 7. 넘다. 뛰어넘다.

踔厲風發(탁려풍발) 논설이 뛰어나고 날카로워 바람과 같이 세차게 나온다는 뜻으로, 뛰어나고 힘찬 웅변을 비유하는 말.
踔遠(탁원) 아득하게 멂.
踔絶(탁절) 남보다 월등하게 뛰어남.

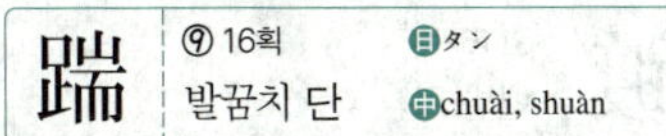
踹 ⑨ 16획 日タン 발꿈치 단 中chuài, shuàn

풀이 1. 발꿈치. 2. 발을 구르다. 몹시 노하여 발을 구르다. 3. 발[足].

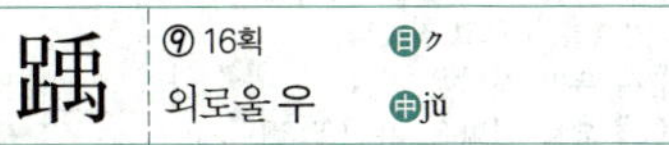
踽 ⑨ 16획 日ク 외로울 우 中jǔ

풀이 1. 외롭다. 홀로 가는 모양. ¶踽踽 2. 느리게 걷다. 3. 곱사등이. ¶踽僂

踽僂(우루) 곱추. 곱사등이.
踽踽(우우) 외로운 모양. 친근한 사람이 없이 외로운 모양.
踽踽凉凉(우우양량) 고독한 모양. 홀로 행하여 친한 사람이 없는 모양.

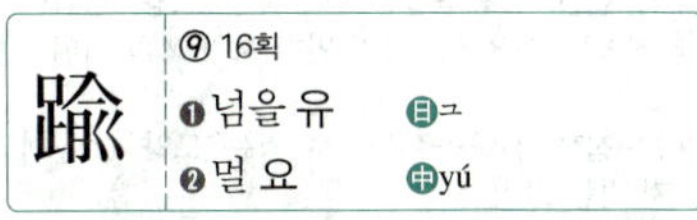
踰 ⑨ 16획 ❶넘을 유 日ユ ❷멀 요 中yú

* 형성. 뜻을 나타내는 부수 '足(발 족)'과 음을 나타내는 '俞(그러할 유)'를 합친 글자.

풀이 1 1. 넘다. 건너다. 뛰어넘다. ¶踰獄 2. 뛰어오르다. 도약하다. 3. 더욱. 한층 더. 2 4. 멀다. 아득히 멀다. ¶踰望

踰望(요망) 멀리 바라봄.
踰言(요언) 상대방과 멀리 떨어져서 이야기함.
踰檢(유검) 행실이 방자(放恣)하여 법도를 따르지 않음.
踰歷(유력) 지나감. 경과함.
踰邁(유매) 세월이 흐름.
踰獄(유옥) 감옥의 담을 넘어 달아남. 탈옥(脫獄).
踰越(유월) 1)본분(本分)을 넘어섬. 분수를 벗어남. 2)넘어섬. 극복함.
踰墻(유장) 1)담을 뛰어넘음. 2)남녀가 몰래 만나 난잡한 짓을 하는 일.
踰制(유제) 상규(常規)를 벗어남. 제한을 넘음.
踰僭(유참) 분수를 넘은 교만.
踰侈(유치) 사치의 정도가 지나침. 분수에 넘치는 사치.
踰限(유한) 기한을 넘김.
踰閑(유한) 법도를 벗어남. 예의를 지키지 않음.

유 越(넘을 월) 超(넘을 초)

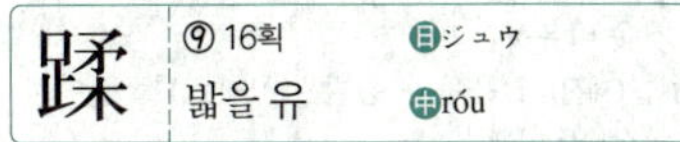
蹂 ⑨ 16획 日ジュウ 밟을 유 中róu

풀이 1. 밟다. 짓밟다. ¶蹂踐 2. 축축하게 하다. 3. 벼를 밟아서 겨를 벗기다.

蹂躪(유린) 1)짓밟음. 2)폭력으로 남의 권리나 인격을 누르고 침해함.

蹂若(유약) 짓밟음.

蹂踐(유천) 짓밟음. 유린(蹂躪).

비 柔(부드러울 유)

蹀	⑨ 16획	日チョウ
	밟을 접	中dié

풀이 1. 밟다. 2. 종종걸음 치는 모양. ¶蹀躞 3. 왕래가 빈번한 모양.

蹀躞(접섭) 1)종종걸음으로 걷는 모양. 2)말이 가는 모양. 3)왕래가 빈번한 모양. 4)허리띠의 장식.

蹀蹀(접접) 1)종종걸음으로 가는 모양. 2)흩어져 가는 모양.

비 牒(서판 첩)

踶	⑨ 16획	
	❶ 찰 제	日テイ
	❷ 힘쓸 치	中dì, tí

풀이 1 1. 차다. 뒤발질하다. ¶踶馬 2. 밟다. 3. 발굽. ¶踶齧 2 4. 힘쓰다. ¶踶躇

踶馬(제마) 발로 차는 버릇이 있는 말.

踶死(제사) 밟아 죽임. 또는 밟혀 죽음.

踶齧(제설) 말 등이 발로 차고 입으로 무는 것.

踶躇(치저) 머뭇거리며 앞으로 나아가지 못하고 주저함. 머뭇거림.

蹄	⑨ 16획	日テイ
	굽 제	中tí^1, dì^2

* 형성. 뜻을 나타내는 부수 '足(발 족)'과 음을 나타내는 '帝(임금 제)'를 합친 글자.

풀이 1. 굽. 발굽. ¶蹄鐵 2. 말 등을 세는 단위. 3. 올무. 토끼를 잡는 올가미. 4. 차다. 뒷발질하다. 5. 밟다.

蹄齧(제설) 짐승이 차고 물고 함.

蹄窪(제와) 움푹하게 들어간 마소의 발자국. 비좁은 땅을 비유하는 말.

蹄涔(제잠) 마소의 발자국에 고인 물. 매우 적은 것을 비유하는 말.

蹄筌(제전) 1)올무와 통발. 2)도(道)를 풀이한 문자(文字)와 말.

蹄鐵(제철) 말굽에 박는 쇠. 편자.

踵	⑨ 16획	日ショウ
	발꿈치 종	中zhǒng

풀이 1. 발꿈치. ¶踵接 2. 뒤쫓다. 추적하다. 3. 잇다. 계승하다. ¶踵武 4. 찾다. 5. 이르다. 6. 자주. 여러 번.

踵繫(종계) 하나하나 포박당함. 연이어 잡힘.

踵古(종고) 옛일을 계승함.

踵軍(종군) 1)군대를 잇달아 보냄. 2)전군(前軍)의 뒤를 이어 공격하는 후군(後軍).

踵武(종무) 뒤를 이음. 전인(前人)의 사업을 계속함.

踵息(종식) 양생법(養生法)의 한 가지. 발꿈치까지 달하도록 깊게 심호흡을 하는 것.

踵接(종접) 1)발꿈치가 잇닿음. 2)많은 사람이 잇달아 가거나 옴.

踵踵(종종) 왕래하는 모양.

踵至(종지) 잇달아 이름.

踵踐(종천) 짓밟음.

유 跟(발꿈치 근) 踹(발꿈치 단)

踳	⑨ 16획	日シュン
	뒤섞일 준	中chuǎn

풀이 1. 뒤섞이다. ¶踳駁 2. 그르치다. 어그러지다. 3. 실망한 모양. 실의(失意)한 모양. ¶踳踳

踳駁(준박) 뒤죽박죽 섞여 어지러운 모양.

踳踳(준준) 실의(失意)한 모양.

踻	⑨ 16획	日シュウ
	갈 추	中qiū

풀이 1. 가는 모양. 2. 밟다.

踸	⑨ 16획	日チン
	앙감질할 침	中chěn

풀이 1. 앙감질하는 모양. 절룩거리는 모양. ¶踸踔 2. 일정하지 않은 모양. 3. 갑자기 빨리 자라는 모양.

踸踔(침탁) 1)절룩거리며 걷는 모양. 2)무상(無常)한 모양. 3)지체(遲滯)되는 모양. 4)빨리 자라는 모양.

踱	⑨ 16획	日タク
	맨발 탁	中duó

풀이 1. 맨발. 맨발로 땅을 밟다. 2. 머뭇거리다. 3. 천

천히 걷다.

踼 ⑨ 16획 日トウ
넘어질 탕 中táng

풀이 1. 넘어지다. 2. 비틀거리다.

유 踢(찰 척)

蹁 ⑨ 16획 日ヘン
비틀거릴 편 中pián

풀이 1. 비틀거리다. 절룩거리는 모양. ¶蹁躚 2. 빙빙 돌며 춤추는 모양.

蹁躚(편선) 1)빙 돌아가는 모양. 빙빙 돌며 춤추는 모양. 2)비틀거리는 모양. 절룩거리며 걷는 모양.

蹇 ⑩ 17획 日ケン
절뚝거릴 건 中jiǎn

풀이 1. 절뚝거리다. 다리를 절다. ¶蹇脚 2. 머무르다. 멈추다. 3. 고생하다. ¶蹇連 4. 교만하다. 5. 뽑다. 6. 굳세다. 견고하다. 7. 충직하다. 8. 옷을 걷다. 9. 굼뜬 말. 10. 아! 탄식하는 말. 11. 건괘. 64괘의 하나.

蹇脚(건각) 절뚝발이. 절름발이.

蹇蹇(건건) 1)충성을 다하는 모양. 2)평평하고 곧은 일.

蹇蹇匪躬(건건비궁) 신하가 충성을 다하여 애써 임금을 섬기고 자신의 이익을 돌보지 않음.

蹇屯(건둔) 운수가 막힘. 운수가 침체함.

蹇驢(건려) 절름발이 나귀.

蹇連(건련) 길이 험난하여 고생하는 모양. 고뇌(苦惱)하는 모양.

蹇剝(건박) 시운(時運)이 불리함.

蹇士(건사) 충직(忠直)한 선비.

蹇産(건산) 1)마음이 울결(鬱結)한 모양. 2)산이 심하게 굽은 모양. 3)높고 큰 모양.

蹇劣(건열) 어리석고 용렬함. 또는 그런 사람.

蹇淺(건천) 생각이 온전하지 못하고 천박함.

蹇滯(건체) 일이 어렵고 막힘. 일이 뜻대로 되지 않음.

蹇吃(건흘) 1)말을 더듬음. 말 나오기가 힘듦. 2)마음이 내키지 않음. 또는 실망함.

蹋 ⑩ 17획 日トウ
밟을 답 中tà

풀이 1. 밟다. 2. 차다. 공을 차다. ¶蹋鞠

蹋鞠(답국) 공차기. 본디는 무술(武術)의 한 가지였으나, 후세에 놀이로 바뀜.

蹋翠(답취) 풀밭을 걷는 일.

蹈 ⑩ 17획 日トウ
밟을 도 中dǎo

풀이 1. 밟다. ¶蹈踐 2. 가다. 걷다. 3. 따르다. 실천하다. 4. 슬퍼하다.

蹈歌(도가) 발장단에 맞추어 노래를 부르는 것.

蹈厲(도려) 용기를 북돋아 분발하게 함.

蹈舞(도무) 흥겹고 즐거움에 덩실덩실 춤을 춤.

蹈水火(도수화) 물과 불을 밟는다는 뜻으로, 위험을 무릅쓰고 행함을 비유하는 말.

蹈于湯火(도우탕화) 끓는 물과 타오르는 불을 밟음. 위험한 곳에 들어감을 나타내는 말.

蹈義(도의) 올바른 도리를 실천함.

蹈刃(도인) 칼날을 밟는다는 뜻으로, 생명을 돌보지 않고 전쟁에 뛰어듦을 비유하는 말.

蹈節死義(도절사의) 절조를 지키고 의를 위하여 죽음.

蹈踐(도천) 짓밟음.

蹈海(도해) 1)바다에 투신하여 죽음. 2)바다를 건넘. 위험을 무릅씀을 비유하는 말.

비 踏(밟을 답)

蹘 ⑩ 17획 日ボウ
달음박질할 방 中páng

풀이 달음박질하다. 허둥지둥 달리다.

蹎 ⑩ 17획 日テン
넘어질 전 中diān

풀이 넘어지다.

유 轉(구를 전)

蹍 ⑩ 17획 日テン
밟을 전 中niǎn, zhǎn

풀이 1. 밟다. 디디다. 2. 넘어지다.

蹏 ⑩ 17획
蹄(p1362)와 同字

蹉

⑩ 17획 日サ
넘어질 차 中cuō

* 형성. 뜻을 나타내는 부수 '足(발 족)'과 음을 나타내는 '差(어긋날 차)'를 합친 글자.

풀이 1. 넘어지다. ¶蹉跌 2. 실패하다. 때를 놓치다. ¶蹉跎 3. 어긋나다. 4. 지나가다. 통과하다. ¶蹉過

蹉過(차과) 지나감. 거쳐 감.

蹉對(차대) 조화를 이루지 못한 시(詩)의 대구(對句).

蹉跌(차질) 1)발을 헛디뎌 걸려 넘어짐. 2)일에 실패함. 또는 진행하는 일이 난관에 부딪침.

蹉跎(차타) 1)발을 헛디뎌 넘어짐. 2)때를 놓침. 3)불운하여 뜻을 얻지 못함.

유 蹎(넘어질 전)

蹌

⑩ 17획 日ソウ
추창할 창 中qiāng, qiàng

풀이 1. 추창하다. 2. 비틀거리는 모양. 3. 춤을 추는 모양.

蹌踉(창량) 비틀거리는 모양.

蹌蹌(창창) 1)춤추는 모양. 2)걸음걸이에 품위가 있는 모양. 3)급히 달리는 모양.

蹐

⑩ 17획 日セキ
살살 걸을 척 中jí

풀이 살살 걷다. 발소리를 죽이고 걷다.

蹐地(척지) 발소리 나지 않게 살금살금 걸음.

蹊

⑩ 17획 日ケイ
지름길 혜 中qī, xī

풀이 1. 지름길. 좁은 길. ¶蹊徑 2. 지나가다. 질러가다. 3. 기다리다.

蹊徑(혜경) 좁은 길. 지름길.

蹊道(혜도) 좁은 길. 골목길.

蹊隧(혜수) 작은 길.

蹊要(혜요) 중요한 좁은 길목.

蹊田奪牛(혜전탈우) 소를 몰고 남의 밭을 지나간 벌로 소를 빼앗는 뜻으로, 죄보다 벌이 지나치게 가혹함을 비유하는 말.

蹎

⑪ 18획
跓(p1356)와 同字

蹛

⑪ 18획
❶ 밟을 대 日タイ·テイ
❷ 쌓을 체 中dài, zhì

풀이 1 1. 밟다. 2. 대림(蹛林). 흉노(匈奴)가 하늘에 제사 지내던 곳. 2 3. 쌓다. 저축하다.

비 滯(막힐 체)

蹣

⑪ 18획
❶ 비틀거릴 반 日ハン·マン
❷ 뛰어 넘을 만 中pán

풀이 1 1. 비틀거리다. 2. 절뚝거리는 모양. 2 3. 뛰어 넘다.

유 蹁(비틀거릴 편)

蹝

⑪ 18획 日シ
짚신 사 中xǐ

풀이 1. 짚신. 2. 밟다. 3. 신을 질질 끌다.

蹖

⑪ 18획 日ヨウ
밟을 용 中chōng

풀이 밟다. 디디다.

蹔

⑪ 18획
暫(p592)과 同字

蹡

⑪ 18획 日ショウ
비틀거릴 장 中qiāng, qiàng

풀이 1. 비틀거리다. ¶蹡蹡 2. 가다. 달려가다.

蹡蹡(장장) 1)비틀거리는 모양. 낭장(踉蹡). 2)달리는 모양. 3)가는 모양.

蹟

⑪ 18획 日セキ
자취 적 中jì

丨 口 口 ㄗ 早 ⻊ 𧾷 𧾷 𧾷 𧾷 𧾷 跬 踖 踖 蹟 蹟 蹟 蹟

* 형성. 뜻을 나타내는 부수 '足(발 족)'과 음을 나타내며 자취를 위미하는 '責(꾸짖을 책)'을 합친 글자. 이에 '발자취'의 뜻으로 쓰이며, '일의 자취'라는 뜻을 나타내기도 함.

풀이 1. 자취. 2. 좇다. 따르다. ¶蹟蹈

蹟蹈(적도) 밟아 따라감.

유 跡(자취 적)

蹤	⑪ 18획	日ショウ
	자취 종	中zōng

풀이 1. 자취. ¶蹤跡 2. 쫓다. 뒤따르다. 3. 놓아 보내다.

蹤影(종영) 발자국과 그림자.

蹤迹(종적) 종적(蹤跡).

蹤跡(종적) 1)발자국. 족적(足跡). 2)사람이 지나간 뒤의 행방. 3)옛 사람의 행적. 사적(事跡). 4)미행함. 몰래 뒤따름.

失蹤(실종) 종적(蹤跡)을 잃음.

유 蹟(자취 적) 跡(자취 적)

蹢	⑪ 18획	
	❶ 머뭇거릴 척	日テキ
	❷ 굽 적	中dí, zhí

풀이 1 1. 머뭇거리다. 배회하다. ¶蹢躅 2 2. 굽. 발굽. 3. 던지다. 투척하다.

蹢躅(척촉) 1)주저하여 머뭇거리는 모양. 제자리걸음하는 모양. 척촉(躑躅). 2)진달래. 척촉(躑躅).

蹠	⑪ 18획	日セキ
	밟을 척	中zhí

풀이 1. 밟다. 2. 가다. 나아가다. 3. 다다르다. 이르다. 4. 발바닥. ¶蹠骨

蹠骨(척골) 발바닥을 이루는 뼈. 지골(趾骨)과 부골(跗骨) 사이에 있는 5개의 뼈.

蹠之徒(척지도) 도척(盜蹠)의 무리. 자신의 이익만을 생각하는 사람을 이르는 말.

蹜	⑪ 18획	日シュク
	종종걸음칠 축	中sù

풀이 1. 종종걸음을 치다. ¶蹜蹜 2. 오그라들다.

蹜蹜(축축) 종종걸음으로 걸음.

蹙	⑪ 18획	
	❶ 닥칠 축	日シュク
	❷ 쭈그러질 척	中cù

* 형성. 뜻을 나타내는 부수 '足(발 족)'과 음을 나타내는 '戚(겨레 척)'을 합친 글자.

풀이 1 1. 닥치다. 대들다. 2. 뒤쫓다. 3. 재촉하다. 4. 줄다. 줄이다. ¶蹙蹙 5. 찌푸리다. 찡그리다. ¶蹙頞 6. 조심하다. 삼가다. 7. 고생하다. 곤궁하다. 8. 근심하다. 2 9. 줄어들다. 오그라들다.

蹙蹙(1.척척/2.축축) 1)오그라들어 펴지지 않은 모양. 2)극(極)에 이른 모양.

蹙金(축금) 금실로 수를 놓아 그 무늬가 오그라든 것.

蹙迫(축박) 오그라짐. 또는 오그라뜨림.

蹙竦(축송) 송구하여 어찌할 줄 몰라 하는 모양.

蹙頞(축알) 콧잔등을 찡그림.

蹙然(축연) 걱정하는 모양. 또는 삼가는 모양.

蹙蹐(축적) 종종걸음으로 살살 걸음.

蹕	⑪ 18획	日ヒツ
	길 치울 필	中bì

풀이 1. 길을 치우다. 벽제하다. 귀인의 행차 때 통행을 막고 길을 치우는 일. ¶蹕路 2. 거둥. 임금의 행차. 3. 한 발로 서다.

蹕路(필로) 1)길을 치워 깨끗이 함. 2)임금이 거둥하는 길.

蹕御(필어) 길을 치움. 벽제(辟除)함.

蹺	⑫ 19획	日キョウ
	발돋움할 교	中qiāo

풀이 발돋움하다.

蹻	⑫ 19획	
	❶ 발돋움할 교	日キョウ
	❷ 짚신 갹	中juē, qiāo

풀이 1 1. 발돋움하다. 발꿈치를 들다. ¶蹻足 2. 날래다. 민첩하다. 3. 강성한 모양. 굳세고 용맹스러운 모양. 2 4. 짚신. ¶蹻趹 5. 교만하다. ¶蹻蹻

蹻趹(갹결) 짚신. 초리(草履).

蹻蹻(1.교교/2.갹갹) 1)날래고 용감한 모양. 강성한 모양. 2)소인이 득세하여 거만을 피우는 모양.

蹻騰(교등) 날쌔게 달림.

蹻勇(교용) 굳세고 용감함.

蹻蹀(교접) 여기저기 뛰어다님.

蹻足(교족) 발돋움함.

蹻捷(교첩) 발이 빠르고 날쌤.

蹶

⑫ 19획
❶ 넘어질 궐 日ケツ
❷ 움직일 궤 中jué, juě

풀이 1 1. 넘어지다. ¶蹶失 2. 넘어뜨리다. 꺾다. 3. 다하다. 4. 망하다. 5. 뽑아 가지다. 6. 밟다. 7. 차다. 8. 달리다. 9. 뛰쳐 일어나다. ¶蹶起 10. 빠르다. 급하다. 2 11. 움직이다. 움직이게 하다. ¶蹶蹶 12. 허둥지둥하다.

蹶起(궐기) 발분(發奮)하여 일어남.
蹶失(궐실) 발을 헛디딤. 실족(失足)함.
蹶張(궐장) 1)쇠뇌를 쏨. 또는 그 병사. 2)손발로 물건을 떠받침.
蹶躓(궐지) 발을 헛디뎌 넘어짐.
蹶蹶(궤궤) 1)동작이 날쌘 모양. 2)놀라는 모양.

蹹

⑫ 19획
❶ 蹋(p1363)과 同字
❷ 踏(p1359)과 同字

蹬

⑫ 19획 日トウ
비틀거릴 등 中dēng, dèng

풀이 1. 비틀거리다. 헛디디는 모양. 2. 밟다. 3. 오르다.

蹸

⑫ 19획 日リン
짓밟을 린 中lìn

풀이 1. 짓밟다. 유린하다. 2. 수레 자국.

유 躪(짓밟을 린)

蹳

⑫ 19획 日ハツ
밟을 발 中bō

풀이 1. 밟다. 2. 넘어지다. 3. 뛰다. 뛰어 오르다.

蹯

⑫ 19획 日ハン
짐승 발바닥 번 中fán

풀이 짐승의 발바닥.

蹩

⑫ 19획 日ベツ
절름발이 별 中bié

풀이 1. 절름발이. 절뚝거리다. 2. 애쓰는 모양. 3. 빙빙 도는 모양.

蹩躠(별설) 1)온 힘을 기울이며 애쓰는 모양. 2)빙 도는 모양. 돌면서 춤추는 모양.

蹼

⑫ 19획 日ボク
물갈퀴 복 中pǔ

풀이 물갈퀴.

蹲

⑫ 19획 日ソン·シュン
웅크릴 준 中cún, dūn

풀이 1. 웅크리다. 쪼그리고 앉다. ¶蹲踞 2. 모으다. 3. 춤추다. ¶蹲蹲 4. 행동이 단정한 모양. 예절에 맞는 모양.

蹲踞(준거) 웅크리고 앉음. 무릎을 세우고 앉음. 준좌(蹲坐).
蹲循(준순) 1)뒷걸음치는 모양. 망설이는 모양. 2)마음이 느긋하여 여유로운 모양.
蹲蹲(준준) 1)춤추는 모양. 2)단정한 모양.

蹴

⑫ 19획 日シュク·シュウ
찰 축 中cù

풀이 1. 차다. ¶蹴鞠 2. 밟다. ¶蹴踏 3. 뒤쫓다. 4. 불안한 모양. ¶蹴蹴 5. 공경하는 모양.

蹴鞠(축국) 꿩의 깃털을 꽂은 공을 차던 놀이의 한 가지. 축구(蹴毬).
蹴踏(축답) 밟고 걸어다님. 힘껏 밟음.
蹴然(축연) 1)불안한 모양. 2)공경하는 모양.
蹴爾(축이) 발로 차는 모양.
蹴蹴(축축) 불안한 모양. 놀라 두려워하는 모양.

蹭

⑫ 19획 日ソウ
비틀거릴 층 中cèng

풀이 1. 비틀거리다. 헛디디는 모양. ¶蹭蹬 2. 세력을 잃은 모양. 3. 길을 잃다.

蹭蹬(층등) 1)발판을 잃은 모양. 2)몸을 가누지 못하고 비틀거림. 3)방황함. 세력을 잃음.

蹪

⑫ 19획 日タイ
넘어질 퇴 中tuí

풀이 넘어지다.

躆 ⑬ 20획 日キョ
버틸 거 中jù

풀이 1. 버티다. 다리를 벌리고 버티어 서다. 2. 움직이다.

躉 ⑬ 20획 日トン
거룻배 돈 中dǔn

풀이 거룻배. 작은 배. ¶躉船

躉船(돈선) 잔교(棧橋) 대신으로 대어 놓은 배.

躄 ⑬ 20획 日ヘキ
앉은뱅이 벽 中bì

풀이 1. 앉은뱅이. 2. 절뚝발이. 절뚝거리다. ¶躄躄 3. 넘어지다.

躄躄(벽벽) 걷는 것이 힘이 드는 모양. 걸어 가는 것이 느린 모양.

躄踊(벽용) 부모의 상(喪)을 당하여 몹시 슬퍼하는 모양.

躇 ⑬ 20획
❶ 머뭇거릴 저 日チョ
❷ 건너뛸 착 中chú, chuò

풀이 ❶ 1. 머뭇거리다. 망설이다. 2. 밟다. ❷ 3. 건너뛰다. ¶躇階

躇階(착계) 계단을 몇 개씩 건너뛰어 내려옴.

유 躊(머뭇거릴 주)

躁 ⑬ 20획 日ソウ
성급할 조 中zào

*형성. 뜻을 나타내는 부수 '足(발 족)'과 음을 나타내는 부수 이외의 글자를 합친 글자.

풀이 1. 성급하다. 급하다. ¶躁擾 2. 시끄럽다. 소란스럽다. 3. 떠들다. ¶躁動 4. 빠르다. 5. 움직이다. 6. 거칠다. 포악하다. ¶躁暴 7. 교활하다.

躁競(조경) 조급한 마음으로 권세·부귀를 다툼.

躁狂(조광) 시끄럽게 날뜀.

躁氣(조기) 성급한 기질. 급한 성질.

躁怒(조노) 사납게 화를 냄.

躁動(조동) 급하게 돌아다님.

躁妄(조망) 성급하고 경망함.

躁悶(조민) 초조하여 마음이 답답함.

躁忿(조분) 마음이 초조하여 성을 냄.

躁擾(조요) 조급히 굴며 떠듦.

躁鬱(조울) 초조하고 답답함.

躁人(조인) 성격이 조급한 사람. 침착하지 못한 사람.

躁進(조진) 1)조급히 앞으로 나아감. 2)지위가 높아지기를 조급히 바람.

躁暴(조포) 초조하게 굴며 난폭함.

躁虐(조학) 거칠고 포악함.

유 趮(조급할 조)

躅 ⑬ 20획
❶ 머뭇거릴 촉 日チョク
❷ 자취 탁 中zhú

풀이 ❶ 1. 머뭇거리다. 서성거리다. 2. 밟다. ❷ 3. 자취. 발자취. 4. 행적(行蹟).

비 觸(닿을 촉)

躖 ⑭ 21획 日タン
발자국 단 中duàn

풀이 1. 발자국. 2. 빨리 가다.

躍 ⑭ 21획 日ヤク
뛸 약 中yuè

*형성. 뜻을 나타내는 부수 '足(발 족)'과 음을 나타내며 '높다'의 뜻을 지닌 '翟(꿩 적)'을 합친 글자.

풀이 1. 뛰다. 뛰어오르다. ¶躍起 2. 가슴이 뛰다. 마음이 들뜨다. ¶躍躍 3. 값이 치솟다. 4. 뛰게 하다. 5. 빠르다. 빨리 달리는 모양.

躍起(약기) 뛰어 일어남. 뛰어오름.

躍動(약동) 1)빠르게 움직임. 2)힘차게 움직임.

躍躍(약약) 1)기뻐하는 모양. 2)마음이 들떠 흥분된 모양. 3)빠른 모양.

躍如(약여) 1)뛰어 오르는 모양. 생기 있게 뛰어오르는 모양. 힘찬 모양. 2)눈앞에 생생한 모양.

躍進(약진) 힘차게 앞으로 나아감.

유 跳(뛸 도)

躋 ⑭ 21획 日サイ
오를 제 中jī

풀이 1. 오르다. 높은 곳에 올라가다. ¶躋攀 2. 떨어지다.
躋覽(제람) 높은 곳에 올라가 바라봄.
躋攀(제반) 기어오름.

躊	⑭ 21획	日チュウ
	머뭇거릴 주	中chóu

풀이 머뭇거리다. 망설이다. ¶躊佇
躊佇(주저) 머뭇거림. 망설임. 주저(躊躇).
躊躇(주저) 1)머뭇거림. 망설임. 주저(躊佇). 2)조용한 모양. 3)득의(得意)한 모양.
躊躕(주주) 1)주저(躊躇). 2)마음 아파함.
유 躇(머뭇거릴 저)

躒	⑮ 22획	
	❶ 움직일 력	日ラク
	❷ 빼어날 락	中lì, luò

풀이 ❶ 1. 움직이다. ❷ 2. 빼어나다. 뛰어나다.

躐	⑮ 22획	日リョウ
	밟을 렵(엽)	中liè

풀이 1. 밟다. 디디다. 2. 뛰어넘다. 순서를 건너뛰다. ¶躐等 3. 쥐다. 가지다.
躐登(엽등) 1)재주가 뛰어나 등용함. 2)재능이 남보다 뛰어넘음.
躐等(엽등) 1)순서(順序)를 뛰어넘음. 2)신분(身分)을 넘어섬.
躐席(엽석) 순서를 건너뛰고 자리에 앉음.
비 獵(사냥 렵)

躔	⑮ 22획	日テン
	궤도 전	中chán

풀이 1. 궤도. 천체가 운행하는 길. ¶躔度 2. 자취. 궤적. 3. 밟다. 4. 궤도에 따라 운행하다. ¶躔次 5. 돌아다니다. 6. 쉬다. 휴식하다.
躔度(전도) 천체운행(天體運行)의 도수(度數).
躔次(전차) 별의 자리.

躕	⑮ 22획	日シュウ
	머뭇거릴 주	中chú

풀이 머뭇거리다. 서성거리다.

躓	⑮ 22획	日チ
	넘어질 지 · 질	中zhì

풀이 1. 넘어지다. ¶躓踣 2. 실패하다. 차질이 생기다. 3. 못. 궂은살.
躓踣(지복/질복) 발이 걸리거나 헛디뎌 넘어짐.

躑	⑮ 22획	日テキ
	머뭇거릴 척	中zhí

풀이 1. 머뭇거리다. 서성거리다. ¶躑躅 2. 뛰어오르다. 3. 철쭉.
躑跼(척국) 서성거림. 배회함.
躑躅(척촉) 1)머뭇거림. 배회함. 2)발로 땅을 침. 발을 구름. 3)뛰어오름. 4)철쭉.

躙	⑯ 23획	日リン
	짓밟을 린	中lìn

풀이 1. 짓밟다. 유린하다. 2. 수레 자국.
유 躪(짓밟을 린) 蹸(짓밟을 린)

躚	⑯ 23획	日セン
	춤출 선	中xiān

풀이 1. 춤추다. ¶躚躚 2. 빙 도는 모양. 비틀거리는 모양.
躚躚(선선) 춤추는 모양.
유 舞(춤출 무)

躛	⑯ 23획	日イ
	거짓 위	中wèi

풀이 거짓. 잘못. 거짓말하다. 잘못하다.
유 假(거짓 가)

躝	⑰ 24획	日ラン
	넘을 란	中lán

풀이 넘다.
비 欄(난간 란)

躠	⑰ 24획	日セツ
	에돌아갈 설	中sǎ, xiè

풀이 에돌아가다. 에둘러 가다.

躞	⑰ 24획	日セツ
	걸을 섭	中xiè

풀이 1. 걷다. 2. 두루마리의 축심(軸心).

躟	⑰ 24획	日トウ
	빨리 걸을 양	中ráng

풀이 빨리 걷다. 바쁘게 걷다.

躣	⑱ 25획	日ク
	갈 구	中qú

풀이 가는 모양. 굼틀굼틀 기어가는 모양.

躣躣(구구) 굼틀굼틀 기어가는 모양.

비 懼(두려워할 구)

躡	⑱ 25획	日ジョウ
	밟을 섭	中niè

풀이 1. 밟다. ¶躡蹤 2. 올라가다. ¶躡蹻 3. 이르다. 도달하다. 4. 잇다. 5. 뒤를 밟다. 뒤쫓다. 6. 빠르다. 7. 신을 신다.

躡蹻(섭갹) 짚신을 신음. 여행을 떠남을 이르는 말.

躡蹻擔簦(섭갹담등) 짚신을 신고 우산을 멤. 먼 길을 감을 이르는 말.

躡手躡脚(섭수섭각) 소리가 나지 않게 조용히 걸음. 매우 조심하는 모양.

躡尋(섭심) 찾음. 방문함.

躡影(섭영) 해의 그림자를 좇음. 매우 빠름을 이르는 말.

躡蹀(섭접) 종종걸음으로 가는 모양.

躡足附耳(섭족부이) 발을 밟아 일깨우고 귓속말로 귀띔을 해 줌. 몰래 깨우쳐 줌을 이르는 말.

躡蹤(섭종) 뒤를 좇음. 뒤따라 감.

躤	⑱ 25획	日テキ
	밟을 적	中jí

풀이 밟다.

躧	⑲ 26획	日サ
	신 사	中xǐ

풀이 1. 신. ㉠춤을 출 때 신는 신. ㉡짚신. 2. 신을 끌다. 3. 밟다. ¶躧拿 4.천천히 걷다. ¶躧步

躧拿(사나) 죄인의 뒤를 밟아 체포하는 일.

躧履(사리) 신을 끌고 급히 감. 서둘러 감을 이르는 말.

躧步(사보) 춤추는 걸음걸이.

躩	⑳ 27획	日カク
	뛸 각·곽	中jué

풀이 1. 뛰다. 도약하다. 2. 바삐 가다. ¶躩步

躩步(각보/곽보) 빠른 걸음으로 감.

躩如(각여/곽여) 경의를 표한다는 뜻으로 옆으로 비켜 천천히 걷는 모양.

躨	⑳ 27획	日キ
	꿈틀거릴 기	中kuí

풀이 꿈틀거리다.

躪	⑳ 27획	日リン
	짓밟을 린	中lìn

풀이 짓밟다. 유린하다. ¶躪躒

躪躒(인력) 짓밟음. 짓밟아 해침.

유 躙(짓밟을 린) 蹸(짓밟을 린)

身 부

身 몸 신 部

'身' 자는 아이를 갖고 있는 부녀자의 모습을 본뜬 글자로, '몸' 이라는 뜻으로 쓰인 몸이라는 뜻 외에 물체의 주축을 이루는 부분을 나타내기도 한다. 이 글자를 부수로 갖는 글자는 대부분 신체와 관련이 있다.

身	⓪ 7획	日シン·み
	몸 신	中shēn

' ｲ 介 ń 自 自 身

* 상형. 아기를 가진 여자의 모습을 본뜬 글자로, '몸' 의 뜻으로 쓰임.

풀이 1. 몸. 신체. ¶身病 2. 자기. 나. 3. 몸소. 4. 출신. 신분. 5. 사물의 주된 부분. 6. 줄기. 7. 나이. 8. 임신하다.

7 획

身計(신계) 일신상의 계획.
身命(신명) 몸과 목숨.
身貌(신모) 자태(姿態). 몸가짐.
身蜜(신밀) 1)삼밀(三密)의 하나. 손에 인계(印契)를 맺고 위의(威儀)를 배우는 모양. 2)부처가 일신의 모양 그 자체에 불가사의한 현상을 나타내는 일.
身邊(신변) 몸의 주위. 몸.
身病(신병) 몸의 병.
身分(신분) 개인의 사회적 지위.
身上(신상) 1)한 몸에 관한 일. 2)몸. 3)생명.
身世(신세) 1)이 몸과 이 세상. 곧 어떤 일을 당하고 있는 사람이 처해 있는 처지나 형편. 2)사람의 일생.
身手(신수) 1)사람의 얼굴에 나타난 건강 상태를 가늠할 수 있는 빛. 2)용모와 풍채.
身數(신수) 그 사람이 지닌 운수.
身役(신역) 1)몸으로 치르는 노역(勞役)이나 고역(苦役). 2)몸이 관부(官府)나 권문(權門)에 딸려 있음.
身熱(신열) 병 때문에 더워지는 몸의 열.
身元(신원) 1)출생 · 신분 · 성행(性行) 등의 일체. 2)일신상의 관계.
身長(신장) 키.
身體(신체) 몸.
身後(신후) 죽은 후.
文身(문신) 살갗을 바늘로 찔러 먹물이나 물감으로 그림 또는 글씨를 새김.
不死身(불사신) 1)어떤 고통이나 상해에도 다치지 않고 견뎌 내는 굳센 몸. 2)어떤 곤란을 당해도 기력을 잃지 않는 굳센 성격을 가진 사람.
全身(전신) 온몸.
유 軀(몸 구) 體(모 체)

躬	③ 10획 몸 궁	日キュウ 中gōng

* 형성. 뜻을 나타내는 부수 '身(몸 신)'과 음을 나타내는 '弓(활 궁)'를 합친 글자.

풀이 1. 몸. 2. 몸소. 몸소 행하다. ¶躬稼 3. 몸에 지니다. 4. 몸을 굽히다.

躬稼(궁가) 몸소 농사를 지음.
躬耕(궁경) 1)몸소 농사 지음. 궁가(躬稼). 2)임금이 몸소 농사를 짓는 예(禮)를 행함.
躬桑(궁상) 옛날 백성에게 양잠을 장려하기 위하여 왕비가 몸소 누에를 치던 일.
躬率(궁솔) 1)몸소 이끎. 스스로 인솔함. 2)스스로 품음. 몸소 지킴.
躬身(궁신) 1)몸소 함. 궁친(躬親). 2)몸을 굽힘. 배례(拜禮)함. 3)몸. 신체.
躬行(궁행) 몸소 행함.
비 窮(다할 궁)

躯	⑤ 12획 軀(p1370)의 俗字

躰	⑤ 12획 體(p1594)의 俗字

躱	⑥ 13획 피할 타	日タ 中duǒ

풀이 1. 피하다. 비키다. 몸을 숨기다. ¶躱閃 2. 몸.

躱閃(타섬) 1)책임을 회피함. 2)몸을 숨겨서 피함. 타피(躱避)
躱熱(타열) 더위를 피함.피서(避暑)함.

軺	⑦ 14획 躬(p1370)의 本字

躶	⑧ 15획 발가벗을 라	日ラ 中luǒ

풀이 발가벗다. ¶躶身

躶身(나신) 발가벗은 알몸. 무일푼을 비유하는 말.
유 裸(발가벗을 라)

軀	⑪ 18획 몸 구	日ク 中qū

풀이 몸. 신체. ¶軀命

軀殼(구각) 몸. 육체.
軀幹(구간) 1)몸의 골격. 몸. 2)몸통.
軀命(구명) 몸과 목숨.
유 身(몸 신) 體(몸 체)

軆	⑬ 20획 體(p1594)의 俗字

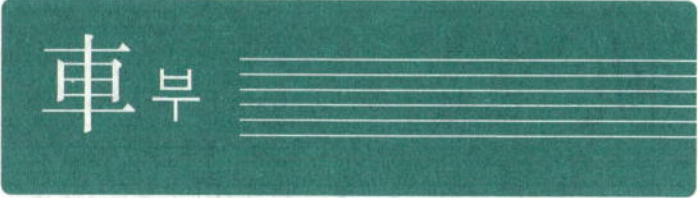

車 수레 거 部

'車' 자는 '수레'의 모양을 본뜬 글자로, 위에서 아래로 그어진 선은 수레의 축이고 양쪽 선은 수레의 바퀴를 뜻한다. 처음에는 바퀴가 달린 수레를 나타내다가, 후에는 풍차(風車)처럼 바퀴를 이용하여 회전하는 모든 기구를 나타내게 되었다. 이 글자를 부수로 갖는 글자는 수레와 관련된 의미를 갖는다.

車	⓪7획	日シャ・くるま
	수레거·차	中chē, jū

*상형. 수레의 모양을 본뜬 글자.

풀이 1. 수레. ¶車馬 2. 수레바퀴. 3. 바퀴를 이용한 기계. 4. 잇몸. 치은.

車駕(거가) 1)탈것. 2)임금이 타고 다니는 수레.

車馬(거마) 1)수레와 말. 또는 수레에 맨 말. 2)탈것의 총칭.

車站(거참) 정거장. 정류소.

車庫(차고) 기차 · 전차 · 자동차 등을 넣어 두는 곳집.

車道(차도) 차가 다닐 수 있게 만든 길.

車輛(차량) 1)수레의 총칭. 2)연결된 기차의 한 칸.

車輪(차륜) 수레바퀴.

車費(차비) 차를 타고 치르는 삯.

車線(차선) 자동차 도로에 주행 방향을 따라 일정한 간격으로 그어 놓은 선.

車種(차종) 자동차의 종류.

車窓(차창) 기차 · 자동차 등의 창문.

車體(차체) 차량의 일부분으로 승객 · 화물 등을 싣는 부분.

車便(차편) 차가 오고 가는 편.

車票(차표) 차를 타기 위하여 일정한 삯을 주고 산 표.

乘車(승차) 차를 탐.

牛馬車(우마차) 소와 말이 끄는 수레. 우차와 마차.

增車(증차) 차량의 수량을 늘림.

軋	①8획	日アツ
	삐걱거릴 알	中yà

풀이 1. 삐걱거리다. ¶軋轢 2. 다투다. 반목하다. 3. 형벌 이름. 수레바퀴 밑에 깔아 뼈를 부수어 죽이던 형벌. ¶軋刑 4. 자세하다. ¶軋辭

軋轢(알력) 1)수레가 매끄럽게 나아가지 못하고 삐걱거리는 일. 2)의견이 맞지 않아 서로 충돌함. 불화(不和)를 일으킴. 반목(反牧).

軋芴(알물) 자세한 모양. 또는 명확하지 않은 모양. 알물(軋沕).

軋辭(알사) 상세한 말.

軋軋(알알) 1)만물이 모여서 생겨나는 모양. 2)수레가 삐걱거리는 소리. 3)앞으로 나아가기 힘든 모양.

軋爭(알쟁) 심하게 다툼.

軋刑(알형) 수레바퀴 밑에 깔아 뼈를 부수어 죽이던 형벌.

軋忽(알홀) 길고 먼 모양.

軍	②9획	日グン
	군사 군	中jūn

*회의. 전차(車) 주위를 둘러싸고(冖) 싸우는 것을 나타내어, '군사', '진치다'의 뜻으로 쓰임.

풀이 1. 군사. 군인. 군대. ¶軍犬 2. 군사(軍事). 전투. 3. 진치다. 주둔하다. ¶軍營 4. 행정 구역 이름. 송대(宋代), 노(路) 아래에 속한 행정 구역.

軍歌(군가) 병사의 사기를 돋우기 위하여 부르는 노래.

軍犬(군견) 군사상의 필요로 쓰는 개.

軍警(군경) 군대와 경찰.

軍國(군국) 1)현재 전쟁을 하고 있는 나라. 2)군사가 정치의 중심을 이루는 나라.

軍紀(군기) 군대의 규율 · 풍기. 군율(軍律).

軍旗(군기) 군의 부대 단위의 표장(標章)이 되는 기.

軍團(군단) 여단(旅團)과 군과의 중간에 있는 군대 편제. 두 개 이상의 여단으로 편성됨.

軍隊(군대) 일정한 규율 아래 조직 편제된 장병(將兵)의 집단.

軍馬(군마) 군사용 말.

軍務(군무) 군사에 관한 사무.

軍民(군민) 군대와 민간.

軍法(군법) 1)전쟁의 방법. 2)군대에 적용되는 형법.

軍費(군비) 군사상에 관한 비용. 전쟁에 드는 돈.

軍備(군비) 전쟁을 위한 준비.

軍師(군사) 1)군의 참모. 전략을 세우는 사람. 2)병법에 대한 지식이 깊은 사람. 3)무슨 일에 대해서 책략에 능숙한 사람.
軍事(군사) 병비(兵備) 및 군대나 전쟁에 관한 일.
軍事法院(군사법원) 군사상의 범죄 사건을 다스리기 위하여 각 군부대에 두는 특별 법원. 또는 그 법원에서 하는 재판.
軍勢(군세) 군대의 세력.
軍屬(군속) 민간인으로서 군무에 종사하는 사람.
軍需(군수) 군사상의 수요. 또는 군사상에 필요한 물자.
軍樂(군악) 군대에서 연주하는 음악.
軍役(군역) 1)전쟁. 2)군대에서 하는 복역. 3)군사에 사용되는 인부.
軍營(군영) 군인이 군무를 위하여 있는 곳. 군대가 규율 있게 주둔하는 곳. 병영(兵營). 진영(陣營).
軍用(군용) 군사 또는 군대에 쓰이는 것.
軍律(군율) 군대의 규율. 군인의 형벌에 관한 엄한 법률.
軍醫官(군의관) 군대에 딸려 의무(醫務)를 맡은 장교.
軍人(군인) 1)병사. 2)육 · 해 · 공군의 장병의 총칭.
軍資金(군자금) 군사 · 전쟁 등에 필요한 자금. 사업의 계획에 필요한 자금.
軍籍(군적) 1)군인으로서의 지위 · 신분. 2)군인의 주소 · 성명 등 신분에 관해서 기록한 장부.
軍政(군정) 군사에 관한 행정적인 일.
軍制(군제) 군사에 관한 법규나 제도의 총칭.
軍卒(군졸) 군사. 군인.
軍縮(군축) 군비 축소의 준말.
軍艦(군함) 바다 싸움에 쓰는 큰 배. 전투함 · 항공모함 · 순양함 · 구축함 · 잠수함 등.
軍港(군항) 국방상 군함이나 함대의 근거지로서의 특별한 설비가 있는 항만(港灣).
軍餉(군향) 군대에서 사용하는 양식. 군량(軍糧).
軍靴(군화) 군인이 신는 신발.
强行軍(강행군) 1)무리함을 무릅쓰고 보통 행군보다 멀리 또는 빨리 진행하는 행군. 2)어떤 일을 강행하여 나아감.
孤軍奮鬪(고군분투) 1)후원이 없는 군대가 힘에 벅찬 적군과 맞서 온 힘을 다하여 싸움. 2)홀로 여럿을 상대로 싸움. 3)적은 인원이나 약한 힘으로 남의 도움을 받지 않고, 힘에 벅찬 일을 힘들게 하는 것.
敵軍(적군) 적의 군대 또는 군사.
行軍(행군) 군대나 학생 등 수많은 사람들이 대열을 지어 걸어감.
유 卒(군사 졸) 兵(군사 병)

軌 ② 9획 길 궤 日キ 中guǐ

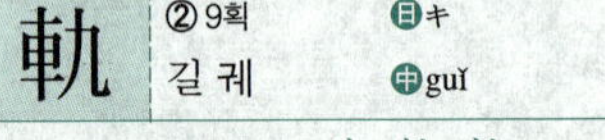

* 형성. 뜻을 나타내는 부수 '車(수레 거)'와 음을 나타내는 '九(아홉 구)'를 합친 글자.

풀이 1. 길. 궤도. ¶軌道 2. 바퀴 자국. ¶軌迹 3. 법. 규범. 4. 두 수레바퀴 사이의 거리. 5. 굴대. 차축. 6. 좇다. 도리에 따르다. 7. 내란(內亂).
軌道(궤도) 1)차가 지나다니는 길. 2)물체가 일정한 힘에 의해 움직이는 경로.
軌迹(궤적) 1)수레바퀴가 지나간 자국. 2)선인의 바른 언동의 자취. 또는 어떤 일을 더듬어 온 흔적. 3)어떤 기하학적 요건을 만족하는 모든 점을 포함한 선 또는 면.
同文同軌(동문동궤) 각 나라의 문자가 같고 수레 만드는 방법이 같다는 뜻으로, 천하가 통일되어 한 임금에게 충성함을 이르는 말.
常軌(상궤) 떳떳하고 바른 규범.
유 道(길 도)

軑 ③ 10획 줏대 대 日ダイ 中dài

풀이 줏대. 수레바퀴통 끝에 대는 휘갑쇠.

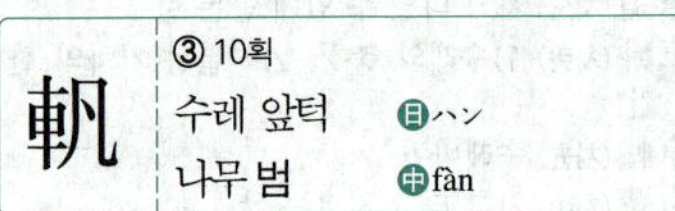

軓 ③ 10획 수레 앞턱 나무 범 日ハン 中fàn

풀이 수레 앞턱의 가로나무.

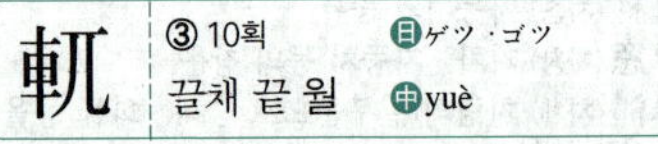

軏 ③ 10획 끌채 끝 월 日ゲツ · ゴツ 中yuè

풀이 끌채 끝. 끌채 끝의 멍에를 고정하는 비녀장.

軎 ③ 10획 굴대 끝 위 日イ 中wèi

풀이 굴대 끝. 굴대는 바퀴 가운데 구멍에 끼우는 긴 쇠나 나무임.

軔 ③ 10획 굄목 인 日ジン 中rèn

풀이 1. 굄목. 바퀴가 구르지 않도록 괴는 나무. 2. 멈추다. 3. 게으르다. 4. 길이의 단위. 8척(尺).

輴	③ 10획 관곽차 춘	日スン 中chūn

풀이 1. 관곽차. 2. 바퀴통의 장식.

軒	③ 10획 초헌 헌	日ケン・のき 中xuān

一 ㄏ 百 百 亘 亘 車 車 軒 軒

* 형성. 뜻을 나타내는 부수 '車(수레 거)'와 음을 나타내며 동시에 '굽다'의 뜻을 지닌 '干(방패 간)'을 합친 글자. 원래는 채가 굽고 앞이 높은 '대부(大夫)' 이상의 벼슬아치가 타는 수레'를 나타냄. 후에 집의 처마도 높고 굽었으므로 '처마'의 뜻으로 쓰임.

풀이 1. 초헌. 대부(大夫) 이상이 타던 수레. 2. 수레. 3. 추녀. 처마. ¶軒頭 4. 집. 5. 난간. 6. 높다. ¶軒擧 7. 오르다. 8. 날아오르는 모양. 9. 웃는 모양. 10. 크게 썬 고기 토막.

軒擧(헌거) 위풍 당당한 모양.
軒車(헌거) 대부(大夫) 이상의 고관이 타는, 지붕이 둥근 수레.
軒頭(헌두) 처마 끝.
軒燈(헌등) 처마끝에 다는 등.
軒朗(헌랑) 활짝 트여 시원스런 모양. 활짝 펴서 화창한 모양.
軒溜(헌류) 낙숫물.
軒眉(헌미) 기분이 좋아 눈살이 펴진 모양.
軒帆(헌범) 수레와 배.
軒序(헌서) 처마와 차양(遮陽).
軒秀(헌수) 매우 빼어남.
軒昂(헌앙) 1)교만한 모양. 2)높이 솟은 모양. 3)기세가 왕성한 모양. 4)음조가 높아지는 모양. 5)글씨가 힘찬 모양.
軒然(헌연) 크게 웃는 모양.
軒特(헌특) 특히 뛰어남.
軒檻(헌함) 난간(欄干).
軒軒丈夫(헌헌장부) 외모가 준수(俊秀)하고 쾌활한 남자.
軒豁(헌활) 앞이 탁 트여 시원스러움.

비 幹(줄기 간)

軝	④ 11획 바퀴통 장식 기	日キ 中qí

풀이 바퀴통 장식. 수레바퀴통 끝의 가죽으로 싸고 색칠한 부분.

軜	④ 11획 고삐 납	日ナツ・たづな 中nà

풀이 고삐. 말 세 마리가 끄는 수레에서 바깥쪽 말의 안쪽 고삐.

軘	④ 11획 돈거 돈	日トン 中tún

풀이 돈거(軘車). 일종의 병거(兵車).

軞	④ 11획 병거 모	日モ 中máo

풀이 병거(兵車). 제후가 타던 병거.

軟	④ 11획 부드러울 연	日ゼン・やわらかい 中ruǎn

一 ㄏ 百 百 亘 亘 車 車 軟 軟 軟

* 형성. 뜻을 나타내는 부수 '車(수레 거)'와 '耎(부드러울 연)'을 합친 글자. 차바퀴가 느슨해져 연하게 되는 것을 나타내어 '연하다', '부드럽다'의 뜻으로 쓰임.

풀이 1. 부드럽다. 연하다. 무르다. 2. 약하다. 여리다.

軟鋼(연강) 탄소 함유량이 0.12~0.2%인 강철.
軟薑(연강) 연한 생강.
軟巾(연건) 소과(小科)에 급제한 사람이 백패(白牌)를 받을 때 쓰던 건.
軟膏(연고) 지방이나 바셀린·글리세린 등에 약을 개어서 만든 반고체 상태의 바르는 약.
軟骨(연골) 1)연한 뼈. 물렁뼈. 2)의지나 태도 등이 연약함. 또는 그런 사람.
軟球(연구) 연식 정구나 연식 야구에 쓰이는 고무공. 또는 재질이 무른 공.
軟口蓋(연구개) 입천장 뒷부분인 근육질의 부드러운 부분.
軟弓(연궁) 1)탄력이 약한 활. 2)활의 세기의 등급이 연상(軟上)·연중(軟中)·연하(軟下)인 각궁(角弓)의 통칭.
軟禁(연금) 정도가 가벼운 감금. 즉, 외부와의 접촉이나 외출은 허가하지 않으나, 일정한 장소 안에서는 신체의 자유를 속박하지 않는 감금.
軟豆(연두) 노랑과 녹색의 중간색. 담록색(淡綠色).
軟鑞(연납) 납과 주석을 주성분으로 한, 녹는점

이 낮은 합금. 땜납.
軟脈(연맥) 저혈압 등으로 긴장도가 낮아진 맥박.
軟木(연목) 질이 무른 나무.
軟文學(연문학) 남녀간의 연애나 정사(情事)를 주제로 한 문학.
軟腐病(연부병) 수분이 많은 식물의 조직이 썩어 문드러지는 병.
軟絲(연사) 찹쌀가루로 만든 반죽을 얇게 펴서 모나게 썬 다음, 기름에 튀겨 엿을 바르고 거기에 찹쌀 튀김을 붙인 과자.
軟性(연성) 무른 성질. 유연한 성질.
軟成分(연성분) 방사선이나 우주선에서, 물질을 투과하는 힘이 약한 부분.
軟水(연수) 칼슘염이나 마그네슘염 등의 광물질이 섞이지 않았거나 적게 섞인 물. 단물.
軟隨筆(연수필) 쉽고 부드럽게 쓴 수필.
軟柹(연시) 홍시(紅柹).
軟式(연식) 무르거나 부드러운 재료 및 도구를 쓰는 방식. ↔ 경식(硬式).
軟食(연식) 부드러운 음식에 소화가 잘 되는 반찬을 곁들인 음식. 반고형식(半固形食).
軟弱(연약) 1)무르고 약함. 2)성질이 부드럽고 의지가 굳지 못함.
軟娟(연연) 가냘프고 연약함.
軟玉(연옥) 휘석(輝石)으로 된 경옥(硬玉)에 비하여 재질이 무른 옥.
軟材(연재) 연한 목재(木材).
軟癤(연절) 피부에 작은 멍울이 생기는 화농성 염증.
軟質(연질) 무른 성질. 또는 그런 물질.
軟借款(연차관) 이율이 낮고 상환 기간이 긴 차관(借款).
軟彩(연채) 엷게 색을 입힌 도자기의 그림 빛깔.
軟鐵(연철) 탄소 함유량이 적은 철.
軟體動物(연체동물) 달팽이 · 문어 · 조개 등과 같이 뼈가 없고 피부가 부드러운 동물계의 한 문(門).
軟派(연파) 강경한 주장을 하지 않는 사람. 또는 그런 사람들의 무리.
軟風(연풍) 가볍고 시원하게 부는 바람. 산들바람.
軟化(연화) 1)단단한 것이 무르게 됨. 2)강경하던 주장이나 태도가 부드러워짐.
軟貨(연화) 1)주화(鑄貨)가 아닌 화폐. 즉, 지폐(紙幣). 2)금이나 외국의 통화와 바꿀 수 없는 통화.
軟滑(연활) 연하고 매끄러움.
柔軟(유연) 부드럽고 연함.

④ 11획
轉(p1383)의 俗字

⑤ 12획 日カ
수레 가 中kē, kě

풀이 1. 수레. 굴대가 이어진 수레. 2. 높은 모양. 3. 수레가 나아가기 힘든 모양. 일이 잘 되지 않는 모양. 4. 맹자(孟子)의 이름. ¶孟軻
軻峨(가아) 높은 모양.
軻親斷機(가친단기) 맹자(孟子)가 학문을 중도에서 포기하고 돌아오자, 어머니가 짜던 베를 끊고 학문을 중간에 포기하는 것은 짜던 베를 끊어 버리는 것과 같다고 훈계했다는 고사. 맹모단기(孟母斷機).
유 軸(굴대 축)

軽
⑤ 12획
輕(p1377)의 俗字

軱
⑤ 12획 日コ
큰 뼈 고 中gū

풀이 큰 뼈.

軳
⑤ 12획
수레 日コウ
가로나무 굉 中hóng

풀이 수레의 가로나무.

軥
⑤ 12획 日ク
멍에 구 中qú

풀이 멍에. 말이나 소의 목에 얹어 수레를 끌게 하는 가로나무.

軨
⑤ 12획 日レイ
사냥 수레 령 中líng

풀이 1. 사냥 수레. ¶軨積 2. 수레의 격자창. ¶軨軒 3. 굴대의 비녀장 머리를 싼 가죽.
軨積(영적) 수레의 적재함에 물건을 가득 실음.
軨軒(영헌) 수레의 격자창(窓).

軬	⑤ 12획 　 日ハン 수레 덮개 반 　 中fàn

풀이 수레 덮개.

軷	⑤ 12획 　 日バツ 발제 발 　 中bá

풀이 발제(軷祭). 먼 길을 떠날 때 지내는 제사.

軷壤(발양) 발제(軷祭)를 지내는 제단.

軷祭(발제) 먼 길을 떠날 때 지내는 제사.

輩	⑤ 12획 輩(p1380)의 俗字

軶	⑤ 12획 　 日アク 멍에 액 　 中è

풀이 멍에. 말이나 소의 목에 얹어 수레를 끌게 하는 가로나무.

軵	⑤ 12획 ❶수레 용 　 日フ ❷밀 부 　 中rǒng

풀이 1 1. 수레. 가볍고 빠른 수레. 2. 돕다. 2 3. 밀다.

軼	⑤ 12획 ❶앞지를 일 　 日イツ、シツ ❷갈마들 질 　 中yì ❸수레바퀴 철

풀이 1 1. 앞지르다. 2. 침범하다. 3. 뛰어나다. ¶軼群 4. 지나다. 통과하다. ¶軼蕩 5. 마구 내달리다. 6. 넘쳐 흐르다. 7. 잃다. 없어지다. 2 8. 갈마들다. 3 9. 수레바퀴.

軼群(일군) 무리 중에서 뛰어남. 출중함.

軼倫(일륜) 보통보다 뛰어남.

軼民(일민) 세상을 등지고 숨어서 사는 백성. 은자(隱者).

軼事(일사) 세상에 알려지지 않은 사실.

軼詩(일시) 《시경(詩經)》에 수록되어 있지 않은 시. 일시(逸詩).

軼才(일재) 뛰어난 재능.

軼蕩(질탕) 지나치게 방탕한 모양.

軧	⑤ 12획 수레 　 日テイ 감속막대 저 　 中dǐ

풀이 수레의 감속 막대.

軴	⑤ 12획 　 日シュウ 수레 머무를 주 中zhù

풀이 수레가 머무르다.

軹	⑤ 12획 　 日シ 굴대 끝 지 　 中zhǐ

풀이 1. 굴대 끝. 차축(車軸)의 여러 부분. 2. 두 갈래. 3. 어조사.

軫	⑤ 12획 수레 　 日シン 뒤턱 나무 진 中zhěn

풀이 1. 수레 뒤턱의 가로나무. 2. 수레. 3. 기러기발. 4. 돌다. 구불구불하다. 5. 슬퍼하다. ¶軫悼 6. 두둑. 길. 7. 별 이름. 28수(宿)의 하나.

軫念(진념) 임금이 백성을 걱정하는 마음. 신금(宸襟).

軫悼(진도) 임금이 슬퍼하고 애통하게 여김.

軫憂(진우) 마음 아파하며 근심함.

軫轉(진전) 회전함.

軫軫(진진) 사물이 성한 모양.

軫懷(진회) 염려함. 걱정함. 상심함.

軫恤(진휼) 가엾이 여겨 베풀어 줌. 연민(憐憫).

軺	⑤ 12획 　 日チョウ・くるま 수레 초 　 中yáo

풀이 1. 수레. 작은 수레. ¶軺車 2. 관을 운반하는 수레.

軺車(초거) 1)옛날의 군대에서 쓰던 수레. 2)사방을 관찰할 수 있는 수레. 3)말 한 필이 끄는 작은 수레.

軺傳(초전) 신분이 낮은 사람이 타는, 역참(驛

站)에 딸린 수레.

軺軒(초헌) 1)가벼운 수레. 경거(輕車). 2)고관이 타는 수레. 헌초(軒軺).

軸	⑤ 12획	日ジク
	굴대 축	中zhóu

* 형성. 뜻을 나타내는 부수 '車(수레 거)'와 음을 나타내는 '由(말미암을 유)'를 합친 글자.

풀이 1. 굴대. 바퀴 가운데 구멍에 끼우는 긴 쇠나 나무. ¶軸頭 2. 북. 베틀에 딸린 기구. 3. 두루마리. 4. 권축(卷軸). 족자 아래에 가로지르는 둥글고 긴 나무. 5. 중요한 지위. 6. 사물의 중심. 7. 병들다.

軸頭(축두) 1)굴대 끝. 차축(車軸)의 여러 부분. 2)족자의 하단에 대는 나무. 3)두루마리의 첫머리에 있는 시 · 글씨 · 그림 등.

軸簾(축렴) 발을 말아 올림. 발을 걷음.

軸艫(축로) 배의 이물과 고물. 축로(舳艫).

機軸(기축) 기관 또는 차에 사용되는 축.

一機軸(일기축) 하나의 새로운 방법.

유 軻(굴대 가)

軯	⑤ 12획	日ヒョウ
	수레 소리 팽	中pēng

풀이 1. 수레 소리. 2. 종이나 북의 소리. 3. 우렛소리.

軱	⑥ 13획	日キョウ
	관괴차 공	中gǒng

풀이 관괴차. 운구할 때 관을 얹는 침대같이 생긴 수레.

軱軸(공축) 운구할 때 관을 얹는 침대같이 생긴 수레. 관괴차.

較	⑥ 13획	
	❶견줄 교	日カク
	❷수레귀 각	中jiào

一 丆 币 百 亘 車 車` 車' 軒 軴 軟 較 較

* 형성. 뜻을 나타내는 부수 '車(수레 거)'와 음을 나타내는 '交(사귈 교)'를 합친 글자.

풀이 1 1. 견주다. 비교하다. ¶較覆 2. 차이가 나다. 3. 드러내다. 4. 밝다. 분명하다. 5. 조금. 약간. 6. 대강. 대략. ¶較略 2 7. 수레의 귀. 수레 안에 서 있을 때 손잡이가 되는 부분. 8. 차체(車體). 거상(車箱). 9. 겨루다. 견주다. 10. 법. 법도.

較獵(각렵) 무술을 겨룸.

較藝(각예) 기예(技藝)를 겨룸.

較證(각증) 따지어 조사함.

較親(각친) 다투고 뒤얽힘.

較略(교략) 개략. 대개. 대강의 줄거리.

較量(교량) 1)비교함. 2)저항함.

較明(교명) 분명함. 명확함.

較炳(교병) 뚜렷하고 분명함.

較覆(교복) 비교하여 조사함.

較言(교언) 명백하게 말함. 명언(明言).

較如畫一(교여획일) '一' 자를 써 놓은 것처럼 분명하고 확실함.

較著(교저) 분명함. 명백함. 현저(顯著).

較覈(교핵) 비교하여 밝힘.

유 比(견줄 비)

輂	⑥ 13획	日キョク
	수레 국	中jú

풀이 1. 수레. 큰 짐마차. 2. 손수레. 3. 가마.

輅	⑥ 13획	
	❶수레 로(노)	日ロ
	❷맞이할 아	中hé, lù, yà

풀이 1 1. 수레. 임금이 타던 큰 수레. ¶輅馬 2. 섶으로 덮개를 한 소박한 수레. ¶輅木 3. 끌채 앞에 댄 나무. 2 4. 맞이하다.

輅馬(노마) 커다란 말. 임금의 말.

輅木(노목) 꾸밈이 없이 소박한 수레.

輧	⑥ 13획
	輧(p1380)의 俗字

軾	⑥ 13획	
	수레 앞턱	日ショク
	가로 나무 식	中shì

풀이 1. 수레의 앞턱 가로나무. 2. 절하다. 수레의 앞턱 가로나무를 붙잡고 몸을 굽혀 경의를 표하는 것.

輀	⑥ 13획	日イ
	상여 이	中ér

풀이 상여. 영구차.

輀車(이거) 관(棺)을 싣는 수레. 상여. 영구차.

유 輇(상여차 전)

載 ⑥ 13획
❶ 실을 재 ❷ 일 대
日 サイ·のせる·のる
中 zǎi, zài

*형성. 뜻을 나타내는 부수 '車(수레 거)'와 음을 나타내며 올려놓는다는 의미를 지닌 부수 이외의 글자를 합친 글자. 수레 위에 물건을 '싣다'의 뜻으로 쓰임.

풀이 ❶ 1. 싣다. 실어 나르다. ¶積載 2. 짐. 화물. 3. 타다. 수레나 배에 오르다. 4. 탈것. 5. 일. 사업. 6. 행하다. 7. 비로소. 처음으로. 8. 시작하다. 9. 맡다. 10. 차려 놓다. 설치하다. 11. 제사 지내다. ¶載祀 12. 이루다. 성취하다. 13. 알다. 14. 가득하다. 15. 꾸미다. 16. 쌓다. 거듭하다. 17. 이에. 어조사. 18. 해. 일 년. 19. 적다. 기재하다. ❷ 20. 이다. 머리로 떠받들다.

載記(재기) 사관(史官)이 여러 나라의 역사적 일을 기술하는 일.

載路(재로) 길에 가득 참.

載覆(재부) 땅이 만물을 싣고 하늘이 만물을 덮는다는 뜻으로, 천지(天地) 또는 천지의 덕(德)을 이르는 말.

載祀(재사) 해[年].

載書(재서) 1)맹세하는 말을 기록한 문서. 2)책을 실음.

載育(재육) 땅이 만물을 싣고 기르는 일.

載籍(재적) 책. 서적(書籍). 전적(典籍).

載酒(재주) 술을 사 가지고 감.

載舟覆舟(재주복주) 물은 배를 띄우지만 배를 뒤집어 엎기도 한다는 뜻으로, 백성은 임금을 받들지만 임금을 해칠 수도 있음을 비유하는 말.

載戢干戈(재집간과) 전쟁이 끝나 무기를 거두어 간수함. 천하가 태평함을 이르는 말.

記載(기재) 적어 올림.

비 戴(일 대)

 ⑥ 13획
수레 전
日 セン
中 quán

풀이 1. 수레. 통바퀴를 단 상여. 2. 작다. ¶輇才 3. 저울질하다. 비교하다. ¶輇量

輇量(전량) 인물을 헤아려 비교함.

輇才(전재) 1)작은 재주. 소재(小才). 2)인물을 서로 비교함.

유 輀(상여차 이)

輈 ⑥ 13획
끌채 주
日 チュウ
中 zhōu

풀이 1. 끌채. 작은 수레에 메우는 하나로 된 수레채. 2. 차체. 거상(車箱). 3. 굳센 모양. 4. 두려워하는 모양. ¶輈張

輈張(주장) 1)두려워하는 모양. 2)굳센 모양.

輊 ⑥ 13획
낮을 지
日 チ
中 zhì

풀이 낮다. 수레가 앞으로 숙다.

輕 ⑦ 14획
가벼울 경
日 ケイ
中 qīng

*형성. 뜻을 나타내는 부수 '車(수레 거)'와 음을 나타내는 '巠(물줄기 경)'을 합친 글자. 곧장 적에게 돌진하는(巠) 전차(車)의 모습을 나타내어, '가볍다'의 뜻으로 쓰임.

풀이 1. 가볍다. ¶輕舸 2. 쉽다. 간편하다. 3. 천하다. 4. 적다. 모자라다. 5. 가볍게 하다. 줄이다. 6. 가볍게 여기다. 깔보다. 7. 경솔하다. ¶輕諾 8. 조급하게 서둘다.

輕舸(경가) 가볍고 빠른 배. 쾌속선(快速船). 경주(輕舟).

輕車(경거) 1)가볍고 빠른 수레. 2)옛날의 병거(兵車).

輕擧(경거) 1)속세를 떠나 은둔(隱遁)함. 2)높은 지위에 오름. 3)경솔하게 행동함.

輕車熟路(경거숙로) 1)가벼운 수레를 타고 익숙한 길을 달림. 2)사물에 익숙해짐.

輕健(경건) 몸이 가볍고 건강함.

輕繫(경계) 죄가 가벼운 죄인.

輕矯(경교) 자유롭게 행동함.

輕裘肥馬(경구비마) 가벼운 갖옷과 살찐 말. 부귀(富貴)를 형용하는 말.

輕裘緩帶(경구완대) 1)가벼운 갖옷과 느슨한 허리 띠. 간편한 복장을 이르는 말. 2)느긋한 모양. 여유 있는 태도.

輕騎(경기) 가볍게 차린 기병.

輕諾(경낙) 경솔하게 허락함.

輕暖(경난) 1)약간 따뜻함. 2)가볍고 따뜻한 의복. 경난(輕煖).

輕慮(경려) 경솔한 생각. 단려(短慮).

輕利(경리) 1)이익을 가벼이 여김. 2)병기 등이 가볍고 날카로움. 3)가볍고 편리함. 경편(輕便).

7 획

輕命(경명) 목숨을 소홀히 여김.
輕侮(경모) 천하게 여겨 업신여김.
輕妙(경묘) 경쾌하고 교묘함. 솜씨가 좋음.
輕薄(경박) 1)침착하지 못함. 경솔하고 천박함. 2)가볍게 여김. 업신여김. 3)가볍고 엷음. 가치가 적음.
輕兵(경병) 1)가볍게 차림한 병사. 경졸(輕卒). 2)힘이 세지 못한 군대.
輕服(경복) 1)가벼운 복장. 2)상례에서, 시마(緦麻) 등 짧은 기간의 복제(服制).
輕浮(경부) 1)가볍게 뜸. 2)경솔하고 침착하지 못함. 경조부박(輕佻浮薄).
輕速(경속) 가볍고 빠름.
輕迅(경신) 가볍고 빠름. 경속(輕速).
輕軟(경연) 가볍고 부드러움.
輕銳(경예) 몸이 가볍고 날쌘 병사. 경장(輕裝)한 정예(精銳)의 병졸.
輕雲(경운) 얇은 구름.
輕易(경이) 1)매우 손쉬움. 용이함. 2)깔봄. 얕잡아 봄. 경모(輕侮).
輕以約(경이약) 모든 일을 다 잘하기를 바라기보다는 한 가지 일이라도 잘하면 그것으로 충분하다고 여겨서, 남을 심하게 꾸짖지 않는 일.
輕日(경일) 약한 햇빛.
輕財(경재) 1)재물을 하찮게 여김. 2)보잘것없는 재물.
輕佻(경조) 언행이 가볍고 신중하지 못함.
輕佻浮薄(경조부박) 언행이 경솔하고 천박함.
輕卒(경졸) 1)가벼운 복장의 병사. 경병(輕兵). 2)언행이 가벼움. 경솔(輕率).
輕重斂散(경주염산) 풍년에는 정부가 곡식을 사들임으로써 과도한 하락을 막고, 흉년에는 곡가가 오르므로 예비해 둔 정부의 양곡을 시장에 내놓아 값을 억제하는 제도.
輕重之權(경중지권) 임시응변(臨時應辯)의 계책으로 물가의 조절을 강구하는 일.
輕疾(경질) 1)경솔하고 성급함. 2)빠름. 3)병을 가볍게 함.
輕捷(경첩) 몸이 가볍고 날램. 민첩(敏捷).
輕脆(경취) 경박하고 의지가 약함.
輕波(경파) 잔물결. 미파(微波).
輕剽(경표) 1)경솔한 일. 부표(浮漂). 2)일정한 주거지 없이 남을 협박하여 노략질하는 일. 또는 그 사람.
輕霞(경하) 엷은 노을.
輕悍(경한) 민첩하고 사나움.
輕俠(경협) 경박한 협기(俠氣). 경거망동하는 만용. 또는 그 사람.

반 重(무거울 중)

輑 ⑦ 14획 굴대 군 日クン 中qūn

풀이 1. 굴대. 2. 이어지다. 서로 잇닿다.

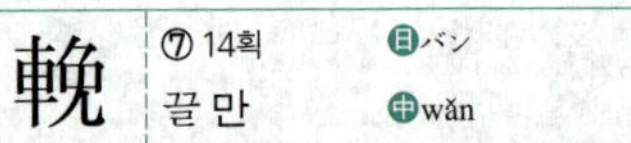
輓 ⑦ 14획 끌 만 日バン 中wǎn

풀이 1. 끌다. 수레를 끌다. ¶輓馬 2. 만사(輓詞). 죽은 이를 애도하는 시가.

輓歌(만가) 1)상여를 메고 갈 때 죽은 이를 애도하며 부르는 노래. 장송곡(葬送曲). 2)죽은 사람을 애도하는 노래.
輓馬(만마) 짐을 끄는 말.
輓詞(만사) 죽은 사람을 애도하는 글. 만장(輓章).
輓輸(만수) 수레로 실어 나름.
輓詩(만시) 죽은 사람을 애도하는 시.
輓推(만추) 앞에서 끌어주고 뒤에서 밀어준다는 뜻으로, 남을 추천함을 이르는 말.

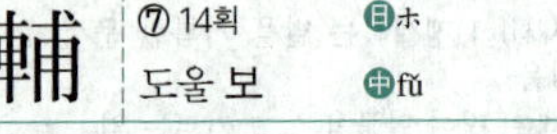
輔 ⑦ 14획 도울 보 日ホ 中fǔ

* 형성. 뜻을 나타내는 부수 '車(수레 거)'와 음을 나타내며 힘을 돕는 것을 의미하는 '甫(클 보)'를 합친 글자. 수레바퀴(車)의 힘을 돕는(甫) '덧방나무'를 나타내며, 바뀌어 '돕다'의 뜻으로도 쓰임.

풀이 1. 돕다. 보좌하다. ¶輔國 2. 도움. 조력. 3. 대신(大臣). 4. 아전. 하급 관리. 5. 바퀴 덧방나무. 무거운 짐을 실을 때 수레바퀴에 덧대어 바퀴살의 힘을 돕는 나무. ¶輔車 6. 광대뼈. 7. 경기(京畿). 서울 근처의 땅.

輔車(보거) 수레바퀴와 수레의 덧방나무. 서로 떨어질 수 없는 긴밀한 관계를 비유하는 말.
輔車相依(보거상의) 수레바퀴와 수레의 덧방나무처럼 서로 돕고 의지하는 밀접한 관계를 이르는 말.
輔傾(보경) 기운 것을 떠받쳐 바로잡음.
輔國安民(보국안민) 국정(國政)을 보필하여 백성을 편안하게 함.
輔導(보도) 도와서 인도함. 또는 그 사람.
輔相(보상) 1)거들고 도움. 2)정사(政事)를 도움. 보필(輔弼). 3)재상(宰相)의 다른 이름.
輔成(보성) 도와서 이룸.

輔臣(보신) 보좌하는 신하.
輔翼(보익) 임금을 보좌함.
輔仁(보인) 벗끼리 서로 도와서 인덕(仁德)을 닦음.
輔正(보정) 도와서 바로잡음.
輔行(보행) 1)남을 도와서 일을 행함. 2)부사(副使)로서 직무를 수행함. 또는 그 사람.

輐	⑦ 14획	日ガン
	둥글 완	中wàn

풀이 둥글다. 모서리를 깎아서 둥글게 하다. ¶輐斷

輐斷(완단) 모서리를 깎아서 둥글게 함.

유 丸(알 환) 円(둥글 엔) 團(둥글 단) 圓(둥글 원)

輒	⑦ 14획	日チョウ
	문득 첩	中zhé

풀이 1. 문득. 갑자기. ¶輒然 2. 쉽게. 3. 번번이. 매양. 4. 뻣뻣하게 서서 움직이지 않는 모양.

輒然(첩연) 1)뻣뻣하게 서서 움직이지 않는 모양. 2)문득. 갑자기.
輒盡(첩진) 순식간에 모두 씀.
輒悔(첩회) 마음이 변하여 이미 약속한 일을 변경하는 일.

輡	⑧ 15획
	轜(p1385)과 同字

輥	⑧ 15획	日コン
	빨리 구를 곤	中gǔn

풀이 빨리 구르다. 수레바퀴가 빠르게 굴러가다.

輠	⑧ 15획	
	❶기름통 과	日カ・カイ
	❷굴릴 회	中guō, huà

풀이 1. 기름통. 굴대에 치는 기름을 담는 통. 2. 굴리다. 수레바퀴를 회전시키다.

輨	⑧ 15획	日カン
	줏대 관	中guǎn

풀이 줏대. 수레바퀴통 끝에 대는 휘갑쇠.

輬	⑧ 15획	日リョウ
	와거 량	中liáng

풀이 와거(臥車). ㉠누워서 쉴 수 있는 수레. ㉡영구차. 상여.

유 輚(와거 잔)

輛	⑧ 15획	日リョウ
	수레 량	中liàng

풀이 1. 수레. 2. 수레를 세는 단위.

유 車(수레 거)

輦	⑧ 15획	日レン
	손수레 련	中niǎn

* 회의. 두 사내(夫)가 끄는 수레(車)인 '손수레'를 나타냄.

풀이 1. 손수레. ¶輦車 2. 임금이 타는 수레. 3. 손수레를 끌다. ¶輦夫 4. 운반하다. 5. 손수레를 타다. ¶輦從

輦車(연거) 손수레.
輦轂(연곡) 1)임금이 타는 수레. 2)임금.
輦轂下(연곡하) 임금이 타는 수레 밑이라는 뜻으로, 임금이 있는 서울을 이르는 말. 연하(輦下).
輦路(연로) 임금의 수레가 다니는 길. 연도(輦道).
輦夫(연부) 손수레를 끄는 인부.
輦輿(연여) 임금이 타는 수레. 연로(輦輅).
輦從(연종) 임금의 수레에 함께 타 따르는 것.
輦下(연하) 연곡하(輦轂下).

輪	⑧ 15획	日リン・わ
	바퀴 륜	中lún

一 𠂇 𠃊 亘 亘 亘 車 車 軒 軡 軡 輪 輪 輪 輪

* 형성. 뜻을 나타내는 부수 '車(수레 거)'와 음을 나타내며 가지런히 정리된 것을 의미하는 '侖(둥글 륜)'을 합친 글자. 이에 바퀴살이 가지런히 모인 모양을 나타내어, '바퀴'의 뜻으로 쓰임.

풀이 1. 바퀴. 수레바퀴. ¶輪車 2. 둥근 물건. ¶輪環 3. 둘레. 외곽. ¶輪運 4. 낚시얼레. 5. 수레. ¶輪鞅 6. 수레를 세는 단위. 7. 세로의 길이. 남북의 길이. 8. 돌다. 구르다. ¶輪廻 9. 높고 크다.

輪講(윤강) 돌아가며 차례대로 강의함.
輪車(윤거) 1)수레바퀴와 수레. 2)서로 의존하는 아주 긴밀한 관계를 비유하는 말.

輪囷(윤균) 1)큰 모양. 2)꼬불꼬불한 모양.
輪對(윤대) 여러 관리들이 차례로 시정(詩政)의 이해를 임금에게 아뢰던 일.
輪讀(윤독) 여러 사람이 한 권의 책을 차례대로 돌려 가며 읽어서 연구하는 일.
輪燈(윤등) 불전(佛前)에 다는 둥근 등.
輪舞(윤무) 여럿이 둥글게 서서 추는 춤. 원무(圓舞).
輪伐(윤벌) 나무를 차례대로 벌채(伐採)하는 일.
輪輻(윤복) 수레바퀴의 살.
輪船(윤선) 1)수레바퀴 같은 것을 달아 그 회전력으로 달리게 만든 배. 2)기선(汽船).
輪鞅(윤앙) 수레와 말.
輪輿(윤여) 수레를 만드는 사람.
輪運(윤운) 빙빙 돎.
輪作(윤작) 같은 토지에 매년 종류를 바꾸어 경작하는 일.
輪藏(윤장) 회전할 수 있게 만든 서가(書架).
輪轉(윤전) 1)바퀴처럼 빙빙 돎. 회전(回轉). 2)삼계(三界)에 생사(生死)를 거듭하는 일.
輪坐(윤좌) 원형으로 둘러앉음.
輪彩(윤채) 태양.
輪軸(윤축) 1)수레의 바퀴와 굴대. 2)바퀴와 굴대를 고정하여 동시에 회전하도록 한 장치. 축바퀴.
輪奐(윤환) 건축물이 크고 아름다운 모양. 윤환(輪煥).
輪環(윤환) 1)둥근 바퀴. 2)바퀴처럼 순환함.
輪廻(윤회) 1)차례로 돌아감. 윤운(輪運). 2)중생이 해탈을 얻을 때까지 업(業)에 따라 그 영혼이 끊임없이 생사를 반복함. 전생(轉生).
車輪(차륜) 수레바퀴.
花輪(화륜) 화환(花環).
비 輸(실어낼 수)

輘	⑧ 15획	日リョウ
	수레 소리 릉(능)	中líng

풀이 1. 수레 소리. ¶輘轁 2. 짓밟다. 깔아뭉개다.
輘轢(능력) 1)수레바퀴로 짓밟음. 2)속이고 업신여김.
輘轁(능횡) 수레가 지나갈 때 울리는 소리.

輞	⑧ 15획	日モウ
	바퀴테 망	中wǎng

풀이 바퀴테. 수레바퀴 가장자리의 테.

輩	⑧ 15획	日ハイ
	무리 배	中bèi

丿 ㇆ ㅋ ㅋ ㅋ| ㅋㅑ 非 非 非 非 背 背 背 輩 輩

*형성. 뜻을 나타내는 부수 '車(수레 거)'와 음을 나타내며 나란히 한다는 의미를 지닌 '非(아닐 비)'를 합친 글자. 수레가 많이 잇닿아 '나란히 있다'의 뜻을 나타내며, 바뀌어 '동지', '한패', '무리'의 뜻으로 쓰임.

풀이 1. 무리. 동아리. 같은 또래. ¶輩流 2. 짝. 상대. 3. 번. 횟수를 세는 단위. 4. 견주다. 같은 계열에 넣다.
輩流(배류) 같은 무리의 사람. 동배(同輩).
輩出(배출) 뛰어난 인물이 많이 남.
輩行(배항/배행) 1)선후배의 순서. 2)같은 또래의 친구.
유 徒(무리 도) 衆(무리 중) 屬(무리 속)

軿	⑧ 15획	日ヘイ
	수레 병	中píng

풀이 1. 수레. 휘장을 친 부인용 수레. ¶軿車 2. 덮개가 있는 가벼운 병거(兵車). 3. 거마(車馬) 소리. ¶軿訇
軿車(병거) 부인용 수레.
軿訇(병굉) 거마(車馬)가 움직일 때 나는 요란한 소리.

輗	⑧ 15획	日ゲイ
	끌채 끝 예	中ní

풀이 끌채 끝. 마소가 끄는 큰 수레의 끌채 끝에 있는 멍에를 고정하는 비녀장. ¶輗軏
輗軏(예월) 1)수레의 끌채와 멍에를 잇는 비녀장. 2)일의 가장 중요한 부분.

輚	⑧ 15획	日サン
	와거 잔	中zhàn

풀이 와거(臥車). 누워서 쉴 수 있는 수레.
유 輬(와거 량)

輖	⑧ 15획	日ジュウ
	낮을 주	中zhōu

풀이 1. 낮다. 수레가 앞으로 숙다. 2. 수레가 무겁다.

비 綢(얽힐 주)

輤	⑧ 15획	日セン
	상여 덮개 천	中qiàn

풀이 상여의 덮개.

輟	⑧ 15획	日テツ
	그칠 철	中chuò

풀이 1. 그치다. 중단하다. ¶輟耕 2. 내버리다. 돌보지 않다. 3. 깁다. 수선하다.

輟耕(철경) 밭가는 일을 중단함.

輟斤(철근) 도끼질을 그만둠. 자기를 알아주는 사람이 없으면 경솔하게 자기의 기량을 시험하지 않음.

輟業(철업) 일을 중단함.

輟朝(철조) 임금이 임시로 조회(朝會)를 폐하는 일. 폐조(廢朝).

비 綴(꿰멜 철)

輜	⑧ 15획	日シ
	짐수레 치	中zī

풀이 1. 짐수레. 군수품을 싣는 수레. ¶輜駕 2. 휘장을 두른 수레. 3. 수레의 통칭. 4. 바퀴살 끝.

輜駕(치가) 치차(輜車).

輜重(치중) 1)나그네의 짐. 2)군대의 하물(荷物).

輜車(치차) 짐수레. 군량 등 군수 물자를 나르는 수레. 치가(輜駕).

輣	⑧ 15획	日ホウ
	병거 팽	中péng

풀이 1. 병거. 전차. 2. 물결이 서로 부딪치는 소리.

輣軋(팽알) 물결이 서로 부딪치는 소리.

輣車(팽거) 전차(戰車).

輝	⑧ 15획	日キ
	빛날 휘	中huī

* 형성. 뜻을 나타내는 '光(빛 광)'과 음을 나타내며 '에워싸다'라는 의미를 지닌 '軍(군사 군)'을 합친 글자. 빛 주위를 에워싼 빛을 나타내어, '빛나다'의 뜻으로 쓰임.

풀이 1. 빛나다. 환하게 비추다. ¶輝煌 2. 빛. 광채.

輝映(휘영) 환하게 비침. 영휘(映輝).

輝燭(휘촉) 환하게 비춤.

輝煌(휘황) 광채가 눈부심.

유 昱(빛날 욱) 炯(빛날 형) 奐(빛날 환) 昡(빛날 현)

輵	⑨ 16획	
	❶ 수레 소리 갈	日カツ
	❷ 구를 알	中è, gé

풀이 ❶ 1. 수레 소리. 2. 뒤섞여 어지러운 모양. ❷ 3. 구르다. 굴러 흔들리는 모양.

輻	⑨ 16획	日フク
	바퀴살 복·부	中fú

풀이 1. 바퀴살. ¶輻射 2. 모여들다. 한곳으로 집중하다.

輻射(복사) 빛이나 열이 수레바퀴살 모양으로 사방으로 뻗어 나가는 현상.

輻輳(복주) 바퀴살이 한곳으로 모이듯이 사물이 한곳으로 모임.

輹	⑨ 16획	日フク
	복토 복	中fù

풀이 복토(伏兎). 차체(車體)와 굴대를 연결하는 나무.

輸	⑨ 16획	日ユ
	보낼 수	中shū[1], shù[2]

풀이 1. 보내다. 운송하다. ¶輸入 2. 알리다. 3. 다하다. ㉠정성을 다함. ㉡물품을 다 바침. ¶輸誠 4. 깨뜨리다. 부수다. 5. 지다. ¶輸贏 6. 바꾸다. 고치다. 7. 경혈(經穴). 침이나 뜸을 놓는 자리.

輸服(수복) 복종함.

輸誠(수성) 1)정성을 다함. 2)항복함.

輸送(수송) 교통수단을 통해 사람이나 물자 등을 실어 옮김.

輸實(수실) 정성을 다함.

輸心(수심) 마음을 다함.

輸贏(수영) 패배와 승리. 승부(勝負).

輸一籌(수일주) 산가지 한 개를 보낸다는 뜻으로, 승부에서 패배함을 이르는 말.

輸入(수입) 다른 나라로부터 물품을 사들임.

輸作(수작) 죄를 지어 벌로 노역을 함.
輸情(수정) 1)본국의 정세를 적에게 알림. 2)진심을 다함.
輸平(수평) 1)불화를 씻고 사이좋게 지냄. 2)평화를 깨는 일.
비 輪(바퀴 륜)

輴	⑨ 16획	日チュン
	상여 순	中chūn

풀이 1. 상여. 영구차. 2. 진흙 위를 갈 때 타는 썰매. 3. 관괘차. 운구할 때 관을 얹는, 침대같이 생긴 수레.

輭	⑨ 16획
	軟(p1373)의 本字

輶	⑨ 16획	日ユウ
	가벼울 유	中yóu

풀이 1. 가볍다. ¶輶軒 2. 경차(輕車). 가벼운 수레.
輶車(유거) 사냥 등을 할 때 쓰는 가벼운 수레.
輶德(유덕) 까다롭지 않고 본연의 덕(德).
輶軒(유헌) 가벼운 수레. 임금의 사자(使者)가 타는 수레.
유 輕(가벼울 경)

輮	⑨ 16획	日ジュウ
	바퀴테 유	中róu

풀이 1. 바퀴테. 2. 짓밟다. 깔아 뭉개다. 3. 휘다. 구부리다.

輳	⑨ 16획	日ソウ
	모일 주	中còu

풀이 모이다. 바퀴통에 바퀴살이 모이다. ¶輳合
輳轂(주곡) 수레의 바퀴살이 바퀴통에 모임.
輳合(주합) 모아서 합침. 주합(湊合).

輯	⑨ 16획	日シュウ
	모을 집	中jí

* 형성. 뜻을 나타내는 부수 '車(수레 거)'와 음을 나타내며 모은다는 의미를 지닌 '咠(참소할 집)'을 합친 글자. 재료를 모아(咠) 가마(車)를 만듦을 나타내어, '모으다'의 뜻으로 쓰임.

풀이 1. 모으다. 모이다. 거두다. ¶輯敍 2. 화목하다. ¶輯睦 3. 온화하다. 낯빛을 부드럽게 하다. 4. 바람이 온화하게 부는 모양.
輯寧(집녕) 편안함. 편안하게 함.
輯睦(집목) 화목함.
輯敍(집서) 모아서 서술함.
輯要(집요) 중요한 것 만을 모음.
輯柔(집유) 얼굴을 부드럽게 하고 마음을 편안하게 함.
輯輯(집집) 온화하게 부는 바람 소리.
유 集(모일 집) 반 散(흩을 산)

輲	⑨ 16획	日セン
	상여 천	中chuán

풀이 1. 상여. 영구차. 2. 통바퀴 수레. ¶輲輪
輲輪(천륜) 바퀴살이 없는 통 바퀴 수레.

輷	⑨ 16획	日コウ
	수레 소리 횡	中hōng

풀이 1. 수레 소리. 2. 굉음. 큰 소리. ¶輷輘
輷輘(횡릉) 1)수레가 지나갈 때 나는 요란한 소리. 2)천둥 소리의 형용.
輷輷(횡횡) 수레가 지나갈 때 크게 울리는 소리.

轂	⑩ 17획	日コク
	바퀴통 곡	中gū, gǔ

풀이 1. 바퀴통. ¶轂擊 2. 수레. ¶轂下 3. 밀다. 추천하다. 4. 묶다. 한데 모아 통괄하다.
轂擊肩摩(곡격견마) 수레의 바퀴가 부딪치고 사람의 어깨가 스친다는 뜻으로, 거리가 번화함을 형용하는 말.
轂下(곡하) 천자의 수레 밑이라는 뜻으로, 서울을 이르는 말. 연하(輦下).

輿	⑩ 17획	日ヨ・こし
	수레 여	中yú

* 형성. 뜻을 나타내는 부수 '車(수레 거)'와 음을 나타내는 '舁(마주 들 여)'를 합친 글자. 이에 여러 사람이 맞드는 수레인 가마'를 나타내며, '차체'나 '수레'의 뜻으로도 쓰임.

풀이 1. 수레. ¶輿駕 2. 차체. 거상(車箱). 수레의 사람이 타거나 짐을 싣는 부분. 3. 가마. 두 사람이 메는 가마.

7획

¶輿丁 4. 싣다. 5. 등에 지다. 6. 마주 들다. 7. 많다. 8. 수레를 모는 하인. 9. 땅. 대지.

輿歌(여가) 대중이 부르는 노래.
輿駕(여가) 임금이 타는 수레.
輿臺(여대) 하인. 종. 천한 사람.
輿梁(여량) 수레가 다닐 수 있는 다리.
輿輦(여련) 임금이 타는 수레. 연여(輦輿).
輿服(여복) 수레와 관복(冠服).
輿死(여사) 시체를 짊어짐. 전쟁에서 패하여 동료 병사의 시신을 메고 돌아감. 여시(輿尸).
輿師(여사) 많은 병사.
輿薪(여신) 수레에 가득 실은 땔나무.
輿人(여인) 1)뭇사람. 많은 사람. 중인(衆人). 2)수레를 만드는 공인(工人). 3)천한 사람.
輿丁(여정) 가마꾼. 가마를 메는 사람.
輿情(여정) 민중의 마음. 백성들의 심정.
輿地(여지) 수레처럼 물건을 싣고 있는 땅. 대지(大地). 온 세계.
輿地圖(여지도) 지도. 여도(輿圖).

유 車(수레 거) 輛(수레 량)

轀 ⑩ 17획 와거 온 日オン 中wēn

풀이 와거(臥車). 누워서 타는 수레. ¶轀輬

轀車(온거) 누워 갈 수 있게 만든 수레.
轀輬(온량) 1)누워서 타는 수레. 와거(臥車). 2)상여(喪輿).

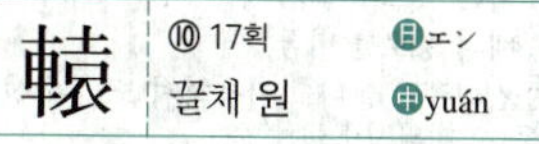

轅 ⑩ 17획 끌채 원 日エン 中yuán

* 형성. 뜻을 나타내는 부수 '車(수레 거)'와 음을 나타내는 '袁(성 원)'을 합친 글자.

풀이 끌채. 수레의 양쪽 앞으로 내밀어 있는 두 개의 긴 채.

轅門(원문) 1)수레의 끌채를 마주 세워서 문처럼 만든 것. 2)병영(兵營).
轅下(원하) 수레의 끌채 밑이라는 뜻으로, 부하를 이르는 말. 문하(門下).
轅下駒(원하구) 수레의 끌채에 매인 망아지라는 뜻으로, 속박되어 자유롭지 못함을 비유하는 말. 원구(轅駒).

輾 ⑩ 17획 ❶구를 전 ❷연자매 년 日テン 中zhǎn

풀이 1 1. 구르다. 돌다. ¶輾轉反側 2.韓 타작하다. 2 3. 연자매. 4. 빻다. 짓눌러 부수다.

輾轉(전전) 1)수레바퀴가 한없이 회전하는 일. 2)잠이 오지 않아 누워서 엎치락뒤치락함.
輾轉反側(전전반측) 몸을 엎치락뒤치락하며 잠을 이루지 못하는 모양.

유 轉(구를 전)

轃 ⑩ 17획 이를 진 日シン 中zhēn

풀이 1. 이르다. 다다르다. 2. 큰 수레 깔개.

轄 ⑩ 17획 비녀장 할 日カツ 中xiá

* 형성. 뜻을 나타내는 부수 '車(수레 거)'와 음을 나타내는 '害(해칠 해)'를 합친 글자.

풀이 1. 비녀장. 바퀴가 빠지지 않도록 굴대 끝에 박는 못. ¶轄擊 2. 주관하다. 지배하다. ¶轄統

轄擊(할격) 수레의 비녀장이 서로 부딪친다는 뜻으로, 거리에 오가는 수레가 많음을 이르는 말.
轄統(할통) 지배함.

轇 ⑪ 18획 시끄러울 교 日キョウ 中jiāo

풀이 1. 시끄럽다. 수레 소리가 시끄러운 모양. 2. 뒤섞여 어지럽다. ¶轇轕 3. 광활한 모양. 아득한 모양.

轇轕(교갈) 1)뒤섞여 어지러움. 2)거마(車馬)의 시끄러운 소리. 3)광활하고 아득한 모양.

轆 ⑪ 18획 도르래 록 日ロク 中lù

풀이 1. 도르래. 고패. ¶轆轤 2.韓 녹로. 오지그릇을 만드는 데 쓰는 물건. 3. 수레 소리. ¶轆轆

轆轤(녹로) 1)도르래. 2)도자기를 만들 때 발로 돌리며 형태를 잡는 물레.
轆轤韻(녹로운) 한시의 고체시(古體詩)에 쓰이는 압운법(押韻法)의 한 가지. 두 가지 운(韻)을 바꾸어 가며 압운하는 것.
轆轆(녹록) 수레의 달리는 소리.

轉 ⑪ 18획 구를 전 日テン 中zhuǎi, zhuǎn, zhuàn

7획

一 𠂆 𠮛 𠮛 𠮛 亘 車 車 車 軻 軻 軻 軸 軸 軸 轉 轉 轉

* 형성. 뜻을 나타내는 부수 '車(수레 거)'와 음을 나타내며 '둥글다'의 의미를 지닌 '專(오로지 전)'을 합친 글자. 이에 둥근(專) 바퀴(車)가 구르는 것을 나타내어, '구르다'의 뜻으로 쓰임.

풀이 1. 구르다. ¶轉地 2. 굴리다. 돌리다. ¶轉規 3. 옮기다. 이동하다. 4. 변하다. 바꾸다. 5. 내버리다. 6. 펄럭이다. 나부끼다. 7. 도리어. 8. 더욱. 한결. 9. 수레에 실은 옷 넣는 자루.

轉嫁(전가) 1)다른 데로 다시 시집감. 재혼(再婚). 개가(改嫁). 2)자기의 잘못을 남에게 덮어 씌움.

轉乾撼坤(전건감곤) 하늘을 돌리고 땅을 흔든다는 뜻으로, 큰 이변을 이르는 말. 경천동지(驚天動地).

轉轂(전곡) 수레를 굴림. 수레로 물건을 운반함.

轉規(전규) 1)둥근 물건을 굴림. 2)빠르고 막힘이 없음.

轉記(전기) 다른 장부로 옮겨 적음.

轉對(전대) 조정의 관료들이 차례로 정사상(政事上)의 이해를 임금에게 아뢰는 일. 또는 그 벼슬. 윤대(輪對).

轉貸(전대) 빌려 오거나 꾸어 온 물건을 다시 남에게 빌려 줌.

轉糧(전량) 식량을 수송함. 양곡을 운반함. 전향(轉餉).

轉歷(전력) 1)천문의 운행을 헤아림. 2)두루 돌아다님. 편력(遍歷).

轉漏(전루) 물시계의 시각이 바뀌는 잠깐 사이. 즉, 아주 짧은 동안.

轉賣(전매) 산 물건을 다시 팖.

轉免(전면) 전임(轉任)과 해면(解免).

轉眄(전면) 1)곁눈질함. 2)아주 짧은 시간. 전순(轉瞬).

轉迷(전미) 더욱 혼미해짐. 한층 더 마음을 걷잡지 못함.

轉變(전변) 1)변천함. 바뀌어 달라짐. 2)만물이 생멸·변화함.

轉報(전보) 남을 통해 알림.

轉蓬(전봉) 1)바람에 날려서 이리저리 굴러다니는 마른 쑥. 2)고향을 떠나 타향에서 유랑함.

轉送(전송) 어떤 곳에서 온 물건을 다시 다른 곳으로 보냄.

轉輸(전수) 물자를 수송하는 일.

轉瞬(전순) 눈 한 번 깜짝할 사이. 순간(瞬間). 전면(轉眄).

轉易(전역) 변함. 변천함.

轉訛(전와) 어떤 말이 잘못 전해진 채 굳어진 것. 또는 그 말.

轉用(전용) 본래의 쓸 곳에 쓰지 않고 다른 데에 돌려서 씀.

轉運(전운) 1)운행(運行)하여 그치지 않음. 변천함. 2)짐을 옮김. 지방의 조세(租稅)인 곡물을 서울로 운송함.

轉游(전유) 여러 곳을 유랑함. 방랑함.

轉義(전의) 말의 뜻이 본래의 뜻에서 바뀌어 변함. 또는 그 변한 뜻.

轉移(전이) 1)처소를 옮김. 옮겨 삶. 전사(轉徙). 전택(轉宅). 2)병의 부위가 다른 곳으로 옮아가는 일.

轉日回天(전일회천) 해와 하늘을 돌린다는 뜻으로, 세력이 매우 큼을 비유하는 말.

轉戰(전전) 이리저리 자리를 옮겨 가면서 싸움.

轉轉(전전) 잠이 오지 않아 엎치락뒤치락함. 전전(輾轉).

轉漕(전조) 1)배로 물건을 실어 나름. 조운(漕運). 2)수레와 배로 운반함. 3)군량(軍糧)을 운반함. 전향(轉餉).

轉注(전주) 1)강물이 굽이쳐 흐름. 2)한자 육서(六書)의 하나. 글자의 뜻이 바뀌어 다른 뜻으로 쓰이는 것.

轉地(전지) 대지(大地)를 굴린다는 뜻으로, 큰 사업을 함을 비유하는 말.

轉借(전차) 남이 빌려 온 물건을 다시 빌림.

轉遷(전천) 변천(變遷)함.

轉燭(전촉) 촛불을 옮겨 붙인다는 뜻으로, 부귀빈천(富貴貧賤)이 세월 따라 변함을 비유하는 말.

轉置(전치) 다른 곳으로 옮겨 놓음.

轉舵(전타) 배의 항로를 바꿈.

轉敗爲功(전패위공) 실패를 이용하여 도리어 성공을 거둠. 인패위성(因敗爲成).

轉下(전하) 굴러 떨어짐. 전락(轉落).

轉向(전향) 1)방향을 바꿈. 2)종래의 사상에서 다른 사상으로 바꿈.

轉餉(전향) 식량을 수송함. 군량을 운반함. 전량(轉糧).

轉禍爲福(전화위복) 재앙을 만났어도 이것을 잘 이용하면 오히려 복이 됨.

轉回(전회) 회전함. 또는 돌림.

反轉(반전) 1)반대 방향으로 구름. 2)일의 형세가 뒤바뀜.

유 輾(구를 전)

轎	⑫ 19획	日キョウ
	가마 교	中jiào

7획

풀이 가마. 교자. ¶轎軍

轎軍(교군) 가마를 메는 사람.

轎子(교자) 앞뒤에서 두 사람, 네 사람, 여덟 사람이 떠메는, 나무로 된 네모난 가마. 견여(肩輿).

轎行(교행) 가마를 타고 감.

유 轝(가마 여)

轑	⑫ 19획	
	❶긁을 로(노)	日ロ・リョウ
	❷불태울 료	中láo, lǎo, liǎo

풀이 ❶ 1. 긁다. 2. 서까래. 3. 바퀴살. 4. 수레 덮개의 살. ❷ 5. 불태우다.

轑釜(노부) 솥을 긁음. 한나라의 고조(高祖)가 한미했을 때, 그가 손님을 데리고 오는 것을 미워한 형수가 주걱으로 솥을 빡빡 긁어 대어 손님을 돌려보냈다는 고사.

轔	⑫ 19획	日リン
	수레 소리 린(인)	中lín

풀이 1. 수레 소리. ¶轔轔 2. 짓밟다. 깔아뭉개다. ¶轔轢 3. 문지방. 번성한 모양.

轔轢(인력) 1)수레바퀴로 치어 깔아뭉갬. 2)침범하여 억누름.

轔轔(인린) 수레의 삐걱거리는 소리. 또는 많은 수레가 지나가는 소리.

轓	⑫ 19획	
	수레	日ハン
	바람막이 번	中fān

풀이 수레의 바람막이. 흙먼지・바람을 막는 포장.

비 幡(기 번)

轐	⑫ 19획	日ボク
	복토 복	中bú

풀이 복토(轐兔). 차체와 굴레를 연결하는 나무.

轒	⑫ 19획	日フン
	병거 분	中fén

풀이 1. 병거. 성을 공격할 때 쓰는 전차. ¶轒轀 2. 흉노족의 수레. 3. 상여(喪輿).

轒轀(분온) 1)흉노족의 수레. 2)성(城)을 공격할 때 쓰는 병거(兵車).

轏	⑫ 19획	日サン
	수레 잔	中zhàn

풀이 수레.

轍	⑫ 19획	日テツ
	바퀴 자국 철	中zhé

* 형성. 뜻을 나타내는 부수 '車(수레 거)'와 음을 나타내며 '통하다'의 뜻을 지닌 '徹(통할 철)'의 생략형을 합친 글자. 이에 수레가 지나간 뒤에 남은 '자국'의 뜻으로 쓰임.

풀이 1. 바퀴 자국. 2. 흔적. 자취. 3. 법도. 규범.

轍亂旗靡(철란기미) 수레바퀴 자국이 흐트러지고 깃발이 쓰러진다는 뜻으로, 패전(敗戰)을 비유하는 말.

轍鮒之急(철부지급) 수레바퀴 자국의 고인 물에 있는 붕어의 위급함이라는 뜻으로, 곤궁한 처지나 다급한 위기를 비유하는 말. 학철부어(涸轍鮒魚).

○轍鮒之急(철부지급)의 유래

집안이 매우 가난했던 장주(莊周)는 어느 날 먹을 쌀을 꾸러 감하후(監河侯)에게 갔다. 그러나 감하후는 "빌려 주지요. 며칠 후에 세금이 걷히면 당신에게 3백금을 빌려 주겠소."라고 하자, 장주가 화를 내며 "내가 어제 올 때 길에서 수레바퀴가 지나간 자국 속에 붕어를 보았소. 붕어는 다급한 목소리로 몇 잔의 물로 자신을 살려달라고 했소. 그래서 나는 말하기를, '나는 지금 오나라의 월나라 왕에게 유세하러 가는 중이니, 서강의 물을 여기까지 끌어다가 그대를 살려 주도록 하겠소.'라고 했소. 그러자 붕어가 이렇게 말했지요. 나에게 필요한 것은 겨우 몇 잔의 물이거늘 당신은 이렇게 말하는군요. 그렇다면 나를 건어물 파는 곳에서 찾는 것이 나을 것입니다." 장주의 이런 비유를 듣고 감하후는 아무 말도 못했다. 《장자》

轍迹(철적) 1)수레바퀴 자국. 2)수레바퀴 자국과 말의 발자국. 3)사물의 자취. 흔적.

轍環天下(철환천하) 수레를 타고 천하를 두루 돌아다님.

轕	⑬ 20획
	輵(p1381)과 同字

轗	⑬ 20획	日カン
	가기 힘들 감	中kǎn

풀이 1. 가기 힘들다. 길이 험하다. ¶轗軻 2. 불우하다. 뜻을 이루지 못하다.

轗軻(감가) 1)길이 험해 수레가 나아가지 못하고 고생하는 모양. 2)때를 얻지 못하여 불우한 모양.

轚	⑬ 20획	
	❶ 부딪칠 격	日 カク·ケイ
	❷ 걸릴 계	中 jí

풀이 1 1. 부딪치다. 수레의 비녀장끼리 부딪치다. 2 2. 걸리다. 방해가 되다.

유 擊(부딪칠 격)

轖	⑬ 20획	日 サク
	기 맺힐 색	中 sè

풀이 기(氣)가 맺히다. 기가 울결(鬱結)하다.

轙	⑬ 20획	日 ギ
	고삐 고리 의	中 yǐ

풀이 1. 고삐 고리. 수레에 고삐를 거는 고리. 2. 떠날 채비를 하다. 거마(車馬)를 대령하다.

轘	⑬ 20획	日 カン
	거열 환	中 huàn

풀이 거열(車裂). 두 대의 수레로 양쪽에서 끌어당겨 사지를 찢어 죽이던 옛 형벌.

轘裂(환열) 두 수레로 양쪽에서 끌어당겨 사지를 찢어 죽이던 형벌.

비 環(고리 환)

轟	⑭ 21획	日 ゴウ
	울릴 굉	中 hōng

* 회의. '車(수레 거)'를 세 개 겹쳐 많은 수레가 지나갈 때의 소리를 나타냄.

풀이 1. 울리다. 수레 소리, 우레 소리, 총 소리 등의 아주 큰 소리를 형용함. 2. 무너지다. 무너뜨리다. 3. 떠들썩하다. 명성이 자자하다.

轟笑(굉소) 큰소리로 웃음. 홍소(哄笑).

轟飮(굉음) 술을 많이 마심.

轟醉(굉취) 술에 몹시 취함. 광취(狂醉).

轟沈(굉침) 함선(艦船)이 큰소리를 내며 가라앉음. 또는 그렇게 가라앉힘.

轟破(굉파) 포격하여 파괴함.

轛	⑭ 21획	日 ダイ
	수레 앞 창 대	中 duì

풀이 수레 앞 창.

轝	⑭ 21획	日 ヨ
	가마 여	中 yú

풀이 1. 가마. 2. 임금의 수레. ¶轝駕

轝駕(여가) 1)임금의 수레. 거가(車駕). 2)임금.

轝隷(여례) 가마를 메는 하인.

유 轎(가마 교) 輿(수레 여) 비 擧(들 거)

轜	⑭ 21획	日 ジ
	상여 이	中 ér

풀이 상여. 영구차.

轜車(이거) 관을 실은 수레. 상여. 영구차. 상거(喪車).

轜軒(이헌) 이거(轜車).

轞	⑭ 21획	日 カン
	함거 함	中 jiàn

풀이 1. 함거. 널빤지로 사방을 막은, 죄인을 호송하는 수레. ¶轞轞 2. 수레 소리.

轞車(함거) 사방을 널빤지로 둘러친 수레. 죄인을 호송하거나 맹수(猛獸)를 싣는 데 사용함.

轞轞(함함) 수레가 털털거리며 가는 소리.

비 艦(싸움배 함)

轢	⑮ 22획	日 レキ
	삐걱거릴 력(역)	中 lì

풀이 1. 삐걱거리다. 2. 짓밟다. 깔아뭉개다. ¶轢脚 3. 업신여기다. 억압하다.

轢脚(역각) 수레에 치여 다리가 깔림.

轢蹙(역축) 업신여김.

轠	⑮ 22획	日 ライ
	잇닿을 뢰(뇌)	中 léi

풀이 1. 잇닿다. 끊임없이 이어진 모양. ¶轠轤 2. 치다. 들이받다. 3. 섶나무를 실어 나르는 수레.

轠車(뇌거) 염전(鹽田)에 섶나무를 실어 나르는 수레.

轠轤(뇌로) 1)끊임없이 잇닿은 모양. 2)빙빙 도는 모양.

轡 ⑮ 22획 日ヒ
고삐 비 中pèi

풀이 고삐. ¶轡勒

轡勒(비륵) 고삐와 재갈.

轡長則踏(비장즉답) 고삐가 너무 길면 밟힌다는 뜻으로, 나쁜 짓을 오래 계속하면 마침내 들키게 됨을 이르는 말.

轡銜(비함) 고삐와 재갈. 제어하는 것을 비유하는 말.

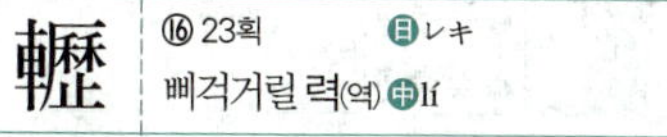
轣 ⑯ 23획 日レキ
삐걱거릴 력(역) 中lí

풀이 1. 삐걱거리다. ¶轣轆 2. 수레바퀴로 치다. 3. 수레.

轣轆(역록) 1)수레바퀴 자국. 2)물레. 3)수레바퀴가 삐걱거리는 소리.

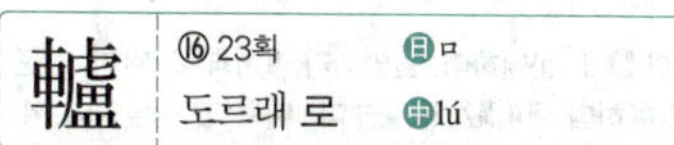
轤 ⑯ 23획 日ロ
도르래 로 中lú

풀이 1. 도르래. 고패. 2. 물레.

辛 부

辛 매울 신 部

'辛' 자는 천신만고(千辛萬苦)에서처럼 '고생하다' 나 '혹독하다' 는 뜻으로 자주 사용된다. 매운 맛 역시 참기가 쉽지 않다는 뜻에서 '맵다' 는 뜻으로도 쓰인다.

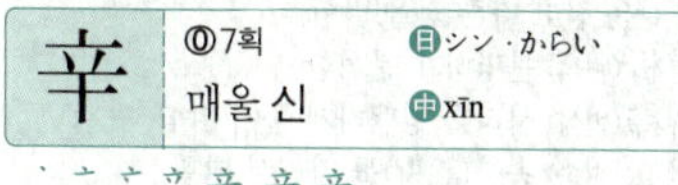
辛 ⓪ 7획 日シン·からい
매울 신 中xīn

丶 亠 亠 立 立 辛

*상형. 죄인의 얼굴에 문신을 새길 때 쓰는, 손잡이 달린 큰 침의 모양을 본뜬 글자. 또는 천간의 여덟째 글자로 쓰임.

풀이 1. 맵다. ¶辛苦 2. 괴롭다. 고생하다. ¶辛勞 3. 슬프다. 4. 여덟째 천간(天干). 5. 죄. 허물. 6. 새.

辛艱(신간) 어려운 일을 당하여 매우 애씀. 또는 그 고생.

辛苦(신고) 1)매운 맛과 쓴 맛. 2)신간(辛艱).

辛勤(신근) 1)고된 일을 맡아 부지런히 일함. 2)고된 근무.

辛烈(신렬) 대단히 가혹하고 매서움.

辛勞(신로) 신간(辛艱).

辛味(신미) 매운 맛.

辛酸(신산) 1)맵고 신 맛. 2)괴로움과 쓰라림. 심한 고생.

辛勝(신승) 경기 등에서 간신히 이김.

辛時(신시) 오후 6시 반부터 7시 반까지의 시간.

辛亥革命(신해혁명) 중국(中國) 청(淸)나라의 선통(宣統) 2년, 우창을 중심으로 하여 일어난 중국 최초의 민주 혁명.

비 幸(다행할 행) 帝(임금 제)

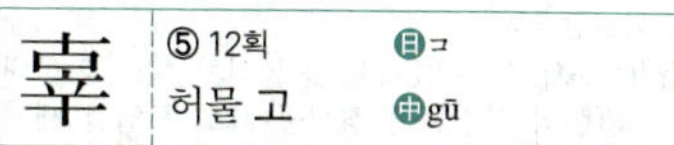
辜 ⑤ 12획 日コ
허물 고 中gū

풀이 1. 허물. 죄. ¶辜罪 2. 사지를 찢다. ㉠희생(犧牲)을 잡아 각을 떠서 제사 지냄. ㉡사람의 사지를 찢는 형벌. 3. 연고. 까닭. 4. 반드시. 5. 막다. 6. 저버리다. 7. 독점하다. ¶辜榷 8. 대강. 대략.

辜榷(고각) 다른 사람의 장사를 방해하여 이익을 독차지하는 일.

辜較(1.고교/2.고각) 1)대개. 대략. 경개(梗槪). 2)남이 독점하는 일. 고각(辜榷).

辜功(고공) 죄상(罪狀).

辜負(고부) 배반함. 상대의 뜻을 저버림. 고부(孤負).

辜人(고인) 중죄인. 사형수.

辜罪(고죄) 허물. 죄.

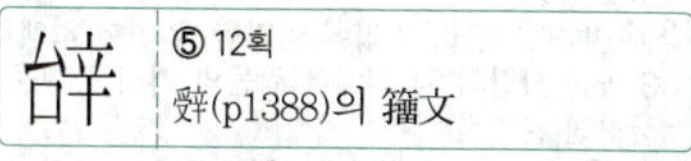
辝 ⑤ 12획
辭(p1388)의 籒文

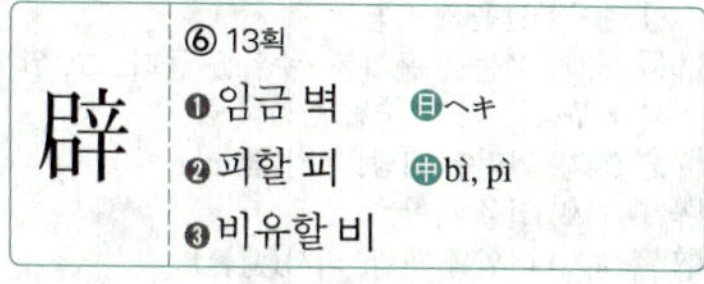
辟 ⑥ 13획
❶임금 벽 日ヘキ
❷피할 피 中bì, pì
❸비유할 비

풀이 ❶ 1. 임금. 군주. ¶辟公 2. 죽은 남편. 3. 법. 법률. ¶辟禁 4. 허물. 죄. 5. 형벌. 6. 죄를 다스리다. 7. 구슬. 8. 밝히다. 명백히 드러내다. 9. 모이다. 10. 물리치다. 치우다. 11. 길쌈하다. 12. 절름발이. 13. 부르다. 초빙하다. 14. 바르지 않다. 15. 열다. 개척하다. 16. 편벽되다. 17. 가슴을 치다. 18. 첩. ❷ 19.

피하다. 몸을 숨기다. ❸ 20. 비유하다. 21. 흘겨보다.

辟擧(벽거) 1)불러들여 등용함. 2)땅을 모두 개간함.

辟穀(벽곡) 1)곡식 먹기를 그만두고 신선을 바라는 일. 2)화식(火食)을 피하고 생식(生食)만 하는 일.

辟公(벽공) 제후(諸侯).

辟禁(벽금) 규칙. 법칙.

辟陋(벽루) 궁벽(窮辟)하고 누추함.

辟命(벽명) 거짓 작성한 문서로 글과 사실이 부합되지 않는 일.

辟聘(벽빙) 재야(在野)에 있는 어진 선비를 불러내어 등용함. 징빙(徵聘)

辟士(벽사) 1)경대부(卿大夫). 선비. 2)선비를 이르는 말.

辟邪(벽사) 1)사귀(邪鬼)를 물리치는 일. 2)한대(漢代)의 사람들이 장신구에 그 모양을 새겨 사악한 기운을 물리치는 데 썼다고 하는 짐승 이름. 3)부정(不正).

辟書(벽서) 관청에서의 호출장(呼出狀). 소환장(召還狀).

辟召(벽소) 임관(任官)시키기 위하여 부름. 징벽(徵辟).

辟言(1.벽언/2.피언) 1)㉠간사하고 한쪽으로 치우친 말. ㉡도리에 맞는 말. 2)나쁜 말을 피함.

辟易(벽역) 1)놀라서 뒤로 물러섬. 기세에 눌려 물러섬. 2)개간(開墾)함. 3)광질(狂疾). 광증(狂症).

辟違(벽위) 바르지 않고 어긋남. 사악(邪惡)함. 벽사(辟邪).

辟引(벽인) 벼슬을 시키려고 불러내어 천거함. 징인(徵人).

辟除(벽제) 1)불러 관리에 임명함. 2)떨어 없앰. 3)높은 사람의 행차 때 사람들의 거리 통행을 금하던 일.

辟左右(벽좌우) 밀담(密談)하기 위하여 주위에 있는 사람들을 물리침.

辟睨(비예) 1)눈을 흘겨봄. 주위를 둘러보고 위세를 부리는 일. 2)주위를 둘러 봄.

辟忌(피기) 꺼리어 피함. 피기(避忌).

辟事(피사) 일을 피함.

辟暑(피서) 더위를 피함. 피서(避暑).

辟就(피취) 지위가 높은 사람은 용서하고, 지위가 낮은 사람은 벌함. 즉, 형벌이 불공평함.

復辟(복벽) 물러났던 임금이 다시 왕위에 오름.

徵辟(징벽) 임금이 민간에 있는 사람을 예를 갖춰 불러들여 벼슬을 내림.

비 避(피할 피)

辣	⑦ 14획	日ラツ
	매울 랄	中là

풀이 1. 맵다. 2. 언행이 아주 매섭다. ¶惡辣

유 辛(매울 신)

辤	⑧ 15획
	辭(p1389)와 同字

辨	⑨ 16획	
	❶분별할 변	日ベン
	❷두루 편	中biàn
	❸갖출 판	

* 형성. 뜻을 나타내는 '刂(칼 도)'와 음을 나타내는 '辡(죄인 서로 송사할 변)'을 합친 글자. 이에 말다툼하여(辡) 옳은지 그른지를 나누는(刂) 것을 나타내어, '판별하다', '명백히 하다' 등의 뜻으로 쓰임.

풀이 ❶ 1. 분별하다. 판별하다. ¶辨理 2. 밝히다. 분명히 하다. ¶辨駁 3. 나누다. 나뉘다. 구별하다. 4. 따지다. 쟁론하다. 5. 변하다. 고치다. 6. 고르다. ❷ 7. 두루. 널리. ❸ 8. 갖추다.

辨告(변고) 사리를 밝혀 타이름.

辨校(변교) 분별하여 생각함. 따져 비교함.

辨理(변리) 분별하여 다스림.

辨誣(변무) 1)그 말이 진실이 아님을 분명히 함. 2)사리를 따져서 억울함을 밝힘.

辨駁(변박) 시비를 판별하여 반박함. 남의 언론 가운데 사리에 맞지 않는 점을 논박함.

辨白(변백) 시비를 밝힘. 변명(辨明).

辨似(변사) 1)엇비슷한 것을 똑똑히 구별함. 2)비슷하여 혼동하기 쉬운 한자(漢字)를 모아 같은 점고 다른 점을 밝힘.

辨析(변석) 분명하게 분석함.

辨釋(변석) 사리를 명백하게 풀어 밝힘.

辨訟(변송) 송사(訟事)를 가려서 밝힘.

辨識(변식) 분별하여 앎. 분간함.

辨正(변정) 옳고 그름을 따져 바로잡음.

辨解(변해) 말로 자세히 밝힘.

辨覈(변핵) 시비를 분별하여 밝힘.

辨惑(변혹) 남의 의혹을 변별(辨別)하여 깨우쳐 줌.

유 辨(힘쓸 판)

辥	⑨ 16획	日せつ
	허물 설	中xuē

풀이 1. 허물. 죄. 2. 사형(死刑).

辦	⑨ 16획	日ハン·つとむ
	힘쓸 판	中bàn

풀이 1. 힘쓰다. 주관하다. 처리하다. ¶辦事 2. 갖추다. 구비하다. 3. 처벌하다.

辦公(판공) 공무에 힘씀. 공사(公事)를 처리함. 집무(執務)함.
辦納(판납) 금전이나 물품을 구하여 바침.
辦理(판리) 사리를 판별하여 처리함.
辦事(판사) 일을 주관함. 사무를 봄.
辦嚴(판엄) 여장(旅裝)을 갖춤. 판엄(辦嚴).
辦濟(판제) 빚을 갚음. 변제(辨濟).

비 辨(분별할 변)

辭	⑫ 19획	日ジ·ことば
	말 사	中cí

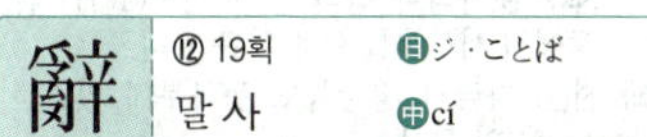

* 회의. 어지러운 죄(辛)를 다스리기 위해 말한다는 데에서, '말'을 나타냄.

풀이 1. 말. ㉠언어. ㉡문장. 어구. ¶辭說 2. 핑계. 구실. 3. 타이르다. 해명하다. 4. 알리다. 고하다. 5. 청하다. 바라다. 6. 꾸짖다. 나무라다. 7. 작별하다. 헤어지다. 8. 물러나다. 사퇴하다. ¶辭病 9. 사양하다. 거절하다. 10. 빌다. 사죄하다. 11. 문체 이름. 한문의 한 체. 흔히 운어(韻語)를 씀.

辭家(사가) 하직하고 집을 떠남.
辭卻(사각) 말로 물리침. 사절함. 사퇴함.
辭去(사거) 작별함. 헤어짐. 고별(告別)
辭訣(사결) 작별의 인사를 함. 서로 헤어짐. 사결(辭決).
辭老(사로) 늙어 벼슬을 사퇴함.
辭林(사림) 1)사전. 사서(辭書). 2)문장가들이 모이는 곳. 문인들의 사회. 문단.
辭面(사면) 얼굴을 마주 대하며 이야기함.
辭命(사명) 1)임금의 명령이나 말. 2)명을 받들어 다른 나라와 외교를 할 때 쓰는 말.
辭貌(사모) 말과 용모. 언어와 풍모(風貌).
辭病(사병) 병을 핑계하여 관직을 그만둠.
辭服(사복) 죄의 용서를 빎. 사죄하고 복종함.
辭賦(사부) 1)시가와 문장. 시문(詩文). 2)문체(文體)의 하나.
辭費(사비) 1)말이 쓸데없이 많음. 2)언행이 따르지 않는 말.
辭謝(사사) 사양함. 사퇴함.
辭說(사설) 1)말. 또는 말함. 2)잔소리로 늘어놓는 말. 3)노래의 내용으로 늘어놓은 글.
辭歲(사세) 1)묵은 해를 보냄. 2)제야(除夜)의 밤에 잔치를 벌이는 일.
辭世(사세) 세상을 하직함. 죽음.
辭讓(사양) 겸손하여 받지 않거나 남에게 양보함.
辭言(사언) 말. 언사(言辭).
辭意(사의) 1)사퇴할 마음. 2)말의 줄거리. 말의 뜻.
辭章(사장) 문장이나 시부(詩賦).
辭朝(사조) 1)사직(辭職)함. 2)외직(外職)으로 부임하는 관원이 출발에 앞서 임금에게 하직을 고함.
辭藻(사조) 시문의 아름다운 문채(文采). 문장의 수식. 사조(詞藻).
辭旨(사지) 문사(文辭)의 취지.
辭職(사직) 맡은 직책을 내놓고 물러남.
辭塵(사진) 1)속세를 떠남. 은둔(隱遁)함. 2)절에 들어감. 출가(出家)함. 3)죽음.
辭牒(사첩) 백성이 임금에게 올리는 글.
辭趣(사취) 문사(文辭)의 취지. 사지(辭旨).
辭吐(사토) 말. 언사(言辭).
辭退(사퇴) 1)일을 그만두고 물러남. 2)겸손하게 거절하여 물리침.
辭表(사표) 직장에서 물러나겠다는 의사를 표시하여 올리는 글.
辭豊意雄(사풍의웅) 문장의 어휘가 풍부하고 의지가 웅건함.
辭彙(사휘) 1)사전(辭典). 2)어휘(語彙).

辯	⑭ 21획	
	❶ 말 잘할 변	日ヘン·いう
	❷ 두루 미칠 편	中biàn

* 형성. 뜻을 나타내는 '言(말씀 언)'과 음을 나타내는 '辡(죄인 서로 송사할 변)'으로 이루어진 글자. 원래는 '辨(분별할 변)'과 같은 의미였으나, '辨'은 구별하여 정하는 것을, '辯'은 주로 말을 잘하는 것을 나타냄.

풀이 ❶ 1. 말을 잘하다. ¶辯士 2. 다스리다. 처리하다. 3. 바로잡다. 4. 밝히다. ¶辯析 5. 분별하다. 6.

7획

나누다. 나뉘다. 7. 말다툼하다. 논쟁하다. 8. 변하다. 9. 교묘한 말. 잘하는 말. 10. 문체 이름. 한문의 한 체. 언행의 시비를 설명하는 글. ❷ 11. 두루 미치다.

辯告(변고) 널리 고함. 널리 알림.
辯巧(변교) 말재주가 좋음. 말을 교묘히 함.
辯口快耳(변구쾌이) 듣기 좋은 말은 듣는 사람의 귀에 거슬리지 않음.
辯佞(변녕) 말을 잘하여 남의 비위를 잘 맞춤. 또는 그 사람.
辯妄(변망) 남의 망발된 의론을 변박(辨駁)함.
辯博(변박) 반박하는 말이 밝고 학문이 넓음.
辯法(변법) 법으로써 쟁송(爭訟)하는 일.
辯辯(변변) 조리 있게 논함.
辯辭(변사) 능숙한 말.
辯士(변사) 1)말솜씨가 좋은 사람. 2)연설·웅변을 하는 사람. 3)무성 영화를 상영할 때 화면에 맞추어 줄거리를 설명하던 사람.
辯嘗(변상) 혀로 음식의 맛이나 양호한 정도를 판별함.
辯析(변석) 시비를 따져 가림. 이치를 똑똑하게 밝힘.
辯疏(변소) 변해(辯解).
辯訟(변송) 시비곡직(是非曲直)을 따져 다툼.
辯識(변식) 분간하여 앎.
辯囿(변유) 웅변가의 모임. 변론계(辯論界).
辯議(변의) 논의함.
辯才(변재) 1)말을 잘하는 재주. 2)교묘하게 법의(法義)를 설법하는 재능.
辯智(변지) 1)사리를 분별하고 지혜로움. 2)변설(辯舌)에 능하고 영리함.
辯察(변찰) 말이 분명함. 또는 교묘하고 분명한 말.
辯捷(변첩) 말솜씨가 능하고 재빠름.
辯解(변해) 말로 풀어 밝힘.
辯護(변호) 1)해명하고 감싸서 도움. 도리를 밝혀 비호(庇護)함. 2)법정에서 다른 사람을 위하여 변론하는 일.

辰 별 신 部

'辰' 자는 본래 조개 모양을 본뜬 글자였지만, 풀이나 이삭을 자르는 데 적합한 농기구를 나타내는 뜻으로 쓰이게 되었다. 또한 간지(干支)에 사용되어 '별'이나 '때'를 의미하게 되었고, '새벽'을 나타내기도 한다. 부수로서의 역할이나 그 뜻의 의미가 잘 드러나지 않는 글자이다.

7획

⓪7획
❶별 신 日シン·たつ·ほし
❷지지 진 中chén

*상형. 조개가 껍데기에서 발을 내밀고 있는 모양을 본뜬 글자. 십이지(十二支)의 다섯째 글자로 쓰임.

풀이 ❶ 1. 별. 2. 해와 달과 별의 총칭. 3. 때. 시각. ¶辰刻 4. 날. 정한 날짜. 5. 이른 아침. 새벽. ❷ 6. 지지(地支). 십이지의 총칭. 7. 다섯째 지지. 동물로는 용(龍), 방위로는 동남동쪽, 시각으로는 오전 7시~9시, 달로는 음력 3월에 해당함. ¶戊辰 8. 별 이름. ¶南辰

辰刻(진각) 1)때. 2)진시(辰時).
辰方(진방) 동남쪽.
辰宿(진수) 온갖 별자리의 별들.
辰時(진시) 오전 7시부터 9시까지의 시간.
辰夜(진야) 아침과 밤.
辰緯(진위) 별. 성신(星辰).
辰正(진정) 진시(辰時)의 한가운데. 곧 오전 8시.
辰坐(진좌) 묏자리나 집터 등이 진방(辰方) 곧 동남동에서 서북서를 향해 앉은 자리.
辰韓(진한) 지금의 경상북도 동북부에 있었던 삼한(三韓)의 하나.
南辰(남진) 남쪽에서 보이는 별.
生辰(생신) 생일의 높임말.

③ 10획 日ジョク·はずかしめる
욕보일 욕 中rǔ

*회의. 농경에 좋은 시기를 뜻하는 '辰(별 신)'과 법도를 뜻하는 '寸(마디 촌)'을 합친 글자. 옛날 농사의 때를 어긴 자를 죽이거나 욕보인 일로부터 '욕보이다'의 뜻으로 쓰임.

풀이 1. 욕보이다. 더럽히다. ¶辱命 2. 욕되다. 수치스럽다. 3. 황공하다. 욕되게 하다. 분에 넘치는 호의를 받은 데 대한 인사의 말. 4. 모욕. 수치. 5. 거스르다. 6. 무덥다.

辱臨(욕림) 상대편이 찾아옴을 높여 이르는 말. 비림(賁臨).
辱命(욕명) 1)왕의 명령을 욕되게 함. 2)명령이나 분부를 삼가 받듦. 또는 황공한 명령.
辱沒(욕몰) 욕하는 것이 심함.
辱先(욕선) 조상의 명예를 더럽힘.
辱說(욕설) 1)남을 저주하는 말. 2)남을 미워하는 말. 3)남의 명예를 더럽히는 말.
辱愛(욕애) 총애(寵愛)를 받음.

辱在(욕재) 욕된 곳에 있음. 욕된 곳에 있게 하여 미안하다는 뜻.
辱知(욕지) 자신을 알게 된 것이 그 사람에게는 욕이 된다는 뜻으로, 상대에게 자신을 낮추어 이르는 말. 욕교(辱交). 욕우(辱友).

비 尋(찾을 심)

農	⑥ 13획	日ノウ
	농사 농	中nóng

* 회의. '田(밭 전)'의 변형인 '曲'과 토지를 경작하는 데 쓰는 기구를 나타내는 '辰(별 신)'을 합친 글자. 이에 밭을 경작한다는 의미에서, '농업'의 뜻으로 쓰임.

풀이 1. 농사. 농사를 짓다. ¶農功 2. 농부. 농민. ¶農奴 3. 힘쓰다. 노력하다. ¶農力

農稼(농가) 밭을 갈아 곡식을 경작함.
農耕(농경) 논밭을 경작함. 농사.
農隙(농극) 농사일이 그다지 바쁘지 않은 시기. 농한(農閑).
農勤(농근) 1)농부가 부지런히 일함. 2)농부의 임무.
農奴(농노) 봉건 시대에 영주(領主)에게 소속되어 종처럼 매인 농민.
農談(농담) 농부의 말. 농사에 대한 이야기.
農糧(농량) 농가에서 농사짓는 동안 먹을 양식.
農末(농말) 농업과 상업. 농민과 상인.
農務(농무) 농사짓는 일. 농사일.
農兵(농병) 1)농민으로 조직된 군대. 2)평상시에는 농사일을 하고, 전쟁 때에는 군대로 조직하는 제도.
農師(농사) 1)제일 윗계급의 사(士). 상사(上士). 2)농사일을 맡아보던 옛날의 벼슬 이름.
農穡(농색) 곡식을 심고 거둠. 농업. 가색(稼穡).
農食之本(농식지본) 농업은 음식물을 얻는 근본임.
農謠(농요) 농부들이 부르는 노래.
農月(농월) 입하(立夏) 이후 농사일이 바쁜 달.
農爲國本(농위국본) 농업을 국가의 근본으로 삼음.
農蠶(농잠) 농사짓는 일과 누에 치는 일. 농상(農桑)
農場(농장) 농사짓는 편의를 위하여 농토 근처에 모든 설비를 갖추어 놓은 집. 또는 그 집과 농토.
農丁(농정) 농사짓는 장정. 농부(農夫).
農政(농정) 농업에 관한 행정.
農帝(농제) 중국 고대의 삼황(三皇)의 한 사람으로, 백성에게 농사 짓는 법을 처음으로 가르쳤다고 함. 염제(炎帝). 신농씨(神農氏).
農酒(농주) 농사일을 하면서 농부들이 먹는 술. 농탁(農濁).
農畯(농준) 농부(農夫).
農圃(농포) 밭. 전포(田圃).
農閑(농한) 농사일이 바쁘지 않아서 여유가 있음. 농한(農閒).
農閒期(농한기) 농사일이 바쁘지 않은 시기.

䟴	⑫ 19획	日シン・あらう
	웃을 진	中zhěn

풀이 웃다. 크게 웃는 모양.

辵 부

辵 쉬엄쉬엄 갈 착 部

'辵'자는 사람의 발 모양과 길 위에 사람이 서 있는 모양을 합친 글자로, '쉬엄쉬엄가다'는 뜻을 나타낸다. 부수로 쓰일 때는 '遠(멀 원)'에서처럼 '辶'의 형태로 쓰이며 '책받침'이라는 부수 명칭으로 불리는데, 그것은 이 글자가 받침의 역할을 하기 때문이다. 이 글자를 부수로 갖는 글자는 일반적으로 걷는 활동과 관련이 있다.

辵	⓪ 7획	日チャク
	쉬엄쉬엄 갈 착	中chuò

풀이 1. 쉬엄쉬엄 가다. 2. 달리다.

边	② 6획
	軌(p1372)의 古字

辺	② 6획
	邊(p1419)의 俗字

迅	③ 7획	日ジン・はやい
	빠를 신	中xùn

* 형성. 뜻을 나타내는 부수 '辵(쉬엄쉬엄 갈 착)'과 음을 나타내며 '빨리 날다'라는 의미를 지닌 부수 이외의 글자. 이에 '빠르다'의 뜻으로 쓰임.

풀이 빠르다. 신속하다.

迅晷(신구) 세월이 빨리 감.

迅速(신속) 날쌔고 빠름.
迅雨(신우) 세차게 내리는 소나기.
迅趨(신추) 재빨리 달림.
疾風迅雷(질풍신뢰) 사납게 부는 바람과 빠른 번개라는 뜻으로, 날쌔고 과격한 행동(行動), 또는 급변하는 사태를 비유하는 말.

유 速(빠를 속)

迂	③ 7획 멀 우	日ウ · まがる 中yū, yù

풀이 1. 멀다. 2. 굽다. 굽히다. ¶迂曲 3. 실수하다. 4. 잠시.

迂曲(우곡) 구불구불함.
迂言(우언) 사리에 어두운 말.
迂餘曲折(우여곡절) 1)여러 가지로 뒤얽힌 복잡한 상황. 2)이리저리 굽음.
迂愚(우우) 세상일에 어둡고 어리석음.
迂廻(우회) 곧바로 가지 않고 돌아감.

유 遠(멀 원) 반 近(가까울 근)

池	③ 7획 迤(p1394)와 同字

辿	③ 7획 천천히 걸을 천	日テン 中chān, chán

풀이 천천히 걷다.

유 徐(천천할 서) 반 速(빠를 속) 迅(빠를 신)

迄	③ 7획 이를 흘	日キツ · まで 中qì

풀이 1. 이르다. 도달하다. 미치다. 2. 마침내. 드디어.

近	④ 8획 ❶가까울 근 ❷어조사 기	日キン · ちかい 中jìn

㇒ 厂 F 斤 斤 䜣 䜣 近

풀이 1 1. 가깝다. ¶近隣 2. 가까이하다. 3. 근처. 곁. 4. 요즘. ¶近刊 5. 친척. 6. 사랑하다. 7. 알다. 2 8. 어조사.

近刊(근간) 1)최근에 간행된 책. 2)곧 나올 책.
近境(근경) 1)가까운 근처의 일대. 2)근래의 사정.
近郊(근교) 도시에 가까운 주변.
近畿(근기) 서울 주위의 지방.
近代(근대) 1)가까운 지난 시대. 2)중고(中古)와 현대의 사이의 시대.
近來(근래) 요사이. 요즈음.
近隣(근린) 가까운 이웃.
近墨者黑(근묵자흑) 먹을 가까이 하면 검어진다는 뜻으로, 악한 사람과 가까이 지내면 자신도 악하게 됨을 비유하는 말.
近密(근밀) 1)가까이 밀접해 있음. 2)친밀한 관계.
近傍(근방) 아주 가까운 곳.
近似(근사) 아주 비슷함. 거의 같음.
近世(근세) 근대(近代).
近視(근시) 가까운 데 것은 잘 보아도 먼 데의 것을 잘 못 보는 시력.
近信(근신) 1)요즘의 소식. 2)가까이하여 믿음.
近愛(근애) 1)가까이두고 사랑하는 사람. 2)가까이서 감상함.
近影(근영) 최근에 찍은 인물 사진.
近憂(근우) 눈앞에 닥친 근심.
近者(근자) 1)근래. 2)가까운 곳에 있는 사람. 3)친한 사람.
近接(근접) 가까움.
近情(근정) 1)요즘의 사정. 근황(近況). 2)실정에 가까움.
近族(근족) 가까운 친척.
近處(근처) 가까운 곳.
近體(근체) 한시에 있어서 율시(律詩)와 절구(絶句)를 일컬음. 당(唐) 나라 때에 완성함.
近親(근친) 성(姓)이 같은 가까운 일가.
近海(근해) 육지와 가까운 바다.
近患(근환) 눈앞의 우환(憂患).
近況(근황) 요즘의 형편.

반 遠(멀 원)

迚	④ 8획 무지 두韓

풀이 무지. 한 섬이 못 되는 곡식의 양.

비 斗(말 두) 迍(머뭇거릴 둔)

迍	④ 8획 머뭇거릴 둔	日トン 中tún

풀이 머뭇거리다.

迍邅(둔전) 길이 험해 잘 가지 못하는 모양. 둔전(屯邅).

迍敗(둔패) 아쉽게 패함.

유 躊(머뭇거릴 주)

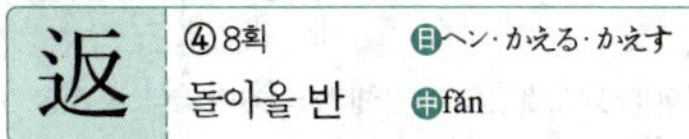

返 ④8획 日ヘン·かえる·かえす
돌아올 반 中fǎn

*형성. 뜻을 나타내는 부수 '辵(쉬엄쉬엄 갈 착)'과 음을 나타내는 '反(되돌릴 반)'을 합친 글자. 이에 '길을 돌아가다'의 뜻으로 쓰임.

풀이 1. 돌아오다. 2. 돌려주다. ¶返還 3. 바꾸다. 4. 빚을 갚다. ¶返濟

返却(반각) 빌렸던 것을 돌려줌.

返柩(반구) 타향에서 죽은 사람의 시체를 고향으로 옮겨 옴. 반상(返喪).

返老還童(반로환동) 다시 젊어지게 함.

返戾(반려) 빌렸던 것을 돌려 줌. 반환(返還).

返命(반명) 대답함. 복명(復命).

返璧(반벽) 남에게 빌렸던 것을 돌려줌을 높여 부르는 말.

返報(반보) 앙갚음. 복수.

返償(반상) 돌려주어 갚음. 상환(償還)함.

返送(반송) 환송(還送).

返信(반신) 편지의 답장. 전보의 답신(答信).

返濟(반제) 빌린 것을 갚음. 반상(返償).

返照(반조) 1)빛이 되비침. 2)저녁 햇빛. 석양(夕陽). 3)저녁 때의 별.

返潮(반조) 썰물.

返還(반환) 돌려보냄.

유 歸(돌아갈 귀)

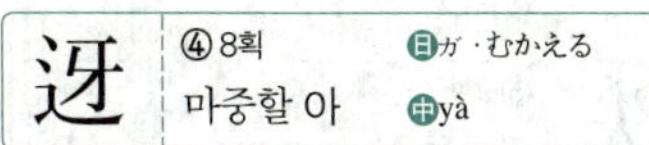

迓 ④8획 日ガ·むかえる
마중할 아 中yà

풀이 마중하다.

유 迎(맞이할 영)

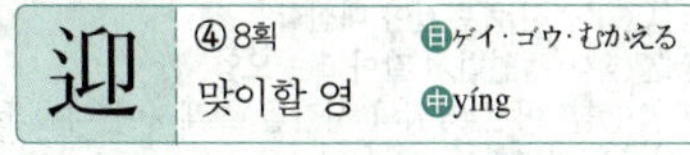

迎 ④8획 日ゲイ·ゴウ·むかえる
맞이할 영 中yíng

*형성. 뜻을 나타내는 부수 '辵(쉬엄쉬엄 갈 착)'과 음을 나타내며 '우러러보다'라는 의미를 지닌 부수 이외의 글자를 합친 글자. 이에 오는 사람을 '우러러 맞이하다'의 뜻으로 쓰임.

풀이 1. 맞이하다. ¶迎立 2. 마중하다. 3. 맞추어 주다. 4. 마음으로 따르다.

迎擊(영격) 밀려오는 적을 맞이하여 침.

迎年(영년) 1)새해를 맞이함. 영신(迎新). 2)새해 농사에 풍년 들기를 기원함.

迎勞(영로) 맞이하여 위로함.

迎流(영류) 물의 흐름을 거슬러 올라감.

迎立(영립) 임금으로 맞아 들임.

迎賓(영빈) 손님을 맞음.

迎祥(영상) 상서로운 일이 생기기를 기다림.

迎新(영신) 1)새로운 것을 맞아들임. 2)새해를 맞음.

迎晨(영신) 먼동이 틀 무렵. 향신(向晨).

迎阿(영아) 아첨함. 아부함. 아유(阿諛).

迎謁(영알) 마중나가 뵘. 맞이하여 알현(謁見)함.

迎意(영의) 남의 뜻에 맞춤. 남의 뜻에 영합함.

迎引(영인) 맞이하여 인도함. 또는 손님을 맞아 대접함. 영접(迎接).

迎日(영일) 1)날짜를 미리 세어 봄. 2)태양을 맞음.

迎入(영입) 맞아들임.

迎戰(영전) 적군(敵軍)을 맞아서 싸움.

迎接(영접) 손님을 맞아 접대함.

迎合(영합) 1)상대방의 마음에 들도록 비위를 맞춤. 영의(迎意). 2)만날 날을 미리 정하여 만남.

迎候(영후) 마중 나감.

유 迓(마중할 아) 반 送(보낼 송)

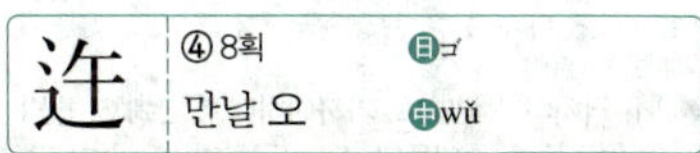

迕 ④8획 日ゴ
만날 오 中wǔ

풀이 1. 만나다. 2. 거스르다. 3. 어긋나다. 4. 배반하다. 5. 뒤섞이다. 6. 범하다.

迕視(오시) 거슬러 봄. 역시(逆視).

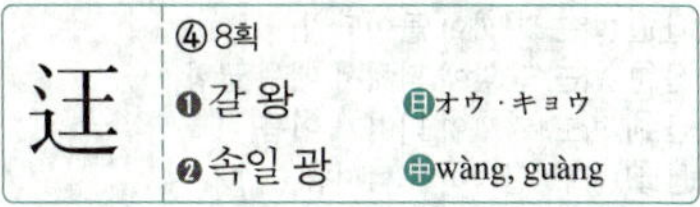

迋 ④8획
❶갈 왕 日オウ·キョウ
❷속일 광 中wàng, guàng

풀이 ❶1. 가다. ❷2. 속이다. 3. 두려워하다. ¶迋迋

迋迋(광광) 놀라고 두려워하는 모양.

유 往(갈 왕)

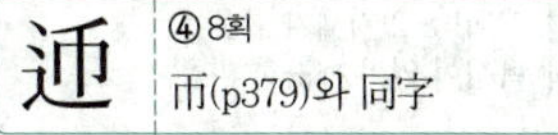

迒 ④8획
帀(p379)와 同字

7획

迒 ④8획 발자국 항 日コウ 中háng

풀이 1. 발자국. 2. 길.

迦 ⑤9획 부처 이름 가 日カ 中jiā

풀이 부처 이름. 석가모니(釋迦牟尼).

비 伽(절 가)

迡 ⑤9획 가까울 니 日ニ·チ 中nì, chí

풀이 가깝다.

迣 ⑤9획 막을 렬 日レツ 中chì, lì

풀이 1. 막다. 2. 넘다.

유 迾(막을 렬)

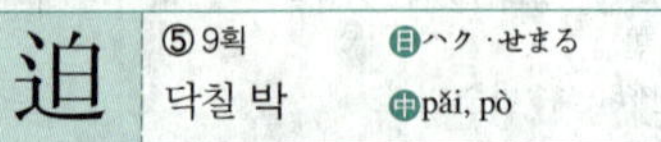

迫 ⑤9획 닥칠 박 日ハク·せまる 中pǎi, pò

* 형성. 뜻을 나타내는 부수 '辶(쉬엄쉬엄 갈 착)'과 음을 나타내는 '白(흰 백)'을 합친 글자.

풀이 1. 닥치다. ¶迫頭 2. 가까이하다. ¶迫到 3. 핍박하다. ¶迫害 4. 줄어들다. 5. 곤궁하다. 6. 좁다. 7. 몰리다.

迫劫(박겁) 위협함.
迫擊砲(박격포) 짜임새가 간단하고 가벼운 근거리용 포.
迫近(박근) 가까이 들이닥침.
迫急(박급) 눈앞에 닥쳐서 매우 급함.
迫到(박도) 가까이 다가가 이름.
迫頭(박두) 절박하게 닥쳐옴.
迫力(박력) 일을 힘차게 밀고 나가는 힘.
迫問(박문) 다그쳐 물음.
迫切(박절) 인정이 없고 야박함.
迫進(박진) 표현 등이 진실감을 느끼게 함.
迫害(박해) 핍박하여 해롭게 함.
迫脅(박협) 1)협박. 2)지세가 좁음.
迫懷(박회) 욕심이 없이 깨끗한 마음.

비 追(쫓을 추)

述 ⑤9획 지을 술 日ジュツ·のべる 中shù

풀이 1. 짓다. ¶述錄 2. 말하다. 3. 잇다. 좇다. 4. 저술.

述錄(술록) 기술함. 저술함.
述敍(술서) 차례를 따라 말함.
述語(술어) 문장 성분의 하나. 주어에 대하여 그 동작·상태·성질 등을 설명하는 말.
述義(술의) 뜻을 펼침. 뜻을 말함.
述作(술작) 1)책 등을 지어 만듦. 저작(著作). 2)선인(先人)의 가르침을 전술함. 또는 창작함.
述懷(술회) 마음속에 있는 여러 가지 평소의 생각을 말함. 또는 그 말.
記述(기술) 기록하여 진술함.
陳述(진술) 자세하게 말함. 또는 그 이야기.

유 作(지을 작)

迤 ⑤9획 ❶비스듬할 이 ❷가는 모양 타 日イ 中tuō, yǐ, yí

풀이 **1** 1. 비스듬하다. 2. 연이은 모양. **2** 3. 가는 모양. 4. 길게 뻗어 있는 모양.

迪 ⑤9획 나아갈 적 日テキ 中dí

풀이 1. 나아가다. 2. 이끌다. 3. 밟다. 행하다. 4. 이르다. 5. 길. 도덕(道德).

迭 ⑤9획 갈마들 질 日テツ 中dié

풀이 1. 갈마들다. 번갈아 교대하다. 2. 지나치다. 3. 범하다.

迭代(질대) 서로 번갈아 대신함.
迭迭(질질) 정연하게 갈마드는 모양.
更迭(경질) 어떤 직위의 사람을 교체하여 다른 사람을 임명함.
交迭(교질) 교체함.

유 番(갈마들 번) 비 送(보낼 송)

迮 ⑤9획 닥칠 책 日サク 中zé

7획

풀이 1. 닥치다. 2. 갑자기.

유 迫(닥칠 박)

迢	⑤ 9획	日チョウ
	멀 초	中tiáo

풀이 1. 멀다. 2. 높은 모양.

迢遙(초요) 아득히 멂.

迢遞(초체) 1)멀리있는 모양. 2)높은 모양.

迢迢(초초) 1)아득한 모양. 2)높은 모양. 3)밤이 깊어가는 모양.

迨	⑤ 9획	日タイ
	미칠 태	中dài

풀이 미치다. 이르다.

迨及(태급) 미침. 이름.

迨吉(태길) 좋은 시기에 다달음. 또는 결혼의 시기를 말함.

비 治(다스릴 치)

迥	⑤ 9획	日ケイ
	멀 형	中jiǒng

풀이 1. 멀다. 2. 빛나다.

迥空(형공) 먼 하늘.

迥遼(형료) 아득하게 멂. 형원(迥遠).

迥望(형망) 아득한 곳을 바라봄.

迥拔(형발) 높이 빼어남.

迥野(형야) 아득한 평야.

迥然(형연) 아득히 멀리있는 모양. 형형(迥迥).

迥迥(형형) 아득히 멀리 있는 모양. 형연(迥然).

비 廻(돌 회)

适	⑥ 10획	日カツ
	빠를 괄	中dí, kuò, shì

풀이 빠르다. 신속하다.

유 速(빠를 속) 迅(빠를 신) 비 活(살 활)

迺	⑥ 10획	日ナイ・ダイ
	이에 내	中nǎi

풀이 1. 이에. 2. 너. 3. 비로소.

迺公(내공) 1)나. 내공(乃公). 2)임금이 신하에 대한 자칭. 부모가 자식에 대한 자칭. 내부(迺父).

迺者(내자) 요사이. 근간(近間).

逃	⑥ 10획	日トウ・にげる
	달아날 도	中táo

丿 丿 扌 北 兆 兆 `兆 兆 兆 逃

* 형성. 뜻을 나타내는 부수 '辵(쉬엄쉬엄 갈 착)'과 음을 나타내는 '兆(조짐 조)'를 합친 글자.

풀이 1. 달아나다. 도망하다. ¶逃亡 2. 피하다. 숨다. ¶逃身 3. 숨기다. 4. 눈을 깜작이다. 5. 떠나다.

逃嫁(도가) 자기 남편을 버리고 다른 사람과 결혼함.

逃去(도거) 달아남. 도망침.

逃計(도계) 달아날 계책.

逃難(도난) 재난을 피해 멀리 도망감. 피난(避難)함.

逃匿(도닉) 도주하여 몸을 숨음.

逃逃(도도) 놀라 달아남.

逃遁(도둔) 도주하여 달아남.

逃亡(도망) 1)몰래 피해 달아남. 2)쫓겨 달아남.

逃妄(도망) 사리에 어두움.

逃名(도명) 명예를 피함. 명성을 바라지 않음.

逃北(도배) 달아남.

逃奔(도분) 도망함. 달아남.

逃辭(도사) 핑계대는 말. 발뺌하는 말. 둔사(遁辭).

逃散(도산) 도망하여 흩어짐.

逃身(도신) 피신함.

逃隱(도은) 피해 숨음.

逃潛(도잠) 달아나 몸을 감춤.

逃走(도주) 도망침. 피하거나 쫓겨 달아남.

逃避(도피) 도망하여 피함.

逃學(도학) 학업을 태만히 하고 놂.

逃刑(도형) 형벌을 피해 달아남.

유 走(달아날 주) 迸(달아날 병)

迵	⑥ 10획	日トウ
	지날 동	中dòng

풀이 1. 지나다. 2. 통달하다.

迵達(동달) 수월하게 통함.

迵迵(동동) 통하는 모양. 통달함.

迾	⑥ 10획	日レツ
	막을 렬(열)	中liè

풀이 1. 막다. 2. 벽제하다. 귀인이 지나갈 때 길을 치움. ¶迾卒

迾宮(열궁) 궁궐을 막아 지킴.

迾卒(열졸) 임금의 거둥 때 길을 벽제(辟除)하는 군졸.

유 迣(막을 렬)

迷	⑥ 10획	日メイ · まよう
	미혹할 미	中mí

* 형성. 뜻을 나타내는 부수 '辵(쉬엄쉬엄 갈 착)'과 음을 나타내며 자잘하여 말기 힘들다는 뜻을 가진 '米(쌀 미)'를 합친 글자. 이에 '길이 많아 헤매다', '미혹하다'의 뜻을 나타냄.

풀이 1. 미혹하다. ¶迷惑 2. 헤아리다. 3. 전념하다. 열중하다.

迷界(미계) 번뇌에 시달리는 중생들의 세계. 곧, 이 세상.

迷宮(미궁) 한번 들어가면 되돌아 나올 수 없도록 출구를 알 수 없게 만든 궁전. 즉, 사건이 복잡하게 얽혀 해결의 실마리를 찾기 어려움을 비유하는 말.

迷途(미도) 길을 잃어버림. 또는 미혹되어 방향을 놓침.

迷亂(미란) 헷갈려 어지러움.

迷路(미로) 1)방향을 알 수 없는 길. 2)귓속의 깊은 부분. 내이(內耳).

迷罔(미망) 1)헤메게 함. 2)마음이 어지럽고 어두워짐.

迷妄(미망) 사리에 어두움.

迷昧(미매) 분명하지 않고 마음이 어두움.

迷夢(미몽) 흐릿한 꿈이란 뜻으로, 무엇에 미혹(迷惑)되어 흐릿해진 정신 상태를 이르는 말.

迷霧(미무) 방향을 알 수 없는 깊은 안개란 뜻으로, 마음의 미혹됨을 비유하는 말.

迷迷(미미) 1)사물에 미혹된 모양. 2)흐릿한 모양.

迷想(미상) 오락가락하는 생각.

迷信(미신) 이치에 어긋난 망령된 믿음.

迷兒(미아) 길을 잃은 아이.

迷醉(미취) 정신이 혼미함. 미혹(迷惑).

迷眩(미현) 정신이 혼미해 어지러움.

迷惑(미혹) 1)길을 잃어 갈 바를 모름. 2)정신이 흐려 무엇에 홀림. 3)남의 마음을 헷갈리게 함.

유 惑(미혹할 혹)

逄	⑥ 10획	日ボウ
	막을 방	中páng

풀이 막다.

비 逢(만날 봉)

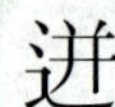

迸	⑥ 10획
	迸(p1404)의 俗字

送	⑥ 10획	日ソウ · おくる
	보낼 송	中sòng

풀이 1. 보내다. ¶送金 2. 선물을 보내다. ¶送達 3. 전송. 4. 사람을 떠나보내다. ¶送路 5. 선물.

送敬(송경) 감사의 뜻을 보냄. 치사(致謝)함. 치경(致敬).

送故迎新(송고영신) 옛것 또는 옛 사람을 보내고 새 것 또는 새로운 사람을 맞음.

送哭(송곡) 상여를 보내면서 곡함.

送舊迎新(송구영신) 묵은 해를 보내고 새해를 맞음.

送窮(송궁) 궁귀(窮鬼)를 내쫓음.

送金(송금) 돈을 보냄.

送達(송달) 보내어 줌. 송부(送付).

送路(송로) 길을 떠나는 사람을 전송함. 송별연(送別宴).

送料(송료) 물건을 보내는 비용.

送別(송별) 떠나는 사람을 이별하여 보냄.

送別宴(송별연) 헤어질 때 베푸는 잔치.

送付(송부) 보내어 줌.

送死(송사) 1)돌아가신 부모를 장지(葬地)로 보냄. 2)스스로 자신을 죽이는 길을 취함.

送信(송신) 다른 곳에 소식을 보냄.

送迎(송영) 송별(送別)과 영접(迎接).

送往(송왕) 1)가는 사람을 전송함. 2)죽은 사람을 보냄.

送葬(송장) 시신(屍身)을 장지(葬地)로 보냄.

送電(송전) 전기를 보냄.

送呈(송정) 보내어 드림.

送終(송종) 장사(葬事)를 지냄.

送還(송종) 되돌려 보냄.

歡送(환송) 기쁜 마음으로 전송함.

반 迎(맞이할 영) 비 迭(바꿀 질)

送	⑥ 10획
	送(p1396)과 同字

7획

逆	⑥ 10획	日ギャク・ゲキ
	거스를 역	中nì

丶 丷 䒑 屰 屰 屰 屰 逆 逆 逆

* 형성. 뜻을 나타내는 부수 '辶(쉬엄쉬엄 갈 착)'과 음을 나타내며 거스르다의 의미를 지닌 부수 이외의 글자를 합친 글자. 이에 '거스르다'의 뜻으로 나타냄.

풀이 1. 거스르다. ¶逆天 2. 배반하다. 3. 맞이하다. 4. 거절하다. 5. 허물. 죄악. 6. 헤아리다. 7. 전도하다. 8. 돌다. 9. 미리. 10. 상기하다. 11. 불행.

逆境(역경) 일이 마음대로 되지 않는 불행한 경우.
逆德(역덕) 도리에 어긋난 행동.
逆徒(역도) 역적들의 무리.
逆旅(역려) 손님을 맞이하는 곳. 여관.
逆流(역류) 1)물이 거슬러 흐름. 또는 그 물. 2)흐르는 물을 거슬러 올라감.
逆理(역리) 사리를 거스름. 도리에 어긋남.
逆命(역명) 1)명령을 어김. 2)명을 받음.
逆謀(역모) 반역을 꾀함.
逆產(역산) 1)아이를 낳을 때 태아의 다리가 먼저 나오는 일. 도산(倒產). 2)역적(逆賊)이나 부역자(附逆者)의 재산.
逆說(역설) 1)반대되는 의론. 2)모순된 것처럼 보이지만, 사실은 그 속에 일종의 진리를 품고 있는 말. 패러독스(paradox).
逆數(역수) 사시(四時)가 틀려 춥고 더운 것이 맞지 않음. 2)거꾸로 미래를 헤아림.
逆順(역순) 1)거꾸로 된 순서. 2)거스름과 순종함.
逆襲(역습) 쳐들어오는 적을 맞아 이쪽에서 불의에 습격함.
逆臣(역신) 역적질을 한 신하.
逆心(역심) 1)반발하여 일어나는 마음. 2)반역을 꾀하는 마음.
逆用(역용) 1)반대로 이용함. 2)거슬러 사용함.
逆運(역운) 불운(不運).
逆意(역의) 1)모반하려는 마음. 반심(反心). 역심(逆心). 2)남의 뜻을 거스름. 반항(反抗)함.
逆耳(역이) 1)귀에 거슬림. 듣기에 거북한 말. 2)충신의 간언(諫言).
逆賊(역적) 반역하는 사람.
逆轉(역전) 1)거꾸로 돌아감. 2)형세가 뒤바뀜. 3)일이 그릇되어 상황이 좋지 않게 되어 감.
逆政(역정) 옳지 못한 정치. 도리에 어긋난 정사(政事).
逆天(역천) 천명(天命)을 거역함. 천리(天理)를 거역함.
逆聽(역청) 남의 말을 순순히 받아들이지 않고 거꾸로 들음.
逆風(역풍) 1)거슬러 부는 바람. 2)바람이 부는 쪽으로 향하여 거슬러 감.
逆行(역행) 1)거슬러 올라감. 2)순서를 바꿈.
逆效果(역효과) 예상하고 있던 효과와 반대되는 효과.

비 朔(초하루 삭)

迻	⑥ 10획	日イ
	옮길 이	中yí

풀이 옮기다.

유 遷(옮길 천) 移(옮길 이)

迹	⑥ 10획	日セキ・ジャク
	자취 적	中jì

풀이 1. 자취. 흔적. 2. 공적. 3. 쫓다. ¶迹捕 4. 상고하다. 5. 찾다.

迹逾(적유) 쫓아서 따라감.
迹迹(적적) 초조한 모양. 왕래(往來)하는 모양.
迹捕(적포) 뒤를 쫓아서 잡음. 미행(尾行)하여 체포함.

유 蹟(자취 적)

迿	⑥ 10획	日ジュン
	앞설 준	中xùn

풀이 앞서다. 선수를 쓰다.

追	⑥ 10획	
	❶쫓을 추	日ツイ・おう
	❷갈 퇴	中zhuī

′ 亻 𠂤 𠂤 𠂤 𠂤 𠂤 追 追 追

풀이 ❶ 1. 쫓다. 따라가다. 2. 따르다. 추종하다. ¶追從 3. 이루다. 4. 돕다. 5. 보충하다. 6. 옛날 일을 회상하다. 7. 사모하다. 8. 뒤쫓는 사람. 9. 전송하다. ❷ 10. 갈다. 11. 종(鐘)을 매다는 끈.

追加(추가) 나중에 보탬.
追擊(추격) 쫓아가서 몰아침.
追考(추고) 지난 일을 회상함.
追觀(추관) 과거의 일을 돌이켜 봄.
追求(추구) 1)뒤쫓아 구함. 2)지나간 것을 뒤쫓아 생각함.
追究(추구) 끊임없이 캐어 연구함.
追窮(추궁) 끝까지 밝힘.

追及(추급) 뒤좇아감. 뒤좇아 미침.
追記(추기) 본문에 추가하여 적어 넣음. 또는 그 글.
追念(추념) 지나간 일을 돌이켜 생각함. 또는 그 생각.
追悼(추도) 죽은 사람을 회상하며 슬퍼함. 사후(死後)에 애도(哀悼)하는 일.
追論(추론) 지나간 일을 추구하여 논의함.
追慕(추모) 죽은 사람이나 이별한 사람을 그리워함. 추련(追戀).
追放(추방) 쫓아 냄. 몰아 냄.
追北(추배) 도망가는 자를 좇음.
追福(추복) 죽은 사람의 기일을 지켜 명복을 비는 일.
追思(추사) 지나간 일을 생각함.
追善(추선) 죽은 사람의 명복을 빌기 위하여 기일(忌日) 같은 때에 불공을 올리는 일.
追憶(추억) 지난 일을 돌이켜 생각함.
追念(추념) 옛 일이나 옛 사람을 생각함.
追跡(추적) 뒤를 밟아 따라 감.
追尊(추존) 1)추숭(追崇). 2)죽은 뒤에 존호(尊號)를 올림.
追蹤(추종) 1)뒤를 밟아 좇음. 2)옛일을 더듬어 찾음.
追從(추종) 뒤를 따라서 좇음.
追逐(추축) 1)달아나는 자를 뒤좇음. 2)서로 경쟁함. 각축(角逐). 3)친구끼리 서로 좇아 사귐.
追行(추행) 1)뒤좇아서 행함. 2)뒤를 좇아서 따라감.
追悔(추회) 일이 지나간 뒤에 뉘우침.
追懷(추회) 지나간 일을 회상함.
追後(추후) 일이 지나간 얼마 뒤. 그 며칠 후.

비 迫(핍박할 박) 退(물러갈 퇴)

退	⑥ 10획	日タイ·しりぞく
	물러날 퇴	中tuì

ㄱ ㅋ ㅋ 㫐 艮 艮 艮 艮 艮 退

풀이 1. 물러나다. ¶退去 2. 떠나다. ¶退任 3. 되돌아오다. 4. 뉘우치다. 5. 물리치다. 6. 바래다. 7. 빛이 바래다.
退却(퇴각) 1)뒤로 물러남. 또 물리침. 2)금품 등을 물리쳐 받지 않음.
退居(퇴거) 1)세속(世俗)을 떠나 지냄. 2)물러나 있음.
退去(퇴거) 뒤로 물러남.
退耕(퇴경) 벼슬을 그만 두고 농사를 지음.
退校(퇴교) 퇴학(退學).
退軍(퇴군) 군사를 물림. 퇴진(退陣).
退妓(퇴기) 기안(妓案)에서 벗어난 기생.
退物(퇴물) 1)윗사람이 쓰던 물건을 물려준 것. 2)마음에 들지 않아 물리친 물건.
退步(퇴보) 1)뒤로 물러섬. 기세가 점점 줄어듦. 2)진보(進步)의 반대.
退仕(퇴사) 낮은 관리가 벼슬을 내놓고 물러감.
退散(퇴산) 1)모였다가 다시 흩어짐. 2)흩어져 도망함.
退色(퇴색) 빛이 바램.
退俗(퇴속) 승려가 다시 속인(俗人)이 됨. 환속(還俗).
退身(퇴신) 관직에서 물러남. 퇴직.
退役(퇴역) 1)병역(兵役)에서 물러남. 2)퇴사(退仕).
退位(퇴위) 1)임금의 자리에서 물러남. 2)위치를 뒤로 물림.
退任(퇴임) 벼슬을 그만둠. 직업을 내놓음.
退場(퇴장) 회의 장소에서 참여하지 않고 먼저 물러남.
退廷(퇴정) 조정(朝廷)이나 법정(法廷)에서 물러남.
退潮(퇴조) 1)썰물. 2)형세가 꺾인 상태를 비유하는 말.
退朝(퇴조) 조회(朝會)에서 물러남.
退走(퇴주) 물러나 달아남.
退酒(퇴주) 제사 때에 초헌(初獻)과 아헌(亞獻)에서 물린 술.
退職(퇴직) 벼슬을 내 놓음.
退陣(퇴진) 진지를 뒤로 물림. 퇴군(退軍).
退廳(퇴청) 관청에서 근무를 마치고 물러나옴. 퇴근.
退出(퇴출) 물러나서 나감.
退治(퇴치) 물리쳐 없앰.
退敗(퇴패) 패하여 물러남.
退避(퇴피) 1)관직에서 물러남. 2)물러나 피함. 퇴피삼사(退避三舍).
退學(퇴학) 학생이 다니던 학교를 그만둠.
退行(퇴행) 1)물러감. 퇴거(退去). 2)발전 이전의 상태로 되돌아감.
退化(퇴화) 진보 이전의 상태로 되돌아감.
退休(퇴휴) 벼슬을 그만두고 물러나서 쉼.

迨	⑥ 10획	日コウ
	따라잡을 합	中hé

풀이 1. 따라잡다. 2. 갈마들다.

迹
⑥ 10획
恢(p446)와 同字

逅
⑥ 10획 日コウ
우연히 만날 후 中hòu

풀이 1. 우연히 만나다. 2. 터놓다.

유 邂(만날 해)

逕
⑦ 11획 日ケイ
소로 경 中jìng

풀이 1. 소로. 좁은 길. 2. 가깝다. 3. 곧. 당장. 4. 지나다. 통과하다. 5. 발자취.

逕路(경로) 좁은 길. 지나는 길.

逕復(경복) 오가는 길. 왕래(往來).

逕庭(경정) 많은 차이.

逑
⑦ 11획 日キュウ
짝 구 中qiú

풀이 1. 짝. 배우자. 2. 모으다. 일치하다. 3. 구하다.

途
⑦ 11획 日ト
길 도 中tú

ノ 𠆢 亼 亼 今 全 余 ⻌余 ⻌余 ⻌余 途

* 형성. 뜻을 나타내는 부수 '辵(쉬엄쉬엄 갈 착)'과 '보행'의 뜻을 가진 '余(나 여)'를 합친 글자. 이에 '보행하는 길'의 뜻을 나타냄.

풀이 길. 도로.

途上(도상) 길 위. 노상.

途說(도설) 길에서 들은 대로 말함. 즉, 세상의 소문을 이르는 말.

途中(도중) 1)길 가운데 걷고 있을 때. 2)일하는 중에.

登途(등도) 길을 떠남. 등정(登程).

命途(명도) 운명과 재수. 명수(命數).

命途奇薄(명도기박) 팔자가 사나움.

迷途(미도) 미로(迷路).

半途(반도) 길의 반쯤 되는 거리.

方途(방도) 일을 해 나가는 방법.

中途(중도) 1)하던 일의 도중. 2)오가는 길의 중간. 중로(中路).

유 道(길 도)

逗
⑦ 11획 日トウ
머무를 두 中dòu

풀이 1. 머무르다. 체류하다. ¶逗留 2. 던지다. 3. 놀리다. 4.회피하다.

逗留(두류) 한 곳에 머물음. 타지에 잠시 머무름. 체재(滯在).

逗撓(두요) 1)두려워하여 나아가지 못함. 2)두려워서 멈춤.

連
⑦ 11획 日レン
이을 련 中lián

一 丆 百 亘 亘 亘 車 ⻌車 ⻌車 ⻌車 連

* 회의. '辵(쉬엄쉬엄 갈 착)'과 '車(수레 차)'를 합친 글자. 수레가 굴러가듯이 끊임없이 '이어지는 모양'을 나타냄.

풀이 1. 잇다. ¶連座 2. 이어지다. ¶連結 3. 연속하다. 계속하다. ¶連敗 4. 관련시키다. 5. 친척. 6. 더디다. 7. 계속하다. 8. 연약하다. 9. 불행한 모양.

連結(연결) 서로 이어서 맺음.

連關(연관) 1)관계를 맺음. 2)각각의 감각·지각·행위 등이 결합되어 새로운 성질의 전체가 되는 것.

連貫(연관) 이어짐. 잇달아 맞춤.

連記(연기) 잇달아서 기록함.

連年(연년) 해를 거듭함. 매년.

連帶(연대) 1)서로 연결함. 2)어떤 일에 대하여 공동으로 책임을 짐.

連絡(연락) 1)서로 관련을 맺음. 2)서로의 사정을 알림.

連累(연루) 남의 죄에 관련됨.

連綿(연면) 잇닿아 끊이지 않음.

連發(연발) 1)자꾸 발생함. 2)총이나 대포 등을 연달아 쏨.

連璧(연벽) 1)한 쌍의 둥근 옥. 2)재능과 학식을 이 뛰어난 한 쌍의 벗.

連續(연속) 끊이지 않고 죽 이음.

連鎖(연쇄) 1)사슬. 2)서로 연이어 맺음.

連夜(연야) 매일 밤.

連連(연연) 1)끊이지 않는 모양. 2)조용한 모양.

連月(연월) 달마다. 매월.

連日(연일) 날마다. 매일.

連任(연임) 임기가 만료되었으나 그대로 그 직위에 계속 임용되는 일.

連作(연작) 1)매년 같은 논밭에 같은 곡식을 경작함. 2)여러 작가가 작품을 나누어 저술함.

連載(연재) 신문·잡지 등에 원고를 몇 토막으로 나누어 매 회에 싣는 것.

連接(연접) 서로 잇닿음.
連座(연좌) 1)잇달아 앉음. 2)죄를 저지른 사람과 관련되어 죄를 같이 받는 것.
連珠(연주) 구슬을 꿤. 또는 그 구슬.
連打(연타) 연달아 침.
連判狀(연판장) 동지끼리 약속을 굳게 하기 위해 연명으로 날인한 서장(書狀).
連敗(연패) 계속하여 짐.
連橫(연횡) 중국 전국 시대(戰國時代)에 진(秦)나라를 으뜸으로 하여 동서로 뻗친 여섯 나라를 연합한 일. 장의(張儀) 정책.
連凶(연흉) 흉년이 계속됨.
綿連(면련) 길게 이어짐. 줄기차게 뻗어나감.
相連(상련) 1)서로 이어 붙음. 2)서로 잇댐.
水連天(수련천) 물과 잇닿아 보이는 아득한 하늘.
流連(유련) 유락에 빠져 집에 돌아오지 않음.
流連荒亡(유련황망) 놀러 다니기를 즐기고 주색에 빠짐을 이르는 말.
一連(일련) 하나로 연계(連繫)됨.

逞	⑦ 11획	日 レイ
	굳셀 령	中 chěng

풀이 1. 굳세다. 2. 왕성하다. 3. 상쾌하다. 4. 마음대로 하다. 5. 다하다. 6. 풀다. 7. 부드럽게 하다.

逢	⑦ 11획	日 ホウ · あう
	만날 봉	中 féng, péng

ノ ク 夂 夂 夅 夆 夆 逄 逄 逄 逢

* 형성. 뜻을 나타내는 부수 '辶(쉬엄쉬엄 갈 착)'과 음을 나타내며 '만나다'의 뜻을 지닌 '夆(거릴 봉)'을 합친 글자. 이에 길에서 우연히 '만나다'의 뜻을 나타냄.

풀이 1. 만나다. ¶逢別 2. 맞추다. ¶逢迎 3. 크다. 4. 꿰매다.

逢年(봉년) 풍년을 맞음.
逢變(봉변) 1)뜻밖에 변을 당함. 2)남에게 치욕을 당함.
逢別(봉별) 만남과 이별.
逢福(봉복) 복을 만남.
逢受(봉수) 남의 돈이나 물건을 맡음.
逢時(봉시) 때를 만남.
逢時不幸(봉시불행) 불행한 때를 만남.
逢迎(봉영) 1)남의 뜻을 맞추어 줌. 2)마중 나가 맞아들임.
逢辱(봉욕) 치욕을 당함.
逢遇(봉우) 우연히 만남.
逢場風月(봉장풍월) 아무 때나 어떠한 자리에서나 닥치는 대로 한시(漢詩)를 지음.
逢賊(봉적) 도둑을 만남.
逢着(봉착) 만나서 부닥침. 만남.
逢敗(봉패) 실패를 당함.
逢豊(봉풍) 봉년(逢年).
逢禍(봉화) 화를 당함.
更逢(갱봉) 다시 만남.
久旱逢甘雨(구한봉감우) 오랜 가뭄 끝에 단비를 만난다는 뜻으로, 오랜 괴로움을 겪고 나서 즐거운 일을 맞음을 비유하는 말.
雷逢電別(뇌봉전별) 우레처럼 만났다가 번개처럼 이별한다는 뜻으로, 잠깐 만났다가 금방 헤어짐을 이르는 말.
賣鹽逢雨(매염봉우) 소금을 팔다가 비를 만난다는 뜻으로, 되는 일이 없음을 이르는 말.
相逢(상봉) 서로 만남.
運逢(운봉) 좋은 운수(運數)를 만남.
再逢(재봉) 다시 만남.
絶處逢生(절처봉생) 극도로 궁박한 끝에 살길이 생김.
觸處逢敗(촉처봉패) 닥치는 곳마다 낭패를 당함.
避獐逢虎(피장봉호) 노루를 피하려다가 범을 만난다는 뜻으로, 작은 해를 피하려다가 도리어 큰 화를 당함을 이르는 말.

비 縫(꿰멜 봉)

逝	⑦ 11획	日 セイ · ゆく
	갈 서	中 shì

一 扌 扌 扌 扩 折 折 折 浙 逝 逝

풀이 1. 가다. 2. 세월이 가다. 3. 떠나가다. 4. 죽다. ¶逝去 5. 이르다. 6. 빠르다. 7. 맹세하다. 8. 이에. 발어사.

逝去(서거) 남의 죽음을 높여 부르는 말.
急逝(급서) 갑자기 죽어서 세상을 떠남.

逍	⑦ 11획	日 ショウ
	거닐 소	中 xiāo

풀이 거닐다. 이리저리 노닐다.

逍遙(소요) 1)이리저리 거닒. 바람을 쐼. 2)자적(自適)하여 즐김.

비 消(사라질 소)

速	⑦ 11획	日 ソク · はやい
	빠를 속	中 sù

7획

*형성. 뜻을 나타내는 부수 '辵(쉬엄쉬엄 갈 착)' 과 음을 나타내며 '걸을 때 시간을 단축하다' 의 뜻을 가진 '束(빠를 속)' 을 합친 글자. 이에 '빠르다' 의 듯을 나타냄.

풀이 1. 빠르다. 신속하다. ¶速成 2. 빨리하다. 3. 부르다. 초청하다. 4. 자주. 종종. 5. 둘러 싸다.

速決(속결) 빠르게 결정함. 얼른 결단함.
速攻(속공) 재빠른 동작으로 빨리 공격함.
速記(속기) 1)빨리 적음. 2)속기법으로 적음.
速斷(속단) 1)빨리 결단을 내림. 2)짐작으로 잘못 판단하거나 결정함.
速達(속달) 1)빨리 도달함. 2)신속히 전달함. 3)속달 우편(速達郵便)의 준말.
速度(속도) 빠른 정도.
速力(속력) 속도를 이루는 힘. 빠르기.
速步(속보) 빨리 걷는 걸음.
速報(속보) 빨리 알림.
速成(속성) 빨리 이룸. 빨리 됨.
速戰(속전) 빨리 싸움.
速筆(속필) 빨리 쓰는 글씨.
速行(속행) 빨리 감.
速效(속효) 빨리 나타나는 보람.
分速(분속) 1분을 단위로 해서 잰 평균 속도. 시속. 초속.
事貴神速(사귀신속) 일을 함에 신속함을 중요하게 여김.

유 迅(빠를 신)

逜	⑦ 11획	日 ゴ・お
	깨우칠 오	中 wù, wǔ

풀이 1. 깨우치다. 2. 지나다.

유 悟(깨달을 오) 覺(깨달을 각)

逌	⑦ 11획	日 ユウ
	만족할 유	中 yóu

풀이 1. 만족하다. ¶逌然 2. 빙그레 웃는 모양. 3. 바. 어조사. 4. 말미암다.

逌然(유연) 만족하는 모양.
逌爾(유이) 빙그레 웃는 모양. 완이(莞爾).

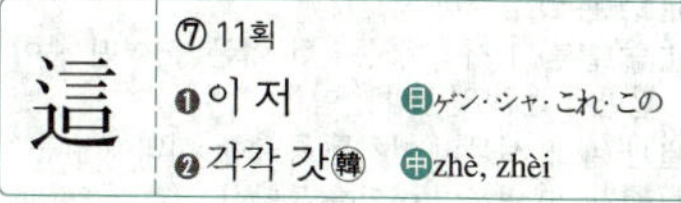

這	⑦ 11획	
	❶이 저	日 ゲン・シャ・これ・この
	❷각각 갓 韓	中 zhè, zhèi

풀이 ❶ 1. 이. 此와 같음. ¶這回 ❷ 2. 각각. 낱낱.

這般(저반) 이. 이것.
這回(저회) 이번에.

반 彼(저 피)

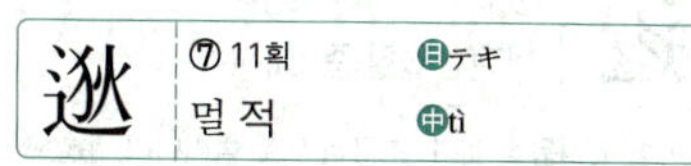

逖	⑦ 11획	日 テキ
	멀 적	中 tì

풀이 1. 멀다. 2. 멀리하다. 3. 두려워하다. 4. 이익을 바라다.

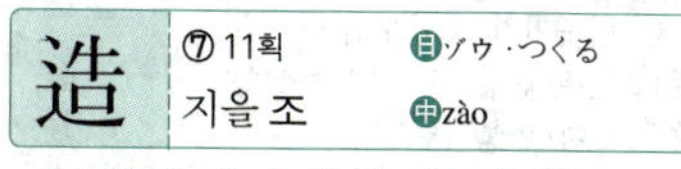

造	⑦ 11획	日 ゾウ・つくる
	지을 조	中 zào

풀이 1. 짓다. 만들다. 제작하다. ¶造形 2. 이루다. 3. 시작하다. ¶造端 4. 시작. 5. 세우다. 6. 때. 시대. 7. 이르다. 8. 다하다. 9. 이루어지다. 10. 속에 담다. 11. 졸지에.

造端(조단) 처음을 시작함. 시작이 됨.
造林(조림) 나무를 심어 숲을 만듦.
造物(조물) 1)천지만물을 만든 조화(造化). 2)조물주(造物主)의 준말.
造物主(조물주) 천지 자연을 만들고 주재하는 신.
造謗(조방) 남을 비방함.
造山帶(조산대) 조산 운동(造山運動)이 일어나는 지대.
造船(조선) 배를 설계하여 만듦.
造成(조성) 물건을 만들어서 이루어 냄.
造語(조어) 새로 말을 만들어 냄.
造言(조언) 꾸며댄 말. 무근지설(無根之說).
造營(조영) 집 등을 지음. 건축함.
造詣(조예) 1)학문이나 기예가 깊은 경지에 다다름. 2)남의 집을 찾아감. 방문함.
造意(조의) 새로운 것을 만들려고 연구함. 연구를 거듭함. 고안(考案).
造作(조작) 1)물건을 만듦. 2)무슨 일을 꾸며냄.
造次(조차) 매우 짧은 동안.
造請(조청) 찾아 가서 문후(問候)함.
造幣(조폐) 화폐를 만듦.
造行(조행) 학문 등이 높은 경지에 이름.
造形(조형) 어떤 형체를 꾸며 만듦. 형체 있는 것을 만들어 냄.
造化(조화) 1)대자연의 이치. 2)천지 만물을 창조하고 주재함. 3)사람의 힘으로는 어떻게 된 것인지 알 수 없을 만큼 신통한 일.

造化翁(조화옹) 조물주(造物主).

造花(조화) 생화가 아닌 종이나 헝겊으로 만든 꽃.

유 作(지을 작) 製(지을 제)

逡	⑦ 11획	日シュン
	뒷걸음질칠 준	中qūn

풀이 1. 뒷걸음질 치다. 조금씩 뒤로 물러나다. ¶逡巡 2. 달의 운행(運行). 3. 머뭇거리다. ¶逡次 4. 빠르다.

逡巡(준순) 1)슬금슬금 뒤로 물러섬. 꽁무니를 뺌. 머뭇거림. 2)달무리.

逡逡(준준) 진심으로 삼가는 모양.

逡次(준차) 머뭇거림.

유 浚(깊을 준)

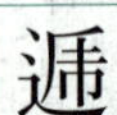

逓	⑦ 11획
	遞(p1413)의 俗字

逐	⑦ 11획	
	❶쫓을 축	日チク・ドン・おう
	❷돼지 돈	中zhú

一 丆 丂 豕 豕 豕 豕 豕 㒸 㒸 逐

풀이 1 1. 쫓다. ¶逐客 2. 추방하다. 3. 배척하다. ¶逐斥 4. 다투다. 경쟁하다. ¶逐鹿 5. 달리다. 6. 앓다. 괴로워하다. 7. 도탑다. 2 8. 돼지.

逐客(축객) 손님을 쫓아냄.

逐鬼(축귀) 귀신을 쫓음.

逐年(축년) 해마다. 매년.

逐鹿(축록) 1)사슴을 쫓음. 2)지위나 권력 등을 얻기 위하여 다툼. 3)의원 선거에 입후보하여 경쟁함.

逐步(축보) 한 걸음 한 걸음. 차츰차츰.

逐邪(축사) 사악한 기운 또는 귀신을 물리쳐 내쫓음.

逐臣(축신) 쫓겨난 신하. 추방당한 객신(客臣).

逐夜(축야) 밤마다. 매일밤.

逐月(축월) 달마다. 다달이.

逐日(축일) 1)날마다. 매일. 2)태양을 쫓음. 3)매우 빨리 달림을 비유하는 말.

逐一(축일) 하나하나. 일일이. 빼놓지 않고.

逐電(축전) 번갯불처럼 놀랍게 빠른 것.

逐條(축조) 어떤 문장이나 법조문 같은 것을 한 가지씩 차례차례 보아가는 것.

逐次(축차) 차례대로 좇아 함.

逐斥(축척) 쫓아버림. 쫓아서 물리침.

逐出(축출) 쫓아냄. 몰아냄.

逐戶(축호) 집집마다.

迫逐(박축) 핍박하여 내쫓음.

放逐(방축) 쫓아냄.

隨逐(수축) 뒤에 좇아 따라감.

斥逐(척축) 물리쳐 쫓음.

유 追(따를 추) 從(좇을 종) 비 遂(이룩할 수)

通	⑦ 11획	日ツウ・とおる・かよう
	통할 통	中tōng, tòng

ㄱ ㄱ 了 乃 斉 甬 甬 甬 涌 涌 通

* 형성. 뜻을 나타내는 부수 '辶(辵 ; 쉬엄쉬엄갈 착)'과 음을 나타내는 '甬(길 용)'을 합친 글자. '甬'은 '管(대롱 관)'과 같은 모양의 것으로 '속이 빈 것', '꿰뚫는 것'을 나타냄. 이에 쉽게 '빠져 나가는 것', '지나치다' 등의 뜻을 나타냄.

풀이 1. 통하다. ¶通路 2. 꿰뚫다. 3. 지나다. ¶通過 4. 의사를 전달하다. ¶通告 5. 왕래하다. 6. 알리다. 7. 알다. 8. 사귀다. 9. 정을 통하다. 10. 전하다. 11. 모두. 12. 통 편지 등을 세는 단위.

通家(통가) 집안 대대로 친하게 사귀어 오는 집. 서로 통하여 왕래 하는 집안. 통계(通計).

通告(통고) 서면이나 말로 소식을 전하여 알려줌.

通過(통과) 1)지나감. 2)회의에서 의안(議案)이 가결(可決)됨.

通關(통관) 관세법(關稅法)의 규정에 따라서 무역의 수출입의 허가를 받고 세관을 통과하는 것. 통관(通貫)

通交(통교) 국가 사이의 교제를 틈.

通勤(통근) 집에서 근무하러 다님.

通禁(통금) 통행금지(通行禁止)의 약어.

通氣(통기) 공기를 잘 통하게 함.

通內外(통내외) 먼 친척이나 친구 사이에 남녀가 내외 없이 지냄.

通念(통념) 일반적으로 공통된 생각.

通達(통달) 1)막힘이 없이 환히 통함. 2)사물의 이치를 터득함.

通道(통도) 1)통로. 2)사람이 마땅히 행하여야 할 도의.

通讀(통독) 처음부터 끝까지 내리 읽음.

通例(통례) 일반적으로 공통되게 쓰이는 전례.

通路(통로) 통행하는 길.

通論(통론) 1)사리에 통달한 이론. 2)어떤 분야 전반에 걸친 일반적인 이론.

通理(통리) 사물의 이치를 통달함. 사리에 밝음.

通變(통변) 변화의 이치를 통달함.

通報(통보) 통지하여 알림.
通訃(통부) 사람의 죽음을 알림.
通算(통산) 통틀어 계산함.
通常(통상) 보통이며 별로 특별한 것이 없음.
通商(통상) 외국과의 무역. 외국과의 거래.
通說(통설) 세상에 널리 알려지거나 일반적으로 인정되고 있는 이야기.
通涉(통섭) 1)사물에 널리 통함. 2)서로 사귀어 왕래함.
通性(통성) 일반적으로 누구나 다 가지고 있는 성질.
通姓名(통성명) 서로 성명을 알려줌.
通俗(통속) 1)세상 누구라도 알 수 있는 일반적인 풍속. 2)세상 일반.
通習(통습) 1)일반적인 풍습. 2)모든 것을 두루 익힘.
通信(통신) 1)우편 등으로 소식이나 의사를 알리는 것. 2)신문 · 잡지 등에 실릴 기사의 자료를 보내는 일.
通夜(통야) 밤을 새움.
通御(통어) 제어함.
通譯(통역) 말이 달라서 통하지 못하는 사람 사이에 그 두 말을 다 아는 사람이 말을 서로 옮겨 뜻을 전하여 줌. 또는 그 사람.
通用(통용) 1)일반에 쓰임. 2)어느 것에든지 쓰임.
通運(통운) 1)물건을 실어 옮김. 또는 옮겨감. 2)운수가 터짐. 또는 그 운수.
通徹(통철) 막힘이 없이 통함.
通治(통치) 한 가지의 약으로 여러 가지 병을 고침.
通則(통칙) 일반적으로 공통으로 적용되는 규칙과 법칙.
通稱(통칭) 1)공통으로 쓰이는 이름. 2)널리 통하는 이름.
通風(통풍) 바람을 통하게 함. 바람이 통함.
通學(통학) 학교에 다님.
通解(통해) 글이나 책의 전체를 통하여 해석함. 또는 그것.
通婚(통혼) 서로 혼인 관계를 맺음.
通貨(통화) 유통 수단이나 지불 수단의 기능을 하는 화폐.
通話(통화) 전화로 말을 서로 주고받음.
通曉(통효) 깨달아 환히 앎.
姦通(간통) 배우자가 있는 사람이 배우자 이외의 사람과 맺는 간음 행위.
感通(감통) 마음에 느껴 통함.
開通(개통) 1)새로 낸 도로 · 철로 등의 통행을 시작함. 2)새로 차린 전신 · 전화 등이 기능을 하기 시작함.
固執不通(고집불통) 고집이 세어 조금도 융통성이 없음. 또는 그 사람.
共通(공통) 여러 곳에 두루 통하고 관계됨.
新通(신통) 처음으로 벼슬에 임명될 수 있는 후보가 됨.
神通力(신통력) 무슨 일이든지 해낼 수 있는 영묘한 힘.
心通(심통) 마음으로 뜻이 통함.
유 透(통할 투)

透	⑦ 11획	日 トウ · すく
	통할 투	中 tòu

丿 二 千 禾 禾 秀 秀 秀 诱 诱 透

* 형성. 뜻을 나타내는 부수 '辵(쉬엄쉬엄 갈 착)'과 음을 나타내며 '통하게 하다'의 뜻을 지닌 '秀(빼어날 수)'를 합친 글자.

풀이 1. 통하다. ¶透徹 2. 뚫다. ¶透明 3. 던지다. 투신하다. 4. 뛰다. 5. 사무치다. 꿰뚫다. 6. 환하다. 7. 놀라다. 경악하다.
透過(투과) 1)통과함. 2)뚫고 지나감.
透光(투광) 빛이 물체를 뚫고 지나감.
透漏(투루) 남의 눈을 피해 도망함.
透理(투리) 1)사물의 이치를 앎. 2)일반에 모두 통하는 도리. 통리(通理).
透明(투명) 1)환하여 밝음. 2)훤히 트여 속이 다 보임.
透寫(투사) 그림이나 글씨 등을 얇은 종이 밑에 받쳐 놓고 그대로 베낌.
透視(투시) 1)막힌 물체를 환히 꿰뚫어 봄. 2)내부에 있는 일을 특수한 감각에 의하여 감지하는 현상. 또는 그 능력.
透映(투영) 환하게 통하여 비침.
透徹(투철) 1)꿰뚫어 통함. 2)사리에 밝고 뛰어남.
透脫(투탈) 깨달음.
透通(투통) 1)환히 통함. 2)투명(透明)함.
유 通(통할 통)

逋	⑦ 11획	日 ホウ
	달아날 포	中 bū

풀이 1. 달아나다. 도망가다. ¶逋亡 2. 체납하다. ¶逋租 3. 체납한 조세. 4. 체포하다.
逋客(포객) 세속을 벗어나 은거하는 사람. 은자(隱者).
逋逃(포도) 죄를 짓고 도망함. 또는 그 사람.

逋亡(포망) 달아남. 도망침.
逋租(포조) 나라에 세금을 내지 않음. 또는 체납된 조세.
逋竄(포찬) 도망하여 숨음. 도찬(逃竄).
逋脫(포탈) 1)달아나 벗어남. 2)불법적으로 조세를 피하여 면함.
비 浦(개 포)

逫	⑧ 12획	
	❶멀 결	日ケツ
	❷나아갈 줄	中jué

풀이 ❶ 1. 멀다. ❷ 2. 나아가다. 3. 느리다.
逫律(줄률) 입김 불어 나오는 것이 더딘 모양.

逵	⑧ 12획	日キ
	길 규	中kuǐ

풀이 길. 아홉 갈래진 길. 아홉 군데로 통하는 길.
逵路(규로) 사방으로 통하는 큰 길.
비 遠(멀 원)

逯	⑧ 12획	日ロク
	갈 록(녹)	中lù

풀이 1. 가다. 2. 하는 일이 없는 모양.
逯逯(녹록) 1)조심해서 가는 모양. 2)수가 많은 모양. 3)평범한 모양.
逯然(녹연) 하는 일이 없는 모양.

迸	⑧ 12획	日ホウ
	달아날 병	中bèng, bǐng

풀이 1. 달아나다. 도주하다. 2. 솟아 나오다. 3. 물리치다.
迸落(병락) 폭포 등이 세차게 떨어짐.
迸沫(병말) 세차게 흩어지는 물방울.
迸散(병산) 세차게 흩어짐. 비산(飛散).
迸水(병수) 세차게 흐르는 물.
迸走(병주) 잽싸게 달아남. 분주(奔走).
迸泉(병천) 세차게 뿜어져 나오는 샘.
迸涕(병체) 자꾸 흘러 나오는 눈물.

逕	⑧ 12획	日ア
	버금 아	中yà

풀이 1. 버금. 2. 순서대로 하다.
유 亞(버금 아)

逺	⑧ 12획
	遠(p1412)의 俗字

逶	⑧ 12획	日イ
	구불구불갈 위	中wēi

풀이 1. 구불구불 가다. ¶逶迤 2. 사물의 형용.
逶迂(위우) 비스듬히 굽음.
逶迤(위이) 1)길이 구불구불한 모양. 2)굽은 모양. 3)비스듬히 가는 모양.
逶蛇(위이) 위이(逶迤).
비 透(통할 투)

遊	⑧ 12획
	遊(p1410)의 俗字

逸	⑧ 12획	日イツ
	달아날 일	中yì

풀이 1. 달아나다. ¶逸去 2. 잃다. 없어지다. 3. 편안하다. ¶逸居 4. 숨다. 5. 풀어놓다. 6. 빠르다. 신속하다. 7. 뛰어나다. 우수하다. 8. 기뻐하다. 9. 재능이 뛰어난 사람. 10. 은사(隱士). 11. 그르치다. 12. 제멋대로 하다. 13. 음탕하다.
逸去(일거) 달아남. 도망감.
逸居(일거) 마음 편히 지냄. 편하게 지냄.
逸景(일경) 지나가는 햇빛이라는 뜻으로, 빠르게 지나가는 세월을 이르는 말.
逸口(일구) 잘못한 말. 실언(失言).
逸羣(일군) 무리 중에서 뛰어남. 초군(超羣).
逸氣(일기) 1)뛰어난 기상(氣象). 2)속세를 벗어난 기상.
逸驥(일기) 뛰어난 말. 명마(名馬).
逸德(일덕) 1)그릇된 행동. 실덕(失德). 2)큰 덕.
逸樂(일락) 편안히 놀며 즐김.
逸文(일문) 1)뛰어난 문장. 2)세상에 알려지지 않은 문장.
逸民(일민) 학문과 덕이 뛰어나며 세상을 피해 숨어 지내는 사람.
逸事(일사) 세상에 알려지지 않는 일.

逸史(일사) 정사(正史)를 기록할 때 누락되어 기록되지 않은 역사적 사실.

逸書(일서) 1)세상에 알려지지 않는 글. 2)현재 전하는 서경(書經)에서 빠진 글.

逸聲(일성) 음탕한 노래.

逸詩(일시) 1)시경(詩經)에는 빠졌으나 시경의 시와 같은 옛날의 시. 2)세상에 전해지지 않은 시.

逸言(일언) 1)즐기기 위한 허황된 말. 잡담(雜談) 2)잘못한 말. 실언(失言)

逸豫(일예) 편안하게 즐김.

逸遊(일유) 한가하게 노님. 제멋대로 놂.

逸隱(일은) 세속을 피해 숨어 지냄. 또는 그 사람. 은일(隱逸).

逸逸(일일) 오고 가는 질서가 있는 모양.

逸才(일재) 훌륭한 재주. 또는 그 사람.

逸情(일정) 세속을 떠난 심정.

逸足(일족) 빨리 달림. 또는 그 말.

逸藻(일조) 뛰어난 글재주.

逸走(일주) 달아남.

逸志(일지) 1)훌륭한 뜻. 2)세속을 벗어난 높은 뜻.

逸出(일출) 1)빠져 나옴. 2)보통보다 한층 뛰어남.

逸致(일치) 뛰어난 아치(雅致).

逸蕩(일탕) 방탕함. 주색(酒色)에 빠짐.

逸態(일태) 뛰어난 자태(姿態).

逸品(일품) 뛰어난 물건.

逸話(일화) 세상에 아직 알려지지 않은 이야기.

逸荒(일황) 태만하고 편안함에 빠짐.

逸興(일흥) 세속을 떠난 흥취.

⑧ 12획 日テキ
멀 적 中tì

풀이 멀다.

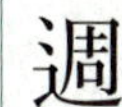

⑧ 12획 日シュウ
주일 주 中zhōu

* 형성. 뜻을 나타내는 부수 '辵(쉬엄쉬엄 갈 착)'과 음을 나타내며 '주위를 둘러싸다'의 뜻을 지닌 '周(두루 주)'를 합친 글자.

풀이 1. 일주일. ¶週刊 2. 두르다. 돌다.

週刊(주간) 한 주마다 하는 간행.

週年(주년) 1년을 단위로 돌아오는 해. 주년(周年).

一週日(일주일) 7일 동안.

비 周(두루 주)

進

⑧ 12획 日シン·すすめる
나아갈 진 中jìn

풀이 1. 나아가다. ¶進擊 2. 출사(出仕)하다. 3. 추천하다. 4. 다가오다. 5. 다하다. 6. 오르다. ¶進級 7. 본받다. 8. 거두어들이다. 9. 선물.

進講(진강) 임금 앞에 나아가 글을 강론함.

進擊(진격) 앞으로 나아가 침. 진공(進攻)

進見(진견) 임금 앞에 나아가 뵘.

進貢(진공) 국가에 공물(貢物)을 바침.

進軍(진군) 군대를 내보냄.

進級(진급) 등급·계급 또는 학급이 올라감.

進達(진달) 1)추천하여 올림. 2)공문서를 상급 관청에 올림.

進度(진도) 나아가는 정도. 진행되는 속도.

進旅(진려) 1)진격하는 군대. 2)함께 나아감.

進路(진로) 나아가는 길. 나아갈 길.

進物(진물) 1)철을 따라 물품을 올림. 2)선사하는 물품.

進拔(진발) 인재를 뽑아 추천함.

進步(진보) 1)앞으로 걸어 나아감. 2)차차 발달하여 나아감.

進士(진사) 1)나아가 벼슬함. 2)과거에 응한 사람. 3)과거에 합격한 사람.

進上(진상) 바침. 가져다 드림.

進水(진수) 새로 만든 배를 처음으로 물에 띄우는 일.

進食(진식) 1)음식을 올림. 2)입맛이 돌아 식욕이 왕성해짐.

進御(진어) 1)임금을 가까이에서 모심. 2)추천함. 천거함.

進銳退速(진예퇴속) 나아감에 날카롭고 물러남에 빠르다는 뜻으로, 나아가고 물러남이 민첩함을 이르는 말.

進用(진용) 1)추천하여 등용함. 2)소중하게 쓰이는 재물.

進入(진입) 들어감.

進止(진지) 1)진퇴(進退). 2)행동. 동작. 3)지시. 지휘.

進暢(진창) 사물이 점차 발달함.

進陟(진척) 1)벼슬 등을 올림. 2)일이 잘 진행됨.

進寸退尺(진촌퇴척) 얻는 것은 적고, 잃는 것이 많음을 비유하는 말.

進出(진출) 1)앞으로 나아감. 2)어떤 방면으로

나아감.

進取(진취) 적극적으로 나아가 공명(功名)을 취함. 또는 용감히 나아가 일을 함.

進就(진취) 점차적으로 일을 이루어 나감.

進退(진퇴) 1)나아감과 물러섬. 2)직장에 다님과 안 다님.

進退兩難(진퇴양난) 나아갈 수도 물러나기도 둘 다 어려움.

進退維谷(진퇴유곡) 궁지에 이르러 나아갈 수도 물러설 수도 없는 어려운 처지.

進逼(진핍) 나아가 핍박함.

進學(진학) 1)학문에 나아감. 공부함. 2)상급 학교에 들어감.

進行(진행) 일이 처리되어감.

進獻(진헌) 바침. 드림.

進賢(진현) 1)어진 사람을 추천함. 2)진현관(進賢冠)의 준말.

進化(진화) 진보하여 점차로 더 나은 것이 됨.

반 退(물러날 퇴)

逮 ⑧ 12획 日タイ
미칠 체·태 中dǎi, dài

풀이 1. 미치다. 이르다. 도달하다. ¶逮夜 2. 쫓다. 잡다. ¶逮鞫 3. 보내다. 4. 단정한 모양.

逮繫(체계) 체포하여 가둠.

逮鞫(체국) 체포하여 조사함.

逮坐(체좌) 죄를 신문(訊問)함.

逮逮(체체) 조용하고 단정한 모양.

逮夜(태야) 1)밤이 됨. 2)기일(忌日)의 전날 밤.

逴 ⑧ 12획 日タク
멀 탁 中chuō

풀이 1. 멀다. 2. 넘다. 초월하다.

逴犖(탁락) 뛰어남. 탁월함.

逴躒(탁락) 탁락(逴犖).

逴逴(탁탁) 아득히 먼 모양.

逴行(탁행) 먼 곳에 감. 원행(遠行)함.

유 遠(멀 원)

逭 ⑧ 12획 日カン
피할 환 中huàn

풀이 피하다. 도망하다.

逭暑(환서) 피서(避暑)함.

過 ⑨ 13획 日カ·すぎる·あやまつ
지날 과 中guò, guō

* 형성. 뜻을 나타내는 부수 '辶(쉬엄쉬엄 갈 착)'과 음을 나타내며 '도가 지나치다'의 뜻을 가진 부수 이외의 글자를 합친 글자.

풀이 1. 지나다. ¶過雨 2. 한도를 넘다. 지나치다. ¶過念 3. 허물. 실수. ¶過計 4. 꾸짖다. 나무라다. 5. 빼앗다. 6. 패하다. 7. 들리다. 8. 떠나다. 떠나가다. 9. 두루 미치다.

過擧(과거) 1)실수(失手). 허물. 2)잘못하여 발을 듦.

過更(과경) 중국 한(漢)나라 때 국경을 수비하던 사람이 그 임무를 하지 못할 때 돈을 주어 행역(行役)한 사람에게 주던 일.

過計(과계) 잘못된 책략.

過咎(과구) 잘못.

過眷(과권) 두텁게 은혜를 베풂.

過隙(과극) 틈으로 지나감. 매우 빠름을 비유하는 말.

過期(과기) 기한이 지남.

過念(과념) 지나치게 걱정함.

過當(과당) 1)타당하지 않음. 2)자기 편보다 적의 편의 사상자(死傷者)가 더 많음.

過渡(과도) 1)물을 건넘. 2)구시대에서 새로운 시대로 옮기는 과정.

過慮(과려) 지나치게 염려함. 과념(過念).

過謬(과류) 어긋남. 잘못됨.

過目不忘(과목불망) 한 번 본 것은 잊지 않음.

過般(과반) 지난 번.

過房(과방) 양자(養子)를 들이는 일.

過房子(과방자) 양자(養子).

過不及(과불급) 지나침과 이르지 못함.

過賞(과상) 과분한 칭찬. 넘치는 상.

過歲(과세) 설을 쉼. 묵은 해를 보냄.

過所(과소) 관문을 통과할 때 보이는 표.

過惡(과악) 잘못. 허물.

過愛(과애) 지나치게 사랑함.

過雨(과우) 지나가는 비. 소나기.

過猶不及(과유불급) 지나치는 것은 미치지 못한 것과 같음. 사물의 중용(中庸)이 귀중함을 이르는 말.

過人(과인) 보통 사람보다 뛰어남.

過抵(과저) 지나는 길에 들름.

過絶(과절) 남보다 우수함. 뛰어남.

過庭之訓(과정지훈) 아비의 가르침. 공자(孔子)가 아들 이(鯉)에게 시경(詩經)과 서경(書經)을 배우라고 가르친 고사에서 온 말.

過存(과존) 지나는 길에 인사차 들름.

過從(과종) 1)방문(訪問)함. 2)서로 사이좋게 지냄. 사종(相從)

過則勿憚改(과즉물탄개) 잘못이 있을 때는 즉시 빨리 고쳐야 함.

過次(과차) 지나가는 길.

過差(과차) 1)호사(豪奢). 사치(奢侈) 2)잘못 3)예의에 어긋남.

過怠(과태) 1)게으름. 2)과실(過失).

過褒(과포) 지나친 칭찬. 과찬(過讚).

過化存神(과화존신) 성인(聖人)이 지나는 곳에 백성은 반드시 그 덕(德)으로 교화(敎化)가 되고, 성인이 있는 곳에서는 신(神)과 같은 감화가 이루어짐.

過患(과환) 과실(過失). 실수(失手). 근심.

過釁(과흔) 죄. 허물.

達	⑨ 13획	日タツ・とおる
	통할 달	中dá

一 十 土 圭 圭 幸 幸 幸 幸 幸 達 達 達

풀이 1. 통하다. ¶達夜 2. 정통하다. ¶達人 3. 통하게 하다. 4. 이르다. 5. 결정하다. 6. 좋다. 적당하다. 7. 갖추어지다. 8. 보내다. 9. 군자. 10. 빠짐없이. 11. 방자하다. 12. 새끼양.

達見(달견) 빼어난 식견(識見). 또는, 도리에 밝음.

達觀(달관) 1)사물을 널리 내다봄. 전체를 내다봄. 2)속세를 벗어난 뛰어난 식견.

達官(달관) 높은 벼슬.

達窮(달궁) 1)가난한 백성의 실정을 임금에게 알림. 2)애매한 죄로 관직을 잃은 일을 임금에게 하소연함.

達德(달덕) 1)사람으로서 마땅히 지녀야 할 덕. 2)덕이 있는 사람을 등용함.

達道(달도) 1)때와 장소에 따른 변함 없이 모든 사람이 지켜 행해야 할 도덕. 군신 · 부자 · 부부 · 형제 · 붕우의 오륜(五倫)을 이르는 말. 2)도(道)에 통달함.

達不離道(달불리도) 출세해도, 결코 도리에 벗어나는 일은 하지 않음.

達士(달사) 이치에 통달하여 사물에 얽매이지 않는 사람. 달인(達人).

達喪(달상) 누구나 지켜야 할 상례(喪禮).

達生(달생) 1)생명의 근본을 깨달음. 2)도리를 깨달은 사람.

達識(달식) 사리를 두루 깨우침. 또 통달(通達)한 식견(識見).

達夜(달야) 밤을 새움. 철야(徹夜).

達意(달의) 자신의 뜻을 충분히 밝힘.

達人(달인) 1)사물에 널리 통달한 사람. 2)예술에 통달하여 그 재능이 남달리 뛰어난 사람.

達人大觀(달인대관) 도(道)에 정통한 사람은 천지 만물의 사물을 높은 곳에서 관찰함.

達政(달정) 정치의 이치에 통달함.

達尊(달존) 1)천하를 통해서 존경 받는 것으로 관작(官爵) · 연령(年齡) · 학덕(學德)의 세 가지. 2)존엄한 지위에 올려 세움.

達孝(달효) 천하를 통해서 널리 인정받는 효행(孝行). 또는 그 사람.

유 透(통할 투) 通(통할 통)

道	⑨ 13획	日ドウ・トウ・みち
	길 도	中dào

丶 丷 䒑 丫 产 首 首 首 首 首 道 道 道

* 형성. 뜻을 나타내는 부수 '辶(쉬엄쉬엄 갈 착)'과 음을 나타내며 '사물의 처음' '근거'의 뜻을 가진 '首(머리 수)'를 합친 글자. 이에 '한 곳으로 통하는 큰길', '도덕적인 근거'의 뜻을 나타냄.

풀이 1. 길. 2. 도리. ¶道德 3. 방법. 4. 사상. 5. 통하다. 다니다. 6. 가다. 7. 행하다. 8. 말하다. ¶道說 9. 가르쳐 인도하다. 10. 다스리다. 11. …로부터.

道呵(도가) 임금이 거둥할 때 사람을 길에 없게 하는 일.

道家(도가) 중국 선진 시대(先秦時代) 제자백가의 하나. 노장(老莊)의 자연 무위의 설을 받들어, 자연을 숭배함.

道可道非常道(도가도비상도) 도(道)는 그 상황에 따라 다른 것이기 때문에, 항상 고정되어 변하지 않는 도(道)라면 그것은 참된 도가 아님.

道訣(도결) 도가(道家)에서 전해지는 비법(秘法).

道高益安(도고익안) 도(道)는 쌓으면 쌓을수록 몸이 편안해짐.

道交(도교) 도의(道義)로써 사귐.

道敎(도교) 무위자연설을 근간으로 하는 중국의 종교로 노장 철학을 바탕으로 하고 여기에 음양오행(陰陽五行) · 신선설(神仙說) · 불교(佛敎) 등을 혼화(混化)하여 불로 장생(不老長生)을 추구함.

道君(도군) 도교(道敎)의 신(神)의 높임말.

道宮(도궁) 도사(道士)가 사는 집.

道揆(도규) 도를 기준으로 일의 마땅함을 헤아림.

道殣相望(도근상망) 길에 굶주려 서로 바라본다는 뜻으로, 굶어 죽는 사람이 많음을 이르는 말.

道念(도념) 1)도(道)를 구하는 마음. 2)불도를 닦는 마음.

道德(도덕) 사람이 마땅히 행해야 할 바른 길.

道路以目(도로이목) 가혹한 정치에 대하여 불만이 있어도 두려워하여 공공연하게 비난하지는 못하나, 길에서 만나는 사람에게 눈짓으로 불만을 말함을 이르는 말.

道流(도류) 1)도사(道士)의 무리. 2)노자(老子)의 도(道).

道謀是用(도모시용) 길에 집을 지으면서 사람들과 상의한다는 뜻으로, 주견(主見)이 없이 남의 의견만 좇는 사람은 일을 성취할 수 없음을 비유하는 말.

道味(도미) 도덕의 참된 뜻. 도교(道教)를 이르는 말.

道法(도법) 1)올바른 법도(法度). 2)도교(道教)의 법.

道不拾遺(도불습유) 길에 떨어진 물건을 주워 가지지 않는다는 뜻으로, 백성의 풍속이 아름다움을 비유하는 말.

道說(도설) 말함. 이야기함.

道俗(도속) 도인(道人)과 세속의 사람. 승려와 보통 사람.

道僧(도승) 도(道)를 깨우친 승려.

道心(도심) 1)본연의 마음. 2)보리(菩提)를 구하는 마음.

道遠知驥(도원지기) 먼 길을 달리고 난 후에 천리마의 재능을 안다는 뜻으로, 어려움을 당해서야 그 인물의 진가를 앎을 비유하는 말.

道義(도의) 사람이 마땅히 행해야 할 도리.

道人(도인) 1)득도(得道)한 사람. 2)불법에 귀의한 사람. 3)신선의 도(道)를 터득한 사람. 도가(道家)의 법을 닦는 사람.

道引(도인) 도가(道家) 수행법의 하나. 마음을 가라앉히고 욕심을 절제함. 도인(導引)

道場(도장) 무예를 연마하고 연습하는 곳.

道裝(도장) 도사의 차림.

道藏(도장) 도교(道教)에 관한 모든 책.

道地(도지) 1)밑바탕. 2)본고장.

道帙(도질) 도교(道教)의 서적. 도서(道書).

道聽塗說(도청도설) 길에서 듣고 바로 길에서 말한다는 뜻으로, 좋은 말을 듣고도 이를 깊이 간직하지 못함을 비유하는 말.

道體(도체) 도(道)의 본체.

道樞(도추) 도(道)의 중요한 곳.

道泰身否(도태신비) 행실은 바르나 입신할 수가 없음.

道破(도파) 끝까지 모두 말함. 설파함.

道學(도학) 1)중국 송(宋)나라의 정자(程子), 주자(朱子) 등이 주장한 이기(理氣)의 학문. 성리학(性理學). 2)도덕을 논하는 학문. 유가(儒家)의 학문. 유학(儒學). 3)도교(道教)의 학문.

道學先生(도학선생) 1)도학을 닦은 선생. 2)도덕에 얽매여 세상 물정에 어두운 학자를 조롱하여 이르는 말.

유 途(길 도)

遁	⑨ 13획	
	❶달아날 둔	日 トン
	❷뒷걸음질 칠 준	中 dùn

풀이 ❶ 1. 달아나다. 도망치다. ¶遁兵 2. 피하다. 숨다. 3. 달리다. 4. 속이다. 5. 잃다. ❷ 6. 뒷걸음질치다. ¶遁巡

遁甲藏身(둔갑장신) 둔갑의 재주로 몸을 감춤.

遁北(둔배) 달아남. 도망함.

遁兵(둔병) 도망친 군사.

遁思(둔사) 숨어 지내려는 뜻.

遁辭(둔사) 핑계대는 말. 속이는 말.

遁世(둔세) 세상을 피하여 은거함. 둔세(遯世).

遁天(둔천) 하늘의 이치에 어긋남.

遁避(둔피) 세상을 피해 숨음.

遁化(둔화) 도사(道士)의 말로, 죽음을 이르는 말.

遁巡(준순) 뒷걸음질침. 망설임. 준순(逡巡).

遂	⑨ 13획	日 スイ・とげる
	이룰 수	中 suí, suì

풀이 1. 이루다. 성취하다. ¶遂願 2.끌어올리다. 등용하다. 3. 따르다. 순응하다. 4. 나가다. 5. 맞다. 적합하다. 6. 멀다. 깊다. ¶遂古 7. 망설이다. 8. 편안하다. 9. 결정하다. 10. 드디어. 11. 오래다. 12. 길. 도로. ¶遂路 13. 도랑.

遂古(수고) 먼 옛날. 상고(上古).

遂過(수과) 잘못을 끝까지 고집함.

遂路(수로) 교통망이 발달한 도로.

遂非(수비) 그릇된 일을 끝까지 밀고 나감.

遂事(수사) 이미 달성한 일.

遂遂(수수) 1)따라가는 모양. 수행하는 모양. 2)성한 모양.

遂願(수원) 소원을 성취함. 뜻대로 됨.

遂意(수의) 뜻을 이룸. 수지(遂志).
遂長(수장) 성장함.
遂志(수지) 뜻을 이룸. 목적을 달성함.
遂初(수초) 1)처음의 뜻을 이룸. 2)벼슬을 사양하고 물러나려던 뜻을 이룸.

비 逐(쫓을 축)

遏	⑨ 13획	日 アツ
	막을 알	中 è

풀이 1. 막다. 저지하다. ¶遏防 2. 끊다. 중지하다. 3. 누르다. 억누르다. 4. 정당하게 하다.

遏劉(알류) 임금이 포악한 짓을 그만둠.
遏密(알밀) 음악을 중지하여 조용하게 함.
遏防(알방) 막음. 차단함.
遏塞(알색) 막음. 차단함.
遏惡揚善(알악양선) 악을 막고 선을 찬양함.
遏雲(알운) 하늘의 구름도 멈춘다는 뜻으로, 노래의 아름다움을 이르는 말.
遏障(알장) 방해함.
遏絶(알절) 1)막아 끊음. 2)종족을 모두 죽임. 씨를 말림.

遇	⑨ 13획	日 グウ
	만날 우	中 yù

* 형성. 뜻을 나타내는 부수 '辵(쉬엄쉬엄 갈 착)'과 음을 나타내며 '가끔'이란 뜻을 가진 '禺(긴 꼬리 원숭이 우)'를 합친 글자. 이에 가끔 길에서 '만나다'의 뜻을 나타냄.

풀이 1. 만나다. 우연히 만나다. ¶遇難 2. 맞서다. 상대하다. 3. 대접하다. ¶遇待 4. …을 당하다. 5. 때마침. 6. 어리석다. 7. 뜻밖에. 우연히. 8. 때. 기회.

遇難(우난) 재앙을 당함. 조난(遭難)함.
遇待(우대) 신분에 맞게 대접함.
遇否(우비) 때를 만남과 만나지 못함.
遇人(우인) 1)남을 대접함. 2)남과 대함.
遇戰(우전) 맞서 싸움. 접전(接戰).
遇合(우합) 1)우연히 만남. 2)어진 임금을 만나 등용됨.
遇害(우해) 죽임을 당함.

유 邂(만날 해) 비 愚(어리석을 우) 偶(짝 우)

運	⑨ 13획	日 ウン・はこぶ
	돌 운	中 yùn

* 형성. 뜻을 나타내는 부수 '辵(쉬엄쉬엄 갈 착)'과 음을 나타내는 '軍(둘러쌀 군)'을 합친 글자.

풀이 1. 돌다. 2. 돌리다. 회전하다. 3. 궁리하다. 4. 움직이다. ¶運身 5. 옮기다. 나르다. 운반하다. ¶運租 6. 운수. ¶運命 7. 쓰다. 8. 놀이 삼다. 9. 세로. 토지의 남북. 10. 운반. 운송.

運斤成風(운근성풍) 콧등에 백토(白土)가 발라져 있을 때 도끼를 휘둘러 바람을 일으키며 내리 깍되 코는 다치지 않았다는 고사에서 나온 말로 재주가 뛰어난 장인의 솜씨를 이르는 말.
運氣(운기) 운명(運命).
運到時來(운도시래) 좋은 운수와 좋은 때를 만남.
運命(운명) 사람에게 닥쳐오는 천명에 관한 것. 운세(運勢).
運甓(운벽) 중국 진(晉)나라의 도간(陶侃)이 몸을 단련하기 위하여 아침마다 벽돌을 운반했다는 고사에서 나온 말로 건강을 위하여 노동함을 이르는 말.
運算(운산) 계산함.
運身(운신) 몸을 움직임.
運用之妙存乎一心(운용지묘존호일심) 법식이나 사람 등을 잘 활용하여, 좋은 결과를 거두는 것은 오직 마음 달려있음.
運意(운의) 이리저리 궁리함.
運掌(운장) 손바닥에 놓고 대단히 쉬움을 이르는 말.
運租(운조) 세금을 운송함.
運祚(운조) 하늘이 준 행복.
運漕(운조) 배로 짐을 실어 나름.
運籌(운주) 계략을 꾸밈.
運籌帷幄(운주유악) 장막 안에서 전략을 짬.
運之掌上(운지장상) 손바닥 위에서 물건을 굴리는 것처럼 매우 행하기 쉬운 일을 이르는 말.
運會(운회) 운수와 기회를 아울러 이름.

유 廻(돌 회) 巡(돌 순)

違	⑨ 13획	日 イ・ちがう
	어길 위	中 wéi

* 형성. 뜻을 나타내는 부수 '辵(쉬엄쉬엄 갈 착)'과 음을 나타내며 '어기다'의 뜻을 가진 '韋(다룸가죽 위)'를 합친 글자.

풀이 1. 어기다. 위반하다. ¶違去 2. 어그러지다. ¶違骨 3. 다르다. 4. 떠나다. 5. 떨어지다. 6. 원망하다. 7. 피하다. 8. 머뭇거리다. 망설이다. 9. 간사하다. 10. 옳지 않다. 11. 원망하다. 12. 멀리하다. 13. 잘못. 과실.

違骨(위골) 관절이 어긋남.

7획

違科(위과) 법을 어김.
違德(위덕) 옳지 않은 덕(德).
違道(위도) 1)도리를 어김. 2)도(道)에서 빗나감.
違戾(위려) 어그러짐. 틀림.
違例(위례) 관례에 어긋남.
違命(위명) 명령을 어김. 위괴(違乖).
違犯(위범) 법을 어겨 범함.
違法(위법) 법을 어김.
違覆(위복) 의심스러움을 자세히 물어 밝힘.
違失(위실) 과실. 실수.
違心(위심) 1)간사하고 도리를 거스르는 마음. 2)두 마음. 이심(二心).
違言(위언) 1)도리에 어긋나는 말. 2)말을 어김. 3)상반되는 말. 말다툼.
違忤(위오) 반항함.
違願(위원) 바라던 것이 이루어지지 못함.
違貳(위이) 다른 마음을 품음. 또는 그 사람.
違而道(위이도) 명령에는 어긋나나 도리에는 맞음.
違程(위정) 규정을 어김.
違舛(위천) 틀리고 어그러짐.
違限(위한) 기한을 어김.
違惑(위혹) 미혹하여 도(道)에 어긋남.
違和(위화) 기분이 나쁨.

遊	⑨ 13획	日ユウ・あそぶ
	놀 유	中yóu

丶 亠 方 方 方 斿 斿 斿 斿 游 游 遊 遊

풀이 1. 놀다. ¶遊樂 2. 놀게 하다. 3. 정처없이 떠돌다. ¶遊客 4. 틈. 5. 놀이. 6. 여행. 7. 벗. 8. 방탕하다.
遊客(유객) 하는 일 없이 떠돌아 다니는 사람.
遊棍(유곤) 부랑자.
遊樂(유락) 즐겁게 놂.
遊船(유선) 뱃놀이.
遊說(유세) 여러 곳을 두루 방문하여 자기의 의견을 두루 퍼뜨림.
遊意(유의) 1)마음을 씀. 2)놀고 싶은 마음.
遊子(유자) 나그네.
遊就(유취) 나아가 배우기를 청함.
遊蕩(유탕) 방탕함.
遊學(유학) 타향에 가서 공부함. 유학(留學).
遊俠(유협) 1)정의를 위하여 목숨을 아끼지 않는 마음. 2)강자를 꺾고 약자를 위하는 마음.
遊戲(유희) 장난을 치며 즐겁게 즐김.
外遊(외유) 공부나 유람을 위해 외국에 여행함.
유 戲(놀 희)

	⑨ 13획	日ユ・こえる
	넘을 유	中yú

풀이 1. 넘다. ¶逾月 2. 건너다. 3. 더욱. 4. 멀다. 아득하다.
逾邁(유매) 지나감. 세월이 흐름.
逾月(유월) 달을 넘김. 유월(踰月).
逾越(유월) 한도를 넘음.
유 超(넘을 초)

	⑨ 13획	日テイ
	엿볼 정	中zhēn

풀이 엿보다. 정탐하다.
유 偵(정탐할 정)

	⑨ 13획	日シュウ
	다가설 주	中qiú

풀이 1. 다가서다. 가까이 가다. 2. 세다. 씩씩하다. ¶遒勁 3. 끝나다. 4. 모이다. 5. 다하다. ¶遒盡 6. 굳다. 견고하다. 7. 가다.
遒勁(주경) 필세(筆勢). 또는 문장(文章)등에 힘이 있음.
遒緊(주긴) 문세(文勢)가 강하고 엄함.
遒麗(주려) 필세(筆勢)·문장 등이 굳세고 아름다움.
遒美(주미) 문장이 아름다움.
遒拔(주발) 문장이 뛰어남.
遒放(주방) 문장의 필력이 세고 자유로움.
遒豔(주염) 문장이 빼어나게 아름다움. 주려(遒麗).
遒整(주정) 필세(筆勢)가 힘차고 다듬어져 있음.
遒盡(주진) 다해 없어짐.

遄	⑨ 13획	日セン
	빠를 천	中chuán

풀이 1. 빠르다. 2. 자주.
遄急(천급) 빠름.
遄渚(천저) 물이 빠르게 흐르는 모양.

逷	⑨ 13획	日トウ
	넘어질 탕	中táng

풀이 1. 넘어지다. 2. 움직이다. 3. 지나가다.

遍 ⑨ 13획 日ヘン
두루 편 中biàn

* 형성. 뜻을 나타내는 부수 '辵(쉬엄쉬엄 갈 착)'과 음을 나타내는 '扁(넓을 편)'을 합친 글자.

풀이 1. 두루. 두루 미치다. ¶遍歷 2. 시작부터 끝까지 한 차례 하는 일. 3. 번. 횟수(回數).

遍界(편계) 온 세상.
遍歷(편력) 두루 곳곳을 돌아다님.
遍滿(편만) 골고루 참.
遍散(편산) 곳곳에 널리 흩어져 있음.
遍身(편신) 온몸. 전신(全身).
遍陬(편추) 두메. 벽촌.

유 周(두루 주) 반 偏(치우칠 편)

逼 ⑨ 13획 日ヒョク·ヒツ
닥칠 핍 中bī

풀이 1. 닥치다. ¶逼迫 2. 급박하다. 3. 몰다. 4. 핍박하다. 5. 강제하다. ¶逼取 6. 좁다.

逼迫(핍박) 1)닥쳐 옴. 절박(切迫). 2)억지로 청해 괴롭게 굶.
逼塞(핍색) 몹시 곤궁함.
逼眞(핍진) 실제와 같이 아주 비슷함.
逼取(핍취) 강제로 취함.
逼奪(핍탈) 1)협박하여 빼앗음. 2)협박하여 임금의 자리를 빼앗음.

遐 ⑨ 13획 日カ
멀 하 中xiá

풀이 1. 멀다. ¶遐邈 2. 멀어지다. 3. 어찌. 4. 가다. 5. 오래다. ¶遐年

遐擧(하거) 1)높이 오름. 2)고상한 행동.
遐慶(하경) 큰 즐거움.
遐棄(하기) 1)소외하여 돌보지 않음. 2)직장을 이탈하여 스스로 버림.
遐年(하년) 오래 삶. 하수(遐壽)
遐邈(하막) 아득히 멀고 까마득함.
遐氓(하맹) 먼 지방에 사는 백성.
遐緬(하면) 까마득히 먼 일.
遐福(하복) 큰 복.
遐想(하상) 1)멀리 떨어져 있는 사람을 생각함. 2)세속을 벗어난 생각을 함.
遐域(하역) 외국을 이름.
遐裔(하예) 나라의 변경(邊境). 벽원(僻遠).
遐遠(하원) 아득히 멂. 요원(遼遠).
遐迹(하적) 아득히 먼 자취.
遐祚(하조) 오래 지속되는 복.
遐通(하통) 멀리 통함.
遐被(하피) 먼 곳까지 미침.
遐荒(하황) 멀리 떨어진 오랑캐의 땅.

유 遠(멀 원)

遑 ⑨ 13획 日コウ
서두를 황 中huáng

풀이 1. 서두르다. 2. 겨를. 틈.

遑急(황급) 몹시 바쁘고 급박함.
遑遑(황황) 당황하여 허둥지둥하는 모양. 급한 모양.

비 惶(두려워할 황)

遣 ⑩ 14획 日ケン·つかう
보낼 견 中qiǎn

풀이 1. 보내다. 놓아주다. ¶遣歸 2. 풀어주다. 달래다. ¶遣悶 3. 선물. 4. …하게 하다. 5. 심부름꾼. ¶遣使

遣車(견거) 제사 때 쓸 희생(犧牲)을 싣는 수레.
遣歸(견귀) 돌려보냄.
遣悶(견민) 우울한 마음을 풂. 답답한 마음을 개운하게 풂.
遣憤(견분) 억울한 마음을 풂. 울분을 씻음.
遣使(견사) 사신(使臣)을 보냄. 또 그 사자(使者).

유 送(보낼 송) 비 遺(남길 유)

遘 ⑩ 14획 日コウ
만날 구 中gòu

풀이 1. 만나다. ¶遘時 2. 뵙다. 3. 자세를 취하다.

遘時(구시) 때를 만남.
遘遇(구우) 우연히 만남. 조우(遭遇)
遘疾(구질) 병듦.

비 溝(도랑 구)

遝 ⑩ 14획 日トウ
모일 답 中tà

7획

풀이 1. 모이다. 2. 뒤섞이다. 2. 미치다.

遝至(답지) 한 군데로 몰임.

遛	⑩ 14획	日 リュウ・とどまる
	머무를 류	中 liú

풀이 머무르다. 정지하다.

遡	⑩ 14획	
	거슬러	日 ソ
	올라갈 소	中 sù

* 형성. 뜻을 나타내는 부수 '辵(쉬엄쉬엄 갈 착)'과 음을 나타내며 '흐름에 거스르다'의 뜻을 가진 '朔(초하루 삭)'을 합친 글자.

풀이 1. 거슬러 올라가다. ¶遡源 2. 과거를 거스르다. 3. 따라 내려가다. ¶遡游 4. 거스르다. 5. 하소연하다.

遡源(소원) 1)물길을 거슬러 올라감. 2)학문의 근원을 밝힘.

遡游(소유) 물의 흐름을 따라 내려감.

遡風(소풍) 맞바람.

遡洄(소회) 물을 거슬러 올라감.

유 逆(거스를 역)

遜	⑩ 14획	日 ソン
	겸손할 손	中 xùn

풀이 1. 겸손하다. ¶遜讓 2. 달아나다. 3. 따르다. 순종하다. 4. 사양하다. ¶遜職 5. 못하다. 뒤떨어지다.

遜色(손색) 비교하여 못한 점. 빠지는 모양.

遜讓(손양) 겸손하여 사양함.

遜愿(손원) 겸손하고 삼감.

遜位(손위) 임금의 자리나 관직을 물려줌.

遜弟(손제) 웃어른에게 공손함.

遜志(손지) 겸손한 마음을 가짐.

遜志時敏(손지시민) 겸손한 태도로 학문에 힘씀.

遜職(손직) 관직을 사양함.

遜避(손피) 겸손하여 피함.

유 謙(겸손할 겸)

遙	⑩ 14획	日 ヨウ
	멀 요	中 yáo

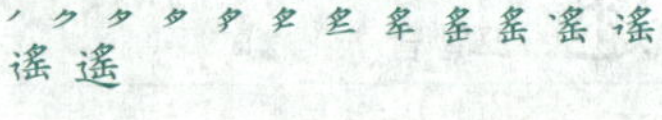

풀이 1. 멀다. 아득하다. ¶遙昔 2. 길다. 3. 멀리 떨어지다. 4. 거닐다.

遙望(요망) 멀리서 바라봄.

遙拜(요배) 먼 곳을 향해 절함.

遙碧(요벽) 아득히 먼 푸른 하늘.

遙昔(요석) 먼 옛날.

遙然(요연) 아득한 모양.

遙曳(요예) 멂.

遙遙(요요) 1)아득히 먼 모양. 2)멀리 가는 모양.

遙岑(요잠) 멀리 보이는 산봉우리.

遙青(요청) 멀리 보이는 푸른 산.

遙矚(요촉) 멀리 바라봄.

유 遠(멀 원)

遠	⑩ 14획	日 エン・とおい
	멀 원	中 yuǎn

* 형성. 뜻을 나타내는 부수 '辵(쉬엄쉬엄 갈 착)'과 음을 나타내며 '멀어지다'의 뜻을 가진 '袁(옷길 원)'을 합친 글자.

풀이 1. 멀다. ¶遠物 2. 심오하여 알기 어렵다. 3. 친하지 않다. 4. 넓다. 5. 깊다. 6. 멀리하다. 거리를 두다. 7. 많다.

遠距離(원거리) 먼거리.

遠隔(원격) 멀리 떨어짐. 현격(懸隔).

遠見(원견) 멀리 내다 봄.

遠交近攻(원교근공) 먼 나라와 친하게 지내고 가까운 나라는 공격함.

遠棄(원기) 멀리하여 버림.

遠到(원도) 학문·기예 등의 조예가 깊어짐.

遠圖(원도) 장래를 위한 계획. 원대한 계책. 원모(遠謀).

遠覽(원람) 1)멀리 봄. 2)원대한 식견(識見).

遠略(원략) 1)큰 계략. 2)먼 나라를 칠 계략.

遠黎(원려) 먼 지방의 백성.

遠流(원류) 먼 곳으로 귀양 보냄. 원배(遠配).

遠望(원망) 먼 곳을 바라봄. 원조(遠眺).

遠物(원물) 먼 곳에서 생산되는 값진 산물.

遠配(원배) 먼 곳으로 귀양 보냄.

遠蕃(원번) 먼 데 있는 오랑캐.

遠碧(원벽) 먼 산의 푸른 빛.

遠山眉(원산미) 먼 곳에 있는 산같이 파랗게 그린 눈썹. 미인의 눈썹을 이르는 말.

遠想(원상) 심오한 생각.

遠色(원색) 1)먼 곳의 경치. 2)여색을 멀리함.

遠逝(원서) 1)멀리 감. 2)죽음.

遠墅(원서) 교외에 있는 별장.
遠歲(원세) 긴 세월.
遠紹(원소) 선대(先代)의 뒤를 이음.
遠戍(원수) 변경의 방어.
遠臣(원신) 1)임금과 소원한 신하. 2)먼 나라에서 와서 섬기는 신하.
遠裔(원예) 먼 자손.
遠由(원유) 먼 유래.
遠意(원의) 1)고인(古人)의 생각. 2)멀리 떨어져 있는 사람의 마음. 3)멀리 생각을 달림.
遠邇(원이) 멀고 가까움. 원근(遠近).
遠人(원인) 1)먼 곳에 있는 사람. 2)사람을 멀리함.
遠謫(원적) 멀리 귀양 보냄.
遠迹(원적) 고인의 자취.
遠征(원정) 1)먼 곳을 정벌함. 2)운동 경기를 하러 먼 곳으로 감.
遠族近隣(원족근린) 멀리 사는 친족보다 가까운 이웃이 더 낫다는 말.
遠竄(원찬) 1)멀리 귀양감. 2)멀리 도망가 숨음.
遠矚(원촉) 멀리 바라봄. 원망(遠望).
遠親(원친) 먼 친척. 먼 일가.
遠播(원파) 멀리 전파함.
遠抱(원포) 원대한 포부.
遠鄕(원향) 멀리 떨어진 시골.
遠洽(원흡) 먼데까지 두루 미침.

유 遙(멀 요) 반 近(가까울 근)

遞

⑩ 14획 日テイ
갈마들 체 中dì

* 형성. 뜻을 나타내는 부수 '辶(쉬엄쉬엄 갈 착)'과 음을 나타내며 '바뀌다'의 뜻을 지닌 '虒(뿔범 사)'를 합친 글자.

풀이 1. 갈마들다. 번갈아 들다. ¶遞加 2. 교대로. ¶遞代 3. 두르다. 에워싸다. 4. 전하다. 5. 역참(驛站).

遞加(체가) 차례대로 더하여 감.
遞減(체감) 차례대로 감하여 감.
遞代(체대) 서로 바꿈. 서로 번갈아가며 대신함.
遞送(체송) 차례로 보냄.
遞廢(체폐) 번갈아 가며 망함.

유 番(갈마들 번)

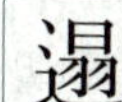

⑩ 14획 日トウ
급히 갈 탑 中tà

풀이 1. 급히 가다. 2. 천천히 걷는 모양.

⑪ 15획 日トン
달아날 둔 中dùn

풀이 1. 달아나다. ¶遯隱 2. 속이다. 기만하다. 3. 피하다. 물러나다. ¶遯世

遯世(둔세) 세상을 피해 지냄. 은거함.
遯隱(둔은) 달아나 숨음.
遯逸(둔일) 세상을 피해 편하게 지냄.

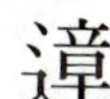

⑪ 15획 日ゴウ
놀 오 中áo

풀이 놀다. 즐겁게 놀다.

遨遊(오유) 놂.
遨怡(오이) 놀며 즐김.

비 遊(놀 유)

⑪ 15획 日ジョウ·あかるい
환할 장 中zhāng

풀이 환하다. 밝다.

適

⑪ 15획 日テキ
갈 적 中shì, dí

* 형성. 뜻을 나타내는 부수 '辶(쉬엄쉬엄 갈 착)'과 음을 나타내는 '啇(밑동 적)'을 합친 글자.

풀이 1. 가다. ¶適人 2. 찾아가다. 3. 만나다. 4. 출가하다. 5. 당연하다. 6. 향하다. 7. 맞다. ¶適者生存 8. 열중하다. 9. 마음내키는 대로. 10. 틀림없이. 11. 꾸짖다. 12. 조금. 약간. 13. 다만. 단지. 14. 우연히. 15. 원수. 16. 아내.

適格(적격) 격에 맞음.
適歸(적귀) 따라가 좇음.
適莫(적막) 좋아하는 것과 싫어하는 것.
適嗣(적사) 본처가 낳은 장남. 바른 후사(後嗣).
適戍(적수) 죄 지은 것에 대한 벌로 변방(邊方)을 지키게 함. 적사(嫡嗣).
適室(적실) 본처(本妻). 정실(正室) 부인.
適藥(적약) 병에 알맞는 약.
適然(적연) 1)우연히. 2)마땅함.
適宜(적의) 알맞고 마땅함. 적당(適當).
適意(적의) 뜻에 맞음. 뜻대로 됨.
適人(적인) 1)시집감. 2)원수. 적인(敵人).

適者生存(적자생존) 환경의 상태에 맞는 생물만 이 생존함. 환경에 적응하는 생물은 번영하고, 그렇지 못한 것은 점차 멸망하여 자연 도태되는 현상.
適長公主(적장공주) 한대(漢代)에는 황제의 장녀(長女)를, 당대(唐代)에는 황제의 고모(姑母)를 이르던 말.
適材適所(적재적소) 적당한 인재를 적당한 자리에 씀.
適適(적적) 1)놀라는 모양. 2)알맞음을 즐기는 모양.
適正(적정) 알맞고 바름.
適卒(적졸) 죄를 지어 변방을 수비하는 데 보내어진 병사.
適妾(적첩) 본처(本妻)와 소실(小室).
適合(적합) 꼭 들어맞음. 합당함.

유 行(갈 행) 비 滴(물방울 적)

遭 ⑪ 15획 日ソウ
만날 조 中zāo

* 형성. 뜻을 나타내는 부수 '辵(쉬엄쉬엄 갈 착)'과 음을 나타내며 '마주 대하다'의 뜻을 가진 '曹(머물 조)'를 합친 글자. 이에 '만나다', '해후(邂逅)하다'의 뜻을 나타냄.

풀이 1. 만나다. ¶遭遇 2. …을 당하다. 3. 두르다. 4. 번. 횟수.

遭罹(조리) 1)근심을 만남. 2)재앙을 당함.
遭逢(조봉) 1)우연히 만남. 2)현명한 신하가 어진 임금을 만나 출세함.
遭遇(조우) 1)우연히 만남. 2)어지러운 세상을 만남. 3)출세함. 조봉(遭逢).
遭際(조제) 우연히 만남.
遭値(조치) 만남.
遭旱(조한) 가뭄으로 재해를 입음.

유 遇(만날 우)

遮 ⑪ 15획
❶막을 차 日シャ·さえぎる
❷이 자 中zhē

풀이 ❶ 1. 막다. 가로막다. ¶遮路 2. 덮다. ¶遮迾 3. 차단하다. 4. 침범하다. 5. 많다. ❷ 6. 이. 이것.

遮擊(차격) 막고 공격함. 요격(要擊).
遮路(차로) 길을 막음.
遮莫(차막) 그렇다 치고.
遮遏(차알) 막음. 막아서 못하게 함.
遮迾(차열) 덮어 가림. 임금의 거둥에 병졸이 호위하여 행렬함.
遮泣(차읍) 이별해서 서운하여 가는 길을 막고 욺.
遮絶(차절) 막고 통하지 못하게 함. 차단.
遮蔽(차폐) 1)가려서 덮음. 2)막아서 지켜냄. 보호함.
遮扞(차한) 차단하여 방어함.
遮箇(자개) 이. 이것.

비 庶(여러 서)

 ⑪ 15획
❶떠날 체 日テイ·セイ
❷갈 서 中dì

풀이 ❶ 1. 떠나다. 2. 멀다. ❷ 3. 가다. 4. 칼집.

비 滯(막힐 체)

遼 ⑫ 16획 日リョウ
멀 료(요) 中liáo

풀이 1. 멀다. ¶遼隔 2. 강 이름. 만주를 통해 발해(渤海)로 들어가는 강. 3. 늦추다. 4. 땅 이름. 요하의 동서 요양(遼陽) 일대의 지역.

遼隔(요격) 멀리 떨어짐.
遼東豕(요동시) 식견이 좁은 사람이 잘난체 하다가 도리어 무식이 드러남을 비유하는 말.

遼東豕(요동시)의 유래
요동(遼東)에 사는 사람이 자신의 돼지가 머리가 흰 돼지 새끼를 낳자 기이하게 여겨 임금에게 바치려고 하동(河東)으로 갔으나, 그곳에 있는 돼지들의 머리가 모두 흰 것임을 보고 무안하여 돌아왔다는 고사이다.

遼落(요락) 멀리 떨어져 미치지 못하는 모양.
遼遼(요료) 1)아득히 먼 모양. 2)적막한 모양.
遼邈(요막) 아득하게 멂.
遼遠(요원) 아득히 멂.
遼迥(요형) 요원(遼遠).
遼廓(요확) 아득히 멀고 넓음.
遼闊(요활) 멀리 떨어져 있음.

유 遠(멀 원) 遙(멀 요) 비 僚(동료 료)

遹 ⑫ 16획
遹(p1412)와 同字

遴 ⑫ 16획 日リン
어려워할 린 中lín

풀이 1. 어려워하다. 2. 탐하다. 3. 머뭇거리다. 5. 모이다. ¶遴集 4. 가리다. 선택하다.

遴柬(인간) 1)선택함. 2)인선(遴選).
遴選(인선) 인재를 고름.
遴集(인집) 같은 유형끼리 모임. 무리지어 놂.
비 隣(이웃 린)

選
⑫ 16획
❶가릴 선 日セン・えらぶ
❷셀 산 中xuǎn

*형성. 뜻을 나타내는 부수 '辵(쉬엄쉬엄 갈 착)'과 음을 나타내는 '巽(손괘 손)'을 합친 글자.

풀이 ❶ 1. 가리다. 선택하다. ¶選揀 2. 열거하다. 3. 좋다. 4. 잠시. 5. 겁내다. 망설이다. 6. 뽑다. 7. 뛰어나다. 8. 가지런하다. ❷ 9. 셈하다.

選閒(선간) 잠시. 잠깐 동안.
選揀(선간) 가려 뽑음. 선발(選拔)함.
選官(선관) 1)관리를 뽑음. 2)관리를 뽑는 일을 맡은 벼슬. 선사(選事).
選良(선량) 뛰어난 인물을 골라서 뽑음. 또 그 뽑힌 사람.
選付(선부) 인재를 뽑아 일을 맡김.
選士(선사) 당대(唐代)에 관리를 뽑는 일을 담당하는 관직. 선관(選官). 선조(選曹).
選授(선수) 인재를 뽑아 관직을 줌.
選耎(선연) 망설이며 나아가지 못하는 모양.
選用(선용) 골라서 씀.
選人(선인) 1)관리를 선발함. 2)선발된 사람. 3)후보 관원(官員).
選集(선집) 1)골라 모음. 2)모든 작품 중에서 몇 편의 작품만을 추려 만든 책.
選體(선체) 문선(文選) 중에 시 또는 문의 체(體).
選擢(선탁) 많은 중에서 선발함.
選擇(선택) 골라서 뽑음.
유 擇(가릴 택)

遻
⑫ 16획
❶만날 악 日ガク・ゴ
❷저촉될 오 中è

풀이 1. 만나다. 우연히 만나서 놀라다. 2. 저촉되다.

遶
⑫ 16획 日ジョウ
두를 요 中rào

풀이 두르다. 에워싸다.

遶梁(요량) 아름다운 노랫소리.
遶弄(요롱) 둘러 싸고 장난함.
遶縈(요영) 주위에 두름.
비 遠(멀 원)

遺
⑫ 16획
❶남길 유 日イ・ユイ
❷따를 수 中wèi, yí

*형성. 뜻을 나타내는 부수 '辵(쉬엄쉬엄 갈 착)'과 음을 나타내는 '貴(귀할 귀)'를 합친 글자.

풀이 ❶ 1. 남기다. 남다. ¶遺訓 2. 끼치다. 후세에 전하다. ¶遺或 3. 버리다. 4. 잃다. 5. 잊다. 6. 두다. 7. 물리다. 시들해지다. 8. 내버리다. 9. 쇠퇴하다. 10. 오줌을 싸다. 11. 빠르다. ❷ 12. 따르다.

遺戒(유계) 자손에게 교훈을 남김. 또는 그 교훈. 유훈(遺訓).
遺計(유계) 잘못된 계책. 실책(失策).
遺孤(유고) 부모를 여읜 고아.
遺稿(유고) 고인(故人)이 남긴 원고(原稿).
遺棄(유기) 돌보지 않고 내버림.
遺尿(유뇨) 오줌을 가리지 못하고 쌈.
遺德(유덕) 선인(先人)이 남긴 덕.
遺落(유락) 1)내버림. 2)빠짐.
遺漏(유루) 새거나 빠짐. 누락(漏落).
遺留(유류) 남겨 둠. 끼치어 둠.
遺類(유류) 살아남은 무리.
遺利(유리) 남이 버려 둔 이익.
遺忘(유망) 잊어버림. 망각(忘却).
遺命(유명) 임종할 때, 유언(遺言)으로 남긴 명령.
遺墨(유묵) 죽은 후에 남긴 글과 그림. 고인(故人)의 필적(筆跡). 유방(遺芳).
遺文(유문) 생전에 써 놓은 글.
遺物(유물) 1)선조들이 남긴 물건. 2)물건을 잊음. 또는 잊은 물건. 유실물.
遺民(유민) 죽지 않고 살아 남은 백성. 또는 망국(亡國)의 백성.
遺芳(유방) 1)후세에 남긴 명예. 죽은 후의 영예(榮譽). 2)유묵(遺墨).
遺法(유법) 1)옛사람이 남겨 준 법. 고인(古人)이 남긴 법도(法度). 2)부처의 법도.
遺秉(유병) 1)길에 떨어뜨린 볏단. 2)무기를 버림.
遺腹(유복) 잉태되어 있을 때 그 아버지가 죽은 사람.
遺事(유사) 생전(生前)에 다 이루지 못하고 사후

(死後)까지 남긴 사업.

遺算(유산) 실수(失手). 실책(失策).

遺像(유상) 1)빛의 자극을 받아 망막에 얼마 동안 남아 있는 영상(映像). 2)죽은 사람의 초상(肖像).

遺書(유서) 1)유언을 적은 글. 2)흩어져 있는 책. 3)저술하여 후세에 남긴 책. 4)전인이 간직하고 있던 책.

遺世(유세) 속세의 일을 잊어버림. 세상 일을 일체 버리고 돌보지 않음.

遺俗(유속) 1)지금까지 남아 있는 오래된 풍속. 2)세속에 버림받음.

遺矢(유시) 1)대소변을 봄. 2)화살을 남김. 또는 그 화살.

遺愛(유애) 1)옛 사람의 인과 애의 풍속. 2)생전에 사랑하던 유물(遺物).

遺孼(유얼) 1)아버지의 사후에 남은 서자(庶子). 2)뒤에 남은 나쁜 사물.

遺烈(유열) 후세에 남긴 훌륭한 공적.

遺遺(유유) 1)비스듬히 가는 모양. 2)막지 못하는 일.

遺遺乎(유유호) 여유가 있는 느긋한 모양.

遺逸(유일) 잊음.

遺蹟(유적) 남아 있는 자취.

遺蹟(유적) 유적(遺跡).

遺傳(유전) 1)후세(後世)에 전함. 2)조상이나 부모의 체질 또는 성질 등이 후손들에게 전하여지는 일.

遺精(유정) 잘 때 무의식 중에 정액(精液)이 나오는 일.

遺制(유제) 1)옛부터 전해 오는 제도. 2)옛사람이 남긴 제도.

遺詔(유조) 임금의 유언(遺言).

遺存(유존) 살아 남아 있음.

遺珠(유주) 소중한 구슬을 버려둠. 또는 그 구슬. 세상에 알려지지 않은 훌륭한 인물이나 시문(詩文)을 이름.

遺籌(유주) 유책(遺策).

遺址(유지) 옛날 건물의 터.

遺志(유지) 죽은 사람이 생전에 이루지 못하고 남긴 뜻.

遺策(유책) 1)선인들이 남긴 계책. 2)잘못된 계책. 실계(失計). 실책(失策). 유계(遺計).

遺體(유체) 부모가 남긴 몸. 곧, 자신의 몸.

遺躅(유촉) 옛 자취.

遺臭萬年(유취만년) 더러운 이름을 오래도록 남김.

遺脫(유탈) 빠짐. 누락(漏落)됨.

遺表(유표) 신하가 죽음에 임박하여 임금에게 올리는 글.

遺風餘烈(유풍여열) 전인이 후세(後世)에 끼친 훌륭한 업적.

遺香(유향) 1)남아 있는 향기. 2)죽은 사람이 남긴 미덕.

遺化(유화) 그 사람이 죽은 후에 남긴 인덕(仁德).

遺訓(유훈) 옛 사람이 남긴 교훈.

遺勳(유훈) 길이 후세에까지 남을 공훈.

遺薰(유훈) 유향(遺香).

遺欠(유흠) 떨어져 이지러짐.

비 遣(보낼 견)

遵	⑫ 16획	日ジュン
	따를 준	中zūn

丶 八 仌 产 台 台 酋 酋 酋 尊 尊 尊 尊 遵 遵 遵

＊형성. 뜻을 나타내는 부수 '辵(쉬엄쉬엄 갈 착)'과 음을 나타내며 '따르다'의 뜻을 지닌 '尊(높을 존)'을 합친 글자.

풀이 1. 따르다. 좇다. ¶遵道 2. 거느리다.

遵據(준거) 의거하여 좇음.

遵道(준도) 바른 도리를 좇음.

遵路(준로) 1)올바른 도(道)를 좇음. 2)길을 따라 감. 3)여행을 떠남.

遵守(준수) 좇아 지킴.

遵養時晦(준양 시회) 도를 따라 덕을 기르고, 때가 오지 않은 때에는 언행을 삼가해 자신을 나타나지 않음.

遵用(준용) 좇아 씀.

遵義(준의) 정도(正道)를 좇음.

遵行(준행) 좇아 행함.

유 從(좇을 종)

遲	⑫ 16획	日チ
	늦을 지	中chí, zhí, zhì

丿 尸 尸 尸 尸 尸 尸 尸 尸 屖 屖 犀 犀 遲 遲 遲

＊형성. 뜻을 나타내는 부수 '辵(쉬엄쉬엄 갈 착)'과 음을 나타내며 '느린 모양'의 뜻을 가진 '犀(무소 서)'를 합친 글자. 이에 '늦어지다'의 뜻을 나타냄.

풀이 1. 늦다. 지각하다. ¶遲鈍 2. 게을리하다. 3. 생각하다. 4. 기다리다. 5. 더디다. ¶遲久 6. 쉬다. 7. 바라다. 8. 무렵. 그 때쯤. 9. 곧. 이에.

遲久(지구) 느리고 오램.

遲旦(지단) 이른 아침. 지명(遲明).

遲鈍(지둔) 느리고 둔함.

遲慢(지만) 느림.
遲明(지명) 동틀 무렵. 날이 샐 무렵. 여명(黎明).
遲莫(지모) 지모(遲暮).
遲暮(지모) 1)점점 나이를 먹음. 2)느리고 더딤.

遷	⑫ 16획	日セン·うつる
	옮길 천	中qiān

풀이 1. 옮기다. ¶遷職 2. 바꾸다. 3. 천도(遷都)하다.

遷改(천개) 바꾸어 달라지게 함.
遷客(천객) 죄를 지어 먼 곳으로 귀양간 사람.
遷喬(천교) 새가 골짜기에서 높은 나무로 옮겨 앉는다는 뜻으로, 관직이 높아짐을 비유하는 말.
遷徙(천사) 옮김.
遷善(천선) 선하게 옮김.
遷易(천역) 번천함. 바꿈.
遷延(천연) 1)물러감. 머뭇거림. 2)연이음.
遷訛(천와) 변하여 바뀜.
遷移(천이) 옮김.
遷人(천인) 좌천된 사람. 귀양살이하는 사람.
遷謫(천적) 죄로 인해 멀리 귀양보냄.
遷轉(천전) 옮김.
遷職(천직) 직업을 옮김.
遷就(천취) 1)이리저리 핑계를 댐. 2)조화(調和)함. 적응함.
遷幸(천행) 임금이 궁궐 이외의 다른 곳으로 옮기는 길.
遷革(천혁) 바꿈. 개과(改過)함.

유 移(옮길 이)

遹	⑫ 16획	日イツ·シュツ
	좇을 휼	中yù

풀이 1. 좇다. 따르다. ¶遹追 2. 비뚤다. 3. 이에. 발어사. 4. 펴다. 진술하다. 5. 간사하다.

遹追(휼추) 뒤좇음. 이어받아 닦음.
遹皇(휼황) 이리저리 다니는 모양.

遽	⑬ 17획	日キョ
	갑작스러울 거	中jù

풀이 1. 갑작스럽다. 갑자기. ¶遽卒 2. 역말. 3. 구색하다. 절박하다. 4. 당황하다. ¶遽色 5. 두려워하다. 6. 곳.

遽色(거색) 당황한 기색.
遽然(거연) 두려워서 떨리는 모양. 또는 몹시 놀라며 기뻐하는 모양.
遽人(거인) 1)역참(驛站)에서 일하는 사람. 2)명령을 전달하는 일을 하는 사람.
遽卒(거졸) 갑작스러움. 창졸(倉卒).

비 據(의거할 거)

邆	⑬ 17획	日トウ
	나라 이름 등	中téng

풀이 나라 이름. 지금의 운남성(雲南省) 등천현(鄧川縣).

邁	⑬ 17획	日マイ
	갈 매	中mài

풀이 1. 가다. 2. 초과하다. 뛰어나다. ¶邁達 3. 노력하다.

邁氣(매기) 뛰어난 기상(氣象).
邁達(매달) 뛰어남.
邁德(매덕) 덕(德)을 닦기 위해 힘씀.
邁邁(매매) 돌보지 않는 모양.
邁迹(매적) 옛 사람들의 자취를 밟아감.
邁績(매적) 뛰어난 공적.
邁進(매진) 씩씩하게 나아감.

遾	⑬ 17획	日セイ
	미칠 서	中shì

풀이 1. 미치다. 2. 멀다.

邀	⑬ 17획	日ヨウ
	맞이할 요	中yāo

풀이 1. 맞이하다. ¶邀迓 2. 요구하다. 3. 만나다. 마주치다.

邀喝(요갈) 귀인의 행차에 앞서 행인들을 조심시킴. 또는 그 사람.
邀迓(요아) 초대하여 맞이함.
邀請(요청) 초대함.
邀招(요초) 불러 맞아들임. 초요(招邀).

邅	⑬ 17획	日テン
	머뭇거릴 전	中zhān

풀이 1. 머뭇거리다. ¶邅回 2. 떠돌아 다니다. 3. 돌

다. 돌아서 가다. 4. 변천하다.

邅如(전여) 가기 힘든 모양.

邅回(전회) 1)가기 힘드는 모양. 2)돌아가는 모양. 3)머뭇거리는 모양.

避	⑬ 17획	日 ヒ · さける
	피할 피	中 bì

*형성. 뜻을 나타내는 부수 '辵(쉬엄쉬엄 갈 착)'과 음을 나타내며 '한 쪽으로 비키다'의 뜻을 가진 '辟(임금 벽)'을 합친 글자. 이에 '피하여 지나가다'의 뜻을 나타냄.

풀이 1. 피하다. 회피하다. ¶避匿 2. 벗어나다. 면하다. 3. 꺼리다. 4. 싫어하다. 5. 숨다. 6. 떠나다. 7. 물러서다.

避穀(피곡) 신선술(神仙術)을 닦아 불로장생(不老長生)를 위해 곡식을 먹지 않음.

避匿(피닉) 피하여 숨음.

避三舍(피삼사) 상대방을 두려워하여 피함을 이르는 말.

避席(피석) 1)앉은 자리에서 다른 자리로 옮김. 2)어른에게 존경의 표시로 자리에서 일어남. 피좌(避座).

避世(피세) 세상을 피해 숨어 지냄. 또는 난세(亂世)를 피함.

避妊(피임) 임신을 피하는 방법을 씀.

避獐逢虎(피장봉호) 노루를 피하려다 범을 만난다는 뜻으로, 작은 해를 피하려다가 도리어 큰 재앙을 당함을 비유하는 말.

避脫(피탈) 피함. 벗어남.

避嫌(피혐) 1)혐의를 벗음. 2)꺼리고 멀리함.

避禍(피화) 재앙을 피함.

避回(피회) 두려워하여 회피함.

避諱(피휘) 1)꺼려 피함. 2)휘(諱)를 피함. 군부(君父)의 이름을 피하여 쓰지 않는 일.

유 逃(달아날 도)

	⑬ 17획	日 カイ · あう
	만날 해	中 xiè

풀이 1. 만나다. 2. 기뻐하는 모양.

邂逅(해후) 1)우연히 만남. 2)기뻐하는 모양.

還	⑬ 17획	
	❶ 돌아올 환	日 カン
	❷ 돌 선	中 huán, hái

*형성. 뜻을 나타내는 부수 '辵(쉬엄쉬엄 갈 착)'과 음을 나타내며 '돌아오다'의 뜻을 가진 부수 이외의 글자를 합친 글자.

풀이 ❶ 1. 돌아오다. ¶還來 2. 돌아보내다. ¶還給 3. 사방을 둘러보다. 4. 물러나다. 5. 에워싸다. 두르다. 6. 얽히다. 7. 갚다. 8. 반대로. 9. 다시. 재차. ❷ 10. 돌다. 11. 민첩하다.

還踵(선종) 발꿈치를 돌림. 곧, 매우 빠름을 비유하는 말.

還風(선풍) 회오리 바람.

還却(환각) 물건을 되돌려 보냄.

還去(환거) 돌아감.

還顧(환고) 뒤돌아 봄.

還軍(환군) 군사를 되돌림.

還給(환급) 물건을 주인에게 돌려 줌.

還忌(환기) 뒤돌아 보아 꺼림. 두려워함.

還納(환납) 도로 바침.

還童(환동) 아이로 돌아감. 아이처럼 젊어짐.

還來(환래) 돌아옴.

還付(환부) 되돌려 줌.

還削(환삭) 환속(還俗)했던 사람이 다시 중이 됨.

還俗(환속) 중이 다시 속세로 돌아옴.

還債(환채) 빚을 모두 갚음.

還魂(환혼) 죽은 사람이 되살아남. 소생함.

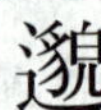	⑭ 18획	日 バク
	멀 막	中 miǎo

풀이 1. 멀다. 아득하다. ¶邈矣 2. 업신여기다. 경멸하다. 3. 근심하다.

邈邈(막막) 1)아득히 먼 모양. 2)근심하는 모양.

邈視(막시) 깔봄. 업신여김.

邈然(막연) 아득한 모양. 어렴풋한 모양.

邈矣(막의) 멀고 아득함.

邈志(막지) 원대한 뜻.

邈乎(막호) 1)먼 모양. 2)사람을 멀리하는 모양.

	⑭ 18획	日 スイ
	깊을 수	中 suì

풀이 1. 깊다. 깊숙하다. ¶邃茂 2. 멀다. 시간이 오래다.

邃古(수고) 오래 전 옛날. 태고(太古).

邃茂(수무) 깊고 뛰어남.

邃密(수밀) 1)심오하고 정밀함. 2)깊숙하고 고요함.

邃深(수심) 매우 깊숙함.
邃嚴(수엄) 깊숙하고 엄격함.
邃淵(수연) 깊은 못.
邃宇(수우) 큰 집.
邃淸(수청) 깊고 맑음.
邃曉(수효) 깊이 깨달음. 사물의 이치를 깊이 앎.

邇	⑭ 18획	日ジ
	가까울 이	中ěr

풀이 1. 가깝다. ¶邇遐 2. 가까이하다. 3. 가까운 데. 가까운 이.
邇來(이래) 1)요사이. 근래(近來) 2)그 후. 그때 이래(以來).
邇言(이언) 통속적인 말. 알기 쉬운 말.
邇遐(이하) 먼 데와 가까운 데.
유 近(가까울 근) 비 爾(너 이)

邋	⑮ 19획	
	❶나부낄 렵(엽)	日リョウ・ラツ
	❷가는모양랍(납)	中liè, lā

풀이 1 1. 나부끼는 모양. 깃발이 펄럭이는 모양. 2 2. 가는 모양. 3. 깨끗하지 않은 모양.
邋邋(엽렵) 깃발이 펄럭이는 모양.
邋遢(납탑) 1)가는 모양. 2)깨끗하지 않는 모양.

邊	⑮ 19획	日ヘン
	가 변	中biān

풀이 1. 가. 가장자리. ¶邊沙 2. 변방. 국경. ¶邊民 3. 근처. 부근. 4. 끝. 종말. 5. 두메. 벽지. 6. 구석. 모퉁이. 7. 이웃하다. 8. 변. ㉠다각형을 둘러싼 선. ㉡한자의 왼쪽에 붙은 부수. 9.(韓) 이자.
邊警(변경) 1)나라의 경계. 2)외적(外敵)이 국경에 침입했다는 경보.
邊計(변계) 국경을 지키는 계책.
邊功(변공) 변방에서 싸워 세운 공.
邊關(변관) 변경의 관문(關門).
邊寇(변구) 국경을 침범함. 또는 그 적.
邊隙(변극) 국경에서의 분쟁(紛爭).
邊寄(변기) 변방을 지키는 책임. 국경 수비에 대한 임무.
邊騎(변기) 1)변방을 지키는 기병(騎兵). 2)국경을 침범하는 적의 기병.
邊壘(변루) 국경을 지키는 보루(堡壘).
邊民(변민) 변경에 사는 백성.
邊防(변방) 국경을 지킴.
邊鄙(변비) 두메. 벽지.
邊沙(변사) 물가의 모래 땅.
邊塞(변새) 변경의 요새(要塞).
邊守(변수) 국경을 지킴. 변수(邊戍).
邊陲(변수) 변경(邊境).
邊信(변신) 지나치게 믿음.
邊涯(변애) 끝. 한계(限界). 변제(邊際).
邊役(변역) 국경을 지키는 부역.
邊裔(변예) 국토의 끝.
邊邑(변읍) 벽촌(僻村)
邊庭(변정) 오랑캐의 조정.
邊鎭(변진) 국방을 지키는 군영(軍營).
邊陬(변추) 변두리 지방.
邊幅(변폭) 천의 넓고 좁은 정도라는 뜻으로, 외모(外貌)를 이르는 말.
邊患(변환) 외적이 국경을 침범하는 근심.
邊勳(변훈) 국경의 전투에서 세운 훈공(勳功).

邍	⑯ 20획	日エン
	들 원	中yuán

풀이 들. 높고 평평한 땅.
邍隰(원습) 높고 평평한 들과 낮고 습한 진펄.

邏	⑲ 23획	日ラ
	돌 라(나)	中luó

풀이 1. 돌다. 2. 순찰하는 사람. 3. 가로막다. 차단하다. 4. 두르다.
邏騎(나기) 순찰(巡察)하는 기병.
邏吏(나리) 순찰하는 관리.
邏子(나자) 나졸(邏卒).
邏卒(나졸) 순찰하는 병졸(兵卒).

邐	⑲ 23획	日リ
	이어질 리	中lǐ

풀이 1. 이어지다. 연속하다. 2. 줄지어 이어가는 모양. ¶邐迆
邐倚(이의) 도로가 구불구불하고 높낮이가 있는 모양.
邐迆(이이) 이이(邐迤).
邐迤(이이) 줄지어 이어진 모양.

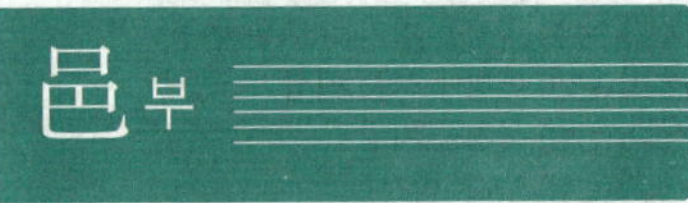

邑 고을 읍 部

'邑' 자는 윗부분은 일정하게 구획된 구역을 나타내고, 아랫부분은 사람이 앉아 있는 모양을 나타내어 '고을'의 뜻으로 쓰인다. 부수로 쓰일 때는 글자 오른쪽에 '阝'의 형태로 쓰여 '우부방'이라는 부수 명칭으로 불린다. 이 글자를 부수로 갖는 글자는 대체로 나라나 고을 이름에 관련된 명칭이나 일정한 구역에 관련된 명칭의 뜻을 나타낸다.

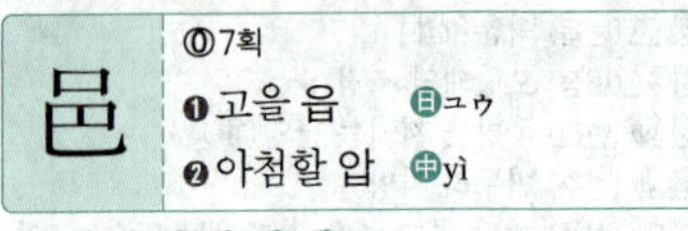

邑 ⓪7획 ❶고을 읍 日ユウ ❷아첨할 압 中yì

풀이 ❶ 1. 고을. 마을. ¶邑內 2. 도읍. 3. 영유하다. 4. 근심하다. ❷ 5. 아첨하다. 6. 흐느껴 울다.

邑內(읍내) 읍청이 있는 고을 안.
邑落(읍락) 읍과 촌락.
邑民(읍민) 읍내에 사는 사람.
邑笑(읍소) 고을의 웃음거리.
邑俗(읍속) 읍의 풍속.
邑邑(읍읍) 1)근심하는 모양. 우울한 모양. 2)여러 고을이 연속한 모양.
邑長(읍장) 읍의 우두머리.
邑村(읍촌) 읍내와 촌락.
邑豪(읍호) 고을에서 재력이나 권력이 제일가는 사람.
小邑(소읍) 작은 고을.
屬邑(속읍) 큰 고을에 속해 있는 작은 고을.
首邑(수읍) 그 지방에서 중심이 되는 마을.
食邑(식읍) 옛날에, 국가에서 공신(功臣)에게 내려 조세(租稅)를 개인이 받아 쓰게 한 고을.
雄株巨邑(웅주거읍) 지역이 넓고 산물이 많은 고을.

유 州(고을 주) 郡(고을 군)

邛 ③6획 日キョウ 언덕 공 中qióng

풀이 1. 언덕. 2. 앓다. 3. 고달프다. 4. 나라 이름. 한대(漢代)에 지금의 중국 사천성(四川省)에 있던 나라.

邛邛(공공) 북해(北海)에 사는 말과 매우 흡사한 짐승. 거허(距虛).

유 丘(언덕 구) 岸(언덕 안) 坏(언덕 배) 坵(언덕 구)

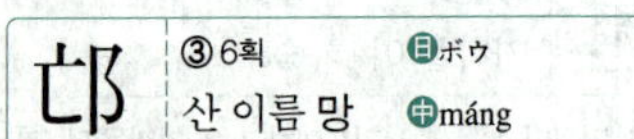

邔 ③6획 日キ 고을 이름 기 中qǐ

풀이 고을 이름. 지금의 중국 호북성(湖北省) 의성현(宜城縣).

邙 ③6획 日ボウ 산 이름 망 中máng

풀이 산 이름. 중국 낙양(洛陽)의 북쪽에 있는 산.

北邙山(북망산) 묘지가 있는 곳. 사람이 죽어서 가는 곳.

邕 ③ 10획 日ヨウ・ふさがる 화할 옹 中yōng

* 회의. '巛(내 천)'과 '邑(고을 읍)'을 합친 글자. 이에 주위가 물로 둘러싸인 고을을 나타내며, 바뀌어 '화목하다'의 뜻으로 쓰임.

풀이 1. 화하다. 화목하다. ¶邕穆 2. 막다.

邕穆(옹목) 화목(和睦)함. 화락함.
邕邕(옹옹) 온화한 모양.
邕熙(옹희) 1)화목하게 널리 퍼짐. 2)위(魏)나라가 평화롭게 다스려짐을 노래한 악곡의 이름.

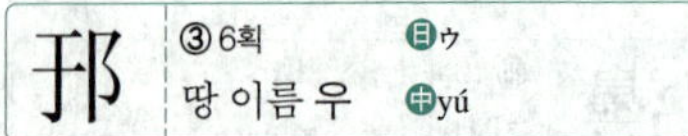

邘 ③6획 日ウ 땅 이름 우 中yú

풀이 땅 이름. 지금의 중국 하남성(河南省) 심양현(沁陽縣).

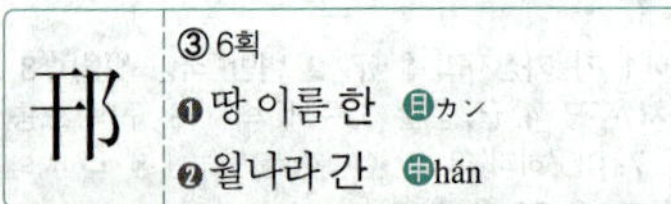

邗 ③6획 ❶땅 이름 한 日カン ❷월나라 간 中hán

풀이 ❶ 1. 땅 이름. 지금의 중국 강소성(江蘇省) 강도현(江都縣). 2. 운하(運河) 이름. ❷ 3. 월(越)나라.

비 邘(땅 이름 우)

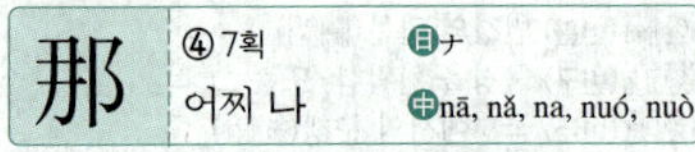

那 ④7획 日ナ 어찌 나 中nā, nǎ, na, nuó, nuò

* 형성. 뜻을 나타내는 부수 '邑(고을 읍)'과 음을 나타내는 '冄(염)'을 합친 글자. 원래는 중국 서쪽에 살던 종족 이름으로 쓰인 글자인데, '那'의 발음이 '奈何'의 합음과 비슷하기

때문에 '어찌'의 뜻으로 차용됨.

풀이 1. 어찌. 어찌하여. 2. 어찌하리오. 어떠하냐. 3. 어느. 어떤. ¶那裏 4. 저(彼). 5. 많다. 6. 편안한 모양.

那間(나간) 1)언제쯤. 2)그 동안.
那箇(나개) 그것. 저것. 어느 것.
那落(나락) 지옥. 구원할 수 없는 마음의 구렁텅이.
那裏(나리) 1)어느 곳. 2)저 곳.
那邊(나변) 1)어느 곳. 어디. 2)그곳.
那事(나사) 무슨 일.
那時(나시) 언제. 어느 때.
那由他(나유타) 아주 많은 수를 표시하는 말.
那中(나중) 그 속. 그곳.
檀那(단나) 시주(施主). 단월(檀越).

유 何(어찌 하)

邦
④ 7획 日ホウ·くに
나라 방 中bāng

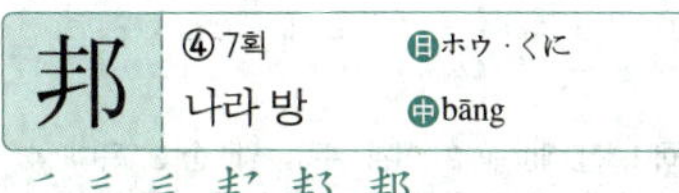

* 형성. 뜻을 나타내는 부수 '邑(고을 읍)'과 음을 나타내며 '경계'를 뜻하는 '丰(어여쁠 봉)'을 합친 글자. 경계가 정해진 영토를 나타내어, '나라'의 뜻으로 쓰임.

풀이 1. 나라. 영토. ¶邦國 2. 서울. 수도(首都). ¶邦畿 3. 제후를 봉하다.

邦家(방가) 영토와 국민과 주권을 갖춘 나라.
邦境(방경) 나라의 경계. 국경(國境).
邦慶(방경) 나라의 경사. 국경(國慶).
邦交(방교) 나라와 나라와의 교제. 국교(國交).
邦國(방국) 1)나라. 국가. 2)대국(大國)과 소국(小國).
邦君(방군) 제후(諸侯).
邦禁(방금) 국가가 금지한 법령. 국법.
邦紀(방기) 나라를 다스는 법.
邦畿(방기) 서울에서 가까운 지역. 기내(畿內).
邦本(방본) 나라의 근본.
邦俗(방속) 나라의 풍속.
邦域(방역) 1)나라의 경계. 2)나라의 통치권이 미치는 범위.
邦土(방토) 나라. 국토(國土).
邦憲(방헌) 국법(國法).
邦刑(방형) 나라의 형률(刑律).
邦貨(방화) 자기 나라 안에서 발행·유통되는 돈.
邦畫(방화) 자기 나라에서 만든 영화.
萬邦(만방) 모든 나라.
友邦(우방) 서로 친교가 있는 나라.

유 國(나라 국)

邡
④ 7획 日ホウ
고을 이름 방 中fāng

풀이 1. 고을 이름. 지금의 중국 사천성(四川省)에 있던 현(縣). 2. 꾀하다. 모의하다.

비 放(놓을 방)

邠
④ 7획 日ヒン
나라 이름 빈 中bīn

풀이 1. 나라 이름. 지금의 중국 섬서성(陝西省) 순읍현(栒邑縣). 2. 빛나다.

邪
④ 7획
❶ 간사할 사 日ジャ·よこしま
❷ 고을이름 야 中xié, yé

一 ㄷ 干 牙 牙' 邪 邪

* 형성. 뜻을 나타내는 부수 '邑(고을 읍)'과 음을 나타내는 '牙(어금니 아)'를 합친 글자.

풀이 1 1. 간사하다. 사특하다. ¶邪見 2. 기울다. 치우치다. 3. 사사로운 일. 4. 요사한 기운. ¶邪鬼 5. 열병. 2 6. 고을 이름.

邪見(사견) 1)간사한 생각. 바르지 않은 마음. 2)인간의 도리를 무시하는 망견(妄見).
邪徑(사경) 곧지 아니한 길. 도리에 어긋난 마음.
邪計(사계) 간사한 계략.
邪曲(사곡) 요사스럽고 편곡함. 마음이 올바르지 못한 모양. 왕곡(枉曲).
邪巧(사교) 도리에 어긋난 마음으로 꾀함.
邪教(사교) 1)올바르지 못한 가르침. 2)올바르지 못한 종교.
邪鬼(사귀) 요사스러운 귀신. 사매(邪魅).
邪氣(사기) 1)요망스럽고 나쁜 기운. 2)몸을 축내고 병을 가져오는 나쁜 기운.
邪道(사도) 올바르지 않은 길. 사람으로서 하여서는 안 될 부정한 길. 부정한 도(道).
邪魔(사마) 1)사악한 악마. 2)불도(佛道)의 수행을 방해하는 악마.
邪味(사미) 야릇한 맛.
邪法(사법) 사회에 좋지 않은 영향을 끼치는 법률. 악법(惡法).
邪說(사설) 올바르지 않은 말.
邪心(사심) 간사한 마음. 도리에 어긋난 잘못된 마음.
邪意(사의) 나쁜 마음. 사악한 마음. 사심(邪心).

7획

邪正(사정) 그릇됨과 올바름.
邪疾(사질) 정신병.
邪推(사추) 나쁜 쪽으로 추측함. 못된 의심을 품고 짐작함.
邪慝(사특) 간사하고 못됨.
邪虐(사학) 사악하고 사물을 상하게 함.
邪學(사학) 정도(正道)에 어긋난 학문.
辟邪(벽사) 요사스러운 귀신을 물리침.
妖邪(요사) 요망하고 간사함.

邥 ④ 7획 땅 이름 심 日シン 中shěn

풀이 땅 이름. 지금의 중국 하남성(河南省) 낙양현(洛陽縣)의 남쪽.

邧 ④ 7획 고을 이름 원 日ガン 中yuán

풀이 고을 이름. 지금의 중국 섬서성(陝西省) 징성현(澄城縣).

邢 ④ 7획 ❶나라 이름 형 ❷땅 이름 경 日ケイ 中xíng

풀이 1 1. 나라 이름. 주나라의 제후국으로, 지금의 중국 하북성(河北省) 형대현(邢臺縣). 2 2. 땅 이름. 지금의 중국 산서성(山西省) 하진현(河津縣).

邱 ⑤ 8획 땅 이름 구 日キュウ 中qiū

풀이 1. 땅 이름. 2. 언덕.

邴 ⑤ 8획 고을 이름 병 日ヘイ 中bǐng

풀이 1. 고을 이름. 지금의 중국 산동성(山東省) 비현(費縣). 2. 분명한 모양.
邴邴(병병) 1)분명한 모양. 2)기뻐하는 모양.

邳 ⑤ 8획 클 비 日ヒ 中pī

풀이 1. 크다. ¶邳張 2. 땅 이름. 지금의 중국 산동성(山東省) 등현(滕縣). 3. 언덕.
邳張(비장) 크게 뻗음.
유 丕(클 비)

邵 ⑤ 8획 고을 이름 소 日ショウ 中shào

* 형성. 뜻을 나타내는 부수 '邑(고을 읍)'과 음을 나타내는 '召(부를 소)'를 합친 글자.

풀이 고을 이름.

邸 ⑤ 8획 집 저 日テイ・やしき 中dǐ

* 형성. 뜻을 나타내는 부수 '邑(고을 읍)'과 음을 나타내며 '언덕 위 집'을 의미하는 '氐(근본 저)'를 합친 글자. 마을 언덕 위에 있는 집은 대개 유력자(有力者)의 것이므로 '큰 집'의 뜻으로 쓰임.

풀이 1. 집. ¶邸館 2. 여관. 주막. ¶邸舍 3. 묵다. 4. 이르다. 5. 밑. 6. 종친. 7. 닿다. 8. 홀(圭)의 밑동에 다는 구슬. 9. 돌아오다. 10. 병풍.
邸閣(저각) 1)창고. 곡식을 보관하는 곳. 미창(米倉). 2)집. 저택.
邸館(저관) 집. 저택.
邸觀(저관) 저택과 누각(樓閣).
邸報(저보) 조정의 명령·서임(敍任) 등을 보내던 통보. 지금의 관보(官報)와 비슷함.
邸舍(저사) 1)시중의 상점. 2)집. 3)여관.
邸下(저하) 왕세자의 존칭.
유 家(집 가) 宅(집 택)

邰 ⑤ 8획 나라 이름 태 日タイ 中tái

풀이 나라 이름. 지금의 중국 섬서성(陝西省) 무공현(武功縣).

邶 ⑤ 8획 땅 이름 패 日ハイ 中bèi

풀이 땅 이름. 지금의 중국 하남성(河南省) 위휘부(衛輝府).

邲 ⑤ 8획 땅 이름 필 日ヒツ・ヒ 中bì

풀이 땅 이름. 춘추 시대 정(鄭)나라의 땅. 지금의 중국 하남성(河南省) 정현(鄭縣).

邯	⑤8획 ❶땅 이름 한 日カン ❷현 이름 中hán, hàn 함·감

풀이 ❶ 1. 땅 이름. 전국 시대 조(趙)나라의 서울. 지금의 중국 하북성(河北省) 한단현(邯鄲縣). ❷ 2. 현 이름. 3. 풍성하다.

邯鄲之夢(한단지몽) 한단에서의 꿈이라는 뜻으로, 한바탕 꿈처럼 인생이 덧없음을 이르는 말.

○邯鄲之夢(한단지몽)의 유래
당나라 현종 때 노생이라는 자가 여옹의 베개를 빌려 잠을 잤는데, 꿈속에서 80년동안의 부귀영화를 누렸으나 깨어보니 꿈이었다. 노생이 "꿈이었구나!"라며 한숨을 쉬자 여옹이 "인생이라 다 그런 것이라네." 라고 말했다. 이에 노생은 여옹에게 자신의 부질없는 욕망을 막아준 데 대한 감사의 말을 하고는 길을 떠났다고 한다. 《침중기(枕中記)》

邯鄲之步(한단지보) 한단의 걸음걸이라는 뜻으로, 자기 분수를 모르고 남을 흉내내는 것을 빗대서 하는 말. 한단학보(邯鄲學步).

○邯鄲之步(한단지보)의 유래
전국 시대 조나라의 사상가인 공손룡은 자신의 학문과 변론이 당대 최고라고 여기고 있었다. 그러던 차에 장자에 관한 이야기를 듣게 되고, 그는 자신의 변론과 지혜를 장자와 견주어보려고 위나라의 공자 위모에게 장자의 도(道)를 알고 싶다고 말했다. 장자의 선배인 위모는 다음의 이야기를 들려주었다. "자네는 저 수릉의 젊은이가 조나라의 서울인 한단에 가서 그곳의 걸음걸이를 배웠다는 이야기를 듣지 못했는가? 그는 한단의 걸음걸이를 제대로 배우기도 전에 본래의 걸음걸이마저 잊어버려 엎드려 기어서 돌아갈 수밖에 없었다는 걸세." 《장자》

邯鄲學步(한단학보) 한단지보(邯鄲之步).

 郊	⑥9획 日コウ 성 밖 교 中jiāo

丶 亠 亣 六 方 交 交' 交阝 郊

*형성. 뜻을 나타내는 부수 '邑(고을 읍)'과 음을 나타내며 '넓다'는 뜻을 가진 '交(사귈 교)'를 합친 글자. 넓고 넓은 땅을 나타내어 '교외'의 뜻으로 쓰임.

풀이 1. 성 밖. 주나라 때는 서울 주위 100리까지의 땅을 일컬음. ¶郊迎 2. 들. 시골. ¶郊原 3. 국경. 4. 야외. 5. 제사 지내다.

郊里(교리) 마을.

郊祀(교사) 임금이 하늘과 땅에 지내는 제사. 옛날 임금이 동지(冬至) 때에는 성 밖 남쪽에서 하늘에 제사 지내고, 하지(夏至) 때에는 성 밖 북쪽에서 땅에 제사를 올렸음 .

郊野(교야) 교외의 들.

郊迎(교영) 성문 밖에 나가 마중함.

郊外(교외) 시가(市街) 밖. 성문 밖.

郊原(교원) 들판.

郊天(교천) 임금이 천신에게 제사를 지냄.

郊禘(교체) 임금이 하늘과 땅에 제사 지내는 교제(郊祭)와, 선조를 천신(天神)에 배향(配享)하여 제사 지내는 체제(禘祭).

郊草(교초) 서울 부근의 들판에서 나는 땔감.

郊村(교촌) 큰 도시 근처에서 근교 농업을 하는 농촌.

郊行(교행) 교외로 감.

郊墟(교허) 1)들판과 언덕. 2)촌. 시골.

近郊農業(근교농업) 도시에 내다 팔기 위하여 도시 가까운 들에서 이루어지는 농업.

유 外(밖 외)

郄	⑥9획 隙(p1504)과 同字

郇	⑥9획 日シュン 나라 이름 순 中xún

풀이 나라 이름. 지금의 중국 산서성(山西省) 의씨현(猗氏縣).

郗	⑥9획 日シ 나라 이름 시 中shī

풀이 1. 나라 이름. 춘추 시대 노(魯)나라의 부용국(附庸國). 지금의 중국 산동성(山東省) 제녕현(濟寧縣) 근처. 2. 산 이름.

郁	⑥9획 日イク·かぐわしい 성할 욱 中yù

*형성. 뜻을 나타내는 부수 '邑(고을 읍)'과 음을 나타내는 '有(있을 유)'를 합친 글자.

풀이 1. 성하다. ¶郁文 2. 향기가 강한 모양. ¶郁烈 3. 땅 이름. 지금의 중국 섬서성(陝西省) 농현(隴縣) 근처.

郁文(욱문) 문물(文物)이 번성한 모양.

郁馥(욱복) 향기가 강한 모양.

郁氛(욱분) 향기(香氣).

郁郁(욱욱) 1)문물(文物)이 성대한 모양. 2)향기가 매우 강한 모양.

郁郁青青(욱욱청청) 향기가 대단히 높고, 수목이 무성하여 푸른 빛깔이 썩 곱고 깨끗한 모양.

郁毓(욱육) 매우 많은 모양.
馥郁(복욱) 향기가 그윽함.
유 盛(성할 성)

邾	⑥ 9획	日チュ
	나라 이름 주	中zhū

풀이 1. 나라 이름. 춘추 시대 노(魯)나라의 부용국(附庸國). 지금의 중국 산동성(山東省) 추현(鄒縣). 2. 고을 이름.

郅	⑥ 9획	
	❶ 고을이름 질	日シツ
	❷ 깃대 길	中zhì

풀이 ❶ 1. 고을 이름. 지금의 중국 감숙성(甘肅省)에 있던 현(縣). 2. 이르다. 3. 성하다. 4. 오르다. ❷ 5. 깃대.
郅隆(질륭) 융성함을 이름. 태평(太平)한 시대.
郅治(질치) 매우 잘 다스려짐.
비 致(보낼 치)

郃	⑥ 9획	日コウ
	고을 이름 합	中hé

풀이 1. 고을 이름. 지금의 중국 섬서성(陝西省) 조읍현(朝邑縣) 근처. 2. 맞다.

郈	⑥ 9획	日コウ
	고을 이름 후	中hòu

풀이 고을 이름. 지금의 중국 산동성(山東省) 동평현(東平縣).

郟	⑦ 10획	日コウ
	고을 이름 겹	中jiá

풀이 1. 고을 이름. 지금의 중국 하남성(河南省) 보성현(輔城縣). 2. 땅 이름. 지금의 중국 하남성(河南省) 낙양현(洛陽縣) 근처. 3. 문 양쪽에 달린 방.
郟室(겹실) 문의 양 쪽에 있는 방. 일설에는 동서(東西)의 곁채.
비 郊(성 밖 교)

郠	⑦ 10획	日ケイ
	고을 이름 경	中gěng

풀이 고을 이름. 춘추 시대 거(莒)나라의 땅. 지금의 중국 하남성(河南省) 기수현(沂水縣).

郜	⑦ 10획	日コウ
	나라 이름 고	中gào

풀이 1. 나라 이름. 주나라의 제후국. 지금의 중국 산동성(山東省) 성무현(城武縣). 2. 고을 이름. 춘추 시대 송(宋)나라의 읍.

郡	⑦ 10획	日グン
	고을 군	中jùn

ㄱ ㅋ ㅋ 尹 尹 君 君 君' 君3 郡

풀이 1. 고을. 행정 구획의 하나. ¶郡界 2. 관청.
郡界(군계) 한 고을과 다른 고을과의 경계.
郡君(군군) 부인(婦人)의 봉호(封號). 당대(唐代)에는 사품(四品)의 벼슬아치의 아내에게 수여하였고, 송원(宋元) 이후에는 황실의 여자에 한하였음.
郡守(군수) 군의 행정을 맡아보던 군의 장관. 뒤에 태수(太守)로 개칭함.
郡丞(군승) 진한(秦漢) 때 군수(郡守)를 보좌하여 병마(兵馬)를 관장하던 벼슬.
郡王(군왕) 봉작(封爵)의 이름. 왕의 다음 가는 지위.
郡長(군장) 군(郡)의 우두머리.
郡齋(군재) 군청(郡廳).
郡主(군주) 제왕(諸王)의 딸.
郡縣制度(군현제도) 영토를 군과 현으로 나누어 중앙 정부에서 파견된 관리가 행하는 중앙 집권 제도.
유 州(고을 주) 邑(고을 읍)

郤	⑦ 10획	日キャク
	틈 극	中xì

풀이 1. 틈. 2. 뼈와 살 사이. 3. 우러르다.
郤地(극지) 빈 땅. 빈터. 극지(隙地).

郞	⑦ 10획	日ロウ
	사나이 랑	中láng, làng

` ㅋ ㅋ ㅋ 良 良 良 良' 郞3 郞

* 형성. 뜻을 나타내는 부수 '邑(고을 읍)'과 음을 나타내는 '良(어질 량)'을 합친 글자.

풀이 1. 사나이. 2. 젊은이. 3. 아들. 4. 아버지. 5. 주인. 6. 낭군. ¶郞君 7. 땅 이름. 지금의 중국 산동성(山東

省) 비현(費縣) 근처. 8. 벼슬 이름. 9. 행랑.

郎官(낭관) 한대(漢代)의 시랑(侍郎)·낭중(郎中)의 총칭.

郎君(낭군) 1)남의 아들의 경칭. 2)젊은 남자를 높여 부르는 말. 귀공자(貴公子). 3)아내가 남편을 부르는 말.

郎當(낭당) 1)매우 피곤한 모양. 2)큰 쇠사슬. 3)바르지 못한 모양. 4)옷이 커서 몸에 맞지 않는 모양.

郎子(낭자) 남의 아들을 높여 이르는 말.

유 男(사내 남) 비 朗(밝을 랑)

郛	⑦ 10획 외성 부	日フ 中fú

풀이 외성(外城).

郛郭(부곽) 1)성곽(城郭). 2)보장(保障)의 비유.

郔	⑦ 10획 땅 이름 연	日エン 中yán

풀이 땅 이름. 춘추 시대 정(鄭)나라의 땅. 지금의 중국 하남성(河南省) 정현(鄭縣).

郢	⑦ 10획 땅 이름 영	日エイ 中yǐng

풀이 1. 땅 이름. 춘추 시대 초(楚)나라의 서울. 지금의 중국 호북성(湖北省) 강릉현(江陵縣) 근처. 2. 절기(節氣).

郢曲(영곡) 영(郢) 사람들이 부르는 속곡(俗曲)이라는 뜻에서, 비속한 노래를 이르는 말. 유행가.

郢政(영정) 영착(郢斲).

郢斲(영착) 남에게 시문(詩文)의 첨삭(添削)을 부탁할 때 쓰는 말. 영부(郢斧).

郚	⑦ 10획 고을 이름 오·어	日ゴ·お 中wú

풀이 고을 이름. 춘추 시대 제(楚)나라의 땅. 지금의 중국 산동성(山東省) 안구현(安丘縣) 근처.

郗	⑦ 10획 고을 이름 치	日チ 中xī

풀이 고을 이름. 지금의 중국 하남성(河南省) 심현(沁縣).

郝	⑦ 10획 ❶고을 이름 학 ❷갈 석	日カク·セキ 中hǎo

풀이 ❶ 1. 고을 이름. 지금의 중국 섬서성(陝西省) 호현(鄠縣)과 주질현(盩厔縣) 사이의 땅. ❷ 2. 밭을 갈다.

郭	⑧ 11획 성곽 곽	日カク 中guō

* 형성. 뜻을 나타내는 부수 '邑(고을 읍)'과 음을 나타내며 성루가 있는 성벽의 모양을 본뜬 '享(누릴 향)'을 합친 글자. 이에 성을 둘러싼 '성곽'의 뜻으로 쓰임.

풀이 1. 성곽. 도읍을 둘러싼 성벽. ¶郭外 2. 둘레. 바깥의 둘레. 3. 벌리다. 개장(開張)하다. 4. 크다.

郭公(곽공) 1)뻐꾸기의 다른 이름. 2)허수아비.

郭外(곽외) 성곽(城郭) 밖.

郭州(곽주) 평안북도 곽산의 옛 이름.

內郭(내곽) 안쪽 테두리.

山郭(산곽) 우뚝 솟아 벽같이 된 산.

城郭(성곽) 내성(內城)과 외성(外城)을 아울러 일컫는 말.

外郭(외곽) 성 밖에 겹으로 쌓은 성. 바깥 언저리.

一郭(일곽) 하나의 담으로 막은 지역.

유 城(성 성)

郯	⑧ 11획 나라 이름 담	日タン 中tán

풀이 나라 이름. 춘추 시대의 나라 이름. 지금의 중국 산동성(山東省) 담성현(郯城縣) 근처.

郲	⑧ 11획 ❶땅 이름 래 ❷평평하지 않을 뢰	日ライ 中lái

풀이 ❶ 1. 땅 이름. 지금의 하남성(河南省) 형택현(滎澤縣). ❷ 2. 평평하지 않은 모양.

郱	⑧ 11획 땅 이름 병	日ビョウ 中píng

풀이 땅 이름. 지금의 산동성(山東省) 임구현(臨朐縣) 근처.

7획

部	⑧ 11획	日 ブ
	거느릴 부	中 bù

丶 亠 ⺊ 立 ...部

풀이 1. 거느리다. 지배하다. 2. 나누다. 3. 떼. 촌락. 4. 분류. 구분. ¶部分 5. 지역. 경계. 6. 언덕. ¶部婁

部曲(부곡) 1)군대의 단위별 편성. 2)사람들이 조직한 집단의 작은 단위.
部隊(부대) 한 단위의 군대. 일부의 군대.
部婁(부루) 작은 언덕.
部類(부류) 종류에 따라 나눈 갈래.
部門(부문) 갈라놓은 부류. 구별한 부류.
部分(부분) 전체를 몇 개로 나눈 것의 하나.
部署(부서) 1)여럿으로 나누어 분담시키는 사무의 부문. 2)각기 할 일을 부담시킴.
部屬(부속) 어떠한 부류나 부분에 부속(附屬)됨.
部首(부수) 한문 자전(字典)에서 한자를 구별한 각 부류의 길잡이가 되는 글자의 한 부분.
部員(부원) 부서에 딸린 인원.
部處(부처) 정부 조직체의 부(部)와 처(處)의 총칭.
部下(부하) 남의 명령에 따라 움직이는 사람. 아랫사람.
文部(문부) 육조의 하나. 벼슬아치를 임명하고 공훈 · 봉작(封爵) 등의 일을 맡은 관청.
文藝部(문예부) 학교 등에서, 학생 자치활동 조직 가운데 문예에 관하여 활동하는 부서.

유 率(거느릴 솔) 비 都(도읍 도) 剖(쪼갤 부)

郫	⑧ 11획	日 ヒ
	고을 이름 비	中 pí

풀이 고을 이름. 지금의 중국 사천성(四川省)에 있던 현(縣).

郳	⑧ 11획	日 エイ
	나라 이름 예	中 ní

풀이 나라 이름. 춘추 시대 노(魯)나라의 부용국(附庸國). 지금의 중국 산동성(山東省) 등현(滕縣) 근처.

郵	⑧ 11획	日 ユウ
	역말 우	中 yóu

一 二 三 ...郵

* 형성. 뜻을 나타내는 부수 '邑(고을 읍)'과 음을 나타내는 '垂(늘어질 수)'를 합친 글자.

풀이 1. 역말. 각 역참에 갖추어 둔 말. 2. 역참. 문서 등을 전달하는 인마를 번갈아 보내기 위해 적당한 거리를 두고 만든 시설. ¶郵驛 3. 오두막집. 4. 허물. 5. 뛰어나다.

郵稅(우세) 우편 요금.
郵送(우송) 물건이나 편지를 우편으로 보냄.
郵信(우신) 우편으로 오가는 편지.
郵驛(우역) 공문을 발송하고 관리의 왕래를 돕기 위해 말을 태워주던 곳.
郵政(우정) 우편에 관한 행정.
郵政局(우정국) 우편 행정에 관한 사무를 맡아 보던 옛 체신부(遞信部)의 한 국(局).
郵遞局(우체국) 우편 · 우편 환금 · 우편 저금 · 전기 통신 등의 사무를 맡아보는 지방 체신 관청.
郵遞筒(우체통) 우편물을 넣는 통.
郵便(우편) 편지나 소포 등을 운송하는 정부의 사업.
郵票(우표) 우편 요금을 낸 표시로 우편물에 붙이는 증표(證票).

郪	⑧ 11획	日 セイ
	땅 이름 처	中 qī

풀이 땅 이름. 지금의 중국 안휘성(安徽省) 태화현(太和縣).

郰	⑧ 11획	
	❶ 고을 이름 추	日 シュウ
	❷ 역참 이름 산	中 zōu

풀이 1. 고을 이름. 공자의 고향으로, 지금의 중국 산동성(山東省) 곡부현(曲阜縣). 2. 역참(驛站) 이름.

郴	⑧ 11획	日 チン
	고을 이름 침	中 chēn

풀이 고을 이름. 중국 호남성(湖南省)에 있는 현(縣).

郹	⑨ 12획	日 ケキ
	고을 이름 격	中 jú

풀이 고을 이름. 지금의 중국 하남성(河南省) 상채현(上蔡縣).

鄄	⑨ 12획	日 ケン
	땅 이름 견	中 juàn

7획

풀이 땅 이름. 지금의 중국 산동성(山東省) 복현(濮縣) 근처.

郰	⑨ 12획	日キュウ
	땅 이름 규	中kuī

풀이 땅 이름. 지금의 중국 산서성(山西省) 분성현(汾城縣) 임분(臨汾).

都	⑨ 12획	日ト・みやこ
	도읍 도	中dū, dōu

* 형성. 뜻을 나타내는 부수 '邑(고을 읍)'과 음을 나타내는 '者(놈 자)'를 합친 글자.

풀이 1. 도읍. ¶都邑 2. 서울을 정하다. 3. 행정 구역. 4. 마을. 5. 성(城). 6. 나라. 7. 있다. 거하다. 8. 모이다. 9. 모두. 10. 거느리다. 11. 크다. 12. 성하다. 13. 아! 감탄사. 14. 아름답다. 우아하다. 15. 쌓다.

都家(도가) 1)주대(周代), 왕족 및 공경(公卿)과 대부(大夫)의 영지(領地). 2)동업자들이 모임을 가질 수 있는 집.

都講(도강) 1)강사(講師). 선생. 2)군대 일을 강습하는 일.

都給(도급) 어떠한 공사에 들 모든 비용을 미리 작정하고 도맡아 하게 하는 것.

都督(도독) 1)제주(諸州)의 군사 일을 맡아보던 무장(武將). 2)통솔하고 감독함. 3)신라 때 주(州)의 장관.

都輦(도련) 서울.

都盧(도로) 서역(西域)의 나라 이름. 이 나라 사람은 몸이 가벼워서 장대를 잘 타므로, 곡예사(曲藝師)를 이르는 말.

都賣(도매) 물건을 모아 파는 일.

都門(도문) 1)도성의 출입문. 서울을 이르는 말. 2)번화한 거리에 있는 문.

都府(도부) 서울.

都鄙(도비) 서울과 시골. 도시와 농촌.

都城(도성) 서울. 도읍.

都市(도시) 도회(都會).

都心(도심) 도시의 중심.

都雅(도아) 우아함.

都冶(도야) 아름답고 우아함. 또는 그런 여자.

都邑(도읍) 서울. 수도(首都).

都肄(도이) 군대를 모아 훈련시킴.

都人子(도인자) 1)서울에 사는 사람. 2)궁인(宮人)의 아들.

都點檢(도점검) 천자를 호위하던 벼슬. 점검(點檢).

都亭(도정) 군현(郡縣)의 마을이 있는 곳에 지어진 옥사(屋舍).

都總(도총) 1)총괄하여 다스림. 2)모두 합함. 도합(都合).

都統(도통) 통솔하여 다스림.

都合(도합) 모두.

都會(도회) 사람이 많이 모여 살고 번화한 곳. 도회지(都會地).

비 部(나눌 부)

郿	⑨ 12획	日ビ
	고을 이름 미	中méi

풀이 고을 이름. 지금의 중국 산동성(山東省) 수장현(壽張縣).

鄂	⑨ 12획	日ガク
	고을 이름 악	中è

풀이 1. 고을 이름. 춘추 시대 초나라의 읍으로 지금의 호북성(湖北省) 무창현(武昌縣). 2. 경계. 한계. 3. 받침대. 4. 놀라다. ¶鄂驚 5. 직언(直言)하다. 6. 나타나다.

鄂驚(악경) 놀람. 경악(驚愕).

鄂博(악박) 몽고(蒙古)에서 유목지의 경계를 명백히 하기 위하여 돌을 쌓아 올린 표지(標識).

鄂鄂(악악) 1)직언하는 모양. 2)말이 많은 모양. 시끄러운 모양.

鄀	⑨ 12획	
	나라 이름	日ヤク・ジャク
	약·작	中ruò

풀이 나라 이름. 진(秦)나라와 초(楚)나라의 사이에 있던 나라. 지금의 중국 하남성(河南省) 내석천현(內淅川縣).

郾	⑨ 12획	日エン
	고을 이름 언	中yǎn

풀이 고을 이름. 지금의 중국 하남성(河南省) 언성현(郾城縣).

鄅	⑨ 12획	
	나라 이름	日ウ
	우·구	中yǔ

풀이 나라 이름. 춘추 시대에 지금의 중국 산동성(山東省)

난산현(蘭山縣)에 있던 나라.

鄆	⑨ 12획 日ウン 고을 이름 운 中yùn

풀이 고을 이름. 춘추 시대 노(魯)나라의 읍. 지금의 중국 산동성(山東省) 운성현(鄆城縣).

鄃	⑨ 12획 日ユウ 고을 이름 유 中shū

풀이 고을 이름. 한대(漢代)의 현(縣). 지금의 중국 산동성(山東省) 평원현(平原縣).

郾	⑨ 12획 廛(p402)과 同字

鄇	⑨ 12획 日コウ 땅 이름 후 中hòu

풀이 땅 이름. 춘추 시대 진나라의 땅. 지금의 중국 하남성(河南省) 무척현(武陟縣) 근처.

비 侯(과녁 후)

鄍	⑩ 13획 日メイ 고을이름 명 中míng

풀이 고을 이름. 춘추 시대 우(虞)나라의 땅. 지금의 중국 산동성(山東省) 평륙현(平陸縣) 근처.

鄎	⑩ 13획 日シキ 나라 이름 식 中xī

풀이 나라 이름. 주나라의 제후국. 지금의 중국 하남성(河南省) 식현(食縣) 근처.

鄔	⑩ 13획 日ウ 땅이름오·우 中wū

풀이 땅 이름. 춘추 시대 정나라의 땅. 지금의 하남성(河南省) 언사현(偃師縣) 근처.

鄏	⑩ 13획 日ヨク 땅 이름 욕 中rǔ

풀이 땅 이름. 지금의 하남성(河南省) 낙양현(洛陽縣) 근처.

鄖	⑩ 13획 日ウン 나라 이름 운 中yún

풀이 1. 나라 이름. 주나라의 제후국. 지금의 중국 호북성(湖北省) 안륙현(安陸縣). 2. 땅 이름. 춘추 시대 위(衛)나라의 땅. 지금의 중국 강소성(江蘇省) 여고현(如皐縣).

鄒	⑩ 13획 日スウ 나라 이름 추 中zōu

풀이 나라 이름. 주나라의 제후국. 지금의 중국 산동성(山東省) 추현(鄒縣) 근처.

鄒孟(추맹) 맹자(孟子).
鄒查(추사) 소곤거리는 말소리.
鄒搜(추수) 용모가 변변치 않음.

鄐	⑩ 13획 日チク 고을 이름 축 中chù

풀이 고을 이름. 춘추 시대 진(晉)나라의 옹자(雍子)의 읍(邑).

鄉	⑩ 13획 日キョウ 시골 향 中xiāng

(필순) 鄉

* 회의. 마을(邑)과 마을이 서로 마주하여 '길이 통하다'의 뜻에서 '마을', '고향'을 나타냄.

풀이 1. 시골. ¶鄉曲 2. 마을. 3. 장소. 4. 고향. 5. 행정 구역 이름. 6. 지위. 7. 향하다. 8. 대접하다.

鄉歌(향가) 신라 중엽부터 고려 초기에 널리 유행하였던 우리나라 고유의 시가(詩歌).
鄉曲(향곡) 시골.
鄉貢(향공) 인재 선발 때, 지방의 장관이 추천하는 사람.
鄉貢進士(향공진사) 향공(鄉貢)으로서 진사 시험을 보는 사람. 주현(州縣)의 장관이 선발하여 경사(京師)에 추천한 사람.
鄉貫(향관) 태어난 고향의 호적. 본적(本籍).
鄉關(향관) 고향(故鄉).
鄉國(향국) 고향(故鄉).
鄉黨(향당) 마을. 향리(鄉里).
鄉黨尙齒(향당상치) 마을에서는 나이가 많은 사람을 대접함.
鄉論(향론) 향리(鄉里)의 평판.

鄕吏(향리) 향(鄕)의 벼슬아치.
鄕夢(향몽) 고향 꿈.
鄕背(향배) 좇음과 배반함.
鄕射(향사) 주대(周代)에, 향대부(鄕大夫)가 과거(科擧)를 보일 때 실시하던 활쏘기 의식.
鄕三物(향삼물) 주대(周代) 향학(鄕學)에서 가르치던 육덕(六德)·육행(六行)·육예(六藝)의 세 가지.
鄕書(향서) 고향에서 보낸 편지.
鄕先生(향선생) 향리에서 제자를 가르치는 사람. 시골 선생.
鄕信(향신) 고향 소식. 고향에서 온 편지.
鄕約(향약) 같은 마을 사람이 함께 지켜야 할 규약(規約).
鄕往(향왕) 우러러 사모함.
鄕友(향우) 고향의 친구.
鄕原(향원) 마을 사람들에게서 덕(德)이 있는 사람이라고 칭송을 받으나, 실제의 행실은 그렇지 못한 위선자.
鄕園(향원) 고향(故鄕).
鄕音(향음) 고향 말. 사투리.
鄕飮酒禮(향음주례) 고을 안의 선비들이 모여 술을 마시던 잔치.
鄕井(향정) 고향(故鄕).
鄕弟(향제) 동향(同鄕)사람에 대하여 자기를 이르는 말.
鄕札(향찰) 신라 시대에, 우리말을 한자로써 음을 빌려 나타내던 글.
鄕親(향친) 1)고향 친척. 2)같은 고향 사람.
鄕學(향학) 학문에 뜻을 두어 그 길로 나아감.
鄕賢祠(향현사) 한 지방에서 명망이 있는 사람이 죽은 뒤에 그 지방에서 제사 지내던 일. 또는 그 사당.
故鄕(고향) 1)자신이 태어나서 자란 곳. 2)마음이나 영혼의 안식처.

비 卿(벼슬 경) 饗(울릴 향)

鄗	⑩ 13획 日コウ 땅 이름 호 中hào, qiāo

풀이 땅 이름. 춘추 시대 진(晉)나라의 읍. 지금의 중국 하북성(河北省) 백향현(柏鄕縣) 근처.

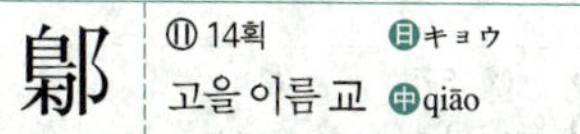

鄡	⑪ 14획 日キョウ 고을 이름 교 中qiāo

풀이 고을 이름. 한대(漢代)의 현(縣). 지금의 중국 하북성(河北省) 동록현(東鹿縣). 2. 역참 이름.

鄝	⑪ 14획 日リョウ 나라 이름 료 中liǎo

풀이 나라 이름. 춘추 시대에 지금의 하남성(河南省) 고시현(固始縣)의 요성강(蓼城岡)에 있던 나라.

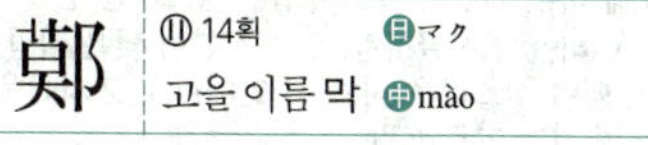

鄚	⑪ 14획 日マク 고을 이름 막 中mào

풀이 고을 이름. 지금의 중국 하북성(河北省) 임구현(任丘縣).

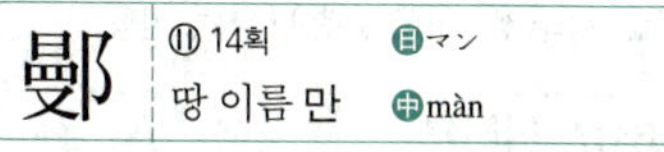

鄤	⑪ 14획 日マン 땅 이름 만 中màn

풀이 땅 이름. 춘추 시대 정(鄭)나라의 땅. 지금의 중국 하남성(河南省) 범수현(氾水縣).

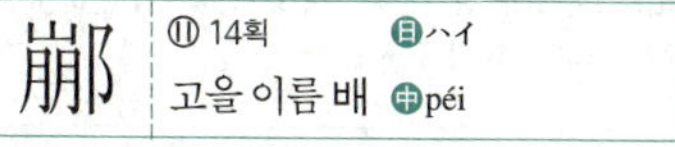

郿	⑪ 14획 日ハイ 고을 이름 배 中péi

풀이 고을 이름. 지금의 중국 안휘성(安徽城) 박현(亳縣).

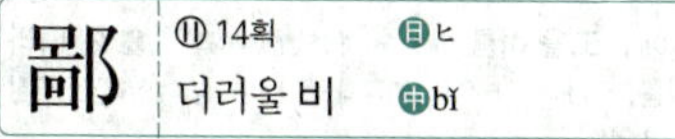

鄙	⑪ 14획 日ヒ 더러울 비 中bǐ

풀이 1. 더럽다. ¶鄙吝 2. 천하다. ¶鄙見 3. 천하게 여기다. 4. 마을. 5. 식읍. 왕의 자제와 공경대부(公卿大夫)의 채읍. 6. 시골. 7. 고집이 세다. 8. 촌스럽다.
鄙見(비견) 천한 견해. 자신의 의견을 낮추어 이르는 말.
鄙軀(비구) 천한 몸. 자신의 몸을 이르는 말.
鄙近(비근) 상스럽고 천박함.
鄙陋(비루) 품성이 속되고 하는 짓이 더러움.
鄙俚(비리) 풍속·언어 등이 거칠고 촌스러움.
鄙吝(비린) 마음이 더럽고 인색함.
鄙朴(비박) 촌스럽고 소박함.
鄙薄(비박) 1)야비하고 경박함. 2)경시함.
鄙倍(비배) 야비하고 이치에 어긋남.
鄙夫(비부) 1)비루하고 천한 사람. 도량이 좁은 사람. 소인(小人). 2)자신을 낮추어 이르는 말.
鄙詐(비사) 야비하고 남을 잘 속임.
鄙笑(비소) 비웃음. 냉소(冷笑).
鄙闇(비암) 천하고 어리석음. 비우(鄙愚).

鄙言(비언) 어리석은 말. 상스러운 말.
鄙諺(비언) 상스러운 속담.
鄙猥(비외) 품격이 낮고 음흉함.
鄙愚(비우) 상스럽고 어리석음.
鄙遠(비원) 비루하고 멂. 또는 그 땅.
鄙願(비원) 자기의 소원을 낮추어 이르는 말.
鄙儒(비유) 식견이 좁고 행실이 상스러운 선비.
鄙人(비인) 1)시골사람. 또는 신분이 낮은 사람. 언행이 상스러운 사람. 소인(小人). 2)자신을 겸손하게 이르는 말.
鄙賤(비천) 1)천박함. 신분이 낮고 천함. 2)깔봄. 경시함.
鄙懷(비회) 자기 생각을 낮추어 이르는 말.
野鄙(야비) 성질이나 행동이 야하고 천함.

⑪ 14획 日ソウ
고을 이름 소 中cháo

풀이 고을 이름. 한(漢)나라 화제(和帝)가 환관(宦官) 정중(鄭衆)을 봉(封)한 땅. 지금의 중국 하남성(河南省) 신야현(新野縣).

⑪ 14획 日エン
고을 이름 언 中yān

풀이 1. 고을 이름. 춘추 시대 초(楚)나라의 서울. 2. 나라 이름. 주나라의 제후국. 지금의 중국 하남성(河南省) 언릉현(鄢陵縣).

⑪ 14획 日ヨウ
나라 이름 용 中yōng

풀이 나라 이름. 주나라의 제후국. 지금의 중국 하남성(河南省) 급현(汲縣) 근처.

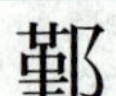

⑪ 14획 日イン
땅 이름 은 中yín

풀이 땅 이름. 중국 절강성(浙江省)에 있는 현(縣).

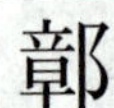

⑪ 14획 日ショウ
나라 이름 장 中zhāng, zhàng

풀이 1. 나라 이름. 춘추 시대의 나라. 2. 막다. ¶鄣衛
鄣泥(장니) 말 탄 사람의 옷에 흙이 튀는 것을 막는 기구. 말다래.
鄣衛(장위) 막아서 지킴.

비 障(가로막을 장)

鄟

⑪ 14획
나라 이름 日セン·タン
전·단 中zhuān

풀이 나라 이름. 춘추 시대 노(魯)나라의 부용국(附庸國).

⑪ 14획 日サ
고을 이름 차 中cuó

풀이 고을 이름. 지금의 중국 하남성(河南省) 영성현(永城縣).

鄠

⑪ 14획 日コウ
땅 이름 호 中hù

풀이 땅 이름. 중국 섬서성(陝西省)에 있는 현(洛陽縣).

鄲

⑫ 15획 日タン
나라 이름 단 中dān

풀이 1. 나라 이름. 한대(漢代)의 제후국. 2. 고을 이름. 한단(邯鄲). 전국 시대 조(趙)나라의 서울.

鄧

⑫ 15획 日トウ
나라 이름 등 中dèng

풀이 나라 이름. 춘추 시대에 지금의 중국 호북성(湖北省) 양양현(襄陽縣)에 있던 나라.

비 鄭(나라 이름 정)

鄰

⑫ 15획
隣(p1505)의 本字

鄪

⑫ 15획 日ヒ
고을 이름 비 中bì

풀이 고을 이름. 지금의 중국 산동성(山東省) 비현(費縣).

鄯

⑫ 15획 日ゼン
나라 이름 선 中shàn

풀이 나라 이름. 지금의 중국 신강성(新疆省) 착강현(婼羌

縣)에 있던 나라.

鄩	⑫ 15획	日ジン
	고을 이름 심	中xún

풀이 고을 이름. 춘추 시대 주(周)나라의 읍(邑). 지금의 중국 하남성(河南省) 공현(鞏縣).

鄬	⑫ 15획	日イ
	땅 이름 위	中wéi

풀이 땅 이름. 춘추 시대 정(鄭)나라의 땅.

鄭	⑫ 15획	日テイ
	나라 이름 정	中zhèng

* 형성. 뜻을 나타내는 부수 '邑(고을 읍)'과 음을 나타내는 '奠(올릴 전)'을 합친 글자.

풀이 나라 이름. 주나라의 제후국으로, 지금의 중국 섬서성(陝西省) 화현(華縣).

鄭履(정리) 조정에서 바른말을 잘하는 대신을 비유하는 말.

鄭聲(정성) 춘추 시대 정(鄭)나라의 음악. 정나라에 음탕한 음악이 유행하였으므로 음란한 음악을 이르는 말.

鄭衛桑間(정위상간) 정(鄭)나라와 위(衛)나라의 음란한 음악.

鄭重(정중) 1)자주. 빈번하게. 2)점잖고 중후함이 있음.

鄫	⑫ 15획	日ソウ
	나라 이름 증	中zēng

풀이 나라 이름. 주대(周代)의 나라로, 지금의 중국 산동성(山東省) 역현(嶧縣).

鄱	⑫ 15획	日ハ
	고을 이름 파	中pó

풀이 고을 이름.

鄱陽(파양) 1)중국 강서성(江西省)에 있는 호수. 2)한나라 때 파양호의 동쪽에 두었던 고을 이름. 3)파양호 가운데 있는 산.

鄦	⑫ 15획	日キョ
	나라 이름 허	中xǔ

풀이 나라 이름. 지금의 중국 하남성(河南省) 허창현(許昌縣)에 있던 나라.

鄳	⑬ 16획	日ミョウ
	땅 이름 맹	中méng

풀이 땅 이름. 춘추 시대 초(楚)나라의 땅. 지금의 중국 하남성(河南省) 나산현(羅山縣) 근처.

鄴	⑬ 16획	日ギョウ
	땅 이름 업	中yè

풀이 땅 이름. 춘추 시대 제(齊)나라의 읍(邑). 지금의 중국 하남성(河南省) 임장현(臨漳縣) 근처.

鄴架(업가) 서적(書籍)이 많음. 당(唐)나라 때 이필(李泌)의 집에 장서(藏書)가 많았던 데서 나온 말.

鄵	⑬ 16획	日ソウ・ゾ
	땅 이름 조	中cào

풀이 땅 이름. 춘추 시대 정(鄭)나라의 땅.

鄶	⑬ 16획	日カイ
	나라 이름 회	中kuài

풀이 나라 이름. 주대(周代) 초기에 축융(祝融)의 자손을 봉(封)한 땅. 지금의 중국 하남성(河南省) 밀현(密縣) 근처.

鄸	⑭ 17획	日モウ
	땅 이름 몽	中méng

풀이 땅 이름. 지금의 중국 산동성(山東省) 조현(曹縣) 근처.

鄹	⑭ 17획	
	❶나라이름추	日シュウ
	❷마을 취	中zōu

풀이 1. 나라 이름. 2. 땅 이름. 춘추 시대 노(魯)나라의 읍(邑). 공자(孔子)의 고향. 3. 마을. 4. 역참 이름. 5. 모이다.

鄺	⑮ 18획	日コウ
	성 광	中kuàng

풀이 성씨(姓氏).

鄻	⑮ 18획	日レン
	고을 이름 련	中liǎn

풀이 고을 이름. 주(周)나라의 읍(邑).

鄾	⑮ 18획	日ウ
	땅 이름 우	中yōu

풀이 땅 이름. 춘추 시대 등(鄧)나라의 땅. 지금의 중국 호북성(湖北省) 양양현(襄陽縣) 근처.

鄽	⑮ 18획	日テン
	가게 전	中chán

풀이 가게. 점포.

酃	⑰ 20획	日レイ
	고을 이름 령	中líng

풀이 고을 이름. 지금의 중국 호남성(湖南省) 형양현(衡陽縣) 근처.

鄼	⑰ 20획	日サン
	땅 이름 참	中chán

풀이 땅 이름. 춘추 시대 송(宋)나라의 땅.

酆	⑱ 21획	日ホウ
	나라 이름 풍	中fēng

풀이 나라 이름. 주대(周代)의 나라. 문왕(文王)이 도읍한 곳. 지금의 중국 섬서성(陝西省) 호현(鄠縣) 근처.

酆宮(풍궁) 주(周)의 문왕(文王)이 도읍 한 곳.

酈	⑲ 22획	
	❶ 땅 이름 리	日リ
	❷ 고을이름 력	中lì

풀이 ❶ 1. 땅 이름. 춘추 시대 노(魯)나라의 땅. 2. 고을 이름. 한대(漢代)의 현. 지금의 중국 하남성(河南省) 내향현(內鄉縣).

酇	⑲ 22획	日サン
	마을 찬	中cuó

풀이 1. 마을. 주대(周代)의 행정 구역 이름. 2. 땅 이름. 지금의 중국 호북성(湖北省) 광화현(光化縣).

酉 부

酉 닭 유 部

'酉' 자는 술단지의 모양을 본뜬 글자인데, 원래는 '술'을 뜻했는데 후대에 와서 '닭'을 뜻하게 되었다. 이 글자를 부수로 갖는 글자는 술 외에 화학 작용에 의해 만들어지는 물질과 관련이 있다.

酉	⓪ 7획	日ユウ・とり
	닭 유	中yǒu

一 丆 冂 丙 两 西 酉

*상형. 술을 빚는 술단지의 모양을 본뜬 글자.

풀이 1. 닭. ¶酉聖 2. 술. 3. 물을 대다. 4. 열째 지지. 동물로는 닭, 방위로는 서쪽, 시각으로는 오후 5~7시, 달로는 음력 팔월에 해당함.

酉聖(유성) 술의 다른 이름.

酉陽(유양) 중국 호남성 완릉현에 있는 산. 이 산의 동굴 속에 천 권의 책이 숨겨져 있다고 전해짐. 소유산(小酉山).

酉陽雜俎(유양잡조) 당(唐)나라 단성식(段成式)이 지은 기괴한 이야기를 모은 책.

酉坐(유좌) 묏자리·집터 등의 유방(酉方)을 등진 자리.

卯仕酉罷(묘사유파) 묘시(오전 6시쯤)에 출근하여 유시(오후 6시쯤)에 퇴근하던 일.

卯酉(묘유) 동쪽과 서쪽.

유 鷄(닭 계) 비 西(서녘 서)

酊	② 9획	日テイ・よう
	술 취할 정	中dīng, dǐng

풀이 술 취하다. 만취(滿醉)하다.

유 酶(술 취할 도)

酋	② 9획	日シュウ
	두목 추	中qiú

*상형. 술단지(酉)에 술이 넘치는 모양(八)을 본뜬 글자.

풀이 1. 우두머리. ¶酋長 2. 오래되다. 3. 술. 4. 창. 5. 끝나다. 6. 뛰어나다.

酋渠(추거) 추장(酋長).
酋矛(추모) 자루 길이가 20자인 창.
酋長(추장) 1)야만인의 우두머리. 2)도적 등의 두목.
酋酋(추추) 1)사물이 성한 모양. 2)지조가 있는 모양.
비 酉(닭 유)

配	③ 10획	日ハイ・くばる
	아내 배	中pèi

一 丆 丙 丙 西 酉 酉 酉' 酉' 配

* 회의. 술단지를 본뜬 '酉(닭 유)'와 쪼그리고 앉은 사람의 옆모습을 본뜬 '己(몸 기)'를 합친 글자. 한 사람이 술단지 옆에 앉아 술에 물을 타거나 향료를 첨가하는 모습에서 '술을 배합하다'의 뜻을 나타내다가, 바뀌어 '배합하다', '짝짓다'의 뜻으로 쓰임.

풀이 1. 아내. 짝. ¶配匹 2. 짝지어 주다. 3. 배려하다. 4. 적수. 5. 배당. ¶配當 6. 견주다. 7. 종사하다. 8. 분배하다. ¶配給 9. 거느리다. 예속하다. 10. 귀양 보내다. ¶配流 11. 보충하다.

配軍(배군) 유배되어 변방을 지키는 군사.
配給(배급) 분배하여 공급함.
配達(배달) 돌아다니며 물건을 가져다 줌.
配當(배당) 1)적당하게 나누어 줌. 2)재산을 분배함.
配當金(배당금) 배당한 돈.
配島(배도) 섬으로 귀양 보냄.
配慮(배려) 남을 위하여 마음을 씀.
配流(배류) 죄인을 먼 지방이나 섬에 귀양 보냄.
配命(배명) 천명(天命)에 부합함.
配付(배부) 나누어 줌.
配賦(배부) 세금 등을 배당함.
配屬(배속) 사람을 각자의 일할 자리에 배치하여 종사하게 함.
配食(배식) 배향(配享).
配御(배어) 궁녀가 밤에 임금을 모시는 일.
配役(배역) 연극·영화 등에서 배우에게 어떤 역할을 맡기는 것. 또는 그 역할.
配列(배열) 차례로 죽 늘어놓음.
配偶者(배우자) 부부(夫婦)의 한쪽을 다른 쪽에서 이르는 말.
配電(배전) 전류를 여러 곳으로 나누어 보냄.
配定(배정) 몫을 나누어 정함.
配車(배차) 자동차·전차 등을 여러 곳으로 나누어 보냄.
配置(배치) 사람이나 물건을 적당한 자리에 둠.
配匹(배필) 부부가 되는 짝.
配合(배합) 이것저것 알맞게 섞어 한데 합침.
配享(배향) 1)종묘(宗廟)에 공이 있는 신하를 부제(祔祭)함. 2)문묘(文廟)나 사원(祠院)에 학덕이 있는 사람을 부제(祔祭)함.

酏	③ 10획	日イ
	단술 이	中yǐ

풀이 1. 단술. 2. 쌀술. 3. 맑은 술. 4. 떡. 5. 죽.

酏醴(이례) 죽과 단술.
酏食(이식) 죽.

酌	③ 10획	日シャク・くむ
	따를 작	中zhuó

一 丆 丙 丙 西 西 酉 酉' 酌 酌

* 형성. 뜻을 나타내는 부수 '酉(닭 유)'와 음을 나타내는 '勺(국자 작)'을 합친 글자. 술단지(酉)에서 국자(勺)로 술을 퍼내는 것을 나타내어 '따르다'의 뜻으로 쓰임.

풀이 1. 따르다. 술을 따르다. ¶酌酒 2. 퍼내다. 떠내다. 3. 참작하다. 4. 술잔. ¶酌交 5. 술. 6. 잔치. 7. 늘다.

酌交(작교) 술잔을 서로 주고받음.
酌量(작량) 사정을 짐작하여 헤아림.
酌婦(작부) 연회(宴會)나 술집에서 손님을 대접하고 술을 따라 주는 여자.
酌損(작손) 퍼내어 덞.
酌水(작수) 물을 뜸.
酌飮(작음) 얼마 안 되는 음료.
酌定(작정) 일을 그렇게 할 것으로 짐작하여 결정함.
酌酒(작주) 술을 따름.
酌斟(작짐) 술을 따름.
酌獻(작헌) 술을 따라 권함.

酒	③ 10획	日シュ・さけ
	술 주	中jiǔ

丶 丷 氵 汀 汀 沂 洒 洒 酒 酒

* 회의. '酉(닭 유)'와 '水(물 수)'를 합친 글자. 술단지(酉)에 담긴 액체(水)를 나타내어, '술'의 뜻으로 쓰임.

풀이 1. 술. ¶酒母 2. 잔치.

酒家(주가) 술집.
酒渴(주갈) 1)술에 취해 갈증이 남. 2)술이 마시고 싶음.
酒酣(주감) 술에 크게 취함.
酒客(주객) 술을 좋아하는 사람. 술꾼.
酒戒(주계) 술을 삼가라는 훈계.

酒國(주국) 술에 취하여 별천지(別天地)에 있는 듯이 느끼는 황홀한 기분.

酒禁(주금) 술을 팔지 못하게 법으로 금함.

酒氣(주기) 1)술을 마셔 취한 기분. 2)술 냄새. 3)술을 마신 기미.

酒黨(주당) 술꾼.

酒德(주덕) 1)술의 덕(德). 2)술을 마시는 나쁜 덕. 음주(飮酒)의 악덕(惡德).

酒樓(주루) 요릿집. 술을 파는 집.

酒類(주류) 술의 종류.

酒幕(주막) 시골의 길목에서 술과 밥을 팔거나 나그네를 재우는 집.

酒母(주모) 술집 안주인. 술을 파는 여자.

酒杯(주배) 술잔.

酒癖(주벽) 1)술을 좋아하여 자주 마시는 버릇. 2)술버릇.

酒朋(주붕) 함께 술을 마시는 친구.

酒色(주색) 1)술과 여색(女色). 술과 여자. 2)술 기운으로 얼굴빛이 불그레하게 되는 것.

酒仙(주선) 세상일을 마음에 두지 않고 술로써 낙(樂)을 삼는 사람.

酒聖(주성) 1)청주(淸酒). 2)주량이 센 사람. 주호(酒豪).

酒食(주식) 술과 음식.

酒案床(주안상) 술과 안주를 차린 상.

酒宴(주연) 술잔치.

酒肉(주육) 술과 고기. 술안주의 고기.

酒煎子(주전자) 술을 데우기도 하고 술을 담아 잔에 따르기도 하는 그릇.

酒店(주점) 술집. 술을 파는 집.

酒酲(주정) 숙취(宿醉).

酒酊(주정) 술에 취하여 정신을 잃고 행동을 난잡하게 하는 짓.

酒造(주조) 술을 담가서 만듦.

酒池肉林(주지육림) 술은 연못을 이루고 고기는 숲처럼 많다는 뜻으로, 사치롭게 마시고 놀음을 이르는 말.

酒泉(주천) 많은 양의 술.

酒滯(주체) 술을 마셔서 생기는 체증(滯症).

酒臭(주취) 술에 취한 사람에게서 나는 냄새.

酒壺(주호) 술병.

酒肴(주효) 술과 안주. 또는 술안주.

酒訓(주훈) 술을 삼가하도록 가르치는 말.

酒興(주흥) 술을 마실 때에 일어나는 흥취.

酎	③ 10획	日チュウ
	진한 술 주	中zhòu

풀이 1. 진한 술. 2. 술을 빚다.

酎金(주금) 황제가 햇곡식으로 빚은 술로 종묘(宗廟)에 제사할 때 제후(諸侯)들이 지역에 따라 금을 바치고 술을 마시던 일.

酘	④ 11획	日トウ
	두번빚은술두	中tóu

풀이 두 번 빚은 술.

酕	④ 11획	日モ
	매우 취할 모	中máo

풀이 매우 취한 모양.

酕醄(모도) 곤드레만드레가 됨. 만취한 모양.

酓	④ 11획	日エン
	술맛 쓸 염	中yǎn

풀이 1. 술맛이 쓰다. 2. 산뽕나무.

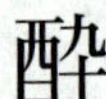

酔	④ 11획
	醉(p1438)의 俗字

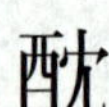

酖	④ 11획	
	❶ 즐길 탐	日タン·チン·ふける
	❷ 짐새 짐	中dān, zhèn

풀이 1 1. 즐기다. 탐닉하다. ¶酖酖 2 2. 짐새. 몸에 맹독을 품고 있다는 독조(毒鳥). ¶酖毒

酖毒(짐독) 짐새의 독(毒).

酖殺(짐살) 짐독(酖毒)을 먹여 죽임.

酖酖(탐탐) 술을 즐기는 모양.

유 貪(탐할 탐)

酗	④ 11획	日ク·さけぐせ
	주정할 후	中xù

풀이 1. 주정하다. 2. 탐닉하다.

酗訟(후송) 주정하다가 싸우고 송사하는 일.

酗酒(후주) 주정하는 일.

酣	⑤ 12획	日カン
	즐길 감	中hān

7 획

풀이 1. 즐기다. ¶酣娛 2. 술자리가 한창 일어나다. ¶酣酣 3. 술이 취하다.

酣歌(감가) 술을 마시고 흥이 나 노래를 부름.
酣酣(감감) 1)꽃이 한창 피는 모양. 2)봄이 한창인 모양. 3)술에 취해 기분이 좋은 모양.
酣放(감방) 1)감종(酣縱). 2)문장이 자유자재한 모양.
酣賞(감상) 마음껏 놀며 감상함.
酣觴(감상) 술을 마음껏 마심.
酣湑(감서) 술을 실컷 마시며 즐김.
酣媟(감설) 아무 거리낌없이 희롱거림. 아주 버릇없이 행동함.
酣飫(감어) 실컷 마시고 먹음.
酣宴(감연) 성대하고 호사한 잔치를 벌임.
酣娛(감오) 술에 취해 즐김.
酣臥(감와) 달게 잠. 깊이 잠듦.
酣戰(감전) 한창 치열하게 싸움.
酣縱(감종) 술을 마시고 방종(放縱)함.
酣中客(감중객) 부귀에 탐닉(耽溺)하는 사람.
酣暢(감창) 술에 취하여 마음이 화창함.
酣春(감춘) 봄이 한창인 때.
酣謔(감학) 술에 취하여 농지거리를 함.
酣興(감흥) 술을 마신 뒤의 흥겨운 기분. 주흥(酒興).

유 嗜(즐길 기) 耽(즐길 탐)

酤 ⑤ 12획 日コ
계명주 고 中gū

풀이 1. 계명주(鷄鳴酒). 하룻밤 사이에 익어서 다음날 먹을 수 있는 술. 2. 사다. 3. 팔다. ¶酤榷 4. 술.

酤榷(고각) 정부가 술을 전매(專賣)하여 이익을 독점함.
酤鬻(고육) 매매(賣買).

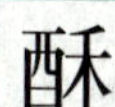
酥 ⑤ 12획 日ソ
연유 수 中sū

풀이 1. 연유(煉乳). 달여서 진하게 만든 우유. 2. 술. 3. 희고 매끄러운 것의 비유로 쓰는 말.

酥燈(수등) 불상 앞에 켜는 등불.
酥酪(수락) 우유(牛乳).
酥臂(수비) 희고 매끄러운 팔.

酟 ⑤ 12획
醍(p1438)와 俗字

酢 ⑤ 12획
❶초 초 日ス·サク
❷잔 돌릴 작 中cù, zuò

풀이 1 1. 초. 식초. 2. 신맛. ¶酢敗 2 3. 잔 돌리다. 4. 말을 주고받다.

酢爵(작작) 손님이 주인에게 받은 술잔을 되돌림.
酢漿草(작장초) 괭이밥과의 다년초. 줄기와 잎이 모두 신맛이 있음.
酢敗(초패) 술이 변하여 맛이 심.

유 酸(초 산)

酡 ⑤ 12획 日ダ
취기 오를 타 中tuó

풀이 취기가 오르다. 불그레해지다.

酡酪(타락) 우유(牛乳).
酡顔(타안) 술 취한 붉은 얼굴. 취안(醉顔).

截 ⑥ 13획 日ダイ
식초 대·재 中zài

풀이 1. 식초. 2. 뜨물.

酮 ⑥ 13획 日ドウ
말젖 동 中tóng

풀이 1. 말(馬)의 젖. 2. 식초. 3. 술이 시어지다.

酪 ⑥ 13획
❶진한 유즙 락(낙) 日ラク 中lào
❷단술 로

풀이 1 1. 진한 유즙. 달여서 진하게 만든 우유나 양젖. 2. 술. 3. 과즙(果汁). 2 4. 단술.

酪母(낙모) 술 지게미.
酪酥(낙수) 젖을 정제한 식료품.
酪酒(낙주) 젖으로 빚은 술.

酩 ⑥ 13획 日メイ
술취할 명 中mǐng

풀이 1. 술에 취하다. 만취하다. 2. 단술. 감주.

酩酊(명정) 몸을 가눌 수 없을 정도로 술에 몹시 취함. 이취(泥醉).

유 酊(술 취할 정)

酬 ⑥ 13획 日シュウ
갚을 수 中chóu

풀이 1. 갚다. 2. 잔을 돌리다. ¶酬酌 3. 말을 주고받다. 4. 보답. ¶酬報 5. 후하다.

酬答(수답) 응하고 대답함.
酬對(수대) 수답(酬答).
酬勞(수로) 1)공로에 보답함. 2)보수(報酬).
酬報(수보) 은혜를 갚음. 보수(報酬).
酬悉(수실) 자세히 대답함.
酬讌(수연) 보답으로 차린 술자리.
酬應(수응) 1)응답함. 2)받은 술잔을 되돌려 권함.
酬酌(수작) 1)응대함. 말을 서로 주고받음. 2)주객(主客)이 서로 술잔을 주고받음.
酬唱(수창) 시문(詩文)을 서로 주고받음.

유 償(갚을 상) 報(갚을 보)

酭 ⑥ 13획 日ユウ
갚을 유 中yòu

풀이 갚다.

유 酬(갚을 수)

酴 ⑦ 14획 日ト
술밑 도 中tú

풀이 1. 술밑. 주모(酒母). 2. 거르지 않은 술.

酴醾(도미) 거듭 빚은 술. 또는 거르지 않은 술.
酴酒(도주) 거르지 않은 술. 전내기. 백주(白酒).

酹 ⑦ 14획 日ライ
부을 뢰(뇌) 中lèi

풀이 붓다. 땅에 술을 붓고 신에게 제사를 지냄.

酹酒(뇌주) 술을 땅에 뿌리는 일.
酹地(뇌지) 술을 땅에 부어 지신(地神)에게 제사를 지냄.

酶 ⑦ 14획 日バイ
술밑 매 中méi

풀이 술밑. 주모(酒母).

酸 ⑦ 14획 日サン·すい
초 산 中suān

풀이 1. 초. 식초. 2. 신맛. ¶酸味 3. 신물. 위액. 4. 괴롭다. 고되다. 5. 슬퍼하다. ¶酸愴 6. 망설이다. 7. 가난하다. 8. 산소(酸素).

酸毒(산독) 남을 심하게 괴롭힘. 또는 매우 슬퍼하고 원망함.
酸味(산미) 신맛.
酸鼻(산비) 코가 찡해서 눈물이 난다는 뜻으로, 몹시 슬퍼함을 이르는 말.
酸愴(산창) 몹시 슬픔. 서러움.
酸楚(산초) 몹시 슬픔. 비통(悲痛).
酸痛(산통) 산초(酸楚).
酸寒(산한) 1)가난하고 초라함. 2)불쌍함. 가련함.

유 酢(초 초)

酳 ⑦ 14획 日イン
입 가실 인 中yìn

풀이 1. 입을 가시다. 입가심하다. 2. 드리다. 3. 조금 마시다.

酳尸(인시) 제사 지낼 때 신위(神位) 자리에 대신 앉힌 어린아이에게 술을 드리는 일.

酲 ⑦ 14획 日テイ
숙취 정 中chéng

풀이 1. 숙취(宿醉). 술이 깨지 않은 기운. 2. 술병이 나다. 3. 물리다.

酲湎(정면) 술에 찌들어 생긴 술병.

酺 ⑦ 14획 日ホ
연회 포 中pú

풀이 1. 연회. 술잔치. 나라의 경사를 축하하기 위해 백성들이 모두 모여 잔치를 벌이는 일. 2. 사찬. 조정에서 백성에게 주식(酒食)을 내리는 일.

酺宴(포연) 임금이 백성에게 잔치에서 마실 것을 허락하는 일이나 술과 음식을 내리는 일.
酺會(포회) 연회(宴會).

酷 ⑦ 14획 日コク
독할 혹 中kù

풀이 1. 독하다. 잔인하다. ¶酷吏 2. 심하다. 3. 한

7획

(恨). 4. 혹독하다. ¶酷禍 5. 가없다. 6. 괴로움. 7. 처벌.

酷濫(혹람) 터무니없음. 사리에 어긋나게 함부로 함.

酷烈(혹렬) 1)매우 심함. 2)성질 · 행동 등이 매우 혹독함.

酷類(혹류) 혹사(酷似).

酷吏(혹리) 1)가혹한 관리. 2)심한 더위.

酷薄(혹박) 매우 야박함. 무자비(無慈悲).

酷似(혹사) 아주 비슷함.

酷愛(혹애) 지극히 사랑함.

酷慘(혹참) 몹시 참혹함.

酷評(혹평) 가혹한 비평.

酷暴(혹포) 잔인하고 흉포함.

酷虐(혹학) 가혹하게 학대함. 지겹도록 괴롭힘.

酷禍(혹화) 혹독한 재앙.

酵	⑦ 14획	日コウ
	술밑 효	中jiào

풀이 1. 술밑. 주모(酒母). 2. 술이 괴다. 발효하다. 3. 술지게미.

酵母(효모) 술밑. 발효(發效)를 일으키는 원료.

醆	⑧ 15획	日タン · ダン
	술맛 밍밍할 담	中tán, dàn

풀이 1. 술맛이 밍밍하다. 술이 싱겁다. 2. 순한 술.

醄	⑧ 15획	日トウ · よい
	술 취할 도	中táo

풀이 술에 취하다.

유 醉(취할 취) 酩(술취할 명) 酊(술 취할 정)

醁	⑧ 15획	日ロク
	좋은 술 록(녹)	中lù

풀이 좋은 술.

醁酒(녹주) 좋은 술. 미주(米酒).

醂	⑧ 15획	日リン
	복숭아절임 림	中lǎn

풀이 1. 복숭아 절임. 복숭아를 소금에 절인 것. 2. 감을 우려 내다.

醅	⑧ 15획	
	거르지	日ハイ · バイ · フウ
	않은 술 배	中pēi

풀이 1. 거르지 않은 술. 막걸리. 2. 취하고 배부르다.

醇	⑧ 15획	日ジュン
	진한 술 순	中chún

풀이 1. 진한 술. ¶醇醲 2. 순수하다. ¶醇美 3 순박하다. 4. 온후하다.

醇謹(순근) 선량하고 신중함.

醇醲(순농) 진한 술. 맛 좋은 술. 백성들의 순박하고 온후함을 비유하는 말.

醇醴(순례) 진한 술과 단술.

醇醪(순료) 진하고 맛 좋은 술. 재주와 덕을 함께 갖춘 사람을 비유하는 말.

醇醨(순리) 진한 술과 묽은 술. 인정(人情)의 후함과 박함을 비유하는 말.

醇美(순미) 순수하고 아름다움.

醇朴(순박) 순박하고 소박함.

醇備(순비) 조금의 흠이 없이 모두 갖춤.

醇醇(순순) 백성들이 순박하고 서로 정답게 지내는 모양.

醇乎(순호) 순수한 모양. 순연(純然).

醇化(순화) 1)순박함에 교화됨. 2)어지럽고 불순한 지식을 정리하여 순수하게 함.

醇厚(순후) 순박하고 온후함. 인정이 두터움.

醃	⑧ 15획	
	절인 채소	日エン
	엄·암	中yān

풀이 1. 절인 채소. 2. 소금에 절인 생선. 3. 김치.

醃肉(엄육) 소금에 절인 고기.

醃造(엄조) 술 · 간장 등을 빚어 만드는 일.

醃菜(엄채) 김치.

醋	⑧ 15획	
	❶술 권할 작	日サク
	❷초 초	中cù

풀이 ❶ 1. 술을 권하다. 술잔을 돌리다. ❷ 2. 초. 식초.

醋酸(초산) 자극성의 냄새가 나는 무색 투명의 액체.

醆	⑧ 15획	日サン
	술잔 잔	中zhǎn

풀이 1. 술잔. 2. 맑은 술.

醆斝(잔가) 술잔.

유 盞(잔 잔) 盃(잔 배)

醊	⑧ 15획	日テツ
	제사 이름 철	中chuò, zhuì

풀이 제사 이름.

醊食(철식) 여러 신(神)의 신위(神位)를 늘어 놓고 술을 땅에 부어 한꺼번에 제사 지냄.

醉	⑧ 15획	日スイ
	취할 취	中zuì

一 厂 丙 丙 西 西 酉 酉` 酉^ 酉ᅩ 酉ᅶ 酢 醉 醉 醉

* 형성. 뜻을 나타내는 부수 '酉(닭 유)'와 음을 나타내며 '없어질 때까지 하다'의 의미를 지닌 '卒(마칠 졸)'을 합친 글자. 술이 없어질 때까지 마셔 '취하다'의 뜻으로 쓰임.

풀이 1. 취하다. ¶醉倒 2. 취하게 하다. 3. 정신을 빼앗기다. 4. 기뻐하다. 5. 지치다.

醉脚(취각) 술에 취해 비틀거리는 다리.

醉渴(취갈) 술에 취해 갈증이 남.

醉倒(취도) 술에 취해 넘어짐.

醉罵(취매) 술기운에 꾸짖음.

醉眠(취면) 술에 취해 잠듦.

醉夢(취몽) 술에 취해 자는 중에 꾸는 꿈.

醉墨(취묵) 취중에 그리거나 쓴 그림·글씨. 취필(醉筆).

醉朋(취붕) 술친구. 주붕(酒朋).

醉生夢死(취생몽사) 술에 취하여 꿈을 꾸다가 죽음. 곧, 아무 의미 없이 한평생을 흐리멍덩하게 살아감.

醉聖(취성) 1)취중에도 주정이 없는 사람을 칭찬하여 이르는 말. 2)당(唐)나라 이백(李白)의 별호(別號).

醉如泥(취여니) 몹시 취해 몸을 가눌 수 없음. 만취함.

醉吟(취음) 취중에 노래나 시 같은 것을 읊조림.

醉中無天子(취중무천자) 취중에는 세상에 무서운 것이 없다는 말.

醉趣(취취) 취중의 흥취.

醉飽(취포) 실컷 술을 마시고 먹음.

醉漢(취한) 술에 취한 사람.

醉戶(취호) 술꾼.

醉暈(취훈) 술에 취하여 어지러움. 주훈(酒暈).

유 酶(술 취할 도)

醓	⑨ 16획	日タン
	장 담	中tǎn

풀이 1. 장. 간장. 2. 고기 절임. 고기를 썰어 누룩이나 소금에 섞어 술에 담근 음식.

醓醢(담해) 쇠고기를 간장에 졸인 것. 육장(肉將).

醎	⑨ 16획	日メン
	술에 빠질 면	中miǎn

풀이 술에 빠지다.

醑	⑨ 16획	日ショ
	좋은 술 서	中xǔ

풀이 1. 좋은 술. 미주(美酒). 2. 거른 술.

醑醨(서리) 상등(上等) 술과 하등(下等) 술. 수주(首酒)와 미주(尾酒).

醒	⑨ 16획	日セイ
	깰 성	中xǐng

풀이 1. 깨다. 술이나 잠에서 깨다. ¶醒然 2. 각성하다. 깨우치다. 3. 도리에 밝다.

醒目(성목) 눈을 뜸. 잠에서 깸.

醒然(성연) 술이나 잠에서 깬 모양.

醒寤(성오) 1)잠에서 깸. 2)깨달음.

醒日(성일) 술에서 깨어있는 날.

醒酒花(성주화) 모란(牡丹)의 다른 이름.

비 覺(깨달을 각)

醙	⑨ 16획	日ス
	백주 수	中sōu

풀이 1. 백주(白酒). 흰 빛깔의 술. 2. 기장술.

醍	⑨ 16획	日ダイ
	맑은술 제	中tí

풀이 1. 맑은 술. 2. 우락(牛酪). 버터.

醍醐(제호) 1)우락(牛酪)의 좋은 것. 2)훌륭한

인품(人品), 또는 불교(佛教)의 정법(正法).

유 醥(맑은 술 표)

醎 ⑨ 16획
鹹(p1636)의 俗字

⿰酉盆 ⑨ 16획
醯(p1440)의 俗字

醐 ⑨ 16획 日ゴ
제호 호 中hú

풀이 제호(醍醐). 우락(牛酪). 버터.

醚 ⑩ 17획 日ミツ
다 마실 밀 中mì

풀이 1. 다 마시다. 2. 간장.

醠 ⑩ 17획 日オウ
탁주 앙 中àng

풀이 탁주. 막걸리.

醟 ⑩ 17획 日キョウ
술주정할 형 中yòng

풀이 술주정하다.

醞 ⑩ 17획 日オン
빚을 온 中yùn

풀이 1. 빚다. ¶醞酒 2. 술. 3. 온화하다. 부드럽다. ¶醞言 4. 술밑.

醞釀(온양) 1)술을 빚음. 2)없는 일을 꾸며 모함함. 3)사물을 적당히 조화시킴.

醞言(온언) 부드럽고 다정한 말.

醞藉(온자) 마음이 너그럽고 온화함.

醞酒(온주) 술을 빚음.

醞戶(온호) 술을 빚는 사람.

醡 ⑩ 17획 日チャ
주자틀 자 中zhà

풀이 1. 주자틀. 술을 짜는 틀. 2. 술을 빚다. 3. 기름틀. 기름을 짜는 틀.

醝 ⑩ 17획 日サ・さけ
술 차 中cuō

풀이 1. 술. 2. 흰 술.

醜 ⑩ 17획 日スウ
추할 추 中chǒu

풀이 1. 추하다. ¶醜物 2. 못생기다. ¶醜怪 3. 미워하다. 싫어하다. 4. 나쁜사람. ¶醜徒 5. 괴이하다. 6. 부끄러워하다. 7. 망신을 주다. 8. 성내다. 9. 무리. 여럿. 10. 동류(同流). 11. 견주다. 12. 동등하다.

醜怪(추괴) 용모가 못생기고 괴상함.

醜談(추담) 음란하고 더러운 말. 추잡한 말.

醜徒(추도) 나쁜 무리. 악당(惡黨).

醜虜(추로) 1)천한 오랑캐. 2)많은 오랑캐.

醜陋(추루) 1)용모가 못생기고 천함. 2)마음씨가 추잡하고 비루함.

醜類(추류) 1)나쁜 무리. 2)동류(同類).

醜末(추말) 못생긴 말배(末輩)란 뜻으로, 자신을 낮추어 이르는 말.

醜物(추물) 1)더럽고 지저분한 물건. 2)행실이 추잡한 사람을 낮추어 이르는 말.

醜美(추미) 못생김과 잘생김. 추악함과 아름다움.

醜惡(추악) 보기 흉하거나 못생김.

醜業(추업) 추잡하고 천한 업(業).

醜穢(추예) 괴이하고 더러움.

醜夷(추이) 많은 동배(同輩).

醜詆(추저) 욕함. 비방함.

醜儕(추제) 같은 무리.

醜地(추지) 1)척박한 땅. 2)보기 싫은 곳.

醜漢(추한) 1)얼굴이 못생긴 남자. 2)행실이 추잡한 사나이.

반 美(아름다울 미)

醪 ⑪ 18획 日ロウ
막걸리 료 中láo

풀이 막걸리. 탁주.

醪醴(요례) 탁주.

醪糒(요비) 막걸리와 말린 양식.

醨 ⑪ 18획 日 リ
삼삼한 술 리(이) 中 lí

풀이 삼삼한 술. 묽은 술.
醨酒(이주) 삼삼한 술. 묽은 술.

醫 ⑪ 18획 日 イ
의원 의 中 yī

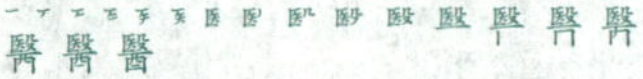

풀이 1. 의원. 의사. ¶醫伯 2. 고치다. ¶醫方 3. 보살피는 사람. 4. 단술.
醫國(의국) 나라의 어지러움을 잘 다스림.
醫門多疾(의문다질) 의원의 문 앞에는 아픈 사람들이 많이 모임.
醫方(의방) 병을 고치는 기술. 의술(醫術).
醫伯(의백) 의사의 미칭(美稱).
醫不三世不服其藥(의불삼세불복기약) 임금의 병에는 삼대를 계속하여 의료에 종사한 경험이 풍부한 의사의 약이 아니면 쓰지 않음.
醫生(의생) 1)의학을 배우던 학생. 2)의사(醫師).
醫王(의왕) 중생(衆生)의 번뇌를 불법(佛法)의 약으로 낫게 하는 보살(菩薩). 또는 약사여래(藥師如來).
醫者意也(의자의야) 의술의 심오한 진리는 마음으로 깨닫는 것이지 말로 전할 수 없음.

醬 ⑪ 18획 日 ショウ
젓갈 장 中 jiàng

풀이 1. 젓갈. 2. 된장.
醬瓿(장부) 장을 담는 항아리. 장독.
醬太(장태) 메주콩.

醥 ⑪ 18획 日 ヒョウ
맑은 술 표 中 piǎo

풀이 맑은 술.
유 醍(맑은술 제)

醭 ⑫ 19획 日 キ
찰기장술 기 中 jì, jǐ

풀이 1. 찰기장술. 2. 묽은 술. 3. 목욕하고 마시는 술.

醱 ⑫ 19획 日 ハツ
거듭 빚을 발 中 fā, pō

풀이 술을 거듭 빚다.
醱醅(발배) 술을 거듭 빚어 진하게 함.

醮 ⑫ 19획 日 ショウ
초례 초 中 jiào

풀이 1. 초례. 옛날 관혼(冠婚)의 의식에서 술을 따르고 되돌려받지 않음. 2. 제사 지내다. 3. 벌다. 4. 시집가다. 5. 다하다. 6. 야위다.
醮禮(초례) 결혼식. 혼례(婚禮).
醮婦(초부) 시집간 부인.

醯 ⑫ 19획 日 ケイ
초 혜 中 xī

풀이 초. 식초.
醯鷄(혜계) 술·초·간장 등에 잘 꼬이는 파리. 초파리.
醯鷄甕裏天(혜계옹리천) 초파리가 항아리 안을 하늘로 여긴다는 뜻으로, 식견이 좁음을 비유하는 말.
醯醲(혜농) 진한 술.
醯醢(혜해) 젓갈. 국물이 많은 육장(肉醬).

醵 ⑬ 20획 日 キョ・ゴ
술잔치 갹·거 中 jù

풀이 1. 술잔치. 2. 술추렴. 여러 사람이 술값을 나누어 냄. ¶醵出 3. 추렴하다.
醵金(갹금/거금) 돈을 거두어 냄. 또는 그 돈.
醵飮(갹음/거음) 술추렴.
醵出(갹출/거출) 돈이나 물건을 거두어 냄.

醲 ⑬ 20획 日 ジョウ
진한 술 농 中 nóng

풀이 1. 진한 술. 2. 후하다. 두텁다.
醲醇(농순) 1)순수하고 진한 술. 2)덕화(德化)가 두터움.
醲醞(농온) 진한 술.
醲郁(농욱) 문장(文章) 등에 묘미(妙味)가 있음.

醴 ⑬ 20획 단술 례 日 レイ 中 lǐ

풀이 1. 단술. ¶醴酒 2. 달다. 3. 맑은 술.

醴酪(예락) 1)감주(甘酒)와 식초. 2)달여서 진하게 만든 우유.

醴漿(예장) 예주(醴酒).

醴酒(예주) 단술. 감주(甘酒).

醴酒不設(예주불설) 손을 대우하는 예가 차츰 식어 감을 이르는 말.

○醴酒不設(예주불설)의 유래

한(漢)의 목생(穆生)은 술을 좋아하지 않아서 초(楚)의 원왕(元王)이 특별히 단술로써 후대하였다. 그러나 뒤에 왕무(王戊)에 이르러서는 이런 대우가 폐지되었고 이를 본 목생이 초(楚)를 떠났다고 한다.

醴泉(예천) 물에서 단맛이 나는 샘.

⑬ 20획 釀(p1441)의 俗字

醷 ⑬ 20획 ❶매장 억 ❷단술 의 日 オク · イ 中 yǐ, yì

풀이 ❶ 1. 매장(梅漿). 매실. 2. 막걸리. 탁주. ❷ 3. 단술.

醳 ⑬ 20획 ❶진한 술 역 ❷풀 석 日 エキ · セキ 中 shì

풀이 ❶ 1. 진한 술. 2. 쓴 술. 3. 오래 묵은 술. 4. 위로하다. ❷ 5. 풀다. 석방하다.

醳兵(역병) 술과 음식을 내려 병사를 위로함.

醻 ⑭ 21획 갚을 수 日 シュウ 中 chóu

풀이 갚다. 술잔을 주고받다.

醻答(수답) 서로 주고받음. 수답(酬答).

유 償(갚을 상) 報(갚을 보)

醹 ⑭ 21획 진한 술 유 日 ジュ 中 rú

풀이 진한 술.

醺 ⑭ 21획 취할 훈 日 クン 中 xūn

풀이 1. 취하다. 2. 냄새를 풍기다. 3. 술기운.

醺然(훈연) 술에 취한 모양.

醺醺(훈훈) 술에 취해 기분이 좋은 모양.

醼 ⑯ 23획 잔치 연 日 エン 中 yàn

풀이 잔치. 연회.

醼飮(연음) 연회(宴會). 주연(酒宴).

유 宴(잔치 연)

醽 ⑰ 24획 좋은 술 령(영) 日 レイ 中 líng

풀이 1. 좋은 술. 미주(美酒). 2. 술을 거르다.

醽醁(영록) 맛 좋은 술.

⑰ 24획 막걸리 미 日 ビ 中 mí

풀이 막걸리. 탁주. 거르지 않은 보리 술.

醿 ⑰ 24획 醾(p1441)와 同字

釀 ⑰ 24획 빚을 양 日 ジョウ 中 niáng, niàng

풀이 1. 빚다. 술을 빚다. 2. 술.

釀母(양모) 주모(酒母).

釀費(양비) 술을 빚을 때 드는 비용.

釀成(양성) 1)술 · 장 등을 빚어 만듦. 2)어떤 사건이나 소동 등이 일어나는 원인을 만듦.

釀禍(양화) 재앙을 만듦. 화근을 만들어 냄.

釂 ⑱ 25획 다 마실 조 日 ジョウ 中 jiào

풀이 다 마시다. 잔에 있는 술을 모조리 마심.

7획

비 爵(잔 작)

釁	⑱ 25획	日キン
	피바를 흔	中xìn

풀이 1. 피를 바르다. 희생(犧牲)의 피를 제기에 바르고 신에게 제사를 지냄. ¶釁廐 2. 틈. ¶釁隙 3. 허물. 죄. 4. 몸에 향료를 바르다. 5. 조짐. 6. 움직이다.

釁咎(흔구) 벌을 받음.
釁廐(흔구) 마구(馬廐)를 거룩하게 하기 위하여 피를 바름.
釁隙(흔극) 벌어진 틈. 사이가 벌어짐.
釁端(흔단) 분쟁(紛爭)의 원인. 싸움의 발단.
釁聞(흔문) 분명하지 않은 모양.
釁惡(흔악) 허물과 악행(惡行).
釁稔(흔임) 죄가 쌓이는 일.
釁鐘(흔종) 희생의 피를 갓 주조(鑄造)한 종에 발라 신에게 제사(祭祀)를 지내던 일.

釃	⑲ 26획	日シ
	술 거를 시·소	中shī

풀이 술을 거르다.
釃渠(시거) 도랑을 갈라 새 도랑을 냄.
釃酒(시주) 술을 거름. 또는 거른 술.

釅	⑳ 27획	日ゲン
	초 엄	中yàn

풀이 1. 초. 식초. 2. 진하다. 술이나 차(茶)의 맛이 진함.
釅白(엄백) 술이 차(茶) 등이 진하여 빛깔이 희게 보임.
釅茶(엄차) 진한 차(茶).

釆 부

釆 분별할 변 部

'釆' 자는 땅에 찍힌 짐승의 발자국을 본뜬 글자로, 발자국을 보고 사냥할 짐승을 분별하기 때문에 '분별하다' 라는 뜻을 갖게 되었다.

釆	⓪ 7획	日ヘン
	분별할 변	中biàn

풀이 분별하다. 나누다.
유 辨(분별할 변) 비 禾(벼 화)

采	⓪ 8획	日サイ
	캘 채	中cǎi, cài

* 회의. '爫(손톱 조)' 와 '木(나무 목)' 을 합친 글자. 이에 손(爫)으로 나무(木)의 열매를 따는 것을 나타내어, '따다' 의 뜻으로 쓰임.

풀이 1. 캐다. 채취하다. ¶采薇 2. 가리다. 선택하다. 채용하다. 3. 벼슬. 4. 채색. 무늬. ¶采毛 5. 폐백(幣帛). 6. 꾸미다. 7. 모습. 용모. 8. 주사위. 9. 식읍. 신하의 영지(領地). ¶采地 10. 덩굴풀. 11. 채소.

采菊東籬下(채국동리하) 동쪽 울타리 밑의 국화를 꺾음. 은자의 생활을 이르는 말.
采芹(채근) 반수(泮水)의 미나리를 캠. 학교에 들어감을 이르는 말.
采毛(채모) 빛이 아름다운 털.
采薇(채미) 고비를 캠.
采色(채색) 1)여러 가지의 고운 빛깔. 2)얼굴빛.
采塞不定(채색부정) 감정이 수시로 변하여 안색이 일정하지 않음.
采詩(채시) 민정(民情)을 살피기 위해 민간에 유행되는 시가를 모으는 일.
采飾(채식) 채색하여 장식함.
采薪(채신) 땔감을 마련함.
采薪之憂(채신지우) 1)몸이 아파서 나무를 할 수 없음. 자기의 병을 이르는 말. 2)나무를 하다가 몸이 피로함.
采地(채지) 식읍(食邑). 채읍(采邑).
采采(채채) 1)나물을 캐는 모양. 2)성한 모양. 3)화려하게 장식하는 모양.
采戲(채희) 주사위 놀이.

釉	⑤ 12획	日ユウ
	윤 유	中yòu

풀이 윤. 광택.
釉藥(유약) 도자기를 굽기 전에 겉에 발라 광택이 나게 하는 재료. 유회(釉灰).

釋	⑬ 20획	日シャク
	풀 석	中shì, yì

풀이 1. 풀다. 풀리다. 2. 내버리다. ¶釋生取義 3. 손을 떼다. 4. 남기다. 5. 풀어 주다. 석방하다. 6. 용서

하다. 7. 쏘다. 8. 깔다. 9. 옷을 벗다. 10. 해석하다. 11. 적시다. 12. 따르다. 13. 추측하다.

釋迦(석가) 불교의 개조(開祖)인 석가모니(釋迦牟尼).

釋褐(석갈) 천한 사람의 옷인 갈의(褐衣)를 벗고 관복(官服)을 입음. 처음으로 벼슬길에 나아감을 이르는 말.

釋階而登天(석계이등천) 사다리를 버리고 하늘에 오르려 한다는 뜻으로, 불가능한 일을 비유하는 말.

釋敎(석교) 석가(釋迦)의 가르침. 불교(佛敎).

釋根灌枝(석근관지) 뿌리는 버리고 가지에 물을 준다는 뜻으로, 근본을 잊고 쓸데없는 것에 힘을 들임을 이르는 말.

釋慮(석려) 마음을 놓음. 안심함.

釋明(석명) 오해를 산 자신의 말에 대하여 변명을 함.

釋生取義(석생취의) 목숨을 버리고 옳은 것을 취함.

釋言(석언) 변명(辨明). 또는 변명함.

釋然(석연) 1)의심이 확 풀린 모양. 2)마음이 편하고 기쁜 모양.

釋義(석의) 교리(敎理)나 진리(眞理)를 밝힘.

釋子(석자) 중. 불자(佛子). 사문(沙門).

釋奠(석전) 1)선성선사(先聖先師)의 제사 때 행하는 예. 2)문묘(文廟)에서 공자(孔子)에게 제사 지내는 의식.

釋采(석채) 희생(犧牲)이 없고 나물만을 올려 지내는 석전(釋奠).

釋回增美(석회증미) 사악함을 버리고 아름다움을 더함.

유 解(풀 해)

里 부

里 마을 리 部

'里' 자는 '田(밭 전)' 과 '土(흙 토)' 를 합친 글자로, 사람이 살 수 있는 곳은 경작지와 가까운 거리에 있기 때문에 '마을' 이라는 뜻을 나타낸다. 또한 오늘날의 지방 행정 구역의 기본 단위로 쓰이며, 오리무중(五里霧中)에서처럼 '…리' 라는 거리의 단위로도 사용되고 있다.

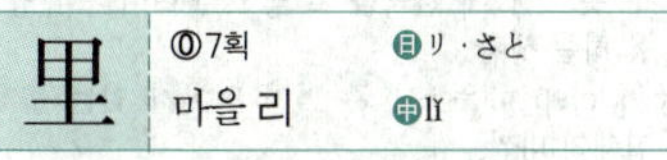

里 ⓪7획 마을 리 日リ・さと 中lǐ

丨 口 日 日 旦 甲 里

* 회의. '田(밭 전)' 과 '土(흙 토)' 를 합친 글자. 밭(田)이 있고 토지(土)가 있는 곳, 즉 '마을' 의 뜻으로 쓰임.

풀이 1. 마을. ¶里落 2. 행정 구역의 명칭. 3. 리. 거리를 재는 단위. 4. 헤아리다. 5. 근심하다. 6. 살다. 거주하다. 7. 이미. 벌써.

里居(이거) 1)벼슬을 물러나 시골에서 지냄. 2)잇달아 있는 집들.

里落(이락) 마을.

里門(이문) 1)마을 입구의 문. 2)고향(故鄕).

里民(이민) 동리 사람.

里數(이수) 1)거리를 리(里)의 단위로 헤아린 수. 2)동리(洞里)의 수효.

里諺(이언) 마을에서 쓰는 속담.

里耳(이이) 고상한 음악이나 깊은 이치를 소화하지 못하는 속인의 귀.

里仁(이인) 1)인심이 후한 마을. 2)어진 이가 있는 곳에 삶.

里程(이정) 길의 이수(里數).

里丁(이정) 동네의 장정(壯丁).

里正(이정) 이장(里長). 촌장(村長).

里程標(이정표) 육로의 거리를 기록한 표지.

萬里愁(만리수) 끝없이 스며드는 시름.

萬里長城(만리장성) 1)중국 북쪽에 있는 성. 2)서로 넘나들 수 없도록 가로막은 크고 긴 장벽. 3)창창한 앞날을 비유하는 말.

萬里前程(만리전정) 젊은이들의 희망이 가득 찬 앞날을 비유하는 말.

萬里他國(만리타국) 멀리 떨어져 있는 다른 나라.

유 村(마을 촌) 비 理(다스릴 리)

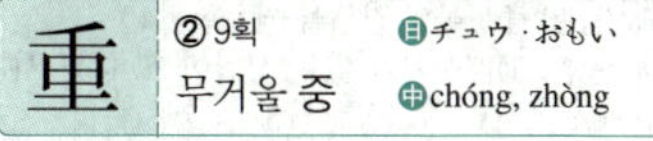

重 ②9획 무거울 중 日チュウ・おもい 中chóng, zhòng

丿 二 千 斤 旨 亘 亘 重 重

* 회의. 원래는 '人(사람 인)' 과 무거운 짐을 나타내는 '東(동녘 동)' 을 합친 글자. 이에 사람(人)이 무거운 짐(東)을 짊어지고 힘들어하는 모습을 나타내어, '무겁다' 의 뜻으로 쓰임. 후에 자형이 바뀌어 '壬(아홉째 천간 임)' 과 '東(동녘 동)' 을 합친 현재의 글자가 되었음.

풀이 1. 무겁다. ¶重罪 2. 중하다. 귀중하다. 소중하다. ¶重大 3. 거듭하다. ¶重刊 4. 더디다. 5. 심히. 대단히. 6. 무게. ¶重量 7. 진하다. 8. 아이를 배다. 9. 짐. 10. 어려워하다. 11. 생각하다. 12. 거듭. 또한 번. 13. 자주하다.

重刊(중간) 한 번 발행한 책을 거듭하여 발간함.

重工業(중공업) 용적(容積)에 비하여 무게가 많은 물건을 만드는 공업. 제철(製鐵)·기계(機

械)·조선(造船)·차량(車輛)·병기(兵器) 등의 제조 공업.

重金屬(중금속) 비중(比重)이 4 이상인 금속. 금·백금·은·동·수은·철 등이 있음.

重勞動(중노동) 매우 힘이 드는 노동.

重大(중대) 매우 중요함.

重來(중래) 1)같은 벼슬을 두 번 거듭하는 것. 2)다시 옴.

重量(중량) 1)무게. 2)지구 위에서 물체를 정지 상태에 두기 위하여 필요한 힘.

重力(중력) 지구가 지구 위에 있는 물체를 잡아 당기는 힘.

重罰(중벌) 무거운 형벌(刑罰).

重犯(중범) 1)큰 범죄. 2)두 번 이상 거듭 죄를 지음. 또는 그런 사람.

重病(중병) 생명의 유지 여부가 관계된 매우 중세가 심한 병.

重複(중복) 거듭함.

重傷(중상) 심하게 다침. 심한 상처.

重修(중수) 낡고 헌 것을 다시 손대어 고침. 개수(改修).

重臣(중신) 1)중요한 직에 있는 관원(官員). 2)정이품(正二品) 이상의 벼슬아치.

重心(중심) 물체의 각 부위에 작용하는 중력의 합력(合力)이 통과하는 점.

重要(중요) 없어서는 안 될 정도로 귀중함.

重任(중임) 1)먼저 근무하던 지위에 다시 임용됨. 2)중대한 임무.

重罪(중죄) 무거운 죄.

重症(중증) 위중한 병증(病症).

重職(중직) 중대하거나 중요한 직무.

重責(중책) 엄격하고 정중하게 책망함.

重版(중판) 출판물의 간행을 거듭함.

重婚(중혼) 1)배우자가 있는 사람이 또 다른 사람과 결혼하는 일. 2)겹사돈.

重厚(중후) 태도가 점잖고 침착함.

加重(가중) 1)더 무거워짐. 2)더 커짐. 3)죄가 더 무거워짐.

加重値(가중치) 1)일반적으로 평균치를 산출할 때 개별치(個別値)에 부여되는 중요도. 2)어떤 상품이 경제 생활에서 차지하는 중요도.

輕重(경중) 1)가벼움과 무거움. 2)중요하지 아니한 것과 중요한 것.

敬重(경중) 공경하고 중하게 여김.

過重(과중) 몹시 무거움. 힘에 겨움.

九重(구중) 1)아홉 겹. 2)구중궁궐(九重宮闕)의 준말.

權重(권중) 권세가 대단함.

貴重(귀중) 귀하고 소중함.

반 輕(가벼울 경) 비 動(움직일 동)

野	④ 11획	日ヤ·の
	들 야	中yě

丨 ㄇ 日 旦 甲 里 里 野 野 野 野

* 형성. 뜻을 나타내는 부수 '里(마을 리)'와 음을 나타내는 '予(나 여)'를 합친 글자.

풀이 1. 들. ¶野景 2. 교외. 3. 민간. 4. 문 밖. 성 밖. 5. 촌스럽다. 6. 별자리. 7. 거칠다. 8. 질박하다. 9. 미개하다. 사리에 어둡다. ¶野蠻 10. 길들지 않다. 11. 서투르다.

野客(야객) 벼슬하지 않고 은거하며 사는 사람.

野景(야경) 들의 경치나 정경(情景).

野禽(야금) 산이나 들에서 사는 새.

野談(야담) 민간에 널리 알려지지 아니한 야사(野史)를 바탕으로 하여 재미를 더해 흥미롭게 꾸민 이야기.

野黨(야당) 정당 정치에서 현재 정권을 잡지 못한 정당.

野馬(야마) 1)아지랑이. 2)몸집이 작은 말의 한 종류.

野蠻(야만) 1)문화가 미개함. 또는 그런 종족. 2)버릇이 없음. 예의를 모름.

野望(야망) 1)무리한 욕심을 이루려는 희망. 2)남 몰래 품고 있는 큰 희망.

野薄(야박) 야속하고 박정(薄情)함.

野鄙(야비) 1)시골. 2)천함. 비루함.

野卑(야비) 성질이나 행동이 속되고 천함.

野山(야산) 1)들에 있는 낮은 산. 2)숲이 깊지 않은 산.

野生(야생) 동식물이 산이나 들에서 저절로 생장함. 또는 그런 동식물.

野性(야성) 1)자연 그대로의 거친 성질. 교양이 없고 야비한 성질. 2)고요한 전원 생활을 사랑하는 마음.

野俗(야속) 1)인정머리 없고 쌀쌀함. 2)섭섭하여 언짢음.

野獸(야수) 들이나 산에 사는 짐승.

野心(야심) 1)잘 길들지 않고 도리어 해치고자 하는 마음. 2)전원 생활을 즐기려는 마음. 3)무리한 욕심을 이루려는 마음.

野營(야영) 1)들에 친 진영. 군대가 일정 지역에 임시로 주둔하면서 생활에 필요한 시설을 갖춘 곳. 2)들에 천막을 쳐 놓고 훈련이나 휴양을 하는 생활.

野外(야외) 마을에서 좀 멀리 떨어져 있는 들. 집채의 바깥.

野慾(야욕) 자기의 이익만 채우려는 야비한 욕심이나 욕망.

野遊會(야유회) 들놀이를 하는 모임.

野人(야인) 1)시골 사람. 2)예절을 분별 못하는 사람. 3)외식(外飾)하지 않는 그대로의 사람. 4)벼슬하지 않은 사람.

野積(야적) 들에 쌓아둠.

野戰(야전) 산이나 들에서 싸움.

野菜(야채) 1)들에서 나는 나물. 2)채소.

野砲(야포) 야전용(野戰用) 대포의 한 가지. 움직이기 쉽고 사격 속도가 빠른 특성을 가짐.

野合(야합) 1)정식 혼례를 하지 않고 부부 관계를 맺음. 2)야외에서의 합주(合奏). 3)옳지 못한 목적으로 한데 어울림.

野火(야화) 1)들이나 산의 마른 풀을 태우는 불. 2)도깨비불.

野話(야화) 항간에 떠도는 이야기. 또는 그것을 적은 책.

廣野(광야) 넓은 들. 아득하게 큰 벌판.

分野(분야) 어떤 갈래에 달린 범위나 부문.

山野(산야) 산과 들. 시골.

雪野(설야) 눈이 덮인 들.

林野稅(임야세) 숲에 매기는 세금.

量	⑤ 12획	日リョウ
	헤아릴 량	中liáng, liàng

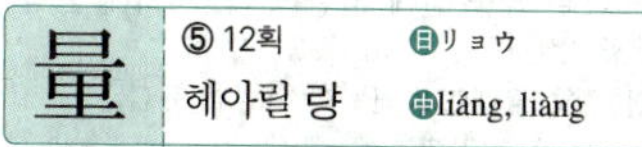

*상형. 곡물을 넣는 주머니 위에 곡식이 올려져 있는 모양을 본뜬 글자.

풀이 1. 헤아리다. ¶量檢 2. 가득 차다. 3. 분량. 4. 길이. 5. 한계. 6. 기량. 역량. 7. 되. 8. 정도. 9. 달다. 재다. 10. 법규. 11. 구덩이.

量加(양가) 헤아려 더함.

量槩(양개) 곡식을 헤아릴 때 되의 위를 고르게 깎아 내는 데 쓰는 방망이. 평미레.

量檢(양검) 헤아려 검사함.

量決(양결) 사정을 잘 헤아려 결정함.

量器(양기) 1)말·되 등과 같이 물건의 양을 재는 기구. 2)사람의 역량(力量)과 재능. 기량(器量).

量粟而舂(양속이용) 좁쌀을 알알이 세어 방아를 찧는다는 뜻으로, 하찮은 일에 신경을 씀을 비유하는 말.

量移(양이) 중국 당대(唐代)에 죄를 지어, 먼 곳에 유배(流配)된 사람의 죄가 감해져 가까운 곳으로 옮기는 일.

量子(양자) 더 이상 나눌 수 없는 물질의 최소량의 단위.

量的(양적) 물건의 내용이나 실질은 묻지 않고 분량을 표준으로 하는 것.

量窄(양착) 1)식량(食量)이나 주량(酒量)이 적음. 소량(小量). 2)도량이 좁음.

量度(양탁) 저울과 자.

유 料(헤아릴 료) 測(헤아릴 측)

釐	⑪ 18획	
	❶다스릴 리(이)	日リ·キ·ライ
	❷길할 희	中lí, xī, xǐ
	❸줄 뢰	

풀이 **1** 1. 다스리다. ¶釐正 2. 고치다. ¶釐改 3. 명아주. 4. 탐하다. 5. 행복. **2** 6. 길(吉)하다. 7. 제육(祭肉). **3** 8. 주다.

釐降(이강) 임금의 딸이 신하에게 시집감. 강가(降嫁).

釐改(이개) 고침. 개혁함.

釐金(이금) 화물의 내국 통과세.

釐稅(이세) 통과세(通過稅)와 화물세(貨物稅).

釐捐(이연) 이금(釐金).

釐正(이정) 문서나 글을 정리하여 바로잡음. 개정함. 개혁함.

釐定(이정) 개정(改定)함.

유 理(다스릴 리)

金 부

金 쇠 금 部

'金' 자는 원래 '쇠'를 뜻하는 글자이다. 처음에 주로 구리(銅)를 가리켰으나 점차 금속을 총칭하게 되었으며, 금속으로 만든 악기나 무기 · 그릇 등을 나타낼 때에도 쓰인다. 그 밖에 '황금'이나 '화폐'의 뜻으로도 자주 사용되며, 금언(金言)에서처럼 '귀중하다', 금석지교(金石之交)에서처럼 '견고하다'라는 뜻을 나타내기도 한다. 이 글자를 부수로 갖는 글자는 일반적으로 금속의 종류나 성질, 금속으로 만든 기물과 관련이 있다.

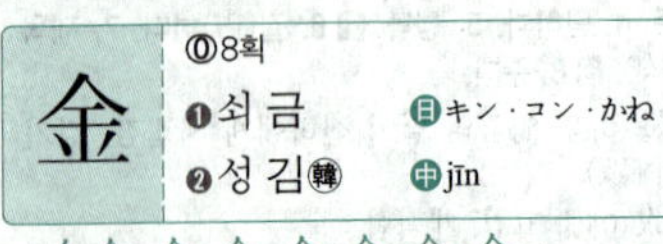

金 ⓪8획 ❶쇠 금 ❷성 김㊇ ㊐キン · コン · かね ㊥jīn

* 형성. 음을 나타내며 '반짝이다'의 의미를 지닌 '今(이제 금)'의 생략형과 '土(흙 토)'를 합친 글자. 흙 속에서 반짝이는 것, 곧 '금'의 뜻으로 쓰임.

풀이 ❶ 1. 쇠. 금속. ¶金銅 2. 구리. 동(銅). 3. 철(鐵). 4. 금. 황금. 5. 오행(五行)의 하나. 방위는 서쪽, 계절은 가을, 오음(五音)으로는 상(商)에 해당함. 6. 금빛. 황금색. 7. 금나라. 여진족(女眞族)이 세운 나라. 8. 귀하다. 9. 돈. 금전. 10. 화폐 단위. 11. 단단하다. 견고하다. 12. 좋다. 아름답다. 13. 쇠붙이로 만든 악기. 또는 그 소리. 14. 무기(武器). 15. 입을 다물다. ❷ 16. 성씨(姓氏).

金閣(금각) 황금으로 장식한 누각.

金柑(금감) 밀감(蜜柑)의 한 종류.

金甲(금갑) 황금으로 만든, 또는 황금빛의 갑옷.

金剛(금강) 1)오행(五行) 중에서 금(金)의 기(氣). 2)금강석(金剛石)의 준말. 3)금강저(金剛杵). 또는 금강저(金剛杵)를 가진 역사(力士). 4)여래(如來)의 지덕(知德)이 견고하여 일체의 번뇌를 깨뜨림을 비유하는 말.

金剛經(금강경) 대일여래(大日如來)의 지덕(智德)을 기린 불경.

金剛石(금강석) 순수한 탄소로 된 정팔면체의 결정물. 다이아몬드.

金坑(금갱) 금을 채굴하는 곳. 금광.

金鏡(금경) 1)금으로 장식한 거울. 2)달의 다른 이름. 3)밝은 도덕.

金鷄(금계) 천상(天上)에 산다는 닭.

金鼓(금고) 군중(軍中)에서 치는 쇠붙이와 북.

金庫(금고) 돈 등의 중요 물품을 넣어두는 창고.

金工(금공) 1)주물(鑄物)하는 직공. 2)금속에 세공을 하는 공예. 또는 그 직공.

金冠(금관) 금으로 만든 임금의 왕관.

金鑛(금광) 금을 캐는 광산.

金塊(금괴) 금덩어리.

金口(금구) 1)귀중한 말. 남의 말을 높여 부르는 말. 2)입을 다묾. 3)부처의 말씀. 또는 그 가르침.

金丘(금구) 서쪽. 서방.

金券(금권) 1)금으로 만든 패(牌). 천자가 그 패에 글씨를 써서 신하에게 하사함. 2)금화와 교환할 수 있는 지폐.

金權(금권) 재력의 권세. 돈의 힘. 금력(金力).

金櫃(금궤) 1)쇠로 만든 궤. 2)철궤(鐵櫃).

金匱石室(금궤석실) 쇠로 만든 상자와 돌로 만든 방이라는 뜻으로, 책을 소중하게 보관하는 곳을 이르는 말.

金匱之計(금궤지계) 금궤 속에 깊이 간직할 만한 은밀한 계책.

金氣(금기) 가을의 기운. 추기(秋氣).

金丹(금단) 선단(仙丹). 단약(丹藥).

金堂(금당) 절의 본당(本堂). 본존불을 안치(安置)하고 내부를 금빛으로 칠함.

金銅(금동) 금을 겉에 입힌 구리. 구리에 금박(金箔)한 것.

金蘭之交(금란지교) 친밀한 사귐을 이름.

➲金蘭之交(금란지교)의 유래

공자(孔子)가 "군자의 도(道)는 나아가 벼슬을 하기도 하고 물러나 집에 머물기도 한다. 또 침묵할 때도 있고 말할 때도 있다. 두 사람의 마음이 하나로 합쳐지면 그 날카로움은 쇠도 끊어 버리고 그 하나된 마음에서 나오는 말은 난초와 같은 향기를 풍긴다."라고 한 말에서 유래되었다.

金力(금력) 돈의 힘. 돈의 위력. 금권(金權).

金蓮花(금련화) 부처 앞에 드리는 황금빛으로 만든 연꽃.

金鈴(금령) 금으로 만든 방울.

金利(금리) 돈의 이자.

金文(금문) 금석문(金石文).

金箔(금박) 금을 얇은 종이 조각같이 늘인 조각.

金髮(금발) 황금색 머리카락.

金寶(금보) 금과 보물. 귀중한 물건.

金粉(금분) 1)금가루. 2)꽃가루. 3)화려하고 아름다움. 4)화장할 때 쓰는 분. 5)아름다운 화장. 또는 미인.

金絲(금사) 1)금빛의 실. 2)수양버들의 모양. 3)누에고치실의 모양.

金砂(금사) 금빛 모래.

金色(금색) 금빛. 황금색.

金石(금석) 1)쇠와 돌. 영원불변한 것 또는 단단

한 것의 비유. 2)글을 새길 때 조각하는 철재(鐵材)나 석재(石材). 종정(鐘鼎)과 비갈(碑碣). 3)편종(編鐘) · 편경(編磬)의 악기. 또는 그 음악. 4)병기(兵器). 5)금석문(金石文)의 준말.

金石文(금석문) 종이나 비석 등에 새긴 글의 총칭.

金石之言(금석지언) 쇠와 돌같이 굳은 언약. 확고한 말.

金石學(금석학) 금석문(金石文)을 연구하는 학문.

金城湯池(금성탕지) 무쇠 성이 끓어오르는 못으로 둘러싸여 있다는 뜻으로, 방비가 아주 견고한 성을 이르는 말.

金城湯池(금성탕지)의 유래

진시황제가 죽자 각지에서 반란이 일어나 나라가 아주 어지러웠다. 그때 무신(武信)이 조(趙)나라의 옛 땅을 차지하고 스스로 무신군(武信君)이라고 일컬었다. 범양(范陽) 현령(縣令) 밑에 있던 모사 괴통(蒯通)은 무신군을 찾아가서 이렇게 말했다. "만약 범양 현령이 항복했을 때 그 현령을 푸대접한다면 각지 현령들 또한 항복하면 푸대접받는다고 생각할 것입니다. 그러면 마치 펄펄 끓는 못에 둘러싸인 무쇠 성처럼 단단히 수비를 하고 귀공의 군사를 기다릴 것이니 공격하기 어려울 것입니다. 지금 범양 현령을 극진히 맞아들이면 모두들 싸우지 않고 기꺼이 항복할 것입니다." 《한서(漢書)》

金星(금성) 태양에서 둘째 궤도를 도는 행성. 샛별.

金屬(금속) 금붙이나 쇠붙이.

金魚(금어) 1)금으로 만든 물고기 모양의 주머니. 2)금빛의 물고기.

金言(금언) 1)짧은 말 속에 깊은 교훈을 담고 있는 귀중한 말. 격언(格言). 2)굳게 맹세하는 말. 3)부처의 법어(法語).

金玉(금옥) 1)황금과 주옥(珠玉). 2)귀중한 것. 또는 찬미할 만한 것.

金曜日(금요일) 요일의 여섯째 날.

金融(금융) 돈의 융통. 영리를 목적으로 하는 경제 사회의 자금의 대차(貸借) 및 수요 공급의 관계.

金銀(금은) 1)금과 은. 2)화폐.

金子塔(금자탑) 1)피라미드. 2)후세에 길이 전해질 저작이나 사업.

金盞(금잔) 금으로 만든 술잔.

金匠(금장) 쇠붙이에 세공을 하는 공예가.

金錢(금전) 쇠붙이로 만든 돈.

金殿玉樓(금전옥루) 휘황찬란한 궁전. 화려한 전각.

金製(금제) 금으로 만듦. 또는 그 물건.

金指環(금지환) 금가락지.

金波(금파) 1)달빛. 월광(月光). 2)달빛이 비치어 금빛으로 빛나는 물결.

金品(금품) 돈과 물품.

金穴(금혈) 1)금이 나는 곳. 금갱(金坑). 2)큰 부자. 3)돈을 대주는 사람. 자본주(資本主).

金婚式(금혼식) 결혼한 후 50년 되는 날을 축하하는 행사.

金貨(금화) 금으로 만든 돈.

유 鐵(쇠 철)

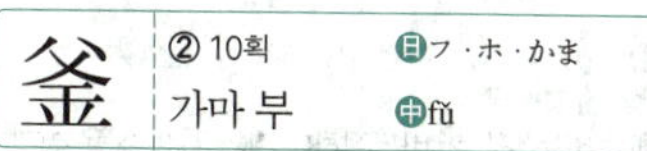

釜	② 10획	日フ · ホ · かま
	가마 부	中fǔ

풀이 1. 가마. 가마솥. ¶釜中魚 2. 용량의 단위. 곡식 등을 되는 단위로, 우리나라의 5되에 해당함.

釜鬲(부력) 가마솥과 다리가 굽은 솥. 솥을 이르는 말.

釜庾(부유) 얼마 되지 않는 양.

釜中生魚(부중생어) 오래 밥을 짓지 못하여 솥 안에 물고기가 생긴다는 뜻으로, 매우 가난함을 비유하는 말.

釜中魚(부중어) 솥 안에 든 물고기. 생명이 얼마 남지 않음을 비유하는 말.

魚遊釜中(어유부중) 물고기가 솥 가운데서 놂. 살아 있어도 남은 생명이 짧음을 비유하는 말.

유 窯(가마 요) 비 斧(도끼 부)

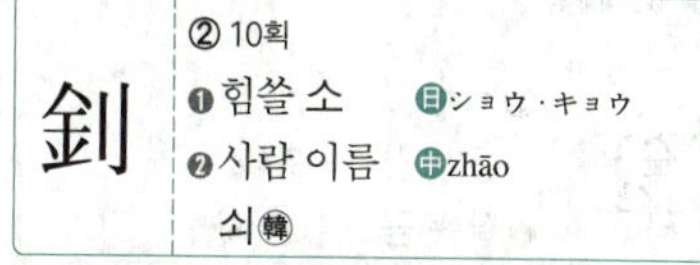

釗	② 10획	
	❶ 힘쓸 소	日ショウ · キョウ
	❷ 사람 이름 쇠韓	中zhāo

풀이 1 1. 힘쓰다. 2. 깎다. 3. 보다. 만나보다. 4. 쇠뇌 고동. 2 5. 사람 이름. 아이나 종의 이름에 많이 쓰임.

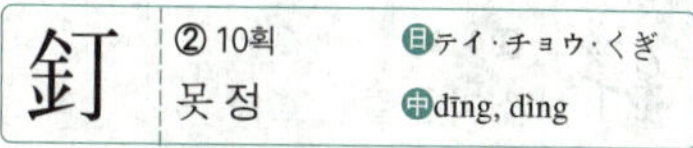

釘	② 10획	日テイ · チョウ · くぎ
	못 정	中dīng, dìng

풀이 1. 못. ¶釘頭 2. 못을 박다.

釘頭(정두) 못대가리.

釘鈴(정령) 말방울 소리.

釘鞋(정혜) 주로 비가 올 때 신는 징을 박은 나막신. 정혜(釘鞵).

비 釪(악기 이름 우)

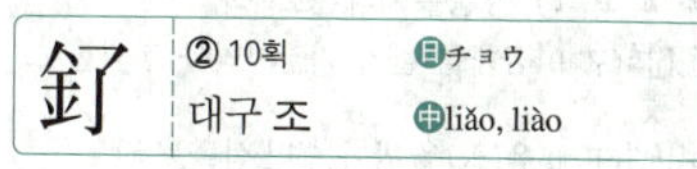

釕	② 10획	日チョウ
	대구 조	中liǎo, liào

풀이 대구(帶鉤). 허리띠의 자물단추.
釪鈌(조결) 허리띠의 자물단추에 장식한 것.
釪轡(조비) 장식을 한 고삐.

針	② 10획	日シン·はり
	바늘 침	中zhēn

ノ 𠂆 𠂉 亼 今 全 含 金 金 針

* 형성. 뜻을 나타내는 부수 '金(쇠 금)'과 음을 나타내는 '十(열 십)'을 합친 글자.

풀이 1. 바늘. 침. 2. 바느질하다. ¶針工 3. 침을 놓다.
針工(침공) 1)바느질. 2)바느질 기술. 또는 바느질을 잘 하는 사람.
針孔(침공) 바늘귀.
針灸(침구) 침과 뜸질.
針女(침녀) 바느질하는 여자.
針路(침로) 1)나침반의 바늘이 가리키는 방향. 2)배나 비행기 등의 항로.
針芒(침망) 바늘 끝. 매우 작음을 비유하는 말.
針線(침선) 1)바늘과 실. 2)바느질.
針葉樹(침엽수) 잎이 바늘같이 생긴 나무의 총칭. 소나무·잣나무 등. 바늘잎나무.
針才(침재) 바느질하는 재주.
針尺(침척) 바느질할 때 쓰는 자.
유 箴(바늘 잠)

釭	③ 11획	
	❶등잔 강	日コウ
	❷살촉 공	中gāng

풀이 1 1. 등잔. 등불. 2. 바퀴통 쇠. 바퀴통의 구멍에 끼는 철관. 2 3. 살촉. 화살촉.

釪	③ 11획	日ケツ
	삼지창 걸	中jié

풀이 삼지창.

釦	③ 11획	日コウ·ク
	금테 두를 구	中kòu

풀이 1. 금테를 두르다. 2. 주옥을 박아 꾸미다. 3. 단추. 4. 떠들다. 종 등을 치며 환호하다.
釦器(구기) 금테를 둘러 가장자리를 장식한 그릇.
釦砌(구체) 옥(玉)을 박아 꾸민 섬돌.

釤	③ 11획	日サン·かま
	낫 삼	中shān, shàn

풀이 낫. 큰 낫.

釪	③ 11획	日カン·ガン
	창고달 우	中yú

풀이 1. 창고달. 창 끝에 끼우는 원추형의 물미. 2. 악기의 이름. 3. 바리때. 승려의 밥그릇.
비 釘(못 정)

釴	③ 11획	日イク
	솥귀 익	中yì

풀이 솥귀. 솥의 양쪽에 있는 두 개의 손잡이.

釣	③ 11획	日チョウ·つる
	낚시 조	中diào

풀이 1. 낚시. 낚시질하다. ¶釣竿 2. 구하다. 얻다. 3. 꾀다. 유인하다.
釣竿(조간) 낚싯대.
釣臺(조대) 낚시터.
釣徒(조도) 낚시꾼의 무리.
釣綸(조륜) 낚싯줄.
釣名(조명) 교묘하게 속여 명예를 얻으려고 함.
釣艇(조정) 낚싯배. 조선(釣船).
釣戶(조호) 낚시질을 직업으로 하고 있는 사람. 어민(漁民). 또는 그 집.
以蝦釣鯉(이하조리) 새우로 잉어를 낚는다는 뜻으로, 적은 밑천을 들여 큰 이익을 얻음을 비유하는 말.
비 約(묶을 약)

釵	③ 11획	日サ·サイ·かんざし
	비녀 차·채	中chāi

풀이 비녀.
釵釧(차천) 비녀와 팔찌.
釵荊(차형) 가시나무의 가지로 만든 비녀. 몹시 가난한 살림살이를 이름.

釧	③ 11획	日セン·うでわ
	팔찌 천	中chuàn

풀이 팔찌.

釧臂(천비) 팔찌를 낀 팔.

釱	③ 11획	日テイ·ダイ
	차꼬 체	中dài, dì

풀이 차꼬. 족가(足枷). 죄인의 발목에 채우는 형구.

釫	③ 11획	日カ·ガ
	양날 가래 화	中wū

풀이 양날 가래.

釳	③ 11획	日コツ
	방홀 흘	中xì

풀이 방홀. 천자의 수레를 끄는 말의 머리의 장식.

鈐	④ 12획	日ケン·ゲン·くさび
	비녀장 검	中qián

풀이 1. 비녀장. 2. 자물쇠. 열쇠. ¶鈐鍵 3. 도장. 도장을 찍다. 4. 억누르다. 규제하다. 5. 병법(兵法).

鈐鍵(검건) 1)자물쇠. 열쇠. 2)매우 중요한 일.

鈐韜(검도) 병법(兵法). 또는 무술(武術).

鈐束(검속) 엄중하게 단속함.

鈐印(검인) 1)도장을 찍음. 2)계인(契印).

유 錧(비녀장 관)

鈎	④ 12획
	鉤(p1451)의 俗字

鈞	④ 12획	日キン·ひとしい
	서른 근 균	中jūn

풀이 1. 서른 근(斤). ¶鈞石 2. 녹로. 오지그릇을 만드는 데 쓰이는 바퀴 모양의 기구. 3. 고르다. 고르게 하다. ¶鈞敵 4. 존경의 뜻을 나타내는 말. 서신에 주로 쓰임.

鈞陶(균도) 녹로(轆轤)를 써서 오지그릇을 만든다는 뜻으로, 인재를 양성함을 이르는 말.

鈞石(균석) 저울추. 균(鈞)은 30근(斤), 석(石)은 120근.

鈞旋轂轉(균선곡전) 녹로(轆轤)가 돌고 수레의 바퀴통이 돈다는 뜻으로, 사물이 계속하여 변천함을 이르는 말.

鈞敵(균적) 힘이 비슷하여 우열이 없음.

鈞旨(균지) 천자(天子)의 명령.

鈞樞(균추) 가장 중요한 자리. 또는 그 자리에 있는 사람. 균축(鈞軸).

鈞軸(균축) 1)저울추와 굴대. 2)중대한 임무를 맡은 대신(大臣).

鈞衡(균형) 1)인재(人材)를 뽑음. 2)정치를 할 때 공평을 지켜 나간다는 뜻으로, 재상(宰相)을 이르는 말. 3)한쪽으로 치우치지 않음. 차별을 두지 않음. 평균(平均).

비 均(고를 균)

釿	④ 12획	
	❶ 자귀 근	日キン·ギン
	❷ 대패 은	中jīn, yín

풀이 ❶ 1. 자귀. 2. 끊다. ❷ 3. 대패.

釿鋸(근거) 자귀와 톱.

鈕	④ 12획	
	❶ 인꼭지 뉴	日ジュウ·つまみ
	❷ 칼 추	中niǔ

풀이 ❶ 1. 인(印)꼭지. 2. 손잡이. 3. 단추. ❷ 4. 칼. 형구(刑具)의 하나.

鈍	④ 12획	日ドン·にぶい
	무딜 둔	中dùn

풀이 1. 무디다. 둔하다. ¶鈍感 2. 어리석다. 미련하다. 3. 느리다. 행동이 굼뜨다. ¶鈍步 4. 꾸밈없다.

鈍角(둔각) 직각보다 큰 각. 90° 이상 180° 이하의 각.

鈍感(둔감) 감각이 둔함. 느낌이 무딤.

鈍根(둔근) 1)둔한 천성. 2)불도(佛道)를 견디지 못하는 사람.

鈍器(둔기) 무딘 칼 등의 연장.

鈍利(둔리) 무딤과 예리함.

鈍馬(둔마) 굼뜬 말. 둔한 말.

鈍悶(둔민) 인정이 없음.

鈍兵(둔병) 1)굼뜬 병정. 2)무딘 병기(兵器). 3)사기(士氣)가 떨어짐.

鈍步(둔보) 느린 걸음.

鈍頑(둔완) 둔하고 완고함.

鈍才(둔재) 재주가 우둔함. 또는 그런 사람.
鈍磔(둔책) 글자의 오른쪽을 처지게 쓰는 필법.
鈍濁(둔탁) 둔하고 흐리멍텅함.
鈍筆(둔필) 재치가 없는 글씨.
鈍漢(둔한) 아둔한 사람. 어리석은 사람.
鈍惛(둔혼) 어리석음.

반 尖(뾰족할 첨)

鈁	④ 12획 준 방	日ボウ 中fāng

풀이 준(罇). 종처럼 생긴 네모난 술.

鈇	④ 12획 도끼 부	日フ·おの 中fū

풀이 1. 도끼. ¶鈇鉞 2. 작두. 마소에게 먹일 풀 등을 써는 도구.

鈇鉞(부월) 1)제후나 대장에게 천자가 내리던 작은 도끼와 큰 도끼. 2)정벌(征伐)·형륙(刑戮) 등의 뜻. 부월(斧鉞).
鈇鑕(부질) 1)도끼와 목을 벨 때 몸을 올려놓는 모탕. 2)형륙(刑戮)·주륙(誅戮)을 이르는 말. 부질(鈇質).

유 斤(도끼 근)

鈚	④ 12획 화살 비	日ヒ·ビ 中pī

풀이 화살.

유 矢(화살 시)

鈒	④ 12획 창 삽	日ソウ·ほこ 中sà

풀이 1. 창. 2. 새기다. 누각(鏤刻)하다. ¶鈒鏤

鈒鏤(삽루) 가느다란 선으로 새김. 누각(鏤刻).

釾	④ 12획 막야 야	日ヤ 中yá

풀이 막야(鏌釾). 오(吳)나라의 명검 이름.

鈆	④ 12획 鉛(p1453)의 俗字

鈋	④ 12획 깎을 와	日ワ 中é

풀이 깎다. 모를 깎아 둥글리다.

鈋鈍(와둔) 모서리가 둔함.

鈗	④ 12획 창 윤·예	日イン·エイ 中yǔn

풀이 창(槍). 시신(侍臣)이 지니는 창.

비 玧(붉은 구슬 윤)

鈏	④ 12획 주석 인	日イン 中yǐn

풀이 1. 주석. 2. 쇠. 철.

유 錫(주석 석) 鑞(주석 랍)

鈔	④ 12획 노략질할 초	日ショウ 中chāo

풀이 1. 노략질하다. 약탈하다. ¶鈔劫 2. 집어내다. 3. 베끼다. 4. 초. 초록. 5. 지전. 지폐. 6. 끝.

鈔劫(초겁) 노략질함. 약탈함.
鈔關(초관) 세금을 징수하는 곳. 세관(稅關).
鈔盜(초도) 노략질함. 빼앗음.
鈔略(초략) 노략질함. 초략(鈔掠).
鈔錄(초록) 1)베낌. 2)필요한 부분만을 뽑아 적음. 초록(抄錄).
鈔本(초본) 1)지폐를 발행할 때의 준비금(準備金). 2)붓으로 베껴 쓴 책. 사본(寫本). 3)필요한 부분만을 뽑아서 쓴 것.
鈔暴(초포) 폭력을 쓰며 노략질을 함.

유 掠(노략질할 략)

鈀	④ 12획 병거 파	日ハ 中bǎ

풀이 1. 병거. 전쟁 때 쓰는 수레. 2. 쇠스랑. 농기구의 하나. 3. 망보기 위한 수레. 4. 화살 이름.

鈀車(파거) 병거(兵車). 쇠를 입힌 견고한 수레.

鈑	④ 12획 금박 판	日ハン 中bǎn

풀이 1. 금박(金箔). 2. 널조각.

유 鉑(금박 박)

鉼	④ 12획 鉼(p1457)의 俗字

鉱	④ 12획 쇳소리 횡	日コウ 中hóng

풀이 쇳소리. 쇠나 종 · 북 같은 것의 소리.

鉀	⑤ 13획 갑옷 갑	日コウ 中jiǎ

풀이 갑옷.

유 鎧(갑옷 개)

鉅	⑤ 13획 클 거	日キョ · はがね 中jù

풀이 1. 크다. 거대하다. ¶鉅材 2. 강하다. 단단하다. 3. 높다. 4. 낚싯바늘. 갈고리. 5. 어찌. 6. 갑자기.

鉅傑(거걸) 매우 뛰어남. 또는 그런 사람.

鉅公(거공) 1)천자(天子)를 이름. 2)신분이 높은 사람의 통칭.

鉅萬(거만) 수가 매우 많음. 거만(巨萬)

鉅藩(거번) 큰 제후(諸侯)의 나라.

鉅黍(거서) 양궁(良弓)의 옛 이름.

鉅纖(거섬) 큼과 작음. 거대함과 섬세함.

鉅材(거재) 큰 재목. 훌륭한 인재(人才).

鉅鐵(거철) 강철(鋼鐵). 단단한 철.

鉅鑊(거확) 발이 없는 큰 솥.

유 巨(클 거)

鉗	⑤ 13획 칼 겸	日ケン · ゲン · くびかせ 中qián

풀이 1. 칼. 형구(刑具)의 하나. ¶鉗梏 2. 칼을 씌우다. 3. 집다. 4. 집게. 5 다물다. ¶鉗口 6. 시기하다. 꺼리다.

鉗鉗(겸겸) 성실하지 못하게 말하는 모양.

鉗梏(겸곡) 칼와 수갑(手匣). 또는 그것을 채움. 구속함.

鉗口(겸구) 입을 다물고 말을 하지 않음.

鉗忌(겸기) 시기하여 가혹하게 대함.

鉗奴(겸노) 겸자(鉗子).

鉗徒(겸도) 겸자(鉗子).

鉗子(겸자) 1)목에 칼을 쓴 죄인. 2)못뽑이. 족집게.

鉗制(겸제) 남을 억압하여 자유를 구속함.

鈷	⑤ 13획 다리미 고	日コ 中gǔ

풀이 다리미.

鈷鉧(고무) 다리미.

鉱	⑤ 13획 鑛(p1476)의 俗字

鉤	⑤ 13획 갈고리 구	日コウ · ク · かぎ 中gōu

풀이 1. 갈고리. ¶鉤掛 2. 낫. 3. 창. 4. 띠쇠. 5. 걸음쇠. 그림쇠. 원을 그리는 기구. 6. 끌어당기다. 7. 낚싯바늘. ¶鉤曲 8. 배반하다. 9. 찾아내다. 밝히다. 10. 걸다. 갈고리로 걸어 낚아채다. 11. 꾀다. 유인하다. 12. 굽다. 굽히다. 13. 돌다. 회전하다. 14. 끝에 갈고리가 달린 사닥다리.

鉤距(구거) 1)미늘. 2)갈고리로 걸어 물건을 끌어당기듯이, 사람을 함정에 빠뜨려 벗어날 수 없게 하여 깊이 그 내정(內情)을 탐색(探索)하는 일.

鉤鎌(구겸) 1)낫. 2)긴 자루 끝에 낫이 달린 형태의 무기. 배를 타고 싸울 때 쓰임.

鉤曲(구곡) 낚싯바늘처럼 구부러짐. 마음이 비뚤어짐을 비유하는 말.

鉤掛(구괘) 갈고리로 걸어 당김.

鉤校(구교) 찾아내어 조사함. 검교(檢校).

鉤矩(구구) 1)걸음쇠와 곡척(曲尺). 2)기분이 되는 법칙(法則). 규구(規矩).

鉤戟(구극) 갈고랑이처럼 끝이 굽은 창.

鉤斷(구단) 갈고리로 걸어 당겨 절단함.

鉤黨(구당) 서로 끌어당겨 무리를 만듦.

鉤刀(구도) 자루가 길고 낫처럼 생긴 병기(兵器).

鉤連(구련) 서로 연결됨.

鉤剝(구박) 숨은 죄를 죄다 들추어 냄.

鉤索(구색) 찾아 밝힘. 탐색함.

鉤繩(구승) 1)곡척(曲尺)과 먹줄. 2)규칙(規則). 법도(法度).

鉤心(구심) 1)가마 바닥 중심의 가로 댄 나무. 가마를 굴대에 고정하는 데 쓰이는 가로로 댄 나무. 2)지붕의 정심(頂心).

鉤染(구염) 1)화법(畫法)의 한 가지. 먹으로 가

늘게 윤곽을 그린 뒤에 채색하는 방법. 2)유인(誘引)함. 꾀어냄.
鉤援(구원) 성을 공격할 때 쓰는, 갈고랑이가 달린 사닥다리. 운제(雲梯).
鉤章棘句(구장극구) 매우 읽기 힘든 문장.
鉤梯(구제) 구원(鉤援)
鉤爪(구조) 낚싯바늘처럼 날카로운 발톱.
鉤止(구지) 붙잡아 둠. 억류(抑留)함.
鉤取(구취) 갈고랑이로 끌어당겨 취함.
鉤玄(구현) 현묘한 이치를 찾아내어 깨달음.

鈴	⑤ 13획	日レイ・リン・すず
	방울 령(영)	中líng

풀이 방울.
鈴鈴(영령) 1)땅이 흔들리는 모양. 2)방울 등이 울리는 소리.
鈴鈸(영발) 방울과 동발(銅鈸).
鈴語(영어) 풍경(風磬)의 소리.
鈴鐸(영탁) 방울. 풍경(風磬).
鈴下(영하) 1)뒤를 따라가는 호위병. 2)편지 쓸 때 장수(將帥)를 높여 부르는 말. 3)태수(太守)에 대한 존칭.
유 鐸(방울 탁) 비 領(옷깃 령)

鉚	⑤ 13획	日リュウ
	쇠 류	中mǎo

풀이 쇠. 좋은 쇠.

鉧	⑤ 13획	日ボ・モ
	다리미 무	中mǔ

풀이 다리미.

鉑	⑤ 13획	日ハク・バク
	금박 박	中bó

풀이 금박(金箔). 금을 얇은 종이 모양으로 만든 것.
유 鈑(금박 판)

鈸	⑤ 13획	日ハツ・バチ
	동발 발	中bó

풀이 1. 동발(銅鈸). 타악기의 일종. 2. 방울.
유 鈴(방울 령)

鉢	⑤ 13획	日ハツ・ハチ
	바리때 발	中bō

풀이 1. 바리때. 중의 밥그릇. 2. 대대로 전해 내려오는 사상·물건.
鉢器(발기) 비구(比丘)의 바리때.
鉢囊(발낭) 승려가 길을 갈 때 지고 다니는, 바리때를 넣는 큰 주머니. 바랑.
鉢盂(발우) 승려의 식기(食器). 바리때.

鉈	⑤ 13획	
	❶자루 사	日シ・サ
	❷창 시	中cí

풀이 ❶ 1. 자루. 낫의 자루. ❷ 2. 창.

鉏	⑤ 13획	日ソ・ショ・ゾ
	호미 서	中chú

풀이 1. 호미. ¶鉏鉤 2. 김매다. 3. 죽이다. 4. 어긋나다. ¶鉏鋙
鉏鉤(서구) 호미와 낫.
鉏耨(서누) 호미와 괭이.
鉏耒(서뢰) 쟁기.
鉏鍤(서삽) 삽. 가래.
鉏鋙(서어) 위아래가 어긋남. 또 일이 서로 어긋남.
鉏耰(서우) 괭이의 자루.
鉏耘(서운) 1)김을 맴. 2)악당을 제거함.
유 錤(호미 기) 鎡(호미 자) 耡(호미 서)

鉐	⑤ 13획	日セキ
	놋쇠 석	中shí

풀이 놋쇠.

鉥	⑤ 13획	日シュツ
	돗바늘 술	中shù

풀이 1. 돗바늘. 2. 인도하다. 안내하다.

鉠	⑤ 13획	
	방울 소리	日エイ
	앙·영	中yāng

풀이 방울 소리.

鉠鉠(앙앙) 방울 소리.

鉛 ⑤ 13획 日エン・なまり
납 연 中qiān, yán

丿 𠆢 𠂉 亼 乍 午 牟 牟 金 釒 釟 鈆 鉛 鉛

＊형성. 뜻을 나타내는 부수 '金(쇠 금)'과 음을 나타내며 '검푸르다'라는 의미를 지닌 부수 이외의 글자를 합친 글자. 이에 검푸른 금속을 나타내어, '납'의 뜻으로 쓰임.

풀이 1. 납. 2. 분. 산화한 납으로 만든 화장품. ¶鉛黛 3. 따르다.

鉛膏(연고) 머리에 바르는 검은 기름.
鉛駑(연노) 무딘 칼과 둔한 말이라는 뜻으로, 재주가 없음을 비유하는 말.
鉛黛(연대) 분과 눈썹 그리는 먹. 화장을 이르는 말. 분대(粉黛).
鉛刀(연도) 무딘 칼. 쓸모없는 것을 비유하는 말.
鉛刀一割(연도일할) 1)무딘 칼이나마 한번쯤은 벨 힘이 있다는 뜻으로, 자기의 미력(微力)함을 낮추어 이르는 말. 2)다시 쓰지 못함을 비유하는 말.
鉛鈍(연둔) 연도(鉛刀)처럼 무딤. 재지(才智)가 둔함.
鉛粉(연분) 백분(白粉). 연화(鉛華).
鉛素(연소) 연필과 깁(緝). 지필(紙筆).
鉛槧(연참) 글자를 지우는 데 쓰는 연분과 글씨를 쓰는 분판이라는 뜻으로, 문필(文筆)을 이르는 말.
鉛紅(연홍) 분과 연지.
鉛華(연화) 1)백분(白粉). 2)화장을 한 아름다운 얼굴빛.
鉛黃(연황) 글을 쓰는 연분(鉛粉)과, 오자(誤字)를 지우는 자황(雌黃). 교정(校正)을 이르는 말.

유 鈆(납 연)

鈺 ⑤ 13획 日オク
보배 옥 中yù

＊형성. 뜻을 나타내는 부수 '金(쇠 금)'과 음을 나타내는 '玉(옥 옥)'을 합친 글자. 이에 '옥', '보배'의 뜻으로 쓰임.

풀이 1. 보배. 보화(寶貨). 2. 단단한 쇠.

유 珍(보배 진)

鉞 ⑤ 13획 日エツ・まさかり
도끼 월 中yuè

풀이 1. 도끼. 옛날에 대장이 출정할 때, 임금이 권위의 상징으로 하사하던 것. 2. 수레에 단 방울 소리.

鉞鉞(월월) 수레에 단 방울 소리.
鉞下(월하) 도끼를 하사받은 장군의 휘하(揮下).

유 斤(도끼 근)

鉔 ⑤ 13획 日サツ
향로 잡 中zā

풀이 향로.

鈿 ⑤ 13획 日テン・デン・かんざし
비녀 전 中tián, diàn

풀이 1. 비녀. ¶鈿針 2. 나전(螺鈿) 세공. 3. 금 장식.

鈿箜篌(전공후) 나전(螺鈿)으로 장식한 공후.
鈿帶(전대) 금을 박아 장식한 띠.
鈿羅(전라) 나전(螺鈿) 세공.
鈿瓔(전영) 금으로 장식한 목걸이.
鈿針(전침) 금비녀.
鈿合(전합) 나전을 박은 향합(香盒).

鉒 ⑤ 13획 日シュウ
쇳돌 주 中zhù

풀이 쇳돌. 광석.

鉁 ⑤ 13획
珍(p851)과 同字

鉄 ⑤ 13획
鐵(p1474)의 俗字

鉆 ⑤ 13획
❶족집게 첨 日テン・ゲン・シン
❷경첩 겸 中zuān, zuàn

풀이 ❶1. 족집게. ❷2. 경첩. 거멀못. 3. 집게. 4. 집다. 끼우다.

鉊 ⑤ 13획 日ショウ
낫 초 中zhāo

풀이 낫.

鉊鉊(초사) 낫자루.

유 銍(낫 질)

8획

鉋 ⑤ 13획 대패 포 日ホウ·かんな 中bào

풀이 대패.

鉋屑(포설) 대팻밥.

鈹 ⑤ 13획 파종침 피 日ヒ 中pī, pí

풀이 1. 파종침(破腫鍼). 종기 등을 파내는 침. 2. 창(槍). 3. 바늘. 송곳. 4. 양날 칼. 5. 흩어지다.

鈹滑(피골) 흩어져 어지러움.

鉍 ⑤ 13획 창자루 필 日ヒツ 中bì

풀이 창의 자루.

鉉 ⑤ 13획 솥귀 고리 현 日ゲン 中xuàn

*형성. 뜻을 나타내는 부수 '金(쇠 금)'과 음을 나타내는 '玄(검을 현)'을 합친 글자.

풀이 1. 솥귀의 고리. 2. 활시위. 3. 재상. 삼공(三公)의 지위. ¶鉉司

鉉司(현사) 삼공(三公)의 지위.

鉉席(현석) 삼공(三公)의 지위. 또는 삼공.

鉉台(현태) 삼공(三公). 태현(台鉉).

鉌 ⑤ 13획 방울 화 日カ 中hé

풀이 방울.

유 鈴(방울 령)

銎 ⑥ 14획 도끼 구멍 공 日クウ 中qióng

풀이 도끼 구멍. 도끼의 자루를 끼우는 구멍.

銎銎(공공) 물건을 때려 치는 모양.

銙 ⑥ 14획 대구 과 日カ·ガ 中kuǎ

풀이 대구(帶鉤). 띠쇠. 허리띠의 양 끝에 달린 자물단추.

鉸 ⑥ 14획 가위 교 日キョウ 中jiǎo

풀이 1. 가위. 2. 가위로 재단하다. 3. 금장식.

銅 ⑥ 14획 구리 동 日ドウ·あかがね 中tóng

ノ 丿 𠂉 亼 今 今 令 金 金 釦 釦 釦 銅 銅

*형성. 뜻을 나타내는 부수 '金(쇠 금)'과 음을 나타내는 '同(한가지 동)'을 합친 글자.

풀이 1. 구리. ¶銅青 2. 돈. 동전. 구리로 만든 화폐. 3. 구리로 만든 그릇.

銅坑(동갱) 구리를 캐기 위한 구덩이.

銅磬(동경) 구리로 만든 경쇠.

銅鼓(동고) 1)꽹과리. 2)진중(陣中)에서 쓰던 구리로 만든 북.

銅券(동권) 구리로 만든 문서. 병부(兵符).

銅鑼(동라) 구리로 만든 쟁반 모양의 군용(軍用) 징(鉦). 동정(銅鉦).

銅綠(동록) 구리에 생긴 푸른색의 녹.

銅盤(동반) 1)구리로 만든 쟁반. 2)징과 비슷한, 구리로 만든 악기. 동발(銅鈸)

銅鈸(동발) 구리로 만든 쟁반 모양의 악기. 두 개의 짝을 마주쳐서 소리를 냄.

銅鉢(동발) 1)놋쇠로 만든 주발. 2)구리로 만든 방울. 승려가 근행(勤行)할 때 침.

銅鉦(동정) 1)징. 동라(銅鑼). 2)태양의 형용.

銅青(동청) 구리의 녹. 동록(銅綠).

銅臭(동취) 1)동전에서 나는 냄새. 돈 냄새. 2)돈으로 벼슬을 산 사람을 비웃어 이르는 말. 3)돈에 탐욕이 많은 사람.

銅標(동표) 구리로 만든 표지물(標紙物).

銅壺(동호) 1)구리로 만든 물시계. 곧 동제(銅製)의 누각(漏刻). 2)물을 끓일 수 있도록 구리로 만든 그릇.

銅虎符(동호부) 구리로 만든 범 형상의 병부(兵符). 군수(郡守)가 군사를 징발하는 데 사용함.

銅渾(동혼) 구리로 만든 혼천의(渾天儀).

銘 ⑥ 14획 깎을 락 日ラク 中luò

풀이 깎다.

銮 ⑥ 14획 鑾(p1477)의 俗字

銘	⑥ 14획	日メイ·ミョウ·しるす
	새길 명	中míng

丿 𠂉 𠂊 𠂉 今 全 𠆢 金 釒 釸 鈔 銘
銘 銘

* 형성. 뜻을 나타내는 부수 '金(쇠 금)'과 음을 나타내며 '글자'를 의미하는 '名(이름 명)'을 합친 글자. 이에 '금속에 새긴 글자'의 뜻으로 쓰임.

풀이 1. 새기다. 조각하다. ¶銘刻 2. 마음에 새기다. ¶銘記 3. 명문. 금석(金石)에 새긴 글자. 4. 명정(銘旌). 장례 때, 기(旗)에 죽은 사람의 관직·성명 등을 적은 것. 5. 문체의 이름. 그릇 등에 새겨 스스로 경계하거나 묘비 등에 새겨 죽은 사람의 공덕을 기리던 글.

銘刻(명각) 1)쇠나 돌에 글자를 새기는 일. 또는 그 글자. 각명(刻銘). 2)마음에 깊이 새겨 잊지 않음.
銘戒(명계) 1)마음에 새겨 경계함. 2)금석(金石)에 새겨 놓은 훈계하는 말.
銘記(명기) 1)마음에 깊이 새겨 잊지 않음. 2)명각(銘刻)한 글.
銘戴(명대) 마음속 깊이 새겨 고맙게 여김.
銘誄(명뢰) 죽은 사람의 덕을 기리는 위해 지은 글.
銘勒(명륵) 죽은 사람의 공덕을 기리는 글을 금석(金石)에 새기는 일.
銘旌(명정) 죽은 사람의 관직과 성명 등을 쓴 기. 명기(銘旗).
銘誌(명지) 묘비(墓碑)에 새기는 글.
銘戢(명집) 마음에 깊이 새김.
銘佩(명패) 마음에 새겨 잊지 않음.

유 彫(새길 조) 刻(새길 각)

銔	⑥ 14획
	矛(p930)의 古字

鉼	⑥ 14획
	鉼(p1462)의 俗字

銑	⑥ 14획	日セン·ずく
	끌 선	中xiǎn

* 형성. 뜻을 나타내는 부수 '金(쇠 금)'과 음을 나타내며 '씻다'의 의미를 지닌 '先(앞 선)'을 합친 글자. 씻은 듯이 광이 나는 금속, 곧 '황금'을 나타내며, 바뀌어 '무쇠'의 뜻으로 주로 쓰임.

풀이 1. 끌. 2. 무쇠. ¶銑錢 3. 황금. 가장 윤이 나는 금.

銑錢(선전) 주조(鑄造)한 돈. 쇠돈.
銑鐵(선철) 무쇠.
銑鋧(선현) 적을 향하여 손으로 던질 수 있게 만든 작은 창.

銛	⑥ 14획	
	❶가래 섬	日セン·すき·もり
	❷끊을 괄	中xiān

풀이 ❶ 1. 가래. 2. 작살. 3. 날카롭다. 예리하다. ¶銛利 ❷ 4. 끊다. 자르다. 5. 도끼.

銛鋼(섬강) 강도(剛度)가 높은 강철.
銛戈(섬과) 예리한 창.
銛鉤(섬구) 날카로운 낚싯바늘.
銛刀(섬도) 잘 드는 칼.
銛鈍(섬둔) 날카로움과 둔함. 예둔(銳鈍).
銛利(섬리) 날카롭고 시원하게 잘 듦.
銛銛(섬섬) 날카로운 모양의 형용.
銛銳(섬예) 날카로움. 예리함.
銛錐(섬추) 날카로운 송곳.

銖	⑥ 14획	日シュ·ジュ
	무게 단위 수	中zhū

풀이 1. 무게의 단위. 냥(兩)의 24분의 1. 2. 소량. 적은 양. ¶銖兩 3. 무디다. 날카롭지 않다. ¶銖衣

銖鈍(수둔) 둔함. 무딤.
銖兩(수량) 소량. 근소함. 적은 양.
銖分(수분) 세밀히 나눔.
銖衣(수의) 매우 가벼운 옷.
銖積寸累(수적촌루) 적은 것을 조금씩 쌓아 올림. 적은 것도 쌓이고 쌓이면 큰 것이 됨을 비유하는 말.
銖寸(수촌) 조금. 극히 적음.
銖稱差(수칭차) 조금씩 나누어 무게를 달으면 큰 양에 이르러서는 반드시 차이가 남을 이르는 말.

비 珠(구슬 주)

銚	⑥ 14획	
	❶냄비 요	日ヨウ·チョウ
	❷가래 조	中yáo, tiáo

풀이 ❶ 1. 냄비. ❷ 2. 가래. 쟁기. ¶銚鎒 3. 긴 창. 4. 깎다. 베다.

銚鎒(조누) 가래와 호미.
銚鎛(조박) 가래와 호미.

유 鎬(냄비 호)

銀	⑥ 14획	日ギン·ゴン·しろがね
	은 은	中yín

ノ 𠂆 𠂉 亼 亽 今 ⾦ 金 釕 釕 鈕 鉀 鉀 銀

* 형성. 뜻을 나타내는 부수 '金(쇠 금)'과 음을 나타내는 '艮(그칠 간)'을 합친 글자.

풀이 1. 은. ¶銀絲 2. 은기(銀器). 은그릇. 3. 은빛. 4. 금전. 화폐. ¶銀子 5. 날카롭다. 6. 경계. 지경(地境).

銀甲(은갑) 1)은으로 만든 갑옷. 2)현악기 등을 탈 때 손가락 끝에 씌우는 은으로 만든 골무.
銀釭(은강) 밝은 등불.
銀觥(은굉) 은술잔. 은배(銀杯).
銀鉤(은구) 1)발을 거는데 쓰이는 은으로 만든 고리. 2)잘 쓴 글씨.
銀鷗(은구) 흰 갈매기. 백구(白鷗).
銀宮(은궁) 1)신선이 산다고 전해지는 곳. 2)태자비(太子妃)의 궁.
銀泥(은니) 은가루를 아교에 갠 되직한 물. 서화(書畫)에 씀.
銀臺(은대) 1)관직의 이름. 한림학사원(翰林學士院)을 이름. 2)신선(神仙)이 사는 곳. 3)은으로 지은 누각(樓閣). 아름다운 누각.
銀濤(은도) 희게 빛나는 파도. 은파(銀波).
銀浪(은랑) 은빛으로 빛나는 물결.
銀鈴(은령) 1)은방울. 2)맑은 소리의 형용.
銀露(은로) 달빛에 비친 이슬.
銀灣(은만) 은하수(銀河水).
銀絲(은사) 은실.
銀沙(은사) 은빛이 나는 흰 모래. 백사(白沙)의 미칭(美稱).
銀蟾(은섬) 달의 다른 이름. 달 속에 두꺼비가 있다는 전설에서 유래된 말. 은반(銀盤).
銀子(은자) 돈. 은전(銀錢). 은화(銀貨).
銀渚(은저) 은하수.
銀箭(은전) 물시계의 눈금이 새겨져 있는, 은으로 만든 화살 모양의 막대.
銀燭(은촉) 밝은 촛불이나 등불.
銀秤(은칭) 작은 것을 다는 데 쓰는 저울. 은저울. 은형(銀衡).
銀河(은하) 1)청명한 날 밤에 하늘에 길게 보이는 흰구름같은 별의 무리. 2)도가(道家)에서 눈〔目〕의 다른 이름.
銀衡(은형) 은저울. 은칭(銀秤).
銀花(은화) 1)촛불, 등불의 형용. 2)눈〔雪〕의 다른 이름.
銀黃(은황) 1)은과 금. 금은(金銀). 2)은인(銀印)과 금인(金印). 3)은인(銀印)과 황수(黃綬) 고관이 차던 것.

鉺	⑥ 14획	日イ
	갈고리 이	中ér

풀이 갈고리.

銋	⑥ 14획	日イン
	젖을 임	中rén

풀이 1. 젖다. 2. 굽다. 구부리다.

銓	⑥ 14획	日セン·はかり
	저울질할 전	中quán

풀이 1. 저울질하다. 2. 저울. ¶銓衡 3. 가려서 뽑다. 전형하다. ¶銓擢

銓考(전고) 인물을 가려 고름.
銓管(전관) 전형하여 관리함.
銓別(전별) 가려서 구분함.
銓補(전보) 인물을 전형하여 벼슬을 줌.
銓敍(전서) 재능을 살펴보아 관직을 줌.
銓選(전선) 가려서 선발함. 사람을 전형하여 관직을 줌. 관리의 자격이 있는 사람을 선발함. 전간(銓簡). 전택(銓擇).
銓引(전인) 인재를 헤아려 등용함.
銓掌(전장) 전형하여 관장함.
銓曹(전조) 1)고려 때의 이조(吏曹)를 이르던 말. 2)조선 때의 이조(吏曹)와 병조(兵曹)를 아울러 이르던 말.
銓綜(전종) 헤아려 총괄함.
銓次(전차) 인물을 전형하여 차례를 정함.
銓總(전총) 전형하여 모두 다스림.
銓度(전탁) 헤아림.
銓擢(전탁) 인재를 전형하여 뽑음.
銓汰(전태) 좋고나쁨을 가려 나눔.
銓判(전판) 선악을 분별함.
銓衡(전형) 1)저울. 2)사람을 저울질하여 뽑음.

유 衡(저울대 형)

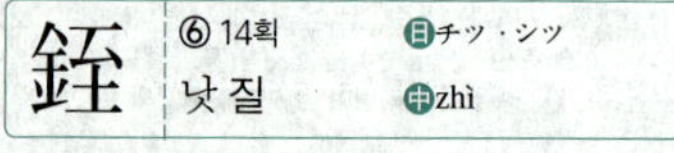

銍	⑥ 14획	日チツ·シツ
	낫 질	中zhì

풀이 1. 낫. 2. 베다. 3. 벼이삭.

銍艾(질예) 낫으로 벼를 벤다는 뜻으로, 벼이삭

을 이르는 말. 질예(銍刈).

유 鉊(낫 초)

銕	⑥ 14획 鐵(p1474)의 古字

銃	⑥ 14획 총 총	日ジュウ・こづつ 中chòng

* 형성. 뜻을 나타내는 부수 '金(쇠 금)'과 음을 나타내는 '充(가득찰 충)'을 합친 글자. 이에 탄약 등으로 가득 채운 쇠, 곧 '총'의 뜻을 나타냄.

풀이 1. 총. ¶銃劍 2. 도끼 구멍. 도끼의 자루를 끼우는 구멍.

銃劍(총검) 1)총과 칼. 2)총 끝에 꽂는 칼.
銃獵(총렵) 총으로 사냥을 함. 또는 그 사냥.
銃床(총상) 총의 개머리 판. 총상(銃牀).
銃創(총창) 총알을 맞아 다친 상처. 총상(銃傷).
銃火(총화) 총을 쏠 때 총구(銃口)에 번쩍이는 불꽃.

비 統(큰줄기 통)

鉟	⑥ 14획 기 이름 피·비	日ヒ 中pī

풀이 기(旗) 이름.

銜	⑥ 14획 재갈 함	日カン・ゲン・くつわ 中xián

* 회의. '金(쇠 금)'과 '行(다닐 행)'을 합친 글자. 말을 가게(行)하기 위해 입에 물리는 쇠(金)를 나타내어, '재갈'의 뜻으로 쓰임.

풀이 1. 재갈. 말의 입에 물리는 쇠로 만든 물건. ¶銜勒 2. 물다. 머금다. 3. 직함. 관리의 위계(位階). 4. 받들다. ¶銜命 5. 싸서 가지다. 6. 마음에 품다. 7. 원망하다.

銜竿(함간) 화살대가 박힐 정도로 깊이 쏨.
銜塊(함괴) 흙덩이를 입에 머금는다는 뜻으로, 죄를 청하며 죽기를 결심한 뜻을 보이는 예(禮)를 이르는 말.
銜橛之變(함궐지변) 말의 재갈이 벗겨지는 일과 같은 변고.
銜勒(함륵) 재갈.
銜命(함명) 명령을 받듦.
銜尾相隨(함미상수) 마치 뒤따라 오는 짐승이 앞서 가는 짐승의 꼬리를 물고 가는 것과 같이, 앞뒤로 줄지어 감.
銜杯(함배) 술잔을 입에 묾. 즉, 술을 마심.
銜璧輿櫬(함벽여츤) 항복(降伏)을 할 때의 예(禮). 팔을 뒤로 묶고, 헌물(獻物)로 구슬을 입에 머물고, 죽어도 이의가 없다는 뜻으로 관(棺)을 메고 가는 일.
銜冤(함원) 원통한 죄를 입음. 또는 원죄를 입어 원한을 품음.
銜華佩實(함화패실) 꽃을 피우고 열매를 맺음. 곧, 겉과 속이 함께 갖추어짐. 문질(文質)이 겸비함을 이르는 말.

비 衡(저울대 형)

鈃	⑥ 14획 술그릇 형	日ケイ・ギョウ・ケン 中xíng

풀이 술그릇.

鉶	⑥ 14획 국그릇 형	日ケイ・ギョウ 中xíng

풀이 국그릇. 국을 담는, 발이 3개 있는 제기(祭器).

鉶羹(형갱) 갖가지 양념을 하여 국그릇에 담은 국.
鉶鼎(형정) 국을 담는 그릇과 솥.

銾	⑥ 14획 쇠뇌 고동 홍	日コウ 中hóng

풀이 쇠뇌 고동. 쇠뇌에서 살을 발사하는 부분.

銶	⑦ 15획 끌 구	日キュウ 中qiú

풀이 끌. 나무에 구멍을 파는 연장.

銀	⑦ 15획 사슬 랑	日ロウ 中láng

풀이 1. 사슬. 쇠사슬. ¶銀當 2. 종소리.

銀當(낭당) 죄인을 묶는 쇠사슬. 또는 쇠사슬로 묶음.
銀鐺(낭당) 1)죄인을 묶는 쇠사슬. 낭당(琅鐺) 2)무거워 들지 못하여 애를 먹음. 3)금속의 소리. 종소리.

鋁	⑦ 15획 鑢(p1476)와 同字

8획

鋄	⑦ 15획	日マン
	말머리 장식 맘	中wàn

풀이 1. 말머리 장식. 2. 도금(鍍金).

鋄匠(맘장) 도금(鍍金)을 하는 장인(匠人).

鋂	⑦ 15획	日バイ・マイ
	사슬고리 매	中méi, měi

풀이 사슬고리. 큰 고리 하나에 작은 고리 둘을 끼운 사슬.

鋒	⑦ 15획	日ホウ・フ
	끝 봉	中fēng

* 형성. 뜻을 나타내는 부수 '金(쇠 금)'과 음을 나타내며 '뾰족한 끝'을 의미하는 '夆(가릴 봉)'을 합친 글자.

풀이 1. 끝. 첨단. 물건의 뾰족한 끝. ¶鋒芒 2. 무기의 날카로운 끝. 3. 예기(銳氣). 날카로운 기세. ¶鋒氣 4. 선봉. 앞장. 5. 병기(兵器). 날이 있는 무기. 6. 날카롭다. 예리하다.

鋒戈(봉과) 창.

鋒氣(봉기) 날카로운 기상.

鋒起(봉기) 창끝처럼 날카롭게 일어남. 또는 성대하게 일어남. 봉기(蜂起).

鋒利(봉리) 1)날카로움. 예리함. 2)글의 어조가 날카로움.

鋒芒(봉망) 1)칼끝. 창끝. 날카로운 의론이나 사람의 예기(銳氣)의 비유. 2)아주 적은 것. 미세(微細)한 것.

鋒發韻流(봉발운류) 문장의 유창함을 이르는 말.

鋒銳(봉예) 성질이 날카로움.

鋒蝟(봉위) 고슴도치.

鋒刃(봉인) 창과 칼 등의 날카로운 날.

鋒鏑(봉적) 창끝과 화살촉. 무기(武器). 전쟁(戰爭)을 이르는 말.

鋒尖(봉첨) 창끝.

鋒俠(봉협) 성격이 창날처럼 날카로움.

비 烽(봉화 봉)

鋍	⑦ 15획	日シャ
	동라 사	中shā

풀이 동라(銅鑼).

鋤	⑦ 15획	日ジョ・すき
	호미 서	中chú

풀이 1. 호미. ¶鋤犁 2. 김을 매다. ¶鋤除 3. 없애다. 제거하다.

鋤犁(서려) 호미와 쟁기.

鋤理(서리) 김을 매고 밭을 다스림.

鋤拔(서발) 김을 맴.

鋤耰(서우) 1)호미. 2)호미로 흙을 고름.

鋤除(서제) 김을 맴. 바뀌어, 악한 사람을 제거함.

鋤禾(서화) 김을 맴. 제초(除草).

유 鉏(호미 서) 鎡(호미 자) 耡(호미 서)

鋷	⑦ 15획	日チョウ・ジョウ
	족집게 섭	中zhé, niè

풀이 족집게.

銷	⑦ 15획	日ショウ・とかす
	녹일 소	中xiāo

풀이 1. 녹이다. 녹다. 용해하다. ¶銷骨 2. 다하다. 3. 쇠하다. 쇠약하다. ¶銷衰 4. 사라지다. 없어지다. 5. 망하다. 6. 작다. 7. 무쇠. 생철(生鐵).

銷刻(소각) 깎아 없앰.

銷距(소거) 병력(兵力)을 쓰지 않음을 이르는 말.

銷骨(소골) 뼈를 녹인다는 뜻으로, 헐뜯는 말의 해(害)가 큼을 이르는 말.

銷金(소금) 1)금을 녹임. 또는 녹여낸 금. 2)황금을 뿌림. 3)돈을 물쓰듯 씀.

銷棄(소기) 지워 버림. 유산(流産)을 이르는 말.

銷路(소로) 판로(販路).

銷微(소미) 사라져 없어짐.

銷鋒灌燧(소봉관수) 무기를 녹이고, 봉화에 물을 부음. 전쟁이 그침을 이르는 말.

銷鑠(소삭) 쇠붙이가 녹아서 없어짐.

銷衰(소쇠) 쇠약해짐.

銷息(소식) 사라져 없어짐.

銷弱(소약) 쇠약하여 약해짐.

銷憂(소우) 근심을 제거함. 소우(消憂)

銷殘(소잔) 삭아 없어짐.

銷鏑(소적) 활촉을 녹인다는 뜻으로, 전쟁이 멈춤을 이르는 말.

銷毁(소훼) 1)금속을 녹여서 없앰. 2)소멸시킴.

유 鑠(녹일 삭)

銹	⑦ 15획	日シュウ・シュ・さび
	녹 수	中xiù

풀이 녹. 녹이 슬다.

鋣 ⑦ 15획
鋣(p1450)와 同字

鋙 ⑦ 15획 日ギョ・ゴ
어긋날 어 中wú

풀이 어긋나다.

유 差(어긋날 차) 違(어길 위)

鋋 ⑦ 15획 日セン・ゼン・エン
작은 창 연·선 中chán

풀이 1. 작은 창. 2. 찌르다.

銳 ⑦ 15획 日エイ・タイ・するどい
날카로울 예 中ruì

* 형성. 뜻을 나타내는 부수 '金(쇠 금)'과 음을 나타내며 '맺힌 것이 분해되다'라는 의미를 지닌 '兌(바꿀 태)'를 합친 글자. 이에 물건을 분해시키는(兌) 금속(金)이란 뜻에서, 바뀌어 '날카롭다'의 뜻으로 쓰임.

풀이 1. 날카롭다. 예리하다. ¶銳鈍 2. 날카롭게 하다. 3. 날래다. 민첩하다. ¶銳騎 4. 용맹스럽다. 5. 창끝. 칼끝. 예리한 병기.

銳氣(예기) 날카로운 기세. 힘찬 세력.
銳騎(예기) 날랜 기병(騎兵).
銳鈍(예둔) 1)날카로움과 둔함. 2)영리함과 우둔함.
銳鋒(예봉) 날카로운 창끝.
銳師(예사) 날카롭고 강한 군대. 날랜 군대.
銳意(예의) 정신을 집중함.
銳智(예지) 예리한 슬기. 날카로운 지혜.
銳筆(예필) 끝이 날카로운 붓. 힘찬 문장.
銳悍(예한) 날쌔고 사나움.

유 利(날카로울 리) 반 鈍(무딜 둔)

鋈 ⑦ 15획 日オク
도금 옥 中wù

풀이 1. 도금(鍍金). 2. 흰색의 금속. 백금·은 등.

鋈器(옥기) 금·은을 도금(鍍金)한 그릇.
鋈續(옥속) 백금으로 꾸민 가슴걸이의 고리.

유 鍍(도금할 도)

鋊 ⑦ 15획 日ヨク
구리가루 욕 中yù

풀이 1. 구리가루. 2. 갈다. 문질러 광택을 내다.

鋥 ⑦ 15획 日テイ
칼갈 정 中zèng

풀이 칼을 갈다.

鋌 ⑦ 15획 日テイ
쇳덩이 정 中dìng, tǐng

풀이 1. 쇳덩이. 동철(銅鐵). ¶鋌矛 2. 판금(板金). 3. 빨리 달리다. 4. 없어지다. 비다.

鋌矛(정모) 쇠로 만든 창.
鋌鑰(정약) 열쇠.

銼 ⑦ 15획 日ザ・サ
가마솥 좌·족 中cuò

풀이 1. 가마솥. 2. 꺾다.

銼子(좌자) 줄(鑢).

鋳 ⑦ 15획
鑄(p1475)의 俗字

鋕 ⑦ 15획 日シ・ジ
새길 지 中zhì

풀이 새기다. 아로새기다.

비 誌(기록할 지)

錠 ⑦ 15획 日ソク・ゾク
족쇄 착 中zhuó

풀이 1. 족쇄(足鎖). 2. 호미.

유 桎(족쇄 질)

鋟 ⑦ 15획 日セン・シン
새길 침 中qǐn

풀이 1. 새기다. 조각하다. ¶鋟木 2. 날카롭다.

鋟木(침목) 나무에 새김. 인쇄함.

鋟板(침판) 널빤지에 판각함. 바뀌어, 책을 판목(版木)에 새기는 것을 이름.

유 彫(새길 조) 刻(새길 각) 銘(새길 명)

鋪	⑦ 15획 늘어놓을 포	日ホウ 中pū, pù

풀이 1. 늘어놓다. 펴다. ¶鋪張 2. 베풀다. 3. 가게. 점포. 4. 두루 미치다. 5. 병들다. 앓다. 6. 문고리.

鋪錦列繡(포금열수) 비단을 깔고 수를 놓는다는 뜻으로, 문장이 아름다움을 이르는 말.

鋪道(포도) 포장(鋪裝)한 길.

鋪敦(포돈) 진(陣)을 침. 주둔함.

鋪設(포설) 1)좌석(座席) 등을 설치하는 일. 2)가게를 냄.

鋪張(포장) 1)널리 펼침. 2)과장하여 말함.

鋪張揚厲(포장양려) 극구 칭찬함.

鋪陳(포진) 1)부연 설명함. 상세하게 진술함. 2)여행용 침구.

鋪遞(포체) 역마(驛馬)로 공문서 등을 보내는 일. 역체(驛遞).

반 攞(정돈할 라) 整(가지런할 정)

銲	⑦ 15획 땜납 한	日ガン 中hàn

풀이 땜납.

鋧	⑦ 15획 작은 끌 현	日ケン·ゲン 中xiàn

풀이 1. 작은 끌. 2. 작은 창.

鋗	⑦ 15획 ❶노구솥 현 ❷쓸 견	日ケン 中xuān

풀이 ❶1. 노구솥. 2. 옥(玉)소리. ❷3. 쓸다. 청소하다.

鋗鍋(현과) 음식물을 끓일 때 쓰는 냄비. 노구솥.

鋗人(견인) 궁중의 청소부.

鋏	⑦ 15획 집게 협	日キョウ 中jiá

풀이 1. 집게. 2. 가위. ¶鋏刀 3. 칼. 도검(刀劍). 4. 칼자루.

鋏刀(협도) 가위.

鋘	⑦ 15획 가래 화	日カ 中wú

풀이 가래. 쌍날의 가래.

鋎	⑦ 15획 칼 환	日ガン 中hàn

풀이 칼.

鋼	⑧ 16획 강철 강	日コウ·はがね 中gāng, gàng

ノ ケ ト 모 牟 余 金 金 釒 釦 釦 釦 鈉 鈉 鋼 鋼

* 형성. 뜻을 나타내는 부수 '金(쇠 금)'과 음을 나타내며 '강하다'는 의미를 지닌 '岡(산등성이 강)'을 합친 글자. 이에 강한(岡) 금속(金), 즉 '강철'의 뜻으로 쓰임.

풀이 강철.

鋼叉(강차) 끝이 갈라진 형태의 강철 작살.

유 鐵(쇠 철) 비 綱(벼리 강) 網(그물 망)

鋸	⑧ 16획 톱 거	日 中jù, jū

풀이 1. 톱. ¶鋸鑿 2. 톱질하다. ¶鋸匠 3. 정강이뼈를 자르는 톱처럼 된 형구(形具). 또는 그 형벌(刑罰).

鋸屑(거설) 1)톱밥. 2)말과 문장이 막힘 없이 나옴을 비유하는 말.

鋸牙(거아) 톱니와 같은 치아(齒牙).

鋸匠(거장) 톱질을 업으로 하는 사람.

鋸鑿(거착) 톱과 끌.

鋸齒(거치) 1)톱니. 2)험한 곳.

錮	⑧ 16획 땜질할 고	日コ·ふさぐ 中gù

풀이 1. 땜질하다. 2. 가두다. 감금하다. 3. 고질병. ¶錮疾 4. 단단하다. 굳다. 5. 잡아매다. 속박하다.

錮送(고송) 죄인에게 칼을 씌워 보냄.

錮疾(고질) 오래 낫지 않는 병.

錮弊(고폐) 오래되어 고치기 힘든 버릇.

錕	⑧ 16획 곤오 곤	日コン 中kūn

풀이 곤오(錕鋙). 명검(名劍)을 만드는 쇠가 난다는 산.

錕刀(곤도) 곤오(錕鋙)의 쇠로 만든 칼. 훌륭한 검을 이르는 말.

비 琨(옥돌 곤)

錧	⑧ 16획	日カン・くさび
	비녀장 관	中guǎn

풀이 비녀장.

錧鎋(관할) 수레의 비녀장. 사물의 중요한 부분을 비유하는 말.

유 鈐(비녀장 검)

錈	⑧ 16획	日ケン・ゲン
	쇠굽을 권	中juǎn

풀이 쇠가 굽다. 구부러진 쇠.

錦	⑧ 16획	日キン・にしき
	비단 금	中jīn

* 형성. 뜻을 나타내는 부수 '金(쇠 금)'과 음을 나타내는 '帛(비단 백)'을 합친 글자. '금처럼 번쩍번쩍 빛이 나는 비단'의 뜻으로 쓰임.

풀이 1. 비단. ¶錦衾 2. 비단 옷. 3. 아름답다.

錦衾(금금) 비단 이불.

錦綺(금기) 1)비단. 2)화려한 옷. 고운 옷.

錦囊(금낭) 1)비단 주머니. 2)아름다운 시(詩). 당(唐)의 이하(李賀)가 뛰어난 시를 지었을 때마다 이를 비단 주머니에 넣어 둔 데서 유래된 말. 시낭(詩囊).

錦鱗(금린) 아름다운 물고기.

錦帆(금범) 비단으로 된 돛. 아름다운 배.

錦上添花(금상첨화) 비단 위에 꽃을 더함. 좋은 일 위에 다시 좋은 일이 더해짐을 이르는말.

錦繡(금수) 비단과 수. 또는 비단에 수를 놓은 것. 아름다운 비단 옷.

錦繡江山(금수강산) 비단에 수를 놓은 듯한 아름다운 산천. 우리나라 강산을 이르는 말.

錦輿(금여) 비단 가마. 꽃가마.

錦筵(금연) 비단으로 만든 자리. 화려한 좌석.

錦衣夜行(금의야행) 비단옷을 입고 밤길을 간다는 뜻으로, 남들이 알아주지 않으면 부귀영화도 쓸데없음을 이르는 말.

◎錦衣夜行(금의야행)의 유래

항우는 진나라 수도 함양에 쳐들어가 궁실을 불지르고는 재물과 아녀자들을 데리고 고향인 강동으로 가려 했다. 이에 주위 사람이 천하 패권을 차지하는 데 유리한 함양에 남을 것을 권했다. 그러나 항우는 '부귀를 차지해도 고향에 돌아가지 않는다면 비단옷을 입고 밤길을 가는 것과 같다. 누가 비단옷 입은 걸 알아주겠느냐'고 말한 데서 유래한 말이다.

錦衣玉食(금의옥식) 비단 옷에 옥 같은 음식. 의식(衣食)을 사치함을 비유하는 말.

錦衣還鄕(금의환향) 비단 옷을 입고 고향으로 돌아옴. 출세하여 고향에 돌아옴을 이르는 말.

錦字(금자) 1)비단에 넣은 글자. 2)아내가 남편을 사모하여 보내는 편지. 전진(前秦)의 두도(竇滔)의 아내 소씨(蘇氏)가 시를 비단에 짜 넣어 남편에게 보낸 고사. 3)뛰어나게 아름다운 시구(詩句).

錦楓(금풍) 비단처럼 아름다운 단풍.

錦虹(금홍) 비단처럼 아름다운 무지개.

錦還(금환) 비단 옷을 입고 고향으로 돌아옴.

유 帛(비단 백) 幣(비단 폐)

錡	⑧ 16획	
	❶솥 기	日キ・ギ
	❷톱 의	中qí[1], yǐ[2]

풀이 ❶ 1. 솥. 가마솥. ❷ 2. 톱. 3. 끌. 4. 쇠뇌틀. 쇠뇌를 걸어 놓는 틀.

錡釜(기부) 발이 달린 솥과 발이 달리지 않은 가마솥.

錤	⑧ 16획	日キ
	호미 기	中jī

풀이 호미.

유 鉏(호미 서)

錟	⑧ 16획	
	❶창 담	日タン・セン
	❷날카로울 섬	中tán, xiān

풀이 ❶ 1. 창(槍). ❷ 2. 날카롭다. 예리하다.

錟鏱(담종) 창(槍).

錟戈(섬과) 날카로운 창.

錄	⑧ 16획	
	❶기록할 록(녹)	日ロク・リョク・しるす
	❷사실할 려	中lù

* 형성. 뜻을 나타내는 부수 '金(쇠 금)'과 음을 나타내는 '彔(나무 깎을 록)'을 합친 글자.

풀이 1 1. 적다. 기록하다. 기재하다. ¶錄問 2. 마음속에 간직하다. 3. 베끼다. 4. 나타내다. 표명하다. 5. 맡다. 취급하다. 6. 취하다. 갖다. 7. 다스리다. 통솔하다. 8. 단속하다. 검속하다. 2 9. 조사하다. 살펴보다.

錄錄(녹록) 무능하고 평범한 모양. 녹록(碌碌)

錄問(녹문) 죄상(罪狀)을 기록하면서 신문(訊問)함.

錄囚(녹수) 죄인을 취조함.

錄藏(녹장) 기록하여 보관함.

錄奏(녹주) 글로 나타내어 임금에게 아룀.

錄牒(녹첩) 이름을 기록한 장부.

유 記(기록할 기) 誌(기록할 지) 비 綠(초록빛 록)

鉼	⑧ 16획	日 ヘイ
	판금 병	中 bǐng, píng

풀이 1. 판금(板金). 2. 가마솥.

鉼盂(병우) 가마솥과 바리.

錇	⑧ 16획	日 フ・ブ
	큰 못 부	中 péi

풀이 큰 못. 대정(大釘).

錍	⑧ 16획	日 フ・ヒ
	도끼 비	中 pī

풀이 1. 도끼. 짧은 도끼. 2. 화살촉. 3. 쟁기. 보습.

錍箭(비전) 쇠로 만든 살촉이 붙어 있는 화살.

錫	⑧ 16획	日 セキ・すず
	주석 석	中 xī

* 형성. 뜻을 나타내는 부수 '金(쇠 금)'과 음을 나타내며 '희다'라는 의미를 지닌 '易(바꿀 역)'을 합친 글자. 은백색(易)의 금속(金), 곧 '주석'의 뜻을 나타냄.

풀이 1. 주석. 은백색의 광택이 나고 녹이 슬지 않는 금속. 2. 주다. 하사하다. ¶錫賚 3. 석장(錫杖). 승려의 지팡이. ¶錫響 4. 가는 베. 부드럽고 고운 베.

錫奴(석노) 다리를 따뜻하게 하는 기구.

錫賚(석뢰) 윗사람이 하사(下賜)한 물건.

錫類(석류) 착한 자손이 태어나도록 하여 줌.

錫衰(석최) 가는 삼으로 지은 상복(喪服).

錫嘏(석하) 큰 복(福)을 내림.

錫響(석향) 석장(錫杖)을 짚을 때 울리는 소리.

유 鑞(주석 랍) 鈏(주석 인)

錞	⑧ 16획	日 ジュン・タイ
	악기 이름 순	中 chún, duì

풀이 악기 이름. 북과 어울려 울리는 동이 모양의 악기.

錞于(순우) 북과 어울려 울리는 동이 모양의 금속 악기. 순우(錞釪).

錏	⑧ 16획	日 ア・しころ
	경개 아	中 yà

풀이 경개. 투구 목가리개. 투구의 뒤에 늘어져 목을 가리게 된 부분.

錆	⑧ 16획	日 ショウ・セイ・くわしい
	자세할 장	中 qiāng

풀이 자세하다. 정밀하다.

유 仔(자세할 자) 비 靖(편안할 정)

錚	⑧ 16획	日 ソウ・どら
	쇳소리 쟁	中 zhēng

풀이 1. 쇳소리. 2. 징.

錚然(쟁연) 금석(金石) 등이 서로 맞부딪치는 소리.

錚錚(쟁쟁) 1)금속의 소리. 또는 그와 비슷한 소리의 형용. 2)평범한 사람 가운데서 조금 빼어난 사람. 3)옥(玉)의 맑은 소리. 4)거문고나 비파의 맑은 소리.

錚鎗(쟁쟁) 옥(玉)의 소리.

錚鏦(쟁창) 금속의 소리. 또는 그와 비슷한 소리의 형용. 쟁쟁(錚錚).

錢	⑧ 16획	日 セン・かね
	돈 전	中 qián

풀이 1. 돈. 금전. ¶錢貨 2. 가래. 3. 무게의 단위. 냥(兩)의 10분의 1. 4. 조세. 5. 韓 화폐 단위. 원(圓)의 100분의 1.

錢渴(전갈) 돈이 잘 돌지 않음. 돈이 없어 궁함.

錢貫(전관) 돈을 꿰는 끈. 돈꿰미.

錢刀(전도) 돈. 전화(錢貨).

錢文(전문) 1)돈. 2)돈의 표면에 새긴 글자.
錢緡(전민) 돈을 꿰는 꿰미.
錢癖(전벽) 돈을 지나치게 아껴 모음. 구두쇠.
錢本糞土(전본분토) 돈은 본래 분토(糞土)처럼 더러운 것임.
錢神(전신) 돈의 위력을 신에 비유하는 말.
錢愚(전우) 돈에 지나치게 애착을 가지고 어리석은 사람. 수전노(守錢奴).
錢樹子(전수자) 1)돈이 열리는 나무. 2)기녀.
錢布(전포) 엽전과 지폐. 전화(錢貨).
錢貨(전화) 돈. 전도(錢刀).

비 餞(전별할 전)

錠	⑧ 16획 日テイ·ジョウ 제기 이름 정 中dìng

* 형성. 뜻을 나타내는 부수 '金(쇠 금)'과 음을 나타내는 '定(정할 정)'을 합친 글자. 안정감 있는(定) 금속(金)을 나타내어, '제기'의 뜻으로 쓰임.

풀이 1. 제기 이름. 발이 3개이고 익힌 음식을 담는 제기. 2. 은화(銀貨). 3.韓 정제(錠劑). 납작하게 굳힌 알약.

錯	⑧ 16획 ❶섞일 착 日サク·ソ ❷둘 조 中cuò

ノ ノ 𠂉 乍 乍 牟 牟 金 金一 金卄 金廾 金艹 金𠂇 金𠀎 錯 錯

* 형성. 뜻을 나타내는 부수 '金(쇠 금)'과 음을 나타내는 '昔(옛 석)'을 합친 글자.

풀이 ❶ 1. 섞이다. 섞다. ¶錯列 2. 복잡해지다. 3. 꾸미다. 장식하다. 4. 어긋나다. 어그러지다. 5. 잘못하다. ¶錯視 6. 번갈아. 7. 숫돌. 8. 줄. 쇠붙이를 깎는 연장. 9. 도금하다. 10. 갈다. 연마하다. 11. 살갗이 트다. 12. 삼가다. ❷ 13. 두다. 14. 간직하다. 15. 시행하다. 16. 처리하다. 17. 만족해하다. 18. 당황하다. 허둥지둥하다.

錯事(조사) 사업(事業)을 처리함.
錯辭(조사) 시문(詩文)의 자구(字句)를 알맞게 골라 씀. 조사(措辭).
錯身(조신) 몸을 조처(措處)함. 처신(處身)함.
錯愕(조악) 뜻밖의 일로 허둥지둥함.
錯擧(착거) 번갈아 듦.
錯落(착락) 1)뒤섞임. 2)주기(酒器). 3)재두루미.
錯慮(착려) 잘못된 생각.
錯連(착련) 교차하여 연속됨.
錯列(착렬) 섞어 늘어놓음.
錯臂(착비) 1)팔짱을 낌. 예의가 없음을 이름. 2)팔에 단청(丹靑)으로 자자(刺字)함.
錯視(착시) 착각하여 잘못 봄.
錯薪(착신) 잡목(雜木).
錯然(착연) 공경하고 삼가는 모양.
錯誤(착오) 1)착각으로 인한 잘못. 2)실제와 다름. 착류(錯謬).
錯節(착절) 1)뒤섞인 나무의 마디. 2)복잡하게 뒤얽힌 일. 곤란한 사건.
錯綜(착종) 여러 가지를 섞어 모음.
錯舛(착천) 어그러짐. 위배(違背)됨.
錯崔(착최) 험준한 모양.
錯峙(착치) 뒤섞여 우뚝 솟음.
錯行(착행) 번갈아 감. 번갈아 돎.
錯衡(착형) 멍에에 아로새겨 장식한 것.

鋹	⑧ 16획 日ソウ 날카로울 창 中cháng

풀이 날카롭다.

錣	⑧ 16획 日テツ·しころ 물미 철 中zhuì

풀이 1. 물미. 채찍 끝에 붙은 쇳조각. 2. 산가지. 산대. 계산할 때 쓰는 댓가지.

錣菌(철균) 많고 적음을 재는 기구. 계수기(計數器).

비 綴(꿰멜 철)

錘	⑧ 16획 ❶저울추 추 日スイ·ツイ·つむ ❷드리울 수 中chuí

* 형성. 뜻을 나타내는 부수 '金(쇠 금)'과 음을 나타내는 '垂(늘어질 수)'를 합친 글자. 늘어진(垂) 쇠(金)를 나타내어, '저울추'의 뜻으로 쓰임.

풀이 ❶ 1. 저울추. 2. 무게 단위. 8수(銖)에 해당함. 3. 마치. 달군 쇠를 두드려 물건을 만드는 연장. 4. 도가니. 쇠붙이를 녹이는 그릇. ❷ 5. 드리우다.

錘鐘(추종) 추가 달린 괘종(掛鐘).

錐	⑧ 16획 日スイ·きり 송곳 추 中zhuī

* 형성. 뜻을 나타내는 부수 '金(쇠 금)'과 음을 나타내는 '隹(새 추)'를 합친 글자.

풀이 1. 송곳. ¶錐股 2. 바늘.

錐股(추고) 소진(蘇秦)이 자기 다리를 송곳으로 찔러 졸음을 쫓고 공부하였다는 고사.
錐刀(추도) 끝이 송곳처럼 뾰족한 칼.
錐刀之末(추도지말) 추도의 끝. 매우 작은 사물의 비유.
錐指(추지) 송곳으로 찔러 땅의 깊이를 잰다는 뜻으로, 식견이 좁음을 비유하는 말.
錐處囊中(추처낭중) 송곳이 자루 속에 있으면 저절로 그 끝이 밖으로 나온다는 말로, 재능이 있는 사람이 그 재능을 나타낼 만한 위치에 앉음을 비유하는 말. 낭중지추(囊中之錐).

錙	⑧ 16획	日シ
	무게 단위 치	中zī

풀이 1. 무게 단위. 6수(銖)에 해당함. 2. 적은 양. 근소.
錙介(치개) 아주 적은 양의 비유.
錙金(치금) 황금(黃金) 여덟 냥.
錙銖(치수) 근소(僅少)한 양. 얼마 되지 않는 무게. 하찮은 물건의 비유.
錙錘(치추) 작은 분량이라는 뜻으로, 사세(些細)함의 비유.

鍩	⑧ 16획	日ドウ・トウ
	휘감아 쌀 탑	中tà

풀이 휘감아 싸다.

鋊	⑧ 16획	
	❶쇠사슬 함	日カン・ガン
	❷화로 감	中xiàn, gàn

풀이 ■1 1. 쇠사슬. 2. 빠지다. ■2 3. 화로(火爐).

鑒	⑨ 17획
	鑑(p1475)과 同字

鍇	⑨ 17획	日カイ
	쇠 개	中kǎi

풀이 쇠. 질 좋은 쇠.

鍵	⑨ 17획	日ケン・かぎ
	열쇠 건	中jiàn

* 형성. 뜻을 나타내는 부수 '金(쇠 금)'과 음을 나타내는 '建(세울 건)'을 합친 글자. '建'은 단단히 '죄다' 또는 '잠그다'의 의미를 지님. 이에 수레바퀴를 굴대에 단단히 고정시키는 '비녀장'을 나타내다가, 후에 자물쇠를 잠그는 '열쇠'의 뜻으로 쓰임.

풀이 열쇠.
鍵關(건관) 열쇠와 빗장. 문단속.
鍵盤(건반) 피아노·풍금 등의 앞부분에 건(鍵)을 늘어놓은 바닥.
鍵鑰(건약) 자물쇠.
鍵閉(건폐) 열쇠와 자물쇠.

만 鑰(자물쇠 약)

鍥	⑨ 17획	
	❶새길 계	日ケツ・きざむ
	❷낫 결	中qiè

풀이 ■1 1. 새기다. 조각하다. 2. 끊다. 절단하다. 3. 잔인하다. 모질다. ¶鍥薄 ■2 4. 낫.
鍥薄(계박) 1)돈을 깎아 얇게 함. 2)잔인함. 잔혹함.
鍥而舍之(계이사지) 조각하다가 중도에 버림.

鍋	⑨ 17획	日カ・なべ
	노구솥 과	中guō

풀이 1. 노구솥. 냄비. ¶鍋蓋 2. 기름통.
鍋蓋(과개) 솥의 뚜껑.
鍋底飯(과저반) 솥 밑의 밥. 누른밥.
鍋戶(과호) 소금을 굽는 백성.

鍠	⑨ 17획	日コウ・オウ
	종고 소리 굉	中huáng

풀이 1. 종고(鐘鼓) 소리. 북·종소리. 2. 도끼.

鍧	⑨ 17획	日コウ
	종고 소리 굉	中hōng

풀이 종고(鐘鼓) 소리. 북·종소리.

鍕	⑨ 17획	日クン
	군지 군	中jūn

풀이 군지. 천수관음보살이 들고 있는 병.
鍕持(군지) 1)병. 승려의 물병. 2)천수관음보살(千手觀音菩薩)이 오른손에 들고 있는 병. 그 손을 군지수(軍持手)라 함.

鍛	⑨ 17획	日タン・きたえる
	쇠불릴 단	中duàn

* 형성. 뜻을 나타내는 부수 '金(쇠 금)'과 음을 나타내며 두드린다는 의미를 지닌 '段(조각 단)'을 합친 글자. 이에 쇠를 두드려 '단련하다', '대장일'의 뜻으로 쓰임.

풀이 1. 쇠를 불리다. 단련하다. ¶鍛鍊 2. 숫돌. 3. 대장일. 쇠를 불려 두드리는 일. 4. 때리다. 치다. 5. 포. 말린 고기. 6. 죄명을 덮어씌우다.

鍛鍊(단련) 1)쇠를 불림. 쇠를 불에 달구어 두드림. 2)몸과 마음을 단련함. 3)머리를 짜서 문자의 자구(字句)를 다듬는 일. 4)혹리(酷吏)가 애꿎은 사람을 죄에 몰아 넣음.

鍛石(단석) 1)숫돌. 2)석회(石灰)의 다른 이름.

鍛脩(단수) 포(脯)를 부드럽게 하여 새앙·계피 등으로 양념을 한 예물.

鍛矢(단시) 쇠를 불려 만든 화살.

鍛冶(단야) 쇠붙이를 두드려 기물을 만듦. 또는 그 공인(工人).

비 冶(불릴 야)

鍍	⑨ 17획	日ト・めっき
	도금할 도	中dù

풀이 도금(鍍金)하다.

鍊	⑨ 17획	日レン・ねる
	불릴 련(연)	中liàn

* 형성. 뜻을 나타내는 부수 '金(쇠 금)'과 음을 나타내며 '부드럽게 한다'는 의미를 지닌 '柬(가릴 간)'를 합친 글자. 금속〔金〕을 열로 녹여서 부드럽게 하는〔柬〕 것을 나타내어, '불리다'의 뜻으로 쓰임.

풀이 1. 불리다. 불에 달구다. ¶鍊鋼 2. 이기다. 반죽하다. 3. 익히다. 익숙하다. 4. 얽다. 죄명을 덮어씌우다. 5. 불린 쇠. 6. 수련하다. 도야하다. ¶鍊磨 7. 문장을 다듬다.

鍊鋼(연강) 1)불에 달군 단단한 쇠. 강철(鋼鐵). 2)강하고 날카로움을 비유.

鍊句(연구) 머리를 짜서 시구(詩句)를 생각함. 시구를 다듬음.

鍊丹(연단) 불로장생(不老長生)의 약을 만드는 일. 또는 그 약. 연약(鍊藥).

鍊達(연달) 수련하여 통달함.

鍊磨(연마) 갈고 닦음. 도(道)를 깊이 닦음.

鍊師(연사) 고덕(高德)한 도사(道士)의 칭호.

鍊熟(연숙) 수련하여 익숙함.

鍊鐵(연철) 단련한 쇠. 정련한 철.

비 練(익힐 련) 煉(불릴 련)

錨	⑨ 17획	日ビョウ・いかり
	닻 묘	中máo

풀이 닻.

유 碇(닻 정)

鍪	⑨ 17획	日ボウ・かぶと
	투구 무	中móu

풀이 1. 투구. 2. 솥. 가마솥.

鍲	⑨ 17획	日ビン・なりわい
	돈꿰미 민	中mín

풀이 1. 돈꿰미. 2. 생업(生業). 업. 3. 공물(貢物). 조세.

鍑	⑨ 17획	日フウ・フク
	솥 복	中fù

풀이 솥. 아가리가 큰 솥.

유 鼎(솥 정) 비 腹(배 복)

鍦	⑨ 17획	日サ
	창 사	中shī

풀이 창.

鍤	⑨ 17획	日ソウ・すき
	가래 삽	中chā

풀이 가래.

鍱	⑨ 17획	日ヨウ
	쇳조각 섭·엽	中yè

풀이 쇳조각.

비 葉(잎 엽)

鍔	⑨ 17획	日ガク・つば
	칼날 악	中è

풀이 1. 칼날. 2. 칼끝. 3. 칼등. 4. 가. 가장자리. 5. 높은 모양.

鍔鍔(악악) 높은 모양.

비 鰐(악어 악)

鄊 ⑨ 17획
鈃(p1450)와 同字

鍮 ⑨ 17획 日チュウ·トウ
놋쇠 유 中tōu

풀이 1. 놋쇠. 구리와 아연의 합금. 2. 자연동(自然銅).

鍮器(유기) 놋그릇.

鍮石(유석) 놋쇠와 노감석(爐甘石)을 섞어 단련한 쇠붙이.

鍮尺(유척) 1)어사(御使)에게 하사하는 놋자. 자막대처럼 곧고 바르게 일을 처결하라는 상징물. 2)검시(檢屍)에 쓰이는 놋자. 2)표준척(標準尺).

鍉 ⑨ 17획
❶피그릇 저 日テイ·シ
❷숟가락 시 中dí, shi
❸살촉 적

풀이 ❶ 1. 피 그릇. 혈맹(血盟)을 위해 희생의 피를 담아 마시는 그릇. ❷ 2. 숟가락. 3. 열쇠. ❸ 4. 살촉.

鍾 ⑨ 17획 日ショウ·あつめる
쇠북 종 中zhōng

풀이 1. 쇠북. 2. 술잔. 술병. 3. 모이다. 모으다. ¶鍾美 4. 되 이름. 6곡(斛) 4두(斗), 8곡, 또는 10곡 등 여러 설이 있음. 5. 거듭하다. 6. 주다. 부여하다. 7. 시부모.

鍾念(종념) 사랑을 모음. 극진히 사랑하고 아낌.

鍾美(종미) 미(美)를 모음.

鍾愛(종애) 사랑을 한곳으로 모음. 몹시 사랑함. 종정(鍾情).

鍾乳洞(종유동) 석회암이 지하수에 침식되어 이루어진 동굴.

비 鐘(종 종)

鍐 ⑨ 17획 日ソウ
말굴레 종 中zōng

풀이 말굴레. 말 머리에 씌우는 물건.

鍬 ⑨ 17획 日ショウ·シュウ·すき
가래 초 中qiāo

풀이 가래. 땅을 팔 때 쓰는 농기구.

鍬钁(초곽) 가래와 괭이.

鍬橛(초궐) 가래.

鍫 ⑨ 17획
鍬(p1466)와 同字

鍿 ⑨ 17획
錙(p1464)의 本字

鍼 ⑨ 17획 日シン·ケン·はり
침 침 中zhēn

풀이 1. 침. 바늘. ¶鍼灸 2. 찌르다.

鍼灸(침구) 침과 뜸. 침구(針灸).

鍼芒(침망) 1)바늘 끝. 2)극히 미세함을 이름.

鍼線(침선) 1)바늘과 실. 곧, 바느질. 재봉(裁縫). 2)바늘이 실을 이끎. 곧, 사물의 조리(條理)나 사물의 인도(引導).

鍼艾(침애) 1)침과 쑥. 침과 뜸. 침구(鍼灸). 2)경계(警戒).

鍼子偸賊大牛(침자투적대우) 바늘 도둑이 소도둑 된다는 뜻으로, 가벼운 범죄를 자주 저지르는 사람은 마침내 큰 죄를 짓는 것도 가능함을 비유하는 말.

鍼砭(침폄) 1)쇠로 만든 침과 돌로 만든 침. 또는 침술(鍼術). 2)남을 꾸짖어 잘못을 바로잡음을 이름. 교훈(敎訓).

鍖 ⑨ 17획 日シン
소리 느릴 침 中zhēn, chěn

풀이 1. 소리가 느리다. ¶鍖銋 2. 만족하지 않는 모양. 3. 모탕. 죄인의 목을 자를 때 밑에 받치는 나무.

鍖然(침연) 만족하지 않는 모양.

鍖銋(침임) 소리가 느릿한 모양.

비 諶(참 심)

鍰 ⑨ 17획 日カン·ゲン
무게 단위 환 中huán

풀이 1. 무게의 단위. 주대(周代)의 무게 단위로, 6냥(兩)에 해당함. 2. 고리.

鍭
⑨ 17획 日コウ·グ
화살 후 中hóu

풀이 1. 화살. 쇠뇌에 쓰는 화살. 2. 살촉. 화살촉.

유 矢(화살 시) 비 帿(과녁 후)

鎧
⑩ 18획 日ガイ·カイ·よろい
갑옷 개 中kǎi

풀이 1. 갑옷. ¶鎧甲 2. 갑옷을 입다.

鎧甲(개갑) 갑옷.
鎧馬(개마) 갑옷을 입힌 말. 철마(鐵馬).
鎧仗(개장) 갑옷과 무기.
鎧冑(개주) 갑옷과 투구.

유 鉀(갑옷 갑)

鎘
⑩ 18획
鬲(p1603)과 同字

鎌
⑩ 18획 日レン·かま
낫 겸 中lián

풀이 낫.

鎌利(겸리) 낫처럼 날카로움.
鎌刃(겸인) 낫의 날.

비 謙(겸손할 겸)

鎒
⑩ 18획
❶ 괭이 누 日ドウ·くさぎる
❷ 풀벨 호 中nòu, hāo

풀이 1 1. 괭이. 호미. 2 2. 풀을 베다.

鎲
⑩ 18획 日トウ·ドウ
삼지창 당 中tǎng

풀이 삼지창. 끝이 세 갈래로 갈라진 창.

鎲鈀(당파) 끝이 세 갈래인 창. 삼지창(三枝槍).

鎏
⑩ 18획 日リュウ
금속 류 中liú

풀이 금속. 질 좋은 금.

鎦
⑩ 18획
❶ 劉(p134)와 同字
❷ 鏐(p1472)의 俗字

鎛
⑩ 18획 日ハク·すき
종 박 中bó

풀이 1. 종. 작은 종. ¶鎛磬 2. 괭이. 호미. 3. 금으로 만든 술 그릇.

鎛磬(박경) 종과 경쇠.
鎛鮮(박선) 황금으로 만든 술 그릇. 일설에는, 황금으로 아름답게 꾸민 것.
鎛鐘(박종) 작은 종과 큰 종.

유 鐘(종 종)

鎊
⑩ 18획 日ホウ·ボウ
깎을 방 中bàng

풀이 깎다. 얇게 베다.

鎞
⑩ 18획 日ヘイ
비녀 비 中bī

풀이 1. 비녀. 2. 빗. 참빗. 3. 화살촉.

鎍
⑩ 18획
❶ 철삭 삭 日サク
❷ 석쇠 책 中suǒ, sè

풀이 1 1. 철삭(鐵索). 쇠줄. 2. 시계 태엽. 2 3. 석쇠.

鎖
⑩ 18획 日サ·くさり
쇠사슬 쇄 中suǒ

* 형성. 뜻을 나타내는 부수 '金(쇠 금)'과 음을 나타내는 '짜맞춘다'는 뜻을 가진 부수 이외의 글자로 이루어짐. 금속의 고리를 짜맞추어 이은 것을 뜻함. '쇠사슬'을 나타냄.

풀이 1. 쇠사슬. ¶鎖金 2. 자물쇠. 3. 잠그다. 봉하다. ¶鎖國 4. 매다. 잡아매다. 5. 찡그리다. 6. 수갑(手匣).

鎖甲(쇄갑) 쇠사슬로 만든 갑옷.

鎖國(쇄국) 나라의 문호를 굳게 닫고 외국과의 교제를 트지 않음.
鎖金(쇄금) 자물쇠.
鎖門(쇄문) 문을 잠금.
鎖鑰(쇄약) 1)자물쇠와 열쇠. 문단속. 2)중요한 장소.
鎖匠(쇄장) 1)옥문지기. 옥졸(獄卒). 옥쇄장(獄鎖匠). 2)열쇠 장수.
鎖窓(쇄창) 쇠사슬 모양으로 만든 창.
鎖港(쇄항) 1)항만에 장애물이 있어 배가 들어오지 못함. 2)항구를 폐쇄하여 외국과의 무역을 하지 않음. 또는 그 항구.
鎖還(쇄환) 쇠사슬.
비 銷(녹일 소)

鎻	⑩ 18획 鎖(p1467)의 俗字

鎪	⑩ 18획 아로새길 수	日シュウ 中sōu

풀이 아로새기다. 조각하다.
鎪鏤(수루) 조각함.

鎢	⑩ 18획 작은가마솥 오	日ゴ 中wū

풀이 작은 가마솥.
鎢錥(오현) 작은 가마솥.

鎔	⑩ 18획 녹일 용	日ヨウ·いがた 中róng

*형성. 뜻을 나타내는 부수 '金(쇠 금)'과 음을 나타내며 '넣다'의 의미를 지닌 '容(받아들일 용)'을 합친 글자. 이에 녹은 금속을 넣는 '거푸집'의 뜻으로 쓰임.

풀이 1. 녹다. 녹이다. ¶鎔鑠 2. 거푸집. 3. 주조하다. 4. 도야하다. 수련하다.
鎔鑛爐(용광로) 광석·금속 등을 녹여 내는 화로.
鎔鑠(용삭) 쇠붙이를 녹임.
鎔石(용석) 화산에서 나온 암장(岩漿)이 식어서 이루어진 바위. 용암(鎔巖).
鎔鑄(용주) 쇳물을 거푸집에 부어 물건을 만듦. 일을 이룩함의 비유.
鎔解(용해) 금속을 녹임. 또는 금속이 녹음.
유 鑄(쇠 부어 만들 주)

鎰	⑩ 18획 중량 일	日イツ 中yì

풀이 1. 중량 단위. 24냥(兩) 또는 20냥에 해당함. 2. 쌀 한 되의 24분의 1.

鎡	⑩ 18획 호미 자	日シ·ジ 中zī

풀이 호미.
鎡基(자기) 농기구의 한 가지. 괭이·가래 등.

鎗	⑩ 18획 ❶종소리 쟁 ❷창 창	日ソウ·ゾウ 中chēng, qiāng

풀이 1 1. 종소리. 2. 술 그릇. 3. 솥. 4. 금옥 소리. 2 5. 창(槍). 6. 총.
鎗鎗(쟁쟁) 1)나란히 줄을 선 모양. 2)종고(鐘鼓)의 소리.

鎭	⑩ 18획 ❶누를 진 ❷메울 전	日チン·テン·しずめる 中zhèn

*형성. 뜻을 나타내는 부수 '金(쇠 금)'과 음을 나타내는 '眞(참 진)'을 합친 글자.

풀이 1 1. 누르다. 무거운 것으로 누르다. 2. 진압하다. ¶鎭壓 3. 진정하다. 편안하게 하다. ¶鎭撫 4. 진영. 군사 요지에 설치한 둔영(屯營). 5. 고을. 6. 오래. 항상. 2 7. 메우다.
鎭撫(진무) 난을 평정하고 백성을 어루만짐. 민심을 진정시켜 위로함.
鎭邊(진변) 변경의 난을 진압함.
鎭服(진복) 1)진압하여 복종하게 함. 2)주대(周代), 구복(九服)의 하나. 이민족이 복속하여 있는 외방(外方) 5백리를 이름.
鎭守(진수) 군대를 주둔시켜 요충지를 엄중히 지킴.
鎭息(진식) 진압하여 편안하게 함. 진정되어 가라앉음.
鎭遏(진알) 진정(鎭定)하여 막음.
鎭壓(진압) 1)진정(鎭定)시켜 억누름. 평안하게 진정시킴. 2)짓밟힘. 억눌림. 진엽(鎭厭). 3) 포개어 쌓임.

鎭御(진어) 편안하게 하여 다스림.
鎭禦(진어) 백성을 평안하게 하고 외적을 막음.
鎭厭(진엽) 억눌림. 짓밟힘.
鎭慰(진위) 진정시키고 위로함.
鎭日(진일) 종일(終日).
鎭子(진자) 서진(書鎭).
鎭定(진정) 진압하여 평정함.
鎭靜(진정) 흥분이 가라앉아 조용함. 흥분된 것을 가라앉혀 조용하게 함.
鎭宅符(진택부) 집안의 편안을 비는 부적.
鎭討(진토) 쳐서 진압함.
鎭咳(진해) 기침을 가라앉힘.

유 壓(누를 압)

鎮	⑩ 18획
	鎭(p1468)의 俗字

鎈	⑩ 18획	日サ
	금빛 차	中suǒ, chā

풀이 1. 금빛. 2. 돈.

鎚	⑩ 18획	
	❶쇠망치 추	日ツイ·タイ·かなづち
	❷옥 다듬을 퇴	中chuí

풀이 1 1. 쇠망치. 철추. 2. 치다. 쇠몽둥이로 치다. 3. 저울추. 2 4. 옥을 다듬다.

鎚鍛(추단) 금속을 망치질하여 단련함.

鎋	⑩ 18획	日カツ
	비녀장 할	中xiá

풀이 비녀장. 수레바퀴의 굴대머리를 지르는 나무.

鍥	⑩ 18획	日ケツ
	새길 혈	中qiè

풀이 1. 새기다. 2. 낫.

鎣	⑩ 18획	
	❶줄 형	日キョウ·エン
	❷그릇 영	中yīng

풀이 1 1. 줄. 쇠붙이를 갈아 윤을 내는 연장. 2. 꾸미다. 장식하다. 3. 갈다. 문지르다. 2 4. 그릇. 5. 반짝이는 쇠.

비 榮(꽃 영)

鎬	⑩ 18획	日コ·ゴ
	냄비 호	中hào, gǎo

풀이 1. 냄비. 2. 빛나다. 빛나는 모양. 3. 호경(鎬京). 주(周)나라 무왕(武王)이 도읍한 곳으로, 지금의 중국 섬서성(陝西省)에 위치함.

비 稿(볏짚 고)

鏹	⑪ 19획	日コウ
	돈 강	中qiāng, qiǎng

풀이 1. 돈. 2. 돈꿰미.

鏗	⑪ 19획	日コウ
	금옥 소리 갱	中kēng

풀이 1. 금옥(金玉) 소리. ¶鏗鏗 2. 거문고를 타는 소리. 3. 종 같은 것을 치다.

鏗鏗(갱갱) 1)금석(金石)이 울리는 소리. 2)명확한 말소리.
鏗鍠(갱굉) 금석(金石)의 소리. 또 거문고 소리.
鏗爾(갱이) 거문고의 소리.
鏗鏘(갱장) 금옥(金玉)의 소리. 악기의 소리. 갱알(鏗戛).

鏡	⑪ 19획	日キョウ·ケイ·かがみ
	거울 경	中jìng

丿 𠂉 𠂉 𠆢 全 全 金 金 金 金 金 金 金 金 鏡 鏡 鏡 鏡 鏡

* 형성. 뜻을 나타내는 부수 '金(쇠 금)'과 음을 나타내는 '竟(다할 경)'을 합친 글자.

풀이 1. 거울. ¶鏡鑑 2. 비추다. 3. 비추어 보다. 4. 모범. 본보기. 5. 밝히다. 밝게 살피다. 6. 안경.

鏡鑑(경감) 1)거울. 2)본보기. 모범(模範). 귀감(龜鑑).
鏡考(경고) 거울삼아 생각함. 성찰(省察).
鏡水(경수) 거울같이 맑은 물.
鏡淨(경정) 거울같이 맑고 깨끗함.
鏡彩(경채) 거울같이 맑고 아름다운 광채.
鏡花水月(경화수월) 1)거울에 비친 꽃과 물에 비친 달. 보기만 할 뿐 잡을 수 없음을 비유하는 말. 2)시가(詩歌) 등의 언외(言外)에 풍기는 정취를 비유하는 말.

유 鑑(거울 감) 비 境(지경 경)

鏜	⑪ 19획	日トウ
	종고소리 당	中tāng, táng

풀이 종고(鐘鼓) 소리. 북 · 종소리.

鏜鞳(당탑) 종 · 파도 · 폭포 등의 소리.

鏜把(당파) 1)병사가 당파창을 가지고 하는 무예. 2)당파창(鏜把槍).

鏜把槍(당파창) 옛날의 창의 한 가지. 끝이 세 갈래로 되어 있음.

鏤	⑪ 19획	日ロウ · ル
	새길 루	中lòu

풀이 1. 새기다. 아로새기다. ¶鏤刻 2. 강철. 3. 뚫다. 개통하다. 4. 촉루(屬鏤). 검(劍)의 이름.

鏤刻(누각) 1)새김. 조각함. 2)문장(文章)을 새겨 꾸밈.

鏤句(누구) 시구를 지음.

鏤氷(누빙) 얼음에 새긴다는 뜻으로, 쓸데없는 노력을 이르는 말.

鏤山(누산) 산에 길을 냄.

鏤月裁雲(누월재운) 달에 새기고 구름을 마른다는 뜻으로, 뛰어나게 아름다움을 비유하는 말.

鏤梓(누자) 1)판목(板木)에 새김. 2)책을 출판함. 누판(鏤板)

鏤塵(누진) 티끌에 새긴다는 뜻으로, 불가능한 일이나 쓸데없는 노력을 비유하는 말.

鏤板(누판) 나무 판자에 새김.

유 彫(새길 조) 비 樓(다락 루) 數(셀 수)

鏐	⑪ 19획	日リュ
	금 류	中liú

풀이 금. 질 좋은 금.

鏌	⑪ 19획	日バク
	막야 막	中mò

풀이 막야(鏌鋣). 명검(名劍)의 이름.

鏋	⑪ 19획	日マン
	금 만	中mǎn

풀이 금.

비 滿(찰 만)

鏝	⑪ 19획	日マン · こて
	흙손 만	中màn

풀이 흙손. 흙을 바르는 연장.

비 饅(만두 만)

鏊	⑪ 19획	
	鏊(p1465)의 譌字	

鏒	⑪ 19획	日モウ
	다리미 무	中mǔ

풀이 다리미.

鏠	⑪ 19획	日ボウ
	칼 끝 봉	中fēng

풀이 칼끝. 무기의 첨단.

鏠旗(봉기) 기(旗)의 이름.

鏠出(봉출) 칼끝이 날카롭게 나옴.

鏟	⑪ 19획	日サン · セン · かんな
	대패 산	中chǎn

풀이 1. 대패. 2. 깎다. 3. 낫.

鏟迹(산적) 사회적 활동을 하지 않고 은거함.

鏟幣(산폐) 대패 모양으로 된 중국 고대의 화폐. 공심폐(空心幣)라고도 함.

鏇	⑪ 19획	日セン
	갈이틀 선	中xuàn

풀이 1. 갈이틀. 굴대를 돌려서 물건을 자르거나 깎는 기계. 2. 선반. 3. 술을 데우는 냄비.

鎩	⑪ 19획	日サツ
	창 쇄 · 살	中shā

풀이 1. 창. 2. 날밑이 있는 검(劍). 3. 자르다. 절단하다. 4. 날개를 펴다.

鎩羽(살우) 날개가 잘라져 날지 못한다는 뜻으로, 뜻을 잃음을 비유하는 말.

鎩翼(살익) 날개를 폄.
鎩翮(살핵) 날개를 부러뜨린다는 뜻으로, 뜻을 꺾음을 비유하는 말.

鏁	⑪ 19획 鎖(p1467)와 同字

鏥	⑪ 19획 銹(p1458)와 同字

鏊	⑪ 19획 번철 오	日オ 中ào

풀이 번철. 지짐질하는 데 쓰는 쇠그릇.

鏖	⑪ 19획 무찌를 오	日オウ 中áo

풀이 1. 무찌르다. 모조리 죽이다. ¶鏖殺 2. 떠들썩하다. 시끄럽다.
鏖馘(오괵) 모두 무찔러 죽여 머리를 벰.
鏖殺(오살) 무찔러 죽임.
鏖戰(오전) 결판이 날 때까지 힘을 다하여 싸움.
鏖糟(오조) 1)모두 죽임. 2)불결함. 3)끈질겨 남을 불쾌하게 함.
비 塵(티끌 진) 鹿(사슴 록)

鏘	⑪ 19획 금옥 소리 장	日ショウ·ソウ 中qiāng

풀이 1. 금옥(金玉) 소리. 옥·금속이 울리는 소리. 2. 높다. 높은 모양.
鏘金(장금) 옥이나 금속 등이 울리는 소리.
鏘鳳(장봉) 부창부수(夫唱婦隨)하여 부부가 화합하는 일.
鏘洋(장양) 사모하여 기림.
鏘然(장연) 옥(玉)이나 방울 소리.
鏘鏘(장장) 1)금옥(金玉)의 소리. 2)방울소리. 3)새나 벌레가 우는 소리. 4)높은 모양. 5)성(盛)한 모양. 6)걸음걸이가 정연한 모양.

鏑	⑪ 19획 살촉 적	日テキ·やじり 中dī, dí

풀이 1. 살촉. 2. 우는살. 소리를 내며 날아가는 화살.
鏑鋒(적봉) 화살촉의 끝.
鏑矢(적시) 우는살.

鏒	⑪ 19획 새길 참	日サン 中zàn

풀이 1. 새기다. 파다. 2. 불이 타오르는 모양. 3. 날카롭게 전진하는 모양.
鏒鏒(참참) 1)불길이 타오르는 모양. 2)전진하는 모양.

鏨	⑪ 19획 끌 참	日サン 中zàn

풀이 1. 끌. 돌에 글자를 새기는 작은 끌. 2. 새기다. 파다.
鏨字(참자) 글자를 새김.
鏨活(참활) 금속에 글과 그림을 새김.
비 塹(구덩이 참)

鏦	⑪ 19획 ❶창 총 ❷칠 창	日ショウ·ソウ·ほこ 中cōng

풀이 1 1. 창(槍). 작은 창. ¶鏦殺 2. 찌르다. 2 3. 치다. 두드리다. 4. 쇠붙이가 울리는 소리.
鏦鏦(창창) 금속이 울리는 소리.
鏦殺(총살) 창으로 찔러 죽임.

鏢	⑪ 19획 칼끝 표	日ヒョウ·こじり 中biāo

풀이 1. 칼끝. 2. 칼집 끝의 장식. 3. 표창(鏢槍). 던져서 살상하는 무기.
鏢局(표국) 나그네를 보호하거나 화물을 운송하는 일을 하는 일종의 회사. 표국(鑣局)

鐧	⑫ 20획 수레 굴대쇠 간	日カン·ガン 中jiān, jiǎn

풀이 1. 수레 굴대쇠. 수레 굴대의 바퀴통에 들어가는 부분을 싼 쇠. 2. 창(槍).

鍥	⑫ 20획 낫 결	日ケツ 中qiè

풀이 낫.

8획

鐖	⑫ 20획	日キ
	낫 기	中jī

풀이 1. 낫. 큰 낫. 2. 미늘. 낚시 끝에 달린 작은 갈고리.

鐖鑿(기착) 큰 낫과 끌.

鐃	⑫ 20획	日ドウ·ニョウ·どら
	징 뇨	中náo

풀이 1. 징. 2. 동발(銅鈸). 자바라와 비슷한 타악기. 3. 떠들썩하다. 시끄럽다. 4. 굽히다. 휘다.

鐃歌(요가) 군악(軍樂)의 하나로, 징 소리에 맞추어 부르는 노래.

鐃鈸(요발) 구리로 만든 바리 모양의 악기. 양손에 하나씩 들고 서로 맞부딪쳐 소리를 냄. 동발(銅鈸).

비 驍(날랠 효)

鐓	⑫ 20획	日タイ·トン
	창고달 대	中duì

풀이 창고달. 창의 물미.

비 暾(아침해 돈)

鐙	⑫ 20획	日トウ·あぶみ
	등자 등	中dèng

풀이 1. 등자(鐙子). 말을 탈 때 발을 디디는 제구. ¶鐙子 2. 등잔 접시. 3. 등불. 등화. 4. 제기(祭器). 굽 높은 그릇.

鐙骨(등골) 중이(中耳)의 뼈. 등자(鐙子)와 비슷한 모양임.

鐙子(등자) 말을 타고 앉아서 두 발로 디디게 되어 있는 물건.

鐐	⑫ 20획	日リョウ
	은 료(요)	中liào

풀이 1. 은(銀). 2. 족쇄(足鎖). 죄인의 발목에 채우는 쇠사슬. 3. 화로.

鐐靠(요고) 족쇄와 수갑.

鐐質(요질) 품질이 좋은 은(銀).

鐂	⑫ 20획	日リュウ
	죽일 류	中liù, liú

풀이 죽이다.

유 殺(죽일 살)

鏺	⑫ 20획	日ハツ
	낫 발	中pō

풀이 1. 낫. 양날 낫. 2. 베다. 낫질하다.

鐇	⑫ 20획	日ハン·バン
	도끼 번	中fán

풀이 1. 도끼. 2. 자귀. 3. 베다. 깎다.

鐇钁(번곽) 자귀와 괭이. 또는 그것으로 벌채함.

鐇鑊(번확) 도끼와 큰 괭이. 또는 사물을 베는 일.

鐅	⑫ 20획	日ヘツ
	보습날 별	中piě

풀이 1. 보습의 날. 2. 소금을 굽는 가마솥.

鏷	⑫ 20획	日ホク·ボク
	무쇠 복	中pú

풀이 무쇠. 제련하지 않은 쇳덩이.

유 鋼(강철 강)

鐱	⑫ 20획	
	❶ 쇠뇌 산	日サン·セン
	❷ 거세한 수탉 선	中xiàn

풀이 ■1 1. 쇠뇌. 여러 개의 화살을 한꺼번에 쏘는 활. 2. 쇠뇌의 줄을 늦추다. ■2 3. 거세(去勢)한 수탉.

鐥	⑫ 20획
	복자 선韓

풀이 복자. 술·기름 등을 담는 작은 접시 모양의 쇠그릇.

鏽	⑫ 20획	日シュウ·さび
	녹슬 수	中xiù

풀이 1. 녹슬다. 2. 녹. 3. 삼가는 모양.

鏽澀(수삽) 1)녹. 2)녹슬음.

鏽然(수연) 삼가는 모양. 소연(肅然).

비 繡(수 수)

鐔	⑫ 20획 日タン·シン 날밑 심·담 中xín

풀이 1. 날밑. 칼날과 자루 사이에 끼우는 테. 2. 칼코등이. 칼자루의 하단. 3. 말. 4. 요해처(要害處).

비 譚(이야기 담)

鐚	⑫ 20획 鐚(p1462)와 同字

鐕	⑫ 20획 日ザン 못 잠 中zān

풀이 1. 못. 대가리가 없는 못. 2. 꿰매다.

유 釘(못 정)

鐘	⑫ 20획 日ショウ·かね 종 종 中zhōng

풀이 1. 종. 쇠북. 2. 시계(時計).

鐘鐻(종거) 종(鍾)과 종을 거는 것. 종거(鍾虡).

鐘鼓之樂(종고지락) 음악의 즐거움.

鐘樓(종루) 종을 달아 놓은 누각.

鐘鳴(종명) 종이 울림. 시각을 알리는 종이 울림.

鐘鳴漏盡(종명누진) 시각을 알리는 종이 울리고 물시계의 물이 다함. 밤이 깊어 감. 나이가 들어 목숨이 얼마 남지 않음을 비유하는 말.

鐘鳴鼎食(종명정식) 종을 쳐서 솥을 벌여 놓고 함께 음식을 먹음. 부유한 사람의 생활을 이르는 말.

鐘鎛(종박) 큰 종과 작은 종.

鐘鼎文(종정문) 종과 큰 솥에 새긴 고문(古文).

鐘鼎玉帛(종정옥백) 식사 전에 음악이 연주되고, 산해진미가 가득하며 주연이 끝난 뒤에는 옥과 비단 등의 선물이 나오는 호화로운 연회.

鐘板(종판) 선가(禪家)에서 식사 시간의 신호로 치는, 구름 무늬의 금속판.

비 鍾(쇠북 종) 유 鐄(종 횡)

鐎	⑫ 20획 日ショウ 초두 초 中jiāo

풀이 초두(鐎斗). 군대에서 쓰는 냄비.

鐬	⑫ 20획 ❶날카로울 혜 日ヘイ·エイ ❷병기 예 中huì, ruì

풀이 ❶ 1. 날카롭다. 2. 세모창. ❷ 3. 병기(兵器).

鏵	⑫ 20획 日カ 가래 화 中huá

풀이 가래.

鐄	⑫ 20획 日コウ 종 횡 中huáng

풀이 1. 종. 쇠북. 2. 종소리. 3. 크게 울리는 소리.

유 鐘(종 종) 비 橫(가로 횡)

鐍	⑫ 20획 日キョウ 걸쇠 휼 中jué

풀이 1. 걸쇠. 자물쇠. 2. 요처(要處). 3. 고리. 잠그게 된 고리.

鐻	⑬ 21획 日キョ·かねかけ 악기걸이 거 中jù

풀이 1. 악기걸이. 악기틀. 2. 악기의 이름. 나무를 깎아서 만든 악기의 한 가지. 3. 귀고리.

鐻耳(거이) 오랑캐. 오랑캐는 귀고리를 하기 때문에 유래된 말.

鐮	⑬ 21획 鎌(p1467)과 同字

鐺	⑬ 21획 ❶쇠사슬 당 日トウ·ソウ ❷솥 쟁 中chēng, dāng

풀이 ❶ 1. 쇠사슬. 2. 종고(鐘鼓) 소리. ❷ 3. 솥. 세 발 달린 솥.

鐺鐺(당당) 금속 소리의 형용.

鐺脚(쟁각) 노구솥의 세 개의 발.

유 鎖(쇠사슬 쇄)

鑪
⑬ 21획 日ロ
부레 그릇 로 中lǔ

풀이 1. 부레 그릇. 아교를 끓이는 그릇. 2. 칼자루.

鐳
⑬ 21획 日ライ
병 뢰 中léi

풀이 병. 항아리.

鐳柚(뇌유) 가장 큰 유자.

鐼
⑬ 21획 日フン·ブン
자기 분·훈 中bēn, fén

풀이 1. 자귀. 2. 쇠(鐵). 3. 대패.

鏖
⑬ 21획 日オ
솥 오 中áo

풀이 1. 솥. 2. 익히다. 끓이다. 3. 고전하다. 격렬하게 싸우다.

鐫
⑬ 21획 日セン·ほる
새길 전 中juān

풀이 1. 새기다. 조각하다. ¶鐫刻 2. 내치다. 3. 송곳. 4. 끌. 나무에 구멍을 내는 연장.

鐫刻(전각) 쇠붙이에 조각함.
鐫鏤(전루) 아로새김. 조각함.
鐫勒(전륵) 금석(金石)에 새김.
鐫罰(전벌) 관직을 낮추고 벌줌.
鐫說(전설) 권하고 간절하게 타이름.
鐫切(전절) 1)갈고 깎음. 2)깊이 선을 권함.
鐫鑱(전참) 새김. 조각함.
鐫黜(전출) 지위를 깎아내림.
鐫琢(전탁) 1)새기고 갊. 조탁(彫琢)함. 2)문장의 어구를 다듬음.
鐫汰(전태) 무능한 관리를 내침.

鐵
⑬ 21획 日テツ
쇠 철 中tiě

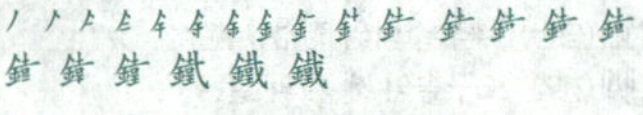

* 형성. 뜻을 나타내는 부수 '金(쇠 금)'과 음을 나타내며 '크다'라는 의미를 지닌 부수 이외의 글자를 합친 글자. 이에 큰 것을 만들 수 있는 금속을 나타내어, '쇠'의 뜻으로 쓰임.

풀이 1. 쇠. ¶鐵甕 2. 무기. 병기. 3. 검다. 검은빛. 4. 철물. 쇠로 만든 기물. 5. 단단하다. 견고하다. 6. 굳세다. 7. 곧다. 바르다. 8. 갑옷.

鐵幹(철간) 고목이 된 매화나무 등의 줄기.
鐵鎧(철개) 쇠로 만든 갑옷.
鐵鋸(철거) 톱.
鐵檛(철과) 쇠로 만든 채찍.
鐵冠(철관) 철로 만든 관(冠).
鐵騎(철기) 1)무장한 군마(軍馬). 또는 철갑을 입은 기병(騎兵). 2)정예 기병.
鐵面(철면) 1)쇠로 만든 얼굴 모습. 2)강직하여 권세를 두려워하지 않는 사람. 3)검붉은 빛의 얼굴. 4)염치가 없는 사람.
鐵面皮(철면피) 철판을 깐 얼굴이란 뜻으로, 부끄러움을 모르는 뻔뻔한 사람을 이르는 말.

鐵面皮(철면피)의 유래

왕광원(王光遠)은 과거에 합격할 정도로 재능도 있었지만 대단한 출세주의자였다. 그는 권세 있는 집에 수시로 출입하면서 남이 보든 말든 온갖 아부를 했는데, 상대가 술에 취해 자기에게 무례를 범해도 웃어 넘기고 비위를 맞춰 주었다. 어느 친구가 그에게 수치도 모르냐고 묻자 왕광원은 사람들에게 잘 보여서 나쁠 게 없지 않느냐고 대답했다. 이에 당시 사람들이 왕광원을 두고 얼굴 두껍기가 열 겹 철판을 깐 것 같다고 평했다.

鐵鉢(철발) 쇠로 만든 승려의 밥그릇.
鐵壁(철벽) 쇠로 만든 성벽(城壁). 견고한 성벽.
鐵石(철석) 1)철이 들어 있는 광석(鑛石). 철광석. 2)의지가 단단하여 변하지 않음.
鐵石人(철석인) 의지가 굳고 신체가 건장한 사람.
鐵城(철성) 철(鐵)의 성(城). 견고한 성.
鐵鏽(철수) 쇠에 생기는 붉은색의 녹.
鐵心(철심) 1)철과 같이 굳은 마음을 이름. 2)인정(人情)이 없는 냉정한 마음. 3)어떤 물건의 속에 넣은 쇠심.
鐵心石腸(철심석장) 의지가 굳음의 비유.
鐵案(철안) 확고한 생각.
鐵葉(철엽) 얇은 철편(鐵片). 양철. 함석.
鐵甕(철옹) 쇠로 만든 항아리.
鐵牛(철우) 1)쇠를 부어 만든 소의 형상. 2)강견(强堅)하고 굴하지 않음을 비유하는 말.
鐵漿(철장) 철을 오랫동안 물에 담가 우려낸 검은 물. 염료(染料) 및 한약재로 쓰임.
鐵鐺(철쟁) 노구솥.
鐵箸(철저) 쇠젓가락. 철저(鐵筯).
鐵笛(철적) 쇠로 만든 피리.
鐵蹄(철제) 1)편자. 제철(蹄鐵). 2)준마(駿馬)의

다리의 미칭(美稱).

鐵條(철조) 굵은 철사.

鐵中錚錚(철중쟁쟁) 보통 사람 중에서 조금 우수한 사람.

鐵蒺藜(철질려) 마름쇠. 지상에 세워 적의 침입을 막는 데 쓰임.

鐵槍(철창) 자루까지 쇠로 된 창.

鐵窓(철창) 1)쇠창살 문. 2)감방(監房). 감옥(監獄).

鐵鏃(철촉) 쇠로 된 화살촉.

鐵椎(철추) 쇠몽치. 철퇴(鐵槌).

鐵則(철칙) 엄격한 규칙.

鐵把(철파) 쇠스랑.

鐵片(철편) 쇳조각.

鐵鞭(철편) 쇠로 된 채찍.

鐵砲(철포) 소총(小銃).

鐵筆(철필) 1)조각할 때 쓰는 쇠로 만든 칼. 각도(刻刀). 2)동사 철판이나 복사지 위에 쓰는 송곳 모양의 붓. 3)펜.

鐵漢(철한) 강직하여 뜻을 굽히지 않는 사람.

鐵畫(철획) 힘있게 쓴 글씨의 획.

洋鐵(양철) 안팎에 주석을 입힌 얇은 철판.

유 鋼(강철 강)

鐲	⑬ 21획	日 タク・ショク
	징 탁	中 zhuó

풀이 1. 징. 군대에서 북소리를 조절하기 위해 치는 징. 2. 팔찌. 3. 방울.

鐲鐃(탁뇨) 군대에서 쓰는 악기. '鐲'은 북을 울리게 할 때, '鐃'는 북이 울리는 것을 그치게 할 때 씀.

비 濁(흐릴 탁) 觸(닿을 촉)

鐸	⑬ 21획	日 タク・すず
	방울 탁	中 duó

풀이 1. 방울. 2. 풍경(風磬).

鐸鐃(탁뇨) 방울과 동라(銅鑼).

비 澤(못 택) 유 鈴(방울 령)

鐶	⑬ 21획	日 カン・わ
	고리 환	中 huán

풀이 1. 고리. 2. 귀고리. 3. 가락지. 4. 목걸이.

鐶鈕(환뉴) 손잡이.

비 環(고리 환)

鑑	⑭ 22획	日 カン・ガン・かがみ
	거울 감	中 jiàn

* 형성. 뜻을 나타내는 부수 '金(쇠 금)'과 음을 나타내는 '監(볼 감)'을 합친 글자. 이에 무언가를 비추어 보는(監) 금속(金)을 나타내어, '거울'의 뜻으로 쓰임.

풀이 1. 거울. ¶鑑銘 2. 본보기. ¶鑑戒 3. 안식(眼識). 4. 보다. 살펴보다. 5. 식별하다. 6. 거울삼다. 7. 비치다.

鑑戒(감계) 1)경계(警戒). 2)본보기로 삼음.

鑑念(감념) 전례에 비추어 생각함.

鑑銘(감명) 거울에 새긴 명(銘).

鑑別(감별) 감정하여 분별해 냄.

鑑賞(감상) 예술 작품을 음미함.

鑑悟(감오) 깨달음.

鑑止(감지) 비추어 봄. 환히 봄.

유 鏡(거울 경) 비 監(볼 감)

鑒	⑭ 22획
	鑑(p1475)과 同字

鑋	⑭ 22획	日 ケイ・キョウ
	앙감질할 경	中 qìng

풀이 1. 앙감질하다. 한 발로 걷다. 2. 쇳소리.

鑌	⑭ 22획	日 ヒン・ビン
	강철 빈	中 bīn

풀이 강철(鋼鐵).

鑌刀(빈도) 강철로 만든 칼.

鑌鐵(빈철) 강철.

유 鋼(강철 강)

鑐	⑭ 22획	日 ジュ・シュ
	열쇠 수	中 xū, rú

풀이 1. 열쇠. 자물쇠. 2. 갑옷.

비 孺(젖먹이 유)

鑄	⑭ 22획	日 チュウ・シュ・いる
	쇠부어 만들 주	中 zhù

ノ ト ト ㅌ 亼 全 牟 金 釒 釯 鉒 鋳 鋳 鋳 鋳 鋳 鋳 鋳 鑄 鑄 鑄

* 형성. 뜻을 나타내는 부수 '金(쇠 금)'과 음을 나타내는 '壽(목숨 수)'를 합친 글자.

풀이 1. 쇠를 부어 만들다. ¶鑄金 2. 주조하다. 3. 도야하다. 인재를 양성하다.

鑄金(주금) 쇠를 녹여 거푸집에 부어 기물을 만듦.
鑄兵(주병) 무기를 주조(鑄造)함.
鑄顔(주안) 인재(人才)를 양성함. 공자(孔子)가 안회(顔回)를 도야(陶冶)시킨다는 데에서 유래된 말.
鑄鎔(주용) 쇠를 녹임.
鑄人(주인) 인재를 양성(養成)함.
鑄型(주형) 1)쇠를 녹인 것을 부어 그릇을 만들어 내는 틀. 거푸집. 2)활자(活字)를 주조하는 틀.

유 鎔(녹일 용) 비 疇(밭두둑 주)

鐵	⑭ 22획 鐵(p1474)의 古字

鑊	⑭ 22획 가마솥 확	日カク 中huò

풀이 가마솥. 발이 없는 큰 솥.

鑊煮(확자) 솥에 삶음.
鑊烹(확팽) 가마솥에 넣어 삶아 죽이는 옛날의 형벌.

鑂	⑭ 22획 빛 바랠 훈	日クン・グン 中xùn

풀이 빛이 바래다. 퇴색하다.

비 纁(분홍빛 훈)

鑛	⑮ 23획 쇳돌 광	日コウ・あらがね 中kuàng

ノ ト ト ㅌ 亼 全 牟 金 釒 釒 鈩 鈩 鉱 鉱 鉱 鉱 鑛 鑛 鑛 鑛 鑛

풀이 쇳돌. 광석.

鑛毒(광독) 광물을 채굴할 때나 제련할 때 생기는 독.
鑛璞(광박) 캐낸 상태 그대로의 금속.
鑛山(광산) 광물을 채굴하는 산.
鑛石(광석) 금속을 포함한 광물. 쇳돌.
鑛泉(광천) 광물질을 다량으로 함유한 샘.

鑞	⑮ 23획 땜납 랍	日ロウ 中là

풀이 땜납. 주석과 납의 합금.

유 錫(주석 석) 釖(주석 인)

鑢	⑮ 23획 줄 려	日リョ・ロ・やすり 中lǜ

풀이 1. 줄. 쇠를 갈아 닳게 하는 도구. 2. 줄로 쓸다. 3. 다스리다. 수양하다.

鑠	⑮ 23획 녹일 삭	日シャク・とかす 中shuò

풀이 1. 녹이다. 녹다. ¶鑠膠 2. 달구다. ¶鑠金 3. 갈다. 4. 비방하다. 욕하다. 5. 아름답다. 6. 빛나다. 사라지다. 망하다.

鑠膠(삭교) 아교를 녹임.
鑠金(삭금) 1)달구어진 금. 또는 아름다운 황금. 2)쇠를 녹임.
鑠鑠(삭삭) 빛나는 모양. 삭삭(爍爍).
鑠石(삭석) 1)돌을 녹임. 2)화기(火氣)나 열기(熱氣)가 맹렬함을 비유하는 말.

鑕	⑮ 23획 모루 질	日シツ・かなこと 中zhì

풀이 1. 모루. 형구(刑具)의 한 가지. 2. 도끼.

鑕鈇(질부) 도끼.
鑕砧(질침) 모루. 철침(鐵砧).

鑽	⑮ 23획 鑽(p1478)의 俗字

鑣	⑮ 23획 재갈 표	日ヒョウ 中biāo

풀이 1. 재갈. 말의 입에 물리는 물건. ¶鑣轡 2. 번성한 모양.

鑣駕(표가) 임금이 타는 수레.
鑣車(표거) 여객을 보호하는 수레. 보험품(保險品)을 운반하는 수레.

鑣宮(표궁) 옛 궁궐의 이름.
鑣轡(표비) 재갈과 고삐.
鑣鑣(표표) 번성한 모양.

鑩	⑯ 24획	日レキ
	솥 력	中lì

풀이 솥.

유 鼎(솥 정) 비 瀝(거를 력)

鑪	⑯ 24획	日ロ·いろり
	화로 로	中lú

풀이 1. 화로. ¶鑪火 2. 향로(香爐). 3. 풀무. 4. 목로(木墟). 주막.

鑪橐(노탁) 대장간에서 불을 피울 때 바람을 일으키는 도구. 풀무.
鑪炭(노탄) 난로의 숯불.
鑪火(노화) 화로의 불. 노화(爐火).

유 爐(화로 로)

鑮	⑰ 25획	日ハク
	종 박	中bó

풀이 1. 종. 2. 호미.

鑰	⑰ 25획	日ヤク·かぎ
	자물쇠 약	中yào, yuè

풀이 1. 자물쇠. 열쇠. ¶鑰牡 2. 빗장. 3. 추요(樞要). 4. 닫다. 폐쇄되다. 5. 들어가다.

鑰匣(약갑) 열쇠를 보관하는 상자.
鑰牡(약모) 열쇠.
鑰匙(약시) 열쇠.

鑲	⑰ 25획	日ジョウ·ショウ
	거푸집 속 양	中ráng, xiāng

풀이 1. 거푸집 속. 거푸집을 만들 때 쇳물 부어 넣을 곳을 비게 하기 위해 채워 넣는 물건. 2. 채워 넣다.

鑱	⑰ 25획	日サン
	보습 참	中chán

풀이 1. 보습. 쟁기의 날. 2. 침. 돌바늘. 3. 파다. 뚫다. 4. 날카롭다. 5. 찌르다. 6. 새기다. 조각하다.

鑱斧(참부) 큰 도끼. 고대의 무기의 한 가지.
鑱石(참석) 돌침. 석침(石鍼).

비 饞(탐할 참)

鑯	⑰ 25획	日セン
	날카로울 첨	中jiān

풀이 1. 날카롭다. 2. 새기다. 조각하다. 3. 쇠그릇.

유 銳(날카로울 예)

鑵	⑱ 26획	日カン
	두레박 관	中guàn

풀이 두레박.

비 觀(볼 관)

鑷	⑱ 26획	日ジョウ·けぬき
	족집게 섭	中niè

풀이 1. 족집게. 2. 뽑다. 3. 비녀.

鑷髮(섭발) 족집게로 머리털을 뽑음.
鑷白(섭백) 흰머리카락을 뽑음.

鑹	⑱ 26획	日サン
	작은 창 찬	中cuān, cuàn

풀이 작은 창.

鑴	⑱ 26획	日キュウ
	솥 휴	中xī

풀이 1. 솥. 2. 햇무리. 3. 독. 4. 종. 큰 종.

유 鼎(솥 정)

鑼	⑲ 27획	日ラ·どら
	징 라	中luó

풀이 징. 자바라의 하나.

鑼鍋(나과) 노구솥의 한 가지. 조두(刁斗).
鑼鎚(나추) 금속 징을 치는 채.

鑾	⑲ 27획	
	❶ 방울 란(난)	日ラン·すず
	❷ 보습 거	中luán

풀이 ❶ 1. 방울. 2. 천자가 타는 수레. ❷ 3. 보습. 쟁기의 날.

鑾駕(난가) 천자가 타는 수레.
鑾鈴(난령) 천자가 타는 수레에 달린 방울.

鑽	⑲ 27획	日 サン·きり
	끌 찬	中 zuān, zuàn

풀이 1. 끌. 2. 송곳. ¶鑽具 3. 뚫다. 구멍 내다. ¶鑽堅 4. 연구하다. 5. 모으다. 모이다. 6. 빈형(臏刑). 발을 자르는 형벌.

鑽堅(찬견) 1)견고한 것을 뚫음. 2)열심히 학문을 닦음.
鑽具(찬구) 1)구멍을 뚫는 기구. 송곳. 2)술책(術策)을 써서 윗사람에게 인정받기를 바라는 사람을 이르는 말.
鑽厲(찬려) 부지런히 힘씀.
鑽礪(찬려) 자르고 새기는 일.
鑽味(찬미) 깊이 연구하고 음미함.
鑽石(찬석) 1)돌에 조각함. 2)질이 떨어지는 금강석.
鑽燧(찬수) 나무나 돌 등에 송곳 같은 것을 비벼서 불을 얻는 일. 찬목(鑽木).
鑽仰(찬앙) 성인(聖人)의 도(道)와 덕(德)을 연구하여 우러러 봄. 즉, 학문 등을 탐구한다는 뜻으로 쓰임.
鑽研(찬연) 갈고 닦음. 깊이 연구함. 연찬(研鑽).
鑽穴隙(찬혈극) 구멍을 뚫어 서로 들여다봄. 남녀의 야합(野合)을 비유하는 말.

钁	⑳ 28획	日 カク
	괭이 곽	中 jué

풀이 괭이.

钁鍤(곽삽) 큰 괭이.
钁臿(곽잡) 곽삽(钁鍤).

	⑳ 28획	日 アツ
	재갈 알	中 niè

풀이 재갈.

鑿	⑳ 28획	
	❶ 뚫을 착	日 サク·ソウ·のみ
	❷ 새길 족	中 záo, zuò
	❸ 구멍 조	

풀이 ❶ 1. 뚫다. 구멍 내다. ¶鑿開 2. 끌. 구멍을 내는 연장. 3. 파내다. 4. 경형(黥刑). 형벌의 한 가지. 5. 구멍. 6. 생각. 마음. 7. 억지로 끌어다 붙이다. 함부로 억측하다. 8. 곡식을 깨끗이 찧다. ❷ 9. 새기다. ❸ 10. 구멍.

鑿開(착개) 뚫어서 통하게 함.
鑿漑(착개) 도랑을 파 물을 댐.
鑿空(착공) 1)뚫어서 엶. 길을 새로 냄. 2)쓸데없는 논의. 공론(空論).
鑿掘(착굴) 구멍을 뚫어 파냄.
鑿飮耕食(착음경식) 우물을 파고 밭을 갈아 먹음. 천하가 태평하고 생활이 편안함을 비유하는 말.
鑿井(착정) 우물을 팜.
鑿鑿(착착) 1)선명(鮮明)한 모양. 2)확실한 모양. 3)바위가 높이 솟은 모양.
鑿八(착팔) 벼 한 섬을 찧어 쌀 여덟 말을 얻는다는 뜻으로, 이할(二割)이 줄어듦을 비유하는 말.

長 부

長 길 장 部

'長' 자는 머리털을 길게 풀어 헤친 사람이 지팡이를 짚고 있는 모습을 본뜬 글자로, '길다' 라는 뜻을 나타낸다. 또한 길이만이 아니라 시간이 '오래다', 거리가 '멀다' 의 뜻을 나타내기도 하고, 일장일단(一長一短)에서처럼 '잘하다', '낫다' 의 뜻이나, '어른', '우두머리' 등의 뜻으로 쓰이기도 한다. 부수로 쓰일 때는 '镸' 의 형태로 쓰여 '길장변' 이라는 부수 명칭으로 불린다.

	⓪ 8획	日 チョウ·ジョウ·ながい
	길 장	中 cháng, zhǎng

一 厂 F F E 镸 镸 長

* 상형. 머리털이 긴 노인이 지팡이를 짚고 서 있는 모양을 본뜬 글자.

풀이 1. 길다. ¶長劍 2. 멀다. 3. 크다. 거대하다. 4. 길이. 오래도록. 5. 늘이다. 길게 하다. 6. 앞. 선두. 7. 어른. 성인. 8. 연장자. 9. 맏. 첫째. ¶長男 10. 우두머리. 수장. ¶長官 11. 귀한 사람. 12. 어른이 되다. 13. 수령이 되다. 14. 키. 신장. 15. 나아가다. 전진하다. 16. 지나가다. 통과하다. 17. 자라다. 성장하다. 18. 기르다. 양육하다. 19. 가르치다. 이끌다. 20. 늘. 항상. 21. 낫다. 우수하다. ¶長短 22. 앞장. 23. 처음. 시초. 근본. 24. 나이를 먹다. 늙다. 25. 더하다. 늘다. 26. 쌓다. 축적하다.
長距離(장거리) 멀고 긴 거리.
長劍(장검) 긴 패검(佩劍).
長計(장계) 1)원대한 계략. 2)뛰어난 계략.
長谷(장곡) 깊고 긴 산골짜기.
長官(장관) 1)국무를 맡아 처리하는 행정 각부의 우두머리. 2)한 관아의 으뜸 벼슬.
長廣舌(장광설) 1)웅변(雄辯). 2)긴 말로 수다를 떠는 것.
長久(장구) 길고 오램. 길게 계속함.
長技(장기) 특히 뛰어난 재주. 특기(特技).
長期(장기) 오랜 기간.
長期戰(장기전) 오랜 기간동안 싸우는 전쟁.
長男(장남) 맏아들.
長女(장녀) 제일 큰 딸. 첫째 딸.
長年(장년) 1)오랜 해. 2)장수(長壽).
長短(장단) 1)길과 짧음. 2)길이. 3)나음과 못함. 우열.
長大(장대) 길고 큼.
長途(장도) 1)긴 여행. 2)먼 길.
長道(장도) 1)길게 계속한 길. 먼 길. 2)긴 도정(道程).
長老(장로) 1)나이 먹은 사람을 높여 부르는 말. 2)학문과 경험이 많은 사람의 존칭.
長命(장명) 긴 수명. 장수(長壽).
長文(장문) 긴 글.
長髮(장발) 길게 기른 머리카락. 또는 그런 사람.
長方形(장방형) 네 각이 모두 직각인 사변형. 직사각형.
長蛇陣(장사진) 1)많은 사람이 줄을 지어 늘어서 있음의 형용. 2)길게 줄지은 군진(軍陣).
長生(장생) 1)장생불사(長生不死)의 준말. 오래 삶. 2)천도교에서 육신의 장수(長壽), 영혼의 불멸, 사업의 유전을 합하여 일컫는 말.
長城(장성) 1)길게 연달아 있는 성. 2)만리장성(萬里長城)의 준말.
長成(장성) 어른이 됨. 성장함.
長孫(장손) 맏손자. 제일 나이가 많은 손자.
長壽(장수) 목숨이 긴 것. 오래 사는 것.
長安(장안) 1)지금의 섬서성(陝西省) 장안현(長安縣) 부근. 전한(前漢)·수(隋)·당(唐) 등의 수도가 있었던 곳. 2)서울을 수도라는 뜻으로 일컫는 말.
長夜(장야) 1)긴 겨울 밤. 2)죽어서 장사하게 되는 것.
長魚(장어) 뱀장어.
長髥(장염) 긴 구레나룻.
長幼之序(장유지서) 연장자와 연소자의 사이에서 지위 순서.
長音(장음) 길게 내는 소리.
長人(장인) 1)남 위에 섬. 우두머리가 됨. 2)키가 큰 사람.
長者(장자) 1)윗사람. 연장자. 2)신분이 높은 사람. 3)덕망이 높은 사람.
長子(장자) 제일 큰 아들.
長點(장점) 좋은 점.
長程(장정) 먼 길. 먼 노정.
長征(장정) 먼 노정에 걸쳐 정벌(征伐)함.
長足(장족) 1)긴 다리. 2)빠른 걸음. 3)발전이 빠른 모양.
長指(장지) 가운뎃손가락.
長姪(장질) 장조카.
長策(장책) 1)긴 채찍. 장편(長鞭). 2)뛰어난 계책.
長處(장처) 1)언행에서 가장 나은 점. 2)여러 가지 일 가운데 아주 잘하는 점.
長天(장천) 높고 먼 하늘.
長篇(장편) 편장(篇章)이 긴 시가(詩歌)·문장·소설 등.
長旱(장한) 오랫동안 가뭄. 오랜 가뭄.
長兄(장형) 1)맏형. 2)연장자(年長者)에 대한 존칭.
長話(장화) 긴 이야기.
長靴(장화) 목이 무릎까지 올라오는 신.
유 永(길 영) 반 短(짧을 단)

镸	⓪7획 長(p1478)의 古字

镺	④11획 길 오	日オ 中ǎo, ào

풀이 길다.
镺蔓(오만) 잡초 등이 널리 뻗어서 퍼짐. 만연(蔓延)함.

镻	⑤12획 독사 질	日シツ 中dié

풀이 독사. 살무사의 일종.

镼	⑥13획 가죽신 뇨	日ニョウ 中niǎo

풀이 가죽신. 모래 위를 걷는 신.

8획

門 부

門 문 문 部

'門' 자는 마주 선 기둥에 문이 각기 한 짝씩 달려 있는 모양을 본뜬 글자로 '문'을 나타낸다. 또한 들고 나는 모든 '통로'를 나타내기도 하고, 문호개방(門戶開放)에서처럼 '가문', '국가'를 상징하기도 하고, 하나의 '분야'를 나타내기도 한다. 이 글자를 부수로 갖는 글자는 대체로 문의 종류나 문의 상태와 관련이 있다.

門	⓪8획	日モン・かど
	문 문	中mén

丨 ㄗ ㄗ ㄗ 門 門 門 門

*상형. 두 개의 문짝을 닫아 놓은 모양을 본뜬 글자.

풀이 1. 문. 출입문. ¶門戶 2. 문간. 문전. 문 앞. 3. 집안. 가정. 4. 가문. ¶門風 5. 일가. 친척. 6. 구별. 유별. 7. 사물이 생겨나는 곳. 8. 학술 전문의 종류. 9. 배움터. 10. 갈래. 학파. 11. 문하생. 12. 문을 지키다. 13. 문을 공격하다. 14. 생물의 분류 단위. 강(綱)과 계(界)의 중간.

門客(문객) 1)자신의 집에서 생활하는 객(客). 2)글방의 스승.
門闕(문궐) 대궐의 문. 궐문(闕門).
門楣(문미) 1)문 위에 가로 댄 나무. 2)집안. 가문. 3)여자.
門外漢(문외한) 그 일에 관련되지 않은 사람. 또는 그 분야에 전문이 아닌 사람.
門人(문인) 1)제자. 문하생(門下生). 2)문지기.
門前成市(문전성시) 대문과 뜰이 저자와 같음. 사람이 많이 모여듦을 이르는 말.
門表(문표) 1)집안의 명예. 2)문패(門牌).
門標(문표) 1)문에 걺. 문에 닮. 2)문패(門牌).
門風(문풍) 한 집안의 고유한 풍습. 가풍.
門下(문하) 1)집의 안. 또는 거기에 있는 가족 이외의 사람. 곧 식객(食客)·제자 등. 문인(門人). 2)같은 스승 아래에서 배우는 사람.
門限(문한) 문지방.
門戶(문호) 1)문(門)과 호(戶). 대문과 지게문. 2)입구. 집안을 드나드는 곳. 3)중요한 지위. 4)지세가 험하고 중요한 땅. 요해지(要害地).

閂	①9획	日サン・セン・かんぬき
	문빗장 산	中shuān

풀이 문빗장.

閃	②10획	日セン・ひらめく
	번쩍일 섬	中shǎn

*회의. '門(문 문)'과 '人(사람 인)'을 합친 글자. 문(門) 속에 있는 사람(人)을 흘끗 보는 것을 나타냄. 바뀌어, '번쩍이다'의 뜻으로 쓰임.

풀이 1. 번쩍이다. 번득이다. ¶閃光 2. 섬광. 번개. ¶閃電 3. 언뜻 보이다. 4. 나부끼다. 5. 몸을 비키다.

閃光(섬광) 번쩍이는 빛.
閃得(섬득) 마침내. 결국.
閃爍(섬삭) 섬삭(閃鑠).
閃鑠(섬삭) 번쩍번쩍 빛나는 모양.
閃閃(섬섬) 1)번쩍이는 모양. 2)나부끼는 모양.
閃屍(섬시) 언뜻 보이는 모양.
閃電(섬전) 번쩍하는 번개. 신속함을 이르는 말.
閃燦(섬찬) 빛나는 모양.
閃忽(섬홀) 번쩍함. 번쩍하는 모양.
閃火(섬화) 번쩍이는 불빛.

閉	③11획	日ヘイ・とじる・しめる
	닫을 폐	中bì

丨 ㄗ ㄗ ㄗ 門 門 門 門 門 閉 閉

*회의. '門(문 문)'과 빗장을 거는 것을 의미하는 '才(재주 재)'를 합친 글자. 이에 문을 닫고 '출입을 끊다', '닫다'의 뜻으로 쓰임.

풀이 1. 닫다. 닫히다. ¶閉會 2. 막다. 막히다. 3. 자물쇠. 4. 가리다. 엄폐하다. 5. 감추다. 수장하다. 6. 마치다. 끝내다. ¶閉式 7. 입추(立秋) 또는 입동(立冬). 8. 도지개. 트집난 활을 바로잡는 틀. 9. 끝. 종결.

閉講(폐강) 강의·강습을 폐지함.
閉關(폐관) 1)닫음. 2)문을 닫음. 손님을 거절함.
閉口(폐구) 입을 다물고 말을 하지 않음.
閉幕(폐막) 연극을 끝내고 막을 내림.
閉門(폐문) 문을 닫음.
閉塞(폐색) 1)닫아 막음. 2)겨울에 천지가 얼어붙어 생기가 막힘. 3)운수가 막힘.
閉鎖(폐쇄) 문을 굳게 닫음.
閉市(폐시) 시장의 가게를 닫음.
閉式(폐식) 의식(儀式)이 끝남.
閉店(폐점) 장사를 마치고 가게를 닫음.
閉廷(폐정) 재판을 정지함.
閉蟄(폐칩) 겨울이 되어 벌레 같은 것이 땅 속으로 들어가 겨울잠을 잠. 동면(冬眠)함.
閉會(폐회) 모임을 끝냄.

自閉症(자폐증) 정신 분열증의 증세의 하나. 대인 교섭을 싫어하며 자기만의 의식 속에 들어박혀 사는 병적인 상태. 어린아이일 경우에는 언어 장애를 일으킴.
腸閉塞症(장폐색증) 장이 외부로부터 압박을 받거나, 서로 뒤틀리어 꼬이거나, 장의 일부가 다른 부분에 끼어 들어가서, 막히는 병.
全閉(전폐) 1)모두 닫음. 2)아주 닫아 버림.

유 廢(폐할 폐) 반 開(열 개) 비 閑(한가할 한)

閈	③ 11획	日カン・かき
	이문 한	中hàn

풀이 1. 이문(里門). 마을 어귀에 세운 문. 2. 마을. 동네. 3. 담. 담장.

閒	④ 12획
	❶間(p1481)의 本字
	❷閑(p1483)의 本字

間	④ 12획	日カン・ひま・あいだ
	사이 간	中jiān, jiàn

丨 门 ㄕ 尸 尸 門 門 門 門 問 間 間

* 회의. 본자는 '閒'으로 '門(문 문)'과 '月(달 월)'을 합친 글자. 두 문짝 사이로 달빛이 비쳐 드는 것을 나타내어, '사이', '틈'의 뜻으로 쓰임.

풀이 1. 사이. 틈. ¶間隙 2. 때. 동안. 3. 떨어진 정도. 거리. 4. 장소. 곳. 5. 무렵. 근처. 6. 안. 7. 기회. 8. 요사이. 9. 사이에 들어가다. 10. 염탐꾼. ¶間者 11. 섞다. 뒤섞이다. 12. 이간하다. 이간질. 13. 엿보다. 기회를 노리다. 14. 번갈다. 교대하다. 15. 헐뜯다. 16. 막다. 가로막다. 17. 간여하다. 참여하다. 18. 병이 낫다. 19. 잠시. 잠깐. 20. 간간이. 드문드문. 21. 때때로. 22. 몰래. 비밀히.

間介(간개) 좁은 길.
間隔(간격) 물건과 물건의 거리. 사이. 틈
間關(간관) 1)길이 험해 걷기 힘든 모양. 사람이 어려움을 겪는 일. 2)새가 지저귀는 모양. 3)수레의 삐걱거리는 소리.
間隙(간극) 틈.
間道(간도) 샛길.
間步(간보) 숨어서 몰래 감.
間使(간사) 남의 사정을 몰래 살피는 사람. 간첩(間諜).
間歲(간세) 해를 거름.
間言(간언) 비난하는 말.
間然(간연) 결점을 들추어내어 비난함. 남의 실수를 들춤.
間一髮(간일발) 머리카락 한 올을 끼울 만한 사이란 뜻으로, 일이 매우 급박함을 이르는 말.
間者(간자) 1)간첩(間諜). 2)요사이.
間作(간작) 주되는 작물 사이에 다른 작물을 재배하는 일.
間出(간출) 1)남의 눈을 피해 몰래 다님. 2)가끔 나옴
間行(간행) 1)남몰래 숨어 감. 2)잘못된 행동. 부정한 행위.
間歇(간헐) 일정한 시간을 두고 주기적으로 일어났다 멎었다 함.
間婚(간혼) 혼인을 이간질함.
間候(간후) 간첩이 되어 적의 내부 사정을 살피는 일.

비 閒(틈 한) 問(물을 문)

開	④ 12획	日カイ・ひらく
	열 개	中kāi

丨 门 ㄕ 尸 尸 門 門 門 門 閂 開 開

* 회의. '門(문 문)'과 두 손으로 문을 밀어 여는 모습을 본뜬 '幵(열 개)'를 합친 글자. 이에 '문을 열다'의 뜻으로 쓰임.

풀이 1. 열다. 열리다. ¶開放 2. 시작하다. ¶開講 3. 입을 열다. ¶開口 4. 통하다. 5. 개최되다. 6. 길을 트다. 7. 펴다. 펼치다. 8. 피다. 꽃이 피다. 9. 개척하다. ¶開墾 10. 깨우치다. 계발하다.

開墾(개간) 산야(山野)·황무지를 개척함. 버려거칠어진 땅을 일구어서 논밭을 만듦.
開刊(개간) 처음으로 신문·책 등을 간행함.
開講(개강) 강의나 강습을 시작함.
開館(개관) 1)공관이나 회관을 열어 일을 시작함. 2)영업을 시작함.
開校(개교) 새로 세운 학교에서 처음으로 학교 일을 시작함.
開口(개구) 1)입을 엶. 이야기를 시작함. 2)웃음. 3)음식을 먹음.
開國(개국) 새로 나라를 세우는 것.
開落(개락) 꽃이 피고 떨어짐.
開幕(개막) 무대의 막이 올라감.
開明(개명) 1)지혜가 열리고 문물이 발달함. 2)열어서 밝힘. 3)내용을 명세(明細)하게 씀.
開發(개발) 1)편지 등 봉한 것을 뜯음. 2)슬기와 재능을 열어 줌. 3)널리 폄. 4)셈을 함. 셈을 치름.
開放(개방) 1)활짝 열어 놓음. 2)꽃이 핌. 3)발사하는 것. 4)죄를 용서하여 자유를 주는 것.

8 획

開闢(개벽) 천지가 열린 시초.
開始(개시) 처음 시작함.
開市(개시) 시장의 거래를 시작함.
開式(개식) 의식을 시작함.
開心(개심) 1)지혜를 엶. 어리석음을 깨달음. 2)마음을 열어 진심을 보임. 3)마음을 서로 통함.
開眼(개안) 1)눈을 뜨고 봄. 2)불교의 진리를 깨달음.
開顔(개안) 활짝 웃음.
開業(개업) 1)일을 시작함. 2)영업을 시작함.
開悟(개오) 깨달음. 또는 깨닫게 하는 것.
開元(개원) 나라를 엶.
開場(개장) 1)어떠한 장소를 열어 입장을 하게 함. 2)과거 시험을 엶.
開展(개전) 1)넓게 펴짐. 진보 발전함. 2)조망(眺望)이 열림.
開戰(개전) 전쟁을 시작함.
開店(개점) 1)처음으로 가게를 시작함. 2)그날 그날 문을 열고 영업을 시작함.
開廷(개정) 재판을 위하여 법정을 여는 것.
開祖(개조) 1)종파를 처음 연 사람 2)처음 사업을 일으킨 사람.
開札(개찰) 입찰(入札) 또는 투표한 상자를 열어 조사함.
開拓(개척) 1)황무지를 개간하여 논밭을 만듦. 2)영토 등을 넓힘. 3)새로운 방면·진로 등을 엶.
開通(개통) 통행을 시작함.
開閉(개폐) 열고 닫음.
開票(개표) 투표함을 열어서 투표의 결과를 조사하는 것.
開學(개학) 방학이 지나 수업을 다시 시작함.
開港(개항) 1)항구를 열어 통상을 허용함. 2)외국 무역을 하기 위해 열어 놓은 항구.
開化(개화) 1)세상이 열리고 문화가 진보하는 일. 문화를 엶. 2)풍화교도(風化教導)하여 세운(世運)의 진보를 꾀함. 세상이 열리고 문화가 발달함.
開豁(개활) 마음이 넓고 큼.
開會(개회) 회의를 시작함.

반 閉(닫을 폐)

閎	④ 12획	日 コウ·もん
	마을 문 굉	中 hóng

풀이 1. 마을 문. 2. 문. 3. 천상의 문. 4. 크다. 광대하다. ¶閎閎 5. 넓다. 넓히다. ¶閎廓 6. 공허하다. 비다.
閎廓(굉곽) 넓고 깊은 모양.
閎閎(굉굉) 1)큰 소리. 2)풍부하고 아름다운 모양.
閎達(굉달) 도량(度量)이 넓고 큼.
閎覽(굉람) 널리 사물을 봄. 박람함.
閎辯(굉변) 논리가 광대하여 끝이 없음. 또는 웅대한 변론. 웅변(雄辯).
閎衍(굉연) 글재주가 풍부하고 아름다움.
閎誕(굉탄) 터무니없이 큰소리치는 일. 허황됨.
閎廓(굉확) 넓고 큼.

閔	④ 12획	日 ビン·ミン·あわれむ
	근심할 민	中 mǐn

* 형성. 뜻을 나타내는 부수 '門(문 문)'과 음을 나타내며 '가엾게 여기다'라는 의미를 지닌 '文(글월 문)'을 합친 글자. 이에 문중에 '불행한 일이 있다', '가엾게 여기다'의 뜻으로 쓰임.

풀이 1. 근심하다. 걱정하다. ¶閔閔 2. 위문하다. 위로하다. 근심. 우환. 3. 가엽게 여기다. 애처롭게 여기다. ¶閔傷 4. 노력하다. 힘쓰다.
閔免(민면) 부지런히 힘씀. 민면(黽勉).
閔閔(민민) 깊이 근심하는 모양
閔傷(민상) 가엾이 여겨 마음 아파함.
閔然(민연) 근심하는 모양.
閔慰(민위) 불쌍히 여겨 위로함.
閔凶(민흉) 친상(親喪). 부모와 사별하는 불행.

유 慰(위로할 위)

閏	④ 12획	日 ジュン·うるう
	윤달 윤	中 rùn

丨 𠃌 𠃌 𠃌 𠃌 門 門 門 門 閂 閏 閏

풀이 1. 윤달. 윤년. ¶閏年 2. 윤달이 들다. 3. 정통(正統)이 아닌 임금.
閏年(윤년) 윤달이 든 해.
閏餘(윤여) 1)나머지. 2)윤월(閏月).
閏月(윤월) 윤달. 음력에서는 달이 지구를 도는 것으로 역법(曆法)을 정하므로 1년이 지구가 공전하는 시간보다 10일과 몇 시간이 적어서 그 쌓인 일수가 곧 윤월이 되어 2년에 한 번, 5년에 2번, 19년에 7번 윤달이 생김.
閏位(윤위) 정통이 아닌 왕위(王位).
閏日(윤일) 양력 2월 29일.

閍	④ 12획	日 ホウ
	대궐문 팽·방	中 bēng

풀이 1. 대궐문. 궁중의 문. 2. 사당의 문.

비 閌(높은 문 항)

閜	④ 12획	日ガ
	문 닫힐 하	中xiā, yà

풀이 1. 문이 닫히다. 2. 찢어지다. 갈라지다.

閑	④ 12획	日カン·しずか·しきり
	한가할 한	中xián

丨 冂 冃 冃 冃 門 門 門 門 閂 閑 閑

* 회의. '門(문 문)'과 '木(나무 목)'을 합친 글자. 마소가 멋대로 도망치지 못하게 우리의 입구에 가로지른 나무를 나타냄. 바뀌어, '칸을 막다', '막다'의 뜻으로 쓰이며, '한가하다', '틈'의 뜻으로도 쓰임.

풀이 1. 한가하다. 느긋하다. ¶閑客 2. 등한시하다. 소원하다. 3. 막다. 방어하다. 4. 닫다. 폐쇄하다. 5. 법규. 법도. 6. 틈. 여가. 7. 익다. 익숙해지다. 8. 조용하다. 고요하다. ¶閑夜 9. 마구간.

閑客(한객) 한가한 사람.
閑居(한거) 1)한가하게 거처함. 2)한가한 땅에 있음. 또는 그 거처.
閑良(한량) 1)호반(虎班)의 출신으로 아직 무과(武科)에 급제하지 못한 사람. 2)돈 잘 쓰고 잘 노는 사람.
閑忙(한망) 한가로움과 바쁨.
閑放(한방) 한가하고 마음대로임.
閑散(한산) 1)조용하고 한가함. 2)일이 없어 놀고 있음.
閑書(한서) 읽어도 도움이 되지 않는 책.
閑素(한소) 조용하고 소박함.
閑習(한습) 익숙해짐. 숙달함.
閑雅(한아) 1)정숙하고 우아(優雅)함. 2)정숙하고 아취가 있는 곳.
閑夜(한야) 조용한 밤.
閑遊(한유) 한가롭게 노닒.
閑吟(한음) 조용히 읊조림.
閑人(한인) 한가한 사람. 일 없이 노는 사람.
閑日(한일) 한가한 날.
閑寂(한적) 한가롭고 고요함. 한가롭고 쓸쓸함.
閑職(한직) 한가한 직(職).
閑華(한화) 고상하고 아름다움.

유 休(쉴 휴) 비 閉(닫을 폐)

閌	④ 12획	日コウ
	높을 항	中kāng

풀이 1. 높다. 2. 높은 문. 문이 높은 모양.

閌閬(항랑) 1)높은 문. 2)높고 큰 모양.

비 閍(대궐문 팽)

閘	⑤ 13획	日コウ·オウ
	물문 갑	中zhá

풀이 1. 물문. 수문(水門). 2. 문을 닫다.

閘官(갑관) 수문(水門)의 감독을 맡은 관리.
閘頭(갑두) 여닫는 수문(水門).

閞	⑤ 13획	
	문기둥 소루	日ベン·バン
	변·반	中biàn

풀이 문기둥의 소루. 문기둥의 주두(柱枓).

비 閛(문소리 평)

閟	⑤ 13획	日ヒ·とざす
	문 닫을 비	中bì

풀이 1. 문을 닫다. 닫다. 2. 깊다. 깊숙하다. 3. 멎다. 4. 끝나다. 마치다. 5. 숨기다. 6. 삼가다. 근신하다.

유 廢(폐할 폐)

閛	⑤ 13획	
	❶문 소리 평	日ヘイ
	❷문여닫을팽	中pēng

풀이 ❶ 1. 문 소리. 문 닫는 소리. ❷ 2. 문을 여닫다.

閜	⑤ 13획	
	❶크게 열릴 하	日カ
	❷서로 도울 가	中xiǎ

풀이 ❶ 1. 크게 열리다. 2. 크다. ❷ 3. 서로 돕다. 서로 의지하다.

閜砢(가가) 서로 도움.
閜寫(하위) 길이 험함.

閣	⑥ 14획	日カク
	문설주 각	中gǎo, gē, gé

丨 冂 冃 冃 冃 門 門 門 門 閃 閃 閣 閣 閣

* 형성. 뜻을 나타내는 부수 '門(문 문)'과 음을 나타내는 '各

8획

(각각 각)'을 합친 글자.

풀이 1. 문설주. 2. 마을. 3. 관청. ¶閣僚 4. 대궐. 궁전. 5. 다락집. 층집. 6. 부엌. 주방. 7. 복도. 8. 찬장. 식기나 음식을 넣어 두는 장. 9. 선반. 시렁. 물건을 올려 놓는 곳. 10. 놓다. 11. 가교(假橋). 잔교(棧道). 12. 가게. 13. 그만두다. 중지하다. ¶閣筆

閣閣(각각) 1)단정한 모양. 2)개구리의 우는 소리.

閣道(각도) 1)높게 건너지른 골마루. 다락집의 복도(複道). 2)잔도(棧道). 3)북두칠성(北斗七星) 중의 한 별.

閣僚(각료) 내각(內閣)을 조직하는 부의 장관.

閣手(각수) 팔짱을 낀다는 뜻으로, 아무 일도 하지 않는 모양을 이르는 말.

閣臣(각신) 명대(明代)의 대학사(大學士)를 이르는 말.

閣議(각의) 내각의 의논.

閣筆(각필) 붓을 놓음. 더 이상 글을 쓰지 않음.

閣下(각하) 전각(殿閣)의 아래. 신분이 높은 사람에 대한 경칭(敬稱)의 한 가지.

비 閤(쪽문 합)

閧	⑥ 14획
	鬨(p1489)의 俗字

閨	⑥ 14획	日ケイ·ねや
	규방 규	中guī

풀이 1. 규방. 도장방. 부녀자가 거처하는 방. ¶閨閤 2. 침실. 3. 궁중의 작은 문. 4. 부녀자에 관한 일. ¶閨範 5. 남녀 관계. 남녀 간의 은밀한 일.

閨闥(규달) 부녀자의 침실(寢室).

閨竇(규두) 벽을 뚫어 만든 작은 출입문. 곧, 가난한 사람의 집.

閨門(규문) 1)방의 출입문. 또는 방안. 2)성(城) 안에 있는 작은 문.

閨範(규범) 부녀자가 지켜야 할 도리.

閨秀(규수) 1)재주와 학식이 빼어난 부녀자. 2)남의 집의 처녀를 높여 이르는 말.

閨愛(규애) 여자. 부인.

閨艶(규염) 규방 안의 미인.

閨怨(규원) 남편에게 이별을 당한 원한(怨恨). 또는 그 한을 노래한 시가.

閨庭(규정) 침실 안. 집안.

閨閤(규합) 1)궁중의 문. 또는 침전(寢殿). 2)안방. 침실(寢室). 규방(閨房).

閨戶(규호) 침실의 문.

閩	⑥ 14획	日ビン
	종족 이름 민	中mǐn

풀이 1. 종족의 이름. 중국 복건성(福建省) 일대에 살던 종족. 2. 나라 이름. 오대십국(五代十國)의 하나로, 왕조(王潮)·왕심지(王審知) 형제가 세운 나라.

閩粵(민월) 중국 복건성(福建省)의 다른 이름.

閥	⑥ 14획	日ハツ·いえがら
	공훈 벌	中fá

* 형성. 뜻을 나타내는 부수 '門(문 문)'과 음을 나타내는 '伐(칠 벌)'을 합친 글자.

풀이 1. 공훈. 공로. 2. 공을 쌓다. 3. 기둥. 대문의 왼쪽에 세우는 기둥. 4. 가문. 문벌. 지체. 5. 문지방.

閥閱(벌열) 1)문의 양쪽 기둥. 2)공적(功績)과 경력. 3)공적이 있는 가문.

유 勳(공 훈) 반 罰(죄 벌)

閪	⑥ 14획
	잃을 서 韓

풀이 잃다.

유 失(잃을 실)

閦	⑥ 14획	日シ
	관청 시	中shì

풀이 1. 관청. 2. 환관(宦官). 내시.

閡	⑥ 14획	日ガイ·とざす
	문 잠글 애	中hé

풀이 1. 문을 잠그다. 2. 닫혀 막히다. 3. 방해하다.

閦	⑥ 14획	日チク
	많을 축	中chù

풀이 1. 많다. 2. 무리. 3. 아축(阿閦). 부처의 이름.

유 衆(무리 중)

閤	⑥ 14획	日コウ·くぐりど
	쪽문 합	中gé, hé

풀이 1. 쪽문. 대문 옆에 달린 작은 문. 2. 협문. 궁중의 작은 문. 3. 대궐. 궁전. 4. 침실. 규방. 5. 누각. 6. 마을.

閤門(합문) 1)온 집안. 2)대궐의 앞문. 3)고려 때 조회(朝會)의 의례를 맡은 관아. 4)조선 초기에, 통례원(通禮院)의 다른 이름.
閤署(합서) 관청. 관공서.
閤下(합하) 지위가 높은 사람에 대한 존칭. 옛날, 고관의 집에는 모두 대문에 합(閤)이 있었음에서 온 말.
閤閤(합합) 개구리 우는 소리.

비 閣(누각 각)

閧 ⑥ 14획 日コウ·とき
골목길 항 中xiàng

풀이 1. 골목길. 2. 싸우다. '鬨(싸울 홍)'의 와자(譌字.)

유 闀(골목 항)

閫 ⑦ 15획 日コン·しきい
문지방 곤 中kǔn

풀이 1. 문지방. ¶閫內 2. 성문. ¶閫外 3. 규방. 내실. 4. 궁중.

閫寄(곤기) 군(軍)을 통솔하는 모든 권리.
閫內(곤내) 1)문지방 안. 2)성 안.
閫德(곤덕) 여자로서 반드시 지켜야 할 도리.
閫範(곤범) 여자가 반드시 지켜야 할 규범. 여자의 모범. 곤칙(閫則)
閫席(곤석) 문지방과 자리.
閫外(곤외) 1)문지방의 바깥. 문 밖. 또는 성(城) 밖. 2)출정하는 군대를 이르는 말.
閫宇(곤우) 사방(四方).
閫闈(곤위) 1)대궐의 문. 2)부녀자가 거처하는 내실. 안방.

閬 ⑦ 15획 日ロウ·むなしい
문 높을 랑 中làng, liǎng

풀이 1. 문이 높다. 2. 높은 모양. 3. 휑뎅그렁하다. 광대하고 공허하다. 4. 넓고 밝다. 넓고 훤하다. 5.韓 불알. 생식기의 한 부분.

閬宮(낭궁) 신선이 사는 궁을 이르는 말.
閬閬(낭랑) 1)높고 큰 모양. 2)공허한 모양.
閬苑(낭원) 신선(神仙)이 사는 곳.
閬風瑤池(낭풍요지) 낭원(閬苑).

閭 ⑦ 15획 日リョ·ロ·さと
마을 려(여) 中lǘ

풀이 1. 마을. ¶閭里 2. 이문(里門). 마을의 문. 3. 길에 세운 문. 4.모이다.

閭家(여가) 여염집.
閭里(여리) 마을. 또는 마을 사람.
閭門(여문) 마을의 문.
閭伍(여오) 1)중국 주(周)나라 때 촌락(村落)의 단위. 2)일반 백성들.
閭井(여정) 마을. 촌락.
閭左(여좌) 마을 문의 왼쪽에 살게 하여 부역을 면제해 준 가난한 백성. 빈민(貧民).
閭閈(여한) 1)마을의 문. 2)마을.
閭巷人(여항인) 일반 마을에 있는 사람.

유 里(마을 리)

閱 ⑦ 15획 日エツ·けみす
검열할 열 中yuè

* 형성. 뜻을 나타내는 부수 '門(문 문)'과 음을 나타내는 '兌(바꿀 태)'를 합친 글자.

풀이 1. 검열하다. 점검하다. ¶閱試 2. 세다. 일일이 세어서 조사하다. ¶閱覽 3. 가리다. 가려서 선택하다. 4. 읽다. 독서하다. 5. 지내다. 겪다. 6. 모으다. 7. 지체. 문벌. 8. 들어가다. 9. 받아들이다. 용납하다. 10. 공로. 공적. 11. 거느리다. 통솔하다.

閱年(열년) 1년이 걸림.
閱讀(열독) 열람(閱覽).
閱覽(열람) 조사해 봄.
閱世(열세) 세상의 많은 일을 몸소 경험함.
閱歲(열세) 한 해를 보냄.
閱視(열시) 조사하여 밝힘.
閱試(열시) 조사하여 시험해 봄.
閱實(열실) 실정(實情)을 일일이 조사함. 실제 사실을 조사하여 알맞은 법을 적용시킴.
閱人(열인) 널리 많은 사람을 겪음.

유 檢(단속할 검)

閵 ⑧ 16획 日リン
새 이름 린 中lìn

풀이 1. 새 이름. 2. 밟다. 짓밟다.

閿 ⑧ 16획
闅(p1487)과 同字

8획

閼 ⑧ 16획
❶가로막을 알 日アツ·エツ·ふさぐ
❷한가할 어 中è, yù
❸선우 왕비 연

풀이 ❶ 1. 가로막다. 막다. 2. 막히다. ¶閼塞 3. 그치다. 멈추다. 4. 끝나다. ❷ 5. 한가하다. 느긋하다. ❸ 6. 흉노 왕비. 선우(單于)의 왕비.

閼伽(알가) 1)불상 앞에 바치는 물. 또는 그 물을 담는 그릇. 2)배의 바닥에 괸 물
閼塞(알색) 막힘.
閼與(어여) 여유가 있는 모양.
閼氏(연지) 흉노왕(匈奴王) 선우(單于)의 비(妃)를 일컫는 말.

閹 ⑧ 16획 日エン·もんばん
내시 엄 中yān

풀이 1. 내시. 환관(宦官). 거세한 후 궁궐 안의 잡무에 종사하던 관원. ¶閹奴 2. 고자. 거세한 남자. 3. 숨기다. 가리다.

閹奴(엄노) 내시.
閹寺(엄시) 엄인(閹人).
閹然(엄연) 자신의 의견을 숨기고 세속에 타협하거나 아첨하는 일.
閹尹(엄윤) 환관(宦官)의 우두머리.
閹人(엄인) 1)거세된 사람. 2)환관(宦官).

閾 ⑧ 16획 日キョク·ヨク·しきい
문지방 역·혁 中yù

풀이 1. 문지방. 2. 내외의 한계. 안팎을 구별 짓다.

閻 ⑧ 16획 日エン
이문 염 中yán, yǎn, yàn

풀이 1. 이문(里門). 마을의 문. 2. 마을. 촌락. 3. 예쁘다. 아름답다.

閻羅國(염라국) 염라대왕이 다스린다는 곳. 저승.
閻羅大王(염라대왕) 죽은 사람의 죄의 경중을 가려 처리하는 지옥의 임금.
閻羅人(염라인) 지옥의 옥졸(獄卒).
閻魔(염마) 지옥(地獄)을 다스리는 왕. 사람의 생전의 죄를 살펴 상벌(賞罰)을 가린다 함.
閻浮(염부) 중생이 사는 속세.
閻浮提(염부제) 사대주(四大洲)의 하나. 수미산(須彌山)의 남해(南海)에 있다는 세모꼴의 섬. 또는 인도(印度).
閻易(염이) 옷이 긴 모양.
閻妻(염처) 사랑받는 아름다운 아내.

閶 ⑧ 16획
❶천문 창 日ショウ
❷북소리 탕 中chāng

풀이 ❶ 1. 천문(天門). 2. 궁문(宮門). 3. 가을바람. ¶閶風 4. 궁전. 궁궐. 5. 권하다. 인도하다. 6. 성하다. 왕성하다. ❷ 7. 북소리.

閶風(창풍) 가을 바람.
閶闔(창합) 1)하늘의 문(門). 2)궁궐의 정문(正門). 3)서쪽 바람. 4)성(盛)한 모양.

閧 ⑧ 16획 日コウ
골목 항 中xiàng

풀이 골목. 거리.

유 衖(골목길 항)

閽 ⑧ 16획 日コン·もんばん
문지기 혼 中hūn

풀이 1. 문지기. 특히 대궐의 문을 지키는 사람. 2 궁문. 대궐의 문. 3. 환관(宦官).

閽吏(혼리) 대궐의 문지기.
閽侍(혼시) 내정(內庭)에서 문지기 노릇을 하는 환관(宦官).
閽人(혼인) 1)문지기. 2)궁문(宮門)의 문지기.

闃 ⑨ 17획 日ゲキ·ケキ·しずか
고요할 격 中qù

풀이 고요하다. 적막하다.

유 禪(고요할 선) 静(고요할 정) 寂(고요할 적)

闋 ⑨ 17획 日ケツ·やむ
끝날 결 中què

풀이 1. 끝나다. 마치다. 2. 다하여 없어지다. 3. 탈상(脫喪)하다. 4. 쉬다. 휴식하다. 5. 공허하다. 비다.

闋者(결자) 마음이 허한 사람.

闍 ⑨ 17획
❶망루 도 日ト·ジャ·うてな
❷사리 사 中dū, shé

풀이 ■1 1. 망루. 2. 서울의 외곽 안의 거리. ■2 3. 사리. 고승. 범어(梵語) '사'의 음역임.

闍梨(사리) 중들에게 덕을 가르치고 모범이 되는 승려. 고승(高僧)의 칭호.

闌 ⑨ 17획 日ラン·てすり
가로막을 란 中lán

풀이 1. 가로막다. 차단하다. 2. 문 앞에 출입을 막는 가로 댄 나무. ¶闌干 3. 방지하다. 4. 쇠하다. 쇠퇴하다. ¶闌殘 5. 늦다. 저물다. 6. 다하다. 끝나다. 7. 한창. 절정. 8. 드물다. 9. 함부로. 마구. 10. 병가(兵架). 창이나 칼을 걸어 두는 틀. 11. 난간. 12. 울. 가축을 기르는 울타리.

闌駕上書(난가상서) 임금의 수레를 가로막고 장계를 올림.

闌干(난간) 1)난간(欄干). 2)어지럽게 흩어진 모양. 3)눈자위.

闌單(난단) 1)피로한 모양. 2)옷 등이 찢어지고 해진 모양.

闌牢(난뢰) 가축을 기르는 곳. 외양간.

闌斑(난반) 빛이 얼룩얼룩한 모양.

闌珊(난산) 1)점차 쇠하여 가는 모양. 2)어지럽게 흩어지는 모양.

闌暑(난서) 늦더위.

闌夕(난석) 깊은 밤.

闌入(난입) 함부로 들어감.

闌殘(난잔) 쇠퇴해 가는 모양.

闌出(난출) 1)재물을 쓸데없이 내놓음. 2)관문(關門)을 함부로 나감.

비 蘭(난초 란)

 ⑨ 17획 日モン
내리깔고 볼 문 中wén

풀이 내리깔고 보다.

閷 ⑨ 17획
❶감할 쇄 日サイ·サツ
❷죽일 살 中shài

풀이 ■1 1. 감하다. 삭감하다. 2. 아귀. 활의 줌통과 오금이 닿는 부분. ■2 3. 죽이다. 4. 깎다. 깎아서 가늘게 하다.

闇 ⑨ 17획 日アン·オン·くらい
어두울 암 中ān, àn

풀이 1. 어둡다. 어둡게 하다. ¶闇莫 2. 밤. 3. 닫힌 문. 4. 어렴풋하다. 5. 날씨가 흐리다. 6. 어리석다. 우매하다. ¶闇鈍 7. 해질 무렵. 8. 일식(日蝕). 월식(月蝕). 9. 덮다. 가리다. 10. 여막. 상제가 거처하는 움집.

闇跳(암도) 빨리 달리는 모양.

闇同(암동) 우연히 일치(一致)함.

闇鈍(암둔) 사리에 어둡고 둔함. 어리석고 둔함.

闇練(암련) 될 수 있을 때까지 익힘.

闇莫(암막) 어두운 모양.

闇昧(암매) 1)어두컴컴함. 2)사리에 어둡고 어리석음.

闇弱(암약) 어리석고 나약함.

闇然(암연) 어두운 모양. 또는 깨닫지 못하는 모양.

闇淺(암천) 사리에 어둡고 천함.

闇蔽(암폐) 어리석음. 미련함.

闇虛(암허) 월식(月蝕) 때 지구에 가리워져 어두워진 부분.

비 間(사이 간)

 ⑨ 17획 日イ·こもん
대궐 작은 문 위 中wéi

풀이 1. 대궐의 작은 문. ¶闈闥 2. 명당(明堂)의 문. 3. 종묘(宗廟)안의 문. 4. 마을의 문. 5. 대궐. 궁전. 6. 안방. 내실. 7. 과장(科場). 과거를 보는 곳.

闈闥(위달) 대궐 안의 작은 문. 또는 대궐 안.

闈墨(위묵) 과거 시험에서 우수 합격자의 답안.

闈門(위문) 궁궐을 통행하는 문. 협문.

비 闠(성시 바깥문 궤)

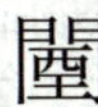 ⑨ 17획 日イン·ふさぐ
성곽 문 인 中yīn

풀이 1. 성곽의 문. 2. 막다. 3. 굽다. 구부리다.

闉闍(인도) 성안의 마을.

闉戹(인액) 막혀 괴로워함. 운이 막혀 괴로워함.

闖 ⑨ 17획
문바람 팽 韓

풀이 문바람.

闒	⑨ 17획	日カツ
	문소리 할	中yà

풀이 1. 문소리. 문 여닫는 소리. 2. 문이 열리다.

闊	⑨ 17획	日カツ·ひろし
	넓을 활	中kuò

* 형성. 뜻을 나타내는 부수 '門(문 문)'과 음을 나타내며 넓다는 의미를 지닌 '活(살 활)'을 합친 글자. 이에 문 안이 넓음을 나타내어, '넓다'는 뜻으로 쓰임.

풀이 1. 넓다. 광활하다. ¶闊漫 2. 마음이 넓다. 3. 멀다. 4. 소원하다. 오래 만나지 않다. 5. 거칠다. 6. 물정에 어둡다. 7. 고생하다. 8. 간략하다. 9. 늦추다. 느슨하다. 10. 너그럽다. 관대하다.

闊落(활락) 거칠고 정밀하지 못함.

闊略(활략) 1)대범(大凡)하고 너그럽지 못함. 2)눈감아 줌.

闊漫(활만) 매우 넓음. 끝없이 넓은 모양.

闊別(활별) 오랫동안 헤어져 만나지 못함.

闊疏(활소) 1)세상 물정에 어둡고 주의가 부족함. 2)촘촘하지 않음. 성김.

闊袖(활수) 폭이 넓은 소매. 또는 그런 옷.

闓	⑩ 18획	日カイ
	열 개	中kǎi

풀이 1. 열다. 2. 열리다. 개방되다. 3. 기뻐하다. 즐거워하다. 4. 시작하다. 5. 밝다. 환하다. 탁 트이다.

유 開(열 개)

闕	⑩ 18획	日ケツ·もん
	대궐 궐	中quē

풀이 1. 대궐. 궁성. ¶闕下 2. 궁문(宮門)의 양옆에 베푼 두개의 대(臺). 3. 문(門). 4. 빠지다. 모자라다. ¶闕本 5. 빠뜨리다. 빼다. ¶闕略 6. 결석하다. 7. 삭감하다. 줄이다. 8. 부수다. 헐다. 9. 상처 내다. 10. 이지러지다. 11. 틈. 12. 허물. 잘못. 13. 결원(缺員). 14. 성채(城砦)의 이름. 15. 파다. 뚫다.

闕閣(궐각) 대궐 문의 누각(樓閣).

闕略(궐략) 생략함.

闕漏(궐루) 1)새어 없어짐. 2)틈.

闕本(궐본) 책의 전체 질(帙)에서 빠진 책. 결본(缺本).

闕損(궐손) 손실(損失).

闕失(궐실) 1)빠져 없어짐. 2)과실(過失).

闕掖(궐액) 궁중(宮中). 대궐.

闕如(궐여) 이지러진 모양.

闕然(궐연) 이지러져서 완전하지 못한 모양.

闕景(궐영) 일식(日蝕).

闕誤(궐오) 빠져 잘못이 있음.

闕遺(궐유) 1)빠짐. 2)잘못.

闕疑(궐의) 의심스러운 것은 잠시 버려 둠.

闕字(궐자) 1)문장 중에서 임금 또는 귀인의 이름을 쓸 때, 경의를 표하기 위하여 한두 자 쓸 자리를 비우거나 줄을 바꾸는 일. 2)문장에서 빠진 글자. 탈자(脫字).

闕政(궐정) 잘못이 있는 정사(政事).

闕炊(궐취) 끼니를 잇지 못할 만큼 가난함.

闕下(궐하) 대궐 아래라는 뜻으로, 조정(朝廷)을 이르는 말.

闕畫(궐획) 1)글자의 획을 빠뜨림. 2)임금 또는 성인의 이름과 같은 글자를 쓰기를 꺼려 그 글자의 한 두 획을 생략하여 쓰던 일.

闑	⑩ 18획	
	문에 세운 말뚝 얼	日ゲツ·しきい 中niè

풀이 문에 세운 말뚝. ㉠두 만짝이 맞닿는 곳에 세우는 말뚝. ㉡문설주 사이에 세우는 두 말뚝.

闐	⑩ 18획	日テン·デン·みちる
	성할 전	中tián

풀이 1. 성하다. 많다. ¶闐闐 2. 차다. 가득하다. ¶闐門 3. 거마(車馬)의 소리. 4. 북소리. 5. 나라 이름. 우전(于闐). 중국 신강성(新疆省)에 있던 나라.

闐門(전문) 문에 가득 참.

闐噎(전열) 전일(闐溢).

闐溢(전일) 꽉 차서 넘침.

闐闐(전전) 1)가득 찬 모양. 2)떼를 지어 가는 모양. 3)북소리. 4)거마(車馬)의 소리.

闒	⑩ 18획	日トウ
	다락문 탑	中dá, tà

풀이 1. 다락문. 2. 마을. 촌락. 3. 종고(鐘鼓) 소리. 4. 천하다. 비천하다. 5. 용렬하다.

闒鞠(탑국) 축구(蹴球).

闒茸(탑용) 용렬함. 어리석음. 또는 그런 사람.

⑩ 18획 日チン・うかがう
엿볼 틈 中chuǎng

풀이 1. 엿보다. 2. 느닷없이 머리를 내미는 모양. 3. 갑자기 들어가다.

闖然(틈연) 불쑥 머리를 내미는 모양.
闖入(틈입) 난폭하게 들어감. 난입(亂入)함.
闖闖(틈틈) 엿보는 모양.

⑩ 18획 日コウ・とびら
문짝 합 中hē, hé

풀이 1. 문짝. 2. 닫다. 문을 닫다. ¶闔門 3. 온. 전부. 4. 막다. 못하게 하다. 5. 맺다. 연결하다. 6. 맞다. 부합하다. 7. 뜸. 띠·부들 등의 풀로 거적 비슷하게 엮어 만든 물건. 8. 어찌 …하지 않느냐.

闔家(합가) 온 집안.
闔境(합경) 온 지경.
闔廬(합려) 집. 가옥(家屋).
闔門(합문) 1)문을 닫음. 2)제사 때, 문을 닫거나 병풍으로 가려 막는 일.
闔闢(합벽) 닫음과 엶. 개폐(開閉).
闔眼(합안) 남의 허물을 모르는 체함.
闔邑(합읍) 고을 전체. 전읍(全邑).

비 闓(열 개)

⑪ 19획 日カン・せき
빗장 관 中guān

*형성. 뜻을 나타내는 부수 '門(문 문)'과 음을 나타내며 문빗장을 건 모양을 본뜬 부수 이외의 글자를 합친 글자. 이에 '빗장'을 뜻하며, '관문', '닫다' 등의 뜻으로도 쓰임.

풀이 1. 빗장. 문빗장. ¶關鍵 2. 관문. ¶關市 3. 묘문. 묘지로 들어가는 문. 4. 출입구. 5. 기관. 기계를 움직이는 장치. 6. 잠그다. 빗장을 걸어 닫다. 7. 꿰다. 8. 신을 신다. 9. 관계하다. 10. 참여하다. 관여하다. 11. 들어가다. 12. 거치다. 겪다. 13. 말미암다. 14. 찾다. 구하다. 15. 아뢰다. 고하다. 16. 역참. 17. 매듭. 결속. 18. 통하게 하다. 19. 인체의 요처. 관절이나 귀·눈·입·경맥 등을 말함. 20. 뚫다. 21. 꿰뚫다. 관통하다. 22. 세관(稅關).

關鍵(관건) 1)빗장과 자물쇠. 문호(門戶)의 단속. 2)사물의 가장 중요한 부분.
關關(관관) 새가 지저귀는 소리.
關梁(관량) 관문(關門)과 교량(橋梁).
關樓(관루) 성(城)의 망루(望樓).
關牡(관모) 대문의 빗장.
關防(관방) 변방의 수비.
關白(관백) 정무를 통괄하고 주문(奏文)을 올리기 전에 의견을 아뢰는 일.
關山(관산) 1)관소(關所)와 그 주위의 여러 산들. 2)고을의 사방을 두른 산. 3)고향.
關塞(관새) 국경의 성. 변경의 요새.
關鎖(관쇄) 문의 자물쇠. 문단속.
關燧(관수) 관문에 있는 봉화(烽火).
關市(관시) 1)관문과 저자. 2)사람이 많이 다니는 곳.
關礙(관애) 1)막음. 저지함. 2)거리낌. 방해가 됨.
關鑰(관약) 빗장과 자물쇠.
關徼(관요) 국경의 관문.
關尹(관윤) 관문을 지키는 우두머리.
關雎之化(관저지화) 부부가 화목하여 집안이 잘 다스려짐을 이르는 말.
關征(관정) 관문에서 거두던 세금.
關知(관지) 관여하여 앎.
關津(관진) 관문과 나루. 수륙의 중요한 곳을 이르는 말.
關穿(관천) 꿰뚫음. 관천(貫穿).
關柝(관탁) 문빗장과 딱딱이.
關托(관탁) 남을 통해 부탁함.
關河(관하) 1)함곡관(函谷關)과 황하(黃河). 2)전쟁터의 중요한 곳. 요지. 3)산하(山河). 어려운 여로(旅路). 또는 먼 여로(旅路).

⑪ 19획 日キ・うかがう
엿볼 규 中kuī

풀이 1. 엿보다. 훔쳐 보다. ¶闚觀 2. 조사하다. 탐구하다.

闚觀(규관) 훔쳐봄. 엿봄.
闚望(규망) 엿봄. 몰래 훔쳐 봄.
闚伺(규사) 몰래 엿봄.
闚覦(규유) 엿보며 바람. 자신의 분에 넘치는 일을 바람.

유 伺(엿볼 사) 窺(엿볼 규)

⑪ 19획 日トウ
북소리 당 中táng, chāng

풀이 1. 북소리. 2. 성한 모양

闛鞈(당협) 북소리.

8획

闠 ⑫ 20획 日カイ
성시 바깥문 궤 中huì

풀이 성시(城市)의 바깥 문. 저자의 문.

闡 ⑫ 20획 日セン・ひらく
열 천 中chǎn

풀이 1. 열다. ¶闡拓 2. 분명하다. 분명하게 하다. ¶闡明 3. 넓히다. 확충하다.

闡校(천교) 분명하게 하여 바로잡음.
闡究(천구) 연구하여 분명하게 함. 구명(究明)함.
闡明(천명) 분명히 하여 밝힘.
闡士(천사) 고승(高僧)을 높이는 말.
闡揚(천양) 명백하게 드러내어 널리 떨치게 함.
闡幽(천유) 숨은 것을 드러내어 밝힘.
闡濟(천제) 널리 펼쳐 이룸.
闡證(천증) 분명히 증명함.
闡拓(천척) 엶. 개척함.

闞 ⑫ 20획 日カン・みる
범 소리 함 中hǎn, kàn

풀이 1. 범의 소리. 범이 성내어 우는 소리. 2. 입을 크게 벌리고 성내는 모양.

闞然(함연) 호랑이가 크게 소리 내는 모양. 또는 입을 크게 벌려 언변을 토하는 모양.
闞闞(함함) 1)용감한 모양. 2)범이 성내는 소리.
闞虓(함효) 성내어 외침.

闟 ⑫ 20획
❶창 흡 日キュウ
❷천할 탑 中xì, tà

풀이 ❶ 1. 창(戟). 수레 경호용의 가지 달린 창. 2. 안정된 모양. ❷ 3. 천하다.

闟茸(탑용) 용렬함.
闟然(1.흡연/2.탑연) 1)멈추는 모양. 2)안정된 모양. 물건이 떨어지는 소리.
闟闟(흡흡) 닫은 모양. 폐쇄된 모양.

闥 ⑬ 21획 日タツ
문 달 中tà

풀이 1. 문. 궁중의 작은 문. 2. 침실. 안방. 3. 빠르다. 신속하다.

闥爾(달이) 막힌 것이 없이 환하게 트여 시원스러운 모양.

유 門(문 문)

闢 ⑬ 21획 日ヘキ・ビャク・ひらく
열 벽 中pì

풀이 1. 열다. ¶闢戶 2. 피하다. 회피하다. 3. 개척하다. 4. 개간하다. 5. 나누어지다. 6. 넓이다.

闢墾(벽간) 논밭을 일굼.
闢土(벽토) 토지를 개간함.
闢闔(벽합) 엶과 닫음.
闢戶(벽호) 문을 엶. 개폐(開閉).

유 開(열 개) 闓(열 개)

闤 ⑬ 21획 日カン
저자 환 中huán

풀이 1. 저자. 인가가 즐비하고 물건의 매매가 흥성한 곳. 2. 저자 문. 저자의 경계에 세운 문. 3. 시가(市街)를 둘러싼 담.

闤闠(환궤) 저자의 담과 문. 즉, 저자 거리.

유 巷(거리 항)

阜 부

阜 언덕 부 部

'阜' 자는 험한 산비탈이 계단처럼 층층진 측면의 모양을 본뜬 글자로, '언덕'의 뜻을 나타낸다. 그 밖에 '높고 큰 토지'를 나타내기도 하고, 의미가 확대되어 '크다', '번성하다'는 뜻으로도 사용되는데, 단독의 문자보다는 부수로서의 역할을 더 많이 한다. 부수로 쓰일 때에는 '阝'의 형태로 쓰이고 '좌부방'이라는 부수 명칭으로 불린다. 이 글자를 부수로 갖는 글자는 일반적으로 높은 언덕이나 높낮이에 관계가 있는 땅의 상태를 나타내는 의미를 갖게 된다.

阜 ⓪ 8획 日フ・フウ・おか
언덕 부 中fù

* 상형. 층이 진 산의 측면 단층의 모양을 본뜬 글자.

풀이 1. 언덕. 2. 크다. 3. 성하다. 성하게 하다. 4. 두텁다. 두텁게 하다. 5. 많다. 풍성하다. ¶阜康 6. 살찌다. 비대하다. 7. 젊다. 8. 자라다. 성장하다.

阜康(부강) 풍족하고 편안함.
阜陵(부릉) 큰 언덕.

阜蕃(부번) 가축을 성하게 번식시킴.
阜成(부성) 1)훌륭하게 이룸. 2)훌륭한 사람으로 만들어 냄.
阜螽(부종) 메뚜기.
阜通(부통) 성하게 통용시킴.
유 岸(언덕 안) 丘(언덕 구)

阞	② 5획	日ロク
	지맥 륵	中lè

풀이 1. 지맥(地脈). 땅의 맥락(脈絡). 2. 우수리. 셈한 나머지.
비 肋(갈비 늑)

阡	③ 6획	日セン·みち
	두렁 천	中qiān

풀이 1. 두렁. 두렁길. ¶阡陌 2. 길. 3. 무덤 가는 길. 4. 무성하다. 5. 일천. 1000.
阡陌(천맥) 두렁. 논이나 밭 등에 낸 길.
阡眠(천면) 초목이 무성한 모양.
阡阡(천천) 천면(阡眠).

阤	③ 6획	
	❶ 비탈 치	日シ·チ·タ
	❷ 허물어질 타	中zhì, yǐ

풀이 ❶ 1. 비탈. 경사진 곳. 2. 벼랑. 3. 무너지다. 붕괴하다. ¶阤崩 4. 깨지다. 5. 경사. ❷ 6. 허물어지다. 7. 기울어지다. 기운 모양.
阤靡(치미/타미) 산 등이 길게 이어져 뻗은 모양.
阤崩(치붕) 무너짐. 붕괴됨.
비 他(다를 타)

阬	④ 7획	
	❶ 문 높은 모양 갱	日コウ·あな
		中kēng
	❷ 문 항	

풀이 ❶ 1. 문이 높은 모양. 2. 높은 언덕. 3. 구덩이. 4. 구덩이에 파묻다. ¶阬儒 5. 도랑. 개천 6. 산골짜기. 7. 못. 연못. ❷ 8. 문. 출입문.
阬儒(갱유) 유학자나 유생 등을 구덩이에 파묻어 죽임.
비 抗(막을 항)

防	④ 7획	日ボウ·ふせぐ
	막을 방	中fáng

⺈ ⻖ ⻖ ⻖ 阝 阝 防 防

*형성. 뜻을 나타내는 부수 '阜(언덕 부)'와 음을 나타내는 '方(모 방)'을 합친 글자.

풀이 1. 막다. 가로막다. ¶防備 2. 대비하다. ¶防火 3. 가리다. 4. 둑. 제방. 5. 방(房). 6. 수비하다. 방어하다. ¶防空 7. 요새(要塞). 8. 가리개. 울타리. 9. 경계. 10. 맞서다. 필적하다.
防拒(방거) 막음. 방어함.
防空(방공) 공중으로 오는 적의 공격을 막음.
防毒(방독) 독기를 막아 냄.
防毒面(방독면) 독가스를 막는 장치를 한 가면.
防犯(방범) 범죄가 일어나지 않게 막음.
防腐劑(방부제) 물건이 썩는 것을 막는 약품.
防備(방비) 적을 막기 위한 설비.
防水(방수) 1)홍수를 막음. 2)배 등에 물이 배지 않게 특수한 칠을 하는 것.
防守(방수) 막아서 지킴.
防濕(방습) 습기를 막음.
防禦(방어) 침입을 막아냄. 또는 그 설비.
防疫(방역) 전염병이 퍼지지 않게 미리 예방하는 것.
防衛(방위) 적의 공격을 막음.
防音(방음) 외부의 소음이 방안에 들어오지 못하게 막는 장치.
防戰(방전) 적을 방어하여 싸움.
防止(방지) 막아서 그치게 함.
防臭(방취) 나쁜 냄새를 막음.
防彈(방탄) 탄환을 막음.
防波堤(방파제) 거친 파도를 막기 위해 만들어 진 둑.
防牌(방패) 전쟁에서 적의 칼·창·화살 등을 막는 무기.
防風(방풍) 바람을 막음.
防寒(방한) 추위를 막음.
防護(방호) 막아 보호함.
防火(방화) 불이 나는 것을 미리 막음.
防火壁(방화벽) 불에 타지 않는 재료로 만든 벽.
비 壅(막을 옹) 遮(막을 차) 禦(막을 어)

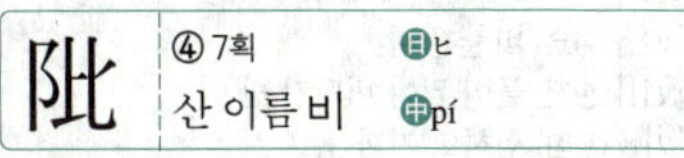

阰	④ 7획	日ヒ
	산 이름 비	中pí

풀이 산 이름. 초(楚)나라에 있는 산.

阨
④ 7획
❶ 좁을 애 / ❷ 막힐 액
日 アイ · ヤク · けわしい
中 ài, è

풀이 ❶ 1. 좁다. 협소하다. 2. 험준하다. 3. 험준한 곳. ❷ 4. 막히다. 통로가 막히다. 5. 불운하다. 6. 고생하다. 시달리다. 7. 곤란. 어려움.

유 陋(좁을 루)

阮
④ 7획
관 이름 완
日 ゲン
中 yuǎn

풀이 1. 관문(關門)의 이름. 지금의 중국 하북성(河北省) 울현(蔚縣) 근처. 2. 나라 이름. 은나라의 제후국. 지금의 중국 감숙성(甘肅省) 경천현(涇川縣) 근처. 3. 완함(阮咸). 악기 이름.

阮咸(완함) 악기 이름.

阭
④ 7획
높을 윤
日 イン · たかい
中 yǎn, yǔn

풀이 1. 높다. 2. 돌. 암석.

유 高(높을 고)

阱
④ 7획
함정 정
日 セイ · あな
中 jǐng

풀이 함정.

유 陷(빠질 함)

阯
④ 7획
터 지
日 シ
中 zhǐ

풀이 1. 터. 기초. 2. 산기슭. 3. 모래섬. 4. 발[足].

유 基(터 기)

阪
④ 7획
비탈 판
日 ハン · さか
中 bǎn

풀이 1. 비탈. 경사진 곳. 2. 둑. 제방. 3. 산골짜기. 4. 높은 언덕. 5. 기울다. 비탈지다.

阪路(판로) 비탈진 길.
阪田(판전) 돌이 많아 비탈진 밭.
阪險(판험) 험하고 가파름.

유 阺(비탈 저) 坂(비탈 판)

阹
⑤ 8획
우리 거
日 キョ
中 qū

풀이 우리. 우리를 만들다.

비 法(법 법)

附
⑤ 8획
붙을 부
日 フ · ブ
中 fù

' 了 阝 阝' 阝 阝 附 附

* 형성. 뜻을 나타내는 부수 '阜(언덕 부)'과 음을 나타내는 '付(붙일 부)'로 이루어진 글자.

풀이 1. 붙다. 달라붙다. ¶附着 2. 가까이하다. 3. 친근하다. 친밀히 하다. 4. 붙이다. 부착하다. ¶附加 5. 의탁하다. 의지하다. 6. 좇아 따르다. 종속하다. 7. 보태다. 더하다. 8. 주다. 부여하다. 9. 합사하다. 삼년상이 끝난 뒤 신주를 사당에 모셔 함께 제사 지냄. 10. 부화(孵化)하다. 11. 창자.

附加(부가) 있던 것에 덧붙임.
附款(부관) 어떤 행위에서 발생하는 법률 효과에 일정한 제한을 붙이기 위하여 표시하는 사항. 기간 · 조건 등.
附近(부근) 가까운 언저리.
附記(부기) 원문에 붙여 적음. 또는 그 기록.
附帶(부대) 덧붙임.
附錄(부록) 1)본문 끝에 덧붙이는 기록. 2)신문, 잡지 등의 본지 외에 덧이는 지면이나 책자.
附設(부설) 부속하여 설치함.
附屬(부속) 주가 되는 일이나 물건에 딸려서 붙음.
附言(부언) 덧붙여서 말함.
附與(부여) 붙여서 줌.
附炎棄寒(부염기한) 권세가 있을 때에는 붙들고 권세가 없어지면 버리고 떠남. 인정의 경박함을 이르는 말.
附庸(부용) 1)천자(天子)의 나라에 직속하지 않고 대국(大國)에 딸린 소국(小國). 2)남에게 의지하여 독립하지 못함.
附益(부익) 덧붙임. 첨가(添加).
附着(부착) 딱 붙어 떨어지지 않음.
附則(부칙) 본문 뒤에 덧붙인 규칙.
附合(부합) 1)맞대어 붙임. 2)소유자의 두 개 이상의 물건이 뗄 수 없게 된 상태.
附和(부화) 자기의 의견이 없이 경솔하게 남의 의견에 따름.
附會(부회) 이치에 억지로 맞춤. 말이나 이론을 억지로 끌어다 붙임. 부회(傅會).

비 付(줄 부) 府(곳집 부) 유 着(붙을 착)

阿	⑤ 8획	
	❶ 언덕 아	日 ア · オ · くま
	❷ 호칭 옥	中 ā, à, ē

* 형성. 뜻을 나타내는 부수 '阜(언덕 부)'와 음을 나타내며 구부러진 것을 의미하는 '可(옳을 가)'를 합친 글자. 이에 '산의 굽은 곳'의 뜻으로 쓰임.

풀이 ❶ 1. 언덕. 구릉. 2. 구석. 3. 모퉁이. 길 모퉁이. 4. 산기슭. 5. 물가. 6. 기울다. 비스듬하다. 7. 얇은 비단. 8. 굽다. 구부러지다. 9. 아첨하다. ¶阿黨 10. 집. 가옥. 11. 차양. 12. 마룻대. 마룻도리. 13. 의지하다. 의존하다. 14. 아름답다. 미려하다. ¶阿娜 15. 느릿하게 대답하는 소리. ❷ 16. 호칭. 남을 친근하게 부를 때 성 · 이름 · 항렬 등의 앞에 붙이는 말.

阿公(아공) 1)시아버지. 2)할아버지.
阿膠(아교) 동물의 가죽 · 뼈 등을 고아 굳힌 황갈색의 접착제.
阿娜(아나) 1)아리따운 모양. 2)유약한 모양.
阿女(아녀) 딸.
阿黨(아당) 아첨하고 무리지음.
阿堵(아도) 1)이것. 이 물건. 2)돈.
阿妹(아매) 누이동생을 이르는 말.
阿母(아모) 1)유모(乳母)를 이르는 말. 2)어머니를 정답게 부르는 말.
阿蒙(아몽) 어린아이.
阿媚(아미) 아첨함. 아유(阿諛).
阿房宮(아방궁) 진(秦) 시황제(始皇帝)가 지금의 섬서성(陝西省) 장안현(長安縣)의 남쪽에 세운 궁전.
阿保(아보) 1)잘 보살펴 키움. 또는 그 사람. 2)가까이에 있는 신하를 이름.
阿附(아부) 남의 비위를 맞추고 아첨하는 말.
阿鼻叫喚(아비규환) 1)불교에서 이르는 아비지옥(阿鼻地獄)과 규환지옥(叫喚地獄). 2)뜻밖의 재난으로 여러 사람이 비참한 지경에 빠졌을 때 악을 쓰며 소리를 지르는 모양.
阿世(아세) 세상에 아첨함. 세속(世俗)에 빌붙음.
阿諛(아유) 아첨함.
阿諂(아첨) 남의 마음에 들려고 간사를 부려 비위를 맞추어 알랑거리는 짓.
阿片(아편) 마취제(痲醉劑)의 하나.

유 岸(언덕 안) 丘(언덕 구) 비 何(어찌 하)

阸	⑤ 8획	
	❶ 막힐 액	日 アイ · ヤク · ふさがる
	❷ 험할 애	中 ài

풀이 ❶ 1. 막히다. 2. 한정하다. 3. 재난. 괴로움. ¶阸會 4. 위태롭다. 위험하다. ❷ 5. 험하다. ¶阸狹 6. 막히다. 막다. 7. 좁다.

阸困(애곤) 재앙을 만나 궁해짐.
阸塞(애새) 험준한 요새.
阸狹(애협) 좁은 것.
阸會(액회) 재앙이 모임.

유 塞(막힐 색) 滯(막힐 체)

阺	⑤ 8획	日 テイ · チ
	비탈 저 · 지	中 dǐ

풀이 1. 비탈. 언덕. 2. 무너지다. 무너져 내리는 모양.

유 阤(비탈 치)

阽	⑤ 8획	日 エン · あやうい
	위태로울 염	中 diàn

풀이 1. 위태롭다. 위험하다. 2. 숨이 넘어가려 하다. 위험한 고비에 이르다. 3. 떨어지려 하다.

阽危(염위) 위태로워 떨어질 듯함. 매우 위태로움.

阻	⑤ 8획	日 ソ · はばむ
	험할 조	中 zǔ

풀이 1. 험하다. 험준하다. ¶阻險 2. 막다. 저지하다. 3. 떨어지다. 사이가 멀다. ¶阻隔 4. 의심하다. 5. 걱정하다. 괴로워하다. 6. 의거하다. 7. 믿다. 8. 고난. 고생하다. 9. 험한 땅. 10. 낙담하다. 기가 꺾이다.

阻澗(조간) 험한 시내를 사이에 둠.
阻艱(조간) 험하여 고생스러움. 몹시 고생함.
阻隔(조격) 멀리 떨어짐.
阻難(조난) 험하여 다니기 어려움.
阻脩(조수) 멀리 떨어짐. 길이 멂.
阻深(조심) 산천(山川)이 멀리 떨어짐.
阻礙(조애) 장애가 생김. 방해.
阻折(조절) 길이 험하고 구불구불함.
阻峭(조초) 험준함.
阻限(조한) 막혀 한계에 이름.
阻害(조해) 막아서 하지 못하게 함. 방해함.
阻險(조험) 험난함. 또는 그런 곳.

유 險(험할 험) 비 且(또 차)

阼	⑤ 8획	日 ソ · きざはし
	섬돌 조	中 zuò

풀이 1. 섬돌. 동쪽 계단. 제사를 지낼 때 주인은 동쪽 계단으로, 손님은 서쪽 계단으로 당(堂)에 오름. 2. 보위(寶位). 천자의 자리. 3. 제사에 쓰는 고기.

阼階(조계) 동쪽 계단. 동계(東階).

阼俎(조조) 제사 때 주인에게 속(屬)하는 제육(祭肉).

비 作(지을 작)

陀	⑤ 8획	日タ·ダ·けわしい
	비탈질 타	中tuó

풀이 1. 비탈지다. 경사지다. 2. 험하다. 3. 벼랑. 4. 허물어지다.

陀羅尼(다라니←타라니) 범문(梵文)을 그대로 읊으면 무변(無邊)의 의미를 품고 있어 각종 장애를 제거하고 공덕을 받는 일.

비 咤(꾸짖을 타) 蛇(뱀 사)

陁	⑤ 8획	
	❶비탈질 타	日チ·タ
	❷무너질 치	中tuò

풀이 1 1. 비탈지다. 경사지다. ¶陁靡 2 2. 무너지다. 무너져 내리다. 3. 벼랑.

陁堵(치도) 무너져 떨어짐.

陁靡(이미) 비탈져 길쭉한 모양.

유 陀(비탈질 타)

陂	⑤ 8획	
	❶방죽 피	日ヒ·ハ·さか
	❷비탈 파	中bēi, pí, pō

풀이 1 1. 방죽. 제방. 둑. ¶陂塘 2. 못. 저수지. 3. 옆. 곁. 4. 기울어지다. 기울다. 5. 간사하다. 바르지 않다. 2 6. 비탈. 7. 비탈지다. 8. 치우치다. 9. 평탄하지 않다.

陂陀(파타) 땅이 평평하지 않음. 높낮이가 있는 땅.

陂曲(피곡) 바르지 않음. 편벽함.

陂塘(피당) 둑. 제방. 보(洑). 저수지.

陂僻(피벽) 비뚤어짐. 빠르지 않음.

陂障(피장) 제방을 쌓아 막음.

陂田(피전) 산밭.

陂池(피지/파타) 보(洑). 저수지.

陂澤(피택) 늪. 저수지(貯水池).

陂隤(피퇴) 무너져 떨어짐.

비 彼(저 피)

降	⑥ 9획	
	❶내릴 강	日コウ·ふる·おりる
	❷항복할 항	中xiáng, jiàng

' 阝 阝' 阝ク 阝夂 陉 陊 降 降

* 회의. 뜻을 나타내는 부수 '阜(언덕 부)'와 음을 나타내는 '夅(내릴 강)'을 합친 글자. 높은 곳(阜)에서 걸어 내려오는(夅) 것을 나타내어, '내리다'의 뜻으로 쓰임.

풀이 1 1. 내리다. 떨어지다. ¶降等 2. 내려주다. 하사하다. 3. 눈·비가 오다. 4. 이후. 다음. 5. 거둥하다. 임금이 행차하다. 6. 공주가 신하에게 시집가다. 7. 물이 넘쳐 흐르다. 2 8. 항복하다. 굴복하다. ¶降伏 9. 항복받다. 10. 새가 떨어져 죽다. 11. 가라앉다. 침착해지다.

降等(강등) 등급을 내림.

降臨(강림) 신 등이 세상에 내려오는 것. 신분이 귀한 사람이 왕림하는 것.

降雪(강설) 눈이 내림.

降殺(강쇄) 격식을 낮춤.

降雨(강우) 비가 내림.

降伏(항복) 자신이 진 것을 인정하고 상대편에게 굴복(屈伏)함.

降將(항장) 적에게 항복한 장수.

霜降(상강) 서리가 내림. 24절기의 하나.

受降(수항) 항복을 받음.

投降(투항) 적에게 항복함.

敗降(패항) 싸움에 져서 항복함.

반 勝(이길 승) 昇(오를 승) 유 負(질 부)

陋	⑥ 9획	日ロウ·せまい
	좁을 루(누)	中lòu

풀이 1. 좁다. 협소하다. ¶陋屋 2. 견문이 좁다. 도량이 좁다. 3. 용모가 추하다. 못생기다. ¶陋小 4. 더럽다. ¶陋名 5. 키가 작다. 6. 거칠다. 조악하다. 7. 낮다. 비천하다. ¶陋見 8. 인색하다.

陋見(누견) 1)미천한 생각. 좁은 소견. 2)자신의 의견을 낮추어 이르는 말.

陋名(누명) 더러운 평판에 오르내리는 이름.

陋薄(누박) 추하고 볼품이 없음.

陋小(누소) 얼굴이 못생기고 키가 작음.

陋習(누습) 나쁜 관습. 천한 습관.

陋識(누식) 낮은 견식.

陋室(누실) 누추한 집. 비좁은 집.

陋心(누심) 좁은 생각. 비루한 마음.

陋劣(누열) 비열함.

陋屋(누옥) 1)좁고 더러운 집. 2)자기 집을 겸손

하게 이르는 말.

陋愚(누우) 천하고 어리석음.

陋淺(누천) 식견이 좁고 생각이 얕음.

陋巷(누항) 좁고 더러운 거리.

孤陋(고루) 견문이 적어서 세상 물정에 어둡고 고집이 셈.

固陋(고루) 완고하여 식견이 없음.

孤陋寡聞(고루과문) 하등의 식견도 재능도 없다.

鄙陋(비루) 마음이 고상하지 못하고, 하는 짓이 천함.

陌	⑥ 9획	
	❶ 길 맥	日ハク・バク
	❷ 일백 백	中mò

풀이 1 1. 길. 거리. ¶陌頭 2. 밭두둑길. 동서로 통하는 밭두둑길. 2 3. 일백. 100.

陌頭(맥두) 길거리.

陌上人(맥상인) 길을 가는 사람. 아무 연고도 없는 사람.

陌阡(맥천) 밭두둑길.

阡陌(천맥) 1)밭 사이의 길. 남북으로 난 것을 천(阡), 동서로 난 것을 맥(陌)이라 함. 2)논밭을 일컫는 말.

陏	⑥ 9획	
	❶ 나라이름 수	日スイ
	❷ 오이 타	中duò, suí

풀이 1 1. 나라 이름. 2 2. 오이.

비 隋(수나라 수)

陑	⑥ 9획	日イ
	땅 이름 이	中ér

풀이 땅 이름. 중국 산서성(山西省) 영제현(永濟縣) 근처.

陊	⑥ 9획	
	❶ 떨어질 타	日タ・チ
	❷ 무너질 치	中duò

풀이 1 1. 떨어지다. 2. 무너지다. 3. 비탈을 내려가는 모양. 2 4. 무너지다. 5. 언덕.

陊落(타락) 떨어짐.

유 落(떨어질 락) 비 侈(사치할 치)

限	⑥ 9획	日ゲン・かぎる
	한계 한	中xiàn

⁷ ³ ⻖ 𨸏 𨸏 𨸏 𨸏 限 限

* 형성. 뜻을 나타내는 부수 '阜(언덕 부)'와 음을 나타내는 '艮(괘 이름 간)'을 합친 글자. 뒤를 돌아보는 사람(艮)의 시선이 높은 언덕(阜)에 가로막힘을 나타내어, '가로막다', '막히다'의 뜻으로 쓰이다가 바뀌어 '한계', '제한' 등의 뜻으로 쓰임.

풀이 1. 한정. 정도. ¶限度 2. 기한. 3. 문지방. 4. 지경. 경계. 5. 한정하다. 제한하다.

限界(한계) 사물의 정해 놓은 범위.

限期(한기) 제한된 시기.

限度(한도) 일정하게 정해진 정도.

限量(한량) 일정한 분량.

限外(한외) 한계의 밖.

限定版(한정판) 서적 부수를 제한하여 내는 출판.

門限(문한) 궁문 또는 성문을 닫는 시한.

分限(분한) 일정한 한도. 신분의 위아래와 높낮이의 한계.

制限(제한) 한도를 정함. 또는 그 정한 한도.

비 恨(한탄할 한)

陔	⑥ 9획	日カイ・ガイ
	층계 해	中gāi

풀이 1. 층계. 계단. 2. 겹침. 포개짐. 3. 언덕. 4. 해하(陔下). 풍악 이름.

陡	⑦ 10획	日トウ・けわしい
	험할 두	中dǒu

풀이 1. 험하다. 우뚝 솟다. 2. 갑자기. 돌연.

陡頓(두돈) 돌연. 갑자기.

陡壁(두벽) 낭떠러지. 벼랑.

陡然(두연) 갑자기.

陝	⑦ 10획	日セン
	고을 이름 섬	中shǎn

풀이 1. 고을 이름. 중국 하남성(河南省)에 있는 현(縣). 2. 섬서성(陝西省)의 약칭. 3. 일정하지 않다.

陝甘(섬감) 중국 섬서(陝西)와 감숙(甘肅) 두 성(省)을 이르는 말.

陝輸(섬수) 일정하지 않은 모양.

비 陜(좁을 협)

8획

陞 ⑦ 10획 日ショウ·のぼる
오를 승 中shēng

풀이 1. 오르다. 높은 곳에 오르다. ¶陞敍 2. 승진하다. 지위가 오르다. 3. 나아가다. 전진하다.

陞降石(승강석) 섬돌.
陞敍(승서) 관직을 올림.
陞資(승자) 정3품의 관직에 오름.
陞遷(승천) 승진함.
陞獻(승헌) 윗사람에게 올림. 바침.

유 昇(오를 승)

院 ⑦ 10획 日イン
담 원 中yuàn

' ㇋ 阝 阝' 阝'' 阝宀 阝宀 阝宀 阝完 院

* 형성. 뜻을 나타내는 부수 '阝(언덕 부)'와 '둘러싼 담장'의 뜻을 갖는 '完(완전할 완)'을 합친 글자. 주위에 담을 두른 '저택'의 뜻.

풀이 1. 담. 담장. 2. 단단하다. 3. 집. 담을 두른 저택. 4. 관청. 5. 동산. 6. 뜰. 정원. 7. 학교. 유학자의 거소. 8. 절. 불사(佛寺). 9. 도관(道觀). 도사(道士)의 거소.

院公(원공) 집에서 일하는 하인을 이르는 말.
院落(원락) 1)집의 뜰. 2)담을 두른 저택.
院外(원외) '院' 자가 붙은 기관의 외부. 병원·학원 등의 외부.
院長(원장) 병원·학원 등의 '院' 자가 붙은 기관의 우두머리.
院主(원주) 사원(寺院)의 주인. 주지(住持).
院畫(원화) 북송(北宋) 때 조정(朝廷)의 화원(畫院)에서 그리게 한 그림.

유 垣(담 원) 비 完(완전할 완)

除 ⑦ 10획
❶덜 제 日ジョ·ジ·のぞく
❷사월 여 中chú

' ㇋ 阝 阝' 阝人 阝亼 阝亼 阝今 阝余 除

* 형성. 뜻을 나타내는 부수 '阝(언덕 부)'과 음을 나타내는 '余(나 여)'를 합친 글자.

풀이 ❶ 1. 덜다. 없애 버리다. ¶除去 2. 섬돌. 층계. 3. 길. 도로. 4. 뜰. 마당. 5. 정결한 제단. 6. 숙청하다. 7. 소제하다. 청소하다. 8. 폐기하다. 9. 감면하다. 면제하다. 10. 다스리다. 11. 벼슬을 주다. 임관하다. ¶除官 12. 나누다. 제하다. 13. 털갈이하다. 털이 빠지다. 14. 섣달 그믐날 밤. ¶除夕 15. 가다. 16. 열리다. ❷ 17. 사월(四月).

除去(제거) 덜어버림. 떨어버림.
除官(제관) 벼슬을 줌.
除禮(제례) 예를 다 갖추지 못한다는 뜻으로, 편지 첫머리에나 초면 인사때 쓰는 말.
除幕式(제막식) 동상과 기념비 등의 준공이 끝났을 때 그것을 덮은 막을 떼어 버리는 의식.
除滅(제멸) 모두 없앰.
除名(제명) 명부에서 이름을 빼 버림.
除拜(제배) 관직을 줌.
除法(제법) 나눗셈.
除喪(제상) 상복(喪服)을 벗음.
除夕(제석) 섣달 그믐날 밤.
除召(제소) 벼슬을 주기 위해 부름.
除授(제수) 벼슬을 줌. 임관함.
除夜(제야) 1)섣달 그믐날 밤. 제석(除夕). 2)동지(冬至) 전날 밤.
除外(제외) 치워버림. 어느 범위 밖으로 취급하여 셈치지 않음.
除日(제일) 섣달 그믐날.
除籍(제적) 1)호적(戶籍)에서 그 이름을 뺌. 2)학생의 적(籍)을 빼버림.
除斥(제척) 물리침.
除草(제초) 잡초를 제거함. 풀뽑기.
除臭(제취) 악취를 없앰.

유 減(덜 감) 반 加(더할 가) 비 (천천할 서)

陖 ⑦ 10획 日シュン
가파를 준 中jùn

풀이 1. 가파르다. 2. 높이 솟다. 우뚝하다. 3. 서두르다. 급박하다.

비 埈(가파를 준)

陣 ⑦ 10획 日ジン
줄 진 中zhèn

' ㇋ 阝 阝一 阝厂 阝под 阝 阝 阝 陣

* 형성. 뜻을 나타내는 부수 '阝(언덕 부)'와 음을 나타내며 '뻗다'의 의미를 지닌 '申(펼 신)'의 변형형을 합친 글자. 언덕으로 쭉 뻗은 대열이라 뜻하여 '줄', '대열'의 뜻을 나타냄.

풀이 1. 줄. 대열. ¶陣行 2. 방비(防備). 3. 둔영(屯營). 영. ¶陣首 4. 싸움. 전쟁. 5. 진을 치다.

陣纛(진도/진독) 전쟁 때 진중(陣中)에 세우는 기(旗).
陣壘(진루) 진지(陣地).
陣亡(진망) 전쟁에서 죽음. 전사(戰死)함.

陣歿(진몰) 전쟁터에서 죽음.
陣沒(진몰) 싸움터에서 죽음. 전사함.
陣首(진수) 진영의 선두.
陣營(진영) 군대가 진을 치고 있는 곳.
陣雲(진운) 1)병사들의 진영 모양으로 뭉게뭉게 일어나는 구름. 2)전쟁터에 도는 불길한 구름.
陣場(진장) 싸움터.
陣中(진중) 진의 안.
陣地(진지) 진을 친 곳. 군대를 배치한 곳.
陣痛(진통) 출산 직전의 복통.
陣行(진행) 군대의 배열.
비 陳(늘어놓을 진)

陟	⑦ 10획	日チョク · のぼる
	오를 척	中zhì

* 회의. '阝(언덕 부)'와 '步(걸음 보)'를 합친 글자.

풀이 1. 오르다. ¶陟降 2. 올리다. 추천하다. 3. 나아가다. 4. 높다. 5. 겹치다. 겹친 산. 6. 승진하다. 7. 먼 곳으로 떠나다.

陟降(척강) 1)오름과 내림. 2)하늘에 오르고, 땅으로 내려옴.
陟屺(척기) 객지의 아들이 산에 올라 어머니를 그리워함을 이르는 말.
陟方(척방) 하늘에 오른다는 뜻으로 임금의 죽음을 처벌함.
陟罰(척벌) 좋은 사람은 승진시키고 나쁜 사람을 벌을 줌.
陟升(척승) 높은 데에 오름.
비 涉(건널 섭)

陗	⑦ 10획	日ショウ · けわしい
	가파를 초	中qiào

풀이 1. 가파르다. 2. 험하다. 3. 엄하다. 4. 서두르다. 5. 성급하다. 6. 산비탈.

陗直(초직) 성질이 급해 남을 용납하지 못함. 도량이 좁음.
유 陖(가파를 준)

陛	⑦ 10획	日ヘイ · きざはし
	섬돌 폐	中bì

풀이 1. 섬돌. 층계. 2. 섬돌 곁에 모시고 서 있다. 3. 계급. 품계.

陛戟(폐극) 창을 들고 섬돌 아래에서 수비하는 일. 또는 그 병사.
陛覲(폐근) 임금을 알현함.
陛楯(폐순) 섬돌 아래에서 방패를 지니고 지킴. 또는 그 군사.
陛列(폐열) 섬돌 아래에 서서 임금을 호위하는 사람의 줄.
陛衛(폐위) 임금의 처소 섬돌 아래에 있는 호위병.
陛陛(폐폐) 층층의 많은 단(段)이라는 뜻에서, 많은 자손을 이르는 말.
陛見(폐현) 임금에게 알현하는 일.
비 階(섬돌 계)

陥	⑦ 10획
	陷(p1500)의 俗字

陜	⑦ 10획	日キョウ · せまい
	좁을 협	中xiá

풀이 1. 좁다. 협소하다. 2. 산골짜기.

陜薄(협박) 토지가 좁음.
陜隘(협애) 좁음.
반 廣(넓을 광) 비 峽(골짜기 협) 狹(좁을 협)

陘	⑦ 10획	日ケイ · キョウ
	지레목 형 · 경	中xíng

풀이 1. 지레목. 산줄기가 끊어진 곳. 2. 비탈. 3. 부뚜막. 부뚜막의 솥을 거는 주위. 4. 지름길.

陘阻(형조) 비탈진 절벽처럼 험준한 곳.
陘峴(형현) 골짜기와 고개.
비 徑(지름길 경)

陭	⑧ 11획	日キ · ギ
	험할 기 · 의	中qī, yì

풀이 1. 험하다. 2. 길이 울퉁불퉁하다. 3. 경사지다. 한쪽으로 치우치다.

陶	⑧ 11획	
	❶ 질그릇 도	日トウ · ヨウ
	❷ 사람 이름 요	中táo, yáo

阝 阝 阝 阝' 阝勹 阝勹 阝匀 阝匋 陶 陶 陶

* 형성. 뜻을 나타내는 부수 '阝(언덕 부)'와 음을 나타내는

'匋(질그릇 도)' 를 합친 글자. 이에 '질그릇' 의 뜻을 나타냄.

풀이 ❶ 1. 질그릇. ¶陶工 2. 즐거워하다. 기뻐하다. ¶陶醉 3. 굽다. 질그릇을 굽다. 4. 근심하다. 5. 만들다. 제조하다. 6. 도공. 옹기장이. 7. 기르다. 8. 교화(敎化)하다. 9. 달리는 모양. ❷ 10. 사람 이름. 고요(皐陶). 순(舜)임금의 신하 이름. 11. 따라가다. 뒤따르다. 12. 줄지어 가는 모양.

陶工(도공) 질그릇을 만드는 사람. 옹기장이.

陶器(도기) 질그릇. 흙으로 초벌을 구워서 위에 잿물을 입혀 구운 것.

陶冶(도야) 1)질그릇을 굽고 쇠를 녹임. 2)심신을 닦아 기름.

陶玉(도옥) 당(唐)나라 때에 도씨(陶氏)가 만든 고운 자기(瓷器).

陶瓦(도와) 구워 만든 기와. 질기와.

陶人(도인) 도자기를 만드는 것을 직업으로 하는 사람. 도공(陶工).

陶印(도인) 질그릇을 만드는 흙으로 만든 도장.

陶瓷器(도자기) 질그릇. 오지그릇. 사기그릇의 총칭.

陶製騎馬人物像(도제기마인물상) 5-6세기 신라(新羅) 때의 토우(土偶)한 쌍.

●陶製騎馬人物像(도제기마인물상)
1924년 금령총(金鈴塚)에서 순금보관(純金寶冠)과 함께 출토되었음. 하나는 앞가슴에 물 주둥이를 달고 궁둥이에 술잔 모양의 물 넣는 구멍을 낸 말 등에, 삼각형 모자를 쓴 정장(正裝)한 사람이 타고 있으며 높이 23.4㎝, 길이 29.4㎝. 또 하나는 같은 양식(樣式)의 말 위에 꼭지 달린 모자를 쓴 하인 같은 사람이 앉아있는 상(像)으로, 높이 21.3㎝, 길이 26.8㎝임. 국립(國立) 중앙(中央) 박물관 소장. 국보 제 91 호.

陶醉(도취) 1)기분 좋게 술에 취함. 2)마음이 끌려 열중하는 것.

陶枕(도침) 자기(瓷器)로 만든 베개.

비 淘(일 도)

陸	⑧ 11획	日 ロク・おか
	뭍 륙(육)	中 liù, lù

풀이 1. 뭍. 육지. ¶陸上 2. 여섯. '六' 의 갖은자. 3. 언덕. 4. 뛰다. 도약하다. 5. 화목하다.

陸橋(육교) 구름다리.

陸軍(육군) 육상의 전투 및 방어를 맡은 군대.

陸梁(육량) 마음대로 날뛰는 모양.

陸路(육로) 땅 위의 길.

陸離(육리) 1)빛이 섞여 빛나는 모양. 2)길고 짧아 가지런하지 못한 모양. 3)흩어지는 모양.

陸產(육산) 육지에서 나는 물건.

陸上(육상) 뭍 위. 육지.

陸棲(육서) 육상에 삶.

陸續(육속) 이어져 끊이지 않는 모양.

陸松(육송) 소나무.

陸輸(육수) 육로로 물건을 운반하는 일.

陸戰(육전) 육지에서 싸우는 전쟁.

陸地(육지) 뭍.

陸沈(육침) 1)물에 가라앉음. 어진 사람이 세상에 묻혀 있음. 2)육지가 가라앉는 것.

陸風(육풍) 해안 지방에서, 밤에 육지에서 해상으로 부는 바람.

陸行(육행) 육로로 감. 육지의 여행.

大陸性氣候(대륙성기후) 쉽게 더워지고 식는 대륙 지표(地表)의 영향을 받아 기온의 연교차(年較差)와 일교차(日較差)가 매우 크고 강수량(降水量)이 적고 건조한 대륙 내부의 특징적인 기후. 내륙 기후. 대륙 기후. 대륙적 기후.

유 地(땅 지) 반 海(바다 해) 비 陵(큰 언덕 릉)

⑧ 11획

隆(p1501)의 俗字

陵	⑧ 11획	日 リョウ・みささぎ
	큰언덕 릉(능)	中 líng

* 형성. 뜻을 나타내는 부수 '阝(언덕 부)' 와 음을 나타내는 '夌(언덕 릉)' 을 합친 글자. 이에 '언덕' 의 뜻을 나타냄.

풀이 1. 큰 언덕. ¶陵丘 2. 능. 무덤. 임금의 무덤. 3. 가벼이 여기다. 4. 모멸하다. 업신여기다. ¶陵蔑 5. 범하다. 침범하다. 6. 넘다. 한도를 지나치다. 7. 오르다. 8. 불리다. 쇠붙이를 달구었다가 물에 담그다. 9. 느슨해지다. 차차 쇠하다. 10. 짓밟다. 11. 험하다. 험준하다. 12. 달리다. 13. 벌벌 떨다. 두려워하다.

陵丘(능구) 언덕.

陵蔑(능멸) 업신여겨 깔봄.

陵侮(능모) 업신여김. 무시함.

陵墓(능묘) 임금・왕비의 무덤.

陵犯(능범) 업신여겨 범함. 침범함.

陵辱(능욕) 업신여겨 욕보임.

陵園(능원) 능묘(陵墓).

陵越(능월) 침범하여 넘음.

陵夷(능이) 1)언덕이 평평해짐. 2)점점 쇠락(衰落)함.

古陵(고릉) 옛 능.
丘陵(구릉) 언덕. 나직한 산.
武陵桃源(무릉도원) 이 세상(世上)을 떠난 별천지를 이르는 말.
山陵(산릉) 1)산과 언덕. 2)임금의 무덤. 왕릉. 3)인산(因山) 전에 아직 이름을 정하지 않은 새 능.
壽陵(수릉) 임금이 죽기 전에 미리 준비해 두는 무덤.
侍陵(시릉) 능을 모시는 일.
비 陸(뭍 륙)

陪	⑧ 11획	日バイ・ハイ
	모실 배	中péi

풀이 1. 모시다. 시종(侍從)하다. ¶陪客 2. 돕다. 보좌하다. 3. 보좌하는 신하. 4. 쌓아올리다. 5. 늘다. 불어나다. 6. 더하다. 보태다. 7. 도움. 8. 배신. 신하의 신하. 천자에 대한 제후(諸侯)의 신하 등. 9. 조참(朝參)하다. 10. 섞이다. 11. 보상하다. 12. 차다. 가득 차다.
陪客(배객) 신분이 높은 사람을 수행하여 온 손.
陪僕(배복) 사환(使喚). 종.
陪賓(배빈) 수행하여 온 손.
陪乘(배승) 신분이 높은 사람을 모시고 수레를 탐.
陪侍(배시) 높은 사람을 옆에서 모심. 또는 그 사람.
陪遊(배유) 귀인(貴人)을 모시고 유람함.
陪接(배접) 높은 사람을 곁에서 모심.
陪幸(배행) 임금의 행차를 따름.
陪行(배행) 윗사람을 모시고 감.
비 培(북돋을 배)

陫	⑧ 11획	日ヒ・ヒ
	좁을 비	中fěi

풀이 1. 좁다. 2. 좁은 두메. 시골. 3. 마음 아프다. 근심하다.

陴	⑧ 11획	日ビ・ヒ
	성가퀴 비	中pí

풀이 1. 성가퀴. 성 위에 낮게 쌓은 담. 2. 성을 지키다.

陲	⑧ 11획	日スイ・ほとり
	변방 수	中chuí

풀이 1. 변방. 변경. 2. 부근. 근처. 3. 가장자리. 가.

陰	⑧ 11획	日イン・かげ
	응달 음	中yīn, ān

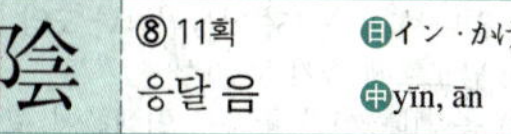

*형성. 뜻을 나타내는 부수 阝(언덕 부)'와 '어둡다'는 뜻을 가진 부수 이외의 글자를 합친 글자. 산의 해가 비치지 않는 '그늘'의 뜻.

풀이 1. 응달. ¶陰地 2. 그늘. ¶陰岡 3. 음기. 4. 어둠. 암흑. 5. 그림자. 6. 뒤. 배후. 7. 북쪽. 산의 북쪽. 8. 생식기. 남녀의 생식기. ¶陰器 9. 남쪽. 강의 남쪽. 10. 몰래. ¶陰計 11. 어둡다. 12. 흐리다. 13. 음침하다. 14. 덮다. 숨기다. 15. 묻다. 매장하다.
陰刻(음각) 평면에 어떤 그림이나 글씨를 파내어 새김. 또는 그런 조각.
陰姦(음간) 숨어서 하는 간사한 일.
陰岡(음강) 그늘진 언덕. 산의 북쪽 비탈.
陰莖(음경) 1)남자의 생식기. 2) 산의 북쪽에서 자라는 나무.
陰計(음계) 은밀한 계책.
陰功(음공) 숨겨진 공덕. 세상에 알려지지 않을 공적.
陰敎(음교) 부녀자에 대한 교육.
陰極(음극) 전위(電位)가 낮은 전극(電極).
陰器(음기) 남녀의 성기(性器).
陰氣(음기) 우울한 기분.
陰囊(음낭) 남자의 불알을 싸고 있는 주머니.
陰德(음덕) 알려지지 않은 덕.
陰曆(음력) 달이 지구를 일주하는 시간을 기본으로 하여 만든 달력.
陰謀(음모) 남모르게 꾸미는 사악한 계략.
陰門(음문) 여자의 생식기.
陰密(음밀) 마음속 깊이 숨겨 나타내지 않음.
陰伏(음복) 몰래 숨김. 비밀.
陰部(음부) 남녀의 외부생식기가 있는 곳.
陰事(음사) 1)비밀의 것. 숨기는 일. 2)부인의 할 일. 3)남녀가 잠자리하는 일.
陰私(음사) 사사로운 비밀.
陰性(음성) 1)음기(陰氣)의 성질. 2)음성 반응(陰性反應)의 준말.
陰暗(음암) 그늘지고 어두움. 음산하고 어두움.
陰崖(음애) 햇빛이 잘 비치지 않은 언덕.
陰陽(음양) 1)음과 양. 2)역학(易學)에 있어 만물을 만들어 내는 상반된 두 가지 성질의 기.
陰影(음영) 1)그림자. 2)그늘.
陰雲(음운) 검은 구름. 비를 몰고 오는 구름.
陰鬱(음울) 1)마음이 우울함. 2)날씨가 후텁지

8획

근함.

陰陰(음음) 1)하늘이 흐려 어두운 모양. 2)음산한 모양. 3)나무가 우거져 어둠침침한 모양.

陰子(음자) 남모르게 숨겨 둔 자식.

陰字(음자) 음각(陰刻)한 활자로 인쇄하여 획이 희게 나타난 글자.

陰電氣(음전기) 1)전기의 한 형태. 비교적 적은 힘을 가진 전기로 봉랍(封蠟)이나 수지(樹脂)를 모피(毛皮)에 문지를 때 일어나는 등의 전기. 2)정전기(靜電氣)의 한 가지. 마이너스 부호로 나타냄.

陰助(음조) 남 모르게 도움.

陰地(음지) 응달.

陰晴(음청) 흐림과 갬. 청담(晴曇).

陰沈(음침) 1)성질이 우울하고 명랑하지 못함. 2)날씨가 흐리고 컴컴함.

陰風(음풍) 1)겨울 바람. 2)쓸쓸하고 싸늘한 바람.

陰害(음해) 넌지시 남을 해함.

陰險(음험) 겉은 부드럽고 솔직한 것 같으나 속은 비뚤어져 있는 것.

陰晦(음회) 날이 흐리고 어두움.

陰凶(음흉) 마음이 음침하고 흉악함.

반 陽(볕 양) 비 蔭(그늘 음)

陳	⑧ 11획	日チン·ジン·つらねる
	늘어놓을 진	中chén

*형성. 뜻을 나타내는 부수 '阝(언덕 부)'와 음을 나타내는 '申(펼 신)'과 '木(나무 목)'을 합친 글자. 이에 넓게 늘여 펴다의 뜻을 나타내어 '늘어놓다', '늘어서다'의 뜻을 나타냄.

풀이 1. 늘어놓다. 벌여 놓다. ¶陳列 2. 묵다. 오래되다. ¶陳米 3. 말하다. 진술하다. ¶陳述 4. 줄. 늘어선 줄. 5. 늘어서다. 6. 나라 이름. 주대(周代)의 제후국으로, 지금의 안휘성(安徽省)과 하남성(河南省) 일부 지역. 7. 왕조 이름. 남조(南朝)의 하나로, 진패선(陳霸先)이 양(梁)나라의 선위(禪位)를 받아 세운 나라. 8. 당도(當途). 당해(當下)에서 문까지 가는 길.

陳啓(진계) 말함. 진언(進言)함.

陳告(진고) 말하여 알림.

陳穀(진곡) 묵은 곡식.

陳久(진구) 묵어 오래 됨.

陳畓(진답) 묵은 논.

陳米(진미) 오래 묵은 쌀.

陳腐(진부) 1)오래 되어 썩음. 2)새롭지 못함.

陳狀(진상) 일의 실정을 아룀.

陳設(진설) 1)진열함. 2)제사나 잔치 때 음식을 법식에 따라 상에 차려 놓음.

陳述(진술) 아뢰어 말함.

陳言(진언) 1)진부한 말. 2)진술함. 말함.

陳列(진열) 물건 등을 죽 벌여놓음.

陳迹(진적) 옛날 자취. 옛날의 사적(事跡).

陳情(진정) 사정을 아뢰어 부탁함.

陳陳相因(진진상인) 1)묵은 곡식이 매년 쌓임. 2)옛것을 그대로 답습하여 새로운 창조가 없음을 비유하는 말.

陳皮(진피) 오래 묵은 귤 껍질을 말린 것.

開陳(개진) 어떤 사실이나 내용을 글이나 말로 밝혀 펼치는 것.

口陳(구진) 말함.

墓陳(묘진) 묘에 딸려 있어 조세의 면제를 받는 논밭.

유 列(벌릴 렬) 비 陣(줄 진)

陬	⑧ 11획	日スウ·すみ
	모퉁이 추	中zōu

풀이 1. 모퉁이. 구석. ¶陬落 2. 모[角]. 3. 산기슭. 4. 정월(正月). 5. 마을. 촌락. 6. 땅 이름. 지금의 산동성(山東省) 사수현(泗水縣)에 위치한 공자의 출생지.

陬落(추락) 모퉁이 마을. 변방의 마을.

陬僻(추벽) 시골.

陬月(추월) 정월(正月)의 다른 이름.

陷	⑧ 11획	日カン·おちいる
	빠질 함	中xiàn

*형성. 뜻을 나타내는 부수 '阝(언덕 부)'와 음을 나타내는 부수 이외의 글자를 합친 글자.

풀이 1. 빠지다. ¶陷溺 2. 가라앉다. 3. 함몰되다. 움푹 들어가다. 4. 함정에 빠뜨리다. 5. 파묻다. 6. 실수하다. 잘못하다. 7. 무너지다. 괴멸하다. 8. 무너뜨리다. 헐다. ¶陷落 9. 함락하다. 10. 항복하다. 11. 움푹한 구덩이. 12. 함정.

陷溺(함닉) 1)함정에 빠지고 물에 빠짐. 2)주색에 빠짐. 3)괴롭힘.

陷落(함락) 1)빠짐. 땅 같은 것이 꺼져 들어감. 2)적의 성(城)·진지 등을 공격하여 빼앗음.

陷沒(함몰) 1)떨어짐. 빠짐. 2)재난을 당해 멸망함.

陷城(함성) 성을 함락함. 성을 함락시킴.

陷穽(함정) 짐승 등을 잡기 위하여 판 구덩이.

缺陷(결함) 1)흠이 있어 완전하지 못함. 2)불완전하여 흠이 있는 구석.

攻陷(공함) 공격하여 함락시킴.
不攻陷落(불공함락) 공격하지 않고 함락함.
失陷(실함) 발을 헛디뎌 구렁에 빠짐.
汚陷(오함) 땅바닥이 들어감.
유 溺(빠질 닉)

陝 ⑧ 11획
險(p1507)의 俗字

階 ⑨ 12획 日カイ·きざはし
섬돌 계 中jiē

* 형성. 뜻을 나타내는 부수 阝(언덕 부)'와 음을 나타내는 '皆(다 개)'를 합친 글자.

풀이 1. 섬돌. 층계. ¶階段 2. 사닥다리. ¶階梯 3. 사닥다리를 놓다. 4. 품계(品階). 계급. 5. 이르다. 도달하다. 6. 연고. 연줄. 7. 오르다. 높은 곳에 오르다. 8. 승진하다. 9. 인도하다. 10. 겹치다.

階級(계급) 1)층층대. 2)지위·신분 등의 높고 낮음.
階段(계단) 1)층층대. 2)순서. 등급.
階卑(계비) 품계는 낮고 벼슬은 높음.
階上(계상) 1)계단의 위. 2)아랫 계단에서 본 윗계단.
階序(계서) 계단.
階承(계승) 차례에 의해 이음.
階緣(계연) 연줄을 탐.
階前萬里(계전만리) 계단 앞에 있으나 만 리를 앎. 즉, 천자가 만 리 밖 먼 데 일도 직접 보고 있는 것처럼 자세히 알고 있어서, 신하가 속일 수가 없다는 뜻.
階梯(계제) 1)사닥다리. 2)실마리. 근원. 3)일이 되어가는 순서.
階除(계제) 계단. 층계.
階陛(계폐) 궁전의 섬돌.
階下(계하) 1)계단의 아래. 2)위의 계단에서 본 아랫 계단.
階閤(계합) 섬돌이 있는 궁전의 문.
유 陛(섬돌 폐)

⑨ 12획
❶떼 대 日タイ·ツイ
❷떨어질 추 中duì
❸길 수

풀이 ❶ 1. 떼. 무리. ¶隊員 2. 대(隊). 집단 편제의 단위. ¶隊列 3. 줄. 4. 대오. 군대의 항오(行伍). ❷ 5. 떨어지다. 떨어뜨리다. 6. 잃다. ❸ 7. 길. 도로. 8. 험준한 길.

隊列(대열) 대를 지어 늘어선 행렬.
隊商(대상) 떼를 지어 사막·초원 등지로 행상(行商)하는 사람들의 집단.
隊帥(대수) 군대 안의 낮은 관직.
隊伍(대오) 대열(隊列)의 조(組).
隊員(대원) 편제를 구성하고 있는 사람.
隊長(대장) 1)군대의 장. 2)일대(一隊)의 우두머리.
隊主(대주) 대장(隊長).

⑨ 12획 日リュウ·たかい
성할 륭(융) 中lōng, lóng

풀이 1. 성하다. 성대하다. ¶隆古 2. 높다. 높이다. 3. 크다. 풍부하다. 4. 두텁다. 후하다. ¶隆遇 5. 길다. 길게 하다. 6. 많다. 푸짐하다. ¶隆富 7. 존귀하다. 고귀하다.

隆慶(융경) 매우 경사스러움.
隆古(융고) 옛날에 번성하였던 옛날.
隆眷(융권) 큰 은혜.
隆貴(융귀) 매우 귀함. 지위가 높음.
隆極(융극) 매우 높은 지위.
隆起(융기) 1)높이 일어남. 2)토지가 기준면(基準面)에 대해 상대적으로 높아짐.
隆禮(융례) 1)예를 갖추어 대접함. 2)예(禮)를 존중함. 3)두터운 대접. 융숭한 대접.
隆隆(융륭) 1)세력이 왕성한 모양. 2)우렛소리.
隆名(융명) 훌륭한 명성. 좋은 평판.
隆富(융부) 재산이 아주 많음.
隆鼻(융비) 높은 콧대.
隆顙(융상) 튀어나온 이마.
隆暑(융서) 심한 더위. 무더위.
隆盛(융성) 번영함.
隆崇(융숭) 1)아주 정중하고 극진하게 대우함. 2)높음.
隆顔(융안) 황제의 얼굴.
隆遇(융우) 융숭하게 대우함.
隆運(융운) 번영하는 운수.
隆恩(융은) 큰 은혜. 홍은(洪恩).
隆陰(융음) 왕성한 음기.
隆情(융정) 1)욕정이 일어남. 2)후한 인정(人情).

8획

隆寵(융총) 두터운 자애. 대단한 총애.
隆頹(융퇴) 평탄하지 않은 모양.
隆寒(융한) 심한 추위. 엄한(嚴寒).
隆赫(융혁) 성(盛)하게 빛남.
隆顯(융현) 지위가 높고 명성이 세상에 드러남.
隆刑(융형) 벌을 무겁게 함.
隆興(융흥) 성하게 일어남.
隆熙(융희) 대한민국의 마지막 연호(1907~1910).

유 峻(높을 준) 興(일어날 흥) 起(일어날 기) 비 陸(뭍 륙)

陽	⑨ 12획	日ヨウ·ひ
	별 양	中yáng

*형성. 뜻을 나타내는 부수 '阝(언덕 부)'과 음을 나타내며 '해가 떠오르다'의 의미를 지닌 '昜(양기 양)'을 합친 글자. 해가 떠오르는 언덕, 곧 '양지'의 뜻을 나타냄.

풀이 1. 볕. 햇볕. ¶陽地 2. 양기. 음양의 양(陽). ¶陽氣 3. 태양. ¶陽光 4. 양지. 산의 남쪽. 또는 강의 북쪽. 5. 밝다. 6. 맑다. 7. 따뜻하다. 온난하다. 8. 거짓. 9. 남자의 생식기. 10. 음력 10월의 다른 이름. 11. 낮. 주간. 정오. 12. 나타나다. 13. 열다. 14. 바깥. 15. 앞. 16. 맑아지다. 17. 고귀하다. 18. 길하다. 상서롭다. 19. 크다. 20. 높다. 21. 속이다. 22. 나라 이름. 주대(周代)에 있던 나라로, 지금의 산동성(山東省) 기수현(沂水縣)에 위치함. 23. 고을 이름. 춘추(春秋) 시대 연(燕)나라 때의 고을 이름으로 지금의 하북성(河北省) 당현(唐縣)에 위치함.

陽刻(양각) 돋을새김.
陽乾(양건) 햇볕에 쬐어 말림.
陽界(양계) 볕이 드는 세계. 현세. 이 세상.
陽光(양광) 1)햇빛. 태양. 2)양기(陽氣)의 빛.
陽狂(양광) 거짓으로 미친 체함.
陽九(양구) 재앙(災殃)을 비유하는 말.
陽極(양극) 전지(電池)나 그 밖의 전류를 흐르게 하는 장치에 있어서 대립하는 두 개의 전극 중 전위(電位)가 높은 쪽의 전극.
陽氣(양기) 1)양(陽)의 기운. 만물이 생동하는 기운. 봄의 기운. 2)환한 기운. 3)남자의 정기.
陽怒(양노) 1)화난 기색이 겉으로 드러남. 2)화난 체함.
陽德(양덕) 1)양(陽)의 덕(德). 만물을 만들어 기르는 덕. 2)해. 햇볕.
陽道(양도) 1)사내다운 굳센 길. 2)태양이 도는 궤도. 3) 임금의 도(道). 4) 남자의 생식기.
陽曆(양력) 태양력의 약칭. 지구가 태양의 둘레를 한번 도는 시간을 기본으로 하여 만든 책력.
陽靈(양령) 1)하늘을 제사하는 궁(宮). 2)해. 태양.
陽明(양명) 1)해. 태양. 2)양기(陽氣)의 밝음.
陽物(양물) 1)음경. 2)양기 있는 사람을 이르는 말.
陽事(양사) 1)양기가 이루는 일. 2)남녀의 성교(性交).
陽傘(양산) 볕을 가리기 위해 쓰는 우산처럼 만든 물건.
陽聲(양성) 1)양(陽)에 속하는 소리. 2)우렛소리.
陽性(양성) 1)양의 성질. 적극적으로 나아가는 성질. 2)양성 반응(陽性反應)의 준말.
陽燧(양수) 옛날, 태양에서 불을 얻던 동제(銅製)의 거울.
陽陽(양양) 1)태연한 모양. 2)자약(自若)의 모양. 3)무늬가 찬란한 모양.
陽言(양언) 거짓으로 말함.
陽曜(양요) 1)별이 있을 때 빛나며 드러남. 2)태양을 이르는 말.
陽旭(양욱) 아침 해.
陽月(양월) 음력 10월의 다른 이름.
陽日(양일) 1)태양을 이르는 말. 2)양(陽)의 날.
陽電氣(양전기) 견포(絹布)로 유리봉을 마찰시켰을 때 그 유리봉에 생기는 전기 및 이와 같은 성질의 전기의 일컬음.
陽地(양지) 1)남쪽으로 향한 땅. 2)볕이 드는 따뜻한 곳.
陽天(양천) 동남쪽에 있는 구천(九天)의 하나.
陽春(양춘) 따뜻한 봄.
陽宅(양택) 1)사람이 세상에서 사는 집. 2)마을이나 고을의 터.
陽風(양풍) 춘풍(春風).
陽和(양화) 화창한 봄. 봄기운이 융화함을 이른다. 춘화(春和).

반 陰(응달 음) 비 場(마당 장) 湯(넘어질 탕)

隉	⑨ 12획	日ゲツ·ゲチ
	위태로울 얼	中niè

풀이 위태롭다. 불안하다.

隈	⑨ 12획	日ワイ·くま
	굽이 외	中wēi

풀이 1. 굽이. 물가나 산이 굽어 들어간 곳. ¶隈曲 2. 낭떠러지. 벼랑. 3. 모퉁이. 4. 가랑이. 사타구니. 5. 후미진 곳.

隈曲(외곡) 물가의 굽어 들어간 곳.
隈澳(외오) 물가의 모퉁이.

隅	⑨ 12획	日グウ·グ·すみ
	모퉁이 우	中yú

* 형성. 뜻을 나타내는 부수 '阝(언덕 부)'와 음을 나타내며 '분명하지 않다.'의 의미를 지닌 '禺(기름 우)'를 합친 글자. 이에 언덕에서 분명하게 보이지 않는 부분, 곧 '구석'의 뜻을 나타냄.

풀이 1. 모퉁이. 구석. ¶隅曲 2. 모서리. 3. 언덕. 벼랑. 4. 곁. 옆.

隅曲(우곡) 구석. 모퉁이.
隅谷(우곡) 해가 지는 곳.
隅目(우목) 사나운 짐승이 성내며 눈을 부릅뜸.
隅室(우실) 한쪽 구석의 방.
隅隈(우외) 구석과 후미진 곳.

비 偶(짝 우) 遇(만날 우)

隃	⑨ 12획	
	❶넘을 유	日ユ
	❷멀 요	中yú
	❸능 이름 수	

풀이 1 1. 넘다. 넘어가다. 2 2. 멀다. 3. 가다. 3 4. 능(陵)의 이름.

비 愉(즐거울 유)

陰	⑨ 12획
	陰(p1499)과 同字

陻	⑨ 12획	日イン·ふせぐ
	막을 인	中yīn

풀이 막다. 막히다.

비 煙(연기 연)

陾	⑨ 12획	日イン
	담 쌓는 소리 잉	中réng

풀이 담을 쌓는 소리. 흙을 파서 삼태기에 담는 일이 많은 일.

陼	⑨ 12획	
	❶삼각주 저	日テイ·トウ
	❷담 도	中dǔ

풀이 1 1. 삼각주. 2. 물가. 2 3. 담(垣). 담장.

陼隄(도제) 삼각주와 제방이란 뜻으로, 굳게 지켜 변하지 않음을 이르는 말.
陼丘(저구) 삼각주(三角洲) 모양의 언덕.

비 諸(모든 제)

隄	⑨ 12획	
	❶둑 제	日テイ·つつみ
	❷대개 시	中dī

풀이 1 1. 둑. 방죽. ¶隄防 2. 언덕. 벼랑. 3. 한계(限界). 4. 막다. 방지하다. 2 5. 대개. 대부분.

隄溝(제구) 제방과 도랑.
隄潰蟻穴(제궤의혈) 둑도 개미굴로 인해 무너질 수가 있다는 뜻으로, 작은 일에도 조심해야 함을 비유하는 말.
隄塘(제당) 둑. 방죽.
隄防(제방) 둑.
隄封(제봉) 대개. 대략.
隄堰(제언) 방죽과 보.

유 防(둑 방)

隋	⑨ 12획	
	❶수나라 수	日ズイ·ダ
	❷떨어질 타	中suí

풀이 1 1. 왕조(王朝) 이름. 문제(文帝) 양견(楊堅)이 북주(北周)의 선위(禪位)를 받아 세운 왕조. 2 2. 떨어지다. 3. 드리워지다. 4. 타원형. 5. 게으르다. 게을리 하다. 6. 제사를 지내고 남은 고기.

隋侯之珠(수후지주) 수후의 구슬. 수후가 뱀을 살려 준 은혜로 뱀이 주었다는 보배로운 구슬.
隋游(타유) 게으르고 놀기 좋아함.

비 隨(따를 수)

陿	⑨ 12획
	陜(p1497)과 同字

隍	⑨ 12획	日コウ
	해자 황·영	中huáng

풀이 1. 해자. 성 밖에 둘러 판 물 없는 못. 2. 산골짜기. 3. 비다. 공허하다.

隍塹(황참) 성의 바깥쪽에 만든 물이 없는 해자.

隔	⑩ 13획 사이 뜰 격	日カク·へだてる 中gé

⺃ 阝 阝 阝 阝 阝 阝 阝 隔 隔 隔 隔 隔

* 형성. 뜻을 나타내는 부수 '阝(언덕 부)'와 음을 나타내는 '鬲(막을 격)'을 합친 글자. 이에, 언덕을 막아 사이가 떨어지다의 뜻을 나타내어 '사이가 뜨다'의 뜻으로 쓰임.

풀이 1. 막다. 가로막다. ¶隔離 2. 저지하다. 차단하다. 3. 사이가 뜨다. 사이를 떼다. 4. 멀리하다. 등한시하다. 5. 경계. 6. 장벽. 장해. 7. 거리(距離). 8. 차이. 9. 사이. 간격. 10. 거리를 두다. 11. 풀다. 풀리다. 12. 치다. 두드리다.

隔年(격년) 1)한 해를 건너뜀. 2)나이가 다름. 나이가 서로 떠 있음.
隔斷(격단) 떨어짐. 연락이 끊김.
隔離(격리) 1)막거나 또는 떼어 놓음. 2)전염병 환자를 옮겨 병의 전염을 방지함.
隔面(격면) 사이를 끊음. 절교함.
隔世(격세) 1)시대를 달리함. 다른 세상. 2)세대를 거름.
隔世之感(격세지감) 아주 바뀌어 딴 세상과 같은 느낌.
隔夜(격야) 1)지난 밤. 2)하룻밤을 거름.
隔遠(격원) 멀리 함.
隔越(격월) 멀리 떨어짐.
隔異(격이) 떼어 나눔. 또는 떨어져 나누어짐.
隔墻(격장) 담을 사이에 두고 이웃함.
隔絶(격절) 멀리 떨어짐. 서로 헤어짐.
隔阻(격조) 1)소식이 막힘. 2)서로 멀리 떨어져 있음.
隔闊(격활) 멀리 떨어져 있음.

비 融(화할 융)

隙	⑩ 13획 틈 극	日ゲキ·ケキ·すきま 中xì

풀이 1. 틈. ¶隙孔 2. 겨를. 여가. 3. 불화. 원한. 4. 경작하지 않는 땅. 5. 흠. 결점. 6. 갈라지다. 터지다. ¶隙縫 7. 기회(機會). 8. 싸움. 다툼.

隙孔(극공) 틈. 구멍.
隙壞(극괴) 틈이 생겨 무너짐.
隙駒(극구) 달리는 말을 틈으로 보는 것과 같다는 뜻으로, 세월이 매우 빠름을 이르는 말.
隙縫(극봉) 터진 곳을 메움. 틈을 꿰매 맞춤.
隙地(극지) 빈 터.

유 間(사이 간) 暇(겨를 가)

随	⑩ 13획 隨(p1506)의 譌字

隘	⑩ 13획 ❶좁을 애 ❷막을 액	日アイ·ヤク·せまい 中ài

풀이 **1** 1. 좁다. ¶隘路 2. 도량이 좁다. 소견이 좁다. 3. 험하다. 험준하다. 4. 요해처(要害處). 5. 성급(性急)하다. **2** 6. 막다. 방해하다.

隘路(애로) 1)좁은 산의 길. 2)일의 진행을 가로막는 장애.
隘廛(애전) 길가에 늘어선 좁은 상점.
隘巷(애항) 좁고 더러운 거리.
隘害(애해) 지세가 험해 지키기에 좋은 요해지.
隘險(애험) 좁고 험함.
隘陜(애협) 좁음.

隒	⑩ 13획 낭떠러지 엄·렴	日ゲン 中yǎn

풀이 1. 낭떠러지. 2. 물가. 3. 비탈.

유 崿(낭떠러지 악)

隖	⑩ 13획 작은 성채 오	日オ·ウ 中wù

풀이 1. 작은 성채(城砦). 2. 작은 성(城). 벽루(壁壘). 3. 둑. 제방.

隗	⑩ 13획 험할 외	日カイ·ガイ·けわしい 中wěi

풀이 험하다. 높고 험하다.

隕	⑩ 13획 ❶떨어질 운 ❷둘레 원	日イン·ケン·おちる 中yǔn

풀이 **1** 1. 떨어지다. 떨어뜨리다. ¶隕淚 2. 잃다. 상실하다. 3. 무너뜨리다. 허물어지다. ¶隕潰 4. 쓰러뜨리다. 쓰러지다. 5. 사로잡다. 6. 죽다. 죽이다. **2** 7. 둘레. 주위.

隕潰(운궤) 무너짐.

隕淚(운루) 눈물을 떨어뜨림.
隕命(운명) 목숨을 잃음. 죽음.
隕泗(운사) 눈물을 떨어뜨림.
隕越(운월) 1)아래로 굴러 떨어짐. 2)실패함. 3)죽음.
隕顚(운전) 쓰러져 넘어짐.
隕絶(운절) 끊김.
隕鐵(운철) 하늘에서 떨어진 암석에서 얻은 쇠. 철을 주성분으로 하는 운석(隕石).
隕涕(운체) 눈물을 떨어뜨림.
隕墜(운추) 떨어짐.
隕蘀(운택) 초목이 시들어 떨어짐.
隕穫(운확) 마음대로 되지 않아 괴로워하는 모양.

隑 ⑩ 13획
❶사닥다리 개 日カイ · ガイ · キ
❷굽은 언덕 기 中gài

풀이 1 1. 사닥다리. 2 2. 굽은 언덕. 언덕이 굽이진 모양. 3. 후미.
隑州(기주) 1)후미 근처. 2)언덕이 굽이진 주변.
비 愷(즐거울 개)

隝 ⑪ 14획 日ドウ · トウ
섬 도 中dǎo

풀이 섬. 물 가운데에 새처럼 솟은 산.
비 島(섬 도)

隞 ⑪ 14획 日オ
땅 이름 오 中áo

풀이 땅 이름. 은(殷) 나라 때의 땅.
비 傲(거만할 오)

隠 ⑪ 14획
隱(p1507)의 俗字

障 ⑪ 14획 日ショウ · さわる
가로막을 장 中zhàng

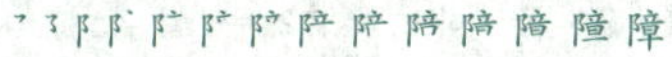

* 형성. 뜻을 나타내는 부수 阝(언덕 부)'와 음을 나타내는 '章(장 장)'을 합친 글자. '章'은 '명백하게 하다', '구분짓다'의 뜻을 나타내어, 이에 언덕을 칸막이 삼아 구분짓는다 하여, '막다'의 뜻을 나타냄.

풀이 1. 가로막다. 막다. 2. 방어하다. 3. 방해하다. 4. 가리다. 덮다. 5. 한계. 경계. 6. 둑. 제방. 7. 울타리. 8. 장막. 막(幕). 9. 지장. 장애. 10. 꼭대기가 평평한 언덕이나 산.
障拒(장거) 가로막음.
障距(장거) 가로막고 거리를 둠.
障惱(장뇌) 고민. 고뇌.
障泥(장니) 마구(馬具)의 하나. 등자와 말 옆구리 사이에 놓아 흙이 튀어 오르는 것을 막는 물건. 말다래.
障塞(1.장색/2.장새) 1)가려 막음. 또는 차단되어 막힘. 2)요새.
障翳(장예) 1)가려 막음. 2)부채.
障蔽(장폐) 가려 덮음. 또는 그 덮개.
障扞(장한) 막음. 방어함.
유 碍(가로막을 애)

際 ⑪ 14획 日サイ · きわ
사이 제 中jì

* 형성. 뜻을 나타내는 부수 阝(언덕 부)'와 음을 나타내는 '祭(제사지낼 제)'를 합친 글자.

풀이 1. 사이. 2. 즈음. …하는 때. 3. 기회. 시기. 4. 가. 변두리. 끝. ¶際涯 5. 닿다. 접속하다. 6. 만나다. 마주치다. ¶際遇 7. 좋은 기회를 만나다. 8. 사귀다. 교제하다. 9. 이음새.
際可(제가) 예를 다하여 대접함.
際畔(제반) 한(限). 한계.
際涯(제애) 끝 닿는 곳. 맨 가.
際遇(제우) 좋은 때를 만남. 임금과 신하가 서로 뜻이 맞아 만남. 제회(際會).
際會(제회) 1)서로 만남. 임금과 신하가 뜻이 맞아 만남. 2)혼례(婚禮)를 하기 위한 만남.
비 祭(제사 제)

隥 ⑫ 15획 日トウ
고개 등 中dèng

풀이 1. 험한 고개. 비탈. 2. 층계.
유 仰(우러를 앙)

隣 ⑫ 15획 日リン
이웃 린 中lín, lìn

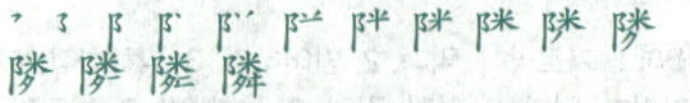

* 형성. 뜻을 나타내는 부수 '阝(언덕 부)'와 '나란히 잇닿는다'는 의미를 지닌 '粦(인 린)'을 합친 글자. 이에 나란히 잇닿아 있는 언덕이라는 뜻에서, '이웃'의 뜻을 나타냄.

풀이 1. 이웃. ¶隣家 2. 벗. 동반자. 3. 이웃하다. 4. 도움. 보필. 5. 마을. 동네. 6. 단단하다. 7. 친근하다. 친밀하다. 8. 행정구역 이름. 주(周)나라의 제도(制度)로, 5가(家)를 '隣'이라 하였음.

隣家(인가) 이웃집.

隣近(인근) 이웃한 가까운 곳. 또는 이웃함.

隣里鄕黨(인리향당) 이웃. 향리(鄕里). 주(周)나라의 제도(制度)로, 5가(家)를 '隣', 25가를 '里', 5백가를 '黨', 1만 2천 5백가를 '鄕'이라 하였음.

隣隣(인린) 1)수레가 삐걱거리는 소리. 인린(轔轔). 2)뒤따라감. 이어진 모양.

隣睦(인목) 이웃과 사이좋게 지냄.

隣比(인비) 처마를 맞댐. 이웃함. 또는 이웃.

隣舍(인사) 이웃집. 인가(隣家).

隣伍(인오) 이웃. 주대(周代)에 5호(戶)를 한 조직의 단위로 삼았던 제도.

隣人(인인) 이웃사람.

隣敵(인적) 이웃하고 있는 적.

隣好(인호) 이웃 간의 우호.

隤 ⑫ 15획
무너뜨릴 퇴·타
日タイ·くずれる 中tuí

풀이 1. 무너뜨리다. 무너지다. ¶隤舍 2. 내리다. 강하하다. 3. 넘어지다. 실패하다. 4. 기울다. 경사지다. 5. 편안하다. 6. 유순하다. 순하다. ¶隤然 7. 고달프다. 피로하다. 8. 앓다.

隤舍(퇴사) 낡아 무너진 집. 퇴사(頹舍).

隤崖(퇴애) 무너진 절벽.

隤然(퇴연) 순한 모양. 부드러운 모양. 퇴연(頹然).

隤牆(퇴장) 무너진 담장. 또는 담을 무너뜨림. 퇴원(隤垣).

隤陷(퇴함) 함정에 빠짐.

隖 ⑫ 15획
고개 이름 휘·위
日イ 中wéi

풀이 고개 이름. 춘추시대 정(鄭)나라의 고개 이름.

隨 ⑬ 16획
따를 수
日スイ·したがう 中suí

풀이 1. 따르다. 따라가다. ¶隨鑾 2. 수행하다. ¶隨侍 3. 함께 가다. ¶隨伴 4. 붙어 다니다. 5. 뒤따르다. 6. 연(沿)하다. 7. 뜻대로 움직이다. 8. 거느리다. 9. 따라서. 10. 하급 관리. 11. 시중드는 사람. 12. 수괘. 64괘 중 하나로, 물건과 물건이 서로 따르는 상(象). 13. 발〔足〕.

隨駕(수가) 임금의 수레를 모시고 따라감.

隨鑾(수란) 천자(天子)의 수레를 따름.

隨伴(수반) 함께 감. 동반(同伴).

隨分(수분) 1)자신의 분수를 따름. 2)당연히 분수대로 함.

隨手(수수) 1)닥치는 대로. 2)당장. 즉시.

隨侍(수시) 높은 사람을 곁에서 모심.

隨身(수신) 1)몸에 지님. 2)휴대하는 물품.

隨緣眞如(수연진여) 진여(眞如), 곧 만물의 본체는 인연에 따라 각각 모습을 나타내는 일.

隨員(수원) 수행하는 사람.

隨意(수의) 1)어찌 되었든지. 2)생각대로. 마음대로.

隨從(수종) 1)따라 감. 2)그 사람을 따라 가르침을 받음.

隨坐(수좌) 남의 죄에 연좌됨.

隨處(수처) 어느 곳이나.

隨逐(수축) 뒤를 따라 감.

隨鄕入鄕(수향입향) 그 마을에 들어가면 그 고장의 풍속을 따름.

隨和(수화) 1)수후(隨侯)의 구슬과 화씨(和氏)의 구슬. 모두 매우 귀중한 보배. 2)뛰어난 재주와 덕이 있음. 3)부화뇌동(附和雷同)하는 일.

隨喜(수희) 1)남이 행하는 선한 일을 보고 기쁜 마음을 일으키는 일. 2)승려가 불사(佛事)에 참가하는 일.

유 從(좇을 종) 沿(따를 연)

隧 ⑬ 16획
❶길 수 ❷떨어질 추
日スイ·ツイ 中suì

풀이 1 1. 굴. 지하도. ¶隧道 2. 무덤 길. 관을 운반하기 위해 비스듬하게 판 굴. ¶隧埏 3. 길. 좁은 길. 4. 경로. 5. 혈관. 6. 돌다. 회전하다. 7. 봉화대(燧火臺). 2 8. 떨어지다. 떨어뜨리다.

隧渠(수거) 땅 속이나 건물 속으로 낸 길.
隧道(수도) 1)지하 통로. 터널(turnnel). 2)무덤의 길.
隧路(수로) 땅 속으로 낸 길.
隧埏(수연) 무덤의 길.
비 遂(이를 수)

隩	⑬ 16획	
	❶숨길 오	日オウ·イク·くま
	❷굽이 욱	中ào, yù

풀이 1 1. 숨기다. 은닉하다. 2. 물굽이. 3. 방의 서남 구석. 4. 깊다. ¶隩區 2 5. 굽이. 6. 탁해지다. 7. 따뜻해지다. 8. 토지.
隩區(오구) 깊고 험한 땅.
隩窔(요오) 방의 구석.

險	⑬ 16획	日ケン·けわしい
	험할 험	中xiǎn

* 형성. 뜻을 나타내는 부수 阝(언덕 부)'와 음을 나타내며 '깎은 듯이 서 있다'의 의미를 지닌 '僉(모두 첨)'을 합친 글자. 이에 깎아지른 듯이 서 있는 '험한 산'의 뜻을 나타냄.
풀이 1. 험하다. 험준하다. ¶險艱 2. 요해처(要害處). ¶險塞 3. 위태롭다. 위험하다. 4. 음흉하다. 5. 높다. 6. 깊다. 헤아리기 힘들다. 7. 멀다. 8. 어렵다. 힘이 들다. 9. 깨뜨리다. 상하게 하다. 10. 고민. 고통.
險艱(험간) 험하고 위험함.
險固(험고) 험하고 견고함.
險棘(험극) 위험하고 가시가 많음.
險壘(험루) 험준한 요새(要塞).
險膚(험부) 성품이 사납고 천박함.
險澀(험삽) 험조(險阻).
險塞(1.험새/2.험색) 1)중요하고 견고한 성채(城砦). 2)험준하게 막힘.
險惡(험악) 1)험하고 사나움. 2)형세(形勢)가 나쁨. 3)생김새나 태도가 험상스럽고 모짊.
險謁(험알) 여자가 사사로운 정분을 내세워 권세 있는 이에게 부탁하는 일.
險隘(험애) 길이 험하고 좁음.
險阨(험액) 지세(地勢)가 험함. 또는 험한 곳.
險要(험요) 험하고 중요한 땅.
險韻(험운) 시를 짓는 데 잘 사용되지 않는 운(韻).
險夷(험이) 땅의 험한 곳과 평탄한 곳.
險易(험이) 1)험한 곳과 평탄한 곳. 2)위험(危險)과 안이(安易). 3)선(善)과 악(惡).
險程(험정) 평탄하지 못한 여정(旅程).
險阻(험조) 1)험함. 험한 곳. 2)세상 살이의 어려움을 이르는 말.
險躁(험조) 마음이 소란스러움. 마음이 어지러움.
險峻(험준) 험하고 높음.
險害(험해) 마음이 음흉하여 남을 해침.
險譎(험휼) 음흉하고 간사함.
비 檢(검사할 검) 儉(검소할 검)

隰	⑭ 17획	日シツ·シュウ·さわ
	진펄 습	中xí

풀이 1. 진펄. 2. 개간지. 3. 물가. 수애(水涯).
隰皐(습고) 낮고 습한 물가의 땅.
隰畔(습반) 늪 가. 늪 주변.
비 濕(축축할 습)

隱	⑭ 17획	日イン·かくれる
	숨길 은	中yǐn

* 형성. 뜻을 나타내는 부수 阝(언덕 부)'와 음을 나타내는 부수 이외의 글자를 합친 글자.
풀이 1. 숨다. 숨기다. ¶隱匿 2. 나타나지 않다. 3. 비밀로 하다. 4. 달아나다. 5. 속세를 떠나다. ¶隱棲 6. 희미하다. 7. 깊숙하다. 8. 그늘지다. 9. 은거하다. 10. 은자. 은사(隱士). 11. 점치다. 12. 가엾어하다. 불쌍히 여기다. ¶隱民 13. 근심하다. 우려하다. 14. 괴로워하다. 15. 음흉하다. 16. 담. 얕은 담. 17. 쌓다. 축도하다. 18. 생각하다. 헤아리다. 19. 위엄 있는 모양. 20. 기대다. 의지하다. 21. 수수께끼. 미어(謎語). 22. 고요하다. 23. 평온하다. 안정되다. 24. 해치다.
隱溝(은구) 땅 속에 있는 도랑.
隱君子(은군자) 1)부귀를 구하지 않고 숨은 군자. 2)매춘부. 3)국화(菊花)의 다른 이름.
隱匿(은닉) 숨겨 감춤.
隱遁(은둔) 1)세상을 피해 숨어 지냄. 2)모습을 숨김.
隱漏(은루) 몰래 빠뜨림. 토지를 대장에 올리지 않음.
隱淪(은륜) 1)기욺. 영락(零落)함. 2)신선을 이름. 3)은사(隱士)를 이름.
隱沒(은몰) 없어짐.
隱民(은민) 궁하여 고생하는 백성. 또는 숨은 백성.
隱憫(은민) 불쌍히 여김.

隱發(은발) 남의 나쁜 행실이나 비밀을 들추어냄.
隱伏(은복) 1)감춤. 2)숨음.
隱庇(은비) 숨겨 보호함.
隱秘(은비) 1)비밀로 숨김. 2)알기 어려운 진리. 숨은 진리.
隱事(은사) 세상에 알려지지 않은 사건.
隱書(은서) 은어(隱語)를 적은 책. 또는 은어로 지은 책.
隱棲(은서) 속세를 떠나 숨어 삶.
隱藹(은애) 나무가 자라는 모양.
隱約(은약) 1)말은 간단하나 그 뜻은 깊음. 2)고생함. 또는 몰래 숨음. 3)뚜렷이 알지 못함.
隱語(은어) 1)자기들끼리만 알고 쓰는 말. 2)수수께끼.
隱掩(은엄) 가려 숨김.
隱然(은연) 확실하게 겉으로 드러나지는 않으나 얕볼 수 없는 힘이 있는 모양.
隱映(은영) 흐렸다가 다시 갰다 함.
隱耀(은요) 빛을 숨겨 나타내지 않음. 곧, 자신의 재주와 덕을 숨겨 나타내지 않음.
隱憂(은우) 몹시 걱정함.
隱隱(은은) 1)성(盛)한 모양. 2)숨겨져 있는 모양. 3)근심 걱정하는 모양.
隱忍(은인) 고생을 참고 견뎌 밖에 드러내지 않음. 꾹 참음.
隱逸(은일) 1)세상에서 숨어 삶. 또는 그 사람. 2)시골에 있는 선비로 임금이 벼슬을 준 사람.
隱疵(은자) 감춰진 흠이나 허물.
隱地(은지) 1)장부에서 빠진 땅. 탈세(脫稅)의 땅. 2)숨어 지내기에 적당한 곳.
隱竄(은찬) 달아나 숨음.
隱親(은친) 1)스스로 숨음. 2)자신을 가엾게 여김.
隱慝(은특) 1)숨김. 2)숨겨 나쁜 일.
隱避(은피) 피하여 숨음.
隱行(은행) 남 모르게 하는 선행(善行).
隱見(은현) 보였다 안 보였다 함.
隱顯(은현) 1)은현(隱見). 2)세상에 나타나지 않는 일과 나타나는 일. 3)안과 밖. 내외(內外).
隱虹(은홍) 큰 무지개.
隱晦(은회) 숨음. 또는 모습을 감춤.
隱諱(은휘) 숨기고 꺼림.
유 蔽(덮을 폐) 반 放(놓을 방)

隮	⑭ 17획 오를 제	日セイ·サイ·のぼる 中jī

풀이 1. 오르다. 올리다. 2. 무지개. 3. 떨어지다. 떨어뜨리다.
隮墜(제추) 떨어짐. 또는 떨어뜨림.
유 昇(오를 승)

隳	⑮ 18획 무너뜨릴 휴	日キ·やぶれる 中huī

풀이 1. 무너뜨리다. 무너지다. 2. 깨지다. 깨뜨리다. 3. 위태하다. 4. 게으르다. 게을러지다. ¶隳惰
隳脞(휴좌) 낡고 헐어 지저분함.
隳惰(휴타) 게으름을 피움. 나태함.
유 崩(무너질 붕)

隴	⑯ 19획 고개 이름 롱	日ロウ·ねか 中lǒng

풀이 1. 고개 이름. 한(漢)나라 천수군(天水郡)의 고개 이름. 2. 땅 이름. 지금의 감숙성(甘肅省) 공창부(鞏昌府). 3. 산 이름. 4. 섬서성(陝西省)의 다른 이름. 5. 두둑. 밭두둑. 6. 언덕. 구릉.
隴客(농객) 농금(隴禽). 앵무새.
隴禽(농금) 앵무새의 다른 이름. 농서(隴西)에서 많이 나기 때문에 이르는 말.
隴斷(농단) 1)우뚝 솟은 언덕. 2)시장의 이익을 홀로 독차지하려고 함.
隴廉(농렴) 옛날 추부(醜婦)의 다른 이름.
隴畝(농무) 1)밭. 밭이랑. 2)민간(民間).
隴樹(농수) 1)언덕 위에 있는 나무. 2)묘지(墓地)에 있는 나무.
隴鳥(농조) 앵무새의 다른 이름.
비 朧(흐릿할 롱)

隶 부

隶 미칠 이 部

'隶' 자는 손으로 짐승 꼬리를 잡고 있는 모양에서 만들어진 글자로, '미치다'는 뜻을 갖는다. 또한 음도 여러 가지가 있어, 미치다의 뜻일 때는 '이', '대', '태'로 읽고, 다른 뜻으로 쓰일 때는 '제'나 '시'로 읽는다.

隶	⓪8획 미칠 이·대·태	日タイ·イ 中dài, yì

풀이 미치다. 이르다.

隷	⑧ 16획	日レイ·しもべ·したがう
	붙을 례(예)	中lì

隷 隷 隷 隷 隷

풀이 1. 붙다. 딸리다. 종속되다. ¶隷屬 2. 좇다. 따르다. 3. 부리다. 4. 하인. 종. ¶隷僕 5. 죄인. 죄수. 6. 조사하다. 살피다. 7. 예서(隷書). 한자 서체의 한 가지.

隷僕(예복) 1)중국 주대(周代)에 궁궐의 청소를 맡아보던 벼슬. 2)하인(下人). 종.
隷事(예사) 고사(故事)를 분류하여 나열하는 일.
隷書(예서) 한자 서체의 하나. 전서(篆書)의 글자 획을 간략하게 고친 서체.
隷屬(예속) 1)딸려서 매임. 2)부하.
隷也不力(예야불력) 하인이 주인의 일에 힘쓰지 않는다는 뜻으로, 충성을 다하지 않음을 이르는 말.
隷役(예역) 종. 노복(奴僕).
隷人(예인) 1)종. 하인(下人). 2)죄인(罪人).
奴隷(노예) 옛날, 가축처럼 소유주의 재산이 되어 매여 지내고, 매매의 대상이 되었던 사람.

隸	⑨ 17획
	隷(p1509)와 同字

隹 부

隹 새 추 部

'隹' 자는 꽁지가 짧고 작은 새의 모양을 본뜬 글자로, '새'라는 뜻을 갖는다. 또한 새는 높이 날기 때문에 '높고 크다'라는 뜻을 갖기도 하는데, 이때의 음은 '최'로 읽는다. 이 글자를 부수로 갖는 글자는 흔히 새의 종류나 새와 관련된 의미를 갖는다.

隹	⓪8획	
	❶새 추	日スイ·サイ
	❷높을 최	中zhuī

풀이 ❶ 1. 새. 꽁지가 짧은 새의 총칭. ❷ 2. 높다. 높고 크다.

隺	② 10획	日カク
	뜻 높을 각	中hè, què

풀이 1. 뜻이 높다. 2. 새가 높이 날다. 3. 학. '鶴(학 학)'의 속자(俗字).

隼	② 10획	日シュン·はやぶさ
	새매 준	中sǔn

풀이 새매. 송골매.

隼鷹(준응) 새매. 작요(雀鷂).

비 集(모일 집) 隹(새 추)

隻	② 10획	日セキ·かたわた
	새 한 마리 척	中zhī

* 회의. '又(손 우)'와 '隹(새 추)'를 합친 글자. 손[又]에 잡은 새[又]를 나타내어, '새 한 마리'의 뜻으로 쓰임.

풀이 1. 새 한 마리. 2. 한 짝. 한 쌍을 이루는 것의 한쪽. 3. 하나. 혼자. ¶隻立 4. 척. 배·수레·동물 등을 세는 단위.

隻句(척구) 글의 짧은 구절.
隻立(척립) 홀로 섬. 혼자의 힘으로 자립함.
隻身(척신) 홀몸. 단신.
隻眼(척안) 1)애꾸눈. 2)남다른 식견.
隻愛(척애) 짝사랑.
隻言(척언) 말 한 마디.
隻影(척영) 홀로 비친 그림자. 쓸쓸한 그림자.
隻翼(척익) 한쪽 날개.
隻日(척일) 1)기수(奇數)의 날. 2)음양 사상에서의 양일(陽日).
片言隻辭(편언척사) 짧은 말. 한두 마디의 말.

비 集(모일 집)

雀	③ 11획	日ジャク·すずめ
	참새 작	中qiāo, qiǎo, què

* 회의. '小(작을 소)'와 '隹(새 추)'를 합친 글자. 이에 작은 새를 나타내어, '참새'의 뜻으로 쓰임.

풀이 1. 참새. ¶雀羅 2. 다갈색. 검붉은 빛깔. 3. 뛰다. 도약하다.

雀羅(작라) 새를 잡는 그물.
雀斑(작반) 주근깨.
雀舌茶(작설차) 갓 눈이 튼 차나무의 새싹을 따서 만든 차.
雀食(작식) 입을 다물고 말을 하지 않음.
孔雀(공작) 아름다운 꽁지를 가진 꿩과의 큰 새.
冠雀(관작) 황새의 다른 이름.
門前雀羅(문전작라) 대문 앞에 새 그물을 친다는 뜻으로, 찾아오는 사람이 없어 쓸쓸함을 이르는 말.
掩目捕雀(엄목포작) 눈을 가리고 새를 잡는다는 뜻으로, 일을 건성으로 함을 이르는 말.
燕雀之徒(연작지도) 제비와 참새의 무리. 즉, 소인의 무리를 이름.
朱雀(주작) 1)이십팔수 가운데 남서쪽에 있는 일곱 별로서, 그 곳을 지킨다는 신령. 2)예로부터 남쪽 방위를 맡고 있다는 신을 상징하는 짐승. 무덤과 관(棺)의 앞쪽에 그렸는데, 붉은 봉황을 형상화하였음.
歡呼雀躍(환호작약) 기뻐 소리치며 날뜀.
欣喜雀躍(흔희작약) 참새가 날아오르듯이 춤춘다는 뜻으로, 크게 기뻐함을 이르는 말.

雇	④ 12획	
	❶품 살 고	日コウ
	❷새 이름 호	中gù

풀이 1 1. 품을 사다. 고용하다. ¶雇兵 2. 품을 팔다. 3. 빌리다. 빌려 쓰다. 2 4. 새 이름.
雇兵(고병) 삯을 주고 고용하는 병사.
雇聘(고빙) 예물을 갖추어 사람을 고용함.
雇役(고역) 1)고용하여 부림. 2)부역을 면제해 준 백성에게 돈을 받아 그 돈으로 다른 사람을 부리는 일.
雇用(고용) 삯을 주고 사람을 부림.
雇直(고치) 품삯. 임금(賃金).
비 顧(돌아볼 고)

雉	④ 12획	
	❶두견새 규	日キュウ·ブ
	❷뻐꾸기 부	中guī, fū

풀이 1 1. 두견새. 2 2. 뻐꾸기.
비 規(법 규)

雅	④ 12획	日ガ·みやびやか
	우아할 아	中yā, yǎ

一 二 㸦 牙 牙' 牙ㅓ 牙ㅓ 牙什 牙仹 牙隹 雅 雅

*형성. 뜻을 나타내는 부수 '隹(새 추)'와 음을 나타내는 '牙(어금니 아)'를 합친 글자.

풀이 1. 우아하다. 고상하다. ¶雅客 2. 메까마귀. 3. 바르다. 4. 평상. 항상. 5. 좋다. 6. 바른 음악. ¶雅樂 7. 총명하다.
雅歌(아가) 우아한 노래. 고상한 노래.
雅鑒(아감) 자신이 지은 작품을 남에게 보낼 때에 보여 드린다는 뜻으로 쓰는 말. 청감(淸鑒).
雅客(아객) 1)고상한 사람. 품위가 있는 사람. 2)수선(水仙)의 다른 이름.
雅健(아건) 우아하고 건강함. 시문(詩文) 등이 아름답고 힘이 있음.
雅潔(아결) 행동이 단아하고 마음이 고결함.
雅誥(아고) 바른 가르침.
雅敎(아교) 남의 가르침을 높여 이르는 말.
雅曲(아곡) 우아한 음악.
雅談(아담) 고아(高雅)하고 조촐한 이야기.
雅度(아도) 올바른 법도. 또는 고상한 태도.
雅道(아도) 1)바른 길. 2)풍아(風雅)의 길.
雅麗(아려) 우아하고 아름다움.
雅望(아망) 깨끗한 인망(人望). 청아(淸雅)한 명망(名望).
雅文(아문) 1)우아함. 정취가 있음. 2)기품이 높고 바른 문장.
雅美(아미) 우아하고 아름다움.
雅士(아사) 고상한 선비.
雅思(아사) 아름다운 생각. 고상한 생각.
雅素(아소) 1)평소. 2)평소의 사귐.
雅俗(아속) 아담함과 속됨.
雅雅(아아) 1)우아하고 운치 있는 모양. 2)정돈된 모양.
雅樂(아악) 1)옛날 종묘(宗廟), 궁정(宮廷)에서 쓰던 고전 음악. 2)바른 음악.
雅言(아언) 1)좋은 말. 2)올바른 말.
雅宴(아연) 풍류가 있고 우아한 연회.
雅玩(아완) 고상(高尙)한 놀이. 문인(文人)들의 놀이.
雅裕(아유) 우아하고 여유로운 일. 또는 태도가 고상하고 마음이 여유로운 일.
雅遊(아유) 1)시가(詩歌)·서화(書畵)·음악 등의 고상한 놀이. 2)남과 사귀기를 좋아함.
雅意(아의) 1)평소의 뜻. 2)고상한 뜻.
雅人(아인) 고상(高尙)한 마음을 가진 사람.
雅正(아정) 아름답고 바름.
雅操(아조) 1)바른 지조. 2)바른 음악.
雅調(아조) 우아한 곡조. 고상한 음악.
雅旨(아지) 바른 뜻.
雅志(아지) 1)우아한 뜻. 2)평소의 뜻.
雅體(아체) 1)올바른 문체(文體). 2)남의 몸을 높여 이르는 말.
雅趣(아취) 고상한 취미.
雅致(아치) 고상한 취미.

雅行(아행) 고상한 행실. 또는 바른 행위.
雅號(아호) 문인 · 학자 · 서화가 들이 본명 이외에 가지는 이름. 호(號).
비 維(바 유) 稚(어릴 치)

雁	④ 12획	日ガン · かり
	기러기 안	中yàn

풀이 기러기.
雁奴(안노) 물가에서 잠잘 때 주위 경계를 맡는 기러기.
雁堂(안당) 불상(佛像)을 안치하는 당(堂). 불당(佛堂).
雁帛(안백) 편지. 한(漢)의 소무(蘇武)가 흉노(匈奴)에게 잡혀 있을 때 비단에 쓴 편지를 기러기 발에 묶어 한의 무제(武帝)에게 보낸 일에서 유래된 말.
雁夫(안부) 혼인 때 신부집으로 나무로 된 기러기를 가지고 가는 사람.
雁序(안서) 1)기러기에도 차례가 있음. 2)형제를 비유하는 말.
雁字鶯梭(안자앵사) 기러기가 나는 모습을 글자에 비유하고, 꾀꼬리가 나무 사이를 나는 것을 베틀의 북이 왔다 갔다 하는 것에 비유한 말. 시문(詩文)의 자구를 뜻하는 말.
雁奠(안전) 혼인 때 보내는 예물. 옛날, 납채(納采)에 기러기를 보낸 데서 유래된 말.
雁鼎(안정) 가짜 솥.
雁足(안족) 1)편지. 2)기러기발. 안주(雁柱).
雁柱(안주) 거문고 위에 놓여 줄을 얹어 팽팽하게 하는 받침. 기러기발.
雁塔題名(안탑제명) 과거에 급제한 사람을 이르는 말. 당(唐)나라 때 진사에 급제한 사람은 낙양(落陽)의 자은사(慈恩寺) 탑에 이름을 적는 것이 관례였기 때문에 생긴 말.
雁行(1.안항/2.안행) 1)㉠남의 형제를 높여 이르는 말. ㉡앞서 나아감. 2)㉠기러기가 날아감. 또는 그 행렬. ㉡차례를 지어 날아가는 기러기처럼 조금씩 차례로 뒤처져 가는 일. ㉢앞장서서 감.
雁戶(안호) 철새처럼 옮겨다니는 집. 이리저리 다니는 백성.

雄	④ 12획	日ユウ · おす
	수컷 웅	中xióng

* 형성. 뜻을 나타내는 부수 '隹(새 추)'와 음을 나타내며 넓다는 의미를 지닌 '厷(둥글 굉)'를 합친 글자. 이에 날개가 넓은 새, 곧 '수컷 새'를 나타내다가, 바뀌어 '수컷'의 뜻으로 쓰임.

풀이 1. 수컷. 2. 뛰어나다. 우수하다. ¶雄將 3. 씩씩하다. 굳세다. ¶雄飛 4. 두목. 우두머리. 5. 번창하다. 6. 이기다. 승리하다.
雄强(웅강) 1)씩씩하고 강함. 세력이 강대함. 2)글씨가 힘참.
雄據(웅거) 한 지역을 차지하고 굳게 지킴.
雄健(웅건) 1)뛰어나고 힘이 셈. 씩씩하고 건장함. 2)시문 · 서화 등의 훌륭하고 힘참.
雄傑(웅걸) 뛰어난 인물.
雄略(웅략) 뛰어난 계략. 웅모(雄謀).
雄烈(웅렬) 씩씩하고 격렬함.
雄邁(웅매) 기개가 웅대하고 뛰어남.
雄猛(웅맹) 굳세고 용맹함.
雄武(웅무) 씩씩하고 용감함.
雄辯彊據(웅변강거) 언변이 뛰어나고, 근거가 확실함.
雄飛(웅비) 씩씩하게 떨쳐 일어남. 사람이 큰 세력을 가지고 행동함을 이르는 말.
雄爽(웅상) 웅대하고 시원스러움.
雄贍(웅섬) 씩씩하고 여유가 있음.
雄勝(웅승) 중요한 지역으로 조건을 구비한 곳.
雄視(웅시) 당당(堂堂)하게 다른 사람을 봄.
雄心(웅심) 웅대한 마음.
雄蕊(웅예) 수꽃술. 수술.
雄勇(웅용) 씩씩하고 용감함. 웅무(雄武).
雄雄(웅웅) 기세등등한 모양.
雄偉(웅위) 웅장하고 위대함.
雄毅(웅의) 씩씩하고 굳셈.
雄雌(웅자) 1)수컷과 암컷. 2)우열(優劣)을 이르는 말.
雄壯(웅장) 씩씩하고 장대함.
雄張(웅장) 위세(威勢) 등등하게 세력을 떨치는 일. 웅장(雄長).
雄將(웅장) 뛰어나고 용맹한 장수.
雄志(웅지) 웅대한 뜻. 장한 포부.
雄唱雌和(웅창자화) 1)암컷과 수컷이 서로 사이좋게 노래함. 2)일에 있어서 서로 호흡이 잘 맞음을 이르는 말.
雄霸(웅패) 뛰어난 패자(覇者).
雄豪(웅호) 씩씩하고 날램. 또는 그 사람.
雄渾(웅혼) 문장 등이 힘차고 원숙(圓熟)함.
반 雌(암컷 자)

雉	④ 12획	日ジ
	새 이름 지	中zhī

풀이 1. 새 이름. 2. 지출하다. 돈을 쓰다.

集	④ 12획	日シュウ · あつまる
	모일 집	中jí

ノ イ イ 亻 亻 亻 隹 隹 隹 集 集 集

* 회의. '隹(새 추)'와 '木(나무 목)'을 합친 글자. 나무(木) 위에 새(隹)가 모여서 앉아 있는 것을 나타내어, '모이다'의 뜻으로 쓰임.

풀이 1. 모으다. 모이다. ¶集結 2. 이르다. 도달하다. 3. 편안히 하다. 4. 가지런히 하다. 일치하다. 5. 이루다. 성취하다. 6. 모임. 7. 무리. 떼. 8. 보루. 성채. 9. 안정하다. 화목하다. 10. 시문을 모아 엮은 책. ¶集錄 11. 도서 분류의 명칭.

集結(집결) 한 곳으로 모임. 또는 모음.
集計(집계) 모아 셈함. 또는 합한 것.
集權(집권) 권력을 한 곳으로 모음.
集金(집금) 돈을 거두어 모음. 또는 그 돈.
集團(집단) 1)모임. 단체. 2)상호간에 생활을 함께 영위하는 생활체.
集大成(집대성) 훌륭한 것을 모아 완전한 작품을 만듦. 또는 그 물건.
集錄(집록) 자료를 모아 기록함.
集部(집부) 서적을 사대 분류(四大分類)한 것의 하나. 문집(文集) · 시집(詩集) 등이 이에 속함.
集散(집산) 모임과 흩어짐. 모음과 흩뜨림.
集成(집성) 한데 모아 완성함.
集約(집약) 한데 모아서 요약함.
集議(집의) 여럿이 모여 의논함. 또는 그 의논.
集字(집자) 1)문장을 짓기 위하여 옛사람들의 비첩(碑帖)의 글자를 모으는 일. 2)시문(詩文)을 짓기 위하여 옛날의 시부(詩賦) 중의 자구(字句)를 모으는 일.
集注(집주) 1)여러 학자의 주석(注釋)을 모아서 만든 책. 집주(集註). 2)한 곳으로 주입(注入)함.
集中(집중) 한 곳에 모임.
集綴(집철) 한 곳에 모아 엮음. 자료를 수집하여 글을 지음.
集抄(집초) 여러 책에서 뽑아 베낌.
集村(집촌) 집과 집터가 밀집된 형태를 이룬 마을.
集聚(집취) 모임. 또는 모음.
集合(집합) 한 곳으로 모임. 한 곳으로 모음.
集賢殿(집현전) 1)당대(唐代)의 관아(官衙). 경서를 간행(刊行)하며, 없어진 책 등을 찾아 모으는 일을 관장함. 2)고려 때의 제관전(諸館殿)의 하나. 3)조선 초 경전 · 강론 등에 관한 일을 담당한 관아. 세종(世宗) 때 훈민정음(訓民正音)의 창제 등 많은 업적을 남겼음.
集會(집회) 많은 사람이 모인 모임.

유 輯(모일 집) 會(모일 회) 聚(모일 취) 蒐(모을 수)

雊	⑤ 13획	日コウ · ク · なく
	장끼 울 구	中gòu

풀이 장끼가 울다. 장끼의 울음소리.

雍	⑤ 13획	日ヨウ · やわらぐ
	화목할 옹	中yōng

풀이 1. 화락하다. 화목하다. ¶雍和 2. 누그러지다. 온화해지다. 3. 기뻐하다. 4. 모으다. 5. 막다. 메우다. 6. 벽옹(辟雍). 주대(周代)에 설치한 국립 대학. 7. 가리다. 숨겨 가리다. 8. 땅 이름. 구주(九州)의 하나로, 지금의 섬서성(陝西省) · 감숙성(甘肅省) 지방. 9. 돕다. 보우하다. 10. 안다. 껴안다. 11. 음악 이름. 천자가 지내는 제향이나 천자의 식사가 끝났을 때 울리던 음악.

雍渠(옹거) 춘추 시대 위나라의 환관(宦官).
雍睦(옹목) 서로 뜻이 맞고 정다움.
雍穆(옹목) 옹목(雍睦).
雍防(옹방) 막음. 막아 통하지 않게 함.
雍閼(옹알) 막음. 그치게 함.
雍徹(옹철) 황제가 제사를 끝내고 제사 상을 철거할 때 옹(雍)의 시를 읊조리던 일.
雍畤(옹치) 중국 고대 다섯 황제를 제사지내는 제단(祭壇).
雍齒封侯(옹치봉후) 한나라 고조(高祖)가 미워하던 옹치를 먼저 제후로 봉하여 여러 장수를 위무한 고사.
雍和(옹화) 화목함. 안온함.
雍熙(옹희) 화락함. 천하가 태평함.

유 穆(화목할 목) 비 擁(안을 옹)

雌	⑤ 13획	日シ · めす · め
	암컷 자	中cí

* 형성. 뜻을 나타내는 부수 '隹(새 추)'와 음을 나타내는 '此(이 차)'를 합친 글자.

풀이 1. 암컷. 2. 지다. 굴복하다. 3. 약하다.

雌伏(자복) 1)암컷이 수컷에게 복종한다는 뜻으

로, 남에게 굴복하여 따름을 이르는 말.
雌雄(자웅) 1)암컷과 수컷. 2)강약·우열(優劣) 등을 비유하는 말.
雌節(자절) 남에게 복종하는 절개.
雌風(자풍) 1)후텁지근한 바람. 2)질투심이 많고 사악한 여자를 이르는 말.
반 雄(수컷 웅)

雎	⑤ 13획	日ショ
	물수리 저	中jū

풀이 물수리.

雋	⑤ 13획	
	❶새 살질 전	日セン·シュン
	❷우수할 준	·すぐれる
	❸땅 이름 취	中juàn, jùn

풀이 ❶ 1. 새가 살지다. 2. 살진 고기. ¶雋永 3. 맛이 좋다. ❷ 4. 우수하다. 영특하다. ❸ 5. 땅 이름.
雋永(전영) 고기가 살지고 맛이 좋음.
雋器(준기) 뛰어나고 재주가 있는 사람.
雋髦(준모) 뛰어난 사람.
雋武(준무) 무예가 뛰어남.
雋茂(준무) 재주와 학식이 뛰어남. 또는 그 사람.
雋敏(준민) 뛰어나고 총명함.
雋拔(준발) 뛰어남. 출중함.
雋輔(준보) 뛰어난 재상(宰相).
雋贍(준섬) 재주와 학식이 뛰어남.
雋譽(준예) 뛰어난 명예. 훌륭한 영예.
雋異(준이) 재능이 남다름. 또는 그 사람.
雋哲(준철) 현명한 사람.

雉	⑤ 13획	日チ·ジ·きじ
	꿩 치	中zhì

풀이 1. 꿩. ¶雉腒 2. 담. 성의 담. 3. 성벽 넓이의 단위. 높이 1장(丈), 길이 3장의 넓이. 4. 주사위를 던져 나타난 점괘 이름. 5. 다스리다. 평정하다. 6. 벌여 놓다.
雉腒(치거) 말린 꿩고기.
雉經(치경) 목을 매 스스로 죽음.
雉頭裘(치두구) 꿩의 털로 장식한 갖옷.
雉媒(치매) 길들인 꿩.
雉門(치문) 1)천자(天子)의 오문(五門)의 둘째 문. 왕성(王城)의 남문(南門). 2)제후의 궁문.
雉堞(치첩) 성에 쌓은 낮은 담. 성가퀴.
雉雉(치치) 뒤섞인 모양.
雉兎者(치토자) 꿩·토끼 등을 사냥하는 사람.

雃	⑥ 14획	
	❶할미새 견	日ケン·エキ
	❷해오라기 역	中qiān

풀이 ❶ 1. 할미새. 2. 사람 이름. ❷ 3. 해오라기.
비 雅(우아할 아)

雒	⑥ 14획	
	수리부엉이	日ラク
	락(낙)	中luò

풀이 1. 수리부엉이. 2. 가리온. 몸은 검고 갈기는 흰 말. 3. 강 이름. 중국 섬서성(陝西省) 낙남현(洛南縣)에서 발원하여 황하로 흘러드는 강. 4. 땅 이름. 중국 하남성(河南省) 낙양현(洛陽縣). 5. 낙인을 찍다.

雑	⑥ 14획
	雜(p1514)의 俗字

雕	⑧ 16획	日チョウ
	새길 조	中diāo

풀이 1. 새기다. 아로새기다. ¶雕削 2. 독수리. 3. 시들다. 4. 쇠하다. 약해지다.
雕肝(조간) 간에 새긴다는 뜻으로, 마음속에 잊지 않고 깊이 간직함을 이르는 말.
雕戈(조과) 무늬를 아로새긴 창(槍).
雕巧(조교) 교묘하게 아로새김.
雕琴(조금) 아로새겨 꾸민 거문고.
雕梁(조량) 아로새긴 대들보.
雕輦(조련) 조각하여 꾸민 수레.
雕龍(조룡) 용을 조각하는 것처럼, 문장을 아름답게 지음.
雕鏤(조루) 아로새김.
雕文刻鏤(조문각루) 무늬를 새기고 금은을 새긴다는 뜻으로, 장인(匠人)의 보잘것없는 재주를 이르는 말.
雕削(조삭) 새기고 깎는다는 뜻으로, 꾸밈을 이르는 말.
雕俗(조속) 쇠약하고 거짓이 많은 풍속.
雕章(조장) 문장을 아름답게 꾸밈. 또는 그 문장.

雕題(조제) 1)이마에 문신(文身)함. 2)책장의 상단에 단 주석(注釋).

雕雕(조조) 명백한 모양.

雕蟲(조충) 세공(細工)을 함. 시문을 짓는데 교묘하게 꾸민 미사여구(美辭麗句)로 수식하는 일.

雕漆(조칠) 칠기(漆器)에 여러 가지 무늬를 새긴 것.

雕琢(조탁) 1)옥(玉)을 갈고 다듬음. 2)시문(詩文)의 자구(字句)를 교묘하게 꾸밈. 3)꾸밈. 수식함.

雕朽(조후) 썩은 나무에 조각함. 아무 보람도 없는 일을 비유하는 말.

雖	⑨ 17획	日スイ · いえども
	비록 수	中suī

풀이 1. 비록. 아무리 …하여도. ㉠양보의 뜻. ㉡확정의 뜻. ㉢가정 · 가설의 뜻. 2. 밀다. 추천하다. 3. 다만. 오직. 4. 만일. 만약. 5. 하물며. 6. 즉.

雖不中不遠矣(수부중불원의) 비록 정곡(正鵠)을 맞히지는 못했으나 완전하게 떨어지지는 않음.

雖有絲麻無棄菅蒯(수유사마무기관형) 비록 명주실 · 삼실과 같은 좋은 재료가 있더라도, 왕골 · 억새 같은 나쁜 재료를 버려서는 안된다는 뜻으로, 좋은 것이 있더라도 나쁜 것이나 거친 것도 버려서는 안 됨을 이르는 말.

雖鞭之長不及馬腹(수편지장불급마복) 비록 채찍이 길다 하여도 말의 배에는 미치지를 못함. 즉, 세력이 강해도 아직 미치지 못하는 곳이 있음을 이르는 말.

雞	⑩ 18획
	鷄(p1628)의 本字

雙	⑩ 18획	日ソウ
	쌍 쌍	中shuāng

* 회의. 두 개의 '隹(새 추)'와 손을 의미하는 '又(또 우)'를 합친 글자. 이에 한 쌍의 새를 손에 잡고 있는 것을 나타내어, '둘'의 뜻으로 쓰임.

풀이 1. 쌍. 한 쌍. ¶雙璧 2. 짝이 되다. 3. 짝수. 4. 유(類). 종류. 5. 견주다. 비견하다.

雙肩(쌍견) 1)양쪽 어깨. 2)자신의 부담이나 책임.

雙鉤(쌍구) 1)서예를 쓰는 방법 중 하나. 2)남의 글씨를 베낄 때에 가는 선으로 획의 윤곽을 먼저 떠 내는 일.

雙弓米(쌍궁미) 죽의 다른 이름.

雙南(쌍남) 두 배의 가치가 있는 남금(南金)에서 나는 황금.

雙麗(쌍려) 둘이 나란히 걸림.

雙鯉(쌍리) 1)한 쌍의 잉어. 2)편지. 멀리서 보내 온 잉어의 뱃속에서 편지가 나왔다는 고사에서 유래한 말.

雙廟(쌍묘) 공덕이 비슷한 두 사람을 함께 모신 사당(祠堂).

雙美(쌍미) 1)둘 다 아름다움. 또는 두 개의 아름다운 것. 2)두 사람이 모두 아름다운 미인임.

雙璧(쌍벽) 1)두 개의 구슬. 2)두 사람의 뛰어난 영재(英才). 3)형제(兄弟)를 이름.

雙飛(쌍비) 한 쌍의 새가 나란히 낢. 부부가 화목함을 이르는 말.

雙棲(쌍서) 짝지어 삶. 자웅(雌雄) 또는 부부가 같이 삶.

雙蛾(쌍아) 여자의 눈썹. 미인을 이르는 말.

雙曜(쌍요) 해와 달. 일월(日月).

雙日(쌍일) 우수(偶數)의 날.

雙斃(쌍폐) 양쪽이 모두 죽음.

유 匹(필 필) 偶(짝 우)

雝	⑩ 18획	日ヨウ · やわらぐ
	할미새 옹	中yōng

풀이 1. 할미새. 2. 화락하다. 3. 늪. 못. 4. 막다. 막히다.

雜	⑩ 18획	日ザツ · ゾウ · まじる
	섞일 잡	中zá

* 형성. 뜻을 나타내는 '衣(옷 의)'와 음을 나타내는 '集(모을 집)'을 합친 글자. 이에 다양한 색의 옷이 모인 것을 나타내어, '섞이다'의 뜻으로 쓰임.

풀이 1. 섞이다. 섞다. ¶雜居 2. 뒤얽히다. 3. 순수하지 않다. 4. 어수선하다. 어지럽다. ¶雜亂 5. 무늬가 얼룩얼룩하다. 6. 함께. 모두. 7. 번거롭다. 8. 잘다. 장황하고 번거롭다. 9. 한 바퀴 돌다.

雜歌(잡가) 1)정악(正樂) 이외의 속된 노래. 잡스러운 노래. 2)조선 후기에 평민들이 지어 부른 노래.

雜居(잡거) 1)섞여 있음. 2)여러 나라 사람이 섞여 기거함.

雜考(잡고) 일정한 체계 없이 여러 방면에 걸친 조사 연구. 또는 그 책.

雜劇(잡극) 송대(宋代)에 시작된 풍자 · 익살을 주제로 한 연극.

雜技(잡기) 1)보잘것없는 재주. 2)각종 놀이의 기술. 3)노름.

雜亂(잡란) 뒤섞여 어지러움. 난잡(亂雜).

雜料(잡료) 여러 가지 명목의 급여(給與).

雜物(잡물) 잡다한 물건.

雜色(잡색) 1)여러 가지 빛이 뒤섞인 빛깔. 2)종. 노예.

雜說(잡설) 1)잡다한 일을 설명한 논설. 2)의론(議論)으로 서술(敍述)을 겸한 것.

雜碎(잡쇄) 장황하고 자질구레함.

雜心(잡심) 잡스러운 마음.

雜言(잡언) 1)여러 가지 이야기. 잡다한 말. 2)글자 수가 일정하지 않은 시(詩).

雜然(잡연) 1)여러 가지가 뒤섞인 모양. 2)많은 모양.

雜英(잡영) 1)여러 가지 꽃. 2)섞여 빛남.

雜詠(잡영) 여러 가지 사물을 읊조린 시가.

雜玩(잡완) 여러 가지 놀이 물건.

雜徭(잡요) 잡다한 일. 여러 가지 부역(賦役).

雜擾(잡요) 뒤섞여 어지러움.

雜音(잡음) 1)불유쾌한 느낌을 주는 시끄러운 소리. 2)어떤 판단을 헛갈리게 하는 주변에서 들려 오는 갖가지 말을 이르는 말.

雜著(잡저) 여러 가지 일을 써 모음. 또 그 기록.

雜卒(잡졸) 지위가 낮은 병사.

雜種(잡종) 1)섞어 심음. 2)다른 민족의 남녀나 이종(異種)의 자웅(雌雄) 사이에 난 것.

雜錯(잡착) 뒤섞임.

雜抄(잡초) 여러 책에서 뽑아 기록함. 또는 그 것.

雜出(잡출) 섞여 나옴.

雜學(잡학) 여러 학설을 섞은 잡다한 학문. 조리가 서지 않는 학문.

雜行(잡행) 여러 가지 잡스러운 행동.

雜戲(잡희) 여러 가지 놀이. 온갖 장난.

유 殽(섞일 효) 錯(섞일 착)

雛	⑩ 18획	日スウ · シュ · ひな
	병아리 추	中chú

풀이 1. 병아리. 2. 새 새끼. ¶雛鷇 3. 어린아이. 4. 어리다.

雛鷇(추구) 새 새끼.

雛鳳(추봉) 봉황의 새끼. 뛰어난 자제(子弟)를 이르는 말.

雛孫(추손) 어린 손자.

雛僧(추승) 어린 중.

雛形(추형) 건축물이나 책 등을 원 모양보다 줄여서 만든 본.

비 皺(주름 추)

巂	⑩ 18획	
	❶ 두견이 휴	日ケイ · スイ · まわり
	❷ 고을이름 수	中guī, suǐ

풀이 1 1. 두견이. 접동새. 2. 한 바퀴. 수레바퀴가 한 바퀴 돌다. 2 3. 고을 이름. 지금의 중국 사천성(四川省) 영원부(寧遠府).

巂周(휴주) 두견새. 접동새.

難	⑪ 19획	日ナン · かたい
	어려울 난	中nán, nàn, nuó

* 형성. 뜻을 나타내는 부수 '隹(새 추)'와 음을 나타내며 '어렵다', '근심'을 의미하는 '堇(제비꽃 근)'의 변형을 합친 글자. 재난을 당한 새가 빠져 나오기 어렵다는 뜻에서 '어렵다'는 뜻으로 쓰임.

풀이 1. 어렵다. 어려워하다. ¶難關 2. 괴로워하다. 근심하다. 3. 어려운 사정. 4. 꺼리다. 싫어하다. 5. 나무라다. 꾸짖다. 6. 막다. 물리치다. 7. 우거지다. 무성하다. 8. 난리. 재앙. 근심. 9. 원수. 적. 10. 괴롭히다.

難堪(난감) 견디기 어려움.

難關(난관) 1)통과하기 어려운 관문. 2)넘기기 어려운 일이나 고비.

難得(난득) 이해하기 어려움.

難問(난문) 1)의심하여 물음. 2)어려운 문제.

難駁(난박) 꾸짖고 반박함.

難澀(난삽) 1)어려워 순조롭게 진행되지 못함. 2)글이 매우 어려움.

難色(난색) 난처한 기색.

難言(난언) 1)말하기 어려움. 2)비난하는 말.

難義(난의) 이해하기 어려운 뜻.

難疑(난의) 결점을 비난하고 의심나는 점을 물음.

難戰(난전) 어려운 싸움.

難中之難(난중지난) 어려운 가운데에서도 가장 어려움.

難處(난처) 1)험한 곳. 2)처리하기 어려움.

難測(난측) 측량하기 어려움. 이루 헤아리기 어려움.

難航(난항) 1)배나 비행기의 항해가 순조롭지 못함. 2)일이 순조롭게 되지 않음.

難解(난해) 까다로워 풀기 어려움. 이해하기 곤란함.

難行(난행) 1)행하기 어려움. 2)몸과 마음을 괴롭히며 하는 고된 수행(修行).

難兄難弟(난형난제) 형이라 하기도 아우라 하기 어렵다는 뜻으로, 서로 우열을 가리기 어려움을 이르는 말.

難詰(난힐) 까다롭게 따져 물음. 힐난(詰難).

반 易(쉬울 이) 비 離(떠나갈 리) 歎(탄식할 탄)

⑪ 19획 日 リ · はなれる

떠나갈 리(이) 中 lí

풀이 1. 떠나다. ¶離俗 2. 이별하다. 헤어지다. ¶離歌 3. 떨어지다. 갈라지다. 4. 배반하다. 5. 잃다. 상실하다. 6. 달리하다. 화(和)하지 못하다. 7. 흩어지다. 분산하다. 8. 가르다. 나누다. 분할하다. 9. 늘어놓다. 벌여 놓다. 10. 나란히 줄서다. 11. 만나다. 12. 붙다. 부착하다. 13. 지나다. 통행하다. 14. 이괘. ㉠8괘의 하나로, 양(陽) 중에 음(陰)이 있어 환한 상(象). ㉡64괘의 하나로, 사물이 모두 형통하는 상(象) 15. 자리를 뜨다. 16. 그물에 걸리다. 17. 근심. 18. 쪼개다. 19. 물건이 생기다. 20. 분명하다.

離歌(이가) 이별 노래.

離隔(이격) 사이가 벌어짐.

離苦(이고) 1)이별의 괴로움. 2)고난을 벗어남.

離襟(이금) 이별하여 그리운 마음.

離奇(이기) 1)꼬이고 뒤틀린 모양. 2)진기(珍奇)함.

離落(이락) 떨어져 나감. 등을 돌리고 떠나감.

離亂(이란) 어지럽고 세상이 혼란함.

離淚(이루) 이별의 눈물.

離離(이리) 1)곡식이나 과실 등이 익어 아래로 내려간 모양. 2)구름이 뻗친 모양. 3)초목이 무성한 모양. 4)사이가 벌어져 멀어진 모양.

離背(이배) 서로 사이가 벌어져 배신함.

離山(이산) 1)따로 떨어져 있는 산. 2)중이 절을 떠남.

離俗(이속) 속세를 떠남.

離愁(이수) 이별의 슬픔. 이별의 시름.

離心(이심) 마음을 떠나 배신함.

離緣(이연) 1)인연을 끊음. 2)부부 또는 자식의 관계를 끊음.

離憂(이우) 근심에 직면함.

離違(이위) 사이가 나쁨. 떠나감.

離異(이이) 다름. 같지 않음.

離貳(이이) 두 마음을 품음. 배반함.

離絶(이절) 인연을 끊음.

離坐(이좌) 둘이 함께 앉음.

離醮(이초) 좌초했던 배가 암초에서 벗어남.

離魂(이혼) 몸을 떠난 혼.

離闊(이활) 오랫동안 떨어져 있어서 소식이 드문 일.

유 別(나눌 별) 비 難(어려울 난)

⑯ 24획

새 떼 지어 日 ザツ

모일 잡 中 zá

풀이 새가 떼 지어 모이다.

雨 비 우 部

'雨' 자는 하늘에서 빗방울이 떨어지는 모습을 본뜬 글자로, '비', '비가 오다' 라는 뜻을 나타낸다. 또한 비가 내리면 그것이 땅의 만물을 적시기 때문에 '적시다' 의 뜻으로도 쓰인다. 이 글자를 부수로 갖는 글자는 비에 관련된 의미 외에 기후나 날씨와 관계가 있다.

⓪8획 日 ウ · あめ

비 우 中 yǔ, yù

* 상형. 하늘에서 물방울이 떨어지고 있는 모양을 본뜬 글자.

풀이 1. 비. ¶雨期 2. 비가 오다. 3. 눈 · 우박 등이 내리다. 4. 많은 모양의 비유. 5. 흩어지는 모양의 비유. 6. 은혜가 두루 미침의 비유. ¶雨露 7. 벗. 8. 온화한 기운. 9. 물건이 떨어지다. 10. 적시다.

雨過(우과) 1)비가 갬. 2)비가 많이 옴.

雨氣(우기) 비가 올 듯한 날씨.

雨期(우기) 일년 중 비가 가장 많이 오는 시기.

雨露(우로) 1)비와 이슬. 2)비와 이슬이 모든 사물을 적시는 것처럼 은혜가 골고루 미침을 이르는 말.

雨淚(우루) 눈물이 비 오듯 흐름.

雨霖(우림) 장마.

雨霧(우무) 비와 안개.

雨雹(우박) 봄이나 여름에 기상의 급변으로 오는 눈보다 크고 흰 딴딴한 덩이 눈.

雨備(우비) 유지 · 삿갓 · 도롱이 등으로 만들어 비를 가리는 도구.

雨傘(우산) 펴고 접을 수 있게 만들어 손에 들고 비가 올 때에 머리 위를 가리는 우비(雨備).

雨雪(우설) 1)비와 눈. 2)내리는 눈.

雨水(우수) 1)빗물. 2)24절기(節氣)의 하나. 양력 2월 18일경.

雨暘(우양) 비 오는 날과 날이 갬. 우천(雨天)과 청천(晴天).

雨衣(우의) 비가 올 때 입는 옷.

雨滴(우적) 빗방울.

雨中(우중) 비가 오는 중.

雨天(우천) 비가 오는 날씨. 비가 오는 날.

雨晴(우청) 비가 개임.

雨澤(우택) 비가 만물을 적신다는 뜻으로, 임금의 은혜를 이르는 말.

雨澤(우택) 비의 혜택.

雨後(우후) 비가 온 뒤.

雨後竹筍(우후죽순) 비 온 뒤에 돋아나는 대나무 순이란 뜻으로, 무성하게 많이 생겨남을 이르는 말.

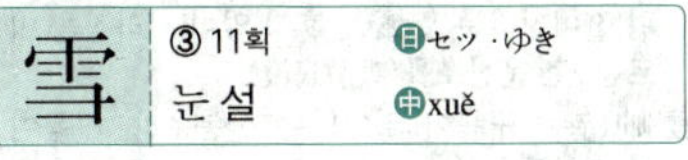

* 회의. '雨(비 우)'와 '彗(비 혜)'를 합친 글자. 비(雨)가 얼어서 하얀 눈이 되어 내리면 빗자루(彗)로 쓸 수 있음을 나타내어, '눈'의 뜻으로 쓰임.

풀이 1. 눈. ¶雪景 2. 눈이 오다. 3. 씻다. 4. 하얗다. 희다. 5. 누명을 벗다. 6. 원한을 풀다. ¶雪辱

雪客(설객) 백로(白鷺). 해오라기.

雪景(설경) 눈이 내리는 경치. 또는 눈이 쌓인 경치.

雪光(설광) 눈의 빛.

雪塊(설괴) 눈의 덩어리.

雪宮(설궁) 전국 시대 제나라의 궁궐 이름.

雪氣(설기) 눈이 내릴 듯한 기운.

雪濃湯(설농탕) 설렁탕.

雪泥(설니) 눈으로 범벅이 된 진흙 진 땅.

雪泥鴻爪(설니홍조) 기러기가 눈이 녹은 진창 위에 남긴 발톱 자국이라는 뜻으로, 흔적이 남지 않거나 간 곳을 모른다는 말. 특히 인생의 덧없음 또는 희미한 추억 등을 이르는 말.

雪糖(설당) 1)가루사탕. 2)흰 가루사탕.

雪嶺(설령) 눈으로 덮인 고개. 눈이 쌓인 산봉우리.

雪髮(설발) 눈처럼 흰 백발(白髮).

雪白(설백) 눈처럼 흼.

雪峰(설봉) 눈으로 덮인 산봉우리.

雪山(설산) 1)눈이 쌓여 있는 산. 또는 눈이 녹지 않고 덮여 있는 산. 2)서역에 있는 산 이름.

雪上(설상) 눈 위.

雪夜(설야) 눈 내리는 밤.

雪辱(설욕) 치욕을 씻음.

雪原(설원) 1)지구의 북극이나 남극. 2)고산지대 등에 내려 쌓인 눈이 녹지 않고 쌓여 있는 넓은 지역.

雪冤(설원) 원한을 풂. 누명을 벗음.

雪戰(설전) 눈싸움.

雪中(설중) 눈이 내리는 가운데. 눈 속.

雪中梅(설중매) 1)눈 가운데 핀 매화. 2)조선 후기 신소설.

雪天(설천) 1)눈 내리는 하늘. 2)눈 내리는 날씨.

雪恥(설치) 치욕을 씻음.

雪風(설풍) 1)눈바람. 눈보라. 2)눈 위에서 부는 바람.

雪寒(설한) 눈이 내린 뒤의 추위.

雪害(설해) 눈으로 말미암은 재해.

降雪(강설) 1)눈이 내림. 2)내린 눈.

大雪(대설) 1)24 절기(節氣)의 하나. 양력 12월 8일경에 해당함. 2)많이 오는 눈.

萬年雪(만년설) 추운 지방이나 높은 산에 녹지 않고 항상 쌓여 있는 눈.

白雪(백설) 흰 눈.

北風寒雪(북풍한설) 북쪽에서 불어오는 찬바람과 차가운 눈.

氷雪(빙설) 얼음과 눈.

비 雲(구름 운)

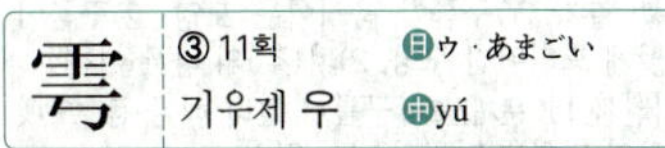

雩
③ 11획
기우제 우
日ウ · あまごい
中yú

풀이 1. 기우제. 비가 오기를 기원하는 제사. 2. 기우제를 지내다.

雩祀(우사) 기우제(祈雨祭).

雩祭(우제) 가뭄이 들었을 때 비가 오기를 기원하는 제사.

舞雩祭(무우제) 기우제(祈雨祭)의 예스러운 말.

雯	④ 12획	日ブン・くものあや
	구름 무늬 문	中wén

풀이 구름 무늬.

雯華(문화) 구름 무늬.

유 雲(구름 운)

雱	④ 12획	日ボウ
	눈 올 방	中pāng

풀이 눈이 많이 오다. 눈이 세차게 내리다.

雰	④ 12획	日ブン
	안개 분	中fēn

풀이 1. 안개. 2. 눈이 날리다. 3. 비나 눈이 오는 모양. 4. 어지럽다. 4. 기운. 상서로운 기운.

雰雰(분분) 비나 눈이 오는 모양.

雰圍氣(분위기) 1)지구를 싸고 있는 대기(大氣). 2)주위로부터 느껴지는 기운.

雰祲(분침) 나쁜 기운.

雰虹(분홍) 무지개.

유 雺(안개 몽) 霧(안개 무)

雲	④ 12획	日ウン・くも
	구름 운	中yún

* 형성. 뜻을 나타내는 부수 '雨(비 우)'와 음을 나타내는 '云(이를 운)'을 합친 글자. '云'은 구름이 움직이는 모양을 본떠 '구름'을 나타낸 글자인데, 여기에 '雨'를 더하여 비와 관련되는 '구름'의 뜻을 더욱 강조함.

풀이 1. 구름. ¶雲氣 2. 수증기. 3. 하늘. 상천(上天). 4. 높다. 높은 모양. 5. 많다. 많고 성한 모양. 6. 멀다.

雲架(운가) 높은 지붕.

雲駕(운가) 임금이 타는 수레.

雲脚(운각) 1)구름이 움직이는 모양. 2)구름이 낮게 드리워진 모양. 3)차(茶)의 다른 이름.

雲開見日(운개견일) 구름이 열려 해를 봄. 오랫동안 닫히고 막혔던 것이 열림.

雲客(운객) 구름 속의 사람. 곧 선인(仙人)·신선.

雲車(운거) 1)망루(望樓)가 있는 수레. 2)신선이 타는 구름으로 된 수레.

雲衢(운구) 구름이 흐르는 길.

雲捲天晴(운권천청) 구름이 걷히고 하늘이 맑게 갠다는 뜻으로, 병이나 근심이 모두 없어짐을 이르는 말.

雲根(운근) 1)구름이 생기는 근원. 2)산의 높은 곳. 3)바위.

雲氣(운기) 1)구름이 움직이는 모양. 2)하늘에 떠오르는 기운.

雲泥(운니) 1)구름과 진흙. 2)차이가 심함.

雲堂(운당) 1)승당(僧堂). 중이 거처하는 곳. 2)도사(道士)의 방.

雲屯(운둔) 구름처럼 떼를 지음.

雲路(운로) 1)구름이 뻗쳐 있는 길. 2)벼슬길.

雲樓(운루) 높은 다락집.

雲林(운림) 구름이 끼어 있는 숲.

雲霧(운무) 구름과 안개.

雲物(운물) 1)구름 빛깔. 또는 햇무리(日暈)의 빛깔. 2)경치.

雲峯(운봉) 1)구름 봉우리. 2)구름이 걸쳐 있는 산봉우리.

雲鬢(운빈) 구름과 같은 미인의 머리털을 비유하는 말.

雲榭(운사) 높은 정자.

雲山(운산) 구름에 잠겨 있는 산.

雲散鳥沒(운산조몰) 구름처럼 흩어지고 새처럼 사라짐. 흔적이 없음을 이름.

雲翔(운상) 1)구름처럼 흩어짐. 2)하늘을 달림. 3)곳곳에서 일어남.

雲霄(운소) 1)하늘. 2)높은 지위를 비유하는 말.

雲消霧散(운소무산) 구름처럼 사라지고 안개처럼 흩어진다는 뜻으로, 흔적 없이 사라짐을 이르는 말. 운산조몰(雲散鳥沒).

雲岫(운수) 구름이 일어나는 산봉우리. 구름이 걸린 산봉우리.

雲靄(운애) 구름과 안개.

雲烟(운연) 1)구름과 연기. 2)서화(書畵)의 글씨가 약동함을 이르는 말. 3)쉽게 사라지는 사물을 비유하는 말.

雲翳(운예) 1)구름의 그림자. 2)구름처럼 덮임.

雲霓(운예) 1)구름과 무지개. 2)비가 내릴 징조. 비가 오기 전에는 구름이 일어나고 그치면 무지개가 나타나는 데서 나온 말.

雲雨(운우) 1)구름과 비. 2)은택. 덕택(德澤). 3)세력이 성함을 이르는 말. 4)신녀(神女)의 미칭(美稱).

雲雨之情(운우지정) 남녀 간의 정분을 이름.

雲遊(운유) 1)구름 속에서 놂. 2)구름처럼 자유

로이 노닒. 3)구름이 한가롭게 하늘을 떠돎.
雲潤(운윤) 구름이 물기를 띠고 축축해짐.
雲雀(운작) 종달새.
雲程(운정) 청운(靑雲)의 뜻을 품은 양양한 앞길.
雲梯(운제) 1)구름 사닥다리. 성을 공격하는 데 쓰임. 2)높은 곳에 오름을 이르는 말. 3)과거(科擧)에 급제하는 일.
雲際(운제) 구름의 가장자리. 곧 높은 하늘, 또는 높은 산 등을 이름.
雲鳥(운조) 1)구름과 새. 2)높이 나는 새.
雲集(운집) 구름과 같이 많이 모임.
雲天(운천) 구름 낀 날씨.
雲霞(운하) 구름과 안개.
雲鶴(운학) 구름 속을 날아다니는 학. 2)멀리 날아 감.
雲翰(운한) 남의 편지에 대한 높임말.
雲漢(운한) 1)은하수(銀河水). 2)하늘.
雲海(운해) 1)구름이 덮인 바다. 2)구름과 바다.
雲行(운행) 1)구름이 하늘을 감. 또 하늘의 은혜가 널리 미치는 일. 2)구름처럼 모여 감.
雲行雨施(운행우시) 1)구름이 비가 되어 은혜를 만물에 베풂. 2)은혜가 미침을 이르는 말.
雲鬟(운환) 1)아름다운 상투 또는 쪽. 2)먼 산의 형용.

비 雪(눈 설)

零	⑤ 13획	日レイ
	떨어질 령(영)	中líng, lián

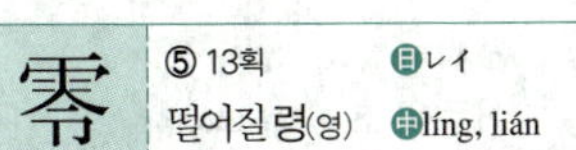

* 형성. 뜻을 나타내는 부수 '雨(비 우)'와 음을 나타내며 '떨어지다'라는 의미를 지닌 '令(명령 령)'을 합친 글자. 이에 비(雨)가 하늘에서 떨어지는(令) 것을 나타내어, '떨어지다'의 뜻으로 쓰임.

풀이 1. 떨어지다. 낙하하다. ¶零露 2. 비가 오다. 3. 나머지. 4. 영. 제로. 0. 5. 시들어 떨어지다. ¶零落 6. 눈물이 흐르다.

零絹(영견) 1)한 필의 명주. 2)한 조각의 그림.
零落(영락) 1)초목이 시들어 떨어짐. 2)세력이나 살림이 보잘것없이 됨. 3)쓸쓸하게 됨.
零零碎碎(영령쇄쇄) 자잘하고 번거로움. 사세(些細)하고 장황함.
零露(영로) 방울져 떨어지는 이슬.
零淚(영루) 눈물이 떨어짐.
零買(영매) 물건을 조금씩 삼.
零賣(영매) 물건을 조금씩 나누어 팖.
零散(영산) 떨어져 흩어짐.
零星(영성) 1)별 이름. 농사를 주관하는 별. 2)수효가 적거나 세력이 약하여 보잘것없음.
零瑣(영쇄) 떨어져 부서짐. 또는 그 사물.
零餘(영여) 쓰고 남은 돈이나 물건.
零雨(영우) 가랑비. 보슬비.
零錢(영전) 잔돈. 나머지 돈.
零丁(영정) 뜻을 잃은 모양. 또는 고독한 모양.
零凋(영조) 꽃이 시들어 떨어짐.

雷	⑤ 13획	日ライ
	우레 뢰(뇌)	中léi, lèi

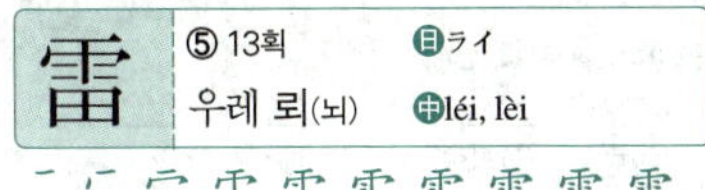

* 형성. 뜻을 나타내는 부수 '雨(비 우)'와 음을 나타내는 '畾(밭 사이 땅 뢰)'의 생략형을 합친 글자.

풀이 1. 우레. 천둥. ¶雷公 2. 북을 치다. 3. 큰 소리의 형용. 4. 사나운 모양. 5. 빠른 모양.

雷車(뇌거) 1)뇌신(雷神). 천둥을 맡은 신(神). 2)우렛소리.
雷擊(뇌격) 1)벼락을 침. 2)잠수함의 어뢰(魚雷)로 공격함.
雷鼓(뇌고) 1)천둥 소리. 2)북을 침. 3)여덟 면으로 된 북.
雷公(뇌공) 1)천둥. 2)뇌신(雷神). 천둥을 맡은 신(神).
雷轟(뇌굉) 1)천둥 소리가 크게 울림. 2)벼락이 침.
雷同(뇌동) 사리의 분별없이 함부로 남의 말을 따름. 부화(附和).
雷名(뇌명) 1)널리 알려진 명성. 2)남의 성명 또는 명예에 대한 존칭.
雷封(뇌봉) 현령(縣令)의 다른 이름. 그 세력을 우레에 비유하는 말.
雷逢電別(뇌봉 전별) 우레같이 만났다가 번개같이 헤어진다는 뜻으로, 만났다가 바로 헤어짐을 이르는 말.
雷斧(뇌부) 1)돌로 만든 도끼. 석기 시대의 유물. 2)괴석(怪石) 등의 형용.
雷奔(뇌분) 우레처럼 세차게 달림.
雷雨(뇌우) 우레와 함께 내리는 비.
雷電(뇌전) 천둥과 번개.
雷霆(뇌정) 세차게 울리는 천둥.
雷震(뇌진) 천둥이 울림.
雷火(뇌화) 우레로 인한 화재.

유 霹(벼락 진)

8획

雴	⑤ 13획	日リツ
	큰비 립	中chì, lì

풀이 큰비.

雺	⑤ 13획	日モウ
	안개 몽	中wù

풀이 안개.

유 雰(안개 분) 霧(안개 무)

雹	⑤ 13획	日バク・ハク
	누리 박	中báo

풀이 누리. 우박.

雹凍(박봉) 우박과 얼음.
雹散(박산) 우박처럼 흩어짐.
雹霰(박선) 우박.

電	⑤ 13획	日テン
	번개 전	中diàn

一 ㄏ 𠂇 币 币 币 雨 雨 雨 雫 雷 雷 電

* 형성. 뜻을 나타내는 부수 '雨(비 우)'와 음을 나타내며 번갯불 모양을 본뜬 '申(아홉째 지지 신)'을 합친 글자. 이에 '번개', '우레'의 뜻으로 쓰임.

풀이 1. 번개. ¶電擊 2. 번쩍이다. 3. 전기. 4. 빠르다. 5. 밝게 살피다. 서신에서 남에 대한 경의를 표하는 말.

電激(전격) 번개처럼 세참.
電擊(전격) 번개처럼 바로 침.
電頃(전경) 번개가 번쩍하는 정도의 매우 짧은 시간.
電光石火(전광석화) 1)번개의 빛과 돌을 맞부딪쳐 튀는 불이라는 뜻으로, 일이 매우 신속함을 이르는 말. 2)짧은 시간을 비유하는 말.
電戟(전극) 번개처럼 빛을 내는 미늘창.
電力(전력) 전기의 힘.
電沫(전말) 번개와 물거품. 덧없음을 비유하는 말.
電滅(전멸) 번갯불처럼 홀연히 없어짐.
電母(전모) 천둥·번개를 주관하는 신(神).
電騖(전무) 번개처럼 달림.
電赴(전부) 번개처럼 빨리 달려감.
電閃(전섬) 1)번개. 2)번갯불처럼 번쩍임.
電影(전영) 1)번개. 2)영화(映畵).
電掣(전철) 1)번개가 번쩍임. 2)번개처럼 빠르게 끌어당김. 3)번개처럼 재빨리 지나감.
電燭(전촉) 1)번개처럼 빛남. 2)분명하게 살핌.
電鞭(전편) 번개.

需	⑥ 14획	
	❶구할 수	日ジュ・シュ・もとめる
	❷부드러울 연	中nuò, xū

一 ㄏ 𠂇 币 币 币 雨 雨 雨 雫 雫 雫 需 需

풀이 ■1 1. 구하다. 바라다. ¶需要 2. 요구. 청구. 3. 기다리다. 4. 주저하다. 머뭇거리다. 5. 쓰다. 사용하다. 6. 공급하다. 7. 괘 이름. 64괘 중 하나. ■2 8. 부드럽다. 연하다. ¶需弱

需事之賊(수사지적) 일에 대해 머뭇거리는 것은 그 일을 성취할 수 없게 함.
需要(수요) 1)필요해서 구함. 2)재물에 대한 욕망.
需用(수용) 필요하여 얻고자 함. 소용됨. 또는 그 물품.
需弱(연약) 약함. 나약(懦弱).

유 求(구할 구) 비 儒(선비 유)

霸	⑥ 14획	日ウ
	물소리 우	中yù

풀이 물소리. 물이 흐르는 소리.

雿	⑥ 14획	日チョウ
	어두울 조	中diào

풀이 어둡다.

유 暗(어두울 암)

霊	⑦ 15획
	靈(p1526)의 俗字

霉	⑦ 15획	日マイ
	매우 매	中méi

풀이 매우(梅雨). 장마.

霉爛(매란) 곰팡이로 인해 썩음.
霉濕(매습) 장마로 눅눅함.

霂	⑦ 15획	日モク
	가랑비 목	中mù

풀이 가랑비.

䨜 ⑦ 15획
霰(p1525)과 同字

霄 ⑦ 15획
❶하늘 소 日ショウ·そら
❷닮을 초 中xiāo

풀이 1 1. 하늘. ¶霄客 2. 진눈깨비. 싸라기눈. 3. 밤. 4. 구름. 5. 구름기. 태양 곁에 나타나는 운기(雲氣). 2 6. 닮다. 비슷하다.

霄客(소객) 하늘에서 온 손님이라는 뜻으로, 천인(天人)·신선 등을 이르는 말.
霄嶺(소령) 하늘에 우뚝 솟은 산.
霄半(소반) 하늘의 한복판. 천반(天半).
霄壤(소양) 1)하늘과 땅. 2)차이가 심함을 이르는 말.
霄元(소원) 하늘.
霄月(소월) 하늘 가운데 뜬 달.
霄峙(소조) 높고 험준한 모양.
霄峙(소치) 하늘 높이 솟음.
霄漢(소한) 하늘.

비 宵(밤 소)

霅 ⑦ 15획
❶번개칠 잡 日ソウ·ショウ·コウ
❷빛날 합 中shà, zhá
❸빗소리 읍
❹흩어질 삽

풀이 1 1. 번개가 치다. 2. 떠들다. 떠드는 소리. 3. 빠르다. 2 4. 빛나다. 반짝이다. 3 5. 빗소리. 4 6. 흩어지다. 7. 비가 내리다.

霅然(삽연) 흩어지는 모양.
霅曄(잡엽) 번개가 치는 것처럼 빠른 모양.
霅霅(1.잡잡/2.삽삽) 1)㉠번개치는 모양. ㉡떠들썩함. 2)비가 내리는 모양.
霅煜(합욱) 빛나는 모양. 또는 매우 강한 모양.

霆 ⑦ 15획 日テイ·いなずま
천둥 소리 정 中tíng

풀이 1. 천둥 소리. 2. 번개. 3. 떨다. 진동하다. 4. 세차고 빠르다.

霆激(정격) 번개처럼 격렬하게 일어남.
霆擊(정격) 번개처럼 단숨에 침.
霆震(정진) 1)번개가 번쩍임. 2)번개처럼 격렬하게 떨침.

震 ⑦ 15획
❶벼락 진 日シン·ふるう
❷아이 밸 신 中zhèn

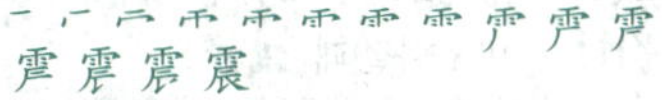

* 형성. 뜻을 나타내는 부수 '雨(비 우)'와 음을 나타내며 '진동하다'의 의미를 지닌 '辰(별 이름 진)'을 합친 글자. 사물을 진동케 하는 천둥을 나타내어, '진동케 하다'의 뜻으로 쓰임.

풀이 1 1. 벼락. 천둥. ¶震雷 2. 벼락치다. 3. 흔들리다. 진동하다. 4. 떨다. 두려워서 떨다. ¶震驚 5. 놀라다. 놀래다. 6. 떨치다. 위세가 널리 퍼지다. 7. 지진. 8. 위엄. 위세. 9. 괘 이름. ㉠8괘 중 하나로, 계절로는 봄, 방위로는 동을 상징함. ㉡64괘 중 하나로, 만물이 발동하는 상(象). 2 10. 아이를 배다. 임신하다.

震撼(진감) 진동하여 움직임.
震驚(진경) 두려워하고 놀람. 위협하여 놀라게 함.
震懼(진구) 두려움에 떪. 떨며 두려워함.
震怒(진노) 1)하늘의 성냄. 2)천자의 노여움.
震怛(진달) 위세를 떨쳐 놀라게 함.
震悼(진도) 천자가 신하의 죽음을 슬퍼함.
震雷(진뢰) 울리는 천둥.
震服(진복) 두려워 떨며 복종함.
震憤(진분) 몸을 떨며 화를 냄.
震懾(진섭) 떨며 두려워함.
震騷(진소) 놀라 허둥댐.
震悚(진송) 두려워하며 몸을 떪.
震域(진역) 지진의 진동을 느낄 수 있는 지역.
震畏(진외) 떨며 두려워함.
震搖(진요) 흔들려 움직임. 또는 흔들어 움직이게 함.
震慄(진율) 두려워 떪.
震災(진재) 지진으로 인한 재앙.
震霆(진정) 1)번개. 2)천둥.
震震(진진) 1)진동하는 모양. 2)빛이 밝은 모양. 3)성대한 모양.
震天動地(진천동지) 천지를 진동시킴.
震疊(진첩) 떨며 두려워함.
震盪(진탕) 흔들려 움직임.
震汗(진한) 두려워 땀이 남.
震駭(진해) 놀라고 두려워함.
震赫(진혁) 세력이 떨치고 빛남.

震惶(진황) 떨며 두려워함. 전황(戰惶).

유 雷(우뢰 뢰) 비 振(떨칠 진)

霃 ⑦ 15획 日シン
흐릴 침 中chén

풀이 흐리다. 날씨가 오랫동안 흐리다.

霈 ⑦ 15획 日ハイ
비 쏟아질 패 中pèi

풀이 1. 비가 쏟아지다. 2. 흐르다. 물이 흐르는 모양. 3. 젖다. 적시다.

霈然(패연) 비가 쏟아지는 모양.

霈然之恩(패연지은) 비가 세차게 오는 것처럼 그칠 사이 없이 내리는 은혜.

霈霈(패패) 물이 세차게 흐르는 소리.

霍 ⑧ 16획 日カク
빠를 곽 中huò

풀이 1. 빠르다. 신속하다. ¶霍奕 2. 갑자기. 3. 콩잎. 4. 사라지다. 흩어지다. 5. 나라 이름. 주나라의 제후국. 지금의 산서성(山西省) 곽주(霍州).

霍霍(곽곽) 1)칼날이 번쩍이는 모양. 2)소리가 빠른 모양.

霍亂(곽란) 더위에 음식이 체해 토사가 심한 급성 위장병.

霍閃(곽섬) 1)빛이 번쩍함. 2)번개.

霍焉(곽언) 없어지는 모양.

霍然(곽연) 갑자기 사라지는 모양.

霍奕(곽혁) 빠른 모양.

霍濩(곽확) 성대한 모양.

비 雷(우뢰 뢰)

霖 ⑧ 16획 日リン·ながあめ
장마 림(임) 中lín

풀이 장마.

霖淖(임뇨) 비가 그치지 않아 질퍽거림.

霖瀝(임력) 장마가 짐.

霖潦(임료) 장마로 인하여 물이 넘침.

霖霖(임림) 비가 멈추지 않는 모양.

霖濕(임습) 장마 때의 습기.

霖雨(임우) 1)장마. 2)단비. 3)은택(恩澤).

유 霔(장마 주)

霏 ⑧ 16획 日ヒ
눈비 내릴 비 中fēi

풀이 1. 눈 · 비가 세차게 내리다. ¶霏微 2. 연기가 오르는 모양. 3. 구름이 이는 모양. 4. 이슬이 많은 모양.

霏微(비미) 비 · 눈 등이 내리는 모양.

霏霏(비비) 1)비나 눈이 내리는 모양. 2)미세한 것이 날리는 모양. 3)서리나 이슬이 많이 내린 모양. 4)구름이 이는 모양. 5)풀이 무성한 모양. 6)이야기가 길게 이어지는 모양. 7)번개가 번쩍이는 모양.

霏解(비해) 산산이 부서짐. 산산조각이 남.

霎 ⑧ 16획 日ソウ·ショウ·こさめ
❶가랑비 삽 ❷비 올 삼 中shà

풀이 ❶ 1. 가랑비. 이슬비. 2. 빗소리. 3. 잠시. ¶霎時 ❷ 4. 비가 오다.

霎霎(삽삽) 1)바람 부는 소리. 2)비 오는 소리.

霎時(삽시) 잠깐 동안. 잠시.

霎雨(삽우) 가랑비. 또는 잠시 오고 그치는 비.

霓 ⑧ 16획 日ゲイ·にじ
무지개 예 中ní

풀이 무지개.

霓裳(예상) 무지개를 의복에 비유하여 이르는 말. 신선의 옷을 이름.

霓衣(예의) 무지개처럼 아름다운 신선의 옷.

霓旌(예정) 무지개처럼 아름다운 기.

유 虹(무지개 홍)

霒 ⑧ 16획 日イン
흐릴 음 中yīn

풀이 흐리다. 구름이 끼어 날씨가 흐리다.

유 濁(흐릴 탁)

霑 ⑧ 16획 日テン·うるおう
젖을 점 中zhān

풀이 1. 젖다. 적시다. ¶霑灑 2. 은혜를 입다. 은혜를 베풀다.

霑灑(점쇄) 적셔 깨끗이 씻음.

霑渥(점악) 물에 젖음.

霑汙(점오) 젖어 더러워짐.
霑漬(점지) 젖음. 또는 적심.
霑醉(점취) 술에 젖는다는 뜻으로, 몹시 취함을 이르는 말.
霑汗(점한) 땀이 뱀.

霔	⑧ 16획 장마 주	日ジュウ 中zhù

풀이 1. 장마. 2. 시우(時雨). 때맞춰 오는 비.

유 霖(장마 림)

霋	⑧ 16획 갤 처	日サイ·はれる 中qī

풀이 1. 개다. 날씨가 맑게 개다. 2. 구름이 떠 가는 모양.

유 晴(갤 청)

霜	⑨ 17획 서리 상	日ソウ·しも 中shuāng

* 형성. 뜻을 나타내는 부수 '雨(비 우)'와 음을 나타내는 '相(서로 상)'을 합친 글자.

풀이 1. 서리. ¶霜降 2. 세월. 해. 3. 희다. 수염이나 머리가 세어 희다. 4. 날카롭다. 5. 차갑다. 6. 엄하다. 7. 깨끗한 절개의 비유. 8. 흰 가루.

霜降(상강) 1)서리가 내림. 2)24절기(節氣)의 열여덟째 절기. 양력 10월 22~23일경. 서리가 오기 시작함.
霜劍(상검) 날이 시퍼런 칼.
霜戈(상과) 날이 시퍼런 창(槍).
霜禽(상금) 서리를 맞은 새란 뜻으로, 겨울새를 비유하는 말.
霜氣(상기) 1)서리의 찬 기운. 2)사람의 엄격한 기상(氣象).
霜羅(상라) 서리처럼 흰 비단.
霜烈(상렬) 서리처럼 엄함.
霜林(상림) 서리를 맞은 숲. 단풍이 든 숲.
霜毛(상모) 서리처럼 흰 털.
霜眉(상미) 흰 눈썹. 노인의 눈썹.
霜蓬(상봉) 서리를 맞은 쑥. 백발(白髮)을 이르는 말.
霜鋒(상봉) 서릿발같이 날카로운 창끝.
霜雪(상설) 1)서리와 눈. 2)마음이 엄격하고 결백함.
霜鬚(상수) 서리처럼 흰 수염.
霜信(상신) 기러기의 다른 이름. 기러기와 때를 같이하여 서리가 오기에 이르는 말.
霜髥(상염) 흰 수염.
霜葉(상엽) 서리 맞은 단풍.
霜月(상월) 1)서리 내리는 밤의 달. 2)음력 7월의 다른 이름.
霜威(상위) 1)서리가 초목을 죽이는 위엄. 2)엄한 위엄.
霜節(상절) 서릿발 같은 절개. 굳은 절조.
霜操(상조) 서리와 같이 굳센 지조(志操).
霜天(상천) 서리가 내리는 하늘.
霜楓(상풍) 서리 맞은 단풍잎.
霜花(상화) 서리를 꽃에 견주어 이른 말.

霙	⑨ 17획 ❶진눈깨비 영 ❷흰구름 앙	日エイ·ヨウ·みぞれ 中yīng

풀이 1 1. 진눈깨비. 2. 싸라기눈. 2 3. 흰구름.

霠	⑨ 17획 흐릴 음	日イン 中yīn

풀이 흐리다. 구름이 끼다.

霞	⑨ 17획 노을 하	日カ·ゲ·かすみ 中xiá

풀이 1. 노을. ¶霞徑 2. 멀다. 3. 새우. 4. 요염하다. 아름답다.

霞徑(하경) 노을이 낀 작은 길.
霞光(하광) 노을.
霞氛(하분) 동쪽의 붉은 구름 기운.
霞想(하상) 자연을 노니는 생각.
霞觴(하상) 신선이 쓴다는 술잔. 아름다운 술잔.
霞衣(하의) 1)노을을 옷에 비유하여 이르는 말. 2)신선의 옷. 3)아름다운 비단 옷. 또는 붉은 옷.
霞燦(하찬) 저녁놀이 맑고 산뜻한 일.
霞帔(하피) 1)지체 높은 집안의 부인 예복에, 목에서 앞가슴에 걸쳐 덧입던 것. 2)노을 무늬를 수놓은, 도사(道士)들이 입는 옷. 3)춤추는 사람 옷의 화려하고 가벼운 모양.

霤	⑩ 18획 낙숫물 류	日リュウ·あまだれ 中liù

풀이 1. 낙숫물. 2. 낙수받이. 3. 물이 흐르다. 4. 물방울. 5. 처마. 6. 방. 빈 방.

霤水足以溢壺榼(유수족이일호합) 낙숫물도 모이면 항아리와 독을 가득 채울 수 있다는 뜻으로, 작은 것도 쌓이면 크게 됨을 이르는 말. 티끌 모아 태산.

霤槽(유조) 낙숫물을 받는 통.

霢	⑩ 18획	日ミャク
	가랑비 맥·멱	中mài

풀이 가랑비.

雱	⑩ 18획
	滂(p755)과 同字

霣	⑩ 18획	
	❶ 떨어질 운	日イン·キン
	❷ 우레 곤	中yǔn

풀이 1 1. 떨어지다. 추락하다. 2. 구름이 비를 몰아오다. 3. 죽다. 4. 비(雨). 2 5. 우레. 우레가 치다.

비 雭(번개 칠 잡)

霧	⑪ 19획	日ム·ブ·きり
	안개 무	中wù

* 형성. 뜻을 나타내는 부수 '雨(비 우)'와 음을 나타내며 덮는다는 의미를 지닌 '務(힘쓸 무)'를 합친 글자. 이에 공중을 덮는 수증기를 나타내어, '안개'의 뜻으로 쓰임.

풀이 1. 안개. ¶霧露 2. 안개가 자욱하다. 3. 어둡다. 4. 흩어짐의 비유. 5. 가볍고 부드러움의 비유. 6. 밀집함의 비유.

霧縠(무곡) 가볍고 엷은 주름진 비단.

霧氣(무기) 안개가 낀 기운. 또는 안개.

霧露(무로) 1)안개와 이슬. 2)질병을 이르는 말.

霧鬢(무빈) 안개와 같은 머리. 머리카락이 아름다움을 이름.

霧塞(무색) 안개가 끼어 어두움.

霧消(무소) 안개처럼 사라짐.

霧袖(무수) 엷은 비단 소매.

霧笛(무적) 짙은 안개 속에서 울리는 선박(船舶) 등의 경적(警笛) 소리.

霧壑(무학) 안개 낀 골짜기.

霧曉(무효) 안개 낀 새벽.

유 雺(안개 몽) 雰(안개 분) 비 露(이슬 로)

霦	⑪ 19획	日ビン·ヒン
	옥 광채 빈	中bīn

풀이 옥(玉)의 광채. 옥의 빛나는 빛깔.

霫	⑪ 19획	日シュウ
	비 올 습	中xí

풀이 1. 비가 오다. 비가 오는 모양. 2. 나라 이름. 흉노(匈奴)의 한 갈래가 세운 나라.

霨	⑪ 19획	
	구름 일어나	日イ
	는 모양 위	中wèi

풀이 구름 일어나는 모양. 구름이 피어오르는 모양.

霪	⑪ 19획	日イン·ながあめ
	장마 음	中yín

풀이 장마.

霪霖(음림) 음우(霪雨).

霪雨(음우) 장마. 음우(淫雨).

유 霔(장마 주) 霖(장마 림)

霩	⑪ 19획	日カク
	휑할 확	中kuò

풀이 휑하다.

霮	⑫ 20획	
	구름 많이	日タン·ダン
	낀 모양 담	中dàn

풀이 1. 구름이 많이 낀 모양. 2. 이슬이나 비가 많이 내린 모양.

露	⑫ 20획	日ロ·つゆ
	이슬 로(노)	中lòu, lù

* 형성. 뜻을 나타내는 부수 '雨(비 우)'와 음을 나타내며 '떨어지다'의 의미를 지닌 '路(길 로)'를 합친 글자. 떨어진 빗방울, 즉 '이슬'의 뜻으로 쓰임.

풀이 1. 이슬. ¶露雨 2. 적시다. 젖다. 3. 은혜를 베풀다. 은혜를 입다. 4. 나타나다. 나타내다. 드러나다. 드러내다. ¶露地 5. 고달프다. 고달프게 하다. 6. 사라지다. 허물어지다. 7. 허무하다. 8. 하찮다. 보잘것없다. 9.㊊ 러시아(露西亞)의 준말.

露車(노거) 덮개가 없이 드러난 수레.
露髻(노계) 상투를 노출함.
露骨(노골) 1)전쟁에서 죽어 뼈를 싸움터에 드러냄. 2)가식이 없이 진심을 드러냄.
露光(노광) 이슬 방울의 반짝이는 빛.
露根(노근) 뿌리가 땅 위로 드러난다는 뜻으로, 어려운 일을 만남을 이르는 말.
露臺(노대) 1)지붕이 없는 누대(樓臺). 임금이 하늘을 보던 곳. 영대(靈臺). 2)서양식 건축의 발코니(balcony).
露眠(노면) 길에서 잠을 잠.
露索(노색) 옷을 벗겨 조사함.
露跣(노선) 맨발.
露眼(노안) 튀어나온 눈.
露營(노영) 집바깥의 진영.
露雨(노우) 이슬과 비. 은혜가 두터움의 비유.
露才(노재) 재주를 세상에 드러냄.
露電(노전) 이슬과 번개란 뜻으로, 인생이 덧없이 빠름. 또는 시간의 신속함을 이르는 말.
露點(노점) 1)이슬이 맺힘. 2)대기 중의 수증기가 식어 액체로 응결하기 시작하는 때의 온도.
露店(노점) 길가에 내는 가게.
露井(노정) 덮개가 없는 우물.
露呈(노정) 사실을 밝힘.
露珠(노주) 이슬 방울.
露地(노지) 지붕으로 가리거나 덮지 않은 땅.
露體(노체) 알몸을 드러냄.
露草(노초) 이슬이 맺힌 풀.
露表(노표) 표면에 드러냄.
露見(노현) 1)명백히 드러남. 2)숨은 사실이 드러남.
露華(노화) 이슬의 반짝임. 이슬의 아름다움을 꽃에 견준 말.

비 霧(안개 무)

霰	⑫ 20획 싸라기눈 산	日 サン·セン·あられ 中 xiàn

풀이 싸라기눈.

霰雹(산박) 싸라기눈과 우박.
霰雪(산설) 싸라기눈. 진눈깨비.

	⑫ 20획 상서로운 구름 율	日 イツ 中 yù

풀이 1. 상서로운 구름. 2. 삼색(三色) 구름.

	⑬ 21획 滂(p755)과 同字

霹	⑬ 21획 벼락 벽	日 ヘキ 中 pī

풀이 1. 벼락. 천둥. 2. 벼락이 떨어지다.

霹靂(벽력) 1)벼락이 떨어짐. 2)천둥. 또는 천둥소리가 소란함.
霹靂車(벽력거) 옛날, 수레 안에서 돌을 쏘는 장치를 한 공격용의 수레.
霹靂手(벽력수) 재주가 많음. 또는 그런 사람.
霹碎(벽쇄) 맹렬하게 부서짐.

유 雷(우뢰 뢰) 靂(벼락 력)

霸	⑬ 21획 으뜸 패	日 ハ·はたがしら 中 bà

풀이 1. 으뜸. 우두머리. ¶霸者 2. 제일가다. 뛰어나다.

霸氣(패기) 1)패자(霸者)가 되려는 기세. 또는 재패하고자 하는 기상. 2)패기에 찬 야망(野望).
霸道(패도) 패자(霸者)의 도(道).
霸略(패략) 패자(霸者)가 되기 위한 책략.
霸府(패부) 패자가 황제 자리에 오르지 않고 왕으로 국가의 정사를 보는 곳.
霸夫(패부) 지략이 뛰어나고 패기가 있는 사람.
霸業(패업) 제후(諸侯)의 우두머리가 되는 사업. 천하를 통일하려는 대업.
霸王(패왕) 1)패자(霸者)와 왕자(王者). 2)우두머리.
霸王之器(패왕지기) 패왕다운 사람의 기량. 또는 패왕이 써야 할 방법.
霸者(패자) 1)제후의 우두머리. 2)제후를 통치하는 사람. 3)최고의 승리자.
霸迹(패적) 패자의 위업의 자취.
霸朝(패조) 패자의 조정.

유 元(으뜸 원) 最(가장 최)

霾	⑭ 22획	日ハイ
	흙비 올 매	中mái

풀이 흙비가 오다.

霾霧(매무) 흙비와 안개.

霾曀(매예) 흙비가 내려 하늘이 흐림.

霾翳(매예) 흙비로 가림.

霾晦(매회) 매예(霾曀).

霿	⑭ 22획	
	❶안개	日モウ・ム
	자욱할 몽	中méng
	❷인색할 무	

풀이 1 1. 안개가 자욱하다. 2 2. 인색하다. 아끼다. 3. 어둡다. 어리석다. 4. 안개.

霿亂(몽란) 어지럽게 안개가 자욱함.

霽	⑭ 22획	日セイ・はれる
	갤 제	中jì

풀이 1. 개다. 쾌청한 모양. 2. 풀다. 화가 풀리다.

霽景(제경) 쾌청한 경치.

霽氛(제분) 맑게 갠 분위기.

霽月光風(제월광풍) 비가 갠 뒤의 밝은 달과 맑은 바람.

霽威(제위) 화가 풀림. 화가 가라 앉음.

霽日(제일) 맑은 날.

霽朝(제조) 비가 갠 아침.

霽後(제후) 비가 갠 뒤.

유 晴(갤 청)

靂	⑯ 24획	日レキ
	벼락 력	中lì

풀이 벼락. 천둥.

유 霹(벼락 벽)

靈	⑯ 24획	日レイ・リョウ・たま
	신령 령	中líng

풀이 1. 신령. 신명. ¶靈境 2. 영혼. 혼백. 3. 마음. 생각. 4. 신령하다. 기이하다. 5. 영험하다. 6. 존엄. 7. 정성. 진심. 8. 행복. 은총. 9. 좋다. 아름답다.

靈駕(영가) 1)천자가 타는 수레. 2)견우와 직녀가 탄다는 용이 끄는 수레. 3)영혼.

靈鑑(영감) 1)뛰어난 식견. 2)하늘이 내려다 봄.

靈車(영거) 관을 실은 수레.

靈境(영경) 신령스런 경지. 또는 신을 섬기는 곳. 영지(靈地).

靈鼓(영고) 땅의 신에게 제사할 때 쓰던 북의 한 종류.

靈怪(영괴) 이상함. 또는 그런 사물.

靈宮(영궁) 황제의 대궐. 또는 신선의 궁전.

靈氣(영기) 신령스런 기운이나 효험.

靈壇(영단) 1)신을 제사지내는 단. 2)제사를 지내는 단.

靈堂(영당) 1)신을 모신 당. 2)사당(祠堂).

靈德(영덕) 신령스런 덕.

靈媒(영매) 신이나 죽은 사람의 영혼과 의사를 통하게 한다는 사람. 곧, 박수 · 무당 등.

靈命(영명) 1)하늘의 명령. 2)다른 사람의 명령의 높임말.

靈夢(영몽) 기이한 꿈. 영묘한 꿈.

靈妙(영묘) 신령스럽고 기묘함.

靈廟(영묘) 사당.

靈保(영보) 무당. 박수.

靈符(영부) 신령스런 부적.

靈祠(영사) 신성한 사당.

靈爽(영상) 1)매우 신령스럼. 불가사의(不可思議)함. 2)넋. 정신.

靈璽(영새) 황제의 옥새(玉璽)를 높이는 말.

靈瑞(영서) 신령스러운 조짐.

靈犀(영서) 신령스런 무소. 그 뿔 가운데에 구멍이 있어 양쪽이 서로 통하는 데서, 두 사람의 뜻이 자신들도 모르는 사이에 서로 통함을 이르는 말.

靈秀(영수) 뛰어나고 우수함.

靈獸(영수) 신령스러운 짐승. 기린 · 용 등.

靈辰(영신) 1)좋은 때. 2)경사스러운 날.

靈輿(영여) 1)황제의 수레. 2)천자의 상여.

靈曜(영요) 1)하늘. 2)태양.

靈耀(영요) 1)일월(日月). 2)신묘한 광채.

靈宇(영우) 절〔寺〕.

靈源(영원) 영묘한 근원. 곧, 마음.

靈應(영응) 1)신불의 영묘한 감응(感應). 2)신령스런 일을 알리는 증거.

靈異(영이) 신령스럽고 기이함.

靈姿(영자) 훌륭한 모습. 좋은 형체.

靈場(영장) 신령스럽고 신성한 곳.

靈跡(영적) 1)기적(奇跡)이 있었던 자취. 2)신불

에 관한 자취.

靈祭(영제) 죽은 이의 혼령에게 제사를 지냄.
靈祚(영조) 훌륭하고 좋은 복.
靈祖(영조) 뛰어난 덕이 있는 조상.
靈鳥(영조) 신령스러운 새. 봉황(鳳凰) 등.
靈知(영지) 신령스런 마음.
靈智(영지) 신령스런 지식. 뛰어난 슬기. 불가사의한 지혜. 영조(靈祚).
靈寵(영총) 신불(神佛) 등의 혜택.
靈畤(영치) 제사 지내는 곳.
靈品(영품) 진귀한 물품.
靈墟(영허) 사당 등이 있는 신령스러운 곳.
靈慧(영혜) 영묘한 지혜.

유 神(귀신 신) 仙(신선 선)

龗 ⑯ 24획 日ロウ
우렛소리 롱 中lóng

풀이 우렛소리.

靄 ⑯ 24획
구름 피어 오를 애·알 日アイ·もや 中ǎi

풀이 1. 구름이 피어오르다. 구름이 뭉게뭉게 피는 모양. 2. 노을. 3. 아지랑이. 4. 구름이나 연기가 자욱하게 낀 모양. 5. 눈이 오는 모양.

靄乃(애내) 노를 저으며 부르는 노랫소리. 뱃노래를 부르는 소리.
靄露(애로) 연무와 이슬.
靄靄(애애) 1)구름이나 안개 등이 자욱한 모양. 2)눈이 많이 내리는 모양. 3)화기애애한 모양.

靆 ⑯ 24획 日タイ
구름 낄 체 中dài

풀이 구름이 끼다. 구름이 잔뜩 낀 모양.

비 靉(구름 낄 애)

靃 ⑯ 24획
❶깃소리 확 日カク·スイ
❷풀 연약할 수 中huò, suǐ

풀이 1 1. 깃소리. 빗속에 새가 날아다니는 소리. 2 2. 풀이 연약한 모양. 3. 풀이 나부끼는 모양.

靃靡(수미) 1)풀이 연약한 모양. 2)풀이 나부끼는 모양.

靉 ⑰ 25획 日アイ
구름 낄 애·의 中ài, yǐ

풀이 1. 구름이 끼다. 구름이 성한 모양. 2. 모호하다. 어렴풋하다.

靉靉(애애) 1)구름이 많은 모양. 2)수목(樹木)이 무성한 모양.
靉靆(애체) 1)구름이 많은 모양. 2)구름이 해를 가리는 모양.
靉霼(의희) 1)구름이 낀 모양. 2)물체의 모양. 3)모호한 모양. 확실하지 않고 모호한 모양. 자세하지 않은 모양.

비 靆(구름 낄 체)

靑 부

靑 푸를 청 部

'靑' 자는 '生(날 생)'과 '丹(붉을 단)'을 합친 글자로, 초목의 싹[生]이 붉은빛[丹]을 띠고 돋아나 푸른빛으로 변한다 하여 '푸르다'라는 뜻을 갖게 되었다. 이 외에도 청사(靑史)에서처럼 '대나무의 푸른 겉껍질'이나, 대나무로 만든 책인 '죽간(竹簡)'을 뜻하기도 하고, 이팔청춘(二八靑春)에서처럼 '젊음'을 상징하는 뜻으로도 사용된다.

靑 ⓪8획 日セイ·ショウ·あおい
푸를 청 中qīng

一 = ‡ 丰 丰 青 青 靑

* 형성. 뜻을 나타내는 '丹(붉을 단)'과 음을 나타내는 '生(날 생)'을 합친 글자.

풀이 1. 푸르다. 푸른빛. 봄·동쪽·젊음·청년 등을 상징함. ¶靑天 2. 녹청(綠靑). 구리에 생긴 푸른색의 녹. 3. 대나무 겉껍질. 죽간(竹簡). 4. 땅 이름. 옛날 구주(九州)의 하나로, 지금의 중국 산동성(山東省) 지방임. 5. 고요하다. 조용하다.

靑果(청과) 채소·과일 등을 이르는 말.
靑丘(청구) 1)중국에서 우리나라를 부르는 말. 2)신선이 산다는 땅.
靑氣(청기) 푸른 기운.
靑旗(청기) 푸른색의 기. 안전 신호를 나타내는 기.
靑年(청년) 20~30세 전후의 젊은 사람. 젊은이.

靑潭(청담) 깊고 맑은 연못.
靑銅(청동) 동(銅)과 아연이 합하여 이루어진 금속.
靑藍(청람) 1)제자가 스승보다 뛰어남. 2)쪽의 잎에 들어 있는 천연적인 색소.
靑龍(청룡) 1)푸른 용. 2)사신(四神)의 하나로 동쪽을 지키는 신.
靑樓(청루) 1)푸른 칠을 한 누각. 2)미인이 있는 아름다운 누각. 3)화류계(花柳界) 여자들이 있는 집.
靑碧(청벽) 1)푸른 옥. 2)옥의 푸른색.
靑史(청사) 역사(歷史). 옛날에는 푸른 대나무 껍질에 역사적인 일을 기록했으므로 이르는 말.
靑山(청산) 1)수목이 무성한 산. 2)뼈를 묻는 산.
靑山流水(청산유수) 푸른 산과 흐르는 물. 말을 막힘없이 잘함을 비유하는 말.
靑孀(청상) 나이가 젊은 과부.
靑色(청색) 푸른색.
靑少年(청소년) 젊은이.
靑松(청송) 푸른 소나무.
靑娥(청아) 아름답고 젊은 사람. 미소녀(美少女).
靑蛾(청아) 1)푸르고 아름다운 눈썹. 2)미인을 이르는 말.
靑魚(청어) 1)청어과의 물고기. 2)푸른 빛깔을 띠는 물고기.
靑瓦(청와) 청기와.
靑雲(청운) 1)푸른 구름. 2)학문과 덕이 있고 명망이 높음을 이르는 말. 3)입신출세(立身出世)를 바라는 마음.
靑雲志(청운지) 1)출세하여 훌륭한 사람이 되고자 하는 마음. 2)속세를 떠나 은자(隱者)가 되고자 하는 마음.
靑瓷(청자) 고려(高麗) 때 만든 푸른 빛깔의 자기.
靑竹(청죽) 1)푸른 대나무 취죽(翠竹). 2)베어서 아직 마르지 않은 대.
靑天(청천) 푸른 하늘.
靑天白日(청천백일) 맑게 갠 하늘에서 밝게 비치는 해라는 뜻으로, 아무런 부끄러움이나 죄도 없고 결백함을 비유하는 말.

◎靑天白日(청천백일)의 유래

당나라의 대문호 한유가 그의 친구인 최군에게 보낸 편지 가운데 '푸른 하늘의 밝은 태양은 노비조차도 맑음과 밝음을 안다.'는 구절에서 유래한 고사로 여기서 '푸른 하늘의 맑은 태양'은 세상에서 아무런 부끄러움도 없는 최군의 인품을 뜻하는 말이다.

靑天霹靂(청천벽력) 맑은 하늘에 내리는 벼락. 갑작스럽게 생긴 일.
靑草(청초) 푸른 풀.
靑春(청춘) 1)봄. 2)청년.
靑苔(청태) 푸른 이끼.
靑太(청태) 푸른 콩.
靑袍(청포) 푸른 도포. 옥색 도포.
靑鶴洞(청학동) 땅 이름. 경상남도(慶尙南道) 지리산(智異山) 속에 있음.
靑海(청해) 푸르게 보이는 바다.

비 責(꾸짖을 책)

青	⓪8획 靑(p1527)과 同字

靖	⑤ 13획 편안할 정	日セイ・ジョウ・やすんじる 中jìng

풀이 1. 편안하다. 안정하다. ¶靖難 2. 조용하다. 고요하다 3. 다스리다. 처리하다. 4. 꾀하다. 5. 깨끗하다. 정결하다. 6. 정치하다. 자세하다.

靖嘉(정가) 조용하고 화락함.
靖恭(정공) 일에 힘쓰고 삼감.
靖匡(정광) 천하를 편안하게 다스림.
靖國(정국) 나라를 편안하게 다스림.
靖難(정난) 난리를 평정함.
靖亂(정란) 천하의 어지러움을 평정함.
靖邊(정변) 변방을 다스림.
靖綏(정수) 편안함. 또는 편안하게 함.
靖節(정절) 깨끗한 절개.
靖獻(정헌) 신하의 의무를 다하며 선왕(先王)의 영(靈)에 성의를 다하는 일.

유 寧(편안할 녕) 安(편안할 안)

靘	⑥ 14획 검푸른빛 정	日セイ・ショウ・あおぐろ 中qìng

풀이 1. 검푸른빛. 2. 그늘진 곳. 으슥한 곳. 3. 단장하다. 화장하여 꾸미다.

비 靜(고요할 정)

静	⑥ 14획 靜(p1529)의 俗字

靚	⑦ 15획 단장할 정	日セイ・ジョウ 中jìng, liàng

풀이 1. 단장하다. 화장하다. ¶靚飾 2. 정숙하다. 안존하다. 3. 고요하다. 조용하다. 4. 예를 갖추어 부르다.

靚飾(정식) 아름답게 단장함.
靚深(정심) 고요하고 깊숙함.
靚衣(정의) 아름답게 단장한 의복.

유 粧(단장할 장)

靜	⑧ 16획	日セイ·ジョウ·しずか
	고요할 정	中jìng

一 = ‡ 主 丰 青 青 青 青' 青' 青' 靑' 靜' 靜 靜 靜

* 형성. 뜻을 나타내는 부수 '靑(푸를 청)'과 음을 나타내는 '爭(다툴 쟁)'을 합친 글자. 이에 다툼(爭)이 맑아진다(靑) 하여 '고요하다'의 뜻으로 쓰임.

풀이 1. 고요하다. 조용하다. ¶靜然 2. 조용하게 하다. ¶靜治 3. 정숙하다. 얌전하다. 4. 깨끗하다. 맑다. 5. 쉬다. 휴식하다. 7. 따르다. 복종하다. 7. 꾀하다.

靜嘉(정가) 고요하고 좋음.
靜居(정거) 조용히 삶.
靜觀(정관) 조용히 살핌.
靜氣(정기) 1)맑은 기운. 2)기운을 가라앉힘.
靜女(정녀) 정숙하고 절개가 굳은 여자.
靜樂(정락) 조용하게 즐김.
靜默(정묵) 조용하고 말이 없음.
靜物畵(정물화) 인물화·풍경화에 대하여 꽃·과일·물건 등을 소재로 하여 그린 그림. 정물(靜物).
靜謐(정밀) 1)편안하고 고요함. 2)세상이 조용함.
靜思(정사) 조용히 생각함. 정려(靜慮).
靜舍(정사) 절. 사찰.
靜攝(정섭) 정양(靜養).
靜修(정수) 마음을 고요하게 하여 학문과 덕을 닦음.
靜淑(정숙) 마음이 고요하고 행실이 조신함.
靜肅(정숙) 고요하고 엄숙함.
靜心(정심) 고요한 마음. 또는 마음을 진정함.
靜養(정양) 심신을 평안하게 하여 병을 치료함. 정섭(靜攝).
靜言(정언) 1)조용함. 2)조용히 말함.
靜嚴(정엄) 고요하고 엄숙함. 정숙(靜肅).
靜然(정연) 조용한 모양. 고요한 모양.
靜淵(정연) 1)고요하고 깊은 못. 2)마음을 가라앉혀 깊이 꾀함.
靜穩(정온) 1)조용하고 평온함. 2)세상이 고요하여 일이 없음.
靜意(정의) 뜻을 조용하게 함. 또는 안정된 마음.
靜躁(정조) 고요함과 시끄러움.
靜治(정치) 조용하게 다스림.
靜泰(정태) 고요하고 편안함.
靜和(정화) 마음이 조용하고 온화함.

유 禪(고요할 선) 寂(고요할 적)

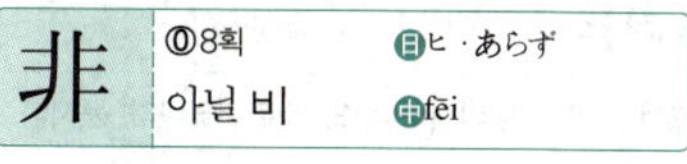

非 아닐 비 部

'非'자는 새의 두 날개가 각기 다른 방향으로 펼쳐진 모양을 본뜬 글자로, 두 날개가 서로 엇갈리게 등지기 때문에 위배됨을 나타내어 '아니다'라는 부정의 뜻을 가진다. 또한 시비(是非)에서처럼 '그르다'라는 의미나, 비난(非難)처럼 '헐뜯다', '비방하다'라는 의미로도 쓰이는데, 부수로서의 역할은 거의 하지 않는다.

非	⓪ 8획	日ヒ·あらず
	아닐 비	中fēi

丿 丿 扌 扌 扌 非 非 非

* 상형. 새의 좌우로 벌린 날개를 본뜬 글자. '배반하다', '아니다'의 뜻으로 쓰임.

풀이 1. 아니다. 부정의 뜻. ¶非類 2. 없다. 3. 어긋나다. 위배되다. 4. 헐뜯다. 비방하다. ¶非難 5. 나무라다. 책망하다. 6. 거짓. 가짜. 7. 그르다. 옳지 않다. 8. 나쁘다. 사악하다. 9. 잘못되다. 10. 허물. 과실. 11. 어찌…가 아니겠느냐.

非據(비거) 있을 곳이 아니라는 뜻으로, 능력이 없는 사람이 높은 지위에 등용됨을 이르는 말.
非公開(비공개) 여러 사람에게 공개하지 않음.
非器(비기) 그 일에 맞는 인물이 못됨.
非難(비난) 남의 잘못을 욕함. 비방함.
非但(비단) 다만. 부정의 경우에 쓰임.
非禮(비례) 예의에 어긋남.
非類(비류) 동류가 아님. 또는 같은 종족(種族)이 아님.
非理(비리) 도리에 맞지 않음.
非望(비망) 1)자신의 상황에 맞지 않은 희망. 2)기대하지 않음.
非賣品(비매품) 일반 사람에게 팔지 않는 물품.
非命(비명) 1)하늘의 뜻을 어김. 2)횡사(橫死). 갑자기 죽음.
非命橫死(비명횡사) 뜻밖의 재변으로 죽음.
非夢似夢(비몽사몽) 꿈인지 생시인지 구별이 안

가는 어렴풋한 때.
非凡(비범) 보통이 아님. 뛰어남. 또는 그런 사람.
非法(비법) 법에 어긋남. 불법(不法).
非常(비상) 1)보통이 아님. 2)정상적인 상태가 아님.
非常金(비상금) 비상시를 위하여 마련된 돈.
非言(비언) 말해서는 안 됨.
非運(비운) 운이 없음. 불행.
非議(비의) 비방하여 논의함.
非義(비의) 도리에 맞지 않음.
非人間(비인간) 사람의 도리를 하지 못함.
非情(비정) 나무나 돌 등과 같이 희노애락(喜怒哀樂)의 정이 없음.
非行(비행) 그릇된 짓. 나쁜 짓.
유 不(아닐 부) 未(아닐 미) 반 是(옳을 시)

靠	⑦ 15획 기댈 고	日コウ 中kào

풀이 1. 기대다. 의지하다. 2. 서로 어긋나다. 등지다.
유 依(의지할 의)

靡	⑪ 19획 ❶쓰러질 미 ❷갈 마	日ビ・ミ・なびく 中mí, mǐ

풀이 1 1. 쓰러지다. 쓰러뜨리다. ¶靡傾 2. 멸하다. 멸망하다. 3. 없다. 4. 말다. 금지의 뜻. 5. 호사하다. 사치하다. 6. 화려하다. ¶靡麗 7. 다하다. 8. 물가. 9. 복종하다. 10. 나누다. 분할하다. 11. 낭비하다. 12. 연루되다. 2 13. 갈다.
靡傾(미경) 쓰러져 기울어짐.
靡勸(미권) 따르도록 권장함.
靡樂(미락) 즐겁지 않음.
靡爛(미란) 썩어 문드러짐.
靡拉(미랍) 꺾여 휘어짐.
靡麗(미려) 화려함.
靡寧(미령←미녕) 병으로 편안하지 못함.
靡曼(미만) 1)곱고 부드러운 피부. 2)문장의 아름다움을 비유하는 말.
靡靡(미미) 1)따르는 모양. 서로 따르는 모양. 2)목소리가 아름다움을 이르는 말. 3)천천히 걷는 모양. 4)다해 없어지는 모양.
靡薄(미박) 경박하며 독실하지 않음.
靡徙(미사) 1)스스로 억제하여 물리치는 일. 2)도(道)를 잃는 모양.
靡然(미연) 초목이 바람에 쏠리는 모양.
靡衣玉食(미의옥식) 아름다운 옷과 맛있는 음식.
靡衣媮食(미의투식) 아름다운 옷을 좋아하고 한 끼의 음식을 탐하며 장래를 생각하지 않음.
靡盡(미진) 모두 망함. 망하여 다함.
靡草(미초) 1)가지나 잎이 가는 풀. 냉이・꽃다지 등. 2)풀이 바람에 쏠림이라는 뜻으로, 덕이 널리 퍼짐을 이르는 말.
靡敝(미폐) 쇠약해짐. 약해서 무너짐.
비 摩(갈 마)

❖ 순 우리말처럼 쓰이는 한자어

- 하필(何必) : 어찌하여 반드시. 어째서 꼭.
- 물론(勿論) : 말할 것도 없이
- 무려(無慮) : 자그마치. 엄청나게
- 심지어(甚至於) : 심하게는.
- 별안간(瞥眼間) : 갑작스럽고 아주 짧은 동안.
- 도대체(都大體) : 도무지.
- 급기야(及其也) : 마지막에는. 마침내.
- 졸지에(猝地~) : 갑자기. 뜻밖에.
- 무심(無心) : 아무런 생각이 없음.
- 어차피(於此彼) : 이렇게 하든지 저렇게 하든지. ※ '於此於彼' 의 준말.
- 막강(莫强) : 더할 수 없이 강함.
- 막대(莫大) : 엄청나게. ※ '莫大於此' 의 준말.
- 당연히(當然~) : 마땅히.
- 맹랑하다(孟浪~) : 매우 처리하기가 어렵다.
- 황당하다(荒唐~) : 말이나 행동이 참되지 않고 터무니없다.

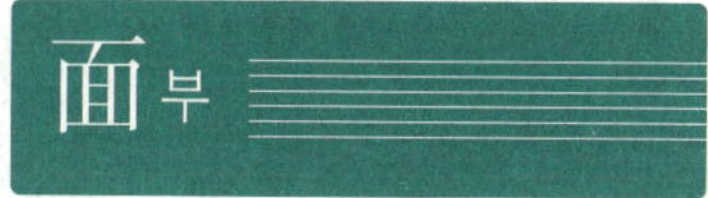

面부

面 낯 면 部

'面' 자는 얼굴 모양을 본뜬 글자로, '얼굴'이라는 뜻을 나타낸다. 얼굴이 겉으로 보이기 때문에 '표면'을 나타내기도 하고, 어디로 면해 있다는 의미에서 '향하다', '방향', '방면'의 뜻으로도 쓰인다.

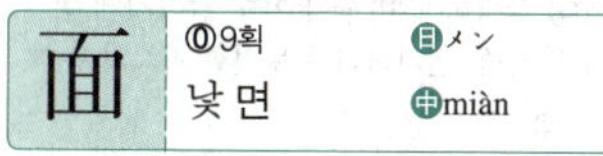

面 ⓪9획 日メン
낯 면 中miàn

一 丆 丆 丙 而 而 而 而 面

* 상형. 사람의 얼굴을 본뜬 글자. 후에 물건의 '거죽', '얼굴을 향하다' 등의 뜻을 나타냄.

풀이 1. 낯. 얼굴. 표정. ¶面色 2. 앞. 전면. 3. 겉. 표면. 4. 쪽. 방향. 5. 향하다. 6. 탈. 가면. ¶假面 7. 면전. 얼굴 앞. 눈앞. 8. 면. 도형의 한 요소. 평면·곡면 등. ¶曲面 9. 만나다. 뵙다. ¶面對 10. 등지다. 얼굴을 돌리다. 11.韓 행정 구역의 하나. ¶面長

面鏡(면경) 얼굴을 비추는 거울.
面談(면담) 얼굴을 마주하여 이야기함.
面對(면대) 서로 얼굴을 마주 대함.
面刀(면도) 1)면도칼. 2)얼굴의 잔털을 깎는 일.
面面(면면) 각 방면.
面貌(면모) 얼굴의 모양.
面目(면목) 다른 사람을 대하는 체면.
面駁(면박) 얼굴 앞에서 논박함.
面壁(면벽) 선종(禪宗)의 승려가 도를 깨우치기 위해 벽(壁)을 보며 참선하는 일.
面不得(면부득) 대할 수 없음.
面色(면색) 1)얼굴빛. 2)얼굴의 생김새.
面識(면식) 서로 대면한 적이 있어 얼굴을 알 정도의 관계.
面長(면장) 면의 행정을 통할하고 집행하는 기관장.
面積(면적) 평면 또는 표면의 넓이.
面前(면전) 1)보는 앞. 2)직접.
面接(면접) 1)직접 만나 봄. 2)면접시험의 준말.
面從(면종) 보는 앞에서만 순종함.
面叱(면질) 바로 대놓고 꾸짖음.
面責(면책) 얼굴을 마주 대하여 책망함.
面皮(면피) 1)낯가죽. 2)남을 대하는 면목.
面許(면허) 마주 대하고 허락함.
面會(면회) 면대하여 만나봄.
假面(가면) 1)나무·종이 등으로 만든 얼굴의 형상. 탈. 2)거짓으로 꾸민 표정.
界面(계면) 1)경계를 이루는 면. 2)계면조(界面調)의 준말.
舊面(구면) 이전부터 알고 있는 사람.
對面(대면) 1)얼굴을 마주 보며 대함. 2)다면체의 서로 대하고 있는 면.
顔面(안면) 1)얼굴. 2)서로 얼굴을 알고 지내는 정도의 친분. 면식(面識).

유 顔(얼굴 안)

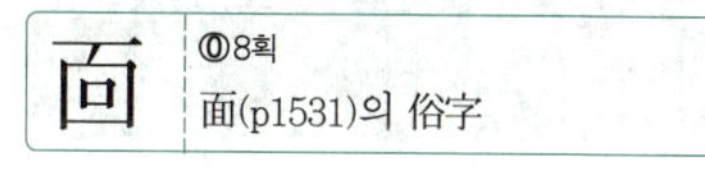

靣 ⓪8획
面(p1531)의 俗字

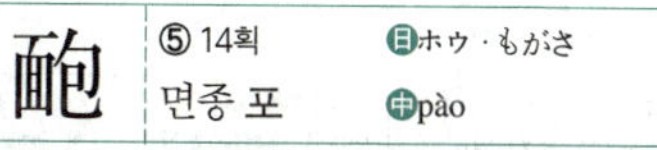

靤 ⑤14획 日ホウ·もがさ
면종 포 中pào

풀이 면종(面腫). 얼굴에 나는 온갖 부스럼.

䩉 ⑦16획 日ホ·ブ
뺨 보 中fǔ

풀이 1. 뺨. 양쪽 볼. 2. 광대뼈.

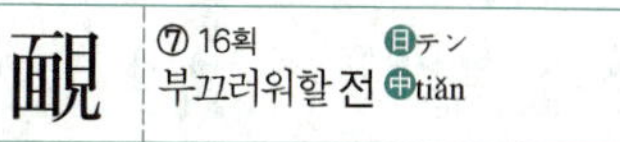

靦 ⑦16획 日テン
부끄러워할 전 中tiǎn

풀이 1. 부끄러워하다. ¶靦愧 2. 빤히 쳐다보다. 뻔뻔스러운 모양. ¶靦臉

靦臉(전검) 뻔뻔한 낯. 후안(厚顔). 철면피(鐵面皮).
靦愧(전괴) 부끄러워 얼굴을 붉힘.
靦懼(전구) 부끄럽고 송구스러움.
靦冒(전모) 부끄러워함.
靦顔(전안) 1)뻔뻔한 낯. 2)부끄러워하는 얼굴.
靦然(전연) 뻔뻔스러운 모양.
靦汗(전한) 부끄러워 흘리는 땀.

유 恥(부끄러워할 치)

靧 ⑫21획 日カイ
세수할 회 中huì

풀이 세수하다. ¶靧面

靧粱(회량) 기장쌀 밥물로 세수함.
靧面(회면) 세수함. 낯을 씻음.

유 洗(씻을 세) 浴(목욕할 욕)

靨	⑭ 23획 ❶ 보조개 엽 日ヨウ·えくぼ ❷ 사마귀 염 中yè

풀이 1 1. 보조개. 볼우물. ¶靨輔 2 2. 사마귀.

靨輔(엽부) 보조개.

靨笑(엽소) 보조개를 지으며 웃음.

9획

革 부

革 가죽 혁 部

'革' 자는 털을 제거한 동물 가죽을 뜻하는 글자로, '가죽' 을 나타낸다. 또한 의미가 확대되어 개혁(改革)에서처럼 '고치다' 라는 뜻을 나타내기도 한다. 이 글자를 부수로 갖는 글자는 가죽으로 만들어진 물건과 관련이 있다.

革	⓪9획 ❶ 가죽 혁 日カク·キョク·かわ ❷ 중해질 극 中gé, jí

一 十 廾 廿 廿 芇 苩 苩 革

*상형. 가죽을 손으로 벗기고 있는 모양을 본뜬 글자. 이에 '가죽' 을 나타내며, 바뀌어 '고치다', '새롭게 하다' 의 뜻을 나타냄.

풀이 1 1. 가죽. 털을 벗긴 짐승 가죽. ¶革帶 2. 가죽으로 만든 갑옷·투구. 3. 북. 가죽 악기. 팔음(八音)의 하나. 4. 날개. 5. 고치다. ¶革新 6. 경계하다. 7. 괘 이름. 64괘의 하나. 2 8. 중해지다. 위급해지다.

革甲(혁갑) 갑옷.

革改(혁개) 개혁(改革).

革故(혁고) 현실과 맞지 않는 제도나 법령 등을 새롭게 고침.

革囊(혁낭) 가죽으로 만든 주머니.

革帶(혁대) 가죽으로 만든 띠.

革命(혁명) 1)이전의 왕위 계승을 뒤집고 다른 왕통이 대신하여 통치자가 되는 일. 2)비합법적 수단으로 국가·정치 체제를 변혁하는 일. 3)급격한 변혁이 일어나는 일.

革世(혁세) 왕조(王朝)가 바뀜. 혁대(革代).

革細工(혁세공) 가죽으로 섬세한 물건을 만드는 일. 혁공(革工).

革新(혁신) 오래된 풍속·습관·조직·방법 등을 바꾸어 새롭게 하는 일.

革正(혁정) 바르게 고침.

革砥(혁지) 면도칼의 날을 세우는 데 쓰는 가죽으로 된 띠. 가죽숫돌.

革進(혁진) 묵은 것을 고쳐 새로운 방향으로 나아감.

革質(혁질) 1)가죽 본래의 성질. 2)가죽처럼 질기고 튼튼한 성질.

革罷(혁파) 현실과 맞지 않는 오래된 제도·법령·기구 등을 없앰.

革鞭(혁편) 가죽으로 만든 채찍.

革弊(혁폐) 폐단을 고쳐서 없앰.

變革(변혁) 급격하게 바꾸어 아주 달라지게 함.

皮革(피혁) 가죽. 날가죽과 무두질한 가죽의 총칭.

유 皮(가죽 피)

靪	② 11획 日テイ 기울 정 中dīng

풀이 깁다. 신창을 대고 수선하다.

靬	③ 12획 日カン 가죽 간 中jiān

풀이 1. 가죽. 마른 가죽. 2. 동개. 활집.

비 幹(줄기 간)

靭	③ 12획 韌(p1539)과 同字

靮	③ 12획 日テキ 고삐 적 中dí

풀이 고삐.

靫	③ 12획 日サイ·サ 전동 차·채 中chā, chāi

풀이 전동. 화살통.

靳	④ 13획 日キン·むながい 가슴걸이 근 中jìn

풀이 1. 가슴걸이. 마소의 가슴에 걸어 안장이나 멍에에 매는 가죽끈. ¶靳靮 2. 아끼다. 인색하다. ¶靳祕 3. 단단하다. 4. 욕보이다. 조롱하다.

靳固(근고) 아껴 비밀로 함.
靳祕(근비) 아깝게 여겨 남에게 숨김.
靳靷(근인) 가슴걸이.

유 靷(가슴걸이 인)

靸 ④ 13획 日ソウ・くつ
신 삽 中sǎ

풀이 1. 신. 어린이용 신, 또는 제사 지낼 때 신는 신발. ¶靸鞋 2. 가볍게 올라가는 모양. ¶靸然 3. 빠르게 달리는 모양. ¶靸霅

靸然(삽연) 가볍게 올라가는 모양.
靸霅(삽잡) 빨리 달리는 모양.
靸鞋(삽혜) 풀로 만든 신.

유 鞋(신 혜)

靷 ④ 13획 日イン・むながい
가슴걸이 인 中yǐn

풀이 가슴걸이. 마소의 가슴에 걸어 안장이나 멍에에 매는 가죽끈.

유 靳(가슴걸이 근)

靶 ④ 13획 日ハ
고삐 파 中bà

풀이 1. 고삐. 2. 자루. 손잡이. 3. 과녁.

靴 ④ 13획 日カ・くつ
신 화 中xuē

풀이 신. 가죽신. ¶靴笏

靴工(화공) 구두를 만드는 직공.
靴金(화금) 대문짝 아래의 돌쩌귀에 덧씌우는 쇠.
靴襪(화말) 버선.
靴板(화판) 신을 신고 널빤지를 쥔다는 뜻으로, 상관(上官)을 뵘을 이르는 말.
靴笏(화홀) 가죽신과 홀.
短靴(단화) 1)목이 짧은 구두. 2)굽이 낮은 여성용 구두.
長靴(장화) 비가 올 때나 말을 탈 때에 신는, 목이 길게 올라오는 신.
製靴(제화) 신발을 만듦.

유 鞋(신 혜)

鞂 ⑤ 14획 日カツ
볏짚 갈 中jiē

풀이 볏짚.

鞂席(갈석) 짚으로 짠 자리. 멍석.

鞃 ⑤ 14획
수레 앞 가로나무 감은 가죽 굉 日コウ 中hóng

풀이 수레 앞의 가로나무를 감은 가죽.

靼 ⑤ 14획
다룸 가죽 단・달 日タン・タツ 中dá

풀이 1. 다룸가죽. 부드럽게 무두질한 가죽. 2. 종족 이름. 달단(韃靼). 몽고족의 한 갈래.

鞀 ⑤ 14획 日トウ
땡땡이 도 中táo

풀이 땡땡이. 노도(路鼗). 북 양쪽에 가죽끈이 달려 있어서 자루를 쥐고 흔들면 소리를 내는 북. ¶鞀磬

鞀磬(도경) 땡땡이와 돌로 만든 악기.
鞀鞞鼓(도비고) 땡땡이와 소고(小鼓)와 대고(大鼓).

靺 ⑤ 14획 日マツ
버선 말 中mò

풀이 1. 버선. 2. 종족 이름. 말갈(靺鞨). 북방에 살던 종족.

유 袜(버선 말)

靽 ⑤ 14획 日ハン・きずな
밀치끈 반 中bàn

풀이 밀치끈. 밀치에 걸어 안장이나 길마를 잡아매는 끈.

鞊 ⑤ 14획 日ガイ・セツ
고삐 설 中yì

풀이 고삐.

9 획

鞅	⑤ 14획 가슴걸이 앙	日オウ・むながい 中yāng, yàng

* 형성. 뜻을 나타내는 부수 '革(가죽 혁)'과 음을 나타내는 '央(가운데 앙)'을 합친 글자.

풀이 1. 가슴걸이. 마소의 가슴에 걸어 안장이나 멍에에 매는 끈. ¶鞅勒 2. 뱃대끈. 마소의 배에 걸쳐 조르는 끈. 3. 원망하다. ¶鞅鞅 4. 짊어지다. ¶鞅掌

鞅勒(앙륵) 말의 가슴걸이와 재갈.
鞅鞅(앙앙) 불만을 품고 마음이 시뜻한 모양.
鞅掌(앙장) 일이 몹시 번거롭고 바쁨.

鞠	⑤ 14획 가죽신 요	日ヨウ 中yào

풀이 가죽신.

유 鞜(가죽신 탑)

靻	⑤ 14획 말굴레 조	日ソウ・タン 中zǔ

풀이 말의 굴레. ¶靻蹻

鞀	⑤ 14획 冑(p106)와 同字	

鞊	⑤ 14획 ❶ 안장 장식 첩 ❷ 말다래 점	日テツ・テン 中tié

풀이 ❶ 1. 안장의 장식. ❷ 2. 말다래. 안장 양쪽에 달아 진흙이 튀지 않도록 막는 물건.

鞄	⑤ 14획 혁공 포	日ホウ・ハク 中bào, páo

풀이 혁공(革工). 가죽을 무두질하는 사람.

鞁	⑤ 14획 가슴걸이 피	日ヒ・ビ 中bèi

풀이 1. 가슴걸이. 마소의 가슴에 걸어 안장이나 멍에에 매는 끈. 2. 고삐. 3. 안갑(鞍匣). 안장을 덮는 가죽.

비 詖(치우칠 피)

鞙	⑤ 14획 칼집 현	日ゲン 中xuàn

풀이 칼집.

유 鞞(칼집 병)

鞏	⑥ 15획 묶을 공	日キョウ・かたい 中gǒng

풀이 1. 묶다. 단단하게 가죽으로 묶다. 2. 단단하다. ¶鞏固 3. 겁내다.

鞏固(공고) 의지 등이 흔들림이 없음.
鞏膜(공막) 눈알의 바깥 벽을 둘러싼 희고 튼튼한 막. 눈의 흰자위 부분. 강막(剛膜).

비 鞪(투구 무)

鞉	⑥ 15획 노도 도	日トウ・ふりつづみ 中táo

풀이 노도(路鼗). 땡땡이. 북 양쪽에 가죽끈이 달려 있어서 자루를 쥐고 흔들면 소리를 내는 북.

鞉磬(도경) 땡땡이와 돌로 만든 악기. 도경(鞀磬).
鞉鼓(도고) 땡땡이. 노도(路鼗).

鞍	⑥ 15획 안장 안	日アン・くら 中ān

* 형성. 뜻을 나타내는 부수 '革(가죽 혁)'과 음을 나타내는 '安(편안할 안)'을 합친 글자. 가죽(革)으로 편안하게(安) 탈 수 있도록 만든 '안장'의 뜻을 나타냄.

풀이 안장.

鞍匣(안갑) 안장 위를 덮는 헝겊.
鞍馬(안마) 1)안장을 얹은 말. 2)체조 경기의 한 종목.
鞍轡(안비) 안장과 고삐.
鞍裝(안장) 말 등의 등에 얹는 가죽으로 만든 물건. 사람이 탈 때 깔고 앉음.
鞍上(안상) 안장 위.
鞍銜(안함) 안장과 재갈.

유 鞌(안장 안)

鞌	⑥ 15획 안장 안	日アン 中ān

풀이 안장.

유 鞍(안장 안)

鞇 ⑥ 15획 日イン
자리 인 中yīn

풀이 자리. 수레에 까는 헝겊.

鞈 ⑥ 15획 日ケツ·ソウ·トウ
❶굳을 협 ❷북소리 탑 中gé, tà

풀이 1 1. 굳다. 단단하다. 2. 흉갑. 화살막이. 가죽을 겹쳐서 만든 갑옷의 일종. ¶鞈革 2 3. 북소리.
鞈匝(협잡) 겹겹이 둘러싼 모양.
鞈革(협혁) 흉갑. 화살막이.

鞋 ⑥ 15획 日アイ·カイ·ワイ·わらじ
신 혜 中xié

풀이 신. ¶鞋材
鞋韈(혜말) 신과 버선.
鞋痕(혜흔) 신발 자국.
유 靴(신 화)

鞎 ⑥ 15획 日キン·ギン
장식가죽 흔 中hén

풀이 장식 가죽. 수레 앞쪽에 장식으로 붙이는 가죽.

鞕 ⑦ 16획 日ケイ·かたい
단단할 경 中yìng

풀이 단단하다. 딱딱하다.
유 堅(굳을 견) 반 弱(약할 약)

鞔 ⑦ 16획 日マン·バン
신 만 中mán, mèn

풀이 1. 신. 2. 가죽을 팽팽하게 당겨 펴다. 3. 괴롭다. 답답하다.

鞓 ⑦ 16획 日テイ
가죽 띠 정 中tīng

풀이 가죽 띠. 혁대.

鞗 ⑦ 16획 日チョウ·たづな
고삐 조 中tiáo

풀이 고삐.
鞗革(조혁) 가죽으로 만든 고삐.
비 絛(가지 조)

鞘 ⑦ 16획 日ソウ·ショウ·さや
칼집 초 中qiào, shāo

풀이 1. 칼집. ¶鞘尾 2. 말채찍의 끝 장식.
鞘尾(초미) 칼집 끝에 씌운 두겁.

鞙 ⑦ 16획 日ケン
멍에 끈 현 中xuàn

풀이 1. 멍에 끈. 2. 패옥(佩玉)의 아름다운 모양. ¶鞙鞙
鞙鞙(현현) 패옥의 아름다운 모양.

鞚 ⑧ 17획 日コウ
재갈 공 中kòng

풀이 재갈. 가죽으로 만든 밀재갈.

鞠 ⑧ 17획 日キク·キュウ·まり
❶공 국 ❷궁궁이 궁 中jū

풀이 1 1. 공. 가죽공. ¶鞠域 2. 기르다. ¶鞠養 3. 굽히다. ¶鞠躬 4. 알리다. 고하다. ¶鞠旅 5. 국문하다. ¶鞠問 6. 곤궁하다. 궁하다. 7. 가득 차다. 많다. 8. 누룩. 9. 국화. 2 10. 궁궁이. 미나릿과의 다년초.
鞠決(국결) 죄인을 신문(訊問)하여 죄를 결정함.
鞠繫(국계) 죄를 조사함.
鞠躬(국궁) 존경의 뜻으로 몸을 굽힘.
鞠旅(국려) 출정하기 전에 병사들에게 고함.
鞠問(국문) 죄를 신문(訊問)함.
鞠按(국안) 죄를 자세하게 조사함.
鞠養(국양) 기름. 양육함.
鞠域(국역) 공놀이를 하는 곳.
鞠獄(국옥) 죄를 신문(訊問)하여 처벌함.
鞠子(국자) 어린아이.
鞠罪(국죄) 죄상을 신문(訊問)함.
鞠治(국치) 죄인을 신문(訊問)하여 다스림.
鞠劾(국핵) 죄를 신문하여 밝힘.

鞠凶(국흉) 재앙을 알림.
鞠戲(국희) 공차기 놀이.

輢 ⑧ 17획 日キ
굴레 기 中jī

풀이 굴레. 마소의 목에 고삐를 걸쳐 얽어매는 줄.

鞞 ⑧ 17획
❶칼집 병 日ヘイ・ヒ・さや
❷마상 북 비 中bǐng, pí

풀이 1 1. 칼집. ¶鞞琫 2 2. 마상 북. 말 위에서 치는 북.
鞞琫(병봉) 칼집.
鞞鼓(비고) 1)소고(小鼓)와 대고(大鼓). 2)공격할 때 말 위에서 치는 북.
鞞婆(비파) 비파(琵琶)의 다른 이름.
유 鞙(칼집 현)

鞛 ⑧ 17획 日ホウ
칼집 장식 봉 中běng

풀이 칼집의 장식.

鞳 ⑧ 17획 日イウ
가죽신 탑 中tà

풀이 가죽신.
유 鞠(가죽신 요)

鞨 ⑨ 18획 日カツ
종족 이름 갈 中hé

풀이 종족 이름. 말갈(靺鞨). 중국 북방에 살던 종족.

鞬 ⑨ 18획 日ケン
동개 건 中jiān

풀이 1. 동개. 활과 화살을 넣어 등에 지는 가죽 주머니. 2. 매다. 묶다. 3. 공.
鞬櫜(건고) 화살을 넣는 통과 활을 넣는 자루.
鞬服(건복) 전동(箭筒).
鞬子(건자) 납이나 주석을 닭 털로 싼 공.
鞬輈(건주) 수레의 끌채를 묶어 정지시킴.

鞫 ⑨ 18획 日キク
국문할 국 中jū

풀이 1. 국문하다. 심문하다. ¶鞫斷 2. 궁하다. 3. 다하다. 4. 물가.
鞫斷(국단) 죄인을 신문(訊問)하여 죄를 결정함.
鞫問(국문) 죄인을 신문함.
鞫實(국실) 사실을 빠짐없이 조사함.
鞫獄(국옥) 국문하여 처벌함.
鞫正(국정) 죄를 신문하여 바로잡음.
鞫廳(국청) 역적 등의 죄가 무거운 죄인을 신문하기 위하여 임시로 설치했던 관청.
鞫治(국치) 죄를 물어 다스림.

鞪 ⑨ 18획 日ボク・ボウ
투구 무 中móu, mù

풀이 투구.
비 鞏(묶을 공)

鞤 ⑨ 18획 日ホウ
신 가죽 방 中bāng

풀이 1. 신 가죽. 2. 신 가장자리를 꾸미다.

鞢 ⑨ 18획 日ショウ・チョウ
언치 섭 中xiè

풀이 1. 언치. 마소의 등에 덮는 방석・담요. 2. 꽃이 겹겹이 피어 있는 모양.

鞰 ⑨ 18획 日ウン
북장이 운 中yùn

풀이 북장이. 가죽을 다뤄 북을 만드는 장인.

鞮 ⑨ 18획 日テイ
가죽신 제 中dī

풀이 가죽신. ¶鞮屨
鞮屨(제구) 장식이 없는 가죽신.
鞮鍪(제무) 투구.

鞦 ⑨ 18획 日シュウ・しりがい
그네 추 中qiū

풀이 1. 그네. 2. 말치끈. 말치에 걸어 안장이나 길마에 잡아매는 끈.

鞦韆(추천) 그네.

유 韆(그네 천)

鞭	⑨ 18획 채찍 편	日 ベン・むち 中 biān

* 형성. 뜻을 나타내는 부수 '革(가죽 혁)'과 음을 나타내는 '便(편할 편)'을 합친 글자.

풀이 1. 채찍. 회초리. ¶鞭扑 2. 채찍질하다. ¶鞭笞 3. 형벌 이름.

鞭擊(편격) 채찍질함.
鞭棍(편곤) 1)쇠도리깨와 곤(棍). 2)쇠도리깨와 곤(棍)으로 하는 무예.
鞭撻(편달) 1)채찍질을 함. 2)잘못을 일깨워 주고 격려함.
鞭毛(편모) 원생동물이나 동식물의 정자 등에 나 있는 긴 털 모양의 기관.
鞭辟(편벽) 1)귀한 사람이 통행할 때, 앞선 사람이 채찍으로 길을 트는 일. 2)격려함.
鞭扑(편복) 1)채찍질. 편달(鞭撻). 매. 2)지난날, 장형(杖刑)에 쓰는 곤장의 하나.
鞭絲(편사) 채찍.
鞭聲(편성) 채찍질하는 소리.
鞭穗(편수) 채찍 등의 끝에 늘어뜨린 끈.
鞭長莫及(편장막급) 채찍이 길어도 말 배까지 닿지는 않는다는 뜻으로, 세력이 아무리 강해도 미치지 못하는 곳이 있음을 이르는 말.
鞭策(편책) 말채찍. 마편(馬鞭).
鞭捶(편추) 채찍질함. 또는 그 채찍.
鞭蟲(편충) 선충류 편충과의 선형동물에 속하는 기생충의 한 가지.
鞭笞(편태) 1)회초리. 2)매질함.

유 策(채찍 책)

鞲	⑩ 19획 韝(p1540)와 同字

鞱	⑩ 19획 韜(p1540)와 同字

鞶	⑩ 19획 큰 띠 반	日 ハン・バン・おおおび 中 pán

풀이 1. 큰 띠. 큰 가죽 허리띠. ¶鞶帶 2. 작은 가죽 주머니.

鞶囊(반낭) 끝에 대구(帶鉤)가 달린 큰 띠.
鞶帶(반대) 가죽으로 만든 큰 띠.

비 盤(소반 반)

鞴	⑩ 19획 ❶풀무 비 ❷전동 보	日 ビ・フク・ふいごう 中 bèi

풀이 ❶ 1. 풀무. ❷ 2. 전동. 화살을 넣는 통.

鞨	⑩ 19획 신 기울 액	日 アク・ガク 中 é

풀이 1. 신을 깁다. 2. 신코. 신의 머리.

鞳	⑩ 19획 종고 소리 탑	日 トウ 中 tà

풀이 종고(鐘鼓) 소리.

鞵	⑩ 19획 신 혜	日 カイ・ガイ 中 xié

풀이 신.

유 鞋(신 혜)

鞹	⑪ 20획 가죽 곽	日 カク・つくりがわ 中 kuò

풀이 1. 가죽. 무두질한 가죽. 2. 생가죽.

鞺	⑪ 20획 종고 소리 당	日 トウ 中 tāng

풀이 종고(鐘鼓) 소리.

鞺鞳(당탑) 종고 소리.

鞻	⑪ 20획 주나라 악관 이름 루	日 ルイ 中 lóu

풀이 주(周)나라 악관(樂官) 이름.

비 樓(다락 루) 縷(실 루) 褸(남루할 루)

韠 ⑪ 20획
❶ 슬갑 필 日ヒツ·ビョウ
❷ 칼집 병 中bì, bǐng

풀이 ❶ 1. 슬갑(膝甲). 무릎을 덮는 갑옷. ❷ 2. 칼집.
韠琫(병봉) 칼집.

鞽 ⑫ 21획
❶ 屩(p356)과 同字
❷ 橇(p659)와 同字

鞼 ⑫ 21획 日キ·カイ
가죽 궤 中guì

풀이 1. 가죽. 수놓은 가죽. ¶鞼盾 2. 꺾다. 꺾이다.
鞼盾(궤순) 수놓은 가죽으로 장식한 방패.

鞿 ⑫ 21획 日キ·きずな
재갈 기 中jī

풀이 1. 재갈. 고삐. 굴레. ¶鞿羈 2. 속박하다. 제어하다.
鞿羈(기기) 1)말고삐. 2)우울한 일.

韡 ⑫ 21획 日カ·くつ
신 화 中xuē

풀이 신. 가죽신.
유 鞋(신 혜) 靴(신 화)

韁 ⑬ 22획 日キョウ·きずな
고삐 강 中jiāng

풀이 고삐.
韁鎖(강쇄) 1)고삐와 쇠사슬. 2)속박함.

韃 ⑬ 22획 日ダツ
종족 이름 달 中dá

풀이 1. 종족 이름. 달단(韃靼). 몽고족의 한 갈래. 2. 치다. 매질하다.
韃靼(달단) 몽고족의 한 갈래. 원(元)나라가 망한 뒤 몽고족의 일부가 서남 지역으로 북진하여 북원국(北元國)을 세워, 달단(韃靼)이라 불렸음.

韣 ⑬ 22획
韣(p1540)과 同字

韂 ⑬ 22획 日セン
말다래 첨 中chàn

풀이 말다래. 안장 양쪽에 달아 진흙이 튀지 않도록 막는 물건.

韅 ⑭ 23획 日ケン
말 뱃대끈 현 中xiǎn

풀이 뱃대끈. 마소의 배에 걸쳐서 조르는 줄.
韅靷(현인) 말의 뱃대끈과 가슴걸이.

韄 ⑭ 23획 日ゴ
칼끈 호 中huò

풀이 1. 칼끈. 2. 칼자루에 감은 가죽. 3. 묶다. 잡아매다.

韇 ⑮ 24획 日トク·ドク
전동 독 中dú

풀이 1. 전동. 화살통. 2. 점대 통.
韇丸(독환) 화살과 활을 넣는 통. 동개.

韆 ⑮ 24획 日セン
그네 천 中qiān

풀이 그네. ¶鞦韆
유 鞦(그네 추)

韀 ⑰ 26획 日サン·セン
깃발 섬 中zhàn

풀이 언치. 마소의 등에 덮는 방석·담요.

韉 ⑰ 26획 日セン
언치 천 中jiān

풀이 깃발.

韢 ⑱ 27획 日スイ
안장끈 쇠 中suī

풀이 1. 안장끈. 선후걸이. 2. 수레끈. 3. 늘어지다.

韊	㉑ 30획	日 ラン · えびら
	동개 란(난)	中 lán

풀이 동개. 전동. 화살통.

韊矢(난시) 동개에 들어 있는 화살.

비 欄(난간 란)

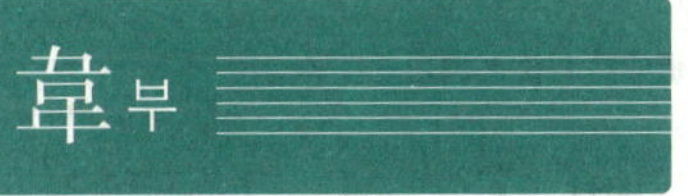

韋 다룸가죽 위 部

'韋' 자는 무두질하여 부드럽게 만든 '다룸가죽'을 뜻한다. 그 밖에, '에우다'나 '어기다'는 뜻을 나타내기도 한다. 이 글자를 부수로 갖는 글자는 가죽으로 만든 물건을 뜻하는 경우가 많으며, 나라 이름으로 쓰이기도 한다.

韋	⓪ 9획	日 イ · なめしがわ
	다룸가죽 위	中 wéi

*회의. '口(입 구)'를 중심으로 '舛(어그러질 천)'을 위아래로 나눠 쓴 글자. 좌우 엇갈린 발자국(舛)을 내면서 둘레(口)를 빙빙 도는 모양을 나타내어, '에워싸다'의 뜻을 나타냄. 좌우 발을 엇딛고 가죽을 다룸질한다는 뜻에서 '어기다', '무두질한 가죽'의 뜻을 나타냄.

풀이 1. 다룸 가죽. 무두질하여 부드럽게 만든 가죽. ¶韋帶 2. 에워싸다. 두르다. 3. 아름. 4. 어기다. 어긋나다.

韋帶(위대) 다룸가죽으로 만든 띠.

韋衣(위의) 사냥할 때 입는 부드러운 가죽으로 만든 옷.

韋編(위편) 책을 꿰어 맨 가죽끈.

韋編三絶(위편삼절) 공자가 주역(周易)을 즐겨 읽어서 책을 맨 가죽끈이 세 번이나 끊어짐. 책을 열심히 읽음을 이르는 말.

韋弦之佩(위현지패) 부드러운 가죽과 팽팽한 활시위를 차고 다닌다는 뜻으로, 자기의 성질을 고치는 경계의 표지로 삼는 것을 이르는 말.

유 皮(가죽 피) 革(가죽 혁) 비 偉(훌륭할 위)

韌	③ 12획	日 ジン · しなやか
	질길 인	中 rèn

풀이 질기다. 부드럽고 질기다.

韌帶(인대) 관절의 두 뼈 사이와 관절 주위에 있는 탄력있는 힘줄.

韎	⑤ 14획	
	❶ 가죽 매	日 バイ · バク
	❷ 버선 말	中 mèi

풀이 ❶ 1. 가죽. 꼭두서니로 물들인 적황색의 다룸가죽. ¶韎韋 ❷ 2. 버선. 양말.

韎韐(매겹) 검붉은 가죽으로 만든 슬갑(膝甲). 2)큰 띠.

韎韋(매위) 꼭두서니의 뿌리에서 뽑아 낸 물감으로 염색한 붉은 다룸가죽.

韍	⑤ 14획	日 フツ · ひざかけ
	슬갑 불	中 fú

풀이 1. 슬갑(膝甲). 폐슬(蔽膝). 옷 위에 덧입어 무릎까지 늘어뜨리는 옷. 2. 인끈.

韍冕(불면) 슬갑(膝甲)과 면류관(冕旒冠).

韍佩(불패) 슬갑(膝甲)과 패옥(佩玉).

韐	⑥ 15획	日 コウ
	폐슬 겹	中 gé

풀이 폐슬(蔽膝). 슬갑(膝甲). 옷 위에 덧입어 무릎까지 늘어뜨리는 옷.

韔	⑧ 17획	日 チョウ · ゆぶくろ
	활집 창	中 chàng

풀이 활집. 가죽으로 만든 기다란 화살통.

韓	⑧ 17획	日 カン · いげた
	나라 이름 한	中 hán

*형성. 뜻을 나타내는 '韋(다룸가죽 위)'와 음을 나타내며 '우물 구덩이'의 의미를 지닌 부수 이외의 글자를 합친 글자. 우물가를 에워싸는(韋) '우물 난간'의 뜻을 나타냄.

풀이 1. 나라 이름. ㉠대한제국(大韓帝國)과 대한민국(大韓民國). ㉡고대 우리나라에 있던 세 나라인 진한(辰韓) · 마한(馬韓) · 변한(弁韓). ㉢주나라의 제후국으로 전국 시대 칠웅(七雄)의 하나. 2. 우물 난간.

韘	⑨ 18획	日 ショウ · ゆがけ
	깍지 섭	中 shè

풀이 깍지. 활시위를 당길 때 엄지손가락에 끼는 기구.

9 획

비 諜(염탐할 첩)

韗	⑨ 18획	日ウン
	가죽 장인 운	中yùn

풀이 가죽 장인(匠人). 가죽을 다루어 북을 만드는 사람.

韙	⑨ 18획	日イ·よい
	옳을 위	中wěi

풀이 옳다. 바르다. 좋다.

비 題(표제 제)

韝	⑩ 19획	日コウ·ゆがけ
	깍지 구	中gōu

풀이 1. 깍지. 활시위를 당길 때 엄지손가락에 끼우는 기구. 2. 팔찌. 활을 쏠 때 소매를 걷어 매는 가죽 띠.

韝蔽(구폐) 1)팔찌를 끼고 앞치마를 두름. 2)천(賤)한 사람의 모양.

韜	⑩ 19획	日トウ·ゆぶくろ
	활집 도	中tāo

풀이 1. 활집. 2. 감추다. 싸다. ¶韜藏 3. 느슨하다. 너그럽다. 4. 비결. 병법상의 계략. ¶韜略

韜鈐(도검) 1)군사를 지휘하여 전쟁하는 방법. 2)병서(兵書)인 《육도(六韜)》와 《옥검편(玉鈐篇)》.

韜光(도광) 1)빛을 감추어 밖으로 나타내지 않음. 2)재능이나 학식을 감추어 남에게 알리지 않음.

韜略(도략) 1)《육도(六韜)》와 《삼략(三略)》. 2)병서(兵書). 또는 군략(軍略).

韜隱(도은) 싸서 감춤.

韜藏(도장) 싸서 숨김. 재덕(才德)을 숨김.

韜筆(도필) 붓을 넣어 두고 쓰지 않음. 즉, 글을 쓰지 않음.

韜晦(도회) 자기의 재능이나 학문 등을 숨기어 감춤.

유 隱(숨길 은) 藏(감출 장)

韞	⑩ 19획	日オン·ウン·おさめる
	감출 온	中yùn

풀이 1. 감추다. 싸다. 갈무리하다. ¶韞價 2. 적황색. 주황색.

韞價(온가) 재능이나 학식이 있으면서 세상에 알려지지 않음.

韞櫝(온독) 재능이나 학식이 있으면서도 등용되지 못함을 비유하는 말.

韞藉(온자) 1)중후하여 모난 데가 없음. 2)품고 있는 뜻을 감춤.

韛	⑪ 20획	
	❶ 풀무 비	日ハイ·ふいごう
	❷ 전동 복	中bài

풀이 ❶ 1. 풀무. ❷ 2. 전동. 화살통.

韠	⑪ 20획	日ヒツ·ひざかけ
	폐슬 필	中bì

풀이 폐슬(蔽膝). 슬갑(膝甲). 옷 위에 덧입어 무릎까지 늘어뜨리는 옷. ¶韠帶

韠帶(필대) 슬갑(膝甲)과 큰 띠.

韡	⑫ 21획	日イ·あきらか
	꽃활짝필 위	中wěi

풀이 1. 꽃이 활짝 핀 모양. 2. 밝고 화사한 모양. 빛나는 모양.

韡曄(위엽) 1)밝고 빛나는 모양. 2)꽃이 화려한 모양.

韡煒(위위) 매우 밝은 모양.

韡韡(위위) 1)꽃이 활짝 핀 모양. 2)밝게 빛나는 모양.

비 韠(폐슬 필)

韣	⑬ 22획	日トク·ショク·ゆぶくろ
	활집 독·촉	中dú

풀이 활집.

韥	⑮ 24획	日トク
	활집 독	中dú

풀이 활집.

비 讀(읽을 독)

韤	⑮ 24획	日マツ
	버선 말	中wà

풀이 버선.

韈繫(말계) 버선의 끈.
韈線(말선) 버선에 달린 끈이란 뜻으로, 스스로 재능이 보잘것없음을 겸손하게 이르는 말.
韈解(말해) 버선의 끈이 풀림.
비 韤(모멸할 멸)

韭 부

韭 부추 구 部

'韭' 자는 '부추'의 모양을 본뜬 글자로, 아래쪽의 '一'는 땅을, 위쪽의 '非'는 그 위로 부추 줄기가 많이 나 있는 모양을 본뜬 것이다.

韭 ⓪9획 부추 구 日キュウ,にら 中jiǔ

풀이 부추. ¶韭菜
韭細青(구세청) 청자(青磁)의 한 빛.
韭菹(구저) 부추 김치.
韭菜(구채) 부추.
韭菜邊(구채변) 청자에 무늬를 그릴 때 쓰는 푸른 물감의 한 가지.
韭黃(구황) 부추의 뿌리.

韮 ④13획 韭(p1541)와 同字

韰 ⑦16획 과감할 해 日カイ·ガイ 中xiè

풀이 1. 과감하다. 2. 좁다. 마음이 좁다.

韱 ⑧17획 산부추 섬 日セン 中xiān

풀이 1. 산부추. 2. 가늘다. 섬세하다.
비 纖(가늘 섬)

韲 ⑩19획 나물 제 日セイ·サイ·あえもの 中jī

풀이 1. 나물. 채쳐서 버무린 나물. 2. 섞다. 3. 부수다. ¶韲落 4. 어지럽히다.
韲落(제락) 떨어져서 산산이 부서짐.
韲粉(제분) 잘게 부서짐.

韹 ⑭23획 염교 해 日カイ·ガイ 中xiè

풀이 1. 염교. 백합과의 여러해살이풀. 2. 좁다.
韹歌(해가) 부추 위의 이슬처럼 덧없다는 뜻의 상여 소리. 만가(挽歌). 해로(薤露).

音 부

音 소리 음 部

'音' 자는 모든 만물에서 나는 '소리'를 뜻하는 글자이다. 그 밖에 복음(福音)에서처럼 '소식'이나 음반(音盤)에서처럼 '음악'의 뜻을 나타내기도 한다. 이 글자를 부수로 갖는 글자는 음성이나 음악과 관련이 있다.

音 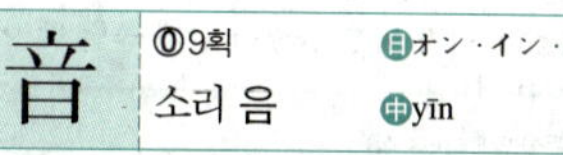 ⓪9획 소리 음 日オン·イン·おと 中yīn

丶 亠 亠 立 立 产 音 音 音

* 지사. '言(말씀 언)'의 '口' 속에 '一'을 더한 글자. 이에 입에서 나오는 '음성'을 나타내며, 나아가 모든 종류의 '소리'나 '음악'의 뜻으로 쓰임.

풀이 1. 소리. ¶音聲 2. 음악. 3. 가락. 음률. 음조. 4. 말. 언어. 5. 자음(字音). 독음(讀音). 6. 소식.
音感(음감) 음에 대한 감각. 음의 높낮이·음색 등을 듣고 분별하는 능력.
音階(음계) 일정한 음정(音程)의 순서로 음을 차례대로 배열한 것.
音讀(음독) 1)소리 내어 읽음. 2)한자를 음으로 읽음.
音量(음량) 악기나 목소리의 크고 작음의 정도.
音律(음률) 1)소리나 음악의 가락. 2)음악.
音盤(음반) 축음기의 레코드.
音色(음색) 음을 만드는 구성체의 차이로 발생하는 소리의 감각적 특색.
音聲(음성) 목소리.
音素(음소) 소리를 그 이상 작게 나눌 수 없는 데까지 나눈 음운학적 단위.
音速(음속) 소리의 속도.
音樂(음악) 소리의 고저·장단·강약을 일정한 순서로 조합·통합시켜 사상과 감정을 나타내

9획

는 시간적 예술.
音域(음역) 목소리나 악기 소리의 최고음과 최저음과의 사이. 음넓이.
音韻(음운) 1)말의 뜻을 구별하도록 하는 소리의 최소 단위. 2)한자의 외형을 구성하는 음(音)과 운(韻)을 아울러 이르는 말.
音節(음절) 1)자음과 모음이 어울려 하나의 종합된 음을 이룬 소리 마디. 2)음률의 곡조. 음곡(音曲).
音程(음정) 두 악음(樂音)의 진동수의 비. 곧 악음의 높낮이의 차.
音調(음조) 1)소리의 고저·장단의 가락. 2)음악의 곡조.
音癡(음치) 음악을 분별·감상하지 못함. 또는 그런 사람.
音波(음파) 발음체의 진동을 받아서 생기는 음향이 물결처럼 전해지는 상태.
音標(음표) 표기하는 음소(音素)의 부호.
音響(음향) 1)소리와 그 울림. 2)소리 울림.
音訓(음훈) 1)한자의 음과 새김. 2)글자의 발음과 의미.
歌舞音曲(가무음곡) 노래와 춤과 음악(音樂).
騷音(소음) 시끄러운 소리.
和音(화음) 높이가 다른 음끼리 함께 울릴 때 어울리는 소리.

비 暗(어두울 암) 昔(예 석)

訌	③ 12획	日 コウ·おおごえ
	큰 소리 홍	中 hóng

풀이 큰 소리. 크게 소리치다.

韵	④ 13획
	韻(p1542)과 同字

韶	⑤ 14획	日 ショウ·つぐ
	풍류 이름 소	中 sháo

풀이 1. 풍류 이름. 순임금이 지었다는 음악. ¶韶武 2. 잇다. 3. 아름답다. 환하다. ¶韶和
韶警(소경) 총명하고 민첩함.
韶光(소광) 봄날의 화창한 경치.
韶麗(소려) 화창하고 아름다움.
韶令(소령) 총명함.
韶理(소리) 잘 다스려짐. 훌륭하게 정비됨.
韶武(소무) 순(舜)임금의 음악과 주(周) 무왕(武王)의 음악.
韶顔(소안) 1)아름다운 얼굴. 젊은이의 용모. 2)젊은이처럼 생기가 넘치는 노인의 얼굴.
韶豔(소염) 아리따운 빛·윤기.
韶和(소화) 아름답고 부드러움.
韶華(소화) 1)화려한 봄날의 경치. 2)젊은 시절. 3)젊은이처럼 환한 노인의 얼굴빛.
韶暉(소휘) 밝게 빛남. 또는 밝은 빛.

韸	⑦ 16획	日 ボウ
	북소리 봉	中 péng

풀이 1. 북소리. ¶韸韸 2. 화락하다. 화합하다.
韸韸(봉봉) 북소리.

韺	⑨ 18획	日 エン
	풍류 이름 영	中 yīng

풀이 풍류 이름. 중국 고대의 제왕인 제곡(帝嚳)이 지었다는 음악.

韻	⑩ 19획	日 イン·ひびき
	운 운	中 yùn

丶 亠 亣 立 立 产 音 音 音 音' 音ᄀ 音ᄀ 韵 韻 韻 韻 韻 韻

* 형성. 뜻을 나타내는 부수 '音(소리 음)'과 음을 나타내며 '돌다'의 의미를 지닌 '員(원)'을 합친 글자. 목소리의 '고른 울림'의 뜻으로 쓰임.

풀이 1. 운. 한자를 발음과 성조(聲調)에 따라 분류한 것. ¶韻脚 2. 울림. 여음(餘音). 3. 운문(韻文). 시부(詩賦). ¶韻文 4. 운치. 풍치. ¶韻士
韻脚(운각) 시(詩)나 부(賦)의 구말(句末)에 붙이는 운자(韻字).
韻考(운고) 한자의 평성(平聲)·상성(上聲)·거성(去聲)·입성(入聲)의 사성(四聲)의 운자(韻字)를 분류하여 놓은 책. 운책(韻冊).
韻度(운도) 풍류스러운 마음가짐.
韻目(운목) 같은 운자를 끝자로 한두 자 혹은 석 자로 된 글.
韻文(운문) 1)운율(韻律)을 갖춘 글. 시(詩)·부(賦) 등의 통칭. 2)시의 형식을 갖춘 글.
韻士(운사) 운치있는 사람. 풍류스러운 사람. 아사(雅士).
韻事(운사) 운치가 있는 일. 시가·서화 등에 관한 놀이.
韻書(운서) 한자를 운(韻)에 의하여 분류·배열한 자전(字典).
韻字(운자) 운각(韻脚)에 쓰는 글자.

韽 ⑪ 20획 日アン 작은 소리 암 中ān

풀이 작은 소리. 소리가 낮다.

韽韽(암암) 소리가 나지막한 모양.

響 ⑬ 22획 日キョウ·ひびき 울림 향 中xiǎng

* 형성. 뜻을 나타내는 부수 '音(소리 음)'과 음을 나타내며 '향하다'의 의미를 지닌 '鄕(시골 향)'을 합친 글자. 사방으로 전해지는 소리를 나타내어, '울림'의 뜻으로 쓰임.

풀이 1. 울림. 2. 울리다. ¶響振 3. 소리.

響叫(향규) 울려 퍼지는 부르짖는 소리.

響慕(향모) 기뻐하며 따름. 사모함.

響報(향보) 울림이 소리에 응한다는 뜻으로, 매우 빠름을 비유하는 말.

響應(향응) 1)메아리 등과 같이 소리와 마주쳐 울림. 2)남의 주장을 따라 그와 같은 동작을 마주 취함.

響振(향진) 울리어 떨림. 또는 울리어 떨침.

비 饗(잔치할 향)

頀 ⑭ 23획 日ホ 풍류 이름 호 中hù

풀이 풍류 이름. 은나라 탕(湯)임금이 지었다는 음악.

비 穫(벼 벨 확)

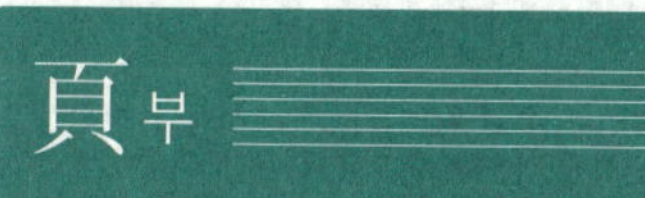

頁 부

頁 머리 혈 部

'頁'자는 사람의 머리를 강조하여 만들어진 글자로 '머리'를 뜻한다. 그 밖에 '책장의 한쪽 면'을 가리키기도 하는데, 이때의 음은 '엽'이라 읽는다. 이 글자를 부수로 갖는 글자는 흔히 머리의 각 기관과 관련이 있다.

頁 ⓪ 9획 ❶머리 혈 日ケツ·かしら ❷쪽 엽 中yè

풀이 ❶ 1. 머리. ❷ 2. 쪽. 페이지. 책장의 한쪽 면.

頁岩(혈암) 수성암(水成岩)의 일종. 셰일(shale).

유 首(머리 수) 頭(머리 두) 비 貝(조개 패)

頃 ② 11획 ❶잠깐 경 日ケイ·キョウ·ころ ❷반걸음 규 中qǐng

* 회의. '頁(머리 혈)'과 비스듬히 기울어진 것을 나타내는 '匕(비수 비)'를 합친 글자. 이에 머리가 기울어진 모양을 나타내어, '기울다'의 뜻으로 쓰임.

풀이 ❶ 1. 잠깐. 잠시. ¶頃刻 2. 땅 넓이를 세는 단위. 100묘(畝). ¶萬頃 3. 요즈음. 근래에. ¶頃日 4. 기울다. ¶頃耳 ❷ 5. 반걸음. ¶頃步

頃刻(경각) 극히 짧은 시각.

頃步(경보/규보) 반걸음.

頃歲(경세) 근년(近年). 경년(頃年).

頃耳(경이) 귀를 기울임.

頃日(경일) 요즈음. 근래.

頃田(경전) 백 이랑의 전지(田地).

頃之(경지) 조금 있다가. 잠시 후에.

近頃(근경) 요즈음.

萬頃蒼波(만경창파) 한없이 넓고 넓은 바다.

少頃(소경) 잠깐 동안. 잠시 지나간 동안.

食頃(식경) 한 끼의 음식을 먹을 만한 시간. 얼마 안 되는 동안.

비 頂(정수리 정) 項(목덜미 항)

頂 ② 11획 日テイ·チョウ·いただき 정수리 정 中dǐng

* 형성. 뜻을 나타내는 부수 '頁(머리 혈)'과 음을 나타내는 '丁(넷째 천간 정)'을 합친 글자.

풀이 1. 정수리. ¶頂門 2. 꼭대기. 가장 높은 곳. ¶頂上 3. 머리에 이다. 4. 관(冠)에 다는 보석 장식. 5. 들이받다. 공격하다. 6. 대체하다.

頂角(정각) 꼭지각의 옛 말.

頂光(정광) 부처·보살의 머리에서 비치는 원광(圓光). 후광(後光).

頂端(정단) 맨 꼭대기.

頂禮(정례) 가장 공경한다는 뜻으로 이마를 땅에 닿도록 몸을 구부리고 하는 절.

頂門(정문) 정수리.

頂拜(정배) 머리를 숙이고 절함.

頂部(정부) 1)가장 높은 꼭대기 부분. 2)머리 부분.

頂上(정상) 1)산꼭대기. 2)그 이상 더 없는 것. 최상. 결정(結頂). 3)최상급의 지도자.
頂生(정생) 1)꼭대기에 남. 2)줄기의 맨 끝에 남.
頂心(정심) 정수리.
頂芽(정아) 꼭지눈.
頂點(정점) 1)맨 꼭대기의 점. 2)사물의 절정(絶頂). 가장 왕성할 때. 클라이맥스. 3)꼭지점의 옛말.
頂祝(정축) 이마를 땅에 대고 빎.
頂花(정화) 줄기나 가지의 맨 끝에 피는 꽃.
極頂(극정) 절정.
頭頂骨(두정골) 대뇌의 뒤쪽 윗부분을 덮는, 편평하고 모가 난 뼈. 노정골. 천령개(天靈蓋).
登頂(등정) 산의 정상(頂上)에 오름.
山頂(산정) 산꼭대기.
絶頂(절정) 1)산의 맨 꼭대기. 2)사물의 진행이나 발전이 최고 경지에 오른 상태. 3)극이나 소설의 전개 과정에서 갈등이 최고조에 이른 상태. 클라이맥스.
天頂(천정) 하늘. 정상(頂上).

비 項(목덜미 항) 頃(잠깐 경)

須 ③ 12획 日シュ・ス
모름지기 수 中xū

丿 彡 彡 狁 狁 狁 須 須 須 須 須 須

풀이 1. 모름지기. 마땅히 …하여야 하다. 2. 수염. ¶須眉 3. 쓰다. 필요하다. ¶須要 4. 잠깐. ¶須臾 5. 기다리다. 6. 구하다. 바라다. 7. 멈추다. 머무르다.

須留(수류) 머물러 기다림.
須眉(수미) 턱수염과 눈썹.
須彌山(수미산) 불교의 우주관에서, 세계의 중앙에 있다는 산. 꼭대기는 제석천(帝釋天), 중턱은 사천왕(四天王)이 있는 곳이라고 함.
須髮(수발) 턱에 있는 수염.
須要(수요) 1)없어서는 안 될 일. 2)가장 필요한 일.
須臾(수유) 잠시. 잠깐.
須知(수지) 1)마땅히 알아야 할 일. 2)비망록. 각서.

비 順(순할 순)

順 ③ 12획 日ジュン・したがう
순할 순 中shùn

丿 川 川 川 川 川 順 順 順 順 順 順

풀이 1. 순하다. 온순하다. ¶順風 2. 순종하다. 따르다. ¶順禮 3. 잇다. 4. 차례. ¶順動 5. 편안하다. 즐기다.

順境(순경) 마음먹은 대로 순조로움.
順氣(순기) 1)순조로운 기후(氣候). 2)기후에 순응함. 3)도리에 맞는 올바른 기상(氣象). 4)온화한 기분.
順德(순덕) 1)꾸밈없는 유순한 덕. 2)덕을 좇음.
順道(순도) 1)바른 도리. 2)도리를 좇음.
順禮(순례) 예의를 좇음. 예법을 따름.
順路(순로) 1)평탄한 길. 2)순서. 3)목적지까지 이르는 길.
順流(순류) 1)물이 아래로 흐름. 또는 그 물의 흐름. 2)물의 흐름에 따름.
順理(순리) 1)도리에 순종함. 2)마땅한 이치.
順命(순명) 명령을 따름. 천명(天命)에 순종함.
順民(순민) 1)본분을 지키고 도를 따르는 백성. 순박하고 어진 백성. 2)민심(民心)을 좇음. 3)순한 백성.
順番(순번) 차례대로 바뀌는 순서.
順服(순복) 거스르지 않고 복종함.
順奉(순봉) 거스르지 않고 받들어 행함.
順辭(순사) 1)이치에 맞는 말. 2)남의 뜻을 거스르지 않는 말.
順產(순산) 아무 탈 없이 순조롭게 아이를 낳음.
順序(순서) 정해져 있는 차례.
順受其正(순수기정) 천리(天理)를 따라 몸을 닦고, 스스로 정명(正命)이 찾아오기를 기다리는 일.
順逆(순역) 1)따름과 거스름. 2)순리(順理)와 역리(逆理).
順延(순연) 차례차례로 연기함.
順列(순열) 많은 물건 중에서 몇 개를 끌어내어 어떠한 순서로 늘어놓은 것.
順位(순위) 차례.
順應(순응) 1)생물체가 외부 사정의 지속적인 변화에 적응할 수 있도록 감각 작용이 변화하는 일. 2)변화에 적응하여 익숙해지거나 체계·명령 등에 적응하여 따름.
順易(순이) 순조로움. 평온함.
順適(순적) 순종하여 거스르지 않음.
順正(순정) 1)바른 도리를 좇음. 2)차례가 바름.
順調(순조) 예정대로 잘 되어 감. 순조로움.
順從(순종) 순순히 복종함.
順次(순차) 돌아오는 차례.
順天(순천) 천명(天命)을 좇음.
順坦(순탄) 1)성질이 까다롭지 않음. 2)길이 평탄함.
順風(순풍) 1)배가 가는 쪽으로 부는 바람. 2)순하게 부는 바람.

順行(순행) 1)차례를 밟아 나아감. 2)거스르지 않고 행함. 3)당연한 행동.
順和(순화) 순탄하고 평화로움.
順孝(순효) 부모에게 순종하고 효도함.

비 須(모름지기 수)

頉	③ 12획	
	❶기를 이	日イ
	❷탈날 탈韓	中yí

풀이 1 1. 기르다. 2. 턱. 2 3. 탈나다. 뜻밖의 병이나 사고. ¶頉免
頉免(탈면) 특별한 사정이나 사고로 맡고 있는 일의 책임을 면제받음.
頉稟(탈품) 어떠한 사정이 발생하여 임시로 책임을 면제해 달라고 상사(上司)에게 청하는 일.

頇	③ 12획	日ガン
	얼굴 클 한	中hān

풀이 얼굴이 큰 모양.

項	③ 12획	日コウ · うなじ
	목덜미 항	中xiàng

一 丅 工 工' 工 玎 項 項 項 項 項 項

* 형성. 뜻을 나타내는 부수 '頁(머리 혈)'과 음을 나타내며 '뒤'를 의미하는 '工(장인 공)'을 합친 글자. 이에 '머리 뒤쪽', '목덜미'의 뜻으로 쓰임.

풀이 1. 목덜미. 목. ¶項領 2. 항목. 조항. 3. 크다.
項領(항령) 1)굵은 목덜미. 2)목. 목덜미. 3)요해지(要害地).
項目(항목) 일을 구성하는 있는 낱낱의 부분이나 갈래. 조목(條目).
項背相望(항배상망) 왕래가 빈번한 모양.
事項(사항) 일의 조항.
條項(조항) 항목(項目).

비 頂(정수리 정) 頃(잠깐 경)

頎	④ 13획	
	❶헌걸찰 기	日キ
	❷가엾을 간	中qí

풀이 1 1. 헌걸차다. 훤칠하다. ¶頎頎 2 2. 가엾다. 측은하다. 3. 작다.
頎乎(간호) 가엾은 모양.
頎頎(기기) 훤칠한 모양. 키가 크며 품위가 있고 아름다운 모양.
頎偉(기위) 몸집이 크고 훤칠함.

비 頗(자못 파)

頓	④ 13획	
	❶조아릴 돈	日トン
	❷둔할 둔	中dú, dùn
	❸흉노왕 이름 돌	

풀이 1 1. 조아리다. 머리숙여 절하다. ¶頓首 2. 넘어지다. ¶頓仆 3. 꺾이다. 좌절하다. ¶頓憊 4. 멈추다. 머물다. ¶頓所 5. 패하다. 무너지다. ¶頓弊 6. 지치다. 7. 정돈하다. 8. 갑자기. ¶頓悟 9. 끼니. 10. 관사. 숙사. 2 11. 둔하다. 3 12. 흉노왕 이름. 묵돌(冒頓).
頓脚(돈각) 발을 동동 구름. 제자리걸음을 함.
頓敎(돈교) 장기간의 수행(修行)을 거치지 않고 문득 불교의 진의를 깨닫게 하는 교법. 돈성(頓成)의 교법(敎法).
頓窮(돈궁) 몹시 곤궁함.
頓棄(돈기) 버림. 폐기함.
頓頓(돈돈) 1)서로 친하게 지내는 모양. 2)끼니 때마다.
頓頭(돈두) 머리를 땅에 조아림.
頓兵(돈병) 병기(兵器)를 깨뜨림. 또는 군대를 지치게 함.
頓病(돈병) 갑자기 나는 병. 급병(急病).
頓服(돈복) 약 등을 한꺼번에 먹음.
頓仆(돈부) 넘어짐. 쓰러짐.
頓憊(돈비) 꺾이고 고달픔.
頓舍(돈사) 1)군대가 주둔하여 진을 침. 2)머물러 묵음.
頓顙(돈상) 돈수(頓首).
頓所(돈소) 군대의 진영(陣營).
頓首(돈수) 1)머리가 땅에 닿을 정도로 숙여서 절함. 또는 그 절. 2)편지 끝에 쓰는, 경의를 표하는 말.
頓然(돈연) 갑자기. 별안간. 돌연(突然).
頓悟(돈오) 문득 깨달음. 수행(修行)의 단계를 거치지 않고 갑자기 교리를 깨닫는 일.
頓足(돈족) 돈각(頓脚).
頓躓(돈지) 1)발끝이 걸려 넘어짐. 2)곤경(困境)에 처함.
頓著(돈착) 1)안전하게 잘 둠. 흔들리지 않게 고정시킴. 안치(安置). 2)탐내어 집착함.

9획

頓弊(돈폐) 피폐함.
頓筆(돈필) 글 쓰는 일을 그만둠.

頒	④ 13획	
	❶나눌 반	日ハン·フン·わける
	❷머리 클 분	中bān

풀이 1 1. 나누다. 나누어 주다. ¶頒給 2. 구분하다. 3. 반포하다. 널리 알리다. 4. 머리 · 수염이 반쯤 세다. 2 5. 머리가 크다.

頒給(반급) 1)줌. 급여함. 2)임금이 녹봉(祿俸)이나 물품을 나누어 줌.
頒斌(반빈) 서로 뒤섞인 모양.
頒賜(반사) 임금이 물건을 하사함.
頒布(반포) 널리 알림.
頒犒(반호) 군사에게 나누어 주는 위로의 물품.

비 頌(칭송할 송) 領(거느릴 령)

頌	④ 13획	日ショウ·ほめる
	기릴 송	中róng, sòng

丿 八 公 公 公' 公' 公' 頌 頌 頌 頌 頌 頌

* 형성. 뜻을 나타내는 부수 '頁(머리 혈)'과 음을 나타내며 '모습'의 의미를 지닌 '公(공변될 공)'을 합친 글자. 원래는 '얼굴 모양'을 나타내다가, 바뀌어 '칭찬하다'의 뜻을 나타냄.

풀이 1. 기리다. 칭송하다. ¶頌德 2. 문체 이름. 공덕을 칭송하는 글. 3. 시(詩)의 육의(六義)의 하나. 4. 점사(占辭).

頌德(송덕) 공덕을 찬양함. 덕망을 기림.
頌美(송미) 공덕이나 인격을 칭송함.
頌聲(송성) 1)칭송하는 말. 2)태평한 세상을 노래하는 소리.
頌述(송술) 칭송하여 그 사실을 글로 씀.
頌祝(송축) 경사를 기리어 축하함.

유 讚(기릴 찬) 비 頒(나눌 반) 領(거느릴 령)

預	④ 13획	日ヨ·あずける
	미리 예	中yù

풀이 1. 미리. 미리 준비하다. ¶預知 2. 참여하다. 3. 즐기다. 즐거워하다. 4.韓 맡기다. ¶預金

預金(예금) 은행에 돈을 맡겨 놓음. 또는 맡겨 놓은 돈.
預慮(예려) 미리 앞일을 생각함.
預買(예매) 미리 사 둠.
預知(예지) 미리 앎. 예지(豫知).
預度(예탁) 미리 헤아림. 예측(豫測).

頑	④ 13획	日ガン·かたくな
	완고할 완	中wán

* 형성. 뜻을 나타내는 부수 '頁(머리 혈)'과 음을 나타내는 '元(으뜸 원)'을 합친 글자.

풀이 1. 완고하다. 고집이 세고 어리석다. ¶頑狡 2. 무디다. 둔하다. ¶頑拙 3. 탐하다. 욕심이 많다. 4. 흉악하다.

頑强(완강) 고집 세고 굳은 태도.
頑健(완건) 매우 건강함.
頑固(완고) 융통성이 없고 고집이 셈.

❖ 완고(頑固)에 관한 고사성어
- 刻舟求劍(각주구검) 배에 금을 긋고 칼을 찾음.
- 膠柱鼓瑟(교주고슬) 아교로 붙이고 거문고를 연주함.
- 守株待兎(수주대토) 옛 관습을 고수하여 변통할 줄 모름.

頑空(완공) 겉은 튼튼하나 알맹이가 없는 것.
頑狡(완교) 완고하고 교활함.
頑軀(완구) 건강한 몸.
頑童(완동) 1)고집이 세고 어리석은 아이. 2)완고하고 사리에 어두움. 또는 그 사람.
頑魯(완로) 완고하고 어리석음.
頑昧(완매) 완고하고 사리에 어두움.
頑命(완명) 죽지 못하고 모질게 살아 있는 목숨.
頑冥(완명) 완고하고 사리에 어두움.
頑民(완민) 새로운 정치를 받아들이지 않는 완고한 백성.
頑率(완솔) 어리석고 경솔함.
頑守(완수) 굳게 지킴.
頑愁(완수) 떨쳐낼 수 없는 걱정거리.
頑習(완습) 나쁜 버릇.
頑然(완연) 완고한 모양.
頑豔(완염) 1)어리석은 사람과 영리한 사람. 2)예쁘게 생긴 사내아이. 미동(美童).
頑愚(완우) 완고하고 어리석음.
頑拙(완졸) 변변치 못하고 서투름.
頑幣(완폐) 완고하고 어리석음. 완폐(頑蔽).
頑悍(완한) 성질이 억세게 고집스럽고 사나움.
頑抗(완항) 완강하게 항거(抗拒)함.

유 固(굳을 고) 堅(굳을 견)

頊	④ 13획	日ギョク
	멍할 욱	中xū

풀이 멍하다. 정신이 나간 모양.

頊頊(욱욱) 얼이 빠진 모양.

頏 ④ 13획 日コウ·のど
아래로 날 항 中háng

풀이 1. 날아 내리다. 새가 아래를 향해 날다. 2. 목. 목구멍.

頚 ⑤ 14획
頸(p1548)의 俗字

領 ⑤ 14획 日リョウ·レイ·えり
거느릴 령(영) 中lǐng

丿 𠆢 𠆢 今 令 令 令 令 䚊 䚊 領 領 領 領

풀이 1. 거느리다. 다스리다. ¶領去 2. 옷깃. ¶領袖 3. 목. ¶領巾 4. 요점. 요령. 5. 벌. 옷을 세는 단위. 6. 받다. 7. 깨닫다. ¶領悟 8. 재능. 9. 우두머리. 10. 재. 고개.

領去(영거) 데리고 감.
領巾(영건) 옛날 부녀자가 목에 감던 장식용 천. 목수건.
領揆(영규) 영의정의 다른 이름.
領率(영솔) 부하를 통솔함.
領袖(영수) 1)옷깃과 소매. 2)여러 사람의 모범이 되고 우두머리가 되는 사람.
領如蝤蠐(영여추제) 미인의 목이 새하얀 나무굼벵이처럼 희고 깨끗함.
領悟(영오) 깨달음.
領解(영해) 깨달음.
領會(영회) 이해함. 깨달음.

유 率(거느릴 솔) 비 頒(나눌 반) 頌(칭송할 송)

頣 ⑤ 14획 日ミン
강할 민 中mín

풀이 강하다.

頖 ⑤ 14획 日ハン
학교 이름 반 中pàn

풀이 학교 이름. 반궁(頖宮). 제후가 설립한 학교.

頙 ⑤ 14획 日ハイ·バイ
주걱턱 배 中bāi

풀이 1. 주걱턱. 2. 얼굴이 큰 모양.

頨 ⑤ 14획 日ヘン·ベン
관 이름 변 中biàn

풀이 1. 관(冠) 이름. 2. 관(冠)이 큰 모양. 3. 얼굴.

유 弁(고깔 변)

頔 ⑤ 14획 日テキ
아름다울 적 中dí

풀이 1. 아름답다. 2. 사람 이름.

頕 ⑤ 14획 日ソツ
광대뼈 졸 中zhuō

풀이 광대뼈.

頗 ⑤ 14획 日ハ·かたよる
자못 파 中pō

丿 厂 广 广 皮 皮 皮 皮 皮 頗 頗 頗 頗 頗

* 형성. 뜻을 나타내는 부수 '頁(머리 혈)'과 음을 나타내며 '기울다'의 의미를 지닌 '皮(가죽 피)'를 합친 글자. 머리가 기울어진 것을 나타내어, '치우치다', '비뚤어지다'의 뜻을 나타냄.

풀이 1. 자못. 매우. 2. 조금. 약간. 3. 다. 두루. 4. 치우치다. 한쪽으로 기울다. ¶頗僻 5. 간사하다.

頗多(파다) 아주 많음.
頗僻(파벽) 한쪽으로 치우침.
偏頗(편파) 한쪽으로 치우쳐 공정치 못함.

비 頓(조아릴 돈)

頫 ⑥ 15획
❶숙일 부 日フ·チョウ·みる
❷볼 조 中fǔ, tiào

풀이 ❶ 1. 숙이다. 굽히다. ¶頫領 ❷ 2. 보다. 자세히 보다. 3. 뵈다. 알현하다.

頫領(부령) 머리를 숙임.
頫首(부수) 머리를 아래로 숙임.
頫仰(부앙) 구부려 보고 쳐다봄.
頫眡(부저) 숨어서 쳐다봄.
頫聽(부청) 머리를 아래로 숙이고 들음.
頫盻(부혜) 내려다봄.

9획

顖 ⑥ 15획 日シン 中xìn
정수리 신

풀이 정수리. 숫구멍.

유 頂(정수리 정)

頣 ⑥ 15획 日シン 中shěn
눈 크게 뜨고 볼 신

풀이 눈을 크게 뜨고 보다. 눈을 치켜 뜨고 쳐다 보다.

비 頤(턱 이)

頞 ⑥ 15획 日アツ·はなすじ 中è
콧대 알

풀이 콧대. 콧마루.

頟 ⑥ 15획 日ガク·カク·ひたい 中é
이마 액

풀이 1. 이마. 2. 멈추지 않는 모양. ¶頟頟

頟頟(액액) 나쁜 일을 그치지 않고 계속하는 모양.

유 額(이마 액) 頳(이마 정)

頠 ⑥ 15획 日ガイ·ギ 中wěi
조용할 외·위

풀이 1. 조용하다. 2. 몸가짐이 얌전한 모양. 3. 익히다.

頤 ⑥ 15획 日イ·おとがい 中yí
턱 이

풀이 1. 턱. ㉠위턱과 아래턱의 총칭. ㉡아래턱. 2. 턱짓으로 지시하다. ¶頤使 3. 기르다. 4. 어조사. 5. 괘 이름. 64괘의 하나.

頤使(이사) 턱으로써 부린다는 뜻으로, 사람을 제 마음대로 부리거나 거만하게 부림을 이르는 말. 이령(頤令). 이지(頤指).

頤神(이신) 정신을 수양함. 양신(養神).

頤神養性(이신양성) 마음을 수양하고 바른 성정(性情)을 기름.

頤愛(이애) 기르고 사랑함.

頤志(이지) 뜻을 기름.

頤賢(이현) 재주와 지혜가 뛰어난 인물을 양성함.

비 頣(눈 크게 뜨고 볼 신)

頧 ⑥ 15획 日タイ 中duī, duǐ
관 이름 퇴

풀이 1. 관(冠) 이름. 무퇴(毋頧). 하나라 때의 관.

頜 ⑥ 15획 日コウ·カン 中gé, hé
턱 합

풀이 턱. 턱 뼈.

頦 ⑥ 15획 日カイ·ガイ 中kē, ké
턱 해

풀이 턱. 아래턱. ¶頦頜

頦頜(해합) 턱.

頦頰(해협) 뺨 부분의 턱.

頡 ⑥ 15획 日ケツ·カツ 中jié, xié
날아오를 힐

풀이 1. 날아오르다. ¶頡頏 2. 크다. 3. 어긋나다. 어기다.

頡頏(힐항) 1)새가 날아오르고 날아내리는 일. 2)서로 우열을 다투는 일. 3)남에게 굴(屈)하지 않음. 강항(強項).

頡滑(힐활) 1)뒤섞여 어지러워짐. 착란(錯亂). 2)구불구불한 모양. 뒤틀린 모양. 3)바르지 못한 말.

頸 ⑦ 16획 日ケイ·くび 中gěng, jǐng
목 경

풀이 1. 목. ¶頸領 2. 사물의 목 부분.

頸脰(경두) 목줄기.

頸聯(경련) 한시의 율시(律詩)에서 다섯째 구(句)와 여섯째 구(句)를 아울러 이르는 말.

頸領(경령) 목. 목줄기.

頸椎(경추) 경부(頸部)의 척추골(脊椎骨).

비 勁(굳셀 경)

頵	⑦ 16획 머리 클 균	日クン 中yūn

풀이 머리가 큰 모양.

頯	⑦ 16획 ❶ 광대뼈 규 ❷ 드러날 괴	日カイ·キ 中kuí

풀이 ❶ 1. 광대뼈. ❷ 2. 드러나다. 높이 솟아 보기 좋게 드러난 모양. ¶頯然

頯然(괴연) 높이 드러나 아름다운 모양.

頭	⑦ 16획 머리 두	日トウ·ズ· あたま·かしら 中tóu

一 ㇀ 卜 …… 頭 頭

* 형성. 뜻을 나타내는 부수 '頁(머리 혈)'과 음을 나타내는 '豆(콩 두)'를 합친 글자. '豆'는 둥근 그릇에 높은 발이 달린 모양의 제기(祭器)로, 머리가 몸 위에 달려 있는 모습을 나타내어 '머리', '우두머리'의 뜻으로 쓰임.

풀이 1. 머리. 2. 머리털. 3. 우두머리. 4. 첫째. 상위. 5. 처음. 시작. 6. 꼭대기. 7. 끝. 선단. 8. 가. 옆. 근처. 9. 슬기. 재능. 10. 명. 마리. 사람이나 짐승을 세는 단위.

頭頸(두경) 1)머리와 목. 2)목.
頭顱(두로) 1)두개(頭蓋). 2)두정골(頭頂骨).
頭面(두면) 1)머리와 얼굴을 아울러 이르는 말. 2)여자의 머리 장식.
頭迷(두미) 머리가 어지러워 현기증이 남. 두훈(頭暈).
頭髮上指(두발상지) 몹시 화가 나서 머리털이 곤두섬.
頭蓬(두봉) 머리털이 헝클어져 쑥같이 된 모양. 쑥대강이. 봉두(蓬頭).
頭上(두상) 머리. 또는 머리 위.
頭上事(두상사) 가까이에 있는 일. 눈앞에 닥친 일.
頭緖(두서) 1)일의 차례나 갈피. 2)조리.
頭鬚(두수) 머리털과 수염.
頭錢(두전) 흥정을 붙이고 보수로 받는 돈. 구문(口文).
頭頂(두정) 1)정수리. 2)머리에 임.
頭註(두주) 본문 위에 다는 주석.
頭陀(두타) 승려의 탁발 수행(托鉢修行). 또는 그 행각승(行脚僧).
頭風眩(두풍현) 두통으로 일어나는 현기증.
頭暈(두훈) 두미(頭迷).

유 首(머리 수)

頪	⑦ 16획 貌(p1326)과 同字

頻	⑦ 16획 자주 빈	日ヒン·ビン·しきり 中pín

丨 卜 …… 頻 頻 頻

* 회의. '頁(얼굴 혈)'과 '涉(건널 섭)'의 생략형을 합친 글자. 물을 건널 때 생기는 물결처럼 얼굴에 주름을 짓는 것을 나타내어 '찡그리다'의 뜻을 나타냄.

풀이 1. 자주. 여러 번. ¶頻過 2. 위급하다. 급박하다. 3. 물가. 4. 나란하다. 나란히 늘어서다. ¶頻行 5. 찡그리다. ¶頻蹙

頻過(빈과) 자주 지나감. 자주 들름.
頻留(빈류) 여러 번 못 가게 말림.
頻發(빈발) 일이 자주 생김.
頻頻(빈빈) 잦은 모양. 빈삭(頻數).
頻數(빈삭) 잦음. 자주자주. 빈빈(頻頻).
頻憶(빈억) 줄곧 생각함.
頻蹙(빈축) 얼굴을 찡그림. 못마땅해하는 모양.
頻行(빈행) 나란히 서서 감.

유 數(자주 삭)

頶	⑦ 16획 髯(p1597)과 同字

頣	⑦ 16획 頤(p1548)의 俗字

頲	⑦ 16획 곧을 정	日テイ 中tǐng

풀이 곧다. 바르다.

頳	⑦ 16획 붉을 정	日テイ·あかい 中chēng

풀이 붉다. 붉은 색.

유 赤(붉을 적) 赫(붉을 혁)

頹	⑦ 16획	日タイ・くずれる
	무너질 퇴	中tuí

풀이 1. 무너지다. 무너뜨리다. ¶頹毁 2. 쇠퇴하다. 기울다. 3. 떨어지다. 떨어져서 흩어지다. 4. 기울다. 5. 좇다. 따르다. 6. 느슨해지다. ¶頹惰 7. 물이 아래로 흐르다. 8. 질풍. ¶頹風

9획

頹敎(퇴교) 퇴폐한 가르침.
頹齡(퇴령) 노쇠한 나이.
頹陵(퇴릉) 점차 쇠퇴함. 허물어지고 쇠함.
頹思(퇴사) 생각에 잠김.
頹雪(퇴설) 눈사태. 설붕(雪崩).
頹陽(퇴양) 서쪽으로 기울어 가는 해. 석양(夕陽).
頹然(퇴연) 1)취해 쓰러지는 모양. 2)유순(柔順)한 모양. 3)의기소침한 모양.
頹雲(퇴운) 흩어지기 시작하는 구름.
頹挫(퇴좌) 무너지고 꺾임.
頹惰(퇴타) 뜻이 꺾이고 나태함.
頹惰萎靡(퇴타위미) 형체·기력 등이 점차로 쇠퇴하는 일.
頹波(퇴파) 1)약해져 가는 물결. 2)사물이 쇠퇴하여 가는 형세.
頹風(퇴풍) 1)거친 바람. 2)퇴폐(頹廢)한 풍조.
頹乎(퇴호) 1)예(禮)가 도리에 맞고 올바름. 2)술에 취해 태도 등이 흐트러진 모양.
頹毁(퇴훼) 허물어지고 부서짐.
頹虧(퇴휴) 허물어지고 이지러짐.

유 坍(무너질 담) 崩(무너질 붕) 壞(무너질 괴)

頺	⑦ 16획
	頹(p1550)의 俗字

頷	⑦ 16획	
	❶턱 함	日カン・ガン・あご
	❷끄덕일 암	中hàn

*형성. 뜻을 나타내는 부수 '頁(머리 혈)'과 음을 나타내는 '含(물 함)'을 합친 글자.

풀이 ❶ 1. 턱. ¶頷下之珠 ❷ 2. 끄덕이다. 고개를 끄덕여 승낙하다.

頷首(암수) 머리를 끄덕임. 수긍하여 승낙함.
頷可(함가) 머리를 끄덕여 승낙함. 수긍함.
頷聯(함련) 한시의 율시(律詩)에서 셋째 구와 넷째 구를 이르는 말.
頷下之珠(함하지주) 용(龍)의 턱 밑에 있다는 구슬. 손에 넣기 어려운 귀중한 보물.

비 頜(턱 합)

頰	⑦ 16획	日キョウ・ほお
	뺨 협	中jiá

풀이 1. 뺨. ¶頰輔 2. 흡족하다. 기분이 좋다. ¶頰適

頰車(협거) 턱의 다른 이름.
頰輔(협보) 뺨. 양쪽 볼.
頰適(협적) 얼굴빛을 부드럽게 하여 남의 비위에 맞도록 함.

유 顋(뺨 시)

頮	⑦ 16획	日カイ
	세수할 회	中huì

풀이 세수하다. 세안하다. ¶頮面

頮面(회면) 얼굴을 씻음.
頮濯(회탁) 씻음.

顅	⑧ 17획	日カン・ガン
	길 간	中qiān

풀이 1. 길다. 목이 긴 모양. 2. 털이 적다.

顆	⑧ 17획	日カ・つぶ
	낱알 과	中kē

풀이 1. 낱알. 작고 둥근 알갱이. ¶顆粒 2. 흙덩이.

顆粒(과립) 1)알. 낱알. 2)마마·홍역 등으로 피부에 돋는 반점.
顆鹽(과염) 천일염(天日鹽).

頬	⑧ 17획	日キ
	추할 기	中qī

풀이 추하다. 못나다. ¶頬醜

頬頭(기두) 도깨비 탈.
頬醜(기추) 몹시 추함. 아주 못생김.

유 醜(추할 추)

顅	⑧ 17획	日モン
	어리석을 문	中mén

풀이 어리석다. 무지하다.

頩	⑧ 17획	日ビョウ
	성낼 병	中pīng

풀이 성내다. 화가 나서 안색이 달라지는 모양.

비 怒(성낼 노)

頷	⑧ 17획	
	❶끄덕일 암	日アン·キン
	❷주걱턱 금	中qīn

풀이 1 1. 끄덕이다. 2 2. 주걱턱.

頤	⑧ 17획	日イ·あご
	턱 이	中yí

풀이 턱.

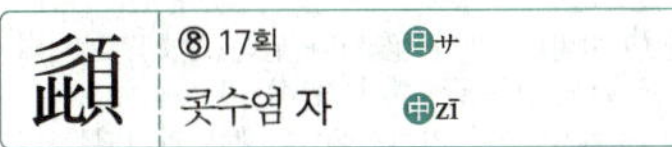

頿	⑧ 17획	日サ
	콧수염 자	中zī

풀이 콧수염.

頲	⑧ 17획	日テイ
	이마 정	中dìng

풀이 1. 이마. 2. 꼭대기.

유 額(이마 액) 頟(이마 액)

顇	⑧ 17획	日スイ
	야윌 췌	中cuì

풀이 1. 야위다. 파리하다. 2. 병에 들다.

유 憔(수척할 초) 疲(지칠 피)

顄	⑧ 17획	日カン·ガン·おとがい
	턱 함	中hàn

풀이 1. 턱. 아래 턱. 2. 바닷물이 출렁이는 모양.

유 頷(턱 함)

類	⑨ 18획
	類(p1553)와 同字

顃	⑨ 18획
	顡(p1553)의 俗字

顋	⑨ 18획	日シ
	빰 시	中sāi

풀이 1. 빰. ¶顋頰 2. 아가미.

顋頰(시협) 빰.

유 頰(빰 협)

顎	⑨ 18획	日ガク·あご
	턱 악	中è

풀이 턱.

비 鄂(땅이름 악)

顏	⑨ 18획	日ガン·かお
	얼굴 안	中yán

*형성. 뜻을 나타내는 부수 '頁(머리 혈)'과 음을 나타내는 '彥(언)'을 합친 글자.

풀이 1. 얼굴. 안면. 2. 얼굴빛. 안색. ¶顏貌 3. 면목. 낯가죽. ¶顏厚 4. 이마. 5. 색채. 6. 편액(扁額).

顏甲(안갑) 낯가죽에 철갑(鐵甲)을 씌웠다는 뜻으로, 염치 없음을 이르는 말.

顏筋柳骨(안근유골) 당나라의 명필인 안진경(顏眞卿)과 유공권(柳公權)의 글씨처럼 필적이 몹시 훌륭함.

顏料(안료) 1)화장품. 2)그림 물감. 3)염료(染料). 도료(塗料).

顏貌(안모) 얼굴의 생김새.

顏巷(안항) 안회(顏回)가 살던 좁고 더러운 거리. 즉, 청빈(淸貧)한 사람들이 사는 곳.

顏行(안행) 1)앞장섬. 안행(雁行). 2)군대(軍隊)의 전열(前列).

顏厚(안후) 낯가죽이 두꺼움. 염치를 모르고 뻔뻔함. 후안(厚顏).

유 面(낯 면)

額	⑨ 18획	日ガク·ひたい
	이마 액	中é

*형성. 뜻을 나타내는 부수 '頁(머리 혈)'과 음을 나타내며 넓다는 의미를 지닌 '客(손님 객)'을 합친 글자. 얼굴에서 넓

은 곳을 나타내어, '이마'의 뜻을 나타냄.

풀이 1. 이마. ¶額畔 2. 일정한 수량. 3. 편액(扁額). 액자.

額角(액각) 관자놀이. 섭유(顳顬).

額骨(액골) 이마뼈. 전두골(前頭骨).

額面(액면) 1)화폐 · 주식 · 채권 등의 권면(券面). 2)권면에 적힌 가격. 3)말 · 글로 표현된 그대로의 모습.

額數(액수) 금액.

額額(액액) 무예와 용맹이 있는 모양.

額黃(액황) 여자들이 이마를 누런빛으로 화장하던 일. 육조(六朝) 시대의 풍습.

유 頟(이마 액) 頲(이마 정)

顒	⑨ 18획 엄숙할 옹	日ギョウ 中yóng

풀이 1. 엄숙하다. 엄정한 모습. ¶顒若 2. 온화한 모양. ¶顒顒 3. 공경하는 모습. ¶顒然 4. 큰 모양.

顒若(옹약) 엄숙한 모양.

顒然(옹연) 우러러보는 모양. 또는 삼가는 모양.

顒顒(옹옹) 온화하고 공경하는 모양.

顐	⑨ 18획 농담할 원	日エン 中hùn

풀이 농담하다. 익살을 떨다. ¶顐官

顐官(원관) 배우(俳優).

顓	⑨ 18획 오로지할 전	日セン 中zhuān

풀이 1. 오로지하다. 독점하다. 2. 마음대로 하다. ¶顓兵 3. 착하다. ¶顓民 4. 어리석다. ¶顓蒙 5. 작은 모양. ¶顓顓

顓蒙(전몽) 어리석음.

顓門(전문) 어떤 분야에 상당한 지식과 경험을 가지고 오직 그 분야만을 연구함. 전문(專門).

顓民(전민) 어진 백성. 양민(良民).

顓兵(전병) 병권(兵權)을 마음대로 휘두름.

顓辭(전사) 자신을 위하여 하는 말.

顓顓(전전) 1)작은 모양. 2)둥근 모양. 3)어리석은 모양.

顓政(전정) 제 마음대로 정치를 함.

顓制(전제) 제 마음대로 일을 처리함.

비 端(바를 단)

題	⑨ 18획 제목 제	日ダイ · テイ · ひたい 中tí

丨 ㄇ ㄖ 日 旦 早 早 昰 是 是 是 是 題 題 題 題 題 題

* 형성. 뜻을 나타내는 부수 '頁(머리 혈)'과 음을 나타내며 앞으로 튀어나온 것을 의미하는 '是(옳을 시)'를 합친 글자. 이에 얼굴에서 제일 앞에 나와 있는 부분인 '이마'의 뜻으로 쓰임. 바뀌어, 책의 '표제'나 '머리말' 등의 뜻으로도 쓰임.

풀이 1. 제목. 표제(表題). ¶題名 2. 이마. 3. 문제. 4. 끝. 선단. 5. 적다. 쓰다. ¶題額 6. 품평하다. ¶題品 7. 표시하다. 나타내다. 8. 보다. 자세히 보다. 9. 문체 이름. 책 앞머리에 그 책에 관련된 일을 적은 글.

題名(제명) 1)문체의 하나. 명승 고적을 유람한 날짜와 동행한 사람의 이름을 기록하는 것. 2)명승지에 자기 이름을 적는 일. 3)책이나 신문의 표제(表題)의 이름.

題目(제목) 1)글 · 공연 · 작품을 대표하는 이름. 표제(表題). 2)글제. 시문(詩文)의 명제(命題).

題跋(제발) 1)제사(題辭)와 발문(跋文). 2)책의 맨 끝에 적는 글. 후서(後序).

題詞(제사) 책의 첫머리에 그 책에 관련되는 일을 시나 노래로 적어 놓은 글.

題辭(제사) 관(官)에서 백성이 제출한 소장(訴狀)이나 원서(願書)에 쓰던 관의 판결이나 지령(指令).

題額(제액) 액자에 그림을 그리거나 글씨를 쓰는 것.

題詠(제영) 제목을 정해 놓고 시가를 지음. 또는 그 시가.

題品(제품) 사물을 품평함.

題畫(제화) 시문(詩文) 등을 적어 넣은 그림.

顄	⑨ 18획 부황 들 함	日ガン 中hàn, kǎn

풀이 부황 들다. 오래 굶어 얼굴빛이 누렇게 뜬 모양.

顄頷(함함) 오래 굶어 얼굴빛이 누렇게 뜬 모양.

유 顲(부황들 람)

顋	⑨ 18획 顋(p1555)의 俗字	

顜	⑩ 19획 밝을 강	日コウ · カク 中jiǎng

풀이 1. 밝다. 환하다. 2. 바르다. 공정하다.

비 講(익힐 강)

顝	⑩ 19획	日コツ
	혼자 골	中kuī

풀이 1. 혼자. 홀로 있는 모양. 외로운 모양. 2. 큰 머리. 3. 크다. 4. 추하다. 5. 서로 부딪치다.

類	⑩ 19획	
	❶무리 류(유)	日ルイ・たぐい
	❷치우칠 뢰	中lèi

* 회의. 사람의 얼굴을 나타내는 '頁(머리 혈)'과 쌀알의 자잘함을 나타내는 '米(쌀 미)'와 '犬(개 견)'을 합친 글자. 이에 개가 얼굴이 닮아서 분별하지 못함을 나타내어, '비슷한 것들이 모이는 일'을 나타냄.

풀이 1 1. 무리. 동아리. 동류. ¶類從 2. 견주다. 비교하다. 3. 닮다. 비슷하다. ¶類同 4. 본뜨다. 5. 대개. 대략. 6. 좋다. 착하다. 7. 제사 이름. 실내에서 치르는 제사. 2 8. 치우치다. 불공평하다.

類同(유동) 닮음. 유사함.

類本(유본) 유사한 책. 같은 종류의 책.

類書(유서) 1)여러 가지 서적을 모아, 이를 사항별로 분류·편찬하여 검색(檢索)에 편리하도록 만든 책. 2)서로 비슷한 내용의 책. 동류서(同類書).

類苑(유원) 같은 종류를 모은 문장이나 책.

類類相從(유유상종) 같은 무리끼리 서로 왕래하여 사귐.

類從(유종) 같은 무리끼리 서로 따름.

類推(유추) 비슷한 점을 들어 미루어 짐작함.

類編(유편) 분류하여 편집함. 또는 그 책.

類化(유화) 같은 성질의 것으로 동화함.

유 衆(무리 중) 비 數(셀 수)

顙	⑩ 19획	日ソウ・ひたい
	이마 상	中sǎng

풀이 1. 이마. ¶顙汗 2. 꼭대기.

顙汗(상한) 이마의 땀.

頵	⑩ 19획	日イン
	둥글 운	中hùn

풀이 1. 둥글다. 머리와 얼굴이 둥글다. 2. 얼굴빛이 긴장된 모양.

願	⑩ 19획	日ガン・ねがう
	원할 원	中yuàn

* 형성. 뜻을 나타내는 부수 '頁(머리 혈)'과 음을 나타내는 '原(근원 원)'을 합친 글자. 이에 물이 흘러 나오듯이 머리에서 생각이 떠오르는 것을 나타내어, '생각하다', '원하다'라는 뜻을 나타냄.

풀이 1. 원하다. 바라다. ¶願意 2. 빌다. 소원하다. 3. 부러워하다. 4. 원컨대. 바라건대. 5. 소망. 서원. 6. 항상. 매양.

願力(원력) 1)부처에게 빌어 소원을 이루려는 마음의 힘. 2)아미타불(阿彌陀佛)의 서원(誓願)의 힘.

願絲(원사) 칠석날 여자들이 바느질이 능숙해지기를 견우·직녀별에 빌던 행사.

願意(원의) 바라는 뜻.

願海(원해) 1)소원이 매우 큼. 2)보살의 서원(誓願)의 깊고 넓음.

유 望(바랄 망)

顗	⑩ 19획	日ギ
	근엄할 의	中yǐ

풀이 1. 근엄하다. 2. 조용하다. 3. 즐거워하다.

顚	⑩ 19획	日テン・いただき・たおれる
	머리 전	中diān

풀이 1. 머리 이마. 2. 정수리. 꼭대기. ¶顚毛 3. 근본. 시초. 4. 뒤집다. 거꾸로 하다. ¶顚倒衣裳 5. 차다. 채우다. ¶顚實 6. 넘어지다. ¶顚跌 7. 미치다. 정신이상. ¶顚狂 8. 미혹하다. ¶顚冥

顚僵(전강) 넘어짐. 또는 넘어뜨림.

顚狂(전광) 1)미침. 또는 미치광이. 2)행동이 경솔하고 천박함을 비유하는 말.

顚倒(전도) 1)넘어짐. 넘어뜨림. 2)위아래를 바꾸어 거꾸로 함.

顚連(전련) 곤란하고 괴로움.

顚冥(전명) 갈피를 잡지 못하고 헤맴. 미혹(迷惑)됨.

顚毛(전모) 머리털. 두발(頭髮).

顚覆(전복) 1)뒤집혀 엎어짐. 또는 뒤집어 엎음.

2)쳐부숨. 멸망시킴.
顚仆(전부) 넘어짐. 또는 넘어뜨림.
顚實(전실) 기력을 충분히 체내에 채움.
顚隕(전운) 굴러 떨어짐. 전복(顚覆)함.
顚越(전월) 굴러 떨어짐.
顚委(전위) 1)수원(水源)과 말류(末流). 2)시작과 끝.
顚飮(전음) 술을 폭음함. 광음(狂飮).
顚顚(전전) 1)근심하는 모양. 2)전일(專一)한 모양. 3)어리석은 모양.
顚跌(전질) 1)발이 걸려 고꾸라짐. 실족(失足)함. 2)일이 어긋나서 실패함.
顚沛(전패) 1)엎어지고 자빠짐. 2)좌절함. 3)죽음. 멸망함.

顄	⑩ 19획 턱 함	日ガン 中hàn

풀이 턱. 아래턱.

顢	⑪ 20획 얼굴 클 만	日マン 中mān

풀이 얼굴이 큰 모양.

顣	⑪ 20획 찡그릴 축	日チク 中cù

풀이 찡그리다. 찌푸리다.

유 嚬(찡그릴 빈)

顠	⑪ 20획 헝클어질 표	日ヒョウ 中piǎo

풀이 1. 헝클어지다. 머리털이 흐트러진 모양. 2. 머리털이 하얗게 세다.

비 剽(빠를 표)

顧	⑫ 21획 돌아볼 고	日コ・かえりみる 中gù

` 丿 户 户 户 户 户 户 户 户 雇 雇 雇 雇 雇 顧 顧 顧 顧 顧 顧

* 형성. 뜻을 나타내는 부수 '頁(머리 혈)'과 음을 나타내는 '雇(고용할 고)'를 합친 글자.

풀이 1. 돌아보다. 둘러보다. 2. 유의하다. 3. 반성하다. ¶顧思 4. 생각하다. 생각건대. ¶顧反 5. 방문하다. 6. 돌보다. 보살피다. ¶顧重 7. 되돌아가다. 8. 도리어. 반대로. 9. 이끌다. 인도하다. 10. 고용하다. 고용당하다. 11. 다만.
顧忌(고기) 삼가하여 꺼림.
顧念(고념) 마음에 두고 생각함.
顧戀(고련) 마음에 두고 잊지 못함.
顧望(고망) 1)돌아봄. 두루 살핌. 2)뒷일을 염려하고 꺼림. 고기(顧忌). 3)돌아가는 형세를 살핌. 4)자꾸 돌아보며 주저함.
顧眄(고면) 뒤돌아봄. 또는 사방을 둘러봄. 회시(回視).
顧命(고명) 1)임금이 임종에 유언하여 후사(後事)를 부탁하는 일. 또는 그 유언. 유조(遺詔). 2)자애(慈愛)로운 명령. 3)생명을 돌봄.
顧問(고문) 1)의견을 물음. 상의함. 2)자문(諮問)에 응하여 의견을 말함. 또는 그 직책에 있는 사람. 3)마음을 씀. 걱정함.
顧反(고반) 1)되돌아감. 2)도리어. 반대로.
顧報(고보) 지난 일을 잊지 않고 그 은혜를 갚음.
顧復(고복) 부모가 자나깨나 자식을 걱정하는 일.
顧思(고사) 지난 일을 돌이켜 생각함. 반성함.
顧省(고성) 뒤돌아봄. 반성함.
顧哀(고애) 가엾게 여기어 돌보아 줌.
顧影(고영) 1)자기의 그림자를 되돌아봄. 2)자기의 재능을 자랑함.
顧睨(고예) 뒤돌아봄. 뒤돌아보고 눈을 흘김.
顧遇(고우) 두터운 대우. 권우(眷遇).
顧眺(고조) 뒤돌아 바라봄.
顧重(고중) 돌보고 소중히 여김.
顧託(고탁) 돌아보고 부탁함. 군주가 임종 때 신하에게 후사를 부탁하는 일.
顧護(고호) 돌보고 보호함.
顧懷(고회) 마음을 둠. 사모(思慕)함.
顧恤(고휼) 가엾게 여기어 돌보아 줌.

비 雇(품살 고)

顦	⑫ 21획 야윌 초	日ショウ・やつれる 中qiáo

풀이 1. 야위다. 파리하다. 2. 근심하는 모양.
顦顇(초췌) 1)몸이 야위어 파리함. 2)근심하는 모양. 초췌(憔悴).

유 憔(수척할 초) 疲(지칠 피) 顇(파리할 췌)

顥	⑫ 21획 클 호	日コウ 中hào

풀이 1. 크다. 광대하다. 2. 희고 빛나는 모양. ¶顥顥 3. 서쪽 하늘. 하늘. ¶顥弓

顥弓(호궁) 하늘. 대공(大空).
顥氣(호기) 하늘의 밝고 성대한 기상.
顥天(호천) 서쪽 하늘. 또는 하늘.
顥顥(호호) 1)흰 모양. 또는 빛나는 모양. 2)원기(元氣)가 넓고 큰 모양.

유 巨(클 거)

顩	⑬ 22획	
	❶ 턱 뾰족할 엄	日ゲン・ケン
	❷ 주걱턱 검	中qīn

풀이 1 1. 턱이 뾰족하다. 2 2. 주걱턱.

顫	⑬ 22획	
	❶ 떨릴 전	日セン・ふるえる
	❷ 냄새 잘 맡을 선	中chàn, zhàn

풀이 1 1. 떨리다. 무섭거나 추워서 떨다. ¶顫動 2. 놀라다. ¶顫恐 2 3. 냄새를 잘 맡다.

顫恐(전공) 놀라고 두려워함.
顫動(전동) 1)부들부들 떪. 2)흔들어 떨게 함.
顫筆(전필) 1)붓을 떪. 2)붓을 떨면서 쓰는 필법(筆法)의 한 가지.

顪	⑬ 22획	日カイ
	턱수염 훼	中huì

풀이 1. 턱수염. 2. 뺨. 볼.

顬	⑭ 23획	日ジュ
	관자놀이 유	中rú

풀이 관자놀이.

顯	⑭ 23획	日ケン・ゲン・あきらか
	밝을 현	中xiǎn

*형성. 뜻을 나타내는 부수 '頁(머리 혈)'과 음을 나타내며 '감다'의 의미를 지닌 부수 이외의 글자를 합친 글자. 이에 머리에 감은 '아름다운 장식물'을 나타내며, 바뀌어 '매우 밝다'의 뜻으로 쓰임.

풀이 1. 밝다. 빛나다. 2. 나타나다. 드러나다. ¶顯沒 3. 영달하다. 지위가 높고 귀하다. ¶顯貴 4. 뚜렷하다. 명백하다. ¶顯然 5. 죽은 어버이에 대한 존칭. ¶顯考

顯諫(현간) 노골적으로 간함. 직설적으로 충고함.
顯界(현계) 이 세상. 현세(現世).
顯考(현고) 1)고조(高祖)의 높임말. 2)돌아가신 아버지.
顯貴(현귀) 지위가 높고 귀함. 또는 그 사람.
顯達(현달) 1)현명하고 사물의 이치에 능통한 사람. 2)덕망이 높아서 세상에 이름이 드러남.
顯德(현덕) 1)밝은 덕(德). 2)덕을 밝게 함.
顯名(현명) 세상에 드러난 명성.
顯命(현명) 명백한 명령.
顯沒(현몰) 나타남과 숨음. 출몰(出沒).
顯聞(현문) 똑똑히 들림. 분명하게 들림.
顯美(현미) 1)성(盛)하고 아름다움. 2)귀하고 높은 자리. 귀현(貴顯)의 지위.
顯白(현백) 명백하게 함. 분명히 함.
顯罰(현벌) 죄를 명백히 밝혀서 처벌함.
顯否(현부) 1)나타남과 나타나지 않음. 2)출세(出世)와 불출세(不出世). 궁달(窮達).
顯賞(현상) 1)크고 후한 상. 2)공로를 드러내어 표창함.
顯善(현선) 선(善)을 나타냄. 선을 밝힘.
顯揚(현양) 이름과 직위를 세상에 들날림.
顯然(현연) 분명한 모양. 뚜렷한 모양.
顯列(현열) 높은 지위.
顯要(현요) 1)지위나 직무가 높고 중요함. 또는 그 지위나 직무. 2)현관(顯官)과 요직.
顯允(현윤) 덕(德)이 밝고 마음이 신실함.
顯異(현이) 높여 다른 사람보다 뛰어나 보이도록 함.
顯迹(현적) 1)뚜렷한 흔적. 선행(善行)의 자취. 2)범인(犯人)의 종적이 뚜렷함.
顯祖(현조) 1)조상의 명예를 밝힘. 2)선조(先祖)를 높여 부르는 말.
顯出(현출) 두드러지게 드러남. 또는 드러냄.
顯赫(현혁) 뚜렷이 나타나 빛남.
顯顯(현현) 환한 모양.
顯號(현호) 공덕을 빛내는 명호.
顯效(현효) 뚜렷하게 나타난 효험.

유 現(나타날 현)

顰	⑮ 24획	日ヒン・しかめる
	찡그릴 빈	中pín

9획

풀이 찡그리다. 찌푸리다. ¶顰蹙

顰眉(빈미) 이맛살을 찌푸림.

顰蹙(빈축) 얼굴을 찡그림. 불쾌한 표정을 지음.

顲	⑯ 25획	日ラン
	부황들 람	中lǎn

풀이 1. 부황 들다. 오래 굶어 얼굴빛이 누렇게 뜬 모양. 2. 얼굴이 여윈 모양.

유 顑(부황들 함)

顱	⑯ 25획	日ロ・かしら
	머리뼈 로	中lú

풀이 머리뼈. 두개골.

顴	⑱ 27획	日ケン
	광대뼈 관	中quán

풀이 광대뼈.

비 觀(볼 관)

顳	⑱ 27획	日ショウ・ジョウ
	관자놀이 섭	中niè

풀이 관자놀이.

顳顬(섭유) 관자놀이. 태양혈(太陽穴).

風 부

風 바람 풍 部

'風' 자는 눈에 보이지 않는 바람을 추상적으로 표현한 글자로, '바람', '바람이 불다' 라는 뜻을 갖는다. 그 밖에 '교화(敎化)' 의 의미로도 사용되며, 의미가 확대되어 '풍습', '풍속' 을 나타내기도 한다. 또한 바람이 소식을 전하여 준다는 생각에서 '소식' 을 뜻하거나, '경치' 의 뜻으로도 쓰인다. 이 글자를 부수로 갖는 글자는 바람이나 바람의 성질과 관련이 있다.

風	⓪9획	日フウ・かぜ
	바람 풍	中fēng

* 형성. 뜻을 나타내는 '虫(벌레 훼)' 와 음을 나타내는 '凡(무릇 범)' 을 합친 글자. 여기서 '虫' 은 범을 의미하는데, 옛사람들이 구름은 용(龍)이 일으키고 바람은 범이 일으킨다고 믿었던 데에서, '바람' 의 뜻으로 쓰임.

풀이 1. 바람. ¶風雪 2. 바람이 불다. 3. 바람을 쐬다. 4. 빠르다. 신속하다. 5. 가르침. 교화. ¶風化 6. 풍속. 관습. ¶風習 7. 소식. 8. 기세. 위력. 9. 경치. ¶風景 10. 모습. 태도. 풍모. ¶風貌 11. 노래. 12. 병 이름. 감기・중풍・학질・정신병. 13. 발정하다. 바람나다. 14. 풍자하다. 넌지시 깨우쳐 주다. 15. 외다. 암송하다.

風客(풍객) 1)착실하지 못하고 실없는 장담이나 하고 다니는 바람둥이. 2)중풍(中風)으로 병든 사람.

風格(풍격) 1)풍채(風采)와 품격(品格). 2)인품이나 인격.

風磬(풍경) 처마 끝에 달아서 바람에 흔들리게 하여 소리나게 하는 작은 종.

風景(풍경) 경치.

風骨(풍골) 1)풍채(風采)와 골격(骨格). 2)모양. 3)뛰어난 골상(骨相).

風光(풍광) 1)경치. 2)모양.

風琴(풍금) 건반 악기의 일종. 오르간.

風紀(풍기) 1)풍속・풍습에 관한 규율. 2)일상생활의 규칙. 3)남녀간의 교제에서의 절도.

風度(풍도) 풍채(風采)와 태도(態度).

風浪(풍랑) 1)바람과 물결. 2)바람이 불어서 일어나는 물결.

風力(풍력) 1)바람이 부는 속력의 도수. 2)동력으로서의 바람의 힘.

風爐(풍로) 화로의 한 가지.

風流(풍류) 1)유풍(遺風). 2)속된 일을 떠나서 풍치가 있고 멋지게 노는 일. 3)인품. 품격.

風馬牛不相及(풍마우불상급) 암내 나는 말과 소는 서로 미치지 못한다는 뜻으로, 서로 멀리 떨어져 있어 관계가 없음을 이르는 말.

○風馬牛不相及(풍마우불상급)의 유래

춘추 시대 제환공이 여러 나라 군대를 거느리고 초나라로 향하자, 이에 놀란 초성왕이 사신을 연합군 진영으로 보내 "임금은 북쪽 바다에 있고 과인은 남쪽 바다에 있어, 바람난 말과 소처럼 서로 미치지 못하는데, 뜻밖에 임금이 우리 땅에 오시게 된 것은 무슨 까닭이오?" 라고 물어보니, 관중이 환공을 대신해서 천자에게 조공을 바치지 않은 까닭을 묻기 위해 왔다고 대답했다. 이리하여 초성왕은 굴완을 특사로 보내 화평조약을 맺었다. 《춘추좌씨전》

風媒花(풍매화) 수꽃술의 꽃가루가 바람의 매개로 말미암아 암꽃술로 옮아가서 생식 작용을 하는 꽃.

風貌(풍모) 풍채와 용모. 모습.

風聞(풍문) 1)바람결에 들리는 소문. 근거 없이 떠도는 말. 2)소문으로 들음. 3)관리의 비행을 탄핵하여 어사에게 올리는 문서.

風物(풍물) 1)경치. 2)농악에 쓰는 꽹과리 · 날라리 · 소고 · 북 · 장구 · 징 등의 악기.
風味(풍미) 1)음식의 좋은 맛. 2)풍류적 성격.
風靡(풍미) 나무나 풀 등이 바람에 쓰러지듯이, 어떤 현상 · 사조가 사회에 널리 퍼짐.
風伯(풍백) 바람을 주관하는 신.
風霜(풍상) 1)바람과 서리. 2)세월. 3)세상의 고난을 많이 겪음.
風扇(풍선) 1)바람을 일으키는 선풍기(扇風機). 2)바람을 내어 검불과 티끌을 날리는 농구의 한 가지.
風雪(풍설) 바람과 눈.
風聲鶴唳(풍성학려) 바람소리와 학의 울음소리라는 뜻으로, 겁을 먹으면 하찮은 일이나 작은 소리에도 매우 놀람을 이르는 말.

風聲鶴唳(풍성학려)의 유래

동진 효무제 때 전진의 임금 부견이 군대를 이끌고 동진으로 공격해왔다. 부견은 동진의 진영이 질서 정연하게 움직이고 병사들이 용감하게 움직이는 것을 보고 약간 후퇴했다가 다시 반격하기를 지휘했다. 그러나 후퇴길에 오른 부견의 병사들은 반격하는 일이 쉽지 않아, 동진군의 부대에게 제대로 싸움 한 번 못하고 죽었다. 가까스로 목숨을 건진 병사들은 '바람소리와 학의 울음소리' 만 들어도 동진의 추격군이 온 줄 알고 놀라 달아나기에 바빴다.

風俗(풍속) 1)옛날부터 그 사회에서 행하여져 온 생활 전반에 걸친 습관. 2)옷차림. 복장. 3)그 지방에서 행하여지고 있는 시가(詩歌). 유행가.
風速(풍속) 바람이 부는 속도.
風水(풍수) 1)바람과 물. 2)집 · 묘 같은 것의 방위와 지형의 좋고 나쁨이 사람의 화복(禍福)에 절대적 영향을 미친다는 학설.
風習(풍습) 풍속과 습관.
風神(풍신) 1)바람을 다스린다는 신. 2)사람의 드러나보이는 겉모양. 풍채.
風樂(풍악) 옛날부터 전해 내려오는 우리나라 고유의 음악.
風壓(풍압) 물체에 미치는 바람의 압력.
風謠(풍요) 한 지방의 풍속을 읊은 노래.
風雨(풍우) 1)바람과 비. 2)바람과 함께 내리는 비.
風雲(풍운) 1)바람과 구름. 2)용이 바람과 구름을 밟고 하늘로 오르는 것처럼 영웅호걸이 기회를 얻어 출세함. 3)세상이 크게 변화하려는 기운.
風月(풍월) 1)바람과 달. 2)바람과 달에 부쳐 시가를 지음. 3)얻어들은 짧은 지식.
風喩(풍유) 슬며시 나무라는 뜻을 붙여 타이름.
風情(풍정) 1)정서와 회포를 자아내는 풍경. 2)세상의 실정이나 형편. 물정(物情).
風潮(풍조) 1)바람에 따라 흐르는 조수(潮水). 2)시대에 따라 변하는 세태.
風塵(풍진) 1)바람에 날리는 티끌. 2)세상에서 일어나는 소동. 3)전쟁으로 인한 어지러운 분위기.
風車(풍차) 1)풍력(風力)을 이용하여 정미(精米) · 제분(製粉) · 제재(製材) · 양수(揚水)에 이용하는 기계. 2)팔랑개비. 3)풀무.
風采(풍채) 1)사람의 겉모양. 2)풍속과 사건.
風趣(풍취) 풍경의 아취(雅趣).
風致(풍치) 1)모양. 2)시원스럽게 격에 맞는 멋.
風齒(풍치) 이가 썩거나 상하지 않고 풍증으로 들떠 일어나는 치통(齒痛).
風土(풍토) 1)기후와 토지의 상태. 2)자연과 밀접한 관계를 가진 인간 생활 전체.
風波(풍파) 1)바람과 물결. 2)바람과 물결이 일어 동요하는 것. 3)싸움 분란. 4)이 세상의 번거로운 근심.
風漢(풍한) 미치광이.
風向(풍향) 바람이 부는 방향.
風化(풍화) 1)교육을 통하여 백성들의 풍습을 교화하는 일. 2)지표를 구성하는 암석이 햇빛 · 물 · 공기 등의 작용으로 점차 분해되는 현상.
家風(가풍) 한 집안의 기율과 풍습(風習).
古風(고풍) 1)옛날의 풍속. 2)예스러운 모습. 3)한시(漢詩)의 한 체(體).
美風良俗(미풍양속) 아름답고 좋은 풍습.
烈風(열풍) 1)맹렬하게 부는 바람. 2)매우 세차게 일어나는 기세.
暴風(폭풍) 1)매우 거센 바람. 2)큰 사건이나 소란을 비유하는 말.

颶	④ 13획 日イツ 큰 바람 율 中yù

풀이 큰 바람. 아주 센 바람.

颬	④ 13획 日カ · ガ 숨 내쉴 하 中xiā

풀이 숨을 내쉬다. 입을 벌리고 숨을 내쉬는 모양.

颯	⑤ 14획 日サツ · ソウ 바람 소리 삽 中sà

풀이 1. 바람 소리. ¶颯颯 2. 질풍. 3. 쇠하다. 시들다. 4. 씩씩하다. 시원스럽다. ¶颯爽 5. 많고 성하다.
颯沓(삽답) 1)많고 성한 모양. 2)떼 지어 날아가는 모양. 3)거듭 겹치는 모양.

颯辣(삽랄) 씩씩한 풍채(風采).
颯颯(삽삽) 1)갑자기 부는 바람 소리. 2)빗소리.
颯爽(삽상) 1)씩씩하고 시원스러움. 2)가뿐하고 민첩함.
颯灑(삽쇄) 바람 소리의 형용.
颯然(삽연) 바람이 불어 나뭇잎이 떨어지는 모양.
颯爾(삽이) 바람 소리.

9획

颰	⑤ 14획 바람 월	日ケツ・ゲツ 中xuè

풀이 바람. 산들바람. 솔솔 부는 바람.

颭	⑤ 14획 물결 일 점	日セン 中zhǎn

풀이 1. 물결이 일다. 2. 바람에 흔들리다.
颭灩(점염) 물결이 출렁거리는 모양.
颭颭(점점) 바람에 흔들리는 모양.

颱	⑤ 14획 태풍 태	日タイ 中tái

풀이 태풍.

颮	⑤ 14획 ❶폭풍 표 ❷많을 박	日ホウ・ハク・あらし 中biāo

풀이 1 1. 폭풍. 세찬 바람. 2 2. 많다.

颲	⑥ 15획 사나운 바람 렬(열)	日レツ 中liè

풀이 사나운 바람. 매서운 바람. ¶颲風
颲颲(열렬) 기세가 매서운 모양.
颲風(열풍) 매서운 바람. 열풍(烈風).

颵	⑦ 16획 사나운 바람 률(율)	日リツ・リ 中lì

풀이 사나운 바람. 폭풍우.
颵颲(율렬) 거센 바람. 폭풍우.

유 颲(사나운 바람 렬)

颵	⑦ 16획 바람 소리 소	日ショウ 中shāo, xiāo

풀이 바람 소리.

颶	⑧ 17획 구풍 구	日ク・グ・かぜ 中jù

풀이 구풍(颶風). 태풍・허리케인 등 열대성 저기압의 총칭.
颶母(구모) 구풍이 불어 올 조짐.

颷	⑧ 17획 飆(p1560)의 俗字	

颮	⑧ 17획 질풍 홀	日コツ 中hū

풀이 질풍. 빠른 바람.

颽	⑨ 18획 질풍 개	日カイ 中jiē

풀이 질풍. 빠른 바람.

颼	⑨ 18획 바람 소리 수	日ス 中sōu

풀이 1. 바람 소리. 2. 산들바람. 바람이 솔솔 부는 모양. ¶颼瑟
颼瑟(수슬) 바람 소리.

颸	⑨ 18획 양풍 시	日シ 中sī

풀이 1. 양풍. 서늘한 바람. 2. 빠르다. ¶颸颸 3. 빠른 바람.
颸颸(시시) 바람이 획 부는 모양.
颸風(시풍) 빠르게 부는 바람. 질풍(疾風).

颺	⑨ 18획 날릴 양	日ヨウ 中yáng

풀이 1. 날리다. 바람에 흩날리다. 2. 날다. ¶颺去 3. 까부르다. 4. 물결이 일다. 5. 소리를 높이다. 6. 배가 천천히 가는 모양. 7. 용모·풍채가 출중하다.

颺去(양거) 새가 날아감.

颺颺(양양) 1)바람에 날려 올라가는 모양. 2)바람에 펄럭이는 모양.

颺言(양언) 소리를 높여 말함. 공공연하게 말함. 양언(揚言).

颺榮(양영) 아름다움을 게시함.

颺下(양하) 집어던짐. 내버림.

颹 ⑨ 18획 日イ
큰 바람 위 中wèi

풀이 1. 큰 바람. 거센 바람. 2. 바람 소리.

颿 ⑩ 19획 日ハン
돛 범 中fān

풀이 1. 돛. ¶颿船 2. 배가 바람을 받아 빨리 가는 모양. ¶颿然 3. 말이 빨리 달리는 모양.

颿颿(범범) 말이 빨리 달리는 모양.

颿船(범선) 돛을 단 배.

颿然(범연) 빠르게 달리는 모양.

颾 ⑩ 19획 日ス·ソ
바람 소리 소 中sāo

풀이 바람 소리.

 ⑩ 19획 日ス
바람 소리 수 中sōu

풀이 바람 소리. ¶颼飒

颼飒(수삽) 바람 소리.

颼颼(수수) 1)바람 소리. 2)빗소리. 3)추운 듯한 모양.

颼風(수풍) 산들바람. 솔솔 부는 바람.

颻 ⑩ 19획 日ヨウ
흔들릴 요 中yáo

풀이 1. 흔들리다. 바람에 날리다. 2. 가볍게 날아오르다. ¶颻颺

颻颺(요양) 바람에 불려 날아올라감.

颻颻(요요) 바람에 흔들리는 모양.

飂 ⑪ 20획
❶높은 日リュウ
바람 류(유) 中liáo, liú
❷바람 소리 료(요)

풀이 ❶ 1. 높은 바람. 높이 부는 바람. ¶飂飕 2. 서풍(西風). ¶飂風 ❷ 3. 바람 소리. ¶飂戾

飂戾(요려) 1)바람 소리. 2)물이 빠르게 흐르는 모양.

飂飕(유수) 바람이 부는 모양. 또는 그 바람 소리.

飂風(유풍) 서쪽에서 부는 바람.

飁 ⑪ 20획 日シュウ
바람 습 中xí

풀이 바람. 큰 바람.

유 風(바람 풍)

飄 ⑪ 20획 日ヒョウ·つむじかぜ
나부낄 표 中piāo

* 형성. 뜻을 나타내는 부수 '風(바람 풍)'과 음을 나타내는 '票(표 표)'를 합친 글자.

풀이 1. 나부끼다. 떠돌다. ¶飄泊 2. 일정하지 않은 바람. 3. 방랑하다. 유랑하다. 4. 떨어지다. ¶飄瓦

飄客(표객) 바람기가 있고 방탕한 사나이.

飄擊(표격) 빨리 침. 느닷없이 침.

飄零(표령) 1)나뭇잎 등이 바람에 펄럭이며 떨어짐. 2)영락(零落)함.

飄眇(표묘) 소리가 맑고 긴 모양.

飄泊(표박) 정처 없이 떠돌아다님. 타향으로 떠돎. 표우(飄寓).

飄泛(표범) 1)배가 가볍게 뜸. 2)이리저리 떠돌아다님.

飄揚(표양) 1)나부낌. 또는 나부끼게 함. 2)표박(飄泊)함.

飄然(표연) 1)바람에 가볍게 날리는 모양. 표표(飄飄). 2)훌쩍 떠나는 모양. 3)정처 없이 떠돌아다니는 모양. 4)세상일에 연연하지 않고 태연함.

飄瓦(표와) 1)느닷없이 지붕에서 떨어지는 기와. 즉, 천재(天災). 2)질풍(疾風)으로 기왓장이 벗겨짐.

飄寓(표우) 정처 없이 떠돌아다님.

飄溢(표일) 뿜어대듯 넘침.

9획

飄蕩(표탕) 1)흔들림. 2)이리저리 떠다님. 3)유랑(流浪)함.

飄萍(표평) 1)물살 또는 바람에 따라 떠도는 부평초. 2)객지를 이리저리 떠돌아다님.

飄飄(표표) 1)뛰어오르는 모양. 2)바람이 부는 모양. 바람에 날리는 모양. 표연(飄然). 3)유랑(流浪)하는 모양.

飄風(표풍) 회오리바람. 선풍(旋風).

飉	⑫ 21획 바람 료(요)	日リョウ 中liáo

풀이 1. 바람. 산들바람. 2. 바람이 세차게 부는 소리. ¶飉厲

飉厲(요려) 맑은 노랫소리.

유 風(바람 풍)

飀	⑫ 21획 바람 소리 류(유)	日リュウ 中liú

풀이 1. 바람 소리. 2. 바람이 솔솔 부는 모양.

飀飀(유류) 1)바람 소리. 2)살랑거리며 불어오는 약한 바람.

飆	⑫ 21획 폭풍 표	日ヒョウ·つむじかぜ 中biāo

풀이 1. 폭풍. 회오리바람. ¶飆馳 2. 바람.

飆奮(표분) 세찬 바람처럼 떨침.

飆斿(표유) 바람에 깃발이 펄펄 날림.

飆馳(표치) 폭풍처럼 달림.

飆風(표풍) 폭풍. 또는 회오리바람.

飇	⑫ 21획 飆(p1560)와 同字

䫻	⑫ 21획 폭풍 횡	日コウ 中héng

풀이 1. 폭풍. 거센 바람. 태풍. 2. 바람 소리.

飋	⑬ 22획 가을 바람 슬	日シツ 中sè

풀이 1. 가을바람. 2. 맑고 서늘한 모양.

⑭ 23획 큰 바람 도	日ドウ·トウ 中táo

풀이 1. 큰 바람. 2. 바람 소리. 3. 서늘한 바람.

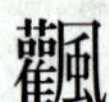

⑱ 27획 風(p1556)의 古字

飛 날 비 部

'飛' 자는 새가 나는 모습을 본뜬 글자로, '날다' 라는 뜻을 나타낸다. 그 밖에 새가 공중을 높이 날기 때문에 '높다' 를 뜻하거나, 높이 나는 빠른 새를 나타내어 '빠르다' 의 뜻을 나타내기도 한다.

⓪ 9획 날 비	日ヒ·とぶ 中fēi

* 상형. 새가 날개를 펼치고 나는 모양을 본뜬 글자. 이에 '날다', '날리다', '빠르다' 의 뜻으로 쓰임.

풀이 1. 날다. 날아다니다. ¶飛禽 2. 휘날리다. 흩날리다. 3. 빠르다. 빨리 가다. ¶飛將 4. 날짐승. 날벌레. 5. 높다. ¶飛躍 6. 근거 없는 말이 떠돌다. ¶飛語

飛禽(비금) 날짐승.

飛來(비래) 날아서 옴.

飛騰(비등) 날아 오름.

飛馬(비마) 나는 듯이 빨리 달리는 말.

飛沫(비말) 흩날리는 물방울이나 물거품.

飛報(비보) 급한 통지.

飛散(비산) 날아 흩어짐.

飛翔(비상) 공중을 날아다님.

飛船(비선) 나는 듯이 빠르게 가는 배.

飛雪(비설) 바람에 흩날리며 내리는 눈.

飛星(비성) 별똥별. 유성.

飛語(비어) 근거 없는 말. 비언(飛言).

飛躍(비약) 1)높이 뛰어오름. 힘차게 활동함. 2)지위가 갑자기 높아짐. 3)말이나 논리 등이 올바르고 당연한 단계를 밟지 않고 진행됨.

飛雲(비운) 1)바람에 불려 날아가는 구름. 2)날아가는 구름의 모양을 본뜬 무늬.

飛將(비장) 용맹스럽고 매우 날쌘 장수. 비장군(飛將軍).

飛走(비주) 날아다니는 새와 달리는 짐승.

飛行(비행) 공중으로 날아다님.

飛行機(비행기) 프로펠러의 회전 또는 분사 추진력(噴射推進力)을 이용하여 공중을 날게 하는 기계.

飛虎(비호) 1)나는 듯이 날랜 범. 2)용맹스럽고 날쌘 움직임. 또는 그런 인물이나 동물.

飜	⑫21획 뒤집을 번	日ホン 中fān

* 형성. 뜻을 나타내는 부수 '飛(날 비)'와 음을 나타내는 '番(갈마들 번)'을 합친 글자.

풀이 1. 뒤집다. 엎어지다. ¶飜覆無常 2. 날다. 나부끼다. 3. 옮기다. 번역하다.

飜譯(번역) 한 나라의 말이나 글을 다른 나라의 말이나 글로 옮김.

飜覆無常(번복무상) 변화가 매우 심함. 변화 무상(變化無常).

유 翻(뒤집을 번)

食 밥 식 部

'食' 자는 뜨거운 김이 무럭무럭 올라가는 음식물을 담은 둥근 식기에 뚜껑이 덮여 있는 모양을 나타낸 글자로, 먹는 '밥'을 뜻하게 되었다. 그 밖에 '먹다', '먹히다'의 뜻을 나타내기도 하며, 옛날에는 나라에서 관리에게 녹봉으로 쌀, 콩과 같은 먹을 것을 주었기 때문에 '녹봉'을 나타내기도 한다. 이 글자를 부수로 갖는 글자는 먹는 행위나 음식물과 관련이 있다.

食	⓪9획 ❶밥 식 ❷밥 사 ❸사람 이름 이	日ショク·めし·くう 中shí, sì, yì

* 상형. 뚜껑이 덮인 식기에 음식물이 가득 담겨 있는 모양을 본뜬 글자. 이에 '밥'의 뜻으로 쓰임.

풀이 ❶ 1. 밥. 음식. ¶食器 2. 먹다. ¶食糧 3. 마시다. 4. 녹봉. 5. 제사. 제사 지내다. 6. 생활하다. 생계를 꾸리다. ¶食客 7. 현혹되게 하다. 8. 받아들이다. 9. 지우다. 10. 개먹다. ❷ 11. 밥. 12. 먹이다. 먹여 살리다. 13. 기르다. ❸ 14. 사람 이름.

食客(식객) 남의 집에 살며 기식(寄食)하는 사람.

食頃(식경) 식사를 할 시간.

食困症(식곤증) 식후에 정신이 나른하여 졸음이 오는 증세.

食口(식구) 한 집에서 함께 살며 끼니를 함께 하는 사람.

食券(식권) 음식점이나 식당에서 음식과 맞바꾸는 표.

食器(식기) 음식을 담아 먹는 그릇.

食單(식단) 1)음식점이나 식당에서 제공할 수 있는 요리의 종목. 또는 그 순서를 적은 일람표. 2)가정에서 일주일 또는 한 달 동안의 매 식사마다의 요리 예정표.

食堂(식당) 1)식사를 할 수 있는 곳. 2)간단한 음식물을 만들어 파는 가게.

食道(식도) 신체에서 화관(消化管)의 일부.

食道樂(식도락) 여러 가지 음식을 먹어 봄을 즐거움으로 삼는 일.

食糧(식량) 먹을 양식.

食祿(식록) 관리에게 주는 봉급.

食料品(식료품) 음식 재료가 되는 물품.

食母(식모) 1)유모(乳母). 2)남의 집에서 음식을 해 주는 여자.

食物(식물) 먹을 것.

食福(식복) 먹을 복.

食復(식부) 병이 낫게 될 때에 음식을 잘못 섭취하여 다시 앓는 병.

食不言(식불언) 음식을 먹을 때는 부질없는 말을 하지 않음.

食費(식비) 식사 비용. 밥값.

食事(식사) 밥을 먹는 일.

食性(식성) 음식에 대해 싫어하고 좋아하는 성질.

食言(식언) 앞서 한 약속이나 말과 다르게 말함.

食鹽(식염) 소금.

食慾(식욕) 음식을 먹고 싶은 욕망.

食用(식용) 먹는 용도로 씀.

食肉(식육) 먹는 고기. 또는 고기를 먹음.

食飮(식음) 먹고 마심.

食邑(식읍) 옛날 공신(功臣)의 봉지(封地).

食餌(식이) 먹이.

食人種(식인종) 사람 고기를 먹는 종족.

食前(식전) 밥을 먹기 전.

食指(식지) 집게손가락.

食卓(식탁) 여러 사람이 식사할 때에 음식물을 벌여 놓는 데 쓰이는 큰 탁자.
食醯(식혜) 쌀밥에 엿기름가루를 우린 물을 부어 삭힌 뒤에, 진한 설탕을 부은 음식.
間食(간식) 군음식을 먹음. 또는 그 음식.
客食口(객식구) 군식구.
穀食(곡식) 벼 · 보리 · 밀 · 조 · 수수 · 기장 · 콩 · 옥수수 등을 통틀어 일컫는 말.
過食(과식) 지나치게 많이 먹음.
斷食(단식) 1)음식 먹는 것을 끊음. 절식. 2)종교 의식으로 일정한 기간 동안 먹지 않음.
日食(일식) 1)일본식 음식. 2)태양의 전부 또는 일부가 달에 가려지는 현상. 일식(日蝕).
會食(회식) 여러 사람이 한데 모여 음식을 먹음. 또는 그 모임.

유 飯(밥 반)

飢	② 11획 주릴 기	日キ 中jī

丿 𠂉 𠆢 今 今 今 食 食 食 飣 飢

* 형성. 뜻을 나타내는 부수 '食(밥 식)'과 음을 나타내며 부족하다는 의미를 지닌 '几(안석 궤)'를 합친 글자. 이에 먹을 것이 부족한 것을 나타내어, '굶주림'의 뜻으로 쓰임.

풀이 1. 주리다. 굶다. 굶기다. ¶飢困 2. 기아. 굶주림. ¶飢疫 3. 흉년. 흉년이 들다. ¶飢歲

飢渴(기갈) 배고프고 목이 마름.
飢困(기곤) 굶주려 고달픔.
飢饉(기근) 흉년이 듦.
飢凍(기동) 굶주리고 추위에 떪.
飢亂(기란) 기아와 난리.
飢死(기사) 굶어 죽음.
飢色(기색) 굶주린 모양.
飢歲(기세) 농사가 잘 되지 않은 해. 흉년.
飢餓(기아) 굶주림.
飢穰(기양) 흉년과 풍년.
飢疫(기역) 굶주림과 돌림병.
飢人(기인) 굶주린 사람. 배고픈 사람.
飢者(기자) 굶주린 사람.
飢腸(기장) 굶주린 창자.
飢飽(기포) 배고픔과 배부름.
飢寒(기한) 1)배고프고 추움. 2)먹을 것과 입을 것이 없어 생활이 곤란함
療飢(요기) 조금 먹어 시장기를 면함.

飤	② 11획 먹일 사	日サ · かう 中sì

풀이 1. 먹이다. 2. 기르다. 사육하다. 3. 먹이. 양식.

유 飼(먹일 사) 비 飮(마실 음)

飡	② 11획 ❶ 飧(p1562)의 俗字 ❷ 餐(p1567)과 同字

飣	② 11획 쌓아 둘 정	日テイ 中dīng, dìng

풀이 1. 쌓아 두다. 저장하다. 2. 음식을 늘어놓다. 음식을 쌓아 놓다.

飧	③ 12획 저녁밥 손	日ソン · よるごはん 中sūn

* 회의. 저녁(夕)에 먹는 밥(食)이라는 의미에서 '저녁밥'의 뜻으로 쓰임.

풀이 1. 저녁밥. ¶飧饔 2. 물이나 국에 밥을 말다. 3. 익힌 음식. 4. 저녁밥을 먹다.

飧牽(손견) 익힌 음식과 살아 있는 희생물.
飧菊(손국) 국화(菊花)를 먹는다는 뜻으로, 고결한 사람을 이르는 말.
飧饔(손옹) 저녁밥과 아침밥.
飧粥(손죽) 죽. 또는 죽을 먹음.

飦	③ 12획 죽 전	日テン · かゆ 中zhān

풀이 죽. 된 죽.

飦粥(전죽) 죽. 된 죽과 묽은 죽.

飥	③ 12획 수제비 탁	日タク 中tuō

풀이 1. 수제비. ¶餺飥 2. 떡.

飩	④ 13획 만두 돈	日ドン 中tún

풀이 만두. ¶餛飩

飳	④ 13획 만두 두	日トウ · ぎょうざ 中dòu

풀이 1. 만두. 2. 음식을 차려 놓다.

飯	④ 13획	日ハン·めし
	밥 반	中fàn

丿 𠂉 𠂉 今 今 今 𩙿 𩙿 食 飣 飯 飯

* 형성. 뜻을 나타내는 부수 '食(밥 식)'과 음을 나타내는 '反(돌이킬 반)'을 합친 글자. 여기서 '反'은 위에서 물건을 덮고 아래에서도 그것을 받치는 일을 뜻함. 이에 입에 머금고 잘 씹어 먹는 것을 나타내어, '먹다', '밥'의 뜻으로 쓰임.

풀이 1. 밥. ¶飯顆 2. 먹다. 식사하다. ¶飯食 3. 먹이다. 4. 기르다. 사육하다.

飯磬(반경) 절에서 식사 시간을 알리기 위해 치는 경쇠.
飯囊(반낭) 아무 하는 일 없이 먹기만 하는 사람을 비웃는 말. 밥주머니. 반대(飯袋).
飯單(반단) 식사 때 무릎에 펴는 수건.
飯來開口(반래개구) 밥이 오면 입을 벌림. 아주 게으름을 비유하는 말.
飯粒(반립) 밥알. 반과(飯顆).
飯米(반미) 밥쌀.
飯噴(반분) 입에 있는 음식을 뿜으며 웃음을 터뜨리는 모양.
飯匕(반비) 숟가락.
飯匙(반시) 숟가락.
飯食(1.반식/2.반사) 밥을 먹음. 또는 먹는 밥.
飯玉(반옥) 쌀과 함께 죽은 사람의 입에 물리는 구슬. 반함(飯含).
飯盂(반우) 밥 그릇.
飯含(반함) 염(殮)할 때, 시신의 입 속에 구슬·쌀 등을 물려 주는 일.

유 食(밥 식) 비 飮(마실 음)

飦	④ 13획
	飯(p1563)과 同字

飱	④ 13획
	飧(p1562)의 俗字

飫	④ 13획	日ヨ
	실컷 먹을 어	中yù

* 형성. 뜻을 나타내는 부수 '食(밥 식)'과 음을 나타내는 '夭(어릴 요)'를 합친 글자.

풀이 1. 실컷 먹다. ¶飫聞 2. 잔치. 연회. ¶飫宴 3. 베풀다. ¶飫賜

飫歌(어가) 잔치에서 부르는 노래.
飫聞(어문) 물리도록 많이 들음.
飫賜(어사) 충분한 술과 음식을 하사함.
飫宴(어연) 주연(酒宴).
飫饒(어요) 양식이 풍부함.

飮	④ 13획	日イン·のむ
	마실 음	中yǐn, yìn

丿 𠂉 𠂉 今 今 今 𩙿 𩙿 食 食 飮 飮 飮

* 상형. 원래의 자형은 '㱃'으로, 사람이 몸을 숙여 술단지에 입을 대고 술을 마시는 모습을 본뜬 글자였으나, 후에 '酓' 대신 '食'을 쓰게 됨.

풀이 1. 마시다. ¶飮宴 2. 마시게 하다. ¶飮馬 3. 마실 것. 음료. ¶飮漿 4. 잔치. 술자리. 5. 머금다. 품다. ¶飮恨 6. 숨기다. ¶飮德

飮客(음객) 술을 잘 마시는 사람.
飮器(음기) 1)술잔. 2)요강.
飮德(음덕) 덕을 숨기고 나타내지 않음.
飮徒(음도) 술친구.
飮樂(음락) 술을 마시며 즐김. 또는 술 마시는 즐거움.
飮料(음료) 마실거리.
飮馬(음마) 말에게 물을 먹임.
飮冰(음빙) 1)얼음을 먹음. 2)가난함.
飮膳(음선) 먹고 마실 것. 음식.
飮水思源(음수사원) 물을 마시며 물의 근원지를 생각함. 근본을 잊지 않음을 이르는 말.
飮食(음식) 1)음식물. 2)먹고 마심.
飮食之人(음식지인) 먹고 마시는 것만 아는 사람. 오로지 본능에 따라 행동하는 사람.
飮宴(음연) 술을 마시며 즐김.
飮羽(음우) 깃까지 화살이 깊이 박히는 일.
飮泣(음읍) 눈물이 흘러 입으로 들어간다는 뜻으로, 아주 서럽게 욺을 이르는 말.
飮子(음자) 탕약(湯藥).
飮漿(음장) 음료.
飮餞(음전) 먼 길을 떠나기 전에 신에게 제사지내고, 제사가 끝난 뒤에는 그 옆에서 잔치를 베풂.
飮至(음지) 개선(凱旋)하여 종묘(宗廟)에 이르러 술을 마시던 일.
飮啄(음탁) 1)음식을 먹고 생활하는 일. 2)물을 마시고 먹이를 쫌.
飮恨(음한) 원한을 참고 견딤.
飮血(음혈) 피눈물을 마신다는 뜻으로, 몹시 슬퍼하고 분개함을 이르는 말.

비 飯(밥 반)

9획

飪	④ 13획	日イン・なれる
	익힐 임	中rèn

풀이 1. 익히다. ¶飪熟 2. 익힌 음식.

飪熟(임숙) 음식물을 익힘.

飭	④ 13획	日チク
	신칙할 칙	中chì

풀이 1. 신칙하다. 타일러 훈계하다. ¶飭愿 2. 삼가다. 근신하다. ¶飭身 3. 갖추다. 4. 부지런히 일하다.

飭勵(칙려) 타이르고 격려함.

飭身(칙신) 몸을 삼감.

飭愿(칙원) 조심하며 삼감.

飭正(칙정) 몸을 삼가고 행실을 바로잡음.

비 飾(꾸밀 식)

餘	⑤ 14획	日マツ
	말먹이 말	中mò

풀이 말먹이. 말에게 먹이를 주다.

飰	⑤ 14획	日ハン・バン
	싸라기떡 반	中bǎn

풀이 싸라기 떡. 쌀 부스러기로 만든 떡.

飼	⑤ 14획	日シ・くう
	먹일 사	中sì

풀이 1. 먹이다. 기르다. 2. 먹이.

飼養(사양) 사육함.

飾	⑤ 14획	日シク・かさなる
	꾸밀 식	中shì

丿 𠆢 𠆢 今 今 今 食 食 食 飠 飠 飠 飭 飾

*형성. 뜻을 나타내는 동시에 음을 나타내는 부수 '食(밥 식)'과 '人(사람 인)'과 '巾(헝겊 건)'을 합친 글자. 사람이 헝겊으로 닦아서 깨끗이 하는 것을 나타내어, '꾸미다'의 뜻으로 쓰임.

풀이 1. 꾸미다. 치장하다. ¶飾非 2. 치장. 장식. 3. 가선. 옷에 가선을 두르다. 4. 속이다. 거짓으로 꾸미다.

飾賈(식가) 1)값을 속여서 비싸게 받음. 2)더 얹어 매긴 값.

飾巧(식교) 교묘하게 속임.

飾非(식비) 잘못된 행실을 그럴싸하게 꾸밈.

飾辭(식사) 말을 꾸밈. 또는 꾸며 하는 말.

飾讓(식양) 겉으로만 사양하는 체함.

飾言(식언) 거짓으로 꾸민 말.

飾行(식행) 행동을 꾸밈. 행실이 훌륭한 것처럼 보이게 함.

飾喜(식희) 부모의 경사에 잔치를 엶.

유 粧(단장할 장) 裝(꾸밀 장) 비 飭(삼갈 칙)

饁	⑤ 14획	日オウ
	배부를 앙	中yǐng

풀이 1. 배부르다. 2. 가득 차다.

餩	⑤ 14획	日アク
	주릴 액	中è

풀이 주리다. 굶주리다.

飴	⑤ 14획	
	❶엿 이	日イ・サ
	❷먹일 사	中yí

*형성. 뜻을 나타내는 부수 '食(먹을 식)'과 음을 나타내는 '台(나 이)'를 합친 글자.

풀이 ❶ 1. 엿. 단 음식. ¶飴糖 2. 달다. 단맛. ❷ 3. 먹이다. 기르다.

飴糖(이당) 엿.

飴蜜(이밀) 엿과 꿀.

飷	⑤ 14획	日ジ
	맛없을 자	中jiě

풀이 맛없다. 음식이 맛이 없다.

飺	⑤ 14획	日サ
	물릴 자	中cí

*형성. 뜻을 나타내는 부수 '食(먹을 식)'과 음을 나타내는 '此(이 차)'를 합친 글자.

풀이 1. 물리다. 2. 먹기 싫어하다.

飵	⑤ 14획	日ホウ
	보리밥 먹을 작	中zuò

풀이 보리밥을 먹다.

飽	⑤ 14획 배부를 포	日ホウ·あきる 中bǎo

丿 𠂉 𠂊 ... 飽

* 형성. 뜻을 나타내는 부수 '食(밥 식)'과 음을 나타내며 '부풀어 커지다'를 의미하는 '包(쌀 포)'를 합친 글자. 이에 '배부르게 먹다', '만족해하다'의 뜻으로 쓰임.

풀이 1. 배부르다. ¶飽暖 2. 실컷먹다. ¶飽飫 3. 만족하다. ¶飽足

飽看(포간) 실컷 봄.
飽暖(포난) 배불리 먹고 따뜻하게 입음.
飽食(포식) 배불리 먹음.
飽滿(포만) 1)배불리 먹어 만족스러워함. 2)배가 꽉 차도록 실컷 먹음.
飽聞(포문) 실컷 들음. 널리 세상에 알려짐을 이르는 말.
飽飫(포어) 물릴 때까지 먹음. 실컷 먹음.
飽足(포족) 만족하게 함.

飶	⑤ 14획 음식 냄새 필	日ヒツ 中bì

풀이 음식 냄새. 구수한 냄새.

餃	⑥ 15획 경단 교	日ギョウ 中jiāo

풀이 1. 경단. 2. 교자(餃子). 소를 넣은 찐만두의 일종.

餅	⑥ 15획 餠(p1567)의 俗字

養	⑥ 15획 기를 양	日ヨウ·そだてる 中yǎng

丶 丷 ... 養

* 형성. 뜻을 나타내는 부수 '食(밥 식)'과 음을 나타내는 '羊(양 양)'을 합친 글자. 이에 양에게 먹이를 먹여 기르는 것을 나타내어, '기르다', '양육하다'의 뜻으로 쓰임.

풀이 1. 기르다. 양육하다. 2. 사육하다. ¶養牧 3. 배양하다. 4. 자식을 낳다. 5. 젖을 먹이다. 6. 가르치다. 7. 치료하다. 병을 다스리다. 8. 봉양하다. ¶養親 9. 숨기다. 10. 가렵다. 11. 길다. ¶養夜 12. 즐기다. ¶養目 13. 가지다. 차지하다.

養豚(양돈) 돼지를 기름.
養母(양모) 길러 준 수양어머니.
養目(양목) 눈을 즐겁게 함.
養牧(양목) 기름. 사육함.
養羞(양수) 먹을 것을 저장함.
養夜(양야) 긴 밤.
養養(양양) 근심 때문에 불안한 모양.
養子(양자) 양아들. 데려다 키운 수양아들.
養志(양지) 자기의 뜻을 기름.
養親(양친) 1)어버이를 봉양함. 2)양부모.
養和(양화) 화합하도록 노력함.

餌	⑥ 15획 먹이 이	日ジ·えさ 中ěr

* 형성. 뜻을 나타내는 부수 '食(먹을 식)'과 음을 나타내는 '耳(귀 이)'를 합친 글자.

풀이 1. 먹이. 사료. 2. 음식. 3. 먹다. ¶餌口 4. 낚다. 미끼로 꾀다. ¶餌兵 5. 미끼. 사람을 꾀는 물건이나 이익. 6. 경단. 떡. 7. 짐승의 힘줄.

餌口(이구) 생계를 이음.
餌啗(이담) 1)먹이를 먹임. 2)미끼를 주어 남을 꾀는 일.
餌兵(이병) 적을 유인하는 병사.
餌敵(이적) 적을 유인함.

餁	⑥ 15획 飪(p1564)과 同字

餈	⑥ 15획 인절미 자	日ジ 中cí

풀이 인절미.

餈糗(자구) 인절미.

餂	⑥ 15획 낚을 첨	日セン 中tiǎn

풀이 낚다. 꾀어내다.

餉	⑥ 15획 건량 향	日ギョウ 中xiǎng

* 형성. 뜻을 나타내는 부수 '食(먹을 식)'과 음을 나타내는 '向(향할 향)'을 합친 글자. 남을 향해 음식을 보내는 것을 나타내어 '보내다', '건량'의 뜻으로 쓰임.

풀이 1. 건량(乾糧). 말린 식량. 2. 군량. 군자금. ¶餉給 3. 잠깐. 식사할 만큼 짧은 시간. 4. 보내다. 음식

등을 보내다. ¶餉遺
餉饋(향궤) 군량(軍糧). 군량미.
餉給(향급) 군량미를 줌.
餉道(향도) 군량미를 나르는 길.
餉酬(향수) 금전 등을 답례로 보냄.
餉遺(향유) 물건을 선사함.

餒	⑦ 16획	日ナイ
	주릴 뇌	中něi

풀이 1. 주리다. 굶주리다. ¶餒饉 2. 굶기다. 3. 썩어 문드러지다.
餒饉(뇌근) 굶주림.
餒棄(뇌기) 굶주려 자살함.
餒病(뇌병) 굶주려 병이 듦.
餒魂(뇌혼) 굶주린 혼백이란 뜻으로, 제사를 받지 못하는 혼백을 이르는 말.

餖	⑦ 16획	日トウ
	늘어놓을 두	中dòu

풀이 늘어놓다. 음식을 수북이 차리다.
餖飣(두정) 1)음식을 다 먹을 수 없을 만큼 차리는 일. 2)글을 짓는데, 고사(故事) 등을 그대로 답습하여 늘어놓음.

餑	⑦ 16획	日バツ・もち
	떡 발	中bō

풀이 떡. 만두. 밀가루로 만든 식품류.

餗	⑦ 16획	日ソク
	솥 안 음식 속	中sù

풀이 솥 안의 음식.

餓	⑦ 16획	日ガ
	주릴 아	中è

ノ ノ ノ 今 今 今 食 食 食 食 飠 飣 餓 餓 餓

* 형성. 뜻을 나타내는 부수 '食(밥 식)'과 음을 나타내며 굶주림을 의미하는 '我(나 아)'를 합친 글자. 이에 '굶주리다'의 뜻으로 쓰임.

풀이 1. 주리다. 굶주리다. ¶餓死 2. 굶기다. 3. 기아. 굶주림.
餓饉(아근) 굶주림. 또는 굶주린 사람.
餓死(아사) 굶어 죽음.
餓虎(아호) 굶주린 범이란 뜻으로, 탐욕스럽고 포악한 사람을 이르는 말.

餘	⑦ 16획	日ヨ
	나머지 여	中yú

ノ ノ ノ 今 今 今 食 食 食 食 飠 飠 飠 餘 餘 餘

* 형성. 뜻을 나타내는 부수 '食(밥 식)'과 음을 나타내는 '余(너 여)'를 합친 글자.

풀이 1. 나머지. 여분. 2. 우수리. 3. 그 밖의 것. 다른 일. 4. 남다. 넉넉하다. ¶餘生
餘教(여교) 1)전해오는 교훈. 2)여타(餘他)의 가르침.
餘怒(여노) 풀리지 않고 남아 있는 분노.
餘錄(여록) 남은 기록.
餘論(여론) 골자를 대충 의론하고 난 나머지의 의론. 본론에 덧붙인 의론.
餘命(여명) 남아 있는 목숨. 여생(餘生).
餘民(여민) 나라가 망한 뒤에 살아 남은 백성.
餘事(여사) 여가에 하는 일. 또는 여력으로 하는 일. 그 밖의 일.
餘生(여생) 1)남은 생애. 2)간신히 살아난 목숨.
餘裕(여유) 1)넉넉함. 2)조급하게 굴지 않고 사리를 찬찬히 판단함. 너그러움.
餘日(여일) 1)남아 있는 날짜. 2)한가한 날.
餘澤(여택) 선인이 남긴 은택.
餘風(여풍) 남아 있는 풍습.
餘恨(여한) 남은 원한. 풀리지 않는 원한.

餇	⑦ 16획	日エン
	물릴 연	中yuàn

풀이 물리다. 많이 먹어서 싫증이 나다.

餛	⑦ 16획	
	❶탐낼 원	日アン
	❷탐하여 먹을 만	中mán, yuān

풀이 ❶ 1. 탐내다. ❷ 2. 탐하여 많이 먹다.

餕	⑦ 16획	日シュン
	대궁 준	中jùn

풀이 1. 대궁. 먹다 남은 음식. ¶餕餘 2. 대궁을 먹다.
餕餘(준여) 먹다 남긴 음식물.

餐	⑦ 16획 ❶먹을 찬 日サン・ザン ❷저녁밥 손 中cān

풀이 ❶ 1. 먹다. 마시다. ¶餐啗 2. 음식. ¶餐食 3. 간식. 새참. 4. 거두다. 수집하다. ❷ 5. 저녁밥. 6. 밥을 물에 말다.
餐啗(찬담) 먹음.
餐飯(찬반) 1)밥을 먹음. 식사. 2)음식.
餐松飮澗(찬송음간) 소나무 열매를 먹고 개울물을 마신다는 뜻으로, 속세를 떠나서 생활함을 이르는 말.
餐食(찬식) 먹음. 식사.
餐啄(찬탁) 쪼아 먹음.
餐霞之人(찬하지인) 노을을 먹고 사는 사람이란 뜻으로, 신선을 이르는 말.

餔	⑦ 16획 먹을 포 日ホウ・くう 中bǔ

* 형성. 뜻을 나타내는 부수 '食(먹을 식)'과 음을 나타내는 '甫(클 보)'를 합친 글자.

풀이 1. 먹다. 마시다. ¶餔啜 2. 새참. 오후 4시경에 먹는 밥. ¶餔時 3. 밥. 식사. 4. 먹이다. 5. 저녁 때.
餔時(포시) 새참을 먹을 시간. 오후 4시경.
餔食(포식) 새참을 먹음.
餔啜(포철) 먹고 마심.

館	⑧ 17획 객사 관 日カン 中guǎn

丿 𠂉 𠆢 今 今 今 今 食 食 飠 飠 飠 飠 飠 館 館 館

* 형성. 뜻을 나타내는 부수 '食(밥 식)'과 음을 나타내며 관사(官舍)를 의미하는 '官(벼슬 관)'을 합친 글자. 이에 공무로 여행 중인 관리에게 숙식(食)을 제공하는 관사(官)인 '역참'을 나타내며, 의미가 확대되어 '여관'의 뜻으로 쓰임.

풀이 1. 객사. 여관. 2. 관사. 관청·학교 등의 건물. 3. 묵다. 묵게 하다. 4. 숙박.
館閣(관각) 1)큰 건축물. 2)송대(宋代)의 한림원의 다른 이름. 3)조선시대, 홍문관과 예문관.
館驛(관역) 역참. 역사.
館人(관인) 관사(館舍)를 지키고 손님을 접대하던 사람.

餤	⑧ 17획 권할 담 日タン・ダン 中dàn, tán

풀이 1. 권하다. 음식을 주다. 2. 더하다. 증가하다. 3. 먹다. 4. 미끼로 꾀다.

匋	⑧ 17획 경단 도 日トウ 中táo

풀이 1. 경단. 가루떡. 2. 땅 이름. 도음(匋陰). 춘추 시대 제(齊) 나라의 지명.

餅	⑧ 17획 떡 병 日ビョウ・もち 中bǐng

풀이 1. 떡. ¶煎餅 2. 떡처럼 둥글넓적한 물건.
餅金(병금) 떡같이 넓적하게 만든 금괴(金塊).
餅師(병사) 떡 장수.
餅銀(병은) 떡같이 넓적하게 만든 은괴.

餝	⑧ 17획 飾(p1564)과 同字

餘	⑧ 17획 飫(p1563)와 同字

餧	⑧ 17획 ❶먹일 위 日イ ❷주릴 뇌 中něi, wèi

* 형성. 뜻을 나타내는 부수 '食(먹을 식)'과 음을 나타내는 '委(맡길 위)'를 합친 글자.

풀이 ❶ 1. 먹이다. 기르다. ¶餧食 2. 음식. 먹이. ❷ 3. 주리다. 굶주리다. ¶餧馬 4. 썩다.
餧馬(1.뇌마/2.위마) 1)굶주린 말. 2)말을 먹여 기름.
餧食(위사) 밥을 먹임.
餧足(위족) 충분하게 음식을 줌.

餁	⑧ 17획 ❶익힌 음식 임 日イン ❷떡 녑 中rěn

풀이 ❶ 1. 익힌 음식. 2. 배부르다. 포식하다. 많이

먹다. ❷3. 떡.

餦	⑧ 17획	日ショウ
	엿 장	中zhāng

풀이 1. 엿. 2. 유과. 산자(饊子). 찹쌀가루 반죽으로 얇은 조각을 만들어 말린 후 기름에 지져 꿀을 바르고 튀밥을 묻힌 과자.

餦餭(장황) 엿.

餞	⑧ 17획	日セン
	전송할 전	中jiàn

* 형성. 뜻을 나타내는 부수 '食(먹을 식)'과 음을 나타내는 '戔(작을 전)'을 합친 글자.

풀이 1. 전송하다. 잔치를 베풀어 송별하다. ¶餞筵 2. 송별연. 3. 송별 선물. ¶餞行 4. 떠나보내다.

餞筵(전연) 송별 잔치.
餞飮(전음) 작별의 주연(酒宴). 전배(餞杯).
餞春(전춘) 봄을 보냄. 봄이 가는 것이 서운해 음식을 차려 놓고 즐거이 놂.
餞行(전행) 1)떠나 보냄. 2)떠날 때 주는 예물.

餟	⑧ 17획	
	제사 이름	日サイ・テシ
	체·철	中zhuì

* 형성. 뜻을 나타내는 부수 '食(먹을 식)'과 음을 나타내는 부수 이외의 글자가 합쳐져 '제사'의 뜻을 나타냄.

풀이 1. 제사 이름. 여러 신위를 늘어놓고 한꺼번에 지내는 제사. 2. 제사를 지내다.

餟酹(체뢰) 제사 지낼 때에 술을 따름.
餟食(체식) 제사 음식.

餡	⑧ 17획	日ガン
	소 함	中xiàn

풀이 소. 떡이나 만두의 속.

餉	⑧ 17획
	餉(p1565)의 古字

餛	⑧ 17획	日コン
	만두 혼	中hún

풀이 만두. 밀가루를 반죽해 속을 넣고 찐 음식. ¶餛飩

餚	⑧ 17획	日ヒョウ・つなみ
	안주 효	中yáo

풀이 1. 안주. 익힌 고기. 2. 먹다.

餚烝(효증) 양념을 한 저민 고기.

餪	⑨ 18획	
	풀보기	日ナン
	잔치 난	中nǎn, nuǎn

풀이 1. 풀보기 잔치. 결혼 후 3일째에 여는 잔치. 2. 시집간 딸에게 음식을 보내다.

餳	⑨ 18획	日ショウ
	엿 당·성	中táng, xíng

풀이 엿. 엿기름으로 만든 엿.

餲	⑨ 18획	日アイ
	쉴 애	中ài

풀이 1. 쉬다. 음식이 상해서 맛이 변하다. 2. 유과. 산자(饊子). 찹쌀가루 반죽으로 얇은 조각을 만들어 말린 후 기름에 지져 꿀을 바르고 튀밥을 묻힌 과자.

餫	⑨ 18획	
	❶보낼 운	日コン
	❷만두 혼	中hún, yùn

풀이 ❶1. 보내다. 양식을 나르다. ❷2. 만두.

餫夫(운부) 식량을 운반하는 사람.
餫飩(혼돈) 고기 만두. 혼돈(餛飩).

餰	⑨ 18획	日セン
	죽 전	中zhān

풀이 죽. 된 죽.

餰餌(전이) 된 죽과 찹쌀떡.
餰鬻(전죽) 된 죽과 묽은 죽.

餮	⑨ 18획	日テシ
	탐할 철	中tiè

풀이 탐하다. 탐내어 먹다.

餮饕(철도) 음식이나 재물을 욕심내는 일.

餅
⑨ 18획
떡 편㊗

풀이 떡.

유 餠(떡 병)

餬
⑨ 18획 日ゴウ
죽 호 中hú

* 형성. 뜻을 나타내는 부수 '食(먹을 식)'과 음을 나타내는 '胡(오랑캐 호)'를 합친 글자.

풀이 1. 죽. 2. 입에 풀칠하다. 근근히 생계를 잇다. 3. 기식하다. 남의 집에 붙어 살다. ¶餬口

餬口(호구) 남에게 붙어 삶. 기식(寄食)함.

餬口之策(호구지책) 생계를 영위할 방책. 겨우 먹고 살아가는 방도.

餬饘(호전) 죽.

餭
⑨ 18획 日コウ
엿 황 中huáng

풀이 1. 엿. 2. 유과. 산자(饊子). 찹쌀가루 반죽으로 얇게 만들어 말린 후 기름에 지져 꿀을 바르고 튀밥을 묻힌 과자.

餱
⑨ 18획 日コウ
건량 후 中hóu

* 형성. 뜻을 나타내는 부수 '食(먹을 식)'과 음을 나타내는 '侯(과녁 후)'를 합친 글자.

풀이 건량(乾糧). 말린 식량.

餱糧(후량) 밥을 건조시켜 만든 식량. 말린 밥.

餻
⑩ 19획 日もち
떡 고 中gāo

풀이 떡.

餿
⑩ 19획 日ク
쉴 구 中qiǔ

풀이 쉬다. 음식이 상해서 맛이 변하다.

餽
⑩ 19획 日カイ
보낼 궤 中kuì

풀이 1. 보내다. 음식이나 금품을 보내 주다. ¶餽餌 2. 제사. 3. 제사를 지내다.

餽歲(궤세) 연말에 친척 등에게 음식을 보냄.

餽運(궤운) 양식을 운반함.

餽餌(궤이) 음식물을 보냄.

餽餉(궤향) 음식물을 보냄. 궤양(餽饟).

餹
⑩ 19획 日トウ
엿 당 中táng

풀이 엿.

餾
⑩ 19획
饇(p1570)와 同字

餺
⑩ 19획 日ハク
수제비 박 中bó

풀이 1. 수제비. ¶餺飥 2. 떡.

饁
⑩ 19획 日エシ
들밥 엽 中yè

풀이 1. 들밥. 들일하다가 들에서 먹는 밥. 2. 밥을 들고 들에 내가다.

䭔
⑩ 19획 日タイ
떡 퇴 中duī

풀이 떡. 찐 떡.

饇
⑩ 19획 日コウ
호궤 호 中kào

풀이 1. 호궤. 음식을 베풀어 군대를 위로하다. 2. 위로하다. 수고를 치하하다.

餼
⑩ 19획 日キ
보낼 희 中xì

풀이 1. 보내다. 음식을 보내다. 2. 식량. 쌀. 3. 녹봉. 녹미. 4. 꼴. 사료. 5. 희생(犧牲). ¶餼牽

餼牽(희견) 살아 있는 희생(犧牲).

餼牢(희뢰) 제사에 바치는 희생.

餼生(희생) 재물로 바치는 양.

9획

饗獻(희헌) 희생을 바침.

饉 ⑪ 20획 日キン
흉년들 근 中jǐn

풀이 1. 흉년이 들다. 흉년. 2. 굶어 죽다. 굶주리다.

饅 ⑪ 20획 日マン・ぎょうざ
만두 만 中mán

풀이 만두.

饅頭(만두) 밀가루를 반죽하고 소를 넣어 삶거나 찐 음식의 한 가지.

饇 ⑪ 20획 日グ
배부를 어・우 中yù

풀이 배부르다. 실컷 먹다.

饏 ⑪ 20획
❶ 맛없을 잠 日サン・セン
❷ 맛볼 점 中jiǎn, zǎn

풀이 1 1. 맛이 없다. 2 2. 맛보다. 간을 보다. 3. 싱겁다.

饁 ⑪ 20획 日テキ
일월식 적 中zhāi

풀이 일식(日蝕)과 월식(月蝕).

饚 ⑪ 20획 日ソウ
게걸들릴 종 中chuáng

풀이 게걸들리다. 탐식하다.

饆 ⑪ 20획 日ヒツ
떡 필 中bì

풀이 떡. 밀가루 떡의 한 가지. 보리떡.

饋 ⑫ 21획 日クイ
보낼 궤 中kuì

* 형성. 뜻을 나타내는 부수 '食(먹을 식)'과 음을 나타내는 '貴(귀할 귀)'를 합친 글자.

풀이 1. 보내다. 음식・물품을 보내다. ¶饋遺 2. 올리다. 음식・물품을 바치다. 3. 보낸 음식・물품. ¶饋歲 4. 식사. 끼니.

饋糧(궤량) 식량을 보냄. 또는 그 식량.

饋歲(궤세) 연말에 보내는 선물.

饋食(궤식) 1)제사 때 음식을 바치는 일. 2)음식물을 보냄.

饋遺(궤유) 선물을 보냄. 궤유(餽遺).

饋奠(궤전) 신에게 바치는 제수.

饋饌(궤찬) 윗사람에게 올리는 음식.

饑 ⑫ 21획 日キ
주릴 기 中jī

* 형성. 뜻을 나타내는 부수 '食(먹을 식)'과 음을 나타내는 '幾(기미 기)'를 합친 글자.

풀이 1. 주리다. 굶주리다. ¶饑窮 2. 흉년이 들다. 흉년. ¶饑歲

饑歉(기겸) 양식이 없어 굶주림.

饑窮(기궁) 굶주리고 곤궁함.

饑溺(기닉) 굶주리는 일과 물에 빠지는 일. 백성이 고통을 당함을 비유하는 말.

饑凍(기동) 굶주리고 추위에 떪.

饑狼(기랑) 굶주린 이리란 뜻으로, 매우 사납고 위험스러운 것을 비유하는 말.

饑癘(기려) 기아와 질병.

饑流(기류) 굶주려 떠돌아다님.

饑歲(기세) 흉년.

饑穰(기양) 양식의 부족함과 넉넉함.

饑飽(기포) 굶주림과 포만감.

饑寒(기한) 굶주리고 추위에 떪.

饒 ⑫ 21획
요기할 료 韓

풀이 요기하다. 허기가 가실 만큼 만 먹다.

餾 ⑫ 21획 日リュウ
찔 류 中liú, liù

풀이 1. 찌다. 2. 뜸 들다. 3. 찐 밥. 지에밥.

饊 ⑫ 21획 日サン
산자 산 中sǎn

풀이 산자(饊子). 유과. 찹쌀가루 반죽으로 얇은 조각을 만들어 말린 후 기름에 지져 꿀을 바르고 튀밥을 묻힌 과자.

饍
⑫ 21획
膳(p1116)과 同字

饒
⑫ 21획 日ヨウ
넉넉할 요 中ráo

* 형성. 뜻을 나타내는 부수 '食(먹을 식)'과 음을 나타내는 '堯(멀 요)'를 합친 글자.

풀이 1. 넉넉하다. 풍족하다. ¶饒給 2. 넉넉하게 하다. 3. 여유. 여분. 4. 비옥하다. 5. 너그럽다. 6. 용서하다. ¶饒過 7. 두텁다. 후하다.

饒過(요과) 잘못을 용서함.
饒給(요급) 넉넉함. 풍족함.
饒培(요배) 충분히 가꾸어 기름.
饒舌(요설) 수다스럽게 떠듦.
饒衍(요연) 넉넉함. 풍족함.
饒沃(요옥) 비옥하여 산물(産物)이 많음.
饒優(요우) 넉넉하게 많음.
饒益(요익) 재물이 넉넉함. 부유함.
饒侈(요치) 풍부하고 넉넉함. 풍족함.
饒飽(요포) 넉넉하고 남을 정도로 많음.
饒戶(요호) 살림이 넉넉한 집.

饐
⑫ 21획
❶쉴 의 · 애 日イ
❷목멜 열 中yì

풀이 ❶ 1. 쉬다. 음식이 상해서 맛이 변하다. ❷ 2. 목이 메다. 목구멍이 막히다.

饌
⑫ 21획 日サン
음식 찬 中zhuàn

풀이 1. 음식. 반찬. 2. 음식을 차리다.

饌具(찬구) 음식을 차리는 데 쓰이는 기구.
饌饋(찬궤) 음식을 차려서 대접함.
饌所(찬소) 음식을 먹는 곳. 식당.
饌珍(찬진) 진귀한 음식.
饌餔(찬포) 음식. 또는 음식을 먹음.

饎
⑫ 21획 日チ · キ
주식 치 · 희 中chì

풀이 1. 주식(酒食). 술과 음식. 2. 조리하다. 3. 기장을 찌다.

饕
⑬ 22획 日トウ
탐할 도 中tāo

풀이 1. 탐하다. 음식 · 재물을 탐내다. 2. 탐욕스럽고 포악하다.

饕戾(도려) 탐욕스러움.
饕餮(도철) 1)음식과 재물을 탐냄. 2)탐욕스럽고 흉악한 사람.

饙
⑬ 22획 日ブン
찔 분 中fēn

풀이 1. 찌다. 익히다. 2. 찐 밥. 지에밥. 3. 축이다. 밥이 끓은 뒤 잦히기 위해 물을 조금 부음.

饙餾(분류) 찜. 삶음.

饖
⑬ 22획 日イ
쉴 예 · 의 中wèi

풀이 쉬다. 음식이 상해서 맛이 변하다.

䫲
⑬ 22획
탐내어 日オ
먹을 오 中ào

풀이 탐내어 먹다.

饔
⑬ 22획 日オウ
아침밥 옹 中yōng

* 형성. 뜻을 나타내는 부수 '食(먹을 식)'과 음을 나타내는 '雍(기뻐할 옹)'을 합친 글자.

풀이 1. 아침밥. 조반. ¶饔飧 2. 익힌 음식. 3. 밥을 짓다. 조리하다. 4. 죽은 희생(犧牲). ¶饔餼

饔膳(옹선) 잘 차린 음식.
饔飧(옹손) 아침밥과 저녁밥.
饔餼(옹희) 죽인 희생(犧牲)과 살아 있는 희생.

饘
⑬ 22획 日デン
죽 전 中zhān

풀이 1. 죽. 된 죽. 2. 죽을 먹다.

饘酏(전이) 죽. 된 죽과 묽은 죽.

饚
⑬ 22획 日カン
주릴 함 中hàn

풀이 주리다. 굶주리다.

饗	⑬ 22획	日キョウ
	대접할 향	中xiǎng

* 형성. 뜻을 나타내는 부수 '食(먹을 식)'과 음을 나타내는 '鄕(시골 향)'을 합친 글자.

풀이 1. 대접하다. ¶饗報 2. 잔치. 연회. 3. 술을 마시다. 4. 마시다. 먹다. 5. 주식(酒食). 6. 누리다. 향유하다. 7. 제사 지내다. 제사. ¶饗告

饗告(향고) 조상에게 제사 지냄.

饗報(향보) 음식을 풍성하게 대접하여 그 공덕에 보답함.

饗宴(향연) 음식을 베풀어 대접함. 또는 그 자리. 향응(饗應).

饗奠(향전) 제사 음식을 차려 놓고 제사 지냄.

饎	⑬ 22획
	❶ (p1571)와 同字
	❷ 糦(p1024)와 同字

饛	⑭ 23획	日モウ
	수북이 담을 몽	中méng

풀이 음식을 수북이 담은 모양.

饜	⑭ 23획	日エン
	물릴 염	中yàn

* 형성. 뜻을 나타내는 부수 '食(먹을 식)'과 음을 나타내는 '厭(싫을 염)'을 합친 글자. 이에 '물리다', '싫증나다'의 뜻으로 쓰임.

풀이 1. 물리다. 싫증나다. 2. 포식하다. 배부르게 먹다. ¶饜飫 3. 만족하다. ¶饜飽

饜飫(염어) 포식함.

饜足(염족) 1)물릴 만큼 먹음. 2)만족함.

饜飽(염포) 만족함.

籑	⑭ 23획
	饌(p1571)와 同字

饖	⑭ 23획	日カク
	싱거울 확	中wò

풀이 1. 싱겁다. 2. 음식이 맛없다.

饏	⑯ 25획	日ロウ
	떡 롱	中lóng

풀이 떡.

饟	⑰ 26획
	餉(p1565)와 同字

饞	⑰ 26획	日サン
	탐할 참	中chán

풀이 탐하다. 음식 · 재물을 탐내다.

饞嗜(참기) 어떤 일에 깊이 마음을 쏟음.

饞獠(참료) 걸신들린 사람. 식충이.

饞吻(참문) 매우 먹고 싶어 못 견디는 모양.

饞眼(참안) 몹시 보고 싶어하는 눈.

饠	⑲ 28획	日ラ
	떡 라	中luó

풀이 떡. 보리떡.

饡	⑲ 28획	日サン
	국밥 찬	中zàn

풀이 국밥. 국에 만 밥.

首 부

首 머리 수 部

'首' 자는 눈과 머리털이 있는 머리 모양을 나타낸 글자로 '머리'를 뜻한다. 머리는 신체 가운데 가장 높은 곳에 있고 기억이나 생각을 하는 중심이 되기 때문에 '우두머리'나 '임금'을 나타내기도 하고, 시간적으로 가장 이른 때를 가리켜 '시초'나 '먼저'의 뜻을 지니기도 한다. 또한, 수석(首席)에서처럼 '첫째'나, 수도(首都)처럼 '가장 중심이 되는 부분'을 나타내기도 한다. 그러나 부수로서의 역할은 크지 않다.

首	⓪ 9획	日シュ · くび
	머리 수	中shǒu

丶 丷 䒑 䒑 丫 产 首 首 首

*상형. 머리털이 나 있는 사람의 머리 모양을 본뜬 글자.

풀이 1. 머리. ¶首尾 2. 우두머리. ¶首堂 3. 으뜸. 첫째. 4. 첫머리. 시초. 5. 근거하다. 6. 칼자루. 7. 복종하다. 8. 자백하다. 9. 향하다. 10. 나타내다. 11. 수(首). 편(篇). 시문(詩文)을 세는 단위. 12.韓 마리. 가축·물고기 등을 세는 단위.

首甲(수갑) 1)투구. 2)으뜸. 첫째. 제일(第一).
首丘(수구) 여우는 죽을 때에 머리를 본디 살던 언덕 쪽으로 두고 죽는다는 데서, 그 근본을 잊지 않음을 이르는 말.
首級(수급) 싸움터에서 벤 적군의 머리.
首肯(수긍) 고개를 끄덕임. 옳다고 인정함.
首奴(수노) 노비의 우두머리.
首腦(수뇌) 한 단체나 기관 등에서 가장 중요한 역할을 하는 자리. 또는 그러한 자리에 있는 사람.
首堂(수당) 한 관아(官衙)의 당상관(堂上官)의 우두머리.
首都(수도) 서울.
首頭(수두) 무슨 일에 앞장선 사람.
首領(수령) 한 당파나 무리의 우두머리.
首謀(수모) 우두머리가 되어 일을 꾀함. 또는 그 사람.
首尾(수미) 1)머리와 꼬리. 2)일의 처음과 끝.
首席(수석) 1)맨 윗자리. 2)제1위.
首善(수선) 천하의 모범을 세우는 일.
首實(수실) 범죄 사실을 자백함.
首惡(수악) 악당의 우두머리.
首位(수위) 첫째 자리.
首弟子(수제자) 여러 제자 가운데 가장 뛰어난 제자. 으뜸가는 제자.
首座(수좌) 1)맨 윗자리. 2)국사(國師)의 존칭. 3)절에서 참선하는 수행승.
首勳(수훈) 첫째가는 큰 공훈.
船首(선수) 뱃 머리. 배의 머리 쪽.
自首(자수) 죄를 지은 사람이 자진해서 범죄 사실을 신고함.

유 頭(머리 두) 頁(머리 혈)

䭫 ⓪10획
首(p1572)의 古字

馗 ②11획 日キ·キュウ
광대뼈 구·규 中kuí

풀이 1. 광대뼈. 2. 큰길. 사통팔달의 거리. 3. 숨다.

馘 ⑧17획
❶벨 괵 日キク
❷낯 혁 中guó

풀이 ❶ 1. 베다. 전쟁에서 적의 목이나 귀를 자름. 또는 잘라 낸 목이나 귀. ❷ 2. 낯. 얼굴.

馘首(괵수) 목을 벰. 괵절(馘截).
馘耳(괵이) 귀를 벰.

9획

髻 ⑩19획 日ブシ
머리 장식 불 中fú

풀이 1. 머리 장식. 2. 이마에 드리운 장식.

䤴 ⑪20획
馘(p1573)의 俗字

香부

香 향기 향 部

'香' 자는 추상적인 '향기'를 뜻하는 글자로, 향수(香水)처럼 '향기롭다'나 분향(焚香)에서처럼 불에 태우는 '향'의 뜻을 나타내기도 한다. 이 글자를 부수로 갖는 글자는 향기와 관련된 의미를 갖는다.

香 ⓪9획 日コウ·かおり
향기 향 中xiāng

一 二 千 禾 禾 禾 香 香 香

*회의. '黍(기장 서)'와 '甘(달 감)'을 합친 글자. 이에 기장을 삶을 때 나는 맛있는 냄새를 나타내어, '향기'의 뜻으로 쓰임.

풀이 1. 향기. ¶臭香 2. 향. 향내를 풍기는 물건. 3. 향기롭다. ¶香味

香氣(향기) 향기로운 냄새.
香囊(향낭) 향을 넣어 차고 다니는 주머니.
香爐(향로) 향 피우는 데 쓰는 화로.
香料(향료) 1)향내를 풍기는 물품. 그윽한 향을 품고 있는 원료. 2)향을 바치는 대신에 죽은 사람의 영전(靈前)에 바치는 돈.
香木(향목) 1)좋은 향이 나는 나무. 2)향나무.
香夢(향몽) 봄철의 꽃이 필 때 꾸는 꿈.

香味(향미) 향기로운 냄새와 맛.
香水(향수) 1)향기 나는 물. 2)화장품의 한 가지.
香魚(향어) 은어의 다른 이름.
香煙(향연) 향을 태우는 연기.
香雲(향운) 1)한창 흐뭇하게 핀 흰 꽃. 2)구름처럼 떠올라가는 향의 연기.
香油(향유) 1)좋은 냄새가 나는 기름. 2)참기름. 들기름.
香草(향초) 1)향내가 나는 풀. 2)담배.
香燭(향촉) 제사에 쓰이는 향과 초.
香臭(향취) 향기(香氣).
香港(향항) 홍콩(HongKong).
香薰(향훈) 꽃다운 향기.
國香(국향) 1)난초. 2)국색(國色).
檀香(단향) 단향목의 목재.
墨香(묵향) 먹에서 나는 향기로운 냄새.
芳香(방향) 꽃다운 향기. 좋은 냄새.
焚香(분향) 제사나 예불 의식에서 향을 피움.
淸香(청향) 맑고 깨끗한 향기.
유 薰(향풀 훈) 비 沓(유창할 답) 畓(논 답)

⑤ 14획 日ヒツ
향기로울 필 中bì

*형성. 뜻을 나타내는 부수 '香(향기 향)'과 음을 나타내는 '必'을 합친 글자.
풀이 향기롭다. 향내가 나다.
馝馞(필발) 매우 향기로운 모양.

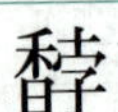
⑦ 16획 日ハツ
향기로울 발 中bó

풀이 향기롭다.

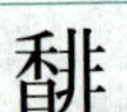
⑧ 17획 日ヒ
향기로울 비 中fēi

풀이 향기롭다. 향내가 나다.

馣
⑧ 17획 日アン・かおゆる
향기로울 암 中ān

풀이 1. 향기롭다. 향내가 짙게 나다. 2. 향기.

馢
⑧ 17획 日セン
향나무 이름 전 中jiān

풀이 향나무 이름.

馥
⑨ 18획 日フク
향기 복 中fù

*형성. 뜻을 나타내는 부수 '香(향기 향)'과 음을 나타내는 '复(갈 복)'을 합친 글자.
풀이 1. 향기. ¶馥郁 2. 향기롭다. 3. 명성이나 덕. 명성이나 덕이 널리 전해지다.
馥氣(복기) 좋은 냄새. 향기(香氣).
馥郁(복욱) 향기가 남. 복복(馥馥).

馤
⑨ 18획 日アイ・かおり
향기 애 中ài

풀이 향기. 향내.

馧
⑩ 19획 日オン
향기로울 온 中yūn

풀이 향기롭다. 향내가 짙게 나다.

馨
⑪ 20획 日ギョウ
향기 형 中xīn

풀이 1. 향기. 2. 향기롭다. 향내 나다. 3. 명성이나 덕이 널리 미치다.
馨烈(형렬) 향기가 많이 남.
馨逸(형일) 향기가 유달리 좋음.
馨香(형향) 1)향내. 2)멀리까지 풍기는 향기라는 뜻으로, 덕(德)이 먼 곳까지 미침을 이르는 말.

馬부

馬 말 마 部

'馬' 자는 몸집이 크고, 긴 갈기와 꼬리, 네 다리를 가진 짐승 모양을 나타낸 글자로, '말'을 뜻한다. 말은 옛날부터 교통의 수단이었기 때문에 교통수단을 나타내기도 하며, 전쟁과 관련된 어휘에서도 자주 사용되었다. 이 글자를 부수로 갖는 글자는 흔히 말의 종류나 동작과 관련이 있다.

馬	⓪ 10획 말 마	日バ·マ·うま 中mǎ

丨 厂 F F 戶 馬 馬 馬 馬 馬

* 상형. 말의 머리와 갈기, 꼬리와 네 다리를 본뜬 글자.

풀이 1. 말. ¶馬首 2. 산가지. 투호(投壺)에서 점수를 세는 도구.

馬脚(마각) 1)말의 다리. 2)숨겨 두었던 본성.
馬耕(마경) 말을 부려 논밭을 갊.
馬廐(마구) 마구간.
馬具(마구) 말을 부리는 데 쓰는 기구.
馬軍(마군) 기병(騎兵).
馬券(마권) 경마에서, 우승이 예상되는 말에 돈을 걸고 사는 표.
馬頭(마두) 1)역마에 관한 일을 맡아보던 사람. 2)불교에서, 지옥의 옥사쟁이를 이르는 말.
馬力(마력) 말 1필의 힘. 746W의 전력에 해당하는 동력 단위.
馬齡(마령) 1)말의 나이. 2)자기 나이를 낮추어 이르는 말.
馬鹿(마록) 고라니.
馬木(마목) 가마나 상여 등을 올려놓을 때 괴는 받침틀.
馬夫(마부) 1)말구종. 2)말을 부리는 사람.
馬糞紙(마분지) 짚으로 만든 빛이 누렇고 질이 낮은 종이.
馬事會(마사회) 말의 품종 개량과, 부리고 다루는 법 등을 연구·정리하는 단체.
馬上(마상) 1)말의 등 위. 2)말을 타고 있음을 뜻하는 말.
馬首(마수) 1)말의 머리. 2)말이 향하여 가는 방향.
馬術(마술) 1)말을 잘 부리는 기술. 2)말을 타고 부리는 온갖 재주.
馬市(마시) 말을 사고파는 시장.
馬食(마식) 1)말처럼 많이 먹음. 2)말처럼 그릇에 직접 입을 대고 음식을 먹음.
馬驛(마역) 역참(驛站).
馬耳東風(마이동풍) 말의 귀를 스치는 동풍이라는 뜻으로, 남의 말이나 충고를 귀담아듣지 않고 흘려 버림을 이르는 말.

○馬耳東風(마이동풍)의 유래
이백(李白)의 시(詩)에 나오는 말이다. "세상 사람들이 이 말을 들으면 다 머리를 흔들걸세. 동풍(東風)이 말의 귀를 쏘는 것 같다네." 부드러운 동풍이 말의 귀를 쏜다고 해도 아플 리가 없으니 말은 알아채지도 반응하지도 않는다. 이처럼 시인들이 훌륭한 작품을 써도 제대로 알아주지 않는 세상을 한탄한 것이다. 《이태백집(李太白集)》

馬場(마장) 1)말을 매어 두거나 놓아먹이는 곳. 2)경마장.
馬賊(마적) 1)말을 훔치는 도둑. 2)말을 탄 도둑. 또는 그 떼.
馬跡(마적) 말발굽의 자국. 말이 지나간 흔적.
馬蹄(마제) 말의 발굽. 말굽.
馬車(마차) 말이 끄는 수레.
馬草(마초) 말에게 먹이는 풀. 말꼴.
馬牌(마패) 구리쇠로 만든 둥근 패. 관리(官吏)가 공적인 일로 지방에 나갈 때 역마(驛馬)를 징발하는 표로 썼음.
馬鞭(마편) 말채찍. 마추(馬箠).
馬匹(마필) 말.
馬革(마혁) 말의 가죽.

馮	② 12획 ❶ 업신여길 빙 ❷ 성 풍	日ヒョイ·フウ 中féng, píng

풀이 ❶ 1. 업신여기다. ¶馮陵 2. 기대다. 3. 믿다. 의지하다. 4. 힘입다. 5. 돕다. 보살피다. 6. 화내다. 분개하다. ¶馮氣 7. 오르다. 올라타다. 8. 성하다. 9. 걸어서 물을 건너다. ¶馮河 ❷ 10. 성씨(姓氏). ¶馮夷

馮氣(빙기) 분하고 억울한 마음.
馮怒(빙노) 크게 노함.
馮陵(빙릉) 권세를 믿고 남을 누르고 능멸함.
馮馮(빙빙) 1)가득 찬 모양. 2)딱딱한 소리를 이르는 말.
馮河(빙하) 걸어서 황하(黃河)를 건넌다는 뜻으로, 무모한 용기를 이르는 말.
馮夷(풍이) 수신(水神)의 이름.

馭	② 12획 말 부릴 어	日ギョ·ゴ·おさめる 中yù

* 형성. 뜻을 나타내는 부수 '馬(말 마)'와 음을 나타내는 '又

(또 우)'를 합친 글자. 손(又)으로 말(馬)을 끌고 간다는 데서 '통솔하다', '마부'의 뜻으로 쓰임.

풀이 1. 말을 부리다. ¶馭馬 2. 마부(馬夫). 3. 탈것. 4. 다스리다. ¶馭下

馭吏(어리) 1)관리를 다스림. 2)말을 부리는 사람.
馭馬(어마) 말을 몲. 말을 부림.
馭邊(어변) 변방을 다스림.
馭夫(어부) 수레와 말을 맡아 관리하던 주대(周代)의 벼슬 이름.
馭射(어사) 말을 다루는 일과 활을 쏘는 일.
馭衆(어중) 많은 사람을 거느려 다스림.
馭風之客(어풍지객) 바람을 타고 날아다니는 사람이란 뜻으로, 신선을 이르는 말.
馭下(어하) 아랫사람 혹은 부하를 거느려 다스림.

10획

馲	③ 13획 ❶낙타 락 ❷노새 책	日 テク 中 tuō

풀이 ❶ 1. 낙타. ❷ 2. 노새. 수나귀와 암말 사이에 난 잡종.

颿	③ 13획 말 질주할 범	日 ヘン 中 fán

풀이 말이 질주하다. 말이 빨리 달리는 모양.

馴	③ 13획 ❶길들 순 ❷가르칠 훈	日 ジュン·クン·なれる 中 xùn

풀이 ❶ 1. 길들다. 길들이다. ¶馴服 2. 유순하다 3. 좇다. 따르다. ❷ 4. 가르치다.

馴良(순량) 순함. 선량함.
馴服(순복) 잘 길들여 따름.
馴養(순양) 길들여 기름.
馴致(순치) 1)짐승을 길들임. 2)점차 변함.
馴行(순행) 선한 행동.

유 順(순할 순)

馰	③ 13획 별박이 적	日 テキ 中 dí

풀이 별박이. 대성마(戴星馬). 이마 부분에 흰색 점이 있는 말.

馰顙(적상) 이마 부분이 흰 말.

馵	③ 13획 발 흰 말 주	日 シュ 中 zhù

풀이 1. 발 흰 말. 왼쪽 뒷발이 흰색인 말. 2. 말의 발을 매다.

馳	③ 13획 달릴 치	日 チ·ジ·はせる 中 chí

풀이 1. 달리다. 질주하다. 2. 말이나 수레를 빨리 몰다. 3. 빨리 알리다. 전달하다. 4. 마음이 급격히 쏠리다. 5. 경과하다. 빨리 지나가다. 6. 뒤쫓다. 7. 방종하다. 제멋대로 하다.

馳結(치결) 먼 곳의 친구를 생각하는 마음이 간절함.
馳到(치도) 달음질하여 이름.
馳突(치돌) 돌진함.
馳辯(치변) 말을 교묘하게 함.
馳步(치보) 달리기도 하고 걷기도 함.
馳報(치보) 달려가서 알림.
馳騁(치빙) 1)말을 빨리 몲. 2)사냥함. 3)바삐 돌아다님. 4)사역함. 부림. 5)뒤쫓음.
馳驛(치역) 1)급히 달리는 역말. 2)역참.
馳詣(치예) 어른에게 달려가 이름. 어른에게 달려가 찾아뵘.
馳蹂(치유) 말을 달려 짓밟음.
馳進(치진) 치예(馳詣).
馳逐(치축) 1)달려가 좇음. 2)경마.

유 走(달릴 주)

馱	③ 13획 실을 태	日 タ·ダ 中 duò, tuó

풀이 1. 싣다. 마소의 등에 짐을 싣다. 2. 짐. 마소의 등에 실린 짐.

馱馬(태마) 짐을 싣는 말.

유 乘(탈 승)

馯	③ 13획 ❶사나운 말 한 ❷검푸른 말 간	日 カン·ガン 中 hán, hàn

* 형성. 뜻을 나타내는 '馬(말 마)'와 음을 나타내는 '干(방패 간)'을 합친 글자.

풀이 ❶ 1. 사나운 말. 2. 동이(東夷)의 한 갈래. ❷ 3. 검푸른 말.

駃	④ 14획	
	❶준마 결	日ケツ・カイ
	❷빠를 쾌	中jué

풀이 ❶ 1. 준마. 2. 버새. 암탕나귀와 수말 사이에 난 잡종. ❷ 3. 빠르다. 빨리 달리다.

駃騠(결제) 1)걸음을 잘 걷는 잡종 말의 한 종류. 2)버새.

駆	④ 14획
	驅(p1586)의 俗字

駈	④ 14획
	驢(p1590)의 俗字

駁	④ 14획	日ハク・バク・まだら
	얼룩말 박	中bó

풀이 1. 얼룩말. 2. 섞이다. 순수하지 못하다. ¶駁雜 3. 논박하다.

駁擊(박격) 논박하여 공격함.
駁論(박론) 반박하는 의론.
駁羽(박우) 얼룩얼룩한 깃.
駁雜(박잡) 뒤섞여 순수하지 못함.
駁正(박정) 논평하여 바로잡음.

駁	④ 14획	日ボ
	수말 보	中fù

풀이 수말. 말의 수컷.

鴇	④ 14획	日ボウ
	오총이 보	中bǎo

풀이 오총이. 오추마(烏騅馬). 검은 털에 흰 털이 섞인 말.

馺	④ 14획	日ソウ・おいかける
	달릴 삽	中sà

풀이 1. 달리다. 말이 빨리 달리다. 2. 빠르다. 3. 끊어지지 않고 잇닿아 있는 모양.

馺娑(삽사) 1)말이 빨리 달리는 모양. 2)끊어지지 않고 잇닿아 있는 모양.

駅	④ 14획
	驛(p1589)의 俗字

馹	④ 14획	日ジツ・ニチ・つぎうま
	역말 일	中rì

풀이 역말. 역마(驛馬). 각 역참에 갖추어 둔 말.

馽	④ 14획	日チク
	맬 칩	中zhí

풀이 1. 매다. 말의 발을 묶다. 2. 말의 발을 매는 끈.

10 획

駄	④ 14획
	馱(p1576)의 俗字

駕	⑤ 15획	日カ
	탈것 가	中jià

* 형성. 뜻을 나타내는 부수 '馬(말 마)'와 음을 나타내는 '加(더할 가)'를 합친 글자.

풀이 1. 탈것. 수레. 2. 멍에를 메우다. 3. 타다. ¶駕跨 4. 수레에 타고 말을 부리다. ¶駕御 5. 다스리다. 6. 더하다. 7. 능가하다. 8. 군대를 일으키다.

駕跨(가과) 말을 탐.
駕士(가사) 천자의 수레를 끄는 사람.
駕說(가세) 여기저기로 다니며 자기 설을 전해서 널리 폄. 분주히 유세하러 다님.
駕御(가어) 말을 자유자재로 부림.
駕前(가전) 1)임금의 수레 앞에 서던 시위병. 2)임금의 행차 앞.

駏	⑤ 15획	日キョ
	버새 거	中jù

풀이 버새. 암탕나귀와 수말 사이에 난 잡종.

駏驉(거허) 수말과 암나귀 사이에서 난 잡종. 버새.

駉	⑤ 15획	日キョウ
	목장 경	中jiōng

풀이 1. 목장. 말을 치는 곳. 2. 말이 살지고 군센 모양.

駉駉(경경) 말이 살지고 굳센 모양.

駒	⑤ 15획	日ク
	망아지 구	中jū

* 형성. 뜻을 나타내는 '馬(말 마)'와 음을 나타내는 '句(구절 구)'를 합친 글자.

풀이 1. 망아지. ㉠두 살 난 말. ㉡키가 5~6척인 작은 말. ¶駒馬 2. 말. 3. 짐승의 새끼. 4. 소년. 젊은이.

駒隙(구극) 세월이 덧없이 빨리 지나감을 이르는 말. 백구과극(白駒過隙)의 준말.

駒馬(구마) 망아지와 말.

駒齒(구치) 젖니를 아직 갈지 않음. 어린 나이를 이르는 말.

駈	⑤ 15획
	驅(p1586)의 俗字

駑	⑤ 15획	日ノウ
	둔할 노	中nú

* 형성. 뜻을 나타내는 '馬(말 마)'와 음을 나타내는 '奴(종 노)'를 합친 글자. 노예(奴)와 같은 말(馬)을 나타내어, '둔하다'라는 뜻으로 쓰임.

풀이 1. 둔하다. 2. 말의 걸음이 느리다. 3. 미련하다.

駑蹇(노건) 말이 둔하고 느림.

駑鈍(노둔) 어리석고 둔함. 아둔함.

駑馬(노마) 1)걸음이 느린 말. 2)재능이 모자라는 사람을 비유하는 말.

駑馬十駕(노마십가) 느린 말도 열흘 동안 달리면 준마가 하루에 가는 길만큼 갈 수 있음. 둔재도 노력하면 목표를 이룰 수 있음을 이르는 말.

駑闇(노암) 둔하고 어두움.

駑頑(노완) 어리석고 미련함.

駑材(노재) 1)재능이 떨어짐. 2)자기의 재주를 낮추어 이르는 말.

駑拙(노졸) 둔하고 졸렬함. 노둔함.

駑駿(노준) 1)노마(駑馬)와 준마(駿馬). 2)뛰어난 사람과 어리석은 사람.

駑下(노하) 1)재능이 없음. 또는 그런 사람. 2)자기를 낮추어 부르는 말.

駙	⑤ 15획	日フ·そえうま
	곁마 부	中fù

* 형성. 뜻을 나타내는 '馬(말 마)'와 음을 나타내는 '付(줄 부)'를 합친 글자.

풀이 1. 곁마. 부마(副馬). 예비로 끌고 다니는 말. 2. 가깝다. 3. 빠르다. 4. 덧방나무. 수레 양쪽에 덧댄 나무.

駙馬(부마) 임금의 사위.

駓	⑤ 15획	日ヒ
	황부루 비	中pī

풀이 1. 황부루. 누런 바탕에 흰빛이 섞인 말. 2. 달리는 모양. ¶駓俟

駓駓(비비) 달리는 모양.

駓俟(비사) 짐승이 달리는 모양.

駟	⑤ 15획	日シ
	사마 사	中sì

* 형성. 뜻을 나타내는 부수 '馬(말 마)'와 음을 나타내는 '四(넉 사)'를 합친 글자. 이에 네(四) 마리의 말(馬), 즉 '사마'의 뜻으로 쓰임.

풀이 1. 사마. 한 수레를 함께 끄는 네 마리의 말. ¶駟馬 2. 말. 3. 사마 수레. 네 마리의 말이 끄는 수레. 4. 네 명이 한 수레에 타다. ¶駟乘

駟介(사개) 무장한 사마(駟馬) 수레.

駟過隙(사과극) 네 마리의 말이 끄는 수레가 문틈 앞을 지나간다는 뜻으로, 세월의 빠름을 이르는 말.

駟馬(사마) 네 마리의 말이 끄는 수레. 또는 그 네 마리의 말.

駟馬不能追(사마불능추) 한번 입 밖에 낸 말은 사마(駟馬) 수레라도 다시 잡을 수 없음.

駟乘(사승) 네 사람의 병사가 탄 수레.

駛	⑤ 15획	日シ·はやい
	달릴 사	中shǐ

풀이 1. 달리다. 말이 질주하다. ¶駛步 2. 빠르다.

駛急(사급) 빠름. 신속함.

駛馬(사마) 말을 빨리 몲. 또는 빨리 달리는 말.

駛步(사보) 달려감. 빨리 감.

駛雨(사우) 소나기.

駛走(사주) 빨리 달림. 질주(疾走).

駛彈(사탄) 빨리 가락을 탐.

駛河(사하) 빠르게 흐르는 강물.

駔	⑤ 15획	
	❶준마 장	日ソウ
	❷끈 끈 조	中zǎng, zǔ

풀이 1 1. 준마. 힘센 말. ¶駔駿 2. 거간꾼. 3. 서툴다. 조잡하다. 2 4. 끈 끈. 여러 올의 실로 짠 끈.

駔工(장공) 솜씨가 서투른 장인.
駔駿(장준) 힘세고 잘 달리는 말.
駔儈(장쾌) 장판으로 돌아다니며 과실이나 나무 등을 거간하는 사람. 중도위.
駔琮(조종) 구슬의 이름.
유 駥(준마 융) 반 駘(둔마 태)

駐	⑤ 15획	日チュウ・とどめる
	머무를 주	中zhù

* 형성. 뜻을 나타내는 부수 '馬(말 마)'와 음을 나타내며 '머물다'라는 의미를 지닌 '主(주인 주)'를 합친 글자. 말이 머문다는 의미에서, '머물게 하다', '체재하다'의 뜻으로 쓰임.

풀이 1. 머무르다. 머무르게 하다. ¶駐屯 2. 멈추다.
駐駕(주가) 어가를 멈춤.
駐軍(주군) 군대를 머물게 함.
駐屯(주둔) 군대가 어떤 곳에 오래 머무름.
駐泊(주박) 배가 정박함.
駐在(주재) 1)한 곳에 머물러 있음. 2)직무상 파견되어 그곳에 머물러 있음.
유 宿(묵을 숙) 留(머무를 류)

駝	⑤ 15획	日タ・ダ
	낙타 타	中tuó

풀이 1. 낙타. 2. 타조. ¶駝鷄 3. 곱사등이. 4. 마소에 짐을 싣다.
駝鷄(타계) 타조를 달리 이르는 말.
유 駱(낙타 락)

駞	⑤ 15획
	駝(p1579)와 同字

駘	⑤ 15획	日タイ
	둔마 태	中dài, tái

풀이 1. 둔마(鈍馬). 느린 말. 2. 둔하다. 재능이 떨어지다. 3. 말이 재갈을 벗다. 4. 짓밟다. 5. 넓다. ¶駘蕩 6. 지치다. 7. 한가롭다.
駘蕩(태탕) 1)넓고 큰 모양. 2)봄빛이나 날씨 등이 매우 화창한 모양.
반 駔(준마 장)

駊	⑤ 15획	日ハ
	머리 내두를 파	中pǒ

풀이 1. 머리를 내두르다. 2. 말이 제멋대로 내달리다. 3. 높고 큰 모양.
駊騀(파아) 1)말이 머리를 내두르는 모양. 2)말이 날뛰면서 나아가지 않음. 3)높고 큰 모양.

駜	⑤ 15획	日ヒツ
	살질 필	中bì

풀이 살지다. 말이 살지고 튼튼한 모양.

駱	⑥ 16획	日ラク
	낙타 락(낙)	中luò

풀이 1. 낙타. 2. 가리온. 털이 희고 갈기는 검은 말. ¶駱馬 3. 이어지다. 끊이지 않다.
駱駱(낙락) 말이 우는 소리.
駱馬(낙마) 털이 희고 갈기가 검은 말. 가리온.
駱漠(낙막) 계속 빨리 달리는 모양.
駱驛(낙역) 사람이나 수레의 왕래가 빈번한 모양.
유 駝(낙타 타)

駬	⑥ 16획	日コャク
	노새 맥	中mò

풀이 노새. 수나귀와 암말 사이에서 난 잡종.

駮	⑥ 16획	日ハク・バク
	짐승 이름 박	中bó

풀이 1. 짐승 이름. 말과 비슷하게 생겼다는 전설상의 맹수. 2. 얼룩지다. ¶駮雜 3. 논박하다. ¶駮議 4. 참빗살나무.
駮議(박의) 다른 사람의 의견이나 논의 등의 결점을 공격함. 박의(駁議).
駮異(박이) 비난하고 다른 논리를 내세움.
駮雜(박잡) 지식이나 생각 등이 섞여 어수선함.
駮正(박정) 논박하여 바로잡음.
비 駁(얼룩말 박)

駢	⑥ 16획
	騈(p1582)의 俗字

駛	⑥ 16획	日シ・はやい
	빠를 사・시	中shǐ

풀이 빠르다. 말이 빨리 가다.

駪	⑥ 16획 말 많을 신	日シン 中shēn

풀이 말이 많은 모양. 말들이 떼 지어 달리는 모양.
駪駪(신신) 말 타고 가는 사람이 많은 모양.

駥	⑥ 16획 준마 융	日ユウ 中róng

풀이 1. 준마. 튼튼하고 힘센 말. 2. 키가 8척인 말.
유 駔(준마 장)

駬	⑥ 16획 녹이 이	日イ 中ěr

풀이 녹이(騄駬). 주나라 목왕(穆王)의 준마.

駰	⑥ 16획 오총이 인	日イン 中yīn

풀이 오총이. 검은 털에 흰 털이 섞인 말.

駩	⑥ 16획 입술 검은 흰 말 전	日セン 中quān

풀이 입술이 검은 흰 말.

駣	⑥ 16획 말 조	日チョウ 中táo

풀이 말. 세 살 또는 네 살 된 말.
유 馬(말 마)

駤	⑥ 16획 말 뒷걸음질 칠 치	日チ 中zhì

풀이 1. 말이 뒷걸음질치다. 2. 성을 불끈 내다. 3. 키가 큰 말.

駭	⑥ 16획 놀랄 해	日カイ·ガイ 中hài

* 형성. 뜻을 나타내는 부수 '馬(말 마)'와 음을 나타내는 '亥(돼지 해)'를 합친 글자.

풀이 1. 놀라다. 경악하다. 2. 놀라게 하다. 3. 흩어지다. 4. 소란하다.
駭擧(해거) 해괴한 짓.
駭怪(해괴) 매우 괴상함.
駭怛(해달) 놀라고 두려워함.
駭突(해돌) 놀라 달리며 들이받음.
駭遁(해둔) 놀라 달아남.
駭亂(해란) 놀라 흩어짐.
駭浪(해랑) 솟구치는 거센 파도.
駭服(해복) 놀라 복종함.
駭愕(해악) 몹시 놀람.
駭惋(해완) 놀라고 한탄함. 해탄(駭歎).
駭慄(해율) 놀라고 두려워함. 해구(駭懼).
駭政(해정) 정치에 만족하지 않음.
駭震(해진) 놀라서 몸을 떪.
駭歎(해탄) 놀라서 탄식함.
駭汗(해한) 놀라서 흘리는 식은땀.

駼	⑦ 17획 도도 도	日ドウ 中tú

풀이 도도(騊駼). 북방에서 나는 양마(良馬).

駵	⑦ 17획 월따말 류	日リュウ 中liú

풀이 월따말. 털은 붉고 갈기는 검은 말.

駹	⑦ 17획 찬간자 방	日ボウ 中máng

풀이 1. 찬간자. 털빛이 푸르고 얼굴과 이마만 흰 말. 2. 잡색(雜色)의 희생.

駽	⑦ 17획 말걸음익힐 보	日ホウ 中bù

풀이 말이 걸음을 익히다.

騁	⑦ 17획 달릴 빙	日テイ·はせる 中chěng

풀이 1. 달리다. 질주하다. 2. 펴다. 털어놓다. 발휘하다. ¶騁懷 3. 방임하다. 마음대로 하다.
騁觀(빙관) 여러 곳을 둘러봄.

10획

騁能(빙능) 재능을 발휘함.
騁望(빙망) 1)마음껏 바라봄. 2)말을 타고 노닒.
騁邁(빙매) 마음껏 달려감.
騁志(빙지) 뜻을 펼침.
騁懷(빙회) 생각을 털어놓음.

騂	⑦ 17획 절따말 성	日セイ 中xīng

풀이 1. 절따말. 털빛이 붉은 말. 2. 붉다. 붉은빛의 희생(犧牲). ¶騂犢 3. 붉히다.

騂剛(성강) 1)붉고 딱딱한 토양. 2)희생에 쓰이는 붉은 소.
騂犢(성독) 털이 붉은 송아지.
騂騂(성성) 활이 알맞게 휘어진 모양.

駷	⑦ 17획 재갈 채워 달릴 송	日ソウ 中sǒng

풀이 재갈을 채워 달리게 하다.

騀	⑦ 17획 머리 내두를 아	日ガ 中ě

풀이 머리를 내두르다.

騀	⑦ 17획 말 나아갈 아	日ア 中é

풀이 말이 나아가다.

騃	⑦ 17획 ❶ 어리석을 애 ❷ 말 달릴 사	日ガイ·サ 中ái

풀이 1 1. 어리석다. 무지하다. ¶騃態 2 2. 말이 달리다.

騃女(애녀) 어리석고 무지한 여자.
騃態(애태) 어리석고 무지한 모양.

유 愚(어리석을 우) 비 駿(준마 준)

駿	⑦ 17획 준마 준	日シュン 中jùn

* 형성. 뜻을 나타내는 부수 '馬(말 마)'와 음을 나타내며 '뛰어나다'의 뜻을 지닌 부수 이외의 글자를 합친 글자. 이에 '뛰어난 말'의 뜻으로 쓰임.

풀이 1. 준마(駿馬). ¶駿骨 2. 준걸. 뛰어난 사람. 3. 걸출하다. 빼어나다. ¶駿良 4. 크다. ¶駿命 5. 길다. 길게 하다. 6. 빠르다. ¶駿奔 7. 높고 험하다. 8. 힘차다. 9. 엄격하다.

駿骨(준골) 준마의 뼈란 뜻으로, 뛰어난 인재를 이르는 말.
駿良(준량) 빼어나게 좋음.
駿命(준명) 하늘이 내린 큰 명령.
駿敏(준민) 뛰어나고 총명함.
駿奔(준분) 매우 빠르게 달림.
駿爽(준상) 매우 상쾌함.
駿逸(준일) 1)말이 뛰어나게 빠름. 2)재능이 뛰어남. 또는 뛰어난 인재.
駿刑(준형) 매우 호된 형벌.
駿惠(준혜) 커다란 은혜.

유 驁(준마 오) 비 俊(준걸 준)

駸	⑦ 17획 달릴 침	日シン 中qīn

풀이 1. 달리다. 말이 질주하는 모양. 2. 진행이 빠른 모양. 빨리 지나가는 모양. ¶駸駸

駸駸(침침) 속력이 매우 빠름.

유 馳(말달릴 치)

駾	⑦ 17획 달릴 태	日タイ 中tuì

풀이 1. 달리다. 말이 질주하는 모양. 2. 부딪치다. 말이 달려가 충돌하다.

駻	⑦ 17획 사나운 말 한	日カン 中hàn

풀이 1. 사나운 말. ¶駻馬 2. 키가 6척인 말.

駻突(한돌) 사나운 말. 길들지 않은 말.
駻馬(한마) 한돌(駻突). 한마(悍馬).

駭	⑦ 17획 놀랄 해	日カイ·ガイ 中hài

풀이 1. 놀라다. 놀라게 하다. 2. 고치다. 3. 북을 치다.

10획

駽

⑦ 17획 日ケン
철총이 현 中xuān

풀이 철총이. 몸에 검푸른 무늬가 박힌 말.

騉

⑧ 18획 日コン
곤제 곤 中kūn

풀이 곤제(騉蹄). 발굽이 평평한 말.

騎

⑧ 18획 日キ·ギ·のる
말 탈 기 中qí

丨 ㄏ ㄏ ㄏ 厍 馬 馬 馬 馬 馬 馬 馬 騎 騎 騎 騎 騎 騎

* 형성. 뜻을 나타내는 부수 '馬(말 마)'와 음을 나타내며 '탄다'는 뜻을 지닌 '奇(기이할 기)'를 합친 글자. 이에 말에 '걸터앉아 타다'의 뜻으로 쓰임.

풀이 1. 말을 타다. 2. 걸터앉다. 3. 기병. 기사. 말 탄 사람. 4. 기마. 타는 말.

騎驢覓驢(기려멱려) 나귀를 타고 나귀를 찾아다님. 자신의 곁에 있는 것을 모르고 도리어 먼 곳에서 구하는 어리석음을 이르는 말.

騎馬欲率奴(기마욕솔노) 말 타면 남에게 고삐를 잡고 끌게 하고 싶다는 뜻으로, 사람의 욕심은 끝이 없음을 비유하는 말.

騎射(기사) 1)말 타는 일과 활 쏘는 일. 2)말을 타고 달리면서 활을 쏨.

騎御(기어) 말을 몲.

騎從(기종) 1)말을 타고 따라감. 2)말을 끄는 하인.

騎虎之勢(기호지세) 범을 타고 달리는 사람이 도중에 내릴 수 없는 것처럼, 도중에서 그만두거나 물러설 수 없는 내친 형세를 이르는 말.

○騎虎之勢(기호지세)의 유래

남북조(南北朝)시대, 재상 양견(楊堅)은 선제가 죽자 즉시 입궐하여 국사를 총괄했다. 외척이지만 한족(漢族)이었던 그는 선비족(鮮卑族)에게 빼앗긴 이 땅에 한족의 천하를 회복하겠다는 뜻을 품고 궁중에서 모반을 꾀했다. 이때 남편의 뜻을 알고 있던 아내에게서 편지가 왔다. "범을 타고 달리는 기세이므로 도중에서 내릴 수 없는 일입니다. 만약 도중에서 내리면 잡아먹히고 말 테니 끝까지 가지 않으면 안 됩니다. 부디 목적을 달성하십시오." 이에 용기를 얻은 양견은 선제의 뒤를 이어 스스로 제위(帝位)에 올라 수(隋)나라를 세웠으며, 8년 후 남조(南朝) 최후의 왕조인 진(陳)나라마저 멸하여 마침내 천하를 통일하였다.

騏

⑧ 18획 日キ
털총이 기 中qí

풀이 1. 털총이. 검고 푸른 무늬가 줄진 말. ¶騏馵 2. 준마. 천리마. ¶騏驥 3. 기린. 상상속의 상서로운 동물. ¶騏驎

騏驥一毛(기기일모) 준마의 털 한 가닥이란 뜻으로, 몹시 귀중한 것의 일부분을 이르는 말.

騏驎(기린) 하루에 천 리를 달린다는 상상속의 준마(駿馬).

騏馵(기주) 뒤쪽 왼발이 흰 검푸른 말.

騀

⑧ 18획 日トウ
말 걸을 답 中dá

풀이 말이 걷는 모양. 또는 그 빠른 모양.

騊

⑧ 18획 日トウ·ドウ
도도 도 中táo

풀이 1. 도도(騊駼). 북방에서 나는 양마(良馬). 2. 말 비슷한 푸른 털빛의 맹수 이름.

비 陶(질그릇 도)

騋

⑧ 18획 日ライ
큰 말 래(내) 中lái

풀이 큰 말. 키가 7척인 말. ¶騋馬

騋馬(내마) 키가 7척인 큰 말.

騋牝(내빈) 1)내마(騋馬)와 빈마(牝馬), 즉 키가 7척인 말과 암말. 2)유녀(遊女).

騄

⑧ 18획 日ロク
녹이 록 中lù

풀이 녹이(騄駬). 주나라 목왕(穆王)의 준마.

駢

⑧ 18획 日ヘン·ベン·ならぶ
나란히 할 변·병 中pián

풀이 1. 나란히 하다. 수레에 말 두 필을 나란히 메우다. 2. 늘어서다. 나열하다. ¶駢肩 3. 줄. 열(列). 4. 혹. ¶駢拇枝指 5. 땅 이름. 춘추 시대 제(齊)나라의 지명(地名).

駢肩(변견) 1)어깨를 나란히 함. 병립(竝立). 2)많음.

駢拇枝指(변무지지) 네 발가락과 육손이란 뜻으로, 무용지물을 이르는 말.

駢駢(변변) 1)떠들썩한 모양. 2)초목이 무성한 모양.

駢死(변사) 머리를 나란히하여 죽는다는 뜻으로, 죽은 사람이 많음을 이르는 말.

駢列(변열) 나란히 늘어섬.

駢田(변전) 1)나란히 늘어섬. 2)많은 모양.

駢脅(변협) 통갈비. 나란히 붙어 하나의 통뼈처럼 보이는 갈비.

유 倂(나란히 할 병) 齊(가지런할 제) 竝(나란히 할 병)

騑	⑧ 18획	日ヒ
	곁마 비	中fēi

풀이 1. 곁마. 사마(駟馬) 중 양쪽 바깥에 세우는 말. ¶騑驂 2. 말. 3. 말이 쉬지 않고 달리는 모양. ¶騑騑

騑騑(비비) 1)말이 계속 달리는 모양. 2)지침. 피로함.

騑驂(비참) 사마(駟馬) 중 양쪽 바깥에 세우는 말.

騒	⑧ 18획
	騷(p1585)의 俗字

騌	⑧ 18획
	騣(p1584)의 俗字

騣	⑧ 18획	日テツ
	별박이 철	中zhuò

풀이 별박이. 이마에 흰 점이 박힌 말.

騘	⑧ 18획
	驄(p1587)의 俗字

騅	⑧ 18획	日スイ
	오추마 추	中zhuī

풀이 오추마. ㉠흰 털이 섞인 검은 말. ㉡항우(項羽)가 탔던 준마 이름.

騅不逝(추불서) 항우(項羽)가 유방(劉邦)에게서 패하자 그의 말인 오추마도 움직이지 않았다는 고사에서, 세(勢)가 다해 모든 계책이 소용없게 됨을 이르는 말.

騐	⑧ 18획
	驗(p1589)의 俗字

験	⑧ 18획
	驗(p1589)의 俗字

騝	⑨ 19획	
	등 누런	日ケン
	월따말 건	中qián

풀이 등이 누런 월따말. 등마루는 누렇고 갈기는 검은 붉은 말.

騧	⑨ 19획	日カ
	공골말 과 · 와	中guā

풀이 1. 공골말. 입가는 검고 털빛이 누런 말. 2. 달팽이.

騤	⑨ 19획	日キュウ
	건장할 규	中kuí

풀이 1. 건장하다. 말이 끌밋하다. ¶騤騤 2. 말이 빨리 달리는 모양. 3. 창(槍)의 일종. ¶騤瞿

騤瞿(규구) 말이 달리는 모양.

騤騤(규규) 1)말이 건장한 모양. 2)말이 빨리 달리는 모양.

騖	⑨ 19획	日ブ · ム · はせる
	달릴 무	中wù

풀이 1. 달리다. ¶騖馳 2. 빠르다. 3. 힘쓰다.

騖望(무망) 먼 곳을 바라봄.

騖枻(무예) 노를 빨리 저어 배를 나아가게 함.

騖馳(무치) 거마(車馬)를 빨리 몲.

유 駸(말달릴 침)

騛	⑨ 19획	日ヒ
	빠른 말 비	中fēi

풀이 빠른 말. 준마.

騕	⑨ 19획	日ヨウ
	말 이름 요	中yǎo

풀이 말 이름.

騕褭(요뇨) 옛날 좋은 말의 이름.

騥
⑨ 19획 日ジュウ
검은 말 유 中róu

풀이 검은 말. 갈기가 풍성한 가라말.

騁
⑨ 19획 日トウ
말멈추어설 정 中chéng

풀이 말이 멈추어 서다. 말이 가다가 우뚝 서다.

騠
⑨ 19획 日サイ
준마 제 中tí

풀이 1. 준마. ¶駃騠 2. 버새. 암탕나귀와 수말 사이에 난 잡종.

騣
⑨ 19획 日ソウ
갈기 종 中zōng

풀이 1. 갈기. 2. 말 머리의 장식.
비 駿(준마 준)

騶
⑨ 19획 日シュン
얼룩말 준 中chǔn

풀이 1. 얼룩말. 2. 느린 말. 둔한 말.

騘
⑨ 19획
驄(p1587)의 俗字

騙
⑨ 19획 日ヘン
속일 편 中piàn

풀이 1. 속이다. 2. 말에 뛰어 오르다. 말에 올라타다.
騙馬(편마) 말을 타고 하는 곡예.
騙詞(편사) 달콤한 말. 기분 나쁘지 않은 말.
騙取(편취) 남의 물건을 속여서 빼앗음.
騙害(편해) 속임.
유 詐(속일 사) 비 徧(두루 편)

騲
⑨ 19획
❶ 말 살찔 필 日ヒツ・ハク
❷ 얼룩말 박 中bì, bó

풀이 ❶ 1. 말이 살찌다. 2. 신마(神馬)의 이름. ❷ 3. 얼룩말.

騢
⑨ 19획 日カ・ガ
적부루마 하 中xiá

풀이 적부루마. 붉은빛 털과 흰빛 털이 섞여 있는 말.

騜
⑨ 19획 日コウ
황부루 황 中huáng

풀이 황부루. 누런 바탕에 흰빛이 섞여 있는 말.

騞
⑨ 19획 日カク
가르는소리 획 中huō

풀이 1. 가르는 소리. 칼로 물건을 자르는 소리. ¶騞然 2. 쉬지 않고 가다.
騞然(획연) 1)칼로 물건을 자르는 소리. 2)빠른 모양.

騫
⑩ 20획 日ケン
이지러질 건 中jiǎn, qiān

풀이 1. 이지러지다. 손상되다. 2. 허물. 3. 어긋나다. 위배되다. 4. 뽑다. 빼내다. 5. 고개를 들다. 6. 둔하다. 느리다.
騫騫(건건) 1)경솔한 모양. 2)뛰어오르는 모양.

騩
⑩ 20획 日カイ
담가라 괴 中guī

풀이 담가라. 털빛이 거무스름한 말.

騰
⑩ 20획 日トウ・ドウ・あがる・のぼる
오를 등 中téng

丿 刀 月 月 月' 月' 月' 月' 月' 胖 胖 胖 胖 胖 胖 騰 騰 騰 騰 騰

* 형성. 뜻을 나타내는 부수 '馬(말 마)'와 음을 나타내는 '朕(나 짐)'을 합친 글자. 이에 '역참(驛站)에서 갈아타는 말'의 뜻으로 쓰임.

풀이 1. 오르다. 오르게 하다. ¶騰降 2. 타다. 올라타다. ¶騰駕 3. 뛰다. 4. 날다. 5. 샘솟다. 6. 뛰어넘다. 7. 지나가다. 8. 역마(驛馬).

10 획

騰駕(등가) 수레에 탐.
騰降(등강) 오름과 내림. 오르내림.
騰蛟起鳳(등교기봉) 오르는 교룡과 날아오르는 봉황이란 뜻으로, 재주가 뛰어남을 이르는 말.
騰貴(등귀) 물품이 부족하여 값이 뛰어 오름.
騰達(등달) 1)위로 오름. 올라감. 2)입신출세(立身出世)함.
騰騰(등등) 1)부리는 기세가 상대의 기를 누를 만큼 끌사납게 높고 당참. 2)서슬이 푸름.
騰翻(등번) 높이 날아오름.
騰勢(등세) 값이 오르는 형세.
騰雲(등운) 높이 솟아오르는 구름.
騰越(등월) 뛰어오름. 뛰어넘음.
騰踐(등천) 넘어진 사람의 등을 밟고 걸어감.
騰捷(등첩) 가볍게 달려감.
騰呼(등호) 야단스럽게 소리 질러 부름.

유 昇(오를 승) 비 勝(이길 승) 膝(무릎 슬)

騮 ⑩ 20획
騮(p1580)과 同字

騸 ⑩ 20획 日セン 中shàn
불깔 선

풀이 1. 불까다. 말을 거세하다. ¶騸馬 2. 접붙이다. ¶騸樹

騸馬(선마) 거세한 말.
騸樹(선수) 나무를 접붙임. 또는 그 나무.

騷 ⑩ 20획 日ソウ·さわぐ 中sāo
떠들 소

* 형성. 뜻을 나타내는 부수 '馬(말 마)'와 음을 나타내며 '긁다'의 뜻을 지닌 '蚤(벼룩 조)'를 합친 글자. 이에 말이 몸을 문지르며 난잡하게 떠드는 것을 나타내어, '시끄럽다'는 뜻으로 쓰임.

풀이 1. 떠들다. 소동을 피우다. ¶騷然 2. 근심. 근심하다. ¶騷離 3. 급히 서두는 모양. 4. 시체(詩體) 이름. 굴원(屈原)의 〈이소(離騷)〉에서 유래된 시부(詩賦). 5. 시부(詩賦). 풍류(風流). ¶騷體 6. 쓸다. 제거하다.

騷客(소객) 시인(詩人).
騷離(소리) 근심하면서 떠남.
騷說(소설) 떠들썩한 소문.
騷騷(소소) 부산하고 시끄러움.
騷然(소연) 어수선한 모양. 떠들썩한 모양.
騷人墨客(소인묵객) 시문(詩文)·서화(書畫)를 하는 풍류객.
騷體(소체) 문체(文體)의 한 가지. 굴원(屈原)의 〈이소(離騷)〉를 본뜬 운문(韻文).

유 驞(떠들썩할 빈)

騪 ⑩ 20획 日スウ 中sōu
큰 말 수

풀이 1. 큰 말. 새외(塞外)에서 나는 큰 말. 2. 찾다.

騬 ⑩ 20획 日ソウ 中chéng
불깔 승

풀이 불까다. 말을 거세하다.

騵 ⑩ 20획 日ゲン 中yuán
배흰월따말원

풀이 배가 흰 월따말. 배가 희고 갈기가 검은 붉은 말.

驏 ⑩ 20획 日テン 中zhàn
말 토욕할 전

풀이 말이 토욕(土浴)하다. 말이 땅에 뒹굴다.

驒 ⑩ 20획 日テン 中diān
별박이 전

풀이 별박이. 대성마(戴星馬). 이마에 흰 점이 있는 말.

騭 ⑩ 20획 日シツ 中zhì
수말 즐

풀이 1. 수말. 2. 오르다. 올리다. 3. 정하다. 결정하다.

騶 ⑩ 20획 日スウ·シュウ 中zōu
마부 추

풀이 1. 마부. 말을 돌보는 사람. 말을 관장하던 벼슬. 2. 기사(騎士). ¶騶騎 3. 좋은 화살. 4. 달리다. ¶騶走 5. 원유(苑囿). 대궐 안에 있던, 짐승을 기르는 동산.

騶騎(추기) 말을 타는 사람. 기사(騎士).

騶御(추어) 마부(馬夫).
騶卒(추졸) 신분이 천한 종, 또는 하인.
騶從(추종) 상전을 받들어 따라다니는 하인.
騶走(추주) 뛰어다님.
騶響(추향) 말발굽 소리.
비 趨(달릴 추)

騯	⑩ 20획	日 ヒョウ
	말 성할 팽	中 péng

풀이 1. 말이 성(盛)한 모양. 2. 말이 걸어가는 모양.
騯騯(팽팽) 1)말이 걸어가는 모양. 2)말이 성(盛)한 모양.

10획

騱	⑩ 20획	日 カイ
	들말 해	中 xī

풀이 1. 들말. 야생마의 하나. 2. 앞발이 흰 말.

驅	⑪ 21획	日 ク · かける
	몰 구	中 qū

풀이 1. 몰다. 말을 달리게 하다. ¶驅駕 2. 몰아내다. 3. 부리다. 4. 대열.
驅駕(구가) 1)말을 몲. 2)사람을 부림.
驅遣(구견) 1)쫓아냄. 2)아내와 이혼함.
驅儺(구나) 세모(歲暮)에 역귀(疫鬼)와 잡신(雜神)을 몰아내는 의식.
驅動(구동) 기계의 바퀴나 축에 동력을 가하여 움직이게 함.
驅魔(구마) 마귀를 내쫓음.
驅使(구사) 1)사람이나 동물을 마음대로 몰아쳐 부림. 2)마음대로 다루어 씀.
驅役(구역) 사람을 마구 부림. 백성을 강제로 동원하여 부림.
驅潛艇(구잠정) 주로 적의 잠수함을 공격하는 소형 쾌속정.
驅除(구제) 해충 등을 몰아내어 없앰.
驅策(구책) 사람을 채찍으로 부림. 또는 그 채찍.
驅逐(구축) 해로운 것을 몰아냄. 쫓아냄.
驅蟲(구충) 약품 등을 사용하여 해충이나 기생충 등을 없앰.
驅馳(구치) 1)말을 몰아 빨리 달림. 2)남의 일을 위하여 분주히 돌아다님.

騾	⑪ 21획	日 ラ
	노새 라	中 luó

풀이 노새. 암말과 수나귀 사이에 난 잡종.
騾綱(나강) 짐을 싣고 가는 노새의 무리.
騾驢(나려) 1)노새와 나귀. 2)평범한 사람.
騾子軍(나자군) 노새를 탄 기병.
유 蠃(노새 라)

驩	⑪ 21획	日 ロク
	들말 록	中 lù

풀이 들말. 야생마.

驀	⑪ 21획	日 バク · ミャク
	말탈 맥	中 mò

풀이 1. 말을 타다. 2. 뛰어넘다. 넘어가다. ¶驀越 3. 홀연. 갑자기. 4. 곧장. 쏜살같이. ¶驀然
驀然(맥연) 갑자기. 곧장. 쏜살같이.
驀越(맥월) 뛰어넘음. 초월(超越).
驀地(맥지) 쏜살같이. 곧장.
유 騎(말탈 기)

騻	⑪ 21획
	驦(p1590)와 同字

驁	⑪ 21획	日 ゴウ
	준마 오	中 ào

풀이 1. 준마. 2. 말이 거칠게 굴다. 3. 오만하다. ¶驁辟 4. 깔보다. 경시하다.
驁蹇(오건) 교만하고 방자함. 오방(驁放).
驁辟(오벽) 교만하고 사악함.
유 駿(준마 준)

驐	⑪ 21획
	驁(p1586)와 同字

驓	⑪ 21획	日 ヨウ
	둔한 말 용	中 chōng

풀이 둔한 말. 느린 말.

驂 ⑪ 21획 日サン
결마 참 中cān

풀이 1. 결마. 사마(駟馬) 중 양쪽 바깥에 세우는 말. 2. 결마를 메우다. 3. 높은 사람을 모시고 타다. ¶驂乘

驂乘(참승) 신분이 높은 사람을 수레에 모시고 그 곁에 탐.

驄 ⑪ 21획 日ソウ · あしげ
총이말 총 中cōng

풀이 총이말. 청총마. 갈기와 꼬리가 푸르스름한 흰 말.

騺 ⑪ 21획 日チ
말 무거울 치 中zhì

풀이 1. 말이 무겁다. 말이 둔하다. 2. 말이 앞으로 나아가지 못하다.

비 驁(준마 오)

驃 ⑪ 21획 日ヒョウ
표절따 표 中biāo

풀이 1. 표절따. 흰빛이 섞인 누런 바탕에 갈기와 꼬리가 흰 말. 2. 말이 빠르게 달리는 모양. 3. 굳세다. 날래고 용감하다.

驕 ⑫ 22획
❶ 교만할 교 日キョウ · おごる
❷ 사냥개 효 中jiāo

풀이 1 1. 교만하다. ¶驕倨 2. 속이다. 3. 굳세다. 힘차다. 4. 말이 길들지 않다. 5. 사랑하다. 총애하다. 6. 제멋대로 굴다. 2 7. 사냥개.

驕倨(교거) 교만하고 거만함.
驕矜(교긍) 교만하게 자부(自負)함.
驕氣(교기) 남을 업신여겨 낮게 보는 교만한 태도.
驕麗(교려) 아름다움을 자랑함.
驕侮(교모) 교만하고 남을 업신여김.
驕放(교방) 교만하고 방자함.
驕兵(교병) 싸움에 이기고 뽐내는 군사.
驕肆(교사) 교만하고 방자함.
驕色(교색) 교만한 얼굴빛.
驕臣(교신) 교만한 신하.
驕兒(교아) 버릇없는 아이.
驕弱(교약) 방종하여 허약함.
驕揚(교양) 교만하고 뽐냄.
驕傲(교오) 교만하고 건방짐.
驕頑(교완) 교만하고 완고함.
驕淫(교음) 교만하고 음탕함.
驕易(교이) 교만하여 남을 얕봄.
驕人(교인) 교만하고 방자한 사람.
驕姿(교자) 교만하고 방자함.
驕戰(교전) 자기 힘이 강함을 믿고 싸움.
驕僭(교참) 교만하여 분수에 넘치는 짓을 함.
驕態(교태) 교만한 태도.
驕悖(교패) 교만하고 패악함.
驕暴(교포) 교만하고 포악함.
驕悍(교한) 교만하고 사나움.
驕亢(교항) 교만하고 자존심이 강함.
驕橫(교횡) 교만하고 포악함.

유 怚(교만할 저) 비 轎(가마 교)

驔 ⑫ 22획
정강이 흰 말 日タン · ダン · テン
담 · 점 中diàn

풀이 1. 정강이가 흰 말. 2. 몸이 검고 등이 누런 말.

驑 ⑫ 22획
騮(p1585)의 本字

驎 ⑫ 22획 日リン
얼룩말 린 中lín

풀이 1. 얼룩말. 2. 준마. 3. 기린. 상상 속의 상서로운 동물.

비 鱗(비늘 린)

驈 ⑫ 22획 日コウ
다리 흰 말 율 中yù

풀이 다리만 흰 검은 말.

驏 ⑫ 22획 日ザン
안장없는말 잔 中zhàn

풀이 1. 안장이 없는 말. 2. 안장 없이 타다.

驒 ⑫ 22획 日タン
연전총 탄 中tuó

풀이 1. 연전총(連錢驄). 동전 같은 흰 점이 박힌 검푸른 말. 2. 야생마 이름. 3. 지쳐 헐떡이다. ¶驒驒
驒驒(탄탄) 말이 지쳐 헐떡이는 모양.

騆 ⑫ 22획 日カン
한눈흰말한 中xián

풀이 한쪽 눈이 흰 말.

驉 ⑫ 22획 日キョ
버새 허 中xū

풀이 버새. 암탕나귀와 수말 사이에 난 잡종. ¶駏驉

驊 ⑫ 22획 日カ
준마 화 中huá

풀이 1. 준마. 2. 말 이름. 화류(驊騮). 주나라 목왕(穆王)의 준마.
驊騮開道(화류개도) 준마가 길을 연다는 뜻으로, 앞길이 유망함을 이르는 말.

유 駿(준마 준)

驜 ⑫ 22획
騜(p1584)의 同字

驍 ⑫ 22획 日ギョウ·キョウ·つよい
날랠 효 中xiāo

풀이 1. 날래다. 용맹하다. ¶驍悍 2. 날랜 말. 준마.
驍健(효건) 건장한 모양.
驍果(효과) 용감하고 과감함.
驍騎(효기) 사납고 날쌘 기병(騎兵).
驍名(효명) 용감하다는 명성.
驍勇(효용) 사납고 날쌤.
驍雄(효웅) 사납고 용맹스러움. 또는 그런 영웅.
驍將(효장) 사납고 날쌘 장수.
驍悍(효한) 날쌔고 사나움.
驍驍(효효) 1)용감하게 나아가는 모양. 2)기운이 왕성한 모양.

유 勇(날쌜 용)

驚 ⑬ 23획 日キョウ·ケイ·おどろく
놀랄 경 中jīng

* 형성. 뜻을 나타내는 부수 '馬(말 마)'와 음을 나타내는 '敬(공경할 경)'을 합친 글자.

풀이 1. 놀라다. 놀라게 하다. ¶驚懼 2. 빠르다. ¶驚湍 3. 경기(驚氣).
驚覺(경각) 놀라서 잠을 깸.
驚悸(경계) 1)걸핏하면 놀라는 증세. 2)놀란 것처럼 가슴이 두근거리는 증세.
驚恐(경공) 겁먹고 두려워함.
驚懼(경구) 놀라 두려워함.
驚弓之鳥(경궁지조) 활에 놀란 새란 뜻으로, 놀란 사람이 조그마한 일에도 겁을 먹음을 이르는 말.
驚潰(경궤) 겁내어 무너짐.
驚急(경급) 놀라서 서두름.
驚起(경기) 놀라서 일어남.
驚倒(경도) 까무러칠 정도로 몹시 놀람.
驚動(경동) 뜻밖의 일에 놀라서 술렁거림.
驚遁(경둔) 놀라 달아남.
驚瀾(경란) 세찬 물결.
驚龍(경룡) 놀란 용이란 뜻으로, 서예의 필치가 힘차게 꿈틀거림을 이르는 말.
驚白(경백) 놀라 말함.
驚伏(경복) 두려워하여 엎드림.
驚奔(경분) 깜짝 놀라 달아남.
驚沙(경사) 바람에 날리는 모래.
驚蛇入草(경사입초) 놀란 뱀이 풀 속으로 들어간다는 뜻으로, 서예의 초서가 뛰어남을 이르는 말.
驚蔘(경삼) 옮겨 심어서 기른 산삼.
驚羨(경선) 놀라 부러워함.
驚騷(경소) 놀라 떠들썩함.
驚俗(경속) 1)세상 사람을 놀라게 함. 2)세상의 풍속에 놀람.
驚猜(경시) 놀라고 의심함.
驚心動魄(경심동백) 마음을 놀라게 하다는 뜻으로, 몹시 놀람을 이르는 말.
驚訝(경아) 놀라고 의아하게 여김.
驚愕(경악) 깜짝 놀람.
驚魘(경염) 악몽(惡夢)에 시달림. 가위눌림.
驚懊(경오) 놀라 원망함.
驚惋(경완) 깜짝 놀라며 한탄함.
驚搖(경요) 요란하게 움직임.
驚遠(경원) 먼 곳에 있는 사람을 놀라게 함.

驚逸(경일) 놀라 달아남.
驚症(경증) 말이나 나귀의 깜짝 놀라는 성질.
驚慙(경참) 놀라고 부끄러워함.
驚天動地(경천동지) 하늘이 놀라고 땅이 흔들린다는 뜻으로, 크게 세상을 놀라게 함을 이르는 말.
驚蟄(경칩) 24절기(節氣)의 하나. 우수(雨水)와 춘분(春分) 사이. 양력 3월 5일경.
驚歎(경탄) 1)놀라 탄식함. 2)매우 감탄함.
驚怖(경포) 놀라고 두려워함.
驚風(경풍) 한방에서 어린아이가 깜짝깜짝 놀라며 경련을 일으키는 병. 경기(驚氣).
驚駭(경해) 뜻밖의 일로 몹시 놀람.
驚血(경혈) 한방에서, 피하출혈(皮下出血)을 이르는 말.
驚惑(경혹) 놀라 어찌할 바를 모름.
驚魂(경혼) 몹시 놀라 얼떨떨해진 정신.
驚惶(경황) 놀라고 두려워함.
驚喜(경희) 뜻밖의 일로 몹시 기뻐함.

유 愕(놀랄 악) 비 敬(공경할 경)

驙	⑬ 23획	日テン・デン
	말 힘 부칠 단	中zhān

풀이 1. 말의 힘이 부치다. 짐이 너무 많아서 말이 잘 걷지 못하다. 2. 등이 검은 흰 말. 3. 기린(騏驎).

羸	⑬ 23획	日ラ
	노새 라	中luó

풀이 노새. 수나귀와 암말 사이에 난 잡종.

유 騾(노새 라) 비 嬴(남을 영)

驌	⑬ 23획	日ツョク
	숙상 숙	中sù

풀이 숙상(驌驦). 옛날의 준마.

驛	⑬ 23획	日エキ
	역참 역	中yì

* 형성. 뜻을 나타내는 부수 '馬(말 마)'와 음을 나타내며 '바꾸다'의 뜻을 지닌 '睪(엿볼 역)'을 합친 글자. 이에 말을 갈아타는 곳을 나타내어, '역참'의 뜻으로 쓰임.

풀이 1. 역참. 역마를 갈아타던 곳. ¶驛館 2. 역마. 역말. 각 역참에 갖추어 둔 말. 3. 이어지다. 잇달다. ¶駱驛 4. 싹이 트다. 5.㊕ 역.

驛館(역관) 역참(驛站)에서 공무로 여행하는 관원이 묵던 집.
驛奴(역노) 역참(驛站)에 딸려 있던 남자 종.
驛路(역로) 역참으로 통하는 길.
驛馬(역마) 역참에 대기시켜 두고 관용으로 쓰던 말.
驛舍(역사) 역으로 쓰는 건물.
驛站(역참) 역(驛)과 참(站). 역마(驛馬)를 마련하여 일반 관리의 왕래를 도우며 공문서의 운반을 담당하는 것을 역이라 하고, 특히 군보(軍報)를 위하여 설치한 것을 참이라 함.
驛遞(역체) 역마(驛馬)에 의하여 공문서를 운반하거나 관리의 왕래를 호송함. 역전(驛傳).

驖	⑬ 23획	日テツ
	구렁말 철	中tiě

풀이 구렁말. 밤색 말.

驗	⑬ 23획	日ケン
	시험 험	中yàn

풀이 1. 시험. 2. 증험하다. 시험하다. ¶驗問 3. 증거. ¶驗左 4. 효험. 효력. 5. 조짐. 징조.

驗問(험문) 조사하여 물음.
驗覆(험복) 거듭 조사하여 밝힘.
驗算(험산) 계산의 맞고 틀림을 알기 위해 다시 해보는 계산.
驗實(험실) 사실을 조사함.
驗左(험좌) 증거.
驗證(험증) 증거를 조사함.
驗治(험치) 조사하여 다스림.
驗效(험효) 효력. 효험.

비 險(험할 험)

驝	⑭ 24획	
	馲(p1576)의 同字	

驞	⑭ 24획	日ヒン・ビン
	떠들썩할 빈	中pīn

10 획

풀이 떠들썩하다. 시끄러운 여러 소리.

유 騷(떠들 소) 咻(떠들 휴) 噪(떠들썩할 조)

驟	⑭ 24획	日 シュウ·はしる
	달릴 취	中 zhòu

풀이 1. 달리다. 2. 갑작스럽다. 의외로 빠르다. ¶驟雨 3. 여러 번. 자주.

驟涼(취량) 가을철에 갑자기 일어나는 서늘한 기운.

驟暑(취서) 갑자기 닥친 더위.

驟雨不終日(취우부종일) 소낙비는 하루 종일 내리는 일이 없다는 뜻으로, 권세를 휘두르는 사람은 오래가지 못함을 이르는 말.

驞	⑮ 25획	日 ケイ
	말 성낼 경	中 xiòng

풀이 말이 성내다.

驪	⑮ 25획
	驪(p1591)의 俗字

驫	⑮ 25획
	鏕(p1476)와 同字

驥	⑯ 27획	日 キ
	천리마 기	中 jì

풀이 1. 천리마. 준마. ¶驥驁 2. 뛰어난 인재. ¶驥足

驥尾(기미) 1)천리마의 꼬리. 2)뛰어난 인물의 뒤.

驥服鹽車(기복염거) 천리마가 소금을 실은 수레를 끈다는 뜻으로, 뛰어난 사람이 미천한 일에 종사함을 이르는 말.

驥驁(기오) 하루에 천리를 달리는 준마의 이름.

驥足(기족) 1)뛰어난 말의 발. 2)뛰어난 재능.

驢	⑯ 26획	日 リョ·ロ
	당나귀 려(여)	中 lǘ

풀이 당나귀. 나귀. ¶驢騾

驢車(여거) 당나귀가 끄는 수레.

驢年(여년) 당나귀의 해라는 뜻으로, 알 수 없는 시기를 이르는 말.

驢騾(여라) 당나귀와 노새.

驢馬(여마) 1)당나귀. 2)당나귀와 말.

驢鳴拘吠(여명구폐) 당나귀가 울고 개가 짖는다는 뜻으로, 문장이 매우 천하여 들을 가치가 없음을 이르는 말.

驢前馬後(여전마후) 당나귀의 앞이고 말의 뒤라는 뜻으로, 남의 언행(言行)을 따라 하며 독자적인 견해가 없는 사람을 비웃는 말.

跛驢(파려) 절뚝거리는 당나귀.

비 臚(살갗 려) 廬(오두막집 려)

驧	⑰ 27획	日 キク
	말 뛸 국	中 jú

풀이 1. 말이 뛰다. 2. 새우처럼 등이 굽은 말.

비 鞠(공 국)

驦	⑰ 27획	日 ショウ
	숙상 상	中 shuāng

풀이 숙상(驌驦). 옛날의 준마.

驤	⑰ 27획	日 ジョウ·ショウ·あがる
	들 양	中 xiāng

풀이 1. 들다. 고개를 들다. 2. 뛰다. 달리다.

驤螭(양리) 교룡(蛟龍)이 승천함.

驨	⑱ 28획	日 ジョウ·はしる
	말 달릴 섭	中 niè

풀이 말이 달리다.

驩	⑱ 28획	日 カン·よろこび
	기뻐할 환	中 huān

풀이 기뻐하다. 즐거워하다. ¶驩然

驩附(환부) 기뻐하여 좇음. 환부(歡附).

驩然(환연) 기뻐하는 모양.

驩迎(환영) 기쁘게 맞이함.

驩虞(환우) 기뻐하고 즐거워함.

驩合(환합) 기쁘게 화합함.

驪 ⑲ 29획 日リ・レイ
가라말 려(여) 中lí

풀이 1. 가라말. 순흑색의 말. ¶驪驅 2. 검다. 검은빛. ¶驪龍 3. 나란히 하다. 말 두 필을 나란히 세로 매고 멍에를 메우다. ¶驪駕

驪歌(여가) 이별을 알리는 노래.
驪駕(여가) 수레 하나에 두 필의 말을 나란히 메움.
驪駒(여구) 1)가라말. 2)헤어질 때에 부르는 노래.
驪龍之珠(여룡지주) 1)흑룡(黑龍)의 턱 밑에 있는 구슬. 여의주(如意珠). 2)모험하여 큰 이익을 얻음. 2)값진 보옥(寶玉). 여주(驪珠).

骨 부

骨 뼈 골 部

'骨' 자는 살이 붙어 있는 뼈를 나타낸 글자로, '뼈' 를 뜻한다. 뼈는 몸 속에 단단히 굳어 있는 부분이므로 '사물의 중추' 를 나타내거나, 골격의 중심이 된다고 하여 '골격' 을 나타내기도 한다. 또한 귀골(貴骨)에서처럼 '풍채' 나 '기골' 의 뜻으로 쓰이거나, 성골(聖骨) · 진골(眞骨)처럼 '계급' 을 나타내기도 한다. 뼈와 관련된 글자는 대부분 이 글자를 부수로 삼고 있다.

骨 ⓪ 10획 日コツ・ほね
뼈 골 中gū, gǔ

풀이 1. 뼈. ¶骨折 2. 몸. 몸뚱이. 3. 뼈대. 골격. ¶骨相 4. 사물의 중추. 5. 품격. 기개. ¶骨氣 6. 시문의 짜임새와 기세. 7.韓 골품(骨品). 신라 때, 혈통에 따른 신분 등급. ¶骨品

骨角器(골각기) 석기 시대에 동물의 뼈나 이빨 등으로 만든 도구의 총칭.
骨格(골격) 뼈의 조직. 뼈대.
骨氣(골기) 1)뼈대와 기질. 2)억센 기질. 3)힘찬 필세(筆勢).
骨董(골동) 1)자질구레한 것들을 한데 뒤섞음. 2)오랜 세월이 지나 감상 또는 보관의 가치가 있는 옛 물건.
骨力(골력) 서화(書畫)에 있어서의 필력.
骨立(골립) 몸이 약하여 뼈가 앙상함.
骨相(골상) 1)골격(骨格)의 모양. 2)얼굴이나 두골에 나타난 그 사람의 성질이나 운명.
骨髓(골수) 1)뼈 내부에 차 있는 결체질(結締質)의 연한 조직. 2)요점.
骨肉(골육) 1)뼈와 살. 2)가족. 혈육(血肉).
骨肉相殘(골육상잔) 1)부자 · 형제 사이에 서로 해침. 2)같은 민족끼리 서로 해치고 싸움.
骨子(골자) 1)뼈. 2)요점. 사물의 긴요한 부분.
骨折(골절) 뼈가 부러짐.
骨組(골조) 건물의 주요 구조체가 되는 뼈대.
骨腫(골종) 뼈의 조직의 일부로 된 혹.
骨炭(골탄) 동물의 뼈를 말려 만든 표백제(漂白劑)의 일종.
骨品(골품) 신라 때 있던 혈통에 따른 신분 등급.
骨筆(골필) 끝부분을 뼈 또는 딱딱한 것으로 만들어 먹지를 대고 여러 장을 복사할 때 쓰는 필기구.
骨骸(골해) 몸을 구성하고 있는 뼈.

유 骼(뼈 격) 骸(뼈 해)

骩 ② 12획
肌(p1096)와 同字

骪 ② 12획
骫(p1591)의 譌字

骭 ③ 13획
정강이뼈 日カン・ガン
간 · 한 中gàn

풀이 1. 정강이뼈. 정강이. 2. 갈비. 늑골.

骫 ③ 13획 日イ
굽을 위 中wěi

풀이 1. 굽다. 구부려지다. ¶骫骳 2. 굽히다. ¶骫法 3. 방치하다. 4. 모이다.

骫麗(위려) 좌우에서 서로 좇음.
骫法(위법) 법(法)을 굽힘.
骫骳(위피) 1)구부러짐. 2)정강이가 굽음.

骩 ③ 13획
骫(p1591)의 俗字

骰 ④ 14획 主사위 투 日トウ・コウ 中tóu

풀이 주사위. ¶骰子

骰子(투자) 주사위.

骰戲(투희) 노름. 도박.

骯 ④ 14획 살찔 항 日コウ 中āng

풀이 1. 살찌다. 2. 꼿꼿한 모양. 강직한 모양. 3. 더럽다.

骯髒(항장) 성질이 꼿꼿하여 불의(不義)에 굽힘이 없음.

유 肥(살찔 비)

骲 ⑤ 15획 뼈살촉 박 日ホク 中bào

풀이 뼈살촉. 뼈로 만든 화살촉. ¶骲箭

骲箭(박전) 뼈살촉을 붙인 화살.

骴 ⑤ 15획 삭은 뼈 자 日サ 中cī

풀이 1. 삭은 뼈. 2. 살이 붙어 있는 죽은 사람의 뼈.

骶 ⑤ 15획 꽁무니 저 日テイ 中dǐ

풀이 꽁무니. 미골(尾骨).

骵 ⑤ 15획 體(p1594)의 俗字

骳 ⑤ 15획 굽을 피 日ヒ 中bèi, bì

풀이 굽다. ¶骩骳

유 曲(굽을 곡)

骼 ⑥ 16획 뼈 격 日カク 中gē, gé

풀이 1. 뼈. 해골. 2. 넓적다리뼈. 3. 치다.

유 骨(뼈 골)

骻 ⑥ 16획 허리뼈 과 日カ・ガ 中kuà

풀이 1. 허리뼈. 2. 살. 가랑이. 3. 넓적다리뼈.

骹 ⑥ 16획 정강이 교 日コウ 中qiāo, xiāo

풀이 1. 정강이. 2. 발목. 3. 우는살. ¶骹箭

骹骬(교가) 뼈가 이 사이에 끼어 빠지지 않는 것처럼, 일 처리가 잘 되지 않음을 비유하는 말.

骹箭(교전) 날카로운 소리를 내며 날아가는 신호용 화살. 우는살.

骿 ⑥ 16획 骿(p1593)의 俗字

骸 ⑥ 16획 뼈 해 日カイ 中hái

풀이 1. 뼈. 해골. ¶骸筋 2. 정강이뼈. 3. 몸. 신체.

骸骼(해격) 해골. 시체.

骸筋(해근) 뼈와 살. 몸.

유 骨(뼈 골) 骼(뼈 격)

骾 ⑦ 17획 걸릴 경 日ケイ 中gěng

풀이 1. 걸리다. 목에 가시가 걸리다. 2. 강직하다. 성격이 모나다.

骾朴(경박) 강직(剛直)하며 소박함.

骾訐(경알) 직언(直言)하여 남의 잘못을 파헤침.

비 硬(굳을 경)

䯏 ⑦ 17획 갈비뼈 요 日ヨウ 中yǎo

풀이 1. 갈비뼈. 2. 어깨뼈. 견갑골.

髁 ⑧ 18획 넓적다리뼈 과 日カ 中kē

10 획

풀이 1. 넓적다리뼈. 2. 종지뼈. 3. 비뚤어진 모양. 바르지 못한 모양.

骿	⑧ 18획 통갈비 변	日ヘイ 中pián

풀이 1. 통갈비. 갈비뼈가 바싹 붙어 있어서 하나의 통뼈처럼 보이는 갈비. ¶骿脅 2. 굳은살. ¶骿胝

骿胝(변지) 굳은살.

骿脅(변협) 통갈비.

髀	⑧ 18획 넓적다리 비	日ヒ・ビ 中bì

* 형성. 뜻을 나타내는 부수 '骨(뼈 골)'과 음을 나타내는 '卑(낮을 비)'를 합친 글자.

풀이 1. 넓적다리. 대퇴부. ¶髀肉之嘆 2. 넓적다리뼈.

髀膂(비려) 넓적다리와 팔.

髀肉之嘆(비육지탄) 편안히 지내며 하염없이 세월만 보내고 있음을 한탄함. 삼국 시대 촉(蜀)나라의 유비(劉備)가 오랫동안 말을 타지 않아 넓적다리가 굵어졌음을 한탄한 고사에서 온 말.

髋	⑧ 18획 무릎뼈 완	日ガン・カン 中wàn

풀이 무릎뼈.

髂	⑨ 19획 허리뼈 가	日カ 中kà, qià

풀이 허리뼈.

髃	⑨ 19획 어깨뼈 우	日グウ・ウ 中yú

풀이 어깨뼈.

비 禑(복 우) 隅(모퉁이 우)

髆	⑩ 20획 어깨뼈 박	日ハク・バク 中bó

풀이 1. 어깨뼈. 견갑골. 2. 어깨.

髊	⑩ 20획 ❶ 骴(p1592)와 同字 ❷ 磋(p946)와 通字

髇	⑩ 20획 우는살 효	日ギョウ 中xiāo

풀이 우는살.

髎	⑪ 21획 軀(p1370)와 同字

髏	⑪ 21획 해골 루	日ロウ・ル 中lóu

풀이 해골. 죽은 사람의 머리뼈.

유 髐(해골 효)

髍	⑪ 21획 작을 마	日マ 中mó, mǒ

풀이 1. 작다. 2. 중풍(中風). 반신불수.

髐	⑫ 22획 해골 효	日ヒョウ 中xiāo

풀이 해골. 백골이 드러난 모양.

유 髏(해골 루) 髑(해골 촉)

髓	⑬ 23획 골수 수	日スイ・ズイ 中suǐ

풀이 1. 골수. 뼛속에 차 있는 연한 물질. ¶骨髓 2. 핵심. 정수(精髓).

髓腦(수뇌) 1)골수와 뇌. 2)뇌수. 3)동물의 원뇌포(原腦胞)의 맨 뒷부분.

髓海(수해) 뇌(腦).

髒	⑬ 23획 살찔 장	日ソウ 中zāng

풀이 1. 살찌다. 2. 꼿꼿한 모양. 강직한 모양. 3. 더럽

다. ¶骯髒

體	⑬ 23획	日タイ・からだ
	몸 체	中tǐ, tī

* 형성. 뜻을 나타내는 부수 '骨(뼈 골)'과 음을 나타내며 여러 가지가 갖춰져 있다는 의미를 지닌 '豊(풍성할 풍)'를 합친 글자. '豊'은 신에게 바치는 많은 물건을 수북이 담은 것을 나타낸 글자로, 여러 가지가 갖추어져 있음을 나타냄. 이에 '몸 전체'의 뜻으로 쓰임.

풀이 1. 몸. 신체. ¶體幹 2. 사지(四肢). 팔다리. 3. 모양. 형상. 용모. ¶體形 4. 근본. 본체. 5. 격식. 체재. 6. 점괘. 7. 몸소. ¶體道 8. 행하다. 9. 형성하다. 형태를 이루다. 10. 가까이하다. 친하다. 11. 본받다. 12. 나누다. 구분하다.

10 획

體感(체감) 몸에 어떤 감각을 느낌.

體腔(체강) 동물의 몸속의 빈 곳.

體格(체격) 1)몸의 골격. 2)근육·골격·영양 상태로 나타나는 몸의 겉 생김새.

體鏡(체경) 몸 전체를 비출 수 있는 전신 거울.

體系(체계) 1)개개의 다른 것을 계통을 세워 통일한 전체. 2)일정한 원리에 따라 조직한 지식의 통일된 전체.

體軀(체구) 몸뚱이. 몸집.

體級(체급) 운동 경기에서, 경기자의 몸무게에 따라 매긴 등급.

體技(체기) 씨름·유도·복싱 등과 같이 도구를 사용하지 않고 오로지 몸과 손발의 기술을 사용하여 겨루는 경기. 투기(鬪技).

體內(체내) 몸의 안.

體念(체념) 깊이 생각함.

體能(체능) 어떤 일을 감당할 만한 신체의 능력.

體德(체덕) 타고난 덕.

體道(체도) 몸소 도(道)를 실천함.

體度(체도) 체후(體候).

體得(체득) 1)몸으로 익혀 진리를 터득함. 2)몸소 경험하여 얻음. 3)뜻을 본떠 이어받음.

體諒(체량) 자신의 경험에 비추어 남의 처지를 이해하고 헤아림.

體力(체력) 몸의 힘이나 작업 능력.

體禮(체례) 벼슬아치 사이에 지키는 예절.

體面(체면) 남을 대하는 면목과 체제.

體毛(체모) 머리털 이외의 사람 몸에 난 털.

體貌(체모) 체면(體面).

體魄(체백) 1)육체를 주관하는 넋. 2)육체와 기력(氣力). 3)송장.

體罰(체벌) 신체에 직접적인 고통을 가하는 형벌. 체형(體刑).

體膚(체부) 1)몸과 살갗. 2)몸. 신체.

體性(체성) 1)몸과 마음. 2)타고난 성품. 천성(天性).

體細胞(체세포) 생식 세포를 제외한 생물체를 이루고 있는 모든 세포.

體式(체식) 일정한 형태와 방식.

體液(체액) 혈액·림프 등과 같이 체내(體內)에 흘러 다니는 액체의 통칭.

體言(체언) 명사·대명사·수사 등과 같이 조사의 도움을 받아 문장에서 주체의 구실을 하는 단어.

體溫(체온) 생물체가 가지고 있는 온도.

體用(체용) 사물의 본체(本體)와 그 작용(作用).

體位(체위) 1)몸의 건강하고 약한 상태와 정도. 2)몸의 자세.

體育(체육) 1)건강한 몸과 운동 능력을 기르기 위해 신체를 단련시키는 일. 2)운동 경기의 이론이나 실기를 통하여 육체의 건전한 발육을 꾀하는 학과.

體制(체제) 1)시문의 형식. 2)국가·사회의 제도 또는 통치 구조.

體操(체조) 신체의 균형 있는 발달을 꾀하고 건강을 증진시키거나 유지하기 위하여 일정한 형식에 따라 행하는 운동.

體重(체중) 1)몸무게. 체량(體量). 2)지위가 높고 점잖음.

體肢(체지) 1)몸통과 팔다리. 2)척추동물의 체간(體幹)에서 뻗어 나온 두 쌍의 가지 부분.

體脂肪(체지방) 분해되지 않고 몸 안에 그대로 쌓인 지방.

體質(체질) 1)몸의 바탕. 2)단체나 조직의 성질. 3)신체의 성질.

體察(체찰) 1)몸소 살핌. 자세히 고찰함. 2)자신의 처지와 견주어 살핌.

體帖(체첩) 글씨의 본보기가 될 만한 서첩.

體臭(체취) 1)몸에서 나는 냄새. 2)그 사람만의 독특한 개성이나 버릇. 즉, 가장 개성적인 것을 비유하는 말.

體統(체통) 지체나 신분에 알맞은 체면. 점잖은 체면.

體表(체표) 몸의 표면.

體驗(체험) 몸소 경험함. 또는 그 경험.

體刑(체형) 직접 사람의 몸에 가하는 형벌.

體形(체형) 몸의 생김새. 몸의 형상.

體候(체후) 남의 안부를 물을 때, 그의 기거(起

居)를 이르는 말.

유 身(몸 신)

髑	⑬ 23획	日 トク・ドク
	해골 촉	中 dú

풀이 해골. 죽은 사람의 머리뼈.

髑髏(촉루) 살이 썩고 남은 머리뼈. 해골(骸骨).

유 髐(해골 효) 髏(해골 루) 비 觸(닿을 촉)

髕	⑭ 24획	日 ヒン
	종지뼈 빈	中 bìn

풀이 1. 종지뼈. 2. 월형(刖刑). 발을 자르는 형벌. ¶髕罰

髕罰(빈벌) 발을 자르는 형벌.

髖	⑮ 25획	日 カン
	허리뼈 관	中 kuān

풀이 1. 허리뼈. 볼기뼈. ¶髖骨 2. 살.

髖骨(관골) 허리 부분에서 등뼈와 다리뼈와의 연결을 이루는 골반 주위의 뼈. 궁둥이 뼈.

髖髀(관비) 엉덩이와 넓적다리.

비 髂(허리뼈 가)

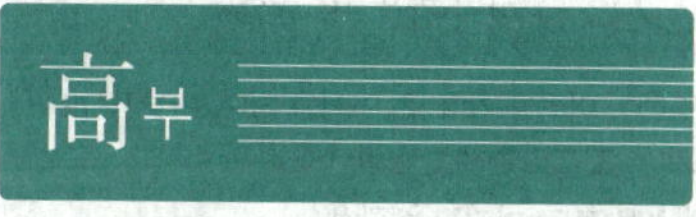

高 부

高 높을 고 部

'高' 자는 높이 솟아 있는 성의 망루의 모양을 본뜬 글자로, 윗부분의 사각형은 먼 곳을 내다볼 수 있는 장소를 나타내고, 아랫부분의 사각형은 출입구를 나타낸다. 성의 망루는 높은 곳에 위치하고 있기 때문에 '높다'를 뜻하게 되었다. 높다는 뜻은 위치나 지형적인 것을 모두 포함하며, 고등(高等)처럼 등급이 높거나, 고결(高潔)처럼 사람의 품행이 남보다 뛰어남을 나타내기도 한다. 또한 고견(高見)에서처럼 경의(敬意)를 표하는 말로 쓰이기도 한다.

高	⓪ 10획	日 コウ・たかい
	높을 고	中 gāo

丶 亠 亠 亣 亯 亯 高 高 高 高

*상형. 성의 망루의 모양을 본뜬 글자. 원래는 높은 건물을 뜻하다가, 나중에 '높다'의 뜻으로 쓰이게 됨.

풀이 1. 높다. ¶高空 2. 높이. 3. 비싸다. ¶高價 4. 나이가 많다. 5. 크다. 6. 뛰어나다. ¶高見 7. 고상하다. 속되지 않다. 8. 뽐내다. 9. 높이다. 숭상하다. 10. 높은 곳. 높은 자리. ¶高卑

高價(고가) 1)가격이 비쌈. 또는 비싼 가격. 2)가치가 특히 뛰어남.

高架(고가) 지상 높이 건너지름. 또는 그렇게 건너질러 가설한 것.

高强(고강) 뛰어남. 나음.

高見(고견) 1)뛰어난 의견. 탁견(卓見). 2)상대방의 의견을 높여 이르는 말.

高潔(고결) 성품이 고상하고 순결함.

高空(고공) 높은 하늘.

高句麗(고구려) 우리나라 고대 삼국 중 한반도 북부로부터 만주에 걸쳐 위치했던 나라.

高貴(고귀) 1)신분이 높고 존귀함. 2)인품이 고상하여 품위가 높음.

高級(고급) 1)계급이 높음. 2)정도가 높음.

高氣壓(고기압) 1)기체의 압력이 높은 현상. 2)등압선(等壓線)의 모양이 환상(環狀)을 이루고 있어 그 중심의 기압이 높은 곳.

高踏的(고답적) 1)세상의 범속(凡俗)과 사귀지 않는 모양. 세속과는 동떨어진 태도. 2)형식을 중히 여기고, 귀족적인 사상을 존중하는 모양.

高度(고도) 1)높이의 정도. 2)지평면에서 천체까지의 각(角)거리.

高等(고등) 1)정도가 높음. 높은 등급. 2)뛰어나게 좋음.

高麗(고려) 10세기 무렵 한반도의 후삼국 시대에 왕건(王建)이 개성(開城)에 도읍하여 세운 나라.

高齡(고령) 나이가 많음.

高樓(고루) 높게 지은 누각.

高利(고리) 1)이율이 높은 이자. 2)배당이 많은 이익.

高利債(고리채) 고리대금(高利貸金).

高名(고명) 1)세상에 널리 알려진 이름이나 명예. 2)상대방의 이름을 높여 이르는 말.

高峰(고봉) 높이 솟은 산봉우리.

高山(고산) 높은 산.

高山流水(고산유수) 1)높은 산과 흐르는 물. 2)교묘하고 아름다운 음악. 3)지기(知己).

高尙(고상) 1)품위가 높아 천하지 않음. 취미가 높음. 2)정도가 높음.

高聲(고성) 크고 높은 목소리.

高速(고속) 매우 빠름.

高孫(고손) 손자의 손자. 현손(玄孫).

高手(고수) 어떤 분야에서 기예(技藝) 또는 능력

10 획

이 매우 뛰어남. 또는 그런 사람.

高僧(고승) 1)덕행이 높은 승려. 2)높은 지위에 있는 승려.

高雅(고아) 고상하고 우아함.

高壓(고압) 1)강한 압력. 큰 압력. 2)고전압(高電壓)의 준말.

高言(고언) 뱃심 좋게 장담하는 큰소리.

高熱(고열) 높은 열. 보통 때보다 높은 체온.

高溫(고온) 높은 온도.

高遠(고원) 1)높고 멂. 2)뜻이 높고 원대(遠大)함.

高原(고원) 1)주위의 저지(低地)보다 훨씬 높고 표면이 평탄하거나 또는 파상(波狀)인 지형. 2)산기슭에 연속된 높고 넓은 벌판.

高音(고음) 높고 큰소리.

高低(고저) 1)높음과 낮음. 2)올라감과 내려감.

高節(고절) 높은 절개.

高弟(고제) 많은 제자 가운데 특히 뛰어난 제자.

高潮(고조) 1)밀물이 가장 높아진 것. 썰물. 2)감정·기분·시세 등이 가장 세차게 일어난 때를 비유하는 말.

高祖(고조) 할아버지의 할아버지. 즉, 자기의 4대조. 고조부(高祖父).

高足(고족) 뛰어난 제자. 고제(高弟).

高周波(고주파) 주파수가 높은 전파 또는 전류.

高層(고층) 1)2층 이상의 높은 층. 2)위쪽의 층. 상부의 층.

高枕安眠(고침안면) 베개를 높이 하여 편히 잘 잔다는 뜻으로, 근심 없이 편히 지냄을 비유하는 말.

○高枕安眠(고침안면)의 유래

전국 시대 소진은 합종(合縱), 장의는 연횡(連橫)을 주장했다. 합종이란 진(秦)나라 이외의 여섯 나라가 동맹하여 진나라에 대항하는 것이며, 연횡이란 여섯 나라가 각각 진나라와 손잡는 것이지만 실은 진나라에 복종하는 것이다. 위나라의 재상이 된 장의는 위나라 애왕(哀王)에게 합종을 탈퇴하고 연횡에 가담할 것을 권했으나 받아들여지지 않았다. 그러자 진나라는 본보기로 한나라를 공격하고 수많은 군사를 죽였다. 이때 장의는 애왕에게 "전하, 만약 진나라를 섬기게 되면 초나라나 한나라가 쳐들어 오는 일은 없을 것입니다. 그러면 전하께서는 베개를 높이 하여 편히 주무실 수 있고 나라도 아무런 걱정이 없을 것입니다." 애왕은 이 말을 듣고 진나라와 화친을 맺었다. 《전국책(戰國策)》 위책(魏策)

高下(고하) 1)나이가 많음과 적음. 2)신분이나 지위의 높음과 낮음. 3)품질의 좋음과 나쁨. 4)가격의 비쌈과 쌈.

高喊(고함) 크게 외치는 목소리.

高興(고흥) 1)고상하고 뛰어난 흥취. 2)한창 흥겹게 일어나는 흥.

유 崇(높을 숭) 반 低(낮을 저) 底(밑 저)

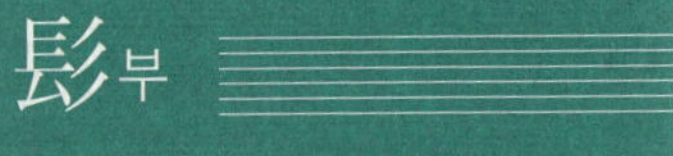

髟부

髟 터럭발 部

'髟' 자는 '長(길 장)'에 '彡(터럭 삼)'을 더하여, 머리털이 긴 모양을 나타내어 '머리털 늘어진 표'라고 한다. 그러나 단독으로는 쓰이지 않고 주로 부수로 쓰이기 때문에, '터럭발'이라는 부수 명칭으로 많이 쓰인다. 이 글자를 부수로 갖는 글자는 머리털이나 수염과 관련된 의미를 갖는다.

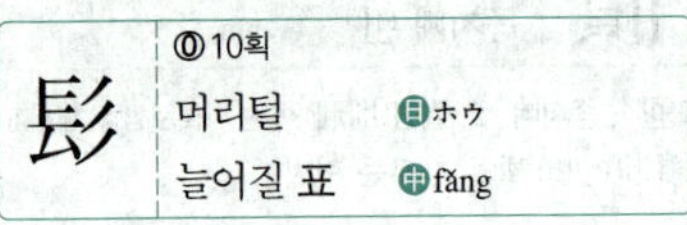

髟 ⓪10획 머리털 늘어질 표 日ホウ 中fǎng

풀이 1. 머리털이 길게 늘어진 모양. 2. 갈기. 3. 희끗희끗한 머리털.

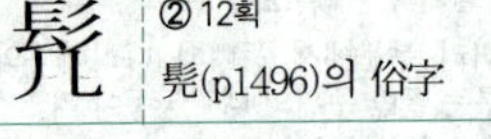

髠 ②12획 髡(p1496)의 俗字

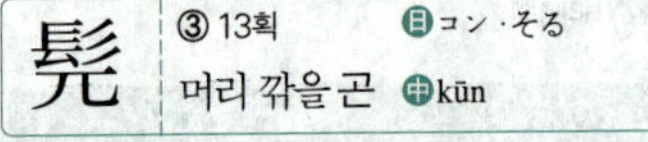

髡 ③13획 머리 깎을 곤 日コン·そる 中kūn

풀이 1. 머리를 깎다. 2. 가지를 치다. 나뭇가지를 자르다. 3. 머리를 깎는 형벌. ¶髡鉗

髡頭(곤두) 머리털을 깎음.

髡鉗(곤겸) 옛날 형벌의 한 종류. 머리를 깎고 목에 칼을 씌움. 또는 그 죄인.

髡刖(곤월) 머리를 깎고 발을 자르는 형벌.

유 鬀(머리깎을 체)

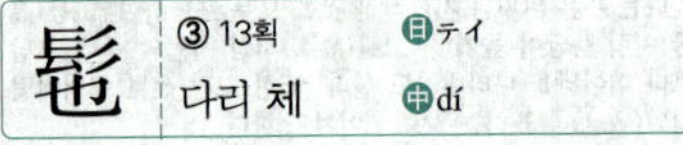

髢 ③13획 다리 체 日テイ 中dí

풀이 1. 다리. 월자(月子). 머리숱이 많아 보이게 하려고 한 머리. 2. 다리를 드리다.

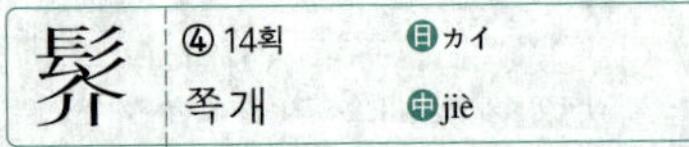

髤 ④14획 쪽 개 日カイ 中jiè

풀이 쪽. 틀어 올려서 비녀를 꽂은 머리털.

髧 ④ 14획 日タン・ダン
늘어질 담 中dàn

풀이 늘어지다. 머리털이 드리워진 모양.

비 髡(머리 깎을 곤)

髦 ④ 14획 日ボウ・モウ・たれがみ
다팔머리 모 中máo

풀이 1. 다팔머리. 다팔다팔 흔들리는 머리털. ¶髦髫 2. 긴 털. 굵고 긴 머리털. 3. 뛰어나다. 출중하다. ¶髦傑 4. 말갈기.

髦傑(모걸) 걸출한 인물.
髦老(모로) 노인(老人).
髦士(모사) 뛰어난 선비. 준수한 인물.
髦秀(모수) 재지(才智)가 뛰어남. 또는 그런 사람.
髦俊(모준) 모사(髦士).
髦髫(모초) 머리를 뒤로 늘어뜨린 아이.

髣 ④ 14획 日ホウ
비슷할 방 中fǎng

풀이 1. 비슷하다. 닮다. ¶髣髴 2. 희미하다.

髣髴(방불) 1)매우 비슷하여 구별하기 힘든 모양. 거의 비슷함. 2)희미하여 선명하지 않은 모양. 아득히 보이는 모양.
髣像(방상) 본뜸. 모방함.

유 似(같을 사) 彿(비슷할 불)

髯 ④ 14획 日エン
구레나룻 염 中rán

* 형성. 뜻을 나타내는 부수 '髟(머리털 늘어질 표)'와 음을 나타내는 '冄(나아갈 염)'을 합친 글자.

풀이 1. 구레나룻. ¶髯鬚 2. 수염이 많이 난 사람. ¶髯奴

髯奴(염노) 1)털 또는 수염. 2)수염이 많은 사람을 조롱하여 이르는 말. 3)노복(奴僕). 4)서양 사람을 얕잡아 이르는 말.
髯鬚(염수) 구레나룻과 턱수염.

髤 ④ 14획 日キュウ
옻칠할 휴 中xiū

풀이 1. 옻칠하다. 2. 검붉은 칠.

髤器(휴기) 옻칠한 기물. 칠기(漆器).
髤漆(휴칠) 옻칠함.

髳 ⑤ 15획 日モウ
다박머리 모 中máo

풀이 1. 다박머리. 다보록하고도 짧은 어린아이의 머리털. 2. 종족 이름. 중국 운남성(雲南省)에 살았던 종족.

髮 ⑤ 15획 日ハツ・かみ
터럭 발 中fà

* 형성. 뜻을 나타내는 부수 '髟(머리털 늘어질 표)'와 음을 나타내며 좌우로 나눈다는 의미를 지닌 '犮(달릴 발)'을 합친 글자. 이에 빗으로 깔끔하게 빗은 머리를 나타내어, '머리털'의 뜻으로 쓰임.

풀이 1. 터럭. 머리털. ¶髮際 2. 초목(草木).

髮禿(발독) 머리가 벗어짐. 대머리가 됨.
髮膚(발부) 머리털과 피부.
髮植(발식) 머리카락이 곤두설 정도로 몹시 노함.
髮際(발제) 한방에서, 목 뒤 머리털이 난 가장자리의 부스럼을 이르는 말.
髮指(발지) 머리카락이 곤두서서 하늘을 가리킬 정도로 몹시 성이 남.

유 毛(털 모)

10 획

髴 ⑤ 15획 日フツ・ヒ
비슷할 불 中fú

풀이 1. 비슷하다. 방불하다. 2. 부인의 머리 장식.

髭 ⑤ 15획 日シ・ひげ
콧수염 자 中zī

풀이 콧수염. 코 밑의 수염. ¶髭眉

髭眉(자미) 콧수염과 눈썹.
髭髮(자발) 콧수염과 머리털.
髭鬚(자수) 콧수염과 턱수염.

髫 ⑤ 15획 日チョウ
다박머리 초 中tiáo

풀이 다박머리. 다보록하고 짧은 어린아이의 머리털. ¶髫年

髫年(초년) 다박머리를 한 어린 나이.
髫髮(초발) 1)어린아이의 다박머리. 2)어린

아이.

髫辮(초변) 1)땋아 뒤로 내려뜨린 머리. 2)어린 아이.

髫歲(초세) 나이가 어림.

髫齔(초츤) 다박머리에, 젖니를 갈 나이란 뜻으로, 7~8세 정도 되는 아이를 이르는 말.

유 髳(다박머리 모)

髱	⑤ 15획 수염 많을 포	日ホウ·たぼ 中bào

풀이 수염이 많다.

髲	⑤ 15획 다리 피	日ヒ 中bì

풀이 다리. 월자(月子). 머리숱이 많아 보이게 하려고 딴 머리.

髻	⑥ 16획 상투 계	日ケイ 中jì

풀이 상투. 틀어 올려서 정수리 위에서 감아 맨 머리털.

髻根(계근) 상투의 밑동.

髻子(계자) 상투.

유 髾(상투 소)

髷	⑥ 16획 고수머리 곡	日キョク·まげ 中qū

풀이 고수머리. 머리가 곱슬거리는 모양.

髺	⑥ 16획 머리 묶을 괄	日カツ 中kuò

풀이 1. 머리를 묶다. 쪽을 찌거나 상투를 틀다. 2. 기물이 비뚤어지다.

髺髮(괄발) 머리를 묶음. 상(喪)을 당한 사람이 성복(成服) 전에 풀었던 머리를 묶어 맴.

髼	⑦ 17획 헝클어진 봉	日ボウ 中péng

풀이 헝클어지다. 머리털이 헝클어진 모양.

髼鬆(봉송) 머리카락이 흩어져 더부룩하고 부수수함.

髾	⑦ 17획 상투 소	日ソウ 中shāo

풀이 1. 상투. 상투 아래로 드리운 머리털. 2. 부녀자의 저고리 장식. 3. 기드림털. 깃발 위에 다는 깃털.

유 髻(상투 계)

髽	⑦ 17획 북상투 좌	日ザ 中zhuā

풀이 북상투. 부인이 상(喪)을 당했을 때 하는 머리.

髽髻(좌계) 묶기만 하고 싸개를 하지 않은 상투.

髽衰(좌최) 아직 미혼인 여자가 부친의 상(喪)을 당했을 때의 머리와 상복.

鬀	⑦ 17획 머리 깎을 체	日サイ 中tì

풀이 머리를 깎다. 어린아이의 머리를 깎다.

유 髡(머리 깎을 곤)

鬈	⑧ 18획 고울 권	日ケン 中quán

풀이 1. 곱다. 머리털이 곱다. 2. 갈래머리. 머리털을 두 갈래로 갈라 땋다. ¶鬈首 3. 고수머리. 머리털이 곱슬거리다.

鬈首(권수) 1)두 갈래로 갈라 땋은 머리. 갈래머리. 2)어린아이의 머리 모양.

鬅	⑧ 18획 헝클어진 붕	日ボウ 中péng

풀이 1. 헝클어지다. 머리털이 흐트러진 모양. 2. 사물이 어지럽게 흐트러진 모양.

鬅鬙(붕승) 1)머리털이 흐트러진 모양. 2)물건이 어지럽게 흩어진 모양.

鬆	⑧ 18획 더벅머리 송	日ソウ 中sōng

풀이 1. 더벅머리. 머리털이 헝클어진 모양. 2. 거칠다. 느슨하다. ¶鬆放

鬆放(송방) 늦춤. 느슨하게 함.

鬆處(송처) 거친 곳.

⑧ 18획 日ソウ
상투 종 中zōng

풀이 1. 상투. 높은 상투. 2. 갈기. 말갈기. ¶鬃尾

鬃尾(종미) 갈기와 꼬리.

유 䰂(상투 채)

⑧ 18획 日キュウ
상투 채 中cài

풀이 1. 상투. 2. 머리쓰개. 머리를 싸는 베. ¶䰂帶

䰂帶(채대) 머리를 싸는 베. 복건(覆巾).

유 鬃(상투 종)

⑧ 18획 日セキ・テキ
다리 체 中tì

풀이 1. 다리. 월자(月子). 머리숱이 많아 보이게 하려고 덧넣던 딴 머리. 2. 머리를 깎다. ¶鬄剔 3. 뼈를 바르다. 뼈를 추려내다.

鬄剔(체척) 머리를 깎음.

⑨ 19획 日サイ
텁석부리 새 中sāi

풀이 텁석부리. 수염이 많은 모양.

鬊

⑨ 19획
헝클어진 머리 순 日シュン 中shùn

풀이 1. 헝클어진 머리. 2. 빗질할 때 빠진 머리털. 잘라낸 머리털. ¶鬊爪

鬊爪(순조) 잘라내 흐트러진 머리털과 손톱·발톱.

鬋

⑨ 19획 日セン
살쩍 늘어질 전 中jiǎn

풀이 1. 살쩍이 늘어지다. 귀밑머리가 늘어진 모양. 2. 깎다. 베다. 자르다. ¶鬋茅

鬋茅(전모) 띠풀을 벰.

鬋髮(전발) 머리카락을 자름.

鬉

⑨ 19획 日ソウ
갈기 종 中zōng

풀이 1. 갈기. 말갈기. 2. 머리털이 헝클어지다.

鬆

⑨ 19획
❶ 갈기 종 日ソウ
❷ 헝클어질 송 中sōng, zōng

풀이 ❶ 1. 갈기. 말갈기. 2. 머리털을 묶은 헝겊. ❷ 3. 헝클어지다. 머리털이 흐트러지다.

유 鬐(갈기 기)

鬌

⑨ 19획 日タ
머리털 빠질 타 中tuǒ

풀이 1. 머리털이 빠지다. 2. 황새머리. 어린아이의 머리를 깎을 때 남겨 놓은 머리털. 3. 머리털이 곱다.

반 鬒(숱 많을 진)

鬍

⑨ 19획 日ホ
수염 호 中hú

풀이 수염.

鬍髯(호염) 수염.

鬍子(호자) 수염.

유 鬚(수염 수)

鬐

⑩ 20획 日キ・ギ
갈기 기 中qí

풀이 1. 갈기. 말갈기. ¶鬐興 2. 등지느러미. ¶鬐鬣 3. 무지개의 불룩 솟아오른 부분.

鬐鬣(기렵) 등지느러미.

鬐興(기흥) 갈기가 곤두섬.

유 鬉(갈기 종)

䰉

⑩ 20획 日バン
북상투 반 中bān, pán

풀이 1. 북상투. 나지막하게 묶은 머리. 2. 머리털이 희끗희끗하다.

10 획

鬒 ⑩ 20획 日シン·テン 숱많고검을진 中zhěn

풀이 숱이 많고 검다. 머리털이 검고 숱이 많아 아름다운 모양. ¶鬒黑

鬒髮(진발) 검고 윤이 나며 숱이 많아 아름다운 머리.

鬒黑(진흑) 머리털이 검고 숱이 많아 아름다움.

반 鬌(머리털 빠질 타)

鬘 ⑪ 21획 日マン·バン·かつら 머리 장식 만 中mán

풀이 1. 머리 장식. 2. 머리털이 아름답다.

鬗 ⑪ 21획 日マン·バン 길 만 中mán

풀이 길다. 머리털이 긴 모양.

鬖 ⑪ 21획 日サン 헝클어질 삼 中sān

풀이 1. 헝클어지다. 머리털이 흐트러진 모양. ¶鬖髿 2. 머리털이 늘어진 모양. 3. 머리털이 긴 모양.

鬖髿(삼사) 1)머리털이 헝클어진 모양. 2)물건이 흐트러진 모양.

鬖鬖(삼삼) 1)머리털이 헝클어져 늘어진 모양. 2)물건이 흐트러져 널려 있는 모양.

鬜 ⑫ 22획 日カン·ガン 대머리 간 中qiān

풀이 대머리. 두창(頭瘡).

鬚 ⑫ 22획 日シュ·ス·ひげ 수염 수 中xū

풀이 1. 수염. 2. 식물의 까끄라기. 3. 수염처럼 생긴 것. 4. 술. 옷·끈·가마 등의 끝에 달린 여러 가닥의 실.

鬚根(수근) 여러 갈래로 가늘게 나서 마치 수염과 같은 모양을 하고 있는 식물의 뿌리.

鬚眉(수미) 수염과 눈썹.

鬚髯(수염) 턱수염과 구레나룻.

鬚髭(수자) 턱수염과 콧수염.

유 鬍(수염 호)

鬙 ⑫ 22획 日ソウ 헝클어질 승 中sēng

풀이 헝클어지다. 머리털이 흐트러진 모양.

鬙鬙(승승) 머리털이 흐트러진 모양.

비 鬠(결발할 괄)

鬠 ⑬ 23획 日カツ 결발할 괄 中kuò

풀이 결발하다. 머리를 묶다. 쪽을 찌거나 상투를 틀다.

鬠笄(괄계) 묶은 머리가 흐트러지지 않도록 꽂은 비녀.

鬟 ⑬ 23획 日カン·わげ 쪽 환 中huán

풀이 1. 쪽. 틀어 올려 비녀를 꽂은 머리. 2. 산색(山色). 또는 산의 형상. 3. 계집종.

鬡 ⑭ 24획 日レイ 흐트러질 녕 中níng

풀이 흐트러지다. 머리털이 흐트러진 모양.

鬣 ⑭ 24획 日ラン 머리숱 많을 람 中lán

풀이 1. 머리숱이 많은 모양. 2. 머리털이 긴 모양. 3. 머리털이 늘어진 모양.

鬢 ⑭ 24획 日ヒン·ビン 살쩍 빈 中bìn

풀이 살쩍. 귀밑머리.

鬢毛(빈모) 살쩍. 귀밑털.

鬢髮(빈발) 살쩍과 머리털.

鬢絲(빈사) 흰 살쩍. 곧, 노인의 백발.

鬢雪(빈설) 살쩍이 흰 것을 눈에 견주어 이르는 말. 백발(白髮).

鬢鴉(빈아) 살쩍이 검은 것을 까마귀에 비유하는 말. 아빈(鴉鬢).

鬣	⑮ 25획	日 リョウ·たてがみ
	갈기 렵(엽)	中 liè

풀이 1. 갈기. ¶鬣尾 2. 머리털이 치선 모양. ¶鬣鬣 3. 긴 수염. 4. 지느러미. 5. 새의 머리털. 6. 빗자루의 끝부분. 7. 솔잎.

鬣鬣(엽렵) 머리털이 치솟은 모양.

鬣尾(엽미) 말갈기와 꼬리.

鬥 부

鬥 싸울 투 部

鬥 자는 두 사람이 손에 병장기를 들고 격투를 벌이는 모습을 나타낸 글자로, '싸우다'를 뜻하게 되었다. 싸우는 것이 다투는 것과 비슷하므로 '다투다', '싸움'이라는 뜻으로도 쓰인다. 주로 부수자로서의 역할만 하고 단독의 문자로 사용되지 않는다.

鬥	⓪ 10획	日 トウ·カク
	싸울 투·각	中 dòu

풀이 1. 싸우다. 무기를 들고 싸우다. 2. 다투다. 겨루다.

鬧	⑤ 15획	日 ドウ
	시끄러울 뇨(요)	中 nào

* 회의. '鬥(싸울 투)'와 '市(저자 시)'를 합친 글자. 저자(市)에서 싸우는(鬥) 것을 나타내어, '시끄럽다'의 뜻으로 쓰임.

풀이 1. 시끄럽다. 소란스럽다. ¶鬧歌 2. 어지럽히다. 흐트러지다. 3. 번성하다.

鬧歌(요가) 시끄럽게 노래함. 시끄러운 노래.

鬧熱(요열) 혼잡하여 시끄럽고 어지러움.

鬧裝(요장) 1)여러 보석으로 띠·안장·고삐 등을 장식함. 2)비단 헝겊으로 꽃·벌레 등의 모양을 만들어 머리에 꽂는 장식물.

鬨	⑥ 16획	日 コウ·とき
	싸울 홍·항	中 hòng

풀이 1. 싸우다. 전투하다. 2. 함성. 함성을 지르다. 3. 떠들다. 시끄럽게 지껄이다.

유 戰(싸울 전)

鬩	⑧ 18획	日 ゲキ·ケキ·せめぐ
	다툴 혁	中 xì

풀이 1. 다투다. 말다툼하다. ¶鬩訟 2. 고요하다.

鬩訟(혁송) 송사(訟事)함. 다툼.

鬩牆(혁장) 한 담장 안의 사람끼리 다툰다는 뜻으로, 형제끼리의 다툼질을 이르는 말.

유 爭(다툴 쟁)

鬪	⑩ 20획	日 トウ·たたかう
	싸울 투	中 dòu

풀이 1. 싸우다. 싸움을 붙이다. ¶鬪戰 2. 싸움. 전쟁. 3. 겨루다. 다투다.

鬪角(투각) 집들이 빽빽이 들어서서 서로 잇닿아 있는 지붕의 모서리.

鬪擊(투격) 서로 때리면서 싸움.

鬪犬(투견) 1)개싸움을 붙임. 2)싸움을 붙이기 위해 기르는 개. 투구(鬪狗).

鬪鷄(투계) 1)닭싸움을 붙임. 2)닭싸움을 목적으로 기르는 닭. 싸움닭.

鬪毆(투구) 서로 다투거나 싸우며 때림.

鬪技(투기) 1)재주나 힘 등을 겨룸. 2)씨름·유도·복싱 등과 같이 도구를 사용하지 않고 오로지 몸과 손발의 기술을 사용하여 겨루는 경기. 체기(體技).

鬪病(투병) 병을 고치려고 적극적으로 병과 싸움.

鬪士(투사) 1)싸움터에 나가 싸우는 사람. 전사(戰士). 2)투지가 불타는 사람.

鬪詩(투시) 시를 지어 그 우열을 겨룸.

鬪臣(투신) 국난(國難)을 막을 만한 신하.

鬪牛(투우) 1)소싸움. 2)투우사와 소가 싸움. 또는 그 경기. 3)소싸움을 목적으로 기르는 소.

鬪爭(투쟁) 1)어떤 대상을 이기려고 다툼. 2)자기 또는 집단의 목적을 관철시키기 위해서 다투는 일.

鬪戰(투전) 싸움. 전투(戰鬪).

鬪志(투지) 싸우고자 하는 굳센 의지.

鬪智(투지) 지혜를 겨룸.

鬪彩(투채) 도자기 위에 그린 무늬의 흐드러진 색채.

鬪草(투초) 단오절(端午節)에 여자들의 풀의 우열을 다투는 놀이. 풀싸움. 꽃싸움.

鬪鬩(투혁) 형제가 서로 싸움.

鬪魂(투혼) 끝까지 투쟁하려는 기백.

유 戰(싸울 전) 爭(다툴 쟁)

闞	⑫ 22획 日カン・さけぶ 범 우는소리 함 中hǎn

풀이 1. 범이 우는 소리. ¶闞闞 2. 용맹스럽다. 3. 고함을 지르는 모양.

闞闞(함함) 1)호랑이가 울부짖는 소리. 2)날쌘 위용(威容)이 있는 모양.

鬪	⑭ 24획 鬪(p1601)의 本字

鬮	⑰ 27획 日ク・キュウ 제비 구·규 中jiū

풀이 제비. 심지. 추첨.

鬯 부

鬯 울창주 창 部

'鬯' 자는 물건을 담는 그릇을 나타내는 '凵'과 숟가락을 나타내는 '匕'와 곡식의 낟알을 나타내는 점들을 합친 글자로, 곡식의 낟알이 그릇에 담겨 괴어 액체가 된 것을 숟가락으로 뜸을 나타내어 '술'의 뜻으로 쓰인다. 또한 활을 넣어 두는 자루인 '활집'을 뜻하기도 하는데, 후에는 많이 쓰이지 않게 되었다.

	⓪ 10획 日チョウ・さけのな 울창주 창 中chàng

풀이 1. 울창주. 제사의 강신(降神)에 쓰는, 튤립을 넣어 빚은 술. 2. 활집. 3. 자라다. ¶鬯茂

鬯茂(창무) 초목이 무성함. 창무(暢茂).

鬯酒(창주) 검은 기장으로 빚은 술. 또는 검은 기장에 튤립을 넣어 빚은 술. 향주(香酒).

	⑱ 28획 日ウン 울금초 울 中yù

풀이 울금초(鬱金草). 울금향(鬱金香).

鬱	⑲ 29획 日ウツ・しげる 막힐 울 中yù

풀이 1. 막히다. 통하지 않다. ¶鬱閉 2. 쌓이다. 가득 차다. 3. 답답하다. 울적하다. 4. 우거지다. 무성하다. ¶鬱然 5. 성하다. 왕성한 모양. ¶鬱鞅 6. 무덥다. ¶鬱燠 7. 원망하다. 한을 품다. 8. 향기롭다. 9. 울금(鬱金). 울금향(鬱金香). 10. 산앵두나무.

鬱結(울결) 1)가슴이 꽉 막혀 답답함. 2)기혈이 한 곳에 몰려 흩어지지 않는 모양.

鬱屈(울굴) 1)마음이 답답함. 2)지세(地勢) 등이 구부러진 모양.

鬱金香(울금향) 1)백합과의 다년초. 튤립. 2)튤립을 넣어 빚은 술.

鬱氣(울기) 1)우울한 기분. 2)답답한 기분.

鬱律(울률) 1)연기가 피어오르는 모양. 2)작은 소리. 3)깊고 가파른 모양. 4)자체(字體)가 꼬불꼬불 뒤틀려 있는 모양.

鬱林(울림) 울창한 숲.

鬱茂(울무) 초목이 무성한 모양.

鬱勃(울발) 1)기(氣)가 왕성한 모양. 2)초목이 우거진 모양. 3)울적하여 가슴이 답답한 모양.

鬱憤(울분) 답답하고 분함. 또는 그 분기(憤氣).

鬱塞(울색) 기분이 답답하여 막힘.

鬱鞅(울앙) 성(盛)한 모양.

鬱然(울연) 1)초목이 무성한 모양. 2)마음이 답답함.

鬱紆(울우) 1)근심으로 인해 기분이 어둡고 우울한 모양. 2)산길이 구불구불한 모양.

鬱鬱(울울) 1)마음이 매우 답답함. 2)초목 등이 매우 무성함.

鬱悒(울읍) 침울한 모양. 근심하는 모양.

鬱猗(울의) 초목이 울창하여 아름다운 모양.

鬱症(울증) 가슴이 답답한 병증.

鬱蒼(울창) 주로 큰나무들이 빽빽하게 들어서 매우 무성하게 푸름.

鬱葱(울총) 1)초목이 울창하여 무성한 모양. 2)기운이 왕성한 모양.

鬱閉(울폐) 막혀서 흐르지 못함.

鬱血(울혈) 1)신체의 일부가 눌리거나 졸려서 한쪽으로 몰려든 피가 순환되지 못하여 부어오르면서 붉어지는 증상. 충혈(充血). 2)가슴 속 깊이 맺혀 있는 상처.

鬱火(울화) 마음속이 답답하여 일어나는 심화(心火).

鬱確(울확) 성(盛)하고 확고부동한 모양.

10 획

鬲 부

鬲 솥 력 部

'鬲' 자는 다리가 달린 질그릇의 모양을 본뜬 글자로, '솥력'이라 한다. 이에 '다리가 굽은 솥'을 나타내기도 하고, '막다', '잡다'의 뜻으로도 쓰인다. 이 글자를 부수로 갖는 글자는 대체로 그릇과 관련된 의미를 지닌다.

鬲	⓪ 10획 ❶ 솥 력 ❷ 막을 격	日 レキ・カク 中 gé, lì

풀이 1 1. 솥. 세 개의 구부러진 다리가 달린 솥. 2 2. 막다. 가로막다. 3. 손잡이.

鬲塞(격색) 가로막힘.

鬲絶(격절) 사이를 떼어 놓음.

鬴	⑦ 17획 가마솥 부	日 フ・かま 中 fǔ

풀이 1. 가마솥. ¶鬴鍑 2. 용량을 되는 솥. 6말 4되들이. 겉은 둥글고 안은 네모졌음.

鬴鍑(부복) 아가리가 큰 솥. 가마솥.

유 釜(가마 부) 鼎(솥 정) 비 融(화할 융)

鬵	⑧ 18획 용가마 심	日 セン・シン 中 xín

풀이 1. 용가마. 큰 가마솥. 2. 시루. 시루 모양의 솥.

鬷	⑨ 19획 가마솥 종	日 ソウ 中 zōng

풀이 1. 가마솥. 2. 모이다. ¶鬷假 3. 아뢰다.

鬷假(종가) 1)모여 있는 무리가 서로 화목하여 다툼이 없음. 2)구성원 모두가 화목하도록 잘 행해지는 정사(政事).

鬺	⑪ 21획 삶을 상	日 ショウ・にる 中 shāng

풀이 삶다.

鬻	⑫ 22획 ❶ 죽 죽 ❷ 팔 육 ❸ 어릴 국	日 イク・キク・かゆ 中 yù

풀이 1 1. 죽. 2 2. 팔다. ¶鬻賣 3. 속이다. 4. 자랑하다. 5. 시집보내다. 6. 기르다. 3 7. 어리다.

鬻技(육기) 기예(技藝)를 팔아 생계를 꾸림.

鬻賣(육매) 팖.

鬻獄(육옥) 죄인에게서 뇌물을 받고 죄를 경감해 줌.

鬻爵(육작) 금품을 받고 관작(官爵)을 팖. 매관(賣官).

10획

鬼 부

鬼 귀신 귀 部

'鬼' 자는 사람 몸뚱이에 크고 기이한 머리가 달려 있는 모양을 나타낸 글자로, '귀신'을 뜻한다. 그 밖에 죽은 사람의 '혼백'을 나타내기도 하고, 귀재(鬼才)에서처럼 '지혜롭다'의 뜻으로도 쓰인다. 이 글자를 부수로 갖는 글자는 주로 혼(魂)이나 사자(使者), 악신(惡神)과 관련이 있다.

鬼	⓪ 10획 귀신 귀	日 キ・おに 中 guǐ

풀이 1. 귀신. 혼령. ¶鬼哭 2. 요괴. 도깨비. 3. 귀신 같다. 지혜롭다. ¶鬼才 4. 멀다. 5. 별 이름. 28수(宿)의 하나.

鬼哭(귀곡) 귀신의 울음. 또는 그 소리.

鬼工(귀공) 몹시 뛰어난 솜씨.

鬼怪(귀괴) 1)도깨비. 요괴(妖怪). 2)괴이함. 신기함.

鬼道(귀도) 1)기괴한 술법. 2)귀신이 다니는 길. 3)육도(六道)의 하나로서 귀신의 세계.

鬼魅(귀매) 도깨비. 두억시니. 요괴(妖怪).

鬼面(귀면) 1)귀신의 얼굴. 2)귀신의 얼굴 모습을 나타낸 말. 3)사래 끝에 붙이는, 귀신 얼굴을 그린 장식.

鬼門(귀문) 1)귀성(鬼星)이 있다는 방위. 음양설에서 매사에 꺼리는 방위로서 동북방을 이르는 말. 귀방(鬼方). 2)죽어서 저승으로 들어가는 문. 3)변경의 험악한 곳.

鬼伯(귀백) 1)백귀(百鬼)의 우두머리. 2)영웅의 망혼(亡魂). 귀웅(鬼雄).
鬼斧(귀부) 귀신의 도끼라는 뜻으로, 신기한 연장이나 아주 교묘한 세공(細工)을 이르는 말.
鬼神(귀신) 1)눈에 보이지 않는 무서운 신령. 2)산천의 신. 3)죽은 사람의 영혼.
鬼域(귀역) 사람이 살지 않는 변방 지역.
鬼才(귀재) 인간이 한 것이라고 생각되지 않을 만큼 뛰어난 재주. 또는 그런 재주를 가진 사람.
鬼胎(귀태) 1)귀신에게서 수태하여 태어난 자식. 2)남 몰래 겁을 먹음. 마음속으로 은근히 공포에 떪. 3)기형(畸形)의 태아(胎兒).
鬼話(귀화) 1)엉터리 이야기. 거짓말. 2)귀신 이야기. 무서운 이야기. 괴담(怪談).
鬼火(귀화) 습지(濕地)에 보슬비가 내리는 침침한 밤에 공중에 떠다니는 새파란 불. 도깨비불.

유 神(귀신 신) 비 蒐(모을 수)

彪	③ 13획	日ミ
	도깨비 매	中mèi

풀이 도깨비. 요괴.

유 魅(도깨비 매)

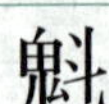

魁	④ 14획	日カイ·かしら
	우두머리 괴	中kuí

풀이 1. 우두머리. ¶魁首 2. 으뜸. 제일. 3. 크다. ¶魁梧 4. 언덕. 5. 토란의 알줄기. 6. 근본. 뿌리. 7. 편안하다. 안도하다. 8. 별 이름. 북두칠성의 첫째 별. 또는 북두칠성에서 사각형을 이룬 4개의 별.

魁甲(괴갑) 진사(進士) 시험에서 장원(壯元)으로 급제(及第)한 사람.
魁傑(괴걸) 1)몸집이 크고 건장함. 2)두목. 3)걸출(傑出)한 인물.
魁奇(괴기) 진기하고 빼어남. 괴수(魁殊).
魁黨(괴당) 적도(賊徒)의 우두머리.
魁頭(괴두) 아무것도 쓰지 않은 머리. 맨 머리.
魁壘(괴루) 뛰어나고 건장함.
魁纍(괴루) 재촉하여 괴롭힘.
魁選(괴선) 과거(科擧)에 장원으로 급제함.
魁首(괴수) 악당의 두목. 수괴.
魁岸(괴안) 슬기와 용맹이 뛰어남.
魁然(괴연) 1)장대(壯大)한 모양. 2)혼자 서 있는 모양. 고독한 모양. 3)마음이 편한 모양. 4)잘난 체 뽐내는 모양.
魁梧(괴오) 체구가 큰 모양. 건장한 모양. 괴위(魁偉). 괴장(魁壯).
魁堆(괴퇴) 높은 모양.

魂	④ 14획	日コン·たましい
	넋 혼	中hún

一 二 云 云 云' 云' 云' 䰟 䰟 䰟 䰟 魂 魂 魂

* 형성. 뜻을 나타내는 부수 '鬼(귀신 귀)'와 음을 나타내는 '云(이를 운)'을 합친 글자. 이에 귀신(鬼)이 구름처럼 떠돌아다닌다는 뜻에서 '넋', '정신'의 뜻을 나타냄.

풀이 1. 넋. 영혼. 특히 영혼 중에서 정신을 주관하는 양(陽)의 기운을 가리킴. ¶魂魄 2. 정신. 3. 마음. 생각.

魂車(혼거) 장례 때, 죽은 이가 생전에 입던 옷을 싣는 수레.
魂膽(혼담) 혼백과 간담. 즉, 넋.
魂魄(혼백) 넋. 영혼.
魂飛魄散(혼비백산) 몹시 놀라 어찌할 바를 모르는 지경을 이르는 말.
魂銷(혼소) 1)혼이 나감. 얼이 빠짐. 2)놀라서 정신을 차리지 못함.
魂魂(혼혼) 1)많은 모양. 2)찬란하게 빛나는 모양.

유 魄(넋 백)

魅	⑤ 15획	日ミ·ビ
	도깨비 매	中mèi

풀이 1. 도깨비. ¶魑魅 2. 홀리다. 현혹하다. ¶魅惑

魅虛(매허) 도깨비.
魅了(매료) 남의 마음을 홀려 사로잡음.
魅惑(매혹) 매력으로 사람의 마음을 호림.

유 彪(도깨비 매)

魃	⑤ 15획	日バツ·ハツ
	가물 귀신 발	中bá

풀이 1. 가물 귀신. 가뭄을 담당하는 신(神). 2. 가물.

魃蜮(발역) 가뭄과 요변(妖變).

魄	⑤ 15획	
	❶넋 백	日ハク·タク·たましい
	❷찌꺼기 박	中bó, pò, tuò
	❸영락할 탁	

* 형성. 뜻을 나타내는 부수 '鬼(귀신 귀)'와 음을 나타내는 '白(흰 백)'을 합친 글자. 희어서(白) 보이지 않는 귀신(鬼)을 나타내어, '넋', '달'의 뜻으로 쓰임.

풀이 ❶ 1. 넋. 특히 영혼 중에서 몸을 주관하는 음(陰)의 기운을 가리킴. 2. 몸. 3. 달. 달빛. 4. 달 가장자리의 빛이 없는 부분. ❷ 5. 찌꺼기. 재강. 6. 가득 차서 막히다. ❸ 7. 영락하다.

魄然(박연) 1)차분한 소리의 형용. 2)사물이 깨질 때 나는 것과 같은 격렬한 소리의 형용. 3)사물의 궁한 모양.

魄散(백산) 마음이 흩어져서 가라앉지 않음.

유 魂(넋 혼)

魈 ⑦ 17획 도깨비 소 日ソウ 中xiāo

풀이 도깨비. 산의 요괴.

魌 ⑧ 18획 추할 기 日キ 中qī

풀이 추하다.

유 醜(추할 추)

魎 ⑧ 18획 도깨비 량 日リョウ 中liǎng

풀이 도깨비. ¶魍魎

유 魍(도깨비 망)

魍 ⑧ 18획 도깨비 망 日ボウ·モウ·すだま 中wǎng

풀이 도깨비. 산천(山川)·목석(木石)의 요괴.

魍魎(망량) 산이나 물·나무 등의 정기가 어리어 된 도깨비. 요정(妖精).

魍魅(망매) 산도깨비와 두억시니.

유 魎(도깨비 량)

魏 ⑧ 18획 나라 이름 위 日ギ·たかい 中wèi

풀이 1. 나라 이름. ㉠주나라의 제후국으로 전국 시대 칠웅(七雄)의 하나. ㉡한나라 말의 삼국(三國) 중 하나. ㉢후위(後魏). 동진(東晉) 때 탁발규(拓拔珪)가 세운 나라. 2. 높다. 높고 큰 모양. ¶魏魏

魏闕(위궐) 1)높고 큰 문. 법령 등을 게시하던 궁성의 정문. 2)조정(朝廷).

魏魏(위위) 높고 큰 모양.

魋 ⑧ 18획 ❶ 북상투 추 ❷ 곰 퇴 日タイ·ツイ 中zhuī

풀이 ❶ 1. 북상투. 망치 모양의 상투. ¶魋結 ❷ 2. 곰(熊). 작은 곰. 3. 사람 이름.

魋結(추계) 망치 모양의 상투. 북상투.

魋顔(퇴안) 이마가 툭 튀어나온 얼굴.

䰩 ⑨ 19획 ❶ 추악할 차 ❷ 산귀신 도 日チャ·ドウ 中chě, dū

풀이 ❶ 1. 추악하다. 모양이 흉하다. ❷ 2. 산귀신.

魑 ⑪ 21획 도깨비 리(이) 日チ·すだま 中chī

풀이 도깨비. 산의 요괴.

魑魅(이매) 사람을 홀려 해친다는 산도깨비. 두억시니.

魔 ⑪ 21획 마귀 마 日マ 中mó

풀이 1. 마귀. ¶魔鬼 2. 마술(魔術). ¶魔法 3. 인. 어떤 일에 광적으로 몰두하다.

魔軍(마군) 1)불교에서 정도(正道)·정법(正法)을 방해하는 악마의 무리. 2)일을 짓궂게 훼방하는 무리.

魔鬼(마귀) 요사스러운 귀신.

魔法(마법) 마력(魔力)으로 이상야릇한 일을 하는 술법. 마술(魔術).

魔漿(마장) 마력(魔力)을 가진 액체. 즉, 술의 다른 이름.

魘 ⑭ 24획 가위눌릴 염·압 日エン·ヨク·おそわれる 中yǎn

풀이 가위눌리다.

10획

魘死(염사) 가위눌려 죽음.

醜 ⑭ 24획 日シュウ
미워할추·수 中chǒu

풀이 1. 미워하다. 2. 추악하다.

유 憎(미워할 증)

❖ 한시

(1) 한시의 구분
- 고체시(古體詩) : 당나라를 중심으로 고체시와 근체시로 나뉘는데 당 이전에 지어진 시를 고체시라고 한다. 압운법과 글자 수의 제약을 받지 않았다.
- 근체시(近體詩) : 당나라 이후에 발달한 시의 형식으로 고체시에서 근체시로 발달하면서 그 형식이 까다로워졌다.

※고체시와 근체시의 구분법
고체시와 근체시의 구분은 근체시의 특징을 알면 된다. 첫째, 일반적으로 5言, 7言으로 이루어져 있다. 둘째, 4句, 8句, 16句 이상이다. 셋째, 압운, 특히 각운(각 구의 맨 끝 글자의 종성)이 있다.

(2) 한시의 구성
- 압운(押韻): '운을 단다'는 뜻으로 일정한 자리에 공통의 운을 가진 글자를 배열하는 것을 말한다. 5언시는 일반적으로 1구에는 운이 없고 짝수구에만 있으며, 7언시는 1구를 비롯한 짝수구에 있다.
- 대구(對句): 한문의 수사법의 일종으로 운문인 시뿐만 아니라 산문에서도 흔히 사용된다. 한시에서 두 구를 서로 상대되도록 놓아 시의 효과를 높이는 방법이다.

(3) 시상의 전개
일반적으로 한시는 전반부에서 주변의 경관이나 객관적인 상황을 읊고 후반부에 자기의 주관을 담아 결론 짓는 형태를 취하나 필수적인 것은 아니다. 흔히 한시의 전개를 기승전결(起承轉結)이라고 하는데 이는 절구의 경우는 그대로 적용되지만 율시의 경우에는 수(首), 함(頷), 경(頸), 미(尾)가 이에 해당된다.
- 기구 · 수련 : 시상을 일으킴.
- 승구 · 함련 : 시상을 전개시킴.
- 전구 · 경련 : 시상을 비약시킴.
- 결구 · 미련 : 마무리함.

10획

魚 부

魚 물고기 어 部

'魚' 자는 물고기의 머리, 꼬리 및 몸체에 지느러미와 비늘까지 표현되어 있는 모양을 나타내어, '물고기'를 뜻한다. 또한 의미가 확대되어 물속에 사는 동물을 모두 가리키기도 한다. 이 글자를 부수로 갖는 글자는 어류와 관련이 있고 대부분 물고기의 명칭으로 쓰인다.

魚	⓪11획	日ギョ·うお·さかな
	물고기 어	中yú

* 상형. 물고기 모양을 본뜬 글자.

풀이 1. 물고기. ¶大魚 2. 물고기를 잡다. 3. 어대(魚帶). 당나라 때 관리들이 차던 물고기 모양의 패물. 4. 두 눈의 털이 흰 말.

魚群(어군) 물고기 떼.

魚卵(어란) 물고기의 알.

魚雷(어뢰) 물고기처럼 유선형으로 생긴 수중 미사일 또는 폭탄.

魚類(어류) 아가미로 호흡하고 보통 지느러미와 부레로 물속을 헤엄쳐 다니는 척추동물(脊椎動物)의 총칭.

魚鱗(어린) 물고기의 비늘.

魚物(어물) 생선을 말린 것.

魚鼈(어별) 1)물고기와 자라. 2)수생(水生) 동물의 총칭.

魚腹(어복) 1)물고기의 배. 2)장딴지.

魚鮮(어선) 생선.

魚水(어수) 1)물고기와 물. 2)끊을래야 끊을 수 없는 밀접한 관계. 3)군신간의 관계. 4)부부 사이.

魚市場(어시장) 어물을 파는 시장.

魚眼(어안) 1)물고기의 눈. 2)옥과 비슷하게 만든 위조품. 3)물이 끓어 거품이 이는 모양.

魚油(어유) 어류에서 짜낸 기름.

魚肉(어육) 1)물고기와 짐승의 고기. 2)물고기의 살. 3)짓밟고 으깨어 아주 결단을 냄.

魚貝類(어패류) 생선과 조개 종류의 총칭.

魚缸(어항) 1)물고기를 기르는 데 쓰는 유리로 만든 항아리. 2)물고기를 잡는 데 쓰이는, 유리로 만든 통발 모양의 기구.

君臣水魚(군신수어) 임금과 신하(臣下), 물과 물고기. 떨어질 수 없는 친밀한 관계(關係)를 이르는 말.

淡水魚(담수어) 민물에 사는 물고기의 총칭(總稱). 민물고기.

大魚(대어) 큰 물고기.

養魚(양어) 물고기를 길어 번식시킴.

奐	⓪10획
	魚(p1607)의 俗字

魛	② 13획	日えつ
	웅어 도	中dāo

풀이 웅어. 멸칫과에 속하는 바닷고기.

魛魚(도어) 웅어. 위어(葦魚).

魡	③ 14획	日チョウ
	낚을 조	中diào

풀이 낚다. 낚시질하다.

유 釣(낚시 조)

魠	③ 14획	日みなみあかざ
	자가사리 탁	中tuō

풀이 자가사리. 동자갯과에 속하는 민물고기.

魪	④ 15획	日ひらめ
	넙치 개	中jiè

풀이 넙치. 비목어(比目魚).

魥	④ 15획	日キョウ
	말린물고기겁	中qiè

풀이 말린 물고기. 건어(乾魚). 대나무에 꿰어 바람에 말린 고기.

魶	④ 15획	日さんしょううお
	도롱뇽 납	中nà

풀이 도롱뇽.

魨	④ 15획	日ふぐ
	복 돈	中tún

11획

풀이 복. 복어.

유 豚(돼지 돈)

魯 ④ 15획 둔할 로(노) 日おろか 中lǔ

* 회의. '魚(물고기 어)'와 '口(입 구)'의 변형을 합친 글자. 원래는 그릇(口)에 담긴 맛있는 생선 요리(魚)를 나타내어, '좋다', '아름답다'의 뜻으로 쓰임. 후에 가차되어 '미련하다'의 뜻으로 쓰이게 되었으며 원래의 뜻은 쓰이지 않게 됨.

풀이 1. 둔하다. 미련하다. ¶魯鈍 2. 노나라. 주나라의 제후국으로, 지금의 중국 산동성(山東省)에 위치함.

魯鈍(노둔) 어리석고 둔함. 미련함.

魯論(노론) 《논어(論語)》의 다른 이름.

魯朴(노박) 어리석고 소박함.

魯魚之誤(노어지오) 글자 모양이 비슷하여 틀리기 쉬움. 노어해시(魯魚亥豕).

魯酒(노주) 맛이 없는 술. 싱거운 술.

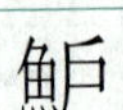 ④ 15획 鱸(p1618)의 俗字

魰 ④ 15획 가물치 문 日たこ 中wén

풀이 1. 가물치. 2. 날치.

魬 ④ 15획 가자미 반 日かれい 中bǎn

풀이 1. 가자미. 2. 넙치. 비목어(比目魚).

魴 ④ 15획 방어 방 日ぶり 中fáng

풀이 방어. 전갱잇과에 속하는 바닷물고기.

魴魚赬尾(방어정미) 1)방어의 꼬리가 붉어짐. 2)사람이 너무 피로하여 초췌해짐.

魦 ④ 15획 鯊(p1611)와 同字

魳 ④ 15획 鰤(p1614)와 同字

魭 ④ 15획 ❶ 큰 자라 원 ❷ 모나지 않을 완 日すっぽん 中yuán

풀이 ❶ 1. 큰 자라. ❷ 2. 모나지 않다. 원만하다.

魭斷(완단) 1)규각(圭角)이 없는 모양. 2)인품이 모나지 않고 원만한 모양.

鮌 ⑤ 16획 鯀(p1611)와 同字

鮁 ⑤ 16획 피라미 교 日おいかわ・はや 中qiáo

풀이 1. 피라미. 2. 뱅어. 백어(白魚).

鮇 ⑤ 16획 곤들매기 미 日いわな 中wèi

풀이 곤들매기. 연어과의 민물고기..

鮊 ⑤ 16획 뱅어 백 日ハク・みごい 中bà, bó

풀이 뱅어.

鮒 ⑤ 16획 붕어 부 日ふな 中fù

풀이 1. 붕어. 2. 두꺼비.

유 鯽(붕어 즉)

鮏 ⑤ 16획 비릴 성 日セイ・ソウ 中xīng

풀이 비리다. 비린내가 나다.

鮋 ⑤ 16획 ❶ 황유어 유 ❷ 연어 요 日たなご 中yǒu

풀이 ❶ 1. 황유어(黃鮋魚). 두부어(杜父魚). 둑중갯과에 속하는 바닷물고기. ❷ 2. 연어.

鮓	⑤ 16획 젓 자	日くらげ 中zhǎ

풀이 1. 젓. 생선 등을 소금에 절여 삭힌 것. 2. 해파리.

鮎	⑤ 16획 메기 점	日なまず 中nián

풀이 메기.

鮆	⑤ 16획 갈치 제	日たちうお 中jì

풀이 1. 갈치. 2. 짧다. ¶鮆窳

鮆	⑤ 16획 鮆(p1609)와 同字

鮀	⑤ 16획 모래무지 타	日すなもぐり·かまつか 中tuó

풀이 1. 모래무지. 잉엇과에 속하는 민물고기. 2. 메기.

鮐	⑤ 16획 복 태	日ふぐ 中tái

풀이 1. 복. 복어. 2. 늙은이. ¶鮐稚

鮐背(태배) 복의 등에 있는 점 무늬처럼 검버섯이 생긴 늙은이. 노인.

鮐稚(태치) 노인과 어린이. 노약(老弱).

유 鮭(복 규)

鮃	⑤ 16획 넙치 평	日ひらめ 中píng

풀이 넙치.

유 鰜(넙치 겸)

鮑	⑤ 16획 절인 어물 포	日しおから 中bào

풀이 1. 절인 어물. 소금에 절인 물고기. ¶鮑魚 2. 갖바치. 가죽을 다루는 사람. 3. 전복.

鮑肆(포사) 포어지사(鮑魚之肆)의 준말.

鮑魚(포어) 1)소금에 절인 생선. 자반. 2)전복.

鮑魚之肆(포어지사) 1)건어물(乾魚物)을 파는 상점. 2)소인배들이 모여드는 곳.

鮫	⑥ 17획 상어 교	日さめ 中jiāo

풀이 1. 상어. ¶鮫函 2. 교룡(蛟龍). 전설상의 용의 일종.

鮫魚(교어) 상어.

鮫人(교인) 사람의 얼굴에 물고기의 몸을 한 상상의 동물. 인어(人魚).

鮫函(교함) 상어 가죽으로 만든 갑옷.

유 鰭(상어 작)

鮭	⑥ 17획 ❶복 규 ❷어채 해	日ふぐ 中guī

풀이 1 1. 복. 복어. 2 2. 어채(魚菜). 생선 요리의 일종. ¶鮭菜

鮭菜(해채) 어채(魚菜).

유 鮐(복 태)

鮚	⑥ 17획 대합 길	日はまぐり 中jié

풀이 대합. 대합조개.

鮦	⑥ 17획 가물치 동	日らいぎょ 中tóng

풀이 가물치.

鮤	⑥ 17획 웅어 렬(열)	日えつ 中liè

풀이 웅어. 멸칫과에 속하는 바닷물고기.

鮤魚(열어) 웅어.

鮩	⑥ 17획 뱅어 병	日しらうお 中bìng

풀이 뱅어.

유 鱎(뱅어 교) 鮊(뱅어 백)

11 획

鮬 ⑥ 17획
❶ 납자루 보 日たなご
❷ 알젓 고 中kū, kù

풀이 1 1. 납자루. 잉엇과에 속하는 붕어 비슷한 민물고기. 2 2. 알젓.

鮝 ⑥ 17획
鯗(p1612)의 俗字

鮮 ⑥ 17획 日セン · あざやか
고울 선 中xiān, xiǎn

* 회의. 맛있는 물고기[魚]와 부드러운 양고기[羊]는 싱싱하다는 뜻에서 '곱다', '신선하다'를 뜻하게 된 글자.

풀이 1. 곱다. 산뜻하다. ¶鮮華 2. 좋다. 3. 선명하다. ¶鮮耀 4. 깨끗하다. 5. 새롭다. 새것이다. ¶鮮新 6. 날것이다. 싱싱하다. ¶鮮血 7. 날고기. 날생선. 8. 적다. 드물다. ¶鮮少 9. 다하다.

鮮車怒馬(선거노마) 아름다운 수레와 살진 말. 부유하고 호사스러움을 형용하는 말.
鮮潔(선결) 곱고 깨끗함.
鮮麗(선려) 산뜻하고 아름다움.
鮮文(선문) 고운 무늬. 산뜻한 무늬.
鮮美(선미) 곱고 아름다움.
鮮媚(선미) 1)필치(筆致)가 선명하고 아름다움. 2)경치가 아름답고 조용함.
鮮民(선민) 가난하고 부모가 없는 외로운 백성.
鮮服(선복) 아름다운 옷. 선의(鮮衣).
鮮肥(선비) 신선하고 살진 고기.
鮮殺(선살) 신선한 희생(犧牲).
鮮色(선색) 고운 빛.
鮮少(선소) 적음. 근소함. 드묾.
鮮食(선식) 1)갓 잡은 신선한 고기. 또는 그 고기를 먹음. 2)음식을 적게 먹음.
鮮飾(선식) 산뜻한 장식. 아름다운 복식(服飾).
鮮新(선신) 새로움. 신선(新鮮).
鮮魚(선어) 신선한 물고기. 생선.
鮮姸(선연) 선명하고 고움.
鮮艶(선염) 아름답고 요염함.
鮮耀(선요) 선명하게 빛남.
鮮妝(선장) 고운 단장. 아름다운 몸차림.
鮮腆(선전) 스스로 잘난 체함. 뽐냄.
鮮彩(선채) 아름다운 색채.
鮮血(선혈) 신선한 피. 선지피.
鮮好(선호) 곱고 아름다움. 선연(鮮姸).
鮮花(선화) 선명하고 고운 꽃.
鮮華(선화) 곱고 화려함.
鮮膾(선회) 신선한 회.
鮮希(선희) 적음. 드묾.

유 麗(고울 려)

鮖 ⑥ 17획
鰣(p1615)와 同字

鮟 ⑥ 17획 日あんこう · なまず
아귀 안 中ān

풀이 아귀. 아귓과에 속하는 바닷물고기. ¶鮟鱇

鮠 ⑥ 17획 日なまず
물고기 이름 외 中wéi

풀이 물고기 이름. 메기와 비슷한 민물고기.

鮪 ⑥ 17획 日まぐろ
다랑어 유 中wěi

풀이 다랑어.

鮪魚(유어) 다랑어.

鮧 ⑥ 17획
❶ 복 이 日ふぐ · なまず
❷ 메기 제 中tí

풀이 1 1. 복. 복어. 2. 생선 내장으로 담근 젓. 2 3. 메기.

鮞 ⑥ 17획 日はららご
곤이 이 中ér

풀이 1. 곤이(鯤鮞). 물고기 배 속에 있는 알. 2. 물고기 이름. ¶鮞魚.

유 鯤(곤이 곤)

鮨 ⑥ 17획
❶ 젓 지 日しおから · まぐろ
❷ 다랑어 예 中yì

11획

풀이 ❶ 1. 젓. 생선 등을 소금에 절여 삭힌 것. ❷ 2. 다랑어.

鯁	⑦ 18획	日ぶり
	방어 경	中qíng

풀이 방어(魴魚).

유 魴(방어 방)

鯁	⑦ 18획	日コウ
	생선뼈 경	中gěng

풀이 1. 생선뼈. 생선의 가시. 2. 생선뼈가 목에 걸리다. 3. 곧다. 강직하다. 4. 막다. 막히다.

鯁固(경고) 정직하고 지조가 굳음.
鯁骨(경골) 강직(剛直)한 사람. 경골(硬骨).
鯁論(경론) 강직(剛直)한 의론. 정론(正論).
鯁諤(경악) 조금도 꺼리지 않고 당당하게 말함.
鯁言(경언) 1)바른 언론. 정론(正論). 2)강직하여 굽히지 않고 바르게 말함. 또는 그 말. 직언(直言).
鯁切(경절) 강직하고 성실함.
鯁正(경정) 강직하고 바름. 경직(鯁直).
鯁直(경직) 뜻이 굳고 곧음. 경직(梗直).

鯀	⑦ 18획	日コン
	물고기 이름 곤	中gǔn

풀이 1. 물고기 이름. 2. 사람 이름. 우(禹) 임금의 아버지.

鯉	⑦ 18획	日り・こい
	잉어 리(리)	中lǐ

풀이 1. 잉어. ¶鯉魚 2. 편지. ¶鯉素

鯉素(이소) 편지. 잉어의 뱃속에서 흰 비단에 쓴 편지가 나왔다는 고사에서 온 말.
鯉魚(이어) 잉어.
鯉庭(이정) 자식이 아버지의 교훈을 받는 곳. 공자(孔子)가 그 아들 이(鯉)가 뜰을 지나갈 때, 그를 불러 세우고 시(詩)와 예(禮)를 배워야 한다고 훈계한 고사에서 온 말.

鮸	⑦ 18획	日いしもち
	민어 면	中miǎn

풀이 1. 민어. 2. 조기.

鮸魚(면어) 민어과의 바닷물고기. 참조기.

鯆	⑦ 18획	日いるか
	돌고래 부	中fū

풀이 돌고래.

鯊	⑦ 18획	日はぜ
	문절망둑 사	中shā

풀이 1. 문절망둑. 망둑엇과에 속하는 바닷물고기. 2. 상어. 3. 모래무지. 잉엇과에 속하는 민물고기.

鯊魚(사어) 모래무지. 타어(鮀魚).

鮹	⑦ 18획	日ショウ
	물고기 이름 초	中shāo

풀이 1. 물고기 이름. 꼬리가 두 갈래이며 말채찍처럼 생긴 민물고기. 2. 낙지. ¶鮹魚

鮷	⑦ 18획	日なまず
	메기 제	中tí

풀이 메기.

鯈	⑦ 18획	日はや・はららご
	피라미 조	中chóu, tiáo

풀이 피라미.

鯈魚(조어) 1)작은 물고기. 피라미. 2)괴어(怪魚)의 한 가지.

비 條(가지 조)

鮿	⑦ 18획	日ひざかな・たなご
	건어 첩	中zhé

풀이 건어(乾魚). 말리거나 절인 물고기.

鯆	⑦ 18획	日いるか
	돌고래 포	中pū

풀이 돌고래.

鯇	⑦ 18획	日コン
	산천어 혼	中huàn

풀이 산천어(山川魚). 초어(草魚).

鯇魚(혼어) 산천어(山川魚).

鯨	⑧ 19획	日ゲイ·くじら
	고래 경	中jīng

* 형성. 뜻을 나타내는 부수 '魚(물고기 어)'와 음을 나타내며 '크다'의 뜻을 가진 '京(서울 경)'을 합친 글자. '큰 물고기', '고래'의 뜻으로 쓰임.

풀이 1. 고래. ¶鯨魚 2. 고래의 수컷. 암컷은 '鯢'. ¶鯨鯢

鯨濤(경도) 큰 물결.
鯨浪(경랑) 큰 물결. 경파(鯨波).
鯨獵(경렵) 고래잡이.
鯨船(경선) 고래잡이 배.
鯨魚(경어) 1)고래. 2)당목(撞木). 치는 방망이.
鯨鯢(경예) 1)수고래와 암고래. 2)악인(惡人)의 우두머리. 3)무고하게 죽음을 당한 사람.
鯨油(경유) 고래의 지방에서 짜낸 기름.
鯨戰蝦死(경전하사) 고래 싸움에 새우 등 터진다는 뜻으로, 강자들이 다투는 틈바구니에서 약자가 화를 당함.
鯨呑(경탄) 고래가 작은 물고기를 통째로 삼킴. 즉, 강자가 약자를 병탄(倂呑)함.
鯨波(경파) 고래가 헤엄치는 데서 일어나는 물결. 큰 물결. 경도(鯨濤). 경랑(鯨浪).
鯨吼(경후) 1)고래가 큰 소리로 울. 2)종소리. 경음(鯨音).

鯝	⑧ 19획	日ずながにごい
	물고기 창자 고	中gù

풀이 1. 물고기의 창자. 2. 참마자. 잉엇과에 속하는 민물고기.

鯤	⑧ 19획	日はららご
	곤이 곤	中kūn

풀이 1. 곤이(鯤鮞) 물고기의 뱃속에 있는 알. ¶鯤鮞 2. 물고기 이름. 화(化)하면 대붕(大鵬)이 된다는 전설상의 큰 물고기.

鯤鵬(곤붕) 《장자(莊子)》에 나오는 큰 물고기와 큰 새. 아주 큰 것을 비유하는 말.
鯤鮞(곤이) 물고기의 뱃속의 알.

유 鮞(곤이 이)

鯘	⑧ 19획	日ダイ
	생선 썩을 뇌	中něi

풀이 생선이 썩다.

鯥	⑧ 19획	日むつ
	물고기 이름 륙	中líng

풀이 1. 물고기 이름. 날개가 달린 소처럼 생긴 전설상의 괴어(怪魚). 2. 게르치. 게르칫과에 속하는 바닷물고기.

鯩	⑧ 19획	日リン
	물고기 이름 륜	中lún

풀이 물고기 이름. 검은 무늬가 있고 붕어처럼 생긴 물고기.

鯪	⑧ 19획	日せんざんこう
	천산갑 릉(능)	中líng

풀이 1. 천산갑. 온몸이 비늘로 덮인 포유동물. ¶鯪鯉 2. 전설상의 괴어(怪魚) 이름.

鯪鯉(능리) 유린류(有鱗類)에 속하는 동물. 천산갑(穿山甲).
鯪魚(능어) 천산갑(穿山甲).

鯡	⑧ 19획	日はららご
	곤이 비	中fèi

풀이 1. 곤이(鯤鮞). 물고기 뱃속에 있는 알. 2. 청어. 비어(鯡魚).

鯗	⑧ 19획	日ひざかな
	건어 상	中xiǎng

풀이 건어(乾魚). 말린 물고기.

鯢	⑧ 19획	日かすみさんしょううお
	도롱뇽 예	中ní

풀이 1. 도롱뇽. 2. 고래의 암컷. 수컷은 '鯨'. 3. 잔고기. 작은 물고기.

鯢鮒(예부) 작은 물고기.
鯢鰌(예추) 잔 물고기. 소어(小魚).
鯢齒(예치) 노인의 이. 노인(老人).

鯌	⑧ 19획	日さめ
	상어 작	中cuò

풀이 상어.

유 鮫(상어 교)

鯯	⑧ 19획	日このしろ
	전어 제	中zhì

풀이 전어(錢魚).

鯛	⑧ 19획	日チョウ·たい
	도미 조	中diāo

풀이 도미.

鯖	⑧ 19획	
	❶청어 청	日さば
	❷오후정 정	中qīng, zhēng

풀이 ❶ 1. 청어. ❷ 2. 오후정(五侯鯖). 갖가지 고기와 생선을 섞어 끓인 요리.

鯫	⑧ 19획	日しらうお
	돌잉어 추	中zōu

풀이 1. 돌잉어. 2. 잡어(雜魚). ¶鯫生 3. 소견이 좁다. 어리석다.

鯫生(추생) 1)잡어(雜魚). 2)못난 사람. 3)자기를 낮추어 일컫는 말.

鯔	⑧ 19획	日ぼら·いな
	숭어 치	中zī

풀이 숭어.

鯁	⑨ 20획	日まぐろ
	다랑어 긍	中gèng

풀이 다랑어.

鰊	⑨ 20획	日レン·かど·にしん
	물고기 이름 련	中liàn

풀이 물고기 이름. 일종의 작은 물고기.

鰒	⑨ 20획	日あわび
	전복 복	中fù

풀이 전복.

鰒魚(복어) 1)전복(全鰒). 2)상어의 다른 이름.

鰓	⑨ 20획	
	❶아가미 새	日サイ·シ·えら
	❷두려워할 시	中sāi

풀이 ❶ 1. 아가미. ¶鰓骨 ❷ 2. 두려워하다. ¶鰓鰓

鰓骨(새골) 아가미의 뼈.

鰓鰓(시시) 두려워하는 모양.

鯹	⑨ 20획
	鮏(p1608)와 同字

鰐	⑨ 20획	日ガク·わに
	악어 악	中è

풀이 악어.

鰐魚(악어) 악어.

유 鱷(악어 악)

鰋	⑨ 20획	日なまず
	메기 언	中yǎn

풀이 메기.

鰋魚(언어) 메기.

유 鯷(메기 제)

鰅	⑨ 20획	日みなみあかざ
	자가사리 옹	中yú

풀이 자가사리.

鰗	⑨ 20획
	鯇(p1611)와 同字

鰂	⑨ 20획	日いか
	오징어 적	中zéi

풀이 오징어.

鯷	⑨ 20획	日なまず
	메기 제	中tí

풀이 메기.

鯷冠(제관) 메기의 가죽으로 만든 관.

鯷冠秫縫(제관출봉) 제관을 긴 바늘로 깁는다는 뜻으로, 서투른 여공(女工)을 이르는 말.

유 鰋(메기 언)

鯼	⑨ 20획 조기 종	日いしもち 中zōng

풀이 조기.

鯽	⑨ 20획 붕어 즉	日ふな · いか 中jì

풀이 붕어.

유 鮒(붕어 부)

鰌	⑨ 20획 미꾸라지 추	日どじょう 中qiū

풀이 1. 미꾸라지. 2. 밟다. 짓밟다.

鰍	⑨ 20획 鰌(p1614)와 同字

鰆	⑨ 20획 삼치 춘	日さわら 中chūn

풀이 삼치.

鰈	⑨ 20획 ❶가자미 접 ❷비늘 나란할 삽	日かれい · たなご 中dié

풀이 ■1 1. 가자미. ■2 2. 비늘이 나란한 모양.

鯾	⑨ 20획 방어 편	日ぶり 中biān

풀이 방어(魴魚).

鯿	⑨ 20획 鯾(p1614)와 同字

鰕	⑨ 20획 새우 하	日カ · えび 中hā, xiā

풀이 새우.

유 蝦(새우 하)

鰉	⑨ 20획 철갑상어 황	日ちょうざめ · からちょうざめ 中huáng

풀이 철갑상어. 용상어.

鯸	⑨ 20획 복 후	日ふぐ 中hóu

풀이 복. 복어.

鯸鮧(후이) 복. 하돈(河豚)의 다른 이름.

鰬	⑩ 21획 두렁허리 건	日たうなぎ 中qián

풀이 두렁허리.

鰜	⑩ 21획 넙치 겸	日ひらめ · かれい 中jiān

풀이 1. 넙치. 가자미. 2. 청어(青魚).

유 鮃(넙치 평)

鰭	⑩ 21획 지느러미 기	日キ · ひれ 中qí

풀이 지느러미.

鰭狀(기상) 지느러미 같은 형상.

螣	⑩ 21획 쑤기미 등	日おこぜ 中téng

풀이 쑤기미. 쑥칫과에 속하는 바닷물고기.

鰟	⑩ 21획 魴(p1608)과 同字

鰤	⑩ 21획 노어 사	日シ · ぶり 中shī

풀이 노어(老魚).

鰣 ⑩21획 日ひら
준치 시 中shí

풀이 준치.

鰦 ⑩21획
漁(p766)와 同字

鰞 ⑩21획 日いか
오징어 오 中wū

풀이 오징어.

유 鰂(오징어 즉)

鰩 ⑩21획 日とびうお
날치 요 中yáo

풀이 날치.

鰫 ⑩21획 日このしろ
물고기 이름 용 中yóng

풀이 1. 물고기 이름. 2. 전어(錢魚). 3. 전설상의 괴어(怪魚) 이름.

鰨 ⑩21획 日かれい
도롱뇽 탑 中dié, tǎ

풀이 1. 도롱뇽. 2. 가자미. 넙치.

鰥 ⑩21획 日カン・やもめ
물고기 이름 환 中guān

풀이 1. 물고기 이름. 항상 근심으로 잠을 자지 못한다는 전설상의 큰 민물고기. 2. 홀아비. 늙어서 아내 없이 혼자 사는 남자. ¶鰥居 3. 병들다. 4. 근심으로 잠을 못 이루는 모양.

鰥居(환거) 늙어서 아내가 없이 홀로 삶. 홀아비. 환처(鰥處).
鰥寡孤獨(환과고독) 홀아비와 과부와 고아와 늙어서 자식이 없는 사람.
鰥釐(환리) 홀아비와 홀어미.
鰥民(환민) 늙고 아내가 없는 백성.
鰥夫(환부) 홀아비.
鰥鰥(환환) 근심으로 잠이 오지 않는 모양.

鰹 ⑪22획 日らいぎょ
가물치 견 中jiān

풀이 가물치.

鰺 ⑪22획
鱢(p1614)과 同字

鰱 ⑪22획 日さけ
연어 련 中lián

풀이 연어.

유 鱮(연어 서)

鰻 ⑪22획 日マン・うなぎ
뱀장어 만 中mán

풀이 뱀장어.

유 鱺(뱀장어 리)

鰰 ⑪22획 日シン・らなぎ
꼬리 길 신 中shēn

풀이 꼬리가 길다. 생선의 꼬리가 긴 모양.

鰲 ⑪22획
鼇(p1653)의 俗字

鱅 ⑪22획 日このしろ
전어 용 中yōng

풀이 1. 전어(錢魚). 청어과에 속하는 바닷물고기. 2. 전설상의 괴어(怪魚) 이름.

유 鰶(전어 제)

鰿 ⑪22획 日ふな
붕어 적 中jī

풀이 붕어.

유 鮒(붕어 부) 鯽(붕어 즉)

11획

鱄 ⑪ 22획
❶전어 전 日セン
❷물고기 이름 단 中zhuān, tuán

풀이 ■1 1. 전어(鱄魚). 중국 동정호(洞庭湖)에서 나는 물고기. ■2 2. 물고기 이름. 전설상의 괴어(怪魚).

鰶 ⑪ 22획 日このしろ
전어 제 中jì

풀이 전어(錢魚).
유 鱅(전어 용)

鱁 ⑪ 22획 日チク
창난젓 축 中zhú

풀이 창난젓. 생선의 창자로 담근 젓.

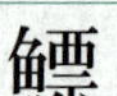
鰾 ⑪ 22획 日ふえ
부레 표 中biào

풀이 부레.
鰾膠(표교) 부레풀. 어교(魚膠).

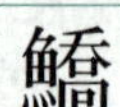
鱎 ⑫ 23획 日しらうお
뱅어 교 中jiǎo

풀이 뱅어.
비 矯(바로잡을 교)

鱖 ⑫ 23획 日こうらいけつぎょ
쏘가리 궐·궤 中guì

풀이 쏘가리.
鱖魚(궐어) 쏘가리.
鱖鯞(궐추) 납자루.

鱗 ⑫ 23획 日リン·うろこ
비늘 린(인) 中lín

풀이 1. 비늘. ¶鱗甲 2. 비늘이 있는 동물. 물고기.
鱗甲(인갑) 1)비늘과 껍데기. 2)어패류(魚貝類). 3)비늘 모양의 굳은 껍질. 거북·악어 등의 각질(角質)의 껍데기. 4)마음속에 모가 나 있음을 비유하는 말.
鱗介(인개) 어류와 패류. 어패류(魚貝類).
鱗鱗(인린) 1)시종(侍從)하는 모양. 인린(鄰鄰). 2)비늘같이 빛나고 고운 모양.
鱗毛(인모) 물고기와 짐승.
鱗比(인비) 비늘처럼 정연히 늘어섬.
鱗眴(인순) 끝이 없음. 궁전의 계단이 높고 가파른 모양을 이르는 말.
鱗羽(인우) 어류(魚類)와 조류(鳥類).
鱗集(인집) 비늘처럼 많이 줄을 이어 모임.
鱗鴻(인홍) 편지. 이소(鯉素)와 안백(雁帛)의 고사에서 온 말.

鱍 ⑫ 23획 日ハツ
헤엄칠 발 中bō

풀이 1. 헤엄치다. 물고기가 생기있게 헤엄치는 모양. 2. 물고기 꼬리가 긴 모양. 3. 물고기가 꼬리를 치다.

鱉 ⑫ 23획
鼈(p1653)과 同字

鱓 ⑫ 23획 日セン·うつぼ·たうなぎ
드렁허리 선 中shàn

풀이 드렁허리. 드렁허릿과에 속하는 민물고기.

鱔 ⑫ 23획
鱓(p1616)의 俗字

鱘 ⑫ 23획 日ジン·ちょうざめ
철갑상어 심 中xún

풀이 1. 철갑상어. 2. 다랑어.

鱏 ⑫ 23획 日シン
철갑상어 심 中xún

풀이 철갑상어.

鱣 ⑫ 23획 日かたくちいわし·ひしこ
물고기 이름 잔 中zhàn

풀이 물고기 이름.

鱒 ⑫ 23획 日ソン · ます
송어 준 中zūn

풀이 송어(松魚).

鱒魚(준어) 송어(松魚)의 다른 이름.

鰖 ⑫ 23획 日タ · うねのこ
물고기 새끼 타 中duò

풀이 1. 물고기 새끼. 치어(稚魚). 2. 게의 새끼. 3. 물고기의 비늘을 벗기다.

鱷 ⑬ 24획
鯨(p1612)과 同字

鱧 ⑬ 24획 日レイ · らいぎょ · はも
가물치 례 中lǐ

풀이 가물치.

鱔 ⑬ 24획 日いるか
돌고래 보 中pū

풀이 돌고래. 바다에서 강(江)으로 거슬어 올라간 돌고래를 뜻함.

鱢 ⑬ 24획 日ソウ
비릴 소 中sāo

풀이 비리다. 비린내.

鱐 ⑬ 24획 日ひざかな
건어 숙 · 수 中sù

풀이 건어(乾魚). 말린 생선.

鱦 ⑬ 24획 日ジョウ
물고기 새끼 승 中shéng

풀이 물고기 새끼.

鱥 ⑬ 24획
鱖(p1613)과 同字

鱣 ⑬ 24획 日からちょうざめ · たうなぎ · うなぎ
❶ 철갑상어 전
❷ 드렁허리 선 中shàn, zhān

풀이 ❶ 1. 철갑상어. ❷ 2. 드렁허리. 드렁허릿과에 속하는 민물고기.

鱣堂(선당) 강의를 하는 곳. 강당(講堂). 교실.
鱣序(선서) 학교(學校).

鱞 ⑬ 24획
鰥(p1615)과 同字

鱠 ⑬ 24획 日カイ · なます
회 회 中kuài

풀이 회. 생선회.

鱟 ⑬ 24획 日かぶとがに
참게 후 中hòu

풀이 1. 참게. 2. 무지개.

鱨 ⑭ 25획 日みなみあかざ
자가사리 상 中cháng

풀이 자가사리. 동자갯과에 속하는 민물고기.

鱮 ⑭ 25획 日さけ
연어 서 中xù

풀이 연어.

유 鰱(연어 련)

鱭 ⑭ 25획
鮆(p1609)와 同字

鱲 ⑮ 26획 日リョウ
물고기 이름 렵 中liè

풀이 물고기 이름.

鱴 ⑮ 26획 日えつ
웅어 멸 中miè

11 획

풀이 웅어.

鱴刀(멸도) 1)대합조개의 한 가지. 2)웅어. 도어(魛魚).

鱴魛(멸도) 멸도(鱴刀).

鱶
⑮ 26획
鯗(p1612)과 同字

鱭
⑮ 26획 日たなご
납자루 절 中jié

풀이 납자루. 잉엇과에 속하는 민물고기.

비 櫛(빗 즐)

鱵
⑮ 26획 日さより
공미리 침 中zhēn

풀이 공미리. 학꽁치. 학꽁칫과에 속하는 바닷물고기.

鱸
⑯ 27획 日すずき
농어 로 中lú

풀이 농어.

鱷
⑯ 27획 日わに
악어 악 中è

풀이 악어.

鱷魚(악어) 파충류과에 속하는 동물. 열대 지방의 물가에 살며 생김새가 도매뱀과 비슷하나 몸이 훨씬 크고 이빨이 날카로워 사람을 해침.

유 鰐(악어 악)

鱹
⑱ 29획 日カン
사람이름 관 中guàn

풀이 사람 이름.

鱺
⑲ 30획
❶뱀장어 리 日うなぎ·らいぎょ
❷가물치 례 中lí

풀이 1 1. 뱀장어. 2 2. 가물치.

유 鰻(뱀장어 만)

鱻
㉒ 33획
❶생선 선 日セン
❷적을 선 中xiān

풀이 1 1. 생선. 선어(鮮魚). 2 2. 적다. 드물다.

鳥부

鳥 새 조 部

'鳥' 자는 깃이 풍부한 새를 옆에서 본 모양으로 머리와 발, 꼬리 등을 나타내어, 하나의 '새'를 뜻한다. 또는 두 날개와 두 발을 지닌 동물을 총칭하기도 한다. 이 글자를 부수로 갖는 글자는 새와 관련이 된다.

⓪ 11획
❶새 조 日チョウ·とり
❷땅 이름 작 中niǎo, diǎo
❸섬 도

´ ㇀ 户 户 户 鳥 鳥 鳥 鳥 鳥 鳥

*상형. 새의 모양을 본뜬 글자.

풀이 1 1. 새. ¶鳥銃 2. 벼슬 이름. 2 3. 땅 이름. 3 4. 섬.

鳥瞰圖(조감도) 높은 곳에서 아래로 내려다본 상태로 그린 지도. 또는 풍경화.

鳥獸(조수) 새와 짐승. 금수(禽獸).

鳥迹(조적) 새 발자국. 창힐(蒼頡)이 새 발자국을 보고 처음으로 문자를 만들었다는 고사에서, 문자를 일컬음.

鳥銃(조총) 1)새를 쏘는 총. 새총. 2)소총. 엽총.

鳥喙(조훼) 1)새의 부리. 새의 주둥아리. 2)별 이름.

文鳥(문조) 참샛과에 속한 애완용 새.

益鳥(익조) 사람에게 유익한 새.

海鳥(해조) 바다에서 물고기 등을 잡아먹고 사는 새. 바닷새.

비 烏(까마귀 오) 島(섬 도)

鳦
① 12획 日イツ·つばめ
제비 을 中yǐ

풀이 제비.

유 燕(제비 연)

鳩

② 13획 日キュウ・く・はと
비둘기 구 中jiū

* 형성. 뜻을 나타내는 부수 '鳥(새 조)'와 음을 나타내는 '九(아홉 구)'를 합친 글자.

풀이 1. 비둘기. ¶鳩杖 2. 모이다. ¶鳩財 3. 안정되다.

鳩居鵲巢(구거작소) 1)비둘기가 까치의 둥우리에 들어 삶. 곧, 아내가 남편의 집에 들어가는 것을 비유하는 말. 2)남의 집을 빌려 삶을 비유하는 말.

鳩斂(구렴) 1)조세(租稅)를 징수함. 2)조세를 가혹하여 거두어 들임.

鳩尾(구미) 명치. 명문(命門).

鳩率(구솔) 규합(糾合)하여 거느림.

鳩首(구수) 서로 머리를 맞대고 모음. 여러 사람이 머리를 맞대고 의논함.

鳩杖(구장) 1)비둘기 모양을 머리에 새긴 노인의 지팡이. 2)머리에 비둘기 형상을 새긴 노인(老人)이 쓰는 젓가락.

鳩財(구재) 돈이나 재물을 거두어 모음.

鳩集(구집) 한데 모음. 수집(蒐集).

鳩便(구편) 전서구(傳書鳩)에 의한 통신.

鳩合(구합) 모음. 또는 모임. 구집(鳩集).

鳧

② 13획 日フ・かも・けり
오리 부 中fú

풀이 오리.

鳧鷗(부구) 물오리와 갈매기.

鳧鴨(부압) 물오리와 집오리. 오리의 총칭.

鳧燕難明(부연난명) 물오리와 제비를 분간하기 어려움. 즉, 그 진실을 분간하기 어려움을 비유하는 말.

鳧翁(부옹) 1)물오리의 수컷. 2)물오리의 목에 난 털.

鳧藻(부조) 몹시 기뻐서 떠들어댐.

鳧趨(부추) 1)물오리가 뒤뚱거리며 걷듯이 일의 진척이 더딤. 2)춤을 추듯 몸을 좌우로 흔듦.

鳧趨雀躍(부추작약) 기뻐서 덩실덩실 춤을 추는 일.

鳱

③ 14획
❶까치 간 日かささぎ・かり
❷기러기 안 ・にほんやまごうもり
❸산박쥐 한 中gān, yàn, hàn

풀이 ❶ 1. 까치. ❷ 2. 기러기. ❸ 3. 산박쥐.

鳴

③ 14획 日メイ・ミョウ・なく
울 명 中míng

* 회의. '鳥(새 조)'는 여기서는 수탉으로, 수탉이 입(口)으로 소리를 냄, 곧 수탉이 우는 것을 나타냄.

풀이 1. 울다. 새나 짐승이 울다. ¶鳴嚶 2. 울리다. 소리가 나다. 소리를 내게 하다. ¶鳴鐘 3. 명성을 떨치다. 4. 새가 짝을 부르다.

鳴珂里(명가리) 1)귀인이 사는 마을. 2)남의 향리(鄕里)의 높임말.

鳴謙(명겸) 겸허한 덕(德)이 외모에 나타남.

鳴鼓(명고) 1)북. 2)북을 울림. 3)죄(罪)를 꾸짖어 몰아세움.

鳴管(명관) 1)관(管)을 울림. 2)울대. 조류(鳥類)의 발성 기관.

鳴琴(명금) 거문고, 또는 거문고를 탐.

鳴禽類(명금류) 고운 목소리로 아름답게 우는 새.

鳴動(명동) 산악(山岳)·가옥(家屋) 등이 울리어 진동함.

鳴絲(명사) 거문고의 다른 이름.

鳴謝(명사) 깊이 사례함.

鳴軋(명알) 삐걱거리는 소리.

鳴籥(명약) 피리.

鳴笛(명적) 피리, 또는 피리를 붊.

鳴箭(명전) 쏘면 바람을 받아 울도록 만든 화살. 우는살. 명적(鳴鏑).

鳴蜩(명조) 우는 쓰르라미.

鳴鐘(명종) 종을 쳐서 울림. 또는 종 소리.

鳴騶(명추) 귀인(貴人)들이 탄 거마(車馬)가 출행(出行)하는 소리.

鳴鞭(명편) 1)채찍을 휘두름. 2)의장용(儀仗用)의 채찍. 이를 휘둘러서 소리를 내어 사람들을 조용하게 하던 것. 정편(靜鞭).

鳴吠(명폐) 1)닭 울음소리와 개가 짖는 소리. 2)하찮은 기예(技藝).

鳴絃(명현) 거문고를 탐.

鳴弦(명현) 활시위를 울림.

鳴號(명호) 울부짖음. 호규(號叫).

鳴吼(명후) 새와 짐승이 큰 소리로 울부짖음.

비 嗚(탄식할 오)

③ 14획 日ホウ・おおとり
봉황 봉 中fèng

11획

鳳 鳳

* 형성. 뜻을 나타내는 부수 '鳥(새 조)'와 '크다'는 뜻을 가진 '凡(무릇 범)'으로 이루어진 글자. '큰 새', '봉황'을 나타냄.

풀이 봉황새. 성인(聖人)이 세상에 나오면 나타난다고 하는 상서로운 새로 오색의 깃털을 하고, 그 소리는 '五音'에 맞으며, 수컷을 '鳳', 암컷을 '凰'이라 한다.

鳳駕(봉가) 1)천자(天子)가 타는 수레. 봉여(鳳輿). 2)선인(仙人)의 수레.
鳳閣(봉각) 1)화려한 누각. 2)고관(高官).
鳳蓋(봉개) 1)천자(天子)가 타는 수레 덮개. 2)천자의 승여(乘輿).
鳳車(봉거) 1)임금의 수레. 2)선인(仙人)의 수레. 3)범나비의 다른 이름.
鳳擧(봉거) 1)사신(使臣)이 명을 받고 먼 길을 떠남. 2)퇴관(退官)하여 먼 곳에 은거함. 3)사방으로 위세(威勢)를 떨침. 4)올라감. 승진(昇進)함. 5)춤추는 모습의 형용.
鳳闕(봉궐) 궁성(宮城). 또는 궁성(宮城)의 문.
鳳德(봉덕) 성인 군자의 거룩한 덕.
鳳鸞(봉란) 봉황새와 난새.
鳳曆(봉력) 책력(冊曆). 달력.
鳳樓(봉루) 1)아름다운 누각(樓閣). 2)부녀가 거처하는 누각.
鳳麟(봉린) 1)봉황과 기린. 2)재능이 뛰어난 젊은이.
鳳鳴(봉명) 1)봉황의 울음소리. 2)훌륭한 말.
鳳毛(봉모) 1)봉황의 털. 2)뛰어난 문재(文才)의 비유. 3)뛰어난 풍채(風采).
鳳尾(봉미) 1)봉의 꼬리. 2)빼어나고 아름다운 것의 여향(餘香)·여파(餘波).
鳳翔(봉상) 1)봉황이 날아 오름. 2)위세(威勢)를 떨침.
鳳聲(봉성) 1)봉황의 울음소리. 2)남에게 부탁하는 전언(傳言)에 대한 편지의 용어.
鳳掖(봉액) 태자(太子)의 궁정(中庭).
鳳友(봉우) 공작(孔雀)의 다른 이름.
鳳友鸞交(봉우난교) 남녀간의 정교(情交).
鳳苑(봉원) 대궐 안의 동산. 비원(祕苑).
鳳吟(봉음) 1)봉황이 노래함. 2)아름답고 청아한 소리.
鳳姿(봉자) 1)봉새의 모습. 2)품위 있는 자태.
鳳藻(봉조) 아름다운 글. 훌륭한 문장.
鳳雛(봉추) 1)봉황의 새끼. 2)뛰어나게 현명한 아이. 봉아(鳳兒). 기린아(麒麟兒). 3)아직 세상에 알려지지 않은 영재(英才).
鳳穴(봉혈) 문재(文才)에 뛰어난 사람들이 모여 있는 곳.

鳳凰于飛(봉황우비) 1)한 쌍의 봉황이 서로 짝지어 날듯이, 부부가 서로 화목함. 2)남의 혼인을 축하하는 말.

③ 14획 뻐꾸기 시 日 かっこう·よぶこどり 中 shī

풀이 뻐꾸기.
鳲鳩(시구) 뻐꾸기.
유 鵴(뻐꾸기 국)

③ 14획 솔개 연 日 エン·とび 中 yuān

풀이 1. 솔개. 매과에 딸린 맹금(猛禽)의 하나. ¶鳶肩豺目 2. 연. 공중에 날리는 장난감.
鳶肩(연견) 위로 추어올린 어깨.
鳶肩豺目(연견시목) 솔개와 승냥이처럼 위세를 떨치는 간악한 무리.

④ 15획 때까치 격 日 けき·げき·もず 中 jué

풀이 때까치.
鴃舌(격설) 때까치가 떠드는 소리처럼 도무지 알아들을 수 없는 이민족의 말.

④ 15획 ❶ 뱁새 결 ❷ 접동새 계 日 たうまえなが·ほととぎす 中 jué, guī

풀이 ❶ 1. 뱁새. ❷ 2. 접동새. 두견이.

鴎 ④ 15획 鷗(p1631)의 俗字

鴌 ④ 15획 ❶ 성 궉 ❷ 봉새 봉 日 ホウ·おおとり 中 fèng

풀이 ❶ 1. 성씨(姓氏). ❷ 2. 봉새. 鳳의 古字.

鴇 ④ 15획 능에 보 日 ホウ·とき 中 bǎo

풀이 1. 능에. 너새. 너샛과에 속하는 새. 2. 창부. 늙은 기생. 3. 오총이. 흰 털이 섞인 검은 말.

鳺	④ 15획	日フ · やつがしら
	오디새 부	中fǒu

풀이 오디새.

鳻	④ 15획	日ぶっぽうそう
	❶ 파랑새 분	· かっこう
	❷ 뻐꾸기 반	中bān, fén

풀이 ❶ 1. 파랑새. 길조로 여기는 새. 2. 새가 군집한 모양. 또는 무리지어 날아가는 모양. ❷ 3. 뻐꾸기.

鴉	④ 15획	日ア · からす
	갈까마귀 아	中yā

풀이 1. 갈까마귀. ¶鴉羣 2. 색이 검다. ¶鴉鬢

鴉羣(아군) 1)갈까마귀 떼. 2)질서가 문란하고 훈련되지 않은 군대.

鴉鬢(아빈) 여자의 검은 머리의 형용.

鴉軋(아알) 1)녹로(轆轤)가 돌아가는 소리. 2)노젓는 소리. 3)문 여닫는 소리.

鴉陣(아진) 1)날아가는 갈까마귀 떼. 2)새가 줄지어 나는 모양.

鴉鬟(아환) 1)쌍상투. 2)검은 머리. 3)계집종.

鴉黃(아황) 부인이 사용하는 눈썹 화장용 분.

鴈	④ 15획	日ガン · かり
	기러기 안	中yàn

풀이 1. 기러기. 2. 거위. 3. 가짜.

유 雁(기러기 안)

鴔	④ 15획	日シ · はいたか
	새매 지	中zhī

풀이 1. 새매. 매과에 속하는 새. 2. 누대(樓臺)의 이름.

鴆	④ 15획	日チン
	짐새 짐	中zhèn

풀이 1. 짐새. 중국 광둥에 살며 독사를 잡아 먹어 몸에 독을 가지고 있다는 새. 2. 독주(毒酒)의 이름. 술에 짐새의 깃을 담근 것으로 독살(毒殺)할 때 쓰임. ¶鴆殺

鴆毒(짐독) 1)짐새의 깃을 술에 담가서 우려낸 독. 2)해독(害毒)만을 끼치는 사람.

鴆殺(짐살) 짐주(鴆酒)를 마시게 하여 죽임. 독살(毒殺)함.

鴆鳥(짐조) 온몸에 독을 품고 있다는 새.

鳸	④ 15획	日ぶっぽうそう · うずら
	파랑새 호	中hù

풀이 1. 파랑새. 2. 메추라기. 3. 통새. 참새과에 딸린 새.

鴐	⑤ 16획	日カ · がちょう
	거위 가	中gé

풀이 거위.

유 鵝(거위 아)

鴣	⑤ 16획	日コウ · しゃこ
	자고 고	中gū

풀이 자고. 꿩과에 속하는 메추라기와 비슷한 새.

鴝	⑤ 16획	
	❶ 구관조 구	日ク · きゅうかんちょう
	❷ 꿩 울 구	中qú, gòu

풀이 ❶ 1. 구관조(九官鳥). ¶鴝鵒 2. 부엉이. ❷ 3. 꿩이 울다.

鴝鵒(구욕) 구관조(九官鳥). 구욕새.

鴝鵒眼(구욕안) 단계연(端溪硯)의 돌 위에 있는 둥근 반점(班點).

鴠	⑤ 16획	日にほんやまごうもり
	산박쥐 단	中dàn

풀이 산박쥐.

鴒	⑤ 16획	日レイ · せきれい
	할미새 령	中líng

풀이 할미새.

鴘	⑤ 16획
	鶡(p1625)와 同字

11획

鴘 ⑤ 16획 매 변 日ベン·たか 中biǎn

풀이 매.

鴨 ⑤ 16획 오리 압 日オウ·かも 中yā

풀이 오리.

鴨脚樹(압각수) 은행나무의 다른 이름.

鴨頭(압두) 1)오리의 머리. 2)녹색(綠色).

鴨黃(압황) 오리 새끼.

鴦 ⑤ 16획 원앙 앙 日オウ·ヨウ·おしどり 中yāng

풀이 원앙. 원앙새의 암컷. ¶鴛鴦

鴦衾(앙금) 아름다운 비단.

유 鴛(원앙 원)

鴛 ⑤ 16획 원앙 원 日エン·オン·おしどり 中yuān

풀이 원앙. 원앙새의 수컷. ¶鴛鴦

鴛侶(원려) 1)사환(仕宦)의 동료(同僚). 2)원앙의 자웅. 3)부부.

鴛鷺(원로) 1)원앙새와 해오라기. 2)관리의 지위의 차서(次序).

鴛鴦(원앙) 1)물오리과의 새. 원앙새. 2)화목한 부부(夫婦).

鴛鴦衾(원앙금) 1)원앙을 수놓은 이불. 2)부부가 덮는 이불.

鴛鴦枕(원앙침) 1)원앙을 수놓은 베개. 2)부부가 베는 베개.

유 鴦(원앙 앙)

鴡 ⑤ 16획 물수리 저 日テイ·みさご 中jū

풀이 물수리.

鴊 ⑤ 16획 ❶매 정 ❷닭 정 日テオ·たか·とり 中zhèng

풀이 ❶ 1. 매. ❷ 2. 닭.

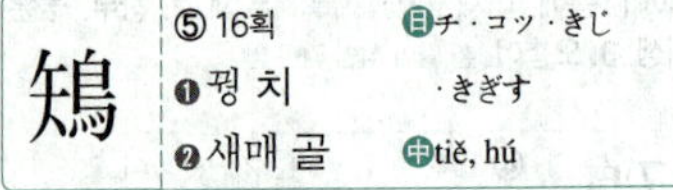

鴩 ⑤ 16획 ❶꿩 치 ❷새매 골 日チ·コツ·きじ·きぎす 中tiě, hú

풀이 ❶ 1. 꿩. ❷ 2. 새매.

유 雉(꿩 치)

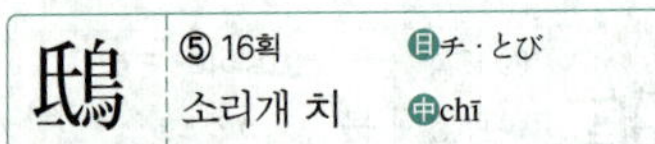

鴟 ⑤ 16획 소리개 치 日チ·とび 中chī

* 형성. 뜻을 나타내는 부수 '鳥(새 조)'와 음을 나타내는 '氐(근본 저)'를 합친 글자.

풀이 1. 올빼미. ¶鴟目 2. 솔개. 수릿과에 속하는 새. 3. 술단지. 술그릇.

鴟目虎吻(치목호문) 올빼미의 눈과 범의 입술이란 뜻으로, 탐욕스러운 용모를 비유하는 말.

鴟義(치의) 위세를 부려 방자함을 의(義)라고 생각하는 사람을 이름. 옳지 못한 의(義).

鴟張(치장) 올빼미가 날개를 활짝 편 것처럼 위세를 부리고 방자함.

鴟梟(치효) 1)올빼미. 2)간악(奸惡)한 사람.

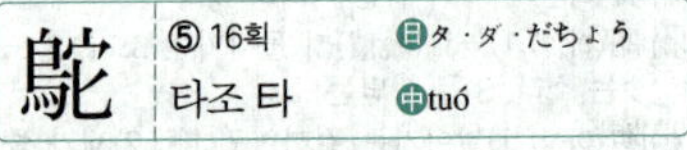

鴕 ⑤ 16획 타조 타 日タ·ダ·だちょう 中tuó

풀이 타조.

鴞 ⑤ 16획 부엉이 효 日ヒョウ·みみずく 中xiāo

풀이 1. 부엉이. ¶鴞炙 2. 수리부엉이. 3. 짐승 이름. 사람의 얼굴에 범의 이빨을 가졌고 양과 같은 몸에 소리는 어린애와 같다는 상상의 짐승.

鴞音(효음) 흉포(凶暴)한 사람.

鴞炙(효자) 1)부엉이 구이. 2)맛좋은 음식. 사치스러운 음식.

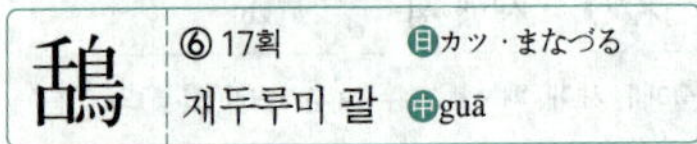

鴰 ⑥ 17획 재두루미 괄 日カツ·まなづる 中guā

풀이 1. 재두루미. 2. 새 이름.

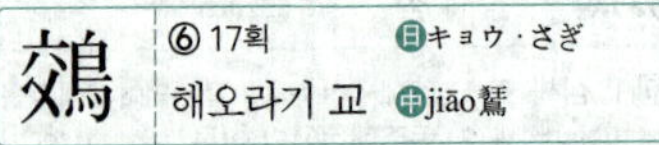

鵁 ⑥ 17획 해오라기 교 日キョウ·さぎ 中jiāo 鷮

풀이 해오라기. 백로(白鷺).

鵁鶄(교청) 백로과의 푸른 새. 푸른 백로.

鵉
⑥ 17획
鸞(p1635)의 俗字

鴾
⑥ 17획
세가락 메추라기 모
日ボウ
中móu

풀이 세가락메추라기. 메추라기과에 딸린 새.

鵕
⑥ 17획
새매 숭
日シュウ
中sōng

풀이 새매.

鴹
⑥ 17획
❶외발새 양 ❷날 상
日ヨウ·ショウ
中xiáng, yáng

풀이 ❶ 1. 외발새. ❷ 2. 날다. 날아오르다.

鴽
⑥ 17획
세가락 메추라기 여
日ジョ
中rú

풀이 세가락메추라기.

鳶
⑥ 17획
❶소리개 연 ❷물수리 악
日エン·アク·とび·みさご
中yuān, è

풀이 ❶ 1. 소리개. ❷ 2. 물수리.

鴮
⑥ 17획
사다새 오
日ゴ·ペリカン·がらんちょう
中wū

풀이 사다새.

鳶
⑥ 17획
소리개 원
日エン·とび
中yuān

풀이 소리개.

鴯
⑥ 17획
제비 이
日イ·つばめ
中ér

풀이 제비.

鵀
⑥ 17획
오디새 임
日イン·やつがしら
中rén

풀이 오디새.

鵜
⑥ 17획
❶사다새 제 ❷날다람쥐 이
日ペリカン·がらんちょう
中tí, yí

풀이 ❶ 1. 사다새. 2. 꿩. ❷ 3. 날다람쥐.

鵡
⑥ 17획
비오리 척
日テキ·かわあいさ
中chì

풀이 비오리. 자원앙(紫鴛鴦). 오리과에 속하는 새.

鵊
⑥ 17획
鴡(p1622)와 同字

鴿
⑥ 17획
집비둘기 합
日コウ·どばと·はと
中gē

풀이 집비둘기.

유 鵓(집비둘기 발)

鴴
⑥ 17획
참새 행
日ギョウ·すずめ
中hēng

풀이 참새.

유 雀(참새 작)

鴻
⑥ 17획
❶큰기러기 홍 ❷원기 홍
日コウ·おおとり·ひしくい
中hóng, hòng

丶 冫 氵 氵 汀 沪 沪 泸 泸 泸 泸 鸿 鸿 鴻 鴻 鴻 鴻

* 형성. 뜻을 나타내는 부수 鳥(새 조새)와 '크다'의 뜻을 가지는 江(강 강)으로 이루어진 글자. 큰 물(江) 새(鳥)라는 뜻으로, 즉 '큰기러기'를 나타냄.

풀이 ❶ 1. 큰기러기. ¶鴻鵠 2. 크다. 흥(興)하다. ¶鴻水 3. 굳세다. ❷ 4. 원기(元氣). 기운.

鴻鵠(홍곡) 1)큰기러기와 고니. 큰 새. 2)큰 인물, 또는 영웅호걸.

鴻敎(홍교) 큰 가르침.

鴻規(홍규) 큰 계략. 홍규(洪規).

鴻均(홍균) 세상이 잘 다스려짐. 천하가 태평함.

鴻德(홍덕) 큰 덕. 대덕(大德).

鴻圖(홍도) 1)큰 계획. 홍유(鴻猷). 홍모(鴻謨). 2)큰 판도(版圖). 넓은 영토.

澒洞(홍동) 1)크고 텅 빈 모양. 2)연이어서 끝이 없는 모양. 3)깊고 먼 모양.

鴻謨(홍모) 홍도(鴻圖).

鴻濛(홍몽) 1)천지자연의 원기. 2)광대한 모양. 천지가 아직 나누어지기 이전의 상태. 3)동방(東方)의 들. 해 뜨는 곳.

鴻博(홍박) 학문이 넓고 깊음.

鴻範(홍범) 큰 규범.

鴻寶(홍보) 큰 보배.

鴻飛(홍비) 1)큰 기러기가 낢. 2)속세를 벗어나 초연(超然)함.

鴻生(홍생) 박학(博學)의 선비.

鴻緖(홍서) 왕자(王者)의 국가 통치의 대업. 또는 제왕(帝王)의 계통(系統).

鴻瑞(홍서) 크게 복되고 길한 일이 일어날 조짐.

鴻水(홍수) 큰 물. 홍수(洪水).

鴻業(홍업) 큰 사업. 임금의 통치의 대업.

鴻恩(홍은) 큰 은혜. 홍은(洪恩).

鴻益(홍익) 큰 이득. 큰 이익. 홍익(洪益).

鴻翼(홍익) 1)큰기러기의 날개. 2)수완이 좋음.

鴻逸(홍일) 세상을 피하여 숨음. 은둔함.

鴻漸(홍점) 차례를 따라 벼슬이 점차 올라감.

鴻志(홍지) 큰 뜻. 대지(大志).

鴻筆(홍필) 뛰어난 문장을 씀. 또는 그 문장.

鴻荒(홍황) 태고(太古). 황고(荒古).

鴻禧(홍희) 큰 행복. 경복(景福).

鵂	⑥ 17획 수리부엉이 휴	日キュウ·みみずく 中xiū

풀이 수리부엉이.

鵙	⑦ 18획 때까치 격	日ケキ·もず 中jú

풀이 때까치.

鵑	⑦ 18획 두견이 견	日ケン·ほととぎす 中juān

풀이 1. 두견이. 접동새. 소쩍새. ¶鵑血滿胸 2. 진달래.

鵑血滿胸(견혈만흉) 두견이가 피를 토하여 가슴에 가득하다는 뜻으로, 사모하는 마음이 간절함을 이르는 말.

鵑花(견화) 두견화(杜鵑花). 척촉(躑躅).

鵊	⑦ 18획 접동새 겹	日ケッ·ほととぎす 中jiá

풀이 접동새. 두견이. 자규(子規).

鵠	⑦ 18획 ❶고니 곡 ❷과녁 곡 ❸클 호	日コク·くぐい·はくちょう 中hù, gǔ

* 형성. 뜻을 나타내는 부수 '鳥(새 조)'와 음을 나타내는 '告(알릴 고)'를 합친 글자.

풀이 ❶ 1. 고니. 백조(白鳥). ¶鵠侍 2. 희다. 희게 하다. ¶鵠袍 ❷ 3. 과녁. ¶鵠的 ❸ 4. 크다.

鵠擧(곡거) 고니가 높이 날아오름.

鵠鵠(곡곡) 고니의 우는 소리의 형용.

鵠企(곡기) 고니와 같이 목을 길게 늘이고 발돋움하여 기다림. 곡망(鵠望). 곡립(鵠立).

鵠立(곡립) 1)목이 빠지도록 몹시 기다리는 모습. 곡기(鵠企). 학기(鶴企). 2)순서 바르게 늘어섬.

鵠望(곡망) 발돋움하여 기다림.

鵠面(곡면) 고니 비슷한 얼굴. 굶주려 수척해진 얼굴.

鵠髮(곡발) 백발(白髮). 학발(鶴髮).

鵠侍(곡시) 꼿꼿이 곁에 서서 모심.

鵠的(곡적) 과녁. 정곡(正鵠).

鵠志(곡지) 원대한 포부.

鵠袍(곡포) 흰 솜옷. 흰 핫옷. 백포(白袍).

鵠形(곡형) 굶주린 사람.

鵟	⑦ 18획 수리부엉이 광	日コウ·みみずく 中kuáng

풀이 수리부엉이. 올빼미과에 딸린 새.

11획

유 鵸(수리부엉이 기)

鵋	⑦ 18획	日キ · みみずく
	부엉이 기	中jì

풀이 부엉이.

鵚	⑦ 18획	日トク · はげこう
	무수리 독	中tū

풀이 무수리. 황새과에 딸린 물새.

鵡	⑦ 18획	日ム · おうむ
	앵무새 무	中wǔ

풀이 앵무새.

鵓	⑦ 18획	日バツ · どばと
	집비둘기 발	中bó

풀이 집비둘기.

鵓鴣(발고) 집비둘기.

鵓鴿(발합) 집비둘기.

유 鴿(집비둘기 합)

鵝	⑦ 18획	日ガ · がちょう
	거위 아	中é

풀이 1. 거위. 기러기과에 속하는 가금(家禽)의 하나. ¶鵝翎 2. 군진(軍陣)의 이름.

鵝翎(아령) 1)거위의 깃. 2)흰 팔의 형용.

鵝毛(아모) 1)거위의 털. 2)눈(雪)의 비유. 3)버들개지(柳絮)의 형용. 4)가볍고 적은 것.

鵝眼(아안) 구멍이 뚫린 쇠돈. 공방(孔方).

鵝黃(아황) 1)거위 새끼의 털빛 같은 황색. 또는 노랗고 아름다운 것. 2)술. 3)어린 버들잎. 국화(菊花). 4)볏모.

유 鵞(거위 가)

鵖	⑦ 18획
	鴨(p1622)과 同字

鵒	⑦ 18획	日ヨク · きゅうかんちょう
	구관조 욕	中yù

풀이 구관조(九官鳥). 앵무새.

鵜	⑦ 18획	日ペリカン
	사다새 제	中tí

풀이 1. 사다새. ¶鵜翼 2. 접동새. 두견이. ¶鵜鴂

鵜鴂(제계) 접동새. 소쩍새. 두견이.

鵜翼(제익) 1)사다새의 날개. 2)소인(小人)이 조정(朝廷)에 있음을 비유하는 말.

鵜鶘(제호) 사다샛과에 속하는 새. 사다새.

鵔	⑦ 18획	日ジュン · きんけい
	금계 준	中jùn

풀이 1. 금계(錦鷄). 꿩 비슷하며 찬란한 털 무늬가 있는 새. 2. 금계의 깃으로 꾸민 관(冠).

鵗	⑦ 18획	日キ · きじ
	꿩 희	中xī

풀이 1. 꿩. 2. 벼슬 이름. 가죽 다루는 장인.

유 雉(꿩 치) 鴙(꿩 치)

鶋	⑧ 19획	日キョ · こくまるがらす
	갈가마귀 거	中jū

풀이 갈가마귀.

鵳	⑧ 19획	日ケン · はいたか
	새매 견	中jiān

풀이 새매.

비 鵑(두견이 견)

鶊	⑧ 19획	日キョウ · ちょうせんうぐいす
	꾀꼬리 경	中gēng

풀이 꾀꼬리.

鵾	⑧ 19획	日コン
	댓닭 곤	中kūn

풀이 댓닭. 곤계(鵾鷄). 닭 비슷한, 몸집이 큰 새.

鵾絃(곤현) 1)거문고의 줄. 2)거문고 줄을 타서

나는 애처로운 소리. 곤현(鵾弦).

鵾弦響絶(곤현향절) 거문고의 줄을 끊는다는 뜻으로, 부부가 이별함을 비유하는 말.

鵴	⑧ 19획	日キク・かっこう
	뻐꾸기 국	中jú

풀이 뻐꾸기.

유 鳲(뻐꾸기 시)

䳅	⑧ 19획	日キ・みみずく
	수리부엉이기	中qí

풀이 1. 수리부엉이. 2. 농병아리. 되강오리. 농병아리과에 딸린 물새의 하나.

유 鵟(수리부엉이 광)

鵹	⑧ 19획	日ちょうせんうぐいす
	❶꾀꼬리 리	・ペリカン
	❷사다새 례	中lí

풀이 1 1. 꾀꼬리. 황조(黃鳥). 2 2. 사다새.

鳴	⑧ 19획	日メイ
	초명새 명	中míng

풀이 초명새. 봉황과 비슷하다는 남방(南方)의 신조(神鳥).

鵩	⑧ 19획	日フク
	새 이름 복	中fú

풀이 새 이름. 그 우는 소리를 들으면 불길하다는 새.

鵬	⑧ 19획	
	❶대붕새 붕	日ホウ・おおとり
	❷봉새 봉	中péng, fèng

* 형성. 뜻을 나타내는 부수 鳥(새 조)와 '크다'는 뜻을 가진 朋(벗 붕)으로 이루어진 글자. 원래 朋이 鵬의 본자로, 큰 새를 뜻하게 됨.

풀이 1 대붕새. 크기가 수천 리에 달하며, 한 번에 구만 리를 난다는 상상의 큰 새. 곤어(鯤魚)가 화하여 된다는 새. ¶鵬力 2 2. 봉황새.

鵬擧(붕거) 붕새처럼 높고 멀리 날아오름.

鵬鯤(붕곤) 1)붕새와 곤어(鯤魚). 모두 상상의 대조(大鳥)와 대어(大魚). 2)썩 큰 사물, 또는 영웅호걸(英雄豪傑)을 비유하는 말.

鵬圖(붕도) 붕새의 날개짓과 같이 몹시 큰 사업 또는 큰 뜻.

鵬力(붕력) 붕새와 같은 힘. 큰 힘.

鵬飛(붕비) 붕새처럼 높이 낢.

鵬霄(붕소) 높은 하늘.

鵬翼(붕익) 1)붕새의 날개. 2)큰 사업을 이룩할 계획. 붕도(鵬圖).

鵬程(붕정) 1)붕새가 날아가는 먼 길. 2)먼 도정(道程).

鵬際(붕제) 1)붕새가 나는 하늘의 먼 끝. 2)아득히 멀어 끝이 없는 곳.

유 鳳(봉새 봉)

鵯	⑧ 19획	
	대까마귀	日ヒ・ひよどり
	비・필	中bēi

풀이 때까마귀.

鵯鵊(비겹) 날이 새기를 재촉하는 새.

鵯鶋(필거) 때까마귀.

鶉	⑧ 19획	
	❶메추라기순	日ジュン・うずら
	❷수리 단	中chún, tuán

풀이 1 1. 메추라기. 꿩과에 딸린 몸집이 작은 새. ¶鶉之奔奔 2. 아름답다. 3. 주거가 일정하지 않음. ¶鶉居 2 4. 수리.

鶉居(순거) 메추라기처럼 일정한 거처가 없음.

鶉衣(순의) 군데군데 기운 누더기 옷. 폐의(敝衣). 순복(鶉服).

鶬	⑧ 19획
	䳟(p1623)의 同字

鵪	⑧ 19획	
	세가락	日うずら
	메추라기 암	中ān

풀이 세가락메추라기. 메추라기의 한 가지.

鵺	⑧ 19획	日ヤ・ぬえ
	새 이름 야	中yè

11획

풀이 새 이름. 백야(白鵺). 꿩 비슷한 새.

鵷	⑧ 19획	日エン
	원추새 원	中yuān

풀이 원추새. 봉황(鳳凰)의 한 가지.

鵷鸞(원란) 원추(鵷雛)와 난조(鸞鳥).
鵷鷺(원로) 1)원추새와 해오라기. 2)문관(文官).
鵷雛(원추) 봉황의 일종.
鵷行(원행) 조정에 늘어선 백관(百官)의 반열(班列). 조반(朝班).

鵲	⑧ 19획	日ジャク · かささぎ
	까치 작	中què

풀이 까치.

鵲橋(작교) 까치의 다리. 칠석(七夕)에 견우(牽牛) · 직녀(織女)가 서로 만날 수 있도록 까치가 모여 은하(銀河)에 놓는다는 전설의 다리. 오작교(烏鵲橋).
鵲報(작보) 까치가 기쁜 소식을 전함. 또는 기쁜 소식.
鵲巢(작소) 1)까치의 둥우리. 까치집. 2)남편의 집, 또는 지위. 3)세들거나 빌려서 사는 집.
鵲噪(작조) 1)까치가 떠들썩하게 지저귐. 2)길사(吉事)의 전조(前兆).
鵲喜(작희) 까치가 지저귀어 알려 주는 기쁜 일이 있을 징조.

鵰	⑧ 19획	日チョウ
	수리 조	中diāo

풀이 수리. 독수리. 독수리과에 딸린 맹조(猛鳥).

鵰鶚(조악) 1)수리와 물수리. 2)재주와 능력이 뛰어남.
鵰悍(조한) 수리처럼 눈을 부라림. 수리같이 몹시 사나움.

鶄	⑧ 19획	日セイ · さぎ
	해오라기 청	中qīng

풀이 해오라기.

鵻	⑧ 19획	日スイ · やまばと · うずら
	호도애 추	中zhuī

풀이 1. 호도애. 산비둘기. 2. 메추라기.

鵻其(추기) 호도애의 다른 이름.
鵻禮(추례) 찌르레기. 찌르레기과에 딸린 새.

鶅	⑧ 19획	日チ · きじ
	꿩 치	中zī

풀이 꿩.

유 雉(꿩 치)

鵵	⑧ 19획	日ト · みみずく
	부엉이 토	中tù

풀이 부엉이.

鶪	⑨ 20획	日ケキ · もず
	때까치 격	中jú

풀이 때까치.

鶩	⑨ 20획	日モク · あひる
	집오리 목	中wù

풀이 1. 집오리. 가압(家鴨). 오리과에 딸린 가금(家禽). ¶鶩列 2. 마음이 한결같고 순수함.

鶩櫂(목도) 목령(鶩舲).
鶩列(목렬) 집오리처럼 늘어섬. 조관(朝官)들이 조용히 늘어선 모습.
鶩舲(목령) 집오리를 그려서 장식한 거룻배.
鶩鶩(목목) 순일(純一)한 일.

鶚	⑨ 20획	日アク · みさご
	물수리 악	中è

* 형성. 뜻을 나타내는 부수 '鳥(새 조)'와 음을 나타내는 '咢(깜짝 놀랄 악)'을 합친 글자.

풀이 물수리. 저구(雎鳩). 물수리과에 딸린 맹금(猛禽).

鶚視(악시) 물수리처럼 날카롭게 보는 일.
鶚薦(악천) 빼어난 사람을 추천하는 글.
鶚表(악표) 임금에게 사람을 천거(薦擧)하는 글.

鶤	⑨ 20획	日イン · ゴン ·
	❶ 댓닭 운	にわとり · おおとり
	❷ 봉황새 곤	中kūn

풀이 1 1. 댓닭. 몸집이 큰, 닭의 모양을 한 새. 2 2. 봉황새.

11획

鶢	⑨ 20획	日エン
	새 이름 원	中yuán

풀이 새 이름. 봉새 비슷한 바다새.

鶗	⑨ 20획	日サイ·ほととぎす·たか
	접동새 제	中tí

풀이 1. 접동새. 두견이. ¶鶗鴂 2. 매.

鶗鴂(제결) 1)새 이름. 두견이. 자규(子規). 2)간신이 아첨하여 남을 참소함을 비유하는 말.

鶒	⑨ 20획	日セキ·かわあいさ
	비오리 척	中chì

풀이 비오리. 오리과에 속하는 원앙새 비슷한 물새의 하나.

鶖	⑨ 20획	日スウ·はげこう
	무수리 추	中qiū

풀이 무수리. 황새과에 딸린 물새.

鶡	⑨ 20획	日カツ·ブン
	❶새 이름 할	·ぶっぽうそう
	❷파랑새 분	中hé

풀이 **1** 1. 새 이름. 꿩과에 딸린 산새. 성질이 맹렬하여 호전적이므로 그 깃을 무인(武人)의 관의 장식으로 썼다. **2** 파랑새.

鶡蘇(할소) 할(鶡)의 꿩지깃으로 만든 관(冠)의 술.

鶘	⑨ 20획	日コウ·ペリカン
		·がらんちょう
	사다새 호	中hú

사다새.

鶼	⑩ 21획	日ケン·ガン
	❶비익조 겸	·ひよくのとり
	❷쫄 감	中jiān

풀이 **1** 1. 비익조(比翼鳥). 자웅이 짝을 지어야 날 수 있다는 상상의 새. 2. 의좋은 부부. **2** 3. 쪼다. 새가 모이 등을 쪼다.

11획

鷄	⑩ 21획	日ケイ·とり·にわとり
	닭 계	中jī

* 형성. 뜻을 나타내는 부수 '鳥(새 조)'와 음을 나타내는 '奚(어찌 해)'를 합친 글자.

풀이 닭. 가금(家禽).

鷄姦(계간) 비역. 남자끼리의 성교 행위.

鷄犬相聞(계견상문) 닭 우는 소리와 개 짖는 소리가 여기저기서 들린다는 뜻으로, 마을이 형성되어 있음을 이르는 말.

鷄口(계구) 1)닭의 부리. 2)작은 단체의 우두머리.

鷄群一鶴(계군일학) 많은 평범한 사람 중에서 홀로 두드러지게 뛰어난 사람.

鷄旦(계단) 음력 정월 초하루를 이름. 설날 아침. 원단(元旦). 계일(鷄日).

鷄卵有骨(계란유골) 계란에도 뼈가 있다는 속담. 공교롭게 일이 꼬임.

鷄卵有骨(계란유골)의 유래

세종 때 영의정을 지낸 황희(黃喜)는 청렴하여 생활이 매우 가난하였다. 왕이 그를 기특하게 여겨 "내일은 아침 일찍 남대문을 열 때부터 문을 닫을 때까지 이 문을 들어오는 물건을 다 황 정승에게 주겠다."라고 명령했다. 그러나 다음 날 하필 하루 종일 폭풍우가 몰아쳐 드나드는 장사치가 없었다. 밤이 되어 그냥 집에 돌아가려는데 한 시골 영감이 달걀 한 꾸러미를 들고 들어왔다. 이것을 가지고 집에 돌아와 곧 삶아 먹으려고 하니 곯아서 한 알도 먹지 못하고 말았다 한다. '곯다'의 발음이 한자의 '骨'과 같은 데서 '계란유골'이라는 말이 생기게 되었다. 《송남잡지(松南雜識)》

鷄肋(계륵) 1)닭의 갈비뼈. 2)가치는 적지만 버리기 어려움. 3)연약한 몸.

鷄盲(계맹) 밤눈이 어두움. 또 그 눈. 야맹증.

鷄鳴狗盜(계명구도) 닭 소리를 내며, 또는 개를 가장하여 남의 물건을 훔치는 천한 사람.

鷄鳴狗吠(계명구폐) 1)닭 우는 소리와 개 짖는 소리. 2)인가(人家)가 연이어 있음. 3)모든 소리.

鷄鶩(계목) 1)닭과 집오리. 2)평범한 사람.

鷄鶩爭食(계목쟁식) 닭과 집오리가 먹이를 다툰다는 뜻으로, 평범한 사람들끼리 서로 다툼을 비유하는 말.

鷄黍(계서) 닭국과 기장밥으로 대접함. 정중히 대접함.

鷄棲(계서) 닭이 올라 앉는 홰. 계서(鷄栖).

鷄尸牛從(계시우종) 닭 머리가 될망정 쇠꼬리가 되어서는 안됨.

鷄眼(계안) 티눈.

鷄五德(계오덕) 닭이 갖추고 있는 문(文)·무(武)·용(勇)·인(仁)·신(信)의 다섯 가지 덕.

鷄皮(계피) 1)닭의 껍질. 2)노인의 주름진 살갗.

鷄皮鶴髮(계피학발) 노인.

유 酉(닭 유)

鶻	⑩ 21획 ❶ 송골매 골 日たか·やまばと ❷ 나라 이름 흘 中hú

풀이 ❶ 1. 송골매. 2. 산비둘기. ❷ 3. 나라 이름. 위구르(Uigur).

鶻突(골돌) 분명하지 않은 모양. 또는 사리(事理)를 깨닫지 못함.

鶻入鴉羣(골입아군) 소리개가 까마귀 떼 속으로 들어간다는 뜻으로, 용맹한 자가 약한 무리를 쉽게 평정(平定)함을 비유하는 말.

鷇	⑩ 21획 ❶ 새 새끼 구 日カク ❷ 깰 각 中kòu

풀이 ❶ 1. 새 새끼. 어미새가 먹이를 물어다 입에 넣어주기를 바라는 새 새끼를 '鷇(구)'라 하고, 스스로 먹이를 쪼는 것을 '雛(추)'라 함. ¶鷇音 2. 먹이를 먹여 기르다. ❷ 3. 깨다. 부화(孵化)하다.

鷇食(구식) 새 새끼가 어미새의 포육(哺育)을 받듯이, 혜택을 받아 만족해 함. 구음(鷇飮).

鷇音(구음) 새 새끼의 울음소리란 뜻으로, 남의 말의 옳고 그름을 결정하기 어려움을 비유하는 말.

鷇飮(구음) 구식(鷇食).

鶹	⑩ 21획 올빼미 류 日ふくろう·みみずく 中liú

풀이 1.올빼미. 2. 수리부엉이.

유 鷅(올빼미 률)

鷅	⑩ 21획 올빼미 률 日リツ·ふくろう 中lì

풀이 올빼미.

유 鶹(올빼미 류)

鷃	⑩ 21획 세가락 메추라기 안 日アン·うずら 中yàn

풀이 세가락메추라기.

鷃鵬(안붕) 1)세가락메추라기와 붕새. 2)큰 차이가 나는 것을 비유하는 말. 안홍(鷃鴻).

鷃雀(안작) 1)세가락메추라기와 참새. 2)소인배.

鷃鴻(안홍) 1)세가락메추라기와 큰기러기. 2)큰 차이가 나는 것을 비유하는 말. 안붕(鷃鵬).

鶯	⑩ 21획 日エン·ぶっぽうそう 꾀꼬리 앵 中yīng

풀이 1. 꾀꼬리. 황조(黃鳥). ¶鶯春 2. 깃이 아름다운 모양.

鶯谷(앵곡) 1)꾀꼬리가 있는 깊은 골짜기. 2)아직 현직에 승진하지 못함.

鶯哢(앵롱) 꾀꼬리가 우는 소리.

鶯梭(앵사) 꾀꼬리가 나뭇가지 사이를 왔다갔다 하는 모양을 베를 짤 때 북의 드나듦에 견준 말.

鶯舌(앵설) 꾀꼬리의 혀. 꾀꼬리의 우는 소리를 이름.

鶯燕(앵연) 1)꾀꼬리와 제비. 2)화류계 또는 기녀(妓女)를 비유하는 말.

鶯韻(앵운) 꾀꼬리 울음소리. 앵가(鶯歌).

鶯衣(앵의) 꾀꼬리의 깃털.

鶯囀(앵전) 꾀꼬리가 지저귐.

鶯遷(앵천) 1)과거(科擧)에 급제하는 일. 2)관직의 승진이나 이사 등을 축하하는 말.

鶯春(앵춘) 꾀꼬리가 우는 봄.

鶯花(앵화) 1)꾀꼬리와 꽃. 봄 경치를 이름. 2)기녀(妓女)의 무리.

유 鶊(꾀꼬리 경) 鸎(꾀꼬리 앵)

鶸	⑩ 21획 日ジャク 댓닭 약 中ruò

풀이 댓닭. 곤계(鵾鷄). 몸집이 큰, 닭 모양을 한 새. 성질이 몹시 사납고 기운이 셈.

鷁	⑩ 21획 日エキ·しちめんちょう 칠면조 역 中yì

풀이 1. 칠면조(七面鳥). 꿩과에 딸린 가금(家禽)의 하나. 2. 물새 이름. 3. 수초(綬草). 난초과에 딸린 다년초.

鶲	⑩ 21획 日オウ·せきれい 할미새 옹 中yōng

풀이 할미새.

鶲 ⑩21획 새 이름 옹 日オウ 中wēng

풀이 새 이름.

鷂 ⑩21획 익더귀 요 日ヨ · はいたか 中yào

풀이 익더귀. 새매의 암컷으로 수컷은 '난추니'라 함.

鷂魚(요어) 가오리. 해요어(海鷂魚).

鷂鷹(요응) 소리개의 속칭(俗稱).

鷂子(요자) 1)익더귀. 새매의 암컷. 2)연. 지연(紙鳶).

鷁 ⑩21획 새 이름 익 日ゲキ 中yì

*형성. 뜻을 나타내는 부수 '鳥(새 조)'와 음을 나타내는 '益(더할 익)'을 합친 글자.

풀이 1. 새 이름. 물새의 일종. 백로(白鷺)와 비슷하며 바람을 잘 견디는 성질이 있다 하여 그 모양을 뱃머리에 조각하거나 그렸다. 2. 배. 선박(船舶).

鷁首(익수) 익조(鷁鳥)의 머리, 또는 익조의 모양을 뱃머리에 새기거나 그린 배.

鷁舟(익주) 익수(鷁首) 장식이 있는 배.

鶿 ⑩21획 가마우지 자 日う 中cí

풀이 가마우지.

유 鸕(가마우지 로)

鷀 ⑩21획 鶿(p1630)와 同字

鷈 ⑩21획 농병아리 제 日サイ · かいつぶり 中tī

농병아리.

鶬 ⑩21획 왜가리 창 日あおさぎ · ぶっぽうそう 中cāng

풀이 1. 왜가리. 백로과에 딸린 두루미. ¶鶬雞 2. 꾀꼬리. ¶鶬鶊 3. 금으로 이루어진 장식. 훌륭한 문장 또는 전아(典雅)한 소리.

鶬鶊(창경) 꾀꼬리. 황조(黃鳥).

鶬雞(창계) 왜가리. 창괄(鶬鴰).

鶺 ⑩21획 할미새 척 日せいれい 中jí

풀이 할미새.

鶺鴒(척령) 1)물가에 사는 연작류(燕雀類)의 작은 새. 할미새. 척령(脊令). 2)우애가 돈독한 형제(兄弟)를 비유하는 말.

鶵 ⑩21획 원추새 추 日スウ · ひよこ 中chú

풀이 1. 원추새. 봉황(鳳凰)의 한 가지. 2. 병아리. 3. 쪼아 먹는 새. 새끼 때부터 쪼아 먹는 조류 새끼를 이름.

鶴 ⑩21획 학 학 日カク · つる 中hè

*형성. 뜻을 나타내는 부수 鳥(새 조)와 '희다'의 뜻을 가지는 부수 이외의 글자로 이루어짐. '흰 새'의 뜻.

풀이 1. 학. 두루미. 두루미과에 딸린 새로 몸빛은 순백색, 이마에 붉은 볏이 있다. ¶鶴舞 2. 희다. 흰색. ¶鶴髮 3. 호미의 머리 부분. 학의 머리와 비슷한 데서 이르는 말.

鶴駕(학가) 1)태자(太子)의 수레. 2)신선(神仙)의 수레.

鶴宮(학궁) 태자궁(太子宮). 또는 태자(太子).

鶴企(학기) 학처럼 목을 길게 빼고 발돋움하여 기다림.

鶴唳(학려) 1)학이 욺. 또는 학의 울음소리. 학명(鶴鳴). 2)슬픔을 자아내게 하는 문장이나 말.

鶴林(학림) 절. 사찰(寺刹).

鶴立(학립) 학처럼 목을 길게 빼고 발돋움하여 기다림. 학기(鶴企). 학망(鶴望).

鶴立雞羣(학립계군) 학이 닭의 무리 속에 우뚝 서 있다는 뜻으로, 뭇사람들 속에 있어도 기량이나 학식이 두드러지는 호걸이나 인재를 비유하는 말.

鶴立企佇(학립기저) 학처럼 우두커니 서서 기다림. 사람이나 사물을 몹시 기다림.

鶴望(학망) 학립(鶴立).

鶴鳴(학명) 1)학이 욺. 또는 학의 우는 소리. 학

려(鶴唳). 2)현인(賢人)이 등용되지 못하고 야(野)에 있음의 비유.

鶴鳴之歎(학명지탄) 벼슬하여 뜻을 펴지 못하고 야(野)에 묻혀 있는 탄식.

鶴舞(학무) 1)학이 춤을 춤. 또는 학의 춤. 2)아름다운 음악의 비유.

鶴髮(학발) 흰 머리. 백발(白髮).

鶴步(학보) 학처럼 느릿느릿하게 걸음.

鶴壽(학수) 학이 천년수를 누린다는 데서, 장수(長壽)함을 이름.

鶴首(학수) 1)백발(白髮). 2)목을 길게 빼고 간절히 기다림의 비유. 학망(鶴望).

鶴首苦待(학수고대) 학처럼 목을 길게 늘여 몹시 기다림.

鶴馭(학어) 1)선인(仙人)의 탈 것. 2)남의 탈것의 미칭(美稱). 또는 태자(太子)의 수레. 3)상여(喪輿).

鶴鼎(학정) 대신(大臣)의 직위.

鶴汀鳧渚(학정부저) 학과 물오리가 노는 물가. 즉, 그윽하고 고요한 경치.

鶴氅(학창) 1)학의 털로 만든 옷. 2)눈을 맞아 하얗게 된 옷.

鶴鶴(학학) 우모(羽毛)가 흰 모양.

騫	⑩ 21획	日ケン·とぶ
	날 헌	中xiān

풀이 날다. 날아오르는 모양.

騫騰(헌등) 높이 날아 올라감.

鷗	⑪ 22획	日オウ·かもめ
	갈매기 구·우	中ōu

풀이 갈매기.

鷗盟(구맹) 1)은거하여 갈매기와 벗함. 2)속세를 떠난 풍류로운 사귐.

鷗汀(구정) 갈매기가 노는 물가.

鷗波(구파) 현자가 은거하고 있는 것을, 갈매기가 물가에서 유유히 노님에 비겨 이르는 말.

鷞	⑪ 22획	日ソウ·ちょうせんうぐいす
	새 이름 상	中shāng

풀이 1. 새 이름. 외발새. 몸에 무늬가 있고 부리는 붉으며 저녁에 날아 다니는데, 이 새들이 춤을 추면 비가 온다고 한다. 2. 꾀꼬리.

鷞	⑪ 22획	
	❶새 이름 상	日ソウ·たか
	❷매 상	中shuāng, shuǎng

풀이 1 1. 새 이름. 서방(西方)을 지킨다는 신조(神鳥). 2 2. 매. 또는 벼슬 이름.

鷐	⑪ 22획	日はいたか
	익더귀 신	中chén

풀이 익더귀. 새매의 암컷.

鶴	⑪ 22획	
	세가락	日うずら
	메추라기 암	中ān

풀이 세가락메추라기. 메추라기의 한 가지.

鷖	⑪ 22획	
	❶갈매기 예	日かもめ
	❷검푸른빛예	中yī

풀이 1 1. 갈매기. 2. 봉황(鳳凰)의 한 종류. 2 3. 검푸른빛.

鷖輅(예로) 영구차를 이름.

鷖彌(예미) 갓난아이. 젖먹이. 영아(嬰兒).

鷕	⑪ 22획	日ヨウ
	울 요	中yǎo

풀이 울다. 꿩 따위의 우는 소리.

鷛	⑪ 22획	日かっこう·よぶこどり
	뻐꾸기 용	中zhuāng

풀이 뻐꾸기.

鷓	⑪ 22획	日しゃこ
	자고 자	中zhè

풀이 자고(鷓鴣). 꿩과에 딸린 메추라기 비슷한 새.

鷟	⑪ 22획	日ジャク
	자색 봉황 작	中zhuó

11 획

풀이 1. 자색(紫色)의 봉황(鳳凰). 2. 오리 비슷하면서 몸집이 더 큰 새.

鷙 ⑪ 22획
❶ 맹금 지 ❷ 순종 아니할 치 日シ 中zhì

풀이 ❶ 1. 맹금(猛禽). 육식성의 조류. 2. 공격하다. 3. 용감하다. 4.의심하다. ❷ 5. 순종하지 않다. 반발하다.
鷙彊(지강) 사납고 강함.
鷙禽(지금) 매우 거칠고 사나운 새. 지조(鷙鳥).
鷙戾(지려) 거칠고 사나워 도리에 어긋남.
鷙勇(지용) 사납고 억셈. 맹용(猛勇).
鷙鳥(지조) 몹시 거칠고 사나운 새. 지금(鷙禽).
鷙隼(지준) 억센 송골매.
鷙悍(지한) 억세고 사나움.

鷔 ⑪ 22획
鶩(p1628)과 同字

[illegible] ⑫ 23획
할미새 거 日せきれい 中qú

풀이 할미새.

鷮 ⑫ 23획
꿩 교 日きじ 中jiāo

풀이 꿩. 긴꽁지꿩. 꿩과에 딸린 꽁지가 긴 꿩의 한 가지.

⑫ 23획
물수리 궐 日みさご 中jué

풀이 물수리.

鷻 ⑫ 23획
수리 단 日はげわし・とび 中tuán

풀이 수리. 독수리. 소리개.

鷺 ⑫ 23획
해오라기 로 日ロ・さぎ 中lù

* 형성. 뜻을 나타내는 부수 '鳥(새 조)'와 음을 나타내는 '路(길 로)'를 합친 글자.
풀이 해오라기. 백로(白鷺).
鷺鷗(노구) 해오라기와 갈매기. 구로(鷗鷺).
鷺序(노서) 백관(百官)이 서열에 따라 늘어선 모양.
鷺約(노약) 세속을 떠난 풍류로운 사귐.
鷺羽(노우) 1)해오라기의 깃. 2)춤출 때 해오라기 깃으로 장식하는 것.
유 鷥(해오라기 사)

鷯 ⑫ 23획
굴뚝새 료 日リョウ・みそさざい 中liáo

풀이 1. 굴뚝새. 2. 메추라기.

[illegible] ⑫ 23획
鷗(p1629)의 本字

⑫ 23획
새 이름 번 日ハン・バン 中fán

풀이 새 이름.

⑫ 23획
금계 별 日ベツ・きんけい 中bì

풀이 금계. 볏은 누른빛을 한 꿩의 일종.
鷩冕(별면) 옛날 천자가 선공(先公)을 제향하여 향사(饗射)하는 제사에 입던 옷.
鷩衣(별의) 천자가 향사(饗謝) 때 입던 꿩을 그린 옷.

鷥 ⑫ 23획
해오라기 사 日さぎ 中sī

풀이 해오라기. 백로(白鷺).
유 鷺(해오라기 로)

鷉 ⑫ 23획
갈가마귀 사 日こくまるがらす 中sī

풀이 갈가마귀.

⑫ 23획
집오리 서 日あひる 中shū

11 획

풀이 집오리. 오리과에 딸린 가금(家禽).

鷰	⑫ 23획 제비 연	日つばめ 中yàn

풀이 제비.

유 燕(제비 연)

鷣	⑫ 23획 새매 음	日はいたか 中yín

풀이 새매. 매과에 딸린 체구가 작은 매.

鷤	⑫ 23획 ❶ 접동새 제 ❷ 새 이름 단	日ほととぎす·かっこう 中tí

풀이 1 1. 접동새. 두견이. 2. 뻐꾸기. 2 3. 새 이름. 꽁지가 짧은 새. 4. 꿩의 새끼.

鷷	⑫ 23획 꿩 준	日きじ 中zūn

풀이 꿩.

鷦	⑫ 23획 뱁새 초	日ショウ·たるまえなが 中jiāo

풀이 뱁새. 황작(黃雀).

鷦鷯(초료) 굴뚝새. 교부조(巧婦鳥).

鷲	⑫ 23획 수리 취	日ジュ·シュウ·わし·はげわし 中jiù

풀이 수리. 독수리.

鷲窟(취굴) 석가가 거주하면서 불법(佛法)을 설(說)했다고 하는 영취산(靈鷲山) 속의 정사(精舍).

鷲瓦(취와) 대마루 양 끝에 세우는 장식기와. 망새. 취두(鷲頭).

鷳	⑫ 23획 소리개 한	日とび 中xián

풀이 1. 소리개. 2. 흰 꿩.

鷴	⑫ 23획 鷳(p1633)과 同字	

鷸	⑫ 23획 ❶ 도요새 휼 ❷ 새매 술	日イツ·しぎ·かわせみ·はいたか 中yù, shù

풀이 1 1. 도요새. ¶鷸蚌之爭 2. 물총새. ¶鷸冠 3. 새가 빨리 나는 모양. 2 4. 새매.

鷸冠(휼관) 1)물총새의 깃으로 만든 관. 2)천문(天文)을 맡은 이가 쓰던 관.

鷸蚌相持(휼방상지) 휼방지쟁(鷸蚌之爭).

鷸蚌之爭(휼방지쟁) 도요새와 조개의 다툼. 양자가 서로 다투다가 제삼자에게 이익을 빼앗김을 비유하는 말.

鸂	⑬ 24획 비오리 계	日かわあいさ 中xī

풀이 비오리. 자원앙(紫鴛鴦).

鸂鶒(계칙) 계칙(鸂鷘).

鸂鷘(계칙) 비오리. 2)뜸부기.

鸋	⑬ 24획 되강오리 령	日かいつぶり·せきれい 中líng

풀이 1. 되강오리. 농병아리과의 물새의 하나. 2. 할미새. 3. 鴒의 俗字.

鸊	⑬ 24획 농병아리 벽	日かいつぶり 中pì

풀이 농병아리. 농병아리과의 물새.

鷫	⑬ 24획 신조 숙	日がん·かり 中sù

풀이 1. 신조(神鳥). 서쪽을 지킨다는 신성한 새. 2. 기러기.

鷫鷞(숙상) 1)서방(西方) 신조(神鳥)로, 봉황(鳳凰)의 한 가지. 2)기러기의 한 가지.

鷹	⑬ 24획 매 응	日ヨウ·オウ·たか 中yīng

11 획

풀이 매. 송골매. 매과에 딸린 맹조(猛鳥)의 총칭.

鷹擊(응격) 1)매가 날개를 침. 2)백성을 엄혹(嚴酷)하게 다스림.

鷹犬(응견) 1)매와 개. 2)부하가 되어 분주히 돌아다니는 자. 하수인(下手人). 주구(走狗). 3)쓸만한 재능을 가진 자.

鷹犬之任(응견지임) 매나 사냥개처럼 남에게 부림을 당하는 소임.

鷹拏燕雀(응나연작) 1)매가 제비나 참새를 잡음. 2)맹위(猛威)를 떨침.

鷹揚(응양) 1)매가 위세를 떨치듯이 웅위(雄威)를 보이는 모양. 2)용맹한 병사.

鷹鸇志(응전지) 매나 새매가 꿩이나 새를 채듯이 맹위(猛威)를 떨치고자 하는 뜻.

鷹隼(응준) 1)매와 새매. 2)필력(筆力)이 매우 힘참.

鷾 ⑬ 24획 제비 의 日つばめ 中yì

풀이 제비.

11획

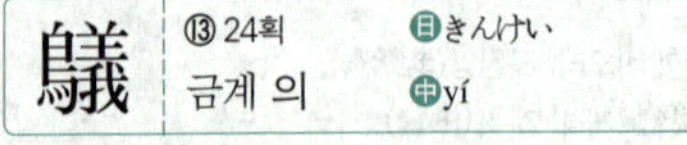
鸃 ⑬ 24획 금계 의 日きんけい 中yí

풀이 금계(錦鷄).

鸇 ⑬ 24획 새매 전 日セン·はやぶさ 中zhān

풀이 새매. 매과에 딸린 맹조(猛鳥).

鸇視(전시) 1)매처럼 노려봄. 2)탐욕스러운 눈길.

鸇芋(전우) 토란의 한 가지.

鸇雀(전작) 1)새매와 참새. 2)간악(奸惡)한 것을 주륙(誅戮)함.

鸅 ⑬ 24획 사다새 택 日ペリカン·がらんちょう 中zé

풀이 1. 사다새. 2. 뻐꾸기.

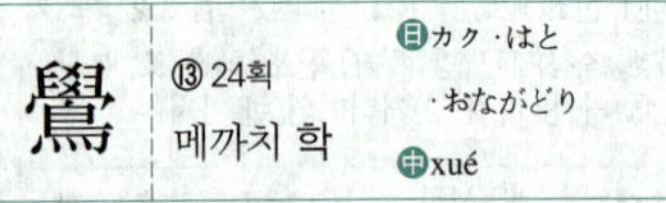
鷽 ⑬ 24획 메까치 학 日カク·はと·おながどり 中xué

풀이 1. 메까치. 까치 비슷한데 털빛이 검고 무늬가 있으며 부리와 발은 붉음. 2. 작은 비둘기. ¶鷽鳩

鷽鳩(학구) 작은 비둘기. 소인(小人)을 비유하는 말.

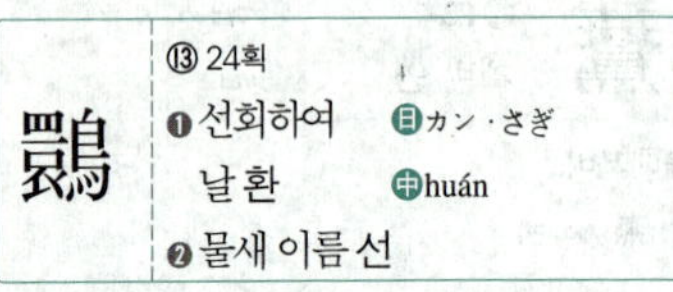
鷶 ⑬ 24획 ❶ 선회하여 날 환 ❷ 물새 이름 선 日カン·さぎ 中huán

풀이 ❶ 1. 선회(旋廻)하여 날다. ❷ 2. 물새 이름. 해오라기.

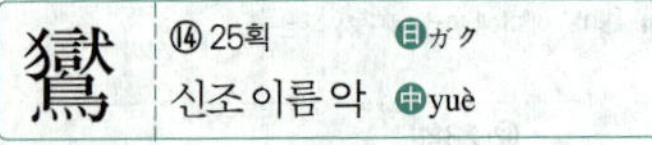
鸑 ⑭ 25획 신조 이름 악 日ガク 中yuè

풀이 1. 신조(神鳥)의 이름. 2. 오리와 비슷한 새.

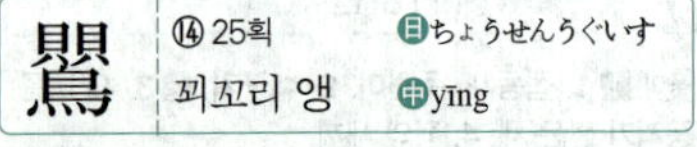
鸎 ⑭ 25획 꾀꼬리 앵 日ちょうせんうぐいす 中yīng

풀이 꾀꼬리. 황조(黃鳥).

鸎鳴(앵명) 꾀꼬리의 울음소리.

鸎鳥(앵조) 꾀꼬리.

鸎花(앵화) 꾀꼬리와 꽃. 앵화(鶯花).

유 鶯(꾀꼬리 앵) 鸝(꾀꼬리 리)

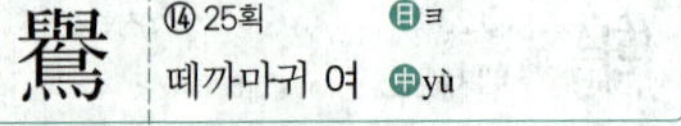
鸒 ⑭ 25획 떼까마귀 여 日ヨ 中yù

풀이 떼까마귀. 까마귀과에 딸린 새.

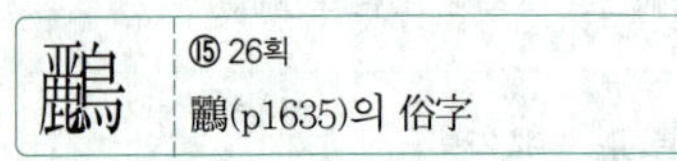
鸝 ⑮ 26획 鸝(p1635)의 俗字

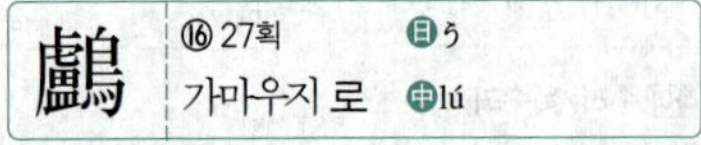
鸕 ⑯ 27획 가마우지 로 日う 中lú

풀이 가마우지. 가마우지과에 딸린 물새.

鸕鷀(노자) 새 이름. 가마우지.

유 鷀(가마우지 자)

鸗 ⑯ 27획 오리 롱 日かも 中lóng

풀이 1. 오리. 2. 들새.

鸐	⑰ 28획
	鵜(p1631)과 同字

鸚	⑰ 28획	日オウ·おうむ
	앵무새 앵	中yīng

풀이 1. 앵무새. 다른 동물의 소리나 사람의 말을 잘 흉내낸다. ¶鸚鵡 2. 앵무조개. 조개의 한 가지.

鸚鵡(앵무) 앵무새. 앵무(鸚䳇).

鸚猩(앵성) 앵무새와 성성이. 모두 사람의 말을 흉내낸다는 동물.

鸛	⑱ 29획	日カン·こうのとり
	❶ 황새 관	·こうづる
	❷ 구관조 권	中guàn, quán

풀이 1 1. 황새. 학(鶴)과 비슷하나 부리가 검고 이마에 붉은 볏이 없으며 온몸은 회백색이고 깃과 꼬리는 흑색인 새. 2. 떼까마귀. 까마귀과에 딸린 새. 2 3. 구관조.

鸛鵲(관작) 까치. 관작(鸛雀).

鸛雀(관작) 관작(鸛鵲).

鸜	⑱ 29획	日きゅうかんちょう
	구관조 구	中qú

풀이 구관조(九官鳥).

鸜鵒(구욕) 구관조(九官鳥). 구욕(鴝鵒).

鸞	⑲ 30획	日ラン
	난새 란	中luán

풀이 1. 난새. 봉황(鳳凰)의 일종. ¶鸞鳥 2. 천자의 수레. 또는 그 수레에 단 방울. ¶鸞駕

鸞駕(난가) 천자가 타는 수레. 난로(鸞路).

鸞閣(난각) 누각(樓閣).

鸞車(난거) 1)순(舜)임금의 수레. 2)천자의 수레.

鸞旗(난기) 1)천자의 기. 2)방울을 달아 꾸민 기. 난정(鸞旌).

鸞鈴(난령) 난기(鸞旗)에 단 방울.

鸞鷺(난로) 1)난새와 해오라기. 2)귀인(貴人)·현관(縣官)의 위의(威儀).

鸞鳳(난봉) 1)난새와 봉황새. 2)현인(賢人)·군자(君子). 3)동지(同志)인 벗. 4)부부(夫婦).

鸞鳥(난조) 난새. 봉황의 일종인 상상의 영조(靈鳥).

鸝	⑲ 30획	日ちょうせんうぐいす
	꾀꼬리 리	中lí

풀이 꾀꼬리.

鸝黃(이황) 꾀꼬리. 황양(黃鶯).

유 鸎(꾀꼬리 앵)

⿰蠻鳥	㉕ 36획	日ひよくのとり
	비익조 만	中mán

풀이 비익조(比翼鳥). 암컷과 수컷이 각각 하나의 눈과 날개를 가지고 있어서 짝을 짓지 않으면 날지 못한다는 상상의 새.

鹵 부

鹵 소금 로 部

'鹵' 자는 삼태기나 그릇에 소금이 담겨져 있는 모양으로, 자연적으로 만들어지는 '소금'을 나타낸다. 또한 소금기가 있어 경작에 좋지 않은 땅을 가리켜 '황무지'라는 뜻으로도 쓰이며, 소금은 귀한 것이므로 이를 뺏기 위해 서로 싸웠다고 해서 '노략질하다'라는 의미로도 사용된다. 이 글자를 부수로 갖는 글자는 염분과 관계가 있다.

鹵	⓪ 11획	日ロ·しお
	소금 로	中lǔ

*상형. 소금밭의 모양을 본뜬 글자.

풀이 1. 소금. 천연 소금. 인공 소금은 '鹽(소금 염)'. 2. 소금기가 많은 땅. 척박한 땅. 3. 방패. ¶鹵楯 4. 우둔하다. 5. 거칠다. 6. 약탈하다. ¶鹵掠

鹵掠(노략) 재물을 약탈함.

鹵楯(노순) 화살을 막는 큰 방패.

鹵田(노전) 염분이 있는 땅.

鹵獲(노획) 전쟁에서 적의 군용품을 빼앗아 감.

유 鹽(소금 염) 비 齒(이 치)

䴚	④ 15획	日コウ·しおはま
	염전 강	中gǎng

풀이 염전(鹽田).

盬	⑧ 19획
	鹽(p1636)과 同字

11획

⑧ 19획 日タン・まずい
맛없을 탐 中tàn

풀이 맛이 없다.

鹹 ⑨ 20획 日カン・からい
짤 함 中xián

* 형성. 뜻을 나타내는 부수 '鹵(소금밭 로)'과 음을 나타내는 '咸(함)'을 합친 글자.

풀이 1. 맛이 짜다. 또는 소금기. 2. 맛이 쓰다. 3. 지명(地名).

鹹苦(함고) 1)짜고 씀. 2)괴로움.
鹹鹵(함로) 염분이 많은 메마른 땅.
鹹潟(함석) 소금기가 있는 간석지(干潟地)
鹹水(함수) 짠물. 바닷물. 담수(淡水)
鹹鹺(함차) 제사(祭祀)에 쓰는 소금.

鹻 ⑩ 21획 日ケン
소금기 감 中jiǎn

풀이 1. 소금기. 2. 덩이진 소금.

鹺 ⑩ 21획 日サ・しお
소금 차 中cuó

풀이 소금. 또는 소금기.

鹺賈(차고) 소금을 판매하는 사람. 소금 장수.
鹺使(차사) 소금에 관한 사무를 맡은 벼슬아치.

鹼 ⑬ 24획 日ケン
소금기 감 中jiǎn

풀이 1. 소금기. 2. 잿물. 재를 걸러서 우려 낸 세탁용의 물. 3. 석감(石鹼). 잿물에 녹말을 넣어서 만든 옛날의 비누.

鹽 ⑬ 24획 日エン・しお
소금 염 中yán

* 형성. 뜻을 나타내는 부수 '鹵(소금밭 로)'와 음을 나타내는 '監(볼 감)'을 합친 글자. 암염과 구별하여 사람이 감독하여 만드는 '소금'을 나타냄.

풀이 1. 소금. 인공 소금. 천연 소금은 '鹵(소금 로)'. ¶鹽田 2. 소금에 절이다. 3. 악곡(樂曲) 이름.

鹽車憾(염거감) 훌륭한 말(馬)이 소금 실은 수레를 끌게 됨을 한탄함. 즉, 유능한 사람의 불우한 처지를 한탄함을 비유하는 말.
鹽鹵(염로) 1)소금. 산염(山鹽). 2)염전(鹽田).
鹽梅(염매) 1)간을 맞춤. 맛을 알맞게 가감하는 일. 2)신하가 임금을 도와 선정(善政)을 베풀게 함. 안배(按排). 2)매실절이.
鹽飯(염반) 찬 없는 밥. 소금엣밥.
鹽水(염수) 소금물. 소금기가 있는 물.
鹽豉(염시) 메주. 또는 된장.
鹽田(염전) 소금밭.
鹽井(염정) 1)소금을 만들 바닷물을 모아 두는 염전(鹽田)의 웅덩이. 2)염분을 함유한 우물.
鹽竈(염조) 소금을 굽는 가마. 소금을 굽는 곳.
鹽池(염지) 1)소금이 나오는 못. 2)천일염(天日鹽)을 만들 때 바닷물을 증발시키기 위하여 설치한 옅은 못.
鹽菜(염채) 소금과 채소. 또는 소금에 절인 채소.
鹽湯(염탕) 소금을 넣고 끓인 물. 소금국.
鹽汗(염한) 땀.

유 鹵(소금 로) 비 監(볼 감)

鹿 부

鹿 사슴 록 部

'鹿'자는 머리 위에 두 개의 긴 뿔을 가진 사슴의 모양으로, '사슴'을 나타낸다. 또한 사슴은 매우 귀한 동물이었기 때문에 가장 높은 위치에 있는 사람으로 왕의 권좌에 비유하여 쓰기도 한다.

鹿 ⓪ 11획 日ロク・しか・か・しし
사슴 록 中lù

* 상형. 수사슴의 뿔, 머리, 네 발의 모양을 본뜬 글자.

풀이 1. 사슴. ¶鹿角 2. 제위. 권좌(權座). 3. 곳간. 4. 산기슭.

鹿角(녹각) 1)사슴의 뿔. 2)사슴의 뿔과 같이 대나 나무를 짜서 세워 적의 침입을 막는 물건.
鹿車(녹거) 작은 수레. 크기가 겨우 한 마리의 사슴을 넣을 정도로 작은 수레라는 뜻.
鹿裘(녹구) 사슴가죽으로 만든 갖옷.
鹿頭酒(녹두주) 사슴의 머리를 삶아 익혀서 짓찧어 낸 즙으로 담근 술.
鹿獵(녹렵) 사슴 사냥.

鹿柴(녹시) 1)가시 울타리. 2)사슴을 먹이는 곳.
鹿豕(녹시) 1)사슴과 돼지. 2)미련하고 천한 사람.
鹿野苑(녹야원) 중인도(中印度)에 있던 동산. 석가(釋迦)가 처음으로 다섯 사람의 비구(比丘)를 위해 설법한 곳. 녹원(鹿苑).
鹿茸(녹용) 사슴의 새로 돋은 연한 뿔. 피를 돕고 심장을 강하게 하는 보약으로 씀.
鹿苑(녹원) 1)사슴을 기르는 동산. 녹유(鹿囿). 2)녹야원(鹿野苑)의 약어.
鹿砦(녹채) 대나무를 세워서 사슴의 뿔처럼 만들어 적의 침입(侵入)을 막는 울. 녹각(鹿角).
鹿脯(녹포) 사슴의 고기를 말려 만든 포.
鹿皮(녹피) 사슴의 가죽. 녹비.
鹿血(녹혈) 사슴의 피.
白鹿(백록) 흰 사슴.
水鹿(수록) 사슴과에 속하는 짐승.
以鹿爲馬(이록위마) 지록위마(指鹿爲馬).
赤鹿(적록) 사슴 가운데 큰 종류.
指鹿爲馬(지록위마) 사슴을 가리켜 말이라고 함. 사실(事實)이 아닌 것을 사실(事實)로 만들어 윗사람을 농락하여 권세를 마음대로 함.
青鹿(청록) 백두산 사슴.
逐鹿(축록) 사슴을 쫓는다는 뜻으로, 정권 또는 지위를 얻기 위해 다툼을 이르는 말.
海鹿(해록) 바다 가운데의 섬에 사는 사슴.

비 慶(경사 경)

麂	② 13획 고라니 궤	日ケイ · おおしか 中jǐ

풀이 고라니. 마록(馬鹿). 노루의 일종으로 암수 모두 뿔이 없다.

麂眼(궤안) 고라니의 눈처럼 마름모꼴로 결어 만든 울타리.

麀	② 13획 암사슴 우	日ウ · しかのめす 中yōu

풀이 암사슴.

麀鹿(우록) 암사슴.
麀麌(우우) 암사슴과 수사슴.
麀聚(우취) 남녀 혼인에 예(禮)가 없음을 이름.

麁	② 13획 麤(p1640)의 俗字

麗	④ 15획 麗(p1638)의 俗字

麇	④ 15획 고라니 새끼 오	日オウ · ヨウ 中yǎo

풀이 고라니의 새끼.

麃	④ 15획 ❶ 큰사슴 포 ❷ 풀 벨 포 ❸ 변할 표	日ポ · ヒョウ · おおしか 中páo, biāo, piǎo

풀이 ❶ 1. 큰사슴. ❷ 2. 굳세다. 용감하고 당당한 모양. 3. 김을 매다. 4. 성(盛)한 모양. 5. 털빛이 변하다.

麃搖(표요) 힘차게 나는 모양.
麃麃(표표) 1)용맹스러움의 형용. 2)성한 모양.

麅	⑤ 16획 麅(p1639)와 同字

麇	⑤ 16획 ❶ 노루 균 ❷ 떼지어 모일 군	日キン · のろ 中jūn

풀이 ❶ 1. 노루. 2. 나라 이름. 주(周)의 제후국으로 지금의 호남성(湖南省) 악양현(岳陽縣). ❷ 3. 떼지어 모이다. 무리를 이루다. ¶麇至 4. 묶다.

麇至(군지) 떼를 지어 옴. 군지(群至).

유 麞(노루 장)

麈	⑤ 16획 큰사슴 주	日シュウ · おおしか 中zhǔ

풀이 1. 큰사슴. 2. 먼지떨이. 불자(拂子). ¶麈談

麈談(주담) 불자(佛子)를 들고 이야기함.
麈尾(주미) 불자(佛子).

麅	⑤ 16획 큰사슴 포	日ホウ · おおしか 中páo

풀이 큰사슴.

麉	⑥ 17획	日ケン
	힘센 사슴 견	中jiān

풀이 힘이 센 사슴.

麋	⑥ 17획	日ミ・おおしか
	큰사슴 미	中mí

풀이 1. 큰 사슴. ¶麋侯 2. 눈썹. ¶麋壽 3. 늙다.

麋鹿(미록) 1)큰사슴과 사슴. 2)비야(鄙野)함의 비유.

麋鹿之姿(미록지자) 산림전야(山林田野)에 한가롭게 지내는 자기를 겸손하여 이르는 말.

麋沸(미비) 소란함. 떠들어 어지러움. 소란(騷亂).

麋壽(미수) 눈썹이 빼어나 장수(長壽)할 인상(人相). 미수(眉壽).

麋丸(미환) 먹(墨)의 다른 이름.

麋侯(미후) 큰사슴의 가죽으로 만든 활의 과녁.

11획

麏	⑦ 18획	日キン・おおしか
	고라니 균	中jūn

풀이 고라니. 마록(馬鹿). 노루의 일종으로 암수 모두 뿔이 없다.

麐	⑦ 18획	
	❶ 암기린 린	日リン・きりん
	❷ 수사슴 린	中lín

풀이 ❶ 1. 암기린. ❷ 2. 수사슴.

유 麒(기린 기) 麟(기린 린)

麎	⑦ 18획	日シン・おおしか
	큰사슴 신	中chén

풀이 큰사슴, 엘크(Elk)의 암컷.

麌	⑦ 18획	日ウ・しかのおす
	수사슴 우	中yǔ

풀이 1. 수사슴. 2. 무리를 이루다.

麌麌(우우) 떼지어 모이는 모양.

유 麔(수사슴 구)

麖	⑧ 19획	日ケイ・おおしか
	큰사슴 경	中jīng

풀이 큰사슴, 엘크(Elk). 사슴의 일종으로 쇠꼬리에 뿔이 하나인 동물.

麔	⑧ 19획	日ク・しかのおす
	수사슴 구	中jiù

풀이 수사슴, 엘크(Elk)의 수컷.

유 麌(수사슴 우)

麕	⑧ 19획	
	❶ 고라니 균	日キン・おおしか・のろ
	❷ 떼지을 군	中jūn

풀이 ❶ 1. 고라니. ❷ 2. 떼지어 모이다, 무리짓다.

麒	⑧ 19획	日キ・きりん
	기린 기	中qí

* 형성. 뜻을 나타내는 부수 鹿(사슴 록)과 '크다'의 뜻을 나타내기 위한 其(그 기)로 이루어진 글자. '큰 사슴', '기린'을 나타냄.

풀이 1. 기린. 태평성대에 나타난다는 전설상의 동물. 쇠꼬리에 말발굽, 외뿔에 오색의 털빛이며 수컷을 '麒', 암컷을 '麟'이라 한다. 2. 기린. 기린과에 딸린 야생동물.

麒麟兒(기린아) 재지(才智)가 특출한 아이.

유 麟(기린 린)

麗	⑧ 19획	
	❶ 고울 려	日レイ・うるわしい
	❷ 꾀꼬리 리	・うららか
	❸ 나라이름 려	中lì, lí

* 상형. 머리 위에 난 한 쌍의 아름다운 뿔이 두드러지는 사슴의 모습을 본뜬 글자. 이에 '아름답다', '화려하다'의 뜻으로 쓰임. 또한 '한 쌍', '짝'이라는 뜻도 있는데, 후에 이 뜻은 주로 '儷(짝 려)'로 적게 되었음.

풀이 ❶ 1. 곱다. 아름답다. 2. 빛나다. 눈부시다. 3. 맑다. 청아하다. 4. 짝. 짝을 짓다. 5. 잡아매다. 6. 붙다. 7. 수(數). 8. 마룻대. 9. 나라 이름. 고구려(高句麗). 고려(高麗). ❷ 10. 꾀꼬리. ¶麗黃 11. 군진(軍陣).

麗曲(여곡) 아름다운 노래.

麗句(여구) 아름다운 시문의 문구(文句).
麗都(여도) 아름답고 맵시가 있음.
麗木(여목) 무궁화(無窮花)의 다른 이름.
麗妙(여묘) 아름답고 절묘(絶妙)함.
麗文(여문) 아름다운 문채(文采). 고운 무늬.
麗靡(여미) 곱고 아름다움. 미려(美麗).
麗密(여밀) 화려하고 세밀함.
麗辭(여사) 아름다운 말. 고운 말. 미사(美辭).
麗色(여색) 1)아름다운 빛깔. 2)아름다운 경치. 3)고운 안색(顔色).
麗豎(여수) 아름다운 아이.
麗飾(여식) 화려하게 꾸밈. 또는 화려한 장식.
麗雅(여아) 아름답고 우아함. 아려(雅麗).
麗億(여억) 수효가 많음.
麗艶(여염) 곱고 예쁨. 염려(艶麗).
麗人(여인) 얼굴이 예쁜 사람. 가인(佳人).
麗日(여일) 화창한 날. 좋은 날.
麗藻(여조) 아름다운 시문(時文).
麗姝(여주) 예쁜 여자. 여인(麗人).
麗質(여질) 1)아름다운 천성(天性). 2)미인(美人)을 이름.
麗什(여집) 아름다운 시편(詩篇).
麗采(여채) 아름다운 채색(彩色).
麗譙(여초/이초) 적을 살피기 위하려 세운 망루(望樓). 또는 아름다운 누각.
麗矚(여촉) 아름다운 경치(景致).
麗澤(여택/이택) 연접해 있는 두 못이 서로 물을 윤택하게 한다는 뜻으로, 벗끼리 서로 도와 학문과 덕을 닦음을 비유하는 말.
麗風(여풍) 서북풍(西北風).
麗皮(여피) 두 장의 녹비(鹿皮). 옛날 옷감이 없었을 적에 쓰던 혼인의 폐백(幣帛).
麗閑(여한) 아름답고 은전함. 여한(麗嫺).
麗禍(여화) 재화(災禍)에 연계(連繫)됨.
麗視(이시) 흘겨 뜨는 눈. 사팔뜨기.
麗黃(이황) 꾀꼬리. 이황(鸝黃).
유 鮮(고울 선)

麓	⑧ 19획	日ロク・ふもと
	산기슭 록	中lù

풀이 1. 산기슭. 산의 아랫부분. 2. 산감(山監). 산을 관리(管理)하는 관리(官吏). 3. 산림(山林).

麑	⑧ 19획	日しし・かのこ
	사자 예	中ní

풀이 1. 사자. 2. 사슴의 새끼. ¶麑鹿
麑裘(예구) 흰 새끼 사슴의 가죽으로 지은 갖옷.
麑鹿(예록) 사슴의 새끼. 옛날, 폐백(幣帛)으로 썼음.

麚	⑨ 20획	日カ・しかのおす
	수사슴 가	中jiā

풀이 수사슴.

麛	⑨ 20획	日ミ・かのこ
	사슴 새끼 미	中mí

풀이 1. 사슴의 새끼. ¶麛犢 2. 짐승의 새끼. ¶麛卵
麛裘(미구) 새끼 사슴의 가죽으로 만든 갖옷.
麛犢(미독) 새끼 사슴과 송아지.
麛卵(미란) 짐승의 새끼와 새의 알.
麛夭(미요) 아직 자라지 않은 짐승의 새끼.

麙	⑨ 20획	日アン・やぎ
	큰염소 암	中xián

풀이 1. 큰염소. 산양(山羊)의 일종으로 뿔이 가늘고 몸집이 큰 염소. 2. 힘이 센 맹수.

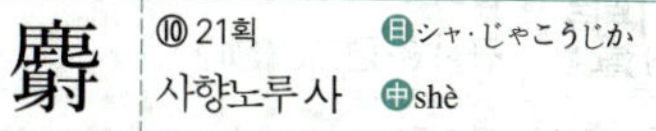

麝	⑩ 21획	日シャ・じゃこうじか
	사향노루 사	中shè

* 형성. 뜻을 나타내는 부수 '鹿(사슴 록)'과 음을 나타내는 '射(쏠 사)'를 합친 글자.

풀이 1. 사향노루. 사슴과의 짐승으로 수컷의 복부에 향낭(香囊)이 있어 그 속에 사향(麝香)이 들어있다. ¶麝臍 2. 사향. 수사향노루의 향낭(香囊)에서 취한 향료(香料) 및 약제(藥劑). ¶麝香
麝煤(사매) 먹(墨)의 다른 이름. 사묵(麝墨).
麝墨(사묵) 향기가 좋은 먹.
麝臍(사제) 사향노루의 배꼽.
麝香(사향) 사향노루의 복부의 사향선(麝香腺)에 있는 향낭(香囊)에서 취한 흑갈색의 분말. 향료 또는 약재로 쓰임.

麞	⑪ 22획	日ショウ・のろ
	노루 장	中zhāng

풀이 노루.
麞頭鹿耳(장두녹이) 빈천한 기골의 사람을 이르는 말.

麞頭鼠目(장두서목) 머리 모양이 뾰족하고 머기가 벗겨져 있는 모양과 옴팡눈으로 눈동자가 동그란 것. 빈천한 상(相).

麞牙(장아) 1)노루의 어금니. 2)벼〔稻〕의 딴 이름.

유 麇(노루 균)

麟	⑫ 23획	日リン · きりん
	기린 린	中lín

풀이 1. 기린. 전설상의 상서로운 동물. 수컷을 '麒', 암컷을 '麟'이라 함. ¶麟鳳 2. 기린. 기린과에 속하는 동물. ¶麒麟

麟角(인각) 1)기린의 뿔. 2)종번(宗藩)을 찬양하여 이르는 말. 3)대단히 희귀함.

麟經麟(인경) 공자(孔子)가 지은 춘추(春秋)의 다른 이름.

麟麟(인린) 빛나는 모양. 밝은 모양.

麟鳳(인봉) 기린과 봉황이란 뜻으로, 현인(賢人)과 성인(聖人)을 비유하는 말.

麟子鳳雛(인자봉추) 기린과 봉황의 새끼란 뜻으로, 준수한 자식을 비유하는 말.

麟筆(인필) 사관(史官)의 붓. 사필(史筆).

유 麒(기린 기)

麠	⑬ 24획	日ケイ · おおしか
	큰사슴 경	中jīng

풀이 큰사슴, 엘크(Elk). 사슴의 일종으로, 쇠꼬리에 뿔이 하나인 동물.

麢	⑰ 28획	日かもしか · れいよう
	영양 령	中líng

풀이 영양(羚羊). 소과에 딸린 염소 비슷한 짐승.

麢羊(영양) 소과에 딸린 짐승. 羚羊(영양).

麤	㉒ 33획	日ソ
	거칠 추	中cū

풀이 1. 거칠다. 조잡(粗雜)하다. ¶麤惡 2. 난폭하다. 3. 짚신. 4. 대략. ¶麤述 5. 현미(玄米). ¶麤米

麤功(추공) 큰 공적. 상례(喪禮) 복제(服制)의 대공(大功).

麤官(추관) 1)무관(武官). 2)무인(武人)의 겸칭(謙稱).

麤狂(추광) 난폭하게 미침.

麤良(추량) 1)조잡(粗雜)함과 선량(善良)함. 2)소략한 것과 정밀한 것.

麤糲(추려) 벼의 겉껍질만 벗겨낸 쌀.

麤米(추미) 현미(玄米).

麤飯(추반) 거친 밥. 변변하지 못한 밥. 소사(疏食). 식사를 남에게 권할 때의 겸사(謙辭).

麤笨(추분) 거칠고 서투름. 조야(粗野).

麤疎(추소) 거침. 소략(疎略)함.

麤率(추솔) 거칠고 경솔함.

麤述(추술) 대충 말함. 대략을 진술함.

麤習(추습) 거칠고 막된 습관.

麤惡(추악) 거칠고 나쁨. 변변찮음.

麤言細語(추언세어) 거친 말과 자세한 말.

麤人(추인) 버릇없는 사람. 무례한 사람.

麤枝大葉(추지대엽) 거칠고 큰 가지와 잎이란 뜻으로, 법칙에 구애되지 않고, 자유롭게 붓을 휘두른 문장을 비유하는 말.

麤暴(추포) 거칠고 사나움. 난폭함.

麥부

麥 보리 맥 部

'麥' 자는 줄기가 곧고 잎이 아래로 숙여진 모양에 밑부분이 단단하게 고정되어 있는 것을 나타내어 '보리'를 뜻하게 된 글자이다. 그 밖에 '밀'이나 '귀리' 같은 '맥류(麥類)'를 총칭하기도 하기도 한다. 이 글자를 부수로 갖는 글자는 주로 보리로 만든 음식과 관련된 뜻을 갖는다.

麥	⓪ 11획	日バク · むぎ
	보리 맥	中mài

一 十 才 木 朩 朩 來 夾 夾 麥 麥

* 회의. 곡식 이삭의 모양을 본뜬 '來(올 래)'와 단단히 뿌리를 내린 모습을 나타낸 '夊(뒤져 올 치)'를 합친 글자. 이에 '보리'의 뜻으로 쓰임.

풀이 보리. 보리 · 밀 · 귀리 등 맥류(麥類)의 총칭. ¶麥酒

麥藁(맥고) 밀짚.

麥穀(맥곡) 보리 · 밀 · 귀리 등 보리 종류의 곡식.

麥曲之英(맥곡지영) 술의 다른 이름. '麴(누룩 국)'의 파자(破字)에서 온 말.

麥麴(맥국) 누룩.

麥奴(맥노) 여물지 못하고 까맣게 병든 보리 이삭.

麥農(맥농) 보리 농사.

麥茶(맥다) 보리차.

麥畓(맥답) 보리를 심었거나 베어 낸 논.
麥浪(맥랑) 이삭이 팬 보리나 밀이 바람에 물결처럼 출렁이는 모양.
麥涼(맥량) 보리나 밀이 익을 무렵의 약간 서늘한 날씨.
麥糧(맥량) 농가에서 여름의 양식(糧食)으로 하는 보리.
麥嶺(맥령) 보릿고개.
麥類(맥류) 보리 · 귀리 · 호밀 등 보리 종류.
麥門冬(맥문동) 백합과의 여러해살이풀. 산지(山地)의 나무 그늘에 나며 뿌리는 약재로 씀. 겨우살이풀.
麥飯石(맥반석) 황백색의 누른 거위알 또는 뭉친 보리밥 모양의 돌.
麥餠(맥병) 보리떡.
麥粉(맥분) 밀가루. 보릿가루.
麥秀之歎(맥수지탄) 보리만 무성하게 자란 것을 탄식한다는 뜻으로, 고국의 멸망을 한탄함을 이르는 말.

麥秀之歎(맥수지탄)의 유래
은(殷)나라 주왕(紂王)이 음락(淫樂)에 빠져 폭정을 일삼았으며 미자(微子), 기자(箕子), 비간(比干)와 같은 충신들의 간언도 무시했다. 결국 미자와 기자는 망명했고, 비간은 가슴을 찢기는 극형을 당하고 말았다. 후에 주왕이 죽고 은나라가 멸망하여 주(周)나라의 천하가 되었을 때 주나라의 무왕(武王)은 미자를 송왕(宋王)으로, 기자를 조선왕(朝鮮王)으로 책봉하였다. 기자가 무왕의 부름을 받고 가던 도중 은나라의 옛 도읍지를 지나게 되었다. 번화하던 옛 모습은 간데없고 궁궐터엔 보리와 기장만이 무성한 모습을 보고 다음과 같은 시를 읊었다. "보리 이삭은 무럭무럭 자라고, 벼와 기장도 윤기가 흐르는구나. 저 교활한 철부지가 내 말을 듣지 않았음이 슬프구나." 《사기(史記)》

麥食(맥식) 보리밥. 보리밥을 먹음.
麥芽(맥아) 보리에 물을 부어서 싹이 나게 한 다음에 말린 것. 엿기름.
麥雨(맥우) 보리가 익을 무렵에 오는 비.
麥作(맥작) 보리 농사.
麥田(맥전) 보리밭.
麥酒(맥주) 보리를 원료로 하여 빚은 술.
麥秋(맥추) 보리가 익는 계절.
麥追肥(맥추비) 보리 심을 땅에 넣을 거름.
麥濁(맥탁) 보리로 담근 막걸리.
麥湯(맥탕) 보리숭늉.
大麥(대맥) 보리.
小麥(소맥) 밀.
유 麰(보리 모)

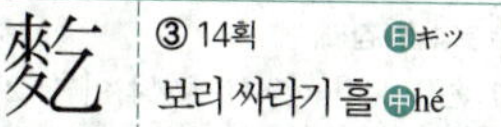
麧 | ③ 14획 | 日キツ
보리 싸라기 흘 | 中hé

풀이 보리 싸라기.

麪 | ④ 15획 | 日メン
밀가루 면 | 中miàn

풀이 1. 밀가루. ¶麪市鹽車 2. 국수.
麪粉(면분) 밀가루.
麪市鹽車(면시염거) 밀가루 저자와 소금 실은 수레. 눈이 많이 쌓임을 비유하는 말.
유 麵(밀가루 면)

麫 | ④ 15획
麪(p1641)의 俗字

麩 | ④ 15획 | 日フ · ふすま
밀기울 부 | 中fū

풀이 밀기울. 밀을 빻아 체로 가루를 빼고 남은 찌꺼기.
麩金(부금) 사금(砂金).
麩豉(부시) 밀기울로 만든 된장.
麩炒(부초) 한약 정제법의 한 가지. 밀가루를 묻혀서 볶는 일.
麩炭(부탄) 뜬숯.

麨 | ④ 15획 | 日はったい · むぎこがし
보릿가루 초 | 中chǎo

풀이 보릿 가루. 미숫가루.

麮 | ⑤ 16획 | 日キョ
보리죽 거 | 中qù

풀이 보리죽.

麰 | ⑤ 16획 | 日こむぎこ · ふすま
밀가루 말 | 中mò

풀이 1. 밀가루. 2. 밀기울. 밀을 빻아 밀가루를 빼고 남은 찌꺼기. 3. 쌀가루.
유 麪(밀가루 면)

麭 | ⑤ 16획 | 日ホウ
떡 포 | 中pào

풀이 1. 떡. 경단. 2. 빵. ¶麵麭

11획

麯	⑥ 17획 누룩 국	日こうじ 中qū

풀이 누룩.

유 麴(누룩 국)

麰	⑥ 17획 보리 모	日むぎ·こうじ 中móu

풀이 보리. ¶麰麥

麰麥(모맥) 보리.

유 麥(보리 맥)

麳	⑦ 18획 조죽 라	日ラ 中luò

풀이 1. 조죽. 좁쌀 죽. 2. 보리죽.

麴	⑧ 19획 누룩 국	日キク·こうじ 中qū

풀이 1. 누룩. ¶麴室 2. 술. ¶麴君

麴君(국군) 술의 다른 이름. 국생(麴生).

麴菌(국균) 누룩에 들어 있어 녹말을 당분으로 변화시키는 효모(酵母).

麴室(국실) 누룩을 띄우는 방.

麴蘖(국얼) 1)누룩. 2)술.

麴子(국자) 누룩. 국자(麯子).

麴塵絲(국진사) 황록색(黃綠色)으로 물든 버들 가지의 형용.

유 麯(누룩 국)

麵	⑧ 19획 밀떡 병韓	

풀이 밀떡.

麪	⑨ 20획 麫(p1641)과 同字	

麷	⑨ 20획 조죽 사	日サ 中suò

풀이 1. 조죽. 좁쌀 죽. 2. 보리죽.

麶	⑩ 21획 누룩 온	日オン·こうじ 中yùn

풀이 누룩.

麷	⑫ 23획 ❶보릿기울 굉 ❷누룩 곰팡이 황	日コウ 中kuàng

풀이 ❶ 1. 보릿기울. 2. 보리. ❷ 3. 누룩곰팡이.

麶	⑮ 26획 보리 굉	日むぎ 中kuàng

풀이 보리.

麷	⑱ 29획 볶은 보리 풍	日ホウ 中fēng

풀이 볶은 보리.

麻부

麻 삼 마 部

'麻' 자는 두 사람이 집 안에서 삼의 껍질을 벗기고 있는 모습을 나타낸 글자로, '삼'을 뜻한다. 삼 줄기의 껍질은 주로 섬유의 원료로 사용되기 때문에 '삼베'나 '베옷'을 뜻하기도 한다. 또한 삼은 마취성이 강하기 때문에 '마비'의 뜻으로도 사용된다.

麻	⓪ 11획 삼 마	日マ·あさ·お 中mā, má

丶 亠 广 广 庁 庁 床 床 府 麻 麻

* 회의. '广(집 엄)'과 삼 껍질을 벗기는 모습을 본뜬 나머지 부분을 합친 글자. 두 사람이 집 안에서 삼 껍질을 벗기는 것을 나타내어, '삼'의 뜻으로 쓰임.

풀이 1. 삼. 2. 삼 껍질로 만든 삼실·삼베·삼베옷. ¶麻織 3. 마비되다. 4. 조칙(詔勅). 임금이 백성에게 알릴 목적으로 적은 문서. 5. 참깨.

麻姑(마고) 1)손톱이 긴 선녀(仙女)의 이름. 2)늙은 신선(神仙) 할미. 3)일이 뜻대로 됨.

麻骨(마골) 껍질을 벗긴 삼대. 겨릅대.
麻根(마근) 삼의 뿌리.
麻袋(마대) 거친 삼실로 엉성하게 짠 자루.
麻履(마리) 생삼으로 거칠게 삼은 신.
麻絲(마사) 삼 껍질을 찢어 꼬아 만든 실.
麻實油(마실유) 삼씨의 기름.
麻兒(마아) 사람처럼 만든 허수아비.
麻藥(마약) 마취 작용을 하고 습관성을 가진 약.
麻葉(마엽) 삼의 잎.
麻油(마유) 삼의 씨로 짠 기름. 삼기름.
麻衣(마의) 1)흰 옷. 삼베 옷. 2)흰 삼베의 상복(喪服).
麻子(마자) 삼의 씨.
麻子油(마자유) 삼기름.
麻雀(마작) 중국의 실내 오락의 한 가지. 136개의 패쪽을 쓰며 보통 네 사람이 함.
麻田(마전) 삼을 심은 밭.
麻種(마종) 삼씨.
麻紙(마지) 삼 껍질이나 삼베로 만든 종이.
麻織(마직) 삼으로 짠 피륙. 삼베.
麻蟲(마충) 삼하늘소의 애벌레. 한방에서 경풍의 약으로 씀. 삼벌레.
麻醉(마취) 약의 힘으로 전신 또는 몸 일부의 감각을 잃음.
麻布(마포) 삼베.
麻風(마풍) 마파람. 남쪽에서 불어오는 바람.
麻皮(마피) 삼 껍질.
大麻(대마) 삼.
大麻草(대마초) 환각제로 쓰이는 대마(大麻)의 이삭이나 잎.
亞麻(아마) 아마과에 속하는 한해살이풀.

⓪ 11획
麻(p1642)의 俗字

麼
③ 14획 日マ
잘 마 中me, mó

풀이 1. 잘다. 작다. 하찮다. ¶麼蟲 2. …이냐? 의문을 나타내는 어조사. 3. 그렇게. 어조를 고르는 어조사.

麼陋(마루) 모습이 비천함.
麼蟲(마충) 작은 벌레.

麾
④ 15획 日キ·さしまねく
대장기 휘 中huī

풀이 1. 대장기. 대장이 지휘할 때 쓰던 기. ¶麾鉞 2. 지휘하다. 가리키다. ¶麾軍 3. 손짓하여 부르다.

麾軍(휘군) 군대를 지휘함.
麾鉞(휘월) 대장이 가지는 기(旗)과 도끼. 휘기(麾旗)와 부월(斧鉞).
麾下(휘하) 1)대장의 진영(陣營). 또는 그 부하. 2)장수(將帥) 또는 무관(武官)의 미칭(美稱).

비 摩(갈 마)

黀
⑧ 19획 日おがら·あさがら
겨릅대 추 中zōu

풀이 겨릅대. 껍질을 벗긴 삼대.

비 嚴(엄할 엄)

縻
⑫ 23획 日きび
메기장 미 中méi

풀이 메기장. 검은 기장.

黂
⑬ 24획 日フン
삼씨 분 中fén

풀이 1. 심씨. 심의 씨앗. 2. 씨가 맺힌 삼.

黺
⑳ 31획 日ごまあぶら
참기름 착 中zuò

풀이 참기름.

黃부

黃 누를 황 部

'黃' 자는 '田(밭 전)' 과 '光(빛 광)' 이 합쳐져, 밭의 빛깔인 '누르다', '노랗다' 의 뜻을 나타낸다. 또한 오행(五行) 사상에서 노란색은 중앙을 나타내는 색으로 가장 귀한 색이므로 '황제' 를 뜻하며, 황금의 색이 누렇다고 하여 '황금' 을 뜻하기도 하고, 유황(硫黃)처럼 '노란빛의 물건' 을 가리키기도 한다.

黃	⓪12획	㊐コウ·オウ·き·こ
	누를 황	㊥huáng

* 형성. 뜻을 나타내는 부수 '田(밭 전)' 과 음을 나타내는 '光(빛 광)' 을 합친 글자. 이에 흙의 빛깔인 '황토색', '노랑' 의 뜻을 나타냄.

풀이 1. 누렇다. 노란색. 노래지다. ¶黃色 2. 어린아이. ¶黃口 3. 늙은이. 노인. 4. 황금(黃金). 5. 가운데. 6. 황제. ¶黃帝 7. 곡식. 8. 도랑.

黃褐色(황갈색) 검은빛을 띤 누른빛.

黃巾賊(황건적) 동한(東漢)의 영제(靈帝) 때 거록(鉅鹿)의 장각(張角)이 일으킨 반란군.

黃瓜(황과) 오이.

黃冠(황관) 1)풀로 만든 평민의 관이라는 뜻으로, 야인(野人)을 이르는 말. 2)도사(道士)의 관. 또는 도사.

黃口(황구) 부리가 누른 새 새끼라는 뜻으로, 어린아이 또는 미숙한 사람을 이르는 말.

黃狗(황구) 빛깔이 누런 개.

黃菊(황국) 빛이 누런 국화.

黃卷(황권) 책.

黃金(황금) 1)금. 2)돈. 재물.

黃嫩(황눈) 노란 어린 잎. 새싹.

黃泥(황니) 노란 진흙.

黃疸(황달) 살빛이 누렇게 되며 대변은 회백색, 소변은 황색으로 변하는 병. 오한이 심하며 식욕이 없어짐.

黃闥(황달) 1)왕궁(王宮)의 문. 2)왕궁(王宮)의 안. 대궐.

黃道(황도) 천구(天球)에 투영된 지구의 공전(公轉) 궤도면(軌道面).

黃犢(황독) 1)털빛이 누런 송아지. 2)달팽이의 다른 이름.

黃童(황동) 어린아이.

黃銅(황동) 1)빛이 누런 구리. 2)놋쇠.

黃落(황락) 나뭇잎이 누렇게 되어 떨어짐.

黃蠟(황랍) 꿀벌이 벌집을 만들 때 쓰는 분비물. 밀. 밀랍(蜜蠟).

黃粱夢(황량몽) 부귀영화란 헛되고 덧없음을 뜻하는 말. 황량일취몽(黃粱一炊夢).

黃粱夢(황량몽)의 유래

당대(唐代)에 노생(盧生)이 한단(邯鄲)의 주막에서 도사 여옹(呂翁)의 베개를 빌려 베고 잠을 잤다. 꿈속에서 온갖 부귀영화를 누리며 여든까지 잘 살다가 죽었는데 깨어 보니 아까 주인이 짓던 메조밥이 채 익지도 않았다고 한다.

黃潦(황료) 고인 흙탕물.

黃鸝(황리) 꾀꼬리. 황조(黃鳥).

黃麻(황마) 1)삼(麻)의 일종. 2)조서(詔書).

黃梅(황매) 누렇게 익은 매화 열매.

黃面(황면) 1)아이 티를 못 벗은 누런 얼굴이란 뜻으로, 남을 욕하는 말. 2)노인의 얼굴. 3)석가모니의 얼굴.

黃面老子(황면노자) 석가(釋迦)의 다른 이름.

黃毛(황모) 족제비의 꼬리털.

黃蕪(황무) 서리 맞아 누렇게 마른 풀.

黃吻(황문) 1)소년(少年). 또는 경험이 적고 미숙한 사람. 황구(黃口). 2)분을 바른 입가.

黃門(황문) 1)대궐(大闕)의 문. 2)환관(宦官)의 다른 이름. 내시. 3)부인은 있으나 아이를 낳지 못하는 사람.

黃米(황미) 찹쌀.

黃髮(황발) 1)누렇게 변한 노인의 머리털. 2)노인.

黃榜(황방) 칙서(勅書).

黃醅(황배) 막걸리. 탁주(濁酒).

黃白(황백) 1)노란빛과 흰빛. 2)금과 은. 3)돈.

黃砂(황사) 1)노란 빛깔의 모래. 2)사막(砂漠). 3)봄에 중국의 사막이나 황토 지대에 있는 모래가 바람을 타고 날아오는 현상.

黃酸(황산) 염산(鹽酸)·질산(窒酸)과 함께 강한 무기산(無機酸)의 하나.

黃色(황색) 누른빛.

黃鼠(황서) 족제비.

黃熟(황숙) 곡식·과실 등이 누렇게 익음.

黃埃(황애) 누런 먼지.

黃鶯(황앵) 꾀꼬리. 황리(黃鸝).

黃壤(황양) 1)누런 흙. 2)저승.

黃葉(황엽) 엽록소(葉綠素)가 분해되어 누렇게 된 나뭇잎.

黃玉(황옥) 누런 빛깔의 투명한 보석.

黃屋(황옥) 1)천자(天子)의 수레를 가리는 일산(日傘). 2)천자의 존칭.

黃雲(황운) 1)누런 구름. 2)벼가 누렇게 익은 넓은 벌판을 구름에 비유하는 말.

黃鉞(황월) 황금으로 장식한 도끼.

黃人種(황인종) 살갗이 누르고 머리카락이 검은 인종. 황색 인종(黃色人種).
黃雀(황작) 1)꾀꼬리. 황조(黃鳥). 2)참새의 일종. 3)부리가 노란 어린 새.
黃磧(황적) 사막(沙漠).
黃籍(황적) 호적(戶籍).
黃蝶(황접) 노랑나비.
黃庭(황정) 1)땅. 토지(土地). 2)뇌중(腦中) · 심중(心中) · 비중(脾中).
黃帝(황제) 중국 전설상의 제왕. 복희씨(伏羲氏) · 신농씨(神農氏)와 더불어 삼황(三皇)이라 함.
黃鳥(황조) 꾀꼬리.
黃塵(황진) 1)누런 먼지. 2)세속의 번거로운 일.
黃泉(황천) 1)지하의 샘. 2)저승.
黃淸(황청) 빛깔이 누르고 품질이 좋은 꿀.
黃貂(황초) 털빛이 누른 담비. 노랑담비.
黃燭(황촉) 밀초.
黃土(황토) 1)토지(土地). 대지(大地). 2)누르고 거무스름한 흙. 3)저승. 황천(黃泉). 4)적토(赤土)에서 뽑은 황적색의 안료(顔料).
黃波(황파) 누렇게 익은 보리 이삭을 물결에 비유하는 말.
黃袍(황포) 황금빛의 곤룡포(袞龍袍). 황제의 예복.
黃閤(황합) 재상(宰相)이 속해 있는 관서(官署).
黃墟(황허) 저승. 지하(地下). 구천(九天).
黃昏(황혼) 해가 져서 어둑어둑할 무렵.
黃華(황화) 1)노란 꽃. 2)국화(菊花). 황국(黃菊).
黃禍(황화) 황색 인종이 번창하여 백인종에 끼치게 될 것이라는 재화(災禍).
黃化物(황화물) 유황과 어떤 물질과의 화합물.

䵺	④ 16획	日コウ
	누른빛 강	中kàng

풀이 누른빛. 누렇다.

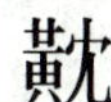	④ 16획	日コウ
	씩씩할 광	中guāng

풀이 씩씩하다. 용감하고 날랜 모양.

黈	⑤ 17획	日チュウ
	누른빛 주	中tǒu

*형성. 뜻을 나타내는 부수 '黃(누를 황)'과 음을 나타내는 '主(주인 주)'를 합친 글자.

풀이 1. 누른빛. 누렇다. 2. 귀막이솜. ¶黈纊 3. 늘이다. 더하다. ¶黈益

黈纊(주광) 귀막이솜. 임금이 불요불급(不要不急)한 말을 듣지 않도록 경계하는 것.
黈益(주익) 더하여 수량을 늘어나게 함.

黊	⑥ 18획	日キ
	밝은 황색 휴	中huà

풀이 밝은 황색. 선명한 노란색.

黗	⑧ 20획	日トン
	누른빛 돈	中tūn

풀이 누른빛. 황색.

䵳	⑨ 21획	日ウン
	얼굴 노래질 운	中yǔn

풀이 얼굴이 노래지다. 안색이 노래지다.

䵷	⑩ 22획	日コウ
	노른자 황	中huáng

풀이 노른자. 난황(卵黃).

黌	⑬ 25획	日コウ
	학교 횡	中hóng

풀이 학교. 글방. 서당. ¶黌堂

黌堂(횡당) 글방. 학교. 횡교(黌校).
黌宇(횡우) 1)학교. 2)학문을 가르치는 곳.

黍부

黍 기장 서 部

'黍'자는 술을 담그는 기장이라는 식물을 나타낸 것으로, 오곡의 하나인 '기장'을 뜻한다.

黍	⓪ 12획	日ショ · きび
	기장 서	中shǔ

*회의. '禾(벼 화)'와 '水(물 수)'를 합친 글자. 술(水)을 담그는 곡식(禾)을 나타내어 '기장'의 뜻을 나타냄.

풀이 1. 기장. 메기장. 곡식의 한 가지. ¶黍稻 2. 무게 단

12획

위. 기장 1개의 길이를 푼(分), 기장 1200개의 부피를 홉(合), 기장 100개의 무게를 수(銖)라고 함. ¶黍絫 3. 술그릇. 3되들이의 주기(酒器).

黍稻(서도) 기장과 벼.

黍絫(서루) 대단히 가벼운 무게. 서(黍)는 기장 1개, 루(絫)는 기장 10개의 무게임.

黍離之歎(서리지탄) 나라가 멸망하여 궁터가 수수밭이나 밀밭으로 변한 것을 보고 탄식함. 곧, 세상의 영고성쇠(榮枯盛衰)가 무상함을 탄식함.

黍民(서민) 모기.

黍稷(서직) 찰기장과 메기장.

黍禾(서화) 기장.

③ 15획 검을 려(여) 日 レイ·おおし·くろい 中 lí

풀이 1. 검다. 검은빛. ¶黎黑 2. 많은. 모든. ¶黎民 3. 무렵. ¶黎明 4. 늙다.

黎老(여로) 노인을 이르는 말.

黎明(여명) 날이 샐 무렵. 밝은 새벽.

黎民(여민) 백성. 서민(庶民). 여서(黎庶). 여수(黎首). 여원(黎元). 여증(黎蒸).

黎獻(여헌) 여민(黎民) 중의 현자(賢者). 어진 백성.

黎黑(여흑) 빛깔이 검음.

유 黑(검을 흑)

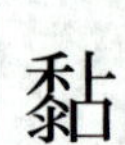

⑤ 17획 차질 점 日 デン·ネン·ねばる·ねやす 中 nián

풀이 1. 차지다. 끈기가 많다. ¶黏米 2. 달라붙다. 3. 풀. 죽.

黏膜(점막) 생물체의 내부 기관들을 싸고 있는 끈끈하고 부드러운 막의 총칭. 점막(粘膜).

黏米(점미) 찹쌀.

黏性(점성) 1)차지고 끈끈한 성질. 2)기름 등의 유체(流體)가 운동할 때 나타나는 내부 마찰.

黏液(점액) 끈끈한 성질을 가진 액체. 점막(黏膜)에서 분비되는 끈끈한 액체. 점액(粘液).

黏着(점착) 끈기 있게 착 달라붙음. 점착(粘着).

黏土(점토) 찰흙. 점토(粘土).

⑩ 22획 옥수수 토 日 とうもろこし·とうきび 中 tǎo

풀이 옥수수.

⑪ 23획 끈끈이 치·이 日 もち·とりもち 中 chī

풀이 끈끈이. 벌레나 작은 새를 잡는 데 쓰는 끈끈한 물질.

黐竿(이간) 새를 잡는 끈끈이채.

黐粘(이점) 끈끈이.

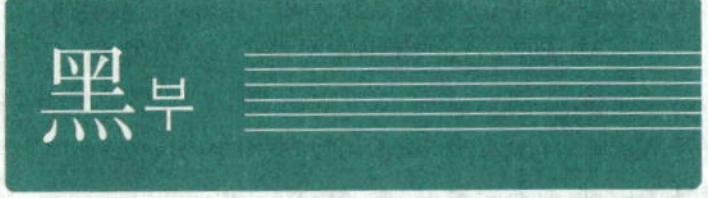

黑부

黑 검을 흑 部

'黑' 자는 굴뚝 모양과 불꽃 모양이 합쳐져 굴뚝 위로 불꽃이 타오를 때에 남겨진 색깔인 '검다'를 나타내게 되었다. 따라서 '검은색'을 주로 나타내고, 흑심(黑心)에서처럼 '나쁜 마음'이나, 암흑(暗黑)처럼 '어둡다'는 뜻으로도 사용된다.

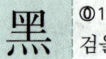

⓪ 12획 검을 흑 日 コク·くろ·くろい 中 hēi

* 회의. 불(火)을 피워 굴뚝이 검게 그을린다는 뜻이 합쳐져 '검다'의 뜻을 나타냄.

풀이 1. 검다. 검은색. 검게 되다. ¶黑色 2. 어둡다. 3. 기장. ¶黑黍 4. 밤. ¶黑夜

黑角(흑각) 물소의 뿔.

黑尻(흑고) 황새.

黑鬼子(흑귀자) 1)살빛이 검은 사람을 낮추어 이르는 말. 2)흑인.

黑奴(흑노) 흑인 노예.

黑檀(흑단) 감나뭇과에 속하는 상록교목(常綠喬木).

黑糖(흑당) 1)검은 엿. 2)흑설탕의 준말.

黑潦(흑료) 길바닥에 괸 흙탕물.

黑龍(흑룡) 몸 빛깔이 검은 용.

黑笠(흑립) 검게 옻칠한 갓. 칠립(漆笠).

黑眸(흑모) 검은 눈동자.

黑髮(흑발) 검은 머리털.

黑白(흑백) 1)검은빛과 흰빛. 2)옳은 것과 그른 것. 선악(善惡).

黑死病(흑사병) 급성 전염병의 한 가지. 오한(惡寒)·고열·두통 등이 일어남. 페스트.

黑色(흑색) 검은빛.

黑黍(흑서) 1)검은 기장. 2)옻기장.

黑心(흑심) 검은 마음. 남몰래 품은 좋지 못한 마음.
黑暗(흑암) 깜깜하고 어두움.
黑夜(흑야) 깜깜한 밤. 매우 어두운 밤.
黑煙(흑연) 검은 연기.
黑鉛(흑연) 납과 같은 광택(光澤)이 있는 검고 연한 광물. 연필심으로 쓰임.
黑曜石(흑요석) 규산이 많이 들어 있는 파리질(玻璃質)의 화산암(火山巖). 오석(烏石).
黑牛生白犢(흑우생백독) 검은 소가 흰 송아지를 낳았다는 뜻으로, 재앙이 복이 되기도 하고 복이 재앙이 되기도 함을 이르는 말.

○黑牛生白犢(흑우생백독)의 유래
송나라 어느 집에서 기르는 검은 소가 까닭도 없이 흰 송아지를 낳자 공자에게 물으니 공자는 길조라 하며 하느님께 바치라고 하였다. 그로부터 1년 후, 그의 아버지가 눈이 멀었다. 그런데 그 집소가 또 다시 흰 송아지를 낳자, 다시 공자에게 물어보니 또 길조라 하며 그 송아지로 제사를 지내라고 하였다. 그 후 그 집 아들도 눈이 멀었다. 그 뒤 초나라가 송나라를 공격하여 그들이 사는 성까지 포위를 해 전쟁이 일어나 마을 사람들의 태반이 죽었으나 이들 부자는 모두 눈이 멀었기 때문에 화를 면했다.

黑雲(흑운) 검은 구름. 먹구름.
黑月(흑월) 음력에서 달의 하반기. 곧, 15일 이후.
黑油麻(흑유마) 검은깨. 흑임자(黑荏子).
黑衣(흑의) 1)검은 옷. 검게 물들인 옷. 2)중의 옷. 3)중.
黑人種(흑인종) 살갗이 흑색 혹은 갈색인 인종.
黑荏子(흑임자) 검은깨.
黑子(흑자) 1)검은 사마귀. 2)좁은 지역. 3)바둑돌의 검은 알.
黑鳥(흑조) 까마귀.
黑質(흑질) 검은 몸.
黑甜(흑첨) 낮잠. 오수(午睡).
黑清(흑청) 빛깔이 검은 꿀.
黑齒彫題(흑치조제) 철장(鐵漿)으로 이를 검게 물들이고 이마에 문신을 함. 야만(野蠻)의 풍속.
黑炭(흑탄) 석탄의 한 가지. 무연탄과 갈탄의 중간치.
黑表(흑표) 위험 인물의 주소·성명을 적은 장부. 블랙리스트.
黑風(흑풍) 하늘이 흐린 뒤에 부는 거센 바람.
黑胡麻(흑호마) 검은깨. 흑임자(黑荏子).
黑花蛇(흑화사) 빛이 검은 뱀. 먹구렁이.

유 黎(검을 려) 玄(검을 현) 비 墨(먹 묵)

黖	① 13획	日アツ
	시커멀 알	中yà

풀이 시커멓다. 아주 검음.
黖昧(알매) 짙은 검은색. 심흑(深黑).

皯	③ 15획	日カン
	검을 간	中gǎn

풀이 1. 검다. 검은빛. 2. 기미. 기미가 끼다. 얼굴에 생기는 검은 빛의 얼룩.

黓	③ 15획	日ヨク
	검을 익	中yì

풀이 검다. 검은빛.

黔	④ 16획	
	❶검을 검	日キン·ケン·くろい
	❷귀신 이름 금	中qián

* 형성. 뜻을 나타내는 부수 '黑(검을 흑)'과 음을 나타내는 '今(이제 금)'을 합친 글자.

풀이 1 1. 검다. ¶黔突 2. 검어지다. 불에 그을다. 2 3. 귀신의 이름. ¶黔嬴

黔突(검돌) 그을려 검어진 굴뚝.
黔驢之技(검려지기) 1)사기 기량이 부족함을 몰라 욕을 봄. 2)쓸 만한 재주가 별로 없음.

○黔驢之技(검려지기)의 유래
검주(黔州)는 본래 나귀가 없는 땅이었는데, 어떤 사람이 나귀를 산 밑에 놓아 먹이게 되었다. 그 산의 호랑이가 난생 처음 나귀를 보고 처음에는 몸집이 큰 데 놀라서 주저했지만, 곧 나귀에게 다른 재주가 없다는 것을 알아차리고 결국 나귀를 잡아먹었다고 한다.

黔首(검수) 일반 백성. 서민(庶民).
黔愚(검우) 백성. 서민.
黔嬴(금영) 1)조물주(造物主)의 이름. 2)수신(水神)의 이름.

黕	④ 16획	日タン
	때 담	中dǎn

풀이 1. 때. 더러움. 2. 검다. 검은 모양.

默	④ 16획	日モク·だまる·もだす
	묵묵할 묵	中mò

丨 冂 冂 冂 曰 甲 甲 里 里 里 黑 黑 黑 黙 默 默

풀이 1. 묵묵하다. 말이 없다. 2. 조용하다. 잠잠하다.

¶默默

默契(묵계) 1)마음속으로 승낙함. 2)은연중에 뜻이 서로 통함.

默考(묵고) 묵묵히 마음속으로 생각함. 묵념(默念).

默稿(묵고) 마음속으로 짓는 시문(詩文)의 초고(草稿).

默記(묵기) 조용히 기억해 둠.

默默(묵묵) 1)아무 말 없이 잠잠한 모양. 묵연(默然). 2)조용하고 적막한 모양.

默寫(묵사) 1)보지 않고 외워서 씀. 2)마음속으로 그림의 초고를 그리는 일.

默示(묵시) 1)직접 말로써 나타내지 않고 은연중에 자시의 의사를 표시함. 2)기독교에서, 하나님이 사람에 대한 계시로 그 마음에 진리를 보여 주는 일. 계시(啓示).

默吟(묵음) 소리 없이 시가를 마음속으로 읊음.

默存(묵존) 1)말없이 생각함. 2)마음만이 어느 곳에 가 노닒.

默坐(묵좌) 말없이 앉아 있음.

默珠(묵주) 염주(念珠).

默重(묵중) 말수가 적고 몸가짐이 신중함.

默識(묵지) 1)남의 진의(眞意)를 재빨리 알아차림. 2)마음속에 기억함.

默識心通(묵지심통) 이심전심(以心傳心)으로 깨달아 터득함.

12 획

黖	④ 16획	日キ
	검을 희	中xì

풀이 1. 검다. 2. 어둡다. 분명하지 않다.

유 黑(검을 흑)

黛	⑤ 17획	日タイ · まゆずみ
	눈썹먹 대	中dài

풀이 1. 눈썹먹. ¶黛螺 2. 눈썹먹으로 그린 눈썹. ¶黛眉 3. 검푸른빛. 짙은 푸른 빛. ¶黛色

黛螺(대라) 1)화가들이 사용하는 청록색(青綠色) 안료(顔料). 2)여자의 눈썹을 그리는 먹과 소라 모양으로 쪽진 머리.

黛綠(대록) 눈썹을 그리는 먹의 빛깔이 푸름. 미인(美人)의 다른 이름.

黛面(대면) 분과 눈썹먹으로 화장한 얼굴.

黛墨(대묵) 눈썹 그리는 먹. 눈썹먹.

黛眉(대미) 눈썹먹으로 그린 눈썹.

黛色(대색) 1)눈썹먹 같은 빛. 2)먼 곳에 있는 산.

黛青(대청) 눈썹먹처럼 진한 푸른빛.

黝	⑤ 17획	日ユウ · あおぐろい
	검푸를 유	中yǒu

풀이 1. 검푸르다. ¶黝黝 2. 검게 칠하다. ¶黝堊

黝糾(유규) 1)특출(特出)한 모양. 2)숲이 둘러싼 모양.

黝牲(유생) 희생물로 바치는 검푸른 빛깔의 산 짐승.

黝儵(유숙) 번성(繁盛)한 모양.

黝堊(유악) 1)검푸르게 칠함. 2)땅을 평평하게 하여 검게 하고 담벽을 희게 칠하여 꾸미는 일.

黝藹(유애) 수목이 무성하게 자란 모양.

黝黝(유유) 1)검푸른 모양. 2)나무나 풀이 무성하여 어두컴컴한 모양.

유 黤(검푸를 암)

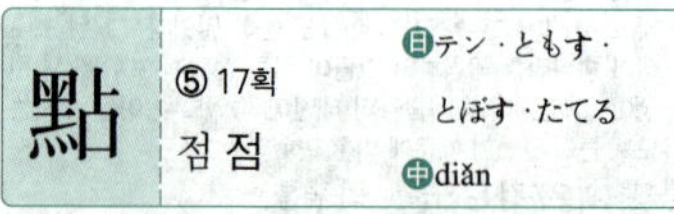

點	⑤ 17획	日テン · ともす · とぼす · たてる
	점 점	中diǎn

點 點

* 형성. 뜻을 나타내는 부수 '黑(검을 흑)'과 음을 나타내는 '占(점 점)'을 합친 글자. 이에 '검고 작은 표', 틀린 글자 등을 '검게 칠하는 일' 또는 '더럽히는 일'을 나타냄. 후에 '표시를 하다', '불을 붙이다' 등의 뜻을 나타냄.

풀이 1. 점. 흔적. 얼룩. 2. 결함. 흠. 3. 물방울. 4. 측면. 부분. ¶長點 5. 작은 조각이나 물건의 개수를 세는 단위. 6. 점수의 단위. ¶得點 7. 시간의 단위. 8. 점을 찍다. 9. 글자를 지우고 고치다. 10. 끄덕이다. 승낙하는 모양. 11. 따르다. 물을 붓다. 12. 조사하다. 점검(點檢)하다. ¶點檢 13. 더럽히다. 욕되다. ¶點化 14. 불을 붙이다. 15. 지시하다.

點勘(점감) 책 등을 읽을 때 표를 해 가며 면밀히 조사함. 일일이 조사함. 교감(校勘).

點檢矯揉(점검교유) 자기의 결점을 하나씩 찾아서 반성하고 고침.

點景(점경) 풍경화에 다른 사물을 그려 넣어서 정취를 더함.

點鬼簿(점귀부) 1)죽은 사람의 이름을 적은 장부. 2)시문(詩文)에 고인의 이름을 많이 넣는 병폐(病弊)를 비꼬는 말.

點頭(점두) 동의하거나 옳다는 뜻으로 고개를 끄덕임. 수긍(首肯).

點發(점발) 글자의 옆에 점 또는 동그라미 표를 하여 사성(四聲)을 나타냄.

點額(점액) 1)이마를 물들임. 마에 글씨를 쓰

거나 그림을 그리는 일. 2)시험에 낙제함.

點染(점염) 1)빛깔이나 성격 기질 등이 조금씩 젖어 물듦. 2)문장을 윤색(潤色)하는 일.

點辱(점욕) 1)때를 묻혀 물건을 더럽힘. 2)창피를 줌. 욕보임.

點在(점재) 점을 찍은 것처럼 여기저기에 흩어져 있음. 곳곳에 산재(散在)함.

點滴(점적) 1)처마에서 점점이 떨어지는 물방울. 2)시료(試料)에 시약(試藥)을 넣어 적정(滴定)하는 일. 낱낱의 물방울.

點睛(점정) 사람이나 짐승을 그릴 때 맨 마지막에 눈동자를 그린다는 뜻으로, 사물의 안목이 되는 가장 중요한 곳을 이루어 완성함을 이르는 말. 화룡점정(畫龍點睛).

點竄(점찬) 글을 고쳐 씀.

點鐵成金(점철성금) 1)쇳덩이를 변화시켜 황금(黃金)을 만듦. 2)이전 사람의 말을 활용(活用)하여 명작(名作)을 만듦.

點穴(점혈) 1)뜸 뜰 부위에 먹으로 점을 찍어 표하는 일. 2)풍수(風水)에서, 묏자리를 점치는 일.

點化(점화) 1)정치(政治)를 더럽힘. 2)도가(道家)에서 기존의 것을 고쳐서 새롭게 함. 3)이전 사람의 시문(詩文)을 고쳐서 참신한 맛을 불어넣음.

點火(점화) 불을 붙임.

비 **䩞**(메기 점)

黈	⑤ 17획	日キツ
	점 주	中zhǔ

풀이 점. 구두점. 또는 한자 필획의 점.

黜	⑤ 17획	日チュツ·しりぞける
	물리칠 출	中chù

풀이 1. 물리치다. 물러나다. 내쫓다. ¶黜陟 2. 떨어뜨리다. 관직을 강등(降等)시키다. ¶黜免 3. 없애다. 버리다.

黜遣(출견) 내쫓음. 출방(黜放).

黜教(출교) 교리를 어긴 교인(教人)을 교적(教籍)에서 삭제하여 내쫓음.

黜棄(출기) 물리치고 내버림. 출폐(黜廢).

黜嫚(출만) 내쫓고 업신여김. 출만(黜慢).

黜免(출면) 관직을 파면(罷免)하여 내쫓음.

黜剝(출박) 관직을 박탈하고 물리침.

黜罰(출벌) 관직을 파면하고 벌을 내림.

黜削(출삭) 관위(官位)를 박탈당하고도 무관(無官)으로 종군하여 충성을 다함. 백의종군(白衣從軍)하는 일.

黜辱(출욕) 욕을 보이고 물러나게 함.

黜遠(출원) 물리쳐 멀리함.

黜責(출책) 물리치고 견책함.

黜斥(출척) 물리쳐 쓰지 않음.

黜陟(출척) 못된 사람을 물리치고, 착한 사람을 등용함. 출승(黜升).

黜退(출퇴) 직(職)에서 내쫓음.

黜學(출학) 퇴학(退學).

黜會(출회) 단체나 모임에서 내쫓음.

유 **却**(물리칠 각)

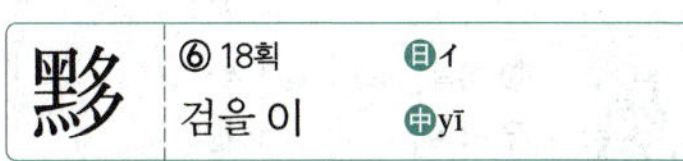

黟	⑥ 18획	日イ
	검을 이	中yī

풀이 1. 검다. 검은빛. ¶黟然 2. 흑단(黑檀). 감나뭇과에 속한 열대 상록 교목.

黟然(이연) 검은 모양.

黠	⑥ 18획	日キツ
	약을 할 · 힐	中xiá

풀이 1. 약다. 슬기롭다. 영리하다. ¶黠兒 2. 교활하다.

黠奴(할노) 1)노비(奴婢)의 다른 이름. 2)교활한 놈. 나쁜 놈. 남을 욕하여 이르는 말.

黠鼠(할서) 1)쥐. 2)약삭빠르고 교활한 사람.

黠兒(할아) 꾀 많은 아이. 영리한 아이.

黠慧(할혜) 꾀가 많음. 약음.

黠猾(할회) 교활함. 간교(奸巧)함.

黰	⑦ 19획	日マン
	캄캄할 맘	中wǎn

풀이 1. 캄캄하다. 2. 어둠 속을 가다.

黴	⑦ 19획	日マイ
	검을 매	中měi

풀이 검다. 피부가 거무스름함.

黥	⑧ 20획	日ゲイ·ケイ·いれずみ
	자자 경	中qíng

풀이 자자(刺字). 묵형(墨刑). 얼굴에 죄명(罪名)을 문신하여 새겨 넣는 형벌. ¶黥面

黥徒(경도) 묵형(墨刑)을 받은 죄인(罪人).

黥面(경면) 얼굴에 입묵(入墨)함. 또는 그 얼굴.
黥辟(경벽) 경죄(黥罪).
黥首(경수) 이마에 입묵(入墨)하는 형벌. 또는 그 이마.
黥罪(경죄) 이마에 입묵(入墨)하는 죄.

䵬	⑧ 20획 검을 답	日トウ 中tà

풀이 1. 검다. 2. 멋대로 굴다. 방종하다.

비 踏(밟을 답)

黨	⑧ 20획 무리 당	日トウ・なかま 中dǎng

* 형성. 뜻을 나타내는 부수 '黑(검을 흑)'과 음을 나타내는 '尙(오히려 상)'을 합친 글자. '尙'은 높은 창문에서 연기가 나가는 모양을 나타내고, '黑'은 창문에 붙은 그을음을 나타냄. 이에 연기 나는 창문에 그을음이 뭉쳐서 '검게 묻다', '똑똑하지 않다'의 뜻이 됨. 후에 사람들이 많이 모이는 '모임'이나, '같은 목적으로 모이는 사람들'이란 뜻을 나타냄.

풀이 1. 무리. 동아리. ¶黨人 2. 마을. ¶鄕黨 3. 일가. 친족. 4. 기울다. 편파적이다. 5. 돕다. 서로 도와 잘못을 감추다. 6. 아첨하다. 7. 반복하여. 거듭. 8. 장소. 9. 바르다. 정직하다.

黨同伐異(당동벌이) 옳고 그름에 관계없이 자기와 같은 무리의 사람을 무조건 돕고 반대자를 공격하는 일.
黨閥(당벌) 같은 당파끼리 굳게 단결하여 동료만을 위하고 남을 배척하는 일.
黨朋(당붕) 같은 무리. 동료. 붕당(朋黨).
黨人(당인) 1)같은 당파의 사람. 2)같은 향리(鄕里)의 사람.
黨引(당인) 도당(徒黨)을 짜 서로 끌어들이는 일.
黨正(당정) 올곧고 선함.
黨見(1.당현/2.당견) 1)거듭 나타남. 2)당의 의견.

유 徒(무리 도) 衆(무리 중) 屬(무리 속)

黧	⑧ 20획 검을 리(이)·려	日レイ 中lí

풀이 검다. 검누렇다. ¶黧顔

黧顔(이안) 검은 얼굴.
黧黃(이황) 꾀꼬리의 다른 이름.
黧黑(이흑) 거무스레하고 누른빛. 초췌한 얼굴.

黤	⑧ 20획 검푸를 암	日アン・あおぐらい 中yǎn

풀이 1. 검푸르다. 검푸른빛. ¶黤黮 2. 어둡다. 3. 문득. 갑자기.

黤黮(암담) 1)밝지 않음. 2)매우 어둡고 캄캄함. 3)검은 모양.

유 黝(검푸를 유)

黦	⑧ 20획 ❶검을 울 ❷퇴색할 알	日ウツ 中yè, yuè

풀이 ❶ 1. 검다. 검누렇다. ❷ 2. 퇴색하다. 얼룩지다.

䵭	⑧ 20획 필세 치	日チ 中zhǐ

풀이 필세(筆勢). 초서(草書)의 획에 드러난 기세.

黮	⑨ 21획 ❶오디 심 ❷검을 담 ❸어두울 탐	日タン 中dàn, shèn, tǎn

풀이 ❶ 1. 오디. 뽕나무의 열매. ❷ 2. 검다. 새까맣다. ¶黮黮 ❸ 3. 어둡다. 컴컴한 모양. ¶黮闇

黮黮(담담) 검은 모양.
黮闇(탐암) 어두운 모양.

黫	⑨ 21획 검을 안·인	日アン 中yān

풀이 검다. 검은빛.

黯	⑨ 21획 어두울 암	日アン・くらい 中àn

풀이 1. 어둡다. 검다. ¶黯淡 2. 슬퍼하다. ¶黯然

黯淡(암담) 어둑어둑함. 침침함.
黯湛(암담) 어둠침침하고 깊숙함.
黯黮(암담) 1)구름이 끼어 어두운 모양. 2)실망(失望)의 뜻.

12획

黯漠(암막) 검푸름. 어둠침침함.
黯然(암연) 1)분명하지 않음. 애매함. 2)실의에 잠긴 모양.
黯黑(암흑) 1)어둠. 2)검음.
유 暗(어두울 암)

黭	⑨ 21획	日アン
	검을 암	中yǎn

풀이 1. 검다. 어둡다. ¶黭黯 2. 돌연. 별안간. ¶黭然
黭黮(암담) 검은 모양.
黭然(암연) 갑자기. 별안간.
黭黯(암암) 과일 등이 상해서 검은 모양.
黭淺(암천) 우매하고 천박함.

黬	⑨ 21획	日アン
	검댕 암	中jiān

풀이 검댕. 불 주위에 생기는 그을음.

黰	⑩ 22획	日シン
	검은 머리 진	中zhěn

풀이 검은 머리. 검고 탐스러운 머리털. ¶黰黑
黰黑(진흑) 검고 탐스러운 머리털.

黴	⑪ 23획	日ビ·かび·かびる
	곰팡이 미	中méi

풀이 1. 곰팡이. ¶黴菌 2. 곰팡이가 생기다. 곰팡이가 피어 썩다. 3. 때가 끼다. 때가 낀 색. ¶黴黑
黴菌(미균) 사람 몸에 해를 끼치는 세균(細菌). 박테리아.
黴瘠(미척) 때가 끼고 초췌함.
黴黑(미흑) 때가 끼어 빛이 검음.
비 微(작을 미) 徵(부를 징)

黳	⑪ 23획	日エイ
	주근깨 예	中yī

풀이 주근깨.

黲	⑪ 23획	
	검푸르죽죽	日サン
	할 참	中cǎn

풀이 1. 검푸르죽죽하다. 검다. ¶黲黲 2. 썩다. 썩은 검은 빛깔.
黲黷(참독) 검고 더러운 모양.
黲黲(참참) 거무스름함. 일에 실패(失敗)했을 때의 얼굴빛.

黵	⑬ 25획	日タン
	자자 담	中zhǎn

풀이 1. 자자(刺字). 묵형(墨刑). 얼굴에 죄명을 문신하는 형벌. 2. 검게 칠하다. 먹칠하여 지우다. ¶黵改 3. 때가 묻다. 더러워지다.
黵改(담개) 지우고 고침.
黵面(담면) 자자(刺字). 얼굴에 문신을 함.

黶	⑭ 26획	
	❶사마귀 염	日アン·エン·ほくろ
	❷검은반점 암	中yǎn

풀이 1 1. 사마귀. 2. 검다. 속이 시꺼멓다. ¶黶翳 2 3. 검은 반점(斑點).
黶然(염연) 감추어 두는 모양.
黶翳(염예) 어둠으로 뒤덮인 모양. 또는 쓸쓸한 모양.

黷	⑮ 27획	日トク·けがす·けがれる
	더럽힐 독	中dú

*형성. 뜻을 나타내는 부수 '黑(검을 흑)'과 음을 나타내는 賣(행상할 육)'을 합친 글자.

풀이 1. 더럽히다. 더럽다. 2. 때를 묻히다. 욕되게 하다. 3. 더럽혀지다. 문란해지다. 4. 스스럼없다. 친하여 버릇없이 굴다.
黷武(독무) 함부로 군사를 일으켜 무덕(武德)을 손상시킴. 이유 없는 전쟁을 일으킴.
黷煩(독번) 남에게 폐를 끼침.
黷祭(독제) 제사 지내서는 안 되는 신(神)에게 아첨하여 제사 지냄.
黷貨(독화) 1)부정한 재물을 취함. 2)금전을 남용함.
유 汚(더러울 오)

黸	⑯ 28획	日ロ
	검을 로	中lú

풀이 검다. 새까맣다. 검은빛.
유 黧(검을 리) 黮(검을 담)

黹 부

黹 바느질 치 部

'黹' 자는 바느질하여 수를 놓은 도안의 모양을 나타낸 글자로, '바느질하다'는 뜻을 갖게 되었는데, 여기에는 '바느질하여 수놓은 옷'이라는 뜻도 포함된다. 이 글자를 부수로 갖는 글자는 바느질과 관계가 있다.

黹	⓪ 12획	日 チ·ぬいとり·ぬう
	바느질할 치	中 zhǐ

풀이 1. 바느질하다. 2. 수놓다. 수놓은 옷.

유 縫(꿰맬 봉)

黻	⑤ 17획	日 フツ·あや
	수 불	中 fú

풀이 1. 수(繡). 두 개의 '弓' 자 또는 '己' 자가 서로 등을 대고 있는 모양의 수. ¶黻衣 2. 슬갑(膝甲). 폐슬(蔽膝). 고대의 예복 위에 껴입던 가죽 무릎 덮개.

黻冕(불면) 가죽으로 만든 폐슬(蔽膝)과 관(冠). 제복(祭服)을 이르는 말.

黻文(불문) '弓' 자 또는 '己' 자가 서로 등진 모양의 무늬.

黻黼(불보) 천자(天子)의 예복.

黻衣(불의) 불문(黻文)이 들어간 옛날의 제복(祭服).

黼	⑦ 19획	日 フ·ホ·あや
	수 보	中 fǔ

풀이 1. 수(繡). 또는 아름답게 수놓은 옷. ¶黼裘 2. 고대 천자의 예복. ¶黼衣

黼裘(보구) 어린 양과 여우의 겨드랑이 털가죽으로 만들어, 자루 없는 도끼 무늬를 수놓은 천자의 수렵복(狩獵服).

黼冕(보면) 흑백(黑白)의 자루 없는 도끼 모양의 수를 놓은 예복(禮服)과 예관(禮冠).

黼黻(보불) 1)옛날 천자의 예복(禮服)의 치마같이 만든 자락에 놓은 수(繡)의 이름. 불보(黻黼). 2)화려하게 수식한 문장(文章).

黼衣(보의) 자루 없는 도끼 모양의 수를 놓은 천자의 예복(禮服).

黼扆(보의) 자루 없는 흑백의 도끼 모양을 수놓은 붉은 바탕의 비단 병풍. 천자의 자리 뒤쪽에 침. 보의(黼依).

黼帳(보장) 자루 없는 흑백(黑白)의 도끼 모양을 수놓은 천자의 휘장.

黼座(보좌) 보의(黼扆) 앞에 천자가 앉는 자리. 옥좌(玉座).

黺	⑪ 23획	日 ショウ
	오색빛 초	中 chǔ

풀이 오색빛. 오색이 선명하다.

❖ 잘못 쓰기 쉬운 한자어

- 산수갑산(×) ⇨ 삼수갑산(三水甲山) : 함경도에 있는 지세가 험한 삼수와 갑산.
- 야밤도주(×) ⇨ 야반도주(夜半逃走) : 한밤중에 몰래 달아남.
- 절대절명(×) ⇨ 절체절명(絶體絶命) : 궁지에 몰려 살아날 길이 없게 된 막다른 처지.
- 전입가경(×) ⇨ 점입가경(漸入佳境) : 들어갈수록 점점 더 재미있는 경지.
- 풍지박산(×) ⇨ 풍비박산(風飛雹散) : 사방으로 날아 흩어짐.
- 양수겹장(×) ⇨ 양수겸장(兩手兼將) : 장기판에서 두 개의 말이 동시에 장을 부르게 되는 일.
- 안주일절(×) ⇨ 안주일체(按酒一切) : 술안주가 여러 가지 준비되어 있다는 뜻.

주로 사기나 흥분을 부추기기 위해 사용되었기 때문에 '부추기다', '고무시키다'를 나타내기도 하고, 사기가 올라가면 사람의 맥박이 뛰기 때문에 '맥박'을 나타내기도 한다.

鼓	⓪13획 북 고	日コ・つづみ 中gǔ

一 十 士 士 吉 吉 吉 吉 壴 壴 壴 鼓 鼓

풀이 1. 북. 2. 북을 치다. ¶鼓手 3. 거문고 등을 타다. 연주하다. 4. 치다. 두드리다. 5. 맥박(脈搏). 6. 곡식을 되는 그릇. 7. 시보(時報). 시각을 알리는 북. 8. 북돋우다. 부추기다. ¶鼓吹

鼓角(고각) 군대에서 명령을 내릴 때 쓰는 북과 뿔피리.

鼓琴(고금) 거문고를 연주함.

鼓怒(고노) 1)크게 성냄. 격노(激怒). 2)물이 세차게 파도를 일으킴.

鼓湍(고단) 세찬 소리를 내며 흐르는 여울.

鼓刀(고도) 칼을 두드려서 소리를 냄. 칼을 놀려 가축을 잡거나 요리하는 것을 비유하는 말.

鼓舞(고무) 격려하여 용기를 북돋음.

鼓排(고배) 풀무. 또는 풀무질을 함.

鼓腹擊壤(고복격양) 배를 두드리고 땅을 친다는 뜻으로, 백성들이 태평성대를 즐기는 모양을 이르는 말.

鼓腹擊壤(고복격양)의 유래

어느 날, 요임금은 미복(微服)을 하고 민정(民情)을 살피러 나갔다. 한 노인이 배불리 밥을 먹고 손으로 배를 두드리고 발로 땅을 구르며 흥겹게 노래를 부르고 있었다. "해가 뜨면 일하고 해가 지면 쉬네. 밭을 갈아 먹고 우물을 파서 마시니, 임금의 힘이 내게 무슨 소용 있겠는가." 이는 백성들이 정치를 잊어버릴 정도로 정치가 잘 되고 있다는 뜻으로, 요임금은 크게 기뻐하였다. 《십팔사략(十八史略)》 제요편(帝堯篇)

鼓桴(고부) 북을 치는 채. 북채.

鼓盆(고분) 아내와 사별함. 장자(莊子)의 아내가 죽었을 때 장자가 그릇을 두드리며 노래를 불렀다는 고사에서 나온 말.

鼓扇(고선) 격려하며 부추김. 선동함.

鼓舌(고설) 혀를 놀림. 신나게 떠듦.

鼓手(고수) 북을 치는 사람.

鼓瑟(고슬) 1)북과 비파. 2)비파를 연주함.

鼓樂(고악) 북을 쳐서 음악을 연주함.

鼓枻(고예) 1)노를 저음. 2)노로 뱃전을 치며 노래의 박자를 맞춤.

鼓勇(고용) 격려하여 용기를 갖게 함.

鼓翼(고익) 새가 날개를 침.

鼓作(고작) 1)북을 쳐서 힘을 냄. 2)물이 소용돌이침.

鼓譟(고조) 북을 치며 함성을 지름.

鼓唱(고창) 1)노래・구호 등을 큰 소리로 부르거나 외침. 2)자신의 의견을 강력히 주장함.

鼓吹(고취) 1)북을 치며 피리를 붊. 2)격려함. 고무함. 3)사상・의견 등을 강력히 주장하여 널리 선전함.

鼓鐸(고탁) 군대에서 사용하는 북과 방울.

鼓篋(고협) 북을 쳐서 학생을 모아 놓고 상자에서 책을 꺼낸다는 뜻으로, 학교에서 공부를 시작하는 일, 또는 취학(就學)함을 이르는 말.

비 鼔(북 칠 고)

鼔	⓪13획 북 칠 고	日コ・つづみ 中gǔ

* 회의. '壴(북 주)'와 '攴(두드릴 복)'의 합자. 북(壴)을 두드리는(攴) 것을 나타냄.

풀이 1. 북을 치다. 2. 거문고 등을 타다. 연주하다. 3. 두드리다. 치다. 4. 키로 까부르다.

비 鼓(북 고)

鼕	⑤18획 북소리 동	日トウ 中dōng

풀이 북소리. ¶鼕鼓

鼕鼓(동고) 1)북소리. 2)북을 울림.

鼕鼕(동동) 1)북소리. 2)좋은 향기가 나는 모양.

⿱付鼓	⑤18획 떠들썩할 부	日フ 中fǔ

풀이 1. 떠들썩하다. 군중(軍中)이 떠들썩한 모양. 2. 북소리.

鼗	⑥19획 땡땡이 도	日ふりつづみ 中táo

풀이 땡땡이. 북 자루를 돌리면 북의 양쪽 끈에 단 구슬이 북면을 치게 만든 북. ¶鼗鼓

鼗鼓(도고) 북 자루를 쥐고 흔들면, 북의 옆에 달아 놓은 끈에 달린 작은 구슬이 북을 쳐서 소리를 내는 작은 북. 땡땡이.

鼗響(도향) 도고(鼗鼓)의 소리. 땡땡이 소리.

鼖	⑥19획 큰 북 분	日ホン 中fén

풀이 큰 북. 군중(軍中)에서 쓰는 북의 하나.

鼖晉(분진) 군대(軍隊)에서 쓰는 큰 북과 진고(晉鼓).

鼛	⑧ 21획 큰북 고	日コ 中gāo

풀이 큰 북. 역사(役事)의 시작과 끝을 알리던 신호용 북.

鼛鼓(고고) 역사(役事)의 시작과 끝을 알리던, 길이 12척의 큰 북.

鼙	⑧ 21획 마상고 비	日ヒ 中pí

풀이 1. 마상고(馬上鼓). 기병(騎兵)이 공격의 신호로 치던 북. ¶鼙鼓 2. 작은 북. 소고(小鼓). 3. 비파. 동양의 현악기의 한 가지.

鼙鼓(비고) 전쟁 때 기병(騎兵)이 마상(馬上)에서 치는 북. 전고(戰鼓).

鼙婆(비파) 비파(琵琶)의 다른 이름.

鼘	⑧ 21획 북소리 연	日エン 中yuān

풀이 북소리.

鼘鼘(연연) 북소리.

鼜	⑩ 23획 야경북 척	日セキ 中qì

풀이 야경북. 야경(夜警)을 돌 때 치는 북.

鼞	⑪ 24획 북소리 당	日トウ 中tāng

풀이 북소리.

鼟	⑫ 25획 북소리 등	日トウ 中tēng

풀이 북소리.

隆鼓	⑫ 25획 북소리 륭·동	日リュウ 中lóng

풀이 북소리.

鼠 부

鼠 쥐 서 部

'鼠' 자의 윗부분은 쥐의 머리로 이빨이 강조된 모양이고, 아랫부분은 쥐의 발과 배, 꼬리를 나타내어, 하나의 '쥐'를 뜻한다. 쥐는 사람에게 큰 피해를 준다고 하여 임금의 곁에서 해를 끼치는 '간신'을 비유할 때 쓰이기도 한다.

鼠	⓪ 13획 쥐 서	日ソ·ショ·ねずみ 中shǔ

* 상형. 쥐의 이빨과 몸을 본뜬 글자.

풀이 1. 쥐. 간신배나 좀도둑을 비유하기도 함. ¶鼠婦 2. 근심하다. ¶鼠思

鼠肝蟲臂(서간충비) 쥐의 간과 벌레의 팔이라는 뜻으로, 신분이 매우 천하여 취할 바가 못 되는 사람을 비유하는 말.

鼠遁(서둔) 쥐처럼 살금살금 도망침.

鼠狼(서랑) 족제비.

鼠目(서목) 1)탐욕스러운 눈매. 2)견해(見解)가 좁은 모양.

鼠樸(서박) 1)쥐의 말린 고기. 2)쓸모없는 물건을 비유하는 말.

鼠伏(서복) 쥐처럼 납작 엎드려 숨음.

鼠婦(서부) 쥐며느리.

鼠思(서사) 근심함. 또는 근심이나 걱정.

鼠牙(서아) 1)쥐의 어금니. 2)포악한 것을 비유하는 말.

鼠壤(서양) 부드럽고 덩어리지지 않은 흙.

鼠疫(서역) 흑사병(黑死病). 페스트.

鼠賊(서적) 좀도둑.

鼠竊狗偸(서절구투) 쥐나 개처럼 훔침. 좀도둑. 서적(鼠賊).

鼠竄(서찬) 쥐처럼 달아나 숨음.

鼠蹊(서혜) 샅. 사타구니.

鼩	③ 16획 석서 작·표	日シャク 中bào, jué

풀이 석서(鼫鼠). 다람쥣과의 동물. 꼬리털로는 붓을 만듦.

鼢	④ 17획 두더지 분	日もぐら 中fén

풀이 두더지.

유 鼴(두더지 언)

鼩 ⑤ 18획 日はつかねずみ
생쥐 구 中qú

풀이 생쥐.

유 鼱(생쥐 정)

鼪 ⑤ 18획 日いたち
족제비 생 中shēng

* 형성. 뜻을 나타내는 부수 '鼠(쥐 서)'와 음을 나타내는 '生(날 생)'을 합친 글자.

풀이 1. 족제비. 2. 날다람쥐. ¶鼪鼬

鼪鼬(생유) 1)족제비. 2)날다람쥐.

鼪鼬之逕(생유지경) 날다람쥐나 족제비가 다니는 좁은 길이란 뜻으로, 산이나 계곡의 작고 좁은 길을 이르는 말.

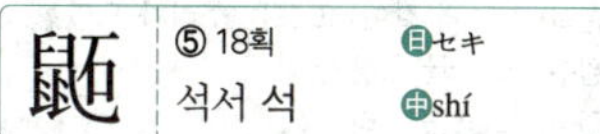

鼫 ⑤ 18획 日セキ
석서 석 中shí

풀이 1. 석서(鼫鼠). 다람쥣과의 작은 동물. 2. 날다람쥐. 3. 땅강아지. 땅강아짓과의 곤충으로, 땅 속을 뚫고 다니는 해충.

鼫鼠(석서) 1)날다람쥐. 2)다람쥐. 3)땅강아지.

鼬 ⑤ 18획 日いたち
족제비 유 中yòu

풀이 족제비.

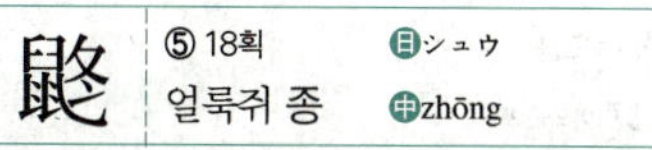

鼨 ⑤ 18획 日シュウ
얼룩쥐 종 中zhōng

풀이 얼룩쥐.

유 鼮(얼룩쥐 정)

鼯 ⑦ 20획 日ゴ·むささび·ももんが
날다람쥐 오 中wú

풀이 날다람쥐.

鼯鼠五能(오서오능) 날다람쥐의 다섯 가지 재주라는 뜻으로, 재주는 많아도 쓸모가 없음을 비유하는 말.

鼯鼬(오유) 날다람쥐와 족제비.

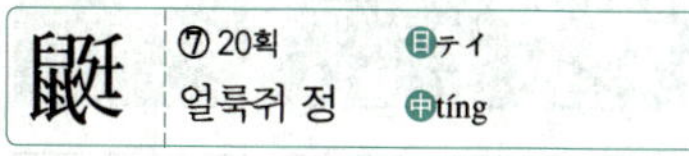

鼮 ⑦ 20획 日テイ
얼룩쥐 정 中tíng

풀이 얼룩쥐.

유 鼨(얼룩쥐 종)

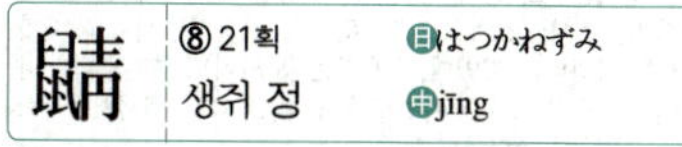

鼱 ⑧ 21획 日はつかねずみ
생쥐 정 中jīng

풀이 생쥐.

鼱鼩(정구) 생쥐. 구정(鼩鼱). 혜서(鼷鼠).

유 鼷(생쥐 혜)

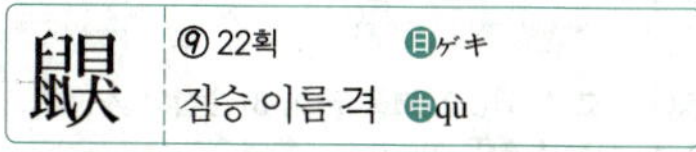

鼳 ⑨ 22획 日ゲキ
짐승 이름 격 中qù

풀이 1. 짐승 이름. 모습은 돼지와 비슷하며, 크기는 물소처럼 큰 동물. 2. 쥐. 나무 위에서 사는 큰 쥐.

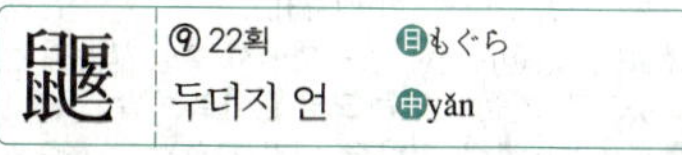

鼴 ⑨ 22획 日もぐら
두더지 언 中yǎn

풀이 두더지.

鼴鼠(언서) 두더지.

유 鼢(두더지 분)

鼷 ⑩ 23획 日はつかねずみ
생쥐 혜 中xī

풀이 생쥐.

유 鼱(생쥐 정)

鼺 ⑮ 28획 日むささび·ももんが
날다람쥐 루 中léi

풀이 날다람쥐.

鼻 부

鼻 코 비 部

'鼻' 자는 '自(스스로 자)' 에 '畀(줄 비)' 를 더하여 코를 뜻하게 된 글자로, 원래 '自' 가 코 모양을 나타내어 '코' 로 쓰이다가, 후에 '스스로' 라는 뜻으로 전용되면서 '鼻' 자가 '코' 를 나타내게 되었다. '코' 라는 뜻 외에도 '코를 꿰다' 나 '손잡이' 의 뜻으로 쓰이기도 하고 비조(鼻祖)에서처럼 '시작', '시초' 를 뜻하기도 한다.

鼻	⓪ 14획	日 ビ·はな
	코 비	中 bí

풀이 1. 코. ¶鼻孔 2. 코를 꿰다. 3. 손잡이. 4. 시초. 최초. 시작. ¶鼻祖

鼻莖(비경) 비량(鼻梁).
鼻孔(비공) 콧구멍.
鼻竅(비규) 콧구멍. 비공(鼻孔).
鼻頭出火(비두출화) 콧구멍에서 불을 뿜는다는 뜻으로, 기운이 있는 모양을 이르는 말.
鼻梁(비량) 콧대. 콧마루. 비경(鼻莖).
鼻門(비문) 콧구멍의 입구.
鼻笑(비소) 코웃음. 냉소(冷笑). 비웃음.
鼻息(비식) 1)콧숨. 2)다른 사람의 기분. 다른 사람의 의향(意向).
鼻哂(비신) 코웃음을 침. 냉소함.
鼻如口(비여구) 코와 입이 같음. 무념무아(無念無我)의 상태에서, 감각의 활동을 망각함.
鼻炎(비염) 비강점막의 염증.
鼻飮(비음) 코로 물 등을 마심.
鼻洟(비이) 콧물.
鼻祖(비조) 어떤 일을 처음으로 일으킨 사람. 창시자(創始者).
鼻柱(비주) 콧대. 콧마루. 비량(鼻梁).
鼻涕(비체) 콧물. 비액(鼻液).
鼻下政事(비하정사) 코앞에 닥친 일만 처리하는 정사라는 뜻으로, 겨우 먹고 살아가는 일을 비유하는 말. 또는 임시적인 미봉(彌縫)의 정치를 이르는 말.
鼻鼾(비한) 코 고는 소리.
鼻血(비혈) 코피.
鼻燻(비훈) 불에 태우거나 높은 열을 가한 약의 훈기(薰氣)를 콧구멍에 쐬는 일.

齅	② 16획	
	❶ 매부리코 교	日 わしばな·ししばな
	❷ 들창코 규	中 yào

풀이 ❶ 1. 매부리코. ❷ 2. 들창코.

鼽	② 16획	日 キュウ
	코 막힐 구	中 qiú

풀이 1. 코가 막히다. 2. 콧물이 흐르다. ¶鼽窒 3. 광대뼈.

鼽窒(구질) 코가 막힘. 비질(鼻窒).
鼽嚏(구체) 코가 막혀 재채기를 함.

鼾	③ 17획	日 カン·いびき
	코고는소리 한	中 hān

풀이 코를 고는 소리.

鼾雷(한뢰) 천둥과 같이 코 고는 소리가 요란함.
鼾睡(한수) 코를 골며 잠을 잠.
鼾息(한식) 코 고는 소리.

齆	④ 18획	日 はなぢ
	코피 뉵	中 nǜ

풀이 코피.

유 衄(코피 뉵)

鼩	⑤ 19획	日 にきび
	여드름 포	中 pào

풀이 여드름.

유 皰(여드름 포)

齁	⑤ 19획	日 いびき·わしばな
	코고는소리 후	中 hōu

풀이 코 고는 소리. ¶齁睡

齁睡(후수) 코를 골며 잠.
齁齁(후후) 코로 숨쉬는 소리. 또는 코 고는 소리.

齂	⑧ 22획	日 いびき
	코고는소리 희	中 xiè

풀이 코 고는 소리. 코로 숨 쉬는 소리.

齃	⑨ 23획	日はなばしら
	콧대 알	中è

풀이 콧대. 콧마루.

齅	⑩ 24획	日かぐ
	냄새 맡을 후	中xiù

풀이 냄새를 맡다.

齇	⑪ 25획	日ざくろばな
	주부코 사	中zhā

풀이 주부코. 비사증으로 붉은 점이 생긴 코.

齈	⑬ 27획	日はなしる
	콧물 농	中nòng

풀이 콧물.

유 洟(콧물 이)

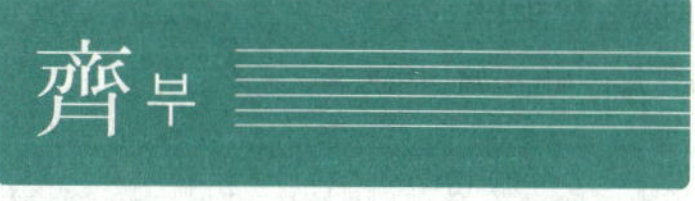

齊 부

齊 가지런할 제 部

'齊' 자는 곡물의 이삭이 같은 높이로 가지런히 자란 모양을 나타내어 '가지런하다'는 뜻을 갖는다. 이 글자는 여러 음으로 읽히는데, '제'로 읽을 때는 '가지런하다'나 '모두'의 뜻을 나타내고, '재'로 읽을 때는 '재계하다'나 '상복'을 뜻한다. 또 '자'로 읽을 때는 '옷자락'을 나타내며 '전'으로 읽을 때는 '자르다'는 뜻이 된다.

齊	⓪ 14획	
	❶가지런할 제	日セイ・ひとしい
	❷옷자락 자	中qí
	❸재계할 재	
	❹자를 전	

齊 齊

* 상형. 곡물의 이삭이 가지런히 자란 모양을 본뜬 글자.

풀이 ❶ 1. 가지런하다. 같다. 가지런하게 하다. 같게 하다. ¶齊家 2. 갖추다. ¶齊莊 3. 모두. 일제히. ¶齊年 4. 가운데. 5. 바르다. 평정하다. 6. 나누다. 7. 삼가다. 엄숙하다. ¶齊肅 8. 재빠르다. 9. 부지런하다. 10. 배꼽. 11. 오르다. 12. 제한. ¶齊限 13. 섞다. 조합하다. 14. 제나라. ㉠주나라의 제후국으로 전국 칠웅(七雄) 중 하나. ㉡남북조 시대 남조(南朝)의 한 왕조(479~502). ㉢남북조 시대 북조(北朝)의 한 왕조(550~577). ❷ 15. 옷자락. ❸ 16. 재계하다. 17. 경건하게 하다. 엄숙하게 공경하다. 18. 상복(喪服). ❹ 19. 잘라내다.

齊戒(재계) 의식 등을 치르기 위하여 몸과 마음을 깨끗이 하고 부정한 일을 멀리함. 재계(齋戒).

齊明(1.재명/2.자명) 1)㉠재계(齋戒)하여 마음을 바르게 함. ㉡치우침이 없이 공명정대(公明正大)함. 2)제기(祭器)에 담은 곡식.

齊疏(재소/자소) 굵은 베로 아랫단을 좁게 접어 꿰맨 상복(喪服). 재최(齊衰).

齊衰(재최/자최) 거친 베로 아랫단을 좁게 접어 꿰맨 상복(喪服). 재소(齊疏).

齊家(제가) 집안을 잘 다스려 바로잡음. 치가(治家).

齊敬(제경) 몸과 마음을 깨끗이 하고 삼감. 삼가고 공경함.

齊契(제계) 1)모두 서약함. 또는 그 사람. 2)마음을 같이하는 사람.

齊恭(제공) 공경하고 삼감.

齊叫(제규) 여러 사람이 일제히 함성을 울림.

齊給(제급) 1)빠르게 응(應)함. 빨리 공급함. 2)변설(辯說). 3)금품 등을 고르게 나누어 줌.

齊年(제년) 같은 해에 진사(進士)에 급제(及第)한 사람.

齊岱(제대) 중국 산동성(山東省)에 있는 태산(泰山)의 다른 이름. 동악(東嶽).

齊等(제등) 같음. 평등함.

齊盟(제맹) 함께 맹세함.

齊物(제물) 평등한 견지(見地)에서 만물을 관찰함.

齊眉之案(제미지안) 삼가 남편을 섬기는 일. 후한(後漢) 양홍(梁鴻)의 처 맹광(孟光)이 남편을 공경하여 밥상을 눈썹 높이만큼 받쳐든 고사에서 온 말.

齊民(제민) 1)백성을 잘 다스림. 2)서민(庶民). 평민(平民).

齊聖(제성) 신중하고 현명함. 빠르고 사리에 통함.

齊遬(제속) 삼감. 공손함.

齊肅(제숙) 엄숙하게 삼감. 경건(敬虔)하고 엄숙함. 제엄(齊嚴).

齊心(제심) 마음을 함께함.

14 획

齊如(제여) 엄숙하고 근신하는 모양.
齊列(제열) 가지런히 늘어섬.
齊栗(제율) 몸을 단정히 하고 언행을 삼가함. 제율(齊慄).
齊一(제일) 똑같이 가지런함. 균일(均一).
齊莊(제장) 엄숙함. 예의를 갖추어 삼감.
齊正(제정) 가지런하고 바름. 또는 바르게 정제(整齊)함.
齊整(제정) 정돈하여 가지런히 정돈함.
齊齊(제제) 1)공경하고 삼가는 모양. 2)가지런하게 정돈된 모양.
齊進(제진) 여럿이 함께 나아감. 가지런히 함.
齊唱(제창) 여러 사람이 일제히 노래를 부름.
齊楚(제초) 정제(整齊)되어 아름다움.
齊吹(제취) 여러 사람이 일제히 피리를 붊.
齊齒(제치) 가지런히 늘어섬. 제열(齊列).
齊平(제평) 1)같음. 동등함. 2)정돈되어 가지런한 일.
齊限(제한) 한계(限界). 한도(限度).

비 齋(재계할 재)

齋	③ 17획 재계할 재	日サイ·いわう·いつく 中zhāi

* 형성. 뜻을 나타내는 동시에 음을 나타내는 부수 '齊(가지런할 제)'와 '신을 모시는 일'을 뜻하는 '示(보일 시)'를 합친 글자. 신에게 제사 지낼 때 '몸을 깨끗하게 한다'는 뜻으로 쓰임.

풀이 1. 재계(齋戒)하다. 몸과 마음을 깨끗이 하다. ¶齋戒 2. 엄숙하다. 3. 집. 방. 공부하는 곳. 또는 한거(閑居)하는 곳. ¶齋院 4. 재. 명복을 비는 불공. ¶齋會 5. 상복(喪服).

齋潔(재결) 재계(齋戒)함. 몸과 마음을 깨끗이 함. 결재(潔齋).
齋戒(재계) 몸과 마음을 깨끗이 하여 부정(不淨)한 일을 멀리함.
齋供(재공) 1)절에서 식사를 제공하는 일. 2)불전에 재반(齋飯)을 올리는 일.
齋宮(재궁) 1)천자가 제사 전에 재계(齋戒)하는 궁전. 2)각 고을에 있는 문묘(文廟). 교궁(校宮). 향교(鄕校).
齋糧(재량) 법회(法會) 때에 제사 밥을 짓는 쌀.
齋米(재미) 중에게 보시(布施)하는 쌀.
齋牓(재방) 서재에 거는 편액(扁額).
齋舍(재사) 1)재계(齋戒)하는 집. 재옥(齋屋). 2)서재.
齋宿(재숙) 재계하고 하룻밤을 지냄.
齋食(재식) 1)정결한 음식물. 2)오전 중에 먹는 음식. 3)재공(齋供)했던 음식물.
齋心(재심) 마음을 깨끗이 함.
齋筵(재연) 1)공양(供養)하는 자리. 2)재식(齋食)을 베풀어 삼보(三寶)를 공양하는 법회.
齋屋(재옥) 재계하는 집.
齋院(재원) 제사 전날 제사에 관계된 사람들이 재계하는 곳.
齋長(재장) 재사(齋舍). 서재(書齋)의 우두머리.
齋醮(재초) 중이나 도사(道士)가 단(壇)을 만들어 기도함.
齋寢(재침) 서재와 침실.
齋會(재회) 1)중들이 독경과 불공으로 죽은 사람을 구제하는 일. 2)신도들이 모여 중을 공양하는 일.

비 齊(가지런할 제)

齌	③ 17획 좋을 제	日セイ 中qí

풀이 좋다. 아름답다.

齎	④ 18획 몹시 노할 제	日セイ 中jì

풀이 1. 몹시 노하다. 2. 솥. 가마. 3. 불을 때다. 불을 때어 밥을 짓다.

비 齋(재계할 재) 齊(가지런할 제)

齍	⑤ 19획 ❶제기 자 ❷조리할 제	日セイ 中zī

* 형성. 뜻을 나타내며 동시에 음을 나타내는 부수 '齊(가지런할 제)'와 '皿(그릇 명)'을 합친 글자.

풀이 ❶ 1. 제기(祭器). 제사 때 기장을 담는 그릇. 2. 제사에 바치는 음식. 3. 곡식의 총칭. ¶齍盛 ❷ 4. 조리하다.

齍盛(자성) 신에게 바치는 공물(供物).
齍號(자호) 곡류(穀類)에 붙이는 칭호.

齎	⑦ 21획 ❶가져올 재 ❷탄식할 자	日サイ 中jī

풀이 ❶ 1. 가져오다. 2. 보내다. 주다. ¶齎送 3. 지니다. 휴대하다. ❷ 4. 아! 탄식하는 소리. ¶齎齎 5. 재물. 물자.

14획

齎用(자용) 일상생활에 필요한 물품이나 금전. 자용(資用).

齎齎(자자) 탄식하는 소리. 아아.

齎金(재금) 돈을 지참함.

齎貸(재대) 꾸어 줌. 대여(貸與)함.

齎送(1.재송/2.자송) 1)물품을 보냄. 또는, 그 물품. 2)장례 때 시신과 함께 묻는 물품. 자송(資送).

齎志(재지) 죽은 후에도 뜻을 버리지 않음.

齏	⑨ 23획	日サイ·セイ·なます
	회 제	中jī

풀이 **1. 회.** 생선회 또는 육회. **2. 무침.** 채소를 잘게 썰어 무친 음식. **3. 부수다.** 잘게 부수어 섞다.

齏粉(제분) 1)가루가 되게 부스러짐. 2)몸이 가루가 되도록 있는 힘을 다함. 분골쇄신(粉骨碎身).

齏鹽(제염) 1)채소 요리. 2)변변찮은 음식.

齒 부

齒 이 치 部

'齒' 자는 이가 입 안의 위아래로 나란히 나 있는 모양으로, '이', '이빨'을 나타낸다. 또 의미가 확대되어 '연령'을 나타내기도 한다. 이 글자를 부수로 갖는 글자는 주로 '이'와 관계가 있다.

齒	⓪15획 이 치	日シ·は·よわい 中chǐ

풀이 1. 이. 이빨. ¶齒牙 2. 어금니. 3. 나이. 나이를 세다. ¶齒宿 4. 주사위. 5. 나란히 서다. 동렬에 서다. 6. 기록하다.

齒劍(치검) 1)칼에 닿음. 2)자살하거나 살해되는 일.

齒冠(치관) 이의 노출(露出)되어 있는 법랑질(琺瑯質)의 부분.

齒德(치덕) 연령(年齡)과 덕행(德行). 많은 나이와 뛰어난 덕.

齒冷(치랭) 비웃음. 조소함.

齒錄(치록) 1)모아 기록함. 수록(收錄)함. 2)함께 급제(及第)한 사람끼리 서로의 성명·연령·관향 이름 등을 적어 만든 책자.

齒髮不及(치발불급) 젖니를 다 갈지 못하고, 머리는 더벅머리라는 뜻으로, 나이가 어림을 비유하는 말.

齒宿(치숙) 나이 먹음. 늙음. 노인.

齒牙(치아) 이와 어금니. 이의 총칭.

齒牙餘論(치아여론) 치아에서 새어 나오는 몇 마디 말이라는 뜻으로, 남에게 협조를 부탁할 때에 쓰는 말.

齒如瓠犀(치여호서) 이가 박씨 같음. 이가 희고 아름다운 모양.

齒齯(치예) 장수하는 노인의 이가 빠지고 다시 그 자리에 나는 작은 이. 예치(齯齒).

齒齗(치은) 잇몸. 치은(齒齦).

齒杖(치장) 임금이 70세가 된 늙은 신하에게 내리는 지팡이. 왕장(王杖).

齒槽(치조) 이가 박혀 있는 이틀의 구멍.

齒齒(치치) 돌이 치아처럼 늘어선 모양.

齒敝舌存(치폐설존) 이는 빠져도 혀는 남는다는 뜻으로, 힘을 믿는 자는 망해도 부드러운 자는 나중까지 남음을 비유하는 말.

齒革(치혁) 짐승의 이빨과 가죽.

 齓	①16획 齔(p1662)과 同字

 齔	②17획 이 갈 츤	日シン 中chèn

풀이 1. 이를 갈다. 젖니가 빠지고 간니가 나다. ¶齔齒 2. 젖니. 3. 어린아이. 이를 갈 나이의 아이. ¶齔童

齔童(츤동) 이를 갈 나이의 어린아이.

齔齒(츤치) 이가 빠지고 다시 남.

유 齠(이 갈 초)

齕	③18획 깨물 흘	日キツ·かむ 中hé

풀이 깨물다. 씹다. ¶齕齩

齕齩(흘교) 씹음. 깨묾.

齕啖(흘담) 씹어 먹음.

齕齧(흘설) 깨묾.

齕呑(흘탄) 씹지 않고 삼킴.

유 噛(깨물 교) 齩(깨물 교)

齘	④19획 이 갈 계	日ケイ 中xiè

풀이 1. 이를 갈다. 이를 갈며 노하다. 2. 물건의 이음새가 맞지 않다.

 齖	④19획 이 고르지 못할 아	日ガ 中yá

풀이 1. 이가 고르지 못하다. 2. 남의 말을 듣지 않다.

齖齵(아우) 이가 고르지 않음.

 齗	④19획 잇몸 은	日はぐき·はにく 中yín

풀이 1. 잇몸. ¶齗腭 2. 언쟁하다. 말다툼하다. ¶齗齗

齗腭(은악) 잇몸. 치은(齒齗).

齗齗(은은) 1)말다툼하는 모양. 잇몸을 드러내

15획

고 싸우는 모양. 2)화내며 질투하는 모양.
齗骨(은골) 이〔齒〕.
유 齶(잇몸 악) 齦(잇몸 은)

齟	⑤ 20획 잇몸 부을 거	日キョ 中jù

풀이 1. 잇몸이 붓다. 2. 잇몸에 질환이 생기다. 잇몸이 약하다.

齡	⑤ 20획 나이 령	日レイ·とし·よわい 中líng

* 형성. 뜻을 나타내는 부수 '齒(이 치)'와 음을 나타내며 '해를 넘기다'의 의미를 지닌 '令(영 령)'을 합친 글자. 이(齒)로 해가 넘어감을(令) 표시하는 '나이'의 뜻으로 쓰임.

풀이 나이. 연령.
老齡(노령) 늙은 나이.
年齡(연령) 나이.

齰	⑤ 20획 깨무는 소리 립	日リツ 中lì

풀이 깨무는 소리. 단단한 것 또는 마른 것을 깨무는 소리.

齚	⑤ 20획 齰(p1664)과 同字

齞	⑤ 20획 이 드러날 언	日みつくち·いぐち 中yàn

풀이 이가 드러나다. 말할 때 이가 드러나 보이다. ¶齞脣
齞脣(언순) 이가 드러남. 입술이 이를 가리지 못함.

齟	⑤ 20획 어긋날 저·서	日ショ·ソ·くいちがう 中jǔ

풀이 1. 어긋나다. ㉠아래윗니가 서로 맞지 않음. ㉡사물이 서로 어긋남. ¶齟齬 2. 씹다. ¶齟嚼
齟齬(저어) 1)아래윗니가 어긋나 맞지 않음. 2)사물이 서로 어긋남. 일에 차질이 생김.
齟嚼(저작) 음식을 씹는 일. 저작(咀嚼).
유 齬(어긋날 어) 差(어긋날 차)

齣	⑤ 20획 단락 척	日セキ·シュツ·こま 中chū

풀이 단락. 막(幕). 회(回). 희곡·소설 등의 단락. 연극의 한 장면 또는 한 막.

齠	⑤ 20획 이 갈 초	日チョウ 中tiáo

풀이 1. 이를 갈다. 젖니가 빠지고 새 이가 나다. ¶齠年 2. 어린아이. 이를 가는 나이인 7~8세의 아이. ¶齠齔
齠年(초년) 이를 갈 나이. 또는 그 나이의 아이.
齠髮(초발) 어린아이의 늘어뜨린 머리털. 또는 어린아이.
齠容(초용) 어린아이 같은 모습. 또는 어린아이와 같이 젊고 아름다운 얼굴.
齠齔(초츤) 이를 갈 나이. 또는 그 나이의 아이.
유 齔(이 갈 츤)

齝	⑤ 20획 새김질할 치	日チ 中chī

풀이 새김질하다. 소가 되새김질하다.

齙	⑤ 20획 齝(p1663)와 同字

齩	⑥ 21획 깨물 교	日コウ·かむ 中yǎo

풀이 깨물다. 씹다.
齩骨(교골) 뼈를 깨묾.
齩齧(교설) 깨물어 씹음.
유 嚙(깨물 교)

齹	⑥ 21획 옥니 권	日ケン 中quán

풀이 1. 옥니. 안으로 오그라져 난 이. 2. 이를 드러내고 웃다.

齻	⑥ 21획 통니 병	日ヘイ 中pián

풀이 통니. 한 통으로 여러 개 연달아 난 이.

齧 ⑥21획 日ゲツ·かじる·かむ
물 설 中niè

풀이 1. 물다. 씹다. 갉아먹다. ¶齧殺 2. 이를 갈다. 3. 흠. 하자(瑕疵). 이 빠진 곳. 4. 개먹다. 침식하다.

齧殺(설살) 물어 죽임.
齧噬(설서) 깨묾. 씹음.
齧膝(설슬) 양마(良馬)의 이름.
齧齒類(설치류) 포유류(哺乳類)의 한 종류. 쥐·토끼 등과 같이 앞니가 발달하여 물건을 씹는 초식 동물.
齧破(설파) 깨물어 깨뜨림.

齛 ⑥21획
齝(p1665)의 俗字

齦 ⑥21획
❶잇몸 은 日はにく·はぐき·かむ
❷깨물 간 中kěn, yín

풀이 ❶ 1. 잇몸. 2. 장난치며 웃는 모양. ¶齦齦 ❷ 3. 깨물다.

齦齶(간악) 암석(岩石) 등이 심하게 울퉁불퉁한 모양.
齦齦(은은) 1)장난치며 웃는 모양. 2)공손하게 양보하는 모양.

유 齶(잇몸 악)

齣 ⑥21획 日かむ
깨물 할 中xiá

풀이 1. 깨물다. 2. 딱딱한 것을 깨무는 소리.

유 嚙(깨물 교) 齩(깨물 교)

齩 ⑦22획 日サン
이 곱을 산 中suān

풀이 이가 곱다. 신 것을 먹어 이가 시리다.

齬 ⑦22획 日ゴ·くいちがう
어긋날 어 中yǔ

풀이 어긋나다. 아래윗니가 서로 맞지 않다.

유 差(어긋날 차) 齟(어긋날 저)

齫 ⑦22획
❶이 빠질 운 日ウン
❷이 솟을 곤 中kǔn

풀이 ❶ 1. 이가 빠지다. 이가 빠져서 없다. ❷ 2. 이가 솟다.

齪 ⑦22획 日ソク
악착할 착 中chuò

풀이 1. 악착하다. 모질고 끈기 있다. 도량이 좁다. 2. 이가 서로 부딪치는 소리. 3. 조심스러운 모양. 삼가는 모양.

齪齪(착착) 삼가는 모양. 조심스러운 모양.

유 齷(악착할 악)

齭 ⑦22획
齪(p1664)과 同字

齲 ⑦22획 日キョウ
옥니 협 中xiá

풀이 1. 옥니. 안으로 오그라져 난 이. 2. 이가 빠지다.

齰 ⑧23획 日サク·かむ
물 색 中zé

풀이 1. 물다. ¶齰舌 2. 이가 서로 맞다.

齰舌(색설) 혀를 깨묾.
齰齧(색설) 물어뜯음.
齰牙(색아) 잘 때 이를 갊.

유 嚙(깨물 교) 齩(깨물 교)

齯 ⑧23획 日エイ
다시 난 이 예 中ní

풀이 1. 다시 난 이. 빠진 후에 다시 난 노인의 이. 2. 노인. 나이가 많은 사람.

齯齒(예치) 1)노인의 이가 전부 빠진 뒤에 다시 난 이[齒]. 2)노인.

齮 ⑧23획 日かむ
물 의 中yǐ

풀이 1. 물다. 물어뜯다. ¶齮嚙 2. 시기하고 배척하다. ¶齮齕

齮嚙(의작) 묾. 깨묾.

齮齕(의흘) 1)물어뜯음. 2)다른 사람의 재능을 시기하고 배척함.

유 嚙(깨물 교) 齰(물 색)

齴	⑧ 23획	
	이 고르지 못할 잔	日サン 中zhàn

풀이 이가 고르지 못한 모양.

齴齴(잔언) 이가 고르지 못한 모양.

齭	⑧ 23획	日サク
	이 아플 초	中chǔ

풀이 이가 아프다. 이에 초(醋)가 들어가서 시리다.

齱	⑧ 23획	
	❶이 바르지 못할 추	日シュウ 中chuò, zōu
	❷악착할 착	

풀이 ❶ 1. 이가 바르지 못한 모양. ❷ 2. 악착하다. 도량이 좁다.

齰	⑨ 24획	日ソウ
	이 곱을 소	中chǔ

풀이 이가 곱다. 이에 초(醋)가 들어가서 시리다.

齷	⑨ 24획	日アク
	악착할 악	中wò

풀이 1. 악착하다. 도량이 좁다. 2. 작다. 협소하다.

齷齪(악착) 1)도량이 좁은 모양. 2)일에 끈기 있고 모짊. 3)잔인하고 끔찍스러움.

유 齪(악착할 착) 비 握(쥘 악)

齶	⑨ 24획	日はにく·はぐき
	잇몸 악	中è

풀이 잇몸.

유 齦(잇몸 은)

齴	⑨ 24획	日ゲン
	이 드러날 언	中yǎn

풀이 이가 드러나다. 이가 겉으로 드러나다.

齴齴(언언) 이가 드러난 모양.

유 笑(웃을 소)

齲	⑨ 24획	日むしば
	충치 우	中qǔ, yú

풀이 1. 충치. 썩은 이. ¶齲齒 2. 이가 아프다.

齲齒(우치) 벌레 먹은 이. 충치(蟲齒).

齲痛(우통) 이앓이.

齵	⑨ 24획	
	이 바르지 못할 우	日くいちがう·やえば 中óu, yú

풀이 1. 이가 바르지 못하다. 2. 어긋나다. 아래윗니가 맞지 않다. ¶齵差 3. 덧니. 덧니가 나다.

齵差(우차) 서로 어긋남. 가지런하지 못함.

齵齒(우치) 이 곁에 따로 겹쳐 나는 이. 덧니.

유 齹(이 고르지 못할 차)

齳	⑨ 24획	日ウン
	이 빠질 운	中yǔn

풀이 이가 빠지는 모양. 이가 없는 모양.

齳然(운연) 이가 빠지는 모양.

유 齾(이 빠질 알)

齘	⑩ 25획	
	자며 이 가는 소리 계	日ケイ 中jiè

풀이 자면서 이를 가는 소리.

齸	⑩ 25획	日ヨク
	새김질할 익	中yì

풀이 새김질하다. 사슴이 되새김질하다.

齻	⑩ 25획	日ちえば·ちし
	사랑니 전	中diān

풀이 1. 사랑니. 2. 송곳니. 3. 어금니.

齝	⑩ 25획 이 갈 절	日セツ 中qiè

풀이 1. 이를 갈다. 2. 뼈를 깎아 물건을 만들다.

齹	⑩ 25획 이 고르지 못할 차	日くいちがう·はにく 中cuó

풀이 1. 이가 고르지 못하다. 2. 이촉. 잇몸 속에 있는 이의 뿌리.

齺	⑩ 25획 ❶이 부러질 추 ❷물 삭	日スウ 中zōu

풀이 ❶ 1. 이가 부러지다. ❷ 2. 물다. 깨물다. 3. 아래윗니가 서로 가까워지는 모양.

齺然(삭연) 1)윗니와 아랫니가 가까워지는 모양. 2)상하(上下)가 서로 화합함.

齻	⑫ 27획 齻(p1665)의 訛字	

齽	⑬ 28획 옥니 금	日キン 中jìn

풀이 1. 옥니. 안으로 오그라져 난 이. 2. 입을 다물다.

齼	⑬ 28획 齭(p1665)와 同字	

齌	⑭ 29획 이 가지런할 제	日セイ 中jì

풀이 1. 이가 가지런하다. 2. 씹다. 물다.

반 齹(이 고르지 못할 차)

齾	⑳ 35획 이 빠질 알	日アツ 中yà

풀이 1. 이가 빠지다. 2. 그릇의 이가 빠지다. 3. 짐승이 남김없이 다 먹다. 4. 짐승이 먹다 남긴 찌꺼기.

15획

龍부

龍 용 룡 部

'龍' 자는 상상의 동물인 '용'을 나타내며, 용은 신비한 동물로 숭배물이나 토속적인 신앙의 대상이 되었다. 그리고 용상(龍床)이나 용안(龍顔)처럼 '천자'나 '군주'를 상징하기도 하고 '뛰어난 인물'을 나타내기도 한다.

龍

⓪16획

❶용 룡(용) ㉐リョウ·リュウ·たつ

❷잡색 망 ㊥lóng, máng

❸언덕 롱(농)

❹은총 총

丶 亠 亠 亣 立 产 育 育 育 育 龍 龍 龍 龍 龍 龍

*상형. 머리 부분에 '辛(매울 신)' 모양의 장식이 있는 뱀 모양을 본떠 '용'의 뜻으로 쓰임.

풀이 ❶ 1. 용. 큰 뱀 같은 몸에 비늘과 뿔이 있으며, 변화무쌍하여 하늘에 올라 비를 내리게 한다는 신령스러운 동물. ¶龍文 2. 임금. 제왕. ¶龍駕 3. 뛰어난 인물. 4. 준마(駿馬). 5. 크다. 6. 산맥(山脈)이 뻗은 모양. ❷ 7. 잡색(雜色). 흑백의 얼룩. ❸ 8. 언덕. ❹ 9. 은총. 사랑. 총애.

龍斷(농단) 1)언덕이 우뚝 솟아 높은 곳. 2)이익을 독점함을 비유하는 말. 농단(壟斷).

龍勒(망륵) 어가(御駕)를 끄는 말의 머리에 거는, 흑백(黑白) 얼룩무늬로 장식한 굴레.

龍駕(용가) 임금이 타는 수레. 봉가(鳳駕).

龍骨車(용골차) 물을 길어 올려 논밭에 대는 기구. 수차(水車).

龍駒鳳雛(용구봉추) 뛰어난 망아지와 봉황의 새끼란 뜻으로, 재주와 지혜가 뛰어난 소년을 이르는 말.

龍拏虎擲(용나호척) 용과 범이 서로 다툰다는 뜻으로, 영웅(英雄)이 서로 싸움을 비유하는 말. 용양호박(龍攘虎搏).

龍女(용녀) 1)용궁에 산다는 선녀. 2)용왕(龍王)의 딸.

龍圖(용도) 1)용옛날, 복희씨(伏羲氏) 때 황하에서 나온 용마(龍馬)의 등에 나타났다는 좋은 조짐. 하도낙서(河圖洛書). 2)임금의 계략. 고매한 계책. 3)온갖 용 그림.

龍頭(용두) 1)용의 머리. 2)과거(科擧)의 장원급제자(及第者). 장원(壯元). 3)기물의 장식으로 용의 머리처럼 새긴 것. 4)용의 머리를 새긴 배. 5)수도꼭지. 6)손목시계의 태엽을 감는 꼭지. 7)종(鐘)을 매다는 부분의 용의 머리 모양의 장식.

龍頭蛇尾(용두사미) 용의 머리에 뱀의 꼬리라는 뜻으로, 시작은 거창하지만 끝이 흐지부지함을 비유하는 말.

龍鱗甲(용린갑) 용(龍)의 비늘 모양의 미늘을 단 갑옷.

龍馬(용마) 1)뛰어난 말. 준마(駿馬). 2)복희씨(伏羲氏) 때 하도(河圖)를 업고 나왔다는 신마(神馬). 3)늙어서도 건강한 사람.

龍文(용문) 1)용의 무늬. 용문(龍紋). 2)준마(駿馬). 3)장래에 크게 성공할 만한 뛰어난 아이. 4)필적(筆跡)의 형용. 5)문장의 필력이 웅장한 모양.

龍門(용문) 1)산 이름. 우왕(禹王)이 9년 홍수를 다스릴 때 산험(山險)을 개척하여 황하(黃河)의 물을 통하게 했다는 곳. 또는 그 수문(水門). 잉어가 이곳을 거슬러 오르면 용이 된다고 함. 2)명성과 덕망이 매우 높은 사람을 비유하는 말.

龍盤虎踞(용반호거) 1)기세가 대단한 모양. 2)지세가 험하여 적을 막아내기 용이한 지형. 용반호거(龍蟠虎踞).

龍鳳(용봉) 1)용과 봉황. 2)뛰어난 인물.

龍沼(용소) 폭포(瀑布)가 떨어지는 바로 밑에 있는 연못.

龍鬚(용수) 1)용의 수염. 2)임금의 수염. 3)맥문동(麥門冬)의 다른 이름. 용수초(龍鬚草).

龍顔(용안) 1)임금의 얼굴. 천안(天顔). 2)용같이 생긴 얼굴. 미골(眉骨)이 불룩하게 솟은 상(相).

龍姿(용자) 1)임금의 모습. 2)준마(駿馬)를 이르는 말.

龍種(용종) 1)뛰어난 말. 준마(駿馬). 2)임금의 자손. 3)재주가 있는 사람. 또는 영특한 아이. 4)대나무의 다른 이름.

龍袍(용포) 용을 수놓은 임금이 입는 옷. 곤룡포(袞龍袍).

龍虎(용호) 1)용과 호랑이. 2)천자의 기상. 3)뛰어난 명문(名文). 4)뛰어난 인물. 5)도가(道家)에서, 물과 불을 이름. 6)필세(筆勢)가 힘차고 굳셈. 7)풍수설(風水說)에서, 무덤의 왼쪽 산줄기인 청룡(青龍)과 오른쪽의 백호(白虎)를 아울러 이르는 말.

龍虎相搏(용호상박) 용과 범이 서로 다툰다는 뜻으로, 두 강자(强者)가 서로 승패를 겨룸을 이르는 말.

龐

③ 19획
❶ 클 방 　日 ロウ
❷ 충실할 롱(농) 　中 páng

풀이 **1** 1. 크다. 크고 높다. 2. 난잡하다. 뒤섞여 어지럽다. ¶龐錯 **2** 3. 충실하다. ¶龐龐

龐眉皓髮(방미호발) 눈썹이 짙고 머리가 흼. 노인을 이르는 말.

龐龐(1.방방/2.농롱) 1)북소리. 2)충실한 모양. 실팍한 모양.

龐錯(방착) 뒤섞임. 난잡(亂雜).

龑

④ 20획 　日 エン
높고 밝을 엄 　中 yǎn

풀이 높고 밝다. 고명(高明)하다.

龕

⑥ 22획 　日 ガン・ずし
감실 감 　中 kān

풀이 1. 감실(龕室). ㉠ 사당 안에 신주(神主)를 모셔 두는 장(欌). ㉡ 탑 아래의 방. ¶龕室 2. 평정(平定)하다. 이기다. ¶龕亂 3. 탑.

龕燈(감등) 불단(佛壇)에 있는 등불.

龕亂(감란) 난을 평정함.

龕像(감상) 불상(佛像)을 모셔 두는 곳.

龕世(감세) 세상을 평정함.

龕室(감실) 1)사당 안에 신주를 모셔 두는 장(欌). 2)탑(塔) 속에 만든 작은 방. 3)천주교에서, 성체를 모시는 곳.

龕暴(감폭) 포악한 자를 제압함. 감폭(戡暴).

16 획

龔

⑥ 22획 　日 キョウ
이바지할 공 　中 gōng

풀이 1. 이바지하다. 제공하다. 2. 공손하다.

龓

⑥ 22획 　日 ロウ
함께 가질 롱 　中 lǒng

풀이 함께 가지다. 아울러 가지다.

비 曨(흐릿할 롱)

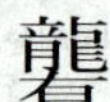

⑥ 22획
龓(p1668)과 同字

龜 부

龜 거북 귀 部

'龜' 자는 보통 천 년 동안을 산다는 장수(長壽)의 동물인 '거북'을 나타내는 글자이다. 이 글자는 여러 음을 갖고 있는데, 그 중 '귀'로 읽을 때는 '거북'이나 '거북 껍데기'를 나타내고, '나라 이름'이나 '지명'에 쓰일 때는 '구'로 읽고, 또 '갈라지다', '터지다'의 뜻일 때는 '균'으로 읽는다.

龜

⓪ 16획
❶ 거북 귀 　日 キ・キン・かめ・ひび
❷ 나라 이름 구 　中 guī, jūn, qiū
❸ 틀 균

풀이 **1** 1. 거북. ¶龜甲 2. 거북의 껍데기. 고대에는 화폐로도 사용됨. 3. 거북점. 거북의 껍데기를 태워서 길흉을 점치는 일. ¶龜卜 4. 귀대(龜袋). 당대(唐代)의 관리가 차던 패물. 5. 등골뼈. 6. 오래되다. **2** 7. 나라 이름. 고차(庫車)부근에 있던 서역(西域)의 한 나라. ¶龜茲 **3** 8. 트다. 갈라지다. ¶龜裂

龜茲(구자) 나라 이름. 지금의 중국 신강성(新疆省) 고거현(庫車縣) 지방.

龜鑑(귀감) 거울로 삼아 본보기가 될 만한 것. 귀경(龜鏡).

龜甲(귀갑) 거북의 등껍데기. 귀각(龜殼).

龜甲文(귀갑문) 거북의 등껍데기에 새긴 은대(殷代)의 문자. 갑골 문자(甲骨文字).

龜鏡(귀경) 귀감(龜鑑).

龜紐(귀뉴) 거북의 형상을 새긴 도장의 손잡이.

龜頭(귀두) 1)거북의 머리. 2)음경(陰莖)의 끝 부분. 3)거북 모양의 비석 받침돌. 귀부(龜趺).

龜齡(귀령) 1)거북의 나이. 2)긴 수명. 장수(長壽).

龜龍壽(귀룡수) 다른 사람의 장수를 축하하는 말.

龜毛(귀모) 거북의 털이라는 뜻으로, 아주 귀한 것을 비유하는 말.

龜毛兔角(귀모토각) 1)거북에 털이 나고 토끼에 뿔이 생김. 2)절대로 있을 수 없는 일을 비유하는 말.

龜文(귀문) 1)귀서(龜書). 2)거북의 등껍데기 무늬.

龜背(귀배) 1)거북의 등. 2)곱사등이. 3)벽 위에 음식을 얹어 두는 선반.

龜背刮毛(귀배괄모) 거북의 등에서 털을 깎는다는 뜻으로, 불가능한 일을 무리하게 하는 것을 이르는 말.

龜鼈(귀별) 1)거북과 자라. 2)남을 멸시하여 이르는 말.

龜卜(귀복) 거북의 껍데기를 불에 태워 갈라지는 모양을 보아 길흉을 판단하는 일.

龜趺(귀부) 거북 모양으로 만든 비석(碑石)의 받침 돌.

龜書(귀서) 우(禹) 임금 때, 낙수(洛水)에서 출현한 거북의 등에 있었다는 9개의 무늬. 낙서(洛書).

龜筮(귀서) 거북으로 점치는 일.

龜船(귀선) 조선 시대 때, 이순신(李舜臣)이 만든 거북 모양의 철갑선(鐵甲船). 거북선.

龜鼎(귀정) 1)국가의 보기(寶器)인 원귀(元龜)와 구정(九鼎). 2)제위(帝位).

龜兆(귀조) 거북의 껍데기를 태울 때 나타나는 길흉의 조짐.

龜策(귀책) 점을 치는 도구.

龜貝(귀패) 거북 껍데기와 조개 껍데기. 고대(古代)의 화폐.

龜鶴(귀학) 1)거북과 학. 2)다른 사람의 장수(長壽)를 축하하는 말.

龜胸(귀흉) 불거져 나온 가슴. 새가슴.

龜手(균수) 추위에 튼 손.

龜裂(균열) 1)거북의 등껍데기 모양으로 갈라짐. 또는 그 갈라진 금이나 틈. 2)친한 사이에 틈이 생김.

④ 20획
거북점 日ショウ
안나타날 초 中jiāo

풀이 거북점이 나타나지 않다.

龠 피리 약 部

'龠' 자는 대나무로 만든 중국 고대의 악기로, 단소 모양과 비슷하고 구멍이 3개에서 6개인 '피리'를 나타낸다. 피리라는 뜻 외에 한 홉의 10분의 1을 나타내는 용량의 단위로도 쓰인다.

龠	⓪17획 피리 약	日ヤク·ふえ 中yuè

풀이 1. 피리. 2. 용량(容量)의 단위. 1홉(合)의 10분의 1. ¶龠合

龠合(약홉) 적은 양의 곡식.

유 笛(피리 적)

龡	④21획 불 취	日スイ·ふく 中chuī

풀이 1. 불다. 피리를 불다. 2. 바람이 불다.

龡龠(취약) 피리를 붊.

유 吹(불 취)

龢	⑤22획 화할 화	日ワ 中hé

풀이 1. 화하다. '和(화할 화)'의 고자. 2. 음악 소리가 조화되다.

龥	⑨26획 부를 유	日ユウ 中yù

풀이 1. 부르다. 외치다. 2. 화하다. 조화하다.

龤	⑨26획 어울릴 해	日カイ 中xié

풀이 어울리다. 음악 소리가 조화되다.

龣	⑩27획 피리 지	日ふえ 中chí

풀이 피리. 옆으로 부는 대나무 관악기.

유 龠(피리 약) 笛(피리 적)

17획

실용옥편 자음색인

넥서스사전편찬위원회 편

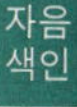
자음
색인

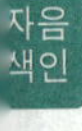
자음
색인

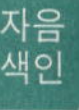
자음
색인

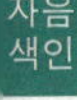
자음
색인

자음
색인

자음
색인

자음
색인

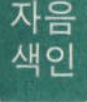
자음
색인

자음
색인

자음 색인

자음 색인

록

론

롱

뢰

료

룡

루

자음 색인

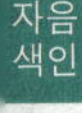
자음
색인

자음
색인

자음
색인

발

방

배

백

자음
색인

북

분

불

붕

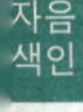

비

빈

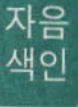
자음
색인

선

설

섬

섭

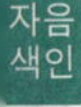

성

세

소

속

자음
색인

자음
색인

자음색인

자음
색인

자음
색인

자음
색인

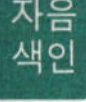

자음
색인

자음 색인

유

자음
색인

이

의

인

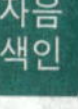
자음
색인

자음
색인

쟁

저

적

전

자음
색인

자음
색인

자음
색인

직

진

질

자음
색인

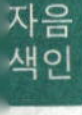

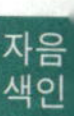

자음
색인

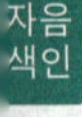

자음
색인

자음
색인

자음
색인

자음
색인

자음
색인

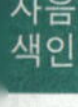
자음
색인

자음
색인

실용옥편 부록

넥서스사전편찬위원회 편

부록

서울 地域 各洞의 漢字名

江南區 강남구

開浦洞	개포동
論峴洞	논현동
大峙洞	대치동
道谷洞	도곡동
三成洞	삼성동
細谷洞	세곡동
水西洞	수서동
新沙洞	신사동
狎鷗亭洞	압구정동
驛三洞	역삼동
栗峴洞	율현동
逸院洞	일원동
紫谷洞	자곡동
清潭洞	청담동
浦二洞	포이동

江東區 강동구

古德洞	고덕동
吉洞	길동
遁村洞	둔촌동
明逸洞	명일동
上一洞	상일동
城內洞	성내동
岩寺洞	암사동
千戶洞	천호동
下一洞	하일동

冠岳區 관악구

南峴洞	남현동
奉天洞	봉천동
新林洞	신림동

廣津區 광진구

廣壯洞	광장동
九宜洞	구의동
君子洞	군자동
老遊洞	노유동
陵洞	능 동
毛陳洞	모진동
紫陽洞	자양동
中谷洞	중곡동
華陽洞	화양동

江北區 강북구

彌阿洞	미아동
樊洞	번동
水踰洞	수유동
牛耳洞	우이동

江西區 강서구

加陽洞	가양동
開花洞	개화동
空港洞	공항동
果海洞	과해동
內鉢山洞	내발산동
登村洞	등촌동
麻谷洞	마곡동
傍花洞	방화동
鹽倉洞	염창동
五谷洞	오곡동
五釗洞	오쇠동
外鉢山洞	외발산동
禾谷洞	화곡동

九老區 구로구

加里峰洞	가리봉동
開峰洞	개봉동
高尺洞	고척동
九老洞	구로동
宮洞	궁동
新道林洞	신도림동
梧柳洞	오류동
溫水洞	온수동
天旺洞	천왕동
航洞	항동

衿川區 금천구

加山洞	가산동
禿山洞	독산동
始興洞	시흥동

東大門區 동대문구

畓十里洞	답십리동
新設洞	신설동
龍頭洞	용두동
里門洞	이문동
長安洞	장안동
典農洞	전농동
祭基洞	제기동
清涼里洞	청량리동
回基洞	회기동
徽慶洞	휘경동

道峰區 도봉구

道峰洞	도봉동
放鶴洞	방학동
雙門洞	쌍문동
倉洞	창동

蘆原區 노원구

孔陵洞	공릉동
上溪洞	상계동
月溪洞	월계동
中溪洞	중계동
下溪洞	하계동

銅雀區 동작구

鷺梁津洞	노량진동
大方洞	대방동
銅雀洞	동작동
本洞	본 동
舍堂洞	사당동
上道洞	상도동
新大方洞	신대방동
黑石洞	흑석동

西大門區 서대문구

南加佐洞	남가좌동
冷泉洞	냉천동
大新洞	대신동
大峴洞	대현동
美芹洞	미근동
奉元洞	봉원동
北加佐洞	북가좌동
北阿峴洞	북아현동
新村洞	신촌동
延禧洞	연희동
靈泉洞	영천동
玉泉洞	옥천동
滄川洞	창천동
天然洞	천연동
忠正路	충정로
蛤洞	합동
峴底洞	현저동
弘恩洞	홍은동
弘濟洞	홍제동

麻浦區 마포구

孔德洞	공덕동
舊水洞	구수동
老姑山洞	노고산동
唐仁洞	당인동
大興洞	대흥동
桃花洞	도화동
東橋洞	동교동
麻浦洞	마포동
望遠洞	망원동
上水洞	상수동
上岩洞	상암동
西橋洞	서교동
城山洞	성산동
新孔德洞	신공덕동
新水洞	신수동
新井洞	신정동
阿峴洞	아현동
延南洞	연남동
鹽里洞	염리동
龍江洞	용강동
中洞	중동
倉前洞	창전동
土亭洞	토정동
賀中洞	하중동
合井洞	합정동
玄石洞	현석동

瑞草區 서초구

內谷洞	내곡동
盤浦洞	반포동
方背洞	방배동
瑞草洞	서초동
新院洞	신원동
良才洞	양재동
廉谷洞	염곡동
牛眠洞	우면동
院趾洞	원지동
蠶院洞	잠원동

城東區 성동구

金湖洞	금호동
道詵洞	도선동
馬場洞	마장동
沙斤洞	사근동
上往十里洞	상왕십리동
聖水洞	성수동
松亭洞	송정동
玉水洞	옥수동
龍踏洞	용답동
鷹峰洞	응봉동
下往十里洞	하왕십리동
杏堂洞	행당동
弘益洞	홍익동

城北區 성북구

吉音洞	길음동
敦岩洞	돈암동
東仙洞	동선동
東小門洞	동소문동
普門洞	보문동
三仙洞	삼선동
上月谷洞	상월곡동
石串洞	석관동
城北洞	성북동
安岩洞	안암동
長位洞	장위동
貞陵洞	정릉동
鍾岩洞	종암동
下月谷洞	하월곡동

永登浦區 영등포구

堂山洞	당산동
大林洞	대림동
道林洞	도림동
文來洞	문래동
新吉洞	신길동
楊平洞	양평동
楊花洞	양화동
汝矣島洞	여의도동
永登浦洞	영등포동

松坡區 송파구

可樂洞	가락동
巨餘洞	거여동
馬川洞	마천동
文井洞	문정동
芳荑洞	방이동
三田洞	삼전동
石村洞	석촌동
松坡洞	송파동
新川洞	신천동
梧琴洞	오금동
五輪洞	오륜동
蠶室洞	잠실동
長旨洞	장지동
風納洞	풍납동

陽川區 양천구

木洞	목동
新月洞	신월동
新亭洞	신정동

龍山區 용산구

葛月洞	갈월동
南營洞	남영동
桃園洞	도원동
東氷庫洞	동빙고동
東子洞	동자동
文培洞	문배동
普光洞	보광동
山泉洞	산천동
西界洞	서계동
西氷庫洞	서빙고동
新契洞	신계동
新倉洞	신창동
龍門洞	용문동
龍山洞	용산동
元曉路	원효로
二村洞	이촌동
梨泰院洞	이태원동
鑄城洞	주성동
清岩洞	청암동
青坡洞	청파동
漢江路	한강로

- 漢南洞 한남동
- 孝昌洞 효창동
- 厚岩洞 후암동

恩平區 은평구

- 葛峴洞 갈현동
- 龜山洞 구산동
- 舊把撥洞 구파발동
- 碌磻洞 녹번동
- 大棗洞 대조동
- 佛光洞 불광동
- 水色洞 수색동
- 新寺洞 신사동
- 驛村洞 역촌동
- 鷹岩洞 응암동
- 甑山洞 증산동
- 津寬內洞 진관내동
- 津寬外洞 진관외동

鍾路區 종로구

- 嘉會洞 가회동
- 堅志洞 견지동
- 慶雲洞 경운동
- 桂洞 계동
- 公平洞 공평동
- 觀水洞 관수동
- 貫鐵洞 관철동
- 寬勳洞 관훈동
- 橋南洞 교남동
- 橋北洞 교북동
- 舊基洞 구기동
- 宮井洞 궁정동
- 勸農洞 권농동
- 樂園洞 낙원동
- 內需洞 내수동
- 內資洞 내자동
- 樓上洞 누상동
- 樓下洞 누하동
- 唐珠洞 당주동
- 都染洞 도염동
- 敦義洞 돈의동
- 東崇洞 동숭동
- 明倫洞 명륜동
- 廟洞 묘동
- 毋岳洞 무악동
- 鳳翼洞 봉익동
- 付岩洞 부암동
- 司諫洞 사간동
- 社稷洞 사직동
- 三清洞 삼청동
- 瑞麟洞 서린동
- 世宗路 세종로
- 昭格洞 소격동
- 松月洞 송월동
- 松峴洞 송현동
- 壽松洞 수송동
- 崇仁洞 숭인동
- 新橋洞 신교동
- 新門路 신문로
- 新營洞 신영동
- 安國洞 안국동
- 蓮建洞 연건동
- 蓮智洞 연지동
- 禮智洞 예지동
- 玉仁洞 옥인동
- 臥龍洞 와룡동
- 雲泥洞 운니동
- 苑南洞 원남동
- 苑西洞 원서동
- 梨花洞 이화동
- 益善洞 익선동
- 仁寺洞 인사동
- 仁義洞 인의동
- 長沙洞 장사동
- 齋洞 재동
- 積善洞 적선동
- 鍾路 종로
- 中學洞 중학동
- 昌成洞 창성동
- 昌信洞 창신동
- 清雲洞 청운동
- 清進洞 청진동
- 體府洞 체부동
- 忠信洞 충신동
- 通義洞 통의동
- 通仁洞 통인동
- 八判洞 팔판동
- 平洞 평동
- 平倉洞 평창동
- 弼雲洞 필운동
- 杏村洞 행촌동
- 惠化洞 혜화동
- 弘智洞 홍지동
- 紅把洞 홍파동
- 花洞 화동
- 孝子洞 효자동
- 孝悌洞 효제동
- 薰井洞 훈정동

中區 중구

- 光熙洞 광희동
- 南大門路 남대문로
- 南山洞 남산동
- 南倉洞 남창동
- 南學洞 남학동
- 茶洞 다동
- 萬里洞 만리동
- 明洞 명동
- 武橋洞 무교동
- 舞鶴洞 무학동
- 墨井洞 묵정동
- 芳山洞 방산동
- 蓬萊洞 봉래동
- 北倉洞 북창동
- 山林洞 산림동
- 三角洞 삼각동
- 小公洞 소공동
- 西小門洞 서소문동
- 水標洞 수표동
- 水下洞 수하동
- 巡和洞 순화동
- 新堂洞 신당동
- 雙林洞 쌍림동
- 五壯洞 오장동
- 藝관洞 예관동
- 藝場洞 예장동
- 乙支路 을지로
- 仁峴洞 인현동
- 笠井洞 입정동
- 義州路 의주로
- 長橋洞 장교동
- 奬忠洞 장충동
- 苧洞 저동
- 貞洞 정동
- 舟橋洞 주교동
- 鑄字洞 주자동
- 中林洞 중림동
- 草洞 초동
- 忠武路 충무로
- 忠正路 충정로
- 太平路 태평로
- 筆洞 필동
- 黃鶴洞 황학동
- 會賢洞 회현동
- 興仁洞 흥인동

中浪區 중랑구

- 忘憂洞 망우동
- 面牧洞 면목동
- 墨洞 묵동
- 上鳳洞 상봉동
- 新內洞 신내동
- 中和洞 중화동

부산광역시

江西區 강서구

- 駕洛洞 가락동
- 江東洞 강동동
- 九浪洞 구랑동
- 菉山洞 녹산동
- 訥次洞 눌차동
- 大渚洞 대저동
- 大項洞 대항동
- 東仙洞 동선동
- 鳴旨洞 명지동
- 美音洞 미음동
- 凡方洞 범방동
- 鳳林洞 봉림동
- 生谷洞 생곡동
- 城北洞 성북동
- 松亭洞 송정동
- 食滿洞 식만동
- 新湖洞 신호동
- 竹同洞 죽동동
- 竹林洞 죽림동
- 智士洞 지사동
- 天加洞 천가동
- 天城洞 천성동
- 花田洞 화전동
- 金井區 금정구
- 久瑞洞 구서동
- 錦絲洞 금사동
- 金城洞 금성동
- 南山洞 남산동
- 老圃洞 노포동
- 杜邱洞 두구동
- 釜谷洞 부곡동
- 西洞 서 동
- 仙洞 선동
- 五倫洞 오륜동
- 長箭洞 장전동
- 青龍洞 청룡동
- 回東洞 회동동

南區 남구

- 戡蠻洞 감만동
- 大淵洞 대연동
- 門峴洞 문현동
- 龍塘洞 용당동
- 龍湖洞 용호동
- 牛岩洞 우암동

東區 동구

- 凡一洞 범일동
- 水晶洞 수정동
- 佐川洞 좌천동
- 草梁洞 초량동
- 東萊區 동래구
- 樂民洞 낙민동
- 明倫洞 명륜동
- 鳴藏洞 명장동
- 福泉洞 복천동
- 社稷洞 사직동
- 壽安洞 수안동
- 安樂洞 안락동
- 溫泉洞 온천동
- 漆山洞 칠산동

釜山鎭區 부산진구

- 伽倻洞 가야동
- 開琴洞 개금동
- 堂甘洞 당감동
- 凡田洞 범전동
- 凡川洞 범천동
- 釜岩洞 부암동
- 釜田洞 부전동
- 楊亭洞 양정동
- 蓮池洞 연지동
- 田浦洞 전포동
- 草邑洞 초읍동

北區 북구

- 龜浦洞 구포동
- 金谷洞 금곡동
- 德川洞 덕천동
- 萬德洞 만덕동
- 華明洞 화명동

沙上區 사상구

- 甘田洞 감전동
- 掛法洞 괘법동
- 德浦洞 덕포동
- 毛羅洞 모라동
- 三樂洞 삼락동
- 嚴弓洞 엄궁동
- 周禮洞 주례동
- 鶴章洞 학장동

沙下區 사하구

- 甘川洞 감천동
- 槐亭洞 괴정동
- 舊平洞 구평동
- 多大洞 다대동
- 堂里洞 당리동
- 新平洞 신평동
- 長林洞 장림동
- 下端洞 하단동

西區 서구

- 南富民洞 남부민동
- 東大新洞 동대신동
- 富民洞 부민동
- 芙蓉洞 부용동
- 西大新洞 서대신동
- 峨嵋洞 아미동
- 岩南洞 암남동
- 草場洞 초장동
- 忠武洞 충무동
- 土城洞 토성동

水營區 수영구

廣安洞 광안동
南川洞 남천동
望美洞 망미동
民樂洞 민락동
水營洞 수영동

蓮堤區 연제구

巨堤洞 거제동
蓮山洞 연산동
影島區 영도구
南港洞 남항동
大橋洞 대교동
大平洞 대평동
東三洞 동삼동
蓬萊洞 봉래동
新仙洞 신선동
瀛仙洞 영선동
青鶴洞 청학동

中區 중구

光復洞 광복동
南浦洞 남포동
大昌洞 대창동
大廳洞 대청동
東光洞 동광동
寶水洞 보수동
富平洞 부평동
新昌洞 신창동
瀛州洞 영주동
中央洞 중앙동
昌善洞 창선동

海雲臺區 해운대구

盤松洞 반송동
盤如洞 반여동
石坮洞 석대동
松亭洞 송정동
佑洞 우동
栽松洞 재송동
佐洞 좌동
中洞 중동
機張郡 기장군
機張邑 기장읍
長安邑 장안읍
日光面 일광면
鼎冠面 정관면
鐵馬面 철마면

대구광역시

南區 남구

大明洞 대명동
鳳德洞 봉덕동
梨泉洞 이천동

達西區 달서구

葛山洞 갈산동
甘三洞 감삼동
大谷洞 대곡동
大泉洞 대천동
桃原洞 도원동
杜柳洞 두류동
本洞 본동
本里洞 본리동
上仁洞 상인동
聖堂洞 성당동
松峴洞 송현동
新塘洞 신당동
龍山洞 용산동
月城洞 월성동
月岩洞 월암동
流川洞 유천동
梨谷洞 이곡동
長基洞 장기동
壯洞 장동
竹田洞 죽전동
辰泉洞 진천동
巴山洞 파산동
巴湖洞 파호동
狐林洞 호림동

西區 서구

內唐洞 내당동
飛山洞 비산동
上里洞 상리동
院垈洞 원대동
梨峴洞 이현동
中里洞 중리동
坪里洞 평리동

達城郡 달성군

論工邑 논공읍
多斯邑 다사읍
花園邑 화원읍
嘉昌面 가창면
求智面 구지면
玉浦面 옥포면
瑜伽面 유가면
河濱面 하빈면
玄風面 현풍면

東區 동구

角山洞 각산동
檢沙洞 검사동
槐田洞 괴전동
琴江洞 금강동
內谷洞 내곡동
內洞 내동
能城洞 능성동
大林洞 대림동
德谷洞 덕곡동
道洞 도동
道鶴洞 도학동
東內洞 동내동
東湖洞 동호동
屯山洞 둔산동
梅餘洞 매여동
米谷洞 미곡동
米垈洞 미대동
芳村洞 방촌동
百安洞 백안동
鳳舞洞 봉무동
釜洞 부동
不老洞 불로동
司福洞 사복동
上梅洞 상매동
西湖洞 서호동
松亭洞 송정동
淑泉洞 숙천동
新基洞 신기동
新龍洞 신룡동
新武洞 신무동
新西洞 신서동
新岩洞 신암동
新川洞 신천동
新坪洞 신평동
龍溪洞 용계동
龍水洞 용수동
栗岩洞 율암동
栗下洞 율하동
立石洞 입석동
中大洞 중대동
智妙洞 지묘동
枝底洞 지저동
眞仁洞 진인동
坪廣洞 평광동
孝睦洞 효목동

北區 북구

檢丹洞 검단동
古城洞 고성동
觀音洞 관음동
鳩岩洞 구암동
國優洞 국우동
琴湖洞 금호동
魯谷洞 노곡동
魯院洞 노원동
大賢洞 대현동
道南洞 도남동
東邊洞 동변동
東川洞 동천동
東湖洞 동호동
梅川洞 매천동
伏賢洞 복현동
泗水洞 사수동
山格洞 산격동
西邊洞 서변동
研經洞 연경동
邑內洞 읍내동
助也洞 조야동
砧山洞 침산동
太田洞 태전동
八達洞 팔달동
鶴亭洞 학정동

壽城區 수성구

佳川洞 가천동
顧母洞 고모동
內串洞 내환동
蘆邊洞 노변동
斗山洞 두산동
晚村洞 만촌동
梅湖洞 매호동
凡勿洞 범물동
泛魚洞 범어동
沙月洞 사월동
三德洞 삼덕동
上洞 상동
城洞 성동
壽城洞 수성동
時至洞 시지동
新梅洞 신매동
蓮湖洞 연호동
旭水洞 욱수동
梨川洞 이천동
中洞 중동
池山洞 지산동
巴洞 파동
黃金洞 황금동

中區 중구

桂山洞 계산동
公坪洞 공평동
校洞 교동
南山洞 남산동
南城路 남성로
南一洞 남일동
達城洞 달성동
大鳳洞 대봉동
大新洞 대신동
大安洞 대안동
德山洞 덕산동
桃園洞 도원동
東門洞 동문동
東山洞 동산동
東城路 동성로
東仁路 동인로
東一洞 동일동
文化洞 문화동
鳳山洞 봉산동
北內洞 북내동
北城路 북성로
射一洞 사일동
三德洞 삼덕동
尙德洞 상덕동
上西洞 상서동
西內洞 서내동
西門路 서문로
西城路 서성로
西也洞 서야동
壽洞 수동
壽昌洞 수창동
市場北路 시장북로
莞田洞 완전동
龍德洞 용덕동
仁橋洞 인교동
壯觀洞 장관동
前洞 전동
鐘路 종로
太平路 태평로
布政洞 포정동
下西洞 하서동
香村洞 향촌동
華田洞 화전동

인천광역시

桂陽區 계양구

葛峴洞 갈현동
桂山洞 계산동
橘峴洞 귤현동
老梧地洞 노오지동
多男洞 다남동
東陽洞 동양동
纛實洞 독실동
木霜洞 목상동
朴村洞 박촌동
放築洞 방축동
兵房洞 병방동
上野洞 상야동
瑞雲洞 서운동
仙住池洞 선주지동
梧柳洞 오류동
龍宗洞 용종동
梨花洞 이화동
林鶴洞 임학동
鵲田洞 작전동
場基洞 장기동
坪洞 평동
下野洞 하야동

曉星洞 효성동
南區 남구
官校洞 관교동
道禾洞 도화동
文鶴洞 문학동
崇義洞 숭의동
龍峴洞 용현동
朱安洞 주안동
鶴翼洞 학익동

南東區 남동구

間石洞 간석동
古棧洞 고잔동
九月洞 구월동
南村洞 남촌동
論峴洞 논현동
桃林洞 도림동
萬壽洞 만수동
西昌洞 서창동
壽山洞 수산동
雲宴洞 운연동
長壽洞 장수동

東區 동구

金谷洞 금곡동
萬石洞 만석동
松林洞 송림동
松峴洞 송현동
昌榮洞 창영동
花水洞 화수동
花平洞 화평동

富平區 부평구

葛山洞 갈산동
九山洞 구산동
富開洞 부개동
富平洞 부평동
山谷洞 산곡동
三山洞 삼산동
十井洞 십정동
日新洞 일신동
清川洞 청천동

西區 서구

佳亭洞 가정동
佳佐洞 가좌동
黔丹洞 검단동
黔岩洞 검암동
景西洞 경서동
公村洞 공촌동
金谷洞 금곡동
當下洞 당하동
大谷洞 대곡동
麻田洞 마전동
不老洞 불로동
白石洞 백석동
石南洞 석남동
始川洞 시천동
新峴洞 신현동
深谷洞 심곡동
旺吉洞 왕길동
連喜洞 연희동
梧柳洞 오류동
元當洞 원당동
元倉洞 원창동

中區 중구

京洞 경동
官洞 관동
南北洞 남북동
內洞 내동
沓洞 답동
德橋洞 덕교동
桃源洞 도원동
舞衣洞 무의동
北城洞 북성동
沙洞 사동
善隣洞 선린동
仙花洞 선화동
松月洞 송월동
松鶴洞 송학동
新生洞 신생동
新浦洞 신포동
新興洞 신흥동
雲南洞 운남동
雲北洞 운북동
雲西洞 운서동
龍洞 용동
柳洞 유동
栗木洞 율목동
乙旺洞 을왕동
仁峴洞 인현동
錢洞 전동
中山洞 중산동
中央洞 중앙동
港洞 항동
海岸洞 해안동
江華郡 강화군
江華邑 강화읍
喬桐面 교동면
吉祥面 길상면
內可面 내가면
佛恩面 불은면
三山面 삼산면
西島面 서도면
仙源面 선원면
松海面 송해면
良道面 양도면
兩寺面 양사면
河岾面 하점면
華道面 화도면

甕津郡 옹진군

大青面 대청면
德積面 덕적면
白翎面 백령면
北島面 북도면
松林面 송림면
靈興面 영흥면
紫月面 자월면
延壽區 연수구
東春洞 동춘동
仙鶴洞 선학동
延壽洞 연수동
玉蓮洞 옥련동
清凉洞 청량동
青鶴洞 청학동

광주광역시

光山區 광산구

古龍洞 고룡동
光山洞 광산동
南山洞 남산동
內山洞 내산동
大山洞 대산동
德林洞 덕림동
道德洞 도덕동
道山洞 도산동
道泉洞 도천동
道湖洞 도호동
東林洞 동림동
東山洞 동산동
東湖洞 동호동
斗亭洞 두정동
登任洞 등림동
明道洞 명도동
明花洞 명화동
博湖洞 박호동
伏龍洞 복룡동
北山洞 북산동
本德洞 본덕동
飛鴉洞 비아동
沙湖洞 사호동
山幕洞 산막동
山水洞 산수동
山月洞 산월동
山亭洞 산정동
三巨洞 삼거동
三道洞 삼도동
西峰洞 서봉동
仙洞 선동
仙岩洞 선암동
素村洞 소촌동
松大洞 송대동
松山洞 송산동
松汀洞 송정동
松村洞 송촌동
松峙洞 송치동
松鶴洞 송학동
水莞洞 수완동
新佳洞 신가동
新洞 신동
新龍洞 신룡동
新昌洞 신창동
新村洞 신촌동
雙岩洞 쌍암동
安清洞 안청동
良洞 양동
良山洞 양산동
連山洞 연산동
烏山洞 오산동
鰲仙洞 오선동
五雲洞 오운동
玉洞 옥동
旺洞 왕동
堯基洞 요기동
龍谷洞 용곡동
龍洞 용동
龍鳳洞 용봉동
牛山洞 우산동
雲南洞 운남동
雲水洞 운수동
月桂洞 월계동
月谷洞 월곡동
月田洞 월전동
柳溪洞 유계동
林谷洞 임곡동
長德洞 장덕동
長錄洞 장록동
長水洞 장수동
支山洞 지산동
池亭洞 지정동
芝竹洞 지죽동
芝坪洞 지평동
眞谷洞 진곡동
河南洞 하남동
下山洞 하산동
黃龍洞 황룡동
黑石洞 흑석동

南區 남구

龜洞 구동
九沼洞 구소동
大支洞 대지동
老大洞 노대동
德南洞 덕남동
陶金洞 도금동
芳林洞 방림동
白雲洞 백운동
鳳仙洞 봉선동
社洞 사동
西洞 서동
石亭洞 석정동
松荷洞 송하동
昇村洞 승촌동
新壯洞 신장동
鴨村洞 압촌동
良瓜洞 양과동
楊林洞 양림동
良村洞 양촌동
院山洞 원산동
月山洞 월산동
月城洞 월성동
泥場洞 이장동
林岩洞 임암동
珠月洞 주월동
支石洞 지석동
眞月洞 진월동
漆石洞 칠석동
禾場洞 화장동
杏岩洞 행암동

東區 동구

弓洞 궁동
鷄林洞 계림동
光山洞 광산동
錦南路 금남로
錦洞 금동
南洞 남동
內南洞 내남동
大義洞 대의동
大仁洞 대인동
東明洞 동명동
不老洞 불로동
山水洞 산수동
瑞石洞 서석동
仙橋洞 선교동
所台洞 소태동
須奇洞 수기동
龍山洞 용산동
龍淵洞 용연동
雲林洞 운림동
月南洞 월남동
壯洞 장동
芝山洞 지산동
忠壯路 충장로
鶴洞 학동
湖南洞 호남동
黃金洞 황금동

대전광역시

大德區 대덕구

- 葛田洞 갈전동
- 大禾洞 대화동
- 德岩洞 덕암동
- 木上洞 목상동
- 文坪洞 문평동
- 渼湖洞 미호동
- 法洞 법동
- 芙水洞 부수동
- 比來洞 비래동
- 三政洞 삼정동
- 上書洞 상서동
- 石峰洞 석봉동
- 宋村洞 송촌동
- 新垈洞 신대동
- 新日洞 신일동
- 新灘津洞 신탄진동
- 蓮丑洞 연축동
- 梧井洞 오정동
- 瓦洞 와동
- 龍湖洞 용호동
- 邑內洞 읍내동
- 梨峴洞 이현동
- 長洞 장동
- 中里洞 중리동
- 坪村洞 평촌동
- 黃湖洞 황호동

西區 서구

- 佳水院洞 가수원동
- 佳狀洞 가장동
- 葛馬洞 갈마동
- 關雎洞 관저동
- 槐谷洞 괴곡동
- 槐亭洞 괴정동
- 內洞 내동
- 桃馬洞 도마동
- 道安洞 도안동
- 屯山洞 둔산동
- 萬年洞 만년동
- 梅老洞 매로동
- 邊洞 변동
- 福守洞 복수동
- 鳳谷洞 봉곡동
- 山直洞 산직동
- 三川洞 삼천동
- 梧洞 오동
- 龍汶洞 용문동
- 龍村洞 용촌동
- 牛鳴洞 우명동
- 元亭洞 원정동
- 月平洞 월평동
- 壯安洞 장안동
- 正林洞 정림동
- 炭坊洞 탄방동
- 坪村洞 평촌동
- 黑石洞 흑석동

東區 동구

- 佳陽洞 가양동
- 加午洞 가오동
- 九到洞 구도동
- 朗月洞 낭월동
- 內塔洞 내탑동
- 大洞 대동
- 大別洞 대별동
- 大城洞 대성동
- 馬山洞 마산동
- 飛龍洞 비룡동
- 沙城洞 사성동
- 三槐洞 삼괴동
- 三省洞 삼성동
- 三丁洞 삼정동
- 上所洞 상소동
- 城南洞 성남동
- 細川洞 세천동
- 蘇堤洞 소제동
- 所好洞 소호동
- 新上洞 신상동
- 新安洞 신안동
- 新村洞 신촌동
- 新下洞 신하동
- 新興洞 신흥동
- 梧洞 오동
- 龍溪洞 용계동
- 龍雲洞 용운동
- 龍田洞 용전동
- 元洞 원동
- 二沙洞 이사동
- 仁洞 인동
- 紫陽洞 자양동
- 長尺洞 장척동
- 貞洞 정동
- 注山洞 주산동
- 舟村洞 주촌동
- 中洞 중동
- 稷洞 직동
- 泉洞 천동
- 秋洞 추동
- 板岩洞 판암동
- 下所洞 하소동
- 弘道洞 홍도동
- 孝洞 효동
- 孝坪洞 효평동
- 儒城區 유성구
- 柯亭洞 가정동
- 甲洞 갑동
- 鷄山洞 계산동
- 官坪洞 관평동
- 校村洞 교촌동
- 九龍洞 구룡동
- 九城洞 구성동
- 九岩洞 구암동
- 弓洞 궁동
- 今古洞 금고동
- 金灘洞 금탄동
- 老隱洞 노은동
- 垈洞 대동
- 大井洞 대정동
- 德明洞 덕명동
- 德津洞 덕진동
- 道龍洞 도룡동
- 屯谷洞 둔곡동
- 文旨洞 문지동
- 盤石洞 반석동
- 芳洞 방동
- 芳峴洞 방현동
- 伏龍洞 복룡동
- 鳳鳴洞 봉명동
- 鳳山洞 봉산동
- 上垈洞 상대동
- 城北洞 성북동
- 細洞 세동
- 松江洞 송강동
- 松亭洞 송정동
- 水南洞 수남동
- 新洞 신동
- 新峰洞 신봉동
- 新城洞 신성동
- 案山洞 안산동
- 魚隱洞 어은동
- 外三洞 외삼동
- 龍溪洞 용계동
- 龍山洞 용산동
- 院內洞 원내동
- 院新興洞 원신흥동
- 院村洞 원촌동
- 自雲洞 자운동
- 場垈洞 장대동
- 長洞 장동
- 田民洞 전민동
- 竹洞 죽동
- 智足洞 지족동
- 秋木洞 추목동
- 塔林洞 탑립동
- 下基洞 하기동
- 鶴下洞 학하동
- 花岩洞 화암동

울산광역시

南區 남구

- 古沙洞 고사동
- 開雲洞 개운동
- 南化洞 남화동
- 達洞 달동
- 斗旺洞 두왕동
- 梅岩洞 매암동
- 無去洞 무거동
- 夫谷洞 부곡동
- 三山洞 삼산동
- 上開洞 상개동
- 仙岩洞 선암동
- 城岩洞 성암동
- 新亭洞 신정동
- 也音洞 야음동
- 呂川洞 여천동
- 玉洞 옥동
- 龍淵洞 용연동
- 龍岑洞 용잠동
- 長生浦洞 장생포동
- 黃城洞 황성동

東區 동구

- 大松洞 대송동
- 東部洞 동부동
- 方魚洞 방어동
- 西部洞 서부동
- 日山洞 일산동
- 田下洞 전하동
- 朱田洞 주전동
- 華亭洞 화정동

北區 북구

- 加大洞 가대동
- 舊柳洞 구유동
- 達川洞 달천동
- 堂舍洞 당사동
- 大安洞 대안동
- 梅谷洞 매곡동
- 明村洞 명촌동
- 舞龍洞 무룡동
- 山下洞 산하동
- 常安洞 상안동
- 松亭洞 송정동
- 時禮洞 시례동
- 新明洞 신명동
- 新泉洞 신천동
- 新峴洞 신현동
- 楊亭洞 양정동
- 於勿洞 어물동
- 蓮岩洞 연암동
- 鹽浦洞 염포동
- 亭子洞 정자동
- 中山洞 중산동
- 珍庄洞 진장동
- 昌平洞 창평동
- 泉谷洞 천곡동
- 虎溪洞 호계동
- 華峰洞 화봉동
- 孝門洞 효문동
- 中區 중구
- 校洞 교동
- 南外洞 남외동
- 茶雲洞 다운동
- 東洞 동동
- 伴鷗洞 반구동
- 福山洞 복산동
- 北亭洞 북정동
- 西洞 서동
- 城南洞 성남동
- 聖安洞 성안동
- 藥泗洞 약사동
- 玉橋洞 옥교동
- 牛亭洞 우정동
- 裕谷洞 유곡동
- 蔣峴洞 장현동
- 太和洞 태화동
- 鶴山洞 학산동
- 鶴城洞 학성동
- 蔚州郡 울주군
- 彦陽邑 언양읍
- 溫山邑 온산읍
- 斗東面 두동면
- 斗西面 두서면
- 凡西面 범서면
- 三南面 삼남면
- 三東面 삼동면
- 上北面 상북면
- 西生面 서생면
- 溫陽面 온양면
- 熊村面 웅촌면
- 青良面 청량면

강원도

江陵市 강릉시

- 江門洞 강문동
- 見召洞 견소동
- 校洞 교동
- 錦鶴洞 금학동
- 蘭谷洞 난곡동
- 南門洞 남문동
- 南項津洞 남항진동
- 內谷洞 내곡동
- 魯巖洞 노암동
- 淡山洞 담산동
- 大田洞 대전동
- 斗山洞 두산동
- 溟州洞 명주동
- 博月洞 박월동

柄山洞 병산동
城南洞 성남동
城内洞 성내동
松亭洞 송정동
申石洞 신석동
雁峴洞 안현동
玉泉洞 옥천동
龍岡洞 용강동
雲山洞 운산동
雲亭洞 운정동
月呼坪洞 월호평동
幼山洞 유산동
楡川洞 유천동
林唐洞 임당동
笠岩洞 입암동
長峴洞 장현동
苧洞 저동
竹軒洞 죽헌동
池邊洞 지변동
青良洞 청량동
草堂洞 초당동
浦南洞 포남동
鶴洞 학동
弘濟洞 홍제동
淮山洞 회산동
注文津邑 주문진읍
江東面 강동면
邱井面 구정면
沙川面 사천면
城山面 성산면
連谷面 연곡면
玉溪面 옥계면
旺山面 왕산면

東海市 동해시

槐蘭洞 괴란동
九美洞 구미동
九湖洞 구호동
歸雲洞 귀운동
羅雁洞 나안동
内洞 내동
丹鳳洞 단봉동
達芳洞 달방동
大口洞 대구동
大津洞 대진동
東湖洞 동호동
桐淮洞 동회동
晩遇洞 만우동
望祥洞 망상동
墨湖洞 묵호동
發翰洞 발한동
釜谷洞 부곡동
北坪洞 북평동
飛川洞 비천동
士文洞 사문동
三和洞 삼화동
松亭洞 송정동
灑雲洞 쇄운동
新興洞 신흥동
深谷洞 심곡동
於達洞 어달동
龍井洞 용정동
耳基洞 이기동
梨島洞 이도동
泥老洞 이로동
池柯洞 지가동
智興洞 지흥동
泉谷洞 천곡동
草邱洞 초구동
湫岩洞 추암동
平陵洞 평릉동
香爐洞 향로동
虎峴洞 호현동
孝街洞 효가동

三陟市 삼척시

葛川洞 갈천동
乾芝洞 건지동
校洞 교동
近山洞 근산동
南陽洞 남양동
塘底洞 당저동
桃京洞 도경동
登鳳洞 등봉동
麻達洞 마달동
馬坪洞 마평동
史直洞 사직동
城南洞 성남동
城内洞 성내동
城北洞 성북동
梧紛洞 오분동
五士洞 오사동
禹池洞 우지동
元堂洞 원당동
邑上洞 읍상동
邑中洞 읍중동
紫元洞 자원동
積老洞 적노동
汀上洞 정상동
汀下洞 정하동
鳥飛洞 조비동
甑山洞 증산동
平田洞 평전동
道溪邑 도계읍
遠德邑 원덕읍
佳谷面 가곡면
近德面 근덕면
蘆谷面 노곡면
未老面 미로면
新基面 신기면
下長面 하장면

束草市 속초시

校洞 교동
琴湖洞 금호동
蘆鶴洞 노학동
大浦洞 대포동
道門洞 도문동
東明洞 동명동
雪岳洞 설악동
永郎洞 영랑동
章沙洞 장사동
朝陽洞 조양동
中央洞 중앙동
青鶴洞 청학동
青湖洞 청호동

原州市 원주시

加峴洞 가현동
開雲洞 개운동
觀雪洞 관설동
丹溪洞 단계동
丹邱洞 단구동
明倫洞 명륜동
茂實洞 무실동
盤谷洞 반곡동
鳳山洞 봉산동
牛山洞 우산동
園洞 원동
仁洞 인동
一山洞 일산동
中央洞 중앙동
台壯洞 태장동
平原洞 평원동
鶴城洞 학성동
杏邱洞 행구동
文幕邑 문막읍
貴來面 귀래면
富論面 부론면
所草面 소초면
神林面 신림면
地正面 지정면
板富面 판부면
好楮面 호저면
興業面 흥업면

春川市 춘천시

校洞 교동
槿花洞 근화동
樂園洞 낙원동
鳳儀洞 봉의동
司農洞 사농동
三川洞 삼천동
碩士洞 석사동
昭陽路 소양로
松岩洞 송암동
神銅洞 신동동
藥司洞 약사동
玉泉洞 옥천동
溫衣洞 온의동
要仙洞 요선동
牛頭洞 우두동
雲校洞 운교동
朝陽洞 조양동
竹林洞 죽림동
中島洞 중도동
中央路 중앙로
漆田洞 칠전동
退溪洞 퇴계동
孝子洞 효자동
後坪洞 후평동
新北邑 신북읍
南面 남면
南山面 남산면
東面 동면
東内面 동내면
東山面 동산면
北山面 북산면
史北面 사북면
西面 서면
新東面 신동면

太白市 태백시

求文沼洞 구문소동
文曲所道洞 문곡소도동
三水洞 삼수동
上長洞 상장동
長省洞 장성동
鐵岩洞 철암동
黃蓮洞 황연동
黃池洞 황지동

高城郡 고성군

杆城邑 간성읍
巨津邑 거진읍
土城面 토성면
縣内面 현내면
竹旺面 죽왕면

楊口郡 양구군

楊口邑 양구읍
南面 남면
東面 동면
方山面 방산면
海岸面 해안면

襄陽郡 양양군

襄陽邑 양양읍
降峴面 강현면
西面 서면
巽陽面 손양면
縣南面 현남면
縣北面 현북면

寧越郡 영월군

寧越邑 영월읍
上東邑 상동읍
南面 남면
北面 북면
西面 서면
水周面 수주면
酒泉面 주천면
中東面 중동면
下東面 하동면

麟蹄郡 인제군

麟蹄邑 인제읍
麒麟面 기린면
南面 남면
北面 북면
上南面 상남면
瑞和面 서화면

旌善郡 정선군

古汗邑 고한읍
舍北邑 사북읍
新東邑 신동읍
旌善邑 정선읍
南面 남면
東面 동면
北面 북면
北坪面 북평면
臨溪面 임계면

鐵原郡 철원군

鐵原邑 철원읍
葛末邑 갈말읍
金化邑 김화읍
東松邑 동송읍
近南面 근남면
西面 서면

平昌郡 평창군

平昌邑 평창읍
大和面 대화면
道岩面 도암면
美灘面 미탄면
芳林面 방림면
蓬坪面 봉평면
龍坪面 용평면
珍富面 진부면

洪川郡 홍천군

洪川邑 홍천읍
南面 남면
內面 내면
乃村面 내촌면
東面 동면
斗村面 두촌면
北方面 북방면
西面 서면
瑞石面 서석면
化村面 화촌면

華川郡 화천군

華川邑 화천읍
看東面 간동면
史內面 사내면
上西面 상서면
下南面 하남면

橫城郡 횡성군

橫城邑 횡성읍
甲川面 갑천면
講林面 강림면
公根面 공근면
屯內面 둔내면
書院面 서원면
安興面 안흥면
隅川面 우천면
晴日面 청일면

경기도

高陽市 고양시

德陽區 덕양구
江梅洞 강매동
高陽洞 고양동
官山洞 관산동
內谷洞 내곡동
奈遊洞 내유동
大慈洞 대자동
大莊洞 대장동
德隱洞 덕은동
道乃洞 도내동
東山洞 동산동
碧蹄洞 벽제동
北漢洞 북한동
三松洞 삼송동
仙遊洞 선유동
星沙洞 성사동
新院洞 신원동
新坪洞 신평동
梧琴洞 오금동
龍頭洞 용두동
元堂洞 원당동
元興洞 원흥동
舟橋洞 주교동
紙杻洞 지축동
土堂洞 토당동
幸信洞 행신동
幸州內洞 행주내동
幸州外洞 행주외동
香洞 향동
玄川洞 현천동
花田洞 화전동
花井洞 화정동
孝子洞 효자동

一山區 일산구
加佐洞 가좌동
九山洞 구산동
大化洞 대화동
德耳洞 덕이동
馬頭洞 마두동
文峰洞 문봉동
白石洞 백석동
法串洞 법곶동
沙里峴洞 사리현동
山黃洞 산황동
雪門洞 설문동
星石洞 성석동
食寺洞 식사동
一山洞 일산동
獐項洞 장항동
注葉洞 주엽동
芝英洞 지영동
炭峴洞 탄현동
楓洞 풍동

果川市 과천시

葛峴洞 갈현동
果川洞 과천동
官門洞 관문동
莫溪洞 막계동
文原洞 문원동
別陽洞 별양동
富林洞 부림동
元文洞 원문동
注岩洞 주암동
中央洞 중앙동

光明市 광명시

駕鶴洞 가학동
光明洞 광명동
老溫寺洞 노온사동
所下洞 소하동
玉吉洞 옥길동
日直洞 일직동
鐵山洞 철산동
下安洞 하안동

九里市 구리시

葛梅洞 갈매동
校門洞 교문동
東九洞 동구동
四老洞 사노동
水澤洞 수택동
水坪洞 수평동
峨川洞 아천동
仁昌洞 인창동
土坪洞 상평동

軍浦市 군포시

光亭洞 광정동
軍浦洞 군포동
宮內洞 궁내동
衿井洞 금정동
堂洞 당동
堂井洞 당정동
渡馬橋洞 도마교동
大夜味洞 대야미동
屯垈洞 둔대동
富谷洞 부곡동
山本洞 산본동
修理洞 수리동
五禁洞 오금동
齋宮洞 재궁동

金浦市 김포시

坎井洞 감정동
傑浦洞 걸포동
北邊洞 북변동
沙隅洞 사우동
雲陽洞 운양동
場基洞 장기동
豊舞洞 풍무동
高村面 고촌면
大串面 대곶면
陽村面 양촌면
月串面 월곶면
通津面 통진면
霞城面 하성면

南楊州市 남양주시

加雲洞 가운동
金谷洞 금곡동
陶農洞 도농동
三牌洞 삼패동
水石洞 수석동
二牌洞 이패동
一牌洞 일패동
芝錦洞 지금동
坪內洞 평내동
好坪洞 호평동
瓦阜邑 와부읍
榛接邑 진접읍
和道邑 화도읍
別內面 별내면
水洞面 수동면
梧南面 오남면
鳥安面 조안면
眞乾面 진건면
退溪院面 퇴계원면

東豆川市 동두천시

傑山東 걸산동
廣岩洞 광암동
東豆川洞 동두천동
保山洞 보산동
上鳳岩洞 상봉암동
上牌洞 상패동
生淵洞 생연동
松內洞 송내동
安興洞 안흥동
紙杏洞 지행동
塔洞 탑동
下鳳岩洞 하봉암동

富川市 부천시

素砂區 소사구
桂壽洞 계수동
槐安洞 괴안동
範朴洞 범박동
素砂洞 소사동
松內洞 송내동
深谷洞 심곡동
玉吉洞 옥길동

梧亭區 오정구
古康洞 고강동
內洞 내동
大壯洞 대장동
三井洞 삼정동
如月洞 여월동
梧亭洞 오정동
遠宗洞 원종동
鵲洞 작동

城南市 성남시

盆唐區 분당구
九美洞 구미동
宮內洞 궁내동
金谷洞 금곡동
內亭洞 내정동
大庄洞 대장동
東遠洞 동원동
梅松洞 매송동
柏峴洞 백현동
盆塘洞 분당동
佛亭洞 불정동
三坪洞 삼평동
上塔洞 상탑동
書堂洞 서당동
書峴洞 서현동
石雲洞 석운동
藪內洞 수내동
新基洞 신기동
野塔洞 야탑동
梧里洞 오리동
雲中洞 운중동
栗洞 율동
二梅洞 이매동
亭子洞 정자동
中塔洞 중탑동
板橋洞 판교동
草林洞 초림동
下山雲洞 하산운동
下塔洞 하탑동

遠美區 원미구
陶唐洞 도당동
上洞 상동
素砂洞 소사동
深谷洞 심곡동
若大洞 약대동
驛谷洞 역곡동
遠美洞 원미동
中洞 중동
春衣洞 춘의동

壽井區 수정구
高登洞 고등동
金土洞 금토동
丹垈洞 단대동
屯田洞 둔전동
福井洞 복정동
沙松洞 사송동
山城洞 산성동
上笛洞 상적동
壽進洞 수진동
始興洞 시흥동
新村洞 신촌동
新興洞 신흥동
深谷洞 심곡동
陽地洞 양지동
梧野洞 오야동
倉谷洞 창곡동
太平洞 태평동

中院區 중원구
金光洞 금광동
葛峴洞 갈현동

島村洞 도촌동
上大院洞 상대원동
城南洞 성남동
麗水洞 여수동
銀行洞 은행동
中洞 중동
下大院洞 하대원동

水原市 수원시

勸善區 권선구
高等洞 고등동
古索洞 고색동
谷伴亭洞 곡반정동
校洞 교동
區雲洞 구운동
勸善洞 권선동
金谷洞 금곡동
堂樹洞 당수동
大皇橋洞 대황교동
梅橋洞 매교동
梅山路 매산로
細柳洞 세류동
笠北洞 입북동
長芝洞 장지동
塔洞 탑동
坪洞 평동
坪里洞 평리동
好梅實洞 호매실동

長安區 장안구
北水洞 북수동
上光敎洞 상광교동
松竹洞 송죽동
新豊洞 신풍동
鍊武洞 연무동
迎華洞 영화동
栗田洞 율전동
梨木洞 이목동
長安洞 장안동
亭子洞 정자동
棗園洞 조원동
泉川洞 천천동
芭長洞 파장동
下光敎洞 하광교동
華西洞 화서동

八達區 팔달구
龜川洞 구천동
南水洞 남수동
南昌洞 남창동
網浦洞 망포동
梅灘洞 매탄동
梅香洞 매향동
榮洞 영동
靈通洞 영통동
牛滿洞 우만동
遠川洞 원천동
二儀洞 이의동
仁溪東 인계동
中東 중동
池洞 지동
八達路 팔달로
下東 하동

始興市 시흥시

去毛洞 거모동
桂壽洞 계수동
果林洞 과림동
廣石洞 광석동
君子洞 군자동
錦李洞 금이동
論谷洞 논곡동
陵谷洞 능곡동
大也洞 대야동
道倉洞 도창동
梅花洞 매화동
牧甘洞 목감동
戊芝洞 무지동
物旺洞 물왕동
米山洞 미산동
芳山洞 방산동
山峴洞 산현동
新川洞 신천동
鞍峴洞 안현동
月串洞 월곶동
銀杏洞 은행동
長谷洞 장곡동
長峴洞 장현동
正往洞 정왕동
鳥南洞 조남동
竹栗洞 죽율동
浦洞 포동
下上洞 하상동
下中洞 하중동
花井洞 화정동

安山市 안산시

古棧洞 고잔동
南洞 남동
東洞 동동
木內洞 목내동
本五洞 본오동
釜谷洞 부곡동
北洞 북동
四洞 사동
仙府洞 선부동
城谷洞 성곡동
聲浦洞 성포동
新吉洞 신길동
楊上洞 양상동
瓦洞 와동
元谷洞 원곡동
元時洞 원시동
月陂洞 월피동
二洞 이동
一洞 일동
草芝洞 초지동
八谷二洞 팔곡이동
八谷一洞 팔곡일동

安城市 안성시

加士洞 가사동
加峴洞 가현동
桂洞 계동
九苞洞 구포동
錦山洞 금산동
金石洞 금석동
樂園洞 낙원동
堂旺洞 당왕동
大泉洞 대천동
道基洞 도기동
東本東 동본동
明倫洞 명륜동
發化洞 발화동
鳳南洞 봉남동
鳳山洞 봉산동
沙谷洞 사곡동
西仁洞 서인동
石井洞 석정동
城南洞 성남동
崇仁洞 숭인동
新乾芝洞 신건지동
新茅山洞 신모산동
新蘇峴洞 신소현동
新興洞 신흥동
娥洋洞 아양동
蓮池洞 연지동
榮洞 영동
玉山洞 옥산동
玉川洞 옥천동
仁智洞 인지동
中里洞 중리동
創前洞 창전동
玄水洞 현수동
古三面 고삼면
孔道面 공도면
金光面 금광면
大德面 대덕면
薇陽面 미양면
寶蓋面 보개면
三竹面 삼죽면
瑞雲面 서운면
陽城面 양성면
元谷面 원곡면
一竹面 일죽면
竹山面 죽산면

安養市 안양시

東安區 동안구
葛山洞 갈산동
冠陽洞 관양동
貴仁洞 귀인동
達安洞 달안동
범계洞 범계동
富林洞 부림동
復興洞 부흥동
飛山洞 비산동
新村洞 신촌동
坪安洞 평안동
坪村洞 평촌동
虎溪洞 호계동

萬安區 만안구
博達洞 박달동
石水洞 석수동
安養洞 안양동

烏山市 오산시

佳水東 가수동
佳長洞 가장동
葛串洞 갈곶동
高峴洞 고현동
闕洞 궐동
錦岩洞 금암동
內三美洞 내삼미동
樓邑洞 누읍동
斗谷洞 두곡동
伐音洞 벌음동
釜山洞 부산동
西洞 서동
西廊洞 서랑동
細橋洞 세교동
水清洞 수청동
陽山洞 양산동
烏山洞 오산동
外三美洞 외삼미동
園洞 원동
銀溪洞 은계동
紙串洞 지곶동
青鶴洞 청학동
清湖洞 청호동
塔洞 탑동

龍仁市 용인시

古林洞 고림동
金良場洞 김량장동
南洞 남동
麻坪洞 마평동
雲鶴洞 운학동
三街洞 삼가동
驛北洞 역북동
柳防洞 유방동
海谷洞 해곡동
虎洞 호동
器興邑 기흥읍
水枝邑 수지읍
駒城面 구성면
南四面 남사면
慕賢面 모현면
白岩面 백암면
陽智面 양지면
遠三面 원삼면
二東面 이동면
蒲谷面 포곡면

儀旺市 의왕시

古川洞 고천동
內孫洞 내손동
三洞 삼동
五全洞 오전동
旺谷洞 왕곡동
月岩洞 월암동
二洞 이동
清溪洞 청계동
草坪洞 초평동
浦一洞 포일동
鶴儀洞 학의동

議政府市 의정부시

佳陵洞 가능동
高山洞 고산동
金梧洞 금오동
洛陽洞 낙양동
綠楊洞 녹양동
民樂洞 민락동
山谷洞 산곡동
新谷洞 신곡동
龍峴洞 용현동
議政府洞 의정부동
自逸洞 자일동
長岩洞 장암동
虎院洞 호원동

利川市 이천시

葛山洞 갈산동
高潭洞 고담동
官庫洞 관고동
丹月洞 단월동
大浦洞 대포동
沙音洞 사음동
松亭洞 송정동
安興洞 안흥동
栗峴洞 율현동

長錄洞 장록동
中里洞 중리동
曾日洞 증일동
增浦洞 증포동
陳里洞 진리동
倉前洞 창전동
夫鉢邑 부발읍
長湖院邑 장호원읍
大月面 대월면
麻長面 마장면
慕加面 모가면
栢沙面 백사면
雪星面 설성면
新屯面 신둔면
栗面 율면
戶法面 호법면

坡州市 파주시

金村洞 금촌동
坡州邑 파주읍
汶山邑 문산읍
法院邑 법원읍
廣灘面 광탄면
交河面 교하면
郡內面 군내면
月籠面 월롱면
積城面 적성면
條里面 조리면
炭縣面 탄현면
坡平面 파평면

平澤市 평택시

碑前洞 비전동
西井洞 서정동
細橋洞 세교동
松北洞 송북동
松炭洞 송탄동
新場洞 신장동
新平洞 신평동
原平洞 원평동
中央洞 중앙동
芝山洞 지산동
通伏洞 통복동
平澤洞 평택동
彭城邑 팽성읍
梧城面 오성면
古德面 고덕면
西炭面 서탄면
安仲面 안중면
振威面 진위면
青北面 청북면
浦升面 포승면
玄德面 현덕면

河南市 하남시

甘北洞 감북동
甘二洞 감이동
甘一洞 감일동
廣岩洞 광암동
校山洞 교산동
德豊洞 덕풍동
望月洞 망월동
渼沙洞 미사동
拜謁尾洞 배알미동
上司倉洞 상사창동
上山谷洞 상산곡동
船洞 선동
新長洞 신장동
倉隅洞 창우동
泉峴洞 천현동
草二洞 초이동
草一洞 초일동
春宮洞 춘궁동
豊山洞 풍산동
下司倉洞 하사창동
下山谷洞 하산곡동
鶴岩洞 학암동
項洞 항동

加平郡 가평군

加平邑 가평읍
北面 북면
上面 상면
雪岳面 설악면
外西面 외서면
下面 하면

廣州郡 광주군

廣州邑 광주읍
南終面 남종면
都尺面 도척면
實村面 실촌면
五浦面 오포면
中部面 중부면
草月面 초월면
退村面 퇴촌면

楊州郡 양주군

檜泉邑 회천읍
廣積面 광적면
南面 남면
白石面 백석면
隱縣面 은현면
長興面 장흥면
州內面 주내면

楊平郡 양평군

楊平邑 양평읍
江上面 강상면
江下面 강하면
介軍面 개군면
丹月面 단월면
西宗面 서종면
楊東面 양동면
楊西面 양서면
玉泉面 옥천면
龍門面 용문면
砥堤面 지제면
青雲面 청운면

驪州郡 여주군

驪州邑 여주읍
加南面 가남면
康川面 강천면
金沙面 금사면
陵西面 능서면
大神面 대신면
北內面 북내면
山北面 산북면
占東面 점동면
興川面 흥천면

漣川郡 연천군

漣川邑 연천읍
全谷邑 전곡읍
郡南面 군남면
嵋山面 미산면
百鶴面 백학면
新西面 신서면
旺澄面 왕징면
長南面 장남면
中面 중면
青山面 청산면

抱川郡 포천군

抱川邑 포천읍
蘇屹邑 소흘읍
加山面 가산면
官仁面 관인면
郡內面 군내면
內村面 내촌면
新北面 신북면
永北面 영북면
永中面 영중면
二東面 이동면
一東面 일동면
蒼水面 창수면
花峴面 화현면

華城郡 화성군

峰潭邑 봉담읍
台安邑 태안읍
南陽面 남양면
東灘面 동탄면
麻道面 마도면
梅松面 매송면
飛鳳面 비봉면
西新面 서신면
松山面 송산면
楊甘面 양감면
雨汀面 우정면
長安面 장안면
正南面 정남면
八灘面 팔탄면
鄕南面 향남면

경상남도

巨濟市 거제시

菱浦洞 능포동
杜母洞 두모동
麻田洞 마전동
鵝州洞 아주동
玉浦洞 옥포동
長承浦洞 장승포동
新縣邑 신현읍
巨濟面 거제면
南部面 남부면
東部面 동부면
屯德面 둔덕면
沙等面 사등면
延草面 연초면
一運面 일운면
長木面 장목면
河清面 하청면

金海市 김해시

江洞 강동
龜山洞 구산동
內洞 내동
大城洞 대성동
東上洞 동상동
明法洞 명법동
鳳凰洞 봉황동
府院洞 부원동
佛岩洞 불암동
三溪洞 삼계동
三芳洞 삼방동
三政洞 삼정동
西上洞 서상동
安洞 안동
漁防洞 어방동
二洞 이동
外洞 외동
田下洞 전하동
池內洞 지내동
豊留洞 풍류동
花木洞 화목동
興洞 흥동
進永邑 진영읍
大東面 대동면
上東面 상동면
生林面 생림면
長有面 장유면
酒村面 주촌면
進禮面 진례면
翰林面 한림면

馬山市 마산시

合浦區 합포구
架浦洞 가포동
校坊洞 교방동
校原洞 교원동
南城洞 남성동
台內洞 대내동
大城洞 대성동
台外洞 대외동
大昌洞 대창동
德洞 덕동
東城洞 동성동
斗月洞 두월동
文化洞 문화동
半月洞 반월동
富林洞 부림동
山湖洞 산호동
上南洞 상남동
西城洞 서성동
城湖洞 성호동
壽城洞 수성동
新月洞 신월동
新昌洞 신창동
新浦洞 신포동
新興洞 신흥동
禮谷洞 예곡동
午東洞 오동동
玩月洞 완월동
牛山洞 우산동
柳錄洞 유록동
月南洞 월남동
月影洞 월영동
月浦洞 월포동
玆山洞 자산동
將軍洞 장군동
中城洞 중성동
中央洞 중앙동
倉洞 창동
昌浦洞 창포동
清溪洞 청계동
騶山洞 추산동
平和洞 평화동
海雲洞 해운동
縣洞 현동

弘文洞 홍문동
花英洞 화영동
龜山面 구산면
鎭東面 진동면
鎭北面 진북면
鎭田面 진전면

密陽市 밀양시

駕谷洞 가곡동
校洞 교동
南浦洞 남포동
內二洞 내이동
內一洞 내일동
三門洞 삼문동
龍平洞 용평동
活城洞 활성동
三浪津邑 삼랑진읍
下南邑 하남읍
丹場面 단장면
武安面 무안면
府北面 부북면
山內面 산내면
山外面 산외면
上南面 상남면
上東面 상동면
清道面 청도면
初同面 초동면

泗川市 사천시

宮旨洞 궁지동
魯龍洞 노룡동
勒島洞 늑도동
大芳洞 대방동
大圃洞 대포동
東錦洞 동금동
東洞 동동
東林洞 동림동
馬島洞 마도동
白川洞 백천동
閥里洞 벌리동
鳳南洞 봉남동
沙登洞 사등동
西洞 서동
西錦洞 서금동
仙龜洞 선구동
松圃洞 송포동
新碧洞 신벽동
新樹洞 신수동
實安洞 실안동
臥龍洞 와룡동
龍江洞 용강동
梨琴洞 이금동
耳笏洞 이홀동
佐龍洞 좌룡동
竹林洞 죽림동
香村洞 향촌동
泗川邑 사천읍
昆明面 곤명면
昆陽面 곤양면
泗南面 사남면
西浦面 서포면
龍見面 용현면
正東面 정동면
杻東面 축동면

晋州市 진주시

加佐洞 가좌동
江南洞 강남동
桂洞 계동
貴谷洞 귀곡동
南城洞 남성동
大安洞 대안동
東城洞 동성동
望京洞 망경동
本城洞 본성동
鳳谷洞 봉곡동
蓬萊洞 봉래동
上大洞 상대동
上鳳洞 상봉동
上平洞 상평동
水晶洞 수정동
新安洞 신안동
玉峰洞 옥봉동
柳谷洞 유곡동
二峴洞 이현동
仁寺洞 인사동
將台洞 장대동
長在洞 장재동
株藥洞 주약동
中安洞 중안동
草田洞 초전동
七岩洞 칠암동
板門洞 판문동
平居洞 평거동
平安洞 평안동
下大洞 하대동
下村洞 하촌동
虎灘洞 호탄동
文山邑 문산읍
金谷面 금곡면
琴山面 금산면
奈洞面 나동면
大谷面 대곡면
大坪面 대평면
鳴石面 명석면
美川面 미천면
寺奉面 사봉면
水谷面 수곡면
二班城面 이반성면
一班城面 일반성면
井村面 정촌면
智水面 지수면
晉城面 진성면
集賢面 집현면

鎭海市 진해시

佳主洞 가주동
慶和洞 경화동
光化洞 광화동
槿花洞 근화동
南門洞 남문동
南濱洞 남빈동
南陽洞 남양동
大榮洞 대영동
大壯洞 대장동
大竹洞 대죽동
大川洞 대천동
大興洞 대흥동
德山洞 덕산동
道萬洞 도만동
道泉洞 도천동
東山東 동산동
頭洞 두동
馬川洞 마천동
明洞 명동
茂松洞 무송동
復興洞 부흥동
北部洞 북부동
飛鳳洞 비봉동
西中洞 서중동
石洞 석동
城內洞 성내동
素沙洞 소사동
東川洞 속천동
松竹洞 송죽동
松鶴洞 송학동
水島洞 수도동
壽松洞 수송동
崇仁洞 숭인동
新興洞 신흥동
安谷洞 안곡동
安骨洞 안골동
鶯谷洞 앵곡동
餘佐洞 여좌동
椽島洞 연도동
龍院洞 용원동
院浦洞 원포동
泥洞 이동
益善洞 익선동
仁寺洞 인사동
仁義洞 인의동
自隱洞 자은동
將川洞 장천동
齊德洞 제덕동
帝皇山洞 제황산동
竹谷洞 죽곡동
中央洞 중앙동
中坪洞 중평동
昌善洞 창선동
晴安洞 청안동
忠武洞 충무동
忠義洞 충의동
太白洞 태백동
太平洞 태평동
通信洞 통신동
平安洞 평안동
豊湖洞 풍호동
行岩洞 행암동
縣洞 현동
和泉洞 화천동
會賢洞 회현동

昌原市 창원시

加音洞 가음동
加音丁洞 가음정동
貴谷洞 귀곡동
貴山洞 귀산동
貴峴洞 귀현동
南山洞 남산동
南陽洞 남양동
南支洞 남지동
內洞 내동
內里洞 내리동
大方洞 대방동
大元洞 대원동
德亭洞 덕정동
道溪洞 도계동
東井洞 동정동
斗大洞 두대동
明谷洞 명곡동
明西洞 명서동
木洞 목동
盤溪洞 반계동
盤林洞 반림동
盤松洞 반송동
盤知洞 반지동
鳳谷洞 봉곡동
鳳林洞 봉림동
北洞 북동
佛母山洞 불모산동
沙林洞 사림동
沙巴洞 사파동
沙巴丁洞 사파정동
沙大洞 사대동
三東洞 삼동동
三丁子洞 삼정자동
上南洞 상남동
上福洞 상복동
西谷洞 서곡동
西上洞 서상동
聖住洞 성주동
召界洞 소계동
召畓洞 소답동
新月洞 신월동
新村洞 신촌동
安民洞 안민동
梁谷洞 양곡동
淵德洞 연덕동
完岩洞 완암동
外洞 외동
龍洞 용동
龍池洞 용지동
龍湖洞 용호동
熊南洞 웅남동
月林洞 월림동
赤峴洞 적현동
井洞 정동
中洞 중동
中央洞 중앙동
知歸洞 지귀동
車龍洞 차룡동
昌谷洞 창곡동
遷善洞 천선동
吐月洞 토월동
退村洞 퇴촌동
八龍洞 팔용동
東邑 동읍
大山面 대산면
北面 북면
檜原區 회원구
龜岩洞 구암동
斗尺洞 두척동
鳳岩洞 봉암동
石田洞 석전동
陽德洞 양덕동
合城洞 합성동
檜原洞 회원동
檜城洞 회성동
內西邑 내서읍

梁山市 양산시

校洞 교동
南部洞 남부동
多芳洞 다방동
明谷洞 명곡동
北部洞 북부동
北亭洞 북정동
山幕洞 산막동
新基洞 신기동
魚谷洞 어곡동
由山洞 유산동
中部洞 중부동
虎溪洞 호계동
勿禁邑 물금읍
熊上邑 웅상읍

東面 동면
上北面 상북면
院東面 원동면
下北面 하북면

統營市 통영시

當洞 당동
道南洞 도남동
道泉洞 도천동
東湖洞 동호동
明井洞 명정동
霧田洞 무전동
文化洞 문화동
美修洞 미수동
鳳平洞 봉평동
北新洞 북신동
西湖洞 서호동
仁平洞 인평동
貞梁洞 정량동
中央洞 중앙동
太平洞 태평동
坪林洞 평림동
港南洞 항남동
山陽邑 산양읍
光道面 광도면
道山面 도산면
蛇梁面 사량면
欲知面 욕지면
龍南面 용남면
閑山面 한산면

居昌郡 거창군

居昌邑 거창읍
加北面 가북면
加祚面 가조면
高梯面 고제면
南上面 남상면
南下面 남하면
馬利面 마리면
北上面 북상면
神院面 신원면
熊陽面 웅양면
渭川面 위천면
主尙面 주상면

固城郡 고성군

固城邑 고성읍
介川面 개천면
巨流面 거류면
九萬面 구만면
大可面 대가면
東海面 동해면
馬岩面 마암면
三山面 삼산면
上里面 상리면
永吾面 영오면
永縣面 영현면
下二面 하이면
下一面 하일면
會華面 회화면

南海郡 남해군

南海邑 남해읍
古縣面 고현면
南面 남면
彌助面 미조면
三東面 삼동면
尙州面 상주면
西面 서면
雪川面 설천면
二東面 이동면
昌善面 창선면

山淸郡 산청군

山淸邑 산청읍
今西面 금서면
丹城面 단성면
三壯面 삼장면
生比良面 생비량면
生草面 생초면
矢川面 시천면
新等面 신등면
新安面 신안면
梧釜面 오부면
車黃面 차황면

宜寧郡 의령군

宜寧邑 의령읍
嘉禮面 가례면
宮柳面 궁유면
洛西面 낙서면
大義面 대의면
鳳樹面 봉수면
富林面 부림면
龍德面 용덕면
柳谷面 유곡면
正谷面 정곡면
芝正面 지정면
七谷面 칠곡면
華正面 화정면

昌寧郡 창녕군

昌寧邑 창녕읍
南旨邑 남지읍
桂城面 계성면
高岩面 고암면
吉谷面 길곡면
大池面 대지면
大合面 대합면
都泉面 도천면
釜谷面 부곡면
城山面 성산면
靈山面 영산면
遊漁面 유어면
梨房面 이방면
丈麻面 장마면

河東郡 하동군

河東邑 하동읍
古田面 고전면
金南面 금남면
金星面 금성면
北川面 북천면
岳陽面 악양면
良甫面 양보면
玉宗面 옥종면
赤良面 적량면
辰橋面 진교면
靑岩面 청암면
花開面 화개면
橫川面 횡천면

咸安郡 함안군

伽倻邑 가야읍
郡北面 군북면
代山面 대산면
法守面 법수면
山仁面 산인면
艅航面 여항면
漆北面 칠북면
漆西面 칠서면
漆原面 칠원면
咸安面 함안면

咸陽郡 함양군

咸陽邑 함양읍
馬川面 마천면
栢田面 백전면
甁谷面 병곡면
西上面 서상면
西下面 서하면
水東面 수동면
安義面 안의면
柳林面 유림면
池谷面 지곡면
休川面 휴천면

陜川郡 합천군

陜川邑 합천읍
伽倻面 가야면
佳會面 가회면
大幷面 대병면
大陽面 대양면
德谷面 덕곡면
妙山面 묘산면
鳳山面 봉산면
三嘉面 삼가면
雙栢面 쌍백면
雙冊面 쌍책면
冶爐面 야로면
龍洲面 용주면
栗谷面 율곡면
赤中面 적중면
靑德面 청덕면
草溪面 초계면

경상북도

慶山市 경산시

甲堤洞 갑제동
桂陽洞 계양동
南方洞 남방동
內洞 내동
大洞 대동
大亭洞 대정동
大坪洞 대평동
栢泉洞 백천동
巳洞 사동
士亭洞 사정동
三南洞 삼남동
三北洞 삼북동
三豊洞 삼풍동
上方洞 상방동
西上洞 서상동
新校洞 신교동
信川洞 신천동
麗川洞 여천동
玉谷洞 옥곡동
玉山洞 옥산동
油谷洞 유곡동
林堂洞 임당동
店村洞 점촌동
正坪洞 정평동
造永洞 조영동
中方洞 중방동
中山洞 중산동
坪山洞 평산동
珍良邑 진량읍
河陽邑 하양읍
南山面 남산면
南川面 남천면
押梁面 압량면
瓦村面 와촌면
龍城面 용성면
慈仁面 자인면

慶州市 경주시

光明洞 광명동
校洞 교동
九政洞 구정동
九黃洞 구황동
南山洞 남산동
路東洞 노동동
路西洞 노서동
德洞 덕동
道只洞 도지동
東方洞 동방동
東部洞 동부동
東川洞 동천동
馬洞 마동
拜洞 배동
排盤洞 배반동
普門洞 보문동
北軍洞 북군동
北部洞 북부동
沙正洞 사정동
西部洞 서부동
西岳洞 서악동
石長洞 석장동
城乾洞 성건동
城東洞 성동동
孫谷洞 손곡동
矢洞 시동
時來洞 시래동
薪坪洞 신평동
暗谷洞 암곡동
龍江洞 용강동
栗洞 율동
仁旺洞 인왕동
朝陽洞 조양동
進峴洞 진현동
千軍洞 천군동
忠孝洞 충효동
塔洞 탑동
坪洞 평동
鰕洞 하동
皇南洞 황남동
皇城洞 황성동
皇吾洞 황오동
黃龍洞 황용동
孝峴洞 효현동
甘浦邑 감포읍
乾川邑 건천읍
安康邑 안강읍
外東邑 외동읍
江東面 강동면
內南面 내남면
山內面 산내면
西面 서면
陽南面 양남면
陽北面 양북면

- 川北面 천북면
- 見谷面 현곡면

龜尾市 구미시

- 居依洞 거의동
- 工團洞 공단동
- 廣坪洞 광평동
- 九坪洞 구평동
- 龜浦洞 구포동
- 金田洞 금전동
- 南通洞 남통동
- 道良洞 도량동
- 逢谷洞 봉곡동
- 釜谷洞 부곡동
- 飛山洞 비산동
- 沙谷洞 사곡동
- 上毛洞 상모동
- 善基洞 선기동
- 선주동 선주동
- 松亭洞 송정동
- 水店洞 수점동
- 侍美洞 시미동
- 新洞 신동
- 新平洞 신평동
- 陽湖洞 양호동
- 吾台洞 오태동
- 玉溪洞 옥계동
- 元南洞 원남동
- 元坪洞 원평동
- 仁義洞 인의동
- 臨洙洞 임수동
- 임오동 임오동
- 林隱洞 임은동
- 芝山洞 지산동
- 眞坪洞 진평동
- 荊谷洞 형곡동
- 黃桑洞 황상동
- 高牙邑 고아읍
- 善山邑 선산읍
- 桃開面 도개면
- 無乙面 무을면
- 山東面 산동면
- 玉城面 옥성면
- 長川面 장천면
- 海平面 해평면

金泉市 김천시

- 甘湖洞 감호동
- 校洞 교동
- 金山洞 금산동
- 南山洞 남산동
- 多壽洞 다수동
- 大光洞 대광동
- 德谷洞 덕곡동
- 帽岩洞 모암동
- 文唐洞 문당동
- 白玉洞 백옥동
- 富谷洞 부곡동
- 三樂洞 삼락동
- 城內洞 성내동
- 新音洞 신음동
- 陽川洞 양천동
- 龍頭洞 용두동
- 龍虎洞 용호동
- 鷹鳴洞 응명동
- 智佐洞 지좌동
- 平和洞 평화동
- 黃金洞 황금동
- 牙浦邑 아포읍
- 甘文面 감문면
- 甘川面 감천면
- 開寧面 개령면
- 龜城面 구성면
- 南面 남면
- 農所面 농소면
- 大德面 대덕면
- 代項面 대항면
- 鳳山面 봉산면
- 釜項面 부항면
- 禦侮面 어모면
- 助馬面 조마면
- 甑山面 증산면
- 知禮面 지례면

聞慶市 문경시

- 孔坪洞 공평동
- 大成洞 대성동
- 茅田洞 모전동
- 拂井洞 불정동
- 新機洞 신기동
- 新興洞 신흥동
- 永新洞 영신동
- 牛池洞 우지동
- 幽谷洞 유곡동
- 閏稷洞 윤직동
- 店村洞 점촌동
- 中央洞 중앙동
- 倉洞 창동
- 興德洞 흥덕동
- 聞慶邑 문경읍
- 加恩邑 가은읍
- 籠岩面 농암면
- 東魯面 동로면
- 麻城面 마성면
- 山北面 산북면
- 山陽面 산양면
- 永順面 영순면
- 虎溪面 호계면

尙州市 상주시

- 佳庄洞 가장동
- 開雲洞 개운동
- 巨東洞 거동동
- 溪山洞 계산동
- 洛上洞 낙상동
- 洛陽洞 낙양동
- 南城洞 남성동
- 南長洞 남장동
- 南積洞 남적동
- 冷林洞 냉림동
- 道南洞 도남동
- 蔓山洞 만산동
- 武陽洞 무양동
- 屛城洞 병성동
- 釜院洞 부원동
- 伏龍洞 복룡동
- 書谷洞 서곡동
- 西門洞 서문동
- 西城洞 서성동
- 城東洞 성동동
- 城下洞 성하동
- 新鳳洞 신봉동
- 梁村洞 양촌동
- 蓮院洞 연원동
- 午臺洞 오대동
- 外畓洞 외답동
- 仁鳳洞 인봉동
- 人坪洞 인평동
- 竹田洞 죽전동
- 中德洞 중덕동
- 智川洞 지천동
- 草山洞 초산동
- 花開洞 화개동
- 花山洞 화산동
- 軒新洞 헌신동
- 興角洞 흥각동
- 咸昌邑 함창읍
- 恭儉面 공검면
- 功城面 공성면
- 洛東面 낙동면
- 內西面 내서면
- 牟東面 모동면
- 牟西面 모서면
- 沙伐面 사벌면
- 外南面 외남면
- 外西面 외서면
- 銀尺面 은척면
- 利安面 이안면
- 中東面 중동면
- 青里面 청리면
- 化南面 화남면
- 化東面 화동면
- 化北面 화북면
- 化西面 화서면

安東市 안동시

- 廣石洞 광석동
- 金谷洞 금곡동
- 南門洞 남문동
- 南部洞 남부동
- 鷺下洞 노하동
- 當北洞 당북동
- 大石洞 대석동
- 東門洞 동문동
- 東部洞 동부동
- 明倫洞 명륜동
- 木城洞 목성동
- 法尙洞 법상동
- 法興洞 법흥동
- 北門洞 북문동
- 三山洞 삼산동
- 上阿洞 상아동
- 西部洞 서부동
- 石洞 석동
- 城谷洞 성곡동
- 松川洞 송천동
- 松峴洞 송현동
- 水上洞 수상동
- 水下洞 수하동
- 新世洞 신세동
- 新安洞 신안동
- 安奇洞 안기동
- 安幕洞 안막동
- 安興洞 안흥동
- 玉洞 옥동
- 玉野洞 옥야동
- 玉井洞 옥정동
- 龍上洞 용상동
- 雲安洞 운안동
- 雲興洞 운흥동
- 栗世洞 율세동
- 泥川洞 이천동
- 亭上洞 정상동
- 亭下洞 정하동
- 泉里洞 천리동
- 太華洞 태화동
- 平和洞 평화동
- 華城洞 화성동
- 豊山邑 풍산읍
- 吉安面 길안면
- 南先面 남선면
- 南後面 남후면
- 綠轉面 녹전면
- 陶山面 도산면
- 北後面 북후면
- 西後面 서후면
- 禮安面 예안면
- 臥龍面 와룡면
- 一直面 일직면
- 臨東面 임동면
- 臨河面 임하면
- 豊川面 풍천면

榮州市 영주시

- 可興洞 가흥동
- 古峴洞 고현동
- 文亭洞 문정동
- 上望洞 상망동
- 上茁洞 상줄동
- 阿芝洞 아지동
- 榮州洞 영주동
- 赤西洞 적서동
- 槽岩洞 조암동
- 助臥洞 조와동
- 昌津洞 창진동
- 下望洞 하망동
- 休川洞 휴천동
- 豊基邑 풍기읍
- 丹山面 단산면
- 文殊面 문수면
- 鳳峴面 봉현면
- 浮石面 부석면
- 順興面 순흥면
- 安定面 안정면
- 伊山面 이산면
- 長壽面 장수면
- 平恩面 평은면

永川市 영천시

- 果田洞 과전동
- 槐淵洞 괴연동
- 校村洞 교촌동
- 金老洞 금로동
- 錄田洞 녹전동
- 大田洞 대전동
- 道南洞 도남동
- 道洞 도동
- 道林洞 도림동
- 望亭洞 망정동
- 梅山洞 매산동
- 門內洞 문내동
- 門外洞 문외동
- 泛魚洞 범어동
- 本村洞 본촌동
- 鳳洞 봉동
- 瑞山洞 서산동
- 城內洞 성내동
- 新基洞 신기동
- 雙溪洞 쌍계동
- 也史洞 야사동
- 彦河洞 언하동
- 五味洞 오미동
- 五樹洞 오수동
- 完山洞 완산동
- 鵲山洞 작산동

早橋洞	조교동
倉邱洞	창구동
采新洞	채신동
化龍洞	화룡동
琴湖邑	금호읍
古鏡面	고경면
大昌面	대창면
北安面	북안면
新寧面	신령면
臨皐面	임고면
紫陽面	자양면
清通面	청통면
華南面	화남면
華北面	화북면
花山面	화산면

浦項市 포항시

南區	남구
槐洞	괴동
大島洞	대도동
大岑洞	대잠동
東村洞	동촌동
上島洞	상도동
松內洞	송내동
松島洞	송도동
松亭洞	송정동
梨洞	이동
仁德洞	인덕동
日月洞	일월동
長興洞	장흥동
芝谷洞	지곡동
青林洞	청림동
海島洞	해도동
虎洞	호동
孝子洞	효자동
九龍浦邑	구룡포읍
延日邑	연일읍
烏川邑	오천읍
大甫面	대보면
大松面	대송면
東海面	동해면
長鬐面	장기면

北區	북구
南濱洞	남빈동
大新洞	대신동
大興洞	대흥동
德山洞	덕산동
德壽洞	덕수동
東濱洞	동빈동
斗湖洞	두호동
得良洞	득량동
上元洞	상원동
新興洞	신흥동
良德洞	양덕동
汝南洞	여남동
餘川洞	여천동
龍興洞	용흥동
牛峴洞	우현동
長城洞	장성동
竹島洞	죽도동
中央洞	중앙동
昌浦洞	창포동
鶴山洞	학산동
鶴岑洞	학잠동
港口洞	항구동
環湖洞	환호동
興海邑	흥해읍
杞溪面	기계면
杞北面	기북면
松羅面	송라면
新光面	신광면
竹長面	죽장면
清河面	청하면

高靈郡 고령군

高靈邑	고령읍
開津面	개진면
茶山面	다산면
德谷面	덕곡면
雙林面	쌍림면
星山面	성산면
牛谷面	우곡면
雲水面	운수면

軍威郡 군위군

軍威邑	군위읍
古老面	고로면
缶溪面	부계면
山城面	산성면
召保面	소보면
友保面	우보면
義興面	의흥면
孝令面	효령면

奉化郡 봉화군

奉化邑	봉화읍
明湖面	명호면
法田面	법전면
鳳城面	봉성면
物野面	물야면
詳雲面	상운면
石浦面	석포면
小川面	소천면
才山面	재산면
春陽面	춘양면

星州郡 성주군

星州邑	성주읍
伽泉面	가천면
金水面	금수면
大家面	대가면
碧珍面	벽진면
船南面	선남면
修倫面	수륜면
龍岩面	용암면
月恒面	월항면
草田面	초전면

盈德郡 영덕군

盈德邑	영덕읍
江口面	강구면
南亭面	남정면
達山面	달산면
柄谷面	병곡면
寧海面	영해면
知品面	지품면
蒼水面	창수면
丑山面	축산면

英陽郡 영양군

英陽邑	영양읍
石保面	석보면
首比面	수비면
日月面	일월면
立岩面	입암면
青杞面	청기면

醴泉郡 예천군

醴泉邑	예천읍
甘泉面	감천면
開浦面	개포면
普門面	보문면
上里面	상리면
龍宮面	용궁면
龍門面	용문면
柳川面	유천면
知保面	지보면
豊壤面	풍양면
下里面	하리면
虎鳴面	호명면

鬱陵郡 울릉군

鬱陵邑	울릉읍
北面	북면
西面	서면

蔚珍郡 울진군

蔚珍邑	울진읍
平海邑	평해읍
近南面	근남면
箕城面	기성면
北面	북면
西面	서면
溫井面	온정면
遠南面	원남면
竹邊面	죽변면
厚浦面	후포면

義城郡 의성군

義城邑	의성읍
佳音面	가음면
龜川面	구천면
金城面	금성면
多仁面	다인면
丹密面	단밀면
丹北面	단북면
丹村面	단촌면
鳳陽面	봉양면
比安面	비안면
舍谷面	사곡면
新平面	신평면
安溪面	안계면
安寺面	안사면
安平面	안평면
玉山面	옥산면
點谷面	점곡면
春山面	춘산면

清道郡 청도군

清道邑	청도읍
華陽邑	화양읍
角南面	각남면
角北面	각북면
錦川面	금천면
梅田面	매전면
雲門面	운문면
伊西面	이서면
豊角面	풍각면

青松郡 청송군

青松邑	청송읍
府南面	부남면
府東面	부동면
安德面	안덕면
珍寶面	진보면
巴川面	파천면
縣東面	현동면
縣西面	현서면

漆谷郡 칠곡군

倭館邑	왜관읍
架山面	가산면
基山面	기산면
東明面	동명면
北三面	북삼면
石積面	석적면
若木面	약목면
枝川面	지천면

전라남도

光陽市 광양시

廣英洞	광영동
金湖洞	금호동
桃李洞	도이동
馬洞	마동
城隍洞	성황동
中軍洞	중군동
中洞	중동
太仁洞	태인동
黃吉洞	황길동
黃金洞	황금동
光陽邑	광양읍
多鴨面	다압면
鳳崗面	봉강면
玉谷面	옥곡면
玉龍面	옥룡면
津上面	진상면
津月面	진월면

羅州市 나주시

景賢洞	경현동
果院洞	과원동
官丁洞	관정동
校洞	교동
錦溪洞	금계동
錦城洞	금성동
南內洞	남내동
南外洞	남외동
大基洞	대기동
大湖洞	대호동
東水洞	동수동
寶山洞	보산동
富德洞	부덕동
山亭洞	산정동
三都洞	삼도동
三榮洞	삼영동
西內洞	서내동
石峴洞	석현동
城北洞	성북동
松月洞	송월동
松村洞	송촌동
安倉洞	안창동
榮山洞	영산동
五良洞	오량동
龍山洞	용산동
雲谷洞	운곡동
二倉洞	이창동
竹林洞	죽림동
中央洞	중앙동

津浦洞 진포동
青洞 청동
土界洞 토계동
平山洞 평산동
南平邑 남평읍
公山面 공산면
金川面 금천면
老安面 노안면
茶道面 다도면
多侍面 다시면
洞江面 동강면
文平面 문평면
潘南面 반남면
鳳凰面 봉황면
山浦面 산포면
細枝面 세지면
旺谷面 왕곡면

木浦市 목포시

京洞 경동
高下洞 고하동
光洞 광동
錦洞 금동
錦和洞 금화동
南橋洞 남교동
訥島洞 눌도동
達洞 달동
達城洞 달성동
大盤洞 대반동
大成洞 대성동
大安洞 대안동
大陽洞 대양동
大義洞 대의동
東明洞 동명동
萬戶洞 만호동
明倫洞 명륜동
務安洞 무안동
寶光洞 보광동
福滿洞 복만동
北橋洞 북교동
山亭洞 산정동
上洞 상동
常樂洞 상락동
西山洞 서산동
石峴洞 석현동
壽康洞 수강동
陽洞 양동
連山洞 연산동
榮海洞 영해동
玉岩洞 옥암동
溫錦洞 온금동
龍塘洞 용당동
龍海洞 용해동
儒達洞 유달동
柳洞 유동
竹橋洞 죽교동
竹洞 죽동
仲洞 중동
中央洞 중앙동
昌平洞 창평동
祝福洞 축복동
測候洞 측후동
港洞 항동
海岸洞 해안동
幸福洞 행복동
湖南洞 호남동

順天市 순천시

佳谷洞 가곡동
橋良洞 교량동
金谷洞 금곡동
南內洞 남내동
南亭洞 남정동
代垈洞 대대동
大龍洞 대룡동
德岩洞 덕암동
德月洞 덕월동
東外洞 동외동
梅谷洞 매곡동
三巨洞 삼거동
生木洞 생목동
石峴洞 석현동
安豊洞 안풍동
也興洞 야흥동
蓮香洞 연향동
榮洞 영동
五泉洞 오천동
玉川洞 옥천동
臥龍洞 와룡동
旺芝洞 왕지동
龍堂洞 용당동
隣蹄洞 인제동
仁月洞 인월동
長泉洞 장천동
楮田洞 저전동
稠谷洞 조곡동
照禮洞 조례동
中央洞 중앙동
豊德洞 풍덕동
幸洞 행동
鴻內洞 홍내동
昇州邑 승주읍
樂安面 낙안면
別良面 별량면
上沙面 상사면
西面 서면
松光面 송광면
外西面 외서면
月燈面 월등면
住巖面 주암면
海龍面 해룡면
黃田面 황전면

麗水市 여수시

鏡湖洞 경호동
姑蘇洞 고소동
公和洞 공화동
館門洞 관문동
光武洞 광무동
喬洞 교동
菊洞 국동
君子洞 군자동
洛浦洞 낙포동
南山洞 남산동
德忠洞 덕충동
東山洞 동산동
屯德洞 둔덕동
萬興洞 만흥동
猫島洞 묘도동
文水洞 문수동
美坪洞 미평동
鳳崗洞 봉강동
鳳溪洞 봉계동
鳳山洞 봉산동
上岩洞 상암동
西橋洞 서교동
仙源洞 선원동
蘇湖洞 소호동
水晶洞 수정동
柿田洞 시전동
新基洞 신기동
新德洞 신덕동
新月洞 신월동
安山洞 안산동
麗西洞 여서동
麗川洞 여천동
蓮燈洞 연등동
五林洞 오림동
五川洞 오천동
熊川洞 웅천동
月內洞 월내동
月下洞 월하동
積良洞 적량동
鍾和洞 종화동
珠三洞 주삼동
中央洞 중앙동
中興洞 중흥동
忠武洞 충무동
平呂洞 평려동
鶴洞 학동
鶴龍洞 학룡동
蟹山洞 해산동
虎鳴洞 호명동
花峙洞 화치동
突山邑 돌산읍
南面 남면
三山面 삼산면
召羅面 소라면
栗村面 율촌면
華陽面 화양면
華井面 화정면

康津郡 강진군

康津邑 강진읍
郡東面 군동면
大口面 대구면
道岩面 도암면
馬良面 마량면
兵營面 병영면
城田面 성전면
薪田面 신전면
唵川面 옴천면
鵲川面 작천면
七良面 칠량면

高興郡 고흥군

高興邑 고흥읍
道陽邑 도양읍
過驛面 과역면
錦山面 금산면
南陽面 남양면
大西面 대서면
道德面 도덕면
道化面 도화면
東江面 동강면
東日面 동일면
豆原面 두원면
蓬萊面 봉래면
永南面 영남면
占岩面 점암면
浦頭面 포두면
豊陽面 풍양면

谷成郡 곡성군

谷成邑 곡성읍
兼面 겸면
古達面 고달면
木寺洞面 목사동면
三岐面 삼기면
石谷面 석곡면
梧谷面 오곡면
梧山面 오산면
玉果面 옥과면
立面 입면
竹谷面 죽곡면

求禮郡 구례군

求禮邑 구례읍
艮田面 간전면
光義面 광의면
馬山面 마산면
文尺面 문척면
山東面 산동면
龍方面 용방면
土旨面 토지면

潭陽郡 담양군

潭陽邑 담양읍
古西面 고서면
金城面 금성면
南面 남면
大德面 대덕면
大田面 대전면
武貞面 무정면
鳳山面 봉산면
水北面 수북면
龍面 용면
月山面 월산면
昌平面 창평면

務安郡 무안군

務安邑 무안읍
一老邑 일로읍
望雲面 망운면
夢灘面 몽탄면
三鄕面 삼향면
雲南面 운남면
青溪面 청계면
海際面 해제면
玄慶面 현경면

寶城郡 보성군

寶城邑 보성읍
筏橋邑 벌교읍
兼白面 겸백면
蘆東面 노동면
得粮面 득량면
文德面 문덕면
彌力面 미력면
福內面 복내면
熊峙面 웅치면
栗於面 율어면
鳥城面 조성면
會泉面 회천면

新安郡 신안군

智島邑 지도읍
都草面 도초면
飛禽面 비금면
新衣面 신의면
安佐面 안좌면
岩泰面 암태면
押海面 압해면

荏子面	임자면
慈恩面	자은면
長山面	장산면
曾島面	증도면
八禽面	팔금면
荷衣面	하의면
黑山面	흑산면

靈光郡 영광군

靈光邑	영광읍
白岫邑	백수읍
弘農邑	홍농읍
郡南面	군남면
郡西面	군서면
大馬面	대마면
畝良面	묘량면
法聖面	법성면
佛甲面	불갑면
鹽山面	염산면
落月面	낙월면

靈岩郡 영암군

靈岩邑	영암읍
郡西面	군서면
金井面	금정면
德津面	덕진면
都浦面	도포면
美岩面	미암면
三湖面	삼호면
西湖面	서호면
始終面	시종면
新北面	신북면
鶴山面	학산면

莞島郡 완도군

莞島邑	완도읍
金日邑	금일읍
盧花邑	노화읍
古今面	고금면
郡外面	군외면
金塘面	금당면
甫吉面	보길면
生日面	생일면
所安面	소안면
薪智面	신지면
藥山面	약산면
青山面	청산면

長城郡 장성군

長城邑	장성읍
南面	남면
東化面	동화면
北二面	북이면
北一面	북일면
北下面	북하면
森溪面	삼계면
森西面	삼서면
西三面	서삼면
珍原面	진원면
黃龍面	황룡면

長興郡 장흥군

長興邑	장흥읍
冠山邑	관산읍
大德邑	대덕읍
會鎭面	회진면
夫山面	부산면
安良面	안량면
蓉山面	용산면
有治面	유치면
長東面	장동면
長平面	장평면

珍島郡 진도군

珍島邑	진도읍
古郡面	고군면
郡內面	군내면
義新面	의신면
臨淮面	임회면
鳥島面	조도면
智山面	지산면

咸平郡 함평군

咸平邑	함평읍
羅山面	나산면
大洞面	대동면
孫佛面	손불면
新光面	신광면
嚴多面	엄다면
月也面	월야면
鶴橋面	학교면
海保面	해보면

海南郡 해남군

海南邑	해남읍
溪谷面	계곡면
馬山面	마산면
門內面	문내면
北日面	북일면
北平面	북평면
山二面	산이면
三山面	삼산면
松旨面	송지면
玉泉面	옥천면
縣山面	현산면
花山面	화산면
花源面	화원면
黃山面	황산면

和順郡 화순군

화순읍	화순읍
南面	남면
綾州面	능주면
道谷面	도곡면
道岩面	도암면
東面	동면
同福面	동복면
北面	북면
二西面	이서면
梨陽面	이양면
清豊面	청풍면
春陽面	춘양면
寒泉面	한천면

전라북도

群山市 군산시

開福洞	개복동
開寺洞	개사동
開井洞	개정동
京岩洞	경암동
京場洞	경장동
龜岩洞	구암동
錦光洞	금광동
錦洞	금동
錦岩洞	금암동
羅雲洞	나운동
內草島洞	내초도동
內興洞	내흥동
大明洞	대명동
東興南洞	동흥남동
屯栗洞	둔율동
明山洞	명산동
文化洞	문화동
米龍洞	미룡동
米原洞	미원동
米場洞	미장동
飛鷹島洞	비응도동
沙亭洞	사정동
山北洞	산북동
三鶴洞	삼학동
西興南洞	서흥남동
先陽洞	선양동
小龍洞	소룡동
松昌洞	송창동
松豊洞	송풍동
秀松洞	수송동
新觀洞	신관동
新榮洞	신영동
新昌洞	신창동
新豊洞	신풍동
新興洞	신흥동
榮洞	영동
永和洞	영화동
五龍洞	오룡동
歲篒島洞	오식도동
月明洞	월명동
藏米洞	장미동
藏財洞	장재동
助村洞	조촌동
竹城洞	죽성동
仲洞	중동
中央路	중앙로
紙谷洞	지곡동
昌城洞	창성동
平和洞	평화동
海望洞	해망동
沃溝邑	옥구읍
開井面	개정면
羅浦面	나포면
大野面	대야면
瑞穗面	서수면
聖山面	성산면
玉島面	옥도면
玉山面	옥산면
玉西面	옥서면
臨陂面	임피면
澮縣面	회현면

金堤市 김제시

劍山洞	검산동
校洞	교동
卵鳳洞	난봉동
都莊洞	도장동
明德洞	명덕동
白鶴洞	백학동
福竹洞	복죽동
上東洞	상동동
西菴洞	서암동
西亭洞	서정동
蓴洞	순동
新谷洞	신곡동
新德洞	신덕동
新月洞	신월동
新豊洞	신풍동
良田洞	양전동
蓮井洞	연정동
梧井洞	오정동
玉山洞	옥산동
堯村洞	요촌동
龍洞	용동
月鳳洞	월봉동
月城洞	월성동
立石洞	입석동
長華洞	장화동
堤月洞	제월동
下洞	하동
凰山洞	황산동
興寺洞	흥사동
萬頃邑	만경읍
孔德面	공덕면
廣活面	광활면
金溝面	금구면
金山面	금산면
白鷗面	백구면
白山面	백산면
鳳南面	봉남면
扶梁面	부량면
聖德面	성덕면
龍池面	용지면
竹山面	죽산면
進鳳面	진봉면
青蝦面	청하면
凰山面	황산면

南原市 남원시

葛峙洞	갈치동
高竹洞	고죽동
廣峙洞	광치동
錦洞	금동
內尺洞	내척동
鷺岩洞	노암동
道通洞	도통동
東忠洞	동충동
山谷洞	산곡동
雙橋洞	쌍교동
植亭洞	식정동
新正洞	신정동
新村洞	신촌동
漁峴洞	어현동
王亭洞	왕정동
龍程洞	용정동
月洛洞	월락동
造山洞	조산동
竹巷洞	죽항동
川渠洞	천거동
下井洞	하정동
鄕校洞	향교동
花井洞	화정동
雲峯邑	운봉읍
金池面	금지면
帶江面	대강면
大山面	대산면
德果面	덕과면
寶節面	보절면
巳梅面	사매면
山內面	산내면
山東面	산동면
松洞面	송동면
水旨面	수지면
阿英面	아영면
二白面	이백면
引月面	인월면

- 周生面 주생면
- 朱川面 주천면

益山市 익산시

- 南中洞 남중동
- 銅山洞 동산동
- 馬洞 마동
- 慕縣洞 모현동
- 三星洞 삼성동
- 松鶴洞 송학동
- 新洞 신동
- 永登洞 영등동
- 仁和洞 인화동
- 中央洞 중앙동
- 八峰洞 팔봉동
- 平和洞 평화동
- 咸悅邑 함열읍
- 金馬面 금마면
- 郎山面 낭산면
- 望城面 망성면
- 三箕面 삼기면
- 聖堂面 성당면
- 礪山面 여산면
- 五山面 오산면
- 王宮面 왕궁면
- 龍東面 용동면
- 龍安面 용안면
- 熊浦面 웅포면
- 春浦面 춘포면
- 咸羅面 함라면
- 黃登面 황등면

全州市 전주시

- 德津區 덕진구
- 古浪洞 고랑동
- 今上洞 금상동
- 金岩洞 금암동
- 德津洞 덕진동
- 東山洞 동산동
- 萬成洞 만성동
- 半月洞 반월동
- 山亭洞 산정동
- 西老松洞 서노송동
- 聖德洞 성덕동
- 松川洞 송천동
- 如意洞 여의동
- 龍亭洞 용정동
- 牛牙洞 우아동
- 院洞 원동
- 麟後洞 인후동
- 長洞 장동
- 全美洞 전미동
- 鎭北洞 진북동
- 八福洞 팔복동
- 湖城洞 호성동
- 花田洞 화전동
- 完山區 완산구
- 慶園洞 경원동
- 高士洞 고사동
- 校洞 교동
- 南老松洞 남노송동
- 多佳洞 다가동
- 大聖洞 대성동
- 東棲鶴洞 동서학동
- 東完山洞 동완산동
- 三川洞 삼천동
- 上林洞 상림동
- 色長洞 색장동
- 西棲鶴洞 서서학동
- 西新洞 서신동
- 西完山洞 서완산동
- 石九洞 석구동
- 龍福洞 용복동
- 院堂洞 원당동
- 殿洞 전동
- 中老松洞 중노송동
- 中洞 중동
- 中央洞 중앙동
- 中仁洞 중인동
- 中華山洞 중화산동
- 太平洞 태평동
- 平和洞 평화동
- 豊南洞 풍남동
- 孝子洞 효자동

井邑市 정읍시

- 公坪洞 공평동
- 科橋洞 과교동
- 校岩洞 교암동
- 九龍洞 구룡동
- 琴朋洞 금붕동
- 內藏洞 내장동
- 農所洞 농소동
- 望帝洞 망제동
- 夫田洞 부전동
- 三山洞 삼산동
- 上洞 상동
- 上坪洞 상평동
- 雙岩洞 쌍암동
- 松山洞 송산동
- 水城洞 수성동
- 市其洞 시기동
- 新月洞 신월동
- 新井洞 신정동
- 蓮池洞 연지동
- 暎波洞 영파동
- 龍溪洞 용계동
- 龍山洞 용산동
- 長明洞 장명동
- 辰山洞 진산동
- 下茅洞 하모동
- 下北洞 하북동
- 黑岩洞 흑암동
- 新泰仁邑 신태인읍
- 甘谷面 감곡면
- 古阜面 고부면
- 德川面 덕천면
- 北面 북면
- 山內面 산내면
- 所聲面 소성면
- 永元面 영원면
- 梨坪面 이평면
- 笠岩面 입암면
- 淨雨面 정우면
- 山外面 산외면
- 瓮東面 옹동면
- 七寶面 칠보면
- 泰仁面 태인면

高敞郡 고창군

- 高敞邑 고창읍
- 古水面 고수면
- 孔音面 공음면
- 大山面 대산면
- 茂長面 무장면
- 富安面 부안면
- 上下面 상하면
- 星內面 성내면
- 星松面 성송면
- 新林面 신림면
- 心元面 심원면
- 雅山面 아산면
- 海里面 해리면
- 興德面 흥덕면

茂朱郡 무주군

- 茂朱邑 무주읍
- 茂豊面 무풍면
- 富南面 부남면
- 雪川面 설천면
- 安城面 안성면
- 赤裳面 적상면

扶安郡 부안군

- 扶安邑 부안읍
- 界火面 계화면
- 東津面 동진면
- 白山面 백산면
- 邊山面 변산면
- 保安面 보안면
- 上西面 상서면
- 蝟島面 위도면
- 舟山面 주산면
- 茁浦面 줄포면
- 鎭西面 진서면
- 下西面 하서면
- 幸安面 행안면

淳昌郡 순창군

- 淳昌邑 순창읍
- 龜林面 구림면
- 金果面 금과면
- 東界面 동계면
- 福興面 복흥면
- 雙置面 쌍치면
- 柳等面 유등면
- 仁溪面 인계면
- 赤城面 적성면
- 八德面 팔덕면
- 豊山面 풍산면

完州郡 완주군

- 鳳東邑 봉동읍
- 參禮邑 삼례읍
- 庚川面 경천면
- 高山面 고산면
- 九耳面 구이면
- 東上面 동상면
- 飛鳳面 비봉면
- 上關面 상관면
- 所陽面 소양면
- 龍進面 용진면
- 雲州面 운주면
- 伊西面 이서면
- 華山面 화산면

任實郡 임실군

- 任實邑 임실읍
- 江津面 강진면
- 館村面 관촌면
- 德峙面 덕치면
- 三溪面 삼계면
- 聖壽面 성수면
- 新德面 신덕면
- 新平面 신평면
- 獒樹面 오수면
- 雲岩面 운암면
- 只沙面 지사면
- 青雄面 청웅면

長水郡 장수군

- 長水邑 장수읍
- 溪南面 계남면
- 溪北面 계북면
- 山西面 산서면
- 天川面 천천면

鎭安郡 진안군

- 鎭安邑 진안읍
- 銅鄕面 동향면
- 馬靈面 마령면
- 白雲面 백운면
- 富貴面 부귀면
- 上田面 상전면
- 聖壽面 성수면
- 顔川面 안천면
- 龍潭面 용담면
- 程川面 정천면
- 朱川面 주천면

제주도

西歸浦市 서귀포시

- 西歸浦市 서귀포시
- 江汀洞 강정동
- 大浦洞 대포동
- 道順洞 도순동
- 東烘洞 동홍동
- 法還洞 법환동
- 甫木洞 보목동
- 上猊洞 상예동
- 上孝洞 상효동
- 穡達洞 색달동
- 西歸洞 서귀동
- 西好洞 서호동
- 西烘洞 서홍동
- 松山洞 송산동
- 新孝洞 신효동
- 嶺南洞 영남동
- 龍興洞 용흥동
- 月坪洞 월평동
- 正方洞 정방동
- 中文洞 중문동
- 中央洞 중앙동
- 天池洞 천지동
- 吐坪洞 토평동
- 下猊洞 하예동
- 河源洞 하원동
- 下孝洞 하효동
- 好近洞 호근동
- 廻水洞 회수동

濟州市 제주시

- 濟州市 제주시
- 健入洞 건입동
- 內都洞 내도동
- 老衡洞 노형동
- 道南洞 도남동
- 道頭洞 도두동
- 道連洞 도련동

都坪洞 도평동
奉蓋洞 봉개동
三徒洞 삼도동
三陽洞 삼양동
我羅洞 아라동
蓮洞 연동
寧坪洞 영평동
梧登洞 오등동
吾羅洞 오라동
外都洞 외도동
龍岡洞 용강동
龍潭洞 용담동
月坪洞 월평동
二徒洞 이도동
梨湖洞 이호동
一徒洞 일도동
海安洞 해안동
禾北洞 화북동
回泉洞 회천동

南濟州郡 남제주군

南元邑 남원읍
大靜邑 대정읍
城山邑 성산읍
安德面 안덕면
表善面 표선면

北濟州郡 북제주군

舊左邑 구좌읍
涯月邑 애월읍
朝天邑 조천읍
翰林邑 한림읍
牛島面 우도면
楸子面 추자면
翰京面 한경면

충청남도

公州市 공주시

檢詳洞 검상동
校洞 교동
錦城洞 금성동
金鶴洞 금학동
錦興洞 금흥동
武陵洞 무릉동
班竹洞 반죽동
鳳亭洞 봉정동
鳳凰洞 봉황동
山城洞 산성동
上旺洞 상왕동
雙新洞 쌍신동
巢鶴洞 소학동
新官洞 신관동
新基洞 신기동
梧谷洞 오곡동
玉龍洞 옥룡동
熊津洞 웅진동
月尾洞 월미동
月松洞 월송동
舟尾洞 주미동
中洞 중동
中學洞 중학동
鷄龍面 계룡면
反浦面 반포면
寺谷面 사곡면
新豊面 신풍면
牛城面 우성면
利仁面 이인면
儀堂面 의당면
長岐面 장기면
正安面 정안면
灘川面 탄천면
胎封洞 태봉동
維鳩邑 유구읍

論山市 논산시

薑山洞 강산동
灌燭洞 관촉동
奈洞 내동
德池洞 덕지동
大橋洞 대교동
登華洞 등화동
半月洞 반월동
富倉洞 부창동
芝山洞 지산동
鷲岩洞 취암동
花枝洞 화지동
江景邑 강경읍
鍊武邑 연무읍
可也谷面 가야곡면
光石面 광석면
魯城面 노성면
豆磨面 두마면
伐谷面 벌곡면
夫赤面 부적면
上月面 상월면
城東面 성동면
陽村面 양촌면
連山面 연산면
恩津面 은진면
彩雲面 채운면

瑞山市 서산시

葛山洞 갈산동
德之川洞 덕지천동
東門洞 동문동
石南洞 석남동
石林洞 석림동
壽石洞 수석동
良垈洞 양대동
禮川洞 예천동
吾南洞 오남동
溫石洞 온석동
邑內洞 읍내동
潛紅洞 잠홍동
獐洞 장동
竹城洞 죽성동
大山邑 대산읍
高北面 고북면
浮石面 부석면
聖淵面 성연면
雲山面 운산면
音岩面 음암면
仁旨面 인지면
地谷面 지곡면
八峰面 팔봉면
海美面 해미면

保寧市 보령시

宮村洞 궁촌동
藍谷洞 남곡동
內項洞 내항동
大官洞 대관동
大川洞 대천동
東垈洞 동대동
鳴川洞 명천동
木場洞 목장동
水清洞 수청동
新說洞 신설동
新黑洞 신흑동
蓼庵洞 요암동
竹亭洞 죽정동
花山洞 화산동
熊川邑 웅천읍
藍浦面 남포면
嵋山面 미산면
聖住面 성주면
鰲川面 오천면
舟橋面 주교면
珠山面 주산면
周浦面 주포면
川北面 천북면
青蘿面 청라면
青所面 청소면

牙山市 아산시

權谷洞 권곡동
岐山洞 기산동
南洞 남동
得山洞 득산동
毛宗洞 모종동
防築洞 방축동
拜未洞 배미동
法谷洞 법곡동
信仁洞 신인동
新洞 신동
實玉洞 실옥동
溫泉洞 온천동
龍禾洞 용화동
邑內洞 읍내동
長存洞 장존동
占梁洞 점량동
左部洞 좌부동
草沙洞 초사동
豊基洞 풍기동
鹽峙邑 염치읍
道高面 도고면
屯浦面 둔포면
排芳面 배방면
仙掌面 선장면
松岳面 송악면
新昌面 신창면
靈仁面 영인면
陰峰面 음봉면
仁州面 인주면
湯井面 탕정면

天安市 천안시

九龍洞 구룡동
九星洞 구성동
多可洞 다가동
大興洞 대흥동
斗井洞 두정동
文化洞 문화동
白石洞 백석동
鳳鳴洞 봉명동
富垈洞 부대동
佛堂洞 불당동
社稷洞 사직동
三龍洞 삼용동
聖城洞 성성동
星井洞 성정동
城隍洞 성황동
新堂洞 신당동
新芳洞 신방동
新富洞 신부동
雙龍洞 쌍용동
安棲洞 안서동
業成洞 업성동
寧城洞 영성동
五龍洞 오룡동
瓦村洞 와촌동
龍谷洞 용곡동
院城洞 원성동
留糧洞 유량동
車岩洞 차암동
清堂洞 청당동
清水洞 청수동
聖居邑 성거읍
成歡邑 성환읍
廣德面 광덕면
東面 동면
木川面 목천면
竝川面 병천면
北面 북면
城南面 성남면
修身面 수신면
笠場面 입장면
稷山面 직산면
豊歲面 풍세면

錦山郡 금산군

錦山邑 금산읍
郡北面 군북면
錦城面 금성면
南二面 남이면
南一面 남일면
福壽面 복수면
富利面 부리면
濟原面 제원면
珍山面 진산면
秋富面 추부면

唐津郡 당진군

唐津邑 당진읍
合德邑 합덕읍
高大面 고대면
大湖芝面 대호지면
沔川面 면천면
石門面 석문면
松山面 송산면
松岳面 송악면
順城面 순성면
新平面 신평면
牛江面 우강면
貞美面 정미면

洪城郡 홍성군

廣川邑 광천읍
洪城邑 홍성읍
葛山面 갈산면
結成面 결성면
龜項面 구항면
金馬面 금마면
西部面 서부면
銀河面 은하면
長谷面 장곡면
洪東面 홍동면
洪北面 홍북면

扶餘郡 부여군

扶餘邑 부여읍
九龍面 구룡면
窺岩面 규암면
南面 남면
內山面 내산면
石城面 석성면
世道面 세도면
玉山面 옥산면
外山面 외산면
恩山面 은산면
林川面 임천면
場岩面 장암면
良花面 양화면
草村面 초촌면
忠化面 충화면
鴻山面 홍산면

舒川郡 서천군

舒川邑 서천읍
長項邑 장항읍
麒山面 기산면
馬西面 마서면
馬山面 마산면
文山面 문산면
庇仁面 비인면
西面 서면
時草面 시초면
鍾川面 종천면
板橋面 판교면
韓山面 한산면
華陽面 화양면

燕岐郡 연기군

鳥致院邑 조치원읍
錦南面 금남면
南面 남면
東面 동면
西面 서면
小井面 소정면
全東面 전동면
全義面 전의면

禮山郡 예산군

禮山邑 예산읍
揷橋邑 삽교읍
古德面 고덕면
光時面 광시면
德山面 덕산면
大述面 대술면
大興面 대흥면
鳳山面 봉산면
新岩面 신암면
新陽面 신양면
吾可面 오가면
鷹峰面 응봉면

靑陽郡 청양군

靑陽邑 청양읍
南陽面 남양면
大峙面 대치면
木面 목면
飛鳳面 비봉면
雲谷面 운곡면
長坪面 장평면
定山面 정산면
靑南面 청남면
化城面 화성면

泰安郡 태안군

泰安邑 태안읍
安眠邑 안면읍
高南面 고남면
近興面 근흥면
南面 남면
所遠面 소원면
遠北面 원북면
梨原面 이원면

충청북도

堤川市 제천시

江諸洞 강제동
高明洞 고명동
古岩洞 고암동
校洞 교동
南泉洞 남천동
大郎洞 대랑동
東峴洞 동현동
頭鶴洞 두학동
明洞 명동
明西洞 명서동
明芝洞 명지동
茅山洞 모산동
山谷洞 산곡동
西部洞 서부동
新洞 신동
新百洞 신백동
新月洞 신월동
榮川洞 영천동
旺岩洞 왕암동
龍頭洞 용두동
義林洞 의림동
紫作洞 자작동
中央路 중앙로
長樂洞 장락동
泉南洞 천남동
靑田洞 청전동
下所洞 하소동
花山洞 화산동
黑石洞 흑석동
鳳陽邑 봉양읍
錦城面 금성면
德山面 덕산면
白雲面 백운면
松鶴面 송학면
水山面 수산면
淸風面 청풍면
寒水面 한수면

淸州市 청주시

上黨區 상당구
金川洞 금천동
南門路 남문로
南州洞 남주동
內德洞 내덕동
大成洞 대성동
明岩洞 명암동
文化洞 문화동
方西洞 방서동
北門路 북문로
斜川洞 사천동
山城洞 산성동
西門洞 서문동
瑞雲洞 서운동
石橋洞 석교동
壽洞 수동
榮洞 영동
永雲洞 영운동
梧東洞 오동동
龍岩洞 용암동
龍亭洞 용정동
龍潭洞 용담동
雲東洞 운동동
牛岩洞 우암동
外南洞 외남동
外坪洞 외평동
外下洞 외하동
月午洞 월오동
栗陽洞 율양동
井北洞 정북동
井上洞 정상동
井下洞 정하동
酒城洞 주성동
酒中洞 주중동
池北洞 지북동
塔洞 탑동
坪村洞 평촌동

興德區 흥덕구
佳景洞 가경동
開新洞 개신동
江西洞 강서동
南村洞 남촌동
內谷洞 내곡동
東幕洞 동막동
慕忠洞 모충동
文岩洞 문암동
米坪洞 미평동
福臺洞 복대동
鳳鳴洞 봉명동
紛坪洞 분평동
飛下洞 비하동
社稷洞 사직동
司倉洞 사창동
山南洞 산남동
上新洞 상신동
西村洞 서촌동
石谷洞 석곡동
石所洞 석소동
聖化洞 성화동
松節洞 송절동
松亭洞 송정동
秀谷洞 수곡동
守儀洞 수의동
新村洞 신촌동
新城洞 신성동
新垈洞 신대동
新鳳洞 신봉동
薪田洞 신전동
外北洞 외북동
雲泉洞 운천동
院坪洞 원평동
長城洞 장성동
壯岩洞 장암동
丁峰洞 정봉동
竹林洞 죽림동
池東洞 지동동
坪洞 평동
香亭洞 향정동
玄岩洞 현암동
花溪洞 화계동
休岩洞 휴암동

忠州市 충주시

佳州洞 가주동
校峴洞 교현동
金陵洞 금능동
丹月洞 단월동
達川洞 달천동
木伐洞 목벌동
牧杏洞 목행동
文化洞 문화동
鳳方洞 봉방동
城南洞 성남동
城內洞 성내동
城西洞 성서동
安林洞 안림동
連守洞 연수동
龍觀洞 용관동
龍頭洞 용두동
龍山洞 용산동
龍灘洞 용탄동
宗民洞 종민동
之峴洞 지현동
直洞 직동
忠仁洞 충인동
忠義洞 충의동
漆琴洞 칠금동
楓洞 풍동
虎岩洞 호암동
周德邑 주덕읍
可金面 가금면
金加面 금가면
老隱面 노은면
東良面 동량면
山尺面 산척면
乷味面 살미면
上芼面 상모면
蘇台面 소태면
新尼面 신니면
仰城面 앙성면
嚴政面 엄정면
利柳面 이류면

槐山郡 괴산군

槐山邑 괴산읍
曾坪邑 증평읍
甘勿面 감물면
道安面 도안면
文光面 문광면
佛頂面 불정면
沙梨面 사리면
沼壽面 소수면
延豊面 연풍면
長延面 장연면
靑安面 청안면
靑川面 청천면
七星面 칠성면

丹陽郡 단양군

丹陽邑 단양읍
梅浦邑 매포읍
佳谷面 가곡면
丹城面 단성면
大崗面 대강면
魚上川面 어상천면
永春面 영춘면
赤城面 적성면

報恩郡 보은군

報恩邑 보은읍
內北面 내북면
內俗離面 내속리면
馬老面 마로면
山外面 산외면
三升面 삼승면
水汗面 수한면
外俗離面 외속리면
炭釜面 탄부면
懷南面 회남면
懷北面 회북면

永同郡 영동군

永同邑 영동읍
梅谷面 매곡면
上村面 상촌면
深川面 심천면
陽江面 양강면
陽山面 양산면
龍山面 용산면
龍化面 용화면
秋風嶺面 추풍령면
鶴山面 학산면
黃澗面 황간면

沃川郡 옥천군

沃川邑 옥천읍
郡北面 군북면
郡西面 군서면
東二面 동이면
安內面 안내면
安南面 안남면
伊院面 이원면
青山面 청산면
青城面 청성면

陰城郡 음성군

陰城邑 음성읍
金旺邑 금왕읍
甘谷面 감곡면
大所面 대소면
孟洞面 맹동면
三成面 삼성면
笙極面 생극면
蘇伊面 소이면
遠南面 원남면

鎭川郡 진천군

鎭川邑 진천읍
德山面 덕산면
萬升面 만승면
文白面 문백면
栢谷面 백곡면
梨月面 이월면

草坪面 초평면

清原郡 청원군

加德面 가덕면
江內面 강내면
江外面 강외면
南二面 남이면
南一面 남일면
琅城面 낭성면
文義面 문의면
米院面 미원면
芙蓉面 부용면
北二面 북이면
北一面 북일면
梧倉面 오창면
玉山面 옥산면
賢都面 현도면

자료 제공:
전국한자교육추진총연합회
(www.hanja-edu.com)

넥서스실용옥편

지은이 넥서스사전편찬위원회
펴낸이 임상진
펴낸곳 (주)넥서스

초판 1쇄 발행 2005년 9월 20일
초판 8쇄 발행 2015년 3월 25일

2판 1쇄 발행 2017년 5월 25일
2판 3쇄 발행 2022년 10월 5일

출판신고 1992년 4월 3일 제311-2002-2호
주소 10880 경기도 파주시 지목로 5
전화 (02)330-5500 팩스 (02)330-5555

ISBN 979-11-6165-018-0 11710

출판사의 허락 없이 내용의 일부를
인용하거나 발췌하는 것을 금합니다.

가격은 뒤표지에 있습니다.
잘못 만들어진 책은 구입처에서 바꾸어 드립니다.

www.nexusbook.com

부수색인

1획

一 한 일 1
丨 뚫을 곤 9
丶 점 주 11
丿 삐침 별 12
乙 새 을(乚) 15
亅 갈고리 궐 19

2획

二 두 이 22
亠 돼지해머리 25
人 사람 인(亻) 29
儿 어진 사람 인 92
入 들 입 98
八 여덟 팔 100
冂 멀 경 104
冖 민갓머리 106
冫 이수변 108
几 안석 궤 112
凵 위 튼 입구 114
刀 칼 도(刂) 116
力 힘 력 135
勹 쌀 포 146
匕 비수 비 148
匚 상자 방 149
匸 감출 혜 151
十 열 십 152
卜 점 복 158
卩 병부 절(㔾) 159
厂 민엄호 163
厶 마늘모 166
又 또 우 168
**亻 사람인변 29
**刂 선칼도방 116

3획

口 입 구 173
囗 큰입구 229
土 흙 토 238
士 선비 사 269
夂 뒤져 올 치 271
夊 천천히 걸을 쇠 271
夕 저녁 석 272
大 큰 대 276
女 계집 녀 289
子 아들 자 314
宀 갓머리 321
寸 마디 촌 342
小 작을 소 347
尢 절름발이 왕 (尣 · 兀) 349
尸 주검 시 350
屮 왼손 좌 357
山 뫼 산 357
巛 개미허리(川) 373
工 장인 공 374
己 몸 기 377
巾 수건 건 378
干 방패 간 389
幺 작을 요 391
广 엄호 393
廴 민책받침 404
廾 밑스물입 406
弋 주살 익 407
弓 활 궁 408
彐 튼가로왈 (彑 · 彐) 415
彡 터럭 삼 416
彳 두인변 419
**忄 심방변 431
**扌 재방변 495
**氵 삼수변 699
**犭 개사슴록변 831
**阝 우부방(邑) 1420
**阝 좌부방(阜) 1490

4획

心 마음 심 (忄 · 㣺) 431
戈 창 과 486
戶 지게 호 492
手 손 수(扌) 495
支 가를 지 552
攴 칠 복(攵) 553
文 글월 문 564
斗 말 두 566
斤 도끼 근 567
方 모 방 570
无 없을 무(旡) 575
日 날 일 575
曰 가로 왈 597
月 달 월 601
木 나무 목 606
欠 하품 흠 673
止 그칠 지 679
歹 죽을사변(歺) 683
殳 갖은등글월문 688
毋 말 무 692
比 견줄 비 693
毛 터럭 모 694
氏 성 씨 697
气 기운 기 698
水 물 수(氵 · 氺) 699
火 불 화(灬) 792
爪 손톱 조(爫) 819
父 아비 부 820
爻 효 효 821
爿 장수장변 822
片 조각 편 822
牙 어금니 아 824
牛 소 우(牜) 825
犬 개 견(犭) 831
四 ☞网
**攵 등글월문 553
**旡 이미기방 575
**灬 연화발 792
**王 구슬옥변 847
**礻 보일시변 951
**耂 늙을로엄 1082
**月 육달월 1095
**艹 초두머리 1137
**辶 책받침 1391

5획

玄 검을 현 846
玉 구슬 옥(王) 847
瓜 오이 과 866
瓦 기와 와 867
甘 달 감 870
生 날 생 871
用 쓸 용 873
田 밭 전 874
疋 짝 필 884
疒 병질엄 885
癶 필발머리 898
白 흰 백 900
皮 가죽 피 905